D1727352

Vögele/Borstell/Engler
Verrechnungspreise

Verrechnungspreise

Betriebswirtschaft · Steuerrecht

Gesamtverantwortung

Dr. Alexander Vögele,
Wirtschaftsprüfer, Steuerberater, Commissaire aux Comptes,
Frankfurt a. M.

in Zusammenarbeit mit

Prof. Dr. Thomas Borstell,
Steuerberater,
Düsseldorf

Dr. Gerhard Engler,
Rechtsanwalt und Steuerberater,
Frankfurt a. M.

4., vollständig neubearbeitete Auflage

Verlag C. H. Beck München 2015

Zitierweise: Autor/in Vögele Verrechnungspreise Kapitel Rn.

www.beck.de

ISBN 978 3 406 64037 7

© 2015 Verlag C. H. Beck oHG
Wilhelmstraße 9, 80801 München
Satz, Druck und Bindung: Druckerei C. H. Beck Nördlingen
(Adresse wie Verlag)

Gedruckt auf säurefreiem, alterungsbeständigem Papier
(hergestellt aus chlorfrei gebleichtem Zellstoff)

Mitverfasser

Prof. Dr. Thomas Borstell, Steuerberater in Düsseldorf
Tom Braukmann, MSc Economics in Frankfurt a. M.
Dr. Dirk Brüninghaus, Steuerberater in Düsseldorf
Dr. Arwed Crüger in Frankfurt a. M.
Philip de Homont, MSc Economics in Frankfurt a. M.
Mag. Alexandra Dolezel, Steuerberaterin in Wien
Diplom-Finanzwirt (FH) Dr. Dirk Elbert, Rechtsanwalt und Steuerberater in Frankfurt a. M.
Dr. Gerhard Engler, Rechtsanwalt und Steuerberater in Frankfurt a. M.
Prof. Dr. Wolfgang Wilhelm Fischer, Hochschule Niederrhein in Mönchengladbach
Dr. Ulf Freytag, Steuerberater in Frankfurt a. M.
Dr. Horst-Dieter Fumi, Vizepräsident des Finanzgerichts in Köln
Dr. Diplom-Volkswirt Dimitrios Gotsis, Steuerberater in Frankfurt a. M.
Diplom-Volkswirt Eduard Herda, Steuerberater in Frankfurt a. M.
Thomas Hülster, Steuerberater in Hamburg
Claudia Kachur, Rechtsanwältin und Steuerberaterin in Frankfurt a. M.
Diplom-Finanzwirtin Nicole Looks, Steuerberaterin in Frankfurt a. M.
Diplom-Finanzwirt Kay Masorsky in Hamburg
Diplom-Kaufmann Jürgen Raab, Executive M. B. L.-HSG, Steuerberater in Frankfurt a. M.
Diplom-Kaufmann Michael Reinert, Steuerberater in Frankfurt a. M.
Christian Sterzinger, Regierungsdirektor in Magdeburg
Dr. iur. utr. Raoul Stocker, Steuerberater in Zürich
Dr. Alexander Vögele, Wirtschaftsprüfer, Steuerberater, Commissaire aux Comptes in Frankfurt a. M.
Jean-Benoit Vögele, Master Law, DJCE in Genf
Diplom-Betriebswirtin Patricia von Gruchalla Wesierski, Steuerberaterin in Düsseldorf
Oliver Wehnert, Steuerberater in Düsseldorf
Richard Wellmann, Rechtsanwalt, Steuerberater, konsul'tant po nalogam i sboram (russischer Steuerberater) in Frankfurt a. M.
Wolf Witt, lic. oec. HSG, CFA in New York City

V

Vorwort zur 4. Auflage

Verrechnungspreise sind heute das wichtigste Gebiet des internationalen Steuerrechts. Sie bestimmen einen Großteil des globalen Waren- und Leistungsaustausches, Intellectual Property, Dienstleistungen und Finanzierung. Prüfung und Planung der Verrechnungspreise entwickeln sich in Deutschland und der Welt lawinenartig. Sie verändern das Verhalten von Unternehmen, Staaten und Steuerverwaltungen. Dies führt auch zwangsläufig zu einer dynamischen Weiterentwicklung des vorliegenden Werkes.

Die Diskussionen um Base Erosion und Profit Shifting (BEPS), zahlreiche neue in- und ausländische Vorschriften, zunehmende Außenprüfungen im In- und Ausland, neue OECD-Veröffentlichungen und Gerichtsverfahren führen zu neuen Erkenntnissen und Verhaltensweisen. Sie erforderten eine grundlegende Überarbeitung und Erweiterung des Werkes.

Die Zunahme an steuerstrafrechtlichen Fällen mündet in ein neues Kapitel zum Steuerstrafrecht – dramatische Änderungen im Bereich der Betriebsstätten führen zu einer kompletten Überarbeitung dieses Themenkomplexes. Auch die nun vorliegenden praktischen Erfahrungen in den ersten Jahren nach Erlass der Funktionsverlagerungsverordnung erforderten eine völlige Neubearbeitung dieses Kapitels. Die Kommentierung der Schweizer Verrechnungspreisvorschriften wurde ebenfalls neu geschrieben.

Bereits in die Neuauflage eingearbeitet sind die neuen OECD-Kapitel V zur Dokumentation und VI zu Intangibles.

Die 4. Auflage zeigt dem Praktiker anhand von mehr als 500 Beispielen wie er die Verrechnungspreise für seine Branche und seinen Tätigkeitsbereich plant, dokumentiert und verteidigt. Dem Spezialisten veranschaulichen mehr als 20 umfangreiche Fallstudien wie komplexe Probleme praxisbezogen zu lösen sind. Die Fallstudien helfen dem Leser Verrechnungspreise von immateriellen Wirtschaftsgütern, Supply Chains und Netzwerken zu optimieren.

Die Kapitel über die Quantifizierung der Verrechnungspreise und deren ökonomische Planung ermöglichen dem Leser die Gestaltung und Verteidigung seiner Verrechnungspreise. Lizenzierung und Bewertung immaterieller Wirtschaftsgüter werden im Detail kommentiert.

Profit Split und wertbeitragsorientierte Gestaltung von Verrechnungspreisen werden in die betriebswirtschaftliche Planung integriert. Die Fälle der grenzüberschreitenden Verrechnungspreisoptimierung und des Tax Effective Value Chain-Managements veranschaulichen wie in den Zeiten von BEPS Risiken vermieden und sowohl Kosten als auch Steuern des Unternehmens reduziert werden.

Die Dokumentation der Verrechnungspreise gehört heute zum Alltag grenzüberschreitend tätiger Unternehmen. Der in Deutschland noch immer erhebliche Dissens zwischen Lege lata, Bundesfinanzhof und Finanzgerichten einerseits und dem sogenannten OECD Standard andererseits wird verdeutlicht. Die rechtlichen Grundlagen auf der Basis der deutschen Rechtsprechung und die Planung und die Angemessenheitsdokumentation auf der Grundlage des OECD – Standards werden abgestimmt.

Vorwort

Das bewährte Autorenteam bleibt weitgehend erhalten. Den ausgeschiedenen Autoren danken wir für ihre wesentlichen Beiträge in den Vorauflagen.

Frau Airi Schnauder danke ich für die Organisation und die Erstellung der Verzeichnisse, Tom Braukmann und Jean-Benoit Vögele für deren intensive fachliche Mitarbeit und Kritik, Herrn Hans Josef Hunold und Frau Katharina Hein für das Lektorat und ihre hervorragende Organisation und dem Verlag C.H. Beck für die gute Zusammenarbeit.

Letztendlich danke ich allen unseren Familienangehörigen und Kollegen für ihre Geduld und Förderung.

Das Manuskript wurde weitestgehend im September 2014 abgeschlossen.

Frankfurt, im September 2014   *Alexander Vögele*

Vorwort zur 1. Auflage

International tätige Unternehmen globalisieren und regionalisieren zunehmend ihren Warenverkehr und ihre Dienstleistungen zwischen den Konzerngesellschaften. Unterschiedliche Marktbedingungen und verschiedene Kosten- und Erlösstrukturen führen hierbei zusammen mit Wechselkursschwankungen und vielfältigen Produktlebenszyklen, Kundenstrukturen, Markenwerten und anderen Faktoren zwangsläufig zu unterschiedlichen Verrechnungspreisen.

Für die Fisci der verschiedenen Länder sind jedoch unterschiedliche Verrechnungspreise und Gewinne oft unverständlich. Sie berichtigen diese zunehmend; die Folge sind Mehrfachbesteuerung und Strafzuschläge. Die OECD versucht zwar, einen Konsens zwischen den einzelnen Staaten zu finden und solche Doppelbelastungen zu vermeiden. Dies gelingt allerdings aufgrund divergierender Interessen nur unvollständig.

Das *Handbuch der Verrechnungspreise* wendet sich an die Verantwortlichen der Steuer-, Controlling-, Kostenrechnungs- und Marketingabteilungen und deren Berater (Steuerberater, Wirtschaftsprüfer, Rechtsanwälte und Unternehmensberater) sowie an die Finanzgerichte. Es vermittelt ihnen das Wissen, um die ertragsteuerlichen und betriebswirtschaftlichen Probleme der Preisfindung zwischen den einzelnen Unternehmen und Betriebsstätten einer Unternehmensgruppe zu lösen. Umsatzsteuerliche und zollrechtliche Aspekte werden in der 1. Auflage nicht behandelt. Die US-amerikanischen Regelungen und die neue OECD-Richtlinie wurden eingearbeitet, soweit diese bereits in ihrer endgültigen Fassung zur Zeit des Redaktionsschlusses am 1. November 1996 veröffentlicht waren.

Ein ABC der Verrechnungspreise erleichtert dem Unerfahrenen den Einstieg in die Materie. Im Anschluß daran werden systematisch die steuerrechtlichen Vorschriften für Kapitalgesellschaften, Betriebsstätten und Personengesellschaften dargestellt. Informationsaustausch, Verständigungsverfahren, Schiedsverfahren und die verbindliche Auskunft bilden die Schwerpunkte des anschließenden Kapitels über Verfahren. Die folgende Erörterung der steuerlichen Methoden umfaßt sowohl die traditionellen transaktionsbezogenen als auch die neuen gewinnabhängigen Verfahren. Die neuen OECD- und US-Methoden werden ausführlich und kritisch beschrieben. Die Darstellung der betriebswirtschaftlichen Probleme und Lösungsansätze schließt den ersten Teil des Handbuchs ab.

Die praktische Anwendung der Verrechnungspreis-Theorien steht im anschließenden Hauptteil des Buches im Vordergrund. Konsequent und systematisch werden Probleme und Lösungen für die einzelnen Anwendungsbereiche herausgearbeitet. Die in der Praxis auftauchenden Probleme werden für den Praktiker ausführlich und verständlich erörtert. In den vier Kapiteln über die Preisfindung bei der Lieferung von Gütern und Waren, bei Dienstleistungen, bei immateriellen Wirtschaftsgütern und bei Finanzierungsleistungen werden auch für die noch strittigen Probleme Lösungsansätze erarbeitet und ausführlich beschrieben. Ein umfangreicher Exkurs über die US-Verrechnungspreisvorschriften schließt dieses Handbuch ab.

Vorwort

Das Handbuch ist das Ergebnis einer Teamarbeit, entstanden aus der täglichen Praxis. Herr Kotschenreuther erarbeitete mit Ausnahme des Kapitels über die USA und einzelner kleinerer Abschnitte die Grundlagen und einen ersten Textrohentwurf. Frau Bick, Herr Borstell und Herr Engler verfaßten auf dieser Basis die endgültigen Texte. Den Mitverfassern möchte ich sehr herzlich danken. Die Bearbeitung bedeutete für sie ein erhebliches Opfer an Freizeit über einen Zeitraum von mehr als zwei Jahren. Konzeption, Aufbau und das kritische Lesen der Kapitel und damit die Verantwortung für den Inhalt des Handbuchs liegen beim redaktionell Gesamtverantwortlichen. Für Kritik und Anregungen gilt mein Dank Frau Marianne Burge, Frau Hazel Thomas und Frau Andrea Bilitewski sowie den Herren William Coyle, John Simpson und Terence Symons. Herrn Buchholz und Herrn Hunold vom steuerrechtlichen Lektorat des Verlags C. H. Beck sei für die gute Zusammenarbeit gedankt.

Für die freundliche Unterstützung durch die BDO Deutsche Warentreuhand Aktiengesellschaft Wirtschaftsprüfungsgesellschaft möchte ich danken.

Frankfurt, im April 1997 *Alexander Vögele*

Inhaltsübersicht

Inhaltsverzeichnis

Inhaltsverzeichnis

Inhaltsverzeichnis

Inhaltsverzeichnis

Inhaltsverzeichnis

2. Teil: Steuerliche Systematik der Prüfung und Dokumentation

Kapitel C: Grundsätze

Inhaltsverzeichnis

Inhaltsverzeichnis

Inhaltsverzeichnis

Inhaltsverzeichnis

Inhaltsverzeichnis

Inhaltsverzeichnis

Inhaltsverzeichnis

Inhaltsverzeichnis

Kapitel F: Verfahren

Inhaltsverzeichnis

Inhaltsverzeichnis

Inhaltsverzeichnis

Inhaltsverzeichnis

Inhaltsverzeichnis

Inhaltsverzeichnis

Inhaltsverzeichnis

4. Teil: Verrechnungspreise in anderen Rechtsgebieten

Kapitel I: Internationale Verrechnungspreise und Umsatzsteuer

Inhaltsverzeichnis

Inhaltsverzeichnis

Inhaltsverzeichnis

Inhaltsverzeichnis

5. Teil: Anwendungsbereiche

Kapitel L: Einkunftsabgrenzung bei Betriebsstätten und Personengesellschaften

Inhaltsverzeichnis

Inhaltsverzeichnis

Inhaltsverzeichnis

XXXIX

Inhaltsverzeichnis

Inhaltsverzeichnis

Inhaltsverzeichnis

Inhaltsverzeichnis

Inhaltsverzeichnis

Inhaltsverzeichnis

Kapitel P: Finanzierungsleistungen im Konzern

Inhaltsverzeichnis

Inhaltsverzeichnis

Inhaltsverzeichnis

Inhaltsverzeichnis

Inhaltsverzeichnis

Inhaltsverzeichnis

Inhaltsverzeichnis

Kapitel S: Wertorientierte Unternehmensführung und Verrechnungspreise – eine fallbeispielbezogene Analyse

Inhaltsverzeichnis

Inhaltsverzeichnis

Inhaltsverzeichnis

Kapitel U: Verrechnungspreise in Österreich

Inhaltsverzeichnis

Inhaltsverzeichnis

Anhang

Abkürzungsverzeichnis

Abkürzungen

BFH-Rspr.	Bundesfinanzhof-Rechtsprechung
BGB	Bürgerliches Gesetzbuch
BGBl.	Bundesgesetzblatt
BGE	Bundesgerichtsentscheid
BGH	Bundesgerichtshof
BilMoG	Bilanzrechtsmodernisierungsgesetz
BIS-Ansatz	Kapitalaufteilungsmethode
B/K/L/M/R	Brezing, K./Krabbe, H./Lempenau, G./Mössner, J./Runge, B.
B/L/A/H	Baumbach, A./Lauterbach, W./Albers, J./Hartmann, P.
BlgNR	Beilagen zu den Stenographischen Protokollen des Nationalrats
BMC	Brand Management Center
BMF	Bundesministerium der Finanzen
BMJ	Bundesministerium der Justiz
BPO	Betriebsprüfungsordnung
BR	Bundesrat
BR-Drs.	Bundesrats-Drucksache
BsGaV	Betriebsstättengewinnaufteilungsverordnung
Bsp.	Beispiel
BStBl.	Bundessteuerblatt
bspw.	beispielsweise
BT	Bundestag
BT-Drs.	Bundestag-Drucksache
BV	Bundesverfassung der Schweizerischen Eidgenossenschaft
BVerfG	Bundesverfassungsgericht
BVerfGE	Bundesverfassungsgerichtsentscheidung
bzgl.	bezüglich
BZSt.	Bundeszentralamt für Steuern
bzw.	beziehungsweise
C	Capital (Kapital); Kosten
C^+	Cost Plus
CAPM	Capital Asset Pricing Model
CDFI	Cahiers de Droit Fiscal International
CDS	Credit Default Swaps
CGI	Code général des impots
CGU	Cash Generating Unit
CH	Schweiz
CHF	Schweizer Franken
cif	cost, insurance, freight paid
CIM	Computer Integrated Manufacturing
CM	Kostenaufschlagsmarge
COGS	Cost of Goods Sold
CPI	Comparable Profit Interval
CPM	Comparable Profit Method
CPSM	Comparable Profit Split Method
CSA	Cost Sharing Arrangements
CSO	Central Statistical Office
CSP	Cost of Services Plus Method
CST	Cost Sharing Transactions
CUP	Comparable Uncontrolled Price Method
CUPS	Comparable Uncontrolled Prices (vergleichbare Preise)
CUSP	Comparable Uncontrolled Service Price Method
CUT	Comparable Uncontrolled Transaction
DB	Der Betrieb (Zeitschrift)
DBA	Doppelbesteuerungsabkommen

Abkürzungen

GMV	Gemeinschaftsmarkenverordnung
GoB	Grundsätze ordnungsgemäßer Buchführung
grds	grundsätzlich
GrS	Großer Senat
GRUR	Gewerblicher Rechtsschutz und Urheberrecht
GSM	Gross Services Margin Method
GuV	Gewinn- und Verlustrechnung
GWB	Gesetz gegen Wettbewerbsbeschränkung
GwG	Geldwäschegesetz
Halbs.	Halbsatz
HB	Handbuch
Hdb.	Handbuch
HGB	Handelsgesetzbuch
HGB-E	Handelsgesetzbuch-Entwurf
H/H/Sp	Hübschmann, W./Hepp, E./Spitaler, A.
HK	Herstellungskosten
hM	herrschende Meinung
HMA	Haager Musterabkommen
HMRC	HM Revenue & Customs Tax Bulletin
Hrsg.	Herausgeber
hrsg.	herausgegeben
IAS	International Accounting Standard
IASB	International Accounting Standards Board
IASC	International Accounting Standards Committee
IBFD	International Bureau of Fiscal Documentation
ICC	International Chamber of Commerce
ICTA	Income and Corporation Tax Act
IDA	Intangible Development Activity
IDC	Intangible Development Costs
idF	in der Fassung
idR	in der Regel
idS	in diesem Sinne
IDW	Institut der Wirtschaftsprüfer
ieS	im engeren Sinne
IFA	International Fiscal Association
IFRS	International Financial Reporting Standards
iHv	in Höhe von
ImmZ	Österreichische Immobilien-Zeitung
INF	Die Information über Steuer und Wirtschaft
Incoterms	International Commercial Terms
insb.	insbesondere
IntGA	Internationale Gewinnabgrenzung
IRC	Internal Revenue Code
iRd	im Rahmen des
IRS	Internal Revenue Service
iS	im Sinne
iSd	im Sinne des
iSe	im Sinne eines
IStR	Internationales Steuerrecht (Zeitschrift)
ISTUS	Informationsstelle für US-Verbindungen
iSv	im Sinne von
iVm	in Verbindung mit
IWB	Internationale Wirtschaftsbriefe
IWG	Immaterielle Wirtschaftsgüter

Abkürzungen

Abkürzungen

n. rkr.	nicht rechtskräftig
n. v.	nicht veröffentlicht
NWB	Neue Wirtschaftsbriefe (Zeitschrift)
o. Ä.	oder Ähnliches
o. e.	oben erwähnten
OECD	Organisation for Economic Cooperation and Development
OECD-MA	OECD-Musterabkommen
OECD-MK	OECD-Musterabkommen-Kommentar
OECD-RL	OECD-Richtlinie
OECD-RL 2010	OECD-Richtlinie 2010
OECD-TPBR	OECD Transfer Pricing Aspects of Buiness Restructurings (OECD-Studie)
OECD-VPG	OECD-Verrechnungspreisgrundsätze
OECD-VPL	OECD-Verrechnungspreisrichtlinien für multinationale Unternehmen und Steuerverwaltungen (von der OECD publizierte offizielle deutsche Übersetzung der OECD Transfer Pricing Guidelines von 2010)
oFCF	operativer Free Cashflow
OFD	Oberfinanzdirektion
OFH	Oberster Finanzhof
o. g.	oben genannte
OGH	Oberster Gerichtshof (Österreich)
OHG	Offene Handelsgesellschaft
ÖJT	Österreichischer Juristentag
OLG	Oberlandesgericht
OM	Marge des Betriebsergebnisses
OMPI	Organisation Mondiale de la Propriété
OP	Operatin Profit (Betriebsergebnis vor Abschreibung)
OPEX	Operting Expenses
SplitOPSM	Overall Profit Method
OR	Obligationenrecht
ORR	Oberregierungsrat
ÖStZ	Österreichische Steuer-Zeitung
o. V.	ohne Verfasser
OWiG	Gesetz über Ordnungswidrigkeiten
p. a.	per annum
PatG	Patentgesetz
PCT	Patent Cooperation Treaty
pfl.	pflichtig
PG	Personengesellschaft
PiR	Praxis der internationalen Rechnungslegung
PIStB	Praxis International Steuerberatung
PLI	Profit Level Indicators
PSM	Profit Split Method
PublG	Publizitätsgesetz
PVÜ	Pariser Verbandsübereinkunft
pVV	passiver Veredelungsverkehr
R	Richtlinie
RAB	Reasonably Anticipated Benefits
RBA Approach	Relevant Business Activity Approach
R&D	research & development (Forschung & Entwicklung)
RdW	Recht der Wirtschaft (Österreich)
Rev.	Revision
Rev. Proc.	Revenue Procedure

Abkürzungen

TPIR	Tax Planning International Review
TPTP	Tax Planning International Transfer Pricing
TT-GVO	Technologietransfer-Gruppenfreistellungsverordnung
Tz.	Textziffer
u.	und
u. Ä.	und Ähnliches
u. a.	unter anderem
uE	unseres Erachtens
EnterpriseUEITL	Unified Income Tax Law
UFOC	Uniform Franchise Offering Circulars
UFS	UFS aktuell – Zeitschrift für Steuer- und Abgabenrecht (Österreich)
UmwStG	Umwandlungssteuergesetz
UN	United Nations
UN-MA	United Nations Musterabkommen
UNO	United Nations Organization
UntStRefG	Unternehmenssteuerreformgesetz
UR	Umsatzsteuer-Rundschau (Zeitschrift)
URG	Unternehmensreorganisationsgesetz
UrhG	Urhebergesetz
UrhR	Urheberrecht
United States	
US-GAAP	Generally Accepted Accounting Principles
US-RL	United States Richtlinine
US Regs	United States Internal Revenue Service, Treasury Regulations (US-Verrechnungspreisrichtlinien)
USTAE	Umsatzsteuer-Anwendungserlass
UStB	Der Umsatz-Steuer-Berater (Zeitschrift)
UStBG	Umsatzsteuerbinnenmarkt-Gesetz
UStG	Umsatzsteuergesetz
usw.	und so weiter
UStDV	Umsatzsteuer-Durchführungsverordnung
UStR	Umsatzsteuerrichtlinie (Österreich)
UStRG	Umsatzsteuerreformgesetz
uU	unter Umständen
UVR	Umsatzsteuer- und Verkehrsteuer-Recht (Zeitschrift)
UWG	Gesetz gegen den unlauteren Wettbewerb
v.	von
v. a.	vor allem
vA	verdeckte Ausschüttung
VAG	Versicherungsaufsichtsgesetz
VAZ	Veranlagungszeitraum
VDMA	Verband deutscher Maschinen- und Anlagenbau e. V.
VerwVfG	Verwaltungsverfahrensgesetz
VfGH	Verfassungsgerichtshof
vGA	verdeckte Gewinnausschüttung
vgl.	vergleiche
VGr-	Verwaltungsgrundsätze-
VGr-Uml.	Verwaltungsgrundsätze-Umlageverträge
VGr-FVerl	Verwaltungsgrundsätze Funktionsverlagerung
VGr-Verfahren	Verwaltungsgrundsätze-Verfahren
VGV	Verwaltungsgrundsätze-Verfahren
vH	von Hundert
VO	Verordnung

Abkürzungen

VPR	Österreichische Verrechnungspreisrichtlinien
vs.	versus
VSF	Vorschriftensammlung der Bundesfinanzverwaltung
VSt	Verbrauchsteuer
VStR	Vermögensteuer-Richtlinien
VStV	Verrechnungssteuerverordnung
vUA	Verbindliche Ursprungsauskunft
VwVfG	Verwaltungsverfahrensgesetz
VwGH	Verwaltungsgerichtshof
VwSlg.	Sammlung der Erkenntnisse des Verwaltungsgerichtshofes (Österreich)
VZ	Veranlagungszeitraum
vZTA	Verbindliche Zolltarifauskunft
WACC	weighted average cost of capital (durchschnittliche Kapitalkosten)
WBI	Wiener Börse Index (Österreich)
WIPO	World Intellectual Property Organization
wistra	Zeitschrift für Wirtschaft, Steuer und Strafrecht
Wj.	Wirtschaftsjahr
WM	Wertpapiermitteilungen (Zeitschrift)
WPg	Die Wirtschaftsprüfung (Zeitschrift)
W/S/G	Wöhrle, W./Schelle, D./Groß, E.
WTO	World Trade Organization
WÜRV	Wiener Übereinkommen über das Recht der Verträge
WuW/E	WuW-Entscheidungssammlung (Zeitschrift)
WZ	Wirtschaftszweige
zB	zum Beispiel
ZBstA	Zinsbesteuerungsabkommen
ZfhF	Zeitschrift für handelswissenschaftliche Forschung
ZfZ	Zeitschrift für Zölle und Verbrauchsteuern
Ziff.	Ziffer
ZIV	Zinsinformationsverordnung
ZK	Zollkodex
ZK-DVO	Zollkodex-Durchführungsverordnung
ZollR-DG	Zollrechts-Durchführungsgesetz (Österreich)
ZStP	Züricher Steuerpraxis (Zeitschrift)
zT	zum Teil
zzgl.	zuzüglich

ABC der Verrechnungspreise

Absatzpreismethode. s. Wiederverkaufspreismethode

Abschmelzen von Funktionen. s. Funktionsabschmelzung, Funktionsverlagerung

Adjustments. s. Anpassungen

Advance pricing agreement (APA). Verbindliche Vorabverständigungsverfahren zu Verrechnungspreissachverhalten.

Eine verbindliche Auskunft ist die (unilaterale) Zusage einer FinVerw., einen Sachverhalt in einer bestimmten Weise rechtlich zu würdigen und kann sich je nach nationaler Rechtslage auf die Verrechnungspreissysteme bzw. Verrechnungspreismethode als auch auf die Höhe des Entgelts beziehen. Regelmäßig umfasst eine verbindliche Vorabauskunft (Zusage) die rechtliche Würdigung eines noch nicht verwirklichten Sachverhalts.

Deutsche Finanzbehörden können außerdem verbindliche (bilaterale) Vorabverständigungsverfahren zu Verrechnungspreisgestaltungen führen und anschließend eine Verständigungsvereinbarung mit dem ausländischen Staat und dem Steuerpflichtigen abschließen. Diese sog. APAs können sowohl die Methodik als auch die konkrete Höhe der Verrechnungspreise umfassen. Zuständig ist das Bundeszentralamt für Steuern (BZSt). Rechtliche Grundlage sind die Verständigungsartikel der jeweiligen DBA. Die verfahrensrechtlichen Grundlagen sind in einem BMF-Schreiben (BMF 5.10.2006, BStBl. I 2006, 594, Merkblatt für bilaterale oder multilaterale Vorabverständigungsverfahren auf der Grundlage der DBA zur Erteilung verbindlicher Vorabzusagen über Verrechnungspreise zwischen international verbundenen Unternehmen, sog. „Advance Pricing Agreements" – APAs) zusammengefasst.

Verbindliche Auskünfte bzw. Zusagen geben dem beteiligten Unternehmen Sicherheit hinsichtlich der Angemessenheit der Verrechnungspreise, die Gewähr kürzerer späterer Betriebsprüfungen und bieten Schutz vor Strafzuschlägen (Penalties). Ein wirksamer Schutz des Steuerpflichtigen besteht aber nur dann, wenn Verrechnungspreisauskünfte mit beiden bzw. allen betroffenen FinVerw. abgestimmt sind (bilaterale und multilaterale APAs).

Die deutsche FinVerw. schließt nur bilaterale (oder multilaterale) APAs ab. In anderen Staaten werden dagegen häufig auch unilaterale APAs durchgeführt.

s. F Rn. 391 ff., insb. F Rn. 402 ff.

s. auch Verständigungsverfahren

Äußerer Betriebsvergleich. Im Rahmen der Anwendung der US-Gewinnvergleichsmethode (Comparable Profits Method-CPM) und der zugehörigen Funktionsanalyse werden äußere Betriebsvergleiche angewandt, um Fremdpreise zu ermitteln. Beim äußeren Betriebsvergleich werden die Gewinnkennzahlen (Profit Level Indicators) von Betrieben verglichen. In Deutschland findet der äußere Betriebsvergleich allenfalls Anwendung bei der Schätzung gem. § 162 AO, wonach die Finanzbehörde die Besteuerungsgrundlagen bzw. die Einkünfte schätzen darf, wenn sie sie nicht ermitteln oder berechnen kann. Ansonsten sind äußerer Betriebsvergleich und die US-Gewinnvergleichsmethode in Deutschland nicht anerkannt.

s. D Rn. 375 ff.

s. auch Gewinnvergleichsmethode

Äußerer Preisvergleich. Beim äußeren Preisvergleich wird im Rahmen der Preisvergleichsmethode der Verrechnungspreis eines Unternehmens aus Geschäften mit Nahestehenden mit den Preisen verglichen, die für Abschlüsse zwischen voneinander unabhängigen Dritten unter vergleichbaren Umständen festgestellt wurden.

s. D Rn. 54 ff., M Rn. 33 ff.

s. auch Innerer Preisvergleich, Preisvergleichsmethode

Amtsermittlungsgrundsatz. *s.* Mitwirkungspflicht

Anlaufphase – Anlaufkosten. Die Anlaufphase bezeichnet den Zeitraum, der auf die Gründung eines Geschäftsbetriebs folgt. Im Rahmen dieser ersten Phase im Lebenszyklus eines Unternehmens entstehen idR vergleichsweise hohe Aufwendungen. Zudem müssen sich in dieser Phase die Umsatzerlöse erst stabilisieren. Daher kommt es innerhalb der Anlaufphase idR zu Verlusten bei den neugegründeten Unternehmen. Bei verbundenen Unternehmen stellt sich die Frage, ob und wie die erhöhten Kosten innerhalb der Anlaufphase durch entsprechende Verrechnungspreisansätze zwischen den beteiligten verbundenen Unternehmen zu verteilen sind. Ebenso ist der Zeitraum zu bestimmen, den die Anlaufphase umfasst. Gemäß den deutschen VGrn sind Anlaufkosten grundsätzlich von dem neu gegründeten Unternehmen zu tragen. Der BFH hat eine zeitliche Bestimmung der Verlustphase der Anlaufzeit immer nur für jeden Einzelfall vorgenommen. Die anerkannten Verlustzeiträume schwanken von drei bis zu (im Ausnahmefall) vierzehn Jahren.

Von der Anlaufphase eines Unternehmens ist die Markteinführung eines neuen Produkts zu unterscheiden. Dementsprechend sind die betriebsbedingten Anlaufkosten eines Unternehmens von den produktbezogenen Kosten der Markteinführung eines neuen Produktes zu trennen (*s. dazu* unter Markterschließung).

s. M Rn. 341 ff.

s. auch Aquavit-Urteil, Markterschließung, Verluste, Werbung

Anpassungen. Zur Ermittlung von Verrechnungspreisen sind die Umstände zu beachten, auf Grund derer sich die Preise zwischen Fremden im Markt bilden. Soweit sich die Bedingungen des zu beurteilenden Geschäfts und des Vergleichsgeschäfts nicht in vollem Umfang entsprechen, sind die marktentstandenen Daten angemessen zu berichtigen, um sie an die abweichenden Bedingungen des zu beurteilenden Geschäfts anzupassen. Anpassungen können vorgenommen werden, um die Angemessenheit der Ergebnisse zu verbessern, wenn die Auswirkungen solcher Unterschiede auf die Preise (Preisvergleichsmethode), Kosten oder Gewinnaufschläge (Kostenaufschlagsmethode) oder Margen (Wiederverkaufspreismethode, TNMM) mit ausreichender Genauigkeit festgestellt werden können. Anpassungen ermöglichen insbesondere den Standardmethoden ein breiteres Anwendungsgebiet.

Bei einigen Geschäfts- und Vertragsarten verlangen die unterschiedlichen nationalen Regelungen systematische Anpassungen im Zeitverlauf, sog. periodische Anpassungen (*s. dazu* unter Periodische Anpassungen). Einige Staaten verlangen zB periodische Anpassungen der Entgelte bei der Überlassung von immateriellen Wirtschaftsgütern. Wird zB in den USA ein immaterielles Wirtschaftsgut für eine Dauer von mehr als einem Jahr überlassen, unterliegt das verrechnete Entgelt grundsätzlich einer jährlichen Anpassung, um sicherzustellen, dass es dem Einkommen, das dem immateriellen Wirtschaftsgut gerecht wird, entspricht.

Auch Deutschland hat ab Veranlagungszeitraum 2008 eine Regelung eingeführt, bei der unterstellt wird, dass fremde Dritte bei der Überlassung wesentlicher immaterieller Wirtschaftsgüter Anpassungsklauseln vereinbart hätten. Werden derartige Klauseln zwischen verbundenen Unternehmen nicht abgeschlossen, hat die FinVerw. in einem Zeitraum von zehn Jahren einmalig das Recht, den Verrechnungspreis anzupassen, soweit die tatsächlichen Gewinne erheblich von den ursprünglich erwarteten Gewinnen abweichen (§ 1 Abs. 3 S. 11 und 12 AStG).

International gilt es, Anpassungen und Berichtigungen zu unterscheiden. Im Gegensatz zu präventiven Anpassungen bei der Anwendung der Verrechnungspreismethoden durch den Steuerpflichtigen dienen nachträgliche Berichtigungen der Finanzbehörden dem Zweck, die Verminderung von Einkünften rückgängig zu machen (*s. dazu* unter Berichtigung von Einkünften (Erstberichtigung)).

s. C Rn. 23 f., G Rn. 36 ff., G Rn. 167 ff., G Rn. 175 ff., H Rn. 82 ff., M Rn. 25 ff., L Rn. 33 ff.

s. auch Berichtigung von Einkünften (Erstberichtigung), Periodische Anpassungen

Anpassungsklauseln. Dienen den Transaktionsparteien zur Absicherung vor bei Vertragsabschluss nicht absehbaren Entwicklungen des Markts und der erwarteten Profitabilität. Anpassungsklauseln sind zum Teil gesetzlich vorgeschrieben, so de facto in Deutschland ab Veranlagungszeitraum 2008 bei der Übertragung wesentlicher immaterieller Wirtschaftsgüter und bei Funktionsverlagerungen (§ 1 Abs. 3 S. 11 AStG).

s. A Rn. 243 ff., R Rn. 681 ff.

s. auch Anpassungen, Funktionsverlagerung

Aquavit-Urteil. Grundlegendes Urteil des Bundesfinanzhofs (BFH 17.2.1993, I R 3/92, BStBl. II 1993, 457) zur Verrechnungspreisgestaltung bei Vertriebsgesellschaften, insbesondere bei der Neueinführung von Produkten (hier: ein bestimmter dänischer Aquavit in Deutschland). Demnach sollen Vertriebsgesellschaften nur dann Kosten der Markteinführung übernehmen, soweit dies branchenüblich ist und der Vertriebsgesellschaft ein angemessener Betriebsgewinn verbleibt. Verluste werden nur anerkannt, wenn diese innerhalb eines überschaubaren Kalkulationszeitraums ausgeglichen werden. Im entschiedenen Fall sind Verluste von drei Jahren anerkannt worden. Rechtsprechung bestätigt durch das ebenso grundlegende sog. Dokumentations-Urteil des BFH (BFH 17.10.2001, I R 103/00, BStBl. II 2004, 171; IStR 2001, 745).

s. M Rn. 341 ff., insb. M Rn. 354.

s. auch Anlaufphase – Anlaufkosten, Dokumentations-Urteil, Markterschließung, Verluste

Arbeitnehmerentsendung. Soweit insbesondere aus dem Ausland nach Deutschland entsandte Arbeitnehmer Gehälter beziehen, die über das hinausgehen, was im Inland angestellte, vergleichbare Arbeitnehmer verdienen, unterstellt die FinVerw. (BMF 9.11.2001, BStBl. I 2001, 796, „VGr-Arbeitnehmerentsendung"), dass dies eine Verletzung des Fremdvergleichsgrundsatzes darstellen soll, insbesondere, wenn die inländische Tochtergesellschaft keine Gewinne erzielt.

Des Weiteren ist zu beachten, dass insbesondere in dem Fall, in dem Inländer ins Ausland entsandt werden, zu prüfen ist, ob dadurch auch konkretes immaterielles Wissen überlassen oder übertragen wird, sodass neben dem Gehalt mit allen seinen Bestandteilen auch zusätzlich eine Lizenzgebühr für die Überlassung oder eine Vergütung für die Übertragung eines immateriellen Wirtschaftsguts zu entgelten ist (vgl. Tz. 4.2. VGr-Arbeitnehmerentsendung).

s. Q Rn. 1 ff.

Arm's length principle. Das Arm's length principle oder der Maßstab des Fremdvergleichs ist national und international (Art. 9 OECD-MA) *das* bestimmende Element für die Bildung von Verrechnungspreisen.

Nach § 1 AStG ist bei der Beurteilung von Verrechnungspreisen zwischen nahe stehenden Personen der Maßstab des Fremdvergleichs heranzuziehen. Die Geschäftsbeziehungen zwischen nahe stehenden Personen (Definition vgl. § 1 Abs. 2 AStG) werden daraufhin überprüft, ob sich die Beteiligten wie voneinander unabhängige Dritte verhalten haben (Tz. 2.1.1. VGr) und insbesondere, ob unabhängige Dritte unter vergleichbaren Umständen Preise in gleicher Höhe vereinbart hätten (vgl. Tz. 2.1.4. VGr).

Voraussetzung für die Anerkennung der Verrechnungspreise ist die zivilrechtlich wirksame Vereinbarung derselben (vgl. Tz. 1.4.1. VGr). Die Lieferungen oder Leistungen müssen im Interesse des Empfängers liegen, tatsächlich erbracht und betrieblich veranlasst sein und dürfen ihren Rechtsgrund nicht in gesellschaftsrechtlichen Beziehungen haben (Tz. 1.4.1. VGr). Bei Lieferungs- und Leistungsbeziehungen zwischen einer Gesellschaft und ihrem beherrschenden Gesellschafter galt es nach der Rechtsprechung des BFH bis zu seinem Urteil vom 11.10.2012 und ihm folgend der FinVerw. zusätzlich, die Forderung nach Abschluss einer klaren und eindeutigen Vereinbarung im Vorhinein (*s. dazu* unter Klare und eindeutige Vereinbarungen im Vorhinein) zu beachten, auch wenn diese von Art. 9 OECD-MA nicht gefordert und daher im zwischenstaatlichen Rechtshilfeverfahren nicht beachtlich ist.

Als Maßstab des Fremdvergleichs wird die verkehrsübliche Sorgfalt eines ordentlichen und gewissenhaften Geschäftsleiters gegenüber Fremden zugrunde gelegt (§ 1 Abs. 1 S. 3 AStG, Tz. 2.1.1. VGr). Dabei werden dem ordentlichen Geschäftsleiter Entscheidungsspielräume zugestanden (Tz. 2.1.8. VGr). Er kann den Verrechnungspreis nach einer von ihm auszuwählenden Methode mit der gebotenen Sorgfalt aus den ihm zugänglichen Daten ableiten.

s. A Rn. 160 ff., B Rn. 58 ff., B Rn. 116 ff., C Rn. 1 ff.

s. auch Klare und eindeutige Vereinbarungen im Vorhinein, Hypothetischer Fremdvergleich, OECD-Richtlinien, Ordentlicher und gewissenhafter Geschäftsleiter

Arm's length range. s. Bandbreiten

Assistenzleistungen. Unter Assistenzleistungen sind Tätigkeiten der Muttergesellschaft bzw. anderer Konzerngesellschaften zu verstehen, die nicht die eigentliche Haupttätigkeit des Unternehmens zum Inhalt, sondern unterstützenden Charakter haben und die ihrer Art nach auch von einem unabhängigen Dienstleistungsunternehmen erbracht werden könnten. Zu den Assistenzleistungen zählen zB Finanzberatung, Buchführung, Fortbildung, Rechtsberatung, Steuerberatung, Marketingberatung, Logistikberatung, Personalberatung, EDV-Beratung, Produktforschung, Marktforschung und Werbemaßnahmen, soweit sie nicht die Haupttätigkeit des Unternehmens darstellen. Da auch einem fremden Dritten die Dienstleistung zu vergüten wäre, muss auch der leistungserbringenden Konzerngesellschaft ein marktüblicher Fremdpreis bezahlt werden.

Assistenzleistungen sind von Managementleistungen und Kontrollleistungen zu unterscheiden (s. dazu unter Kontrollleistungen, Managementleistungen). International gehen die Auffassungen und Definitionen darüber auseinander, welche Arten von Dienstleistungen verrechnet werden dürfen und ob ein Gewinnaufschlag angesetzt werden darf. Nach Tz. 6., insb. Tz. 6.3.1. der VGr, sind aus deutscher Sicht Assistenzleistungen verrechenbar.

Assistenzleistungen zählen zudem zu den Hilfstätigkeiten der Poolmitglieder iSd Kostenumlageschreibens der FinVerw. (Tz. 1.1. BMF 30.12.1999, BStBl. I 1999, 1122, „VGr-Kostenumlagen") und können daher auch in eine Kostenumlage einbezogen werden.

s. B Rn. 162 ff., N Rn. 51 ff.

s. auch Dienstleistungen, Kontrollleistungen, Kostenumlage, Managementleistungen, Regiekosten

Associated enterprises. s. Verbundene Unternehmen

Auftragsfertigung (Contract manufacturing). Häufig funktionsstarkes Produktionsunternehmen, das in der Regel Fertigprodukte in hoher oder sogar voller Fertigungstiefe herstellt, Eigentum an seinen Gütern und Waren erwirbt, häufig erkennbare eigene Produktionstechnologie besitzt und den Einkauf der (Vor)Produkte weitgehend selbständig verantwortet, allerdings seine gesamte Produktion mit Abnahmegarantie an ein Konzernunternehmen zum Weiterverkauf abgibt und daher kein Marktrisiko trägt. Der Gewinnaufschlag kann substantiell sein und wird in aller Regel auf die selbst verursachten Kosten einschließlich der Materialkosten vorgenommen.

s. M Rn. 173 ff., N Rn. 443 ff., R Rn. 934 ff.

s. auch Lohnfertigung, Lohnveredlung

Auftragsforschung. Übernahme von Forschungsleistungen für einen Auftraggeber, der die Risiken aus der Forschung trägt und dem auch die Forschungsergebnisse rechtlich gehören. Die Auftragsforschung hat Parallelen zur Lohnfertigung. Im Regelfall kommt die Kostenaufschlagsmethode zur Bestimmung des Auftragsforscherentgelts zur Anwendung.

s. O Rn. 125 f., O Rn. 181 ff.

s. auch Grundlagenforschung, Kommissionärsmodelle, Lohnfertigung

Aufwand. Aufwand ist der in Geld ausgedrückte Güter- und Diensteverzehr für Rechnung der Unternehmung innerhalb eines bestimmten Rechnungszeitabschnitts. Die Ausgaben eines Zeitabschnitts brauchen mit den Aufwendungen des gleichen Zeitabschnitts zeitlich nicht übereinzustimmen. Die Ausgaben brauchen sich auch sachlich nicht mit dem Aufwand zu decken. Es gibt Aufwendungen, die nicht auf Ausgaben beruhen (zB Verzehr unentgeltlich erworbener Güter), umgekehrt sind Ausgaben denkbar, die nicht Aufwandcharakter haben (zB abziehbare Vorsteuern, durchlaufende Posten, abgeführte Lohnsteuer, Umsatzsteuerzahllast). Fehlt es lediglich an zeitlicher Übereinstimmung, ist im Rahmen der gesetzlichen Bestimmungen eine Abgrenzung erforderlich.

Wegen der Abgrenzung des Aufwands von den Kosten *s. unter* Kosten.

International ist die Abgrenzung der Begriffe Ausgaben, Aufwendungen und Kosten umstritten. Zudem führen die unterschiedlichen nationalen Rechnungslegungsvorschriften zu abweichenden sachlichen Inhalten der Begriffe. Im Einzelfall ist daher insbesondere bei Anwendung der Kostenaufschlagsmethode darauf zu achten, dass die Begriffe Ausgaben, Aufwendungen und Kosten gleichartig angewendet werden.

s. auch Ausgaben, Kosten

Aufwandszuordnung. *s.* Betriebstätten

Ausgaben. Die Ausgaben umfassen alle Ausgänge an Geld und Geldwerten, bezogen auf den Zeitpunkt der Verausgabung.

s. auch Aufwand, Kosten

Austrittszahlungen (Buy out Payments). Zahlungen eines Forschungs- und Entwicklungs-Pools an ein ausscheidendes Poolmitglied, wenn dieses mit dem Ausscheiden das Recht verliert, die mit finanzierten Forschungs- und Entwicklungserkenntnisse des Pools in Zukunft weiter zu nutzen. Vorstellbar sind auch Austrittszahlungen eines ausscheidenden Poolmitglieds, wenn dieses zB Erkenntnisse des Pools weiter nutzen darf.

Bei Umlagen im Rahmen von administrativen Dienstleistungen (Managementumlagen) sind Austrittszahlungen nicht üblich, da der Pool idR keine wesentlichen immateriellen Werte schafft, sondern auf administrative Effizienz ausgerichtet ist.

s. B Rn. 172 f., N Rn. 344 ff., O Rn. 236 ff.

s. auch Eintrittszahlungen (Buy in Payments), Kostenumlage, Umlagevertrag

Authorised OECD Approach. *s.* Betriebstätten

Bandbreiten. Da die Festsetzung von Verrechnungspreisen keine exakte Wissenschaft ist, gibt es in der Praxis viele Fälle, in denen auch die Anwendung der geeignetsten Methode bzw. Methoden eine Bandbreite von Ergebnissen hervorbringt, von denen jeder Vergleichswert gleich zuverlässig und angemessen ist.

Schon die VGr von 1983 haben zwar nicht ausdrücklich Verrechnungspreisbandbreiten anerkannt, jedoch an zahlreichen Stellen Ausführungen enthalten, die de facto derartige Bandbreiten zuliessen, zB zum Ermessensspielraum des Geschäftsleiters bei der Auswahl der Verrechnungspreismethode (Tz. 2.4.1. VGr) oder zur Anwendung mehrerer Methoden (Tz. 2.4.2. VGr).

Der BFH hat die Existenz von Bandbreiten anzuerkennender Verrechnungspreise zuletzt im sog. Dokumentations-Urteil ausdrücklich anerkannt (BFH 17.10.2001, I R 103/00, IStR 2001, 745, BStBl. II 2004, 171). Die VGr-Verfahren (BMF 12.4.2005, BStBl. I 2001, 570) enthalten in Tz. 3.4.12.5. detaillierte Angaben, unter welchen Bedingungen die FinVerw. Bandbreiten von Verrechnungspreisen anerkennt und wie sie diese zur Sicherstellung der Vergleichbarkeit einengt. Die Vorgehensweise entspricht weitgehend der US interquartile range.

Seit dem Veranlagungszeitraum 2008 sind Verrechnungspreisbandbreiten auch ausdrücklich gesetzlich anerkannt. Dabei bilden bei uneingeschränkt vergleichbaren

Fremdvergleichswerten alle derart gewonnenen Vergleichswerte die Bandbreite, bei nur eingeschränkt vergleichbaren Fremdvergleichswerten ist die sich ergebende Bandbreite nach der Interquartilsmethode einzuengen (§ 1 Abs. 3 S. 1 und 3 AStG). Die US-Verrechnungspreisrichtlinien erkennen Bandbreiten unter bestimmten Konkretisierungsvoraussetzungen (u. a. sog. interquartile range) an, ebenso die OECD-Richtlinie 2010 (Tz. 3.55–3.62).

s. A Rn. 220 ff., B Rn. 124 ff., H Rn. 14 ff.

Bargaining Theory. *s.* Spieltheorie

Base Erosion and Profit Shifting. *s.* BEPS

Beitragsanalyse. *s.* Contribution Analysis

BEPS. Am 19. Juli 2013 hat die OECD einen Aktionsplan zu „Base Erosion and Profit Shifting" (BEPS) veröffentlicht. Er umfasst 15 Punkte, von denen insbesondere die Aktionspunkte 8 (Verhinderung von unangemessenen Gewinnverlagerungen durch konzerninterne Übertragung oder Überlassung immaterieller Wirtschaftsgüter), 9 (Verhinderung von unangemessenen Gewinnverlagerungen durch konzerninterne Verlagerung von Risiken oder die Zuordnung unangemessen hohen Kapitals auf Konzerngesellschaften), 10 (Verhinderung von unangemessenen Gewinnverlagerungen durch „andere Hoch-Risiko-Transaktionen" wie zB Managementgebühren oder Konzernumlagen) und 13 (Überarbeitung der Standards für Verrechnungspreisdokumentationen; ggf. Einführung eines sog. Country-by-Country Reporting) schwerpunktmäßig an Verrechnungspreisfragen anknüpfen:

s. B Rn. 269 ff.

Berichtigung von Einkünften (Erstberichtigung). Das Wort Berichtigung bezeichnet im Zusammenhang mit Verrechnungspreisen das Rückgängigmachen der Einkunftsminderung durch die Finanzbehörden. Dies kann je nach Sachlage innerhalb oder außerhalb der Bilanz erfolgen. Zur zulässigen Form der (Erst-)Berichtigung und zu den Rechtsfolgen von Berichtigungen vgl. insb. Tz. 5 VGr-Verfahren. Die Berichtigung kann nicht weiter gehen als die nachgewiesene Einkunftsminderung. Allerdings erheben einige Staaten, wie zB die USA oder seit 2004 auch Deutschland, zusätzlich Bußgelder.

s. A Rn. 21 ff., A Rn. 61 ff., B Rn. 19 ff.

s. auch Folgeberichtigung, Gegenberichtigung, Sekundärberichtigung, Strafzuschläge

Berichtigung von Einkünften (Voraussetzungen nach § 1 AStG). § 1 Abs. 1 S. 1 AStG lässt die Berichtigung von Einkünften bei Geschäftsbeziehungen zum Ausland durch die deutschen Finanzbehörden unter folgenden Voraussetzungen zu: „Werden Einkünfte eines Steuerpflichtigen aus einer Geschäftsbeziehung zum Ausland mit einer ihm nahe stehenden Person dadurch gemindert, dass er seiner Einkünfteermittlung andere Bedingungen, insbesondere Preise (Verrechnungspreise), zugrunde legt, als sie voneinander unabhängige Dritte unter gleichen oder vergleichbaren Verhältnissen vereinbart hätten (Fremdvergleichsgrundsatz), sind seine Einkünfte unbeschadet anderer Vorschriften so anzusetzen, wie sie unter den zwischen voneinander unabhängigen Dritten vereinbarten Bedingungen angefallen wären."

Nach § 1 Abs. 2 AStG liegen die Voraussetzungen für die Annahme einer nahe stehenden Person insbesondere in folgenden Fällen vor:

– wesentliche Beteiligung (≥ 25 % des Nennkapitals) oder beherrschender Einfluss eines Geschäftspartners auf den anderen,

– wesentliche Beteiligung (≥ 25 % des Nennkapitals) oder beherrschender Einfluss einer Person auf beide Geschäftspartner,

– außergeschäftliche Einflussmöglichkeit oder eigenes Interesse des einen Geschäftspartners an der Einkunftserzielung des anderen Geschäftspartners.

Zu beachten ist, dass durch § 1 AStG der Personenkreis weiter gefasst ist als bei der verdeckten Gewinnausschüttung und bei der verdeckten Einlage.

§ 1 Abs. 4 AStG definiert den Begriff der Geschäftsbeziehung im vorgenannten Sinne für nahe stehende Personen dahingehend, dass die zugrunde liegenden Einkünfte entweder beim Steuerpflichtigen oder bei der nahe stehenden Person auf einer Tätigkeit beruhen, auf die §§ 13, 15, 18 oder 21 EStG anzuwenden sind bzw. anzuwenden wären, wenn die Tätigkeit im Inland vorgenommen würde, bzw. im Falle eines Stammhauses und seiner Betriebstätte als die Geschäftsvorfälle, die sich aus den anzunehmenden schuldrechtlichen Beziehungen ergeben.

Sofern die Voraussetzungen einer verdeckten Gewinnausschüttung oder einer verdeckten Einlage und die des § 1 AStG gleichzeitig gegeben sind, gehen die Grundsätze über die verdeckte Gewinnausschüttung oder die verdeckte Einlage vor (§ 1 AStG als subsidiäre Auffangvorschrift, hM, vgl. Tz. 1.1.3. der VGr; Tz. 5.3.3. VGr-Verfahren). Führt allerdings die Anwendung des Fremdvergleichsgrundsatzes nach § 1 AStG zu weitergehenden Berichtigungen als die anderen Rechtsvorschriften, ist die weiterreichende Berichtigung zusätzlich anzuwenden (§ 1 Abs. 1 S. 4 AStG).

Es bestehen nach dem BFH-Beschluss vom 21.6.2001 (BFH 21.6.2001, DStR 2001, 1290) nach wie vor und gerade wegen der EuGH-Entscheidung in Sachen SGI vom 21.1.2010 (IStR 2010, 144) ernsthafte Zweifel, dass § 1 AStG mit Europarecht vereinbar ist.

s. A Rn. 21 ff., A Rn. 61 ff., A Rn. 161 ff., A Rn. 262 ff., A Rn. 350 ff.

s. auch Europarechtswidrigkeit deutscher Vorschriften, Verdeckte Einlage, Verdeckte Gewinnausschüttung,

Berry Ratio. Die Berry Ratio ist definiert als das Verhältnis von Bruttogewinn (Gross Profit) zu betriebsnotwendigen Ausgaben (Operating Expenses); sie misst eine Art Aufschlag (Mark-up), der aus dem Einsatz der Operating Expenses resultiert und ist vor allem dann eine mögliche und zuverlässige Kennzahl, wenn die Operating Expenses den wesentlichen Teil der Betriebsausgaben ausmachen und Funktionen und Risiken nicht in einem proportionalen Verhältnis zu den Verkaufserlösen stehen, insbesondere angewandt bei bestimmten funktionsschwachen Vertriebsgesellschaften.

s. B Rn. 107.

s. auch Wiederverkaufspreismethode

Best method rule. s. Rangfolge der Methoden

Betriebstätten (Gewinnermittlung und -berichtigung). Im Jahr 2010 hat die OECD ihre Methode für die Gewinnabgrenzung zwischen Stammhaus und Betriebstätte umfassend geändert und Art. 7 OECD-MA und den zugehörigen Muster-Kommentar sowie den Betriebstättenbericht revidiert.

Nach der Neufassung von Art. 7 Abs. 2 OECD-MA 2010, dem sog. Authorised OECD Approach („AOA"), sind die Gewinne, die einer Betriebsstätte zugerechnet werden können, die Gewinne, die sie hätte erzielen können, insbesondere im Verkehr mit anderen Teilen des Unternehmens, dessen Betriebsstätte sie ist, wenn sie als selbstständiges und unabhängiges Unternehmen eine gleiche oder ähnliche Geschäftstätigkeit unter gleichen oder ähnlichen Bedingungen ausgeübt hätte; dabei sind die vom Unternehmen durch die Betriebstätte und durch andere Unternehmensteile ausgeübten Funktionen, eingesetzten Wirtschaftsgüter und übernommenen Risiken zu berücksichtigen.

Die Betriebstätte wird also im AOA als (fiktiv) selbständiges Unternehmen behandelt und nach einer Funktions- und Risikoanalyse für die anzunehmenden schuldrechtlichen Beziehungen („dealings") Verrechnungspreise nach den für verbundene Unternehmen geltenden allgemeinen Grundsätzen ermittelt. Deutschland hat die Regelungen des AOA ab 2013 in deutsches Recht umgesetzt (§ 1 Abs. 4 und 5 AStG). Berichtigungen von Verrechnungspreisen zwischen Stammhaus und Betriebstätte erfolgen nach § 1 AStG, da die Vorschriften zur verdeckten Gewinnausschüttung und verdeckten Einlage nicht anwendbar bleiben.

Nach früherer Auffassung der OECD bis Art. 7 Abs. 2 OECD-MA 2008 wurden die Gewinne von Stammhaus und Betriebstätte dadurch abgegrenzt, dass Erträge und Aufwendungen den beiden Unternehmensteilen (direkt oder indirekt) zuge-

ordnet wurden und keine Gewinnrealisierung zwischen den beiden Unternehmensteilen erfolgte, wie dies bei der Anwendung der Verrechnungspreismethoden unter dem AOA geschieht. Eine gewisse Durchbrechung dieses Aufwands- und Ertragszuordnungsprinzips ergab sich nach Auffassung der FinVerw. bei der Überführung materieller und immaterieller Wirtschaftsgüter vom inländischen Stammhaus in eine Auslandsbetriebsstätte, die zu einer (aufgeschobenen) Gewinnrealisierung führen sollte. Eine Berichtigung einer unangemessenen Ertrags- und Aufwandszuordnung konnte mangels rechtlicher Selbstständigkeit der Betriebstätte nicht nach den Grundsätzen über die verdeckte Gewinnausschüttung oder verdeckte Einlage und auch nicht nach § 1 AStG vorgenommen werden. Die Rechtfertigung für die Berichtigung ergab sich aus allgemeinen Zuordnungsregelungen (§ 50 Abs. 1 S. 1 EStG). Die detaillierte Auffassung der FinVerw. zu früheren Recht ergibt sich aus den sog. Betriebsstätten-VGr (BMF 24.12.1999, BStBl. I 1999, 1076). Eine Verordnung zum AOA (Betriebsstättengewinnaufteilungsverordnung – BsGaV) und ein entsprechendes BMF-Schreiben sind in Vorbereitung.
s. L Rn. 1 ff.

Beweislast. Nach herrschender Auffassung tragen die objektive Beweislast dafür, dass Verrechnungspreise einem Fremdvergleich nicht standhalten, in Deutschland die deutschen Finanzbehörden. Auch die Verletzung von Mitwirkungspflichten führt nicht automatisch zu einer Umkehr der Beweislast. Allerdings können bei einer Verletzung der Mitwirkungspflicht im Rahmen der Beweiswürdigung für den Steuerpflichtigen nachteilige Schlüsse gezogen werden und ggf. Besteuerungsgrundlagen geschätzt werden (vgl. iE Tz. 4 VGr-Verfahren).
International ist die Beweislast unterschiedlich geregelt. So trägt in den USA grundsätzlich der Steuerpflichtige die Beweislast für die Richtigkeit der Verrechnungspreise. Ähnliche Bestrebungen bestehen faktisch auch in Deutschland unter den 2003/ 2004 eingeführten Dokumentationsvorschriften und der dazu ergangenen Gewinnabgrenzungsaufzeichnungsverordnung (GAufzV) vom 13.11.2003 (sog. Angemessenheitsdokumentation).
s. B Rn. 127 f., F Rn. 75 ff.

Bürgschaften. Übernimmt eine Person für einen Nahestehenden eine Bürgschaft, so können diese hieraus erwachsenden Rechtsfolgen (zB spätere Bürgschaftszahlungen) die Einkünfte dieser Person als Betriebsausgaben steuerlich nur dann mindern, wenn diese die Bürgschaft bei Anwendung der Sorgfalt eines ordentlichen Geschäftsleiters auch für einen fremden Dritten übernommen hätte. Dies setzt voraus, dass die Bürgschaftsübernahme einen außerhalb des Gesellschaftsverhältnisses liegenden wirtschaftlichen Grund hat. Für die Übernahme der Bürgschaft ist eine Provision anzusetzen, wie sie auch zwischen fremden Dritten vereinbart worden wäre. Umstritten ist die Behandlung und Anerkennung von rechtlich nicht bindenden, faktischen Bürgschaften aus der Konzernzugehörigkeit heraus („implicit guarantees", „halo effect").
s. P Rn. 92 ff.

Business Process Analysis. Die Business Process Analysis (auch Wertschöpfungskettenanalyse – § 4 Nr. 3b) GAufzV) setzt im Gegensatz zur traditionellen Funktions- und Risikoanalyse nicht bei der Untersuchung von einzelnen rechtlichen Einheiten hinsichtlich ihrer Funktionen, Risiken und Wirtschaftsgüter an, sondern an den betriebswirtschaftlichen Megaprozessen und bricht diese auf Einzelprozesse in der Wertschöpfungskette der Unternehmensgruppe hinunter, bevor sie im letzten Schritt die Einzelprozesse den rechtlichen Einheiten zuordnet.
s. M Rn. 137 ff.
s. auch Funktionsanalyse, Wertschöpfungsanalyse

Cash Management, Cash Pooling. Unter Cash Management und seiner Unterform Cash Pooling versteht man das tatsächliche oder virtuelle Saldieren verschiedener Bankkonten zur Verbesserung der Liquidität eines Unternehmens und zur Verminderung von Überziehungszinsen. Aus Verrechnungspreissicht ergeben sich vor allem Fragestellungen zur Höhe des Zinssatzes, den ein am Cash Pool beteiligtes Unternehmen tatsächlich oder virtuell an den Cash Pool zu entrichten hat bzw. von diesem vergütet erhält, und zur Frage der Deckung der für den Pool anfallenden Kosten durch Einbeziehung in den Zinsspread oder durch Kostenumlage.

s. auch Kostenumlage, Netting

s. P Rn. 125 ff.

COGS. Costs of goods sold, Wareneinsatz.

s. auch Einstandspreise.

Comparable profits method (CPM). *s.* Gewinnvergleichsmethode

s. auch Äußerer Betriebsvergleich

Comparable uncontrolled price method (CUP). *s.* Preisvergleichsmethode

Competent authority procedure. *s.* Verständigungsverfahren

Consignment manufacturer. *s.* Lohnfertigung

Contract manufacturer. *s.* Auftragsfertigung

Contribution analysis. Die Beitragsanalyse (Contribution analysis) ist nach der OECD-Richtlinie 2010 und ebenso nach den US-Verrechnungspreisrichtlinien eine der beiden Untermethoden der Gewinnaufteilungsmethode (Profit Split). Dabei wird der Gesamtgewinn zwischen den verbundenen Unternehmen auf der Grundlage des relativen Werts der von ihnen ausgeübten Funktionen aufgeteilt, die sich aus einer durchzuführenden Funktionsanalyse ergeben.

s. B Rn. 113, D Rn. 450 ff., H Rn. 117 ff.

s. auch Funktionsanalyse, Gewinnaufteilungsmethode, Residual Analysis

Controlled transactions. Geschäftsbeziehungen zwischen verbundenen Unternehmen.

Corresponding adjustment. *s.* Gegenberichtigung

Cost allocation agreements. Im US-Verrechnungspreisrecht Bezeichnung für Umlageverträge für Verwaltungsdienstleistungen, im Gegensatz zu Cost sharing (oder Cost contribution) arrangements als Bezeichnung für Forschungs- und Entwicklungspools.

s. auch Kostenumlage, Umlageschlüssel, Umlagevertrag

s. N Rn. 281 ff., N Rn. 401 ff.

Cost plus method. *s.* Kostenaufschlagsmethode

Cost sharing arrangement. Im US-Verrechnungspreisrecht Bezeichnung für Forschungs- und Entwicklungspools (häufig auch Cost contribution arrangements), im Gegensatz zu Cost allocation agreements als Bezeichnung für Umlageverträge für Verwaltungsdienstleistungen.

s. auch Kostenumlage, Umlageschlüssel, Umlagevertrag

s. N Rn. 281 ff., N Rn. 401 ff.

Country-by-country reporting. *s.* BEPS.

Darlehen. Aus Verrechnungspreissicht sind bei der Gewährung von Darlehen neben der Höhe des Zinssatzes in Abhängigkeit von Kreditvolumen, Laufzeit, Sicherheiten und sonstigen Umständen der Darlehensgewährung auch Beschränkungen bei der Zulässigkeit von Gesellschafter-Fremdfinanzierungen zu beachten.

s. A Rn. 300 ff., P Rn. 1 ff.

s. auch Gesellschafter-Fremdfinanzierung, Verzinsung, Zinssätze

Datenbanken. Die Festsetzung von Verrechnungspreisen orientiert sich stets am Verhalten fremder Dritter. Da es in der Praxis erhebliche Schwierigkeiten bereitet, das Verhalten fremder Dritter bei der Festlegung von Preisen im Einzelfall nachzuweisen, greift die Verrechnungspreispraxis häufig auf Datenbanken zurück, die Finanzdaten von Unternehmen enthalten und deren Analyse erlaubt, Bandbreiten von anzuerkennenden Verrechnungspreisen zu ermitteln. Dies ist mittlerweile in allen

Staaten mit der wichtigen Ausnahme Brasilien eine praktisch unverzichtbare Vorgehensweise. Es bestehen jedoch erkennbare Unterschiede in der Anwendung und dem Gewicht, dem Datenbankstudien zugebilligt werden. So bestehen einzelne Länder zumeist faktisch auf der Nutzung bestimmter Datenbanken (zB China, Frankreich, Australien, Russland, Japan). Da die Daten in Datenbanken idR aus relativ wenigen Industrieländern stammen, in denen Jahresabschlüsse umfassend offengelegt werden und, wenn überhaupt, nur in sehr geringem Umfang Daten aus Schwellen- und Entwicklungsländern verfügbar sind, wird von diesen, zB von Südafrika, zunehmend in Frage gestellt, ob Daten aus Industrieländern aufgrund ihres Risikoprofils überhaupt ein Vergleichsmaßstab für gleichartige Tätigkeiten in einem Schwellen- oder Entwicklungsland sein können. Deutschland dagegen erkennt zwar an, dass Datenbankanalysen einen Erkenntniswert haben, stellt allerdings im internationalen Vergleich sehr hohe Anforderungen an die Vergleichbarkeit von Vergleichsunternehmen und Finanzdaten aus Datenbanken.

s. B Rn. 120, G Rn. 36 ff., H Rn. 19 ff.

s. auch Arm's length principle, Gewinnmethoden, Standardmethoden, Vergleichbarkeit.

Dienstleistungen. In den Steuergesetzen wird der Begriff der „Dienstleistungen" zwar zum Teil verwendet, jedoch nicht einheitlich definiert. Dies erklärt auch, warum der Begriff der „Dienstleistungen" im Steuerrecht teilweise weiter ausgelegt wird als im Zivilrecht und auch solche Leistungen einbezieht, die nach zivilrechtlichen Maßstäben keinen Dienstleistungscharakter haben.

Auch die VGr definieren keinen einheitlichen Dienstleistungsbegriff, sondern kommentieren die Verrechnung von Dienstleistungen in drei unterschiedlichen Gliederungspunkten:

– In Tz. 3.2. der VGr: Gewerbliche Dienstleistungen;

– in Tz. 3.2.2. iVm Tz. 5 der VGr: Dienstleistungen als Sonderbereich der Forschung und Entwicklung;

– in Tz. 3.2.2. iVm Tz. 6 der VGr: Dienstleistungen als Sonderbereich verwaltungsbezogener Tätigkeiten.

International gelten unterschiedliche Definitionen von Dienstleistungen. So unterscheidet die OECD zwischen

– Dienstleistungen, die mit der Kontrollfunktion der Muttergesellschaft als Gesellschafterin zusammenhängen (Kontrollleistungen) – nicht abzugsfähig;

– konzerninternen Managementleistungen, die allerdings auch von konzernfremden Dritten erbracht werden können (Managementleistungen) – abzugsfähig;

– Dienstleistungen, die auch spezialisierte unabhängige Dienstleistungsunternehmen anderen Unternehmen erbringen können (Assistenzleistungen) – abzugsfähig.

Nach deutschem Recht richtet sich die steuerliche Abzugsfähigkeit von Aufwendungen grundsätzlich nach deren betrieblicher Veranlassung. Ist die Leistung durch den Leistungsempfänger betrieblich veranlasst, dann ist sie aus der Sicht des Leistenden verrechenbar, insbesondere neben Managementleistungen Assistenzleistungen (zB EDV-Support, Buchhaltungsleistungen, Marketingunterstützung).

Ausgaben für Dienstleistungen auf gesellschaftsrechtlicher Basis werden idR als Gesellschafteraufwand, Kontrollkosten, stewardship expenses oder control costs bezeichnet. Diese im Interesse der Muttergesellschaft erbrachten Leistungen können nicht an die Tochtergesellschaften belastet werden.

Dienstleistungen können im Wege der Einzelabrechnung oder über Kostenumlageverträge dem Leistungsempfänger in Rechnung gestellt werden. Streitpunkte sind dabei insbesondere neben dem zulässigen Inhalt und Umfang der Kostenumlage die Bestimmung des Umlageschlüssels und die Frage des Gewinnaufschlags.

s. B Rn. 166 ff., N Rn. 1 ff.

s. auch Assistenzleistungen, Kontrollleistungen, Managementleistungen, Regiekosten, Umlageschlüssel, Umlagevertrag.

Direkte Methode. Bezeichnung für die direkte Zuordnung von Erträgen und Aufwendungen zu Stammhaus oder Betriebstätte unter der bis zum Art. 7 Abs. 2 OECD-MA 2008 geltenden Gewinnaufteilungsmethode der OECD.
s. auch Betriebstätten, Indirekte Methode.

Dokumentation. Die Dokumentation von Verrechnungspreisen steht seit Jahren im Mittelpunkt der weltweiten gesetzgeberischen Aktivität bei Verrechnungspreisen. Der Steuerpflichtige wird in vielen Staaten der Welt verpflichtet, seine Bemühungen, dem arm's length-Prinzip zu genügen, zu dokumentieren und relevante Unterlagen, die im normalen Geschäftsverlauf anfallen, aufzubewahren. International sind dabei die Grenzen der Dokumentationspflicht umstritten.

Die OECD-Richtlinie 2010 unterscheidet zwischen Dokumenten, die erforderlich sind, und solchen, die nur nützlich sind, aber vom Steuerpflichtigen nicht verlangt werden können.

Dokumentationspflichten bestehen gesetzlich oder faktisch in allen Industrie- und Schwellenländern sowie in einer zunehmenden Zahl von Entwicklungsländern. Eine Verbesserung der Verrechnungspreisdokumentation ist einer der Action points (Nr. 13) der sog. BEPS-Initiative der OECD.

In Deutschland sind als Reaktion auf die Grundsatzentscheidung des Bundesfinanzhofs zur Dokumentation von Verrechnungspreisen (BFH 17.10.2001, BStBl. II 2004, 171, IStR 2001, 745) ab 2003 strikte Dokumentationsvorschriften für Verrechnungspreise und ab 2004 damit verbundene Strafzuschläge eingeführt worden (§ 90 Abs. 3 AO und § 162 Abs. 3 und 4 AO). Der Umfang und Inhalt der von der FinVerw. erwarteten Dokumentation ist in einer Rechtsverordnung (Gewinnabgrenzungsaufzeichnungsverordnung (GAufzV) vom 13.11.2003, BGBl. I 2003, 2296) im Einzelnen geregelt. Zu beiden und weiteren gesetzlichen Quellen wie § 90 AO ist wiederum ein ausführliches BMF-Schreiben (BMF 12.4.2005, VGr-Verfahren, BStBl. I 2005, 570) ergangen.

s. B Rn. 151 f., E Rn. 1 ff., F Rn. 51 ff., R Rn. 741 ff.
s. auch BEPS, Dokumentations-Urteil, Strafzuschläge

Dokumentations-Urteil. Grundlegendes Urteil des BFH (BFH 17.10.2001, I R 103/00, BStBl. II 2004, 171, IStR 2001, 745) zur Beweislastverteilung in einer Betriebsprüfung, zur Verwendung und Beweiskraft von sogenannten „secret comparables", zur Anerkennung von Bandbreiten von Verrechnungspreisen sowie zur Anwendung der Wiederverkaufspreis- und Preisvergleichsmethode auf Vertriebsgesellschaften. Es bestätigt das BFH-Urteil vom 17.2.1993 (BFH 17.2.1993, BStBl. II 1993, 457; sog. Aquavit-Urteil) insbesondere hinsichtlich der Behandlung von Markterschließungskosten bei der Neueinführung von Produkten und der zeitlich nur begrenzten Anerkennung von Verlusten bei Vertriebsgesellschaften. Das Dokumentations-Urteil war Auslöser der gesetzlichen Dokumentationspflichten nach § 90 Abs. 3 AO.

s. B Rn. 151 f., E Rn. 1 ff., F Rn. 51 ff.
s. auch Aquavit-Urteil, Dokumentation

Doppelbesteuerungsabkommen (Berichtigung von Einkünften nach Art. 9 OECD-MA). Alle deutschen DBA enthalten eine dem Art. 9 Abs. 1 OECD-MA entsprechende Regelung, die Gewinnkorrekturen bei Verstößen gegen den Arm's-Length-Grundsatz ermöglicht (sog. Erstberichtigung). Vorrangige Spezialregelungen bestehen zum Teil für Zinsen (Art. 11 Abs. 6 OECD-MA) und Lizenzgebühren (Art. 12 Abs. 4 OECD-MA). Die DBA-Vorschriften stellen Schranken dar, die es den Vertragsstaaten verwehren, über die im Abkommen niedergelegten Grenzen hinaus ihre innerstaatlichen Ergebniskorrekturvorschriften anzuwenden. Die Vertragsstaaten werden umgekehrt nicht dazu verpflichtet, eine nach ihrem innerstaatlichen Recht nicht vorgesehene Besteuerung auf den in der Abkommensklausel gesetzten Rahmen zu erweitern.

Ein Problem bei der Korrektur von Verrechnungspreisen stellen die sog. Folgeberichtigungen, die Sekundär- oder Zweitberichtigungen sowie die sog. korrespondie-

renden Berichtigungen im anderen Staat dar. Folgeberichtigungen sind sich aus der
Erstberichtigung ergebende Besteuerungswirkungen in Folgeperioden. Sekundär-
bzw. Zweitberichtigungen beschreiben die Steuerfolgen, die dadurch ausgelöst werden, dass nach der Erstberichtigung auch die bilanziellen Folgen aus der zunächst
falschen Gewinnallokation noch rückgängig gemacht werden müssen. Dies ist immer dann der Fall, wenn die Erstberichtigung außerbilanziell, zB nach § 1 AStG erfolgt ist. Zu Gegenberichtigungen besteht regelmäßig keine Verpflichtung, da die
deutschen DBA mit seltenen Ausnahmen keine Art. 9 Abs. 2 OECD-MA nachgebildete Vorschrift zur korrespondierenden Berichtigung enthalten. Prozessual stellt
dies aber aufgrund der allgemeinen Vorschriften des deutschen Steuerrechts und
§ 175a AO kein Problem dar.

s. B Rn. 1 ff.

s. auch Berichtigung von Einkünften (Erstberichtigung), Folgeberichtigung, Gegenberichtigung, Sekundärberichtigung

E-Commerce. E-Commerce-Transaktionen sind nach den allgemeinen Regeln für
Geschäfte unter verbundenen Unternehmen zu behandeln und zu beurteilen. Allerdings bereitet gerade die Entscheidung darüber, ob ein Server eine Betriebstätte darstellt und welcher Gewinn einer solchen möglichen Betriebstätte zuzurechnen ist,
erhebliche Schwierigkeiten. Nach Art. 5 OECD-MA kann ein Server (nicht aber
eine Website) eine Betriebstätte begründen, wenn ein Server eine hinreichend lange
Zeit an einem Ort verbleiben soll und damit das Merkmal einer festen Geschäftseinrichtung darstellt. Die Anwesenheit von Personal wird nicht als entscheidend angesehen. Eine Betriebstätte iSd OECD-MA kann der Server aber erst dann darstellen,
wenn mit ihm Haupt- oder Kernfunktionen eines Unternehmens und nicht nur
vorbereitende oder Hilfstätigkeiten ausgeübt werden. Die Zuordnung von Gewinn
zu einer Server-Betriebstätte folgt den allgemeinen Vorgehensweise der OECD zur
Gewinnermittlung für Betriebstätten einschließlich ihrer Revision in 2010 mit
Übergang zur fiktiven Selbständigkeit der Betriebstätte im sog. AOA.
Die immer klarer erkennbare Tatsache, dass die althergebrachten Anknüpfungspunkte für das Vorliegen einer Betriebstätte der fortschreitenden Digitalisierung der Welt
nicht mehr gerecht werden, hat die OECD veranlasst, die Herausforderungen der
digitalen Welt zu einem der Action Points (Nr. 1) ihrer BEPS-Initiative zu machen.

s. auch BEPS, Betriebstätten, Pipeline-Urteil, Satelliten-Urteil, Server

s. B Rn. 269, L Rn. 16, 47 ff.

Einmallizenzgebühren. *s.* Lump sum payments

Einnahmen. Die Einnahmen umfassen alle Eingänge an Geld und Geldwerten, bezogen auf den Zeitpunkt der Vereinnahmung.

s. auch Ertrag

Einstandspreise. Der Einstandspreis ist der Preis (nach Abzug von Rabatten, Preisnachlässen und Skonti) der beschafften Güter einschließlich der Lieferkosten wie
Fracht, Porto, Rollgeld und Verpackung, jeweils ohne abziehbare Vorsteuern. Bedeutsam insbesondere für die Wiederverkaufspreismethode.

s. D Rn. 150 ff.

s. auch Wiederverkaufspreismethode

Eintrittszahlungen (Buy in Payments). Zahlungen eines neu in einen Forschungs-
und Entwicklungs-Pool eintretenden Unternehmens zur Abgeltung der von den
bisherigen Poolmitgliedern bereits aufgewendeten Kosten für Forschung und Entwicklung. Vorstellbar sind auch Eintrittszahlungen eines Pools an ein neu hinzutre-
tendes Mitglied, wenn dieses wertvolle Erkenntnisse oder immaterielle Wirtschaftsgüter in den FuE-Pool „einbringt". Bei Umlagen im Rahmen von administrativen
Dienstleistungen (Managementumlagen) sind Eintrittszahlungen nicht üblich, da der
Pool idR keine wesentlichen immateriellen Werte schafft und damit innehat, sondern auf administrative Effizienz ausgerichtet ist.

s. B Rn. 172 f., N Rn. 344 ff., O Rn. 236 ff.

s. auch Austrittszahlungen (Buy out Payments), Kostenumlage, Umlagevertrag

Entrepreneur *s.* Strategieträger

Erstberichtigung. *s.* Berichtigung von Einkünften (Erstberichtigung)

Ertrag. Ertrag sind die dem Rechnungszeitabschnitt zugerechneten (periodisierten) Einnahmen.

Die Einnahmen eines Zeitabschnitts brauchen mit den Erträgen des gleichen Zeitabschnitts weder zeitlich noch sachlich übereinzustimmen. Es gibt Einnahmen, die nicht Ertrag werden, weil sie nicht durch eine erfolgswirksame Tätigkeit des Betriebs hervorgerufen sind (zB Darlehensrückzahlung beim Darlehensgeber, vereinnahmte Umsatzsteuer, durchlaufende Posten, zurückerhaltene Pfand- und Hinterlegungsgelder); umgekehrt gibt es Erträge, die nicht aus Einnahmen herrühren (zB Auflösung stiller Reserven). Fehlt es lediglich an zeitlicher Übereinstimmung, ist im Rahmen der gesetzlichen Bestimmungen eine Abgrenzung erforderlich.

s. auch Einnahmen

Ertragszuordnung. *s.* Betriebstätten

EU-Schiedsverfahren. Im Bereich der EU-Mitgliedsstaaten kann neben dem Verständigungsverfahren der DBA ein eigenständiges Schiedsverfahren durchgeführt werden, wenn die Gewinnberichtigung eines Staates mangels erfolgter Gegenberichtigung zu einer Doppelbesteuerung führt. Im Gegensatz zum Verständigungsverfahren nach einem DBA besteht beim Schiedsverfahren nach der EU-Schiedskonvention unter festen zeitlichen und verfahrensrechtlichen Vorgaben Einigungszwang zwischen den Steuerbehörden. Die EU-Schiedskonvention unterscheidet drei Verfahrensstufen, das Vorverfahren, das Verständigungsverfahren und das Schlichtungsverfahren.

Das EU-Schiedsverfahren beruht auf der EU-Schiedskonvention, die zunächst auf fünf Jahre (1.1.1995–31.12.1999) vereinbart war und sich mittlerweile jeweils um fünf Jahre verlängert.

s. B Rn. 312, F Rn. 298 ff.

s. auch Verständigungsverfahren

Europarechtswidrigkeit deutscher Vorschriften. Nach dem Beschluss des BFH (BFH 22.6.2001, I B 141/00, BFH-NV 2001, 1169, IStR 2001, 509) und gerade auch wegen der EuGH-Entscheidung in Sachen SGI vom 21.1.2010 (IStR 2010, 144) bestehen ernstliche Zweifel, ob § 1 AStG mit der Niederlassungs- und Kapitalverkehrsfreiheit des EU-Vertrags vereinbar ist. Auslöser der potentiellen Europarechtswidrigkeit ist das Nebeneinander der unterschiedlichen Bewertungsmaßstäbe gemeiner Wert (§ 1 AStG) und Teilwert (§ 6 Abs. 1 Nr. 4 EStG) für Auslands- bzw. Inlandssachverhalte. Ebenso zweifelt der BFH (BFH 29.11.2000, BStBl. II 2002, 720) in einem Bürgschaftsgarantiefall an der Europarechtskonformität von § 1 Abs. 1 AStG.

Daneben gilt die neue Vorschrift zu Funktionsverlagerungen in § 1 Abs. 3 S. 9 ff. AStG als eindeutig europarechtswidrig, da die steuerlichen Folgen einer Funktionsverlagerung nur im grenzüberschreitenden, aber nicht im innerdeutschen Fall gezogen werden.

s. A Rn. 262 ff., R Rn. 230 ff.

Firmenname. Im deutschen Zivilrecht ist gem. § 17 HGB die Firma eines Kaufmanns der Unternehmensname, unter dem er im Handel seine Geschäfte betreibt. Dagegen stellt das Markenzeichen den Namen dar, unter dem ein Unternehmer seine Produkte oder Dienstleistungen am Markt anbietet.

Aus Verrechnungspreissicht umstritten war, inwieweit eine Markenzeichenlizenz auch verrechnet werden kann, wenn Markenzeichen (Markenname) und Firma identisch sind, also der Markenname Teil der Firma des Kaufmanns ist. Nach der Entscheidung des BFH (BFH 9.8.2000, I R 12/99, BStBl. II 2001, 140) ist es steuerlich auch in diesem Fall zulässig, dass vom Markenzeicheninhaber eine Lizenz gefordert wird. Die Firma, also das Recht einer Gesellschaft, den Namen zB des Anteilseigners zu führen, kann dagegen nicht lizenziert werden. Die Berechtigung, für das Markenrecht eine Lizenz zu erheben, ist nach der Entscheidung des BFH getrennt bewertbar und getrennt von der Firma des Lizenznehmers zu prüfen. Allerdings hat der Lizenznehmer nachzuweisen, welchen Wert der relevante Markt dem Markennamen/-zeichen zubilligt.

s. O Rn. 506 ff.

s. auch Marken

Folgeberichtigung. Die Folgeberichtigung ist die Bezeichnung für die durch die Erstberichtigung (Primary adjustment) ausgelösten Folgewirkungen in späteren Wirtschaftsjahren. Am Beispiel einer Aktivierung von Betriebsausgaben in einer Betriebsprüfung dargestellt ist die Aktivierung der Betriebsausgaben in Jahr 1 die Erstberichtigung, die Vornahme der Abschreibungen auf das aktivierte Wirtschaftsgut oder den Goodwill ab Jahr 2 sind die Folgeberichtigungen.

s. B Rn. 19 ff.

s. auch Berichtigung von Einkünften (Erstberichtigung), Gegenberichtigung, Sekundärberichtigung

Formulary Apportionment. *s.* Globalmethoden

Forschung und Entwicklung. *s.* Auftragsforschung, Austrittszahlungen, Eintrittszahlungen, Grundlagenforschung, Kostenumlage, Lizenz, Umlagevertrag

Franchiseverträge.

s. O Rn. 701 ff.

s. auch Lizenz, Lizenzgebühren

Fremdvergleichsgrundsatz. *s.* Arm's length principle

Fremdwährungsdarlehen.

s. P Rn. 86 ff.

s. auch Zinssätze

Funktion. Nach der Legaldefinition des § 1 Abs. 1 FVerlV ist eine Funktion eine Geschäftstätigkeit, die aus einer Zusammenfassung gleichartiger betrieblicher Aufgaben besteht, die von bestimmten Stellen oder Abteilungen eines Unternehmens erledigt werden. Eine Funktion ist danach ein organischer Teil eines Unternehmens, ohne dass ein Teilbetrieb im steuerlichen Sinne vorliegen muss. Ziel der Definition ist es, auch bei solchen Funktionen ein goodwillähnliches Element in die Steuerbemessungsgrundlage einzubeziehen, die keinen steuerlichen Teilbetrieb nach § 16 EStG darstellen und für die somit steuerlich ansonsten nur die stillen Reserven aus den übertragenen Einzelwirtschaftsgütern zu erfassen wären.

s. R Rn. 13 ff., R Rn. 294 ff.

s. auch Funktionsabschmelzung, Funktionsabspaltung, Funktionseinheit, Funktionsverdoppelung, Funktionsverlagerung, Transferpaket

Funktionsabschmelzung. Bezeichnung für die Verringerung der Aufgaben, Chancen und Risiken von Unternehmen, ohne dass sich die rechtliche Grundstruktur der Vertragsbeziehung verändern muss. So kann ein Vertriebsunternehmen Eigenhändler bleiben, vertraglich wird aber das Währungs- oder Lagerhaltungsrisiko durch die oder eine andere Vertragspartei übernommen. Das „abgeschmolzene" Vertriebsunternehmen wird häufig als Limited Risk Distributor bezeichnet. Soweit weitere Voraussetzungen erfüllt sind, kann hierin nach § 1 Abs. 3 S. 9 ff. AStG ggf. eine Funktionsverlagerung gesehen werden.

s. R Rn. 78 f., R Rn. 1036 ff.

s. auch Funktion, Funktionsabspaltung, Funktionsverdoppelung, Funktionsverlagerung, Transferpaket

Funktionsabspaltung. Verlagerung von Teilfunktionen auf ein verbundenes Unternehmen, idR eine Funktionseinheit. Typische Fälle sind das konzerninterne Outsourcing einzelner Arbeitsschritte, die dann von der Funktionseinheit gegenüber dem auslagernden Unternehmen erbracht und idR nach der Kostenaufschlagsmethode abgerechnet werden. Nach § 2 Abs. 2 S. 1 FVerlV wird bei Funktionsabspaltungen nicht von der Übertragung eines Transferpakets ausgegangen, sodass die Regelungen des § 1 Abs. 3 S. 9 ff. AStG zur Funktionsverlagerung nicht zur Anwendung kommen.

s. R Rn. 385 ff.

s. auch Funktion, Funktionsabschmelzung, Funktionsabspaltung, Funktionseinheit, Funktionsverdoppelung, Funktionsverlagerung, Transferpaket

Funktionsanalyse (Functional Analysis). Fremdvergleichspreise sind (nur) dann vergleichbar, wenn sie unter vergleichbaren Bedingungen zustande gekommen sind. Daher erfordert die Prüfung der Fremdvergleichbarkeit von Geschäftsbeziehungen und der sich daraus ergebenden Preise idR einen Vergleich der durch die beteiligten Unternehmen übernommenen Risiken und Funktionen sowie der durch sie eingesetzten Wirtschaftsgüter. Typischerweise berücksichtigte und untersuchte Funktionen eines potentiellen Vergleichsunternehmens schließen Forschung und Entwicklung, Produktion, Verarbeitung, Montage, Einkauf, Marketing, Vertrieb, Logistik, Transport, Lagerhaltung, Buchhaltung, Controlling, Personalwesen, Produktdesign und Planung ein.

Die Funktionsanalyse ist ein Hilfsmittel zur Anwendung der Verrechnungspreismethoden, hilft also bei der Bestimmung der Höhe eines Verrechnungspreises innerhalb einer bereits festgelegten Verrechnungspreismethode. Die Funktionsanalyse stellt keine eigene Verrechnungspreismethode dar.

s. M Rn. 137 ff.

s. auch Business Process Analysis, Wertschöpfungsanalyse

Funktionsausgliederung. s. Funktionsverlagerung

Funktionseinheit (Functional entity – Routineunternehmen). Gegenpol zum Entrepreneur oder Strategieträger. Als Funktionseinheiten werden im Rahmen der Bildung von Verrechnungspreissystemen die Unternehmen verstanden, die nicht das strategische Marktrisiko tragen, sondern Routinetätigkeiten ausüben und für den Entrepreneur/Strategieträger im weitesten Sinn als Dienstleister auftreten, sei es als Auftragsfertiger/Lohnfertiger, Auftragsforscher oder als Limited Risk Distributor/ Kommissionär/Handelsvertreter. Typisch für Funktionseinheiten ist, dass sie auf der Grundlage der Kostenaufschlagsmethode, der Wiederverkaufspreismethode oder der transaktionsbezogenen Nettomargenmethode (TNMM) einen moderaten, aber tendenziell stabilen Gewinn erwirtschaften, während sich der Residualgewinn oder -verlust beim Entrepreneur/Strategieträger niederschlägt.

Soweit die Kostenaufschlagsmethode zur Anwendung kommt, können derartige Funktionen gem. § 2 Abs. 2 S. 1 FVerlV unter weiteren Bedingungen ohne Entstrickung übertragen werden, da davon ausgegangen wird, dass dann keine Übertragung eines Transferpakets vorliegt. Die VGr-FV haben diesen Anwendungsbereich erweitert und zB auch Handelsvertreter mit niedriger Provisionshöhe unter die Vorschrift der FVerlV subsumiert.

s. M Rn. 222, R Rn. 385 ff.

s. auch Strategieträger, Funktionsabspaltung, Funktionsverlagerung, Routinefunktionen, Transferpaket

Funktionsverdoppelung. Eine Funktionsverdoppelung liegt vor, wenn ein Unternehmen neben einer bestehenden und weiter bestehenden Funktion diese Funktion auch an einem anderen Standort aufbaut, ohne die ursprüngliche Funktion einzuschränken („verdoppelt"). Hierunter fällt insbesondere die Errichtung zusätzlicher Produktionsstätten, weil Kapazitäten am ursprünglichen Standort nicht mehr erweitert werden können oder Abnehmer die örtlich nahe Fertigung verlangen. Die Fin-Verw. behandelt die Funktionsverdoppelung – systematisch ungerechtfertigt – als Unterfall der Funktionsverlagerung. Allerdings wird eine Funktionsverdoppelung dann nicht als Funktionsverlagerung iSd § 1 Abs. 3 S. 9 ff. AStG behandelt, wenn es innerhalb von fünf Jahren nach Aufnahme der verdoppelten Funktion zu keiner Einschränkung der Ausübung der ursprünglichen Funktion in Deutschland kommt (§ 1 Abs. 6 FVerlV).

s. R Rn. 69 ff., R Rn. 321 ff.

s. auch Funktion, Funktionsverlagerung

Funktionsverlagerung. Gesetzlich geregelt seit Veranlagungszeitraum 2008 durch § 1 Abs. 3 S. 9 ff. AStG, die dazu ergangene Funktionsverlagerungsverordnung vom 12.8.2008 (FVerlV) und die VGr-Funktionsverlagerung vom 13.10.2010 (VGr-FV).

§ 1 Abs. 2 FVerlV konkretisiert die (tautologische) Legaldefinition einer Funktionsverlagerung in § 1 Abs. 3 S. 9 AStG dahin gehend, dass ein (verlagerndes) Unternehmen einem anderen, nahe stehenden (übernehmenden) Unternehmen Wirtschaftsgüter und sonstige Vorteile sowie die damit verbundenen Chancen und Risiken überträgt oder zur Nutzung überlässt, damit das übernehmende Unternehmen eine Funktion ausüben kann, die bisher von dem verlagernden Unternehmen ausgeübt worden ist, und dadurch die Ausübung der Funktion durch das verlagernde Unternehmen eingeschränkt wird.

Soweit eine Funktionsverlagerung anzunehmen ist, hat der Steuerpflichtige im Rahmen eines hypothetischen Fremdvergleichs das abgegebene bzw. aufgenommene Gewinnpotential des verlagernden bzw. aufnehmenden Unternehmens durch entsprechende Unternehmensbewertungen zu bestimmen, die den Einigungsbereich der beiden Parteien darstellen, und den wahrscheinlichsten Punkt im Einigungsbereich als Verrechnungspreis zu ermitteln, hilfsweise den Mittelwert aus Unter- und Obergrenze des Einigungsbereichs.

Die Vorschrift des § 1 Abs. 3 S. 9 ff. AStG zur Funktionsverlagerung gilt als eindeutig europarechtswidrig, da sie nur grenzüberschreitende, aber keine innerdeutschen Fälle der Funktionsverlagerung erfasst.

s. R Rn. 1 ff.

s. auch Anpassungen, Anpassungsklauseln, Europarechtswidrigkeit deutscher Vorschriften, Funktion, Funktionsabschmelzung, Funktionsabspaltung, Funktionsverdoppelung, Hypothetischer Fremdvergleich, Marktübertragung, Periodische Anpassungen, Transferpaket

Garantien. *s.* Bürgschaften

Gegenberichtigung. Soweit ein Fiskus eine Berichtigung von Verrechnungspreisen durchsetzt, entsteht zunächst eine Doppelbesteuerung. Die daher notwendige korrespondierende Berichtigung des beanstandeten Verrechnungspreises im anderen betroffenen Staat wird Gegenberichtigung genannt. Die Gegenberichtigung versucht, die wirtschaftliche Doppelbesteuerung zu vermeiden und entfaltet folglich eine Schutzwirkung zugunsten der in beiden Vertragsstaaten ansässigen verbundenen Unternehmen vor einseitigen Gewinnerhöhungen durch den einen oder anderen Vertragsstaat. Allerdings sehen die von Deutschland abgeschlossenen DBA nur in wenigen Ausnahmefällen eine Art. 9 Abs. 2 OECD-MA entsprechende Gegenberichtigungsklausel vor. Prozessual stellt dies aber aufgrund der allgemeinen Vorschriften des deutschen Steuerrechts und § 175a AO kein Problem dar.

s. B Rn. 19 ff.

s. auch Berichtigung von Einkünften (Erstberichtigung), Doppelbesteuerungsabkommen, Folgeberichtigung, Sekundärberichtigung

Geschäftsbeziehung. *s.* Berichtigung von Einkünften (Voraussetzungen nach § 1 AStG)

Geschäftschancenverlagerung. *s.* Funktionsverlagerung

Geschäftsleiter (ordentlicher und gewissenhafter). *s.* Ordentlicher und gewissenhafter Geschäftsleiter

Geschäftsstrategien. *s.* Vergleichbarkeit

Gesellschafteraufwand. *s.* Kontrollleistungen, Regiekosten

Gesellschafter-Fremdfinanzierung. Sondergebiet der Verrechnungspreise für Darlehen zwischen in- und ausländischen Konzernunternehmen. Berührt i. e. S. nicht direkt den Verrechnungspreis für Fremdkapital (Zins), sondern setzt Rahmenbedingungen, die ihrerseits auf den Zins wirken. In Deutschland seit dem Veranlagungszeitraum 2008 in den Regelungen zur sog. Zinsschranke nach § 4h EStG aufgegangen, die nur noch in bestimmten Einzelfällen auf spezifische Gesellschafter-Fremdfinanzierungsregeln nach § 8a KStG zurückgreifen.

s. A Rn. 300 ff.

Gewinnaufschlag. *s.* Kostenaufschlagsmethode

Gewinnaufteilungsmethode (Profit Split Method – PSM). Die Gewinnaufteilungsmethode geht von der Hypothese aus, dass auch fremde Dritte bei Geschäften untereinander bei der Festlegung der Preise den erwarteten Gewinn jeder Partei aus dem Geschäft für die Preisfindung als Entscheidungskriterium berücksichtigen. Die Methode beruht daher auf der Analyse der Gesamtgewinnverteilung zwischen unabhängigen fremden Geschäftsparteien, deren Geschäftsaktivitäten, Märkte, eingesetzte Vermögenswerte und Risiken vergleichbar zu denen der verbundenen Unternehmen sind. Entsprechend der faktischen Aufteilung des Gesamtgewinns bei den unverbundenen Vergleichsunternehmen wird der Gesamtgewinn der verbundenen Unternehmen für steuerliche Zwecke auf die einzelnen Beteiligten aufgeteilt. Man unterscheidet als Vorgehensweisen die Beitragsanalyse (Contribution analysis) und die Restgewinnanalyse (Residual analysis). Auch wenn § 1 Abs. 3 S. 2 AStG seit dem Veranlagungszeitraum 2008 grundsätzlich Methoden außerhalb der traditionellen Standard-Verrechnungspreismethoden zulässt, ist die Gewinnaufteilungsmethode wohl nach wie vor von der deutschen FinVerw. nur als „method of last resort", also als „letzte Möglichkeit" anerkannt, da die zuvor genannte gesetzliche Öffnung auf die transaktionsbezogene Nettomargenmethode abzielt.

s. B Rn. 108 ff., D Rn. 450 ff., H Rn. 117 ff.

s. auch Contribution analysis, Rangfolge der Methoden, Residual analysis

Gewinnmethoden. Der Begriff erfasst die Gewinnaufteilungsmethode (Profit Split Method – PSM), die Gewinnvergleichsmethode (Comparable Profits Method – CPM) und die transaktionsbezogene Nettomargenmethode (Transactional Net Margin Method – TNMM).

s. B Rn. 75 ff., B Rn. 101 ff., D Rn. 350 ff., D Rn. 450 ff.

s. auch Gewinnaufteilungsmethode, Gewinnvergleichsmethode, Rangfolge der Methoden, Standardmethoden, Transaktionsbezogene Nettomargenmethode (TNMM)

Gewinnvergleichsmethode (Comparable Profits Method – CPM). Nach dieser in den US-Verrechnungspreisrichtlinien enthaltenen Methode werden Verrechnungspreise dann steuerlich anerkannt, wenn die Gewinne des Unternehmens bzw. seiner Geschäftszweige im Rahmen einer statistisch ermittelten Gewinnbandbreite vergleichbarer Unternehmen liegen. Diese Methode hat folglich den Charakter eines äußeren Betriebsvergleichs. Technisch erfolgt der Gewinnvergleich unter Verwendung von Gewinn- bzw. Renditekennzahlen, wie zB Kapitalverzinsung, Umsatzrentabilität und Verhältnis von Rohertrag zu Betriebsaufwand (sog. Berry-Ratio). Die OECD-Richtlinie 2010 erkennt die CPM nicht an, sondern gibt der transaktionsbezogenen Nettomargenmethode (TNMM) den Vorzug. Die CPM wird von der deutschen FinVerw. nicht anerkannt, die TNMM ist seit dem Veranlagungszeitraum 2008 gem. § 1 Abs. 3 S. 2 AStG als Methode grundsätzlich zulässig.

s. B Rn. 78, D Rn. 350 ff., D Rn. 450 ff.

s. auch Äußerer Betriebsvergleich, Rangfolge der Methoden, Transaktionsbezogene Nettomargenmethode (TNMM)

Globalmethoden (Formulary Apportionment). Im Rahmen von sog. Globalmethoden wird der Gewinn eines multinationalen Konzerns anhand von im Vorhinein festgelegten Faktoren aufgeteilt. Globalmethoden werden als nicht fremdvergleichskonform von der OECD und im Grunde allen FinVerw, einschließlich derer Deutschlands und der USA, abgelehnt.
s. B Rn. 115, D Rn. 9.
s. auch Verrechnungspreismethoden

Global Trading. Unter Global Trading versteht man den internationalen Handel mit Wertpapieren und Finanzderivaten rund um die Uhr und rund um den Globus. Unterschieden, beschrieben und analysiert werden hauptsächlich die drei Modelle „Integrated Trading Model", „Centralized Product Management Model" und „Separate Enterprise Trading Model". Die OECD hat im Rahmen der Überarbeitung ihrer Empfehlungen zur Gewinnabgrenzung bei Betriebsstätten in Teil III im Juli 2008 spezifische Richtlinien zur Gewinnzuordnung bei Global Trading vorgelegt, bei denen der Anwendung der Gewinnaufteilungsmethode besonderen Raum einnimmt.
s. L Rn. 161 ff.

Gross margin. Bruttospanne oder Rohgewinn, dh der Überschuss der Umsatzerlöse über die direkten Kosten der verkauften Erzeugnisse. Kernelement der Wiederverkaufspreismethode. Bei dieser soll die Rohgewinnmarge der Marge entsprechen, die fremde Dritte unter vergleichbaren Umständen erzielen, und sollte der Vertriebsgesellschaft erlauben, unter normalen Umständen zumindest mittelfristig ihre Kosten zu decken und damit einen Gewinn zu erzielen.
s. B Rn. 83 ff., D Rn. 150 ff.
s. auch Wiederverkaufspreismethode

Grundlagenforschung. Grundlagenforschung zeichnet sich dadurch aus, dass sie ihrem Wesen nach nicht in Bezug zu einer exakt bestimmten unternehmerischen Tätigkeit gesetzt werden kann. Die Grundlagenforschung hat insbesondere keine unmittelbare Beziehung zur aktuellen Produktpalette. Es ist jedoch international weitgehend anerkannt, dass Aufwendungen für die Grundlagenforschung grundsätzlich verrechenbar sind, soweit sie durch die wirtschaftliche Tätigkeit des Leistungsempfängers veranlasst wurden oder auch zu dessen Nutzen sind.
s. auch Auftragsforschung, Dienstleistungen

Halo Effect *s.* Bürgschaften.

Hypothetischer Fremdvergleich (§ 1 Abs. 3 S. 5 ff. AStG). Bei der hypothetischen Fremdvergleichsermittlung nach § 1 Abs. 3 S. 5 ff. AStG wird ein fiktiver Verkaufs- und Verhandlungsprozess nach genau festgelegten Vorgaben simuliert. Soweit danach für eine Transaktion weder uneingeschränkt noch eingeschränkt vergleichbare Fremdvergleichspreise festgestellt werden können (§ 1 Abs. 3 S. 1–3 AStG), hat der Steuerpflichtige den Verrechnungspreis durch eine hypothetische Fremdvergleichsermittlung zu bestimmen. Dabei hat er zu unterstellen, dass gem. § 1 Abs. 1 S. 3 AStG ihm wie der Gegenseite alle wesentlichen Umstände der Geschäftsbeziehung bekannt sind, also keine Informationsassymetrie besteht, wie sie zwischen fremden Dritten gegeben ist. Er hat sodann gem. § 1 Abs. 3 S. 6 AStG aufgrund einer Funktionsanalyse und innerbetrieblicher Planungsrechnungen einen Einigungsbereich aus dem Mindestpreis des Leistenden und dem Höchstpreis des Leistungsempfängers zu ermitteln. Mindest- und Höchstpreis werden aus den Gewinnerwartungen (Gewinnpotenzialen) von Leistendem und Leistungsempfänger abgeleitet, ggf. durch entsprechende Unternehmensbewertungen. Innerhalb des Einigungsbereichs hat der Steuerpflichtige nach § 1 Abs. 3 S. 7 AStG den Preis mit der höchsten Wahrscheinlichkeit zu ermitteln. Falls er dies nicht tut oder ein solcher wahrscheinlichster Wert nicht zu bestimmen ist, kommt der Mittelwert aus dem Mindest- und dem Höchstpreis zum Ansatz.
s. R Rn. 454 ff.
s. auch Funktionsverlagerung, Transferpaket

Hypothetischer Fremdvergleich (Arbeitnehmerentsendung). Die „VGr-Arbeitnehmerentsendung" sehen einen hypothetischen Fremdvergleich vor, bei dem zu prüfen ist, ob ein ordentlicher und gewissenhafter Geschäftsführer eines unabhängigen Unternehmens bei gleichen Geschäftsbedingungen den (zusätzlichen) Aufwand für die entsandten Arbeitnehmer alleine getragen oder eine Kostenbeteiligung des entsendenden Unternehmens gefordert hätte.
s. Q Rn. 21.
s. auch Arbeitnehmerentsendung

Implicit Guarantees. *s.* Bürgschaften
Indirekte Methode. Bezeichnung für die indirekte Zuschlüsselung von (selten) Erträgen und (häufig) Aufwendungen zu Stammhaus oder Betriebstätte, soweit eine direkte Zuordnung dieser Erträge und Aufwendungen nicht möglich ist, unter der bis zum Art. 7 Abs. 2 OECD-MA 2008 geltenden Gewinnaufteilungsmethode der OECD.
s. Betriebstätten, Direkte Methode.
Innerer Preisvergleich. Beim inneren Preisvergleich wird im Rahmen der Preisvergleichsmethode der Verrechnungspreis eines Unternehmens aus einem Geschäft mit einem Konzernunternehmen dadurch überprüft, dass der Verrechnungspreis mit den Preisen verglichen wird, den das Unternehmen für vergleichbare Geschäfte auch mit fremden Dritten abrechnet. Ebenso können im Rahmen der Wiederverkaufspreismethode Rohgewinnmargen, die das Unternehmen mit verbundenen Unternehmen abrechnet, mit Rohgewinnmargen aus vergleichbaren Geschäften verglichen werden, die das Unternehmen mit fremden Dritten tätigt. Gleiches gilt für Gewinnaufschläge im Rahmen der Kostenaufschlagsmethode.
s. B Rn. 119, D Rn. 60 f.
s. auch Äußerer Preisvergleich, Kostenaufschlagsmethode, Preisvergleichsmethode, Wiederverkaufspreismethode
Internet. *s.* E-Commerce, Server
Interquartile range. *s.* Bandbreiten
Kampfpreise. Kosten und Erlösminderungen, die dadurch entstehen, dass ein Vertriebsunternehmen durch eine aggressive Niedrigstpreispolitik oder ähnliche Mittel seinen Marktanteil wesentlich erhöhen oder verteidigen will, sind nach Auffassung der deutschen FinVerw. grundsätzlich vom Hersteller zu tragen. Zu unterscheiden davon sind Kosten und Erlösminderungen, die während der Markterschließung durch die Einführung von Produkten entstehen (Markteinführungskosten), und Kosten des Aufbaus der betrieblichen Organisation (Anlaufkosten).
s. M Rn. 379 ff.
s. auch Anlaufphase – Anlaufkosten, Markterschließung
Klare und eindeutige Vereinbarungen im Vorhinein. Aufwendungen aus einer Vereinbarung zwischen einer Kapitalgesellschaft und ihrem beherrschenden Gesellschaftern konnten nach langjähriger Rechtsprechung des BFH (und ihm folgend der Auffassung der FinVerw) nur dann als Betriebsausgabe abgezogen werden, wenn sie klar und eindeutig im Vorhinein getroffen wurden. Es bestand aber kein Schriftformzwang. Im Gegensatz zur deutschen Rechtsprechung war eine klare und eindeutige Vereinbarung im Vorhinein nie Voraussetzung für die Fremdvergleichskonformität und damit Anerkennung von Aufwendungen als Betriebsausgaben unter Art. 9 OECD-MA, sodass diese formale Voraussetzung im Verständigungsverfahren rechtlich nicht beachtlich war.
Der BFH hat nun in einem Kostenumlagefall, in dem der Umlagevertrag erst Ende Dezember eines Jahres rückwirkend zum 1.1. wirksam vereinbart wurde, entschieden, dass der abkommensrechtliche Grundsatz des „dealing at arm's length" (Art. 9 Abs. 1 OECD-MA) bei verbundenen Unternehmen eine Sperrwirkung gegenüber den sog. Sonderbedingungen entfaltet, denen beherrschende Unternehmen

im Rahmen der Einkommenskorrektur nach § 8 Abs. 3 S. 2 KStG bei Annahme einer verdeckten Gewinnausschüttung unterworfen sind (BFH-Urteil vom 11.10.2012, I R 75/11, DStR 2013, 25 - Bestätigung des Urteils des FG Hamburg vom 31.10.2011, 6 K 179/10, IStR 2012, 190). Das bedeutete insbesondere, dass Vereinbarungen im Vorhinein keine Bedingung mehr für die Anerkennung von Betriebsausgaben sind.

Gleichwohl erscheint aus Gründen der Beweisführung zumindest der zeitnahe Abschluss und die schriftliche Abfassung von Verträgen dringend angeraten, denn auch in der Vergangenheit führten fehlende schriftliche Vereinbarungen häufig dazu, dass der Nachweis, dass die Vereinbarung klar und eindeutig war, schwerer zu führen war. Dies galt auch in dem Urteilsfall hinsichtlich der Einlassung des Steuerpflichtigen, dass die Umlage bereits 2003 mündlich vereinbart worden wäre.

s. A Rn. 72 ff.

s. auch Arm's length principle

Klassische Verrechnungspreissysteme. *s.* M Rn. 230 ff.

Know-how. *s.* Lizenz

Kommissionärsmodelle. Auch: Prinzipalmodelle, Operating Model Effectiveness, Tax Effective Supply Chain Management. Organisationsform von Unternehmensgruppen, bei denen eine strategieverantwortliche Zentralgesellschaft (Prinzipal, Strategieträger, Entrepreneur)(in der Regel in einem niedrig besteuerten Land) alle wesentlichen geschäftlichen Risiken übernimmt, die für die Wertschöpfung bestimmenden Funktionen ausübt und die wesentlichen (immateriellen) Wirtschaftsgüter hält. Die Vertriebsgesellschaften werden in Kommissionäre (daher der Name) oder in sog. Limited risk distributors oder Handelsvertreter umgewandelt, die Produktion von Lohn- oder Auftragsfertigern wahrgenommen, die Forschung und Entwicklung als Auftragsforschung von der Zentralgesellschaft vergeben (Funktionseinheiten).

s. M Rn. 268 ff.

s. auch Business Process Analysis, Funktionseinheit, Strategieträger, Wertschöpfungsanalyse

Konsultationsverfahren. Konsultationsverfahren werden zur Klärung allgemeiner Fragen der Auslegung und Anwendung der DBA durchgeführt. Dieses Verfahren wird auf Initiative der zuständigen Behörden der Vertragsstaaten durchgeführt und sein Ergebnis findet Niederschlag in allgemeinen Anweisungen an die FinVerw. Die durch Konsultationen vereinbarten Auslegungen sind als Erläuterungen, die den Willen der Vertragsparteien wiedergeben, zu werten.

s. F Rn. 276 ff.

s. auch EU-Schiedsverfahren, Verständigungsverfahren

Kontrollleistungen. Kontrollleistungen (Regiekosten) umfassen alle Maßnahmen, die die Muttergesellschaft zur Wahrnehmung von Überwachungs- und Kontrollfunktionen in ihrer Eigenschaft als Gesellschafterin gegenüber einer Tochtergesellschaft durchführt.

s. B Rn. 163, N Rn. 51 ff.

s. auch Assistenzleistungen, Dienstleistungen, Konzernrückhalt, Managementleistungen, Regiekosten

Konzernrückhalt. Nicht auf Gliedgesellschaften eines Konzerns verrechenbare Aufwendungen, die sich aus der Existenz des Konzerns ergeben, zB das Recht, den Konzernnamen in der Firma des Gliedunternehmens zu tragen.

s. N Rn. 108 f.

s. auch Bürgschaften, Kontrollleistungen, Kostenumlage, Regiekosten, Umlagevertrag

Konzernumlage. *s.* Kostenumlage

Korrespondierende Berichtigung. *s.* Gegenberichtigung

Kosten. Kosten sind in Geld ausgedrückter, betriebsgewöhnlicher, angemessener Güter- und Diensteverzehr zur Erstellung von Leistungen.

Kosten sind nicht identisch mit Aufwand. Aufwand, der nicht gleichzeitig Kosten ist, wird als neutraler Aufwand bezeichnet. Zu den neutralen Aufwendungen gehören außerordentliche Aufwendungen (zB Feuerschäden, unvorhergesehene Großreparaturen, Sonderabschreibungen), betriebsfremde Aufwendungen (zB Kursverluste, Spenden) und periodenfremde Aufwendungen (zB Steuernachzahlungen, Rechts- und Beratungskosten auf Grund einer Betriebsprüfung vergangener Jahre, Entwicklungs- und Werbekosten für künftige Rechnungsabschnitte). Andererseits gibt es auch Kosten, die kein Aufwand sind. Hier spricht man von Zusatzkosten (zB kalkulatorischer Unternehmerlohn, kalkulatorische Zinsen, kalkulatorische Abschreibung, kalkulatorisches Wagnis).

s. D Rn. 267 ff.

s. auch Aufwand, Ausgaben

Kostenaufschlagsmethode. Die Kostenaufschlagsmethode ermittelt den Fremdvergleichspreis aus den Kosten, die das Unternehmen für das Produkt bzw. die Dienstleistung aufgewendet hat, und einem Gewinnaufschlag. Die Kosten werden grundsätzlich nach den Kalkulationsmethoden ermittelt, die der Liefernde bzw. Leistende auch bei seiner Preispolitik gegenüber Dritten zugrunde legt. Soweit keine entsprechenden Lieferungen bzw. Leistungen gegenüber Fremden erbracht werden, müssen die angewandten Kalkulationsmethoden betriebswirtschaftlichen Grundsätzen entsprechen. Die Kosten können dabei grundsätzlich auf der Basis von Ist-, Normal-, Soll-, Voll-, Teil- oder Prozesskostenrechnungen ermittelt werden. Die Höhe des Gewinnaufschlags ist anhand des Fremdvergleichsmaßstabs aus betriebs- und branchenüblichen Gewinnzuschlägen zu ermitteln.

International bereitet besonders die Definition des Kostenbegriffs Schwierigkeiten, da dieser von unterschiedlichen nationalen Rechnungslegungs- und Abgrenzungskriterien bestimmt wird.

s. B Rn. 87 ff., D Rn. 250 ff., G Rn. 171 ff.

s. auch Kosten, Rangfolge der Methoden, Standardmethoden

Kostenumlage. Unter bestimmten Voraussetzungen zulässige Form der Abrechnung für konzerninterne Leistungen, bei der die Leistungen nicht einzeln berechnet werden, sondern die bei einem Konzernunternehmen angefallenen Kosten nach bestimmten Schlüsseln auf alle Konzernunternehmen umgelegt werden, die von den Leistungen profitieren. Zulässig im Prinzip, soweit eine Einzelabrechnung nach Art der Tätigkeit nicht oder nur unter unverhältnismäßigem Aufwand möglich ist. Zulässig sowohl für verwaltungsbezogene Dienstleistungen (cost allocation) als auch für Forschungs- und Entwicklungsleistungen (cost contribution oder cost sharing). Abzugrenzen ist die Kostenumlage von der Einzelabrechnung von Leistungen auf Grund von Dienstleistungsverträgen (service agreements) und im Bereich Forschung und Entwicklung von der Entwicklung auf eigenes Risiko mit anschließender Lizenzvergabe. Einzelheiten regelt nach deutschem Recht das BMF-Schreiben zur Einkunftsabgrenzung durch Umlageverträge zwischen international verbundenen Unternehmen (BMF 30.12.1999, BStBl. I 1999, 1122) (Verwaltungsgrundsätze – Kostenumlagen).

s. B Rn. 166 ff., I Rn. 98 ff., N Rn. 281 ff., O Rn. 251 ff.

s. auch Dienstleistungen, Lizenz, Umlageschlüssel, Umlagevertrag, Umsatzsteuer

Kostenumlagevertrag. *s.* Umlagevertrag

Limited Risk Distributor (LRD). Bezeichnung für Vertriebsgesellschaft, die im eigenen Namen und für eigenes Risiko als Eigenhändler auftritt, bei der aber vertraglich die tatsächlich übernommenen Risiken stark eingeschränkt wurden, zB bzgl. Währungs-, Lagerhaltungs- oder Kreditorenrisiko.

s. M Rn. 146 ff., N Rn. 482 ff.

Lizenz. Mit der Lizenz räumt der Inhaber (Lizenzgeber) staatlich verliehener Rechte (zB Patente, Gebrauchsmuster, Geschmacksmuster, Markenrechte bzw. Warenzeichen, Urheberrechte) oder faktischer Vorzugsstellungen (zB Know-how, geheimes technisches Wissen) die aus diesen Rechtspositionen resultierenden Teilrechte dem Lizenznehmer zur Nutzung ein. Dabei ist der Fremdpreis anzusetzen bzw. die Daten heranzuziehen, auf Grund derer sich die Preise zwischen Fremden im Markt bilden. *s.* O Rn. 137 ff.

s. auch Lizenzgebühren

Lizenzgebühren. Die Höhe von Lizenzgebühren zwischen verbundenen Unternehmen bestimmt sich grundsätzlich nach dem Fremdvergleichsprinzip und der Preisvergleichsmethode. Anerkannt ist, dass eine Bestimmung der Höhe der Lizenzgebühr in Abhängigkeit von den Kosten (Kostenaufschlagsmethode), die zur Erforschung oder zum Aufbau des zugrunde liegenden Rechtes angefallen sind, kein fremdvergleichsüblicher Maßstab ist. Die Lizenzgebühr wird idR in Abhängigkeit vom Umsatz oder der verkauften Menge ermittelt. Denkbar ist auch die Berechnung einer einmaligen oder einer gewinnabhängigen Lizenzgebühr. Die FinVerw. verwendet in Betriebsprüfungen Vergleiche mit Lizenzen, die sie aus anderen Steuerfällen gewonnen hat, um Anhaltspunkte für einen äußeren Preisvergleich zu schaffen. Diese haben allerdings nach BFH 17.10.2001, I R 103/00, BStBl. II 2004, 171, IStR 2001, 745 („Dokumentations-Urteil"), keine oder eine äußerst geringe Beweiskraft, soweit die Daten nur anonym zur Verfügung stehen. Die Auffassung der FinVerw., dass ein ordentlicher und gewissenhafter Geschäftsleiter eine Lizenzgebühr nur bis zu einer Höhe vereinbaren würde, die ihm aus der Nutzung der Lizenz noch einen Gewinn von zB $2/3$ bis $3/4$ des sonst entstehenden Gewinns („Knoppe-Formel") belässt, ist jedenfalls in einer veranlagungszeitraumbezogenen Betrachtung und für den Fall, dass ein echter Fremdvergleich für die Lizenzgebühr vorliegt, weder wissenschaftlich belegt noch systematisch anzuerkennen. *s.* O Rn. 137 ff., O Rn. 441 ff.

s. auch Dokumentations-Urteil, Lizenz, Lump sum payments

Lohnfertigung (Consignment manufacturing). Eher funktionsschwächeres Produktionsunternehmen, das meist Fertigprodukte her- oder fertigstellt, teilweise aber auch nur wichtige Produktionsschritte aus dem gesamten Produktionsprozess übernimmt, Eigentum an seinen Produkten erwirbt, häufig noch begrenzte eigene Produktionstechnologie besitzt und den Einkauf der (Vor)Produkte teilweise selbständig verantwortet, allerdings seine gesamte Produktion unter Abnahmegarantie an ein Konzernunternehmen zum Weiterverkauf abgibt und daher kein Marktrisiko trägt. Der Gewinnaufschlag ist begrenzter als für einen Auftragsfertiger und wird in der Regel nur auf die selbst verursachten Kosten vorgenommen. *s.* M Rn. 173 ff., N Rn. 443 ff., R Rn. 934 ff.

s. auch Auftragsfertigung, Lohnveredlung

Lohnveredlung (Toll manufacturing). Ein Lohnveredler ist ein funktionsschwaches Produktionsunternehmen, das in der Regel nur einzelne, oft nicht wesentliche, aber arbeitsintensive Produktionsschritte aus dem gesamten Produktionsprozess übernimmt, kein Eigentum an den Produkten erwirbt, sondern Materialien, Produkte und Technologie vom Produktionsprinzipal beigestellt erhält, und daher kein Marktrisiko trägt. Der Gewinnaufschlag ist begrenzt und wird nur auf die selbst verursachten Kosten und jedenfalls nicht auf die Materialkosten vorgenommen. *s.* M Rn. 173 ff., N Rn. 443 ff., R Rn. 934 ff.

s. auch Auftragsfertigung, Lohnfertigung

Lump sum payments. Lump sum payments oder Einmallizenzen für die Überlassung immaterieller Wirtschaftsgüter sind grundsätzlich zulässig, werden jedoch international weder zivil- noch steuerrechtlich einheitlich gehandhabt und führen gegenüber „normalen" Lizenzgebühren zu vermehrten Schwierigkeiten.

Die deutschen VGr und die OECD-Verrechnungspreis-Richtlinien erkennen Einmalbeträge als Lizenzgebühr grundsätzlich an. Auch nach den US-Verrechnungspreisrichtlinien können Lump sum payments vereinbart werden. Allerdings verlangen die

US-Regulations, dass Einmalzahlungen in gleichem Maß von den Regelungen über periodische Anpassungen betroffen sind wie periodische Lizenzzahlungen.

s. O Rn. 527.

s. auch Lizenz, Lizenzgebühren, Periodische Anpassungen

Managementleistungen. Unter Managementleistungen versteht man Leistungen, durch die die Muttergesellschaft in den geschäftlichen Entscheidungsprozess des abhängigen Unternehmens eingreift. Beispiele hierfür sind die Wahrnehmung der Geschäftsführungsfunktion, die Gestaltung des Produktions- und Verkaufsprogramms, die Durchführung der Finanz- und Investitionsplanung und die Auftragssteuerung. Managementleistungen bezeichnen hochgradig unternehmensspezifische Leistungen, die idR nicht von unabhängigen Beratungs- bzw. Dienstleistungsunternehmen erbracht werden können. Aufgrund der unternehmensspezifischen Leistung erfolgt die Vergütung von Managementleistungen idR auf der Grundlage der Kosten der leistungserbringenden Unternehmung, zuzüglich eines Gewinnaufschlags (Kostenaufschlagsmethode), der sich an dem Wertschöpfungsbeitrag des Managements an der Gesamtwertschöpfung der Unternehmensgruppe orientiert und vergleichsweise hoch sein kann.

s. B Rn. 162 ff., N Rn. 51 ff.

s. auch Assistenzleistungen, Dienstleistungen, Kontrollleistungen, Regiekosten

Marken. Eine Marke ist der Schutz, den das Recht eines Landes einem Namen, Symbol oder Bild gewährt. Marken sind immaterielle Wirtschaftsgüter und können als solche auch übertragen oder überlassen werden. Im Falle einer Lizenzvergabe sind zwei Arten von Markenüberlassung zu unterscheiden. Zum einen kann die Lizenzvergabe an einen Händler erfolgen, der die Marke beim Verkauf der Produkte des Lizenzgebers benutzt. Andererseits kann eine Marke auch einem Unternehmen zur Verfügung gestellt werden, das damit selbst hergestellte oder von anderen als dem Lizenzgeber bezogene Waren kennzeichnet. In Deutschland verwendete man vor 1995 für den Begriff Marken den (engeren) Begriff Warenzeichen.

s. O Rn. 506 ff.

s. auch Firmenname, Lizenz

Markterschließung. Für die Einführung von Produkten entstehen bei Herstellungs- und deren Vertriebsunternehmen während des Einführungszeitraums häufig erhöhte Kosten oder Mindererlöse. Nach Auffassung der deutschen FinVerw. sollen solche Markteinführungskosten für Produkte von dem Vertriebsunternehmen nur insoweit getragen werden, als diesem aus der Geschäftsverbindung noch ein angemessener „Betriebsgewinn" verbleibt. Nach der Rechtsprechung des BFH (BFH 17.2.1993, I R 3/92, BStBl. II 1993, 457) („Aquavit-Urteil") ist für den Fall, dass eine inländische Vertriebsgesellschaft die Kosten der Einführung der Erzeugnisse ihrer ausländischen Muttergesellschaft im Inland ganz oder überwiegend übernommen hat, eine verdeckte Gewinnausschüttung an die Muttergesellschaft dann anzunehmen, wenn eine Übernahme dieser Kosten in der betreffenden Branche unter vergleichbaren Umständen nicht üblich ist. Zudem sei regelmäßig ein Verlustzeitraum von höchstens 3 Jahren anzuerkennen und die Verluste innerhalb eines überschaubaren Kalkulationszeitraums wieder auszugleichen (BFH 17.2.1993, I R 3/92, BStBl. II 1993, 457; bestätigt durch BFH 17.10.2001, I R 103/00, BStBl. II 2004, 171, IStR 2001, 745).

Zu unterscheiden sind die Kosten der Einführung neuer Produkte (Markterschließungskosten) von den Anlaufkosten einer neu gegründeten Gesellschaft und den Werbekosten.

s. M Rn. 338 ff.

s. auch Anlaufphase – Anlaufkosten, Aquavit-Urteil, Dokumentations-Urteil, Verluste, Werbung

Marktüberlassung. *s.* Marktübertragung

Marktübertragung. Einer der wichtigsten Anwendungsfälle der Funktionsverlagerung, die seit dem Veranlagungszeitraum 2008 durch § 1 Abs. 3 S. 9 ff. AStG und die Funktionsverlagerungsverordnung vom 12.8.2008 (FVerlV) umfassend gesetzlich geregelt worden ist.

Marktübertragung im engeren Sinne ist die Bezeichnung für die Übertragung eines Absatzmarktes von einem Unternehmen auf ein anderes auf schuldrechtlicher oder gesellschaftsrechtlicher Basis. Von der Marktübertragung im engeren Sinne zu unterscheiden ist die Überlassung von Vertriebs- und anderen Rechten durch ein Unternehmen an ein anderes auf Zeit (Beispiel: Handelsvertreter) oder das Abschmelzen von Funktionen (Beispiel: Umwandlung eines Vertriebsunternehmens in einen Limited Risk Distributor oder Kommissionär).

Für die Marktüberlassung wie die Marktübertragung und ggf. das Abschmelzen von Funktionen ist ein angemessenes Entgelt zu entrichten, soweit dies nach dem Fremdvergleichsgrundsatz notwendig ist.

s. R Rn. 970 ff., R Rn. 1006 ff.

s. auch Funktion, Funktionsabschmelzung, Funktionsabspaltung, Funktionsverdoppelung, Funktionsverlagerung, Hypothetischer Fremdvergleich, Markterschließung, Transferpaket

Mark up. *s.* Gewinnaufschlag

Maßgebende Verhältnisse. *s.* Vergleichbarkeit

Mengenänderungen/-varianzen. *s.* Vergleichbarkeit

Mitwirkungspflicht. Gem. § 90 Abs. 1 AO sind die Beteiligten zur Mitwirkung bei der Ermittlung des Sachverhaltes verpflichtet. Die Beteiligten kommen der Mitwirkungspflicht insbesondere dadurch nach, dass sie die für die Besteuerung erheblichen Tatsachen vollständig und wahrheitsgemäß offenlegen und die ihnen bekannten Beweismittel angeben. Der Umfang der Pflichten richtet sich nach den Umständen des Einzelfalls. Ist ein Sachverhalt zu ermitteln und steuerrechtlich zu beurteilen, der sich auf Vorgänge im Ausland bezieht, so haben die Beteiligten diesen Sachverhalt aufzuklären und die erforderlichen Beweismittel zu beschaffen (§ 90 Abs. 2 AO; sog. erhöhte Mitwirkungspflicht). Allerdings obliegt dem Steuerpflichtigen die Aufklärung des Sachverhalts nur insoweit, als sie zur Durchführung der Besteuerung erforderlich und soweit sie zumutbar ist. Diese Einschränkung wird allerdings von der FinVerw. restriktiv ausgelegt. Durch die Änderung von § 90 Abs. 3 AO und dem Erlass der zugehörigen Rechtsverordnung (Gewinnabgrenzungsaufzeichnungsverordnung vom 13.11.2003) sind ab 2003 weitgehende Dokumentationspflichten des Steuerpflichtigen zu Verrechnungspreissachverhalten eingeführt worden, ab 2004 verbunden mit Strafzuschlägen.

s. B Rn. 127 ff., F Rn. 1 ff.

s. auch Dokumentation, Dokumentations-Urteil, Strafzuschläge

Most appropriate method rule. *s.* Rangfolge der Methoden

Mutual agreement procedure. *s.* Verständigungsverfahren

Nahestehende Person.

s. A Rn. 203 ff.

s. auch Berichtigung von Einkünften (Voraussetzungen nach § 1 AStG)

Netting. Unter Netting, einer Unterform des Cash Managements, versteht man das tatsächliche oder virtuelle Aufrechnen der konzerninternen Forderungen und Verbindlichkeiten. Dies reduziert die zu bewegenden Beträge, die Transaktionskosten und bei Fremdwährungen die Währungsrisiken. Aus Verrechnungspreissicht ergeben sich vor allem Fragestellungen zur Deckung der für das Netting anfallenden Kosten.

s. auch Cash Management, Kostenumlage

OECD-Richtlinien. Die OECD-Richtlinie von 2010 („Transfer pricing guidelines for multinational enterprises and tax administrations") wie auch die Kommentierung

zu Artikel 9 des OECD-MA („Verbundene Unternehmen") enthalten den Konsens der Mitgliedsstaaten über die Gestaltung und Angemessenheitsprüfung von Verrechnungspreisen. Allerdings stellen sie für die deutsche FinVerw, Steuerpflichtige und Gerichte letztlich keine verbindlichen Regelungen dar. Die dort vertretenen Auffassungen gelten jedoch als hochrangige Rechtsgutachten und sollen bei der Auslegung der nationalen gesetzlichen Vorschriften herangezogen werden.
s. B Rn. 41 ff., B Rn. 221 ff.
s. auch Arm's length principle

Operating margin. Aus dem angelsächsischen Bilanzrecht abgeleitete Bezeichnung für eine Gewinnspanne, die nach deutschem Verständnis in etwa das Ergebnis der gewöhnlichen Geschäftstätigkeit in das Verhältnis zu den Umsatzerlösen setzt. Wesentliche Erkenntnisgröße im Rahmen der transaktionsbezogenen Nettomargenmethode (Transactional Net Margin Method – TNMM) im Gegensatz zur Rohgewinnspanne (Gross margin) bei der Wiederverkaufspreismethode.
s. B Rn. 101 ff., D Rn. 350 ff.
s. auch Gross margin, Transaktionsbezogene Nettomargenmethode, Wiederverkaufspreismethode

Ordentlicher und gewissenhafter Geschäftsleiter. Leistungsbeziehungen zwischen verbundenen Unternehmen unterliegen der Forderung, dass sie zu Bedingungen abgewickelt werden, wie sie unter vergleichbaren Umständen auch fremde Dritte vereinbart hätten. Für diesen hypothetischen Fremdvergleich ist der maßstabsgerecht Handelnde die Denkfigur eines ordentlichen und gewissenhaften Geschäftsleiters. Ursprünglich durch Richterrecht entwickelt und über die VGr von 1983 zum gesicherten Teil der deutschen Verrechnungspreismethodik geworden, ist die Rechtsfigur des ordentlichen und gewissenhaften Geschäftsleiters seit Veranlagungszeitraum 2008 auch im heutigen § 1 Abs. 1 S. 3 AStG gesetzlich verankert.
s. C Rn. 41 ff.
s. auch Arm's length principle

Package deals. *s.* Palettenbetrachtung
Palettenbetrachtung. Die sog. Palettenbetrachtung erlaubt, im Rahmen der Verrechnungspreisfestsetzung und -prüfung wirtschaftlich zusammengehörende Produkte (Dienstleistungen) insgesamt als Produktgruppe (Dienstleistungsgruppe) zu bewerten und nicht isoliert auf den einzelnen Produktpreis oder die einzelne Transaktion abzustellen. Dies bietet sich insbesondere auch dann an, wenn einzelne (defizitäre) Produkte (Dienstleistungen) nur deshalb angeboten werden, weil sie für den Absatz der anderen (profitablen) Produkte (Dienstleistungen) entscheidend sind (Komplementärprodukte). Die Palettenbetrachtung gehört zum sog. Vorfeld des Vorteilsausgleichs.
s. B Rn. 68 ff., C Rn. 111 f.
s. auch Vorteilsausgleich

Patent. *s.* Lizenz
Patronatserklärung. *s.* Bürgschaft
Penalties. *s.* Strafzuschläge
Periodic adjustments. *s.* Periodische Anpassungen
Periodische Anpassungen. Einige Staaten verlangen periodische Anpassungen der Entgelte für die Überlassung von immateriellen Wirtschaftsgütern, da unterstellt wird, dass diese Entgelte so schwer im Vorhinein für einen längeren Zeitraum zu bestimmen sind, dass fremde Dritte entsprechende Anpassungsregelungen vereinbart hätten.
Wird zB in den USA ein immaterielles Wirtschaftsgut für eine Dauer von mehr als einem Jahr zur Nutzung überlassen, ist das errechnete Entgelt generell jährlich zu überprüfen und anzupassen, ggf. auch rückwirkend, um sicherzustellen, dass es dem Einkommen, das mit dem immateriellen Wirtschaftsgut erzielt wird, entspricht (Commensurate with income standard).

Nachdem sich Deutschland jahrelang gegen die Einführung einer solchen Vorschrift gewehrt hatte („pacta sunt servanda"), enthält nun seit dem Veranlagungszeitraum 2008 § 1 Abs. 3 S. 11 f. AStG eine Vorschrift, die widerlegbar vermutet, dass fremde Dritte eine Anpassungsregel vereinbart hätten und für den Fall, dass dies im Konzern nicht geschehen ist, vorsieht, dass die FinVerw. einmalig innerhalb von 10 Jahren nach Ansatz des Verrechnungspreises den ursprünglichen Verrechnungspreis anpassen darf, wenn die tatsächliche Gewinnentwicklung erheblich von der ursprünglich erwarteten Gewinnentwicklung abweicht. Bedeutsame Vorschrift insbesondere für Funktionsverlagerungen. Umsatz- und/oder gewinnabhängige Lizenzvereinbarungen gelten nach § 9 FVerlV als befreiende Anpassungsregelung.

s. B Rn. 159, O Rn. 665 ff., R Rn. 681 ff.

s. auch Anpassungen, Funktionsverlagerung

Personengesellschaften. Personengesellschaften haben im Gegensatz zu Betriebstätten zumindest zivilrechtlich eigene Rechtspersönlichkeit. Ab Veranlagungszeitraum 2013 bestimmt daher § 1 Abs. 1 S. 2 AStG ausdrücklich, dass eine Personengesellschaft für Zwecke der Anwendung der Verrechnungspreisregeln selbständiger Steuerpflichtiger und nahestehende Person iSv § 1 Abs. 2 AStG ist. Deshalb sind Lieferungen und Leistungen zwischen einer Personengesellschaft und ihrem in- oder ausländischen Gesellschafter nach § 1 Abs. 1 AStG mit Verrechnungspreisen zu entgelten, die dem Fremdvergleichsgrundsatz entsprechen. Dem steht auch nicht die ertragsteuerliche Behandlung derartiger Vergütungen nach § 15 EStG entgegen. Ebenso werden auf Personengesellschaften nach ausdrücklicher Vorschrift des § 1 Abs. 5 S. 7 AStG nicht die Regeln des Authorised OECD Approaches (AOA) für Betriebstätten nach den Regeln für Unternehmensgewinne in Art. 7 OECD-MA 2010 angewandt, wie sie ab Veranlagungszeitraum 2013 in § 1 Abs. 5 AStG übernommen wurden.

Die unterschiedlichen Bewertungsmaßstäbe für Entnahmen deutscher bzw. ausländischer Gesellschafter einer Personengesellschaft sind allerdings Auslöser für die nach wie vor schwebende Europarechtswidrigkeit von § 1 Abs. 1 AStG.

s. A Rn. 21 ff., L Rn. 196 ff.

s. auch Arm's length principle, Betriebstätten, Europarechtswidrigkeit deutscher Vorschriften

Pipeline-Urteil. Nach BFH 30.10.1996, II R 12/92, BStBl. II 1997, 12 kann eine Pipeline eine Betriebstätte des ausländischen Pipeline-Betreibers in Deutschland bilden, auch wenn sich in der Pipeline keine Personen aufhalten können. Bedeutsam ist diese Entscheidung insbesondere für die Frage, ob ein Server eine Betriebstätte darstellen kann.

s. L Rn. 20.

s. auch E-Commerce, Server

Preispolitik – Preisstrategien. *s.* B Rn. 65 ff., M Rn. 83 ff.

s. auch Vergleichbarkeit

Preisvergleichsmethode. Die Preisvergleichsmethode ist eine der Standardmethoden zur Ermittlung von Verrechnungspreisen. Nach verbreiteter Auffassung steht sie dem Fremdvergleichsgrundsatz auch innerhalb der Standardmethoden am nächsten und hat damit eine Vorrangstellung auch gegenüber der Wiederverkaufspreis- und der Kostenaufschlagsmethode, da bei ihr der Verrechnungspreis direkt aus dem Preisverhalten fremder Dritter abgeleitet wird.

Der Fremdvergleichspreis wird mit Hilfe der Preisvergleichsmethode aus den Preisen abgeleitet, die bei vergleichbaren Geschäften zwischen Fremden im Markt vereinbart worden sind. Beim äußeren Preisvergleich werden die von den Unternehmen festgesetzten Verrechnungspreise mit Marktpreisen verglichen, die anhand von Börsennotierungen, branchenüblichen Preisen oder Abschlüssen zwischen voneinander unabhängigen Dritten festgestellt werden. Hingegen versteht man unter dem inneren Preisvergleich einen Vergleich mit marktentstandenen Preisen, die der Steuerpflichtige oder ein ihm Nahestehender mit Fremden vereinbart hat.

Sind die verglichenen Geschäfte gleichartig, ist ein sog. direkter Preisvergleich möglich. Im Falle des indirekten Preisvergleichs können ungleichartige Geschäfte herangezogen werden, wenn der Einfluss der abweichenden Faktoren eliminiert und der bei diesen Geschäften vereinbarte Preis auf einen Preis für das verglichene Geschäft umgerechnet werden kann.
s. B Rn. 80 ff., D Rn. 50 ff., G Rn. 29 ff.
s. auch Arm's length principle, Rangfolge der Methoden, Standardmethoden
Prinzipalmodelle. *s.* Kommissionärsmodelle
Prioritätenreihenfolge. *s.* Rangfolge der Methoden
Produkteinführung. *s.* Markterschließung

Rabatte. *s.* Vergleichbarkeit
Range. *s.* Bandbreiten
Rangfolge der Methoden. Nach § 1 Abs. 3 S. 1 AStG sind die Verrechnungspreise „vorrangig" nach der Preisvergleichsmethode, der Wiederverkaufspreismethode oder der Kostenaufschlagsmethode zu bestimmen, wenn uneingeschränkt vergleichbare Fremdvergleichswerte vorliegen. Weder die deutschen VGr von 1983 noch § 1 Abs. 3 AStG enthält eine Methodenprioritätenreihenfolge innerhalb der zuvor genannten Standardverrechnungspreismethoden. Hinsichtlich der Anerkennung der Anwendung anderer Verrechnungspreismethoden bestimmt § 1 Abs. 3 S. 2 AStG, dass für den Fall, dass nur eingeschränkt vergleichbare Fremdpreise vorliegen, eine geeignete Verrechnungspreismethode angewandt werden kann, was insbesondere auch die transaktionsbezogene Nettomargenmethode (TNMM) umfasst. Damit erkennt § 1 Abs. 3 AStG ab dem Veranlagungszeitraum 2008 erstmals die TNMM und andere transaktionsbezogene Methoden (vornehmlich die Profit Split Methode) als zusätzliche zulässige Methode bei Vorliegen nur eingeschränkt vergleichbarer Fremdpreise an, nicht jedoch weitere Methoden, wie zB die US-Comparable Profits Method (CPM).
Die OECD-Richtlinie 2010 hat die Auffassung zur Rangfolge der Verrechnungspreismethoden im Vergleich zur OECD-Richtlinie 1995/96/97 grundlegend verändert. Die OECD-Richtlinie 2010 befürwortet in einer Abkehr von der strikten Methodenhierarchie der OECD-RL 1995/96/97 die Auswahl der im Einzelfall „am besten geeigneten Methode" („most appropriate method approach"). Damit bestätigt die OECD, dass der Fremdvergleichsgrundsatz weder erfordert, dass der Steuerpflichtige mehr als eine Methode anwendet, noch, dass er die Nicht-Wahl einer anderen Methode ausdrücklich begründen muss.
Im Gegensatz dazu enthalten die US-Verrechnungspreis-Richtlinien zwar keine Rangfolge der Methoden, fordern jedoch vom Steuerpflichtigen festzustellen, welche Verrechnungspreismethode die für den vorliegenden Fall geeignetste ist („best method rule") und zwingen im Ergebnis damit den Steuerpflichtigen, die Verrechnungspreise nach allen Methoden „durchzurechnen".
s. A Rn. 222 ff., B Rn. 76 ff., D Rn. 11 ff.
s. auch Arm's length principle, Standardmethoden, Verrechnungspreismethoden
Regiekosten. Unter Regie (bzw. Kontrolle) versteht man die Tätigkeiten, die dem Gesellschafter auf Grund seiner Gesellschafterstellung entweder unmittelbar oder über den Aufsichtsrat zustehen. Regietätigkeiten (Kontrollleistungen) gehen aus dem Recht des Gesellschafters hervor, das Leitungsorgan seiner Tochtergesellschaft zu kontrollieren. Unter Regietätigkeiten versteht man dagegen nicht die tochtergesellschaftsinterne geschäftsmäßige Kontrolle, wie zB die interne Revision. Die Muttergesellschaft kann gegenüber ihrer Tochtergesellschaft keine Entgelte für Tätigkeiten verrechnen, die Ausfluss ihrer Gesellschafterstellung sind, einschließlich der allgemeinen Organisation sowie der der Konzernspitze dienenden Kontrolle. Folglich sind Regiekosten der Muttergesellschaft keine Betriebsausgaben bei der Tochtergesellschaft.
s. B Rn. 163 ff., N Rn. 51 ff.

s. auch Assistenzleistungen, Dienstleistungen, Kontrollleistungen, Managementleistungen

Related companies, related parties. *s.* Verbundene Unternehmen

Resale price method. *s.* Wiederverkaufspreismethode

Residual analysis. Die Restgewinnanalyse (Residual Analysis) ist nach der OECD-Richtlinie 2010 und ebenso nach den US-Verrechnungspreisrichtlinien eine der beiden Untermethoden der Gewinnaufteilungsmethode (Profit Split). Dabei wird der Gesamtgewinn zwischen den verbundenen Unternehmen in zwei Stufen verteilt. Zunächst erhält jedes Unternehmen eine Grundvergütung, die angemessen für die durchgeführten geschäftlichen (Routine-)Transaktionen ist. In einem zweiten Schritt wird ein verbleibender Restwert (residual profit) so verteilt, wie dies fremde Dritte wohl getan hätten. Hierfür sind insbesondere wertvolle immaterielle Wirtschaftsgüter eines Konzernunternehmens bedeutsam.

s. B Rn. 113 ff., D Rn. 450 ff.

s. auch Contribution analysis, Gewinnaufteilungsmethode

Restgewinnanalyse. *s.* Residual analysis

Rohgewinn. *s.* Gross margin, Wiederverkaufspreismethode

Routinefunktionen. Unter Routinefunktionen versteht man Funktionen, die nicht zu den wesentlichen Gewinntreibern im Rahmen einer Wertschöpfungskettenanalyse zählen. Sie zeichnen sich häufig dadurch aus, dass es sich um nicht einzigartige, sondern leicht duplizierbare, gängige „Standardfunktionen" handelt. § 2 Abs. 2 S. 1 FVerlV geht vom Vorliegen von Routinefunktionen aus, wenn die nach einer Verlagerung der Funktion angewandte Verrechnungspreismethode für die Erbringung der Funktion die Kostenaufschlagsmethode ist. Dem ist zuzustimmen, allerdings greift dies zu kurz, da zB auch funktionsreduzierte Vertriebsstrukturen als Routinefunktionen zu qualifizieren sind, auf die regelmäßig die transaktionsbezogene Nettomargenmethode angewandt wird. Gem. § 2 Abs. 2 FVerlV können Routinefunktionen iSd FVerlV unter weiteren Bedingungen ohne steuerliche Folgen verlagert werden.

s. M Rn. 220 ff., R Rn. 385 ff.

s. auch Funktionseinheit, Funktionsverlagerung, Kostenaufschlagsmethode, Strategieträger

Routineunternehmen *s.* Funktionseinheit.

Satelliten-Urteil. Das sog. Satelliten-Urteil (BFH 17.2.2000, I R 130/97, IStR 2000, 438) hatte nicht unmittelbar die Frage der Betriebstättenbegründung durch einen Satelliten zum Gegenstand. Der BFH hatte vielmehr darüber zu befinden, welchen rechtlichen Kern ein Vertrag hat, der die Ausstrahlung eines Fernsehprogramms über Satellit regelt. Der BFH kam zu dem Ergebnis, dass der eigentliche Vertragszweck in solchen Fällen darin liegt, einen Erfolg (Ausstrahlung des Fernsehprogramms) und keine Nutzungsüberlassung (Vermietung der körperlichen Sache Satellit) zu gewährleisten. In Anlehnung hieran ist uE die Auffassung zu vertreten, dass die Inanspruchnahme bzw. Sicherung von „Serverkapazitäten" grundsätzlich keine Verfügungsmacht verschafft und daher keine steuerliche Betriebstätte begründet.

s. auch Betriebstätten, E-Commerce, Pipeline-Urteil, Server

Safe harbours. *s.* Toleranzgrenzen

Safe havens. *s.* Toleranzgrenzen

Schiedsverfahren. *s.* EU-Schiedsverfahren

Schlichtungsverfahren. *s.* EU-Schiedsverfahren

Schutzrechte. *s.* Lizenz

Sekundärberichtigung. Während die Erstberichtigung bewirkt, dass beim Steuerpflichtigen der Gewinnanteil besteuert wird, der ihm nach dem Arm's Length-Grundsatz zuzurechnen ist und die Gegenberichtigung das andere Unternehmen korrespondierend entlastet, ist damit der Zustand, der sich eingestellt hätte, wenn die beiden verbundenen Unternehmen von Anfang an sich fremdvergleichskonform verhalten hätten, noch nicht wiederhergestellt, denn die Geldbeträge, die nunmehr nach übereinstimmender Würdigung des Sachverhalts dem einen Unternehmen (Erstberichtigung) zuzuordnen sind, befinden sich noch „physisch" bzw. bilanziell beim anderen Unternehmen (Gegenberichtigung). Der erforderliche Ausgleich und seine Rechtsfolgen, insbesondere Quellensteuern und Verzinsungen, wird Zweit- oder Sekundärberichtigung genannt.

s. B Rn. 26 ff.

s. auch Berichtigung von Einkünften (Erstberichtigung), Folgeberichtigung, Gegen-berichtigung, Strafzuschläge

Server. Die Entscheidung darüber, ob ein Server eine Betriebstätte darstellt und wel-cher Gewinn einer solchen möglichen Betriebstätte zuzurechnen ist, bereitet gerade im Zusammenhang mit E-Commerce erhebliche Schwierigkeiten. Die OECD ver-tritt in ihrem MK zu Art. 5 OECD-MA in Tz. 42.1 bis 42.10 die Auffassung, dass Server (nicht aber Websites) Betriebstätten begründen können, wenn ein Server eine hinreichend lange Zeit an einem Ort verbleiben soll und damit das Merkmal einer festen Geschäftseinrichtung erfüllt. Die Anwesenheit von Personal wird nicht als entscheidend angesehen. Eine Betriebstätte iSd OECD-MA kann der Server aber erst dann darstellen, wenn mit ihm Haupt- oder Kernfunktionen eines Unterneh-mens und nicht nur vorbereitende oder Hilfstätigkeiten ausgeübt werden. Die Zu-ordnung von Gewinn zu einer Server-Betriebstätte folgt den allgemeinen Überle-gungen der OECD zur Gewinnermittlung für Betriebstätten, die von einer fiktiven Selbständigkeit der Betriebstätte ausgehen (sog. Authorised OECD Approach).

s. L Rn. 16, L Rn. 47 ff.

s. auch Betriebstätten, E-Commerce, Pipeline-Urteil, Satelliten-Urteil

Set-offs. *s.* Vorteilsausgleich

Simultan-Betriebsprüfung. Koordinierte Betriebsprüfung eines Steuerpflichtigen für bestimmte Leistungsbeziehungen.

s. B Rn. 131, F Rn. 220.

Spieltheorie. Quantifizierung von Verrechnungspreisen mit Hilfe der Simulation von Verhandlungssituationen. Möglichkeit der Anwendung eröffnet durch Forderung nach Berücksichtigung tatsächlich bestehender Handlungsmöglichkeiten des Steuer-pflichtigen in § 3 Abs. 2 S. 1, § 7 Abs. 1 S. 2, Abs. 4 S. 2 FVerlV.

s. H Rn. 182 ff., H Rn. 259 ff., R Rn. 487 ff.

s. auch Transferpaket

Standardmethoden. Unter Standardmethoden (Tz. 2.12 ff. OECD-Richtlinie 2010: Traditional transaction methods) versteht man die Preisvergleichsmethode, die Wie-derverkaufspreismethode und die Kostenaufschlagsmethode. Nach § 1 Abs. 3 S. 1 AStG sind Verrechnungspreise „vorrangig" nach der Preisvergleichsmethode, der Wiederverkaufspreismethode oder der Kostenaufschlagsmethode zu bestimmen, wenn uneingeschränkt vergleichbare Fremdvergleichswerte vorliegen. § 1 Abs. 3 S. 2 AStG lässt jedoch erstmals seit Veranlagungszeitraum 2008 die Anwendung „ei-ner geeigneten" Verrechnungspreismethode dann zu, wenn nur eingeschränkt ver-gleichbare Fremdpreise vorliegen. Damit erkennt § 1 Abs. 3 AStG erstmals neben den Standardmethoden auch die transaktionsbezogene Nettomargenmethode (TNMM) und andere transaktionsbezogene Methoden (vornehmlich die Profit Split Methode) als zusätzliche zulässige Methode („eine geeignete") an, nicht jedoch weitere Me-thoden, zB die US-Comparable Profits Method (CPM).

s. B Rn. 75 ff., D Rn. 50 ff.

s. auch Gewinnmethoden, Kostenaufschlagsmethode, Preisvergleichsmethode, Rang-folge der Methoden, Wiederverkaufspreismethode

Steuerhinterziehung. Für Verrechnungspreissachverhalte gelten keine von den all-gemeinen Regeln abweichenden Vorschriften hinsichtlich der Strafbarkeit von Steu-erhinterziehungen. Nicht zu verwechseln sind strafrechtlich relevante Vorgänge im Bereich der Verrechnungspreise mit „normalen" Strafzuschlägen bei Einkommens-

berichtigungen aus der abweichenden Beurteilung von Verrechnungspreissachverhalten im Rahmen insbesondere einer Betriebsprüfung.
s. F Rn. 453 ff., K Rn. 1 ff.
s. auch Berichtigung von Einkünften (Erstberichtigung), Berichtigung von Einkünften (Voraussetzungen nach § 1 AStG), Strafzuschläge (Penalties)
Stewardship expenses. *s.* Kontrollleistungen, Regiekosten
Strafzuschläge (Penalties). Die Berichtigung von Verrechnungspreisen führt in vielen Ländern nicht nur zu einer Berichtigung des Einkommens, sondern außerdem zu einem Strafzuschlag auf die zusätzlich zu entrichtende Steuer oder die Einkommenserhöhung. Die OECD-Staaten haben sich in der OECD-Richtlinie 2010 darauf geeinigt, dass beträchtliche Strafen ohne Verschulden unakzeptabel sind, die auf der Korrektur eines Verrechnungspreises beruhen, der im guten Glauben festgesetzt wurde, mit dem Arm's length-Prinzip in Übereinstimmung zu stehen.
Die Höhe der Strafzuschläge richtet sich nach den entsprechenden nationalen Regelungen. Je nach nationaler Vorschrift lassen sich Strafzuschläge vermeiden, wenn umfangreiche Dokumentationsvorschriften erfüllt werden oder verbindliche Vorabverständigungsverfahren (Advanced Pricing Agreements) eingeholt werden.
In Deutschland gelten seit dem Veranlagungszeitraum 2004 Strafzuschläge in zum Teil erheblicher Größenordnung für die fehlende Vorlage einer Dokumentation, die Vorlage einer im Wesentlichen unverwertbaren Dokumentation oder die verspätete Abgabe einer Dokumentation (§ 162 Abs. 4 AO).
Nach Sec. 6662 der US-amerikanischen Richtlinien beträgt der Strafzuschlag u. a. 20 % bzw. 40 % auf die Steuer, die sich aus der Berichtigung der Verrechnungspreise ergibt. Nach den US-Verrechnungspreisrichtlinien kann ein Steuerpflichtiger die Erhebung von Strafzuschlägen vermeiden, wenn er auf Grund einer spezifizierten Dokumentation nachweisen kann, dass er die Verrechnungspreismethode gewählt hat, die nach sorgfältiger Prüfung am zuverlässigsten (best method rule) den Arm's length-Preis ermittelt (sog. contemporaneous documentation).
s. B Rn. 129, E Rn. 69 ff., F Rn. 103 ff., F Rn. 446 ff.
s. auch Dokumentation
Strategieträger (Entrepreneur). Das (oder die) Unternehmen innerhalb einer Unternehmensgruppe, das das wesentliche wirtschaftliche Risiko (und die Chancen) aus einer Leistungsbeziehung tragen oder tragen sollen. Die Zuordnung von Verrechnungspreismethoden zu Transaktionen bestimmt wesentlich die Zuordnung des wirtschaftlichen Risikos. So trägt bei der Kostenaufschlagsmethode der Leistungsempfänger und bei der Wiederverkaufspreismethode der Leistende/Lieferende das wesentliche wirtschaftliche Risiko. Daher ist die Festlegung, welches Konzernunternehmen Strategieträger für eine bestimmte Transaktion sein soll, ein, wenn nicht der zentrale Schritt beim Aufbau von Verrechnungspreissystemen.
s. M Rn. 220 ff., insb. M Rn. 230 ff. und 270 ff.
s. auch Business Process Analysis, Funktionsanalyse, Funktionseinheit, Kostenaufschlagsmethode, Wiederverkaufspreismethode, Wertschöpfungsanalyse

Tatsächliche Verständigung. Nach § 88 Abs. 1 S. 1 AO hat die FinVerw. den Sachverhalt von Amts wegen zu ermitteln. In Fällen, in denen es sich als schwierig gestaltet, den Sachverhalt eindeutig zu ermitteln, kann unter bestimmten Voraussetzungen zur Förderung der Effektivität der Besteuerung und auch zur Sicherung des Rechtsfriedens eine den Steuerpflichtigen und die FinVerw. bindende Einigung über die Annahme eines bestimmten Sachverhalts erfolgen. Diese Sachverhaltsvereinbarungen werden als tatsächliche Verständigung bezeichnet. Die Voraussetzungen ergeben sich aus dem BMF-Schreiben vom 30.7.2008 (BStBl. I 2008, 831).
s. F Rn. 130 ff.
Tax Effective Supply Chain Management. *s.* Kommissionärsmodelle

Umlageschlüssel

ABC

Toleranzgrenzen (Safe havens, safe harbours). Die FinVerw. kann den Steuerpflichtigen Toleranzgrenzen einräumen. Derartige „safe havens" oder „safe harbours" führen dazu, dass bestimmte Geschäfte von den Finanzbehörden ohne weitere Prüfung anerkannt werden.

Toll manufacturer. *s.* Lohnveredlung

Trademark. *s.* Marken

Tradename. *s.* Firmenname, Marken

Traditional transaction methods. Begriff der OECD-Richtlinie 2010. Umfasst die Preisvergleichsmethode, die Wiederverkaufspreismethode und die Kostenaufschlagsmethode.

s. auch Rangfolge der Methoden, Standardmethoden

Transactional net margin method. *s.* Transaktionsbezogene Nettomargenmethode

Transaktionsbezogene Gewinnmethoden (Transactional Profit Methods). Der Begriff erfasst die Gewinnaufteilungsmethode (Profit Split Method – PSM) und die transaktionsbezogene Nettomargenmethode (TNMM).

s. auch Gewinnmethoden, Rangfolge der Methoden

Transaktionsbezogene Nettomargenmethode (TNMM). Die transaktionsbezogene Nettomargenmethode vergleicht Nettomargen, also produktbezogenen Gewinn im Verhältnis zu einer Bezugsbasis (zB Kosten, Umsätze oder Vermögen), die ein Steuerpflichtiger aus einer Transaktion mit verbundenen Unternehmen erzielt, mit Nettomargen, die der Steuerpflichtige oder andere Unternehmen aus vergleichbaren Transaktionen mit Dritten erzielen. Die Methode wurde erstmals von der OECD-Richtlinie 1995/96/97 entwickelt und stellt einen politischen Kompromiss zwischen den Befürwortern und Gegnern der US-amerikanischen Gewinnvergleichsmethode (Comparable Profits Method – CPM) dar.
Die OECD-Richtlinie 2010 führt die TNMM in Tz. 2.58 ff. als eine der anerkannten Verrechnungspreismethoden gleichberechtigt zu den Traditional Transaction Methods (Preisvergleich, Wiederverkauf, Kostenaufschlag) auf, so wie die OECD auch bei der Rangfolge der Methoden die TNMM den Traditional Transaction Methods gleichstellt („most appropriate method rule").
§ 1 Abs. 3 S. 2 AStG lässt erstmals seit Veranlagungszeitraum 2008 die Anwendung „einer geeigneten" Verrechnungspreismethode dann zu, wenn nur eingeschränkt vergleichbare Fremdpreise vorliegen. Damit erkennt § 1 Abs. 3 AStG erstmals neben den Standardmethoden auch die TNMM als weitere zulässige Methode („eine geeignete") an. Die TNMM ist heute die weltweit am häufigsten eingesetzte Verrechnungspreismethode.

s. B Rn. 101 ff., D Rn. 350 ff., H Rn. 1 ff.

s. auch Gewinnmethoden, Gewinnvergleichsmethode, Operating Margin, Rangfolge der Methoden, Standardmethoden

Transferpaket. Bezeichnung für das zu bewertende Objekt bei einer Funktionsverlagerung nach deutschem Steuerrecht. Gem. § 1 Abs. 3 FVerlV besteht ein Transferpaket iSd § 1 Abs. 3 AStG aus der Funktion und den mit dieser Funktion zusammenhängenden Chancen und Risiken sowie den übertragenen oder überlassenen Wirtschaftsgütern und Vorteilen und den in diesem Zusammenhang erbrachten Dienstleistungen. Das Transferpaket erfasst insbesondere auch goodwillähnliche Elemente für Funktionen, die keinen steuerlichen Teilbetrieb darstellen. Ermittelt wird ein Transferpaket dementsprechend aus Bewertungen, die denen für Unternehmensbewertungen weitgehend entsprechen.

s. H Rn. 300 ff., R Rn. 571 ff.

s. auch Funktion, Funktionsverlagerung

Umlageschlüssel. Mit Hilfe von Umlageschlüsseln werden im Rahmen von Kostenumlageverträgen die Kosten der leistenden Konzerneinheit auf die nutzenden Konzernunternehmen umgelegt. Die Umlageschlüssel müssen so gewählt sein, dass die sich ergebende Kostenbelastung dem Anteil entspricht, zu dem das steuerpflichtige Unternehmen die im Konzern anfallenden Forschungs- und Entwicklungsergebnisse und/oder verwaltungsbezogenen Leistungen tatsächlich nutzt oder voraussichtlich nutzen wird. Dieser Anteil ist anhand betriebswirtschaftlicher Grundsätze mit der Sorgfalt eines ordentlichen und gewissenhaften Geschäftsleiters festzulegen. Aufteilungsmaßstäbe sind zB Umsatz, Wertschöpfung, Materialkosten, Maschinenstunden oder Kopfzahl.

s. B Rn. 169, N Rn. 321 ff., O Rn. 301 ff.

s. auch Kostenumlage, Umlagevertrag

Umlagevertrag. Der Regelungsinhalt von Umlageverträgen sind Kostenumlagen für Forschung und Entwicklung oder für verwaltungsbezogene Leistungen, die zentral erbracht werden und für die das Entgelt nur zusammengefasst bewertet werden kann oder bei denen die Ermittlung der den einzelnen Leistungsempfängern gesondert zuzurechnenden Kosten mit unverhältnismäßigem Aufwand verbunden wäre. Mindestbestandteile eines Umlagevertrags sind nach dem BMF-Schreiben zur Einkunftsabgrenzung durch Umlageverträge zwischen international verbundenen Unternehmen (BMF 30.12.1999, BStBl. I 1999, 1122) (VGr-Kostenumlagen) die Nennung aller Vertragsparteien, Gegenstand der Leistungsinhalte, erwarteter Nutzen der Beteiligten, die umlagerelevanten Kosten, der Umlageschlüssel, Fälligkeit und Abrechnung der Vergütung, Laufzeit und Änderungsmodalitäten. Zusätzlich empfiehlt es sich bei Forschungs- und Entwicklungsumlageverträgen, folgende Bestandteile aufzunehmen: Eintritt weiterer Gesellschafter, Austritt von Gesellschaftern, Gebiete mit ausschließlicher Nutzung, Lizenzgewährung an Dritte (Zulässigkeit, Gebiete, Gebühr).

s. N Rn. 351 ff., O Rn. 251 ff.

s. auch Kostenumlage, Umlageschlüssel

Umsatzsteuer. Verrechnungspreissachverhalte unterliegen den umsatzsteuerlichen Regeln wie jeder andere Sachverhalt. Soweit es sich bei Verrechnungspreissachverhalten um Leistungen iSd Umsatzsteuergesetzes handelt, sind die entsprechenden Regeln anzuwenden. Dies gilt für die Lieferung von Gütern und Waren ebenso wie für die Erbringung von Dienstleistungen und Finanzierungsleistungen oder die Überlassung immaterieller Wirtschaftsgüter. Systematisch schwierige Fragen stellen sich bei Verrechnungspreisen speziell im Bereich von Kostenumlagesystemen, bei denen umstritten ist, inwieweit ein Umlagepool iSd BMF-Schreibens zur Einkunftsabgrenzung durch Umlageverträge zwischen international verbundenen Unternehmen (BMF 30.12.1999, BStBl. I 1999, 1122) zu einem Leistungsaustausch des Pools mit den Poolteilnehmern führt. Zudem ist die umsatzsteuerliche Qualifizierung von pauschalen Verrechnungspreisanpassungen (zB sog. True-ups oder Year-end Adjustments) umstritten.

s. A Rn. 390 ff., I Rn. 1 ff.

s. auch Kostenumlage, Umlagevertrag

Unbundeling. *s.* Zollvorschriften

UNO. Nachdem der OECD über viele Jahre die Rolle des Standardsetzers im Bereich der Verrechnungspreise überlassen worden war, haben in den letzten Jahren vor allem die UNO, in Ansätzen das African Tax Administration Forum (ATAF) und in seiner regionalen Zuständigkeit das EU Joint Transfer Pricing Forum (EUJTPF) begonnen, eigene Standards für die Festsetzung und Beurteilung von Verrechnungspreisen zu entwickeln, wobei die Arbeit der UNO und ATAF auch stark von dem Gedanken geprägt ist, die Rechte und Interessen der Schwellen- und Entwicklungsländer stärker zu wahren. 2009 hat die UNO ein ‚Subcommittee on Transfer Pricing – Practical Issues' (Unterausschuss Verrechnungspreise) errichtet, der 2013 das „Practical Manual on Transfer Pricing for Developing Countries" („UN Practical Manual 2013") veröffentlicht hat. Die OECD hat diese Entwicklungen aufgegriffen und einen Dialog mit Nicht-OECD-Ländern begonnen, um diese in die weitere

Entwicklung der OECD-RL mit einzubeziehen. Es bleibt abzuwarten, welchen Stellenwert die UNO oder die ATAF und gerade starke Schwellenländer wie Indien oder China diesem Öffnungsprozess letztlich bereit sind zu geben.

s. B Rn. 270 ff.

USA. Die USA besitzen eine umfassende Regelungsbreite für Verrechnungspreise. Gesetzliche Grundlage ist im wesentlichen Sec. 482 International Revenue Code (IRC), daneben bestehen Dokumentations-, Straf- und Gesellschafter-Fremdfinanzierungsvorschriften (Sec. 6038A, 6662 (e) und (h), 163 (j) IRC). Neben der im Wesentlichen abstrakt gehaltenen Sec. 482 IRC enthalten zahlreiche sog. Regulations detaillierte Vorschriften für die Ermittlung und Überprüfung von Verrechnungspreisen. In jedem Fall ist der Steuerpflichtige verpflichtet nachzuweisen, dass die von ihm angewandte Methode diejenige ist, die die angemessensten Verrechnungspreise ergibt (best method rule). Dies verlangt von ihm, alle in Frage kommenden Methoden „durchzurechnen" und hat aufgrund der besseren Verfügbarkeit von Gesamtunternehmensdaten (im Vergleich zu Einzeltransaktionsdaten) dazu geführt, dass in den USA im Regelfall die gesamtunternehmensausgerichtete Comparable Profits Method (CPM) zur Anwendung kommt. Auf erhebliche Abweichungen der erklärten von den anerkannten Verrechnungspreisen werden substantielle Strafzuschläge (penalties) erhoben. Diese können u. a. durch detailliert vorgeschriebene, aufwändige Dokumentationen vermieden werden (contemporaneous documentation).

s. auch Dokumentation, Gewinnmethoden, Gewinnvergleichsmethode, Rangfolge der Methoden, Strafzuschläge

Verbundene Unternehmen. Das, was unter einem verbundenen Unternehmen zu verstehen ist, wird von Rechtsordnung zu Rechtsordnung im Detail unterschiedlich geregelt. Der übergreifende, international anerkannte Grundgedanke kommt jedoch in Art. 9 OECD-MA zum Ausdruck. Nach Art. 9 OECD-MA handelt es sich um verbundene Unternehmen, wenn ein Unternehmen unmittelbar oder mittelbar an der Geschäftsleitung, der Kontrolle oder dem Kapital des anderen Unternehmens beteiligt ist oder wenn eine Person (mehrere Personen) unmittelbar oder mittelbar an der Geschäftsleitung, der Kontrolle oder dem Kapital beider Unternehmen beteiligt ist (sind). Die deutschen Normen zur Verbundenheit von Unternehmen enthält im Wesentlichen § 1 AStG und erfasst neben kapital- bzw. stimmrechtsmäßigen wesentlichen ($\geq$ 25 %) Beteiligungen auch außergewöhnliche Einflussmöglichkeiten und Interessenidentitäten.

s. A Rn. 203 ff.

s. auch Berichtigung von Einkünften (Voraussetzungen nach § 1 AStG)

Verdeckte Einlage (§ 8 Abs. 1 KStG iVm § 4 Abs. 1 S. 1 und 7 EStG, § 6 Abs. 1 Nr. 5 EStG). Eine verdeckte Einlage liegt vor, wenn ein Gesellschafter (Muttergesellschaft) oder eine ihm nahe stehende Person der Kapitalgesellschaft (Tochtergesellschaft) einen einlagefähigen Vermögensvorteil zuwendet und diese Zuwendung durch das Gesellschaftsverhältnis veranlasst ist. Nutzungen (Beispiel: Zinslosigkeit eines Darlehens) und persönliche Dienstleistungen sind keine einlagefähigen Wirtschaftsgüter. Die verdeckte Einlage geht nach hM § 1 AStG vor. Gleiches ergibt sich aus dem Regelungszusammenhang des § 1 Abs. 1 S. 4 AStG. Die Anwendung der Einlagevorschrift zur Korrektur von Verrechnungspreisen kommt zB in Betracht, wenn eine ausländische Tochtergesellschaft Waren von der inländischen Muttergesellschaft gegen ein unangemessen niedriges Entgelt erhält.

s. A Rn. 131 ff., A Rn. 361 ff.

s. auch Berichtigung von Einkünften (Voraussetzungen nach § 1 AStG), Verdeckte Gewinnausschüttung

Verdeckte Gewinnausschüttung (§ 8 Abs. 3 S. 2 KStG). § 8 Abs. 3 S. 2 KStG regelt lediglich die rechtlichen Folgen einer verdeckten Gewinnausschüttung, legt jedoch nicht die Tatbestandsmerkmale fest, die zur Annahme einer verdeckten Gewinnausschüttung notwendig sind. Die Definition der verdeckten Gewinnausschüttung beruht vielmehr auf BFH-Rechtsprechung. Eine verdeckte Gewinnausschüttung ist danach eine Vermögensminderung oder verhinderte Vermögensmehrung, die durch das Gesellschaftsverhältnis veranlasst ist, sich auf die Höhe des Einkommens auswirkt und nicht auf einem den gesellschaftsrechtlichen Vorschriften entsprechenden Gewinnverteilungsbeschluss beruht. Die verdeckte Gewinnausschüttung geht nach der Rechtsprechung des BFH § 1 AStG vor. Gleiches ergibt sich aus dem Regelungszusammenhang des § 1 Abs. 1 S. 4 AStG. Die Anwendung der Vorschrift über verdeckte Gewinnausschüttungen zur Korrektur von Verrechnungspreisen kommt zB in Betracht, wenn eine inländische Tochtergesellschaft an eine ausländische Muttergesellschaft unangemessen hohe Preise für Waren, zu hohe Zinsen oder überhöhte Lizenzgebühren zahlt.

s. A Rn. 63 ff., A Rn. 358 ff.

s. auch Berichtigung von Einkünften (Voraussetzungen nach § 1 AStG), Verdeckte Einlage

Vergleichbarkeit. Die Anwendung des Fremdvergleichsgrundsatzes beruht gewöhnlich auf einem Vergleich zwischen den Bedingungen einer konzerninternen Geschäftsbeziehung und denen bei vergleichbaren Transaktionen zwischen sich nicht nahe stehenden Unternehmen. Damit solche Vergleiche aussagefähig sind, müssen die wirtschaftlich relevanten Umstände hinreichend vergleichbar sein, insbesondere Gleichartigkeit der gelieferten Güter und Waren (qualitativ und quantitativ), Gleichartigkeit der Märkte, vergleichbare Wettbewerbssituation, vergleichbare Geschäftsstrategie und Preispolitik, vergleichbare Liefervereinbarungen und Vergleichbarkeit von Funktionen und Risiken sowie des Einsatzes von Wirtschaftsgütern und der Wertschöpfungsbeiträge der beteiligten Unternehmen.

s. B Rn. 58 ff., B Rn. 116 ff., C Rn. 10 ff., G Rn. 1 ff., H Rn. 1 ff., M Rn. 33 ff.

s. auch Arm's length principle

Verlängerte Werkbank. *s.* Lohnveredlung.

Verluste. Zu unterscheiden sind Verluste aus der Anlaufphase einer neu gegründeten oder wesentlich erweiterten Gesellschaft und aus der Markteinführung neuer Produkte. Anlaufverluste eines Unternehmens sind grundsätzlich von dem neu gegründeten Unternehmen zu tragen und werden von der Rechtsprechung für relativ lange Zeiträume anerkannt. Dagegen sind Verluste aus der Markteinführung neuer Produkte nach der Rechtsprechung des Bundesfinanzhofs (BFH 17.2.1993, I R 3/92, BStBl. II 1993, 457, bestätigt durch BFH 17.10.2001, I R 103/00, BStBl. II 2004, 171, IStR 2001, 745) nur dann von der Vertriebsgesellschaft zu tragen, wenn dies branchenüblich ist. Sie sind nach der BFH-Rechtsprechung im Regelfall nur für einen Zeitraum von drei Jahren anzuerkennen und dann innerhalb eines überschaubaren Kalkulationszeitraums durch Gewinne zu kompensieren.

s. B Rn. 70, M Rn. 338 ff.

s. auch Anlaufphase – Anlaufkosten, Aquavit-Urteil, Dokumentations-Urteil, Markterschließung, Werbung

Verrechenbarkeit von Aufwendungen. *s.* Assistenzleistungen, Kontrollleistungen, Kostenumlage, Managementleistungen, Regiekosten

Verrechnungspreis. Der Begriff des Verrechnungspreises umschreibt allgemein die Bewertung von Leistungsbeziehungen zwischen wirtschaftlichen Leistungseinheiten. Auch die in einem Konzern verbundenen Unternehmen berechnen sich gegenseitig für zB Warenlieferungen und Dienstleistungen vertraglich vereinbarte Preise, die als Verrechnungspreise bezeichnet werden. Steuerlich von Bedeutung sind solche Verrechnungspreise, die zwischen rechtlich selbstständigen, aber miteinander verbundenen Unternehmen einer Unternehmensgruppe abgerechnet werden, in der Regel über die Grenze.

s. A Rn. 10 ff.

s. auch Arm's length principle, Betriebstätten

Verrechnungspreismethoden. Methoden für die Ermittlung und Überprüfung von Verrechnungspreisen. Es werden die Standardmethoden, die Gewinnmethoden und die Globalmethoden unterschieden, wobei die Unterscheidung zwischen den Standard- und den Gewinnmethoden in den letzten Jahren tendenziell an Bedeutung verloren hat, wie es sich auch aus der Neufassung der OECD-Richtlinien 2010 und der Einführung von § 1 Abs. 3 S. 1–5 AStG ergibt.

s. B Rn. 75 ff., D Rn. 1 ff.

s. auch Arm's length principle, Gewinnmethoden, Globalmethoden, Standardmethoden, Verrechnungspreis, Vierte Methode

Verständigungsverfahren. Die deutschen DBA enthalten dem OECD-MA folgend eine Bestimmung, nach der ein Steuerpflichtiger seinen Besteuerungsfall unbeschadet der ihm nach innerstaatlichem Recht zustehenden Rechtsbehelfe und -mittel an die für ihn zuständige Behörde seines Staates herantragen kann, wenn er der Auffassung ist, dass Maßnahmen der Behörden eines der Vertragsstaaten oder beider Staaten zu einer Besteuerung geführt haben oder führen werden, die dem Abkommen nicht entspricht. Falls die Behörde die Einwendungen des Steuerpflichtigen für begründet erachtet und sie selbst keine Abhilfe schaffen kann, trägt sie den Fall an die zuständige Behörde des anderen Vertragsstaates mit dem Ziel heran, eine abkommenskonforme Besteuerung zu erreichen. Im Kern geht es um die Beseitigung der Doppelbesteuerung durch Verhandlungen zwischen den Finanzministerien der beiden beteiligten Staaten, die zB durch einseitige Korrekturen von Verrechnungspreisen in Betriebsprüfungen hervorgerufen werden. In Deutschland ist die Zuständigkeit für Verständigungsverfahren vom BMF auf das Bundeszentralamt für Steuern delegiert worden. Die Einzelheiten des Verständigungsverfahrens sind in Art. 25 Abs. 1 und 2 des OECD-MA geregelt. Die verfahrensrechtlichen Grundlagen sind in einem BMF-Schreiben (BMF 13.7.2006, BStBl. I 2006, 461, Merkblatt zum internationalen Verständigungs- und Schiedsverfahren auf dem Gebiet der Steuern vom Einkommen und vom Vermögen) zusammengefasst.

s. F Rn. 231 ff.

s. auch Advance Pricing Agreement (APA), EU-Schiedsverfahren

Verwaltungsbezogene Dienstleistungen. *s.* Dienstleistungen

Verwaltungsgrundsätze (VGr). Die deutsche FinVerw hat erstmals 1983 Verwaltungsgrundsätze für die Prüfung der Einkunftsabgrenzung bei international verbundenen Unternehmen erlassen (BMF 23.2.1983, BStBl. I 1983, 218). Die „VGr", obwohl in der Praxis von großer Bedeutung, haben keine Gesetzeskraft, sondern beinhalten als Richtlinien die verwaltungsintern maßgebliche Interpretation des deutschen Rechts zur Einkunftsabgrenzung durch die FinVerw, insbesondere zu § 1 AStG.

Die VGr von 1983 werden seit Jahren einer grundlegenden Revision unterzogen und dabei auch an veränderte gesetzliche Rahmenbedingungen (insb. Änderungen im § 1 AStG), die tatsächlichen Entwicklungen des Wirtschaftslebens und an die überarbeiteten Richtlinien der OECD (zuletzt OECD-RL 2010) angepasst, was dazu geführt hat, dass insbesondere die Tz. 7–9 zu Umlageverträgen, Berichtigungen und Verfahren mittlerweile durch neuere BMF-Schreiben ersetzt oder ergänzt worden sind. Folgende BMF-Schreiben, die im Regelfall auch als „VGr" bezeichnet werden, sind in diesem Zusammenhang ergangen: BMF-Schreiben zur Einkunftsabgrenzung durch Umlageverträge zwischen international verbundenen Unternehmen (BMF 30.12.1999, BStBl. I 1999, 1122), VGr-Arbeitnehmerentsendung (BMF 9.11.2001, BStBl. I 2001, 796) und VGr-Verfahren (BMF 12.4.2005, BStBl. I 2005, 570). Daneben bestehen VGr für die Aufteilung der Einkünfte bei Betriebsstätten international tätiger Unternehmen (Betriebsstätten-VGr, BMF 24.12.1999, BStBl. I 1999, 1076), die mittlerweile durch die Neufassung von § 1 Abs. 4 und 5 AStG bereits wieder für die Zukunft überholt sind. Zudem bestehen seit 2010 für Funktionsverlagerungen „Grundsätze für die Prüfung der Einkunftsabgrenzung zwischen nahe stehenden Personen in Fällen von grenzüberschreitenden Funktionsverlagerungen (VGr Funktionsverlagerung – „VGr-FV")" vom 13. Oktober 2010, BStBl. I, 774.

s. A Rn. 268 ff.

s. auch Arbeitnehmerentsendung, Betriebstätten, Dokumentation, Funktionsverlagerung, Kostenumlage

Verzinsung. Finanzierungsleistungen sind im Konzern grundsätzlich verzinslich zu erbringen. Allerdings ist es unter fremden Dritten üblich, insbesondere bei Lieferantenkrediten innerhalb üblicher Zahlungsziele und bei Kontokorrentverhältnissen, soweit ein positiver Saldo zugunsten des Kontoinhabers besteht, keine Zinsen zu berechnen. Die Höhe des Zinssatzes hängt vom maßgebenden Zeitpunkt, der Währung und sonstigen Umständen ab. Im Einzelfall wird eine Bandbreite von angemessenen Zinssätzen vorliegen, aus der der ordentliche Geschäftsleiter einen angemessenen Zinssatz unter Berücksichtigung seiner Sorgfaltspflicht auswählen kann.

s. P Rn. 14 ff.

s. auch Bandbreiten, Darlehen, Zinssätze

Vierte Methode. Mittlerweile kaum noch gebräuchliche Bezeichnung für die nach den VGr zulässige Vorgehensweise, bei der Ermittlung der Verrechnungspreise auf Grund der Bedürfnisse des Einzelfalls mehrere Standardmethoden gemischt anzuwenden, zu konkretisieren, zu ergänzen oder sogar auf andere Art die Einkünfte aus einer Geschäftsbeziehung angemessen aufzuteilen. Dies kann auch Gewinn-, nie aber Globalmethoden umfassen. Entspricht den „unspecified methods" der US-Regulations.

s. D Rn. 14.

s. auch Verrechnungspreismethoden

Vorteilsausgleich. Die Abweichung vom Fremdvergleichspreis führt nicht zu einer Gewinnkorrektur, wenn dem gewährten Nachteil ein Vorteil gegenübersteht, der den Nachteil ausgleicht. Eine Saldierung von nachteiligen und vorteilhaften Geschäften ist nach dem Fremdvergleichsgrundsatz nur zulässig, wenn Fremde bei ihren Geschäften untereinander einen solchen Ausgleich auch vorgenommen hätten. Zudem müssen nach Auffassung der deutschen FinVerw. die Geschäfte in einem inneren Zusammenhang stehen und die Vorteilsverrechnung muss vereinbart gewesen sein oder zur Geschäftsgrundlage eines nachteiligen Geschäfts gehört haben. Vom Vorteilsausgleich zu unterscheiden ist das sog. Vorfeld des Vorteilsausgleichs (Ausgleich vor- und nachteiliger Teilbedingungen innerhalb eines Geschäfts) und die sog. „Palettenbetrachtung" (Zusammenfassung der Verrechnungspreisbeurteilung für Gruppen von wirtschaftlich eng miteinander zusammenhängenden Produkten).

s. B Rn. 69 f., C Rn. 91 ff.

s. auch Palettenbetrachtung

Währungsschwankungen. *s.* Wechselkursrisiko
Warenzeichen. *s.* Marken
Wechselkursrisiko. Schwankungen der Wechselkurse stellen bei Liefer- und Leistungsbeziehungen über Grenzen eines der typischsten Risiken dar. Letztlich steht es im Ermessen der (beiden) (gedachten) ordentlichen und gewissenhaften Geschäftsleiter, welche Fakturierungswährung sie wählen, wie sie das Währungsrisiko (im Regelfall: für einen von ihnen) begrenzen und wie sie die Kosten der Wechselkursabsicherung untereinander aufteilen. Die VGr äußern sich außer für den Fall von Fremdwährungsdarlehen nicht ausdrücklich zu der Problematik.

s. M Rn. 118 ff., P Rn. 86 ff.

Werbung. Kosten für Werbung sind von dem Konzernunternehmen zu tragen, für dessen Aufgabenbereich durch die Maßnahme geworben wird. Die Werbekosten können entweder als gewerbliche Dienstleistungen einzeln abgerechnet oder über Kostenumlageverträge auf die nutznießenden Konzerngesellschaften umgelegt werden. Die Kosten der Werbung sind von den Anlaufkosten eines neu gegründeten Unternehmens und von den Markteinführungskosten für neue Produkte zu unterscheiden.

s. M Rn. 346 ff.

s. auch Anlaufphase – Anlaufkosten, Aquavit-Urteil, Marktschließung, Verluste

Wertschöpfungsanalyse. Weiterentwicklung der traditionellen Funktions- und Risikoanalyse, wobei insbesondere nicht nur die Funktionalität der beiden an einer Transaktion beteiligten Parteien betrachtet wird, sondern die Gesamtwertschöpfungskette einer Unternehmensgruppe und die relative Bedeutung der zu berücksichtigenden Funktion im Rahmen des Gesamtwertschöpfungsprozesses der Unternehmensgruppe.

s. M Rn. 137 ff.

s. auch Business Process Analysis, Funktionsanalyse

Wiederverkaufspreismethode. Die Wiederverkaufspreismethode geht von dem Preis aus, zu dem eine bei einem Nahestehenden gekaufte Ware bzw. Leistung an einen unabhängigen Abnehmer weiterveräußert wird (Endabnehmerpreis der Unternehmensgruppe). Von dem Preis aus diesem Wiederverkauf wird auf den Verrechnungspreis zurückgerechnet, der für die Lieferung bzw. Leistung zwischen den Nahestehenden (typischerweise vom Produktions- zum Vertriebsunternehmen) anzusetzen ist. Dazu wird der Wiederverkaufspreis um marktübliche Abschläge (Bruttomargen) vermindert, die der Funktion und dem Risiko des Wiederverkäufers entsprechen und aus denen der Wiederverkäufer die von ihm zu verantwortenden Betriebsausgaben bestreiten muss.

s. B Rn. 83 ff., D Rn. 150 ff., G Rn. 165 ff.

s. auch Gross margin, Operating marging, Rangfolge der Methoden, Standardmethoden

Zeitpunkt. Nach deutschem Rechtsverständnis ist für die Bestimmung des Verrechnungspreises grundsätzlich der Zeitpunkt des Vertragsabschlusses über das jeweilige konzerninterne Geschäft maßgeblich (OECD-RL 2010: „price setting approach"; ex ante-Ansatz). Da fremde Dritte sich aber bei langfristigen Geschäften gegen substantielle Änderungen des wirtschaftlichen Umfelds absichern würden, fordert die GAufzV vom 13.11.2003, dass bei längerfristigen Geschäften der Steuerpflichtige den Nachweis führt, dass fremde Dritte keine Neuverhandlungs- oder Ausstiegsklauseln vereinbart hätten (§ 2 Abs. 4 GAufzV). Seit Veranlagungszeitraum 2008 hat Deutschland zudem eine Regelung eingeführt, bei der § 1 Abs. 3 S. 11 AStG unterstellt, dass fremde Dritte wegen der immanenten Unsicherheit von Gewinnvorhersagen bei der Überlassung wesentlicher immaterieller Wirtschaftsgüter Anpassungsklauseln vereinbart hätten. Werden derartige Klauseln zwischen verbundenen Unternehmen nicht abgeschlossen, hat die FinVerw. in einem Zeitraum von zehn Jahren einmalig das Recht, den Verrechnungspreis anzupassen, soweit die tatsächlichen Gewinne erheblich von den ursprünglich erwarteten Gewinnen abweichen (§ 1 Abs. 3 S. 12 AStG).

Nach US-Recht und dem Recht zahlreicher anderer ausländischer Staaten wird die Angemessenheit von Verrechnungspreisen dagegen grundsätzlich danach beurteilt, ob unter der Verrechnungspreispolitik der Unternehmensgruppe die Routine-Konzerngesellschaften tatsächlich das als angemessen angesehene Gewinnniveau erzielt haben, und ggf. am Jahresende entsprechende Verrechnungspreisanpassungen vorgenommen (OECD-RL 2010: „outcome testing approach"; ex post-Ansatz).

s. B Rn. 126, R Rn. 681 ff.

s. auch Anpassungen, Anpassungsklauseln, Dokumentation, Periodische Anpassungen

Zinssätze. Gewährt eine Person einem Nahestehenden Finanzierungsleistungen, so ist nach Auffassung der FinVerw. Fremdpreis der Zins, zu dem Fremde unter vergleichbaren Bedingungen den Kredit am Geld- oder Kapitalmarkt gewährt hätten. Bei der Prüfung der Angemessenheit des Zinssatzes sind alle Umstände des Einzelfalls zu berücksichtigen, wie zB Kredithöhe und Laufzeit, Sicherheiten und Kreditwürdigkeit des Schuldners, Wechselkursrisiken und -chancen, Refinanzierungskosten, Verhältnisse auf den Kapitalmärkten etc.

s. P Rn. 25 ff.

s. auch Darlehen, Verzinsung

Zollvorschriften. Zollvorschriften und steuerliche Verrechnungspreisvorschriften beurteilen Geschäftsvorfälle, bei denen innerhalb eines Konzerns Güter und Waren über eine (Zoll)Grenze veräußert oder verbracht werden, nach unterschiedlichen und voneinander letztlich unabhängigen Kriterien. Wie im steuerlichen Verrechnungspreisrecht benutzt das Zollrecht zur Zollwertermittlung verschiedene Methoden, so die Transaktionswertmethode. Häufig besteht ein Interessengegensatz, weil einem Importeur in der Regel daran gelegen ist, niedrige Werte für die Verzollung anzusetzen, aber hohe Verrechnungspreise für die Ertragsteuerbelastung im Inland. Wichtig ist dafür insbesondere, ob es gelingt, bestimmte Elemente aus dem Produktpreis herauszulösen und damit nicht in den Zollwert einzubeziehen (sog. Unbundeling). Praxisrelevante Probleme ergeben sich dabei gerade bei Einkaufs- und Verkaufsprovisionen bei Kommissionärgeschäften, Lizenzzahlungen, Finanzierungszinsen, bei der Lohnfertigung und bei Preisanpassungen.

s. A Rn. 390 ff., J Rn. 1 ff.

Zweitberichtigung. *s.* Sekundärberichtigung.

1. Teil: Rechtsquellen und Normengruppen zur Einkunftsabgrenzung

Kapitel A: Nationales Recht

Übersicht

I. Einführung

1. Grundsätze der Einkünfteabgrenzung

(einstweilen frei)   **1–9**

Internationale Unternehmen entfalten ihre ökonomischen Tätigkeiten in **10**
verschiedenen Staaten. Sollten diese Tätigkeiten über eigenständige Gesellschaften abgewickelt werden, entstehen konzernartige Gebilde, in denen jede
Gesellschaft in steuerlicher Hinsicht als Steuersubjekt oder Einkünfteerzielungssubjekt grds. selbständig bleibt. Entsprechend muss die Ermittlung der
Einkünfte in internationalen Konzernen für jede Gesellschaft separat erfolgen.
Dabei sind sämtliche wirtschaftlichen Beziehungen (Lieferungen von Gütern
und Waren, Dienstleistungen, Nutzungsüberlassungen etc.) nicht nur zu
fremden Dritten, sondern auch zu verbundenen Unternehmen und anderen
nahestehenden Personen zu erfassen. Vor diesem Hintergrund müssen Preise
für Lieferungen und Leistungen zwischen nahestehenden Personen festgelegt
werden, die allgemein als **Konzernverrechnungspreise** oder vereinfacht als
Verrechnungspreise bezeichnet werden.

Ungeachtet der steuerlichen Selbständigkeit der einzelnen Gesellschaften **11**
begründet ein Konzern ökonomisch eine Einheit. Aus diesem Grund sind
Geschäftsbeziehungen zwischen verbundenen Unternehmen nicht in dem
gleichen Maße wie Geschäftsbeziehungen zwischen fremden Dritten von ge-
gensätzlichen Wirtschaftsinteressen geprägt. In grundlegendem Unterschied
zu Marktpreisen, die durch die Wirkung von Angebot und Nachfrage über
den Wettbewerb gebildet werden, eröffnen Verrechnungspreise prinzipiell
vielfältige Möglichkeiten zur Preismanipulation bzw. **Gewinnverlagerung.**
Über die Festlegung von Verrechnungspreisen können Gewinne zu den Gesellschaften im Konzern verlagert werden, die einer geringeren Steuerbelastung unterliegen.

Um solchen Gewinnverlagerungen entgegenzuwirken, sind Regelungen **12**
zur **Korrektur von Verrechnungspreisen** national wie international kodifiziert worden. Die grundlegende Maxime der entsprechenden Regelungen
ist das **arm's length principle** bzw. der **Fremdvergleichsgrundsatz.** Der
Fremdvergleichsgrundsatz verlangt, dass Geschäftsbeziehungen zwischen nahestehenden Personen zu gleichen oder vergleichbaren Bedingungen wie Geschäftsbeziehungen mit unabhängigen Dritten abgewickelt werden.[1] Zur weiteren Konkretisierung existieren umfangreiche Regelungen in internationalen
Abkommen und nationalem Recht.

2. Rechtsgrundlagen der Einkünftekorrektur

a) Internationale Rechtsgrundlagen

Soweit ein bilaterales **Doppelbesteuerungsabkommen (DBA)** auf ei- **13**
nen grenzüberschreitenden Sachverhalt anwendbar ist, bedingt eine steuerliche Einkünftekorrektur, dass die jeweiligen Voraussetzungen der abkommens-

---

[1] S. dazu Kap. C Rn. 1 ff. „Fremdvergleich als Maßstab der Einkunftsabgrenzung".

rechtlichen Korrekturnormen erfüllt sind. Insofern werden die nationalen Regelungen zur Einkünftekorrektur durch die abkommensrechtlichen Normen beschränkt.

In diesem Kontext ist der **Art. 9 OECD-Musterabkommen (OECD-MA)**, dem die deutschen DBA regelmäßig folgen, von besonderer Bedeutung. Der Art. 9 Abs. 1 S. 1 OECD-MA lautet:

> Wenn verbundene Unternehmen zweier Vertragsstaaten in ihren kaufmännischen oder finanziellen Beziehungen an vereinbarte oder auferlegte Bedingungen gebunden sind, die von denen abweichen, die unabhängige Unternehmen miteinander vereinbaren würden, so dürfen die Gewinne, die eines der Unternehmen ohne diese Bedingungen erzielt hätte, wegen dieser Bedingungen aber nicht erzielt hat, den Gewinnen dieses Unternehmens zugerechnet und entsprechend besteuert werden.

Demnach lassen die DBA grds. eine steuerliche Einkünftekorrektur nach dem Fremdvergleichsgrundsatz zu. Allerdings stellen die abkommensrechtlichen Normen selbst keine Rechtsgrundlage für die steuerliche Einkünftekorrektur dar; vielmehr wird den abkommensgebundenen Staaten lediglich eine Korrektur gem. den nationalen Regelungen ermöglicht.[2]

14 Neben den bilateralen DBA sind die folgenden multinationalen Übereinkommen für die steuerliche Verrechnungspreisproblematik besonders relevant:
– Verrechnungspreisrichtlinie für multinationale Unternehmen und Steuerverwaltungen vom 22.7.2010 (sog. **OECD-RL**): Wenngleich eine unmittelbare Bindungswirkung überwiegend verneint wird, ist die OECD-RL als offizielle Interpretation der OECD von Art. 9 OECD-MA anerkannt. Dabei konkretisiert die OECD-RL den Fremdvergleichsgrundsatz, indem die Methodik der Verrechnungspreisermittlung, die Bewältigung von Verrechnungspreisstreitigkeiten im Verständigungsverfahren sowie Dokumentations- und Nachweispflichten für Verrechnungspreise erläutert werden.[3]
– Übereinkommen der Mitglieder der EU über die Beseitigung der Doppelbesteuerung im Falle von Gewinnberichtigungen zwischen verbundenen Unternehmen vom 1.11.2004 (sog. **EU-Schiedskonvention**): Für das Problem der Verrechnungspreise ist der Art. 4 EU-Schiedskonvention, der dem Art. 9 OECD-MA nachgebildet ist, die zentrale Vorschrift. Gegenüber dem Art. 9 OECD-MA weicht der Art. 4 EU-Schiedskonvention ab, als der Einigungszwang an Stelle des Verständigungsverfahrens verbindlich festgeschrieben wird. Durch den Verhaltenskodex zur EU-Schiedskonvention werden die Regelungen weiter konkretisiert, damit die einheitliche Anwendung durch die einzelnen EU-Mitgliedstaaten gewährleistet ist.[4]

b) Nationale Rechtsgrundlagen

15 Ungeachtet etwaiger Regelungen in internationalen Abkommen bedingt eine steuerliche Einkünftekorrektur stets eine entsprechende Rechtsgrundlage durch **gesetzliche Regelungen** im nationalen Recht. Nach deutschem Recht kann eine Einkünftekorrektur auf folgenden Regelungen beruhen:

---

[2] S. dazu Kap. B Rn. 1 ff. „OECD-Musterabkommen“.
[3] S. dazu Kap. B Rn. 41 ff. „OECD-Richtlinie 2010“.
[4] S. dazu Kap. F Rn. 298 ff. „EU-Verständigungs- und Schiedsverfahren“.

- Entnahme (§ 4 Abs. 1 S. 1 EStG)
- Einlage (§ 4 Abs. 1 S. 1 EStG)
- Verdeckte Gewinnausschüttung (vGA, § 8 Abs. 3 S. 2 KStG)
- Verdeckte Einlage (§ 8 Abs. 3 S. 3 KStG)
- Berichtigung von Einkünften bei Auslandsbeziehungen (§ 1 Abs. 1 S. 1 AStG)

Für die Korrektur von Verrechnungspreisen verweisen die vorgenannten Regelungen ohne Ausnahme auf den Fremdvergleichsgrundsatz. Jedoch sind die allgemeinen Bestimmungen bzgl. der steuerlichen Zurechnung von Wirtschaftsgütern und Einkünften vorrangig anzuwenden. Folglich muss die Frage der Zurechnung der Einkünfte geklärt sein, ehe steuerliche Einkünftekorrekturen im zweiten Schritt erfolgen können.

Um die einheitliche Anwendung der gesetzlichen Regelungen sicherzu- **16** stellen, sind die folgenden **Rechtsverordnungen** und **Verwaltungsgrundsätze (VGr)** von der deutschen FinVerw. herausgegeben worden:

- Rechtsverordnungen
  - Verordnung zu Art, Inhalt und Umfang von Aufzeichnungen iSd § 90 Abs. 3 der Abgabenordnung vom 13.11.2003 **(Gewinnabgrenzungsaufzeichnungsverordnung – GAufzV)**
  - Verordnung zur Anwendung des Fremdvergleichsgrundsatzes nach § 1 Abs. 1 des Außensteuergesetzes in Fällen grenzüberschreitender Funktionsverlagerungen vom 12.8.2008 **(Funktionsverlagerungsverordnung – FVerlV)**
  - Verordnung zur Anwendung des Fremdvergleichsgrundsatzes auf Betriebsstätten nach § 1 Abs. 5 des Außensteuergesetzes vom 10.10.2014 **(Betriebsstättengewinnaufteilungsverordnung – BsGaV)**
- VGr
  - Grundsätze für die Prüfung der Einkunftsabgrenzung bei international verbundenen Unternehmen vom 23.2.1983 **(VGr)**
  - Grundsätze der Verwaltung für die Prüfung der Aufteilung der Einkünfte bei Betriebsstätten international tätiger Unternehmen vom 24.12.1999 **(VGr-Betriebsstätten)**
  - Grundsätze für die Prüfung der Einkunftsabgrenzung durch Umlageverträge zwischen international verbundenen Unternehmen vom 30.12.1999 **(VGr-Umlage)**
  - Grundsätze für die Prüfung der Einkunftsabgrenzung zwischen international verbundenen Unternehmen in Fällen der Arbeitnehmerentsendung vom 9.11.2001 **(VGr-Arbeitnehmerentsendung)**
  - Grundsätze für die Prüfung der Einkunftsabgrenzung zwischen nahestehenden Personen mit grenzüberschreitenden Geschäftsbeziehungen in Bezug auf Ermittlungs- und Mitwirkungspflichten, Berichtigungen sowie auf Verständigungs- und EU-Schiedsverfahren vom 12.4.2005 **(VGr-Verfahren)**
  - Grundsätze für die Prüfung der Einkunftsabgrenzung zwischen nahestehenden Personen in Fällen von grenzüberschreitenden Funktionsverlagerungen vom 13.10.2010 **(VGr-Funktionsverlagerung)**

Daneben können weitere Verwaltungsverlautbarungen für Einkünftekorrekturen im konkreten Einzelfall einschlägig sein, wobei Erlassen und Schreiben zu §§ 8 ff. KStG besondere Relevanz zukommt.

Allerdings begründen die VGr rechtstechnisch keine Ermächtigungsgrundlage für die Einkünftekorrektur. Vielmehr binden die VGr nur die Finanzbehörden, nicht aber die Steuerpflichtigen oder die Finanzgerichte. Gleichwohl können die Steuerpflichtigen die Beachtung der VGr unter dem Gesichtspunkt der Selbstbindung der Verwaltung verlangen, sodass die VGr als „Rechtsquelle" für die Einkünftekorrektur nicht unbedeutend sind.

3. Rechtsprechung

17   Schließlich ist die **finanzgerichtliche Rechtsprechung** zu steuerlichen Einkünftekorrekturen ungeachtet der Beschränkung der Bindungswirkung auf den entschiedenen Einzelfall als weitere „Rechtsquelle" zu berücksichtigen. Während zahlreiche Entscheidungen zu Einkünftekorrekturen im nationalen Bereich vorliegen, sind grenzüberschreitende Sachverhalte weit weniger Gegenstand von finanzgerichtlichen Verfahren gewesen. Primär ist der Unterschied in der Tatsache begründet, dass die FinVerw. bei der Verrechnungspreisprüfung über viele Jahre große Kompromissbereitschaft gezeigt hat. Oftmals sind Verrechnungspreise bei Betriebsprüfungen generell unberücksichtigt geblieben. Nun zeigen die letzten Jahre aber eine deutliche Schwerpunktänderung seitens der deutschen Finanzbehörden. Bei einem internationalen Konzern werden steuerliche Verrechnungspreise nahezu in jeder Betriebsprüfung als ein wesentlicher Prüfungsschwerpunkt angeführt.

18   Wesentliche Grundsätze für die Beurteilung von Verrechnungspreisen hat das **BFH-Urteil vom 17.10.2001** aufgestellt. Danach ist jede Prüfung einer steuerlichen Einkünftekorrektur in Anbetracht eines unangemessenen Verrechnungspreises in zwei Schritten vorzunehmen. Zunächst muss die **Prüfung der „Verrechenbarkeit dem Grunde nach"** klären, ob die Leistungsbeziehung dem Fremdvergleich standhält. Sofern diese Frage verneint wird, kann die prüfende Finanzbehörde die widerlegbare Vermutung aufstellen, dass die Leistungsbeziehung durch das Gesellschaftsverhältnis veranlasst ist. Gelingt die Widerlegung dieser Vermutung dem Steuerpflichtigen nicht, ermittelt die Finanzbehörde im Rahmen der **Prüfung der „Verrechenbarkeit der Höhe nach"** im Folgeschritt den Betrag der Einkünftekorrektur.[5]

19, 20   *(einstweilen frei)*

II. Gewinnkorrektur bei Einzelunternehmen und Personengesellschaften

1. Grundüberlegung

21   § 4 EStG definiert allgemeine Grundsätze für die **Ermittlung des Gewinns.** Generell schreibt der Gesetzgeber als Gewinnermittlungsmethode den **Betriebsvermögensvergleich** vor, weil ein Unternehmen regelmäßig seine wirtschaftliche Existenz auf einem Betriebsvermögen aufbaut.[6]

---

[5] Vgl. BFH 17.10.2001, BStBl. II 2004, 171.

[6] Vgl. *Horschitz/Groß/Fanck* Bilanzsteuerrecht und Buchführung, 41 f.

Insofern müssen Steuerpflichtige, die Bücher führen und Abschlüsse erstellen, den Gewinn über Bilanzen ermitteln, indem das Betriebsvermögen am Ende des Wirtschaftsjahres vorbehaltlich einiger Korrekturen mit dem Betriebsvermögen zu Beginn des Wirtschaftsjahres verglichen wird (§ 4 Abs. 1 S. 1 EStG). Grds. haben Gewerbetreibende für Zwecke der Gewinnermittlung das Betriebsvermögen anzusetzen, das nach handelsrechtlichen Grundsätzen ordnungsmäßiger Buchführung auszuweisen ist. Dabei können steuerliche Wahlrechte seit der Aufgabe des umgekehrten Maßgeblichkeitsprinzips mit dem Bilanzrechtsmodernisierungsgesetz vom 25.9.2009 unabhängig ausgeübt werden (§ 5 Abs. 1 EStG). Ferner ist der Steuerbilanzwert infolge des steuerlichen Bewertungsvorbehalts der Besteuerung zugrunde zu legen, sollten steuerbilanzielle Regelungen im Einzelfall von handelsbilanziellen Regelungen abweichen (§ 5 Abs. 6 EStG).

Falls keine Bücher geführt und keine Abschlüsse erstellt werden, kann der Gewinn durch Gegenüberstellung von Betriebseinnahmen und Betriebsausgaben im Wege der **Einnahme-Überschussrechnung** bestimmt werden (§ 4 Abs. 3 EStG). Abgesehen äußerst seltener Ausnahmefälle wird eine Buchführungspflicht bei international tätigen Unternehmen immer gegeben sein, sodass die Erläuterungen in diesem Abschnitt auf den Betriebsvermögensvergleich beschränkt bleiben können.

Bei einem Betriebsvermögensvergleich wird der Gewinn mittels einer Bestandsrechnung ermittelt, die von statischen Grundüberlegungen geprägt ist.[7]   **22**
Die gesetzliche Definition des § 4 Abs. 1 S. 1 EStG bestimmt:

> Gewinn ist der Unterschiedsbetrag zwischen dem Betriebsvermögen am Schluss des Wirtschaftsjahres und dem Betriebsvermögen am Schluss des vorangegangenen Wirtschaftsjahres, vermehrt um den Wert der Entnahmen und vermindert um den Wert der Einlagen.

Sofern die Gewinnermittlung über den Betriebsvermögensvergleich erfolgt, ist der Ausgangspunkt also der **Unterschiedsbetrag** zwischen dem bilanziellen Reinvermögen am Ende des Wirtschaftsjahres und dem bilanziellen Reinvermögen zu Beginn des Wirtschaftsjahres.

	Reinvermögen zum Geschäftsjahresende
./.	Reinvermögen zum Geschäftsjahresbeginn
=	Unterschiedsbetrag (Reinvermögenszuwachs)

Nun zeigt eine Bilanz das Reinvermögen des Betriebs ohne eine Berücksichtigung der Art der Veranlassung. Da die Bemessungsgrundlage der Ertragsteuern aufgrund des objektiven Nettoprinzips aber nicht den gesamten ausgewiesenen Reinvermögenszuwachs, sondern nur den betrieblich erwirtschafteten Reinvermögenszuwachs erfassen darf, müssen Vermögensabflüsse in andere Vermögenssphären des Steuerpflichtigen als **Entnahmen** hinzugerechnet und Vermögenszuflüsse aus anderen Vermögenssphären des Steuerpflichtigen als **Einlagen** abgezogen werden:

---

[7] Vgl. *Heinicke* in Schmidt, § 4 EStG Rn. 3.

	Unterschiedsbetrag
+	Entnahmen
./.	Einlagen
=	Gewinn

Damit das Vermögen zum Geschäftsjahresende in der Bilanz gleichwohl gezeigt werden kann, sind die Korrekturen um Entnahmen und Einlagen außerhalb der Bilanz vorzunehmen.[8]

2. Entnahme und Einlage (§ 4 Abs. 1 EStG)

a) Begriff

23   In § 4 Abs. 1 S. 2 ff. EStG wird der Begriff der **Entnahme** in folgender Weise gesetzlich definiert:

> Entnahmen sind alle Wirtschaftsgüter (Barentnahmen, Waren, Erzeugnisse, Nutzungen und Leistungen), die der Steuerpflichtige dem Betrieb für sich, für seinen Haushalt oder für andere betriebsfremde Zwecke im Laufe des Wirtschaftsjahres entnommen hat. Einer Entnahme für betriebsfremde Zwecke steht der Ausschluss oder die Beschränkung des Besteuerungsrechts der Bundesrepublik Deutschland hinsichtl. des Gewinns aus der Veräußerung oder der Nutzung eines Wirtschaftsguts gleich. Ein Ausschluss oder eine Beschränkung des Besteuerungsrechts hinsichtl. des Gewinns aus der Veräußerung eines Wirtschaftsguts liegt insbesondere vor, wenn ein bisher einer inländischen Betriebsstätte des Steuerpflichtigen zuzuordnendes Wirtschaftsgut einer ausländischen Betriebsstätte zuzuordnen ist.

Nach dieser Definition ist eine Entnahme eine Wertabgabe für betriebsfremde Zwecke, infolge derer die Zuordnung des Vermögens zu den Vermögenssphären des Steuerpflichtigen geändert wird. Durch das SEStEG[9] ist der Entnahme explizit die **Steuerentstrickung** gleichgestellt worden, wobei die Überführung eines Wirtschaftsguts in ein ausländisches Betriebsstättenvermögen als ein mögliches Beispiel einer Steuerentstrickung durch das JStG 2010[10] nachträglich aufgenommen worden ist. Generell ist eine Steuerentstrickung gegeben, wenn stille Reserven, die der deutschen Besteuerung unterliegen, dieser Besteuerung entzogen werden.

24   Neben einer Definition der Entnahme enthält § 4 Abs. 1 EStG auch eine Definition der **Einlage**. So lautet § 4 Abs. 1 S. 8 EStG:

> Einlagen sind alle Wirtschaftsgüter (Bareinzahlungen und sonstige Wirtschaftsgüter), die der Steuerpflichtige dem Betrieb im Laufe des Wirtschaftsjahres zugeführt hat; einer Einlage steht die Begründung des Besteuerungsrechts der Bundesrepublik Deutschland hinsichtl. des Gewinns aus der Veräußerung eines Wirtschaftsguts gleich.

Somit ist eine Einlage eine Wertzuführung seitens des Steuerpflichtigen in das Betriebsvermögen, ohne dass eine betriebliche Veranlassung besteht. Ent-

---

[8] Vgl. BFH 29.6.1994, BStBl. II 2002, 366; *Wassermeyer* IStR 2001, 633.

[9] Gesetz über steuerliche Begleitmaßnahmen zur Einführung der Europäischen Gesellschaft und zur Änderung weiterer steuerlicher Vorschriften („SEStEG") vom 7.12.2006, BGBl. 2006, 2782.

[10] Jahressteuergesetz 2010 („JStG 2010") vom 8.12.2010, BGBl. 2010, 1768.

sprechend den Regelungen bei der Entnahme ist die **Steuerverstrickung** seit der Neufassung durch das SEStEG explizit der Einlage gleichzusetzen.

Grds. können Entnahmen und Einlagen offen oder verdeckt erfolgen. **Of-** 25 **fene Entnahmen bzw. Einlagen** liegen vor, wenn jeweilige Minder- bzw. Mehrbeträge auf bilanziellen Kapitalkonten unmittelbar erfasst werden. Demgegenüber berühren **verdeckte Entnahmen bzw. Einlagen** bilanzielle Kapitalkonten nicht; vielmehr werden entsprechende Vermögensminderungen bzw. -mehrungen zB als Veräußerungserlöse oder Nutzungsentgelte in verdeckter Form vollzogen.[11] Allerdings bleibt diese Unterscheidung für Einzelunternehmen und PG mangels steuerlicher Konsequenzen unbedeutend.[12]

b) Tatbestandliche Problembereiche

aa) Betriebsfremde Zwecke

In § 4 Abs. 1 S. 2 EStG ist eine Entnahme als eine Wertabgabe für be- 26 triebsfremde Zwecke definiert. Mit der Entnahme wird die Zuordnung des Wirtschaftsguts zu den Vermögenssphären des Steuerpflichtigen geändert, indem das Wirtschaftsgut dem steuerpflichtigen Bereich des einzelnen Betriebs durch eine willentliche Handlung oder ein schlüssiges Verhalten des Steuerpflichtigen entzogen wird.[13] Mithin liegt der Hauptzweck der Entnahmeregelung in der **Sicherstellung der uneingeschränkten Besteuerung der stillen Reserven** in dem entnommenen Vermögen. Die uneingeschränkte Besteuerung der stillen Reserven ist nicht mehr gewährleistet, wenn
– ein Wirtschaftsgut die betriebliche Sphäre eines Steuerpflichtigen verlässt,
– ein Rechtsträgerwechsel im Wege einer Einzel- oder Gesamtrechtsnachfolge stattfindet,
– eine Steuerpflicht durch eine Geschäftsverlagerung oder einen Wegzug endet oder
– ein Wirtschaftsgut von einem Steuerpflichtigen aus einem inländischen Betrieb in einen ausländischen Betrieb überführt wird.

Soweit ein „**finaler Entnahmebegriff**" zugrunde gelegt wird, muss das Tatbestandsmerkmal „betriebsfremde Zwecke" teleologisch reduziert werden, als betriebsfremde Zwecke eine nicht mehr gesicherte Besteuerung von stillen Reserven implizieren. Demzufolge können Wirtschaftsgüter zwischen zwei Betriebsvermögen desselben Steuerpflichtigen bei der gesicherten Besteuerung der stillen Reserven ohne Gewinnrealisierung übertragen werden. Falls die Besteuerung der stillen Reserven nach der Übertragung nicht gesichert ist, liegt eine Entnahme bzw. eine Steuerentstrickung vor, selbst wenn das Wirtschaftsgut den Betrieb nicht verlässt.[14]

Allerdings ist diese Interpretation, die als ständige Rechtsprechung über 27 lange Zeit anerkannt gewesen ist, mit dem **BFH-Urteil vom 17.7.2008** aufgegeben worden. Nach neuer Rechtsprechung soll die Überführung von Wirtschaftsgütern aus einem inländischen Stammhaus in eine ausländische Be-

---

[11] S. dazu Rn. 131 ff. „Verdeckte Einlage (§ 8 Abs. 3 S. 3 KStG)".
[12] Vgl. *Heinicke* in Schmidt, § 4 EStG Rn. 360 „Verdeckte Einlagen/Entnahmen und Gewinnausschüttungen".
[13] Vgl. BFH 7.10.1965, BStBl. III 1965, 666; BFH 7.10.1974, BStBl. II 1975, 168; BFH 6.11.1991, BStBl. II 1993, 391.
[14] Vgl. BFH 7.10.1974, BStBl. II 1975, 168.

triebsstätte vor der Kodifizierung der Entstrickungsregelungen im Zuge des SEStEG zu keiner Gewinnrealisation führen, selbst wenn die ausländischen Betriebsstättengewinne aufgrund eines DBA von der inländischen Besteuerung freizustellen sind. Vornehmlich basiert die geänderte Rechtsprechung auf einer veränderten Auslegung der abkommensrechtlichen Gewinnabgrenzungsnormen. Ungeachtet der abkommensrechtlichen Freistellung der ausländischen Betriebsstättengewinne soll der Besteuerungszugriff nach der Überführung der Wirtschaftsgüter erhalten bleiben, soweit die zukünftigen Gewinne aus der Veräußerung der Wirtschaftsgüter dem inländischen Stammhaus nach dem Verursachungsprinzip zuzuordnen sind.[15] Dabei lässt das Urteil indes die Kriterien für die Gewinnzuordnung offen. Aus praktischer Sicht dürfte die Gewinnzuordnung oftmals schwierige Abgrenzungsprobleme begründen, insbesondere wenn spätere Wertminderungen durch Marktentwicklungen (Bsp.: Finanzanlagen) oder bestimmungsmäßigen Gebrauch (Bsp.: Maschine) eintreten sollten.

Mit der Ablehnung der finalen Entnahmetheorie folgt der BFH grds. dem **Konzept der aufgeschobenen Besteuerung,** nach dem ein Entstrickungsgewinn erst mit späterer Realisierung durch eine Außentransaktion zu erfassen ist. In seinem Grundgedanken widerspricht dieses Konzept offensichtlich der Selbständigkeitsfiktion der Betriebsstätte. Danach sind der Betriebsstätte die Gewinne zuzuweisen, die ohne jede Abhängigkeit vom Stammhaus unter vergleichbaren Bedingungen erzielt worden wären. Mithin müssen Leistungsbeziehungen zwischen den Unternehmensteilen im Einheitsunternehmen fingiert werden, womit Innentransaktionen in logischer Konsequenz zur Gewinnrealisation führen.

28　　Vor dem Hintergrund, dass der Ausschluss bzw. die Beschränkung von deutschen Besteuerungsrechten nach neuer Rechtsprechung nicht mehr gegeben ist, soll die Entstrickungsregelung in § 4 Abs. 1 S. 3 EStG nach herrschender Auffassung leerlaufen.[16] Demgegenüber wird der Tatbestand der Steuerentstrickung nach der Auffassung der FinVerw. erfüllt, wenn die Besteuerung der Gewinne aus der Nutzung des Wirtschaftsguts durch Freistellung oder Steueranrechnung im Inland eingeschränkt ist. Darüber hinaus hat der Gesetzgeber in § 4 Abs. 1 S. 4 EStG mit der nachträglichen Ergänzung des Regelbeispiels auf die geänderte Rechtsprechung zur finalen Entnahmetheorie reagiert. Letztlich soll die finale Entnahmetheorie festgeschrieben werden. Da die Gesetzesbegründung und die Gesetzesformulierung nicht völlig auseinander fallen, ist der Wille des Gesetzgebers bei der Auslegung des Gesetzes zu berücksichtigen. Somit werden die gesetzlichen Entstrickungsregelungen nach dem **SEStEG,** zumindest aber nach dem **JStG 2010** durch die geänderte Rechtsprechung nicht berührt.[17]

Darüber hinaus sind detaillierte Regelungen für die Betriebsstättengewinnermittlung in § 1 Abs. 3ff. AStG durch das **AmtshilfeRLUmsG**[18] kodifiziert worden. Mit dieser Änderung ist der sog. **Authorised OECD Approach**

---

[15] Vgl. BFH 17.7.2008, BStBl. II 2009, 464.

[16] Vgl. *Ditz* IStR 2009, 115; *Hennrichs* in Tipke/Lang Steuerrecht, § 9 Rn. 470ff.; *Prinz* DB 2009, 807.

[17] Vgl. *Mitschke* DB 2009, 1376.

[18] Gesetz zur Umsetzung der AmtshilfeRL sowie zur Änderung steuerlicher Vorschriften („AmtshilfeRLUmsG") vom 26.6.2013, BGBl. 2013, 1809.

(AOA) in nationales Recht transformiert worden. Grds. fingiert der AOA eine vollständige **Verselbständigung der Betriebsstätte.** Entsprechend dieser Fiktion erfolgt die **Betriebsstättengewinnermittlung** in folgenden Schritten:
– Schritt 1: Selbständigkeitsfiktion (§ 1 Abs. 5 S. 3 AStG)
  – Ermittlung der Funktionen, die das Personal der Betriebsstätte ausübt (significant people functions)
  – Zuordnung von Vermögenswerten, die zur Funktionsausübung erforderlich sind
  – Zuordnung von Chancen und Risiken, die aus der übernommenen Funktion resultieren
  – Zuordnung von (Eigen-)Kapital, das zur Funktionsausübung erforderlich ist
– Schritt 2: Ermittlung der Dealings (§ 1 Abs. 5 S. 4 AStG)
  – Umdeutung von wirtschaftlichen Vorgängen im Unternehmen in schuldrechtliche Beziehungen (sog. Dealings)
  – Vergleich mit Markttransaktionen
  – Anwendung der OECD-Verrechnungspreisgrundsätze
– Schritt 3: Erstellung der Betriebsstättenbilanz
Diese Vorgehensweise markiert eine Zäsur im deutschen Steuerrecht. Fortan sind grenzüberschreitende Vorgänge zwischen Betriebsstätten für steuerliche Zwecke zu Fremdvergleichspreisen zu verrechnen, sodass Gewinne ungeachtet einer Realisation im Außenverhältnis ausgewiesen werden.[19]

Um die sofortige Besteuerung der stillen Reserven bei Überführung von Anlagevermögen zu vermeiden, hat der Gesetzgeber die **Ausgleichspostenmethode** eingeführt. Unter der einschränkenden Voraussetzung der unbeschränkten Steuerpflicht ist die zeitlich gestreckte Besteuerung der aufgelösten stillen Reserven bei Überführung von Anlagevermögen in eine eigene Betriebsstätte in einem anderen EU-Mitgliedstaat möglich, als ein entsprechender Gewinn auf Antrag in einen gewinnmindernden Ausgleichsposten eingestellt werden kann. Mit der Realisation der stillen Reserven ist der Ausgleichsposten aufzulösen, wobei pauschalierend eine Auflösung in den nachfolgenden Perioden zu jeweils einem Fünftel verpflichtend ist (§ 4g EStG).

Indem eine Innentransaktion mit einer ausländischen Betriebsstätte in **29** grundlegendem Unterschied zu einer inländischen Betriebsstätte eine Gewinnrealisation impliziert, ist die Vereinbarkeit der Regelung mit den Grundfreiheiten des EU-Vertrags fraglich. Offensichtlich wird der Schutzbereich der **Niederlassungsfreiheit (Art. 49 AEUV)** verletzt. Nach der EuGH-Entscheidung in der Rechtssache National Grid Indus BV steht die Niederlassungsfreiheit (Art. 49 AEUV) grds. einer Regelung eines EU-Mitgliedstaates entgegen, nach der eine sofortige Besteuerung von Wertzuwächsen ausschließlich aufgrund einer Überführung von Wirtschaftsgütern in einen anderen EU-Mitgliedstaat begründet wird.[20] Jedoch kann die Verletzung mit Hinweis auf das Territorialitätsprinzip und den Kohärenzgedanken unter Umständen gerechtfertigt werden. Auch wenn eine Betriebsstätte als rechtlich

---

[19] S. dazu L Rn. 1 ff. „Betriebsstätten".
[20] Vgl. EuGH 29.11.2011, ABl. 2012, C 32, 9.

unselbständiger Teil eines Unternehmens gilt, erfordert das Betriebsstättenprinzip, dass die Gewinne des Gesamtunternehmens zur Besteuerung im Betriebsstättenstaat aufgeteilt werden. Hierzu ist ein einheitlicher Gewinnaufteilungsgrundsatz erforderlich, um Gewinnverschiebungen zu vermeiden.[21] Sofern dieser Argumentation gefolgt wird, erscheint der Eingriff in die Niederlassungsfreiheit (Art. 49 AEUV) angesichts der praktischen Ermittlungsprobleme bei späterer Aufteilung von realisierten Veräußerungsgewinnen gerechtfertigt, zumal wenn die Besteuerung des Entstrickungsgewinns durch Bildung von Ausgleichs- bzw. Merkposten zeitlich gestreckt werden kann.[22]

bb) Einlage- und entnahmefähige Vermögensvorteile

30   Bei dem Vergleich der Definitionen von Entnahmen und Einlagen wird augenfällig, dass Entnahmen im Gegensatz zu Einlagen auch Nutzungen und Leistungen umfassen. Demgegenüber ist der Gegenstand der Einlage enger definiert, indem seine Bilanzierungsfähigkeit als zusätzliches Erfordernis vorausgesetzt wird. Wenngleich diese Unterscheidung aus systematischen Überlegungen bedenklich erscheint, ist das Ergebnis unstreitig, da das Gesetz die **Entnahmefähigkeit von Nutzungen und Leistungen** ausdrücklich vorsieht.[23]

31   Bzgl. der Einlage von Nutzungen und Leistungen ist das BFH-Urteil vom 26.10.1987 von besonderer Bedeutung. In dem Urteil wird die **mangelnde Einlagefähigkeit von Nutzungen und Leistungen** ob der fehlenden Bilanzierungsfähigkeit von der Rechtsprechung explizit festgestellt. Da der wirtschaftliche Nutzen unmittelbar vergeht, können Nutzungen und Leistungen nicht bilanziert und eingelegt werden. Demgegenüber sind schuldrechtliche und dingliche Nutzungsrechte grds. einlagefähig.[24] Darüber hinaus ist die Besonderheit zu beachten, dass das Aktivierungsverbot des § 5 Abs. 2 EStG für immaterielle Wirtschaftsgüter aufgrund der Notwendigkeit der Abgrenzung von unterschiedlichen Vermögenssphären hinter die Einlagevorschrift des § 4 Abs. 1 S. 8 EStG zurücktritt.[25]

32   Sollten die Aufwendungen für die Nutzungen und Leistungen vom Steuerpflichtigen selbst getragen werden, bleibt die Rechtsprechung allerdings ohne Auswirkungen auf die Abzugsfähigkeit. So können **eigene Aufwendungen** für überlassene Nutzungen und Leistungen zwar nicht als Einlage nach § 4 Abs. 1 S. 1 EStG, aber als Betriebsausgabe gem. § 4 Abs. 4 EStG abgezogen werden. Nach der Definition der Betriebsausgaben ist die Zweckbestimmung der getätigten Aufwendungen die alleinige Voraussetzung für die steuerliche Abzugsfähigkeit: Der Steuerpflichtige muss die Aufwendungen für den Betrieb getroffen haben, wobei die Aufwendungen auch außerhalb des Betriebs entstanden sein können.

---

[21] Vgl. *Kußmaul/Ruiner/Delarber* Ubg 2011, 837.

[22] Vgl. BMF 20.5.2009, BStBl. I 2009, 671.

[23] Vgl. *Heinicke* in Schmidt, § 4 EStG Rn. 303 ff.; *Horschitz/Groß/Fanck* Bilanzsteuerrecht und Buchführung, 105 und 116.

[24] Vgl. BFH 26.10.1987, BStBl. II 1988, 348; BFH 16.12.1988, BStBl. II 1989, 763.

[25] Vgl. BFH 22.1.1980, BStBl. II 1980, 244; BFH 24.3.1987, BStBl. II 1987, 705 kritisch: *Horschitz/Groß/Fanck* Bilanzsteuerrecht und Buchführung, 384.

Falls allerdings der Steuerpflichtige die Aufwendungen nicht selbst getätigt **33**
hat, steht die Rechtsprechung zum **Drittaufwand** dem Abzug entgegen.[26]
Ebenso kann die Abzugsfähigkeit von Drittaufwand nicht über den Rückgriff
auf die Regelungen zur Einlage erreicht werden, seit der BFH die Einlagefähigkeit von Nutzungen und Leistungen verneint hat. Dabei gilt dieser
Grundsatz für alle Arten von Nutzungsüberlassungen und Dienstleistungen.[27]

c) Bewertung

aa) Grundsätze

Gem. § 6 Abs. 1 Nr. 4 und 5 EStG sind Entnahmen und Einlagen im **34**
Grundsatz mit ihrem **Teilwert** zu bewerten. Von diesem Grundsatz bestehen
folgende **Ausnahmen:**
- Steuerentstrickung und -verstrickung: Gemeiner Wert (§ 6 Abs. 1 Nr. 4
  S. 1 2. Halbs. und Nr. 5a EStG)
- Einlage von Wirtschaftsgütern, die innerhalb der letzten drei Jahre ange-
  schafft oder hergestellt worden sind: Buchwert (§ 6 Abs. 1 Nr. 5 S. 1 f. EStG)
- Übertragungen zwischen Betriebsvermögen ohne Rechtsträgerwechsel:
  Buchwert (§ 6 Abs. 5 S. 1 f. EStG)
- Übertragungen zwischen Betriebsvermögen mit Rechtsträgerwechsel unter
  Beteiligung von PG, wobei keine Entgelte gezahlt, allenfalls gesellschafts-
  rechtliche Anteile gewährt bzw. gemindert werden: Buchwert (§ 6 Abs. 3
  und Abs. 5 S. 3 EStG)
- Entnahme von Nutzung und Leistungen: Selbstkosten

bb) Teilwert

Der **grundlegende Bewertungsmaßstab** für Entnahmen und Einlagen ist **35**
der sog. Teilwert (§ 6 Abs. 1 Nr. 4 und 5 EStG). Nach der gesetzlichen Definition des § 6 Abs. 1 Nr. 1 S. 3 EStG ist der Teilwert der Betrag, den ein Erwerber des ganzen Betriebs im Rahmen eines Gesamtkaufpreises dem einzelnen
Wirtschaftsgut zuschreiben würde, wobei der Erwerber annahmegemäß den
Betrieb fortführen wird. Indem ein anteiliger Betrag für das einzelne Wirtschaftsgut aus einem fiktiven Kaufpreis für den gesamten Betrieb ermittelt werden muss, sind Schätzungen bei der Ermittlung von Teilwerten unvermeidlich.
Da der Steuerpflichtige über die tatsächlichen Verhältnisse des Betriebs regelmäßig die besten Kenntnisse besitzt, ist seiner Auffassung besondere Beachtung
beizumessen, sofern der Schätzungsrahmen eingehalten wird.[28]
Den **Schätzungsrahmen** des Teilwerts begrenzen die Wiederbeschaf- **36**
fungskosten als Obergrenze und der Netto-Einzelveräußerungspreis als Untergrenze. Die **Wiederbeschaffungskosten** entsprechen dem Betrag, der für
die Anschaffung des Wirtschaftsguts in gleicher Güte und Beschaffenheit am
Bewertungsstichtag aufzuwenden wäre. Ein höheres Entgelt würde ein gedachter Erwerber des ganzen Betriebs dem einzelnen Wirtschaftsgut nicht
beimessen wollen, womit der Teilwert niemals die Wiederbeschaffungskosten
übersteigen kann. Andererseits würde der Erwerber mindestens den Betrag
bezahlen, der durch Einzelveräußerung des entsprechenden Wirtschaftsguts

---

[26] Vgl. BFH 23.8.1999, BStBl. II 1999, 782; BFH 24.2.2000, BStBl. II 2000, 314.
[27] Vgl. BFH 14.3.1989, BStBl. II 1989, 633.
[28] Vgl. *Fischer* in Kirchhof, § 6 EStG Rn. 88 f.

am Markt zu erzielen wäre. Mithin bildet der **Netto-Einzelveräußerungspreis** die Untergrenze des Teilwerts, sofern das Wirtschaftsgut für die Fortführung des Betriebs grds. entbehrlich oder problemlos ersetzbar ist.

37   Da die Obergrenze des Teilwerts nach den Verhältnissen auf dem Beschaffungsmarkt zu bestimmen ist, dürfen **keine Gewinnaufschläge** verrechnet werden, die auf dem nachgeschalteten Absatzmarkt zu erzielen sind. Folglich entspricht der Teilwert für selbst erstellte Wirtschaftsgüter den Reproduktionskosten, also sämtlichen Herstellungskosten einschließlich anteiliger Gemeinkosten, zuzüglich etwaiger kalkulatorischer Zusatzkosten.[29] Im konkreten Einzelfall können erhebliche Unterschiede zwischen dem Teilwert und dem Fremdvergleichspreis begründet werden. Demgegenüber wird der Teilwert von fremd erworbenen Wirtschaftsgütern mit dem Fremdvergleichspreis regelmäßig übereinstimmen.

cc) Gemeiner Wert

38   Für die besonderen Fälle der **Steuerentstrickung und -verstrickung** hat das SEStEG den gemeinen Wert als Wertmaßstab festgeschrieben (§ 6 Abs. 1 Nr. 4 S. 1 2. Halbs. und Nr. 5a EStG). Laut der Legaldefinition des § 9 Abs. 2 BewG entspricht der gemeine Wert dem Preis, der im gewöhnlichen Geschäftsverkehr für ein Wirtschaftsgut nach dessen Beschaffenheit zu erzielen wäre.

39   Nach dieser Definition erfordert die Wertermittlung grds. die Berücksichtigung von sämtlichen Umständen, die den Preis des Wirtschaftsguts beeinflussen. Ausgenommen sind ungewöhnliche und persönliche Verhältnisse, die den gemeinen Wert nicht repräsentieren. Letztlich entspricht der gemeine Wert dem aktuellen Verkehrswert (Veräußerungs-, Markt-, Tauschwert). Ergo impliziert eine Bewertung zum gemeinen Wert auch einen **Gewinnaufschlag.**

dd) Buchwert

40   Neben dem Teilwert und gemeinen Wert kommt der Buchwert als dritter Bewertungsmaßstab für Einlagen und Entnahmen in Betracht. So ist die steuerliche Buchwertfortführung entsprechend dem „finalen Entnahmebegriff" nach **§ 6 Abs. 5 EStG** in den folgenden Fällen bei der gesicherten Besteuerung von stillen Reserven zwingend:

Überführung aus	Aufnahme in	Vorschrift
Einzelunternehmen	Anderes Einzelunternehmen desselben Stpfl.	§ 6 Abs. 5 S. 1 EStG
Einzelunternehmen	Sonderbetriebsvermögen desselben Stpfl.	§ 6 Abs. 5 S. 2 EStG
Sonderbetriebsvermögen	Einzelunternehmen desselben Stpfl.	§ 6 Abs. 5 S. 2 EStG
Sonderbetriebsvermögen	Anderes Sonderbetriebsvermögen desselben Stpfl.	§ 6 Abs. 5 S. 2 EStG

---

[29] Vgl. *Beiser* DStR 2002, 1777; *Fischer* in Kirchhof, § 6 EStG Rn. 89 ff.; *Kulosa* in Schmidt, § 6 EStG Rn. 251 ff.

Bei vorgenannten Übertragungen ist der Unterschiedsbetrag des abgebenden Betriebs gem. § 4 Abs. 1 EStG um den Buchwert des überführten Wirtschaftsguts zu erhöhen, während das aufnehmende Unternehmen entsprechende Kürzungen auf der zweiten Gewinnermittlungsstufe vornehmen muss. Letztlich soll die Korrektur über die Entnahmeregelungen weniger der zutreffenden Gewinnabgrenzung zwischen einzelnen Betrieben als der gesicherten Besteuerung von stillen Reserven dienen.

Erwähntermaßen ist die Europarechtskonformität der Entstrickungsrege- **41** lungen fraglich.[30] Sofern die Europarechtswidrigkeit festgestellt würde, müssten die Buchwertfortführungsklauseln in § 6 Abs. 5 EStG in gleicher Weise für den Auslandsfall gelten, da die spätere Besteuerung der stillen Reserven nach neuer Rechtsprechung ungeachtet der Selbständigkeitsfiktion der Betriebsstätte gesichert ist. Auch wenn die Besteuerung der Gewinne aus der Nutzung des Wirtschaftsguts durch Freistellung oder Steueranrechnung im Inland eingeschränkt ist, bleibt der Besteuerungszugriff nach der Überführung von Wirtschaftsgütern aus einem inländischen Betriebsvermögen in ein ausländisches Betriebsvermögen erhalten, soweit die Gewinne dem inländischen Betrieb nach dem Verursachungsprinzip zuzuordnen sind. Entsprechend müssen die Buchwertfortführungsklauseln greifen, wenn Wirtschaftsgüter von einem inländischen Betriebsvermögen in ein ausländisches Betriebsvermögen ohne Rechtsträgerwechsel übertragen werden. Insofern kollidieren die Entstrickungsregelungen mit den Buchwertfortführungsklauseln.[31] Da die Buchwertfortführungsklauseln bzgl. der Vermögenssphären und die Entstrickungsregelungen bzgl. des Auslandsbezugs spezieller sind, muss den Entstrickungsregelungen vorbehaltlich der Europarechtskonformität aber einstweilen der Vorrang entsprechend der lex-posterior-Regelung eingeräumt werden, zumal diese Rechtslage mit der Neuregelung der Betriebsstättengewinnermittlung in § 1 Abs. 3 ff. AStG durch das AmtshilfeRLUmsG bestätigt worden ist.

ee) Selbstkosten

Schließlich sind die Selbstkosten als Maßstab für die Bewertung von **Auf-** **42** **wandsentnahmen** heranzuziehen. Laut ursprünglicher BFH-Rechtsprechung seien die Selbstkosten in diesem Fall mit dem Teilwert nach § 6 Abs. 1 Nr. 1 S. 3 EStG gleichzusetzen.[32] Da indes Nutzungen und Leistungen nicht als Wirtschaftsgüter anzusehen sind, ist der BFH in einer Folgeentscheidung zu dem Schluss gelangt, dass ein Teilwert für Nutzungen und Leistungen nicht existent und eine Regelungslücke gegeben sei. Die Regelungslücke schließt der BFH in der betreffenden Entscheidung durch den Rückgriff auf die Selbstkosten.[33]

Indem eine Bewertung zu Selbstkosten **keine Gewinnrealisierung** impliziert, bestehen erhebliche Unterschiede zum Fremdvergleichspreis als Bewertungsmaßstab von vGA bei KapGes.[34] Diese Bewertungsunterschiede bei Zuwendung von vergleichbaren Nutzungs- und Leistungsvorteilen durch

---

[30] S. dazu Rn. 26 ff. „Betriebsfremde Zwecke".
[31] Vgl. *Ditz* IStR 2009, 115; *Prinz* DB 2009, 807.
[32] Vgl. BFH 26.7.1979, BStBl. II 1980, 176.
[33] Vgl. BFH 26.10.1987, BStBl. II 1988, 348; BFH 24.5.1989, BStBl. II 1990, 8.
[34] S. dazu Rn. 63 ff. „Verdeckte Gewinnausschüttungen (§ 8 Abs. 3 S. 2 KStG)".

ein Personenunternehmen bzw. eine KapGes. sind stark kritisiert worden.[35]

Beispiel: Ein Einzelunternehmer beschäftigt seine Mitarbeiter in einem Privatgebäude, ohne Entgelt in Rechnung zu stellen. Durch die private Nutzung der betrieblichen Arbeitskräfte wird keine Entnahme ihd marktüblichen Stundenlohns, sondern nur eine Entnahme ihd anteiligen Kosten begründet.

43   Sofern diese Grundsätze auf grenzüberschreitende Sachverhalte übertragen werden, wären entnommene Nutzungen und Leistungen mit ihren Selbstkosten ohne Gewinnaufschlag anzusetzen. Ebenso würden steuerliche Korrekturen nach § 1 AStG für VZ bis 2007 ausgeschlossen sein, weil § 1 AStG nur vorbehaltlich anderer Korrekturnormen gilt. Insofern ist die Neufassung des § 1 AStG durch das UStRG 2008 essentiell, als weitergehende Korrekturen ungeachtet der Anwendbarkeit von anderen Korrekturnormen möglich sind.[36]

d) Anwendung auf Personengesellschaften

aa) Anerkennung schuldrechtlicher Leistungsbeziehungen

44   Ungeachtet der Orientierung an Einzelunternehmen sind die Vorschriften zur Entnahme und Einlage auf PG ebenfalls anzuwenden.[37] Allerdings werden verschiedene Besonderheiten begründet, weil das Steuerrecht die **zivilrechtliche Teilrechtsfähigkeit** der PG anerkennt. So werden PG nach deutschem Recht für steuerliche Zwecke als **Einkünfteerzielungssubjekt** qualifiziert. Die PG ist Subjekt der Einkünftequalifikation und Gewinnermittlung; Steuersubjekt bleibt der Gesellschafter bzw. Mitunternehmer, bei dem die Einkünfte aus der gemeinschaftlichen Betätigung anteilig der Gewinnbeteiligungsquote besteuert werden.[38]

45   Für die Verrechnungspreisproblematik impliziert das System, dass schuldrechtliche Leistungsbeziehungen zwischen Gesellschaft und Gesellschafter bei Vereinbarung von fremdüblichen Bedingungen anzuerkennen sind. Allerdings müssen Vergütungen für Leistungen seitens des Gesellschafters an die Gesellschaft nach § 15 Abs. 1 Nr. 2 EStG auf der Gesellschafterebene bei den Einkünften aus Gewerbebetrieb als Sondervergütungen wieder hinzugerechnet werden. Insoweit führen sämtliche Aufwendungen auf Gesellschaftsebene im Grundsatz zu steuerpflichtigen Einkünften auf Gesellschafterebene.

bb) Abgrenzung der Vermögenssphären

46   Da eine PG nur einen **einheitlichen Betrieb mit einer Vermögenssphäre** besitzt, scheiden Entnahmen und Einlagen durch interne Zuordnungen von Vermögenspositionen auf Gesellschaftsebene aus. Auch wenn Übertragungen von Wirtschaftsgütern zwischen **unterschiedlichen betrieblichen Vermögenssphären bei Gesellschaft und Gesellschafter** erfolgen, sind keine Entnahmen und Einlagen laut ursprünglicher Rechtspre-

---

[35] Vgl. *Wismeth* Einlage von Nutzungen und Leistungen, 89 f.
[36] S. dazu Rn. 160 ff. „§ 1 Außensteuergesetz".
[37] Vgl. *Heinicke* in Schmidt, § 4 EStG Rn. 360 „Personengesellschaft".
[38] Vgl. *Hennrichs* in Tipke/Lang Steuerrecht, § 10 Rn. 10 ff.

chung begründet worden, weil kein Rechtsträgerwechsel aus steuerlicher Sicht eingetreten sei. Die bisherige Sachherrschaft werde fortgesetzt, sodass der finale Entnahmebegriff auf die vorbezeichneten Vermögensübertragungen entsprechend angewendet werden müsse.[39]

Zunächst ist diese Rechtsprechung von der deutschen FinVerw. im sog.   **47**
Mitunternehmererlass anerkannt worden. Danach sind Wirtschaftsgüter im Grundsatz zu Buchwerten, Teilwerten oder Zwischenwerten von einem Steuerpflichtigen zwischen einem Betriebs- bzw. einem Sonderbetriebsvermögen und einem Gesamthandsvermögen übertragbar gewesen.[40] Durch das StEntlG 1999/2000/2002 sind diese Regelungen zunächst aufgehoben, aber durch das StSenkG 2000 mit verschiedenen Änderungen wieder eingeführt worden.

Vorbehaltlich einiger Ausnahmeregelungen ist die Buchwertfortführung   **48**
gem. **§ 6 Abs. 5 S. 3 EStG** für folgende Vermögensübertragungen seit dem VZ 2001 zwingend, sofern keine Entgelte gezahlt, allenfalls gesellschaftsrechtliche Anteile gewährt bzw. gemindert werden:

Übertragung zwischen		Vorschrift
Einzelunternehmen eines Mitunternehmers	Gesamthand	§ 6 Abs. 5 S. 3 Nr. 1 EStG
Sonderbetriebsvermögen eines Mitunternehmers	Gesamthand oder Gesamthand einer anderen Mitunternehmerschaft	§ 6 Abs. 5 S. 3 Nr. 2 EStG
Sonderbetriebsvermögen (Einschränkung auf unentgeltliche Vorgänge)	Sonderbetriebsvermögen eines anderen Mitunternehmers	§ 6 Abs. 5 S. 3 Nr. 3 EStG

Infolge dieser Regelungen ist eine **interpersonelle Verschiebung von stillen Reserven** möglich. Allerdings ist der Teilwert rückwirkend anzusetzen, wenn die steuerneutral übertragenen Wirtschaftsgüter innerhalb der nächsten drei Jahre veräußert werden (§ 6 Abs. 5 S. 4 EStG). Zudem wird eine Übertragung von stillen Reserven auf ein Körperschaftsteuersubjekt über einen Zeitraum von sieben Jahren ausgeschlossen (§ 6 Abs. 5 S. 5 f. EStG).

Obwohl die personelle Zuordnung der stillen Reserven gewahrt bleibt, werden **Übertragungen zwischen Schwesterpersonengesellschaften** ungeachtet identischer Beteiligungsverhältnisse von § 6 Abs. 5 EStG nicht erfasst. Mithin sind Steuerpflichtige zu Kettenübertragungen gezwungen, die nach Maßstäben der Gesamtplanrechtsprechung unter Umständen missbräuchlich sind.[41] Die BFH-Rechtsprechung in der Frage ist gespalten. Nach der Auffassung des I. Senats greift § 6 Abs. 5 EStG bei Übertragungen zwischen Schwesterpersonengesellschaften nicht, weil das Betriebsvermögen der Mitunternehmerschaft von dem Betriebsvermögen der Mitunternehmer zu un-

---

[39] Vgl. BFH 15.7.1976, BStBl. II 1976, 748.
[40] Vgl. BMF 20.12.1977, BStBl. I 1978, 8.
[41] Vgl. *Henrichs* in Tipke/Lang Steuerrecht, § 10 Rn. 158.

terscheiden sei.[42] Demgegenüber hat der IV. Senat an der Rechtmäßigkeit von § 6 Abs. 5 EStG ernstliche Zweifel. Indem einerseits eine Übertragung von stillen Reserven zwischen unterschiedlichen Steuersubjekten hingenommen, andererseits eine Übertragung zwischen Betriebsvermögen von Schwesterpersonengesellschaften ungeachtet einer Beteiligungsidentität ausgegrenzt werde, würden die Regelungen in ihrer gegenwärtigen Form das Folgerichtigkeitsgebot verletzen, sodass § 6 Abs. 5 EStG im Wege einer verfassungskonformen Auslegung auf Übertragungen zwischen beteiligungsidentischen Schwesterpersonengesellschaften auszuweiten sei.[43] Mit seinem Beschluss vom 10.4.2013 hat der I. Senat nun dem BVerfG die Frage vorgelegt, ob der Ausschluss der Buchwertübertragung bei beteiligungsidentischen Schwesterpersonengesellschaften in § 6 Abs. 5 EStG verfassungsgemäß ist.[44] Insofern scheint der I. Senat dem IV. Senat zwar nicht in seiner Begründung, aber in seinem Ergebnis zu folgen.

49 Entsprechend den Überlegungen zu den Übertragungen ohne Rechtsträgerwechsel bleibt die geänderte Rechtsprechung bzgl. der finalen Entnahmetheorie folgenlos, da die Entstrickungsregelungen vorbehaltlich ihrer Europarechtskonformität gegenüber den Buchwertfortführungsklauseln vorrangig anzuwenden sind. Insofern ist eine Gewinnrealisierung gegeben, wenn Wirtschaftsgüter ohne Entgelt bzw. gegen Gewährung von Gesellschaftsrechten zwischen betrieblichen Vermögenssphären in verschiedenen Staaten überführt werden.[45]

cc) Problem der Teilentgeltlichkeit

50 Problematisch bleiben die Fälle der Teilentgeltlichkeit, also Veräußerungen mit einem Veräußerungspreis unter dem Teilwert oder Dienst- bzw. Werkleistungen zu einem Preis unter den Selbstkosten. Nach herrschender Auffassung führt eine Teilentgeltlichkeit bei der Übertragung aus dem Gesamthandsvermögen zu einer **Entnahme** von jeweiligen **Minderbeträgen.** Insofern ist das Teilentgelt mit dem Entnahmewert zu verrechnen.[46] Demgegenüber vertritt die FinVerw. die **Trennungstheorie,** nach der die Leistung entsprechend dem Verhältnis von erhaltener Gegenleistung und gemeinem Wert in einen entgeltlichen Teil und einen unentgeltlichen Teil aufzuteilen ist. Folglich werden die stillen Reserven, die im entgeltlichen Teil ruhen, erfolgswirksam realisiert.[47]

51 Im umgekehrten Fall, in dem der Gesellschafter einen Mehrwert an die Gesellschaft leistet, ist der **Mehrbetrag** als steuerliche **Einlage** zu klassifizieren.[48] Unklar bleibt, wie der Mehrbetrag zu ermitteln ist. Entsprechend der Entnahme wäre der Mehrbetrag der Teil des Preises, der über den Teilwert bzw. die Selbstkosten hinausgeht. Demnach wäre eine Gewinnrealisierung ausgeschlossen. Andererseits wird der leistende Gesellschafter gegenüber den übrigen Gesellschaftern verlangen, dass der Fremdvergleichspreis statt des

---

[42] Vgl. BFH 25.11.2009, BStBl. II 2010, 471.
[43] Vgl. BFH 15.4.2010, BStBl. II 2010, 971.
[44] BFH 20.4.2013, BStBl. II 2013, 1004.
[45] S. dazu Rn. 40 f. „Buchwert".
[46] Vgl. *Kulosa* in Schmidt, § 6 EStG Rn. 162.
[47] Vgl. BMF 29.3.2000, BStBl. I 2000, 462.
[48] Vgl. BMF 20.12.1977, BStBl. I 1978, 8.

Teilwerts bzw. der Selbstkosten angesetzt wird. Mithin muss der **Fremdvergleichspreis** (Marktpreis) als Referenzgröße für den Mehrbetrag zugrunde gelegt werden.

e) Verfahrensrechtliche Aspekte

Abschließend seien einige Aspekte aus verfahrensrechtlicher Sicht betrach- 52 tet. Als tatsächliche Vorgänge können Entnahmen und Einlagen in rechtlicher Hinsicht nicht rückgängig gemacht werden. Sofern eine **Rückabwicklung einer Entnahme** erfolgt, wird eine Einlage begründet. Entsprechend führt eine **Rückabwicklung einer Einlage** zu einer Entnahme.[49]

Ist die Bestandskraft der Veranlagung eingetreten oder die Frist der Festset- 53 zungsverjährung abgelaufen, kann eine falsche Buchung von Entnahmen bzw. Einlagen nicht mehr über die Grundsätze der **Bilanzberichtigung** in einem nachfolgenden Wirtschaftsjahr korrigiert werden. Vielmehr muss die Korrektur des falschen bestandskräftigen Bilanzansatzes in der Schlussbilanz des ersten änderungsfähigen Jahres erfolgsneutral erfolgen. Da insoweit keine Einlage bzw. Entnahme vorliegt und spezielle Bewertungsregelungen für Bilanzkorrekturen fehlen, bleibt der Buchwert in diesen Fällen für die Bewertung maßgeblich.[50]

(einstweilen frei) **54–60**

III. Gewinnkorrektur bei Kapitalgesellschaften

1. Grundüberlegung

Entgegen den PG werden die KapGes. im deutschen Steuerrecht als **selb-** 61 **ständige Steuersubjekte** anerkannt. Dabei verlangt das **Trennungsprinzip,** dass die Vermögenssphäre der Gesellschaft von den Vermögenssphären der Gesellschafter zu unterscheiden ist. Infolgedessen sind schuldrechtliche Beziehungen zwischen Gesellschaft und Gesellschafter für steuerliche Zwecke grds. anzuerkennen, sofern das Schuldverhältnis und nicht das Gesellschaftsverhältnis für die Beziehung ursächlich ist.[51]

Sollte die Ursache für die Beziehung zwischen Gesellschaft und Gesell- 62 schafter im Gesellschaftsverhältnis liegen, bleiben die Vorschriften über die **Entnahme und Einlage** gem. § 8 Abs. 1 KStG vorbehaltlich abweichender Regelungen anwendbar.[52] Folglich gehen die Regelungen des KStG zur **verdeckten Gewinnausschüttung und verdeckten Einlage** in § 8 Abs. 3 KStG bei Vermögensübertragungen mit Rechtsträgerwechsel vor. Indem eine Übertragung zwischen einem in- und einem ausländischen Betriebsstättenvermögen keinen Rechtsträgerwechsel begründet, bleiben die Vorschriften über die **Entstrickung und Verstrickung** für KapGes. maßgeblich. Dabei stellt § 12 Abs. 1 KStG explizit klar, dass die Entstrickungsregelungen auf die KapGes. anzuwenden sind.

---

[49] Vgl. *Niemeier/Schlierenkämper/Schnitter/Wendt* Einkommensteuer, 178.
[50] Vgl. *Horschitz/Groß/Fanck* Bilanzsteuerrecht und Buchführung, 534.
[51] Vgl. *Hey* in Tipke/Lang Steuerrecht, § 11 Rn. 1 ff.
[52] S. dazu Rn. 23 ff. „Entnahme und Einlage (§ 4 Abs. 1 EStG)".

2. Verdeckte Gewinnausschüttung (§ 8 Abs. 3 S. 2 KStG)

a) Begriff

63   Gem. § 8 Abs. 3 S. 2 KStG darf das Einkommen der KapGes. durch vGA nicht gemindert werden, wobei die konkreten Voraussetzungen der vGA offen bleiben. Insofern hat der Gesetzgeber nur die Rechtsfolge der vGA festgeschrieben, die genaue Ausformulierung des Tatbestandes aber der Rechtsprechung überlassen. Nach der ständigen Rechtsprechung des BFH lautet die **Definition** der vGA:[53]

> Eine vGA gem. § 8 Abs. 3 S. 2 KStG ist eine Vermögensminderung oder verhinderte Vermögensmehrung, die durch das Gesellschaftsverhältnis veranlasst ist, sich auf die Höhe des Unterschiedsbetrages gem. § 4 Abs. 1 S. 1 EStG iVm § 8 Abs. 1 S. 1 KStG auswirkt und in keinem Zusammenhang zu einer offenen Ausschüttung steht.

64   Die deutsche FinVerw. hat diese Begriffsbestimmung in die R 36 Abs. 1 S. 1 KStR übernommen. Somit ist die vorstehende Definition der vGA allgemein anerkannt.

b) Tatbestandliche Problembereiche

aa) Vermögensminderung oder verhinderte Vermögensmehrung auf Gesellschaftsebene

65   Zunächst verlangt eine vGA eine Vermögensminderung oder eine verhinderte Vermögensmehrung, in deren Folge der Unterschiedsbetrag nach § 4 Abs. 1 S. 1 EStG gemindert wird. Demzufolge ist die **Einkommens- bzw. Gewinnminderung** auf Ebene der Gesellschaft ausreichend, selbst wenn kein wirtschaftlicher Vorteil bei einem Gesellschafter oder einer nahestehenden Person begründet wird.[54] Nach neuerer Rechtsprechung muss die Vermögensminderung bzw. verhinderte Vermögensmehrung allerdings prinzipiell geeignet sein, steuerpflichtige Einkünfte beim empfangenen Gesellschafter zu begründen. Insofern korrespondieren vGA auf Gesellschaftsebene und steuerpflichtige Einkünfte auf Gesellschafterebene, wobei der tatsächliche Zufluss der entsprechenden Einkünfte irrelevant ist.[55] Für diesen Zusammenhang zwischen Gesellschafts- und Gesellschafterebene ist der Begriff der **Vorteilsgeneigtheit** bzw. abstrakten Vorteilseignung geprägt worden.[56]

66   Grds. kann der Gegenstand der Vermögensminderung bzw. verhinderten Vermögensmehrung in jedem **Nachteil von ökonomischer Art** bestehen.

---

[53] Vgl. BFH 27.1.1972, BStBl. II 1972, 320; BFH 22.2.1989, BStBl. II 1989, 631; BFH 22.8.2007, BStBl. II 2007, 961; BFH 18.9.2007, BStBl. II 2008, 314; BFH 29.4.2008, BStBl. II 2011, 55; BFH 20.8.2008, BStBl. II 2011, 60; BFH 8.10.2008, BStBl. II 2011, 62 (ständige Rechtsprechung).

[54] Vgl. BFH 19.5.1982, BStBl. II 1982, 631; BFH 22.2.1989, BStBl. II 1989, 631; BFH 18.12.1996, BStBl. II 1997, 301.

[55] Vgl. BFH 22.2.1989, BStBl. II 1989, 631; BFH 7.8.2002, BStBl. II 2004, 131; BFH 14.7.2004, BStBl. II 2004, 1010; BFH 20.8.2008, BStBl. II 2011, 60; *Wassermeyer* DB 2002, 2668.

[56] Vgl. *Wilk* in HHR, § 8 KStG Rn. 113.

III. Gewinnkorrektur bei Kapitalgesellschaften   67, 68 **A**

So kann ein tatsächliches Tun, Dulden oder Unterlassen zu einer vGA führen, soweit dem Gesellschafter eine Disposition über das Gesellschaftsvermö-
gen ermöglicht worden ist.[57] Dabei muss ein finaler Zuwendungswille, aber
keine konkrete Ausschüttungsabsicht gegeben sein.[58]

Beispiele: Die Gesellschaft macht Kaufpreisforderungen gegenüber dem Gesellschafter nicht geltend, sodass Verjährung eintritt; oder die Gesellschaft kündigt einen
ungünstigen Mietvertrag gegenüber dem Gesellschafter nicht.

Entsprechend können Vermögensminderungen oder verhinderte Vermö- **67**
gensmehrungen durch bloße Überlassung von **Geschäftschancen** begründet
werden. Indem die Gesellschaft auf den Abschluss von Verträgen verzichtet
oder Kenntnisse über geschäftliche Möglichkeiten ohne angemessene Gegenleistung weitergibt, ist eine hinreichende Vermögensminderung bzw. verhinderte Vermögensmehrung für eine vGA gegeben.[59]

Beispiel: Zugunsten der ausländischen Muttergesellschaft verzichtet die inländische
Tochtergesellschaft auf einen Abschluss eines Liefervertrags, aus dem Gewinne iHv
100.000 € mit hinreichender Wahrscheinlichkeit zu erwarten sind. Die Überlassung
der Gelegenheit zum Geschäftsabschluss stellt keine Vermögenszuwendung im eigentlichen Sinn dar. Schließlich wird kein rechtlicher Anspruch oder sonstiger geldwerter
Vorteil abgetreten; vielmehr wird eine Geschäftschance überlassen. Gleichwohl liegt
eine vGA vor, weil der Verzicht auf den Vertragsabschluss nicht nur eine verhinderte
Vermögensmehrung bei der Tochtergesellschaft, sondern auch eine potentielle Vermögensmehrung bei der Muttergesellschaft begründet.

Demgegenüber liegt keine Vermögensminderung bzw. verhinderte Vermö- **68**
gensmehrung vor, wenn ein **Vorteilsausgleich** erfolgt. Sofern ein nachteiliges Geschäft im Gegenzug durch ein vorteilhaftes Geschäft ausgeglichen wird,
stimmt die Leistung der Gesellschaft in ihrem Wert mit der Gegenleistung des
Gesellschafters überein, womit keine Vermögensnachteile eintreten. Da indes
jedes Geschäft separat zu beurteilen ist, erfordert die Anerkennung des Vorteilsausgleichs, dass Leistung und Gegenleistung rechtlich verknüpft sind. Unter wirtschaftlichen Gesichtspunkten müssen entsprechende Geschäfte als einheitliches Rechtsgeschäft anzusehen sein.[60] Bei unterschiedlichen Verträgen
sind die zeitliche Nähe der Vertragsabschlüsse, die gegenseitige Bezugnahme
der Verträge und die Identität der Vertragsparteien als mögliche Indizien heranzuziehen.[61] Hingegen sind die Vorgaben der FinVerw. strikter, als folgende
Voraussetzungen für einen Vorteilsausgleich bei unterschiedlichen Verträgen
verlangt werden:[62]
– Der innere Zusammenhang der Geschäfte lässt den berechtigten Schluss zu,
  dass diese Geschäfte auch von fremden Dritten mit derselben Person abgeschlossen werden.
– Die korrespondierenden Vor- und Nachteile der einzelnen Geschäfte können quantifiziert werden.

---

[57] Vgl. BFH 14.10.1992, BStBl. II 1993, 351.
[58] Vgl. BFH 28.1.1992, BStBl. II 1992, 605; BFH 29.4.2008, BStBl. II 2011, 55.
[59] Vgl. BFH 9.7.2003, BFH/NV 2003, 1349.
[60] Vgl. BFH 8.6.1977, BStBl. II 1977, 704.
[61] Vgl. *Wilk* in HHR, § 8 KStG Rn. 115.
[62] Vgl. BMF 23.2.1983, BStBl. I 1983, 218, Tz. 2.3.

– Die Vorteilsverrechnung ist Bestandteil der vertraglichen Vereinbarung bzw. Geschäftsgrundlage des nachteiligen Geschäfts für die Vertragsparteien gewesen.[63]

69   Für die Problematik der **Verrechnungspreise** sind **verdeckte Gewinnausschüttungen aus grenzüberschreitenden Sachverhalten** kennzeichnend. Generell können vier **Grundfälle** von vGA aus grenzüberschreitenden Sachverhalten unterschieden werden.[64] Eine vGA von einer inländischen KapGes. an einen ausländischen Anteilseigner liegt vor, wenn

– die inländische KapGes. von dem ausländischen Anteilseigner einen wirtschaftlichen Vorteil gegen ein unangemessen hohes Entgelt erlangt (Erwerb von Wirtschaftsgütern, Inanspruchnahme von Nutzungsüberlassungen und Dienstleistungen) oder

– die inländische KapGes. gegenüber dem ausländischen Anteilseigner einen wirtschaftlichen Vorteil gegen ein unangemessen niedriges Entgelt überlässt (Veräußerung von Wirtschaftsgütern, Gewährung von Nutzungsüberlassungen und Dienstleistungen).

Umgekehrt wird eine vGA von einer ausländischen KapGes. an einen inländischen Anteilseigner begründet, wenn

– der inländische Anteilseigner von der ausländischen KapGes. einen wirtschaftlichen Vorteil gegen ein unangemessen niedriges Entgelt erlangt (Erwerb von Wirtschaftsgütern, Inanspruchnahme von Nutzungsüberlassungen und Dienstleistungen) oder

– der inländische Anteilseigner gegenüber der ausländischen KapGes. einen wirtschaftlichen Vorteil gegen ein unangemessen hohes Entgelt überlässt (Veräußerung von Wirtschaftsgütern, Gewährung von Nutzungsüberlassungen und Dienstleistungen).

Neben diesen Grundfällen können vGA aus sog. Dreiecksverhältnissen resultieren, wobei die Vorteilsgewährung zwischen Schwestergesellschaften in der Praxis besonders relevant ist.[65]

bb) Veranlassung durch Gesellschaftsverhältnis

70   Allerdings werden vGA nicht durch jede Vermögensminderung bzw. verhinderte Vermögensmehrung begründet; vielmehr muss die Minderung des Unterschiedsbetrags durch das Gesellschaftsverhältnis veranlasst sein. Grds. setzt die Veranlassung durch das Gesellschaftsverhältnis voraus, dass der **Zuwendungsempfänger** auch Gesellschafter der KapGes. ist. Darüber hinaus ist eine zukünftige oder frühere Gesellschafterstellung ausreichend, sofern die Zuwendungen im Hinblick auf das Gesellschaftsverhältnis erbracht werden.[66]

Schließlich kann eine mittelbare Zuwendung an eine nahestehende Person, die gegenüber einer fremden nicht nahestehenden Person nicht gewährt worden wäre, zu einer vGA führen. Insoweit indiziert das „Nahestehen" eine Veranlassung durch das Gesellschaftsverhältnis. Folglich sind alle Beziehungen familienrechtlicher, gesellschaftsrechtlicher, schuldrechtlicher oder tatsächli-

---

[63] S. dazu Kap. C Rn. 91 ff. „Vorteilsausgleich".
[64] Vgl. *Baumhoff* in Mössner u. a., Rn. C 237 f.
[65] S. dazu Rn. 44 ff. „Dreiecksverhältnis".
[66] Vgl. BFH 22.6.1977, BStBl. II 1978, 33; BFH 24.1.1989, BStBl. II 1989, 419; BFH 29.4.2008, BStBl. II 2011, 55.

cher Art zu berücksichtigen, die die Vorteilsgewährung an den Dritten beeinflussen können.[67]

Um die Veranlassung durch das Gesellschaftsverhältnis zu begründen, wird **71** die **Denkfigur des „ordentlichen und gewissenhaften Geschäftsleiters"** (§ 93 Abs. 1 S. 1 AktG und § 43 Abs. 1 GmbHG) von der Rechtsprechung herangezogen.[68] Demnach ist die Veranlassung durch das Gesellschaftsverhältnis anzunehmen, wenn ein ordentlicher und gewissenhafter Geschäftsleiter die Gewinnminderung gegenüber einer fremden nicht nahestehenden Person nicht hingenommen hätte (H 36 Abs. 3 KStR). Somit ist der **Fremdvergleich** für die Beurteilung der Veranlassung durch das Gesellschaftsverhältnis maßgeblich.[69]

In der Vergangenheit hat die Rechtsprechung bisweilen die Verhältnisse im nationalen Markt bei der Beurteilung von vGA überbetont. Bspw. ist eine vGA wegen andauernder Verluste einer inländischen Vertriebstochtergesellschaft angenommen worden, obwohl die ausländische Muttergesellschaft zu Preisen unterhalb der eigenen Selbstkosten geleistet hatte.[70] Angesichts der Kritik in der Literatur[71] hat die Rechtsprechung in der Folge festgestellt, dass der Beurteilung der Fremdüblichkeit nicht nur die **Sichtweise der inländischen Kapitalgesellschaft,** sondern auch die **Sichtweise des ausländischen Vertragspartners** zugrunde zu legen ist. Ergo sind wirtschaftliche Argumente beider Vertragspartner zu berücksichtigen, um ein mögliches Missverhältnis zwischen Leistung und Gegenleistung als Ursache für eine vGA abzuleiten.[72] Dabei sind die Verhältnisse und Umstände im Zeitpunkt des Vertragsabschlusses entscheidend; eine rückschauende Betrachtung ist unzulässig.[73]

Daneben unterliegt ein Leistungsaustausch zwischen einer KapGes. und ei- **72** nem beherrschenden Gesellschafter noch zusätzlichen **Voraussetzungen in formaler Hinsicht.** So soll die Veranlassung durch das Gesellschaftsverhältnis in diesen Fällen nach ständiger Rechtsprechung gegeben sein, wenn keine im Voraus getroffene klare und eindeutige Vereinbarung vorliegt.[74] Demnach können vGA ausschließlich aufgrund der Missachtung von formalen Gesichtspunkten begründet werden, selbst wenn der Leistungsaustausch zu angemessenen Bedingungen gem. dem Fremdvergleichsgrundsatz erfolgt ist.[75]

---

[67] Vgl. BFH 18.12.1996, BStBl. II 1997, 301; BFH 29.4.2008, BStBl. II 2011, 55.

[68] Vgl. BFH 16.3.1967, BStBl. III 1967, 626; BFH 1.8.1984, BStBl. II 1985, 18; BFH 29.4.2008, BStBl. II 2011, 55; BFH 20.8.2008, BStBl. II 2011, 60; BFH 8.10.2008, BStBl. II 2011, 62.

[69] S. dazu Kap. C Rn. 1 ff. „Fremdvergleich als Maßstab der Einkunftsabgrenzung" und Kap. C Rn. 41 „Rechtsfigur des ordentlichen und gewissenhaften Geschäftsleiters".

[70] Vgl. FG Hessen 17.10.1988, EFG 1989, 200.

[71] Vgl. *Baumhoff* in Festschrift Flick, 633; *Wassermeyer* StbJb 1998/99, 157.

[72] Vgl. BFH 17.5.1995, BStBl. II 1996, 204; BFH 6.12.1995, BStBl. II 1996, 383; BFH 19.5.1998, BStBl. II 1998, 689.

[73] Vgl. BFH 27.2.2003, BStBl. II 2004, 132; BFH 4.6.2003, BStBl. II 2004, 136.

[74] Vgl. BFH 31.7.1956, BStBl. III 1956, 288; BFH 23.9.1970, BStBl. II 1971, 64; BFH 21.7.1982, BStBl. II 1982, 761; BFH 2.3.1988, BStBl. II 1988, 590; BFH 22.2.1989, BStBl. II 1989, 631; BFH 22.10.2003, BStBl. II 2004, 307; BFH 8.10.2008, BStBl. II 2011, 62.

[75] Vgl. BFH 23.10.1996, BStBl. II 1999, 35; BFH 16.12.1998, BFH/NV 1999, 1125.

73   Unstreitig ist jede Person, die in der Gesellschafterversammlung über die Stimmrechtsmehrheit verfügt (§§ 133 ff. AktG und § 47 GmbHG), **beherrschender Gesellschafter,** wobei sämtliche Anteile von Gesellschaftern mit gleichgerichteten Interessen zusammenzufassen sind. Darüber hinaus soll eine beherrschende Stellung vorliegen, wenn der Gesellschafter bei erforderlicher qualifizierter Mehrheit in der Gesellschafterversammlung nicht überstimmt werden kann. Letztlich müssen sämtliche Umstände im konkreten Einzelfall berücksichtigt werden, um die Frage der Beherrschung zu klären.[76]

74   Indem eine **im Voraus getroffene Vereinbarung** verlangt wird, sind rückwirkende Vereinbarungen für steuerliche Zwecke grds. unbeachtlich (sog. Nachzahlungs- und Rückwirkungsverbot). Somit ist jede Vergütung, die eine inländische KapGes. an einen beherrschenden Gesellschafter für eine zurückliegende Zeit ohne eine vorherige Vereinbarung gewährt, als vGA anzusehen.[77]

75   Zudem muss der Inhalt der Vereinbarung **klar und eindeutig** sein. Insbesondere hat die Vereinbarung die Vergütung zwar nicht in ihrer tatsächlichen Höhe, aber bzgl. ihrer rechnerischen Ermittlung vorzuschreiben. Insofern darf die Höhe der Vergütung nicht von Ermessenshandlungen seitens der Organe der KapGes. abhängig sein.[78]

Beispiel: Die ausländische Muttergesellschaft gewährt der deutschen Tochtergesellschaft kurzfristig ein Darlehen zu einem Zinssatz, dessen Höhe mit „3-Monats-LIBOR plus 2%" vereinbart ist. Da die geschuldeten Zinsen exakt ermittelt werden können, liegt eine klare und eindeutige Vereinbarung vor.

76   Fehlt die **zivilrechtliche Wirksamkeit** der vertraglichen Vereinbarung, wird die Leistungspflicht der KapGes. nicht begründet. Sollte gleichwohl die Leistung erbracht werden, liegt eine vGA vor, sofern keine besonderen Umstände wie eine unklare Rechtslage gegeben sind. Folglich müssen die Formvorschriften des Zivilrechts sorgfältig beachtet werden.[79]

77   Falls keine gesetzlichen Formvorschriften greifen, ist die Schriftform nicht erforderlich, um den **Nachweis** über eine im Voraus getroffene klare und eindeutige Vereinbarung zwischen den Parteien zu erbringen. Vielmehr ist es ausreichend, wenn entsprechende Vereinbarungen nach außen für fremde Dritte erkennbar sind.[80] Andererseits bestehen erhöhte Mitwirkungspflichten bei Auslandssachverhalten nach § 90 Abs. 2 AO, sodass der Steuerpflichtige ohnehin den Sachverhalt aufklären muss.[81] Infolgedessen sind entsprechende glaubwürdige Nachweise über mündlich abgeschlossene Verträge durch Urkundenbeweis (Akten- oder Gesprächsnotizen), Zeugenbeweis (Auskünfte

---

[76] Vgl. BFH 8.1.1969, BStBl. II 1969, 347; BFH 21.7.1976, BStBl. II 1976, 734; BFH 23.10.1985, BStBl. II 1986, 195; BFH 1.2.1989, BStBl. II 1989, 522; BFH 15.3.2000, BStBl. II 2000, 547.

[77] Vgl. BFH 31.7.1956, BStBl. III 1956, 288; BFH 21.7.1982, BStBl. II 1982, 761.

[78] Vgl. BFH 31.7.1956, BStBl. III 1956, 288; BFH 23.9.1970, BStBl. II 1971, 64; BFH 21.7.1982, BStBl. II 1982, 761; BFH 24.5.1989, BStBl. II 1989, 800; BFH 17.12.1997, BStBl. II 1998, 545.

[79] Vgl. BFH 17.9.1992, BStBl. II 1993, 141.

[80] Vgl. BFH 20.9.1967, BStBl. II 1968, 49; BFH 25.10.1995, BStBl. II 1997, 703.

[81] S. dazu Kap. F Rn. 1 ff. „Amtsermittlungsgrundsatz und Mitwirkungspflichten".

von Angestellten oder Dritten), tatsächliche Durchführung oder langjährige Übung zu erbringen.

Ebenso gelten die vorstehenden Ausführungen zu den formalen Vorausset- **78** zungen für Leistungen an **Personen, die dem beherrschenden Gesellschafter nahestehen.** Generell wird eine vGA indiziert, wenn keine im Voraus getroffene, klare und eindeutige Vereinbarung vorliegt.[82]

Beispiel: Die luxemburgische Tochtergesellschaft einer US-amerikanischen Muttergesellschaft gewährt der deutschen Schwestergesellschaft ein marktübliches Darlehen. Da die luxemburgische Gesellschaft eine nahestehende Person der beherrschenden Muttergesellschaft ist, werden die entrichteten Zinszahlungen der deutschen Schwestergesellschaft ungeachtet ihrer Angemessenheit vorbehaltlich abkommensrechtlicher Einschränkungen als vGA behandelt, wenn keine im Voraus getroffene klare und eindeutige Darlehensvereinbarung nachgewiesen werden kann.

Von vorgenannten Grundsätzen ist die Rechtsprechung in einigen Aus- **79** nahmefällen abgewichen. Bspw. sind rückwirkende Vereinbarungen sowie zivilrechtlich unwirksame Vereinbarungen unter bestimmten Voraussetzungen steuerlich anerkannt worden.[83] Allerdings haben die Gerichte stets die besonderen Umstände des Einzelfalls betont, womit der Verweis auf die Urteile in anderen Fällen in aller Regel nicht möglich sein wird.

Darüber hinaus ist es zu beachten, dass formale Gesichtspunkte in **Art. 9** **80** **OECD-MA** grds. unberücksichtigt bleiben. Art. 9 OECD-MA entwickelt eine **Sperrwirkung** gegenüber § 8 Abs. 3 KStG, sofern steuerliche Gewinnkorrekturen unter ausschließlichem Hinweis auf formale Gesichtspunkte begründet werden.[84] Allerdings ist die Sperrwirkung unter Beachtung des Sinns und Zwecks der Vorschrift auszulegen, steuerliche Gewinnmanipulationen zwischen nahestehenden Personen zu vermeiden. Das Abkommensziel würde verfehlt, wenn die Werthaltigkeit der Leistung nicht geprüft werden kann. Insoweit bedingt die Angemessenheitsprüfung ein **eindeutiges Verhalten** der Parteien; mit dieser Einschränkung sind tatsächliche Indizien, die für eine fremdvergleichskonforme Leistungsverrechnung sprechen, gegenüber formalen Aspekten in jedem Fall höher zu gewichten.[85]

Ob diese Wertung für die Nicht-DBA-Fälle, in denen die Sperrwirkung **81** des Art. 9 OECD-MA nicht greift, von der Rechtsprechung in gleicher Weise nachvollzogen wird, bleibt abzuwarten. Bejahendenfalls wären vGA unter ausschließlicher Berufung auf folgende Umstände nicht anzunehmen:
– Keine Existenz bzw. nachträglicher Abschluss von schriftlichen Verträgen
– Keine Absicherung von Darlehensüberlassungen durch ausreichende Sicherheiten
– Formale Fehler in einschlägigen Bewertungsgutachten
– Bestimmung von Berechnungsdeterminanten zur Anwendung von Verrechnungspreismethoden

---

[82] Vgl. BFH 22.2.1989, BStBl. II 1989, 631.
[83] Vgl. BFH 3.4.1974, BStBl. II 1974, 497; BFH 26.7.1978, BStBl. II 1978, 659; BFH 31.5.1995, BStBl. II 1996, 246.
[84] Vgl. BFH 11.10.2012, BStBl. II 2013, 1046.
[85] S. dazu Kap. B Rn. 1 ff. „OECD-Musterabkommen".

In vorgenannten Fällen sollte den **Indizien „tatsächlicher Leistungsfluss" und „Nachprüfbarkeit"** gegenüber dem Indiz „formale Unstimmigkeiten" generell höhere Bedeutung beigemessen werden, sodass der Rückgriff auf die Sperrwirkung des Art. 9 OECD-MA nicht erforderlich ist.[86] So wäre es sachgerechter, auf die jeweilige Zuwendung statt auf die formale Vereinbarung abzustellen. Wenn ein Leistungsaustausch mit Gegenleistung in Form eines Entgelts nachweislich vorliegt, kann die schuldrechtliche Veranlassung der betreffenden Vereinbarung grds. vermutet werden.

Insbesondere sollte diese Vermutung für alle Fälle gelten, in denen **gesetzliche Vergütungsansprüche** bestehen.[87] Hier macht die Wertung des Gesetzgebers deutlich, dass derartige Leistungen üblicherweise gegen Entgelt auf schuldrechtlicher Basis erbracht werden. Demzufolge sollte ein formaler Mangel allein eine vGA nicht rechtfertigen können. Andererseits wäre eine vGA widerlegbar anzunehmen, wenn Vorteilszuwendungen in diesen Fällen ohne Gegenleistung erfolgen. Folgerichtig wäre das Erbringen einer unangemessenen Gegenleistung, nicht das Fehlen einer formalen Vereinbarung für die Begründung einer vGA maßgeblich.

Sofern **kein gesetzlicher Vergütungsanspruch** begründet wird, erscheinen die formalen Anforderungen eher gerechtfertigt. Mangels gesetzlichem Vergütungsanspruch können berechtigte Zweifel bestehen, ob eine schuldrechtliche Leistungsbeziehung oder eine gesellschaftsrechtliche Vereinbarung mit einer Umqualifizierung in ein Leistungsentgelt vorliegt. Gleichwohl sollten keine Bedenken gegen eine nachträgliche Vereinbarung von angemessenen Gegenleistungen bestehen. Zudem sollte es anerkannt werden, dass ein gesetzlicher Rückgewährungsanspruch der Annahme einer vGA entgegensteht. Mit diesen Regelungen könnte eine vGA in vielen Fällen vermieden werden, ohne dass Besteuerungssubstrat im Inland verloren ginge.

82   Da aber die Auffassung weder von der FinVerw. noch von der Rechtsprechung geteilt wird, ist die vollständige Beachtung der formalen Voraussetzungen dringend anzuraten. Falls allerdings Beanstandungen im Rahmen von Betriebsprüfungen erfolgen, sollte die Meinung verteidigt werden, dass schriftliche Verträge nicht erforderlich sind.

cc) Keine offene Ausschüttung

83   Schließlich setzt die allgemeine Definition der vGA voraus, dass keine offene Ausschüttung gegeben ist. Einer offenen Ausschüttung liegt ein gesellschaftsrechtlicher **Gewinnverwendungsbeschluss** zugrunde. Der Gewinnverwendungsbeschluss bestimmt, in welchem Umfang der Bilanzgewinn im abgelaufenen Geschäftsjahr ausgeschüttet wird (§ 174 AktG und § 29 GmbHG).

Demgegenüber wird eine vGA über eine **schuldrechtliche Leistungsbeziehung oder sonstige Vorteilsgewährung** in verborgener Form vorgenommen. Insofern erfolgt eine vGA unter Angabe eines anderen Sachverhalts, der den wahren Gehalt des zugrundliegenden Vorgangs als Ausschüttung und Einkommensverwendung verdeckt.[88]

---

[86] Vgl. *Andresen/Immenkötter/Frohn* DB 2013, 534.
[87] AA BFH 2.3.1988, BStBl. II 1988, 590.
[88] Vgl. BFH 23.5.1984, BStBl. II 1984, 673.

c) Zeitpunkt der Gewinnkorrektur

Sobald sämtliche Tatbestandsmerkmale erfüllt sind, wird eine vGA begrün- 84
det. Folglich ist die Korrektur um die vGA in dem Jahr vorzunehmen, in
dem die Vermögensminderung bzw. verhinderte Vermögensmehrung den
Unterschiedsbetrag der Gesellschaft nach § 4 Abs. 1 S. 1 EStG gemindert hat.
Da der Unterschiedsbetrag im Grundsatz auf der Periodisierung von Zahlungen beruht, muss der Zeitpunkt der Korrektur weder mit dem Vermögensabfluss bei der KapGes. noch mit dem Vermögenszufluss bei dem Zuwendungsempfänger zusammenfallen.[89]

Ferner können vGA begründet werden, wenn Leistungen auf Basis von 85
Dauerschuldverhältnissen (zB Liefer-, Darlehens-, Miet-, Pacht- oder Lizenzverträgen) nicht angepasst werden. Sofern eine Vertragsänderung zwischen
fremden Dritten aufgrund veränderter äußerer Umstände oder eines Fortfalls
von ursprünglichen Geschäftsgrundlagen erfolgt wäre, sind entsprechende
Anpassungen auch bei Dauerschuldverhältnissen zwischen nahestehenden
Personen vorzunehmen, soll eine vGA vermieden werden.[90]

Beispiel: Eine inländische KapGes. vermietet ihrer Muttergesellschaft langfristig mehrere Immobilien gegen einen angemessenen Mietzins. In den Folgeperioden steigen die vergleichbaren Mieten auf dem Immobilienmarkt. Sofern fremde Dritte eine
Mietanpassungsklausel für diesen Zweck vereinbart hätten, wäre eine unterlassene Erhöhung des Mietzinses eine verhinderte Vermögensmehrung, die als vGA zu beurteilen
ist.

d) Dreiecksverhältnis

Besonders problematisch sind vGA aus sog. Dreiecksverhältnissen, in denen 86
die Muttergesellschaft über eine andere nahestehende Person mittelbar die
Zuwendung empfängt. Überlässt eine KapGes. etwa einen Vorteil ohne angemessene Gegenleistung an ihre **Schwestergesellschaft,** wird die Annahme getroffen, dass der Vorteil zunächst im Wege der Ausschüttung an die
Muttergesellschaft und anschließend im Wege der Einlage an die Schwestergesellschaft gelangt ist. Insofern wird eine vGA seitens der Kapital- an die
Muttergesellschaft und eine verdeckte Einlage seitens der Mutter- in die
Schwestergesellschaft begründet.[91]

Beispiel: Die Tochterkapitalgesellschaft T 1 veräußert Waren im gemeinen Wert
von 80 000 € zum Preis von 50 000 € an die Schwesterkapitalgesellschaft T 2. In der
Folge ist der Gewinn bei der Tochtergesellschaft T 1 nach den Grundsätzen zur vGA
um den Mehrwert von 30 000 € zu erhöhen. Gleichzeitig muss der Betrag von
30 000 € bei der Muttergesellschaft als verdeckte Einlage in die Tochtergesellschaft T 2
erfasst werden.

In dem Zusammenhang bleiben die **Regelungen zur Begründung von** 87
Einlagen ohne Einschränkung anwendbar. Daher können keine Einlagen
vorliegen, wenn Vorteilsgewährungen in Form von nicht bilanzierungsfähi-

---

[89] Vgl. BFH 29.6.1994, BStBl. II 2002, 366.
[90] Vgl. BFH 7.12.1988, BStBl. II 1989, 248.
[91] Vgl. BFH 21.12.1972, BStBl. II 1973, 449; BFH 19.5.1982, BStBl. II 1982, 631;
BFH 26.10.1987, BStBl. II 1988, 348; BFH 12.12.2000, BStBl. II 2001, 234.

gen Wirtschaftsgütern wie bspw. unentgeltlichen Nutzungsüberlassungen erfolgen. Vielmehr wird der Verbrauch der Vorteile auf der Ebene der Muttergesellschaft fingiert, womit abzugsfähige Betriebsausgaben begründet werden. Durch den Betriebsausgabenabzug wird die vGA bei der Muttergesellschaft ausgeglichen. Demgegenüber weist die empfangene Tochtergesellschaft einen Mehrertrag infolge der ersparten Aufwendungen aus. Folglich werden **Gewinnverlagerungen** von der Mutter- zur Tochtergesellschaft möglich.[92]

88   Grds. können vGA in „Dreiecksverhältnissen" zugunsten aller Personen erfolgen, die dem Gesellschafter nahestehen. Liefert die Enkelgesellschaft etwa zu unangemessen niedrigen Preisen an die Muttergesellschaft, wird eine vGA der Enkel- an die Tochtergesellschaft und eine vGA der Tochter- an die Muttergesellschaft begründet. Somit wird eine Ausschüttungskette aufgebaut. Das Kettenende bildet die Gesellschaft, bei der die tatsächliche bzw. potenzielle Vermögensmehrung eintritt.[93]

e) Rechtsfolgen

aa) Beteiligte und Auslandsaspekte

89   Liegen vGA aufgrund unangemessener Verrechnungspreisgestaltungen vor, werden **Korrekturen** auf Ebene der ausschüttenden **Kapitalgesellschaft** und des empfangenen **Anteilseigners** erforderlich. Zudem führen vGA in Dreiecksverhältnissen zu Korrekturen bei **nahestehenden Personen**.

90   In den folgenden Abschnitten werden die steuerlichen Folgen von vGA aufgrund unangemessener Verrechnungspreisgestaltungen nach deutschem Recht erörtert. Gleichwohl müssen die Auswirkungen im anderen Staat in jedem Fall in das Entscheidungskalkül einbezogen werden. Oftmals bestimmt die **Besteuerung im Ausland** die Frage, ob eine vGA in Betriebsprüfungen als Kompromisslösung akzeptiert wird oder eine inakzeptable Doppelbesteuerung zu einem Verständigungsverfahren oder einer Klage führt. Wenngleich große Unterschiede bzgl. der Besteuerung im internationalen Vergleich bestehen, bleiben die nachfolgenden Ausführungen auf das deutsche Recht beschränkt, da die Besteuerung nach ausländischem Recht in grundsätzlicher Entsprechung zum deutschen Recht die Beachtung von diversen Besonderheiten verlangt.

bb) Ausschüttende Kapitalgesellschaft

91   Nach deutschem Recht muss die **Einkommensermittlung** bei Körperschaften gem. § 8 Abs. 3 KStG ungeachtet der Einkommensverwendung erfolgen. Insofern darf eine vGA das Einkommen einer inländischen KapGes. nicht mindern. Vielmehr ist das Einkommen der inländischen KapGes. um den Betrag der vGA außerbilanziell zu erhöhen.

92   Nach einhelliger Auffassung sind vGA zum **gemeinen Wert** nach § 9 BewG anzusetzen.[94] Insoweit ist der Maßstab des Fremdvergleichs nicht nur Tatbestandsmerkmal, sondern auch Rechtsfolge. Letztlich ist der Wertansatz

---

[92] Vgl. BFH 26.10.1987, BStBl. II 1988, 348.
[93] Vgl. BFH 23.10.1985, BStBl. II 1986, 195; BFH 26.10.1987, BStBl. II 1988, 348; BFH 12.12.2000, BStBl. II 2001, 234.
[94] S. dazu Rn. 38 f. „Gemeiner Wert".

entscheidend, den ein ordentlicher und gewissenhafter Geschäftsleiter gegenüber einem fremden nicht nahestehenden Dritten zugrunde gelegt hätte.[95]

Um diesen Wert für steuerliche Verrechnungspreiskorrekturen zu konkreti-   **93**
sieren, ist ein zweistufiges Vorgehen geboten. Zunächst muss die **Prüfung der „Verrechenbarkeit dem Grunde nach"** klären, ob die Leistungsbeziehung dem Fremdvergleich standhält. Sofern diese Frage verneint wird, sind sämtliche Leistungen von der Gesellschaft an den Gesellschafter als vGA zu klassifizieren.

Sollte nur die Höhe der Leistungsvergütung unangemessen sein, ist die vGA auf den unangemessenen Vergütungteil zu beschränken. Soweit die Vergütung nach dem Fremdvergleich angemessen ist, scheidet eine Einkommenskorrektur aus. Mithin muss das angemessene Entgelt für die betreffende Leistung über die **Prüfung der „Verrechenbarkeit der Höhe nach"** ermittelt werden.[96]

Dabei ist der Umstand zu berücksichtigen, dass der Bereich des Angemessenen unter Umständen als Bandbreite von Beträgen hervortritt. In diesen Fällen ist der günstigere Rand der Bandbreite für den einzelnen Steuerpflichtigen als angemessene Vergütung zugrunde zu legen.[97] Insofern dürfen Bandbreiten vollständig ausgeschöpft werden, ohne dass eine vGA begründet wird.[98]

Das Gesetz lässt offen, auf welcher **Stufe der Einkommensermittlung**   **94**
das Einkommen der Körperschaft um vGA zu korrigieren ist. Nachdem der BFH in mehreren Urteilen eindeutig seinen Standpunkt bzgl. der Korrektur von vGA gewahrt hatte,[99] ist die FinVerw. schließlich der Rechtsprechung in der Auffassung gefolgt, dass die **Einkommenskorrektur** aufgrund einer vGA **außerhalb der Steuerbilanz** erfolgen muss.[100] Anderenfalls würde das Betriebsvermögen in der Steuerbilanz unzutreffend ausgewiesen, weil eine bilanzielle Vermögensminderung bzw. verhinderte Vermögensmehrung durch eine spätere Qualifizierung als vGA nicht rückgängig gemacht wird.[101]

Zunächst scheint dem Vorgehen bei der Korrektur von vGA nur techni-   **95**
sche Bedeutung zuzukommen. Sollte eine vGA aber eine passivierungspflichtige Verbindlichkeit oder Rückstellung auf Gesellschaftsebene begründen, impliziert die Korrektur außerhalb der Steuerbilanz, dass der Passivposten bis zum Fortfall der Verpflichtung gezeigt werden muss. Mit dem Fortfall der Verpflichtung ist der Passivposten in der Bilanz der KapGes. gewinnerhöhend aufzulösen, womit nunmehr Beträge, in deren Höhe zuvor vGA hinzugerechnet worden sind, wieder gekürzt werden müssen.[102] Um entsprechende Korrekturen nachvollziehen zu können, verlangt die FinVerw. die Bildung

---

[95] Vgl. BFH 18.10.1967, BStBl. II 1968, 105; BFH 27.11.1974, BStBl. II 1975, 306; BFH 17.10.2001, BStBl. II 2004, 171; BFH 23.2.2005, BStBl. II 2005, 882.

[96] Vgl. BFH 12.10.1995, BStBl. II 2002, 367; BFH 25.10.1995, BStBl. II 1997, 703; BFH 17.10.2001, BStBl. II 2004, 171; BFH 27.2.2003, BStBl. II 2004, 132.

[97] Vgl. BFH 17.10.2001, BStBl. II 2004, 171; BFH 27.2.2003, BStBl. II 2004, 132; BFH 4.6.2003, BStBl. II 2004, 136; BFH 26.5.2004, BFH/NV 2005, 77.

[98] Vgl. *Schulte/Behnes* BB 2007, Beilage 9, 3.

[99] Vgl. BFH 29.6.1994, BStBl. II 2002, 366; BFH 13.10.1999, BFH/NV 2000, 749; BFH 4.9.2002, BFH/NV 2003, 347.

[100] Vgl. BMF 28.5.2002, BStBl. I 2002, 603.

[101] Vgl. *Lang* DStZ 2003, 219.

[102] Vgl. BFH 21.7.2007, BStBl. II 2008, 277.

und Fortschreibung von Teilbeträgen.[103] Gleichwohl sollte die Bildung der Teilbeträge unterbleiben können, solange ein späterer Korrekturbetrag aufgrund der Überschaubarkeit des Zeitraums oder eines einfachen Berechnungsmodus problemlos ermittelt werden kann.[104]

96 Infolge der außerbilanziellen Gewinnkorrektur wird das Einkommen der ausschüttenden KapGes. um den Wert der vGA erhöht. Da das Einkommen die Bemessungsgrundlage nicht nur der Körperschaft- (§§ 7f. KStG), sondern auch der Gewerbesteuer (§ 7 GewStG) determiniert, wird die vGA bei der ausschüttenden Körperschaft mit Körperschaftsteuer, Solidaritätszuschlag und Gewerbesteuer belastet.

97 Nach dem Teileinkünfteverfahren unterliegt das Einkommen einer Körperschaft in Deutschland einer Definitivbelastung mit **Körperschaftsteuer**. Auf das steuerpflichtige Einkommen ist der einheitliche KSt-Satz von 15 % nach § 23 Abs. 1 KStG anzuwenden. Zusätzlich sind 5,5 % der festgesetzten KSt als **Solidaritätszuschlag** zu entrichten (§§ 3f. SolZG). Schließlich wird das Einkommen der Körperschaft der **Gewerbesteuer** unterworfen, wobei der Gewerbesteuersatz in Abhängigkeit vom Hebesatz der Gemeinde variiert (§ 16 GewStG).

98 Soweit Einkommenserhöhungen durch vGA mit Verlusten bzw. Verlustvorträgen aus vorangegangenen Geschäftsjahren verrechnet werden können, werden keine zusätzlichen Steuerbelastungen begründet. Allerdings gehen die bestehenden Verlustverrechnungspotenziale durch die Verrechnung mit den vGA für die Zukunft verloren.

cc) Empfangender Anteilseigner

99 Neben der ausschüttenden KapGes. ist der empfangende Anteilseigner als weiterer Beteiligter bei vGA aufgrund unangemessener Verrechnungspreisgestaltungen zu berücksichtigen. Für die Darstellung der Rechtsfolgen beim empfangenden Anteilseigner müssen folgende Grundfälle unterschieden werden: VGA einer inländischen KapGes. an einen ausländischen Anteilseigner und vGA einer ausländischen KapGes. an einen inländischen Anteilseigner.

100 Infolge einer vGA einer inländischen KapGes. wird der **ausländische Anteilseiger** nach § 1 Abs. 4 EStG bzw. § 2 KStG beschränkt steuerpflichtig, da vGA, die von KapGes. mit Sitz oder Geschäftsleitung in Deutschland erfolgt sind, gem. § 49 Abs. 1 Nr. 5 EStG zu inländischen Einkünften führen. Folglich unterliegt die vGA beim ausländischen Anteilseigner der deutschen Besteuerung.[105]

Entsprechend muss die ausschüttende Körperschaft grds. **Kapitalertragsteuer** für die vGA einbehalten (§§ 43 Abs. 1 Nr. 1 und 44 Abs. 1 S. 3 EStG). Für den ausländischen Anteilseigner wird die einbehaltene Kapitalertragsteuer definitiv, sofern die Anteile nicht in einem inländischen Betriebsvermögen des Steuerpflichtigen gehalten werden (§ 50 Abs. 2 EStG und § 32 Abs. 1 KStG). Dabei wird der Regelsatz der Kapitalertragsteuer von 25 % (§ 43a Abs. 1 Nr. 1 EStG) in DBA-Fällen in Abhängigkeit von der Ausgestaltung des Abkommens auf 15 %, 10 % oder 5 % gesenkt.

---

[103] Vgl. BMF 28.5.2002, BStBl. I 2002, 603.
[104] Vgl. *Frotscher* FR 2002, 859; *Lang* DStZ 2003, 219.
[105] Vgl. BFH 21.12.1972, BStBl. II 1973, 449; BFH 19.5.1982, BStBl. II 1982, 631.

Darüber hinaus sind verschiedene Besonderheiten bei Beteiligung von ausländischen Körperschaften zu beachten. Damit die Kapitalertragsteuer zu keiner höheren Belastung als die Körperschaftsteuer führt, werden 40% der einbehaltenen und abgeführten Kapitalertragsteuer auf entsprechenden Antrag erstattet (§ 44a Abs. 9 EStG). Zudem wird Kapitalertragsteuer von ausländischen Muttergesellschaften, die in einem EU-Mitgliedstaat ansässig sind, auf Antrag nicht erhoben, wenn eine Nennkapitalbeteiligung von mindestens 10% seit mindestens einem Jahr besteht (§ 43b EStG (Mutter-Tochter-RL)). Um die Freistellung von der Kapitalertragsteuer zu erreichen, muss eine entsprechende Freistellungsbescheinigung vorgelegt werden (§ 50d Abs. 2 EStG). Da diese Vorlagepflicht auch vGA betrifft, ist die Beantragung der Freistellungsbescheinigung dringend zu empfehlen. Selbst wenn erwartete Verluste offene Ausschüttungen unwahrscheinlich erscheinen lassen, kann eine Freistellungsbescheinigung im Hinblick auf mögliche vGA eine Belastung durch Kapitalertragsteuer vermeiden. Ohne diese Bescheinigung muss die Kapitalertragsteuer zum vollen Satz einbehalten werden, ehe anschließend die Erstattung des Differenzbetrags beantragt werden kann.

Für den umgekehrten Fall der vGA von einer ausländischen Tochtergesellschaft an einen **inländischen Anteilseigner** ist eine weitere Differenzierung erforderlich, da erhaltene Ausschüttungen bei körperschaft- und einkommensteuerpflichtigen Personen unterschiedlich besteuert werden. Sofern die Gewinnkorrektur im Ausland durch die FinVerw. anerkannt wird, werden vGA nach deutschem Recht wie offene Gewinnausschüttungen behandelt.

Insofern bleibt eine vGA nach dem Beteiligungsprivileg bei einer inländischen Körperschaft steuerfrei (§ 8b Abs. 1 KStG), sofern keine Streubesitzbeteiligung unter 10% am Grund- oder Stammkapital gegeben ist (§ 8b Abs. 4 KStG). Allerdings gelten 5% der erhaltenen Bruttoausschüttungen als nichtabzugsfähige Betriebsausgaben (§ 8b Abs. 5 KStG), womit die Steuerbefreiung faktisch 95% der Gewinnausschüttung umfasst. Indem erhaltene Ausschüttungen im ersten Schritt in vollem Umfang steuerfrei gestellt werden, scheidet die Anrechnung einer Quellensteuer, die der ausländische Staat auf die vGA erhebt, auf die KSt aus. Mithin wird die ausländische Quellensteuer für die empfangene KapGes. grds. definitiv.

Sollte der empfangene Gesellschafter einkommensteuerpflichtig sein, werden vGA bei Beteiligungen im Betriebsvermögen zu 40% steuerfrei gestellt (§ 3 Nr. 40 EStG). Entsprechend bleiben 40% aller Ausgaben, die in unmittelbarem Zusammenhang mit erhaltenen Ausschüttungen stehen, steuerlich unberücksichtigt (§ 3c Abs. 2 EStG). Demgegenüber ist die Einkommensteuer auf Gewinnausschüttungen bei Beteiligungen im Privatvermögen mit dem Kapitalertragsteuereinbehalt im Regelfall abgegolten (§§ 43 Abs. 5 und 43a Abs. 1 Nr. 1 EStG).

Für gewerbesteuerliche Zwecke werden die vorgenannten Befreiungen durch entsprechende Hinzurechnungen wieder aufgehoben, sofern der inländische Steuerpflichtige zu weniger als 15% an der ausländischen Tochtergesellschaft beteiligt ist (§ 8 Nr. 5 iVm § 9 Nr. 7f GewStG). Erfüllt die ausschüttende Gesellschaft die Voraussetzungen des Art. 2 der Mutter-Tochter-RL, ist die maßgebliche Beteiligungsgrenze für die gewerbesteuerliche Hinzurechnung von 15% auf 10% reduziert. Bei niedrigeren Beteiligungsquoten führen vGA zu zusätzlichen Gewerbesteuerbelastungen beim empfangenen Anteilseigner.

101

dd) Korrespondenzprinzip

102 Nach dem Grundgedanken des Teileinkünfteverfahrens soll eine definitive Körperschaftsteuerbelastung von Gewinnen auf Gesellschaftsebene mit einer entsprechenden Steuerbefreiung von Gewinnausschüttungen auf Gesellschafterebene korrespondieren. Allerdings ist die **Korrespondenz zwischen der Besteuerung auf Gesellschafts- und Gesellschafterebene** nicht zwingend gewährleistet.[106] Vor diesem Hintergrund hat der Gesetzgeber die korrespondierende Besteuerung für vGA mit dem JStG 2007[107] festgeschrieben. Nach § 3 Nr. 40 S. 1 Buchst. d EStG bzw. § 8b Abs. 1 S. 2 f. KStG setzt die Anwendung des Teileinkünfteverfahrens auf der Ebene des Anteilseigners voraus, dass die vGA das Einkommen der vorteilsgewährenden KapGes. nicht gemindert hat. Aufgrund der verfahrensrechtlichen Vorschrift des § 32a Abs. 1 KStG kann der Steuerbescheid des Anteilseigners korrigiert werden, soweit ein Steuerbescheid hinsichtl. einer vGA gegenüber einer Körperschaft erlassen, aufgehoben oder geändert wird.

103 Laut der Gesetzesbegründung soll das Korrespondenzprinzip die Anwendung des Teileinkünfteverfahrens ausschließen, wenn das steuerpflichtige Einkommen der KapGes. durch die vGA gemindert worden ist. In diesem Fall unterlägen die Gewinne der KapGes. offenkundig keiner Doppelbelastung, sodass eine Steuerfreistellung nicht gerechtfertigt sei.[108]

104 Allerdings ist das Kriterium der Einkommensminderung bei **verdeckten Gewinnausschüttungen über mehrere Stufen** problematisch. Erfolgen etwa Lieferungen oder Leistungen zu unangemessen niedrigen Preisen von der Enkel- an die Muttergesellschaft, wird eine vGA der Enkel- an die Tochtergesellschaft und eine vGA der Tochter- an die Muttergesellschaft begründet. Demnach ist das Kriterium der Einkommensminderung zum einen bei der Tochtergesellschaft im Verhältnis zur Enkelgesellschaft zum anderen bei der Muttergesellschaft im Verhältnis zur Tochtergesellschaft zu prüfen.[109] Sofern die vGA das Einkommen der vorteilsgewährenden Enkelgesellschaft gemindert hat, scheidet die Steuerbefreiung nach § 8b Abs. 1 S. 2 KStG bei der Tochtergesellschaft aus. Infolgedessen wird das steuerpflichtige Einkommen bei der Tochtergesellschaft durch die vGA nicht gemindert, womit das Teileinkünfteverfahren bei der Muttergesellschaft anwendbar ist. Im umgekehrten Fall, in dem die vGA das Einkommen der vorteilsgewährenden Enkelgesellschaft nicht gemindert hat, wird die Anwendung des Teileinkünfteverfahrens auf der Ebene der Tochtergesellschaft durch § 8b Abs. 1 S. 2 f. KStG nicht ausgeschlossen. Ebenso bleibt die vGA auf den nachfolgenden Ausschüttungsstufen steuerfrei, da die Einkommenserhöhung bei nahestehenden Personen nach § 8b Abs. 1 S. 4 KStG für die Steuerfreistellung ausreichend ist.

105 Durch das Korrespondenzprinzip wird die Steuerbefreiung für alle Arten von vGA eingeschränkt. Darüber hinaus ist es unerheblich, ob die vorteilsgewährende KapGes. in subjektiver Hinsicht der deutschen Besteuerung unterliegt. Somit gelten die Einschränkungen durch das Korrespondenzprinzip für **verdeckte Gewinnausschüttungen von ausländischen Kapital-**

---

[106] Vgl. *Briese* BB 2006, 2110.
[107] Jahressteuergesetz 2007 („JStG 2007") vom 13.12.2006, BGBl. 2006, 2878.
[108] Vgl. Begründung zum Entwurf eines JStG 2007, BR-Drs. 622/06, 119.
[109] Vgl. *Dörfler/Heurung/Adrian* DStR 2007, 516.

gesellschaften an inländische Anteilseigner in gleicher Weise. In diesen Fällen muss die Beurteilung der Einkommensminderung nach ausländischem Recht erfolgen.[110] Sollten die ausländischen Steuerbehörden die vGA nicht nachvollziehen, wird das steuerpflichtige Einkommen der ausschüttenden Gesellschaft gemindert. Folglich scheidet die Anwendung des Teileinkünfteverfahrens beim inländischen Anteilseigner nach § 3 Nr. 40 S. 1 Buchst. d EStG bzw. § 8b Abs. 1 S. 2 KStG aus. Gleichzeitig wird eine Freistellung aufgrund eines Schachtelprivilegs nach abkommensrechtlichen Regelungen durch § 8b Abs. 1 S. 3 KStG verhindert.

f) Rückgewähr- und Ersatzansprüche

Um die nachteiligen Folgen der vGA zu vermeiden, könnte eine **Sat-** **106** **zungs- bzw. Steuerklausel** in einen Gesellschafts- bzw. einen Lieferungs- und Leistungsvertrag aufgenommen werden. Eine Satzungsklausel ist eine Vereinbarung zwischen Gesellschaft und Gesellschafter, nach der Rückgewähransprüche im Fall eines unangemessenen Verhältnisses von Leistung und Gegenleistung gesellschaftsvertraglich vereinbart werden. Demgegenüber begründet eine Steuerklausel einen Rückgewähranspruch bei vGA auf schuldrechtlicher Basis. Ungeachtet ob eine Satzungs- oder eine Steuerklausel zugrunde liegt, muss der entsprechende Rückgewähranspruch mit der Verwirklichung der vGA gewinnerhöhend ausgewiesen werden.

Jedoch hat die Rechtsprechung in mehreren Urteilen die Rückgewähran- **107** sprüche als ausstehende Einlageforderung charakterisiert. Demnach sind Satzungs- oder Steuerklauseln nicht geeignet, vGA nach einem tatsächlichen Zufluss von wirtschaftlichen Vorteilen rückgängig zu machen. Vielmehr wird die Rückgewähr als Einlage bei der KapGes. behandelt.[111] Allerdings wird die Problematik nicht vor dem Hintergrund gesehen, dass eine vGA mangels Vermögensminderung bzw. verhinderter Vermögensmehrung infolge einer kompensatorischen Aktivierung von Rückgewähransprüchen nicht gegeben ist.[112] So fehlt eine bilanzielle Vermögensminderung, soweit die KapGes. die Forderung gegen den Gesellschafter nach handelsrechtlichen Grundsätzen ordnungsmäßiger Buchführung erfolgswirksam aktivieren muss.[113]

Neben vorgenannten Satzungs- oder Steuerklauseln können gesetzliche **108** Regelungen im Einzelfall zu Rückgewähr- bzw. Ersatzansprüchen führen. Selbst wenn ein **gesetzlicher Rückgewähr- bzw. Ersatzanspruch** besteht, kann eine vGA laut Rechtsprechung grds. nicht rückwirkend beseitigt werden. Vielmehr sind zivilrechtliche Ansprüche seitens der Gesellschaft gegen den Gesellschafter, die aus vGA resultieren, als erfolgsneutrale Einlageforderung zu behandeln, sodass die vorangegangenen Vermögensminderung bzw. verhinderte Vermögensmehrung durch die vGA nicht ausgeglichen wird.[114]

---

[110] Vgl. *Dörfler/Heurung/Adrian* DStR 2007, 516.
[111] Vgl. BFH 18.2.1966, BStBl. III 1966, 250; BFH 29.4.1987, BStBl. II 1987, 733; BFH 29.5.1996, BStBl. II 1997, 92; BFH 25.5.1999, BStBl. II 2001, 226; BFH 29.8.2000, BStBl. II 2001, 173.
[112] Vgl. *Roser* FR 1996, 577.
[113] Vgl. BFH 30.7.1997, BStBl. II 1998, 402.
[114] Vgl. BFH 18.2.1966, BStBl. III 1966, 250; BFH 29.4.2008, BStBl. II 2011, 55.

109 Entsprechend begründet die **Rückzahlung** einer vGA durch den Gesellschafter eine offene Einlage in die KapGes, die das Einkommen der KapGes. nicht beeinflusst. Bei dem Gesellschafter sind die ursprünglichen Anschaffungskosten für die Beteiligung an der KapGes. um den zurückgezahlten Betrag zu erhöhen.

110–130 *(einstweilen frei)*

3. Verdeckte Einlage (§ 8 Abs. 3 S. 3 KStG)

a) Begriff

131 Aufgrund der Begründung von unterschiedlichen Steuerwirkungen ist die Differenzierung zwischen offenen und verdeckten Einlagen bei den KapGes. in grundlegendem Unterschied zu den PG zwingend erforderlich.[115] Während eine offene Einlage in eine KapGes. als ein tauschähnlicher Vorgang angesehen wird, ist eine verdeckte Einlage als ein unentgeltlicher Vorgang zu charakterisieren, weil die Gegenleistung seitens der Gesellschaft fehlt. Insofern ist die verdeckte Einlage das Spiegelbild der vGA.

132 Gem. § 8 Abs. 3 S. 3 KStG wird das Einkommen der KapGes. durch verdeckte Einlagen nicht erhöht, wobei die gesetzliche Regelung den Tatbestand der verdeckten Einlage nicht konkretisiert. Nach der ständigen Rechtsprechung des BFH lautet die **Definition** der verdeckten Einlage:[116]

Eine verdeckte Einlage liegt vor, wenn ein Gesellschafter oder eine ihm nahestehende Person der Körperschaft außerhalb der gesellschaftsrechtlichen Einlagen einen einlagefähigen Vermögensvorteil zuwendet und diese Zuwendung ihre Ursache im Gesellschaftsverhältnis hat.

133 Die deutsche FinVerw. hat diese Begriffsbestimmung in die R 40 Abs. 1 KStR übernommen. Somit ist die vorstehende Definition der verdeckten Einlage allgemein anerkannt.

b) Tatbestandliche Problembereiche

aa) Einlagefähige Vermögensvorteile

134 Nach der Definition in § 4 Abs. 1 S. 8 EStG wird eine Einlage durch eine Zuführung von bilanzierungsfähigen Vermögensvorteilen in das Betriebsvermögen begründet. Mithin sind verdeckte Einlagen im Hinblick auf ihren Gegenstand auf Vermögensvorteile beschränkt, die zum Ansatz bzw. zur Erhöhung eines Aktivpostens oder zum Fortfall bzw. zur Verringerung eines Passivpostens führen. Indem die **Bilanzierungsfähigkeit des Vermögensvorteils** vorausgesetzt wird, sind Nutzungen und Leistungen nicht einlagefähig. Allerdings werden entsprechende Aufwendungen beim leistenden Gesellschafter regelmäßig Betriebsausgaben oder Werbungskosten darstellen.[117]

135 Sofern die Besonderheiten bei der Behandlung von Nutzungen und Leistungen außer Betracht bleiben, können die **Grundfälle** für die vGA unter

---

[115] S. dazu Rn. 23 ff. „Entnahme und Einlage (§ 4 Abs. 1 EStG)".
[116] Vgl. BFH 20.7.2005, BStBl. II 2006, 457.
[117] S. dazu Rn. 30 ff. „Einlage- und entnahmefähige Vermögensvorteile".

Umkehrung des Vorzeichens auf die verdeckte Einlage übertragen werden.[118]
Eine verdeckte Einlage von einem ausländischen Anteilseigner in eine inländische KapGes. liegt vor, wenn
– die inländische KapGes. von dem ausländischen Anteilseigner einen bilanzierungsfähigen Vermögensvorteil gegen ein unangemessen niedriges Entgelt erlangt (Erwerb von Wirtschaftsgütern) oder
– die inländische KapGes. gegenüber dem ausländischen Anteilseigner einen wirtschaftlichen Vorteil gegen ein unangemessen hohes Entgelt überlässt (Veräußerung von Wirtschaftsgütern, Gewährung von Nutzungsüberlassungen und Dienstleistungen).

Umgekehrt wird eine verdeckte Einlage von einem inländischen Anteilseiger in eine ausländische KapGes. begründet, wenn
– der inländische Anteilseigner von der ausländischen KapGes. einen wirtschaftlichen Vorteil gegen ein unangemessen hohes Entgelt erlangt (Erwerb von Wirtschaftsgütern, Inanspruchnahme von Nutzungsüberlassungen und Dienstleistungen) oder
– der inländische Anteilseigner gegenüber der ausländischen KapGes. einen bilanzierungsfähigen Vermögensvorteil gegen ein unangemessen niedriges Entgelt überlässt (Veräußerung von Wirtschaftsgütern).

Wird ein einlagefähiger Vermögensvorteil nicht durch den Gesellschafter, **136** sondern durch eine nahestehende Person zugewendet, liegt eine mittelbare verdeckte Einlage vor.[119] Überlässt eine Muttergesellschaft bspw. einen Vorteil an ihre Enkelgesellschaft ohne angemessene Gegenleistung, wird eine verdeckte Einlage der Mutter- in die Tochtergesellschaft und eine verdeckte Einlage der Tochter- in die Enkelgesellschaft begründet.[120]

Beispiel: Die X-GmbH ist Alleingesellschafter der Y-GmbH, die wiederum die Anteile der Z-GmbH vollumfänglich hält. Die Z-GmbH veräußert Waren im gemeinen Wert von 50 000 € zum Preis von 80 000 € an die X-GmbH. Insofern ist eine mittelbare verdeckte Einlage gegeben. Es wird fingiert, dass der Vorteil zunächst von der X-GmbH an die Y-GmbH gewährt und anschließend von der Y-GmbH an die Z-GmbH weitergereicht wird. Somit liegt eine verdeckte Einlage der X-GmbH in die Y-GmbH von 30 000 € und eine verdeckte Einlage der Y-GmbH in die Z-GmbH von 30 000 € vor.

Sofern ein vorteilhaftes Geschäft in unmittelbarem Zusammenhang mit ei- **137** nem nachteiligen Geschäft steht, tritt keine Vermögensmehrung ein. Vielmehr ist ein **Vorteilsausgleich** gegeben, der auf vGA und verdeckte Einlagen in gleicher Weise anzuwenden ist.[121]

bb) Veranlassung durch Gesellschaftsverhältnis

Entsprechend der vGA muss die Zuwendung bei der verdeckten Einlage **138** durch das Gesellschaftsverhältnis veranlasst sein, wobei die **Denkfigur des „ordentlichen und gewissenhaften Geschäftsleiters"** den Vergleichsmaßstab bildet. So wird die Veranlassung durch das Gesellschaftsverhältnis wi-

---

[118] Vgl. *Baumhoff* in Mössner u. a., Rn. C 241.
[119] Vgl. BFH 9.6.1997, BStBl. II 1998, 307; BFH 12.12.2000, BStBl. II 2001, 234.
[120] S. dazu Rn. 86 ff. „Dreiecksverhältnis".
[121] S. dazu Kap. C. Rn. 91 ff. „Vorteilsausgleich".

derlegbar vermutet, wenn ein ordentlicher und gewissenhafter Geschäftsleiter den Vermögensvorteil einer fremden nicht nahestehenden Person nicht eingeräumt hätte. Insofern ist der **Fremdvergleich** für die Beurteilung der Veranlassung durch das Gesellschaftsverhältnis maßgeblich.[122]

139   Vor dem Hintergrund des Fremdvergleichs sind betriebliche Gründe für die Leistung des Gesellschafters im konkreten Einzelfall umfassend abzuwägen. Dabei bedingt eine verdeckte Einlage **keine beabsichtigte Vorteilszuwendung;** ebenso wenig ist eine Einigung der Beteiligten über eine Ursächlichkeit des Gesellschaftsverhältnisses erforderlich. Vielmehr liegt der Beurteilung allein die Frage zugrunde, ob das Verhältnis von Leistung und Gegenleistung zum Zeitpunkt der Zuwendung nach Fremdvergleichsgrundsätzen angemessen gewesen ist. Gegebenenfalls kann die Aufteilung der Zuwendung in einen gesellschaftsrechtlich verursachten Teil und in einen wirtschaftlich verursachten Teil erforderlich sein.[123]

140   Nach der Rechtsprechung des BFH setzt eine verdeckte Einlage allerdings ein **bestehendes Gesellschaftsverhältnis** voraus. Demnach genügt die Erwartung eines künftigen Gesellschaftsverhältnisses für die Begründung einer verdeckten Einlage nicht.[124] Andererseits hat der BFH in der Folge entschieden, dass eine vGA auch im Hinblick auf ein künftiges Gesellschaftsverhältnis begründet werden kann.[125] Inwieweit das spätere Urteil zur vGA das ursprüngliche Urteil zur verdeckten Einlage überlagert, ist unklar.

cc) Keine gesellschaftsrechtliche Einlage

141   Schließlich verlangt die allgemeine Definition der verdeckten Einlage, dass keine gesellschaftsrechtliche Einlage gegeben ist. Infolge einer gesellschaftsrechtlichen Einlage wird ein zusätzlicher Gesellschaftsanteil gewährt bzw. ein bestehender Gesellschaftsanteil erhöht. Insofern wird die Einlage offen ausgewiesen.

Demgegenüber werden Wirtschaftsgüter bei einer verdeckten Einlage vom einlegenden Gesellschafter ohne Gegenleistung auf einen anderen Rechtsträger in verborgener Form übertragen. Dabei kann eine verdeckte Einlage über ein **anderes Rechtsgeschäft oder** eine **sonstige Zuwendung** erfolgen.[126]

c) Rechtsfolgen

aa) Empfangende Kapitalgesellschaft

142   Durch die verdeckte Einlage tritt eine entsprechende **Vermögensmehrung** bei der empfangenden KapGes. ein, indem ein Aktivposten gebildet bzw. erhöht oder ein Passivposten aufgelöst bzw. gemindert wird. Da die Bemessungsgrundlage der Ertragsteuer nach dem objektiven Nettoprinzip aber nicht den gesamten ausgewiesenen Reinvermögenszuwachs, sondern nur den betrieblich erwirtschafteten Reinvermögenszuwachs erfassen darf, sind diese Vermögens-

---

[122] Vgl. BFH 14.8.1974, BStBl. II 1975, 123; BFH 11.4.1984, BStBl. II 1984, 535; BFH 21.9.1989, BStBl. II 1990, 86.

[123] Vgl. BFH 11.4.1984, BStBl. II 1984, 535; BFH 21.9.1989, BStBl. II 1990, 86.

[124] Vgl. BFH 14.8.1974, BStBl. II 1975, 123; BFH 14.11.1984, BStBl. II 1985, 227.

[125] Vgl. BFH 24.1.1989, BStBl. II 1989, 419.

[126] Vgl. *Heinicke* in Schmidt, § 4 EStG Rn. 360 „Verdeckte Einlagen/Entnahmen und Gewinnausschüttungen"; *Schwedhelm* in Streck, § 8 KStG Anm. 80.

mehrungen analog dem Vorgehen bei vGA wieder zu kürzen, wobei die **Einkommenskorrektur außerhalb der Steuerbilanz** erfolgen muss.[127]

Ungeachtet der außerbilanziellen Einkommenskorrektur ist das **steuerli- 143 che Einlagekonto** um Zu- und Abgänge fortzuschreiben. Die Führung des Einlagekontos ist notwendig, da Rückzahlungen von Einlagen beim Gesellschafter steuerfrei zu stellen sind.

Da keine Sonderregelungen im Verhältnis zu anderen Einlagen bestehen, **144** sind verdeckte Einlagen gem. § 8 Abs. 1 KStG iVm § 6 Abs. 1 Nr. 5 EStG im Grundsatz mit ihrem **Teilwert** zu bewerten.[128] Von diesem Grundsatz bestehen folgende **Ausnahmen**:

– Einlage von Wirtschaftsgütern, die innerhalb der letzten drei Jahre angeschafft oder hergestellt worden sind: Buchwert (§ 6 Abs. 1 Nr. 5 S. 1 f. EStG)
– Steuerverstrickung: Gemeiner Wert (§ 6 Abs. 1 Nr. 5a EStG)
– Einlage von Gesellschaftsanteilen iSv § 17 EStG und § 20 EStG: Gemeiner Wert (§ 17 Abs. 1 S. 2 EStG und § 20 Abs. 4 EStG)

bb) Einlegender Gesellschafter

Der Vermögensmehrung auf Ebene der Gesellschaft steht die Vermögens- **145** minderung auf Ebene des Gesellschafters gegenüber. Diese Vermögensminderung muss der Gesellschafter durch eine entsprechende **Aktivierung von nachträglichen Anschaffungskosten** auf die Beteiligung ausgleichen; infolgedessen nimmt der Buchwert der Beteiligung zu.[129] Die Aktivierung von nachträglichen Anschaffungskosten auf die Beteiligung kann unterbleiben, sollte der Wert der Beteiligung aufgrund wertmindernder Umstände im selben VZ nicht zugenommen haben.[130]

Grds. sind verdeckte Einlagen nach § 6 Abs. 6 S. 2 EStG mit ihrem **Teil- 146 wert** zu bewerten. Abweichend ist der Buchwert für die Bemessung der nachträglichen Anschaffungskosten infolge verdeckter Einlagen nach § 6 Abs. 6 S. 3 EStG zwingend, wenn die Wirtschaftsgüter innerhalb von drei Jahren vor der Einlage angeschafft oder hergestellt worden sind.

cc) Korrespondenzprinzip

Entsprechend der Regelung für vGA ist das Korrespondenzprinzip für ver- **147** deckte Einlagen mit dem JStG 2007 festgeschrieben worden (§ 8 Abs. 3 S. 4 ff. KStG).[131] Danach ist keine Einkommenskorrektur vorzunehmen, soweit verdeckte Einlagen zu einer **Einkommensminderung beim vorteilsgewährenden Anteilseigner** geführt haben.

In diesem Zusammenhang ist die **Einbeziehung von verhinderten Vermögensmehrungen** strittig. Grds. ist § 8 Abs. 3 S. 4 KStG als Ausnahmevorschrift zur Steuerneutralität von verdeckten Einlagen eng auszulegen. Da der Gesetzeswortlaut nur die Einkommensminderung nennt, sind verhinderte

---

[127] Vgl. BFH 21.12.1977, BStBl. II 1978, 346; BFH 29.6.1994, BStBl. II 2002, 366.
[128] S. dazu Rn. 35 ff. „Teilwert".
[129] Vgl. BFH 12.2.1980, BStBl. II 1980, 494; BFH 21.9.1989, BStBl. II 1990, 86; BFH 29.7.1997, BStBl. II 1998, 652.
[130] Vgl. BFH 29.7.1997, BStBl. II 1998, 652.
[131] S. dazu Rn. 102 ff. „Korrespondenzprinzip".

Vermögensmehrungen in den Ausnahmetatbestand von § 8 Abs. 3 S. 4 KStG nicht einzubeziehen.[132]

Beispiel: Die ausländische Muttergesellschaft veräußert Waren im gemeinen Wert von 100 000 € zum Buchwert von 80 000 € an die inländische Tochtergesellschaft. Insofern ist eine verdeckte Einlage gegeben. Sollten verhinderte Vermögensmehrungen als Einkommensminderung iSv § 8 Abs. 3 S. 4 KStG anzusehen sein, müsste die Einkommenskorrektur bei der Tochtergesellschaft unterbleiben. Folglich würden die stillen Reserven, die bei der ausländischen Muttergesellschaft entstanden sind, auf Ebene der inländischen Tochtergesellschaft besteuert werden. Um diese ungerechtfertigte Besteuerung zu vermeiden, ist die Einbeziehung von verhinderten Vermögensmehrungen in den Ausnahmetatbestand von § 8 Abs. 3 S. 4 KStG abzulehnen, zumal der Gesetzeswortlaut auf die Einkommensminderung beschränkt ist. Sofern dieser Ansicht gefolgt wird, ist das Einkommen der inländischen Tochtergesellschaft im vorliegenden Beispiel um den Betrag der verdeckten Einlage von 20 000 € zu kürzen.

Nach der verfahrensrechtlichen Regelung des § 32a Abs. 2 KStG ist die Änderung des Steuerbescheids gegenüber der KapGes. möglich, sofern der Steuerbescheid gegenüber dem Gesellschafter hinsichtl. einer verdeckten Einlage zu einem späteren Zeitpunkt erlassen, aufgehoben oder geändert wird.

d) Rückgängigmachung

148 Ähnlich einer vGA kann eine verdeckte Einlage nicht durch eine einfache Vereinbarung zwischen Gesellschaft und Gesellschafter aufgehoben werden. Vielmehr wird die Rückgängigmachung von verdeckten Einlagen in der Regel als **vGA** behandelt.[133] Allerdings kann eine Rückgewähr von verdeckten Einlagen unter bestimmten Voraussetzungen auch einer Kapitalrückgewähr gleichgesetzt werden, die auf der Ebene des Gesellschafters steuerfrei zu stellen ist.

149–159 *(einstweilen frei)*

IV. § 1 Außensteuergesetz

1. Gegenstand der Vorschrift

160 Für die ertragsteuerliche Bestimmung von Verrechnungspreisen in grenzüberschreitenden Geschäftsbeziehungen gilt nach deutschem Steuerrecht der **Fremdvergleichsgrundsatz**. Die Rechtsgrundlage für die Orientierung am Maßstab des Fremdvergleichs bildet § 1 AStG. Gem. § 1 Abs. 1 AStG findet eine Berichtigung der Einkünfte eines Steuerpflichtigen statt, wenn dessen Einkünfte aus einer **Geschäftsbeziehung zum Ausland** mit einer ihm **nahe stehenden Person** dadurch gemindert werden, dass der Steuerpflichtige im Rahmen einer solchen Geschäftsbeziehung Bedingungen **(Verrechnungspreise)** vereinbart, die von denen abweichen, die voneinander **unabhängige Dritte** unter **gleichen** oder **vergleichbaren Verhältnissen** vereinbart hätten.[134] Die Berichtigung der Einkünfte erfolgt – **unbeschadet anderer Vor-**

---

[132] Vgl. *Watermeyer* in HHR, § 8 KStG Rn. 341.
[133] S. dazu Rn. 106 ff. „Rückgewähr- und Ersatzansprüche".
[134] Vgl. § 1 Abs. 1 S. 1 AStG.

schriften – so, wie sie unter den zwischen voneinander unabhängigen Dritten vereinbarten Bedingungen angefallen wären.[135]

Beispiel: Das deutsche Maschinenbauunternehmen M liefert an seine Tochtergesellschaft T in Italien 500 Maschinenteile zum Stückpreis von € 70,00. Das Unternehmen U mit Sitz in Deutschland liefert 480 Teile eines vergleichbaren Konkurrenzprodukts an den unabhängigen Dritten D in Italien zum Stückpreis von € 100,00. Da die Verhältnisse (Produkt, Markt, Stückzahl, Währung) der Lieferung von M an T vergleichbar sind den Verhältnissen der Lieferung von U an D, sind für ertragsteuerliche Zwecke die zwischen den voneinander unabhängigen Dritten U und D vereinbarten Bedingungen auch für die Lieferung von M an T zugrunde zu legen. Es erfolgt eine entsprechende Korrektur der Einkünfte von M in Höhe von € 15 000,00 (= 500 × € 30,00 Differenz des Stückpreises). § 1 AStG regelt ausschließlich die ertragsteuerliche Korrektur der Einkünfte, nicht etwaige Folgeberichtigungen (zB Umsatzsteuer, Zollwerte) oder eine Gegenberichtigung der Einkünfte bei T in Italien zur Vermeidung einer wirtschaftlichen Doppelbesteuerung.

Der in § 1 Abs. 1 AStG definierte Fremdvergleichsgrundsatz folgt inhaltlich dem **Arm's Length Principle** der OECD, wie es im **OECD-MA**[136] kodifiziert und in den **OECD-RL**[137] definiert wird.

Bei der Anwendung des Fremdvergleichsgrundsatzes ist zu unterstellen, dass die voneinander unabhängigen Dritten **alle wesentlichen Umstände der Geschäftsbeziehung kennen** und nach den **Grundsätzen ordentlicher und gewissenhafter Geschäftsleiter** handeln (Kap. C Rn. 41 ff.)[138] Sofern die Anwendung des Fremdvergleichsgrundsatzes zu einer weitergehenden Berichtigung von Einkünften führt als andere Korrekturvorschriften, sind die weitergehenden Berichtigungen neben den sich aus anderen Vorschriften ergebenden Korrekturen durchzuführen.[139]

161 Neben der Festlegung des Fremdvergleichsgrundsatzes in Absatz 1 enthält § 1 AStG u. a. die Definition einer **Geschäftsbeziehung** (Rn. 179 ff.) sowie einer **nahestehenden Person** (Rn. 203 ff.), die Festlegung einer **Methodenhierarchie** (Rn. 222 ff.) und Bestimmungen zur Analyse von **Funktionsverlagerungen** (Rn. 235 ff.). Ergänzt wird die gesetzliche Regelung des § 1 AStG durch mehrere **Anwendungsschreiben** des BMF (Rn. 268 ff.).

§ 1 AStG bildet innerhalb des Außensteuergesetzes den eigenständigen Regelungsteil „Internationale Verflechtungen". Dieser erste Teil weist keinen unmittelbaren inhaltlichen Bezug zu den übrigen Teilen 2 bis 7 des AStG auf.[140]

2. Historische Entwicklung

162 Das **Gesetz über die Besteuerung bei Auslandsbeziehungen (Außensteuergesetz)** ist am 13.9.1972 in Kraft getreten[141] mit Wirkung ab Ver-

---

[135] Vgl. § 1 Abs. 1 S. 1 AStG.

[136] OECD Model Tax Convention on Income and Capital.

[137] OECD Transfer Pricing Guidelines for Multinational Enterprises and Tax Administrations. Fassung vom 22.7.2010.

[138] Vgl. § 1 Abs. 1 S. 2 AStG.

[139] Vgl. § 1 Abs. 1 S. 3 AStG.

[140] Vgl. *Wassermeyer* in FWBS, § 1 AStG, Anm. 1.

[141] Außensteuergesetz vom 8.9.1972, BGBl. I, 1713.

anlagungs- bzw. Erhebungszeitraum 1972.[142] Ziel des neuen Gesetzes war die Ergänzung bestehender DBA um eine innerstaatliche Berichtigungsvorschrift und damit die Schließung potentieller Besteuerungslücken bei grenzüberschreitenden Geschäftsbeziehungen.[143]

Bereits die Erstfassung des Gesetzes enthielt einen § 1 AStG **Berichtigung von Einkünften**. Die Erstfassung von § 1 AStG wurde seit Inkrafttreten des Gesetzes mehrfach überarbeitet:

- Ergänzung um Absatz 4 zur Definition einer Geschäftsbeziehung ab Veranlagungs-/Erhebungszeitraum 1992;[144]
- Anpassung des Wortlauts von Abs. 4 ab Veranlagungszeitraum 2003 aufgrund der Rechtsprechung von BFH und verschiedener FGs (schuldrechtliche vs. gesellschaftsvertragliche Beziehungen);[145]
- mit Wirkung ab Veranlagungszeitraum 2008[146] umfassende Ergänzung und Überarbeitung des Gesetzes, insbesondere Änderung des Wortlauts von Abs. 1 mit Festlegung des Fremdvergleichsgrundsatzes als Beurteilungsmaßstab, Einfügen eines neuen Abs. 3 zur Präzisierung der Anwendung des Fremdvergleichsgrundsatzes und zur Einführung des Konzepts der Funktionsverlagerung, Präzisierung der Methodik bei der Schätzung von Verrechnungspreisen gem. Abs. 4 (idF d. Gesetzes v. 14.8.2007);
- mit Rückwirkung ab Veranlagungszeitraum 2008[147] Anpassung des Wortlauts von Abs. 3 S. 9 und 10 zur Funktionsverlagerung (idF d. Gesetzes v. 8.4.2010);
- rechtsformneutrale Anwendung des Fremdvergleichsgrundsatzes mit Wirkung ab Verlagerungszeitraum 2013 bzw. für nach dem 31.12.2012 beginnende Wirtschaftsjahre[148] sowie Aufhebung der Regelung zur Schätzung von Verrechnungspreisen.[149]

163 Die Erstfassung von § 1 AStG enthielt keine Definition des Begriffs „Geschäftsbeziehung". Auch die rund 10 Jahre nach Inkrafttreten des AStG erlassenen VGr 1983[150] sind nicht deutlich in Bezug darauf, was die deutsche FinVerw. unter einer Geschäftsbeziehung versteht. Zur Anwendung des neuen Gesetzes blieb es daher zunächst Rechtsprechung und Literatur überlassen, sich inhaltlich mit der Interpretation des Begriffs „Geschäftsbeziehung" auseinanderzusetzen.[151]

Um diese Definitionslücke zu schließen, wurde im Rahmen des StÄndG 1992[152] der bestehende § 1 AStG ergänzt um einen neuen Absatz 4. Demzufolge war es für die Annahme einer Geschäftsbeziehung notwendig, dass der

---

[142] Vgl. § 21 Abs. 1 AStG.
[143] Vgl. Begründung zum Gesetz über die Besteuerung von Auslandsbeziehungen, BT-Drucks. 6/2883, Tz. 15.
[144] Vgl. § 21 Abs. 4 AStG.
[145] Vgl. § 21 Abs. 11 AStG.
[146] Vgl. § 21 Abs. 16 AStG, 1. HS.
[147] Vgl. § 21 Abs. 16 AStG, 2. HS.
[148] Vgl. § 21 Abs. 20 AStG.
[149] Bisheriger § 1 Abs. 4 AStG.
[150] BMF 23.2.1983, BStBl. I 1983, 218.
[151] Vgl. BFH 30.9.1990, BStBl. II 1990, 875; *Wassermeyer* in FWBS, § 1 AStG, Anm. 225 f.
[152] StÄndG 1992 v. 25.2.1992, BGBl. I 1992, 297.

Steuerpflichtige oder die ihm nahe stehende(n) Person(en) land- und forstwirt-
schaftliche Einkünfte (§ 13 EStG), gewerbliche Einkünfte (§ 15 EStG), Einkünfte aus selbstständiger Arbeit (§ 18 EStG) oder **Einnahme-Überschuss-
Einkünfte** aus Vermietung und Verpachtung (§ 21 EStG) in Deutschland
erzielt bzw. erzielen würde(n), falls die den Einkünften zugrunde liegende
Tätigkeit in Deutschland ausgeübt würde.

Beispiel: Eine in Deutschland ansässige natürliche Person vermietet ein in ihrem
Privatvermögen stehendes Bürohaus in Amsterdam, Niederlande, an eine B. V. Die
Person besitzt 30% der Aktien an der B. V. Es liegt eine Geschäftsbeziehung iSd § 1
Abs. 4 AStG vor. Die von der natürlichen Person erzielten Mieteinkünfte unterliegen
– obwohl sie im Ausland erzielt werden – der Überprüfung nach dem Maßstab des
Fremdvergleichs gem. § 1 Abs. 1 AStG.

Mit der Ergänzung von § 1 AStG um eine Definition des Begriffs Geschäfts- **164**
beziehung in Absatz 4 waren die Zweifelsfragen zum Vorliegen einer Geschäftsbeziehung jedoch nicht beendet.[153] Zusätzliche Brisanz erhielt diese
Problematik im Fall der Gewährung einer harten **Patronatserklärung** an
eine niederländische Konzern-Finanzierungsgesellschaft durch die deutsche
Konzernmutter. Der BFH hatte in diesem Fall entschieden, es liege keine Geschäftsbeziehung vor, so dass für die begebene Sicherheit von der Tochtergesellschaft auch kein Entgelt zu zahlen sei.[154] Begründet wurde diese Entscheidung damit, dass die Tochtergesellschaft im konkreten Fall nicht über
ausreichendes Eigenkapital verfügt habe, um ohne die zusätzliche Besicherung
durch die Muttergesellschaft Verbindlichkeiten überhaupt eingehen zu können.
Die Patronatserklärung verbessere daher nicht die Kreditwürdigkeit der niederländischen Konzern-Finanzierungsgesellschaft, sondern stelle diese erst her und
sei damit als Eigenkapitalersatz zu qualifizieren. Die Patronatserklärung sei somit gesellschaftsrechtlich veranlasst. In Ermangelung einer Geschäftsbeziehung
sei eine Korrektur der Einkünfte gem. § 1 Abs. 1 AStG nicht durchzuführen.[155]
Eine ähnliche Tendenz zeigten auch frühere Urteile des BFH, zB betreffend
die **zinslose Vergabe eines Darlehens** an die ausländische Tochtergesellschaft.[156]
Die deutsche FinVerw. hat auf das „Patronats-Urteil" des BFH mit einem
Nichtanwendungserlass reagiert.[157] Zudem wurde der eigene Standpunkt in
den Grundsätzen zur Anwendung des Außensteuergesetzes[158] erläutert. Auch
der Gesetzgeber wurde in diesem Sinne tätig und hat über eine Änderung des
Wortlauts von § 1 Abs. 4 AStG versucht, den Anwendungsbereich der Vorschrift in dem gewünschten Sinne zu erweitern. Die geänderte gesetzliche
Definition einer Geschäftsbeziehung (Rn. 179 ff.) erfolgte iRd StVerGAbG
mit Wirkung ab Veranlagungszeitraum 2003.[159]

---

[153] Vgl. zB BFH 17.12.1997, BStBl. II 1998, 321.
[154] BFH 29.11.2000, BStBl. II 2002, 720.
[155] Vgl. zur Abgrenzung der Verrechnung von Entgelten für die Gewährung von
Bürgschafts- und Patronatserklärungen auch VGr, Tz. 4.4.
[156] BFH 30.9.1990, BStBl. II 1990, 875.
[157] BMF 17.10.2002, BStBl. I 2002, 1025.
[158] BMF 14.5.2004, BStBl. I 2004, Sondernummer 1/2004, Tz. 1.4.
[159] StVerGAbG v. 16.5.2003, BGBl. I 2003, Teil I Nr. 19, Art. 12 Ziff. 1.

Nachdem der BFH in einem weiteren Fall zur Vergabe einer harten Patronatserklärung ohne Entgelt seine frühere Rechtsprechung bestätigt und in Bezug auf die Rechtslage vor und nach StÄndG 1992 entschieden hatte, dass in diesem Fall keine Geschäftsbeziehung iSd Gesetzes vorliege und damit keine Korrektur der Einkünfte nach § 1 AStG möglich sei,[160] hat die FinVerw. ihren zum früheren „Patronats-Urteil" ergangenen Nichtanwendungserlass aus dem Jahr 2002 aufgehoben und die vom BFH entwickelte Rechtsposition für alle offenen Fälle vor Veranlagungszeitraum 2003 anerkannt.[161] Dies bedeutet jedoch nicht, dass **Unentgeltlichkeit** ein Kriterium dafür ist, ob eine Geschäftsbeziehung vorliegt. Wie der BFH in einem späteren Urteil – ebenfalls zur Rechtslage StÄndG 1992 – ausgeführt hat, kann auch bei zinsloser Vergabe eines Darlehens eine Geschäftsbeziehung vorliegen, sofern der Vorgang aus Sicht des Steuerpflichtigen unter eine der vom AStG erfassten Einkunftsarten fällt.[162] Entscheidend für die Beurteilung als Geschäftsbeziehung ist laut BFH, ob die Darlehensgewährung aus Sicht des Darlehensnehmers und der für diesen geltenden Grundsätze des Gesellschaftsrechts als Zuführung von Eigenkapital (= keine Geschäftsbeziehung) oder als Zuführung von Fremdkapital (= Geschäftsbeziehung) zu würdigen ist. Weiterhin hat der BFH in diesem Urteil die geänderte Position der FinVerw.[163] ausdrücklich bestätigt.

Beispiel: Eine in Deutschland ansässige natürliche Person „P" gewährt einer nahe stehenden juristischen Person „SA" mit Geschäftssitz in Paris, Frankreich, ein Darlehen für den Erwerb eines neuen PKW für betriebliche Zwecke. Dieses Darlehen ersetzt das zuvor von einer französischen Bank gegebene Darlehen, welches die Bank aufgrund der Zahlungsunfähigkeit der SA gekündigt hatte. Die Mittel zur Vergabe des Darlehens stammen aus dem Privatvermögen der natürlichen Person. Der von P an SA verrechnete Zinssatz ermittelt sich anhand des Zinssatzes, der am Kapitalmarkt von Schuldnern mit guter Bonität für vergleichbare Finanzierungen zu zahlen ist.
Nach „altem" Rechtsverständnis (StÄndG 1992) stellte die Darlehensgewährung keine für eine Korrektur der Einkünfte nach § 1 Abs. 1 AStG relevante Geschäftsbeziehung dar, da dem Darlehen eigenkapitalersetzender Charakter zukam (Zahlungsunfähigkeit der SA).[164] Gemäß „neuer" Gesetzeslage fällt die Darlehensvergabe hingegen unter den Anwendungsbereich des § 1 Abs. 1 AStG, da eine schuldrechtliche Beziehung außerhalb der gesellschaftsrechtlichen Vereinbarungen zwischen der Person und der Gesellschaft besteht.

165 Die bislang umfassendste Erweiterung des Regelungsinhalts von § 1 AStG erfolgte im Rahmen des UStRG 2008.[165] Zuvor war über den neuen § 90 Abs. 3 AO bereits eine gesetzliche Dokumentationspflicht für Verrechnungspreise ab Veranlagungszeitraum 2003 eingeführt worden (Kap. E).
Um als unangemessen erachteten steuerlichen Gestaltungen zum Nachteil des deutschen Fiskus künftig besser begegnen zu können[166] wurde § 1

---

[160] BFH 27.8.2008, BFH/NV 2009, 123.
[161] Vgl. BMF 12.1.2010, BStBl. I 2010, 34.
[162] Vgl. BFH 23.6.2010, BStBl. II 2010, 895.
[163] Gem. BMF 12.1.2010, BStBl. I 2010, 34.
[164] Vgl. BFH 5.12.1990, BStBl. II 1991, 287.
[165] Vgl. UStRG 2008, 14.8.2007, BGBl. I, 1912.
[166] Vgl. Gesetzentwurf der Bundesregierung zum UStRG 2008 vom 14.3.2007, Vorblatt, 144.

AStG mit Wirkung ab Veranlagungszeitraum 2008 wie folgt angepasst und ergänzt:
– In Abs. 1 S. 1 wird nun ausdrücklich auf die Gültigkeit des Fremdvergleichsgrundsatzes hingewiesen, was zuvor nur implizit aus der Formulierung von Absatz 1 geschlossen werden konnte. Bei Anwendung des Fremdvergleichsgrundsatzes ist gemäß dem neu eingefügten S. 2 (S. 3 in der aktuellen Fassung des AStG) zu unterstellen, dass die Beteiligten an einer Geschäftsbeziehung alle wesentlichen **Umstände der Geschäftsbeziehung** kennen und als **ordentliche und gewissenhafte Geschäftsleiter** handeln. Gemäß dem ebenfalls iRd UStRG 2008 eingefügten S. 3 (jetzt S. 4) sind bei Konkurrenz des Fremdvergleichsgrundsatzes mit anderen Korrekturvorschriften (Rn. 160 ff.) sich aus der Anwendung des Fremdvergleichsgrundsatzes zusätzlich ergebende Berichtigungen der Einkünfte neben den sich aus den anderen Korrekturvorschriften ergebenden Berichtigungen durchzuführen.[167]
– Ein neuer Abs. 3 enthält Bestimmungen zu vier Bereichen der Analyse und Ermittlung von Verrechnungspreisen:
(1) Präzisierung der Anwendung des **Fremdvergleichsgrundsatzes**, dabei u. a. Definition einer **Methodenhierarchie**[168] und der bei Durchführung einer **Verrechnungspreisanalyse** zu beachtenden Arbeitsschritte[169] (Rn. 222 ff.),
(2) Schaffung der gesetzlichen Grundlage für die Besteuerung sogenannter **Funktionsverlagerungen**[170] (Rn. 235 ff.),
(3) Regelung zur Vereinbarung von **Preisanpassungsklauseln**[171] (Rn. 243 ff.),
(4) Ermächtigung zum Erlass von **Rechtsverordnungen** zur Anwendung des Fremdvergleichsgrundsatzes in den Fällen von § 1 Abs. 1 AStG und § 1 Abs. 3 S. 1–12 AStG.[172]
– Neufassung des vorherigen Abs. 3 – später Abs. 4 – zur Präzisierung der Verwendung von **Umsatzrendite** bzw. **Eigenkapitalverzinsung** im Rahmen von Schätzungen nach § 162 Abs. 2 AO.[173]

Durch das **EU-Umsetzungsgesetz**[174] wurde die im Rahmen des UStRG **166** 2008 eingefügte Vorschrift zur Funktionsverlagerung rückwirkend zum Veranlagungszeitraum 2008 modifiziert. Die Modifikationen sind überwiegend redaktioneller Natur. Darüber hinaus erhält der Steuerpflichtige aber auch die zusätzliche Möglichkeit, einzelne **immaterielle Wirtschaftsgüter** zu bezeichnen und für diese **Einzelverrechnungspreise** zu bestimmen, anstatt das **Transferpaket** als Ganzes zu bewerten.[175] Die Rückwirkung der Modifika-

[167] Vgl. § 1 Abs. 1 S. 3 AStG idF des UStRG 2008.
[168] Vgl. § 1 Abs. 3 S. 1 und 2 AStG.
[169] Vgl. § 1 Abs. 3 S. 3–8 AStG.
[170] Vgl. § 1 Abs. 3 S. 9 und 10 AStG, geändert durch EU-Umsetzungsgesetz.
[171] Vgl. § 1 Abs. 3 S. 11 und 12 AStG.
[172] Vgl. § 1 Abs. 3 S. 13 AStG. In der aktuellen Fassung des AStG ist diese Ermächtigung nicht mehr enthalten, entsprechend der Änderungen iRd AmtshilfeRLUmsG.
[173] Dieser Absatz wurde ebenfalls iRd AmtshilfeRLUmsG aufgehoben.
[174] Gesetz zur Umsetzung steuerlicher EU-Vorgaben sowie zur Änderung steuerlicher Vorschriften vom 8.4.2010, BGBl. I 2010, 308.
[175] Vgl. § 1 Abs. 3 S. 10 AStG.

tionen wird als verfassungsrechtlich unbedenklich angesehen, soweit der Steuerpflichtige hierdurch begünstigt wird.[176]

167   Eine weitere Überarbeitung von § 1 AStG war ursprünglich als Teil des **Jahressteuergesetzes 2013**[177] geplant. Ein wesentlicher Teil dieser Überarbeitung sollte die ausdrückliche Ausweitung des Anwendungsbereichs für den Fremdvergleichsgrundsatz auf Personengesellschaften und Mitunternehmerschaften sowie auf Betriebsstätten sein. Bis zum Beginn des Kalenderjahres 2013 konnten Bundestag und Bundesrat jedoch keine gemeinsame Position zu den vorgesehenen Gesetzesänderungen – darunter auch Änderungen des Einkommensteuer-, Körperschaftsteuer- und Gewerbesteuergesetzes – erarbeiten.

168   Die tatsächliche Umsetzung der Vorschläge zur Anpassung des Außensteuergesetzes, die u. a. zu einer Angleichung der deutschen Rechtsgrundlagen an die **Betriebsstättengrundsätze der OECD**[178] (Kap. L Rn. 1 ff.) führen, erfolgte mit dem **AmtshilfeRL-Umsetzungsgesetz.**[179] IdZ erfolgte auch eine Ausweitung des Begriffs des **Steuerpflichtigen** iSd § 1 AStG auf **Personengesellschaften** und **Mitunternehmerschaften,** sofern die hierfür erforderlichen Voraussetzungen erfüllt sind.[180]

Die Grundsätze zur Ermittlung von Verrechnungspreisen zwischen verbundenen Unternehmen sind nunmehr auch auf **Betriebsstätten** anzuwenden.[181] Für die Anwendung des Fremdvergleichsgrundsatzes sollen der Betriebsstätte zunächst **Personalfunktionen,** zur Ausübung der wahrgenommenen Funktionen benötigte Vermögenswerte, Chancen und Risiken im Zusammenhang mit den ausgeübten Funktionen und zugeordneten Vermögenswerten sowie ein angemessenes Eigenkapital (Dotationskapital) zugeordnet werden.[182] Dieser Analyse folgt in einem zweiten Schritt die Untersuchung der zugrunde liegenden Geschäftsbeziehung und die Bestimmung der Verrechnungspreise.[183] Für Geschäftsbeziehungen zwischen Gesellschafter und Personengesellschaft bzw. zwischen Mitunternehmer und Mitunternehmerschaft gelten nicht die Betriebsstättengrundsätze, sondern § 1 Abs. 1 AStG.[184] Sofern die Anwendung dieser Grundsätze zu **zwischenstaatlichen Besteuerungskonflikten** führt, ist unmittelbar das jeweilige DBA anzuwenden.[185]

Diese inhaltlichen Änderungen haben auch zu einer entsprechenden Ausweitung der Dokumentationspflichten (Kap. E) mittels Änderung der Gewinnaufzeichnungsverordnung geführt.[186]

---

[176] Vgl. *Wassermeyer* in FWBS, § 21 AStG, Anm. 51.

[177] Vgl. Gesetzesentwurf der Bundesregierung: Entwurf eines Jahressteuergesetzes 2013 vom 23.5.2012 (nachfolgend „Entwurf JStG 2013"), Art. 5.

[178] Vgl. 2010 Report on the Attribution of Profits to Permanent Establishments. Fassung vom 22. Juli 2010.

[179] Vgl. Gesetz zur Umsetzung der AmtshilfeRL sowie zur Änderung steuerlicher Vorschriften vom 26.6.2013 (nachfolgend „AmtshilfeRLUmsG"), Art. 6.

[180] § 1 Abs. 1 S. 2 AStG.

[181] § 1 Abs. 4 S. 1 Nr. 2 AStG.

[182] § 1 Abs. 5 S. 1–3 AStG.

[183] § 1 Abs. 5 S. 4 AStG.

[184] § 1 Abs. 5 S. 7 AStG.

[185] § 1 Abs. 5 S. 8 AStG.

[186] § 7 GAufzV.

Schließlich wurde iRd AmtshilfeRL-Umsetzungsgesetzes der bisherige § 1 Abs. 3 S. 13 **(Ermächtigung zum Erlass von Rechtsverordnungen)** sowie § 1 Abs. 4 AStG **(Schätzung von Besteuerungsgrundlagen)** ersatzlos aufgehoben. Die Definition einer **Geschäftsbeziehung** im neuen Abs. 4 wurde neben der Ausweitung auf Betriebsstätten auch inhaltlich erweitert (Rn. 179 ff.).

3. Grundsätze

Neben der ausdrücklichen Bezugnahme auf den **Fremdvergleichsgrund-** 169 **satz**[187] wurden im Rahmen des UStRG 2008 zwei weitere **Grundsätze** in das Gesetz aufgenommen, die bislang lediglich aus der Betriebsprüfungspraxis bzw. Rechtsprechung bekannt waren.

Zunächst wurde das bereits in den VGr enthaltene Konzept des **ordentli-** 170 **chen und gewissenhaften Geschäftsleiters** nun auch gesetzlich festgelegt.[188] In Anbetracht dieses bereits in den Jahren zuvor in Literatur und Rechtsprechung diskutierten Konzepts führte die gesetzliche Festlegung nach unserer Auffassung nicht zu nennenswerten inhaltlichen Veränderungen. Der Kern von Diskussionen in der Praxis ist jedoch nach wie vor die Beurteilung dessen, was im konkreten Sachverhalt dem Handeln eines „ordentlichen und gewissenhaften Geschäftsleiters" entspricht bzw. welche Entscheidungen in Widerspruch zu solchem Handeln stehen.

Wesentlich kontroverser stellt sich die vom Gesetzgeber eingeführte **voll-** 171 **kommene Informationstransparenz** der Beteiligten dar. Diese kommt in der Formulierung zum Ausdruck, wonach bei der Anwendung des Fremdvergleichsgrundsatzes „… die voneinander unabhängigen Dritten alle wesentlichen Umstände der Geschäftsbeziehung kennen …".[189] Gemäß dem Gesetzeswortlaut gilt diese Transparenzklausel sowohl für den tatsächlichen als auch für den hypothetischen **Fremdvergleich,** wobei einzelne Stimmen die Anwendung auf den hypothetischen Fremdvergleich beschränkt sehen wollen.[190]

Mit der Erweiterung wird vom Gesetzgeber ein Zusammenwirken der Beteiligten unterstellt, das in der Praxis zwischen fremden Dritten – abgesehen von seltenen Einzelfällen (zB bei Arbeitsgemeinschaften) – gerade nicht üblich ist. Im Gegenteil, oft kann ein solches Zusammenwirken zwischen fremden Dritten die Grundsätze des fairen und freien Wettbewerbs verletzen und damit gegen geltendes Recht verstoßen.[191] Selbst bei Geschäftsbeziehungen zwischen verschiedenen Einheiten des gleichen Konzerns ist eine vollständige Transparenz in Geschäftsbeziehungen keineswegs der Regelfall.

---

[187] Vgl. § 1 Abs. 1 S. 1 AStG.
[188] Vgl. § 1 Abs. 1 S. 2 AStG.
[189] Vgl. § 1 Abs. 1 S. 2 AStG.
[190] Für eine solche Einschränkung zB *Wassermeyer/Baumhoff/Greinert* in FWBS, § 1 AStG, Anm. V 10.
[191] Insbesondere gegen das Verbot von Preis- und sonstigen Absprachen, beispielhaft die deutsche Regelung des § 1 GWB.

Die gesetzliche Regelung kodifiziert damit genau das **Gegenteil des Fremdvergleichsgrundsatzes.**[192] Es entsteht vielmehr der Eindruck, als werfe der Gesetzgeber aus fiskalischen Gründen wichtige Grundsätze der ökonomischen Realität über Bord und ersetze diese durch theoretisches Modelldenken.[193] Ein solches Denken verstößt jedoch uE sowohl gegen den Grundsatz der Besteuerung nach der wirtschaftlichen Leistungsfähigkeit als auch gegen die international übliche Definition des Fremdvergleichsgrundsatzes gem. Art. 9 OECD-MA. Es erhöht damit das Risiko **wirtschaftlicher Doppelbesteuerung.** Die Befürchtung des Gesetzgebers, dass ohne die Neuregelung „willkürliche Ergebnisse" bei der Verrechnungspreisbildung zu erwarten seien,[194] ist in Anbetracht der umfangreicher Nachweis- und Dokumentationspflichten für Verrechnungspreise nicht unmittelbar verständlich.

172   Die gesetzlich verankerte Anwendung des Fremdvergleichsgrundsatzes auf die **Ergebniszuordnung für Betriebsstätten**[195] folgt internationalen Entwicklungen und ist daher aus unserer Sicht folgerichtig. Nachdem die angekündigte[196] Konkretisierung absehbar ist,[197] bleibt die Anwendung in der Praxis abzuwarten.

4. Einkünfte

173   Erste Tatbestandsvoraussetzung für die Anwendung von § 1 Abs. 1 AStG ist eine **Minderung der Einkünfte.** Bei der Beurteilung, ob eine Minderung der Einkünfte vorliegt, ist auch der Wert eines ggf. vorhandenen Vorteilsausgleichs (Kap. C Rn. 91) zu berücksichtigen. Dabei wird in Teilen des Schrifttums die **Möglichkeit des Vorteilsausgleichs** im Rahmen des § 1 AStG weiter gefasst als dies für den Ausgleich einer vGA oder einer verdeckten Einlage gesehen wird.[198]

174   Eine Minderung von Einkünften setzt wiederum voraus, dass ein Einkunftserzielungssachverhalt gegeben ist. Betroffen sind hiervon jedoch nicht alle Einkunftsarten iSd § 2 Abs. 1 EStG, sondern nur bestimmte Einkünfte,[199] die der Steuerpflichtige aus grenzüberschreitenden Geschäftsbeziehungen mit dem Steuerpflichtigen nahe stehenden Personen erzielt. Mangelt es an der Verwirklichung des Einkünfteerzielungstatbestands, zB weil der Steuerpflichtige keine **Einkünfteerzielungsabsicht** hat, kann § 1 AStG nicht angewendet werden (zB im Fall von Liebhaberei).[200]

---

[192] So auch *Schaumburg*, Internationales Steuerrecht, Rn. 18.108; *Kaminski* in SKK, § 1 AStG, Rn. 69.

[193] Vgl. hierzu ausführlich *Wassermeyer/Baumhoff/Greinert* in FWBS, § 1 AStG, Anm. V 8 ff.

[194] Vgl. Gesetzentwurf der Bundesregierung zum UStRG 2008 vom 14.3.2007, 145 f.

[195] § 1 Abs. 4 S. 1 Nr. 2 AStG; § 1 Abs. 5 AStG.

[196] Vgl. § 1 Abs. 6 AStG.

[197] Vgl. Verordnung zur Anwendung des Fremdvergleichsgrundsatzes auf Betriebsstätten nach § 1 Abs. 5 des Außensteuergesetzes (Betriebsstättengewinnaufteilungsverordnung – BsGaV), Entwurf vom 28.8.2014, BR-Drs. 401/14.

[198] Vgl. *Schaumburg,* Internationales Steuerrecht, Rn. 18.118 ff. mwN. Zum Teil aA *Wassermeyer* in FWBS, § 1 AStG, Anm. 791 ff.

[199] Nämlich Einkünfte iSd §§ 13, 15, 18 oder 21 des EStG. Vgl. § 1 Abs. 4 S. 1 Nr. 1 AStG.

[200] Vgl. *Wassermeyer* in FWBS, § 1 AStG, Anm. 212.

Für die Ermittlung der Einkünfte sowie einer Minderung derselben ist dem Grunde und der Höhe nach die jeweilige Einkünfteermittlungsvorschrift maßgebend. Eine etwaige Korrektur der Einkünfte ist der jeweiligen Einkunftsart zuzurechnen.[201]

Entgegen dem eigentlichen Gedanken des Fremdvergleichs wirkt § 1 AStG **175** entsprechend dem Wortlaut des Gesetzes ausschließlich in Richtung einer **Erhöhung zu niedriger Einkünfte** eines in Deutschland Steuerpflichtigen, bietet aber keine Möglichkeit zur Reduzierung überhöhter Einkünfte.[202] Soweit unangemessene Bedingungen die Einkünfte eines in Deutschland Steuerpflichtigen erhöht haben, entsteht dem deutschen Fiskus kein Nachteil, sondern ein Vorteil, so dass aus fiskalischen Gründen eine Berichtigung der Einkünfte im Rahmen von § 1 AStG nicht als notwendig angesehen wird. Erst wenn ein ausländischer Staat die Einkünfte einer zu einem in Deutschland Steuerpflichtigen nahe stehenden Person im Ausland erhöht, stellt sich die Frage einer korrespondierenden Reduzierung der Einkünfte des Steuerpflichtigen im Inland. Derartige Erwägungen der **Gegenberichtigung** gem. einer dem Art. 9 Abs. 2 OECD-MA entsprechenden Bestimmung des jeweils anwendbaren DBA werden auf Antrag des Steuerpflichtigen auf Basis eines **Verständigungsverfahrens**[203] oder – im Verhältnis zu einem Steuerpflichtigen mit Sitz in einem anderen Mitgliedstaat der Europäischen Union – nach der **EU-Schiedskonvention**[204] (Kap. B Rn. 312 ff.) behandelt.

5. Steuerpflichtiger

Der Steuerpflichtige, dessen geminderte Einkünfte gem. § 1 AStG korri- **176** giert werden, kann entweder als natürliche Person nach § 1 EStG oder als Körperschaft nach §§ 1–3 KStG einkommen- bzw. körperschaftsteuerpflichtig sein. Auch der Mitunternehmer einer Personengesellschaft kann Steuerpflichtiger iSv § 1 AStG sein.[205] Die lange Zeit vertretene Auffassung, wonach eine Personengesellschaft nicht Steuerpflichtiger sein kann,[206] ist durch die jüngste gesetzliche Neuregelung überholt.[207] Eine mittelbare Auswirkung der Gewinnermittlung einer Mitunternehmerschaft iRd § 1 AStG ergab sich aber bereits zuvor aus der Zuordnung der Ergebnisanteile zu den Gesellschaftern der Mitunternehmerschaft.[208] Auch die deutsche FinVerw. hatte bereits vor der gesetzlichen Neuregelung eine begrenzte Ausweitung der Anwendung von § 1 AStG im Zusammenhang mit der Korrektur der Einkünfte

---

[201] Vgl. VGr 1983, Tz. 8.2.1.

[202] S. hierzu auch *Wassermeyer* in FWBS, § 1 AStG, Anm. 5.

[203] Gem. einer § 25 OECD-MA entsprechenden Regelung des jeweiligen DBA.

[204] Vgl. Übereinkommen über die Beseitigung der Doppelbesteuerung im Falle von Gewinnberichtigungen zwischen verbundenen Unternehmen (90/436/EWG), Abl. EG Nr. L 225/10 vom 20.8.1990.

[205] Vgl. BFH 30.9.1990, BStBl. II 1990, 875; BFH 17.12.1997, BStBl. II 1998, 321.

[206] Vgl. *Wassermeyer* in FWBS, § 1 AStG, Anm. 218, unter Berufung auf BFH 17.12.1997, BStBl. II 1998, 321.

[207] Vgl. § 1 Abs. 1 S. 2 AStG idF d. AmtshilfeRLUmsG.

[208] Vgl. *Schaumburg*, Internationales Steuerrecht, Rn. 18.109.

von Personengesellschaften bei Teilwertabschreibungen auf an nahe stehende Personen begebene Darlehen vertreten.[209]

Beispiel: Die inländische OHG überlässt ihrer ausländischen Tochterkapitalgesellschaft (Qualifizierung nach deutschem Recht) ein Darlehen zu unangemessen niedrigen Zinsen. Die inländische OHG wird über ihre Gesellschafter von § 1 AStG erfasst, bei denen die Vorteilsgewährung an die ausländische Gesellschaft nach § 1 AStG zu berichtigen ist. Eine verdeckte Einlage gem. §§ 4, 5 EStG liegt nicht vor.

Geschäftsbeziehungen zwischen Mitunternehmer und Personengesellschaft (Kap. L Rn. 196 ff.) unterliegen ebenfalls dem Anwendungsbereich des § 1 AStG.[210] Der vor der gesetzlichen Neuregelung durch das AmtshilfeRLUmsG in Teilen des Schrifttums vertretene Vorbehalt, wonach für die Anwendung von § 1 AStG die ausländische Personengesellschaft nach dem Recht ihres Sitzstaates als selbstständig rechtsfähig anzuerkennen sein muss,[211] ist nach unserer Auffassung unter der neuen Gesetzeslage nicht mehr haltbar.

177   Auf die Art der Steuerpflicht kommt es bei der Anwendung von § 1 AStG nicht an. Auch beschränkt Steuerpflichtige werden von der Vorschrift erfasst, sofern und soweit sie mit einer nahe stehenden Person im Ausland Geschäftsbeziehungen unterhalten.[212]

Beispiel: Die in Manchester, England, ansässige B Ltd. unterhält in Deutschland eine gewerblich tätige Betriebsstätte B und hat in den USA eine Tochtergesellschaft T (100 % Anteilsbesitz). Die Einkünfte aus Geschäftsbeziehungen zwischen der B Ltd. Deutschland (dh der im Inland beschränkt steuerpflichtigen deutschen Betriebsstätte der B Ltd.) und T befinden sich im Anwendungsbereich von § 1 AStG.

178   Von § 1 AStG sind auch natürliche Personen betroffen, die der erweitert beschränkten Steuerpflicht nach § 2 AStG unterliegen. Jedoch kann die ausländische **Zwischengesellschaft** iSd §§ 7 ff. AStG allenfalls insoweit Steuerpflichtiger iSd § 1 AStG sein, als sie beschränkt steuerpflichtig mit Einkünften gem. § 49 EStG ist.[213] Noch nicht höchstrichterlich bestätigt ist die Auffassung des FG Münster, die §§ 7–14 AStG seien vorrangig gegenüber § 1 AStG anwendbar.[214] Vielmehr hat der BFH genau entgegengesetzt entschieden, seine Entscheidung jedoch ausdrücklich unter den Vorbehalt der Besonderheit des beurteilten Sachverhalts gestellt und eine allgemeingültige Anwendung seines Urteils damit abgelehnt.[215]

6. Geschäftsbeziehung

a) Grundsätze

179   Die Frage, ob im konkreten Einzelfall eine Geschäftsbeziehung vorliegt oder nicht, wurde seit Inkrafttreten von § 1 AStG immer wieder kontrovers

---

[209] Vgl. BMF 29.3.2011, BStBl. I 2011, 277.

[210] Vgl. § 1 Abs. 5 S. 7 AStG.

[211] Einschränkend *Wassermeyer* in FWBS, § 1 AStG, Anm. 241, wonach dies vom Nichtbestehen eines DBA abhängig sein soll.

[212] Vgl. *WSG* Außensteuergesetz, § 1 AStG/VG, Rn. 26.

[213] Vgl. *Wassermeyer* in FWBS, § 1 AStG, Anm. 187.

[214] FG Münster 7.8.1997, EFG 1997, 1289.

[215] Vgl. BFH 19.3.2002, BStBl. II 2002, 644.

diskutiert und war mehrfach Gegenstand **finanzgerichtlicher Verfahren** (Rn. 163 f.) Die Bedeutung der Definition des Begriffs „Geschäftsbeziehung" ergibt sich aus der Tatsache, dass bei einer Minderung der Einkünfte des inländischen Steuerpflichtigen aus einer Beziehung zum Ausland mit einer dem Steuerpflichtigen nahe stehenden Person eine Korrektur iRd § 1 AStG nicht zulässig ist, wenn diese Beziehung nicht als Geschäftsbeziehung qualifiziert.[216] Zur Vermeidung künftiger Zweifelsfragen und Besteuerungslücken wurde die ursprünglich nicht im Gesetz enthaltene Definition des Begriffs „Geschäftsbeziehung" ab Veranlagungszeitraum 1992 in § 1 AStG ergänzt[217] und diese Ergänzung mehrfach überarbeitet bzw. der **Anwendungskatalog** erweitert. Vor der jüngsten Änderung war eine Geschäftsbeziehung wie folgt definiert:

> „Geschäftsbeziehung iSd Abs. 1 und 2 ist jede den Einkünften zugrunde liegende schuldrechtliche Beziehung, die keine gesellschaftsvertragliche Vereinbarung ist und entweder beim Steuerpflichtigen oder bei der nahe stehenden Person Teil einer Tätigkeit ist, auf die die §§ 13, 15, 18 oder § 21 des Einkommensteuergesetzes anzuwenden sind oder im Fall eines ausländischen Nahestehenden anzuwenden wären, wenn die Tätigkeit im Inland vorgenommen würde."

Neben der Beschränkung auf vier explizit genannte Einkunftsarten fällt in **180** dieser Fassung des AStG die Unterscheidung zwischen einer **schuldrechtlichen Beziehung** einerseits und einer **gesellschaftsvertraglichen Vereinbarung** andererseits auf. Nur bei einer schuldrechtlichen Beziehung kann eine Geschäftsbeziehung iSd § 1 AStG vorliegen. Geschäftsbeziehungen ieS zwischen Stammhaus und Betriebsstätte sowie zwischen Betriebsstätten des gleichen Unternehmens sind aus diesem Grund nicht möglich.[218]

Die explizite Unterscheidung „schuldrechtlich" versus „gesellschaftsvertraglich" bestand seit der Anpassung der Vorschrift im Rahmen des StVerGAbG mit Wirkung ab Veranlagungszeitraum 2003 bis zur Neufassung durch das AmtshilfeRLUmsG m. W. für nach dem 31. Dezember 2012 beginnende Wirtschaftsjahre. In der vor 2003 geltenden Fassung gem. StÄndG 1992 war noch von „... **den Einkünften zu Grunde liegende Beziehung** ..." die Rede.

Der Gesetzgeber hielt eine Anpassung der vor 2003 geltenden Vorschrift und damit eine Erweiterung des Anwendungsbereichs für notwendig, nachdem sich die FinVerw. in mehreren Streitfällen vor verschiedenen FGs und dem BFH nicht mit ihrer Auffassung durchsetzen konnte (Rn. 164). Es ist davon auszugehen, dass die mit Veranlagungszeitraum 2003 eingeführte gesetzliche Definition einer Geschäftsbeziehung von der deutschen FinVerw. und dem BFH in gleicher Weise interpretiert wird.[219]

Die Rechtsbeziehung, durch die das Nahestehen iSd § 1 Abs. 2 AStG be- **181** gründet wird (zB **mittelbare Beteiligung**), stellt selbst keine Geschäftsbeziehung iSd § 1 AStG dar. Dies gilt sowohl unter der Rechtslage vor Einfüh-

---

[216] S. hierzu auch *Wassermeyer/Baumhoff/Greinert* in FWBS, § 1 AStG, Anm. V 15.

[217] Vgl. § 1 Abs. 4 AStG idF des StÄndG 1992 vom 25.2.1992, BGBl. I 1992, 297.

[218] So auch *Kahle* in WSG, AStG § 1 Abs. 2–5, Rn. 188 f. AA BMF 14.5.2004, BStBl. I 2004, Tz. 1.4.3.

[219] So der BFH in seinem Urteil vom 23.6.2010, BStBl. II 2010, 895, durch Verweis auf BMF 12.1.2010, BStBl. I 2010, 34.

rung der gesetzlichen Definition einer Geschäftsbeziehung[220] als auch nach der mit dem StÄndG 1992 vorgenommenen Ergänzung dieser Definition[221] sowie den darauf folgenden Fassungen. Es handelt sich hierbei um einen gesellschaftsvertraglichen Vorgang iSd Gesetzeswortlauts.

b) Abgrenzung „geschäftlich" versus „gesellschaftlich"

182   Gemäß dem Wortlaut des Gesetzes idF ab VAZ 2003 sowie der amtlichen Begründung zur Neufassung iRd StVerGAbG[222] sollte eine schuldrechtliche Beziehung auch dann als Geschäftsbeziehung qualifizieren, wenn sie gesellschaftsrechtlich veranlasst ist. Dies entspricht der Intention der deutschen FinVerw., wie sie u. a. in mehreren BMF-Schreiben zum Ausdruck kommt. Alle Beziehungen, auf die § 1 AStG angewendet werden soll, sind gemäß dieser Auffassung von außerbetrieblichen Einflüssen geprägt. Daraus entsteht die Notwendigkeit der Vorschrift.

183   Ab dem Veranlagungszeitraum 2003[223] bestand somit eine klare Abgrenzung zwischen einer „Geschäftsbeziehung" (= geschäftlich) einerseits und einer „Gesellschaftsbeziehung" (= gesellschaftlich) andererseits. Seitdem waren auch verbindliche Kreditgarantien und zinslose Darlehen immer Gegenstand einer Geschäftsbeziehung, sofern es sich hierbei um eine schuldrechtliche Beziehung und nicht um eine gesellschaftsvertragliche Vereinbarung handelte.[224] Die Vereinbarung dieser Beziehung im Gesellschaftsvertrag wurde teils als nicht entscheidend angesehen,[225] teils als unerlässliche formale Voraussetzung zur Vermeidung der Qualifizierung als Geschäftsbeziehung.[226] Andererseits war die Vereinbarung im Gesellschaftsvertrag nicht relevant, wenn es sich dem Gegenstand der Vereinbarung entsprechend tatsächlich um eine Geschäftsbeziehung handelte.[227]

c) Maßgeblichkeit der gesellschaftsvertraglichen Vereinbarung

184   **Gesellschaftsvertragliche Vereinbarungen** sind schuldrechtliche Verträge, mit denen eine Gesellschaft gegründet wird. Im Gesellschaftsvertrag verpflichten sich die Gründungsmitglieder zur Verfolgung eines gemeinsamen Zwecks und zur Übernahme der Anteile gegen Leistung von Einlagen.[228] Somit erscheint der Begriff der „gesellschafts*vertraglichen* Vereinbarung" wesentlich enger als der der „gesellschafts*rechtlichen* Vereinbarung".

185   Auch Garantie- und Darlehensverpflichtungen lassen sich uU auch gesellschaftsvertraglich begründen, trotz ihres idR schuldrechtlichen Charakters. Bei KapGes. folgt dies – mit Einschränkungen – aus § 55 AktG bzw. aus § 3 Abs. 2 GmbHG.

---

[220] Vgl. BFH 30.9.1990, BStBl. II 1990, 875.
[221] Vgl. *Wassermeyer* in FWBS, § 1 AStG, Anm. 892.
[222] BT-Drs. 15/287 v. 10.1.2003, 86.
[223] So die Gesetzeslage auf Basis des StVerGAbG. Diese stellt offensichtlich auch die von der deutschen FinVerw. und Rechtsprechung vertretene Auffassung dar.
[224] Vgl. *Baumhoff* in Mössner u. a., Anm. C 254.
[225] Vgl. *Hofacker* in Haase, § 1 AStG, Rn. 76.
[226] Vgl. *Pohl* in Blümich, AStG § 1, Rn. 188.
[227] Vgl. *Pohl* in Blümich, AStG § 1, Rn. 189.
[228] Vgl. Stichwort „Gesellschaftsvertrag" in *Tilch/Arloth*, Deutsches Rechts-Lexikon.

Die folgenden Beispiele A bis D erläutern verschiedene Fallkonstellationen anhand einer Warenlieferung:

Beispiel A: Die inländische D-AG hält sämtliche Anteile an der im Ausland ansässigen Tochtergesellschaft S Corp. D-AG schließt mit S Corp. einen Kaufvertrag über die Lieferung von Waren an S-Corp. mit einem Marktwert von 100 zum Preis von 50. Der vereinbarte Preis von 50 entspricht dem Buchwert und dem Teilwert der Waren.

D-AG liefert teilentgeltlich im Rahmen einer schuldrechtlichen Vereinbarung, erbringt aber gleichzeitig gesellschaftsrechtlich veranlasste Einlagen. Gemäß der vom BFH begründeten[229] Einheitstheorie ist bei teilentgeltlicher Übertragung von Betriebsvermögen der Vorgang einheitlich § 6 Abs. 3 EStG oder § 16 Abs. 1 S. 1 EStG zuzuordnen.[230] Aufgrund der schuldrechtlichen Vereinbarung und des fehlenden Nachweises einer gesellschaftsvertraglichen Vereinbarung hinsichtlich des eingelegten Wertes liegt in vollem Umfang eine Geschäftsbeziehung nach § 1 AStG vor.

Beispiel B: Wie Beispiel A, aber D-AG verkauft die Waren nicht an S-Corp., sondern liefert sie ohne Kaufvertrag und ohne jede Gegenleistung.

In Beispiel B erfolgt der **Eigentumsübergang** von D-AG auf S-Corp. ohne Kaufvorgang durch Einigung und Übergabe gem. § 929 BGB.[231] Diese Einigung ist schuldrechtlich ohne eine gesellschaftsvertragliche Vereinbarung darzustellen. Folglich liegt eine Geschäftsbeziehung iSv § 1 AStG vor.

Beispiel C: Wie Beispiel B, aber D-AG liefert die Waren als Sacheinlage unter Einhaltung der Formvorschriften des § 5 Abs. 4 bzw. § 56 GmbHG (Sachgründungsbericht usw.).

In Beispiel C liegt ebenfalls ein schuldrechtlicher Vorgang vor, der allerdings – anders als in Beispiel B – auf einer gesellschaftsvertraglichen Vereinbarung basiert. Die Anwendung des § 1 AStG ist mangels Geschäftsbeziehung ausgeschlossen.

Beispiel D: Wie Beispiel C, aber die Lieferung erfolgt in Erfüllung eines auf einer satzungsmäßigen Nachschusspflicht beruhenden Gesellschafterbeschlusses gem. § 26 GmbHG.

Es liegt eine gesellschaftsvertragliche Vereinbarung vor. Die Lieferung der Waren stellt keine Geschäftsbeziehung iSd § 1 AStG dar.

Gemäß der ab VAZ 2003 geltenden Gesetzeslage muss bei Vorgängen zwischen Nahestehenden in Ermangelung einer gesellschaftsvertraglichen Verpflichtung von einer Geschäftsbeziehung iSv § 1 AStG ausgegangen werden. Infolge dessen müssen bei KapGes. die den Gesellschaftsvertrag betreffenden Formvorschriften der §§ 2 ff., 53 ff. GmbHG bzw. §§ 23 ff., 179 ff. AktG eingehalten werden. Auch bei Personenhandelsgesellschaften wird regelmäßig ein schriftlicher Gesellschaftsvertrag vorliegen, so dass hier Änderungen des Gesellschaftsvertrags schriftlich zu erfolgen hätten. Ferner sind bei einer KG

186

---

[229] Vgl. BFH 25.6.1984 – GrS 4/82, BStBl. II 1984, 751.
[230] Vgl. *Hey* in Tipke/Lang, § 17, Rn. 222.
[231] Dies unterstellt die Geltung deutschen Rechts. Entsprechende Grundsätze kennen aber auch ausländische Rechtsordnungen.

gem. § 162 Abs. 1 HGB die Hafteinlagen der Kommanditisten beim Handelsregister anzumelden. Schließlich ist bei allen Rechtsformen zu bedenken, dass gesellschaftsrechtlich nicht nachvollziehbare Bestimmungen bzw. Änderungen des Gesellschaftsvertrags uU einen Gestaltungsmissbrauch nach § 42 AO darstellen könnten.

d) Änderungen durch das AmtshilfeRLUmsG

187 Durch das AmtshilfeRLUmsG erfolgte mit Wirkung für nach dem 31. Dezember 2012 beginnende Wirtschaftsjahre[232] eine weitere Anpassung der Definition einer Geschäftsbeziehung. Kern der Neufassung ist die Definition von Geschäftsbeziehungen als **„wirtschaftliche Vorgänge (Geschäftsvorfälle)"** sowie die Ausweitung auf Geschäftsvorfälle zwischen Stammhaus und Betriebsstätte. **Gesellschaftsvertragliche Vereinbarungen** sind nach wie vor nicht Gegenstand einer Geschäftsbeziehung.

Der Wortlaut von § 1 Abs. 4 AStG[233] lautet nun:

„Geschäftsbeziehungen im Sinne dieser Vorschrift sind
1. einzelne oder mehrere zusammenhängende wirtschaftliche Vorgänge (Geschäftsvorfälle) zwischen einem Steuerpflichtigen und einer nahestehenden Person,
   a) die Teil einer Tätigkeit sind, auf die die §§ 13, 15, 18 oder § 21 des Einkommensteuergesetzes anzuwenden sind oder im Fall einer ausländischen nahestehenden Person anzuwenden wären, wenn sich der Geschäftsvorfall im Inland ereignet hätte, und
   b) denen keine gesellschaftsvertragliche Vereinbarung zugrunde liegt;
2. Geschäftsvorfälle zwischen einem Unternehmen eines Steuerpflichtigen und seiner in einem anderen Staat gelegenen Betriebsstätte (anzunehmende schuldrechtliche Beziehungen)."

Gemäß dem Wortlaut der Neufassung ist eine **schuldrechtliche Beziehung** ieS nicht mehr erforderlich für die Begründung einer Geschäftsbeziehung zwischen nahestehenden Personen bzw. für die Qualifizierung als Geschäftsvorfall. An die Stelle der schuldrechtlichen Beziehung ist der **wirtschaftliche Vorgang** getreten. Für Verhältnisse zwischen Stammhaus und Betriebsstätte gilt hingegen der Terminus der (angenommenen) schuldrechtlichen Beziehung.

188–199 *(einstweilen frei)*

7. Ausland

200 Die **Geschäftsbeziehungen** müssen zum Ausland unterhalten werden, damit es zu einer Anwendung des § 1 AStG kommen kann. Geschäftsbeziehungen im Ausland und zum Inland fallen nicht unter den Anwendungsbereich des § 1 AStG.[234] Der Gesetzgeber hat den Begriff des Auslands nicht geregelt. Es lässt sich in zweierlei Hinsicht interpretieren: als geografische Bestimmung oder als Zuordnung nach dem möglichen vorrangigen Besteuerungszugriff einer ausländischen Steuerbehörde.

---

[232] Vgl. § 21 Abs. 20 S. 3 AStG.
[233] Die Umgliederung von Abs. 5 erfolgte aufgrund der Aufhebung des bisherigen Abs. 4 zur Schätzung von Verrechnungspreisen.
[234] Vgl. BFH 20.4.1988, BStBl. II 1988, 868.

Nach der Gesetzesbegründung verfolgt der Gesetzgeber das Ziel, **Gewinn-** **201**
verlagerungen ins Ausland zu verhindern. Offensichtlich steht hierbei die
primäre steuerliche Zugriffsmöglichkeit des Auslands im Vordergrund. Nach
dem Sinngehalt umfasst dann der Begriff „zum Ausland" auch Geschäftsbeziehungen mit Steuerausländern, die in Deutschland nicht der unbeschränkten
Steuerpflicht unterliegen. Einkünfte beschränkt Steuerpflichtiger unterliegen
jedoch § 1 AStG nur insoweit, als es sich in diesem Fall nicht um inländische
Einkünfte gem. § 49 EStG handelt. Zum anderen können auch **ausländische**
Einkünfte unbeschränkt Steuerpflichtiger unter § 1 AStG fallen, zB im Falle
ausländischer Betriebsstätten und ständiger Vertreter, soweit sie nach dem jeweiligen nationalen Recht dem Steuerzugriff des ausländischen Fiskus unterliegen.

Auch wenn man nicht den **potentiellen Besteuerungszugriff** des Aus- **202**
landsfiskus in den Vordergrund der Auslegung stellt, sondern die räumliche
Zuordnung, findet sich keine Regelung zur Definition des Begriffs „Ausland"
im AStG. Da das AStG aber ein Nebengesetz zum EStG und KStG ist, kann
das EStG ergänzend zur Gesetzesauslegung herangezogen werden. Im Wege
des Umkehrschlusses kann vom Inlandsbegriff nach § 1 Abs. 1 EStG ausgehend der Begriff „Ausland" ermittelt werden.

Zum „Inland" iSv § 1 Abs. 1 EStG zählt das durch die hoheitlichen Grenzen – nicht Zollgrenzen – definierte Gebiet der Bundesrepublik Deutschland,
zu dem auch die Zollausschlussgebiete, Freihäfen, die Dreimeilenzone sowie
unter deutscher Flagge in internationalen Gewässern fahrende Handelsschiffe
gehören.[235] Zum Inland gehört auch der zugehörige Anteil am Festlandssо-
ckel, soweit dort Naturschätze erforscht oder ausgebeutet oder erneuerbare
Energien erzeugt werden.[236]

8. Nahe stehende Person

a) Grundsätze

§ 1 Abs. 2 AStG definiert den Kreis der **„Personen"**, die als dem Steuer- **203**
pflichtigen nahe stehend anzusehen sind. Nur im Falle eines solchen Nahestehens kommt eine Überprüfung der grenzüberschreitenden Geschäftsbeziehungen sowie ggf. eine Korrektur der für diese Geschäftsbeziehungen vereinbarten
Preise nach § 1 AStG in Betracht. Der Begriff der „Person" ist hierbei in einem
weiten Sinne zu verstehen und umfasst alle rechtsfähigen und nicht rechtsfähigen Subjekte, unabhängig von Art und Umfang ihrer **Steuerpflicht** bzw. unabhängig davon, ob eine Steuerpflicht im Inland überhaupt besteht.[237]

Im Sinne dieser Definition ist auch eine **Mitunternehmerschaft** „Person",[238] ebenso wie eine **Personengesellschaft**.[239] Keine „Person" ist jedoch
eine Betriebsstätte, da diese im Verhältnis zum Stammhaus des Unternehmens
rechtlich unselbständig ist.[240]

---

[235] Vgl. *Heinicke* in Schmidt § 1 EStG, Rn. 30.
[236] Vgl. § 1 Abs. 1 S. 2 EStG.
[237] Vgl. hierzu im Einzelnen *Wassermeyer* in FWBS, § 1 AStG, Anm. 249.
[238] Vgl. *Pohl* in Blümich, AStG § 1, Rn. 58.
[239] Vgl. § 1 Abs. 1 S. 2 AStG idF d. AmtshilfeRLUmsG. Dieser ist auf alle noch
nicht bestandskräftigen Veranlagungen anzuwenden gem. § 21 Abs. 20 S. 2 AStG.
[240] Vgl. *Boller* in WSG, AStG § 1 Abs. 2–5, Rn. 19; *Pohl* in Blümich, § 1 AStG § 1,
Rn. 58.

204   Das **Nahestehen** kann gem. § 1 Abs. 2 AStG entweder durch eine **beteiligungsmäßige Verflechtung** oder aber mittels einer durch spezielle Umstände geschaffenen **Beherrschung** begründet werden. Der Gegensatz zwischen dem Begriff des „**fremden Dritten**" einerseits und dem „**Nahestehenden**" andererseits bietet eine weitere Möglichkeit der Abgrenzung.

205   Der Begriff „nahe stehend" wurde bereits vor Inkrafttreten des AStG in Zusammenhang mit der **verdeckten Gewinnausschüttung** entwickelt.[241] Danach liegt eine verdeckte Gewinnausschüttung vor, wenn eine KapGes. ihrem Gesellschafter einkommenswirksam einen Vorteil außerhalb der **gesellschaftsrechtlichen Gewinnverteilung** zuwendet, den sie bei Anwendung der Sorgfalt eines **ordentlichen und gewissenhaften Geschäftsleiters** einem Nichtgesellschafter unter gleichen Umständen nicht gewährt hätte.[242] Auch die **mittelbare Zuwendung** eines Vorteils durch eine dem Gesellschafter „nahe stehende" **dritte Person** wird hiervon erfasst.[243]

Die Rechtsprechung hat für den Bereich der vGA in folgenden Fällen ein Nahestehen der dritten Person zu dem Gesellschafter angenommen:

1. Eine PG, an der nur ein Gesellschafter der zuwendenden KapGes. beteiligt ist.[244]
2. Ein Verein, der einem anderen gesellschaftsrechtlich allein an der zuwendenden KapGes. beteiligten Verein nahe steht.[245]
3. Eine KapGes., an der der Gesellschafter der zuwendenden KapGes. ebenfalls beteiligt ist (auch bei Minderheitsbeteiligung).[246]
4. Eine KapGes., an der der Ehepartner oder ein Verwandter des Gesellschafters der den Vorteil zuwendenden KapGes. beteiligt ist.[247]

Steht die dritte Person nicht dem Gesellschafter, sondern nur der zuwendenden KapGes. nahe, liegen laut BFH nicht die Voraussetzungen für eine vGA vor.[248]

206   **Vorteilsgewährungen** zwischen **Schwestergesellschaften** sind als vGA an die gemeinsame Mutter durch die vorteilsgewährende und als verdeckte Einlage bzw. „Nutzungseinlage" der gemeinsamen Mutter in die vorteilsempfangende Schwestergesellschaft zu qualifizieren (Rn. 86–88).

Die Voraussetzungen für ein Nahestehen iSd § 1 Abs. 2 AStG werden nachfolgend im Detail erläutert.

b) Wesentliche Beteiligung

207   Die erste Möglichkeit, ein Nahestehen iSv § 1 AStG zu begründen, ist die wesentliche Beteiligung.[249] Eine Beteiligung ist wesentlich, wenn diese unmittelbar oder mittelbar **mindestens ein Viertel** beträgt, und eine der folgenden Konstellationen vorliegt:

---

[241] Vgl. BFH 25.10.1963, BStBl. III 1964, 17.
[242] Vgl. BFH 22.2.1989, BStBl. II 1989, 631.
[243] Vgl. BFH 18.7.1985, BStBl. II 1985, 635.
[244] Vgl. BFH 1.10.1986, BStBl. II 1987, 459.
[245] Vgl. BFH 6.12.1967, BStBl. II 1968, 322.
[246] Vgl. BFH 18.7.1985, BStBl. II 1985, 635.
[247] Vgl. BFH 31.7.1974, BStBl. II 1975, 48.
[248] Vgl. BFH 25.10.1963, BStBl. III 1964, 17.
[249] Vgl. § 1 Abs. 2 Nr. 1 und Nr. 2 AStG.

– die Person ist am Steuerpflichtigen wesentlich beteiligt (§ 1 Abs. 2 Nr. 1, 1. Halbs. AStG),
– der Steuerpflichtige ist an der Person wesentlich beteiligt (§ 1 Abs. 2 Nr. 1, 2. Halbs. AStG), oder
– eine dritte Person ist sowohl an dem Steuerpflichtigen als auch an der anderen Person wesentlich beteiligt (§ 1 Abs. 2 Nr. 2 AStG).

Als **Beteiligungsobjekte** kommen Kapitalgesellschaften, Genossenschaf-   **208** ten und Versicherungsvereine auf Gegenseitigkeit in Betracht,[250] für Personengesellschaften wird dies überwiegend bejaht.[251] Entgegen der von der deutschen FinVerw. vertretenen Meinung[252] können stille Beteiligungen und beteiligungsähnliche Darlehen (wie partiarische Darlehen, Genussrechte und Anwartschaften, Eigenkapital ersetzende Darlehen) nach unserer Auffassung keine wesentliche Beteiligung iSd § 1 Abs. 2 AStG vermitteln.[253] Lediglich für eine atypisch stille Beteiligung erscheint dies möglich.[254]

Dass eine natürliche Person bzw. ein Einzelunternehmen Beteiligungsobjekt sein kann, erscheint aus systematischen Gründen nicht plausibel und wird von weiten Teilen des Schrifttums abgelehnt,[255] von der deutschen FinVerw. hingegen bejaht.[256]

Die Beteiligung ist wesentlich iSd Gesetzes, wenn dem Steuerpflichtigen,   **209** der Person bzw. dem Dritten mindestens 25 % der **Gesellschafts- bzw. Kapitalanteile** zuzurechnen sind, die mit Stimm- und Vermögensrecht ausgestattet sind. Entscheidend ist die Höhe der Beteiligung am gezeichneten Kapital.[257] Der Anteil an den Stimmrechten, die Höhe der Beteiligung am Liquidationserlös, die Höhe der tatsächlichen Einzahlung auf das gezeichnete Kapital o. ä. spielen hingegen keine Rolle für die Ermittlung der Beteiligungsquote.[258]

Die wesentliche Beteiligung kann sowohl unmittelbar als auch mittelbar –   **210** bspw. über eine KapGes. oder eine PG – bestehen.

Beispiel: Die Person A ist an der KapGes. B, und diese wiederum an der KapGes. C beteiligt. Folglich ist eine mittelbare Beteiligung von A an C anzunehmen.

Nach der hier vertretenen Auffassung ist die Mindestquote von 25 % bei einer mehrstufigen Kette die multiplizierte oder „durchgerechnete" Quote.[259]

Beispiel: Eine KapGes. A ist zu 50 % an der KapGes. B beteiligt. B ist wiederum zu 50 % an der KapGes. C beteiligt. Und C ist zu 100 % an der KapGes. D beteiligt. Die

---

[250] Vgl. *Wassermeyer* in FWBS, § 1 AStG, Anm. 833; VGr 1983, Tz. 1.3.2.2.
[251] A. A. *Boller* in WSG, AStG § 1 Abs. 2–5, Rn. 24.
[252] Vgl. VGr 1983, Tz. 1.3.2.2.
[253] Gleicher Auffassung *Wassermeyer* in FWBS, § 1 AStG, Anm. 833, 834; *Pohl* in Blümich, AStG § 1, Rn. 61.
[254] Vgl. *Wassermeyer* in FWBS, § 1 AStG, Anm. 834.
[255] Bspw. von *Wassermeyer* in FWBS, § 1 AStG, Anm. 834; *Boller* in WSG, AStG § 1 Abs. 2–5, Rn. 24.
[256] Vgl. VGr 1983, Tz. 1.3.2.2.
[257] Vgl. *Wassermeyer* in FWBS, § 1 AStG, Anm. 835.
[258] Vgl. *Wassermeyer* in FWBS, § 1 AStG, Anm. 834 f. Auffassung bestätigt durch BFH 10.4.2013, BStBl. II 2013, 771.
[259] So auch VGr 1983, Tz. 1.3.2.3.

mittelbare Beteiligung beträgt zwischen A und D „durchgerechnet" 25%. Es liegt eine wesentliche Beteiligung von A an D vor. Wäre C nur zu 90% an D beteiligt, läge keine wesentliche Beteiligung von A an D vor (50% × 50% × 90% = 22,5%).

Die Ermittlung der „durchgerechneten" Beteiligungsquote ermittelt sich bei mittelbarer Beteiligung über eine PG in grundsätzlich gleicher Weise wie bei mittelbarer Beteiligung über eine KapGes.

Beispiel: Wenn A zur Hälfte an einer OHG B beteiligt ist, und diese 50% der Anteile der KapGes. C hält, ist A zu 25% an C beteiligt.

c) Beherrschender Einfluss

211   Neben einer wesentlichen Beteiligung führt auch der unmittelbare oder mittelbare **beherrschende Einfluss** zur Annahme des Nahestehens.[260] Es sind hierbei die gleichen Fallkonstellationen denkbar wie bei der wesentlichen Beteiligung (Rn. 207 ff.), dh eine Person kann den Steuerpflichtigen beherrschen sowie umgekehrt der Steuerpflichtige eine Person und die Einflussnahme kann durch eine dritte Person auf beide ausgeübt werden.

212   Beherrschender Einfluss iSv § 1 AStG bedeutet die **absolute Abhängigkeit** auf Grund struktureller Gegebenheiten. Ein beherrschender Einfluss kann u. a. über die Kapitalbeteiligung hergestellt werden. Diese muss jedoch über die Stellung eines bloßen Mehrheitsgesellschafters hinausgehen, wie auch die bloße Mehrheit der Stimmrechte im Regelfall nicht zu einer Beherrschung führt.[261] Vor dem Hintergrund des Wortlauts des § 17 AktG[262] „... in **Mehrheitsbesitz** stehenden Unternehmen ..."[263] sowie der Kommentierung[264] hierzu erscheint jedoch auch die Auffassung vertretbar, eine **bloße Mehrheitsbeteiligung** reiche zur Beherrschung aus, sofern nicht andere Gründe (zB Beschränkung der Stimmrechte) dem entgegenstehen.[265] Es sind verschiedene Arten der Herstellung eines beherrschenden Einflusses möglich (zB rechtlich, finanziell, marktbedingt, o. a.).[266] Entgegen der Voraussetzungen für das Vorliegen einer wesentlichen Beteiligung kann beherrschender Einfluss auch alleine durch Stimmrechte ohne entsprechende Beteiligung am Kapital herbeigeführt werden.

Beispiel: Die inländische Gesellschaft A ist an der ausländischen Gesellschaft B mit 20% beteiligt. Alle anderen Anteile an B befinden sich im Streubesitz. Da sich B in einer schwierigen wirtschaftlichen Lage befindet, ist A als der einzige Darlehensgeber von B verblieben, der zur Sicherung seiner Ansprüche und Kontrolle von B die Mehrheit der Aufsichtsratsmitglieder stellt. Außerdem ist A Inhaber der für B überlebensnotwendigen Fertigungslizenzen. Der Lizenzvertrag kann kurzfristig gekündigt wer-

---

[260] Vgl. § 1 Abs. 2 Nr. 1 und Nr. 2 AStG.

[261] Vgl. *Wassermeyer* in FWBS, § 1 AStG, Anm. 841.

[262] Gemäß der Regierungsbegründung zum AStG sind die Bestimmungen des AktG eine maßgebliche Grundlage für die Identifizierung von beherrschendem Einfluss. Vgl. BT-Drs. 6/2883, Tz. 50.

[263] Vgl. § 17 Abs. 2 AktG.

[264] *Bayer* in Münchener Kommentar zum Aktiengesetz, § 17 AktG, Anm. 84.

[265] Widerlegbare Vermutung gem. § 17 Abs. 2 AktG. Vgl. *Bayer* in Münchener Kommentar zum Aktiengesetz, Anm. 85 ff.

[266] Vgl. BFH 19.1.1994, BStBl. II 1994, 725.

den. A kann beherrschenden Einfluss auf B ausüben. A und B sind nahe stehend iSv § 1 AStG.

Jede Person kann beherrscht sein, neben juristischen Personen auch natür- 213
liche Personen, Einzelunternehmen und Personengesellschaften.[267]
Die Beherrschung kann rechtlicher oder tatsächlicher Natur sein. Der aus der Beherrschung erwachsende Einfluss muss geeignet sein, sich auf die Bedingungen auszuwirken, welche die beherrschte Person für ihre Geschäftsbeziehungen vereinbart. Dieser Einfluss kann auch mittelbar ausgeübt werden, sofern das Endglied der Kette trotzdem völlig beherrscht wird. Es ist unerheblich, ob der beherrschende Einfluss das zugrunde liegende Geschäft tatsächlich beeinflusst hat. Nach dem Gesetzeswortlaut genügt es, dass die Möglichkeit besteht, einen beherrschenden Einfluss auszuüben.

Obwohl wesentliche Beteiligungen im Zusammenwirken mit **weiteren** 214
Kriterien auch einen beherrschenden Einfluss begründen können, wird dieser Fall jedoch bereits vom Kriterium der wesentlichen Beteiligung erfasst. Bedeutung können aber Kapitalbeteiligungen trotzdem für die Existenz eines mittelbaren beherrschenden Einflusses haben. Käme dabei eine Kapitalbeteiligung als Quelle des Einflusses in Betracht, müsste sie aber deutlich über die wesentliche Beteiligung hinausgehen, um eine vollkommene Abhängigkeit zu schaffen. Selbst eine **Mehrheitsbeteiligung** ohne Hinzutreten weiterer Abhängigkeitsmerkmale ist für das Vorliegen eines beherrschenden Einflusses möglicherweise nicht ausreichend.[268] Beherrschender Einfluss liegt jedenfalls dann nicht vor, wenn ein Unternehmen zur Durchsetzung seiner Ziele auf die Hilfe Dritter angewiesen ist, auf die es nicht mit Bestimmtheit rechnen kann.[269]

Einflussquellen können sich auch aus der Stellung als Darlehensgeber oder 215
stiller Beteiligter, als Lieferant, als Lizenzgeber oder als marktbeherrschender Kunde ergeben. Im Einzelfall dürfte es jedoch äußerst schwierig sein, zu beweisen, dass die Einflussquelle tatsächlich strukturell zur absoluten Abhängigkeit führt. Denn in der Praxis bewirken oft besondere Marktverhältnisse ein gleichgerichtetes Handeln von Lieferant, Kunde und zu betrachtenden Unternehmen, die nicht zu beherrschendem Einfluss iSd § 1 AStG führen.

d) Geschäftsfremde Einflussmöglichkeiten

Im Rahmen der dritten Möglichkeit, die ein Nahestehen iSv § 1 AStG in 216
„**sonstigen Fällen**" begründen kann,[270] werden wiederum zwei Konstellationen unterschieden.
Die erste Fallkonstellation ist die **geschäftsfremde Einflussmöglichkeit,** dh der Steuerpflichtige kann auf die Person oder umgekehrt die Person auf den Steuerpflichtigen bei der Vereinbarung der Geschäftsbeziehungen „einen

---

[267] Vgl. VGr 1983, Tz. 1.3.2.4; *Wassermeyer* in FWBS, § 1 AStG, Anm. 842; *Boller* in WSG, AStG § 1 Abs. 2–5, Rn. 32.
[268] So jedenfalls *Wassermeyer* in FWBS, § 1 AStG, Anm. 841. Aus Sicht des Aktiengesetzes ist die Abhängigkeitsvermutung des § 17 Abs. 2 AktG zu widerlegen, damit eine Beherrschung verneint werden kann. Vgl. *Bayer* in Münchener Kommentar zum Aktiengesetz, § 17 AktG, Anm. 85 ff.
[269] Vgl. *Bayer* in Münchener Kommentar zum Aktiengesetz, § 17 AktG, Anm. 36 f.
[270] Vgl. § 1 Abs. 2 Nr. 3 AStG.

außerhalb dieser Geschäftsbeziehung begründeten Einfluss ausüben".[271] Der Wortlaut des Gesetzes verlangt, dass die Einflussmöglichkeiten nicht unmittelbar die Geschäftsbeziehungen betreffen, die zu beurteilen sind. Der Wortlaut ist uE verunglückt und kann nicht anders verstanden werden, als dass die Einflussmöglichkeiten sich aus Tatsachen ergeben müssen, die außerhalb der finanziellen oder kommerziellen Beziehungen stehen, da die Geschäftsbeziehung selbst nie zur Annahme eines Nahestehens iSv § 1 AStG führt. Nach dieser Auffassung können Aspekte des Geschäftsumfeldes wie Marktbindungsverträge, Konkurrenzausschlussabsprachen oder Vertriebsbindungen keine geschäftsfremden Einflussmöglichkeiten im Sinne der Vorschrift darstellen.[272]

217 Vielmehr zielt die Vorschrift im Wesentlichen auf persönliche Beziehungen als strukturelles Element, insbes. verwandtschaftliche oder eheliche Beziehungen. Eine Ausweitung des Anwendungsbereichs auf „alle" Umstände, die theoretisch für eine Einflussmöglichkeit in Frage kommen könnten, würde uE die Vorschrift in der Praxis nicht mehr anwendbar machen und zu einer Flut von Verdachtsmomenten führen, die sich bei genauerer Prüfung als nicht begründet herausstellen.

> **Beispiel:** Der inländische Kaufmann A gibt seinem im Ausland als Kaufmann tätigen Sohn B ein zinsloses Darlehen, das als Betriebsschuld zu behandeln ist.

Es ist nicht notwendig, dass eine Einflussnahme tatsächlich stattfindet, die bloße Möglichkeit der Einflussnahme ist ausreichend.[273] Es obliegt den Finanzbehörden, eine solche Einflussmöglichkeit nachzuweisen.

e) Interessenidentität

218 Die zweite Konstellation der **„sonstigen Fälle"** definiert ein Nahestehen zwischen Steuerpflichtigem und Person, wenn einer von ihnen ein eigenes Interesse an der Erzielung der Einkünfte des anderen hat.[274]

Ebenso wie bei der ersten Alternative „geschäftsfremde Einflussmöglichkeiten" ist der Inhalt der Vorschrift nicht unmittelbar aus dem Wortlaut erkennbar und damit auslegungsbedürftig. Die **Art des Interesses** wird im Gesetz nicht beschrieben, umfasst jedoch neben rechtlichen, geschäftlichen und **finanziellen Interessen** lt. BFH-Rechtsprechung[275] auch persönliche oder verwandtschaftliche Interessen.[276] Alleine ein Verwandtschaftsverhältnis iSd § 15 AO begründet noch nicht notwendigerweise eine Interessenidentität, folglich müssen zusätzliche Anhaltspunkte für eine Interessengemeinschaft vorliegen.[277]

219 Auch ein **gemeinsames Gewinnstreben,** das jeder Geschäftsbeziehung zu Grunde liegen sollte, begründet noch keine Interessenidentität. Vielmehr muss der Inländer ein eigenes Interesse haben, das letztlich dazu führt, dass

---

[271] Vgl. § 1 Abs. 2 Nr. 3 AStG, 1. HS.
[272] AA *Wassermeyer* in FWBS, § 1 AStG, Anm. 854, wonach jede geschäftliche und nichtgeschäftliche Möglichkeit der Einflussnahme in Betracht zu ziehen ist.
[273] Vgl. *Kaminski* in SKK, § 1 AStG, Rn. 370.
[274] Vgl. § 1 Abs. 2 Nr. 3 AStG, 2. HS.
[275] BFH 19.1.1994, BStBl. II 1994, 725.
[276] So auch VGr 1983, Tz. 1.3.2.7; *Kaminski* in SKK, § 1 AStG, Rn. 373.
[277] Vgl. *Wassermeyer* in FWBS, § 1 AStG, Anm. 856.

ihm die Verlagerung selbst zugutekommt, indem inländische Gewinne künstlich gemindert und ausländische künstlich erhöht werden.[278]

Es fällt vor diesem Hintergrund schwer, Fälle der Interessenidentität zu de- **220** finieren, die nicht bereits aufgrund wesentlicher Beteiligung, beherrschendem Einfluss oder geschäftsfremder Einflussmöglichkeit ein Nahestehen begründen und noch eine Korrektur der Einkünfte des Steuerpflichtigen gem. § 1 AStG rechtmäßig erscheinen lassen. Zwei Fallgruppen scheinen diese Voraussetzungen zu erfüllen und als Anwendungsbereich der Interessenidentität zu verbleiben:
– Einkunftsverlagerung anstelle von steuerlich unwirksamen Leistungen, insbes. Leistungsverpflichtungen aus der Privatsphäre.

Beispiel: Abgeltung des Kaufpreises für ein vom Inhaber eines inländischen Einzelunternehmens privat genutztes antikes Möbel durch verbilligte Verkaufspreise von Produkten des Unternehmens an den ausländischen Geschäftspartner.

– Einkunftsverlagerung bei nicht gesellschaftsrechtlicher Beteiligung des Inländers an den Einkünften des Ausländers.

Beispiele: Stille Gesellschaft, partiarisches Darlehen, Provision, Gewinntantiemen.

Bei entsprechender Konstellation des Steuergefälles zwischen In- und Ausland oder vorteilhaft ausgestalteten Regelungen in DBA kann die Verlagerung im Einzelfall steuerlich günstig sein.

Die **Beweislast** für das Vorliegen gleichgerichteter Interessen und der kau- **221** sal daraus folgenden Gewinnverlagerung liegt bei den Finanzbehörden.[279]

9. Verrechnungspreis und Methodenhierarchie

Eine der wesentlichen mit dem UStRG 2008 durchgeführten Änderungen **222** von § 1 AStG war die erstmalige gesetzliche Normierung der **Methoden** sowie der **Methodenhierarchie** zur Bestimmung des Verrechnungspreises für eine Geschäftsbeziehung im neuen § 1 Abs. 3 AStG. Zuvor fanden sich diesbezügliche Aussagen überwiegend in den VGr 1983[280] und in den VGr-Verfahren,[281] die damit keinen Gesetzesrang hatten und deren Wortlaut zum Teil auch weniger determinierend war als der neue Gesetzeswortlaut.

Für die Ermittlung des Verrechnungspreises werden drei Fallkonstellatio- **223** nen unterschieden, je nach dem Grad der Vergleichbarkeit identifizierter Fremdvergleichsdaten mit den tatsächlichen Verhältnissen und Bedingungen, unter denen die analysierte Geschäftsbeziehung durchgeführt wird:
1. Bei **uneingeschränkter Vergleichbarkeit** kann ein tatsächlicher Fremdvergleich durchgeführt werden, für den vorrangig die Preisvergleichsmethode, die Wiederverkaufspreismethode oder die Kostenaufschlagsmethode zu verwenden sind.[282]

[278] Vgl. *Pohl* in Blümich, AStG § 1, Rn. 69.
[279] Vgl. *Wassermeyer* in FWBS, § 1 AStG, Anm. 856.
[280] BMF 23.2.1983, BStBl. I 1983, 218.
[281] BMF 12.4.2005, BStBl. I 2005, 570.
[282] Vgl. § 1 Abs. 3 S. 1 AStG.

2. Sind keine uneingeschränkt vergleichbaren Fremdvergleichsdaten verfügbar, ist auf **eingeschränkt vergleichbare Fremdvergleichsdaten** zurückzugreifen und der Verrechnungspreis anhand einer als geeignet erachteten Verrechnungspreismethode zu ermitteln.[283]

3. Kann der Steuerpflichtige weder uneingeschränkt noch eingeschränkt vergleichbare Fremdvergleichswerte ermitteln, hat er einen **hypothetischen Fremdvergleich** durchzuführen,[284] wobei der Einigungsbereich der Beteiligten anhand funktions- und risikoadäquater **Kapitalisierungszinssätze** zu ermitteln ist.[285]

Die beiden erstgenannten Alternativen werden auch als **tatsächlicher Fremdvergleich** charakterisiert, in Abgrenzung zu dem nicht auf real existierenden Fremdvergleichswerten basierenden **hypothetischen Fremdvergleich.**

Die Beurteilung der uneingeschränkten bzw. der eingeschränkten Vergleichbarkeit erfolgt jeweils unter Berücksichtigung des **Funktions- und Risikoprofils** und der eingesetzten **Wirtschaftsgüter** sowie nach der Vornahme etwaiger **Anpassungen.**

Bei jeder der drei Alternativen ist das Ergebnis üblicherweise nicht ein einzelner dem Fremdvergleichsgrundsatz entsprechender Verrechnungspreis, sondern es wird eine **Bandbreite** von Fremdvergleichswerten bzw. – im Falle des hypothetischen Fremdvergleichs – ein **Einigungsbereich** ermittelt. Aus dieser Bandbreite bzw. diesem Einigungsbereich wird der Verrechnungspreis bestimmt. Die Bandbreitenbetrachtung ist bereits aus den VGr-Verfahren bekannt.

224   Kann der Steuerpflichtige **uneingeschränkt** vergleichbare Fremdvergleichsdaten identifizieren, ist zur Ermittlung des Verrechnungspreises vorrangig eine der im Gesetz explizit benannten[286] „**traditionellen geschäftsfallbezogenen Methoden**"[287] – die gemeinhin auch als „**Standardmethoden**"[288] bezeichnet werden – zu verwenden. Die gesetzliche Verankerung dieser Verrechnungspreismethoden ist in Deutschland zwar neu. Es bestehen jedoch außerhalb des AStG seit vielen Jahren umfangreiche Erläuterungen hinsichtlich Definition und Anwendung dieser Methoden auf internationaler und nationaler Ebene, so dass für deren Anwendung im Rahmen des AStG auf diese Definitionen zurückgegriffen werden kann.

Ein **Anwendungsvorrang** innerhalb der Standardmethoden wird im Gesetz nicht bestimmt, auch nicht zu Gunsten der Preisvergleichsmethode. Die volle Bandbreite der ermittelten Fremdvergleichswerte kann für die Bestimmung des Verrechnungspreises herangezogen werden.

225   Sofern lediglich **eingeschränkt** vergleichbare Fremdvergleichswerte existieren, soll eine „**geeignete Verrechnungspreismethode**" und damit ggf.

---

[283] Vgl. § 1 Abs. 3 S. 2–4 AStG.

[284] Vgl. § 1 Abs. 3 S. 5–8 AStG.

[285] Der Verweis auf die Verwendung funktions- und risikoadäquater Kapitalisierungszinssätze wurde iRd AmtshilfeRLUmsG in § 1 Abs. 3 S. 6 ergänzt.

[286] Preisvergleichsmethode, Wiederverkaufspreismethode, Kostenaufschlagsmethode. Vgl. § 1 Abs. 3 S. 1 AStG.

[287] Im Sinne der von der OECD verwendeten Terminologie. Vgl. OECD-RL 2010, Tz. 2.12.–2.55.

[288] Vgl. VGr 1983, Tz. 2.2.

auch eine andere Methode als eine der drei Standardmethoden für die Ermittlung des Verrechnungspreises zur Anwendung kommen. Eine Auswahl an potentiell geeigneten Verrechnungspreismethoden wird im Gesetz nicht genannt. Nach unserer Auffassung kommen neben den Standardmethoden insbesondere die **geschäftsfallbezogenen Gewinnmethoden**[289] zur Auswahl einer geeigneten Verrechnungspreismethode in Betracht. Aufgrund der fehlenden gesetzlichen Einschränkung ist uE aber auch die Anwendung jeder anderen Methode möglich, sofern ihre Eignung für die zugrunde liegende Geschäftsbeziehung nachgewiesen werden kann.

Eine aus der Verwendung mehrerer eingeschränkt vergleichbarer Fremdvergleichswerte ermittelte **Bandbreite** kann nicht vollständig herangezogen werden, sondern ist einzuengen.[290] Über Art und Umfang dieser Einengung trifft das Gesetz keine Aussage. In Anlehnung an die Gesetzesbegründung[291] und deren Verweis auf die VGr-Verfahren[292] sind mehrere Verfahren denkbar, von denen die „mathematische" Einengung mittels der Bildung von **Quartilen** und der Streichung der Fremdvergleichswerte des oberen und des unteren Quartils gemäß unserer Einschätzung am ehesten durchführbar sein wird. Die Einengung der Bandbreite auf die beiden mittleren Quartile bei eingeschränkter Vergleichbarkeit hat der Gesetzgeber bzw. die FinVerw. offensichtlich in Anlehnung an die Verrechnungspreisbestimmungen der USA[293] gewählt. Dieses Konzept hat dementsprechend bereits praktische Verwendung gefunden und ist auch seitens der OECD als Möglichkeit zum Umgang mit Informations- bzw. Vergleichbarkeitsdefiziten bekannt.[294]

Sowohl bei uneingeschränkter als auch bei eingeschränkter Vergleichbarkeit   **226** erfolgt die **Korrektur** eines nicht innerhalb der vollen bzw. der eingeengten Bandbreite liegenden Verrechnungspreises auf den **Median** der Bandbreite.[295] Die starre Festlegung auf einen bestimmten Punkt innerhalb der Bandbreite erscheint nicht unproblematisch im Hinblick auf den flexibleren Konsens der OECD[296] sowie den anderslautenden Wortlaut in den VGr-Verfahren.[297]

Können weder uneingeschränkt noch eingeschränkt vergleichbare Fremd   **227** vergleichsdaten ermittelt werden, ist mittels **innerbetrieblicher Plandaten** und unter der Annahme vollständiger Datentransparenz für alle an der Geschäftsbeziehung Beteiligten ein **hypothetischer Fremdvergleich** durchzuführen.[298] Hierbei ist mittels Funktionsanalyse, Planrechnungen und Gewinnerwartungen **(Gewinnpotenzialen)** der Mindestpreis des Leistenden und

---

[289] ISd von der OECD verwendeten Terminologie. Vgl. OECD-RL 2010, Tz. 2.56.–2.149.

[290] Vgl. § 1 Abs. 3 S. 3 AStG.

[291] Vgl. Gesetzentwurf der Bundesregierung zum UStRG 2008 vom 14.3.2007, 146.

[292] Vgl. VGr-Verfahren, Tz. 3.4.12.5.

[293] Vgl. IRC 482–1 und die dazu ergangenen US-Regulations.

[294] Vgl. OECD-RL 2010, Tz. 3.57.

[295] Vgl. § 1 Abs. 3 S. 4 AStG.

[296] Vgl. OECD-RL 2010, Tz. 3.61 f.

[297] Dort bei uneingeschränkter Vergleichbarkeit „… Berichtigung auf den für den Steuerpflichtigen günstigsten Preis innerhalb der Bandbreite …". Vgl. VGr-Verfahren, Tz. 3.4.12.7 Buchst. a). Ebenso VGr-Verfahren, Tz. 3.4.20 Buchst. b) bei uneingeschränkter und bei eingeschränkter Vergleichbarkeit.

[298] Vgl. § 1 Abs. 3 S. 5 AStG.

der Höchstpreis des Leistungsempfängers **(Einigungsbereich)** zu ermitteln.[299] Inwieweit hierbei der Einsatz der Standardmethoden oder anderer „geeigneter Methoden" als zulässig erachtet wird, ergibt sich nicht aus dem Gesetz. Es wird im Schrifttum die Auffassung vertreten, dass eine Verwendung der Standardmethoden iRd hypothetischen Fremdvergleichs nicht zulässig sei.[300] Der Steuerpflichtige hat für die Bestimmung des Einigungsbereichs auf Basis einer Funktionsanalyse funktions- und risikoadäquate **Kapitalisierungszinssätze** zu verwenden.[301]

Aus dem Einigungsbereich ist der **wahrscheinlichste Wert** – in Abwesenheit eines solchen der **Mittelwert** – als Verrechnungspreis auszuwählen.[302] Sofern sich der vom Steuerpflichtigen für die Bestimmung des Verrechnungspreises ermittelte Einigungsbereich aus Sicht der FinVerw. als unzutreffend herausstellen sollte, kann eine **Korrektur der Einkünfte** unterbleiben, wenn sich der vom Steuerpflichtigen bestimmte Verrechnungspreis innerhalb des neuen („anderen") **Einigungsbereichs** befindet.[303] Es ist zu beachten, dass es sich hierbei um eine Ermessensentscheidung der FinVerw. handelt, denn gemäß dem Gesetzeswortlaut „kann" eine Korrektur der Einkünfte selbst dann durchgeführt werden, wenn der Verrechnungspreis innerhalb des neuen („anderen") Einigungsbereichs liegt. Das Gesetz trifft keine Aussage darüber, auf welchen Wert eine etwaige Korrektur der Einkünfte erfolgt. Es liegt uE nahe, auch für die Korrektur der Einkünfte den wahrscheinlichsten Wert bzw. den Mittelwert des – neuen bzw. „anderen" – Einigungsbereichs auszuwählen. Das Konzept eines **„korrigierten wahrscheinlichsten Wertes"** erscheint uns hierbei jedoch als allenfalls theoretische Möglichkeit. Im Regelfall dürfte daher eine Korrektur auf den Mittelwert des „anderen" Einigungsbereichs erfolgen, was zur Frage nach den Gründen für die Differenzierung zwischen dem tatsächlichen Fremdvergleich (= **Median**) und dem hypothetischen Fremdvergleich (= **Mittelwert**) führt.

228   § 1 Abs. 3 AStG enthält eine Reihe **unbestimmter Rechtsbegriffe** und führt zu **Anwendungsfragen.**

So besteht für die im Rahmen der Analyse wesentlichen Begriffe **„uneingeschränkte Vergleichbarkeit"** und **„eingeschränkte Vergleichbarkeit"** keine gesetzliche Definition. Nach der von der FinVerw. in den VGr-Verfahren (Rn. 281 ff.). vertretenen Auffassung liegt **uneingeschränkte Vergleichbarkeit** vor, wenn

– die Geschäftsbedingungen **identisch** sind, oder
– Unterschiede bei den Geschäftsbedingungen **keine wesentliche Auswirkung** auf die Preisgestaltung haben, oder
– Unterschiede in den Geschäftsbedingungen durch **hinreichend genaue Anpassungen** beseitigt worden sind.[304]

Die Darstellungen in den VGr-Verfahren zur eingeschränkten Vergleichbarkeit und zur Unvergleichbarkeit sind noch weniger konkret als die zur un-

[299] Vgl. § 1 Abs. 3 S. 6 AStG.
[300] Vgl. *Sinz* in WSG, AStG § 1 Abs. 2–5, Rn. 64.
[301] § 1 Abs. 3 S. 6 AStG gem. Ergänzung iRd AmtshilfeRLUmsG.
[302] Vgl. § 1 Abs. 3 S. 7 AStG.
[303] Vgl. § 1 Abs. 3 S. 8 AStG.
[304] Vgl. VGr-Verfahren, Tz. 3.4.12.7 Buchst. a.

eingeschränkten Vergleichbarkeit und es mangelt an einer klaren Abgrenzung der Vergleichbarkeitsgrade voneinander.[305]

Zwar wird hinsichtlich weiterer Details zur Prüfung der Vergleichbarkeit in den VGr-Verfahren wiederholt auf die (zum damaligen Zeitpunkt gültigen) OECD-RL 1995 verwiesen. Es erscheint aber nicht ausreichend deutlich, wie die deutsche FinVerw. Begriffe wie „**wesentliche Auswirkung**" und „**hinreichend genaue Anpassungen**" in der Praxis interpretieren will. Dies gilt auch für den im Rahmen der Fremdvergleichsanalyse ähnlich elementaren Begriff „**sachgerechte Anpassungen**".

Sowohl § 1 Abs. 3 AStG als auch die VGr-Verfahren[306] sehen eine **Einen-**   229 **gung der Bandbreite** nicht bei uneingeschränkt vergleichbaren Fremdvergleichswerten vor, sondern lediglich bei Verwendung eingeschränkt vergleichbarer Werte. Diese Differenzierung wird mit einer regelmäßig größeren Bandbreite bei Verwendung lediglich eingeschränkt vergleichbarer Werte begründet.[307] Eine Auffassung, die der BFH nicht teilt, sondern stattdessen die Verwendung jedes Wertes für sachgerecht hält, für den die Eignung zum Fremdvergleich nachgewiesen ist.[308]

Eine ähnliche Problematik besteht hinsichtlich der Durchführung von **Korrekturen** der Einkünfte. Die gesetzlich vorgesehene Korrektur auf den **Median** der Bandbreite von uneingeschränkt und eingeschränkt vergleichbaren Fremdvergleichswerten[309] steht in Widerspruch zu der Rechtsprechung des BFH, wonach die Korrektur auf den für den Steuerpflichtigen günstigsten Wert zu erfolgen hat.[310] Dass die FinVerw. bzw. auf ihre Veranlassung der Gesetzgeber diesbezüglich abermals eine Kehrtwende vollzogen hat, nachdem die diesbezügliche BFH-Rechtsprechung zunächst nicht über den entschiedenen Einzelfall hinaus angewendet werden sollte[311] und später dennoch in die VGr-Verfahren übernommen wurde,[312] macht es für den Anwender nicht einfacher. Monetäre Überlegungen im Zusammenhang mit der Gegenfinanzierung von Steuersatzsenkungen durch die Unternehmenssteuerreform 2008 waren offensichtlich der Grund für die Formulierung dieses Teils von § 1 Abs. 3 AStG.[313]

Eine **Bandbreitenbetrachtung** setzt voraus, dass mehr als ein Fremdver-   230 gleichswert existiert. Fraglich ist jedoch, ob zum Nachweis des Fremdvergleichs mehr als einen Vergleichswert zwingend erforderlich ist. Die im Gesetz verwendeten Formulierungen lassen keinen Automatismus erkennen, wonach es in jedem Fall zur Bildung einer Bandbreite aus mehreren Vergleichswerten kommen muss. Zumindest bei uneingeschränkter Vergleichbarkeit sollte die Identifizierung eines einzigen Wertes ausreichend sein.[314]

---

[305] Vgl. hierzu ausführlich *Wassermeyer/Baumhoff/Greinert* in FWBS, § 1 AStG, Anm. V 27.

[306] Vgl. Tz. 3.4.12.5.

[307] Vgl. BR-Drs. 220/07, 143.

[308] Vgl. BFH 17.10.2001, BStBl. II 2004, 171; BFH 6.4.2005, BStBl. II 2007, 658.

[309] Vgl. § 1 Abs. 3 S. 4 AStG.

[310] BFH 17.10.2001, BStBl. II 2004, 171.

[311] Vgl. BMF 26.2.2004, BStBl. I 2004, 270.

[312] Vgl. Tz. 3.4.20 Buchst. b).

[313] Vgl. Gesetzentwurf der Bundesregierung zum UStRG 2008 vom 14.3.2007, 146.

[314] Vgl. hierzu auch *Wassermeyer/Baumhoff/Greinert* in FWBS, § 1 AStG, Anm. V 24.

231   Hinsichtlich der in § 1 Abs. 3 AStG vorgesehenen **Methodenwahl** ist bei uneingeschränkter Vergleichbarkeit zu beachten, dass die Anwendung von einer der drei Standardmethoden zwar „**vorrangig**" gegenüber der Verwendung einer anderen Verrechnungspreismethode ist, jedoch gemäß dem Wortlaut der Vorschrift keine zwingende Exklusivität besteht. Somit ist uE auch die Verwendung einer anderen Verrechnungspreismethode möglich, wenngleich mit erhöhtem Rechtfertigungsaufwand in einer Betriebsprüfung gerechnet werden muss. Die Zulässigkeit der Verwendung anderer Verrechnungspreismethoden als der Standardmethoden ist in Fällen der eingeschränkten Vergleichbarkeit aufgrund des Gesetzeswortlauts uE unstrittig (Rn. 225).

232   Die **Methodenhierarchie** in § 1 Abs. 3 AStG ist nicht absolut deckungsgleich mit den Empfehlungen der **OECD**. Zwar besteht Übereinstimmung hinsichtlich einer grundsätzlichen Präferenz für die traditionellen geschäftsfallbezogenen Methoden bzw. Standardmethoden. Jedoch spricht sich die OECD für eine **Vorrangigkeit der Preisvergleichsmethode** gegenüber allen anderen Verrechnungspreismethoden aus.[315] Insbesondere empfiehlt die OECD eine Auswahl der in Anbetracht des Typus der Geschäftsbeziehung und der verfügbaren Fremdvergleichsdaten am besten geeigneten Verrechnungspreismethode,[316] was eine andere Vorgehensweise bei der Fremdvergleichsanalyse erfordert als die nach Verfügbarkeit und Qualität von Fremdvergleichsdaten strukturierte deutsche Vorschrift.

Es sollte bei diesem **Methodenvergleich** auch nicht unberücksichtigt bleiben, dass die von der OECD definierten geschäftsfallbezogenen Gewinnmethoden[317] in § 1 Abs. 3 AStG überhaupt nicht genannt werden.

Weder in § 1 Abs. 3 AStG noch gemäß OECD-RL 2010 wird die **Verwendung von mehr als einer Verrechnungspreismethode** gefordert. Es sind jedoch in der Praxis Fälle denkbar, bei denen die Verwendung einer weiteren Verrechnungspreismethode sinnvoll erscheint, bspw. zur Verprobung von Ergebnissen. Hieraus ergibt sich die interessante Frage nach der Verwertung der nach zwei verschiedenen Methoden gewonnen Ergebnisse und Bandbreiten, vor allem wenn im Rahmen dieser Analyse sowohl uneingeschränkt als auch eingeschränkt vergleichbare Werte identifiziert werden. Sowohl die deutsche FinVerw.[318] als auch die OECD[319] widmen sich dieser Thematik, allerdings jeweils in uE sehr allgemeiner Form und nicht mit konkreten Lösungsansätzen. Der Steuerpflichtige wird daher den jeweiligen Einzelfall beurteilen und daraus eine eigene Handlungsweise ableiten müssen.

233   Im Ergebnis bleiben für den Steuerpflichtigen trotz umfangreicher und teilweise sehr detaillierter Erläuterungen wichtige Definitionen und Anwendungsfragen ungeklärt. Zu warnen ist uE vor allem davor, unreflektiert eine völlige **Übereinstimmung** der deutschen Grundsätze mit den Empfehlungen der OECD zu unterstellen. Stattdessen halten wir im Rahmen einer internationalen Verrechnungspreisplanung eine vergleichende **Überprüfung** in der Anwendung für notwendig, um andererseits erwachsende Risiken zu vermeiden.

---

[315] Vgl. OECD-RL 2010, Tz. 2.3, 2.14.

[316] Vgl. OECD-RL 2010, Tz. 2.1

[317] Vgl. OECD-RL 2010, Tz. 2.56–2.149.

[318] Vgl. VGr-Verfahren, insbesondere Tz. 3.4.12.5 und 3.4.18.

[319] Vgl. OECD-RL 2010, insbesondere Tz. 3.58.

Ein uE nach wie vor ungelöster Problembereich ist der **Nachweis der** 234
Vergleichbarkeit von Daten und der **Nachweis des Fremdvergleichs-**
verhaltens. Die deutsche FinVerw. vertritt hierzu formal als auch in der Praxis eine sehr restriktive Haltung was die Akzeptanz der von Steuerpflichtigen
vorgelegten Daten anbelangt. So sind nach Auffassung der FinVerw. alleine
aus Datenbanken gewonnene Informationen (so bezeichnetes „**Datenbank-**
screening") zum Nachweis nicht verwertbar.[320] Dass der Steuerpflichtige ergänzend zu Datenbankanalysen eigene Planungs- und Kalkulationsgrundlagen
vorlegen soll, ist nicht grundsätzlich problematisch. Ein erhebliches Problem
der Praxis ist jedoch die Ermittlung von Fremdvergleichsdaten außerhalb öffentlich zugänglicher Datenbanken. Den Konflikt zwischen dem Geforderten
und dem Möglichen halten wir daher für noch nicht beendet.

10. Funktionsverlagerung

Die gesetzliche Normierung des Instituts der **Funktionsverlagerung**[321] ist 235
ebenfalls auf eine iRd UStRG 2008 vorgenommene Ergänzung von § 1
Abs. 3 AStG zurückzuführen. Zu den mit dem gleichen Gesetz eingeführten
Regelungen zur Bestimmung des Verrechnungspreises (Rn. 222 ff.). besteht
jedoch kein unmittelbarer inhaltlicher Zusammenhang.[322]
Eine Funktionsverlagerung stellt üblicherweise einen **außerordentlichen**
Geschäftsvorfall iSd § 90 Abs. 3 S. 3 AO dar,[323] für den die Dokumentation
entsprechend zeitnah zu erstellen ist.
Der deutsche Gesetzgeber hat mit der gesetzlichen Einführung der Funk-
tionsverlagerung Neuland betreten, da weder ein anderer Staat noch die
OECD zum Zeitpunkt der Einführung vergleichbare Regelungen etabliert
hatten. Inzwischen hat die OECD im Rahmen des Projektes „**Business**
Restructuring" eigene Grundsätze entwickelt[324] und einige Staaten haben
auf gesetzlicher oder verwaltungsrechtlicher Grundlage ebenfalls Bestimmungen zur grenzüberschreitenden Verlagerung von Funktionen eingeführt bzw.
bereiten deren Einführung vor.
Der Tatbestand der Funktionsverlagerung wird nach dem Gesetzeswortlaut 236
verwirklicht, wenn der Steuerpflichtige „… eine **Funktion** einschließlich der
dazugehörigen **Chancen** und **Risiken** und der mit übertragenen oder überlassenen **Wirtschaftsgüter** und **sonstigen Vorteile** verlagert …".[325] Gegenstand einer Funktionsverlagerung und damit Ausgangspunkt für die Ermittlung der im Rahmen einer Funktionsverlagerung übertragenen Werte ist ein
Transferpaket.[326]

---

[320] Vgl. VGr-Verfahren, Tz. 3.4.12.4 und 3.4.19 Buchst. c).

[321] Vgl. § 1 Abs. 3 S. 9 und 10 AStG.

[322] So auch *Sinz* in WSG, AStG § 1 Abs. 2–5, Rn. 65.

[323] Vgl. § 3 Abs. 2 GAufzV.

[324] Die Ergebnisse des Projektes haben zur Erweiterung der OECD-RL um ein neues
Kapitel IX „Verrechnungspreisaspekte bei Unternehmensrestrukturierungen" geführt.

[325] Vgl. § 1 Abs. 3 S. 9 AStG, 1. HS.

[326] Vgl. § 1 Abs. 3 S. 9 AStG, 2. HS.

237 Die zum Gesetz ergangene **Funktionsverlagerungsverordnung**[327] nennt drei Voraussetzungen, deren kumulative Erfüllung zur Annahme einer iSv § 1 Abs. § S. 9 AStG zu erfassenden Funktionsverlagerung führen kann:
- ein (verlagerndes) Unternehmen **überträgt** einem nahe stehenden (übernehmenden) Unternehmen **Wirtschaftsgüter und sonstige Vorteile** sowie die damit verbundenen Chancen und Risiken bzw. **überlässt diese zur Nutzung,**
- die übertragenen bzw. zur Nutzung überlassenen Wirtschaftsgüter und sonstigen Vorteile werden vom übernehmenden Unternehmen **zur Ausübung einer Funktion genutzt,** die bislang von dem übertragenden Unternehmen ausgeübt wurde,
- die Übertragung führt zu einer **Einschränkung der betreffenden Funktion** bei dem übertragenden Unternehmen.[328]

Eine nur **zeitweise Übernahme** der Funktionen ist ausreichend.[329] Es gilt ein **fünfjähriger Beobachtungszeitraum,** der in zwei Richtungen wirkt:
(1) innerhalb von fünf Jahren in wirtschaftlichem Zusammenhang verwirklichte Geschäftsvorfälle sind zu einem einheitlichen Verlagerungsvorgang zusammenzufassen,[330]
(2) eine Funktionsverlagerung wird trotz Erfüllung der übrigen Voraussetzungen nicht angenommen, wenn es innerhalb von fünf Jahren nicht zu einer Einschränkung der betreffenden Funktion bei dem übertragenden Unternehmen kommt **(Funktionsverdoppelung).**[331]

Der Verkauf bzw. die Überlassung von Wirtschaftsgütern zur Nutzung führt ebenso wenig zur Annahme einer Funktionsverlagerung wie die Erbringung von Dienstleistungen oder die Entsendung von Personal, sofern diese Vorgänge nicht Teil einer Funktionsverlagerung sind oder von fremden Dritten als solche beurteilt würden.[332]

238 Die zum Verständnis des Gegenstands einer Funktionsverlagerung zentralen Begriffe „Funktion" und „Transferpaket" sind im Gesetz nicht definiert. Eine **Definition** dieser Begriffe enthält aber die **FVerlV** sowie darauf aufbauend die **VGr Funktionsverlagerung**[333] mit zusätzlichen Erläuterungen.

Gemäß der FVerlV ist eine **Funktion** „... eine Geschäftstätigkeit, die aus einer Zusammenfassung gleichartiger betrieblicher Aufgaben besteht, ...".[334] Sie wird als organischer Teil eines Unternehmens bezeichnet, bei dem es sich nicht um einen steuerlichen Teilbetrieb handeln muss.[335] Ergänzend nennen

---

[327] Verordnung zur Anwendung des Fremdvergleichsgrundsatzes nach § 1 Abs. 1 des Außensteuergesetzes in Fällen grenzüberschreitender Funktionsverlagerungen (Funktionsverlagerungsverordnung – FVerlV) vom 12.8.2008, BGBl. I 2008, 1680.

[328] Vgl. § 1 Abs. 2 S. 1 FVerlV.

[329] Vgl. § 1 Abs. 2 S. 2 FVerlV.

[330] Vgl. § 1 Abs. 2 S. 3 FVerlV.

[331] Vgl. § 1 Abs. 2 S. 6 FVerlV.

[332] Vgl. § 1 Abs. 2 S. 7 FVerlV.

[333] Grundsätze für die Prüfung der Einkunftsabgrenzung zwischen nahe stehenden Personen in Fällen von grenzüberschreitenden Funktionsverlagerungen (VGr Funktionsverlagerung), BMF 13.10.2010, BStBl. I 2010, 774. Nachfolgend als „VGr-FVerl" bezeichnet.

[334] Vgl. § 1 Abs. 1 S. 1 FVerlV.

[335] Vgl. § 1 Abs. 1 S. 2 FVerlV.

die VGr-FVerl als Beispiele für Geschäftstätigkeiten, die als Funktionen in Betracht kommen, u.a. Geschäftsleitung, Forschung und Entwicklung, Vertrieb, Montage, Finanzierung und Verwaltung.[336]

Ein **Transferpaket** „... besteht aus einer Funktion und den mit dieser Funktion zusammenhängenden Chancen und Risiken sowie den Wirtschaftsgütern und Vorteilen, ..., und den in diesem Zusammenhang erbrachten Dienstleistungen.".[337] Das Transferpaket und seine Bestandteile müssen dem verlagernden Unternehmen vor deren Verlagerung rechtlich oder wirtschaftlich zuzuordnen sein[338] und ein fremder Dritter muss bereit sein, für die iRd Transferpakets übertragenen Vorteile ein **Entgelt** zu zahlen.[339]

Implizit enthalten in der Definition des Transferpakets sind sämtliche nicht in einer **Einzelbewertung** der übertragenen Funktionen und Wirtschaftsgüter enthaltenen sonstigen **Gewinnpotentiale,** die der übertragenen Funktion zuzuordnen sind. Bei den Gewinnpotentialen selbst handelt es sich weder um eine Funktion noch um ein Wirtschaftsgut.

Das Bemühen der FinVerw. zur strukturierten Definition und Erläuterung der wesentlichen mit dem neuen Institut der Funktionsverlagerung eingeführten Begriffe – von denen die drei uE wichtigsten oben kurz skizziert werden – ist zu Begrüßen. Ohne eine solche Definition ist die Anwendung der Vorschrift durch den Steuerpflichtigen auch nicht möglich. Trotz dieses Bemühens bleiben nach unserer Auffassung die Definitionen größtenteils vage und damit für den Anwender nicht zuverlässig beherrschbar. Eine detaillierte Analyse und Interpretationsversuche erfolgen im weiteren Verlauf dieses Handbuchs (Kap. R).

Die **Bewertung eines Transferpakets** erfolgt nach den gleichen **239** Grundsätzen wie die Ermittlung der Verrechnungspreise für andere Arten von Geschäftsbeziehungen bzw. Geschäftsvorfällen (Rn. 222ff.). Anhand des Wortlauts des Gesetzes entsteht der Eindruck, dass von einer größeren Bedeutung des **hypothetischen Fremdvergleichs** im Rahmen von Funktionsverlagerungen auszugehen ist als bei anderen Geschäftsbeziehungen. Dies könnte mit der im Vergleich größeren Schwierigkeit bei der Identifizierung von Vergleichswerten begründet werden. Einer solchen Interpretation stehen allerdings die VGr-FVerl entgegen, wonach der **tatsächliche Fremdvergleich** vorrangig gegenüber dem hypothetischen Fremdvergleich ist.[340]

Bei der Festlegung des **Einigungsbereichs** iRd hypothetischen Fremdvergleichs wiederholt sich der auch für andere Geschäftsbeziehungen bzw. Geschäftsvorfälle geltende Grundsatz, wonach die jeweiligen Gewinnerwartungen **(Gewinnpotenziale)** der Beteiligten bestimmend sind. Gewinnpotenziale sind die von den **ordentlichen und gewissenhaften Geschäftsleitern** des verlagernden und des übernehmenden Unternehmens aus der verlagerten Funktion erwarteten Reingewinne nach Steuern (Barwert).[341] Die Bestimmung des **Barwerts des Transferpakets** soll unter Anwendung eines **kapi-**

---

[336] Vgl. VGr-FVerl, Rn. 15.
[337] Vgl. § 1 Abs. 3 FVerlV.
[338] Vgl. VGr-FVerl, Rn. 28.
[339] Vgl. VGr-FVerl, Rn. 29.
[340] Vgl. VGr-FVerl, Rn. 61.
[341] Vgl. § 1 Abs. 4 FVerlV.

talwertorientierten **Verfahrens** erfolgen, wobei explizit **IDW S 1**[342] für die
Bewertung eines Unternehmens bzw. eines eigenständigen Betriebsteils und
IDW S 5[343] für die Bewertung immaterieller Wirtschaftsgüter vorgeschlagen
werden.[344]

240 Von der Bewertung eines Transferpakets darf zu Gunsten einer **Einzelbe-wertung** abgewichen werden, wenn keine wesentlichen immateriellen Wirt-schaftsgüter oder sonstigen Vorteile übertragen bzw. zur Nutzung überlassen
werden[345] oder wenn die Einzelbewertung erwiesenermaßen in Einklang mit
dem Fremdvergleichsgrundsatz steht.[346] Eine dritte Ausnahme vom Grundsatz
der Bewertung eines Transferpakets ist die Glaubhaftmachung der Existenz
mindestens eines immateriellen Wirtschaftsgutes und dessen genaue Bezeich-nung.[347]

241 Gemäß der hier vertretenen Auffassung war das Institut der Funktionsver-lagerung ursprünglich ausschließlich auf **Übertragungen zwischen nahe
stehenden Unternehmen** anzuwenden, nicht aber auf grenzüberschreiten-de Übertragungen zwischen Stammhaus und Betriebsstätte bzw. zwischen
Betriebsstätten des gleichen Unternehmens. Die Definition des Anwendungs-bereichs von § 1 AStG (Rn. 176 ff.). sowie die Voraussetzungen für die An-nahme einer Funktionsverlagerung (Rn. 235)[348] sprechen nach wie vor gegen
eine entsprechende Anwendung. Aufgrund der Neufassung ist jedoch nach
aktueller Gesetzeslage[349] von einer Anwendung der Grundsätze der Funktions-verlagerung auf **Betriebsstätten** auszugehen.

Die **OECD** hat zwar die Anwendung des Fremdvergleichsgrundsatzes auf
die Ergebnisermittlung von **Betriebsstätten** ausgeweitet,[350] nimmt aber
gleichwohl eine explizite Trennung von Betriebsstättensachverhalten in Art. 7
OECD-MA und von Beziehungen zwischen verbundenen Unternehmen in
Art. 9 OECD-MA auch bezüglich der Aspekte von **Unternehmensrestruk-turierungen** vor.[351]

242 Die deutschen Grundsätze zur Funktionsverlagerung gelten nicht nur für
Verlagerungen vom **Inland in das Ausland,** sondern auch umgekehrt vom
Ausland in das Inland.[352]

---

[342] Grundsätze zur Durchführung von Unternehmensbewertungen vom 2.4.2008, FN–IDW 7/2008, 271.

[343] Grundsätze zur Bewertung immaterieller Vermögenswerte vom 23.5.2011, FN-IDW 7/2011, 467.

[344] Vgl. VGr-FVerl, Rn. 87 ff.

[345] Als „wesentlich" definiert § 1 Abs. 5 FVerlV immaterielle Güter und Vorteile, wenn diese für die Ausübung der Funktion erforderlich sind und ihr Fremdvergleichs-preis insgesamt mehr als 25 % der Summe der Einzelpreise aller Wirtschaftsgüter und Vorteile des Transferpaktes beträgt.

[346] Vgl. § 1 Abs. 3 S. 10 AStG, 1. HS.

[347] Vgl. § 1 Abs. 3 S. 10 AStG, 2. HS.

[348] Gem. § 1 Abs. 2 S. 1 FVerlV erfolgt die Verlagerung von Funktionen von einem
Unternehmen auf ein anderes (übernehmendes) Unternehmen.

[349] Vgl. § 1 Abs. 5 AStG idF d. AmtshilfeRLUmsG.

[350] Vgl. OECD Report on the Attribution of Profits to Permanent Establishments
vom 22.7.2010, Rn. 51.

[351] Vgl. OECD Report on the Transfer Pricing Aspects of Business Restructurings
vom 22.7.2010, Rn. 9.7.

[352] Vgl. VGr-FVerl, Rn. 3.

11. Preisanpassungsklausel

Mit dem dritten Regelungsbereich des iRd UStRG 2008 neu gefassten § 1 **243**
Abs. 3 AStG wurde eine **widerlegbare Vermutung** dafür eingeführt, dass in
Fällen des **hypothetischen Fremdvergleichs** sowie im Falle einer **Funktionsverlagerung** auftretende **erhebliche Abweichungen** zwischen der bei
der Verrechnungspreisermittlung prognostizierten und der später tatsächlich
realisierten **Gewinnentwicklung** auf zum Zeitpunkt des Geschäftsabschlusses bestehende **Unsicherheiten** im Hinblick auf die Preisvereinbarung zurückzuführen sind.[353] Der grundsätzliche Anwendungsbereich der Vorschrift
wird im Schrifttum nicht völlig gleichlautend interpretiert.[354]

Die gesetzliche Vermutung setzt weiterhin voraus, dass **wesentliche immaterielle Wirtschaftsgüter und Vorteile** Gegenstand der zugrundeliegenden Geschäftsbeziehung waren. Liegen diese Tatbestandsvoraussetzungen
vor, wird gemäß dem Gesetzeswortlaut widerlegbar vermutet, dass voneinander unabhängige Dritte dieser Unsicherheit mit der Vereinbarung einer **sachgerechten Anpassungsregelung** begegnet wären. Wurde eine solche Anpassungsregelung in der zugrunde liegenden Geschäftsbeziehungen zwischen
nahe stehenden Personen nicht vereinbart und tritt **innerhalb von 10 Jahren
nach Geschäftsabschluss** eine **erhebliche Abweichung** ein, ist einmalig
ein **Anpassungsbetrag** auf den ursprünglichen Verrechnungspreis zu ermitteln.[355] Dieser Anpassungsbetrag ist in dem Wirtschaftsjahr zu versteuern, das
dem Jahr folgt, in dem die erhebliche Abweichung eingetreten ist.

Die Bundesregierung erwartete bei Einführung der Vorschrift, dass bedeutende Anwendungsbereiche voraussichtlich Funktionsverlagerungen und
Lizenzvereinbarungen sein würden. Bei diesen Arten von Geschäftsbeziehungen bzw. Geschäftsvorfällen sind üblicherweise immaterielle Vermögensgegenstände von „erheblichem" Wert involviert, so dass infolgedessen auch „erhebliche" Auswirkungen auf die Gewinnentwicklung eines Unternehmens
vorstellbar sind.[356]

Wie zu den beiden anderen Regelungsbereichen von § 1 Abs. 3 AStG be- **244**
reits festgestellt, werden auch iRd Regelung zu Preisanpassungsklauseln **nicht
eindeutig definierte Begriffe** verwendet. Für diesbezügliche Erläuterungen
stehen die FVerlV[357] und die VGr-FVerl zur Verfügung. Diese beiden Veröffentlichungen zur Funktionsverlagerung erscheinen insoweit nicht vollständig, als die Anpassungsregelung neben Fällen der Funktionsverlagerung auch
auf alle anderen Arten von Geschäftsbeziehungen Anwendung finden kann,
sofern für diese der Verrechnungspreis anhand des **hypothetischen Fremdvergleichs** ermittelt wurde. Diese Arten von Geschäftsbeziehungen werden

---

[353] Vgl. § 1 Abs. 3 S. 11 AStG.
[354] In dem hier beschriebenen Sinne *Wassermeyer/Baumhoff/Greinert* in FWBS, § 1
AStG, Anm. V 96. Auf den hypothetischen Fremdvergleich beschränkt sehend *Kaminski* in SKK, § 1 AStG, Rn. 981; *Kahle* in WSG, AStG § 1 Abs. 2–5, Rn. 341. Auf den
hypothetischen Fremdvergleich bei Funktionsverlagerungen anwendend *Hofacker* in
Haase, § 1 AStG, Rn. 339, 340.
[355] Vgl. § 1 Abs. 3 S. 12 AStG.
[356] Vgl. hierzu Gesetzentwurf der Bundesregierung zum UStRG 2008 vom
14.3.2007, 14.
[357] Rechtsverordnung gem. § 1 Abs. 3 S. 13 AStG.

aber von der FVerlV nicht ausdrücklich erfasst und sind von den Erläuterungen der VGr-FVerl explizit ausgeschlossen.[358]

Einer der zentralen Begriffe der Vorschrift ist die **„erhebliche Abweichung"** der Gewinnentwicklung. Als „erheblich" ist eine Abweichung anzusehen, wenn der anhand der tatsächlichen Gewinnentwicklung zutreffende Verrechnungspreis außerhalb des ursprünglichen **Einigungsbereichs** liegt,[359] wobei der ursprüngliche Mindestpreis und der neu ermittelte Höchstpreis des übernehmenden Unternehmens die Grenzen des neuen Einigungsbereichs darstellen (erste Alternative).[360] Eine Anpassung „nach unten" ist jedoch nicht gänzlich ausgeschlossen, denn eine erhebliche Abweichung liegt auch vor, wenn der neu ermittelte Höchstpreis niedriger ist als der ursprüngliche Mindestpreis des verlagernden Unternehmens (zweite Alternative).[361] Die auf den Einigungsbereich bezogene Definition der erheblichen Abweichung lässt auf die Durchführung eines hypothetischen Fremdvergleichs schließen. Sie berücksichtigt damit nicht, dass eine Funktionsverlagerung auch anhand § 1 Abs. 3 S. 1 AStG oder § 1 Abs. 3 S. 2–4 AStG bewertet werden kann,[362] für die kein Einigungsbereich (sondern allenfalls eine Bandbreite) ermittelt wird.

245   Liegt eine erhebliche Abweichung der Gewinnentwicklung innerhalb von 10 Jahren nach Geschäftsabschluss vor, ist eine **„angemessene Anpassung"** durchzuführen. **„Angemessen"** ist eine Anpassung, wenn sie
– in Fällen der ersten Alternative dem Unterschiedsbetrag zwischen dem ursprünglichen und dem neu ermittelten Verrechnungspreis entspricht, oder
– in Fällen der zweiten Alternative dem Unterschiedsbetrag zwischen dem ursprünglichen Verrechnungspreis und dem Mittelwert zwischen dem neuen Höchstpreis des übernehmenden Unternehmens und dem ursprünglichen Mindestpreis des verlagernden Unternehmens entspricht.[363]

246   Die aus der gesetzlichen Möglichkeit zur Anpassung der Verrechnungspreise resultierenden **Unsicherheiten** und **Risiken** sind auf Seiten des Steuerpflichtigen gemäß unserer Auffassung enorm. Hierzu trägt insbesondere der lange **Beurteilungszeitraum** von 10 Jahren bei. In einem ständigen Wechseln unterliegenden Geschäftsumfeld, wie es für fast alle Wirtschaftsbranchen üblich ist, finden erhebliche Veränderungen der Geschäftsentwicklung in wesentlich kürzeren Zyklen statt, ohne dass dies in einem Zusammenhang mit der Preisfindung zwischen verbundenen Unternehmen stehen würde. Folgerichtig führt kaum ein Unternehmen Prognoserechnungen über einen vergleichbar langen Zeitraum durch, sondern eher über Zeiträume von nicht mehr als zwei bis maximal drei Jahren. Auch Konjunkturzyklen und Produktlebenszyklen sind typischerweise kürzer als 10 Jahre. Im Ergebnis können übliche Veränderungen der wirtschaftlichen Rahmenbedingungen zu der

---

[358] Vgl. den Wortlaut der Überschrift von Tz. 2.10 der VGr-FVerl „Erhebliche Abweichungen der Gewinnentwicklung in Veräußerungsfällen, …".
[359] Vgl. § 10 S. 1 FVerlV.
[360] Vgl. § 10 S. 2 FVerlV.
[361] Vgl. § 10 S. 3 FVerlV.
[362] Aufgrund Rn. 61 der VGr-FVerl ist von einem Vorrang der Bewertung nach S. 1 bzw. S. 2–4 gegenüber dem hypothetischen Fremdvergleich auszugehen.
[363] Vgl. § 11 FVerlV.

Vermutung einer **„erheblichen Unsicherheit"** und schließlich zu einer Anpassung der Verrechnungspreise führen.

Die Vorschrift zur Preisanpassungsklausel lässt ebenfalls unberücksichtigt, inwieweit veränderte Gewinnentwicklungen durch zwischenzeitlich vom Übernehmer vorgenommene **Änderungen der Geschäftsstruktur** und damit auch der ursprünglich übertragenen Funktionen, Risiken und Wirtschaftsgüter bzw. des ursprünglich übertragenen **„Transferpakets"** verursacht sind. Möglicherweise existiert das Transferpaket nicht mehr oder wurde inzwischen an einen Dritten übertragen. Innerhalb eines Zeitraums von 10 Jahren wird der Erwerber auch **Ersatz- oder Erweiterungsinvestitionen** getätigt haben, welche die Gewinnentwicklung gegenüber der ursprünglichen Planung „erheblich" verändert haben.[364] Derartige gewinnverändernde Maßnahmen sind von den anderen Geschäftsergebnissen zu extrahieren, um die von der Vorschrift erfasste Unsicherheit bei der ursprünglichen Preisfindung zu identifizieren und zu bewerten. In der Unternehmenspraxis ist die Durchführung solcher Vergleichsrechnungen jedoch nahezu unmöglich und günstigstenfalls mit der Durchführung mehrerer paralleler Schattenrechnungen vorstellbar, was mit einem immensen Aufzeichnungsaufwand verbunden ist.

Die geschilderten Einwände lassen ein weiteres Problem der Vorschrift erkennen. Das verlagernde Unternehmen ist Subjekt der Besteuerung eines etwaigen Anpassungsbetrages, den das verlagernde Unternehmen vom übernehmenden Unternehmen in der Realität nicht vereinnahmt bzw. auf den es auch keinen Anspruch hat, sofern es nicht ausdrücklich in einem **Übertragungsvertrag** so vereinbart wurde. Überdies wird das verlagernde Unternehmen aufgrund einer veränderten Gewinnentwicklung besteuert, die es nicht bewirkt hat und auf die es üblicherweise auch keinen Einfluss hat. **247**

Die veränderte Gewinnentwicklung ist bereits Gegenstand der Besteuerung auf Ebene des übernehmenden Unternehmens auf Basis der tatsächlich erzielten Gewinne, so dass durch die nachträgliche Besteuerung eines höheren Übertragungswertes potentiell eine **doppelte Besteuerung** eintritt. In umgekehrter Weise kann dies im Falle einer negativ veränderten Gewinnentwicklung zu Gunsten des Steuerpflichtigen wirken. In jedem Berichtigungsfall muss die Durchsetzbarkeit der gebotenen **Folgekorrektur** beim jeweiligen Geschäftspartner als unsicher bis zweifelhaft angesehen werden.[365]

Bemerkenswert ist, dass die **deutsche FinVerw.** hinsichtlich der Akzeptanz nachträglicher Anpassungen der Verrechnungspreise üblicherweise restriktiv ist und diese nur unter eng definierten Bedingungen als fremdvergleichskonform anerkennt.[366] **248**

Die **OECD** sieht Preisanpassungsklauseln als im Einzelfall einzubeziehendes Element der Drittüblichkeit an,[367] nicht als Grundannahme, die gemäß der deutschen Regelung vom Steuerpflichtigen zu widerlegen ist. Es ist nachvollziehbar, dass die OECD eine besondere Berücksichtigung der Notwendigkeit einer Preisanpassungsklausel beim Einsatz **immaterieller Werte**[368] und bei

---

[364] S. hierzu auch *Wassermeyer/Baumhoff/Greinert* in FWBS, § 1 AStG, Anm. V 97.
[365] S. hierzu ausführlich *Kroppen/Rasch/Eigelshoven* IWB 2007, 321.
[366] Vgl. VGr-Verfahren, Tz. 3.4.12.8.
[367] Vgl. OECD-RL 2010, Tz. 3.72.
[368] Vgl. OECD-RL 2010, Tz. 6.28 ff.

Unternehmensrestrukturierungen[369] sieht. Auch in diesen Fällen soll die Verwendung einer solchen Klausel jedoch nicht alleine auf die Existenz von Unsicherheit gestützt werden, sondern auf Fälle beschränkt bleiben, in denen die Vereinbarung einer Preisanpassungsklausel **drittüblich** ist.

Die von der deutschen FinVerw. zeitlich nach Veröffentlichung der OECD-RL 2010 erlassenen Grundsätze deuten uE auf eine deutlich stärkere Annäherung an die Auffassung der OECD hin, als dies aus dem Gesetzeswortlaut von § 1 Abs. 3 S. 11 und 12 erkennbar ist.[370]

249   Der deutsche Gesetzgeber unterstellt mit der Einführung einer „Anpassungsregelungsvermutung" die Drittüblichkeit solcher Vereinbarungen. Ein Nachweis dafür, dass fremde Dritte „üblicherweise" derartige Preisanpassungsklauseln miteinander vereinbaren, ist bislang ausgeblieben. Hingegen zeigen **empirische Auswertungen** von M&A-Transaktionen, dass die Vereinbarung von Anpassungsklauseln in Verträgen zwischen fremden Dritten in der Praxis nicht sehr häufig ist (je nach Art der Transaktionen wird in deutlich weniger bis knapp mehr als 5 % aller Transaktionen eine **„earn out"-Klausel** vereinbart) und die Dauer der in der Realität vereinbarten Klauseln nur in Ausnahmefällen mehr als 5 Jahre beträgt.[371]

Inwieweit derartige empirische Daten geeignet sind, die deutsche FinVerw. im konkreten Einzelfall von der Unüblichkeit der Vereinbarung einer Preisanpassungklausel zu überzeugen und damit die gesetzlich kodifizierte Vermutung zu widerlegen, bleibt abzuwarten. Es ist zu befürchten, dass dies eher selten gelingen wird,[372] zumal weder dem Gesetz, der FVerlV oder den VGr-FVerl zu entnehmen ist, auf welchem Weg der Steuerpflichtige die gesetzliche Vermutung widerlegen kann.

Es ist uE aber als Nachweis anzuerkennen, wenn der Steuerpflichtige eigene **Übertragungsverträge mit fremden Dritten** vorlegen kann und sich aus diesen die mehrheitliche Abwesenheit von Anpassungsklauseln ergibt.

250   Im Ergebnis ist nicht erkennbar, wie die Regelung zur Preisanpassungsklausel in ihrer gegenwärtigen Fassung das Verhalten nahe stehender Personen nach dem Maßstab des Fremdvergleichs sichern soll. Nach unserer Auffassung sichert sie in erster Linie Steueraufkommen, während Teile der Regelung in Widerspruch zum Fremdvergleichsgrundsatz stehen.

251   Zur Reduzierung der aus der gegenwärtigen Regelung resultierenden Unsicherheiten und Risiken ist betroffenen Unternehmen zu empfehlen, in Übertragungsverträgen mit nahe stehenden Personen eine „sachgerechte Anpassungsregelung" zu vereinbaren. Hierfür werden u. a. auch **Lizenzvereinbarungen** vorgeschlagen, bei denen die Lizenz vom Umsatz oder Gewinn des Lizenznehmers (= übernehmendes Unternehmen) abhängig ist.[373] Im Übrigen sollte so weit als möglich auf real existierende **Anpassungsklauseln mit fremden Dritten** oder zwischen fremden Dritten zurückgegriffen werden, um die Drittüblichkeit der zwischen nahe stehenden Personen vereinbarten Anpassungsklauseln sicherzustellen und gegenüber der FinVerw. nachweisen

---

[369] Vgl. OECD-RL 2010, Tz. 9.87 f.
[370] Vgl. VGr-FVerl, Tz. 135.
[371] IE hierzu *Ebering* IStR 2012, 418.
[372] So auch *Wassermeyer* DB 2007, 535.
[373] Vgl. § 9 FVerlV.

zu können. Auch dem **Schrifttum** können Hinweise zu drittüblichen Anpassungsklauseln entnommen werden,[374] wenngleich hiermit wohl keine uneingeschränkte Vergleichbarkeit hergestellt wird.

Seitens der FinVerw. werden Anpassungsklauseln auch dann akzeptiert,
wenn diese **kürzer sind als 10 Jahre** und dem Fremdvergleichsgrundsatz
entsprechen.[375]

Bei der Formulierung von Preisanpassungsklauseln sowie bei der ggf. not- **252**
wendigen Prognose hinsichtlich der künftigen Gewinnentwicklung und Bewertung ist zu beachten, dass die Vereinbarung einer Preisanpassungsklausel
idR selbst Auswirkungen auf den Wert der **immateriellen Wirtschaftsgüter**
und **Vorteile** bzw. auf die künftige Gewinnentwicklung hat. Eine Preisanpassungsklausel kann sich sowohl **werterhöhend** (wenn hierdurch ein absehe-
bares Risiko für die Gewinnentwicklung eliminiert oder zumindest reduziert
wird) als auch **wertmindernd** (wenn hierdurch die Chance auf eine unerwartet positive Geschäftsentwicklung genommen oder reduziert wird) auswirken.[376]

12. Schätzung

§ 1 Abs. 4 AStG idF d. UStRG 2008[377] legt für die Schätzung von Ein- **253**
künften bei mangelnder Aufklärung des Sachverhalts durch den Steuerpflichtigen[378] eine an den wahrgenommenen Funktionen, übernommenen Risiken
und eingesetzten Wirtschaftsgütern orientierte durchschnittliche **Umsatzrendite**[379] oder eine **Verzinsung für das im Unternehmen eingesetzte
Kapital** gem. § 162 Abs. 2 AO fest, sofern keine **anderen Anhaltspunkte**
für eine Schätzung vorliegen.[380] Gegenüber der vor dem UStRG 2008 geltenden Fassung des Gesetzes wurde lediglich die klarstellende Ergänzung hinsichtlich des bei der Schätzung zu berücksichtigenden Funktions- und Risikoprofils vorgenommen. Daneben war aufgrund der Einfügung des neuen
Abs. 3 die Umbenennung in § 1 Abs. 4 AStG notwendig.

Eine Schätzung nach § 162 Abs. 3 AO, dh unter Einbeziehung eines **254**
Sanktionselements, wie sie bei Nichtvorlage einer verwertbaren Verrechnungspreisdokumentation[381] erfolgt, entspricht somit nicht dem Grundsatz
der Schätzung iRd § 1 AStG. Die Möglichkeit der Schätzung nach § 162
Abs. 3 AO iRd § 1 AStG bleibt aber vorbehalten.[382]

Gemäß **aktuellem Gesetzeswortlaut** besteht die explizite Vorschrift zur **255**
Durchführung von Schätzungen iRd AStG für nach dem 31. Dezember 2012
beginnende Wirtschaftsjahre nicht mehr.[383]

---

[374] Vgl. bspw. *Hilgard* BB 2010, 2912.
[375] Vgl. VGr-FVerl, Rn. 137.
[376] S. hierzu ausführlich *Scholz* IStR 2007, 521 ff.
[377] Zuvor § 1 Abs. 3 AStG.
[378] Gem. § 90 Abs. 2 AO.
[379] Zur Definition siehe BMF v. 11.11.1974, BStBl. I 1974, 994.
[380] Vgl. § 1 Abs. 4 S. 1 AStG.
[381] Gem. § 90 Abs. 3 AO.
[382] Vgl. § 1 Abs. 4 S. 2 AStG.
[383] Diese wurde aufgehoben iRd AmtshilfeRLUmsG. Vgl. § 21 Abs. 20 AStG.

13. Anwendung und Besteuerungsfolgen

256   Trotz der bereits seit rund 40 Jahren bestehenden Korrekturvorschrift des
§ 1 AStG war diese in der Vergangenheit auffallend selten der Grund für
Verrechnungspreiskorrekturen. Frühere Schätzungen bezifferten den Anteil der auf § 1 AStG gestützten Verrechnungspreiskorrekturen auf weniger als
5 % aller Anpassungen, während die Mehrzahl der Korrekturen mittels vGA
und Entnahmen bzw. durch verdeckte Einlagen erfolgt.[384]

Ein Grund hierfür dürfte sein, dass § 1 AStG von Beginn an als **Ergänzung** zu anderen bereits bestehenden Korrekturvorschriften konzipiert
war und in der praktischen Anwendung meist nachrangig zu diesen ist
(Rn. 350 ff.). Der verbleibende Anwendungsbereich bleibt damit klein und beschränkt sich im Wesentlichen auf die Fälle, in denen ein deutscher Steuerpflichtiger gegenüber seiner ausländischen Tochter Nutzungen und Leistungen
unentgeltlich oder teilentgeltlich erbringt. Diese Vorgänge können nicht als
verdeckte Einlage behandelt werden, so dass die Korrektur der Einkünfte des
deutschen Steuerpflichtigen über § 1 AStG erfolgen muss.

Dass das **Verhältnis** von § 1 AStG zu den anderen Korrekturvorschriften
hinsichtlich Rechtsvorrang und Anwendung lange Zeit umstritten war, dürfte
ebenfalls dazu beigetragen haben, dass in der Praxis vorrangig die älteren und
damit etablierteren Korrekturvorschriften zur Anwendung gekommen sind.

Aktuell hat § 1 AStG jedoch aufgrund der mehrfachen gesetzlichen Erweiterungen sowie der zunehmenden Bedeutung internationaler Verrechnungspreisfragen eine größere praktische Bedeutung als in früheren Jahren.

257   Die **Durchführung einer Korrektur der Einkünfte** auf Grundlage von
§ 1 AStG ist rechtssystematisch als nicht eindeutig anzusehen. Auch DBA-Regelungen helfen bei dieser Auslegungsfrage nicht weiter, da die Methodik einer
Berichtigung der Einkünfte Sache des nationalen Rechts der Staaten ist.[385]

Die Überlegungen zur Technik der Korrektur der Einkünfte iRd § 1 AStG
sind nicht nur von rechtstheoretischer Bedeutung, sondern können im
Hinblick auf eventuelle Besteuerungskonsequenzen außerhalb der Ertragsteuern – zB bei der Bestimmung der umsatzsteuerlichen Konsequenzen einer
Einkünftekorrektur nach § 1 AStG – von erheblicher praktischer Bedeutung
sein.

258   Unbestritten ist, dass eine Korrektur nach § 1 AStG ausschließlich die
Höhe der steuerlichen Einkünfte beeinflusst und keine Wirkung für die
handelsrechtliche Ergebnisermittlung oder für die zivilrechtliche Wirksamkeit
von Geschäftsbeziehungen hat.[386] Auf Basis des Fremdvergleichsgrundsatzes
wird ein Betrag ermittelt, welcher den Einkünften des Steuerpflichtigen hinzugerechnet wird.[387] Diese Korrektur erfolgt außerhalb der Bilanz des Steuerpflichtigen,[388] ebenso die Rückgängigmachung eines die Korrektur nach § 1
AStG auslösenden Sachverhalts mittels Ausgleichszahlung.[389]

---

[384] Vgl. *Wassermeyer* IStR 2001, 633.
[385] Vgl. *Wassermeyer* DBA, MA Art. 9, Rn. 81.
[386] Ebenso *Wassermeyer* in FWBS, § 1 AStG, Anm. 4.
[387] Vgl. *Schaumburg* Internationales Steuerrecht, Rn. 18.122.
[388] BFH 30.9.1990, BStBl. II 1990, 875.
[389] Vgl. VGr 1983, Tz. 8.3.1 Buchst. c).

Die **Qualifikation des hinzuzurechnenden Betrages** ergibt sich nicht   259
eindeutig aus dem Gesetz. Insbesondere fehlt es an einer klaren und eindeutigen Regelung, wie sie durch § 10 AStG für Zwischeneinkünfte iSd
§§ 7–14 AStG getroffen wird. Damit stellt sich die Frage, ob es sich bei einem Korrekturbetrag nach § 1 AStG technisch um die gleiche Hinzurechnung wie bei § 10 AStG handeln soll, ob eine abweichend von § 10 AStG zu
qualifizierende aber dennoch „pauschale" Hinzurechnung zum steuerlichen
Gewinn erfolgen soll oder ob die Erhöhung der Einkünfte des Steuerpflichtigen unmittelbar durch die Korrektur der in der zugrunde liegenden Geschäftsbeziehung vereinbarten und als nicht sachgerecht festgestellten Preise
erfolgen soll.

Die erste Alternative – eine **Qualifizierung des Korrekturbetrages** ana-
log der **Hinzurechnung** nach § 10 AStG als Einkünfte iSd § 20 Abs. 1 Nr. 1
EStG bzw. als gewerbliche Einkünfte im Fall der Zugehörigkeit der Beteili-
gung zu einem Betriebsvermögen – scheitert uE an der eindeutigen und ausschließlichen Bezugnahme von § 10 AStG auf die Einkünfte nach § 7 Abs. 1
AStG.[390] Auch der Wortlaut von § 1 AStG bzw. die zum AStG ergangenen
Verlautbarungen der FinVerw. lassen eine derartige Schlussfolgerung nicht zu.
Das gleiche gilt nach unserer Auffassung für eine eventuell zu erwägende
Qualifizierung des Korrekturbetrages als **Dividende,** analog dem Institut der
vGA nach § 8 Abs. 3 KStG. Auch für diese Interpretation bieten die ein-
schlägigen Gesetzestexte und das Schrifttum keine Anhaltspunkte.

Für die Annahme einer Korrektur direkt auf **Ebene der Geschäftsbeziehung** sprechen hingegen mehrere Aspekte. Zum Einen ist die Vereinbarung
von nicht dem Fremdvergleich entsprechenden Bedingungen im Rahmen
einer Geschäftsbeziehung zwischen nahe stehenden Personen gerade eine
wesentliche Tatbestandsvoraussetzung für die Möglichkeit einer Korrektur
nach § 1 AStG. Auch der grundsätzlich transaktionsbezogene Ansatz der
deutschen FinVerw.[391] und der OECD[392] bei der Bestimmung und Prüfung
von Verrechnungspreisen weist in diese Richtung. Schließlich lässt die Beschränkung der nach § 1 AStG potentiell einer Korrektur zugängigen Einkunftsarten bzw. die explizite Nennung der potentiell betroffenen Einkunftsarten den Willen des Gesetzgebers erkennen, die Tatbestandsvoraussetzungen
innerhalb einer jeden Einkunftsart und damit folgerichtig auch auf Ebene jeder einzelnen Geschäftsbeziehung innerhalb einer Einkunftsart zu prüfen und
auch auf dieser Ebene ggf. Korrekturen vorzunehmen.[393]

Allerdings erfordert eine systematisch zutreffende Korrektur auf Ebene je-   260
der einzelnen Geschäftsbeziehung eine Korrektur der **Einnahmen** bzw. der
Ausgaben des Steuerpflichtigen. Gemäß dem insoweit eindeutigen Wortlaut
von § 1 AStG sind Gegenstand einer Korrektur jedoch die **Einkünfte** des
Steuerpflichtigen. Die Einkünfte wiederum definieren sich im betrieblichen

---

[390] Vgl. § 10 Abs. 1 S. 1 AStG.

[391] Vgl. VGr 1983, Tz. 2.1.2; BMF 13.11.2003, BGBl. I 2003, 2296 (GAufzV), § 2
Abs. 3.

[392] Vgl. OECD-RL 2010, Tz. 1.33, 1.64.

[393] Vgl. zu dieser Problematik – welche sich in ähnlicher Weise auch auf die Tatbestandsvoraussetzung „Minderung der Einkünfte" erstreckt – *Wassermeyer* in FWBS, § 1
AStG, Anm. 253.

Bereich als Gewinn,[394] der Nettogröße aus Betriebseinnahmen und Betriebsausgaben.

261 Somit sollte es unstrittig sein, dass die Korrektur der Einkünfte iRd § 1 AStG auf Ebene jedes einzelnen Geschäftsvorfalls – bei entsprechender wirtschaftlicher Vergleichbarkeit mehrerer Geschäftsvorfälle uE auch auf Ebene einer Gruppe dieser gleichartigen Geschäftsvorfälle – zu erfolgen hat. Hingegen spricht der Wortlaut von § 1 AStG als **„Korrektur der Einkünfte"** für eine Korrektur des Saldos aus Einnahmen und Ausgaben. Aus unserer Sicht systematisch überzeugender wäre allerdings eine Korrektur der jeweils nicht als fremdvergleichskonform erachteten Vereinbarung – sprich der Höhe der in einer Geschäftsbeziehung erzielten Einnahmen oder der durch die Geschäftsbeziehung verursachten Ausgaben.

14. Europarecht

262 Bereits seit mehreren Jahren wird die Vereinbarkeit von § 1 AStG mit den europarechtlich garantierten **Grundfreiheiten** (gegenwärtig definiert im **AEUV**[395]) kontrovers diskutiert. Gegenstand dieser Diskussionen ist die potentielle Beschränkung der Niederlassungsfreiheit[396] bzw. der Kapitalverkehrsfreiheit[397] durch Bestimmungen des § 1 AStG. Im Unterschied zu den anderen Grundfreiheiten ist eine Beschränkung der Kapitalverkehrsfreiheit auch denkbar im Verhältnis zu Staaten, die nicht Mitgliedstaaten der EU sind, bzw. im Verhältnis zu Angehörigen solcher Drittstaaten.[398] Ein Verstoß gegen EU-Recht liegt allerdings erst dann vor, wenn für die Beschränkung einer der Grundfreiheiten kein **Rechtfertigungsgrund** besteht.[399] Die ggf. bestehende Rechtfertigung einer Beschränkung muss gemäß Rechtsprechung des EuGH jedoch angemessen sein.[400]

263 In der Vergangenheit hat die überwiegende Literaturmeinung[401] § 1 AStG als nicht vereinbar mit Europarecht beurteilt. Bestärkt wurde diese Sicht durch die **Rechtsprechung** auf nationaler[402] und internationaler[403] Ebene, allerdings hatte der EuGH keine mit § 1 AStG unmittelbar vergleichbaren Fälle zu entscheiden.

---

[394] Vgl. § 2 Abs. 2 Ziff. 1 iVm § 4 EStG.

[395] Vertrag über die Arbeitsweise der Europäischen Union. Bis zum 30.11.2009 Vertrag zur Gründung der Europäischen Gemeinschaft.

[396] Vgl. Art. 49–55 AEUV.

[397] Vgl. Art. 63–66 AEUV.

[398] Vgl. Art. 63 und 64 AEUV.

[399] Hierbei wird unterschieden zwischen ausdrücklichen und ungeschriebenen Rechtfertigungsgründen. Die aus der „Cassis de Dijon"-Rechtsprechung abgeleiteten ungeschriebenen Rechtfertigungsgründe liegen in zwingenden Erfordernissen des Allgemeininteresses der Mitgliedstaaten, wozu u. a. auch der wirksame Vollzug des Steuerrechts gezählt wird.

[400] Vgl. bspw. EuGH 14.10.2004, Rs. C-36/02 (Omega Spielhallen), Slg. 2004, I-9609.

[401] Vgl. beispielhaft *Wassermeyer* GmbHR 2004, 616; *Schaumburg* DB 2005, 1129; *Schön* IStR 2004, 289.

[402] Vgl. BFH 21.6.2001, IStR 2001, 509; FG Düsseldorf 19.2.2008, IStR 2008, 449.

[403] Vgl. EuGH 21.11.2002, Rs. C-436/00 (X und Y), Slg. 2002, I-10847.

Auch die iRd UStRG erfolgten Änderungen von § 1 AStG haben die grundsätzlichen Zweifel an der Europarechtskonformität des Gesetzes nicht vollständig beseitigen können.[404] In erster Linie stellt die Anwendung alleine auf **grenzüberschreitende Sachverhalte** eine potentielle Beschränkung der Grundfreiheiten dar. In einigen Literaturbeiträgen wird eingewendet, dass die auch in Inlandsfällen anwendbaren Institute der vGA (häufig) und der vE (weniger häufig) zum gleichen Ergebnis wie eine Korrektur nach § 1 AStG führen können und es in solchen Fällen an einer **Diskriminierung** durch den dann im Effekt wirkungslosen § 1 AStG fehle.[405] Aber auch nach dieser Argumentation könne § 1 AStG potentiell Grundfreiheiten beschränken, bspw. bei (nicht einlagefähigen) Nutzungen oder im Fall von Funktionsverlagerungen.

Neue Nahrung hat die Diskussion durch zwei Entscheidungen des **EuGH** **264** erhalten, in denen gesetzliche Regelungen überprüft wurden, die eine starke Analogie zu § 1 AStG aufweisen.

In der ersten Rechtssache **„Thin Cap GLO"** standen die britischen Vor- **265** schriften zur Begrenzung des steuerlichen Abzugs von Schuldzinsen auf von verbundenen Unternehmen gewährte Darlehen in der Fassung vor April 2004 (dh mit einer Begrenzung lediglich im Falle grenzüberschreitender konzerninterner Finanzierungen) auf dem Prüfstand. Der EuGH hat hierzu entschieden, dass die **britischen „thin capitalisation rules"** die **Niederlassungsfreiheit** potentiell beschränken.[406] Andererseits ist diese Beschränkung der Niederlassungsfreiheit gerechtfertigt in Fällen, in denen eine künstliche und alleine auf die Erzielung von **Steuervorteilen** ausgerichtete Struktur etabliert wurde. Die britischen Steuerpflichtigen eingeräumte Möglichkeit, die Einhaltung des Fremdvergleichsgrundsatzes hinsichtlich der vereinbarten Finanzierungsbedingungen nachzuweisen, hat der EuGH als Rechtfertigungsgrund für die Existenz der britischen Regelung beurteilt.

Auf die in der Entscheidung „Thin Cap GLO" angewendeten Grundsätze **266** hat der EuGH in der Rechtssache **„SGI"**[407] zur Beurteilung einer dem § 1 AStG sehr ähnlichen Vorschrift des **belgischen Steuerrechts**[408] zurückgegriffen. Wie erwartet hat der EuGH bei seiner Entscheidung, wie zuvor in der Rechtssache „Thin Cap GLO", in der exklusiven Anwendbarkeit von Art. 26 CIR auf grenzüberschreitende Sachverhalte eine potentielle Beschränkung der **Niederlassungsfreiheit** gesehen.[409] Zwar hat der EuGH inhaltlich auch eine potentielle Beschränkung der Kapitalverkehrsfreiheit durch Art. 26 CIR erkannt, hat die Anwendung der Grundsätze der **Kapitalverkehrsfreiheit** jedoch im Ergebnis aufgrund der Höhe der Beteiligung[410] verneint. Hinsicht-

---

[404] Vgl. bspw. *Schönfeld* IStR 2011, 219 ff.

[405] Vgl. bspw. *Frotscher*, Internationales Steuerrecht, Rn. 565; *Kaminski* in SKK, § 1 AStG, Rn. 25 ff.

[406] Vgl. EuGH 13.3.2007, Rs. C-524/04 (Thin Cap GLO), Slg. 2007, I-2107.

[407] Die belgische Holdinggesellschaft SGI hatte ihrer französischen Tochtergesellschaft RECYDEM ein unverzinsliches Darlehen gewährt.

[408] Art. 26 Code des impôts sur les revenus vom 12. Juni 1992. Im Folgenden „Art. 26 CIR".

[409] Vgl. EuGH 21.1.2010, Rs. C-311/08 (SGI), Slg. 2010, I-487.

[410] SGI war mit 65 % am Kapital von RECYDEM beteiligt und verfügte damit nach Auffassung des EuGH über einen „sicheren Einfluss".

lich der in diesem Fall umstrittensten Frage, ob es für die Beschränkung der Niederlassungsfreiheit einen Rechtfertigungsgrund gibt, hat der EuGH in seiner Entscheidung zu „SGI" im Wesentlichen wie zuvor in der Rechtssache „Thin Cap GLO" argumentiert und das Ziel der **Vermeidung von Steuerumgehungen** als Rechtfertigungsgrund grundsätzlich anerkannt. Die **Angemessenheit** einer zur Vermeidung von Steuerumgehungen ergriffenen gesetzlichen Maßnahme wurde vom EuGH ebenfalls bejaht, sofern

- dem Steuerpflichtigen die Möglichkeit gegeben wird, Beweise für etwaige wirtschaftliche Gründe für die von ihm gewählte Geschäftsstruktur beizubringen, und
- wenn dem Steuerpflichtigen der Nachweis wirtschaftlicher Gründe nicht gelingt, die daraus folgende steuerliche Berichtigung auf das beschränkt wird, was ohne die gegenseitige Verflechtung der Beteiligten vereinbart worden wäre.

Im Fall SGI sah der EuGH die Voraussetzungen als erfüllt an, unter denen eine potentielle Beschränkung der Niederlassungsfreiheit zulässig ist.

Die **Interpretation** der Entscheidung i. S. SGI im Hinblick auf die europarechtliche Zulässigkeit von § 1 AStG weist die volle Bandbreite an Möglichkeiten auf. Während Angehörige der deutschen FinVerw. aus der Entscheidung des EuGH i. S. SGI eine vollständige Rechtfertigung von § 1 AStG lesen und die Diskussion über die Europarechtstauglichkeit der Vorschrift damit für beendet halten,[411] wird diese vollständige Rechtfertigung an anderer Stelle bestritten[412] und weiterer Diskussions- und Klärungsbedarf gesehen.[413]

267   Nach unserer Auffassung lassen sich aufgrund der inzwischen wohl gefestigten Rechtsprechung des EuGH, die stärker als noch vor einigen Jahren erkennbar die Vermeidung von Steuerumgehungen als **Rechtfertigungsgrund** anerkennt, mehrere Rückschlüsse in Bezug auf die Vereinbarkeit von § 1 AStG mit den europarechtlich garantierten Grundfreiheiten ziehen:

1. Aufgrund der Beschränkung auf grenzüberschreitende Sachverhalte stellt die Vorschrift des § 1 AStG eine **potentielle Beschränkung** der Niederlassungsfreiheit und der Kapitalverkehrsfreiheit dar (je nach Möglichkeit der Einflussnahme wird eine der beiden Grundfreiheiten potentiell beschränkt sein).

2. Ob für die potentielle Beschränkung dieser beiden Grundfreiheiten durch § 1 AStG ein **Rechtfertigungsgrund** vorliegt und die Beschränkung auch **angemessen** ist, kann nicht alleine aufgrund der bisher vom EuGH entschiedenen Fälle beurteilt werden. Stattdessen sind die vom EuGH entwickelten Grundsätze auf § 1 AStG zu übertragen und eine erneute Prüfung unter Berücksichtigung der deutschen Bestimmungen durchzuführen.

3. Nach unserer Einschätzung wird eine solche Prüfung von § 1 AStG zu dem Ergebnis kommen, dass einige der durch § 1 AStG verursachten Beschränkungen zulässig sind, andere jedoch nicht. Insbesondere hinsichtlich der Regelungen zu Funktionsverlagerungen erscheinen uns sowohl die Rechtfertigung als auch die Angemessenheit fraglich.

---

[411] Vgl. *Becker/Sydow* IStR 2010, 195 ff.
[412] Vgl. bspw. *Englisch* IStR 2010, 139 ff.
[413] So u. a. *Andresen* IStR 2010, 289 ff.; *Scheipers/Linn* IStR 2010, 469 ff.

Die erforderliche Prüfung der einzelnen Regelungen von § 1 AStG lässt uE nicht den Schluss zu, dass mit der Entscheidung des EuGH i. S. SGI die Diskussion um die Europarechtstauglichkeit der Vorschrift beendet ist. Hingegen scheint der Frage der europarechtlichen Würdigung der **Dokumentationspflichten** für Verrechnungspreise gem. § 90 Abs. 3 AO geklärt zu sein. Hierzu hat der BFH zwar erwartungsgemäß entschieden, dass die Vorschrift eine potentielle Beschränkung der Dienstleistungsfreiheit darstellt. Gleichzeitig sieht der BFH diese potentielle Beschränkung aber durch zwingende Gründe des Allgemeininteresses (wirksame Steueraufsicht) gerechtfertigt und als verhältnismäßig an. Der BFH erachtet diese Folgerung als eindeutig und hat den Fall nicht dem EuGH vorgelegt.[414]

15. Verwaltungsgrundsätze zu § 1 AStG

a) Überblick

In Ergänzung zu dem im Jahr 1972 in Kraft getretenen Außensteuergesetz **268** hatte die deutsche FinVerw. ein **Einführungsschreiben** zur Erläuterung des Gesetzes erlassen.[415] Nachdem die OECD ihre Initiativen i. S. Verrechnungspreise verstärkt hatte und daraufhin im Juni 1976 Leitsätze sowie im Mai 1979 ein Bericht[416] veröffentlicht wurden, sah die deutsche FinVerw. die Notwendigkeit, den **Grundsatz des Fremdvergleichs** aus deutscher Sicht zu konkretisieren. Im Jahr 1983 wurde hierzu ein ausführliches BMF-Schreiben veröffentlicht (**„VGr 1983"**).[417]

Die VGr 1983 bestehen in weiten Teilen auch heute noch und bilden damit ein wichtiges Element der veröffentlichten Verwaltungsmeinung. Einige Teile der VGr 1983 wurden aber auch durch neue BMF-Schreiben ersetzt bzw. es erfolgten inhaltliche Erweiterungen, die über den ursprünglichen Umfang der VGr 1983 hinausgehen.

Zunächst wurden die Erläuterungen der VGr 1983 zur Einkunftsabgren- **269** zung durch Umlageverträge[418] Ende des Jahres 1999 ersetzt durch ein eigenes BMF-Schreiben (**„VGr-Umlageverträge"**).[419] Mit dem Erlass der **VGr-Arbeitnehmerentsendung**[420] im Jahr 2001 erfolgte eine entsprechende inhaltliche Ergänzung, die in den VGr 1983 nicht explizit enthalten war. Eine

---

[414] Vgl. BFH 10.4.2013, BStBl. II 2013, 771.

[415] Vgl. BMF 11.7.1974, BStBl. I 1974, 442.

[416] „Transfer Pricing and Multinational Enterprises – Report of the OECD Committee on Fiscal Affairs 1979", Paris 1979. Die deutsche Übersetzung erschien im Herbst 1981 unter dem Titel „Verrechnungspreise und Multinationale Unternehmen – Bericht des Steuerausschusses der OECD 1979".

[417] Grundsätze für die Prüfung der Einkunftsabgrenzung bei international verbundenen Unternehmen (VGr), BMF 23.2.1983, BStBl. I 1983, 218.

[418] Zuvor Tz. 7 der VGr 1983.

[419] Grundsätze für die Prüfung der Einkunftsabgrenzung durch Umlageverträge zwischen international verbundenen Unternehmen, BMF 30.12.1999, BStBl. I 1999, 1122.

[420] Grundsätze für die Prüfung der Einkunftsabgrenzung zwischen international verbundenen Unternehmen in Fällen der Arbeitnehmerentsendung (VGr-Arbeitnehmerentsendung), BMF 9.11.2001, BStBl. I 2001, 796.

weitere Aktualisierung der VGr 1983 erfolgte im Jahr 2005 hinsichtlich der Tz. 8 („Durchführung von Berichtigungen") und Tz. 9 („Verfahren") durch die **VGr-Verfahren.**[421] Die VGr-Verfahren enthalten auch inhaltliche Erweiterungen, insbesondere hinsichtlich der Erläuterungen zu den durch § 90 Abs. 3 AO neu eingeführten gesetzlichen Dokumentationspflichten für Verrechnungspreise[422] (Kap. E). Mit den **VGr-Funktionsverlagerung**[423] wurde ebenfalls die Anwendung einer neuen gesetzlichen Vorschrift[424] aus Sicht der FinVerw. erläutert[425] (Rn. 235). In ähnlichem Zusammenhang sind die **Betriebsstättengrundsätze** der deutschen FinVerw. zu sehen, die aufgrund der Neufassung des Gesetzes nun unmittelbar mit § 1 AStG in Zusammenhang stehen und inhaltlich durch Erlass einer neuen **Rechtsverordnung** überarbeitet werden.[426]

Neben diesen Aktualisierungen und Erweiterungen der VGr 1983 sind BMF-Schreiben zu einzelnen Fragestellungen ergangen, bspw. zur Definition einer Geschäftsbeziehung (Rn. 179).

b) Rechtsnatur

270 BMF-Schreiben stellen die **offizielle Position der deutschen FinVerw.** dar. Die darin getroffenen Aussagen sind damit für deutsche Finanzbehörden bindend. Der Steuerpflichtige kann beanspruchen, dass die Beurteilung von Verrechnungspreisfragen im Rahmen der Veranlagung oder bei Betriebsprüfungen entsprechend der VGr erfolgt und er im Vergleich dazu nicht schlechter gestellt wird. Insoweit erlangt der Steuerpflichtige **Rechtssicherheit,** die sich jedoch auch zu seinen Ungunsten auswirken kann, da er eine von einem BMF-Schreiben abweichende steuerliche Behandlung gegenüber einer einzelnen deutschen Finanzbehörde in der Regel nicht erreichen wird.

Diese Bindungswirkung rechtfertigt es jedoch nicht, dass der Inhalt von BMF-Schreiben in Rechte des Steuerpflichtigen eingreift, soweit dies nicht durch bestehende Gesetze gedeckt ist. Insbesondere haben BMF-Schreiben **keinen Gesetzescharakter.** Folglich besteht weder für Steuerpflichtige noch für Gerichte eine Bindung an die in BMF-Schreiben vertretenen Auffassungen, mit denen bestehende Gesetze aus Sicht der deutschen FinVerw. ausgelegt werden. Daraus folgt weiterhin, dass die VGr keine eigenständigen Korrekturvorschriften enthalten, sondern nur im Rahmen der bestehenden Vorschriften über die Einkunftsabgrenzung heranzuziehen sind.

---

[421] Grundsätze für die Prüfung der Einkunftsabgrenzung zwischen nahe stehenden Personen mit grenzüberschreitenden Geschäftsbeziehungen in Bezug auf Ermittlungs- und Mitwirkungspflichten, Berichtigungen sowie auf Verständigungs- und EU-Schiedsverfahren (VGr-Verfahren), BMF 12.4.2005, BStBl. I 2005, 570.

[422] S. hierzu auch die GAufzV vom 13.11.2003.

[423] Grundsätze für die Prüfung der Einkunftsabgrenzung zwischen nahe stehenden Personen in Fällen von grenzüberschreitenden Funktionsverlagerungen (VGr Funktionsverlagerung), BMF 13.10.2010, BStBl. I 2010, 774.

[424] Vgl. § 1 Abs. 3 S. 9–11 AStG.

[425] S. hierzu auch die FVerlV vom 13.10.2010.

[426] Verordnung zur Anwendung des Fremdvergleichsgrundsatzes auf Betriebsstätten nach § 1 Abs. 5 des Außensteuergesetzes (Betriebsstättengewinnaufteilungsverordnung – BsGaV), Entwurf vom 28.8.2014, BR-Drs. 401/14.

Aus der Rechtsnatur von BMF-Schreiben ergibt sich, dass diese **keine Bindungswirkung für ausländische Finanzbehörden** entfalten und auch nicht in **zwischenstaatliche Vereinbarungen** eingreifen.

Hinsichtlich des Inhalts von VGr und deren rechtlicher Stellung kann dif- **271** ferenziert werden zwischen **norminterpretierenden Aussagen** einerseits, die den Inhalt bestehender gesetzlicher Regelungen auslegen. Beispiele hierfür sind Tz. 1.2.3 und Tz. 2.3 der VGr 1983.[427] Zu deren Rechtsstellung gelten die obigen Erläuterungen. Andererseits können BMF-Schreiben auch **Rechtsverweisungen** enthalten, die lediglich den Inhalt bestehender Regelungen wiedergeben oder auf den Inhalt dieser Regelungen verweisen. Die Tz. 1.1.1 und 9.1.3 der VGr 1983 (bzw. Tz. 3.3.3 der VGr-Verfahren) sind Beispiele hierfür. Naturgemäß stellt sich für solche Rechtsverweisungen die Frage nach der Bindungswirkung nicht.

Auch die Darstellung **ökonomischer Methoden** ist uE nicht als norminterpretierend anzusehen. Sie dient nur der Beschreibung wirtschaftswissenschaftlicher Erkenntnisse und spiegelt keine verbindliche Anweisung wieder. Demzufolge kann der Steuerpflichtige von diesen Darstellungen, wie sie zB Tz. 2.2 der VGr 1983 enthält, im Rahmen anderweitiger ökonomischer Verfahren abweichen. Hiervon zu unterscheiden sind nach unserer Auffassung die Darstellung ökonomischer Methoden durch Rechtsverweisung[428] sowie norminterpretierende Anweisungen zum Gebrauch der Methoden und Einschränkungen zu deren Gebrauch.[429]

c) VGr 1983

Die VGr 1983 erläutern im ersten Abschnitt die Rechtsgrundlagen zur **272** Einkunftsabgrenzung. Tz. 1.1 und Tz. 1.3 verdeutlichen hierbei, nach welchen nationalen Vorschriften und Gesetzen bei einem inländischen Unternehmen eine Gewinnberichtigung bei **grenzüberschreitenden Geschäftsbeziehungen** mit einer in einem ausländischen Staat ansässigen nahe stehenden Person vorzunehmen ist. Auf welche Weise nach den DBA-Normen eine auf Grund von Gewinnberichtigungen ggf. eintretende wirtschaftliche Doppelbelastung vermieden werden kann, beschreibt Tz. 1.2 VGr 1983.

Der zweite Abschnitt der VGr 1983 enthält allgemeine Grundsätze zur Ein- **273** kunftsabgrenzung, darunter in Tz. 2.1 die Festlegung des **Fremdvergleichs** als Maßstab der Gewinnabgrenzung. Geschäftsbeziehungen zwischen Nahestehenden sind danach zu beurteilen, ob die Beteiligten sich bei der Gestaltung der Geschäftsbeziehungen wie unabhängige Dritte verhalten haben. Dabei gelten als Maßstab die Verhältnisse des freien Wettbewerbs. Auszugehen ist dabei von der verkehrsüblichen Sorgfalt ordentlicher und gewissenhafter Geschäftsleiter gegenüber fremden Dritten.[430] Zur Prüfung soll die jeweilige Geschäftsbeziehung zu den Nahestehenden zugrunde gelegt werden.

---

[427] Vgl. *Höppner* StBp 1983, 121 ff.

[428] Vgl. bspw. den Verweis auf die Erläuterung der OECD-RL zu den Verrechnungspreismethoden in den VGr-Verfahren, Tz. 3.4.10.3 Buchst. a).

[429] Vgl. bspw. die Einschränkungen zum Gebrauch der geschäftsvorfallbezogenen Nettomargenmethode in den VGr-Verfahren, Tz. 3.4.10.3 Buchst. b).

[430] Vgl. BFH 16.3.1967, BStBl. III 1867, 626; 10.5.1967, BStBl. III 1967, 498.

Unter Tz. 2.2 werden die **Standardmethoden** zur Prüfung von Verrechnungspreisen beschrieben, die wichtige Anhaltspunkte bei der Ermittlung des Fremdvergleichspreises darstellen. Maßgebend für die Anwendung der Methoden sind die tatsächlichen Verhältnisse nach ihrem wirtschaftlichen Gehalt sowie die Funktion des einzelnen Unternehmens.[431] Als Standardmethoden (Kap. D) werden beschrieben:
– **Preisvergleichsmethode,** bzw. Comparable Uncontrolled Price Method (Tz. 2.2.2 VGr 1983),
– **Wiederverkaufspreismethode,** bzw. Resale Price Method (Tz. 2.2.3 VGr 1983),
– **Kostenaufschlagsmethode,** bzw. Cost Plus Method (Tz. 2.2.4 VGr 1983).

Ergänzende **Verprobungen** mit Hilfe eines inneren und äußeren Betriebsvergleichs können Aufschluss darüber geben, ob der simulierte Verrechnungspreis dem Fremdvergleichspreis entspricht (Tz. 2.4.5 VGr 1983). Einen potentiellen **Vorteilsausgleich** zwischen vorteilhaften und nachteiligen Geschäften eines Steuerpflichtigen mit Nahestehenden beschreibt Tz. 2.3 VGr 1983.

274   Die VGr 1983 enthalten darüber hinaus Erläuterungen zur Anwendung der theoretischen Grundsätze bei verschiedenen besonders häufig zu beobachtenden **Geschäftsbeziehungen** bzw. **Leistungsarten:**
– Lieferung von Gütern und Waren (Tz. 3.1),
– gewerbliche Dienstleistungen (Tz. 3.2),
– Kosten der Werbung (Tz. 3.3),
– Kosten der Markterschließung (Tz. 3.4),
– Anlaufkosten (Tz. 3.5),
– Zinsen und ähnliche Vergütungen (Tz. 4),
– Nutzungsüberlassung von Patenten, Know-how oder anderen immateriellen Wirtschaftsgütern; Auftragsforschung (Tz. 5),
– verwaltungsbezogene Leistungen im Konzern (Tz. 6).

275   Die früheren Tz. 7–9 der VGr 1983 sind inzwischen durch separate BMF-Schreiben worden. Deren Inhalt wird nachfolgend kurz erläutert.

d) VGr-Umlageverträge

276   Die VGr-Umlageverträge[432] haben den früheren Abschnitt 7 der VGr 1983 ersetzt. Die Neufassung der Verwaltungsmeinung zu **Kostenverrechnungen** iRd VGr-Umlageverträge hatte ursprünglich zum Ziel, i. S. e. administrativen Vereinfachung den bis dahin nach Auffassung der deutschen FinVerw. geltenden Vorrang der **Einzelabrechnung** gegenüber der **Konzernumlage** aufzuheben bzw. die starke Einschränkung des Anwendungsbereichs von Umlagen auf Forschung und Entwicklung sowie auf Einzelfälle verwaltungsbezogener Leistungen aufzugeben.[433] Ob der ursprüngliche Zweck erreicht wurde, ist aufgrund der für die Akzeptanz einer Kostenumlage erforderlichen Nachweise und Dokumentation im Schrifttum nicht unumstritten.[434]

---

[431] Vgl. VGr 1983, Tz. 2.4.
[432] Vgl. BMF 30.12.1999, BStBl. I 1999, 1122.
[433] Vgl. VGr 1983, Tz. 7.1.1.
[434] Vgl. *WSG* Außensteuergesetz, § 1/VG, Rn. 148 f., wonach von der deutschen FinVerw. im Grunde eine Addition einzelner Abrechnungen gefordert wird.

Der **Poolgedanke** ist nunmehr von der deutschen FinVerw. anerkannt, so-   277
fern und soweit die **Poolmitglieder** gleichgerichtete wirtschaftliche Interessen verfolgen.[435] Abzugrenzen von diesem **Kostenpool** ist der **Nachfragepool**, bei dem eines oder mehrere Poolmitglieder in wirtschaftlich anderer
Art und Weise an dem Pool teilnehmen als die übrigen Mitglieder, insbesondere als Leistungserbringer gegenüber dem aus den anderen Poolmitgliedern
gebildeten Nachfragepool (bspw. im Wege der Auftragsforschung).[436]

Die im Rahmen des Pools anfallenden Kosten werden entsprechend dem
Nutzenanteil seiner Mitglieder auf seine Mitglieder umgelegt.[437] Die Berechnung eines **Gewinnaufschlages** ist dabei nicht zulässig, es sei denn, Verrechnungen erfolgen mit Nichtpoolmitgliedern im Rahmen des Nachfragepools.[438]

Besondere Beachtung erfordert der **Eintritt** neuer Mitglieder in den Pool
bzw. der **Austritt** einzelner Mitglieder aus dem Pool. In beiden Konstellationen stellt sich die Frage, inwieweit **Ausgleichszahlungen** zu leisten
sind.[439]

Die **VGr-Umlageverträge** fordern einen steuerlich anzuerkennenden   278
(schriftlichen) Umlagevertrag sowie umfangreiche Dokumentation zur Verrechnung, insbesondere über die Art der erbrachten Leistungen sowie den
von den einzelnen Poolmitgliedern erwarteten und den tatsächlich erreichten
wirtschaftlichen Nutzen.[440]

e) VGr-Arbeitnehmerentsendung

Aufgrund der zunehmenden Internationalisierung der Wirtschaft und dem   279
damit verbundenen stärkeren Austausch von Mitarbeitern zwischen den verschiedenen Unternehmen eines Konzerns sah sich die deutsche FinVerw. veranlasst, ihre Meinung zur steuerlichen Anerkennung von **Verrechnungen
der Entsendungskosten** in einem neuen BMF-Schreiben[441] zu erläutern.
Zuvor wurde die Frage von Kostenverrechnungen bei Personalentsendungen
lediglich im Rahmen der allgemeinen Kostenverrechnung in Tz. 7 der VGr
1983 behandelt.

Dabei ist die **Interessenlage** von entsendendem und aufnehmendem Unternehmen grundlegend für die Beurteilung, welches der verbundenen Unternehmen welchen Anteil der Kosten der Entsendung zu tragen hat.[442] Es ist
davon auszugehen, dass üblicherweise das aufnehmende Unternehmen das
überwiegende **Interesse an der Entsendung** hat. Jedoch kann – insbesondere wenn die Entsendung für das aufnehmende Unternehmen deutlich kost-
spieliger ist als die Beschäftigung am lokalen Markt verfügbarer Arbeitskräfte
– ein partielles Interesse des entsendenden Unternehmens zu vermuten sein.
Typisierend wird unterstellt, dass bei einer einmaligen Entsendung von mehr

---

[435] Vgl. VGr-Umlageverträge, Tz. 1.2.
[436] Vgl. VGr-Umlageverträge, Tz. 1.7.
[437] Vgl. VGr-Umlageverträge, Tz. 3.
[438] Vgl. VGr-Umlageverträge, Tz. 1.7 und 2.2.
[439] Vgl. VGr-Umlageverträge, Tz. 4.1 und 4.2.
[440] Vgl. VGr-Umlageverträge, Tz. 5.
[441] Vgl. BMF 9.11.2001, BStBl. I 2001, 796.
[442] Vgl. VGr-Arbeitnehmerentsendung, Tz. 3.

als drei Monaten oder bei mehrmaliger Entsendung von jeweils weniger als drei Monaten das aufnehmende Unternehmen der wirtschaftliche Arbeitgeber ist.[443]

Im Regelfall findet bei der Personalentsendung keine **Übertragung immaterieller Werte bzw. von Know-how** vom überlassenden auf das aufnehmende Unternehmen statt. Jedoch ist dies im Einzelfall zu prüfen und ggf. ein gesondertes Entgelt für die Übertragung zu zahlen.[444]

280   Der **Nachweis des Fremdvergleichs** – insbesondere die Höhe der von dem aufnehmenden und der ggf. von dem abgebenden Unternehmen zu tragenden Kosten einer Entsendung – soll vorrangig nach der **Preisvergleichsmethode** geführt werden.[445]

Die VGr-Arbeitnehmerentsendung formulieren umfangreiche **Dokumentationserfordernisse,** um die Angemessenheit der bei der Entsendung entstehenden Kosten sowie deren Verteilung auf entsendendes und aufnehmendes Unternehmen nachzuweisen.[446]

f) VGr-Verfahren

281   Die **VGr-Verfahren**[447] haben die bisherigen Abschnitte der VGr 1983 zur **Durchführung von Berichtigungen** und zu **Verfahrensfragen**[448] ersetzt und damit für eine wesentlich ausführlichere und aktuellere Erläuterung der **Verwaltungsmeinung** zu diesen Aspekten der Verrechnungspreise gesorgt. Es erfolgten darüber hinaus im Vergleich zu den VGr 1983 bedeutende inhaltliche Erweiterungen, vor allem bezüglich der mit Wirkung zum Veranlagungszeitraum 2003 eingeführten Verpflichtung zur Anfertigung spezieller **Verrechnungspreisdokumentation**[449] und damit zusammenhängend **praktischer Aspekte der Verrechnungspreisanalyse.**

282   Ein wesentlicher Teil der VGr-Verfahren behandelt die iZm Verrechnungspreisen bedeutendsten Bestimmungen der Abgabenordnung. Dies sind insbesondere der **Amtsermittlungsgrundsatz,**[450] die allgemeinen, erhöhten und besonderen **Mitwirkungspflichten**[451] sowie die **Rechtsfolgen einer unzureichenden Mitwirkung.**[452] Hinzu kommen Erläuterungen zur Durchführung von **Verrechnungspreiskorrekturen und deren steuerliche Wirkungen**[453] sowie zur Durchführung von internationalen **Verständigungs- und Schiedsverfahren.**[454] Auch die **Aufbewahrung von Auf-**

---

[443] Vgl. VGr-Arbeitnehmerentsendung, Tz. 2.2.

[444] Vgl. VGr-Arbeitnehmerentsendung, Tz. 4.2.

[445] Vgl. VGr-Arbeitnehmerentsendung, Tz. 3.2.

[446] Vgl. iE VGr-Arbeitnehmerentsendung, Tz. 5.

[447] BMF 12.4.2005, BStBl. I 2005, 570.

[448] Vgl. VGr 1983, Tz. 8 und Tz. 9.

[449] Vgl. § 90 Abs. 3 AO; BMF 13.11.2003 (GAufzV).

[450] § 88 AO. Vgl. VGr-Verfahren, Tz. 2.

[451] § 90 AO. Vgl. VGr-Verfahren, Tz. 3.

[452] Insbesondere die Beweislastminderung sowie die Befugnis zur Schätzung und zur Festsetzung von Zuschlägen gem. § 162 AO. Vgl. VGr-Verfahren, Tz. 4.

[453] Vgl. VGr-Verfahren, Tz. 5.

[454] Vgl. VGr-Verfahren, Tz. 6. S. a. Merkblatt zum internationalen Verständigungs- und Schiedsverfahren auf dem Gebiet der Steuern vom Einkommen und vom Vermögen, BMF 13.7.2006, BStBl. I 2006, 461.

zeichnungen[455] sowie die Verpflichtung zur **Berichtigung fehlerhafter Steuererklärungen**[456] werden behandelt.

Der weitaus umfangreichste Teil der VGr-Verfahren widmet sich der Darstel-   **283**
lung der Mitwirkungspflichten und dabei insbesondere den **besonderen Aufzeichnungs- und Vorlagepflichten** für Verrechnungspreise.[457] Diese mit § 90 Abs. 3 AO eingeführten Dokumentationspflichten waren eine Reaktion des Gesetzgebers auf die Rechtsprechung des BFH, wonach der Steuerpflichtige vor Einführung dieser gesetzlichen Regelung nicht verpflichtet war, eine spezielle Dokumentation für Verrechnungspreissachverhalte zu erstellen.[458]

Die vom Steuerpflichtigen zu erstellende Verrechnungspreisdokumentation gliedert sich in die beiden Hauptteile „**Sachverhaltsdokumentation**"[459] und „**Angemessenheitsdokumentation**".[460] Mit ersterer kommt der Steuerpflichtige seiner Verpflichtung zur Mitwirkung an der Aufklärung des Sachverhalts nach, mit letzterer soll er nachweisen, dass er sich bei der Gestaltung der Verrechnungspreise am Maßstab des Fremdvergleichs orientiert hat. Ergänzende Bestimmungen gelten für „**außergewöhnliche Geschäftsvorfälle**"[461] und für „**besondere Fälle**".[462] Ausdrücklich dokumentationspflichtig sind gemäß VGr-Verfahren u. a. auch Umlagevereinbarungen und Arbeitnehmerentsendungen,[463] Betriebsstättensachverhalte[464] und Geschäftsbeziehungen in Zusammenhang mit Mitunternehmerschaften.[465]

Ebenso wie die Einführung von Dokumentationspflichten als solche wur-   **284**
den auch der Erlass der VGr-Verfahren und deren Inhalt umfassend im Schrifttum kommentiert. Kritisiert wird u. a., dass die Erläuterungen zwar umfassend und detailliert sind, wichtige Fragen aber dennoch nicht oder nur teilweise beantwortet werden.[466] Hervorzuheben ist insbesondere die Problematik der Methodenwahl,[467] der Ermittlung von Fremdvergleichsdaten[468] und der Verwertbarkeit der Dokumentation.[469]

In Anbetracht nach wie vor bestehender Unklarheiten und praktischer Schwierigkeiten ist zu beachten, dass die Verpflichtung des Steuerpflichtigen zum Nachweis des Fremdvergleichsverhaltens nicht über das „**ernsthafte Bemühen**" hinausgeht.[470] Der Steuerpflichtige kann maW nicht dafür zur Ver-

---

[455] § 147 AO. Vgl. VGr-Verfahren, Tz. 3.2.3 und 3.4.3.

[456] § 153 AO. Vgl. VGr-Verfahren, Tz. 3.2.6.

[457] Vgl. VGr-Verfahren, Tz. 3.4.

[458] Vgl. BFH 17.10.2001, BStBl. II 2004, 171.

[459] Vgl. § 1 Abs. 2 iVm § 4 Ziff. 1–3. GAufzV; VGr-Verfahren, Tz. 3.4.11.

[460] Vgl. § 1 Abs. 3 iVm § 4 Ziff. 4. GAufzV; VGr-Verfahren, Tz. 3.4.12.

[461] Vgl. § 90 Abs. 3 S. 3 AO; VGr-Verfahren, Tz. 3.4.8.2.

[462] Vgl. § 5 GAufzV; VGr-Verfahren, Tz. 3.4.15.

[463] Vgl. VGr-Verfahren, Tz. 3.4.5.

[464] Vgl. VGr-Verfahren, Tz. 3.4.5.1.

[465] Vgl. VGr-Verfahren, Tz. 3.4.5.2.

[466] Vgl. bspw. *Eigelshoven/Nientimp* DB 2005, 1184.

[467] Bspw. die eingeschränkte Anwendbarkeit der gewinn- bzw. margenorientierten Verrechnungspreismethoden. Vgl. VGr-Verfahren, Tz. 3.4.10.3 Buchst. b).

[468] Hierbei insbesondere die Vorbehalte bei der Berücksichtigung von Datenbankanalysen. Vgl. VGr-Verfahren, Tz. 3.4.12.4.

[469] Vgl. VGr-Verfahren, Tz. 3.4.19.

[470] Vgl. § 1 Abs. 1 S. 2 GAufzV; VGr-Verfahren, Tz. 3.4.12.3.

antwortung gezogen werden, wenn Qualität und Verfügbarkeit von Fremdvergleichsdaten einen restlosen und unzweifelhaften Nachweis nicht zulassen.

285–299 *(einstweilen frei)*

V. Die Begrenzung des Betriebsausgabenabzugs für Zinsaufwendungen

1. Grundsätze und historische Entwicklung

300 Eine steuerliche Korrektur von Zinsaufwendungen erfolgte in Deutschland
traditionell über die Annahme einer **vGA** bei Überschreiten gesetzlich festgelegter **Fremd-/Eigenkapitalrelationen** mittels der durch einen Gesellschafter begebenen Darlehen. Rechtsgrundlage hierfür war § 8a KStG (im Folgenden „**§ 8a KStG aF**"). Der Steuerpflichtige hatte die Möglichkeit, die
Rechtsfolgen von § 8a KStG aF durch **Nachweis des Fremdvergleichsverhaltens** zu vermeiden.[471]

Diese Form der Korrektur beurteilte der EuGH als potentielle **Beschränkung der Niederlassungsfreiheit**, da § 8a KStG aF ausschließlich auf
grenzüberschreitende Sachverhalte anzuwenden war.[472] Der deutsche
Gesetzgeber musste als Reaktion auf die Rechtsprechung des EuGH über
neue Wege zur Vermeidung als unangemessen erachteter Finanzierungsstrukturen nachdenken.

301 Das Ergebnis dieser Überlegungen war eine komplette **Neuregelung zur
Beschränkung des Zinsabzugs,** die iRd **UStRG 2008**[473] erfolgte und eingeführt wurde mit Wirkung für nach dem 25.5.2007 beginnende Wirtschaftsjahre, die nicht vor dem 1.1.2008 enden.[474] Die gesetzlichen Grundlagen der
Neuregelung finden sich sowohl im **KStG**[475] als auch im **EStG.**[476] Praktische
Anwendungsfragen werden in einem **BMF-Schreiben** erläutert.[477]

Mit der Neuregelung erfolgt eine betriebsbezogene **Begrenzung des
Betriebsausgabenabzugs für Zinsaufwendungen** in Form einer so genannten **Zinsschranke.** Diese Begrenzung wirkt unabhängig von der **Ansässigkeit** des Darlehensgebers im Ausland sowie unabhängig von einer
Verbundenheit zwischen Darlehensnehmer und Darlehensgeber. Auch die
Laufzeit der Fremdfinanzierung, die **Art der Vergütung** (ergebnisabhängig versus ergebnisunabhängig) und die **Drittüblichkeit** der Finanzierungsbedingungen ist – anders als bei § 8a KStG aF – für die Anwendung der
Zinsschranke unerheblich. Dennoch bleiben auch im Rahmen der Neure-

---

[471] S. bezüglich Einzelheiten des § 8a KStG aF ausführlich *Borstell/Sano* in Vögele/
Borstell/Engler, HB der Verrechnungspreise, 2. Aufl., Kap. Q Rn. 111–212.

[472] Vgl. EuGH 12.12.2002 – Rs C-324/00, *Lankhorst-Hohorst* GmbH, Slg. 2002
I-11779.

[473] Vgl. Gesetz vom 14.8.2007, BGBl. I 2007, 1912.

[474] Vgl. § 52 Abs. 12d EStG; § 34 Abs. 6a KStG.

[475] § 8a KStG, § 15 S. 1 Nr. 3 KStG.

[476] § 4h EStG.

[477] Vgl. Zinsschranke, BMF 4.7.2008, BStBl. I 2008, 718 (nachfolgend „BMF-Zinsschranke").

gelung Elemente der Gesellschafter-Fremdfinanzierung über eine geänderte Fassung des § 8a KStG erhalten, wobei jedoch nicht mehr auf das Verhältnis Fremd- zu Eigenkapital sondern auf einen **konzerninternen Eigenkapitalvergleich** abgestellt wird. Der unter § 8a KStG aF geltende „safe-haven" sowie die Sonderregelung für Holdinggesellschaften wurden ersatzlos gestrichen.

Die Zinsschranke erfuhr im Rahmen des **JStG 2009**[478] eine Erweiterung   **302** der einkommensteuerlichen Regelung hinsichtlich der **Anwendung von § 8c KStG auf den Zinsvortrag** der einer Körperschaft nachgeschalteten Personengesellschaft.[479]

Durch das **Bürgerentlastungsgesetz**[480] wurde die **Freigrenze für Zinsaufwendungen** (bezogen auf den Nettozinsaufwand)[481] für den Zeitraum seit Inkrafttreten des Gesetzes bis letztmals für Wirtschaftsjahre, die vor dem 1.1.2010 enden,[482] von ursprünglich € 1 Mio. auf € 3 Mio. erhöht.

Die zunächst zeitlich befristete Erhöhung der Freigrenze wurde umgewandelt in eine zeitlich unbegrenzte Erhöhung iRd **Wachstumsbeschleunigungsgesetzes.**[483] Es wurde außerdem ein auf fünf Jahre befristeter EBITDA-Vortrag eingeführt[484] und die Unschädlichkeitsgrenze bei Unterschreiten der zulässigen Quote von Fremd- zu Eigenkapital des Konzerns wurde von 1% auf 2% verdoppelt.[485] Schließlich wurde § 8a KStG bezüglich der Änderung von § 8c Abs. 1 KStG und deren Implikationen auf § 4h Abs. 1 S. 5 EStG angepasst.[486]

2. Anwendungsbereich

Zentraler Anknüpfungspunkt für die Zinsschranke ist der **Betrieb,**[487] soweit   **303** dieser Einkünfte aus Land- und Forstwirtschaft, Gewerbebetrieb oder selbständiger Tätigkeit erzielt.[488] Person bzw. Rechtsform von Darlehensgeber und Darlehensnehmer sind für die Anwendung der Zinsschranke ebenso wenig von Bedeutung wie deren beteiligungsmäßige Verflechtung oder Interessenidentität. Der Darlehensgeber kann im Inland oder im Ausland ansässig sein. Mangels diesbezüglicher gesetzlicher Einschränkungen ist davon auszugehen, dass die **Art der Steuerpflicht** (beschränkt versus unbeschränkt) ebenfalls unbeachtlich ist.[489] Auch die **Art der Gewinnermittlung** ist kein Kriterium zum Ausschluss der Anwendung der Zinsschranke.[490]

---

[478] Vgl. Gesetz vom 19.12.2008, BGBl. I 2008, 2794.

[479] Vgl. § 4h Abs. 5 S. 3 EStG.

[480] Vgl. Gesetz vom 16.7.2009, BGBl. I 2009, 1959.

[481] Vgl. § 4h Abs. 2 S. 1 Buchst. a EStG.

[482] Vgl. § 52 Abs. 12d EStG.

[483] Vgl. Gesetz vom 22.12.2009, BGBl. I 2009, 3950.

[484] Vgl. § 4h Abs. 1 S. 3 EStG.

[485] Vgl. § 4h Abs. 2 S. 1 Buchst. c) S. 2 EStG.

[486] Vgl. § 8a Abs. 1 S. 3 KStG.

[487] Vgl. § 4h Abs. 1 S. 1 EStG.

[488] Vgl. BMF-Zinsschranke, Tz. 2.

[489] So auch *Möhlenbrock/Pung* in DPM, KSt, § 8a KStG (URefG 2008), Tz. 4.

[490] Vgl. BMF-Zinsschranke, Tz. 4 und 7; § 8a Abs. 1 S. 4 KStG. A. A. *Möhlenbrock/Pung* in DPM, KSt, § 8a KStG (URefG 2008), Tz. 45, wonach Überschusseinkünfte nicht von der Zinsschranke erfasst werden.

304   Der Begriff des „**Betriebes**" ist im Gesetz nicht definiert. Naheliegend erscheint zunächst die Verwendung der gewerbesteuerlichen Definition,[491] was wiederum Darlehensverhältnisse mit nicht gewerblich Tätigen von der Anwendung der Zinsschranke ausnehmen würde. Im Schrifttum wird eine weitere Definition anhand allgemeiner ertragsteuerlicher Regelungen befürwortet.[492] Diese weite Interpretation lässt sich auch aus früheren Verlautbarungen des Gesetzgebers erkennen.[493]

Mitunternehmerschaften, Kapitalgesellschaften und KGaA haben grundsätzlich nur einen Betrieb iSd Zinsschranke,[494] Einzelunternehmer können mehrere Betriebe haben.[495] Zum **Betrieb von Mitunternehmerschaften** zählen sowohl Gesamthandsvermögen als auch das Sondervermögen der Mitunternehmer. Die Regelungen der Zinsschranke erstrecken sich bei Personengesellschaften sowohl auf die gewerbliche Tätigkeit als auch auf gewerbliche Prägung, nicht jedoch auf die Vermögensverwaltung.[496] Ein **Organkreis** gilt als ein einzelner Betrieb,[497] da sämtliche Zinsaufwendungen und Zinserträge innerhalb des Organkreises dem Organträger zugerechnet werden.

Eine **Betriebsstätte** ist kein eigenständiger Betrieb.[498] Von der Anwendung der Zinsschranke nicht betroffen sind ausländische Betriebsstätten inländischer Unternehmen, da die Zinsschranke nur auf **inländische Einkünfte** wirken soll.[499]

305   Ein abgegrenzter spezieller Anwendungsbereich ergibt sich für **Körperschaften** in Bezug auf die Gültigkeit der beiden Ausnahmeregelungen iSd § 4h Abs. 2 S. 1 Buchst. b) und c) EStG. Die darin formulierten **Ausnahmen** von der Zinsschranke (Rn. 315 ff.) gelten nicht bei schädlichen **Gesellschafter-Fremdfinanzierungen,** wobei für die Definition des Gesellschafters bzw. die dem Gesellschafter nahe stehenden Personen auf die Bestimmungen des **Außensteuergesetzes** verwiesen wird.[500]

306   Die Zinsschranke greift hinsichtlich des in einem **Wirtschaftsjahr** entstandenen **Nettosaldos aus Zinsaufwand und Zinsertrag,** dh bis zur Höhe des Zinsertrages erfolgt keine Beschränkung des Betriebsausgabenabzugs für Zinsaufwendungen.[501] Für den Zinsaufwand und den Zinsertrag gilt ein weites Verständnis, wonach jedwede **Vergütung für die Überlassung von Kapital** als Aufwand bzw. Ertrag zu berücksichtigen ist, sofern diese den Gewinn eines Betriebes erhöht bzw. vermindert hat.[502] Auf die **Dauer der**

---

[491] Vgl. Gesetzentwurf der Bundesregierung zum UStRG 2008 vom 14.3.2007, 82.

[492] Vgl. *Köhler* DStR 2007, 597; *Middendorf/Stegemann* INF 2007, 305; *Loschelder* in Schmidt, § 4h EStG, Rn. 9.

[493] Vgl. Antwort der Bundesregierung auf eine Kleine Anfrage nach dem Begriff des Betriebes, BT-Drs. 16/4835, 1 f.

[494] Vgl. BMF-Zinsschranke, Tz. 6–8.

[495] Vgl. BMF-Zinsschranke, Tz. 3.

[496] Vgl. BMF-Zinsschranke, Tz. 5.

[497] Vgl. § 15 S. 1 Nr. 3 KStG; BMF-Zinsschranke, Tz. 10.

[498] Vgl. BMF-Zinsschranke, Tz. 9.

[499] Vgl. Gesetzentwurf der Bundesregierung zum UStRG 2008 v. 14.3.2007, 78 f.

[500] Vgl. § 8a Abs. 2 bzw. Abs. 3 KStG.

[501] Vgl. § 4h Abs. 1 S. 1 EStG.

[502] Vgl. § 4h Abs. 3 S. 2 und 3 EStG.

Kapitalüberlassung oder auf die Existenz einer aufschiebenden Bedingung für die Zahlung einer Vergütung kommt es nicht an.

Auch **gewinnabhängige Vergütungen** und Vergütungen auf partiarische **307** Darlehen sind als Aufwand bzw. Ertrag einzubeziehen. Die **Auf- bzw. Abzinsungen von nicht- oder niedrigverzinslichen Forderungen und Verbindlichkeiten** zählen ebenfalls zu den Aufwendungen bzw. den Erträgen,[503] jedoch nicht die aus der erstmaligen Bewertung von Verbindlichkeiten resultierenden Erträge, die vom Nennwert abweichende Bewertung von Kapitalforderungen mit dem Barwert oder Bewertungskorrekturen auf Forderungen oder Verbindlichkeiten mit einer Laufzeit von weniger als zwölf Monaten.[504] Nicht als Zinsaufwand oder Zinsertrag einzubeziehen sind Dividenden, Zinsen nach §§ 233 ff. AO, Boni bzw. Skonti,[505] jede Art von **nicht abzugsfähigem Zinsaufwand**,[506] als **Teil der Herstellungskosten** zu aktivierende Zinsaufwendungen[507] sowie die **Auf- oder Abzinsungsbeträge von Rückstellungen**.[508]

Ob die in **Leasingraten** enthaltenen Zinsteile zu berücksichtigen sind, ist abhängig von der Zurechnung des wirtschaftlichen Eigentums an dem Leasinggegenstand.[509]

Im Rahmen des echten und des unechten **Factoring** anfallende Zinsen sind Zinsertrag bzw. Zinsaufwand, die iRd Zinsschranke zu berücksichtigen sind.[510] Nicht zu berücksichtigen sind jedoch gezahlte Gebühren, sofern diese mittels Rechnung nachgewiesen werden.

Keinen Zinsaufwand iSd Zinsschranke stellen Vergütungen auf **Förderdarlehen aus öffentlichen Haushalten** der EU oder von Bund, Ländern, Gemeinden oder öffentlich-rechtlichen Körperschaften dar.[511] Dies gilt ebenfalls für damit in Zusammenhang stehende Zinserträge.

3. Wirkungsweise

Zinsaufwand kann bis zur Höhe der Zinserträge des gleichen Wirtschafts- **308** jahres ohne Einschränkung als Betriebsausgabe abgezogen werden. Über die Zinserträge hinausgehender Zinsaufwand **(Nettozinsaufwand)** kann nur bis zur Höhe des **verrechenbaren EBITDA** abgezogen werden.[512] Das verrechenbare EBITDA ermittelt sich mit 30% des um den Zinsaufwand, die AfA-Beträge nach § 6 Abs. 2 S. 1 EStG, § 6 Abs. 2a S. 2 EStG und § 7 EStG erhöhten und um die Zinserträge verminderten **maßgeblichen Gewinns.** Der maßgebliche Gewinn ist der **steuerpflichtige Gewinn**[513] bzw. bei Kör-

---

[503] Vgl. § 4h Abs. 3 S. 4 EStG.
[504] Vgl. BMF-Zinsschranke, Tz. 27.
[505] Vgl. BMF-Zinsschranke, Tz. 16.
[506] ZB Zinsen gem. § 3c Abs. 1 und Abs. 2 EStG, gem. § 4 Abs. 4a EStG sowie Hinterziehungszinsen gem. § 235 AO. Vgl. BMF-Zinsschranke, Tz. 18.
[507] Vgl. BMF-Zinsschranke, Tz. 20.
[508] Vgl. § 4h Abs. 3 S. 4 EStG; BMF-Zinsschranke, Tz. 22.
[509] Vgl. BMF-Zinsschranke, Tz. 25 f.
[510] Vgl. BMF-Zinsschranke, Tz. 14 und Tz. 29 ff.
[511] Vgl. BMF-Zinsschranke, Tz. 94.
[512] Vgl. § 4h Abs. 1 S. 1 EStG.
[513] Vgl. § 4h Abs. 3 S. 1 EStG.

perschaften das **Einkommen**[514] vor Anwendung der Zinsschranke. Ermittlungsschema:[515]

Alternative 1
Steuerpflichtiger Gewinn vor Anwendung des § 4h EStG
./. Zinserträge
+ Zinsaufwendungen
+ AfA
= **steuerliches EBITDA**

Alternative 2
Einkommen (der Körperschaft) vor Anwendung des § 4h EStG
./. Zinserträge
+ Zinsaufwendungen
+ AfA
+ Verlustabzug iSd § 10d EStG
+ Spendenabzug iSd § 9 Abs. 1 S. 1 Nr. 2 KStG
= **steuerliches EBITDA**

309   Der Begriff des **EBITDA** für Zwecke der Zinsschranke ist steuerlich definiert und nicht zu verwechseln mit dem betriebswirtschaftlichen bzw. handelsrechtlichen Begriff. Die Bezugnahme auf ein rein **steuerliches Ergebnis** hat zur Folge, dass uU erhebliche Unterschiede zwischen dem handelsrechtlichen Ergebnis und dem für Zwecke der Zinsschranke maßgeblichen Gewinn bzw. Einkommen bestehen können, bspw. in Bezug auf steuerlich hinzugerechnete vGA oder die nur zu 5 % in die steuerliche Ermittlung einfließenden Dividendenerträge. Außerdem knüpft das steuerliche EBITDA an das **im Inland steuerpflichtige Ergebnis** an und lässt ausländische Einkommensbestandteile außer Ansatz.

310   Das **verrechenbare EBITDA** und damit der Betrag des über die Zinserträge hinaus als Betriebsausgabe in einem Wirtschaftsjahr abzugsfähigen Zinsaufwandes beträgt **30 % des steuerlichen EBITDA.**[516] Soweit das verrechenbare EBITDA in einem Wirtschaftsjahr den Betrag des Nettozinsaufwandes übersteigt, erfolgt ein **EBITDA-Vortrag** in die darauffolgenden **fünf Wirtschaftsjahre,**[517] der gesondert festzustellen ist.[518] Ein EBITDA-Vortrag entsteht jedoch nicht in Wirtschaftsjahren, in denen einer der drei **Ausnahmetatbestände** (Freigrenze, Konzernklausel, Escape-Klausel) (Rn. 315 ff.) vorliegt und die Begrenzung des Betriebsausgabenabzugs somit keine Anwendung findet.

Beispiel: Die deutsche Einzelperson „A" hält in ihrem Privatvermögen 100 % der Anteile an der „X GmbH". Die X GmbH hält selbst keine Anteile an anderen Gesellschaften. A hält jedoch auch Aktien mehrerer börsennotierter KapGes. mit jeweils vernachlässigbar geringem Anteil am Gesamtkapital dieser Gesellschaften. A ist selbst

---

[514] Vgl. § 8a Abs. 1 S. 1 und S. 2 KStG.
[515] Gem. BMF-Zinsschranke, Tz. 40 f.
[516] Vgl. § 4h Abs. 1 S. 2 EStG.
[517] Vgl. § 4h Abs. 1 S. 3 EStG.
[518] Vgl. § 4h Abs. 4 EStG.

nicht unternehmerisch tätig. Die Gewinn- und Verlustrechnung der X GmbH für das Jahr 01 weist folgende Werte aus:

GuV X GmbH – Wj. 01	
Umsatzerlöse	79 500
Materialaufwand	47 000
Personalaufwand	18 300
AfA	5 200
Sonstige Betriebsausgaben	3 800
Zinsertrag	200
Zinsaufwand	4 750
Gewinn vor Steuern	650

Der Gewinn vor Steuern iHv 650 ist zur Ermittlung des steuerlichen EBITDA für Zwecke der Zinsschranke zu korrigieren um die AfA iHv 5 200 sowie um das Zinsergebnis. Das steuerliche EBITDA beläuft sich somit auf 10 400, das verrechenbare EBITDA beträgt 30 % des steuerlichen EBITDA.

EBITDA Ermittlung X GmbH – Wj. 01	
Gewinn vor Steuern	650
AfA	+5 200
Zinsertrag	./.200
Zinsaufwand	+4 750
steuerliches EBITDA	10 400
verrechenbares EBITDA	3 120

Der Zinsaufwand resultiert aus einem Bankdarlehen, welches die X GmbH aufgenommen hat. Es besteht keine Garantie, „Back-to-Back" oder andere Rückgriffsmöglichkeit der Bank gegenüber A. Dennoch ist eine Beschränkung des Zinsabzugs gem. der Zinsschranke möglich. Auch dass es sich um einen rein inländischen Sachverhalt handelt, spielt für Zwecke der Zinsschranke keine Rolle. Jedoch liegt in diesem Beispiel kein Konzern vor. Somit ist die Voraussetzung für eine der drei Ausnahmen des § 4h Abs. 2 EStG (Konzernklausel) erfüllt und eine Beschränkung des Zinsabzugs erfolgt nicht.

Der in einem Wirtschaftsjahr entstehende Zinsaufwand, der nicht zum Ab-   **311** zug zugelassen wird, ist zunächst mit bestehenden **EBITDA-Vorträgen** aus vorangegangenen Wirtschaftsjahren in der Reihenfolge ihrer zeitlichen Entstehung zu verrechnen.[519] Danach noch verbleibender nicht abziehbarer **Zinsaufwand** wird gesondert festgestellt[520] und erhöht als **Zinsvortrag** entsprechend den Zinsaufwand – nicht aber den maßgeblichen Gewinn – nachfolgender Wirtschaftsjahre.[521] Anders als der EBITDA-Vortrag ist der Zinsvortrag zeitlich nicht begrenzt.

---

[519] Vgl. § 4h Abs. 1 S. 4 EStG.
[520] Vgl. § 4h Abs. 4 EStG.
[521] Vgl. § 4h Abs. 1 S. 5 und 6 EStG.

Beispiel (Abwandlung des vorherigen Beispiels): Die Einzelperson A hält in ihrem Privatvermögen neben den Anteilen an der X GmbH auch 100% der Anteile an der Y GmbH und an der Z GmbH. Alle Gesellschaften mit Ausnahme der X GmbH sind vollständig über Eigenkapital finanziert. Die X GmbH ist bei diesem Sachverhalt Teil eines von A beherrschten Konzerns iSd Zinsschranke, so dass die Voraussetzung für die Konzernklausel als Ausnahmetatbestand nicht gegeben ist. Auch die Voraussetzungen für die Anwendung einer der beiden anderen Ausnahmen (Freigrenze, Escape-Klausel) sind nicht gegeben. Im Ergebnis ist der Zinsaufwand von 4750 abziehbar iH des Zinsertrages (200) zzgl. 30% des steuerlichen EBITDA (3120). Darüber hinaus wurde für das Wirtschaftsjahr 00 ein EBITDA-Vortrag iHv 500 festgestellt, der mit Zinsaufwand des Wirtschaftsjahres 01 verrechnet werden kann. Der übrige Zinsaufwand ist im Wirtschaftsjahr 01 nicht abzugsfähig und wird daher als Zinsvortrag zur potentiellen Verrechnung in einem der folgenden Wirtschaftsjahre berücksichtigt.

Abzug Zinsaufwand X GmbH – Wj. 01	
Zinsertrag	200
Zinsaufwand	4750
Nettozinsaufwand	4550
verrechenbares EBITDA	3120
EBITDA-Vortrag Wj. 00	500
in Wj. 01 abziehbar	3820
Zinsvortrag	930

312   Für die Behandlung von Darlehensaufnahmen und Darlehensvergaben durch **Mitunternehmer** sind in Bezug auf die Zinsschranke mehrere Varianten denkbar. Nimmt der Mitunternehmer ein Darlehen auf, das zur Finanzierung seines Anteils an einer MUschaft dient, stellen die auf das Darlehen gezahlten Zinsen **Sonderbetriebsausgaben** dieses Mitunternehmers dar. Vergibt der Mitunternehmer ein Darlehen an die MUschaft, sind die darauf gezahlten Zinsen **Sonderbetriebseinnahmen** des Mitunternehmers.[522] Die FinVerw. möchte derartige Zinszahlungen für die Anwendung der Zinsschranke der MUschaft zuordnen[523] und gemäß dem **allgemeinen Gewinnverteilungsschlüssel** auf alle Mitunternehmer verteilen.[524]

313   Bei **Aufgabe oder Übertragung des Betriebes** gehen ein nicht verbrauchter EBITDA-Vortrag und ein nicht verbrauchter Zinsvortrag unter.[525] Gleiches gilt bei **Ausscheiden eines Mitunternehmers** in Höhe seines Anteils an der MUschaft.[526] Nach Auffassung der FinVerw. soll bei Aufgabe bzw. Übertragung eines **Teilbetriebes** – analog bei **Ausscheiden einer Organgesellschaft** aus dem Organkreis – der anteilige Zinsvortrag untergehen.[527]

Die sogenannte „**Mantelkaufregelung**" des § 8c KStG ist auf den **Zinsvortrag** entsprechend anzuwenden, soweit eine Körperschaft als Mitunternehmer beteiligt ist.[528] Der quotale bzw. vollständige Untergang des Vortrags

---

[522] Vgl. § 15 Abs. 1 S. 1 Nr. 2 EStG.
[523] Vgl. BMF-Zinsschranke, Tz. 19.
[524] Vgl. BMF-Zinsschranke, Tz. 51.
[525] Vgl. § 4h Abs. 5 S. 1 EStG.
[526] Vgl. § 4h Abs. 5 S. 2 EStG.
[527] Gem. BMF-Zinsschranke, Tz. 47.
[528] Vgl. § 4h Abs. 5 S. 3 EStG.

gilt auch bei Übergang der Anteile an einer Kapitalgesellschaft.[529] Nach derzeitiger gesetzlicher Lage ist sowohl bei MUschaften als auch bei Kapitalgesellschaften § 8c KStG nur auf den Zinsvortrag anzuwenden, nicht auf den **EBITDA-Vortrag.**
Ein Vortrag von den Zinsaufwand übersteigenden **Zinserträgen** in künftige Wirtschaftsjahre ist nicht möglich.

Die **Beschränkung des Betriebsausgabenabzugs** gilt neben der **Ein- 314 kommensteuer** und **Körperschaftsteuer** auch für die **Gewerbesteuer.**[530] Im Ergebnis sind für Zwecke der Einkommensteuer bzw. der Körperschaftsteuer nicht abziehbare Zinsaufwendungen auch für die Gewerbesteuer nicht abzugsfähig. Insoweit scheidet auch eine gewerbesteuerliche Hinzurechnung gem. **§ 8 Nr. 1 Buchst. a) GewStG** aus. Hinsichtlich der in einem späteren Wirtschaftsjahr aus einem Zinsvortrag geltend gemachten Zinsaufwendungen ist die **gewerbesteuerliche Hinzurechnung iHv 25 %** der als Betriebsausgabe bei der einkommensteuerlichen bzw. der körperschaftlichen Ergebnisermittlung abgezogenen Entgelte zu berücksichtigen.

Bei der gewerbesteuerlichen Hinzurechnung ist zu beachten, dass der Begriff der „**Zinsaufwendungen**" gem. § 4h Abs. 3 EStG nicht zwingend deckungsgleich ist mit dem gewerbesteuerlichen Begriff „**Entgelt für Schulden**" in § 8 Nr. 1 Buchst. a) GewStG. So sind Auf- und Abzinsungen unverzinslicher und niedrig verzinslicher Verbindlichkeiten oder Kapitalforderungen als Entgelte in die Zinsschranke mit einzubeziehen. Andererseits bleiben Finanzierungsentgelte für Miete, Pacht und Leasing im Rahmen der Zinsschranke unberücksichtigt.[531]

4. Ausnahmen

Das Gesetz definiert **drei Ausnahmen** von der Anwendung der Zins- 315 schranke. Entweder
1. der die Zinserträge übersteigende Zinsaufwand ist geringer als € 3 Mio. (**Freigrenze**),[532]
oder
2. der Betrieb gehört nicht oder nur anteilmäßig zu einem Konzern (**Konzernklausel**)[533] und im Falle einer Körperschaft liegt **keine schädliche Gesellschafter-Fremdfinanzierung** vor,[534]
oder
3. der Betrieb gehört zwar zu einem Konzern, die Höhe der Eigenkapitalquote des Betriebes als **Verhältnis von Eigenkapital zu Bilanzsumme** ist aber mindestens so hoch wie die des Gesamtkonzerns auf konsolidierter Basis (**Escape-Klausel**).[535] Ein Unterschreiten der Konzernquote ist un-

---

[529] Vgl. § 8a Abs. 1 S. 3 KStG iVm § 8c KStG.
[530] § 7 Abs. 1 S. 1 GewStG.
[531] Vgl. hierzu ausführlich die Analyse von *Krempelhuber* NWB, 5369 ff.
[532] Vgl. § 4h Abs. 2 S. 1 Buchst. a) EStG. In der ursprünglichen Fassung des Gesetzes betrug die Freigrenze € 1 Mio.
[533] Vgl. § 4h Abs. 2 S. 1 Buchst. b) EStG.
[534] Vgl. § 8a Abs. 2 KStG.
[535] Vgl. § 4h Abs. 2 S. 1 Buchst. c) EStG.

schädlich, sofern diese nicht mehr als zwei Prozentpunkte beträgt.[536] Die Escape-Klausel gilt bei einer Körperschaft nur, wenn **keine schädliche Gesellschafter-Fremdfinanzierung** vorliegt.[537]

316 Mit der Gewährung einer **Freigrenze** wird vermieden, dass kleine und mittlere Unternehmen belastet bzw. kleinere Finanzierungen iRd Zinsschranke aufgegriffen werden. Als Reaktion auf die Finanzkrise wurde die **Freigrenze iRd Bürgerentlastungsgesetzes erhöht.** Die Freigrenze ist betriebsbezogen[538] und wird in Bezug auf den Nettozinsaufwand des Betriebes in einem Wirtschaftsjahres gewährt.[539] Entsprechend dem Charakter einer Freigrenze ist die Voraussetzung für die Ausnahme von der Zinsschranke in voller Höhe nicht erfüllt, wenn der Nettozinsaufwand in einem Wirtschaftsjahr € 3 Mio. oder mehr beträgt.

317 Für die Anwendung der **Konzernklausel** ist ein weiter Konzernbegriff zugrunde zu legen, bei dem drei Tatbestandsalternativen in Betracht kommen. Die drei Tatbestandsalternativen lassen sich definieren mit **Konsolidierung, Möglichkeit der Konsolidierung** und **Beherrschung.** Der Konzernbegriff iSd Zinsschranke leitet sich nicht unmittelbar aus dem **handelsrechtlichen Konzernbegriff** ab (wie es bspw. durch Bezugnahme auf § 18 AktG oder §§ 290 ff. HGB denkbar wäre).

Primäres Kriterium für die Erfüllung der Konzernklausel iSd Zinsschranke ist die Zugehörigkeit bzw. die Möglichkeit der Zugehörigkeit zu einem **Konsolidierungskreis.**[540] Da die bloße Möglichkeit zur Konsolidierung ausreicht, ist im Umkehrschluss ein Konzern immer dann gegeben und eine Ausnahme von der Zinsschranke dementsprechend nicht möglich, wenn der **maßgebliche Rechnungslegungsstandard** (bspw. IFRS, US-GAAP, HGB oder Rechnungslegungsstandard eines EU-Mitgliedstaates) eine Konsolidierung nicht explizit ausschließt.[541] Hierdurch laufen handelsrechtliche Bilanzierungswahlrechte leer[542] und es kann die Erstellung eines konsolidierten Abschlusses bzw. die Einbeziehung von handelsrechtlich nicht konsolidierten Gesellschaften alleine für steuerliche Zwecke notwendig sein. Gemäß dem Gesetzeswortlaut[543] ist **Vollkonsolidierung** erforderlich, dh Gemeinschaftsunternehmen[544] oder assoziierte Unternehmen[545] sind nicht Teil eines Konzerns iSd Zinsschranke.

318 Sofern eine Vollkonsolidierung weder vorhanden noch möglich ist, kann auch die **Möglichkeit der Bestimmung einer einheitlichen Finanz- oder Geschäftspolitik** zur Annahme der Konzernzugehörigkeit[546] und damit zum

---

[536] Vgl. § 4h Abs. 2 S. 1 Buchst. c) S. 2 EStG. In der ursprünglichen Fassung des Gesetzes betrug die maximal zulässige Abweichung 1 Prozentpunkt.

[537] Vgl. § 8a Abs. 2 KStG.

[538] Vgl. BMF-Zinsschranke, Tz. 56.

[539] Vgl. BMF-Zinsschranke, Tz. 58.

[540] Vgl. § 4h Abs. 3 S. 5 EStG.

[541] S. zu den Konsolidierungsvorschriften iE *Heintges/Kamphaus/Loitz* DB 2007, 1261 ff.

[542] ZB die größenabhängigen Befreiungen von der Konsolidierungspflicht.

[543] Vgl. § 4h Abs. 2 S. 1 Buchst. b) EStG.

[544] Gem. § 310 HGB.

[545] Gem. § 311 HGB.

[546] Vgl. § 4h Abs. 3 S. 6 EStG.

Ausschluss der Konzernklausel führen. Die einheitliche Leitung kann u. a. auch durch eine natürliche Person oder durch eine vermögensverwaltend tätige Gesellschaft ausgeübt werden.[547]

Nach Auffassung der FinVerw. wird ein Konzern iSd Zinsschranke nicht **319** begründet durch einen **Einzelunternehmer mit mehreren Betrieben**,[548] eine **Betriebsaufspaltung**[549] oder einen **Organkreis.**[550]

Strittig war zum Zeitpunkt der Einführung der Zinsschranke die aufgrund **320** des Gesetzeswortlautes[551] vorherrschende Interpretation, dass die weit verbreitete Struktur einer **GmbH&Co. KG** mit der GmbH als Komplementärin ohne Einlage sowie einer natürlichen Person als Alleingesellschafter der GmbH und einzigem Kommanditist bereits zur **Bildung eines Konzerns im Sinne der Zinsschranke**[552] mit der GmbH & Co. KG als nachgeordneter Personengesellschaft führt. Diese Folgerung war in Anbetracht des primären Gesetzeszweckes der Einführung einer Zinsschranke[553] vom Gesetzgeber jedoch nicht beabsichtigt. Dementsprechend stellt die FinVerw. klar, dass sie derartige Fälle nicht als Konzern verstanden wissen will, sofern die GmbH keine eigene Geschäftstätigkeit ausübt.[554]

Beispiel: Der Einzelhändler A erwirbt zur Erweiterung seiner Angebotspalette 100 % der Anteile an der ABC GmbH. Die ABC GmbH produziert ein Sortiment, welches A über sein Einzelunternehmen bislang nicht anbieten kann. Das Einzelunternehmen von A sowie die ABC GmbH bilden für die Anwendung der Zinsschranke einen Konzern.

Beispiel: Der Einzelhändler A erwirbt zur Erweiterung seiner Angebotspalette den Geschäftsbetrieb der ABC GmbH und eröffnet am Standort der ABC GmbH eine Zweigniederlassung. Mit der Eröffnung der Zweigniederlassung entsteht kein Konzern.

Die Frage der Konzernzugehörigkeit wird grundsätzlich anhand der **Ver-** **321** **hältnisse am letzten vorangehenden Abschlussstichtag** beurteilt, bei Neuentstehung eines Konzerns gilt die Konzernzugehörigkeit erst ab dem **folgenden Abschlussstichtag.**[555]

Trotz **Zugehörigkeit zu einem Konzern** kommt die Zinsschranke **322** nicht zur Anwendung, wenn die Bedingungen des **Eigenkapitalvergleichs** erfüllt sind **(Escape-Klausel).** IRd Eigenkapitalvergleichs wird die **Eigenkapitalquote eines Betriebes** mit der **Eigenkapitalquote des Konzerns** (inkl. des Betriebes) verglichen. Sofern die Eigenkapitalquote des Betriebes die Eigenkapitalquote des Konzerns um **nicht mehr als zwei Prozentpunkte** unterschreitet, wird der Zinsabzug des Betriebes nicht begrenzt. Als Eigen-

---

[547] Vgl. BMF-Zinsschranke, Tz. 60.
[548] Vgl. BMF-Zinsschranke, Tz. 62.
[549] Vgl. BMF-Zinsschranke, Tz. 63.
[550] Vgl. BMF-Zinsschranke, Tz. 65.
[551] Vgl. § 4h Abs. 2 S. 2 EStG.
[552] S. hierzu ausführlich *Dörfler/Vogl* BB 2007, 1085.
[553] „Mit der Zinsschranke wird das inländische Steuersubstrat gesichert". Vgl. Gesetzentwurf der Bundesregierung zum UStRG 2008 v. 14.3.2007, 78.
[554] Vgl. BMF-Zinsschranke, Tz. 66.
[555] Vgl. BMF-Zinsschranke, Tz. 68.

kapitalquote wird hierbei das **Verhältnis des Eigenkapitals zur Bilanz-summe** bezeichnet, das sich aus dem handelsrechtlichen Konzernabschluss bzw. Einzelabschluss ableitet.[556] Vorrangig sollen der für die Ermittlung der Eigenkapitalquote herangezogene Konzern- und Einzelabschluss nach **IFRS** erstellt sein,[557] nachrangig dazu können auch gemäß den Rechnungslegungs-vorschriften eines EU-Mitgliedstaates (zB nach HGB) oder nach US-GAAP erstellte Abschlüsse berücksichtigt werden.[558] Es wird auf die bilanziellen Ver-hältnisse am **vorangegangenen Abschlussstichtag** abgestellt.[559]

> **Beispiel:** Die M GmbH ist Teil eines Konzerns. Von dritten Banken hat die M GmbH mehrere Darlehen zur Finanzierung ihres Geschäftsbetriebes erhalten (keine Möglichkeit des Rückgriffs iSd § 8a Abs. 3 KStG). Das Eigenkapital der M GmbH be-trägt € 12,0 Mio., die Bilanzsumme € 48,0 Mio. Hieraus errechnet sich eine Eigenka-pitalquote der M GmbH von 25 %. Die Escape-Klausel ist erfüllt und eine Beschrän-kung des Betriebsausgabenabzugs der Zinsaufwendungen findet nicht statt, sofern die Eigenkapitalquote des Konzerns nicht mehr als 27 % beträgt.

323   Ausgehend von den handelsrechtlichen Abschlüssen sind für den Eigenka-pitalvergleich ggf. **Anpassungsrechnungen** vorzunehmen, mit denen u. a. durch die unterschiedliche Ausübung von Bilanzierungswahlrechten[560] oder die Aufstellung nach unterschiedlichen Rechnungslegungsstandards[561] beste-hende Differenzen ausgeglichen werden:

Eigenkapitalquote (Eigenkapital/Bilanzsumme) des Betriebes gem. Jahres-abschluss/Einzelabschluss

+/− Anpassungsrechnung zur einheitlichen Ausübung von Bilanzierungs-wahlrechten in Konzern- und Jahres-/Einzelabschluss

+/− Überleitungsrechnung zur Beseitigung von Differenzen aufgrund un-terschiedlicher Rechnungslegungsstandards in Konzern- und Jahres-/Einzelabschluss

= Zwischensumme 1

Anpassung des Eigenkapitals des Betriebs des Darlehensnehmers[562]

+   auf den Betrieb des Darlehensnehmers entfallender Firmenwert (so-fern im Konzernabschluss ausgewiesen)

+   50% der Sonderposten mit Rücklageanteil (§ 273 HGB)

−   Eigenkapitalanteile, die keine Stimmrechte vermitteln (ohne Vorzugs-aktien)

−   Anteile an anderen Konzerngesellschaften

−   innerhalb von 6 Monaten vor dem Abschlussstichtag getätigte Ein-lagen (soweit diesen innerhalb von 6 Monaten nach dem Ab-schlussstichtag getätigte Entnahmen oder Ausschüttungen gegenüber-stehen)

= Zwischensumme 2

---

[556] Vgl. § 4h Abs. 2 S. 1 Buchst. c) S. 3 EStG.
[557] Vgl. § 4h Abs. 2 S. 1 Buchst. c) S. 8 EStG.
[558] Vgl. § 4h Abs. 2 S. 1 Buchst. c) S. 9 EStG.
[559] Vgl. § 4h Abs. 2 S. 1 Buchst. c) S. 1 EStG.
[560] Vgl. § 4h Abs. 2 S. 1 Buchst. c) S. 4 EStG.
[561] Vgl. § 4h Abs. 2 S. 1 Buchst. c) S. 11 EStG.
[562] Vgl. § 4h Abs. 2 S. 1 Buchst. c) S. 5 EStG.

Anpassung der Bilanzsumme des Betriebs des Darlehensnehmers[563]
- Kapitalforderungen, die nicht im Konzernabschluss ausgewiesen sind und denen nicht- bzw. niedrig verzinsliche Verbindlichkeiten in mindestens gleicher Höhe gegenüberstehen

+/- Anpassung der Bilanzsumme als Folgewirkung von Anpassungen des Eigenkapitals des Darlehensnehmers (bspw. Firmenwert)

+/- Anpassung des Eigenkapitals und/oder der Bilanzsumme aufgrund von Sonderbetriebsvermögen[564]

= Eigenkapitalquote für Zwecke der Zinsschranke

Beispiel (Fortsetzung): Die M GmbH ist Teil eines Konzerns, dessen Eigenkapitalquote auf Basis des zum letzten Abschlussstichtag nach IFRS erstellten Konzernabschlusses 31 % beträgt. Das Eigenkapital der M GmbH iHv € 12,0 Mio. und die Bilanzsumme iHv € 48,0 Mio. sind wie folgt anzupassen:

+ € 2,0 Mio. Ausgleich der Differenzen HGB Einzelabschluss M GmbH versus IFRS Konzernabschluss,

+ € 2,5 Mio. eigener Firmenwert M GmbH,

- € 1,0 Mio. Anteile an anderen Konzerngesellschaften.

Hieraus ergibt sich ein angepasstes Eigenkapital der M GmbH für Zwecke der Zinsschranke iHv € 15,5 Mio. und eine angepasste Bilanzsumme iHv € 51,5 Mio. Die Eigenkapitalquote der M GmbH beträgt nach Durchführung der Anpassungen 30 % und ist damit um einen Prozentpunkt niedriger als die des Konzerns. Die Escape-Klausel ist dennoch anwendbar, da die Eigenkapitalquote der M GmbH nicht mehr als zwei Prozentpunkte unterhalb der Konzernquote liegt.

Die Anpassungs- bzw. Überleitungsrechnung ist auf Verlangen der Finanzbehörde durch einen Abschlussprüfer zu prüfen.[565]

Führt die **Korrektur** eines zunächst nicht zutreffend erstellten Abschlusses **324** zu höheren nicht abziehbaren Zinsaufwendungen, ist auf die insgesamt nicht abziehbaren Zinsaufwendungen ein **Zuschlag gem. § 162 Abs. 4 S. 1 und 2 AO** – dh in Höhe von mindestens € 5000 – festzusetzen.[566]

Die Befreiungen von der Beschränkung des Betriebsausgabenabzugs gemäß **325** der **Konzernklausel** und der **Escape-Klausel** gelten nur dann, wenn keine **schädliche Gesellschafterfremdfinanzierung** vorliegt. Eine **Gesellschafterfremdfinanzierung** liegt vor, wenn eine **Körperschaft** iSd KStG Fremdkapital erhält von
- einem Anteilseigner, der unmittelbar oder mittelbar zu mehr als einem Viertel am Grund- oder Stammkapital der Körperschaft beteiligt ist,
- einer diesem Anteilseigner nahe stehenden Person iSv § 1 Abs. 2 AStG oder
- einem Dritten, der auf den Anteilseigner oder eine diesem nahe stehende Person zurückgreifen[567] kann.

---

[563] Vgl. § 4h Abs. 2 S. 1 Buchst. c) S. 6 EStG.

[564] Das Sonderbetriebsvermögen ist dem Betrieb der Mitunternehmerschaft zuzuordnen, soweit es im Konzernvermögen enthalten ist. Vgl. § 4h Abs. 2 S. 1 Buchst. c) S. 7 EStG.

[565] Vgl. § 4h Abs. 2 S. 1 Buchst. c) S. 13 EStG.

[566] Vgl. § 4h Abs. 2 S. 1 Buchst. c) S. 14 EStG.

[567] Der Rückgriff eines Dritten kann nach Auffassung der deutschen FinVerw. nicht nur durch eine Garantie oder eine harte Patronatserklärung begründet werden, son-

326   **Schädlich** ist eine solche Gesellschafterfremdfinanzierung, wenn die darauf gezahlten Vergütungen **mehr als 10% des Nettozinsaufwandes** der Körperschaft ausmachen.[568] Ob die Begriffe „Vergütung" und „Zinsaufwand" deckungsgleich sind, ergibt sich nicht aus dem Gesetz. Der Vergleich der **Bruttogröße** „Vergütung auf Fremdkapital" mit der **Nettogröße** „Nettozinsaufwand" (dh nach Verrechnung mit den Zinserträgen der Körperschaft) führt zu einer Ungleichbehandlung zum Nachteil des Steuerpflichtigen. Eine weitere Verschärfung ergibt sich daraus, dass nach Auffassung der FinVerw. **in- und ausländische Finanzierungen** einzubeziehen sind,[569] dh auch Vergütungen für Fremdkapital werden berücksichtigt, die den im Inland steuerpflichtigen Gewinn nicht gemindert haben. Die Unschädlichkeit der Gesellschafterfremdfinanzierung ist **von der Körperschaft nachzuweisen.**

327   Im Falle der **Escape-Klausel** ist die Definition der Gesellschafterfremdfinanzierung erweitert um **andere Konzerngesellschaften,** dh Darlehensnehmer kann neben der Körperschaft selbst auch ein anderer Rechtsträger des Konzerns sein und die Beteiligung des Anteilseigners kann am Grund- oder Stammkapital **jeder Gesellschaft des Konzerns** bestehen.[570] Als weitere Voraussetzung einer schädlichen Gesellschafterfremdfinanzierung müssen die Verbindlichkeiten, auf welche die Vergütungen gezahlt werden, in dem voll **konsolidierten Konzernabschluss ausgewiesen** sein bzw. bei Finanzierung durch einen Dritten muss der **Rückgriff** gegen einen nicht konzernangehörigen Gesellschafter oder eine diesem nahe stehende Person ausgelöst werden.[571]

Im Ergebnis ist die Escape-Klausel aus Sicht einer Körperschaft immer dann nicht anwendbar, wenn für irgendeine in- oder ausländische Gesellschaft des Konzerns nicht nachgewiesen werden kann, dass bei dieser keine schädliche Gesellschafterfremdfinanzierung vorliegt, wobei **konzerninterne Finanzierungen** nicht als „schädlich" gelten.[572] Wie der erforderliche lückenlose Nachweis für alle Konzerngesellschaften in der Praxis geführt werden kann, bleibt offen.

328   Allen drei Ausnahmetatbeständen ist gemeinsam, dass im Falle der **Nichterfüllung der Voraussetzungen** die Abzugsbeschränkung gemäß der Zinsschranke **vollumfänglich** und in **voller Höhe des Nettozinsaufwandes** greift **(Fallbeileffekt).** So ist bspw. in Fällen der schädlichen Gesellschafterfremdfinanzierung nicht nur der Abzug auf Gesellschafterdarlehen beschränkt, sondern unabhängig vom Darlehensgeber jeglicher über die Zinserträge hinausgehende Zinsaufwand.

5. Kommentierung und Vergleich mit den vorhergehenden Rechtsnormen

329   Das Konzept der **Zinsschranke** weist wesentliche Unterschiede auf hinsichtlich Anwendungsbereich und Wirkung gegenüber der zuvor geltenden

---

dern bspw. auch durch eine weiche Patronatserklärung, eine Back-to-Back-Finanzierung oder durch faktisches Einstehen für die Schuld. Vgl. BMF-Zinsschranke, Tz. 83.

[568] Vgl. § 8a Abs. 2 und 3 KStG.
[569] Vgl. BMF-Zinsschranke, Tz. 82.
[570] Vgl. § 8a Abs. 3 S. 1 KStG.
[571] Vgl. § 8a Abs. 3 S. 2 KStG.
[572] Vgl. BMF-Zinsschranke, Tz. 80.

Vorschrift über die **Gesellschafterfremdfinanzierung** gem. § 8a KStG aF Die bedeutendste Änderung stellt die erhebliche **Ausweitung des Anwendungsbereichs** dar, wonach jetzt auch inländische Sachverhalte, in jedweder Rechtsform geführte Betriebe sowie Finanzierungen durch fremde Dritte erfasst werden. Auch wird gem. der neuen Regelung nicht mehr hinsichtlich der **Finanzierungsbedingungen** oder der **Art der Vergütung** unterschieden. Aus der Anwendung der Vorschrift resultierende **Korrekturen** finden nunmehr nur noch einseitig auf **Ebene des Darlehensnehmers** statt, so dass zumindest vorübergehend eine wirtschaftliche Doppelbesteuerung eintritt. Die Umqualifizierung des Zinsaufwands ist nicht mehr definitiv, sofern ein **Zinsvortrag** in künftigen Wirtschaftsjahren genutzt werden kann. Andererseits wird gem. der Zinsschranke jeglicher Zinsaufwand als nicht abziehbar behandelt, nicht nur die an Anteilseigner bzw. die an Anteilseignern nahe stehenden Personen gezahlten Vergütungen.

Der **Fremdvergleich** ist unter der Zinsschrankenregelung irrelevant. Ein solcher wäre auch kaum in der Praxis umsetzbar, da auch durch fremde Dritte begebene Darlehen Gegenstand der Begrenzung des Zinsabzugs sind.

Die **Funktionsweise** der Zinsschranke ist demzufolge grundsätzlich anders **330** als dies unter der Vorgängerregelung des § 8a KStG aF der Fall war. Einige der daraus resultierenden Effekte veranschaulicht das folgende Beispiel:

Beispiel: Konzerngesellschaft A AG erhält zur Finanzierung ihres Geschäftsbetriebes von der niederländischen Konzernholding H NV für eine Laufzeit von 48 Monaten ein Darlehen in Höhe von € 100 Mio. Es handelt sich hierbei um die einzige von A AG in Anspruch genommene Finanzierung. Für das Darlehen wird über die gesamte Laufzeit ein Zinssatz von 8 % vereinbart, so dass bei A AG ein Zinsaufwand in Höhe von € 8 Mio p. a. anfällt. Der vereinbarte Darlehenszinssatz ist als fremdvergleichskonform anzusehen. Jedoch ist A AG nicht in der Lage, einen Nachweis zu erbringen, dass ein fremder Dritter unter vergleichbaren Umständen das Darlehen ebenfalls gewährt hätte. Die Eigenkapitalquote der A AG ist regelmäßig um mehr als zwei Prozentpunkte niedriger als die des konsolidierten Gesamtkonzerns.

	Jahr 1	Jahr 2	Jahr 3	Jahr 4
verrechenbares EBITDA von A AG (in Mio. €)	9,0	10,0	14,0	6,0
Zinsertrag von A AG (in Mio. €)	2,8	2,2	1,6	1,2
Nettozinsaufwand von A AG (in Mio. €)	5,2	5,8	6,4	6,8
Verhältnis Fremd- zu Eigenkapital bei A AG	1,5:1	2,0:1	3,0:1	5,0:1
Ergebnis:				
Steuerlich abzugsfähiger Zinsaufwand gem. § 8a KStG aF (in Mio. €)	8,0	6,0	4,0	2,4
Steuerlich abzugsfähiger Zinsaufwand gem. Zinsschranke (in Mio. €)	5,5	5,2	5,8	3,0

331   Gem. § 8a KStG aF beträgt in obigem Beispiel der steuerlich abzugsfähige Zinsaufwand der Jahre 1 bis 4 insgesamt € **20,4 Mio.**, der restliche Zinsaufwand iHv € 11,6 Mio. wird als **vGA** umqualifiziert. Gem. der Zinsschranke beträgt der steuerlich abzugsfähige Zinsaufwand im gleichen Zeitraum insgesamt € **19,5 Mio.**, der restliche Zinsaufwand wird in den betreffenden Jahren bei A AG als nicht abzugsfähige Betriebsausgabe qualifiziert. Jedoch steht gem. der Zinsschranke am Ende des Jahres 4 ein **Zinsvortrag** iHv € 12,5 Mio. zur Verfügung, der als Zinsaufwand in künftigen Jahren mit dem EBITDA verrechnet werden kann.

    Wandelt man das Beispiel ab und unterstellt eine Darlehensvergabe durch eine in Deutschland ansässige Konzerngesellschaft oder durch eine nicht konzernzugehörige und nicht wesentlich an A AG beteiligte Bank an Stelle der H NV, wäre gem. § 8a KStG aF der gesamte Zinsaufwand iHv € 8,0 Mio. p.a. bei A AG als Betriebsausgabe abzugsfähig. Das Ergebnis gem. Zinsschranke bliebe bei dieser Konstellation jedoch unverändert von dem in obiger Tabelle gezeigten.

332   Das Beispiel zeigt neben dem erweiterten **Anwendungsbereich** auch die im Vergleich zu § 8a KStG aF deutlich erhöhte **Komplexität der Zinsschranke.** Es ist nicht mehr nur ein Faktor (das Verhältnis von Fremd- zu Eigenkapital) primär für die Höhe des abzugsfähigen Zinsaufwandes maßgeblich, sondern eine Kombination aus Ertrag und Nettozinsergebnis. Dabei ist die Ermittlung zumindest des Faktors „EBITDA" als uU aufwändig anzusehen. Die **Überwachung** drohender Beschränkungen des Zinsabzuges im Verlauf des Wirtschaftsjahres und ein entsprechendes Handeln vor dessen Ablauf werden hierdurch deutlich erschwert. Auch die **Prüfung** etwaiger Befreiungsmöglichkeiten erscheint unter der Zinsschranke – mit Ausnahme der Freigrenze des § 4h Abs. 2 S. 1 Buchst. a) EStG – aufwändiger, insbesondere in Konzernfällen als praktisch kaum durchführbar.

333   Inwiefern sich die Zinsschranke im Vergleich zu § 8a KStG aF **für ein Unternehmen vorteilhaft oder nachteilig** auswirkt, ist in erster Linie von den individuellen Umständen des Einzelfalls abhängig. **Konzernfinanzierungsgesellschaften** sollten tendenziell profitieren, denn diese haben häufig einen hohen Fremdkapitalanteil mit entsprechenden Einschränkungen unter § 8a KStG aF, verdienen aber eine stabile Marge auf den eigenen Refinanzierungsaufwand mit dem Ergebnis eines Nettozinsertrages, so dass der Zinsaufwand unter der Zinsschranke in voller Höhe abzugsfähig ist. Problematisch ist die Zinsschranke hingegen für **Start-Up-Unternehmen,** für **niedrigfunktionale Unternehmen** mit hohem Kapitaleinsatz und vergleichsweise geringem EBITDA (zB Auftragsfertiger) sowie für **Holdinggesellschaften,** deren Erträge zum überwiegenden Teil aus nur zu 5% in den steuerlichen Gewinn eingehenden Dividendenzahlungen bestehen und üblicherweise hoher Finanzierungsaufwand anfällt.

    Unternehmen in einer **finanziellen Krise** werden iRd Zinsschranke potentiell zusätzlich belastet. Dies haben auch die Erfahrungen der globalen Finanzkrise der Jahre 2007 ff. gezeigt, worauf mit einer Anpassung der gesetzlichen Regelung reagiert werden musste. Auch nach dieser gesetzlichen Anpassung ist jedoch bei der Möglichkeit des Zinsvortrages und der damit verbundenen Nachholung des Zinsabzugs in einem späteren Wirtschaftsjahr wiederum die Abzugsbeschränkung im jeweiligen Wirtschaftsjahr zu beachten. Ertragsschwache Unternehmen, die in Zeiten einer schlechten Konjunkturlage einen Großteil der Steuerpflichtigen bilden, werden daher meist über mehrere Jahre einen **vortragsfähigen Zinsaufwand** akkumulieren, anstatt diesen mit Zinserträgen bzw. Gewinnen ausgleichen zu können. Als einer der Folgeeffekte kann auch die Werthaltigkeit eines **aktiven latenten Steuerpostens** fragwürdig sein, denn es bedarf hierzu eines begründeten Nachweises über die spätere Abzugsfähigkeit der in einem Wirtschaftsjahr nicht abzugsfähigen Zinsaufwendungen.[573]

Weiterhin ist zu beachten, dass ein Vortrag von Zinsaufwand nur möglich **334** ist, soweit es sich um den gleichen Rechtsträger handelt. Diese Einschränkung ist insbesondere für die Finanzierung von **Projektgesellschaften** problematisch, denn ein in der Projektierungsphase aufgebauter Zinsvortrag wird meist endgültig verfallen.

Kaum überschaubar sind die Konsequenzen der Zinsschranke für **Private Equity-Gesellschaften** bzw. **Venture Capital-Gesellschaften.** Häufig werden diese Gesellschaften zusammen mit den von ihnen erworbenen Beteiligungen einen Konzern iSd Zinsschranke bilden. Da das Finanzierungselement von erheblicher Bedeutung für solche Gesellschaften ist, kann nicht ausgeschlossen werden, dass deren Geschäftsmodell durch die Zinsschranke in Frage gestellt wird.

Projekt- bzw. Private Partnership-Modelle mit **Beteiligung der öffentlichen Hand** sind von der Anwendung der Zinsschranke nicht ausgenommen. Zu einigen dieser Modelle und ihrer Behandlung für Zwecke der Zinsschranke äußert sich die FinVerw. explizit unter dem Oberbegriff „**Öffentliche Private Partnerschaften**".[574]

Im Hinblick auf **Gemeinschaftsrecht** beseitigt die Zinsschranke wohl die **335** für § 8a KStG aF festgestellte Problematik der Beschränkung von durch den AEUV garantierten **Grundfreiheiten.** Unbestritten ist dies jedoch trotz der besonderen Berücksichtigung dieses Aspekts bei der Entwicklung einer gesetzlichen Folgeregelung und der folgerichtigen Ausweitung des Anwendungsbereichs auf inländische Sachverhalte nicht.[575] Zweifel werden u. a. geäußert aufgrund der Nichtanwendung der Abzugsbegrenzung bei Finanzierungen innerhalb einer **Organschaft.** Dass eine Organschaft nach derzeitigem Gesetzesstand[576] in **grenzüberschreitenden Fällen** nach wie vor nicht in gleicher Weise wie bei **Inlandssachverhalten** gebildet werden kann, stellt einen potentiellen Verstoß gegen EU-Recht dar,[577] der sich ggf. auf die Organschaftsregelung der Zinsschranke erstrecken könnte.

Bereits vor dem Wirksamwerden der neuen Regelung wurden intensiv **336** Zweifel an der **Verfassungsmäßigkeit** der Zinsschranke geäußert,[578] v. a.

---

[573] Vgl. hierzu IAS 12 und IAS 37 sowie ausführlich *Kirsch* PiR, 237 ff.
[574] Vgl. BMF-Zinsschranke, Tz. 84–90.
[575] Kritisch äussert sich hierzu bspw. *Führich* IStR 2007, 341.
[576] Vgl. § 14 Abs. 1 S. 1 und S. 1 Nr. 2 S. 1 KStG, § 17 S. 1 KStG. § 2 Abs. 2 S. 2 GewStG.
[577] Hierzu u. a. BFH 29.1.2003, BStBl. II 2004, 1043; *Micker* DB 2003, 2734 ff.; Vertragsverletzungsverfahren der EU Nr. 2008/4909 gegen die Bundesrepublik Deutschland.
[578] Vgl. beispielhaft *Rödder/Stangl* DB 2007, 482 ff.; *Hey* BB 2007, 1303 ff.; *Kessler/Köhler/Knörzer* IStR 2007, 422; *Köhler* in Ernst&Young/BDI, Die Unternehmensteuerreform 2008, 110.

aufgrund des vermuteten Verstoßes gegen das **objektive Nettoprinzip.**[579] Die Frage der Verfassungsmäßigkeit hat dementsprechend auch schon mehrfach die Finanzgerichte beschäftigt, soweit erkennbar allerdings bislang nur im Wege des **vorläufigen Rechtsschutzes.** So hat der BFH in einem dieser vorläufigen Verfahren ernstliche Zweifel an der Verfassungsmäßigkeit von § 8a Abs. 2 Alt. 3 KStG (Rückausnahme von der Konzernklausel bei schädlicher Gesellschafterfremdfinanzierung) geäußert,[580] dabei aber nicht die Verfassungsmäßigkeit der Zinsschranke insgesamt beurteilt.

337   Unabhängig von der Frage der Europarechtskompatibilität und der Verfassungsmäßigkeit der Zinsschranke hat der vom deutschen Gesetzgeber eingeschlagene Weg die **internationale Steuerplanung** im Bereich der Fremdfinanzierung von Unternehmen erschwert. Denn eine pauschalisierend wirkende Zinsschranke ohne alternative Nachweismöglichkeit des fremdvergleichsüblichen Verhaltens steht dem international akzeptierten „**Arm's Length Principle**" entgegen. Die Einseitigkeit der Korrektur alleine beim Darlehensnehmer (und nicht auch beim Darlehensgeber) erhöht das Risiko einer wirtschaftlichen Doppelbesteuerung. Auch die Komplexität der Regelung und die Schwierigkeiten bei der Steuerung ihrer Auswirkungen wirken sich für die Unternehmen nachteilig aus.

338–349   *(einstweilen frei)*

VI. Verhältnis zwischen den Korrekturvorschriften

1. Ausgangsfrage und Grundsätze

350   § 1 AStG kommt als **Korrekturvorschrift** dann zur Anwendung, wenn die Einkünfte eines inländischen Steuerpflichtigen aus einer Geschäftsbeziehung mit einem ihm nahe stehenden Geschäftspartner im Ausland dadurch gemindert werden, dass für diese Geschäftsbeziehung Bedingungen vereinbart werden, die nicht den Bedingungen entsprechen, die voneinander unabhängige Dritte unter vergleichbaren Verhältnissen vereinbart hätten. In der **Rechtsfolge** sind die Einkünfte des inländischen Steuerpflichtigen „.... unbeschadet anderer Vorschriften so anzusetzen, wie sie unter den zwischen unabhängigen Dritten vereinbarten Bedingungen angefallen wären."[581] Grundlage für eine Korrektur der Einkünfte gem. § 1 AStG ist somit das tatsächliche bzw. hypothetische Verhalten Dritter, maW der **Fremdvergleichsgrundsatz** (Rn. 160f.).

351   Das deutsche Steuerrecht sieht neben § 1 AStG weitere Vorschriften vor, die ebenfalls eine Korrektur der Einkünfte des Steuerpflichtigen hin zu einem steuerlich als angemessen vermuteten Ergebnis zum Ziel haben. Zu nennen sind in diesem Zusammenhang insbesondere die Institute der **vGA** und der **verdeckten Einlage** sowie § 42 AO. Die **Begrenzung des steuerlichen Abzugs von Schuldzinsen** (Rn. 300ff.) ist eine weitere nationale Korrekturnorm, die jedoch eine primär formelhaft schematische Grundlage aufweist

---

[579] So u. a. *Loschelder* in Schmidt, § 4h EStG, Rn. 3.
[580] Vgl. BFH 13.3.2012, BStBl. II 2012, 611.
[581] Vgl. § 1 Abs. 1 S. 1 AStG.

und nur sekundär auch Elemente des Fremdvergleichs berücksichtig. Schließlich sind auch die allgemeinen **Einlage- und Entnahmevorschriften** bei der steuerlichen Ergebnisermittlung zu berücksichtigen.

Neben diesen nationalen Vorschriften ist deren Verhältnis zu den internationalen Korrekturnormen zu beachten, dabei vor allem das **Arm's Length Principle** gemäß den Art. 9 OECD-MA folgenden bilateralen Vereinbarungen Deutschlands mit anderen Staaten.

Aus der Existenz verschiedener Einkünfteermittlungs- und Korrekturvor- **352** schriften entsteht eine **Normenkonkurrenz** hinsichtlich der Anwendung dieser Vorschriften. Auf die Notwendigkeit der Abgrenzung weist schon der Gesetzeswortlaut „... unbeschadet anderer Vorschriften ..." in § 1 Abs. 1 S. 1 AStG hin. Sie ergibt sich aber auch aus den unterschiedlichen Rechtsfolgen der verschiedenen Vorschriften.

Die konkrete Ausgestaltung dieser Normenkonkurrenz war jedoch bei Einführung des AStG und einige Zeit danach nicht eindeutig geklärt. Entsprechend wurden hinsichtlich der Anwendung des § 1 AStG sowie dessen Verhältnis zu anderen Vorschriften unterschiedliche Auffassungen diskutiert. Hierbei ist zu unterscheiden zwischen dem **Vorrang in der Anwendung** einerseits und der **Rechtsfolge** andererseits. Zu den diskutierten Lösungen gehören der **gegenseitige Ausschluss** von § 1 AStG und vGA, Entnahme und verdeckter Einlage,[582] die **Verdrängung anderer Vorschriften durch § 1 AStG**[583] versus die **Verdrängung von § 1 AStG durch andere Vorschriften**[584] sowie die **Idealkonkurrenz** von § 1 AStG mit den anderen Vorschriften.[585]

Bei dessen Einführung wurde § 1 AStG wohl zunächst als **Spezial-** **353** **vorschrift** verstanden.[586] Die Spezialität von § 1 AStG ergibt sich daraus, dass dies die einzige Vorschrift ist, die den Fremdvergleichsgrundsatz als Maßstab für die Korrektur der Einkünfte kodifiziert.[587] Gemäß dieser Interpretation wäre § 1 AStG als grundlegende Spezialvorschrift für die Korrektur der Einkünfte in grenzüberschreitenden Sachverhalten bei der Anwendung vorrangig gegenüber allen anderen (allgemeineren) Korrekturvorschriften.

Die **deutsche FinVerw.** hatte sich in den VGr 1983 zunächst dahingehend **354** festgelegt, dass die **allgemeinen Vorschriften zur Ermittlung der Einkünfte vorrangig gegenüber den Korrekturvorschriften** anzuwenden seien.[588] Weiterhin seien „... die Abgrenzungsregeln ... nach ihren Rechtsvoraussetzungen voneinander unabhängig und nebeneinander anwendbar ...".[589] Insoweit entsprach die Verwaltungsmeinung dem allgemeinen Verständnis des Wortlauts von § 1 AStG. Hinsichtlich des Anwendungsvorrangs der Korrekturvorschriften bzw. Abgrenzungsregeln zueinander sah die deutsche FinVerw. jedoch einen **Vorrang der verdeckten Einlage und der**

---

[582] Vgl. *Wassermeyer* in Wassermeyer/Baumhoff, Verrechnungspreise international verbundener Unternehmen, Rn. 89–95.
[583] Bspw. *Vogel* DB 1972, 1402.
[584] Vgl. VGr 1983, Tz. 1.1.3.
[585] Vgl. *Wassermeyer* in Wassermeyer/Baumhoff, Verrechnungspreise international verbundener Unternehmen, Rn. 76 ff.
[586] Vgl. *Ebling* StBp 1971, 218 ff.; *Vogel* DB 1972, 1402.
[587] So auch *Baumhoff* in Mössner u. a., Rn. C 258.
[588] Vgl. VGr 1983, Tz. 1.1.2.
[589] Vgl. VGr 1983, Tz. 1.1.3 S. 1.

vGA gegenüber § 1 AStG.[590] Beide Auffassungen hat die deutsche Fin-
Verw. in einem späteren Anwendungsschreiben zum Außensteuergesetz[591]
sowie in den VGr-Verfahren[592] bestätigt. Darüber hinaus wurde in dem Anwendungsschreiben und in den VGr-Verfahren eine **Idealkonkurrenz** von
§ 1 AStG gegenüber den Vorschriften der Entnahme und der verdeckten Einlage in eine Kapitalgesellschaft definiert.

Spätestens seit der ersten Veröffentlichung der deutschen FinVerw. in den
VGr 1983 entwickelte sich auch die veröffentlichte Literaturmeinung und es
überwog zunehmend die Annahme einer **Subsidiarität** gegenüber der zuvor
bevorzugten **Spezialität** von § 1 AStG. Gemäß der Subsidiaritätstheorie sollten die Korrekturvorschriften der vGA, der (verdeckten) Einlage und der
Entnahme in der Anwendung vorgehen und § 1 AStG eine **Auffangvorschrift** zur Vermeidung von Besteuerungslücken darstellen.[593] U. a. auch von
der Rechtsprechung gestützt setzte sich zunehmend das Konzept der **Idealkonkurrenz** durch.[594]

355   Die **Rechtsfolge einer Idealkonkurrenz** bedeutet, dass die jeweils die
höchsten Anpassungen zulassende(n) Vorschrift(en) anzuwenden sind. In Bezug auf § 1 AStG blieb allerdings unklar, ob die weitergehende Korrektur aus
Sicht der FinVerw. oder des Steuerpflichtigen zu bestimmen ist.[595]

356   Um weitere Unsicherheiten hinsichtlich des Konkurrenzverhältnisses von
§ 1 AStG zu anderen Korrekturvorschriften zu beenden, erfolgte iRd
UStRG 2008[596] eine gesetzliche Präzisierung und Erweiterung. Demnach
sind die sich aus der Anwendung des Fremdvergleichsgrundsatzes gem. § 1
AStG ergebenden „... weitergehenden Berichtigungen neben den Rechtsfolgen der anderen Vorschriften durchzuführen.".[597] Damit sollte klargestellt
werden, dass § 1 AStG **nachrangig zu anderen Korrekturvorschriften**
anzuwenden ist und sicherstellen soll, dass Korrekturen auf den **Fremdvergleichspreis** auf Basis einer gesetzlichen Grundlage durchgeführt werden
können, soweit dies in Anbetracht eines gegebenen Sachverhalts geboten
ist.[598] Damit schloss sich der Gesetzgeber der Meinung der FinVerw. und der
inzwischen wohl herrschenden Auffassung zur Funktion von § 1 AStG an als
subsidiär zu anderen Korrekturvorschriften hinsichtlich der Anwendung
und als **Idealkonkurrenz** in der Rechtsfolge.[599] Im Ergebnis erfolgt eine
Korrektur der Einkünfte immer in Höhe des maximal möglichen Betrages,
die weitest mögliche Korrektur wird jedoch nur einmal durchgeführt. Eine
Duplizierung von Korrekturen der Einkünfte soll nicht erfolgen.

Damit sollten auch potenzielle Konflikte aus der **parallelen Anwendung
mehrerer Korrekturvorschriften** für die Zukunft ausgeschlossen sein. Vor

---

[590] Vgl. VGr 1983, Tz. 1.1.3 S. 2.

[591] Vgl. BMF 14.5.2004, BStBl. I 2004, Sondernummer 1, Tz. 1.1.2.

[592] Vgl. VGr-Verfahren, Tz. 5.3.3.

[593] Vgl. *Woerner* BB 1983; *Pohl* in Blümich, AStG § 1, Rn. 17.

[594] Vgl. zB FG Düsseldorf v. 8.12.1998, IStR 1999, 311 (auszugsweise); *Borstell/
Brüninghaus/Dworaczek* IStR 2001, 757.

[595] Vgl. *Wassermeyer* BB 1984, 1501 f.

[596] UStRG 2008, 14.8.2007, BGBl. I 2007, 1933.

[597] Vgl. § 1 Abs. 1 S. 4 AStG idF d. AmtshilfeRLUmsG.

[598] S. hierzu die Regierungsbegründung, BR-Drucks. 220/07, 143.

[599] Vgl. *Pohl* in Blümich, AStG § 1, Rn. 18.

der gesetzlichen Klarstellung war es u. a. Gegenstand der Diskussionen, inwieweit das Risiko einer **mehrfachen Korrektur** auf Basis verschiedener
Vorschriften im Rahmen des gleichen Sachverhaltes bestehen könnte, obwohl
dies aus inhaltlichen[600] und verfassungsrechtlichen[601] Gründen abzulehnen
wäre. Andererseits kann die neue gesetzliche Situation systematisch nicht vollends überzeugen, da § 1 AStG in der Anwendung zwar grundsätzlich subsidiär ist, in der Rechtsfolge jedoch uU andere Korrekturvorschriften überlagert.[602]

Eine detaillierte Auseinandersetzung mit dem Verhältnis von § 1 AStG   **357**
zu den wichtigsten anderen Korrekturvorschriften sowie der verschiedenen
Korrekturvorschriften zueinander vermittelt der folgende Teil dieses Abschnitts.

2. Verhältnis des § 1 AStG zur verdeckten Gewinnausschüttung

Die deutsche FinVerw. vertritt seit einiger Zeit die Auffassung, dass die   **358**
verdeckte Gewinnausschüttung § 1 AStG verdrängt, soweit die Voraussetzungen der jeweiligen Vorschriften gleichzeitig gegeben sind.[603] Dieser
Auffassung folgte auch die hM in der Literatur.[604] Durch die Erweiterung
von § 1 Abs. 1 S. 3 AStG iRd UStRG 2008 (in der aktuellen Fassung § 1
Abs. 1 S. 4 AStG) sollte dieser Anwendungsvorrang der vGA ebenso auf gesetzlicher Basis geklärt sein wie die Rechtsfolge der Durchführung einer Korrektur der Einkünfte auf den Fremdvergleichspreis, sofern und soweit dies zu
einer höheren Korrektur führt als die Korrektur gemäß dem Institut der
vGA. Eine Korrektur auf Basis einer vGA und zusätzlich eine Korrektur iHd
Fremdvergleichspreises gem. § 1 AStG ist nicht durchzuführen.

Noch nicht abschließend geklärt ist, ob bei Feststellen eines höheren   **359**
Fremdvergleichspreises eine **unmittelbare und vollständige Korrektur** der
Einkünfte gem. § 1 AStG erfolgt oder ob sich die **Korrektur in zwei
Schritten** vollzieht, dh zunächst Durchführung der Korrektur gemäß vGA
und anschließend die zusätzliche Korrektur gem. § 1 AStG bis zur Höhe des
Fremdvergleichspreises. Nach der hier vertretenen Auffassung spricht der
Wortlaut des Gesetzes „… **neben** den Rechtsfolgen der anderen Vorschriften
…"[605] für die Durchführung von zwei Korrekturschritten.[606]

Im Regelfall sollten aber ohnehin Korrekturen auf Basis einer vGA zum
gleichen Korrekturbetrag führen wie solche auf Basis des Fremdvergleichsgrundsatzes gem. § 1 AStG.[607]

---

[600] Vgl. *Debatin* RIW 1975, 596 ff.; *Wassermeyer* in FWBS, § 1 AStG, Anm. 42.

[601] Vgl. BVerfG 25.9.1992, 2 BvL 14/91, BVerfGE 87, 153.

[602] Vgl. *Hofacker* in Haase, § 1 AStG, Rn. 30.

[603] Erstmals in den VGr 1983, Tz. 1.1.3 S. 2.

[604] Vgl. *Hellwig* DStZ/A 1973, 13; *Wassermeyer* in FWBS, § 1 AStG, Anm. 81; *Baranowski*, Besteuerung (1. Aufl.), 201; *Woerner* BB 1983, 845; *Wassermeyer* IStR 2001,
633.

[605] Vgl. § 1 Abs. 1 S. 4 AStG idF d. AmtshilfeRLUmsG.

[606] Wohl aA *Wassermeyer* in FWBS, § 1 AStG, Anm. 77. Danach ist die jeweils weitergehende Korrekturmöglichkeit vorrangig anzuwenden.

[607] So bspw. auch *Schaumburg* Internationales Steuerrecht, Rn. 18.81.

360   Im Verhältnis zwischen § 1 AStG und der vGA ergeben sich aber auch eine Reihe von Sachverhalten, bei denen **keine Normenkonkurrenz** besteht:[608]

1. Reine **Auslandssachverhalte** werden weder von § 1 AStG noch vom Rechtsinstitut der vGA abgedeckt.

2. Reine **Inlandssachverhalte** werden von den Regeln der vGA abgedeckt. § 1 AStG hingegen umfasst nur Geschäftsbeziehungen zum Ausland.

3. **Interessenverflechtungen** ohne gesellschaftsrechtliche Verbindung, wie sie durch § 1 Abs. 2 Nr. 3 AStG angesprochen werden, fallen nicht unter den Regelungsbereich einer vGA. In diesen Fällen kann nur § 1 AStG zur Anwendung kommen.

4. **Unwesentliche Beteiligungen** liegen außerhalb des Regelungsbereichs von § 1 AStG, soweit kein Fall der Interessenverflechtung nach § 1 Abs. 2 Nr. 3 AStG vorliegt. Sie unterliegen somit nur den Regeln der vGA.

5. Gegenstand einer Korrektur nach § 1 AStG sind ausschließlich Einkünfte aus **Geschäftsbeziehungen,** während das Vorliegen einer Geschäftsbeziehung keine Voraussetzung für die Annahme einer vGA ist.

6. Voraussetzung für das Rechtsinstitut der vGA ist die Verwirklichung durch eine Körperschaft, Personenvereinigung oder Vermögensmasse iSd § 1 KStG. Für die Anwendung von § 1 AStG kommt hingegen **jede Person** mit steuerpflichtigen Einkünften im Inland in Betracht.

3. Verhältnis des § 1 AStG zur verdeckten Einlage/verdeckten Entnahme

361   Das Institut der verdeckten Einlage und der verdeckten Entnahme ist gesetzlich **nicht unmittelbar definiert.** Zur verdeckten Einlage wird für die Ermittlung der Einkünfte unbeschränkt Steuerpflichtiger iSd § 1 Abs. 1 KStG lediglich festgelegt, dass verdeckte Einlagen die Einkünfte nicht erhöhen.[609] Für das Bestehen einer Normenkonkurrenz bedarf es jedoch einer Definition der konkurrierenden Normen.

362   Für die **verdeckte Einlage** bestand eine herrschende Auffassung in der Literatur, wonach als Rechtsgrundlage die §§ 4 Abs. 1 S. 1 und 5 EStG iVm § 8 Abs. 1 KStG zu sehen sind.[610] Inzwischen wird, gestützt auf BFH-Rechtsprechung und daraus abgeleiteter KStR, die verdeckte Einlage als **Spiegelbild der vGA** gem. § 8 Abs. 3 S. 2 KStG aufgefasst (Rn. 131).

363   Aus Sicht der empfangenden Gesellschaft ist eine Normenkonkurrenz der verdeckten Einlage mit § 1 AStG nicht vorstellbar. Die Einkünfte der Gesellschaft werden durch die verdeckte Einlage nicht gemindert (allenfalls erhöht), so dass § 1 AStG nicht zur Anwendung kommen kann. Jedoch ist eine verdeckte Einlage geeignet, die Einkünfte des einlegenden Gesellschafters zu mindern, so dass eine Korrektur der Einkünfte des Gesellschafters gem. § 1 AStG vorstellbar ist.

---

[608] Vgl. *Debatin* RIW 1975, 596; *Woerner* BB 1983, 845; *Wassermeyer* in FWBS, § 1 AStG, Anm. 81 f.

[609] Vgl. § 8 Abs. 3 S. 3 KStG.

[610] So bspw. *Döllerer* 126; *Höppner* StBp 1983, 121, Fn. 5; *Wassermeyer* in Steuerberater-Jahrbuch 1985/86, 213/219 f. und 230.

Es war lange Zeit fraglich, ob eine verdeckte Einlage eine **Geschäftsbe-**   364
ziehung iSv § 1 AStG darstellt. Eine im Schrifttum verbreitete Auffassung
wendete ein, dass bei Anwendungsvorrang von § 5 Abs. 6 EStG gegenüber
§ 1 AStG[611] die verdeckte Einlage auf Basis des bestehenden Gesellschaftsverhältnisses erbracht werde.[612] Denn als Folgewirkung der verdeckten Einlage
erhöht sich der Anschaffungswert des einlegenden Gesellschafters, so dass
steuerbilanziell keine Minderung der Einkünfte des Gesellschafters stattfindet.[613] Neben dem Aspekt des **Gesellschaftsverhältnisses** fehle es somit
mangels **Einkünfteminderung** auch an einer weiteren Anwendungsvoraussetzung von § 1 AStG. Demzufolge könne auch keine Konkurrenz zwischen
§ 1 AStG und der verdeckten Einlage vorliegen. Gemäß einer anderen in der
Literatur geäußerten Auffassung sollte § 1 AStG uneingeschränkt auf alle Fälle der Einlage und der Entnahme anwendbar sein, da die Vorschrift andernfalls ihren Gesetzeszweck – die Verhinderung unangemessener Gestaltungen
im grenzüberschreitenden Geschäftsverkehr zwischen Nahestehenden – nicht
erfüllen könne.[614] Diese Meinung wird in Bezug auf die Neufassung von § 1
AStG iRd UStRG 2008 nicht mehr vertreten.[615]

Abgesehen von diesen beiden Theorien sowie der gesetzlichen Neufassung
ist nach wie vor eine Prüfung des Sachverhalts dahingehend erforderlich, ob
im konkreten Einzelfall eine verdeckte Einlage eine **Geschäftsbeziehung**
iSd § 1 Abs. 4 AStG darstellt.[616]

Sofern die Anwendungsvoraussetzungen sowohl der verdeckten Einlage als   365
auch von § 1 AStG erfüllt sind, gelten hinsichtlich der Normenkonkurrenz
uE die gleichen Grundsätze wie für das Konkurrenzverhältnis zwischen vGA
und § 1 AStG. Das Institut der verdeckten Einlage geht in der Anwendung
§ 1 AStG vor.[617] § 1 AStG kommt dann zur Anwendung, wenn die Korrektur der Einkünfte nach dem Fremdvergleichsgrundsatz eine weitere Berichtigung als die Korrektur gemäß einer verdeckten Einlage ermöglicht. Geht
man von einer **Bewertung** der verdeckten Einlage nach dem Teilwert bzw.
den Anschaffungs- bzw. Herstellungskosten aus,[618] ist die Durchführung einer
zusätzlichen Korrektur auf den Fremdvergleichspreis notwendig.[619] Im Ergebnis erfolgt immer eine Korrektur auf den **Fremdvergleichspreis,** entweder unmittelbar oder mittelbar durch zusätzliche Anwendung von § 1
AStG.[620] Dieser Anwendungsvorrang und dessen Rechtsfolge gilt spätestens
seit UStRG 2008, wurde aber bereits zuvor von der deutschen FinVerw. und
weiten Teilen des Schrifttums vertreten.

---

[611] Es sei dahingestellt, ob dieser aus dem Vorrang einer Ermittlungsvorschrift gegenüber einer Korrekturvorschrift oder aus dem Gesetzeswortlaut „… unbeschadet
anderer Vorschriften …" in § 1 Abs. 1 AStG abgeleitet wird.

[612] Vgl. *Wassermeyer* in FWBS, § 1 AStG, Anm. 91.

[613] Vgl. *Woerner* BB 1983, 845 f.; *Wassermeyer* in FWBS, § 1 AStG, Anm. 91.

[614] Vgl. *Rupp* in DPM, KSt, IntGA Tz. 25.

[615] Vgl. *Rupp* in DPM, KSt, IntGA Tz. 151z.

[616] So auch *Kaminski* in SKK, § 1 AStG, Rn. 26.

[617] So auch BMF 29.3.2011, BStBl. I 2011, 277, Tz. 3.

[618] Gem. § 6 Abs. 1 Nr. 5 EStG.

[619] Die Differenz zwischen Teilwert und Fremdvergleichspreis wird üblicherweise
der Gewinnaufschlag sein, der iRd Teilwerts nicht berechnet wird.

[620] Vgl. *Schaumburg,* Internationales Steuerrecht, Rn. 18.81.

366 Wie bei der vGA gibt es auch im Verhältnis zwischen verdeckter Einlage und § 1 AStG Sachverhalte, bei denen **keine Normenkonkurrenz** besteht:

1. Reine **Auslandsachverhalte** werden weder von § 1 AStG noch von den Regeln über die verdeckte Einlage abgedeckt.

2. Reine **Inlandssachverhalte** werden nur durch die Regeln über die verdeckte Einlage erfasst. § 1 AStG bezieht sich lediglich auf Geschäftsbeziehungen zum Ausland.

3. **Interessenverflechtungen** ohne gesellschaftsrechtliche Verbindung, wie sie durch § 1 Abs. 2 Nr. 3 AStG angesprochen werden, unterliegen nicht den Regeln über die verdeckte Einlage. In diesen Fällen kann nur § 1 AStG zur Anwendung kommen.

4. **Unwesentliche Beteiligungen** unterliegen ausschließlich der Regelung über die verdeckte Einlage. Sie werden nicht durch § 1 AStG erfasst, sofern kein Fall der Interessenverflechtung (§ 1 Abs. 2 Nr. 3 AStG) vorliegt.

5. Gegenstand einer Korrektur nach § 1 AStG sind ausschließlich Einkünfte aus **Geschäftsbeziehungen,** während das Vorliegen einer Geschäftsbeziehung keine Voraussetzung für die Annahme einer verdeckten Einlage ist.

6. **Nutzungszuwendungen** und das **Erbringen von Dienstleistungen** eines inländischen Steuerpflichtigen an eine ausländische Person[621] werden bisher weder nach der Rechtsprechung[622] noch nach der herrschenden Lehre[623] als einlagefähig angesehen. Hieraus resultierende Minderungen der deutschen Einkünfte können daher ausschließlich über § 1 AStG aufgegriffen werden.

367 Fälle der **verdeckten Entnahme** können bspw. auftreten iZm dem Erbringen von Leistungen oder der Übertragung von Wirtschaftsgütern von einer Personengesellschaft an/auf eine andere Personengesellschaft mit identischen Gesellschaftern oder den Gesellschaftern nahe stehenden Personen zu einem nicht angemessenen Entgelt. Neben dem **Konkurrenzverhältnis mit § 1 AStG** kann hierbei uU auch eine weitere **potentielle Konkurrenz zwischen der verdeckten Entnahme und der vGA** zu berücksichtigen sein.[624]

Es stellt sich – wie bei der verdeckten Einlage – auch bei der verdeckten Entnahme ggf. die Frage, ob im konkreten Einzelfall eine **Geschäftsbeziehung** vorliegt, welche die Anwendung von § 1 AStG ermöglicht.[625] Der Anwendungsbereich der verdeckten Entnahme ist aber weiter als bei der verdeckten Einlage hinsichtlich Nutzungen und Leistungen, die zwar entnommen[626] aber nicht eingelegt werden können.

368 Liegen bei einem Sachverhalt die Anwendungsvoraussetzungen sowohl der verdeckten Entnahme als auch des § 1 AStG vor, ist das Konkurrenzverhältnis

---

[621] Eine Zuwendung vom Ausland in das Inland würde allenfalls zu einer Erhöhung der deutschen Einkünfte führen.

[622] Vgl. BFH 26.10.1987, BStBl. II 1988, 348; 19.5.1982, BStBl. II 1982, 631; 28.1.1981, BStBl. II 1982, 612; 3.2.1971, BStBl. II 1971, 408.

[623] S. u. a. *Kaminski* in SKK, § 1 AStG, Rn. 26.

[624] Vgl. BFH 6.8.1985, BStBl. II 1986, 17. In diesem Fall wurde die vGA als vorrangig gegenüber der verdeckten Entnahme angesehen.

[625] Vgl. bspw. *Höppner* JbFSt 2000/2001, 643 ff., der bei einem Entgelt unterhalb des Teilwerts § 1 AStG für anwendbar hält.

[626] Vgl. BFH 24.5.1989, BStBl. II 1990, 8.

in gleicher Weise wie bei der verdeckten Einlage zu beurteilen. Demnach **geht die verdeckte Entnahme der Anwendung von § 1 AStG vor.** Führt dies nicht zu einer Berichtigung auf den Fremdvergleichspreis, ist eine weitere Berichtigung gem. § 1 AStG durchzuführen.[627]

4. Verhältnis des § 1 AStG zur Einlage/Entnahme

Das Verhältnis von § 1 AStG zur Einlage bzw. zur Entnahme[628] ist dadurch **369** geprägt, dass **eine Normenkonkurrenz nicht bestehen sollte.** Denn (offene) Einlagen und Entnahmen finden auf Gesellschaftsebene statt, es liegt keine Geschäftsbeziehung iSd § 1 Abs. 4 AStG vor, sondern eine **„gesellschaftsvertragliche Vereinbarung".** Sofern ein Vorgang als Entnahme oder Einlage qualifiziert, sollte dies definitionsgemäß die Anwendung von § 1 AStG ausschließen. Ebenso ist eine Geschäftsbeziehung iSd § 1 Abs. 4 AStG gerade keine gesellschaftsrechtliche Einlage oder Entnahme.

Im Schrifttum wird allerdings nicht vollständig ausgeschlossen, dass **im 370 Einzelfall** uU die Anwendungsvoraussetzungen **sowohl für Einlage/Entnahme als auch für § 1 AStG** erfüllt sein können.[629] In einem solchen Fall gilt der Anwendungsvorrang der Einlage/Entnahme gegenüber § 1 AStG. Eine (zusätzliche) Korrektur nach § 1 AStG erfolgt lediglich, sofern dies zur Berichtigung der Einkünfte auf den Fremdvergleichspreis erforderlich ist.

5. Verhältnis zum Betriebsausgabenbegriff

Der für Zwecke der Ertragsbesteuerung zu bestimmende Gewinn[630] wird **371** ermittelt unter Einbeziehung der „… Aufwendungen, die durch den Betrieb veranlasst sind." **(Betriebsausgaben).**[631] Allerdings dürfen bestimmte Betriebsausgaben[632] den Gewinn nicht mindern. Der Begriff „Betriebsausgaben" ist ein Begriff aus dem Bereich der **Einkünfteermittlung,** ebenso wie bspw. die Einlage und die Entnahme. Demgegenüber stellt § 1 AStG eine Vorschrift zur **Korrektur der Einkünfte** dar, ebenso wie bspw. die vGA iSd § 8 Abs. 3 S. 2 KStG.

Es ist sachlogisch, dass eine Korrektur der Einkünfte erst dann stattfindet, **372** wenn diese Einkünfte zuvor ermittelt worden sind. Sofern Aufwendungen nicht betrieblich veranlasst sind oder nicht zu den steuerlich abzugsfähigen Betriebsausgaben zählen, wird dies auf Ebene der Ermittlung der Einkünfte berücksichtigt. Für die Anwendung von § 1 AStG bzw. von § 8 Abs. 3 S. 2 KStG besteht insoweit kein Raum. Etwas anderes gilt, wenn die Betriebsausgaben der Höhe nach unangemessen sind und diese Unangemessenheit ihre

---

[627] Gleicher Auffassung *Wassermeyer* in FWBS, § 1 AStG, Anm. 95.

[628] Vgl. § 4 Abs. 1 EStG.

[629] Vgl. *Kaminski* in SKK, § 1 AStG, Rn. 20; *Cortez* in WSG, Vorbemerkungen zu § 1 AStG, Rn. 35.

[630] Gem. § 4 EStG, der gem. § 8 Abs. 1 S. 1 KStG auch für Körperschaften und andere Steuerpflichtige iSd § 1 KStG maßgebend ist.

[631] Vgl. § 4 Abs. 4 EStG.

[632] Die in § 4 Abs. 5 EStG definiert sind.

Ursache im Verhältnis zum Gesellschafter oder zu einer dem Gesellschafter nahestehenden Person hat.

Die **deutsche FinVerw.** folgt dieser Sachlogik und sieht die Anwendung der **allgemeinen Vorschriften zur Ermittlung der Einkünfte vorrangig gegenüber den Korrekturvorschriften.**[633] Rechtsprechung und überwiegende Literaturmeinung widersprechen dieser Auffassung nicht und sehen die vGA gem. § 8 Abs. 3 S. 2 KStG sowie § 1 AStG als nachrangig anzuwendende **Spezialvorschriften** gegenüber § 4 Abs. 4 EStG.[634] Darüber hinaus befürwortet die deutsche FinVerw. für ab dem Veranlagungszeitraum 2008 verwirklichte Sachverhalte auch einen Anwendungsvorrang der körperschaftsteuerlichen **Abzugsbeschränkung beteiligungsbezogener Betriebsausgaben**[635] gegenüber § 1 AStG.[636]

Beispiel: Die deutsche Kapitalgesellschaft „K" erwirbt im Rahmen des Ausbaus ihres Produktportfolios von einer ausländischen Entwicklungsgesellschaft nicht aktivierungsfähige Nutzungsrechte an einer Produktionslizenz. Die jährliche Lizenzgebühr beträgt 100. Die Anteile an beiden Unternehmen befinden sich in Besitz der gleichen Holdinggesellschaft „H". Von einer nicht nahestehenden Entwicklungsgesellschaft lag K ein Angebot zum Erwerb einer Lizenz für die Produktion eines vergleichbaren Produkts für eine jährliche Lizenzgebühr von 70 vor. Auf Weisung von H hat K dennoch die Lizenz des verbundenen Unternehmens erworben.

Die Lizenzgebühr stellt für K betrieblich veranlassten Aufwand dar, der steuerlich in voller Höhe als Betriebsausgabe abzugsfähig ist. Dass die Lizenzgebühr aufgrund des Verhältnisses zum Gesellschafter H unangemessen hoch ist, beeinflusst die Abzugsfähigkeit nicht. Die Unangemessenheit ist i. R. einer Korrektur der Einkünfte von K zu berücksichtigen, die vorrangig über das Institut der vGA und ggf. zusätzlich über § 1 AStG erfolgen wird.

373   In Bezug auf den **Anwendungsvorrang** von § 4 Abs. 4 EStG gegenüber den beiden Korrekturvorschriften vGA und § 1 AStG wird entgegen der herrschenden Meinung differenzierend eingewendet, dass zwei Sachverhalte voneinander unterschieden werden müssen.[637] Liegen unangemessen hohe Aufwendungen vor, die durch das Gesellschaftsverhältnis veranlasst sind, richtet sich die steuerrechtliche Folge nach § 4 Abs. 4 EStG. Hingegen komme § 8 Abs. 3 S. 2 KStG bzw. § 1 AStG zur Anwendung, wenn es sich um entgangene Erträge handelt.

374   Der **Anwendungsbereich** von § 4 Abs. 4 EStG ist nicht deckungsgleich mit dem des § 1 AStG oder des § 8 Abs. 3 S. 2 KStG. Zwar ist § 4 Abs. 4 EStG eine Vorschrift zur Ermittlung der Einkünfte und hat damit eine sehr weite Anwendung. Andererseits tangiert § 4 Abs. 4 EStG nur die **Aufwandsseite,** während Korrekturen nach § 1 AStG und § 8 Abs. 3 S. 2 KStG auch die **Ertragsseite** betreffen können. Demgegenüber sind die beiden Korrekturvorschriften auf spezielle Sachverhalte beschränkt, insbesondere auf die Veranlassung durch das Gesellschaftsverhältnis bzw. das Nahestehen, bei § 1 AStG zudem auf die Beziehung zum Ausland.

---

[633] Vgl. VGr 1983, Tz. 1.1.2.

[634] Vgl. BFH 7.7.1976, BStBl. II 1976, 753; 24.9.1980, BStBl. II 1981, 108; *Döllerer* 96 f.; *Wassermeyer* in FWBS, § 1 AStG, Anm. 179.

[635] Gem. § 8b Abs. 3 KStG.

[636] Vgl. BMF 29.3.2011, BStBl. I 2011, 277, Tz. 35.

[637] Vgl. *Pezzer* 88 ff.

Auch die **Rechtsfolgen** der Vorschriften unterscheiden sich. IRd § 4   **375**
Abs. 4 EStG findet keine **Angemessenheitsprüfung** statt, entscheidend für
die Qualifizierung als Betriebsausgabe ist alleine die betriebliche Veranlassung
der Aufwendungen. Abgesehen von einer ggf. nicht gegebenen betrieblichen
Veranlassung von Aufwendungen besteht ein Einfluss auf die Ermittlung der
Einkünfte ansonsten nur durch die **Nichtabzugsfähigkeit** bestimmter Betriebsausgaben gem. § 4 Abs. 5 EStG. Hingegen ist die Prüfung der Angemessenheit der Kern der Korrekturvorschriften § 1 AStG bzw. § 8 Abs. 3 S. 2
KStG. Aus deren Funktion als der Einkünfteermittlung nachgelagerte Korrekturvorschriften ergeben sich ggf. auch Folgewirkungen[638] und verfahrens-
technische Aspekte,[639] die im Rahmen der Anwendung von § 4 Abs. 4 EStG
nicht zu beobachten sind.

6. Verhältnis zur Begrenzung des Betriebsausgabenabzugs für Zinsaufwendungen

Die mit dem UStRG 2008 eingeführte **Beschränkung des ertragsteu-**   **376**
erlichen Abzugs von Zinsaufwendungen (Rn. 300 ff.) ist gliederungsmä-
ßig den Vorschriften zur Gewinnermittlung im **Einkommensteuergesetz**[640]
bzw. der Einkommensermittlung im **Körperschaftsteuergesetz**[641] zugeordnet. Dem generellen Anwendungsvorrang von Vorschriften zur Ermittlung
der Einkünfte gegenüber Vorschriften zur Korrektur der Einkünfte folgend ist
davon auszugehen, dass § 4h EStG und § 8a KStG gegenüber den Korrekturvorschriften wie § 1 AStG und § 8 Abs. 3 S. 2 KStG in der Anwendung vorgehen. Es wird allerdings im **Schrifttum** eingewendet, dass die Zinsschranke
nachrangig zu § 1 AStG angewendet werden sollte, um sowohl inländische als
auch ausländische Einkommensteile unter § 4h EStG erfassen zu können.[642]
Für Zwecke der **Hinzurechnungsbesteuerung** wird die Zinsschranke nicht
berücksichtigt.[643]

Bei der Beurteilung des Anwendungsvorrangs ist aber auch zu berück-   **377**
sichtigen, dass **Anwendungsvoraussetzung** für die Zinsschranke ist, dass
der zu korrigierende Zinsaufwand den Gewinn gemindert hat.[644] Die deutsche **FinVerw.** weist zutreffend darauf hin, dass diese Voraussetzung nicht erfüllt ist, wenn der Zinsaufwand bereits Gegenstand einer Korrektur gem. § 8
Abs. 3 S. 2 KStG gewesen ist und in eine vGA umqualifiziert wurde.[645] Die
Aussage der FinVerw. impliziert nach unserer Auffassung, dass die Anwendung der Zinsschranke im Falle der Normenkonkurrenz hinter die vGA zurücktritt.[646]

---

[638] In erster Linie in Bezug auf Gegenberichtigungen und auf Folgeberichtigungen
zB der Quellensteuern oder der Umsatzsteuer.

[639] ZB in Bezug auf die nachträgliche Festsetzung zusätzlicher Steuern und daraus
ggf. resultierender Rechtsbehelfs- und Gerichtsverfahren sowie Schiedsverfahren.

[640] Vgl. § 4h EStG.

[641] Vgl. § 8a KStG.

[642] Vgl. *Möhlenbrock/Pung* in DPM, KSt, § 8a KStG (URefG 2008), Tz. 24.

[643] Vgl. § 10 Abs. 3 S. 4 AStG.

[644] Vgl. § 4h Abs. 3 S. 2 EStG.

[645] Vgl. BMF-Zinsschranke, Tz. 18.

[646] Zustimmend *Möhlenbrock/Pung* in DPM, § 8a KStG (URefG 2008), Tz. 7.

UE ist aber gegen diese Interpretation aus **Verfahrenssicht** einzuwenden, dass der Steuerpflichtige eine Beschränkung des Zinsabzugs idR bereits bei der Erstellung der **Steuererklärung** erkennen kann und hierbei zu berücksichtigen hat, während eine vGA meist durch eine abweichende Sachverhaltsbeurteilung i.R. einer späteren **Betriebsprüfung** festgesetzt wird. Offensichtlich besteht also hinsichtlich der Wechselwirkung der Vorschriften sowie des Anwendungsvorrangs noch **Klärungsbedarf.**

378   Innerhalb der **Vorschriften zur Einkünfteermittlung** wird im Schrifttum ein Vorrang der Regelungen zum Betriebsausgabenabzug[647] gegenüber der Beschränkung des Zinsabzugs gem. § 4h EStG gesehen.[648]

379   Ein interessantes Konkurrenzverhältnis besteht zwischen der **Zinsschranke** und der pauschalierten Kürzung des Betriebsausgabenabzugs für Körperschaften gem. **§ 8b Abs. 5 KStG.** Fraglich ist hierbei zunächst, ob die Pauschalierung iHv 5% der Dividenden auch eine Kürzung bzgl. Zinsaufwendungen beinhaltet mit der Folge, dass die Zinsschranke in solchen Fällen nicht zusätzlich zur Anwendung kommt bzw. die gem. der Zinsschranke vorzunehmende Beschränkung des Zinsabzugs ggf. anteilig reduziert wird. Für eine solche Interpretation gibt es jedoch aus unserer Sicht keine Anhaltspunkte, u.a. ist der Auslöser und der Ansatzpunkt der beiden Regelungen (Dividenden versus Zinsaufwand) unterschiedlich. Insbesondere ist es für die Anwendung von § 8b Abs. 5 KStG unerheblich, ob Betriebsausgaben überhaupt angefallen sind, in welcher Höhe diese entstanden sind oder welcher Art die angefallenen Betriebsausgaben sind.

Die Frage stellt sich aber auch aus der entgegengesetzten Perspektive, dh hat eine Kürzung des Betriebsausgabenabzugs für Zinsaufwendungen Auswirkungen auf die pauschale Kürzung aller Betriebsausgaben gem. § 8b Abs. 5 KStG. Dies dürfte aus denselben Gründen zu verneinen sein wie für die fehlende Folgewirkung von § 8 Abs. 5 KStG auf den Zinsabzug bereits genannt.

Im Ergebnis sind uE **beide Vorschriften parallel und unabhängig voneinander** anzuwenden. Durch die Anwendung beider Vorschriften entsteht insbesondere für Holdinggesellschaften eine **potentielle Doppelbelastung,** da einerseits Betriebsausgaben pauschal iHv 5% der Dividenden gekürzt werden, zusätzlich aber auch Zinsaufwendungen als Teil der Betriebsausgaben ggf. der Zinsschranke unterliegen.

7. Verhältnis des § 1 AStG zu den Vorschriften der Hinzurechnungsbesteuerung (§§ 7–14 AStG)

380   Zwischen § 1 AStG und den Regelungen über die Hinzurechnungsbesteuerung besteht **kein unmittelbarer inhaltlicher Zusammenhang,** beide Institute bilden jeweils eigenständige Vorschriften des AStG. Insbesondere schließt ein fremdvergleichskonformes Verhalten des Steuerpflichtigen iSd § 1 AStG eine Hinzurechnungsbesteuerung nach den §§ 7–14 AStG nicht aus.

---

[647] Vgl. § 4 Abs. 4 EStG.
[648] So zB *Loschelder* in Schmidt, § 4h EStG, Rn. 4. Vgl. hierzu auch § 4h Abs. 3 S. 1 EStG.

Trotz der unterschiedlichen Anwendungsgebiete ist ein **Konkurrenzver-** 381
hältnis zwischen den beiden Vorschriften möglich. Denkbar ist zB die Gewährung eines Darlehens durch den Gesellschafter an seine ausländische Zwischengesellschaft zu einem unüblich niedrigen Zinssatz.

Beispiel: Eine in Deutschland ansässige natürliche Person „P" gewährt der ihr nahe
stehenden Finanzierungsgesellschaft „NV" mit Geschäftssitz auf den niederländischen
Antillen ein Darlehen zu einem unter dem Marktzins liegenden Zinssatz. Die NV
verwendet die von P bereitgestellte Liquidität zur Vergabe eines Darlehens an die auf
den Bermudas ansässige Patentverwertungsgesellschaft „Ltd.".[649]
Es sind die Voraussetzungen für eine Korrektur der Einkünfte von P gem. § 1 AStG
(Vergabe eines Darlehens an eine nahe stehende Person mit Sitz im Ausland zu einem
nicht fremdvergleichskonformen Zinssatz) sowie nach den Regeln der Hinzurechnungsbesteuerung (NV ist Zwischengesellschaft für die Einkünfte aus der Darlehensvergabe an Ltd.) erfüllt.

Hinsichtlich des Konkurrenzverhältnisses zwischen § 1 AStG und §§ 7–14 382
AStG ist u. a. von Bedeutung, ob der Grundsatz „... **unbeschadet anderer**
Vorschriften ..."[650] wie in anderen Konkurrenzverhältnissen zu einem Anwendungsvorrang der jeweils anderen Vorschrift gegenüber § 1 AStG führt.
Den §§ 7–14 AStG ist keine Bestimmung zu diesem Konkurrenzverhältnis zu
entnehmen. Auch aus Rechtsprechung und Schrifttum ergibt sich keine eindeutige Meinung.

Die deutsche FinVerw. hat sich bereits in den VGr 1983 zu dieser Frage 383
positioniert. Sie vertritt die Auffassung, dass § 1 AStG auch im Verhältnis zu
Zwischengesellschaften iSd §§ 7–14 AStG anzuwenden ist und dass nach § 1
AStG vorgenommene Korrekturen bei der Ermittlung der Zwischeneinkünfte einer **Gegenberichtigung** unterliegen können.[651] Im Ergebnis bedeutet
dies, dass beide Vorschriften anzuwenden sind, jedoch **§ 1 AStG den Vor-**
schriften der Hinzurechnungsbesteuerung vorgeht. Eine aufgrund der
Anwendung beider Vorschriften drohende Doppelbesteuerung wird durch die
Gegenberichtigung bei der Ermittlung der Einkünfte der Zwischengesellschaft vermieden. Der **BFH** hat sich dieser Auffassung angeschlossen.[652] Gestützt wird diese Interpretation des Konkurrenzverhältnisses darauf, dass „...
die dem Hinzurechnungsbetrag zugrunde liegenden Einkünfte ... in entsprechender Anwendung der Vorschriften des deutschen Steuerrechts ..."[653] und
damit unter **Einbeziehung des Fremdvergleichsgrundsatzes** nach § 1
AStG zu ermitteln sind.[654] Dieser Auffassung lässt sich entgegnen, dass es an
der erforderlichen Gleichstellung von Zwischengesellschaft und Steuerpflichtigem in § 10 AStG fehlt.[655] Auch der seit der Neufassung von § 1 Abs. 1
AStG iRd UStRG 2008 geänderte Wortlaut der Vorschrift führt zu der Frage, ob das auf der früheren Rechtslage basierende Verständnis noch haltbar
ist.

---

[649] Die einer passiven Tätigkeit iSd § 8 Abs. 1 Nr. 6 Buchst. a) nachgeht.
[650] Vgl. § 1 Abs. 1 S. 1 AStG.
[651] Vgl. VGr 1983, Tz. 1.5.2.
[652] Vgl. BFH 19.3.2002, BStBl. II 2002, 644.
[653] Vgl. § 10 Abs. 3 S. 1 AStG.
[654] Vgl. *WSG* Außensteuergesetz, § 1/VG, Rn. 21.
[655] Vgl. *Wassermeyer* in FWBS, § 1 AStG, Anm. 186.

384   Gemäß einer anderen Auffassung sind die **Vorschriften der Hinzurechnungsbesteuerung vorrangig gegenüber § 1 AStG anzuwenden.**[656] Diese Annahme basiert auf der Argumentation, dass die §§ 7 ff. AStG keine Einkünftekorrekturvorschrift darstellen und aus diesem Grund vorrangig gegenüber § 1 AStG angewendet werden müssen.[657] Letztlich spiegelt diese Auffassung das Verständnis von **§ 1 AStG als Auffangvorschrift** wieder, die hinter spezielleren Vorschriften (wie zB § 10 AStG) zurücksteht. UE hat diese Interpretation mit der Anpassung des Wortlauts von § 1 Abs. 1 AStG im Rahmen des UStRG 2008 an Bedeutung gewonnen.

8. Verhältnis der Korrekturvorschriften zu den §§ 39–42 Abgabenordnung

385   Nach Auffassung der deutschen FinVerw. gehen „die allgemeinen Bestimmungen über die Zurechnung von Wirtschaftsgütern und Einkünften sowie über die Ermittlung der Steuerbemessungsgrundlage (zB §§ 39–42 AO) den Abgrenzungsregeln" vor.[658] Diese Auffassung wurde nach erstmaliger Veröffentlichung in den VGr 1983 in jüngeren BMF-Schreiben wiederholt und stellt inzwischen die auch im Schrifttum **vorherrschende Meinung** dar (Rn. 350 ff.). Die **Regelungen der Abgabenordnung sind Sondervorschriften** und als solche der Anwendung anderer Steuergesetze vorgelagert.[659]

386   Der BFH nimmt eine vergleichbare Position ein und hat u. a. zum **Verhältnis von § 42 AO zu §§ 7 ff. AStG** entschieden, dass die Rechtsfolgen des § 42 AO früher ansetzen und demnach in der Rechtsanwendung der **logische Vorrang** zuzusprechen ist.[660] Dieser Grundsatz ist nach der hier vertretenen Auffassung auch auf das **Verhältnis zu § 1 AStG** und zu anderen Korrekturvorschriften zu übertragen. Die vGA, die verdeckte Einlage und § 1 AStG sprechen die Rechtsfolgen für bestimmte Tatbestände aus. Wird diesen Tatbeständen auf Grund der Regelungen der Abgabenordnung die steuerliche Anerkennung versagt, besteht für die Korrekturvorschriften kein Tatbestand zur Anwendung mehr. So gesehen kann in diesem Zusammenhang nicht von einer **Normenkonkurrenz** gesprochen werden. Laut *Debatin* stehen diese allgemeinen Vorschriften über die steuerliche Nichtanerkennung vielmehr im „**Vorhof**" des AStG.[661]

Jedoch schließt § 42 AO die Anwendung der Korrekturvorschriften nicht aus, so dass in der praktischen Anwendung ein **Spannungsverhältnis** zwischen § 42 AO und den Korrekturvorschriften möglich ist, wenn auch in der Praxis eher die Ausnahme. Die Anwendung von § 42 AO bedarf eines **festgestellten Missbrauchs,**[662] während für die Anwendung von § 1 AStG und

---

[656] Vgl. FG Münster, 7.8.1997, EFG 1997, 1289.

[657] Vgl. die ausführliche Kommentierung des Urteils des FG Münster durch *Wassermeyer* in FWBS, § 1 AStG, Anm. 189.

[658] Vgl. VGr 1983, Tz. 1.1.2.

[659] So auch u. a.: *Debatin* DStZ/A 1972, 265 f.; *Wassermeyer* in FWBS, § 1 AStG, Anm. 182.

[660] Vgl. BFH 23.10.1991, BStBl. II 1992, 1026.

[661] Vgl. *Debatin* DStZ/A 1972, 265 f.

[662] Vgl. *Wassermeyer* in FWBS, § 1 AStG, Anm. 183.

der anderen Korrekturvorschriften die Feststellung einer Minderung der Einkünfte aufgrund des Verhältnisses zum Gesellschafter bzw. zu nahe stehenden Personen ausreichend ist.

Im Hinblick auf die **Rechtsfolge** ist allerdings eine Normenkonkurrenz in der Tat nicht erkennbar, denn § 42 AO formuliert keine Vorgaben zur Berichtigung,[663] sondern erklärt missbräuchliche Gestaltungen per se als steuerlich unwirksam. **387**

Ebenso wie missbräuchliche Gestaltungen iSd § 42 AO sind auch **unwirksame Rechtsgeschäfte gem. § 41 Abs. 1 AO** und **Scheingeschäfte oder Scheinhandlungen gem. § 41 Abs. 2 AO** für die Besteuerung nicht zu berücksichtigen. Ist eine Gewinnminderung steuerlich nicht anzuerkennen – bspw. weil sie auf einem Scheingeschäft beruht – wird der Regelungsbereich der Korrekturvorschriften nicht angesprochen, da die steuerlich erforderliche Korrektur bereits nach § 41 AO erfolgt ist. Eine Korrektur der Einkünfte auf Basis der Vorschriften des § 8 Abs. 3 KStG oder des § 1 AStG ist demnach nur bei **Existenz steuerlich gültiger Tatbestände** möglich. **388**

Mit § 39 AO erfolgt eine Regelung über die **Zurechnung von Wirtschaftsgütern,** die wiederum Einfluss auf die Ermittlung der steuerlichen Einkünfte haben kann (bspw. bei der Geltendmachung von AfA). Der Grundsatz der Zurechnung zum Eigentümer[664] wird durch die Anwendung von **§ 39 Abs. 2 Nr. 1 AO** durchbrochen, wonach alternativ dem Verfügungsberechtigten die Wirtschaftsgüter zuzurechnen sind, sofern der Eigentümer von der Einflussnahme ausgeschlossen ist. Bei **Treuhandverhältnissen** sind die Wirtschaftsgüter dem Treugeber zuzurechnen und bei Sicherungseigentum dem Sicherungsgeber. Bei Gesamthandseigentum erfolgt eine anteilige Zurechnung der Wirtschaftsgüter zu den Beteiligten.[665] Durch diese **Zuordnungsregeln** erfolgt wiederum eine ggf. notwendige Anpassung vertraglicher Vereinbarungen auf die **wirtschaftlichen Verhältnisse,** um eine zutreffende Besteuerung durchführen zu können. Hat diese Anpassung bereits iRd vorrangig anzuwendenden § 39 AO stattgefunden, ist eine Anwendung von Korrekturvorschriften obsolet. **389**

9. Verhältnis ertragsteuerlicher Korrekturvorschriften zum Umsatzsteuerrecht und zu den Zollwertvorschriften

Bemessungsgrundlage für die **Umsatzsteuer** sind nicht Erträge, sondern der **Umsatz,**[666] welcher sich wiederum nach dem Entgelt bemisst.[667] Das **Entgelt** für Zwecke der Umsatzsteuer bestimmt sich danach, „… was der Leistungsempfänger aufwendet, um die Leistung zu erhalten, …",[668] inklusive **390**

---

[663] Vgl. BFH 19.8.1999, BStBl. II 2001, 43.
[664] Vgl. § 39 Abs. 1 AO.
[665] Vgl. § 39 Abs. 2 Nr. 2 AO.
[666] Vgl. RFH 8.3.1935, RStBl 1935, 862a.
[667] Vgl. § 10 Abs. 1 S. 1 UStG.
[668] Vgl. § 10 Abs. 1 S. 2 UStG.

dem, „… was ein anderer als der Leistungsempfänger dem Unternehmer für die Leistung gewährt".[669] Werden Lieferungen oder sonstige Leistungen von einem Unternehmen an dessen Anteilseigner, Gesellschafter oder an diesen nahe stehenden Personen ausgeführt, wird das tatsächlich geleistete Entgelt ersetzt durch eine an den entstandenen Aufwendungen bzw. Kosten orientierte Bemessungsgrundlage (**„Mindestbemessungsgrundlage"**), sofern diese höher ist als das tatsächlich gezahlte Entgelt.[670]

391 **Ertragsteuerliche Definitionen** sind für die Umsatzsteuer hingegen nicht maßgeblich. Soweit im Umsatzsteuerrecht Verweise auf ertragsteuerliche Definitionen erfolgen, geschieht dies lediglich für **deklaratorische Zwecke** und ohne Bindung an die ertragsteuerliche Würdigung.[671]

Wesentliche Unterschiede zwischen ertragsteuerlichen und umsatzsteuerlichen Definitionen bestehen insbesondere hinsichtlich des Begriffs der **nahe stehenden Person** sowie der Durchführung **steuerlicher Korrekturen.**

Das Umsatzsteuerrecht bietet keine eigenständige Definition des Begriffs der nahe stehenden Person, sondern verweist zu den Anwendungsvoraussetzungen für die Mindestbemessungsgrundlage in **§ 10 Abs. 5 S. 1 UStG** auf „… Körperschaften und Personenvereinigungen iSd § 1 Abs. 1 Nr. 1–5 des Körperschaftsteuergesetzes … oder diesen nahe stehende Personen …" sowie in **Abschnitt 10.7 Abs. 1 UStAE**[672] auf „… Angehörige iSd § 15 AO sowie andere Personen und Gesellschaften …, zu denen ein Anteilseigner, Gesellschafter, usw. eine enge rechtliche, wirtschaftliche oder persönliche Beziehung hat". Der BFH hat entschieden, dass eine GmbH als nahe stehende Person anzusehen ist, wenn der Lieferant als Einzelunternehmer zu zwei Dritteln am Kapital der die Lieferung empfangenden GmbH beteiligt und damit Mehrheitsgesellschafter ist.[673] Andererseits sollen nicht die Stimmrechtsverhältnisse das Entscheidungskriterium für ein „Nahestehen" sein, sondern **Einfluss bzw. Interessenidentität.**[674] Es liegt auf der Hand, dass diese umsatzsteuerlichen Definitionsversuche nur bedingt mit den ertragsteuerlichen Ansätzen übereinstimmen, wie sie im Rahmen der vGA oder von § 1 AStG zur Anwendung kommen.

392 Die **umsatzsteuerliche Mindestbemessungsgrundlage**[675] bemisst sich nach dem Einkaufspreis zzgl. Nebenkosten oder nach den Selbstkosten eines Gegenstands bzw. bei der Ausführung einer sonstigen Leistung nach den entstandenen Ausgaben.[676] Sie ersetzt das tatsächlich gezahlte niedrigere Entgelt, sofern Lieferung bzw. sonstige Leistung an eine nahe stehende Person erfolgen. Eine darüber hinausgehende **Angemessenheits- oder Missbrauchsprüfung** findet nicht statt. Lange Zeit umstritten war die Würdigung eines **marktübli-**

---

[669] Vgl. § 10 Abs. 1 S. 3 UStG.

[670] Vgl. § 10 Abs. 5 iVm Abs. 4 UStG.

[671] Vgl. BFH 23.1.1992, UR 1992, 202.

[672] Verwaltungsregelung zur Anwendung des Umsatzsteuergesetzes – Umsatzsteueranwendungserlass, BMF 1.10.2010, BStBl. I 2010, 846. Aktuelle Fassung des UStAE vom 22.1.2013.

[673] Vgl. BFH 31.3.2008, BFH/NV 2008, 1217.

[674] Vgl. FG Münster 7.9.2006, EFG 2007, 467.

[675] Vgl. § 10 Abs. 5 UStG.

[676] Vgl. § 10 Abs. 4 UStG.

chen Entgelts, das niedriger als die Mindestbemessungsgrundlage ist.[677] Seitens Rechtsprechung[678] und deutscher FinVerw.[679] besteht jedoch inzwischen die Auffassung, dass bei Vereinbarung eines marktüblichen Entgelts dieses anzuerkennen ist und eine Korrektur auf die höhere Mindestbemessungsgrundlage nicht zu erfolgen hat.[680]

Ertragsteuerliche Korrekturen nach den Regeln der vGA, der verdeck-   **393** ten Einlage oder nach § 1 AStG sind nicht auf das Umsatzsteuerrecht übertragbar. Liegt eine vGA vor, bleibt der unangemessene Teil eines Lieferpreises Entgelt iSv § 10 Abs. 1 UStG,[681] da das Umsatzsteuerrecht keine der verdeckten Gewinnausschüttung vergleichbare **Korrekturvorschrift** kennt.[682] Grundsätzlich das Gleiche gilt für Korrekturen im Rahmen des § 1 AStG. Insbesondere findet der für ertragsteuerliche Zwecke festgestellte Korrekturbetrag nach § 1 AStG **keine Anwendung** für den Bereich der Umsatzsteuer. Die vorgenannten Grundsätze gelten in gleicher Weise für das Verhältnis zwischen Gesellschaft und Gesellschafter wie auch für das Verhältnis zu diesen nahe stehenden Personen.[683]

Bei Entnahmen und bei vGA ist zu beachten, dass als **Folgewirkung** die   **394** auf die entsprechenden Umsätze anfallende Umsatzsteuer gem. § 12 Nr. 3 EStG bzw. nach § 10 Nr. 2 KStG idR nicht als **Aufwand** abzugsfähig ist sowie Kürzungen beim **Vorsteuerabzug** eintreten können.

Der Begriff **Zollrecht** im nachfolgend verwendeten Sinne umfasst den   **395** **Zollkodex**[684] und die hierzu erlassenen gemeinschaftlichen und einzelstaatlichen **Durchführungsvorschriften**[685] sowie die im Gemeinschaftsgebiet anwendbaren **internationalen Übereinkommen**.[686] Das auf diese Weise definierte Zollrecht gilt „unbeschadet besonderer, auf anderen Gebieten bestehender Vorschriften" im Verhältnis zwischen der Gemeinschaft und Drittländern.[687] Der Begriff **Zollwertvorschriften** umfasst die Bestimmungen des Zollkodex nebst Durchführungsvorschriften, welche zur Ermittlung der Bemessungsgrundlage für die Festsetzung von Zöllen herangezogen werden. Ein **Modernisierter Zollkodex**[688] wurde noch vor Inkrafttreten durch eine weite-

---

[677] Vgl. zu dieser Diskussion ausführlich *Schuhmann* in Rau/Dürrwächter, Umsatzsteuergesetz, § 10 UStG, Anm. 565 ff.

[678] Vgl. BFH 8.10.1997, BStBl. II 1997, 840.

[679] Vgl. BMF 1.10.2010 (UStAE), Abschn. 10.7 Abs. 1 S. 1.

[680] Siehe zu den verschiedenen Fallkonstellationen und ihrer umsatzsteuerlichen Würdigung die Übersicht von *Schuhmann* in Rau/Dürrwächter, Umsatzsteuergesetz, § 10 UStG, Anm. 610.

[681] Vgl. BFH 25.11.1987, BStBl. II 1988, 210.

[682] Vgl. *Pezzer,* 34 ff.

[683] Vgl. BFH 27.1.1972, BStBl. II 1972, 320.

[684] Vgl. Verordnung (EWG) Nr. 2913/1992 des Rates vom 12. Oktober 1992 zur Festlegung des Zollkodex der Gemeinschaften, ABl. L 302 vom 19.10.1992, S. 1, idF vom 1.1.2007. Nachfolgend „ZK".

[685] Entsprechend der Definition in Art. 1 S. 1 ZK.

[686] Entsprechend der Definition in Art. 2 Abs. 1 ZK.

[687] Vgl. Art. 1 S. 2 ZK bzw. die jeweilige Definition des internationalen Übereinkommens.

[688] Vgl. Verordnung (EG) Nr. 450/2008 des Europäischen Parlaments und des Rates vom 23. April 2008 zur Festlegung des Zollkodex der Gemeinschaft (Modernisierter Zollkodex), ABl. 2008 Nr. L 145, 1.

re Überarbeitung[689] und schließlich durch den Zollkodex der Europäischen Union[690] ersetzt, der ab dem 1. Mai 2016 anwendbar sein wird. Es wird im Folgenden ausschließlich auf die Bestimmungen und die Terminologie des derzeit gültigen Zollkodex aus dem Jahr 1992 eingegangen.

396   Mit den Zollwertvorschriften wird eine ähnliche Zielrichtung verfolgt wie mit dem ertragsteuerlichen Fremdvergleichsgrundsatz, nämlich die **Ermittlung des angemessenen Werts bzw. Preises** für eine grenzüberschreitende Geschäftsbeziehung. Die Notwendigkeit der Ermittlung des Zollwertes in einem engen zeitlichen Zusammenhang mit der Durchführung einer Transaktion ist eine weitere Ähnlichkeit. Allerdings reicht die Anwendung der Zollwertvorschriften nicht so weit wie die ertragsteuerlichen Bestimmungen, da sich die Zollwertvorschriften definitionsgemäß ausschließlich auf den **Warenverkehr**[691] und dabei auf reine **Kaufgeschäfte**[692] beziehen, während andere Arten von Geschäftsbeziehungen wie zB Dienstleistungen, Finanzierungen oder die Überlassung immaterieller Werte nicht Gegenstand des Zollrechts sind. Ähnlich wie bei der Bestimmung ertragsteuerlicher Verrechnungspreise ist im Zollrecht ein **international einheitliches Verständnis** über die Bewertung der grenzüberschreitenden Transaktionen hilfreich und für die Unternehmen zur Minimierung des Verwaltungsaufwands und zur Vermeidung von Rechtsnachteilen äußerst wichtig. Innerhalb der EU wurde im Verlauf eines mehrere Jahre dauernden Prozesses bereits eine **Harmonisierung des Zollrechts** erreicht,[693] die lediglich von einzelstaatlichen Durchführungsvorschriften durchbrochen wird. **Drittstaaten** wenden jedoch nach wie vor eigene Vorschriften zur Ermittlung des Zollwerts an, die sich zum Teil erheblich von den Regelungen des Zollkodex unterscheiden können.[694] Es bleibt internationalen Übereinkommen der EU mit diesen Drittstaaten vorbehalten, zu einem gemeinsamen Verständnis zu gelangen.

397   Für die Ermittlung des Zollwerts besteht eine im Vergleich zu den ertragsteuerlichen Verrechnungspreismethoden (Kap. D) eine **eindeutig definierte Methodenhierarchie,** die in den Artikeln von Kapitel 3 des Zollkodex dargestellt ist.[695]

398   Grundsätzlich entspricht der Zollwert eingeführter Waren dem **Transaktionswert,** welcher dem tatsächlich gezahlten oder noch zu zahlenden Preis entspricht,[696] ggf. nach Korrektur durch Zurechnungs- und Abzugsposten.[697] Auf Art oder Zeitpunkt der Zahlung kommt es bei Bestimmung des Transak-

---

[689] Vgl. Vorschlag für eine Verordnung des Europäischen Parlaments und des Rates zur Festlegung des Zollkodex der Europäischen Union (Neufassung) vom 20.2.2012, COM (2012) 64.

[690] Vgl. Verordnung (EU) Nr. 952/2013 des Europäischen Parlaments und des Rates vom 9. Oktober 2013 zur Festlegung des Zollkodex der Union (Neufassung), ABl. 2013 Nr. L 269/1.

[691] Vgl. Art. 1 S. 2 ZK.

[692] Vgl. *Krüger* in Dorsch, Zollrecht, Art. 29 ZK, Anm. 10.

[693] Welcher mit Schaffung der Montanunion bereits im Jahr 1952 eingeleitet wurde.

[694] So zB die USA, Kanada und Australien. Vgl. im Einzelnen *Krüger* in Dorsch, Zollrecht, Vor Art. 28–36 ZK, Anm. 4.

[695] Vgl. Art. 28 ff. ZK.

[696] Vgl. Art. 29 Abs. 1 ZK.

[697] Die in Art. 32 und 33 ZK definiert sind.

tionswertes nicht an,[698] sofern der vereinbarte und als Zollwert zugrunde gelegte Kaufpreis vollständig geleistet wird.

Der Transaktionswert gilt nicht als Zollwert, wenn **Käufer und Ver-** **399** **käufer miteinander verbunden** sind,[699] er kann aber bei Erfüllung weiterer Voraussetzungen als solcher anerkannt werden.[700] Im Ergebnis unterliegt der Transaktionswert **keiner zollrechtlichen Angemessenheitsprüfung,** wie dies aus ertragsteuerlicher Sicht für Verrechnungspreise der Fall ist. Die bloße Verbundenheit zwischen den Unternehmen ist kein ausreichender Grund, den Transaktionswert nicht anzuerkennen.[701] Die Zollbehörden sind jedoch befugt, im Falle der Verbundenheit zu untersuchen, ob der Transaktionswert durch diese Verbundenheit beeinflusst worden ist.[702] Im Verlauf einer solchen Untersuchung hat der Anmelder (der in der Regel der Importeur der Ware ist) auf Anforderung die **Grundlagen bei der Ermittlung** des von ihm gemeldeten Zollwerts darzulegen,[703] was u. a. anhand von eigenen Kalkulationsgrundlagen, Branchenvergleichen oder ertragsteuerlicher Verrechnungspreisdokumentation möglich ist.[704]

Alternativ kann der Anmelder auf eigenen **Antrag zu Vergleichszwe-** **400** **cken**[705] nachweisen, dass der von ihm gemeldete Transaktionswert einem **Vergleichszollwert** entspricht, der entweder dem in zeitlichem Zusammenhang ermittelten Transaktionswert für **gleiche oder gleichartige Waren** zwischen nicht verbundenen Käufern und Verkäufern[706] oder einem **bereits festgesetzten Zollwert** – jeweils nach Berücksichtigung etwaiger Unterschiede wie bspw. Handelsstufe, Menge oder Kosten – sehr nahe kommt.[707] Im Falle des Nachweises eines Vergleichszollwerts anhand eines bereits festgesetzten Zollwerts ist es erforderlich, dass der Wert auf Basis der **deduktiven Methode** (Absatz- bzw. Weiterverkaufspreis)[708] oder der „**additiven Methode"** (Herstellungskosten zzgl. Gewinnaufschlag)[709] ermittelt wurde. Ein Vergleichszollwert kann nicht als (neuer) Transaktionswert verwendet werden. Führt weder die Darlegung der Preisgestaltung noch der Vergleichszollwert zur Beseitigung der Zweifel der Zollbehörde, kann der Zollwert nicht anhand der Grundregel des Transaktionswerts festgesetzt werden, sondern ist gem. Art. 30 bzw. Art. 31 ZK zu ermitteln.[710]

Neben den bereits zum Nachweis eines Vergleichszollwerts geschilderten **401** Methoden des Art. 30 ZK und diesen in der Anwendungshierarchie nachfol-

---

[698] Die Zahlung kann auch in anderen Werten als Geld erfolgen sowie vor oder nach der Lieferung stattfinden, ohne dies den Transaktionswert unmittelbar beeinflusst. Vgl. im Einzelnen *Krüger* in Dorsch, Zollrecht, Art. 29 ZK, Anm. 41 ff.

[699] Vgl. Art. 29 Abs. 1 Buchst. d) ZK.

[700] Vgl. Art. 29 Abs. 2 ZK.

[701] Vgl. Art. 29 Abs. 2 Buchst. a) S. 1 ZK.

[702] Vgl. *Krüger* in Dorsch, Zollrecht, Art. 29 ZK, Anm. 30 ff.

[703] Vgl. Art. 29 Abs. 2 Buchst. a) S. 3 ZK.

[704] So *Krüger* in Dorsch, Zollrecht, Art. 29 ZK, Anm. 35.

[705] Vgl. Art. 29 Abs. 2 Buchst. c) ZK.

[706] Vgl. Art. 29 Abs. 2 Buchst. b) S. 1 Alt. i) iVm Art. 30 Abs. 2 Buchst. a) und b) ZK.

[707] Vgl. Art. 29 Abs. 2 Buchst. b) S. 1 ZK.

[708] Vgl. Art. 29 Abs. 2 Buchst. b) S. 1 Alt. ii) iVm Art. 30 Abs. 2 Buchst. c) ZK.

[709] Vgl. Art. 29 Abs. 2 Buchst. b) S. 1 Alt. iii) iVm Art. 30 Abs. 2 Buchst. d) ZK.

[710] Vgl. *Krüger* in Dorsch, Zollrecht, Art. 29 ZK, Anm. 40.

gend besteht eine weitere (letzte) Methode zur Ermittlung des Zollwerts in der Durchführung einer Analyse von innerhalb der Gemeinschaft verfügbaren Daten (auch als **Schlussmethode** bezeichnet).[711] Die Anwendung der Schlussmethode kann auch zu einer Schätzung des Zollwertes führen.[712]

402   Aus der Darstellung der Zollwertvorschriften ist ein hohes Maß an Übereinstimmung mit den **Verrechnungspreismethoden gem. OECD-RL 2010** (Kap. D) erkennbar. Für den Nachweis zutreffend angemeldeter Transaktionswerte sowie für die Ermittlung alternativer Zollwerte kommen Methoden zur Anwendung, deren grundsätzliche Konzeption der Preisvergleichsmethode, der Wiederverkaufspreismethode bzw. der Kostenaufschlagsmethode entsprechen. Auch die Notwendigkeit von **Anpassungsrechnungen** zur Erhöhung der Vergleichbarkeit – falls erforderlich – findet sich in beiden Regelwerken.

403   Es bestehen jedoch auch gewichtige Unterschiede, zuvorderst hinsichtlich des Anwendungsbereichs. Auch das „**Methodenuniversum**" unterscheidet sich, da die Zollwertvorschriften keine den geschäftsfallbezogenen Gewinnmethoden vergleichbare Methoden kennen. Des Weiteren sind die Zollwertvorschriften deutlich stringenter bei der Festlegung einer **Methodenhierarchie.** In diesem Zusammenhang ist auch die Positionierung von **Datenbankanalysen** als letzte Methode der zollrechtlichen Methodenhierarchie im Hinblick auf die praktische Bedeutung solcher Analysen im Rahmen der Verrechnungspreisanalyse für ertragsteuerliche Zwecke nicht deckungsgleich.

Neben den genannten **methodischen Unterschieden** differiert teilweise auch die **praktische Anwendung.** Zunächst resultiert die ertragsteuerliche Verrechnungspreisanalyse typischerweise in einer Bandbreite von Fremdvergleichswerten,[713] während für Zollzwecke immer nur **ein einziger Zollwert** festgestellt werden kann.[714] Des Weiteren versucht das Zollrecht, einen zu niedrigen Zollwert zu vermeiden, während im Gegensatz dazu aus ertragsteuerlicher Sicht – je nach Sachlage und Sichtweise – auch ein unverhältnismäßig hoher Verrechnungspreis zu beanstanden sein kann, dessen ertragsteuerliche Korrektur „nach unten" wiederum potentiell eine **Folgekorrektur** des ursprünglich festgesetzten Zollwerts auslöst. Schließlich beschränkt sich die zollrechtliche Prüfungspraxis auf die Identifizierung und Untersuchung begründeter **Verdachtsmomente,** während für ertragsteuerliche Außenprüfungen eine möglichst vollständige Überprüfung grenzüberschreitender Geschäftsvorfälle vorgesehen ist.[715]

404   Trotz vieler **prinzipieller und methodischer Gemeinsamkeiten** von Zollwertvorschriften und ertragsteuerlichen Verrechnungspreisvorschriften bestehen aufgrund der vorhandenen **methodischen und praktischen Unterschiede** auch Zweifel, ob die in der Überlegung stehende Vereinheitlichung der Wert- bzw. Preisermittlung in der Praxis umsetzbar wäre. Andererseits wäre es in der Tat ineffizient und in gewissem Maße unlogisch, wenn es bei

---

[711] Vgl. Art. 31 ZK.
[712] Vgl. *Krüger* in Dorsch, Zollrecht, Art. 31 ZK, Anm. 8.
[713] Vgl. OECD-RL 2010, Tz. 3.55 f.; VGr-Verfahren, Tz. 3.4.12.5.
[714] Vgl. *Krüger* in Dorsch, Zollrecht, Vor Art. 28–36 ZK, Anm. 10.
[715] Vgl. VGr 1983, Tz. 1.1.1. „… ist zu prüfen, …".

der grundsätzlich getrennten Wertermittlung (für den Warenverkehr) bleiben würde.[716] In der Praxis ist demzufolge auch eine **zunehmende Abstimmung auf Behörden- und Expertenebene** zu beobachten, u. a. i. Z. m. dem Austausch und Abgleich von Daten, die für Zoll- bzw. ertragsteuerliche Zwecke gesammelt werden.

Es ist aber festzuhalten, dass auf Basis der aktuellen Rechtslage **keine gegenseitige Bindung** zwischen den für ertragsteuerliche Zwecke und den für Zollzwecke ermittelten Preisen bzw. Werten besteht. Dies ist übereinstimmende Meinung der deutschen FinVerw.,[717] der Rechtsprechung,[718] der OECD[719] und des Schrifttums.[720]   **405**

10. Nationale Korrekturvorschriften und Berichtigungsklauseln internationaler Abkommen

Die im Bereich der internationalen ertragsteuerlichen Ergebnisabgrenzung   **406** wichtigsten Regelungen enthalten die bilateralen Abkommen zur Vermeidung der Doppelbesteuerung (**„DBA"**). Fast alle von der Bundesrepublik Deutschland mit anderen Staaten vereinbarten DBA enthalten **Abgrenzungsregeln,** die dem **OECD-MA**[721] inhaltlich entsprechen. Für die Ergebnisabgrenzung zwischen international verbundenen Unternehmen ist **Art. 9 OECD-MA** maßgebend. Dieser legt zunächst das **„Arm's Length Principle"** fest, dass es Steuerbehörden der Vertragsstaaten erlaubt, Korrekturen des Gewinns vorzunehmen, wenn die zwischen **verbundenen Unternehmen** in ihren **kaufmännischen oder finanziellen Beziehungen** miteinander vereinbarten Bedingungen von den Bedingungen abweichen, die nicht verbundene Unternehmen miteinander vereinbart hätten und dies die Gewinne eines der Unternehmen beeinflusst hat.[722] Als **„verbundene Unternehmen"** werden hierbei definiert

a) die **direkte oder indirekte Beteiligung des Unternehmens** eines Vertragsstaates an Management, Kontrolle oder Kapital eines Unternehmen des anderen Vertragsstaates, oder

b) die **direkte oder indirekte Beteiligung einer Person** an Management, Kontrolle oder Kapital des Unternehmens eines Vertragsstaates und eines Unternehmens des anderen Vertragsstaates.

Hat gemäß diesen Grundsätzen eine **Korrektur des steuerlichen Gewinns** zur Herstellung der **Fremdvergleichsbedingungen** in einem Staat stattgefunden, wird die Möglichkeit einer **Gegenkorrektur** im jeweils anderen Staat eröffnet, um eine wirtschaftliche **Doppelbesteuerung** zu vermeiden.[723]

---

[716] Sich für eine inhaltliche Vergleichbarkeit aussprechend zB OECD-RL 2010, Tz. 1.78.

[717] VGr 1983, Tz. 3.1.2.5.

[718] BFH 1.2.1967, BStBl. III 1967, 495.

[719] Vgl. OECD-RL 2010, Tz. 1.78.

[720] Vgl. *Hölscher* IStR 1999, 347; *Wassermeyer* in FWBS, § 1 AStG, Anm. 201, mwN.

[721] Vgl. OECD Model Tax Convention on Income and Capital.

[722] Vgl. Art. 9 Abs. 1 OECD-MA.

[723] Vgl. Art. 9 Abs. 2 OECD-MA.

407 Der **Kommentar zum OECD-MA** enthält in erster Linie Vorbehalte und Interpretationen einzelner Mitgliedstaaten. Die inhaltliche Ausgestaltung des Arm's Length Principle erfolgt mit den **VerrechnungspreisRL der OECD.**[724]

408 Die Umsetzung des Arm's Length Principle iSv Art. 9 OECD-MA im deutschen Steuerrecht erfolgt durch den mit § 1 Abs. 1 AStG kodifizierten **„Fremdvergleichsgrundsatz".**

409 Fragen der **Ergebnisabgrenzung zwischen Stammhaus und Betriebsstätte** bzw. zwischen Betriebsstätten des gleichen Unternehmens sind nicht Gegenstand von Art. 9 OECD-MA. Derartige Sachverhalte werden in **Art. 7 OECD-MA** diskutiert. Gemäß **Betriebsstättenbericht der OECD** gilt für die Ergebnisabgrenzung ebenfalls der **Fremdvergleichsgrundsatz,** allerdings in einer angepassten Form, welche die **betriebsstättenspezifischen Aspekte** (insbesondere die Nichtexistenz vertraglicher Vereinbarungen) berücksichtigt.[725]

410 Das **OECD-MA** stellt einen **formaljuristisch nicht bindenden Konsens** der Mitgliedstaaten der OECD zum Inhalt bilateraler DBA dar. Ihr primärer Zweck ist die Etablierung eines gemeinsamen Verständnisses über Form und Inhalt bilateraler DBA. Dennoch wird dem OECD-MA auch eine **informelle Bindungswirkung** der Mitgliedstaaten zugerechnet, denn deren Vertreter haben das OECD-MA diskutiert und verabschiedet.[726] Soweit einzelne Staaten eine abweichende Position geltend machen wollen, haben sie hierzu iRd Kommentars zum OECD-MA Gelegenheit und können damit die ansonsten unterstellte vollständige Zustimmung zum Text des OECD-MA einschränken.

Eine vergleichbare informelle Bindung der Mitgliedstaaten ist den **OECD-RL** zuzurechnen, die zudem keine einem DBA vergleichbare bilaterale Konkretisierung erhalten und somit auch nicht durch einen zusätzlichen zwischenstaatlichen Vertrag potentiell überlagert werden.

411 Das **Modell der Vereinten Nationen** zur Vereinbarung bilateraler DBA (**„UN-Modell"**)[727] ist hinsichtlich der Aussagen zu Beziehungen zwischen verbundenen Unternehmen nahezu deckungsgleich mit Art. 9 OECD-MA. Allerdings enthält **Art. 9 des aktuellen UN-Modells 2011** einen **Ausschluss der Gegenberichtigung,** sofern die Korrektur des Verrechnungspreises auf Betrug, grobe Missachtung oder absichtliches Fehlverhalten zurückzuführen ist und gegen eines der beteiligten Unternehmen hierüber eine Strafe rechtskräftig festgesetzt worden ist.[728] Das UN-Modell stellt **keine rechtlich durchsetzbare Grundlage** dar.[729]

412 Zur **Normenkonkurrenz** zwischen den nationalen Korrekturvorschriften (§ 8 Abs. 3 S. 2 und S. 3 KStG, § 1 AStG, §§ 7–14 AStG) und den MA für

---

[724] OECD Transfer Pricing Guidelines for Multinational Enterprises and Tax Administrations. Fassung vom 22.7.2010.

[725] OECD 2010 Report on the Attribution of Profits to Permanent Establishments. Fassung vom 22. Juli 2010.

[726] S. hierzu auch *Vogel/Lehner* DBA, Einl., 123 ff.; *Becker* FR 1980, 479.

[727] United Nations Model Double Taxation Convention between Developed and Developing Countries.

[728] Vgl. Art. 9 Abs. 3 UN-Modell.

[729] Vgl. UN-Modell, Introduction, Tz. 12.

zwischenstaatliche Vereinbarungen (OECD-MA, UN-Modell) ist festzuhalten, dass mangels formaler Bindungswirkung der MA ein Konflikt mit den nationalen Bestimmungen nicht besteht.

Die konkrete Ausgestaltung zwischenstaatlicher Vereinbarungen erfolgt mit **413** den **DBA**. Diese lassen sich – im Unterschied zu dem formaljuristisch in erster Linie Empfehlungscharakter zukommenden OECD-MA bzw. UN-Modell – als **völkerrechtliche Verträge** charakterisieren. Das Zustandekommen und die Wirkungen der DBA beurteilen sich nach dem **WÜRV,**[730] das 1980 in Kraft trat und dem die Bundesrepublik Deutschland im Jahr 1987 beigetreten ist.[731] Mit dem WÜRV wurde bestehendes Völkergewohnheitsrecht kodifiziert. Einige bedeutende Staaten haben diesen völkerrechtlichen Vertrag noch nicht unterzeichnet[732] bzw. noch nicht ratifiziert,[733] dennoch wird dem WÜRV auch insoweit (informelle) Bindung zugerechnet.

Die DBA stellen ein auf Gegenseitigkeit beruhendes **System von Steuer-** **414** **verzichten** auf und beeinflussen damit den Umfang der Besteuerung nach dem nationalen Steuerrecht eines Vertragsstaates.[734] Eine **steuerbegründende oder steuererweiternde Wirkung** entfalten die DBA jedoch nicht, dies bleibt den einzelstaatlichen Steuergesetzen vorbehalten.[735] DBA können jedoch – abhängig von ihrer inhaltlichen Ausgestaltung – „**self-executing**“ im Sinne einer **unmittelbaren Anwendbarkeit** sein, so dass es keiner zusätzlichen nationalen Rechtsvorschrift zur Umsetzung bedarf.[736]

Die **deutsche FinVerw.** äußert sich zum Verhältnis zwischen den **DBA** **415** und den **deutschen Abgrenzungsregeln** ebenfalls dahingehend, dass die DBA unmittelbar keine Steuerpflicht begründen.[737] Diese sorgen jedoch für eine international übereinstimmende Interpretation des Fremdvergleichsgrundsatzes sowie die **bilaterale Klärung von Abgrenzungsfragen.**[738]

Die Frage der **Einschränkung deutscher Abgrenzungsregeln durch** **416** **DBA** wird hingegen nicht einheitlich beurteilt. Die deutsche FinVerw.[739] und Teile des Schrifttums[740] gehen davon aus, dass ein DBA keine Begrenzung innerstaatlichen Rechts vorsehe. Vorherrschende Meinung dürfte es hingegen sein, dass die Klauseln eines DBA innerstaatliches Recht **beschränken können.**[741] Schließlich wird die Meinung vertreten, dass DBA nationale Korrekturvorschriften in ihrer Anwendung nicht einschränken können, dass jedoch die Art. 9 OECD-MA entsprechenden Abkommensklauseln eine **Sperrwirkung** hinsichtlich nicht dem Fremdvergleichsgrundsatz entsprechender

---

[730] Wiener Übereinkommen über das Recht der Verträge vom 23.5.1969.
[731] Vgl. Gesetz vom 3.8.1985. In Kraft gemäß Bekanntmachung vom 26.10.1987 mit Wirkung für die Bundesrepublik Deutschland zum 20.8.1987; BGBl. II 1987, 757.
[732] Bspw. Frankreich.
[733] Bspw. die USA.
[734] Vgl. BFH 12.3.1980, BStBl. II 1980, 531; 21.1.1981, BStBl. II 1981, 517.
[735] Vgl. *Vogel/Lehner* DBA, Art. 9 Rn. 2, 18 f. Differenzierend hierzu im Hinblick auf die Geltung als nationales Recht *Wassermeyer* Doppelbesteuerung, MA Art. 1, Rn. 10.
[736] Vgl. bspw. *Frotscher* Internationales Steuerrecht, Rn. 203.
[737] Vgl. VGr 1983, Tz. 1.2.1.
[738] Vgl. VGr 1983, Tz. 1.2.2.
[739] Vgl. VGr 1983, Tz. 1.2.1, letzter Satz.
[740] Vgl. *Debatin* DStZ/A 1972, 265 f.
[741] Vgl. *Wassermeyer* in FWBS, § 1 AStG, Anm. 99; *Vogel/Lehner* Art. 9, Anm. 3, 18.

Berichtigungen nach nationalen Steuergesetzen entfalten.[742] Eine **„self-ex-ecuting"**-Wirkung in Bezug auf den Fremdvergleichsgrundsatz wird den DBA aus deutscher Sicht nicht zugebilligt.[743]

417 Bei **identischer Auslegung des Fremdvergleichsgrundsatzes** dürfte die Frage nach der Einschränkung nationaler Vorschriften durch DBA keine Relevanz haben, denn unabhängig von der angewendeten Vorschrift würde das **gleiche steuerliche Ergebnis** erzielt.[744] In der Praxis problematisch ist jedoch, dass sich nationale Steuergesetze und die Auslegung des Fremdver-gleichsgrundsatzes unterscheiden bzw. reale Sachverhalte nicht immer de-ckungsgleich bei der Ertragsbesteuerung interpretiert werden. Gerade aus diesen Unterschieden ergibt sich die **Notwendigkeit zwischenstaatlicher Vereinbarungen,** die eine andernfalls drohende **Doppel- oder Nichtbe-steuerung** vermeiden.

Abgesehen von Interpretationsdifferenzen sind **Regelungsbereich** und **In-halt** nationaler Steuergesetze und zwischenstaatlicher Vereinbarungen ebenfalls nicht immer deckungsgleich. Ein Beispiel hierfür ist die **Interessenidentität,** die gemäß AStG ein Nahestehen begründet,[745] gem. Art. 9 OECD-MA je-doch nicht zu einer Verbundenheit der Unternehmen führt. Das AStG greift also eine Fallkonstellation auf, die auf Basis internationalen Rechts unbeacht-lich wäre. Negiert man eine **Beschränkung** bzw. **Sperrwirkung** durch die Art. 9 OECD-MA entsprechenden bilateralen Vereinbarungen, entspricht dies einem Plädoyer für **Doppelbesteuerung,** denn der jeweils andere Vertrags-staat wird nicht freiwillig eine entsprechende Gegenkorrektur mit dem Er-gebnis der Reduzierung eigenen Steueraufkommens durchführen. Steuer-pflichtige würden in **internationale Verständigungs- und Schiedsverfah-ren** gedrängt als einzige Möglichkeit, diese Doppelbesteuerung zu vermeiden.

418 Inwieweit sich die nationale Gesetzgebung über ein völkerrechtlich ver-bindlich gewordenes DBA hinwegsetzen kann, wird unter dem Stichwort **„Treaty Overriding"** seit einiger Zeit diskutiert.[746] Ursprünglich ausgelöst durch die USA sind auch andere Staaten dazu übergegangen, in Konfliktfällen den **innerstaatlichen Gesetzen Vorrang gegenüber entgegenstehenden Regelungen eines DBA** einzuräumen[747] oder solche Konfliktfälle durch Etablierung neuer nationaler Vorschriften im Anschluss an die Vereinbarung eines DBA sogar zu kreieren. Auch in der **deutschen Steuergesetzgebung** ist diese Entwicklung zu beobachten.[748]

---

[742] Vgl. *Pohl* in Blümich, Rn. 11 zu § 1 AStG, mwN.

[743] Vgl. BFH 12.3.1980, BStBl. II 1980, 531; *Wassermeyer* in FWBS, § 1 AStG, Anm. 99.

[744] Vgl. *Vogel/Lehner* DBA, Einl., Rn. 90.

[745] Vgl. § 1 Abs. 2 Nr. 3 AStG.

[746] Vgl. u. a. *Debatin* DB 1992, 2159; *Eckert* RIW 1992, 386; *Langbein* RIW 1988, 875; *Schaumburg,* Internationales Steuerrecht, Rn. 3.26; *Schwarz/Fischer-Zernin* RIW 1992, 49; *Wassermeyer/Schönfeld* in FWBS, § 20 AStG, Anm. 22 ff.

[747] Vgl. *Langbein,* „Treaty overriding" durch nationales Recht, RIW 1988, 875; *Shannon,* 50 ff.

[748] So bspw. iZm der Berücksichtigung ausländischer Einkünfte bei der Ermittlung der deutschen Besteuerungsgrundlage (§ 2a EStG). Ebenfalls als potentieller „treaty override" werden u. a. § 50d Abs. 1 und Abs. 3 EStG sowie § 20 Abs. 2 AStG angese-hen.

Ein **völkerrechtlicher Vertrag** – wie bspw. ein DBA – erhält in Deutsch-   **419**
land durch **Zustimmungsgesetz**[749] denselben Rang wie **innerstaatliches
Recht.**[750] Eine unmittelbare Umsetzung ohne Zustimmungsgesetz ist nicht
möglich, da ein DBA als völkerrechtlicher Vertrag nicht zu den **allgemeinen
Regeln des Völkerrechts** iSd Art. 25 GG gehört. Im Ergebnis würden DBA
ohne Zustimmungsgesetz zwar zwischen den vertragschließenden Staaten gelten, nicht jedoch für die Steuerpflichtigen dieser Staaten, denen das DBA
Schutz gegen Doppelbesteuerung bieten soll.

Die **rechtlichen Folgen** eines „**Überschreibens**" der durch Abkom-   **420**
mensklauseln gesetzten Besteuerungsschranken mit nationalen Steuergesetzen
durch einen der Vertragsstaaten sind nicht eindeutig. Gem. **Art. 60 WÜRV**
hätte der andere Vertragsstaat das Recht, das **DBA zu kündigen.** In der
Praxis ist der Ausspruch der Kündigung jedoch äußerst selten, da idR nicht
verhältnismäßig. Teile des deutschen Schrifttums und bislang auch der BFH[751]
sind der Auffassung, dass aus einem Verstoß **keine Folgerungen für das
nationale Recht** entstehen. Der **BFH** hat seine bisherige Meinung allerdings revidiert und dem **BVerfG** zwei Fälle hinsichtlich der Verfassungsmäßigkeit von **§ 50d EStG** zur Entscheidung vorgelegt.[752]

Die grundsätzliche Problematik entsteht in Deutschland daraus, dass mit   **421**
Übernahme eines DBA in nationales Recht die **Klauseln des DBA gleichrangig mit jedem anderen nationalen Gesetz** sind. Eine **Normenkonkurrenz** zwischen DBA und nationalem Steuerrecht ist daher nach den
allgemeinen Regeln zu lösen, wonach das **spezielle Gesetz dem allgemeinen Gesetz**[753] und das **jüngere Gesetz dem älteren Gesetz** in der Anwendung vorgeht. Die Ableitung eines generellen Anwendungsvorrangs der
DBA aus **§ 2 AO** ist nicht zweifelsfrei, da die Abgabenordnung ein **einfaches Bundesgesetz** ist, das als solches nicht Konkurrenzverhältnisse auf der
gleichen gesetzlichen Hierarchieebene regeln kann.[754] Im Ergebnis kann die
Abweichung des nationalen Gesetzgebers von einem DBA aus Sicht des deutschen Rechts zulässig sein. Ob dieses Ergebnis auch **verfassungsgemäß** ist,
will der BFH mit seiner Vorlage durch das BVerfG klären lassen. Auch die
Vereinbarkeit mit **Völkerrecht** steht dabei auf dem Prüfstand.

---

[749] Art. 59 Abs. 2 GG.

[750] Vgl. *Vogel/Lehner*, Einl. Rn. 59.

[751] Vgl. BFH 13.7.1994, BStBl. II 1995, 129; BFH 21.5.1997, BStBl. II 1998, 113.

[752] Zu § 50d Abs. 8 EStG vgl. BFH 10.1.2012, DB 2012, 6; Az. des BVerfG 2 BvL
1/12. Zu § 50d Abs. 10 EStG vgl. BFH 11.12.2013, Pressemitteilung Nr. 15/14 vom
12.2.2014.

[753] DBA gelten als Spezialvorschrift und damit als vorrangig gegenüber dem übrigen
Steuerrecht. Vgl. BFH 22.10.1986, BStBl. II 1987, 293 (mwN).

[754] Vgl. bspw. *Cloer/Trinks* PIStB 2012, 173.

Kapitel B: Internationales Recht

Übersicht

I. OECD-Musterabkommen

1. Problem der Doppelbesteuerung

1   Die Definition dessen, was unter dem Begriff **„Internationales Steuerrecht"** zu verstehen ist, wird seit vielen Jahren kontrovers diskutiert, ohne dass bislang eine eindeutige Antwort gefunden wurde. Auch das deutsche Steuerrecht kennt kein „Internationales Steuerrecht" iSe zusammenhängenden Rechtssystematik, sondern sieht an mehreren Stellen allgemeinerer Steuergesetze spezielle Vorschriften für internationale Beziehungen vor.[1] Gemäß einem weiten Ansatz zur Definition umfasst das „Internationale Steuerrecht" alle „… nationalen, völker- und europarechtlichen Normen mit Steuerfolgen für den internationalen, dh grenzüberschreitenden Wirtschaftsverkehr".[2] Ein Schwergewicht des internationalen Steuerrechts liegt dabei im Bereich potentieller Besteuerungskonflikte bei den direkten Steuern – verursacht durch die Kollision von Grundsätzen der Quellenbesteuerung und des Welteinkommensprinzips.

Potentiell drohende Besteuerungskonflikte im grenzüberschreitenden Wirtschaftsverkehr können nur zum Teil durch unilaterale Maßnahmen gelöst werden. Es bedarf weitergehender bilateraler – und im Idealfall multilateraler – Vereinbarungen, um durch potentielle Besteuerungskonflikte drohende Doppel-, Mehrfach- oder Nichtbesteuerung von Einkünften zu vermeiden. Zwar kennt das Völkerrecht kein Verbot der Doppelbesteuerung,[3] jedoch behindert eine doppelte oder mehrfache Besteuerung den internationalen Waren- und Dienstleistungsverkehr.

2. OECD- und andere Musterabkommen

2   Einen wichtigen Beitrag zur Harmonisierung nationaler Steuervorschriften im internationalen Kontext leisten bilaterale Abkommen zur Vermeidung der Doppelbesteuerung **(DBA).** Die meisten DBA wiederum stützen sich formal

---

[1] Vgl. hierzu zB die Übersicht in *Frotscher* Internationales Steuerrecht, Rn. 42.

[2] Vgl. *Tipke/Lang* § 2, Rn. 32, mwN.

[3] Vgl. *Vogel/Lehner* DBA, Einl., Rn. 14.

und inhaltlich zum großen Teil auf das von den Mitgliedstaaten der OECD entwickelte Musterabkommen (**OECD-MA**).

Das OECD-MA ist zwar nach wie vor der bedeutendste – aber nicht der einzige – Ansatz zur Vermeidung der Doppel- bzw. Mehrfachbesteuerung auf multilateraler Ebene.[4] Von Bedeutung sind in diesem Zusammenhang insbesondere das 1971 beschlossene Modell einiger südamerikanischer Staaten – der so genannten „Anden-Gruppe"[5] und das von der UNO im Jahr 1980 veröffentlichte und 2011 überarbeitete **UN-Musterabkommen.**[6] Beide Modelle sollen den Interessen der Entwicklungsländer dienen und betonen v. a. stärker das Quellenstaatsprinzip.[7]

Schließlich haben auch die Vereinigten Staaten ein eigenes MA in mehreren Neufassungen veröffentlicht.[8] Dieses MA stellt zwar keinen multilateralen Ansatz im eigentlichen Sinne dar, bezieht seine Bedeutung aber aus den in der Praxis von den USA verfolgten Zielen, die in diesem MA festgelegten Grundsätze in bilateralen Verhandlungen neben den Grundsätzen des OECD-MA bzw. diesen übergeordnet als Grundlage für die Vereinbarung bzw. Revision eines DBA mit einem anderen Staat anzuwenden.[9] Deutschland hat zuletzt mit der „Verhandlungsgrundlage für Doppelbesteuerungsabkommen im Bereich der Steuern vom Einkommen und Vermögen" vom 22.8.2013 einen ähnlichen Weg beschritten.

Trotz der bereits vor vielen Jahren gestarteten Initiativen zur Entwicklung multilateraler Vereinbarungen ist deren Bedeutung in der praktischen Anwendung – im Vergleich zu den bilateralen DBA – nach wie vor gering. In Teilen des Schrifttums werden die Bemühungen der Vergangenheit zur Etablierung multilateraler Abkommen daher als gescheitert angesehen.[10] Zumindest ist eine Verschiebung des Schwerpunkts der Aktivitäten von bilateralen auf multilaterale Vereinbarungen derzeit nicht absehbar.[11]

3. Rechtsentwicklung

Die systematische Entwicklung von Abkommen zur Vermeidung der Doppelbesteuerung[12] reicht in das Zeitalter der zunehmenden Industrialisierung Ende des 19. Jahrhunderts zurück.[13] Zu dieser Zeit schlossen einzelne – **3**

---

[4] Einen Überblick über die wichtigsten derzeit bestehenden multilateralen Abkommen gibt *Vogel* in Vogel/Lehner DBA, Einl., Rn. 39.

[5] Vgl. *Vogel/Lehner* DBA, Einl., Rn. 37.

[6] Der Aufbau des UN-MA entspricht dem des OECD-MA, differiert jedoch inhaltlich in einigen wichtigen Punkten, insbesondere hinsichtlich der Quellenbesteuerungsrechte. Vgl. iE *Vogel/Lehner* DBA, Einl., Rn. 37.

[7] Vgl. *Vogel/Lehner* DBA, Einl., Rn. 37.

[8] Vgl. *Vogel/Lehner* DBA, Einl., Rn. 38.

[9] Zu den mit der neuesten Fassung des US-MA vom 15.11.2006 eingefügten Änderungen sowie deren Bedeutung für die internationale Abkommenspraxis vgl. ausführlich *Kessler/Eicke* IStR 2007, 159 ff.

[10] *Schaumburg* Internationales Steuerrecht, Anm. 16.2.

[11] Vgl. hierzu OECD-MK, Vor Art. 1 MA, Rn. 40.

[12] Vgl. zu weiteren Einzelheiten der historischen Entwicklung *Vögele/Raab* in Vögele/Borstell/Engler, Verrechnungspreise, 3. Aufl., B Rn. 2ff und 42ff.

[13] Vgl. zum Folgenden *Vogel/Lehner* DBA, Einl., Rn. 33 f.

in engen Bündnissen stehende – Staaten die ersten zweiseitigen Abkommen zur Vermeidung einer zwei- oder mehrfachen Erhebung von Steuern auf die gleichen Einkünfte. Nach dem Ersten Weltkrieg wurden entsprechende Aktivitäten in ganz Mitteleuropa aufgenommen. Im Jahr 1921 wurden Expertenrunden zur Erstellung eines Gutachtens über Doppelbesteuerungsfragen bzw. zur Ausarbeitung von Abkommensmustern eingesetzt. 1926 und 1927 wurden erste Abkommensmuster vorgelegt und im Jahr 1928 verabschiedeten Regierungsvertreter aus 28 Staaten auf einer vom **Völkerbund** einberufenen Konferenz diese Muster. Im selben Jahr wurde auf Initiative des Völkerbunds ein ständiger Steuerausschuss gegründet. Dieser Ausschuss entwickelte bis 1946 zwei konkurrierende Modelle als Nachfolger der vorherigen Abkommensmuster.[14]

Der 1956 von der OEEC ins Leben gerufene – und später von der Nachfolgeorganisation OECD übernommene – Steuerausschuss setzte die Vorarbeiten des Völkerbunds fort.[15] Er legte **1963** einen abschließenden **Bericht,** ein **Musterabkommen** – das **OECD-MA** – und einen **offiziellen Kommentar** zur Erläuterung des MA – den **OECD-MK** – vor. **1977** wurden Bericht, MA und Kommentar **überarbeitet.**

4   **Art. 9 des OECD-MA,** der sich mit der **Gewinnzurechnung bei verbundenen Unternehmen** befasst, enthält eine **Gewinnkorrekturklausel,**[16] wonach die Steuerbehörden von DBA-Staaten die Gewinne verbundener Unternehmen berichtigen dürfen, wenn die Unternehmen in ihren kaufmännischen oder finanziellen Beziehungen Bedingungen vereinbart haben, die zwischen unabhängigen Dritten nicht vereinbart worden wären.

5   In den ersten Abkommensentwürfen von 1927 existierten noch keine Entsprechungen zum heutigen Art. 9 OECD-MA, da die Tochtergesellschaft noch als Betriebsstätte der Muttergesellschaft betrachtet wurde.[17] Erst Anfang der 30er Jahre kam es zu einer Trennung zwischen den Bezeichnungen „Betriebsstätte" und „Tochtergesellschaft". Infolgedessen wurde der Vorläufer des heutigen Art. 9 aus der damaligen Regelung des heutigen Art. 7 – der die Gewinnermittlung bei Betriebsstätten regelt – herausgenommen.[18]

6   Obwohl die Gewinnabgrenzung zwischen verbundenen Unternehmen in den OECD-MA von 1963 und von 1977 durch Art. 9 explizit geregelt wurde, war die damit verbundene Problematik der Anwendung dieser Bestimmung noch nicht gelöst. Insbesondere war unklar, ob die Gewinnberichtigung bei einem verbundenen Unternehmen in einem Staat auch eine korrespondierende Berichtigung bei dem verbundenen Unternehmen des anderen Staates zur Folge haben sollte. Der Kommentar zu den OECD-MA von 1963 und 1977[19] enthielt hierzu keine näheren Erläuterungen. Eine **grundsätzliche Neuerung** brachte diesbezüglich die Einfügung von **Art. 9**

---

[14] Ein Unterausschuss des Steuerausschusses erarbeitete 1943 das Musterabkommen von Mexiko und 1946 das von London.

[15] Vgl. *Vogel/Lehner* DBA, Einl., Rn. 35.

[16] Vgl. hierzu ausführlich Rn. 19 ff. dieses Abschnitts.

[17] Vgl. *Vogel/Lehner* DBA, Art. 9, Rn. 5.

[18] Vgl. *Pöllath/Rädler* DB 1982, 564 und 618.

[19] Zum Text der Kommentierung des aktuellen OECD-MA vgl. *Eigelshoven* in Vogel/Lehner DBA, Art. 9, vor Kommentierung.

Abs. 2, durch den das Institut der **Gegenberichtigung** eingeführt wurde. Die Regelung des Art. 9 Abs. 2 stellt den Versuch dar, durch Gegenberichtigung eine Doppelbesteuerung zu vermeiden.[20]

Trotz allem blieben Art. 9 OECD-MA und der OECD-MK zunächst un- **7** befriedigend. Im Mai **1979** wurde dann in Ergänzung zu Art. 9 OECD-MA sowie des OECD-MK der erste **OECD-Bericht** zu Verrechnungspreisen unter dem Titel **„Transfer Pricing and Multinational Enterprises"** vom Rat der OECD verabschiedet und veröffentlicht. Nach mehreren weiteren Teilberichten wurden zwischen 1995 und 2010 die heute gültigen 9 Kapitel der **OECD-RL** verabschiedet. Die zu RL geänderte Bezeichnung der ursprünglichen Berichte soll anzeigen, dass die RL Grundsätze enthalten, deren allgemeine Anwendung für OECD-Staaten empfohlen wird.

Nachdem die **UNO** über viele Jahre der OECD den Rang eines Standard- **8** setzers überlassen hatte, hat die UNO unter Führung Indiens und Chinas in den letzten Jahren vermehrt Fragen des internationalen Steuerrechts, der Beseitigung der Doppelbesteuerung und der Verrechnungspreise aufgegriffen, erkennbar auch mit dem Ziel, Einfluss auf die Verteilung des globalen Steueraufkommens zu nehmen und hierbei die Interessen der Schwellen- und Entwicklungsländer gegen die aus ihrer Sicht von der OECD vertretenen Interessen der Industrieländer zu stärken. Im Kern richtet sich die Interessenvertretung dabei auf die Regelungen des OECD- bzw. UN-MA, die Quellensteuerfragen betreffen, während bzgl. Art. 9 OECD- und UN-MA das Fremdvergleichsprinzip nicht als solches in Frage gestellt wird, allerdings zunehmend seine bisherige praktische Anwendung. Am 29. Mai **2013** hat die UNO dazu ein **„Practical Manual on Transfer Pricing for Developing Countries"**[21] („UN Practical Manual 2013") veröffentlicht.[22]

Unabhängig davon wird im Verlauf der weiteren Kommentierung auf das OECD-MA Bezug genommen, da sich hinsichtlich der zu klärenden systematischen Fragestellungen OECD- und UN-MA nicht unterscheiden.

4. Rechtsnatur und Bindungswirkung

Grundsätzlich lässt sich in Bezug auf das OECD-MA, den OECD-MK **9** und die RL – die als Teilkommentierung angesehen werden – festhalten, dass sie **keine eigene Rechtsquelle** darstellen. Schon aus der Bezeichnung als „MA" lässt sich erkennen, dass das Muster den Staaten nur als Vorlage für die zwischen ihnen individuell zu vereinbarenden Regelungen dient. Wenn auch über diesen Punkt grundlegend Übereinstimmung herrscht, so gehen jedoch die Meinungen über die etwaige **Bindungswirkung** und deren Umfang erheblich auseinander.

Für *Vogel* sind das OECD-MA, die Kommentierung und – speziell auf **10** Art. 9 bezogen – die OECD-RL von erheblicher Bedeutung, weil sie als Vorlage für die meisten DBA dienen.[23] Darüber hinaus sind sie mit einer Empfehlung des Rates der OECD an die Mitgliedstaaten versehen, wonach

---

[20] Vgl. *Popkes* 26.
[21] Vgl. http://www.un.org/esa/ffd/documents/UN_Manual_TransferPricing.pdf.
[22] Vgl. dazu unten Rn. 271 ff.
[23] Vgl. zum Folgenden *Vogel* in Vogel/Lehner DBA, Einl., Rn. 123 ff.

diese gehalten sind, „wenn sie untereinander neue zweiseitige Abkommen abschließen (...) die dem MA in den Kommentaren gegebene Auslegung (...) zu berücksichtigen". Die Empfehlung ist als Maßnahme des Rates iSd Art. 5 OECD-Vertrag anzusehen und verpflichtet die Mitgliedstaaten gem. Art. 18 Buchst. c OECD-Verfahrensordnung zu einer Prüfung der Angemessenheit der empfohlenen Maßnahmen.[24] Des Weiteren sieht *Vogel* die rechtliche Bedeutung noch dadurch unterstützt, dass den beteiligten Staaten die Möglichkeit zum Einfügen von Vorbehalten und Bemerkungen im Rahmen des MK gegeben wurde. Aus den genannten Gründen lässt sich eine zumindest **abgeschwächte Verpflichtung** zum Heranziehen des OECD-MA und der Kommentierungen bzw. RL ableiten, denn Vorbehalte sowie Bemerkungen wären überflüssig, wenn allein eine Pflicht zur Überprüfung der Angemessenheit der Empfehlung bestehen würde. Auch die OECD-RL beruhen auf einer Empfehlung des Rates der OECD und haben bei der Auslegung des MA das gleiche Gewicht wie der OECD-MK, sodass die OECD-RL laut *Vogel* ebenfalls eine begrenzte Verbindlichkeit gegenüber den Mitgliedstaaten entfalten.[25] Eine solche Bindungswirkung kann allerdings immer nur bzgl. der bei Abschluss des jeweiligen Abkommens gültigen Fassung der Kommentierung bzw. der OECD-RL bestehen, nicht jedoch hinsichtlich Kommentierungen bzw. RL, welche zum Zeitpunkt des Abschlusses des Abkommens keine Gültigkeit hatten.[26]

11   Eine grundlegend andere Auffassung vertritt *Höppner,* der insb. dem OECD-Bericht 1979 jegliche Bindungswirkung abspricht.[27] Seines Erachtens kann der Bericht weder nationales noch internationales Recht ersetzen und stellt – trotz einstimmiger Verabschiedung – kein Völkerrecht dar, da er nicht die Eigenschaft einer Rechtsquelle besitzt. Demzufolge sind weder Gerichte noch FinVerw. und Steuerpflichtige, nicht einmal die Mitgliedsstaaten selbst, gebunden. Durch die Empfehlung bekommt der OECD-Bericht gem. *Höppner* dieselbe Qualität wie der Kommentar zum OECD-MA und kann in der Sache – jedoch nicht der Form nach – als gesonderte Teilkommentierung des Art. 9 betrachtet werden. Als Fazit seiner Überlegungen gewährt *Höppner* dem Bericht bzw. den RL die **Stellung eines amtlichen, hochrangigen Rechtsgutachtens,** das als wichtige Orientierungshilfe dienen kann. Die hohe Qualität bzw. der hohe Rang beruhen auf der Stellung der Verfasser, der völkerrechtlichen Verabschiedung und der jeweiligen Billigung durch die Regierungen.

12   Der Meinung von der fehlenden Bindungswirkung schließt sich auch *Menck* im Geleitwort zur deutschen Übersetzung des OECD-Berichts von 1979 explizit an: „Der Bericht bindet die Mitgliedsländer nicht".[28] Auch im Vorwort zu dem Bericht von 1984 scheint er an seiner Auffassung festzuhal-

---

[24] Vgl. *Hahn/Weber* 99; *Vogel/Lehner* DBA, Einl., Rn. 126.

[25] Vgl. *Vogel/Lehner* DBA, Art. 9, Rn. 58.

[26] Vgl. *Vogel/Lehner* DBA, Einl., Rn. 127 ff.

[27] Vgl. dazu *Höppner* StBp 1981, 57 f.; diese Meinung dürfte wohl entsprechend für den danach erschienenen OECD-Bericht 1984 gelten.

[28] OECD-Bericht 1979, 5; dieselbe Ansicht vertritt er nochmals an anderer Stelle, wo er den Bericht von 1979 als eine Art Sachverständigengutachten zur Schaffung „einer gemeinsamen Sprachregelung der Steuerverwaltungen" bezeichnet; vgl. *Menck* JbFSt 1983/84, 130.

ten, da – die Nichtbindung ist zwar nicht mehr explizit erwähnt – keine gegenteilige Meinung zu finden ist.[29] Diese formal-juristisch gezogenen Schlussfolgerungen v. a. von *Höppner* lassen jedoch keinen Raum für eine Interpretation der OECD-Berichte unter Berücksichtigung von Sinn und Zweck steuerlicher Übereinkünfte auf internationaler Ebene.[30]

Seine Argumentation insb. auf den letztgenannten Punkt stützend, kommt **13** *Becker* dann auch zu einem anderen Ergebnis,[31] das sich in der Grundtendenz mit der Meinung von *Vogel* deckt. Für *Becker* haben die Berichte und RL aufgrund der hohen Sachkompetenz, der Ausgewogenheit verschiedener Interessen und der beigefügten Empfehlung des OECD-Rates den Charakter einer **Leitlinie.** Diese stellt seines Erachtens keinesfalls nur eine **unverbindliche Meinungsäußerung** dar, auch wenn er mit *Höppner* u. a. darin übereinstimmt, dass keine rechtliche Bindungswirkung besteht. Vielmehr basiert seine Argumentation auf der Beteiligung der nationalen Finanzbehörden an der Ausarbeitung, der Billigung durch den Steuerausschuss sowie der Verabschiedung und Weiterleitung einer Empfehlung. Somit „erlangen die Leitlinie und die dort enthaltenen Überlegungen und Maßstäbe eine – wenn auch eingeschränkte – völkerrechtliche Qualität".[32] Das Resultat ist eine **weitgehende Selbstbindung der OECD-Staaten,** die auch dem 1975 auf dem IFA-Kongress herausgestellten Grundsatz der internationalen Rücksichtnahme entspricht.

Im Gegensatz zu der oben stehenden, eher formal-juristischen Interpreta- **14** tion von *Höppner* und *Menck,* steht bei den Überlegungen von *Vogel* und *Becker* die mit den RL verfolgte Zielsetzung der Vermeidung der Doppelbesteuerung im Vordergrund.[33] UE ist der von *Vogel* und *Becker* vertretenen Meinung zuzustimmen, weil sie am ehesten den Intentionen der OECD entspricht und sich nur so die Funktion der RL als nationales Recht überlagernde höherrangige Bestimmung erklären lässt. Zuzustimmen ist uE *Vogel* ebenfalls in der Beobachtung, dass die zunehmende Häufigkeit von Änderungen des OECD-MA und des Kommentars die Würdigung der Verbindlichkeit der jeweiligen Fassungen erschwert.[34]

Differenziert zu bewerten ist die Bedeutung des OECD-MA und des **15** OECD-MK für die Verhandlungen zwischen oder mit Nicht-OECD-Staaten. Nur wenn eine Bestimmung wörtlich aus dem OECD-MA übernommen wird, kann das OECD-MA als Grundlage für die Auslegung herangezogen werden, sofern sich nicht anhand bestimmter Anhaltspunkte ein abweichender Wille der Vertragsparteien erkennbar ist. Über die Bedeutung des Kommentars bzw. der RL kann nur im Einzelfall entschieden werden.

Darüber hinaus dürfen bei neueren Verträgen mit Entwicklungsländern das **UN-MA** und seine Kommentierung, die allerdings beide auf dem OECD-MA basieren, nicht vernachlässigt werden,[35] gerade vor dem Hinter-

---

[29] OECD-Bericht 1984, 5.
[30] Vgl. *Popkes* 31.
[31] Vgl. zum Folgenden *Becker* FR 1980, 479.
[32] Vgl. *Becker* FR 1980, 479.
[33] Vgl. *Popkes* 32.
[34] Vgl. *Vogel/Lehner* DBA, Einl., Rn. 128 f.
[35] Vgl. *Vogel/Lehner* DBA, Einl., Rn. 134.

grund der Vorbehalte, die insbesondere Indien gegenüber der vorbehaltlosen
Übernahme der Auslegung des Fremdvergleichsstandards und der Kommentierung des Art. 9 OECD-MA für seine Belange brieflich an die UNO
und in allgemeinerer Form im UN Practical Manual 2013 geltend gemacht
hat.[36]

5. Abschluss von Doppelbesteuerungsabkommen

16   **DBA** lassen sich – im Unterschied zu dem formal-juristisch in erster Linie
Empfehlungscharakter zukommenden OECD-MA[37] – als **völkerrechtliche
Verträge** charakterisieren, die ein auf Gegenseitigkeit beruhendes System von
Steuerverzichten aufstellen.[38] DBA gehören allerdings nicht zu den allgemeinen Regeln des Völkerrechts iSd Art. 25 GG.[39] Es ist eine Eigenart völkerrechtlicher Verträge, dass sie nicht nur dem Recht eines der Vertragspartner
unterstellt sind.[40] Das Zustandekommen und die Wirkungen der DBA beurteilen sich nach dem Wiener Übereinkommen über das Recht der Verträge
(WÜRV) vom 23.5.1969.[41] Das WÜRV ist in der Bundesrepublik Deutschland am 20.8.1987 in Kraft getreten.[42] Jedoch waren dessen Vorschriften bereits vorher weitgehend zu berücksichtigen, weil die Regelungen des WÜRV
das bestehende Völkergewohnheitsrecht kodifiziert haben.[43] Die DBA begründen spezielles Völkerrecht und werden erst durch ein **Verfahren** rechtsgültig, das insbesondere die Verabschiedung eines speziellen Zustimmungsgesetzes durch den Bundestag und Bundesrat erfordert und sich im Einzelnen in
Deutschland wie folgt vollzieht:[44]
1. Vertragsverhandlungen durch Unterhändler, die eine Verhandlungsvoll-
macht des Bundespräsidenten haben.
2. Nach erzielter Einigung wird der Abkommensentwurf als Abschluss der
Vertragsverhandlungen paraphiert.
3. Das Abkommen wird als völkerrechtlicher Akt unterzeichnet; auf deutscher Seite durch einen Bevollmächtigten des Bundespräsidenten kraft seiner Vertretungsmacht gem. Art. 59 GG.
4. Die Bundesregierung fasst den Beschluss zur Einbringung des Zustimmungsgesetzes zum DBA.
5. Das Zustimmungsgesetz zum Abkommen (Art. 59 Abs. 2 GG) wird im
Bundestag verabschiedet, der Bundesrat muss zustimmen (Art. 78 GG).
Danach wird das Zustimmungsgesetz gem. Art. 82 GG vom Bundespräsidenten ausgefertigt und im BGBl. veröffentlicht.

---

[36] Vgl. Brief des Government of India Ministry of Finance an die UNDESA vom
12. März 2012 (http://itrvault.in/Uploaded_Documents/Attachment_Documents/
Transfer_Pricing_-_India_raises_Objections_to_UN_Model_Double_Taxation_
Convention.pdf) sowie UN Practical Manual 2013, sec. 10.4.
[37] Vgl. *Debatin/Wassermeyer* DBA, MA Vor Art. 1, Rn. 34.
[38] Vgl. *Debatin/Wassermeyer* DBA, MA Art. 1, Rn. 6.
[39] Vgl. *Debatin/Wassermeyer* DBA, MA Vor Art. 1, Rn. 10.
[40] Vgl. *Seidl-Hohenveldern* Rn. 190 ff.
[41] Vgl. *Vogel/Lehner* DBA, Einl., Rn. 45.
[42] Vgl. BGBl. II 1987, 757.
[43] Vgl. *Vogel/Lehner* DBA, Einl., Rn. 45; *Gloria,* 68 f.
[44] Vgl. *Debatin/Wassermeyer* DBA, MA Art. 1, Rn. 6.

6. Die Ratifikation des Abkommens durch den Bundespräsidenten. Dies gilt als formelle Erklärung, in der der betreffende Vertragsstaat das Abkommen als völkerrechtlich verbindlich annimmt.
7. Der Austausch der Ratifizierungsurkunden zwischen den Vertragsstaaten als Notifizierung der Ratifikation.
8. Das Inkrafttreten des Abkommens, das zumeist zeitlich genau fixiert ist. Frühester Zeitpunkt ist der Tag des Austauschs der Ratifizierungsurkunden, oftmals wird jedoch ein anderes Datum festgelegt. Eine rückwirkende Anwendung der DBA ist jedoch im Hinblick auf das Rückwirkungsverbot unzulässig, wenn sie steuerlich belastend wirkt.[45]

Das Ziel der DBA ist die **Vermeidung der Doppelbesteuerung** und die **17** gerechte Verteilung des Steuergutes zwischen den beteiligten Staaten. DBA enthalten jedoch keine Steuer begründenden Normen, da sich das Recht Steuern zu erheben, allein aus der Souveränität eines jeden Staates ableitet.[46] Die DBA gewähren also keine Besteuerungsrechte, sondern sind darauf gerichtet, die aus dem nationalen Recht der Vertragsstaaten fließenden **Steueransprüche einzuschränken**.[47] Das Recht auf nationale Besteuerung wird nach seinem Gegenstand oder der Höhe nach begrenzt. Die Beschränkung des nationalen Besteuerungsrechts besteht entweder darin, dass jeweils ein Vertragsstaat auf die Besteuerung verzichtet (Freistellungsmethode) oder darin, dass er die Steuer des anderen Vertragsstaats auf seine eigene anrechnet (Anrechnungsmethode).[48] Während bspw. der Gewinn ausländischer Betriebsstätten deutscher Unternehmen ohne DBA nach deutschem Recht besteuert werden darf, wird das Besteuerungsrecht durch ein DBA, das eine dem Art. 7 OECD-MA entsprechende Regelung enthält, dem Staat zugewiesen, in dem die Betriebsstätte belegen ist. Die Abkommensvorschriften werden gem. überwiegender Literaturmeinung[49] und in entsprechender Auslegung nationaler deutscher Vorschriften[50] als *Lex Specialis* gegenüber innerstaatlichen Steuergesetzen angesehen, dh, sie gehen den allgemeinen Steuerrechtsvorschriften vor.[51] Für *Vogel* ist die Frage des Anwendungsvorrangs letztlich irrelevant, da beide Interpretationsmöglichkeiten bei der Anwendung zum gleichen Ergebnis führen müssen.[52]

Aufgrund ihrer – nationales Recht einschränkenden – Bestimmung und **18** ihres Vorrangs in der Anwendung können DBA „**self-executing**"-**Wirkung** entfalten.[53] Es bedarf jedoch der Auslegung im Einzelfall, ob die unmittelbare

[45] BVerfG vom 10.3.1971, BVerfGE 30, 272 ff., BStBl. II 1973, 431 ff.; BVerfG vom 14.5.1986, BVerfGE 72, 200 ff., BStBl. II 1986, 628 ff.
[46] HM, vgl. zB *Debatin/Wassermeyer* DBA, MA Vor Art. 1, Rn. 9 und 11; *Vogel/Lehner* DBA, Einl., Rn. 45 ff.; *Bühler,* 61.
[47] Vgl. *Vogel/Lehner* DBA, Einl., Rn. 43, 68 f.
[48] Vgl. zB *Vogel/Lehner* DBA, Einl., Rn. 72.
[49] Vgl. zB *Wassermeyer* in Debatin/Wassermeyer, DBA, MA Art. 1, Rn. 7a; *Schaumburg* Internationales Steuerrecht, Anm. 15.11; *Kluge* Internationales Steuerrecht, Rn. R 7; *Erhard* in FWK, Art. 1, Rn. 30.
[50] § 2 AO; Ziffer 1.2.1 VGr.
[51] Zu den Einschränkungen bzgl. dieses Vorrangs vgl. *Schaumburg* Internationales Steuerrecht, Anm. 15.12.
[52] Vgl. *Vogel/Lehner* DBA, Einl., Rn. 90.
[53] Vgl. *Frotscher* Internationales Steuerrecht, Rn. 203; *Schaumburg* Internationales Steuerrecht, Anm. 16.32, mwN.

Anwendbarkeit zunächst einer entsprechenden Rechtsgrundlage für die Umsetzung in innerstaatliches Recht bedarf. Ob eine Abkommensvorschrift Ermächtigungsnorm ist, kann dem Wortlaut und dem Sinngehalt der einzelnen Vorschrift entnommen werden. Formulierungen wie „dürfen" oder „können" sprechen für Ermächtigungsnormen, Formulierungen wie „sind" oder „werden zugerechnet" sprechen dagegen für unmittelbar anwendbare Normen.[54]

Zu den Ermächtigungsnormen, die keine „self-execution" entfalten, sondern zu ihrer Umsetzung noch einer innerstaatlichen gesetzlichen Vorschrift bedürfen, zählt bspw. die Gewinnkorrekturvorschrift des **Art. 9 OECD-MA.**[55] Diese Vorschrift wird in Deutschland durch die nationalen Gewinnkorrekturvorschriften der verdeckten Gewinnausschüttung, der verdeckten Einlage und des § 1 AStG ausgefüllt. Zu den „self-executing"-Normen zählt hingegen zB die **„Dealing-at-arm's-length"-Klausel** des **Art. 7 Abs. 2 OECD-MA 2010,** zu deren Durchführung es keiner innerstaatlichen gesetzlichen Regelung mehr bedarf,[56] auch wenn eine solche mittlerweile ab VZ 2013 durch § 1 Abs. 4 und 5 AStG geschaffen wurde.

6. Gewinnberichtigung verbundener Unternehmen

a) Erstberichtigung (Art. 9 Abs. 1 OECD-MA)

19 Nach Art. 7 Abs. 1 S. 1 Halbsatz 1[57] steht die Besteuerung von Unternehmensgewinnen dem Vertragsstaat zu, in dem das Unternehmen seinen Sitz hat.[58] Art. 9 Abs. 1 gestattet es dem Vertragsstaat, Gewinne eines inländischen Unternehmens, das mit einem ausländischen Unternehmen verbunden ist, zu berichtigen, wenn der Unternehmensgewinn durch Geschäftsbedingungen beeinträchtigt wurde, die zwischen unabhängigen Unternehmen nicht üblich sind.[59] Die Anwendung des Art. 9 Abs. 1 erstreckt sich damit nicht auf außerhalb einer unternehmerischen Tätigkeit erzielte Einkünfte,[60] wobei sich die unternehmerische Sphäre auch auf Einkünfte erstrecken kann, die in einem anderen Artikel als Artikel 7 behandelt werden.[61] Berichtigungen gem. Art. 9 müssen sich an den Grundsätzen des Dealing-at-Arm's Length-Prinzips **(Fremdvergleich)** orientieren. Allerdings schafft Art. 9 keine Rechtsgrundlage für solche Berichtigungen. Die dem Art. 9 entsprechenden Regelungen der deutschen DBA haben nur die Aufgabe, innerstaatliches Recht zu begrenzen, soweit dieses Gewinnberichtigungen zwischen verbundenen Unter-

---

[54] Vgl. *Schaumburg* Internationales Steuerrecht, Anm. 16.32.

[55] Vgl. BFH 12.3.1980, BStBl. II 1980, 531; *Wassermeyer* in FWB, § 1, Anm. 99; *Baumhoff* in FWK, Art. 9, Rn. 260; *Mössner* Steuerrecht international tätiger Unternehmen, Rn. C 263 f.; *Vogel/Lehner* DBA, Art. 9, Rn. 18.

[56] Vgl. *Lang* 29 ff.; *Schaumburg* Internationales Steuerrecht, Anm. 16.32.

[57] In dieser Ziffer 6. sind Artikel ohne ausdrückliche Benennung solche des OECD-MA.

[58] Vgl. *Vogel/Lehner* DBA, Art. 7, Rn. 3.

[59] Vgl. *Vogel/Lehner* DBA, Art. 9, Rn. 3.

[60] Vgl. *Wassermeyer* in Debatin/Wassermeyer, DBA, MA Art. 9, Rn. 22.

[61] Zu diesen Einkünften können zB Einkünfte iSd Art. 10–12 gehören, soweit sie iRe unternehmerischen Tätigkeit anfallen, vgl. *Vogel/Lehner* DBA, Art. 9, Rn. 35.

nehmen vorsieht, die über den nach dem Fremdvergleich zulässigen Umfang hinausgehen.[62]

Fast alle deutschen DBA stimmen mit dem Text des Art. 9 Abs. 1 OECD-   **20** MA überein oder weichen sprachlich nur geringfügig davon ab.[63] Art. 9 Abs. 1 OECD-MA erlaubt eine Gewinnkorrektur (sog. **Erstberichtigung**), sofern die Unternehmen beider Vertragsstaaten verbundene Unternehmen sind. Die Unternehmen sind **verbunden** iSd Art. 9 Abs. 1 OECD-MA, wenn

– „ein Unternehmen eines Vertragsstaates unmittelbar oder mittelbar an der Geschäftsleitung, der Kontrolle oder am Kapital eines Unternehmens des anderen Vertragsstaates beteiligt ist" (Abs. 1 Buchst. a) oder

– „dieselben Personen unmittelbar oder mittelbar an der Geschäftsleitung, der Kontrolle oder am Kapital eines Unternehmens eines Vertragsstaates und eines Unternehmens eines anderen Vertragsstaates beteiligt sind" (Abs. 1 Buchst. b).

Nach Art. 3 Abs. 1 Buchst. c iVm Buchst. d OECD-MA bezieht sich das   **21** „**Unternehmen**" auf die Ausübung einer Geschäftstätigkeit und sind Unternehmen eines Vertragsstaates diejenigen, die von einer in einem Vertragsstaat ansässigen Person betrieben werden. Jedoch können im Rahmen des Art. 9 Abs. 1 Buchst. b auch Personen, die selbst kein Unternehmen betreiben oder die in keinem, demselben oder zugleich in beiden Vertragsstaaten ansässig sind, eine Verbundenheit zwischen zwei Unternehmen begründen. Das kann zB dadurch geschehen, dass die letztgenannten Personen die Unternehmen einheitlich leiten.[64] Art. 9 ist jedoch nicht anzuwenden, falls ein oder beide Partner kein Unternehmen betreiben oder wenn diese Einkünfte bei ihnen nicht zu den Unternehmereinkünften rechnen.[65]

Die Frage, ob eine Beteiligung an Geschäftsleitung, Kontrolle oder Kapital   **22** eines Unternehmens besteht, entscheidet das nationale Gesellschaftsrecht.[66] Dagegen kann die Frage, welche Beteiligungsformen sich unter Art. 9 subsumieren lassen, nicht alleine anhand nationalen Rechts beurteilt werden.[67] Es bedarf vielmehr der Vorgabe durch das DBA, bei dessen Auslegung ein gemeinsames Verständnis der Vertragsstaaten über den Begriff des unter das Abkommen fallenden „Unternehmens" vorausgesetzt wird.[68] Grundsätzlich wird jedoch als „**Unternehmen**" nicht primär eine bestimmte Gesellschaftsform verstanden – vorrangig ist die Ausübung einer Geschäftstätigkeit, welche einer in einem der beiden Vertragsstaaten ansässigen Person zugerechnet werden kann.[69] Für das Verhältnis zwischen Betriebsstätte und Stammhaus gilt Art. 7 und nicht Art. 9.[70] Das Gleiche gilt für die Beteiligung eines inländi-

---

[62] Vgl. zum Verhältnis der Abkommensvorschriften zum innerstaatlichen Recht A Rn. 350 ff., insb. A Rn. 406 ff.

[63] Vgl. hierzu die Übersicht von *Eigelshoven* in Vogel/Lehner, DBA, Art. 9, Rn. 145 ff.

[64] Vgl. *Vogel/Lehner* DBA, Art. 9, Rn. 34.

[65] Vgl. *Vogel/Lehner* DBA, Art. 9, Rn. 34 f.

[66] Vgl. *Vogel/Lehner* DBA, Art. 9, Rn. 37.

[67] S. aber BFH 20.8.2008, BStBl. II 2009, 263.

[68] Vgl. *Baumhoff* in FWK, Art. 9, Rn. 25.

[69] Vgl. *Wassermeyer* in Debatin/Wassermeyer, DBA, MA Art. 3, Rn. 22 f.; *Erhard* in FWK, Art. 3, Rn. 112.

[70] Vgl. *Vogel/Lehner* DBA, Art. 9, Rn. 36, Art. 7, Rn. 7.

schen Einzelunternehmens, einer Person oder einer sonstigen Gesellschaft, soweit der Anteil an der ausländischen Personengesellschaft dem inländischen Beteiligten als Betriebsstätte zugerechnet wird.[71] Ebenso findet Art. 7 bei der Beteiligung eines Ausländers an einer inländischen Personengesellschaft Anwendung.

23   Eine weitere Voraussetzung für die Erstberichtigung ist, dass die verbundenen Unternehmen ihren Beziehungen Bedingungen zu Grunde legen, die einem Fremdvergleich nicht standhalten. Als „**Beziehung**" in diesem Sinne gelten alle kaufmännischen und finanziellen Beziehungen, sowohl auf schuldrechtlicher als auch auf gesellschaftsrechtlicher Basis.[72] Diese Beziehungen sind anhand der tatsächlich zwischen den Parteien vereinbarten Bedingungen zu prüfen.[73] Zudem muss die gesellschaftsrechtliche Verflechtung ursächlich für die vereinbarten oder auferlegten Bedingungen sein.[74] Einzelheiten zum Fremdvergleich, zu den traditionellen geschäftsvorfallbezogenen Methoden und zum Vorteilsausgleich im Lichte der DBA werden in anderen Kapiteln erörtert.[75]

b) Gegenberichtigung (Art. 9 Abs. 2 OECD-MA)

24   Wenn eine Erstberichtigung durch den einen Staat durchgeführt wurde, bezeichnet die **Gegenberichtigung** die korrespondierende Absenkung des Gewinns durch den anderen Staat, um eine **wirtschaftliche Doppelbesteuerung** der durch die Erstberichtigung betroffenen Unternehmensgruppe zu vermeiden. Sie entfaltet damit eine Schutzwirkung zugunsten der in den beiden Vertragsstaaten ansässigen verbundenen Unternehmen, welche miteinander in Leistungsbeziehungen stehen, vor einseitigen Gewinnkorrekturen durch den einen oder den anderen Vertragsstaat.[76] Allerdings erfasst die Gegenberichtigung nur jene Fälle der Doppelbesteuerung, in denen diese eine unmittelbare Folge der Erstberichtigung ist. Bilden hingegen Qualifikationskonflikte oder unterschiedliche nationale Einkünfteermittlungsvorschriften die Basis der wirtschaftlichen Doppelbesteuerung, ist eine Gegenberichtigung ausgeschlossen.[77]

25   Jedoch nimmt ein Staat nicht auf jeden Fall eine Berichtigung vor, nur weil die Gewinne im anderen Vertragsstaat erhöht wurden. In der Praxis erfolgt eine Berichtigung nur dann, wenn der Art. 9 Abs. 2 anwendende Staat der Auffassung ist, dass der vom anderen Staat berichtigte Gewinnbetrag wirklich dem Gewinn entspricht, der bei Geschäftsbeziehungen unter den Bedingungen des freien Marktes erzielt worden wäre, nicht jedoch, wenn er die vom anderen Staat vorgenommene Korrektur für unberechtigt hält.[78] Die Methode, nach der die Berichtigung vorzunehmen ist, wird in Art. 9 Abs. 2 nicht bestimmt. Folglich setzt die **Gegenberichtigung** voraus, dass zwischen **beiden Vertragsstaaten Einigkeit** sowohl über die Qualifikation des Leis-

[71] Vgl. *Vogel/Lehner* DBA, Art. 9, Rn. 36.
[72] Vgl. *Vogel/Lehner* DBA, Art. 9, Rn. 48 f.
[73] Vgl. *Vogel/Lehner* DBA, Art. 9, Rn. 50 f.
[74] Vgl. *Vogel/Lehner* DBA, Art. 9, Rn. 37, 53.
[75] Vgl. A Rn. 21 ff., A Rn. 61 ff., A Rn. 160 ff., C Rn. 1 ff., D Rn. 1 ff., L Rn. 1 ff.
[76] Vgl. *Wassermeyer* in Debatin/Wassermeyer, DBA, MA Art. 9, Rn. 366.
[77] Vgl. *Vogel/Lehner* DBA, Art. 9, Rn. 161.
[78] Vgl. *Wassermeyer* in Debatin/Wassermeyer, DBA, MA Art. 9, Rn. 374.

tungsentgelts als auch über dessen angemessene Höhe besteht.[79] Aus dieser Einschränkung ergibt sich, dass die Gegenberichtigung in der Praxis nur eine begrenzte Bedeutung haben kann. Denn doppelte Belastungen von Gewinnen zwischen verbundenen Unternehmen rühren regelmäßig daher, dass die Staaten darüber unterschiedliche Auffassungen vertreten, wie der zu Grunde zu legende angemessene Marktpreis zu ermitteln ist. Als Lösung bietet Art. 9 Abs. 2 die Einigung im Wege von Konsultationsverfahren oder im Rahmen von Verständigungsverfahren.

c) Zweit- oder sekundäre Berichtigung

Von der Gegenberichtigung ist die so genannte **Zweit- oder sekundäre** 26 **Berichtigung** zu unterscheiden: Die Erstberichtigung bewirkt die Besteuerung des Gewinnanteils bei dem Unternehmen, dem er nach dem Arm's Length-Grundsatz zuzurechnen ist. Die Gegenberichtigung erfolgt zwecks Entlastung des anderen Unternehmens bzgl. des berichtigten Gewinnanteils.

Mit Erst- und Gegenberichtigung ist aber der Zustand, der sich eingestellt hätte, wenn die beiden verbundenen Unternehmen von Anfang an sich fremdvergleichskonform verhalten hätten, noch nicht wiederhergestellt, denn die Geldbeträge, die nunmehr nach übereinstimmender Würdigung des Sachverhalts dem einen Unternehmen (Erstberichtigung) zuzuordnen sind, befinden sich noch „physisch" bzw. bilanziell beim anderen Unternehmen (Gegenberichtigung). Der erforderliche Ausgleich kann nur im Einzelfall aus den Gesamtumständen erschlossen werden und ist auch in Art. 9 Abs. 2 OECD-MA nicht geregelt. Er kann zB in einer Darlehensgewährung, in einer Lizenzvereinbarung oder einer Dividendenzahlung bestehen.[80] Diese sekundären Folgen einer Erst- und Gegenberichtigung können daher insbesondere **Quellensteuern und Verzinsungen** auslösen.

Gilt zB der Betrag des berichtigten Einkommens als verdeckte Gewinnausschüttung – also als Dividende iSd DBA – darf der Vertragsstaat, der die Erstberichtigung nach Abs. 1 vorgenommen hat, neben den auf den Korrekturbetrag entfallenden Ertragsteuern auch Quellensteuer auf die für die Ausschüttung dieses Korrekturbetrages verwendeten Gewinne erheben.[81] Der andere Vertragsstaat unterwirft diese Dividende wiederum seiner Ertragsbesteuerung und rechnet nach seinem nationalen Recht die Quellensteuer (und ggf. auch die im Quellenstaat gezahlten Ertragsteuern) – vorbehaltlich ggf. vorhandener gesetzlicher Einschränkungen – an. Gemäß dieser Systematik besteht für eine sekundäre Gewinnberichtigung kein Raum, wenn das Unternehmen, bei dem sich der Vorteil aus der unangemessenen Gestaltung der Leistungsbeziehung tatsächlich befindet, diesen an das der Erstberichtigung unterworfene Unternehmen zurückführt,[82] sei es durch tatsächlichen Geldfluss oder die Einbuchung einer Forderung.

Soweit eine Doppelbesteuerung de facto definitiv ist, insb., wenn eine Ge- 27 genberichtigung nach Art. 9 Abs. 2 nicht (mehr) möglich oder die Einleitung eines Verständigungsverfahrens nicht aussichtsreich ist, besteht als weitere

---

[79] Vgl. *Vogel/Lehner* DBA, Art. 9, Rn. 164.
[80] Vgl. *Vogel/Lehner* DBA, Art. 9, Rn. 179.
[81] Vgl. *Vogel/Lehner* DBA, Art. 9, Rn. 179.
[82] Vgl. *Vogel/Lehner* DBA, Art. 9, Rn. 179.

Möglichkeit, die Folgen einer Sekundärberichtigung und zugleich die Umsetzungsprobleme im Zusammenhang mit einer Forderungseinbuchung zu vermeiden, die Qualifikation der Erstanpassung nach den Grundsätzen der nichtabziehbaren Aufwendungen (zB § 10 KStG, § 4 Abs. 5 EStG, § 160 AO).[83] Die Rechtsfolge ist eine entsprechende **außerbilanzielle Korrektur** und das Eintreten der Doppelbesteuerung im Quellenstaat, vermieden werden aber weitere steuerliche und bilanzielle Folgen aus den Sekundärberichtigungen. Auch die FinVerw. hat sich in ausgewählten Fällen offen gegenüber dieser Rechtsansicht gezeigt.

Art. 9 Abs. 2 lässt offen, ob eine Frist vorgesehen werden sollte, nach deren Ablauf ein Staat nicht mehr verpflichtet ist, Gegenberichtigungen durchzuführen. Die Vertragsstaaten können jedoch in ihre DBA Bestimmungen aufnehmen, die die Verpflichtung zur Berichtigung zeitlich begrenzen.

28   Den Vorschlägen des OECD-MA folgende Regelungen über die Gegenberichtigung sind **in den wenigsten von Deutschland abgeschlossenen DBA** enthalten.[84] Deutschland befürchtete – ebenso wie andere Vertragsstaaten –, dass Regelungen über Gegenberichtigungen einen zu starken Anreiz zu Erstkorrekturen geben und dass eine solche Klausel aus Sicht der Unternehmen als Minderung des steuerlichen Risikos bei Gewinnverschiebungen verstanden werden könnte.[85] Erst in den neueren DBA ab 1989 wurden Klauseln über Gegenberichtigungen aufgenommen, allerdings besteht eine Verpflichtung zur korrespondierenden Berichtigung nur bei Anerkennung der vom anderen Staat vorgenommenen Gewinnberichtigung. Im Übrigen steht es – abgesehen von bilateralen Vereinbarungen in DBA oder multilateralen Vereinbarungen, wie zB der **EU-Schiedskonvention (Schlichtungsverfahren)** – im Ermessen der deutschen FinVerw., auch ohne DBA oder in Fällen, in denen ein DBA eine Abgrenzungsklausel nicht enthält, ein Verständigungsverfahren zum Zweck der gemeinsamen Einkunftsabgrenzung einzuleiten.[86] Die deutsche Verhandlungsgrundlage für DBA vom 22.8.2013 enthält gleichwohl eine Gegenberechtigungsregelung.

7. Andere Berichtigungsvorschriften des OECD-MA

29   Art. 9 OECD-MA regelt die Gewinnberichtigung bei rechtlich selbstständigen verbundenen Unternehmen.[87] Wenn dagegen ein Unternehmen im Ausland eine **Betriebsstätte** unterhält, gilt Art. 7 iVm Art. 23 OECD-MA für die Vermeidung der Doppelbesteuerung im Sitzstaat des Unternehmens und im Quellenstaat der Betriebsstätte.[88] Nach Art. 7 Abs. 2 OECD-MA dürfen die Gewinne der Betriebsstätte im Quellenstaat nur insoweit besteuert werden, als sie der Betriebsstätte zugerechnet werden können. Genau wie Art. 9 OECD-MA bestimmt auch Art. 7 Abs. 2 OECD-MA 2010 den

[83] Vgl. auch R 29 KStR.
[84] Vgl. *Vogel/Lehner* DBA, Art. 9, Rn. 181. Zu den wenigen DBA mit einer solchen Klausel gehört das DBA USA.
[85] Vgl. *Hundt* RIW/AWD 1981, 323.
[86] Vgl. Tz. 1.2.4 VGr. Zum Verfahren im Einzelnen siehe BMF 13.7.2006, BStBl. I 2006, 461.
[87] Vgl. Rn. 19 ff.
[88] Vgl. *Vogel/Lehner* DBA, Art. 9, Rn. 6.

Fremdvergleich als den Maßstab für die Frage, welche Gewinne der Betriebsstätte zuzurechnen sind. Für diesen Zweck wird die Betriebsstätte hypothetisch wie ein selbstständiges Unternehmen beurteilt, wobei zwischen absoluter und einer eingeschränkten (hypothetischen) Selbständigkeit der Betriebsstätte unterschieden wird.[89]

Die OECD hat als Ergebnis eines mehrjährigen Beratungsprozesses am 22. Juli 2010 die finale Fassung ihres Betriebsstättenberichts mit insgesamt vier Teilen veröffentlicht und eine entsprechend revidierte Fassung von Art. 7 OECD-MA sowie der Kommentierung vorgeschlagen. Gemäß dem „**Authorized OECD Approach**" soll künftig eine weitgehend uneingeschränkte Selbständigkeitsfiktion für Zwecke der Ermittlung des Ergebnisses einer Betriebsstätte zur Anwendung kommen. Von maßgeblicher Bedeutung ist dabei die Wahrnehmung von „**Significant People Functions**" bzw. „**Key Entrepreneurial Risk Taking Functions**" (im Finanzsektor). Eine Konsequenz des „**AOA**" ist die weitgehende Annäherung der Ergebnisermittlung für Betriebsstätten und für rechtlich selbstständige Unternehmen.[90] Der deutsche Gesetzgeber hat den „AOA" mit Wirkung zum 1. Januar 2013 in deutsches nationales Recht umgesetzt (§ 1 Abs. 4 und 5 nF). Mit dem Erlass einer bereits im finalen Entwurf vorliegenden Betriebsstättengewinnaufteilungsverordnung („BsGaV", zuletzt: BR-Drs. 401/14 vom 28.8.2014) und überarbeiteter VGr-Betriebsstätten wird im Verlauf von 2014 bzw. in 2015 gerechnet.

Die **Spezialvorschriften** des **Art. 11 Abs. 6** (Zinsen) und **Art. 12 Abs. 4** (Lizenzgebühren) gehen dem Art. 9 vor.[91] Der Anwendungsbereich dieser Vorschriften ist jedoch beschränkt auf **überhöhte** Zinsen und Lizenzgebühren. Das bedeutet, dass die Berichtigung zu niedriger Zinsen oder Lizenzgebühren sich nach Art. 9 OECD-MA richtet.[92] **30**

Im Rahmen der Gewinnberichtigungsvorschriften muss auch das **Gleichbehandlungsgebot** des Art. 24 OECD-MA für verbundene Unternehmen beachtet werden.[93] Danach dürfen von einem ausländischen Unternehmen **beherrschte Inlandsunternehmen** nicht schlechter gestellt werden als inländisch beherrschte Unternehmen (Art. 24 Abs. 5 OECD-MA). Insb. wird auch die Gleichbehandlung bei der Abzugsfähigkeit von Zinsen, Lizenzgebühren und anderen Entgelten gewährleistet, die an Personen im anderen Vertragsstaat gewährt werden, im Vergleich mit gleichartigen Zahlungen an Personen im Inland (Art. 24 Abs. 4). Für **Betriebsstätten** wird Art. 7 OECD-MA durch Art. 24 Abs. 3 OECD-MA ergänzt, der es den Vertragsstaaten untersagt, inländische Betriebsstätten von ausländischen Unternehmen steuerlich schlechter zu behandeln als inländische Betriebsstätten inländischer Unternehmen. **31**

Abschließend sei noch auf Art. 25 OECD-MA zum **Verständigungsverfahren** sowie auf die Verständigungsklausel in Art. 6 der **EU-Schiedskonvention** hingewiesen. Auch diese Regelungen spielen im Rahmen von Gewinnberichtigungen auf verfahrensrechtlicher Ebene eine wichtige Rolle. **32**

(einstweilen frei) **33–40**

---

[89] Vgl. *Vogel/Lehner* DBA, Art. 7, Rn. 78 ff.
[90] Vgl. dazu ausführlich L Rn. 1 ff.
[91] Vgl. *Vogel/Lehner* DBA, Art. 9, Rn. 7.
[92] Vgl. *Vogel/Lehner* DBA, Art. 9, Rn. 7.
[93] Vgl. *Vogel/Lehner* DBA, Art. 9, Rn. 8.

II. OECD-Richtlinie 2010

1. Entstehungsgeschichte der OECD-Richtlinie 2010

41　　Die überarbeitete und erweiterte OECD-RL 2010 ist nicht die erste Verlautbarung der OECD zu Verrechnungspreisthemen.

Bedeutsame frühere Veröffentlichungen waren insb. der am 16. Mai **1979** verabschiedete **OECD-Bericht „Transfer Pricing and Multinational Enterprises"** und der **OECD-Report „Verrechnungspreise und Multinationale Unternehmen – Drei steuerliche Sonderprobleme"** aus dem Jahr **1984,** der seinerseits wieder aus den drei unabhängigen Berichtsteilen „Verrechnungspreise, Gegenberichtigung und Verständigungsverfahren", „Besteuerung multinational tätiger Banken" sowie „Kosten zentralen Managements und zentraler Dienstleistungen" bestand. Eine ausführliche Kommentierung des OECD-Berichtes 1979 findet sich in Kapitel B. II. und des OECD-Berichtes 1984 in Kapitel B. III. der 1. Auflage dieses Handbuchs.

42　　Dies fortführend hat der Rat der OECD im Juli **1995** zunächst die ersten fünf Kapitel der vollständig überarbeiteten **„Richtlinien zu den Verrechnungspreisen für multinationale Unternehmen und Steuerverwaltungen"** veröffentlicht.[94] Diese wurden zunächst **1996** um das sechste und siebte Kapitel erweitert, bevor der Steuerausschuss der OECD **1997** das Kapitel VIII ergänzte. Danach folgten dann bis zum Jahr 2000 im Anhangteil „Richtlinien zu Verfahren für die Kontrolle der OECD-RL und Einbindung der Wirtschaft" (sog. Monitoring Procedures) und „Praktische Beispiele" sowie „Richtlinien für die Durchführung von verbindlichen Auskünften unter den DBA-Artikeln zu Verständigungsverfahren", den sog. „MAP APAs".[95]

Die OECD-RL 1995/96/97 sollte den grundlegenden Bericht von 1979 ersetzen, während die 1984 und 1987 ergangenen anschließenden Teilberichte[96] zumindest derzeit noch in Kraft bleiben. Die OECD-RL 1995/96/97 wurden in Kapitel B. II. der 3. Auflage dieses Handbuchs ausführlich kommentiert.

43　　Die zunehmende Verwendung datenbankgestützter Fremdvergleiche verbunden mit der Anwendung der transaktionsbezogenen Nettomargenmethode (TNMM) und die zunehmende Abwanderung von Produktion und von anderen funktionsstarken Elementen der Wertschöpfungskette aus OECD-Mitgliedsländern bei operativen Umstellungen von Konzernen erforderte von der OECD eine Beschäftigung mit den bisher bestehenden Methoden- und Vergleichbarkeitsrichtlinien (Kapitel I bis III) und mit dem zunehmend bedeutenden Bereich der Würdigung von Business Restructurings aus Verrechnungspreissicht (Kapitel IX).

---

[94] Vgl. OECD, Transfer Pricing Guidelines for Multinational Enterprises and Tax Administrations, Loseblatt, Paris 1995.

[95] Zu weiteren Entwicklungen bei der OECD vgl. unten Rn. 211ff.

[96] OECD, Transfer Pricing and Multinational Enterprises – Three Taxation Issues – 1984, OECD, Thin Capitalisation, 1987. Vgl. auch zuvor Rn. 41.

Die neu gefassten Kapitel I und II und die neuen Kapitel III und IX sind zusammen mit den weiter geltenden Kapiteln IV bis VIII am **22. Juli 2010** als **OECD-Verrechnungspreisrichtlinien 2010** veröffentlicht worden.[97]

(einstweilen frei)   **44–50**

2. Regelungscharakter der OECD-Richtlinie

Nach Auffassung maßgeblicher Vertreter der FinVerw. ergibt sich aus der **51** OECD-RL **keine Bindung** für die OECD-Staaten als Vertragspartner in Form einer unmittelbaren Rechtswirkung, auch nicht für Gerichte oder Unternehmen als Steuerpflichtige.[98] *Höppner* hat bereits 1981 den OECD-Berichten jegliche Bindungswirkung abgesprochen.[99] Seines Erachtens können die OECD-Berichte weder nationales noch internationales Recht setzen und stellen kein Völkerrecht dar, da die Berichte nicht die Eigenschaft einer Rechtsquelle besitzen. Demzufolge bindet auch die OECD-RL weder Gerichte, FinVerw. noch Steuerpflichtige und ebenso nicht die Mitgliedsstaaten selbst. Die RL ist als gesonderte Teilkommentierung des Art. 9 OECD-MA zu betrachten. *Höppner* gewährt den OECD-Berichten- und RL lediglich die Stellung von amtlichen, hochrangigen Rechtsgutachten, die als wichtige Orientierungshilfe dienen können.

Werra vermutet hingegen eine **unmittelbare Rechtswirkung** der **52** OECD-RL insoweit, als bei Übernahme von Art. 9 OECD-MA in ein DBA die RL in ihren unstreitigen Teilen zur Auslegung des Willens der Vertragspartner herangezogen werden müssen.[100] Dies erfolgt seines Erachtens aber, soweit die jeweilige Fassung der OECD-RL von früheren RL oder Berichten abweicht, in vollem Umfang nur für neu abgeschlossene DBA, was bei künftigen DBA-Verhandlungen zu beachten ist. Jedoch erwähnt auch *Werra* einschränkend, dass die Durchsetzung dieser rechtlichen Verpflichtung der Staaten dadurch erschwert ist, dass es nach dem OECD-MA bislang keine Pflicht zur erfolgreichen Verständigung gibt.[101] Ein solcher Zwang zur Übereinkunft besteht jedoch im Rahmen des Schlichtungsverfahrens gem. der EU-Schiedskonvention[102] und nach einzelnen DBA, so dass hier, folgt man der Auffassung von *Werra,* die OECD-RL eine unmittelbare, die Staaten bindende und durchsetzbare Rechtswirkung entfalten kann.

In der Praxis wird formal immer wieder eine **weitgehende Selbstbin-** **53** **dung** der OECD-Staaten eingefordert, die auch dem 1975 auf dem IFA-Kongress herausgestellten Grundsatz der internationalen Rücksichtnahme entspricht. Selbst die USA haben durch Vertreter von IRS und Treasury öffentlich mehrfach bekräftigt, dass sie sich an die Regeln der OECD-RL gebunden fühlen.

---

[97] Vgl. http://www.oecd-ilibrary.org/taxation/oecd-transfer-pricing-guidelines-for-multinational-enterprises-and-tax-administrations-2010_tpg-2010-en. Zu weiteren Entwicklungen der OECD-RL und weiterer OECD-Projekte s. unten Rn. 221 ff.

[98] Vgl. *Runge* IStR 1995, 511 und oben zum OECD-MA Rn. 9 ff.

[99] Vgl. *Höppner* StBp 1981, 57 ff., vgl. auch zuvor Rn. 11.

[100] Vgl. *Werra* IStR 1995, 458.

[101] Vgl. *Werra* IStR 1995, 458.

[102] Vgl. dazu F Rn. 313 ff.

Die Frage des formellen Regelungscharakters der OECD-RL tritt jedoch bei genauer Analyse ihrer materiellen bzw. **inhaltlichen Regeln** in den Hintergrund. Die OECD-RL stellt in der Praxis einen **mühsamen Kompromiss** dar. Viele der Kompromissformeln der RL sind so vage und unbestimmt, dass sie im Einzelfall selbst einer Auslegung bedürfen. Diese Auslegung wird jedoch idR wieder von nationalen Interessen und Standpunkten geprägt. Folglich verwundert es nicht, dass offizielle Sprecher der US-Steuerverwaltung in der Vergangenheit die Meinung vertraten, die OECD-RL würden völlig mit den in den USA bestehenden Verrechnungspreisrichtlinien übereinstimmen.[103] Die entscheidenden inhaltlichen bzw. materiellen Fragen sind daher im Falle von konkreten internationalen Verrechnungspreisproblemen weder eindeutig noch klar entschieden.

Im Lichte dieser Interpretationsunsicherheit ist auch die Aufforderung des OECD-Ministerrats an seinen Steuerausschuss zu sehen, die Umsetzung der Verrechnungspreisrichtlinien in Zusammenarbeit mit den Steuerverwaltungen der Mitgliedsstaaten und unter Beteiligung der privaten Unternehmen fortlaufend zu überprüfen (sog. **Monitoring**).[104]

3. OECD-Richtlinie 2010 im Überblick

54   Die vorliegende Richtlinie der OECD umfasst **neun Kapitel und acht Anhänge.**

In Kapitel I werden der Inhalt, die Bedeutung und die Anwendung des **Fremdvergleichsgrundsatzes** diskutiert. Kapitel II erörtert Fragen der Auswahl einer geeigneten **Verrechnungspreismethode** sowie Einzelheiten der Anwendung der sog. traditionellen geschäftsvorfallbezogenen Methoden (Preisvergleichsmethode, Wiederverkaufspreismethode, Kostenaufschlagsmethode) bzw. der sog. geschäftsvorfallbezogenen Gewinnmethoden (geschäftsvorfallbezogene Nettomargenmethode, geschäftsvorfallbezogene Gewinnaufteilungsmethode). Das Kapitel III widmet sich einzelnen Aspekten der **Vergleichbarkeitsanalyse** und erläutert ferner Fragen des Zeitbezugs bei der Anwendung der Verrechnungspreismethoden. Die OECD hat mit den überarbeiteten Kapiteln I–III einen wichtigen Schritt zur Anpassung der OECD-RL an die Entwicklungen der Verrechnungspreissystematik und -praxis getan. Insbesondere die Tatsache, dass die Gewinnaufteilungsmethode und die TNMM nunmehr in einem Kapitel mit den Standard-Verrechnungspreismethoden behandelt werden, zeigt, dass die OECD (bei nach wie vor klarer Prioritätenreihenfolge) den transaktionsbezogenen **Gewinnmethoden** nun **einen** gegenüber 1995 **veränderten Stellenwert beimisst.** Und die Tatsache, dass die OECD der Vergleichbarkeitsanalyse ein eigenes Kapitel einräumt, zeigt, dass sie dieser eine große Bedeutung zugesteht, was zugleich als Aufforderung verstanden werden kann, die Analyse der einzelnen Transaktionen nicht schematisch von Datenbankarbeiten verdrängen zu lassen.

55   Kapitel IV zeigt **steuerverfahrensbezogene Ansätze** zur Vermeidung und Bewältigung von Verrechnungspreisstreitigkeiten auf. Neben der Frage

---

[103] Vgl. *Runge* IStR 1995, 511.

[104] Vgl. OECD-RL 2010, Appendix: Recommendation of the Council on the Determination of Transfer Pricing between Associated Enterprises, III.2. und III.3.

der Beweislast wendet sich die Richtlinie dem Verständigungsverfahren, der simultanen Betriebsprüfung, der Safe Harbour-Regelung, Advance-Pricing-Arrangements und den Schiedsverfahren zu. Kapitel V beschäftigt sich mit Umfang und Inhalt der **Dokumentations- und Nachweispflichten** des Steuerpflichtigen im Bereich der Verrechnungspreise.

Kapitel VI behandelt das Vorliegen und die Bewertung von **immateriellen Wirtschaftsgütern** bei Übereignung und Nutzungsüberlassung, Kapitel VII **konzerninterne Dienstleistungen** und ihre Abrechnung zwischen verbundenen Unternehmen. Kapitel VIII enthält Empfehlungen zur Gestaltung von **Kostenumlagevereinbarungen.**

Das neu erarbeitete Kapitel IX erörtert schließlich Verrechnungspreisaspek- **56** te von **Umstrukturierungen der Geschäftstätigkeit** (Business Restructurings) und geht in vier Unterabschnitten dabei auf Themen der Risikoaufteilung und -tragung zwischen verbundenen Unternehmen, auf Fragen der fremdvergleichskonformen Vergütung für eine Umstrukturierung der Geschäftstätigkeit als solche, auf Aspekte der Vergütung von Geschäftsbeziehungen mit Nahestehenden nach einer Umstrukturierung der Geschäftstätigkeit und auf die Anerkennung bzw. Nichtanerkennung der von einem Steuerpflichtigen dargelegten Geschäftsvorfälle ein.

Außerdem enthält die RL im **Anhang** Empfehlungen zur laufenden Überprüfung der Verrechnungspreisrichtlinien („Monitoring"), „Praktische Beispiele" (zur geschäftsvorfallbezogenen Nettomargenmethode, zur Gewinnaufteilungsmethode, zu Working Capital Adjustments, zur Gestaltung von Lizenzsachverhalten bei Bewertungsunsicherheit) und „Richtlinien für die Durchführung von verbindlichen Auskünften unter den DBA-Artikeln zu Verständigungsverfahren".

Aufgrund der Tatsache, dass die OECD-RL 2010 einen Kompromiss dar- **57** stellt, ergeben sich nationale Interpretationsspielräume hinsichtlich der Schlüsselaussagen der RL. **Aus** nationaler **deutscher Sicht** wird den folgenden **Schlüsselaussagen,** die sich an verschieden Stellen der RL finden, besondere Bedeutung beigemessen.
- Einführung, Tz. 16: Die Steuerverwaltungen sollten die Prüfung vor Verrechnungspreissachverhalten auf Basis der **kaufmännischen Überlegungen des Steuerpflichtigen** vornehmen.
- Tz. 1.13 (sowie 3.55, 4.8 und 8.3): Die Verrechnungspreisgestaltung ist keine exakte Wissenschaft. Sowohl von Steuerverwaltungen als von Steuerpflichtigen wird daher Urteilsvermögen gefordert. Auch die Anwendung der am besten geeigneten Verrechnungspreismethode kann im Ergebnis zu einer **Bandbreite** von gleich zuverlässigen Werten führen, denn auch unabhängige Unternehmen, die vergleichbare Geschäftsvorfälle unter vergleichbaren Verhältnissen tätigen, werden für einen solchen Geschäftsvorfall nicht genau denselben Preis festsetzen. Des Weiteren ist eine Bandbreitenbetrachtung auch im Bezug auf Kostenumlageverträge und das diesen grds innewohnende Gleichgewicht der Gesamtheit der Beiträge zum Anteil am erwarteten Gesamtnutzen anzuwenden.
- Tz. 2.10: Steuerverwaltungen sollten **zurückhaltend sein** bei der Vornahme von geringfügigen oder unwesentlichen Berichtigungen.
- Tz. 1.64: In der Prüfungspraxis sollten die Steuerverwaltungen **vom tatsächlich durchgeführten Geschäftsvorfall** unter Verwendung der vom

Steuerpflichtigen angewendeten Methoden **ausgehen,** sofern die Methodenwahl im Einklang mit der OECD-RL erfolgte.

– Tz. 1.11: Die alleinige Tatsache, dass ein Geschäftsvorfall **zwischen unabhängigen Unternehmen nicht gefunden werden kann,** bedeutet für sich allein noch nicht, dass dieser nicht dem Fremdvergleichsgrundsatz entspricht.

– Tz. 3.74: Der Sachverhalt ist **nicht** rückwirkend **aufgrund nachträglich gewonnener Erkenntnisse** zu beurteilen.

– Tz. 2.2 und 2.11: Der Fremdvergleichsgrundsatz ist bei der **Anwendung lediglich einer Methode** erfüllt, während die Mehrfachmethodik (Best Method-Ansatz) eine beträchtliche Erschwernis schaffen würde. Für die Wahl der einen Methode wird versucht, die am besten geeignete Methode **(most appropriate method)** zu identifizieren.

– Tz. 2.56: Die sog. Gewinnvergleichs-Methoden (insb. die **US-Comparable Profits Method**) werden nur anerkannt, wenn sie mit den von der OECD anerkannten Methoden übereinstimmen.

– Einführung, Tz. 17: Im Rahmen von Verständigungs- bzw. Schiedsverfahren sowie bei Anträgen auf Gegenberichtigung ist es die **Verpflichtung** der erstberichtigenden Steuerverwaltung **darzulegen,** dass die vorgenommene Erstberichtigung im Einklang mit dem Fremdvergleichsgrundsatz ist. Von beiden zuständigen Behörden wird erwartet, dass sie bei der Lösung von Verständigungsfällen die Zusammenarbeit suchen.

– Tz. 9.65: Unabhängige Dritte erhalten **nicht notwendigerweise eine Entschädigung,** wenn eine Umstrukturierung der Geschäftstätigkeit zu einer **Minderung ihres zukünftigen Gewinnpotentials** führt.

– Tz. 9.181 und 9.182: Die Tatsache, dass eine Umstrukturierung der Geschäftstätigkeit **steuerlich motiviert** ist, führt **nicht zu der Annahme**, dass die Umstrukturierung per se **nicht fremdvergleichskonform** wäre. Ebenso kann es aus Konzernsicht wirtschaftlich vernünftig sein, sich umstrukturieren, um Steuern zu sparen.

4. OECD-Richtlinie 2010 im Einzelnen

a) Grundsatz des Fremdvergleichs

58   Im Kapitel I wird der **Fremdvergleichsgrundsatz** als der **internationale Standard** bestätigt,[105] mit dem Verrechnungspreise zwischen verbundenen Unternehmen festgelegt werden.[106] Dies entspricht dem Rahmen, den Art. 9 OECD-MA den Gewinnberichtigungen bei Verrechnungspreisen setzt: „Wenn ... die beiden Unternehmen in ihren kaufmännischen oder finanziellen Beziehungen an vereinbarte oder auferlegte Bedingungen gebunden sind, die von denen abweichen, die unabhängige Unternehmen miteinander vereinbaren würden, so dürfen die Gewinne, die eines der Unternehmen ohne diese Bedingungen erzielt hätte, wegen dieser Bedingungen aber nicht erzielt hat, den Gewinnen dieses Unternehmens zugerechnet und entsprechend besteuert werden".[107] In Tz. 1.15 der OECD-RL 2010 wird betont, dass ein

---

[105] Erstnennung bereits in OECD-RL 2010, Einführung, Tz. 6.
[106] Vgl. OECD-RL 2010, Tz. 1.1.
[107] OECD-RL 2010, Tz. 1.6.

Abgehen vom Fremdvergleichsgrundsatz den internationalen Konsens gefährden und die Gefahr von Doppelbesteuerungen erheblich steigern würde.[108]

Nach der RL hat sich der Fremdvergleichsgrundsatz in der Mehrzahl der **59** Fälle als **effizient** erwiesen.[109] So gebe es viele Fälle, in denen es um den Kauf oder Verkauf von Wirtschaftsgütern geht, wo sich der Fremdpreis aus einer vergleichbaren Transaktion zwischen vergleichbaren unabhängigen Unternehmen unter vergleichbaren Umständen ermitteln lässt. Einschränkend wird jedoch auf eine steigende Zahl bedeutender Fälle hingewiesen, in denen der Fremdvergleichsgrundsatz schwierig und kompliziert anzuwenden ist.[110] Als Beispiel dienen internationale Unternehmensgruppen, die mit der Herstellung hochspezialisierter Waren, Verwertung einzigartiger immaterieller Wirtschaftsgüter und/oder dem Anbieten von Spezialdiensten befasst sind.[111]

Bereits im Rahmen des Fremdvergleichsgrundsatzes ist auch eine grundle- **60** gende Haltung der OECD zu **immateriellen Wirtschaftsgütern** erkennbar. Laut OECD hat ein unabhängiges Unternehmen die Wahl, entweder ein immaterielles Wirtschaftsgut zu verkaufen und damit das Risiko auszuschließen und den Gewinn sicherzustellen, oder andererseits das immaterielle Wirtschaftsgut auszubeuten und damit das Risiko einzugehen, dass der Gewinn niedriger ausfällt, als bei der Veräußerung des Wirtschaftsgutes.[112]

Bereits das Vorwort der RL regt an, dass sich die Steuerverwaltungen bei **61** ihren Überprüfungen an der **wirtschaftlichen Beurteilung des Steuerpflichtigen** ausrichten sollen.[113] Die Überprüfung durch eine Steuerverwaltung soll von den Geschäftsvorfällen so ausgehen, wie sie durch den Steuerpflichtigen beurteilt werden. Zudem soll sich die Überprüfung auf die von dem Steuerpflichtigen gewählte Methode stützen, soweit sie mit den zum Grundsatz des Fremdvergleichs beschriebenen Methoden übereinstimmt.[114]

Eine **Umdeutung der tatsächlichen Geschäftsvorfälle** durch die Fi- **62** nanzbehörden soll nur in zwei Ausnahmefällen erfolgen dürfen.

Dies gilt zum einen, wenn die Form einer Transaktion mit ihrem wirtschaftlichen Gehalt nicht übereinstimmt. In einem solchen Fall kann die Steuerverwaltung den Geschäftsvorfall entsprechend seines wirtschaftlichen Gehalts neu beurteilen.

Entsprechend des Fremdvergleichsgrundsatzes soll den Finanzbehörden zum anderen eine Umqualifizierung möglich sein, wenn ein Geschäftsvorfall von dem abweicht, was fremde Dritte bei einer wirtschaftlich vernünftigen Verhaltensweise vereinbart hätten und die tatsächlich gewählte Struktur die Steuerverwaltung daran hindert, einen angemessenen Verrechnungspreis anzusetzen.[115]

Für die **Risiko- und Funktionsanalyse** ist grds von der Aufgabenvertei- **63** lung auszugehen, so wie sie sich aus der wirtschaftlichen Realität der beteiligten Unternehmen ergibt. Grundsätzlich sind diese in den **vertraglichen**

---

[108] Vgl. OECD-RL 2010, Tz. 1.15.
[109] Vgl. OECD-RL 2010, Tz. 1.9.
[110] Vgl. OECD-RL 2010, Tz. 1.9.
[111] Vgl. OECD-RL 2010, Tz. 1.9.
[112] Vgl. OECD-RL 2010, Tz. 1.9.
[113] Vgl. OECD-RL 2010, Tz. 1.6.
[114] Vgl. OECD-RL 2010, Tz. 1.64.
[115] Vgl. OECD-RL 2010, Tz. 1.65.

Vereinbarungen der Parteien geregelt.[116] Nur soweit das Verhalten der Parteien den Vertragsbedingungen nicht entspricht oder das Verhalten der Parteien daraufhin deutet, dass die Vertragsbedingungen nicht befolgt wurden oder nur vorgetäuscht sind, ist eine weitere Analyse erforderlich, um die tatsächlichen Abreden festzustellen.[117] Die OECD-RL 2010 verlangt im Rahmen der Funktions- und Risikoanalyse eine umfangreiche Analyse aller wirtschaftlich bedeutenden Aktivitäten und Verantwortlichkeiten.[118] Berichtigungen sind zu machen, wenn es materielle Unterschiede zu den Funktionen gibt, die von unabhängigen Unternehmen ausgeführt werden. Abzustellen ist auf die wirtschaftliche Bedeutung dieser Funktionen gemessen an ihrer Häufigkeit, Eigenschaft und ihrem Wert für die an den Geschäften Beteiligten **(Wertschöpfungsanalyse).**[119]

64   Die OECD-RL 2010 stellt auch klar, dass eine Funktionsanalyse unvollständig ist, wenn die von jeder Partei **übernommenen wesentlichen Risiken** nicht mit in die Beurteilung einbezogen worden sind, denn diese wirken sich auf die Geschäftsbedingungen zwischen den verbundenen Unternehmen aus. Dies ergibt sich aus dem Umstand, dass bei freien Wettbewerbsverhältnissen die Übernahme höherer Risiken durch einen Aufschlag auf den erwarteten Gewinn ausgeglichen wird.[120] Die Anwendung der Funktions- und Risikoanalyse verdeutlicht die RL anhand des Beispiels eines Vertriebsunternehmens. Falls ein Vertreiber die Verantwortung für das Marketing und die Werbung auf eigenes Risiko übernimmt, steht ihm eine höhere Rohgewinnspanne aus diesen Aktivitäten zu, als wenn der Vertreiber lediglich als Vertreter handelt.[121]

65   Neben den Ausführungen zur Vergleichbarkeit von allgemeinen wirtschaftlichen Rahmenbedingungen widmet sich die OECD-RL 2010 ausführlich den **Geschäftsstrategien.**[122] Laut OECD müssen Geschäftsstrategien berücksichtigt werden, wenn über die Vergleichbarkeit von konzerninternen Geschäften einerseits und Fremdgeschäften andererseits entschieden wird. Dabei erkennt die Richtlinie an, dass Geschäftsstrategien von verschiedensten Faktoren beeinflusst werden, wie zB Innovation und Produktneuentwicklung, Grad der Diversifizierung, Risikovermeidung, Einschätzung von politischen Veränderungen, Einfluss von bestehenden und geplanten Arbeitsgesetzen und anderen Faktoren, die mit dem alltäglichen Geschäft zusammenhängen.[123] Mit dieser Aufzählung wird die Vielfalt der möglichen Einflussfaktoren auf Geschäftsstrategien erheblich erweitert, denn die US-Regulations und die deutschen VGr beschränken sich hauptsächlich auf Aussagen zur Vergleichbarkeit von Markterschließungs- und Markterweiterungsstrategien.[124] Zudem sollte laut OECD in die Betrachtung einbezogen werden, ob die Geschäftsstrategien von einer multinationalen Unternehmensgruppe als ganzer oder von ei-

---

[116] Vgl. OECD-RL 2010, Tz. 1.52.
[117] Vgl. OECD-RL 2010, Tz. 1.53.
[118] Vgl. OECD-RL 2010, Tz. 1.42.
[119] Vgl. OECD-RL 2010, Tz. 1.43.
[120] Vgl. OECD-RL 2010, Tz. 1.45.
[121] Vgl. OECD-RL 2010, Tz. 1.47.
[122] Vgl. OECD-RL 2010, Tz. 1.55, 1.59–1.63 und M Rn. 83 ff.
[123] Vgl. OECD-RL 2010, Tz. 1.55, 1.59–1.63.
[124] Vgl. Tz. 3.4 VGr, § 1.482-1(d)(4)(i) US-Regs und M Rn. 83 ff., M Rn. 338 ff.

nem Unternehmen aus dieser Gruppe, das insoweit selbstständig handelt, entwickelt worden sind.[125]

Schließlich unterstreicht die OECD, dass eine Geschäftsstrategie, wie etwa **66** die Marktdurchdringung, auch **misslingen** kann und dass ein solcher Fehlschlag es nicht rechtfertigt, dass die Strategie für Verrechnungspreiszwecke rückwirkend nicht mehr anerkannt wird.[126] Die Entscheidung darüber, in welchem Zeitraum sich die Geschäftsstrategien als plausibel erweisen müssen, sollen die Steuerverwaltungen am Verhalten von unabhängigen Unternehmen ausrichten, die im gleichen Land vergleichbare Geschäftsstrategien verfolgen.[127]

In Bezug auf Markterschließungs- bzw. Markterweiterungsstrategien deckt **67** sich die OECD-RL weitgehend mit den Vorstellungen der deutschen VGr und der US-Regulations.[128] Es gibt jedoch eine Auffassung der deutschen VGr in Tz. 3.4.3, die in dieser Form nicht von der OECD geteilt wird. Gem. Tz. 3.4.3 der VGr sind Kosten und Erlösminderungen, die dadurch entstehen, dass ein Vertriebsunternehmen durch **Kampfpreise** oder ähnliche Mittel seinen Marktanteil wesentlich erhöhen oder verteidigen will, grds vom Hersteller zu tragen.[129] Laut OECD kann eine **Marktdurchdringungsstrategie** einer multinationalen Unternehmensgruppe aber sowohl von dem Produktions- als auch von dem Vertriebsunternehmen, getrennt von dem Produzenten handelnd, umgesetzt werden. Folglich können auch die daraus resultierenden Kosten von jedem von beiden getragen werden, soweit das Vertriebsunternehmen dazu finanziell und organisatorisch in der Lage ist.[130] Die abweichende Auffassung sollte darauf beruhen, dass die VGr insoweit veraltet sind und seit 1983 nicht mehr dem Wandel des wirtschaftlichen Umfelds angepasst wurden.

Die OECD erkennt auch an, dass eine Mehrzahl von Geschäftsvorfällen **68** wirtschaftlich zusammengefasst als sog. **Package Deal** bewertet werden kann,[131] in der deutschen Praxis als **Paletten- oder Paketbetrachtung** bezeichnet. Die OECD-RL 2010 nennt einige Beispiele, in denen Paketbetrachtungen angebracht sind, u. a. die Bewertung von Produkten einer Produktlinie,[132] bei denen es unpraktikabel ist, für jedes einzelne Produkt oder jeden Geschäftsvorfall einen eigenen Preis zu ermitteln. Als weiteres wichtiges Beispiel erwähnt die OECD die Lizenzierung von Herstellungs-Know-how bei gleichzeitiger Überlassung wesentlicher Fertigungskomponenten an einen verbundenen Hersteller. Schwierigkeiten im Rahmen der Paketbetrachtung können jedoch nach den Feststellungen der OECD dadurch entstehen, dass die Besteuerung der verschiedenen Teilelemente eines Gesamtgeschäfts nach nationalem Recht oder auf Basis der DBA unterschiedlich sein kann. Als Beispiel nennt der Bericht Lizenzgebühren, die Gegen-

---

[125] Vgl. OECD-RL 2010, Tz. 1.59.
[126] Vgl. OECD-RL 2010, Tz. 1.63.
[127] Vgl. OECD-RL 2010, Tz. 1.63.
[128] Vgl. § 1.482-1(d)(4)(i) US-Regs; Tz. 3.4 VGr.
[129] Vgl. M Rn. 379 ff.
[130] Vgl. OECD-RL 2010, Tz. 1.62.
[131] Vgl. OECD-RL 2010, Tz. 3.9–3.12.
[132] Vgl. OECD-RL 2010, Tz. 3.9.

stand einer Quellenbesteuerung sein können, während Leasinggebühren idR ohne Quellensteuer gezahlt werden können. Insofern kann in der Praxis eine Aufteilung des Gesamtgeschäfts in mehrere Teilgeschäfte doch wieder geboten sein (sog. Unbundeling).[133]

Auch die US-Regulations gestatten eine Bewertung von Produktgruppen und statistischen Gruppierungen[134] (Palettenbetrachtung).

69 Wesentlich engere Voraussetzungen als die Palettenbetrachtung weist die OECD-RL der nunmehr in Kapitel III der OECD-RL behandelten gezielten Aufrechnung von vor- und nachteiligen Geschäften bzw. dem **Vorteilsausgleich** zu.[135]

Ebenso ist die Bedeutung von **Bandbreiten** für die Feststellung der Vergleichbarkeit von Verrechnungspreisen nunmehr Teil von Kapitel III der OECD-RL.[136]

70 Die Darstellung und die Diskussion über **dauerhafte Verluste** von Gliedgesellschaften in der OECD-RL 2010 sind zwar variantenreich, beschränken sich jedoch im Ergebnis auf die relativ inhaltslose Formel, dass Preise, die bei Dauerverlusten erzielt werden, nur akzeptiert werden können, wenn auch unabhängige Unternehmen diese in vergleichbarer Weise angesetzt hätten.[137]

71 Die OECD-RL empfiehlt eine größere Zusammenarbeit zwischen Steuer- und Zollverwaltungen innerhalb eines Landes,[138] um die Anzahl der Fälle zu reduzieren, in denen **Zollwertbestimmungen** für steuerliche Verrechnungspreiszwecke als unakzeptabel empfunden werden oder umgekehrt.[139] Eine verstärkte Zusammenarbeit im Bereich des Informationsaustausches wäre besonders nützlich und sollte nicht schwierig sein in Ländern, die bereits über eine integrierte Verwaltung für Ertragsteuern und Zollabgaben verfügen. Länder mit getrennten Verwaltungen sollten eine Änderung ihrer Regelungen für den Informationsaustausch erwägen, damit der Informationsfluss zwischen den verschiedenen Verwaltungen erleichtert wird.[140]

72 Laut OECD verlangt der Fremdvergleichsgrundsatz **nicht** die **Anwendung mehrerer Methoden,**[141] sondern die Methodenwahl ist darauf ausgerichtet, **die am besten geeignete (eine) Verrechnungspreismethode** („most appropriate method") zu identifizieren.[142] Die OECD betont sogar, dass ein übermäßiges Verlangen nach einer Alternativmethodenberechnung eine große Belastung für den Steuerpflichtigen hervorrufen würde. Die RL verlangt weder von den Betriebsprüfern noch von den Steuerpflichtigen Analysen nach mehr als einer Methode durchzuführen.[143] Gleichwohl gesteht der Bericht für schwierige Fälle, in denen die Anwendung einer einzigen Metho-

---

[133] Vgl. OECD-RL 2010, Tz. 3.12.

[134] Vgl. § 1.482-1(f)(2)(iv) US-Regs.

[135] Vgl. unten Rn. 122f.

[136] Vgl. unten Rn. 124f.

[137] Vgl. OECD-RL 2010, Tz. 1.70–1.72.

[138] Vgl. dazu auch die Initiative der OECD und WCO, „Transfer Pricing, Customs Duties and VAT: Can we bridge the gap?", 11.9.2007, unter: http://www.oecd.org.

[139] Vgl. OECD-RL 2010, Tz. 1.78–1.79.

[140] Vgl. OECD-RL 2010, Tz. 1.79.

[141] Vgl. OECD-RL 2010, Tz. 2.11.

[142] Vgl. OECD-RL 2010, Tz. 2.2.

[143] Vgl. OECD-RL 2010, Tz. 2.11.

de nicht zu einem schlüssigen Ergebnis führt, die Verwendung von Ergebnissen aus verschiedenen Methoden im Verbund zu.[144] Der Betriebsprüfer soll seine Analysen auf der Grundlage der Methode beginnen, die der Steuerpflichtige für die Festsetzung seiner Verrechnungspreise ausgewählt hat.[145]

Die **US-Regulations** stehen uE im Widerspruch zu den OECD-Aus- **73** führungen, dass weitere Methoden als die, die der Steuerpflichtige gewählt hat, nicht angewendet werden müssen. Vordergründig muss der Steuerpflichtige auch gem. US-Recht die Nicht-Anwendbarkeit anderer Methoden nicht begründen.[146] Jedoch ist im Falle einer Beanstandung der Verrechnungspreise durch die Finanzbehörden Voraussetzung für die Vermeidung von Strafzuschlägen (Penalties), dass der Steuerpflichtige verschiedene Methoden überprüft und nach der **Best Method Rule** analysiert hat.[147]

Nach **§ 1 Abs. 3 S. 1 und 2 AStG** gibt es eine Methodenpriorität für die **74** traditionellen geschäftsvorfallbezogenen Methoden (Standardmethoden) insgesamt, wenn unbeschränkt vergleichbare Fremdvergleichswerte für deren Anwendung vorliegen, oder, falls nur eingeschränkt vergleichbare Fremdvergleichswerte vorliegen, für eine geeignete Verrechnungspreismethode, unter die auch die Gewinnaufteilungs- und die geschäftsvorfallbezogene Nettomargenmethode fallen, jedoch keine Rangfolge einzelner Methoden innerhalb dieser Gruppierungen. Lediglich der Vorrang der Preisvergleichsmethode, sofern sie anwendbar ist, erscheint aus systematischen Gründen gegenüber den anderen traditionellen geschäftsvorfallbezogenen Methoden als gesichert. Grundlage jeder Prüfung bildet die vom Unternehmen durchgeführte Ermittlung der Verrechnungspreise.[148] Jedoch hat ein Unternehmen im Rahmen des von Tz. 3.2 VGr-Verfahren gesetzten Rahmens an der Prüfung mitzuwirken, ob die festgesetzten Verrechnungspreise auch bei der Verwendung anderer Methoden plausibel erscheinen. Dies gilt insb., wenn es die Marktverhältnisse notwendig machen, bei der Festsetzung von Verrechnungspreisen mehrere Methoden heranzuziehen.[149]

b) Verrechnungspreismethoden

Das neu gefasste Kapitel II der OECD-RL 2010 enthält nunmehr **alle 75 Verrechnungspreismethoden** in einem Kapitel **zusammengeführt.**

Innerhalb dieses Kapitels wird in „Traditionelle geschäftsvorfallbezogene Methoden" und „Geschäftsvorfallbezogene Gewinnmethoden" unterschieden. Die OECD-RL 1995/96/97 kommentierten die traditionellen geschäftsvorfallbezogenen Methoden noch als „Geschäftsvorfallbezogene Standardmethoden" (Preisvergleichs-, Wiederverkaufspreis- und Kostenaufschlagsmethode) im früheren Kapitel II und die geschäftsvorfallbezogenen Gewinnmethoden als „Andere Methoden" (insb. Profit Split, transaktionsbezogene Nettomargenmethode) in einem getrennten Kapitel III. Durch die Zusammenführung der beiden Bereiche in den OECD-RL 2010 drückt sich eine **vorsichtige**

---

[144] Vgl. OECD-RL 2010, Tz. 2.11.
[145] Vgl. OECD-RL 2010, Tz. 4.9.
[146] Vgl. § 1.482-1(c) US-Regs.
[147] Vgl. § 1.6662(e) US-Regs.
[148] Vgl. Tz. 2.4.1 VGr.
[149] Vgl. Tz. 2.4.2 VGr.

Öffnung der OECD gegenüber geschäftsvorfallbezogenen Gewinnmethoden aus.

aa) Priorität der Verrechnungspreismethoden

76   Die neue OECD-RL 2010 befürwortet in einer Abkehr von der strikten Methodenhierarchie der OECD-RL 1995/96/97[150] die Auswahl der im Einzelfall **„am besten geeigneten Methode"** (**„most appropriate method approach"**).[151] Damit bestätigt die OECD, dass der Fremdvergleichsgrundsatz weder erfordert, dass der Steuerpflichtige mehr als eine Methode anwendet, noch, dass er die Nicht-Wahl einer anderen Methode ausdrücklich begründet. In schwierigen und nicht offensichtlichen Fällen kann es sich aber als sinnvoll erweisen, die Ergebnisse einer Methode durch die Anwendung einer anderen Methode zu verplausibilisieren.[152]

Der Vorzug bestimmter Methoden wird vorsichtig formuliert und grds auf Sachverhalte begrenzt, in denen entweder Fremdvergleichspreise eindeutig verfügbar sind oder mehrere Methoden gleichermaßen zuverlässig angewendet werden könnten. Für die Praxis lässt sich aus der OECD-RL 2010 - unter der Voraussetzung einer gleichermaßen zuverlässigen Anwendung von mehreren Methoden in einer bestimmten Situation - folgende **Prioritätenreihenfolge** als Faustformel ableiten:[153]

1. Die Preisvergleichsmethode ist anderen Methoden vorzuziehen, wenn vergleichbare Geschäftsvorfälle mit fremden Dritten vorliegen.[154]
2. Die traditionellen geschäftsvorfallbezogenen Methoden sind gegenüber den geschäftsvorfallbezogenen Gewinnmethoden vorzuziehen, da sie als der unmittelbarere Weg zur Feststellung der Fremdüblichkeit angesehen werden.[155]

Es bleibt Steuerpflichtigen weiterhin unbenommen, Verrechnungspreismethoden anzuwenden, die von den in Kapitel II kommentierten abweichen.[156]

Betriebsprüfer sind gehalten, ihre Analysen auf der Grundlage der Methode zu beginnen, die der Steuerpflichtige für die Festsetzung seiner Verrechnungspreise ausgewählt hat.[157]

77   Nachdem die **deutsche FinVerw.** über viele Jahre die gewinnorientierten Methoden außer in Fällen der Schätzung oder der Verprobung grds nicht anzuwenden bereit war,[158] ist auch hier ein allerdings vorsichtiger Wandel zu beobachten.

So kodifiziert zwar die Unternehmenssteuerreform 2008 (§ 1 Abs. 3 S. 1 AStG) erstmalig einen **Vorrang der Standardmethoden**[159] gegenüber ge-

---

[150] Vgl. noch etwa OECD-RL 1995/96/97, 2.49 und 3.49.
[151] Vgl. OECD-RL 2010, Tz. 2.2.
[152] Vgl. OECD-RL 2010, Tz. 2.1, 2.8 und 2.11.
[153] Vgl. OECD-RL 2010, Tz. 2.3.
[154] Vgl. OECD-RL 2010, Tz. 2.3 und 2.14.
[155] Vgl. OECD-RL 2010, Tz. 2.3.
[156] Vgl. OECD-RL 2010, Tz. 2.9.
[157] Vgl. OECD-RL 2010, Tz. 4.9.
[158] Vgl. Presseerklärung des BMF v. 13.7.1995, IStR 1995, 384; ähnlich zur CPM wohl auch *Baranowski* Besteuerung, Rn. 702.
[159] Die Bezeichnung „Standardmethoden" ist im Gesetz selbst nicht enthalten, die Methoden werden allerdings in der Gesetzesbegründung zu § 1 Abs. 3 S. 1 AStG so

schäftsvorfallbezogenen Gewinnmethoden, soweit unbeschränkt vergleichbare Fremddaten vorliegen, jedoch lässt zugleich § 1 Abs. 3 Satz 2 AStG erstmals gesetzlich die **Anwendung einer geeigneten Verrechnungspreismethode** zu, falls nur eingeschränkt vergleichbare Fremdvergleichswerte vorliegen, was auch die Gewinnaufteilungs- und die geschäftsvorfallbezogene Nettomargenmethode **(TNMM)** erfasst. Obwohl dies eine Öffnung der deutschen FinVerw. gegenüber der geschäftsvorfallbezogene Nettomargenmethode anzudeuten scheint, ist zu beachten, dass bereits die VGr-Verfahren von 2005[160] erstmalig die Anwendung dieser Methode ausdrücklich zugelassen haben.[161] Dies geschah jedoch nur unter bestimmten restriktiven Voraussetzungen, die den Vorbehalten in § 1 Abs. 3 S. 2 AStG ähneln und die Anwendung der TNMM u. a. nur zulassen, wenn die Standardmethoden wegen des Fehlens oder der Mängel von Fremdvergleichsdaten nicht sachgerecht angewendet werden können und wenn sich eines der beteiligten Unternehmen als ein Unternehmen mit Routinefunktionen darstellt.[162] Demnach nehmen das deutsche Gesetz und die deutsche FinVerw. im Zusammenspiel von § 1 Abs. 3 S. 1–3 AStG und den VGr-Verfahren in der Frage der Methodenpriorität im Ergebnis eine restriktivere Sicht ein als die OECD-RL 2010.

Die geschäftsvorfallbezogene **Gewinnaufteilungsmethode** (PSM) ist ebenfalls nur nachrangig gegenüber den Standardmethoden anzuwenden.[163]

Die Anwendung der Gewinnvergleichsmethode **(comparable profits** **78** **method – CPM)** wird von der deutschen FinVerw. auch weiterhin abgelehnt.[164]

Die **US-Regulations** sehen die Gewinnvergleichs-Methode streng genommen ebenfalls als „Method of Last Resort". Die US-Regulations fordern jedoch, dass alle für einen Transaktionstyp zugelassenen Methoden[165] im Sinne einer Ermittlung der besten Methode[166] durchgeprüft werden müssen. Ein, wenn nicht praktisch sogar der entscheidende Faktor für den Zuschlag zu einer Methode ist die Verfügbarkeit und Qualität der Fremdvergleichsdaten.[167] Da im US-Umfeld Datenbanken gut verfügbar und umfassend anerkannt sind, während die Fremdvergleichsdaten für andere mögliche Methoden nur schwer erlangbar sind, mutiert in der Praxis die gewinnorientierte Comparable Profits Method (CPM) von der systematischen Method of Last Resort regelmäßig zur Best Method. Dies steht erkennbar nicht im Einklang mit den OECD-RL 2010.[168]

(einstweilen frei)   **79**

---

bezeichnet. Die OECD fasst diese Methoden seit den OECD-RL 2010 unter dem Terminus „traditionelle geschäftsvorfallbezogene Methoden" zusammen.

[160] BMF 12.4.2005, BStBl I 2005, 570.

[161] Vgl. Tz. 3.4.10.3b) VGr-Verfahren. Zu weiteren Voraussetzungen vgl. ausführlich D Rn. 350 ff.

[162] Vgl. Tz. 3.4.10.3b) VGr-Verfahren. Zu weiteren Voraussetzungen vgl. ausführlich D Rn. 350 ff.

[163] Vgl. Tz. 3.4.10.3c) VGr-Verfahren.

[164] Vgl. Tz. 3.4.10.3d) VGr-Verfahren.

[165] Vgl. zB § 1.482-3 und § 1.482-4 US-Regs.

[166] Vgl. § 1.482-1(c) US-Regs.

[167] Vgl. § 1.482-1(c)(2) US-Regs.

[168] Vgl. OECD-RL 2010, Tz. 2.56.

bb) Die Preisvergleichsmethode

80   Die Preisvergleichsmethode vergleicht den zwischen verbundenen Unternehmen vereinbarten Preis mit solchen Preisen, welche unabhängige Unternehmen bei vergleichbaren Verhältnissen vereinbaren.[169] Unverändert hält die die OECD-RL 2010 daran fest, dass – sofern vergleichbare Geschäftsvorfälle mit fremden Dritten vorliegen – die Preisvergleichsmethode die **direkteste und verlässlichste Methode** zur Beurteilung der Fremdvergleichskonformität ist.[170]

81   Gleichwohl erinnert die RL daran, dass es nicht immer vergleichbare Geschäftsvorfälle geben wird. Es kann im Einzelfall schwierig sein, die angemessenen Korrekturen vorzunehmen, um die Preisauswirkungen zu beseitigen.[171] Jedoch dürfen die Schwierigkeiten bei **Durchführung angemessener Korrekturen** nicht automatisch zu einem Ausschluss einer möglichen Anwendung der Preisvergleichsmethode führen. Ebenso wie bei jeder anderen Methode hängt die relative Genauigkeit der Preisvergleichsmethode vom Grad der Genauigkeit ab, mit der Berichtigungen zur Herstellung der Vergleichbarkeit gemacht werden können.[172] Im Umkehrschluss ergeben sich daraus insb. folgende Feststellungen:

1. Art und Umfang von notwendigen Berichtigungen beeinflussen die Wahl der Verrechnungspreismethode grds nicht.
2. Soweit hinreichend genaue Berichtigungen gemacht werden können, stehen Berichtigungen insb. der Anwendung der Preisvergleichsmethode nicht im Wege.

82   Hinsichtlich der **Vergleichbarkeitsanalyse** legt die OECD-RL 2010 den Schwerpunkt der Aufmerksamkeit auf den Einfluss der ausgeübten Funktionen auf die Verrechnungspreise und nicht nur auf die schlichte Produktvergleichbarkeit.[173] Dies bedeutet, dass gerade der Funktions- und Risikoanalyse (Wertschöpfungsanalyse) eine große Bedeutung im Rahmen der Verrechnungspreisprüfung zugeordnet wird.

cc) Die Wiederverkaufspreismethode

83   Laut OECD-RL 2010 ist diese Methode am besten geeignet, wenn Transaktionen zwischen einer Produktionsgesellschaft und einer **Vertriebsgesellschaft** zu beurteilen sind.[174] Dabei sollte der Wiederverkäufer aus der **angemessenen Handelsspanne (Rohgewinnmarge)** seine Verkaufs- und sonstigen betrieblichen Ausgaben bestreiten und, entsprechend der ausgeübten Funktionen und getragenen Risiken, einen angemessenen Gewinn erwirtschaften können.[175] Zum einen kann die Rohgewinnmarge (Wiederverkaufsmarge) anhand der Spanne ermittelt werden, die vom Wiederverkäufer bei vergleichbaren Fremdgeschäften erzielt wird (interner Preisvergleich). Andererseits kann auch die Rohgewinnmarge, die ein unabhängiges Unternehmen

---

[169] Vgl. OECD-RL 2010, Tz. 2.13.
[170] Vgl. OECD-RL 1995/96/97, 2.7 und OECD-RL 2010, Tz. 2.14.
[171] Vgl. OECD-RL 2010, Tz. 2.16.
[172] Vgl. OECD-RL 2010, Tz. 2.16.
[173] Vgl. OECD-RL 2010, Tz. 2.16, unten Rn. 116 ff. sowie C Rn. 1 ff.
[174] Vgl. OECD-RL 2010, Tz. 2.21.
[175] Vgl. OECD-RL 2010, Tz. 2.21.

bei vergleichbaren Fremdgeschäften erzielt, zum Vergleich herangezogen werden (externer Preisvergleich). Bei der Bestimmung der Wiederverkaufsmarge, die üblicherweise einen bestimmten Prozentsatz des Verkaufspreises darstellt, sollte berücksichtigt werden, ob der Wiederverkäufer als Handelsvertreter/ Agent oder als Eigenhändler auftritt.[176] An die Stelle der Rohgewinnmarge des Eigenhändlers tritt beim Handelsvertreter/Agenten dann die erzielte Provision.

Laut OECD-RL sind **Produktunterschiede** bei der Anwendung der **84** Wiederverkaufspreismethode **weniger bedeutsam** als bei der Preisvergleichsmethode.[177] Denn die Höhe der Bruttomarge ist in hohem Maße funktionsabhängig, wobei auch übernommene Risiken und andere wirtschaftliche Umstände zu berücksichtigen sind. Im Zuge dieser Erläuterungen verweist die OECD auf ein Beispiel. Danach kann ein Vertriebsunternehmen mit dem Verkauf von Toastern die gleichen Funktionen erfüllen, die es auch mit dem Verkauf von Mixern erfüllen würde. Als Ergebnis wäre demnach unter marktwirtschaftlichen Bedingungen ein Entgelt in ähnlicher Höhe für beide Tätigkeiten anzusetzen, auch wenn die Verbraucher die beiden Produkte normalerweise nicht als eng vergleichbar ansehen würden.[178]

Schwierigkeiten bei der Ermittlung einer angemessenen Wiederver- **85** kaufsmarge ergeben sich dann, wenn die Waren vor ihrem Wiederverkauf wesentlich weiterverarbeitet werden oder in ein komplexeres Produkt eingehen.[179] Äußerste Sorgfalt ist auch dann geboten, wenn der Wiederverkäufer wesentlich zur Schaffung oder Erhaltung immaterieller Wirtschaftsgüter beiträgt, die mit dem Produkt verbunden sind (zB Marken, Warenzeichen oder Handelsnamen) und einem verbundenen Unternehmen gehören.[180] Weiterhin ist auch die Zeitspanne zwischen dem ursprünglichen Kauf und dem Wiederverkauf zu berücksichtigen, da sich während längerer Zeiträume zB Marktbedingungen, Währungsverhältnisse und Kostenstrukturen ändern können.[181]

Im Übrigen kann die **Spanne** des Wiederverkäufers **höher** sein, wenn **86** dieser nachweislich über besondere Fähigkeiten im Marketing der Waren verfügt, besondere Risiken trägt oder wesentlich zur Schaffung oder Erhaltung der mit dem Produkt verbundenen immateriellen Wirtschaftsgüter beiträgt. Dies müsste jedoch anhand entsprechender Nachweise glaubhaft belegt werden.[182]

Im Falle von **Lieferketten** empfiehlt die RL eine sorgfältige Prüfung, ob die zwischengeschaltete Gesellschaft ein tatsächliches Risiko trägt oder durch eigene Aktivitäten den Wert der gelieferten Güter erhöht. Reine Durchleitungsgesellschaften sollen unberücksichtigt bleiben, wobei deren Marge anderen Unternehmen in der Lieferkette zugeordnet wird.[183]

---

[176] Vgl. OECD-RL 2010, Tz. 2.22.
[177] Vgl. OECD-RL 2010, Tz. 2.24.
[178] Vgl. OECD-RL 2010, Tz. 2.24.
[179] Vgl. OECD-RL 2010, Tz. 2.29.
[180] Vgl. OECD-RL 2010, Tz. 2.29.
[181] Vgl. OECD-RL 2010, Tz. 2.30.
[182] Vgl. OECD-RL 2010, Tz. 2.31.
[183] Vgl. OECD-RL 2010, Tz. 2.33.

Schließlich ist das Bestehen von **Exklusivrechten** beim Vertrieb zu berücksichtigen.[184]

dd) Die Kostenaufschlagsmethode

87   Die Kostenaufschlagsmethode ist laut OECD am besten geeignet, wenn **Halbfertigerzeugnisse** zwischen verbundenen Unternehmen verkauft werden, wenn Vereinbarungen über **gemeinsame Geschäftseinrichtungen** oder langfristige Abnahmevereinbarungen getroffen wurden. Zudem findet die Kostenaufschlagsmethode bei der Erbringung von **Dienstleistungen** häufig Anwendung.[185]

88   Der **Gewinnaufschlag** des Lieferanten sollte idealerweise unter Bezugnahme auf den Gewinnaufschlag festgesetzt werden, den derselbe Lieferant bei einem vergleichbaren Fremdgeschäft erzielt (interner Preisvergleich). Zusätzlich kann der Gewinnaufschlag, den ein unabhängiges Unternehmen bei einem vergleichbaren Geschäft erzielen würde, als Leitlinie herangezogen werden (externer Preisvergleich).[186] Wie auch bei der Wiederverkaufspreismethode wird die Vergleichbarkeit von Fremd- und Konzerngeschäft durch die übernommenen Funktionen, Risiken und sonstige wirtschaftlich relevanten Umstände beeinflusst.[187] Im Einzelfall können Anpassungsrechnungen erforderlich werden. Umfang und Zuverlässigkeit dieser Anpassungen werden in bestimmten Fällen die relative Zuverlässigkeit der Preisfestsetzung nach der Kostenaufschlagsmethode beeinflussen.[188] So sind bspw. Produktivitätsunterschiede und damit einhergehende Kostenvorteile durch entsprechende Berichtigungen bzw. Anpassungen zu berücksichtigen.[189]

89   Ein schwerwiegendes Problem bei der Anwendung der Kostenaufschlagsmethode besteht in der **Ermittlung der Kosten,** denn in der OECD-RL 2010 werden weder der **Kostenbegriff**[190] noch der **Zeitbezug**[191] der zu verrechnenden Kosten noch die **Kostenbasis**[192] eindeutig und klar festgelegt. Die RL stellt keine allgemeingültige Regel auf.[193] Betont wird sogar, dass die Rechnungslegungsgrundsätze und Rechnungslegungsbegriffe von Land zu Land unterschiedlich sein können.[194] Ein ordentlicher und gewissenhafter Geschäftsleiter wird die Kostenermittlung nach der im jeweiligen Land anerkannten Rechnungslegung vornehmen. Dadurch wird natürlich die Vergleichbarkeit von anzusetzenden Gewinnaufschlägen grundlegend erschwert.

90–100   *(einstweilen frei)*

ee) Die geschäftsvorfallbezogene Nettomargenmethode (TNMM)

101   Die „Transactional Net Margin Method" **setzt Nettomargen ins Verhältnis zu einer Bezugsbasis,** wie zB Kosten, Umsätze oder Vermö-

---

[184] Vgl. OECD-RL 2010, Tz. 2.34.
[185] Vgl. OECD-RL 2010, Tz. 2.39.
[186] Vgl. OECD-RL 2010, Tz. 2.40.
[187] Vgl. OECD-RL 2010, Tz. 2.41 iVm Tz. 2.23–2.29.
[188] Vgl. OECD-RL 2010, Tz. 2.41.
[189] Vgl. OECD-RL 2010, Tz. 2.42.
[190] Vgl. D Rn. 267 ff.
[191] Vgl. D Rn. 282 ff.
[192] Vgl. D Rn. 297 ff.
[193] Vgl. OECD-RL 2010, Tz. 2.52.
[194] Vgl. OECD-RL 2010, Tz. 2.47 f.

gen.[195] Sie ähnelt damit der Kostenaufschlags- oder der Wiederverkaufspreis-methode.

Idealtypisch sollten die bei Geschäften mit verbundenen Unternehmen erzielten Nettomargen mit denen übereinstimmen, die das Unternehmen aus vergleichbaren Transaktionen mit Dritten erzielt.[196]

Die – auch im Fall der Gewinnaufteilung – noch in der OECD-RL 1995/96/97 vertretene Auffassung der OECD, dass die Anwendung der TNMM einen Fall der „letzten Möglichkeit" (Method of Last Resort) darstellt, soweit ausnahmsweise die traditionellen transaktionsbezogenen Methoden (Preisvergleich, Wiederverkaufspreis, Kostenaufschlag) nicht zufriedenstellend anwendbar sein sollten,[197] vertritt die OECD-RL 2010 nicht mehr.[198] Vielmehr wird anerkannt, dass in bestimmten Fällen geschäftsvorfallbezogene Gewinnmethoden den traditionellen geschäftsvorfallbezogenen Methoden (vormals: Standardmethoden) **gleichwertig** oder sogar vorzuziehen sind.[199] Die TNMM wird vor allem dann die „most appropriate method" sein, wenn eines der an der Transaktion beteiligten Unternehmen ein **sehr begrenztes funktionales Profil** hat, dh insbesondere keine wesentlichen immateriellen Wirtschaftsgüter einbringt.[200]

Als **Stärke** der TNMM beschreibt die OECD-RL 2010, dass Nettomar- **102** gen weniger von unterschiedlichen Funktionen miteinander verglichener Unternehmen abhängen als Bruttomargen (Rohgewinne) (wie etwa bei der Wiederverkaufspreismethode), da sich Unterschiede in den Funktionen oft in den Betriebsausgaben nach dem Rohgewinn, aber vor dem Ergebnis der gewöhnlichen Geschäftstätigkeit niederschlagen.[201] Außerdem ist es nicht nötig, eine Funktionsanalyse für mehr als die betrachtete Unternehmung durchzuführen.[202] Aus rein praktischer Sicht spricht häufig die Datenverfügbarkeit für die TNMM, da für Nettomargen (operating margins) mehr Vergleichsdaten zur Verfügung stehen als für Bruttomargen, wenn dies auch nicht die Notwendigkeit einer angemessenen Vergleichbarkeitsanalyse aufheben kann.[203]

Die nicht unerhebliche Liste von **Schwächen** der TNMM beginnt damit, **103** dass Nettomargen durch die Einbeziehung der Verwaltungs-, Vertriebs- und Gemeinkosten von Faktoren abhängen, die keinen oder einen nur geringen Bezug zum Preis oder zur Rohgewinnmarge (Bruttomarge) haben, zB auch die Qualität des Managements. Außerdem führt die notwendige Zuschlüsselung der nicht direkt geschäftsvorfallbezogenen Kosten auf die einzelne Transaktion zu erheblichen Schätzungsungenauigkeiten. Dies gilt als der gravierendste Vorbehalt gegen die Anwendung der TNMM.[204] Zudem verlangt die Anwendung der TNMM die Verfügbarkeit von Vergleichsdaten über Ge-

---

[195] Vgl. OECD-RL 2010, Tz. 2.58.
[196] Vgl. OECD-RL 2010, Tz. 2.58.
[197] Vgl. noch OECD-RL 1995/96/97, 3.49 ff.
[198] Vgl. OECD-RL 2010, Tz. 2.4, 2.56, 2.59.
[199] Vgl. OECD-RL 2010, Tz. 2.4.
[200] Vgl. OECD-RL 2010, Tz. 2.59.
[201] Vgl. OECD-RL 2010, Tz. 2.62.
[202] Vgl. OECD-RL 2010, Tz. 2.63.
[203] Vgl. OECD-RL 2010, Tz. 2.63.
[204] Vgl. OECD-RL 2010, Tz. 2.64, 2.68–2.75.

schäfte zwischen fremden Dritten, die für den Steuerpflichtigen bei Vertragsschluss – und nur solche Daten können relevant sein – nicht zugänglich
sind.[205]

Typischerweise wird bei Anwendung der TNMM nur der Steuerpflichtige
betrachtet (anders als zB beim Profit Split). Dies führt zur **Gefahr einseitiger Analysen,** die für andere Konzerngesellschaften zu unglaubwürdigen
Gewinnsituationen führen können.[206]

Als letzte Schwäche nennt die OECD-RL 2010 noch die ernsthaften
Schwierigkeiten, eine betragsmäßig angemessene Gegenberichtigung nach
Art. 9 Abs. 2 OECD-MA zu ermitteln, da es im Regelfall nicht möglich ist,
von der Nettomarge auf den angemessenen Verrechnungspreis zurückzurech-
nen.[207]

104 Bevor die OECD Anwendungsbeispiele diskutiert, gibt die OECD-RL
2010 umfangreiche, neu aufgenommene **Hinweise für die Anwendung
der TNMM:**
– Die **Ermittlung von vergleichbaren Geschäftsvorfällen** und daraus
resultierend Vergleichsdaten ist auch für die TNMM iSe best practice nach
dem iRd Abschnitts Vergleichbarkeitsanalyse beschriebenen 9-Schritte-
Verfahren bzw. einem ähnlich zuverlässigen Verfahren vorzunehmen.[208]
– Die Berücksichtigung einer **Bandbreite** von Fremdvergleichswerten kann
die Ungenauigkeiten aufgrund der Verwendung von Nettogewinnindika-
toren mildern.[209]
– Der **Auswahl des** am besten geeigneten **Nettogewinnindikators** – insb.
der Bestimmung des Nettogewinns im Zähler sowie des Gewichtungsfak-
tors im Nenner – widmet die OECD-RL 2010 sehr umfassende, neu verfasste Erläuterungen und schlägt dabei ähnliche Überlegungen vor wie bei
der Anwendung des „most appropriate method approach".[210]

105 – Der **Nettogewinn** (**Zähler** des Nettogewinnindikators) im Rahmen der
TNMM soll im Prinzip lediglich Elemente umfassen, die einerseits einen
unmittelbaren bzw. mittelbaren Bezug zur untersuchten Geschäftsbeziehung sowie andererseits betrieblichen Charakter haben.[211] Kosten und Erlöse aus anderen Geschäftsvorfällen, die eine Vergleichbarkeit verzerren
würden, sind nach der OECD-RL 2010 auszuschließen.[212] Der Ausschluss
gilt grds auch für nichtoperative bzw. nichtwiederkehrende Positionen.[213]
Gleichwohl können Kosten und Erlöse zB im Zusammenhang mit Zinsen
im Rahmen von Zahlungsfristen oder Fremdwährungen im Rahmen von
Handelsgeschäften und zugrundeliegenden Devisensicherungstransaktionen
operative Charakter haben und entsprechend in den Nettogewinn eingehen.[214] Inwiefern Abschreibungen, Stock Options und Pensionsaufwen-

---

[205] Vgl. OECD-RL 2010, Tz. 2.65, 3.67–3.79.
[206] Vgl. OECD-RL 2010, Tz. 2.66.
[207] Vgl. OECD-RL 2010, Tz. 2.67.
[208] Vgl. OECD-RL 2010, Tz. 2.68, 3.4.
[209] Vgl. OECD-RL 2010, Tz. 2.73, 3.55–3.66.
[210] Vgl. OECD-RL 2010, Tz. 2.76.
[211] Vgl. OECD-RL 2010, Tz. 2.77.
[212] Vgl. OECD-RL 2010, Tz. 2.78.
[213] Vgl. OECD-RL 2010, Tz. 2.80.
[214] Vgl. OECD-RL 2010, Tz. 2.81–2.83.

dungen als operative Elemente einzubeziehen sind, beantwortet die OECD-RL 2010 nicht abschließend, sondern erkennt hier schwierige Vergleichbarkeitsfragen.[215]

– Der **Gewichtungsfaktor** (**Nenner** des Nettogewinnindikators) im Rah- **106** men der TNMM soll im Wesentlichen die Verteilung der wesentlichen Werttreiber der Funktionen, der wahrgenommenen Risiken und der eingesetzten maßgeblichen Wirtschaftgüter der Parteien der untersuchten Geschäftsbeziehung widerspiegeln.[216] Die OECD-RL 2010 erkennt, dass dies üblicherweise für den Wiederverkauf der Umsatz, für bestimmte Vertriebstätigkeiten die betrieblichen Verkaufs- und Vertriebsaufwendungen, für Dienstleistungs- bzw. Herstellungstätigkeiten die Gesamtkosten bzw. Betriebsaufwendungen sowie für kapitalintensive Tätigkeiten (bspw. ausgewählte Produktionstätigkeiten, Versorgungsleistungen) das eingesetzte Betriebsvermögen sein kann.[217]

– Die OECD-RL 2010 erkennt überraschend klar auch die Nutzung der **107** **Berry Ratio** an, zB für Fälle der Vertriebsvermittlung, und behandelt diese Verhältniszahl des Bruttogewinns und der betriebsnotwendigen Ausgaben als einen Nettogewinnindikator der TNMM. Die OECD weist allerdings darauf hin, dass dieser Indikator in der Praxis häufig nach nur unzureichender Analyse verwandt wird und insb. Voraussetzung für die Anwendung der Berry Ratio ist, dass die Verkaufserlöse gerade nicht proportional zu den vom Vertriebsdienstleister übernommenen Funktionen und Risiken und den daraus folgenden Aufwendungen sein dürfen.[218]

Die Anwendungsbeispiele in der OECD-RL 2010 beziehen sich insb. auf Fälle, in denen aufgrund von Funktionsunterschieden zu Vergleichsbetrieben die Vergleichspreise oder Bruttomargen kein angemessenes Vergleichsinstrumentarium darstellen.[219]

ff) Die geschäftsvorfallbezogene Gewinnaufteilungsmethode

Im Falle der Profit-Split-Methode wird geprüft, welcher **Anteil des** aus **108** einem Geschäftsvorfall entstehenden **Gesamtgewinns** den an dem Geschäftsvorfall beteiligten Parteien zugerechnet werden kann.[220] Der Begriff „Gewinn" umfasst in gleichem Maße Verluste und deren Aufteilung.[221] Dabei ist eine Gewinnteilung anzustreben, die in einer fremdvergleichskonformen Vereinbarung zum Ausdruck gekommen wäre. Die Gewinnaufteilungsmethode soll insb. dann zur Anwendung kommen, wenn mehrere Geschäfte sehr eng miteinander verbunden sind und möglicherweise nicht getrennt voneinander bewertet werden können.[222] Die Profit-Split-Methode wird vor allem auch dann die **am besten geeignete Methode** sein, wenn beide Transaktionsparteien **wesentliche immaterielle Wirtschaftsgüter** einbringen.[223]

---

[215] Vgl. OECD-RL 2010, Tz. 2.84.
[216] Vgl. OECD-RL 2010, Tz. 2.86.
[217] Vgl. OECD-RL 2010, Tz. 2.87–2.99.
[218] Vgl. OECD-RL 2010, Tz. 2.100–2.102.
[219] Vgl. OECD-RL 2010, Tz. 2.105–2.107.
[220] Vgl. OECD-RL 2010, Tz. 2.108.
[221] Vgl. OECD-RL 2010, Tz. 2.108.
[222] Vgl. OECD-RL 2010, Tz. 2.108.
[223] Vgl. OECD-RL 2010, Tz. 2.137.

Die Anwendung der Gewinnaufteilungsmethode **setzt nicht voraus, dass es tatsächliche Gewinnaufteilungen unter Fremden gibt,** die als Vergleich herangezogen werden können, sondern sie erlaubt, eine solche Gewinnaufteilung unter Fremden zu simulieren/zu approximieren.[224]

109 Der Gewinn soll zwischen den verbundenen Unternehmen auf einer wirtschaftlich begründeten Basis mit **Hilfe der Funktionsanalyse**[225] **aufgeteilt** werden. Dabei kann es sich bei dem aufzuteilenden Gewinn entweder um den Gesamtgewinn aus dem Geschäft oder um einen Restgewinn handeln, der den Teil des Gesamtgewinns darstellen soll, der sich nicht ohne weiteres einem der Beteiligten zuordnen lässt, wie zB der aus hochwertigen, manchmal einzigartigen, immateriellen Wirtschaftsgütern erzielte Gewinn.[226]

110 Die **Stärken** der Gewinnaufteilungsmethode liegen nach Auffassung der OECD darin, dass sie nicht von eng vergleichbaren Transaktionen mit oder unter fremden Dritten abhängig und daher gerade auch dann anwendbar ist, **wenn einzigartige Geschäftsbeziehungen** zwischen verbundenen Unternehmen vorliegen, die es zwischen fremden Dritten nicht gibt (zB die Nutzungsüberlassung hochwertiger immaterieller Wirtschaftsgüter).[227] Zudem ist es beim Profit Split unwahrscheinlicher, dass sich für eine der beiden Parteien eine extreme und offensichtlich unglaubwürdige Gewinnsituation ergibt, da beide Geschäftspartner gleichzeitig und nicht nur einer betrachtet werden.[228]

111 Als **Schwächen** der Gewinnaufteilungsmethode erscheint laut OECD, dass die externen Marktdaten, die zur Bewertung der Beiträge der verbundenen Unternehmen zu den Geschäftsvorfällen herangezogen werden, in weniger engem Zusammenhang mit diesen Geschäften stehen, als dies bei den anderen verfügbaren Methoden der Fall ist.[229] Außerdem verwenden **unabhängige Unternehmen** in der Praxis **normalerweise nicht** die Gewinnaufteilungsmethode zur Bestimmung ihrer Verrechnungspreise.[230] So ist es sehr schwierig, sämtliche Erlöse und Kosten für alle an den entsprechenden Geschäftsvorfällen beteiligten Unternehmen festzustellen und würde im Übrigen voraussetzen, dass die Bücher und sonstigen Aufzeichnungen auf einer gemeinsamen Basis geführt oder entsprechende Anpassungen vorgenommen werden.[231] Dies erscheint bei den komplizierten Leistungs- und Lieferungsstrukturen multinational agierender Unternehmensgruppen in der Praxis äußerst schwierig.

112 Insb. bei der **Überlassung immaterieller Wirtschaftsgüter** kann der Profit Split als Lösungsansatz dienen, soweit die Preisvergleichsmethode nicht anwendbar ist.[232]

113 Die OECD-RL beschreibt als **zwei mögliche Ansätze** des Profit Splits die Beitragsanalyse und die Restwertanalyse.

---

[224] Vgl. ebenso *Förster* IStR 2009, 723.
[225] Vgl. M Rn. 137 ff.
[226] Vgl. OECD-RL 2010, Tz. 2.109.
[227] Vgl. OECD-RL 2010, Tz. 2.110, 2.112.
[228] Vgl. OECD-RL 2010, Tz. 2.113.
[229] Vgl. OECD-RL 2010, Tz. 2.114.
[230] Vgl. OECD-RL 2010, Tz. 2.114.
[231] Vgl. OECD-RL 2010, Tz. 2.114.
[232] Vgl. OECD-RL 2010, Tz. 2.109.

Bei der **Beitragsanalyse (Contribution Analysis)** wird der Gesamtgewinn auf der Grundlage des jeweiligen relativen Wertes der von jedem Unternehmen übernommenen Funktionen zwischen den Unternehmen aufgeteilt.[233]

Im Falle der **Restgewinnanalyse (Residual Analysis),** auch als Restgewinnaufteilung bezeichnet, wird der Gesamtgewinn **in zwei Stufen aufgeteilt.** In der ersten Stufe wird jedem Beteiligten eine ausreichende Vergütung für von ihm übernommene Routinefunktionen zugeordnet.[234] Im Normalfall orientiert sich diese Vergütung an Vergütungen, die nach den zuvor erläuterten Verrechnungspreismethoden ermittelt wurden **(Basisgewinn).** In der zweiten Stufe wird der verbleibende Gewinn **(Restgewinn)** mit Hilfe einer Analyse aller Umstände des Einzelfalls (Wertschöpfungsanalyse) zwischen den beteiligten Unternehmen aufgeteilt.

Die OECD-RL 2010 enthält umfangreiche und teilweise neu aufgenommene **Anwendungshinweise:**   **114**

– Als mögliche Alternative zur Vergütung der Routinefunktionen im ersten und der Verteilung des Restgewinns im zweiten Schritt[235] nennt die OECD-RL 2010 eine **simulierte Verhandlungslösung** mit einer Vergütung auf Basis eines Verkäufer-Mindest- bzw. Käufer-Höchst-Preises im ersten und einer **Aufteilung des Einigungsbereichs** etwa entsprechend der Verhandlungsstärke im zweiten Schritt.[236] Alternativ könnten dazu als Aufteilungsmaßstab die erwarteten Discounted Cash Flows beider Seiten herangezogen werden, wobei dies Maßstab sowohl im Rahmen der Restgewinnaufteilung als auch im Rahmen einer eigenständigen Gewinnaufteilungsmethode sein könnte.[237]

– Zur Festlegung des aufzuteilenden Gewinns muss der **Gewinn** aller Transaktionsparteien auf eine **einheitliche Ermittlungsbasis** nachvollziehbar umgerechnet werden. Ausgangspunkt für diese Ermittlung wird in Ermangelung einheitlicher steuerlicher Gewinnermittlungsmaßstäbe regelmäßig die handelsrechtliche Rechnungslegung sein.[238]

– Insgesamt diskutiert die OECD die Vor- und Nachteile bestimmter kosten- bzw. vermögensbasierter sowie anderer Aufteilungsschlüssel für den Gewinn/Verlust, wobei sie **prinzipiell offen** für die im Einzelfall als am besten geeignet angesehene Vorgehensweise ist.[239]

Die technische Anwendung der Restgewinnaufteilung als Methode zur Bestimmung der gruppeninternen Verrechnungspreise hat die OECD zusätzlich in einem **Anhang** zu der eigentlichen RL beispielhaft erläutert.[240] Ohne Verbindlichkeit für konkrete Praxisfälle entfalten zu wollen, dient das **Beispiel** der Veranschaulichung der prinzipiellen Vorgehensweise der Restgewinnaufteilung anhand eines (gedachten) Wertschöpfungsprozesses. Aufbau-

---

[233] Vgl. OECD-RL 2010, Tz. 2.119.
[234] Vgl. OECD-RL 2010, Tz. 2.121.
[235] Vgl. OECD-RL 2010, Tz. 2.121.
[236] Vgl. OECD-RL 2010, Tz. 2.122.
[237] Vgl. OECD-RL 2010, Tz. 2.123.
[238] Vgl. OECD-RL 2010, Tz. 2.126.
[239] Vgl. OECD-RL 2010, Tz. 2.132–2.140.
[240] Vgl. OECD-RL 2010, Anhang II zu Kapitel II.

end auf einer fiktiven Gewinn- und Verlustrechnung wird die rechnerische Ermittlung und Abgrenzung des Basisgewinns sowie des verbleibenden Restgewinns für die an der Wertschöpfung beteiligten Unternehmen illustriert.

gg) Globalmethoden

115   Globalmethoden, bei denen die Gewinne von Unternehmensgruppen anhand von vorher festgelegten Aufteilungsformeln ermittelt werden, **lehnt die OECD** in jeder Form als mit dem Fremdvergleichsprinzip nicht vereinbar **ab.**[241]

c) Vergleichbarkeitsanalyse

116   Das neue Kapitel III der OECD-RL 2010 zur Vergleichbarkeitsanalyse beruht zu einem Teil auf den alten Tz. 1.42–1.48 und 1.60–1.64 der OECD-RL 1995/96/97, ist aber durch **wichtige neue Teile** ergänzt worden und enthält erstmals RL dazu, wann Vergleichbarkeitsanalysen überhaupt durchgeführt werden sollten und welche Jahre dafür zu berücksichtigen sind.

aa) Grundsätze

Stärker als in der Vergangenheit betont die OECD-RL 2010 die Absicht, das Verfahren zur Führung des Fremdvergleichs als ein **schrittweises, methodisches und einheitliches Vorgehen** aufzufassen, das grundsätzlich mit der Identifizierung konzerninterner Geschäftsvorfälle und deren Bedingungen anhand relevanter Vergleichbarkeitsfaktoren beginnt, durch die Wahl einer Verrechnungspreismethode und der Analyse potenzieller Vergleichsbedingungen fortgeführt und durch die Beurteilung der Einhaltung des Fremdvergleichsgrundsatzes abgeschlossen wird.[242]

Die Suche nach Vergleichsdaten ist ausdrücklich nur ein Teil der Vergleichbarkeitsanalyse.[243] Es wird erwartet, dass der Steuerpflichtige insbesondere eine eingehende Analyse der ökonomischen Aspekte der Transaktion vornimmt. Gleichzeitig wird aber anerkannt, dass dem damit verbundenen administrativen Aufwand Rechnung getragen werden muss. Die Position der OECD kann damit beschrieben werden, dass der Steuerpflichtige „**vernünftigerweise erlangbare, verlässliche Vergleichsdaten**" ermitteln sollte, was die ausgewogene Vorgehensweise im Spannungsfeld beider Aspekte widerspiegeln soll.[244]

Mit dem Ziel, den administrativen Aufwand des Steuerpflichtigen in zumutbaren Grenzen zu halten, betont die OECD-RL 2010 ausdrücklich, dass bei der Durchführung der Vergleichbarkeitsanalyse keine Verpflichtung besteht, alle denkbaren Informationsquellen vollumfänglich zu prüfen.[245]

bb) Ermittlungsprozess

117   Für die Durchführung von Vergleichbarkeitsanalysen schlägt die OECD-RL 2010 ein aus **neun Schritten** bestehendes, iteratives Verfahren vor, des-

---

[241] Vgl. OECD-RL 2010, Tz. 1.16–1.32.
[242] Vgl. OECD-RL 2010, Tz. 3.1.
[243] Vgl. OECD-RL 2010, Tz. 3.1.
[244] Vgl. OECD-RL 2010, Tz. 3.1 und 3.2, 3.80–3.83.
[245] Vgl. OECD-RL 2010, Tz. 3.2, 3.81.

sen Befolgung als ‚best practice' aufgefasst wird. Allerdings wird betont, dass zur Anerkennung eines Ergebnisses als fremdvergleichskonform, weniger ein unbedingtes Befolgen der einzelnen Schritte, sondern vielmehr die Verlässlichkeit des ermittelten Ergebnisses entscheidend ist.[246]

1. Festlegung des untersuchten **Zeitraums.**
2. Breit angelegte Analyse der **wirtschaftlichen Umstände** des Steuerpflichtigen:
   – Analyse der Industriebranche, der Wettbewerbsbedingungen, der wirtschaftlichen und regulatorischen Aspekte, etc. zum besseren Verständnis der wirtschaftlichen Bedingungen, denen der Steuerpflichtige bei der untersuchten Transaktion unterliegt.[247]
3. Analyse und Verständnis der **untersuchten Transaktion(en),** gestützt vor **118** allem auf eine Funktionsanalyse, zur späteren Wahl der am besten geeigneten Verrechnungspreismethode und Identifizierung der Vergleichbarkeitsfaktoren für die Vergleichbarkeitsanalyse:
   – Bei der Anwendung von Kostenaufschlags-, Wiederverkaufspreis- und transaktionsbezogener Nettomargenmethode soll in der Regel die Überprüfung der Verrechnungspreise bei dem **weniger komplexen Transaktionsteilnehmer** (einseitig) vorgenommen werden.[248] Dazu ist in diesem Schritt der Vergleichbarkeitsanalyse auch festzustellen, wer nach der Funktionsanalyse der weniger komplexe Transaktionsteilnehmer ist und, für die Anwendung einer transaktionsbezogenen Gewinnmethode, welche Finanzkennzahlen[249] für die Vergleichbarkeitsanalyse herangezogen werden sollen.[250]
   – Die OECD-RL 2010 stellt fest, dass, wenn zB das weniger komplexe und daher untersuchte Unternehmen der inländische Steuerpflichtige ist und nachdem eine bestimmte ‚einseitige' Methode als die am besten geeignete ausgewählt wurde, für die Steuerverwaltung in der Regel dann kein Grund besteht, weitere Finanzdaten des ausländischen verbundenen Unternehmens anzufordern.[251]
4. Überprüfung, soweit vorhanden, **interner Vergleichswerte:** **119**
   – Die OECD-RL 2010 bespricht erstmals ausdrücklich interne Fremdvergleichsdaten und ihre Stellung zu ebenfalls vorliegenden externen Fremdvergleichsdaten. Dabei wird festgestellt, dass interne Fremdvergleichsdaten **nicht per se aussagekräftiger** sind als externe, sondern dass vielmehr in jedem Einzelfall geprüft werden muss, welche Vergleichsdaten auf der Grundlage der Vergleichbarkeitsfaktoren einen besseren Fremdvergleich zulassen.[252]
   – In Abhängigkeit von deren Einflussmöglichkeiten und deren tatsächlicher Einflussnahme, aber nicht nur durch ihr bloßes Vorhandensein, werden **Minderheitsgesellschafter** als ein Faktor anerkannt, der zur Anerken-

---

[246] Vgl. OECD-RL 2010, Tz. 3.4.
[247] Vgl. OECD-RL 2010, Tz. 3.7.
[248] Vgl. OECD-RL 2010, Tz. 3.18.
[249] Vgl. oben Rn. 104 ff.
[250] Vgl. OECD-RL 2010, Tz. 3.4, 3.8.
[251] Vgl. OECD-RL 2010, Tz. 3.22.
[252] Vgl. OECD-RL 2010, Tz. 3.27 und 3.28.

nung der Festlegung von näher am Fremdvergleich liegenden Bedingungen von konzerninternen Transaktionen führt.[253]

120 5. Identifikation von Informationsquellen für **externe Vergleichswerte:**
  – Die Gewinnung von Fremdvergleichsdaten aus **Datenbanken** wird grundsätzlich als praktikabel und als häufig kosteneffizient angesehen. Jedoch sind die bekannten Grenzen der Datenbanken und der Qualität der darin enthaltenen Daten zu berücksichtigen. Besteht die Möglichkeit, verlässliche Informationen aus anderen Quellen zu gewinnen, wird die Nutzung von Datenbanken als nicht notwendig angesehen. In jedem Fall darf bei der Nutzung von Datenbanken nicht Qualität durch Quantität ersetzt werden.[254]
  – **Secret Comparables,** also Vergleichsdaten, deren Ursprung nicht aufgedeckt wird, zB aus der Prüfung anderer Steuerpflichtiger, dürfen nicht verwendet werden.[255]
  – **Unternehmensweite,** nicht geschäftsvorfallbezogene **Daten** können dann Grundlage für einen Fremdvergleich sein, wenn spezifischere, transaktionsbezogene Fremdvergleichsdaten nicht vorliegen.[256]
  – Für den Fall, dass Fremdvergleichsdaten **Defizite** aufweisen, soll es möglich sein, pragmatisch Lösungen zu finden, indem zB Vergleichskriterien erweitert werden.[257]
  – Die Anwendung einer geschäftsvorfallbezogenen **Gewinnaufteilungsmethode** kann ohne Vorliegen von Vergleichsdaten erfolgen, sofern sie im konkreten Fall die am besten geeignete Verrechnungspreismethode darstellt.[258]

121 6. Bestimmung der am **besten geeigneten Verrechnungspreismethode** im Einklang mit Kapitel II der OECD-RL 2010 und einer entsprechenden Finanzkennzahl in Abhängigkeit von der gewählten Methode.
  7. Auswahl **möglicher Fremdvergleichswerte:**
  – Festlegung der **Kerncharakteristika** für Transaktionen mit fremden Dritten, deren Daten zu Vergleichszwecken herangezogen werden sollen, in Anhängigkeit von den in Schritt 3 identifizierten wesentlichen Vergleichbarkeitskriterien (search strategy and process).
  – Der Prozess der Ermittlung der Fremdvergleichsdaten muss **transparent und nachvollziehbar** gestaltet und dokumentiert werden.[259]
  8. Durchführung von **Vergleichbarkeitsanpassungen,** sofern angemessen:
  – Die OECD-RL 2010 behandelt detailliert die Notwendigkeit, **nicht vollständig vergleichbare Fremdvergleichsdaten** anzupassen, zB im Rahmen von „working capital adjustments". Dies soll aber nur erfolgen, wenn zu erwarten ist, dass dies ihre Vergleichbarkeit erhöht.[260]

---

[253] Vgl. OECD-RL 2010, Tz. 3.26.
[254] Vgl. OECD-RL 2010, Tz. 3.30 und 3.33.
[255] Vgl. OECD-RL 2010, Tz. 3.36.
[256] Vgl. OECD-RL 2010, Tz. 3.37.
[257] Vgl. OECD-RL 2010, Tz. 3.38.
[258] Vgl. OECD-RL 2010, Tz. 3.39.
[259] Vgl. OECD-RL 2010, Tz. 3.46.
[260] Vgl. OECD-RL 2010, Tz. 3.47–3.54 und Annex zu Kapitel III.

9. Anwendung der ermittelten Daten, Bestimmung der **fremdüblichen Vergütung.**

cc) Vorteilsausgleich

Im Kontext der Vergleichbarkeitsanalyse behandelt die OECD nun auch **122** den früher in Kapitel I angesiedelten Vorteilsausgleich.

Ein Vorteilsausgleich gem. OECD setzt voraus, dass dieser im Einklang mit dem Fremdvergleichsgrundsatz steht, wenn also auch **fremde Dritte dieselbe oder zumindest eine ähnliche Vorgehensweise** gewählt hätten.[261] Dabei können gezielte Aufrechnungen nach Größe und Umfang variieren. Diese mögen von einem einfachen Ausgleich zweier Geschäfte (wie einem günstigen Verkaufspreis für Waren im Gegenzug für günstige Einkaufspreise für das benötigte Rohmaterial) bis (im Extremfall) hin zu Vereinbarungen über eine umfassende Verrechnung aller Vorteile reichen, die sich über eine bestimmte Zeit zwischen den Parteien ergeben.[262]

Gerade im Hinblick auf den letzten Punkt genügen die **deutschen VGr** der OECD-RL 2010 nicht. Denn die deutschen VGr fordern, dass die auszugleichenden Geschäfte in einem inneren Zusammenhang stehen.[263] Zudem erwarten die deutschen VGr stets, dass die Vorteilsverrechnung vereinbart gewesen sein oder zur Geschäftsgrundlage des nachteiligen Geschäfts gehört haben muss.[264] Im Übrigen verlangen die OECD-RL 2010 wie auch die deutschen VGr zu Recht, dass die Vor- und Nachteile quantifizierbar sein müssen.[265]

Weder die OECD-RL, die deutschen VGr noch die US-Regulations lassen einen sog. **Vorteilsausgleich im Konzern** zu, bei dem die Vor- und **123** Nachteile aus einzelnen Geschäftsvorfällen sich aus Transaktionen mit mehr als einem Konzernunternehmen ergeben. Diese Auffassung erscheint zu eng, denn ein ordentlicher Geschäftsleiter würde einen Nachteil von einem verbundenen Unternehmen akzeptieren, soweit er im Verhältnis zu einem anderen verbundenen Unternehmen mit einem entsprechenden Vorteil rechnen könnte.[266]

dd) Bandbreiten

Ebenfalls nicht mehr in Kapitel I wie bis zur OECD-RL 1995/96/97, **124** sondern nunmehr im Kontext der Vergleichbarkeitsanalyse kommentiert die OECD die Notwendigkeit der Anerkennung von Bandbreiten von Verrechnungspreisen.

Die OECD-RL 2010 stellt dabei deutlich fest, dass die Festlegung von Verrechnungspreisen keine exakte Wissenschaft und damit der angemessene Verrechnungspreis keine bestimmte Größe ist, sondern sich regelmäßig in einer **Bandbreite** bewegen wird.[267]

---

[261] Vgl. OECD-RL 2010, Tz. 3.13.
[262] Vgl. OECD-RL 2010, Tz. 3.14.
[263] Vgl. Tz. 2.3.2 VGr, vgl. auch C Rn. 113 ff.
[264] Vgl. Tz. 2.3.2 VGr, vgl. auch C Rn. 113 ff.
[265] Vgl. OECD-RL 2010, Tz. 3.14.
[266] Vgl. OECD-RL 2010, Tz. 3.13, § 1.482-1(f)(2)(iv) US-Regs, Tz. 2.3.2 VGr und C Rn. 134 ff.
[267] Vgl. OECD-RL 2010, Tz. 3.55–3.62.

Laut OECD sollten sich **Korrekturen** durch die FinVerw. nur dann ergeben, wenn diese Bandbreite ohne hinreichende Gründe verlassen wird.[268] Liegt ein Geschäftsvorfall (zB Preis oder Marge) außerhalb der Bandbreite, hat idR eine Berichtigung zu erfolgen. Grundsätzlich eignet sich für eine derartige Berichtigung jeder Punkt innerhalb der Bandbreite, denn jeder dieser Punkte entspricht dem Fremdvergleichsgrundsatz.[269] Einschränkend erwähnt die OECD jedoch, dass Anpassungen bei dem Punkt der Bandbreite ansetzen sollten, der am besten den Tatsachen und Umständen des konkreten Geschäfts entspricht.[270]

Die **deutschen VGr** vertreten hingegen deutlich die Auffassung, dass nicht jeder Punkt innerhalb eines Preisbandes anzuerkennen ist und sich der Steuerpflichtige nicht das für ihn günstigere Ergebnis aussuchen kann. Denn auch innerhalb des Preisbandes ist der ordentliche Geschäftsleiter nach Verwaltungsauffassung an seinem Verhalten gegenüber fremden Dritten zu messen. Wenn auch systematisch nicht gerechtfertigt, hat diese Auffassung Eingang in die deutsche Gesetzgebung gefunden. Gem. **§ 1 Abs. 3 S. 4 AStG** hat ab VZ 2008 eine **Korrektur auf den Median** der Bandbreite zu erfolgen, soweit der vom Steuerpflichtigen angesetzte Preis außerhalb der angemessenen Bandbreite liegt.[271]

125   Jede einzelne Methode der Verrechnungspreisprüfung kann zu einer Bandbreite von akzeptablen, fremdvergleichskonformen Ergebnissen führen.[272] So gibt es im Rahmen der traditionellen geschäftsvorfallbezogenen Methoden eine Bandbreite von Preisen, marktüblichen Abschlägen und betriebs- oder branchenüblichen Gewinnzuschlägen vergleichbarer Geschäftsvorfälle. Im Rahmen der transaktionsbezogenen Gewinnmethoden ergeben sich Bandbreiten von Gewinnindikatoren und daraus ableitbaren Preisen.

Die OECD-RL 2010 betont an mehreren Stellen, dass die Verrechnungspreisgestaltung **keine exakte Wissenschaft** ist.[273] Soweit Vergleichsdaten einen hohen und gleichmäßigen Grad an Vergleichbarkeit haben, ist **jeder Punkt innerhalb der Bandbreite** als Fremdvergleichspreis anzuerkennen.[274]

Soweit nicht alle Vergleichsdaten ein gleich hohes Maß an Vergleichbarkeit aufweisen, sollen zunächst die weniger vergleichbaren Daten ausgesondert werden und anschließend ggf. die Bandbreite weiter **durch** an Mittelwerten orientierten **statistischen Methoden eingeengt** werden **(interquartile ranges),** soweit davon auszugehen ist, dass dies die Vergleichbarkeit weiter erhöht. Anschließend ist dann vom Grundsatz her wiederum jeder Vergleichspreis innerhalb der verbliebenen Bandbreite als Fremdvergleichspreis anzuerkennen.[275]

Vergleichsdaten, die einen **Verlust** oder erkennbar **extreme Ergebnisse** ausweisen, sollen nicht generell ausgeschlossen werden, begründen jedoch

---

[268] Vgl. OECD-RL 2010, Tz. 3.60.
[269] Vgl. OECD-RL 2010, Tz. 3.60 und im Folgenden Rn. 124 ff.
[270] Vgl. OECD-RL 2010, Tz. 3.60.
[271] Vgl. dazu auch A Rn. 227 ff.
[272] Vgl. OECD-RL 2010, Tz. 3.58.
[273] Vgl. OECD-RL 2010, Tz. 3.55, daneben Tz. 1.13, 4.8 und 8.3.
[274] Vgl. OECD-RL 2010, Tz. 3.55.
[275] Vgl. OECD-RL 2010, Tz. 3.57 i. V. m. Tz. 3.62.

eine erhöhte Notwendigkeit, weitere Überprüfungen dahingehend anzustellen, ob diese Vergleichsdaten tatsächlich vergleichbar sind.[276]

ee) Zeitbezug

Im Grundsatz stellt die OECD-RL 2010 fest, dass die Vergleichsdaten **aus**   **126** **dem Zeitraum** stammen sollten, für den auch die Überprüfung vorzunehmen ist, da dann die beste Vergleichbarkeit gegeben sei. Zumindest wird aber angemerkt, dass dies in der Regel **praktisch nicht möglich** sein wird, da derartige Daten zumindest nicht zeitgleich zur Verfügung stehen.[277]

Die OECD unterscheidet zwischen dem **Zeitpunkt,** in dem die Verrechnungspreise bestimmt werden, und dem Zeitpunkt, in dem diese überprüft werden, zB am Jahresende. Letzteres kann dann zu Korrekturen ursprünglich angesetzter Verrechnungspreise führen. Darin spiegeln sich die unterschiedlichen systematischen und dogmatischen Vorgehensweisen für die Verrechnungspreisbestimmung unter den OECD-Mitgliedern wieder. Insbesondere geht es darum, dass ein Teil der OECD-Mitgliedsstaaten, so Deutschland, die Festsetzung von Verrechnungspreisen im Vorhinein befürwortet (ex ante-Basis; „arm's length **price-setting approach**"),[278] während ein anderer Teil, insbesondere die USA, den Fremdvergleichsgrundsatz dahingehend auslegt, dass er eine ergebnisorientierte Vorgehensweise mit Anpassungen am Jahresende erfordert (ex post-Basis; „arm's length **outcome-testing approach**").[279] Die OECD-RL 2010 enthält zur Auflösung dieses Anwendungskonflikts lediglich den allgemeinen Hinweis, dass dazu ggf. Verständigungsverfahren nötig sein werden.[280]

Die Verwendung von **Mehrjahresdaten** kann für die Erhöhung der Vergleichbarkeit nützlich sein, ist aber nicht systematisch notwendig. Auch erscheint es der OECD nicht angemessen, eine bestimmte Anzahl von Jahren vorzugeben, die in eine Mehrjahresbetrachtung einbezogen werden sollte.[281]

d) Methoden der Verwaltung zur Vermeidung und Beilegung von Verrechnungspreiskonflikten

aa) Beweislast

Zunächst beschreibt die OECD-RL 2010 in Kapitel IV, das gegenüber der   **127** OECD-RL 1995/96/97 nur insoweit geändert wurde, als Änderungen in Kapiteln I bis III auch hier umgesetzt wurden,[282] die unterschiedlichen **Beweislastregeln** in den Mitgliedsstaaten. Nach den entsprechenden Regelungen in den meisten Ländern trägt die Steuerverwaltung sowohl im Verwaltungsverfahren als auch vor Gericht (zumindest formell) die Beweislast.[283] Die OECD erwähnt aber auch, dass in anderen Ländern (schon gesetzlich) dem

---

[276] Vgl. OECD-RL 2010, Tz. 3.63–3.66.
[277] Vgl. OECD-RL 2010, Tz. 3.68.
[278] Vgl. OECD-RL 2010, Tz. 3.69.
[279] Vgl. OECD-RL 2010, Tz. 3.70.
[280] Vgl. OECD-RL 2010, Tz. 3.71.
[281] Vgl. OECD-RL 2010, Tz. 3.74–3.79.
[282] Getrennt von der Überarbeitung der Kapitel I bis III hat die OCED mittlerweile die Regeln zu Safe harbours in Kapitel IV neu gefasst. Vgl. dazu unten Rn. 262 ff.
[283] Vgl. OECD-RL 2010, Tz. 4.11–4.13.

Steuerpflichtigen die Beweislast obliegt. Letzteres ist zB in den USA der Fall. Die OECD lehnt es jedoch ab, dass Staaten, in denen die Beweislast dem Steuerpflichtigen obliegt, aus dieser Position heraus unangemessene Schätzungen vornehmen. Die Steuerverwaltungen bleiben trotzdem an den Fremdvergleichsgrundsatz gebunden und dürfen zB keine Schätzung vornehmen, die auf einem steuerpflichtigen Einkommen beruht, das als Prozentsatz eines bestimmten Umsatzes errechnet wurde.

Falls jedoch ein Steuerpflichtiger nicht bemüht ist nachzuweisen, dass ein Verrechnungspreis dem Fremdvergleich standhält, kommt es regelmäßig zu einer Umkehr der Beweislast und zu einer dann notwendigen und angemessenen Schätzung durch die FinVerw.

Letztendlich trifft die OECD-RL 2010 in diesem Kapitel jedoch **keine klare Entscheidung,** wie nationale Beweislastregeln ausgestaltet werden sollten. Dies zeigt sich am deutlichsten anhand des folgenden Zitates: „Eine Steuerverwaltung sollte sich selbst dann bemühen zu zeigen, dass die von ihr vorgenommene Ermittlung der Verrechnungspreise dem Fremdvergleichsgrundsatz entspricht, wenn die Beweislast beim Steuerpflichtigen liegt; in ähnlicher Weise sollten sich auch die Steuerpflichtigen bemühen zu zeigen, dass ihre Verrechnungspreise dem Fremdvergleichsgrundsatz entsprechen, ungeachtet, bei wem die Beweislast liegt."[284]

128 Nur in wenigen **Einzelfällen** bezieht die OECD relativ **klar Stellung,** wie zB:
– In einem **Verständigungsverfahren** trägt der Staat, der die ursprüngliche Berichtigung vorgeschlagen hat, die Beweislast.[285]
– Bei Unternehmensgruppen mit **Profitcentern** kommt den Verrechnungspreisen eine höhere Vermutung der Richtigkeit zu als bei anders organisierten Unternehmensgruppen.[286] Jedoch genügt der Nachweis des harten Verhandelns zwischen den Profitcentern noch nicht, um die Anwendung des Fremdvergleichsgrundsatzes zu beweisen.[287]
– Der Steuerpflichtige muss **nur eine Methode** anwenden. Er muss insb. nicht nachweisen, dass andere Methoden nicht anwendbar sind.[288]

Im Ergebnis beschränkt sich die OECD-RL 2010 jedoch zu sehr auf die reine Darstellung unterschiedlicher nationaler Beweislastvorschriften bzw. deren Grundzüge.

bb) Bußgelder

129 Der Abschnitt über **Bußgelder** in Kapitel IV der RL befasst sich mit der Frage, wann ein Bußgeldsystem unangemessen ist, lässt diese Frage aber mit Hinblick auf die unterschiedlichen Verfahrensrechte weitgehend offen.[289]

Der Bericht lehnt – wie die meisten Staaten – **verschuldensunabhängige Strafen** ab.[290] Zudem sollte ein nationales Strafsystem ausgewogen und auf

---

[284] Vgl. OECD-RL 2010, Tz. 4.16.
[285] Vgl. OECD-RL 2010, Tz. 4.17.
[286] Vgl. OECD-RL 2010, Tz. 4.10, 1.5.
[287] Vgl. OECD-RL 2010, Tz. 1.5.
[288] Vgl. OECD-RL 2010, Tz. 2.11 und oben Rn. 76 ff.
[289] Vgl. OECD-RL 2010, Tz. 4.18–4.28.
[290] Vgl. OECD-RL 2010, Tz. 4.19.

die Auswirkungen bedacht sein.[291] Aufgrund des Widerstandes der USA ist es jedoch nicht gelungen, eine generelle Ablehnung von Strafen ohne Verschulden in die Richtlinie aufzunehmen. Jedoch sind beträchtliche Strafen ohne Verschulden, die nur auf der Korrektur eines Verrechnungspreises beruhen, der im guten Glauben festgesetzt wurde, nicht mit der OECD-RL vereinbar.[292] Die OECD lehnt zudem Strafen ab, die daraus resultieren, dass der Steuerpflichtige eine Methode nicht angewandt hat, deren erforderliche Daten dem Steuerpflichtigen nicht zugänglich waren.[293] Die Bundesrepublik Deutschland hat 1995 öffentlich erklärt, dass sie sich gegen verschuldensunabhängige Strafen wenden wird.[294] Die (Straf-)Zuschläge, die nach § 162 Abs. 4 AO erhoben werden können, setzen entweder eine Nicht-Vorlage oder eine im Wesentlichen unvollständige oder eine verspätete Vorlage einer Verrechnungspreis-Dokumentation voraus.

cc) Verständigungsverfahren

Die OECD-RL beschreibt im Rahmen ihres Kapitels IV die bestehenden **130**
Mängel des Verständigungsverfahrens[295] gem. Art. 25 OECD-MA, wie zB
– kein Einigungszwang,
– Behinderung durch nationale Fristenregelungen,
– zu lange Verfahrensdauer,
– keine ausreichende Beteiligung des Steuerpflichtigen,
– unzureichende Information über das Verfahren,
– fehlende Aussetzung der Vollziehung und Zinslauf.[296]
Die OECD-RL 2010 dokumentiert nur die altbekannten, verschiedenen Problemfelder des Verständigungsverfahrens, stellt jedoch keine neuen, verbindlichen Regelungen in diesem Bereich auf.

dd) Simultan-Betriebsprüfungen

Die OECD kennzeichnet Simultan-Betriebsprüfungen,[297] die mit dem **131**
Ziel der internationalen Abstimmung vorgenommen werden, als ein geeignetes Instrument zur Gewinnabgrenzung zwischen verbundenen Unternehmen.[298] Rechtliche Grundlagen für Simultan-Betriebsprüfungen und dem dabei erfolgenden Informationsaustausch sind die Auskunftsklauseln in Art. 26 OECD-MA.[299] Nach der OECD-RL ist bereits seit langem geplant, Simultan-Betriebsprüfungen in einem eigenen OECD-MA zu regeln.[300] Ihrer vermehrten Anwendung in der Praxis steht jedoch das Problem der zeitgerechten Vernetzung der nationalen Prüfungsdienste und Prüfungszeiträume gegenüber. So liegt das geplante MA zu Simultan-Betriebsprüfungen bis heute nicht einmal als Entwurf vor.

---

[291] Vgl. OECD-RL 2010, Tz. 4.27 f.
[292] Vgl. OECD-RL 2010, Tz. 4.28.
[293] Vgl. OECD-RL 2010, Tz. 4.28.
[294] Vgl. Presseerklärung des BMF v. 13.7.1995, IStR 1995, 384.
[295] Vgl. dazu F Rn. 231 ff.
[296] Vgl. OECD-RL 2010, Tz. 4.29 ff., insb. Tz. 4.42.
[297] Vgl. dazu insb. F Rn. 220.
[298] Vgl. OECD-RL 2010, Tz. 4.93.
[299] Vgl. OECD-RL 2010, Tz. 4.93.
[300] Vgl. OECD-RL 2010, Tz. 4.79, 4.92.

ee) Advance Pricing Agreements

132   Die RL selbst beschreibt Rahmenbedingungen, Vor- und Nachteile von „Advance Pricing Arrangements" (APAs).[301] Vor unilateralen APAs wird wegen der Gefahr von Doppelbesteuerung gewarnt. Ein **Hauptvorteil** von APAs liegt in der Rechtssicherheit, dass Doppelbesteuerungen unter bilateralen bzw. multilateralen APAs grds nicht eintreten können.[302] Als **Nachteile** erwähnt der Bericht

– einen erheblichen Personalbedarf in der FinVerw.,[303]
– eine Erhöhung der Prüfungsintensität für die Unternehmen,[304]
– Bedenken hinsichtlich der Vertraulichkeit von Unternehmensdaten,[305]
– erhebliche Kosten für die Unternehmen.[306]

Die RL selbst konnte sich jedoch auch bei diesem Instrument zu keiner neuen verbindlichen Regelung entschließen.

In einem **Anhang zur** eigentlichen **RL** hat die OECD im Oktober 1999 ergänzende Empfehlungen zum Ablauf bilateraler bzw. multilateraler APA-Verfahren **(MAP APAs)** beigefügt.[307] Zweck dieser Ausführungen ist es, einen möglichst konsistenten Ablauf der APA-Verfahren für die Fälle zu gewährleisten, in denen die Steuerpflichtigen ihre zukünftigen Verrechnungspreisgestaltungen verbindlich mit mehreren beteiligten Finanzbehörden abstimmen wollen.

133   Vor dem Hintergrund der Zielsetzung eines APAs, das Risiko der Doppelbesteuerung von Gewinnen aus Leistungsbeziehungen im Konzern im Vorfeld zu beseitigen und Planungssicherheit für die Steuerpflichtigen herzustellen, empfiehlt die OECD multinationalen Unternehmen, sich **nicht** auf **unilaterale APAs** zu beschränken.[308]

Die OECD weist jedoch darauf hin, dass Art. 25 OECD-MA **keinen rechtlichen Anspruch** des Steuerpflichtigen auf Einleitung eines bi- oder multilateralen APA-Verfahrens begründet.[309]

134   Vor Einleitung eines APAs besteht für den Steuerpflichtigen die Gelegenheit, im Rahmen eines **Vorgesprächs** („preliminary meeting", in der Praxis in der Regel heute als **„pre-filing meeting"** bezeichnet) mit den Finanzbehörden den Inhalt und den Ablauf sowie die Anforderungen des Verfahrens zu erörtern.[310] Dem Steuerpflichtigen bietet sich somit die Möglichkeit, in einem ersten Meinungsaustausch die Erfolgsaussichten eines APAs auszuloten.

Sollte sich der Steuerpflichtige nach diesem Vorgespräch dazu entschließen, ein bi- oder multilaterales APA einzuleiten, so hat er offiziell einen **Antrag** bei der jeweiligen Finanzbehörde einzureichen. Inhalt und Umfang des An-

---

[301] Vgl. F Rn. 394 ff. und OECD-RL 2010, Tz. 4.124 ff.
[302] Vgl. OECD–RL 2010, Tz. 4.143, 4.146.
[303] Vgl. OECD-RL 2010, Tz. 4.151.
[304] Vgl. OECD-RL 2010, Tz. 4.155 f.
[305] Vgl. OECD-RL 2010, Tz. 4.158.
[306] Vgl. OECD-RL 2010, Tz. 4.159.
[307] Guidelines for conducting Advance Pricing Arrangements under the Mutual Agreement Procedure („MAP APAs"); im Folgenden („APA Verfahrens-RL"), vgl. OCED-RL 2010, Anhang AN-19 ff.
[308] Vgl. Tz. 5 APA Verfahrens-RL.
[309] Vgl. Tz. 16 APA Verfahrens-RL.
[310] Vgl. Tz. 29 ff. APA Verfahrens-RL.

trags richten sich nach den Gegebenheiten des Einzelfalls. Grundsätzlich sollten die eingereichten Unterlagen den Sachverhalt sowie das konkrete Begehren und dessen steuerliche Auswirkungen gegenüber den Finanzbehörden klar darlegen.[311]

Neben der ohnehin von der OECD vorgeschlagenen Dokumentation in **135** Verrechnungspreisangelegenheiten[312] ergeben sich aus dem APA-Begehren **erweiterte Dokumentationserfordernisse.** So sind die dem Antrag zu Grunde liegenden kritischen Annahmen (**"critical assumptions"**) hinsichtlich der erwarteten wirtschaftlichen Entwicklungen zu erläutern. Dies umfasst bspw. Prognosen der Markt- und Preisentwicklung, des Marktanteils, der Wechselkursentwicklung, der rechtlichen Rahmenbedingungen etc.[313]

Aus dem Antrag muss sich ergeben, für welchen **Zeitraum** das APA gelten soll. Dem Steuerpflichtigen steht es frei, anhand eigener Überlegungen zur Planungssicherheit und zum Aufwand eines internationalen APA-Verfahrens einerseits und zur Veränderlichkeit der Geschäftsbeziehungen andererseits diesen Zeitraum zu bestimmen.

Das Verfahren selbst gliedert sich in **zwei, sich teilweise überlappende Ab- 136 schnitte.** Zu Beginn des Verfahrens steht die Sachverhaltsaufklärung und -würdigung im Vordergrund. Darauf aufbauend wird in einem zweiten Schritt der Antrag des Steuerpflichtigen zwischen den beteiligten Finanzbehörden erörtert.

Im Rahmen der **Sachverhaltsaufklärung** kommt der Mitwirkung durch den Steuerpflichtigen maßgebende Bedeutung zu. Er hat dafür Sorge zu tragen, dass den Finanzbehörden die erforderlichen Informationen zur Verfügung stehen.[314] Die Mitwirkung beschränkt sich nicht auf die Teilnahme an dem Vorgespräch und das Einreichen des Antrags, sondern es ist Aufgabe des Steuerpflichtigen, im Zuge der Sachverhaltsaufklärung weitere Anfragen der Finanzbehörden zu beantworten. Zu diesem Zweck können weitere Treffen mit sowie Betriebsbesichtigungen durch die Finanzbehörden notwendig werden.[315]

An die Sachverhaltsaufklärung und -würdigung schließt sich die **Erörterung des Antrags** des Steuerpflichtigen an. Die Einbeziehung des Steuerpflichtigen ist in dieser Phase vergleichsweise gering und beschränkt sich auf das Bereitstellen ergänzender Informationen. Die OECD weist darauf hin, dass sowohl für den Steuerpflichtigen als auch für die Finanzbehörden **jederzeit die Möglichkeit** besteht, ohne weitere rechtliche Verpflichtungen **das Verfahren abzubrechen.**[316] Dies gilt insb. für den Steuerpflichtigen auch dann noch, wenn die Finanzbehörden zum Abschluss des Verfahrens bereits den Entwurf der APA-Vereinbarung vorgelegt haben.[317]

Erst nachdem der Steuerpflichtige dem Entwurf der **Vereinbarung** zuge- **137** stimmt hat, wird das bi- oder multilaterale APA verbindlich. Die Vereinba-

---

[311] Vgl. Tz. 38 APA Verfahrens-RL.
[312] Vgl. OECD-RL 2010, Tz. 5.1 ff.
[313] Vgl. Tz. 43 ff. APA Verfahrens-RL.
[314] Vgl. Tz. 28 APA Verfahrens-RL.
[315] Vgl. Tz. 55 ff. APA Verfahrens-RL.
[316] Vgl. Tz. 64 APA Verfahrens-RL.
[317] Vgl. Tz. 65 APA Verfahrens-RL.

rung wird dem Steuerpflichtigen in schriftlicher Form zugestellt. Es obliegt den FinVerw., das APA in nationales Recht umzusetzen.

138   Für den Steuerpflichtigen ergeben sich nach Abschluss der Vereinbarung **weitere Mitwirkungspflichten.** Insb. ist er angehalten, laufend zu dokumentieren, ob die Geschäftsbeziehungen tatsächlich so verwirklicht werden, wie in der dem Antrag zu Grunde liegenden *ex ante*-Sichtweise angenommen. Oftmals werden diese Pflichten in die APA-Vereinbarung aufgenommen.[318]

Sollte sich der Steuerpflichtige nicht an die Abmachungen halten oder sollten erhebliche, **nicht vorhergesehene Änderungen** des wirtschaftlichen Umfelds eintreten, so können die Finanzbehörden das APA nach Absprache entweder dennoch bestehen lassen oder aber die Vereinbarung widerrufen, mit Wirkung zum Zeitpunkt des Eintritts der geänderten Geschäftsbedingungen beenden oder in Absprache mit dem Steuerpflichtigen überarbeiten.[319]

139–150   *(einstweilen frei)*

e) Dokumentation

151   Der Dokumentation von Verrechnungspreisen widmet die OECD-RL 2010 ein eigenständiges Kapitel V, das gegenüber der OECD-RL 1995/96/97 nur insoweit geändert wurde, als Änderungen in Kapiteln I bis III auch hier umgesetzt wurden.

Es wird erwartet, dass der Steuerpflichtige vor jeder Transaktion abwägt, ob der beabsichtigte Verrechnungspreis dem Arm's Length-Prinzip entspricht, wobei dies prinzipiell aufgrund von Daten über vergleichbare Dritttransaktionen erfolgen sollte.[320] Der Steuerpflichtige soll seine Anstrengungen, **dem Fremdvergleichsgrundsatz zu genügen,** dokumentieren und relevante Unterlagen, die im normalen Geschäftsverlauf anfallen, aufbewahren.

152   Welche **Art von Dokumentation** in welcher Form und in welcher Sprache er anlegt, liegt jedoch weitgehend in seinem Ermessen.[321] Dies schließt nicht aus, dass der Steuerpflichtige in gewissem Umfang verpflichtet sein kann, Dokumente neu zu erstellen, die nur für steuerliche Verrechnungspreiszwecke erforderlich sind.[322] Der Steuerpflichtige wird dagegen von der Beschaffung von Dokumenten entbunden, wenn er nachweisen kann, dass es keine Drittvergleichsdaten gibt oder dass die Kosten, um sie zu beschaffen, unverhältnismäßig hoch wären.[323]

153   Von zentraler Bedeutung ist dabei die Feststellung der OECD, dass für die Überprüfung der Verrechnungspreise immer nur auf Daten abgestellt werden darf, die zum **Zeitpunkt der Preisentscheidung** für den Steuerpflichtigen **unter vertretbarem Aufwand verfügbar** waren. Auch ist er nach Auffassung der OECD nur solche Dokumente verpflichtet vorzulegen, die sich in seinem Besitz oder **unter seiner Kontrolle** befinden.[324] Insb. kann

---

[318] Vgl. Tz. 71 APA Verfahrens-RL.
[319] Vgl. Tz. 74 ff. APA-Verfahrens-RL.
[320] Vgl. OECD-RL 2010, Tz. 5.3.
[321] Vgl. OECD-RL 2010, Tz. 5.5.
[322] Vgl. OECD-RL 2010, Tz. 5.6.
[323] Vgl. OECD-RL 2010, Tz. 5.6.
[324] Vgl. OECD-RL 2010, Tz. 5.10.

danach von einer Tochtergesellschaft nicht erwartet werden, dass sie Informationen von ihrer ausländischen Muttergesellschaft beschafft, da sie keine Kontrolle über diese ausübt.[325] Diese Auffassung widerspricht den Anforderungen der Tz. 3.3 und 3.4.1 VGr-Verfahren und deren rechtlicher Grundlage in § 90 Abs. 2 S. 3 und Abs. 3 AO. Zudem sei von der FinVerw. zu beachten, dass von Land zu Land Rechnungslegungs- und Dokumentationsvorschriften voneinander abweichen.[326] Die Dokumentationsanforderungen der Steuerverwaltung sind allgemein und besonders hinsichtlich der Verpflichtungen im Rahmen der Abgabe der Steuererklärung auf das unabdingbar Notwendige zu beschränken.[327]

Die OECD-RL 2010 erwähnt **Kerndaten und Informationen,** die der **154** Steuerpflichtige sinnvollerweise dokumentieren sollte:[328]

1. Informationen über die am Geschäftsvorfall beteiligten verbundenen Unternehmen
   1.1. Die Darstellung des Geschäftsfeldes
   1.2. Die organisatorischen Strukturen des Unternehmens
   1.3. Die Beteiligungsverhältnisse innerhalb der Unternehmensgruppe
   1.4. Die Entwicklung des Umsatzes und des operativen Ergebnisses in den letzten Jahren vor den betroffenen Transaktionen
   1.5. Grad und Ausmaß der Geschäftsvorfälle mit ausländischen verbundenen Unternehmen (zB Benutzung immaterieller Wirtschaftsgüter, Darlehensgeschäfte)
2. Zu beurteilender Geschäftsvorfall
3. Ausgeübte Funktionen
4. Informationen über dritte Vergleichsunternehmen
5. Informationen über Geschäftsstrategie und außergewöhnliche Geschäftsumstände, insb. auch Vorteilsausgleich
6. Allgemeine finanzwirtschaftliche und Jahresabschlussinformationen
7. Informationen über den Verhandlungsprozess zur Erzielung des Verrechnungspreises.

Auf **Drittvergleichsdaten** muss der Steuerpflichtige nur zurückgreifen, wenn sie für ihn frei zugänglich und zB nicht vertraulich sind.[329]

f) Übereignung und Überlassung immaterieller Wirtschaftsgüter

Die OECD-RL 2010 widmet der Übertragung immaterieller Wirtschafts- **155** güter[330] ein eigenes Kapitel VI, das gegenüber der OECD-RL 1995/96/97 nur insoweit geändert wurde, als Änderungen in Kapiteln I bis III auch hier umgesetzt wurden. Allerdings arbeitet die OECD derzeit an einer vollständigen **Überarbeitung des Kapitels VI,** deren Stand im späteren Verlauf dieses Kapitels dargestellt ist.[331]

---

[325] Vgl. OECD-RL 2010, Tz. 5.11.
[326] Vgl. OECD-RL 2010, Tz. 5.11.
[327] Vgl. OECD-RL 2010, Tz. 5.6.
[328] Vgl. OECD-RL 2010, Tz. 5.16 ff.
[329] Vgl. OECD-RL 2010, Tz. 5.10.
[330] Vgl. dazu auch O Rn. 1 ff.
[331] Die OECD hat am 30. Juli 2013 den Entwurf eines neuen Kapitels VI vorgelegt: http://www.oecd.org/ctp/transfer-pricing/revised-discussion-draft-intangibles.pdf. Vgl. dazu unten Rn. 222 ff.

Zur Behandlung der Abrechnungsmöglichkeiten für im Rahmen von **Kostenumlageverträgen** geschaffenen immateriellen Wirtschaftsgütern wird auf die Ausführungen in Kapitel VIII verwiesen.[332]

In einem **Anhang zur RL** beschäftigt sich die OECD anhand von **Beispielen** mit der Berücksichtigung der Ungewissheit im Zusammenhang mit der Bewertung bei der Übertragung bzw. Lizenzierung immaterieller Wirtschaftsgüter.[333]

aa) Begriffsbestimmungen

156   Die OECD-RL 2010 definiert den Begriff des immateriellen Wirtschaftsgutes nicht, sondern grenzt ihn durch **Aufzählung** ab. Erfasst werden von ihm
– Patente, Warenzeichen, Handelsnamen, Geschmacksmuster,
– literarische oder künstlerische Rechte sowie
– Know-how und „Trade Secrets".[334]

Die OECD **unterscheidet** dabei kommerzielle immaterielle Wirtschaftsgüter **(Commercial Intangibles),** das sind solche, die rechtlich geschützt sind, und persönliches Wissen **(Intellectual Property Rights),** das nicht in gleichem Maße schützbar ist.[335] Beide können jeweils unterteilt werden in immaterielle Marketingwerte, die mit dem Vertrieb von Produkten zusammenhängen **(Marketing Intangibles)** und deren bekannteste Ausprägung die Warenzeichen darstellen, und in gewerbliche immaterielle Wirtschaftsgüter, die auf den Schutz des Wirtschaftsgutes selbst und dessen Herstellung abzielen **(Trade Intangibles)** und deren klassische Ausprägung das Patent ist.[336]

bb) Verrechnungspreis-Methoden

157   Grundsätzlich sind auch bei der Übertragung immaterieller Wirtschaftsgüter die **allgemein gültigen Prinzipien** und Methoden der Kapitel I bis III der OECD-RL 2010[337] anzuwenden. Das gilt insb. auch für die Gültigkeit des Fremdvergleichsgrundsatzes, auch wenn nicht verkannt wird, dass seine Anwendung bei immateriellen Wirtschaftsgütern teilweise auf Schwierigkeiten stößt,[338] weil sich die Suche nach Vergleichsdaten, insb. bei hochwertigen immateriellen Wirtschaftsgütern, als überaus kompliziert erweisen kann.

Die **Übertragung** immaterieller Wirtschaftsgüter kann grundsätzlich auf drei Arten erfolgen:
– Übereignung (Verkauf)
– Überlassung (Lizenzierung)
– Überlassung durch Einschluss der „Lizenzgebühr" in den Produktpreis (Bundeling).[339]

158   Bei der Ermittlung des Verrechnungspreises sind zahlreiche **Einflussfaktoren** zu berücksichtigen, die sich auf den Wert des immateriellen Wirtschafts-

---

[332] Vgl. OECD-RL 2010, Tz. 6.1 und unten Rn. 166 ff.
[333] Vgl. OECD-RL 2010, Anhang zu Kapitel VI.
[334] Vgl. OECD-RL 2010, Tz. 6.2.
[335] Vgl. OECD-RL 2010, Tz. 6.3, 6.5.
[336] Vgl. OECD-RL 2010, Tz. 6.3 f.
[337] Vgl. Rn. 58 ff.
[338] Vgl. OECD–RL 2010, Tz. 6.13, 6.26.
[339] Vgl. OECD–RL 2010, Tz. 6.16–6.19.

guts auswirken, zB geographische Beschränkung, Exklusivität, Exportbeschränkungen, Anlaufkosten für Markteinführung oder das Recht zur Sublizensierung.[340]

Als **Verrechnungspreis-Methoden** kommen laut OECD in Frage:

– Preisvergleichsmethode, insb. wenn der Übertragende vergleichbare Wirtschaftsgüter auch unabhängigen Unternehmen überlässt. Dabei sind ggf. Anpassungsrechnungen erforderlich.[341]

– Wiederverkaufspreismethode, insb. wenn der Erwerber einer Lizenz Unterlizenzen an unabhängige Dritte erteilt hat.[342]

– Gewinnaufteilungsmethode, soweit eine Übertragung hochwertiger immaterieller Wirtschaftsgüter vorliegt, für die es keine Vergleichspreise gibt.[343]

Soweit die **Bewertung** eines immateriellen Wirtschaftsguts im Zeitpunkt **159** der Überlassung praktisch **kaum durchführbar** ist, schlägt die OECD vor, dem Beispiel fremder Dritter zu folgen und entweder das immaterielle Wirtschaftsgut auf der Grundlage erwarteter Gewinne zu überlassen, **Lizenzverträge** mit kurzen Laufzeiten abzuschließen, **Anpassungsklauseln** für die Lizenzgebühr zu vereinbaren oder Neuverhandlungsvereinbarungen zu treffen.[344] Die zuletzt genannte Maßnahme ist erforderlich, wenn unvorhersehbare Entwicklungen eintreten, die unabhängige Unternehmen dazu veranlassen würden, die Vertragsbedingungen neu zu verhandeln. Die Ungewissheit zukünftiger Erträge aus den immateriellen Wirtschaftsgütern macht es notwendig, zur Ermittlung von Fremdvergleichsdaten nicht nur die Sicht des Übertragenden, sondern auch die des Erwerbers zu berücksichtigen.[345] Da der zu erwartende Nutzen eines immateriellen Wirtschaftsgutes maßgeblich von dessen Einsatzmöglichkeiten beim Erwerber abhängt, muss neben dem Preis, den vergleichbare Unternehmen für die Überlassung des Vermögenswertes vereinbaren, auch der Preis herangezogen werden, den mit dem Erwerber vergleichbare unabhängige Unternehmen zahlen würden. **In keinem Falle** darf die FinVerw. aus *ex-post*-Sicht **aufgrund der späteren besseren Erkenntnis Anpassungen** vornehmen. Maßgeblich sind die vernünftigerweise vorhersehbaren Rahmenbedingungen bei Vertragsabschluss.[346]

In einem Anhang zur RL beschäftigt sich die OECD zusätzlich anhand **160** von **Beispielen** mit der **Berücksichtigung der Ungewissheit** im Zusammenhang mit der Bewertung bei der Übertragung bzw. Lizenzierung immaterieller Wirtschaftsgüter.[347] Die Ausführungen der OECD betonen auch hier die Notwendigkeit, den Wert immaterieller Wirtschaftsgüter **aus *ex ante*-Sicht zu prognostizieren,** was naturgemäß mit Unsicherheit verbunden ist. Anhand von drei Beispielsfällen wird die Handhabung dieser Bewertungsunsicherheit nach Fremdvergleichsmaßstäben erläutert. In Abhängigkeit vom Grad der Ungewissheit zum Zeitpunkt der Bewertung schlägt die OECD

---

[340] Vgl. OECD-RL 2010, Tz. 6.20.
[341] Vgl. OECD-RL 2010, Tz. 6.23, 6.25.
[342] Vgl. OECD-RL 2010, Tz. 6.23.
[343] Vgl. OECD-RL 2010, Tz. 6.26.
[344] Vgl. OECD-RL 2010, Tz. 6.28–6.31.
[345] Vgl. OECD-RL 2010, Tz. 6.14.
[346] Vgl. OECD-RL 2010, Tz. 6.32.
[347] Vgl. OECD-RL 2010, Anhang zu Kapitel VI.

vor, dem Risiko sich ändernder wirtschaftlicher Umstände durch im vorhinein vereinbarte Preisanpassungsklauseln oder durch periodische Neuverhandlungen der Lizenzraten bzw. kurzfristige Lizenzvereinbarungen zu begegnen.
Die OECD räumt aber auch ein, dass Konstellationen denkbar sind, nach denen die Prognosen der zukünftigen geschäftlichen Ergebnisse derart gesichert
erscheinen, dass auch Dritte einen festen Lizenzsatz vereinbaren würden.
Soweit diese Prämissen hinreichend dokumentiert werden können, ist nach
Ansicht der OECD die Vereinbarung fester Lizenzsätze auch zwischen verbundenen Unternehmen fremdvergleichskonform und bei Eintritt unvorhersehbarer Ereignisse nicht zu beanstanden.

161   Ein verbleibendes offenes Problem ist, wie eine **Vertriebsgesellschaft** dafür vergütet wird, dass sie Verkaufsanstrengungen für Produkte vornimmt, für
die sie aber nicht das Warenzeichen besitzt, ob nämlich als Dienstleister oder
als zusätzlicher Teilhaber an dem Einkommen aus dem **„Marketing Intangible"**, zB dem Warenzeichen. Die Beantwortung dieser Frage entscheidet
sich nach den im Vertrag festgehaltenen Rechten und Pflichten.[348] Hat die
Vertriebsgesellschaft lediglich die Funktion eines Dienstleisters für den Rechteinhaber inne, zB als typischer Limited Risk Distributor (LRD), so kann sie
nicht für solche Erträge vergütet werden, die aus dem „Marketing Intangible"
herrühren.[349] Eine solche Vergütung wäre hingegen möglich, wenn das Vertriebsunternehmen seine Marketingaktivitäten selbst verantwortet, die Kosten
dafür trägt, deshalb eine erhöhte Rohgewinnmarge zugestanden bekommt
und den ergebnismäßigen Erfolg als Gewinn oder Verlust trägt.[350]

g) Konzerninterne Dienstleistungen

162   Zu Beginn des Kapitels VII, das sich ausschließlich mit konzerninternen
Dienstleistungen befasst[351] und gegenüber der OECD-RL 1995/96/97 nur
insoweit geändert wurde, als Änderungen in Kapiteln I bis III auch hier umgesetzt wurden, stellt die OECD fest, dass es **zwei Hauptfragen** im Zusammenhang mit derartigen „Intra-group Services" gibt,
– ob überhaupt eine entgeltfähige Dienstleistung erbracht wurde und, falls ja,
– wie diese bewertet und nach welcher Verrechnungspreis-Methode diese
  entgolten werden sollte.[352]
Wird eine Dienstleistung in Zusammenhang mit der Übertragung eines
Wirtschaftsguts erbracht, so ist laut OECD eine Zerlegung der Transaktionen
vorzunehmen.[353]

aa) Entgeltfähige Dienstleistungen

163   Konzerninterne Dienstleistungen werden insb. im Bereich Verwaltung,
Technik, Finanzen und gewerbliche Dienstleistungen erbracht.[354] Die **Entgeltfähigkeit** einer konzerninternen Dienstleistung richtet sich nach Auffas-

---

[348] Vgl. OECD-RL 2010, Tz. 6.36–6.39.
[349] Vgl. OECD-RL 2010, Tz. 6.37.
[350] Vgl. OECD-RL 2010, Tz. 6.38, auch Tz. 1.62.
[351] Vgl. dazu iE N Rn. 1 ff.
[352] Vgl. OECD-RL 2010, Tz. 7.1, 7.5.
[353] Vgl. OECD-RL 2010, Tz. 7.3.
[354] Vgl. OECD-RL 2010, Tz. 7.2.

sung der OECD-RL danach, ob fremde Dritte bereit wären, für derartige Leistungen ein Entgelt zu entrichten.[355]

Keine entgeltfähigen Dienstleistungen liegen insb. vor,

- bei Gesellschafteraktivitäten (Shareholder Activities), dh solchen Tätigkeiten, die allein aufgrund der Interessen als Anteilseigner erbracht werden. Zu nennen sind insb. die Kosten der rechtlichen Struktur der Muttergesellschaft selbst und ihrer Aufsichtsorgane, Kosten des Reportings an die Muttergesellschaft und Finanzierungskosten für den Erwerb der Beteiligung,[356]
- bei reiner Duplizierung von Tätigkeiten, die auch schon von den jeweiligen Tochtergesellschaften erbracht werden,[357]
- für den sog. Konzernrückhalt.[358]

Entgeltfähig sind dagegen   164

- von einer Konzerneinheit konkret angeforderte und benötigte Leistungen,[359]
- Leistungen von zentralisierten Dienstleistungseinheiten zum Nutzen der Konzerngesellschaften insb. für Planung, Koordinierung, Budgetierung, Finanzierung, Rechnungswesen, Revision, Recht, Factoring, EDV-Einsatz, Cashflow- und Liquiditätsmanagement, Kapitalerhöhungen, Darlehen, Währungsrisikomanagement, Produktion, Einkauf, Vertrieb, Marketing sowie Personalrecruitment und -training,[360]
- Bereitstellungskosten für Dienstleistungen, die auf Abruf zur Verfügung gestellt werden.[361] In diesem Falle würden auch fremde Dritte eine Bereitstellungsgebühr vereinbaren, wenn die Inanspruchnahme wahrscheinlich ist und die relevante Leistung nicht problemlos ohne Bereitstellungsvertrag verfügbar wäre.

bb) Verrechnungspreis-Methoden

Dienstleistungen innerhalb eines Konzerns können grds auf zwei verschie-   165
dene Arten abgerechnet werden; entweder auf dem Wege einer **Einzelabrechnung** (direkte Abrechnung) oder durch eine **Kostenumlage** mit Hilfe von Kostenumlageschlüsseln wie Umsatz, Anzahl von Mitarbeitern oder anderen (indirekte Abrechnung).[362] Während die zuerst erwähnte Abrechnungsart zum Zuge kommt, soweit die Leistung unmittelbar zurechenbar ist, bspw. weil eine Muttergesellschaft nur an eine Tochtergesellschaft eine bestimmte Leistung erbringt, kommt die Kostenumlage insb. dann zur Anwendung, wenn die Leistung nicht konkret einer Konzerngesellschaft zugerechnet werden kann.[363]

---

[355] Vgl. OECD-RL 2010, Tz. 7.6.

[356] Vgl. OECD-RL 2010, Tz. 7.9 f.

[357] Vgl. OECD-RL 2010, Tz. 7.11.

[358] Vgl. OECD-RL 2010, Tz. 7.13.

[359] Vgl. OECD-RL 2010, Tz. 7.8.

[360] Vgl. OECD-RL 2010, Tz. 7.14.

[361] Vgl. OECD-RL 2010, Tz. 7.16.

[362] Vgl. OECD-RL 2010, Tz. 7.20–7.28; dazu im Detail N Rn. 114 ff.

[363] Vgl. zur durchaus nicht deckungsgleichen Beurteilung im deutschen Steuerrecht auf der Grundlage des BMF-Schreibens „Grundsätze für die Prüfung der Einkunftsabgrenzung durch Umlageverträge zwischen international verbundenen Unternehmen" vom 30.12.1999 (BStBl. I 1999, 1122) N Rn. 281 ff.

Nach Auffassung der OECD kommen als **Verrechnungspreis-Methoden** vor allem in Frage
- die Preisvergleichsmethode, falls entsprechende Fremdvergleichsdaten aus Geschäftsbeziehungen zu fremden Dritten vorliegen (insb. bei Dienstleistungen im Bereich Rechnungswesen, Revision, Recht und EDV-Einsatz),
- die Kostenaufschlagsmethode, soweit keine Fremdvergleichspreise vorliegen,
- die geschäftsvorfallbezogenen Gewinnmethoden (Profit Split, transaktionsbezogene Nettomargen), wenn sie die am besten geeignete Methode sind, und
- ausnahmsweise Kombinationen von Methoden („vierte Methode").[364]

Von Seiten der OECD wird darauf hingewiesen, dass eine Funktionsanalyse nützlich sein kann, um die Beziehungen innerhalb des Konzerns und somit auch die sowohl kurz- als auch langfristigen Auswirkungen der Dienstleistung berücksichtigen zu können.

Beispielhaft nennt die OECD in diesem Zusammenhang die folgenden **Methodenanwendungen:**
- Factoring – Preisvergleichsmethode,
- Lohnfertigung – Kostenaufschlagsmethode,
- Auftragsfertigung – Kostenaufschlagsmethode.[365]

Hinsichtlich der Behandlung von Dienstleistungen, die im Rahmen einer Kostenumlagevereinbarung erbracht werden, wird auf Kapitel VIII verwiesen.[366]

h) Kostenumlagevereinbarungen

166   Das Kapitel VIII, das gegenüber der OECD-RL 1995/96/97 nur insoweit geändert wurde, als Änderungen in Kapiteln I bis III auch hier umgesetzt wurden, beschäftigt sich mit der Handhabung von Kostenumlagevereinbarungen (Cost Contribution Arrangements).[367]

aa) Überblick

167   Unter einer **Kostenumlagevereinbarung** ist laut OECD ein System zu verstehen, „das geschäftlich tätige Gesellschaften miteinander vereinbart haben, um die Kosten und die Risiken für die Entwicklung, Produktion oder Beschaffung von Wirtschaftsgütern, Dienstleistungen oder Rechten aufzuteilen sowie Art und Umfang des Anteils einer jeden teilnehmenden Partei an solchen Wirtschaftsgütern, Dienstleistungen oder Rechten zu bestimmen."[368] Dem liegt die Vorstellung zu Grunde, dass sich mehrere Parteien zu einem Pool zusammenschließen, um bei der Verfolgung gleichgerichteter Interessen Kosten und Risiken zu teilen **(Poolgedanke).**

Schwerpunktmäßig erfasst Kapitel VIII Forschungs- und Entwicklungstätigkeiten als den häufigsten Anwendungsfall.[369] Der **Geltungsbereich** er-

---

[364] Vgl. OECD-RL 2010, Tz. 7.31.
[365] Vgl. OECD-RL 2010, Tz. 7.39–7.41.
[366] Vgl. im Folgenden Rn. 166 ff.
[367] Vgl. zu Kapitel VIII der OECD-RL 2010 *Borstell* Konzernumlagen, 157 ff.; *Kuckhoff/Schreiber* IStR 1998, 1 sowie N Rn. 281 ff. und O Rn. 251 ff.
[368] Vgl. OECD-RL 2010, Tz. 8.3.
[369] Vgl. OECD-RL 2010, Tz. 8.6.

streckt sich aber auch auf andere Leistungsbereiche, wie zB auf die Zentralisierung von Verwaltungsaufgaben.[370] Die OECD betont letztlich – im Gegensatz zu den deutschen VGr[371] –, dass ein Kostenumlagevertrag eher eine vertragliche Vereinbarung als einen gesellschaftsrechtlichen Zusammenschluss darstellt **(Leistungsgedanke)**.[372]

An **formale Voraussetzungen** stellt die RL nur geringe Anforderungen. So wird bspw. die Notwendigkeit der Schriftform in den Tz. 8.40–8.43 nicht explizit gefordert. Allerdings lässt der Gesamtzusammenhang der umfangreichen Dokumentationsempfehlungen vermuten, dass die OECD vom Erfordernis der Schriftform immanent ausgeht,[373] denn ansonsten wäre es in der Praxis kaum möglich, den Dokumentationsanforderungen gerecht zu werden.

bb) Verhältnis von Kapitel VIII zu anderen Kapiteln der OECD-Richtlinie 2010

Es besteht ein **Spannungsfeld** zwischen Kapitel VI (Übertragung und   **168** Nutzung immaterieller Wirtschaftsgüter) und Kapitel VII (Konzerninterne Dienstleistungen) auf der einen Seite und Kapitel VIII auf der anderen Seite. Dies resultiert aus dem Umstand, dass Kapitel VIII nicht alle denkbaren Fälle der Kostenumlagevereinbarungen regelt, sondern auf die Ausführungen in den **Kapiteln VI und VII** verweist.[374] Diese beiden Kapitel betonen aber auch bei der Bestimmung der Kostenumlage den **Fremdvergleichsmaßstab,** dh konzerninterne Leistungen sind unter Berücksichtigung der Kostenaufschlagsmethode oder der TNMM – sofern die Preisvergleichsmethode nicht angewendet werden kann – zu entgelten. Das Kapitel über Kostenumlageverträge versteht sich insofern lediglich als „**Supplementary Guidance**".[375] Andererseits halten die beiden zeitlich bereits vor Kapitel VIII veröffentlichten Kapitel wiederum fest, dass Kostenumlageverträge nach Kapitel VIII zu behandeln sind.[376] Aus diesem Spannungsfeld lässt sich nunmehr nicht eindeutig bestimmen, inwieweit Kapitel VIII den Bestimmungen in den Kapiteln VI und VII vorangeht und inwieweit der Fremdvergleichsmaßstab anzuwenden ist.[377]

cc) Anwendung des Fremdvergleichsmaßstabes

Die RL betont, dass die Bedingungen des Kostenumlagevertrags, insb. auch   **169** die **Kostenbeitragspflicht der Poolmitglieder,** fremdvergleichskonform ausgestaltet sein müssen.[378] Der Fremdvergleichsgrundsatz wird von der OECD konkretisiert, indem festgestellt wird, die Kostenbeiträge der Vertragspartner sollten sich jeweils nach dem **erwarteten Nutzen** richten.[379] Die Poolmitglie-

---

[370] Vgl. OECD-RL 2010, Tz. 8.7.
[371] Vgl. BMF 30.12.1999, BStBl. I 1999, 1122.
[372] Vgl. OECD-RL 2010, Tz. 8.3.
[373] Vgl. auch *Kuckhoff/Schreiber* IStR 1998, 1.
[374] Vgl. OECD-RL 2010, Tz. 8.5; zu diesem Spannungsfeld *Borstell* Konzernumlagen, 164f.
[375] Vgl. OECD-RL 2010, Tz. 8.5.
[376] Vgl. ebenda, Tz. 6.1 bzw. 7.1; *Borstell* Konzernumlagen, 164f.
[377] Vgl. *Borstell* Konzernumlagen, 164f.
[378] Vgl. OECD-RL 2010, Tz. 8.1.
[379] Vgl. OECD-RL 2010, Tz. 8.9.

der müssen demnach im Vorhinein den Anteil eines jeden Vertragspartners an den zu erwartenden Vorteilen schätzen, um dementsprechend die Höhe der Beiträge festzulegen.[380] In solchen Fällen sind Vorausplanungen notwendig.[381] In der RL wird vorgeschlagen, die aus dem Vertrag zu erwartenden Vorteile nach dem voraussichtlich zu erzielenden Einkommen zu schätzen.[382]

Generell erfolgt die Umlage der im Pool entstandenen Kosten anhand von **Umlageschlüsseln,** die exemplarisch in Tz. 8.21 OECD-RL 2010 über die erwarteten Umsatzerlöse erläutert werden.[383] Der sich aus der RL ergebende Grundsatz für die Kostenverteilung ist, dass **keine allgemeingültigen Regeln** bestehen und dass der Umlageschlüssel der Situationen angemessen ausgewählt werden muss. Es wird lediglich gefordert, dass der Umlageschlüssel in sachlichem Zusammenhang mit den voraussichtlichen Vorteilen stehen muss.

170 Sind die Beiträge der Poolmitglieder nicht entsprechend den jeweils erwarteten Vorteilen aufgeteilt worden, dh sind sie nicht fremdvergleichskonform, so sind Anpassungen im Wege von **Ausgleichszahlungen** an die zu hoch belasteten Vertragspartner vorzunehmen.[384]

Im Falle von **Gestaltungsmissbrauch** ist die Steuerverwaltung befugt, die Anerkennung des gesamten Vertrages zu versagen.[385]

171 Zu der Frage, ob neben den durch die Aktivitäten des Pools verursachten Kosten auch ein **Gewinnaufschlag** verrechnet werden darf, enthält Kapitel VIII **keine explizite Aussage.** Die OECD lässt also nicht unmittelbar erkennen, ob sie **dem Pool- oder dem Leistungsaustauschkonzept** folgt. Ersteres stellt den gesellschaftsrechtlichen Aspekt der Kostenumlagevereinbarung in den Vordergrund und räumt dem Pool eine untergeordnete Hilfsfunktion ein. Dementsprechend spricht dieses Konzept gegen die Anwendung eines Gewinnaufschlags. Der Leistungsaustauschgedanke hingegen betont die eigenständige Funktion des Pools innerhalb des Konzerns und somit das schuldrechtliche Element der Poolvereinbarung. Aus diesem Grunde lässt diese Sichtweise die Anwendung eines Gewinnaufschlags zu. Ein **Indiz für die Anerkennung des Leistungsaustauschgedankens** lässt sich aus dem Umkehrschluss zur Aussage in Tz. 8.12 der OECD-RL 2010 ableiten. Die OECD spricht sich für den Fall, dass der Pool seine Tätigkeit auf eine rechtlich selbstständige Gesellschaft auslagert, für den Ansatz eines Fremdvergleichspreises – unter Anwendung eines Gewinnaufschlages – aus. Daraus kann jedoch auch geschlossen werden, dass die Berücksichtigung eines Gewinnaufschlags unzulässig ist, wenn der Pool die Aktivität selbst ausübt.[386]

dd) Eintritts-/Austrittsgelder

172 Eine Besonderheit im Rahmen von Kostenumlageverträgen stellt der Eintritt bzw. der Austritt von Poolmitgliedern dar.

---

[380] Vgl. OECD-RL 2010, Tz. 8.4 iVm Tz. 8.19.
[381] Vgl. OECD-RL 2010, Tz. 8.20.
[382] Vgl. OECD-RL 2010, Tz. 8.19.
[383] In Tz. 8.21 wird jedoch einschränkend erläutert, dass das Beispiel über die erwarteten Umsatzerlöse ausschl. der Veranschaulichung dient und keine Präferenz für den Umsatzschlüssel andeuten soll.
[384] Vgl. OECD-RL 2010, Tz. 8.27.
[385] Vgl. OECD-RL 2010, Tz. 8.30.
[386] Vgl. auch *Borstell* Konzernumlagen, 179.

Im Falle des **Eintritts** eines neuen Vertragspartners zu einem bereits bestehenden Pool ist es denkbar, dass der Hinzutretende von den bisherigen Ergebnissen aus den Aktivitäten des Pools profitiert, ohne für diesen Vorteil einen angemessenen Beitrag gezahlt zu haben. Die OECD-RL fordert in diesem Fall als Gegenleistung für den Erwerb der Rechte eine fremdvergleichskonforme **Einstandszahlung (Buy-in Payment) des Eintretenden,** die den bisherigen Poolmitgliedern zuzurechnen ist.[387] Umgekehrt sollen die bisherigen Vertragspartner eine **Ausgleichszahlung an das neue Mitglied** entrichten, wenn jenes selber wesentliche immaterielle Vermögenswerte in den Pool einbringt.[388]

Im Falle des **Austritts** eines Mitglieds aus einem Pool soll laut OECD in 　**173** folgenden Fällen ein **Austrittsgeld (Buy-out Payment)** geleistet werden. Zum einen hat der Austretende an die Poolmitglieder eine Abfindung zu zahlen, wenn er nach nur **kurzer Zugehörigkeit** und entsprechend geringen Beiträgen den Pool verlässt, **aber weiterhin von den gewonnenen Erkenntnissen profitieren kann.**[389] Zum anderen haben die bisherigen Vertragspartner eine Austrittszahlung zu leisten, falls der Anteil des Austretenden an den bisherigen Ergebnissen auf sie übergeht, er also die von ihm mitfinanzierten Poolergebnisse in Zukunft vertraglich **nicht mehr nutzen darf.**[390]

Problematisch sind die Ausgleichszahlungen hinsichtlich evtl. anfallender **Quellensteuer.** Da die deutsche FinVerw. auf der Grundlage der OECD-RL 2010 die Zahlung der Eintritts- bzw. Austrittsabfindungen anteilig als fiktive Lizenzzahlung werten kann, besteht grds die Möglichkeit der Erhebung von Lizenz-Quellensteuer nach § 50a Abs. 1 EStG.[391]

i) Verrechnungspreisaspekte bei Umstrukturierungen der Geschäftstätigkeit

Der Steuerfachausschuss der OECD hat am **22.6.2010** das **neu erarbeite-** 　**174** te Kapitel IX zu Verrechnungspreisaspekten von Umstrukturierungen der Geschäftstätigkeit (Business Restructurings) zwischen verbundenen Unternehmen iSv Art. 9 OECD-MA verabschiedet.[392] Es beruht auf dem OECD-Diskussionspapier vom 19.9.2008, das in der 3. Auflage kommentiert wurde.[393]

Kapitel IX behandelt in vier Teilen **vier Themenschwerpunkte,**
– Zuordnung von Risiken im Konzern,
– Fremdübliche Vergütung für die Umstrukturierung der Geschäftstätigkeit als solche,

---

[387] Vgl. OECD-RL 2010, Tz. 8.31.
[388] Vgl. OECD-RL 2010, Tz. 8.32.
[389] Vgl. OECD-RL 2010, Tz. 8.34.
[390] Vgl. OECD-RL 2010, Tz. 8.34.
[391] Vgl. OECD-RL 2010, Tz. 8.23, 8.25, 8.33 und 8.35. Hierin drückt sich aus, dass Kostenumlagen im Zusammenhang mit der Nutzung immaterieller Wirtschaftsgüter eines Poolmitglieds nur dann nicht als Lizenzzahlung zu behandeln sind, wenn außer der Nutzungsmöglichkeit auch das Miteigentum eingeräumt worden ist, eine Sachverhaltskonstellation, die häufig gerade vermieden werden soll.
[392] Vgl. OECD-RL 2010, Tz. 9.1 ff.
[393] Vgl. *Borstell/Wehnert* in Vögele Verrechnungspreise, 3. Aufl. 2011, Q Rn. 779 ff.

– Fremdübliche Vergütung der Geschäftsbeziehungen, die sich nach der Umstrukturierung ergeben, und
– Anerkennung der tatsächlich durchgeführten Geschäftsvorfälle.

175 Die OECD subsumiert unter dem **Begriff** „Umstrukturierungen der Geschäftstätigkeit" bzw. „business restructuring" **jede grenzüberschreitende Verlagerung von Funktionen, Wirtschaftsgütern und/oder Risiken innerhalb einer multinationalen Unternehmensgruppe.**[394] Eine interne Umverteilung von Geschäftstätigkeiten ist oft der Hauptgrund für solche Umstrukturierungen, Geschäftsbeziehungen zu fremden Dritten oder Kündigungen bzw. Neuverhandlungen bestehender Vereinbarungen werden ebenso als Grund für Umstrukturierungen genannt. Bei einer grenzüberschreitenden Funktionsverlagerung können **wertvolle immaterielle Wirtschaftsgüter** übertragen werden,[395] ein Kernaufmerksamkeitspunkt für die beteiligten Fin-Verw.

176 **Beispielhaft** werden Abschmelzungen von Eigenhändlern zu Low Risk Distributoren oder Kommissionären, von Eigenproduzenten zu Auftrags- oder Lohnfertigern, wie auch Rationalisierungs- oder Spezialisierungsbestrebungen und die Übertragung einzelner immaterieller Wirtschaftsgüter auf eine zentrale Konzerneinheit genannt.[396] Im Hinblick auf die Anwendbarkeit der Verrechnungspreisleitlinien spielt es jedoch keine Rolle, ob die Funktionsverlagerung zu einer stärker zentralisierten oder dezentralisierten Unternehmensstruktur führt.[397] Angeführt wird, dass eine Umstrukturierung erforderlich sein kann, um die Profitabilität des Unternehmens zu wahren.[398]

177 Eines der Hauptziele des Kapitels ist es zu klären, **inwieweit der Fremdvergleichsgrundsatz** auf die Umstrukturierungen der Geschäftstätigkeit **anwendbar ist.**[399] Die OECD erkennt an, dass die Anwendung der Fremdvergleichsleitlinien sich in der Praxis aufgrund zu unterschiedlicher Unternehmensstrukturen als schwierig erweisen kann. Im Zusammenhang mit dieser konzeptionellen Problematik hat die OECD versucht, realistische **und angemessen pragmatische Lösungsansätze** zu entwickeln.[400]

Bereits in der Einleitung zum Kapitel IX stellt die OECD klar, dass das Kapitel lediglich auf Geschäftsvorfälle im Regelungskreis des Art. 9 OECD-MA anzuwenden sei. Für **Betriebsstättensachverhalte** (Art. 7 OECD-MA) sollen diese Regelungen nicht maßgeblich sein, da diesbezüglich der Betriebsstättenbericht der OECD vom 22. Juli 2010 einschlägig ist. Im Bezug auf den AOA wird ausgeführt, dass dieser für Tatbestände des Art. 7 OECD-MA entwickelt wurde und dass die Regelungen des Art. 9 OECD-MA vom AOA unabhängig seien.[401]

Es sei an dieser Stelle angemerkt, dass das OECD Kapitel IX in seiner inhaltlichen Breite **teilweise erheblich über die deutschen Regelungen**

---

[394] Vgl. OECD-RL 2010, Tz. 9.1.
[395] Vgl. OECD-RL 2010, Tz. 9.1.
[396] Vgl. OECD-RL 2010, Tz. 9.2.
[397] Vgl. OECD-RL 2010, Tz. 9.3.
[398] Vgl. *Baumhoff/Puls* IStR 2009, 73 ff.
[399] Vgl. OECD-RL 2010, Tz. 9.6.
[400] Vgl. OECD-RL 2010.
[401] Vgl. OECD-RL 2010, Tz. 9.7, ferner 9.21.

hinausgeht, insgesamt aber eher grundsätzlich und deshalb weniger konkret als die deutschen Regelungen ist.

aa) Zuordnung von Risiken im Konzern (Teil 1)

Nach den Ausführungen der RL führen Umstrukturierungen der Ge- **178** schäftstätigkeit zu einer Umverteilung von Risiken zwischen verbundenen Unternehmen. Diese Risikoverteilung zwischen einzelnen Unternehmensteilen hat einen entscheidenden Einfluss auf die spätere Gewinnverteilung. Während lokale Konzerneinheiten oft zu Unternehmen mit geringeren Risiken, aber in der Regel stabileren Gewinnen umstrukturiert werden, übernehmen andere Konzernunternehmen durch die Umstrukturierungen unternehmerische Risiken und erhalten Anspruch auf den Residualgewinn.[402]

Die OECD stellt in ihrem Kapitel klar, dass sie die **vertraglich verein-** **179** **barte Risikoverteilung** im Konzern – und damit auch im Fall einer Funktionsverlagerung – anerkennt, soweit diese auch **dem wirtschaftlichen Gehalt** der zugrunde liegenden Geschäftsbeziehungen **entspricht.** Die vertragliche Regelung bildet also die wirtschaftliche Realität ab, kann diese aber nicht ersetzen („substance over form").[403]

Die Überprüfung der zwischen den Unternehmen geschlossenen Vertrags- **180** bedingungen stellt den ersten Schritt in der Untersuchung der Risikoverteilung dar. Die Steuerbehörde muss aber prüfen, ob die vertraglich festgelegte Risikoaufteilung im Konzern auch **tatsächlich eingehalten** wird.[404]

Ist bspw. das Währungsrisiko in einer Geschäftsbeziehung zwischen Produ- **181** zent und Vertriebseinheit der Vertriebseinheit zugewiesen, darf de facto der Verrechnungspreis nicht regelmäßig um Währungsschwankungen angepasst werden und so die Vertriebseinheit von derartigen Effekten freigestellt werden. Als weitere Beispiele nennt die OECD die Zuordnung der Lagerhaltungsrisiken, die nach der RL bei dem Konzernunternehmen faktisch zu vermuten sind, welches evtl. Abschreibungen auf den Lagerbestand steuerlich geltend macht. Schließlich sollen die Forderungsausfallrisiken – etwa im Fall von uneinbringlichen Forderungen – regelmäßig beim Vertriebsunternehmen liegen. Gleichwohl kann, unabhängig von der vertraglichen Regelung, eine abweichende Zuweisung angebracht sein, etwa, wenn das Vertriebsunternehmen Kompensationszahlungen für erlittene Forderungsausfälle erhält oder Provisionen sich primär am Umsatz orientieren.[405]

Weiterhin muss erörtert werden, ob die **Risikoaufteilung** dem **Fremd-** **182** **vergleichsgrundsatz** entspricht. Es ist wünschenswert, eine Risikoverteilung zu finden, wie sie sich unmittelbar auch bei fremden Dritten beobachten lässt.[406] Jedoch erkennt die OECD an, dass es zwischen verbundenen Unternehmen Strukturen und Geschäftsbeziehungen geben kann, die zwischen fremden Dritten kaum anzutreffen sind. Nur weil eine bestimmte Risikoverteilung **nicht unter unabhängigen Unternehmen beobachtet** werden kann, kann daraus nicht abgeleitet werden, dass der Fremdvergleichsgrundsatz

---

[402] Vgl. OECD-RL 2010, Tz. 9.10.
[403] Vgl. OECD-RL 2010, Tz. 9.11, 9.12.
[404] Vgl. OECD-RL 2010, Tz. 9.13.
[405] Vgl. OECD-RL 2010, Tz. 9.14–9.16.
[406] Vgl. OECD-RL 2010, Tz. 9.18.

nicht eingehalten worden ist.[407] Die Beurteilung der Fremdüblichkeit einer Risikoaufteilung soll sich insbesondere nach zwei Faktoren richten: einerseits danach, welche Partei verhältnismäßig mehr Kontrolle über das Risiko hat, sowie andererseits die finanzielle Fähigkeit zur Übernahme des finanziellen Risikos. Weitere verbindliche Kriterien festzulegen, erscheint der OECD nicht allgemein möglich.[408] Die OECD stellt ausdrücklich klar, dass es **nicht beabsichtigt** ist, die **Grundsätze des AOA** bzw. des Regelungskreises des Art. 7 OECD-MA auf Sachverhalte des Art. 9 OECD-MA **anzuwenden,** insbesondere die Verknüpfung von Risikozurechnung mit der Kapitalzuordnung und den significant people functions. Für den Art. 9 OECD-MA gelte vielmehr ein anderer analytischer Rahmen, der sich an den (vereinbarten und tatsächlich durchgeführten) vertraglichen Risikozuordnungen orientiere.[409]

183   Nach Ansicht der OECD lässt sich die Übernahme von Risiken insb. an der Möglichkeit der **Kontrolle von Risiken, dh** der **Entscheidungskompetenz,** ein Risiko einzugehen, es zu steuern und somit die wirtschaftlichen Konsequenzen zu tragen, festmachen. Demjenigen Unternehmen, das mehr Kontrolle über ein Risiko ausübt, sollte in der Regel auch ein Mehr an Risiko zugewiesen werden. Wesentlich für die Fähigkeit zur Übernahme von Kontrolle sind Personen (Beschäftigte oder Geschäftsleiter) in den jeweiligen Unternehmenseinheiten, die dieses Risiko aktiv managen (Befugnis und tatsächliche Wahrnehmung zur Ausübung von Kontrollfunktionen).[410]

184   **Nicht möglich** nach Auffassung der OECD ist es dagegen, solche Kontrollprozesse vertraglich **vollständig auf fremde Dritte zu verlagern** und trotzdem die Risikotragung in vollem Umfang zu behalten. Zwar können tagtägliche Aufsichts- und Verwaltungsaufgaben ausgelagert werden, jedoch ist es erforderlich, dass das verlagernde Unternehmen die Resultate des externen Leistungsanbieters beurteilen und bewerten kann, um Kontrolle über das Risiko zu behalten.[411]

185   Zudem muss das Unternehmen im Zeitpunkt der Umstrukturierung die **finanziellen Fähigkeiten** besitzen, das vertraglich festgelegte Risiko zu tragen. Ist dies nicht der Fall, kann bezweifelt werden, dass die Risikoverteilung fremdvergleichskonform ist.[412] Die OECD betont jedoch auch, dass es nicht zwangsläufig nötig ist, finanziell alle Folgen eines Risikos abzudecken, sondern dass es wichtiger ist, die finanziellen Fähigkeiten zu besitzen, um sich gegen die Folgen des Risikoeintritts zu schützen. Weiterhin wird erwähnt, dass nicht automatisch das Unternehmen mit dem höheren Kapitalisierungsgrad die Verantwortung für das Risiko übernimmt, nur weil das Unternehmen am ehesten in der Lage wäre, das Risiko finanziell abzudecken.[413]

186   Es ist außerdem wichtig zu ermitteln, ob eine fremdübliche **Risikoverteilung** auch **tatsächlich stattfindet,** dh das Unternehmen, dem das Risiko vertraglich zugewiesen wird, auch die Kosten für die Verwaltung bzw. Absi-

---

[407] Vgl. OECD-RL 2010, Tz. 9.19.
[408] Vgl. OECD-RL 2010, Tz. 9.20.
[409] Vgl. OECD-RL 2010, Tz. 9.21.
[410] Vgl. OECD-RL 2010, Tz. 9.22, 9.23.
[411] Vgl. OECD-RL 2010, Tz. 9.24.
[412] Vgl. OECD-RL 2010, Tz. 9.30.
[413] Vgl. OECD-RL 2010, Tz. 9.32.

cherung des Risikos übernimmt und im Gegenzug eine mit dem Risiko verbundene höhere Gewinnerwartung erhält. Sind diese Folgen bei dem Unternehmen, auf das das Risiko übertragen wurde, nicht festzustellen, kann die Fremdvergleichskonformität bezweifelt werden.[414]

Letztlich muss das Risiko auch **wirtschaftlich erheblich** sein, damit es **187** nach dem Fremdvergleichsgrundsatz in die Bewertung der Risiken einfließen kann. Ein Risiko ist dann wirtschaftlich erheblich, wenn es mit einem wesentlichen Gewinnpotenzial verbunden ist. Dies hängt im Einzelnen vom Ausmaß des Risiko, der Wahrscheinlichkeit des Risikoeintritts, der Prognostizierbarkeit sowie der Möglichkeit einer Absicherung ab.[415]

Eine **gewählte Risikoverteilung** ist zusammenfassend **als fremdüblich 188 anzuerkennen,** wenn das Unternehmen, dem das Risiko zugewiesen wird,
– einen bedeutenden Anteil an der Kontrolle des Risikos hat, dh über Personen verfügt, die befugt sind, über die Übernahme des Risikos zu entscheiden, das Risiko tatsächlich beaufsichtigen und verwalten bzw. bei extern ausgelagerten Aufsichts- und Verwaltungsaufgaben die Ergebnisse der eingeschalteten Leistungsanbieter beurteilen,
– finanziell fähig ist, das Risiko zu tragen bzw. sich vor den Folgen des Eintritts abzusichern,
– die mit der Verwaltung und Absicherung des Risikos verbundenen Kosten trägt,
– die Aufwendungen trägt, die aus dem Eintritt des Risikos resultieren, und
– hierfür durch einen höheren erwarteten Ertrag entgolten wird.

bb) Fremdübliche Vergütung für die Umstrukturierung der Geschäftstätigkeit als solche (Teil 2)

Eine Umstrukturierung von Geschäftstätigkeiten kann zur Übertragung **189** von wertvollen immateriellen Wirtschaftsgütern führen, ebenso wie zur Kündigung oder Neuverhandlung von bestehenden Vereinbarungen.[416] Würden fremde unabhängige Dritte diese Vereinbarungen nicht so untereinander treffen, dürfen die Gewinne jedes verbundenen Unternehmens so besteuert werden, als ob die Unternehmen die Vereinbarungen nicht getroffen hätten.[417]

Sollten **keine Geschäftsvorfälle identifizierbar** sein, **die** mit den im **190** Rahmen der Umstrukturierung stattfindenden Geschäftsvorfällen **vergleichbar sind,** so stellt die OECD zunächst fest, dass dies nicht dahingehend ausgelegt werden darf, dass die Umstrukturierung schon aus diesem Grund als nicht fremdvergleichskonform angesehen wird.[418] Zur **Überprüfung der Fremdvergleichskonformität** sollten vielmehr dann die folgenden Fakten geprüft werden:
– Die Geschäftsvorfälle, die die Umstrukturierung ausmachen, ein Vergleich von Funktionen, Wirtschaftsgütern und Risiken vor und nach der Umstrukturierung,
– eine Prüfung der wirtschaftlichen Gründe für die Umstrukturierung und der erwarteten Vorteile einschließlich möglicher Synergien, sowie

---

[414] Vgl. OECD-RL 2010, Tz. 9.39.
[415] Vgl. OECD-RL 2010, Tz. 9.41.
[416] Vgl. OECD-RL 2010, Tz. 9.48.
[417] Vgl. OECD-RL 2010, Tz. 9.49.
[418] Vgl. OECD-RL 2010, Tz. 9.52.

– eine Prüfung von Alternativen, die den verbundenen Unternehmen realistischerweise zur Verfügung gestanden hätten.[419]

191   Um festzustellen, ob im Rahmen einer Umstrukturierung eine Entschädigung zu zahlen ist, müssen zunächst die **Geschäftsvorfälle identifiziert werden,** die Teil des Restrukturierungsprozesses sind. Für diese sind dann Funktionen, Risiken und Wirtschaftsgüter vor und nach der Umstrukturierung zu vergleichen. Als Ansatzpunkt werden hierfür von der OECD die Rechte und Pflichten der Unternehmen genannt, wie sie sich aus bestehenden Verträgen bzw. aus zwingenden schuldrechtlichen oder handelsrechtlichen Regelungen ergeben.[420] Liegen keine Informationen über vergleichbare Vereinbarungen zwischen fremden Dritten vor, so müssen Vereinbarungen **hypothetisch ermittelt** werden, die fremde Dritte unter gleichen Umständen getroffen hätten. Hierbei ist jedoch darauf zu achten, dass die Rechte und Pflichten nicht aufgrund von nachträglich gewonnenen Erkenntnissen bewertet werden.[421]

192   Die OECD erkennt an, dass Umstrukturierungen der Geschäftstätigkeit in der zunehmend globalisierten Wirtschaft aus einer Vielzahl **von wirtschaftlichen und geschäftlichen Gründen** erforderlich sein können. Sind erhoffte **Synergieeffekte** ein Hauptgrund für Umstrukturierungen, so ist es ratsam, Unterlagen zusammenzustellen, die zum Zeitpunkt der Restrukturierungsentscheidung die Annahmen und Details der erwarteten Synergieeffekte dokumentieren.[422] Gleichwohl liefern Synergieeffekte nicht zwangsläufig höhere Erträge verglichen mit den Ergebnissen vor der Umstrukturierung, vor allem dann, wenn nur durch eine Umstrukturierung die Wettbewerbsfähigkeit überhaupt gewahrt und das frühere Ergebnisniveau verteidigt werden kann. Außerdem kann es Fälle geben, in denen erwartete Synergieeffekte letztlich ausbleiben oder gar in Mehrkosten und Effizienzeinbußen münden.[423]

193   Unabhängige Unternehmen vergleichen die Bedingungen eines potenziellen Geschäftsvorfalls mit den **realistischerweise zur Verfügung stehenden Alternativen** (options realistically available – „ORA") und tätigen Geschäftsvorfälle nur dann, wenn sich ihnen keine eindeutig attraktiveren Alternativen bieten. Um Fremdvergleichskonformität gewährleisten zu können, bietet es sich an, zu prüfen, dass eine geplante Umstrukturierung nicht zu einem schlechterem Ergebnis führt als die nächstbeste Alternativmöglichkeit (best alternative to negotiated agreement – „BATNA").[424] Im Zusammenhang mit dem Umfang der zu untersuchenden Informationsquellen merkt die OECD einschränken an, dass nicht etwa jegliche, realistischerweise zur Verfügung stehende Alternative auszuwerten sei, sondern dass nur, wenn eine eindeutig vorteilhaftere Alternative besteht, diese in der Beurteilung Berücksichtigung findet.[425]

194   Nach Auffassung der OECD verlangt der Fremdvergleichsgrundsatz **nicht,** dass ein verringertes **zukünftiges Gewinnpotential per se vergütet**

---

[419] Vgl. OECD-RL 2010, Tz. 9.52.
[420] Vgl. OECD-RL 2010, Tz. 9.54.
[421] Vgl. OECD-RL 2010, Tz. 9.56.
[422] Vgl. OECD-RL 2010, Tz. 9.57.
[423] Vgl. OECD-RL 2010, Tz. 9.58.
[424] Vgl. OECD-RL 2010, Tz. 9.59.
[425] Vgl. OECD-RL 2010, Tz. 9.64.

wird.[426] Vielmehr geht es nach Auffassung der OECD darum zu identifizieren, inwiefern eine Umstrukturierung mit der Übertragung von werthaltigen Rechten bzw. sonstigen Wirtschaftsgütern oder mit der Kündigung bzw. wesentlichen Neuverhandlung bestehender Vereinbarungen verbunden ist, und ob diese Übertragung, Kündigung oder Neuverhandlung zwischen unabhängigen Unternehmen unter vergleichbaren Verhältnissen vergütet würde.[427]

Gemäß der RL kann der Anspruch auf Entschädigung nicht lediglich auf **195** der Annahme beruhen, dass die vor der Umstrukturierung der Geschäftstätigkeit bestehenden Vereinbarungen **über eine unbestimmte Zeit** hinweg **fortgesetzt** würden. Vielmehr besitzt ein Unternehmen, das zum Zeitpunkt der Umstrukturierung über keine erkennbaren Rechte bzw. sonstige Wirtschaftsgüter verfügt, die ein dauerhaftes Gewinnpotential begründen, kein vergütungspflichtiges Gewinnpotenzial.[428]

Die OECD erkennt die Notwendigkeit zu prüfen, ob der Übergang von **196** einer grundsätzlich **profitableren, aber risikoreichen Funktion zu** einer **risikoärmeren, aber** mit **stabiler Gewinnerwartung** ausgestatteten Funktion unter fremden Dritten zu einem Entschädigungsvorgang führt. Eine Grundaussage dazu, ob, und wenn ja, wann eine solche Verlagerung zu vergüten sei, trifft die OECD nicht. Dies sei von den genauen Gegebenheiten des Einzelfalls abhängig, wobei hier der historischen Entwicklung wie auch den Erwartungen für die künftige Entwicklung eine erhebliche Bedeutung beigemessen wird. Sofern mit einer erheblichen Veränderung im geschäftlichen oder wirtschaftlichen Umfeld zu rechnen ist, ist diese im Rahmen der realistischerweise zur Verfügung stehenden Alternativen mit in die Beurteilung einzubeziehen.[429]

Generell stellt die OECD bei den diskutierten **Bewertungsfragen Prin- 197 zipalmodelle in den Mittelpunkt.** Während **materielle** Wirtschaftsgüter, mit Ausnahme der Bewertung übergehender Vorräte, kaum schwierige Verrechnungspreisfragen aufwerfen,[430] ist die Bewertung von immateriellen Wirtschaftsgütern regelmäßig mit großen Schwierigkeiten behaftet.[431] Die Identifizierung aller **immateriellen** Vermögensgegenstände spielt eine wichtige Rolle um feststellen zu können, ob und welchen Preis fremde Dritte für die Übertragung dieser Vermögensgegenstände im Rahmen einer Umstrukturierung bezahlt hätten.[432]

Die OECD erkennt an, dass eine Umstrukturierung von Geschäftstätigkei- **198** ten auch mit der Übertragung eines Geschäftsbereichs als Ganzem, dh eines vollständig funktionierenden, wirtschaftlich integriertem Unternehmensbereichs, verbunden sein kann. Diesem Unternehmensbereichen kann nach Auffassung der OECD ein geschäftswertähnlicher „Goodwill" zugeordnet

---

[426] Vgl. OECD-RL 2010, Tz. 9.65. Hierin liegt im Übrigen auch der wesentliche Unterschied zwischen der Umstrukturierung der Geschäftstätigkeit nach dem Verständnis der OECD und den Funktionsverlagerungsregelungen des deutschen Gesetzgebers. Vgl. dazu iE R Rn. 1 ff.
[427] Vgl. OECD-RL 2010, Tz. 9.65.
[428] Vgl. OECD-RL 2010, Tz. 9.67.
[429] Vgl. OECD-RL 2010, Tz. 9.71–9.73.
[430] Vgl. OECD-RL 2010, Tz. 9.75 ff.
[431] Vgl. OECD-RL 2010, Tz. 9.80 ff.
[432] Vgl. OECD-RL 2010, Tz. 9.80.

werden, wenn es sich um die Übertragung eines „**ongoing concern**"[433] handelt, der wiederum als ein Bündel von Vermögensgegenständen und Verbindlichkeiten sowie den dazu gehörigen Risiken definiert wird.[434] Um eine hierin enthaltene Goodwill-Komponente zu erfassen, will die OECD Bewertungsmethoden, wie bei Unternehmenskäufen üblich, heranziehen, ohne jedoch auf einzelne Bewertungskriterien oder -verfahren näher einzugehen.[435]

199   Die OECD erkennt an, dass es Fälle geben kann, in denen bei der Übertragung einer **verlustträchtigen Funktion** eine **Ausgleichszahlung an die übernehmende Gesellschaft** zu leisten ist.[436]

200   In den von der OECD als „**Outsourcing**" betitelten Fällen, in denen bspw. einzelne Produktionsschritte auf einen Auftragsfertiger ausgelagert werden, spricht sich die OECD dafür aus, dass Ausgleichszahlungen an die übertragende Unternehmenseinheit regelmäßig nicht fremdüblich sind, wenn die erwarteten Kostenvorteile aus einem günstigeren Einkauf der Produkte (verglichen zur Eigenproduktion) die Umstrukturierungskosten übersteigen.[437]

201   Was eine mögliche Entschädigung der übertragenden Unternehmenseinheit insb. auch im Zusammenhang mit der **Kündigung oder wesentlichen Neuverhandlung von bestehenden Verträgen** betrifft, so sieht die OECD auch hier **keinen Entschädigungsanspruch per se,** sondern fordert wiederum eine eingehende Analyse des Sachverhalts und der Umstände zum Zeitpunkt der Umstellung. Dies beinhaltet auch die Frage, ob die vertragliche Vereinbarung bereits eine Entschädigungsklausel vorsieht und ob diese fremdüblich ist.[438]

202   Laut **OECD** sollen **Entschädigungen** immer dann fremdüblich sein, wenn dem Unternehmen als Folge der Umstrukturierung Nachteile bzgl. Gewinnpotential, Kauf- bzw. Verkaufspreisen, Wertverlusten oder Rechten entstehen.[439] Sofern ein Vertrag vorliegt, in dem eine Entschädigungsklausel schriftlich festgelegt wurde, ist diese Klausel bei Kündigung oder Neuverhandlung einzuhalten, es sei denn, eine Auflösung der Klausel liegt im Interesse beider Unternehmen.[440]

cc) Fremdübliche Vergütung der Geschäftsbeziehungen, die sich nach der Umstrukturierung ergeben (Teil 3)

203   Kerninteresse der OECD ist, eine **einheitliche Anwendung** des Fremdvergleichsgrundsatzes zu gewährleisten, sowohl für Geschäftsbeziehungen, die

---

[433] Nach den Maßstäben des deutschen Steuerrecht gleichzusetzen einem Betrieb oder Teilbetrieb, für die das deutsche Steuerrecht bereits den Ansatz eines Goodwills bei Veräußerung kennt (§ 16 EStG). Das Rechtsgebilde der Funktion iSd Funktionsverlagerungsregelungen ist daher in diesen Fällen nicht notwendig, um ein Goodwillelement über die fremdvergleichskonformen Ansätze für einzelne übertragene Wirtschaftsgüter hinaus besteuern zu können.

[434] Vgl. OECD-RL 2010, Tz. 9.93.

[435] Vgl. OECD-RL 2010, Tz. 9.94.

[436] Vgl. OECD-RL 2010, Tz. 9.97.

[437] Vgl. OECD-RL 2010, Tz. 9.99.

[438] Vgl. OECD-RL 2010, Tz. 9.100 ff., insb. Tz. 9.103.

[439] Vgl. OECD-RL 2010, Tz. 9.102.

[440] Vgl. OECD-RL 2010, Tz. 9.104.

aus Funktionsverlagerungen entstanden sind, wie für solche, die von Beginn
an in dieser Weise strukturiert wurden.[441]

Die OECD greift diesen Themenkomplex auf, weil sich der Unterschied **204**
zwischen umstrukturierten und schon immer so bestehenden Geschäftstätigkeiten zwar im Regelfall nicht auf die Bepreisung der Geschäftsbeziehung als
solche auswirkt, wohl aber **die Vorgeschichte sich** auf andere Elemente der
Fremdvergleichbarkeit **auswirken kann.** Strukturiert bspw. ein Unternehmen
um und verhandelt den Vertrag mit einem bisher erfolgreichen Vertriebsunternehmen neu, so kann der Vertrag aufgrund der früheren erfolgreichen Geschäftsbeziehung auf eine Probezeit verzichten, während fremde Dritte, die
keine vorangehenden Geschäftsbeziehungen pflegen, eine Probezeit üblicherweise in den Vertrag einbezogen hätten.[442]

Auch kann die Geschäftstätigkeit der übertragenden Unternehmenseinheit **205**
im Zeitraum vor Funktionsverlagerung (zB als Eigenhändler) **Nachwirkungen auf den Zeitraum nach Funktionsverlagerung** haben, in dem die
Unternehmenseinheit in einem anderen Funktionsprofil (zB als Low Risk
Distributor) agiert. Hier führt die OECD beispielhaft Marketing- und Werbeaktionen an, aber auch ein Forderungsausfallrisiko. Aus Sicht der OECD muss
hier klar abgegrenzt und geregelt werden, ob und welche Konsequenzen das
alte Funktionsprofil und seine Veränderung bei und für die Zeit nach der Restrukturierung hat, zB wie ein vor der Restrukturierung entstandenes Marketing Intangible nach der Restrukturierung bei der Preisbildung behandelt
wird.[443]

Die OECD betont, dass bei der Auswahl der Verrechnungspreismethode **206**
eine **Funktions- und Risikoanalyse** erforderlich ist, um die Verteilung der
relevanten Funktionen und insbesondere Risiken nach der Funktionsverlagerung zu bestätigen. Die **Auswahl der Methoden** für wiederkehrende Geschäftsbeziehungen folgt der generellen Methodenhierarchie der OECD.[444]

Laut OECD ist es den an einer Funktionsverlagerung beteiligten Unter- **207**
nehmenseinheiten freigestellt, eine für die Verlagerung selbst fällige Vergütung als **Einmalzahlung oder** im Rahmen der Verrechnung **über** einen
entsprechend **adjustierten Verrechnungspreis** zu gestalten. Insofern können Verrechnungspreise für laufende Geschäftsbeziehungen durch entsprechende Berücksichtigung eines Entgeltanteils für die Verlagerung von an sich
fremdüblichen und ggf. sogar am Markt beobachtbaren Preisen abweichen.[445]
Die Ermittlung der jeweiligen Beträge soll zur Prüfung durch die FinVerw.
nachvollziehbar sein.[446]

Oftmals liegen die Gründe für eine Funktionsverlagerung in der Erzielung **208**
von Kostenvorteilen, bspw. durch eine kostengünstigere Produktion im Ausland.[447] Inwieweit **Standortvorteile** in solchen Fällen in die Vergütung laufender Geschäftsbeziehungen zu einem Auftragsfertiger einbezogen werden, will

---

[441] Vgl. OECD-RL 2010, Tz. 9.123.
[442] Vgl. OECD-RL 2010, Tz. 9.127.
[443] Vgl. OECD-RL 2010, Tz. 9.130, 9.131.
[444] Vgl. OECD-RL 2010, Tz. 9.133–9.138.
[445] Vgl. OECD-RL 2010, Tz. 9.140.
[446] Vgl. OECD-RL 2010, Tz. 9.141.
[447] Vgl. OECD-RL 2010, Tz. 9.148.

die OECD von den der übertragenden Unternehmenseinheit **zur Verfügung stehenden Handlungsalternativen** abhängig machen. Je wettbewerbsintensiver der Markt für die ausgelagerte Funktion ist, dh je mehr potentielle Alternativen die übertragende Unternehmenseinheit hat, so die OECD, um so eher wird sie in der Lage sein, den Standortvorteil für sich zu vereinnahmen.[448]

dd) Anerkennung der tatsächlich durchgeführten Geschäftsvorfälle (Teil 4)

209   Die OECD-RL erkennen die **unternehmerische Dispositionsfreiheit** auch für multinationale Unternehmen an. Steuerverwaltungen haben nicht das Recht, in einem bestimmten Land eine bestimmte Struktur an geschäftlicher Präsenz vorzuschreiben. Den Unternehmen steht es frei, ihre Geschäftstätigkeit in ihrem eigenen besten kommerziellen und wirtschaftlichen Interesse – einschließlich steuerlicher Gesichtspunkte – zu strukturieren. Die Steuerverwaltungen haben die steuerlichen Folgen auf Basis der umgesetzten geschäftlichen Struktur zu ziehen.[449]

Die OECD misst der **Überprüfung des tatsächlichen Verhaltens** der an einer Umstrukturierung der Geschäftstätigkeit beteiligten Unternehmenseinheiten große Bedeutung bei.[450] Eine Überprüfung der für die Zeit nach einer Umstrukturierung vereinbarten Geschäftsbedingungen alleine reicht laut OECD nicht aus. Bei erheblichen Abweichungen, und nur dann, soll es der jeweiligen FinVerw. erlaubt sein, die vereinbarten Geschäftsbedingungen umzuqualifizieren und entsprechende Anpassungen vorzunehmen. Gleiches soll gelten, wenn die vereinbarten Bedingungen offenkundig von solchen abweichen, die fremde Dritte in einer vergleichbaren Situation vereinbart hätten.[451]

210   Die Feststellung, dass ein konzerninterner Geschäftsvorfall nicht wirtschaftlich sinnvoll („economically rational") ist, sollte nur mit äußerster Vorsicht getroffen werden.[452] Um die **wirtschaftliche Sinnhaftigkeit einer Umstrukturierung** zu ermitteln, rät die OECD dazu, die Umstrukturierung in ihrer Gesamtheit zu bewerten, anstatt speziell nur die Umstrukturierung des einzelnen Tochterunternehmens zu betrachten.[453] Dennoch ist für die Einhaltung des Fremdvergleichsgrundsatzes **die Beachtung des Konzerns als Gesamtheit nicht ausreichend,** da eine Umstrukturierung der Geschäftstätigkeit auch **auf der Ebene jedes einzelnen Steuerpflichtigen** zu fremdüblichen Bedingungen vorgenommen werden muss.[454]

Schließlich bestätigt die OECD ausdrücklich, dass eine Umstrukturierung nicht schon deshalb als nicht als fremdvergleichskonform zu qualifizieren ist, weil eine **Erzielung steuerlicher Vorteile** angestrebt wird. Vielmehr ist es wirtschaftlich rational, eine Restrukturierung vorzunehmen, wenn dies zu Steuervorteilen führt.[455]

211–220   *(einstweilen frei)*

---

[448] Vgl. OECD-RL 2010, Tz. 9.149 ff.

[449] Vgl. OECD-RL 2010, Tz. 9.163.

[450] Vgl. OECD-RL 2010, Tz. 9.165.

[451] Vgl. OECD-RL 2010, Tz. 9.168, 9.169.

[452] Vgl. OECD-RL 2010, Tz. 9.171.

[453] Vgl. OECD-RL 2010, Tz. 9.177.

[454] Vgl. OECD-RL 2010, Tz. 9.178.

[455] Vgl. OECD-RL 2010, Tz. 9.181 f.

III. Initiativen der OECD zur Weiterentwicklung der OECD-Richtlinien

Die OECD unternimmt seit Jahren intensive Anstrengungen, ihre beste- **221** henden Empfehlungen zu Verrechnungspreisen (und zur Betriebstättenabgrenzung) ständig weiterzuentwickeln und Rechtsfragen mit abzudecken, die in der Vergangenheit noch nicht als Problemfeld im Vordergrund standen. Am Ende soll eine vollständige Überarbeitung und Ergänzung der bisherigen OECD-RL 2010 stehen.

1. Überarbeitung von Kapitel VI: Verrechnungspreisaspekte von immateriellen Wirtschaftsgütern

a) Ausgangslage und Projektstatus

Die derzeitige Fassung von Kapitel VI der OECD-RL „**Immaterielles** **222** **Eigentum**"[456] geht zurück auf die Erstveröffentlichung des Kapitels im März 1996. Nicht wesentlich aktueller ist das im Juni 1997 veröffentlichte Kapitel VIII „**Kostenumlageverfahren**", das u. a. Aspekte der Entwicklung immaterieller Wirtschaftsgüter durch mehrere Beteiligte enthält. Der OECD ist bewusst, dass die Kapitel VI und VIII der OECD-RL 2010 nicht mehr die rasant gestiegene Bedeutung immaterieller Werte im Wirtschaftsleben reflektieren. Darüber hinaus wurde in den vergangenen Jahren zunehmend die Frage aufgeworfen, ob die Definition des immateriellen Eigentums bzw. des immateriellen Wirtschaftsgutes noch zeitgemäß ist, um die für Verrechnungspreisfragen bedeutenden Aspekte abzudecken. Nicht zuletzt die Aktualisierungen der Kapitel I–III sowie die Entwicklung des neuen Kapitels IX haben zusätzlich verdeutlicht, dass dringender Handlungsbedarf hinsichtlich einer grundlegenden Überarbeitung der Aspekte zu immateriellem Eigentum besteht.

Nach Abschluss der Überarbeitung bzw. Neufassung der Kapitel I–III bzw. **223** IX und Veröffentlichung iRd OECD-RL 2010 hat die OECD zur Einreichung von Empfehlungen über die Inhalte eines zu initiierenden Projektes zu immateriellen Wirtschaftsgütern eingeladen. Im Januar 2011 folgte der offizielle Start des Projektes zur Überarbeitung von Kapitel VI (sowie ggf. von Kapitel VIII „Kostenumlagevereinbarungen", sofern hierzu im Verlauf des Projektes Bedarf erkennbar werden sollte[457]).[458] Das hierzu veröffentlichte **Scoping Document** benennt als Themenschwerpunkte:
– Festlegung eines Prozesses zur Analyse der Auswirkungen immaterieller Werte auf die Bestimmung von Verrechnungspreisen;
– Klärung von Definitionen zu immateriellen Werten, insbesondere auch im Hinblick auf Restrukturierungen (Kapitel IX der OECD-RL 2010);

---

[456] Vgl. hierzu ausführlich Rn. 155 ff.
[457] Vgl. hierzu auch die Arbeiten des EUJTPF an Kostenumlagevereinbarungen für Dienstleistungen ohne Entwicklung immaterieller Werte, Bericht vom 7. Juni 2012.
[458] Vgl. OECD, Transfer Pricing and Intangibles: Scope of the OECD Project, 25. Januar 2011, www.oecd.org.

– spezielle immaterielle Werte sowie Fragen zur Abgrenzung immaterieller
Werte und der Erbringung von Dienstleistungen (Kapitel VII der OECD-
RL 2010) sowie den Definitionen zu Lizenzvereinbarungen (Artikel 12 des
OECD-MA);
– Übertragung von immateriellen Werten;
– Ermittlung der Ergebnisanteile aus immateriellen Werten, die sich nicht in
eigenem Besitz befinden;
– Abgleich mit und ggf. nachfolgende Anpassung von Kapitel VIII der
OECD-RL 2010 „Kostenumlagen";
– Bewertung.

224 Fragen der Ergebnisabgrenzung zwischen **Stammhaus** und **Betriebsstätte** werden iRd Projektes nicht bearbeitet. Es werden hierzu auch künftig
die mit dem **Betriebsstättenbericht 2010**[459] veröffentlichten Grundsätze
gelten.

225 Die OECD hat zunächst zwei Vorschläge für die Neufassung von Kapi-
tel VI OECD-RL veröffentlicht, einen **Discussion Draft** (nachfolgend
„DD")[460] und einen **Revised Discussion Draft** (nachfolgend **„Revised-
DD")**.[461] Der RevisedDD erweiterte die Vorschläge auf Präzisierungen hin-
sichtlich der Qualifizierung und des Einflusses immaterieller Werte in den
Kapiteln I und II der OECD-RL 2010. Zu beiden Entwürfen wurden zahl-
reiche schriftliche Kommentare und Hinweise von Interessenvertretern und
Experten bei der OECD eingereicht, Darüber hinaus fanden wiederholt
Konsultationen mit Vertretern aus Wirtschaft, Beratung und Finanzbehörden
statt.

Der ursprüngliche Zeitplan zum Abschluss der Arbeiten und Veröffentlichung des überarbeiteten Kapitels VI bis zum Ende des Jahres 2013 konnte
nicht eingehalten werden. Dies liegt insb. Revision von Kapitel VI inzwischen Bestandteil der weiter gefassten Arbeiten in Bezug auf grenzüberschreitende Gewinnverlagerungen (**„BEPS-Project")** ist.[462] Der Aktionsplan des
BEPS-Projects sieht als **Action Item 8** eine zweistufige Änderung der Verrechnungspreisbestimmungen zu immateriellen Werten vor mit Veröffentlichung der Arbeitsergebnisse im September 2014 und im September 2015.[463]
Am 16. September 2014 ist die erste Veröffentlichung als 2014 Deliverable
erfolgt (nachfolgend mit **„OECD-RL Kapitel VI (2014 Guidance)"** bezeichnet).[464] Die OECD-RL Kapitel VI (2014 Guidance) enthalten sowohl
finale Aussagen als auch vorläufige Erläuterungen, die im weiteren Verlauf des
BEPS-Projects überprüft und entsprechend der weiteren Arbeitsergebnisse

[459] Vgl. OECD, Report on the Attribution of Profits to Permanent Establishments,
22. Juli 2010, www.oecd.org.
[460] Vgl. OECD, Revision of the Special Considerations for Intangibles in Chapter
VI of the OECD Transfer Pricing Guidelines and related Provisions, Discussion Draft,
6. Juni 2012, www.oecd.org.
[461] Vgl. OECD, Revised Discussion Draft on Transfer Pricing Aspects of Intangibles,
30. Juli 2013, www.oecd.org.
[462] Vgl. OECD, Base Erosion and Profit Shifting Project of OECD (BEPS-Project),
G20 declaration, 19. Juni 2012, www.oecd.org.
[463] Vgl. Aktionsplan der OECD vom 19. Juli 2013, www.oecd.org.
[464] Vgl. OECD (2014), Guidance on Transfer Pricing Aspects of Intangibles, OECD/
G20 Base Erosion and Profit Shifting Project, www.oecd.org.

ggf. modifiziert werden sollen.[465] Sowohl die finalen als auch die vorläufigen Aussagen der OECD-RL Kapitel VI (2014 Guidance) sind als neue Abschnitte der OECD-RL gegliedert und formuliert und ersetzen bzw. ergänzen als solche nach Finalisierung und formeller Bestätigung aller Teile das Kapitel VI sowie die entsprechenden Passagen der Kapitel I und II der OECD-RL 2010.

b) Definitionsfragen

Ein zentraler Aspekt der Überarbeitung von Kapitel VI der OECD-RL **226** 2010 ist die **Definition** dessen, was iZm immateriellen Werten vergütungsfähig ist. Zu diesem Zweck beabsichtigt die OECD neben einer präziseren Definition in Abschnitt **A.** der OECD-RL Kapitel VI (2014 Guidance) auch eine inhaltliche Erweiterung, die u.a. in der geänderten Terminologie des „Intangible" im Vergleich zum bislang verwendeten Begriff des „Intangible Property" zum Ausdruck kommt. Es zeigt sich hierbei eine erweiterte Sichtweise, wonach unter Verrechnungspreisgesichtspunkten nicht ausschließlich das rechtliche Eigentum an immateriellen Werten für die Verrechnungspreisanalyse von Bedeutung sein soll, sondern der immaterielle Wert an sich und dessen Bedeutung für die zugrunde liegende Geschäftsbeziehung. Die OECD definiert „Intangible" als „... something which is not a physical asset or a financial asset, which is capable of being owned or controlled for use in commercial activities, and whose use or transfer would be compensated had it occurred in a transaction between independent parties in comparable circumstances."[466] Damit ist ein wesentliches Kriterium die **Verfügungsmacht** über „etwas". Es erscheint auch unmittelbar einleuchtend, dass im Falle der freien Verfügbarkeit für alle Marktteilnehmer ein entgeltfähiger Wert im Regelfall nicht vorliegt. Die inhaltliche Erweiterung war bereits im DD und im RevisedDD absehbar und wurde idZ vielfach warnend im Hinblick auf eine zu weite Interpretation des Begriffs des Intangible und eine dabei drohende inflationäre Ausweitung der Zahl und Komplexität von Verrechnungspreisfällen kommentiert. Es bleibt abzuwarten, inwieweit sich diese Befürchtungen in der Praxis bestätigen werden.

Eine ggf. vorstellbare Angleichung der Definition für Zwecke der Verrechnungspreise an andere steuerliche Sachgebiete, bspw. für Zwecke der **Quellensteuer,** soll nach Auffassung der OECD nicht stattfinden.[467] Eine Vereinheitlichung wäre uE möglich und durchaus wünschenswert, innerhalb der OECD besteht hierüber aber offensichtlich kein ausreichender Konsens.

Unterabschnitt A.3 der OECD-RL Kapitel VI (2014 Guidance) diskutiert mehrere verschiedene **Kategorien** immaterieller Werte. Dabei werden u.a. die „unique and valuable intangibles" eingeführt. Dieser Typus wird von der OECD definiert als nicht vergleichbar mit anderen iRe einer Geschäftsbeziehung eingesetzten oder anderweitig verfügbaren immateriellen Werten sowie als geeignet, einen wirtschaftlichen Nutzen zu generieren, der ohne die

---

[465] Zu den vorläufigen Teilen zählen die Abschnitte zum Eigentum, zu unsicherer Bewertung sowie zur Verwendung transaktionsbezogener Gewinnaufteilungsmethoden und anderer Methoden. Vgl. OECD-RL Kapitel VI (2014 Guidance), Executive Summary.
[466] Vgl. OECD-RL Kapitel VI (2014 Guidance), Tz. 6.6.
[467] Vgl. OECD-RL Kapitel VI (2014 Guidance), Tz. 6.13f.

„unique and valuable intangibles" nicht erzielbar wäre.[468] Entsprechend sind diese immateriellen Werte uU mit besonderer Sorgfalt zu analysieren, wie im weiteren Verlauf der OECD-RL Kapitel VI (2014 Guidance) an verschiedenen Stellen erläutert wird.

227   In Unterabschnitt A.4 der OECD-RL Kapitel VI (2014 Guidance) werden mehrere Beispiele (**„Illustrations"**) und deren Qualifizierung diskutiert. Eines der während der verschiedenen Konsultationen besonders kontroversen Beispiele war der **Goodwill and Ongoing Concern Value.** Die OECD wollte diesen iRd RevisedDD noch als immateriellen Wert behandelt wissen.[469] Wir teilen die an dieser weiten Auslegung der OECD geäußerte Kritik, denn nach unserer Auffassung handelt es sich in der weit überwiegenden Zahl der Fälle um ein Residual iRd Unternehmensbewertung bzw. der Kaufpreisallokation, dessen Entstehung und Bedeutung für Geschäftsbeziehungen zwischen verbundenen Unternehmen im Regelfall keine Bedeutung hat. UE kann die Existenz eines Goodwill and Ongoing Concern Value allenfalls Ausgangspunkt für eine ggf. weitere Überlegung sein, ob mit diesem im Einzelfall ggf. auch die Übertragung immaterieller Werte implizit mit abgegolten wird. Die OECD-RL Kapitel VI (2014 Guidance) sind in diesem Sinne gegenüber dem RevisedDD zurückhaltender formuliert, weisen aber darauf hin, dass alleine die Benennung als Goodwill and Ongoing Concern Value die Notwendigkeit einer Vergütung nicht ausschließt.[470]

228   Weitere hinsichtlich ihrer Interpretation und Bedeutung umstrittene Begriffe werden in einem entsprechend ergänzten Kapitel I der OECD-RL erläutert. Es handelt sich hierbei um **Marktspezifika,**[471] **Assembled Workforce**[472] und **Konzernsynergien.**[473] In allen drei Fällen handelt es sich gemäß OECD-RL Kapitel VI (2014 Guidance) um für die Verrechnungspreisbildung relevante **Vergleichsfaktoren,** im Regelfall[474] jedoch nicht um eigenständige immaterielle Werte. Dieser Einschätzung stimmen wir grundsätzlich zu. Insbesondere bei der Zusammenstellung einer besonders qualifizierten oder erfahrenen Gruppe von Mitarbeitern kann die Abgrenzung zwischen einem Vergleichsfaktor und einem separat zu vergütenden immateriellen Wert jedoch ausgesprochen schwierig sein. Finanzbehörden neigen häufig dazu, aus der zeitlich befristeten **Überlassung von Mitarbeitern** an konzernverbundene Unternehmen die **Übertragung immaterieller Werte** zu konstruieren und hierfür eine gesonderte Vergütung seitens des aufnehmenden Unternehmens zu verlangen.

229   Die im RevisedDD noch vorgesehene Anpassung der Erläuterungen zur Verwendung **Anderer Methoden**[475] wird zunächst nicht vollzogen und bleibt

---

[468] Vgl. OECD-RL Kapitel VI (2014 Guidance), Tz. 6.17.

[469] Vgl. RevisedDD, Tz. 61.

[470] Vgl. OECD-RL Kapitel VI (2014 Guidance), Tz. 6.28.

[471] Vgl. OECD-RL Kapitel VI (2014 Guidance), Tz. 1.80–1.92. Diese verweisen ergänzend auf die OECD-RL 2010, Tz. 9.148–9.153.

[472] Vgl. OECD-RL Kapitel VI (2014 Guidance), Tz. 1.93–1.97.

[473] Vgl. OECD-RL Kapitel VI (2014 Guidance), Tz. 1.98–1.104.

[474] Szenarien für die potentielle Existenz immaterieller Werte und die Notwendigkeit ihrer separaten Vergütung im Ausnahmefall finden sich in den Tz. 1.90, 1.96 und 1.97 der OECD-RL Kapitel VI (2014 Guidance).

[475] Gem. Tz. 2.9 der OECD-RL 2010.

den weiteren Arbeiten iRd BEPS-Projects vorbehalten. Kapitel II der OECD-RL 2010 wird aber um die Aussage ergänzt, dass die Verwendung von **Schätz-formeln** ohne Berücksichtigung der Verhältnisse der zugrundeliegenden Geschäftsbeziehung als nicht geeignet angesehen wird.[476] Aus deutscher Sicht ist die Ablehnung von Schätzformeln im Hinblick auf die in der Praxis iZm immateriellen Wirtschaftsgütern/Werten immer noch vorzufindende „**Knoppe-Formel**"[477] wichtig.

c) Analyse

Ausgehend von der Definition immaterieller Werte in Abschnitt A. erläu-   **230**
tern die OECD-RL Kapitel VI (2014 Guidance) in Abschnitt **B.** die Identifizierung des **rechtlichen Eigentums** sowie die vorwiegend **funktional orientierte Analyse** als Grundlage für die angemessene Zuordnung der Erträge, welche aus dem **Eigentum** und der **Nutzung** bzw. **Verwertung**[478] immaterieller Werte erzielt werden. U. a. werden idZ die Schwierigkeiten erörtert, die sich aus dem Zusammenwirken mehrerer Parteien bei der Entwicklung und Verwertung immaterieller Werte sowie der oft mangelnden Vergleichbarkeit verschiedener immaterieller Werte ergeben.[479] Eine Definition bzw. Anleitung zur Ermittlung der **Erträge** aus der Verwertung immaterieller Werte erfolgt nicht.[480]

Die **Analyse** der ausgeübten Funktionen, übernommenen Risiken und   **231**
eingesetzten Wirtschaftsgüter hat in Einklang mit den Kapiteln I–III der OECD-RL 2010 zu erfolgen.[481] Die grundsätzlichen Aussagen dieser Kapitel werden in den OECD-RL Kapitel VI (2014 Guidance) ergänzt durch die Auflistung spezifischer **Analyseschritte,** die bei der Analyse von Geschäftsbeziehungen zu befolgen sind, die unter Einsatz immaterieller Werte durchgeführt werden.[482] Eine zeitnahe **schriftliche Beweisvorsorge** über die von den Parteien getroffenen Vereinbarungen wird – ähnlich den deutschen Verrechnungspreisgrundsätzen – auch von der OECD gefordert.[483] Die Identifizierung des **rechtlichen Eigentümers** immaterieller Werte ist ein erster und

---

[476] Vgl. OECD-RL Kapitel VI (2014 Guidance), Tz. 2.10.

[477] *Knoppe* BB 1967, 1117. Gemäß dieser Schätzformel wird dem Lizenzgeber für die Überlassung der zur Herstellung eines Produkts verwendeten immateriellen Werte ein Anteil von 25–33,3 % des aus einem Produkt erzielten Gesamtertrages zugerechnet, dem Lizenznehmer bzw. Produzenten 66,7–75 % des Gesamtertrages.

[478] Die OECD-RL Kapitel VI (2014 Guidance) verwenden in deutlich stärkerem Maße als zuvor die beiden Diskussionsentwürfe den Begriff „exploitation". „Exploitation" soll sowohl die Übertragung immaterieller Werte bzw. von Rechten an immateriellen Werten umfassen als auch deren Nutzung für kommerzielle Zwecke. Vgl. OECD-RL Kapitel VI (2014 Guidance), Notes, 2. (ggf. erfolgt eine Anpassung dieser Definition iRd 2015 Guidance).

[479] Vgl. OECD-RL Kapitel VI (2014 Guidance), Tz. 6.32 ff.

[480] Der DD vom 6. Juni 2012 hatte noch einen Residualertrag definiert, der ausgehend vom Gesamtertrag aus der Nutzung immaterieller Werte unter Abzug der verursachten Kosten sowie der Vergütung anderweitiger Funktionen und übernommener Risiken zu ermitteln war. Vgl. DD, Tz. 28.

[481] Vgl. OECD-RL Kapitel VI (2014 Guidance), Tz. 6.32.

[482] Vgl. OECD-RL Kapitel VI (2014 Guidance), Tz. 6.34.

[483] Vgl. OECD-RL Kapitel VI (2014 Guidance), Tz. 6.35 f.

wichtiger Schritt der Analyse, der jedoch von der **Zuordnung der aus der Nutzung immaterieller Werte resultierenden Erträge** zu unterscheiden ist.[484] Wenngleich der rechtliche Eigentümer aufgrund vertraglicher Vereinbarungen idR der unmittelbare **Empfänger** der Erträge aus der Nutzung immaterieller Werte ist, sollen diesem für Zwecke der Verrechnungspreise nur die ihm aufgrund der Wahrnehmung von Funktionen, Übernahme von Risiken und Einsatz von Wirtschaftsgütern abgeleiteten **Wertbeiträge** zustehenden Erträge zugeordnet werden.

Die **Zuordnung der Erträge** auf den Eigentümer und auf die anderen Funktionsträger „**ex ante**" wird als der Regelfall angesehen,[485] was das Risiko von durch aktuelleres „**ex post**"-Wissen der Finanzbehörden ausgelösten Verrechnungspreiskorrekturen reduzieren sollte.

232   Für die Zuordnung der Erträge relevant sind **Funktionen,** die iZm d. Entwicklung, Verbesserung, Erhaltung, dem Schutz und der Verwertung immaterieller Werte stehen.[486] Für die Zuordnung der Erträge ist es nicht erforderlich, dass der Eigentümer immaterieller Werte diese Funktionen ausnahmslos durch eigene Mitarbeiter ausübt, er kann die Ausübung auch an verbundene Unternehmen oder fremde Dritte **auslagern** und hierfür eine dem Fremdvergleichsgrundsatz entsprechende **Vergütung** zahlen.[487] Wenngleich nach Auffassung der OECD üblicherweise der Eigentümer die **Kontrolle** über die Ausübung ausgelagerter Funktionen wahrnimmt, ist auch die Auslagerung der Kontrollfunktion gegen Zahlung eines drittüblichen Entgelts vorstellbar.[488]

Es werden in den OECD-RL Kapitel VI (2014 Guidance) Beispiele für **besonders bedeutsame Funktionen** aufgeführt, gleichwohl anerkennend dass die Bedeutung einer Funktion immer auch von den Umständen des Einzelfalls abhängig ist.[489] U. a. werden die Kontrolle über strategische Entscheidungen bezgl. Entwicklungsprogrammen, Entscheidungen über den Schutz der immateriellen Rechte sowie die Qualitätskontrolle hinsichtlich ausgelagerter Funktionen mit erheblichem Einfluss auf den Wert eines immateriellen Wertes genannt. Übt der rechtliche Eigentümer immaterieller Werte die besonders bedeutsamen Funktionen nicht **in wesentlichen Teilen selbst bzw. durch eigene Mitarbeiter** aus, kann die Zuordnung eines wesentlichen Teils der aus der Nutzung immaterieller Werte erzielten Erträge zweifelhaft sein oder die bestehende Struktur uU nicht als drittüblich anerkannt werden.[490]

Neben den ausgeübten Funktionen sind die **Nutzung von Wirtschaftsgütern** und die **Übernahme von Risiken** ebenfalls für die Zuordnung der Erträge aus der Nutzung/Verwertung immaterieller Werte relevant. Wie bei Funktionen wird zwischen der tatsächlichen **Ausübung** einerseits und der **Kontrolle** andererseits unterschieden. Es ist zudem zu berücksichtigen, ob

---

[484] Vgl. OECD-RL Kapitel VI (2014 Guidance), Tz. 6.42 f.

[485] Vgl. OECD-RL Kapitel VI (2014 Guidance), Tz. 6.45.

[486] Vgl. OECD-RL Kapitel VI (2014 Guidance), Tz. 6.50.

[487] Vgl. OECD-RL Kapitel VI (2014 Guidance), Tz. 6.51 f.

[488] Vgl. OECD-RL Kapitel VI (2014 Guidance), Tz. 6.53. In der Tz. 6.53 wird ergänzend auf die iZm Business Restructurings entwickelten Grundsätze in Tz. 9.22–9.28 der OECD-RL 2010 verwiesen.

[489] Vgl. OECD-RL Kapitel VI (2014 Guidance), Tz. 6.56.

[490] Vgl. OECD-RL Kapitel VI (2014 Guidance), Tz. 6.57. Siehe hierzu auch Tz. 1.65 der OECD-RL 2010.

die vertragliche Übernahme eines Risikos und die tatsächliche wirtschaftliche Belastung durch die gleiche Partei erfolgt.[491]

Die Fokussierung auf eine „**ex ante**" Betrachtung birgt naturgemäß das **233** Risiko materieller **Abweichungen** zu den tatsächlichen Ergebnissen „**ex post**". Die OECD-RL Kapitel VI (2014 Guidance) beschäftigen sich mit dieser Problematik in einem neuen Unterabschnitt, der in den beiden Diskussionsentwürfen nicht enthalten war.[492] Demzufolge erfordern erhebliche Abweichungen zwischen **geplanten** und **realisierten** Erträgen und deren Zuordnung eine **Analyse** über die Gründe der Abweichung und die potentielle Zuordnung der Abweichung auf die beteiligten Parteien. IdZ ist auch zu prüfen, inwieweit die „**ex ante**" Zuordnung von Erträgen in Einklang steht mit den von den Beteiligten tatsächlich ausgeübten Funktionen, genutzten Wirtschaftsgütern und übernommenen Risiken. Des Weiteren ist zu untersuchen, welche Partei das **Risiko unvorhergesehener Abweichungen** tragen sollte und ob die getroffenen Vereinbarungen eine davon abweichende Zuordnung dieses Risikos vorsehen.

Der Wortlaut der Abschnitte **B.1. und B.2.** der OECD-RL Kapitel VI **234** (2014 Guidance) (Rn. 230–233) ist **vorläufig** und abhängig von den weiteren Entwicklungen iRd BEPS-Projects, Modifikationen sind möglich. Die Abschnitte **B.3. und B.4.** diskutieren insbesondere **Anwendungsfälle** für die in den beiden vorangehenden Abschnitten geschilderten Grundsätze. Die Abschnitte B.3. und B.4. sind als **final** anzusehen.

Abschnitt **C.** der OECD-RL Kapitel VI (2014 Guidance) ist ebenfalls **fi-** **235** **nal.** Der Abschnitt widmet sich der Beschreibung verschiedener **Szenarien** von **Geschäftsbeziehungen** iZm der Nutzung bzw. Übertragung immaterieller Werte sowie der dabei zu empfehlenden Analyseschritte und zu beachtenden Besonderheiten. Hierbei wird unterschieden zwischen der
– **Übertragung** von immateriellen Werten oder von Rechten an immateriellen Werten,[493]
– **Nutzung** von immateriellen Werten in Verbindung mit dem Verkauf von Produkten oder der Erbringung von Dienstleistungen.[494]

IZm **Übertragungsvorgängen** ist zu unterscheiden zwischen der Über- **236** tragung einzelner Werte/Rechte, der Kombination mehrerer Werte/Rechte sowie der Kombination von Werten/Rechten mit anderen Geschäftsbeziehungen. Bei der **Kombination** mehrerer immaterieller Werte bzw. Geschäftsbeziehungen kann die zutreffende und vollständige Identifizierung aller relevanten Einzelvorgänge eine besondere Herausforderung darstellen. Es ist zudem eine für die Verrechnungspreisanalyse wesentliche Entscheidung über die **Einzelanalyse** versus **Analyse der kombinierten Transaktion** zu treffen. Für diese Entscheidung spielen u.a. Kriterien wie die von den Beteiligten getroffenen Vereinbarungen, Trennbarkeit der einzelnen Vorgänge, Wertveränderung durch Trennung bzw. Kombination der Vorgänge (bspw. Synergieeffekte) sowie Verfügbarkeit von Fremdvergleichsdaten eine Rolle.

---

[491] Vgl. OECD-RL Kapitel VI (2014 Guidance), Tz. 6.59 ff. (Wirtschaftsgüter) bzw. Tz. 6.62 ff. (Risiken).
[492] Vgl. OECD-RL Kapitel VI (2014 Guidance), Tz. 6.66 f.
[493] Vgl. OECD-RL Kapitel VI (2014 Guidance), Tz. 6.85 ff.
[494] Vgl. OECD-RL Kapitel VI (2014 Guidance), Tz. 6.101 ff.

Als **Nutzung** immaterieller Werte iVmd. **Verkauf von Produkten** oder der **Erbringung von Dienstleistungen** definiert die OECD Geschäftsbeziehungen, bei denen es nicht zu einer Übertragung immaterieller Werte kommt. Die immateriellen Werte beeinflussen jedoch die **Vergleichsanalyse** und sind idZ zu berücksichtigen.

d) Ansätze zur Ermittlung der Verrechnungspreise

237   Bei der **Bestimmung der Fremdvergleichsbedingungen** gelten gemäß Abschnitt D. der OECD-RL Kapitel VI (2014 Guidance) für die unter Einsatz immaterieller Werte durchgeführten Geschäftsbeziehungen wiederum die allgemeinen Grundsätze der Kapitel I–III der OECD-RL 2010.[495] Von besonderer Bedeutung ist idZ die Durchführung des empfohlenen Prozesses zur Durchführung einer **Vergleichsanalyse**.[496]

Die Erläuterung der **Vorgehensweise** zur Ermittlung der Bedingungen, unter denen Geschäftsbeziehungen bei Einsatz immaterieller Werte durchgeführt werden, erfolgt in vier Unterabschnitten **D.1.–D.4.**:

1. Allgemeine Grundsätze bei Geschäftsbeziehungen, die unter Einbeziehung immaterieller Werte durchgeführt werden.
2. Ergänzende Hinweise zur Übertragung von immateriellen Werten oder von Rechten an immateriellen Werten.
3. Ermittlung von Fremdvergleichspreisen bei zum Zeitpunkt der Transaktion unsicherer Bewertung.
4. Ergänzende Hinweise zur Nutzung von immateriellen Werten in Verbindung mit dem Verkauf von Produkten oder der Erbringung von Dienstleistungen.

Die Analyse der **Interessen** sowie der **Handlungsalternativen** der an einer Geschäftsbeziehung beteiligten Parteien ist eine wesentliche Empfehlung für **alle Arten von Geschäftsbeziehungen,** die unter Einsatz immaterieller Werte durchgeführt werden.[497] Ein mögliches Ergebnis dieser Analyse ist der **Verzicht** auf die Durchführung der Geschäftsbeziehung oder aber eine **Änderung** der ihr zugrunde liegenden Bedingungen, wenn die Geschäftsbeziehung in ihrer ursprünglichen Form zwischen **fremden Dritten** nicht durchgeführt würde.[498]

Der mit dem DD eingeführte und für alle Arten von Geschäftsbeziehungen geltende Terminus der „**Section D.1.(vi) intangibles**" als besonders werthaltige und mit anderen immateriellen Werten nicht vergleichbare „intangibles" wird nicht mehr verwendet.[499] Stattdessen werden aber „**unique and valuable intangibles**" in Abgrenzung zu „normalen" immateriellen Werten definiert.[500]

---

[495] Vgl. OECD-RL Kapitel VI (2014 Guidance), Tz. 6.104.

[496] Siehe zu den einzelnen Schritten einer Vergleichsanalyse OECD-RL 2010, Tz. 3.4.

[497] Vgl. OECD-RL Kapitel VI (2014 Guidance), Tz. 6.108 f. Anwendung der gleichen Grundsätze wie bereits definiert in OECD-RL 2010, Tz. 9.59–9.64.

[498] Vgl. OECD-RL Kapitel VI (2014 Guidance), Tz. 6.110 f.

[499] Die Definition dieser „besonderen" immateriellen Werte wurde von zahlreichen Kommentatoren des DD als unverständlich und damit nicht praktikabel abgelehnt und war bereits im RevisedDD nicht mehr enthalten.

[500] Vgl. OECD-RL Kapitel VI (2014 Guidance), Tz. 6.17.

Bei der **Übertragung** von immateriellen Werten oder von Rechten an **238**
immateriellen Werten ist gem. Unterabschnitt D.2. der OECD-RL Kapitel
VI (2014 Guidance) insbesondere der Vergleich mit anderen Geschäftsbeziehungen zwischen bzw. mit fremden Dritten (,,**CUTs**") wichtig. Eingeschränkt wird die Möglichkeit der Identifizierung von Fremdvergleichsbedin-
gungen allerdings durch die **Einzigartigkeit** vieler immaterieller Werte, sei
es aufgrund der spezifischen Charakteristika oder der Art des Einsatzes dieser
Intangibles. Der **Vergleichsanalyse** kommt daher erhebliche Bedeutung zu.
Die OECD-RL Kapitel VI (2014 Guidance) nennen vor diesem Hintergrund
eine – nicht abschließende – Liste potentieller **Vergleichsfaktoren:**[501]
– Exklusivität;
– Umfang und Dauer des rechtlichen Schutzes;
– Geographischer Anwendungsbereich;
– Nutzungsdauer;
– Entwicklungsstadium;
– Recht zur Verbesserung, Anpassung und Aktualisierung;
– Erwartung künftiger Vorteile.

Zusätzlich führen die OECD-RL Kapitel VI (2014 Guidance) potentielle
Risiken auf, die iRd Vergleichs immaterieller Werte berücksichtigt werden
sollten:[502]
– Risiken in Verbindung mit der künftigen Entwicklung immaterieller Werte;
– Risiken in Verbindung mit Produktalterung und mit Abschreibungen auf
  immaterielle Werte;
– Risiken in Verbindung mit Schutzrechtsverletzungen;
– Produkthaftung und vergleichbare Risiken in Verbindung mit der künftigen
  Nutzung der immateriellen Werte.

Für ggf. notwendige **Anpassungen** zur Herstellung der Vergleichbarkeit
sowie für die Identifizierung von Fremdvergleichsdaten via **Datenbanken** sollen die in Kapitel III der OECD-RL 2010 erläuterten Grundsätze gelten.[503]

Die am besten geeignete **Verrechnungspreismethode** ist entsprechend **239**
der Grundsätze in Kapitel II der OECD-RL 2010 auszuwählen.[504] Bei der
Auswahl und Anwendung der geeigneten Verrechnungspreismethoden sind
jedoch **Besonderheiten** zu beachten, bspw. die idR eingeschränkte **Verfügbarkeit von Fremdvergleichsdaten** oder methodenspezifische **Anwendungsbereiche.**[505]

Sofern keine Daten über ausreichend vergleichbare unkontrollierte Ge- **240**
schäftsbeziehungen (,,**CUTs**") ermittelt werden können, ist eine andere Ver-

---

[501] Vgl. OECD-RL Kapitel VI (2014 Guidance), Tz. 6.114 ff.

[502] Vgl. OECD-RL Kapitel VI (2014 Guidance), Tz. 6.125 ff.

[503] Explizit genannt werden die Tz. 3.47–3.54 für die die Durchführung von Anpassungen sowie die Tz. 3.30–3.34 und 3.38 für die Identifizierung von Fremdvergleichsdaten. Vgl. OECD-RL Kapitel VI (2014 Guidance), Tz. 6.126 f.

[504] Vgl. OECD-RL Kapitel VI (2014 Guidance), Tz. 6.128, unter Verweis auf die
Tz. 2.1 bis 2.12 der OECD-RL 2010.

[505] So wird bspw. die Wiederverkaufspreismethode iRd Übertragung immaterieller Werte idR keine angemessene Verrechnungspreismethode darstellen. Die OECD
schließt dies andererseits aber auch nicht grundsätzlich aus, da gem. Tz. 6.133 der
OECD-RL Kapitel VI (2014 Guidance) jede der fünf in Kapitel II OECD-RL 2010
genannten Verrechnungspreismethoden potentiell anwendbar sein kann.

rechnungspreismethode unter Berücksichtigung folgender **Kriterien** auszuwählen:[506]

– Funktionen, Wirtschaftsgüter und Risiken der an der Geschäftsbeziehung beteiligten Parteien;
– geschäftliche Gründe für die Realisierung der Geschäftsbeziehung;
– die für jede der beteiligten Parteien realistischerweise zur Verfügung stehenden Handlungsoptionen;
– die durch Einsatz der immateriellen Werte erzielten Wettbewerbsvorteile, insbesondere die Profitabilität von Produkten bzw. Dienstleistungen;
– die aufgrund der Realisierung der Geschäftsbeziehung erwarteten zukünftigen wirtschaftlichen Vorteile;
– andere Vergleichsfaktoren (bspw. die Besonderheiten lokaler Märkte, Standortvorteile, etc.).

Absolute Gleichheit der Struktur konzerninterner Geschäftsbeziehungen mit „unkontrollierten" Transaktionen ist **nicht erforderlich.**[507]

241   So genannte **„one-sided methods"**[508] werden als idR nicht geeignete (gleichwohl nicht völlig auszuschließende, s. o.) Verrechnungspreismethoden iZm dem Einsatz immaterieller Werte angesehen.[509] Gleiches gilt für die Verwendung **kostenbasierter Ansätze**[510] und **Schätzformeln.**[511]

242   Im Ergebnis werden die **Preisvergleichsmethode** und **geschäftsfallbezogenen Gewinnaufteilungsmethoden** häufig am besten geeignet sein, den Verrechnungspreis für die Übertragung immaterieller Werte zu ermitteln, aber auch **Bewertungstechniken** können sich als nützlich erweisen.[512]

Werden immaterielle Werte unmittelbar nach deren **Erwerb von einem Dritten** an ein verbundenes Unternehmen verkauft, stellt der an den fremden Dritten gezahlte **Kaufpreis** ein geeignetes Indiz für die Ermittlung des Verkaufspreises an das verbundene Unternehmen iSd Preisvergleichsmethode dar.[513]

Die Anwendung einer **geschäftsfallbezogenen Gewinnaufteilung** kann uU auch in Fällen noch nicht vollständig entwickelter immaterieller Werte möglich sein.[514] In derartigen Fällen sind die **Wertbeiträge** der an der Entwicklung beteiligten Parteien zum Zeitpunkt der Übertragung und entsprechend dem **Entwicklungsstand** der Intangibles zu ermitteln. Sorgfältig zu analysieren ist hierbei, inwieweit Entwicklungen vor der Übertragung in direktem Zusammenhang mit den für den Zeitraum nach der Übertragung erwarteten Erträgen stehen. Die regelmäßig mit hoher Unsicherheit behafteten **Erwar-**

---

[506] Vgl. OECD-RL Kapitel VI (2014 Guidance), Tz. 6.136.

[507] Vgl. OECD-RL Kapitel VI (2014 Guidance), Tz. 6.137.

[508] Insbesondere Wiederverkaufspreismethode und geschäftsvorfallbezogene Nettomargenmethode.

[509] Vgl. OECD-RL Kapitel VI (2014 Guidance), Tz. 6.138.

[510] Vgl. OECD-RL Kapitel VI (2014 Guidance), Tz. 6.139. Allenfalls der Ansatz geschätzter Wiederbeschaffungs- bzw. Wiederherstellungskosten wird als im Ausnahmefall geeignet angesehen, siehe hierzu ausführlich Tz. 6.140 OECD-RL Kapitel VI (2014 Guidance).

[511] Vgl. OECD-RL Kapitel VI (2014 Guidance), Tz. 6.141 und Tz. 2.10.

[512] Vgl. OECD-RL Kapitel VI (2014 Guidance), Tz. 6.142.

[513] Vgl. OECD-RL Kapitel VI (2014 Guidance), Tz. 6.144.

[514] Vgl. OECD-RL Kapitel VI (2014 Guidance), Tz. 6.147 f.

tungen an künftige Zahlungsströme stellen idZ ein besonders schwierig zu lösendes Problem dar. Es ist daher mit einer Überarbeitung des Abschnitts zur Anwendung geschäftsfallbezogener Gewinnaufteilungen entsprechend weiterer Erkenntnisse aus dem **BEPS-Project** zu rechnen und der Wortlaut der OECD-RL Kapitel VI (2014 Guidance) ist als vorläufig anzusehen.[515]

Die Verwendung von **Bewertungstechniken** wird häufig eine valide Alternative zu den Verrechnungspreismethoden der OECD sein, sofern Vergleichstransaktionen nicht identifiziert werden können. Bewertungstechniken können für diesen Zweck sowohl eigenständig als auch zusammen mit einer der fünf in Kapitel II der OECD-RL 2010 erläuterten **Verrechnungspreismethoden** zur Anwendung kommen und die allgemeinen Grundsätze der OECD zu Verrechnungspreisen sind dann analog anzuwenden.[516] Ohne sich auf eine bestimmte Bewertungsmethode festlegen zu wollen, wird im RevisedDD die Nützlichkeit **ertragswertbasierter Bewertungstechniken** explizit hervorgehoben.[517] Für Zwecke der **Rechnungslegung** durchgeführte Bewertungen sieht die OECD hingegen skeptisch, da die Basisannahmen und regulatorischen Prämissen (u. a. Rechnungslegungsgrundsätze) uU nicht vergleichbar sind.[518] Zu den bei der Anwendung **ertragswertbasierter Bewertungstechniken** besonders zu berücksichtigenden **Faktoren**[519] zählen die Genauigkeit der Annahmen zur Höhe künftiger Erträge bzw. Cash Flows, die geschätzten Wachstumsraten, der gewählte Abzinsungsfaktor, die Nutzungsdauer der immateriellen Werte und deren Endwert[520] sowie die Annahmen hinsichtlich der ertragsteuerlichen Auswirkungen. Auch die Art der Zahlung der Gegenleistung für die Übertragung immaterieller Werte kann sich auf die Bewertung auswirken.

Die Erläuterungen der OECD zu den Ansätzen bei der Übertragung immaterieller Werte oder von Rechten an immateriellen Werten in Unterabschnitt D.2. sind aus unserer Sicht alle grundsätzlich plausibel und hilfreich. Die technische Genauigkeit verursacht allerdings auch eine vergleichsweise hohe **Komplexität** und einen zu erwartenden hohen **Arbeitsaufwand.** Ausnahmen oder Vereinfachungsregeln sind nicht vorgesehen bzw. werden ausdrücklich nicht mehr zugelassen. Die Entwicklung pragmatischer Alternativen iRd BEPS-Projects ist nicht zu erwarten, da die diesbezüglichen Arbeiten (mit Ausnahme der geschäftsfallbezogenen Gewinnaufteilung) abgeschlossen sind.

Der dritte Unterabschnitt von Abschnitt D. der OECD-RL Kapitel VI (2014 Guidance) geht auf die Probleme der Verrechnungspreisermittlung ein, wenn zum Zeitpunkt der Ausführung der Transaktion die Bewertung der immateriellen Werte mit **Unsicherheit** behaftet ist. Auf Unsicherheit kann bspw. mit dem Abschluss nur **kurzfristiger Vereinbarungen,** der Vereinba-

---

[515] Siehe hierzu den Hinweis bzgl. Tz. 6.145–6.149 der OECD-RL Kapitel VI (2014 Guidance), Notes, 4.

[516] Vgl. OECD-RL Kapitel VI (2014 Guidance), Tz. 6.150 f.

[517] Vgl. OECD-RL Kapitel VI (2014 Guidance), Tz. 6.150, Tz. 6.154.

[518] Vgl. OECD-RL Kapitel VI (2014 Guidance), Tz. 6.152.

[519] Vgl. OECD-RL Kapitel VI (2014 Guidance), Tz. 6.155.

[520] Unter Einbeziehung der Überlegung, inwieweit frühere Entwicklungsstadien eines immateriellen Wertes bei der Bemessung der aktuellen Vergütung zu berücksichtigen sind.

rung von **Preisanpassungsklauseln** oder mit dem Abschluss von **Lizenzvereinbarungen** reagiert werden.[521]

Dieses Thema ist auch ein zentraler Diskussionspunkt in dem gegenwärtig durchgeführten **BEPS-Project.** Die OECD-RL 2010 wurden diesbezüglich noch nicht überarbeitet und eine Modifikation ist Gegenstand der weiteren Arbeiten bis Ende des Jahres 2015.

246 Der Einsatz immaterieller Werte iZm dem **Verkauf von Gütern** oder der **Erbringung von Dienstleistungen** ohne Übertragung der immateriellen Werte ist Gegenstand des vierten Unterabschnitts von Kapitel D. Auch für diesen Typus von Geschäftsbeziehungen sind die Grundsätze der Kapitel I–III der OECD-RL 2010 zur Festlegung der Verrechnungspreise anzuwenden.[522]

247 Eine wesentliche Bedeutung haben immaterielle Werte iR derartiger Geschäftsbeziehungen als **Vergleichsfaktor.**[523] Denn das Eigentum, der Besitz und der Einsatz immaterieller Werte beeinflusst wesentlich das **Funktions- und Risikoprofil** der an einer Geschäftsbeziehung beteiligten Parteien. Dies hat Einfluss nicht nur auf die Bildung der Verrechnungspreise, sondern auch auf die Durchführung der **Fremdvergleichsanalyse** und die Identifizierung von **Fremdvergleichsdaten.**[524] Letztlich ist auch die Auswahl der am besten geeigneten **Verrechnungspreismethode** von der Existenz und Bedeutung immaterieller Werte beeinflusst, denn uU kann die Möglichkeit der Anwendung einer **„one-sided method"** am Einsatz immaterieller Werte durch die **„tested party"** scheitern oder es können Anpassungsrechnungen erforderlich sein. Andererseits ermuntert die OECD dazu, potentielle Vergleichsdaten nur dann zu verwerfen, wenn die angenommene Nichtvergleichbarkeit auf dem Einsatz eindeutig identifizierbarer **„unique and valuable intangibles"** basiert.[525]

248 Bei Existenz **ausreichend zuverlässiger Fremdvergleichsdaten** kann potentiell jede der fünf in Kapitel II der OECD-RL 2010 empfohlenen Verrechnungspreismethoden die geeignetste Methode bei Geschäftsbeziehungen unter Einsatz immaterieller Werte sein.[526] Für den Fall, dass **keine ausreichend zuverlässigen Fremdvergleichsdaten** existieren, kann eine **geschäftsfallbezogene Gewinnaufteilungsmethode** die beste Alternative darstellen.[527] Auch auf **Bewertungstechniken** oder auf eine andere nicht von der Identifizierung ausreichend zuverlässiger Vergleichstransaktionen abhängige Methode kann zurückgegriffen werden.[528]

e) Einschätzung und Ausblick

249 Die OECD hat mit der Initiierung des Projektes zur Überarbeitung von Kapitel VI der OECD-RL 2010 eine aus unserer Sicht äußerst wichtige Ak-

[521] Vgl. OECD-RL 2010, Tz. 6.30; OECD-RL Kapitel VI (2014 Guidance), Tz. 6.180.

[522] Vgl. OECD-RL Kapitel VI (2014 Guidance), Tz. 6.186.

[523] Vgl. OECD-RL Kapitel VI (2014 Guidance), Tz. 6.187 ff.

[524] Die OECD-RL Kapitel VI (2014 Guidance) verweisen idZ auf die Tz. 1.33–1.63 sowie auf Kapitel III der OECD-RL 2010.

[525] Vgl. OECD-RL Kapitel VI (2014 Guidance), Tz. 6.192.

[526] Vgl. OECD-RL Kapitel VI (2014 Guidance), Tz. 6.194.

[527] Vgl. OECD-RL Kapitel VI (2014 Guidance), Tz. 6.199. Die Anwendung entspricht den in Kapitel II der OECD-RL 2010 genannten Grundsätzen.

[528] Vgl. OECD-RL Kapitel VI (2014 Guidance), Tz. 6.202.

tualisierung angeregt. Zusätzliche Bedeutung hat dieses Projekt durch die Einbindung in die später gestarteten Arbeiten iRd BEPS-Projects erlangt. Die Kommentierungen und Diskussionen zu den beiden von der OECD veröffentlichten Diskussionsentwürfen zeigen sowohl die Relevanz der Thematik als auch die Notwendigkeit gemeinsamer Definitionen zur Vermeidung von Missverständnissen.

Einige der aufgrund der beiden Diskussionsentwürfe von Kommentatoren vermuteten Entwicklungen zeichnen sich für uns nicht ab. So glauben wir weder an eine zunehmende Präferenz der OECD für gewinnorientierte Methoden noch sehen wir die Ablösung des Fremdvergleichsgrundsatzes durch eine formelhafte Ertragsaufteilung in naher Zukunft.

Die am 16. September 2014 veröffentlichten OECD-RL Kapitel VI (2014   **250** Guidance) sind gegenüber den beiden Diskussionsentwürfen zur Neufassung von Kapitel VI der OECD-RL ein weiterer Fortschritt iS Klarheit der Definitionen und Professionalität der empfohlenen Verrechnungspreisanalyse. Viele Anwender werden einwenden, dass diese Entwicklung zu Lasten pragmatischer Lösungsalternativen stattfindet und hierdurch eine nicht immer erforderliche Komplexität bei der Analyse und Bestimmung von Verrechnungspreisen zu befürchten ist. Die erkennbare Nähe der Verrechnungspreisanalyse gem. OECD-RL Kapitel VI (2014 Guidance) und der Betriebsstättengrundsätze der OECD und die damit verbundene Vereinheitlichung der Bestimmung von Verrechnungspreisen sorgt andererseits für einen gewissen Ausgleich der künftig uU komplexeren Analyse.

Abzuwarten bleibt, inwieweit die noch nicht beendeten Arbeiten iRd BEPS-Projects zu weiteren Modifikationen von Kapitel VI der OECD-RL in der für September 2015 zu erwartenden vollständig finalen Fassung führen.

(einstweilen frei)   **251–260**

2. Weitere Schwerpunktthemen

a) Vereinfachung (Administrative Simplification)

Ende des Jahres 2010 hat die OECD ein Projekt zur Vereinfachung der Ver-   **261** waltungspraxis der Steuerverwaltungen im Bereich der Verrechnungspreise gestartet. Als erstes Resultat des Projektes stellte die OECD am 6. Juni 2012 eine (aktualisierte) **Studie**[529] **mit Ergebnissen einer Befragung** von 41 OECD- und Nicht-OECD-Mitgliedsstaaten über bereits jeweils bestehende Regelungen zu einer vereinfachten Anwendung von Verrechnungspreisvorschriften vor.

Die umfangreiche Studie enthält folgende wesentliche Erkenntnisse:
- **Bestehende Vereinfachungsregelungen** umfassen neben Safe Harbour-Regelungen auch Erleichterungen wie vereinfachte Dokumentationsanforderungen, weniger strikte Bußgeldvorschriften, zügigere Verfahren, etc.,
- In mehr als 80% der untersuchten Staaten gelten bestimmte Regelungen zur **vereinfachten Anwendung** von Verrechnungspreisvorschriften,
- Gut 75% der verfügbaren Vereinfachungsmaßnahmen zielen auf **kleinere bzw. mittelgroße Unternehmen,** geringfügige Geschäftsbeziehungen und die Erbringung von Routine-Unterstützungsleistungen im Konzern,

---

[529] Vgl. *OECD*, Multi-Country Analysis of Existing Transfer Pricing Simplification Measures, 2012 Update, 6.6.2012, unter: http://www.oecd.org.

– In 16 Staaten sind **Safe Harbour-Regelungen** zu finden, dh vereinfachte
Verrechnungspreismethoden und/oder bestimmte Bandbreiten von Margen oder zB Zinssätzen, deren Anwendung seitens der FinVerw. nicht beanstandet wird, sowie ferner Ausnahmen von Verrechnungspreisregelungen
oder -anpassungen.

b) Safe Harbours

262   Die OECD veröffentlichte am 6. Juni 2012 zunächst ein Diskussionspapier
zu Safe Harbour-Regelungen auf dem Gebiet der Verrechnungspreise, das
dann am 16.5.2013 in eine **geänderte Fassung der Richtlinie** zu Safe
Harbours in Kapitel IV umgesetzt wurde.[530] Die Revision ist im Zusammenhang mit dem weiter reichenden Projekt der OECD zur Vereinfachung der
Verwaltungspraxis der Steuerverwaltungen im Bereich der Verrechnungspreise[531] zu sehen. Die überarbeitete Fassung ersetzt die bisherigen Tz. 4.93–
4.122 der OECD-RL 2010.

Einleitend merkt die OECD an, dass der **früheren Fassung** der OECD-
RL 2010 eine **gewisse ablehnende Haltung** gegenüber Safe Harbours
zu entnehmen war.[532] Gleichwohl verfügten verschiedene OECD-Mitgliedsstaaten über Safe Harbour-Regelungen in ihren nationalen Verrechnungspreisvorschriften.[533] Auch sahen dei früheren OECD-RL 2010 nicht vor, bilaterale Vereinbarungen zu den Safe Harbours einzuführen, obwohl einige
Länder über positive Erfahrungen auf diesem Gebiet verfügten.[534]

Die Neufassung setzt sich einerseits ausführlich mit den erwarteten **Vorteilen** einer intensiveren Anwendung von Safe Harbours auseinander:[535]

– **Vereinfachung der Rechtsbefolgung** bzw. Minderung der Rechtsbefolgungskosten für Steuerpflichtige für bestimmte Transaktionen,

– **Erhöhung der Rechtssicherheit** für Steuerpflichtige bei bestimmten
Transaktionen, sofern die Bedingungen für die Safe Harbour-Regelungen
erfüllt werden,

– **Entlastung der Steuerverwaltungen** von der Prüfung von weniger
komplexen und mit relativ wenigen Risiken verbundenen Transaktionen.

263   Andererseits werden ebenso ausführlich mögliche **Bedenken** im Zusammenhang mit Safe Harbour-Regelungen behandelt:[536]

---

[530] Vgl. *OECD* Revised Section E on Safe Harbours in Chapter IV of the Transfer
Pricing Guidelines 16.5.2013, unter: http://www.oecd.org.

[531] Vgl. *OECD*, Multi-Country Analysis of Existing Transfer Pricing Simplification
Measures, 2012 Update, 6.6.2012, vgl. zuvor Rn. 261

[532] Vgl. Vgl. *OECD* Revised Section E on Safe Harbours in Chapter IV of the
Transfer Pricing Guidelines 16.5.2013, unter: http://www.oecd.org., Tz. 4.94.

[533] Vgl. *OECD* Revised Section E on Safe Harbours in Chapter IV of the Transfer
Pricing Guidelines 16.5.2013, unter: http://www.oecd.org., Tz. 4.95 und zuvor
Rn. 261.

[534] Vgl. *OECD* Revised Section E on Safe Harbours in Chapter IV of the Transfer
Pricing Guidelines 16.5.2013, unter: http://www.oecd.org., Tz. 4.96.

[535] Vgl. *OECD* Revised Section E on Safe Harbours in Chapter IV of the Transfer
Pricing Guidelines 16.5.2013, unter: http://www.oecd.org., Tz. 4.103 ff.

[536] Vgl. *OECD* Revised Section E on Safe Harbours in Chapter IV of the Transfer
Pricing Guidelines 16.5.2013, unter: http://www.oecd.org., Tz. 4.108 ff.

- Entstehen von Situationen, in denen die Anwendung von Safe Harbours zu **Ergebnissen** führt, die letztlich **vom Fremdvergleichsprinzip abweichen,**
- Die unilaterale Anwendung von Safe Harbours kann zu erheblicher **Doppelbesteuerung** führen, dies kann durch bi- bzw. multilaterale Verständigung auf Safe Harbour-Regelungen vermieden werden,
- Eröffnung von neuen Möglichkeiten zur **Steuerplanung,**
- Fragen zum Gleichheitsgrundsatz und der **Einheitlichkeit der Besteuerung.**

Die OECD öffnet sich mit der Neufassung einer „kontrollierten" Anwen- **264** dung von Safe Harbour-Regelungen. Die in der Neufassung enthaltenen **Empfehlungen** der OECD befürworten demnach deren Einführung insb. in Fällen von **kleineren und mittleren Unternehmen** und bei **weniger komplexen Geschäftsvorfällen.** Dabei sollte keine Verpflichtung, sondern eine Freiwilligkeit der Anwendung für Steuerpflichtige gelten.[537] Zur Vermeidung der drohenden Doppelbesteuerung bei der unilateralen Anwendung von Safe Harbours wird zum Abschluss von entsprechenden **bi- bzw. multilateralen Vereinbarungen** geraten.[538]

Die Anlage zur Neufassung enthält ein OECD Muster für **bilaterale Memoranda of Understanding** für Safe Harbour-Vereinbarungen für Fälle von bestimmten Routinetätigkeiten (Low Risk Manufacturing, Distribution und R&D Services).[539]

Die **neue Aufgeschlossenheit der OECD** gegenüber Safe Harbour- **265** Regelungen sowie die Vorschläge zur Etablierung von bi- bzw. multilateralen Vereinbarungen zu Safe Harbours sind zu begrüßen. Die Vorschläge sind geeignet, die Streitigkeiten zwischen der FinVerw. und Steuerpflichtigen – besonders in einer Vielzahl von vergleichsweise geringfügigen Fällen – zu reduzieren und schlagen gleichzeitig einen **Bogen zum Ansinnen von vielen Nicht-OECD-Mitgliedern**, die **Komplexität** der Verrechnungspreisermittlung **zu vermindern.**[540]

c) Timing Issues

Ebenfalls am 6. Juni 2012 veröffentlichte die OECD ein **Diskussionspa- 266 pier** zu Timing Issues.[541] Die vorgeschlagenen Änderungen stehen im Zusammenhang mit der Aktualisierung des Kapitel VI OECD-RL 2010 zu immateriellen Wirtschaftsgütern. Das Diskussionspapier beinhaltet den Entwurf eines überarbeiteten Wortlauts für die Tz. 3.67–3.71 der OECD-RL 2010.

---

[537] Vgl. *OECD* Revised Section E on Safe Harbours in Chapter IV of the Transfer Pricing Guidelines 16.5.2013, unter: http://www.oecd.org., Tz. 4.127.
[538] Vgl. *OECD* Revised Section E on Safe Harbours in Chapter IV of the Transfer Pricing Guidelines 16.5.2013, unter: http://www.oecd.org., Tz. 4.128.
[539] Vgl. *OECD*, Multi-Country Analysis of Existing Transfer Pricing Simplification Measures, 2012 Update, 6.6.2012, Anhang (Exhibits 1 to 3).
[540] Vgl. dazu auch das von der UNO am 29. Mai 2013 veröffentlichte „Practical Manual on Transfer Pricing for Developing Countries" („UN Practical Manual 2013") (http://www.un.org/esa/ffd/documents/UN_Manual_TransferPricing.pdf), sec. 5.4.10 sowie unten Rn. 272 ff.
[541] Vgl. *OECD* Draft on Timing Issues Relating to Transfer Pricing, 6.6.2012, unter: http://www.oecd.org.

Einleitend erläutert das Diskussionspapier, dass die OECD Mitgliedsstaaten grds zwei Ansätze für die Anwendung des Fremdvergleichsgrundsatzes verfolgen. Einerseits geht der sog. **ex ante**-Ansatz **(price setting-approach)** davon aus, dass die Verrechnungspreise im Zeitpunkt der Begründung einer Geschäftsbeziehung und auf der Grundlage der zu diesem Zeitpunkt verfügbaren Informationen festgelegt werden. Andererseits wird von anderen Mitgliedsstaaten der sog. **ex post**-Ansatz **(outcome testing-approach)** angewandt, bei dem die Erfüllung des Fremdvergleichsgrundsatzes im Nachhinein im Zeitpunkt des Jahresabschlusses oder der Erstellung der Steuererklärung überprüft wird, und zwar im Sinne einer Darlegung, dass im zurückliegenden Zeitraum zB bestimmte Gewinnmargen tatsächlich erreicht wurden.

267   In den Änderungs- bzw. Ergänzungsvorschlägen nimmt die OECD weitere Klarstellungen auf. Diese betreffen beim ex ante-Ansatz die Fokussierung auf die **im Zeitpunkt einer Geschäftsbeziehung bekannten bzw. vernünftigerweise absehbaren Informationen.**[542] Beim ex post-Ansatz geht es wiederum um die Informationen im Zeitpunkt des Jahresabschlusses oder der Erstellung der Steuererklärung.[543]

Das Diskussionspapier führt beide Ansätze fort und vermeidet eine Festlegung oder Priorisierung zugunsten eines bestimmten Ansatzes. Für die Klärung von Fällen, in denen aus der Sicht der FinVerw. der jeweiligen Staaten zwei unterschiedliche Ansätze einschlägig sein sollen, empfiehlt die OECD die Einleitung eines **Verständigungsverfahrens.**[544]

268   Zusammenfassend ist zu kritisieren, dass das Diskussionspapier im Hinblick auf die Informationslage zwecks Anwendung des ex ante-Ansatzes **nicht mehr** – wie bisher – von **unter vertretbarem Aufwand zugänglichen,** sondern – verschärfend – von vernünftigerweise absehbaren Informationen spricht und somit eine zusätzliche Subjektivität der Erwartungshaltungen im Verfahren verankert. Es ist zu befürchten, dass die Neigung der FinVerw. zur retrospektiven Beurteilung in Fällen des ex ante-Ansatzes und somit die Streitanfälligkeit an dieser Stelle erhöht wird.

In Fällen der Anwendung des ex ante-Ansatzes in Verbindung mit **Jahresendanpassungen** durch den Steuerpflichtigen **(year-end adjustments)** wäre zudem eine klarstellende Äußerung der OECD wünschenswert, dass ein solches Vorgehen fremdvergleichskonform ist, ggf. sofern bestimmte Voraussetzungen – etwa eine im Voraus getroffene Vereinbarung von Jahresendanpassungen unter der Konkretisierung des Anpassungsmechanismus – eingehalten werden.

d) Base Erosion and Profit Shifting („BEPS")

269   Am 19. Juli 2013 hat die OECD im Rahmen des Treffens der G20-Finanzminister ihren Aktionsplan zu „Base Erosion and Profit Shifting" (BEPS) veröffentlicht. Zu ersten Aktionspunkten sind bereits bis September 2014

---

[542] Vgl. *OECD* Draft on Timing Issues Relating to Transfer Pricing, 6.6.2012, unter: http://www.oecd.org., Tz. 3.69.

[543] Vgl. *OECD* Draft on Timing Issues Relating to Transfer Pricing, 6.6.2012, unter: http://www.oecd.org., Tz. 3.70.

[544] Vgl. *OECD* Draft on Timing Issues Relating to Transfer Pricing, 6.6.2012, unter: http://www.oecd.org., Tz. 3.71.

konkrete Lösungen erarbeitet worden, zu den weiteren Aktionspunkten sollen bis September 2015 bzw. Dezember 2015 Lösungen folgen.

Der Aktionsplan umfasst folgende 15 Punkte, die teilweise ineinander greifen und daher koordinierter Lösungen bedürfen, von denen insbesondere die **Aktionspunkte 8, 9, 10, 13 und 14 schwerpunktmäßig an Verrechnungspreisfragen** anknüpfen:

1. Identifikation branchenspezifischer Probleme der (Quellen-)Besteuerung von Unternehmen der **digitalen Wirtschaft;** u. a. Problematik eines fehlenden steuerlichen Anknüpfungspunkts (zB keine Begründung einer Betriebsstätte) trotz signifikanter wirtschaftlicher Aktivität in einem Land, Sicherstellung einer effektiven Erhebung der Umsatzsteuer auf grenzüberschreitend erbrachte digitale Leistungen (Lieferung digitaler Güter sowie digitale Dienstleistungen).

2. Maßnahmen gegen **hybride Gesellschaften und Finanzinstrumente** (zB durch Änderungen im OECD-MA oder durch nationale Regelungen) zur Verhinderung von doppelter Nichtbesteuerung, doppelter Abzugsfähigkeit von Betriebsausgaben oder einem langfristigen Steueraufschub, jedoch unter Verhinderung von Doppelbesteuerung.

3. Empfehlungen zur Stärkung der **Hinzurechnungsbesteuerung** (CFC-Rules) in den einzelnen Staaten.

4. Prüfung der Regelungen und Empfehlungen zu „Best Practices" zur Begrenzung eines **„übermäßigen" Abzugs von Zinsen** oder wirtschaftlich vergleichbarer Aufwendungen.

5. Bekämpfung **schädlicher Praktiken einzelner Staaten** im internationalen Steuerwettbewerb (hierunter könnten ggf. Präferenzregime wie zB Patentboxen fallen).

6. Bekämpfung des **„Missbrauchs" von DBA-Regelungen** (zB Treaty Shopping) u. a. durch Entwicklung von Regelungen für das MA und Empfehlungen für nationale Vorschriften.

7. Maßnahmen gegen die **„künstliche" Vermeidung von Betriebsstätten,** zB bei Vertreter-Betriebsstätten oder durch Fragmentierung von Geschäftstätigkeiten.

8. Verhinderung von unangemessenen **Gewinnverlagerungen durch** konzerninterne Übertragung oder Überlassung **immaterieller Wirtschaftsgüter** u. a. durch (i) eine umfassende Definition des Begriffs „immaterielle Wirtschaftsgüter", (ii) Sicherstellung des Zusammenhangs zwischen Gewinn aus der Nutzung/Übertragung von immateriellen Wirtschaftsgütern und der durch das Unternehmen erbrachten Wertschöpfung, (iii) Regeln für die Verrechnungspreisgestaltung bei schwer zu bewertenden immateriellen Wirtschaftsgütern und (iv) Überarbeitung der RL für Forschungs- und Entwicklungs-Kostenumlagen.

9. Verhinderung von unangemessenen Gewinnverlagerungen durch konzerninterne **Verlagerung von Risiken oder** die **Zuordnung unangemessen hohen Kapitals** auf Konzerngesellschaften auf (nur) vertraglicher Basis; Sicherstellung, dass Gewinn und Wertschöpfungsbeitrag eines Konzernunternehmens im Einklang stehen.

10. Verhinderung von unangemessenen Gewinnverlagerungen durch **„andere Hoch-Risiko-Transaktionen",** die unter fremden Dritten entweder gar nicht oder sehr selten stattfinden. Dies umfasst (i) die Frage, wann

Transaktionen als solche nicht anerkannt werden können, (ii) wann Verrechnungspreismethoden, insbesondere die Gewinnaufteilungsmethode, innerhalb globaler Wertschöpfungsketten anwendbar sind und (iii) Abwehrmaßnahmen gegen typische Gewinnverlagerungen, wie zB Managementgebühren oder Konzernumlagen.

11. Einführung von Methoden zur **Erhebung** und Auswertung **von Daten zu BEPS** und zur Überprüfung der wirtschaftlichen Auswirkungen von BEPS unter Berücksichtigung des Steuergeheimnisses und der Verwaltungskosten für FinVerw. und Unternehmen.

12. Verpflichtung für die Steuerpflichtigen zur **Offenlegung** ihrer „aggressiven" **Steuergestaltungen.**

13. Überarbeitung der Standards für **Verrechnungspreisdokumentationen;** ggf. Einführung der Verpflichtung für multinationale Unternehmen, den Finanzbehörden aller betroffenen Staaten die benötigten Informationen zur weltweiten Aufteilung des Gewinns, der wirtschaftlichen Aktivitäten und der in den jeweiligen Ländern gezahlten Steuern bereitzustellen.

14. Effektivere Ausgestaltung von **Verständigungs- und Schiedsverfahren** zur Vermeidung von Doppelbesteuerung.

15. Entwicklung eines **multilateralen Instruments zur Umsetzung** von Maßnahmen des Aktionsplans.

IV. Weitere Standardsetzer

270   Nachdem der OECD über viele Jahre die Rolle des Standardsetzers im Bereich der Verrechnungspreise überlassen worden war, haben in den letzten Jahren vor allem die UNO, in Ansätzen das African Tax Administration Forum (ATAF) und in seiner regionalen Zuständigkeit das EU Joint Transfer Pricing Forum (EUJTPF) begonnen, eigene Standards für die Festsetzung und Beurteilung von Verrechnungspreisen zu entwickeln, wobei die Arbeit der **UNO und ATAF** auch stark von dem Gedanken geprägt ist, die **Rechte und Interessen der Schwellen- und Entwicklungsländer** stärker zu wahren, während sich die Arbeit des EUJTPF stark auf die Vereinfachung und Handhabbarkeit von Verrechnungspreisprozessen und -anforderungen richtet.

Die OECD hat diese Entwicklungen aufgegriffen und einen **Dialog mit Nicht-OECD-Ländern** begonnen, um diese in die weitere Entwicklung der OECD-RL mit einzubeziehen. Es bleibt abzuwarten, welchen Stellenwert die UNO oder ATAF und gerade starke Schwellenländer wie Indien oder China diesem Öffnungsprozess letztlich bereit sind zu geben.

1. UNO

a) Errichtung eines Unterausschusses „Verrechnungspreise"

271   In **2009** hat das beim ‚UN Department of Economic and Social Affairs' angesiedelte ‚Committee of Experts on International Cooperation in Tax Matters' (UN Steuerausschuss) anlässlich seines Jahrestreffens das ‚**Subcommittee on Transfer Pricing – Practical Issues'** (Unterausschuss Verrechnungspreise) errichtet. Der Unterausschuss erhielt den Auftrag, ein ‚Practical

Manual on Transfer Pricing' zu entwickeln und dabei die folgenden Grundsätze zu beachten:
- Berücksichtigung des Art. 9 des UN-MA, des darin verankerten Fremdvergleichsgrundsatzes sowie der maßgeblichen Musterkommentierung,
- Berücksichtigung des gegenwärtigen Standes der Entwicklungsländer einschließlich deren relevanter Fiskalressourcen,
- besondere Beachtung der Erfahrungen der weiteren Entwicklungsländer,
- Fortführung der Arbeiten anderer Gremien.

Nach mehreren Arbeitstreffen in Malaysia (2010), Indien (2011), Japan
(2011), Südafrika (2012) und China (2012) wurde von der UNO schließlich
in Oktober 2012 ein Entwurf und am **29. Mai 2013** das „Practical Manual
on Transfer Pricing for Developing Countries" („UN Practical Manual
2013") **veröffentlicht.**[545]

b) UN Practical Manual 2013

Das UN Practical Manual 2013 beinhaltet ein Vorwort, zehn Kapitel sowie   **272**
zwei Anhänge.

Das UN Practical Manual 2013 **sieht sich nicht per se als Gegenentwurf zu den OECD-RL,** wenn es auch durchaus dazu dient, die Interessen
der Schwellen- und Entwicklungsländer stärker zu vertreten, als dies den
OECD-RL unterstellt wird, sondern es soll vor allem den FinVerw. der
Schwellen- und Entwicklungsländer und den Steuerpflichtigen eine Handha-
be für die praktische Arbeit bei der Anwendung von Verrechnungspreisen mit
und in diesen Ländern geben. Dies schlägt sich auch in der Weite der im UN
Practical Manual 2013 behandelten Themen nieder, die **deutlich breiter als
die** der **OECD-RL** ist, da nicht nur unmittelbare Fragen der Verrechnungspreissetzung behandelt werden, sondern auch darüber hinaus gehende, angrenzende ökonomische und rechtliche sowie sogar Themen der Steuerverwaltung. Das Dokument soll in der Zukunft um weitere Kapitel – etwa zu
immateriellen Wirtschaftsgütern – ergänzt werden.

aa) Vorwort

Das Vorwort gibt wichtige Hinweise zu den **Zielen und** zum **Verständ-**   **273**
nis der Ausführungen in den einzelnen Kapiteln des UN Practical Manual
2013:[546]
- Zusammenstellung von **praktischen Hinweisen für die Steuerverwaltungen der Entwicklungs- und Schwellenländer** zu Verfahrensaspek-
  ten von Verrechnungspreisen sowie zur Anwendung des Fremdvergleichsgrundsatzes, mit Fokus auf praktische Herausforderungen,
- Sammlung von **praxisbezogenen Leitsätzen** statt verbindlicher Regelungen, unter Verwendung möglichst klarer und verständlicher Formulierungen,
- Hinweis auf sog. **,transfer mispricing',** was sich jedoch nicht auf die vor-
  sätzliche Falschfestsetzung von Verrechnungspreisen durch Steuerpflichtige
  zur Steuerumgehung bezieht, sondern um die Festsetzung von Verrech-

---

[545] Vgl. http://www.un.org/esa/ffd/documents/UN_Manual_TransferPricing.pdf.
[546] Vgl. http://www.un.org/esa/ffd/documents/UN_Manual_TransferPricing.pdf.,
Foreword.

nungspreisen, bei der abweichende Auffassungen über die Fremdüblichkeit von Vergütungen durch die beteiligten Steuerverwaltungen von Entwicklungs- und Schwellenländern gegenüber den Ansätzen der OECD-Staaten zu Tage treten,

– Anerkennung von **unterschiedlichen Phasen der Umsetzung** von Verrechnungspreisregelungen in einzelnen Entwicklungsländern und daraus folgenden unterschiedlichen Anforderungen an die im UN Practical Manual 2013 getroffenen Empfehlungen.

Daraus wird noch einmal deutlich, dass sich die **Zielsetzung und der Ansatz** des UN Practical Manuals 2013 **von dem der OECD-RL unterscheidet.** Insb. die ersten vier Kapitel des UN Practical Manuals 2013, die Informationen zur Unterstützung von FinVerw. der Entwicklungsländer bei der Einführung von Verrechnungspreisregelungen enthalten, haben keine Entsprechung in der OECD-RL, ebenso wie die Darstellung der staatenspezifischen Regelungen von China, Indien, Brasilien und Südafrika in Kapitel 10.

bb) Einführung

274   Das Kapitel 1 führt allgemein in den Hintergrund der Verrechnungspreisfragen ein, stellt historische Bezüge zur Entwicklung der OECD-RL her und erläutert den Fremdvergleichsgrundsatz sowie die Verrechnungspreismethoden. Als **besondere Schwierigkeit** bei der Anwendung von Verrechnungspreismethoden im Fall von Entwicklungsländern benennt das UN Practical Manual 2013 die Identifizierung von **lokalen Vergleichstransaktionen** und geeigneten Quellen für ausreichend vergleichbare Daten.[547]

cc) Ökonomische Rahmenbedingungen

275   Das Kapitel 2 des UN Practical Manual 2013 beschreibt die wichtigsten ökonomischen Konzepte im Bereich der Verrechnungspreise und widmet sich Themen wie **betriebswirtschaftlichem Handeln von multinationalen Unternehmen,** Organisationsstrukturen von internationalen Konzernen, Finanzwesen- und Reportingfragen, Entscheidungsstrukturen sowie die Gestaltung der Verrechnungspreisfunktion im Konzern.

dd) Rechtliche Rahmenbedingungen

276   Im Kapitel 3 geht das UN Practical Manual 2013 auf die **Grundsätze der Implementierung von Verrechnungspreisregelungen** in den Steuerrechtssystemen verschiedener Staaten ein und stellt die in diesem Zusammenhang wichtigsten Tatbestände vor, etwa das Konzept der verbundenen Unternehmen, der Vorrangigkeit bestimmter Verrechnungspreismethoden, der Verteilung der Beweislast zwischen der FinVerw. und dem Steuerpflichtigen, das Institut der Schätzung, Safe Harbour-Regelungen, etc. Zum Ende des Kapitels werden wichtige Themen wie die der Beseitigung bzw. Minderung der Doppelbesteuerung im Rahmen von Verfahren gemäß DBA, wie korrespondierende Gegenberichtigung bzw. Verständigungsverfahren, oder Advance Pricing Agreements angesprochen.

---

[547] Vgl. http://www.un.org/esa/ffd/documents/UN_Manual_TransferPricing.pdf., Tz. 1.8.11.

ee) Aufbau von Verrechnungspreiskompetenz in Finanzverwaltungen von Entwicklungsländern

Kapitel 4 beschreibt ein praktisches Rahmenkonzept zum **Aufbau einer** 277 **Verrechnungspreisabteilung in der FinVerw.** eines Entwicklungslandes. Es erläutert die Aufgabenverteilung zwischen typischerweise in Finanzministerium angesiedelter Fiskalpolitik und dem administrativen Handeln der Finanzbehörden und beschäftigt sich mit der Identifikation der vorhandenen Kompetenz und den zu schließenden Lücken. Das Manual gibt ausführliche Hinweise zur Definition eines Selbstverständnisses einer Verrechnungspreisverwaltung, zur effektiven Organisation und zu effizienten Verwaltungsprozessen, zum Monitoring und zur fortlaufenden Weiterentwicklung, ganz im Sinne einer Organisationsberatung mit Change Management-Überlegungen.

ff) Vergleichbarkeitsanalyse

Kapitel 5 ist das **verrechnungspreistechnisch wichtigste Kapitel** des 278 UN Practical Manuals 2013 und beschäftigt sich mit einem Kernbereich der Verrechnungspreise, der gleichzeitig zu den Schwerpunkten der OECD-RL gehört, und die zwei wichtigsten **Herausforderungen der Schwellen- und Entwicklungsländer** mit der Verrechnungspreisermittlung umfasst, die **mangelnde** Verfügbarkeit von **Fremdvergleichsdaten** in den jeweiligen Ländern und die **gefühlte Benachteiligung** bei der Aufteilung des Steueraufkommens zwischen den Entwicklungs- und Schwellenländern auf der einen Seite und den (meist OECD) Standorten der ausländischen Geschäftspartner auf der anderen Seite bei Festsetzung der Verrechnungspreise unter der OECD-Auslegung des Fremdvergleichsmaßstabs.

Das UN Practical Manual 2013 versteht unter der **Vergleichbarkeitsana-** 279 **lyse** einen im Grundsatz **zweistufigen Prozess.** In dessen Verlauf werden zunächst die wirtschaftlich relevanten Charakteristika einer Geschäftsbeziehung unter Nahestehenden anhand von fünf Vergleichbarkeitskriterien festgestellt. Danach erfolgt ein Abgleich, ob die Bedingungen, unter denen eine Geschäftsbeziehung unter Nahestehenden stattfindet, mit den Bedingungen einer als vergleichbar identifizierten Geschäftsbeziehung mit/unter fremden Dritten hinreichend übereinstimmt.[548]

Im weiteren Verlauf des Kapitels führt das UN Practical Manual 2013 einen 280 **ausführlichen iterativen Prozess der Vergleichbarkeitsanalyse** vor, der im Wesentlichen aus folgenden **acht Schritten** besteht:[549]

1. Analyse der wirtschaftlich wesentlichen Umstände der Industrie, des Geschäfts des Steuerpflichtigen und der konzerninternen Transaktionen des betrachteten Unternehmens
   – Zusammenstellung von generellen Informationen zum Steuerpflichtigen,
   – Transaktionsanalyse,
   – Segregierung/Gruppierung von Transaktionen,
2. Untersuchung der Vergleichbarkeitsfaktoren für die konzerninternen Transaktionen

---

[548] Vgl. http://www.un.org/esa/ffd/documents/UN_Manual_TransferPricing.pdf., Tz. 5.1.1.
[549] Vgl. http://www.un.org/esa/ffd/documents/UN_Manual_TransferPricing.pdf., Tz. 5.2.

– Eigenschaften der gelieferten Produkte bzw. erbrachten Leistungen,
– Funktionsanalyse,
– Vertragsbedingungen,
– wirtschaftliche Verhältnisse,
– Geschäftsstrategien,
3. Bestimmung des zu überprüfenden Konzernunternehmens (tested party), soweit relevant
4. Identifikation potenzieller (interner und externer) Vergleichstransaktionen
5. Durchführung von Anpassungsrechnungen, sofern erforderlich
6. Auswahl der am besten geeigneten Verrechnungspreismethode
7. Bestimmung eines Fremdvergleichspreises oder -gewinns (bzw. einer entsprechenden Bandbreite)
8. Dokumentation aller Elemente der Vergleichbarkeitsanalyse und Monitoring.

281   Aus den detaillierten Erläuterungen zu jedem der einzelnen Schritte wird deutlich, dass sich das **UN Practical Manual 2013 stark an** den Arbeiten **der** OECD im Zuge der **Neufassung der** Kapitel I und insb. III der **OECD-RL 2010 orientiert** und **in einigen besonderen Bereichen** – etwa in der Frage der **Standortvorteile**[550] – **eigene Schwerpunkte setzt.** Das Kapitel fällt dabei vergleichsweise umfangreich aus, da die Erläuterungen mit zahlreichen Fallbeispielen unterlegt sind.

gg) Verrechnungspreismethoden

282   Im Kapitel 6 widmet sich das UN Practical Manual 2013 der Beschreibung und der **praktischen Anwendung** der Verrechnungspreismethoden. Es erwähnt Hindernisse für die Anwendung bestimmter Methoden in der Praxis und stellt zugleich Lösungsansätze vor, soweit solche bestehen. So wird bspw. bei **fehlenden Vergleichsdaten** vorgeschlagen, den Vergleich in anderen Wirtschaftszweigen, anderen geografischen Regionen oder unter Anwendung von Industriestudien zu suchen.[551]

Das UN Practical Manual 2013 stellt die einzelnen „Traditionellen geschäftsvorfallbezogenen Methoden" als auch die „Geschäftsvorfallbezogenen Gewinnmethoden" jeweils mit umfangreicher Diskussion der **Vor- und Nachteile** sowie **mit zahlreichen Anwendungsbeispielen** vor.[552] Während sämtliche Methoden, die bereits im Kapitel II der OECD-RL 2010 enthalten sind, vorgestellt werden, verweist das UN Practical Manual 2013 zusätzlich auf die Praxis zahlreicher Staaten bei der Anwendung von ,**anderen Methoden'**. Das Dokument lehnt diese Methoden nicht ab, betont jedoch, dass bei deren Anwendung die Einhaltung des Fremdvergleichsgrundsatzes gewährleistet werden sollte.[553]

---

[550] Vgl. http://www.un.org/esa/ffd/documents/UN_Manual_TransferPricing.pdf., Tz. 5.3.2.35 ff.

[551] Vgl. http://www.un.org/esa/ffd/documents/UN_Manual_TransferPricing.pdf., Tz. 6.1.2.6.1 f.

[552] Vgl. http://www.un.org/esa/ffd/documents/UN_Manual_TransferPricing.pdf., Tz. 6.2 ff. und 6.3 ff.

[553] Vgl. http://www.un.org/esa/ffd/documents/UN_Manual_TransferPricing.pdf., Tz. 6.1.3.1.

Auch das UN Practical Manual 2013 sieht **keine feste Methodenhierarchie** vor, sondern spricht sich – ähnlich der OECD – für die Anwendung der **am besten geeigneten („most suitable")** Verrechnungspreismethode aus.[554]

Die Nähe des UN Practical Manual 2013 zur OECD-RL 2010 (Kapitel II) ist auch im Bereich der Verrechnungspreismethoden insgesamt deutlich erkennbar.

hh) Dokumentation

Das Kapitel 7 des UN Practical Manual 2013 betont die Wichtigkeit einer **283** angemessenen Verrechnungspreisdokumentation, um Auseinandersetzungen zwischen Finanzbehörden und Steuerpflichtigen zu vermeiden bzw. auf der Grundlage bekannter Fakten zügig lösen zu können. Das UN Practical Manual 2013 benennt – allerdings recht wage – **zwei wesentliche Elemente** einer angemessenen Dokumentation:[555]

– **angemessener Detaillierungsgrad** der Dokumentation; sowie
– **zeitnahe Erstellung** und Übermittlung an die FinVerw.

Des Weiteren nimmt das Kapitel Bezug auf die wichtigsten internationalen Regelwerke zum Thema Dokumentation – u. a. OECD-RL 2010, Kapitel V. Dabei stellt das UN Practical Manual 2013 zB fest, dass neben dem Informationsbedürfnis der FinVerw. und deren Anforderungen an einen angemessener Detaillierungsgrad der Dokumentation ebenfalls der Aspekt der **Verhältnismäßigkeit der Informationsbereitstellung** seitens des Steuerpflichtigen zu beachten ist, um unverhältnismäßige Rechtsbefolgungskosten zu verhindern.[556]

Ferner fasst das Dokument praktische Hinweise zu weiteren verfahrensrechtlichen Themen zusammen, wie Beweislastverteilung, Vorlagefristen, Sanktionen bzw. Strafzuschläge, Erleichterungen für kleinere und mittelgroße Unternehmen, etc.

Insgesamt spiegelt das Kapitel 7 des UN Practical Manual 2013 grds die internationale Diskussion und die diesbezüglich veröffentlichten Dokumente wieder und enthält wiederum praktische Umsetzungshinweise für Entwicklungsländer.

ii) (Betriebs-)Prüfungen und Risk Assessment

Im Kapitel 8 richtet sich UN Practical Manual 2013 an die FinVerw. der **284** Entwicklungsländer, um unter Verweis auf den vergleichsweise hohen Personal- und Materialeinsatz in Betriebsprüfungen mit Schwerpunkt Verrechnungspreise **Hinweise zur möglichst effektiven Verwendung der Personalressourcen** zu geben.

Die sehr umfassenden Hinweise in diesem sehr aufschlussreichen Kapitel reichen von praktischen Empfehlungen zur **Auswahl der zu prüfenden Fälle** mit konkreten Hinweisen zur **Risikoklassifizierung von Steuer-**

---

[554] Vgl. http://www.un.org/esa/ffd/documents/UN_Manual_TransferPricing.pdf., Tz. 6.1.3.2.
[555] Vgl. http://www.un.org/esa/ffd/documents/UN_Manual_TransferPricing.pdf., Tz. 7.1.1.
[556] Vgl. http://www.un.org/esa/ffd/documents/UN_Manual_TransferPricing.pdf., Tz. 7.2.4.2.

pflichtigen durch FinVerw., über Hinweise zur konkreten Organisation und Personalbesetzung in Betriebsprüfungen bis hin zu zu verwendenden Formularen („Templates").

jj) Vermeidung und Lösung von Streitverfahren zwischen Steuerpflichtigen und Finanzverwaltungen

285 Kapitel 9 des UN Practical Manuals 2013 kommentiert die Möglichkeiten, Verrechnungspreisstreitigkeiten zu vermeiden oder zu lösen, um die Anzahl der Fälle, Kosten, Unsicherheit und Verzögerungen sowohl für Steuerpflichtige als auch FinVerw. zu minimieren.[557]

Im Hinblick auf **Verständigungsverfahren**[558] **und Vorabverständigungsverfahren**[559] gibt das UN Practical Manual 2013 einen Überblick über die Vorarbeiten – insb. der OECD – auf diesen Gebieten und konkrete Hinweise zur Einführung der Programme in die jeweilige Verwaltungspraxis der Entwicklungs- und Schwellenländer.

Hinsichtlich **Schiedsverfahren** geht das UN Practical Manual 2013 nicht so weit wie die OECD mit ihrer klaren Empfehlung zur Implementierung obligatorischer Schiedsklausel in neu abgeschlossene Abkommen. Vielmehr stellt das Kapitel 9 ausführlich die Argumente gegenüber und überlässt die Aufnahme einer Schiedsklausel den jeweiligen Verhandlungspartnern, da die Mehrzahl der am UN Practical Manual 2013 beteiligten Staaten Schiedsverfahren nur als **Option für die Zukunft** sehen.[560]

kk) Länderspezifische Anwendung

286 Während die ersten neun Kapitel des UN Practical Manuals 2013 einen weitgehenden Konsens der Mitglieder des Unterausschusses zur praktischen Anwendung des Fremdvergleichsgrundsatzes gem. Art. 9 UN-MA darstellen, enthält das Kapitel 10 Darstellungen einzelner Mitgliedsstaaten zu ihrer Verrechnungspreispraxis.

287 Der Bericht zu **Brasilien** beschreibt insb. die Verwendung von **festen Bruttomargen- bzw. Gewinnaufschlagsätzen** im Rahmen der Wiederverkaufspreis- bzw. Kostenaufschlagsmethode. Bei der Diskussion der Vor- und Nachteile wird zwar hervorgehoben, dass dies erlaube, auf die Identifizierung von Vergleichswerten zu verzichten und durch die relative Einfachheit der Methodik die FinVerw. zu entlasten, aber gleichzeitig eingeräumt, dass das System zur Doppelbesteuerung führt und die Festmargen zu einer Besteuerung führen können, die nicht mit der Profitabilität im Einzelfall einhergeht.[561]

288 Der Abschnitt zu **China** beschäftigt sich vor allem mit den von China global immer wieder, auch im Rahmen der OECD-Beobachtergruppe themati-

---

[557] Vgl. http://www.un.org/esa/ffd/documents/UN_Manual_TransferPricing.pdf., Tz. 9.1.1.1f.

[558] Vgl. http://www.un.org/esa/ffd/documents/UN_Manual_TransferPricing.pdf., Tz. 9.6.1ff.

[559] Vgl. http://www.un.org/esa/ffd/documents/UN_Manual_TransferPricing.pdf., Tz. 9.6.2ff.

[560] Vgl. http://www.un.org/esa/ffd/documents/UN_Manual_TransferPricing.pdf., Tz. 9.6.3.2ff., insb. Tz. 9.6.3.5.

[561] Vgl. http://www.un.org/esa/ffd/documents/UN_Manual_TransferPricing.pdf., Tz. 10.2.

sierten **Standortvorteilen (location specific advantages).** Der Abschnitt führt aus, dass die OECD diese Fragen nicht oder nur unzureichend berücksichtigt und dieses Thema gerade für Entwicklungsländer wie China besondere Bedeutung hat.[562] Standortvorteile werden dabei definiert als Vorteile der Produzenten aus Wirtschaftsgütern, aufgrund der Rohstoffverfügbarkeit, aufgrund der Industriepolitik der Regierung sowie aus Maßnahmen der Wirtschaftsförderung, die an bestimmten Standorten gelten. Beispielhaft genannt werden dabei Hersteller von Haushaltselektronik, die von der Verfügbarkeit einer großen Zahl an gut ausgebildeten Niedriglohnarbeitskräften und dem großen vorhandenen Netzwerk an Zulieferern profitieren. Oder globale Pkw-Hersteller, die in China Joint Venture zur lokalen Montage gründen, um von der Marktnähe und niedrigen Arbeitskosten zu profitieren.[563]

Die chinesische FinVerw. verfolgt einen **vierstufigen Ansatz zur Berücksichtigung von Standortvorteilen,** der in der Identifizierung der Vorteile, der Bestimmung der Bedeutung der Vorteile für die Entstehung eines Zusatzgewinns, der Quantifizierung des Zusatzgewinns sowie der Festlegung einer Verrechnungspreismethode zur Abgrenzung des Gewinns aufgrund von Standortvorteilen besteht.[564] Ein Fallbeispiel[565] macht deutlich, dass dieser Ansatz das Ziel verfolgt, Kostenersparnisse aufgrund der Produktion in China vollständig als zusätzliches Gewinnelement China zuzuordnen und dort der Besteuerung zu unterwerfen.

Der Bericht zu **Indien** erläutert insb. die kritische Haltung der indischen 289 FinVerw. zur **Risikozuordnung** innerhalb von Transaktionen unter Nahestehenden nach OECD-Kriterien. Insbesondere sieht Indien das Risiko nicht als eigenständiges, ggf. sogar wesentlichstes Kriterium in der Funktionsanalyse, sondern als **subsidiär** zu Funktionen und eingesetzten Wirtschaftsgütern, insb. **immateriellen Wirtschaftsgütern.**[566] Angesichts der starken IT-Outsourcingindustrie in Indien und der häufig gewählten Vertragsform als Auftragsforschung bzw. -entwicklung ist die Frage der Risikozuordnung aus indischer Verrechnungspreissicht besonders relevant. Der indische Bericht wehrt sich dagegen anzuerkennen, dass Risiken aus der Ferne – etwa von außerhalb Indiens – kontrolliert werden können, während Kernfunktionen wie die operative Ausführung von Forschung und Entwicklung in Indien vorgenommen werden.[567] Obwohl die Begriffe des indischen Berichts teilw. an das neue Kapitel IX der OECD-RL angelehnt sind – zB Risikokontrolle –, lässt der Grundton des Berichts klar erkennen, dass Indien dem **Risiko und seiner Kontrolle eine andere (geringere) Bedeutung zumisst als die OECD** und der ope-

---

[562] Vgl. http://www.un.org/esa/ffd/documents/UN_Manual_TransferPricing.pdf., Tz. 10.3.1.

[563] Vgl. http://www.un.org/esa/ffd/documents/UN_Manual_TransferPricing.pdf., Tz. 10.3.3.1.

[564] Vgl. http://www.un.org/esa/ffd/documents/UN_Manual_TransferPricing.pdf., Tz. 10.3.3.4.

[565] Vgl. http://www.un.org/esa/ffd/documents/UN_Manual_TransferPricing.pdf., Tz. 10.3.3.9.

[566] Vgl. http://www.un.org/esa/ffd/documents/UN_Manual_TransferPricing.pdf., Tz. 10.4.4.1.

[567] Vgl. http://www.un.org/esa/ffd/documents/UN_Manual_TransferPricing.pdf., Tz. 10.4.4.4..

rativen Ausführung (Funktion) und den eingesetzten immateriellen Wirtschaftgütern (spezialisierte Arbeiterschaft) eine größere Bedeutung zuordnet.

290   Auch der indische Beitrag beschäftigt sich mit dem Thema der **Standortvorteile.**[568] Ähnlich wie China wird eine **weite Interpretation des Begriffs** verwendet, so dass nicht lediglich Aspekte wie Kosteneinsparungen, sondern ebenfalls operative Vorteile und Marktchancen erfasst werden. So beinhaltet die Definition der Standortvorteile in dem Bericht Elemente wie hochspezialisierte Arbeitskräfte, Zugang und Nähe zu lokalen bzw. regionalen Wachstumsmärkten, große Kundenbasis mit steigendem verfügbaren Einkommen, herausragendes Informationsnetz, herausragende Distributionskanäle, Maßnahmen der Wirtschaftsförderung sowie Marktprämie. Bei der Festsetzung der Verrechnungspreise vertritt der Bericht im Einklang mit der indischen FinVerw. die Auffassung, dass der Aspekt der Standortvorteile neben der Funktionsanalyse auch in der **Verhandlungsstärke** der jeweiligen Parteien zu berücksichtigen ist und dass in diesem Zusammenhang der **Profit Split** eine mögliche Methode sein kann.

291   Der (vergleichsweise kurze) Abschnitt zu **Südafrika** thematisiert schließlich vor allem das **Fehlen lokaler Vergleichswerte** und der damit einhergehenden Herausforderungen für Vergleichbarkeitsanalysen. Als Lösungsansatz werden daher von südafrikanischen Steuerpflichtigen europäische Vergleichswerte herangezogen.[569] Zudem wir ein eher ‚holistischer Ansatz' zur Beurteilung der Einhaltung der Fremdüblichkeit angewendet, der nicht lediglich von Vergleichswerten ausgeht, sondern eine detailliertere Untersuchung des wirtschaftlichen Hintergrunds des Steuerpflichtigen unternimmt.[570]

292–300   *(einstweilen frei)*

2. EU Joint Transfer Pricing Forum (EUJTPF)

a) Errichtung

301   Das Gemeinsame EU-Verrechnungspreisforum (EU Joint Transfer Pricing Forum – EUJTPF) ist eine **Sachverständigengruppe** von Verrechnungspreisexperten **aus den staatlichen Verwaltungen** der EU-Mitgliedsstaaten **und der Privatwirtschaft.** Der Auftrag des Forums liegt in der Beratung und Unterstützung der EU-Kommission in steuerlichen Fragen im Zusammenhang mit Verrechnungspreisen – dabei im Besonderen in der Erarbeitung von praktischen und im Einklang mit den OECD-Verrechnungspreisgrundsätzen stehenden Lösungen für eine einheitlichere Anwendung der Verrechnungspreisregelungen in den Mitgliedsstaaten.[571]

302   Die Errichtung des Forums geht auf die Untersuchung der Kommission von 2001 zur Unternehmensbesteuerung im Binnenmarkt zurück. Diese hat

---

[568] Vgl. http://www.un.org/esa/ffd/documents/UN_Manual_TransferPricing.pdf., Tz. 10.4.7.

[569] Vgl. http://www.un.org/esa/ffd/documents/UN_Manual_TransferPricing.pdf., Tz. 10.5.2.1 f.

[570] Vgl. http://www.un.org/esa/ffd/documents/UN_Manual_TransferPricing.pdf., Tz. 10.5.2.5.

[571] Vgl. unter: http://ec.europa.eu/taxation_customs/taxation/company_tax/ transfer_pricing/forum.

festgestellt hat, dass steuerliche Probleme im Zusammenhang mit Verrechnungspreisen im Rahmen des Binnenmarktes eine immer größere Bedeutung erlangen.[572] Zugleich hat die Kommission in ihrer Mitteilung „Ein Binnenmarkt ohne steuerliche Hindernisse" vorgeschlagen, die Expertise von Experten im Bereich der Verrechnungspreise in Anspruch zu nehmen.[573] Das Forum wurde in 2002 zunächst auf einer informellen Basis errichtet, bevor in 2006 eine formale Einsetzung durch Kommissionsbeschluss erfolgte[574] und in 2011 der Auftrag des Forums um weitere vier Jahre verlängert wurde.[575]

b) Wesentliche Ergebnisse

Das Forum hat seit 2002 zwei Verhaltenskodizes (Codes of Conduct), zwei Leitlinien sowie mehrere Berichte erarbeitet. **303**

aa) Verhaltenskodex zur effektiven Durchführung der EU-Schiedskonvention

Mit der Errichtung des Forums lag der erste Auftrag in der Untersuchung der praktischen Schwierigkeiten bei der Anwendung der EU-Schiedskonvention (European Arbitration Convention, 23.7.1990, 90/436/EWG). Die Arbeiten mündeten in 2004 in dem – in 2009 nochmals überarbeiteten – Verhaltenskodex zur effektiven Durchführung der EU-Schiedskonvention.[576] Der Verhaltenskodex zielt auf eine EU-weit einheitliche **Auslegung der Schiedskonvention** und präzisiert das Verständnis u. a.:
- über den Fristbeginn einerseits der vom Steuerpflichtigen zu beachtenden Dreijahresfrist für die Eröffnung eines Schiedsverfahrens sowie andererseits der von FinVerw. einzuhaltenden Zweijahresfrist zur Verständigung über eine die Doppelbesteuerung beseitigende Lösung,
- über konkrete Regeln und den praktischen Ablauf einerseits während der max. zweijährigen Verständigungsphase sowie andererseits während der – im Falle des Ausbleibens einer Verständigung innerhalb von zwei Jahren – anschließenden zweiten Streitbeilegungsphase im Rahmen des Beratenden Ausschusses,
- über die Anwendung der Schiedskonvention auf Fälle der Unterkapitalisierung bzw. auf Dreieckskonstellationen sowie

---

[572] Vgl. EU-Kommission, Arbeitsdokument der Kommissionsdienststellen, Unternehmensbesteuerung im Binnenmarkt, 23.10.2001, SEK(2001)1681, unter: http://ec.europa.eu.

[573] Vgl. EU-Kommission, Mitteilung der Kommission, Ein Binnenmarkt ohne steuerliche Hindernisse – Strategie zur Schaffung einer konsolidierten Körperschaftsteuer-Bemessungsgrundlage für die grenzüberschreitende Unternehmenstätigkeit in der EU, 23.10.2001, KOM(2001)582, unter: http://ec.europa.eu.

[574] Vgl. EU-Kommission, Beschluss der Kommission zur Einsetzung einer Sachverständigengruppe „Verrechnungspreise", 22.12.2006, 2007/75/EG, unter: http://ec.europa.eu.

[575] Vgl. EU-Kommission, Beschluss der Kommission zur Einsetzung einer Sachverständigengruppe „Gemeinsames EU-Verrechnungspreisforum", 25.1.2011, 2011/C 24/03, unter: http://ec.europa.eu.

[576] Vgl. EU-Kommission, Mitteilung der Kommission, 23.4.2004, KOM(2004) 297 sowie EU-Kommission, Mitteilung der Kommission, 14.9.2009, KOM(2009) 472, beide unter: http://ec.europa.eu.

– über bestimmte in der Schiedskonvention verwendete Begriffe wie ‚empfindlich zu bestrafende Verstöße‘.[577]

bb) Verhaltenskodex zur Verrechnungspreisdokumentation

304   Ein weiterer Auftrag des Forums hatte seinen Hintergrund in einer Vielzahl von Äußerungen von Unternehmen, welche die innerhalb der Mitgliedsstaaten geltenden unterschiedlichen Verrechnungspreisdokumentationspflichten und die resultierende kostenaufwendige Rechtsbefolgung beklagten. Das Forum erarbeitete daraufhin in 2005 einen **Verhaltenskodex zur Verrechnungspreisdokumentation für verbundene Unternehmen in der EU** (EUTPD).[578] Der Kodex soll sicherstellen, dass Steuerpflichtige in jeweiligen Mitgliedsstaaten Strafzuschläge wegen mangelnder Mitwirkung vermeiden, wenn sie für die EUTPD optiert haben und auf explizite Anforderung der FinVerw. in angemessener Weise und vertretbarer Zeit zusätzlich zur EU-Verrechnungspreisdokumentation weitere Informationen und Unterlagen vorlegen. Der Kodex enthält dabei u. a. die Beschreibung der EUTPD als ein zweiteiliges Konzept, bestehend

– zum einen aus einer standardisierten Einheit mit für alle in der EU ansässigen Konzerngesellschaften relevanten Informationen (**„Masterfile“**) sowie
– zum anderen aus mehreren standardisierten und jeweils landesspezifische Informationen enthaltenden Dokumentationseinheiten (**„landesspezifische Dokumentation“**).

cc) Leitlinien für Verrechnungspreiszusagen in der EU

305   Als Nächstes befasste sich das Forum mit Verfahren der Streitvermeidung in Verrechnungspreisfragen und legte in 2007 die Leitlinien für Verrechnungspreiszusagen in der EU (**Guidelines for Advance Pricing Agreements**, APAs) vor.[579] APAs stellen dabei ein wirksames Instrument dar, um im Voraus Gewissheit über die angewandte Verrechnungspreismethodik und somit ein höheres Maß an Rechtssicherheit zu erlangen. Im Wesentlichen stellen die Leitlinien die APAs als einen **Vierphasenprozess** dar (Vorgespräche, förmlicher Antrag durch den Steuerpflichtigen, Antragsprüfung und -bewertung durch die zuständige Behörde, förmlicher Abschluss), beschreiben für die einzelnen Phasen die Regeln für deren praktischen Ablauf und behandeln einige in der Verfahrenspraxis häufig anzutreffende Fragen wie **Rollbacks** (Anwendung auf Zeiträume vor dem APA-Zeitraum), **Gebühren oder Komplexitätsschwellen.**

dd) Leitlinien für konzerninterne Dienstleistungen mit geringer Wertschöpfung

306   Ein weiterer Arbeitsauftrag des Forums basierte auf der Erkenntnis, dass bei Steuerpflichtigen und FinVerw. der Dokumentation und Prüfung von kon-

---

[577] Vgl. EU-Kommission, Mitteilung der Kommission, 23.4.2004, KOM(2004) 297 sowie EU-Kommission, Mitteilung der Kommission, 14.9.2009, KOM(2009) 472, beide unter: http://ec.europa.eu.
[578] Vgl. EU-Kommission, Mitteilung der Kommission, 7.11.2005, KOM(2005) 543 unter: http://ec.europa.eu.
[579] Vgl. EU-Kommission, Mitteilung der Kommission, 26.2.2007, KOM(2007) 71 unter: http://ec.europa.eu.

zerninternen Dienstleistungen mit Routinecharakter ein **vergleichsweise hoher Ressourceneinsatz** eingeräumt wird. So stellte das Forum in 2011 die Leitlinien für konzerninterne Dienstleistungen mit geringer Wertschöpfung vor, die primär ein effizienteres Vorgehen in diesem Bereich verfolgen.[580] Die Leitlinien streben dabei ein zweigleisiges Konzept an:
– zunächst soll auf Grundlage einer vom Steuerpflichtigen vorbereiteten **Prozessdokumentation** (Narrative) durch die Finanzbehörden bestimmt werden, wie umfassend und weitreichend eine Prüfung in Bezug auf eine bestimmte Gruppe konzerninterner Dienstleistungen sein sollte,
– anschließend gibt die Leitlinie für einzelne **typische Bereiche** (bspw. Kostenbasis, Shareholder Costs, Umlageschlüssel, Gewinnaufschläge, etc.) vor, wie eine Prüfung erfolgen könnte.

ee) Bericht über kleine und mittlere Unternehmen

Des Weiteren legte das Forum in 2012 zwei Berichte vor.[581] Der Bericht **307** über kleine und mittlere Unternehmen betont, dass bei diesen Unternehmen Verrechnungspreisthemen mit **übermäßigem Verwaltungsaufwand** und unnötigen steuerrechtlichen Auseinandersetzungen verbunden sind. Anschließend gibt der Bericht in einer Reihe von Empfehlungen einzelne Hinweise auf einen möglichen, einheitlicheren Umgang mit den besonderen Anforderungen für Verrechnungspreisermittlung und -dokumentation bei kleinen und mittelgroßen Unternehmen. Dabei wird mehrfach das **Prinzip der Verhältnismäßigkeit** betont und die FinVerw. zur Entwicklung von Vereinfachungsmaßnahmen zur Minimierung des Verwaltungs- und Befolgungsaufwands bei kleinen und mittelgroßen Unternehmen aufgerufen.

ff) Bericht zu Kostenumlageverträgen bei Routinedienstleistungen

Ferner hat sich das Forum 2012 im Bericht zu Kostenumlageverträgen bei **308** Routinedienstleistungen, durch die **kein immaterielles Vermögen geschaffen wird,** mit Kostenumlageverträgen beschäftigt. Aus aktuellem Anlass – den OECD-Arbeiten am Kapitel VI der OECD-RL – hat das Forum die Bereiche mit Bezug zu immateriellen Wirtschaftsgütern ausgeklammert. Der vorgelegte Bericht grenzt zunächst anhand der relevanten Kriterien Kostenumlageverträge von konzerninternen Dienstleistungen ab. Sehr praxisbezogen zeigt sich der Bericht dadurch, dass recht detailliert **einzelne Kriterien zur Beurteilung der Fremdüblichkeit von Kostenumlageverträgen** aufgeführt und zudem für typische Bereiche (Überprüfung der erwarteten Vorteile, Einzelbeiträge, Soll-Ist-Ausgleich, Eintritt/Austritt, etc.) weitergehende Hinweise gegeben werden.

gg) Bericht zu Zweitberichtigungen

Ein weiterer Bericht des Forums befasst sich mit dem Thema der Zweitbe- **309** richtigungen[582] und präsentiert Vorschläge zu deren praxisbezogenen Hand-

---

[580] Vgl. EU-Kommission, Mitteilung der Kommission, 25.1.2011, KOM(2011) 16 unter: http://ec.europa.eu.
[581] Vgl. beide Berichte in EU-Kommission, Mitteilung der Kommission, 19.9.2012, KOM(2012) 516 unter: http://ec.europa.eu.
[582] Vgl. EUJTPF, Final Report on Secondary Adjustments, 18.1.2013, JTPF/017/ FINAL/2012/EN unter: http://ec.europa.eu.

habung. Insbesondere empfiehlt der Bericht, **von Zweitberichtigungen** möglichst **abzusehen, sofern** diese ihrerseits **zur Doppelbesteuerung führen.** Ferner werden die einzelnen Möglichkeiten zur Behandlung einer Zweitanpassung als verdeckte Gewinnausschüttung, verdeckte Einlage oder einzubuchende Forderung behandelt und mögliche Wechselwirkungen mit einschlägigen EU-RL (Mutter-Tochter-RL) sowie DBA thematisiert. Dabei plädiert der Bericht insgesamt für eine vereinfachte praktische Handhabung und möglichst einen Verzicht auf Quellensteuererhebung bei Zweitberichtigungen.

c) Künftige Schwerpunkte

310   Die künftigen Schwerpunkte des Forums sind im Arbeitsprogramm 2011–2015 festgehalten.[583] Neben den bisher bereits abgeschlossenen Berichten zu Kostenumlageverträgen bei Routinedienstleistungen durch die kein immaterielles Vermögen geschaffen wird, sowie zu Zweitberichtigungen[584] verbleiben noch folgende Themengebiete:

– **Kostenumlageverträge:** nach Abschluss der Arbeiten der OECD am Kapitel VI der OECD-RL Erarbeitung von Vorschlägen für Kostenumlageverträge, bei denen immaterielle Wirtschafsgüter entstehen,
– **Risk Assessment:** Informationsaustausch über Best Practice im Bereich der Identifizierung von Verrechnungspreissachverhalten von insgesamt hoher Prüfungsrelevanz,
– **Jahresendanpassungen:** Verhinderung von Doppelbesteuerung bei Sachverhalten mit nachträglichen Anpassungen, ferner Analyse formeller und zeitbezogener Voraussetzungen,
– **Monitoring:** Untersuchung der praktischen Funktionsweise sowie der möglichen Weiterentwicklung der vom EUJTPF entwickelten Kodizes, Leitlinien und Berichte.

3. African Tax Administration Forum (ATAF)

311   Die ATAF **besteht seit 2008** und ist ein Forum zur Förderung bzw. zum Ausbau der Zusammenarbeit der FinVerw. der afrikanischen Staaten. Die Zusammenarbeit erfolgt dabei auf der Spitzenebene der jeweiligen Finanzbehörden. Inhaltlich liegen die **Hauptziele** der Organisation in der Unterstützung des **Aufbaus funktionierender Steuerverwaltungen** sowie **effektiver Verfahren der Steuererhebung.**

Die ATAF wird in steuerlichen Themen von der OECD und der UNO unterstützt. Das Thema der **Verrechnungspreise** wurde von Anfang an als eine **wesentliche Komponente** im Rahmen des Aufbaus der nationalen Steuersysteme erkannt, so dass zahlreiche ATAF-Länder bereits über Verrechnungspreisdokumentationsvorschriften verfügen.

Allerdings ist nicht zu erwarten, dass die ATAF eigene Regeln zu Verrechnungspreisen aufstellt. Vielmehr ist wahrscheinlich, dass die ATAF im Bereich

---

[583] Vgl. EUJTPF, JTPF Work Programme 2011–2015, 1.6.2011, JTPF/016/2011/EN unter: http://ec.europa.eu.
[584] Vgl. zuvor Rn. 308 bzw. Rn. 309.

der Verrechnungspreise die UN-Erfahrungen aus dem UN Practical Manual 2013 umsetzt und sich ferner Safe Harbour-Regelungen gegenüber offen zeigt.

V. EU-Schiedskonvention und DBA-Schiedsklauseln

Das „Übereinkommen über die Beseitigung der Doppelbesteuerung im   **312** Falle von Gewinnberichtigungen zwischen verbundenen Unternehmen"[585] vom 23. Juli 1990, die so genannte **EU-Schiedskonvention,** stellt einen völkerrechtlichen Vertrag zwischen den Mitgliedsstaaten der EU dar, der das Ziel hat, Doppelbesteuerungen im Bereich der Verrechnungspreise durch ein mehrstufiges Verfahren zu vermeiden. Soweit ein Vorverfahren und ein Verständigungsverfahren nicht zu einer Einigung zwischen den beteiligten Finanzbehörden führt, wird der Streitfall letztendlich und bindend durch eine **Schiedskommission** („Beratender Ausschuss") beigelegt, die aus so genannten neutralen Personen für die beteiligten beiden Mitgliedsstaaten sowie einem Vorsitzenden aus einem dritten Staat zusammengesetzt wird.[586]

Nachdem die erste EU-Schiedskonvention am 31.12.1999 ausgelaufen war, trat die Neufassung am 1.11.2004 rückwirkend zum 1.1.2000 in Kraft und verlängert sich nunmehr jeweils um fünf Jahre, wenn nicht ein Vertragsstaat dem mit einer Frist von sechs Monaten vor Ablauf des Fünfjahreszeitraums widerspricht. Am 8.12.2004 wurde ein Übereinkommen über den Beitritt der neuen EU-Staaten Estland, Lettland, Litauen, Malta, Polen, Slowakei, Slowenien, Tschechien, Ungarn und Zypern unterzeichnet. Mit dem Ratsbeschluss vom 23.6.2008 gehören auch Rumänien und Bulgarien in den Anwendungsbereich der Schiedskonvention (Inkrafttreten am 1.7.2008).

In den letzten Jahren ist die deutsche Abkommenspraxis vermehrt dazu   **313** übergegangen, auch in **DBA** Schiedsklauseln aufzunehmen, so mit den USA, Kanada, Schweden, Frankreich Österreich, Großbritannien, Liechtenstein und der Schweiz.[587]

---

[585] Einschließlich des deutschen Zustimmungsgesetzes abgedruckt in BGBl. II 1993, 1308–1315.

[586] Vgl. dazu iE F Rn. 298 ff.

[587] Vgl. dazu iE F Rn. 271 ff.

2. Teil: Steuerliche Systematik der Prüfung und Dokumentation

Kapitel C: Grundsätze

Übersicht

I. Fremdvergleich als Maßstab der Einkunftsabgrenzung

1. Bedeutung des Fremdvergleichsgrundsatzes

1   Verrechnungspreise zwischen verbundenen Unternehmen werden unausweichlich von betriebswirtschaftlichen Notwendigkeiten geprägt, so dass regelmäßig kaum Spielraum für willkürliche Gewinnverlagerungen besteht. Damit die Unternehmen den verbleibenden Spielraum bei der Verrechnungspreisgestaltung nicht für Gewinnverlagerungen nutzen, überprüfen die Finanzbehörden, ob die konzerninternen Lieferungen und Leistungen zu angemessenen Bedingungen abgewickelt werden. Als Maßstab für die Überprüfung dieser Bedingungen und der daraus resultierenden Preise wird von den OECD-Mitgliedstaaten (ebenso wie von der UNO) der Fremdvergleichsgrundsatz angewendet, der international auch als **„Arm's Length Principle"** bezeichnet wird. Der Begriff stammt aus dem Fechtsport, wo die Fechter sich auf Waffenlänge gegenüberstehen müssen; der angemessene Abstand soll dabei einen fairen Kampf gewährleisten.[1]

2   Der Fremdvergleichsgrundsatz wird unter anderem in **Art. 9 Abs. 1 OECD-MA** bzw. **UN-MA**[2] genannt und ist auch in den deutschen DBA enthalten.[3] Daneben ist der Fremdvergleich ebenfalls in **§ 1 Abs. 1 AStG** kodifiziert und wird in den deutschen VGr[4] in Tz. 2.1. näher erläutert.

Auch die Rechtsfigur des **ordentlichen und gewissenhaften Geschäftsleiters,** die im Rahmen von § 1 AStG sowie bei verdeckten Gewinnausschüttungen und Einlagen eine Rolle spielt, ist letztlich eine Person, die dem Fremdvergleich Rechnung trägt und rechtsystematisch den Fremdvergleichsgrundsatz – bzw. noch allgemeiner das ertragsteuerliche Veranlassungsprinzip – konkretisiert.[5] Insofern ist das „Arm's Length"-Prinzip auch im Rahmen der zuletzt genannten Korrekturvorschriften zu berücksichtigen.

3   Die **OECD-RL 2010** widmet dem „Arm's Length"-Prinzip das erste Kapitel und betont, dass die OECD-Mitgliedstaaten den Fremdvergleichsgrundsatz nach wie vor als den wesentlichen Prüfungsmaßstab befürworten und dass es praktisch keine sinnvolle Alternative zu diesem gibt.[6] Auch die USA weisen in ihren **RL zu Section 482 IRC** ausdrücklich darauf hin, dass der „Arm's Length"-Standard den maßgebenden Grundsatz für die Einkunftsabgrenzung darstellt.[7]

---

[1] Vgl. *Klein* BB 1995, 227.

[2] Vgl. auch UN-MK, Art. 9 UN-MA, Rn 9.1 und 9.3. Die UN-Musterkommentierung verweist ausdrücklich auf ein mit der OECD gemeinsames Verständnis des Fremdvergleichsgrundsatzes iSd Ausführungen der OECD-RL. Vgl. jedoch zu dem mittlerweile teilweise abweichenden Verständnis von der Auslegung des Fremdvergleichsgrundsatzes durch die UNO bzw. einzelne Staaten wie Indien B Rn. 289 f.

[3] Vgl. dazu *Vogel* Art. 9 Rn. 145 ff.

[4] Schreiben betr. Grundsätze für die Prüfung der Einkunftsabgrenzung bei international verbundenen Unternehmen vom 23.2.1983 (BStBl. I S. 218), zuletzt geändert durch BMF vom 30.12.1999 (BStBl. I 1999, 1122), nachfolgend „VGr".

[5] Vgl. *Wassermeyer* in Flick/Wassermeyer/Baumhoff, § 1 AStG, Rz. 106.

[6] Vgl. Tz. 1.14 f. OECD-RL 2010.

[7] Vgl. US-Regs § 1.482-1 (b)(1).

Die Voraussetzungen des Fremdvergleichs nach § 1 AStG und nach Art. 9   **4**
OECD-MA werden an anderer Stelle ausführlich erläutert,[8] sodass an dieser
Stelle darauf verzichtet wird. Generell wird zwischen dem konkreten (tatsächlichen) und dem hypothetischen sowie zwischen dem direkten und dem indirekten Fremdvergleich unterschieden. Diese Differenzierungen werden insb.
unter Berücksichtigung der Erläuterungen zu den Standardmethoden in den
deutschen VGr[9] und zu den Verrechnungspreismethoden allgemein in der
OECD-RL 2010[10] deutlich.

a) Konkreter und hypothetischer Fremdvergleich

Ein **konkreter Fremdvergleich** ist nur durchführbar, wenn die Ange-   **5**
messenheit von Verrechnungspreisen für Lieferungen oder Leistungen anhand
anderer, **tatsächlich existenter Rechtsgeschäfte, die zwischen fremdem
Dritten** abgeschlossen wurden, überprüft werden kann. Ein solcher Vergleich
tatsächlich vereinbarter Preise ist in der Praxis regelmäßig – wenn überhaupt
– nur im Rahmen der Preisvergleichsmethode möglich, insbesondere wenn
Börsen- oder Marktpreise feststellbar sind und als Vergleichsmaßstab herangezogen werden können oder wenn andere vertretbare Sachen zwischen Fremden zu gleichen Bedingungen veräußert werden.

In allen anderen Fällen handelt es sich um einen **hypothetischen Ver-**   **6**
gleich der Preise, also um einen fiktiven Preisvergleich, der sich danach richtet, was **„voneinander unabhängige Dritte** unter gleichen oder ähnlichen
Verhältnissen **vereinbart hätten“.**[11] Wenn also die Wiederverkaufspreismethode oder die Kostenaufschlagsmethode angewendet wird, dann werden
nicht unmittelbar Fremdpreise verglichen, sondern über eine Rückrechnung
mittels angemessener Gewinnmargen der jeweilige Fremdpreis ermittelt, wie
ihn unabhängige Dritte ermittelt hätten. Dieser hypothetische Vergleich liegt
auch den Regelungen des § 1 AStG und den Doppelbesteuerungsregelungen,
die dem Art. 9 Abs. 1 OECD-MA entsprechen, zu Grunde.

b) Direkter und indirekter Fremdvergleich

Ein **direkter Fremdvergleich** ist nur möglich, sofern der **Gegenstand**   **7**
und die Bedingungen der zum Vergleich herangezogenen Rechtsgeschäfte
gleich sind. Das bedeutet, dass nicht nur die Waren (oder die Dienstleistungen) in Bezug auf Gegenstand und Qualität annähernd identisch sein müssen,
sondern dass auch die sonstigen Verhältnisse der zu vergleichenden Transaktionen übereinstimmen müssen. In diesem Zusammenhang sei insb. auf die in
Tz. 3.1.2. der VGr genannten Merkmale, wie bspw. Marktverhältnisse, Funktionen der Unternehmen, Marktstufe, Vertrags- und Lieferbedingungen, Fristen sowie unternehmerische Zielvorstellungen und Strategien verwiesen.
Prinzipiell sind derartige Übereinstimmungen jedoch nur in den seltensten
Fällen gegeben; in der Praxis eigentlich nur, wenn ein „äußerer Preisvergleich“ möglich ist.

---

[8] Vgl. A Rn. 169 ff. und B Rn. 19 ff.
[9] Vgl. Tz. 2.2 VGr.
[10] Vgl. Tz. 2.6 ff. OECD-RL 2010.
[11] Vgl. hierzu *Becker* in Becker/Kroppen Internationale Verrechnungspreise, V 2.1.4.;
Vogel Art. 9 Rn. 32 und unter Rn. 41 f.

8 Meistens wird allerdings weder bei der Preisvergleichsmethode noch bei der Wiederverkaufspreis- oder Kostenaufschlagsmethode ein direkter Fremdvergleich durchführbar sein, so dass zu prüfen ist, ob ein **indirekter Fremdvergleich** in Frage kommt. Hierfür sind **Geschäftsbeziehungen** als Vergleichsmaßstab heranzuziehen, die zwar nicht identisch, aber dennoch **ähnlich** sind und bei denen die **Unterschiede identifiziert und angepasst** werden können. Das heißt, es muss der Versuch unternommen werden, den Einfluss der abweichenden Faktoren zu eliminieren, um auf diese Weise den Preis zu bestimmen, der ohne die Beeinflussung seitens dieser Faktoren von fremden Dritten festgesetzt worden wäre.

9 Der indirekte Preisvergleich mit Hilfe von Anpassungsrechnungen ist von § 1 Abs. 3 S. 1 und 2 AStG seit VZ 2008 **für alle Verrechnungspreismethoden anerkannt.** Insoweit sind die VGr von 1983 überholt, die in Tz. 2.2.2.–2.2.4. nur bei der Preisvergleichsmethode (explizit) Raum für Anpassungsrechnungen gesehen haben.

2. Voraussetzungen des Fremdvergleichs

a) Voneinander unabhängige Dritte

10 Für das „Arm's Length"-Prinzip kommt es darauf an, dass bei einem **konkreten Fremdvergleich** das zum Vergleich herangezogene Geschäft zwischen voneinander unabhängigen Dritten abgeschlossen wurde. Aus diesem Wortlaut wird deutlich, dass zwei Gesellschaften, die jeweils in einen anderen Konzern eingebunden sind, zwar als abhängig in Bezug auf ihre Konzernzugehörigkeit zu qualifizieren sind, aber dennoch voneinander **unabhängige Dritte für die Geschäftsbeziehung** zueinander sein können.[12] Da der Fremdvergleichsgrundsatz auf Transaktionen zwischen voneinander unabhängigen Dritten abstellt, ist klar, dass Lieferungen und Leistungen, die zwischen verbundenen Unternehmen eines anderen Konzerns durchgeführt werden, nicht für einen Fremdvergleich herangezogen werden dürfen, da diese wiederum nicht zwischen unabhängigen Unternehmen stattfinden.

11 Beim **hypothetischen Fremdvergleich**[13] wird die **Unabhängigkeit der Geschäftspartner simuliert.** Sie wird modellhaft im Sinne eines simulierten Marktpreisbildungsmodells nachgebildet. Zu prüfen ist in diesen Fällen, welche Preise voneinander unabhängige Dritte unter gleichen oder ähnlichen Bedingungen vereinbart hätten. *Baumhoff*[14] kritisiert, dass der Maßstab der fiktiven Unabhängigkeit die passiven Konzerneffekte (zB erhöhte Kreditwürdigkeit, verbilligte Einkaufsmöglichkeit, Risikostreuung) sowie die aktiven Konzerneffekte (zB Eingriffe der Obergesellschaft in Absatz-, Investitions-, Finanz- oder Produktionspolitik) unberücksichtigt lasse und dass damit ein fiktiver Erfolg zugrunde gelegt werde, der die Konzernzugehörigkeit außer Acht lasse. Dieser vom tatsächlichen Ergebnis abweichende, fiktive Einkommensbetrag widerspreche dem Verhältnismäßigkeitsgrundsatz in Gestalt des

---

[12] Vgl. *Becker* in Becker/Kroppen Internationale Verrechnungspreise, V 2.1.1.

[13] Vgl. dazu im Einzelnen zur allgemeinen Regelung A Rn. 171 und bei Funktionsverlagerungen R Rn. 454 ff.

[14] In *Mössner* Steuerrecht, Rn. C 269–272.

Prinzips der Besteuerung der individuellen Leistungsfähigkeit. Auf der einen Seite ist der Einwand zwar grundsätzlich zutreffend, jedoch gelten die gleichen Bedenken, wenn im Falle eines konkreten Fremdvergleichs die unabhängigen Dritten keinem Konzern angehören. Auf der anderen Seite wird durch diese Haltung der Fremdvergleich in seinem Wesenskern ausgehebelt; es ist gerade die **Zielsetzung, Konzerneffekte zu eliminieren,** um zu einem Verhalten zwischen voneinander unabhängigen Dritten zu kommen.

Die OECD-RL 2010 hat zutreffend darauf hingewiesen, dass für die Überprüfung von Verrechnungspreisen **keine realistische Alternative zum Fremdvergleich** vorhanden ist.[15]

An dieser Stelle sei noch auf die **Problematik einer einseitigen Betrachtungsweise** im Rahmen des Fremdvergleichs eingegangen.[16] Um den tatsächlichen Gegebenheiten von Geschäftsbeziehungen – nicht nur zwischen verbundenen Unternehmen – gerecht zu werden, ist ein Betrachtungsansatz, der beide Vertragsparteien umfasst, erforderlich. Demzufolge darf sich die Angemessenheitsprüfung von Verrechnungspreisen nicht – wie es in der Praxis häufig der Fall ist – auf die inländische Kapitalgesellschaft beschränken. Rechtssystematisch lässt sich ein solcher zweiseitiger Ansatz aus § 1 AStG ableiten, der ein hypothetisches Rechtsgeschäft als Vergleichsmaßstab heranzieht. Voneinander unabhängige Dritte würden aber nur ein Geschäft abschließen, das den **Vorstellungen beider Seiten** zumindest annähernd gerecht wird, dh es müssen die Interessen beider Vertragspartner berücksichtigt werden. **12**

b) Vergleichbarkeit der Verhältnisse

Eine weitere Voraussetzung des Fremdvergleichs ist, dass die zu vergleichenden **Geschäfte überhaupt vergleichbar** sind. Dafür ist es erforderlich, dass nicht nur die Lieferungen oder Leistungen, sondern auch die damit zusammenhängenden Umstände einen Vergleich zulassen. Zu unterscheiden ist dabei zwischen den Kriterien, nach denen die Vergleichbarkeit beurteilt wird (Vergleichbarkeitskriterien), und dem (zu dokumentierenden) Prozess, wie vergleichbare Fremddaten ermittelt werden. **13**

Die **OECD-RL 2010** widmen der Vergleichbarkeit ausführliche Erläuterungen, insb. zu den fünf von der OECD identifizierten Vergleichbarkeitsfaktoren,[17] und der Durchführung der Vergleichbarkeitsanalyse ein eigenes Kapitel III, in dem ausführlich der Prozess der Ermittlung vergleichbarer Fremdvergleichsdaten beschrieben wird.[18]

Das **UN Practical Manual 2013** enthält ebenfalls eine ausführliche Darstellung, wie vergleichbare Fremddaten zu ermitteln sind. Es folgt dabei einem zweistufigen Prozess, bei dem zunächst die wirtschaftlich relevanten Charakteristika einer Geschäftsbeziehung unter Nahestehenden anhand von fünf Vergleichbarkeitskriterien festgestellt werden und dann ein Abgleich erfolgt, ob die Bedingungen, unter denen eine Geschäftsbeziehung unter Nahestehenden stattfindet, mit den Bedingungen einer als vergleichbar iden-

---

[15] Vgl. Tz. 1.15 OECD-RL 2010.
[16] Vgl. zum Folgenden *Klein* BB 1995, 227.
[17] Vgl. Tz. 1.36 ff. OECD-RL 2010 und im Folgenden Rn. 17 ff.
[18] Vgl. dazu ausführlich B Rn. 117 ff. und M Rn. 33 ff.

tifizierten Geschäftsbeziehung mit/unter fremden Dritten hinreichend übereinstimmen. Dabei zeigen sich trotz wesentlicher Übereinstimmungen zu der
OECD-RL 2010 durchaus erkennbare Unterschiede in der praktischen Vorgehensweise.[19]

14   Welche Gegebenheiten **im deutschen Recht** für die Feststellung der
Vergleichbarkeit von Fremddaten von Bedeutung sind, wird bspw. aus den
Regelungen der **VGr** deutlich, wonach unter anderem folgende Faktoren zu
berücksichtigen sind:
– die Verhältnisse des freien Wettbewerbs (Tz. 2.1.1. der VGr),
– der wirtschaftliche Gehalt des jeweiligen Geschäfts (Tz. 2.1.2. der VGr),
– die Funktionen der einzelnen nahe stehenden Unternehmen (Tz. 2.1.3.
   der VGr),
– die Daten, auf Grund derer sich Preise zwischen Fremden im Markt bilden
   (Tz. 2.1.5. der VGr).
Ebenso äußern sich die **VGr-Verfahren** von 2005 zu Faktoren, die die
Vergleichbarkeit beeinflussen und zu berücksichtigen sind, um eine Vergleichbarkeit herzustellen (insb. Tz. 3.4.11.4 VGr-Verfahren):
– die Merkmale und Besonderheiten der betreffenden Wirtschaftsgüter (zB
   physische Eigenschaften, Qualität, Art immaterieller Wirtschaftsgüter, Zuverlässigkeit, Verfügbarkeit, Liefermenge) und der Dienstleistungen,
– die ausgeübten Funktionen, übernommenen Risiken sowie die eingesetzten Wirtschaftsgüter,
– die vertraglichen Bedingungen (zB Laufzeit von Verträgen, Zahlungsfristen
   usw.),
– die wirtschaftlichen Umstände im maßgeblichen Markt (Tz. 3.4.11.4
   Buchstabe f)),
– die Geschäftsstrategie (Tz. 3.4.11.4 Buchstabe e)).
Die VGr enthalten in weiteren Einzelvorschriften beispielhaft detaillierte
Regelungen über weitere Umstände, die im Einzelfall zu beachten sind, so
zB bei Warenlieferungen und Dienstleistungen.[20]

15   Für die Durchführung eines **direkten Vergleichs** müssten bspw. die Verhältnisse bei Warenlieferungen bezüglich Art, Ausgestaltung, Qualität und
Quantität der Lieferungen sowie hinsichtlich Marktverhältnissen, Funktionen
der beteiligten Unternehmen, Marktstufe, vereinbarten Vertrags- und Lieferbedingungen, Lieferungs- und Zahlungsfristen, Gewährleistungen etc. identisch oder nahezu identisch sein.[21] Da ein solcher direkter Fremdvergleich nur
in seltenen Fällen möglich ist, kommt regelmäßig der **indirekte Fremdvergleich** zum Tragen, bei dem per Einzelfallentscheidung die abweichenden
Faktoren identifiziert und ihr Einfluss auf den Preis ermittelt werden müssen.
Die Bewertung und Quantifizierung dieser Abweichungen und der daraus
resultierenden Zuschläge auf oder Abschläge vom Preis erweisen sich in der
Praxis häufig als nicht einfach und sind immer wieder Anlass für abweichende
Auffassungen zwischen Steuerpflichtigen und FinVerw.
Verbundene Unternehmen können schließlich **Geschäftsbeziehungen**
eingehen, **die unabhängige Unternehmen nicht eingehen würden.** Be-

---

[19] Vgl. dazu ausführlich B Rn. 279 ff. und M Rn. 33 ff.
[20] Vgl. zB Tz. 3.1.1., 3.1.2.1. VGr.
[21] Vgl. dazu ausführlich M Rn. 33 ff.

grüßenswerterweise hat die OECD anerkannt, dass alleine die Tatsache, dass bestimmte Geschäfte unter fremden Dritten nicht oder selten vorkommen, nicht bedeutet, dass sie nicht fremdvergleichskonform sein können.[22]

3. Praktische Anwendung des Fremdvergleichsgrundsatzes

Die Anwendung des Fremdvergleichsgrundsatzes, wie er in den früheren **16** Fassungen der OECD-RL beschrieben wurde, wirft in der praktischen Umsetzung verschiedene Probleme auf. Im Mittelpunkt steht dabei die Frage, wie eine Analyse der Bedingungen der konzerninternen Geschäftsvorfälle und der Fremdvergleichsgeschäftsvorfälle in der Praxis stattzufinden hat. Die OECD hat in Vorbereitung der OECD-RL 2010 daher mehrere Studien unter Praktikern durchgeführt und die resultierenden Erkenntnisse zur Diskussion gestellt.[23] Die Ergebnisse dieser Diskussion sind schließlich in die überarbeiteten Kapitel I bis III der OECD-RL 2010 eingeflossen. Unter der Bezeichnung „Vergleichbarkeitsanalyse" (Comparability Analysis) empfiehlt die OECD den Steuerverwaltungen und -pflichtigen dabei insb. Kriterien und Leitlinien für die Analyse, ob Bedingungen der Geschäftsvorfälle zwischen den Konzernunternehmen von den Bedingungen abweichen, die bei vergleichbaren Fremdgeschäftsvorfällen erzielt würden. Im Folgenden wird auf die wichtigsten Punkte zur Behandlung des Fremdvergleichsgrundsatzes in der Praxis sowie die jeweiligen Regelungsneuerungen der OECD-RL 2010 näher eingegangen.

a) Vergleichbarkeitsfaktoren

Bereits die OECD-RL 1995/96/97 verweist auf die **fünf Vergleichbar-** **17** **keitsfaktoren,** die eine Vergleichstransaktion erfüllen sollte, sofern sie in der Fremdvergleichsanalyse verwendet werden soll.[24] Die im Zuge der Vorbereitung der OECD-RL 2010 unter Praktikern durchgeführten Studien haben ergeben, dass sich die Überprüfung aller Faktoren mitunter problematisch darstellt, da zu den einzelnen Vergleichsunternehmen nicht immer sämtliche notwendigen Informationen ermittelt werden können. Für diese Fälle hat die OECD empfohlen, alle verfügbaren Informationen zu sammeln und diese zu sichten. Auf der Grundlage der zusammengetragenen Informationen soll dann entschieden werden, ob diese hinreichend geeignet für eine Vergleichbarkeit sind. Gemäß den Anmerkungen der OECD sollte für diese Entscheidung jeweils eine Einzelfallbetrachtung durchgeführt werden.[25]

Die **OECD-RL 2010** enthält somit zusätzliche Hinweise zur **Handha-** **18** **bung der Daten- und Informationsunvollkommenheit** in der Praxis. Bei der Beurteilung der Vergleichbarkeit sollten die Vergleichbarkeitsfaktoren sowohl für die konzerninternen wie auch für die Fremdgeschäftsvorfälle be-

---

[22] Vgl. Tz. 1.11 OECD-RL 2010.

[23] Vgl. OECD „Comparability: Public Invitation To Comment On A Series Of Draft Issues Notes" (im Folgenden „Diskussionsvorschläge der OECD" genannt) unter: http://www.oecd.org.

[24] Vgl. Tz. 1.19–1.35 OECD-RL 1995/96/97.

[25] Vgl. S. 36 Tz. 6 der Diskussionsvorschläge der OECD.

achtet werden. Der **relative Stellenwert der** ggf. **vorhandenen Informationsdefizite** sollte dabei in Abhängigkeit von der Art der betrachteten Geschäftsbeziehung sowie von der verwendeten Verrechnungspreismethode auf Einzelfallbasis beurteilt werden.[26] Die Vergleichbarkeit der Wirtschaftsgüter ist vor allem bei der Anwendung der Preisvergleichsmethode bedeutsam, während diese produktbezogene Vergleichbarkeit bei der Anwendung der Wiederverkaufspreis- und der Kostenaufschlagsmethode abnimmt, was in noch größerem Maße für die transaktionsbezogenen Gewinnmethoden gilt. Eine Verbreiterung der Vergleichsdatenbasis auf Grundlage funktionaler Vergleichskriterien kann nur dann erfolgen, wenn die Unterschiedlichkeit der dann zusätzlich erfassten Produkte die Vergleichbarkeit nicht negativ beeinflusst.[27] In der Praxis sind Angaben zu Vertragsbedingungen unter Fremden häufig nicht zu erlangen. Daher soll im Einzelfall geprüft werden, wie wesentlich Vertragsbedingungen sind, was zB bei Lizenzvereinbarungen sehr wichtig sein kann,[28] dagegen bei Hilfsfunktionen in der Regel nicht bedeutsam sein wird.

19   Somit wird deutlich, dass die OECD die **Informationsunvollkommenheit als eine der Praxis innewohnende Begleiterscheinung akzeptiert.** Für die Vergleichbarkeitsanalyse kommt es daher auf einen differenzierten Ansatz an, der im Einzelnen die bestehenden Informationsdefizite würdigt und deren Bedeutung angesichts der betrachteten Geschäftsbeziehung sowie der verwendeten Verrechnungspreismethode untersucht. Somit kann – bspw. im Rahmen von Betriebsprüfungen – die Tatsache der Informationsunvollkommenheit an sich nicht automatisch als Argument für die FinVerw. dienen, um eine Vergleichbarkeitsanalyse des Steuerpflichtigen zu verwerfen, wenn der Steuerpflichtige im Falle einer Daten- bzw. Informationsunvollkommenheit mit voraussichtlich **signifikanter Auswirkung** auf die Preisbildung entsprechende Anpassungsmaßnahmen, zB Anpassungsrechnungen, vorgenommen hat. Die Notwendigkeit für Anpassungsmaßnahmen entfällt hingegen, wenn die Informationsdefizite bei gegebener Art der Geschäftsbeziehung bzw. der Verrechnungspreismethode lediglich **nachrangige Auswirkungen** auf die Preisbildung erwarten lassen.

b) Iterativer Analyseansatz

20   Die zunehmende Verwendung externer Fremdvergleiche in der Praxis hat die OECD dazu veranlasst, darauf zu drängen, dass zunächst eine angemessene **Suche nach Vergleichsunternehmen** zu erfolgen hat und zu dokumentieren ist. Zudem sollte der Suchprozess nach Vergleichsunternehmen nachvollziehbar beschrieben werden. Sofern Anpassungen vorgenommen oder Mehrjahresdaten verwendet würden, sollten die Gründe für dieses Vorgehen ebenfalls dokumentiert werden.[29]

Die OECD-RL 2010 macht konkrete Vorschläge für ein schrittweises methodisches und einheitliches Vorgehen für die Darlegung des Fremdvergleichs im Rahmen der sog. Vergleichbarkeitsanalyse. Grundsätzlich beginnt ein solches – **iteratives** – **Verfahren** mit der Identifizierung konzerninterner Ge-

---

[26] Vgl. Tz. 1.38 OECD-RL 2010.
[27] Vgl. Tz. 1.39–1.41 OECD-RL 2010.
[28] Vgl. Tz. 1.54 OECD-RL 2010.
[29] Vgl. S. 76 Tz. 7 der Diskussionsvorschläge der OECD.

schäftsvorfälle und deren Bedingungen anhand relevanter Vergleichbarkeitsfaktoren, setzt sich fort durch die Wahl einer Verrechnungspreismethode sowie der Analyse potenzieller Vergleichsbedingungen und wird durch die Beurteilung der Einhaltung des Fremdvergleichsgrundsatzes abgeschlossen.[30] Dabei ist die Suche nach Vergleichsdaten ausdrücklich nur ein Teil der Vergleichbarkeitsanalyse.[31] Der insgesamt neun Schritte umfassende Analyseansatz[32] ergibt dabei einen **typisierten Prozess** im Sinne einer „best practice" für die Durchführung einer Vergleichbarkeitsanalyse. Die typischen Schritte müssen allerdings **nicht streng chronologisch** ablaufen, sondern können zum Teil auch iterativ wiederholt werden, um zu Fremdvergleichsergebnissen zu gelangen.[33]

c) Interner und externer Fremdvergleich

Der Begriff „interne Vergleichstransaktion" wurde in der OECD-RL **21** 1995/96/97 weder verwendet noch definiert. Sofern auf Fremdvergleichstransaktionen verwiesen wurde, waren davon jeweils sowohl interne als auch externe Vergleichstransaktionen erfasst. Für die Neufassung der OECD-RL 2010 wurde das **Fehlen der Definition des internen und externen Vergleichs** sowie der Unterscheidung dieser beiden Ansätze als Defizit für die praktische Anwendung des Fremdvergleichsgrundsatzes erkannt.[34]

Die OECD-RL 2010 bespricht daher erstmals ausdrücklich **interne Fremdvergleichsdaten.** Gemäß der **Definition** der OECD liegt ein interner Vergleichswert vor, sofern ein vergleichbarer Geschäftsvorfall zwischen einem am Konzerngeschäftsvorfall Beteiligten und einem fremden Dritten festzustellen ist. Ein externer Vergleichswert liegt hingegen vor, wenn ein vergleichbarer Geschäftsvorfall zwischen zwei unabhängigen Gesellschaften stattfindet, die weder miteinander noch mit einer der am Konzerngeschäftsvorfall beteiligten Unternehmen verbunden sind.[35]

Die Umfragen der OECD unter Praktikern haben gezeigt, dass der Einsatz **22** von **Datenbankrecherchen** seit der Veröffentlichung der OECD-RL 1995/96/97 erheblich zugenommen hat und in der Praxis zunehmend **externe Vergleiche** geführt werden, anstatt auf potenzielle interne Vergleichsmöglichkeiten zurückzugreifen. Daher ist der Ansatz der OECD verständlich, die Steuerpflichtigen dazu anzuhalten, (auch) nach internen Vergleichstransaktionen zu suchen.[36]

Die OECD stellt zutreffend fest, dass je nach Einzelfall der Einsatz interner oder externe Vergleichsdaten bessere Fremdvergleichsergebnisse ergeben oder einfacher durchzuführen sein kann, und dass interne Fremdvergleichsdaten keinesfalls per se aussagekräftiger sind als externe, sondern dass vielmehr **in jedem Einzelfall geprüft** werden muss, welche Vergleichsdaten auf der Grundlage der Vergleichbarkeitsfaktoren einen besseren Fremdvergleich zulassen.[37]

---

[30] Vgl. Tz. 3.1 OECD-RL 2010.
[31] Vgl. Tz. 3.1 OECD-RL 2010.
[32] Vgl. dazu Tz. 3.4 OECD-RL 2010 und ausführlich B Rn. 117 ff.
[33] Vgl. Tz. 3.4–3.5 OECD-RL 2010.
[34] Vgl. S. 18 ff. der Diskussionsvorschläge der OECD.
[35] Vgl. Tz. 3.24 OECD-RL 2010.
[36] Vgl. S. 21 Tz. 23 der Diskussionsvorschläge der OECD.
[37] Vgl. Tz. 3.27–3.28 OECD-RL 2010.

Trotz dieser generellen Aussage zur grds. Gleichrangigkeit von internen und externen Vergleichswerten[38] lässt die OECD-RL 2010 jedoch mehrfach deutlich erkennen, dass sie bei **Vorliegen valider interner Fremdvergleichsdaten** die (zusätzliche) **Suche nach externen Fremdvergleichsdaten,** zB über Datenbankrecherchen für **nicht** mehr **nötig** ansieht.[39]

d) Anpassungsrechnungen

23   Schon die OECD-RL 1995/96/97 hat an verschiedenen Stellen die grundsätzliche **Zulässigkeit und Notwendigkeit** von **Anpassungsrechnungen** herausgestellt, um offensichtliche Unterschiede in den Finanzdaten der zu vergleichenden Geschäftsvorfälle bzw. Unternehmen zu eliminieren.[40] An diesen Stellen wurde jedoch nicht dargelegt, wie derartige Anpassungen konkret durchgeführt werden sollten. Dies wurde als Defizit identifiziert[41] und in der OECD-RL 2010 umgesetzt.[42]

Die OECD-RL 2010 stellt die Notwendigkeit, bestimmte Anpassungen von Vergleichswerten zur Herstellung der Vergleichbarkeit (Vergleichbarkeitsanpassungen) vorzunehmen, unter das Primat der Genauigkeit und Verlässlichkeit.[43] Unter praktischen Gesichtspunkten wertvoll ist die Aufzählung von einigen **regelmäßig beobachteten Anpassungsgründen:**[44]

– Anpassungen zum Ausgleich verschiedener Rechnungslegungsstandards oder unterschiedlicher Ausübung von Wahlrechten, („accounting consistency")

– Segmentierung der Finanzdaten zwecks Ausschlusses erheblicher nichtvergleichbarer Geschäftsvorfälle,

– Anpassungen auf Grund von Unterschieden bei Kapital, Funktionen, Vermögenswerten und Risiken, insbesondere sog. Working Capital Adjustments[45] zur Berücksichtigung unterschiedlicher Niveaus von Forderungen, Verbindlichkeiten und Lagerbeständen,

– Anpassungen hinsichtlich von Länderrisiken.

24   Werden nur **marginale Unterschiede** festgestellt, sollte der Steuerpflichtige nach Auffassung der OECD auf Anpassungen gänzlich verzichten, da diese nur geringe Auswirkungen haben, während sie uU die Qualität der Vergleichsdaten mindern würden.[46] Auf routinemäßig vorzunehmende Anpassungen ist zu verzichten.[47]

Generell sollten Anpassungsrechnungen immer dann, aber auch nur dann vorgenommen werden, wenn sie zur Verbesserung der Vergleichbarkeitsanalyse beitragen.[48] Um die Anpassungen nachvollziehbar zu machen, sollte je-

---

[38] Vgl. Tz. 3.27 OECD-RL 2010.

[39] Vgl. Tz. 3.29, 3.32 OECD-RL 2010.

[40] Vgl. Tz. 1.15, 2.7–2.9, 2.16, 2.34, 3.2 sowie 3.39 OECD-RL 1995/96/97.

[41] Vgl. S. 55 Tz. 42 der Diskussionsvorschläge der OECD.

[42] Vgl. Tz. 3.47 ff. OECD-RL 2010.

[43] Vgl. Tz. 3.47 OECD-RL 2010.

[44] Vgl. Tz. 3.48, 3.49, 3.53 OECD-RL 2010.

[45] Vgl. hierzu neben Tz. 3.49 OECD-RL 2010 im Detail auch: Annex to Chapter III: Example of Working Capital Adjustments der OECD-RL 2010.

[46] Vgl. Tz. 3.50 und 3.51 OECD-RL 2010.

[47] Vgl. Tz. 3.49 und 3.53 OECD-RL 2010.

[48] Vgl. Tz. 3.50 OECD-RL 2010.

weils eine **detaillierte Dokumentation der vorgenommenen Anpassungen** seitens des Steuerpflichtigen erfolgen.[49]

e) Bandbreiten

Externe Fremdvergleichsanalysen enden regelmäßig mit der **Ermittlung**   25
von Bandbreiten potenziell angemessener Verrechnungspreise. Dies war bereits gem. Tz. 1.45–1.47 der OECD-RL 1995/96/97 grundsätzlich nicht zu beanstanden. Die Bandbreitenbetrachtung wird in der Praxis häufig deswegen notwendig, da regelmäßig nicht der perfekte, einzig angemessene Vergleichswert ermittelt werden kann.

Um die Qualität und Bewertung der potenziellen Vergleichswerte innerhalb einer Bandbreite für Verrechnungspreiszwecke zu beurteilen, schlägt die OECD-RL 2010 einen differenzierten Ansatz **in Abhängigkeit vom Ausmaß der Vergleichbarkeit** der potenziellen Fremdvergleichsdaten vor. Soweit Vergleichsdaten einen hohen und gleichmäßigen Grad an Vergleichbarkeit aufweisen, könnte **jeder Punkt** innerhalb der Bandbreite als Fremdvergleichspreis anzuerkennen sein.[50] Soweit aber nicht alle Vergleichsdaten ein gleich hohes Maß an Vergleichbarkeit aufweisen, sollten zunächst die weniger vergleichbaren Daten ausgesondert werden und anschließend ggf. die Bandbreite weiter durch an Mittelwerten orientierten statistischen Methoden eingeengt werden (zB **Interquartile Ranges**), soweit davon auszugehen ist, dass dies die Vergleichbarkeit weiter erhöht. Anschließend ist dann vom Grundsatz her wiederum jeder Vergleichspreis innerhalb der verbliebenen Bandbreite als Fremdvergleichspreis anzuerkennen.[51]

Für die Praxis interessant ist der Vorschlag der OECD-RL 2010, eine   26
Bandbreite von Werten **durch die Anwendung von mehreren Verrechnungspreismethoden zu ermitteln.** Für eine genauere Festlegung der Bandbreite könnte dann der Bereich, in dem sich die einzelnen Bandbreiten überschneiden, verwendet werden.[52]

Die OECD beschäftigt sich auch mit der Frage, welche Bedeutung der Ausschluss bzw. Einbezug von **extremen Ergebnisse** hat, insbesondere von Unternehmen, die **Verluste oder sehr hohe Gewinne** erzielen. Die OECD-RL 2010 verfolgt das Prinzip, dass Vergleichsdaten, die einen Verlust oder andere erkennbar extreme Ergebnisse ausweisen, nicht grundsätzlich von der Analyse ausgeschlossen werden sollen, dass sie jedoch eine erhöhte Notwendigkeit begründen, weitere Überprüfungen dahingehend anzustellen, ob diese Vergleichsdaten tatsächlich vergleichbar sind.[53] Die Auffassung der OECD erscheint sachgerecht.

f) Zeitfragen/Mehrjahresdaten

Vergleichbarkeitsanalysen unterliegen verschiedenen Fragestellungen hin-   27
sichtlich **zeitlicher Aspekte.**

---

[49] Vgl. Tz. 3.54 OECD-RL 2010.
[50] Vgl. Tz. 3.62 OECD-RL 2010.
[51] Vgl. Tz. 3.57 iVm Tz. 3.56 und 3.62 OECD-RL 2010.
[52] Vgl. Tz. 3.58 OECD-RL 2010.
[53] Vgl. Tz. 3.63–3.66 OECD-RL 2010.

Die Diskussionsvorschläge der OECD beschrieben insbesondere Probleme, wenn Unternehmen ihre Verrechnungspreise im Vorhinein anhand der verfügbaren Informationen festsetzen. Während des Betrachtungszeitraums können sich die Umstände am Markt jedoch verändern, so dass nicht mehr alle Vergleichbarkeitskriterien erfüllt seien.

Zudem bestehe auch das Problem, dass Unternehmen, die ihre Verrechnungspreise aufgrund der nationalen Vorschriften **zeitnah dokumentieren** müssen, gezwungen seien, auf Vorjahresdaten zurückzugreifen, da keine neueren Daten verfügbar seien. Die FinVerw. verwende aber möglicherweise bei der Überprüfung der Verrechnungspreise aktuellere Daten, da die Überprüfung zeitlich später erfolge.[54]

28   Im Grundsatz stellt die **OECD-RL 2010** fest, dass die Vergleichsdaten aus dem Zeitraum stammen sollten, für den auch die Überprüfung vorzunehmen ist, da dann die beste Vergleichbarkeit gegeben sei. Die RL erkennt aber, dass dies in der Regel praktisch nicht möglich sein wird, da derartige **Daten zumindest nicht zeitgleich zur Verfügung stehen** („timing of origin").[55]

29   Des Weiteren unterscheidet die OECD zwischen dem Zeitpunkt, in dem die Verrechnungspreise bestimmt werden, und dem Zeitpunkt, in dem diese überprüft werden, zB am Jahresende („timing of collection"). Praktisch ist hier zwischen Ländern zu unterscheiden, die die Verrechnungspreise im Vorhinein (**„ex ante"**) festsetzen (**„arm's length price setting approach"**),[56] zB auch Deutschland, und anderen, die die Angemessenheit der Verrechnungspreise danach prüfen, ob ein bestimmtes Ergebnis aus den Konzerntransaktionen auch tatsächlich (**„ex post"**) eingetreten ist (**„arm's length outcome testing approach"**),[57] zB die USA, und dann ggf. retroaktiv Korrekturen ursprünglich angesetzter Verrechnungspreise vornehmen (sog. „year-end adjustments"). Darin spiegeln sich die unterschiedlichen systematischen und dogmatischen Vorgehensweisen für die Verrechnungspreisbestimmung unter den OECD-Mitgliedern wieder. Die RL enthält zur Auflösung dieses Anwendungskonflikts lediglich den allgemeinen Hinweis, dass dazu ggf. Verständigungsverfahren nötig sein werden.[58]

30   In der Praxis werden für die Ermittlung von Fremdvergleichsdaten häufig **Mehrjahresdaten** verwendet. Deren Anerkennung wurde bereits in der OECD-RL 1995/96/97 bestätigt.[59] Nach den Erfahrungen der OECD dient die Verwendung von Daten mehrerer Jahre hauptsächlich dem **Ausgleich von Schwankungen,** die sich über einen Zeitraum von mehreren Jahren ergeben können,[60] zB auch von branchenüblichen **Unternehmens- oder Produktzyklen.**[61]

Die OECD-RL 2010 stellt zurecht fest, dass die Verwendung von Mehrjahresdaten für die Erhöhung der Vergleichbarkeit nützlich sein kann, aber

---

[54] Vgl. S. 9 ff. der Diskussionsvorschläge der OECD.
[55] Vgl. Tz. 3.68 OECD-RL 2010.
[56] Vgl. Tz. 3.69 OECD-RL 2010.
[57] Vgl. Tz. 3.70 OECD-RL 2010.
[58] Vgl. Tz. 3.71 OECD-RL 2010.
[59] Vgl. Tz. 1.49–1.51 OECD-RL 1995/96/97.
[60] Vgl. S. 59 Tz. 4 der Diskussionsvorschläge der OECD.
[61] Vgl. Tz. 3.77 OECD-RL 2010.

nicht systematisch notwendig oder gefordert ist. Auch erscheint es nicht angemessen, eine bestimmte Anzahl von Jahren vorzugeben, die in eine Mehrjahresbetrachtung einbezogen werden sollte.[62]

In der Praxis war und ist immer noch zu beobachten, dass Steuerbehörden **31** die Verwendung der Daten mehrerer Jahre nicht anerkennen wollen und sich dafür auf das Prinzip der Abschnittsbesteuerung berufen. Vor diesem Hintergrund sind die Aussagen der OECD klarstellend hilfreich und zu begrüßen. Allerdings ist auch festzustellen, dass die **Anerkennung von Mehrjahresbetrachtungen** durch die **Finanzbehörden** stark zugenommen hat, nachdem die Wirtschaftskrise nach dem 11. September 2001 und vor allem die Weltfinanzkrise 2008 erhebliche Verwerfungen in den externen Vergleichsdaten hervorgerufen haben.

(einstweilen frei)   **32–40**

II. Rechtsfigur des ordentlichen und gewissenhaften Geschäftsleiters

1. Ordentlicher und gewissenhafter Geschäftsleiter als Kriterium des hypothetischen Fremdvergleichs

Verrechnungspreise unterliegen der **Forderung nach Fremdvergleich.**[63] **41** Jeder Vergleich bedarf eines Maßstabs, Soll-Größen, an denen das „Ist" gemessen werden kann. Diese Soll-Größen sind die „Bedingungen, ... [die] voneinander unabhängige Dritte unter gleichen oder vergleichbaren Verhältnissen vereinbart hätten" (§ 1 Abs. 1 S. 1 AStG). § 1 AStG stellt demnach zur Überprüfung eines Geschäfts zwischen nahe stehenden Unternehmen nicht auf die Bedingungen ab, die unter vergleichbaren Umständen im realen Marktgeschehen festgestellt werden, also auf einen Ist-Ist-Vergleich, sondern auf einen Vergleich mit einer nur gedachten Transaktion („vereinbart hätten"). Demnach verwendet § 1 AStG als Maßstab für den Fremdvergleich eine **hypothetisch ermittelte Soll-Größe.** Es liegt ein **hypothetischer Fremdvergleich** vor.

§ 1 AStG bestimmt nicht, wer die Personen sind, die, im fiktiven Markt **42** handelnd, den hypothetischen Fremdvergleichspreis „ermitteln". Es können dies jedenfalls nicht die im Gesetzestext erwähnten unabhängigen Dritten sein. Ihr Verhalten würde zum tatsächlichen Ist-Ist-Fremdvergleich führen. Vielmehr stellt nach herrschender Auffassung[64] der hypothetische Fremdvergleich des § 1 AStG auf die **Denkfigur des ordentlichen und gewissenhaften Geschäftsleiters** als dem fiktiv Handelnden ab. Begründet wird dies damit, dass letztlich nicht ausgeschlossen werden kann, dass real existierende Geschäftsleiter durch betrügerisches oder zumindest unlauteres Verhalten Preise am Markt herbeiführen, die sich nicht als Vergleichspreise eignen. Die Einführung des ordentlichen und gewissenhaften Geschäftsleiters hat eine **„normalisierende" und „objektivierende" Funktion** auf den Vergleich. Die

---

[62] Vgl. Tz. 3.75 OECD-RL 2010.

[63] Vgl. § 1 AStG und zuvor Rn. 1 ff.

[64] Vgl. für viele: *Baumhoff* in Flick/Wassermeyer/Baumhoff § 1 AStG Anm. 118.

im Vergleichsgeschäft entstandene Ist-Größe, tatsächlicher Marktpreis, wird zur Soll-Größe und ein Soll(Fremdpreis)-Ist(Verrechnungspreis)-Vergleich dadurch möglich. Zugleich ändert sich der Charakter des Vergleichs vom tatsächlichen Fremdvergleich zum hypothetischen Fremdvergleich.

43   Ein grundlegendes Problem für die praktische Anwendung ergibt sich durch die Tatsache, „dass **kein einheitlicher Geschäftsleitertypus** existiert, sondern dass einem Geschäftsleiter aus dem Auftrag zur Geschäftsführung ein weiter Ermessensspielraum eingeräumt werden muss, um die vorgegebenen Unternehmensziele verwirklichen und seine Rechte und Pflichten als Treuhänder des ihm anvertrauten Kapitals im Rahmen seiner Aufgabenstellung wahrnehmen zu können".[65] Somit muss in jedem Einzelfall unter Berücksichtigung von Größe, Funktion, Art und Marktsituation des jeweiligen Unternehmens beurteilt werden, welche Anforderungskriterien an die Denkfigur des ordentlichen und gewissenhaften Geschäftsleiters zu stellen sind.[66]

44   Darauf aufbauend stellt sich die Frage, nach welchen Kriterien die Grenzen des Ermessensspielraums für das Handeln des ordentlichen und gewissenhaften Geschäftsleiters zu bestimmen sind. Es wird dabei angenommen, dass ein ordentlicher und gewissenhafter Geschäftsleiter **rational handelt** und keine Preise vereinbart, die zu ganz oder teilweise unentgeltlichen Leistungen führen. Demnach wird sein Handlungsrahmen vor allem durch Preisgrenzen bestimmt, die sich aus rationalem betriebswirtschaftlichem Handeln ableiten. Daher sind die Ansätze zur Begrenzung des **Ermessensspielraums** nicht aus rechtlicher, sondern **aus betriebswirtschaftlicher Sicht** zu entwickeln.[67] Aus diesem Grund soll sich zunächst mit dem ordentlichen und gewissenhaften Geschäftsleiter als Träger betriebswirtschaftlicher Entscheidungen befasst werden.

2. Ordentlicher und gewissenhafter Geschäftsleiter als Träger betriebswirtschaftlicher Entscheidungen

45   Gegenstand der Betriebswirtschaftslehre ist das menschliche Handeln im ökonomischen Umfeld. Akzeptiert man jene vor allem als Entscheidungslehre, wird der Zusammenhang von Betriebswirtschaftslehre und ordentlichem Geschäftsleiter deutlich. Der Mensch, **der ordentliche Geschäftsleiter,** steht **als Entscheidungsträger** mit seinen Entscheidungen im Zentrum der betriebswirtschaftlichen Entscheidungslehre.

46   Dem Menschen wird in der Betriebswirtschaftslehre im Normalfall rationales Denken bzw. Handeln unterstellt. Dies entspricht grundsätzlich der Forderung nach **unbeeinflusstem Entscheidungsverhalten** der Denkfigur des ordentlichen und gewissenhaften Geschäftsleiters im Rahmen des hypothetischen Fremdvergleichs. Den Entscheidungstatbestand stellt in dieser konkreten Situation die Festlegung der Höhe des jeweiligen Verrechnungspreises dar.

47   Damit jedoch eine rationale Entscheidung bezüglich mehrerer zur Verfügung stehender Handlungsalternativen – unterschiedlich hohe Verrechnungspreise – getroffen werden kann, bedarf es einer **Leitmaxime.** Diese ist durch die **Unternehmensziele** vorgegeben, an denen sich der Entscheidungsträger

---

[65] *Baumhoff* DStR 1987, 498; vgl. auch BFH 10.1.1973, BStBl. II 1973, 322.
[66] Vgl. dazu BFH 10.1.1973, BStBl. II 1973, 322; Tz. 2.1.8. VGr.
[67] Vgl. *Baumhoff* Verrechnungspreise, 1986, 113; *Menck* JbFSt 1983/84, 135.

orientieren muss. Sie geben den Orientierungsrahmen für sein unternehmerisches Handeln vor.

Auch wenn die moderne Zielforschung ergibt, dass andere Ziele mittlerweile Vorrang vor dem Gewinnmaximierungsziel haben sollten, so ist letzteres in der Praxis sicherlich nach wie vor das bedeutendste. Die **Gewinnerzielungs- bzw. -maximierungsabsicht** wird auch von der BFH-Rspr. als unternehmerisches Oberziel anerkannt. So stellt bspw. das BFH-Urteil vom 16.4.1980 fest, dass es die Aufgabe des Geschäftsleiters ist, „Gewinn zu erzielen und diesen Gewinn nach Möglichkeit zu steigern".[68] Auch die VGr erkennen diese Zielsetzung indirekt, aber unmissverständlich an, denn in Tz. 2.1.8. der VGr wird die Wahrung des Eigeninteresses auch gegenüber Nahestehenden gefordert, wie dies die Leitung des Unternehmens gegenüber fremden Dritten täte.   48

(frei)   49

3. Handelsrechtliche Bedeutung des ordentlichen und gewissenhaften Geschäftsleiters

a) Historische Entwicklung

Der **Ursprung der Denkfigur** des ordentlichen Geschäftsleiters findet sich im römischen Recht und hängt eng mit der Beurteilung der Sorgfalt zusammen. Der Leitgedanke ist die **diligentia** des **diligens pater familias,** m. a. W. die Rechtschaffenheit eines rechtschaffenen und gewissenhaften Familienvaters, wobei sich sein Handeln immer an den entsprechenden Aufgabenstellungen orientiert. Ein weiteres Element kommt durch die (noch ältere) sog. custodia-Haftung hinzu, bei der es sich ursprünglich um eine Bewacherpflicht handelte. Nachdem sie zunächst nur für Wächter von Vermögenswerten galt, wurde diese Variante der Sorgfaltspflicht später auf andere Gewerbebereiche ausgedehnt, zB Gastwirte, Stallmeister, Schiffer. Aus der custodia-Haftung entwickelte sich in der nachklassischen Zeit die Verschuldungshaftung. Zeitlich parallel zur custodia-Haftung entstand der Grundsatz der bona fides, der auch die Anschauungen des redlichen Verkehrs zum Maßstab für das Entstehen einer Verschuldenshaftung machte.   50

Aus diesem Kurzabriss ist zu erkennen, dass **bereits früh die Elemente** des heutigen ordentlichen und gewissenhaften Geschäftsleiters **vorhanden** waren: der pater familias als Grundlage des ordentlichen Geschäftsleiters, die diligentia als die von ihm geforderte Sorgfaltspflicht, die bona fides als Beurteilungsgrundlage und die Ausrichtung auf die jeweilige Aufgabenstellung, woraus sich sein Ermessensspielraum ergibt. Dieses letzte Element bedeutet gleichzeitig, dass zur Bewertung von Handlungen keine Maßstäbe aus anderen Tätigkeiten herangezogen werden dürfen. So darf der ordentliche Geschäftsleiter bspw. nicht an den Maßstäben eines Richters gemessen werden.   51

Darüber hinaus ist aus der Entstehungsgeschichte zu erkennen, weshalb die Grundidee des ordentlichen und gewissenhaften Geschäftsleiters **in zahlreichen Rechtsordnungen zu finden** ist (zB in Frankreich, den Niederlanden und Spanien). Diese beruhen alle in irgendeiner Form auf dem römischen   52

---

[68] BFH 16.4.1980, BStBl. II 1981, 492; BFH 28.6.1989, BStBl. II 1989, 854; BFH 17.2.1993, BStBl. II 1993, 457.

Recht, auch wenn teilweise nur die Ursprungsform des rechtschaffenen Familien- bzw. Hausvaters zu erkennen ist. Die deutlichste Übernahme dieser römischen Rechtsfigur fand in deutsches Recht statt.

53   Erstmals **in deutsches Recht** aufgenommen wurde die Idee des rechtschaffenen Familienvaters in das Preußische Allgemeine Landrecht, in dem sogar besondere Maßstäbe für einzelne Berufsgruppen festgelegt wurden. Im Entwurf eines Allgemeinen Handelsgesetzbuches für Deutschland 1848/49 wurde zum ersten Mal vom ordentlichen Kaufmann gesprochen. Auch wenn dieser Entwurf niemals verabschiedet wurde, so war er doch Grundlage des 1861 eingeführten Allgemeinen Deutschen Handelsgesetzbuches (ADHGB), in dessen Art. 282 es hieß: „Wer aus einem Geschäft, welches auf seiner Seite ein Handelsgeschäft ist, einem anderen zu Sorgfalt verpflichtet ist, muss die Sorgfalt eines ordentlichen Kaufmanns anwenden". Über dieses Gesetzbuch gelangte der ordentliche Kaufmann in das heutige HGB.[69] Der erste Schritt für den Einzug in das Aktien- und GmbH-Gesetz fand 1882 mit dem Entwurf eines Gesetzes betreffend die KGaA und AG statt. Dort wurde erstmalig die „Sorgfalt eines ordentlichen Geschäftsmannes" bezüglich Aufsichtsrat (Art. 226) und Vorstand (Art. 241 S. 2) erwähnt.

b) Ordentlicher und gewissenhafter Geschäftsleiter im heutigen Handels- und Gesellschaftsrecht

54   Die Ausgangsnorm für die Rechtsfigur des ordentlichen und gewissenhaften Geschäftsleiters stellt § 347 Abs. 1 HGB dar,[70] da diese Vorschrift die Sorgfaltspflicht des ordentlichen Kaufmanns beinhaltet. Ausdrücklich erwähnt wird die Sorgfaltspflicht eines ordentlichen und gewissenhaften Geschäftsleiters in **§ 93 Abs. 1 S. 1 AktG**, so dass hier der – zumindest begriffliche – Ursprung dieser Denkfigur zu sehen ist. Gleiches gilt für **§ 43 Abs. 1 GmbHG,** auch wenn an dieser Stelle von einem ordentlichen Geschäftsmann gesprochen wird.

55   Dass diese unterschiedlichen Begrifflichkeiten inhaltlich deckungsgleiche Folgen haben, hat der **BFH** in seinem **Urteil vom 16.3.1967** klargestellt,[71] indem er den Begriff „ordentlicher und gewissenhafter Geschäftsleiter" mit einem Klammerzusatz, der auf § 93 Abs. 1 S. 1 AktG und § 43 Abs. 1 GmbHG verweist, versehen hat. Damit wurde gleichzeitig deutlich, dass **für Handels- und Steuerrecht derselbe Bezugspunkt und Vergleichsmaßstab** gilt. 1970 wurde dann auch der handelsrechtliche Maßstab des ordentlichen Kaufmanns in § 347 Abs. 1 HGB zum steuerlich anzuerkennenden Vergleichsmaßstab.[72]

56   Es stellt sich die Frage, wie die Sorgfaltspflicht des ordentlichen und gewissenhaften Geschäftsleiter zu beurteilen ist bzw. wann die Sorgfaltspflicht verletzt ist. Einigkeit herrscht darüber, dass kein einheitlicher Geschäftsleitertypus besteht und diesem ein **weiter Ermessensspielraum** zur Erfüllung

---

[69] Vgl. im Folgenden Rn. 54 ff.

[70] Die allgemeinste Regelung bezüglich der Sorgfalt findet sich allerdings bereits in § 276 BGB, wo auf die für jeden Teilnehmer im Rechtsverkehr geltende Sorgfalt abgestellt wird.

[71] BFH 16.3.1967, BStBl. III 1967, 626.

[72] BFH 19.2.1970, BStBl. II 1970, 442; *Neubauer* StBp 1971, 251.

seiner Aufgaben und Pflichten eingeräumt werden muss.[73] Uneinigkeit dagegen findet sich bezüglich der Grenzen des Spielraums.

Grundsätzlich sollte sich das Verhalten eines ordentlichen und gewissenhaften Geschäftsleiters an den Grundsätzen ordnungsmäßiger Unternehmensführung orientieren. Dieses Verhalten ist gegeben, wenn sein Handeln und seine Entscheidungen dazu beitragen, die vorgegebenen **Unternehmensziele** zu erreichen. Somit ist klar, dass der ordentliche und gewissenhafte Geschäftsleiter vorrangig als Unternehmer zu handeln hat; er muss die Vorteile für seine Gesellschaft wahren und gleichzeitig Nachteile abwehren.[74] **57**

Von dem ordentlichen und gewissenhaften Geschäftsleiter kann aber nur ein normales Maß an unternehmerischem Wagnis erwartet werden, auch wenn dieses gelegentlich Nachteile mit sich bringen kann. Hieraus wird deutlich, dass **Üblichkeit keinen Verhaltensmaßstab** darstellt[75] und es vergleichbare Situationen gibt, in denen sich zwei ordentliche und gewissenhafte Geschäftsleiter unterschiedlich verhalten können.[76] **58**

Im Handels- und Gesellschaftsrecht endet der Ermessensspielraum dort, wo die **Schadensersatzpflicht** beginnt. Verhält sich ein Geschäftsleiter pflichtwidrig und schuldhaft und erfährt das Unternehmen dadurch einen Schaden, so hat die Gesellschaft Anspruch auf Schadensersatz gem. § 93 Abs. 2 AktG sowie § 43 Abs. 2 GmbHG. Dabei stellt sich die Frage, wann überhaupt ein Schaden eintritt. Zur Diskussion stehen dem Unternehmenszweck widersprechende Vermögensminderungen, rechtlich als pflichtwidrig zu qualifizierende Nachteile und jegliche Form von Vermögensminderung.[77] Der letztgenannte Ansatz schließt die beiden erstgenannten Punkte ein und umfasst darüber hinaus noch jegliche Leistungen, die die Gesellschaft nicht anspruchsberechtigten Dritten gewährt und für die keine angemessenen Gegenleistungen erbracht werden. **59**

Die Sorgfalt des ordentlichen Geschäftsleiters lässt sich aus den Voraussetzungen der Schadensersatzpflicht relativ objektiv fassen. Damit diese eintritt, muss er seine Pflichten **vorsätzlich oder fahrlässig** – maW schuldhaft – verletzt haben. Der Tatbestand der Vorsätzlichkeit ist bei willentlicher und wissentlicher Pflichtverletzung erfüllt.[78] Fahrlässig handelt er, wenn er die Sorgfalt eines ordentlichen und gewissenhaften Geschäftsleiters missachtet.[79] **60**

4. Steuerrechtliche Bedeutung des ordentlichen und gewissenhaften Geschäftsleiters

Wie bereits an anderer Stelle erwähnt,[80] wurde die Rechtsfigur des ordentlichen und gewissenhaften Geschäftsleiters aus Handels- und Gesellschafts- **61**

---

[73] Vgl. unten Rn. 63 ff.; zu verschiedenen Literaturhinweisen *Baumhoff* Verrechnungspreise 1986, 121.
[74] Vgl. auch Tz. 2.1.8. VGr.
[75] Vgl. auch BFH 19.3.1997, BStBl. II 1997, 577.
[76] Vgl. *Baumhoff* in Flick/Wassermeyer/Baumhoff, § 1 AStG Anm. 124.
[77] Vgl. *Schneider* in Scholz § 43 Rn. 221 ff.
[78] Vgl. *Schneider* in Scholz § 43 Rn. 231.
[79] Vgl. *Schneider* in Scholz § 43 Rn. 232.
[80] Vgl. oben Rn. 54 ff.

recht mit dem **BFH-Urteil vom 16.3.1967**[81] auch **in das deutsche Steuerrecht** übernommen:

> „Weitere Voraussetzung der verdeckten Gewinnausschüttung ist aber, dass die Übertragung eines Vermögenswertes von der Gesellschaft auf den Gesellschafter ihre wirtschaftliche Ursache in dem Gesellschaftsverhältnis hat. Das ist der Fall, wenn ein ordentlicher und gewissenhafter Geschäftsleiter (§ 93 Abs. 1 S. 1 AktG, § 43 Abs. 1 GmbHG) einer Person, die nicht Gesellschafter ist, den Vorteil nicht gewährt hätte."

62   Auch H 37 KStR bestätigt die Übernahme dieser Denkfigur aus dem Handels- und Gesellschaftsrecht:

> „Spricht der Maßstab des Handelns eines ordentlichen und gewissenhaften Geschäftsleiters für die Veranlassung einer Vorteilszuwendung im Gesellschaftsverhältnis, so hat die Körperschaft die Umstände darzulegen, aus denen sich eine andere Beurteilung ergeben kann (BFH vom 19.3.1997 – BStBl. II S. 577)."[82]

Seit dem VZ 2008 ist die Rechtsfigur des ordentlichen und gewissenhaften Geschäftsleiters für die Anwendung des Fremdvergleichsgrundsatzes auch gesetzlich in **§ 1 Abs. 1 S. 3 AStG** verankert.

a) Ermessensspielraum im Steuerrecht

63   Die Übernahme und Verwendung der Rechtsfigur des ordentlichen und gewissenhaften Geschäftsleiters als solchem aus dem Handels- und Gesellschaftsrecht in das Steuerrecht ist nicht problematisch, denn dieses kann im Grunde schon durch die historische Entwicklung begründet werden. Als weitaus problematischer gestaltet sich die Übertragung der Grenzen des Ermessensspielraums, auch wenn letzterer als solcher im Steuerrecht eindeutig anerkannt wird.[83] Eine **Übertragung der handelsrechtlichen Grundsätze in das Steuerrecht** kann nur vorgenommen werden, wenn beide Rechtsgebiete den gleichen Maßstab dem gleichen Anwendungsbereich zuordnen. Dieses ist zwar in Bezug auf die Grundsätze ordnungsmäßiger Unternehmensführung zur Beschreibung der Sorgfalt des ordentlichen Geschäftsleiters grundsätzlich gegeben, **fraglich** ist es jedoch, **ob** die Grenzen des Ermessensspielraums auch im Steuerrecht erst **mit dem Beginn der zivilrechtlichen Schadensersatzpflicht erreicht** sind.[84]

64   Die Vertreter einer derartigen Übertragbarkeit argumentieren, dass der Maßstab für den Sorgfaltsbegriff gerade entwickelt wurde, „um die Grenze zu bestimmen, bei der die Haftung für eigenes Verschulden, also die Schadensersatzpflicht (§§ 43 Abs. 2 GmbHG und 93 Abs. 2 AktG), beginnt"[85] und daher allgemein Gültigkeit haben sollte. Dem kann entgegen gehalten werden, dass **Handels- und Steuerrecht** zwar einen einheitlichen Verhaltensmaßstab in Form der Sorgfalt des ordentlichen und gewissenhaften Geschäftsleiters haben, sich jedoch **bezüglich der Wirkungen eines Verstoßes unterscheiden.** So erscheint es nicht angemessen, einen steuerrechtlichen Verstoß

---

[81] BFH 16.3.1967, BStBl. III 1967, 626.

[82] H 37 KStR, Beweislast, – Grundsätze.

[83] Vgl. BFH 10.1.1973, BStBl. III 1973, 322.

[84] Vgl. *Baumhoff* Verrechnungspreise, 1986, 124 ff.

[85] *Becker* StbJb 1981/82, 446 f.

gegen die Sorgfaltspflicht mit handelsrechtlichen Sanktionen zu ahnden. Letztere werden vor einem anderen Hintergrund erlassen.[86]

Des Weiteren hätten verdeckte Gewinnausschüttungen bzw. verdeckte Ein- **65** lagen nach der Auffassung der Befürworter einer derartigen Verknüpfung automatisch Schadensersatzansprüche gegen den jeweiligen Geschäftsleiter zur Folge.[87] Im Umkehrschluss müsste **vor jeder** Verrechnungspreis- und somit **Gewinnkorrektur** die Finanzbehörde **zunächst** dem Geschäftsleiter **eine Pflichtverletzung nachweisen,**[88] was eine Unzahl von zivilgerichtlichen Prozessen auslösen würde, da der Nachweis nur dort erbracht werden könnte. Dieses würde wahrscheinlich die Fälle von Gewinnkorrekturen auf Basis der verdeckten Gewinnausschüttung und verdeckten Einlage verringern, jedoch würde damit gleichzeitig die Anwendung des Fremdvergleichs in der Praxis ausgehebelt.[89]

Ein weiteres Argument gegen die Bestimmung der Grenze des Ermessens **66** durch die Schadensersatzpflicht wird darin gesehen, dass verdeckte Gewinnausschüttungen gem. § 57 Abs. 1 AktG grundsätzlich und gem. § 30 GmbHG teilweise untersagt sind, unabhängig von einem Verstoß gegen die Sorgfaltspflicht seitens des Vorstands oder Geschäftsleiters. Dh der Geschäftsleiter verstößt nur dann gegen die Sorgfaltspflicht, wenn er eine gesellschaftsrechtlich verbotene verdeckte Gewinnausschüttung vornimmt.[90] Dagegen kann gehalten werden, dass es sich um zwei nicht miteinander verbundene Regelungsbereiche handelt, denn das **Rückzahlungsverbot im Gesellschaftsrecht dient** primär dem Schutz des ausgewiesenen und eingezahlten Kapitals und **nicht dem Fremdvergleich.** Da aber unterstellt werden kann, dass ein ordentlicher und gewissenhafter Geschäftsleiter grundsätzlich keine Einlagenrückgewähr billigen würde, kann man sekundär wiederum einen Zusammenhang zwischen dem gesellschaftsrechtlichen Ausschüttungsverbot und der Sorgfaltspflicht des ordentlichen Geschäftsleiters sehen.

Als weiteres Argument gegen die Bestimmung des steuerlichen Ermessens- **67** spielraums durch den zivilrechtlichen Schadensersatzanspruch nennt *Höppner,* dass in der Praxis und vom Gesellschaftsrecht anerkannt **Preise am Unternehmensziel** ausgerichtet werden. So sind Selbstkostenlieferungen einer Einkaufsgesellschaft an ihre Gesellschafter erlaubt. Dieses kann zu steuerlich völlig unangemessenen Verrechnungspreisen führen. Aus handelsrechtlicher Sicht stellen diese aber keine Verletzung der Sorgfaltspflicht dar, sodass auch kein Anrecht auf Schadensersatz besteht.[91] Demzufolge dürfte auch keine steuerliche Verrechnungspreiskorrektur vorgenommen werden, da der ordentliche Geschäftsleiter seinen Ermessensspielraum nicht verlassen hätte.

Aus den zuvor angeführten Gründen wird hier die Auffassung vertreten, dass die **Grenze des steuerlichen Ermessensspielraums nicht durch** die Grenze des **zivilrechtlichen Schadensersatzanspruchs bestimmt** werden kann.

---

[86] Vgl. *Baumhoff* Verrechnungspreise, 1986, 126; *Wassermeyer* DB 1994, 1107.
[87] Vgl. *Höppner* StBp 1983, 126.
[88] Vgl. *Baranowski* Steuerberater-Kongress-Report 1982, 307 ff.; *Baumhoff* Verrechnungspreise, 1986, 127.
[89] Vgl. *Baumhoff* Verrechnungspreise, 1986, 127.
[90] Vgl. *Höppner* StBp 1983, 126.
[91] Vgl. *Höppner* StBp 1983, 126.

b) Ermessensspielraum in den VGr

68   Auch in den VGr für die Prüfung der Einkunftsabgrenzung bei international verbundenen Unternehmen wird ein **Ermessensspielraum** des ordentlichen Geschäftsleiter **anerkannt.** In Tz. 2.1.8. S. 2 der VGr heißt es bezogen
auf die Bestimmung des Verrechnungspreises: Dabei hat der ordentliche Geschäftsleiter „die Spielräume in der Lagebeurteilung und der geschäftlichen
Entscheidung, wie sie sich aus der Teilnahme am allgemeinen Wirtschaftsverkehr und aus der Marktsituation ergeben". Allerdings bleibt auch in den VGr
die Frage nach den konkreten Grenzen des Ermessensspielraums des ordentlichen Geschäftsleiters letztlich unbeantwortet.

69   Für die Bestimmung der Grenzen des Ermessensspielraumes ist zunächst
auf Tz. 2.1.8. S. 1 der VGr abzustellen, nach der der Geschäftsleiter die Verrechnungspreise mit der entsprechenden Sorgfalt aus den **verfügbaren und
ihm zugänglichen Daten** abzuleiten hat. Diese Feststellung ist von erheblicher Bedeutung, denn dadurch, dass nur ihm im Entscheidungszeitpunkt bekannte Daten relevant sind, dürfen bei der Angemessenheitsprüfung keine Informationen herangezogen werden, die erst später bekannt wurden oder nur
anderen Personen zu diesem Zeitpunkt zugänglich waren und eventuell zu
einer anderen Entscheidung geführt hätten.

Zu beachten ist allerdings, dass nach § 1 Abs. 1 S. 3 AStG, der auch den
ordentlichen und gewissenhaften Geschäftsleiter gesetzlich verankert, unterstellt werden soll, dass der Steuerpflichtige im Rahmen des Fremdvergleichs
auch eine **Kenntnis aller wesentlichen Umstände des Geschäftsvorfalls**
hat, also insbesondere eine Kenntnisse der Überlegungen und Positionen der
Gegenseite, eine gesetzliche Vermutung, die mit dem Fremdvergleichsprinzip,
der Figur des ordentlichen und gewissenhaften Geschäftsleiters und der Praxis
unvereinbar ist.

70   Auch die in Tz. 2.1.8 S. 2 der VGr erwähnten „Spielräume in der Lagebeurteilung und der geschäftlichen Entscheidung" haben eine für die Unternehmen praxisnahe, begrüßenswerte Konsequenz. Es darf nicht in jedem Fall
des Abweichens vom vermeintlich optimalen Verrechnungspreis zu steuerlichen Korrekturen von Verrechnungspreisen kommen, sondern erst, wenn
auch der Ermessensspielraum, eine angemessene **Bandbreite um das Ver-
rechnungspreisoptimum,** die sog. Arm's Length Range, überschritten ist.[92]
Dabei ist jedoch zu berücksichtigen, dass „die Leitung des steuerpflichtigen
Unternehmens dessen Eigeninteressen gegenüber Nahestehenden und gegenüber dem Konzernganzen in derselben Weise zu wahren [hat], wie sie dies
gegenüber fremden Dritten täte".[93] Hierdurch wird der Ermessensspielraum
des Konzerngeschäftsleiters teilweise erheblich eingeschränkt, da seine Entscheidungen oft durch Konzernstrategien etc. mitbestimmt werden, was aber
bei der Angemessenheitsprüfung der einzelnen Transaktion grundsätzlich
nicht als Argument dienen kann.

71   Eine weitere Einschränkung erfährt der Ermessensspielraum im letzten Satz
der Tz. 2.1.8. der VGr, in dem für die Wahrnehmung der Spielräume vorausge-

---

[92] Vgl. *Höppner* StBp 1983, 125; auch § 1.482-1 (e) US-Regs; Tz. 3.55–3.62
OECD-RL 2010.
[93] Tz. 2.1.8. S. 3 VGr.

setzt wird, „dass der gesamte Gestaltungsrahmen **den allgemeinen Gepflogenheiten** des Betriebs, der Branche oder des allgemeinen Geschäftsverkehrs
entspricht." Dieses engt den Geschäftsleiter bei seinen Entscheidungen in
zweierlei Hinsicht ein. Zum einen impliziert diese Forderung „Üblichkeit",
doch gerade diese ist nicht der Verhaltensmaßstab für den ordentlichen Geschäftsleiter.[94] Zum anderen kann diese Regel dem Ermessensspielraum entgegenstehen, wie er sich aus dem Handels- und Gesellschaftsrecht ergibt. Dort
wird die Grenze durch den Beginn der zivilrechtlichen Schadensersatzpflicht
gezogen.[95]

In Tz. 2.1.9. der VGr wird anhand zweier **Beispiele** versucht, die Grenzen   **72**
des Ermessensspielraums des ordentlichen Geschäftsleiters bei der Bestimmung von Verrechnungspreisen zu konkretisieren.

Beispiel 1 geht davon aus, dass für den Fremdvergleich auf dem Markt oft
nur ein Preisband zur Verfügung steht. Soweit verbundene Unternehmen
eine schematische **Preisfestsetzung an einer Grenze der Verrechnungspreisbandbreite** vornehmen, mit der Folge einer laufenden Gewinnminderung des benachteiligten Unternehmens, sehen die VGr die Sorgfaltspflicht
des ordentlichen Geschäftsleiters verletzt. Die Einkünfte sollen berichtigt werden (vgl. Tz. 2.1.9. Beispiel 1 der VGr).

Dieses Beispiel ist zu pauschal gewählt und somit nicht haltbar. Es setzt vo-   **73**
raus, dass die **Funktionsanalyse** nicht zu dem Ergebnis gekommen ist, dass
eine Festsetzung der Verrechnungspreise am unteren Ende der Bandbreite angemessen ist, wie es **zB** häufig bei **Limited Risk Distributors** gegeben sein
wird. Tz. 2.1.9. Beispiel 1 VGr unterstellt, dass das Ausnutzen der Bandbreite
„willkürlich" erfolgt. Es gibt aber auch unter Fremden fremdvergeichskon-
form Situationen, in denen Preise grundsätzlich an einer Grenze des Preisbandes festgesetzt werden, bspw. im Rahmen von Dauerlieferverträgen oder
bei starker Marktstellung des einen Geschäftspartners. Dies wird sich aus der
Funktionsanalyse ergeben.

Insbesondere sei an dieser Stelle auf das **BFH-Urteil vom 16.4.1980** verwiesen. In dem entschiedenen Fall lieferte eine deutsche Tochtergesellschaft
die gesamte Produktion zu unter den Marktpreisen liegenden Preisen an ihre
schweizerische Muttergesellschaft, von der sie wirtschaftlich abhängig war.
„Sind diese Umstände im Verhältnis zu einem beherrschenden Gesellschafter
– hier im Verhältnis der Klägerin zur Muttergesellschaft – gegeben, kann
nicht verlangt werden, dass der ordentliche und gewissenhafte Geschäftsleiter
sich anders verhält."[96]

Zudem erscheint das Beispiel 1 nach Einführung von **§ 1 Abs. 3 S. 1–3
AStG** überholt. Denn soweit uneingeschränkt oder zumindest eingeschränkt
vergleichbare Fremdvergleichsdaten vorliegen, werden nach den gesetzlichen
Regelungen anerkannte Bandbreiten von Verrechnungspreisen gebildet, wo-
bei **jeder Punkt innerhalb der Bandbreite,** mangels anderer gesetzlicher
Vorschrift, **als Verrechnungspreis anerkannt** wird.

In Beispiel 2 schaltet ein deutsches Unternehmen für den Export ein Ver-   **74**
triebsunternehmen in einem **Niedrigsteuerland** ein, dem es unter Ausnut-

---

[94] Vgl. Rn. 58.
[95] Vgl. Rn. 59 f.
[96] BFH 16.4.1980, BStBl. II 1981, 492.

zung der Ermessensspielräume einen seiner Funktion **unangemessen hohen Rohgewinn** zukommen lässt. Es kommt zu einer Berichtigung, da nach den Ausführungen der VGr ein ordentlicher Geschäftsleiter eine Gestaltung, die zu unangemessen hohen Gewinnen im Niedrigsteuerland führt, nicht hinnehmen würde (vgl. Tz. 2.1.9. Beispiel 2 der VGr).

75   Im Rahmen der Angemessenheitsprüfung ist die Höhe der Besteuerung im Partnerland kein sachgerechtes Beurteilungskriterium. Ebenso stellt ein Rohgewinnvergleich ein eher zweifelhaftes Kriterium dar.[97] Hinzu kommt, dass das Beispiel offensichtlich in sich widersprüchlich ist. Soweit der Ermessensspielraum gewahrt wird, kann das sich ergebende Resultat nicht unangemessen bzw. fremdvergleichswidrig sein. Bezieht man das oben erwähnte BFH-Urteil vom 16.4.1980 (vgl. oben Rn. 73) und die zuvor dargestellte Kritik am Beispiel 1 in die Betrachtung mit ein, erhält das Beispiel den gleichen Stellenwert wie das Erste. Abgesehen von der – irrelevanten – Höhe der ausländischen Besteuerung werden jegliche weiteren maßgeblichen Einflussfaktoren außer Acht gelassen und für die Korrekturabsicht ein willkürliches, nicht von der Funktionsanalyse gedecktes, nicht fremdvergleichskonformes Verhalten unterstellt.

Die VGr erkennen den Ermessensspielraum des ordentlichen und gewissenhaften Geschäftsleiters auch an anderer Stelle (vgl. zB Tz. 2.4.1. oder 3.1.2.1. der VGr) zwar prinzipiell an, versuchen diesen jedoch immer wieder deutlich einzugrenzen.

76–80   *(einstweilen frei)*

5. Theorie des doppelten ordentlichen Geschäftsleiters

81   Ausgangspunkt der Theorie des doppelten ordentlichen Geschäftsleiters sind die häufig gegebenen Schwierigkeiten bei der Anwendung von Preisvergleichs- und Wiederverkaufspreismethode. Für die Bestimmung angemessener Verrechnungspreise fiel bzw. „fällt der Kostenaufschlagsmethode [somit] die Rolle der ultima ratio der Standardmethoden zu",[98] einer Art Rückfalloder zweiter Verteidigungslinie, und nunmehr auch der transaktionsbezogenen Nettomargenmethode nach ihrer Anerkennung durch § 1 Abs. 3 S. 2 AStG. Beide Methoden, die Kostenaufschlagsmethode und die Geschäftsvorfallbezogene Nettomargenmethode, sind mit zwei zentralen Nachteilen behaftet. Zum einen berücksichtigen sie nur die Lieferungs- und Leistungssituation des anbietenden Unternehmens, dh die Nachfrageseite bleibt völlig unberücksichtigt. Zum anderen wird dem Anbieterunternehmen ein – nicht immer der Realität entsprechender – „sicherer" Gewinn zugestanden.

82   Zur Beseitigung dieser Mängel wird die Figur des ordentlichen und gewissenhaften Geschäftsleiters gedanklich verdoppelt.[99] Auch der BFH hat seine Rechtsprechung zur verdeckten Gewinnausschüttung 1995 dahingehend geändert, dass der Vertragspartner nunmehr in den Fremdvergleich mit einbezogen werden soll.[100] Durch diese Verdoppelung stehen sich **ein inländischer**

---

[97] Vgl. *Becker* in Becker/Kroppen Internationale Verrechnungspreise, V 2.1.9.
[98] *Baumhoff* DStR 1987, 499.
[99] Vgl. *Flick* JbFSt 1981/82, 135.
[100] Vgl. BFH 17.5.1995, BStBl. 1996 II, 204; vgl. dazu auch *Wassermeyer* GmbHR 1998, 157.

und ein ausländischer Geschäftsleiter gegenüber, die jeweils ihre Interessen verfolgen, dh sie unterliegen ihren jeweiligen unternehmerischen Zielsetzungen und versuchen, die für ihre Gesellschaft bestmöglichen Ergebnisse zu erzielen. Auf diesem Wege kann der gravierendste Mangel der Kostenaufschlagsmethode und der TNMM, die **Vernachlässigung der Nachfrageseite,** zumindest **gedanklich behoben** werden. Auf der einen Seite stehen die Interessen des anbietenden inländischen ordentlichen Geschäftsleiters, auf der anderen die des ausländischen nachfragenden ordentlichen Geschäftsleiters. Damit erhält gleichzeitig auch die Profit-Center-Konzeption ihren Platz in der Angemessenheitsprüfung von Verrechnungspreisen. Des Weiteren sollte sich diese Theorie positiv auf die internationale Akzeptanz von Verrechnungspreisen auswirken, denn beide ordentlichen Geschäftsleiter müssen den Ansprüchen ihrer jeweiligen Finanzbehörde gerecht werden.[101]

Durch die Verdoppelung der Denkfigur des ordentlichen Geschäftsleiters **83** wird auch der nach Ansicht von *Höppner* **fehlende Interessengegensatz** der beteiligten Unternehmen[102] **geschaffen.** Auf diese Art kommt es zumindest gedanklich auch bei verbundenen Unternehmen zu marktkonformen, ausgewogenen Preisen, denn die Entscheidungen der Geschäftsleiter sind durch unterschiedliche Zielvorgaben determiniert. Sie werden bei den Preisverhandlungen nur zu einem Ergebnis kommen, wenn jeder seine Interessen in angemessener Weise gewahrt sieht. Dieses kann nur gegeben sein, wenn die Preisuntergrenze des leistenden Unternehmens die Preisobergrenze des empfangenden Unternehmens nicht überschreitet. Kommt es zu einer **Überschneidung,** existiert ein **Einigungsbereich,** der nichts anderes als den **Ermessensspielraum** des ordentlichen und gewissenhaften Geschäftsleiters darstellt.[103] Für die Finanzbehörden der entsprechenden Staaten, die um Steueransprüche konkurrieren, bedeutet diese Theorie, dass ihr jeweiliges Interesse nun bereits auf der Ebene „ihrer" Unternehmen wahrgenommen wird, da „ihre" Unternehmen die von „ihrer" FinVerw. aufgestellten Maßstäbe für die Angemessenheit von Verrechnungspreisen bei ihren Verhandlungen berücksichtigen werden.

Es ist offensichtlich, dass der **hypothetische Fremdvergleich des § 1 84 Abs. 3 S. 5 AStG,** der zur Anwendung kommt, falls nicht zumindest eingeschränkt vergleichbare Fremdvergleichswerte wie für die Kostenaufschlagsmethode oder die TNMM vorliegen, stark von der Theorie des doppelten ordentlichen und gewissenhaften Geschäftsleiters beeinflusst ist. Der hypothetische Fremdvergleich des § 1 Abs. 3 S. 5 AStG wäre sogar die idealtypische Umsetzung dieses Denkkonzepts, wenn er nicht – fremdvergleichswidrig – unter dem Primat der Informationssymmetrie des § 1 Abs. 1 S. 3 AStG stehen würde, nach dem beide Geschäftsleiter eine volle Kenntnis aller Überlegungen und Strategien ihres Gegenübers hätten, was unter fremden Dritten gerade nicht der Fall ist.

Die Theorie des doppelten ordentlichen Geschäftsleiters bringt zwei weite- **85** re Vorteile mit sich. Zum einen wird dem **„Grundsatz der internationalen Rücksichtnahme",** der 1975 in die Schlussresolution des IFA-Kongresses in

---

[101] Vgl. *Baumhoff* Verrechnungspreise, 1986, 139.
[102] Vgl. *Höppner* StBp 1983, 122.
[103] Vgl. *Baumhoff* Verrechnungspreise, 1986, 140 f.

London aufgenommen wurde, entsprochen.[104] Der andere Vorteil ist darin zu sehen, dass dem Postulat der **kongruenten Bewertung des Leistungsflusses** entsprochen wird. Nach dieser Forderung sollten Leistungsflüsse vom Inland ins Ausland nicht anders bewertet werden als umgekehrt.[105] Geht man von der Annahme aus, dass beide Geschäftsleiter ihre Interessen wahren und infolgedessen die Finanzbehörden die Verrechnungspreise akzeptieren, kann es zu keiner ungleichen Bewertung je nach Richtung des Leistungsflusses kommen.

86–90 *(einstweilen frei)*

III. Vorteilsausgleich

1. Abgrenzungen und Begriff

91   Bevor auf den Vorteilsausgleich an sich eingegangen wird, erfolgt an dieser Stelle zunächst eine Abgrenzung des eigentlichen Vorteilsausgleichs von seinem sog. **Vorfeld.**

Zum Vorfeld gehören alle solchen Vor- und Nachteile, die **innerhalb eines einheitlichen Geschäftes** auftreten und in diesem Geschäft selbst begründet liegen. Die Saldierung von vorteilhaften und nachteiligen **Teilleistungen** innerhalb eines Geschäfts unterliegt nicht den Reglementierungen des Vorteilsausgleichs. Nur der Gesamtpreis für das einheitliche Geschäft unterliegt der Forderung nach Fremdvergleichbarkeit.

92   Diese Beurteilung wird durch die BFH-Rspr. bestätigt, wonach „Leistung und Gegenleistung aus einem gegenseitigen Vertrag (...) immer auszugleichen [sind]".[106] Auch in den VGr klingt diese Auffassung an.[107] Die **OECD-RL 2010** spricht das Vorfeld des Vorteilsausgleichs nicht ausdrücklich an, stellt aber klar darauf ab, dass ein Vorteilsausgleich nur zwischen zwei oder mehreren in sich abgeschlossenen Geschäften zwischen nahestehenden Unternehmen vorliegen kann (vgl. insb. Tz. 3.13 und 3.14 OECD-RL 2010).

93   Liegt die Kompensation von Vor- und Nachteilen im Vorfeld des Vorteilsausgleichs, also innerhalb eines Vertrages über ein Gesamtgeschäft, so beginnt der eigentliche Vorteilsausgleich erst beim Ausgleich **verschiedener, jeweils in sich abgeschlossener** vor- und nachteiliger Gesamtgeschäfte.[108] Demzufolge lässt sich der **Vorteilsausgleich definieren** als „der Ausgleich zwischen den Ergebnissen aus [in sich abgeschlossenen] vorteilhaften und nachteiligen Geschäften (...), die ein Steuerpflichtiger mit nahestehenden Personen getätigt hat".[109] Der Vorteilsausgleich ist also dadurch gekennzeichnet, dass in Aussicht auf eine Saldierung mit Vorteilen aus bestimmten wirtschaftlich selbstständigen Geschäften mit verbundenen Unternehmen Nachteile aus anderen Einzelgeschäften mit eben jenen in Kauf genommen werden.[110]

---

[104] Vgl. hierzu ausführlich *Ritter* BB 1984, 1109 ff.

[105] Vgl. OECD-Bericht, 1984, 3. Teil, Tz. 11.

[106] BFH 8.6.1977, BStBl. II 1977, 704.

[107] Vgl. Tz. 2.1.4. VGr.

[108] Vgl. *Baumhoff* Verrechnungspreise, 1986, 146.

[109] Vgl. *Becker* in Becker/Kroppen Internationale Verrechnungspreise, V 2.3.

[110] Vgl. *Wassermeyer* in Flick/Wassermeyer/Baumhoff, § 1 AStG Anm. 792 und 793.

An dieser Stelle sei noch auf eine andere Abgrenzung hingewiesen, näm- **94**
lich auf das **Verhältnis** von **Vorteilsausgleich und Angemessenheitsprüfung** steuerlicher Verrechnungspreise. Es ist unbestritten, dass das Institut des
Vorteilsausgleichs keinesfalls die Forderung nach Fremdvergleichbarkeit der
Verrechnungspreise aufhebt (vgl. auch Tz. 3.15 OECD-RL 2010). Der Vorteilsausgleich erlaubt aber, soweit er anwendbar ist, Vor- und Nachteile aus
rechtlich und wirtschaftlich getrennten Geschäften zu saldieren, bevor die
steuerlichen Konsequenzen aus der Gewährung des Vorteils aus dem einen
Geschäft und aus der Inkaufnahme des Nachteils aus dem anderen Geschäft
getrennt gezogen werden.

Dazu wird es allerdings idR in einem ersten Schritt nötig sein, jede einzel- **95**
ne Transaktion auf ihre Vor- bzw. Nachteilhaftigkeit zu untersuchen (vgl.
Tz. 2.3.2. der VGr und Tz. 3.16 OECD-RL 2010), um in einem weiteren
Schritt feststellen zu können, ob bzw. inwieweit sich Nachteile durch Vorteile
ausgleichen.[111]

Demnach hat nicht jede Vorteilsgewährung zwangsläufig eine Einkom- **96**
menskorrektur zur Folge. Dies ist nur der Fall, soweit der gewährte Vorteil
den empfangenen Vorteil übersteigt.[112] Somit stellt der **Vorteilsausgleich
eine negative Berichtigungsvoraussetzung** für § 1 AStG, die verdeckte
Gewinnausschüttung und die verdeckte Einlage dar.[113]

2. Voraussetzungen und Folgen des Vorteilsausgleichs

Die oben (A Rn. 350 ff.) angesprochene Konkurrenz der Berichtigungs- **97**
vorschriften der verdeckten Gewinnausschüttung, der verdeckten Einlage und
von § 1 AStG wirft die Frage auf, **ob** die **Voraussetzungen** und Folgen
des Vorteilsausgleichs bei den jeweiligen Korrekturnormen **deckungsgleich**
sind. Die Meinung in der Fachliteratur ist diesbezüglich nicht einheitlich,
sondern in zwei Lager gespalten:

Ein Teil des Schrifttums ist der Auffassung, die Zulässigkeit und die **98**
Voraussetzungen eines Vorteilsausgleichs **unterschieden sich erheblich.**[114]
Dafür sprechen folgende Argumente:

§ 1 AStG sieht eine Einkünfteberichtigung für den Fall vor, dass ein Steuerpflichtiger andere Bedingungen vereinbart hätte, als sie voneinander unabhängige Dritte vereinbart hätten (§ 1 Abs. 1 S. 1 AStG). Es entspricht durchaus dem Verhalten fremder Dritter, bei der bewussten Inkaufnahme von
Nachteilen alle zu erwartenden Gegenvorteile und Zuwendungen der bestimmten Geschäftspartner während eines Wirtschaftsjahres zu berücksichtigen, wenn die inländische Gesellschaft sie bei der Einzelgeschäftsentscheidung
bedacht und in ihre Überlegungen **subjektiv** einbezogen hat. Letztendlich ist
der sich aus den jeweiligen Geschäftsbeziehungen ergebende Saldo ausschlaggebend. Demzufolge ist der Vorteilsausgleich im Rahmen von § 1 AStG
nicht nur bei wirtschaftlich als einheitlich anzusehenden Geschäften zu be-

---

[111] Vgl. *Wassermeyer* in Flick/Wassermeyer/Baumhoff, § 1 AStG Anm. 794.
[112] Vgl. *Schröder* StBp 1981, 14.
[113] Vgl. *Becker* in Becker/Kroppen Internationale Verrechnungspreise, V 2.3.
[114] Vgl. *Baranowski* Besteuerung, Rn. 738, 749.

rücksichtigen.[115] Es ist ebenfalls nicht erforderlich, eine Vereinbarung der Vorteilsverrechnung zu verlangen.

99   Genau diese Anforderungen sind hingegen nach der Rechtsprechung des BFH Voraussetzungen für die Zulässigkeit des Vorteilsausgleichs im Rahmen einer **vGA**.[116] Diese **strengeren Anforderungen** an den Ausgleich einer vGA liegen darin begründet, dass bei ihrer Beurteilung der gesellschaftsrechtliche Aspekt im Vordergrund steht, wohingegen § 1 AStG eher den schuldrechtlichen Aspekt hervorhebt und die gesellschaftsrechtlichen Verflechtungen bedeutungsmäßig zurücktreten. Folgt man der dargestellten Meinung, dh sieht man die Voraussetzungen für einen Vorteilsausgleich im Geltungsbereich des § 1 AStG weniger streng als die für einen Vorteilsausgleich unter § 8 Abs. 3 S. 2 KStG oder bei verdeckten Einlagen, so kommt man zu dem Ergebnis, dass **§ 1 AStG einen erweiterten Vorteilsausgleich begründet**.[117]

100   Daran schließt sich die Frage an, ob der Geltungsbereich des erweiterten Vorteilsausgleichs nach § 1 AStG **einheitlich zumindest für** den Bereich der **Verrechnungspreise** auch bei der verdeckten Gewinnausschüttung und verdeckten Einlage Anwendung finden kann und sollte. Für eine solche Sichtweise spricht vor allem, dass wirtschaftlich weitgehend einheitliche Sachverhalte nicht in einem entscheidenden Punkt ungleich behandelt werden können, nämlich danach, ob es sich um Inlands- oder Auslandsbeziehungen handelt.[118] Denn § 1 AStG erfordert im Gegensatz zu § 8 Abs. 3 S. 2 KStG bekanntlich immer einen Auslandsbezug. Ein weiteres Argument ergibt sich aus der Tatsache, dass § 1 AStG vorrangig dem Schutz des deutschen Steueranspruchs dient. „Wenn aber (…) angesichts dieser besonders gravierenden Interessenlage des Fiskus ein [erweiterter] Vorteilsausgleich möglich sein soll, dann muss dies erst recht dort gelten, wo es sich um eine Verschiebung zwischen Personen handelt, die beide der Steuerhoheit des inländischen Fiskus unterworfen sind".[119]

101   **Ein anderer Teil des Schrifttums** vertritt die Meinung, die Voraussetzungen des Vorteilsausgleichs für die Berichtigungsvorschriften seien **deckungsgleich**.[120]

Begründet wird diese Ansicht mit dem Hinweis auf die Rechtsgrundlage des Vorteilsausgleichs, nämlich den Fremdvergleich.[121] Da der BFH von einem einheitlichen Fremdvergleichsmaßstab ausgehe,[122] so wird argumentiert, müssten auch die Voraussetzungen der angesprochenen Berichtigungsvorschriften für den Vorteilsausgleich deckungsgleich sein. Demzufolge könne **§ 1 AStG keinen erweiterten Vorteilsausgleich** begründen.

Folgt man der Auffassung, dass die Voraussetzungen des Vorteilsausgleichs für die drei Berichtigungsinstrumente deckungsgleich sind, so kommt man

---

[115] Vgl. *Baranowski* Besteuerung, Rn. 738.

[116] Vgl. BFH 8.6.1977, BStBl. II 1977, 704.

[117] Vgl. *Baumhoff* Verrechnungspreise, 1986, 146 f.; *Woerner* BB 1983, 847; *Hellwig* DStZ/A 1973, 17 f.

[118] Vgl. *Hellwig* DStZ/A 1973, 17; wohl auch: *Wassermeyer* BB 1984, 1505; *Wassermeyer* DB 1994, 1105, 1108 f.

[119] *Kreile* BB 1972, 930.

[120] Vgl. *Wassermeyer/Baumhoff* in Flick/Wassermeyer/Baumhoff, § 1 AStG Anm. 797.

[121] Vgl. *Wassermeyer/Baumhoff* in Flick/Wassermeyer/Baumhoff, § 1 AStG Anm. 797.

[122] Vgl. BFH-Urteil v. 17.5.1995, BStBl. II 1996, 204.

konsequenterweise zu dem Schluss, dass der daraus folgende einheitliche Maßstab insgesamt großzügiger als bisher ausgestaltet werden muss.[123]

Die **Rechtsprechung zur vGA** erscheint nach dieser Auffassung **zu** 102
eng. Es entspricht durchaus dem Verhalten fremder Dritter, den Ausgleich
erlittener Nachteile nicht nur innerhalb eines einheitlichen Geschäftsvorfalls,
sondern für das gesamte Wirtschaftsjahr oder sogar länger einzukalkulieren.
Aufgrund der Deckungsgleichheit der Voraussetzungen hat dieser Maßstab
sowohl für den Vorteilsausgleich im Rahmen von § 1 AStG als auch im
Rahmen einer vGA zu gelten.

Dafür spricht auch, dass sich international die Angemessenheit von Verrechnungspreisen, und damit letztlich auch die Aufrechnungen unter dem
Vorteilsausgleich, nur nach dem Maßstab des Verhaltens fremder Dritter unter
Art. 9 OECD-MA richtet und nationale, insbesondere formale, darüber
hinaus gehende Anforderungen nicht beachtenswert sind.[124]

Des Weiteren sollte eine unterschiedliche Behandlung von strengeren nationalen und weniger strengen Anforderungen in einem Geschäftsvorfall mit
dem EU-Ausland nicht mit den **Grundfreiheiten der EU** vereinbar sein.[125]

Da in beiden Argumentationen gewichtige Gründe für einen einheitlichen 103
großzügigeren Vorteilsausgleich sprechen, scheint die **Anwendung eines**
solchen **weiteren Begriffs einheitlich** für die angesprochenen Berichtigungsinstrumente **geboten.**

Es stellt sich sogar die Frage, welche Auswirkungen die Ablehnung eines
objektiven Vorteilsausgleichs hat. Wenn die Denkfigur des ordentlichen
Geschäftsleiters für den Bereich des Vorteilsausgleichs abgelehnt wird,[126] so
kommt dem subjektiven Bewusstsein des ordentlichen Geschäftsleiters von
der Unausgewogenheit eines Geschäfts keine Bedeutung zu (anders bei der
verdeckten Gewinnausschüttung, vgl. Rn. 102). Demnach könnte ein Ausgleich auch mit **zufällig aufgetretenen,** also nicht geplanten und bei Abschluss des nachteiligen Geschäfts nicht erwarteten **Vorteilen** erfolgen. Diese
Auffassung wird jedoch zumindest von den VGr (Tz. 2.3. der VGr) und der
OECD-RL 2010 abgelehnt, die ausdrücklich **nur absichtliche Vorteilsaus-
gleiche („intentional set-offs"), die wissentlich („knowingly")** eingegangen werden, anerkennt (vgl. Tz. 3.13 OECD-RL 2010).

(einstweilen frei) 104–110

3. Palettenbetrachtung

In der Praxis hat sich die Möglichkeit einer sog. Palettenbetrachtung („Pa- 111
ckage Deals") als **vereinfachte Form des Vorteilsausgleichs** etabliert.

---

[123] So wohl auch *Wassermeyer/Baumhoff* in Flick/Wassermeyer/Baumhoff, § 1 AStG
Anm. 797 .

[124] Vgl. BFH-Urteil vom 11.10.2012, I R 75/11, DStR 2013, 25 (Bestätigung
des Urteils vom FG Hamburg vom 31.10.2011, 6 K 179/10, IStR 2012, 190): Der
abkommensrechtliche Grundsatz des „dealing at arm's length" (nach Art. 9 Abs. 1
OECD-MA) entfaltet bei verbundenen Unternehmen eine Sperrwirkung gegenüber
den sog. Sonderbedingungen, denen beherrschende Unternehmen im Rahmen der
Einkommenskorrektur nach § 8 Abs. 3 S. 2 KStG bei Annahme einer verdeckten Gewinnausschüttung unterworfen sind.

[125] Vgl. dazu A Rn. 262 ff.

[126] Vgl. *Wassermeyer* DB 1994, 1105, 1107 f.

Grundsätzlich muss jede einzelne konzerninterne Übertragung eines Produktes im Rahmen einer Angemessenheitsprüfung dem Fremdvergleichsgrundsatz standhalten. Dies ist aber in vielen Fällen praktisch kaum möglich und wird auch von fremden Dritten nicht so gehandhabt. So ist es fremdüblich, dass unterschiedliche Produkte innerhalb einer Produktlinie unterschiedliche Ergebnisbeiträge liefern und fremde Dritte die Vorteilshaftigkeit eines Geschäfts, bei dem verschiedene Produkte und/oder Dienstleistungen gehandelt werden, als Ganzes betrachten würden. Deshalb akzeptiert auch die Fin-Verw. in Fällen, in denen verschiedene Elemente eines Geschäfts von fremden Dritten gesamtheitlich betrachtet würden, dass die zugrunde liegenden Einzeltransaktionen als „Palette" oder **„Package Deal"** zu bewerten sind. Bildet ein Transaktionsportfolio ein geschlossenes Ganzes, so reicht eine **Saldobetrachtung** aus.[127] Auf ihre Angemessenheit zu prüfen sind in diesem Fall also nicht die Einzelpreise der Einzelprodukte oder -dienstleistungen, sondern der sich aus der Addition der einzelnen Preisvor- und -nachteile aus dem Paket ergebende Gesamtsaldo. Demzufolge ist unter einer Palettenbetrachtung die „Saldierung unangemessen niedriger mit unangemessen hohen Produkteinzelpreisen bzw. Leistungsgebühren"[128] zur Ermittlung eines fremdvergleichskonformen Verrechnungspreises des Gesamtpakets zu verstehen. Dieser erleichterte Vorteilsausgleich entspricht dem Verhalten eines ordentlichen Geschäftsleiters, zumal für ihn letztlich der Gesamtsaldo der Produktpalette bei der Beurteilung der Vorteilhaftigkeit eines Geschäfts maßgebend ist.[129]

112   Auch die **OECD** empfiehlt in gewissen Fällen eine Palettenbetrachtung.[130] Sie sieht das Hauptanwendungsgebiet eines solchen vereinfachten Vorteilsausgleichs im Bereich **eng miteinander verbundener Geschäfte.** Laut OECD-RL 2010 bietet sich eine Saldobetrachtung an, wenn eine Feststellung der angemessenen Einzelpreise nicht möglich ist. Als ein weiteres Beispiel führt die OECD die Bewertung langfristiger Verträge über Warenlieferungen und Dienstleistungen an.

4. Vorteilsausgleich in den VGr

113   Ein Vorteilsausgleich ist nach den VGr, die ihm mit Tz. 2.3. einen eigenen Abschnitt widmen, unter folgenden **Voraussetzungen** möglich:
- Auch Fremde hätten den Vorteilsausgleich vorgenommen (vgl. Rn. 115–116).
- Zwischen den Geschäften muss ein innerer Zusammenhang bestehen (vgl. Rn. 117–123).
- Eine Quantifizierung der Vor- und Nachteile muss möglich sein (vgl. Rn. 124–125).
- Die Vorteilsverrechnung beruht auf einer vorherigen Vereinbarung oder gehörte zur Geschäftsgrundlage für das nachteilige Geschäft (vgl. Rn. 126–127).

---

[127] Vgl. *Dahnke* in Schaumburg, Verrechnungspreise, 141 f.
[128] *Baumhoff* in Flick/Wassermeyer/Baumhoff, § 1 AStG Anm. 805.
[129] *Baumhoff* in Flick/Wassermeyer/Baumhoff, § 1 AStG Anm. 805.
[130] Vgl. Tz. 3.9 OECD-RL 2010 und B Rn. 68.

– Der Vorteilsausgleich erfolgt bis spätestens zum Ende des dritten Folgewirtschaftsjahres (vgl. Rn. 128–133).
– Der Vorteilsausgleich erfolgt mit derselben nahestehenden Person, die ursprünglich den Vorteil erhalten hat (vgl. Rn. 134–139).

Verglichen mit der OECD-RL 2010 stellen die VGr **sehr enge Bedin-** 114
gungen an die Anerkennung eines Vorteilsausgleichs. Demgegenüber fordern die **OECD-RL lediglich die Quantifizierbarkeit** der Vor- und Nachteile, sowie die Anwendung des Fremdvergleichsgrundsatzes.[131]

a) Fremdvergleich

Tz. 2.3.1. S. 1 der VGr enthält zunächst den Grundsatz, dass ein Vor- 115
teilsausgleich nur zulässig ist, **falls auch Fremde** bei vergleichbaren Geschäften einen solchen **Ausgleich vorgenommen hätten.** Im nächsten Satz der VGr wird dies näher erläutert. Danach ist ein Vorteilsausgleich nur zulässig, wenn nachteilige Geschäfte mit einem Nahestehenden im Hinblick darauf in Kauf genommen werden, dass im Rahmen des Geschäftszusammenhangs im Gegenzug Vorteile von diesem Nahestehenden gewährt werden (vgl. Tz. 2.3.1. S. 2 der VGr). Mit dieser Aussage übernehmen die VGr dem Grunde nach, wenn auch nicht ausdrücklich, die Auffassung des BFH, der in seinem Urteil vom 8.6.1977[132] den ordentlichen und gewissenhaften Geschäftsleiter zur Basis des Vorteilsausgleichs gemacht hat.[133]

Aber auch wenn man den ordentlichen und gewissenhaften Geschäftsleiter 116
und damit den **Fremdvergleich als Maßstab für die Beurteilung des Vorteilsausgleichs** anerkennt, kann nicht verkannt werden, dass dies nur dann zu vertretbaren Ergebnissen führt, wenn der Betrachtungsbereich des ordentlichen und gewissenhaften Geschäftsleiters sowohl das vorteilhafte als auch das nachteilige Geschäft umfasst. Er muss also gedanklich den Überblick über alle von einem Unternehmen getätigten Geschäfte haben, auch wenn ggf. die Unterteilung des Unternehmens in Geschäftsbereiche dazu führt, dass einzelne Nach- und andere Vorteile haben und daher aus Sicht der Bereichsleiter kein Vorteilsausgleich gegeben ist.[134]

b) Innerer Zusammenhang

Nach Tz. 2.3.2. der VGr setzt der Vorteilsausgleich voraus, dass „**die Ge-** 117
schäfte in einem inneren Zusammenhang stehen, der den Schluss zulässt, dass die Geschäfte auch unter Fremdbedingungen von dem Steuerpflichtigen mit derselben Person abgeschlossen worden wären". Diese Voraussetzung enthält zwei Teilaspekte, von denen der zweite, die Fremdvergleichsforderung, überflüssig ist, da sie mit Tz. 2.3.1. S. 1 der VGr deckungsgleich ist. Fraglich ist aber, was unter dem inneren Zusammenhang iSv Tz. 2.3.2. der VGr zu verstehen ist.

[131] Vgl. Tz. 3.13 ff. OECD-RL 2010 und B Rn. 122 f.
[132] BFH 8.6.1977, BStBl. II 1977, 704.
[133] Vgl. *Becker* in Becker/Kroppen, Internationale Verrechnungspreise, V 2.3.; ähnlich *Woerner* BB 1983, 84.
[134] Ähnlich wohl: *Becker* in Becker/Kroppen, Internationale Verrechnungspreise V 2.3.1.

118   Ein innerer Zusammenhang **im strengsten Sinne** ist gegeben, „wenn
Leistung und Gegenleistung so eng miteinander verknüpft sind, dass dies
wirtschaftlich als einheitliches Geschäft anzusehen ist".[135] Dann liegt aber idR
ein Ausgleich von Teilleistungen innerhalb eines einheitlichen Gesamtgeschäfts vor, der keinen Vorteilsausgleich darstellt, da es sich um das sog. Vorfeld des Vorteilsausgleichs handelt.[136] Dies kann nicht die für Tz. 2.3.2. der
VGr angemessene Interpretation sein, da es dann gar keinen Anwendungsfall
des in Tz. 2.3. der VGr geregelten Vorteilsausgleichs mehr gäbe.

119   Nach der hier vertretenen **weitestgehenden Auffassung** ist ein innerer
Zusammenhang allein schon durch die Gesamtheit des laufenden Geschäftsverkehrs zwischen den verbundenen Unternehmen gegeben. Weitere Voraussetzungen für die Herstellung eines inneren Zusammenhangs von Geschäften
zwischen derart geschäftlich verbundenen Unternehmen sind nicht notwendig.[137]

120   Nach anderer Auffassung müssen die auszugleichenden Vor- und Nachteile
zumindest auf andere Art und Weise miteinander verbunden sein; es muss ein
„sonstiger" innerer Zusammenhang bestehen. Ein innerer Zusammenhang zwischen auszugleichenden Geschäften, wie ihn Tz. 2.3.2. der VGr fordert, kann dann durch einen Vertrag, eine einseitige Entscheidung des ordentlichen Geschäftsleiters, einen sachlichen sowie einen personellen Zusammenhang oder eine Mischung dieser Merkmale hergestellt werden.

121   Ein **sachlicher Zusammenhang** erfordert unter Beachtung der kaufmännischen Gepflogenheiten eine Abstimmung von Leistung und Gegenleistung. Dabei ist die Art des Geschäfts zu berücksichtigen. Auch eine ständige
Übung kann einen sachlichen Zusammenhang bewirken.[138]

122   Ein **personeller Zusammenhang** kann bspw. durch Gesellschafteranwei-
sungen begründet sein. Hierbei entscheidet die Konzernspitze darüber, welche Tochtergesellschaft wann von wem einen Nachteil hinzunehmen hat, und
wie dieser wieder auszugleichen ist.[139] Eine darauf hinzielende Entscheidung
der Geschäftsleiter der Tochtergesellschaften ist darüber hinaus für den Vorteilsausgleich nicht notwendig. Ebenso kann ein personeller Zusammenhang
durch Vorgabe eines einheitlichen Preis- und Kalkulationssystems in einem
Konzern gegeben sein. Ein Ausgleich von dadurch entstehenden vorteilhaften
und nachteiligen Preisen im Vergleich zu den entsprechenden Marktpreisen
ist möglich. Nach dem rechtskräftigen Urteil des FG Hamburg[140] ist dafür sogar eine erkennbare Übung ausreichend. Eine vertragliche Abmachung über
das System ist nicht erforderlich.

123   Einer anderen Ansicht nach ist das Wissen der Geschäftspartner im Zeitpunkt der Entscheidung darüber, dass ein Ausgleich zwischen einem objektiv
nachteiligen und einem objektiv vorteilhaften Geschäft belegbar stattfinden
soll, für die Herstellung eines Zusammenhangs ausreichend. Entscheidend ist

---

[135] *Baumhoff* Verrechnungspreise, 1986, 149.
[136] Vgl. Rn. 98–100.
[137] Vgl. *Schröder/Hoppstädter* StBp 1972, 26; *Hoppstädter* StBp 1971, 245; oben
Rn. 103.
[138] Vgl. auch FG Hamburg 11.6.1985, EFG 1986, 86.
[139] Vgl. *Schöne* FR 1989, 546.
[140] FG Hamburg 11.6.1985, EFG 1986, 86.

nur die Kenntnis über die – bei isolierter Betrachtung festzustellende – Unangemessenheit der Geschäfte.[141] Es erscheint jedoch sachgerecht, diese Auffassung als Unterfall der personellen Verknüpfung zu betrachten.

c) Quantifizierbarkeit von Vor- und Nachteilen

Die Forderung nach einer **Quantifizierbarkeit der** entsprechenden **Vor- 124 und Nachteile** aus den einzelnen Geschäften durch den ordentlichen Geschäftsleiter (Tz. 2.3.2. der VGr) ist **sachgerecht** und entspricht der BFH-Rspr. Da auch fremde Dritte Nachteile nur hinnehmen, wenn sie diese mit Gegenvorteilen kompensieren können, entspricht die Forderung nach Quantifizierbarkeit dem Fremdvergleichsgrundsatz.

Es ist anzunehmen, dass nach dem BFH-Urteil vom 8.6.1977[142] der **or- 125 dentliche und gewissenhafte Geschäftsleiter als Maßstab** des gesamten Vorteilsausgleichs im Bereich der verdeckten Gewinnausschüttung **gilt.** In den VGr hingegen wird er nur für den Bereich der Quantifizierung explizit erwähnt.

d) Vorherige Vereinbarung

Tz. 2.3.2. der VGr macht die Zulässigkeit des Vorteilsausgleichs weiter da- 126 von abhängig, dass er entweder **im Vorhinein vereinbart** war oder zur Geschäftsgrundlage des nachteiligen Geschäfts gehörte. Verwiesen wird dazu auf das **BFH-Urteil vom 8.6.1977.**[143] Gerade dieser Verweis lässt jedoch eine zumindest äußerst verkürzte, wenn nicht sogar einseitige oder **fehlerhafte Auslegung** des Urteils befürchten.[144] Als entscheidende Voraussetzung für einen Vorteilsausgleich wird vom BFH im zitierten Urteil die Sicherung der Gegenvorteile dem Grunde und der Höhe nach im Zeitpunkt der Vorteilsgewährung genannt. Weiter wird in dem Urteil lediglich ausgeführt, dass dafür „im Allgemeinen" eine vorher getroffene Abmachung nötig ist; diese muss nicht einmal in Vertragsform ausgestaltet sein. Eine **„rechtliche Verknüpfung anderer Art"** ist ausreichend. Unterstützt wird dies durch den nächsten Urteilsabschnitt, der eine eindeutige vertragliche Vereinbarung im Vorhinein für einen Vorteilsausgleich im Falle eines Geschäfts mit einem beherrschenden Gesellschafter und nur für diesen Sonderfall fordert.[145]

Eindeutig geht die **Nichtnotwendigkeit eines Vertrages** aus dem rechts- 127 kräftigen Urteil des FG Hamburg vom 11.6.1985 hervor.[146] Dort wird die Sicherung der Gegenvorteile dem Grunde und der Höhe nach „in irgendeiner Form, etwa durch eine ständige Übung, nicht notwendig durch einen gegenseitigen Vertrag"[147] als ausreichend erachtet.

Endgültig überholt sollte die Forderung nach vorheriger (schriftlicher) Vereinbarung des Vorteilsausgleichs durch das **BFH-Urteil vom 11.10.2012**

[141] Vgl. *Baumhoff* Verrechnungspreise, 1986, 149 f.
[142] Vgl. BFH 8.6.1977, BStBl. II 1977, 704.
[143] Vgl. BFH 8.6.1977, BStBl. II 1977, 704.
[144] Vgl. *Wassermeyer* in Flick/Wassermeyer/Baumhoff, § 1 AStG Anm. 792.1.
[145] Vgl. BFH 8.6.1977, BStBl. II 1977, 704.
[146] Vgl. FG Hamburg 11.6.1985, EFG 1986, 86.
[147] Vgl. FG Hamburg 11.6.1985, EFG 1986, 86.

sein, das feststellt, dass eine vGA nicht angesetzt werden darf, weil nationale formale Anforderungen, zB nach einer (schriftlichen) Vereinbarung im Vorhinein, verletzt wurden, der Geschäftsvorfall selbst aber anerkanntermaßen fremdüblich entgolten wurde. In diesem Fall begrenzt Art. 9 OECD-MA deutsches nationales Recht.[148]

e) Zeitlicher Zusammenhang

128 Nach Tz. 2.3.3. der VGr ist zeitlich ein Ausgleich der Nachteile durch Vorteile innerhalb eines Wirtschaftsjahres uneingeschränkt möglich. Ein sich über diesen Zeitraum hinaus erstreckender Vorteilsausgleich ist nur zulässig, „wenn spätestens zum Ende dieses Wirtschaftsjahres bestimmt ist, wann und durch welche Vorteile die Nachteile ausgeglichen werden" (Tz. 2.3.3. VGr). Für den Ausgleich verbleiben dann die **folgenden drei Wirtschaftsjahre,** so dass maximal ein Zeitraum von vier Wirtschaftsjahren zur Verfügung steht. Ein Ausgleich wird auch dann anerkannt, wenn eine Aktivierung der den Vorteil bringenden Leistung erfolgt.

129 Die von den VGr geforderte Verklammerung der Geschäfte kann trotz inneren Zusammenhangs durch das **Fehlen eines zeitlichen Zusammenhangs** oder durch Nichtbeachtung der Zeitreihenfolge entfallen. So kann nach den VGr ein zeitlicher Zusammenhang mit einem zwar gleichzeitigen, aber rein zufälligen Auftreten von Vor- und Nachteilen nicht begründet werden.[149]

Auch erkennt Tz. 2.3.3. der VGr einen Vorteilsausgleich nur dann an, wenn ein **nachteiliges durch ein zeitlich später liegendes, vorteilhaftes** Geschäft ausgeglichen wird. Die umgekehrte Situation erfährt keinerlei Beachtung. Dies ergibt sich aus der einseitigen Zielsetzung von § 1 AStG, der Vermeidung von Einkünfteminderungen durch unangemessene Gestaltung von Konzernbeziehungen. Dies erscheint nicht gerechtfertigt. UE muss es auch möglich sein, Nachteile im Hinblick auf zuvor gewährte Vorteile in Kauf zu nehmen. Dies ergibt sich aus der Theorie des doppelten ordentlichen Geschäftsleiters (vgl. oben Rn. 81 ff.), da den erzielten Vorteilen bei dem einen Steuerpflichtigen auch immer spiegelbildliche Nachteile bei dem anderen Steuerpflichtigen gegenüberstehen.

130 Die relativ enge **zeitliche Fristenvorgabe** in den VGr ist **willkürlich,** realitätsfern und durch die Rechtsprechung nicht gedeckt, auch wenn sie offensichtlich am Aktienrecht orientiert ist. Es gibt keinen logischen Grund, warum ein Vorteilsausgleich auf vier Wirtschaftsjahre beschränkt sein soll. So wurde im BFH-Urteil vom 7.11.1950[150] zur Beurteilung einer Einkommensminderung eine Durchschnittsrechnung über 17 Jahre für ein Dauerschuldverhältnis vorgenommen. In einem anderen Urteil,[151] das den Leistungsausgleich im Konzern betraf, stellt der BFH 1964 fest, dass die Angemessenheit des Zeitraums nur anhand der Fristigkeit und der Natur des zugrunde liegenden Geschäfts beurteilt werden kann, einer Auffassung, die in vollem Umfang zu teilen ist. Auch das in Tz. 2.3.2. der VGr erwähnte BFH-Urteil vom 8.6.1977[152]

---

[148] Vgl. BFH 11.10.2012, I R 75/11, DStR 2013, 25.
[149] Vgl. oben Rn. 103; Tz. 3.13 OECD-RL 2010.
[150] BFH 7.11.1950, BStBl. III 1951, 12.
[151] Vgl. BFH 29.1.1964, BStBl. III 1965, 27.
[152] BFH 8.6.1977, BStBl. II 1977, 704.

fordert nur die Sicherung der Gegenvorteile dem Grunde und der Höhe nach im Zeitpunkt der Vorteilsgewährung. Bezeichnenderweise wird sogar in den VGr selbst an anderer Stelle für bestimmte Fälle die Frist für einen Vorteilsausgleich aufgehoben bzw. trotz Regelungsbedarf gar nicht erwähnt.[153] Die Forderung der VGr nach einer festen Zeitvorgabe findet auch **keine Stütze in der OECD-RL 2010,** die den Ausgleichszeitraum nicht explizit anspricht, mithin zumindest nicht beschränkt (vgl. Tz. 3.13–3.17 OECD-RL 2010).

Einen weiteren Aspekt, der gegen eine allgemeingültige zeitliche Begrenzung des Vorteilsausgleichs spricht, stellt der **Ermessensspielraum des ordentlichen Geschäftsleiters**[154] dar. Dieser könnte aufgrund der restriktiven Vorgaben zum Abschluss von Verträgen genötigt werden, die sich gegenüber solchen als nachteilig erweisen, die ohne Beschränkungen möglich wären.[155] **131**

Auch die in den VGr angedeutete Möglichkeit zur **Verlängerung des Ausgleichszeitraums durch Aktivierung** der den Vorteil bringenden Leistung löst die Problematik nur unvollkommen. Voraussetzung für eine Aktivierung ist ein vertraglich gesicherter, bilanzierungsfähiger Anspruch auf eine solche Leistung. Diese Lösung wird in den meisten Fällen entweder an der fehlenden vertraglichen Abmachung oder an der mangelnden Aktivierungsfähigkeit des Gegenvorteils scheitern.[156] **132**

Erkennt man die Periodisierung als Wesensmerkmal des deutschen Ertragsteuerrechts und gleichzeitig eine gewisse **Ähnlichkeit von Vorteils- und Verlustausgleich** an, so kann daraus durchaus die Forderung nach ähnlichen Ausgleichsfristen für beide Rechtsinstitute abgeleitet werden. Der bis 1990 gültige § 10d EStG sah für einen Verlustrücktrag einen Zeitraum von zwei Jahren, für einen Verlustvortrag einen von fünf Jahren vor, so dass insgesamt ein Zeitraum von acht Jahren zur Verfügung stand. Diesen hätte man auf Grund der oben genannten Ähnlichkeit auch für den Vorteilsausgleich als angemessen ansehen können.[157] Seit der Verlustvortrag aber zeitlich unbefristet vorgenommen werden kann, ist nach der hier vertretenen Auffassung die Forderung nach einer grundsätzlichen Begrenzung des Vorteilsausgleichs entfallen. **133**

f) Kreis der Beteiligten

Einen weiteren umstrittenen Aspekt des Vorteilsausgleichs stellt die Frage nach dem Kreis der Beteiligten dar, dh, ob ein Vorteilsausgleich **nur zwischen zwei** („bilateraler Vorteilsausgleich") **oder auch zwischen mehreren Unternehmen** („multilateraler oder Vorteilsausgleich im Konzern") stattfinden darf. **134**

Welche Unternehmen und somit welche Geschäfte vorteilsausgleichsfähig sind, kann sich sachgerecht nur nach den Vorschriften richten, die ihre **Verbundenheit** regeln (vgl. A Rn. 203 ff.). „Aus diesem Grunde kann es systematisch keinen Unterschied machen, ob zu saldierende Vorteile, die eine deutsche Gesellschaft aus dem ausländischen Konzernbereich erfährt, von der Muttergesellschaft unmittelbar oder über den Weg einer beliebigen Schwes- **135**

---

[153] Vgl. Tz. 3.1.2.3. letzter Satz VGr, Tz. 6.2.3. VGr.
[154] Vgl. Rn. 44, 56, 63 ff.
[155] Vgl. *Baumhoff* Verrechnungspreise, 1986, 153 f.
[156] Vgl. *Schröder* StBp 1981, 15.
[157] Vgl. *Kreile* BB 1972, 929.

tergesellschaft zugewendet werden".[158] Grundsätzlich bestätigt wurde diese Aussage bereits 1938 durch ein RFH-Urteil, in dem eine Saldierung mit mittelbar über die Muttergesellschaft laufenden Vorteilen bejaht wurde.[159]

136   Eine weitere Begründung für den Vorteilsausgleich im Konzern ergibt sich aus der sog. **Dreieckstheorie,** wie sie auch in der BFH-Rspr. zu gesellschaftsrechtlich begründeten Vorteilszuwendungen zwischen Schwestergesellschaften zur Anwendung gelangt.[160] Im Rahmen dieser Theorie werden fiktiv zwei Vorgänge angenommen. Zunächst erfährt die Muttergesellschaft eine Vorteilszuwendung seitens der einen Tochtergesellschaft (verdeckte Gewinnausschüttung). In einem zweiten Schritt gewährt die Muttergesellschaft diesen Vorteil der anderen Tochtergesellschaft zurück (verdeckte Einlage bei einlagefähigem Wirtschaftsgut). Diese Regelung gilt auch bei Sitz einer oder zwei der beteiligten Gesellschaften im Ausland.[161] Nach dieser Theorie werden die unter Schwestergesellschaften gewährten Vorteile immer dem gemeinsamen Gesellschafter zugerechnet, so dass, angewandt auf den Vorteilsausgleich, auch die Gegenvorteile der gemeinsamen Muttergesellschaft zugerechnet werden müssen.[162] „Dabei ist es unerheblich, ob es sich um gegenseitige oder multilaterale Geschäfte im Konzern handelt".[163] Bei diesem Weg, der **Zurechnung aller Vor- und Nachteile zur gemeinsamen Konzernspitze,** werden die gegenseitig gewährten Vorteile dort gebündelt, so dass ihr die Funktion eines Nettingcenters oder einer Clearingstelle zukommt.[164]

137   Aus der Formulierung in den **VGr** ist zunächst die Haltung der FinVerw. nicht deutlich zu erkennen. In S. 1 der Tz. 2.3.1. der VGr heißt es, der Vorteilsausgleich eines Steuerpflichtigen „mit Nahestehenden" sei zulässig, in S. 2 dagegen wird von Geschäften „mit dem ihm Nahestehenden" gesprochen und davon, dass der Steuerpflichtige Nachteile im Hinblick darauf in Kauf genommen habe, dass er „von diesem Nahestehenden" Vorteile erhalte. S. 2 dient allerdings zur Erläuterung von S. 1 und kann daher als Konkretisierung der Verwaltungsauffassung verstanden werden. Deutlich wird die Haltung der VGr erst in Tz. 2.3.2. der VGr. Im ersten Spiegelstrich der Vorschrift wird davon gesprochen, dass ein Vorteilsausgleich nur mit Geschäften möglich ist, die von dem Steuerpflichtigen **„mit derselben Person"** abgeschlossen werden. Es ist demnach davon auszugehen, dass die FinVerw. grundsätzlich dem Vorteilsausgleich im Konzern ablehnend gegenüber steht.

138   Auch die **OECD-RL 2010** geht wohl vom (nur) bilateralen Vorteilsausgleich aus. Sie spricht davon, dass Gegenvorteile von dem Unternehmen gewährt werden, das die Vorteile erhalten hat („that is balanced … by different benefits **received from that enterprise** in return"; Tz. 3.13 OECD-RL 2010).

Ebenso kennen die US-Verrechnungspreisvorschriften nur den bilateralen Vorteilsausgleich zwischen zwei Konzerngesellschaften.[165]

---

[158] *Kreile* BB 1972, 929.
[159] Vgl. RFH 6.12.1938, RStBl. 1939, 464.
[160] Vgl. BFH 26.10.1987, BStBl. II 1988, 348.
[161] Vgl. BFH 26.10.1987, BStBl. II 1988, 348.
[162] Vgl. *Flick* FR 1973, 158.
[163] *Katterbe* Vorteilsausgleich, 1983, 367.
[164] Vgl. *Baumhoff* in Flick/Wassermeyer/Baumhoff, § 1 AStG Anm. 801.
[165] Vgl. § 1.482-1(f)(2)(iv) US-Regs.

Wenn auch der mittelbare Vorteilsausgleich im Konzern in der Praxis nicht **139** der Regelfall sein dürfte, so gibt es doch **keinen Grund,** die Möglichkeit eines **multilateralen Ausgleichs grundsätzlich abzulehnen.** Ein gewissenhafter Geschäftsleiter im Konzern könnte sich kaum gegen die Inkaufnahme eines Nachteils seitens einer Schwestergesellschaft stellen, wenn ihm dafür von einem anderen Konzernmitglied ein Vorteil gewährt würde.[166] Auch aus Sicht des ordentlichen und gewissenhaften Geschäftsleiters der Konzernobergesellschaft bestehen im Regelfall keine zwingenden Gründe, einem solchen Interessenausgleich nicht zuzustimmen. Nichts anderes ergibt sich bei rein objektiv quantitativer Betrachtung dem Grundsatz des erweiterten Vorteilsausgleichs folgend. Der Vorteilsausgleich „im Konzern" ist bei Vorliegen der allgemeinen Voraussetzungen daher **uE zulässig.**[167]

[166] Vgl. *Becker* in Becker/Kroppen Internationale Verrechnungspreise V 2.3.
[167] Vgl. auch *Kreile* BB 1972, 929.

Kapitel D: Verrechnungspreismethoden

Übersicht

I. Überblick

1. Quellen zur Definition von Verrechnungspreismethoden

Einer der wichtigsten Aspekte bei der Bestimmung und Dokumentation **1** von **Verrechnungspreisen** sowie der Prüfung ihrer Vereinbarkeit mit dem **Fremdvergleichsgrundsatz** bzw. dem **Arm's Length Principle** ist die Methodik der Preisermittlung. Bei der Definition internationaler Standards über das Verständnis der für die Preisermittlung maßgeblichen **Verrechnungspreismethoden** ist seit einigen Jahrzehnten die **OECD** federführend. Ausgangspunkt ist hierbei die Festlegung des Arm's Length Pricinciple als dem gem. **Art. 9 Abs. 1 OECD-MA** für die Gestaltung von Geschäftsbeziehungen zwischen verbundenen Unternehmen maßgeblichen Grundsatz. Die Bemühungen der OECD zur **Konkretisierung** dieses Grundsatzes für die praktische Anwendung resultierten im Juni 1976 in einer ersten Veröffentlichung als **Leitsätze** der OECD, denen im Jahr 1979 ein ausführlicher **Bericht**[1] mit einer Darstellung der Methoden zur Verrechnungspreisermittlung folgte.

Die von der OECD festgelegten Kriterien zur Definition und Anwendung **2** der **Verrechnungspreismethoden** sowie die **Ausprägung des Arm's Length Principle** in der Praxis wurden in der Folge zum Teil kontrovers diskutiert. Insbesondere die **USA** sahen sich zur Wahrung ihrer steuerlichen Interessen letztlich zur **Entwicklung eigener Grundsätze** veranlasst, die in den 80er Jahren des vorigen Jahrhunderts begann und in der Veröffentlichung der **US-VerrechnungspreisRL** Mitte des Jahres 1994 gipfelte.[2] Zwar wurden in den US-VerrechnungspreisRL die drei von der OECD formulierten **traditionellen Verrechnungspreismethoden**[3] bestätigt, gleichzeitig aber auch von der Auffassung der OECD divergierende Ansätze zur Verwendung **gewinnorientierter Methoden**[4] festgeschrieben.

Der Erlass der US-VerrechnungspreisRL löste wiederum eine **Reaktion der OECD** aus, die ihre Verrechnungspreisgrundsätze in der Folge grundlegend überarbeitete. Die erste geänderte Fassung der **OECD-RL** mit den überarbeiteten Kapiteln I–V wurde rund ein Jahr nach den US-VerrechnungspreisRL veröffentlicht.[5] Die Veröffentlichung weiterer Überarbeitungen der **OECD-RL** erfolgte im März 1996 (Kapitel VI und VII), die Veröffentlichung eines neuen Kapitels VIII „Cost Contribution Agreements" im Juni 1997.

---

[1] Transfer Pricing and Multinational Enterprises Enterprises – Report of the OECD Committee on Fiscal Affairs 1979, Paris 1979. Die deutsche Übersetzung erschien im Herbst 1981 unter dem Titel „Verrechnungspreise und Multinationale Unternehmen – Bericht des Steuerausschusses der OECD 1979".

[2] Vgl. § 482 IRC Final Regulations T. D. 8552 vom 1.7.1994.

[3] Dies sind die Preisvergleichsmethode, Wiederverkaufspreismethode und die Kostenaufschlagsmethode.

[4] Insb. hinsichtlich der Formulierung von Gewinnvergleichsmethode und Gewinnaufteilungsmethode.

[5] OECD Transfer Pricing Guidelines for Multinational Enterprises and Tax Administrations vom 13.7.1995.

3   Die **OECD-RL 1995/96/97** wurden ihrerseits überarbeitet im Rahmen
eines 2003 von der OECD initiierten Projektes, das sich schwerpunktmäßig
mit Fragen der **Vergleichsanalyse** bei der Anwendung von Verrechnungspreismethoden sowie der **Anwendung geschäftsfallbezogener Gewinnmethoden** beschäftigen sollte. Bei diesen Themen sollten auch die praktischen Erfahrungen seit Etablierung der OECD-RL 1995/96/97 umgesetzt
werden. Der Diskussionsentwurf für die Änderung der Kapitel I–III der
OECD-RL wurde am 9. September 2009 veröffentlicht, am 22. Juli 2010 erfolgte die Veröffentlichung der revidierten **OECD-RL 2010.** Neben der bereits erwähnten Überarbeitung der **Kapitel I–III** wurde auch ein neues **Kapitel IX „Business Restructuring"** Bestandteil der OECD-RL 2010.

4   Die ersten drei Kapitel der OECD-RL 2010 wurden im Vergleich zu den
OECD-RL 1995/96/97 **neu gegliedert** und zum Teil auch **inhaltlich er-
weitert.** Die Kapitel lauten nun
– Kapitel I Fremdvergleichsgrundsatz;
– Kapitel II Verrechnungspreismethoden;
– Kapitel III Vergleichsanalyse.

Hinsichtlich der Erläuterung der Verrechnungspreismethoden ist insbesondere von Bedeutung, dass das bisherige **Kapitel III „Andere Methoden"**
neu bearbeitet wurde und dessen Inhalte auf Kapitel I (in Bezug auf die formelhafte Gewinnaufteilung) und Kapitel II (in Bezug auf die gewinnorientierten Methoden) aufgeteilt wurden. Das neu gefasste Kapitel III enthält nun
ausführliche Erläuterungen zu den Aspekten bei Durchführung einer **Vergleichsanalyse** und übernimmt hierbei auch die bislang in Kapitel I geführten Darstellungen.

Eine bedeutende inhaltliche Änderung erfolgte in Bezug auf **geschäftsfallbezogene Gewinnmethoden,** die nun nicht mehr als Ausweichmethoden **(„methods of last resort")** bezeichnet werden, sondern abhängig von
den Umständen des analysierten Falls unmittelbar als anzuwendende Verrechnungspreismethoden zur Verfügung stehen können.

5   Die **OECD-RL 2010** stellen den vorerst letzten Bearbeitungsstand der
Verrechnungspreisgrundsätze dar. Es wurde zwischenzeitlich allerdings **Abschnitt E von Kapitel IV** neu gefasst[6] und weitere Aktualisierungen sind
bereits absehbar. So arbeitet die OECD derzeit an der Neufassung von **Kapitel VI „Special Considerations for Intangible Property".**[7] Darüber
hinaus sind die weiter gefassten Arbeiten der OECD in Bezug auf **grenzüberschreitende Gewinnverlagerungen** zu beachten,[8] da diese uU ebenfalls Anpassungen der OECD-RL bewirken könnten.

6   Eine Alternative zu den von der OECD geleiteten Initiativen stellt das
Konzept der **Vereinten Nationen** zur Vermeidung von Doppelbesteuerung

---

[6] OECD, Revised Section E on Safe Harbours in Chapter IV of the Transfer Pricing
Guidelines vom 16.5.2013.
[7] OECD, Transfer Pricing Aspects of Intangibles, Einladung zur Einreichung von
Kommentaren vom 2.7.2010. OECD, Transfer Pricing and Intangibles: Scoping Document vom 25.1.2011. OECD (2014), Guidance on Transfer Pricing Aspects of Intangibles, 16.9.2014.
[8] Vgl. Base Erosion and Profit Shifting Project of OECD, G20 declaration, 19. Juni
2012, www.oecd.org.

„**UN-Modell**"[9] dar. Das UN-Modell bevorzugt im Vergleich zum OECD-MA eine hohe Zuordnung von Besteuerungsgrundlagen zum **Quellenstaat** an Stelle des Heimatstaates des **Investors**. Durch diesen Ansatz werden die Interessen von **Entwicklungsländern** gegenüber den Industrienationen tendenziell stärker berücksichtigt als im OECD-MA. Eine erste Fassung des UN-Modells wurde im Jahr 1980 veröffentlicht, die letzte Aktualisierung stammt aus dem Jahr 2011.

Das UN-Modell legt in gleicher Weise wie das OECD-MA das **Arm's Length Principle** als Grundsatz für Geschäftsbeziehungen zwischen verbundenen Unternehmen fest. Auch der Aufbau des UN-Modells entspricht dem des OECD-MA insoweit, als **Art. 9 Abs. 1 des UN-Modells** das Arm's Length Principle kodifiziert. Das UN-Modell enthält im Vergleich zum OECD-MA jedoch einen weiteren Abs. 3 von Art. 9, der die Durchführung einer **Gegenberichtigung** gem. Abs. 2 von weiteren Voraussetzungen abhängig macht.[10] Eine weitere Erläuterung der Ausgestaltung des Arm's Length Principle in der Praxis bzw. eine Definition von iRd Grundsatzes anzuwenden **Verrechnungspreismethoden** erfolgt weder im UN-Modell noch in dessen Kommentierung. Eine den OCED-RL vergleichbare Veröffentlichung existiert jedoch mit dem **UN Practical Manual** aus dem Jahr 2013.

In **Deutschland** besteht in Bezug auf die zur Verfügung stehenden Ver- 7 rechnungspreismethoden und ihrer Anwendung eine **weitgehende Übereinstimmung** mit den OECD-RL 2010. Die erste umfassende Diskussion der Verrechnungspreismethoden erfolgte mit den **VGr 1983**,[11] die ergänzend zum OECD-Bericht vom Mai 1979 die Sichtweise der **deutschen FinVerw.** darlegen sollten. Spätere Aktualisierungen und Erweiterungen der VGr 1983 bezogen sich in erster Linie auf einzelne Aspekte der Verrechnungspreisgestaltung.[12] Spezifisch auf die **Verrechnungspreismethoden** bezogene Aktualisierungen finden sich in den **VGr-Verfahren**[13] sowie in **§ 1 Abs. 3 AStG**.[14]

2. Übersicht der Verrechnungspreismethoden

Es besteht **international** ein weit gehender **Konsens** über die zur Er- 8 mittlung von Verrechnungspreisen zur Verfügung stehenden Methoden sowie

---

[9] United Nations Model Taxation Convention between Developed and Developing Countries.

[10] Gem. Art. 9 Abs. 3 UN-Modell erfolgt die Durchführung einer Gegenberichtigung nicht, wenn die Erstberichtigung der Verrechnungspreise auf Betrug, grobe Missachtung oder absichtliches Fehlverhalten zurückzuführen und gegen eines der beteiligten Unternehmen hierüber eine Strafe rechtskräftig festgesetzt worden ist.

[11] Grundsätze für die Prüfung der Einkunftsabgrenzung bei international verbundenen Unternehmen (VGr), BMF 23.2.1983, BStBl. I 1983, 218.

[12] Bspw. die VGr-Umlageverträge, die VGr-Arbeitnehmerentsendung .

[13] Grundsätze für die Prüfung der Einkunftsabgrenzung zwischen nahe stehenden Personen mit grenzüberschreitenden Geschäftsbeziehungen in Bezug auf Ermittlungs- und Mitwirkungspflichten, Berichtigungen sowie auf Verständigungs- und EU-Schiedsverfahren (VGr-Verfahren), BMF 12.4.2005, BStBl. I 2005, 570.

[14] IdF d. UStRG 2008.

die Definition dieser Methoden. Maßgeblich sind hierbei in erster Linie die **OECD-RL 2010**. Der grundsätzliche Konsens schließt aber nicht aus, dass im Einzelfall nach **nationalen VerrechnungspreisRL** besondere Anwendungsvorschriften bestehen oder andere Verrechnungspreismethoden zu verwenden sind, als dies gem. der OECD-RL 2010 vorgesehen ist.[15]

9   Eine nicht dem Arm's Length Principle entsprechende Methodik wird als „**globale formelhafte Gewinnaufteilung**" in Kapitel I „**Fremdver-gleichsgrundsatz**" der OECD-RL 2010 beschrieben.[16] Gegenüber den OECD-RL 1995/96/97 erfolgte lediglich eine Änderung der Gliederung von dem bisherigen Kapitel III „**Andere Methoden**",[17] die nicht mit einer inhaltlichen Veränderung verbunden ist.

Unter einer globalen formelhaften Gewinnaufteilung versteht die OECD Verfahren, bei denen der weltweite **konsolidierte Gewinn eines Konzerns** anhand einer **Formel** auf die Gesellschaften eines Konzerns aufgeteilt wird. Grundlage für die Aufteilung soll nach diesem Verständnis idR eine **Kombination** von Kosten, Wirtschaftsgütern, Personalaufwand und Umsatz sein.[18] Die globale formelhafte Gewinnaufteilung unterscheidet sich von **geschäftsfallbezogenen Gewinnmethoden** durch die **Nichtberücksichtigung individueller Faktoren** wie Struktur der Geschäftsbeziehung, Funktions- und Risikoprofil der Beteiligten, etc. und wendet stattdessen einen festgelegten Aufteilungsschlüssel auf alle Geschäftsbeziehungen und alle Beteiligten in gleicher Weise an.

Der **Hauptkritikpunkt** der OECD an einer solchen Form der Aufteilung von Konzerngewinnen ist das hohe Maß an erforderlicher **Abstimmung** und **Einigkeit** zwischen den Steuerbehörden der betroffenen Länder, da andernfalls ein hohes Risiko für eine **Doppel- oder Nichtbesteuerung** von Einkünften besteht.[19] Ebenso stellt die systemimmanente Ignorierung spezifischer Marktverhältnisse sowie der anderen für die Durchführung einer Geschäftsbeziehung relevanten Faktoren einen **Widerspruch** zu dem von der OECD als maßgeblich erachteten **Fremdvergleichsgrundsatz** dar.

10   Die von der OECD als **zulässig** erachteten Verrechnungspreismethoden werden in **Kapitel II** der **OECD-RL 2010** diskutiert. Hierbei unterscheidet die OECD **zwei Gruppen:**
1. traditionelle geschäftsfallbezogene Methoden[20]
   – Preisvergleichsmethode (Rn. 50 ff.)
   – Wiederverkaufspreismethode (Rn. 150 ff.)
   – Kostenaufschlagsmethode (Rn. 250 ff.)
2. geschäftsfallbezogene Gewinnmethoden[21]
   – transaktionsbezogene Nettomargenmethode (Rn. 350 ff.)
   – transaktionsbezogene Gewinnaufteilungsmethode (Rn. 450 ff.)

---

[15] Prominente Beispiele hierfür sind die Verrechnungspreisbestimmungen von Brasilien und den USA.

[16] Vgl. OECD-RL 2010, Tz. 1.16–1.32.

[17] Vgl. OECD-RL 1995/96/97, Tz. 3.58–3.74.

[18] Vgl. OECD-RL 2010, Tz. 1.17.

[19] Vgl. OECD-RL 2010, Tz. 1.22.

[20] Vgl. OECD-RL 2010, Tz. 2.12–2.55.

[21] Vgl. OECD-RL 2010, Tz. 2.56–2.149.

Die traditionellen geschäftsfallbezogenen Methoden sind in Deutschland auch als **Standardmethoden** bekannt.[22]

Die geschäftsfallbezogenen Gewinnmethoden sind insbesondere dadurch geprägt, dass nicht der angemessene **Preis** für eine Ware oder eine Dienstleistung Gegenstand des Fremdvergleichsgrundsatzes ist, sondern die iRe Geschäftsbeziehung erzielte **Marge** oder der Anteil an einem insgesamt erzielten **Gewinn.**[23]

Im Vergleich zu der vor der Überarbeitung im Juli 2010 existierenden Definition enthalten die OECD-RL 2010 keine grundsätzliche Änderung der Verrechnungspreismethoden. Die zweite Gruppe **„geschäftsfallbezogene Gewinnmethoden"** wurde aber zuvor als **„Andere Methoden"** bezeichnet und war Teil von Kapitel III der OECD-RL 1995/96/97. Die globale formelhafte Gewinnaufteilung war eine der „Anderen Methoden", wird aufgrund der geänderten Gliederung nun aber unter Kapitel I erläutert. **11**

Die Überarbeitung der OECD-RL führte zu einer wichtigen **inhaltlichen Änderung,** welche die Entwicklung der praktischen Anwendung von Verrechnungspreismethoden in den rund 15 Jahren seit Veröffentlichung der OECD-RL 1995/96/97 reflektiert. Bislang war die Anwendung der **geschäftsfallbezogenen Gewinnmethoden** gem. OECD-RL auf Ausnahmefälle beschränkt (**„methods of last resort"**),[24] bspw. wenn die zur Verfügung stehenden Daten nicht zur Anwendung einer traditionellen geschäftsfallbezogenen Methode ausgereicht haben. In der Praxis ging deren Verwendung jedoch zunehmend über den Status von Ausweichmethoden hinaus, u. a. weil die weitere Verbreitung und Verbesserung von Datenbanken die stärkere Verwendung der transaktionsbezogenen Nettomargenmethode ermöglichte und die zunehmende Komplexität und Interaktivität von Geschäftsbeziehungen die Anwendung von Gewinnaufteilungen erforderte. Gem. den OECD-RL 2010 ist daher die in Anbetracht der Verhältnisse des Einzelfalls **am besten geeignete Verrechnungspreismethode** zu verwenden.[25] Nur wenn mehrere Verrechnungspreismethoden **in gleicher Weise geeignet** sind, ist eine der traditionellen geschäftsfallbezogenen Methoden gegenüber einer geschäftsfallbezogenen Gewinnmethode sowie die Preisvergleichsmethode gegenüber einer anderen Verrechnungspreismethode zu bevorzugen.[26] Im Zuge dieser inhaltlichen Anpassung wurden auch die Hinweise zur **Anwendung** geschäftsfallbezogener Gewinnmethoden in den OECD-RL 2010 erheblich erweitert.

Eine ähnliche Entwicklung in Bezug auf die praktische Anwendung geschäftsfallbezogener Gewinnmethoden wie auf Ebene der OECD vollzog sich in den letzten Jahren hinsichtlich der Auffassung der **deutschen FinVerw.** In den VGr 1983 wurde den **Standardmethoden** ein **Anwendungsvorrang** gegenüber anderen Verrechnungspreismethoden eingeräumt,[27] geschäftsfallbezogene Gewinnmethoden wurden hierbei nicht explizit diskutiert. Der Vor- **12**

---

[22] Vgl. VGr 1983, Tz. 2.2; VGr-Verfahren, Tz. 3. 4. 10.3 Buchst. a).
[23] Vgl. OECD-RL 2010, Tz. 2.56 f.
[24] Vgl. OECD-RL 1995/96/97, Tz. 3.50.
[25] Vgl. OECD-RL 2010, Tz. 2.1.
[26] Vgl. OECD-RL 2010, Tz. 2.3.
[27] Vgl. VGr 1983, Tz. 2.2.

rang der Standardmethoden wurde iRd **UStRG 2008** gesetzlich normiert.[28] In der Praxis wurde insbesondere die transaktionsbezogene Nettomargenmethode lange Zeit kritisch beurteilt. Die diesbezüglichen Vorbehalte der deutschen FinVerw. sind noch immer nicht völlig ausgeräumt, zumindest findet diese Methode aber – ebenso wie die geschäftsfallbezogene Gewinnaufteilungsmethode – inzwischen Erwähnung in offiziellen Verlautbarungen.[29] Nach wie vor erscheint jedoch die **Akzeptanz** geschäftsfallbezogener Gewinnmethoden durch die deutsche FinVerw. im Vergleich zur OECD geringer ausgeprägt zu sein, bspw. was die Möglichkeit der Anerkennung als am besten geeignete Verrechnungspreismethode anbelangt.

13 Gem. den Verrechnungspreisgrundsätzen der **USA**[30] bestehen gegenüber den von der OECD und der deutschen FinVerw. definierten Verrechnungspreismethoden einige nicht unbedeutende **Abweichungen.** Die drei **traditionellen geschäftsfallbezogenen Methoden** bzw. **Standardmethoden** zählen in den USA ebenfalls zu den potentiell anwendbaren Verrechnungspreismethoden, gleiches gilt für die **Gewinnaufteilungsmethode.** An Stelle der transaktionsbezogenen Nettomargenmethode tritt gem. den VerrechnungspreisRL der USA die **Gewinnvergleichsmethode,** die weniger restriktiv hinsichtlich der Bezugnahme auf einzelne Transaktionen ist.[31] Eine weitere Besonderheit ist die iZm immateriellen Werten verwendete **Transaktionsvergleichsmethode**[32] als Abwandlung der Preisvergleichsmethode. Für **Kostenumlagen**[33] und **Dienstleistungen**[34] bestehen Sonderregelungen, nach denen **Adaptionen** der zuvor genannten Verrechnungspreismethoden verwendet werden.

14 Die **OECD,**[35] die **deutsche FinVerw.**[36] wie auch die **FinVerw. der USA**[37] ermöglichen die Verwendung weiterer **nicht spezifizierter Methoden,** die nicht explizit in den RL genannt sind. Auch diese **anderen Methoden** müssen dem **Fremdvergleichsgrundsatz** genügen. Die Anwendung einer nicht explizit in den RL genannten Verrechnungspreismethode erfordert eine **Begründung,** warum diese besser geeignet ist bzw. keine der in den RL definierten Methoden verwendet werden kann.

15 Die **Auswahl** der **am besten geeigneten Verrechnungspreismethode** ist zu begründen. Hierbei ist die Vorgehensweise der OECD und der deutschen FinVerw. insoweit pragmatisch, als kein **Nachweis** erforderlich ist, dass die ausgewählte Verrechnungspreismethode besser geeignet ist als andere Verrechnungspreismethoden.[38] Im Vergleich dazu erscheint die in den USA gel-

---

[28] Vgl. § 1 Abs. 3 S. 1 und 2 AStG.
[29] Vgl. VGr-Verfahren, Tz. 3. 4. 10.3 Buchst. b) und c).
[30] Internal Revenue Service, Treasury Regulations. Nachfolgend als „US-Regs." bezeichnet.
[31] Aus diesem Grund erkennt die deutsche FinVerw. die Comparable Profits Method bzw. Gewinnvergleichsmethode nicht an. Vgl. VGr-Verfahren, Tz. 3. 4. 10.3 Buchst. d).
[32] Comparable Uncontrolled Transactions (CUT). Vgl. US-Regs. § 1.482-4(c).
[33] Vgl. US-Regs. § 1.482-7.
[34] Vgl. US-Regs. § 1.482-9.
[35] Vgl. OECD-RL 2010, Tz. 2.9.
[36] Vgl. VGr 1983, Tz. 2.4.5 f.
[37] Gem. mehrerer Nachweise. Vgl. bspw. US-Regs, § 1.482-3(e); § 1.482-4(d).
[38] Vgl. OECD-RL 2010, Tz. 2.8; VGr-Verfahren, Tz. 3.4.10.1.

tende **„Best Method Rule"**[39] aufwändiger und formaler. Denn gem. den VerrechnungspreisRL der USA kann ein **Vergleich** der unter Anwendung verschiedener Verrechnungspreismethoden erzielten **Ergebnisse** erforderlich sein, um sicherzustellen, dass tatsächlich die für den analysierten Sachverhalt am besten geeignete Verrechnungspreismethode ausgewählt wurde. Die **Möglichkeit** einer solchen **Vergleichsrechnung** ist zwar auch dem Wortlaut der OECD-RL 2010 und der VGr der deutschen FinVerw. zu entnehmen, jedoch hier erkennbar als **Ausnahme** zu verstehen.

Es ist nicht erforderlich, **mehr als eine Verrechnungspreismethode** an-   **16** zuwenden.[40] Im Einzelfall kann jedoch die **Überprüfung** der mit einer Verrechnungspreismethode gewonnenen **Ergebnisse** durch Verwendung einer zweiten Verrechnungspreismethode sinnvoll sein. Auch die **Modifikation** einer Methode oder die **Kombination** verschiedener Verrechnungspreismethoden sind grundsätzlich zulässig.

3. Besonderheiten geschäftsfallbezogener Gewinnmethoden

Geschäftsfallbezogene Gewinnmethoden (Rn. 10) **(Transactional Profit**   **17** **Methods)** sind die transaktionsbezogene Nettomargenmethode (**Transactional Net Margin Method** oder **TNMM**) und die transaktionsbezogene Gewinnaufteilungsmethode **(Transactional Profit Split Method)**.[41] Gem. Definition der OECD können auch **andere gewinnorientierte Methoden** verwendet werden, sofern diese Methoden in Einklang mit den OECD-RL 2010 stehen.[42] Die VerrechnungspreisRL der USA sehen mit der Gewinnvergleichsmethode **(Comparable Profits Method** oder **CPM)** eine der TNMM in weiten Teilen vergleichbare Verrechnungspreismethode vor,[43] die jedoch aufgrund des flexiblen Transaktionsbezugs nicht den Anforderungen der OECD und der deutschen FinVerw. entspricht.

Bei der Anwendung einer geschäftsfallbezogenen Gewinnmethode wird der   **18** in einer „kontrollierten" Geschäftsbeziehung erzielte **Gewinn(anteil)** bzw. die erzielte **Marge** mit dem in einer „nicht kontrollierten" Geschäftsbeziehung erzielten Gewinn bzw. der erzielten Marge verglichen. Die Definition von Gewinn(anteil) bzw. Marge bezieht sich gem. OECD und deutscher FinVerw. immer auf eine **einzelne Transaktion** bzw. auf **ein Bündel von wirtschaftlich vergleichbaren Transaktionen**. Abhängig von der Struktur der untersuchten Geschäftsbeziehung, dem Detaillierungsgrad der vorhandenen Informationen sowie der Art der angewendeten Verrechnungspreismethode kann

---

[39] Vgl. US-Regs. § 1.482-1(c).

[40] S. bspw. OECD-RL 2010, Tz. 2.11; VGr-Verfahren, Tz. 3. 4. 10.1. Weniger eindeutig und die ggf. bestehende Notwendigkeit der Hinzuziehung einer weiteren Verrechnungspreismethode stärker hervorhebend § 1.482-1(c)(2)(iii) der US-Regs.

[41] Vgl. OECD-RL 2010, Tz. 2.57.

[42] Explizit als Beispiele genannt werden Gewinnvergleichsmethoden und modifizierte Kostenaufschlags-/Wiederverkaufspreismethoden. Vgl. OECD-RL 2010, Tz. 2.56.

[43] Vereinfacht ausgedrückt kann die TNMM als die OECD-Version der US-amerikanischen CPM angesehen werden. Zum vorwiegend in den 90er Jahren ausgetragenen Meinungsstreit und den Gründen für die Etablierung zweier gleichartiger Methoden vgl. bspw. OECD, Tax Aspects of Transfer Pricing within Multinational Enterprises. The United States Proposed Regulations, Paris 1993.

sich diese Definition jedoch auf ein gesamtes Unternehmen bzw. auf einen Geschäfts- oder Produktbereich des Unternehmens beziehen.[44]

19   Aufgrund der Orientierung an der aus einer Geschäftsbeziehung erzielten Marge bzw. dem erzielten Gewinn(anteil) führt die Anwendung geschäftsfallbezogener Gewinnmethoden nicht zur Ermittlung eines **Verrechnungspreises ieS**, wie dies insbesondere bei Anwendung der Preisvergleichsmethode oder der Wiederverkaufspreismethode der Fall ist. Hieraus resultiert eine Reihe von **praktischen Herausforderungen** bei der Implementierung von Verrechnungspreislösungen

20   Die meisten Unternehmen budgetieren im Rahmen ihrer **Jahresplanung** nicht nur den **Umsatz,** sondern auch den **Gewinn** bzw. haben bestimmte **Renditevorstellungen.** In Abhängigkeit vom Differenzierungsgrad der Planung werden Budgets für das Gesamtunternehmen, für die Geschäftssegmente und ggf. für die wichtigsten Produktgruppen aufgestellt, selten jedoch für Einzeltransaktionen. Derartige **Ergebnisplanungen** entsprechen vom Grundgedanken am ehesten der Gewinnvergleichsmethode, sie können uU auch der TNMM genügen. In der Praxis seltener zu beobachten ist die Planung anhand einer Gewinnaufteilung, bei Entwicklungsprojekten mehrerer Beteiligter oder hoch integrierten Geschäftsprozessen ist dies aber ggf. ein valider Planungsansatz. Auf jeden Fall sind die Planungsdaten relevant für den **Nachweis** des Verhaltens nach dem Maßstab des Fremdvergleichs.[45]

21   Um von der für das Gesamtunternehmen geplanten Marge bzw. dem geplanten Gewinn(anteil) ausgehend zur **Festlegung** des eigentlichen Verrechnungspreises zu gelangen, ist zunächst eine Ableitung auf Transaktionsebene erforderlich. Alternativ zu Einzeltransaktionen kann der Ansatz auf Ebene von Transaktionsbündeln – bspw. Produktgruppen – erfolgen.

Weiterhin muss die geplante Marge bzw. der geplante Gewinn(anteil) in einen Verrechnungspreis umgerechnet werden. In der Praxis kommt hierfür oft eine **modifizierte Form** der **Wiederverkaufspreis-** oder der **Kostenaufschlagsmethode** zur Anwendung.

Bei der **Wiederverkaufspreismethode** stellt der Bruttogewinn[46] das zu vergleichende Element dar. Da dieser sowohl die operativen Kosten des Unternehmens decken als auch einen angemessenen Nettogewinn ermöglichen soll, kann ausgehend vom erwarteten Nettogewinn durch Rückrechnung auf den Bruttogewinn – bzw. die entsprechenden Netto- und Bruttomargen – der für die Ermittlung einzelner Verrechnungspreise erforderliche Zusammenhang hergestellt werden. Noch direkter ist dieser Zusammenhang bei der Umrechnung mittels der **Kostenaufschlagsmethode.** Bei dieser steht über den Gewinnaufschlag der Nettogewinn bzw. die Nettogewinnmarge im Mittelpunkt, was beim Ansatz der Vollkosten eine unmittelbare Umrechnung von Aufschlagsatz in Nettomarge und vice versa ermöglicht.

Schwieriger gestaltet sich die Umrechnung in Fällen der **Gewinnaufteilung.** Basiert das Verrechnungspreissystem auf der prozentualen Aufteilung eines Gesamt- oder Residualgewinns, lässt sich eine unterjährige Verrechnungspreisermittlung nur unter erheblichen Schwierigkeiten und meist nur in Form

---

[44] Ein Beispiel sind sogenannte Einfunktionsunternehmen.
[45] Vgl. VGr-Verfahren, Tz. 3.4.12.2, Tz. 3.4.12.6.
[46] Dieser entspricht dem Umsatz abzgl. Wareneinsatz.

von Schätzungen realisieren. Periodische **Review- und Anpassungsmechanismen** sind dann besonders wichtig, um die Vereinbarkeit der Verrechnungspreise mit dem Fremdvergleichsgrundsatz sicherzustellen.

Unabhängig von der im konkreten Einzelfall gewählten geschäftsfallbezo- **22** genen Gewinnmethode bedürfen sowohl die Planungsgrundlagen als auch die Methodik bei deren Umsetzung in zwischen den verbundenen Unternehmen verrechneten Preise der exakten **Erläuterung** und **Dokumentation.** Das Gleiche gilt für etwaige Abweichungen zwischen Planung und tatsächlicher Ergebnisentwicklung[47] sowie für die Reaktion des Unternehmens auf solche Abweichungen in Bezug auf die Verrechnungspreissystematik und die Verrechnungspreisermittlung.

4. Fremdvergleich

a) Zusammenfassung von Transaktionen

Die Analyse und Festlegung von Verrechnungspreisen erfolgt grundsätzlich **23** auf Basis **einzelner Transaktionen bzw. Geschäftsbeziehungen.**[48] Bei der Analyse sind die **tatsächlichen Verhältnisse** einer Transaktion zugrunde zu legen, die auch von den **Steuerbehörden** zu akzeptieren sind, sofern nicht formaler Anschein und tatsächliche Substanz divergieren oder der Steuerpflichtige die Transaktion/Geschäftsbeziehung mit einem verbundenen Unternehmen in einer Art und Weise durchgeführt hat, wie sie zwischen fremden Dritten nicht durchgeführt worden wäre.[49] Gegenstand des **Fremdvergleichs** ist bei jeder Verrechnungspreismethode die „**kontrollierte"** Transaktion zwischen verbundenen Unternehmen, die mit ähnlichen „**nicht kontrollierten"** Transaktionen mit bzw. zwischen fremden Dritten verglichen wird.

Da oft eine schwer überschaubare **Anzahl von Geschäftsbeziehungen** **24** innerhalb eines Konzerns durchgeführt wird, ist es in der Praxis üblich, diese so weit als möglich zu **Gruppen** zusammenzufassen. Mit der Zusammenfassung von Einzeltransaktionen kann der **Arbeitsaufwand** erheblich reduziert werden. UU sind verschiedene Geschäftsbeziehungen auch derart stark **miteinander verbunden,** dass deren Trennung und separate Analyse nicht möglich ist. Schließlich kann es auch Gegenstand einer **Geschäftsstrategie** sein, verschiedene Produkte oder Dienstleistungen miteinander zu verknüpfen, wobei ein Element als „Lockangebot" sehr preisgünstig am Markt angeboten wird, während die erforderlichen weiteren Elemente[50] teuer und mit einer hohen Marge angeboten werden (auch als **Portfolio-Ansatz** bezeichnet). Ähnliche Fragestellungen in Bezug auf die Bestimmung der Verrechnungspreise können sich ergeben, wenn ein Unternehmen verschiedene Produkte oder Dienstleistungen zusammenfasst und als ein **einziges Angebot** am Markt offeriert und bepreist (auch als **Package Deal** bezeichnet).[51]

---

[47] Bspw. bei einer unerwarteten Entwicklung des Umsatzes.

[48] Vgl. OECD-RL 2010, Tz. 1.33, Tz. 3.9; § 2 Abs. 3 S. 1 GAufzV; US-Regs. § 1.482-1(a)(1).

[49] Vgl. OECD-RL 2010, Tz. 1.64f.

[50] Bspw. Ersatzteile, Betriebsstoffe, Wartungs- und Serviceleistungen.

[51] Bspw. das Offerieren eines Wartungs- und Servicepakets für ein verkauftes Produkt ohne zusätzliche Vergütung.

25   Abhängig von den Umständen des Einzelfalls können bei derartigen Konstellationen bspw. **Produktlinien,** vergleichbare Arten von **Dienstleistungen**
oder ganze **Geschäftssegmente** zusammengefasst werden. Die Zusammenfassung von Geschäftsbeziehungen ist bei Erfüllung einiger Voraussetzungen
auch für **steuerliche Zwecke** zu akzeptieren. Dabei ist insbesondere zu
beachten, dass für die Zusammenfassung von Transaktionen **objektive Kriterien** zugrunde gelegt werden, die von der **Verbundenheit** der an den Geschäftsbeziehungen beteiligten Parteien unbeeinflusst sein müssen. Erwiesenermaßen übliche **Marktgepflogenheiten** können bspw. solche objektiven
Kriterien darstellen.[52]

In **Deutschland** werden diese Voraussetzungen für die Zusammenfassung
von Geschäftsbeziehungen durch Verordnung konkretisiert mit einer durch die
Ähnlichkeit von Funktionen und Risiken hervorgerufenen **wirtschaftlichen Vergleichbarkeit** verschiedener Geschäftsvorfälle.[53] Eine Zusammenfassung **außergewöhnlicher Geschäftsvorfälle** ist jedoch regelmäßig
ausgeschlossen.[54] Erfolgt die Ermittlung der Verrechnungspreise anhand **innerbetrieblicher VerrechnungspreisRL,** ist für die davon erfassten Geschäftsbeziehungen ebenfalls keine transaktionsbezogene Analyse erforderlich.[55]

Die **US-VerrechnungspreisRL** fordern, dass für die Zusammenfassung
ein so hohes Maß an **Integration** zwischen den verschiedenen Geschäftsbeziehungen bestehen muss, dass die bei deren gemeinsamer Analyse erzielten
Ergebnisse die höchste **Zuverlässigkeit** aufweisen.[56]

b) Vergleichsfaktoren zur Durchführung des Fremdvergleichs

26   Für die Anwendung des Fremdvergleichsgrundsatzes in der Praxis ist es
unerlässlich, **Kriterien** für die Durchführung des Fremdvergleichs sowie die
für den Fremdvergleich maßgeblichen **Faktoren** zu definieren. Ist diese
Definition erfolgt, kann iRe **Vergleichsanalyse**[57] (Rn. 35) ermittelt bzw.
überprüft werden, welche Vereinbarungen nicht miteinander verbundene
Unternehmen unter vergleichbaren Umständen in Geschäftsbeziehungen
miteinander getroffen hätten. Für die Abgrenzung der Geschäftsbeziehungen
voneinander werden die Begriffe **„kontrollierte Transaktionen"** zwischen
miteinander verbundenen Unternehmen und **„nicht kontrollierte Transaktionen"** zwischen nicht miteinander verbundenen Unternehmen verwendet.

27   Teil des Fremdvergleichs und der Vergleichsanalyse ist die Bestimmung der
für eine Geschäftsbeziehung bzw. für eine Gruppe zusammengefasster Ge-

---

[52] So ist es u. a. gängige Geschäftspraxis zahlreicher Anbieter, Kaffeemaschinen vergleichsweise günstig anzubieten und dies über eine hohe Marge für die nachzukaufen-
den Kaffeekapseln zu kompensieren.

[53] Vgl. § 2 Abs. 3 S. 2 GAufzV.

[54] Vgl. VGr-Verfahren, Tz. 3.4.13 S. 1.

[55] Vgl. § 2 Abs. 3 S. 6 GAufzV; VGr-Verfahren, Tz. 3.4.13.

[56] Vgl. US-Regs. § 1.482-1(a)(2)(i)(A). Diese verweisen als weitere Voraussetzung
für die Zusammenfassung von Transaktionen auf die Definition von für Berichtszwecke als zusammenhängend anzusehende Produkte bzw. Dienstleistungen gem.
§ 1.6038A-3(c)(7)(vii) US-Regs, dh in Einklang mit den in dem maßgeblichen Geschäftszweig üblichen Praktiken für Rechnungslegung, Marketing o. a.

[57] Vgl. OECD-RL 2010, Kapitel I, Abschnitt D.1, sowie Kapitel III.

schäftsbeziehungen am besten geeigneten **Verrechnungspreismethode.**[58]
Zwar ist für diesen Vergleich das **Gesamtbild der Verhältnisse** entscheidend, es lassen sich jedoch einige **Vergleichsfaktoren** hervorheben, die idR
besonders wichtig sind. Es ist allerdings zu beachten, dass die Bedeutung einzelner Vergleichsfaktoren u. a. auch von der **Art und Struktur** der analysierten **Geschäftsbeziehung** sowie der verwendeten **Verrechnungspreismethode** abhängig ist.

Die **OECD** definiert **fünf Faktoren,** die idR für die Beurteilung des **Gra- 28
des der Vergleichbarkeit** und die Identifizierung etwaiger **Unterschiede**
zwischen „kontrollierten" und „nicht kontrollierten" Geschäftsbeziehungen
maßgeblich sind:[59]

- Art der Produkte bzw. Dienstleistungen, die Gegenstand der Geschäftsbeziehung sind;
- von den beteiligten Parteien ausgeübte Funktionen (inkl. eingesetzter
Wirtschaftsgüter und übernommener Risiken);
- vertragliche Vereinbarungen;
- wirtschaftliche Begleitumstände bzw. Verhältnisse des relevanten Marktes;
- Geschäftsstrategien der beteiligten Parteien.

Neben der eigentlichen Nennung dieser fünf Faktoren erläutert die 29
OECD auch die für jeden dieser Faktoren zu berücksichtigenden **Charakteristika** und **Bedeutung** für einzelne Verrechnungspreismethoden.[60]

So ist bspw. bei der Preisvergleichsmethode die Vergleichbarkeit der **Produkte** besonders wichtig, während bei der transaktionsbezogenen Nettomargenmethode das **Funktions- und Risikoprofil** der Beteiligten (Rn. 31)
vorrangige Bedeutung hat. In erheblichem Maße leitet sich das Funktions-
und Risikoprofil auch aus den zwischen den Beteiligten getroffenen **vertraglichen Vereinbarungen** ab.

Zu den **wirtschaftlichen Begleitumständen** der Geschäftsbeziehungen
zählen neben den **Verhältnissen des relevanten Marktes** insbesondere
auch die jeweils relevanten **Zyklen** (bspw. Produkt- oder Marktzyklen). UU
kann der relevante Markt **mehrere Länder** umfassen, was bei **Homogenität**
des Gesamtmarktes[61] und ausreichender **Vergleichbarkeit** der Geschäftsbeziehungen in den jeweiligen Ländern ggf. eine **Zusammenfassung** der
Analyse über mehrere Länder ermöglicht.[62]

Die Verfolgung spezieller **Geschäftsstrategien** kann in verschiedener Art
und Weise die Geschäftsbeziehungen zwischen verbundenen Unternehmen
beeinflussen. Besonders kritisch sind idZ **Markteinführungs- oder Markterweiterungsstrategien,** da diese idR zunächst höhere **Kosten** verursachen
und deren **Erfolg** meist ungewiss ist. Die Frage der Übernahme der Kosten
solcher Strategien wird umso bedeutender, wenn sich die verfolgte Strategie
schließlich als erfolglos herausstellt. Die **Steuerbehörden** sind allerdings nicht
berechtigt, aus einer sich **im Nachhinein** als erfolglos herausstellenden Ge-

[58] Vgl. OECD-RL 2010, Tz. 1.35, Tz. 1.38.
[59] Vgl. OECD-RL 2010, Tz. 1.36.
[60] Vgl. OECD-RL 2010, Kapitel I, Abschnitt D. 1.2.
[61] Wie sie für die westeuropäischen Mitgliedstaaten der EU unterstellt wird. Vgl.
EUJTPF 24.2.2004, Is Europe One Market?
[62] Vgl. OECD-RL 2010, Tz. 1.58.

schäftsstrategie ohne weitere Anhaltspunkte auf die **Unangemessenheit** dieser Strategie bzw. der unter Berücksichtigung dieser Strategie vereinbarten Verrechnungspreise zu schließen.[63] Ein weiterer Aspekt ist die **Konsistenz** von Funktions- und Risikoprofil der Beteiligten, Geschäftsstrategie und Verteilung von Gewinnen bzw. Verlusten auf die an einer Geschäftsbeziehung beteiligten Parteien. Außerdem ist zu berücksichtigen, dass sich das **Ergebnis** einer Geschäftsstrategie sowie deren Erfolg oder Misserfolg erst **nach mehreren Jahren** herausstellt.

30   Soweit **Unterschiede** zwischen „kontrollierten" und „nicht kontrollierten" Geschäftsbeziehungen bestehen und diese Unterschiede relevant sind für das Ergebnis der Analyse, sind diese Unterschiede durch **Anpassungsrechnungen** zu beseitigen. Ist die **Durchführung** solcher Anpassungsrechnungen nicht möglich oder können hiermit die bestehenden Unterschiede nicht beseitigt werden, ist die erforderliche **Vergleichbarkeit** der Geschäftsbeziehungen nicht gegeben.[64] IdZ ist primär die **Qualität der Fremdvergleichsdaten** und deren Übereinstimmung mit den Verhältnissen der „kontrollierten" Transaktion wichtig, nicht die **Quantität** der Daten.[65] Die Qualität der verfügbaren Fremdvergleichsdaten kann auch durch **Schwierigkeiten des Zugriffs** auf diese Daten beeinträchtigt sein.[66]

Die **deutsche FinVerw.** bezog sich iZm d. für den Fremdvergleich maßgeblichen Faktoren zunächst auf die von den Beteiligten wahrgenommenen Funktionen und übernommenen Risiken.[67] Nach aktuellem Stand besteht inhaltliche Übereinstimmung mit den **fünf von der OECD genannten Vergleichsfaktoren.**[68]

Wie in den OECD-RL 2010 sind in den **US-VerrechnungspreisRL** ebenfalls **fünf Vergleichsfaktoren** von besonderer Bedeutung benannt.[69] Die Nennung dieser fünf Faktoren ist explizit als **nicht abschließende Aufzählung** zu verstehen:

– Funktionen;
– vertragliche Vereinbarungen;
– Risiken;
– wirtschaftliche Begleitumstände;
– Art der Produkte bzw. Dienstleistungen.

Die Darstellung in den US-VerrechnungspreisRL unterscheidet sich damit nur geringfügig von den OECD-RL 2010.[70]

c) Funktions- und Risikoanalyse

31   Zu den unabhängig von der Art der Geschäftsbeziehung und der angewendeten Verrechnungspreismethode regelmäßig wichtigsten **Vergleichsfakto-**

---

[63] Vgl. OECD-RL 2010, Tz. 1.63.
[64] Beispielhaft für die übernommenen Risiken s. Tz. 1.45 der OECD-RL 2010.
[65] Vgl. OECD-RL 2010, Tz. 1.51.
[66] Beispielhaft für vertragliche Vereinbarungen s. Tz. 1.54 der OECD-RL 2010.
[67] S. hierzu iE VGr 1983, Tz. 2.1.3.
[68] Vgl. VGr-Verfahren, Tz. 3.4.12.7. Diese verweisen noch auf die OECD-RL 1995/96/97.
[69] Vgl. US-Regs. § 1.482-1(d)(1) und (3).
[70] Der Einfluss von Geschäftsstrategien wird in den US-VerrechnungspreisRL unter dem Stichwort „Market share strategy" diskutiert. Vgl. US-Regs. § 1.482-1(d)(4)(i).

ren zählen die von den an der Geschäftsbeziehung beteiligten Parteien wahrgenommenen Funktionen sowie die von diesen übernommenen Risiken. Bei den Funktionen und Risiken ist neben ihrer **Art** auch jeweils zu differenzieren hinsichtlich ihrer **Bedeutung** iRd analysierten Geschäftsbeziehung. Eine hohe Anzahl von Routinefunktionen bzw. von vergleichsweise geringfügigen Risiken kann für den Erfolg der Geschäftsbeziehung in der Summe eine geringere wirtschaftliche Bedeutung haben als die Übernahme einiger weniger Funktionen bzw. Risiken. Es ist außerdem möglich, dass iRe Geschäftsbeziehung eine bestimmte Funktion bzw. ein bestimmtes Risiko von **mehr als einem Beteiligten** übernommen wird, so dass eine Aufteilung erforderlich wird, um die jeweiligen Beiträge der Beteiligten in Bezug auf die betreffende Funktion bzw. das betreffende Risiko zu ermitteln.

Relevante **Funktionen** können bspw. Einkauf, Vertrieb, Forschung und Entwicklung, Finanzierung, Logistik, Marketing oder Produktion sein. Beispiele für übernommene **Risiken** sind das allgemeine Geschäftsrisiko, Produktionsrisiko, Produkthaftungsrisiko, Forderungsausfallrisiko oder Wechselkursrisiko.

In Zusammenhang mit den wahrgenommenen Funktionen und den übernommenen Risiken sind auch die **eingesetzten Wirtschaftsgüter** zu sehen, da diese Rückschlüsse auf die Funktionen und Risiken bzw. ihre Bedeutung im Rahmen der Geschäftsbeziehung zulassen. Setzt ein Unternehmen bspw. eigene **Maschinen** in der Geschäftsbeziehung ein, kann die Übernahme von **Produktionsfunktionen** durch dieses Unternehmen iRd Geschäftsbeziehung unterstellt werden. Die Bedeutung dieser Produktionsfunktion ist in erster Linie von der **Art und Struktur** der jeweiligen Geschäftsbeziehung abhängig, u. a. aber auch von dem technologischen Entwicklungsstand und dem Alter dieser Maschinen, des zu ihrer Bedienung notwendigen Know-how, der zu ihrer Anschaffung/Herstellung erforderlichen Investitionssumme sowie der Möglichkeit zur Durchführung möglichst effizienter Produktionsprozesse. Hinsichtlich der übernommenen Risiken ist davon auszugehen, dass das Unternehmen Produktionsrisiken, Produkthaftungsrisiken und finanzielle Risiken/Investitionsrisiken trägt. **32**

Eine weiterer wichtiger Anhaltspunkt für die iRe Geschäftsbeziehung bestehenden Funktionen und Risiken sind die zwischen den Beteiligten getroffenen **vertraglichen Vereinbarungen.** Der Begriff der vertraglichen Vereinbarung ist dabei weit zu interpretieren und kann neben schriftlichen Verträgen ieS auch interne RL und Handlungsanweisungen, Schriftwechsel u. ä. umfassen.[71] Derartige Vereinbarungen dienen auch der Identifizierung der Beteiligten, welche die Funktionen und Risiken übernehmen. Sowohl die OECD-RL 2010 als auch die deutsche FinVerw. und die US-VerrechnungspreisRL nennen daher neben Funktionen und Risiken auch die vertraglichen Vereinbarungen als einen der **fünf** wichtigsten **Vergleichsfaktoren.** **33**

Bestimmte vertragliche Vereinbarungen können auch dazu führen, dass das von einem Beteiligten iZm der Ausübung einer Aktivität potentiell getragene **Risiko** rechtlich und wirtschaftlich **auf eine andere Partei übergeht.** So können bspw. auf einer Produkthaftung basierende Ausgleichsansprüche Dritter mit einer entsprechenden vertraglichen Gestaltung von einem anderen als

---

[71] Vgl. bspw. OECD-RL 2010, Tz. 1.52.

dem Produktionsunternehmen zu befriedigen sein, so dass das Produkthaftungsrisiko effektiv nicht mehr von dem Produzenten getragen wird.

34   Es ist darauf zu achten, dass die **Inhalte vertraglicher Vereinbarungen** und die **tatsächlich durchgeführte Praxis** einander entsprechen. Aufgrund der nach Auffassung der Finanzbehörden in Geschäftsbeziehungen zwischen verbundenen Unternehmen fehlenden **Interessendivergenz** sind andernfalls Probleme bei der Akzeptanz der vertraglichen Vereinbarungen zu erwarten. IdZ kann es uU sogar notwendig sein, vertraglich vereinbarte Schadenersatz- und Haftungsklauseln gegenüber anderen Konzernunternehmen durchzusetzen.

d) Vergleichsanalyse

35   IRe Vergleichsanalyse wird untersucht, inwieweit sich die **Verhältnisse** bei der Durchführung „kontrollierter" Transaktionen von den Verhältnissen „nicht kontrollierter" Transaktionen gleichen und hinsichtlich welcher Verhältnisse ggf. die Durchführung von Anpassungsrechnungen erforderlich ist, um eine ausreichende Vergleichbarkeit der Transaktionen herzustellen. Für die Feststellung des Maßes an Vergleichbarkeit ist das Gesamtbild der Verhältnisse maßgebend. Ziel der Vergleichsanalyse ist es, die „nicht kontrollierten" Transaktionen zu identifizieren, welche ausreichend vergleichbar mit der der analysierten „kontrollierten" Geschäftsbeziehung sind bzw. durch Anpassungsrechnungen ausreichend vergleichbar gemacht werden können. Bei der Auswahl der zum Fremdvergleich herangezogenen Daten soll auf die **höchstmögliche Zuverlässigkeit** dieser Daten geachtet werden.[72] Im **Ergebnis** soll mit Hilfe ausreichend vergleichbarer „nicht kontrollierter" Geschäftsbeziehungen der unter dem Gesichtspunkt des Fremdvergleichs angemessene Verrechnungspreis für die „kontrollierte" Geschäftsbeziehung ermittelt bzw. die Vereinbarkeit eines bestehenden Verrechnungspreises mit dem Fremdvergleichsgrundsatz überprüft werden.

36   Eine mögliche **Vorgehensweise** bei der Durchführung einer Vergleichsanalyse wird in den OECD-RL 2010 beschrieben.[73] Die Auswahl der **am besten geeigneten Verrechnungspreismethode** sowie des zugehörigen **finanziellen Indikators**[74] sind als Schritt 6 (von insgesamt 9) Teil der empfohlenen Vorgehensweise. Weitere wichtige Prozessschritte sind die Erlangung eines vollständigen Verständnisses über die **Verhältnisse** der zu analysierenden „kontrollierten" Geschäftsbeziehung (Schritt 3)[75] und die Durchführung von **Anpassungsrechnungen** (Schritt 8). Der erläuterte Prozess ist ausdrücklich als Empfehlung zu verstehen und damit nicht bindend.[76]

37   Aus **deutscher Sicht** ist insbesondere beachtenswert, dass auf gesetzlicher Grundlage eine klare Trennung zwischen **drei Stufen der Vergleichbarkeit** erfolgt.[77] Die Einstufung als uneingeschränkte Vergleichbarkeit, eingeschränk-

---

[72] So zB OECD-RL 2010, Tz. 3.2.

[73] S. hierzu iE Abschnitt A. 1 von Kapitel III der OECD-RL 2010.

[74] Bspw. der Aufschlagssatz bei Anwendung der Kostenaufschlagsmethode, die Nettomarge bei Anwendung der TNMM, etc.

[75] Hierzu gehören u. a. die Durchführung einer Funktions- und Risikoanalyse sowie die Festlegung der relevanten Vergleichsfaktoren.

[76] Vgl. OECD-RL 2010, Tz. 3.4.

[77] Vgl. § 1 Abs. 3 S. 1–8 AStG.

te Vergleichbarkeit bzw. Unvergleichbarkeit (Kap. A Rn. 222 ff.) hat uU erhebliche Auswirkungen auf die für die **Auswahl** zur Verfügung stehenden Verrechnungspreismethoden[78] sowie die **Akzeptanz** von Fremdvergleichsdaten und Verrechnungspreisen.[79]

Ähnlich wie in den OECD-RL 2010 vorgesehen ist gem. den in den **USA** geltenden RL die am besten geeignete Verrechnungspreismethode zu verwenden. Die Interpretation und Anwendung der **Best Method Rule**[80] in der Praxis ist jedoch nicht absolut deckungsgleich mit dem Konzept der OECD. Die Eignung einer Methode richtet sich in den USA nach einer Reihe von **Kriterien,** u. a. dem Typus der analysierten Geschäftsbeziehung und der Verfügbarkeit von Fremdvergleichsdaten. Demzufolge besteht keine festgelegte Methodenhierarchie. Es soll im Ergebnis die Verrechnungspreismethode ausgewählt werden, die mit der höchsten **Zuverlässigkeit** zu einem fremdvergleichskonformen Verrechnungspreis führt.[81] Die **Vergleichsanalyse** zur Bestimmung der am besten geeigneten Methode orientiert sich primär an den in den US-VerrechnungspreisRL genannten wichtigsten **Vergleichsfaktoren** (Rn. 30) unter Berücksichtigung ggf. erforderlicher Anpassungsrechnungen zur Verbesserung bzw. Herstellung der Vergleichbarkeit.[82]

Einige der Verrechnungspreismethoden sind sogenannte **„one sided me** **38** **thods",** dh Gegenstand der Verrechnungspreisanalyse ist eine einzige der an der untersuchten Geschäftsbeziehung beteiligten Parteien. Als Konsequenz bedarf es iRd Verrechnungspreisanalyse und insbesondere für die Durchführung der Vergleichsanalyse der Festlegung des zu analysierenden Beteiligten bzw. der **„tested party".** Die „tested party" wird in erster Linie auf Basis der Verfügbarkeit von Fremdvergleichsdaten und der zuverlässigsten Anwendung einer Verrechnungspreismethode ausgewählt.[83] Üblicherweise sind diese beiden Kriterien für den **am wenigsten komplexen Beteiligten** an einer Geschäftsbeziehung erfüllt, der dementsprechend meist als „tested party" ausgewählt wird. Der Test der Verrechnungspreise erfolgt für diesen Beteiligten dann anhand eines geeigneten finanziellen Indikators.

Als „one sided methods" gelten insbesondere die Wiederverkaufspreismethode und die Kostenaufschlagsmethode sowie die TNMM bzw. CPM. Die für diese Verrechnungspreismethoden typischerweise verwendeten **finanziellen Indikatoren** sind die Bruttogewinn- bzw. Rohgewinnmarge (für die Wiederverkaufspreismethode), der prozentuale Gewinnaufschlag (für die Kostenaufschlagsmethode) und die Nettogewinnmarge (für TNMM bzw. CPM). Variationen sind möglich, so werden in der Praxis insbesondere für TNMM und CPM auch andere finanzielle Indikatoren verwendet.

Für die Auswahl der **am besten geeigneten Verrechnungspreismetho** **39** **de** sind alle für die untersuchte Geschäftsbeziehung relevanten **Vergleichsfaktoren** zu berücksichtigen. Besonders zu beachten sind dabei die fünf Ver

---

[78] In Fällen der uneingeschränkten Vergleichbarkeit ist eine der drei traditionellen geschäftsfallbezogenen Methoden bzw. Standardmethoden zu verwenden.

[79] Vgl. VGr-Verfahren, Tz. 3.4.12.7 Buchst. a)–c), Tz. 3.4.19.

[80] Vgl. US-Regs. § 1.482–1(c).

[81] Vgl. US-Regs. § 1.482–1(c)(1).

[82] Vgl. US-Regs. § 1.482–1(c)(2)(i).

[83] So bspw. OECD-RL 2010, Tz. 3.18 f.

gleichsfaktoren, die unabhängig von der Struktur einer Geschäftsbeziehung in allen Fällen als besonders bedeutend angesehen werden (Rn. 26 ff.). Informationen über die von den Beteiligten iRe Geschäftsbeziehung wahrgenommenen **Funktionen,** übernommenen **Risiken** und eingesetzten **Wirtschaftsgüter** sind für das Verständnis der Geschäftsbeziehung und für die Auswahl der am besten geeigneten Verrechnungspreismethode elementar und werden daher nach Auffassung der OECD für alle Beteiligten benötigt, auch wenn diese iRe „one sided method" nicht „tested party" sind.[84]

40   Bei der Durchführung einer Vergleichsanalyse sind mehrere verschiedene Ansätze der Untersuchung möglich, die auch kumulativ verfolgt werden können. Ausgangspunkt ist der Vergleich der untersuchten „kontrollierten" Transaktion mit vergleichbaren „nicht kontrollierten" Transaktionen, den „Comparable Uncontrolled Transactions" **(CUT).**[85] Bei einer „nicht kontrollierten" Vergleichstransaktion kann es sich entweder um eine Geschäftsbeziehung zwischen einem Beteiligten an der „kontrollierten" Transaktion und einem fremden Dritten handeln (**internal comparable** bzw. **betriebsinterner Fremdvergleich**) oder um eine Geschäftsbeziehung zwischen zwei fremden Dritten, die beide nicht an der „kontrollierten" Transaktion beteiligt sind (**external comparable** bzw. **betriebsexterner Fremdvergleich**).[86] Der Vergleich einer „kontrollierten" Transaktion mit anderen innerhalb der gleichen oder einer anderen Unternehmensgruppe realisierten „kontrollierten" Transaktionen ist unzulässig.[87]

Die OECD und die deutsche FinVerw. äußern sich weitgehend neutral im Hinblick auf eine **Bevorzugung** einer der beiden Arten von Vergleichstransaktionen, weisen jedoch auf eine ggf. bessere **Informationslage** beim internen Fremdvergleich hin. Demgegenüber wird im allgemeinen Teil der US-Verrechnungspreislinien nicht klar zwischen internen und externen Fremdvergleichsdaten unterschieden, sondern lediglich auf den Grundsatz der Verwendung von Daten aus Transaktionen zwischen nicht miteinander verbundenen Unternehmen hingewiesen, da bei diesen das Maß an **Objektivität** höher sei.[88] Hieraus wird in den RL auf die Notwendigkeit zur Verwendung von „uncontrolled comparables" geschlossen. Die Definition dieser „nicht kontrollierten" Transaktionen bzw. „nicht kontrollierten" Vergleichsdaten[89] deutet darauf hin, dass hierunter sowohl betriebsinterne als auch betriebsexterne Fremdvergleichsdaten zu subsumieren sind.[90]

---

[84] Vgl. OECD-RL 2010, Tz. 3.20.

[85] Vgl. OECD-RL 2010, Tz. 3.24 ff. Gem. den VerrechnungspreisRL der USA stellt die CUT eine eigenständige Verrechnungspreismethode dar, die insbesondere iZm immateriellen Werten zur Anwendung kommt (s. US-Regs. § 1.482-4(c)).

[86] Vgl. OECD-RL 2010, Tz. 3.27 f. und Tz. 3.29 ff.; VGr-Verfahren, Tz. 3.4.12.2. Die VGr-Verfahren nennen zusätzlich als Vergleichstransaktionen solche zwischen einem dem Beteiligten an der „kontrollierten" Transaktion Nahestehenden und fremden Dritten.

[87] Vgl. OECD-RL 2010, Tz. 3.25.

[88] Vgl. US-Regs. § 1.482–1(c)(2).

[89] Vgl. US-Regs. § 1.482–1(h)(3)(i)(8) bzw. § 1.482–1(h)(3)(i)(10).

[90] In den methodenspezifischen Abschnitten der US-VerrechnungspreisRL erfolgt zum Teil eine klare Positionierung hinsichtlich interner und externer Fremdvergleichsdaten. Vgl. bspw. die Präferenz für interne Fremdvergleichsdaten bei Anwendung

Die Identifizierung betriebsexterner Fremdvergleichsdaten erfolgt seit eini- **41**
gen Jahren zunehmend mittels **Datenbankanalysen.** I.R. solcher Analysen
werden die in Datenbanken verfügbaren Informationen zu am Markt agierenden Unternehmen, zur **Tätigkeit** dieser Unternehmen sowie zu den mit dieser Tätigkeit erzielten **finanziellen Ergebnisse** (insbesondere Umsatz, Bruttogewinn, Nettogewinn) identifiziert und statistisch ausgewertet. Trotz der
zunehmenden Verbreitung in der Praxis stößt die Verwendung solcher Daten
iRd Verrechnungspreisanalyse nach wie vor auf **Vorbehalte.**[91] Aufgrund dieser Vorbehalte empfiehlt es sich, die Verrechnungspreisanalyse nicht ausschließlich auf Datenbankanalysen zu stützen.[92] Die für ein in **Deutschland**
steuerpflichtiges Unternehmen durchgeführte Fremdvergleichsanalyse sollte in
jedem Fall neben einer Datenbankanalyse auch weitere Untersuchungen (insbesondere hinsichtlich **innerbetrieblicher Daten**) umfassen, um nicht die
Akzeptanz der Ergebnisse durch die deutsche FinVerw. zu gefährden.[93]

Für die iRd Vergleichsanalyse vorzunehmende **Auswahl** der für eine **42**
„kontrollierte" Geschäftsbeziehung verwertbaren **Fremdvergleichsdaten**
sind zwei unterschiedliche Ansätze gebräuchlich.[94] Eine Möglichkeit ist der
additive Ansatz, bei dem als potentiell vergleichbar erachtete Unternehmen
identifiziert und i.R. weiterer Untersuchungen hinsichtlich der von diesen
Unternehmen realisierten Transaktionen die Vergleichbarkeit mit der „kontrollierten" Geschäftsbeziehung verifiziert wird. IRd additiven Ansatzes kommen bevorzugt betriebsinterne Fremdvergleichsdaten sowie Informationen
über Konkurrenzunternehmen zum Einsatz. Beim **deduktiven Ansatz** wird
– häufig mittels Datenbankanalysen – eine große Anzahl von im weitesten
Sinne ähnlichen Unternehmen identifiziert. Über mehrere eng definierte
Kriterien werden dann die Fremdvergleichsdaten eliminiert, bei denen eine
ausreichende Vergleichbarkeit als nicht gegeben angesehen wird.

Bei beiden Ansätzen werden sowohl qualitative als auch quantitative Kriterien zur Prüfung der Vergleichbarkeit verwendet. Die OECD spricht keine
klare **Empfehlung** für einen der beiden Ansätze aus, sondern sieht beide
Ansätze als grundsätzlich gleichwertig an und deren Anwendung abhängig
von ihrer Eignung im konkreten Einzelfall.[95]

Eine als nicht ausreichend erachtete **Vergleichbarkeit** muss nicht zwin- **43**
gend zur Nichtberücksichtigung von Fremdvergleichsdaten führen. Zunächst
ist zu hinterfragen, ob bestehende **Differenzen** zwischen „kontrollierter"
und „nicht kontrollierter" Geschäftsbeziehung signifikante Auswirkungen auf
die Qualität und die Ergebnisse der Vergleichsanalyse haben. Sind die Auswirkungen als nicht **signifikant** anzusehen, kann trotz bestehender Differenzen eine Verwendung der Fremdvergleichsdaten in Betracht kommen. Sind
die Differenzen signifikant, kann über die Durchführung von **Anpassungsrechnungen** versucht werden, eine ausreichende Vergleichbarkeit herzustel-

---

der Kostenaufschlagsmethode iRd Produktion von Waren in US-Regs. § 1.482-
3(d)(3)(ii).
[91] S. hierzu bspw. Tz. 3.30 der OECD-RL 2010.
[92] Vgl. OECD-RL 2010, Tz. 3.33.
[93] S. hierzu § 1 Abs. 3 S. 4 GAufzV und VGr-Verfahren, Tz. 3.4.12.2, Tz. 3.4.12.4.
[94] Vgl. OECD-RL 2010, Tz. 3.40ff.
[95] Vgl. OECD-RL 2010, Tz. 3.45.

len.[96] So können bspw. die wirtschaftlichen Effekte funktionaler Differenzen quantifiziert und iRd Vergleichsanalyse entsprechend ausgeglichen werden.

44 Das **Ergebnis** der Fremdvergleichsanalyse kann häufig nicht als ein einziger „zutreffender" Verrechnungspreis formuliert werden, sondern ist eine **Bandbreite (arm's length range)** potentieller Verrechnungspreise (bzw. finanzieller Indikatoren, die zur Festlegung der Verrechnungspreise verwendet werden).[97] Hierbei kommt der Mangel an wissenschaftlicher Exaktheit zum Ausdruck, der mit jeder Form der Verrechnungspreisanalyse verbunden ist, aber auch die Möglichkeit der Identifizierung mehrerer in gleicher Weise „zutreffender" Ergebnisse. Je nach Art und Qualität der Gruppe von Fremdvergleichsdaten wird die gesamte Bandbreite der Werte ggf. eingeschränkt, wofür in der Praxis statistische Verfahren zur Einschränkung auf die **Interquartils-Bandbreite (interquartile range)** üblich sind.[98]

Zur Erhöhung der Qualität und Zuverlässigkeit der mittels einer Verrechnungspreisanalyse erzielten Ergebnisse kann eine **Periode** von mehreren Wirtschafsjahren zusammen beurteilt werden. Mit dieser Vorgehensweise können bspw. die Effekte von Wirtschaftsjahren mit einer untypischen Entwicklung oder aber Wirtschafts- bzw. Produktzyklen reflektiert werden. Die OECD und mit ihr die deutsche FinVerw. sieht solche **Mehrjahresbetrachtungen** als uU hilfreich an, jedoch nicht als grundsätzlich zwingend.[99] Diese Sicht ähnelt der in den USA gängigen Vorgehensweise, die von dem Grundsatz der Betrachtung des betreffenden Fiskaljahres ausgeht (insbesondere bei Verwendung der Preisvergleichsmethode), in begründeten Fällen jedoch die Analyse einer Periode mehrerer zusammengefasster Jahre für angemessen hält.[100]

45–49 (einstweilen frei)

II. Preisvergleichsmethode
(Comparable Uncontrolled Price Method)

1. Grundsätze

50 Mit der **Preisvergleichsmethode**[101] bzw. **Comparable Uncontrolled Price Method (CUP)**[102] erfolgt ein Vergleich der zwischen verbundenen Unternehmen vereinbarten Preise[103] mit den Preisen, die mit bzw. zwischen nicht verbundenen Unternehmen[104] vereinbart werden. Die für die Durch-

---

[96] S. hierzu ausführlich Tz. 3.47 ff. OECD-RL 2010; US-Regs. § 1.482-1(d)(2), § 1.482-1(e)(2)(ii).

[97] Vgl. OECD-RL 2010, Tz. 3.55 ff.; VGr-Verfahren, Tz. 3. 4. 12.5; US-Regs. § 1.482-1(e).

[98] Verfahren zur Einengung der Bandbreite werden u. a. beschrieben in VGr-Verfahren, Tz. 3.4.12.5 und US-Regs. § 1.482-1(e)(2)(iii). S. auch OECD-RL 2010, Tz. 3.57.

[99] Vgl. OECD-RL 2010, Tz. 3.75 ff.; VGr-Verfahren, Tz. 3.4.12.9.

[100] Vgl. US-Regs. § 1.482-1(f)(2)(iii).

[101] Vgl. VGr 1983, Tz. 2.2.2.

[102] Vgl. OECD-RL 2010, Tz. 2.12–2.20.

[103] „Kontrollierte" Geschäftsbeziehungen bzw. iSd in den OECD-RL 2010 und den US-VerrechnungspreisRL verwendeten Terminus „controlled transactions".

[104] „Nicht kontrollierte Geschäftsbeziehungen" bzw. iSd in den OECD-RL 2010 und den US-VerrechnungspreisRL verwendeten Terminus „uncontrolled transactions".

führung der Geschäftsbeziehungen maßgeblichen Verhältnisse müssen hierfür miteinander vergleichbar sein.[105] Werden trotz vergleichbarer Verhältnisse unterschiedliche Preise beobachtet, besteht eine Vermutung dafür, dass die in den „kontrollierten" Geschäftsbeziehungen zwischen verbundenen Unternehmen vereinbarten Preise nicht dem Fremdvergleichsgrundsatz entsprechen. Die **Vergleichbarkeit** von „kontrollierten" mit „nicht kontrollierten" Geschäftsbeziehungen orientiert sich daran, ob entweder

– die zwischen kontrollierten und nicht kontrollierten Geschäftsbeziehungen beobachteten **Differenzen** der zugrunde liegenden Umstände die Preise **nicht wesentlich beeinflussen,** oder

– die zwischen kontrollierten und nicht kontrollierten Geschäftsbeziehungen beobachteten **Differenzen** der zugrunde liegenden Umstände die Preise zwar **wesentlich beeinflussen,** diese Differenzen jedoch durch **Anpassungsrechnungen** eliminiert werden können.[106]

Ist nicht eine dieser beiden Voraussetzungen erfüllt, liegt die für die Anwendung der Preisvergleichsmethode erforderliche Vergleichbarkeit nicht vor. Für die Beurteilung dieser Vergleichbarkeit sind mehrere **Faktoren** relevant, zu denen insbesondere die Vergleichbarkeit der **Produkte** (bzw. Dienstleistungen) sowie die funktionale Vergleichbarkeit der Geschäftsbeziehungen zählen.[107] Obwohl der Vergleichbarkeit von Produkten/Dienstleistungen (vor allem betreffend Art und Qualität) und Funktionen bei Anwendung der Preisvergleichsmethode und der Durchführung hierbei ggf. notwendiger Anpassungsrechnungen eine sehr hohe Bedeutung zukommt, sollen gem. der Empfehlungen der OECD auch nicht zu hohe **Anforderungen** gestellt werden und stattdessen jede pragmatische Möglichkeit zur Verbesserung der Vergleichbarkeit genutzt werden, inklusive der potentiellen Anwendung einer weiteren Verrechnungspreismethode zur **Verprobung** der unter Anwendung der Preisvergleichsmethode gewonnen Ergebnisse. In den OECD-RL 2010 werden drei Beispiele aufgeführt, wie Unterschiede in den Bedingungen, unter denen verschiedene Geschäftsbeziehungen durchgeführt werden, die Vergleichbarkeit beeinflussen können. Hierbei werden der Herkunftsmarkt von Agrarprodukten,[108] die Lieferbedingungen[109] (bspw. **INCOTERMS**[110]) sowie das Liefervolumen[111] explizit genannt. Darüber hinaus können jedoch auch zahlreiche andere Faktoren einen Preisunterschied begründen, bspw. die Position der an einer Geschäftsbeziehung beteiligten Unternehmen in der Produktions-/Lieferkette, die Verwendung und Bedeutung einer Marke, der Zeitpunkt der Durchführung einer Geschäftsbeziehung oder die Zahlungs- bzw. Vertragsbedingungen.

51

Ein Vergleich mit Preisen, die zwischen verschiedenen Unternehmen des gleichen **Konzerns** vereinbart wurden, ist nicht zulässig, weil es sich dabei

52

---

[105] Vgl. OECD-RL 2010, Tz. 2.13, 3.24.
[106] Vgl. OECD-RL 2010, Tz. 2.14.
[107] Vgl. OECD-RL 2010, Tz. 2.16.
[108] Vgl. OECD-RL 2010, Tz. 2.18.
[109] Vgl. OECD-RL 2010, Tz. 2.19.
[110] International Commercial Terms des International Chamber of Commerce. Vgl. dazu zB *Hopp* in Baumbach/Hopt HGB, 2. Teil, IV, (6) Incoterms und andere Handelskaufklauseln.
[111] Vgl. OECD-RL 2010, Tz. 2.20.

nicht um Geschäfte zwischen voneinander unabhängigen Dritten handelt. Trotz des insoweit eindeutigen Wortlauts und Anwendungsbereichs der einschlägigen Bestimmungen,[112] wonach ausschließlich die **zwischen bzw. mit fremden Dritten** getroffenen Vereinbarungen für einen Vergleich heranzuziehen sind, ist in der Betriebsprüfungspraxis auch die Argumentation mit Vergleichspreisen anderer konzerninterner Geschäfte (des gleichen oder eines anderen Konzerns) zu beobachten.

Teile der veröffentlichten Literaturmeinung unterstützen die Auffassung, dass ein „unechter Preisvergleich" zwischen verbundenen Unternehmen anderer Konzerne bei einer hinreichend großen Zahl von Vergleichsfällen zulässig sein könne.[113] Genannt wird idZ u. a. das Beispiel eines Unternehmens, das ausschließlich verbundene Unternehmen bedient. In solchen Fällen soll nach Meinung eines Teils der Literatur der (unechte) innere Preisvergleich auf **konzerninterne Geschäfte** angewiesen sein. Obwohl internen Geschäften nicht dieselbe Beweiskraft zukommt wie Fremdgeschäften, soll die konsistente Preisbildung innerhalb einer Unternehmensgruppe ein starkes Indiz für ihre betriebswirtschaftliche Richtigkeit sein.[114]

Gem. der hier vertretenen Auffassung ist eine solche Vorgehensweise jedoch aufgrund des Fehlens zumindest eines unabhängigen Vertragspartners im Grundsatz abzulehnen. Allenfalls für Zwecke der Verprobung kann dies bei gemeinsamer Akzeptanz seitens des Steuerpflichtigen und der FinVerw. im Einzelfall eine Alternative darstellen.

53   Vorbehaltlich einer ausreichenden Vergleichbarkeit ist die Preisvergleichsmethode gem. **OECD** gegenüber allen anderen Verrechnungspreismethoden **bevorzugt anzuwenden.**[115]

Anders als die OECD sehen der deutsche Gesetzgeber und die deutsche FinVerw. **keinen generellen Anwendungsvorrang** der Preisvergleichsmethode gegenüber anderen Verrechnungspreismethoden (Kap. A Rn. 222 ff.) Lediglich für bestimmte Arten von Geschäftsbeziehungen wird seitens der deutschen FinVerw. ein solcher Vorrang definiert.[116]

2. Arten des Preisvergleichs

a) Äußerer Preisvergleich (External Comparables)

54   Der **äußere Preisvergleich** ist eine von zwei Möglichkeiten bei der Anwendung der Preisvergleichsmethode. Hierbei werden die in einer "kontrollierten" Geschäftsbeziehung zwischen verbundenen Unternehmen vereinbarten Preise verglichen mit den Preisen, die in vergleichbaren Geschäftsbe-

---

[112] Zu nennen sind idZ neben § 1 AStG und Tz. 2.2.2 VGr 1983 auch Art. 9 OECD-MA bzw. die auf dieser Grundlage abgeschlossenen DBA sowie Tz. 3.25 OECD-RL 2010.
[113] Vgl. zB *Brezing* u. a., § 1 AStG, Rz. 112 zum inneren Preisvergleich. Dieser Meinung zustimmend *Baumhoff* in FWBS, § 1 AStG, Anm. 403; aA *Kuckhoff/Schreiber* Verrechnungspreise in der Betriebsprüfung, Tz. 100.
[114] Vgl. *Brezing* u. a., § 1 AStG, Rz. 112.
[115] Vgl. OECD-RL 2010, Tz. 2.3, 2.14.
[116] ZB für gewerbliche Dienstleistungen (VGr 1983, Tz. 3.2.3.2), für Kredite (VGr 1983, Tz. 4.2.1) oder für Lizenzvereinbarungen (VGr 1983, Tz. 5.1.1).

ziehungen zwischen voneinander unabhängigen Dritten vereinbart werden.[117] Der äußere Preisvergleich entspricht dem **betriebsexternen Fremdvergleich**[118] bzw. dem von der OECD bei der Durchführung einer Vergleichsanalyse verwendeten Terminus **External Comparables.**[119]

Für den äußeren Preisvergleich kommen insbesondere **Marktpreise** in Betracht, die anhand von **Börsennotierungen, branchenüblichen Preisen** oder **Verträgen zwischen unabhängigen Dritten** festgestellt werden können.

Börsenpreise sind nicht nur für Wertpapiere feststellbar, sondern auch für 55 Waren, wenn diese an Waren- oder Terminbörsen gehandelt werden. Börsen- oder Marktnotierungen werden veröffentlicht oder können auf Anfrage in Erfahrung gebracht werden. Ein wichtiges Vergleichsmerkmal ist der Zeitpunkt des Geschäfts bzw. der Verrechnungspreisfestsetzung, denn auf Märkten und Börsen finden regelmäßig Preisänderungen entsprechend der Änderung der Marktverhältnisse statt. Nicht selten erfolgen diese Preisänderungen kurzfristig, uU sind sogar erhebliche Preisschwankungen im Verlauf des gleichen Tages zu beobachten. Bei Heranziehen der Preise von an Waren- oder Terminbörsen gehandelten Produkten ist außerdem zu prüfen, ob die an einer Geschäftsbeziehung beteiligten verbundenen Unternehmen rechtlich und wirtschaftlich überhaupt in der Lage wären, alternativ zu der konzerninternen Transaktion die Produkte an der Warenbörse zu beziehen.

Beispiel: Die deutsche Vertriebsgesellschaft S-AG schließt mit Ihrer Muttergesellschaft, dem französischen Energieversorger A-S.A., einen Vertrag über die Lieferung von Strom. Der Vertrag hat eine Laufzeit von einem Jahr und der vereinbarte Preis beträgt 15 €/MWh. Bei Einkauf von Stroms an der Strombörse in Leipzig erwartet die S-AG einen Spotpreis zwischen 10 €/MWh und 28 €/MWh.
Der an der Strombörse Leipzig ermittelte Marktpreis ist grundsätzlich ein geeigneter Anhaltswert für die Prüfung des zwischen S-AG und A-S.A. vereinbarten Preises, da dieser zwischen fremden Dritten ermittelt wird und es sich um das gleiche Produkt „Strom" handelt. Es ist jedoch zu beachten, dass die zugrunde liegenden Vertragsbedingungen nicht deckungsgleich sind. Insbesondere bietet A-S.A. einen gleichbleibenden Preis für den Zeitraum eines Jahres, während der Spotpreis an der Strombörse sich permanent verändert und selbst im Verlauf eines einzelnen Tages aufgrund Schwankungen der Stromnachfrage erhebliche Preisänderungen zu beobachten sind. Ein weiteres wichtiges Kriterium für den Strompreis ist die gehandelte bzw. bezogene Strommenge. Es sind somit weitere Untersuchungen und ggf. Anpassungsrechnungen erforderlich, bevor aus dem an der Strombörse ermittelten Handelspreis Rückschlüsse auf die Angemessenheit des zwischen S-AG und A-S.A. vereinbarten Preises gezogen werden können.

Branchenübliche Preise sind idR Listenpreise für Waren, die in Industrie 56 oder Handel in großen Mengen umgeschlagen werden. Derartige Preise und Konditionen sind im jeweiligen Wirtschaftszweig bekannt und branchenüblich, auch wenn sich die Listenpreise ggf. durch verschiedene Qualitäten, Losgrößen oder sonstige branchentypische Konditionen unterscheiden. Darunter fallen auch marktgängige Leistungen, deren weitgehende Gleichwertig-

---

[117] Vgl. VGr 1983, Tz. 2.2.2, Buchst. a).
[118] Vgl. VGr-Verfahren, Tz. 3.4.12.2.
[119] Vgl. OECD-RL 2010, Tz. 3.29 ff.

keit etwa durch die Erfassung des entsprechenden Entgelts in Gebührentabellen eines Berufsstandes zum Ausdruck kommt.[120] Je stärker die „kontrollierte" Geschäftsbeziehung von individuellen Vereinbarungen zwischen den Beteiligten geprägt ist, desto weniger eignen sich branchenübliche Preise zu einem Preisvergleich.

57 **Verträge zwischen unabhängigen Dritten** bieten i. d. Regel einen stärkeren Nachweis für den Preisvergleich als branchenübliche Preise, da die Individualität der tatsächlichen Verhältnisse stärker berücksichtigt wird. Andererseits erschwert gerade dieser Aspekt die Identifizierung solcher Fremdvergleichsdaten. Denn es besteht eine kleinere Schnittmenge der Vergleichbarkeit und es ist auf Basis dieser kleineren Schnittmenge schwieriger, entsprechende Vergleichswerte zu finden.

> **Beispiel:** Die zum US-Konzern U-Inc. gehörende deutsche Tochtergesellschaft T-GmbH produziert Sportschuhe und liefert diese an europäische Schwester-Vertriebsgesellschaften. Die Lieferpreise für die unterschiedlichen Modelle liegen zwischen 75 € und 90 €. Die nicht zum Konzern gehörende deutsche X-AG produziert ebenfalls in Deutschland gleichartige Sportschuhe und veräußert diese als „weiße Ware" an unabhängige Vertriebsgesellschaften in Europa. Die Lieferpreise für die verschiedenen Modelle liegen zwischen 80 € und 95 €. Die Qualität der Produkte der beiden Hersteller ist vergleichbar und die Marken gehören in beiden Fällen nicht dem Hersteller. Sofern auch die sonstigen Verhältnisse ähnlich sind, ist ein äußerer Preisvergleich der „kontrollierten" Geschäftsbeziehung (U-Inc. und T-GmbH) sowie der „nicht kontrollierten" Geschäftsbeziehung (X-AG mit anderen Dritten) möglich.

Aus den unterschiedlichen Preisen in dem obigen Beispiel kann nicht automatisch der Schluss gezogen werden, dass die Verrechnungspreise von dem Verhältnis zu den europäischen Vertriebsgesellschaften des U-Konzerns beeinflusst und die Einkünfte der T-GmbH aus diesem Grund gemindert wurden. § 1 AStG spricht von „gleichen" oder „ähnlichen" Verhältnissen. **Ähnliche Verhältnisse** führen in der Praxis jedoch selten zu exakt gleichen, sondern nur zu ähnlichen Preisen. Im Übrigen muss berücksichtigt werden, dass der ordentliche und gewissenhafte Geschäftsführer einen gewissen **Ermessensspielraum** bei der Festsetzung seiner Preise hat, den auch die FinVerw. prinzipiell anerkennt.[121] Wenn daher beim äußeren Preisvergleich anhand verschiedener Vergleichsgeschäfte eine **Preisspanne** festgestellt wird, dann müssen zumindest alle Preise akzeptiert werden, die innerhalb dieser Preisspanne liegen.[122]

58 In der Praxis ist es häufig sehr schwierig, abseits von Börsenpreisen oder branchenüblichen Preisen **vergleichbare Geschäftsbeziehungen zu identifizieren.** Zunächst ist die Auswahl zunehmend eingeschränkt durch das stärkere Auftreten multinationaler Konzerne in internationalen Geschäftsbeziehungen, wodurch der größere Teil dieser Geschäfte inzwischen nicht mehr zwischen fremden Dritten sondern zwischen Gesellschaften des gleichen Konzerns abgewickelt wird und damit für den Preisvergleich ausscheiden. **Verträge oder Vereinbarungen zwischen fremden Dritten** sind der Öf-

---

[120] Vgl. *Brezing* u. a., § 1 AStG, Rz. 111.
[121] Vgl. VGr 1983, Tz. 2.1.8.
[122] Ebenso BFH 17.10.2001, BStBl. II 2004, 171; *Baumhoff* in FWBS, § 1 AStG, Anm. 151 ff. Analog § 1 Abs. 3 S. 1 AStG für Fälle der uneingeschränkten Vergleichbarkeit.

fentlichkeit nur selten zugänglich, darüber hinausgehende Einzelheiten wie bspw. Kalkulationsgrundlagen, Rabattvereinbarungen oder Gewährleistungsbedingungen sind im Regelfall nicht erhältlich. Damit scheitert die Durchführung eines äußeren Preisvergleichs häufig an **Informationsdefiziten** und **Nachweislücken.**

Zur Bewältigung des Informationsproblems haben sich seit einigen Jahren   59 **Datenbankanalysen** etabliert, mit denen öffentlich verfügbare Informationen über Vergleichspreise ermittelt werden sollen.[123] Meist beschränken sich die in solchen Datenbanken verfügbaren Daten jedoch auf **Unternehmensinformationen,** wie zB Tätigkeitsgebiet, Umsatz oder operativer Gewinn eines Unternehmens. Mit der Preisvergleichsmethode werden jedoch die Preise in einzelnen Geschäftsbeziehungen (**Comparable Uncontrolled Transactions** bzw. **CUT**[124]) miteinander verglichen, so dass allgemeinere Unternehmensinformationen iRd Preisvergleichsmethode selten den erforderlichen Detaillierungsgrad aufweisen. Im Einzelfall können Datenbanken dennoch hilfreich bei der Identifizierung von geschäftsvorfallbezogenen Vergleichswerten sein, bspw. spezielle **Lizenzdatenbanken** zur Ermittlung angemessener Lizenzsätze. Bei Verwendung solcher Informationen ist wiederum zu beachten, dass die deutsche FinVerw. im Regelfall Datenbankanalysen alleine nicht ausreichend für den Nachweis des Fremdvergleichs hält.[125]

b) Innerer Preisvergleich (Internal Comparables)

Der **innere Preisvergleich** ist die zweite Möglichkeit bei der Anwendung   60 der Preisvergleichsmethode. Hierbei werden die in einer „kontrollierten" Geschäftsbeziehung zwischen verbundenen Unternehmen vereinbarten Preise verglichen mit den Preisen, die der Steuerpflichtige oder ein Nahestehender in vergleichbaren Geschäftsbeziehungen **mit unabhängigen Dritten** vereinbart hat.[126] Diese Art des Preisvergleichs ist demnach anwendbar, wenn gleichartige Lieferungen oder Leistungen sowohl an konzerninterne als auch an außenstehende Abnehmer erfolgen. Der Preis, den der fremde Abnehmer gezahlt hat, gilt als Vergleichspreis zur Ermittlung der Verrechnungspreise. Der innere Preisvergleich entspricht dem **betriebsinternen Fremdvergleich**[127] bzw. dem von der OECD bei der Durchführung einer Vergleichsanalyse verwendeten Terminus **Internal Comparables.**[128]

> **Beispiel (Abwandlung zu dem Beispiel unter Rn. 57):** Die T-GmbH liefert die von ihr gefertigten Sportschuhe sowohl an europäische Schwester-Vertriebsgesellschaften des U-Konzerns als auch an nicht konzernzugehörige europäische Vertriebsgesellschaften. Die Verkäufe an die nicht konzernverbundenen Vertriebsgesellschaften können potentiell für einen inneren Preisvergleich herangezogen werden. Hierfür müssen aber auch die übrigen Bedingungen der Geschäftsbeziehung (bspw. die Lieferbedingungen) miteinander vergleichbar sein.

---

[123] Vgl. OECD-RL 2010, Tz. 3.30 ff.
[124] Vgl. OECD-RL 2010, Tz. 3.24.
[125] Vgl. VGr-Verfahren, Tz. 3.4.12.4.
[126] Vgl. VGr 1983, Tz. 2.2.2 Buchst. b).
[127] Vgl. VGr-Verfahren, Tz. 3.4.12.2.
[128] Vgl. OECD-RL 2010, Tz. 3.27 f.

61   Gegenüber dem äußeren Preisvergleich besteht idR der Vorteil, dass die für die Prüfung der Vergleichbarkeit und die ggf. notwendige Durchführung von Anpassungsrechnungen erforderlichen **Daten** wesentlich leichter verfügbar sind. Dennoch kann im Einzelfall die Verwendung dieses Preises unangemessen sein, wenn bspw. der Abnehmer ein Wiederverkäufer ist und der vereinbarte Verrechnungspreis diesem keinen angemessenen Gewinn ermöglicht.[129] Der innere Preisvergleich setzt weiterhin voraus, dass es sich um ein echtes marktentstandenes Geschäft handelt. Dies ist zB nicht der Fall, wenn der Steuerpflichtige bewusst ungewöhnliche, abweichende Bedingungen eingeht, um eine ihm geeignet erscheinende Vergleichsbasis zu schaffen.[130]

c) Direkter und indirekter Preisvergleich

62   Der äußere (betriebsexterne) und der innere (betriebsinterne) Preisvergleich können jeweils sowohl auf direktem als auch auf indirektem Weg durchgeführt werden. Die beiden Ansätze unterscheiden sich darin, ob die miteinander verglichenen „kontrollierten" und „nicht kontrollierten" Geschäftsbeziehungen **unmittelbar vergleichbar** sind oder ob die Vergleichbarkeit – bspw. durch Ermittlung und Quantifizierung dieser Unterschiede sowie Durchführung von Anpassungsrechnungen – erst hergestellt werden muss.

63   Damit ein **direkter Preisvergleich** möglich ist, müssen die miteinander **verglichenen Geschäfte** entweder **gleich** oder zumindest **gleichartig** sein. Das bedeutet, dass ein direkter Preisvergleich – abgesehen von Börsenpreisen oder in Tabellen festgelegten üblichen Gebühren – nur möglich ist, wenn die für die verglichenen Geschäfte maßgebenden Bewertungs- und Einflussfaktoren identisch oder doch zumindest ähnlich sind und sich etwaige Unterschiede nicht wesentlich auf die Verrechnungspreisanalyse bzw. den Verrechnungspreis auswirken. Zieht man bspw. für Warenlieferungen die in den deutschen VGr genannten Kriterien für einen Vergleich heran,[131] dann ist ein direkter Preisvergleich nur möglich, soweit alle dort genannten maßgebenden **Verhältnisse** bei allen verglichenen Geschäften vorliegen oder wenn zumindest ähnliche Verhältnisse gegeben sind.

64   Für den **indirekten Preisvergleich** können auch **ungleichartige Geschäfte** herangezogen werden, wenn der Einfluss der abweichenden Faktoren eliminiert und der bei diesen Geschäften vereinbarte Preis gem. Tz. 2.1.7 VGr 1983 auf einen Preis für die analysierte „kontrollierte" Transaktion umgerechnet werden kann.[132] Soweit bspw. Unterschiede in Menge, Qualität, Wechselkursrisiko, Kundenstruktur (zB Fachhandel vs. Discounter) oder Lieferungs- bzw. Leistungsbedingungen bestehen, kann versucht werden, den Einfluss dieser Faktoren auf den Preis zu ermitteln und herauszurechnen, damit die Preise der ungleichartigen Geschäfte verglichen werden können. Die deutsche FinVerw. nennt hierzu als Beispiel[133] die Umrechnung von CIF-

---

[129] So der BFH bei der Verwendung einer auch gegenüber fremden Dritten geltenden Preisliste. BFH 6.4.2005, BStBl. II 2007, 658.

[130] Vgl. *Brezing* u. a., § 1 AStG, Rz. 112.

[131] Vgl. VGr 1983, Tz. 3.1.1, Tz. 3.1.2.1.

[132] Vgl. VGr 1983, Tz. 2.2.2 S. 4.

[133] Vgl. VGr 1983, Tz. 2.2.2.

Preisen in FOB-Preise.[134] Ferner können zB bei Mengenunterschieden die Mengenrabatte, bei Übernahme des Wechselkursrisikos die Kosten der Kursabsicherung oder bei längeren Zahlungszielen die Zinsnach- oder -vorteile berücksichtigt werden.

Beispiel (Abwandlung zu dem Beispiel unter Rn. 57): Die X-AG besitzt, anders als die T-GmbH, eine bekannte Marke, unter der die Sportschuhe hergestellt und vertrieben werden. In diesem Fall wäre kein direkter, sondern nur noch ein indirekter Preisvergleich denkbar. Denn die Marke stellt, insbesondere bei Konsumgütern, ein erhebliches preisbildendes Element dar.[135] Bei der Durchführung des Preisvergleichs ist der Wert der Marke aus den von X-AG vertriebenen Sportschuhen herauszurechnen und das Residual mit den Preisen der von T-GmbH hergestellten Sportschuhe zu vergleichen.

3. Produkte und Märkte als Vergleichsfaktoren

Bei der Anwendung der Preisvergleichsmethode sind speziell die Merkma- **65** le der zu Grunde liegenden **Produkte** und der **Marktstrukturen** als wesentliche **Vergleichsfaktoren** zu berücksichtigen. Soll die Angemessenheit der zwischen verbundenen Unternehmen vereinbarten Preise anhand eines Vergleichs mit den Preisen beurteilt werden, „… die bei vergleichbaren Geschäften zwischen Fremden im Markt vereinbart worden sind",[136] müssen bei allen Varianten des Preisvergleichs[137] die Besonderheiten identifiziert und quantifiziert werden, die (unternehmensextern oder -intern bedingt) zu unterschiedlichen Verhältnissen (insbesondere) hinsichtlich der Produkte oder der Marktstrukturen führen. Im Rahmen von **Vergleichsanalysen** ist entsprechend zu prüfen, inwieweit produkt-, unternehmens- und marktspezifische Unterschiede einen signifikanten Einfluss auf die Verrechnungspreise haben und inwiefern solche Unterschiede durch Anpassungsrechnungen ausgeglichen werden können, um den Nachweis des Fremdvergleichs über die Preisvergleichsmethode zu erbringen.

a) Kriterien der Produktabgrenzung

Unternehmen gestalten Produkte unterschiedlich, um den aktuellen oder **66** den für die Zukunft absehbaren **Markterfordernissen** Rechnung zu tragen und damit erfolgreicher beim Absatz ihrer Produkte zu sein. Ein weiterer Grund für unterschiedlich gestaltete Produkte können bestehende **rechtliche bzw. regulatorische Bestimmungen** sein, welche zB ein bestimmtes Produktdesign oder spezielle Sicherheitsvorrichtungen vorsehen können. Nur eine Unternehmenspolitik, die genau auf die Bedürfnisse der gegenwärtigen und zukünftigen Märkte ausgerichtet ist, garantiert langfristig den wirtschaftlichen Erfolg der Unternehmung.

Hinsichtlich der aus diesem Grundsatz abzuleitenden Vorgehensweise **67** resultiert für internationale Unternehmen die Notwendigkeit, alle auf dem

---

[134] Cost, Insurance, Freight (CIF) bezahlt bis zum Bestimmungshafen. Free on Board (FOB) bis zum Verladehafen.

[135] *Meffert*, 846; *Homburg/Kromer* Marketingmanagement, 651 f.

[136] Vgl. VGr 1983, Tz. 2.2.2.

[137] Äußerer, innerer, direkter, indirekter Preisvergleich.

Weltmarkt bearbeiteten Teilmärkte insb. im Bereich des Marketingmanagements entsprechend differenziert zu bedienen. Konsequenterweise gilt dies in besonderem Maße für die Gestaltung der internationalen **Produktpolitik** als Teilbereich des Produktmanagements.[138] Einer zunehmenden Globalisierung mit damit einhergehenden Bemühungen zur stärkeren internationalen Standardisierung von Produkten einerseits stehen ebenfalls zu beobachtende nationale und regionale Abschottungstendenzen gegenüber. Im Ergebnis ist eine sog. **globale Standardisierungsstrategie** von Produkten nicht umfassend realisierbar.

Beispiel: Trotz weitgehender Harmonisierungs- und Liberalisierungsbemühungen innerhalb der EU müssen bspw. nach wie vor sowohl rechts- wie auch linksgesteuerte Fahrzeuge angeboten werden und Elektrogeräte für unterschiedliche nationale Netzspannungen ausgerüstet sein.

68   Mit steigender **Produktdifferenzierung** geht jedoch eine Tendenz zu sinkender **Kostendegression (Economies of Large Scale)** einher. Grundsätzlich verursachen die notwendigen Veränderungen im Rahmen einer Differenzierung Mehrkosten, zB durch zusätzliche Planungs- und Entwicklungskosten, zusätzliches Material, zusätzliche Produktionsanlagen oder zusätzliches Personal.

69   Aus Sicht der Verrechnungspreisbildung hat dieser Tatbestand zunächst die Folge, dass mit ihm auch das Erfordernis der **Preisdifferenzierung** einhergeht, dh dass für ähnliche Produkte, die zT im Produktkern identisch sind, unterschiedliche Preise angesetzt werden. Es stellt sich daher die Frage, ob und inwieweit derartige Spezifika identifizierbar und quantifizierbar sind, um eine angemessene Anwendung der Preisvergleichsmethode (zumindest in ihrer indirekten Variante) noch zu gewährleisten.

Diese Überlegungen zeigen, dass ein Preisvergleich zwischen länderspezifischen Produkten ohne Berücksichtigung bestehender **marktspezifischer Besonderheiten** uU nicht den Erfordernissen des Fremdvergleichs genügt.

Beispiel: Ein internationales Unternehmen der Konsumgüterindustrie verkauft mehr als 800 verschiedene Produkte in über 150 Ländern. Aufgrund einer in hohem Maße dezentralen Verantwortung für Marken- und Produktstrategien sind in mehreren Fällen für das gleiche Produkt mehr als ein Dutzend unterschiedliche Markennamen in Gebrauch und es existieren zum Teil unterschiedliche Produktionsabläufe und Produktzusammensetzungen. In der Konsequenz differieren auch die Preise für das gleiche Produkt je nach verwendeter Marke und je nach Produktzusammensetzung.

Folglich müsste ein von der Muttergesellschaft angesetzter Preis für Vorprodukte je nach den verwendeten Grundmaterialien auch unterschiedlich sein, obwohl der Grund- bzw. Kernnutzen des daraus bei den Tochtergesellschaften erarbeiteten Folgeprodukts (zB Rasierklinge) identisch ist.

Noch drastischer könnten sich derartige Vereinheitlichungen im Bereich sog. umweltsensibler Produkte auswirken, betrachtet man das vorhandene internationale Regelungsgefälle auf der Umweltschutzebene. Die größten Preisunterschiede entstehen aber häufig durch unterschiedliche Marktverhältnisse.

---

[138] Unter der im Folgenden diskutierten Produktdifferenzierung sind der Vollständigkeit halber auch die anderen produktpolitischen Aktionsparameter wie Produktmodifikation und Produktdiversifikation subsumiert.

Zur Bestimmung der wesentlichen Kriterien bzw. Einflussgrößen hinsicht- **70** lich der Produktvergleichbarkeit bietet sich das aus der Wettbewerbstheorie abgeleitete sog. **Bedarfsmarktkonzept** an.[139] Danach dient das Merkmal der physikalisch technischen Äquivalenz von Produkten i. S. einer **Gleichheit von Material, Produktverhalten** und **Produktionsverfahren** als maßgebliches Abgrenzungsmerkmal. Im einfachsten Fall lässt sich danach eine für die Verrechnungspreisbildung relevante Produktabgrenzung bereits im klassischen **Zweitmarken-Konzept** feststellen.

Beispiel: Ein Konsumgüterhersteller produziert zwei Reinigungsmittel. Obwohl hinsichtlich ihrer Wirksamkeit kaum unterscheidbar, ist nur eines zusätzlich mit hochwertigen Aroma- und Duftstoffen versehen und im Abverkauf durch massive Werbemaßnahmen gestützt.

Ein Verrechnungspreis der Muttergesellschaft an ihre nationalen Vertriebsgesellschaften hat danach diese Unterschiede zu berücksichtigen, da das Merkmal der völligen funktionalen Austauschbarkeit nicht mehr gegeben ist.

Derartige Überlegungen entsprechen grundsätzlich auch den Vorgaben der **71** deutschen FinVerw., die für die Beurteilung der Vergleichbarkeit gelieferter Waren u. a. Kriterien wie „… die besondere Art, Beschaffenheit und Qualität …" sowie den „… Innovationsgehalt der gelieferten Güter und Waren" nennt.[140] Jedoch zeigen empirische Studien sowie Forschungsergebnisse, dass eine Bewertung unterschiedlicher Produkteigenschaften – wie zB von Beschaffungs-, Herstellungs- und Verbrauchs- bzw. Gebrauchseigenschaften – ebenso wie die Bestimmung der Auswirkungen unterschiedlicher Produkteigenschaften auf das Käuferverhalten äußerst schwierig ist.[141] Es hat sich gezeigt, dass die Beurteilung zB von **Qualitätseigenschaften** von Gütern im Wesentlichen auch durch die **Wahrnehmung des Käufers** bestimmt wird. Mit anderen Worten wird eine Teileigenschaft eines Produkts erst dann zu einem qualitativen Bestandteil, wenn diese vom Käufer wahrgenommen und als solche empfunden wird. Dies gilt in gleichem Maße sowohl für die rein funktionelle Produktebene, die dem Produkt angegliederten Zusatzleistungen als auch für dessen objektive Qualitätsmerkmale.

Bei der Quantifizierung qualitativer oder funktionaler Produktunterschiede **72** kann demnach konsequenterweise auch nicht eindimensional verfahren werden, indem entweder nur technisch-konstruktive bzw. funktional-ästhetische Eigenschaften verglichen werden, sondern iSd sog. „reaktiven Äquivalenz" ist auch die mehrdimensionale Wahrnehmung eben dieser Eigenschaften durch den Konsumenten zu berücksichtigen.[142] Gerade sie erfordert idR den Ansatz unterschiedlicher Verrechnungspreise für scheinbar identische Produkte, da sich das internationale Unternehmen diesen Umstand auch bei der nachweislich notwendigen Produktdifferenzierung zu Nutze macht.

Beispiel: Eine Muttergesellschaft mit Sitz in Land A vermarktet über die mit ihr verbundene Vertriebsgesellschaft in Land B sowie über die nicht verbundene Vertriebsgesellschaft in Land C ein Haushaltsprodukt. Während das Produkt in Land C auf-

---

[139] Vgl. *Klein*, 192 f.
[140] Vgl. VGr 1983, Tz. 3.1.2.1. Ziffer 1.
[141] Vgl. *NDH*, 588 ff., 638 ff.
[142] Vgl. *Klein*, 192.

grund seiner Funktionalität allen Konkurrenzprodukten weit überlegen ist und aus diesem Grund mit überaus großem Erfolg vertrieben wird, konkurriert das Produkt in Land B mit technisch ausgereifteren und qualitativ höherwertigen Artikeln. Unter diesen Umständen wäre der Ansatz eines niedrigeren Preises für den Verkauf des Produktes an die verbundene Vertriebsgesellschaft in Land B gegenüber dem von der Vertriebsgesellschaft in Land C zu zahlenden Entgelt gerechtfertigt.

73   Bei solchen Konstellationen ließe sich die Angemessenheit der Verrechnungspreisbildung auch im Fremdvergleichsmaßstab über einen indirekten Preisvergleich rechtfertigen. Ein Unterschied zeigt sich dabei lediglich in der Identifikation und Gewichtung einzelner Teilbereiche der o. g. Produktmerkmale, die zur Quantifizierung von Auf- bzw. Abschlägen notwendig sind.

Beispiel: Ein Hersteller produziert zwei Typen von Traktoren. Die eine Variante wird im Trockenanbau eingesetzt, die andere im Nassanbau. Aufgrund der verschiedenen Zwecksetzungen müssen qualitative Unterschiede im Produktäußeren bestehen. Die für den letztgenannten Typ benötigten zusätzlichen Teile können genau spezifiziert werden. Werden nun die Traktoren für Trockenanbau an eine verbundene Vertriebsgesellschaft verkauft, die anderen an ein unabhängiges Unternehmen, ist ein indirekter Fremdvergleich durchführbar.

Beispiel: Bei der Herstellung eines nach Gebrauchs- und Verbrauchseigenschaften identischen Kunststoffs gelangt ein Verfahren zur Anwendung, das sowohl in der Herstellung wie auch bei der Entsorgung des Polymers die Entstehung von Fluorkohlenwasserstoffen verhindert. Geltung iSe Qualitätsbestandteils bekommt diese ökologische Eigenschaft aufgrund des Umweltbewusstseins der Zielgruppen jedoch nur in Land A, während für die Kunden in Land B die höhere Umweltverträglichkeit kein Kaufkriterium ist.

Ausgehend von dieser Erkenntnis wird die **Notwendigkeit der Produktabgrenzung** ähnlicher bzw. unähnlicher Produkte insb. unter internationalen Aspekten im Folgenden beispielhaft anhand von **fünf Differenzierungskriterien** illustriert.

aa) Produktqualität

74   Der Faktor **Qualität** ist als objektive Produkteigenschaft definierbar, jedoch häufig nicht vollumfänglich isoliert feststellbar. Vielmehr definiert sich dieses Produktmerkmal u. a. auch aus dem Wechselspiel zwischen den von Konsumenten beabsichtigten **Verwendungszwecken** und dem jeweiligen tatsächlichen Grad der **Eignung** des Produkts für eben diese Zwecke.[143]

Beispiel: Produktmerkmale wie ökologische Verträglichkeit, Lebensdauer, Gebrauchssicherheit u. ä., die gesellschaftlichen Konventionen entsprechend im Qualitätsbegriff subsumiert werden, gelten faktisch aber erst dann als solche, wenn sie vom jeweiligen Verbraucher auch erwünscht oder zumindest wahrgenommen werden.

75   Die dabei potenziell bestehende Lücke zwischen Kundenerwartung und tatsächlich vorhandenem Problemlösungspotenzial des Produkts versuchen **Qualitätssicherungssysteme** zu schließen. Deren sinnvolle Anwendung

---

[143] Vgl. *NDH*, 644 f.

setzt idR eine Spezifizierung der für den Abnehmer relevanten Produktmerkmale iSv beachtenswerten Qualitätsmerkmalen voraus. Zum Teil können
sich die dafür notwendigen Maßnahmen in sog. Qualitätszirkeln, deren Durchführung bzw. Teilnahme eine teilweise umfangreiche Zertifizierung erfordert,
über die gesamte Wertschöpfungskette eines Unternehmens erstrecken (vgl.
u. a. die Zertifizierungsvorschriften gem. ISO 9001 ff. oder die Vorschriften
der EU-Verordnung zum sog. Umweltaudit).

Je nach der Intensität des zur Anwendung kommenden Qualitätssicherungs- **76**
systems und der damit idR verbundenen **Produktkennzeichnung** (bspw.
„DIN-geprüft" oder „nach ISO 9002 geprüft") entsteht trotz **funktioneller
Äquivalenz** ein nach subjektiver Beurteilung des Konsumenten – dh also
auch im Falle der Lieferung von Halbfertigprodukten von Konsumenten in
der Art verbundener Tochtergesellschaften – unterschiedliches Produkt, das
bei der Angemessenheitsprüfung des angesetzten Verrechnungspreises häufig
nur einen **indirekten Fremdvergleich** rechtfertigt. Hinsichtlich der angewandten Qualitätssicherungssysteme und der damit möglicherweise verbundenen Konsequenzen in der Verrechnungspreisbildung kann dabei zunächst
zwischen **produkt- oder prozessbezogenen Maßnahmen** unterschieden
werden.[144] Während erstere lediglich die Überprüfung der funktionalen Qualität der Produktkomponenten beinhalten, haben letztere ein qualitativ gleich
bleibendes Fertigungsniveau zum Ziel. Im letztgenannten Fall ist eine Quantifizierung der damit auf die Produkte eingehenden preislichen Effekte maßgeblich durch Wechselwirkungen einzelner produktbezogener Maßnahmen
einerseits und den Grad der Prozessautomatisierung andererseits geprägt. Je
höher letztgenannter ist, desto wichtiger ist eine gleich bleibende Qualität der
Produktkomponenten, da eventuelle Mängel nicht – wie bei manueller Fertigung teilweise möglich – während des Bearbeitungsprozesses ausgeglichen
werden können.

> **Beispiel:** Eine Muttergesellschaft A produziert ein Halbfertigprodukt und liefert es
> an eine Tochtergesellschaft zur manuellen Weiterverarbeitung. Die Muttergesellschaft
> übernimmt im Wesentlichen die produktbezogene Qualitätssicherung der von ihr ge-
> lieferten Komponenten und kontrolliert nur die Aspekte, die in den automatisierten
> Teil der Weiterverarbeitung fallen.
> Eine Muttergesellschaft B produziert das gleiche Halbfabrikat und führt ebenfalls die
> Qualitätssicherung für die belieferte Tochtergesellschaft durch, die jedoch ihrerseits
> vollautomatisiert weiterverarbeitet. Entsprechend erfolgen die Sicherungsmaßnahmen
> seitens der Muttergesellschaft auf deutlich höherem Niveau.
> Der von B angesetzte Verrechnungspreis ist mit dem von A trotz der Qualitätsun-
> terschiede indirekt vergleichbar, sofern sich die Kosten für die Qualitätssicherung
> quantifizieren lassen und entsprechend über eine Anpassungsrechnung berücksichtigt
> werden.

Eine weitere für die Verrechnungspreisbildung relevante Unterscheidung **77**
von Qualitätssicherungsmaßnahmen kann danach erfolgen, ob das **Qualitätsmanagement in aktiver oder passiver Weise** erfolgt. Passives Qualitätsmanagement beschränkt sich darauf, Fehler zu identifizieren und eine
Auslieferung entsprechender Produkte zu verhindern. Dies erfolgt entweder am Ende des Produktionsprozesses oder sinnvollerweise nach bestimmten

---

[144] Vgl. *Backhaus/Voeth*, 489.

Fertigungsschritten und umfasst aufgrund der zunehmenden Bedeutung der Produktqualität nicht mehr nur Stichproben-, sondern auch Vollkontrollen. Aktives Qualitätsmanagement dagegen zielt neben Maßnahmen zur Fehleridentifizierung auch auf solche Maßnahmen ab, die potenzielle Fehlerquellen beseitigen sollen.

78   Es ist offensichtlich, dass diese beiden Varianten von Qualitätssicherungssystemen idR auch Kosten unterschiedlicher Höhe verursachen, die konsequenterweise auch zu unterschiedlichen Produktpreisen führen. Im Hinblick auf die Anwendungsmöglichkeit des indirekten Preisvergleichs bedeutet dies, dass entsprechend der jeweils am Produkt stattfindenden Maßnahmen zur Qualitätssicherung ausgehend von einem Referenzpreis Auf- bzw. Abschläge gebildet werden müssen, welche die unterschiedlichen Kosten der Qualitätssicherung repräsentieren. Unter diesem Gesichtspunkt ist auch die bereits beschriebene Verursachung von Mehrkosten durch Produktdifferenzierung zu relativieren, da diese etwa im Fall der Reduzierung der Produktqualität auch zur Kostensenkung beiträgt und im Rahmen des unternehmerischen Zielsystems der Gewinnmaximierung die Strategie der nationalen Produktanpassung rechtfertigt.

bb) Produktimage

79   Internationales Marketingmanagement unterscheidet im Bereich der Produktgestaltung zwischen sog. **kulturgebundenen und kulturfreien Gütern.**[145] Dies legt nahe, dass das Merkmal einer mehr oder weniger starken nationalen Verankerung des Produkts ebenfalls eine differenzierte Preisgestaltung auch bei Produkthomogenität rechtfertigt.

Beispiel: Eine Muttergesellschaft vertreibt ein im Stammland hergestelltes hochwertiges Investitionsgut über eine dort ansässige verbundene Vertriebsgesellschaft sowie in Land A über eine dort ansässige verbundene Vertriebsgesellschaft. Durch den Umstand, dass die im Land A ansässige Gesellschaft mit den dort hergestellten und stark kulturgebundenen Gütern zu konkurrieren hat, entsteht dort ein vom Stammland über seinen Produktionsort differenziertes Produkt, dessen Reputation im Markt nicht vergleichbar mit dem im Inland vertriebenen Produkt ist. Konsequenterweise ist bei ansonsten gleichen Verhältnissen der von der Gesellschaft im Land A an die Muttergesellschaft gezahlte Verrechnungspreis niedriger anzusetzen als der von der im Stammland ansässigen Vertriebsgesellschaft gezahlte Preis.

cc) Zusatzleistungen zum Produkt

80   In der Literatur besteht hinsichtlich der **Definition** des Produktbegriffs offensichtlich keine Einigkeit.[146] Unbestritten ist jedoch, dass für eine Vielzahl von Gütern das Potenzial der differenzierbaren Merkmale derart ausgeschöpft ist, dass nur über den Bereich **additiver Leistungen** eine Differenzierung möglich ist, sodass der Produktbegriff um diese Nebenleistungen erweitert wird. Es liegt daher nahe, dass selbst homogene Produkte über den Umfang der mit ihnen angebotenen **Zusatzleistungen** so unähnlich werden, dass eine Anwendung der Preisvergleichsmethode in ihrer direkten Ausprägung nicht mehr gerechtfertigt wäre.

---

[145] Vgl. *Meffert*, 1238 f.
[146] Für einen denkbaren Ansatz zur Definition vgl. *Kotler*, 12 f.

Beispiel: Ein Computerhersteller bietet bei Kauf eines Computers iRd Garantieleistungen zusätzlich einen 24-Stunden-Reparaturdienst und ansonsten die Bereitstellung eines Ersatzgerätes an. Der Preis liegt deutlich über dem eines Konkurrenten, der ein technisch gleichwertiges Produkt verkauft, aber darüber hinaus keine Zusatzleistungen erbringt.

Bezüglich der unter diesem Gesichtspunkt vorzunehmenden Ab- bzw. Zuschläge im Rahmen des Preisvergleichs ist es notwendig, den Tatbestand der **Zusatzleistungen** zu begründen sowie die **Art** und den **Umfang** dieser Leistungen exakt zu analysieren. Dementsprechend lassen sich Zusatzleistungen zunächst danach klassifizieren, ob sie in der Vor- oder Nachkaufphase (bzw. Nutzungsphase) des Produkts erbracht werden. Dabei sind zur ersteren Kategorie bspw. Problem- und Bedarfsanalysen, Projektausarbeitungen, technische Beratungen, Probelieferungen oder auch Finanzierungsleistungen zu zählen. In die zweite Gruppe lassen sich dagegen sog. Garantie-, Kulanz-, Montage-, Wartungs-, Reparatur- und Entsorgungsleistungen zählen.[147] Eine andere Einteilung kann anhand der Art der Dienstleistung erfolgen.[148] Als eine Zielsetzung kann die qualitativ bessere Gestaltung des Leistungsergebnisses genannt werden. Mit einer anderen Art von Dienstleistungen soll der Leistungsprozess an sich optimiert werden. Als weitere Möglichkeit können zusätzliche und vom Produktcharakter losgelöste **Dienstleistungen** angeboten werden, dh Dienstleistungen, die weder den Leistungsprozess noch das Leistungsergebnis direkt berühren. Gerade für diesen letztgenannten Fall ist jedoch immer auch zu prüfen, ob Art und Umfang der Dienstleistung ggf. schon dazu führen, dass eine eigenständige Leistung neben dem eigentlichen Produktverkauf erbracht wird, für welche ein separater Preis zu ermitteln ist.

81

Beispiel: Ein Anbieter entscheidet sich für eine deutliche Verkürzung der Lieferzeiten für seine Produkte. Hierzu erfolgt die Lieferung der Produkte künftig über einen Eilversanddienst. Ein Konkurrenzunternehmen versendet ein vergleichbares Produkt weiterhin über den normalen Speditionsweg. Unterschiedliche (Verrechnungs-)Preise sind gerechtfertigt und ein indirekter Fremdvergleich ist durchführbar, da die zusätzlichen Kosten für den Eilversand quantitativ ermittelt werden können und dementsprechend eine Quantifizierung der unterschiedlichen Lieferbedingungen möglich ist.

Beispiel: Ein Computerhersteller verkauft den gleichen Computertyp an verbundene und an unabhängige Abnehmer. Für erstere steht im Störungsfall eine Hotline zur Verfügung, mit deren Hilfe eine Ferndiagnose durchgeführt werden kann. Für die unabhängigen Abnehmer besteht neben der Hotline zusätzlich ein persönlicher Kundendienst, der den Kunden im Bedarfsfall zur Fehlerbehebung ohne Zusatzkosten besucht. Unabhängige Kunden erhalten dementsprechend ein höheres Leistungsniveau als verbundenen Unternehmen, so dass der von diesen gezahlte Preis höher als der interne Verrechnungspreis sein sollte. Die Durchführung eines indirekten Fremdvergleichs ist aufgrund der Quantifizierbarkeit der Kosten für die unterschiedlichen Dienstleistungen möglich.

dd) Lieferungs- und Zahlungskonditionen

Unterschiedliche Lieferungs- und Zahlungskonditionen führen idR zu Preisunterschieden ansonsten homogener Güter. Denn mit unterschiedlichen

82

---

[147] Vgl. *NDH*, 680 ff.
[148] Vgl. *Backhaus/Voeth*, 260 f.

Lieferkonditionen ist üblicherweise auch die Übernahme von Transportkosten durch Käufer bzw. Verkäufer sowie die administrative Abwicklung des Transports (bspw. Durchführung der Verzollung) verbunden. Diese Kostenunterschiede reflektieren sich im Produktpreis,[149] sofern nicht bei allen Lieferungen einheitlich die Übernahme solcher Kosten durch den Kunden vereinbart ist. In ähnlicher Weise wirken sich unterschiedliche Zahlungskonditionen aus, da bspw. die Verlängerung des Zahlungsziels einer Kreditgewährung durch den Lieferanten entspricht.

Beispiel: Eine Muttergesellschaft liefert ihrer Tochtergesellschaft Produkte „ab Werk" (EXW), an dritte Kunden „frei Haus" (CPT). Da die Fracht- bzw. Versandkosten ermittelbar und dementsprechend von dem seitens dritter Kunden gezahlten Produktpreis extrahierbar sind, ist ein indirekter Preisvergleich möglich.

b) Kriterien der Marktabgrenzung

83 Bei grenzüberschreitenden Geschäftsbeziehungen ist die Beantwortung der Frage, aus welchem **Markt** die Vergleichspreise abgeleitet werden sollen, von größter Bedeutung. Nicht selten lässt sich beobachten, dass für ein **identisches Produkt** – dh identisch iSd bereits genannten Kriterien (Rn. 66 ff.) – auf verschiedenen Märkten **unterschiedliche Preise** gezahlt werden. Andererseits können verschiedene Märkte aber auch sehr ähnlich sein, so dass auch die Preise für vergleichbare Produkte einander entsprechen. Es ist aufgrund dieser unterschiedlichen Verhältnisse unerlässlich, iRd Preisvergleichsanalyse die **Verhältnisse der relevanten Märkte** exakt zu untersuchen und etwaige Differenzen sowie deren Auswirkungen auf die Marktpreise zu identifizieren.

84 Die von einem multinationalen Unternehmen bearbeiteten Märkte und Teilmärkte sind idR das Ergebnis einer systematischen **Marktsegmentierung und –selektion**.[150] Die Definition der für die eigene Geschäftsentwicklung bedeutsamen Märkte und Teilmärkte stellt jenen unternehmenspolitischen Aufgabenbereich dar, bei dem die Aufteilung des Gesamtmarktes für ein Produkt in homogene Teilmärkte bzw. Segmente erfolgt und danach in den für das Unternehmen attraktiven Teilmärkten segmentspezifische Marketingprogramme entwickelt werden. Aus dem dieser Technik der Marktwahl zu Grunde gelegten Leitgedanken – bereits die Marktsegmentierung sollte sich an den Erfordernissen einer späteren Bearbeitung von Auslandsmärkten orientieren – sowie der mehrdimensionalen und mehrstufigen Technik der Marktsegmentierung lässt sich bereits erahnen, dass die dadurch entstehenden Märkte durch einen hohen Grad an Spezialität und Individualität geprägt sind.

85 Der unternehmensinterne Prozess der Marktsegmentierung hat auch Konsequenzen für die **Verrechnungspreisanalyse**. Neben Aspekten der marktspezifischen Preisgestaltung ist auch die Markt- bzw. Marketingstrategie ein wesentliches Kriterium, welches die Verrechnungspreise beeinflusst. IdZ ist die Strategie der internationalen Segmentbildung von Interesse. Deren Ablauf lässt sich unabhängig von den sich daran anschließenden Lieferungs- und

---

[149] Vgl. *Berndt/Altobelli/Sander*, 221.
[150] Vgl. im Folgenden *Meffert*, 181 ff.

Leistungsbeziehungen in den Stufen der **internationalen bzw. intranationalen Marktsegmentierung** beschreiben.

Zunächst werden die Auslandsmärkte nach soziokulturellen, sozioökonomi- **86** schen, politisch-rechtlichen oder natürlich-technischen Kriterien in Ländertypologien klassifiziert. Der Umstand, dass die dabei verwendeten **länderspezifischen Kriterien** durch ein sehr hohes Abstraktionsniveau gekennzeichnet sind, das nicht unmittelbar die erforderliche Trennschärfe zwischen den entstehenden Segmenten schafft, erzwingt eine Fortführung des Segmentierungsprozesses über die sog. **intranationale Marktsegmentierung.**[151] Mit dieser Art der Segmentierung wird versucht, innerhalb der zuvor gebildeten Ländergruppe intern homogene und extern heterogene **Abnehmergruppen** zu identifizieren. Dabei kann auf die im Rahmen der Marktsegmentierung allgemein verwendeten Kriterien und Methoden zurückgegriffen werden. Dies bedeutet bspw. für eine Anwendung auf Konsumgütermärkte, dass derartige Segmente nach demographischen (wie zB Alter, Geschlecht, Haushaltsgröße etc.) oder psychographischen Merkmalen (wie zB Verhaltensmerkmalen in der Art von Werteorientierungen, Nutzenerwartungen u. ä.) gebildet werden. Aus den so entstandenen Marktsegmenten erfolgt nun im Anschluss eine Marktwahl, bei der nach individuell für jedes Unternehmen festzulegenden Kriterien diejenigen Marktsegmente ausgewählt werden, deren Bearbeitung für das Unternehmen die größten Erfolgsaussichten verspricht. Die dabei zur Anwendung kommenden analytischen und heuristischen Techniken wie die Scoring-Methode, Portfolioanalyse oder investitionstheoretische Verfahren tragen dem Risikoprofil des jeweiligen Unternehmens Rechnung. So wären entsprechend dem Charakteristikum der Mehrdimensionalität im Prozess der Segmentbildung drei prinzipielle Vorgehensweisen bei den zu bildenden **Länder-Abnehmer-Kombinationen** denkbar:

1. Auswahl und Bearbeitung mehrerer Länder innerhalb einer Nachfragegruppe iSd Risikoverteilung bzw. „Risikomischung";
2. Auswahl und Bearbeitung nur eines Landes/einer Ländergruppe und Bearbeitung aller dort lebenden Abnehmergruppen, was eine Marktabschöpfung unter jedoch hohem Risiko ermöglichen würde;
3. Diversifikation i.S. einer Risikoverteilung auf viele Länder und Abnehmergruppen.

Im Hinblick auf die jeweilige **Strategie** sind die damit verbundenen grund- **87** sätzlichen Konsequenzen zur Verrechnungspreisbildung, unabhängig von der letztlich vorliegenden konkreten Marktstruktur, nicht unerheblich. Die Anwendung der Preisvergleichsmethode scheint auch für den Fall eines homogenen Produkts – homogen iSv vergleichbar – fast unmöglich angesichts der Tatsache, dass sich die so entstandenen Märkte in einer Vielzahl von Faktoren unterscheiden. So haben sowohl allgemein **marktbezogene Größen** wie zB die Art der Marktreaktionsfunktion, Marktwachstumsraten, Marktstabilität, Konkurrenzvorsprung und Ausstrahlungseffekte von anderen Märkten wie auch die dadurch induzierten zusätzlichen Kosten wie zB Differenzierungsnotwendigkeiten im Marketingmix, unterschiedliche Grenzerträge der Distribution und unterschiedlichste Kontrollnotwendigkeiten unmittelbaren Ein-

---

[151] Zu den Anforderungskriterien der bei einer Segmentierung entstehenden Teilmärkte vgl. *Meffert*, 186 ff.

fluss auf die externe Preisgestaltung des Produkts und damit auch auf die dieser Preisgestaltung vorangehende Verrechnungspreisgestaltung.

Beispiel: Liefert die Muttergesellschaft ein identisches Produkt an die verbundenen Vertriebsgesellschaften im Land A und Land B, so wäre für den Fall einer ausgeprägten Marktstabilität und eines durch Schutzrechtslizenzen abgesicherten Handlungsfeldes auf dem Markt A der Ansatz differenzierter Verrechnungspreise gerechtfertigt. Während die Vertriebsgesellschaft A durch ein entsprechend niedrigeres Marktrisiko die Höhe der Verrechnungspreise durch die Dauer der Leistungsbeziehungen kompensiert, gilt für die Vertriebsgesellschaft B der dem üblichen Marktrisiko entsprechende (höhere) Preis.

88   Ausgehend von den oben genannten **allgemeinen Marktspezifika** ließe sich die Liste der durch die internationale Unternehmenstätigkeit entstehenden Marktbesonderheiten beliebig um andere Faktoren erweitern. So kann zB die Frage der **Markteintrittsstrategie**[152] in Kombination mit der damit anzuwendenden **Preisstrategie**[153] entscheidenden Einfluss auf die Wettbewerbsfähigkeit bzw. das Durchhaltevermögen einer internationalen Marktbearbeitungsstrategie haben.

Beispiel: Während die Muttergesellschaft in der Anfangsphase der internationalen Produktpositionierung über ihre verbundenen Vertriebsgesellschaften nach der Wasserfallstrategie iVm einer Hochpreisstrategie verfahren ist, zwingt sie der zunehmende internationale Konkurrenzdruck zu einem Strategiewechsel, bei dem sie auf allen relevanten Märkten ein entsprechend niedrigeres Preisniveau hinnehmen muss, also eine Sprinklerstrategie in Niedrigpreissegmenten anwendet.

Die Anwendung der Preisvergleichsmethode erfordert das Bewusstsein über diese verschiedenen Einflussfaktoren. IRe Vergleichsanalyse ist zu identifizieren, inwieweit unterschiedliche Märkte bzw. Teilmärkte trotz bestehender Unterschiede noch ausreichend ähnlich sind für die Durchführung des Preisvergleichs oder ob eine ausreichende Vergleichbarkeit durch Quantifizierung und Durchführung von Anpassungsrechnungen hergestellt werden kann.

89   Gleiches gilt für die nach Analyse der allgemeinen Marktspezifika durchzuführende Beurteilung **spezifischer Bedingungen** des relevanten **Marktes.** Eine Standardisierung preispolitischer Maßnahmen ist aufgrund der Vielzahl von Einflussfaktoren in vielen Fällen nicht möglich und idR auch nicht beabsichtigt. Gerade die Berücksichtigung von Marktbedingungen, die in den verschiedenen Ländern bzw. Märkten von einem Land zum anderen uU stark variieren können, macht die Einbeziehung einer Preisdifferenzierung erforderlich. Ohne Anspruch auf Vollständigkeit lassen sich iE folgende wichtige **marktinternen Parameter** und Beispiele für eine daraus resultierende Verrechnungspreiskonstellation benennen:

1. **Konkurrenzsituation** und aktuelle Phase des **Produktlebenszyklus.** Bei der Konkurrenzorientierung spielt die damit verbundene Strategie eine wichtige Rolle. So kann zB im Falle einer **Imitationsstrategie** durch eine

---

[152] Als eine Extremposition kann beispielhaft die Wasserfall- oder Sprinklerstrategie genannt werden. Vgl. *Meffert*, 1241.
[153] Bspw. Hochpreis- versus Niedrigpreisstrategie.

Anpassung der Preise an die etablierte Konkurrenz eine Absicherung von Marktanteilen erfolgen. Dagegen ist im Falle einer aggressiven Strategie, die insb. der Markterschließung dient, eher die **Abschöpfungs- bzw. Penetrationsstrategie** anzutreffen.

Beispiel: Die von der Muttergesellschaft mit einem identischen Produkt belieferten verbundenen Vertriebsgesellschaften in Land A und Land B verfolgen entsprechend der Konkurrenzsituation auf den von ihnen bedienten Märkten situationsadäquate Preisstrategien. Während die Tochtergesellschaft im Land A aufgrund eines extrem ausdifferenzierten Wettbewerbs ihre Preise an die der übrigen Wettbewerber anpasst, befindet sich der Markt der Vertriebsgesellschaft im Land B gerade in der sog. „Take-off"-Phase, die durch einen über Niedrigpreise geführten Kampf um Marktanteile geprägt ist. Ein im Vergleich niedrigerer Verrechnungspreis für die Vertriebsgesellschaft in Land B stellt eine adäquate Reaktion auf die gegebene Wettbewerbsstruktur dar.

2. Länderspezifische Wertschätzung der Produkte wie zB **Preissensitivität** der Abnehmer, psychologische Preisschwellen, Image, u. ä.

Beispiel: Die mit der Muttergesellschaft verbundene Produktionsgesellschaft in Land A fertigt in Lizenz einen hochwertigen Markenartikel. Dieser genießt im Stammland insb. aufgrund seines Markennamens innerhalb der Zielgruppe eine hohe Wertschätzung, die ein entsprechend hohes Preisniveau der Produkte rechtfertigt. Die Preisbereitschaft der in Land B anzutreffenden Zielgruppe liegt aufgrund einer deutlich geringeren subjektiven Wertschätzung erheblich niedriger. Der Wert einer Lizenz sowie einer für die Überlassung zu zahlenden Lizenzgebühr ist für Land B entsprechend niedriger als für Land A.

3. Das **Kaufkraftniveau** der länderspezifischen Zielgruppe beeinflusst die Preisfestsetzung für ein Produkt und die zur Absatzförderung notwendigen Zusatzleistungen.
4. Länderspezifische **Kostensituation** für die verbundenen Tochtergesellschaften, wie zB die einzusetzenden Zwischenhandelsstufen und deren Handelsspannen. In manchen Ländern ist die Marktbearbeitung nur mit Hilfe dort ansässiger Import- bzw. Exporthäuser möglich. Hat sich auf den betreffenden Märkten im relevanten Produktbereich bereits ein Preisniveau etabliert und ist dieser Markt zugleich aufgrund seines besonderen Charakters als Schlüsselmarkt anzusehen, kann auf eine lokale Präsenz nicht verzichtet werden. Folglich ist das spezifische **Marktrisiko,** welches durch den Aufbau einer lokalen Präsenz entsteht, bei der Festlegung der Verrechnungspreise zu berücksichtigen.
5. In einigen Ländern bestehen devisenrechtliche oder preispolitische **Reglementierungen** wie zB die Vorgabe von Höchst- oder Mindestpreisen (insb. bei Pharmazeutika).

Fasst man die zur Frage der **Marktabgrenzung** relevanten Tatbestände zusammen, so zeigt sich, dass nur in wenigen Fällen internationaler Leistungsbeziehungen verschiedene Märkte mit absolut identischen Verhältnissen vorzufinden sind. Es ist eine im Einzelfall zu beurteilende Frage, inwieweit die individuellen Verhältnisse und Differenzen verschiedener Märkte wirtschaftlich bedeutsam sind und dementsprechend bei der Analyse der Verrechnungspreise zu berücksichtigen werden müssen. UU ist als Ergebnis einer solchen **90**

Analyse festzustellen, dass ein **direkter Preisvergleich** nicht möglich ist. Wird in der Folge auf die Möglichkeit des **indirekten Preisvergleichs** zurückgegriffen, sind die bestehenden Unterschiede bei den Verhältnissen der verschiedenen Märkte hinsichtlich ihrer Auswirkungen auf den Preis eines Produktes bzw. einer Leistung zu quantifizieren und auf dieser Basis Anpassungsrechnungen durchzuführen.

4. Rabatte und Boni

a) Rabattarten

91   Im Wirtschaftsleben wird eine Vielzahl **unterschiedlicher Rabatte** verwendet, mit denen zT auch unterschiedliche Ziele verfolgt werden. Allgemein definiert stellen Rabatte **Preisnachlässe** auf den ursprünglichen Listen- bzw. Angebotspreis dar. Diese Nachlässe werden meist in Form eines Prozentsatzes vom ursprünglichen Preis gewährt. Da der vom Abnehmer zu entrichtende Nettopreis durch Rabatte verändert wird, ist die Rabattpolitik eine Möglichkeit der **Preisdifferenzierung.** Die generellen Zielsetzungen liegen dabei in einer Umsatz- bzw. Absatzausweitung durch Kaufanreiz, Erhöhung der Kundentreue, Rationalisierung der Auftragsabwicklung, Kostenersparnis sowie der Steuerung der zeitlichen Verteilung des Auftragseingangs.[154]

Ähnlich wie Rabatte ieS wirken **Zugaben,** die zusätzlich zu dem vom Kunden bestellten Produkt geliefert werden, jedoch im Gegensatz zu Rabatten nicht in monetärer Weise gewährt werden. Zu unterscheiden sind diese von Warenrückvergütungen, welche nicht zu den Rabatten zählen.

92   Grundsätzlich können Rabatte eingeteilt werden in die gegenüber **Wiederverkäufern** und die gegenüber **Letztverbrauchern** eingeräumten Preisnachlässe.[155] Die gegenüber Letztverbrauchern gewährten Rabatte werden üblicherweise in Form eines Bar- oder Treuerabatts (letztere zB über Rabattmarken) angeboten,[156] diese spielen jedoch iRd Verrechnungspreisanalyse eine untergeordnete Rolle. Wichtiger für konzerninterne Leistungsbeziehungen sind die gegenüber Wiederverkäufern oder Weiterverarbeitern gewährten Rabatte.

Die Rabatte für Wiederverkäufer bzw. Weiterverarbeiter lassen sich weiter untergliedern in Funktions-, Mengen- (Rn. 99 ff.), Zeit- und Treuerabatte.[157]

93   Der **Funktionsrabatt** stellt einen „Tätigkeitsrabatt" zwischen Hersteller und (im Normalfall) Großhandel dar, mit dem bestimmte Leistungen honoriert werden, die der Händler für den Hersteller übernimmt. Die Rabatthöhe bestimmt sich nach Art und Umfang der übernommenen Funktionen.[158]

Beispiel: Ein Hersteller verkauft sein Produkt zu einem regulären Listenpreis von 10,00 € pro Stück. Der Großhandel X übernimmt die Lagerhaltung und erhält dafür

---

[154] Vgl. *Meffert*, 581 ff.
[155] Vgl. *Berndt*, 257.
[156] Vgl. *NDH*, 753.
[157] Vgl. *Meffert*, 585 ff.
[158] Vgl. *Batzer*, 10 ff.

einen Funktionsrabatt von 10%, dh er zahlt 9,00 € pro Stück. Der Großhandel Y übernimmt ebenfalls die Lagerhaltung, betreibt darüber hinaus aber noch Marktforschung. Ihm wird nicht nur der Rabatt von 10% gewährt, sondern ein weiterer von 5% für die Marktforschung. Demzufolge bekommt er insgesamt einen Preisnachlass von 15%, dh das Produkt kostet ihn 8,50 € pro Stück.

Bei den **Zeitrabatten** ist die Einräumung vom Zeitpunkt der Bestellung   **94** oder des Warenübergangs abhängig. Die hauptsächliche Zielsetzung liegt in der Erleichterung der zeitlichen Disposition des Lieferanten, v. a. im zeitlichen Ausgleich von Umsatzschwankungen,[159] der durch die Gewährung von **Saisonrabatten** erreicht werden soll. Vorausbestellungsrabatte dienen der besseren zeitlichen Disponierung. Eine weitere Art von Zeitrabatten stellen **Einführungs- sowie Auslaufrabatte** dar. Erstere sollen den forcierten Verkauf von neuen Produkten fördern, letztere hingegen zur Lagerräumung von veralteten Produkten beitragen. Einführungsrabatte werden häufig nicht in Form von Barrabatten, sondern als Naturalrabatte gewährt, dh es wird mehr geliefert als berechnet.

Beispiel: Eine Gießerei hat ein neues Gussverfahren entwickelt, durch das die Gießereiprodukte bedeutend widerstandsfähiger werden. Um das Lager mit den alten Produkten zu räumen und um die Einführung der neuen Produkte am Markt zu vereinfachen wird für drei Monate ein Auslaufrabatt und ein Einführungsrabatt in Höhe von jeweils 20% gewährt, welcher sich nach dem (in diesem Fall) gleichen Listenpreis der Alt- und der Neuprodukte in der Auslauf- bzw. Einführungsphase bemisst. Die Rabattgewährung erfolgt nicht durch Herabsetzung des Verkaufspreises, sondern es wird für jeweils vier gekaufte Produkteinheiten eine weitere Einheit das alten bzw. des neuen Produkts ohne Zuzahlung beigegeben.

Treuerabatte sollen beim Abnehmer eine Anreizwirkung hervorrufen, die   **95** Produkte ausschließlich oder überwiegend (meist gebunden an einen festen Prozentsatz) bei dem rabattgewährenden Unternehmen zu beziehen. Verbunden sind mit dieser Rabattart zwei Zielsetzungen:
(1) zum einen soll eine Auftragskonzentration gefördert werden;
(2) zum anderen stellt sie den Versuch dar, Konkurrenten das Eindringen
     in bestehende Geschäftsverbindungen zu erschweren bzw. zu verhin-
     dern.[160]
Treuerabatte sind idR unabhängig vom Bestellvolumen, sondern eher zeitabhängig. Ihre Gewährung kann entweder am Ende einer bestimmten Periode als „Belohnung" oder – bei Unterzeichnung eines Treuerevers zur Bezugsbindung – zu Beginn erfolgen.

Der **Bonus** stellt eine weitere Form des Preisnachlasses dar. Dieser enthält   **96** Elemente des Treue- und des Mengenrabatts und wird üblicherweise durch eine Gutschrift oder einen Nachlass am Ende einer Periode für alle getätigten Einkäufe gewährt.[161] Ziel dieser Nachlassart, die sich meist am Umsatz orientiert, ist eine Absatzsicherung durch Bindung des Abnehmers an den Lieferanten.[162]

---

[159] Vgl. *NDH*, 752.
[160] Vgl. *NDH*, 753.
[161] Vgl. *NDH*, 753.
[162] Vgl. *Bauer* in Böcker/Dichtl, 214.

Beispiel: Ein Lieferant gewährt jedem seiner Kunden einen Bonus in Abhängigkeit vom gesamten Bestellvolumen jedes Kunden innerhalb eines Jahres. Abnehmer A erhält für seine Bestellungen in Höhe von 60 000 € am Ende des Jahres eine Gutschrift über 1 %, dh über 600 €. Kunde B bekommt einen Bonus von 2 %, da er innerhalb des Kalenderjahres Produkte mit einem Gesamtwert in Höhe von 100 000 € von dem Lieferanten bezogen hat.

97   Bei der Preisnachlassform **Skonto** handelt es sich um eine nicht lieferbezogene Sonderrabattform. Skonti, m. a. W. Barzahlungsrabatte, werden gewährt, wenn ausstehende Forderungen innerhalb einer bestimmten Frist beglichen werden. Die mit der Skontogewährung verbundene Zielsetzung ist ein Anreiz zum unverzüglichen Bezahlen der Rechnung, dh zum Verzicht auf die Inanspruchnahme eines Lieferantenkredits.[163]

98   **Rabatte** werden in der Praxis meist in **kombinierter Form** gewährt. Die Gestaltung des Rabattsystems ist dabei durch absatzpolitische Zielsetzungen sowie durch Gewinn- und Kostenaspekte bedingt. Als vorteilhaft erweisen sich Rabattsysteme v. a. dann, wenn eine Vielzahl von Produkten angeboten wird. Denn durch ein Rabattsystem müssen nicht für jedes Produkt abnehmerspezifische Preise fixiert werden, sondern nur abnehmerspezifische Rabattsätze für konstante Listenpreise. Für das Gebiet der Verrechnungspreise sind Rabatte und Boni insofern von Bedeutung, als sie im Rahmen der Preisvergleichsmethode zu einem erheblichen Spielraum bei der Festsetzung von Verrechnungspreisen führen können und damit auch einen wesentlichen **Faktor iRd Vergleichsanalyse** darstellen.

b) Mengenrabatte und Rabattstaffeln

99   **Mengenrabatte** haben in der Praxis eine herausragende Bedeutung. Zu den Mengenrabatten zählen allgemein alle diejenigen Preisnachlässe, die entweder von der **Absatzmenge** oder dem **Absatzwert,** dh dem Umsatz, abhängen.[164] Die grundsätzliche Zielsetzung bei der Gewährung von Mengenrabatten sind Kostenersparnisse für den Lieferanten, die sich aufgrund größerer Auftragsmengen ergeben. Bspw. können die Auftragsabwicklungs- und Vertriebskosten, ggf. auch die Herstellungskosten, bezogen auf eine einzelne Produkteinheit gesenkt werden.[165] Daneben wird dem Kunden ein zusätzlicher Anreiz zur Bestellung größerer Mengen geboten. Im Folgenden werden die Mengenrabatte genauer differenziert.

100   Eine erste Unterteilung kann anhand der Bezugsgröße für die Gewährung der Rabatte erfolgen. Hierbei kann man zwischen **perioden- und auftragsgrößenbezogenen Mengenrabatten** unterscheiden.[166] Das Hauptkennzeichen der periodenbezogenen Mengenrabatte besteht darin, dass die Höhe des Rabatts vom Gesamtumsatz innerhalb einer bestimmten Bezugsperiode abhängt. Erfolgt der Preisnachlass am Ende dieses Zeitraums, spricht man von einem Bonus. Eine andere Alternative nimmt Bezug auf die vorangegangene Periode und gewährt davon abhängig mit Beginn der neuen Periode den ent-

---

[163] Vgl. *NDH*, 755.
[164] Vgl. *Berndt*, 258.
[165] Vgl. *Bauer* in Böcker/Dichtl, 213 ff.
[166] Vgl. *Männel*, 14 ff.

sprechenden Rabatt. Die grundsätzliche Zielsetzung liegt in der Erhöhung der Treue des Kunden gegenüber dem Lieferanten und hierdurch entsprechend höheren Jahresbestellmengen.

Die periodenbezogenen Gesamtmengenrabatte lassen sich weiterhin danach **101** unterscheiden,[167] ob es sich um **fixe oder proportionale Mengenrabatte** handelt. Zu ersteren gehören solche, bei denen der Rabatt als Absolutbetrag gewährt wird. Bei letzteren wird der Preisnachlass als fester Prozentsatz auf den Listenpreis festgelegt.

Beispiel: Ein Hersteller legt für sein Produkt einen Listenpreis von 100 € pro Stück fest. Ein gesamtmengenbezogener Rabatt (Bonus) wird ab 80 000 € (800 Stück) Umsatz pro Jahr gewährt. Der Hersteller kann bestimmen, ob er ab 800 Stück einen fixen Mengenrabatt in Höhe von 2400 € oder einen proportionalen mit einen Prozentsatz von 3% auf die 100 € pro Stück festlegt.

Die **auftragsgrößenbezogenen Mengenrabatte** sind von der Größe des **102** einzelnen Auftrags abhängig. Hierbei kann differenziert werden zwischen unmittelbar mengenabhängigen, dh an der Stückzahl orientierten, und umsatzwertabhängigen, dh vom Gesamtwert des Auftrags abhängigen Rabatten. Aufgrund von Wirtschaftlichkeitsaspekten wird letzteren in der Praxis idR der Vorzug gegeben.[168]

Beispiel: Ein Unternehmen stellt vier verschiedene Produkte mit sehr unterschiedlichen Preisen her (Produkt 1: 15 € pro Stück, 2: 30 € pro Stück, 3: 100 € pro Stück, 4: 250 € pro Stück). Bei unmittelbar mengenabhängigen Rabatten müssen für jedes Produkt spezielle Rabatte bzw. Rabattstaffeln festgelegt werden. Für Produkt 1 wird ab 400 Stück ein Preisnachlass von 2% gewährt, bei Produkt 2 bereits ab 200 Stück, bei Produkt 3 hingegen schon ab 60 Stück etc. Für umsatzwertabhängige Preisnachlässe ist ein einziger Rabattsatz ausreichend. Ab 6000 € Umsatz pro Produkt beträgt der Preisnachlass 2% des Umsatzes.

Das Hauptziel bei der Gewährung auftragsgrößenbezogener Mengenrabatte **103** stellt für den Lieferanten die Ausnutzung von **Kostendegressionseffekten** dar. Diese können aufgrund einer geringeren Anzahl mit gleichzeitig größerem Volumen generiert werden. Die daraus resultierenden Kosteneinsparungen können dann mit Hilfe von Rabatten teilweise an die Abnehmer weitergeleitet werden. Als Nebeneffekt sinkt die Möglichkeit eines Lieferantenwechsels mit geringer Anzahl an Bestellungen.[169]

Kostensenkungspotenziale können zum einen im Bereich der Lieferkosten **104** (Kosten der Auftragsbearbeitung, Transportkosten, Abschlussprämien etc.), zum anderen bei den Produktions- und Lagerkosten (Zwischenlagerkosten, Einsparungen aufgrund optimaler Losgrößen, Kostendegression infolge des Erfahrungskurveneffekts, etc.) ausgenutzt werden. Prinzipiell ist es für den Anbieter bei der Rabattgewährung entscheidend, dass eine Überkompensation der aus den Preisnachlässen resultierenden Erlösschmälerung durch die Kostendegressionseffekte stattfindet. Weiterhin stellt sich ein eher psycho-

---

[167] Vgl. *Backhaus/Voeth,* 239 f.
[168] Vgl. *Männel,* 14 ff.
[169] Vgl. *Backhaus/Voeth,* 239 f.

logisches Problem,[170] nämlich die Entscheidung über die geeignete **Rabatt-schwelle.** Es gilt den Punkt zu finden, an dem der Käufer tatsächlich bereit ist, größere Aufträge zu vergeben, um in den Genuss des Rabatts zu kommen. Allerdings existiert auch auf Kundenseite ein rationales Kostenelement. Der Nachfrager wird ebenfalls seine Kostenveränderung (Einstandskosten, bestellfixe Kosten, Lager- und Transportkosten) in Beziehung zu den Einsparungen durch die gewährten Rabatte setzen.[171]

105 Eine zweite Unterteilung von Rabattsystemen kann danach erfolgen, ob es sich um **direkte** oder **indirekte Rabatte** handelt.[172] Ein direkter Mengenrabatt liegt vor, wenn der Preisnachlass direkt vom Listen- bzw. Rechnungspreis abgezogen wird. Für Boni gilt entsprechend, dass die Gutschrift direkt rückerstattet wird. Zu den indirekten Preisnachlässen gehören insb. die **Naturalrabatte,** die in Form von zusätzlichen **Gratismengen** gewährt werden. Ein indirekter Rabatt ist aber bspw. auch bei **Verzicht auf Frachtkosten** ab einer bestimmten Auftragsgröße gegeben. Diese – auf den ersten Blick vielleicht eher unwichtig erscheinende – Differenzierung kann erhebliche wirtschaftliche Unterschiede mit sich bringen.

Beispiel: Ein Unternehmen stellt sowohl Aluminium- als auch Gießereiprodukte her. Die Aluminiumerzeugnisse sind leicht und relativ klein, die aus Guss sind im Vergleich größer und schwerer. Ein umsatzabhängiger Rabatt wird bei 2 % ab 40 000 € Einzelauftragsvolumen festgesetzt, dh er liegt für 40 000 € bei 800 €. Abnehmer A bestellt Aluminiumprodukte für 40 000 €. Da die Produkte leicht und klein sind und sein Standort in der Nähe des Herstellers liegt, betragen die Frachtkosten nur 650 €. In diesem Fall wäre für den Lieferanten ein indirekter Rabatt durch Übernahme der Frachtkosten günstiger. Kunde B bezieht für 40 000 € die großen und schweren Gießereierzeugnisse. Außerdem liegt sein Unternehmen etwas weiter entfernt, so dass sich die Transportkosten auf 1800 € belaufen. Demzufolge wäre in dieser Situation für den Lieferanten die direkte Rabattgewährung von Vorteil.

106 Die letzte, für die Praxis äußerst wichtige Einteilung unterscheidet sog. „angestoßene" und „durchgerechnete" Mengenrabatte.[173] Den Ausgangspunkt stellt die prozentuale Angabe des Rabattsatzes als Funktion des auftragsgrößen- bzw. periodenbezogenen Umsatzwertes dar. Des Weiteren werden Rabattschwellen festgelegt, an denen sich der Rabattsatz jeweils sprunghaft erhöht. Bei der **durchgerechneten Methode** wird der gerade gültige Rabattsatz auf den gesamten Auftrag bzw. das gesamte Auftragsvolumen der Periode bezogen. Der absolute Rabattbetrag lässt sich durch Multiplikation des Umsatzwertes mit dem Rabattsatz ermitteln.

Beispiel: Es gelten folgende Rabattsätze: 1 % bei 50 000–100 000 € Umsatz, 3 % bei 100 000–150 000 € Umsatz und 7 % ab 150 000 € Umsatz. Kunde A hat ein Auftragsvolumen von 60 000 €, Kunde B von 65 000 €. Beide fallen in die „Kategorie 1 %", sie erhalten 600 € bzw. 650 € Rabatt. Der Abnehmer C bestellt für 110 000 € Umsatz, D für 120 000 € und E für 135 000 €. Sie alle fallen in die „Kategorie 3 %" und erhalten

---

[170] Vgl. *Bauer* in Böcker/Dichtl, 214.
[171] Vgl. zu den – meist sehr mathematischen – Modellen zur Optimierung der Mengenrabatte u. a. *Harder*, 1980; *Bauer*, 1987.
[172] Vgl. *Männel*, 15 f.
[173] Vgl. *Männel*, 16 ff.

demzufolge einen Rabatt in Höhe von 3300 €, 3600 € bzw. von 4050 €. Kunde F mit
einem Umsatz von 163 000 € erhält 11 410 € Preisnachlass, da ihm vom Bestellwert
7% nachgelassen werden. Insgesamt erhalten die Abnehmer Rabatte in Höhe von
23 240 €.

Bei den **angestoßenen Rabattstaffeln** gelten die jeweiligen Rabattsätze   **107**
nur für die auf den entsprechenden Staffelbereich entfallenden Umsatzanteile.
Zur Berechnung des absoluten Gesamtrabattbetrags müssen die absoluten Beträge der einzelnen Bereiche aufsummiert werden.

Beispiel: Es gelten die gleichen Umsätze und Rabattschwellen sowie Rabattsätze
wie aus dem vorgenannten Beispiel. Bei einem System mit angestoßenen Rabattstaffeln erhält Kunde A einen Rabatt von 100 €, was einem durchschnittlichen Rabattsatz
von 0,17% entspricht. Für Kunde B gibt es 0,23%, dh 150 €. Kunde C erhält 800 €
(Durchschnittssatz 0,73%), Kunde D erhält 2000 € (Durchschnittssatz 0,92%) und
Kunde E bekommt 1550 € (Durchschnittssatz 1,10%). Dem Kunden F werden 2910 €
gewährt, was einem durchschnittlichen Rabattsatz von 1,80% entspricht. In der Gesamtsumme liegt die Rabattbelastung des Lieferanten bei 7510 €.

Wie aus den beiden Beispielen ersichtlich, kann die Entscheidung über angestoßene oder durchgerechnete Mengenrabatte erhebliche preisliche und
somit finanzielle Unterschiede hervorrufen. Gerade im Rahmen der Verrechnungspreisgestaltung wird durch diese Auswahlmöglichkeit ein weiter
Spielraum geschaffen.

Wann sich welche Art von **Rabattstaffel** als sinnvoll erweist, ist auf der ei-   **108**
nen Seite vom Rabattbewusstsein der Kunden abhängig, auf der anderen Seite von der Art des Kostensenkungseffekts.[174] Mit Hilfe von Umsatzstatistiken
lässt sich zunächst das Rabattbewusstsein der Abnehmer ermitteln. Bezüglich
der Kostenersparnis kann tendenziell festgestellt werden, dass eine durchgerechnete Rabattstaffel verwendet werden sollte, wenn die Kostensenkung den
gesamten Umsatzbereich betrifft. Können Kosten jedoch nur im Bereich des
jeweiligen Zusatzumsatzes oberhalb bestimmter Rabattschwellen eingespart
werden, ist eine angestoßene Rabattstaffel sinnvoll. Da sich für die Berechnung der Vorteilhaftigkeit keine allgemein gültigen Kostenfunktionen aufstellen lassen, müssen die aus der Anwendung der beiden Methoden resultierenden Effekte jeweils für den Einzelfall berechnet werden.

c) Rabatte und Produktlebenszyklus

Ein Ansatz zur Definition der bei konzerninternen Leistungsbeziehungen   **109**
angewendeten Rabattstaffeln kann darin bestehen, die jeweiligen Rabattarten
den einzelnen Stufen des **Produktlebenszyklus** zuzuordnen. Demzufolge
könnte eine Unterteilung in Einführungsphase, Wachstumsphase, Reifephase,
Sättigungsphase und Degenerationsphase erfolgen. Die Gründe für die Anwendung einer bestimmten Rabattart ergeben sich bei einer solchen Argumentation häufig schon alleine aus dem aktuellen Status des Produktlebenszyklus.

Die in der **Einführungsphase** hauptsächlich zu findenden Preisnachläs-   **110**
se stellen die Zeitrabatte dar, insb. die Einführungsrabatte. Je nachdem, ob es

---

[174] Vgl. *Backhaus/Voeth*, 240.

sich um ein gänzlich neues Produkt oder um die Variation eines Vorgänger-
produkts handelt, werden eventuell noch parallel Auslaufrabatte gewährt. Im
Rahmen der Preisvergleichsmethode, v. a. bei Durchführung des **inneren
Preisvergleichs,** sind für die Gestaltung und Überprüfung der Verrechnungspreise die verschiedenen Rabattarten voneinander abzugrenzen. Dabei
ist insb. danach zu differenzieren, ob die Rabattgewährung **direkt oder indirekt** erfolgt sowie danach, ob nur **ein Rabattsatz besteht oder mehrere,** die bspw. mengenmäßig gestaffelt sind. Wird einem unabhängigen Unternehmen ein Naturalrabatt in Form von kostenlosen Zusatzlieferungen
gegeben, einer verbundenen Gesellschaft hingegen ein direkter Nachlass auf
den Listenpreis, bzw. vice versa, können bei der Überprüfung der Verrechnungspreise aufgrund der Unterschiedlichkeit der Rabattgewährung Probleme bei der Quantifizierung und dem Vergleich der unterschiedlichen Rabatte
auftreten.

Beispiel (Fortsetzung des Beispiels aus Rn. 105): Das Produktionsunternehmen verkauft seine Aluminium- und Gießereiprodukte sowohl an eine verbundene
Schwestergesellschaft als auch an ein unabhängiges Unternehmen und gewährt in beiden Fällen einen Einführungsrabatt in Höhe von 20% auf den Listenpreis der neuen
Produkte sowie einen Auslaufrabatt von 20% auf den Listenpreis der alten Produkte.
Die Rabatte werden gegenüber der Schwestergesellschaft als Naturalrabatte gewährt,
während das unabhängige Unternehmen direkte Rabatte in Form eines Preisnachlasses
auf die gekauften Produkte erhält. Wenngleich der Rabatt jeweils 20% auf den Listenpreis beträgt, kann die Äquivalenz der beiden Rabattformen und damit die Angemessenheit in Bezug auf die Schwestergesellschaft nicht ohne weitere Untersuchung unterstellt werden. So gilt der Naturalrabatt nur bei einer Mindestabnahmemenge bzw.
bei einer Bezugsmenge entsprechend der Rabattstaffel, während der direkte Rabatt auf
jede Bezugsmenge anwendbar ist. Es stellt sich weiterhin die Frage, ob die beim Naturalrabatt zusätzlich erworbenen Produkteinheiten von der Schwestergesellschaft in gleicher Weise wirtschaftlich verwertet werden können, wie dies bei einem direkten Rabatt der Fall wäre (zB sind ggf. Zusatzkosten im Zusammenhang mit dem Bezug der
zusätzlichen Produkteinheiten oder der Aufwand für den Vertrieb der in Form des Na-
turalrabatts zusätzlich erworbenen Produkte zu berücksichtigen).

111   Mit Beginn der **Wachstumsphase** werden die Einführungsrabatte durch
Mengenrabatte abgelöst. Diese können zunächst auftragsgrößenbezogen und
in einer späteren Phase periodenbezogen (zB als Bonus oder ggf. als Treuerabatt) gewährt werden. Ab welchem konkreten Zeitpunkt Mengenrabatte gewährt werden, ist davon abhängig, ab wann sich durch Rabatte und somit
größere Aufträge Kostendegressionseffekte erzielen lassen. Für den Fremdvergleich ist es wichtig, dass dieselben Rabattstaffeln – durchgerechnet oder angestoßen – wie bei Fremdpreisen zur Anwendung gelangen, denn diese sind
vorrangig durch Kostenersparnisse begründet.

Beispiel: Eine Produktionsgesellschaft mit Sitz in Land A verkauft ein Produkt sowohl an ihre Vertriebstochter als auch an ein unabhängiges Unternehmen, die beide in
Land B ansässig sind. Es gelten jeweils die gleichen Listenpreise für den Bezug der
Produkte. Für den Umsatzbereich 150 000–200 000 € gewährt die Produktionsgesellschaft 5% Rabatt. Aus Sicht der Produktionsgesellschaft ist die angestoßene Rabattmethode kosteneffizient. Unterstellt man bspw. für beide Abnehmer einen Produktein-
kauf im Wert von 180 000 €, liegt der jeweilige Rabattbetrag bei 1500 € (5% von

30 000 €), während sich bei einem durchgerechneten Rabatt ein Rabattbetrag in Höhe von jeweils 9000 € ergibt.

Erhalten die Vertriebstochter und das unabhängige Unternehmen den gleichen Rabatt (in Bezug auf Rabattsatz und Rabattmethode) auf den Listenpreis, ist der sich netto ergebende Verrechnungspreis bei ansonsten gleichen Liefer- und Vertragsbedingungen exakt gleich und daher auch für steuerliche Zwecke zu akzeptieren. Anders verhält es sich, wenn die Vertriebstochter einen durchgerechneten Rabatt von 5 % und der unabhängige Abnehmer einen angestoßenen Rabatt von 5 % erhält (Minderung der Einkünfte der Produktionsgesellschaft in der „kontrollierten" Transaktion) bzw. wenn umgekehrt die Vertriebstochter einen angestoßenen Rabatt von 5 % und der unabhängige Abnehmer einen durchgerechneten Rabatt von 5 % erhält (Minderung der Einkünfte der Vertriebstochter).

In der **Reife- bzw. Sättigungsphase** kommt die Rabattgewährung voll **112** zum Tragen. Bei entsprechender Festsetzung der **Mengenrabattsätze** können Kostensenkungspotenziale sehr gut ausgenutzt werden. Darüber hinaus ist in dieser Phase das Rabattbewusstsein vieler Kunden hoch, da oft eine ausreichende Anzahl von Konkurrenzprodukten existiert, auf die ausgewichen werden kann. Die Preis- und somit auch die Rabattpolitik wird somit zu einem der wichtigsten Wettbewerbsfaktoren. Des Weiteren ist der Spielraum für die Rabattgewährung in Form von Treuerabatten bzw. Boni sowie auftragsgrößenbezogenen Preisnachlässen umso größer, je höher die durch Kostendegression erzielten Deckungsbeiträge der jeweiligen Produkte sind.

Prinzipiell gilt auch in dieser Phase des Produktlebenszyklus, dass die Rabatte dem Fremdvergleich standhalten müssen. Mit der Akzeptanz seitens der Finanzbehörde kann nur gerechnet werden, wenn sowohl für verbundene als auch für unabhängige Unternehmen dieselben Methoden und Rabattsätze herangezogen werden bzw. wenn für unterschiedliche Rabatte wirtschaftliche Gründe bestehen.

In der **Degenerationsphase** werden im Normalfall weiterhin die in der **113** Reifephase eingeführten Rabatte und Boni gewährt, ihnen kommt aber nicht mehr eine so große Bedeutung für den Markterfolg zu, da das Produkt in absehbarer Zeit aus dem Markt genommen bzw. durch ein Nachfolgeprodukt ersetzt werden wird. Neue Rabattprogramme werden nur noch als zeitabhängige Preisnachlässe bzw. als **Auslaufrabatte** initiiert.

Beispiel (Fortsetzung des Beispiels aus Rn. 110): Wird der verbundenen Schwestergesellschaft ein Auslaufrabatt von 20 % auf das alte Produkt gewährt, dem unabhängigen Unternehmen jedoch nicht, bedarf dies einer wirtschaftlich nachvollziehbaren Begründung. Andernfalls ist davon auszugehen, dass der Verrechnungspreis nicht dem Fremdvergleichspreis entspricht (Minderung der Einkünfte der Produktionsgesellschaft in der „kontrollierten" Transaktion)

Die **Lebenszyklen** eines **Produkts** verlaufen in verschiedenen Ländern **114** nicht zwangsläufig parallel zueinander. Je nach den örtlichen Verhältnissen[175] können sogar erhebliche Diskrepanzen auftreten. Unterschiedliche Rabattsätze und somit divergierende Verrechnungspreise für Abnehmer aus verschie-

---

[175] Hierzu zählen bspw. Zeitpunkt der Einführung des Produktes auf dem Markt und genereller Entwicklungsstand des Marktes.

denen Ländern können daher gerechtfertigt sein. Allerdings müssen auch
dann die Preisnachlässe für verschiedene Abnehmer im jeweiligen Land einer
ähnlichen Systematik folgen, unabhängig davon, ob es sich um ein verbundenes oder ein nicht verbundenes Unternehmen handelt.

Beispiel: Eine Produktionsgesellschaft im Land Z liefert ein Produkt an verbundene Vertriebsgesellschaften in den Ländern A, B, und C. Darüber hinaus beliefert sie in
allen drei Ländern jeweils eine unabhängige Vertriebsgesellschaft.

In Land A befindet sich das Produkt am Anfang der Wachstumsphase und es werden
auftragsgrößenbezogene angestoßene Mengenrabatte von 1%, 3%, 5% und 7% für bestimmte Umsatzgrößen gewährt. In Land B ist das Produkt gerade erst eingeführt worden, es wird den Abnehmern ein Einführungspreisnachlass von 20% zugestanden.
Demzufolge liegen hier die Verrechnungs- und auch die Fremdpreise deutlich unter
denen von Land A. In Land C hat das Produkt die Sättigungsphase erreicht. Aus Kostengründen werden periodenbezogene, durchgerechnete Mengenrabatte (Boni) von
1%, 3%, 5% und 7% entsprechend verschiedener Umsatzgrößen gewährt, dh die absoluten Rabattbeträge sind höher als in Land A, aber niedriger als in Land B.

Auf Basis dieser Rabattkonditionen ergeben sich in jedem der drei Länder A, B und
C unterschiedliche Produktpreise. Es empfiehlt sich, die jeweils genannten länderspezifischen Rabatte sowohl den verbundenen als auch gegenüber den nicht verbundenen
Vertriebsgesellschaften zu gewähren, da andernfalls ein Verhalten nach dem Maßstab
des Fremdvergleichs ggf. nicht nachgewiesen werden kann.

d) Rabatte in den Verwaltungsgrundsätzen

115   Ihre Grundlage in den VGr finden Rabatte auf Verrechnungspreise in
Tz. 2.1.5, wonach „zur Ermittlung von Fremdpreisen (…) die **Daten** heranzuziehen [sind], **auf Grund derer sich** die **Preise zwischen Fremden im
Markt bilden**". Da **Preisnachlässe** zwischen Fremden bei bestimmten Gegebenheiten durchaus üblich sind, muss prinzipiell gleiches für die Festsetzung von Verrechnungspreisen gelten.

116   Unterstützt wird dieser Aspekt durch Tz. 2.1.6 Satzteil c) VGr, demgemäß
betriebswirtschaftliche Daten, welche die Preisbildung auf freien Märkten
beeinflussen, als Anhaltspunkte zur Bestimmung von Fremdpreisen herangezogen werden können. Die Rabattgewährung ist ein Teilgebiet der Preispolitik,
diese wiederum gehört in den Bereich der betriebswirtschaftlichen Grundlagen. Demzufolge sind Preisnachlässe ein Anhaltspunkt bei der Fremdpreisfin-
dung, somit auch bei der Festsetzung von Verrechnungspreisen. In Tz. 2.1.7
VGr werden dann Mengenrabatte erwähnt, dh sind sie handelsüblich, müssen
sie berücksichtigt werden.

117   Eine weitere Basis für die Akzeptanz von Rabatten lässt sich aus Tz. 2.1.3
VGr ziehen. Dort heißt es, dass für die Einkunftsabgrenzung u.a. Struktur
und Organisation der einzelnen nahestehenden Unternehmen zu beachten
sind. Hat ein Konzern die Tochtergesellschaften als Profit Center organisiert,
handeln diese zur Erzielung eines guten Ergebnisses idR wie unabhängige
Unternehmen. Können über (Mengen-)Rabatte Kostensenkungspotenziale
ausgenutzt werden, bedienen sich die Profit Center auch bei Geschäften mit
verbundenen Unternehmen der Preisnachlässe zur Erzielung der gewünschten Absatzeffekte (zB Verkaufsförderung).

118   Allerdings können Probleme bei der Angemessenheitsprüfung auftreten,
wenn in der Branche Rabatte nachweislich nicht üblich sind. Denn nach

Tz. 2.1.8 VGr darf ein ordentlicher Geschäftsführer den ihm gegebenen Spielraum, den er u. a. durch die Möglichkeiten der Rabattpolitik bekommt, nur insoweit ausnutzen, als es den Gepflogenheiten der Branche entspricht.

Im Folgenden wird die Problematik der Rabattgewährung im Rahmen **119** der Preisvergleichsmethode näher durchleuchtet, insb. im Hinblick auf die für Warenlieferungen aufgestellten Grundsätze.[176] Die erste Voraussetzung, nach der es sich um **gleichartige Güter oder Waren** handeln muss, sei als gegeben angenommen.

Der zweite Aspekt fordert für die Ermittlung des Fremdpreises **vergleich-** **120** **bare Mengen.** Kann ein Preisvergleich für mengen- bzw. umsatzgleiche Lieferungen durchgeführt werden, ergeben sich keine weiteren Schwierigkeiten. Anders gestaltet sich die Situation, wenn zwar dasselbe Produkt, jedoch in deutlich unterschiedlichen Mengen verkauft wird. Hier kann argumentiert werden, dass nach Tz. 2.2.2 VGr, letzter Absatz, bei Eliminierung der abweichenden Faktoren auch ein indirekter Preisvergleich zulässig ist. Kann die Existenz von Rabattstaffeln in Abhängigkeit von der Bezugsmenge am Markt nachgewiesen werden, können anhand dieser Marktdaten entsprechende Verrechnungspreisfestsetzungen erklärt werden, da der Störfaktor „unterschiedliche Mengen" eliminiert wird.

Beispiel: Eine Produktionsgesellschaft hat folgende durchgerechnete Rabattstaffel **121** aufgestellt: 1 % von 90 000–110 000 € Umsatz pro Jahr, 3 % von 110 000–150 000 €, 5 % von 150 000–200 000 € und 7 % über 200 000 €. Das Produkt hat einen Listenpreis von 1 000 €. Ein unabhängiges Unternehmen U1 bezieht Waren im Wert von 100 000 €, dh es zahlt nach Rabatt 990 € pro Stück. Für die Tochtergesellschaft A mit einem Umsatz von 180 000 € gilt nach Abzug des Rabatts ein Verrechnungspreis von 950 € pro Stück. Das unabhängige Unternehmen U2 und die Tochtergesellschaft B kaufen für jeweils 240 000 € pro Jahr und zahlen nach Rabatt 930 € pro Stück. Da die oben erwähnte Rabattstaffel nachweisbar in gleicher Form für verbundene und für nicht verbundene Unternehmen Anwendung findet, halten die unterschiedlichen Verrechnungspreise der Angemessenheitsprüfung stand.

Bezüglich der Nachweisbarkeit stellt sich noch die Frage, ob die Festlegung **122** der Rabattstaffeln explizit in schriftlicher Form vorliegen muss oder ob entsprechende Anweisungen an den Vertrieb genügen. Wenn es sich um eine betriebsinterne Regelung handelt, dh wenn der Abnehmer auf den Rabatt ausnahmsweise **keinen Rechtsanspruch** hat, ist **eine interne Anweisung ausreichend,** sofern ein konsequentes Handeln aus vorausgegangenen Geschäftsvorfällen ersichtlich ist. IdR erhalten die konzerninternen als auch die konzernfremden Abnehmer jedoch eine im Voraus festgelegte **vertragliche Rabattregelung,** an die die Vertragsparteien gebunden sind. Im Hinblick auf das von der Rechtsprechung und der FinVerw. aufgestellte Erfordernis der „im Voraus klar und eindeutig getroffenen Vereinbarung" empfiehlt es sich dringend, entsprechende vertragliche **Regelungen schriftlich** zu treffen.

Ein dritter Grundsatz ist ebenfalls von besonderer Bedeutung, nämlich **123** die Voraussetzung, dass **wirtschaftlich vergleichbare Absatzmärkte** vor-

---

[176] Vgl. VGr 1983, Tz. 3.1.1.

liegen. Unter Berücksichtigung dieses Aspektes ist ein direkter Fremdvergleich eigentlich nur zwischen Geschäften möglich, die innerhalb eines Landes abgewickelt werden. Die Rabattgewährung und somit die Höhe der Fremd- und Verrechnungspreise können in verschiedenen Ländern bspw. durch die Entwicklungsstufe oder staatliche Restriktionen des jeweiligen Landes beeinflusst werden.

Beispiel 1: Eine Muttergesellschaft verkauft ein Produkt zu 100 € pro Stück. Ein unabhängiger Abnehmer in Land A bekommt 20% Einführungsrabatt, da in seinem Land ein neuer Markt für das Produkt erschlossen werden soll. Die Tochtergesellschaft in Land B erhält nur einen Treuerabatt von 2% auf das bereits im Markt etablierte Produkt. Der Fremdpreis von 80 € und der Verrechnungspreis von 98 € sind aufgrund unterschiedlicher Verhältnisse in den Absatzmärkten nicht direkt vergleichbar.

Beispiel 2: Ein Produktionsunternehmen vertreibt ein Produkt an ein Fremdunternehmen im Inland, für das aufgrund gesetzlicher Regelungen jegliche Rabattgewährung verboten ist, zum Listenpreis von 400 € pro Stück. Abnehmer ist aber auch eine Schwestergesellschaft im Ausland, die – erlaubterweise – einen Mengenrabatt von 3% erhält. Auch in diesem Fall sind der Fremdpreis von 400 € und der Verrechnungspreis von 388 € nur indirekt vergleichbar.

124   Die Forderung nach **vergleichbaren Handelsstufen** ist insb. von Interesse, wenn ein Unternehmen Geschäftsbeziehungen sowohl zu Industrie- als auch zu Großhandelsunternehmen unterhält. Letzteren werden idR nicht unbedeutende Funktionsrabatte gewährt. Ein direkter Fremdvergleich ist bei unterschiedlichen Handelsstufen idR nicht durchführbar. Die einzige mögliche Alternative stellt ein indirekter Preisvergleich dar, falls eine konkrete Spezifikation der einzelnen Rabattarten möglich ist, durch die Eliminierung des Funktionsrabatts mittels Anpassungsrechnungen.

Beispiel: Ein Produktionsunternehmen verkauft ein Produkt zu 120 € Listenpreis pro Stück an einen unabhängigen Großhändler, aber auch an eine weiterverarbeitende Schwestergesellschaft. Letztere bekommt einen Bonus von 5%, dh der Verrechnungspreis beträgt 114 €. Dem Großhandelsunternehmen wird ein Preisnachlass von 25% gewährt, dh es zahlt 90 €.
a) Fallkonstellation 1: Der Rabattsatz von 25% kann nachweislich aufgeteilt werden und setzt sich aus 5% Bonus und 20% reinen Funktionsrabatt für die Übernahme bestimmter Aufgaben zusammen. Ein indirekter Preisvergleich kann durchgeführt werden.
b) Fallkonstellation 2: Der Rabatt kann nicht spezifiziert werden, da er ausschließlich einen großhandelstypischen Funktionsrabatt darstellt. Ein – auch indirekter – Preisvergleich ist nicht möglich.

125   Der Grundsatz **vergleichbarer Lieferungs- und Zahlungsbedingungen** betrifft im Allgemeinen auch die Höhe der Rabatte, dh die Preisnachlässe der zu vergleichenden Geschäfte müssen sich entsprechen. Eine speziellere Problematik ergibt sich bezüglich direkter und indirekter Rabatte, die zu sehr unterschiedlichen, aber auch ähnlichen Ergebnissen führen können. Aus dieser Sicht ist ein Verrechnungspreis nicht zwangsläufig ungerechtfertigt, nur weil er vom Fremdpreis abweicht.

Beispiel: Eine Muttergesellschaft hat für ein Produkt, das sie an eine Vertriebstochter V und ein unabhängiges Unternehmen U liefert, einen Listenpreis von 200 € pro Stück festgesetzt. Für einen Umsatz zwischen 150 000 € und 200 000 € wird U ein durchgerechneter Mengenrabatt von 5 % gewährt. Für V hingegen werden die Transportkosten übernommen; es liegt ein indirekter Rabatt vor.

U kauft Waren für 180 000 € und erhält demzufolge einen Rabatt in Höhe von 9000 €, dh U zahlt einen Stückpreis von 190 €. V kauft Waren im Gesamtwert von 160 000 € und zahlt den vollen Listenpreis von 200 €. Die von der Muttergesellschaft vereinbarungsgemäß übernommenen Transportkosten betragen 7950 €. Bezieht man diesen indirekten Rabatt in die Berechnungen ein, so kommt man umgerechnet ebenfalls zu einem Preis von ca. 190 € pro Stück. Somit ist der höhere Verrechnungspreis im Endresultat doch gerechtfertigt.

Abschließend stellt sich noch die Frage, wie die Beurteilung von Rabatten **126** auf Produkte erfolgen soll, für die kein freier Markt besteht (wie zB idR bei **Halbfertigprodukten**). Gelten für sämtliche Produkte eines Unternehmens umsatzwertabhängige Rabattstaffeln, so gelten diese Staffeln grundsätzlich auch dann, wenn die Veräußerung der Produkte nicht auf dem freien Markt erfolgt. Dies gilt unabhängig davon, ob die Rabattgewährung auftragsbezogen oder nachträglich in Form von Boni erfolgt. Da bei umsatzabhängigen Rabatten auf Halbfertigprodukte ein Fremdvergleich nicht durchführbar ist, muss in diesen Fällen die Angemessenheit des Preisnachlasses auf Basis betriebswirtschaftlicher Analysen hergeleitet werden. Bspw. kann ggf. anhand von Daten aus dem Rechnungswesen nachgewiesen werden, dass durch die Rabattgewährung Kostendegressionseffekte erzielt werden. Schwierig ist die Situation bei – oft nicht umsatzbezogenen – Treuerabatten, wenn keine vergleichbaren Fremdgeschäfte existieren. Gegebenenfalls kann argumentiert werden, dass alle Abnehmer einen bestimmten Treuerabatt entsprechend der Dauer ihrer Geschäftsbeziehungen zu dem Unternehmen erhalten. Ist hierfür ein für alle Kunden einheitlich angewendetes Konzept ersichtlich, sind solche Preisnachlässe auf Verrechnungspreise auch ohne direkten Fremdvergleich angemessen.

Wie aus den voranstehenden Ausführungen erkennbar ist, ergibt sich durch **127** eine gut gestaltete Rabattpolitik ein nicht unbedeutender Spielraum bei der Gestaltung von Verrechnungspreisen. Dabei ist ein Nachweis der Angemessenheit der Verrechnungspreise umso einfacher, je transparenter sich die gesamte Rabattpolitik des Unternehmens zeigt.

e) Preisdifferenzierung außerhalb der Rabattpolitik

Ein der Rabattpolitik verwandtes – in wirtschaftlicher Hinsicht oft sogar **128** zum gleichen Ergebnis führendes – Konzept stellt die **Preisdifferenzierung** dar, in deren Rahmen „ein und dasselbe Produkt an **verschiedene Käufergruppen** zu verschiedenen Preisen (...) [verkauft wird]".[177] Der wesentliche Unterschied der Preisdifferenzierung zur Rabattgewährung besteht darin, dass bei der Preisdifferenzierung kein einheitlicher Listenpreis existiert, auf den unterschiedliche Rabatte gegeben werden, sondern dass von vornherein verschiedene Preise festgesetzt werden. Als Gründe für eine Preisdifferenzierung können personelle, räumliche, zeitliche, quantitative, qualitative (ver-

---

[177] Vgl. *Berndt/Altobelli/Sander*, 216 f.

wendungsbezogene) sowie gestaltungsbezogene (sachliche) Aspekte ausschlaggebend sein.[178]

129   Für die Angemessenheitsprüfung von Verrechnungspreisen entsteht die hauptsächliche Problematik der Preisdifferenzierung dadurch, dass Listenpreis und Rabattstaffeln als **Ausgangsbasis** für den Fremdvergleich bzw. für die Durchführung von Anpassungsrechnungen fehlen. Ein indirekter Fremdvergleich wird oft nicht möglich sein, da ein fester Bezugspunkt für den Vergleich fehlt. Die Begründung der unterschiedlichen Höhe von (Verrechnungs-)Preisen muss daher anhand **betriebswirtschaftlicher Analysen** erfolgen.

130   Ein in der Praxis häufiger Grund für eine Preisdifferenzierung ist die **qualitative bzw. verwendungsbezogene Preisdifferenzierung.** Erstere liegt vor, wenn für Produkte mit A-Qualität und B-Qualität jeweils unterschiedliche Preise gefordert werden.

Beispiel: Ein Bekleidungshersteller vertreibt Herrenanzüge in A-Qualität (1. Wahl) an unabhängige Abnehmer, die in B-Qualität (2. Wahl) an eine Vertriebstochter, die diese Waren in einem speziellen Werksverkauf unterhalb des regulären Ladenpreises verkauft. Es ist gerechtfertigt, dass der Verrechnungspreis für die Anzüge in B-Qualität unter dem Fremdpreis für die Anzüge in A-Qualität liegt. Neben der unterschiedlichen Produktqualität können auch andere Aspekte – zB vertriebsorientierte Überlegungen (Anzüge in B-Qualität als „Einstiegsprodukt" für einen Hersteller von hochpreisigen Qualitätsanzügen) – eine Rolle spielen. Über die konkrete Höhe der Preisdifferenz muss aber im Einzelfall entschieden werden.

131   Eine verwendungsbezogene Preisdifferenzierung ist gegeben, wenn die Preise aufgrund unterschiedlicher Nutzung oder Weiterverarbeitung verschieden sind.

Beispiel: Die französische Muttergesellschaft eines Mineralölkonzerns verkauft Rohöl an zwei deutsche Tochtergesellschaften A und B. A verarbeitet das Rohöl weiter zu Heizöl, B zu Normal- und Superbenzin. Der A in Rechnung gestellte Verrechnungspreis für das Rohöl liegt unter dem von B gezahlten Preis. Diese Preisdifferenzierung kann angemessen sein, zB weil der Marktpreis für Benzin über dem für Heizöl liegt.

132   Ebenfalls in der Praxis häufig auftretend, in der Begründung jedoch nicht unproblematisch sind **individuelle Preisdifferenzierungen,** die idR aufgrund der Bedeutung eines Abnehmers für den Lieferanten gewährt werden. So kann ein niedrigerer Preis damit erklärt werden, dass der entsprechende Abnehmer einen hohen **Kundendeckungsbeitrag**[179] mit sich bringt, der mit Hilfe eines günstigeren Preises noch erhöht werden kann, wenn bspw. mit sinkendem Stückpreis die Abnahmemenge steigt. Dies kann zu einer besseren Auslastung der Produktionskapazitäten des Lieferanten, geringeren Stückkosten und damit wiederum zu einem verbesserten Deckungsbeitrag

---

[178] Vgl. *Böcker* 327.
[179] Unter Deckungsbeitrag versteht man den nach Abzug der variablen Kosten verbleibenden Erlösteil, der zur Deckung der Fixkosten herangezogen werden kann. Beim Kundendeckungsbeitrag wird ein durchschnittlicher Deckungsbeitrag pro Kunde aus allen ihm zurechenbaren Produktdeckungsbeiträgen ermittelt.

führen. Ein Angemessenheitsnachweis für individuelle Preisnachlässe kann neben der Durchführung von **Deckungsbeitragsanalysen** ggf. auch anhand von **industriespezifischen Erfahrungswerten** erfolgen. So ist bspw. in Teilen der Automobilzulieferindustrie ein prozentualer Preisnachlass je zusätzlich abgenommener Produktmenge üblich.

Ein weiterer Argumentationsgang stützt sich auf **Verbundeffekte,**[180] dh **133** der Verkauf eines Produkts wird durch den eines anderen verstärkt oder überhaupt erst möglich. Hat das geförderte Produkt einen starken Deckungsbeitrag, kann es sinnvoll sein, bei dem Produkt, das den Verbundeffekt auslöst, auf Teile des Deckungsbeitrags aufgrund eines entsprechend niedrigeren Preises zu verzichten. Im Endresultat kann ein insgesamt besserer Produkt- und Kundendeckungsbeitrag erzielt werden.

Ein weiterer Grund für eine individuelle Preisdifferenzierung liegt häufig **134** in der **Akquisition** neuer Abnehmer. Das ist zwar eine gängige Praxis, kann aber trotzdem bei der Angemessenheitsprüfung von Verrechnungspreisen zu erheblichen Schwierigkeiten führen, da die Preisnachlässe idR im Verhandlungsweg gewährt werden und nicht immer die Erzielung eines unmittelbaren wirtschaftlichen Vorteils ermöglichen. Dem **internen Preisvergleich** kann daher in solchen Fälle eine hohe Bedeutung zukommen. Hier liegt eine ähnliche Situation vor wie bei Einführungsrabatten. Ähnlich gelagert sind auch Fälle von individuellen Preisnachlässen zur Pflege langjähriger Geschäftsbeziehungen.

Beispiel: Ein Produktionsunternehmen verkauft sein Produkt an ein unabhängiges Unternehmen U für 350 € pro Stück. Ein Jahr zuvor galt für U als Neukunde ein Stückpreis von 320 €. Für die erstmals bei dem Produktionsunternehmen bestellende Schwestergesellschaft S wird nun ein Verrechnungspreis in Höhe von 320 € pro Stück festgesetzt. Dieser Preis ist angemessen, wenn nachgewiesen werden kann, dass sich die Marktverhältnisse seit dem vorangegangenen Jahr nicht erheblich verändert haben, denn das unabhängige Unternehmen U hat ein Jahr zuvor die Produkte zum gleichen Preis wie S bezogen.

Zeitliche Preisdifferenzierungen ergeben sich aus dem Zeitpunkt oder **135** dem Zeitraum, in welchem der Geschäftsvorfall realisiert wird:

Beispiel: Ausgangsbasis sei das Beispiel des Bekleidungsherstellers. Neben der Ware mit B-Qualität übernimmt die Vertriebstochter am Ende einer Saison auch die übriggebliebenen Herrenanzüge der A-Qualität und vertreibt diese im Werksverkauf unter Ladenpreis als Bekleidung der letzten Saison. Auch hier ist ein niedrigerer Verrechnungspreis gerechtfertigt, da die Ware aus der vorherigen Saison auch nur zu einem geringeren Preis am Markt veräußert werden kann.

Beispiel: Ein Produktionsunternehmen hat durch einen längerfristigen Vertrag mit einem unabhängigen Abnehmer eine Vollauslastung an 5 Tagen pro Woche mit jeweils 2 Schichten. Als Preis sind 25 € pro Stück festgelegt. Eine Schwestergesellschaft benötigt zur Vermeidung einer sonst drohenden Konventionalstrafe kurzfristig dasselbe Produkt. Um auch den Auftrag der Schwestergesellschaft erfüllen zu können, müssen die Mitarbeiter des Produktionsunternehmens Nacht- und Wochenendschichten leisten und erhalten hierfür entsprechende Lohnzuschläge. Da die Schwestergesellschaft durch

---

[180] Vgl. hierzu näher *NDH*, 689 ff.

die schnelle Lieferung einer zusätzlichen Kostenbelastung durch die Konventionalstrafe sowie einem Reputationsverlust gegenüber ihrem Kunden entgeht, ist von einem höheren Marktpreis der Sonderfertigung auszugehen und ein entsprechend höherer Verrechnungspreis angemessen.

136   **Räumliche Preisdifferenzierungen,** die idR bei Abnehmern in verschiedenen Ländern auftreten, können mehrere Ursachen haben. Zum einen kann sich das Produkt in verschiedenen Ländern in unterschiedlichen Phasen des Produktlebenszyklus befindet und somit divergierenden Marktchancen und Preisstrategien unterworfen ist. Zum anderen ist die nationale **Kaufkraft** und das **Preisniveau** am Markt so verschieden, dass gleiche Preise nicht möglich sind. Ein weiterer Grund kann darin bestehen, dass ein Unternehmen mittels niedriger Preise einen bisher nicht bearbeiteten Markt penetrieren will. In manchen Staaten verhindern auch staatliche Preiskontrollen eine freie Preisfestsetzung, dh es kann vorkommen, dass ein Verrechnungspreis ausschließlich aufgrund **staatlicher Restriktionen** von den Verrechnungs- oder Fremdpreisen für dasselbe Produkt bei Lieferung in andere Länder abweicht.

137   Eine **quantitative bzw. mengenbezogene Produktdifferenzierung** darf nicht mit einem Mengenrabatt verwechselt werden. Eine solche Differenzierung kann bspw. zur Anwendung kommen, wenn erhebliche Kostenunterschiede zwischen Groß- und Kleinaufträgen bestehen. Auf die daraus resultierenden unterschiedlichen Preise können davon unabhängig zusätzlich Mengenrabatte gewährt werden.

Beispiel: Ein unabhängiger Nachfrager gibt einem Produktionsunternehmen einen Auftrag zur Fertigung von 230 Stück eines Produkts. Die kostenoptimale Losgröße bei der Fertigung liegt bei 2000 Stück. In dieser Größenordnung bewegt sich der Auftrag seitens einer Schwestergesellschaft des Produktionsunternehmens. Der in Rechnung gestellte Verrechnungspreis kann unter dem Fremdpreis liegen, da in die Kalkulation des Fremdpreises die höheren Rüst- und Umstellkosten des kleineren Auftrags einfließen.

138   Ebenso wie die Rabattpolitik eröffnet die reine **Preisdifferenzierung** bei entsprechender Argumentation beträchtliche Gestaltungsspielräume bei der Festsetzung von Verrechnungspreisen. Wirtschaftlich begründete Preisunterschiede müssen von der FinVerw. iRd Verrechnungspreisprüfung anerkannt werden.

139–149   *(einstweilen frei)*

III. Wiederverkaufspreismethode
(Resale Price Method)

1. Grundsätze

150   Den Ausgangspunkt der **Wiederverkaufspreismethode**[181] bzw. der **Resale Price Method**[182] stellt der **Absatzpreis** dar, zu dem ein Unternehmen Waren, die es von einer anderen verbundenen Konzerngesellschaft erworben

---

[181] Vgl. VGr 1983, Tz. 2.2.3.
[182] Vgl. OECD-RL 2010, Tz. 2.21–2.38.

hat, an unabhängige Abnehmer weiterveräußert. Der Absatzpreis wird um eine **marktübliche Marge** gekürzt, die den von dem Wiederverkäufer übernommenen Funktionen und Risiken entspricht und einen angemessenen Gewinn beinhaltet. Der nach Abzug der Marge vom Absatzpreis verbleibende Wert ist der vom Wiederverkäufer an den nahestehenden Lieferanten zu zahlende Verrechnungspreis.

Beispiel: Die englische Konzerngesellschaft MG vereinbart mit der zum gleichen Konzern gehörenden deutschen Vertriebsgesellschaft V einen Produktpreis für die Lieferungen durch MG, der dem Endverkaufspreis (EVK) von V an Drittkunden abzüglich einer Wiederverkaufsmarge von 30% entspricht. Beispielhaft ermittelt sich der Lieferpreis von MG an V bzw. der Verrechnungspreis (VP) wie folgt:

EVK € 90,00, VP € 63,00
EVK € 100,00, VP € 70,00
EVK € 115,00, VP € 80,50.

Wie bei der Preisvergleichsmethode wird ein **transaktionsbezogener** 151 **Ansatz** verfolgt, i.R. dessen den „kontrollierten" Geschäftsbeziehungen „nicht kontrollierte" Geschäftsbeziehungen gegenübergestellt werden, die entweder unmittelbar vergleichbar sind oder bei denen die Vergleichbarkeit mit Anpassungsrechnungen hergestellt werden kann.[183] Die **Vergleichbarkeit der Produkte** hat bei der Anwendung der Wiederverkaufspreismethode jedoch eine geringere Bedeutung, da der Effekt von Produktunterschieden auf die Wiederverkaufsmarge geringer ist als auf den Produktpreis.[184] Eine weitere Parallele zur Preisvergleichsmethode besteht hinsichtlich der Möglichkeit, entweder einen **äußeren Vergleich** (Geschäftsbeziehungen **zwischen** fremden Dritten) oder einen **inneren Vergleich** (Geschäftsbeziehungen **mit** fremden Dritten) durchzuführen, wobei sich dieser Vergleich nicht auf den Preis eines Produktes sondern auf die Wiederverkaufsmarge bezieht.[185]

Der wesentliche **Anwendungsbereich** der Wiederverkaufspreismethode 152 ist die Ermittlung und Überprüfung der Verrechnungspreise bei der Durchführung von Vertriebsaktivitäten und hierbei insb. beim **Vertrieb von Waren.** Wesentliche Voraussetzung für die Anwendung der Wiederverkaufspreismethode ist, dass die Vertriebsgesellschaft als **Wiederverkäufer** der zuvor eingekauften Ware agiert. Eine weitere Bearbeitung, Umgestaltung oder anderweitige Veränderung der Ware vor deren Weiterverkauf erschwert die Anwendung der Wiederverkaufspreismethode, da neben die eigentliche Vertriebsfunkton uU eine **weitere (Produktions)Funktion** tritt. Davon abgesehen ist auch die **Vergleichbarkeit** stark eingeschränkt, wenn neben den Wiederverkauf eine weitere Funktion mit erheblichem wirtschaftlichen Gehalt tritt.[186] In solchen Fällen kann versucht werden, die wirtschaftlichen Effekte der anderen Funktionen (insbesondere die mit diesen Funktionen in Zusammenhang stehenden Erträge und Aufwendungen) durch **Anpassungsrechnungen** zu eliminieren. Sind solche Anpassungsrechnungen nicht mit

---

[183] Vgl. OECD-RL 2010, Tz. 2.23, 3.24.
[184] Vgl. OECD-RL 2010, Tz. 2.23.
[185] Vgl. OECD-RL 2010, Tz. 2.22.
[186] Vgl. OECD-RL 2010, Tz. 2.29.

ausreichender Exaktheit durchführbar, spricht dies gegen die Anwendung der Wiederverkaufspreismethode und für die **Verwendung einer anderen Verrechnungspreismethode.**

In gleicher Weise kritisch ist die Erbringung wirtschaftlich bedeutsamer **Dienstleistungen** im Zusammenhang mit dem Verkauf der Ware zu sehen. Werden bspw. zusammen mit dem Produkt langjährige und umfangreiche Service- und Wartungspakete angeboten und erfolgt deren Vergütung zusammen mit dem Warenpreis, besteht wiederum die Notwendigkeit zur **Trennung der unterschiedlichen Funktionen** „Produktverkauf" und „Dienstleistung" sowie der Durchführung von Anpassungsrechnungen. Ggf. muss der Verzicht auf die Anwendung der Wiederverkaufspreismethode erwogen werden, sollte eine solche Trennung nicht möglich sein. Die Erbringung wirtschaftlich nicht bedeutender Dienstleistungen ist hingegen als unschädlich anzusehen, zumindest bei Vorliegen branchenüblicher Leistungen und entsprechender Gleichartigkeit der Erbringung durch verschiedene Anbieter.[187] Die Abgrenzung der „wirtschaftlich bedeutenden" von der „wirtschaftlich nicht bedeutenden" Dienstleistung ist dabei einzelfallbezogen vorzunehmen.

153   Je nach Art und Umfang der vom Wiederverkäufer erbrachten **Leistungen** kann uU auch die Frage auftreten, ob die ausgeübte Tätigkeit als **Dienstleistung** qualifiziert oder ob **immaterielle Werte** geschaffen werden. Diese Frage kann bspw. entstehen bei der Mitwirkung lokaler Vertriebsgesellschaften an regionalen und überregionalen Werbemaßnahmen des Konzerns. Dabei kann uU die Bestimmung des **wirtschaftlichen Eigentümers** der ggf. neu geschaffenen oder verbesserten immaterieller Werte problematisch sein.

154   Der Wiederverkäufer hat iR seiner Vertriebsaktivitäten **direkten Kontakt** mit dem Endabnehmer. Es ist dessen primäre Aufgabe innerhalb der Wertschöpfungskette eines Konzerns, die Kundenbasis zu pflegen und zu erweitern. Aufgrund dieser Tätigkeit entwickelt und „besitzt" der typische Wiederverkäufer die mit der **Vertriebsaktivität in Zusammenhang stehenden immateriellen Werte,** wie zB Kundenbeziehungen/Kundenstamm, Vertriebs-Know-how sowie ggf. Vertriebsnetzwerke.

Darüber hinaus hat der Wiederverkäufer häufig auch technisches Know-how, das zur Beratung von Kunden und Durchführung von Reparaturen an den verkauften Waren erforderlich ist. Sofern der Wiederverkäufer über nicht vertriebsrelevante immaterielle Werte verfügt, stellt sich wiederum die Frage nach der Notwendigkeit einer funktionalen Trennung und Durchführung von Anpassungsrechnungen, um die nicht zur Vertriebsfunktion gehörenden Effekte zu extrahieren.

155   Die deutsche FinVerw.[188] wie auch die OECD[189] erkennen es als zulässig an, wenn die Wiederverkaufspreismethode bei einer **Lieferkette** über mehrere **verbundene Unternehmen** angewendet wird (Rn. 210ff.). In diesem Fall stellt der Endverkaufspreis an einen fremden Dritten ebenfalls den Aus-

---

[187] So können bspw. die Erstinstallation einer Anlage oder die jährliche Durchführung einer Kurzwartung zu den Leistungen gehören, die branchenüblich ohne separate Vergütung von einem Lieferanten erbracht werden.
[188] Vgl. VGr 1983, Tz. 2.2.3 vorletzter Satz.
[189] Vgl. OECD-RL 2010, Tz. 2.33.

gangspunkt dar, von dem dann jeweils um eine Stufe zurückgerechnet wird. Es kommt in solchen Fällen ggf. zur Anwendung der Wiederverkaufspreismethode über **mehrere Vertriebsstufen,** was insbesondere bei Einschaltung regionaler oder sektorspezifischer Zwischenvertriebsgesellschaften in einem Konzern eine nicht unübliche Praxis darstellt.

Besonders Augenmerk gilt in solchen Fällen dem **Funktions- und Risikoprofil** der vor- bzw. zwischengeschalteten Vertriebseinheiten. Ein exakt gleiches Profil wie bei dem letzten direkt mit dem Kunden in Beziehung stehenden Wiederverkäufer ist äußerst unwahrscheinlich. Dementsprechend werden bei Anwendung der Wiederverkaufspreismethode **unterschiedliche Wiederverkaufsmargen** zur Anwendung kommen müssen. UU muss auf eine andere Art der Vergütung der zwischengeschalteten Vertriebsgesellschaften zurückgegriffen werden.[190]

Der Wiederverkaufspreismethode kommt in der Verrechnungspreispraxis **156** eine erhebliche Bedeutung zu, weil sie **für den klassischen Produktvertrieb die typische Verrechnungspreismethode** darstellt. Deshalb kommt sie in vielen multinationalen Konzernen zur Anwendung. Da FinVerw. für die Prüfung der Verrechnungspreise häufig zunächst von der Höhe des Nettoergebnisses ausgehen und die Rohgewinnmarge tendenziell vernachlässigen, wird zusammen mit der Wiederverkaufspreismethode häufig eine **gewinnorientierte Methode zu Prüfzwecken** zusätzlich implementiert (Rn. 172 ff.). Damit lassen sich auch die uU **volatilen Ergebnisentwicklungen** bei Anwendung der Wiederverkaufspreismethode kontrollieren, die oft durch unerwartete Umsatzschwankungen ausgelöst werden.

2. Fremdvergleich

a) Margenbetrachtung

Zentrales Element der Verrechnungspreisbildung bei Anwendung der **157** Wiederverkaufspreismethode ist die **Wiederverkaufsmarge.** Diese stellt den **prozentualen Abschlag auf den Endverkaufspreis** dar. Hieraus bestreitet der Wiederverkäufer seine vertriebsbezogenen und operativen Kosten und erzielt den aufgrund der von ihm wahrgenommenen Funktionen, übernommenen Risiken und eingesetzten Wirtschaftsgüter angemessenen Gewinn. Nach Abzug der Wiederverkaufsmarge vom Endverkaufspreis verbleibt der **Bezugspreis der Ware,** maW der **Verrechnungspreis** zwischen Lieferant und Wiederverkäufer.

Die Wiederverkaufsmarge ist dabei gleichbedeutend mit der **Bruttoge- 158 winn-** bzw. **Rohgewinnmarge,**[191] dh dem Überschuss der Umsatzerlöse über den Wareneinsatz (= Rohgewinn) im Verhältnis zum Umsatz.

Beispiel (Fortsetzung des Beispiels unter Rn. 150): Die englische Konzerngesellschaft MG und die zum gleichen Konzern gehörende deutsche Vertriebsgesellschaft

---

[190] In Tz. 2.22 der OECD-RL 2010 wird zB eine Brokerage Fee abhängig vom Verkaufsvolumen diskutiert.

[191] Die beiden Begriffe werden im Folgenden synonym verwendet, auch wenn der Bruttogewinn im deutschen Sprachgebrauch nicht eindeutig definiert ist. Der englische Begriff des „gross profit" entspricht ex definitione dem Rohgewinn.

V haben einen Verrechnungspreis (VP) vereinbart, der sich aus einer Wiederverkaufsmarge von 30% auf den Endverkaufspreis (EVK) von V an Drittkunden ermittelt. Beispielhaft ermitteln sich daraus der Bruttogewinn und die Bruttogewinnmarge wie
folgt:

> EVK € 90,00, VP € 63,00, Bruttogew. € 27,00, Marge € 27,00/€ 90,00 = 30%
> EVK € 100,00, VP € 70,00, Bruttogew. € 30,00, Marge € 30,00/€ 90,00 = 30%
> EVK € 115,00, VP € 80,50, Bruttogew. € 34,50, Marge € 34,50/€ 115,00 = 30%.

Es ist nicht völlig ausgeschlossen, dass statt eines Brutto- bzw. Rohgewinns
ein **Verlust** entsteht. Zwar spricht die Definition der Wiederverkaufspreismethode scheinbar gegen eine solche Möglichkeit. Jedoch setzt diese Definition
implizit voraus, dass zum Zeitpunkt des Kaufs der Ware durch den Wiederverkäufer der Endverkaufspreis an den Drittkunden bereits feststeht. In der
Unternehmenspraxis ist diese Voraussetzung häufig nicht erfüllt. Vielmehr ist
bei **nicht konzernverbundenen Wiederverkäufern** zu beobachten, dass
diese ihre Waren bei ungünstiger Markt- oder Wettbewerbslage uU nur zu
einem geringeren Preis als dem Bezugspreis am Markt absetzen können.
Dementsprechend muss dies unter dem Gesichtspunkt des Fremdvergleichs
auch bei Geschäftsbeziehungen zwischen Nahestehenden akzeptiert werden.
Derartige Verlustsituationen auf Ebene des Rohergebnisses sind jedoch der
Ausnahmefall, so dass es bei konzerninternen Leistungsbeziehungen einer
besonderen Begründung bedarf, warum diese entstanden und vom Wiederverkäufer akzeptiert worden sind. Bei funktions- und risikolimitierten Vertriebsgesellschaften dürfte die Begründung eines Verlustes auf Ebene des
Brutto- bzw. Rohergebnisses äußerst schwer fallen.

b) Arten des Fremdvergleichs und Vergleichsfaktoren

159   Verschiedene **Geschäftsbeziehungen** sind miteinander vergleichbar, wenn
entweder keine Unterschiede hinsichtlich der für den Fremdvergleich maßgeblichen Faktoren bestehen, bestehende Unterschiede keinen Einfluss auf die
Wiederverkaufsmarge haben oder die Unterschiede identifiziert, quantifiziert
und über Anpassungsrechnungen beseitigt werden können.[192]

160   Der Nachweis der Angemessenheit kann sowohl mit dem **äußeren
Fremdvergleich** als auch mit dem **inneren Fremdvergleich** geführt werden. Ersterer vergleicht die in einer „kontrollierten" Geschäftsbeziehung vereinbarte Wiederverkaufsmarge mit den Margen, die unter vergleichbaren Bedingungen **zwischen fremden Dritten** vereinbart worden sind. Beim
inneren Fremdvergleich werden die von den **Nahestehenden mit fremden
Dritten** vereinbarten Margen herangezogen.[193]

Anders als für die Preisvergleichsmethode unterscheidet die **deutsche
FinVerw.** für die Wiederverkaufspreismethode nicht explizit zwischen dem
äußeren und dem inneren Fremdvergleich. Es erscheint jedoch angemessen,
dies entsprechend abzuleiten. Denn der Nachweis der zwischen bzw. mit
fremden Dritten vereinbarten Preise, Margen und sonstigen Konditionen, unter denen eine Geschäftsbeziehung durchgeführt wird, ist methodenübergrei-
fend ein elementarer Bestandteil der Fremdvergleichsanalyse. Dies lässt sich

---

[192] Vgl. OECD-RL 2010, Tz. 2.23.
[193] Vgl. OECD-RL 2010, Tz. 2.22.

aus § 1 Abs. 3 S. 1 und S. 2 AStG ableiten und ergibt sich auch aus der allgemeinen Definition des Begriffs „**Fremdvergleichsdaten**" durch die deutsche FinVerw.,[194] die zwischen dem **betriebsexternen Fremdvergleich** und dem **betriebsinternen Fremdvergleich** unterscheidet.

Hinsichtlich der für die Durchführung des Fremdvergleichs maßgeblichen **161** **Vergleichsfaktoren** beschränkt sich die **deutsche FinVerw.** auf die allgemeine Aussage, dass „**marktübliche Abschläge**" entsprechend dem **Funktions- und Risikoprofil des Wiederverkäufers** festzulegen sind.[195] Diese Aussage beinhaltet zwar den Fremdvergleich und somit die Vergleichbarkeit implizit, eine ausführliche Darstellung der Problematik stellt dies aber nicht dar. Insbesondere sind neben dem Funktions- und Risikoprofil des Wiederverkäufers üblicherweise auch andere Vergleichsfaktoren zu berücksichtigen.

Deutlich umfassender sind die Erläuterungen der **OECD** zu den **Vergleichsfaktoren** und deren Berücksichtigung bei der Fremdvergleichsanalyse. Hinsichtlich der Dominanz des **Funktions- und Risikoprofils des Wiederverkäufers** als Vergleichsfaktor besteht Einigkeit mit der deutschen FinVerw. In den OECD-RL 2010 finden sich an mehreren Stellen Hinweise über wichtige Funktionen und Risiken, den Kriterien für deren Vergleichbarkeit in „kontrollierten" und „nicht kontrollierten" Geschäftsbeziehungen und den potentiellen Auswirkungen von Unterschieden auf die Höhe der Wiederverkaufsmarge.[196]

Die von dem Wiederverkäufer wahrgenommenen Funktionen und Risiken sind zunächst Anhaltspunkt für die **Wertschöpfung** und die **Volatilität** der Vertriebsfunktion. So erfordert bspw. die bloße Umsetzung der von einem anderen Konzernunternehmen entwickelten **Marketingstrategie** weniger spezialisierte Vertriebsfähigkeiten und Kenntnisse als die komplette Entwicklung und Umsetzung der Strategie durch den Wiederverkäufer. Aufgrund der höheren Wertschöpfung der wahrgenommenen Funktionen wird daher der Wiederverkäufer, der die Marketingstrategien selbst entwickelt, auch eine tendenziell höhere Vergütung erhalten. Noch deutlicher wird der funktionale Unterschied beim Vergleich mit einem Wiederverkäufer, dessen Funktion auf die **Vertriebslogistik** beschränkt ist, dh auf die physische Verteilung der Waren und damit verbundenen Kundenkontakt. Ähnliches wie für die wahrgenommenen Funktionen gilt für die Übernahme von Risiken, wobei ein höheres Maß an **Geschäftsrisiko** tendenziell die Volatilität der Gewinne des Wiederverkäufers beeinflusst. Entsprechend wird der Wiederverkäufer bei hohem Geschäftsrisiko, bspw. einem Markteintrittsrisiko, eine Wiederverkaufsmarge erwarten, die bei guter Geschäftslage einen vergleichsweise höheren Nettogewinn ermöglicht, um die bei schlechter Geschäftslage unterdurchschnittlichen Ergebnisse auszugleichen.

Mittelbar wirkt sich das Funktions- und Risikoprofil des Wiederverkäufers **163** auch auf die Höhe seiner **Vertriebskosten** und **operativen Kosten** aus. Da diese Kosten aus dem Rohgewinn bestritten werden müssen, wird der Wiederverkäufer bei der Vereinbarung der Wiederverkaufsmarge darauf achten, dass die iRd Vertriebsfunktion entstehenden Kosten gedeckt sind und darüber

---

[194] Vgl. VGr-Verfahren, Tz. 3.4.12.2.
[195] Vgl. VGr 1983, Tz. 2.2.3.
[196] Vgl. bspw. OECD-RL 2010, Tz. 2.28, Tz. 2.31.

hinaus ein angemessener Gewinn verbleibt. Im Rahmen eines Vergleichs mit „nicht kontrollierten" Geschäftsbeziehungen sind allerdings auch die Effizienz und etwaige Besonderheiten der **Management-** und **Vertriebsstruktur** bei der Beurteilung der Vergleichbarkeit zu beachten, um nicht aufgrund elementarer Unterschiede bei den verglichenen Geschäftsbeziehungen zu unzutreffenden Schlussfolgerungen zu gelangen.[197]

Im Zusammenhang mit den sich aus Funktionen und Risiken ableitenden Kosten der Vertriebsfunktion ist auch die **Vergleichbarkeit der erfassten Kosten** sicherzustellen. Zu achten ist idZ insbesondere auf die Übereinstimmung der **Definition** der Kosten sowie der **Kostenrechnungssysteme** und **Rechnungslegungspraktiken**[198] bzw. auf die Durchführung von Anpassungsrechnungen zur Beseitigung etwaiger Differenzen. Es sollte weiterhin berücksichtigt werden, dass das **Kostenniveau** verschiedener Unternehmen trotz gleicher Funktionen unterschiedlich hoch sein kann, u. a. verursacht durch unterschiedliche **Standortkosten** und unterschiedliche **gesamtwirtschaftliche Rahmenbedingungen.**[199]

164   Bei der praktischen Durchführung der Vergleichsanalyse sind die vereinbarten **Vertragsbedingungen** ebenfalls ein wichtiger Faktor. Diese Bedingungen haben einen wesentlichen Einfluss auf die Geschäftsaktivität des Wiederverkäufers, dessen Funktions- und Risikoprofil sowie dessen Kostenstruktur. Zu den wesentlichen in einer Vertriebsvereinbarung geregelten Bedingungen zählen das der Vertriebsgesellschaft zugewiesene **Vertriebsgebiet** und das zugewiesene **Produktspektrum,** etwaige **Exklusivität,**[200] zusätzlich zu den eigentlichen Vertriebsaufgaben zugewiesene **Dienstleistungs- oder Produktbearbeitungsaufgaben, Lagerhaltung, Kostenübernahme** bei gemeinsamen Marketingprojekten, allgemeine oder spezielle **Geschäftsbedingungen,** rechtliches und wirtschaftliches **Eigentum an Wirtschaftsgütern** sowie **Rechte zur Nutzung fremder Wirtschaftsgüter**[201] iRd Vertriebsaktivität.

165   Das **Eigentum** an und die **Nutzung** von **Wirtschaftsgütern** iRd Vertriebsaktivität ist aus verschiedenen Gründen für die Vergleichsanalyse von Bedeutung. Üblicherweise sind es dabei nicht **materielle Wirtschaftsgüter,** welche von wesentlicher Bedeutung für den Wiederverkäufer sind. Das Eigentum an den zum Verkauf bestimmten **Waren** kann uU die größte Vermögensposition materieller Wirtschaftsgüter darstellen, so dass bspw. niedrigfunktionalen Wiederverkäufern in der Praxis mit entsprechenden vertraglichen Gestaltungen nur für einen möglichst kurzen Zeitraum vor Weiterveräußerung das Eigentum zugerechnet wird.[202] Darüber hinaus bestehen vom Wiederverkäufer eingesetzte materielle Wirtschaftsgüter meist in den Büroräumen, der Büro- und Geschäftsausstattung, IT und ggf. Fuhrpark, die gekauft bzw. gemietet werden.

---

[197] Vgl. OECD–RL 2010, Tz. 2.27.

[198] Vgl. OECD–RL 2010, Tz. 2.35.

[199] Diese können insbesondere beim Vergleich von Vertriebsaktivitäten in mehr als einem Land sowie bei sich über mehrere Länder erstreckende Aktivitäten von hoher Bedeutung sein.

[200] Vgl. OECD–RL 2010, Tz. 2.34.

[201] ZB Markenrechte.

[202] So genannter „Flash Title".

Von größerer Bedeutung für die Vergleichsanalyse sind **immaterielle** **166**
Wirtschaftsgüter, insbesondere Marken und andere vertriebsbezogene immaterielle Werte.[203] Wie groß der mit dem Besitz oder der Nutzung einer
Marke vermittelte wirtschaftliche Vorteil ist, richtet sich u. a. auch nach der
Branche, in welcher der Wiederverkäufer tätig ist. Bspw. ist in der Konsumgüterindustrie der Einfluss der Marke auf das Kaufverhalten grösser als bei In-
dustriegütern. Ebenso wichtig ist es für die Vergleichsanalyse, die Beteiligung
des Wiederverkäufers an der Schaffung der Marke und am Erhalt ihres Wertes
zu identifizieren sowie die Fälle eines entgeltlichen **Nutzungsrechts** von unentgeltlichen Nutzungsüberlassungen zu unterscheiden.

Ähnliche Überlegungen gelten für **vertriebsbezogene immaterielle**
Werte, wie bspw. die **Kundenbeziehungen,** das **Vertriebsnetzwerk** oder
Marketing-Know-how. Im Regelfall werden diese durch den Wiederverkäufer iR seiner Vertriebsaktivität geschaffen. Doch auch hier ist zu unterscheiden, ob Dritte zB durch Kostenübernahmen oder die gemeinsame Entwicklung von Vertriebsstrategien zur Entwicklung dieser Werte beigetragen
haben, was iRd Vergleichsanalyse zu berücksichtigen wäre.

Schließlich können auch **nicht vertriebsbezogene immaterielle Wirt-**
schaftsgüter und Werte zu beachten sein. Die sich aus dem Besitz bzw. der
Nutzung von bspw. technischem Know-how ergebenden Effekte sind für die
Analyse der Vertriebsfunktion zu eliminieren.

Neben den bereits genannten Vergleichsfaktoren steigt auch mit der Ähn- **167**
lichkeit der **Produkte** die Zuverlässigkeit des Fremdvergleichs. Unter der
Annahme, dass vergleichbare Funktionen und Risiken in der Marktwirtschaft
auch ähnlich vergütet werden, ist ein **Fremdvergleich** zwar auch möglich,
wenn verschiedenartige Produkte vertrieben werden, hierbei aber vergleichbare **Aktivitäten** ausgeführt werden.[204] Dennoch sollte nicht vernachlässigt
werden, dass eine größere Ähnlichkeit der Produkte insofern von Vorteil ist,
als bei zunehmender Verschiedenheit die Gefahr steigt, dass andere Faktoren
als das vorrangig relevante Funktions- und Risikoprofil des Vertriebsunternehmens Einfluss auf die beurteilte Transaktion nehmen, was wiederum die
Zuverlässigkeit des Fremdvergleichs reduzieren würde. So kann bspw.
bei deutlich verschiedenartigen Produkten die von der Vertriebsfunktion geforderte technische Kompetenz unterschiedlich sein, was wiederum die funktionale Vergleichbarkeit der Vertriebsaktivität mindert.

Gleichwohl ist der **Stellenwert von produktbezogenen Charakteristi-**
ka bei der Wiederverkaufspreismethode geringer als bei der Preisvergleichsmethode.[205] Um Produktpreise iRd Preisvergleichsmethode vergleichen zu
können, ist es erforderlich, dass die relevanten Produkte von den Abnehmern
als Substitute angesehen werden. Dies ist natürlich nur gegeben, wenn diese
Produkte zur Befriedigung derselben Bedürfnisse dienen und die jeweiligen
Marken gleich bewertet werden, was wiederum eine große **Ähnlichkeit** erfordert. Anders hingegen ist es bei der Wiederverkaufspreismethode, die
nicht auf Preise, sondern auf Rohgewinnmargen abstellt, die die Kompensation von Funktionen und Risiken widerspiegeln.

---

[203] Vgl. OECD-RL 2010, Tz. 2.32.
[204] Vgl. OECD-RL 2010, Tz. 2.24.
[205] Vgl. OECD-RL 2010, Tz. 2.25.

c) Festlegung der Wiederverkaufsmarge

168   Bei der Festlegung der Wiederverkaufsmarge sind alle für eine Geschäftsbeziehung relevanten **Vergleichsfaktoren** sowie deren Einfluss auf die **Höhe der angemessenen Vergütung** des Wiederverkäufers zu berücksichtigen. Es bedarf einzelfallbezogener Analysen und Entscheidungen, um den Einfluss dieser Faktoren zu bestimmen und daraus die fremdvergleichskonforme Marge zu ermitteln. Die Herausforderung ist hierbei oft weniger die **Identifizierung** der im konkreten Einzelfall maßgeblichen Faktoren, sondern deren **Quantifizierung** für Zwecke der Margenfestlegung.

169   Die Ermittlung von Verrechnungspreisen gem. der Wiederverkaufspreismethode soll grundsätzlich **auf Basis einzelner Geschäftsbeziehungen** erfolgen. Dies ist jedoch aufgrund des damit verbundenen administrativen Aufwandes sowie der standardisierten Preisermittlung nicht praktikabel. Üblicherweise wird daher in der Praxis von der **Aggregierung** einzelner Geschäftsbeziehungen zu Transaktionsgruppen Gebrauch gemacht. Die Aggregierung soll in einer Weise erfolgen, die **wirtschaftlich gleichartige** Geschäftsbeziehungen zusammenfasst. Bspw. ist eine Zusammenfassung nach vergleichbaren **Produkten, Produktlinien, Kundentypen** oder **Vertriebsteams** denkbar. Führt die Verrechnungspreisanalyse zur Festlegung einer einheitlichen Wiederverkaufsmarge, stellt dies ein starkes Indiz für die wirtschaftliche Vergleichbarkeit verschiedener Geschäftsbeziehungen dar. Umgekehrt stellt sich die Frage, ob bei unterschiedlich hohen Wiederverkaufsmargen eine Zusammenfassung verschiedener Geschäftsbeziehungen wirklich angemessen sein kann.

UU kann der gesamte **Umsatz eines Unternehmens** zu einer einzigen Transaktionsgruppe aggregiert werden, sofern dies gem. den geschilderten Kriterien angemessen erscheint.

170   Es ist ein wesentlicher Aspekt der Wiederverkaufspreismethode, dass alleine mit der Festlegung einer vom analytischen Standpunkt angemessenen Wiederverkaufsmarge die Einhaltung des Fremdvergleichsgrundsatzes noch nicht zweifelsfrei sichergestellt ist. Der Grund hierfür ist, dass als Ergebnis der Wiederverkaufspreismethode ein **Rohgewinn** ermittelt wird, dessen absolute Höhe aufgrund der Abhängigkeit vom tatsächlich erzielten Umsatz nicht im Voraus planbar ist. Darüber hinaus wirken sich zahlreiche quantitative Effekte der Vertriebsaktivität im Bereich der **operativen Kosten** aus und beeinflussen damit nicht den Rohgewinn. Bspw. kann sich ein bestehendes Währungsrisiko oder Kundenausfallrisiko materialisieren und das **Nettoergebnis** negativ beeinflussen, ohne dass dies bei der Festlegung der Wiederverkaufsmarge im Voraus ausreichend berücksichtigt worden wäre. In solchen Fällen stellt sich regelmäßig die Frage nach der Notwendigkeit von **Ausgleichszahlungen** oder von **Anpassungen der Wiederverkaufsmarge.** Denn auch wenn die Wiederverkaufsmarge objektiv angemessen sein kann, führen **unerwartete Betriebsausgaben** und damit verbundene niedrige Nettomargen aus Sicht der FinVerw. regelmäßig zu der Frage, ob das vom Wiederverkäufer übernommene Risiko ausreichend bei der Festlegung der Wiederverkaufsmarge berücksichtigt worden ist.

Besonders auffällig wird dieses Problem bei unerwarteten **Marktentwicklungen,** die sich sowohl positiv als auch negativ auf das Nettoergebnis des Wiederverkäufers auswirken und dabei zu einer starken Volatilität führen können. Es ist dabei auch möglich, dass trotz eines ausreichend erscheinenden Rohgewinns ein negatives Nettoergebnis entsteht. Hierin ist ein wesentlicher **Unterschied zur Kostenaufschlagsmethode** (Rn. 250 ff.) zu sehen, bei der in den meisten Fällen ein Gewinn erzielt wird, da eine fixe Marge auf die Vollkosten aufgeschlagen wird.[206] Die Verwendung einer fixen Marge bei der Wiederverkaufspreismethode kann hingegen je nach Marktpreis- und/oder Mengenentwicklung dazu führen, dass nur die Kosten oder sogar nur ein Teil der Kosten des Vertriebs durch die Marge gedeckt werden.

Derartige Probleme sind iRd Anwendung der Wiederverkaufspreismethode meist nicht unmittelbar lösbar. Die OECD empfiehlt hierzu, dass der **Weiterverkauf der Ware möglichst kurze Zeit nach deren Erwerb** durch den Wiederverkäufer erfolgen sollte, damit sich etwaige Risiken nicht oder nur in geringem Maße realisieren können.[207] Solche Gestaltungen sind ohnehin gängige Praxis bei niedrigfunktionalen Vertriebsstrukturen.[208] Allerdings kann bzw. soll nicht jede Vertriebsstruktur unter dem Aspekt geringen Risikos etabliert werden, der operative Erfolg und die Beziehung des Wiederverkäufers zum Drittkunden sind regelmäßig die primären Gestaltungsparameter. Es stehen daher **Praktikerlösungen** (Rn. 172 ff.) zur Verfügung, um im Ergebnis zu verteidigbaren Verrechnungspreisen zu gelangen.   **171**

3. Einzelfragen der praktischen Anwendung

a) Kontrolle und Anpassung der Wiederverkaufsmarge

Es wurden bereits einige Aspekte angesprochen, die bei Anwendung der Wiederverkaufsmarge typischerweise von Bedeutung sind. Herausforderungen stellen insbesondere die **Ermittlung des Verrechnungspreises aus einem noch nicht bekannten Endverkaufspreis** sowie die **mangelnde Planbarkeit von Vertriebsergebnissen** dar. Eine einmal, bspw. zu Beginn eines Wirtschaftsjahres, festgelegte Wiederverkaufsmarge ist vor diesem Hintergrund eher eine optimierte Planungsgrundlage als ein endgültiger Verrechnungspreis.   **172**

Beispiel: Die Vertriebsgesellschaft V vereinbart zu Beginn des Wirtschaftsjahres 01 mit ihrem konzernverbundenen Lieferanten L einen Verrechnungspreis, der als Wiederverkaufsmarge einen Abschlag von 45% auf den Endverkaufspreis vorsieht. Im Verlauf des ersten Quartals 01 erwirbt V von L Waren mit einem Listenpreis (= geplanter Endverkaufspreis) von insgesamt 1000 zum vereinbarten Verrechnungspreis von 550. V hat jedoch gem. des von L genehmigten Verhandlungsrahmens den Endkunden nicht im Listenpreis berücksichtigte Rabatte iHv insgesamt 100 gewährt, so dass der von V erzielte Erlös aus Warenverkäufen nur 900 betragen hat. Entsprechend ist eine Anpassung des Verrechnungspreises für diese Waren von 550 auf 495 durchzuführen.

Beispiel (Abwandlung): Die Vertriebsgesellschaft V vereinbart zu Beginn des Wirtschaftsjahres 01 mit ihrem konzernverbundenen Lieferanten L einen Verrechnungspreis, der als Wiederverkaufsmarge einen Abschlag von 45% auf den Endver-

---

[206] Im Falle eines Teilkostensystems gilt die Annahme der Nichtentstehung von Verlusten nur bedingt.

[207] Vgl. OECD-RL 2010, Tz. 2.30.

[208] S. auch den Hinweis unter Rn. 180.

kaufspreis vorsieht. V erwirbt von L die Waren zu einem Verrechnungspreis von 55 % des Listenpreises (= geplanter Endverkaufspreis). Sofern der tatsächliche Endverkaufspreis vom Listenpreis der Ware abweicht, erfolgt unmittelbar eine entsprechende Korrektur des der Transaktion zugrunde liegenden Verrechnungspreises.

173 Obiges Beispiel und dessen Abwandlung stellen die Problematik dar, dass zum Zeitpunkt des Verkaufs einer Ware vom Lieferanten an den Wiederverkäufer der für die **Ermittlung des Verrechnungspreises** erforderliche **Endverkaufspreis** häufig noch nicht feststeht. Die im ersten Beispiel dargestellte Lösung eines **periodischen Review** dürfte die in der Praxis am weitesten verbreitete Reaktion auf dieses Problem sein. Solche Reviews können monatlich oder quartalsweise stattfinden, weniger zu empfehlen sind halbjährliche oder gar nur jährliche Anpassungen.

Die in der Abwandlung des Beispiels dargestellte Lösung erscheint wesentlich attraktiver, da ggf. notwendige Korrekturen **zeitnah und transaktionsbezogen** erfolgen. Es ist allerdings einzuwenden, dass die Durchführung einen sehr hohen Grad der **Automatisierung des Rechnungswesens** erfordert. In der Praxis ist die zur Vermeidung eines hohen manuellen Aufwandes erforderliche Automatisierung jedoch relativ selten vorzufinden, auch weil die meisten IT-Systeme des Rechnungswesens nicht hierauf ausgerichtet sind.

174 Die zweite und ebenfalls regelmäßig auftretende Problematik der mangelnden **Planbarkeit der Vertriebsergebnisse** löst ebenfalls die Frage aus, wie notwendiger Korrekturbedarf festgestellt und hierauf reagiert wird.

Beispiel: Die Vertriebsgesellschaft V vereinbart zu Beginn des Wirtschaftsjahres 01 mit ihrem konzernverbundenen Lieferanten L einen Verrechnungspreis, der als Wiederverkaufsmarge einen Abschlag von 45 % auf den Endverkaufspreis vorsieht. V plant im ersten Quartal 01 einen Absatz von 1000 Stück zum Stückpreis von € 500, dh der Umsatz von V wird voraussichtlich € 500000, der Wareneinsatz € 275000 und der Rohgewinn € 225000 betragen. Des Weiteren rechnet V mit Vertriebskosten und anderen operativen Kosten iHv insgesamt € 200000, so dass ein Nettogewinn iHv € 25000 verbleibt.

Aufgrund wirtschaftlicher Schwierigkeiten zahlreicher potentieller Kunden bleibt der tatsächliche Absatz hinter den Erwartungen zurück. V verkauft tatsächlich nur 800 Stück zu einem durchschnittlichen Stückpreis von € 450, so dass mit einem Umsatz iHv € 360000 ein Rohgewinn iHv € 162000 erzielt wird. Die Summe der Betriebskosten reduziert sich jedoch nur leicht auf € 180000, so dass V im ersten Quartal 01 einen Verlust iHv € 18000 zu verzeichnen hat.

Wie aus dem Beispiel erkennbar, besteht ein Problem der Wiederverkaufspreismethode darin, dass anhand der im Voraus festgelegten Wiederverkaufsmarge noch nicht erkennbar ist, welches **Rohergebnis in absoluten Zahlen** der Wiederverkäufer zur Abdeckung seiner Betriebskosten und zur Erwirtschaftung eines angemessenen Gewinns erzielen wird. Des Weiteren kann das Ergebnis, abhängig vom tatsächlichen Vertriebserfolg, sehr **volatil** sein.

175 Es stellen sich in solchen Situationen primär **zwei Fragen**: hat unter Fremdvergleichsgesichtspunkten eine **Anpassung des Verrechnungspreises** zu erfolgen und, falls dies zu bejahen ist, nach welcher **Systematik** ist diese Anpassung durchzuführen? Hinsichtlich der Form der Anpassung ist insbesondere zu entscheiden, ob eine **rückwirkende Korrektur** der Verrechnungspreise erfolgt oder lediglich **für die Zukunft** die Wiederverkaufsmarge angepasst wird. In der Praxis weit verbreitet ist außerdem das Konzept, neben der Festlegung der Wiederverkaufsmarge eine Plausibilitätsprüfung anhand der **transaktionsbezogenen Nettomargenmethode** (Rn. 250 ff.) durchzuführen und somit ein vertretbares **operatives Ergebnis** des Wiederverkäufers sicherzustellen. Wenngleich die Höhe der Wiederverkaufsmarge iRd Wiederverkaufspreismethode definitionsgemäß nicht unmittelbar abhängig von der Höhe der Nettomarge sein sollte, helfen derartige Analysen in der Praxis dennoch, die Angemessenheit der Wiederverkaufsmarge zu verifizieren.

b) Marktbedingte Mengen- und Preisveränderungen

Die Ermittlung der Verrechnungspreise nach der Wiederverkaufspreismethode ist anfällig für unerwartete **Änderungen der Marktbedingungen** sowie daraus resultierender **Änderungen von Absatzpreis oder Absatzmenge.** Bei der Festlegung der Wiederverkaufsmarge nicht berücksichtigte Entwicklungen können dann ungeplant hohe Nettogewinne oder Verluste zur Folge haben **(fixkostenbedingte Hebeleffekte),** die wiederum Fragen nach der Drittüblichkeit dieser Ergebnisse auslösen. **176**

Während der Verhandlungsphase über den Prozentsatz der Wiederverkaufsmarge stützen sich die beteiligten Konzerngesellschaften auf **Kosten- und Umsatzbudgets** für den kommenden **Planungszeitraum** und setzen u. a. anhand dieser Plandaten und den daraus resultierenden **Ertragserwartungen** die Wiederverkaufsmarge fest. Im Zeitverlauf können sich die Marktbedingungen gegenüber den Annahmen während der Planung verändern, ohne dass sich an der Charakteristik der Vertriebsstruktur etwas geändert hat und ohne dass das Vertriebsunternehmen hierauf einen Einfluss hat. Anlass hierfür sind vor allem geänderte Absatzmengen aufgrund einer **Veränderung der allgemeinen Marktlage,** aufgrund der Gewinnung eines neuen oder des Verlustes eines bestehenden **Großkunden** oder aufgrund neu eingeführter bzw. vom Markt genommener **Konkurrenzprodukte.** Diese eine Änderung der Absatzmenge herbeiführenden Entwicklungen können auch zu einer Anpassung der Absatzpreise durch den Wiederverkäufer führen, sei es aufgrund einer hierdurch ausgelösten **Änderung der Vertriebsstruktur** oder durch die Notwendigkeit, auf Kundenwünsche nach höheren **Preisnachlässen** zu reagieren. In allen Fällen wird der tatsächlich vom Wiederverkäufer erzielte **Umsatz** vom geplanten und bei der Festlegung der Wiederverkaufsmarge zugrunde gelegten Umsatz abweichen, so dass auch der **Rohgewinn** (in absoluten Zahlen), nicht die **Rohgewinnmarge,** sowie das **Nettoergebnis** und die **Nettogewinnmarge** nicht den Erwartungen entsprechen werden. **177**

Eine Veränderung des **Warenumsatzes** verändert bei Anwendung der Wiederverkaufspreismethode zwar auch den **Wareneinsatz** bzw. den **Verrechnungspreis** des Wiederverkäufers. Der absolute Betrag der Wiederverkaufsspanne bzw. das Rohergebnis und damit das Verhältnis zu den vergleichsweise fixen Betriebskosten ändert sich hierbei jedoch ebenfalls. **178**

Aufgrund der zum überwiegenden Teil (abgesehen von bspw. Transportkosten und an Dritte gezahlte Vertriebsprovisionen) nicht kurzfristig beein-

flussbaren **Betriebskosten** reicht die im Voraus vereinbarte Wiederverkaufsmarge uU weder zur vollständigen Deckung der Kosten des Wiederverkäufers noch zur Erzielung eines angemessenen Gewinns. Wie lange dieser Zustand besteht, ist im Wesentlichen davon abhängig, ob das Unternehmen
einen unerwarteten Umsatzrückgang als dauerhaft einschätzt und, falls ja, wie
schnell dann der **Fixkostenblock** (bspw. fest angestelltes Personal) gesenkt
werden kann. Das Ausmaß der Verluste wird neben der Höhe des Umsatz-
einbruchs hauptsächlich durch die **Kostenstruktur,** dh das Verhältnis von fixen und variablen Kosten, bestimmt.

Gleiches gilt, mit umgekehrten Vorzeichen, für eine über den Erwartungen liegende **Umsatzentwicklung,** die in der Planung bei der Bemessung
der Wiederverkaufsmarge nicht berücksichtigt worden ist. Auch hier ändert
sich der absolute Betrag der Wiederverkaufsspanne bzw. das Rohergebnis und
damit das Verhältnis zu den fixen Betriebskosten. Anders als bei einer schwächer als erwartet verlaufenden Umsatzentwicklung entstehen jedoch bei deutlich höheren Umsätzen entsprechend höhere Nettoergebnisse, die möglicherweise nicht mehr dem entsprechen, was fremde Dritte als angemessen
erachten würden. Es stellt sich idZ aber auch die Frage nach der Nachhaltigkeit dieser Übergewinne. Ein höherer Marktpreis kann durch eine vorübergehend stärkere Nachfrage ausgelöst sein, eine nachhaltige Ausweitung der
Absatzmenge wird voraussichtlich eine Erweiterung der Infrastruktur des
Wiederverkäufers (bspw. zusätzliche Verwaltungsmitarbeiter zur Bearbeitung
des Auftragseingangs und Logistik) erfordern und damit mittelfristig zu einer
Erhöhung der **Fixkosten** bei gleichzeitiger „Normalisierung" des Nettoergebnisses führen.

179   Aus diesen Zusammenhängen folgt, dass **marktbedingte Umsatzschwankungen** bei Anwendung der Wiederverkaufspreismethode einen hohen Einfluss auf die Verrechnungspreise und den Unternehmensgewinn haben. Diese Volatilität ist idR nicht unmittelbar durch den Wiederverkäufer
beeinflussbar und ist auch nicht durch eine Veränderung des Funktions- und
Risikoprofils des Wiederverkäufers, der Vertragsbedingungen oder anderer
einer Vereinbarung zwischen den verbundenen Unternehmen unterliegenden
Parameter verursacht. Es stellt sich daher bei derartigen Entwicklungen immer die Frage, inwieweit der Einfluss auf die „kontrollierte" Geschäftsbeziehung tatsächlich in der Vereinbarung zwischen Nahestehenden begründet ist.
Es wird häufig angemessen und erforderlich sein, eine **Anpassung der Verrechnungspreise** vorzunehmen.

180   Die grundsätzliche **Neuverhandlung der Wiederverkaufsmarge** zwischen Lieferant und Wiederverkäufer ist eine Möglichkeit, Abweichungen
von der Planung zu reflektieren. Dies zieht jedoch neben dem Aufwand für
die Durchführung der Verhandlungen auch eine verwaltungsaufwändige Anpassung des Vertriebs- bzw. Liefervertrages nach sich. Auch könnten zu häufige vertragliche Anpassungen gegen die Ernsthaftigkeit der Vereinbarung
sprechen und damit den **Nachweis des Fremdvergleichs** beeinträchtigen. Eine solche Lösung ist daher nur dann zu empfehlen, wenn tatsächlich
Grundsätze des Lieferverhältnisses angepasst werden sollen.

Zum Ausgleich **kurzfristiger Preis- oder Mengenschwankungen** besser geeignet sind bereits **im Voraus vereinbarte Anpassungsmechanismen,** die bei Überschreiten festgelegter Umsatz- oder Gewinnspannen eine

entsprechende Anpassung der Wiederverkaufsmarge vorsehen. Hierbei ist eine monatliche oder vierteljährliche gegenüber einer halbjährlichen oder jährlichen Anpassung zu bevorzugen. Bei der Gestaltung solcher Anpassungsklauseln ist auch zu berücksichtigen, inwieweit das **Funktions- und Risikoprofil des Wiederverkäufers** das Entstehen hoher Gewinne sowie von Verlusten zulässt. Bei niedrigfunktionalen Vertriebsgesellschaften wird unter diesem Gesichtspunkt eine geringere Volatilität der Gewinne akzeptiert werden als bei vollfunktionalen Vertriebsstrukturen.

c) Währungsschwankungen

Neben marktbedingten Mengen- und Preisveränderungen können auch **181** **Währungsschwankungen** zu unvorhergesehenen Gewinnen oder Verlusten führen, die vom Wiederverkäufer nur bedingt beeinflussbar sind. Der Wiederverkäufer kann allenfalls versuchen, sich durch Einsatz von **Währungsderivaten** gegen die wirtschaftlichen Auswirkungen von Währungsschwankungen abzusichern oder aber über **vertragliche Vereinbarungen** die Effekte von Währungsschwankungen auf seine Geschäftspartner abwälzen. In Form des **Währungs- bzw. Wechselkursrisikos** ist die Gefahr (und die Chance) von Währungsschwankungen sowie in Form von **Treasury- oder Finanzfunktionen** das Management dieses Risikos **Teil des Funktions- und Risikoprofils** des Wiederverkäufers.

Die Effekte von Währungsschwankungen können sowohl beim **Einkauf von Lieferanten** als auch beim **Wiederverkauf an Drittkunden** auftreten. Die wirtschaftlichen Effekte von Währungsschwankungen können unmittelbar in Form von Kursentwicklungen in der Zeit zwischen Abschluss und Erfüllung von Geschäften auftreten, aber auch mittelbar durch Veränderung des Wertes eingekaufter bzw. veräußerter Waren im Verhältnis zur eigenen **Berichtswährung** des Wiederverkäufers.

Der **Wareneinkauf** des Wiederverkäufers ist von **Währungsschwankun- 182 gen** betroffen, soweit er Waren von verbundenen Unternehmen in einer anderen als seiner „eigenen" Währung bezieht. Neben der Frage, ob der Wiederverkäufer die Ware aus einem anderen Währungsraum bezieht, ist dabei auch die vertragliche Vereinbarung zwischen Lieferant und Wiederverkäufer über die Transaktionswährung entscheidend.

Beispiel: Die deutsche Vertriebstochtergesellschaft D-TG bezieht die an nicht mit ihr verbundenen Kunden in Deutschland weiterveräußerten Waren von ihrer US-amerikanischen Muttergesellschaft US-MG. D-TG und US-MG haben eine Wiederverkaufsmarge von 40% und die Fakturierung in US$ vereinbart. D-TG plant für die kommende Periode einen Umsatz von € 2 500 000, was zum unterstellten Umrechnungskurs 1,00/1,40 einen Wareneinsatz von US$ 2 100 000 (= € 1 500 000) erfordern würde. Im Verlauf der Periode fakturiert US-MG Warenlieferungen im Gesamtwert von US$ 2 100 000 an D-TG. Aufgrund von Schwankungen des Wechselkurses ergibt sich für die gesamte Periode ein durchschnittlicher Umrechnungskurs von 1,00/1,30, so dass der Wareneinsatz von D-TG € 1 615 385 beträgt und damit um € 115 385 höher ist als zu Beginn der Periode geplant. Entsprechend beträgt die Rohgewinnmarge von D-TG nur 35% anstatt 40%.

Sofern Lieferant und Wiederverkäufer Fakturierung in der Währung des **183** Wiederverkäufers vereinbaren (in obigem Beispiel also in € anstatt in US$), wirken ich Veränderungen des Wechselkurses beim Lieferanten aus. Dementsprechend wird der Wareneinsatz des Wiederverkäufers von Währungsschwankungen nicht beeinflusst.

184   Im Hinblick auf die Warenlieferungen des Wiederverkäufers an unabhängige Abnehmer besteht das Risiko (in gleicher Weise auch die Chance) von ungeplanten **Umsatzveränderungen** aufgrund von **Währungsschwankungen** immer dann, wenn die Fakturierung in einer anderen Währung als der Berichtswährung des Wiederverkäufers erfolgt. Es wird in solchen Konstellationen der Umsatz des Wiederverkäufers durch Entwicklungen des Wechselkurses beeinflusst.

Beispiel: Die deutsche Vertriebstochtergesellschaft D-TG bezieht die an nicht mit ihr verbundenen Kunden in Deutschland weiterveräußerten Waren von ihrer US-amerikanischen Muttergesellschaft US-MG. D-TG und US-MG haben eine Wiederverkaufsmarge von 40 % und die Fakturierung in € vereinbart. Gegenüber ihren Kunden fakturiert D-TG immer in der jeweiligen Landeswährung. Einer der größten Kunden der D-TG ist die schweizerische CH-AG. Die Budgetplanung der D-TG enthält für die Periode Umsatzerlöse iHv € 500 000 an die CH-AG, was zum Planungszeitpunkt einem Wert von CHF 625 000 entspricht (1,00/1,25). Aufgrund von Schwankungen des Wechselkurses ergibt sich für die gesamte Periode ein durchschnittlicher Umrechnungskurs von 1,00/1,20, so dass die an CH-AG fakturierten CHF 625 000 einem Umsatzerlös der D-TG iHv € 520 833 entsprechen. Die Umsatzerlöse von D-TG sind aufgrund der Veränderung des Wechselkurses um € 20 833 höher als zu Beginn der Periode geplant.

185   Aus der Kombination der beiden Beispiele zur D-TG wird erkennbar, dass sich die Existenz von **Wechselkurseffekten** in der Realität international tätiger Konzerne kaum vermeiden lässt. Auch die Vereinbarung von € als Transaktionswährung zwischen dem Lieferanten und dem Wiederverkäufer ändert nichts am Bestehen der Währungsproblematik auf der Absatzseite. Etwas anderes würde gelten, wenn D-TG ausnahmslos an Kunden innerhalb des €-Währungsraums liefern würde.

Interessant ist idZ das **Währungsmanagement** des Konzerns und daraus abgeleitet die Lösung für Zwecke der Verrechnungspreise. Je nach Gestaltung der **Vertriebs- bzw. Liefervereinbarung** zwischen Lieferant und Wiederverkäufer ist es verstellbar, dass sämtliche Währungsschwankungen in der Lieferkette entweder vom Lieferanten oder vom Wiederverkäufer getragen werden oder dass die Beteiligten diese Effekte jeweils nur für einen Teil der Lieferkette tragen. Vorgeschaltet zur Ausgestaltung der Verträge zwischen den Konzernunternehmen ist dies eine Frage des **Funktions- und Risikoprofils,** gem. dem der Wiederverkäufer agieren soll. Einer überregional tätigen zentralen Konzernhandelsgesellschaft wird gem. dieser Logik eher das Währungsmanagement übertragen, mit allen damit verbundene Chancen und Risiken, während mit einer niedrigfunktionalen Vertriebsgesellschaft ggf. Mechanismen zur Anpassung der Wiederverkaufsmarge (nach oben wie nach unten) zur Neutralisierung von Währungseffekten vereinbart werden.

d) Kostenstruktur

186   Die Kostensituation bzw. -struktur des Wiederverkäufers ist nicht nur einer der **Einflussfaktoren bei Festlegung der Wiederverkaufsmarge,** son-

dern ist auch im Zusammenhang mit **Umsatzschwankungen** von erheblicher Bedeutung (Rn. 176 ff.). Die **Trennung von fixen und variablen Kosten** ist hierbei die Ausgangsbasis für die folgenden Überlegungen. Wie jedes andere Unternehmen steht auch eine verbundene Vertriebsgesellschaft, bei der die Wiederverkaufspreismethode zur Anwendung kommt, vor der Herausforderung, vor allem aufgrund des **Fixkostenblocks** nicht sofort auf Absatzveränderungen reagieren zu können. Eine hohe Volatilität der Umsätze in Verbindung mit hohen Fixkosten führt aber zu entsprechenden hohen Schwankungen des Nettoergebnisses. Je höher der Anteil der fixen Kosten an den Gesamtkosten ist, desto stärker sind diese Auswirkungen.

Bei den durch eine **Änderung der Endverkaufspreise** ausgelösten Umsatzveränderungen besteht keine unmittelbare Wechselwirkung mit den Kosten des Wiederverkäufers. Bei **konstantem mengenmäßigem Absatzvolumen** ändern sich weder die jeweils absolute Höhe der fixen oder der variablen Kosten noch deren Verhältnis zueinander. Liegt die Änderung der Preise außerhalb des Einflussbereichs des Wiederverkäufers, bspw. weil diese durch Marktentwicklungen ausgelöst ist, besteht kurzfristig kaum eine Reaktionsmöglichkeit. **187**

Handlungsbedarf besteht für den Wiederverkäufer im Hinblick auf seine Kostenstruktur insbesondere dann, wenn die Änderung in sinkenden Endverkaufspreisen besteht. Mittel- bis langfristig kann durch eine Reduzierung der **Fixkosten** versucht werden, die geringeren Erlöse auszugleichen. Die Frage der **Neuverhandlung der Wiederverkaufsmarge** stellt sich immer dann, wenn Maßnahmen zur Kostensenkung nicht erfolgreich sind. Unter Fremdvergleichsgesichtspunkten ist iZm einer potentiellen Erhöhung der Wiederverkaufsmarge aber auch die Effizienz der Kostenstruktur des Wiederverkäufers zu hinterfragen.

Sind Veränderungen des Umsatzes durch eine **Änderung der Absatzmenge** verursacht, besteht ein unmittelbarer Zusammenhang mit der Kostenstruktur des Wiederverkäufers. Bei steigenden Absatzmengen kommt eine **Fixkostendegression** zum Tragen, dh die anteiligen Fixkosten pro verkaufter Einheit gehen zurück. Übersteigt das Absatzvolumen bestimmte Schwellenwerte, kann es allerdings vorkommen, dass die absolute Summe der fixen Kosten steigt, bspw. aufgrund der Anmietung zusätzlicher Büro- oder Lagerräume, sodass sich der Anteil dieser Kosten pro Stück zunächst sprunghaft erhöht. Doch auch dann setzt sich die Fixkostendegression bei weiter steigenden Mengen fort. **188**

In Bezug auf die **variablen Kosten** existieren verschiedene Entwicklungsalternativen. Zum einen können sie **proportional** zu den Absatzmengen steigen, dh ein Gewinneffekt ist nur in Bezug auf die Fixkostendegression gegeben. Eine weitere Möglichkeit besteht in einem – in der Praxis am häufigsten auftretenden – **unterproportionalen** Anstieg mit der Folge einer überproportionalen Gewinnerhöhung. Diese Situation kehrt sich allerdings meistens ab einem gewissen Punkt um, und zwar insofern, als sich die variablen Kosten dann **überproportional** erhöhen.

In der Praxis häufig ist das **Zusammenwirken mehrerer verschiedener Effekte.** Wie sich eine Änderung der Absatzmenge auf den Gewinn des Wiederverkäufers auswirkt ist dann davon abhängig, inwieweit die Fixkostendegression den überproportionalen Anstieg der variablen Kosten kompensieren kann. Dies wiederum hängt von dem **Verhältnis zwischen fixen und variablen Kosten** ab. **189**

Beispiel: Die Vertriebstochtergesellschaft A hat mit ihrer Muttergesellschaft eine Wiederverkaufsmarge von 45% vereinbart. Im Jahr 01 erzielt A einen Umsatz von € 2 000 000 aus Verkäufen an unabhängige Abnehmer bei einem Absatz von 100 000 Stück. Die Betriebskosten belaufen sich auf € 800 000, davon sind € 300 000 fixe Kosten (€ 3/Stück) und € 500 000 variabel (€ 5/Stück). Unter Berücksichtigung des Wareneinsatzes von € 900 000 (€ 9/Stück, gesamte Bezugskosten somit € 17/Stück) verbleibt ein Nettogewinn von € 300 000, was einem Stückgewinn von € 3 entspricht. Im Jahr 02 erzielt A bei gleichem Endverkaufspreis einen Umsatz von € 3 000 000, der mit einem Absatz von 150 000 Stück erzielt wird. Die fixen Kosten betragen wiederum € 300 000 (€ 2/Stück), die variablen Kosten sind unterproportional auf € 600 000 (€ 4/Stück) gestiegen. Bei gleich bleibender Wiederverkaufsmarge von 45% ergibt sich ein Wareneinsatz von € 1 350 000 (€ 9/Stück, gesamte Bezugskosten somit € 15/Stück) und ein Nettogewinn von € 750 000, was einem Stückgewinn von € 5 entspricht. Im Vergleich des Jahres 02 zum Jahr 01 hat die Erhöhung des Umsatzes von A um 50% eine Steigerung des Nettogewinns um 250% zur Folge.

Beispiel (Abwandlung des vorhergehenden Beispiels): Die Ausgangssituation der Vertriebstochtergesellschaft A ist im Jahr 01 unverändert zu Beispiel 1, im Jahr 02 steigen die variablen Kosten jedoch überproportional auf € 900 000 (€ 6/Stück). Hieraus ergibt sich ein Nettogewinn iHv € 450 000 bzw. von € 3/Stück. Die Erhöhung des Umsatzes von A im Jahr 02 hat damit keine Auswirkung auf den Stückgewinn, da die Fixkostendegression vollständig von dem überproportionalen Anstieg der variablen Kosten kompensiert wird.

190   Basierend auf diesem Wissen kann das **Wiederverkaufspreissystem** in verschiedenen Ausprägungen flexibel gestaltet werden (Rn. 196 ff.). Hierbei ist wiederum das dem Wiederverkäufer zugeordnete **Funktions- und Risikoprofil** von entscheidender Bedeutung, denn vor allem danach richtet sich die Zuordnung nicht erwarteter Gewinne oder Verluste bzw. die Durchführung von Anpassungen zur Vermeidung von „Ausreißern" beim Nettogewinn des Wiederverkäufers.

191   Abhängig vom bestehenden Funktions- und Risikoprofil wird der konzernverbundene **Lieferant** bei einer **Umsatzerhöhung** ggf. an einem hierdurch erhöhten Nettogewinn des Wiederverkäufers partizipieren wollen. Dies geschieht dann typischerweise durch eine **Reduzierung der Wiederverkaufsmarge.** Funktionen, Risiken und Kostenstruktur der Beteiligten sind jedoch exakt zu analysieren, um eine solche Anpassung rechtfertigen zu können. Darüber hinaus muss sichergestellt werden, dass die Partizipation des Lieferanten an den insgesamt sinkenden Stückkosten nicht zu einer überproportionalen und damit nicht angemessenen Verschlechterung der Ertragssituation des Wiederverkäufers führt.

Sofern die **Umsatzentwicklung des Wiederverkäufers negativ** ist und hierdurch dessen Nettogewinn reduziert wird, gelten diese Überlegungen in vergleichbarer Weise, aber mit umgekehrten Vorzeichen. Es ist wiederum zu analysieren, ob eine Anpassung der Wiederverkaufsmarge in Anbetracht des **Funktions- und Risikoprofils der Beteiligten** angemessen ist.

e) Kostenzuordnung bei unterschiedlichen Wiederverkaufsmargen

192   Die Problematik des Verhältnisses zwischen Umsatzerlösen, Rohgewinnmarge, Kostenstruktur und daraus resultierendem Nettogewinn sowie darauf basierend der **Festlegung angemessener Wiederverkaufsmargen** wird

deutlich komplexer, wenn der Wiederverkäufer die Produkte mit **mehr als einer Wiederverkaufsmarge** einkauft. Eine derartige Situation tritt typischerweise auf, wenn die Verhältnisse nicht ausreichend vergleichbar sind, um eine einzige Wiederverkaufsmarge anzuwenden. Dies kann bspw. durch verschiedenartige **Vertriebsaktivitäten** des Wiederverkäufers verursacht sein oder durch erhebliche Unterschiede der vertriebenen **Produkte.**

Beispiel: Ein Vertriebsunternehmen bietet Medizintechnik an. Die Produktpalette reicht von einfachem medizinischem Zubehör bis zu hoch technisierten Großgeräten. Der Verkauf des Zubehörs erfolgt ausschließlich über online über die Internetplattform des Unternehmens, die Geräte werden von Vertriebstechnikern im Rahmen von Arzt- bzw. Klinikbesuchen verkauft. Aufgrund der starken Unterschiede der Produkte und der Art der Vertriebstätigkeit hat das Vertriebsunternehmen mit seinem konzernverbundenen Lieferanten zwei unterschiedliche Wiederverkaufsmargen vereinbart.

In einem solchen Fall ist es erforderlich, getrennt voneinander **in Anbetracht der jeweiligen Verhältnisse angemessene Wiederverkaufsmargen** festzulegen und für Zwecke der Nettomargenüberprüfung die jeweiligen **Betriebskosten zuzuordnen.** Dafür müssen erstens die Fixkosten nach einem akzeptablen Schlüssel aufgeteilt werden, zum anderen muss die Zuordnung der variablen Kosten mit Hilfe eines ausgereiften Kostenrechnungssystems möglich sein. Nur unter dieser Prämisse kann sichergestellt werden, dass auf – insb. mengenbedingte – Umsatzänderungen in wirtschaftlich akzeptabler Art und Weise reagiert werden kann bzw. Auswirkungen auf den Nettogewinn richtig eingeschätzt werden können. **193**

Eine andere Konstellation, die unterschiedliche Wiederverkaufsmargen trotz ähnlicher Vertriebsaktivität und ähnlicher Produkte erforderlich machen kann, ist der Einsatz von **wesentlichen Wirtschaftsgütern.** Zu denken ist dabei insbesondere an **immaterielle Wirtschaftsgüter,** insbesondere an **Marken.** Die Unterschiede können darin bestehen, dass der Verkaufserfolg bei einem Produkt erheblich von der Marke abhängig ist, bei einem anderen hingegen nicht. Ähnlich wirkt es sich aus, wenn das Produkt eines Herstellers eine starke Marke trägt, ein anderes technisch gleichartiges jedoch nicht. Üblicherweise werden solche Unterschiede auch anhand der **unterschiedlichen Endverkaufspreise** der Produkte erkennbar sein. **194**

Schließlich können sich die Unterschiede auch auf das **Eigentum an der Marke** beziehen. Wirkt sich eine Marke verkaufsfördern aus, wird die Eigentümerschaft des Lieferanten zu einer anderen Wiederverkaufsmarge führen im Vergleich zum Eigentum an der Marke beim Wiederverkäufer. Unterschiedliche Eigentümerschaft wird sich üblicherweise nicht auf den Endverkaufspreis der Produkte auswirken.

Eine differenzierte Festlegung der Wiederverkaufsmarge erscheint in solchen Fällen gerechtfertigt, weil die **Schaffung bzw. Werterhaltung der Marke** zusätzliche Funktionen und Investitionen über spezielle **Marketingmaßnahmen** erfordert. Diese Maßnahmen sind – theoretisch – umso erfolgreicher und schlagen sich in einem höheren Wert der Marke nieder, je umfassender die Aktivitäten und die Investitionen sind. Insoweit wird sich auch die **Vertriebsaktivität** als solche unterscheiden. In diesem Zusammenhang sind auch die zusätzlichen Aktivitäten zum **Schutz der Marke** zu berücksichtigen. **195**

Im Ergebnis muss auch hier eine möglichst genaue **Zuordnung der Betriebskosten** auf die einzelnen Produkte erfolgen, soweit unterschiedliche Wiederverkaufsmargen verwendet werden. Ob eine **schlüsselbasierte Zuordnung** anhand der jeweiligen Umsätze für diese Zwecke eine ausreichende Genauigkeit bietet, dürfte zu hinterfragen sein. Die Höhe der markenbezogenen Marketingaufwendungen könnte uU einen besseren Maßstab darstellen. In der Regel gegenüber einer schlüsselbasierten Zuordnung zu bevorzugen ist jedoch eine **direkte Zuordnung,** die wiederum ein entsprechend strukturiertes **Kostenrechnungssystem** bzw. **Deckungsbeitragsrechnung** erfordert.

f) Flexible Wiederverkaufsmargen

196   Die Notwendigkeit einer zum Zeitpunkt der Lieferung der Ware vom konzernverbundenen Lieferanten an den Wiederverkäufer bestehenden **Berechnungsmethodik zur Festlegung des Verrechnungspreises** führt bei der Wiederverkaufspreismethode zu einer **unzureichenden Flexibilität** hinsichtlich der **Anpassung** an unvorhergesehene und vom Wiederverkäufer nicht beeinflussbare Entwicklungen. Dabei sind Wiederverkäufer mit einem breiten Spektrum von Funktionen und Risiken von dieser Problematik weniger stark betroffen als **niedrigfunktionale Vertriebsunternehmen,** bei denen eine starke **Volatilität des Nettoergebnisses** weniger plausibel ist. Einige mögliche Gestaltungen zur Reduzierung oder Vermeidung dieser Problematik wurden bereits angesprochen. Elementar ist hierbei eine regelmäßige **Durchsicht der Vertriebsergebnisse** sowie die Etablierung einer **Systematik zur Anpassung der Wiederverkaufsmarge,** die abgesichert sind durch entsprechende im Voraus festgelegte **Klauseln in den Vertriebs- bzw. Lieferverträgen.**

197   Potentiellen Lösungsansätzen zur Erzielung der nötigen **Flexibilität der Wiederverkaufsmarge** gemeinsam ist deren Bezugnahme auf das **Nettoergebnis des Wiederverkäufers** (bzw. dessen einzelner Vertriebssegmente, sofern aufgrund unterschiedlicher Funktionsprofile/Produkte mehr als eine Wiederverkaufsmarge verwendet wird). Auch wenn die Profitabilität des Wiederverkäufers auf Ebene des Nettoergebnisses im Grunde kein adäquates **Beurteilungskriterium** für die Angemessenheit der vereinbarten Wiederverkaufsmarge darstellt, ist dies dennoch die wohl beste verfügbare Vergleichsgröße für eine **Plausibilitätsprüfung.** Das Nettoergebnis ist daher auch in der **Betriebsprüfungspraxis** regelmäßig ein erster Ansatzpunkt zur Einschätzung einer ggf. unangemessenen Verrechnungspreisgestaltung zwischen Lieferant und Wiederverkäufer.

198   Auf die Möglichkeit der Verprobung mittels der **transaktionsbezogenen Nettomargenmethode** wurde idZ bereits hingewiesen. Die **Beziehung zwischen Wiederverkaufspreismethode und transaktionsbezogener Nettomargenmethode** ergibt sich aus der Bezugnahme auf ein **betriebswirtschaftliches Ergebnis,** das aufgrund einer wirtschaftlichen Aktivität im Rahmen einer **Transaktion** erzielt wird. Bei der Wiederverkaufspreismethode ist es die Wiederverkaufsmarge und daraus abgeleitet der **Rohgewinn bzw. die Rohgewinnmarge,** welche die maßgebende Bezugsgröße darstellt, bei der transaktionsbezogenen Nettomargenmethode ist es das **Netto-**

ergebnis[209] **bzw. die Nettomarge.** Vom Rohergebnis kann unter Kenntnis der Betriebskosten das Nettoergebnis ermittelt werden, umgekehrt kann vom Nettoergebnis auf das Rohergebnis und damit auf die Wiederverkaufsmarge hochgerechnet werden

Beispiel: Ein Vertriebsunternehmen budgetiert einen Umsatz von 1000 und Betriebskosten von 250. Die angemessene Nettomarge wird mit 2,50 % festgelegt, woraus sich ein Nettogewinn von 25 ergibt. Zur Erzielung eines Nettogewinns von 25 und zur Abdeckung der Betriebskosten ist ein Rohgewinn iHv 275 erforderlich. Ausgehend von der Umsatzplanung ermittelt sich die Wiederverkaufsmarge entsprechend mit 27,50 %, der Wareneinsatz wird bei 725 liegen.

Die für die transaktionsbezogene Nettomargenmethode dargestellte Abhängigkeit besteht grundsätzlich in gleicher Weise für die **Gewinnvergleichsmethode**[210] (Rn. 350 ff.) Diese entspricht im kalkulatorischen Ansatz der transaktionsbezogenen Nettomargenmethode, wird allerdings definitionsgemäß nicht auf einzelne Transaktionen sondern idR auf Geschäftssegmente oder ganze Unternehmen angewendet. Sie entspricht daher, anders als die transaktionsbezogene Nettomargenmethode, nicht einer von der OECD empfohlenen Vorgehensweise. In der praktischen Anwendung als Verprobung der Wiederverkaufspreismethode hat diese unterschiedliche Definition jedoch keine entscheidende Relevanz. **199**

Denkbar ist uU auch die Verwendung einer **Gewinnaufteilungsmethodik** (Rn. 250 ff.) zur Verprobung der mit der Wiederverkaufspreismethode erzielten Ergebnisse. Hierbei wird der in hoch integrierten Geschäftsprozessen erzielte Nettogewinn (oder Verlust) **zwischen den an der Transaktion Beteiligten entsprechend ihrem Wertbeitrag** aufgeteilt. Das auf einen Beteiligten auf diese Weise zugeordnete anteilige Nettoergebnis kann dann über die entstehenden Betriebskosten wieder auf ein Rohergebnis und damit auf die Wiederverkaufsmarge hochgerechnet werden. Sowohl die speziellen **Voraussetzungen** für die Anwendung einer Gewinnaufteilungsmethode als auch deren Divergenz zu den Anwendungsfällen der Wiederverkaufspreismethode iVm der **Komplexität** einer nachweislich angemessenen Gewinnaufteilung machen diese Art der Verprobung jedoch zu einer seltenen Ausnahme. **200**

Neben der Unterstützung bei der Kontrolle der unter Anwendung der Wiederverkaufspreismethode erzielten Ergebnisse kann mit der ergänzenden Anwendung von am Nettogewinn orientierten Verrechnungspreismethoden auch eine ggf. divergierende **Methodenpräferenz** seitens verschiedener Steuerverwaltungen befriedigt werden. Während sich die OECD und die deutsche FinVerw. für einen Vorrang der **traditionellen geschäftsfallbezogenen Methoden** – und damit u. a. auch der Wiederverkaufspreismethode – gegenüber den **geschäftsfallbezogenen Gewinnmethoden** aussprechen, haben einzelne Länder andere Präferenzen hinsichtlich der Anwendung der Verrechnungspreismethoden. So ist bspw. in den USA die Gewinnvergleichsmethode sehr weit verbreitet und die japanischen Steuerbehörden haben eine vergleichsweise hohe Präferenz für die Gewinnaufteilung, während in beiden Ländern die Wiederverkaufspreismethode im Vergleich weniger **201**

[209] Auch operatives Ergebnis oder Betriebsergebnis.
[210] Vgl. US-Regs. § 1.482–5.

beachtet wird. Durch die Verbindung der Wiederverkaufspreismethode mit gewinnorientierten Methoden kann die Akzeptanz des Verrechnungspreissystems durch möglichst viele Steuerbehörden ermöglicht werden.

202 Zwei weitere Möglichkeiten zur **Bestimmung flexibler Wiederverkaufsmargen** bestehen in der **kostenbasierten** und der **umsatzbasierten** Margenanpassung. Beide Alternativen stellen **Praktikerlösungen** dar und sind damit nicht unmittelbar mit der Anwendung einer zusätzlichen Verrechnungspreismethode verbunden, wenngleich die kostenbasierte Margenanpassung u. a. auch auf die Kostenaufschlagsmethode zurückgreift.

203 Bei der **kostenbasierten Margenanpassung** werden die budgetierten **Betriebskosten des Wiederverkäufers zuzüglich eines funktions- und marktkonformen Gewinnaufschlags** verwendet, um den erforderlichen Rohgewinn festzulegen. Aus dem Rohgewinn und dem geplanten Umsatz kann die zutreffende Wiederverkaufsmarge ermittelt werden.

Beispiel: Ein Vertriebsunternehmen budgetiert einen Umsatz von 1000 und Betriebskosten von 250. Die angemessene Vergütung wird mit 10 % der Betriebskosten festgelegt. Der Rohgewinn, der zur Abdeckung der Betriebskosten und des Gewinnaufschlages erforderlich ist, beträgt demnach 275. Ausgehend von der Umsatzplanung ermittelt sich die Wiederverkaufsmarge mit 27,50 %, der Wareneinsatz wird bei 725 liegen. Das Vertriebsunternehmen wird gem. dieser Planung einen Nettogewinn von 25 und eine Nettogewinnmarge von 2,50 % erzielen.

Die Budgetierung geht also zunächst von einer der **Kostenaufschlagsmethode** (Rn. 250 ff.) vergleichbaren Kalkulation aus und ermittelt hieraus die Wiederverkaufsmarge als Residual. Anhand der tatsächlich erzielten Umsätze und entstanden Betriebskosten des Wiederverkäufers kann später die endgültige Wiederverkaufsmarge ermittelt und ggf. eine entsprechende **Schlussabrechnung** erstellt werden.

204 Der Vorteil dieser Vorgehensweise ist darin zu sehen, dass der Wiederverkäufer aufgrund der aus der Kostenaufschlagsmethode abgeleiteten Wiederverkaufsmarge ein **vergleichsweise stabiles Nettoergebnis** erzielt, wenngleich dieses zumindest auf kurze Sicht ebenfalls durch unerwartete **Umsatzschwankungen** beeinflusst wird. Regelmäßige Kontrollen der Umsatzentwicklung und potentielle Anpassungen der Wiederverkaufsmarge zur Erzielung der budgetierten Nettomarge des Wiederverkäufers sind daher notwendig. Die **Anwendung** der kostenbasierten Margenanpassung ist daher in erster Linie im Sinne einer **Kontrollrechnung** zu sehen und damit im Grunde der für den gleichen Zweck eingesetzten transaktionsbezogenen Nettomargenmethode vergleichbar. Die Betriebskosten des Wiederverkäufers als ersten Ansatzpunkt zur Ermittlung der Wiederverkaufsmarge zu verwenden rückt die Verkaufsaktivität allerdings tendenziell in die Nähe einer **Dienstleistung,** was die Verwendung insbesondere für niedrigfunktionale Wiederverkäufer bestätigt.

Ähnlich wie bei der Anwendung der Kostenaufschlagsmethode bedarf es in der Praxis Mechanismen, die eine Maximierung des Nettogewinns des Wiederverkäufers durch eine **ineffiziente Kostenstruktur** vermeiden. Noch schwerwiegender dürfte die Gefahr sein, dass der Wiederverkäufer zu unangemessen niedrigen **Endverkaufspreisen** absetzt, was ihm zwar bei der Erfüllung mengenbasierter Absatzziele hilft, jedoch zu unzureichenden Erträgen führt, die iRd kostenbasierten Margenanpassung vom Lieferanten getragen werden. Die Vereinbarung **maximaler Rabatte** auf einen vom Lieferanten festgesetzten Listenpreis ist eine Möglichkeit, dieser Problematik zu entgehen.

Als **umsatzbasierte Margenanpassung** wird eine Vorgehensweise be- **205** zeichnet, bei der die Wiederverkaufsmarge nicht bei allen Umsätzen gleich ist, sondern **gestaffelt nach Höhe des Umsatzes Zu- oder Abschläge** erfolgen. Die Zu- oder Abschläge und entsprechenden Anpassungen der ursprünglich budgetierten Wiederverkaufsmarge sollen die bei Veränderungen vom budgetierten Umsatz eintretenden **Kostendegressionseffekte** (Rn. 186 ff.) ausgleichen oder zumindest abmildern.

> **Beispiel:** Ein Vertriebsunternehmen budgetiert einen Umsatz von 1000 und Betriebskosten von 250 (davon 150 fix und 100 variabel). Die Wiederverkaufsmarge ist mit 30 % festgelegt. Die Budgetierung geht damit von einem Rohgewinn von 300 und einem Nettogewinn von 50 aus (= Nettogewinnmarge 5 %). Die festgelegte Wiederverkaufsmarge wird in Staffeln von jeweils 10 % angepasst, sofern eine Veränderung des Umsatzes um jeweils mehr als 10 % eintritt.
>
> Szenario 1: Der tatsächliche Umsatz beträgt 1200 anstatt der budgetierten 1000. Die variablen Kosten steigen auf 105. Entsprechend der Staffelvereinbarung reduziert sich die Wiederverkaufsmarge um 10 % auf 27 %. Der Rohgewinn des Vertriebsunternehmens beträgt demzufolge 324 (1200 – 876), der Nettogewinn 69 (324 – 150 – 105) und die Nettogewinnmarge 6 %. Ohne Staffelung der Wiederverkaufsmarge hätte der Rohgewinn 360 betragen, der Nettogewinn 105 und die Nettogewinnmarge 9 %.
>
> Szenario 2: Der tatsächliche Umsatz beträgt 750 anstatt der budgetierten 1000. Die variablen Kosten sinken auf 90. Entsprechend der Staffelvereinbarung erhöht sich die Wiederverkaufsmarge zwei Mal um jeweils 10 % auf 36,30 %. Der Rohgewinn des Vertriebsunternehmens beträgt entsprechend 272,25 (750 – 477,75), der Nettogewinn 32,25 (272,25 – 150 – 90) und die Nettogewinnmarge 4 %. Ohne Staffelung der Wiederverkaufsmarge hätte der Rohgewinn 225 betragen, das Nettoergebnis – 15 und die Nettogewinnmarge – 2 %.

Wesentlicher **Parameter** bei der Festlegung der Staffelung ist neben dem **206** Verhältnis der Betriebskosten zum Umsatz insbesondere die Veränderung der Betriebskosten im Verhältnis zur Veränderung des Umsatzes. Die Wiederverkaufsmarge wird sich im Normalfall **entgegengesetzt der Umsatzveränderung** anpassen, um die Kostendegression zu neutralisieren. Hierin liegt einer der Vorteile dieser Vorgehensweise, denn unangemessen hohe Gewinne können hierdurch ebenso vermieden werden wie nicht zu rechtfertigende Verluste. Die **Genauigkeit der Anpassung** ist im Vergleich zur kostenbasierten Margenanpassung etwas geringer, dafür erscheint die **Systematik der Margenanpassung** eher zu einer Vertriebsaktivität passend.

Wie bei der kostenbasierten Margenanpassung ist davon auszugehen, dass **207** die festgelegte Wiederverkaufsmarge und die dabei vereinbarte Staffelung vorläufig sind und somit auch bei dieser Art der flexiblen Margenanpassung die erzielten Ergebnisse eine **Durchsicht und Kontrolle** erfordern. Allerdings sollten Anpassungen der Wiederverkaufsmarge über die im Voraus festgelegte Staffelung hinaus nur in Ausnahmefällen erforderlich sein. Sie sollten auch unter dem Aspekt vermieden werden, dass die Durchführung mehrerer verschiedenartige Anpassungen die **Stabilität des Verrechnungspreissystems** und dessen Akzeptanz durch FinVerw. uU eher reduziert als erhöht.

208   Darüber hinaus ist der gerade beim Vertrieb wichtige **Anreizeffekt** zu berücksichtigen, der auch bei der **Prüfung des Verrechnungspreissystems**
aus steuerlicher Sicht eine wesentliche Rolle spielt. Die Staffelung der Wiederverkaufsmarge soll nicht zu dem Ergebnis führen, dass eine positive Veränderung des Umsatzes des Wiederverkäufers vollständig dem Lieferanten
zugute kommt, andererseits soll der Lieferant über die Anpassung der Wiederverkaufsmarge auch nicht vollständig die Verschlechterung des Nettogewinns des Wiederverkäufers aufgrund eines unerwarteten Umsatzrückgangs
tragen.

209   Ein wichtiges Element für die Verteidigung des Anpassungssystems aus
steuerlicher Sicht können **Vergleichstransaktionen** mit bzw. zwischen
fremden Dritten sein. **Rabattstaffeln** werden regelmäßig zwischen fremden
Dritten vereinbart. Allerdings sind diese üblicherweise unter anderen Gesichtspunkten und mit anderen Zielen etabliert als die umsatzbasierte Margenanpassung und unterscheiden sich aus diesem Grund auch inhaltlich. Ein
direkter Fremdvergleich zum Nachweis der Angemessenheit wird daher
idR nicht möglich sein.

g) Mehrstufige Wiederverkaufspreissysteme

210   Besondere Herausforderungen an die Verrechnungspreisgestaltung stellen
mehrstufige Vertriebssysteme dar. Diese sind in der Praxis sowohl zwischen fremden Dritten als auch in international agierenden Konzernen sehr
häufig anzutreffen. Hierbei kann es sich um die Einschaltung von **Zwi-
schenhändlern** oder von (regionalen) **Vertriebs- bzw. Verteilzentren**
handeln. Weniger problematisch sind die Fälle, in denen die zwischengeschaltete Gesellschaft hauptsächlich **logistische und administrative Funktionen** in der Lieferkette wahrnimmt, jedoch keine Vertriebsfunktionen. Die
Tätigkeit solcher Gesellschaften wird sich dann meist als **Dienstleistung** charakterisieren, die an den Lieferanten oder den eigentlichen Wiederverkäufer
erbracht wird. Häufig wird in solchen Fällen die Anwendung der **Kostenaufschlagsmethode** sachgerecht sein. Selbst wenn die zwischengeschaltete
Gesellschaft das Eigentum an der Ware erwirbt und daher die Wiederverkaufspreismethode der Kostenaufschlagsmethode ggf. vorzuziehen ist, kann
die Vergütung mit einer relativ geringen **Handelsmarge** erfolgen, um die
Unterstützungsleistung angemessen zu vergüten.

211   Wesentlich komplexer sind die Fälle, in denen die zwischengeschaltete Gesellschaft nicht auf unterstützende Funktionen beschränkt ist, sondern in den
eigentlichen **Vertriebsprozess integriert** ist. Bspw. kann die zwischengeschaltete Gesellschaft als regionales Vertriebszentrum agieren, das die Waren
zunächst von internationalen Produzenten aufkauft und dann an die Wiederverkäufer liefert, die ihrerseits die lokalen Kunden betreuen. Neben der zentralen Einkaufs- und Verteilfunktion wird das Vertriebszentrum möglicherweise auch eine **regionale Marketingstrategie** entwickeln und idZ GeneralRL
für die lokalen Wiederverkäufer festlegen. Derart weit gehende Funktionen
werden mit einer geringen Handelsmarge idR nicht angemessen vergütet.

Beispiel: Ein international tätiger Maschinenbaukonzern führt grenzüberschreitende Warentransaktionen über 5 Regional Trading Center (RTC) durch, je eines für
Nordamerika, Südamerika, Europa, Asien/Australien und Afrika. Die RTC kaufen die

von Produzenten in ihrer Region gefertigten Maschinen und Ersatzteile und verkaufen diese an das RTC der Absatzregion. Das RTC der Absatzregion nimmt ggf. erforderliche Anpassungen für den lokalen Markt vor (zB Re-Labelling) und veräußert die Waren danach an die Wiederverkäufer in den Ländern der Absatzregion. Die Verrechnungspreise für die Transaktionen zwischen den RTC sowie zwischen den RTC und den lokalen Wiederverkäufern werden nach der Wiederverkaufspreismethode ermittelt.

Die **deutsche FinVerw.** behandelt die Thematik mehrstufiger Wiederver- **212** kaufspreissysteme kurz mit dem Hinweis, dass „… uU von dem (marktentstandenen) Preis der letzten Lieferung an einen Fremden über die ganze Kette hinweg bis zu deren Anfangsglied zurückgerechnet werden (kann)".[211] Die **OECD** wird hinsichtlich der Festlegung der Wiederverkaufsmarge(n) ausführlicher und erläutert, dass die gesamte Lieferkette sowie das Funktionsprofil aller beteiligten Parteien in der Lieferkette bei der Festlegung der Verrechnungspreise, ausgehend vom Endverkaufspreis an fremde Dritte, betrachtet werden muss.[212] Es kommt also in hohem Maße auf die übernommenen **Funktionen des Zwischenhändlers im Vergleich zu den anderen Unternehmen** in der Lieferkette an. Die **US-RL zu Section 482 IRC** enthalten der OECD vergleichbare Aussagen.[213]

Neben den verschiedenen Ausprägungen des Funktions- und Risikoprofils, **213** die ein Vertriebszentrum innerhalb einer mehrstufigen Lieferkette übernehmen kann und nach dem sich die angemessene Vergütung richtet, sind noch eine Reihe anderer **Faktoren** bei der Festlegung der Verrechnungspreise zu berücksichtigen.

Ein zentrales Problem stellen dabei die bei internationalen Lieferketten **214** häufig zu berücksichtigenden regionalen bzw. lokalen Besonderheiten dar, insbesondere das **Kaufkraftniveau** und die **Besonderheiten des Marktes.** Die angemessene Berücksichtigung regionaler bzw. lokaler Besonderheiten ist dann besonders schwierig, wenn sich mehrstufige Lieferketten über mehrere Länder mit deutlichen makroökonomischen Unterschieden erstrecken. Ausgehend von der einheitlichen Sichtweise der deutschen FinVerw. und der OECD (die darüber hinaus auch von der US-amerikanischen FinVerw. geteilt wird) sind bei der Analyse dieser Lieferketten zunächst die **Verhältnisse am Absatzort des Endkunden** zugrunde zu legen. Dh der Endverkaufspreis der Ware bildet den Ausgangspunkt, der um die angemessene Wiederverkaufsmarge der lokalen Vertriebsgesellschaft ergänzt wird. Hieraus ergibt sich eine **residuale Wiederverkaufsspanne,** die zur Vergütung der **zwischengeschalteten Wiederverkäufer** zur Verfügung steht.

Beispiel (Fortsetzung von Rn. 211): Das in Singapur ansässige RTC für Asien (RTC A) bezieht von Produzenten in Nordamerika gefertigte Produkte über das RTC NA mit Sitz in den USA. Das RTC Asien verkauft diese Waren weiter an lokale Vertriebsgesellschaften in Japan (J), Südkorea (SK) und Thailand (T), die ihrerseits zu den lokalen Marktpreisen am Endverbraucher verkaufen. Alle Verrechnungspreise werden in US$ ermittelt, zwischen den beiden RTC ist eine Wiederverkaufsmarge von 15% bzw. zwischen dem RTC Asien und den lokalen Vertriebsgesellschaften eine Wieder-

---

[211] Vgl. VGr 1983, Tz. 2.2.3.
[212] Vgl. OECD-RL 2010, Tz. 2.33.
[213] Vgl. US-Regs. § 1.482–3(c)(2)(ii).

verkaufsmarge von 30% vereinbart. Nachfolgende Tabelle fasst die daraus resultierenden Preise beispielhaft für ein Produkt zusammen, das von den Produzenten (P NA) zum Preis von 200 zzgl. 5% Gewinnaufschlag geliefert wird:

	Endabnehmerpreis	an RTC A zu zahlender Verrechnungspreis	an RTC NA zu zahlender Verrechnungspreis	an P NA zu zahlender Verrechnungspreis	Gewinn (+) bzw. Verlust (-) RTC NA
J	450,00	315,00	267,75	210,00	+57,75 (+28%)
SK	400,00	280,00	238,00	210,00	+28,00 (+13%)
T	250,00	175,00	148,75	210,00	−61,25 (−29%)

Das Beispiel illustriert insbesondere die Effekte **unterschiedlicher Endverkaufspreise,** die durch **unterschiedliche Verhältnisse des Absatzmarktes** ausgelöst sind, sowie die daraus potentiell entstehenden Übergewinne bzw. andererseits die Verluste, wenn die erzielbare **Gesamtmarge** nicht zu einer angemessenen Vergütung aller Beteiligten in der Lieferkette ausreicht. Dabei erfolgte in dem Beispiel vereinfachend keine **Unterscheidung der Wiederverkaufsmargen der lokalen Vertriebsgesellschaften** oder des von diesen getragenen **Wechselkursrisikos.** Entstehende **Residualgewinne und -Verluste** wurden dem RTC für Nordamerika zugeordnet, was eine Strategieführerschaft des RTC NA im Rahmen dieser Lieferkette voraussetzt.

215   In einem stärker **differenzierenden Verrechnungspreissystem** müssen für die Lieferbeziehung zwischen dem Regional Trading Center und den lokalen Vertriebsgesellschaften **länderspezifische Wiederverkaufsmargen** festgelegt werden, die den jeweiligen Funktionen und Risiken sowohl der **lokalen Vertriebsgesellschaften** als auch des **RTC** in Bezug auf die einzelnen Transaktionen gerecht werden. Funktionale Unterschiede können bspw. bestehen hinsichtlich der Anpassung von Produkten an die Vertriebsanforderungen der lokalen Märkte (Verpackung, Marke), der Erbringung zusätzlicher Dienstleistungen iZm dem Produktverkauf (Installation von Geräten oder Anlagen) oder der Mitwirkung an der Entwicklung lokaler bzw. regionaler Marketingstrategien. Die Wiederverkaufsmargen müssen nicht nur jede für sich angemessen sein, sondern auch einem Vergleich der verschiedenen Ländergesellschaften untereinander standhalten.

216   Bei der Berücksichtigung lokaler Strukturen iRd Festlegung angemessener Wiederverkaufsmargen kann sich für ein RTC bzw. für andere Arten zwischengeschalteter Vertriebsgesellschaften aus der Existenz divergierender länderspezifischer Wiederverkaufsmargen ein **Nachweisproblem** ergeben. Für die FinVerw. am Sitz des RTC sind divergierende lokale Margen transparent, ebenso im Vergleich dazu die von dem RTC erzielte Marge. Wenn trotz gleicher Produkte die lokalen Wiederverkaufsmargen und/oder die absoluten Verkaufspreise an die Wiederverkäufer divergieren, bedarf dies einer ausreichenden **Dokumentation** der Gründe. Erschwert wird ein solcher Nachweis dadurch, dass ein solches Vertriebszentrum meist ausnahmslos in konzerninterne Transaktionen involviert ist und somit ein Vergleich mit „**nicht kontrollierten" Geschäftsbeziehungen** idR nicht möglich ist.

217   Für eine zwischengeschaltete Gesellschaft ist darüber hinaus die **Trennung** der durch die verschiedenen Aktivitäten verursachten **Kosten** wichtig. Zum einen ist dies erforderlich, um eine vollständige **Ermittlung und Kontrolle**

der erzielten **Margen** zu erreichen. Darüber hinaus können hierdurch ggf. nicht mit der eigenen (Zwischen)Vertriebstätigkeit in Zusammenhang stehende **Kosten extrahiert und an den eigentlichen Leistungsempfänger belastet** werden. Die Notwendigkeit der Weiterbelastung von Kosten ergibt sich bei den zwischengeschalteten Vertriebsgesellschaften häufig aufgrund der **Übernahme von Drittkosten** oder der **Erbringung von Dienstleistungen,** die separat zu vergüten sind, bspw. der Abschluss von Transportversicherungen, Rechnungswesen, Finanzierungsleistungen oder die Rechnungsstellung gegenüber den Endkunden der lokalen Vertriebsgesellschaften.

(einstweilen frei)   218–249

IV. Kostenaufschlagsmethode (Cost Plus Method)

1. Grundsätze

Bei Anwendung der **Kostenaufschlagsmethode**[214] bzw. **Cost Plus Me-** 250
thod[215] wird der Verrechnungspreis ermittelt anhand der durch die Leistungserbringung verursachten **Kosten zzgl. eines prozentualen Gewinnaufschlages** auf diese Kosten. Der Begriff „Leistung" kann dabei verschiedene Arten von Geschäftsbeziehungen umfassen, in erster Linie die **Erbringung von Dienstleistungen** und die **Lieferung von Waren.** Die maßgebenden Faktoren bei der Ermittlung von Verrechnungspreisen nach der Kostenaufschlagsmethode sind die **Ermittlung der zutreffenden Kosten** sowie die **Festlegung eines angemessenen Gewinnaufschlages.** Obwohl die grundsätzliche Methodik und die maßgebenden Faktoren nicht komplex sind, ist die Anwendung der Kostenaufschlagsmethode in der Praxis oft aufwändig und erfordert hohe Sorgfalt, die dennoch nicht immer zu absoluter Prüfungssicherheit führt.

Beispiel: Die luxemburgische Konzerngesellschaft L-sarl ist als zentraler Dienstleister für andere Gesellschaften des Konzerns tätig. Dabei erbringt L-sarl Dienstleistungen in den Bereichen Buchhaltung, IT, Marktanalyse/Marketing und Recht. Als Vergütung für die Erbringung der Dienstleistungen ist ein nach der Kostenaufschlagsmethode ermitteltes Entgelt vereinbart.
Für die Abrechnung der Dienstleistungen gegenüber den Leistungsempfängern muss L-sarl die entstandenen Kosten getrennt nach Art der Dienstleistung und nach Empfänger der Leistung ermitteln. Darüber hinaus muss L-sarl analysieren, inwieweit ein einheitlicher Gewinnaufschlag für die verschiedenen Dienstleistungen angemessen ist oder ob zur Berücksichtigung funktionaler Unterschiede bei der Leistungserbringung verschieden hohe Gewinnaufschläge zur Anwendung kommen müssen.

Die **Angemessenheit des Gewinnaufschlags** richtet sich in erster Linie 251
nach den vom Dienstleister bzw. Lieferanten ausgeübten **Funktionen** und
den **Marktverhältnissen.**[216]

---

[214] Vgl. VGr 1983, Tz. 2.2.4.
[215] Vgl. OECD-RL 2010, Tz. 2.39–2.55.
[216] Vgl. OECD-RL 2010, Tz. 2.39.

252   Wie bei der Preisvergleichsmethode und der Wiederverkaufspreismethode
ist auch bei der Kostenaufschlagsmethode ein **äußerer Vergleich** (Geschäftsbeziehungen **zwischen** fremden Dritten) oder ein **innerer Vergleich** (Geschäftsbeziehungen **mit** fremden Dritten) möglich, wobei die OECD den
inneren Vergleich bevorzugt.[217] Der **Transaktionsbezug** ist bei der Kostenaufschlagsmethode möglicherweise weniger offensichtlich als bei der Preisvergleichsmethode oder der Wiederverkaufspreismethode. Gleichwohl ist der
analytische Ansatz bei der Kostenaufschlagsmethode grundsätzlich gleich, dh
den „kontrollierten" Geschäftsbeziehungen zwischen verbundenen Unternehmen werden „nicht kontrollierte" Geschäftsbeziehungen gegenübergestellt, die entweder unmittelbar vergleichbar sind oder bei denen die Vergleichbarkeit mit Anpassungsrechnungen hergestellt werden kann.[218] Die
Vergleichbarkeit der Produkte hat dabei eine geringere Bedeutung als bei
der Preisvergleichsmethode, da der Effekt von Produktunterschieden auf den
angemessenen Gewinnaufschlag geringer ist als auf den Produktpreis.[219]
Wichtiger sind die vom Leistenden ausgeübten **Funktionen.** Insoweit bestehen Parallelen zwischen der Kostenaufschlagsmethode und der Wiederverkaufspreismethode.

253   Von der Frage der Bestimmung von Kostenbasis und Gewinnaufschlag
sowie des Zeitbezugs dieser beiden Faktoren zu trennen ist die Frage nach
dem **Zeitpunkt für die Ermittlung der Kostenaufschlagspreise.** Die
Preisfestsetzung iRd Kostenaufschlagsmethode verlangt entweder eine **Vorkalkulation** oder eine **Nachkalkulation.** Im Rahmen des konzerninternen
Lieferungs- und Leistungsverkehrs lassen sich zwei Grundfälle des Zeitpunkts
für die Preisfestsetzung unterscheiden:[220]
1. Verrechnungspreise werden vor der eigentlichen Leistungserbringung vereinbart. Diese Vorkalkulation entspricht dem Fremdvergleich, sofern auch
   fremde Dritte Festpreisvereinbarungen bei Abschluss von Verträgen verlangen würden. Üblicherweise wird vor Auftragserteilung zumindest eine
   Kostenschätzung eingeholt oder ein Zielbudget vereinbart werden.
2. Im Falle längerfristiger Lieferverträge zwischen liefernder und abnehmen-
   der Konzerngesellschaft erfolgt die Festsetzung der Verrechnungspreise
   grundsätzlich auch im Rahmen der Vorkalkulation, zB auf der Grundlage
   von Prognosekosten. Zusätzlich werden jedoch auch Preisgleitklauseln vereinbart, um eine Anpassung an sich ändernde Preis- und Kostenverhältnisse
   zu gewährleisten. Dabei ist auch zu prüfen, ob unabhängige Dritte entsprechende Preisgleitklauseln miteinander vereinbart hätten[221] und ob die vereinbarten Klauseln die zwischen fremden Dritten zu erwartende Bestimmtheit der Vereinbarung wiederspiegeln.[222]
   Auch bei nicht längerfristigen Lieferverträgen stellt sich darüber hinaus die
   Frage, ob die Vorkalkulation bzw. Budgetierung durch einen **Abgleich mit
   den Ist-Kosten,** der erst nach Fertigstellung des Produkts bzw. vollständiger

---

[217] Vgl. OECD-RL 2010, Tz. 2.40.
[218] Vgl. OECD-RL 2010, Tz. 2.41, 3.24.
[219] Vgl. OECD-RL 2010, Tz. 2.41.
[220] Vgl. *Scherrer*, 353; *Klein*, 1988, 222; *Jäger*, 95 ff.
[221] Vgl. VGr 1983, Tz. 3.1.2.1. S. 3.
[222] Vgl. VGr 1983, Tz. 1.4.1.

Erbringung der vereinbarten Leistung möglich ist, ergänzt wird. Diese Frage führt auch zu der Thematik der entsprechenden **Kostenrechnungssysteme** (Rn. 282 ff.).

Nicht zu verwechseln sind die **Kostenaufschlagskalkulation** und die **254** Kostenaufschlagsmethode (im Sinne einer Verrechnungspreismethode). In der Praxis werden fast alle Produktpreise mit Hilfe von Kostenaufschlagskalkulationen ermittelt, indem der individuell angemessene Gewinnanteil des Produktes auf die Kosten aufgeschlagen wird. Dabei wird der **angemessene Gewinnanteil** jedoch auf der Grundlage des **Wertbeitrags** bestimmt. Mit anderen Worten, die einzelnen Produktpreise werden auf Basis der Kostenrechnung ermittelt. Eine solche Kalkulation entspricht nicht einer Anwendung der Kostenaufschlagsmethode, bei welcher der Gewinnaufschlag auf Basis der Kosten bemessen wird.

Wichtige **praktische Anwendungsfälle** der Kostenaufschlagsmethode **255** sind Lieferungen halbfertiger Güter zwischen verbundenen Unternehmen, langfristige Liefervereinbarungen, Gemeinschaftseinrichtungen mehrerer verbundener Unternehmen oder die konzerninterne Erbringung von Dienstleistungen.[223] Es kann sich dabei auch um komplexe Tätigkeiten handeln, wie bspw. eine Auftragsforschung,[224] sofern sich der Leistungserbringer aufgrund seines Funktionsprofils nicht in einer Unternehmerposition oder Strategieführerschaft befindet. Der Anwendungsbereich der Kostenaufschlagsmethode ist dementsprechend sehr weit. Häufig wird die Kostenaufschlagsmethode auch als **weitere Verrechnungspreismethode** verwendet, um die unter Anwendung einer für den Sachverhalt besser geeigneten Verrechnungspreismethode ermittelten Ergebnisse zu verproben.

2. Fremdvergleich

Der Maßstab des Fremdvergleichs bezieht sich bei Anwendung der Kos- **256** tenaufschlagsmethode sowohl auf die **Kosten** als auch auf die **Höhe des Gewinnaufschlags**. Für beide Elemente ist die **funktionale Vergleichbarkeit** ein wesentliches Kriterium, welche wiederum in erheblichem Maße von den zwischen Leistendem und Leistungsempfänger vereinbarten Vertragsbedingungen beeinflusst wird. Die OECD verweist hinsichtlich der **Vergleichsfaktoren** auf die Erläuterungen zur Wiederverkaufspreismethode, die iRd Kostenaufschlagsmethode in gleicher Weise gültig sind.[225] Wesentliche Grundsätze des Fremdvergleichs sind die Möglichkeit des **äußeren und des inneren Vergleichs** sowie des **direkten und des indirekten Vergleichs**.

Bei der Anwendung des Fremdvergleichsgrundsatzes in Bezug auf die **257** berücksichtigungsfähigen Kosten sind sowohl die **Definition** der maßgeblichen Kosten (Rn. 267 ff.), deren Erfassung über ein angemessenes **System der Kostenrechnung** (Rn. 282 ff.) sowie der **Umfang der einbezogenen Kosten** (Rn. 297 ff.) von Bedeutung. Für alle drei Aspekte der Kostenermittlung gilt grundsätzlich, dass der Steuerpflichtige in seiner Gestaltung weitgehend frei ist. Erforderlich ist, dass er sich bei der von ihm gewählten Kosten-

---

[223] Vgl. OECD-RL 2010, Tz. 2.39.
[224] Vgl. OECD-RL 2010, Tz. 2.55.
[225] Vgl. OECD-RL 2010, Tz. 2.41.

ermittlung an der Preisgestaltung gegenüber **fremden Dritten** bzw. an **betriebswirtschaftlichen Grundsätzen** orientiert.[226]

258   Die Festlegung eines drittüblichen **Gewinnaufschlags** ist, neben den ausgeübten Funktionen, auch in starkem Maße abhängig von der gewählten **Kostenermittlung.** So erfordert bspw. der Ansatz von Teilkosten einen anderen Gewinnaufschlag als der Ansatz von Vollkosten, da andernfalls die Differenz der absoluten Kosten zu einer nicht gerechtfertigten Differenz des Verrechnungspreises führen würde.

3. Ermittlung der Kosten

a) Steuerliche Rahmenbedingungen

259   Die **deutsche FinVerw.** und die **OECD** äußern sich im Rahmen ihrer Darstellungen der Kostenaufschlagsmethode auch zu den Grundsätzen der Ermittlung der maßgeblichen Kosten.

260   Die iRd Kostenaufschlagsmethode maßgeblichen Kosten werden gem. der **deutschen FinVerw.**[227] „… nach den Kalkulationsmethoden ermittelt, die der Liefernde oder Leistende auch bei seiner Preispolitik gegenüber Fremden zu Grunde legt oder – wenn keine Lieferungen und Leistungen gegenüber Fremden erbracht werden – die betriebswirtschaftlichen Grundsätzen entsprechen.". Werden Lieferungen oder Leistungen über eine Kette mehrerer verbundener Unternehmen bzw. Nahestehender erbracht, ist die Kostenaufschlagsmethode nacheinander auf die einzelnen Stufen unter Beachtung des Funktionsprofils des jeweiligen Beteiligten[228] anzuwenden.

Entsprechend der allgemeinen Grundsätze gelten auch für die Kostenaufschlagsmethode die „… Kalkulationsverfahren oder sonstige betriebswirtschaftliche Grundlagen, die im freien Markt die Preisbildung beeinflussen (betriebswirtschaftliche Daten) …"[229] als Anhaltspunkte für die Bemessung der Verrechnungspreise.

261   Die deutsche FinVerw. akzeptiert demnach grundsätzlich **alle betriebswirtschaftlich anerkannten Methoden der Kostenrechnung** als Grundlage für die Anwendung der Kostenaufschlagsmethode. Damit stehen dem „ordentlichen und gewissenhaften Geschäftsführer" die unterschiedlichsten **Teil- und Vollkostensysteme** zur Verfügung, die allesamt als Kostengrundlage einer Kostenaufschlagsmethode anzuerkennen sind. Die deutsche FinVerw. erkennt auch die Berücksichtigung unterschiedlicher Bedingungen für die Ermittlung von Vergleichspreisen an. So sind „… Daten ggf. angemessen zu berichtigen, um sie an abweichende Bedingungen des jeweils vorliegenden Geschäfts anzupassen".[230] Je nach den Bedingungen und Umständen des Einzelfalls[231] steht dem handelnden Geschäftsführer das sachgerechte **Auswahlermessen** zu, die situationsgerechte **Methodik der Kostenrechnung** und die sich daraus ergebende Kostenbasis festzulegen, soweit der Geschäftsführer

---

[226] Vgl. VGr 1983, Tz. 2.2.4, 2.1.6c). OECD-RL 2010, Tz. 2.52.

[227] Vgl. VGr 1983, Tz. 2.2.4.

[228] Gem. Tz. 2.1.3 VGr 1983.

[229] Vgl. VGr 1983, Tz. 2.1.6c).

[230] Vgl. VGr 1983, Tz. 2.1.7.

[231] Vgl. VGr 1983, Tz. 3.1.2.1.

sich dabei am eigenen Verhalten gegenüber Dritten bzw. an betriebswirtschaftlichen Grundlagen orientiert. Bevorzugt wird dabei der **innere Vergleich,** dh die Verwendung von Kalkulationsgrundlagen, die auch bei der Preisbildung gegenüber Dritten angewendet werden. Erst wenn es keine vergleichbaren Geschäftsbeziehungen mit fremden Dritten gibt und deshalb solche Daten nicht existieren, kann auf allgemeine betriebswirtschaftliche Grundsätze zurückgegriffen werden.

Die Empfehlungen der **OECD** unterscheiden sich inhaltlich nicht wesent- 262
lich von den Darstellungen der deutschen FinVerw. Die OECD weist ausdrücklich auf die Bedeutung einer zutreffenden Identifizierung von Kosten iZm der zu vergütenden Tätigkeit hin. Dabei ist insbesondere zu beachten, dass nur die aufgrund einer abzurechnenden Lieferung oder Leistung entstandenen **operativen Kosten** berücksichtigt werden[232] nicht jedoch Kostenarten, die mit der Leistungserbringung nicht in unmittelbarem Zusammenhang stehen (bspw. Finanzierungskosten). Hinsichtlich der Ermittlung der zutreffenden Kosten weist die OECD überdies darauf hin, dass sich im internationalen Vergleich die Grundsätze der **Rechnungslegung** voneinander unterscheiden und dies die Anwendung einheitlicher Methoden zur Kostenermittlung erschwert.[233] Häufig sind bei Anwendung der Kostenaufschlagsmethode **Anpassungsrechnungen** erforderlich, um eine Gleichbehandlung von Kostenpositionen zu erreichen und Differenzen in der Rechnungslegung zu eliminieren.

Es sind ausschließlich die **beim Leistenden entstandenen Kosten** zu 263
berücksichtigen.[234]

Die Problematik der Identifizierung der zutreffenden operativen Kosten sowie der ggf. abweichenden Rechnungslegungsstandards betrifft nicht nur unmittelbar die Ermittlung der Kosten, sondern beeinflusst auch die **Vergleichbarkeit** mit „nicht kontrollierten" Transaktionen sowie die Höhe des **angemessenen Gewinnaufschlags** (Rn. 330 ff.).

Die OECD definiert **drei Kategorien** von Kosten, die iRd Kostenauf- 264
schlagsmethode zu unterscheiden sind:[235]

– direkte Kosten der Leistungserbringung (zB Rohmaterial für die Produktion von Waren),
– indirekte Kosten der Leistungserbringung,
– operative Kosten des Unternehmens.

Für die indirekten Kosten sowie die operative Kosten des Unternehmens muss ein angemessener Maßstab definiert werden, um den auf die Erbringung einer spezifischen Leistung entfallenden Teil der Kosten ermitteln zu können. Insoweit ergibt sich auch eine Schnittstelle zur Definition von **Kostenumlagesystemen.**[236]

Im Zeitablauf können die Kosten der Leistungserbringung uU hohen 265
Schwankungen unterliegen. So führt die Anschaffung neuer Maschinen zur Produktion von Gütern zu einem einmaligen **Investitionsaufwand,** der

---

[232] Vgl. OECD-RL 2010, Tz. 2.45.
[233] Vgl. OECD-RL 2010, Tz. 2.46.
[234] Vgl. OECD-RL 2010, Tz. 2.50.
[235] Vgl. OECD-RL 2010, Tz. 2.47.
[236] Diese werden in Kapitel VIII der OECD-RL 2010 erläutert.

(vorbehaltlich einer zeitlichen Verteilung aufgrund Aktivierung der Anschaffungskosten und AfA) zu einem einzigen Zeitpunkt anfällt. Ebenso können die **Stückkosten** produzierter Güter stark schwanken, zB wenn ein hoher Fixkostenblock unverändert bleibt bei gleichzeitig schwankender Produktionsmenge. Die OECD schlägt zur Vermeidung extremer Kostenunterschiede eine **Durchschnittsbildung** zur Glättung der Kosten vor.[237]

266 Letztlich vermeidet es die OECD, ebenso wie die deutsche FinVerw., starre **Regeln** für die zu berücksichtigenden **Kostenarten** oder die **Systematik der Kostenermittlung** zu definieren. Hervorgehoben wird aber die Notwendigkeit zur **Konsistenz** der Kostenermittlung, sowohl im Vergleich „kontrollierter" und „nicht kontrollierter" Transaktionen als auch im Vergleich verschiedener Zeiträume.[238]

b) Betriebswirtschaftliche Definition der Kosten

267 Gemeinsam ist allen betriebswirtschaftlichen Ansätzen für die Definition von Kostenrechnungssystemen der Kostenbegriff. Dennoch werden Kosten in der betriebswirtschaftlichen Praxis und Theorie unterschiedlich definiert.[239] Einigkeit besteht jedoch darüber, **Kosten** als „... **bewerteten, sachzielbezogenen Güterverbrauch einer Abrechnungsperiode"** zu definieren.[240] Die verschiedenen Begriffsinterpretationen beruhen letztendlich auf drei Grundfragen der Kostenrechnung:
1. Wie ist der Güterverbrauch zu bewerten?
2. Nach welchen Kriterien ist die Sachzielbezogenheit des Güterverbrauchs festzulegen?
3. Wie ist der mengenmäßige Verbrauch an Gütern zu ermitteln?

aa) Pagatorischer Kostenbegriff

268 Der pagatorische Kostenbegriff umfasst Güterbewegungen und Güterverbräuche nur insoweit, als sie mit **Einnahmen und Ausgaben** verbunden sind. Die Begriffe „Einnahmen" und „Ausgaben" werden in der pagatorischen Theorie weit gefasst.[241] Die Begriffe beziehen sich nicht nur auf gegenwärtige Zahlungen (Noten, Münzen, Buchgeld), sondern auch auf zukünftige (Voreinnahmen, Vorausgaben) und in der Vergangenheit (Nacheinnahmen, Nachausgaben) liegende Vorgänge. Die Bausteine der pagatorischen Rechnung sind folglich erfolgswirksame Einnahmen (Erträge) und erfolgswirksame Ausgaben (Aufwendungen). Der betriebliche Leistungsprozess wird als Prozess der Umwandlung von Geld in Güter und von Gütern in Geld interpretiert. Als Ziel gilt es, eine möglichst hohe positive Differenz zwischen den Einzahlungen und Auszahlungen zu erreichen.[242]

269 Die Vertreter des pagatorischen Kostenbegriffs setzen ihrer Theorie entsprechend **Güterverbräuche zu Beschaffungsmarktpreisen** an. Die ur-

[237] Vgl. OECD-RL 2010, Tz. 2.49.
[238] Vgl. OECD-RL 2010, Tz. 2.52.
[239] Vgl. *Schmalenbach* ZfhF 1919, 257 ff.; *Kosiol* Kritische Analyse, 7 ff.; *Mellerowicz,* 3 ff.; *Koch* ZfhF 1958, 355 f.
[240] Vgl. *Schweitzer/Küpper* Systeme der Kosten- und Erlösrechnung, 13.
[241] Vgl. *Kosiol* Pagatorische Bilanz, 356 ff.
[242] Vgl. *Heinen* Industriebetriebslehre, 1167.

sprüngliche pagatorische Theorie erlaubt sogar nur den Ansatz der tatsächlich gezahlten Beträge bzw. den leistungsbedingten Ansatz i. S. der Finanzbuchhaltung. Für kalkulatorische Kosten (Wagnis, Zinsen, Unternehmerlohn) oder den Ansatz von Wiederbeschaffungswerten bleibt unter dem pagatorischen Kostenbegriff kein Raum.

Die jüngere pagatorische Theorie lässt bei der Bemessung des Güterverbrauchs auch die Berücksichtigung hypothetischer Beschaffungsvorgänge zu, soweit die Aufgaben der Kostenrechnung dies erfordern.[243] Zum Beispiel kann in Zeiten steigender Preise von der Hypothese ausgegangen werden, die eingesetzten Güter seien erst am Tage der Veräußerung der hergestellten Produkte beschafft worden. Unter dieser Hypothese können die verbrauchten Güter zum Tagespreis des Umsatztages als Kosten angesetzt werden. **270**

bb) Wertmäßiger Kostenbegriff

Dem wertmäßigen Kostenbegriff liegt die Vorstellung zu Grunde, dass die Höhe der Kosten eine geeignete Messgröße für die Vorteilhaftigkeit der Verwendung von Einsatzgütern ist. Daher ist dem einzelnen Güterverbrauch der Preis als Wertansatz zuzuteilen, durch den **bei gewählter Zielvorstellung** eine **optimale Güterverwendung** erreicht wird.[244] Die Verwendung des wertmäßigen Kostenbegriffs verdeutlicht, dass die Kosten- und Leistungsrechnung nicht automatisch auf Preise der Aufwands- und Ertragsrechnung zurückgreift. Vielmehr stellt die Kosten- und Leistungsrechnung ein eigenes, von handels- und steuerrechtlichen Bewertungsregeln befreites Instrument der Betriebsführung dar.[245] **271**

Bei der Bestimmung der Kostenhöhe nach dem wertmäßigen Kostenbegriff zeigt sich, dass die Höhe der wertmäßigen Kosten außer von der Zielvorstellung auch von den Begrenzungen und Einschränkungen der jeweiligen Entscheidungssituation abhängig ist. **272**

Beispiel: Ein für die Fertigung eines Produkts verwendeter Rohstoff ist nahezu unbegrenzt verfügbar und der Anschaffungspreis dieses Rohstoffs wird sich voraussichtlich in nächster Zeit nicht ändern. In diesem Fall stimmt der Kostenwert mit den Anschaffungskosten überein. Steigen hingegen die Rohmaterialpreise, sind die Anschaffungskosten um einen den positiven Grenzgewinn **(Grenznutzen)** entsprechenden Aufschlag zu erhöhen. Bei vollkommenen Märkten würde der erhöhte neue Preis letztendlich den Wiederbeschaffungspreisen des Produkts entsprechen.

Die Bezugsgrundlage des wertmäßigen Kostenbegriffs bilden die **Güterverbräuche,** unabhängig davon, ob sie mit Zahlungen in Zusammenhang stehen oder nicht. Nicht erfasst werden vom wertmäßigen Kostenbegriff Vorgänge, die nicht Gegenstand des betrieblichen Produktionsprozesses sind (zB betrieblich nicht notwendige Spekulationsgeschäfte). Dagegen umfasst der wertmäßige Kostenbegriff auch Güterverbräuche, die nicht mit Zahlungen verbunden sind, wie zB die Nutzung des Eigenkapitals („kalkulatorische Zinsen") oder die Arbeitsleistung des Unternehmers („kalkulatorischer Unternehmerlohn").[246] **273**

[243] Vgl. *Koch* Kostenrechnung, 25 ff.
[244] Vgl. *Schweitzer/Küpper* Systeme der Kosten- und Erlösrechnung, 15.
[245] Vgl. *Heinen* Industriebetriebslehre, 1169.
[246] Vgl. *Wöhe,* 1077.

cc) Entscheidungsorientierter Kostenbegriff

274   Der ordentliche und gewissenhafte Geschäftsführer wird die zielgerechte Auswahl des „richtigen" Kostenwerts als Basis der Kostenaufschlagsmethode unter Berücksichtigung aller relevanten Kosteneinflussgrößen treffen. Hierbei sind folgende **Kosteneinflussgrößen** in jedem Einzelfall zu beachten:[247]

Kapazitäten:
- Betriebsmittel
- Arbeitskräfte

Ausbringung:
- Fertigungszeit
- Intensität
- Ausbeute
- Seriengröße
- Qualitative Auftragsmenge

Verfahren:
- Technischer Fortschritt
- Mechanisierung
- Bedienungssystem
- Maschinenbelegung

Innerbetriebliche Unwirtschaftlichkeit
Faktormenge
Qualität
Marktpreise und Preise

Im Kern lassen sich alle hieraus erwachsenden Kosten aus außerbetrieblichen und aus innerbetrieblichen Preisbestandteilen herleiten.[248] Soll die Berücksichtigung der Kosteneinflussgrößen der jeweiligen Unternehmens- und Umweltsituation gerecht werden, bedarf es der **Einbeziehung der** in der jeweiligen Situation gültigen **Entscheidungsvariablen in die Kostenrechnung.** Bei situationsabhängiger Erfassung der unterschiedlichen Kosteneinflussgrößen ergeben sich entscheidungsorientierte Kostenbeträge. Kostenrechnungssysteme, die für betriebliche Entscheidungen (zB Kalkulation) situationsgebundene relevante Kosten ermitteln, werden als entscheidungsorientierte Kostenrechnungssysteme bezeichnet.[249] Für jedes Kalkulationsproblem sind genau die Kostenwerte anzugeben, die von den variierenden Aktionsparametern funktional abhängig sind.[250]

275   Hierzu wurde bereits Ende der fünfziger Jahre der **entscheidungsorientierte Kostenbegriff** geprägt. Demzufolge werden Kosten definiert „... als die durch die Entscheidung über ein bestimmtes Kalkulationsobjekt, insbesondere über die Erstellung von Leistungen sowie über Ausbau, Aufrechterhaltung und Anpassung der Betriebsbereitschaft ausgelösten Ausgaben".[251] Zurechnungen von Auszahlungen und Einzahlungen auf Bezugsobjekte erfolgen gem. dem Identitätsprinzip, dh die Einzahlungen und Auszahlungen (Kosten) müssen durch dieselbe Entscheidung ausgelöst worden sein. Dieser

---

[247] Vgl. ausführlich *Kilger* Plankostenrechnung, Kapitel 2.11.
[248] Vgl. hierzu iE die Übersicht bei *Kilger* Plankostenrechnung, 157.
[249] Vgl. *Wöhe*, 1077.
[250] Vgl. *Kilger* Plankostenrechnung, 152.
[251] Vgl. *Riebel*, 651 ff.

Kostenbegriff ist einerseits zahlungsstromorientiert und weist dadurch Gemeinsamkeiten mit dem pagatorischen Kostenbegriff auf. Andererseits zeigt der entscheidungsorientierte Ansatz Parallelen zum wertmäßigen Kostenbegriff, insb. zu den Lenkungspreisen. Denn auch die Lenkungspreise beziehen situations- und strategiegerecht die Umstände des Einzelfalls in die Entscheidung über einzelne Kostenwerte ein.

dd) Investitionstheoretischer Kostenbegriff

Die jüngere Kostenrechnung definiert einen investitionstheoretischen Ansatz zur Bestimmung von Kosten. Kosten werden demnach als Kapitalwertänderungen aufgefasst.[252] Ein Kapitalwert bildet die zum Kalkulationszinsfluss **abgezinsten** Zahlungen einer **entscheidungsrelevanten Zahlungsreihe** ab. Ordnet man die Einzahlungen für die Verwertung betrieblicher Güter speziellen Entscheidungsgrößen (zB Absatzmengen, Aufträge) zu, lassen sich für die Güterumsätze eigene Kapitalwertfunktionen bestimmen. **276**

Nach der Zwecksetzung des Ansatzes sollen langfristige **Investitions- und** kurzfristige **Kostenrechnung** von **demselben Erfolgsziel** ausgehen. Die Aufgabe der Kostenrechnung ist es, die Umsetzung des langfristigen Investitionsplans in Hinblick auf das mehrperiodige Erfolgsziel kurzfristig zu steuern. Dabei nimmt die Kostenrechnung Anpassungen an unerwartete Datenänderungen vor, die von kurzer Dauer sind.[253] Ergeben sich grundlegende Änderungen, ist eine langfristige Investitionsrechnung durchzuführen. Kurzfristige Anpassungsmaßnahmen und die entsprechende Änderung des Kapitalwerts sind als relevante Kosten in der kurzfristigen Kostenrechnung zu berücksichtigen. **277**

Auch wenn der investitionstheoretische Kostenbegriff in seiner Reinform in der Praxis bisher kaum zur Anwendung kommt, legitimiert er dennoch die Abstimmung von langfristiger Investitionsrechnung und kurzfristiger Kostenrechnung. Daher ist es auch dem ordentlichen Geschäftsführer gestattet, Kostenwerte im „Lichte der Investitionsrechnung" festzulegen und somit investitionsorientierte Kostenaufschlagswerte (Verrechnungspreise) anzusetzen, soweit im Übrigen die Voraussetzungen für deren Verwendung erfüllt sind. **278**

ee) Wahlfreiheit zwischen Kostenbegriffen

Zur Erfüllung steuerlicher Anforderungen sollen sich die iRd Kostenaufschlagsmethode bei der Erbringung von Leistungen an Nahestehende verwendeten Kalkulationsmethoden grundsätzlich an den Methoden orientieren, die der Liefernde oder Leistende auch bei seiner Preispolitik gegenüber Fremden zu Grunde legt. Sofern der ordentliche Geschäftsführer einen bestimmten Kostenbegriff in seinem Kostenrechnungssystem abbilden kann und je nach Bedingungen und Umständen des Einzelfalls zielbezogen auch gegenüber Fremden diesen Kostenbegriff für seine Preiskalkulation anwendet, wird der ordentliche Geschäftsführer den steuerlichen Anforderungen gerecht und darf diesen Kostenbegriff seiner konzerninternen Verrechnungspreisermittlung zu Grunde legen **(Wahlfreiheit zwischen Kostenbegriffen)**. Das gleiche Ermessen steht dem ordentlichen und gewissenhaften Geschäftsführer **279**

---

[252] Vgl. *Schweitzer/Küpper* Systeme der Kosten- und Erlösrechnung, 239.
[253] Vgl. *Schweitzer/Küpper* Systeme der Kosten- und Erlösrechnung, 239.

zu, soweit keine Lieferungen oder Leistungen gegenüber fremden Dritten erbracht werden, sondern ausschließlich gegenüber verbundenen Unternehmen. In diesem Fall müssen die angewendeten Methoden der Kostenrechnung betriebswirtschaftlichen Grundsätzen entsprechen.[254] Diese Voraussetzung ist für die o. g. Kostenbegriffe erfüllt.

280   Letztendlich bestimmen zahlreiche Einflussfaktoren wie zB Unternehmensstrategie, Organisationsstruktur, Kapitalstruktur, Produktlebenszyklus, Unternehmensportfolio, Marktstruktur und spezielle internationale Lenkungsziele die Wahl des Kostenbegriffs durch den ordentlichen und gewissenhaften Geschäftsführer. Dieser hat zudem die Möglichkeit, in seinem Unternehmen unterschiedliche Kostenbegriffe für die Verrechnungspreisermittlung zu verwenden, soweit dafür betriebswirtschaftliche Gründe sprechen. Bspw. könnten die Umstände es erfordern, dass er unterschiedliche Produkte, Produktarten, Bereiche, Abteilungen, Geschäftseinheiten oder strategische Einheiten unter Berücksichtigung verschiedener Kostenbegriffe kalkuliert. Soweit derartige **„Mischkalkulationen"** auch gegenüber Fremden erfolgen, steht eine solche Vorgehensweise ausdrücklich in Einklang mit den steuerlichen Anforderungen.

Beispiel: In Zeiten steigender Preise kann der ordentliche Geschäftsführer zum Zwecke der Realwerterhaltung von der Hypothese ausgehen, die eingesetzten Rohmaterialien seien erst am Tage der Veräußerung der hergestellten Erzeugnisse beschafft worden. Die verbrauchten Rohmaterialien finden zum Tagespreis des Umsatztages Eingang in die Kostenrechnung bzw. den Kostenaufschlagswert. Sowohl der pagatorische als auch der wertmäßige Kostenbegriff rechtfertigen dieses Vorgehen.

Beispiel: Der ordentliche Geschäftsführer will die Produktgruppe „Röhren" auslaufen lassen, um in den neuen Geschäftsbereich „Mobilfunk" zu investieren. Da der Geschäftsführer Liquidität aus dem Röhrengeschäft für den Aufbau des Mobilfunks benötigt, kalkuliert er durch Berechnung der Abschreibungen auf den Restbuchwert der Produktionsanlagen für Röhren niedrigere Kosten als bisher. Durch diese Maßnahme erhöht sich der Umsatz im Röhrengeschäft und finanziert damit den Aufbau des Mobilfunks. Nach drei Jahren verschrottet der Geschäftsführer die Anlagen zum Röhrenbau. Sowohl der pagatorische als auch der wertmäßige Ansatz legitimieren dieses Vorgehen.

Beispiel: Ein Unternehmen der Automobilindustrie möchte in Zukunft mehr Aluminiumteile für den Karosseriebau einsetzen. Das Unternehmen bekommt vom Lieferanten erst dann tragfähige Rabatte für den Rohstoffeinkauf, wenn die Abnahmemenge in den nächsten zwei Jahren um 300 % zunimmt. Der ordentliche Geschäftsführer erhöht im Konzern den bisherigen Kostenansatz für Nicht-Aluminium-Karosserieteile um 20 % des Einkaufspreises, um den Gesamtkonzern zur Verwendung von mehr Aluminium zu veranlassen. Durch den Mengenrabatt ist das Unternehmen drei Jahre später in der Lage, günstigere Aluminiumpreise und damit höhere Gewinne zu erzielen. Durch den Ansatz eines derartigen Einkaufs-Lenkungspreises (wertmäßiger Kostenbegriff) hat der ordentliche Geschäftsführer für das Unternehmen eine auch steuerlich anzuerkennende strategisch richtungsweisende Entscheidung gefällt, vorausgesetzt, die Kunden sind in ihrem Kaufverhalten der Strategie des Unternehmens gefolgt.

---

[254] Vgl. VGr 1983, Tz. 2.2.4.

Beispiel: Der Geschäftsführer eines Unternehmens entscheidet sich für den Kauf des Geschäftsbetriebes eines insolventen Konkurrenzunternehmens, was den Einsatz eines erheblichen Teils des Eigenkapitals seines „Stamm-Unternehmens" erfordert. In der Kostenrechnung für das „neue" Unternehmen nach Übernahme des Konkurrenzbetriebes setzt der ordentliche Geschäftsführer die Verrechnung von 15 % kalkulatorischen Zinsen (risikoadäquater Zinssatz, bezogen auf das Eigenkapital) an. Gem. dem wertmäßigen Kostenbegriff ist der Ansatz der kalkulatorischen Zinsen gerechtfertigt. Durch Verrechnung der Zinskosten erhöht sich der Kostenaufschlagswert bzw. der Verrechnungspreis für Produkte des aufgekauften Geschäftsbetriebes.

Beispiel: Ein Unternehmen der chemischen Industrie kommt in Liquiditätsschwierigkeiten. Um den Engpass zu überwinden, forciert der ordentliche Geschäftsführer Produkte, die eine hohe Differenz zwischen produktbezogenen Ein- und Auszahlungen aufweisen. Kalkulatorische Werte sind gem. dieser Weisung bis auf weiteres nicht mehr in der Kostenrechnung zu berücksichtigen. Mit Hilfe dieses streng pagatorischen Ansatzes überwindet das Unternehmen den Liquiditätsengpass. Auch dieses Vorgehen ist steuerlich anzuerkennen.

Die vorangegangenen Beispiele stellen nur eine Auswahl potentieller Aspekte bei der Auswahl des Kostenansatzes dar. Sofern ein gewählter Ansatz entsprechend bei der Kalkulation gegenüber Dritten angewendet wird oder, falls Geschäftsbeziehungen mit Dritten nicht stattfinden, die betriebswirtschaftliche Plausibilität des gewählten Ansatzes nachgewiesen wird, ist dieser auch für steuerliche Zwecke anzuerkennen. **281**

c) Ist-, Normal- und Plankostenrechnung

Weder die deutsche FinVerw. noch die OECD äußern sich ausdrücklich **282** und eindeutig zur Verwendung der Ist-, Normal- oder Plankostenrechnungen. Der ordentliche Geschäftsführer ist damit bei der Ausübung seines Ermessensspielraum s über die am besten geeignete Rechnungssystematik nicht eingeschränkt. Insbesondere darf er zur Bestimmung der Verrechnungspreise auf jede der Rechnungsarten zurückgreifen, wenn er dies auch **gegenüber Dritten** tut bzw. wenn die gewählte Rechnungsart **marktüblich** ist.[255] Doch auch wenn keine Vergleichstransaktionen zum Nachweis des Drittverhaltens bzw. der Marktüblichkeit zur Verfügung stehen, ist das gewählte System zu akzeptieren, sofern die damit erzielten Ergebnisse ausreichend genau sind und dem entsprechen, was zwischen fremden Dritten akzeptiert würde.[256] Nach Auffassung der OECD ist eine Verrechnung von **Standardkosten** grundsätzlich zulässig.[257]

aa) Ist-Kosten-Rechnungssystem

Unter **Ist-Kosten** versteht man die mit Ist-Preisen bewerteten Ist- **283** Verbrauchsmengen der Produktionsfaktoren. Eine **Schwäche der Ist-Kosten-Rechnung** liegt darin, dass sich definitionsgemäß Ist-Kosten erst dann erfassen lassen, wenn der entsprechende Güter- bzw. Leistungsverbrauch bereits stattgefunden hat. Unternehmen werden idR aber vor Produktionsbeginn bzw. Beginn der Leistungserbringung und vor Güterverbrauch kalkulie-

---

[255] Vgl.VGr 1983, Tz. 2.1.6 Buchst. c).
[256] Vgl. VGr 1983, Tz. 2.4.3.
[257] Vgl. OECD-RL 2010, Tz. 2.52.

ren und in Preisverhandlungen mit den Kunden treten. Insbesondere langfristige Kontrakte mit Festpreis können nicht mit tatsächlich angefallenen Ist-Kosten vorkalkuliert werden.

284 Zudem bereitet das exakte **Erfassen** und **Messen** der Ist-Verbrauchsmengen und Ist-Preise in der Praxis erhebliche Probleme. Wurde bspw. in zurückliegenden Perioden gleichartiges Rohmaterial in verschiedenen Partien zu unterschiedlichen Preisen eingelagert, stellt sich das Problem, mit welchem Anschaffungspreis die effektiv verbrauchte Rohmaterialmenge bewertet werden soll. Selbst wenn der ordentliche Geschäftsführer organisatorisch in der Lage wäre, exakte Verbrauchspreise zu ermitteln, würde der Kunde eine sich daraus ergebende andauernde **Schwankung der Listenpreise** nicht hinnehmen. In der Praxis benutzt man daher für die Bewertung von Rohmaterial und Vorräten sogenannte **Sammelbewertungen,** wobei diese unterschiedliche Varianten aufweisen:[258]
– Bewertung mit den gewogenen arithmetischen Mitteln historischer Anschaffungspreise
– Bewertung mit gleitenden Durchschnitten
– Bewertung durch das Fifo-Verfahren (first in – first out)
– Bewertung durch das Lifo-Verfahren (last in – first out)
– Bewertung durch das Hifo-Verfahren (highest in – first out)
– Bewertung durch das Lofo-Verfahren (lowest in – first out)
– Bewertung durch das Kifo-Verfahren (konzern in – first out)

Die Sammelbewertung der Kostenrechnung muss nicht zwingend der handelsbilanziellen Vorratsbewertung folgen, da die Kostenrechnung andere Ziele und Zwecke als das handelsbilanzielle Rechnungswesen verfolgt. Durch die aufgezeigten Methoden der Sammelbewertung lassen sich Ist-Kosten nicht abbilden, diese Methoden zeigen Normal- bzw. Standardkosten.

285 Auch **Abschreibungen** auf Gebäude und Anlagen sowie **kalkulatorische Kosten** (Abschreibung, Miete, Zins, Wagnis) und andere Kostenzahlen, die auf die Abgrenzung der Kosten von Ausgaben und Aufwendungen zurückgehen (zB periodenbezogene Kostenanteile bei Großreparaturen), können nicht als Ist-Kosten bezeichnet werden. Denn bei diesen Kostenarten bestehen weder eindeutige, anerkannte Kriterien zur Festlegung von Kosteninhalt und Verrechnungsumfang noch Methoden der Messung des ursächlichen tatsächlichen Verbrauchs.

Beispiel: Abschreibungsbeträge, die periodenbezogen ermittelt werden, sind definitionsgemäß keine Ist-Kosten, da die insgesamt zu verrechnenden Abschreibungen und ihre zeitliche Verteilung erst am Ende der Nutzungsdauer bekannt sind.

286 Die **Zuschlüsselung von Gemeinkosten** über Neben-, Hilfs- oder Hauptkostenstellen auf den Kostenträger (Produkt) wird ebenfalls dem Ist-Kostenprinzip nicht gerecht. In der Praxis werden die sogenannten Verrechnungssätze jährlich, halbjährlich, vierteljährlich oder monatlich festgesetzt, zudem genügen die Verrechnungssätze nur annäherungsweise dem Kostenverursachungsprinzip. Organisation und EDV können daher allenfalls Standard-Verrechnungssätze bzw. Standard-Zuschlagssätze bereitstellen. Das be-

[258] Vgl. *Hummel/Männel,* 149 ff.

deutet letztendlich den Ansatz von Normalkosten bei der Kalkulation mit Vollkosten.

Die Literatur bemängelt an den auf Basis der Ist-Kosten-Rechnung ermit- **287** telten Verrechnungspreisen, dass auch den **unwirtschaftlich arbeitenden Konzernunternehmen** ihre effektiv angefallenen Kosten vergütet werden[259] und Ineffizienzen hierdurch subventioniert werden. Die erwerbende Gesellschaft bzw. der Leistungsempfänger zahlt dabei einen zu hohen Verrechnungspreis, da ein fremder Dritter im Marktpreis derartige Kosten nicht berücksichtigen bzw. diesen erhöhten Preis nicht bezahlen würde.[260] Diese Bedenken werden von der OECD geteilt.[261]

Trotz dieses Einwandes können uE Ist-Kosten die Grundlage für Verrech- **288** nungspreise sein. Aber in der Praxis gibt es selbst bei *ex post*-Sicht – wie dargestellt – nur in sehr begrenztem Umfang überhaupt Ist-Kosten. Vor allem bei Unternehmen mit hohem Gemeinkostenanteil ist es nur unter unverhältnismäßigem Aufwand möglich, reine Ist-Kostenwerte zu ermitteln. Weder Materialverbrauch, Abschreibungen noch kalkulatorische Kosten können nach Kostenumfang oder Kosteninhalt letztlich mengen- und preisgerecht auf den Kostenträger umgelegt werden. Die betriebliche Realität arbeitet daher im Regelfall mit Normal- und/oder Plankosten-Rechnungssystemen.

bb) Normalkostenrechnungssystem

Die **Normalkostenrechnung** arbeitet mit der **Normierung der Men- 289 gen- und/oder Preiskomponente.** Dabei stützt sich die Normalkostenrechnung auf Durchschnittsgrößen, die idR aus Vergangenheitswerten abgeleitet werden. Die Normalisierung der Kosten kann unterschiedlich ausgeprägt sein und zB Festpreise für Materialkosten, feste Lohnsätze, feste Abschreibungssätze, feste Zuschlüsselungssätze für Gemeinkosten oder feste Verrechnungspreise für innerbetriebliche Leistungen umfassen.[262]

Durch den Ansatz von Normalkosten kann die Kalkulation erheblich **290** vereinfacht und beschleunigt werden. Außerdem schaltet die Normalkostenrechnung den Einfluss kurzfristiger **Zufallsschwankungen** der Kosteneinflussfaktoren auf die Kalkulation aus. Die Aussagefähigkeit einer Normalkostenkalkulation kann im Einzelfall auch dadurch verbessert werden, dass kurzfristige Veränderungen der Kosteneinflussgrößen bei der Bildung von **Durchschnittsgrößen** berücksichtigt werden, zB durch Verwendung gleitender Mittelwerte.

Die in der Praxis zu findenden Ist-Kosten-Rechnungssysteme folgen in **291** den meisten Fällen der Struktur von Normalkostenrechnungssystemen. Gerade bei kostenintensiven Fertigungen bzw. Dienstleistungen steigt der Anteil der Normalkostenzuschläge **(Gemeinkostenzuschläge).** Da die Zuweisung von Schlüsseln zur Verteilung der Gemeinkosten unter den Gegebenheiten der betrieblichen Realität selbst im Nachhinein immer ein Schätzmoment beinhaltet, sind die sich daraus ergebenden Normalkosten auch in einem Ist-Kosten-Rechnungssystem die einzige Möglichkeit, vergangenheitsbezogen

---

[259] Vgl. *Scherrer* Kostenaufschlagsmethode, 351; *Kumpf* Verrechnungspreise, 188 f.

[260] Vgl. *Bergsteiner,* 123.

[261] An independent party would probably not accept to pay a higher price resulting from the inefficiency of the other party. Vgl. OECD-RL 2010, Tz. 2.52.

[262] Vgl. *Wöhe,* 1080.

Gemeinkosten zu erfassen. Dies gilt jedoch nur für die Festsetzung der zuzu-rechnenden **Verbrauchsmengen** an Gemeinkosten. Die **Verbrauchs- bzw. Verrechnungspreise** kann der ordentliche Geschäftsführer hingegen je nach Angabe des Kostenbegriffs definieren. Bspw. kommen dafür nach dem wert-mäßigen Kostenbegriff auch Lenkungs-, Schätz- oder Grenzkostenpreise in Betracht.

292   **Normalkosten** sind als Kostenbasis im Rahmen der Kostenaufschlagsme-thode anzuerkennen. Darüber hinaus können sie auch im Rahmen eines Kostenumlageverfahrens[263] verwendet werden, da die Normalkostenrechnung eine anerkannte Methode der Kostenrechnung auf Vollkostenbasis darstellt, die tatsächlich entstandene Kosten erfasst.

cc) Plankostenrechnungssystem

293   Die **Plankostenrechnung** ist dadurch gekennzeichnet, dass die Kosten aus der **betrieblichen Planung** hervorgehen. Voraussetzung für ihre Anwen-dung ist die Ermittlung des erwarteten Mengen- und Zeitgerüsts, der voraus-sichtlichen Wertansätze sowie des möglichen Beschäftigungsgrads.

294   Plankosten werden auch als **Prognosekosten** bezeichnet, sofern man bei ihrer Berechnung von erwarteter Beschäftigung und von für den Planungs-zeitraum erwarteten Preisen ausgeht. Durch den Ansatz von Prognosekosten im Rahmen der Kostenaufschlagsmethode wird vermieden, dass Unwirt-schaftlichkeiten vergangener Perioden in die Zukunft übertragen werden. **Unwirtschaftlichkeiten bzw. Kostenvorteile** gehen folglich zu Lasten bzw. zugunsten des Unternehmens, in dessen Verantwortungsbereich die Abweichung fällt. Diese Annahme erfüllt somit die Voraussetzung des Fremd-vergleichs, da zur Ermittlung des Fremdvergleichspreises nur die Informatio-nen und Verhältnisse zu Grunde zu legen sind, die zum Zeitpunkt des Ver-tragsabschlusses bekannt waren.[264]

295   Unter **Sollkosten** versteht man die Plankosten der jeweiligen Ist-Beschäf-tigung. Um die Sollkosten aus den Plankosten abzuleiten, erfolgt eine Auf-spaltung der Plankosten in fixe und variable Bestandteile. Die fixen Plankos-ten gehen in voller Höhe in die Sollkosten ein, die proportionalen Plankosten nur im Verhältnis der Ist- zur Planausnutzung.[265] Zu Kalkulationszwecken bzw. Verrechnungspreisgestaltung sind Sollkosten weniger geeignet, da Ist- und Planelemente gemischt ausgewiesen werden. In der Praxis dienen Soll-kosten daher in erster Linie der **Kostenkontrolle.**

296   Schwachpunkt der reinen Plankostenrechnung ist die Unsicherheit, inwie-weit die einzelnen Kosteneinflussgrößen hinreichend genau geplant werden können. Die Durchführung regelmäßiger **Abweichungsanalysen** (Plan-Ist bzw. Plan–Normal) und die turnusmäßige Anpassung der Plankostenmengen und -werte gestatten dem ordentlichen Geschäftsführer jedoch, Planungsfeh-ler zu minimieren. Daher ist auch die Plankostenrechnung ein **anerkanntes betriebswirtschaftliches Verfahren** zur Berechnung der Kostenaufschlags-werte und grundsätzlich geeignet, als Grundlage zur Bestimmung von Ver-rechnungspreisen zu dienen.[266]

---

[263] Vgl. BMF 30.12.1999, BStBl. I 1999, 1122; Kapitel VIII OECD-RL 2010.
[264] Vgl. VGr 1983, Tz. 3.1.2.1. Satz 3; BFH 6.2.1980, BStBl. II 1980, 477.
[265] Vgl. *Wöhe*, 1133 ff.
[266] Vgl. *Baumhoff,* 225; *Klein,* 1988, 220.

d) Vollkosten oder Teilkosten

Ähnlich wie für die Art des Kostenrechnungssystems bestehen für die **297** Frage des Ansatzes von Voll- oder Teilkosten keine starren Regelungen der **deutschen FinVerw.** oder der **OECD.** Es kann auf die obigen Erläuterungen zu den Kostenrechnungssystemen und die darin enthaltenen Aussagen zur **Markt- bzw. Drittüblichkeit** verwiesen werden, da darüber hinaus keine spezifischen Festlegungen zu Voll- bzw. Teilkostenansätzen bestehen.

Die **OECD** weist darauf hin, dass ein Unternehmen im Zeitablauf grundsätzlich die eigenen Betriebskosten decken muss,[267] stellt diese Aussage aber auch unter den Vorbehalt von **Marktgegebenheiten,** die nicht immer einen alleine kostenfokussierten Ansatz rechtfertigen. Dass der Marktpreis uU niedriger sein kann als die Vollkosten, ist für die Festlegung der Verrechnungspreise anerkannt.[268] Die Erläuterungen zur **Rohgewinn- versus Nettogewinnanalyse**[269] lassen erkennen, dass nach Auffassung der OECD ein Vollkostenansatz nicht zwingend ist und stattdessen beim Ansatz von Teilkosten der **Gewinnaufschlag** unter Berücksichtigung der divergierenden Kostenbasis zu bemessen ist. Von entscheidender Bedeutung ist darüber hinaus, dass bei Durchführung der **Vergleichsanalyse** der Kostenansatz in „kontrollierten" und in „nicht kontrollierten" Transaktionen übereinstimmt.[270]

aa) Vollkostenrechnung

Vollkostenrechnungssysteme verteilen die **gesamten Kosten** einer Periode **298** auf die **einzelnen Kostenträger** (Leistungen) dieser Periode. Vollkosten können mit Hilfe vergangenheitsbezogener Ist- oder Normalkosten ebenso wie mit Hilfe von Plankosten berechnet werden. Durch die den traditionellen Vollkostensystemen häufig innewohnende **willkürliche Schlüsselung** und Weiterverrechnung der **Gemeinkosten** kann das Kostenverursachungsprinzip verletzt sein. Dies gilt insb. für die Kalkulation (Kostenträgerrechnung), mit der fixe und variable Kostenträgergemeinkosten in Form von Zuschlagssätzen auf die Kostenträger verrechnet werden. Dadurch wird eine funktional proportionale Beziehung zwischen **Absatzmenge und fixen Kosten** erzeugt, die in Wirklichkeit nicht existiert.[271] Besonders zweifelhaft erscheint diese proportionale Zurechnung aufgrund zunehmender Mechanisierung und Automatisierung in allen Betriebsbereichen.[272]

Gemeinkosten sind definitionsgemäß periodenabhängig und fallen nicht **299** proportional zur **Ausbringungsmenge** an. Stellt sich bspw. bei der Nachkalkulation heraus, dass der Ist-Absatz größer war als der Plan-Absatz der Vorkalkulation, wurde bei vorkalkulierten fixen Verrechnungspreisen eine gegenüber der Planung größere Fixkostensumme verrechnet. Denn der verrechnete Fixkostenanteil je Kostenträger blieb konstant, während der tatsächliche Fixkostenanteil pro Leistungseinheit aufgrund der erhöhten Absatzmengen tatsächlich gesunken ist. Der Vorteil gesunkener zugeschlüsselter fixer

---

[267] Vgl. OECD-RL 2010, Tz. 2.43.
[268] Vgl. OECD-RL 2010, Tz. 2.51.
[269] Vgl. OECD-RL 2010, Tz. 2.48.
[270] Vgl. OECD-RL 2010, Tz. 2.44, 2.46.
[271] Vgl. *Heinen* Industriebetriebslehre, 2139.
[272] Vgl. *Ebert,* 139.

Stückkosten geht bei konstanten Verrechnungspreisen zu Lasten des abnehmenden Konzernunternehmens. Verrechnungspreise, die in der Planung auf Basis höherer Mengen als der tatsächlich abgesetzten berechnet wurden, gehen hingegen zu Lasten der liefernden Gesellschaft. Doch selbst wenn die Verrechnungspreise auf Basis der Vollkostenbeschäftigungsvariable ermittelt werden, also unter **Berücksichtigung des Auslastungsgrades,** lässt das noch keinen Schluss zu, wie die Vollkosten mit Veränderungen des Beschäftigungsgrades variieren.

300 **Proportionale Kosten** ändern sich im selben Verhältnis wie die Kosteneinflussgröße Beschäftigung. Steigt die Beschäftigung zB um 30%, so steigen die beschäftigungsproportionalen Kosten ebenfalls um 30%. Demnach sind die beschäftigungsproportionalen Kosten pro Leistungseinheit (Produkt) konstant, da jedes zusätzlich produzierte Stück denselben Kostenzuwachs nach sich zieht. Folglich liegen in diesem Fall linear variable bzw. proportionale Kosten vor. Viele Vollkostenrechnungssysteme verwenden Plankosten mit unterstellt proportionalen Kostenverläufen. Die hierbei unterstellten linear variablen Kostenverläufe können jedoch niemals die Realität exakt abbilden, da der Einfluss unterschiedlichster Kosteneinflussgrößen wesentlich komplexere Kostenverläufe nach sich zieht, als dies in Planungsrechnungen mit vertretbarem Aufwand reflektiert werden könnte.

301 **Überproportionale Kosten** steigen in höherem Maße als die Kosteneinflussgröße „Beschäftigung". Dadurch ist die relative Kostenänderung größer als die relative Beschäftigungsänderung.

Beispiel: Ein Verrechnungspreis für den Maschinenbau wurde mit proportionalem Kostenverlauf geplant, obwohl der Kunde dieses Mal 1000 Stück statt 100 Stück wie bei der vorangegangenen Bestellung des gleichen Teils geordert hat. Bei der Produktion der 1000 Stück zeigt sich, dass einige Kostenarten überproportional steigen, da die höhere Produktionsleistung bzw. Beschäftigung über eine Erhöhung der Produktionsgeschwindigkeit (Intensität) realisiert wurde. Diese führte zB zu einer progressiven Zunahme des Werkzeugverschleisses aufgrund hoher Laufleistungen und der Energiekosten. Der Ansatz des zu geringen Verrechnungspreises geht in diesem Fall zu Lasten des liefernden Unternehmens.

302 **Unterproportionale Kosten** steigen in geringerem Maße als die Ausbringungsmenge bzw. die Beschäftigung.[273] Als Beispiel diene der Einkauf von Rohmaterial. Der Bezug von größeren Mengeneinheiten wird idR höhere auftrags- bzw. periodenbezogene Mengenrabatte nach sich ziehen. Auch der Transport größerer Mengeneinheiten wird häufig kosteneffizienter sein (vgl. zB die unterschiedlich hohen Transportkosten für die gleiche Menge Rohöl bei Transport durch einen Großtanker verglichen mit den Kosten beim Transport durch mehrere kleinere Tanker). Unterproportional ansteigende Gesamtkosten führen pro Absatzeinheit (Stück) zu sinkenden (Stück)-Kosten. Der Ansatz des zu hohen Verrechnungspreises geht in diesem Fall zu Lasten des abnehmenden Unternehmens.

303 Wenn die **Gesamtkosten und Stückkosten** bei zunehmender Beschäftigung fallen und bei rückläufiger Beschäftigung steigen, spricht man von **regressiven Kosten.**[274] Beispiele für derartige Kostenverläufe finden sich häufig

---

[273] Vgl. *Moews,* 23.
[274] Vgl. *Wilkens,* 67.

in der Chemie- und Nahrungsmittelbranche. Zum Beispiel können für chemische Prozesse in nur halbvoll gefüllten Behältern höhere Energiekosten anfallen, als wenn das Volumen der Chargenbehälter besser ausgenutzt wird.

Bei einer Veränderung der Kapazität erhöhen sich in der Praxis oftmals **304** einzelne fixe Kosten beim Überschreiten bestimmter Beschäftigungsintervalle sprunghaft, um dann wieder für eine bestimmte Ausbringungsspanne fix zu bleiben. Derartige **sprungfixe Kosten**[275] treten in der Realität zB dann auf, wenn bei einer Änderung der Ausbringungsmenge Anlagen zu- oder abgeschaltet werden. Verrechnungspreise sind in diesem Fall nicht korrekt berechnet, soweit die sogenannten „Sprungstellen" im Kostenaufschlagswert nicht berücksichtigt sind. Im Einzelfall ist zu prüfen, ob dies Unter- oder Überdeckungen bewirkt, bzw. zu Lasten der liefernden oder zu Lasten der abnehmenden Konzerngesellschaft geht.

Die vorangegangenen Beispiele machen deutlich, dass die traditionelle **305** **Vollkostenrechnung** je nach Anwendung **markante Schwächen** aufweisen kann. Insb. eine konstante Festlegung bestimmter Verteilungsschlüssel, Zuschlagssätze oder Kalkulationsverfahren kann aufgrund mangelnder Flexibilität zu nicht angemessenen Verrechnungspreisen führen.[276]

bb) Teilkostenrechnung (Deckungsbeitragsrechnung/Direct-Costing)

Teilkosten-Rechnungssysteme versuchen, die Mängel der Vollkostenrech- **306** nung zu vermeiden und in größerem Maße dem **Kostenverursachungsprinzip** Rechnung zu tragen. Teilkosten-Rechnungssysteme haben dennoch nicht die Aufgabe, über die Abrechnungsperiode hinweg alle Produkte mit variablen Kosten oder Einzelkosten zu kalkulieren und zu verrechnen. Teilkosten-Rechnungssysteme haben vielmehr ebenfalls die Ermittlung von Preisen zum Ziel, die langfristig die Abdeckung der gesamten Kosten und die Erzielung eines Gewinns ermöglichen. Der Unterschied zu Vollkostenrechnungssystemen liegt in der **verursachungsgerechteren Zuteilung der Gemeinkosten und der Fixkosten** mit Hilfe kunden-, produkt- und marktorientierter **Deckungsbeiträge** auf die einzelnen Produkte (Leistungen).

Im Folgenden werden verschiedene Teilkosten-Rechnungssysteme vorge- **307** stellt, die sich nach Inhalt und Umfang der den Erzeugnissen zugerechneten Kosten sowie nach Art der Differenzierung der verbleibenden nicht verrechneten Kosten unterscheiden. Ein ausgereiftes Teilkosten-Rechnungssystem ist dabei einem traditionellen Vollkostenrechnungssystem idR überlegen und stellt ein betriebswirtschaftlich anerkanntes Instrument dar, dessen Anwendung mit dem **Fremdvergleich** zumindest immer dann im Einklang steht, wenn das Teilkosten-Rechnungssystem auch gegenüber unabhängigen Geschäftspartnern praktiziert wird oder dessen Anwendung in Geschäftsbeziehungen zwischen fremden Dritten erfolgt.[277]

Die **Erscheinungsformen der Teilkosten-Rechnungssysteme** sind **308** vielfältig. Sie werden in der Praxis und im Schrifttum als Grenzkosten-, Grenzplankosten-, Deckungsbeitrags-, Bruttogewinn-, Differenzkosten- oder

---

[275] Vgl. *Ebert,* 38.
[276] Vgl. *Baumhoff,* 228.
[277] Entsprechend der Anforderung in Tz. 2.2.4. VGr 1983.

Proportionalkostenrechnung sowie als Direct Costing bzw. Marginal Costing bezeichnet.[278] Kennzeichnend für alle Teilkosten-Rechnungssysteme sind die strikte **Trennung in fixe und variable Kosten** und der Aufbau einer Erfolgsrechnung mit getrenntem Ausweis der Fixkosten.[279]

309   Das Grundprinzip der Teilkostenrechnung beruht auf der **Zurechnung der beschäftigungsvariablen Kosten auf den Kostenträger** (Produkt bzw. Leistungen). Die Spaltung von beschäftigungsvariablen und -fixen Kosten stellt die zentrale Aufgabe dar, durch die sich die Kostenartenrechnung der Teilkostenrechnung von der Kostenartenrechnung der Vollkostenrechnung unterscheidet. Als **Verfahren der Kostenaufspaltung** sind das buchtechnische, das Differenzen-Quotienten, das mathematische und das planmäßige Verfahren der Kostenauflösung betriebswirtschaftlich anerkannt.[280] Aufgrund der Vereinbarkeit mit betriebswirtschaftlichen Grundsätzen genügen diese Verfahren auch den steuerlichen Anforderungen.[281]

(1) Einstufiges Direct Costing

310   Beim einstufigen Direct Costing werden zunächst die variablen Einzelkosten den Endprodukten direkt zugerechnet. In einem zweiten Schritt werden die variablen Gemeinkosten durch übliche Kalkulationsverfahren den Produkten angelastet. Die fixen Kosten werden unter Umgehung der Kostenträgerrechnung direkt von der Kostenstellenrechnung in die Betriebsergebnisrechnung (Erfolgsrechnung) übernommen.[282] Anschließend errechnet sich der stückbezogene Deckungsbeitrag als Differenz zwischen Stückerlös und variablen Stückkosten eines Produkts. Die Differenz zwischen den Deckungsbeiträgen aller Produkte der Abrechnungsperiode und den fixen Kosten stellt den in der Periode erzielten Gewinn bzw. Verlust dar.

Summe der Nettoerlöse der Produkte (-arten)
– Summe der variablen Kosten der Produkte (-arten)

= Summe der Deckungsbeiträge der Produkte (-arten)
– fixe Kosten der Unternehmung

= Betriebserfolg

311   Das einstufige Direct Costing weist jedoch für Kalkulationszwecke der Verrechnungspreisfestsetzung erhebliche **Mängel** auf. Es liefert zB keine Informationen darüber, in welchem Verhältnis einzelne Bestandteile der Fixkostenrechnung zu einzelnen Produkten bzw. Produktgruppen stehen. Die Fixkosten werden folglich nur als einheitlicher Kostenblock weiterverrechnet. Ein derartig generell kalkulierter **Fixkostenzuschlag** dürfte im freien Markt als Grundlage der Preisbildung eher die Ausnahme darstellen. Damit ist das einstufige Direct Costing zur Verrechnungspreisbildung nur in seltenen Fällen geeignet. Dies gilt umso mehr, je höher in einer Unternehmung der Fixkos-

---

[278] Vgl. *Schweitzer/Küpper* Systeme der Kosten- und Erlösrechnung, 395 ff.; *Mellerowicz*, 75; *Striker*, 37 ff.
[279] Vgl. *Heinen* Industriebetriebslehre, 1249.
[280] Vgl. *Kosiol* ZfhF, 345 ff.; *Schmalenbach*, 1919, 294 f.; *Schweitzer/Küpper* Systeme der Kosten- und Erlösrechnung, 398 ff.
[281] Wie bspw. in Tz. 2.1.6c) der VGr 1983 formuliert.
[282] Vgl. *Heinen* Industriebetriebslehre, 1249.

tenanteil an den Gesamtkosten ist.[283] Selbst eine traditionelle Vollkostenrechnung kann uU einem einstufigen Direct Costing in der Kalkulation überlegen sein.

(2) Mehrstufiges Direct Costing

Dem mehrstufigen Direct Costing liegen eine differenzierte Betrachtung 312
des Fixkostenblocks und eine **stufenweise Verrechnung der gebildeten
Fixkostenanteile** zu Grunde. Bspw. werden Produkt-, Produktgruppen-,
Stellen-, Bereichs- und Unternehmensfixkosten unterschieden. Somit lassen
sich durch Kombination verschiedener Bezugsgrößen unterschiedlich ausgeprägte Fixkostenstufungen und -zurechnungen vornehmen:[284]
– Die Kostenartenrechnung spaltet im mehrstufigen Direct Costing die fixen
  Kosten in der Weise auf, dass sie bestimmten Bezugsgrößen (zB Erzeugnis,
  Erzeugnisgruppe, Kostenstelle, Bereich) zuordenbar sind.
– Die Kostenträgerrechnung kann im mehrstufigen Direct Costing in der
  Ausprägung als reine Teilkostenrechnung wie beim einstufigen Modell erfolgen.
   In der Praxis verbreitet ist aber eine Modifikation des mehrstufigen Direct 313
Costing, die so genannte **Fixkosten-Deckungsrechnung,** bei der letztendlich auch alle Fixkosten auf den Kostenträger verrechnet werden.[285] Die Fixkosten-Deckungsrechnung entwickelt ausgehend von der stufenmäßigen Gesamtstruktur der Kostenträgerrechnung die Stückkostenkalkulation, indem
die Struktur der Stückvollkosten stufenweise aus der Struktur der Periodenkosten in der Erfolgsrechnung hergeleitet wird. Damit ist die differenzierte
Periodenerfolgsrechnung mit ihren einzelnen Deckungsbeitragsstufen und
nicht der Betriebsabrechnungsbogen (BAB) Grundlage für derartige Vollkosten-Kalkulationssätze. Obwohl die Fixkosten-Deckungsrechnung retrograde
und progressive Kalkulationsschemata unterscheidet,[286] soll an dieser Stelle
nur auf die **progressive Kalkulation** in der Fixkosten-Deckungsrechnung
eingegangen werden. Die anzuwendenden Aufschlagsätze auf die variablen
Kosten errechnen sich in der Fixkosten-Deckungsrechnung aus dem Verhältnis der Fixkosten der entsprechenden Schicht zur Summe der variablen Kosten.

Variable Kosten pro Stück

+ Erzeugnis-Fixkosten (als Prozentsatz der variablen Kosten)
+ Erzeugnisgruppen-Fixkosten (als Prozentsatz der variablen Kosten)
+ Bereichs-Fixkosten (als Prozentsatz der variablen Kosten)
+ Unternehmungs-Fixkosten (als Prozentsatz der variablen Kosten)
+ Netto-Gewinn pro Stück (als Prozentsatz der variablen Kosten)

= Stückpreis

   Da die Erzeugnis-, Erzeugnisgruppen-, Bereichs- und Unternehmungs- 314
Fixkosten nicht verursachungsgerecht eindeutig auf die variablen Kosten pro
Stück berechnet werden können, gilt der Grundsatz, dass die **Deckungsbei-**

[283] Vgl. *Heinen* Industriebetriebslehre, 1251.
[284] Vgl. *Agthe,* 406; *Heine* ZfhF 1959, 523; *Chambers,* 791 ff.; *Seicht* ZfhF 1963, 693 ff.
[285] Vgl. *Mellerowicz,* 53 ff.
[286] Vgl. *Heinen* Industriebetriebslehre, 1257.

**träge der verschiedenen Stufen zumindest die Stufenkosten abde-
cken,** wenn nicht sogar übertreffen sollten (Gewinnsituation). Würde man
die zeitraumabhängigen Kosten nach einem reinen Durchschnittsprinzip auf
die Erzeugnisse verteilen, wie dies in der traditionellen Vollkostenrechnung
geschieht, wäre das weder kostenverursachungs- noch marktgerecht. Durch
die Einbeziehung der kurzfristigen Erfolgsrechnung im Rahmen der Fixkosten-Deckungsrechnung ist es jedoch möglich, Stückkosten zu errechnen, die
dem anerkannten Prinzip der Kostentragfähigkeit bzw. dem Markt entsprechen. Das bedeutet letztendlich, dass jedes Produkt je nach Bedingungen und
Umständen des Einzelfalls **unterschiedliche Prozentsätze** an Erzeugnis-,
Erzeugnisgruppen-, Bereichs- und Unternehmungs-Fixkosten zugerechnet
bekommt. Je nach Unternehmensstrategie, Preisstrategie, Art des Produktionsprogramms, Umfang der Produktmenge (zB Zusatzauftrag), Veränder-
barkeit der Kapazität, Nutzungsdauer der Gebrauchsgüter, Lagerbildung,
Produktionsverbundenheit, Angebots- bzw. Nachfragefunktion, Nachfrageentwicklung, Kapazität und Marktverbundenheit wird der ordentliche Geschäftsführer die einzelnen **Stufen-Fixkosten** bei der Kalkulation berücksichtigen.

315 Auf der Grundlage des mehrstufigen Direct Costing ermittelte Verrechnungspreise entsprechen dem Fremdvergleich, soweit der Liefernde oder
Leistende Teilkosten-Rechnungssysteme auch in seiner Preispolitik gegenüber
Fremden zu Grunde legt bzw. – wenn keine Lieferungen oder Leistungen
gegenüber Fremden erbracht werden – das Teilkosten-Rechnungssystem betriebswirtschaftlichen Grundsätzen entspricht.

Beispiel: Eine deutsche Konzernmutter A liefert in einer Phase der Hochkonjunk-
tur Motoren zu Vollkosten von 2000 € an das englische Tochterunternehmen B. Zwei
Jahre später laufen die Lieferverträge aus und es muss neu verhandelt werden. Zu diesem Zeitpunkt ist die Konjunktur zusammengebrochen und die Konkurrenz des englischen Unternehmens B kauft am Weltmarkt Motoren zu Teilkosten der übrigen Motorenhersteller, die deutlich unter den Vollkosten von A liegen. Auch die deutsche
Mutter trifft die Konjunktur, da sie auch an fremde Dritte Motoren verkauft. Würde
die deutsche Mutter den Auftrag an das englische Tochterunternehmen B verlieren,
müsste sie insb. ihren Gruppen-Fixkostensatz und ihren Bereichs-Fixkostensatz um
insgesamt 30% erhöhen. Das hätte zur Folge, dass das deutsche Mutterunternehmen
mit seinen Produkten am Weltmarkt gar nicht mehr konkurrenzfähig wäre. Daher entschließt sich die deutsche Mutter A, bei Lieferungen an B den Unternehmungs-
Fixkostensatz nicht bei der Kostenaufschlags-Methode zu berücksichtigen. Damit enthält der Verrechnungspreis nur variable Stückkosten und einen Deckungsbeitrag, der
Erzeugnis-, Gruppen- und Bereichs-Fixkosten abdeckt. Diese Vorgehensweise entspricht dem Fremdvergleich, denn auch fremde dritte Unternehmen wenden diese
Kalkulationsmethode an.

Beispiel: Eine amerikanische Konzernmutter C liefert elektronische Steuerungen
an ein deutsches Konzernunternehmen D zu Vollkosten bei einer geplanten Kapazitätsauslastung von 75% im Abrechnungsjahr. Kurz vor Ende des Geschäftsjahres akquiriert die Verkaufsabteilung von D einen aus strategischer Sicht sehr bedeutenden Neukunden aus Frankreich, dessen Bestellung eine weitere Kapazitätsauslastung bei C auf
100% zur Folge hat. Der neue Kunde aus Frankreich akzeptiert für die Erstbestellung
nur einen Teilkostenpreis, der variable Kosten, Erzeugnis- und Gruppen-Fixkosten
des amerikanischen Mutterunternehmens abdeckt. Die Verschiedenheit der Märkte
(Deutschland-Frankreich) als auch der unterschiedliche Zeitpunkt der Kalkulation

rechtfertigen die Belastung des deutschen Tochterunternehmens zu Vollkosten, auch wenn die französische Firma derzeit nur mit einem Teilkostenpreis in Anspruch genommen wird. Dadurch, dass die zu Beginn des Jahres geplante Menge geringer ist als die am Ende des Jahres von C tatsächlich abgesetzte Menge, wird C aus den Lieferungen an D (ex post) ungeplant hohe Gewinn- und Fixkostenzuschläge ausweisen. Dies darf jedoch nicht zu einer Verrechnungspreisberichtigung der deutschen Finanzbehörden führen, denn maßgebend für die Prüfung der Angemessenheit der Verrechnungspreise sind die Verhältnisse aus der Sicht im Zeitpunkt des Vertragsabschlusses.[287] Nur bei langfristig zu erfüllenden Verträgen ist zu prüfen, ob unabhängige Dritte den damit verbundenen Risiken durch entsprechende Vereinbarungen (Preisgleitklauseln) Rechnung tragen würden.

cc) Anwendung von Vollkosten- oder Teilkostenrechnung

Neben den bereits iRd Erläuterung der beiden Ansätze genannten **Entscheidungsparamter** können auch bestimmte **Unternehmenssituationen** und **Arbeitsprozesse** dazu führen, dass entweder die Vollkosten- oder die Teilkostenrechnung zu bevorzugen sind.[288]   **316**

(1) Mehrproduktfertigung

Im Fall von Mehrproduktfertigung ist es häufig zweckmäßig, für bestimmte Absatzgüter nur Teilkostenpreise zu verrechnen. Damit lässt sich ein **Teilkostenpreis bzw. eine Preisuntergrenze** ermitteln, unter der Voraussetzung, dass die Preise der anderen Absatzgüter gegeben sind. Entscheidend ist auch, ob ein Teilkostenpreis für die gesamte während einer Abrechnungsperiode abzusetzende Produktmenge oder für einen einzelnen Zusatzauftrag festgesetzt wird. Verändern sich die Kapazitäten der Produktgruppe, des Bereichs oder der Unternehmung, sind der Wegfall von oder zusätzlich entstehende Fixkosten auf jeder Stufe der Fixkostenkalkulation einzubeziehen. Zur Ermittlung des Teilkosten-Verrechnungspreises ist weiter zu berücksichtigen, ob die Fertigung mit oder ohne **Lagerbildung** vollzogen wird. Bei Mehrproduktunternehmen haben Grad und Art der Produktionsverbundenheit Einfluss auf die Kosten, die in den Teilkosten-Verrechnungspreis eingehen.   **317**

(2) Kuppelproduktion

Die traditionellen Verfahren der Vollkosten- bzw. Zuschlagskalkulation gehen davon aus, dass die jeweiligen Leistungen in nicht miteinander in Zusammenhang stehenden Produktionen erstellt werden. Folglich besteht kalkulatorisch auch die Möglichkeit, ein Produkt zu eliminieren, ohne dass dadurch die Fertigung eines anderen Produkts beeinträchtigt wird.[289] Auf diesem Tatbestand beruht in der traditionellen Vollkostenrechnung die Zurechnung von Einzel- und Gemeinkosten. Dabei entstehen **Gemeinkosten,** da Arbeitsgänge aus organisatorischen und wirtschaftlichen Gründen zusammengefasst werden, obwohl sie technisch getrennt anfallen und getrennt erfassbar wären. In der Kuppelproduktion fallen hingegen ausschließlich Gemeinkosten an, sog. **Verbundkosten,** weil ein technisch untrennbarer einheitlicher Produktionsprozess für mehrere Endprodukte durchgeführt wird. Beispiele   **318**

---

[287] Vgl. VGr 1983, Tz. 3.1.2.1 Satz 3.
[288] Vgl. *Schweitzer/Küpper* Systeme der Kosten- und Erlösrechnung, 395 ff.
[289] Vgl. *Ebert,* 113.

für solche Produktionen finden sich insbesondere in der chemischen Industrie, der Stahlindustrie sowie bei Energieerzeugern. Die variablen Kosten der Kuppelproduktion können somit nicht als Einzelkosten erfasst werden. Alle bis zum Spaltprozess anfallenden Kosten lassen sich nur willkürlich auf die entsprechenden Kuppelprodukte verteilen.[290] In der Praxis haben sich im Rahmen der traditionellen Vollkostenrechnung im Wesentlichen das **Restwert- und das Verteilungsverfahren** durchgesetzt, um die Verbundkosten auf die einzelnen Produkte zu verteilen.[291]

319 Für das **Restwertverfahren** ist charakteristisch, dass die Erlöse aus der Verwertung von Nebenprodukten als Kostenminderungen behandelt und von den Gesamtkosten des Kuppelproduktionsprozesses abgezogen werden. Der verbleibende Restwert ist dem Hauptprodukt als noch zu deckende Kosten der Kuppelproduktion vorzugeben. Gibt die Unternehmens- bzw. Marktstrategie ein Hauptprodukt und mehrere Nebenprodukte vor, richtet sich das Kalkulationsbedürfnis vorrangig auf das Haupterzeugnis, entsprechend wendet man das Restwertverfahren an.[292]

Werden jedoch mehrere gleich bedeutsame Produkte gefertigt, ist es nicht wünschenswert, die gekoppelten Produkte in einer Rangfolge abzurechnen. IRd dann zur Anwendung kommenden **Verteilungsverfahrens** werden die gemeinsamen Kosten der Kuppelprodukte auf der Grundlage von Schlüsseln aufgeteilt. Als **Verteilungsschlüssel** können Erzeugnismengen, Erlöse, gewichtete Mengen, Grenzkosten usw. dienen. Die Stückkosten lassen sich letztendlich nach dem Prinzip der **Divisionskalkulation** ermitteln.[293]

Beispiel: Eine deutsche Raffinerie liefert an eine österreichische Tochterfirma Gas auf Basis des Restwertverfahrens. Die Nebenprodukte Koks und Teer setzt die Raffinerie in Osteuropa ab. Eine Abrechnungsperiode später steigen die Teer- und Kokspreise in Osteuropa erheblich. IRd Restwertkalkulation ist das deutsche Mutterunternehmen in der Lage, die Verrechnungspreise für Gaslieferungen zu senken, obwohl die grundsätzlichen Parameter der Gaslieferung ansonsten unverändert geblieben sind. Die deutschen Finanzbehörden haben keinen Anlass, den niedrigeren Verrechnungs- bzw. Kostenaufschlagspreis zu beanstanden, da der ordentliche Geschäftsführer ein anerkanntes Kalkulationsverfahren gem. der deutschen VGr verwendet hat.

320 Die **traditionelle Vollkostenrechnung** kann bei Kuppelproduktion weder als Restwert- noch als Verteilungs-Methode eine ausreichende Proportionalität zu den zu verteilenden Kosten gewährleisten. Daher bietet es sich **auch bei Kuppelproduktionen** an, auf eine Aufteilung der verbundenen (Gesamt- bzw. Gemein-)Kosten zu verzichten und auf eine Gesamtbetrachtung bzw. auf eine **Teilkostenrechnung** unter Einbezug von Betriebsengpässen abzustellen.[294]

(3) Andere Parameter für Anwendungsentscheidungen

321 Teilkosten werden in **kapitalintensiven Unternehmenssituationen** auch als Grundlage für die Ermittlung liquiditätswirksamer Verrechnungsprei-

[290] Vgl. *Heinen* Industriebetriebslehre, 1181.
[291] Vgl. *Moews,* 212f.
[292] Vgl. *Hummel/Männel,* 306.
[293] Vgl. *Wilkens,* 41ff.
[294] Vgl. *Ebert,* 114.

se angesehen. Außer den als liquiditätswirksam betrachteten variablen Kosten werden im Verrechnungspreis die Teile der Fixkosten berücksichtigt, die kurzfristig zu Ausgaben führen.[295] Als Ergebnis werden Verrechnungspreise bestimmt, die zur Sicherung der Liquidität erzielt werden müssen.

Aber auch **Kapazität** und **Produktionsengpässe** verändern die Verrechnungspreisgestaltung erheblich. Bei unveränderlichen und knappen Kapazitäten wird im Rahmen eines optimalen Produktions- und Absatzprogramms der Teilkosten-Verrechnungspreis für ein zusätzliches Produkt aus den variablen Stückkosten und den Grenzdeckungsbeiträgen der voll ausgelasteten Kapazitäten gebildet. Die Grenzdeckungsbeiträge bemessen sich nach der Höhe des Deckungsbeitrages, der durch die Verdrängung eines anderen Produkts entsteht. Liegt nur ein einzelner Engpass vor, ergibt sich der Grenzdeckungsbeitrag aus dem Deckungsbeitrag des verdrängten Produkts.[296] Soweit die Produktionskapazität durch mehrere Engpässe begrenzt ist, können die Grenzdeckungsbeiträge der voll ausgelasteten Kapazitäten nur simultan bestimmt werden.[297]

Des Weiteren können die nachfolgend genannten funktionalen Aspekte relevant sein bei der Entscheidung über die **Anwendung einer Voll- bzw. eines Teilkostensystems**:   **322**

– Lenkungsfunktion, Einkommensverteilungsfunktion und auch Kontrollfunktion;
– Enteignungsrisiken, Gewinn- und Kapitalrepatriierungsverbote, Wechselkursrisiko, Inflation, Bilanzpolitik des Stammhauses und Import- bzw. Exportquotenkontingente;
– Organisationsstruktur und Verantwortlichkeitszentren;
– Produktlebenszyklus, Preispolitik und Preisstrategie;
– Konkurrenz- und Marktform.

Ein ausgeprägter **Preiswettbewerb** reduziert die Chancen eines Unternehmens, am Markt einen mindestens den Vollkosten entsprechenden Preis zu erzielen. Dies wird entsprechenden Einfluss auf den Verrechnungspreis zwischen verbundenen Unternehmen haben.   **323**

Bei Vorliegen eines **Monopols** wird der Preis idR höher als die Grenzkosten sein, es kann jedoch trotzdem ein Teilkostenpreis vorliegen. Beim **Oligopol** unterscheidet man heterogenes und homogenes Oligopol, Preis- und Mengenpolitik. Je nach Typ des Oligopols ergeben sich Teil- oder Vollkosten als Verrechnungspreise.

e) Prozesskostenrechnung

Aus der **Problematik steigender Gemeinkosten** in den Industrieländern entstand die Aufgabe der Entwicklung neuer Konzepte zur besseren Kontrolle und Steuerung dieser Kosten. So waren in den fünfziger Jahren des letzten Jahrhunderts ca. 25–35 % der Mitarbeiter eines Unternehmens in Gesamtkostenbereichen beschäftigt, dieser Anteil war in den achtziger Jahren auf ca. 50–55 % im Industriedurchschnitt gestiegen.[298] Der Anteil der Fertigungs-   **324**

---

[295] Vgl. *Schweitzer/Küpper* Systeme der Kosten- und Erlösrechnung, 489.
[296] Vgl. *Schweitzer/Küpper* Systeme der Kosten- und Erlösrechnung, 489 f.
[297] Vgl. *Dinkelbach*, 44 ff.
[298] Vgl. *Roever*, 1980, 686 ff.; *Striening*, 1989, 326.

löhne an der **Wertschöpfung** dürfte in Deutschland schätzungsweise nicht mehr als 20% betragen, während der Anteil der Gemeinkosten entsprechend bei ca. 80% liegt. Die **Ursachen dieser Entwicklung** werden in den nachfolgenden Faktoren gesehen:

1. Stärkere Automatisierung der Produktions- und Auftragsabwicklungsprozesse.
2. Kleinere Auftragsstückzahlen und Produktionslosgrößen.
3. Höhere Teilevielfalt im Beschaffungs- und Lagerwesen.
4. Höhere Kundenvielfalt mit stärker differenzierten Serviceleistungen der Unternehmen.
5. Höhere Komplexität der Produkte, höhere Qualitätsanforderungen und kürzere Produktlebenszyklen.
6. Zuwachs an nicht unmittelbar zum Produktionsprozess gehörenden Tätigkeiten, wie zB Planung, Steuerung, Überwachung, Koordinierung, Instandhaltung, Qualitätssicherung, Auftragsabwicklung, Vertrieb, Logistik und Programmierung (sog. „indirekte Leistungsbrücke").

325   Im Zusammenhang mit der gewachsenen Bedeutung des effektiven Gemeinkosten-Managements entstand ein neuer **Ansatz der Kostenrechnung,** die **Prozesskostenrechnung.**[299] Die Prozesskostenrechnung versucht, die **Kostentransparenz** in den **indirekten Leistungsbereichen** zu erhöhen, einen optimalen Ressourcenverbrauch sicherzustellen und die Produktkalkulation zu verbessern. Damit sollen die Maßnahmen zur Senkung der Kosten begleitet werden.

326   Die **Grundlage der Prozesskostenrechnung** ist eine Analyse der für die in den indirekten Bereichen erstellten Leistungen. Das betriebliche Geschehen wird als eine **Abfolge von Aktivitäten** interpretiert. Alle Aktivitäten dienen grundsätzlich dazu, die Produktion und den Vertrieb der Produkte zu fördern. Als Ziel gilt es, den Umfang der Aktivitäten zur Fertigung einzelner Produkte oder Dienstleistungen zu messen und auf die Kostenträger zu verrechnen.

In Bezug auf eine verursachungsgerechte, strategische Produktkalkulation und Verrechnungspreisbildung definiert eine Prozesskostenrechnung unterschiedliche **(Gemeinkosten-)Kalkulationssätze,** um folgende spezifische **Inanspruchnahme von Leistungen** zu berücksichtigen:

1. Einfache oder komplexe Material- und Teilestruktur rechtfertigt unterschiedliche Kalkulationssätze.
2. Großserienproduktion oder ausgefallene Varianten verlangen differenzierte Zuschlagssätze.
3. Vom Durchschnitt abweichende Auftragsstückzahlen erfordern auftragsbezogene Zuschlagssätze.

Ziel ist es, die unterschiedliche Beanspruchung des Fixkostenblocks durch die verschieden gearteten Kostenträger zu identifizieren und entsprechend zu verrechnen.

Beispiel: Der Verrechnungspreis muss bei komplexen Produkten kleiner Auflagenhöhe wesentlich höher angesetzt werden als bei einfachen Großserienprodukten, da der Planungs-, Steuerungs- und Koordinationsaufwand die Prozesskosten kleinerer Fertigungsgrößen in die Höhe treibt.

---

[299] Vgl. *Horvath/Mayer,* 1989, 214 ff.

Die Prozesskostenkalkulation belastet indirekte Leistungen über **Prozess-** 327
kostensätze unmittelbar dem Produkt. Für einzelne Prozesse, zB die Bearbeitung von Kundenaufträgen, werden die Prozessmengen (zB Anzahl der
Kundenaufträge pro Monat) festgestellt und den entsprechenden Prozesskosten (zB Personalkosten für Kundenauftragsbearbeitung) zugeordnet, um
Prozesskostensätze (zB € je Kundenauftrag) bilden zu können.[300] In der Prozesskostenrechnung werden deshalb analog zur Festlegung der Bezugsgrößen
der Plankostenrechnung **prozessbezogene Muss-Größen** ermittelt.[301] Beispiele für Kostentreiber bzw. Bezugsgrößen sind:

Prozess	Kostentreiber
Angebote bearbeiten	Anzahl der Angebote bzw. -positionen
Material einlagern	Anzahl/Dauer der Einlagerungen
Lieferantenrechnung prüfen	Anzahl der Rechnungspositionen
Abteilung Disposition leiten	Anzahl der Dispositionsvorgänge

Bei der **Kalkulation der Produkte** werden zu den historischen Einzel- 328
und Maschinenkosten die Produktkostenanteile aller Prozesse addiert. Dabei
zeigt sich, dass Produkte mit kleiner Stückzahl oder „Exoten" nach der Prozesskostenrechnung mit höheren Kosten belastet werden als bei einer Zu-
schlagsrechnung. Neben Menge und Variantenzahl können aber auch andere
Haupteinflussgrößen für das Entstehen indirekter Kosten definiert werden.[302]
Untenstehende Tabelle zeigt ein **Beispiel** zu den unterschiedlichen Auswirkungen einer prozessorientierten Kalkulation im Vergleich mit der traditionellen Zuschlagskalkulation (Vollkostenrechnung). Dabei werden in diesem
Beispiel nur die **Materialgemeinkosten** geprüft:

Stückzahl	Traditionelle Zuschlagskalkulation (Zuschlagssatz = 25 %)			Prozessorientierte Kalkulation (Konstante Materialgemeinkosten je Bestellung = € 150,–)		
	Material-einzel-kosten in €	Material-gemein-kosten in €	Material-kosten pro Stück in €	Material-einzel-kosten in €	Material-gemein-kosten in €	Material-kosten pro Stück in €
1	4	1	5,00	4	150	154,00
10	40	10	5,00	40	150	19,00
50	200	50	5,00	200	150	7,00
100	400	100	5,00	400	150	5,50
150	600	150	5,00	600	150	5,00
500	2000	500	5,00	2000	150	4,30
1000	4000	1000	5,00	4000	150	4,15

Ebenso wie die anderen Ansätze zur Kostenermittlung entspricht die Pro- 329
zesskostenrechnung den **steuerlichen Anforderungen** zur Festlegung von
Verrechnungspreisen, sofern Marktüblichkeit bzw. Verwendung gegenüber

---

[300] Vgl. *Müller*, 1992, 54.
[301] Vgl. *Fröhling/Krause*, 1990, 223 ff.
[302] Vgl. *Horvath*, 1990, 506.

fremden Dritten belegt werden kann. Aufgrund der inzwischen weiten Verbreitung der Prozesskostenrechnung ist diese Voraussetzung als erfüllt anzusehen.

4. Gewinnaufschlag

a) Steuerliche Grundsätze

330   Bei Anwendung der Kostenaufschlagsmethode ergibt sich der Verrechnungspreis aus der Summe der iZm der Leistungserbringung entstandenen Kosten zzgl. eines **angemessenen Gewinnaufschlags** (Rn. 250 ff.). Der Gewinnaufschlag erfolgt in Höhe eines **Prozentsatzes der Kosten.** Die Höhe
des Gewinnaufschlags hängt in erster Linie ab von der **Kostenbasis** (insbesondere Ansatz von Vollkosten versus Ansatz von Teilkosten), den vom Leistungserbringer ausgeübten **Funktionen** und den **Marktverhältnissen.**

Die **deutsche FinVerw.** fordert „… betriebs- oder branchenübliche Gewinnzuschläge …"[303] bzw. „… Gewinnaufschläge, …… oder sonstige betriebswirtschaftliche Grundlagen, die im freien Markt die Preisbildung beeinflussen (betriebswirtschaftliche Daten) …".[304] Die **OECD** bezieht sich iZm
der Angemessenheit des Gewinnaufschlages auf die Funktionen und die
Marktverhältnisse.[305] Ebenso wie die deutsche FinVerw. sieht die OECD dabei die Notwendigkeit des Vergleichs mit Gewinnaufschlägen in Transaktionen (bevorzugt) mit fremden Dritten oder (nachrangig) zwischen fremden
Dritten.[306] Sofern keine ausreichende Vergleichbarkeit der „kontrollierten"
mit den „nicht kontrollierten" Transaktionen besteht, sind Anpassungsrechnungen zu Ausgleich der Differenzen durchzuführen.[307]

331   Hinsichtlich der Verwendung unterschiedlicher **Kostengrundlagen** und
deren Auswirkung auf die Höhe des Gewinnaufschlages unterscheidet die
OECD zwischen der **Rohgewinnanalyse** und der **Nettogewinnanalyse.**[308]
Bei der von der OECD so bezeichneten Rohgewinnanalyse erfolgt ein Gewinnaufschlag auf die direkten und indirekten Kosten der Produktion bzw.
Leistungserbringung, bei der Nettogewinnanalyse werden zusätzlich die operativen Kosten berücksichtigt. Die unterschiedliche Höhe der Kosten erfordert auch eine Differenzierung bei der Festlegung des Gewinnaufschlages.

332   Es besteht trotz dieser Zusammenhänge jedoch **keine allgemeingültige
Abhängigkeit** von Kosten und Fremdvergleichspreis.[309] So kann ein schwie-
riger Absatzmarkt der Grund für unter den Produktionskosten liegende
Marktpreise sein. Andererseits können Entwicklungen oder Verbesserungen
den Marktpreis eines Produktes uU erheblich beeinflussen, auch wenn die
Kosten der Entwicklung vergleichsweise gering waren.

b) Betriebswirtschaftlicher Gewinnbegriff

333   Sofern es an Vergleichswerten aus Transaktionen mit bzw. zwischen fremden Dritten fehlt, können auch allgemeine **betriebswirtschaftliche Grund-**

---

[303] Vgl. VGr 1983, Tz. 2.2.4.
[304] Vgl. VGr 1983, Tz. 2.1.6c).
[305] Vgl. OECD-RL 2010, Tz. 2.39.
[306] Vgl. OECD-RL 2010, Tz. 2.40.
[307] Vgl. VGr 1983, Tz. 2.1.7.; OECD-RL 2010, Tz. 2.41.
[308] Vgl. OECD-RL 2010, Tz. 2.48.
[309] Tz. OECD-RL 2010, Tz. 2.43.

sätze zur Festlegung des Gewinnaufschlages angewendet werden. Die Betriebswirtschaftslehre kennt jedoch den Begriff des **Gewinns** schlechthin nicht, da je nach Definition unterschiedliche Gewinnziele Leitlinien betriebswirtschaftlichen Handelns sein können.[310] Mögliche Gewinnausprägungen – je nach Einteilungskriterium – können sein:

Kriterium:	Gewinnbegriff:
Zeitbezug	Totalgewinn, Periodengewinn
Kalkulationseinheit	Produktgewinn, Produktgruppengewinn, Bereichsgewinn, Abteilungsgewinn, Gewinn der strategischen Einheit, Unternehmensgewinn
Rechnungsgrößenbestandteile	Kapitalgewinn, Pagatorischer Gewinn, Kalkulatorischer Gewinn

Der **Totalgewinn** bezieht sich auf die gesamte Lebensdauer eines Produkts, einer Produktgruppe, einer Unternehmenseinheit oder des gesamten Unternehmens. Derartige Totalgewinn-Ansätze spielen nur für die Frage des Verlustausgleichszeitraums bei der Markterschließung und bei langfristigen Leistungsbeziehungen in bestimmten Branchen eine Rolle. Bspw. werden in der Automobilwirtschaft sog. **Life-cycle-Verträge** geschlossen, die für die Dauer eines Zulieferprodukts normierte Gewinnaufschläge festlegen. **334**

Werden Verrechnungspreise in Teilperioden festgesetzt, so sind **Periodengewinne** abzugrenzen. Aus steuerlicher Sicht sind die Gewinnverhältnisse aus der Sicht im **Zeitpunkt des Vertragsabschlusses** maßgebend.[311] Bei langfristig zu erfüllenden Verträgen ist jedoch zu prüfen, ob unabhängige Dritte den damit verbundenen Risiken durch entsprechende Anpassungsvereinbarungen Rechnung tragen würden. Wie in der Kostenrechnung kann auch bei der Bemessung des Gewinnaufschlags entweder von einem Ist-, Normal- oder Plangewinn ausgegangen werden. **335**

Das nächste Einteilungskriterium nach der Kalkulationseinheit bezieht sich darauf, ob ein **Produkt-, Produktgruppen-, Bereichs-, Abteilungs- oder ein Unternehmensgewinnzuschlag** angesetzt wird. Aufgrund der Tatsache, dass Verrechnungspreise für steuerliche Zwecke grundsätzlich transaktionsbasiert ermittelt werden (mit der Möglichkeit der wirtschaftlich nachvollziehbaren Aggregierung von Transaktionen), ist für die Verrechnungspreisfestsetzung nur die Anwendung eines **Produktgewinnzuschlags** oder allenfalls eines Produktgruppengewinnzuschlags denkbar. **336**

Die Differenzierung des Gewinns in **Kapitalgewinn, pagatorischen Gewinn und kalkulatorischen Gewinn** ist betriebswirtschaftlich notwendig, da unterschiedliche Rechnungsgrößen zur Ermittlung des Gewinns herangezogen werden können.[312] Im Fall des kalkulatorischen Gewinns können zB Eigenkapitalzinsen, kalkulatorische Miete, kalkulatorischer Unternehmerlohn und kalkulatorische Wagnisse als gewinnmindernde Kostenbestandteile **337**

---

[310] Vgl. *Heinen,* 16.
[311] Vgl. VGr 1983, Tz. 3.1.2.1. Satz 3.
[312] Vgl. *Heinen,* 17.

betrachtet werden. In diesem Fall würde sonst der Verrechnungspreis bei gleichbleibendem Gewinnaufschlag einen höheren Wert aufweisen. Der pagatorische Gewinn hingegen ergibt sich aus der Differenz von zahlungswirksamen Ein- und Ausgaben.

338–349   *(einstweilen frei)*

V. Transaktionsbezogene Nettomargenmethode (Transactional Net Margin Method) und Gewinnvergleichsmethode (Comparable Profits Method)

1. Transaktionsbezogene Nettomargenmethode – Grundsätze

350   Die **transaktionsbezogene Nettomargenmethode**[313] bzw. **Transactional Net Margin Method**[314] ist eine der von der OECD als **geschäftsfallbezogene Gewinnmethoden** (Rn. 17 ff.) bezeichneten Verrechnungspreismethoden. Die Transactional Net Margin Method **(TNMM)** basiert auf der vom Steuerpflichtigen in einer „kontrollierten" Geschäftsbeziehung **(Transaktion)** mit einem verbundenen Unternehmen erzielte **Nettomarge,** welche sich aus der Relation von Nettogewinn zu einer angemessenen **Vergleichsgröße** (bspw. Umsatz, Kosten, Wirtschaftsgüter) ergibt. Die aus der „kontrollierten" Transaktion erzielte Nettomarge wird verglichen mit der in „nicht kontrollierten" Transaktionen zwischen dem Steuerpflichtigen und fremden Dritten (bevorzugt) oder zwischen fremden Dritten (falls keine Vergleichstransaktionen mit fremden Dritten identifizierbar sind).[315] Ein **Aggregieren** wirtschaftlich vergleichbarer Einzeltransaktionen zu Transaktionsgruppen ist hierbei zulässig. Aus dem Vergleich der Nettomargen wird auf die Vereinbarkeit des Verrechnungspreises mit dem **Fremdvergleichsgrundsatz** bzw. dem **Arm's Length Principle** geschlossen. Das Vorgehen bei der Analyse der Verrechnungspreise ähnelt somit der Analyse unter der **Wiederverkaufspreismethode** und der **Kostenaufschlagsmethode,** bei denen ebenfalls transaktionsbezogene Margenvergleiche durchgeführt werden. Auch die hohe Bedeutung der **funktionalen Vergleichbarkeit** der analysierten Geschäftsbeziehungen ist ähnlich und stellt andererseits einen Unterschied zur stärker von der Produktvergleichbarkeit abhängigen **Preisvergleichsmethode** dar.

351   Abgesehen von einigen definitorischen Unterschieden, in erster Linie des bei der TNMM stark betonten **transaktionsbezogenen Ansatzes,**[316] besteht grundsätzliche Übereinstimmung mit der vorwiegend in den USA verwendeten **Comparable Profits Method** (Rn. 371 ff.). [317]

---

[313] Vgl. VGr-Verfahren, Tz. 3.4.10.3 Buchst. b). Zum Zeitpunkt des Erlasses der VGr 1983 war die TNMM von der deutschen FinVerw. noch nicht offiziell als Verrechnungspreismethode akzeptiert und dementsprechend auch nicht in dem BMF-Schreiben vom 23.2.1983 genannt.

[314] Vgl. OECD-RL 2010, Tz. 2.58–2.107.

[315] Vgl. OECD-RL 2010, Tz. 2.58.

[316] Vgl. OECD-RL 2010, Tz. 2.103.

[317] In Tz. 2.56 der OECD-RL 2010 wird auf „comparable profits methods" als ein Beispiel für geschäftsfallbezogene Gewinnmethoden verwiesen. Deren Verwendung ist

Für die transaktionsbezogene Nettomargenmethode bestehen keine typi- **352** schen **Anwendungsbereiche,** wie dies bei der Wiederverkaufspreismethode und – in geringerem Maße – bei der Kostenaufschlagsmethode der Fall ist. Die Methode eignet sich grundsätzlich für alle Arten von Warengeschäften oder Dienstleistungen. Es ist jedoch zu beachten, dass die deutsche FinVerw. und – im Grundsatz – auch die OECD einen Anwendungsvorrang der **traditionellen geschäftsfallbezogenen Methoden** sehen.[318] Aus diesem Grund wird die transaktionsbezogene Nettomargenmethode in der Praxis häufig auch als weitere Verrechnungspreismethode zur **Verprobung** der nach einer anderen (vorrangigen) Verrechnungspreismethode ermittelten Ergebnisse verwendet.

Eine insbesondere aus Sicht der deutschen FinVerw. wichtige **Einschrän-** **353** **kung des Anwendungsbereichs** stellt das Funktionsprofil der Beteiligten dar. Die transaktionsbezogene Nettomargenmethode gilt nicht als geeignet, wenn beide (alle) an einer Geschäftsbeziehung beteiligten Parteien iRd Geschäftsbeziehung „... **werthaltige und einzigartige Beiträge** ...“ leisten.[319] Zu denken ist hierbei insbesondere an wertvolle **immaterielle Werte,** die iRd Geschäftsbeziehung zur Verfügung gestellt werden, aber auch an eine **Strategieführerschaft.** Diese Einschränkung des Anwendungsbereichs gilt jedoch nicht, wenn nur einer der Beteiligten „werthaltige und einzigartige Beiträge“ leistet bzw. die Strategieführerschaft inne hat, während die anderen Beteiligten ein limitiertes Funktions- und Risikoprofil aufweisen bzw. **Routinefunktionen** ausüben. Die transaktionsbezogene Nettomargenmethode kann in solchen Fällen auf die funktionslimitierten Beteiligten zur Überprüfung des von diesen erzielten Ergebnisses angewendet werden.[320] Andererseits bedeutet die niedrige Funktionalität eines Beteiligten nicht automatisch, dass die transaktionsbezogene Nettomargenmethode die am besten geeignete Verrechnungspreismethode für die betreffende Geschäftsbeziehung ist.[321]

2. Transaktionsbezogene Nettomargenmethode – Fremdvergleich

a) Renditekennziffern

Bei der Anwendung der TNMM kommt der Renditekennziffer[322] eine **354** vergleichbare Bedeutung zu wie der Wiederverkaufsmarge bei Anwendung der Wiederverkaufspreismethode oder dem Gewinnaufschlag bei der Kostenaufschlagsmethode. Es gelten für die Ermittlung von Kennziffern bei allen drei Verrechnungspreismethoden ähnliche **Grundsätze.**[323] Abgesehen von

---

jedoch nur zulässig, wenn sie die in den OECD-RL 2010 genannten Anforderungen (u.a. Transaktionsbezug) erfüllen.

[318] Vgl. VGr Verfahren, Tz. 3.4.10.3 Buchst. b), 1. Spiegelstrich; OECD-RL 2010, Tz. 2.3.

[319] Vgl. OECD-RL 2010, Tz. 2.59.

[320] Entsprechend des Charakters der TNMM als „one sided method“. Vgl. OECD-RL 2010, Tz. 2.66.

[321] Vgl. OECD-RL 2010, Tz. 2.61.

[322] Auch „Profit Level Indicator“ (PLI).

[323] Vgl. OECD-RL 2010, Tz. 2.58. Ausführlich auch *Kuckhoff/Schreiber* Verrechnungspreise in der Betriebsprüfung, Tz. 152 ff.

der Nutzung als **Maßstab des Fremdvergleichs** kann mit Hilfe einer Renditekennziffer auch der erforderliche **Anpassungsbetrag** errechnet werden, sofern vereinbarte Verrechnungspreise nicht dem Fremdvergleichsgrundsatz entsprechen.

Die zur Ermittlung der Vergleichsmarge bzw. Renditekennziffer erforderlichen Ausgangsgrößen sind **nicht exakt definiert.** Es besteht damit auch keine klare Einschränkung, wie dies bei der Comparable Profits Method der Fall ist, für die der „Operating Profit" (Betriebsergebnis) die relevante gewinnbezogene Größe ist.[324] Bei der **TNMM** ist vorrangig für die Auswahl die **betriebswirtschaftliche Sinnhaftigkeit** der verwendeten Ausgangsgrössen im Hinblick auf die Struktur der analysierten Geschäftsbeziehung sowie die Möglichkeit der **Identifizierung von Vergleichswerten** (Rn. 363 ff.).

355 Unter den für die TNMM geltenden Prämissen dürfte jedoch in den meisten Fällen kein Grund bestehen, vom **(transaktionsbezogenen) Betriebsergebnis bzw. operativen Ergebnis** als gewinnbezogene Ausgangsgrösse abzuweichen. Denn das operative Ergebnis enthält sämtliche **transaktionsbezogenen operativen Erträge und Aufwendungen,** während die für eine routinemäßige Geschäftsbeziehung irrelevanten außerordentlichen Aufwände/Erträge sowie das Finanzergebnis, Dividenden und Unternehmenssteuern nicht mit einbezogen werden. IdR gehört das operative Ergebnis auch zu den Finanzinformationen, die am besten beschafft werden können. Dass die Finanzdaten auf Transaktionsebene üblicherweise weniger häufig verfügbar sind als auf Unternehmensebene ist eine grundsätzliche Problematik, die ihre Ursache nicht in der Auswahl des operativen Ergebnisses als Bezugsgrösse hat.

356 Eine denkbare **Alternative** zum operativen Ergebnis könnte das **Rohergebnis** sein. Auf die bei Verwendung des Rohgewinns bzw. des Rohergebnisses möglicherweise zu bewältigenden Herausforderungen wurde bereits iRd Darstellung der **Wiederverkaufspreismethode** hingewiesen. Abgesehen von den möglicherweise größeren Schwierigkeiten bei der Durchführung des Fremdvergleichs stellt sich die Frage, inwieweit die Verwendung des sich unmittelbar aus der Wiederverkaufsmarge ergebenden Rohergebnisses in Verbindung mit einem vergleichsweise eingeschränkten Anwendungsbereich (kein Rohergebnis bspw. bei der Erbringung von Dienstleistungen) eine gegenüber der unmittelbaren Anwendung der Wiederverkaufspreismethode erkennbare Mehrerkenntnis bedeuten könnte. Eine Verwendung des Rohergebnisses als Renditekennziffer iRd TNMM erscheint daher nicht zielführend.[325]

357 Weniger deutlich ist die Wahl der Größe, zu der das operative Ergebnis in Bezug gesetzt wird. Die OECD benennt explizit **Umsatz, Kosten** und **Wirtschaftsgüter** als potentielle Auswahlmöglichkeiten.[326] Die Entscheidung über die Auswahl der Bezugsgrösse sollte nicht isoliert gesehen werden, sondern auch die **Aussagekraft** der sich hieraus ergebenden Renditekennziffer für die Art der analysierten Geschäftsbeziehung berücksichtigt werden. Bspw. ist die Bezugnahme auf die iRd Geschäftsbeziehung eingesetzten Wirtschaftsgüter wenig geeignet, wenn das Geschäft nicht kapitalintensiv ist.

---

[324] Vgl. US-Regs. § 1.482-5(b)(1).
[325] S. hierzu auch die kritische Würdigung in OECD-RL 2010, Tz. 2.62.
[326] Vgl. OECD-RL 2010, Tz. 2.58.

In der Praxis sind folgende **Kombinationen** und daraus ermittelte Rendi- 358
tekennziffern häufig anzutreffen:

Ergebnisgröße	Bezugsgröße	Renditekennziffer
Betriebsergebnis	Umsatz	Umsatzrendite
Betriebsergebnis	operative Kosten	Kostenaufschlag
Betriebsergebnis	Wirtschaftsgüter	Kapitalrendite
Betriebsergebnis	Eigenkapital	Eigenkapitalrendite
Rohergebnis	operative Kosten	Berry Ratio

Eine der in der Praxis am häufigsten verwendeten Renditekennziffern ist
die **Umsatzrendite,** die sich aus dem Verhältnis von Betriebsergebnis zu
Umsatz ermittelt. Sie kann vor allem bei **Vertriebsunternehmen,** bei denen ein direkter Zusammenhang zwischen Umsatz und Gewinn besteht, den
geeignetsten Vergleichsmaßstab darstellen.[327] Häufig erfolgt der Einsatz dieser
Renditekennziffer auch zur Verprobung der unter Anwendung der Wiederverkaufspreismethode ermittelten Verrechnungspreise.

Das Betriebsergebnis kann auch zu den **operativen Kosten** in Bezug ge- 359
setzt werden. Hierbei ist sicherzustellen, dass ein inhaltlicher Zusammenhang
zwischen der **Höhe der Kosten und dem Funktionsprofil des analysierten Unternehmens bzw. dem Beitrag zur Wertschöpfung** in der
analysierten Geschäftsbeziehung besteht. Die Verwendung der operativen
Kosten als Bezugsgrösse löst neben den grundsätzlichen Überlegungen zur
Verwendbarkeit als Renditekennziffer auch Fragen zur Ermittlung der zutreffenden und funktional angemessenen Kosten aus, inkl. der Behandlung der
üblicherweise nicht wertschöpfenden **„durchgeleiteten Kosten".**[328] Diese
Fragen sind vergleichbar der Herausforderungen, wie sie iZm der Anwendung der Kostenaufschlagsmethode bestehen.

Die sich aus dem Verhältnis des Betriebsergebnisses zu den iRd Geschäfts- 360
beziehung **eingesetzten Wirtschaftsgüter** ergebende **Kapitalrendite**[329] ist
zu unterscheiden von der häufig zur Performancemessung von Unternehmen
verwendete Gesamtkapitalrendite. Für Zwecke der Verrechnungspreisermittlung iRd TNMM ist das Gesamtkapital des Unternehmens aber idR nicht
von Bedeutung,[330] es ist ausschließlich das zur Realisierung der analysierten
Geschäftsbeziehung eingesetzte **Betriebsvermögen** zu berücksichtigen. Die
Kapitalrendite ist als Kennziffer geeignet, wenn dem Einsatz von Betriebsvermögen eine hohe Bedeutung zukommt, also insbesondere bei **Produktionsaktivitäten** oder **bestimmten Finanztransaktionen.** Eine spezielle
Herausforderung stellt die **Vergleichbarkeit der eingesetzten Wirtschaftsgüter** in der „kontrollierten" und in der „nicht kontrollierten" Transaktion dar. Sowohl der **Typus** der Wirtschaftsgüter als auch deren **Bewer-**

---

[327] Vgl. OECD-RL 2010, Tz. 2.90 f.
[328] S. hierzu auch die ausführliche Diskussion in OECD-RL 2010, Tz. 2.92 ff.
[329] Vgl. OECD-RL 2010, Tz. 2.97 ff.
[330] Das Gesamtvermögen eines Unternehmens enthält häufig nicht operativ eingesetzte Wirtschaftsgüter, zB Bankguthaben, Wertpapiere oder Beteiligungen an anderen
Unternehmen.

tung sind dabei mit erheblicher Unsicherheit behaftet. Darüber hinaus ist die **Zusammensetzung** des Betriebsvermögens ein wichtiger Faktor, der jedoch bei verschiedenen Geschäftsbeziehungen meist schwierig zu vergleichen ist. Schließlich ist bei Mehrfunktionsunternehmen auch die **Zuordnung** von in mehreren verschiedenen Geschäftsbeziehungen eingesetzten Wirtschaftsgütern komplex, häufig muss für die Ermittlung der Kapitalrendite eine rechnerische **Aufteilung** des Wertes dieser Wirtschaftsgüter sowie der mit ihrem Einsatz verbundenen Erträge und Aufwendungen erfolgen.

361   Einige der mit der Verwendung der Kapitalrendite verbundenen Schwierigkeiten können durch Bezugnahme auf das **Eigenkapital**[331] an Stelle der eingesetzten Wirtschaftsgüter vermieden werden. Insbesondere die **Bewertungsproblematik** ist bei der Ermittlung des Eigenkapitals idR nicht von vergleichbarer Relevanz. Dem steht bei Verwendung der **Eigenkapitalrendite** gegenüber, dass die Zuordnung eines bestimmten Eigenkapitalanteils zu einer Geschäftsbeziehung methodisch abstrakt (aufgrund des uU allenfalls mittelbaren Zusammenhangs zwischen dem Wert des Eigenkapitals und dessen Einfluss auf die Geschäftsbeziehung, für die es eingesetzt wird) und in der praktischen Durchführung äußerst schwierig ist. Dennoch hat die Eigenkapitalrendite in Deutschland u. a. auch als Grundlage für die Vornahme von **Schätzungen** eine nennenswerte Bedeutung, deren formaler Status aufgrund der iRd UStRG 2008 vorgenommenen Ergänzungen noch verstärkt wurde.[332]

362   Eine insbesondere in den USA bei Anwendung der **Comparable Profits Method** gebräuchliche Renditekennziffer ist die **Berry Ratio,** die sich als Verhältnis von **Rohgewinn** zu **operativen Kosten** ermittelt.[333] Hinsichtlich der zur Ermittlung der Berry Ratio verwendeten Parameter gelten die bereits zur Wiederverkaufspreismethode und zur Kostenaufschlagsmethode bzw. zum Kostenaufschlag als Renditekennziffer gemachten Anmerkungen. Ein darüber hinaus von der OECD geäußerter **Vorbehalt** ist die geforderte Unabhängigkeit von wahrgenommenen Funktionen und erzieltem Umsatz, womit die Berry Ratio für klassische Vertriebsfunktionen weniger geeignet ist. Sie kann nach Auffassung der OECD jedoch eine geeignete Kennziffer für **konzerninterne Zwischenvertriebsfunktionen** (Rn. 210 ff.) darstellen.[334]

Beispiel: Ein Maschinenbauunternehmen weist für das Wirtschaftsjahr 01 folgende Bilanz- und GuV-Werte aus: Umsatz € 15,3 Mio., Rohergebnis € 5,2 Mio., operative Kosten € 4,5 Mio., Betriebsergebnis € 0,7 Mio., Betriebsvermögen € 18,0 Mio., Eigenkapital € 5,0 Mio.

Hieraus ergeben sich die nachfolgenden Renditekennziffern unter der Annahme, dass die von dem Maschinenbauunternehmen ausgeübten Transaktionen alle zu einer einzigen konzerninternen Geschäftsbeziehung aggregiert werden können:
– Umsatzrendite 5 %
– Kostenrendite 16 %
– Kapitalrendite 4 %
– Eigenkapitalrendite 14 %
– Berry Ratio 1,16.

---

[331] Vgl. OECD-RL 2010, Tz. 2.97 ff.
[332] Vgl. § 1 Abs. 4 AStG idF d. UStRG 2008 (gestrichen iRd AmtshilfeRLUmsG).
[333] Vgl. OECD-RL 2010, Tz. 2.100.
[334] Vgl. OECD-RL 2010, Tz. 2.102.

b) Arten des Fremdvergleichs und Vergleichsfaktoren

Ebenso wie die Wiederverkaufspreismethode und die Kostenaufschlagsme- **363** thode ist die TNMM eine „**one sided method**", dh nur einer der Beteiligten einer Geschäftsbeziehung ist Gegenstand der Fremdvergleichsanalyse.[335] Von den Beteiligten einer Geschäftsbeziehung wird üblicherweise der mit den geringsten Funktionen für die Durchführung des Fremdvergleichs ausgewählt.

Bei der Verwendung „nicht kontrollierter" Transaktionen für Zwecke des **364** Fremdvergleichs ist iRd TNMM die **funktionale Vergleichbarkeit** der Geschäftsbeziehungen von primärer Bedeutung. Weniger wichtig ist die Ähnlichkeit der iRe Geschäftsbeziehung gelieferten Produkte bzw. der erbrachten Dienstleistungen, soweit diese nicht das Funktionsprofil des Leistungserbringers tangieren.

Wie bei der Wiederverkaufspreismethode und der Kostenaufschlagsmetho- **365** de soll bevorzugt ein Vergleich der vom Steuerpflichtigen **mit fremden Dritten** vereinbarten Verrechnungspreise bzw. realisierten Renditekennziffern erfolgen **(innerer Vergleich).** Sind derartige Vergleichswerte nicht identifizierbar, soll ein Vergleich mit den **zwischen fremden Dritten** vereinbarten Konditionen erfolgen **(äußerer Vergleich).**[336] Ebenfalls in Einklang mit den anderen Verrechnungspreismethoden sind ggf. **Anpassungsrechnungen** zur Herstellung oder Verbesserung der Vergleichbarkeit durchzuführen.

Es ist anerkannt, dass die Bezugnahme auf das in einer Geschäftsbeziehung **366** erzielte Betriebs- bzw. Nettoergebnis bei der TNMM im Vergleich zu den bei anderen Verrechnungspreismethoden bevorzug zur Anwendung kommenden Kennziffern (bspw. Produktpreis, Rohgewinn) den Vorteil einer **geringeren Abhängigkeit von Unterschieden** bei ausgeübten Funktionen oder Produkten bzw. Dienstleistungen bietet.[337] Dies entbindet den Anwender jedoch nicht von der Durchführung einer möglichst umfangreichen und exakten Fremdvergleichsanalyse. Die OECD verweist idZ u. a. auf die andererseits bestehenden Risiken der TNMM, insbesondere eine potentielle Beeinflussung durch die **Struktur und Höhe der operativen Kosten** sowie durch **Marktentwicklungen,** die ggf. zu einer höheren Volatilität der Kennziffern als bei anderen Verrechnungspreismethoden führen.[338] IdZ ist idR auch die **Branche,** in der das analysierte Unternehmen und die potentiellen Vergleichsunternehmen tätig sind, aufgrund der häufig branchenspezifisch differierenden Renditekennziffern ein relevanter Vergleichsfaktor.

3. Transaktionsbezogene Nettomargenmethode – Praktische Anwendung

Die TNMM hat sich in der europäischen Verrechnungspreispraxis[339] zu der **367** aktuell möglicherweise am häufigsten angewendeten Verrechnungspreisme-

---

[335] Vgl. OECD-RL 2010, Tz. 2.66.
[336] Vgl. OECD-RL 2010, Tz. 2.58.
[337] Vgl. OECD-RL 2010, Tz. 2.68.
[338] S. hierzu ausführlich OECD-RL 2010, Tz. 2.70 ff.
[339] Auf die hohe Verbreitung der sehr ähnlichen Comparable Profits Method in den USA wurde bereits hingewiesen.

thode entwickelt.[340] Ein wesentlicher Grund hierfür dürfte sein, dass diese Verrechnungspreismethode auf sehr viele unterschiedliche Arten von **Geschäftsbeziehungen** anwendbar ist. Darüber hinaus sind die Aussichten für die **Identifizierung von Fremdvergleichsdaten** erfahrungsgemäß höher als bei anderen Verrechnungspreismethoden. Insbesondere die aus **Datenbanken** verfügbaren Finanzinformationen werden häufig für die Ermittlung der zum Fremdvergleich benötigten Renditekennziffern herangezogen.

368   Viele **Steuerbehörden** sehen die TNMM hingegen nach wie vor kritisch. Auf die geäußerten Bedenken geht auch die OECD explizit ein, indem bspw. auf die Sorge vieler FinVerw. vor einer breiten Anwendung der TNMM unter Vernachlässigung einer umfassenden **Fremdvergleichsanalyse** sowie einer Missachtung des Vorrangs der **traditionellen geschäftsfallbezogenen Methoden** hingewiesen wird.[341] Darüber hinaus kann eine potentielle Stärke der TNMM, die Möglichkeit der Identifizierung von Fremdvergleichsdaten mit Hilfe von **Datenbanken,** auch zu einem Nachteil werden. Denn während einerseits die wichtigsten für die Bildung von Renditekennziffern benötigten Werte wie Betriebsergebnis oder Umsatz potentieller Vergleichsunternehmen aus Datenbanken in Erfahrung gebracht werden können, beziehen sich diese aus Datenbanken gewonnen Werte idR auf die Ergebnisse des **Gesamtunternehmens** und liegen nicht segmentiert nach einzelnen **Geschäftsbereichen** oder gar einzelnen **Geschäftsbeziehungen** vor.[342] Da der **transaktionsbezogene Fremdvergleich** jedoch eine der zentralen Anforderungen der TNMM ist, muss die Datenbankrecherche in der Praxis häufig auf Unternehmen eingeschränkt werden, die eine einzelne (die gesuchte) Geschäftstätigkeit ausüben.

369   Die **deutsche FinVerw.** war bezüglich der Akzeptanz der TNMM lange Zeit restriktiv. Zunächst war die Verrechnungspreisanalyse offiziell auf die drei **Standardmethoden** beschränkt.[343] Die dennoch zunehmende Anwendung der TNMM in der Praxis, u. a. auch verursacht durch die Notwendigkeit der Erfüllung der deutschen **Dokumentationspflichten** für Verrechnungspreise (vgl. Kapitel A) mit der Anfertigung einer **Angemessenheitsdokumentation,** haben zu der heute bestehenden grundsätzlichen Akzeptanz der TNMM geführt.[344] Die deutsche FinVerw. knüpft jedoch einige Voraussetzungen an die Anwendung der TNMM, insbesondere die Nichtanwendbarkeit von einer der drei Standardmethoden und die Ausführung von Routinefunktionen. Diese Voraussetzungen decken sich grundsätzlich mit den Empfehlungen der **OECD.** Darüber hinaus ist eine zumindest **eingeschränkte Vergleichbarkeit** der herangezogenen Fremdvergleichsdaten nachzuweisen.[345]

370   Eine weitere Form der **Einschränkung** stellt die nach wie vor kritische Haltung der deutschen FinVerw. gegenüber der Verwendung von **Daten-**

---

[340] Eine Anwendung von TNMM in drei Vierteln aller EU-Fälle wird für wahrscheinlich gehalten. Vgl. *Finan/The/Tontcheva,* Practical Issues in Preparing EU Transfer Pricing Documentation – Applying TNMM on a Pan-European Basis, TMTP Special Report October 2005, 7.

[341] Vgl. OECD-RL 2010, Tz. 2.74.

[342] S. hierzu auch die Erläuterungen in OECD-RL 2010, Tz. 2.103.

[343] Vgl. VGr 1983, Tz. 2.2.

[344] Vgl. VGr-Verfahren, Tz. 3.4.10.3 Buchst. b).

[345] Vgl. VGr-Verfahren, Tz. 3.4.10.3 Buchst. b), 3. Spiegelstrich.

bankanalysen dar. Im Regelfall ist ein alleine auf einer Datenbankrecherche basierender Fremdvergleich nach Auffassung der deutschen FinVerw. nicht verwertbar.[346] Da in der Praxis gerade bei Anwendung der TNMM stark auf Datenbankanalysen zum Nachweis des Fremdvergleichs zurückgegriffen wird bzw. werden muss, wie u.a. auch i.R. von Analysen des **EU-JTPF** festgestellt wurde,[347] erschwert die Haltung der deutschen FinVerw. den Nachweis des Fremdvergleichs für den Anwender erheblich.

4. Gewinnvergleichsmethode – Grundsätze

Die **Gewinnvergleichsmethode** bzw. **Comparable Profits Method**[348] **371** ist eine mit dem **Steuerrecht der USA** definierte Verrechnungspreismethode. In der **deutschen Steuergesetzgebung** findet die Gewinnvergleichsmethode keine Erwähnung, aus Sicht der **deutschen FinVerw.** mangelt es für ihre Anwendung an dem erforderlichen Bezug zu einzelnen Geschäftsvorfällen.[349] Die **OECD** erwähnt Gewinnvergleichsmethoden als potentiell anwendbare Verrechnungspreismethoden,[350] bezieht sich hierbei aber inhaltlich auf spezifische Ausprägungen bzw. Abwandlungen der TNMM. Eine Comparable Profits Method **(CPM)** kann nur dann kompatibel iSd OECD sein, wenn die Verrechnungspreisgrundsätze der OECD befolgt werden, insbesondere wenn eine **Analyse einzelner Geschäftsbeziehungen bzw. Transaktionen** erfolgt und nicht die Analyse eines Gesamtunternehmens mit mehreren unterschiedlichen Aktivitäten.

Bei Anwendung der CPM wird die Angemessenheit des in einer „kontrol- **372** lierten" Geschäftsbeziehung vereinbarten **Verrechnungspreises** beurteilt anhand des aus dieser Geschäftsbeziehung erzielten **Gewinns bzw. Verlustes** im Vergleich zu den von „nicht kontrollierten" **Steuerpflichtigen** in ähnlichen Geschäftsaktivitäten unter ähnlichen Bedingungen erzielten Gewinnen bzw. Verlusten.[351] Die CPM ist eine **„one-sided method"**, dh die Analyse wird nur für einen der an einer Geschäftsbeziehung Beteiligten durchgeführt, der **„tested party"**.

Entgegen einem aus dem **Wortlaut der Vorschrift**[352] häufig abgeleiteten Verständnis entspricht es nicht der Methodik der CPM, Verrechnungspreise grundsätzlich in allen Fällen anhand der Ergebnisse des **Gesamtunternehmens** zu ermitteln bzw. zu prüfen. Hingegen ist auch bei Anwendung der CPM die Idealvorstellung, Verrechnungspreise **transaktionsbezogen** zu ermitteln und zu prüfen. Der transaktionsbezogene Ansatz entspricht auch dem

---

[346] Vgl. VGr-Verfahren, Tz. 3.4.12.4.

[347] Vgl. EU-JTPF, Draft Secretariat working document for the EU Joint Transfer Pricing Forum on database searches for comparables, JTPF 005/2004, Tz. 4.1.

[348] Vgl. US-Regs. § 1.482–5.

[349] Gem. Tz. 3.4.10.3 Buchst. d) der VGr-Verfahren erkennt die deutsche FinVerw. die Gewinnvergleichsmethode/Comparable Profits Method aus diesem Grund nicht an.

[350] Vgl. OECD-RL 2010, Tz. 2.56.

[351] Vgl. US-Regs. § 1.482–5(a).

[352] Die grundsätzliche Regelung des § 1.482–5(a) formuliert "… uncontrolled taxpayers …" und nicht „… uncontrolled transactions …".

Grundsatz in den US-amerikanischen Verrechnungspreisbestimmungen.[353] Allerdings spricht es, anders als bei der TNMM gem. Definition der OECD, nicht gegen die Anwendung der CPM, wenn transaktionsbezogene Daten nicht verfügbar sind und stattdessen auf **unternehmens- oder segmentbezogene Daten** zurückgegriffen werden muss. Zu beachten ist idZ, dass mit den **Comparable Uncontrolled Transactions (CUT)** eine streng transaktionsbezogene weitere Verrechnungspreismethode existiert.[354]

373 Die CPM hat ein **weites Anwendungsspektrum.** Die Methode ist nicht auf bestimmte Arten von Geschäftsbeziehungen festgelegt, ihre Anwendung unterliegt andererseits aber auch keinen nennenswerten **Einschränkungen.** Insbesondere ist ihre Verwendung bei der Lieferung von Gütern[355] und der Erbringung von Dienstleistungen[356] üblich. Im zweitgenannten Fall muss der Leistungserbringer die „tested party" sein.[357]

Es ist keine Voraussetzung für die Anwendung der CPM, dass bestimmte Funktionen ausgeübt bzw. nicht ausgeübt werden. Insbesondere ist die CPM nicht auf **niedrigfunktionale Sachverhalte** beschränkt, wie dies bei der TNMM der Fall ist. So ist die Anwendung der CPM bspw. auch bei der Verrechnungspreisanalyse iZm **immateriellen Werten** möglich.[358]

374 Ein **allgemeiner Anwendungsvorrang** anderer Verrechnungspreismethoden gegenüber der CPM besteht ebenfalls nicht. Gem. den Verrechnungspreisgrundsätzen der USA ist ein solcher Vorrang, anders als nach den deutschen Bestimmungen oder den OECD Verrechnungspreisgrundsätzen für die Standardmethoden bzw. die traditionellen geschäftsfallbezogenen Methoden, nicht vorgesehen. Stattdessen gilt die **Best Method Rule,**[359] dh es ist die Verrechnungspreismethode zu verwenden, welche für einen bestimmten Typus von Geschäftsbeziehung mit der höchsten Zuverlässigkeit zu einem fremdvergleichskonformen Verrechnungspreis führt. Ergänzend zu der Best Method Rule enthalten die US-VerrechnungspreisRL jedoch auch zu einigen Transaktionstypen Festlegungen, welche Verrechnungspreismethoden für welche Art von Geschäftsbeziehung im Normalfall zur Anwendung kommen sollen.[360]

5. Gewinnvergleichsmethode – Fremdvergleich

a) Renditekennziffern

375 Hinsichtlich der **Bedeutung** und **Verwendung** von Renditekennziffern gelten für die CPM grundsätzlich die bereits zur **TNMM** getätigten Aussagen (Rn. 354).

---

[353] Bspw. iZm der Definition des Arm's Length Standard in US-Regs. § 1.482–1(b)(1), der Erläuterung der Vergleichsfaktoren in US-Regs. § 1.482–1(d)(1) oder der Best Method Rule in US-Regs. § 1.482–1(c)(2).

[354] Vgl. US-Regs. § 1.482–4(c).

[355] Vgl. US-Regs. § 1.482–3(a)(4).

[356] Vgl. US-Regs. § 1.482–9(f).

[357] Vgl. US-Regs. § 1.482–9(f)(2)(i).

[358] Vgl. US-Regs. § 1.482–4(a)(2).

[359] Vgl. US-Regs. § 1.482–1(c).

[360] Bspw. ist für Verrechnungspreise iZm der Lieferung von Waren zwingend eine der sechs in den RL genannten Methoden zu verwenden. Vgl. § 1.482–3(a).

Die Definition der angemessenen **Renditekennziffer** bzw. des **Profit Le-** 376
vel Indicator (PLI) geht bei der CPM üblicherweise vom **operativen Er-**
gebnis bzw. **Betriebsergebnis** aus. Dieses ist definiert als Rohgewinn abzgl.
Aufwand aus der gewöhnlichen betrieblichen Tätigkeit. Das heißt es handelt
sich um das Ergebnis vor Zinsen, Dividenden, Steuern und vor außerordent-
lichem Aufwand bzw. Ertrag. [361]
Grundsätzlich ist aber die für den gegebenen Sachverhalt am besten geeignete Renditekennziffer zu verwenden. Bei der Festlegung der am besten geeigneten Kennziffer ist eine **Einzelfallentscheidung** zu treffen, die sich insbesondere nach dem Typus der Geschäftsbeziehung sowie der Verfügbarkeit
von Fremdvergleichsdaten richtet. Darüber hinaus muss sichergestellt sein,
dass die ausgewählte Renditekennziffer in Anbetracht des Typus und der
Struktur der analysierten Geschäftsbeziehung eine zuverlässige Grundlage für
die Beurteilung der Vereinbarkeit des Verrechnungspreises mit dem Arm's
Length Principle bietet. Einige der möglichen **Optionen** für Renditekennziffern werden in den US-Verrechnungspreisgrundsätzen explizit genannt:

Ergebnisgröße	Bezugsgröße	Renditekennziffer
Betriebsergebnis	Wirtschaftsgüter	Kapitalrendite (ROCE)
Betriebsergebnis	Umsatz	Umsatzrendite
Rohergebnis	operative Kosten	Berry Ratio

Die **Kapitalrendite**[362] – definiert als Verhältnis von Betriebsergebnis zu 377
den in der Geschäftsaktivität eingesetzten **Wirtschaftsgütern**[363] – stellt insb.
bei **Produktionsunternehmen** häufig eine zur Verrechnungspreisanalyse
geeignete Kennziffer dar. Und zwar in steigendem Maße, je mehr Bedeutung
dem Kapitaleinsatz bei der Gewinnerzielung zukommt. Die Zuverlässigkeit
der Kapitalrendite als Renditekennziffer hängt wiederum davon ab, inwieweit
die jeweilige **Zusammensetzung des Betriebsvermögens** bei der „tested
party" und bei den unabhängigen Vergleichsunternehmen miteinander vergleichbar sind. Darüber hinaus ist auch der **Bewertung** der eingesetzten
Vermögensgegenstände erhebliches Gewicht beizumessen. So ist ein Vergleich
anhand der Kapitalrendite nicht möglich, wenn ein Unternehmen das Betriebsvermögen zu Buchwerten, ein anderes jedoch zu Marktwerten ansetzt
und eine daher gebotene Anpassung nicht durchführbar ist. Außerdem sollten
die eingesetzten Wirtschaftsgüter möglichst genau den zu Grunde liegenden
Transaktionen bzw. Geschäftssegmenten zugeordnet werden können.
Eine ebenfalls häufig anwendbare Renditekennziffer ist die **Umsatzrendi-** 378
te,[364] die das Verhältnis von Betriebsergebnis zu Umsatz widerspiegelt. Sie kann
vor allem bei **Vertriebsunternehmen,** bei denen ein direkter Zusammenhang
zwischen Umsatz und Gewinn besteht, den geeignetsten Vergleichsmaßstab
darstellen. Hierfür ist jedoch eine große **Ähnlichkeit** der von dem verbunde-

[361] S. hierzu iE die Definition in US-Regs. § 1.482-5(d)(4).
[362] In den USA typischerweise verwendet als Rate of Return on Capital Employed
(ROCE). S. US-Regs. § 1.482-5(b)(4)(i).
[363] Siehe die Definition in US-Regs. § 1.482-5(d)(6).
[364] Vgl. US-Regs. § 1.482-5(b)(4)(ii) zu den so genannten „Financial Ratios", zu
denen u. a. die Umsatzrendite zu rechnen ist.

nen und den unabhängigen Unternehmen übernommenen **Funktionen** erforderlich, da diese das Betriebsergebnis erheblich beeinflussen. Die Abhängigkeit von der funktionalen Vergleichbarkeit ist deutlich höher als bei der insoweit vergleichsweise wenig sensitiven Kapitalrendite, da funktionale Unterschiede große Auswirkungen auf den Umsatz und auf die Kosten haben.

379 Des Weiteren kann das Verhältnis des **Rohgewinns** zum **Aufwand aus der gewöhnlichen betrieblichen Tätigkeit** herangezogen werden.[365] Bei der Anwendung dieser als **Berry Ratio** bekannten Kennzahl muss aber neben der Funktionsähnlichkeit auch sichergestellt sein, dass die in den Vergleich einbezogenen Unternehmen eine vergleichbare Kostenstruktur und eine **vergleichbare Kostenrechnung** haben. Hierbei ist insb. die Kostenzuordnung zu den produktbezogenen und den übrigen Kostenarten von Bedeutung. Darüber hinaus kann aber auch die reine Technik bei der Zuordnung von Kosten zu Kostenstellen schwierig sein. Bestehen in diesem Zusammenhang gravierende, nicht korrigierbare Unterschiede, ist die Berry Ratio nicht verwendbar, da sie zu verzerrten und nicht vergleichbaren Ergebnissen führt.

380 Neben den oben erwähnten Renditekennziffern können auch **andere Kennzahlen** zu Vergleichszwecken herangezogen werden, solange sie einen **zuverlässigen Vergleichsmaßstab** darstellen.[366] In der weit überwiegenden Zahl der Praxisfälle beschränkt sich die Verrechnungspreisanalyse jedoch auf eine oder mehrere der oben beschriebenen Renditekennziffern. Unabhängig von der Art der verwendeten Renditekennziffer ist es in jedem Fall erforderlich, dass die Geschäftsbeziehungen voneinander unabhängiger Unternehmen zum Vergleich herangezogen werden. Daten aus Transaktionen zwischen miteinander verbundenen Unternehmen sind nicht verwertbar.[367]

381 Für den **Vergleich** von Renditekennziffern aus „kontrollierten" und „nicht kontrollierten" Geschäftsbeziehungen ist aus mehreren Beobachtungen von Fremdvergleichswerten eine **Bandbreite** zu bilden.[368] Hierbei ist für alle zusammengefassten Vergleichswerte jeweils die gleiche Renditekennziffer zu verwenden.

382 Die Renditekennziffer soll für einen **Vergleichszeitraum** von mehreren Jahren gebildet werden. Der Vergleichszeitraum soll **mindestens das analysierte Jahr sowie die beiden vorangegangenen Jahre** umfassen. Der Analysezeitraum kann erweitert werden, wenn dies für die Zuverlässigkeit der Analyse erforderlich ist.[369]

Mit dieser **Mehrjahresbetrachtung** können vorübergehende Sondereffekte (zB Konjunkturschwankungen, außerordentliche Marktverhältnisse, Sonderinvestitionen) statistisch geglättet werden. IRd Anwendung der CPM bedeutet dies, dass bei jedem einzelnen der Vergleichsunternehmen aus den Renditekennziffern mehrerer Jahre ein **Durchschnittswert** gebildet wird, ebenso aus den Renditekennziffern der „tested party".

383 Anhand des **Vergleichs der Kennziffern** wird indirekt auf die (Un-)Angemessenheit der in Geschäftsbeziehungen mit verbundenen Unternehmen

---

[365] Vgl. US-Regs. § 1.482–5(b)(4)(ii).
[366] Vgl. US-Regs. § 1.482–5(b)(4)(iii).
[367] Vgl. US-Regs. § 1.482–5(b)(4)(iii).
[368] Vgl. US-Regs. § 1.482–5(b)(3).
[369] Vgl. US-Regs. § 1.482–5(b)(4).

vereinbarten Verrechnungspreise sowie auf die Höhe der ggf. notwendigen Anpassung der Verrechnungspreise geschlossen. Dies geschieht basierend auf dem Grundgedanken, dass für **vergleichbare Lieferungen und Leistungen** in ähnlichen Situationen über einen bestimmten Zeitraum hinweg **ähnliche Gewinne** erzielt werden können.

b) Arten des Fremdvergleichs und Vergleichsfaktoren

Die für die Ermittlung der Renditekennziffern benötigten Finanzdaten 384 sollen so konkret wie möglich exakt definierten und separierten **Geschäftssegmenten** bzw. im Idealfall einzelnen **Transaktionen** zugeordnet werden.[370] Je genauer diese Zuordnung erfolgt, desto eher kann davon ausgegangen werden, dass die CPM zu einem zuverlässigen Ergebnis führt.

Beispiel: Ein Unternehmen der Unterhaltungselektronik stellt CD-Spieler, Videospiel-Konsolen und Fernsehapparate her. Es erzielt eine durchschnittliche Umsatzrendite von 7% bzw. eine durchschnittliche Verzinsung des investierten Eigenkapitals in Höhe von 12%. Aufgrund der Unterschiedlichkeit der Bereiche sollten drei Geschäftssegmente gebildet werden, für die die jeweilige Rendite und die jeweilige Verzinsung ermittelt werden kann. Ist dies nicht möglich, kann die Gewinnvergleichs-Methode zu einem unzuverlässigen Ergebnis führen.

Die transaktionsbezogene Analyse ist, anders als bei der TNMM, nicht exklusiv. Bei der CPM wird allerdings ein **„top-down-Ansatz"** verfolgt, dh es 385 wird die Tätigkeit des Gesamtunternehmens immer weiter aufgegliedert mit dem Ziel, schlussendlich auf einzelne Transaktionen „herunterzubrechen". Alternativ erlauben die US-Regs. eine Zusammenfassung zu **Transaktionsgruppen,** zB innerhalb einer Produktlinie. In der Praxis muss häufig festgestellt werden, dass die Gesamttätigkeit des Unternehmens nicht bis auf einzelne Transaktionen aufgegliedert werden kann, um diese für Verrechnungspreiszwecke zu analysieren. Dies kann in dem Mangel ausreichend detaillierter Kennziffern auf Ebene der **„tested party"** begründet sein, meist liegt es aber daran, dass diese Daten nicht in gleicher Weise auch für die als vergleichbar identifizierten Transaktionen mit oder zwischen fremden Dritten vorliegen. Häufig können nur **Sparten** bzw. **Geschäftsbereiche** analysiert werden, oft ist es sogar notwendig, die Analyse auf Ebene des **Gesamtunternehmens** durchzuführen. Neben diesen praktischen Problemen der Datenerhebung wird eine weniger stark an einzelnen Transaktionen gebundene Vorgehensweise auch dadurch unterstützt, dass die Wahl der angemessenen Verrechnungspreismethode bei Prüfungen durch die US-Steuerbehörden meist ein untergeordnetes Thema ist. Vorrangig ist, dass mit der angewendeten Verrechnungspreismethode ein angemessenes Ergebnis erzielt wird.[371]

Analysiert wird iRd **CPM** das Ergebnis eines einzigen an einer konzerninternen Transaktion beteiligten Unternehmens, der **„tested party".**[372] Eine 386 Analyse bzw. Prüfung beider bzw. aller an der Geschäftsbeziehung beteiligten verbundenen Unternehmen ist nicht erforderlich. Die „tested party" muss nicht zwingend der **Steuerpflichtige** sein, für den die Verrechnungspreisana-

---

[370] Vgl. US-Regs. § 1.482–5(b)(1). Vgl. In diesem Zusammenhang auch US-Regs. § 1.482–1(f)(2)(iv).

[371] Vgl. US-Regs. § 1.482–1 (f)(2)(v).

[372] Vgl. US-Regs. § 1.482–5(b)(2)(i).

lyse durchgeführt wird. Die Auswahl der „tested party" erfolgt anhand der **Verfügbarkeit möglichst zuverlässiger Fremdvergleichsdaten,** an denen keine bzw. möglichst geringe **Anpassungen** vorgenommen werden müssen. Dementsprechend wird idR der Beteiligte mit den **geringsten Funktionen** und den am **wenigsten komplexen Geschäftsaktivitäten** als „tested party" ausgewählt, dh das einer Verrechnungspreisanalyse unterzogene Unternehmen sollte möglichst Routinefunktionen ausüben und möglichst keine oder nur geringwertige bzw. wenig spezifische immaterielle Wirtschaftsgüter in der Geschäftsbeziehung mit verbundenen Unternehmen einsetzen. Die Bevorzugung eines funktionsschwachen Unternehmens als „tested party" ist jedoch nicht als Einschränkung des Anwendungsbereichs der CPM zu verstehen, sondern folgt der **pragmatischen Überlegung,** dass für vergleichsweise einfache Funktionen und Geschäftsaktivitäten die Durchführung einer **Vergleichsanalyse** leichter ist als für komplexere Strukturen. Der Vereinfachungsgedanke gilt auch für die Vergleichsunternehmen, da andernfalls **Anpassungsrechnungen** erforderlich sind, die einen zusätzlichen Arbeitsaufwand erfordern und dennoch weniger genau sein können als unmittelbar verwertbare Fremdvergleichswerte.

387   Das **Maß der Vergleichbarkeit** wird bei der CPM nach den gleichen **Standards** ermittelt, wie sie für alle anderen Verrechnungspreismethoden ebenfalls angewendet werden.[373] Demnach ist absolute Vergleichbarkeit der „kontrollierten" und der „nicht kontrollierten" Geschäftsbeziehungen nicht erforderlich. Es muss jedoch **ausreichende Ähnlichkeit** vorliegen, um zu zuverlässigen Ergebnissen zu gelangen, die dem Fremdvergleichsgrundsatz entsprechen. **Wesentliche Unterschiede** sind durch **Anpassungsrechnungen** zu beseitigen und sind grundsätzlich bei den „nicht kontrollierten" Geschäftsbeziehungen vorzunehmen.

Bei der CPM sind die **marktbezogenen Vergleichsfaktoren** besonders bedeutsam und deshalb bei der Beurteilung der Vergleichbarkeit besonders zu würdigen.[374]

Fremdvergleichswerte dürfen gem. der allgemeinen Grundsätze der US-VerrechnungspreisRL selbst dann verwendet werden, wenn **wesentliche Unterschiede** zu den Verhältnissen der „kontrollierten" Geschäftsbeziehung bestehen und diese nicht durch **Anpassungsrechnungen** beseitigt werden können. Allerdings ist die **Zuverlässigkeit** solcher Fremdvergleichswerte als eingeschränkt anzusehen.

388   Ein einfacher **Vergleich** der Renditekennziffern der „tested party" mit **Branchendurchschnittswerten** wird für nicht akzeptiert, sofern nicht zumindest mittels Anpassungsrechnungen eine ausreichende Vergleichbarkeit mit der tatsächlich ausgeführten „kontrollierten" Transaktion hergestellt wird.[375]

389   In Ergänzung zu den **allgemeinen** und für alle Verrechnungspreismethoden zu berücksichtigenden **Vergleichsfaktoren**[376] sind bei der Anwendung der CPM **Funktionen, Risiken** und **eingesetzte Wirtschaftsgüter** beson-

---

[373] Vgl. US-Regs. § 1.481–5(c)(2)(i) iVm § 1.482–1(d)(2).
[374] S. hierzu iE US-Regs. § 1.481–5(c)(2)(i).
[375] Vgl. US-Regs. § 1.482–1(d)(2).
[376] Funktionen, vertragliche Vereinbarungen, Risiken, wirtschaftliches Umfeld bzw. Verhältnisse des relevanten Marktes, Typus und Struktur der Geschäftsbeziehung. Vgl. US-Regs. § 1.482–1(d)(3).

ders zu beachten.[377] Die Bedeutung dieser Faktoren beruht auf der Annahme, dass das Betriebsergebnis die Rendite der eingesetzten **Ressourcen** und der übernommenen **Risiken** widerspiegelt. Weiterhin besteht eine direkte Abhängigkeit der **wahrgenommenen Funktionen** von den im Rahmen einer Geschäftsaktivität eingegangenen Risiken und den erforderlichen Ressourcen. Die Vergleichbarkeit des Funktionsprofils ist daher eine weitere wichtige Voraussetzung für eine zuverlässige Anwendung der CPM, jedoch ist diese weniger wichtig als bei der Wiederverkaufspreismethode oder der Kostenaufschlagsmethode.

Neben den drei hauptsächlich relevanten Faktoren können auch andere **390** Kriterien uU von Bedeutung sein.[378] Von vergleichsweise geringer Bedeutung ist dabei die Vergleichbarkeit von **Produkten.** Stärker zu beachten sind aber das operative Ergebnis beeinflussende Faktoren wie bspw. die **Kostenstruktur,** u. a. wenn Investitionen in die Betriebs- und Geschäftsausstattung bzw. den Maschinenpark entweder direkt oder über AfA kostenwirksam werden. Auch die Erfahrung und die Qualität des **Managements** sowie die vom Management verfolgte **Geschäftsstrategie** können einen erheblichen Einfluss auf das Betriebsergebnis haben und damit ein relevanter Vergleichsfaktor sein.

Prinzipiell zu überprüfen sind auch der relevante Geschäftsbereich an sich (Produktlinie, Art der Dienstleistung etc.), die Zusammensetzung des Betriebsvermögens (hinsichtlich Art und Menge der materiellen Wirtschaftsgüter, Wert der immateriellen Wirtschaftsgüter und eingesetztem Kapital), der betroffene Markt und die in diesem Markt geltenden Wettbewerbsbedingungen, Art und Umfang der Tätigkeiten sowie die erreichte Phase des Produkt- bzw. Industrielebenszyklus.

Wesentliche Unterschiede bei den Vergleichsfaktoren zwischen „kon- **391** trollierten" und „nicht kontrollierten" Geschäftsbeziehungen sind durch **Anpassungsrechnungen** zu beseitigen, mit denen entsprechend auch das operative Ergebnis angepasst wird. Anders als nach den allgemeinen Grundsätzen ist bei der Durchführung von Anpassungsrechnungen iRd CPM neben der Anpassung der „nicht kontrollierten" Geschäftsbeziehungen auch eine **Anpassung auf Seiten der „tested party"** vorstellbar.[379] Die US-VerrechnungspreisRL nennen als Beispiel für eine solche beiderseitige Anpassung Differenzen bei der Höhe der ausstehenden **Verbindlichkeiten,** deren implizierter Zinseffekt auszugleichen ist. Gleiches wie für den Bestand an Forderungen und Verbindlichkeiten kann bei Produktionsunternehmen ggf. für signifikante Unterschiede bei der Höhe des Bestandes an Fertigwaren bzw. an Roh-, Hilfs- und Betriebsstoffen gelten.

Schließlich ist die **Zuverlässigkeit** der Anwendung der CPM in hohem **392** Maße abhängig von der **Qualität der verwendeten Daten** sowie den bei der Anwendung der Methode getroffenen **Annahmen.**[380] U. a. müssen sich dabei die **Kostenrechnungen** bzw. die **Praktiken der Rechnungslegung** der zu vergleichenden Unternehmen entsprechen bzw. etwaige Unterschiede durch Anpassungsrechnungen beseitigt werden können Die Verlässlichkeit der

---

[377] Vgl. US-Regs. § 1.482–5(c)(2)(ii).
[378] Vgl. US-Regs. § 1.482–5(c)(2)(iii).
[379] Vgl. US-Regs. § 1.482–5(c)(2)(iv).
[380] Vgl. US-Regs. § 1.482–5(c)(3).

CPM nimmt auch in dem Maße zu, wie sich die **Genauigkeit der Zuordnung** von Kosten, Betriebsvermögen und Betriebsergebnis zu der für die Verrechnungspreisanalyse relevanten Geschäftstätigkeit erhöht.

6. Gewinnvergleichsmethode – Praktische Anwendung

393   Die CPM zählt in den **USA** zu den populärsten Verrechnungspreismethoden. Grund für die weite Verbreitung ist neben den vielfältigen Möglichkeiten der Anwendung auch die pragmatische Vorgehensweise. Es muss – im Gegensatz zB zur Gewinnaufteilung – nur für **ein Unternehmen** eine **Funktionsanalyse** durchgeführt werden, was den mit der Verrechnungspreisanalyse verbundenen Arbeitsaufwand erheblich reduziert. Daneben wird die idR auftretende **Schwierigkeit der Informationsbeschaffung** von verbundenen Unternehmen mit Sitz im Ausland vermieden. Die für die Anwendung der CPM erforderlichen Finanzdaten können häufig über öffentlich verfügbare **Datenbanken** abgerufen werden. Insbesondere der in der Praxis offensichtlich insgesamt **niedrigere Dokumentationsaufwand** wird aus US-Sicht als Vorteile angeführt.[381]

Zur starken Verbreitung der Methode trägt auch die **Praxis der steuerlichen Betriebsprüfung** durch den IRS bei, der bei einer Analyse der zwischen verbundenen Unternehmen vereinbarten Verrechnungspreise häufig von der CPM als erstem Analyseschritt ausgeht.

394   Anders als die Steuerbehörden der USA sieht die **OECD** die CPM als eher theoretische Alternative und geht darüber hinaus auch von anderen Anwendungsvoraussetzungen aus, als sie in den US-VerrechnungspreisRL formuliert werden. Folgerichtig ist die CPM außerhalb der USA nicht sehr weit verbreitet. Aus Sicht des **deutschen Gesetzgebers** und der **deutschen FinVerw.** kann die CPM als nicht existente bzw. als nicht akzeptierte Verrechnungspreismethode angesehen werden.

395   Ein Vorteil der CPM ist die geringe Abhängigkeit von der **Ähnlichkeit der Produkte bzw. Leistungen,** die Gegenstand einer Geschäftsbeziehung sind. Sowohl der Rohgewinn bei der Wiederverkaufspreismethode als auch die Kosten bei der Kostenaufschlagsmethode sind tendenziell stärker durch Produktunterschiede beeinflussbar als das Betriebsergebnis, das für die CPM von großer Bedeutung ist. Noch deutlicher unterscheidet sich die Bedeutung der Produktvergleichbarkeit bei der Gegenüberstellung der CPM und der Preisvergleichsmethode, zumal bei letzterer Produktunterschiede idR auch zu Preisunterschieden führen.

Wesentlich stärker schlagen sich bei der Fremdvergleichsanalyse und daran anschließend der Anwendung der CPM **Funktionsunterschiede** nieder. In der Praxis ist allerdings zu differenzieren, ob sich funktionale Besonderheiten auf das **Betriebsergebnis** auswirken. So kann die Wartung eines Produktes entweder zusammen mit dessen Verkauf angeboten werden und bereits im Produktpreis enthalten sein oder die Wartung kann dem Kunden als separat zu vergütende Dienstleistung offeriert werden. Bei dem kombinierten Angebot werden die Kosten der Wartung vom Anbieter iRd Produktpreiskalkula-

---

[381] Vgl. *Sayer* International Tax Review, 1995, 20.

tion einbezogen werden, so dass in beiden Alternativen das Nettoergebnis (annähernd) gleich sein wird. Etwas anderes gilt, wenn eine Erhöhung des Produktpreises um die implizit enthaltenen Wartungskosten nicht möglich ist, bspw. weil die Marktverhältnisse dies nicht zulassen.

Das für die Anwendung der CPM wichtige Betriebsergebnis kann aller- **396** dings Einflussfaktoren unterliegen, die schwer **identifizierbar** und **quantifizierbar** sind, was die **Fremdvergleichsanalyse** und damit auch die Anwendung dieser Methode in der Praxis uU erschwert. Eine Bewertung kann notwendig sein zur Beurteilung, ob Unterschiede „**wesentlich**" iSd VerrechnungspreisRL sind und diese Unterschiede dann zu einer reduzierten Verlässlichkeit der Fremdvergleichsdaten führen. Die Verwendbarkeit von Fremdvergleichsdaten kann zwar durch **Anpassungsrechnungen** verbessert werden, diese werfen jedoch wiederum die Problematik der Quantifizierung auf.

Es wird im Regelfall möglich sein, eine vergleichbare Altersstruktur des Maschinenparks, eine vergleichbare Forderungshöhe oder einen vergleichbaren Warenbestand zu ermitteln sowie bestehende Differenzen zwischen „kontrollierten" und „nicht kontrollierten" Geschäftsbeziehungen im Hinblick auf den Einfluss dieser Differenzen auf das **Betriebsergebnis** zu quantifizieren. Bei anderen **Fremdvergleichsfaktoren,** welche das **Betriebsergebnis** bzw. die **Nettomarge** erheblich beeinflussen, ist die **Quantifizierung** deutlich schwieriger. Häufig sind diesbezügliche Unterschiede auch schwer zu **identifizieren,** da sie sich nicht in divergierenden **Preisen** für Waren oder Dienstleistungen wiederspiegeln. Beispiele hierfür sind die Qualität des Managements, Qualität und Fähigkeiten des Personals, Marktakzeptanz, Phase des Produktlebenszyklus (zB Markteinführungsphase) oder Geschäftsstrategien.

Die CPM ist aber nicht die einzige Verrechnungspreismethode, bei der die **397** Fremdvergleichsanalyse und die Quantifizierung von wesentlichen Unterschieden eine **Herausforderung** darstellt. Die Verbreitung der CPM in der Praxis sowie die Möglichkeit ihrer Anwendung sind hierdurch nicht wesentlich beeinträchtigt.

7. Transaktionsbezogene Nettomargenmethode und Gewinnvergleichsmethode im Vergleich

a) Gemeinsamkeiten

Die grundlegendste Gemeinsamkeit zwischen transaktionsbezogener Net- **398** tomargenmethode und Gewinnvergleichsmethode besteht in der Verwendung einer **Gewinngröße** zur Festlegung bzw. Prüfung von Verrechnungspreisen. Beide Verrechnungspreismethoden verwenden im Regelfall die gleiche Gewinngröße als Ausgangspunkt der Verrechnungspreisermittlung, auch wenn diese mit Nettogewinn (TNMM) bzw. operativem Gewinn (CPM) in den RL unterschiedlich bezeichnet wird.

Die Verwendung des **Nettoergebnisses** bzw. **Betriebsergebnisses** als wichtigste Bezugsgröße bedingt eine vergleichbare **Vorgehensweise** bei der Anwendung beider Methoden. Insbesondere die **Fremdvergleichsfaktoren** sowie die Auswirkungen der einzelnen Faktoren auf die verwendeten Renditekennziffern sind sehr ähnlich. Darüber hinaus ist für die internationalen

Anwendung der beiden Methoden von Bedeutung, dass die meisten der iRd TNMM bzw. CPM verwendeten Renditekennziffern weniger sensibel auf unterschiedliche Standards der **Rechnungslegung** reagieren, als dies zB bei der Kostenaufschlagsmethode der Fall ist.

399 Es werden bei beiden Methoden üblicherweise die gleichen **Rendite-kennziffern** verwendet. Es überwiegt in der Praxis die Verwendung der Umsatzrendite, aber die Verwendung der Kapitalrendite kann in bestimmten Situationen die bessere Alternative sein. Schließlich steht die Berry Ratio als weitere Möglichkeit zur Verfügung, wenngleich die Verwendung dieser Renditekennziffer in den USA weitaus üblicher ist als in den meisten (anderen) Mitgliedstaaten der OECD. Keine der beiden Verrechnungspreismethoden erlaubt die undifferenzierte Verwendung branchenüblicher Durchschnitts- oder Vergleichswerte.

400 Im Gegensatz zu den OECD-RL 2010 nennen die US-Verrechnungspreisgrundsätze nicht explizit den **Kostenaufschlag** als Betriebsergebnis bezogen auf die operativen Kosten oder die Eigenkapitalrendite als weitere Alternativen für zu verwendende Renditekennziffern. Es ist andererseits nicht erkennbar, dass diese beiden Renditekennziffern explizit von der Verwendung iRd CPM ausgeschlossen sind.

401 Die Durchführung einer Analyse für lediglich eine der an einer Geschäftsbeziehung beteiligten Parteien ist bei beiden Methoden ein wesentliches Anwendungskriterium. Unter praktischen Aspekten wird jeweils die am wenigsten komplexe Partei für die Analyse herangezogen. Die **einseitige Betrachtungsweise** ist zwar kein exklusives Kriterium der TNMM bzw. der CPM, denn diese findet sich auch bei anderen Verrechnungspreismethoden (insbesondere bei der Wiederverkaufspreismethode und der Kostenaufschlagsmethode). Die Fokussierung auf eine Seite der analysierten Geschäftsbeziehung ist aber bei keiner anderen Verrechnungspreismethode so offensichtlich.

402 In Anbetracht der vielen grundsätzlichen Gemeinsamkeiten von TNMM und CPM wäre auch ein grundsätzlich gleicher **Anwendungsbereich** in der Praxis zu erwarten. Hinsichtlich der Nutzung als weitere Verrechnungspreismethode zur Verprobung der unter Anwendung einer anderen (ersten) Verrechnungspreismethode erzielten Ergebnisse ist diese Erwartung auch zutreffend. Ebenfalls ist die Möglichkeit der Verwendung bei vielen unterschiedlichen Arten von Geschäftsbeziehungen bei beiden Verrechnungspreismethoden gegeben. Die definitionsgemäß bei der CPM weniger starke Fokussierung auf einzelne **Geschäftsbeziehungen** führt aber letztlich zur Nichtverwendung unter den OECD-RL 2010 und stattdessen zur Anwendung der TNMM, die hierbei jedoch stärkeren Restriktionen unterliegt als dies für die CPM unter den US-Verrechnungspreisbestimmungen der Fall ist.

b) Unterschiede

403 Die **Anwendungsvoraussetzungen** und der **Anwendungsbereich** stellen die wohl bedeutendsten Unterschiede zwischen den beiden Verrechnungspreismethoden dar, obwohl auch diesbezüglich grundsätzliche **Ähnlichkeiten** bestehen.

404 Die OECD und die deutsche FinVerw. fordern bei Anwendung der TNMM grundsätzlich einen **transaktionsbezogenen Ansatz.** Nur in Fällen, in denen zwischen mehreren Transaktionen eine wirtschaftliche Vergleichbarkeit besteht und eine **Zusammenfassung** zu Transaktionsbündeln bzw. Gruppen von Geschäftsbeziehungen gerechtfertigt ist, kann von dem Grundsatz der Analyse einzelner Transaktionen / Geschäftsbeziehungen abgewichen werden. Die US-VerrechnungspreisRL erlauben im Vergleich dazu bei Anwendung der CPM einen deutlich pragmatischeren und flexibleren Ansatz. Es ist zulässig, im Sinne eines „**top-down-Ansatzes**" zunächst von der Gesamttätigkeit des Unternehmens auszugehen und – sofern es sich nicht um ein Unternehmen mit einer einzigen Art von Geschäftsaktivität handelt – die Analyse auf die verschiedenen Geschäftssegmente und im Idealfall auf einzelne Geschäftsbeziehungen zu vertiefen. Die Zielrichtung ist also auch bei der CPM eine transaktionsbezogene Analyse, dieser Grundsatz kann jedoch in Abhängigkeit von der Verfügbarkeit von Fremdvergleichsdaten weit ausgelegt werden.

Die unterschiedliche Bedeutung des Transaktionsbezugs bedingt auch eine **405** unterschiedliche **Anwendung** der beiden Methoden. Sofern bei der TNMM kein direkter Bezug zu einer Geschäftsbeziehung herstellbar ist, bspw. weil Fremdvergleichsdaten nur auf Ebene von multifunktionalen Gesamtunternehmen identifizierbar sind, ist die Methode nicht anwendbar. Die CPM hingegen kann auch dann eine Option darstellen, wenn die Analyse einzelner Transaktionen nicht möglich ist. Nichtsdestotrotz führen beide Methoden – zumindest in der Theorie – zu demselben Ergebnis, wenn sie auf dieselbe Gruppe von Transaktionen bzw. auf denselben Geschäftsvorfall angewendet werden.

Ein unterschiedlicher Anwendungsbereich von TNMM und CPM ergibt sich auch aus Gründen der **Definition.** Die OECD und die deutsche Fin-Verw. stehen der Anwendung der TNMM zurückhaltend gegenüber und lassen diese nur für **Routinefunktionen** zu. Typische Anwendungsbeispiele sind aus dieser Perspektive niedrigfunktionale Vertriebs- oder Produktionsunternehmen, die nicht in Besitz wesentlicher immaterieller Wirtschaftsgüter sind. In den Verrechnungspreisgrundsätzen der USA finden sich derartige Einschränkungen des Anwendungsbereichs der CPM nicht. Die Auswahl des funktional einfachsten Unternehmens als „tested party" stellt keine solche Einschränkung dar, sondern dient der Vereinfachung der Fremdvergleichsanalyse.

(einstweilen frei)   **406–449**

VI. Transaktionsbezogene Gewinnaufteilungsmethode (Transactional Profit Split Method)

1. Grundsätze

Die **transaktionsbezogene Gewinnaufteilungsmethode**[382] bzw. **Tran-** **450** **sactional Profit Split Method**[383] ist die zweite der von der OECD unter dem Begriff **geschäftsfallbezogene Gewinnmethoden** (Rn. 17 ff.) subsu-

---

[382] Vgl. VGr 1983, Tz. 2.4.6; VGr-Verfahren, Tz. 3.4.10.3 Buchst. c).
[383] Vgl. OECD-RL 2010, Tz. 2.108–2.145.

mierten Verrechnungspreismethoden. Hierbei wird zunächst der in einer „kontrollierten" Transaktion erzielte **Gewinn** bzw. der erlittene **Verlust** ermittelt und dieser dann aufgeteilt zwischen den an der Transaktion beteiligten verbundenen Unternehmen gem. ökonomischen Grundsätzen, die dem **Fremdvergleichsgrundsatz** genügen.[384] An Stelle von einzelnen Transaktionen können auch **Transaktionsbündel** Gegenstand der Gewinnaufteilung sein, sofern deren Aggregierung angemessen ist. Die transaktionsbezogene Gewinnaufteilungsmethode ist definitionsgemäß nicht auf die Analyse einer einzigen an einer Transaktion oder einem Transaktionsbündel beteiligten Parteien beschränkt, sondern ist auf beide bzw. alle Beteiligten anzuwenden. Dies stellt einen grundlegenden Unterschied zu den sogenannten **„one-sided methods"** dar, bspw. zur transaktionsbezogenen Nettomargenmethode bzw. zur Comparable Profits Method.

Die **Transactional Profit Split Method** wurde in der früheren Fassung der OECD-RL noch als **Profit Split Method** bezeichnet.[385] Neben der Spezifizierung des transaktionsbezogenen Ansatzes der Methode sind die Hinweise zu ihrer Anwendung in den OECD-RL 2010 deutlich ausführlicher als zuvor.

451   Nach Meinung der OECD zählt es zu den **Stärken** der transaktionsbezogenen Gewinnaufteilungsmethode, dass sie für **hoch integrierte Geschäftsaktivitäten** verwendet werden kann, wohingegen eine „one-sided method" hierbei an ihre Grenzen stößt. Unter dem Begriff der „hoch integrierten Geschäftsaktivitäten" kann eine Vielzahl unterschiedlicher, im Grundsatz jedoch immer überdurchschnittlich komplexer, Sachverhalte verstanden werden. Gemeinsam ist diesen Sachverhalten eine starke **unternehmerische Interaktion,** bei der es aufgrund der Komplexität des Zusammenwirkens schwierig ist, eindeutig Funktionen und deren Wertbeitrag für jeden einzelnen Beteiligten zu identifizieren und zu bewerten. Dies kann wiederum das Ergebnis einer hohen vertikalen und/oder horizontalen **Integration** von Geschäftsprozessen sein. Als Beispiele für solche Geschäftsaktivitäten werden das Global Trading von Finanzinstrumenten sowie spezifische Wertbeiträge durch mehrere Beteiligte genannt.[386]

452   Derartige Strukturen können sich bspw. auch in **Joint Venture Situationen** finden.[387] Sowohl „echte" Joint Ventures als auch andere Formen einer vergleichbaren Art der Zusammenarbeit können daher Anwendungsfälle für die transaktionsbezogene Gewinnaufteilungsmethode sein. Zu beachten sind hierbei u. a. die **Definitionen verbundener Unternehmen** gemäß den jeweiligen Steuergesetzen. Selbst bei Joint Ventures mit bzw. zwischen nicht konzernverbundenen Partnern sind aufgrund der zT nach nationalem Steuerrecht geltenden niedrigen Beteiligungsquoten zur Qualifizierung eines Dritten als „nahe stehend"[388] ggf. die für Geschäftsbeziehungen zwischen verbundenen Unternehmen geltenden Verrechnungspreisbestimmungen zu befolgen.

---

[384] Vgl. OECD-RL 2010, Tz. 2.108.
[385] Vgl. OECD-RL 1995/96/97, Tz. 3.5.
[386] Vgl. OECD-RL 2010, Tz. 2.109.
[387] Wenngleich die OECD-RL 2010 nicht mehr explizit auf die „... form of a partnership ..." hinweisen, wie dies in Tz. 3.5 der OECD-RL 1995/96/97 der Fall war.
[388] Bspw. iHv 25 % gem. § 1 Abs. 2 AStG.

Spezifische Wertbeiträge mehrerer Beteiligter sind in der Praxis vor allem **453** iZm dem Einsatz wichtiger bzw. besonders werthaltiger **(immaterieller) Wirtschaftsgüter** iRv Geschäftsbeziehungen zu beobachten. Insbesondere bei geschäftsspezifischen Entwicklungsmaßnahmen und bei hoch spezialisierten Geschäftsprozessen werden häufig Wirtschaftsgüter geschaffen, deren Wertbeitrag aufgrund der Besonderheit der Wirtschaftsgüter nur unter Einsatz der transaktionsbezogenen Gewinnaufteilungsmethode ermittelt und vergütet werden kann.

Neben der Schwierigkeit der Ermittlung der Wertbeiträge in hoch integrierten Geschäftsprozessen bzw. bei Einsatz spezifischer Wirtschaftsgüter ist die transaktionsbezogene Gewinnaufteilungsmethode auch hilfreich, wenn die Identifizierung eines einzelnen **Strategieträgers bzw. Entrepreneurs** nicht möglich ist. In solchen Fällen würde eine „one-sided method" nicht zu verwertbaren Ergebnissen führen, da diese im Grundansatz von Geschäftsbeziehungen zwischen einem Strategieträger und einem Routinefunktionsträger ausgeht.

Wenig komplexe Geschäftsbeziehungen sind für die Anwendung der trans- **454** aktionsbezogenen Gewinnaufteilungsmethode hingegen nicht geeignet. Bei solchen Aktivitäten überwiegen die Vorteile einer **„one-sided method"**, vor allem dann, wenn die tatsächliche Struktur einer Geschäftsbeziehung sowie die Charakterisierung der hieran Beteiligten dem Idealbild einer eindeutigen Identifizierung von Strategieträger und Routinefunktionsträger entsprechen.

Ebenfalls kein Anwendungsfall für die transaktionsbezogene Gewinnaufteilungsmethode sind **Schwierigkeiten bei der Beschaffung von Daten,** welche für die Anwendung einer anderen – grundsätzlich angemessenen – Verrechnungspreismethode benötigt werden. Zumindest sollten bei Problemen mit der Datenbeschaffung andere (inhaltliche) Gründe für die Verwendung der transaktionsbezogenen Gewinnaufteilungsmethode sprechen. Es ist im Übrigen nicht generell davon auszugehen, dass sich mit der transaktionsbezogenen Gewinnaufteilungsmethode bestehende Datenprobleme beseitigen lassen. Die Anwendung der Methode bietet eigene Herausforderungen der Datenbeschaffung, u. a. die Notwendigkeit, relevante Transaktionsdaten von allen (auch ausländischen) Beteiligten und nicht nur von einer „tested party" zu beschaffen.[389]

Die transaktionsbezogene Gewinnaufteilungsmethode vermeidet einen po- **455** tentiellen Nachteil, den jede „one-sided method" mit sich bringt. Aufgrund der Einbeziehung aller beteiligten Parteien in die Aufteilung eines Gesamtgewinns (oder Gesamtverlustes) wird vermieden, dass einzelne Beteiligte in **Extremsituationen** gegenüber anderen Beteiligten in einer Weise bevorzugt werden, die nicht gerechtfertigt erscheint, obwohl der Fremdvergleichsgrundsatz gewahrt ist.[390]

Beispiel: Zwei miteinander verbundene Unternehmen A und B entwickeln gemeinsam eine Anwendungssoftware für Klimasysteme. B entwickelt die Software, A ist mit der Vermarktung betraut und entwickelt die Geschäftsstrategie. A und B haben die Vergütung der von B erbrachten Entwicklungsleistungen auf Basis der Kostenauf-

---

[389] S. hierzu auch die Hinweise in Tz. 2.114 der OECD-RL 2010.
[390] Vgl. OECD-RL 2010, Tz. 2.113.

schlagsmethode vereinbart. A erleidet aus der Vermarktung seit mehreren Jahren Verluste, da die Gesamtkosten inkl. der an B gezahlten Dienstleistungsvergütung höher sind als die am Markt erzielbaren Absatzpreise.

Beispiel (Abwandlung): Die beiden miteinander verbundene Unternehmen A und B haben beide die Gesamtverantwortung für die Entwicklung der Geschäftsstrategie. B trägt technisches Wissen und Entwicklungs-Know-how bei, das in regelmäßigen Kundengesprächen weiterentwickelt und an den aktuellen Bedarf angepasst wird. A ist mit der Durchführung von Marketingmaßnahmen und der Erweiterung des Kunden- und Vertriebsnetzwerks betraut, wobei spezialisierte eigene Vertriebsmitarbeiter auch einfachere technische Fragen lösen. Die Wertbeiträge von A und B zur Gesamtwertschöpfung werden von den beiden Parteien als gleichwertig angesehen. Dementsprechend wird das aus der Entwicklung und Vermarktung der Software erzielte Nettoergebnis zu je 50 % auf A und B verteilt.

Das Beispiel der Softwareunternehmen A und B zeigt zwei unterschiedliche Lösungen für ähnliche Sachverhalte. Für sich gesehen ist jede der beiden Lösungen in Anbetracht der jeweiligen Funktions- und Risikoprofile von A und B vertretbar. Jedoch wird in der Abwandlung des Beispiels durch Anwendung einer Gewinn- bzw. Verlustaufteilung vermieden, dass einer von zwei Beteiligten einen stabilen Mindestgewinn erzielt, während der andere Beteiligte mit Dauerverlusten konfrontiert ist.

456   Es ist eine Vielzahl verschiedener Ausprägungen zur **Aufteilung des Gewinns bzw. Verlusts** denkbar. Der maßgebliche Grundsatz ist die **wirtschaftliche Validität** der Aufteilung in Abschätzung der Aufteilung, die **fremde Dritte** unter vergleichbaren Umständen miteinander vereinbart hätten. Die **OECD** fokussiert sich in ihren Empfehlungen zur Gewinnaufteilung auf die Darstellung der **Beitragsanalyse** und der **Restgewinnanalyse,** sieht die explizite Erwähnung dieser beiden Ansätze jedoch weder als gegenseitigen Ausschluss noch als Einschränkung in Bezug auf die Verwendung anderer Ansätze.[391]

457   IRd **Beitragsanalyse** (Rn. 506 ff.) wird die Gewinnaufteilung in einer Weise vorgenommen, die den Beteiligten den Anteil am Gewinn zuweist, den Dritte in vergleichbaren Geschäftsbeziehungen erwarten würden.[392] Dieser Anteil kann entweder anhand von **Fremdvergleichsdaten** ermittelt werden oder, sofern solche nicht ermittelt werden können, anhand des **anteiligen Wertes** der von jeder Partei übernommenen Funktionen, eingesetzten Wirtschaftsgüter und übernommenen Risiken erfolgen.

458   Die **Restgewinnanalyse** (Rn. 510 ff.) beinhaltet einen **zweistufigen Prozess.**[393] Zunächst werden die im Rahmen einer Geschäftsbeziehung ausgeübten **Routinefunktionen** vergütet, was typischerweise mit einer der traditionellen geschäftsfallbezogenen Methoden geschieht. Im zweiten Schritt wird der verbleibende Gewinn bzw. Verlust zwischen den Beteiligten anhand ihres Beitrags zu den **Nicht-Routinefunktionen** aufgeteilt. Alternativ kann eine zweistufige Analyse auch auf Basis einer **simulierten Verhandlungssituation** durchgeführt werden. Hierbei werden im ersten Schritt der niedrigste anzunehmende Preis für den Verkäufer und der höchste anzunehmende

---

[391] Vgl. OECD-RL 2010, Tz. 2.118.
[392] Vgl. OECD-RL 2010, Tz. 2.119 f.
[393] Vgl. OECD-RL 2010, Tz. 2.121 ff.

Preis für den Käufer ermittelt. Die Differenz zwischen den beiden Preisen stellt den **Verhandlungsspielraum** der beiden Parteien dar. Im zweiten Schritt wird dieser Verhandlungsspielraum in einer Weise aufgeteilt, wie sie als Verhalten zwischen fremden Dritten vermutet wird und hieraus der Endpreis abgeleitet. Schließlich werden von der OECD auch **Discounted Cash Flow Analysen** erwähnt, mit deren Hilfe die Ertragserwartungen der jeweiligen Parteien aus den von diesen getätigten Investitionen und daraus die angemessene Gewinnaufteilung abgeleitet werden können.

Eine weitere Unterscheidung der Aufteilungsmechanismen erfolgt danach, ob **geplante oder tatsächlich realisierte Gewinne bzw. Verluste** Gegenstand der Aufteilung sind.[394]   **459**

Die **US-VerrechnungspreisRL** beschreiben für die Profit Split Method die **Vergleichsgewinnaufteilung**[395] und die **Restgewinnaufteilung**.[396] Andere Ansätze zur Gewinnaufteilung sind nicht zulässig.[397]   **460**

Die **Vergleichsgewinnaufteilung** entspricht dabei im Grundsatz der von der OECD als **Beitragsanalyse** bezeichneten Aufteilungsmethodik. Gem. den US-VerrechnungspreisRL ist dabei auch eine **formelhafte Aufteilung** von Kosten, Einkünften und Wirtschaftsgütern an Stelle einer direkten Zuordnung zulässig, um hieraus eine angemessene Gewinnaufteilung abzuleiten.[398] Die **Restgewinnaufteilung** gem. US-VerrechnungspreisRL und die **Restgewinnanalyse** gem. OECD-RL 2010 entsprechen einander.

Die deutsche FinVerw. fordert iRe Gewinnaufteilung „… **fremdübliche**   **461** **Gewinnaufteilungsmaßstäbe** …", ohne diese näher zu spezifizieren.[399]

2. Fremdvergleich

a) Besondere Aspekte bei der Durchführung des Fremdvergleichs

Der für die Anwendung einer Verrechnungspreismethode elementare   **462** Fremdvergleich wird bei der transaktionsbezogenen Gewinnaufteilungsmethode dadurch erschwert, dass ihre Anwendung hauptsächlich bei überdurchschnittlich **komplexen Typen von Geschäftsbeziehungen** erfolgt. Neben ihrer Komplexität sind diese Geschäftsbeziehungen häufig auch durch ein hohes Maß an **Einzigartigkeit** geprägt, was bei der Analyse von Geschäftsbeziehungen unter Einsatz wichtiger immaterieller Werte besonders offenkundig wird. Beide Aspekte erschweren die Durchführung des Fremdvergleichs iRd transaktionsbezogenen Gewinnaufteilungsmethode jedoch erheblich. Hinzu kommt als weitere Erschwernis die Notwendigkeit der **Einbeziehung aller an einer Geschäftsbeziehung beteiligten Parteien** in die Fremdvergleichsanalyse.

Vereinfacht wird der Fremdvergleich hingegen dadurch, dass das Ziel   **463** iRd transaktionsbezogenen Gewinnaufteilungsmethode die **Angemessenheit bzw. Drittüblichkeit der Gewinnaufteilung** als solche ist. Zumindest nach

---

[394] Vgl. OECD-RL 2010, Tz. 2.118.
[395] Comparable Profit Split. Vgl. US-Regs. § 1.482-6(c)(2).
[396] Residual Profit Split. Vgl. US-Regs. § 1.482-6(c)(3).
[397] Vgl. US-Regs. § 1.482-6(c)(1).
[398] Vgl. US-Regs. § 1.482-6(c)(2)(ii)(C)(*1*).
[399] Vgl. VGr-Verfahren, Tz. 3. 4. 10.3 Buchst. c).

den Grundsätzen der **OECD,** und damit implizit auch im Anwendungsbereich
der deutschen Verrechnungspreisgrundsätze, ist eine **Einzelbewertung** von
Funktionen, Risiken und Beiträgen der Beteiligten nicht erforderlich, wenn
anhand anderer Analysen die Drittüblichkeit der Gewinnaufteilung insgesamt
nachgewiesen werden kann.[400] Der Nachweis der Drittüblichkeit kann
u. a. mit Hilfe von **Fremdvergleichsdaten** aus **Transaktionen zwischen
fremden Dritten** erfolgen, wobei anerkannt ist, dass der **Zusammenhang**
zwischen den Fremdvergleichsdaten und der analysierten Geschäftsbeziehung
geringer ist als bei anderen Verrechnungspreismethoden.[401] Die **Ableitung**
der vermuteten Gewinnaufteilung zwischen fremden Dritten anhand der von
den jeweiligen Beteiligten wahrgenommenen Funktionen, übernommenen
Risiken und eingesetzten Wirtschafsgüter bleibt gleichwohl unbenommen,
sofern ein unmittelbarer Nachweis über die zwischen fremden Dritten übliche Gewinnaufteilung nicht vorhanden ist.[402] Unabhängig von der **Art des
Nachweises** gilt iRd transaktionsbezogenen Gewinnaufteilungsmethode der
Grundsatz der **wirtschaftlichen Validität** und der **näherungsweisen
Aufteilung** der Gewinne.[403]

b) Besonderheiten der Sachverhaltsanalyse

464   Die speziellen Herausforderungen der transaktionsbezogenen Gewinnaufteilungsmethode wirken sich auch auf die Ermittlung und Analyse des einer
Geschäftsbeziehung zugrunde liegenden Sachverhalts aus. Diese erfordert
häufig einen **höheren Aufwand** aufgrund der hohen Komplexität der untersuchten Geschäftsbeziehungen sowie der Notwendigkeit zur Identifizierung
der **Profile mehrerer Beteiligter.** Dennoch ändern diese Besonderheiten
nichts an der grundsätzlichen Orientierung der Sachverhaltsanalyse an der
Identifizierung der von den Beteiligten wahrgenommenen **Funktionen,**
übernommenen **Risiken** und eingesetzten **Wirtschaftsgütern.** Dabei haben
die Inhalte **vertraglicher Vereinbarungen** eine besonders hohe Bedeutung,
da diese das Ergebnis der für Joint Ventures und hoch integrierte Geschäftsprozesse typischen **Verhandlungssituationen** und daraus resultierenden
subjektiven Einflüsse (zB Informationsdefizit, Verhandlungsmacht, etc.)
widerspiegeln.

465   Die **Durchführung der Funktions- und Risikoanalyse** unterscheidet
sich nicht grundsätzlich von der Vorgehensweise bei anderen Verrechnungspreismethoden. Zu den methodenspezifischen Besonderheiten zählt aber die
Identifizierung der besonderen **wertbestimmenden und ggf. einzigartigen Faktoren,** welche die Vornahme einer Gewinnaufteilung an Stelle einer
anderen Verrechnungspreismethode erfordern sowie die den jeweiligen Beteiligten zuzuordnenden Gewinnanteile maßgeblich bestimmen. In erster Linie
ist bei diesen Faktoren an **immaterielle Werte** zu denken, die iRe Geschäftsbeziehung eingesetzt werden. Bei Durchführung der Sachverhalts- bzw.

---

[400] Dies ergibt sich u. a. aus dem Wortlaut von Tz. 2.108 und von Tz. 2.112
OECD-RL 2010.
[401] Vgl. OECD-RL 2010, Tz. 2.110.
[402] Vgl. OECD-RL 2010, Tz. 2.111.
[403] Vgl. „… economically valid basis …" und „… approximates the division of profits …" in Tz. 2.108 und Tz. 2.116 der OECD-RL 2010.

Funktions- und Risikoanalyse ist u. a. die Identifizierung der Parteien erforderlich, die an der Entwicklung der immateriellen Werte beteiligt waren sowie der Parteien, denen die Nutzung und/oder die Verfügungsmacht über die immateriellen Werte zusteht.

Aufgrund der Besonderheit der für die Anwendung der transaktionsbezo- **466** genen Gewinnaufteilungsmethode in Frage kommenden Geschäftsvorfälle ist die Durchführung einer **Funktions- und Risikoanalyse** ieS aber häufig **nicht ausreichend.** Insbesondere bei hoch integrierten Geschäftsprozessen sowie bei starken wechselseitigen Abhängigkeiten mehrerer Geschäftsbeziehungen zueinander ist eine zuverlässige Identifikation einzelner Funktionen und Risiken und deren Bewertung im Hinblick auf die Ermittlung einer angemessenen Gewinnaufteilung uU nicht möglich. Stattdessen empfiehlt sich in solchen Fällen die Durchführung einer **Analyse der Wertschöpfungskette** und der **Wertschöpfungsbeiträge.** Eine Analyse der Wertschöpfungsbeiträge stellt keine grundsätzliche Abkehr von den Prinzipien dar, die für eine „klassische" Funktions- und Risikoanalyse von Bedeutung sind. Die Analyse der Wertschöpfungsbeiträge fokussiert jedoch in stärkerem Maße auf die innerhalb einer Wertschöpfungskette bedeutsamsten **Werttreiber.** Diese Werttreiber müssen nicht zwingend individualisiert sein – zB in Form eines Unternehmens bzw. eines anderen Beteiligten an einer Geschäftsbeziehung. Werttreiber können hingegen auch einzelne Bestandteile der Wertschöpfungskette sein, wie besonders werthaltige Wirtschaftsgüter. Erst in einem zweiten Schritt – nachdem die wichtigsten Werttreiber identifiziert und deren Bedeutung im Rahmen der Wertschöpfungskette quantifiziert worden sind – findet eine Zuordnung der Wertbeiträge zu den Beteiligten der Geschäftsbeziehung bzw. der Wertschöpfungskette statt.

Eine **Analyse der Wertschöpfungsbeiträge** zielt somit auf die Lösung **467** zweier wesentlicher Probleme ab. Zum einen stößt eine Funktions- und Risikoanalyse bei hoch komplexen bzw. stark integrierten Geschäftsprozessen an ihre Grenzen. Werden diese Geschäftsprozesse jedoch unmittelbar analysiert – und nicht ausschließlich die Funktionen der an den Geschäftsprozessen Beteiligten – kann auch das Problem der mangelnden **Trennbarkeit** einzelner Prozesse sowie der in einzelnen Prozessen wahrgenommenen Funktionen und Risiken zufriedenstellend gelöst werden. Zum anderen erfolgt bei einer Analyse der Wertschöpfungsbeiträge eine **multiple Betrachtung,** dh der **Beitrag aller Beteiligten** wird analysiert. Damit bietet die Analyse der Wertschöpfungsbeiträge eine wesentlich bessere Grundlage für die **Angemessenheitsanalyse** im Rahmen der Anwendung der transaktionsbezogenen Gewinnaufteilungsmethode, als dies bei der primär auf einzelne Beteiligte ausgerichteten Funktions- und Risikoanalyse der Fall ist.

Die Analyse der Wertschöpfungsbeiträge weist somit Vorteile gegenüber der klassischen Funktions- und Risikoanalyse auf, da bereits in einem sehr frühen Stadium der Analyse eine **Beurteilung der Werthaltigkeit** einzelner Bestandteile der beurteilten Geschäftsprozesse erfolgt.

c) Ermittlung des aufzuteilenden Gewinns bzw. Verlustes

Bei der Ermittlung des aus einer „kontrollierten" Geschäftsbeziehung er- **468** wirtschafteten Gewinns bzw. Verlustes ist zunächst die präzise **Identifizie-**

rung der Geschäftsbeziehung sowie der an dieser Geschäftsbeziehung beteiligten **Parteien** erforderlich.[404] Hierbei sind u. a. auch die **Abgrenzung** zu anderen von den beteiligten Parteien realisierten Geschäftsbeziehungen sowie die **Aggregierung** mehrerer wirtschaftlich vergleichbarer Transaktionen von Bedeutung. Des Weiteren ist zu berücksichtigen, dass die verschiedenen Parteien ihre Einkünfte und Kosten uU nach verschiedenen **Rechnungslegungsstandards** und unter Verwendung unterschiedlicher **Währungen** ermittelt haben. Für die Ermittlung des der Gewinnaufteilung unterliegenden Ergebnisses sind aus solchen Unterschieden erwachsende Differenzen durch **Anpassungsrechnungen** auszugleichen.

Eine für steuerliche Zwecke erstellte harmonisierte Rechnungslegung kann zu verlässlicheren Ergebnissen führen als die handelsrechtliche Gewinnermittlung. Auch Daten der **Kostenrechnung** können verwendet werden, sofern diese ausreichend zuverlässig und transaktionsbezogen sind.

469   Eine für die praktische Anwendung der transaktionsbezogenen Gewinnaufteilungsmethode wesentliche Frage ist, ob **erwartete** oder **tatsächlich erzielte** Gewinne bzw. Verluste Gegenstand der Aufteilung sind.[405] Gem. den OECD-RL 2010 sind beide Ansätze möglich. Eine wesentliche Problematik ist, dass zum **Zeitpunkt der Festlegung** der Gewinnaufteilung – die zur Erhöhung ihrer steuerlichen Akzeptanz vor Durchführung der Geschäftsbeziehung erfolgen sollte – weder der tatsächlich erzielte Gewinn bzw. Verlust bekannt ist noch die Beiträge der an der Geschäftsbeziehung Beteiligten. Es ist demzufolge nur eine Schätzung auf Basis **Planrechnungen** möglich, von denen die später tatsächlich erzielten Ergebnisse jedoch erheblich abweichen können.[406] Erfolgt zur Vermeidung solcher Abweichungen die Aufteilung auf Basis der tatsächlich erzielten Ergebnisse ist sicherzustellen, dass die Grundsätze der Aufteilung bereits **im Voraus** festgelegt werden, um die steuerliche Akzeptanz nicht zu gefährden.

470   Die übliche **Messgröße** für das aufzuteilende Ergebnis ist das **operative Ergebnis** bzw. das **Betriebsergebnis**,[407] bezogen auf die iRd analysierten **Transaktion** bzw. dem analysierten **Transaktionsbündel** realisierten Erträge und entstandenen Kosten.

471   Anders als die US-VerrechnungspreisRL weisen die OECD-RL 2010 explizit auf die Möglichkeit hin, von dem Grundsatz der Aufteilung des operativen Ergebnisses bzw. des Betriebsergebnisses abzuweichen und bspw. das **Brutto- bzw. Rohergebnis** zwischen den beteiligten Parteien aufzuteilen.[408] Bei einer solchen Vorgehensweise wird zunächst der gemeinsam erwirtschaftete Rohgewinn anhand der **Funktionen und Risiken** (oder anderen geeigneten Maßstäben) den beteiligten Unternehmen zugeteilt. In einem nächsten Schritt werden dann die gesamten Kosten[409] ermittelt, den Beteilig-

---

[404] Vgl. OECD-RL 2010, Tz. 2.124.

[405] Vgl. OECD-RL 2010, Tz. 2.127 ff.

[406] Aus den zwangsläufig entstehenden Abweichungen soll jedoch nicht zum Nachteil des Steuerpflichtigen auf die Unangemessenheit der Gewinnaufteilung geschlossen werden. Vgl. OECD-RL 2010, Tz. 2.128.

[407] Vgl. OECD-RL 2010, Tz. 2.131; US-Regs. § 1.482-6(a).

[408] Vgl. OECD-RL 2010, Tz. 2.131.

[409] Mit Ausnahme der Kosten, die bereits zur Ermittlung des Bruttogewinns in Ansatz gebracht worden sind.

ten – wiederum gem. den übernommenen Funktionen und Risiken – zugeordnet und von dem jeweiligen Anteil des Bruttogewinns abgezogen. Hierbei können die Kosten hinsichtlich der **Funktionen** idR relativ problemlos auf der Basis ihres tatsächlichen Anfalls bei dem jeweiligen Unternehmen aufgeteilt werden. Bei den **Risiken** hingegen gestaltet sich die Aufteilung und Zuordnung häufig schwieriger, u. a. weil die **Quantifizierung** – bspw. in Form von Hedge-Kosten bei Währungsrisiken – sowie eine bereits erfolgte **Kompensation** der eingegangenen Risiken durch einen entsprechend höheren Gewinnanteil überprüft werden müssen. Die Brutto- bzw. Rohgewinnaufteilung kann sich bspw. als geeignet erweisen, wenn Unternehmen hoch integrierten internationalen Handels- bzw. Vertriebstätigkeiten nachgehen. Häufig finden sich solche Situationen auch im Finanzsektor, zB beim Global Trading von Wertpapieren und Finanzinstrumenten. In derartigen Fällen kann der aus den einzelnen Aktivitäten resultierende Bruttogewinn zwar ermittelt werden, eine direkte **Zuordnung der Kosten** ist jedoch nicht möglich. Bei solchen Gegebenheiten ist es dann sinnvoll, die jeweiligen Bruttogewinne auf die verbundenen Konzerngesellschaften aufzuteilen, aus ihren Anteilen eine Summe zu bilden und hiervon die zugeordneten Gesamtkosten abzuziehen.

d) Aufteilung des Gewinns bzw. Verlustes

Die **OECD** stellt Kriterien für die Aufteilung des Gewinns bzw. Verlustes **472** iRd transaktionsbezogenen Gewinnaufteilungsmethode dar, die sowohl für die **Beitragsanalyse** als auch für die **Restgewinnanalyse** gelten.[410] Wenngleich dem Wortlaut nicht ausdrücklich zu entnehmen, sind diese Kriterien analog auf jede andere **Methodik der Gewinnaufteilung** ebenfalls anzuwenden und die explizite Erwähnung iZm der Beitrags- bzw. Restgewinnanalyse nur beispielhaft.

Die Gewinnaufteilung soll möglichst **objektiv** gestaltet werden, auch **473** wenn dies in Anbetracht der Besonderheiten der Methode und der Schwierigkeit der Ermittlung von Fremdvergleichsdaten nicht einfach ist. Aufgrund der speziellen Herausforderungen der üblicherweise unter Verwendung der transaktionsbezogenen Gewinnaufteilungsmethode analysierten Geschäftsbeziehungen verzichtet die OECD ausdrücklich auf eine **Festlegung** bestimmter **Aufteilungsmechanismen** oder **Aufteilungsschlüssel**.[411] Aufgrund der geforderten Objektivität ist aber sicherzustellen, dass die Aufteilung **nicht dem Einfluss der verbundenen Unternehmen** unterliegt.[412] Die Angemessenheit der gewählten Aufteilung soll durch **Fremdvergleichsdaten** oder **interne Daten** (oder beides) dargelegt werden.[413]

Als Fremdvergleichsdaten sind vor allem Informationen über vergleichbare **474** „nicht kontrollierte" Geschäftsbeziehungen relevant. Insbesondere **Joint**

---

[410] Vgl. OECD-RL 2010, Tz. 2.120 f. Bei der Restgewinnanalyse gelten die Grundsätze nur in Bezug auf die Aufteilung des Restgewinns.

[411] Vgl. OECD-RL 2010, Tz. 2.132.

[412] Hierzu wird in Tz. 2.132 der OECD-RL 2010 das Beispiel einer umsatzbezogenen Aufteilung erwähnt, die sich zur Wahrung der Objektivität nach den mit fremden Dritten erzielten Umsätzen richten soll und nicht nach Umsätzen mit verbundenen Unternehmen.

[413] Vgl. OECD-RL 2010, Tz. 2.132.

Venture Verträge sowie vertragliche Vereinbarungen über **gemeinsame Entwicklungsprojekte** zwischen fremden Dritten können wichtige Informationsquellen darstellen.

475   Die Gewinnaufteilung erfolgt in der Praxis meist mit aufgrund der Struktur der Geschäftsbeziehung und den dabei wertbestimmenden Faktoren angemessenen **Aufteilungsschlüsseln.**[414] Diese Schlüssel können **fix** sein, bspw. eine anhand von Informationen über „nicht kontrollierte" Geschäftsbeziehungen ermittelte prozentuale Aufteilung, oder **variabel,** bspw. eine aus den anteiligen jährlichen Kosten jedes Beteiligten ermittelte Verhältniszahl. Ausgangsgrössen, die zur Bildung von Verhältniszahlen verwendet werden können, sind bspw. die in einer Geschäftsbeziehung eingesetzten **Wirtschaftsgüter** bzw. das eingesetzte **Kapital** oder die verausgabten **Kosten.** Aber auch auf Basis des erzielten **Drittumsatzes,** der Anzahl der **Mitarbeiter** oder dem **Zeitaufwand** gebildete Aufteilungsschlüssel können zu angemessenen Ergebnissen führen. Die bestmögliche Auswahl ist immer von den Umständen des konkreten Einzelfalls abhängig. Dabei müssen in erster Linie die gewählte Grösse und der gewählte Aufteilungsschlüssel geeignet sein, eine **angemessene Reflektion der Wertbeiträge** der an der Geschäftsbeziehung der Beteiligten darzustellen (Rn. 479 ff.).

Beispiel: Die miteinander verbundenen Unternehmen A, B und C entwickeln gemeinsam ein neues Medikament. A führt mit hoch spezialisierten Fachkräften die kapitalintensive Grundlagenforschung durch und budgetiert hierfür einen Zeitaufwand von insgesamt 3550 Manntagen. B entwickelt das Produktionsverfahren mit einem voraussichtlichen Zeitaufwand von insgesamt 1200 Manntagen und wird später für den Aufbau der Produktionsanlagen und die Produktion des Medikaments zuständig sein. C ist für die Durchführung der Testverfahren und die Zulassung des Medikaments verantwortlich, was zu einem erwarteten Zeitaufwand von insgesamt 7250 Manntagen führt. Die drei Parteien vereinbaren eine Aufteilung der Entwicklungskosten sowie der aus der Vermarktung des Medikaments später erzielten Betriebsergebnisse (nach Abzug der anfallenden Produktions-, Vermarktungs- und sonstigen betrieblichen Kosten) auf Basis des budgetierten Zeitaufwandes für die Entwicklung des Medikaments (A = 30%, B = 10%, C = 60%).
Der zwischen A, B und C vereinbarte Aufteilungsschlüssel hat den Vorteil der Klarheit und einfachen Anwendbarkeit. Die zunächst plausibel erscheinende Aufteilung auf Basis des Zeitaufwandes ist aber hinsichtlich ihrer Angemessenheit zu hinterfragen. Zweifel lösen insbesondere die fehlende Gewichtung des Zeitaufwandes (1 Manntag Grundlagenforschung = 1 Manntag Testverfahren), die Nichtberücksichtigung des Kapitaleinsatzes von A und B sowie die Nichtberücksichtigung der unterschiedlichen Wertbeiträge während der Entwicklungs- und der Produktionsphase aus.

476   Bei der Definition und Anwendung des Aufteilungsschlüssels sind auch **zeitliche Effekte** zu berücksichtigen.[415] So können Erträge und zu deren Erzielung verausgabte Kosten in **unterschiedlichen Perioden** anfallen oder Investitionen in langlebige Wirtschaftsgüter können **über mehrere Jahre zu verteilen** sein, um zu einer wirtschaftlich angemessenen Aufteilung der Ge-

---

[414] Beachte den Unterschied zur Vergleichsgewinnaufteilung gem. der US-VerrechnungspreisRL, die externe Fremdvergleichsdaten erfordert. Vgl. US-Regs. § 1.482-6(c)(2)(ii)(B)(*1*).
[415] Vgl. OECD-RL 2010, Tz. 2.140.

winne zu gelangen. Die vertragliche Vereinbarung zwischen den Beteiligten muss solche zeitlichen Verschiebungen entsprechend bei der Aufteilung berücksichtigen. Dabei stellt sich auch die Frage nach der Vereinbarung eines **mehrjährigen Betrachtungszeitraums** für die Durchführung der Gewinnaufteilung, der den Ausgleich dieser Effekte im Zeitablauf ermöglicht. IdZ können auch gesetzlich normierte **Anpassungsklauseln** zu beachten sein.[416]

Die Verwendung von **internen Daten** als Alternative bzw. Ergänzung zu   **477** Fremdvergleichsdaten sieht die OECD als zulässig an.[417] Regelmäßig wird die Verwendung interner Daten erforderlich sein, um **transaktionsbezogene Finanzdaten** wie bspw. verursachte Kosten, erzielte Erträge, geleisteter Zeitaufwand usw. zu ermitteln und hieraus die Aufteilung zu bestimmen. IdR werden diese Daten nicht unmittelbar aus dem Rechnungswesen eines Unternehmens in Bezug auf eine bestimmte **Geschäftsbeziehung** zur Verfügung stehen, sondern müssen aus den auf einer höheren Aggregationsebene vorhandenen Daten extrahiert werden.

Darüber hinaus bietet sich auch die Möglichkeit, die Gewinnaufteilung unmittelbar **auf Basis interner Daten zu definieren.** Ein Beispiel hierfür kann die Gewinnaufteilung auf Basis einer **Verzinsung** des von jedem Beteiligten eingesetzten **Kapitals** (Rn. 498 f.) sein.[418] Als Grundlage für die **Schätzung von Einkünften** ist diese Vorgehensweise in Deutschland unabhängig von der transaktionsbezogenen Gewinnaufteilungsmethode bekannt.[419]

Anders als nach den OECD-RL 2010 ist gem. den **US-Verrechnungs-**   **478** **preisRL** die Verwendung **interner Daten** zur Definition der Gewinnaufteilung nicht vorgesehen. Die Gewinnaufteilung iRd Vergleichsgewinnaufteilung soll sich ausschließlich an **externen Fremdvergleichsdaten** orientieren.[420] Gleiches gilt für die Vergütung von **Routinefunktionen** iRd Restgewinnaufteilung. Für die Verteilung des **Restgewinns** bestehen zwar keine Vorgaben, jedoch wird die Verwendung anderer Daten als externer Fremdvergleichsdaten als ein die **Zuverlässigkeit der Analyse** einschränkendes Element angesehen.[421]

e) Ermittlung des Wertbeitrages

Die **Aufteilung des Gewinns bzw. Verlustes** anhand von **Fremdver-**   **479** **gleichsdaten** aus „nicht kontrollierten" Geschäftsbeziehungen ist die direkteste und – ausreichende Vergleichbarkeit der Faktoren und Zuverlässigkeit der verwendeten **Daten** vorausgesetzt – auch verlässlichste Möglichkeit der Aufteilung. Aufgrund der Komplexität und Spezialität der unter der transaktionsbezogenen Gewinnaufteilungsmethode analysierten Geschäftsbeziehungen ist es in den meisten Fällen schwierig, Fremdvergleichsdaten zu identifizieren, die den mit der **Durchführung des Fremdvergleichs** verbundenen Anforderungen genügen.

---

[416] Vgl. bspw. § 1 Abs. 3 S. 11 und 12 AStG.
[417] Vgl. OECD-RL 2010, Tz. 2.141 ff.
[418] Vgl. OECD-RL 2010, Tz. 2.145.
[419] Vgl. § 1 Abs. 4 AStG idF d. UStRG 2008 (gestrichen iRd AmtshilfeRLUmsG).
[420] Vgl. US-Regs. § 1.482–6(c)(2)(ii)(D).
[421] Vgl. US-Regs. § 1.482–6(c)(3)(ii)(D).

480   Können geeignete Fremdvergleichsdaten nicht identifiziert werden, bietet sich als **Alternative** die Aufteilung anhand des von jeder der an der Geschäftsbeziehung beteiligten Parteien geleisteten **Wertbeitrages** im Verhältnis zur gesamten Wertschöpfung bzw. im Verhältnis zu den Wertbeiträgen der anderen Beteiligten an.[422] Bei der **Ermittlung der Gewinnaufteilung** anhand des jeweiligen Wertbeitrages gelten die bereits geschilderten Grundsätze der **OECD** (Rn. 472 ff.) bzw. der jeweils gültigen **nationalen Steuergesetze und VerrechnungspreisRL.** Die wichtigsten **Vorgehensweisen** und **Ausgangsgrössen** zur Ermittlung des Wertbeitrages werden nachfolgend erläutert. Es ist für die Durchführung der Analyse und Anwendung ihrer Ergebnisse wichtig, dass das gewählte Verfahren **konsistent** auf alle an einer Geschäftsbeziehung Beteiligten angewendet wird und iRd gleichen Geschäftsbeziehung nicht unterschiedliche **Verfahren** für die verschiedenen Beteiligten verwendet werden.

aa) Wirtschaftsgüter

481   Der Wert der von den verschiedenen Beteiligten iRe Geschäftsbeziehung **eingesetzten Wirtschaftsgüter** kann ein angemessener Maßstab für die Bestimmung des Wertbeitrages der jeweiligen Beteiligten sein, sofern der **wirtschaftliche Erfolg** der Geschäftsbeziehung wesentlich von diesen Wirtschaftsgütern abhängt.[423] Diese Voraussetzung ist bspw. nicht erfüllt, soweit es sich um Wirtschaftsgüter handelt, die iRd Ausübung von **Routinefunktionen** eingesetzt werden.

Der **Buchwert** bilanzierter Wirtschaftsgüter kann nur dann als Maßstab für die Aufteilung verwendet werden, wenn dieser dem **Zeit- bzw. Marktwert** entspricht. Es kann daher eine gesonderte **Bewertung** der Wirtschaftsgüter erforderlich sein, um deren Zeit- bzw. Marktwert zu ermitteln. Neben der Ermittlung des Wertes der in einer Geschäftsbeziehung eingesetzten Wirtschaftsgüter insgesamt ist auch der **Umfang ihres Einsatzes** iRd Geschäftsbeziehung festzulegen und daraus deren Wertbeitrag zu ermitteln. Nur bei ausschließlich iRd analysierten Geschäftsbeziehung eingesetzten Wirtschaftsgütern ist deren Zeit- bzw. Marktwert zu 100% als Wertbeitrag des Beteiligten zu würdigen, der Eigentümer bzw. Besitzer ist.

482   Wesentliche Bedeutung können sowohl **materielle** als auch **immaterielle Wirtschaftsgüter** haben. Es ist nicht erforderlich, dass diese **bilanziert** oder (zB durch Patente) **rechtlich geschützt** sind. Ohne **Besitz** oder **Verfügungsmacht** über diese Wirtschaftsgüter ist jedoch ein bei der Gewinnaufteilung zu berücksichtigender Wertbeitrag kaum zu begründen.

Bei den iRd transaktionsbezogenen Gewinnaufteilungsmethode analysierten Geschäftsbeziehungen werden häufig **immaterielle Wirtschaftsgüter** bzw. **immaterielle Werte** den für die Aufteilung maßgeblichen Wertbeitrag liefern. Im Vergleich zu materiellen Wirtschaftsgütern ist die **Identifizierung** und **Bewertung** dieser Wirtschaftsgüter bzw. Werte als deutlich erschwert anzusehen. Werden diese an fremde Dritte lizenziert, kann ihr Wert aber ggf. anhand der **Lizenzvergütung** und der übrigen Bedingungen der **Lizenzvereinbarung** abgeleitet werden.

---

[422] Vgl. OECD-RL 2010, Tz. 2.119.
[423] Vgl. OECD-RL 2010, Tz. 2.136.

Beispiel (Abwandlung des Beispiels aus Rn. 475): Die miteinander verbundenen Unternehmen A, B und C entwickeln gemeinsam ein neues Medikament. A führt mit hoch spezialisierten Fachkräften die kapitalintensive Grundlagenforschung durch und setzt hierbei sein bestehendes Entwicklungszentrum ein. B entwickelt das Produktionsverfahren und nutzt hierfür zwei seiner Produktionsstätten. C ist für die Durchführung der Testverfahren und die Zulassung des Medikaments verantwortlich, wofür es seine bereits bestehenden Testeinrichtungen benutzt.

Die drei Parteien vereinbaren eine Aufteilung des Nettoergebnisses (Umsatzerlöse abzgl. Produktions-, Vermarktungs- und sonstige betrieblichen Kosten sowie abzgl. Entwicklungskosten) auf Basis der für die Entwicklungsarbeit (anteilig) eingebrachten Wirtschaftsgüter. Die in Form von technischem Know-how und Erfahrungen vorhandenen immateriellen Werte bleiben hierbei wegen Unmöglichkeit der Bewertung außer Ansatz, auf bereits bestehende Patente kann iRd Neuentwicklung nicht zurückgegriffen werden. Auf Basis durchgeführter Bewertungen sowie von Expertenschätzungen über den Einsatz der verschiedenen Wirtschaftsgüter vereinbaren A, B und C folgende Gewinnaufteilung:

Wirtschaftsgut	Wert ges.	Anteil A	Anteil B	Anteil C
Entwicklungszentrum	40 000	3000	0	0
Produktionsstätte 1	30 000	0	1500	0
Produktionsstätte 2	10 000	0	2500	0
Testeinrichtungen	10 000	0	0	3000
Summe Wert		3000	4000	3000
Anteil		30%	40%	30%

Ähnlich wie im Ausgangsfall wird aufgrund des umfangreichen Test- und Zulassungsverfahrens ein hoher Anteil des Nettoergebnisses dem Beteiligten C zugeordnet. Der vergleichsweise hohe Kapitaleinsatz von B wird nun stärker berücksichtigt als im Ausgangsfall, während die starke Entwicklungsarbeit von A auch in der Abwandlung des Beispiels eher zu schwach gewichtet erscheint. Würde es sich um die Weiterentwicklung eines bereits existierenden Medikamentes handeln, wäre ein entsprechender immaterieller (Rest)Wert als zusätzlicher Wertbeitrag von A zu berücksichtigen und der Anteil dieses Beteiligten würde steigen (ggf. ebenfalls zu berücksichtigende immaterielle Werte von B und C wären vergleichsweise geringer). Anhand dieses Vergleichs zeigt sich die Schwäche der gewählten Aufteilung, die das für die Entwicklungsarbeit wesentliche Know-how unberücksichtigt lässt.

Wesentlich für die Ermittlung einer angemessenen Aufteilung ist die klare **483** und eindeutige **Zuordnung der Wirtschaftsgüter** sowie der mit diesen erzielten **Erträge** und durch sie verursachten **Kosten** zu der analysierten Geschäftsbeziehung. Denn üblicherweise wird ein Wirtschaftsgut oder ein immaterieller Wert nicht ausschließlich in einer einzigen Geschäftsbeziehung eingesetzt. Aufgrund dessen ist eine **transaktionsbezogene Zuordnung** unerlässlich. Gleiches gilt für den ermittelten **Wert** des Wirtschaftsgutes. In der Praxis muss die direkte und exakte Zuordnung häufig durch eine sachgerechte **Schätzung** zB durch Verwendung von Aufteilungsschlüsseln ersetzt werden, da eine unmittelbare Zuordnung nicht möglich ist.

bb) Kapital

Das von den Beteiligten iRd Geschäftsbeziehung eingesetzte **Kapital** ist **484** eine weitere Möglichkeit, die Höhe der Wertbeiträge dieser Beteiligten zu messen.[424] Bei **kapitalintensiven Industrien** bzw. in **Geschäftsbeziehungen,** die einen hohen Kapitaleinsatz erfordern, ist die Höhe des Kapitals ein besonders geeigneter Wertmaßstab.

Vergleichbar der Bemessung des Wertbeitrages anhand der eingesetzten Wirtschaftsgüter ist darauf zu achten, dass nur das tatsächlich in der analysierten Geschäftsbeziehung eingesetzte Kapital herangezogen wird. Die bei der erforderlichen **Zuordnung** auftretenden Schwierigkeiten sind uU größer als bei der Verwendung des Wertmaßstabs „eingesetzte Wirtschaftsgüter", da das **Rechnungswesen** als Grundlage für die Bemessung des Wertes idR keine Aussage zur Zuordnung des **Gesamtkapitals** zu einzelnen Wirtschaftsgütern oder Geschäftsbeziehungen trifft.

Eine weitere Problematik besteht darin, dass das aus dem Rechnungswesen abgeleitete Kapital keine Rückschlüsse auf die Existenz **nicht bilanzierter Werte** zulässt, die aber dennoch für den Erfolg der Geschäftsbeziehung von großer Bedeutung sein können.

485   Sowohl das Kapital als auch der hieraus abgeleitete Wertmaßstab kann in verschiedener Weise definiert werden. Als Kapital wird häufig das **Eigenkapital** verwendet, das von den Beteiligten in der Geschäftsbeziehung eingesetzt wird. Bei der Verwendung **anderer Kapitalgrößen** als dem Eigenkapital ist darauf zu achten, dass die Ermittlung der Wertbeiträge und damit der Gewinnaufteilung nicht dadurch verzerrt wird, dass **Fremdkapitalanteile** als eigenständiger Wertbeitrag in die Ermittlung einfließen.

Beispiel (Abwandlung des Beispiels aus Rn. 475): Die miteinander verbundenen Unternehmen A, B und C entwickeln gemeinsam ein neues Medikament. A führt mit hoch spezialisierten Fachkräften die kapitalintensive Grundlagenforschung durch und setzt hierfür Kapital iHv 4000 ein. B entwickelt das Produktionsverfahren, das hierfür eingesetzte Kapital beträgt 2500. C ist für die Durchführung der Testverfahren und die Zulassung des Medikaments verantwortlich und bringt hierfür Kapital iHv 2000 ein. Das insgesamt von A, B und C eingesetzte Kapital beträgt somit 8500.

Die drei Parteien vereinbaren eine Aufteilung des Nettoergebnisses (Umsatzerlöse abzgl. Produktions-, Vermarktungs- und sonstige betrieblichen Kosten sowie abzgl. Entwicklungskosten) auf Basis des für die Entwicklungsarbeit eingesetzten Kapitals. Hieraus ergibt sich ein Anteil von 47 % für A, 29 % für B und 24 % für C.

cc) Kosten

486   Die Ermittlung der Wertbeiträge der Beteiligten auf Basis der iRe Geschäftsbeziehung entstandenen **Kosten**[425] ist eine vergleichsweise einfach und pragmatisch erscheinende Alternative. Die **konzeptionelle Einfachheit** ist jedoch nicht zu verwechseln mit einer in der praktischen Anwendung durchaus zu erwartenden **Komplexität,** insbesondere in Bezug auf die Definition und Ermittlung der benötigten **Daten** zu den berücksichtigungsfähigen Kosten. Diese Aufteilung anhand der Kosten ist daher mit einem hohen Risiko der **Ungenauigkeit** behaftet.

487   Die Übernahme eines hohen Anteils der Kosten ist alleine noch kein ausreichendes Indiz dafür, dass ein hoher **Wertbeitrag** geleistet wurde. Es ist zusätzlich zu prüfen, welche Tätigkeiten diese Kosten ausgelöst haben. ZB sind

---

[424] Vgl. OECD-RL 2010, Tz. 2.136.
[425] Vgl. OECD-RL 2010, Tz. 2.138.

iZm der **Ausübung von Routinefunktionen** entstandene Kosten iRd Ermittlung des Wertbeitrages nicht zu berücksichtigen. Hat ein **Dritter** eine **(Dienst)Leistung** erbracht und einer der Beteiligten an der Geschäftsbeziehung diese **Kosten erstattet** bzw. die **Dienstleistung bezahlt,** sind diese Kosten idR nicht mit einzubeziehen, da insoweit kein eigener Wertbeitrag des Beteiligten vorliegt, der zu einer Erhöhung des Anteils am Gewinn berechtigen könnte. Auch aufgrund dieser erforderlichen **Differenzierungen** ist die scheinbare Simplizität der Methode uU trügerisch.

Nur die von einem Beteiligten **effektiv getragenen Kosten** sind ggf. als   **488** Wertbeitrag anzusetzen. Von anderen Beteiligten oder von Dritten **erstattete Kosten** sind ebenso zu extrahieren wie die Kosten, die iZm d. Ausübung anderer **Funktionen** oder der Durchführung anderer **Geschäftsbeziehungen** entstanden sind.

Darüber hinaus sind, wie bei allen kostenbasierten Methoden, unterschiedliche Ansätze bei der **Definition** und **Ermittlung** der Kosten sowie durch verschiedene **Rechnungslegungsstandards** verursachte Differenzen zu berücksichtigen und ggf. durch **Anpassungsrechnungen** auszugleichen. Hierbei ist auch die Berücksichtigung **kapitalisierter Kosten** und deren einheitliche Behandlung für die Gewinnaufteilung sicherzustellen. Anders als bspw. bei der Kostenermittlung iRd Kostenaufschlagsmethode ist die Ermittlung der **exakten Höhe der Kosten** nicht das ausschließliche Ziel. Ebenso wichtig und ggf. auch ausreichend ist für Zwecke der Gewinnaufteilung, dass für alle an der Geschäftsbeziehung Beteiligten die Kosten nach den gleichen **Grundsätzen** und **Verfahren** ermittelt werden, da andernfalls die Gewinnaufteilung fehlerhaft ist. Dies gilt in besonderem Maße für die **Ausscheidung der Kosten,** die nicht durch die **analysierte Geschäftsbeziehung** verursacht sind, da eine vollständig **direkte Ausscheidung** häufig nicht möglich ist und zumindest teilweise auf eine **schlüsselbasierte Kostenzuordnung** zurückgegriffen werden muss.

Im internationalen Kontext sind neben der Existenz unterschiedlicher   **489** Rechnungslegungsstandards insbesondere die Unterschiede der **Kostenniveaus** zu beachten. Hierdurch kann einem in einem „teuren" Land ansässigen Beteiligten ein höherer Wertbeitrag zugemessen werden, obwohl ein anderer Beteiligter den objektiv gleichen Wertbeitrag geleistet hat, dies jedoch aufgrund des im Vergleich niedrigeren Kostenniveaus nicht ausreichend in der **absoluten Höhe der Kosten** Ausdruck findet. In solchen Fällen sind Kaufkraft- bzw. Kostenunterschiede durch Anpassungsrechnungen zu neutralisieren.

Die kostenbasierte Ermittlung der Wertbeiträge ist idR nicht geeignet,   **490** wenn die Höhe der Kosten keinen angemessenen **Maßstab** für die Höhe der Wertbeiträge darstellt. Der Zusammenhang zwischen Kosten und Wertbeitrag ist insbesondere iZm **immateriellen Werten** zu hinterfragen, da bei diesen die **Korrelation** zwischen der Höhe der (Entwicklungs)Kosten und dem tatsächlichen Wert der Wirtschaftsgüter uU nicht sehr hoch ist. Andererseits kann gerade bei Entwicklungsprojekten durch Auswahl einer aussagekräftigen Kostengröße ein verlässlicher Aufteilungsmaßstab etabliert werden.

Beispiel (Abwandlung des Beispiels aus Rn. 475): Die miteinander verbundenen Unternehmen A, B und C entwickeln gemeinsam ein neues Medikament. A führt mit hoch spezialisierten Fachkräften die kapitalintensive Grundlagenforschung durch und budgetiert hierfür einen Zeitaufwand von insgesamt 3550 Manntagen. B entwickelt das Produktionsverfahren mit einem voraussichtlichen Zeitaufwand von insgesamt 1200 Manntagen und wird später für den Aufbau der Produktionsanlagen und die Produktion des Medikaments zuständig sein. C ist für die Durchführung der Testverfahren und die Zulassung des Medikaments verantwortlich, was zu einem erwarteten Zeitaufwand von insgesamt 7250 Manntagen führt.

Die drei Parteien vereinbaren eine Aufteilung des Nettoergebnisses (Umsatzerlöse abzgl. Produktions-, Vermarktungs- und sonstige betrieblichen Kosten sowie abzgl. Entwicklungskosten) auf Basis der für die Entwicklung des Medikaments budgetierten Kosten.

Kostenfaktor	Wert ges.	Anteil A	Anteil B	Anteil C
Personalkosten	5615	2840	600	2175
Zeitaufwand (MT)	*12000*	*3550*	*1200*	*7250*
Kosten/MT		*0,8*	*0,5*	*0,3*
Arbeitsplatz	4000	1500	1500	1000
Material	350	50	200	100
Gesamtkosten	9965	4390	2300	3275
Anteil		44%	23%	33%

dd) Discounted Cash Flow

491　Eine in der betriebswirtschaftlichen Praxis weit verbreitete Methodik zur Bewertung von **Unternehmen** oder **Investitionsmöglichkeiten** basiert auf der **Diskontierung künftiger Einzahlungsüberschüsse**[426] auf den Investitions- bzw. Bewertungszeitpunkt iRv **Discounted Cash Flow (DCF)-Verfahren**.[427] Diese Methodik kann auch auf die angemessene **Gewinnaufteilung** zwischen **verbundenen Unternehmen** angewendet werden. Die **OECD** sieht den Anwendungsbereich für DCF-Verfahren zunächst insbesondere iZm der Restgewinnanalyse (Rn. 510ff.), jedoch ist die Anwendung auch bei jeder anderen Form der Gewinnaufteilung möglich.[428] Da die künftigen Einzahlungsüberschüsse der Beteiligten an einer „kontrollierten" Geschäftsbeziehung u. a. das Ergebnis der zuvor zwischen ihnen vereinbarten Gewinnaufteilung sind, eignen sich DCF-Verfahren insbesondere zur **Überprüfung** der Angemessenheit einer vereinbarten Gewinnaufteilung und Identifizierung eines etwaigen Korrekturbedarfs. Dabei steht die Überlegung im Vordergrund, dass jeder Beteiligte gewisse funktions- und **risikoadäquate Renditeerwartungen** hinsichtlich des von ihm eingesetzten **Kapitals** hat.

492　Ausgangspunkt der Methode sind die **erwarteten künftigen Cash Flows.** Diese setzen sich im Wesentlichen zusammen aus Auszahlungen während der **Investitionsphase** sowie laufenden Einzahlungen aus Umsatzerlö-

---

[426] Die in Deutschland traditionell bevorzugte Verwendung von Ertragswerten ist inzwischen weniger häufig anzutreffen, während die Anwendung von DCF-Verfahren zugenommen hat.

[427] S. idZ auch IDW S 1 vom 2.4.2008 zur Unternehmensbewertung sowie IDW S 5 vom 23.5.2011 zur Bewertung immaterieller Vermögenswerte.

[428] Vgl. OECD-RL 2010, Tz. 2.123.

sen und laufenden Auszahlungen aus Betriebskosten während der **Betriebs-phase**. Neben der Planung der **Höhe** der realistischerweise zu erwartenden Ein- und Auszahlungen ist auch der **Zeitpunkt der Zahlungen** von Bedeutung. Später anfallende Zahlungen haben durch die **Diskontierung** naturgemäß einen geringeren **Gegenwartswert** als in zeitlicher Nähe erfolgende Zahlungen. Darüber hinaus ist das zeitliche Element auch im Hinblick auf die Dauer der Investitionsphase und die Dauer der Betriebsphase und damit für die absolute **Dauer der Zahlungen** relevant. In der Praxis spielt bei dieser Betrachtung auch die **Nutzungs- bzw. Lebensdauer** eingesetzter Wirtschaftsgüter eine wichtige Rolle. Neben diesem eher technischen Aspekt besteht eine hohe Abhängigkeit vom **Vermarktungserfolg** und damit dem erzielbaren Umsatz, der sowohl hinsichtlich der Höhe als auch hinsichtlich des Zeitpunkts hoher Unsicherheit unterliegt.

Schließlich ist der **Diskontierungsfaktor** ein bestimmendes Element bei DCF-Bewertungen. Es ist in der Praxis nur selten möglich, spezifische Faktoren für eine **Geschäftsbeziehung** oder für ein **Projekt** zu ermitteln. Es muss daher häufig auf unternehmens- oder sogar industriespezifische Daten zurückgegriffen werden. Auch die zum Zeitpunkt der Bewertung geltenden **Verhältnisse am Kapitalmarkt** stellen eine wichtige Orientierung dar. Bei Verwendung solcher nicht transaktionsspezifischer Daten ist aber sicherzustellen, dass die den Daten zugrunde liegenden **Verhältnisse** den Verhältnissen der analysierten Geschäftsbeziehung zumindest ähnlich sind. Insbesondere bei sich über einen langen Zeitraum erstreckenden DCF-Bewertungen kann die Höhe des Diskontierungsfaktors einen erheblichen Einfluss auf die Höhe des Gegenwartswertes haben.

DCF-Verfahren werden in der Praxis in verschiedenen **Variationen** ange-   **493** wendet. Grundsätzlich wird unterschieden zwischen der direkten Methode bzw. **Nettomethode** (auch **Equity-Ansatz**) und der indirekten Methode bzw. **Bruttomethode** (auch **Entity-Ansatz**). Der Unterschied zwischen den beiden Ansätzen besteht darin, dass bei der Nettomethode die an die **Eigenkapitalgeber** fließenden saldierten Zahlungsströme (Einnahmen abzgl. Ausgaben) abgezinst werden, während bei der Bruttomethode die Zahlungsströme auf das **gesamte Kapital** (inkl. Fremdkapital) ermittelt und abgezinst werden und hiervon der Betrag des **Fremdkapitals** abgezogen wird. Als Abzinsungsfaktor wird iRd Nettomethode meist die **Renditeerwartung** der Eigenkapitalgeber gemäß dem **Capital Asset Pricing Model (CAPM)**[429] verwendet. Bei der Bruttomethode erfolgt die Diskontierung entweder anhand der gewichteten durchschnittlichen Kapitalkosten (**Weighted Average Cost of Capital,** kurz **WACC**) oder dem im Vergleich flexibleren angepassten Barwert (**Adjusted Present Value,** kurz **APV**). Eine weitere Alternative der Diskontierung iRd Bruttomethode stellt der **Total Cash Flow-Ansatz** dar, bei dem der **Effekt der Fremdkapitalfinanzierung** auf die **Steuerlast** unmittelbar bei der Ermittlung der Zahlungsströme und nicht bei den Kapitalkosten berücksichtigt wird.

Alle genannten Ansätze führen in der Theorie zum gleichen Ergebnis. Die   **494** Gleichheit der Ergebnisse setzt allerdings die modellhaft unterstellte **Neutra-**

---

[429] Entwickelt in den 60er Jahren des letzten Jahrhunderts von Sharpe, Mossin und Lintner.

lität der Kapitalstruktur für die Bewertung[430] voraus. Unter der Prämisse der Gleichheit der Ergebnisse unabhängig vom gewählten Ansatz erfolgt die **Auswahl** eines der Ansätze in erster Linie abhängig von der Art und Qualität der zur Verfügung stehenden **Daten**. Insbesondere die Zuverlässigkeit der Prognosen über die künftigen **Zahlungsströme** ist dabei von grundlegender Bedeutung.

495   Eine Alternative zu DCF-Verfahren kann die Ermittlung des **Economic Value Added (EVA)** sein. Der EVA wird ermittelt anhand der auf den Bewertungszeitpunkt diskontierten periodischen Übergewinne. Als **Übergewinn** wird dabei der Saldo von betrieblichen Erträgen einerseits sowie betrieblichen Aufwendungen und Fremd- bzw. Eigenkapitalkosten andererseits bezeichnet. Das Grundprinzip des EVA ist somit den DCF-Verfahren ähnlich, allerdings wird als Ausgangsgröße der **Übergewinn anstatt der Zahlungsströme** verwendet. Dieser Unterschied spricht in konzeptioneller Hinsicht für eine Verwendung des EVA iRd Gewinnaufteilung, da es hierbei in erster Linie auf die Berücksichtigung **spezifischer Wertbeiträge** ankommt.

496   Der in der betriebswirtschaftlichen Praxis wohl am häufigsten verwendete **DCF-Ansatz** ist die Ermittlung der **WACC**. Hierbei werden die erwarteten **Cash Flows** unter der fiktiven Annahme der Nichtverschuldung des Unternehmens sowie die **gewichteten Kapitalkosten** unter Einbeziehung von Eigen- und Fremdkapital als bekannt unterstellt. Die Kapitalkosten ermitteln sich daraus als **gewichtetes Mittel** der Kosten des Eigenkapitals und der Kosten des Fremdkapitals, letzteres nach Abzug des durch die Fremdfinanzierung entstehenden **Steuervorteils**.[431]

Die **Zinsen auf Fremdkapital** lassen sich vergleichsweise einfach aus Marktdaten oder aus bestehenden Darlehensverträgen ermitteln. Die **Eigenkapitalkosten** leiten sich ab aus **Renditeerwartungen,** die bspw. Eigentümer oder Investoren haben oder können nach dem **CAPM** durch einen Aufschlag auf den Zins einer risikolosen Investition (zB einer Bundesanleihe) zzgl. einer unternehmensspezifischen Risikoprämie ermittelt werden. Die Ermittlung der Eigenkapitalkosten unterliegt damit einer erheblichen **subjektiven Komponente.**

497   Der **WACC** stellt die auf Basis der Risiko- und Finanzierungsstruktur des Unternehmens erwartete **Mindestrendite** dar. Die Grundsätze zur Ermittlung des WACC entsprechend angewendet auf die Verhältnisse in einer „kontrollierten" **Geschäftsbeziehung** – bspw. einem gemeinsamen Entwicklungsprojekt mehrerer verbundener Unternehmen – kann wiederum als Maßstab für den **Wertbeitrag** der Beteiligten an dieser Geschäftsbeziehung dienen. Es ist dabei zu beachten, dass der WACC individuell für jeden **Beteiligten** ermittelt wird, denn sowohl Funktionen und Risiken als auch Finanzierungsstruktur der Beteiligten werden sich üblicherweise unterscheiden.

Beispiel (Fortsetzung des Beispiels aus Rn. 490): Die miteinander verbundenen Unternehmen A, B und C entwickeln gemeinsam ein neues Medikament. A führt mit hoch spezialisierten Fachkräften die kapitalintensive Grundlagenforschung

---

[430] Entsprechend der Theorie von Modigliani/Miller.

[431] Dies unterscheidet den WACC vom Total Cash Flow-Ansatz. Letzterer berücksichtigt Unternehmenssteuern bei der Ermittlung der Zahlungsströme, nicht bei den Kapitalkosten.

durch und setzt hierfür eigenes Kapital iHv 4000 ein. B entwickelt das Produktionsverfahren, das hierfür eingesetzte Kapital beträgt 2500. C ist für die Durchführung der
Testverfahren und die Zulassung des Medikaments verantwortlich und bringt hierfür
Kapital iHv 2000 ein. Das insgesamt von A, B und C eingesetzte Kapital beträgt somit
8500.

Die drei Parteien vereinbaren eine Aufteilung des Nettoergebnisses (Umsatzerlöse
abzgl. Produktions-, Vermarktungs- und sonstige betrieblichen Kosten sowie abzgl.
Entwicklungskosten) auf Basis des für die Entwicklungsarbeit eingesetzten Kapitals und
der hierauf erwarteten Mindestrendite gem. WACC, woraus sich für jeden Beteiligten
ein erwarteter Mindestertrag ergibt.

Wirtschaftsgut	Wert ges.	Anteil A	Anteil B	Anteil C
Kapitalbetrag *(Kapitalanteil)*	8500 *(100%)*	4000 *(47%)*	2500 *(29%)*	2000 *(24%)*
WACC		15%	12%	10%
Mindestertrag p. a./ Anteil	1100/ 100%	600/ 55%	300/ 27%	200/ 18%

Wird im Jahr 01 ein Nettoergebnis von 500 erzielt, wird dieses entsprechend der bei
Projektbeginn vereinbarten und erwarteten Gewinnanteile auf A (= 275), B (= 135)
und C (= 90) verteilt. Der gleiche Aufteilungsmaßstab gilt, wenn im Jahr 02 das Nettoergebnis mit 1500 höher ist als der von den Beteiligten erwartete Mindestertrag (A =
825, B = 405, C = 270).

ee) Kapitalrendite

Die Aufteilung des Gewinns bzw. Verlustes anhand der **Kapitalrendite** ist **498**
eine weitere von der **OECD** diskutierte Alternative.[432] Die Grundüberlegung
ist hierbei die gleiche wie bei den **DCF-Ansätzen** bzw. **EVA,** nämlich die
Aufteilung des Gesamtergebnisses anhand der **angemessenen Rendite** auf
das iRd Geschäftsbeziehung von jedem Beteiligten eingesetzte Kapital. Allerdings geht die OECD hierbei davon aus, dass jeder der Beteiligten **ähnliche
Risiken** eingeht und jedem Beteiligten deshalb eine **ähnliche Rendite**
zusteht. Die OECD räumt ein, dass diese Annahme möglicherweise nicht
realistisch ist. Es ist idZ tatsächlich festzustellen, dass sich bei Annahme exakt
gleicher Risiken und dementsprechend exakt gleicher Renditen auf das eingesetzte Kapital die **gleiche Aufteilung** ergeben wird wie bei einer Aufteilung (lediglich) anhand des eingesetzten Kapitals.

Für die praktische Anwendung realistischer dürfte idR die Annahme sein, **499**
dass die Beteiligten aufgrund ihres **spezifischen Funktions- und Risikoprofils** in der Geschäftsbeziehung auch unterschiedlich hohe **Wertbeiträge**
leisten und dies bei der Höhe angemessenen Kapitalrendite und damit der
Ergebnisaufteilung zu berücksichtigen ist. Diese Differenzierung schließt
aber die Verwendung der angemessenen Kapitalrendite als Maßstab für die
Ermittlung der Wertbeiträge der Beteiligten nicht aus. Eine solche Vorgehensweise stellt eine weitere **Annährung** an DCF-Verfahren bzw. EVA dar,
bei denen sich unterschiedliche Funktions- und Risikoprofile ebenfalls in der
Höhe des verwendeten Zinssatzes bzw. Diskontierungsfaktors wiederspiegeln.

---

[432] Vgl. OECD-RL 2010, Tz. 2.145.

500   Die Verwendung der angemessenen Kapitalrendite kann neben der Ermittlung einer angemessenen Gewinnaufteilung auch als Instrument zur **Überprüfung** oder **Schätzung** von Verrechnungspreisen[433] eingesetzt werden.

3. Praktische Anwendung

a) Anwendung, Anwendungsbereich und Anwendungskonkurrenz

501   Die transaktionsbezogene Gewinnaufteilungsmethode findet insbesondere
Anwendung bei **überdurchschnittlich komplexen Transaktionen** bzw.
hoch integrierten Geschäftsbeziehungen. Ihre **Verbreitung in der
Praxis** hat in den letzten Jahren tendenziell zugenommen, was auf die zunehmende Bedeutung gemeinschaftlicher Projekte bzw. Joint Ventures und
damit einhergehend stärker integrierten Geschäftsbeziehungen zurückzuführen sein dürfte. Die gewachsene Bedeutung **immaterieller Werte** ist als weiterer Grund anzusehen.

Ein wesentliches Kriterium für die Anwendung der transaktionsbezogenen
Gewinnaufteilungsmethode ist die Einbringung besonderer Werte iRe Geschäftsbeziehung durch **mehrere Beteiligte,** typischerweise **Strategieträger**
bzw. **„Entrepreneure".** Ist nur einer der Beteiligten Strategieträger und ein
anderer Beteiligter an der Geschäftsbeziehung übt lediglich **Routinefunktionen** aus, ist die Anwendung einer **„one–sided method"** gegenüber der
transaktionsbezogenen Gewinnaufteilungsmethode idR zu bevorzugen.

502   Die **OECD** und die **deutsche FinVerw.** beurteilen die Anwendung einer
traditionellen geschäftsfallbezogenen Methode als vorrangig gegenüber der
Anwendung der transaktionsbezogenen Gewinnaufteilungsmethode.[434] Die
OECD erkennt jedoch an, dass bei bestimmten **Fallkonstellationen** die
Anwendung der transaktionsbezogenen Gewinnaufteilungsmethode zu verlässlicheren Ergebnissen als andere Verrechnungspreismethoden führt.[435] Der
Anwendungsvorrang im Verhältnis zur TNMM ist nicht definiert, jedoch
ist in der Praxis aufgrund der sich deutlich unterscheidenden Anwendungsbe-
reiche eine Methodenkonkurrenz kaum vorstellbar.

503   Die gem. den **US-VerrechnungspreisRL** geltende **Best Method
Rule**[436] sieht keine Definition des **Anwendungsbereichs** für eine der beiden zulässigen **Varianten**[437] der **Gewinnaufteilungsmethode** oder einen
generellen Anwendungsvorrang gegenüber anderen Verrechnungspreismethoden vor. Das für die Auswahl der am besten geeigneten Methode sehr
wichtige Kriterium der Verfügbarkeit von Daten über vergleichbare „nicht
kontrollierte" Transaktionen[438] iVm der hohen Bedeutung von Fremdvergleichsdaten für die Bestimmung einer angemessenen Gewinnaufteilung iRd
Gewinnaufteilungsmethode lässt aber eine potentielle **Anwendungskonkurrenz** mit der **Transaktionsvergleichsmethode** bzw. **Comparable Un-**

---

[433] Wie dies bspw. § 1 Abs. 4 AStG vor dessen Streichung iRd AmtshilfeRLUmsG
vorgesehen hatte.
[434] Vgl. OECD-RL 2010, Tz. 2.3; VGr-Verfahren, Tz. 3.4.10.3.c).
[435] Vgl. OECD-RL 2010, Tz. 2.4.
[436] Vgl. US-Regs. § 1.482–1(c).
[437] Vergleichsgewinnaufteilung bzw. Restgewinnaufteilung.
[438] Vgl. US-Regs. § 1.482–1(c)(2).

controlled Transactions Method ("CUT")[439] erkennen. Eine solche Konkurrenz ist gem. den allgemeinen Grundsätzen der US-Verrechnungspreisbestimmungen gegenüber allen anderen Verrechnungspreismethoden – und damit auch gegenüber der Gewinnaufteilungsmethode – zu Gunsten der CUT zu entscheiden.[440] Dieser **Anwendungsvorrang der CUT** setzt natürlich voraus, dass die erforderlichen transaktionsbezogenen Fremdvergleichsdaten identifiziert werden können. Ist dies der Fall, dürften die **praktischen Auswirkungen** der Anwendung der CUT an Stelle der Vergleichsgewinnaufteilung marginal bzw. nicht existent sein. Die potentielle Methodenkonkurrenz zwischen CUT und Gewinnaufteilungsmethode beschränkt sich auf **immaterielle Werte,** bei deren Einsatz bzw. Übertragung die CUT in erster Linie zur Anwendung kommen kann.[441]

IRd Lieferung von **Waren** oder der Erbringung von **Dienstleistungen** **504** kann die Gewinnaufteilungsmethode gem. den **US-VerrechnungspreisRL** ebenfalls zur Anwendung kommen,[442] üblicherweise jedoch nicht die CUT.[443] Hinsichtlich dieser Typen von Geschäftsbeziehungen besteht Anwendungskonkurrenz zwischen der Gewinnaufteilungsmethode und den anderen für diese Geschäftsbeziehungen in Betracht kommenden Verrechnungspreismethoden. Sofern die **Fremdvergleichsdaten** in Bezug auf einen der Beteiligten wesentlich besser sind als für die andere(n) Partei(en) in einer „kontrollierten" Geschäftsbeziehung, soll bevorzugt eine **„one-sided method"** mit dem jeweiligen Beteiligten als „tested party" verwendet werden. Die **Gewinnvergleichsmethode** bzw. **Comparable Profits Method** ist in solchen Fällen die empfohlene Alternative zur Gewinnaufteilungsmethode.[444] Abgesehen davon ist eine „one-sided method" dann gegenüber der Gewinnaufteilungsmethode zu bevorzugen

Eine wichtige und häufige Anwendung erfährt die Gewinnaufteilungsmethode in den USA in **Finanzgerichtsverfahren.** Häufig lösen Finanzgerichte komplexe Streitfälle unter Anwendung der Gewinnaufteilungsmethode.[445]

Kommt die transaktionsbezogene Gewinnaufteilungsmethode in der Praxis **505** zur **Anwendung,** kann diese idR nicht unmittelbar in produktbezogene Preise oder Margen umgesetzt werden, wie dies bei den traditionellen geschäftsfallbezogenen Methoden üblicherweise möglich ist. Stattdessen werden die für die jeweiligen Beteiligten vorgesehenen **Gewinn- bzw. Margenanteile** im Rahmen der Budgetierung, Planung und Vereinbarung der Verrechnungspreise zwischen den verbundenen Unternehmen bei der **Preiskalkulation** einbezogen. Es ist von der angewendeten Verrechnungspreissystematik und der zwischen den Beteiligten getroffenen (vertraglichen) Vereinbarung

[439] Vgl. US-Regs. § 1.482–4(c).
[440] Vgl. US-Regs. § 1.482–1(c)(2)(i).
[441] Die Anwendbarkeit der beiden Methoden iZm immateriellen Werten ergibt sich aus US-Regs. § 1.482–4(a).
[442] Vgl. US-Regs. § 1.482–3(a)(5) bzw. § 1.482–9(g).
[443] Bei diesen Transaktionstypen sind an Stelle der CUT die CUP bzw. die CUSP (Comparable Uncontrolled Service Price Method, vgl. US-Regs. § 1.482–9(c)(1)) die zur Verfügung stehenden Verrechnungspreismethoden.
[444] Vgl. US-Regs. § 1.482–8 Beispiel 9.
[445] Bspw. in National Semiconductor v. Commissioner vom 2.5.1994, T. C. Memo. 1994-195, 67 TCM (CCH) 2849, 2865-66 (1994).

abhängig, ob die Preiskalkulation als endgültige **Preisfestsetzung** gilt oder ob nach Ablauf einer Rechnungsperiode eine **Anpassung** an die endgültigen tatsächlichen Verhältnisse (zB die Wertbeiträge der jeweiligen Beteiligten) erfolgt. Die bei der **Angemessenheitsanalyse** ermittelten Gewinn- bzw. Margenanteile finden Verwendung als **Preiskomponente** und dienen darüber hinaus als **Renditekennziffer** zum Nachweis der Angemessenheit gegenüber Steuerbehörden.

b) Beitragsanalyse (Vergleichsgewinnaufteilung)

506   Bei der **Beitragsanalyse** (gem. **OECD**) bzw. **Vergleichsgewinnaufteilung** (gem. **US-VerrechnungspreisRL**) wird der aus einer Geschäftsbeziehung resultierende Gewinn bzw. Verlust zwischen den an der Geschäftsbeziehung beteiligten Parteien anhand ihrem anteiligen Beitrag zur gesamten iRd analysierten Geschäftsbeziehung erzielten Wertschöpfung aufgeteilt. Die Analyse erfolgt hinsichtlich der geleisteten Beiträge **aller an der Geschäftsbeziehung Beteiligten.** Der jeweilige Beitrag zur gesamten Wertschöpfung bzw. dessen Bewertung im Verhältnis zueinander wird bevorzugt anhand von **externen Fremdvergleichsdaten** ermittelt. Gem. der **OECD-RL 2010** kann bei Nichtverfügbarkeit externer Fremdvergleichsdaten auch auf **interne Daten** zurückgegriffen werden, um die als drittüblich erachtete Gewinnaufteilung zu bestimmen. Gegenstand der Gewinnaufteilung kann sowohl das **Rohergebnis** als auch das **Betriebsergebnis** sein, wobei Letzteres die üblichere Aufteilungsgrundlage darstellt.

507   Ein häufiger **Anwendungsbereich** für die Beitragsanalyse sind gemeinsame **Entwicklungsprojekte,** bei denen alle Beteiligte spezielle Wertbeiträge leisten, die nicht als Routinefunktionen qualifizieren. Gegenstand der Entwicklung sind dabei häufig **immaterielle Werte** wie bspw. technisches Know-how oder Markenrechte. Dementsprechend findet die Beitragsanalyse u. a. praktische Anwendung in der **Pharmaindustrie** oder bei Anbietern von hochwertigen **Konsumgütern.**

Beispiel (Fortsetzung des Beispiels aus Rn. 475): Die miteinander verbundenen Unternehmen A, B und C entwickeln gemeinsam ein neues Medikament. A führt mit hoch spezialisierten Fachkräften die kapitalintensive Grundlagenforschung durch und budgetiert hierfür einen Zeitaufwand von insgesamt 3550 Manntagen. B entwickelt das Produktionsverfahren mit einem voraussichtlichen Zeitaufwand von insgesamt 1200 Manntagen. C ist für die Durchführung des Testverfahren und die Zulassung des Medikaments verantwortlich, was zu einem erwarteten Zeitaufwand von insgesamt 7250 Manntagen führt.

Entgegen der ursprünglichen Planungen wird B nach Abschluss der Entwicklungsarbeiten und Zulassung des Medikaments die Produktion nicht durchführen. Stattdessen überlassen A, B und C die Nutzung des gemeinsam entwickelten Produkt-Knowhow und Produktions-Know-how an das nicht verbundene Unternehmen Z gegen eine Lizenzgebühr von 5 % der von Z mit dem Medikament erzielten Umsatzerlöse. A, B und C verpflichten sich dabei gegenüber Z zur weiteren Aktualisierung des iRd Lizenzvereinbarung überlassenen Know-how.

Auf Basis einer Analyse der vertraglichen Vereinbarungen zwischen nicht verbundenen Unternehmen in vergleichbaren Entwicklungsprojekten vereinbaren A, B und C eine Aufteilung der vereinnahmten Lizenzerträge iHv 60 % für A, 10 % für B und 30 % für C. Hieraus ergibt sich für das Jahr 01 die in nachfolgender Tabelle dargestellte voraussichtliche Gewinn- und Verlustrechnung.

GuV Pos.	GuV ges.	GuV A	GuV B	GuV C
Lizenzerträge	200	120	20	60
lfd. F&E	−33	−20	−3	−10
AfA	−15	−10	−5	0
Patentregistrierung, Rechtsberatung	−15	0	0	−15
Administration	−17	−5	−2	−10
Nettoergebnis	120	85	10	25

Beispiel (Abwandlung des Beispiels in dieser Rn.): Auf Basis einer Analyse der vertraglichen Vereinbarungen zwischen nicht verbundenen Unternehmen in vergleichbaren Entwicklungsprojekten vereinbaren A, B und C eine Aufteilung des Nettoertrages (vereinnahmte Lizenzerträge abzgl. lfd. Kosten) iHv 60% für A, 10% für B und 30% für C. Hieraus ergibt sich für das Jahr 01 die in nachfolgender Tabelle dargestellte voraussichtliche Gewinn- und Verlustrechnung.

GuV Pos.	GuV ges.	GuV A	GuV B	GuV C
Lizenzerträge	200	0	0	0
lfd. F&E	−33	−20	−3	−10
AfA	−15	−10	−5	0
Patentregistrierung, Rechtsberatung	−15	0	0	−15
Administration	−17	−5	−2	−10
Nettoertrag	120	0	0	0
Aufteilung Netto-ertrag	0	72	12	36

Joint Ventures sind ein weiterer typischer Anwendungsbereich für die Beitragsanalyse unabhängig davon, ob Ziel des Joint Ventures die Entwicklung neuer Techniken oder Verfahren ist. Häufig werden **Großprojekte** iRe Joint Ventures strukturiert, da mehrere Beteiligte zur Erreichung des Projektziels erforderlich sind. Beispiele hierfür sind **Explorationsprojekte** zur Erschließung von Rohstoffvorkommen oder die **Errichtung von Großanlagen** wie Kraftwerken oder Flughäfen. Die Entwicklung neuer Technologien oder Verfahren ist hierbei nicht das Kriterium für die Verwendung der Beitragsanalyse, sondern die **hohe Integration** der iRd Geschäftsbeziehung durchgeführten **Geschäftsprozesse,** welche die Anwendung einer „**onesided method"** als nicht angemessen erscheinen lässt.

Von besonderer Schwierigkeit ist bei Anwendung der Beitragsanalyse die Ermittlung der Wertbeiträge, wenn **Erfahrungen** oder **immaterielle Werte** bereits **vor längerer Zeit** durch einen Beteiligten entwickelt wurden und nun iRe gemeinsamen Projektes zur Weiterentwicklung dieser Werte oder zur Entwicklung völlig neuer Werte eingebracht werden. Die **Bewertung** auf den aktuellen **Einbringungszeitpunkt** stellt in der Praxis eine große Herausforderung dar. Zusätzlich erschwert wird die Bewertung, wenn die

Vorentwicklung durch **mehrere Beteiligte** erfolgt ist und/oder die Entwicklung über einen **längeren Zeitraum** mit ggf. mehreren **Zwischen-
schritten** stattgefunden hat.

509   Neben Verträgen über Joint Ventures und Entwicklungsprojekte können
auch **Lizenzvereinbarungen** zwischen fremden Dritten eine Quelle der für
die Festlegung der Gewinnaufteilung bevorzugten Fremdvergleichsdaten sein.
Derartige Verträge oder typische **Lizenzsätze** können u.a. über öffentlich
zugängliche **Datenbanken** identifiziert werden, wenngleich nur ein Teil der
tatsächlich geschlossenen Vereinbarungen auf diese Weise verfügbar ist. Eine
Wechselwirkung zwischen der Gewinnaufteilung nach der Beitragsanalyse
und den zwischen fremden Dritten vereinbarten Lizenzsätzen besteht dahingehend, dass der **objektive Wert** des überlassenen Wirtschaftsgutes für den
Nutzer entscheidenden Einfluss auf die Höhe der **Lizenzgebühr** hat. Umgekehrt kann aus der Höhe der Lizenzgebühr und den übrigen **Umständen
der Überlassung** (bspw. Dauer der Überlassung, Erhaltung und Schutz des
Werts durch den Inhaber bzw. durch den Lizenznehmer) auf den **Wert des
überlassenen Wirtschaftsgutes** geschlossen werden.

c) Restgewinnanalyse (Restgewinnaufteilung)

510   Die **Restgewinnanalyse** (gem. **OECD**) bzw. **Restgewinnaufteilung**
(gem. **US-VerrechnungspreisRL**) erfolgt in einem **zweistufigen Prozess,**
in dessen Verlauf zunächst die iRd analysierten Geschäftsbeziehung ausgeübten
Routinefunktionen vergütet werden, bevor der **residuale Gewinn bzw.
Verlust** auf die Beteiligten verteilt wird, die spezifische **Nicht-Routinefunktionen** ausüben und entsprechende Wertbeiträge leisten. M.a.W. ist der Gewinnaufteilung eine andere Form der Vergütung vorgeschaltet, weil iRe Geschäftsbeziehung auch Routinefunktionen ausgeübt werden.

In ähnlicher Weise wie Routinefunktionen sind **Leistungen** zu beurteilen,
die zur **Durchführung** eines Entwicklungsprojektes oder Joint Ventures erforderlich sind, aber selbst nicht als spezifische Wertbeiträge einzelner Beteiligter an der Geschäftsbeziehung qualifizieren. Beispiele hierfür sind **Unterstützungsleistungen** iRd Global Trading von Finanzinstrumenten (Führen
der Handelsbücher, Risikomanagement), mit der Entwicklung eines neuen
Produkts in Verbindung stehende **Produktionsleistungen** oder die **Durchführung von Testverfahren.**

511   Die **Vergütung** der **Routinefunktionen** erfolgt üblicherweise gem. der
allgemeinen Grundsätze (u.a. anhand des Funktions- und Risikoprofils des
Leistenden sowie der Marktverhältnisse) und auf Basis einer der **traditionellen geschäftsfallbezogenen Methoden.** Die Gewinnaufteilung iRd zweiten Schritts der Restgewinnanalyse unterscheidet sich nicht grundsätzlich von
jeder anderen Form der **Gewinnaufteilung,** bei der spezifische **Wertbeiträge** mehrerer Beteiligter zueinander ins Verhältnis gesetzt werden und hieraus
ein angemessener **Maßstab zur Aufteilung der Erträge** ermittelt wird. Es
besteht die Möglichkeit, die residualen Erträge auf **Brutto- oder Nettoebene** aufzuteilen.

Beispiel (Fortsetzung des Beispiels aus Rn. 475): Die miteinander verbundenen Unternehmen A, B und C entwickeln gemeinsam ein neues Medikament. A führt
mit hoch spezialisierten Fachkräften die kapitalintensive Grundlagenforschung durch

und budgetiert hierfür einen Zeitaufwand von insgesamt 3550 Manntagen. B entwickelt das Produktionsverfahren mit einem voraussichtlichen Zeitaufwand von insgesamt 1200 Manntagen und wird später für den Aufbau der Produktionsanlagen und die Produktion des Medikaments zuständig sein. C ist für die Durchführung der Testverfahren und die Zulassung des Medikaments verantwortlich, was zu einem erwarteten Zeitaufwand von insgesamt 7250 Manntagen führt. Das von B produzierte Medikament wird an nicht verbundene Zwischenhändler verkauft.

A, B und C vereinbaren die Vergütung der von B erbrachten Produktionsleistungen (inkl. AfA auf Produktionsanlagen) auf Basis der Kostenaufschlagsmethode mit einem Gewinnaufschlag von 5%. Das nach Abzug dieser Vergütung verbleibende Ergebnis wird auf Basis einer Analyse der vertraglichen Vereinbarungen zwischen nicht verbundenen Unternehmen in vergleichbaren Geschäftsbeziehungen aufgeteilt mit 60% für A, 10% für B und 30% für C. Hieraus ergibt sich für das Jahr 01 die in nachfolgender Tabelle dargestellte voraussichtliche Gewinn- und Verlustrechnung.

GuV Pos.	GuV ges.	GuV A	GuV B	GuV C
Produktionskosten	−550	0	−550	0
lfd. F&E	−35	−20	−5	−10
AfA	−60	−10	−50	0
Patentregistrierung, Rechtsberatung	−15	0	0	−15
Administration	−25	−5	−10	−10
Zw.Ergebnis	−685	−35	−615	−35
Umsatzerlöse	1000	0	0	0
Vergütung Produktionsleistungen	−630	0	630	0
Residual	370	0	0	0
Aufteilung Residual	0	222	37	111
Nettoergebnis	315	187	52	76

Beispiel (Abwandlung des Beispiels in dieser Rn.): A, B und C vereinbaren die Vergütung der von B erbrachten Produktionsleistungen (inkl. AfA auf Produktionsanlagen) auf Basis der Kostenaufschlagsmethode mit einem Gewinnaufschlag von 5%. Das nach Abzug dieser Vergütung sowie der übrigen Kosten verbleibende Ergebnis wird auf Basis einer Analyse der vertraglichen Vereinbarungen zwischen nicht verbundenen Unternehmen in vergleichbaren Geschäftsbeziehungen aufgeteilt mit 60% für A, 10% für B und 30% für C. Hieraus ergibt sich für das Jahr 01 die in nachfolgender Tabelle dargestellte voraussichtliche Gewinn- und Verlustrechnung.

GuV Pos.	GuV ges.	GuV A	GuV B	GuV C
Produktionskosten	−550	0	−550	0
lfd. F&E	−35	−20	−5	−10
AfA	−60	−10	−50	0
Patentregistrierung, Rechtsberatung	−15	0	0	−15
Administration	−25	−5	−10	−10

GuV Pos.	GuV ges.	GuV A	GuV B	GuV C
Zw.Ergebnis	−685	−35	−615	−35
Umsatzerlöse	1000	0	0	0
Vergütung Produktionsleistungen	−630	0	630	0
Kosten	−85	0	0	0
Residual	285	0	0	0
Aufteilung Residual	0	171	28,5	85,5

512 Ebenso wie die Aufteilung eines Restgewinns kann auch die Aufteilung eines **verbleibenden Verlustes** erfolgen. Insoweit unterscheidet sich die Restgewinnaufteilung nicht von anderen Formen der Gewinnaufteilung. Die **Vergütung der Routinefunktionen** ist im Normalfall unbeeinflusst von der Entstehung eines Verlustes, da dieser (ebenso wie ein Gewinn) den **Strategieträgern** in der Geschäftsbeziehung zuzuordnen ist.

Beispiel (Abwandlung des zweiten Beispiels aus Rn. 511, Aufteilung des Nettoergebnisses): Sachverhalt wie im Beispiel. Jedoch ist die Erwartung der Umsatzerlöse aufgrund neuer Absatzplanungen zu revidieren. Die Produktionskosten passen sich an die geänderte Absatzplanung aufgrund eines hohen Fixkostenanteils unterproportional an, die AfA auf Produktionsanlagen sowie die übrigen Kosten bleiben unverändert.

GuV Pos.	GuV ges.	GuV A	GuV B	GuV C
Produktionskosten	−450	0	−450	0
lfd. F&E	−35	−20	−5	−10
AfA	−60	−10	−50	0
Patentregistrierung, Rechtsberatung	−15	0	0	−15
Administration	−25	−5	−10	−10
Zw.Ergebnis	−585	−35	−515	−35
Umsatzerlöse	600	0	0	0
Vergütung Produktionsleistungen	−525	0	525	0
Kosten	−85	0	0	0
Residual (Verlust)	−10	0	0	0
Aufteilung Residual	0	−6	−1	−3

513 Es kann im Einzelfall zu hinterfragen sein, ob es bei einem verbleibenden **Verlust** angemessen ist, die Aufteilung nach den **gleichen Maßstäben** vorzunehmen wie in **Gewinnsituationen**. Die **Konsistenz** der Aufteilung spricht dafür, dies zu tun. Denn der Beteiligte mit dem anteilig größten **Wertbeitrag** erhält in Gewinnsituationen auch den größten Teil des Restgewinns, so dass die Zuordnung des entsprechend größten Teils des residualen Verlustes auf diesen Beteiligten konsequent erscheint. Andererseits kann es auch eine Frage der **wirtschaftlichen Angemessenheit** sowie der **vertraglichen Gestaltung** (inkl. Zuordnung des allgemeinen **Geschäftsrisikos**) sein, ob der Beteiligte, der iRe Geschäftsbeziehung den größten Wertbeitrag leistet, hierfür mit dem größten Anteil am Verlust „belohnt" werden darf. IdZ ist uU auch die **Ursache des Verlustes** sowie die **Begründung** für die Höhe der Wertbeiträge der einzelnen Beteiligten zu analysieren.[446]

Die **OECD** unterbreitet **Alternativen** zur Aufteilung des Restgewinns **514** bzw. Verlustes anhand des anteiligen **Wertbeitrages** jedes Beteiligten.

Eine der möglichen Alternativen zieht als erste Komponente der Vergütung den **niedrigsten anzunehmenden Preis für den Verkäufer** und den **höchsten anzunehmenden Preis für den Käufer** heran. Die Differenz zwischen den beiden Preisen wird als zweite Komponente der Vergütung unter dem Gesichtspunkt einer simulierten **Verhandlung** zwischen Verkäufer und Käufer aufgeteilt und anhand dieser „Restgewinnaufteilung" aus beiden Komponenten der **Endpreis** bzw. die **endgültige Vergütung** ermittelt.[447] Diese Vorgehensweise erscheint insbesondere bei Geschäftsbeziehungen zwischen zwei oder **nicht wesentlich mehr als zwei Beteiligten** als eine praktikable Alternative. Bei einer höheren Zahl von Beteiligten an der Geschäftsbeziehung ist diese Form der Aufteilung vergleichsweise komplex und schwer überschaubar, da eine Mehrzahl sich einander bedingender **Einigungsbereiche** und **Verhandlungslösungen** zu ermitteln sind.

Eine weitere Alternative zur Aufteilung auf Basis anteiliger Wertbeiträge ist **515** die Ermittlung der **Ertragserwartungen** der Beteiligten.[448] Dabei kann Gegenstand der Aufteilung sowohl das **Gesamtergebnis** auf Brutto- oder Nettoebene als auch das **residuale Ergebnis** nach Vergütung von Routinefunktionen sein. Diese Form der Gewinnaufteilung basiert auf der Grundannahme, dass jeder Beteiligte mit der Durchführung einer Geschäftsbeziehung gewisse Ertragserwartungen verknüpft, die u. a. auch von der Höhe der getätigten **Investitionen** abhängig sind. Besonders deutlich wird diese Überlegung iZm gemeinsamen **Entwicklungsprojekten** mehrerer Beteiligter. Die Durchführung derartiger Projekte wird idR detailliert geplant und die **Nutzen- bzw. Ertragsanalyse** ist ein wesentlicher Bestandteil der Projektplanung. Bei der Ermittlung der erwarteten Erträge kommen üblicherweise **finanzmathematische Verfahren** zur Anwendung wie bspw. **Discounted Cash Flow Analysen.**

Gem. den **US-VerrechnungspreisRL** erfolgt die Gewinnaufteilung iRd **516** Restgewinnaufteilung im ersten Schritt zur Vergütung der **Routinefunktionen** anhand **externer Fremdvergleichsdaten.** Der zweite Schritt zur Vergütung der **Nicht-Routinefunktionen** kann auch auf **anderer Grundlage**

---

[446] S. hierzu auch die Situation im Beispiel unter 511: A erhält mit 60 % den größten Anteil am Restgewinn aufgrund des überwiegenden Beitrags von A zur Entwicklung der immateriellen Werte sowie der idZ getätigten Investitionen. A ist als technischer Entwickler jedoch nicht unmittelbar verantwortlich für den nicht ausreichenden Vermarktungserfolg des Endprodukts.

[447] Vgl. OECD-RL 2010, Tz. 2.122.

[448] Vgl. OECD-RL 2010, Tz. 2.123.

als auf externen Fremdvergleichsdaten basieren, allerdings ist dann die **Verlässlichkeit** der Aufteilung als verringert anzusehen.[449]

Grundsätzlich wird der Möglichkeit der **Vergleichbarkeit** der „kontrollierten" mit „nicht kontrollierten" Geschäftsbeziehungen ein hoher Stellenwert bei der Durchführung der Aufteilung eingeräumt. Wichtig sind dabei insbesondere Verfügbarkeit, Qualität und Verlässlichkeit der für die Aufteilung benötigten Daten. Zu den benötigten Daten gehören hierbei neben Fremdvergleichsdaten und anderen Anhaltspunkten für eine angemessene Restgewinnaufteilung insbesondere die **internen Finanzdaten,** die für alle Beteiligte in Bezug auf die **analysierte Geschäftsbeziehung** verfügbar sein müssen. UU ist die Durchführung einer **anderen Methode** gegenüber der Gewinnaufteilung zu bevorzugen, wenn damit eine **Verbesserung der Datenqualität** einhergeht und die Verrechnungspreisermittlung damit ebenfalls an Qualität gewinnt. Bspw. kann die Anwendung einer **„one-sided method"** angebracht sein, wenn nicht für alle der an einer Geschäftsbeziehung beteiligten Parteien die erforderlichen Daten ermittelt werden können.

517   Im Ergebnis unterliegt die Anwendung der Restgewinnaufteilung gem. den **US-VerrechnungspreisRL** stärkeren **Vorgaben** und **Einschränkungen,** als dies für die von der OECD definierte Restgewinnanalyse der Fall ist.

518–524   *(einstweilen frei)*

---

[449] Vgl. US-Regs. § 1.482–6(c)(3)(ii)(D).

Kapitel E: Dokumentation der Verrechnungspreise

Übersicht

I. OECD – Dokumentation

Seit der **Einführung der Dokumentationsvorschriften durch die** 1
USA im Jahre 1994 werden Dokumentationsvorschriften auch auf Ebene der
OECD diskutiert. Die Anforderungen der einzelnen Staaten und deren
Wünsche variieren erheblich. Allgemein verbindliche Standards für alle
OECD-Staaten wurden erst im Sommer 2014 festgelegt. Einige Fragen bleiben allerdings weiter offen.

Die **OECD Guidelines von 2010** nehmen zu einzelnen Elementen Stellung, geben aber keinen allgemeinen Rahmen zur Dokumentation. Es hatte
mehrere Versuche gegeben, allgemein verbindliche Standards zu setzen. Allerdings konnte bei diesen Initiativen keine Einigung erzielt werden. In der
Zwischenzeit haben zahlreiche Staaten sehr unterschiedliche Dokumentationsvorschriften erlassen. Für die Wirtschaft führen diese teilweise inkompatiblen Dokumentationsvorschriften zu einer großen Mehrbelastung. Diese
unterschiedlichen Vorschriften bringen auch für die Verwaltung erheblichen
Mehraufwand und große Verzögerungen bei Außenprüfungen und Verständigungsverfahren.

Die **WP 6 der OECD** untersuchte in den Jahren 2010 und 2011 die unterschiedlichen Dokumentationsvorschriften der OECD-Länder und anderer
Staaten. Im Juli 2013 veröffentlichte die OECD das **White Paper** zur Dokumentation, um eine gemeinsame Diskussionsbasis für das weitere Vorgehen
zu schaffen.

Das White Paper sowie das Zusammenwirken von **BEPS** (Base Erosion
and Profit Shifting) und Verrechnungspreisen wurden danach intensiv zwischen dem **Committee of Fiscal Affairs,** der **WP 6** und interessierten Par-

teien besprochen. Aus den Diskussionen resultierte am 30. Januar 2014 der **Diskussionsentwurf zur Dokumentation** und zum **CbC-Reporting** (dem **Country-by-Country-reporting**/länderspezifischem Berichtswesen). Am 16. September 2014 veröffentlichte die OECD iRd OECD/G20 Base Erosion and Profit Shifting Projects die **„Guidance on Transfer Pricing Documentation and Country-by-Country Reporting"**. Sie ersetzen das alte Kapitel V Dokumentation der OECD. Die nachfolgenden Ausführungen basieren auf diesem neuen Chapter V. Sie geben weitgehend unverändert den Diskussionsstand der OECD vom 16.9.2014 wieder, ergänzt durch Hinweise aus dem White Paper der OECD vom Juli 2013 und aus dem Diskussionsentwurf vom Januar 2014.

1. Ziele

2   Das alte **Kapitel V der OECD** Verrechnungspreisrichtlinien wird in seiner Gesamtheit gestrichen und durch die nachfolgenden Ausführungen ersetzt.

Die Vorschriften für die Dokumentation der Verrechnungspreise sollen die Transparenz erhöhen und die Kosten für die Wirtschaft in erträglichen Grenzen halten. Die Dokumentation soll **den relevanten Finanzverwaltungen** zur Verfügung gestellt werden und diese über die Zuordnung des Einkommens, über die wirtschaftlichen Aktivitäten und über die gezahlten Steuern informieren.

Diese Vorschriften sollen den verschiedenen Finanzverwaltungen eine **Anleitung** geben, welche Verfahren sie im Rahmen von **Verrechnungspreisfragen** oder ihrer **Risikoeinschätzung** anwenden und welche Unterlagen sie von Steuerpflichtigen anfordern. Die Staaten behalten allerdings weiterhin ihre volle **Souveränität** und können ihre Vorschriften gestalten, soweit sie nicht mit den bestehenden internationalen Vereinbarungen kollidieren.

Die Guidelines zeigen den Steuerpflichtigen, wie sie ihre Dokumentation so durchführen, dass sie dadurch die Angemessenheit ihrer Transaktionen nachweisen, Verrechnungspreisprobleme lösen und Außenprüfungen erleichtern (§§ 1, 2 Kapitel V).

Das Kapitel V verfolgt für die Dokumentation insbesondere **drei Ziele:**
– Die Dokumentationsvorschriften sollen den **Steuerpflichtigen** zeigen, wie sie Verrechnungspreise festlegen, die Rahmenbedingungen zwischen verbundenen Unternehmen setzen und das Berichtswesen für das Einkommen aus diesen Transaktionen im Rahmen ihrer Steuererklärungen gestalten.
– Die Dokumentation soll der Finanzverwaltung die Informationen geben, die notwendig sind, um die **Risiken aus der Verrechnungspreisgestaltung** beurteilen zu können.
– Die Dokumentation soll den Steuerverwaltungen die **Informationen** geben, die sie benötigen, um eine gründliche **Prüfung der Verrechnungspreispraktiken** der Unternehmenseinheiten vorzunehmen, die in ihrem rechtlichen Geltungsbereich tätig sind, auch wenn weiterhin zusätzliche **Fragen im Rahmen von Betriebsprüfungen** beantwortet werden können (§§ 4, 5).

3   Es ist wichtig, dass die Steuerpflichtigen am Zeitpunkt der Abgabe der Steuererklärungen oder vorher wissen, welche Vorschriften sie in Hinblick

auf die **Verrechnungspreisvorschriften** zu erfüllen haben. Die Finanzverwaltungen sollen Zugang zu den Informationen erhalten, die sie benötigen, um die **Risiken richtig einschätzen** zu können und die Entscheidungen über die Prüfung der Verrechnungspreise zu treffen. Die Informationen sollen der Finanzverwaltung ermöglichen, die richtigen Entscheidungen und **Vorbereitungen in Hinblick auf Außenprüfungen** zu treffen. Außerdem sollen sie der Finanzverwaltung zusätzliche Informationen geben, um die Außenprüfung durchzuführen, sobald die Entscheidung über die Außenprüfungen getroffen sind (§ 6).

2. Die Verbesserung der Einschätzung seiner Berichtspflichten für den Steuerpflichtigen

Die Dokumentationsvorschriften sollen dem Steuerpflichtigen die Grund- 4 lage für eine **solide, konsistente und stichhaltige Darstellung seiner Verrechnungspreissituation geben.** Sie sollen außerdem eine Kultur der Erfüllung von Verrechnungspreisberichtspflichten schaffen. Eine **gut vorbereitete Verrechnungspreisdokumentation** soll auch den Finanzbehörden eine gewisse Sicherheit geben, dass der Steuerpflichtige seine Verrechnungspreise analysiert hat, die zu den Ergebnissen führten, die letztlich in seine Steuererklärung mündeten. Eine **zeitnahe Verrechnungspreisdokumentation** soll letztlich auch den Steuerpflichtigen davor schützen, erst später seine Verrechnungspreise rechtfertigen zu müssen (§ 7).

Diese Berichtspflichten können durch zwei Maßnahmen unterstützt werden: Erstens kann die Finanzverwaltung verlangen, dass die Verrechnungspreisdokumentation **zeitnah** zu **erstellen** und **einzureichen** ist. Die Dokumentation könnte zur **Zeit der Transaktionen** zu erstellen sein oder spätestens am **Zeitpunkt der Einreichung** der Steuererklärungen für das Jahr, in dem die Transaktionen erfolgten. Die zweite Möglichkeit wäre, die Befolgung der Berichtspflichten mit **Strafmaßnahmen** zu unterstützen, um dadurch einen Anreiz zur zeitgerechten und sorgfältigen Erstellung zu geben (§ 8).

Idealerweise sollten die Berichtspflichten dem Steuerpflichtigen als eine Möglichkeit erscheinen, seine Verrechnungspreissysteme gut durchdacht zu präsentieren und dadurch Argumenten gegen Kosten, Zeitaufwand und bessere Verwendung von Mitarbeitern zu begegnen. Es ist daher wichtig, dass die Staaten die Verrechnungspreisvorschriften vernünftig gestalten und auf die **wichtigsten Transaktionen** zielen, um eine aussagekräftige Berichterstattung zu erhalten (§ 9).

3. Die Verbesserung der Einschätzung von Risiken aus Verrechnungspreisen durch die Finanzverwaltung

Die **Einschätzung der Risiken** und deren Bewertung bilden einen we- 5 sentlichen ersten Schritt, um die richtige **Auswahl der geprüften Unternehmen** zu treffen und die richtigen **Schwerpunkte der Prüfung** zu legen. Da die Finanzbehörden nur über beschränkte Ressourcen verfügen, ist es für sie wichtig, zu sehen, ob die Verrechnungspreisbeziehungen des Steuerpflichtigen deren genaue Prüfung erfordern. Verrechnungspreise sind oft sehr komplex und erfordern eine Prüfung zahlreicher Fakten. Es ist daher erforderlich, dass die Finanzbehörden die Risiken der Verrechnungspreise richtig einschätzen können, um die Außenprüfungen richtig zu planen. Das OECD-Handbuch der Einschätzung der Verrechnungspreisrisiken ist ein nützliches Instrument, die Risiken richtig zu beurteilen (§ 10).

Um die Risiken richtig einschätzen zu können, benötigt die Finanzverwaltung Informationen, die ausreichend, relevant und zuverlässig sind. Es existieren zahlreiche Quellen dieser Informationen; die Dokumentation der Verrechnungspreise ist eine der wichtigsten (§ 11).

Es bestehen unterschiedliche Möglichkeiten und Informationsquellen, um Transferpreisrisiken des Steuerpflichtigen und seiner Transaktionen zu identifizieren und zu bewerten. Zu diesen gehören **Formblätter,** die auszufüllen und zusammen mit den Steuererklärungen einzureichen sind, **Fragebögen** in Hinblick auf bestimmte Risikogebiete, **allgemeine Vorschriften** zur Verrechnungspreisdokumentation, welche ermöglichen festlegen, ob der Steuerpflichtige seine Dokumentationsverpflichtungen erfüllt, und **Gespräche** zwischen dem Steuerpflichtigen und der Finanzverwaltung. Jedes dieser Instrumente hat dasselbe Ziel: die Finanzverwaltung benötigt frühzeitigen Zugang zu relevanten Informationen, um eine genaue Risikoeinschätzung treffen zu können. Ein wesentliches Ziel der Dokumentationsvorschriften besteht daher darin, die Qualität und die Effizienz der Risikoeinschätzung zu erhöhen und dafür die richtigen Informationen zur Verfügung zu stellen (§ 12).

6   Das **Whitepaper** vom Sommer 2013 hat auf **neun Gebieten des Transfer Pricing** die folgenden Risiken gesehen:
– Signifikante Transaktionen mit **Niedrigsteuerländern**
– Transfer von **Intangibles** zwischen verbundenen Unternehmen
– Umstrukturierungen
– Zahlungen zwischen verbundenen Unternehmen, welche möglicherweise die Steuerbasis erodieren; zu diesen gehören **Zinsen, Versicherungsprämien und Lizenzgebühren**
– Mehrjährige **Verluste**
– Schwache oder **fehlende Dokumentation** der Transaktionen zwischen verbundenen Unternehmen und ihrer Ergebnisse
– Exzessive Verbindlichkeiten

Um diese Risiken prüfen zu können, schlug das **Whitepaper** vor, die Dokumentation solle sich auf folgende Gebiete konzentrieren:
– Aufzeigen **materieller grenzüberschreitender Transaktionen** zwischen verbundenen Unternehmen; zu diesen gehören wesentliche Zahlungen für Waren, Dienstleistungen, Intangibles und Zinsen;
– Aufzeigen von **Umstrukturierungen** und dem Transfer von **Intangibles**
– Informationen über **Verbindlichkeiten** zwischen verbundenen Unternehmen und **Zinszahlungen** an verbundene Unternehmen
– Informationen über die Verrechnungspreissysteme multinationaler Unternehmen und die sich daraus ergebenden finanziellen Auswirkungen. Insbesondere sei zu zeigen, wo die wesentlichen **Intangibles** gehalten werden. Außerdem sollen alle existierenden **APAs** und **Rulings** der verschiedenen Staaten zur Einkommensallokation aufgezeigt werden.

– Die Erläuterung des Steuerpflichtigen, wie die wesentlichen Verrechnungspreise mit dem **Fremdvergleichsgrundsatz** und den örtlichen Verrechnungspreisvorschriften korrelieren.

Das **Whitepaper** sah die Darstellung der **großen Zusammenhänge** als 7
wesentlich an, insbesondere wenn Einkommen von Hochsteuerländern in
Niedrigsteuerländer verlagert oder völlig steuerfrei gestellt wird. Während
sich die lokalen Dokumentationsvorschriften oft einseitig auf deren funktionale und finanzielle Transaktionen konzentrieren, erfordere die genaue Analyse einen breiteren Überblick.

Beispiel: Ein Konzern mit Hauptsitz in einem Hochsteuerland ordnet 85 % seines
Einkommens Niedrigsteuerländern zu, während sich 80 % seiner Angestellten und seiner Vermögensgegenstände in Hochsteuerländern befinden. Eine solche Verteilung erfordert mehr Aufmerksamkeit als ein Fall, in dem Mitarbeiter, Vermögensgegenstände
und Einkommen gleichmäßiger verteilt sind.

4. Prüfung der Verrechnungspreise

Die Verrechnungspreisdokumentation soll den Finanzbehörden die Unter- 8
lagen bereit stellen, welche diese benötigen, um die Verrechnungspreise zu
prüfen. Die Prüfung der Verrechnungspreise erfordert **viele Daten.** Oft haben schwierige Bewertungen in Bezug auf die **Vergleichbarkeit** von Transaktionen und Märkten zu erfolgen. Dies kann die detaillierte Analyse von finanziellen, faktischen und anderen Industrieinformationen erfordern. Die
Verfügbarkeit aussagekräftiger Informationen aus einer Vielzahl von Quellen
ist erforderlich, um die Transaktionen des Steuerpflichtigen mit verbundenen
Unternehmen ordnungsgemäß zu prüfen und die Anwendung adäquater Verrechnungspreisverfahren zu erreichen (§ 13).

Sofern die Risikoanalyse ergibt, dass einzelne Tatbestände gründlich zu
prüfen sind, ist es erforderlich, dass die Finanzverwaltung innerhalb einer **angemessenen Zeit** alle **relevanten Dokumente** erhält, die sich in den Händen des Steuerpflichtigen befinden. Diese beinhalten auch die Informationen
über die Maßnahmen und Funktionen des Steuerpflichtigen, die relevanten
Maßnahmen, Funktionen und finanziellen Ergebnisse der verbundenen Unternehmen, mit denen der Steuerpflichtige im Leistungsaustausch steht, Informationen über Vergleichsdaten und Informationen über die Aktivitäten
und Finanzergebnisse von möglicherweise vergleichbaren Fremden Dritten.
Sofern die Verrechnungspreisdokumentation diese Informationen umfasst,
müssen diese nicht notwendigerweise zusätzlich bereitgestellt werden. Auch
bei sehr umfassenden Dokumentationen wird es immer wieder Situationen
geben, in denen die Finanzverwaltung **zusätzliche Informationen** benötigt, wenn diese nicht in ihr enthalten sind. Das Recht auf Informationen
kann daher **nicht durch die Bereitstellung eines Dokumentationspake-
tes beschränkt** werden. Allerdings sollte der Verwaltungsaufwand des Steuerpflichtigen und das Recht der Finanzverwaltung auf Information in einem
ausgewogenen Verhältnis stehen (§ 14).

Oft befinden sich die Dokumente und anderen Informationen, welche für
die Prüfung der Verrechnungspreise erforderlich sind, nicht im Besitz des geprüften Unternehmens, sondern in dem einer **anderen verbundenen Ge-**

sellschaft. Häufig befinden sie sich **außerhalb des Staates,** in dem die Verrechnungspreisprüfung erfolgt. Es ist daher erforderlich, dass die Finanzverwaltung Zugang zu diesen ausländischen Informationen direkt oder im Rahmen eines Informationsaustausches erhält (§ 15).

5. Grundsätze zur Erstellung der Dokumentation

9   Die Verrechnungspreisdokumentation soll helfen, eine **Kultur der Bereitstellung** von Informationen zu schaffen. Dies soll dem Steuerpflichtigen ermöglichen, solide und konsistente Positionen zu beziehen. Eine gut vorbereitete Dokumentation soll der Finanzverwaltung den Eindruck geben, dass der Steuerpflichtige seine Situation **analysiert hat, bevor er seine Steuererklärungen erstellt,** dass er die **Vergleichsdaten** überprüft hat und dass er **konsistente** Verrechnungspreispositionen erreicht hat. Außerdem soll eine zeitnahe Verrechnungspreisdokumentation dem Steuerpflichtigen helfen, nicht erst später Gründe für seine Positionen finden zu müssen.

6. Struktur des Dokumentationspaketes

10   Die Staaten sollen ihren Dokumentationsansatz standardisieren und einen Ansatz auf drei Ebenen strukturieren. Das **EU Masterfile-System** wird als Vorbild betrachtet, um die Dokumentationserstellung zu vereinfachen, und wird durch das Country-by-Country-Reporting ergänzt. Die Struktur der drei Ebenen ist wie folgt:
(1) Ein **Masterfile,** der standardisierte Informationen bereitstellt, die für alle Unternehmen der Gruppe relevant sind,
(2) Eine **Countryfile,** der die wesentlichen Transaktionen der lokalen Gesellschaft beschreibt, und
(3) Ein **Country-by-Country-Report,** der Informationen über die globale Allokation des Einkommens und der bezahlten Steuern des multinationalen Unternehmens gibt, zusammen mit Indikatoren über die wirtschaftlichen Aktivitäten an den Standorten (§ 16).

7. Masterfile

11   Der Masterfile soll **standardisierte Informationen** beinhalten, die **für alle Gesellschaften der Gruppe** relevant sind. Er soll ein ausreichend **vollständiges Bild des globalen Geschäfts,** der Finanzberichterstattung, der Struktur der Verbindlichkeiten, der Steuersituation und der Verteilung des Einkommens im Konzern geben, welches es den Finanzbehörden erlaubt, etwaige wesentliche Risiken zu erkennen.

Informationen, die für alle Staaten relevant sind, können zentral gesammelt und im Rahmen des **Masterfiles** den interessierten Staaten zur Verfügung gestellt werden. Diese zentrale Dokumentation soll einen **Überblick** über die **Geschäftsbeschreibungen** und über die **Funktionsanalyse** geben und außerdem Informationen zu **konsolidiertem Einkommen, Steuersätzen** und der **Struktur der Verbindlichkeiten** bereitstellen. Sie kann außerdem

Umstrukturierungen und Transfers von **Intangibles** aufzeigen. Der Masterfile sollte jedoch keine Verrechnungspreisanalyse für einzelne Transaktionen beinhalten. Diese sollte im Rahmen der lokalen Verrechnungspreisdokumentation erfolgen (§ 18).

Der Masterfile soll in **fünf Kategorien** eingeteilt werden:
a) Informationen über die **Organisation** des Konzerns,
b) Beschreibung des **Geschäfts** beziehungsweise der Geschäftsbereiche des Konzerns,
c) Informationen über die **Intangibles** des Konzerns,
d) Informationen über die **Finanzaktivitäten** des Konzerns und
e) nformationen über die **finanzielle und steuerliche Situation** des Konzerns (§ 19).

Bei Konzernen mit mehr als einem Geschäftsbereich sollte der Konzern die Wahl haben, den Masterfile entweder auf **Gesamtkonzernebene** oder auf **Geschäftsbereichsebene** zu erstellen, sofern die einzelnen Geschäftsbereiche weitgehend unabhängig arbeiten, abhängig von der Aussagefähigkeit des umfassten Bereiches. Zentrale Funktionen des Konzerns und die Transaktionen zwischen den Geschäftsbereichen müssen dokumentiert werden. Bei der Dokumentation auf Geschäftsbereichsebene sollte der gesamte Masterfile einschließlich aller Geschäftsbereiche jedem Staat zur Verfügung gestellt werden (§ 20).

Der nachfolgende **Annex I** zu Kapitel V beinhaltet die Informationen, die im Masterfile zu dokumentieren sind (§ 21).

8. Landesdokumentation – Local file

Die **Landesdokumentation** ergänzt den Masterfile und zeigt, wie der 12 Steuerpflichtige den Fremdvergleichsgrundsatz in seinen wesentlichen Transaktionen in einem Staat berücksichtigt hat.

Soweit die Verwaltung der einzelnen Länder Zugang zu dem Masterfile hat, kann sich die **lokale Dokumentation** auf materielle grenzüberschreitende Transaktionen beschränken, welche das **einzelne Land betreffen,** und auf die **Vergleichsanalyse** der Geschäftsaktivitäten in dem jeweiligen Land. Außerdem sollte die Analyse und Anwendung der geeigneten **Verrechnungspreismethode** und die Ermittlung der am besten geeigneten **Vergleichswerte** lokal erfolgen. Die **lokalen Finanzdaten** sollten ebenfalls in der Dokumentation des einzelnen Staates dargestellt werden.

Während die Masterfile einen Überblick auf hoher Ebene verschafft, stellt die Landesdokumentation detailliertere Informationen für die spezifischen Transaktionen zwischen den Gesellschaften zur Verfügung.

Die Landesdokumentation behandelt die Transaktionen zwischen einem lokalen und seinen verbundenen Unternehmen in anderen Staaten, soweit sie für die Besteuerung des lokalen Unternehmens wesentlich sind.

Die Informationen beinhalten die **finanziellen Auswirkungen** der Transaktionen, eine **Fremdvergleichsanalyse** und die Begründung für die Anwendung der am **meisten geeigneten Verrechnungspreismethode** für das betreffende Jahr (§ 22).

Der nachfolgende **Annex II** zu Kapitel V zeigt die Informationen, welche die Landesdokumentation zu beinhalten hat, iE (§ 23).

9. Country-by-Country: Bericht über die Beziehungen zwischen den Staaten

13   Der Country-by-Country Bericht erfordert aggregierte Informationen aus den einzelnen Staaten (Tax Jurisdictions) hinsichtlich der Zuordnung von Einkommen, bezahlten Steuern und von Indikatoren für die Ansiedlung wirtschaftlicher Aktivitäten in den Staaten, in denen sich das Unternehmen betätigt (§ 24).

Die im Country-by-Country Bericht aufzuführenden Informationen über die Beziehungen zwischen den Ländern sollen den Finanzbehörden helfen, die Risiken besser einzuschätzen. Sie können auch für die BEPS-relevanten Untersuchungen verwendet werden. Sie **ersetzen jedoch nicht die detaillierte Analyse** der einzelnen Transaktionen und Preise, die volle Funktionsanalyse oder die volle Vergleichsanalyse. Der Abschnitt über die Beziehungen zwischen den Ländern führt noch nicht zum vollständigen Nachweis, ob die Verrechnungspreise angemessen sind oder nicht (§ 25).

Der **Annex III** zu Kapitel V beinhaltet die Informationen, welche im Country-by-Country Bericht über die Beziehungen zwischen den Ländern zu dokumentieren sind (§ 26).

10. Vorschriften zu den Verfahren

a) Zeitnahe Erstellung der Dokumentation

14   Jeder Steuerpflichtige sollte seine Verrechnungspreise für steuerliche Zwecke im Rahmen des Fremdvergleichsgrundsatzes auf der Grundlage von Informationen festlegen, die ihm zum **Zeitpunkt der Preisfestlegung** mit vertretbarem Aufwand zur Verfügung stehen. Der Steuerpflichtige sollte daher überprüfen, ob seine Verrechnungspreise für Steuerzwecke fremdvergleichsüblich sind, bevor er diese festlegt, und sollte das **fremdvergleichsübliche finanzielle Ergebnis** bestätigen, sobald er die Steuererklärungen abgibt (§ 27).

Die Erstellung der Dokumentation sollte den Steuerpflichtigen nicht mit **unverhältnismäßig hohen Kosten** belasten. Die Finanzverwaltung sollte daher bei der Aufforderung zur Abgabe der Dokumentation die dadurch entstehenden Kosten und den damit in Verbindung stehenden Verwaltungsaufwand abwägen. Sofern ein Steuerpflichtiger denklogisch richtig auf der Basis der Dokumentationsvorschriften darlegt, dass **keine Vergleichsdaten** bestehen oder die Kosten für die Vorlage von Vergleichsdaten im Vergleich zu den Transaktionen unverhältnismäßig hoch sind, sollte der Steuerpflichtige nicht gezwungen werden, diese Kosten auf sich zu nehmen (§ 28).

b) Zeitpunkt der Erstellung und Abgabe

15   Die einzelnen Staaten haben unterschiedliche Regeln für die Zeitpunkte der **Erstellung und Abgabe** der Verrechnungspreisdokumentation festgelegt. Einige Staaten verlangen die Verrechnungspreisdokumentation zum Zeitpunkt der Einreichung der Steuererklärungen. Andere verlangen die Vorlage zum Zeitpunkt des Beginns der Verrechnungspreisprüfung. Auch der Zeitrahmen bis zur **Vorlage von Dokumenten,** die von den Finanzbehörden verlangt werden, ist sehr unterschiedlich. Diese unterschiedlichen Vorlagezeitpunkte erhöhen die Schwierigkeiten des Steuerpflichtigen beim Setzen von Prioritäten und zur Vorlage der Informationen am geforderten Zeitpunkt (§ 29).

Als einfachste Lösung wird von der OECD die Abgabe des Masterfiles und **16** der Länderdokumentation am **Zeitpunkt der Steuererklärung** gesehen. Allerdings ist der Zeitpunkt der Abgabe von Steuererklärungen noch immer sehr unterschiedlich. Der Masterfile sollte am Zeitpunkt der Abgabe der Steuererklärung der obersten Konzerngesellschaft überprüft und gegebenenfalls auf den neuesten Stand gebracht werden. In Ländern, welche mit anderen Staaten abgestimmte Außenprüfungen durchführen, kann es daher nach Ansicht der OECD notwendig sein, Teile der Dokumentation schon **vor der Einreichung der Steuererklärungen** abzugeben (§ 30).

Es wird andererseits anerkannt, dass auch im Rahmen der Verrechnungspreisdokumentation einzelne Finanzinformationen, die für den **Annex III** erforderlich sind, **nicht vor der Fertigstellung des Jahresabschlusses** vorliegen. Dieser Abschlusszeitpunkt kann in einigen Staaten erheblich vom **Kalenderjahresende** abweichen. In einem solchen Fall kann daher die Abgabefrist für Annex III bis zu einem Jahr nach dem letzten Tag des **Fiskaljahres der obersten Muttergesellschaft** innerhalb des Konzerns verlängert werden (§ 31).

c) Wesentlichkeit

Nicht alle Transaktionen zwischen verbundenen Unternehmen sind so we- **17** sentlich, dass sie in der Länderdokumentation zu dokumentieren sind. Die Finanzbehörden sind an den **wichtigsten Informationen** interessiert. Es sollte nicht so sein, dass die Steuerpflichtigen so überlastet werden, dass sie keine Zeit für die Vorlage der wichtigsten Dokumente haben. Die Dokumentationsvorschriften für die Länderdokumentation (Annex II) sollten daher Kriterien für die Wesentlichkeit von Informationen enthalten. Zu diesen gehören die Größe und die Art der örtlichen **wirtschaftlichen Gegebenheiten,** die **Rolle des Konzerns** in diesem Umfeld, und die **Art und Größe der lokalen Unternehmen,** zusätzlich zu der Art und Größe des Konzerns.

Die **Kriterien für die Wesentlichkeit** können in **relativen Größen** ausgedrückt werden, beispielsweise für Transaktionen, die einen bestimmten Prozentsatz des Umsatzes oder bestimmter Kosten nicht überschreiten; oder in **absoluten Beträgen,** beispielsweise Transaktionen, welche einen bestimmten Betrag nicht übersteigen. Die einzelnen Staaten können ihre eigenen Wesentlichkeitskriterien für ihre Länderdokumentation festlegen, abhängig von ihren örtlichen Rahmenbedingungen. Die Wesentlichkeitskriterien sollten objektiv, allgemein verständlich und im Wirtschaftsleben akzeptiert sein (§ 32).

Zahlreiche Staaten haben **Vereinfachungsregeln** in ihre Dokumenta- **18** tionsvorschriften integriert, zB die Befreiung von bestimmten Dokumentationsvorschriften für **kleine und mittelgroße Unternehmen** oder die Eingrenzung von Vorschriften für diese Zielgruppe. Um die Kosten nicht unverhältnismäßig werden zu lassen, wird empfohlen, kleinen und mittleren Unternehmen nicht dieselben Dokumentationspflichten aufzubürden wie sie von größeren Unternehmen verlangt werden. Allerdings sollten auch kleine und mittlere Unternehmen Informationen über ihre wesentlichen Transaktionen mit ausländischen verbundenen Unternehmen vorlegen, sobald hierzu eine **Aufforderung** durch die Finanzbehörden erfolgt, wenn diese eine Außenprüfung durchführen oder die Verrechnungspreisrisiken untersuchen (§ 33).

Der **Country-by-Country Bericht** sollte alle Staaten beinhalten, in denen der Konzern eine Einheit unterhält, die dort für Steuerzwecke als ansässig gilt, **ungeachtet ihrer Größe** an diesem Standort (§ 34).

d) Aufbewahrungspflichten

19   Steuerpflichtige sollten nicht gezwungen sein, Dokumente länger aufzubewahren als das im Rahmen ihres **nationalen Rechts** üblich ist, sei es auf Ebene der Muttergesellschaft oder der Tochtergesellschaft. Allerdings ist es erforderlich, dass Steuerpflichtige den Masterfile, die Länderdokumentation und den Country-by-Country Bericht solange aufbewahren wie dies im Rahmen **langfristiger Vertragsbeziehungen** oder eines langfristigen Ausgleichs erforderlich ist. Die Finanzbehörden sollten die Schwierigkeiten berücksichtigen, die den Steuerpflichtigen aus der Aufbewahrung von Unterlagen aus früheren Jahren entstehen und sollten die Aufbewahrungspflichten auf das Nötigste beschränken. Diese Aufbewahrungspflichten sollten sich auf Ausnahmen beschränken, wo es gute Gründe wegen der Transaktion gibt (§ 35).

Die Art und Weise der **Aufbewahrung, in Papierform, elektronisch** oder in sonstiger Weise, sollte dem Steuerpflichtigen überlassen bleiben, vorausgesetzt, die Informationen können zeitgerecht in der Form bereitgestellt werden, die durch das örtliche Recht vorgesehen ist (§ 36).

e) Häufigkeit der Anpassungen

20   Die Verrechnungspreisdokumentation sollte regelmäßig überprüft werden, um festzustellen, ob die funktionalen und wirtschaftlichen **Analysen noch richtig und relevant** sind und ob die angewandte **Verrechnungspreismethode** noch zutreffend ist. Im Allgemeinen sollten der Masterfile, die Länderdokumentation und der Country-by-Country Bericht **jährlich** überprüft und angepasst werden. Es ist jedoch allgemein anerkannt, dass sich in vielen Fällen die Beschreibung der Geschäftstätigkeit, die funktionalen Analysen und die Beschreibung der Vergleichsvorgänge nicht in jedem Jahr signifikant ändern (§ 37).

Um die Belastung des Steuerpflichtigen mit der Dokumentation zu verringern, können Finanzbehörden bestimmen, dass **Vergleichsdaten in Datenbanken nur jedes dritte Jahr** zu suchen sind, solange die **operativen Bedingungen** unverändert bleiben. Die **Finanzdaten** der Vergleichsunternehmen sollten dennoch **jedes Jahr** angepasst werden, um dem Fremdvergleichsgrundsatz zuverlässig zu entsprechen (§ 38).

f) Sprache

Die Übersetzung der Dokumentation in die lokale Sprache erfordert er- 21
hebliche Zeit und Kosten. Die lokale Gesetzgebung sollte festlegen, in welcher Sprache die Verrechnungspreisdokumentation vorzulegen ist. Die Staaten sollten ermutigt werden zu erlauben, die Dokumentation in allgemein
üblichen Sprachen vorzulegen, soweit dies nicht die Nutzung der Dokumentation beeinträchtigt. Soweit die Finanzbehörden meinen, sie benötigten
wesentliche Teile des Masterfiles in ihrer Sprache, sollten sie **spezifische Anfragen zur Übersetzung** stellen und dem Steuerpflichtigen hierfür ausreichend Zeit einräumen (§ 39).

g) Strafzuschläge

Viele Staaten haben **Strafzuschläge** im Zusammenhang mit der Do- 22
kumentation eingeführt, um eine effiziente Erfüllung der Dokumentationsvorschriften zu erreichen. Sie sollen die Nichtbefolgung der Dokumentationsvorschriften teurer als deren Befolgung machen. Die Strafzuschläge
unterliegen den lokalen Gesetzen jedes einzelnen Staates. Die Verfahren der
einzelnen Länder in Bezug auf dokumentationsbezogene Strafzuschläge variieren erheblich. Die **unterschiedlich hohen Strafen** könnten die Steuerpflichtigen verleiten, die Verrechnungspreise und deren Dokumentation zu
Gunsten bestimmter Staaten vorzunehmen (§ 40).

Die dokumentationsbezogenen Strafzuschläge für das **Nichtbefolgen** der
Dokumentationsvorschriften oder deren **zu späte Abgabe** erfolgen üblicherweise als zivil- oder verwaltungsrechtliche **Geldstrafen.** Die Strafen
können als bestimmter Geldbetrag für jedes fehlende Dokument pro Jahr
oder als Prozentsatz der verkürzten Steuerschuld oder des zu geringen Einkommens oder als Prozentsatz der nicht dokumentierten Transaktion erhoben
werden (§ 41).

Es wäre unangemessen, dem Steuerpflichtigen erhebliche Geldstrafen für 23
dokumentationsrelevante Vergehen aufzubürden, wenn dieser zeigt, dass er im
Rahmen einer zuverlässigen Dokumentation gutgläubig gezeigt hat, dass er
keinen Zugang zu fehlenden Daten hat. Allerdings sollte die **Befolgung
der Dokumentationsvorschriften** den Steuerpflichtigen nicht vor Strafen
wegen der **Nichtbefolgung des Fremdvergleichsgrundsatzes** bewahren.
Auch die vollständige Dokumentation der Transaktionen besagt nicht notwendigerweise, dass die Verrechnungspreise korrekt sind. Auch die **konzerninterne Zuständigkeit** einer anderen Einheit für die Erstellung der
Verrechnungspreisdokumentation bewahrt den einzelnen Steuerpflichtigen
weder vor seinen Vorlagepflichten noch vor dokumentationsrelevanten Strafzuschlägen, wenn er diese nicht vorlegen kann (§ 42).

Andere Anreize zur Befolgung der Dokumentationsvorschriften können
darin bestehen, dass **keine späteren Strafen** festgesetzt werden oder dass die
Nachweispflichten wechseln. Sofern der Steuerpflichtige seine Dokumentationsvorschriften erfüllt und diese rechtzeitig einreicht, könnte er von Strafen
freigestellt werden, die sich aus Verrechnungspreiskorrekturen ergeben oder
eine **Reduzierung** solcher Strafen erhalten. In Ländern wie Deutschland, in
denen die Finanzverwaltung die **Nachweispflichten** hat, kann die Vorsorge
gegen den **Übergang der Nachweispflichten** auf den Steuerpflichtigen ei-

nen wesentlichen Anreiz zur zeitgerechten Befolgung der Dokumentationsvorschriften bilden (§ 43).

h) Datenschutz

24   Die Finanzverwaltungen haben sicherzustellen, dass keine **Geschäftsgeheimnisse,** technisches Wissen oder andere geheime Informationen, die sich
in der Dokumentation befinden (Masterfile, Länderdokumentation, Country-
to-Country Bericht), der Öffentlichkeit zugänglich gemacht werden. Die Finanzverwaltungen sollten daher den Steuerpflichtigen zusichern, dass die Informationen aus der Verrechnungspreisdokumentation vertraulich bleiben.
Bei Gerichtsverfahren und Entscheidungen sollte alles unternommen werden,
damit diese Informationen nur einem kleinen Kreis zugänglich gemacht werden (§ 44).

Die OECD Richtlinie „Keep It Safe" zum Schutz von vertraulichen Daten, die für steuerliche Zwecke ausgetauscht werden, gibt eine Anleitung zu
den Regeln und Maßnahmen, die für den Austausch von vertraulichen Informationen iRd Instrumente für den Informationsaustausch bestehen müssen (§ 45).

i) Lokale und ausländische Vergleichsdaten

25   Die Forderung nach den am besten vergleichbaren Informationen erfordert im Allgemeinen, aber nicht immer, die Verwendung lokaler Daten statt
regionaler Daten, sofern solche **lokalen Daten** in ausreichender Anzahl
vorhanden sind. Die Nutzung regionaler Daten für die Verrechnungspreisdokumentation für Länder in derselben Region im Falle des Vorliegens ausreichender lokaler Daten wird nicht in allen Fällen der Anforderung entsprechen, die **besten Vergleichsdaten** zu nutzen. Auch wenn der Vorteil der
Vereinfachung durch die Beschränkung der Anzahl von Suchvorgängen offensichtlich ist, und obwohl auch Wesentlichkeitsmerkmale und Kostenaspekte zu berücksichtigen sind, sollte der Wunsch nach Vereinfachung nicht so
weit gehen, dass nicht die besten Vergleichsdaten gesucht werden. Auch
Marktunterschiede bei Analysen für mehrere Staaten sind zu berücksichtigen (§ 46).

j) Zertifizierung

26   Es wird nicht empfohlen, dass die Verrechnungspreisdokumentation von
externen **Wirtschaftsprüfern** oder fremden Dritten zertifiziert werden muss.
Es sollte auch nicht verlangt werden, dass **externe Beratungsunternehmen**
die Verrechnungspreisdokumentation zu erstellen haben (§ 47).

k) Nationales Recht, Einführung und Überprüfung

27   Die Vorschriften über die Verrechnungspreisdokumentation sind und bleiben
nationales Recht. Die Einführung der **dreistufigen Verrechnungspreisdokumentation,** die aus Masterfile, Länderdokumentation und Country-by-
Country Bericht besteht, verlangt, dass die einzelnen Staaten ihre **nationalen
Verrechnungspreisvorschriften ändern,** damit die einzelnen Gesellschaften der Konzerne die Informationen auf der Grundlage der Anhänge I–III
bereitstellen.

Die **Länderdokumentation** sollte direkt bei der Steuerverwaltung des betreffenden Staates abgegeben werden. Über die Abgabe des Masterfiles und des Country-by Country Berichts war zum Zeitpunkt der Veröffentlichung des Kapitels V noch keine Einigung zwischen den Staaten erzielt worden. Die Working Party No 6 muss noch darüber beraten, wo und wie der **Masterfile und der Country-to-Country Bericht** abzugeben sind, wie diese weitergegeben werden, wie die Vertraulichkeit gewahrt bleibt und wie die Transparenz für die Steuerbehörden erhöht wird.

Konsistente und einheitliche Formate sind noch zu schaffen, ebenso die Regeln für die Übergangsphase.

Die Standards für die Verrechnungspreisdokumentation und des Country-to-Country Berichtes sind **vor dem Ende des Jahres 2020 zu überprüfen.**

11. Annex I: Verrechnungspreis-Dokumentation – Masterfile

Die folgenden Informationen sollten in dem Masterfile aufgeführt werden: 28
Organisatorische Struktur
– Schaubild der rechtlichen Eigentümerstruktur und der Orte, an denen die operativen Unternehmen ansässig sind
Beschreibung des Geschäfts/der Geschäftsbereiche des Konzerns:
– Schriftliche Beschreibung des Geschäfts des Konzerns, einschließlich:
– Wesentliche Gewinntreiber
– Schaubild der Wertschöpfungskette für die fünf größten materiellen Wirtschaftsgüter und/oder Dienstleistungen, gemessen am Umsatz, und alle anderen Produkte und Dienstleistungen, die mehr als fünf Prozent des Umsatzes betragen
– Zusammenstellung und kurze Beschreibung der wesentlichen Dienstleistungen zwischen verbundenen Unternehmen, mit Ausnahme der F&E-Leistungen, zusammen mit der Beschreibung der Fähigkeiten der wesentlichen Standorte, welche wichtige Dienstleistungen erbringen; außerdem die Verrechnungspreisgrundsätze für die Zuordnung von Kosten für Dienstleistungen und für die Ermittlung von Preisen für Dienstleistungen innerhalb des Konzerns
– Liste der wesentlichen **Märkte** für materielle Wirtschaftsgüter und Dienstleistungen, die oben unter dem zweiten Punkt aufgeführt werden
– Kurze schriftliche **Funktionsanalyse,** welche die wesentlichen Beiträge zur Wertschöpfung der einzelnen Einheiten innerhalb des Konzerns zeigt, also die wesentlichen ausgeführten Funktionen, die wesentlichen übernommenen Risiken und die wichtigen hierfür genutzten Wirtschaftsgüter
– Beschreibung der wesentlichen **Geschäftsumstrukturierungen, Käufe** und **Veräußerungen** während des Fiskaljahres
Intangibles des Konzerns (definiert in Kapitel VI der OECD-Guidelines)
– Beschreibung der **Konzernstrategie** für die Entwicklung, das Eigentum und die Nutzung von **Intangibles,** einschließlich der Orte der wesentlichen **F&E-Tätigkeiten** und der Beschäftigungsorte des F&E-Managements

– **Liste der wesentlichen Intangibles** oder Gruppen von Intangibles des Konzerns und die Bezeichnung ihrer **Eigentümer**
– Liste der **wesentlichen Verträge** zwischen verbundenen Unternehmen über Intangibles, einschließlich **Kostenumlageverträgen,** wesentlichen **Forschungsverträgen** und wesentlichen **Lizenzverträgen**
– Beschreibung der gruppeninternen **Verrechnungspreisverfahren** in Bezug auf F&E und Intangibles
– Beschreibung etwaiger wesentlicher **Transfers** von Anteilen an Intangibles zwischen verbundenen Unternehmen während des jeweiligen Jahres, einschließlich der involvierten Einheiten, Länder und Vergütungen

29   Finanzaktivitäten zwischen verbundenen Unternehmen
– Beschreibung, wie die Gruppe finanziert ist, einschließlich der Darstellung wichtiger Finanzierungen von **externen Gläubigern**
– Beschreibung von gruppeninternen Einheiten, die **zentrale Finanzierungsaufgaben** für die Gruppe wahrnehmen, einschließlich der Länder, zu deren Rechtssystem sie gehören und dem Ort des **tatsächlichen Managements** der Einheit
– Beschreibung des gruppeninternen **Verrechnungspreissystems für Finanzaktivitäten** zwischen verbundenen Unternehmen

Finanz- und Steuerpositionen des Konzern
– Konsolidierte **Abschlüsse** des Konzerns für das jeweilige Jahr, soweit diese für Jahresabschlusszwecke, Aufsichtsbehörden, interne Managementzwecke, Steuer- oder andere Zwecke erstellt wurden
– Liste und Kurzbeschreibung der unilateralen **APAs** und anderen **Rulings** des Konzerns, soweit diese die Zuordnung von Einkommen zwischen Staaten regeln.

12. Annex II zu Kapitel V der OECD-Guidelines:
Verrechnungspreis-Dokumentation – Landesdokumentation

30   Die folgenden Informationen sollten in der Landesdokumentation aufgeführt werden:
Lokale Einheit
– Beschreibung der **Managementstruktur** der lokalen Einheit, ein Schaubild der **lokalen Organisation** und eine Beschreibung, **an wen das Management berichtet** und die **Beschäftigungsorte,** an denen die leitenden Angestellten ihre wesentlichen Büros haben
– Detaillierte Beschreibung des Geschäftes und der Geschäftsstrategie, die durch Hinweise zu ergänzen ist, ob die lokale Einheit in **Umstrukturierungen** oder den **Transfer von Intangibles** einbezogen oder von solchen betroffen ist oder war, sowohl im Augenblick als auch im vergangenen Jahr; einschließlich der Erklärung der **Auswirkungen der Umstrukturierung** auf die lokale Einheit
– Wesentliche Wettbewerber

31   Transaktionen zwischen verbundenen Unternehmen
Für jede wesentliche Leistungsart zwischen verbundenen Unternehmen, in die der Steuerpflichtige einbezogen war, sind die folgenden Informationen bereit zu stellen:

– Beschreibung der wesentlichen **Leistungen zwischen verbundenen Unternehmen** (zB Herstellung, Einkauf, Dienstleistungen, Darlehen, finanzielle und Leistungsgarantien, Lizenzierung von Intangibles etc.), und das **Umfeld,** innerhalb dessen die Leistungen erfolgen

– **Summe der Leistungen** zwischen verbundenen Unternehmen für jede Leistungsart, in die das lokale Unternehmen involviert ist (das heißt erhaltene und geleistete Zahlungen für Waren, Dienstleistungen, Lizenzgebühren, Zinsen usw), unterteilt nach den einzelnen Staaten der ausländischen Zahler oder Zahlungsempfänger

– **Angabe der verbundenen Unternehmen,** jeweils in Hinsicht auf deren verbundenen Leistungen und die Beziehungen zwischen ihnen

– Kopien aller **wesentlichen Verträge** mit verbundenen Unternehmen, die durch die lokale Einheit abgeschlossen wurden

– **Detaillierte Vergleichs- und Funktionsanalyse** des Steuerpflichtigen und seiner relevanten verbundenen Unternehmen in Bezug auf jede dokumentierte Kategorie von Leistungen zwischen verbundenen Unternehmen, einschließlich etwaiger Veränderungen im Vergleich zu Vorjahren; sofern sich diese Informationen im Masterfile befinden, genügt ein Hinweis

– Angabe der für die Art der Leistungen am **besten geeigneten Verrechnungspreismethode** und der Gründe für deren Wahl

– Darstellung, welches verbundene Unternehmen als das **zu untersuchende Unternehmen (tested Party)** gewählt wurde, sofern zutreffend, und warum es gewählt wurde

– Darstellung der **wesentlichen Annahmen** bei der Anwendung der Verrechnungspreismethodologie

– Erklärung der Gründe für die Anwendung einer **Mehrjahresanalyse,** sofern dies der Fall ist

– Liste und Beschreibung der gewählten **Fremdvergleichstransaktionen** (interne oder externe), sofern vorhanden, und Informationen über die **relevanten Kennzahlen** (financial indicators) für die in der Verrechnungspreisanalyse aufgeführten **fremden Unternehmen,** einschließlich der Darstellung der **Suchmethodologie** und der **Quelle der Daten.**

– Beschreibung der **Anpassungsrechnungen** und Angabe, ob diese bei der untersuchten Einheit (tested party), bei dem verglichenen Fremdunternehmen oder bei beiden erfolgten

– Beschreibung der Gründe für die Schlussfolgerung, dass die betreffenden **Transaktionen fremdvergleichsüblich** auf der Basis der gewählten Verrechnungspreismethode erfolgten

– Zusammenfassung der **Finanzinformationen,** welche für die angewandte Verrechnungspreismethodologie verwendet wurden

– Kopie der bestehenden unilateralen und bilateralen/multilateralen APAs und anderer steuerlicher Zusagen (rulings), die nicht der lokalen Einheit erteilt wurden und welche die oben beschriebenen Transaktionen betreffen.

Finanzinformationen 32

– **Jährliche Konten der Finanzbuchhaltung** der lokalen Einheit für das betreffende Fiskaljahr; **Jahresabschlüsse** sollten in der geprüften Fassung vorgelegt werden, sofern vorhanden, ansonsten in der ungeprüften Fassung

- Informationen und **Zuordnungs- und Überleitungstabellen** von den Finanzzahlen, die für die Verrechnungspreismethode verwendet wurden, zu den Jahresabschlüssen
- **Tabellen der relevanten Fremdvergleichsdaten,** die in der Analyse verwendet wurden, und die Quellen, aus denen sie stammen.

13. Annex III zu OECD-Kapitel V: Vorlage für das Country-to-Country Reporting

Annex III zu Kapitel V

Vorlage für den „Country-by-Country"-Bericht

Tabelle 1. Überblick der Zuordnung von Einkommen, Steuern und Geschäftsvorfällen pro Staat

Name des multinationalen Unternehmens (MNU):

Geschäftsjahr:

Tax Jurisdiction	Revenues			Profit (Loss) Before Income Tax	Income Tax Paid (on cash basis)	Income Tax Accrued – Current Year	Stated Capital	Accumulated Earnings	Number of Employees	Tangible Assets other than Cash and Cash Equivalents
	Unrelated Party	Related Party	Total							

Tabelle 2. Liste aller Verantwortlichen Einheiten des MNU, enthalten in jeder Zusammenstellung pro Staat

Name des multinationalen Unternehmens (MNU):

Geschäftsjahr:

Tax Jurisdiction	Constituent Entities resident in the Tax Jurisdiction	Tax Jurisdiction of organization or incorporation of different from Tax Jurisdiction of Residence	Main Business Activity(ies)												
			Research and Development	Holding or Managing intellectual property	Purchasing or Procurement	Manufacturing or Production	Sales, Marketing or Distribution	Administrative, Management or Support Services	Provision of Services to unrelated parties	Internal Group Finance	Regulated Financial Services	Insurance	Holding shares or other equity instruments	Dormant	Other[2]
	1.														
	2.														
	3.														
	1.														
	2.														
	3.														

[2] Please specify the nature of the activity of the Constituent Entity in the „Additional Information" section

Tabelle 3. Zusätzliche Informationen

Name des multinationalen Unternehmens (MNU): Geschäftsjahr:
Please include any further brief information or explanation you consider necessary or that would facilitate the understanding of the compulsory information provided in the country-by country report.

14. Allgemeine Hinweise zu Annex III zu OECD-Kapitel V

a) Zweck

34 Die Anlage III zu Kapitel V enthält eine Vorlage, um das Einkommen, die Steuern und Geschäftsaktivitäten auf der Basis der **Beziehungen zwischen den Staaten (country by country)** zu erklären. Diese Hinweise bilden einen **integralen Teil** des Country-by-Country-Berichtes.

b) Definitionen

35 *Erklärendes MNU (Reporting MNE)*

Das Erklärende **MNU (Multinationale Unternehmen)** ist die oberste Muttergesellschaft des MNUs.

Verantwortliche Einheit (Constituent Entity)

Für den Zweck des Ausfüllens des Annex III bildet jede einzelne Geschäftseinheit eines MNUs (Gesellschaft, Körperschaft, Trust, Personengesellschaft usw.), welche für Zwecke der Finanzberichterstattung Teil einer konsolidierten Gruppe ist, eine **Verantwortliche Einheit.** Einheiten, die wegen ihrer Größe oder Wesentlichkeit nicht enthalten sind, sollten dennoch in die Country-by-Country-Berichterstattung als Verantwortliche Einheit aufgenommen werden.

Behandlung von Betriebsstätten

Der Begriff Verantwortliche Einheit umfasst auch **Betriebsstätten** eines MNU, die Geschäfte in einem Staat machen, sofern die Betriebsstätten **separate Jahresabschlüsse** für handelsrechtliche, finanzielle, interne Management- oder Steuerzwecke erstellen. Die Daten der Betriebsstätte sollten auf der Grundlage des Betriebsstättenstaates und nicht des Staates der Verantwortlichen Einheit erklärt werden. Die von der Verantwortlichen Einheit, von der die Betriebsstätte einen Teil bildet, erklärten Daten sollte nicht die Daten für die Betriebsstätte enthalten.

Zeitraum der jährlichen Vorlage

36 Die Vorlage sollte das **Fiskaljahr des Erklärenden MNU** umfassen. Die Vorlage sollte – nach Wahl des Erklärenden MNU – für jede Verantwortliche Einheit konsistent entweder die Informationen umfassen, die aus dem Fiskaljahr stammen, das am selben Stichtag wie das der Verantwortlichen Einheit endet oder in den zwölf Monaten davor. Alternativ können die Informationen aus allen relevanten Verantwortlichen Einheiten verwendet werden, die in dem Fiskaljahr der Erklärenden Einheit erklärt werden.

Quellen der Informationen

Die Erklärende Einheit sollte jedes Jahr **konsistent dieselben Quellen** für das Ausfüllen der Vorlage nutzen. Die Erklärende Einheit kann die Informationen ihrem konsolidierten Jahresabschluss entnehmen, den Jahresabschlüssen der einzelnen Einheiten, den regulatorischen Abschlüssen, oder ihrer Management-Berichterstattung. Es ist nicht erforderlich, die in der Vorlage zusammengestellten Informationen zu Umsatz, Einkommen und Steuern mit den Jahresabschlüssen abzustimmen. Sofern Zahlen aus den einzelnen Jahresabschlüssen für die Vorlage verwendet werden, sollten in dem Abschnitt über zusätzliche Informationen der Vorlage alle Beträge in die **Währung** der Erklärenden Einheit mit dem durchschnittlichen Wechselkurs des Jahres umgerechnet werden. **Unterschiedliche Buchhaltungsvorschriften** müssen nicht angepasst werden.

Die Erklärende Einheit sollte die Quellen der Informationen, die für das Ausfüllen der Vorlage verwendet wurden, im Abschnitt über die Zusätzlichen Informationen aufführen. Sofern sich die Quellen in einem Folgejahr ändern, sollte die Erklärende Einheit die Gründe und die Auswirkungen im Abschnitt über die Zusätzlichen Informationen angeben.

15. Spezifische Hinweise für Annex III zu OECD-Kapitel V

Überblick der Zuordnung von Einkommen, Steuern und Geschäftsvorfällen pro Staat (Tabelle 1)

Staaten (Tax Jurisdiction) 37

In der ersten Spalte der Vorlage sollten alle **Staaten** und andere „**Tax Jurisdictions**" aufgeführt werden, in denen die Verantwortlichen Einheiten des MNU für steuerliche Zwecke ansässig sind. Als Tax Jurisdiction werden sowohl Staaten als auch Gebiete bezeichnet, die keinen Staat darstellen, jedoch steuerliche Selbständigkeit besitzen (zB Hongkong). Eine zusätzliche Zeile muss eingefügt werden für Fälle, in denen das Erklärende Unternehmen eine Verantwortliche Einheit innerhalb ihrer MNU-Gruppe als in keinem Staat und keiner anderen Tax Jurisdiction ansässig erklärt. Sofern eine Verantwortliche Einheit in mehr als einem Staat ansässig ist, sollte die für Doppelbesteuerungsabkommen angewendete Zuordnungsregel (Tie Braker) auch hier angewendet werden, um den Ort der Ansässigkeit zu bestimmen. Sofern kein Doppelbesteuerungsabkommen besteht, sollte der Staat angegeben werden, an dem sich das tatsächliche Management befindet. Der Ort des tatsächlichen Managements sollte in Übereinstimmung mit Art. 4 des OECD-Musterabkommens und dem dazugehörigen Kommentar festgelegt werden.

Umsätze

In die drei Spalten der Vorlage zu den Umsätzen hat die Erklärende Einheit folgende Informationen einzutragen:

(i) Die gesamte Umsätze aller Verantwortlichen Einheiten des MNU in dem betreffenden Staat, die aus Geschäftsvorfällen mit verbundenen Unternehmen stammen

(ii) Die gesamte Umsätze aller Verantwortlichen Einheiten des MNU in dem betreffenden Staat, die aus Geschäftsvorfällen mit fremden Dritten stammen

(iii) Die Summe von (i) und (ii)

Die gesamten Umsätze umfassen Verkäufe von Inventar und Vermögensgegenständen, Dienstleistungen, Lizenzgebühren, Zinsen, Prämien und alle anderen erhaltenen Beträge. Die Umsätze sollten keine Zahlungen enthalten, die im Land des Zahlenden als Dividenden betrachtet werden.

Gewinn (Verlust) vor Ertragsteuern

In die fünfte Spalte der Vorlage ist der **Gewinn oder Verlust vor** 38 **Ertragssteuern** der Verantwortlichen Einheiten einzutragen, die in dem jeweiligen Staat (Tax Jurisdiction) ansässig sind. Der Gewinn (Verlust) vor Ertragsteuern sollte auch alle außerordentlichen Einnahmen und Ausgaben umfassen.

Bezahlte Ertragsteuern (auf Basis der Zahlung)

In die sechste Spalte der Vorlage sind die tatsächlich **gezahlten Ertragsteuern** des relevanten Fiskaljahres einzutragen, die von allen Verantwortlichen Einheiten an den Staat entrichtet werden, in dessen steuerlichen Hoheitsgebiet diese liegen. Die Steuerzahlungen beinhalten sowohl die von der verantwortlichen Einheit an den Sitzstaat als auch die an alle anderen Staaten bezahlten Steuern. Die Steuern enthalten auch Quellensteuern, die durch andere Einheiten für Zahlungen an die Verantwortliche Einheit entrichtet wurden (sowohl von verbundenen Unternehmen als auch von fremden Dritten). Wenn somit die Gesellschaft A, die im Staat A ansässig ist, Zinsen aus dem Land B erhält, sollen auch die in B gezahlten Quellensteuern hier angegeben werden.

Zurückgestellte Steuern (des laufenden Jahres)

In die siebte Spalte der Vorlage hat das Erklärende Unternehmen die Summe der **zurückgestellten Steuern** einzutragen, die für steuerliche Gewinne oder Verluste des Jahres der Erklärung durch die Verantwortliche Einheit gebildet wurden. Der laufende Steueraufwand sollte nur für Vorgänge im laufenden Jahr errechnet werden und sollte **keine latenten Steuern** (deferred taxes) oder Zuführungen zu ungewissen Verbindlichkeiten (uncertain tax liabilities) enthalten.

39 Eigenkapital

In die achte Spalte der Vorlage ist das **Eigenkapital** aller Verantwortlichen Einheiten einzutragen, die in dem betreffenden Staat steuerlich ansässig sind. Für Betriebsstätten sollte das Eigenkapital des Unternehmens eingetragen werden, zu dem die Betriebsstätte gehört, sofern keine Vorschriften für das Kapital von Betriebsstätten bestehen.

Gewinnvorträge

In die achte Spalte der Vorlage sind die **Gewinnvorträge** zum Jahresende aller Verantwortlichen Einheiten einzutragen, die in dem betreffenden Staat steuerlich ansässig sind. Bei Betriebsstätten sollte der Gewinnvortrag des Unternehmens eingetragen werden, zu dem die Betriebsstätte gehört

Anzahl der Mitarbeiter

In die zehnte Spalte der Vorlage ist die **gesamte Anzahl der Mitarbeiter** auf Vollzeitbasis für alle Verantwortlichen Einheiten einzutragen, die in dem betreffenden Staat steuerlich ansässig sind. Die Anzahl der Mitarbeiter ist mit dem Stand des letzten Tages des relevanten Fiskaljahres, als Durchschnittsmitarbeiterzahl des Jahres oder auf einer anderen Grundlage einzutragen, konsistent für alle Staaten und über die Jahre hinweg. Auch freie Mitarbeiter, welche die laufenden Geschäftstätigkeiten verrichten, sind für diese Zwecke als Mitarbeiter aufzuführen. Vernünftige **Rundungen und Näherungswerte** sind bei der Berechnung der Anzahl der Mitarbeiter erlaubt, sofern diese Rundungen und Näherungswerte nicht die **relative Verteilung der Mitarbeiter** über die Staaten wesentlich verzerren. Die Verfahren sind sowohl über die Jahre als auch über die Einheiten hinweg konsistent anzuwenden.

Materielle Vermögensgegenstände (ohne Kasse und kassenähnliche)

In die elfte Spalte der Vorlage sind die **materiellen Vermögensgegenstände** aller Verantwortlichen Einheiten einzutragen, die in dem betreffenden Staat steuerlich ansässig sind. Bei Betriebsstätten sollten die materiellen Vermögensgegenstände eingetragen werden, die sich in dem Staat befinden, in dem die Betriebsstätte liegt. Die materiellen Vermögensgegenstände enthalten für die vorliegenden Zwecke nicht die Kasse oder Kassenäquivalente, keine Intangibles und keine Finanzanlagen.

Liste aller Verantwortlichen Einheiten des MNU, enthalten in jeder Zusammenstellung pro Staat (Tabelle 2)

Verantwortliche Einheiten in den Staaten

Die Erklärende Einheit hat alle **Verantwortlichen Einheiten** des MNUs, **40** die in dem betreffenden Staat steuerlich ansässig sind, **für jeden einzelnen Staat** aufzulisten und sie muss diese mit ihrem rechtlichen Namen bezeichnen. Betriebsstätten sollte dem Staat zugeordnet werden, in dem die Betriebsstätte liegt. Die Legaleinheit, zu der die Betriebsstätte gehört, sollte angegeben werden (zB XYZ Corp – Staat A Betriebsstätte).

Staat (Tax Jurisdiction) der Einheit oder der Gesellschaft, sofern verschieden von dem Sitzstaat

Die Erklärende Einheit hat den Namen des Staates (Tax Jurisdiction) anzugeben, dessen Rechtssystem für die Verantwortliche Einheit maßgebend ist, sofern sich dieses von dem des Staates unterscheidet, in dem sie ansässig ist.

Die wichtigen Geschäftsaktivitäten

Die Erklärende Einheit hat für alle **Verantwortlichen Einheiten,** die in dem betreffenden Staat steuerlich ansässig sind, die Art der **wichtigen Geschäftsaktivitäten** einzutragen, die anhand der nachfolgenden Liste bestimmt werden. Ein oder mehrere Buchstaben können für den Vorgang verwendet werden.

A F&E

B Halten von Geistigem Eigentum

C Einkauf und Beschaffung

D Herstellung und Produktion

E Verkauf, Marketing und Vertrieb

F Verwaltungs- und Hilfstätigkeiten

G Dienstleistungen an fremde Dritte

H Finanzierung verbundener Unternehmen

I Aufsichtsrechtlich regulierte Finanzierung

K Versicherung

L Holdinggesellschaft

M Schlafende Gesellschaft

N Andere (Die Art der Tätigkeit ist in dem Abschnitt „Zusätzliche Informationen" einzutragen)

16. Stand

Am 16. September 2014 veröffentlichte die OECD im Rahmen des OECD/ **41** G20 Base Erosion and Profit Shifting Projects die **„Guidance on Transfer**

Pricing Documentation and Country-by-Country Reporting". Sie ersetzet das alte Kapitel V Dokumentation der OECD. Die obigen Ausführungen basieren auf diesem neuen Chapter V. Sie geben weitgehend unverändert den Diskussionsstand der OECD vom 16.9.2014 wieder.

Die Working Party 6 wird die einzelnen Mechanismen für die Abgabe des Masterfiles und des Country-by-Country-Berichtes nach Redaktionsschluss dieses Buches analysieren und hierbei insbesondere folgende Aspekte prüfen:
- Vertraulichkeit zum Schutz des Steuerpflichtigen
- Transparenz für die Steuerbehörden
- Konsistenz der Umsetzung in den einzelnen Staaten in Bezug auf die bereitzustellenden Finanzinformationen
- Konsistente Vorschriften zur Berichterstattung
- Übergangs- und Einführungsvorschriften
- Informationsaustausch, Informationsplattformen und örtliche Steuergesetze
Das gesamte System soll vor dem Jahre 2020 überprüft werden.

Es bleibt zum Zeitpunkt des Redaktionsschlusses abzuwarten, wie diese Vorschriften in deutsches Recht überführt werden.

42–49   *(einstweilen frei)*

II. Aufzeichnungspflichten für Jahre vor 2003[1]

1. Die Verwaltungsrichtlinien von 1983 und 1999

50   Die deutschen VGr von 1983 umfassten zahlreiche Regelungen über **Nachweise.** Der Steuerpflichtige musste diese Unterlagen im Rahmen seiner erhöhten Mitwirkungspflichten vorlegen. Zu diesen gehörten die in den Tz. 9.2.1, 9.2.2 VGr und 7.4 VGr geforderten Nachweise für Umlageverträge.[2] Sie verlangen in Tz. 5 der im Jahr 1999 veröffentlichten VGr Vml. die Zusammenstellung einer umfangreichen Dokumentation.[3]

Das Verhältnis der FinVerw. zu den Steuerpflichtigen ist geprägt durch den **Amtsermittlungsgrundsatz** § 88 AO. Nach diesem sog. **Untersuchungsgrundsatz** ermitteln die Finanzbehörden den Sachverhalt von Amts wegen. Hierbei haben sie nach § 88 Absatz 2 AO auch die für die Beteiligten günstigen Umstände zu berücksichtigen. Die Mitwirkungspflichten der Steuerpflichtigen nach § 90 AO ergänzen den Amtsermittlungsgrundsatz. Die Steuerpflichtigen haben ihre Mitwirkungspflicht insb. dadurch zu erfüllen, dass sie die für die Besteuerung erheblichen Tatsachen vollständig und wahrheitsgemäß offenlegen und die ihnen bekannten Beweismittel angeben (§ 90 Abs. 1 S. 2 AO).

Die **allgemeine Mitwirkungspflicht** nach § 90 Abs. 1 AO wird durch Spezialvorschriften ergänzt (u. a. §§ 93, 95, 97, 99, 100, 135, 137–139, 140 ff., 149, 152, 154, 200, 208 Abs. 1 S. 2 und 3, 210 AO). Zu den Mitwirkungspflichten gehören **beweissichernde Aufzeichnungspflichten** im Rahmen der §§ 90 Abs. 3, 140 ff. AO etc.

---

[1] Die nachfolgenden Abschnitte wurden weitgehend unverändert von der 3. Aufl. dieses Werkes übernommen, diese waren zusammen mit Hendrik Fügemann formuliert worden; wir danken ihm für seine damalige Mitarbeit.
[2] BMF v. 23.2.1983, BStBl. I 1983, 218.
[3] BMF v. 30.12.1999, BStBl. I 1999, 1122–1126.

Der Untersuchungsgrundsatz und die Mitwirkungspflicht stehen neben- **51** einander und ergänzen sich. **Der Steuerpflichtige darf seine Mitwirkungspflicht nicht verweigern, da die Behörde von Amts wegen zu ermitteln hat.** Umgekehrt darf die Behörde nicht deswegen untätig bleiben, da der Steuerpflichtige mitwirken muss (s. hierzu Kapitel F „Amtsermittlungs- und Mitwirkungspflichten" Rn. 1 f.).

Bei Auslandssachverhalten sind die Möglichkeiten der Aufklärung für die FinVerw. eingeschränkt. Auf Grund der Souveränität der Staaten kann aus völkerrechtlichen Gründen keine hoheitliche Ermittlung im anderen Staat durchgeführt werden, sofern nicht dieser zustimmt. Die in den DBA geregelten Ermittlungs- und Auskunftsregelungen gehen bei Verrechnungspreissachverhalten ins Leere, weil der ausländische Staat bei seinen Ermittlungen kein Interesse daran hat, seine eigene Steuerbasis zu verringern.

Nach § 90 Abs. 2 AO hat daher der **Steuerpflichtige** eine **erhöhte Mitwirkungspflicht** bzw. erweiterte Mitwirkungspflicht. Er hat den Sachverhalt aufzuklären, die Beweismittel zu benennen und zu beschaffen. Neben dem § 90 Abs. 2 AO stehen die Spezialvorschriften des § 90 Abs. 3 AO und der §§ 16 und 17 AStG.

Von Seiten der Unternehmen wurde regelmäßig darauf hingewiesen, eine in Deutschland ansässige Tochtergesellschaft habe idR. nicht die tatsächliche Möglichkeit, gegenüber ihrer ausländischen Muttergesellschaft die Herausgabe von Unterlagen durchzusetzen. Nach Auffassung der FinVerw. fiel jedoch die Verweigerung des ausländischen Unternehmens, die erforderlichen Nachweise oder Unterlagen zur Verfügung zu stellen, in die Risikosphäre des ausländischen Unternehmens.[4]

2. Die Rechtsprechung vor dem Jahre 2003

Der BFH hat lange die Auffassung vertreten, dass in Fällen, bei denen es **52** bei Vertragsschluss nahelag, dass die Vertragsbedingungen beanstandet würden, die inländische Gesellschaft nicht mit dem Einwand argumentieren könne, sie habe zu keiner Zeit Einfluss auf ihre Mutter- oder Schwestergesellschaft nehmen können.[5]

Im Jahre 2001 stellte jedoch der BFH fest, dass eine inländische Tochtergesellschaft regelmäßig keine Möglichkeiten habe, Kalkulationsunterlagen ihrer ausländischen Muttergesellschaft zu beschaffen.[6] Begründet wurde dies durch den BFH insb. damit, dass auch unabhängige Vertragspartner nicht bereit seien ihre wechselseitig erzielten Gewinne dem anderen Vertragsteil mitzuteilen.

Inländische Tochtergesellschaften ausländischer Konzerne mussten folglich im Regelfall **keine Beweisvorsorge für Auskünfte bzw. Unterlagen der ausländischen Mutter- bzw. Schwestergesellschaften** beschaffen. Von dem inländischen Unternehmen konnte nicht verlangt werden, auf die zu verzichten, bei denen der ausländische Vertragspartner Geschäftsabschlüsse spätere Mithilfe bei Beweisverlangen der deutschen Finanzbehörden verweigert. Im Wesentlichen mussten nur dann Unterlagen vorgelegt werden, wenn bei we-

---

[4] BFH v. 10.11.1998, BStBl. II 1999, 121.
[5] BFH v. 16.4.1980, BStBl. II 1981, 492.
[6] BFH v. 10.5.2001, BFH/NV 2001, 957.

sentlichen Geschäften die Geschäftsbedingungen ungewöhnlich waren und es vorhersehbar war, dass das Finanzamt diese Geschäfte näher untersuchen würde. Dies ist bspw. der Fall, wenn das dokumentierende Unternehmen seine Leistungen von dem ausländischen verbundenen Unternehmen mit Hilfe der Kostenaufschlagsmethode berechnet, oder wenn zwischen dem in- und dem ausländischen verbundenen Unternehmen Gewinnaufteilungsmethoden oder Poolverträge vereinbart werden.

3. Inhalt und Umfang der Dokumentationspflichten für Zeiträume vor dem Jahre 2003

53 Der BFH entschied im Jahre 2001, dass eine gesetzliche Grundlage für spezielle Aufzeichnungs- und Dokumentationspflichten für Verrechnungspreise nicht besteht.[7] **Dokumentationspflichten bezogen sich daher nur auf vorhandene Bücher, Aufzeichnungen und Geschäftspapiere.**

Wenn der ausländische Geschäftspartner bei Geschäftsabschluss das Einverständnis zur Mithilfe bei späterem Beweisverlangen der Finanzbehörde verweigert, konnten auf Grund der o.g. Rechtsprechung die Finanzbehörden nur in den folgenden Ausnahmefällen von den Steuerpflichtigen verlangen auf den Geschäftsabschluss zu verzichten:

– Die **Geschäftsbedingungen** bei Geschäften mit erheblichem Umfang sind **ungewöhnlich** und es ist vorhersehbar, dass das Finanzamt dieses Geschäft näher untersuchen wird,
– Die ausländische Gesellschaft verrechnet an die inländische verbundene Gesellschaft Leistungen im Rahmen der **Kostenaufschlagmethode,**
– Die verbunden Unternehmen vereinbaren eine **Verrechnungspreismethode, welche die Herausgabe bestimmter Informationen und Unterlagen voraussetzt;** das ist bspw. bei der **Gewinnaufteilungsmethode** und bei einem **Poolvertrag** der Fall.

54 Darüber hinaus verlangte der deutsche Fiskus auch vor dem Jahre 2003 iRd Tz. 3.1.2.1 VGr:

(1) **Unterlagen über die besondere Art, Beschaffenheit und Qualität** sowie den **Innovationsgehalt** der gelieferten Güter und Waren (auch Unterschiede zu vergleichbaren Produkten):
   (a) Material, Qualität, technische Ausstattung
   (b) Produktanwendungsbereiche und Alternativprodukte
   (c) Innovationsgehalt, Produktlebenszyklus, Haltbarkeitsanalysen
   (d) Zuverlässigkeit und Instandsetzbarkeit
   (e) Normung, Verpackung und Formgebung
   (f) Markenbekanntheit, Imageanalysen

(2) Aufzeichnungen **über** die **Verhältnisse des Marktes,** in dem die Güter oder Waren benutzt, verbraucht, bearbeitet oder an Fremde veräußert werden (auch Unterschiede zu Vergleichsmärkten):
   (a) Abgrenzung der geographischen Märkte
   (b) Darstellung der Marktstruktur (Polypol, Oligopol, Monopol etc.)

---

[7] BFH v. 10.5.2001, BFH/NV 2001, 957 und zusätzlich BFH v. 17.10.2001, DB 2001, 2474.

(c) Darstellung der Umsatzzahlen des Marktes und wichtiger Marktteilnehmer

(d) Reaktionsprofil der Wettbewerber

(e) Marktanteilsuntersuchungen unter Berücksichtigung von Sortiments- und Markenstrategien

(f) Definition und Analyse der Kundenkreise (demographische Verhältnisse, Kaufkraft etc.)

(g) Akzeptanz und Nachfrage einzelner Produkte oder Produktgruppen

(3) Berichte über die **Funktionen und die Handelsstufen,** die von den beteiligten Unternehmen tatsächlich wahrgenommen werden:

(a) Funktionen des Unternehmens (Produktionsplanung, Rohstoffgewinnung, Einkauf, Herstellung, Veredelung, Verpackung, Vertrieb, Export, Logistik etc.)

(b) Handelsstufen und Vertriebsstrukturen (Herstellervertrieb, Wiederverkäufer, Zwischen-, Großhändler, Alleinimporteur, Handelsvertreter, Kommissionär)

(c)Produktionsleistungen, insbes. Kapazitäten, Auslastungen, Terminverzögerungen und durchschnittliche Herstellzeit

(d) Stand und Entwicklung von Produktionsverfahren, Produktionsprozessen und Fabrikorganisation

(e) Technischer Stand von Anlagen, Einrichtungen und Nebenbetrieben

(f) Produktivitätsentwicklung, Grad der Automation, Materialfluss, Transport, Arbeitstechnik, Arbeitsplatzgestaltung, Leistungsnormen und Leistungskontrolle

(4) **Vorlage aller Liefervereinbarungen:**

(a) Lieferverträge mit Vereinbarungen über Zahlungsziele, Rabatte, Skonti, Gefahrübergang, Gewährleistung, Haftungsverhältnisse (zB Bürgschaften), Transportkostenübernahme, Versicherung

(b) Liefervereinbarungen mit Dritten

(c) Preislisten

(5) **Vorteile und Risiken bei längerfristigen Lieferbeziehungen:**

(a) Abnahme- oder Lieferverpflichtungen

(b) Preisvorteile, Liefersicherheit, Kapazitätsauslastung

(6) Analysen besonderer **Wettbewerbssituationen:**

(c) Markteinführung neuer Produkte

(a) Marktverteidigung oder Markterweiterung

(b) Behördliche Preisregulierung

Neben den oben beispielhaft genannten Informationen und Unterlagen **55** können noch weitere Informationen für die Bildung und Beurteilung von Verrechnungspreisen maßgeblich sein, so insb. betreffend

– die Funktionen der nahe stehenden Unternehmen (Tz. 2.1.3 VGr),

– die Anhaltspunkte für die Bemessung von Fremdpreisen (Tz. 2.1.6 VGr),

– das Vorliegen eines etwaigen Vorteilsausgleichs (Tz. 2.3 VGr)

– Markenbekanntheit, Imageanalysen, etc.

Auf Grund der Rechtsprechung war die Pflicht zur Vorlage dieser Unterlagen, wie oben erläutert, eingeschränkt.

(einstweilen frei)   **56–59**

III. Steuerrechtliche Aspekte

1. Der rechtliche Rahmen

60   § 9 Nr. 3 des Gesetzes vom 16. Mai 2003 (BGBl. I S. 660) ergänzte die Abgabenordnung durch den § 90 Abs. 3 S. 5 AO. Diese Vorschrift ermächtigt das Bundesministerium der Finanzen, per Verordnung **„Art, Inhalt und Umfang der zu erstellenden Aufzeichnungen"** zu bestimmen.

Am 28.10.2003 wurde die **Gewinnabgrenzungsaufzeichnungsverordnung** als zu Art, Inhalt und Umfang von Aufzeichnungen iSd § 90 Abs. 3 AO veröffentlicht.[8] Diese VAO trat mit Wirkung vom 30.6.2003 in Kraft. Die VGr-Verfahren vom 12.4.2005 präzisieren die GAufzV.[9] Die VGr-Verfahren binden die FinVerw., aber nicht Steuerpflichtige, Berater und Richter. Sofern der Steuerpflichtige gerichtliche Verfahren, Verständigungs- und Schiedsverfahren vermeiden will, ist er jedoch gut beraten die VGr-Verfahren zu berücksichtigen.

Im Folgenden werden die VGr-Verfahren dargestellt[10]:

VerGrVerf. vom 12.4.2005 (BStBl. 2005 I S. 570) – rechtlicher Rahmen

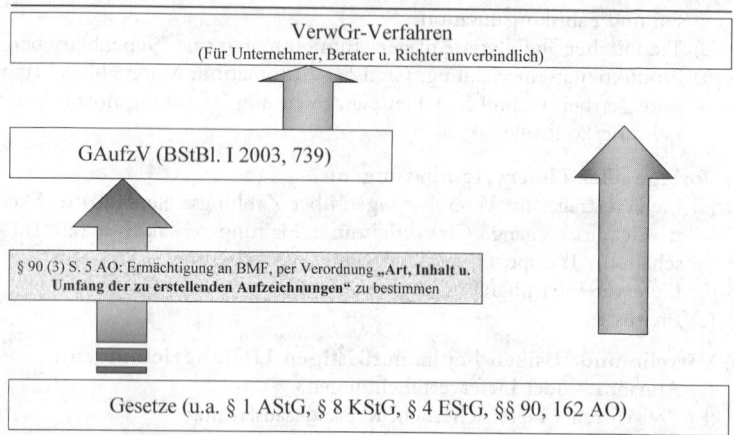

Abb. 1: Verwaltungsgrundsätze-Verfahren

2. Rechtsgrundlage für Betriebsstätten

61   Die gesetzlichen Regelungen und die VGr-Verfahren gelten für Steuerpflichtige, die grenzüberschreitende Geschäftsbeziehungen mit nahe stehenden Personen[11] unterhalten. In Fällen von Leistungen zwischen **Betriebsstät-**

---

[8] BStBl. I 2003, 739.

[9] BStBl. I 2003, 570.

[10] Nach *Rolf Schreiber,* GKBP Düsseldorf, BMF Berlin, Seminar Internationale Verrechnungspreise – Aktuelle Entwicklungen, Beck Seminare, 7.2.2007, Folie 5.

[11] Zum Begriff der nahe stehenden Person vgl. *Wassermeyer/Baumhoff,* Verrechnungspreise international verbundener Unternehmen, 2001, Rn. 826–857.

ten und **Hauptniederlassungen** sind diese Regelungen nach § 90 Abs. 3 S. 4 AO entsprechend anzuwenden.

Inwieweit die einzelnen Regelungen der VGr-Verfahren auf einer Rechtsgrundlage beruhen, wird letztlich gerichtlich zu überprüfen sein. Insbesondere einzelne Regelungen zur Angemessenheitsdokumentation der Betriebsstätten und zur Unverwertbarkeit entbehren möglicherweise einer solchen Rechtsgrundlage.

In Bezug auf die Dokumentation von Transaktionen mit Betriebsstätten liegen zwar bei Lieferungen und Leistungen zwischen Hauptniederlassungen und Betriebsstätten oder zwischen verschiedenen Betriebsstätten einer Hauptniederlassung keine Geschäftsbeziehungen in rechtlichem Sinne vor, allerdings werden die **Verrechnungspreise für den Leistungsaustausch mit Betriebsstätten international den gleichen Regelungen unterworfen** wie der Leistungsaustausch zwischen nahe stehenden Personen.[12]

Aufgrund der Definition einer **nahe stehenden Person** in § 1 AStG und deren Anwendung in der neuen GAufzV (insbes. § 1 Abs. 2 S. 1 GAufzV) wird von Gerichten in Deutschland die Rechtsfrage zu klären sein, ob Transaktionen oder Geschäftsbeziehungen vorliegen, auf die § 90 Abs. 3 AO und die entsprechenden Vorschriften anwendbar sind.

In Deutschland besteht derzeit nach Ansicht der Verfasser noch keine ausreichende Rechtsgrundlage.

3. EG-Vertragswidrigkeit

Die mögliche Europarechtswidrigkeit der dargelegten Vorschriften bezog **62** sich auf die folgenden Sachverhalte:

(1) Die Verpflichtung aufzuzeichnen (§ 90 Abs. 3 S. 1 AO) und diese Aufzeichnungen an die FinVerw. auszuhändigen (§ 90 Abs. 3 S. 6 AO)

(2) Die Erhöhung der Mitwirkungspflichten beim Steuerpflichtigen (§ 162 Abs. 3 S. 1 AO)

(3) Die Schätzung mit Hilfe einer Bandbreite (§ 162 Abs. 3 S. 2 AO)

(4) Der Strafzuschlag (§ 162 Abs. 4 AO)

In diesem Zusammenhang standen das **Diskriminierungsverbot** und das **Gebot der Niederlassungsfreiheit** im Fokus. Strafzuschläge könnten zB die Steuerpflichtigen mit grenzüberschreitenden Transaktionen gegenüber Steuerpflichtigen ohne grenzüberschreitende Transaktionen diskriminieren, da solche Aufzeichnungspflichten für letztgenannte nicht existieren. Gemeinhin wurde die Meinung vertreten, **§ 1 AStG** sei **EG-vertragswidrig,** da ein Verstoß gegen die Niederlassungsfreiheit vorliege.

Für den § 90 Abs. 3 AO war zu klären, ob die Dokumentationspflichten **zweckmäßig, erforderlich und verhältnismäßig** im engeren Sinne sind. Aufgrund der auftretenden Kosten könnten die Dokumentationspflichten Unternehmen mit innerkonzernlichen ausländischen Transaktionen eine unverhältnismäßige Kostenbürde auferlegen. Somit wäre auch § 90 Abs. 3 AO EG-vertragswidrig.

---

[12] Report on the attribution of profits to permanent establishments, Organisation for Economic Co-operation, 2008.

Die meisten Aspekte wurden zwischenzeitlich geklärt.[13] Zum Zeitpunkt des Redaktionsschlusses konnte nicht mehr davon ausgegangen werden, dass die deutschen Dokumentationsvorschriften wegen EG-Vertragswidrigkeit nicht zu erfüllen seien.

4. Rechte und Pflichten der Finanzbehörden

a) Amtsermittlungsgrundsatz

63   Die Finanzbehörden haben gem. § 88 Abs. 1 AO den **Sachverhalt von Amts wegen zu ermitteln.** Die **Finanzbehörden bestimmen selbst** nach den Umständen jedes Einzelfalls **über Art und Umfang der Ermittlung.** Sie legen auch die erforderlichen Nachweise fest. Die Finanzbehörden entscheiden nach pflichtgemäßem Ermessen, ob und inwieweit Sachverhalte aufklärungsbedürftig sind, weil sie steuerlich von Bedeutung sein können.

Die Finanzbehörden haben auch Umstände zu berücksichtigen, die sich für die Steuerpflichtigen positiv auswirken (§ 88 Abs. 2 AO).

Die **Finanzbehörden haben den Sachverhalt selbst zu ermitteln.** Allerdings können sie die **Mitwirkung des Steuerpflichtigen** in Anspruch nehmen (§ 78 AO). Sie können jedoch die Mitwirkung des Steuerpflichtigen nur dann in Anspruch nehmen, wenn dies zur Feststellung eines steuerlich erheblichen Sachverhaltes erforderlich und soweit dies sinnvoll und notwendig ist. Zudem muss die Mitwirkung für den Steuerpflichtigen zumutbar sein.[14] Unter der Maßgabe dieser Bedingungen können die Finanzbehörden von dem Steuerpflichtigen verlangen Auskünfte zu erteilen, Nachweise zu beschaffen oder Aufzeichnungen zu erstellen.

b) Beweislast

64   Die Beweislast für die Fremdüblichkeit der Verrechnungspreise trägt nicht der Steuerpflichtige, sondern die FinVerw.

c) Andere Rechte und Pflichten der Finanzbehörden

65   Die Finanzbehörden können Auskünfte, Unterlagen und Aufzeichnungen anfordern, andere Personen in Anspruch nehmen, müssen und können die internationale Rechts- und Amtshilfe in Anspruch nehmen und können Fragebögen verwenden. Zu diesen Rechten und Pflichten der Finanzbehörden wird auf das Kapitel F Rn. 1 ff. verwiesen.

d) Mitwirkungspflichten des Steuerpflichtigen

66   Der **Steuerpflichtige hat Mitwirkungspflichten** nach § 90 Abs. 1 AO, Auskunftspflichten nach § 93 AO und **Aufbewahrungspflichten** nach § 147 AO. Er hat Originalunterlagen vorzulegen und unter bestimmten Voraussetzungen Dokumente, die in ausländischer Sprache verfasst sind, zu übersetzen (§ 87 Abs. 2 AO).

Nach § 90 Abs. 2 AO treffen den Steuerpflichtigen **erhöhte Mitwirkungspflichten bei Auslandssachverhalten.** Die Aufklärung zu **Nachweisbeschaffungspflichten** sind in § 90 Abs. 2 S. 1 und 2 AO geregelt. Die

---

[13] FG Hessen 23.3.2011, 4k 419/10, BFH 10.4.2013, I R 45/11.
[14] § 2 Abs. 1 S. 2 Betriebsprüfungsordnung – BPO 2000 BStBl. I 2000, 358 ff.

Beweisvorsorgepflichten des Steuerpflichtigen sind in § 90 Abs. 2 S. 3 AO und die **Offenlegungspflichten** in § 16 AStG geregelt. Zu den Mitwirkungspflichten des Steuerpflichtigen wird auf Kapitel F Rn 1 ff. verwiesen.

e) Schätzung

Sollten die Finanzbehörden feststellen, dass im Inland eine Einkunftsmin- **67** derung stattgefunden hat, da sie die Verrechnungspreise als unangemessen klassifizieren und ein verbundenes ausländisches Unternehmen seinen Mitwirkungspflichten nach § 90 Abs. 2 AO nicht nachkommt, kann die Fin-Verw. laut § 162 Abs. 3 AO eine **Strafschätzung** zu Lasten des inländischen Steuerpflichtigen durchführen.

Diese Schätzung kann unter bestimmten Voraussetzungen auch dann vollzogen werden, wenn der inländische Steuerpflichtige eine unverwertbare Dokumentation vorgelegt hat. Hierzu ist auf Abschnitt 5 dieses Unterkapitels verwiesen.

f) Preisanpassung

Bei der Übertragung immaterieller Wirtschaftsgüter nimmt die Finanzbe- **68** hörde an, dass unter normalen Marktbedingungen aufgrund der Unsicherheit zukünftiger Erträge aus der Nutzung der immateriellen Wirtschaftsgüter **Preisanpassungsklauseln** zwischen den Parteien vereinbart würden. Sollte bei der Übertragung der immateriellen Wirtschaftsgüter keine Preisanpassungsklausel vereinbart worden sein und sollte innerhalb von 10 Jahren nach Übertragung der tatsächliche Gewinn erheblich anders ausfallen als prognostiziert, kann das Finanzamt einmalig folgend dem Wirtschaftsjahr, in dem erstmals eine erhebliche Abweichung auftrat, eine Preisanpassung vornehmen. Die Erheblichkeit der Abweichung wird bereits dann angenommen, wenn der auf der Grundlage der tatsächlichen Gewinnentwicklung zutreffende Verrechnungspreis außerhalb des ursprünglichen Einigungsbereichs[15] liegt (vgl. § 10 FVerlV).

In den folgenden Fällen ist eine nachträgliche **Preisanpassung nicht möglich:**

(1) Es wurden uneingeschränkt bzw. eingeschränkt vergleichbare **Fremddaten** für die Preisbestimmung herangezogen;

(2) Es bestanden bei Geschäftsabschluss **keine Bewertungsunsicherheiten;**

(3) In **Übergangsfällen** wurden sachgerechte Preisanpassungsklauseln vereinbart (auch mit kürzerer Laufzeit als 10 Jahre);

(4) Es wurden keine immateriellen Wirtschaftsgüter übertragen, sondern **lizenziert.**[16]

---

[15] Zum Begriff des Einigungsbereichs vgl. *Wassermeyer/Baumhoff*, Verrechnungspreise international verbundener Unternehmen, 2001, Rn. 157 ff.

[16] In diesen Fällen gelten umsatz- bzw. gewinnbezogene Lizenzvereinbarungen als Anpassungsregelung (s. Regierungsbegründung zu § 1 Abs. 3 S. 11 AStG).

5. Folgen der Verletzung der Dokumentationspflicht

69   Wie oben erläutert hat der Steuerpflichtige nach § 90 AO Mitwirkungspflichten, die sich u. a. auf die Vorlage einer angemessenen Dokumentation beziehen. Die Folgen der **Verletzung der Mitwirkungspflichten** durch den Steuerpflichtigen werden im StVergAbG konkretisiert. Gem. § 162 AO kann eine Verletzung der Mitwirkungs- und Dokumentationspflichten zu einer Schätzung der Einkünfte und/oder zu Strafzuschlägen[17] führen. Sollte der Steuerpflichtige seinen Mitwirkungspflichten *nicht fristgerecht* nachkommen, so sind zwei Fälle zu unterscheiden, wie im Folgenden dargelegt wird:
– Verspätete Erstellung
– Verspätete Vorlage

Die Verletzung der Mitwirkungs- und Dokumentationspflichten führt seitens der FinVerw. zu der **widerlegbaren Vermutung,** dass der angesetzte Verrechnungspreis nicht dem angemessenen Verrechnungspreis gem. dem Grundsatz des Fremdverhaltens entspricht. § 162 AO Abs. 3 besagt:

> „(3) Verletzt ein Steuerpflichtiger seine Mitwirkungspflichten nach § 90 Abs. 3 dadurch, dass er die Aufzeichnungen nicht vorlegt, oder sind vorgelegte Aufzeichnungen im Wesentlichen unverwertbar oder wird festgestellt, dass der Steuerpflichtige Aufzeichnungen iSd § 90 Abs. 3 S. 3 nicht zeitnah erstellt hat, so wird widerlegbar vermutet, dass seine im Inland steuerpflichtigen Einkünfte, zu deren Ermittlung die Aufzeichnungen iSd § 90 Abs. 3 dienen, höher als die von ihm erklärten Einkünfte sind. Hat in solchen Fällen die Finanzbehörde eine Schätzung vorzunehmen und können diese Einkünfte nur innerhalb eines bestimmten Rahmens, insbesondere nur aufgrund von Preisspannen bestimmt werden, kann dieser Rahmen zu Lasten des Steuerpflichtigen ausgeschöpft werden.“

70   Kann der Steuerpflichtige diese Vermutung nicht widerlegen, so kann die Finanzbehörde den Gewinn auf der Basis angemessener Verrechnungspreise **schätzen.** Hierbei kann die Finanzbehörde nach Maßgabe ihres Schätzungsermessens den Verrechnungspreis im Rahmen einer Preis- bzw. Mengenbandbreite zu Lasten des Steuerpflichtigen an der **oberen Preis- bzw. Mengengrenze** ansetzen (§ 162 Abs. 3 AO).

Aus dem oben zitierten § 162 Abs. 3 AO wird deutlich, dass drei Fallunterscheidungen vorliegen:

(1) Der Steuerpflichtige legt die Aufzeichnungen nicht vor, oder

(2) Der Steuerpflichtige legt im Wesentlichen **unverwertbare Aufzeichnungen** vor, oder

(3) Der Steuerpflichtige hat die Aufzeichnungen iSd § 90 Abs. 3 S. 3 **nicht zeitnah** erstellt.

Im Folgenden werden nur die Fälle der **verspäteten Vorlage** und der **verspäteten Erstellung** verwertbarer Aufzeichnungen thematisiert. Eine abschließend als unverwertbar eingestufte Aufzeichnung führt wiederum unter der Maßgabe **der widerlegbaren Vermutung der nicht fremdüblichen Preisgestaltung,** zu Strafzuschlägen bzw. Schätzung durch die Finanzbehörde (vgl. Tz. 4.6.1 VGr-Verfahren).

---

[17] Vgl. auch *Wassermeyer/Baumhoff,* Verrechnungspreise international verbundener Unternehmen, 2001, Rn. 861 ff.

Es ist insb. zu beachten, dass für die Schätzung des Gewinns von der Finanzbehörde Prämissen festgelegt werden. Sollte eine Schätzung auf der Basis **denklogisch richtiger Prämissen** stattfinden, kann es für den Steuerpflichtigen uU schwierig sein, gegen diese denklogisch richtigen Prämissen zu argumentieren. Die Einreichung verspätet erstellter oder verspätet vorgelegter Dokumentationen führt nicht automatisch zu einer Neuschätzung des Gewinns durch die Finanzbehörden, sofern diese in ihrer ersten Schätzung denklogisch richtige Prämissen gesetzt hat.

Insbesondere im Rahmen **außerordentlicher Sachverhalte** ist es nicht ungewöhnlich, dass der Steuerpflichtige die Dokumentation der außerordentlichen Sachverhalte nicht fristgerecht vorlegt bzw. erstellt. Hieraus drohen dem Steuerpflichtigen uU Strafzuschläge, wie im Folgenden erläutert wird.

a) Verspätete Erstellung

Es ist zu erörtern, ob die Aufzeichnungen des Steuerpflichtigen „im Wesentlichen unverwertbar" sind und die Rechtsfolgen des § 162 Abs. 3 und 4 AO, dh u.a. Strafzuschläge, auslösen können. **71**

Laut Tz. 3.4.19b) VGr-Verfahren führt hierbei *„die Unvollständigkeit oder Fehlerhaftigkeit von Aufzeichnungen in einzelnen Punkten [...] allein regelmäßig nicht dazu, dass Aufzeichnungen im Wesentlichen unverwertbar sind. "* Bzw. laut Tz. 3.4.19c) VGr-Verfahren: *„Stellt die Finanzbehörde fest, dass Aufzeichnungen im Wesentlichen unverwertbar sind, hat sie den Steuerpflichtigen unverzüglich darauf hinzuweisen und ihn zur Nachbesserung aufzufordern ".*[18]

Für den Fall verspätet erstellter Dokumentationen ist somit festzustellen, dass ein Verstoß gegen die nicht zeitnahe Erstellung der Aufzeichnungen für sich genommen keinen Zuschlag auslöst.[19]

Sollte die Finanzbehörde eine Schätzung vornehmen (§ 162 Abs. 1 und 2 AO), hat **eine verspätete Erstellung keinen Einfluss auf die Bestimmung der Schätzungsbandbreite,** sondern nur auf die Ausschöpfung der Bandbreite „zu Lasten des Steuerpflichtigen" (Tz. 4.5). Nach Tz. 4.5 VGr-Verfahren und der dort zitierten BFH-Rechtsprechung müssen für eine ermessensfehlerfreie Schätzung alle zum Zeitpunkt der Schätzung vorhandenen Informationen (dh auch verspätet erstellte und verspätet vorgelegte) verwertet werden. Explizit wird dargelegt, dass es der *„Zweck einer Schätzung [ist] diejenigen Besteuerungsgrundlagen anzusetzen, die die größte Wahrscheinlichkeit der Richtigkeit für sich haben und der Wirklichkeit am nächsten kommen ".* Dies impliziert, dass eine verspätet erstellte Dokumentation im Rahmen der Schätzung zu beachten ist. **72**

Für **außerordentliche Sachverhalte** gilt nach Tz. 4.6.1 letzter Absatz bezüglich einer nachträglichen oder verspäteten Erstellung: *„Im Fall der verspäteten Erstellung von Aufzeichnungen für außergewöhnliche Geschäftsvorfälle ist deren Beweiswert unter Berücksichtigung der Tatsache der Verspätung (Indiz) zu würdigen. "* Insbesondere bei teilweise fristgerechter Erstellung (zB vorab schriftlicher Vertrag) sollte eine Absenkung des Beweiswertes der verspätet erstellten übrigen Unterlagen regelmäßig schwierig sein.

---

[18] Vgl. *Tipke/Kruse* § 90 AO, Rn. 39, 40 und § 162 Rn. 66 ff.
[19] Vgl. *Wassermeyer* in FWB § 1 AStG, Rn. 823.9.

b) Verspätete Vorlage

73 Eine **verspätete Vorlage der Dokumentation** bei der Steuerbehörde zieht nach § 162 AO einen **Strafzuschlag** nach sich (Tz. 4.6.3 VGr-Verfahren). Diese Zuschläge fallen unabhängig davon an, ob es sich um gewöhnliche oder außerordentliche Sachverhalte handelt.

§ 162 Abs. 4 AO führt hierzu aus:

„(4) Legt ein Steuerpflichtiger Aufzeichnungen iSd § 90 Abs. 3 nicht vor oder sind vorgelegte Aufzeichnungen im Wesentlichen unverwertbar, ist ein Zuschlag von 5000 Euro festzusetzen. Der Zuschlag beträgt mindestens 5 vom Hundert und höchstens 10 vom Hundert des Mehrbetrags der Einkünfte, der sich nach einer Berichtigung aufgrund der Anwendung des Abs. 3 ergibt, wenn sich danach ein Zuschlag von mehr als 5000 Euro ergibt. Bei verspäteter Vorlage von verwertbaren Aufzeichnungen beträgt der Zuschlag bis zu 1 000 000 Euro, mindestens jedoch 100 Euro für jeden vollen Tag der Fristüberschreitung bis zur Vorlage der Aufzeichnungen oder bis zur Bestandskraft des Steuer- bzw. Feststellungsbescheides. Soweit den Finanzbehörden Ermessen hinsichtlich der Höhe des Zuschlags eingeräumt ist, sind neben dessen Zweck, den Steuerpflichtigen zur Erstellung und fristgerechten Vorlage der Aufzeichnungen iSd § 90 Abs. 3 anzuhalten, insbesondere die von ihm gezogenen Vorteile und bei verspäteter Vorlage auch die Dauer der Fristüberschreitung zu berücksichtigen. Von der Festsetzung eines Zuschlags ist abzusehen, wenn die Nichterfüllung der Pflichten nach § 90 Abs. 3 entschuldbar erscheint oder ein Verschulden nur geringfügig ist. Das Verschulden eines gesetzlichen Vertreters oder eines Erfüllungsgehilfen steht dem eigenen Verschulden gleich. Der Zuschlag ist regelmäßig nach Abschluss der Außenprüfung festzusetzen."

74 Es werden also grundlegend zwei Fälle unterschieden (Tz. 4.6.3 VGr-Verfahren):
(1) *Aufzeichnungen sind nicht vorgelegt oder im Wesentlichen unverwertbar.*
    (a) Der Zuschlag beträgt mindestens 5000,– € und mindestens 5% und maximal 10% des Mehrbetrags der Einkünfte.
(2) *Verwertbare Aufzeichnungen werden verspätet vorgelegt.*
    (a) Der Zuschlag beträgt mindestens 100,– € pro Tag der Fristüberschreitung und bis zu 1 000 000,– €.
    (b) Es ist somit abschließend festzuhalten, dass bei Zuschlägen nicht der Zeitpunkt der *Erstellung*, sondern vielmehr der Zeitpunkt der *Vorlage* ausschlaggebend ist.

6. Dokumentationsvorschriften

a) Rechtsgrundlagen

75 Steuerpflichtige müssen bei grenzüberschreitenden Geschäftsbeziehungen mit nahe stehenden Personen die Geschäftsvorfälle in Bezug auf Art und Inhalt aufzeichnen (**„Sachverhaltsdokumentation"**). Die Regelungen über die Sachverhaltsdokumentation beruhen auf § 90 Abs. 3 S. 1 AO iVm § 1 Abs. 2 GAufzV und Tz. 3.4.11 VGr-Verfahren.
Die Verpflichtung zur Aufzeichnung der wirtschaftlichen und rechtlichen Grundlagen der Geschäftsbeziehungen (**„Angemessenheitsdokumenta-**

tion") beruhen auf § 90 Abs. 3 S. 2 AO in Verbindung mit § 1 Abs. 3 GAufzV und Tz. 3.4.12 VGr-Verfahren.[20]
Inwieweit die umfangreichen Vorschriften der Tz. 3.4.12 in Bezug auf die Angemessenheitsdokumentation durch § 1 Abs. 3 GAufzV gedeckt sind, ist umstritten.

Die Dokumentation muss so erstellt werden, dass sie es einem sachverstän- **76** digen Dritten ermöglicht, innerhalb einer angemessenen Frist festzustellen, welche Sachverhalte vorliegen und inwieweit der Fremdvergleichsgrundsatz nach Tz. 3.4.10.2 beachtet wurde.

Beispiel: Ein deutscher mittelständischer Maschinenbaukonzern ist nicht verpflichtet, formal ein Dokumentationspaket für Verrechnungspreiszwecke anzulegen, wenn alle Unterlagen, die für die Sachverhalts- und die Angemessenheitsdokumentation erforderlich sind, in anderer geordneter Form präsentiert werden können und ein sachverständiger Dritter die Beachtung des Fremdvergleichsgrundsatzes aufgrund dieser Unterlagen überprüfen kann. Im Regelfall wird jedoch der Maschinenbaukonzern gut beraten sein, zu überprüfen, ob er die Unterlagen tatsächlich schon zusammengestellt hat und ob er diese Unterlagen auch in angemessener Zeit in logischer Form präsentieren kann.

b) Ernsthaftes Bemühen

Gem. § 1 Abs. 1 S. 2 GAufzV hat sich der Steuerpflichtige zu bemühen, **77** die Angemessenheit seiner Verrechnungspreise zu begründen (Tz. 3.4.1 VGr-Verfahren). Hierfür ist eine geeignete Verrechnungspreismethode anzuwenden (§ 2 Abs. 2 GAufzV). In vielen Fällen wird der Steuerpflichtige mehrere Verrechnungspreismethoden anwenden, um seine Verrechnungspreise mit den verbundenen Unternehmen zu begründen. Nur wenn die Aufzeichnungen verwertbar sind (Tz. 3.4.19a) VGr-Verfahren), bildet die vorgelegte Dokumentation die Ausgangsbasis für die Prüfung (Tz. 3.4.20a) VGr-Verfahren).

Beispiel: Ein Autozulieferer bezieht von einem ausländischen Auftragsfertiger Teile und ermittelt den Verrechnungspreis mit Hilfe des Kostenaufschlagsverfahrens. Er liefert die fertigen Autoteile an eine ausländische Vertriebsgesellschaft, welche diese weiter an einen ausländischen Automobilhersteller verkauft. Den Verrechnungspreis für den Verkauf an die ausländische Vertriebsgesellschaft ermittelt er mit Hilfe einer Wiederverkaufspreismethode. Er legt der deutschen FinVerw. die Kostenrechnung der ausländischen Auftragsfertigungseinheit vor, zusammen mit einer Vergleichsanalyse von Kostenaufschlagsmargen auf der Grundlage externer Datenbanken. Die Margen der Vergleichsunternehmen wurden Unternehmen zu Grunde gelegt, die mit dem untersuchten ausländischen Auftragsfertiger weitgehend vergleichbar sind. Notwendige Anpassungsrechnungen wurden vorgenommen. Für die Vertriebseinheit wurden die Verkaufserlöse an fremde Dritte zu Grunde gelegt, die Kostenrechnung der Vertriebseinheit dargestellt und die Nettomarge mit denen von vergleichbaren Vertriebsgesellschaften verglichen. Die Margen der Vergleichsunternehmen wurden auch hier aus externen Datenbanken gewonnen. Die Vergleichsunternehmen sind wirklich vergleichbar und notwendige Anpassungsrechnungen wurden vorgenommen. Der Steuerpflichtige hat zudem alle wichtigen Funktionen, Risiken und Marktverhältnisse dargestellt. In einem solchen Fall ist das ernsthafte Bemühen ersichtlich.

---

[20] S. Rn. 134 f.

Beispiel: Ein anderes Automobilzuliefererunternehmen legt die ausländische Kostenrechnung des dortigen Auftragfertigers nicht vor, ebenso wenig wie die Kostenrechnung des ausländischen Vertriebsunternehmens. Es errechnet jedoch auf der Basis einer sog. üblichen Kapitalverzinsung, die aus Börsendaten gewonnen wurde, eine fremdvergleichsübliche Marge für die ausländischen Tochtergesellschaften. Daneben erstellt das Unternehmen eine sehr umfangreiche Dokumentation über Funktionen und Risiken im Konzern und stellt alle Vertragsbeziehungen mustergültig zusammen; der Außenprüfer kann auf dieser Grundlage sehr schnell einen guten Überblick über das Unternehmen gewinnen. Die Ermittlung von Margen auf der Basis von externen Kapitalmarktzinsen beruhte auf den Kapitalmarktverzinsungen vergleichbarer Unternehmen. Sie entspricht daher dem Fremdvergleichsgrundsatz. Auch hier ist ein ernsthaftes Bemühen ersichtlich, da die vorgelegten Aufzeichnungen aufgrund ihrer Verwertbarkeit eine gute Ausgangsbasis für die Prüfung bilden.

c) Änderung der Verrechnungspreisfestlegung

78 Der Steuerpflichtige kann die **Art seiner angewandten Verrechnungspreismethoden ändern,** bspw. anlässlich der Einführung oder Änderung seines Dokumentationssystems. Durch die Änderung der Methode und der Beurteilungsgrundlagen kann ein von der Vergangenheit abweichendes Ergebnis zustande kommen. Der Steuerpflichtige hat in einem solchen Fall die **Änderungen sorgfältig zu begründen** und diese Gründe auf Anforderung aufzuzeichnen (3.4.1 VGr-Verfahren).

d) Erörterungen von Schwierigkeiten

79 Sofern sich im konkreten Fall **erhebliche Schwierigkeiten** ergeben die Aufzeichnungspflichten zu erfüllen, **können** diese **im Vorhinein mit der Außenprüfung erörtert werden** (Tz. 3.4.2 VGr-Verfahren). In den meisten Fällen wird ein sinnvoller Kompromiss zwischen der Außenprüfung und dem Steuerpflichtigen in Bezug auf die Art und den Detailgrad der Aufzeichnungen gefunden. Allerdings ist mit dieser Auskunft über die Aufzeichnungen noch keine Anerkennung der Verrechnungspreise als solche verbunden.

e) Form und Aufbewahrung

80 Die Dokumentation der Verrechnungspreise iSd § 90 Abs. 3 AO ist nach § 2 Abs. 1 GAufzV entweder **schriftlich oder elektronisch** zu erstellen.

Die Aufzeichnungen sind sachgerecht zu ordnen und **10 Jahre lang aufzubewahren** (§ 147 Abs. 1 Nr. 1 iVm § 147 Abs. 3 AO). Für die elektronisch erstellten Aufzeichnungen gelten die Grundsätze ordnungsmäßiger EDV-gestützter Buchführungssysteme (Gobs) vom 7.11.1995.[21] Hinsichtlich Form und Aufbewahrung der elektronisch erstellten Aufzeichnungen, sowie der Aufbewahrung von Dokumentationen im Ausland wird auf Kapitel F Rn. 1 ff. verwiesen.

f) Aufzeichnungspflichtige

81 Die Dokumentationspflichten gelten für alle Steuerpflichtigen nach § 33 AO, dh für **natürliche und juristische Personen, die unbeschränkt oder beschränkt einkommensteuer- oder körperschaftsteuerpflichtig**

---

[21] BMF 7.11.1995, BStBl. I 1995, 738, s. auch BMF 16.7.2001, BStBl. I 2001, 415.

sind. Dasselbe gilt für **Mitunternehmerschaften,** obwohl diese selbst nicht steuerpflichtig sind, sondern nur die Mitunternehmer selbst. Ausnahmen bestehen für buchführungspflichtige Mitunternehmerschaften, bei denen der einzelne Mitunternehmer aufzeichnungspflichtig ist.

g) Dokumentation der Geschäftsbeziehung

Die Dokumentation der Verrechnungspreise gem. § 90 Abs. 3 AO umfasst **82** die **Geschäftsbeziehungen** iSd § 1 Abs. 1 und 4 AStG eines Steuerpflichtigen, soweit sie **zu nahe stehenden Personen** iSd § 1 Abs. 2 AStG bestehen. Diese Geschäftsbeziehungen müssen außerdem gem. Tz. 14 des Anwendungsschreibens zum AStG einen **Auslandbezug** haben.

Auch wenn **kein Leistungsaustausch** vorliegt, können Geschäftsbeziehungen bestehen. Zu diesen Geschäftsbeziehungen gehören **Poolumlagen** und Fälle **internationaler Arbeitnehmerentsendung.**[22]

Für die Annahme einer Geschäftsbeziehung ist es nicht entscheidend, ob eine **schuldrechtliche Beziehung** besteht.

Gesellschaftsrechtliche Einlagen in ein Unternehmen, bspw. bei Umstrukturierungen oder Verschmelzungen, bilden keine Geschäftsbeziehungen iSd § 1 Abs. 4 AStG. Dasselbe gilt für **Garantien** für ausländische Tochtergesellschaften.

Beispiel: Die unentgeltliche Garantieerklärung einer Konzernobergesellschaft zugunsten eines konzernzugehörigen Unternehmens ist keine Geschäftsbeziehung – und unterliegt somit keiner Korrektur nach § 1 AStG –, falls die begünstigte Gesellschaft mangels ausreichender Eigenkapitalausstattung die ihr zugewiesene Finanzierungsfunktion für den Konzern nicht ausüben könnte. In diesem Fall sind eigenkapitalersetzende Maßnahmen genauso zu behandeln wie die Zufuhr von Eigenkapital.[23]

h) Informationstransparenz

Nach § 1 Abs. 1 S. 2 AStG ist für die Anwendung des Fremdvergleichs- **83** grundsatzes davon auszugehen, dass beide Geschäftspartner über alle wesentlichen Geschäftsumstände informiert sind und wie **ordentliche und gewissenhafte Geschäftsleiter** handeln.[24]

Im Fall von Funktionsverlagerungen wird somit angenommen, dass beide Geschäftspartner über die Gewinnprognosen des jeweils anderen Geschäftspartners Kenntnis besitzen.

i) Berichtigungspflicht

Nach § 153 AO Abs. 1 ist ein Steuerpflichtiger, der nachträglich aber vor **84** Ablauf der Festsetzungsfrist erkennt,

„1. dass eine von ihm oder für ihn abgegebene Erklärung unrichtig oder unvollständig ist und dass es dadurch zu einer Verkürzung von Steuern kommen kann oder bereits gekommen ist oder

---

[22] BMF 9.11.2001, BStBl. I 2001, 796; BMF 30.12.1999 BStBl. I 1999, 1122.

[23] BFH 27.8.2008 – I R 28/07 – BFH-NV 2009, 123.

[24] Vgl. *Wassermeyer/Baumhoff,* Verrechnungspreise international verbundener Unternehmen, 2001, Rn. 118.

2. dass eine durch Verwendung von Steuerzeichen oder Steuerstemplern zu entrich-
tende Steuer nicht in der richtigen Höhe entrichtet worden ist,"
dazu verpflichtet, dies unverzüglich anzuzeigen und die erforderliche **Rich-**
tigstellung vorzunehmen.

In Bezug auf die Aufzeichnungen des dokumentierenden Unternehmens
liegt ein **Verstoß gegen diese Berichtigungspflicht** vor, wenn bei Dokumentationserstellung festgestellt wird, dass in der Vergangenheit an ausländische verbundene Konzernunternehmen erbrachte Leistungen nicht abgerechnet wurden (zB Managementleistungen, Überlassung von Know-how
oder Markenrechten). Darüber hinaus findet eine Verletzung der Berichtigungspflicht statt, wenn die Konsequenzen aus dem einvernehmlichen Abschluss einer Betriebsprüfung nicht vollzogen werden (zB Umsetzung der
festgelegten Lizenzgebühr).

k) Zu dokumentierende Unternehmensbereiche

85   Nach § 2 Abs. 6 GAufzV und Tz. 2.2 des VGr-Verfahren[25] hat das dokumentierende Unternehmen der Betriebsprüfung eine **Dokumentation über**
Geschäftsvorfälle oder Geschäftsbereiche vorzulegen.
   „Die Aufzeichnungen im Sinne des § 90 Abs. 3 AO einschließlich der Aufzeich-
nungen für außergewöhnliche Geschäftsvorfälle sind gemäß § 2 Abs. 6 GAufzV nicht
für das Gesamtunternehmen, sondern nur für die Geschäftsbereiche oder Geschäftsbe-
ziehungen einzufordern, die Gegenstand der Prüfung sein sollen und für diese von Be-
deutung sind (§ 4 S. 1 GAufzV)." (Tz. 2.2 VGr-Verfahren)
   Die Anforderung einer Dokumentation des Gesamtunternehmens steht
diesem entgegen.

l) Nachweis der Richtigkeit

86   Gem. § 90 Abs. 3 AO ist vom dokumentierenden Unternehmen nur eine
Begründung für die Angemessenheit der Verrechnungspreise aufzuführen, jedoch kein objektiver Beweis:
   „(3) Bei Sachverhalten, die Vorgänge mit Auslandsbezug betreffen, hat ein Steuer-
pflichtiger über die Art und den Inhalt seiner Geschäftsbeziehungen mit nahe stehen-
den Personen im Sinne des § 1 Abs. 2 des Außensteuergesetzes Aufzeichnungen zu
erstellen. Die Aufzeichnungspflicht umfasst auch die wirtschaftlichen und rechtlichen
Grundlagen für eine den Grundsatz des Fremdvergleichs beachtende Vereinbarung von
Preisen und anderen Geschäftsbedingungen mit den Nahestehenden.[...]"

m) Lückenhaftigkeit

87   Eine **lückenhafte (dh unvollständige) Dokumentation** impliziert nicht
zwingend, dass die Dokumentation unverwertbar ist. Tz. 3.4.19b) VGr-
Verfahren besagt: *„Die Unvollständigkeit oder Fehlerhaftigkeit von Aufzeichnun-*
gen in einzelnen Punkten führt allein regelmäßig nicht dazu, dass Aufzeichnungen im
Wesentlichen unverwertbar sind".

---

[25] BMF 12.4.2005, BStBl. I 2005, 570.

n) Sprache

Grundsätzlich ist gem. § 2 Abs. 5 GAufzV die Dokumentation in **deut-**　88
scher Sprache aufzuzeichnen.

Es ist jedoch zu beachten, dass eine Übersetzung einer in einer ausländischen Sprache verfassten Dokumentation bzw. derer Dokumente ins Deutsche *„auf das notwendige Maß zu beschränken"* ist (Tz. 3.2.5 VGr-Verfahren).

Gem. Tz 3.4.16 VGr-Verfahren kann Anträgen des Steuerpflichtigen auf Erstellung von Dokumentationen *„in einer anderen lebenden Sprache"* durch die Finanzbehörde (vor Bekanntgabe der Prüfungsanordnung) bzw. die zuständige Dienststelle (nach Prüfungsanordnung) stattgeben werden.

Somit führt eine **in ausländischer Sprache erstellte Dokumentation nicht automatisch zu einer Unverwertbarkeit** der Aufzeichnungen.

Nach Tz 3.4.19c) VGr-Verfahren hat die Finanzbehörde darüber hinaus die Unverwertbarkeit erst festzustellen, wenn die Aufzeichnung trotz Aufforderung nicht übersetzt wird.

Erforderliche Übersetzungen von Verträgen und ähnlichen Dokumenten iSd §§ 3 und 4 GAufzV gehören zu den Aufzeichnungen, so dass der Steuerpflichtige die Kosten zu tragen hat. Eine frühzeitige Anfrage beim Finanzamt ist zu empfehlen, um zu eruieren, welche Dokumente in ausländischer Sprache vorliegen können und welche zwingend in die deutsche Sprache zu übersetzen sind.

7. Vorlagepflichten

a) Dokumentation gewöhnlicher Geschäftsvorfälle und Vorlagefristen

„(3) Bei Sachverhalten, die Vorgänge mit Auslandsbezug betreffen, hat ein Steuerpflichtiger　89
über die Art und den Inhalt seiner Geschäftsbeziehungen mit nahe stehenden Personen im Sinne
des § 1 Abs. 2 des Außensteuergesetzes Aufzeichnungen zu erstellen. Die Aufzeichnungspflicht
umfasst auch die wirtschaftlichen und rechtlichen Grundlagen für eine den Grundsatz des Fremd-
vergleichs beachtende Vereinbarung von Preisen und anderen Geschäftsbedingungen mit den Na-
hestehenden. Bei außergewöhnlichen Geschäftsvorfällen sind die Aufzeichnungen zeitnah zu
erstellen. Die Aufzeichnungspflichten gelten entsprechend für Steuerpflichtige, die für die in-
ländische Besteuerung Gewinne zwischen ihrem inländischen Unternehmen und dessen aus-
ländischer Betriebsstätte aufzuteilen oder den Gewinn der inländischen Betriebsstätte ihres
ausländischen Unternehmens zu ermitteln haben. Um eine einheitliche Rechtsanwendung si-
cherzustellen, wird das Bundesministerium der Finanzen ermächtigt, mit Zustimmung des
Bundesrates durch Rechtsverordnung Art, Inhalt und Umfang der zu erstellenden Aufzeich-
nungen zu bestimmen. Die Finanzbehörde soll die Vorlage von Aufzeichnungen in der Regel
nur für die Durchführung einer Außenprüfung verlangen. Die Vorlage richtet sich nach § 97
mit der Maßgabe, dass Absatz 2 dieser Vorschrift keine Anwendung findet. Sie hat jeweils auf
Anforderung innerhalb einer Frist von 60 Tagen zu erfolgen. In begründeten Einzelfällen kann
die Vorlagefrist verlängert werden." (§ 90 Abs. 3 AO).

Diese Norm der Mitwirkungspflichten erstreckt die **Dokumentationspflicht** auf **alle Umstände,** die für die Beurteilung der Einkunftsabgrenzung maßgeblich sind. Die **Verpflichtung zur Vorlage** beinhaltet alle Unterlagen und gespeicherten Daten, deren Inhalte zur Ermittlung der Einkunftsabgrenzung von Nöten sind und somit steuerrechtliche Relevanz besitzen. Dazu gehören sowohl die zur Prüfung der Angemessenheit der Verrechnungspreise relevanten Daten des dokumentierenden Unternehmens[26] als auch die Daten, Unterlagen und Informationen verbundener Unternehmen.

90   Es sind Aufzeichnungen für Transaktionen anzufertigen, bei denen der Fremdvergleichsgrundsatz Anwendung findet.[27] In diesen Fällen sind sowohl die Verrechnungspreise als auch andere Geschäftsbedingungen mit dem jeweiligen verbundenen Unternehmen zu dokumentieren. Diese Aufzeichnungen werden idR nur für die **Außenprüfung** von der FinVerw. verlangt. Für gewöhnliche Geschäftsvorfälle liegt die **Vorlagefrist** bei 60 Tagen. Der Steuerpflichtige hat zu dokumentieren, inwiefern seine **Einkünfte aus Geschäftsbeziehungen** mit nahe stehenden Personen iSd § 1 AStG den **Fremdvergleichsgrundsatz** beachten. Hierbei muss der Steuerpflichtige insbes. sein „ernsthaftes Bemühen" nachweisen. Dies impliziert den Nachweis, inwiefern die Geschäftsbedingungen, insbes. die Preise, aus Transaktionen mit verbundenen Unternehmen dem Fremdvergleichsgrundsatz entsprechen.

Eine möglichst **zeitnahe Dokumentation** ist auch bei „gewöhnlichen" Geschäftsvorfällen zu empfehlen, da der Steuerpflichtige im Fall einer Betriebsprüfung die Unterlagen oft nicht binnen der Frist von 60 Tagen vorlegen kann, da eine Erstellung von Aufzeichnungen lange nach dem angefragten Geschäftsvorfall – je nach Komplexität – zeit- und kostenintensiv sein kann.

Auf zwei wichtige Ergänzungen der Dokumentationspflichten wird hingewiesen: Zum einen besteht gem. § 3 Abs. 2 GAufzV eine zeitnahe Aufzeichnungspflicht für **Umlageverträge.** Zum Anderen besteht gem. § 5 S. 2 GAufzV eine Aufzeichnungspflicht bei der Verlagerung von **Forschungs- und Entwicklungstätigkeiten,** wenn der Steuerpflichtige regelmäßig Forschung und Entwicklung betreibt und aus betriebsinternen Gründen ohnehin Unterlagen über seine Forschung und Entwicklung erstellt.

b) Dokumentation außergewöhnlicher Geschäftsvorfälle und Vorlagefristen

91   Ein Geschäftsvorfall ist gem. § 90 Abs. 3 AO in Verbindung mit § 3 Abs. 2 GAufzV **außergewöhnlich,** wenn er nicht zu dem gewöhnlichen Geschäftsbetrieb des Steuerpflichtigen gehört und sich beträchtlich auf die Höhe seiner Einkünfte auswirkt (zB Vermögensübertragungen im Zuge von Umstrukturierungsmaßnahmen, wesentliche Funktionsänderungen, Geschäftsvorfälle nach Änderungen der Geschäftsstrategie, Abschluss und Änderung langfristiger Verträge von besonderem Gewicht u. a.).

Bei **außergewöhnlichen Geschäftsvorfällen** hat der Steuerpflichtige seine Aufzeichnungen gem. § 90 Abs. 3 AO **innerhalb von 30 Tagen** vorzulegen.

---

[26] Sofern diese verfügbar sind oder dem ordentlichen Geschäftsführer eines unabhängigen Unternehmens zugänglich wären.

[27] Zu den Merkmalen des Fremdvergleichsgrundsatzes vgl. *Wassermeyer/Baumhoff,* Verrechnungspreise international verbundener Unternehmen, 2001, Rn. 277 ff.

Der Gesetzgeber legt fest, dass die Aufzeichnungen für **außergewöhnliche Geschäftsvorfälle zeitnah zu erstellen** sind (§ 3 Abs. 1 GAufzV), dh sie müssen *„im engen zeitlichen Zusammenhang mit dem Geschäftsvorfall gefertigt"* werden. Die Aufzeichnungen wurden noch zeitnah erstellt, wenn *„sie innerhalb von sechs Monaten nach Ablauf des Wirtschaftsjahres gefertigt werden, in dem sich der Geschäftsvorfall ereignet hat. "*

In diesem Sinne sind in den folgenden Fällen Aufzeichnungen über den jeweiligen Geschäftsvorfall zeitnah zu dokumentieren:
- Wesentliche Änderung der Funktionen
- Wesentliche Änderung der Risiken
- Wesentliche Änderung der Wertschöpfungsketten
- Erwerb neuer Gesellschaften
- Implementierung neuer Strukturen

Die Verträge und Unterlagen für die Preisfindung müssen spätestens zu **Beginn des Geschäftsvorfalls** dokumentiert sein. Eine Überprüfung und Anpassung der vorhandenen Dokumentation sollte quartalsweise stattfinden.

8. Außenprüfung

a) Datenbankgestützte Prüfung

Die Finanzbehörden setzen zunehmend **externe Unternehmensdaten-** 92 **banken** ein. Hierdurch sind die Finanzbehörden in der Lage, die Datenbankstudien, die von Unternehmen vorgelegt werden, zu überprüfen. Darüber hinaus bietet dies der Finanzbehörde die Möglichkeit, eigene Datenbankstudien zu erstellen ohne das Steuergeheimnis nach § 30 AO zu verletzen.

b) Meldepflichten innerhalb der Finanzverwaltung

Prüfer müssen der Oberfinanzdirektion und dem Bundeszentralamt für 93 Steuern melden, ob sie eine Dokumentation angefordert haben, ob diese fristgerecht eingereicht wurde, ob diese verwertbar ist und, ob und in welcher Höhe bei der Prüfung Mehrsteuern angesetzt wurden.

(einstweilen frei)   94, 95

IV. Sachverhaltsdokumentation

1. Grundlegende Sachverhalte

Die **„grundlegenden Sachverhalte"** umfassen den **allgemeinen Teil** 96 **der Sachverhaltsdokumentation** und gewähren einen ersten Überblick über das dokumentierende Unternehmen.

a) Art der Tätigkeit

Zu Beginn der Sachverhaltsdokumentation hat das dokumentierende Un- 97 ternehmen die **Art seiner Tätigkeit** zu beschreiben, wobei ein kurzer Überblick genügt.

Beispiel: Forschungs- und Entwicklungtätigkeit, Auftragsfertigung, Produktion, Vertrieb, Großhandel, Versandhandel, Kundendienst, usw.Die Unternehmensgeschichte, die Unternehmensentwicklung, das Geschäftsmodell, die Geschäftsidee und die Geschäftsstrategie sollten so dargestellt werden, dass der Leser erkennen kann, wie die wesentliche Wertschöpfung des Unternehmens im dokumentierten Jahr aussieht.

Beispiel: Die Maier-Müller Gruppe wurde im Jahre 1960 in Kleinstadt von den Herren Maier und Müller gegründet und stellte ursprünglich Uhrenrohwerke her, die an mehrere unabhängige Uhrenfabriken in Deutschland, der Schweiz und im europäischen Ausland geliefert wurden. Seit dem Jahre 1980 produziert sie feinmechanische Geräte für die Nanotechnologie, zuerst in Kleinstadt, dann zusätzlich seit dem Jahre 1990 in der ostdeutschen Großstadt. Im Jahre 1995 erfolgte die Börseneinführung. Ausländische Vertriebsgesellschaften wurden in den Ländern X, Y, und Z gegründet. Ein US Pension Trust und ein Private Equity-Unternehmen beteiligten sich zunehmend am Kapital. Im Jahre 1997 wurde eine Produktionsgesellschaft in den USA, im Jahre 2000 eine weitere in China gegründet. Die Kernkompetenzen der Gruppe lagen in ihrer innovativen Forschung und Entwicklung und in der optimierten Fertigungstechnik. Seit dem Jahre 2000 wuchs die chinesische Tochtergesellschaft sehr stark. Heute findet der wesentliche Teil der Forschung, Entwicklung und Fertigung in China statt. Die Produktionseinheit in den USA wurde im Jahre 2007 zu einer Montageeinheit reduziert. Heute arbeiten 15 000 Produktions-Mitarbeiter in China, 100 Produktions-Mitarbeiter in Deutschland und 80 Produktions-Mitarbeiter in den USA. In der deutschen Forschung und Entwicklung arbeiten 10 Mitarbeiter, in der chinesischen 50 Mitarbeiter. Vertriebsgesellschaften bestehen in den folgenden 40 Ländern A, B, C etc.

b) Produkte

98   Für die Dokumentation ist es ausreichend, die **Produkte zu gruppieren und kurz zu beschreiben.** Produktbroschüren sollten in Papierform oder in elektronischer Form beigelegt werden.

Ein besonderer Fokus liegt darüber hinaus auf dem Produktcharakter (zB OEM, Markenprodukte), dem Verkaufsvolumen, Mengen und Umsätzen und deren Entwicklung.

c) Lieferanten

99   Die Dokumentation beinhaltet eine **Beschreibung der Lieferanten und ihrer jeweiligen Produkte.** Dies beinhaltet eine Erläuterung der **Abhängigkeit bzw. Unabhängigkeit der Lieferanten** zum dokumentierenden Unternehmen, die Sitzangabe sowie die jeweiligen Besonderheiten (zB Qualität, Pünktlichkeit der Lieferung, Flexibilität in den Mengen, besonders günstige Preise, soziales oder ökologisches Engagement des Lieferanten). Diese Faktoren sind wichtig, wenn bestimmte Produkte sowohl von verbundenen als auch von unverbundenen Unternehmen bezogen werden, wenn große Preisunterschiede oder unterschiedliche Gewährleistungskosten vorliegen, oder wenn Lieferanten und Produkte gewechselt werden.

Beispiel: Alle Produkte außer den Produkten der Gruppe 2 werden von der chinesischen Tochtergesellschaft MM Nano-Tigers bezogen. Die Qualität der Produkte ist höher als die anderer Produzenten. Es ergeben sich fast keine Kundenreklamationen. Die Mengenflexibilität ist wegen der Arbeitszeitflexibilität der chinesischen Mitarbeiter sehr hoch. Alle Lieferungen erfolgen pünktlich. Die Preise liegen bei ungefähr zehn Prozent der deutschen Kosten. Diese Aussagen werden durch Berechnungen und Nachweise in den Anlagen im Rahmen der Dokumentation untermauert.

d) Kunden

Im Rahmen der Dokumentation der Abnehmerseite ist die **Kundenstruk-** **100**
tur zu erläutern. Dies beinhaltet eine **Analyse der Kundengröße** (zB wenige Großabnehmer oder viele Einzelabnehmer), der **Verbundenheit der**
Kunden zum dokumentierenden Unternehmen und der **Marktmacht**
der Kunden. Informationen über die Preissensibilität der Kunden, deren
Märkte, ihrer geografischen Verteilung, ihrer Preis- und Mengenstrategie sind
hierbei zu beachten und entsprechend in der Dokumentation darzustellen.

Weitere Bestandteile der Kundenbeziehungen, zB Marketing- und Schu-
lungsmaßnahmen, sollten aufgeführt werden, um das Verhältnis zu den Kunden möglichst detailliert zu beschreiben.

Beispiel: Die Maier-Müller Gruppe vertreibt ihre Nano-Produkte direkt an diverse Hersteller von Geräten, bei denen nanotechnische Komponenten einen wesentlichen Teil der Gerätetechnologie bedeuten. Die Kunden sind primär in Ostasien, aber
auch teilweise in Europa und Nordamerika beheimatet. Die dokumentierende Gesellschaft liefert primär über die Vertriebsgesellschaften in Europa und Nordamerika,
während die Kunden in Ostasien direkt von MM Nano-Tigers aus China beliefert
werden. Der Markt wird sehr stark durch die laufenden Technologiefortschritte, die
Konjunkturschwankungen und den starken Preiswettbewerb geprägt. Die Endkunden
erhalten die Schulungen jeweils direkt von den Key Account Managern der deutschen
Gesellschaft oder den lokal zuständigen Vertriebsgesellschaften. Die Kundenbetreuer
der Vertriebsgesellschaften erhalten ihre Schulung in Deutschland durch das dokumentierende Unternehmen. Die Endkunden sind sehr preissensibel.

e) Preisfindung gegenüber Lieferanten

Die Preisfindung gegenüber Lieferanten ist detailliert zu beschreiben. Die **101**
für die Ermittlung der Preise angewandte Verrechnungspreismethode ist
zu erläutern und ihre Anwendung ist zu erörtern. Insbesondere ist zu spezifizieren, wie die Verrechnungspreise rechnerisch ermittelt werden, welche
Budgetzahlen verwendet werden, wie Standardisierungen erfolgen, wie oft
die Preise angepasst werden, wie Mengen- und Wechselkursschwankungen
berücksichtigt werden und ob rückwirkende Anpassungen vorgenommen
werden. Auch die formale Preisfestsetzung ist darzustellen. Ein besonderes
Augenmerk liegt auf der Erstellung und Pflege der Preislisten.

Beispiel: Die chinesische MM Nano-Tiger liefert ihre Produkte auf der Basis der
Kostenaufschlagsmethode an die deutsche Maier Müller AG. Die Kosten werden im
Rahmen einer Teilkostenrechnung (direct costs) ermittelt. Die Kostenrechnung wird
als System in Summen und in Beispielen dokumentiert. Die Gemeinkosten werden auf
der Grundlage geschätzter Mengen zusammen mit einer Gewinnmarge zu den direkten
Kosten addiert. Die Methode der Margenberechnung wird erläutert; insbes. wird dargelegt, wie die Fremdvergleichsmargen ermittelt wurden. Das System der Anpassungsrechnungen wird dargestellt. Beispiele für Anpassungsrechnungen im Falle von Men-
gen-, Währungs- und Rohstoffpreisschwankungen werden der Dokumentation beigefügt.

f) Preisfindung gegenüber Abnehmern

Ebenso wie auf der Lieferantenseite, spielt die **Wahl der Verrechnungs-** **102**
preismethode auch auf der Abnehmerseite eine entscheidende Rolle im dar-

zulegenden **Preisfindungsprozess.** Auch hier sind insbes. die **Grundlagen für die Preisermittlung** und die bei Mengen-, Währungs- und anderen Marktschwankungen angewandte **Systematik** aufzuzeigen. Wichtig ist es zu dokumentieren, ob rückwirkende Anpassungen oder Verfahren des Perioden-ausgleichs angewandt werden und auf welcher rechtlichen Basis dies geschieht.

Beispiel: Die Lieferungen und Dienstleistungen an die ausländischen Vertriebsge-sellschaften werden anhand der Wiederverkaufspreismethode berechnet. Zu Grunde gelegt werden die an die externen Kunden budgetierten Verkaufspreise und die budge-tierten Gesamtkosten der Vertriebsgesellschaften bei geplanten Mengen und Wäh-rungsparitäten. Wichtig sind insbes. die Ermittlung von Fixkosten, der Quasifixkosten und deren Einfluss auf das Ergebnis, soweit sich Mengen- und Währungsschwankun-gen ergeben. Rechenbeispiele für die Berechnung und Anpassung der Verrechnungs-preise werden der Dokumentation beigelegt.

g) Markt

103   Bei der **Beschreibung des Marktes** ist auf die maßgeblichen diversen **Marktfaktoren** des dokumentierenden Unternehmens abzustellen: Gemein-hin umfassen diese die **Struktur,** die **Anzahl der Marktteilnehmer,** die **Konkurrenzverhältnisse,** die **Konjunktureinflüsse** am relevanten Markt und andere für den Steuerpflichtigen wichtige Marktaspekte.

Darüber hinaus ist der Markt in Bezug auf die Transaktionen mit verbun-denen Unternehmen zu erläutern.

Das **Preisniveau** und die **Gewinnsituation** in der entsprechenden Bran-che sind ebenso darzustellen wie der **Rhythmus und Zyklus der produkt-spezifischen Innovationen.** Es ist auch zu zeigen, wie sich das Wachstum des gesamten Marktes und der einzelnen Marktteilnehmer entwickelt.

Beispiel: Es ist anzugeben, auf welchem Markt die Gesellschaft ihre Produkte ein-kauft bzw. verkauft. Hier sind die wirtschaftlichen Entwicklungen des relevanten Marktes darzustellen, bspw. die Abhängigkeit von verschiedenen großen Abnehmer-unternehmen oder die Abhängigkeit von einzelnen großen Lieferanten. Auch die Entwicklungen des Marktes im Zeitablauf sind darzustellen, bspw. beeinflusst von Wechselkursänderungen oder von Rohstoffen.

Die **Darstellung der Margen der verschiedenen Marktteilnehmer,** sowohl auf dem Absatz- und als auch auf dem Lieferantenmarkt, bedarf be-sonderer Aufmerksamkeit.

h) Wettbewerbssituation

104   Die Darstellung der Wettbewerbssituation umfasst den **Wettbewerb mit den direkten Konkurrenten, deren Marktanteile und Marktmacht, die eigene Positionierung im Markt** sowie die **Lieferanten- und Ab-nehmerstruktur.** Die Anzahl der Wettbewerber, deren Finanzergebnisse, so-fern vorhanden, und deren Produktpalette sind aufzuführen. Die Unterschie-de zwischen den eigenen Produkten und denen der Wettbewerber sind aufzuzeigen. Auf die wichtigsten Konkurrenten ist gründlich einzugehen.

Darüber hinaus ist ein chronologischer Abriss der Unternehmensgeschichte und -entwicklung von der Gründung über dem Status quo bis zu den Zu-kunftsaussichten des Unternehmens anzufügen.

Beispiel: Das Unternehmen positioniert sich mit nur wenigen Produkten am Markt. Mit diesen erzielt es allerdings eine sehr hohe Marktdurchdringung in einer Marktnische. Dies erfolgt aufgrund einer überdurchschnittlichen Produktqualität, eines sehr effizienten Vertriebsnetzwerkes und einer laufenden Betreuung des Kunden. Dies erlaubt es dem Kunden, weniger Spezialisten für diese Tätigkeiten einzustellen, da die Nutzung der verkauften Produkte dem Kunden für jeden Einzelfall erläutert wird. Darüber hinaus erlaubt dieses System dem dokumentierenden Unternehmen wesentlich höhere Verkaufspreise als den Wettbewerbern. Dieses Beispiel ist typisch für einzelne Unternehmen der Baumaterial- und Sanitärbranche.

Weiteres Beispiel: Das Unternehmen erzielt durch hervorragende Produkte iVm einem sehr niedrigen Produktpreis und sehr hohem Werbeaufwand einen großen Bekanntheitsgrad bei den Endkunden. Durch die entstehende Nachfrage ist der Einzelhandel gezwungen diese Produkte beim dokumentierenden Unternehmen einzukaufen. Bspw. in der Kosmetikbranche ist dieses Beispiel mehrfach anzutreffen.

i) Marktanteil

Der **Marktanteil** ist für den Gesamtkonzern, für die wesentlichen Pro-   105
duktgruppen und für die Wettbewerber, sowohl global, regional als auch national zu spezifizieren. Bei der Erläuterung des Markanteils ist darzustellen, welche **Geschäftsstrategien** vorliegen, bspw. Markterschließung über Preis- und/oder Mengenstrategie. Falls Neupositionierungen am Markt erfolgen oder neue Marktsegmente durchdrungen werden sollen und sich dadurch Anlaufverluste ergeben, ist dies detailliert darzustellen. Diese Informationen über Geschäftsstrategien sind wichtig um die Preise und Margen zwischen den verbundenen Unternehmen und gegenüber unverbundenen Kunden/ Lieferanten besser vergleichen und beurteilen zu können.

2. Beteiligungen und Betriebsstätten

Das dokumentierende Unternehmen hat darzulegen, welche **Beteiligun-**   106
gen oder **Betriebsstätten** es hält und wo sich diese Beteiligungen oder Betriebsstätten befinden.
Für die Beteiligungen und Betriebsstätten sind die Jahresabschlüsse und Kerndaten an die Sachverhaltsdokumentation des dokumentierenden Unternehmens anzufügen.

3. Vereinbarungen mit Konzernunternehmen

a) Auflistung der Vereinbarungen

Für einen ganzheitlichen Überblick über die innerkonzernlichen Vereinba-   107
rungen sollten **alle Verträge und sonstigen Vereinbarungen** mit verbundenen Unternehmen, welche konzerninterne Liefer- und Leistungsbeziehungen regeln bzw. Auswirkungen auf diese haben, aufgelistet werden. Zu

diesen Vereinbarungen gehören schriftlich, mündlich und konkludent abgeschlossene Vereinbarungen.

Beispiele:
- Einkaufsverträge
- Einkaufskommissionsverträge
- Forschungs- und Entwicklungsverträge
- Modellentwicklungsverträge
- Vertriebsverträge
- Verkaufskommissionsverträge
- Dienstleistungsverträge
- Kostenallokationsvereinbarungen
- Kostenumlagevereinbarungen
- Lizenzverträge
- Darlehensverträge
- Garantie- und Bürgschaftsverträge
- Patronatserklärungen
- Personalentsendungsvereinbarungen
- Vereinbarungen über die Nutzung von Know-how und anderem geistigen Eigentum
- Darlehensverträge

b) Darstellung der Vereinbarungen

108
Neben der Auflistung dieser Vereinbarungen ist es erforderlich, den **Inhalt und die Auswirkungen dieser Vereinbarungen darzustellen.** Hierzu gehören die Auswirkungen auf Umsatz und Kosten der verbundenen Konzernunternehmen, die Konditionen, der Sachverhalt, die Laufzeit, das Datum des Vertragsabschlusses und das Datum des Inkrafttretens der Vereinbarung. Wichtig sind insbes. die Auswirkungen innerkonzernlicher Vereinbarungen auf unvorhersehbare wirtschaftl. Entwicklungen, bspw. in Form von Markt- und Mengenschwankungen, Wechselkursschwankungen, Rohstoffpreisschwankungen und politischen Risiken. Es ist auch darzulegen, wie mit unvorhersehbaren Sondergewinnen oder -Verlusten umgegangen wird.

c) Finanzielle Auswirkungen der Verträge

109
Auf Basis der innerkonzernlichen Vereinbarungen ergeben sich finanzielle Auswirkungen auf das dokumentierende Unternehmen. Hierfür sind neben den **Preisen** für die einzelnen Leistungen auch die **geplanten Umsätze, Kosten und daraus entstehenden Gewinne zu erläutern.** Die Gründe für die sich ergebenden finanziellen Ergebnisse der einzelnen Parteien sollten aufgeführt werden.

d) Anlagen

110
Alle oben aufgeführten Verträge und Vereinbarungen sollten in Papierform oder in elektronischer Form der Dokumentation beigelegt werden.

4. Die Leistungsbeziehungen mit verbundenen Unternehmen

a) Warenlieferungen

Falls das dokumentierende Unternehmen innerkonzernlich Waren erhält **111** oder liefert,[28] so sind die Art und Menge der **gelieferten Produkte** möglichst vollumfänglich zu dokumentieren. Es sollte im Regelfall genügen, die Produkte **in einzelnen Produktgruppen zusammenzufassen,** die einzelnen Warenflüsse physisch und rechtlich darzustellen und im Übrigen die Aufstellung der Warenlieferungen als elektronische Kopie in geeigneter Form beizulegen, bspw. auf einer CD oder auf einer externen Festplatte. Dies erleichtert unter Umständen die Diskussion in künftigen Außenprüfungen erheblich.

Neben den Preisen der einzelnen Waren ist es auch erforderlich, die **Konditionen rechtlich und quantitativ darzustellen** (zB Gewährleistung, Zahlungszeitpunkte, Nebenkosten).

b) Dienstleistungen

Dienstleistungen verschiedenster Art und Form können einen wei- **112** teren Bestandteil innerkonzernlicher Transaktionen darstellen.[29] Um die Dokumentationspflichten zu erfüllen, sind **Art und Umfang der einzelnen Dienstleistungen** zu beschreiben. Zu diesen Dienstleistungen gehören solche, die in Zusammenhang mit dem Wareneinkauf, dem Warenverkauf, der Forschung, der Entwicklung, der Produktion, der Logistik, der Finanzierung, oder sonstigen innerkonturlichen Beziehungen stehen.

Bei der Darstellung der Entlohnung der Dienstleistungen ist darzulegen, ob es sich um reine **„Routineleistungen oder um unternehmerische"** **Non-Routinetätigkeiten** handelt.

Bei Kostenumlagen und Kostenaufschlagssystemen ist die Ermittlung der Kostenbasis und die Höhe der Aufschläge zu dokumentieren.[30] Bei Non-Routineleistungen sollte die Ermittlung des Preises detailliert gezeigt werden. Sofern für diese unternehmerischen Dienstleistungen eine Gewinnaufteilungsmethode (Profit Split) verwendet wird, ist das Gesamtsystem des Profit Splits darzulegen.

Die **Abgrenzung** des durch Dienstleistungen übermittelten **Wissens von Know-how,** das im Rahmen der Nutzung immaterieller Wirtschaftsgüter zu vergüten ist, sollte beschrieben werden.

c) Nutzung immaterieller Wirtschaftsgüter[31]

Insofern **immaterielle Wirtschaftsgüter** anderer Konzernunternehmen **113** innerhalb der Unternehmensgruppe genutzt werden, sind diese **aufzuführen**

---

[28] Vgl. Kapitel L Rn. 1 ff. und *Wassermeyer/Baumhoff,* Verrechnungspreise international verbundener Unternehmen, 2001, Rn. 577–619.

[29] Vgl. Kapitel M Rn 1 ff. und *Wassermeyer/Baumhoff,* Verrechnungspreise international verbundener Unternehmen, 2001, Rn. 620–692.

[30] Für die Thematisierung von Kostenumlagen vgl. auch Kapitel M Rn. 1 ff. und *Wassermeyer/Baumhoff,* Verrechnungspreise international verbundener Unternehmen, 2001, Rn. 657–692.

[31] Vgl. Kapitel N Rn. 1 ff. und *Wassermeyer/Baumhoff,* Verrechnungspreise international verbundener Unternehmen, 2001, Rn. 693 ff.

und deren Vergütung ist darzulegen. Zu diesen gehören bspw. Patente, Markennamen, Brands und verschiedene Arten von Know-how. Das Know-how kann zB forschungs-, entwicklungs-, produktions- oder absatzbezogen sein.

Das **rechtliche und das wirtschaftliche Eigentum** der einzelnen verbundenen Unternehmen an den immateriellen Wirtschaftsgütern sowie deren Ermittlungsbasis ist darzustellen. Der **Beitrag der Konzernunternehmen zur Schaffung der immateriellen Wirtschaftsgüter** sollte im Zeitablauf dargestellt werden. Aufbauzeit und Abschreibung der immateriellen Wirtschaftsgüter, ihr Gebrauch und letztlich ihre Vergütung sind im Einzelnen darzustellen.

> **Beispiel:** In einem Maschinenbaukonzern sind nicht nur die einzelnen Patente, das Tragen der Entwicklungskosten dieser Patente und die Vergütung für die Nutzung dieser Patente darzustellen, sondern auch das Entwicklungs-Know-how, das den einzelnen Produktentwicklungsgruppen von anderen zur Verfügung gestellt wird. Ebenso ist das Know-how für den Fertigungsprozess der Maschine von dem eigentlichen Patent abzugrenzen. Es ist aufzuzeigen, wie sich die immateriellen Wirtschaftsgüter im Zusammenhang mit einer neuen Maschinen im Zeitablauf entwickeln. Dazu gehören der Wertanstieg in den Jahren bis zur erstmaligen Vermarktung (Vorlaufzeit) sowie die Abschreibungsperiode bis zum Ende der Produktion.

d) Finanzierung

114   Innerkonzernliche Leistungen können auch **Finanzierungsdienstleistungen** zB von Zentraleinheiten für verbundene Unternehmen umfassen.[32] In diesen Fällen sind alle Arten der Finanzierung und Finanzinstrumente zwischen verbundenen Unternehmen darzustellen (bspw. Darlehen, Futures, Hedges, Swaps). Die von einzelnen verbundenen Unternehmen übernommenen **Garantien und Bürgschaften** für andere Konzernunternehmen sind aufzuführen. Der Zeitpunkt der Vereinbarung, die einzelnen **Konditionen und die Laufzeit** der verschiedenen Finanzierungsarten sind anzugeben.

Die Zinsen, Provisionen, Kommissionen, Agios, Disagios und alle anderen Vergütungen für diese Finanzierungsdienstleistungen und Finanzinstrumente sind zusammen mit dem System ihrer Errechnung zu dokumentieren.

e) Risikotragung

115   Die Dokumentation der **Übernahme von Risiken** der Konzernunternehmen durch andere verbundene Unternehmen beinhaltet die Dokumentation bspw. konzerninterner Garantien, Bürgschaften, Versicherungen, Spezialversicherungen, Hedges, Swaps, Futures, usw.

Eine **Unterscheidung zwischen „Routinerisiken" und „Non-Routinerisiken"** ist vorzunehmen und die Berechnung der Vergütung ist anzufügen. Insbesondere ist die Verbindung zu den anderen innerkonzernlichen Transaktionen darzustellen (zB Finanzierung, Einkauf). Es ist aufzuführen, ob und inwieweit die Vergütung für diese Risiken schon in den Preisen für Warentransaktionen, Dienstleistungen und der Vergütung der immateriellen Wirtschaftsgüter oder der Finanzierung enthalten sind oder separat vergütet werden.

---

[32] Vgl. Kapitel O Rn. 1 ff. und *Wassermeyer/Baumhoff*, Verrechnungspreise international verbundener Unternehmen, 2001, Rn. 731–775.

Beispiel: Ein Konzern versichert über ein gruppeninternes Risikomanagement Center alle Konzernunternehmen weltweit gegen eine Vielzahl von Risiken. Dieses Risikomanagement Center trägt einige Risiken selbst und verfügt über eine ausreichende Kapitalbasis für die Risikotragung. Zum weit überwiegenden Teil werden allerdings die Risiken durch dieses Risikomanagement Center an externe Versicherungsgesellschaften und Rückversicherungsgesellschaften weitergegeben. Für die Risikotragung erhält das Risikomanagement Center eine versicherungsübliche Vergütung. Für das Management der extern platzierten Versicherungen erhält es eine fremdübliche Vergütung, vergleichbar mit der Vergütung externer Versicherungsmakler, sofern diese Konzernrisiken zentral verwalten.

f) Arbeitnehmerentsendung

Im Gegensatz zu anderen Staaten bestehen in Deutschland spezielle Vorschriften zur Verrechnungspreisbeurteilung von **Arbeitnehmerentsendungen**,[33] wonach alle Arten der Arbeitnehmerentsendung darzustellen sind. Hierzu gehören einerseits die Arbeitnehmer, die im betrieblichen Interesse der ausländischen Tochtergesellschaften oder des inländischen Unternehmens entsandt werden, und andererseits diejenigen, welche im Interesse der Muttergesellschaft Kontrollaufgaben wahrnehmen. Die einzelnen Arten und Fälle der Arbeitnehmerentsendung und die Kosten der Arbeitnehmer, einschließlich aller Nebenkosten und Vergütungen, sind aufzuführen. **116**

Sofern durch die Arbeitnehmer Wissen oder Know-how übertragen wird, ist die Vergütung für dieses geistige Eigentum und dessen Ermittlung zu dokumentieren.

Beispiel: Ingenieure und Facharbeiter eines Nahrungsmittelkonzerns sind während des gesamten Jahres weltweit unterwegs, um die Fertigungsprozesse und die Maschinen der einzelnen verbundenen Unternehmen zu kontrollieren und neu einzustellen. Die Gehaltskosten, Boni, Reisekosten die für die einzelnen verbundenen Unternehmen angefallen sind, sind aufzulisten. Zudem hat das Unternehmen zu begründen, warum kein Know-how übertragen wird, welches zusätzlich zu vergüten wäre, sofern dies der Fall ist.

Weiteres Beispiel: Ein ausländischer Konzern sendet Produktmanager nach Deutschland. Diese Produktmanager sind erforderlich, um die Produkte an die deutschen Markt- und Kundenanforderungen anzupassen und auf dem deutschen Markt richtig zu platzieren. Produktmanager mit ausreichender Erfahrung in diesen Produkten gibt es in Deutschland nicht, weil diese Art von Produkten in Deutschland nicht hergestellt wird. Das hohe Gehalt, der Jahresendbonus, die Wohnungskosten, Schulkosten für die Kinder, Sprachkosten für die Ehefrau, die Umzugskosten und alle anderen Kosten sind von der deutschen Tochtergesellschaft zu tragen ebenso wie die bei der ausländischen Schwestergesellschaft anfallenden Verwaltungskosten.

g) Vermögenstransfers

Sofern einzelne **Gegenstände des Anlagevermögens zwischen verbundenen Unternehmen transferiert** werden, sind diese aufzulisten und deren **Bewertung** sowie alle Nebenkosten, Logistikkosten, Zölle, Zahlungsbedingungen etc. aufzuführen. **117**

---

[33] Vgl. Kapitel P Rn. 1 ff.

h) Funktionsverlagerungen

118   **Funktionsverlagerungen,** die im Konzernverbund stattfinden, sind im Rahmen der Sachverhaltsdokumentation **zu erläutern.** Zu diesen gehören die **Verlagerung der Produktion, des Vertriebsgebiets, der Forschung, der Produktentwicklung von immateriellen Wirtschaftsgütern** usw. Die Anteile der verbundenen Unternehmen am Eigentum der übertragenen Funktion sind ebenso aufzuzeigen wie die Art der Bewertung, der Vergütung und der Rahmenbedingungen. Es sei auf Kap. Q verwiesen.

Beispiel: Ein Nahrungsmittelkonzern schließt drei Fabriken in Deutschland, Belgien und Spanien und verlagert die Gesamtproduktion auf ein bestehendes polnisches Unternehmen. Maschinen werden nicht übertragen, einzelne westeuropäische und deutsche Mitarbeiter unterstützen die polnische Schwestergesellschaft im Ausbau der polnischen Fabrik. Die in Polen hergestellten Produkte werden anhand der Wiederverkaufspreismethode in die verschiedenen europäischen Vertriebsgesellschaften geliefert. Der Wert der von Deutschland nach Polen übertragenen Funktionen wird anhand des deutschen übrigen Gewinnpotentials vor der Schließung inkl. der deutschen Schließungskosten einerseits und der polnischen Gewinne andererseits ermittelt. Bei den polnischen Gewinnen wird der deutsche Wertbeitrag von den Wertbeiträgen der westeuropäischen und polnischen Unternehmen isoliert.

5. Vereinbarungen mit Finanzbehörden

a) Advanced Pricing Agreements und andere Verrechnungspreisvereinbarungen

119   Sofern der Konzern bzw. das dokumentierende Unternehmen **Advanced Pricing Agreements, Rulings und andere Zusagen oder Verrechnungspreisvereinbarungen** mit in- und ausländischen Finanzbehörden abgeschlossen hat, so sind diese der Sachverhaltsdokumentation anzuführen und kurz zu beschreiben. Eine Kopie ist der Sachverhaltsdokumentation als Anlage beizulegen. Die **Auswirkungen dieser Vereinbarungen auf die Verrechnungspreise** der deutschen Steuerpflichtigen sind darzustellen.

b) Verständigungs- und Schiedsverfahren

120   Ebenso ist eine Beschreibung der **Verständigungs- und Schiedsverfahren zwischen der deutschen Gesellschaft und ausländischen Staaten** in die Aufführungen einzugliedern. Die Anträge und der Schriftverkehr sind in Kopie der Verrechnungspreisdokumentation beizufügen.

121   *(einstweilen frei)*

c) Korrespondierende Berichtigungen

122   Falls sich auf Grund von **ausländischen Verrechnungspreiskorrekturen oder Advanced Pricing Agreements** mit ausländischen Finanzbehörden korrespondierende Berichtigungen ergeben, ist die Sachverhaltsdokumentation um eine **Beschreibung** dieser und die **Auswirkungen** dieser **auf die Verrechnungspreise des dokumentierenden Unternehmens** zu erweitern. Kopien der Dokumente der ausländischen Berichtigungen sind der Verrechnungspreisdokumentation als Anlage beizulegen.

6. Funktions- und Risikoanalyse

Die Funktions- und Risikoanalyse ist ein Kernbereich jeder Verrechnungs- **123**
preisdokumentation, sowohl in Deutschland als auch in den meisten anderen
Staaten. Mit Hilfe der Funktions- und Risikoanalyse kann festgestellt werden,
ob die gewählten Verrechnungspreismethoden richtig sind, ob Routine- oder
Nichtroutinefunktionen vorliegen bzw. Routine- oder Nichtroutinerisiken
bestehen und bei welchen Konzerngesellschaften letztlich der residuale Gewinn bzw. Verlust aus der Einzeltransaktion bzw. aus der Gesamtzahl der Transaktionen zu verbleiben hat. Die **Funktions- und Risikoanalyse** ist ein **fundamentaler Bestandteil der Verrechnungspreisdokumentation** und
sollte ausreichend detailliert durchgeführt werden. Darüber hinaus sollten die
Fakten nachprüfbar sein, um eine hohe Verteidigbarkeit der Ergebnisse vor den
Finanzbehörden zu erwirken.

Bei der Analyse der Funktionen ist darauf zu achten, dass der Leser aus der
Analyse erkennen kann, ob es sich um **Routine- oder Nichtroutinefunktionen bzw. -risiken** handelt. Der Detailgrad der Analyse hängt von der
Komplexität des Einzelfalles ab. Sofern einfach zu erkennen ist, ob es sich um
Routine- oder Nicht-routine Funktionen bzw. -risiken handelt, genügt eine
kurze Funktions- und Risikoanalyse. Diese kann anhand einfacher Schemata
durch Ankreuzen erfolgen.

Im Regelfall wird es aber auf Grund der Komplexität der Geschäftsbedingungen und -beziehungen erforderlich sein, dass sich die Analyse gründlich
mit der Materie auseinandersetzt.

a) Funktionsanalyse

Die Funktionsanalyse dient dazu, den **Beitrag der jeweiligen Tätigkeit** **124**
**der Transaktionsteilnehmer zur Wertschöpfung der Werttreiber eines
Unternehmens zu identifizieren** und entsprechend zu vergüten. Im Folgenden werden die wichtigsten Tätigkeiten beschrieben und Hinweise auf die
typische Funktionsstruktur gegeben.

aa) Forschung und Entwicklung, geistiges Eigentum

Die Forschungs- und Entwicklungtätigkeiten sind so zu beschreiben, dass **125**
daraus zu erkennen ist, welche **Art der Forschung** und welche **Art der
Entwicklung** durchgeführt werden und wer welches Know-how (zB technisches Know-how, produkt-bezogenes Know-how) entwickelt hat, besitzt
bzw. Nutzungsrechte hieran hält.

Abhängig von der Branche, den Marktverhältnissen und dem Reifegrad,
sind die **Forschungs- und Entwicklungsaktivitäten völlig unterschiedlich** zu bewerten.[34]

Beispiel: Bspw. hat die Forschung im pharmazeutischen Bereich einen völlig anderen Charakter als die Forschung im Automobil- oder im Hochtechnologiesektor.
Auch innerhalb der pharmazeutischen Industrie ist zu unterscheiden, um welche Art
der Forschung es sich handelt, ob bspw. Grundlagenforschung oder die Anwendung
der Ergebnisse aus der Grundlagenforschung durchgeführt wird. Auch bei der Anwen-

---

[34] Vgl. auch *Wassermeyer/Baumhoff*, Verrechnungspreise international verbundener
Unternehmen, 2001, Rn. 720 ff.

dungsforschung ist zu unterscheiden, ob es sich um Forschung für einen völlig neuen Wirkstoff oder lediglich um die Forschung für ein Nachfolgeprodukt eines auslaufenden Patents zB eines Wirkstoffes handelt.

Die **Bedeutung der jeweiligen Forschung für das Unternehmen** und dessen Beitrag zum Erfolg des Unternehmens sind zu ermitteln und der Sachverhaltsdokumentation beizufügen. Die Zeitdauer bis zur Markteinführung des Produktes und jede nachfolgende voraussichtliche Nutzungsdauer sind zu schätzen.

Diese Ausführungen gelten analog für die Entwicklungstätigkeiten eines Konzerns.

126   Darüber hinaus ist zu erläutern, ob das dokumentierende Unternehmen **geistiges Eigentum** (zB Patente, Warenzeichen, Markenrechte) **von anderen externen Unternehmen** nutzt. Die Vergütung hierfür und deren Ermittlung ist der Dokumentation beizufügen.

Beispiel: Bei den Entwicklungsleistungen eines Autokonzerns ist zu unterscheiden, ob es sich bspw. um Plattformentwicklung, Motorenentwicklungen, Entwicklung einzelner Automodelle oder um die Entwicklung bestimmter Applikationen handelt. Der Stand der Entwicklung und die voraussichtliche Zeitdauer bis zur Markteinführung des neuen Modells sind darzustellen.

Die Dokumentation hat die Aufgabenzuordnung zwischen allen beteiligten Parteien zu beschreiben und den jeweiligen **Beitrag aller Parteien** zu dem entwickelten Produkt zu errechnen. Bei der Errechnung des Beitrags der Beteiligten sind jeweils die Aufbauzeit und die Abschreibung zu berücksichtigen.

Es ist wichtig herauszuarbeiten, ob (nur) die Partei, welche die Forschung bzw. Entwicklung erbringt, später das Produkt entsprechend nutzt. Sofern auch andere Einheiten innerhalb des Konzerns die Forschungs- oder Entwicklungsergebnisse nutzen, ohne sich im gleichen Verhältnis an den Forschungs- bzw. Entwicklungsergebnissen beteiligt zu haben, ist zu erläutern, in welchem **Umfang und auf welcher Basis sie entsprechende Vergütungen an das forschende bzw. entwickelnde Konzernunternehmen** leisten. Dies kann entweder im Rahmen von Lizenzgebühren oder durch Einmalzahlungen erfolgen.

bb) Produktion

127   Bei der Dokumentation der Produktionsfunktion muss der **Herstellungsprozess** beschrieben werden. Besonders wichtig ist hierbei, dass eine **Analyse der Werttreiber** stattfindet. Diese zielt darauf ab, die wichtigen Werttreiber im Herstellungsprozess zu identifizieren und den jeweiligen Wertbeitrag zu charakterisieren. Werttreiber können bspw. besonders komplexe vollautomatisierte und maschinengesteuerte Herstellungsprozesse oder – in bestimmten Produktionsprozessen – sehr erfahrene Mitarbeiter sein.

Um einer Dokumentation des Produktionsprozesses gerecht zu werden, ist es essenziell die im Rahmen des Produktionsprozesses **ausgeübten Funktionen einzeln zu beschreiben.** Es muss aus der Beschreibung hervorgehen, ob es sich bei der Herstellungseinheit um einen Vollfertiger, einen Auftragsfertiger oder um einen Lohnfertiger handelt. In diesem Zusammenhang ist es wichtig, dass nicht nur die rein rechtlichen Risiken im Zusammenhang mit dem Herstellungsprozess, sondern auch die tatsächlich ausgeübten Funktionen der wesentlichen Mitarbeiter beschrieben werden.

Die Beschreibungen der Aufgabenzuordnungen zwischen den beteiligten Parteien darf sich daher nicht nur auf die rechtlichen Aspekte beschränken (bspw. wer bestimmte Risiken aus dem Fertigungsprozess trägt und wer bestimmte Basisprodukte oder Rohstoffe bereitstellt), sondern muss die **absolute und relative Wichtigkeit der Tätigkeiten** der wesentlichen Personen darlegen.

cc) Vertrieb

Die Vertriebsfunktion kann eine Kernfunktion oder eine Hilfsfunktion des **128** dokumentierenden Unternehmens darstellen. Daher ist insbes. der **Vertriebscharakter** zu beschreiben: Hierbei wird generell unterschieden, ob es sich bei dem dokumentierenden Unternehmen um einen **vollausgebildeten Vertrieb,** einen **Vertrieb mit reduziertem Risiko, Kommissionär** oder einen **Handelsvertreter** handelt.

Um eine entsprechende Unterscheidung treffen zu können, muss in der Sachverhaltsdokumentation auf das **Funktions- und Risikoprofil des dokumentierenden Unternehmens** eingegangen werden (zB Zuständigkeit für Planungen, Ziele, Bestellungen, Warenwirtschaftssystem, Produktgestaltung, Qualitätskontrolle, Transport, Finanzierung, Währungsrisiko, Produktrisiken, Forderungsausfallrisiko, Marktrisiken).

Sofern Vertriebsunternehmen nicht als Routinegesellschaften eingestuft werden, muss eine differenzierte Dokumentation der Sachverhalte stattfinden.

Beispiel: Die deutsche Vertriebsgesellschaft eines großen ausländischen Markenartikelunternehmens verfügt über zwei Divisionen. Eine Division vertreibt die im Ausland hergestellten Wirtschaftsgüter als Verkaufskommissionär im eigenen Namen auf Rechnung des ausländischen Unternehmens. Die zweite Division erbringt mit Ausnahme des strategischen Brandings und des strategischen Marketings alle Aufgaben, die üblicherweise ein großes Vertriebsunternehmen durchführt. Diese Aufgaben werden als Auftragsdienstleister für die ausländische Gesellschaft erbracht. Sofern die Trennung in zwei Divisionen vor Beginn der Tätigkeitsaufnahme in Deutschland erfolgte und beide Divisionen unabhängig voneinander ihre Dienstleistungen für den ausländischen Prinzipal erbringen, sollte es möglich sein, beide Divisionen getrennt zu beurteilen und jeweils als Routinedienstleister zu betrachten. Sofern, wie im Regelfall, ursprünglich nur eine Vertriebsgesellschaft bestand, zu der beide Divisionen gehörten, ist möglicherweise von einer Übertragung der non-routine Funktionen des Vertriebs auf den ausländischen Prinzipal auszugehen, die marktüblich zu vergüten sind; die Vertriebsgesellschaft bleibt als solche bestehen und wird nicht zum Kommissionär. Außerdem ist nicht auszuschließen, dass die Gesellschaft als Betriebsstätte des ausländischen Prinzipals betrachtet wird und diesem ein angemessener Gewinnanteil zugewiesen wird, der sich am Beitrag der signifikanten Funktionen und Risiken der wesentlichen Mitarbeiter bestimmt („KERT"). Der Sachverhalt ist im Rahmen einer detaillierten Ausarbeitung der Sachzusammenhänge im Rahmen der Dokumentation darzustellen.

Es bestehen alternative Gestaltungsmöglichkeiten zur Verminderung der Exitbesteuerung im Rahmen von Betriebsstätten der deutschen Vertriebsgesellschaft; diese sind jedoch in der Praxis schwierig umzusetzen.

dd) Produktmanagement

In vielen Branchen entstanden in den letzten Jahren **Produktmanage-** **129** **menteinheiten,** die sich jeweils um zB die Entwicklung, Produktion, Logistik und Vermarktung eines bestimmten Produktes kümmern. Zu diesen Produktmanagementeinheiten gehören üblicherweise Mitarbeiter aus verschiedenen Staaten und mit unterschiedlichen Funktionen. Die Kombination des Wissens dieser Mitarbeiter führt üblicherweise zu Umsatzsteigerungen und Kostenersparnissen durch die Realisierung von Synergiepotenzialen. Es ist zu dokumentieren, **wer die Kosten** für die einzelnen Personen **trägt** und wie hoch der **Wertbeitrag der einzelnen Mitarbeiter** ist. Aus der Kombination der Wertbeiträge und der Kostentragung lässt sich der Wertanteil des Beitrags der jeweiligen verbundenen Unternehmen ermitteln.

Besonders wichtig ist es, im Rahmen der Funktionsanalyse herauszuarbeiten, wie hoch der **relative Anteil des Produktmanagements am Gesamtergebnis** (zB Deckungsbeitrag) eines bestimmten Produkts ist. Von Seiten der Finanzbehörden wird zunehmend unterstellt, dass der Wertbeitrag des Produktmanagements nicht anhand der Kosten der Mitarbeiter, sondern anhand ihrer Wertschöpfung zu messen ist.

Beispiel: Bei pharmazeutischen Blockbustern wird zunehmend unterstellt, dass der durch das Produktmanagement geschaffene Wert den des Patents oder des Markenrechtes übertrifft.

ee) Qualitätssicherung

130   Die **Qualitätssicherung** stellt in einzelnen Branchen eine der Kernfunktionen der Unternehmen dar. Insbesondere in Branchen, in denen ein effizienter, preisgünstiger und qualitativ hochwertiger Fertigungsprozess für den Erfolg des Unternehmens ausschlaggebend ist, kommt der Qualitätssicherung eine Kernfunktion innerhalb des Konzerns zu.

Beispiel: Ein Sportartikelunternehmen lässt durch fremde Dritte in Ostasien einen erheblichen Teil seiner Produkte herstellen. Die produktionsbegleitende Qualitätssicherung gilt als einer der wesentlichen Werttreiber des Konzerns.

Es ist im Rahmen der Dokumentation herauszuarbeiten, wer diese Qualitätssicherungssysteme erarbeitet hat, wem das Qualitätssicherung-Know-how gehört und wie dieses letztlich vergütet wird.

ff) Logistik

131   Die Logistik gilt üblicherweise als eine **klassische Routinefunktion,** weil sie in der Mehrzahl der Fälle fremden Dritten übergeben werden kann. Es besteht jedoch im Einzelfall die Möglichkeit, dass die Logistik für die Kernwertschöpfung eines Unternehmens verantwortlich ist. Sollte dies der Fall sein, hat eine entsprechende Analyse insbes. des Wertbeitrages dieser Funktion zum Gesamterfolg des Unternehmens zu erfolgen.

Beispiel: Ein Unternehmen ist darauf spezialisiert das fertige Essen für verschiedene Restaurantketten und Kantinen zuzubereiten und diese an die Restaurantketten und Kantinen zu liefern. In einem solchen Fall ist die Logistik neben dem Einkauf und der Küche eine zentrale unternehmerische Nichtroutinefunktion des Unternehmens.

gg) Lagerhaltung

132   Die Lagerhaltung wird üblicherweise als eine **klassische Routinefunktion** betrachtet. Von ihr ist das Lagerrisiko zu unterscheiden, das im Falle hoher Risiken als Nichtroutinerisiko anzusehen ist.

Nur in relativ wenigen Fällen gehört die Lagerhaltung zu den unternehmerischen Nichtroutinefunktionen. Sollte dies der Fall sein, hat eine entsprechende Analyse insbes. des Wertbeitrages dieser Funktion zum Gesamterfolg des Unternehmens zu erfolgen.

Beispiel: In Branchen, in denen eine extrem große Zahl unterschiedlicher Produkte gelagert werden muss, die wiederum innerhalb kürzester Zeit nach Erhalt des Kundenauftrags an diesen geliefert werden muss, kann ein effizientes und komplexes elektronisches Hochlagersystem eine unternehmerische Nichtroutinefunktion dieses Vertriebsunternehmens darstellen.

hh) Marketing

Die Marketingfunktion kann **sowohl Routine- als auch Nichtroutine-** 133 **charakter** besitzen. Die Art und der Umfang des Marketings sind daher im Einzelnen darzustellen, sowohl im Verhältnis zu anderen Vertriebsmaßnahmen, der Industrie und Wettbewerbern, als auch zur Entwicklung des Markenrechts. Es kommt hierbei weniger darauf an, wie die einzelnen Tätigkeiten bezeichnet werden, sondern vielmehr, was der jeweilige **Beitrag der Tätigkeit zur Wertschöpfung** im Unternehmen ist. Wichtig ist in diesem Zusammenhang, welche Personen für das Marketing verantwortlich sind und dieses durchführen und von welcher Konzerneinheit die Mitarbeiter bezahlt werden. Die Abgrenzung der Marketingmaßnahmen des einzelnen Unternehmens von den Marketingmaßnahmen anderer verbundener Unternehmen ist herauszuarbeiten.

Obwohl in vielen Fällen von den Finanzbehörden dem Marketing eine **Kernfunktion** des Unternehmens zugewiesen wird, ist **jeder Einzelfall sorgfältig zu untersuchen.** Die Entwicklung von Markenrechten ist vom eigentlichen Marketing abzugrenzen. Vertriebsbezogenes und strategisches Marketing sind zu unterscheiden. Es ist in jedem einzelnen Fall zu prüfen, ob dem strategischen Marketing ein höherer Wert beizumessen ist als dem vertriebsbezogenen Marketing.

ii) Rechnungsabwicklung

Die Rechnungsabwicklung wird üblicherweise als eine **klassische Rou-** 134 **tinefunktion** betrachtet, die in vielen Fällen in Niedriglohnländer ausgelagert wird. In speziellen Einzelfällen können einzelne Bereiche der Rechnungsabwicklung dennoch als Nichtroutinefunktionen angesehen werden, welche entsprechend sorgfältig zu dokumentieren sind. Ein intelligentes und innovatives Rechnungs-, Forderungs- und Verbindlichkeitsmanagement kann ganz entscheidend zur Kundenbindung und zur Liquiditätserhöhung beitragen. In einem solchen Fall ist es denkbar, von einer Nichtroutinefunktion zu sprechen und diese entsprechend zu vergüten.

kk) Kundendienst

Der Kundendienst wird im Regelfall als **Routinetätigkeit** angesehen, die 135 nicht besonders werthaltig ist. Im Einzelfall kann jedoch der Kundendienst einen Großteil des Gewinns einzelner Konzerne erzeugen.

Beispiel: In einzelnen Maschinenbaubereichen werden die Maschinen zu einem Preis verkauft, der nicht die Vollkosten deckt. Durch den Kundendienst und den Verkauf von Ersatzteilen erzielt der Konzern jedoch letztlich eine kostendeckende Marge.

Sollte dies beim zu dokumentierenden Unternehmen der Fall sein, hat eine entsprechende Analyse insbes. des Wertbeitrages dieser Funktion zum Gesamterfolg des Unternehmens zu erfolgen.

ll) Management und Administration

136   Management und administrative Tätigkeiten können je nach Branche und Unternehmen **sehr unterschiedliche** Formen annehmen. Jeder Einzelfall ist wie folgt gesondert zu betrachten.

Als erstes ist zu untersuchen, **in wessen Interesse** das Management und die administrativen Tätigkeiten erbracht werden (dh im Interesse des Unternehmens oder des Gesellschafters). Sollten die Tätigkeiten im Interesse des Gesellschafters vollzogen werden, so sind die Kosten im Unternehmen des Empfängers nicht abzugsfähig.

In einem zweiten Schritt ist zu untersuchen, ob es sich um **rein administrative Tätigkeiten** ohne wesentliche Wertschöpfung handelt. In einem solchen Fall ist von reinen Routinetätigkeiten auszugehen.

In allen Fällen, in denen das Management eine **hohe Wertschöpfung** erbringt und einen Kernbereich des Unternehmens darstellt, ist im Regelfall von **Nichtroutinefunktionen** auszugehen, denen ein Teil des **Residual**gewinns zusteht bzw. von denen ein etwaiger anteiliger Verlust zu tragen ist. Dies gilt auch für die Fälle, in denen das Management nicht durch das Unternehmen selbst, sondern durch ein verbundenes Unternehmen durchgeführt wird.

Bei **Management Centern,** welche eine hohe Wertschöpfung für andere Konzernunternehmen erbringen, ist dieser Einheit ein erheblicher Teil des Ergebnisses zuzuweisen. Dies impliziert, dass die Margen der Leistungen, die vom Management Center erbracht werden, deren Wertschöpfung widerspiegeln.

mm) Versicherungsleistungen

137   Die **konzerninterne Versicherungsstruktur** (bspw. Einsatz von Captives, Risikomanagement Centers etc.) ist vom dokumentierenden Unternehmen darzulegen, die **Zusammenarbeit** des dokumentierenden Unternehmens **mit der jeweiligen Zentraleinheit** zu beschreiben und die Vergütungsstruktur zu spezifizieren.

Im Rahmen der Betrachtung der firmeninternen Versicherungsleistungen ist zu evaluieren, wer das Risiko managt, wer die Kosten des Risikos zu tragen hat, unter welchen Umständen sich Risiken materialisieren und wer letztendlich das Kapital zur Verfügung stellt, um den Schaden tragen zu können. Das zentrale Risikomanagement eines Konzerns ist dem Grunde nach eine Funktion und ist im Rahmen der Funktionsanalyse zu behandeln. Diejenige Konzerneinheit, die die Kosten trägt, sobald sich Risiken materialisieren, hat hierfür eine fremdvergleichsübliche Vergütung zu erhalten. Risiken der Konzernunternehmen können somit durch Versicherungsleistungen von konzerninternen Gesellschaften (zB zentrales Risikomanagement Center, konzerninterne Versicherungsgesellschaft) getragen werden. Dies ist jedoch nur insoweit möglich, als eine ausreichende Liquidität und Kapitalbasis vorhanden sind. Diejenige Konzerneinheit, die die Liquidität vorhält bzw. das Kapital besitzt, hat daher eine fremdvergleichsübliche Vergütung hierfür zu erhalten.

nn) Funktionsänderungen

Ebenso wie bei Funktionsverlagerungen (siehe Rn. 118), müssen auch **138** **wesentliche Änderungen der Funktionen innerhalb des Geschäftsjahres** in der Dokumentation beschrieben werden. Der **Umfang und Wert-Beitrag dieser Funktionen** ist zu dokumentieren. Die Vergütung für eine eventuelle Funktionsverlagerung und deren Ermittlung sind darzustellen, die entsprechenden Verträge und Vorgänge sind als Anlage der Dokumentation beizulegen.

b) Risikoanalyse

Die Risikoanalyse gibt einen differenzierten Überblick darüber, welche **139** Konzerneinheit welches Risiko hält, welche Konzerneinheit die Kosten des jeweiligen Risikos zu tragen hat, unter welchen Umständen sich Risiken materialisieren und welche Konzerneinheit letztendlich das Kapital zur Verfügung stellt, um den jeweiligen Schaden tragen zu können.

Die Risikoanalyse soll darauf abzielen, eine Unterscheidung zwischen Routinerisiken, Nichtroutinerisiken und Gesellschafterrisiken herbeizuführen:

Routinerisiken sind übliche Risiken, wie sie auch von Versicherungsgesellschaften versichert werden oder von Banken über Finanzinstrumente abgesichert werden.

Nichtroutinerisiken sind solche, die qualitativ eine besonders hohe Bedeutung für das Unternehmen haben bzw. nicht durch fremde Versicherer oder Banken abgesichert werden können. Zu diesen Nichtroutinerisiken gehören auch solche, die umsatz- oder ergebnisabhängig vergütet werden, aber trotzdem im betrieblichen Interesse (und nicht im Gesellschafterinteresse) abgeschlossen werden.

Zu den **Gesellschafterrisiken** gehören die allgemeinen Unternehmerrisiken, die nicht in dieser Form zwischen fremden Dritten versichert werden würden. Diese sind bei den Versicherten nicht abzugsfähig.

Aus der Risikoanalyse muss hervorgehen, welche Art von Risiken jeweils besteht, welchen Beitrag sie zum unternehmerischen Erfolg leisten, wer die Kosten trägt und wie die Vergütung errechnet wird.

aa) Markt- und Mengenschwankungsrisiken

Insb. im Fall hoher Fixkosten können selbst geringe Mengenschwankungen **140** im Unternehmen leicht zu Übergewinnen oder hohen Verlusten führen. Das Verrechnungspreissystem eines Konzerns ist daher so zu konzipieren, dass die Unternehmen, welche die größten Gewinnerwartungen, die höchste Liquidität bzw. das größte Eigenkapital besitzen im Rahmen des residualen Gewinns bzw. des residualen Verlustes die wesentlichen Risiken übernehmen. Sofern ein Risikomanagement Center des Konzerns das Risiko bestimmter Marktbewegungen und dadurch ausgelöster Mengenschwankungen zB durch den Abschluss von Finanzinstrumenten übernimmt, bedingt dies eine fremdvergleichsübliche **Vergütung** und eine **ausreichende Kapital- und Liquiditätsdeckung.**

Beispiel: Ein konzerninternes Risikomanagement Center übernimmt mit Hilfe von Futures, Hedges und Swaps erhebliche Einkaufs- und Verkaufsmarktrisiken. Die Struktur dieser Finanzinstrumente ist fremdvergleichsüblich. Soweit die eigene Liquidität und das eigene Kapital nicht ausreichen, wird das Risiko durch Hedges und Swaps an frem-de dritte Finanzinstitute und teilweise auch an verbundene Konzernunternehmen wei-tergegeben. Das Risikomanagement-Center sowie die anderen Konzernunternehmen sind fremdvergleichsüblich zu vergüten.

bb) Währungsrisiko

141 Neben dem Mengenschwankungsrisiko führt das **Währungsrisiko** in vie-len Fällen zu Übergewinnen bzw. großen Verlusten. Sofern die Währungs-risiken konzernintern durch Futures, Hedges, Swaps oder andere Finanzin-strumente abgesichert werden, ist zu analysieren, ob die Struktur dieser Finanzinstrumente und ihrer Vergütung fremdvergleichsüblich ist und ob die risikotragenden Konzernunternehmen über ausreichendes Kapital und adä-quates Personal verfügen.

cc) Produkthaftpflichtrisiko

142 Das **Produkthaftpflichtrisiko** hat in den letzten Jahren stark zugenom-men und ist bei Konzernen, die in den USA ihre Produkte vertreiben, immer wichtiger geworden. Es ist daher genau zu analysieren, wer im Konzern die Produkthaftpflichtrisiken letztlich trägt, und ob diese Risikotragung in einem angemessenen Verhältnis zum Verrechnungspreissystem steht. Hierbei ist so-wohl zwischen den Produkten und ihren unterschiedlichen Haftpflichtrisiken als auch zwischen den Staaten, in denen die Produkte verkauft werden, zu unterscheiden.

dd) Beschaffungsmarktpreisrisiko

143 Die Risiken aus **unvorhersehbaren Preissteigerungen am Beschaf-fungsmarkt** spielen in einzelnen Branchen eine große Rolle. Die Risikotra-gung und -weitergabe im Konzern ist zu analysieren und für das bestehende Verrechnungspreissystem zu begründen.

ee) Forschungs- und Entwicklungsrisiko

144 Die **Forschungs- und Entwicklungsrisiken** sind **branchenspezifisch** und entsprechend sehr unterschiedlich. Im pharmazeutischen Bereich und in anderen grundlagenforschungsbetonten Industrien nimmt das Forschungs- und Entwicklungsrisiko eine tragende Position ein. Die **geringen Erfolgs-wahrscheinlichkeiten** und **sehr langen Vorlaufzeiten** bis ein Produkt letztlich an den Verbraucher verkauft werden kann, erfordern ein gutes Risi-komanagement. Die hieraus erwachsende Risikotragung hat in Einklang mit dem Verrechnungspreissystem und der Risikovergütung zu stehen. Es ist zu analysieren, in welchem Umfang die Konzerneinheiten die Forschungs- und Entwicklungskosten tragen und die entsprechenden Risiken übernehmen. Entsprechend sind diese Einheiten auch später in einem angemessenen Um-fang **am Ergebnis aus der Forschung und Entwicklung zu beteiligen.** Dies kann entweder über **Kostenumlagesysteme, Auftragsforschung** oder **Lizenzgewährung** erfolgen. Der Beitrag jeder Einheit zur Forschung und Entwicklung ist im Zeitablauf sorgfältig zu analysieren und die Bewertungen sind zum Zeitpunkt etwaiger Systemumstellungen zu dokumentieren.

Im Bereich der pharmazeutischen Industrie bspw. sind die Forschungsperi-oden teilweise sehr lang und können uU zwischen 20 und 25 Jahren betra-gen. Während des Zeitraums dieser Forschungs- und Entwicklungstätigkeiten erfolgen üblicherweise Unternehmensumstrukturierungen, Unternehmensveräußerungen und große politische Veränderungen. Es ist daher üblich, dass sich die Risikotragung für die heute verkauften pharmazeutischen Produkte in den letzten 20 Jahren im Regelfall mehrfach geändert hat. Hieraus ergibt sich die Notwendigkeit einer sorgfältigen periodenübergreifenden Analyse, welche die **Aufbauzeiten** und die **Abschreibungen** der einzelnen Forschungsergebnisse und Plattformtechnologien berücksichtigt.

ff) Produktrisiko

Die mit fehlerhaften Produkten verbundenen Risiken, wie bspw. die Kos- **145** ten für Gewährleistung und Garantie, sind in den meisten Fällen von untergeordneter Bedeutung. Sofern in einzelnen Unternehmen hohe **Gewährleistungs- und Garantiekosten anfallen** oder, wie in der Bauindustrie oder im Anlagenbau, die Eintrittswahrscheinlichkeit eines Risikos zwar gering, die Folgen im Einzelfall aber gravierend sind, ist zu analysieren, wie die **Risikozuordnung** im Konzern erfolgt, wer die Risiken übernimmt, ob beim Risikoübernehmer Liquidität und Kapital zur Verfügung stehen und ob die Risikotragung und Vergütung im fremdvergleichsüblichen Einklang mit dem Verrechnungspreissystem steht.

Beispiel: Die Kosten des Rückrufs von Kraftfahrzeugen sind idR dem Residualempfänger zuzuweisen. Sie können aber auch durch eine konzerninterne Versicherungsgesellschaft übernommen werden.

gg) Lagerrisiko

Die **Lagerrisiken** können im Einzelfall **erheblich** sein. Dies gilt einerseits **146** bei der Lagerung besonders **wertvoller Erzeugnisse,** bspw. Gold und Diamanten, und andererseits bei der Lagerung besonders **verderblicher,** der laufenden technischen Entwicklung unterliegenden (zB Computer) **Erzeugnisse** oder **modischer Erzeugnisse.** Die Lagerrisiken sind vielfältig und umfassen Untergang, Diebstahl, Alterung und Unverkäuflichkeit. Sie sind in jedem Einzelfall sorgfältig zu untersuchen.

Es ist zu analysieren, welche Konzernunternehmen diese Risiken tragen, wie ihre Vergütung für die Risikotragung erfolgt, ob beim Risikoübernehmer ausreichend Liquidität und Kapital vorhanden sind und ob das System der Risikotragung fremdvergleichsüblich ist und mit dem gewählten Verrechnungspreissystem übereinstimmt.

hh) Forderungsausfallrisiko

Das Forderungsausfallrisiko ist in einzelnen Staaten und bei einzelnen Ab- **147** nehmern sehr hoch. Es ist zu analysieren, wer dieses Forderungsausfallrisiko trägt und ob dieses Risiko fremdvergleichsüblich getragen und vergütet wird.

ii) Marketingrisiko

Die mit dem Marketing und der Marktdurchdringung verbundenen Kos- **148** tenrisiken sind zu analysieren. Es ist sicherzustellen, dass die Konzerneinheit, welche die Risiken eines **Marketingmisserfolges** trägt, hierfür eine ausreichende Vergütung erhält.

Beispiel: Das Marketingrisiko und das damit verbundene Risiko des Misserfolgs neuer Marketingkampagnen wird von der deutschen Vertriebsgesellschaft getragen. Diese erhält dafür eine fremdvergleichsübliche transaktionsbezogene Nettomarge, die beim Eintritt von Risiken entsprechend angepasst wird. Das Risiko wird daher bis zu einem bestimmten Umfang durch die deutsche Vertriebsgesellschaft und bei Überschreiten des fremdvergleichsüblichen Rahmens von der ausländischen Fertigungseinheit getragen.

kk) Wettbewerbsrisiko

149   Das **Wettbewerbsrisiko** ist in **innovationsbetonten Industrien** sehr hoch und kann im Einzelfall zu gravierenden Folgen führen. Es ist daher zu analysieren, wer die Risiken trägt, wie sie vergütet werden, ob der Risikoübernehmer über eine ausreichende Liquiditäts- und Kapitalbasis verfügt und ob diese Risikotragung in Übereinstimmung mit dem fremdvergleichsüblichen Verrechnungspreissystem steht.

Beispiel: In der Speicherchipindustrie kalkuliert ein Konzern mit einer Verkaufsperiode von zwei Jahren für ein bestimmtes Speicherchipmodell. Ein großer Konkurrent im fernen Osten bietet jedoch schon nach einem Jahr einen wesentlich leistungsfähigeren und billigeren Speicherchip an. Die ursprünglich geplanten Verkaufszahlen und -preise können dadurch nicht mehr realisiert werden. Die Forschungs- und Entwicklungskosten für den Speicherchip werden durch den geringeren Verkaufserfolg nicht gedeckt. Dieses Risiko kann durch den Residualempfänger oder durch eine konzerninterne Versicherungsgesellschaft getragen werden.

ll) Mitarbeiterrisiko

150   Die Mitarbeiterrisiken sind in einzelnen Branchen virulent. Hierzu gehören u. a. die **Risiken der Übermittlung wesentlichen Know-hows** durch einen ausscheidenden Mitarbeiter an ein Konkurrenzunternehmen, das Ausscheiden eines Key Account Managers mit wesentlichen Kontakten zu Schlüsselpersonen bei Key Accounts u. ä. Die Art der Risikoübernahme und ihre Vergütung sind festzustellen und ihre Fremdvergleichsüblichkeit zu analysieren, insbes. auch, ob sie in Übereinstimmung mit dem gewählten Verrechnungspreissystem stehen.

mm) Veränderungen in der konzerninternen Risikotragung und -vergütung

151   Die Risiken für Konzerne ändern sich im Zeitablauf (zB durch Rohstoffpreisschwankungen, Werkskursänderungen). Konzerne sind daher gezwungen ihre Verrechnungspreissysteme teilweise sehr kurzfristig mehrmals zu ändern.

Die bei solchen Veränderungen erfolgenden **Übertragungen von Gewinn- und Verlustpotenzialen zwischen verschiedenen Konzerneinheiten sind zu analysieren und zu bewerten.** Eine fremdvergleichsübliche Vergütung ist festzustellen. In diesem Zusammenhang wird insbes. auf Kapitel Q Rn. 1 ff. hingewiesen.

Beispiel: Ein Unternehmen der Lebensmittelindustrie erlitt innerhalb weniger Monate eine dramatische Steigerung der Rohstoffpreise, wie bspw. bei Kartoffeln, Getreide, Öl. Diese Rohstoffpreissteigerung würden Preiserhöhungen von teilweise über 100% erfordern. Solche Preisänderungen sind aber am Markt nicht durchsetzbar. Aufgrund dieser Umstände wird das bisher verwendete Verrechnungspreissystem obsolet. Mit einem neuen Verrechnungspreissystem ergibt sich eine Funktions- und Risikoverlagerung innerhalb des Konzerns. Die Ergebnisse dieser Verlagerung sind zu klassifizieren, die Werte der übertragenen Funktionen und Risiken sind zu ermitteln und zu analysieren. Hieraus ergibt sich aber nicht notwendigerweise ein positiver Wert, der zu besteuern wäre.

c) Markt- und Unternehmensanalyse

Die Ergebnisse der Funktions- und Risikoanalyse stellen einen integralen **152** Bestandteil der Markt- und Unternehmensanalyse dar. Mithilfe der Funktions- und Risikoanalyse wurde die Positionierung des in Deutschland betrachteten, einzelnen Konzernunternehmens innerhalb der Konzernwertschöpfungskette qualitativ beurteilt. Die nachfolgend beschriebene Markt- und Unternehmensanalyse als Teil der Dokumentation dient dazu, das einzelne Konzernunternehmen in seinen **ökonomischen Kontext** einzuordnen und **wesentliche Faktoren für die Verrechnungspreisfestsetzung** herauszuarbeiten.

aa) Marktanalyse

Das Ziel der Marktanalyse ist die **Identifizierung von Wettbewerbsvor-** **153** **und -nachteilen, der Schlüsselprozesse der Wertschöpfungskette** von vergleichbaren Transaktionen und Unternehmen sowie des **Einflusses des Marktes auf die Preisgestaltung.** Die Marktanalyse ist erforderlich, um einen Ausgangspunkt für die nachfolgende Unternehmensanalyse zu schaffen. Im Rahmen der Marktanalyse sind u. a. die nachfolgenden Teilbereiche zu analysieren:
- Die Abgrenzung der Branche und des Marktes
- Die Identifizierung der strategischen integralen Gruppen innerhalb der Branche und des Marktes
- Die Beschreibung der Wettbewerbssituation innerhalb der Branche und des Marktes
- Die Identifizierung der Wettbewerbsposition des Unternehmens innerhalb der Branche und des Marktes
- Die Identifizierung der kritischen Erfolgsfaktoren innerhalb der strategischen integralen Gruppe
- Die Identifizierung der entscheidenden Risiken in der Branche und auf dem Markt

Auf dieser Basis hat eine Branchen- und Marktanalyse zu erfolgen; die jährlichen Änderungen sind zu dokumentieren. Insbesondere ist die Wettbewerbssituation des Konzerns bzw. des dokumentierenden Unternehmens innerhalb des Konzerns herauszuarbeiten. Die Werttreiber und kritischen Erfolgsfaktoren sind zu erläutern.

bb) Unternehmensanalyse

Die Unternehmensanalyse vertieft die in der Branchen- und Marktanalyse **154** gewonnenen Erkenntnisse auf der **Ebene des Unternehmens.** Durch die Unternehmensanalyse wird ein grundsätzlicher **Überblick über die Wettbewerbsposition des Unternehmens** gewonnen. Unter anderem beinhaltet die Unternehmensanalyse die folgenden Teilbereiche:
- Darstellung der Werttreiber und kritischen Erfolgsfaktoren des Konzerns im Kontext des Marktes
- Darstellung der kritischen Erfolgsfaktoren und Werttreiber für das dokumentierende Unternehmen innerhalb des Konzerns
- Rentabilitätsanalyse für den gesamten Konzern

– Rentabilitätsanalyse für das dokumentierende Konzernunternehmen
– Analyse der Stärken und Schwächen des Konzerns und des dokumentierenden Unternehmens im Vergleich zu den konkurrierenden Unternehmen
– Erläuterung der Konzernstrategie und der Auswirkungen dieser Konzernstrategie auf das dokumentierende Unternehmen
– Darstellung der Wettbewerbsstrategie für den Konzern und das dokumentierende Unternehmen
– Beschreibung der Hauptgeschäftsprozesse und Wertschöpfungsketten innerhalb des Konzerns und deren Bedeutung für das dokumentierende Unternehmen
– Diagramme der rechtlichen, organisatorischen und operativen Struktur
– Übersicht über die wichtigsten konzerninternen Transaktionen
– Interdependenz der einzelnen Transaktionen, insbes. des Verhältnisses von Produktlieferungen, Dienstleistungen, der Nutzung immaterieller Wirtschaftsgüter, der Nutzung materieller Wirtschaftsgüter und der Finanzierung

cc) Analyse der Wertschöpfungsketten

155   Nach §§ 4, 3b GAufzV hat der Steuerpflichtige die **gesamte Wertschöpfungskette** zu beschreiben und seinen eigenen **Wertschöpfungsbeitrag** darzustellen. Dies beinhaltet eine Beschreibung der Wertschöpfungskette über den gesamten Leistungserstellungsprozess, von der Entwicklung der entsprechenden Leistung bis zur Lieferung an den externen Dritten. Eine Wertschöpfungskette umfasst häufig den Einkauf, die Forschung, die Entwicklung, die Produktion, die Lagerhaltung, die Logistik, die Dienstleistungen, Marketing, Vertrieb und Kundendienst. Auch innerhalb der Forschung und Entwicklung können Wertschöpfungsketten bestehen, ebenso beim Beschaffungsmanagement, bei der Personalwirtschaft, dem Kommunikationswesen, usw.

Der Wertschöpfungsbeitrag des dokumentierenden Unternehmens ergibt sich schon teilweise aus der Funktions- und Risikoanalyse und der Angemessenheitsdokumentation. Die **Wertschöpfungskettenanalyse** bezieht sich auf den **Wertbeitrag des dokumentierenden Unternehmens** innerhalb der bestehenden Wertschöpfungsketten. Im Rahmen seiner rechtlichen und tatsächlichen Möglichkeiten hat das dokumentierende Unternehmen die Gesamtwertschöpfungskette darzustellen, um seinen eigenen Beitrag besser zu verdeutlichen.

156   Die Analyse der Wertschöpfungsketten soll ermitteln, welchen **Beitrag** das dokumentierende Unternehmen und die anderen Konzernunternehmen zum Konzernergebnis leisten und wie sich daraus Preise, Kostenaufschläge, Margen, usw. ergeben. Es ist festzuhalten, welche Parteien innerhalb des Wertschöpfungsprozesses **Routinetätigkeiten** und welche **Nonroutinetätigkeiten** ausüben. Daraus soll ersichtlich werden, welche Konzerneinheiten marktübliche Margen erhalten (bspw. die Kostenaufschlagsmargen, die Wiederverkaufspreismarge oder die transaktionsbezogene Nettomarge) und welche Einheiten den Residualgewinn erhalten bzw. den Residualverlust zu tragen haben.

Normalerweise besitzen unabhängige Unternehmen, die lediglich Routinefunktionen ausüben, keine detaillierten Informationen über die Tätigkeiten, Kosten und Gewinne der Geschäftspartner, welche die Residualgewinne bzw. -verluste erzielen.

Beispiel: Eine deutsche Vertriebsgesellschaft eines ausländischen Konzerns hat nicht die rechtlichen und tatsächlichen Möglichkeiten, die ausländischen Teile der Wertschöpfungsketten darzustellen und entsprechende Finanzdaten zu erhalten.

Es ist deshalb einem dokumentierenden Routinevertriebsunternehmen bzw. einem dokumentierenden Routineauftragsfertigungsunternehmen im Regelfall nicht möglich, entsprechende Unternehmensdaten zu beschaffen.

Ein dokumentierendes **Routineunternehmen** wird deswegen im Regelfall **keine detaillierte Wertschöpfungskettenanalyse** des Konzerns vorlegen können.

Sofern das dokumentierende Unternehmen **Nonroutinetätigkeiten** **157** durchführt und insbes., wenn es eine Profit Split-Methode für die Bestimmung der Konzernverrechnungspreise gewählt hat, muss eine **detaillierte Wertschöpfungskettenanalyse** erfolgen. Aus dieser Dokumentation der Wertschöpfungsketten muss insbes. der Wertbeitrag jeder verbundenen Konzerneinheit hervorgehen, um eine Analyse der Wertschöpfungsbeiträge für den Profit Split vorzulegen.

Auch im Falle der Erstellung **interner Planrechnungen** im Rahmen der Angemessenheitsdokumentation ist bei Nonroutinefunktionen eine detailliertere Wertschöpfungskettenanalyse erforderlich als bei der Dokumentation von Routinefunktionen und Risiken.

Beispiel: Bei einer kleinen Vertriebsgesellschaft, die nur Routinevertriebstätigkeiten erbringt, wird es – soweit idR sich aus der vorangegangenen Funktions- und Risikoanalyse nichts anderes ergibt – genügen, die Vertriebsfunktionen innerhalb der Wertschöpfungskette darzustellen. Nur wenn Hinweise auf besondere Sachverhalte vorliegen, wird eine detailliertere Darstellung der Wertschöpfungskette erforderlich werden. Dies gilt bspw. im Falle von Dauerverlusten einer Vertriebsgesellschaft, die darauf hindeuten können, dass die Vertriebsgesellschaft Nichtroutinefunktionen erbringt und ihr insoweit auch der zukünftige Residualgewinn der Wertschöpfungskette zusteht.

(einstweilen frei)   **158, 159**

V. Angemessenheitsdokumentation

1. Verpflichtung zur Erstellung einer Angemessenheitsdokumentation

Der BFH hat am 17.10.2001 entschieden, dass es die „alleinige" Aufga- **160** be des Finanzamtes sei, Vergleichspreise zu ermitteln und Fremdvergleiche durchzuführen.[35] Die gesetzliche Regelung iRd § 90 (3) AO legt dem Steuerpflichtigen jedoch **Mitwirkungspflichten** zu der Beurteilung der Angemessenheit der Verrechnungspreise auf. Der Steuerpflichtige ist verpflichtet, die „wirtschaftlichen und rechtlichen Grundlagen für eine den Grundsatz des Fremdvergleichs beachtende Vereinbarung von Preisen" aufzuzeigen. Es stellt sich die Frage, ob diese Formulierung den Steuerpflichtigen zur Angemessenheitsdokumentation verpflichtet und ob darüber hinaus eine Verpflichtung der Aufzeichnung von Fremddaten besteht oder ob der Steuerpflichtige die Angemessenheit der Verrechnungspreisvereinbarung auch auf andere Weise darlegen kann.

---

[35] BFH 17.10.2001, BStBl. II 2004, 171, 175 und DB 2001, 2474, 2477.

Die FinVerw. geht sowohl von einer **Verpflichtung zur Angemessen-heitsdokumentation** als auch zur **Aufzeichnung von Fremdvergleichs-daten** aus, sofern solche Daten beim Steuerpflichtigen vorhanden sind bzw. von ihm mit zumutbarem Aufwand aus frei zugänglichen Quellen beschafft werden können.

161 Die Verpflichtung zur Erstellung der Angemessenheitsdokumentation ergibt sich aus der Regierungsbegründung zum Entwurf des StVergAbG vom 25.10.2002, aus § 1 Abs. 1 S. 1 der Rechtsverordnung (GAufzV) zu § 90 Abs. 3 AO, aus der Begründung dieser Rechtsverordnung vom August 2003 und aus dem Zustimmungsbeschluss des Bundesrates zur GAufzV.[36]

§ 90 Abs. 3 S. 2 AO führt auf, was durch die Aufzeichnungspflicht „auch" umfasst ist. Es stellt sich die Frage, ob die Verwendung des Wortes „auch" fordert, dass neben der in S. 1 geregelten Pflicht zur Sachverhaltsdarstellung auch die Pflicht zur Angemessenheitsdokumentation begründet wird. Es ist der FinVerw. zuzustimmen, dass „auch" die wirtschaftlichen Grundlagen einer Preisvereinbarung darzustellen sind, bei der der Fremdvergleichsgrundsatz beachtet wurde. Dies umfasst üblicherweise die Verpflichtung zur Darstellung durch das Unternehmen, warum das Unternehmen der Meinung ist, den Fremdvergleichsgrundsatz beachtet zu haben.[37, 38]

Durch § 90 Abs. 3 S. 2 AO und das dort verwendete Wort „auch" wird eine neue über die in S. 1 geregelte Pflicht zur Sachverhaltsdokumentation hinausgehende Pflicht zur Angemessenheitsdokumentation geschaffen.

2. Die Beachtung des Fremdvergleichsgrundsatzes und das ernsthafte Bemühen durch die Angemessenheitsdokumentation

a) Die Beachtung des Fremdvergleichsgrundsatzes

162 Nach Auffassung der FinVerw. muss aus den Aufzeichnungen **ersichtlich** sein, dass das zu dokumentierende Unternehmen den Fremdvergleichsgrundsatz tatsächlich beachtet hat (§ 1 Abs. 1 S. 1 GAufzV). Die Regierungsbegründung zu § 1 GAufzV führt aus, dass § 90 Abs. 3 AO und die GAufzV „die Beweislast nicht zu Lasten des Steuerpflichtigen umkehren". Hieraus ist zu schließen, dass der Steuerpflichtige **nicht nachweisen** muss, dass er den Fremdvergleichsgrundsatz „beachtet" hat. Insoweit ist die Auffassung der

---

[36] Vgl. BR-Drs. 583/03 vom 17.10.2003. Der Bundesrat verpflichtet den Steuerpflichtigen zu Aufzeichnungen, die das ernstliche Bemühen des Steuerpflichtigen erkennen lassen, den Grundsatz des Fremdverhaltens zu beachten. Allerdings müsse der Eindruck vermieden werden, dass dem Steuerpflichtigen die Beweislast aufgebürdet werde, weil der Steuerpflichtige nicht nur Unterlagen vorzulegen und tatsächliche Entscheidungen zu begründen habe, sondern auch die Vergleichbarkeit der herangezogenen Preise bzw. Daten darzulegen habe.

[37] *Baumhoff/Dietz/Greinert* (DStR 2004, 157 f.) bejahen eine Verpflichtung des Steuerpflichtigen zur Erstellung einer Angemessenheitsdokumentation und gehen davon aus, dass der Steuerpflichtige nur die Preisfindungsmethode, dh, rein methodische Aspekte, nicht aber Fremdvergleichsdaten aufzeichnen müsse.

[38] *Wassermeyer* geht davon aus, dass die in § 90 Abs. 3 S. 1 AO geregelten Pflichten der Steuerpflichtigen, welche nachfolgenden Satz zwar erweitert und nicht nur erläutert werden, vgl. Seminarunterlage des IStR aus dem Jahre 2003, Dokumentation von Verrechnungspreisen – die neuen gesetzlichen Aufzeichnungspflichten, S. 19.

FinVerw. nicht richtig. Eine abschließende Klärung bleibt den Finanzgerichten vorbehalten.

b) Das ernsthafte Bemühen

Gem. § 1 Abs. 1 S. 2 GAufzV muss der Steuerpflichtige durch seine Auf- **163** zeichnungen belegen, dass er sich um die Beachtung des Fremdvergleichsgrundsatzes bei der Preisgestaltung **ernsthaft bemüht** hat. Allerdings darf die GAufzV nur **Regelungen zu Art, Inhalt und Umfang** der zu erstellenden Aufzeichnungen festlegen, möglicherweise jedoch nicht zur zivilrechtlichen Preisgestaltung. Es stellt sich daher die Frage, ob es bei der Prüfung der Fremdüblichkeit darauf ankommt, ob sich der Steuerpflichtige zum Zeitpunkt der Preisvereinbarung Gedanken über die Fremdüblichkeit gemacht hat oder ob es ausreicht, dass die Verrechnungspreise tatsächlich fremdvergleichsüblich sind. Wenn sich der Steuerpflichtige tatsächlich wie ein unabhängiger Dritter verhalten hat und dies nachweisen kann, kann es somit auf das „ernsthafte Bemühen" bei der zivilrechtlichen Preisgestaltung nicht ankommen.[39]

Die Vorschrift des § 90 Abs. 3 AO schuf eine **Dokumentationsverpflichtung** und **keine Verhaltensverpflichtung.**

c) Das ernsthafte Bemühen um die Begründung für die Fremdüblichkeit der Preisgestaltung

Die Auffassung, dass sich das ernsthafte Bemühen nicht auf die zivilrechtli- **164** che Preisgestaltung, sondern auf die Erstellung der Aufzeichnungen zu beziehen hat, erscheint als logisch, ist jedoch nicht in § 90 Abs. 3 AO oder § 1 Abs. 1 S. 2 GAufzV zu finden.

d) Das ernsthafte Bemühen in Bezug auf die Beurteilung durch den sachverständigen Dritten

Die Aufzeichnungen müssen es einem sachverständigen Dritten ermögli- **165** chen innerhalb einer angemessenen Frist festzustellen, ob und inwieweit der Steuerpflichtige den Fremdvergleichsgrundsatz beachtet hat (§ 2 Abs. 1 S. 3 GAufzV). Dies bedeutet einerseits, dass es dem Sachverständigen, dh dem Außenprüfer, möglich sein muss aufgrund eigener, möglicherweise ergänzender Feststellungen und Prüfungshandlungen feststellen zu können, ob der Fremdvergleichsgrundsatz eingehalten wurde. Es ist daher nicht zu verlangen, dass sich die Feststellung und die Beurteilung der Fremdvergleichsüblichkeit eines Preises sofort, unmittelbar und zweifelsfrei aus den Aufzeichnungen ergeben. Allerdings muss die Angemessenheitsdokumentation so aussagekräftig ein, dass sie es **einem sachverständigen Dritten ermöglicht, die Fremdvergleichsüblichkeit zu prüfen.**

e) Durchführung der Vergleichbarkeitsanalyse[40]

Die Vergleichbarkeitsanalyse untersucht einerseits den zu untersuchenden **166** Transfer des zu dokumentierenden bzw. zu prüfenden Unternehmens und andererseits die Transfers zwischen fremden Dritten oder mit fremden Drit-

---

[39] *Roger* in FS Wassermeyer, 2005 S. 396.
[40] OECD-Guidelines, Chapter III, A. 1.3.4.

ten. Das **Suchen nach vergleichbaren Transfers** ist ein Teil der Analyse.
Um diese durchführen zu können, müssen zuvor die konzerninterne Geschäftsbeziehung untersucht und die relevanten **Kennzahlen (Profit level
indicators)** bestimmt werden.

Es ist erforderlich, systematisch und kontinuierlich vorzugehen, damit die
Analyse der konzerninternen Transaktionen, die gewählte Verrechnungspreismethode und die Auswahl der Vergleichswerte eine konstante Beziehung ergeben. Die **Vergleichbarkeitsanalyse** hat die verlässlichsten Vergleichstransaktionen zu identifizieren. Fremdvergleichsvorfälle mit einem geringen Grad der
Vergleichbarkeit sind auszuschließen. Allerdings ist bei dem Grad der Vergleichbarkeit zu berücksichtigen, dass die **Anzahl der Vergleichsdaten** begrenzt ist. Die dabei verwendeten **Kriterien und Ergebnisse** sind vom Steuerpflichtigen den Finanzbehörden zur Verfügung zu stellen und umgekehrt.

f) Die „neun" Schritte – ein „Typisches Verfahren" für die Durchführung der Vergleichbarkeitsanalyse

167 Die OECD beschreibt ein typisches Verfahren, das bei der Durchführung
einer Vergleichbarkeitsanalyse befolgt werden kann:
(1) Schritt: Festlegung der erfassten **Jahre.**
(2) Schritt: Breitgefächerte Analyse der für den Steuerpflichtigen geltenden
Umstände.
(3) Schritt: Analyse der untersuchten konzerninternen **Geschäftsvorfälle,**
insbesondere auf der Basis einer Funktionsanalyse, um danach das zu untersuchende Unternehmen (sofern erforderlich), die am besten geeigneten
Verrechnungspreismethode, **die geeignete Kennzahl** (des **Finanzindikators**) und die zu berücksichtigenden Vergleichbarkeitsfaktoren auswählen zu können.
(4) Schritt: Analyse der **internen Vergleichswerte,** sofern vorhanden.
(5) Schritt: Auswahl der **Datenbanken** mit externen Vergleichswerten, sofern diese benötigt werden, unter Berücksichtigung ihrer relativen Zuverlässigkeit.
(6) Schritt: Auswahl der am besten geeigneten **Verrechnungspreismethode**
und, je nach Methode, die Bestimmung des relevanten Finanzindikators
(zB **Bestimmung des Nettogewinnindikators** im Falle einer geschäftsvorfallbezogenen Nettomargenmethode).
(7) Schritt: Identifizierung potentieller **Vergleichswerte:** Bestimmung der
wichtigsten Kriterien für Geschäftsvorfälle zwischen unabhängigen Unternehmen, um eine Vergleichbarkeit zu erhalten; auf der Grundlage der
Vergleichbarkeitsfaktoren (Ziffern 1.38–1.63 OECD).
(8) Schritt: **Anpassungen** zur Herstellung der Vergleichbarkeit.
(9) Schritt: Interpretation und Verwendung der Ergebnisse; Ermittlung der
fremdüblichen Vergütung.
Dieser Prozess verläuft in der Regel nicht linear. Möglicherweise sind die
Schritte 5–7 mehrfach durchzuführen, bis die am besten geeignete Methode
gefunden ist; Die **verfügbaren Informationsquellen** beeinflussen in manchen Fällen die Auswahl der Verrechnungspreismethode. Das Verfahren muss
ab dem 4. Schritt wiederholt werden, wenn es keine verfügbaren Informationen zu vergleichbaren Geschäftsbeziehungen gibt (7. Schritt) und/oder keine
ausreichend genauen Berichtigungen möglichsind (8. Schritt).

Dieses System gilt als **anerkannt gutes Verfahren;** es muss aber nicht verwendet werden. **Andere Verfahren** zur Identifizierung verlässlicher Vergleichsdaten sind **explizit erlaubt.** Die **Verlässlichkeit des Ergebnisses** ist auch nach Ansicht der OECD wichtiger als die Art des Verfahrens.

3. Daten aus vergleichbaren Geschäften

§ 1 Abs. 3 S. 3 GAufzV führt aus, dass zu den „zu verwendenden" Informa- **168** tionen insbes. **Daten aus vergleichbaren Geschäften mit fremden Dritten** gehören, zB Bruttospannen, Nettospannen und Gewinnaufteilungen.

Zur Diskussion inwieweit Bruttospannen, Nettospannen und Gewinnaufteilung als gewinnorientierte Daten in Deutschland zulässig sind, wird auf Kapitel F Rn. 1 ff. „Verfahren" verwiesen.

4. Die Wahl der Verrechnungspreismethoden

Die Angemessenheitsdokumentation hat allgemein zu beschreiben, welche **169** **Verrechnungspreismethode** oder welche Verrechnungspreismethoden angewendet werden und warum die Methode oder die Methoden anwendbar und geeignet sind. Es ist allerdings für deutsche Dokumentationszwecke nicht erforderlich, alle Standardmethoden zu prüfen und die „am besten geeignete" Methode auszuwählen. Dies ist allerdings für ausländische Dokumentationszwecke erforderlich, bspw. für die USA. Es mag daher aus Gründen der internationalen Abstimmung sinnvoll sein, die Wahl der sog. **„best method"** zu begründen.

5. Die angewandten Verrechnungspreismethoden

Der Fremdvergleichsgrundsatz besagt, dass **Preise, die zwischen ver-** **170** **bundenen Unternehmen für Lieferungen und Leistungen verrechnet** **werden, den Preisen entsprechen müssen, die unabhängige Unter-** **nehmen unter sonst gleichen Marktbedingungen vereinbart haben** **oder hätten.** Dieser Grundsatz wird zur Abgrenzung von Gewinnen zwischen verbundenen Unternehmen für Besteuerungszwecke angewendet.

Zumeist werden die sog. **„Standardmethoden"**[41] (die Preisvergleichsmethode, die Wiederverkaufspreismethode, die Kostenaufschlagsmethode) herangezogen um zu prüfen, ob fremdvergleichsübliche Preise zwischen den verbundenen Unternehmen vorliegen. Dieser Vorrang der Standardmethoden, die im Folgenden beschrieben werden, ist in den deutschen Verrechnungspreisvorschriften und den OECD-RL manifestiert. Für eine detaillierte Beschreibung und Anwendung der Standardmethoden sei auf Kapitel D Rn. 1 ff., Methoden, und für die Ermittlung der angemessenen Höhe der Preise sei auf Kapitel G Rn. 1 ff. Standardmethoden, verwiesen.

Grundlegend wird durch eine Fremdvergleichsprüfung untersucht, ob die Preise zwischen den verbundenen Unternehmen ebenso am freien Markt auf-

---

[41] Vgl. auch *Wassermeyer/Baumhoff,* Verrechnungspreise international verbundener Unternehmen, 2001, Rn. 383 ff.

findbar sind, dh ob die vereinbarten Preise unter gleichen Marktvoraussetzungen auch zwischen fremden Dritten vereinbart worden wären.

a) Preisvergleichsmethode[42]

171 Die Preisvergleichsmethode betrachtet direkt **Preise** als Vergleichskriterium. Um die Fremdvergleichbarkeit der Preise der verbundenen Unternehmen zu überprüfen, werden die Preise zwischen verbundenen Unternehmen mit den Preisen nicht verbundener Unternehmen verglichen. Wie im Folgenden beschrieben wird, ist hierbei die **Vergleichbarkeit,** sowohl der Produkte als auch der Umstände, von besonderer Bedeutung.

Die Preisvergleichsmethode[43] findet in zwei Formen Anwendung, die im Folgenden beschrieben werden: als **interner Preisvergleich** und als **externer Preisvergleich.**

aa) Interner Preisvergleich

172 Der interne Preisvergleich fokussiert sich auf einen Vergleich der Preise zwischen verbundenen Unternehmen mit den **Preisen zwischen dem verbundenen Unternehmen und einem fremden Dritten.**

Beispiel: Ein deutsches Unternehmen verkauft Fertigerzeugnisse. Es bezieht die gleichen Produkte von einem verbundenen und von einem unverbundenen Unternehmen. Unter der Maßgabe vergleichbarer Produkte und Umstände können die Preise zwischen den verbundenen Unternehmen mit den Preisen des verbundenen Unternehmens mit dem fremden Dritten verglichen werden.

bb) Externer Preisvergleich[44]

173 Der externe Preisvergleich abstrahiert vom verbundenen Unternehmen und **vergleicht die Preise zwischen verbundenen Unternehmen mit „marktüblichen" Preisen,** dh Preisen, die unter vergleichbaren Umständen für Produkte zwischen fremden Dritten am Markt zustande kamen.

Beispiel: Im Fall von innerkonzernlichen Darlehen kann häufig die Fremdvergleichsüblichkeit der Zinsen für innerkonzernliche Darlehen anhand marktüblicher Zinsen, dh Zinsen für Darlehen mit vergleichbaren Konditionen am Finanzmarkt, überprüft werden.

cc) Preisvergleichskriterien

174 Die OECD-RL befürworten die Preisvergleichsmethode als die direkteste und zuverlässigste Methode zur Ermittlung der Fremdvergleichsüblichkeit. Die Preisvergleichsmethode findet in der Praxis jedoch aufgrund der **Anforderungen an die Vergleichbarkeit** von Produkten und Umständen (dh preisrelevante Faktoren wie Rabatte, Volumina) nur selten Anwendung. Der externe Preisvergleich wird zumeist bei **standardisierten Gütern** (Commodities) oder **Darlehen** gebraucht, da in diesen Fällen die Produkte häufig vergleichbar sind und Preise an öffentlichen Märkten bzw. Finanzmärkten erhältlich sind. Der interne Preisvergleich knüpft an die Voraussetzung an, dass

---

[42] Vgl. Kapitel G Rn. 29 ff.

[43] Vgl. auch *Wassermeyer/Baumhoff,* Verrechnungspreise international verbundener Unternehmen, 2001, Rn. 396–415.

[44] Vgl. Kapitel G Rn. 30.

ein an der Transaktion beteiligtes verbundenes Unternehmen vergleichbare Transaktionen (dh Produkte und Umstände) mit fremden Dritten durchführt.

Um die Preisvergleichsmethode anzuwenden, ist die Vergleichbarkeit anhand der folgenden Faktoren zu erörtern:

– **Vergleichbarkeit** von **Produkten bzw. Leistungen** (zB Qualität, Lebenszyklus)
– **Absatzvolumen** (zB Kostendegressionseffekte, Preisnachlässe)
– **Marktgegebenheiten** (zB Wettbewerbssituation, oft überprüft anhand von Porter's 5 Forces[45])
– **Vertriebsbedingungen** (zB Übernahme von Risiken)
– **Geografisches Gebiet** (zB Absatzgebiet)
– **Immaterielle Wirtschaftsgüter** (zB Marken, Patente)
– **Risiken** (zB Lagerrisiken, Währungsrisiken, Forderungsausfallrisiken)

dd) Möglichkeiten der Anwendung

Um die relevanten (Preis-)Daten für die vergleichbaren Transaktionen zu **175** ermitteln und die Vergleichbarkeit zu überprüfen, können zB die folgenden **Quellen der Informationsbeschaffung** verwendet werden:

– **Öffentliche Märkte** (zB Terminmärkte, Warenbörsen)
– **Wettbewerbsanalyse** (zB anhand von Porter's 5 Forces, Preislisten)
– **Datenbanken** (zB Bureau van Dijk)
– **Marktanalysen** (zB Research reports)
– **Interne Daten**

ee) Quantifizierung

Die Quantifizierung der Verrechnungspreise mit Hilfe der Preisvergleichs- **176** methode wird in Kapitel G Rn. 29 ff. dargestellt.

b) Kostenaufschlagsmethode[46]

Zur Durchführung der Kostenaufschlagsmethode werden in einem ersten **177** Schritt die **Kosten,** die für die jeweilige konzerninterne Transaktion aufgewendet werden, ermittelt. Zumeist werden **Vollkosten** angenommen. In einem zweiten Schritt werden die **Gewinnaufschläge** der unverbundenen Unternehmen mit den Gewinnaufschlägen der verbundenen Unternehmen aus der Transaktion verglichen. Sollten die Gewinnaufschläge vergleichbar sein – hierfür wird häufig eine Interquartilsbandbreite angenommen –[47] werden sonstige fremdvergleichsübliche Verrechnungspreise festgestellt. Entgegen den Standardmethoden stellt die Kostenaufschlagsmethode geringere Anforderungen an die **Produktvergleichbarkeit,** jedoch gleiche Anforderungen an die **Vergleichbarkeit der Umstände** (zB Funktions- und Risikoprofil).

Häufig wird die Kostenaufschlagsmethode bei konzerninternen Transaktionen verwendet, die **Halbfertigerzeugnisse** oder **konzerninterne Dienstleistungen** umfassen.

---

[45] *Porter, Michael E.,* Competitive Advantage, New York: Free Press 1985.
[46] Vgl. Kapitel G Rn. 171 ff. auch *Wassermeyer/Baumhoff,* Verrechnungspreise international verbundener Unternehmen, 2001, Rn. 451–540.
[47] Zur Bandbreitenbetrachtung vgl. *Wassermeyer/Baumhoff,* Verrechnungspreise international verbundener Unternehmen, 2001, Rn. 151–156.

Beispiel: Die Kosten eines Autragsfertiger sind gemeinhin die Produktionskosten (und weitere Kosten, die vom Auftragsfertiger getragen werden, zB Transportkosten). Um den fremdvergleichsüblichen Verrechnungspreis zu ermitteln, wird ein marktüblicher Gewinnaufschlag zu den Kosten des Auftragsfertigers addiert.

Immens wichtig für die Anwendung der Kostenaufschlagsmethode ist die **vergleichbare Kostenbasis** der Transaktionen verbundener und unverbundener Unternehmen. Effizienzbedingte Kostenunterschiede sind, soweit möglich, zu eliminieren.

Die **Quantifizierung** der Gewinnaufschläge wird in Kapitel G Rn. 29 ff. dargestellt.

c) Wiederverkaufspreismethode[48]

178 Die häufig bei **Vertriebsgesellschaften** angewandte Wiederverkaufspreismethode fußt auf der **Bruttomarge,** die ein Unternehmen durch den Verkauf von verbundenen Unternehmen gelieferten Produkten, erzielt hat. Diese Bruttomarge wird mit vergleichbaren Transaktionen zwischen fremden Dritten verglichen. Diese Methode impliziert, dass der (Wieder-)Verkäufer eine fremdvergleichsübliche Bruttomarge zu erzielen hat.

Beispiel: Die Verrechnungspreise zwischen einer Vertriebsgesellschaft und der produzierenden Muttergesellschaft sind unter der Maßgabe der Wiederverkaufspreismethode so zu bestimmen, dass die Vertriebsgesellschaft eine fremdvergleichsübliche Bruttomarge erzielt.

Ebenso wie die Kostenaufschlagsmethode trifft die Wiederverkaufspreismethode weniger starke Annahmen in Bezug auf die **Produktvergleichbarkeit** als die Preisvergleichsmethode, jedoch **ebenso starke Annahmen an die Vergleichbarkeit der Umstände** (zB Funktions- und Risikoprofil). Je größer das Funktions- und Risikoprofil der Vertriebsgesellschaft ist, desto höher ist die fremdvergleichsübliche Bruttomarge, die diese zu erzielen hat.

Sollte im Rahmen der Wertschöpfungsanalyse herausgefunden werden, dass die **Vertriebsgesellschaft** neben dem Vertrieb weitere Funktionen durchführt, kann die Anwendung der Wiederverkaufspreismethode zu Problemen führen, da die **Kostenstruktur** zwischen verbundenen und unverbundenen Unternehmen dann uU nicht mehr vergleichbar ist. Dies trifft zB dann zu, wenn die Vertriebsgesellschaft Risiken (zB Haftung, Forderungsausfall) und Funktionen (zB Transport/Logistik, Produktionsschritte) übernimmt, die marktüblich nicht von Vertriebsgesellschaften übernommen werden.

Die **Quantifizierung** der Bruttomarge wird in Kapitel G Rn. 53 ff. dargestellt.

d) Gewinnaufteilungsmethode[49]

179 Falls beide Unternehmen, zwischen denen eine konzerninterne Transaktion stattfindet, stark zur **Wertschöpfung des Produktes** beigetragen haben

---

[48] Vgl. auch *Wassermeyer/Baumhoff,* Verrechnungspreise international verbundener Unternehmen, 2001, Rn. 416–450.

[49] Vgl. Kapitel H Rn. 117 ff. für die Beschreibung verschiedener Gewinnaufteilungsmethoden, Kapitel H Rn. 182 ff. für den Einsatz der Verhandlungstheorie bei Gewinnaufteilungen sowie Kapitel H Rn. 218 ff. für die Risikovergütung mittels Gewinnaufteilungsmethoden.

(zB durch den Einsatz immaterieller Wirtschaftsgüter) und/oder die Risiken zwischen beiden Unternehmen aufgeteilt werden, wird zumeist die **Gewinnaufteilungsmethode** *(Profit Split)* angewendet. Der Grund hierfür liegt darin, dass die Transaktion als „**einzigartig**" kategorisiert wird und so mit Daten vergleichbarer Transaktionen am Markt nicht erhältlich sind. Um diesem Problem entgegenzuwirken, werden auf Basis des jeweiligen **Wertschöpfungsbeitrags** der verbundenen Unternehmen die Preise so festgesetzt, dass sich daraus eine angemessene Gewinnaufteilung des Gesamtgewinns ergibt.

Sollte ein Unternehmen Routinetätigkeiten durchführen, so kann ein (durch Fremdvergleich ermittelter) **Routinegewinn** vom Gesamtgewinn vorab abgezogen werden. Der restliche residuale Gewinn **(Residual Profit)** wird daraufhin auf der Basis des jeweiligen Wertschöpfungsbeitrags der verbundenen Unternehmen zum Residual Profit aufgeteilt.

Um die Gewinnaufteilungsmethode anzuwenden, ist eine detaillierte **Analyse der Wertschöpfungskette** und des Beitrags der verbundenen Unternehmen zur Wertschöpfung durchzuführen.

Für eine detaillierte **Beschreibung der Gewinnaufteilungsmethode** und deren Anwendung sei auf Kapitel D Rn. 1ff., Methoden, und für deren **Quantifizierung** auf Kapitel H Rn. 24ff., Quantifzierung im Rahmen von Gewinnaufteilungsmethoden, verwiesen.

e) Transaktionsbezogene Nettomargenmethode[50]

Die transaktionsbezogene Nettomargenmethode[51] basiert auf einem **Ver-**   **180**
gleich der Nettomargen, die sich aus Transaktionen zwischen verbundenen Unternehmen und aus Transaktionen zwischen unverbundenen Unternehmen ergeben. Hierfür können entweder **einzelne Transaktionen** oder **Gruppen von wirtschaftlich vergleichbaren Transaktionen** betrachtet werden. Abhängig vom Funktions- und Risikoprofil der involvierten Parteien kommen verschiedene **Kenngrößen** zur Ermittlung der Fremdvergleichbarkeit anhand der Nettomargen in Betracht.[52] Hierfür kann das Betriebsergebnis zu verschiedenen anderen Finanzzahlen aus G&V bzw. Bilanz in Relation gesetzt werden, zB:
- **Umsatzrendite** (zB bei Vetriebsgesellschaften)
- **Return on Assets** (zB bei kapitalintensiven Produktionsunternehmen)

Da die Ermittlung der Bruttomargen für die Wiederverkaufspreismethode von Vertirebsgesellschaften häufig mit Problemen behaftet ist, wird in diesen Fällen häufig die transaktionsbezogene Nettomargenmethode angewendet. Die Probleme der Ermittlung der Bruttomarge liegen zum einen darin, dass die Vergleichsunternehmen nicht die Vergleichbarkeit an (Vertriebs-)Aktivitäten und Kosten aufweisen und zum anderen darin, dass die Datenbanken, aus denen Finanzdaten der Vergleichsunternehmen erhältlich sind, gemeinhin keine für die Ermittlung einer Bruttomarge bestimmter Transaktionen genügenden Daten zur Verfügung stellen (zB Materialkosten). Darüber hinaus ist

---

[50] Vgl. Kapitel H Rn. 146ff.
[51] Vgl. auch *Wassermeyer/Baumhoff,* Verrechnungspreise international verbundener Unternehmen, 2001, Rn. 561–569.
[52] Der Nettogewinn ist definiert als das *Betriebsergebnis* (EBIT), da für Verrechnungspreiszwecke die Finanzierungsstruktur der involvierten Parteien irrelevant ist.

zu beachten, dass internationale Unterschiede in den Rechnungslegungsstandards die Vergleichbarkeit einschränken.

181   Ein Vorteil der transaktionsbezogenen Nettomargenmethode liegt darin, dass die **Vergleichbarkeit der Funktionen** weniger strikt ist. Daher führt die Ermittlung fremdüblicher Nettomargen oder Umsatzrenditen häufig zu zuverlässigeren Ergebnissen als die Anwendung der Wiederverkaufspreismethode.

Für eine **detaillierte Beschreibung der transaktionsbezogenen Nettomargenmethode** und dessen Anwendung sei auf Kapitel D Rn 1 ff., Methoden, und für deren **Quantifizierung** auf Kapitel H Rn. 24 ff., Quantifizierung im Rahmen der Transaktionsbezogenen Nettomargenmethode verwiesen.

6. Auswahl des zu untersuchenden Unternehmens

182   Um einen **Gewinnmargenvergleich** durchzuführen (Wiederverkaufspreismethode, Kostenaufschlagmethode, transaktionsbezogene Nettomargenmethode), der Aufschluss über die Fremdvergleichsüblichkeit der Verrechnungspreise gibt, muss eines der beiden verbundenen Unternehmen, die an den zu dokumentierenden Transaktionen beteiligt sind, für die Anwendung des Margenvergleichs ausgewählt werden.

Zwecks **Auswahl** des zu testenden Unternehmens ist zu beachten, dass dieses ein relativ **einfaches Funktions- und Risikoprofil** ohne den Einsatz immaterieller Wirtschaftsgüter aufweisen sollte, damit genügend Vergleichsdaten unabhängiger Unternehmen ermittelbar sind.

7. Zeitfragen

183   In Bezug auf die Vergleichbarkeit stellen sich Zeitfragen in Hinsicht auf Ursprungszeitpunkt, Erhebungszeitpunkt und Erstellungszeitpunkt der Informationen zur Vergleichbarkeit, sowohl beim zu dokumentierenden Unternehmen als auch bei den Vergleichsdaten.

a) Ursprungszeitpunkt

184   Die vergleichbaren Fremdgeschäfte sollten grundsätzlich im selben Zeitraum begonnen und beendet werden wie die konzerninternen Geschäftsvorfälle. Diese sind am verlässlichsten, weil beide Transaktionen in einem zeitlich gleichen wirtschaftlichen Umfeld erfolgten. Allerdings sind oft keine oder nur wenige Daten aus denselben Zeiträumen verfügbar. Hilfsweise können Anpassungsrechnungen den Grad der Vergleichbarkeit erhöhen

b) Zeitpunkt der Datenerhebung

185   In den Fällen des Vergleichs zum Zeitpunkt der Preisfestlegung (Price Setting) auf Ex-ante-Basis wird eine Dokumentation erstellt, um darzulegen, dass der Steuerpflichtige zum Zeitpunkt der Durchführung des Transfers die erforderlichen Anstrengungen unternommen hat, um für die konzerninternen Transaktionen den Fremdvergleichsgrundsatz zu befolgen. Es können hierbei nicht nur Informationen aus vergleichbaren Geschäftsvorfällen frühe-

rer Jahre zu Grunde gelegt werden; wirtschaftliche Veränderungen und Markt-veränderungen sind zu berücksichtigen. Ein ordentlicher und gewissenhafter Geschäftsleiter würde seine Preise nicht nur auf der Basis historischer Daten festlegen.

In den Fällen der Preisüberprüfung (Price Testing) auf Ex-post-Basis sollten die Daten aus demselben Zeitraum verglichen werden.

Sofern die Steuerbehörden eines Staates die Ex-Ante-Betrachtung anwen-den und die Steuerbehörden des anderen Staates die Ex-post-Betrachtung, kann dies zu unterschiedlichen Ergebnissen führen. Es ist in diesen Fällen notwendig, Anpassungsrechnungen durchzuführen, um die unterschiedlichen Ergebnisse anzugleichen. Dies sollte spätestens zum Zeitpunkt des Verständi-gungsverfahrens erfolgen.

c) Unvorhersehbare Ereignisse

Ein ordentlicher und gewissenhafter Geschäftsleiter würde bei seiner Preis-festlegung berücksichtigen, ob eine derart höhere Unsicherheit besteht, dass zwischen Fremden Dritten üblicherweise ein Preisanpassungsmechanismus oder ein Preisabsicherungsgeschäft vereinbart würde oder ob er üblicherweise Neuverhandlungen aufnehmen würde. In vielen Fällen würde er aber auch hohe Risiken eingehen. Ohne weitere Hinweise sollte keine nachträgliche Anpassung erforderlich sein. **186**

Letztlich kann das Verhalten des ordentlichen und gewissenhaften Ge-schäftsleiters nur am Verhalten der anderen Marktteilnehmer bei Geschäften zwischen oder mit fremden Dritten geprüft werden. Hierfür gibt es die Mög-lichkeit der Befragung, bspw. von Experten. In diesen Fällen sollten nur dann Anpassungen durch die Finanzbehörden erfolgen, wenn sich das Verhalten des ordentlichen und gewissenhaften Geschäftsleiters außerhalb der interquar-tilen Bandbreite der Entscheidungen fremder Dritter befindet.

d) Daten aus nachfolgenden Jahren

Die Geschäftsvorfälle können nicht nur aus Daten nachfolgender Jahre rückwirkend beurteilt werden. Allerdings können Daten aus Folgejahren Hinweise darauf geben, ob Transaktionen dem Grunde nach vergleichbar sind, oder ob Fremde Dritte Anpassungen im Rahmen einer Mehrjahresbe-rechnung vorgenommen haben. **187**

Beispiel: In Krisenjahren verlangen Marktteilnehmer mit relativ großer Verhand-lungsmacht oft eine nachträgliche Preisanpassung.

e) Mehrjahresdaten

Im Einzelfall kann es hilfreich oder sogar erforderlich sein, Daten aus meh-reren Jahren zu untersuchen. Es ist aber nicht in allen Fällen sinnvoll oder er-forderlich, Mehrjahresdaten zu untersuchen. **188**

In Verlustsituationen ist es oft sinnvoll, Daten aus mehreren Jahren zu ver-gleichen. Auch bei Geschäften mit Emerging Markets ist es oft sehr schwie-rig, nur die Daten eines Jahres heranzuziehen, weil sich die Geschäftsentwick-lung oft aus verschiedenen Gründen sehr sprunghaft vollzieht.

Beispiel: Bei der Erschließung des chinesischen Marktes ergaben sich sehr sprunghafte Umsatz- Kosten- und Gewinnentwicklungen. Viele Unternehmen waren sowohl bei Geschäften mit Konzernunternehmen als auch mit fremden Dritten immer wieder gezwungen, teilweise drastische Preisänderungen vorzunehmen. Diese sprunghaften Entwicklungen lassen sich am einfachsten durch Mehrjahresbetrachtungen vergleichen.

Beispiel: In Branchen mit starken Umsatzschwankungen ist es sehr schwierig, ohne Mehrjahresdaten eine Fremdvergleichsstudie durchzuführen. Besonders bei wetterabhängigen Branchen wie bei Gartenartikeln ist es sehr schwierig, ohne Mehrjahresbetrachtung auszukommen.

Auch in gleichen Branchen haben einzelne Produkte unterschiedliche Lebenszyklen und haben außerdem ihren Lebenszyklus in anderen Jahren begonnen. Nicht nur Start-up-Verluste, sondern auch die Übergewinne in den besten Jahren können nur im Rahmen von Mehrjahresbetrachtungen vergleichbar gemacht werden, sofern es sich um Unternehmen mit nur wenigen Produktreihen handelt.

In diesen Fällen sind daher für die einzelnen Konzerngesellschaften beziehungsweise Produktgruppen Durchschnittswerte mehrerer Jahre zu bilden.

Obwohl auch für die Vergleichsdaten zunächst das einzelne Geschäftsjahr den steuerlich relevanten Zeitraum darstellt, sind auch hierfür die oben genannten Kriterien in vielen Fällen vorteilhaft. In diesen Fällen können Durchschnittszahlen mehrerer Jahre der Vergleichsunternehmen herangezogen werden (zB drei oder vier Jahresdurchschnitte). Mit Hilfe dieser Maßnahme kann die Zuverlässigkeit der Ergebnisse eines Fremdvergleichs gesteigert werden.

Soweit Änderungen der Umstände vorgefallen sind, die die Vergleichbarkeit beeinträchtigen, sind Anpassungsrechnungen durchzuführen. Dies könnte bspw. bei erheblichen Veränderungen der Marktsituation oder der konjunkturellen Lage (zB durch Wirtschaftskrisen) der Fall sein.

VI. Fragebogen der Finanzbehörden

189   Im Rahmen von Außensteuerprüfungen erfragen die Steuerbehörden Sachverhalte für den spezifischen Prüfungszeitraum anhand von Fragebögen (**„Checkliste"**). Diese dienen der Erstellung einer Funktions- und Risikoanalyse zur Überprüfung der Angemessenheit von Verrechnungspreisen im Rahmen der Einkunftsabgrenzung zwischen nahe stehenden Personen. Die allgemeine Struktur dieser Fragebögen wird im Folgenden kurz aufgezeigt. Die momentan aktuellste Checkliste ist im Anhang zu finden. Es sollte jedoch beachtet werden, dass die Finanzbehörden idR nicht die Beantwortung der vollständigen Checkliste verlangen können, sondern vielmehr die Beantwortung der relevanten Auszüge für die zu prüfenden Sachverhalte einfordern.

Die folgenden Ausführungen spiegeln den aktuellen Stand der Checkliste der Finanzbehörden wider. Sie unterliegt laufenden Veränderungen. Somit stellt die hier aufgeführte Checkliste nur eine erste Indikation möglicher Fragen der Finanzbehörden dar.

Die Checkliste gliedert sich in die folgenden Kapitel:

– Allgemeine Angaben
– Beteiligungen

– Betriebsstätten
– Funktionen – Forschung und Entwicklung
– Funktionen – Produktion
– Funktionen – Dienstleistungen
– Konzernumlagen
– Personalentsendungen
– Darlehensverhältnisse, Nutzungsüberlassungen

1. Allgemeine Angaben

Die allgemeinen Angaben dienen den Finanzbehörden dazu, einen **ersten** **190** **generellen Überblick über das zu prüfende Unternehmen** zu erlangen. Diese Angaben werden (fast) immer vom Steuerpflichtigen erfragt. Es werden Auskünfte über die gesellschaftsrechtlichen Verhältnisse (zB Gesellschaftervertrag, Beteiligungsverhältnisse, Darstellung der Geschäftsfelder, Protokolle von Gesellschafterversammlungen), organisatorischen Verhältnisse (zB Personalstruktur, Darstellung des Berichtswesens) und wirtschaftlichen Verhältnisse (zB Vorlage der Jahresabschlüsse des zu prüfenden Unternehmens und des Mutterunternehmens, Memorandums zu Aufsichtsrats- und Vorstandssitzungen, Kostenstellenplan, konzerninterne Verträge, Verrechnungspreisberichtigungen ausländischer Steuerbehörden, Vorteilsausgleich, Auskünfte über weitere Prüfungen im Prüfungszeitraum – Zollprüfung/Außenwirtschaftsprüfung, Existenz von Profit-Center-Strukturen im Konzernverbund) eingefordert.

2. Beteiligungen

Eine **Übersicht der Beteiligungsverhältnisse** beinhaltet zum einen den **191** Kauf und Verkauf von **Anteilen an verbundenen Unternehmen** und zum anderen den Kauf und Verkauf von **eigenen Anteilen** im relevanten (Prüfungs-)Zeitraum. Darüber hinaus werden Vorgänge iSd **Umwandlungsgesetzes** erfragt (Abschluss von Umwandlungs-, Verschmelzungs- oder Einbringungsverträgen im Prüfungszeitraum).

3. Betriebsstätten

Der Thematik der Betriebsstätten wenden sich die Finanzbehörden zu, in- **192** dem sie die **Existenz von Betriebsstätten** erfragen, um die Vorlage **unternehmensinterner Richtlinien bzw. Anweisungen** und eine **Beschreibung der grenzüberschreitenden Vorgänge** in Bezug auf die jeweiligen Betriebsstätten bitten. Dies bezieht sich sowohl auf den Sachverhalt, dass das zu prüfende Unternehmen eine Betriebsstätte unterhält, als auch auf den Sachverhalt, dass eine (ausländische) Konzerngesellschaft eine Betriebsstätte im Inland hält.

4. Funktionen – Forschung und Entwicklung

Neben einem allgemeinen Überblick über die **Forschungs- und Ent-** **193** **wicklungsfunktion** (zB ausführende Unternehmen, Existenz von Lizenzverträgen), werden von den Finanzbehörden explizit eine Beschreibung des Funktions- und Risikoprofils, der eingesetzten Wirtschaftsgüter, der Ermittlung der Verrechnungspreise (zB Lizenzgebühren, Benchmarkingstudien) und der Wertschöpfungskette eingefordert.

5. Funktionen – Produktion

194   Der allgemeine Überblick über die **Produktionsfunktion** umfasst u. a. eine Beschreibung der Lieferanten- und Abnehmerstruktur, Umsatz- und Profitabilitätsangaben pro Produktgruppe, Budgetzahlen, Änderung der Marktstruktur im Prüfungszeitraum, Darlegung der Strategie und der Kapitalausstattung. Ebenso wie bei den weiteren Funktionen beinhaltet die Checkliste darüber hinaus Fragen zum Funktions- und Risikoprofil, den eingesetzten Wirtschaftsgütern, zur Darstellung der Wertschöpfungskette und der Ermittlung der Verrechnungspreise.

Vor dem Hintergrund der **Funktionsverlagerungsverordnung** werden auch Funktionsverlagerungen aus dem Inland ins Ausland analysiert (zB Änderung des Funktionsprofils der inländischen Gesellschaft, Änderungen in Bezug auf ausgeführte Dienstleistungen, Chancenüberlassung, Vertragskündigungen und, bei Existenz einer Funktionsverlagerung, Ermittlung des Preises für die Funktionsübertragung).

6. Funktionen – Vertrieb

195   Die Checkliste für die **Vertriebsfunktion** beleuchtet im allgemeinen Teil u. a. die Marktanteile, die Vertriebsbedingungen, die Wertschöpfungskette der verkauften Produkte, Wettbewerber, Lieferanten und Abnehmer.

Das Funktions- und Risikoprofil definiert sich über die Planungen und Ziele des zu prüfenden Unternehmens, die Organisation (zB Rechnungsfluss, physischer Produktfluss), Produktgestaltung, Qualitätskontrolle, Transport, Finanzierung (zB Zahlungsverkehr, Kreditüberwachung), Personal, finanzielle Risiken und Produktrisiken. Darüber hinaus werden, wie üblich, die eingesetzten Wirtschaftsgüter, die Wertschöpfungskette und die Ermittlung der Verrechnungspreise hinterfragt. Ebenso wie bei der Produktionsfunktion wird auch bei der Vertriebsfunktion die **Funktionsverlagerungsthematik** beleuchtet.

7. Funktionen – Dienstleistungen

196   Der Fragebogen für die **Dienstleistungsfunktion** gliedert sich in eine Beschreibung der **empfangenen** und der **erbrachten Dienstleistungen** und eine Darlegung des Nutzens, der den jeweils empfangenden Unternehmen durch die Dienstleistung entsteht.

Darüber hinaus werden wiederum das Funktions- und Risikoprofil (zB welche genauen Dienstleistungen erbracht werden, welche Risiken von welcher Einheit getragen werden), die eingesetzten Wirtschaftsgüter und die Ermittlung der Verrechnungspreise für die erbrachten bzw. empfangenen Dienstleistungen erfragt.

8. Konzernumlagen

Kostenumlagen werden zumeist für von einer Zentraleinheit für den (Ge-   **197** samt)Konzern durchgeführte Funktionen den verbundenen Unternehmen in Rechnung gestellt. Ein besonderer Fokus der Finanzbehörden liegt zur Zeit auf Kostenumlagen für die Funktionen Forschung und Entwicklung, Verwaltung, Rechnungswesen/Buchhaltung, Personalwesen, Marktforschung, Werbung/Marketing und Informationssysteme/EDV.

Um Kostenumlagen zu rechtfertigen, müssen die **Funktionen,** wie oben beschrieben, **im Interesse der verbundenen Unternehmen** durchgeführt werden. Entsprechend erfordert die Finanzbehörde eine **Nutzenanalyse** für die durchgeführten Funktionen. Eine Dokumentation der Ermittlung der Kostenumlage (dh Systematik der Kostenumlage, Kostenumlageschlüssel) ist darüber hinaus erforderlich. Sollten Poolumlagen (dh Kostenumlagen zwischen verbundenen Unternehmen) vorliegen, wird von den Finanzbehörden analog vorgegangen.

9. Personalentsendungen

Die Checkliste der Finanzbehörden thematisiert sowohl die **Entsendung** **198** **von Mitarbeitern vom Inland ins Ausland,** als auch die **Entsendung vom Ausland ins Inland.** Von besonderer Wichtigkeit ist hierbei, welche Konzerneinheit die **Kosten** (dh den Bruttolohn und die oft sehr hohen Nebenkosten) des jeweiligen Arbeitnehmers getragen hat. Darüber hinaus werden Auskünfte über die allgemeinen RL zur Entsendung von Mitarbeitern (zB Entsende-RL, Hintergrund der Entsendung, Expertenentsendung, Rotationsverfahren, Aus- und Fortbildungszwecke etc.) sowie eine Analyse von Fremdvergleichsdaten erfragt.

10. Darlehensverhältnisse, Nutzungsüberlassungen

Im letzten Kapitel der Checkliste soll ein Überblick über die **innerkonzern-** **199** **lichen Finanzierungsströme** gegeben werden. Die **Darlehensverträge** sollten Auskunft über die Grunddaten der entsprechenden Finanzierungsabkommen geben (zB Darlehenshöhe, -laufzeit, Rückzahlungsmodalitäten, Sicherheiten, Kündigung, Verwendung des Kredits etc.). Des Weiteren sind Auskünfte über die **Refinanzierung, Rangrücktrittserklärungen, Bürgschaften, Garantieübernahmen** und **Patronatserklärungen** von Nöten. Im Mittelpunkt steht die Ermittlung der Verrechnungspreise für die Finanzierung unter der Annahme der Grunddaten und der weiteren mikro- und makroökonomischen Bedingungen.

(einstweilen frei)   **200**

VII. Europäische Masterfile-Dokumentation

1. EU Joint Transfer Pricing Forum

201   Die **Europäische Kommission** hat im Jahre 2001 die Installierung des „EU-Joint Transfer Pricing Forum" vorgeschlagen.[53] Das Forum bestand aus Vertretern der Wirtschaft und der Steuerverwaltungen der Mitgliedstaaten. Es erarbeitete unter anderem eine **EU-weite Dokumentation** der Verrechnungspreise. Erklärtes Ziel war, die Dokumentation für alle Europäischen Mitgliedstaaten zu standardisieren und zu vereinfachen.

2. Konzept der EU Transfer Pricing Dokumentation

202   Die **EU TPD** hat das Konzept,[54] dass ein EU-weit tätiger Konzern im Regelfall eine Dokumentation in zwei Teilen zu erstellen hat:
- Die **Masterfile-Dokumentation** für alle betroffenen EU-Staaten und die
- **Länderspezifische Dokumentation** für die Länder, in denen Geschäfte mit verbundenen Unternehmen in anderen EU-Ländern durchgeführt werden.

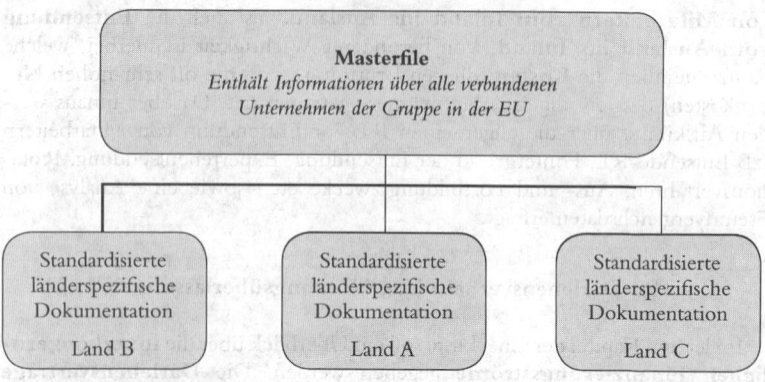

Abb. 2: Masterfile-Konzept

3. Grundlagen des EU Masterfile-Konzeptes

a) Kein Zwang zur Nutzung durch den Steuerpflichtigen

203   Die Unternehmen sind nicht verpflichtet, eine Verrechnungspreisdokumentation auf der Basis der EU TPD zu erstellen. Die Nutzung der EU TPD erfolgt auf freiwilliger Basis. Es bestehen **keine Sanktionen,** wenn der Steu-

---

[53] „Towards an Internal Market without tax obstacles – A strategy for providing companies with a consolidated corporate tax base for their EU-wide activities" (KOM [2001] 582 vom 23.10.2001).

[54] *Zach,* Verhaltenskodex zur Verrechnungspreisdokumentation für verbundene Unternehmen in der Europäischen Union (EU-TPD), 351 ff.

erpflichtige keine EU TPD erstellt. Sofern die EU TPD erstellt wird, ist sie jedoch im Regelfall von allen an ihr **partizipierenden Unternehmen** für mehrere Jahre zu erstellen und nicht nur für ein einzelnes Jahr; allerdings sind in begründeten Fällen Ausnahmen möglich. Dies könnte bspw. bei **strukturellen Änderungen im Konzern** der Fall sein.

Beispiel: Die EU TPD wurde in 2008 und 2009 nur für eine Division eines Konzern erstellt. Der Konzern strukturiert die Gruppe im Jahre 2010 um. Teile der Division werden in andere Divisionen integriert, welche noch keine EU TPD abgegeben haben. In diesem Falle können diese ausscheidenden Bereiche nicht mehr die EU TPD erstellen. Allerdings müssen sie die national erforderlichen TPD erstellen und die Effekte der Umstrukturierung auf die Verrechnungspreise erläutern.

Sofern das Unternehmen eine EU TPD erstellt, hat es die Steuerbehörden der betroffenen EU-Staaten davon zu unterrichten.

b) Zusammenfassung von ähnlichen Geschäftsvorfällen

Ähnliche Geschäftsvorfälle können grundsätzlich **zusammengefasst** 204 werden. Allerdings muss die Zusammenfassung für die Finanzbehörden nachvollziehbar und mit OECD Grundsätzen vereinbar sein.[55] Die Zusammenfassung hängt folglich von den Gegebenheiten des Einzelfalles ab. Sofern TNMM oder Profit Split angewendet wird, ist eine wesentlich weitere Zusammenfassung als bei CUP oder CUT möglich. Der Grad der Zusammenfassung von Geschäftsvorfällen unterliegt der jeweiligen **nationalen Rechtsauffassung.** Insoweit können sich daher wesentliche Unterschiede in der Beurteilung durch die Finanzbehörden der einzelnen Länder ergeben.

c) Keine Verpflichtung der Anwendung durch die EU Mitgliedstaaten

Die EU Mitgliedstaaten sind in Ihrer Entscheidung frei, ob sie die EU 205 TPD akzeptieren oder nicht. Allerdings sollte durch die EU Mitgliedstaaten **keine weiter gehende Dokumentation** als die im EU Masterfile bzw. in der länderspezifischen Dokumentation der in der EU TPD beschriebenen Unterlagen verlangt werden.

Diese Vorschrift geht jedoch insoweit ins Leere, weil jeder Staat selbst auf der Grundlage seiner Vorschriften und seines Rechtsverständnisses entscheidet, ob die durch den Steuerpflichtigen vorgelegte Dokumentation den Kriterien des EU Masterfile Konzeptes entspricht. Dies ist nicht im Sinne der Autoren des Masterfile Konzeptes, aber leider die bestehende Rechtsgrundlage.

d) Rechte und Pflichten des Steuerpflichtigen und der Finanzverwaltungen

Die Erstellung der EU TPD **verlagert nicht die Dokumentations-** 206 **pflicht** des national ansässigen Unternehmens auf dessen ausländische verbundene Gesellschaft.

Jede einzelne Finanzbehörde kann unabhängig von anderen die Erfüllung der Dokumentationspflichten aus dem EU TPD beurteilen und daraus individuelle Folgen ableiten.

---

[55] Ziffer 1.42 OECD Guidelines.

e) Umsetzung in nationales Steuerrecht

207 Die EU TPD wurde **nicht mittels einer EU Richtlinie in das nationale Recht** der Mitgliedsstaaten implementiert. Jeder Mitgliedsstaat kann die EU TPD nach seinen eigenen Vorstellungen im nationalen Recht behandeln und sie per Gesetz, Verordnung oder im Rahmen seiner Verwaltungspraxis auf der Grundlage seiner eigenen Interpretation der OECD Guidelines anwenden und werten. Es handelt folglich bei den EU TPD um sogenanntes „Soft Law".

f) Sprache

208 Im Bereich des Masterfiles sollen die Finanzbehörden grundsätzlich eine **fremdsprachliche Dokumentation** akzeptieren. **Übersetzungen** sollen nur nach Anforderung der Verwaltung und in möglichst begrenzter Zahl angefordert werden, um Kosten zu senken. Im Regelfall sollte die **englische Sprache** akzeptiert werden. Weniger geläufige Sprachen werden einen höheren Übersetzungsaufwand erfordern.

Der **landesspezifische Teil** der Dokumentation sollte in der jeweiligen **Landessprache** erstellt werden.

g) Staaten ohne nationale Dokumentationsvorschriften

209 Staaten, bei denen noch keine nationalen Dokumentationsvorschriften bestanden, wurden aufgefordert, im Falle ihrer Einführung diese in **Anlehnung an die EU TPD** zu strukturieren.

h) Auswirkungen auf bestehende nationale Dokumentationsvorschriften

210 Die bereits existierenden länderspezifischen nationalen Dokumentationsvorschriften der Mitgliedsstaaten bleiben weiter bestehen. Die Finanzbehörden können trotz der Vorlage der EU TPD auf der Grundlage ihrer nationalen Vorschriften Informationen und Unterlagen anfordern, die **über die Vorschriften der EU TPD hinausgehen.** Dies gilt insbesondere für **Außenprüfungen.**

i) Anwendung für Betriebsstätten

211 Das Transfer Pricing Forum bejahte die Verwendung der im Rahmen der EU TPD erstellten Dokumentation auch für die Verrechnungen zwischen Stammhaus und **Betriebsstätten** bzw. zwischen Betriebsstätten.

j) Verwendung für Kleine und Mittlere Unternehmen (KMUs)

212 Die Anwendung der EU TPD sollte von den einzelnen nationalen Finanzbehörden jeweils unter praktischen Gründen geprüft werden. Nach Auffassung des Forums sprach nichts gegen eine reduzierte Umsetzung der EU TPD für **KMUs.**

4. Masterfile

Im Masterfile sind der **Konzern** und dessen **wirtschaftlichen Abläufe** 213
innerhalb des Konzerns und das **Verrechnungspreissystem** für alle Unternehmen darzustellen, die in der EU tätig sind.[56]

a) Allgemeine Beschreibung des Unternehmens

Der Konzern sollte allgemein beschrieben werden. Die Unternehmensstra- 214
tegie ist darzustellen und die Branche, die Produkte, die Märkte und die
Marktanteile sind zu erörtern. Die Änderungen der Unternehmensstrategie
ist im Vergleich zum Vorjahr zu erläutern.

b) Organisatorische, rechtliche und operative Struktur des Konzerns

Die **organisatorische, rechtliche und operative Struktur** des Kon- 215
zerns ist allgemein zu beschreiben. Organigramme und Verzeichnisse der
Konzerngesellschaften stehen neben der Beschreibung der Beteiligungen der
Muttergesellschaft an den einzelnen Tochtergesellschaften.

c) Lieferungs- und Leistungsbeziehungen

Die verbundenen Unternehmen, die an den konzerninternen Transaktio- 216
nen beteiligt sind, sollten benannt werden. Die **Liefer- und Leistungsbeziehungen** zwischen den verbundenen EU-Gesellschaften im Konzern sind
allgemein darzustellen.

d) Konzerninterne Transaktionen

Neben der allgemeinen Beschreibung der konzerninternen Transaktionen 217
innerhalb der EU sind die **Transaktionsströme** darzustellen. Diese umfassen
sowohl materielle und immaterielle Vermögenswerte, Dienstleistungen und
Finanzgeschäfte als auch die Rechnungsströme und den Wert der Transaktionsströme.

e) Funktionen und Risiken

Die Funktionen und Risiken sind allgemein zu beschreiben. Eine **Funk-** 218
tions- und Risikoanalyse ist zu erstellen. Diese sollte insbesondere auf wesentliche Änderungen im Vergleich zu den Vorjahren eingehen; das betrifft
bspw. die Funktionsänderung von einer Vertriebsgesellschaft zum Kommissionär und von einem Vollfertiger zum Lohnfertigungsunternehmen.

f) Immaterielle Vermögensgegenstände

Die **immateriellen Vermögensgegenstände,** ihre **Eigentumsverhält-** 219
nisse und ihre Nutzung sind darzustellen. Dies betrifft bspw. Patente, Mar-

---

[56] Rat der EU: Verhaltenskodex zur Verrechnungspreisdokumentation für verbundene Unternehmen in der Europäischen Union vom 20.6.2006, Abschnitt 1 unter 4, 10509/1/06 REV.

kenrechte und Know-how und die dafür gezahlten oder vereinnahmten Lizenzgebühren.

g) Verrechnungspreispolitik

220 Die **konzerninternen Verrechnungspreissysteme** sind zu beschreiben. Es ist zu erörtern, wie das Prinzip der Angemessenheit eingehalten wird.

h) Vereinbarungen

221 Die **Advance Pricing Agreements,** Rulings und **verbindlichen Auskünfte** sind vorzulegen, soweit Konzerngesellschaften in der EU davon betroffen sind. Hierzu gehören auch Kostenumlageverträge.

i) Verpflichtung zu weiteren Angaben

222 Der Steuerpflichtige muss bereit sein, **auf Anforderung weitere Angaben** zu machen. Dies hat innerhalb einer angemessenen Frist im Einklang mit dem jeweiligen innerstaatlichen Recht zu erfolgen.

j) Beispiel

223 Das Beispiel der EU TPD für die Masterfile-Dokumentation geht von einer Gesellschaft A aus, welche Dienstleistungen an ihre Tochtergesellschaften B, C, D und E in den EU Mitgliedsstaaten B, C und D und im Nicht EU-Mitgliedsstaat E erbringt. Es handelt sich um Transaktionen zwischen verbundenen Unternehmen. Bei der Gesellschaft B handelt es sich um eine Produktionsgesellschaft, welche ihre Produkte an ihre Vertriebsschwestergesellschaften C, D und E liefert. Auch hier handelt es sich um Transaktionen zwischen verbundenen Unternehmen. Der Masterfile sollte folgende Informationen enthalten:

– Die Art der Dienstleistungen, welche A an B, C, D und E erbringt, die angewandte Verrechnungspreismethode und, sofern die Kostenaufschlagsmethode verwendet wird, auch die Gewinnaufschläge für die einzelnen Dienstleistungen;

– Die Art der Tätigkeiten, welche von B erbracht werden (zB Vollfertiger und Entrepreneur oder Auftragsfertiger), die belieferten Schwestergesellschaften C, D und E als Kunden der B, die angewandten Verrechnungspreismethoden und die verwendeten Kostenaufschlagsmargen, Wiederverkaufspreismargen oder Kommissionen;

– Die Art der Vertriebsgesellschaften C, D und E (zB Kommissionär oder Vollvertrieb), die verwendeten Verrechnungspreismethoden, die Kommissionen, der Kostenaufschlag oder die Wiederverkaufspreismargen.

5. Länderspezifische Dokumentation

224 Die länderspezifische Dokumentation ergänzt den Masterfile. Beide Teile zusammen bilden die **Gesamtdokumentation** für jeden EU Mitgliedsstaat.[57]

---

[57] Rat der EU: Verhaltenskodex zur Verrechnungspreisdokumentation für verbundene Unternehmen in der Europäischen Union vom 20.6.2006, Abschnitt 1 unter 5, 10 509/1/06 REV.

a) Beschreibung des Unternehmens

Die in dem jeweiligen EU Staat gelegenen Unternehmen sind ausführlich 225
zu beschreiben. Ihre derzeitige Unternehmensstrategie und ihre Änderung
sind im **Vergleich zum Vorjahr** darzustellen.

b) Transaktionen

Die landesspezifischen konzerninternen Transaktionen sind zu beschreiben. 226
Insbesondere sind die Transaktionsströme von materiellen und immateriellen
Vermögenswerten, Dienstleistungen und Finanzgeschäften darzustellen, die
Rechnungsströme aufzuzeigen und der Wert der Transaktionsströme zu be-
schreiben und zu erläutern.

c) Vergleichbarkeitsanalyse

Die **Vergleichbarkeitsanalyse** soll die spezifischen Merkmale von Gütern 227
und Dienstleistungen aufzeigen und die Funktionsanalyse die ausgeübten
Funktionen, die eingesetzten Vermögenswerte und die übernommenen Risiken. Außerdem sind die Vertragsbedingungen, das wirtschaftliche Umfeld
und die spezifischen Unternehmensstrategien zu beschreiben.

d) Verrechnungspreismethoden

Die Wahl und die Anwendung der ausgewählten Verrechnungspreismetho- 228
den ist zu erörtern. Die **Methodenwahl, die Gründe für die Wahl der
Methoden und die Art ihrer Anwendung** sind zu dokumentieren.

e) Vergleichsdaten

Die **internen bzw. externen Vergleichsdaten** sind zu erörtern, soweit 229
solche vorliegen. Die Recherchen und ihre Ergebnisse sind zu dokumentieren.

Aus der EU TPD ergibt sich jedoch **keine Verpflichtung** zur Erstellung
einer **Benchmarkingstudie** auf der Grundlage externer Datenbanken. Außerdem gibt es keine **Angaben, wie eine solche Benchmarkingstudie
zu erstellen ist.** Allerdings ist es in vielen Fällen sinnvoll, aufgrund nationaler Dokumentationsvorschriften oder aus Praktikabilitätsaspekten eine solche
Benchmarkingstudie zu erstellen.[58] Da sich die Vorschriften zu Vergleichsdaten im Bereich der länderspezifischen Dokumentation befinden, ist es in Bezug auf den EU-Masterfile irrelevant zu diskutieren, ob **paneuropäische
Daten** verwendet werden können oder nicht. Diese Frage lässt sich nur in
Bezug auf das jeweilige nationale Recht beantworten.[59]

f) Verrechnungspreisrichtlinie

Die Umsetzung und die Durchführung der konzerninternen Verrech- 230
nungspreispolitik sind zu beschreiben, bspw. anhand einer unternehmensinternen **Verrechnungspreisrichtlinie.**

---

[58] *Vögele/Crüger,* Kapitel H Rn. 1 ff.
[59] *Vögele/Crüger,* Kapitel H. Rn. 12 f.

Eine Verpflichtung zur Erstellung einer Verrechnungspreisrichtlinie lässt sich jedoch nicht aus der EU TPD ableiten.

g) Beispiel

231   Das Beispiel der EU TPD für die länderspezifische Dokumentation geht von einer schweizerischen Tochtergesellschaft eines französischen Unternehmens aus, die Forschungs- und Entwicklungsaufgaben an ihre österreichische Schwestergesellschaft erbringt. In Bezug auf die schweizerische Tochtergesellschaft muss der Masterfile der Gruppe die oben unter 4. aufgeführten Bestandteile enthalten. Zusätzlich muss der länderspezifische Teil der österreichischen Tochtergesellschaft auch die länderspezifischen Informationen für die schweizerische Schwestergesellschaft beinhalten, sofern diese noch nicht im Masterfile enthalten sind.

6. Datenbankrecherchen

232   Der Steuerpflichtige hat die Wahl, die Einhaltung der Angemessenheit der Verrechnungspreise auf der Basis geeigneter Vergleichsdaten nachzuweisen. Er kann hierfür **interne Daten** heranziehen, die sich in seinem Unternehmen befinden oder externe auf der Basis von **Datenbankrecherchen,** sofern diese Daten den **Grundsätzen der Vergleichbarkeit** genügen. Interne Vergleichsdaten werden bevorzugt, sofern sie vergleichbar sind. Die Vertreter der Wirtschaft forderten im Rahmen der EU TPD aus Kostengründen die Akzeptanz **paneuropäischer Datenbankstudien.** Externe Datenbankanalysen können, aber müssen nicht von den einzelnen Steuerbehörden akzeptiert werden. Die EU TPD geht von **Schwächen der externen Datenbankanalysen** aus und fordert ausreichende Vorsichtsmaßnahmen.

Vergleichsdaten dürfen nicht nur deshalb abgelehnt werden, weil sie auf **paneuropäischer Basis** gewonnen wurden, sofern die Transaktionen mit denen des geprüften Unternehmens vergleichbar sind.

7. Umsetzung in deutsches Recht

233   In Deutschland wurde die EU TPD bislang **nicht in deutsches Recht überführt.** Es existieren keine expliziten Gesetze, Verordnungen, Richtlinien oder Schreiben zu EU TPD. Nach Auffassung der deutschen FinVerw. ist dies auch nicht erforderlich, weil die EU TPD in den deutschen Dokumentationsvorschriften vollständig abgebildet sei. Dies bedeutet, dass die EU TPD in Deutschland anzuerkennen ist, wenn sie nach dem **Verständnis der deutschen Finanzbehörden** erstellt wurde.

8. Würdigung

234   Die Verabschiedung des Verhaltenskodexes zur Verrechnungspreisdokumentation durch den Rat der europäischen Kommission[60] ist als politische

---

[60] Vgl. http://register.concilium.europa.eu/pdf/en/06/st09/st09738.en06.pdf.

Entscheidung zu werten, welche die Mitgliedstaaten dazu auffordert, die Dokumentationskriterien flexibel zu handhaben.[61] Dieses sogenannte **„Soft Law"** verpflichtet jedoch keinen Mitgliedstaat zur Anwendung der EU TPD.

Die EU TPD wurde nicht mittels einer EU Richtlinie in das nationale Recht der Mitgliedsstaaten implementiert. Jeder Mitgliedsstaat kann die EU TPD nach seinen eigenen Vorstellungen im nationalen Recht behandeln und sie per Gesetz, Verordnung oder im Rahmen seiner Verwaltungspraxis auf der Grundlage seiner eigenen Interpretation der OECD Guidelines anwenden und werten.

Dennoch ist es für Unternehmen sinnvoll, ihre Verrechnungspreisdokumentation auf der Grundlage der EU TPD zu erstellen, weil sich dadurch Kosten senken und eine **Vereinheitlichung** erreichen lässt. Letztere ist besonders dann sinnvoll, wenn die einzelnen Staaten im Rahmen ihrer Prüfung der Verrechnungspreise zu unterschiedlichen Auffassungen gelangen. Eine vernünftige Einigung im Rahmen der **Verständigungs- und Schiedsverfahren** wird durch eine gute EU TPD entscheidend erleichtert.

(einstweilen frei)   **235–239**

VIII. Praxis der Globalen Dokumentation im Konzern

1. Zentrales und dezentrales Verfahren

Bei der Durchführung der Verrechnungspreisdokumentation von Konzer-   **240** nen kann zumeist zwischen einem **dezentralen Verfahren** (lokale Erstellung der lokalen Dokumentation) und einem **zentralen Verfahren,** bspw. iSd **EU-Masterfile**-Konzepts (zentrale Erstellung einer länderübergreifenden **Kerndokumentation** mit lokaler Anpassung) unterschieden werden.

a) Dezentrales Verfahren

Das dezentrale Verfahren kann die jeweiligen **lokalen Vorschriften** und   **241** Gegebenheiten optimal berücksichtigen, führt aber sehr oft zu großen Problemen, wenn sich Finanzbehörden auch ausländische Dokumentationen vorlegen lassen. **Widersprüchliche Darstellungen** des gleichen Sachverhalts in unterschiedlichen Ländern führen zu hohen Risiken. Außerdem ist dieses dezentrale Verfahren **aufwendig und kostspielig.**

b) Zentrales Verfahren

Das **zentrale Verfahren** dokumentiert möglichst viele Bereiche „zentral"   **242** und führt dadurch zu einer abgestimmten **konsistenten Darstellung** im Konzern. Außerdem ist die zentrale Anfertigung der Dokumentation **effizienter und kostengünstiger.**

Lokale Ergänzungen und Anpassungen erfolgen für die Fälle, wo das erforderlich ist.

---

[61] *Zach,* Verhaltenskodex zur Verrechnungspreisdokumentation für verbundene Unternehmen in der Europäischen Union (EU–TPD), 351 ff.

Die zentrale Dokumentation kann im Rahmen einer effizienteren Organisation erfolgen, welche auf der Basis klar definierter Prozesse erstellt wird. Man unterscheidet zwischen Masterfile und Länderfiles. In Zukunft wird voraussichtlich auch ein Country-by-Country-Bericht erstellt werden müssen.[62] Im **Masterfile** werden länderübergreifende Abläufe dargestellt (zB Konzern- bzw. Divisionsbeschreibung, Industrieanalyse, Darstellung wesentlicher Transaktionsgruppen, standardisierte Funktionen und Risiken, regionale Angemessenheitsanalysen und Benchmarkstudien). Durch Anpassungen und Ergänzungen werden auf der Basis einer Vorlage die regionale und die **landesspezifische Dokumentation** erstellt.

2. Herangehensweisen

243   Zur Umsetzung des Konzepts gibt es verschiedene Herangehensweisen. Die unterschiedlichen Unternehmenskulturen erfordern in Bezug auf regionale Ausrichtung und Sicherheitsbedürfnis unterschiedliche Lösungen. Dazu gehören **standardisierte Formatvorlagen, IT-gestützte Datenbankstrukturen,** die üblicherweise modulartig aufgebaut sind und an unterschiedliche Anforderungen angepasst werden.

3. Referenzierung

244   Der Masterfile umfasst meistens generische Informationen für die Erstellung der Länderfiles. Es sollten sich **Referenzen** zu bestimmten Kapiteln des Masterfiles herstellen lassen, sodass die lokale Dokumentation auf einfache Weise ergänzt werden kann. Das ist besonders effizient, wenn keine Anpassungen erforderlich sind oder wenn nur wenige lokale Änderungen notwendig sind.

Standardisierte Text- und Tabellenvorlagen können die Dokumentationserstellung erleichtern. Soweit vorhanden, sollten die im Unternehmen bereits vorhandenen Dokumente als Anlagen ergänzt werden. Die Anlagen können im Masterfile referenziert werden; eine einfache Aktualisierung sollte durch klare Quellenangaben ermöglicht werden.

4. Aktualisierung

245   In den Folgejahren kann der Aufwand für die Fortführung der Dokumentation durch den Einsatz von **Ergänzungsmodulen** wesentlich reduziert werden.

In ihnen sollte lokal für jeden Bereich der Dokumentation bestätigt werden, ob dieser Teil noch gültig und anwendbar ist, oder ob eine Aktualisierung erforderlich ist. Dadurch wird der Arbeitsaufwand reduziert und nur dann eine Anpassung der Dokumentation vorgenommen, sobald das erforderlich ist.

Abhängig von der Konzernstruktur bestehen zahlreiche **Variationsmöglichkeiten** für eine erfolgreiche Implementierung eines effizienten zentralen Dokumentationsprozesses.

---

[62] Vgl. Kapitel E Rn. 1 ff.

Durch die sich laufend ändernden und immer zahlreicher werdenden Dokumentationsvorschriften immer zahlreicherer Länder ist es erforderlich, den Dokumentationsansatz **laufend zu verbessern.**

Die Aktualisierung der Dokumentation für neue Länder und Folgejahre erweist sich als umfangreich und damit zeitintensiv, insbesondere aufgrund des enormen Umfangs der Dokumentation. Die Fertigstellung der **Kerndokumentation** muss für einige Länder mit engen Fristen zur Erstellung bzw. Vorlage der Dokumentation sehr früh erfolgen und erfordert damit häufig vorab eine dezentrale Erstellung.

Der **Aktualisierungsbedarf** der Dokumentation wird anhand von Abfragen lokal ermittelt und zentral ausgewertet und erhält dadurch den bestehenden Korrekturbedarf. Bestimmte Module/Anlagen werden **standardmäßig jährlich** aktualisiert (zB **Finanzdaten, Transaktionsvolumina**). Marginale Änderungen der Sachverhalte werden nur durch eine Anlage zur Vorjahresdokumentation dokumentiert **(Beschreibung der Änderungen).**

Anpassungen/Erläuterungen werden auf Sachverhalte mit Auswirkungen auf die **Angemessenheitsanalyse** beschränkt.

Lediglich bei signifikanten/grundsätzlichen Änderungen (zB Reorganisationen, Umstellung des Herstellungs- oder Vertriebssystems) werden die jeweiligen Module überarbeitet oder komplett neu erstellt.

5. Verwendung von Modulen

Die unterschiedliche Umsetzung der Dokumentationsvorschriften in den **246** Ländern führt zu unterschiedlichen lokalen Dokumentationen hinsichtlich Format und Inhalt. Es ist daher ratsam, die Verrechnungspreisdokumentation in Module aufzuteilen und in **zentrale und lokale Module** zu trennen. Die **zentralen Module** werden zentral erstellt, umfassen die Inhalte mit Relevanz für alle Gesellschaften eines Geschäftsbereichs und werden daher von den lokalen Einheiten nicht modifiziert **(Konsistenz).** Die **Value–Chain-basierte Analyse** der Transaktionen und Berichtseinheiten mit hoher Aggregation bildet zentrale Module. Daneben stehen standardisierte **Funktions- und Risikoanalysen.**

Die lokalen Einheiten erhalten nur die für sie relevanten Module. Die **lokalen Module** werden aus Konsistenzgründen in Form von Vorlagen erstellt. Diese **Templates** sind von der lokalen Gesellschaft oder dem lokalen Berater auszufüllen; sie enthalten landesspezifische Informationen (zB Finanzdaten, Abweichungen vom allgemeinen Sachverhalt, ergänzende Informationen aufgrund lokaler Bestimmungen, Erläuterungen zu Sonderfällen).

6. Reduktion der Dokumentationsinhalte auf Mindestbestandteile

Die Dokumentation wird zumeist im **Präsentationsstil** mit **lokaler 247 Fließtextergänzungen** erstellt, soweit erforderlich; **panregionale Benchmarking-Studien** werden zentral erstellt, ergänzt um lokale Studien, soweit erforderlich (zB für Brasilien, Indien, Korea). Bereits vorhandene Unterlagen (zB Surveys, interne Berichte, Geschäftsberichte) und ergänzende ausführlichere Informationen (zB komplette Benchmarking-Studien) werden lediglich als Anlage oder Referenz der Dokumentation beigefügt (**"Annex-System"**).

7. Check-the-Box-Verfahren

248 Auf Basis einer zentral durchgeführten ersten Charakterisierung aller lokalen Einheiten (insbesondere hinsichtlich Funktionen und Transaktionen) erfolgt anhand von **Checklisten** eine Auswahl der Module und Informationen, die den lokalen Einheiten zur Verfügung gestellt werden.

8. Anwenderhandbuch

249 Ein **Anwenderhandbuch** ist in jedem Fall erforderlich. Es muss laufend aktualisiert werden. Es beinhaltet einen Leitfaden zur Erstellung der Module, der lokalen Bearbeitung und späteren Aktualisierung. Außerdem erleichtert es die interne Erstellung bzw. Aktualisierung der Dokumentation. Es muss jährlich aktualisiert werden.

9. Vorteile des Systems

250 Mit diesem Konzept können externe und interne Kosten für die Erstellung der Dokumentation wesentlich reduziert werden. Es erfolgt die Konzentration auf die wesentlichen Informationen und es ergibt sich damit ein besserer Überblick über die Verrechnungspreissachverhalte. Die bessere zentrale Auswertungsmöglichkeit erleichtert die rechtzeitige Identifizierung von möglichen steuerlichen Risiken und Planungsansätzen. Durch die konsistente Darstellung und die Mindestinhalte einer Verrechnungspreisdokumentation, ergänzt um lokale Dokumentationsbestandteile im einheitlichen Format, minimiert sich dadurch nicht nur das Risiko von Strafzuschlägen, sondern es resultiert aus ihr auch eine gute Planungsbasis für zukünftige Kosten- und Steuerreduzierungen.

Kapitel F: Verfahren

Übersicht

I. Amtsermittlungsgrundsatz und Mitwirkungspflichten

1. Grundsätze

Das Verhältnis der FinVerw. zu den Steuerpflichtigen ist geprägt von den **1** verfassungsrechtlich fundierten **Grundsätzen der Gesetzmäßigkeit** und der **Gleichmäßigkeit der Besteuerung** (§ 85 AO).[1] Ferner regelt § 88 Abs. 1 AO den **Amtsermittlungsgrundsatz** (auch sog. **Untersuchungsgrundsatz),** wonach die Finanzbehörden den Sachverhalt von Amts wegen ermitteln. Dabei bestimmen sie Art und Umfang der Ermittlungen und sind nicht an das Vorbringen und an die Beweisanträge der Beteiligten gebunden.[2] Sie haben auch die für die Beteiligten günstigen Umstände zu berücksichtigen (§ 88 Abs. 2 AO). Soweit in die Rechte des Steuerpflichtigen eingegriffen wird, bedarf es einer speziellen gesetzlichen Eingriffsermächtigung. Der Amtsermittlungsgrundsatz wird ergänzt durch die **Mitwirkungspflichten** der Steuerpflichtigen (§ 90 AO). Die Beteiligten (§ 78 AO) erfüllen ihre Mitwirkungspflicht insb. dadurch, dass sie die für die Besteuerung erheblichen Tatsachen vollständig und wahrheitsgemäß offenlegen und die ihnen bekannten Beweismittel angeben (§ 90 Abs. 1 S. 2 AO). Die in § 90 Abs. 1 AO geregelte **allgemeine Mitwirkungspflicht** wird durch zahlreiche Spezialvorschriften konkretisiert (zB §§ 93, 95, 97, 99, 100, 135, 137–139, 140 ff., 149, 153, 200, 208 Abs. 1 S. 2 u. 3, 210 AO).[3] Die Mitwirkungspflicht kann auch in beweissichernden Aufzeichnungspflichten bestehen (zB §§ 90 Abs. 3, 140 ff. AO; §§ 4 Abs. 3 S. 5, Abs. 7, 6 Abs. 2 S. 4 u. 5 EStG, § 22 UStG).[4]

Die Aufklärungspflicht der Behörde wird durch die Mitwirkungspflicht des **2** Steuerpflichtigen insoweit begrenzt, als die Behörde auf die Angaben des Steuerpflichtigen vertrauen darf.[5] Insgesamt bilden §§ 88 und 90 AO im Zusammenspiel die Grundlage für eine gemeinsame Pflicht und Verantwortung sowohl des Steuerpflichtigen als auch der FinVerw. bei der Sachverhaltsermittlung und -aufklärung.[6] Das Bundesverfassungsgericht spricht von einem „Dialog der Amtsermittlung mit den Mitwirkungspflichten".[7] Die Verantwortung des Steuerpflichtigen für die Aufklärung des Sachverhalts ist umso größer und die der Finanzbehörden umso geringer, je mehr Tatsachen und Beweismittel der von ihm beherrschten Informations- oder Tätigkeitssphäre angehören **(Sphärentheorie).**[8]

Die allgemeine **Mitwirkungspflicht** (§ 90 Abs. 1 AO) begründet grds. **keine Beweisführungs- oder Nachweispflicht;**[9] jedoch können besondere gesetzliche Bestimmungen eine Nachweispflicht statuieren. Die Auswir-

---

[1] Vgl. dazu *Seer* in Tipke/Kruse, § 85 AO Tz. 4 ff.

[2] Vgl. dazu ausführlich *Seer* in Tipke/Kruse, § 88 AO Tz. 1 ff.

[3] Vgl. Aufzählung bei *Seer* in Tipke/Kruse, § 90 AO Tz. 3.

[4] Vgl. Aufzählung bei *Seer* in Tipke/Kruse, § 90 AO Tz. 3.

[5] Vgl. AEAO zu § 88 Tz. 2.

[6] Vgl. *Englisch* IStR 2009, 37, 41.

[7] Vgl. BVerfG 9.3.2004, BVerfGE 110, 94, 121.

[8] Vgl. grundlegend hierzu BFH 15.2.1989, BStBl. II 1989, 462; zuletzt BFH 19.4.2007, DStR 2007, 1524; BFH 6.6.2007, DStR 2007, 2060.

[9] Vgl. *Seer* in Tipke/Kruse, § 90 AO Tz. 7.

kungen der erhöhten Mitwirkungspflichten bei Auslandssachverhalten (§ 90 Abs. 2 und 3 AO) auf die Frage nach der Beweislast werden in diesem Kapitel noch ausführlich erörtert.

3 Mangels einer Beweisführungs- oder Nachweispflicht des Steuerpflichtigen muss die Finanzbehörde den Sachverhalt von Amts wegen aufklären. Die Finanzbehörde bedient sich dabei nach pflichtgemäßem Ermessen der **Beweismittel** gem. § 92 AO. Es kommen insb. in Betracht:
– Auskünfte jeder Art von den Beteiligten und anderen Personen
– Sachverständige
– Urkunden und Akten
– Augenschein.

Zu den Beweismitteln gehört auch die **Amtshilfe** (§§ 111 ff. AO), die in diesem Kapitel ebenfalls noch gesondert erörtert wird. Die Behörde entscheidet, welches Beweismittel sie heranzieht (sog. **Auswahlermessen**); jedoch muss sie dasjenige Beweismittel wählen, das sich für den Zweck am besten eignet. Dabei dürfen nach dem **Grundsatz der Verhältnismäßigkeit** von den möglichen Beweismitteln nur diejenigen herangezogen werden, die zur Ermittlung des Sachverhalts erforderlich, verhältnismäßig, erfüllbar und zumutbar sind.[10] Ferner dürfen keine Ermittlungen „ins Blaue hinein" – also ohne konkrete Anhaltspunkte – durchgeführt werden.[11] Soweit die Finanzbehörde auf Grund eigener Ermittlungen steuerlich erhebliche Beweismittel beschafft hat, soll sie dem Steuerpflichtigen gem. § 91 AO Gelegenheit zur Stellungnahme geben **(Grundsatz des rechtlichen Gehörs).**

4 Auf die Darstellung weiterer Einzelheiten der allgemeinen Besteuerungsgrundsätze wird hier verzichtet, weil insoweit einschlägige Kommentare zur AO vorhanden sind. Nachfolgend sollen v. a. die für das Gebiet der **Verrechnungspreise** relevanten Aspekte näher erörtert werden.

2. Erhöhte Mitwirkungspflicht bei Auslandssachverhalten

a) Rechtsgrundlagen

5 Bei Sachverhalten mit Auslandsbezug sind die Aufklärungsmöglichkeiten der FinVerw. eingeschränkt. Die Souveränität des anderen Staates muss geachtet werden, sodass es aus völkerrechtlichen Gründen **unzulässig** ist, hoheitliche **Ermittlungsmaßnahmen im anderen Staat** durchzuführen, sofern nicht der andere Staat zustimmt.[12] Aus diesen Gründen trifft den Steuerpflichtigen nach **§ 90 Abs. 2 AO** eine **erhöhte Mitwirkungspflicht** (auch sog. erweiterte Mitwirkungspflicht).[13] Er muss bei Auslandsbeziehungen den

---

[10] Dazu ausführlich *Söhn* in HHSp, § 88 AO Rn. 83 ff., 149 ff. sowie *Hagen* NWB F. 2, S. 9907 ff. S. ferner Rn. 13 ff.

[11] Vgl. BFH 11.10.1989, BStBl. II 1990, 280.

[12] *Seer* in Tipke/Kruse, § 117 AO Tz. 2 ff. weist u. a. darauf hin, dass Maßnahmen vom Inland aus, wie die Übersendung von Bescheiden auf dem normalen Postweg, zulässig sind, während förmliche Postzustellungen rechtswidrig sind.

[13] Die erhöhte Mitwirkungspflicht bei Auslandssachverhalten wurde durch ein „Steuerhinterziehungsbekämpfungsgesetz" ergänzt. Durch die Neuregelung kann die Bundesregierung die FinVerw. durch Rechtsverordnung zu verschiedenen Maßnahmen

Sachverhalt aufklären und die **Beweismittel** nicht nur benennen, sondern sogar **beschaffen.** So ist bspw. der vom Steuerpflichtigen benannte im Ausland wohnende **Zeuge** nicht vom FG zu laden, sondern vom Steuerpflichtigen in der Sitzung zu bestellen.[14] Die Regelung des § 90 Abs. 2 AO wird in einigen Fällen durch Spezialvorschriften ergänzt, so zB durch §§ 90 Abs. 3 und 138 AO sowie §§ 16 und 17 AStG. Im Zusammenhang mit Verrechnungspreisen ist insb. die Regelung des § 90 Abs. 3 AO relevant. Die erhöhte Mitwirkungspflicht wird seit 2003 ergänzt durch die in **§ 90 Abs. 3 AO iVm §§ 1 ff.** GAufzV geregelten **Aufzeichnungspflichten für Verrechnungspreise,** die bei Geschäftsbeziehungen mit nahestehenden Personen im Ausland vereinbart werden. Diese sog. **Dokumentationspflichten** zwingen den Stpfl. zu belegen, dass er ernsthaft bemüht war, seine Geschäftsbeziehungen zu nahestehenden Personen unter Beachtung des Fremdvergleichsgrundsatzes zu gestalten.[15] Die Nichtbeachtung der Vorschriften hat

---

ermächtigen, wenn die Beteiligten oder andere Personen in einem Staat ansässig sind, mit dem kein Auskunftsaustausch iSd Art. 26 OECD-MA durchgesetzt werden kann, der nicht im vergleichbaren Umfang Auskunft erteilt oder der sich nicht zu einer Auskunftserteilung bereit erklärt hat. Mit der Steuerhinterziehungsbekämpfungsverordnung ist die Ermächtigung der Bundesregierung inzwischen ausgefüllt worden. Es besteht zB die Möglichkeit, den Betriebsausgaben-/Werbungskostenabzug von der Erfüllung besonderer Mitwirkungs- und Nachweispflichten abhängig zu machen. Ferner kann eine nur eingeschränkte Entlastung von Quellensteuern bzw. Begünstigung durch die Abgeltungsteuer durch das Teileinkünfteverfahren oder durch § 8b KStG erfolgen. Bei Geschäftsbeziehungen zu Finanzinstituten in einem solchem Staat soll der Stpfl. nach Aufforderung durch die Finanzbehörde die Richtigkeit und Vollständigkeit seiner Angaben an Eides statt versichern und die Finanzbehörde bevollmächtigen, in seinem Namen mögliche Auskunftsansprüche gegenüber den von der Finanzbehörde benannten Kreditinstituten geltend zu machen, § 90 Abs. 2 S. 3 AO. Verletzt der Stpfl. seine Mitwirkungspflichten, kann die Finanzbehörde eine Schätzung der Besteuerungsgrundlagen vornehmen, da widerlegbar vermutet wird, dass der Stpfl. über Einkünfte im Ausland verfügt, § 162 Abs. 2 S. 3 AO. Für Stpfl. mit Überschusseinkünften wurden erweiterte Aufbewahrungs- und Außenprüfungsvorschriften eingeführt, §§ 147a, 193 AO. Mittelbar hat die Neuregelung bereits insoweit Bedeutung erlangt, als immer mehr Staaten mit der Bundesrepublik entsprechende Auskunftsabkommen schließen. Die konkretisierende Rechtsverordnung sieht u. a. vor, dass – wenn die Voraussetzungen des Steuerhinterziehungsbekämpfungsgesetzes vorliegen – Verrechnungspreisdokumentationen abweichend von § 90 Abs. 3 S. 3 AO stets zeitnah zu erstellen sind und nicht nur im Falle von außergewöhnlichen Transaktionen. Einige Dokumentationsregelungen gelten sogar bei Transaktionen mit nicht verbundenen Unternehmen. Vgl. hierzu auch *Geberth,* Status: Recht 2009, 39; *von Brocke/Tippelhofer* IWB Fach 11, Gruppe 2, 949, 956; *von Broke/Tippelhofer* IWB Fach 11, Gruppe 2, 949, 956; *Peters* Stbg 2009, 334; *Wunderlich* TNI 07/2009, 186; *Kessler u. a.,* TNI 07/2009, 51; *Sinz/Kubaile* IStR 2009, 401, 404; *Worgulla/Söffing* FR 2009, 545; *Geurts* DStR 2009, 1883 f., *Wedelstädt* DB 2009, 1731 ff. u. 2283 ff.; *Eilers/Dann* BB 2009, 2399, 2402; *Bielefeld/Semer* GmbHR 2009, R241. Jedoch hat das BMF in seinem Erlass vom 5.1.2010 inzwischen klargestellt, dass zum 1.1.2010 keine Staaten existieren, die die Anwendung der durch das Steuerhinterziehungsbekämpfungsgesetz eingeführten besonderen Mitwirkungspflichten auslösen, BMF 5.1.2010, DStR 2010, 55.

[14] Vgl. BFH 29.3.2000, BFH/NV 2000, 1222; BFH 12.10.2000, BFH/NV 2001, 463 unter Hinweis auf § 76 Abs. 1 S. 4 FGO iVm § 90 Abs. 2 AO.

[15] S. zur Dokumentation Kap. E.

verschiedene Rechtsfolgen, die noch erörtert werden.[16] Der BFH hat klargestellt, dass die in § 90 Abs. 3 AO geregelte Beschränkung auf **grenzüberschreitende** Geschäftsbeziehungen grundsätzlich nicht gegen unionsrechtliche Grundfreiheiten verstößt.[17]

Die mittels der Mitwirkungspflichten erhobenen Daten dürfen nicht nur im Einzelfall verwandt werden, die FinVerw. wird gem. § 88a AO auch dazu ermächtigt, diese Daten zur Gewinnung von Vergleichswerten in anderen Fällen zu sammeln.[18] In den sog. VGr-Verfahren[19] stellt die FinVerw. klar, dass solche Daten im Hinblick auf das Steuergeheimnis nicht unter Nennung des Vergleichsbetriebes bekannt gegeben und auch nicht in ein gerichtliches Verfahren eingebracht werden dürfen (vgl. Tz. 2.6 VGr-Verfahren).

6   § 16 AStG präzisiert die erhöhten Mitwirkungspflichten für Auslandssachverhalte bei Geschäftsbeziehungen zu niedrig besteuernden Staaten und verweist auf § 160 AO, wonach der Betriebsausgaben- und Schuldenabzug versagt werden kann, wenn der Empfänger bzw. Gläubiger nicht benannt wird. Die Mitwirkung nach § 17 AStG betrifft die Sachverhaltsaufklärung bei niedrig besteuerten Zwischengesellschaften (§§ 5, 7 ff. AStG) und dient der Durchführung der Hinzurechnungsbesteuerung. Zu diesem Zweck müssen auf Verlangen die Geschäftsbeziehungen zu Zwischengesellschaften offenbart sowie erforderliche Unterlagen wie bspw. geprüfte Bilanzen dieser Gesellschaften vorgelegt werden.

b) Regelungen der Verwaltungsgrundsätze-Verfahren

7   Bei der **Prüfung von Verrechnungspreisen** beruft sich die FinVerw. v. a. in der Gewinnabgrenzungsaufzeichnungsverordnung (GAufzV),[20] aber auch in den VGr-Verfahren (bspw. in Tz. 3.3.1 und 3.4.1)[21] auf die **erhöhte Mitwirkungspflicht** gem. § 90 Abs. 2 AO und die Dokumentationspflichten gem. § 90 Abs. 3 AO.[22]

8   In den VGr-Verfahren (vgl. Tz. 3.2) wird jedoch klargestellt, dass die Beteiligten schon aufgrund der allgemeinen Mitwirkungspflicht gem. **§ 90 Abs. 1 AO** iVm den verschiedenen konkretisierenden Einzelregelungen, zB im Hinblick auf die Erteilung von Auskünften (§ 93 AO), die Aufbewahrung von Unterlagen (§ 147 AO), die Vorlage von Unterlagen (§ 97 AO), die Übersetzung von Dokumenten in fremden Sprachen (§ 87 Abs. 2 AO) und die Berichtigung von Steuererklärungen (§ 153 AO), tätig werden müssen. Bezüglich der Übersetzungen von Dokumenten stellt die FinVerw. klar, dass diese auf ein notwendiges Maß zu beschränken sind (Tz. 3.5.5 VGr-Verfahren). Diese Einschränkung ist wichtig, da ein Großteil der Dokumente im Zusammenhang mit grenzüberschreitenden Sachverhalten nicht in deutscher Sprache verfasst

---

[16] S. unten Rn. 103 ff. und Kap. E.

[17] Vgl. BFH 10.4.2013, HFR 2013, 869.

[18] Vgl. *Söhn* in HHSp, § 88a AO Rn. 1 ff.

[19] Vgl. BStBl. I 2005, 570 ff.; nachfolgend VGr-Verfahren.

[20] Vgl. BStBl. I 2003, 739 ff.

[21] Gem. Tz. 7 VGr-Verfahren ersetzen die VGr-Verfahren die Verfahrensregelungen der VGr von 1983 (VGr).

[22] Die Dokumentationspflichten des § 90 Abs. 3 AO und der GAufzV werden gesondert in Kap. E erläutert.

sein dürfte. Der Aufwand, alle Dokumente vollständig übersetzen zu lassen, wäre in den meisten Fällen enorm. Letztendlich kann hier eine Entscheidung nur im Einzelfall unter Berücksichtigung der noch näher beschriebenen allgemeinen Grenzen (insb. der Verhältnismäßigkeit) der Mitwirkungspflicht getroffen werden.

Ergänzend zu den allgemeinen Mitwirkungspflichten nach § 90 Abs. 1 AO **9** haben die Beteiligten gem. **§ 90 Abs. 2 S. 1 AO Sachverhalte im Ausland selbst aufzuklären** und **Beweismittel,** die sich im Ausland befinden, zu beschaffen. Nach Tz. 3.3.2 Buchst. a) VGr-Verfahren ist vom Steuerpflichtigen auf Grundlage des § 90 Abs. 2 S. 1 AO aufzuklären, auf welche Weise die Verrechnungspreise zu nahestehenden Personen zustande gekommen sind, welche vertraglichen Vereinbarungen bestehen, welche Funktionen, Risiken und Wirtschaftsgüter bei der Preisfindung berücksichtigt wurden, wie kalkuliert wurde, ob und was der Steuerpflichtige zur Durchführung von Fremdvergleichen unternommen hat und inwieweit nahestehende Personen auf die Preisgestaltung Einfluss ausgeübt haben. Nach Auffassung der FinVerw. erstreckt sich die Vorlagepflicht auch auf **Gutachten und Stellungnahmen** zu Verrechnungspreisfragen. Diese Auffassung unterläuft das verfassungsrechtlich geschützte Auskunftsverweigerungsrecht des steuerlichen Beraters.[23] Außerdem entbehrt dieses Verlangen einer gesetzlichen Grundlage. Die Pflichten gem. § 90 Abs. 1 und 2 AO beziehen sich lediglich auf Sachverhaltsfeststellungen. Die rechtliche Würdigung muss die FinVerw. selbst vornehmen.[24]

Der Steuerpflichtige muss bei der Sachaufklärung und Beweismittel- **10** beschaffung alle bestehenden **rechtlichen und tatsächlichen Möglichkeiten ausschöpfen (§ 90 Abs. 2 S. 2 AO).** Gem. Tz. 3.3.2 Buchst. b) VGr-Verfahren gehören dazu insb. die Möglichkeiten, die sich aus gesellschaftsrechtlichen Beteiligungen oder aus gemeinsamen Interessen ergeben. Als Beispiele werden die Mehrheit der Stimmrechte oder die Personalunion der Geschäftsführer genannt. Sofern eine Einflussnahme auf die nahestehende Person nicht möglich ist, soll die Mitwirkungsverweigerung dieser Person durch Vorlage des entsprechenden Schriftverkehrs glaubhaft gemacht werden. Die Mitwirkungspflicht soll in diesem Fall im Übrigen erfüllt werden, soweit es dem Steuerpflichtigen möglich ist. Die Probleme bei der Beschaffung von Unterlagen aus dem Ausland werden in diesem Kapitel noch ausführlich erörtert.[25]

Die Regelung des **§ 90 Abs. 2 S. 3 AO,** über Geschäftsbeziehungen zu **11** Bankinstituten hat im Zusammenhang mit Verrechnungspreisen außerhalb der Bankenbranche, auf die hier nicht eingegangen werden soll, grundsätzlich keine Bedeutung, da die finanzierenden Bankinstitute wohl regelmäßig keine verbundenen Unternehmen sind.

In diesem Zusammenhang ist auch **§ 90 Abs. 2 S. 4 AO** zu beachten, **12** wonach ein Beteiligter sich nicht darauf berufen kann, dass er Sachverhalte nicht aufklären oder Beweismittel nicht beschaffen kann, wenn er sich nach

---

[23] Vgl. *Seer* in Tipke/Kruse, § 90 AO Tz. 22; *Wehnert/Sezler* DB 2005, 1295 f.

[24] Vgl. *Finstenwalder* DStR 2005, 765, 767; *Wehnert/Sezler* DB 2005, 1295, 1299; *Bauer/Taetzner* BB 2004, 2267, 2271.

[25] S. Rn. 15 ff.

der Lage des Falles bei der Gestaltung seiner Verhältnisse die Möglichkeit dazu hätte beschaffen oder einräumen lassen können (Tz. 3.3.3 VGr-Verfahren). Diese sog. **Nachweisvorsorge** (auch sog. **Beweisvorsorge**) soll bei nahestehenden Unternehmen zB bei Vertragsabschluss vereinbart werden, indem der Zugang zu den Informationen und Unterlagen vertraglich gesichert wird. Nach Auffassung der FinVerw. ist davon auszugehen, dass die Möglichkeit zur Beweisvorsorge besteht, wenn für eine zutreffende Ermittlung der Verrechnungspreise die entsprechenden Unterlagen erforderlich sind. Ein ordentlicher Geschäftsführer würde sich solche Unterlagen ebenfalls vertraglich zusichern lassen, um eine Prüfung der Verrechnungspreise vornehmen zu können. Als Beispiele werden Nachweise bzgl. des zu verteilenden Aufwands in einem Pool, der Kosten bei der Abrechnung von Dienstleistungen, der Umsätze bei der Lizenzierung von immateriellen Wirtschaftsgütern, der Abgabepreise bei Anwendung der Wiederverkaufspreismethode und des Gesamtgewinns bei Anwendung der Gewinnaufteilungsmethode genannt. In den von der FinVerw. genannten Fällen wird man idR davon ausgehen können, dass sich der Leistungsempfänger entsprechende Unterlagen zur Prüfung der Verrechnungspreise vorlegen und sich die Vorlage auch vertraglich zusichern lässt. Es sind jedoch auch Fälle denkbar, in denen der Leistungsempfänger nicht auf der Prüfung der Verrechnungspreise besteht. Für ihn ist letztendlich nur erheblich, ob er angemessene Gewinne erzielt. Wenn er höhere Verrechnungspreise durch höhere Verkaufspreise kompensieren kann, zB weil er seine Lieferungen oder Leistungen konzernintern nach der Kostenaufschlagsmethode weiterbelastet, so ist durchaus denkbar, dass er auf die Vorlage von Unterlagen zur Prüfung der Einkaufspreise verzichtet. Im Hinblick auf weitere Detailregelungen in den VGr-Verfahren und zur weiteren Kritik dieser Vorschriften wird auf den nächsten Abschnitt dieses Handbuchs verwiesen.[26] Auch die Folgen der Verletzung der Mitwirkungspflicht werden in einem gesonderten Abschnitt erörtert.[27]

c) Grenzen und Probleme der erhöhten Mitwirkungspflicht

aa) Allgemeine Grenzen der Mitwirkungspflicht

13 Zunächst ist festzustellen, dass sich die erhöhte Mitwirkungspflicht iSd § 90 Abs. 2 AO nur auf die Ermittlung des Sachverhalts bezieht. Ob die Verrechnungspreise fremdvergleichskonform sind, ist letztendlich eine Frage der rechtlichen Würdigung, für die das FA zuständig ist.[28] In der Praxis kommt es zwischen Finanzbehörden und Steuerpflichtigen immer wieder zu Meinungsverschiedenheiten über den **Umfang der Mitwirkungspflichten,** insb. der Aufklärungs- und Beweismittelbeschaffungspflichten.[29] Zum Einen kann streitig sein, ob der Beteiligte alle zur Verfügung stehenden **rechtlichen und tatsächlichen Möglichkeiten** zur Sachaufklärung und zur Beweismittelbeschaffung **ausgeschöpft** oder seine Mitwirkungspflicht verletzt hat. Zum Anderen können die **Grenzen des Grundsatzes der Verhältnismäßigkeit**

---

[26] S. Rn. 13 ff.

[27] S. Rn. 39 ff., 95 ff. und 117 ff.

[28] Vgl. *Schreiber* in Kroppen, VerwGr.Verf. Anm. 68.

[29] In diesem Zusammenhang ist auch die Beweislast zu beachten; s. Rn. 57 ff.

zur Debatte stehen. Die Mitwirkungspflicht findet nämlich ihre Grenzen, wenn die Aufklärung des Sachverhalts und die Beweismittelbeschaffung für die Besteuerung **nicht notwendig** bzw. **ungeeignet** sind; ferner muss die Mitwirkung **erfüllbar, verhältnismäßig und zumutbar** sein.[30]

Soweit der Stpfl. die Umstände einer Geschäftsbeziehung kennt, ist er zur   **14** Auskunft verpflichtet. Wenn er die Umstände nicht kennt und die Information nicht beschaffen kann, ist die Auskunft unmöglich. In diesem Fall kann keine Mitwirkungsverpflichtung vorliegen, da die Mitwirkung insoweit unmöglich ist. Problematisch ist hierbei, welche Auswirkung die „Informationstransparenzfiktion" in § 1 Abs. 1 S. 2 AStG auf die Frage der **Unmöglichkeit** hat. Nach dieser Regelung ist davon auszugehen, dass voneinander unabhängige Dritte alle wesentlichen Umstände der Geschäftsbeziehung kennen.[31] Hier stellt sich die Frage, ob etwas Unmögliches per gesetzlicher Fiktion möglich werden kann? Die verfassungsrechtliche vorgegebene Grenze der Verhältnismäßigkeit können wohl nicht durch ein einfaches Gesetz ausgehebelt werden. Eine Mitwirkungspflichtverletzung kann in diesen Fällen nicht vorliegen. Eine andere Frage ist, ob diese Fiktion Auswirkung auf Beweislastfragen hat, wenn der Sachverhalt nicht aufgeklärt werden kann.

Ein Vorlageverlangen der BP ist zB **unverhältnismäßig,** wenn es Unterlagen oder Informationen betrifft, die ihrer Art nach beim Stpfl. normalerweise nicht vorhanden sind.[32] Ein weiteres Beispiel wird ausdrücklich in § 93 Abs. 1 S. 3 AO genannt, der ein Auskunftsersuchen gegenüber Dritten nur zulässt, wenn die Sachverhaltsaufklärung durch die Beteiligten nicht zum Ziel führt oder keinen Erfolg verspricht.

Unzumutbar ist zB das Verlangen, die Einkaufs- und Verkaufspolitik der Konkurrenten für die Finanzbehörde in Erfahrung zu bringen[33] oder andere Personen auf Auskunftserteilung zu verklagen.[34] In der Literatur werden generell auch Auskünfte, die gegen Rechtsvorschriften anderer Länder verstoßen, als **rechtlich unmöglich** bzw. **unzumutbar** angesehen.[35] Der BFH vertritt dagegen die Auffassung, dass es unbeachtlich ist, wenn der Steuerpflichtige sich darauf beruft, dass Strafvorschriften eines ausländischen Staates der Offenlegung entgegenstehen.[36] Die VGr-Verfahren gehen in Tz. 3.3.2 Buchst. e) davon aus, dass die Verweigerung ausnahmsweise berechtigt sein kann, wenn erhebliche Strafen im Ausland drohen. Diese Regelung ist unzureichend; die deutsche FinVerw. darf von dem Steuerpflichtigen generell keine rechtswidrigen Handlungen in einem anderen Staat verlangen. Der Steuerpflichtige darf nicht die Konsequenzen sich widersprechender Regelungen

---

[30] Vgl. *Söhn* in HHSp, § 88 AO Rn. 83 ff., 149 ff.

[31] Vgl. Zum Teil wird die Auffassung vertreten, dass die Informationstransparenzfiktion verstoße gegen Art. 9 DBA-MA, vgl. *Engel/Hilbert* IWB 2013, 123 ff.

[32] Vgl. BFH 28.10.2009, DStZ 2010, 267.

[33] Vgl. RFH 30.1.1929, StuW Nr. 372.

[34] Vgl. RFH 22.11.1922, RStBl. 1923, 145.

[35] Vgl. zB *Seer* in Tipke/Kruse, § 90 AO Tz. 35; *Söhn* in HHSp, § 90 AO Rn. 161 f.; *Schaumburg,* Internationales Steuerrecht, Tz. 19.11 unter Hinweis auf die unterschiedlichen Auffassungen zur Sperrwirkung des Art. 273 des Schweizerischen StGB und Art. 4 des Liechtensteinischen StaatsschutzG.

[36] Vgl. BFH 16.4.1986, BStBl. II 1987, 736; BFH 16.4.1980, BStBl. II 1981, 492.

tragen. Insoweit müssen die entsprechenden Behörden im Wege der Amtshilfe oder auf andere Weise tätig werden.

bb) Beschaffung von Unterlagen aus dem Ausland

15   Schon in seiner Stellungnahme zum damaligen Entwurf der VGr wies der BDI darauf hin, dass eine in Deutschland ansässige Tochtergesellschaft idR nicht die **tatsächliche Möglichkeit** hat, gegenüber ihrer ausländischen Muttergesellschaft die **Herausgabe von Unterlagen** durchzusetzen.[37] Nach Auffassung der OECD besteht zudem kein Grund, Daten aus dem Ausland anzufordern, wenn eine **einseitige Verrechnungspreismethode** (eine Standardmethode oder die TNMM) angewandt wird und die „tested party" im Inland sitzt.[38] Die OECD weist im Übrigen für die Anwendung der Gewinnaufteilungsmethode – die als **zweiseitige Methode** Informationen über die Beiträge beider Geschäftspartner erfordert[39] – darauf hin, dass die Beschaffung von Informationen von ausländischen Konzerngesellschaften schwierig sein kann.[40] In den VGr von 1983 war die FinVerw. noch der Auffassung, der Steuerpflichtige könne sich nicht auf eine Mitwirkungsverweigerung der nahestehenden Personen im Ausland berufen (Tz. 9.1.3 S. 4 VGr). Inzwischen ist jedoch auch die FinVerw. der Auffassung, dass kein Verstoß gegen die Mitwirkungspflicht vorliegt, wenn weder die rechtliche noch die tatsächliche Möglichkeit der Beschaffung entsprechender Unterlagen etc. besteht (Tz. 3.3.2 Buchst. b) VGr-Verfahren).

Auch der BFH hat lange Zeit die Auffassung vertreten, dass die inländische Gesellschaft nicht mit dem Einwand gehört werden kann, sie habe zu keiner Zeit Einfluss auf ihre Mutter- oder Schwestergesellschaft nehmen können, falls es bei Vertragsschluss nahe lag, dass die Vertragsbedingungen beanstandet würden.[41] In seinem Beschluss vom 10.5.2001 hat der BFH jedoch ausdrücklich festgestellt, dass eine inländische **Tochtergesellschaft** regelmäßig **keine** Möglichkeit hat, **Kalkulationsunterlagen** ihrer ausländischen **Muttergesellschaft** zu beschaffen.[42] Der BFH weist in diesem Zusammenhang zutreffend darauf hin, dass auch unabhängige Vertragspartner nicht bereit sind, ihre wechselseitig erzielten Gewinne dem jeweils anderen Vertragsteil mitzuteilen.[43]

16   Einer **inländischen Tochtergesellschaft** wird es regelmäßig unmöglich sein, Beweisvorsorge für Auskünfte bzw. Unterlagen der ausländischen Mutter- bzw. Schwestergesellschaft zu treffen.[44] Auch die OECD betont, dass es für eine inländische Tochtergesellschaft schwierig sein kann, sich Informatio-

---

[37] Vgl. *BDI* 1983, Anm. zu Tz. 9.1.3 VGr.

[38] Vgl. Tz. 3.23 OECD-VPL.

[39] Vgl. Tz. 2.109 OECD-VPL.

[40] Vgl. Tz. 2.114 OECD-VPL.

[41] Vgl. BFH 16.4.1980, BStBl. II 1981, 492; BFH 10.11.1998, BStBl. II 1999, 121.

[42] Vgl. BFH 10.5.2001, BFH/NV 2001, 957; es handelt sich um die Entscheidung über die Aussetzung der Vollziehung in dem vom BFH später im Hauptsacheverfahren entschiedenen grundlegenden Urteil zu Mitwirkungs- und Dokumentationspflichten und zur Beweislast in Verrechnungspreisfällen, vgl. BFH 17.10.2001, DB 2001, 2474; das BFH-Urteil wird in diesem Kapitel ausführlich erörtert, s. Rn. 86 ff.

[43] Vgl. BFH 10.5.2001, BFH/NV 2001, 959.

[44] Vgl. *Schreiber,* Mitwirkungspflichten, 36 mwN.

nen von ausländischen Konzernunternehmen zu beschaffen, da es diese nicht beherrscht.[45] Allerdings wird im Annex zu Kapitel V der OECD-VPL (2014 Guidance) gefordert, konsolidierte Daten pro Land zur Verfügung zu stellen. Allerdings ist der „Implementation and Review" Teil der Guidance noch nicht final, so dass noch nicht klar ist, wie die Daten erhoben und zwischen den einzelnen Finanzverwaltungen verteilt werden sollen.[46] Entscheidend kommt es auf die Art des Geschäftsvorfalls und der angeforderten Informationen an. So kann die inländische Tochtergesellschaft als Teilnehmer an einer Konzernumlage Unterlagen über die direkten und indirekten Kosten und die Berechnung der Umlagen verlangen, wenn sie diese auch von einem fremden Dienstleister anfordern würde. Dagegen wäre es bei einer Vertriebsgesellschaft mit begrenzten Funktionen nicht erforderlich und damit unzumutbar, Informationen von anderen Konzernunternehmen bezüglich der Warenlieferungen zu verlangen.[47] Nur in Ausnahmefällen kann von dem inländischen Unternehmen verlangt werden, auf den Geschäftsabschluss zu verzichten, wenn der ausländische Vertragspartner bei Geschäftsabschluss das Einverständnis zur Mithilfe bei späterem Beweisverlangen der Finanzbehörde verweigert.

Die Frage, ob die vorstehend erörterten Grundsätze auch für eine **inländi- 17 sche Muttergesellschaft** gelten, wurde vom BFH – soweit ersichtlich – noch nicht entschieden. *Schreiber* meint, eine inländische Muttergesellschaft habe die rechtliche Möglichkeit, Beweismittel bei ihrer ausländischen Tochtergesellschaft zu beschaffen. Insoweit könnten sich allenfalls Einschränkungen aus dem Grundsatz der Verhältnismäßigkeit ergeben.[48] Auch die Verwaltung geht davon aus, dass eine Muttergesellschaft regelmäßig die gesellschaftsrechtliche Möglichkeit der Informations- und Beweismittelbeschaffung hat (Tz. 3.3.2 Buchst. b) VGr).

Ob in solchen Fällen eine unzumutbare oder unverhältnismäßige Mitwirkung verlangt wird, hängt daher von den Umständen des Einzelfalls ab, insb. von der Art der angeforderten Unterlagen und Auskünfte, von deren Notwendigkeit bzw. Entscheidungserheblichkeit, von der Art, dem Umfang und der Bedeutung des Geschäftsverkehrs sowie von der Möglichkeit, den Sachverhalt mit weniger einschneidenden Maßnahmen aufzuklären.

Wenn im Rahmen einer Betriebsprüfung eine inländische Muttergesellschaft **18** und ihre inländischen Tochtergesellschaften mit Geschäftsbeziehungen zu ausländischen Konzerngesellschaften geprüft werden, darf die rechtliche Möglichkeit der Muttergesellschaft zur Beschaffung von Beweismitteln und Informationen nicht dazu führen, dass die Muttergesellschaft die Informationen beschafft, die die **Geschäftsbeziehungen zwischen** den **ausländischen Tochtergesellschaften** und den **inländischen Tochtergesellschaften** betreffen. Wenn nämlich eine inländische Tochtergesellschaft regelmäßig keine Möglichkeit hat, Kalkulationsunterlagen von einer ausländischen Mutter- oder Schwestergesellschaft zu beschaffen,[49] dann kann die FinVerw. im vergleichbaren Fall des Vor-

---

[45] Vgl. Tz. 5.11 OECD-VPL.

[46] Vgl. auch OECD Berichte vom 30.7.2013 sowie vom 30.1.2014. Die Abkürzung CbC steht für „Contry by Country".

[47] Vgl. Tz. 5.12 OECD-VPL.

[48] Vgl. *Schreiber,* Mitwirkungspflichten, 37.

[49] Vgl. BFH 10.5.2001, BFH/NV 2001, 957, 959.

handenseins einer inländischen Muttergesellschaft nicht verlangen, dass diese Informationen und Beweismittel bzgl. des Geschäftsverkehrs zwischen einer inländischen und ausländischen Tochtergesellschaft beschafft, nur weil die inländische Tochtergesellschaft dazu keine rechtliche Möglichkeit hat.

Beispiel: Die deutsche Tochtergesellschaft T-GmbH hat eine inländische Muttergesellschaft M-AG und zahlt Lizenzen an eine ausländische Schwestergesellschaft für die Nutzung von Patenten im Rahmen der Produktion von Autoreifen. Der Betriebsprüfer beanstandet die Lizenzgebühr iHv 5% vom Nettoumsatz und fordert u.a. den Nachweis der Höhe der jährlichen Forschungs- und Entwicklungskosten. Die ausländische Schwestergesellschaft ist nicht bereit, diese Informationen zur Verfügung zu stellen. In diesem Fall ist zu prüfen, ob erstens die T-GmbH tatsächlich in der Lage ist, diese Informationen zu beschaffen und ob zweitens die Anforderung der Information überhaupt verhältnismäßig im Hinblick auf ihren Nutzen ist. Zum Einen ist es schon zweifelhaft, ob ein fremder Lizenzgeber bei Abschluss des Lizenzvertrages oder später bereit gewesen wäre, die hier geforderte Information zu erteilen, weil diese den Lizenznehmer in die Lage versetzen würde, ggf. niedrigere Lizenzgebühren auszuhandeln. Zum Anderen erscheint diese Information für den Fremdvergleich der in der Branche üblichen Lizenzgebühren nicht als notwendig, da andere Möglichkeiten zur Überprüfung des Lizenzsatzes bestehen (zB Datenbankrecherchen) und die Höhe der Forschungskosten keinen zwingenden Schluss auf die Höhe der Lizenzgebühren zulässt. So kann im Einzelfall zB im Pharmabereich bei niedrigen Kosten ein sehr lukratives Produkt entwickelt werden, das eine hohe Lizenzgebühr rechtfertigt, während bei sehr hohen Kosten durchaus ein Produkt mit schwachem Gewinnpotenzial erforscht werden kann, das daher nur eine geringe Lizenzgebühr ermöglicht. Im vorliegenden Beispiel muss man daher zu dem Ergebnis gelangen, dass der Umfang der von der T-GmbH geforderten Mitwirkung nicht gerechtfertigt ist, weil zum Einen die angeforderten Informationen für die Beurteilung nicht notwendig sind und weil zum Anderen die T-GmbH keine rechtliche Möglichkeit hat, diese Unterlagen zu beschaffen. Aus den gleichen Gründen ist der Betriebsprüfer auch nicht berechtigt, von der M-AG die Beschaffung dieser Informationen zu verlangen. Die eigene rechtliche Möglichkeit der M-AG zur Beschaffung der Unterlagen ist unbeachtlich, weil es nicht um Geschäftsbeziehungen der M-AG geht.

19   Die Rechtslage im Hinblick auf die Beschaffung von Unterlagen aus dem Ausland hat sich durch das UStRG 2008 erheblich verschärft. Durch dieses Gesetz wurde § 162 Abs. 3 AO um einen S. 3 erweitert. Danach kann die FinVerw. einen Schätzungsrahmen zu Lasten des Steuerpflichtigen ausschöpfen, wenn trotz Vorlage verwertbarer Aufzeichnungen durch den Steuerpflichtigen Anhaltspunkte für die Unangemessenheit der Verrechnungspreise bestehen und die Zweifel deshalb nicht ausgeräumt werden können, weil **ausländische nahestehende Personen** ihre **Mitwirkungspflicht** nach § 90 Abs. 2 AO **oder** ihre **Auskunftspflicht** nach § 93 Abs. 1 AO **nicht erfüllt** haben. Nach der Gesetzesbegründung[50] hat die Regelung den Zweck, Druck auf ausländische Anteilseigner bzw. Eigentümer auszuüben. Diese Regelung ist aus mehreren Gründen kritisch zu betrachten.

20   Zunächst stellt sich die **Frage, ob ausländische** nahestehende **Personen** überhaupt **zur Mitwirkung verpflichtet** sind. Die Mitwirkungspflicht gem. § 90 Abs. 2 AO trifft nur Beteiligte. Wer Beteiligter ist, regelt § 78 AO. Eine ausländische nahestehende Person ist weder Antragsteller noch Antragsgegner.

[50] Vgl. BT-Drs. 10/481, 84.

Die Finanzbehörde will mit ihr auch keinen öffentlich-rechtlichen Vertrag schließen. Der Verwaltungsakt (hier der Schätzungsbescheid) soll gegen den inländischen Steuerpflichtigen und nicht gegen die ausländische nahestehende Person gerichtet werden. Die ausländische nahestehende Person ist folglich kein Beteiligter, der nach § 90 Abs. 2 AO mitwirkungspflichtig ist. Insoweit läuft die Neuregelung des § 162 Abs. 3 S. 3 AO ins Leere. Die ausländische nahestehende Person kann allenfalls als andere Person iSd § 93 Abs. 1 AO angesehen werden. Hier stellt sich die Frage, inwieweit die deutschen Finanzbehörden außerhalb der Staatsgrenzen hoheitliche Befugnisse ausüben dürfen.[51] Nach der hier vertretenen Auffassung dürfen die deutschen Finanzbehörden im Ausland keine Personen in Anspruch nehmen.[52] Somit besteht **weder** eine **Mitwirkungspflicht** gem. § 90 Abs. 2 AO, **noch** eine **Auskunftspflicht** gem. § 93 Abs. 1 AO. Eine Verletzung dieser Mitwirkungspflicht scheint daher nicht möglich. Die Neuregelung des § 162 Abs. 3 S. 3 AO läuft daher auch insoweit ins Leere.

Unabhängig davon bestehen erhebliche **verfassungsrechtliche Bedenken**   **21** gegen diese Norm. Sie hat den Zweck, ausländische Anteilseigner bzw. Eigentümer unter Druck zu setzen. Dies geschieht jedoch nur mittelbar, indem der inländische Steuerpflichtige, der seine Mitwirkungspflichten erfüllt hat, unmittelbar mit hohen Steuern belastet wird. Voraussetzung für die höhere Steuer im Inland ist somit die Verletzung (nicht durchsetzbarer) Mitwirkungspflichten eines nicht iSd § 78 AO Beteiligten. Dies ist mit dem Grundgedanken der Gesetzmäßigkeit der Besteuerung nicht vereinbar. Ebenso verstößt es gegen den Grundgedanken der Besteuerung nach der Leistungsfähigkeit. Schließlich ist es mit dem Rechtsstaatsprinzip unvereinbar, einen Rechtsträger unmittelbar zu belasten, um einen anderen Rechtsträger mittelbar unter Druck zu setzen. Ohne Zweifel wäre es mit dem Rechtsstaatsprinzip unvereinbar, zB eine natürliche Person, die nicht gegen Gesetze verstoßen hat, mit einer Geldstrafe zu bestrafen, weil eine nahestehende Person im Ausland straffällig wurde. Ebenso wenig darf ein inländischer Steuerpflichtiger mit einer höheren Steuer belastet werden, weil eine ausländische nahestehende Person gegen vermeintliche Mitwirkungspflichten verstößt.

In der Begründung zu der Neuregelung wird diese damit gerechtfertigt,   **22** dass die FinVerw. sonst kaum Möglichkeiten habe, die Mitwirkungspflicht durchzusetzen. Hierbei stellt sich die Frage, ob die Durchsetzung überhaupt erforderlich ist. Auch ein unabhängiges Unternehmen kennt die Kalkulationsgrundlagen seiner Geschäftspartner nicht. Entscheidungsgrundlage ist auch nicht, ob die Geschäftspartner angemessene Gewinne bei dem Geschäft erzielen. Für das Unternehmen ist nur wichtig, ob es selbst bei dem entsprechenden Geschäft einen angemessenen Gewinn erzielt. Sofern man den Fremdvergleichsgedanken ernst nimmt, so ist bei Geschäftsbeziehungen zwischen Konzerngesellschaften ebenfalls nur entscheidend, ob die zu betrachtende inländische Gesellschaft einen angemessenen Gewinn erzielt. Dies kann im Einzelfall dazu führen, dass bestimmte Verrechnungspreismethoden nicht angewandt werden können, weil entsprechende Daten der ausländischen nahestehenden Person nicht zur Verfügung stehen. Nach der Rechtsprechung

---

[51] Vgl. *Seer* in Tipke/Kruse, § 90 AO Tz. 18.
[52] Ebenso *Seer* in Tipke/Kruse, § 93 AO Tz. 10.

kommt eine Schätzung erst in Betracht, wenn der Sachverhalt nicht ermittelt werden kann.[53] Insoweit muss die FinVerw. in der Regel auch eigene Ermittlungsmöglichkeiten ausschöpfen und die ausländischen Finanzbehörden um Amtshilfe bitten.[54] Auch die Anwendung anderer Methoden kann die Notwendigkeit einer Schätzung vermeiden.

Selbst wenn mit anderen Methoden kein Fremdvergleichspreis ermittelt werden kann, so kann die FinVerw. die Besteuerungsgrundlagen schätzen oder im Hinblick auf die Beweislast eine Entscheidung treffen. Es besteht kein Grund, den Steuerpflichtigen, der seinen Mitwirkungspflichten nachgekommen ist, bei einer solchen Schätzung zu „bestrafen". Im Übrigen ist eine bewusste Strafschätzung grds. verboten.[55] Aufgrund der genannten Zweifel an der Verfassungsmäßigkeit der Regelung des § 162 Abs. 3 S. 3 AO ist im Falle der Schätzung unter Berufung auf diese Norm über die Einlegung eines Rechtsbehelfs nachzudenken.

23   Ebenfalls im Zusammenhang mit der Beschaffung von Unterlagen aus dem Ausland ist eine Regelung im **AEAO zu § 200 AO** zu sehen. Danach haben Konzernunternehmen auf Anforderung vorzulegen:
– den Prüfungsbericht des Wirtschaftsprüfers über die Konzernabschlüsse der Konzernmuttergesellschaft,
– die RL der Konzernmuttergesellschaft zur Erstellung des Konzernabschlusses,
– die konsolidierungsfähigen Einzelabschlüsse (sog. Handelsbilanzen II) der Konzernmuttergesellschaft sowie
– Einzelabschlüsse und konsolidierungsfähige Einzelabschlüsse (sog. Handelsbilanzen II) von in- und ausländischen Konzernunternehmen.

§ 200 AO regelt für die Außenprüfung Mitwirkungspflichten, die sich ohnehin bereits aus § 90 AO ergeben.[56] Jedoch unterstellt AEAO zu § 200 AO, dass die Vorlage der o.g. Jahresabschlüsse in- und ausländischer Konzerngesellschaften generell für die Besteuerung erheblich sein können. Das trifft aber nicht zu, sondern hängt in jedem Einzelfall von den Geschäftsbeziehungen und den angewendeten bzw. anzuwendenden Verrechnungspreismethoden ab. Im Übrigen gelten auch für die Anforderungen aus dem AEAO zu § 200 AO die Beschränkungen, die zu § 90 AO beschrieben wurden.[57] Sofern die Abschlüsse der ausländischen Konzerngesellschaften dem inländischen Steuerpflichtigen zur Verfügung stehen, so hat er sie gem. § 90 Abs. 2 S. 1 AO vorzulegen. Gegebenenfalls muss er sich die Abschlüsse im Wege der Beweisvorsorge beschaffen (§ 90 Abs. 2 S. 4 AO). Falls der Steuerpflichtige die Abschlüsse nicht beschaffen kann, ist zur Ermittlung der Angemessenheit der Verrechnungspreise evtl. eine andere Verrechnungspreismethode anzuwenden. Falls dies nicht möglich ist, muss die FinVerw. ggf. Amtshilfe beantragen, die Besteuerungsgrundlagen schätzen oder aufgrund der Beweislast eine Entscheidung treffen. Im Fall der Schätzung kommt keine „Strafschätzung" gem. § 162 Abs. 3 S 3 AO in Betracht.

---

[53] Vgl. BFH 20.6.2005, BFH/NV 2005, 2062.
[54] S. unten Rn. 112, 134 ff.
[55] Vgl. *Trzaskalik* in HHSp, § 162 AO Rn. 39.
[56] Vgl. *Seer* in Tipke/Kruse, § 200 AO Tz. 1.
[57] S. Rn. 13 ff.

cc) Nachweisvorsorge und Schriftform

Das aus § 90 Abs. 2 S. 4 AO abgeleitete Erfordernis der **Nachweisvor-** 24
sorge[58] (auch sog. Beweisvorsorge) unterliegt ebenfalls dem Grundsatz der
Verhältnismäßigkeit. Wenn daher die Herausgabe der zuvor im **Ausland** vorhandenen Unterlagen nicht mehr möglich ist, weil zB die **Aufbewahrungs-**
fristen dort abgelaufen sind, dann darf dies dem inländischen Steuerpflichtigen
nicht zum Nachteil gereichen. Die FinVerw. vertritt allerdings die Auffassung,
dass das inländische Unternehmen rechtzeitig selbst alle Unterlagen und
Nachweise bzw. Daten oder den ungehinderten Zugang dazu sichern muss,
wenn die Frist zur Aufbewahrung von Unterlagen oder zur Speicherung von
Daten im Ausland früher als nach deutschem Recht abläuft (Tz. 3.2.3 VGr-
Verfahren). Dieser Auffassung kann so pauschal nicht gefolgt werden, weil die
Geschäftsführer der inländischen Unternehmen nur selten die Aufbewahrungs-
fristen im Ausland kennen. Vielmehr ist auf die Situation bei Abschluss des
betreffenden Rechtsgeschäfts abzustellen. Wenn zu diesem Zeitpunkt keine
Veranlassung für die Annahme bestand, dass die Finanzbehörden die Angemessenheit der Verrechnungspreise in Zweifel ziehen würden, dann ist der inländische Beteiligte nicht zu einer Beweisvorsorge verpflichtet, die über das Maß
hinausgeht, das bei Geschäften mit im Ausland ansässigen fremden Dritten üblich ist. Jedoch muss sich der Steuerpflichtige im Voraus seiner erhöhten Mit-
wirkungs- und Beweisvorsorgepflicht bewusst sein, wenn er bei Auslandssachverhalten mit ungewöhnlichen Sachverhaltsgestaltungen oder ungeordneten
Verhältnissen konfrontiert wird.[59]

Ein häufiges Problem im Rahmen der Mitwirkungspflicht und der Nach- 25
weisvorsorge ist die Frage, ob und inwieweit der Betriebsprüfer für die Anerkennung von Betriebsausgaben **schriftliche Vereinbarungen** verlangen
kann.[60] In diesem Zusammenhang ist zunächst zu prüfen, ob aufgrund der nationalen Regelungen eine Korrektur der Verrechnungspreise erfolgen kann,
wenn eine entsprechende Vereinbarung fehlt. In einem zweiten Schritt ist sodann zu prüfen, ob DBA-Klauseln, die Art. 9 OECD-MA entsprechen, eine
Sperrwirkung gegenüber den nationalen Korrekturvorschriften entfalten.[61] Auf
nationaler Ebene bestimmt zB Tz. 1.4.1 VGr, dass der Betriebsausgabenabzug
im Verhältnis zum beherrschenden Gesellschafter und zu Schwestergesellschaften idR nur anerkannt werden kann, wenn den Aufwendungen **im Voraus**
getroffene klare und eindeutige Vereinbarungen zu Grunde liegen.[62] Das
Erfordernis der vorherigen klaren und eindeutigen Vereinbarung führt zur grds.
Nichtanerkennung rückwirkender Verträge (sog. **Nachzahlungs- und**
Rückwirkungsverbot).[63] Eine vorherige Vereinbarung ist nur dann klar und

---

[58] S. hierzu auch Rn. 12.
[59] Vgl. BFH 12.6.1975, BStBl. II 1975, 853.
[60] Zur Änderung, Anpassung bzw. Kündigung von Verträgen sowie zur Störung der
Geschäftsgrundlage s. Kap. N Rn. 263 ff.
[61] Vgl. FG Köln 22.8.2007, EFG 2008, 161; FG Hamburg 31.10.2011, IStR 2012,
190, 193; inzwischen bestätigt durch BFH 11.10.2012, IStR 2013, 109; zur Sperrwirkung s. Rn. 29 ff. Vgl. ferner *Böhmer* IStR 2013, 270 ff.; *Andresen u. a.* DB 2013,
534 ff.; *Kircher/Moll* DStR 2013, 1111 ff.
[62] Ständige Rspr. des BFH, vgl. zB BFH 8.10.2008, DStR 2009, 217 mwN.
[63] Vgl. BFH 12.4.1989, BStBl. II 1989, 636; BFH 14.3.1989, BStBl. II 1989,
633; aus Vereinfachungsgründen sind kurzfristige Rückbeziehungen, insb. auf den

eindeutig, wenn für das Entgelt nicht nur ein bestimmter Rahmen vorgegeben ist, sondern wenn auf Grund der Regelung allein durch Rechenvorgänge die Höhe der Vergütung ermittelt werden kann.[64] Sofern die Regelung klar und eindeutig ist, können auch **Jahresendanpassungsklauseln** anerkannt werden, welche Ausgleichszahlungen am Jahresende vorsehen, um ein bestimmtes, als fremdvergleichskonform angesehenes Ergebnis zu erreichen.[65] Die Notwendigkeit klarer und eindeutiger Vereinbarungen bei beherrschenden Gesellschaftern schließt eine Auslegung der getroffenen Vereinbarung jedoch nicht aus.[66] Eine Vergütung, die eine Kapitalgesellschaft an ihren beherrschenden Gesellschafter ohne vorherige klare und eindeutige Vereinbarung zahlt, ist als vGA anzusehen.[67] Für den Nachweis einer im Voraus getroffenen, klaren, eindeutigen sowie zivilrechtlich wirksamen Vereinbarung genügen nach der hier vertretenen Auffassung grds. auch **mündliche Verträge,** soweit diese zB durch Urkundenbeweis (Akten- oder Gesprächsnotizen), Zeugenbeweis (Auskünfte von Angestellten oder Dritten) oder zB durch eidesstattliche Versicherungen der Beteiligten zwecks Glaubhaftmachung nachgewiesen werden können. Diese Auffassung wird neuerdings auch in Tz. 1.52 der OECD-VPL vertreten. Der Nachweis kann bei Dauerschuldverhältnissen auch durch tatsächliche Übung oder durch tatsächliche Durchführung der Verträge erbracht werden.[68] Damit hat zunächst der Steuerpflichtige die erforderlichen Beweismittel zu beschaffen, dh den entsprechenden Vertrag vorzulegen oder Nachweise für das Zustandekommen mündlicher Vereinbarungen vorzubringen.[69]

26   In diesem Zusammenhang vertreten **Betriebsprüfer** häufig die Meinung, dass nach Tz. 1.4.1 VGr nur **schriftliche Vereinbarungen** als klar und eindeutig anzusehen seien. Dies ist aber unzutreffend, weil gem. Tz. 1.4.1 VGr im normalen Lieferungs- und Leistungsverkehr nur die gleichen formellen Anforderungen gelten wie bei Geschäften zwischen Fremden.[70] In vielen Fällen ist heute die telefonische Bestellung von Waren oder Dienstleistungen zwischen Geschäftspartnern üblich und das einzig vorhandene Schriftstück ist die Rechnung. Auch wenn Angebote per E-Mail oder Telefax abgegeben werden, findet man in Auftragsbestätigungen oft noch Ergänzungen, denen danach telefonisch oder durch schlüssiges Verhalten zugestimmt wird. Nach überwiegender Auffassung in der Literatur genügen daher auch bei nahestehenden Unternehmen nachweisbare mündliche Vereinbarungen ebenso wie schlüssige Vereinbarungen, die sich aus tatsächlichem Handeln ableiten lassen.[71] Dieser Meinung ist zuzustimmen, zumal der BFH in ständiger Rechtsprechung zu Verträgen zwi-

---

Bilanzstichtag, zugelassen worden, vgl. *Weber-Grellet* in Schmidt, § 2 EStG Rn. 52 mwN.

[64] Vgl. BFH 30.1.1985, BStBl. II 1985, 345.

[65] Vgl. *Bickenbach/Rubart* IWB 2012, 88, 92; vgl. auch Kap. N Rn. 273.

[66] Vgl. BFH 30.7.1997, BStBl. II 1998, 402.

[67] Vgl. BFH 30.7.1997, BStBl. II 1998, 402.

[68] Vgl. BFH 24.1.1990, BStBl. II 1990, 645; BFH/NV 26.2.1992, 1993, 385.

[69] S. Kap. N Rn. 84 ff. und 347 ff.

[70] Gem. Tz. 1.4.1 reicht es in den übrigen Fällen (also außerhalb des normalen Lieferungs- und Leistungsverkehrs) aus, wenn den Aufwendungen wie zwischen Fremden begründete Rechtsansprüche zu Grunde liegen. Gemeint sind vermutlich Ansprüche auf Schadensersatz oder wegen ungerechtfertigter Bereicherung usw.

[71] Vgl. *Rengers* in Blümich, § 8 KStG Rn. 306; s. ferner Kap. N Rn. 84 ff. und 347 ff.

schen inländischen Gesellschaften und ihren Gesellschaftern oder Gesellschafter-Geschäftsführern ebenfalls mündliche oder konkludent zu Stande gekommene und tatsächlich durchgeführte Verträge anerkannt hat.[72]

Schriftliche Verträge dürfen im Übrigen nur gefordert werden, soweit das **27**
vereinbarte Recht für bestimmte Vertragsarten die **Schriftform vor-**
schreibt. Die Parteien können für Verträge das anwendbare Recht wählen
(Art. 27 EGBGB), und bei der Wahl des deutschen Vertragsrechts sind die meisten Verträge, so zB Kaufverträge, Werkverträge und Mietverträge[73] formfrei
rechtswirksam, ebenso Dienst- und Geschäftsbesorgungsverträge. Die in
Tz. 5.1.1 VGr-Uml. für Poolverträge vorgeschriebene Schriftform entbehrt einer gesetzlichen Grundlage.

In diesem Zusammenhang ist auf eine neue Tendenz in der Rechtspre- **28**
chung des BFH hinzuweisen. In mehreren Urteilen hat der BFH entschieden, dass die **zivilrechtliche Unwirksamkeit** (insb. wegen Verletzung der
Formvorschriften) von Verträgen zwischen nahen Angehörigen nur Indizwirkung hätte und dass für die **steuerliche Anerkennung** eine **Gesamtwürdi-**
gung maßgeblich sei.[74] Insb. in seinem Urteil vom 7.6.2006 führt der BFH
aus, dass die Beachtung zivilrechtlicher Formerfordernisse „lediglich" Beweis-
anzeichen bzw. Indizien im Rahmen einer Gesamtbetrachtung seien.[75] Zwar ist
das Urteil vom 22.2.2007 weniger deutlich formuliert, im Endeffekt wird die
Rechtsprechung jedoch bestätigt.[76] Der BFH hat mit Urteil vom 12.5.2009 an
seiner Rechtsprechung festgehalten.[77] In der Literatur wird die Rechtsprechung des BFH begrüßt.[78] Sofern nach der Rechtsprechung des BFH nicht
einmal die zivilrechtliche Unwirksamkeit von Verträgen zur grds. Nichtanerkennung von Verträgen zwischen nahen Angehörigen führt, so kann in
grenzüberschreitenden Fällen zwischen nahe stehenden Personen, bei denen
zivilrechtlich keine Form vorgeschrieben ist, nichts anderes gelten. Auch die
OECD sieht – jedenfalls bei Geschäftsbeziehungen bezüglich immaterieller
Wirtschaftsgüter – in schriftlichen Verträgen nur noch den Ausgangspunkt
einer Gesamtwürdigung.[79] Folglich ist auch für Verträge zwischen nahe stehenden Personen, die mündlich oder konkludent geschlossen wurden, eine
Gesamtbetrachtung vorzunehmen. Alleine aufgrund der Tatsache, dass der
Vertrag nicht schriftlich geschlossen wurde, können keine negativen Schlüsse

---

[72] Vgl. BFH 24.1.1990, BStBl. II 1990, 645; BFH 24.5.1989, BStBl. II 1989, 800;
BFH 18.5.1972, BStBl. II 1972, 721; BFH 19.3.1969, BStBl. II, 1969, 497. Aus der
neueren Rspr. vgl. FG Köln 22.10.2008, EFG 2009, 509 f.

[73] Der für längere Zeit als ein Jahr abgeschlossene Mietvertrag über ein Grundstück
(zB für Geschäftsräume) bedarf zwar der Schriftform, ist aber auch ohne diese gültig
(§ 550 BGB).

[74] Vgl. BFH 13.7.1999, BStBl. II 2000, 386; BFH 7.6.2006, BStBl. II 2007, 294;
BFH 22.2.2007, DStR 2007, 986; BFH 12.5.2009, BFH/NV 2009, 1326; FG Berlin-
Brandenburg 12.11.2008, EFG 2009, 433.

[75] Vgl. BFH 7.6.2006, BStBl. II 2007, 294 f.

[76] Vgl. BFH 22.2.2007, DStR 2007, 986. Vgl. auch BFH 12.5.2009, BFH/NV
2009, 1326.

[77] Vgl. BFH 12.5.2009, BFH/NV 2009, 1326.

[78] Vgl. *Tiedtke/Mollmann* DStR 2007, 1941; *Mank/Mientimp* DB 2007, 2163 jeweils
mwN.

[79] Vgl. Tz. 6.35 OECD-VPL Kapitel VI (2014 Guidance).

gezogen werden. Die bisherige BFH-Rechtsprechung zu vGA betreffend Verträge zwischen nahe stehenden Personen führt aber im Hinblick auf den **Nachweis** des **Inhalts und** der **tatsächlichen Durchführung** der mündlichen Vereinbarungen[80] im Ergebnis zu erhöhten formalen Anforderungen. Es ist daher in jedem Fall ratsam, schriftliche Verträge abzuschließen und diese Form auch für spätere Änderungen oder Ergänzungen zu wahren.

29 Vertritt man entgegen der hier vertretenen Auffassung die Meinung, dass alleine die fehlende Schriftform zu einer vGA führen kann, stellt sich die Frage, ob einer solchen vGA Regelungen in einem DBA entgegenstehen. In fast allen Fällen einer Berichtigung von Verrechnungspreisen und Gewinnen bei grenzüberschreitenden Lieferungen und Leistungen ist eine dem **Art. 9 OECD-MA** entsprechende DBA-Regelung anzuwenden, die dem innerstaatlichen Recht vorgeht (§ 2 AO). Während die Regelungen der vGA, der verdeckten Einlage und des § 1 AStG jeweils als Rechtsgrundlage für die Gewinnberichtigung dienen, bestimmt die jeweils dem Art. 9 OECD-MA nachgebildete DBA-Vorschrift, in welchem Rahmen die beteiligten Staaten eine Gewinnberichtigung vornehmen dürfen. Dabei stellt sich die Frage, **ob** eine dem **Art. 9 OECD-MA** entsprechende Regelung eine **Gewinnkorrektur wegen** bloß **formaler Beanstandungen ausschließt,** weil nach dem Wortlaut des Art. 9 OECD-MA eine Gewinnkorrektur nur möglich ist, wenn „die vereinbarten oder auferlegten Bedingungen von denen abweichen, die unabhängige Unternehmen miteinander vereinbaren würden". Die Fin-Verw. geht in Tz. 6.1.1. VGr-Verfahren davon aus, dass Art. 9 OECD-MA nur Leistungen umfasst, denen eine vorherige, klare und eindeutige Vereinbarung zugrunde liegt. Nach überwiegender Auffassung in der Literatur[81] ist eine **Gewinnberichtigung** einer im Rahmen dem Art. 9 OECD-MA entsprechenden DBA-Regelung jedoch **nur bei mangelnder Angemessenheit der Verrechnungspreise** möglich, da der Wortlaut der Vorschrift weder eine schriftliche noch eine im Vorhinein getroffene Vereinbarung verlangt.

30 Ein beachtlicher Teil der Literatur[82] vertritt jedoch die Meinung, dass der in Art. 9 OECD-MA enthaltene Fremdvergleichsmaßstab sowohl eine Prüfung der getroffenen Vereinbarung und der Verrechnungspreise dem Grunde nach – auch unter Einbeziehung einer formellen und zeitlichen Komponente – als auch der Höhe nach betrifft. *Wassermeyer*[83] betont, dass der BFH beim **Fehlen** einer klaren im Voraus abgeschlossenen zivilrechtlich wirksamen und tatsächlich durchgeführten Vereinbarung deren **Ernstlichkeit bezweifelt** und dass auch bei Anwendung des Fremdvergleichsmaßstabs kein unabhängiges Unternehmen Leistungen auf Grund nicht ernstlich gemeinter Vereinbarungen erbringen werde. Allerdings sei es denkbar, dass bei **klar vereinbar-**

---

[80] Vgl. zB BFH 29.7.1992, BStBl. II 1993, 247.

[81] Vgl. zB *Bellstedt* FR 1990, 65 ff.; *Ritter* BB 1984, 409; *Ritter,* BB 1983, 1677; *Eigelshoven* in Vogel/Lehner, Art. 9 DBA Rn. 27; *Schaumburg,* Internationale Verrechnungspreise zwischen Kapitalgesellschaften, Forum der internationalen Besteuerung, Bd. 6, S. 6 mwN; *Schnieder* IStR 1999, 65 ff., 68 f.; *Eigelshoven/Nientimp* DB 2003, 2307, 2309; *Mank/Nientimp* DB 2007, 2163.

[82] Vgl. *Kuckhoff/Schreiber* Verrechnungspreise in der Betriebsprüfung, 16; *Wassermeyer* in Wassermeyer, Art. 9 MA Rn. 128.

[83] Vgl. *Wassermeyer* in Wassermeyer, Art. 9 MA Rn. 128.

ter Entgeltlichkeit aber fehlender Klarheit über die Höhe des Entgelts **zumindest** ein angemessener **Fremdpreis** zu berücksichtigen ist.[84]

Der **BFH** wies in seinem Urteil vom 9.11.2005[85] darauf hin, dass es frag-   **31** lich sei, ob sich aus abkommensrechtlicher Sicht ohne Weiteres vermuten lässt, dass keine kaufmännische oder finanzielle Beziehung, wie es Art. 9 OECD-MA fordere, vorliegt, wenn keine klare und eindeutige Abmachung zugrunde liege. In dem Urteil ließ er die Frage jedoch dahinstehen, da die Beantwortung im konkreten Fall für die Entscheidung nicht erforderlich war.

Das **FG Köln** und auch das **FG Hamburg** haben inzwischen entschieden, dass **Art. 9 OECD-MA** gegenüber einer Korrektur aufgrund § 8 Abs. 3 KStG insoweit **Sperrwirkung** entfaltet, als diese Korrektur auf **rein formale Beanstandungen** gestützt wird.[86] Diese Rechtsprechung wurde inzwischen auch vom **BFH bestätigt.**[87] In die Gewinnkorrektur können nach dieser Rechtsprechung nur solche Umstände einbezogen werden, die die Angemessenheit der Höhe nach berühren.[88] Art. 9 OECD-MA sei nicht nur auf Leistungsbeziehungen anwendbar, die auf im Voraus getroffenen klaren und eindeutigen schuldrechtlichen Vereinbarungen beruhen, sondern auch auf Leistungsbeziehungen gesellschaftsrechtlichen Ursprungs.[89] Es wird jedoch klargestellt, dass die Überprüfung der Angemessenheit der Verrechnungspreise der Höhe nach möglich sein muss. Sofern die vereinbarten Bedingungen so unbestimmt sind, dass keine Angemessenheitsprüfung möglich ist, sei Art. 9 OECD-MA auch nach seinem Sinn und Zweck nicht anwendbar. Eine klare und eindeutige Vereinbarung ermögliche diese Prüfung. So muss zB aus der Vereinbarung erkennbar sein, für was die Gegenleistung erbracht wird, um eine willkürliche Verschiebung von Aufwand zu verhindern.[90] Jedoch sei unerheblich, ob diese Vereinbarung im Voraus getroffen wurde oder ob es sich um eine unter Verstoß gegen das Rückwirkungsverbot getroffene Vereinbarung handelt.[91]

Dabei wird vorausgesetzt, dass eine tatsächliche Leistung erbracht und   **32** dass ein der Höhe nach angemessener Verrechnungspreis gezahlt wurde. Weitere Voraussetzung ist, dass eine Art. 9 OECD-MA entsprechende DBA-Klausel anwendbar ist. In diesen Fällen ist es unerheblich, ob ein schriftlicher, im Voraus geschlossener Vertrag vorliegt. Der Vertrag dient lediglich dazu, die erbrachten Leistungen so zu spezifizieren, dass eine Bewertung möglich ist.[92] Auch wenn ein Verrechnungspreis gezahlt wurde, der von den vorliegenden

---

[84] Vgl. *Wassermeyer* in Wassermeyer, Art. 9 MA Rn. 128.

[85] Vgl. BFH 9.11.2005, BStBl. II 2006, 505.

[86] Vgl. FG Köln 22.8.2007, EFG 2008, 161; FG Hamburg 31.10.2011, IStR 2012, 190, 193; inzwischen bestätigt durch BFH 11.10.2012, IStR 2013, 109.

[87] Vgl. BFH 11.10.2012, IStR 2013, 109.

[88] Vgl. FG Köln 22.8.2007, EFG 2008, 161 f; FG Hamburg 31.10.2011, IStR 2012, 190, 193; inzwischen bestätigt durch BFH 11.10.2012, IStR 2013, 109.

[89] Vgl. FG Köln 22.8.2007, EFG 2008, 161, 163; FG Hamburg 31.10.2011, IStR 2012, 190, 193; inzwischen bestätigt durch BFH 11.10.2012, IStR 2013, 109.

[90] Vgl. *Wilk* EFG 2008, 164.

[91] Vgl. FG Köln 22.8.2007, EFG 2008, 161, 163; FG Hamburg 31.10.2011, IStR 2012, 190, 193; inzwischen bestätigt durch BFH 11.10.2012, IStR 2013, 109.

[92] Vgl. *Baumhoff/Greinert* IStR 2008, 353, 357.

schriftlichen Verträgen abweicht, wenn also keine schriftliche, im Voraus abgeschlossene Änderungsvereinbarung vorliegt, ist dies unerheblich. Maßgeblich ist allein, ob der gezahlte Verrechnungspreis **der Höhe nach angemessen** ist. Der Rechtsprechung ist zuzustimmen.

33   Inzwischen hat die FinVerw. ihre strikte Haltung bezüglich der Forderung nach schriftlichen Verträgen aufgegeben. So wird im BMF-Schreiben zur Funktionsverlagerung ausgeführt, dass lediglich aus Nachweisgründen die Ausübung der Dispositionsfreiheit „in Form von im Voraus abgeschlossenen, klaren und eindeutigen (möglichst schriftlichen) Verträgen erfolgen" sollte.[93] Aus rein formellen Gründen will die FinVerw. Transkationen wohl nicht mehr beanstanden, wenn die Angemessenheit auf andere Weise nachgewiesen werden kann.

34   Trotz der neuen Rechtsprechung und des Einlenkens der FinVerw. ist es ratsam, im Voraus schriftliche Verträge abzuschließen. So können nach Auffassung des FG Köln schriftliche Verträge im Rahmen der **Prüfung der Angemessenheit der Höhe nach** herangezogen werden. Insbesondere im Voraus geschlossene Vereinbarungen haben den Vorteil, dass Missverständnisse und Beweisschwierigkeiten vermieden werden können. In den Fällen, in denen keine Art. 9 OECD-MA entsprechende Vorschrift anwendbar ist, ist es ohnehin weiterhin zwingend erforderlich, im Voraus schriftliche Vereinbarungen abzuschließen, um eine Gewinnkorrektur zu vermeiden.[94]

Nach der hier vertretenen Auffassung sind vor dem Hintergrund der neueren Rechtsprechung auch nachträgliche **Preisanpassungen** aufgrund von (rückwirkenden) **Anpassungsklauseln** möglich.[95] Sofern eine Preisanpassungsklausel in einem im Voraus geschlossenen Vertrag anerkannt wird, so ist auch eine Preisanpassung ohne eine solchen Vereinbarung anzuerkennen, wenn eine dem Art. 9 OECD-MA entsprechende DBA-Regelung vorliegt. Voraussetzung ist „nur", dass die Leistung tatsächlich erbracht wurde und dass der Verrechnungspreis nach der Preisanpassung angemessen ist.

Beispiel 1: Ein englisches Pharmaunternehmen möchte in Deutschland eine Tochtergesellschaft als sog. „limited risk distributor" einsetzen. Die deutsche Gesellschaft soll also als Vertriebsgesellschaft tätig werden, wobei die englische Muttergesellschaft vertraglich alle mit dem Vertrieb verbundenen Risiken übernehmen soll. Bei der Bestimmung der Verrechnungspreise für Lieferungen von Großbritannien nach Deutschland ist zu berücksichtigen, dass die deutsche Gesellschaft allenfalls geringe Risiken zu tragen hat. Daher sind die Verrechnungspreise so zu gestalten, dass die Vertriebsgesellschaft lediglich geringe aber dafür stabile Gewinne erzielt.[96] Dies könnte vertraglich derart ausgestaltet werden, dass unterjährig für alle Lieferungen zunächst auf Basis von Budgetzahlen ein vorläufiger Verrechnungspreis zu entrichten ist. Am Ende des Jahres ist der operative Gewinn zu ermitteln, den die Vertriebsgesellschaft mittels der vorläufigen Verrechnungspreise erzielen konnte. In einer Anpassungsklausel wäre zu regeln, dass die Verrechnungspreise nachträglich so angepasst werden sollen, dass eine bestimmte operative Gewinnmarge, zB von 3% des Umsatzes, erreicht wird. War der aufgrund der vorläufigen Verrechnungspreise erzielte Gewinn geringer, so muss eine Gutschrift zugunsten der deutschen Gesellschaft erteilt werden. War der tatsächliche

---

[93] Vgl. BMF 13.10.2010, BStBl. I 2010, 774 ff. Tz. 97 iVm 151.
[94] Vgl. *Wilk* EFG 2008, 164.
[95] Vgl. ebenso *Kircher/Moll* DStR 2013, 1111 ff.
[96] Vgl. Tz. 3.4.10.2 Buchst. a) VGr-Verfahren.

Gewinn höher, so muss die deutsche Gesellschaft eine Nachzahlung oder eine Abschlusszahlung leisten.

Beispiel 2: Sofern im Beispiel 1 keine im Voraus geschlossene Vereinbarung vorliegt, die eine entsprechende Anpassungsklausel enthält, stellt sich die Frage, ob die Anpassung aus deutscher Sicht anzuerkennen ist oder ob die FinVerw. aus formellen Gründen eine Korrektur vornehmen kann. Unter Berücksichtigung der Auffassung des FG Köln kann das FA im vorliegenden Fall dann keine Korrektur vornehmen, wenn die Verrechnungspreise der Höhe nach angemessen sind, ein operativer Gewinn in Höhe von 3% dem Fremdvergleich entspricht. In diesem Fall würde die Art. 9 OECD-MA entsprechende DBA-Klausel einer Korrektur entgegenstehen, selbst wenn nach nationalen Vorschriften eine Korrektur möglich wäre.

Inzwischen empfiehlt auch das EU JTPF den Mitgliedsstaaten der EU Anpassungen zumindest dann anzuerkennen, wenn die folgenden Voraussetzungen erfüllt sind:[97]
- Hinreichende Bemühungen des Stpfl. vor der Transaktion, ein fremdvergleichskonformes Ergebnis zu erzielen; diese werden idR in der Verrechnungspreisdokumentation beschrieben;
- Korrespondierende Änderungen in den Büchern der Unternehmen in beiden Mitgliedsstaaten;
- Konsistente Anwendung dieses Ansatzes über mehrere Jahre;
- Anpassung erfolgt vor Abgabe der Steuererklärung;
- Der Stpfl. ist in der Lage zu erklären, warum das Budget vom tatsächlichen Ergebnis abweicht, sofern dies die Regelungen in mindestens einem der involvierten Mitgliedsstaaten vorsehen.

Die Frage, ob **klare im Voraus getroffene (schriftliche) Vereinbarun-** **35**
gen erforderlich sind, hatte jedoch schon vor den Urteilen des FG Köln, des FG Hamburg und des BFH im Hinblick auf das BFH-Grundsatzurteil vom 17.10.2001[98] an Bedeutung verloren. Selbst wenn nämlich eine Zahlung (auch) gesellschaftsrechtlich verursacht ist, muss für die Rechtsfolge der vGA nach § 8 Abs. 3 S. 2 KStG noch als (zweite) Tatbestandsvoraussetzung hinzukommen, dass der tatsächlich gezahlte Preis nicht dem Fremdvergleichspreis entspricht und daher zu einer Vermögensminderung (oder verhinderten Vermögensmehrung) geführt hat.[99] Die Ermittlung des Fremdvergleichspreises obliegt grds. der FinVerw., wobei es aber bei mangelnder Mitwirkung des Steuerpflichtigen zu Beweiserleichterungen und zu Schätzungen kommen kann.[100]

dd) Mitwirkung bei Interessenidentität

Gem. Tz. 3.3.2 VGr-Verfahren müssen im Rahmen der erhöhten Mitwir- **36**
kungspflicht bei Ermittlung und Nachweis auch die Möglichkeiten ausgenutzt werden, die sich aus Beteiligungsverhältnissen oder aus **gemeinsamen Interessen** ergeben. Wenn nur eine Verflechtung durch Interessenidentität iSd geltenden Tz. 1.3.2.7 VGr besteht, ist es dem Steuerpflichtigen häufig nicht möglich oder nicht zumutbar, Unterlagen zu beschaffen, sofern sich der

---

[97] Vgl. EU JTPF „Report on Compensating Adjustments" vom 29.1.2014, Tz. 17.
[98] Vgl. BFH 17.10.2001, DB 2001, 2474.
[99] Vgl. BFH 17.10.2001, DB 2001, 2474, 2477; *Wassermeyer* WPg 2002, 10 ff., 14.
[100] S. dazu ausführlich Rn. 95 ff., 122 ff.

Interessenspartner weigert. Denn bei Vorliegen von Interessenidentität bieten sich dem beteiligten Steuerpflichtigen weder rechtliche noch tatsächliche Möglichkeiten, geschäftsinterne Unterlagen vom Geschäftspartner zu verlangen. In solchen Fällen ist nach dem Grundsatz der Verhältnismäßigkeit darauf abzustellen, welche Vereinbarungen zwecks Beweisvorsorge mit einem fremden Unternehmen ohne Interessenidentität getroffen worden wären.

ee) Mitwirkungsverweigerungsrechte

37 Dem Steuerpflichtigen und anderen Beteiligten iSd § 78 AO stehen grds. **keine Mitwirkungsverweigerungsrechte** zu, dh sie müssen den Finanzbehörden grds. auch belastende Tatsachen mitteilen. Die Auskunfts- und Vorlageverweigerungsrechte der §§ 101–103 AO gelten nur für andere Personen (Angehörige, die nicht selbst Beteiligte sind, Personen, die einen Beruf ausüben, der zu besonderer Verschwiegenheit verpflichtet, und Personen, die nicht Beteiligte sind und sich der Gefahr der Verfolgung wegen einer Straftat oder Ordnungswidrigkeit aussetzen würden). Der Steuerpflichtige kann sich aber darauf berufen, dass die Beschaffung bestimmter Auskünfte oder Unterlagen rechtlich unmöglich oder unzumutbar ist.[101]

38 Die Befugnisse der Finanzbehörden im Besteuerungsverfahren werden auch durch ein Steuerstrafverfahren grds. nicht berührt. In Fällen, in denen sich der Stpfl. durch seine Mitwirkung einer **Steuerstraftat** oder einer **Steuerordnungswidrigkeit** bezichtigen würde, sind jedoch Zwangsmittel (§ 328 AO) unzulässig. Soweit die Voraussetzungen des § 393 AO dagegen nicht vorliegen, kann die Mitwirkung unter Androhung von Zwangsmitteln durchgesetzt werden.[102] Die Durchsetzung der Mitwirkungspflichten mit Zwangsmitteln nach §§ 328 ff. AO dürfte bei Auslandssachverhalten praktisch kaum erforderlich sein, weil die FinVerw. nach dem Grundsatz der Verhältnismäßigkeit eher das zweckmäßigere Mittel der Schätzung wählen wird. Mit den Zwangsmitteln iSd §§ 328 ff. AO kann im Übrigen keine Nachweisvorsorge gem. § 90 Abs. 2 S. 4 AO erzwungen werden, da eine Verletzung dieser Mitwirkungspflicht nur eine Obliegenheit des Steuerpflichtigen berührt.

d) Verletzung der erhöhten Mitwirkungspflicht

39 Ebenso wie die Verletzung der „normalen" Mitwirkungspflicht[103] kann nach Auffassung der FinVerw. auch die Verletzung der **erhöhten Mitwirkungspflicht** im Einzelfall u. a. folgende Rechtsfolgen auslösen,[104] die im Einzelnen noch in den folgenden Abschnitten im Detail erläutert werden:

---

[101] S. oben Rn. 13 ff.; zur Pflicht zur Vorlage von Gutachten und Stellungnahmen vgl. Rn. 9.

[102] Ausführlich dazu *Streck/Spatschek* wistra 1998, 334 ff.; FG Münster 22.8.2000, EFG 2001, 4.

[103] S. Rn. 2 f.

[104] Vgl. VGr-Verfahren Tz. 4.1; *Söhn* in HHSp, § 90 AO Rn. 158; *Englisch* IStR 2009, 37, 42 mwN. Nach Auffassung des FG Berlin 16.1.2002, EFG 2002, 441 kann sich das FA jedoch nicht auf eine Verletzung der Mitwirkungspflichten berufen, insoweit sich die Information aus den dem FA zugänglichen Unterlagen ergibt, wie zB der ordnungsmäßigen Buchführung.

- Reduzierung der Sachaufklärungspflicht der Finanzbehörde
- Schätzung der Besteuerungsgrundlagen der Höhe nach
- Ablehnung von Verständigungsverfahren
- Anwendung von Zwangsmitteln
- Verzögerungsgeld

Allerdings ist hier die für einen Rechtsstaat bedenkliche Entwicklung in der Praxis festzustellen, dass in der Betriebsprüfung in einzelnen Fällen übertriebene Mitwirkungsverlangen in den Raum gestellt werden, die kaum erfüllt werden können. Diese Verlangen haben nur vordergründig die Sachverhaltsermittlung im Auge, sollen aber im Ergebnis wohl die Möglichkeiten einer Reduzierung der auch der Finanzbehörde obliegenden Sachaufklärungspflicht oder der Schätzung eröffnen. Solchen übertriebenen Mitwirkungsverlangen sind die vorstehend erörterten Grenzen der Mitwirkungspflicht entgegen zu halten.

Die Verletzung der erhöhten Mitwirkungspflicht nach § 90 Abs. 2 AO ist nicht zu verwechseln mit der Verletzung der besonderen Aufzeichnungspflichten nach § 90 Abs. 3 AO. Die Aufzeichnungspflichten und die Folgen ihrer Verletzung werden gesondert erörtert.[105]

aa) Reduzierung der Sachaufklärungspflicht und Beweislastentscheidungen

Wenn der Steuerpflichtige seine Mitwirkungspflicht nicht erfüllen kann **40** oder nicht erfüllen will, so besteht die **Sachaufklärungspflicht** der FinVerw. weiter;[106] dies folgt zB aus §§ 93 Abs. 1 S. 3, 97 Abs. 2 AO. Die Finanzbehörde hat den Sachverhalt zunächst so weit zu ermitteln, wie es ihr ohne die Mitwirkung des Steuerpflichtigen möglich ist.[107] Die Finanzbehörde muss den Sachverhalt bis an die Grenze des Verhältnismäßigen und Zumutbaren ermitteln, wobei sich Zumutbarkeit und Verhältnismäßigkeit nach den Umständen des Einzelfalles bestimmen.[108] Geht die FinVerw. zB von einer vGA aus, so muss sie diese zunächst dem Grunde nach feststellen.

Wenn Die **Verletzung der Mitwirkungspflicht** durch den Steuerpflich- **41** tigen entbindet das FA nicht von seiner Ermittlungspflicht, kann aber im Einzelfall zu einer Einschränkung der Untersuchungspflicht der Behörde führen.[109] Kann die FinVerw. die **vGA dem Grunde nach** trotz eines **reduzierten Beweismaßes** nicht feststellen, muss sie eine Entscheidung nach der objektiven Beweislast treffen.[110] Hat die FinVerw. eine vGA dem Grunde nach festgestellt, ist die **Höhe der vGA** festzustellen oder es kommt eine **Schätzung** nach § 162 Abs. 1 AO in Betracht.[111]

---

[105] S. Rn. 51.

[106] Vgl. *Seer* in Tipke/Kruse, § 90 AO Tz. 14; *Söhn* in HHSp, § 90 AO Rn. 156.

[107] Vgl. *Brozat* DStR 1983, 77.

[108] So ausdrücklich in einem Amtshaftungsprozess OLG München 28.9.1995, BB 1996, 462; ebenso BFH 20.12.2000, BStBl. II 2001, 381, 383.

[109] S. Rn. 65 ff.

[110] S. Rn. 95 ff.

[111] S. Rn. 42 ff., 95 ff. und 117 ff.

bb) Schätzung

42   Wenn der Steuerpflichtige seine Mitwirkungspflicht nicht erfüllt, kann eine **Schätzung nach § 162 AO**[112] in Betracht kommen.[113] Eine Schätzung darf jedoch erst dann erfolgen, wenn der Sachverhalt nicht ermittelt werden kann.[114] Im Übrigen ist zu unterscheiden zwischen den Fällen, in denen der Steuerpflichtige den Sachverhalt trotz Ausschöpfung aller zumutbaren Ermittlungsmöglichkeiten nicht bzw. nicht vollständig darlegen kann und den Fällen, in denen er hinsichtlich der Tatsachen, die in seiner Wissens- und Einflusssphäre liegen, seine Mitwirkungs-, Informations- oder Nachweispflichten verletzt.

43   In den zuerst genannten Fällen erfolgt keine Beweismaßreduzierung bzgl. bestimmter Tatbestandsmerkmale, sondern ggf. eine Schätzung der **Besteuerungsgrundlagen** nach **§ 162 Abs. 1 AO**.[115] Zu beachten ist, dass nach § 162 Abs. 1 AO ausdrücklich nur die Besteuerungsgrundlagen – also die Berechnungsgrundlagen für die Steuerfestsetzung – geschätzt werden; dh, die **Tatbestandsverwirklichung** durch den Steuerpflichtigen iSd § 38 AO **muss mit hinreichender Sicherheit feststehen** und darf **nicht geschätzt** werden.[116] Durch die Schätzung werden die Besteuerungsgrundlagen nicht mehr mit an Sicherheit grenzender Wahrscheinlichkeit ermittelt, sondern es werden diejenigen angesetzt, für die die **größte Wahrscheinlichkeit** spricht.[117] Soweit steuerbegründende Tatsachen nicht mit an Sicherheit grenzender Wahrscheinlichkeit festgestellt werden können, trägt das FA die objektive Beweislast und eine Gewinnkorrektur ist unzulässig.[118]

44   In der oben erörterten zweiten Fallgruppe der **Verletzung der Mitwirkungspflicht** tritt für die steuerbegründenden oder steuererhöhenden Tatbestandsmerkmale zunächst eine **Reduzierung des Beweismaßes** für dasjenige Tatbestandsmerkmal ein, auf das sich die Mitwirkungspflicht bezieht.[119] Nur wenn der Besteuerungstatbestand erfüllt ist – zB eine vGA vorliegt – kommt eine Schätzung gem. **§ 162 Abs. 2 AO** bzgl. der Rechtsfolgen in Betracht.

45   Die Vorschrift des § 162 Abs. 2 AO knüpft an § 162 Abs. 1 AO und setzt voraus, dass das FA die Besteuerungsgrundlagen nicht ermitteln oder berechnen kann. Während jedoch die Schätzung nach § 162 Abs. 1 AO nicht auf einer Verletzung der Mitwirkungspflicht des Steuerpflichtigen beruht, sondern auf der Unmöglichkeit, die vGA oder verdeckte Einlage bzw. Gewinnkorrektur nach § 1 Abs. 1 AStG der **Höhe nach** genau zu ermitteln, beruht die Schätzung nach § 162 Abs. 2 AO auf der Verletzung der Mitwirkungspflicht des Steuerpflichtigen.[120]

---

[112] S. dazu ausführlich Rn. 117 ff.

[113] Vgl. *Rengers* in Blümich, § 8 KStG Rn. 470 f.; *Stapperfend* in Gräber, § 96 FGO Rn. 18; *Hagen,* NWB F. 2, S. 9907 ff., 9915.

[114] Vgl. BFH 20.6.2005, BFH/NV 2005, 2062; *Stapperfend* in Gräber, § 96 FGO, Rn. 18 mwN.

[115] Vgl. *Trzaskalik* in HHSp, § 162 AO Rn. 25.

[116] Vgl. *Wassermeyer* in FWB, § 1 AStG Rn. 864.

[117] Vgl. *Wassermeyer* in FWB, § 1 AStG Rn. 864.

[118] S. Rn. 57 ff.

[119] BFH 25.8.2009, DStR 2009, 2295.

[120] S. Rn. 124 ff.

Erst seit im Jahr 2003 durch § 90 Abs. 3 AO und §§ 1 ff. GAufzV eine **Do-** **46** **kumentationspflicht** eingeführt wurde und **§ 162 Abs. 3 AO** eine Schätzung durch das FA zulässt – falls dieser Pflicht nicht genügt wird –, ist eine Schätzung wegen der Verletzung dieser Dokumentationspflichten zulässig. Neben den erweiterten Möglichkeiten der Schätzung wurden in § 162 Abs. 4 AO (Straf-)Zuschläge geregelt, die festgesetzt werden können, wenn die Dokumentation nicht vorgelegt wird, wenn vorgelegte Aufzeichnungen im Wesentlichen unverwertbar sind oder wenn verspätet verwendbare Aufzeichnungen vorgelegt werden.[121]

(einstweilen frei)   **47**

cc) Ablehnung Verständigungsverfahren

Im ersten Entwurf der VGr-Verfahren war noch der Hinweis enthalten, dass **48** wegen fehlender Mitwirkung des Steuerpflichtigen die Einleitung eines **Verständigungsverfahrens abgelehnt** oder ein anhängiges Verfahren abgebrochen werden kann. Diese Regelung wurde aber im zweiten Entwurf auf Grund der Einwände von Wirtschaftsverbänden gestrichen. In Tz. 6.1.3.2 der VGr-Verfahren ist unter Berufung auf Art. 8 Abs. 1 der EU-Schiedskonvention die Möglichkeit der Verweigerung des Schiedsverfahrens nur noch vorgesehen, wenn der Verstoß mit einer Freiheitsstrafe, Geldstrafe oder mit einem Bußgeld geahndet wird. Ein Zuschlag nach § 162 Abs. 4 AO im Falle der Verletzung der Dokumentationspflichten soll nicht ausreichen. Somit reicht eine „einfache" Verletzung der Mitwirkungspflichten nicht aus, um Konsequenzen bzgl. des Verständigungs- oder Schiedsverfahrens nach sich zu ziehen. Die Verletzung muss gleichzeitig eine Straftat oder Ordnungswidrigkeit darstellen.

In dem „Merkblatt zum internationalen Verständigungs- und Schiedsverfahren in Steuersachen"[122] geht die FinVerw. jedoch in Tz. 2.1.7. davon aus, dass eine Doppelbesteuerung, die durch **Nichtbeachtung von Verfahrensvorschriften** (zB Ablauf von Ausschlussfristen) entsteht, keinen Anlass für ein Verständigungsverfahren gibt. Da die Mitwirkungspflichten als Verfahrensvorschriften zu sehen sind, könnte ein Finanzbeamter die Meinung vertreten, dass im Falle der Verletzung von Mitwirkungspflichten das Verständigungsverfahren versagt werden darf. In den Fällen, die unter die EU-Schiedskonvention fallen, stellt sich die Frage, ob diese Versagung zulässig wäre oder mit Art. 8 Abs. 1 der EU-Schiedskonvention vereinbar ist, weil dieser eine Verweigerung lediglich bei strafrechtlich oder bußgeldrechtlich relevanten Verstößen gestattet. Die Verletzung der Mitwirkungspflichten kann nur dann zu einer Versagung der Einleitung des Verständigungsverfahrens führen, wenn sich der Steuerpflichtige im vorherigen Besteuerungsverfahren in jeder Hinsicht nicht mitwirkte und der FinVerw. die zur Betreibung des Verfahrens erforderlichen Informationen fehlten.[123] Die meisten DBA räumen dem Steuerpflichtigen einen **Anspruch** auf die **Einleitung eines Verständigungsverfahrens** ein. Dieser Anspruch muss – von zuvor genannten Ausnahmefall

---

[121] *Wassermeyer* WPg 2002, 10, 14 wies schon vorher auf die geplante Einführung eines neuen § 90 Abs. 3 AO für Dokumentationspflichten und eines neuen § 162 Abs. 3 AO für eine Schätzung bei Verletzung dieser Pflichten hin. Zur Dokumentationspflicht s. Kap. E.

[122] Vgl. BMF 13.7.2006, BStBl. I 2006, 461.

[123] S. unten Rn. 231 ff.

abgesehen – von den Finanzbehörden respektiert werden, insbesondere wenn streitig ist, ob der Betriebsprüfer unrechtmäßige oder unverhältnismäßige Anforderungen an die Mitwirkung des Steuerpflichtigen gestellt hat. Wenn der Steuerpflichtige seine Mitwirkungspflicht tatsächlich teilweise verletzt hat, kann sich dies auf das Einigungsergebnis oder auf die Einigungsbemühungen auswirken.[124] Soweit das Verständigungsverfahren jedoch im Rahmen eines **Schiedsverfahrens** nach der EU-Schiedskonvention vorgeschaltet ist, gilt vorrangig und zwingend die oben genannte Regelung des Art. 8 Abs. 1 EU Schiedskonvention, der die Fälle der Verweigerung des Schiedsverfahrens abschließend regelt.

dd) Zwangsmittel

49   Die Finanzbehörde kann den Steuerpflichtigen durch **Zwangsmittel** (§ 328 AO) zur Erfüllung der ihm obliegenden Mitwirkungspflichten anhalten. Die Festsetzung von Zwangsgeld wurde zB vom FG Münster[125] für zulässig erachtet, wenn damit die Vorlage von Kostenstellenplänen erreicht werden soll, um zu prüfen, ob das inländische Unternehmen seine Dienstleistungen gegenüber ausländischen Konzernunternehmen so abgerechnet hat, dass es zumindest seine Kosten decken konnte.

ee) Verzögerungsgeld

50   Die Verletzung der Mitwirkungspflichten iSd § 90 Abs. 2 AO ist abzugrenzen von derjenigen, die zu einem **Verzögerungsgeld** iSd § 146 Abs. 2b AO führen kann. Das Verzögerungsgeld kann insb. festgesetzt werden, wenn Unterlagen im Ausland aufbewahrt und nach Aufforderung innerhalb einer **angemessenen Frist** nicht vorgelegt werden. Ferner kommt ein Verzögerungsentgelt in Betracht, wenn der Steuerpflichtige seiner Pflicht zur Einräumung eines Datenzugriffs, zur Vorlage von Unterlagen oder zur Auskunftserteilung innerhalb einer angemessenen Frist nicht nachkommt.[126] Die Pflichtverletzung muss im Rahmen einer Außenprüfung stattfinden.[127] Ob diese Pflichten im Zusammenhang mit einem Auslandssachverhalt stehen, ist unerheblich. Daher wird insoweit auf die einschlägigen Kommentare zur AO verwiesen. Im Zusammenhang mit Verrechnungssachverhalten stellt sich lediglich die Frage, in welchem Verhältnis das Verzögerungsgeld iSd § 146 Abs. 2b AO und die Strafzuschläge iSd § 162 Abs. 4 AO zueinander stehen, sofern sich die Tatbestände überhaupt überschneiden. Soweit es sich bei den angeforderten Aufzeichnungen nicht lediglich um Buchhaltungsunterlagen handelt, sondern um Aufzeichnungen iSd § 90 Abs. 3 AO, geht unseres Erachtens die Regelung des § 162 Abs. 4 AO als lex specialis der allgemeinen Regelung des § 146 Abs. 2b AO vor. Die Höchstgrenzen der Zuschläge des § 162 Abs. 4 AO dürfen nicht durch § 146 Abs. 2b AO umgangen werden.

e) Dokumentationspflichten

51   Aufgrund der gesetzlichen Mitwirkungspflichten des § 90 Abs. 1 und 2 AO hat die FinVerw. in verschiedenen BMF-Schreiben Regelungen über die

---

[124] S. dazu Rn. 265 ff.
[125] Vgl. FG Münster 22.8.2000, EFG 2001, 4.
[126] Vgl. *Dißars* Stbg 2010, 247, 248.
[127] Vgl. *Dißars* Stbg 2010, 247, 249.

Vorlage von Unterlagen aufgenommen (so zB in Tz. 9.2.1 und 9.2.2 VGr, Tz. 5 VGr-Uml., Tz. 5.2 Betriebsstätten-VGr und Tz. 5 VGr-Arbeitnehmerentsendung). Nachdem der BFH in seinem Urteil vom 17.10.2001 feststellte, dass es keine Gesetzesgrundlage für die Anforderung einer speziellen Dokumentation für Verrechnungspreissachverhalte gibt,[128] hat der Gesetzgeber im Jahr 2003 mit § 90 Abs. 3 AO und der ergänzenden GAufzV die erforderliche Rechtsgrundlage geschaffen.[129] Die nach Inkrafttreten dieser Vorschriften geltenden Dokumentationsanforderungen des deutschen Rechts und die Empfehlungen der OECD werden in **Kapitel E** ausführlich kommentiert. Dort erfolgen auch Hinweise zur praktischen Anwendung und Umsetzung der Vorschriften.

(einstweilen frei) 52–56

II. Beweismaß, Beweislast und Schätzung

1. Überblick

Die steuerliche Veranlagung und Prüfung von Verrechnungspreissachver- 57
halten mit Auslandsbezug führen regelmäßig zu Streitpunkten zwischen dem Steuerpflichtigen und der FinVerw. Gerade im Hinblick auf den Auslandsbezug internationaler Verrechnungspreise stehen die FG regelmäßig vor der Frage, welche der Parteien die Beweislast zu tragen hat, was das angemessene Beweismaß ist und welchen Umfang die Mitwirkungs- und Dokumentationspflichten der Steuerpflichtigen haben. Von diesen Aspekten hängt es ab, ob und inwieweit das FA oder das FG, eine Schätzung der Steuerbemessungsgrundlage vorzunehmen dürfen. Im Kontext von Verrechnungspreissachverhalten spielt der Umgang mit den steuer- und verfahrensrechtlichen Aspekten **Beweismaß, Beweislast, Mitwirkungspflichten** und **Schätzung** eine zentrale Rolle, die wegen der zunehmenden Prüfungsintensität von Verrechnungspreisangelegenheiten im Bereich der internationalen Besteuerung in Zukunft weiter an Bedeutung gewinnen wird.

Schon in der Vergangenheit untersuchte die FinVerw. bei der Betriebs- 58
prüfung Verrechnungspreisaspekte mit erhöhter Aufmerksamkeit, während gleichzeitig der Steuerpflichtige auf Grund komplexer **multinationaler Konzernstrukturen** immer größeren Schwierigkeiten gegenübersteht, die für die Veranlagung und Prüfung erforderlichen Informationen bereitzustellen. Auf Grund des für die deutsche Rechtsdogmatik im Bereich der Verrechnungspreise bahnbrechenden BFH-Urteils v. 17.10.2001,[130] der seit 2003 in Kraft getretenen Dokumentationspflichten nach § 90 Abs. 3 AO und der ergänzenden Gewinnabgrenzungsaufzeichnungsverordnung[131] darf erwar-

---

[128] BFH 17.10.2001, DB 2001, 2474.
[129] Inzwischen hat die OECD das Thema Dokumentation aufgegriffen. Es sollen internationale Standards geschaffen werden, vgl. OECD Berichte „Action Plan on Base Erosion and Profit Shifting" vom 19.7.2013, 23 und „WHITE PAPER ON TRANSFER PRICING DOCUMENTATION" vom 30.7.2013.
[130] Vgl. BFH 17.10.2001, DB 2001, 2474 ff.
[131] Vgl. GAufzV, BStBl. I 2003, 739 ff.

tet werden, dass Verrechnungspreissachverhalte in Zukunft weiterhin im Fokus der Betriebsprüfung stehen werden.

2. Beweismaß

a) Begriff: Wahrscheinlichkeitsbetrachtung

59   Der Untersuchungsgrundsatz besagt, dass ein steuerlicher Sachverhalt von Amts wegen zu ermitteln ist und dass der Umfang dieser Pflichten sich nach den Umständen des Einzelfalls richtet (§ 88 Abs. 1 AO). Jedoch fehlt eine Aussage darüber, bis zu welchem **Grad an Gewissheit** die Sachverhaltsermittlung vorangetrieben werden sollte.[132] Hinter dem Aspekt „Grad an Gewissheit" **(Beweismaß)** steht die Überlegung, dass der Sachverhalt mit einer bestimmten **Wahrscheinlichkeit** der Faktenrichtigkeit zu ermitteln ist. Die AO liefert allerdings zum Beweismaß selbst keine explizite Regelung.[133] Die hM. geht sowohl für den Verwaltungs- als auch für den Steuerprozess davon aus, dass die Finanzbehörde oder das Gericht einen Sachverhalt idR als wahr, mithin als erwiesen erachten darf, wenn dieser nach der Vorstellung des Finanzbeamten bzw. des Finanzrichters mit einem so hohen Grad der **Wahrscheinlichkeit** festgestellt ist, dass kein vernünftiger, die Lebensverhältnisse klar überschauender Mensch noch zweifelt.[134] Folgt man der Rechtsprechung des BGH, der in seinem zivilprozessrechtlichen Grundsatzurteil zur Anastasia-Entscheidung[135] die Frage nach dem angemessenen Beweismaß zu klären hatte, verlangt das Gesetz keine von allen Zweifeln freie Überzeugung des Gerichts. Vielmehr kommt es auf die eigene Überzeugung des Richters an, selbst wenn Andere zweifeln oder eine andere Auffassung hätten.[136]

60   Im **Steuerprozessrecht** galt lange Zeit die Lehre von der **überwiegenden Wahrheit.** Danach ist von dem Sachverhalt auszugehen, der die größte Wahrscheinlichkeit für sich hat, wenn die Ermittlungen des FG nach Ausschöpfung aller zumutbaren Aufklärungsmöglichkeiten nicht zur Sachverhaltsfeststellung mit an Sicherheit grenzender Wahrscheinlichkeit führen (sog. **annähernde Wahrheit**).[137] Davon zu unterscheiden ist die sog. **relative Beweismaßtheorie,** welche das Beweismaß an den Umständen des konkreten Einzelfalls festzumachen sucht. Nach dieser Theorie ist das relative Beweismaß vom Richter durch eine *ad hoc*-Entscheidung nach den jeweiligen Umständen des Einzelfalls zu bestimmen. Unterschiedliche Beweismaßkriterien nehmen dabei Einfluss auf die Entscheidung.[138]

61   Insgesamt gilt, dass trotz seiner Bedeutung in der praktischen Besteuerung der Begriff Beweismaß und sein Inhalt für das **Besteuerungsverfahren** nicht gesetzlich geregelt, sondern durch Rechtsprechung und Lehre geformt wur-

---

[132] Vgl. *Schmitz* in Schwarz, § 88 AO Rn. 15.

[133] Vgl. *Schmitz* in Schwarz, § 88 AO Rn. 15.

[134] Vgl. *Seer* in Tipke/Kruse, § 96 FGO Tz. 66, mit Hinweis auf BFH/NV 87, 560; *Stapperfend* in Gräber, § 96 FGO Rn. 28; *Söhn* in HHSp, § 88 AO Rn. 222 jeweils mwN.

[135] Vgl. BGHZ 53, 245, 256.

[136] Vgl. *Seer* in Tipke/Kruse, § 96 FGO Tz. 66.

[137] Vgl. *Seer* in Tipke/Kruse, § 96 FGO Tz. 67.

[138] Vgl. *Seer* in Tipke/Kruse, § 96 FGO Tz. 68.

de.[139] Die herrschende Meinung hebt hervor, dass ein Sachverhalt **mit an Sicherheit grenzender Wahrscheinlichkeit** feststehen muss, damit er als **Regelbeweismaß,** dh als volle **Überzeugungsgewissheit,** für die Besteuerung im konkreten Fall herangezogen werden kann.[140] Andererseits ist die Erhebung der Steuern im Massenverfahren zu berücksichtigen, so dass keine zu hohen Anforderungen gestellt werden dürfen.[141] Ein hohes Beweismaß ergibt erst in einem dem Massenverfahren nachgelagerten Verfahren Sinn.[142]

Gerade bei Verrechnungspreisfällen hat die Frage nach Vergleichbarkeits-   **62** kriterien und Beweismaß eine besondere Bedeutung. Sehr oft wird in Betriebsprüfung diskutiert, ob ein Sachverhalt oder eine Transaktion mit einem anderen Sachverhalt bzw. einer anderen Transaktion vergleichbar ist. Hier stellt sich die Frage in welchem Verhältnis Vergleichs- und Beweismaßstab zueinander stehen. Bei einem Vergleich ist zunächst zu klären, welche **Vergleichbarkeitskriterien** geprüft werden müssen, um von Vergleichbarkeit sprechen zu können. Werden an die Frage der Vergleichbarkeitskriterien zu hohe Anforderungen gestellt, kommt man letztendlich immer zum Ergebnis, dass ein Sachverhalt bzw. eine Transaktion nicht vergleichbar ist. Kapitel I. und III. der OECD-VPL beschäftigen sich ausführlich mit der Frage der Vergleichbarkeit. Die OECD-VPL werden in Kap. B ausführlich besprochen. Insoweit wird hier auf die Erläuterungen der Kapitel I. bis III. der OECD-VPL verwiesen. Sind die Vergleichbarkeitskriterien definiert, stellt sich die Tatsachenfrage, ob die Kriterien im zu untersuchenden Fall und im Vergleichsfall vergleichbar sind. So sieht die OECD zB in Tz. 1.36 OECD-VPL vor, dass die Vertragsbedingungen im zu untersuchenden Fall und im Vergleichsfall vergleichbar sein müssen. Nachdem die Vertragsbedingungen als Vergleichbarkeitskriterium feststehen, stellt sich nun die Frage nach dem **Beweismaß,** dh die Frage, mit welcher Überzeugung feststehen muss, dass die Vertragsbedingungen vergleichbar sind. Auch hier sollten in Verrechnungspreisfällen keine übertriebenen Anforderungen gestellt werden.[143]

b) Verhältnis zwischen Beweismaß und Beweislast

Nach § 96 Abs. 1 S. 1, 1. Halbsatz FGO muss das FG seiner Entscheidung   **63** den Sachverhalt zugrunde legen, von dessen Existenz es **überzeugt** ist.[144] Mit Hilfe der Beweis- und Verhandlungswürdigung soll das Gericht einen bestimmten Sachverhalt als erwiesen erkennen. **Kriterium des Erwiesenseins** ist das sog. **Regelbeweismaß** (Gewissheitsgrad, Überzeugungsmaßstab). Je höher im Einzelfall die Anforderungen an den **Gewissheitsgrad** einer richterlichen Feststellung sind, der das Regelbeweismaß zu bilden hat, desto häufiger wird in Fällen, in denen wegen **Unaufklärbarkeit** das hohe Maß an Gewissheit nicht erreicht wird, nach den Regeln der **objektiven Beweislast** zu ent-

---

[139] Vgl. *Schmitz* in Schwarz, § 88 AO Tz. 15.

[140] Vgl. BFH 13.7.2010, BFH/NV 2010, 2015, 2015; *Seer* in Tipke/Kruse, § 88 Tz. 29; *Stapperfend* in Gräber, § 96 FGO Rn. 28; *Söhn* in HHSp, § 88 AO Rn. 222.

[141] Vgl. *Seer* Steuer&Studium 2010, 369 ff.

[142] Vgl. *Seer* Steuer&Studium 2010, 369 ff.

[143] Vgl. zB Tz. 2.10 S. 4, 3.23, 5.11 OECD-VPL.

[144] Vgl. *Seer* in Tipke/Kruse, § 96 FGO Tz. 64.

scheiden sein.[145] Dieser Zusammenhang hat somit wegen des Problems der Unaufklärbarkeit von Sachverhaltsaspekten höchste Relevanz bei grenzüberschreitenden Verrechnungspreissachverhalten.

64 Das vom Untersuchungsgrundsatz bestimmte Verfahrensrecht der AO kennt grds. **keine subjektive Beweislast** oder **Beweisführungslast,** so dass der Beteiligte nicht verpflichtet werden kann, einen bestimmten Beweis zu führen. Daher ist in Fällen der **Unerweislichkeit** des entscheidungserheblichen Sachverhalts nach Ausschöpfung aller zugänglichen und zumutbaren Ermittlungsmöglichkeiten nach den Regeln der **objektiven Beweislast** oder **Feststellungslast** zu entscheiden. Die Unerweislichkeit steuerbegründender und steuererhöhender Merkmale **ging bislang** zu Lasten der Finanzbehörde; eine Unerweislichkeit steuermindernder und steuerbefreiender Merkmale **ging dagegen bisher zu Lasten des Beteiligten.**[146]

Die Struktur der Beweislastregeln im neuen Dokumentationsrecht nach §§ 90 Abs. 3, 162 Abs. 3 und 4 AO führt zu einer „quasi-faktischen" Beweislastumkehr, indem der Stpfl. eine **widerlegbare Vermutung** des Gesetzes mit entsprechenden Beweisen entkräften kann. Aufgrund der Vermutung muss ein Sachverhalt nicht mit an Sicherheit grenzender Wahrscheinlichkeit erwiesen werden.[147] Wenngleich die Reduzierung des Beweismaßes nach § 162 Abs. 3 AO keine formale „Umkehr der Beweislast" zu Lasten des Steuerpflichtigen bedeutet, so kommt die widerlegbare Vermutung einer Beweislastumkehr doch sehr nahe. Lediglich die Abschwächung der „Umkehr der Beweislast" auf das sog. **„ernsthafte Bemühen"** nach § 1 Abs. 1 GAufzV verhindert die tatsächliche Beweislastumkehr.[148] Nach Auffassung der FinVerw. in Tz. 4.6.1 VGr-Verfahren trifft den Steuerpflichtigen die Beweisführungslast, dass es zu keiner Einkünfteminderung gekommen ist.

c) Reduzierung des Beweismaßes aufgrund von Verletzungen der Mitwirkungspflicht

65 Genügt der Steuerpflichtige der ihm auferlegten erhöhten Mitwirkungspflicht nicht in zumutbarer Weise, so kann dies grds. zu einer **Einschränkung der Ermittlungspflicht der Finanzbehörde**[149] führen und im Einzelfall ist das FA von zusätzlichen Ermittlungstätigkeiten sowie der Pflicht enthoben, den Steuerpflichtigen ausdrücklich zur Vorlage von Unterlagen aufzufordern.[150] Auch wenn die Behörde grds. die Beweisführungslast hat,[151] so können doch aus der Verletzung der Mitwirkungspflicht im Wege der freien Beweiswürdigung negative Schlüsse gezogen werden, wenn begründete Zweifel an den Angaben des Steuerpflichtigen verbleiben.[152]

---

[145] Vgl. *Seer* in Tipke/Kruse, § 96 FGO Tz. 64.

[146] Vgl. BFH 15.2.1989, BStBl. II 1989, 462; *Schmitz* in Schwarz, § 88 AO Rn. 31.

[147] S. Rn. 67.

[148] Vgl. *Wassermeyer* DB 2003, 1535, 1538.

[149] Grundlegend hierzu BFH 15.2.1989, BStBl. II 1989, 462, 464; bestätigt durch BFH 6.6.2006, BFH/NV 2006, 1785; *Rengers* in Blümich, § 8 KStG Rn. 470 f.

[150] Vgl. BFH 20.5.1969, BStBl. II 1969, 550.

[151] S. hierzu Rn. 75 ff.

[152] Ständige Rechtsprechung seit BFH 15.2.1989, BStBl. II 1989, 462; ebenso BFH 6.6.2006, BFH/NV 2006, 1785; *Söhn* in HHSp, § 90 AO Rn. 130 ff.; s. ferner Rn. 95.

Wenn der Steuerpflichtige seine Mitwirkungspflichten verletzt,[153] indem er zB keine Auskunft darüber gibt, wie der Verrechnungspreis zu Stande kam und welche Risiken und Funktionen er übernahm, dann richtet sich die Rechtsfolge danach, ob es um die Feststellung einer vGA dem Grunde oder der Höhe nach geht. Die **Verletzung der Mitwirkungspflicht** durch den Steuerpflichtigen entbindet das FA nicht von seiner Ermittlungspflicht, kann aber im Einzelfall zu einer Einschränkung der Untersuchungspflicht der Behörde führen. Kann die FinVerw. die **vGA dem Grunde nach** trotz des **reduzierten Beweismaßes** nicht feststellen, muss sie eine Entscheidung nach der objektiven Beweislast treffen.[154] Hat die FinVerw. eine vGA dem Grunde nach festgestellt, ist die **Höhe der vGA** festzustellen oder es kommt eine **Schätzung** nach § 162 Abs. 1 AO in Betracht.[155] Schätzung nach § 162 AO bedeutet Beweismaßreduzierung im Hinblick auf die Berechnungsgrundlagen. § 162 AO gilt auch im Finanzgerichtsverfahren (§ 96 Abs. 1 FGO). Der Finanzbehörde steht insb. dann die Befugnis zur Schätzung zu, wenn der Steuerpflichtige bei Auslandsbeziehungen seine Mitwirkungs- und Ermittlungspflichten nach § 90 Abs. 2 AO nicht erfüllt. Trotz der Verletzung der Mitwirkungspflichten kommt eine Schätzung jedoch nur dann in Betracht, wenn der Sachverhalt nicht auf andere Weise ermittelt werden kann.[156] Es besteht der Vorrang der Sachverhaltsermittlung gegenüber einer Schätzung.[157]

Im Unterschied zum Regelbeweismaß mit seiner an Sicherheit grenzenden **66** Wahrscheinlichkeit bei der Ermittlung eines Sachverhalts bedeutet Schätzung, dass die Berechnungsgrundlagen nach der **größtmöglichen Wahrscheinlichkeit** ermittelt und ggf. festgestellt werden.[158] Eine derartige Reduzierung des Beweismaßes erlaubt die Vermeidung der Regeln der objektiven Beweislast. Der Ausschluss der objektiven **Beweislastregeln** im Anwendungsbereich des § 162 AO ist somit möglich.[159] Die FinVerw. sieht darin ein Mittel, den sog. „Beweisverderbern" die Vorteile zu nehmen, die diese sonst aufgrund der Beweislastregelungen hätten.[160]

d) Gesetzliche Beweisregeln

Im Gesetz befinden sich an verschiedenen Stellen Regelungen, die von einer **67** Vermutung ausgehen, die widerlegt werden kann. Aufgrund der Vermutung muss ein Sachverhalt nicht mit an Sicherheit grenzender Wahrscheinlichkeit erwiesen werden; man kann von dem vermuteten Sachverhalt ausgehen. Inso-

---

[153] Zu den generellen Folgen der Verletzung der erhöhten Mitwirkungspflicht s. zunächst Rn. 39 ff.

[154] S. Rn. 95 ff.

[155] S. Rn. 95 ff. und 117 ff.

[156] Vgl. BFH 20.6.2005, BFH/NV 2005, 2062; BFH 13.7.2010, BFH/NV 2010, 2015.

[157] Vgl. BFH 13.7.2010, BFH/NV 2010, 2015; BFH 23.3.2011, DStRE 2011, 1101, 1102.

[158] Vgl. BFH 23.3.2011, DStRE 2011, 1101, 1102. In einem Urteil des FG Berlin 16.1.2002, EFG 2002, 441 hält das FG eine „gewisse Wahrscheinlichkeit" für ausreichend.

[159] Vgl. *Trzaskalik* in HHSp, § 162 AO Rn. 13.

[160] Vgl. Tz. 4.5 VGr-Verfahren.

weit ist das Beweismaß reduziert. Die Widerlegung der Vermutung muss wieder mit an Sicherheit grenzender Wahrscheinlichkeit erfolgen.

Hierbei kommen insbesondere folgende Regelungen in Betracht:

– § 1 Abs. 1 S. 2 AStG: Für die Anwendung des Fremdvergleichsgrundsatzes ist davon auszugehen, dass die voneinander unabhängigen Dritten alle wesentlichen Umstände kennen und nach den Grundsätzen ordentlicher und gewissenhafter Geschäftsleiter handeln.

– § 1 Abs. 3 S. 4 AStG: Verweis auf den Median, sofern der vom Stpfl. verwendete Wert außerhalb der (eingeengten) Bandbreite liegt.[161]

– § 1 Abs. 3 S. 7 AStG: Berücksichtigung des Mittelwertes im Einigungsbereichs im Rahmen des hypothetischen Fremdvergleichs, sofern kein anderer Wert glaubhaft gemacht wird.

– § 1 Abs. 3 S. 11 AStG: Fiktion einer Preisanpassungsklausel beim hypothetischen Fremdvergleich.

– § 1 Abs. 6 S. 2 FVerlV: Annahme einer Funktionsverlagerung, sofern es innerhalb einer Frist von 5 Jahren zu einer Beschränkung der Funktion kommt und nicht glaubhaft gemacht werden kann, dass die Einschränkung nicht im unmittelbaren wirtschaftlichen Zusammenhang mit der Funktionsverdoppelung steht.

– § 162 Abs. 2 S. 3 AO: Widerlegbare Vermutung, dass steuerpflichtige Einkünfte in Staaten oder Gebieten iSd § 90 Abs. 2 S. 3 AO vorhanden oder höher als die erklärten sind, sofern Mitwirkungspflichten iSd § 90 Abs. 2 S. 3 AO verletzt werden.

– § 162 Abs. 3 S. 1 u. 3 AO: Widerlegbare Vermutung, dass steuerpflichtige Einkünfte im Inland höher als die erklärten sind, sofern Mitwirkungspflichten iSd § 90 Abs. 3 AO verletzt werden.

68 Seit längerem werden **Safe Harbour Regelungen** in Verrechnungspreisfällen diskutiert. Ursprünglich wurden die Vorschläge kritisch betrachtet.[162] Die bis 2012 in Tz. 4.93–4.122 OECD-VPL enthaltene Ablehnung von Safe Harbour Regelungen wurde z. T. aufgegeben und die OECD hat die OECD-VPL geändert.[163] Safe Harbour Regelungen sehen Erleichterungen in einfachen Fällen vor.[164] Safe Harbour Regelungen können als widerlegbare Vermutung und damit als Beweismaßregelung ausgestaltet werden.[165] Der Vorteil solcher Regelungen sind verminderter Aufwand für die Steuerpflichtigen, verminderter Verwaltungsaufwand und Rechtssicherheit.[166] Dies wird insbesondere von den Schwellen- und Entwicklungsländern gefordert.[167] Als Nachteile werden nicht fremdvergleichskonforme Verrechnungspreise, Doppel- oder Nichtbesteuerung, Steuerplanungmöglichkeiten und mangelnde Gleich-

---

[161] Zum Teil wird die Auffassung vertreten, dass der Verweis auf den Median verstoße gegen Art. 9 DBA-MA, vgl. *Engel/Hilbert* IWB 2013, 123 ff.

[162] Vgl. Tz. 4.94 OECD-VPL 2013.

[163] Vgl. OECD Discussion Draft on Safe Harbours vom 6.6.2012 und OECD Bericht „REVISED SECTION E ON SAFE HARBOURS IN CHAPTER IV OF THE TRANSFER PRICING GUIDELINES" vom 16.5.2013; *Reichl/von Bredow* DB 2013, 1514 ff.

[164] Vgl. Tz. 4.99 OECD-VPL 2013.

[165] Vgl. Tz. 4.102 OECD-VPL 2013.

[166] Vgl. Tz. 4.103 ff. OECD-VPL 2013.

[167] Vgl. *Durst* TNI 08/2012, 647, 648.

heit der Besteuerung aufgeführt.[168] Um diese Probleme – insbesondere das Problem der Doppel- bzw. Nichtbesteuerung – zu vermeiden, schlägt die OECD bilaterale Vereinbarungen (sog. Memoranda of Understanding oder MOU) vor, in denen die Kriterien für die Vereinfachungsregelungen genau definiert werden.[169] Als Basis für eine solche Vereinbarung werden Konsultationsverfahren iSd Art. 25 Abs. 3 OECD-MA angeführt. In Annex I zu Kapitel IV der OECD-VPL sind Muster-MOU für Low Risk Manufacturer, Low Risk Distributor und Low Risk R&D Services enthalten.

e) Ungeschriebene Beweisregeln

Nach dem **Grad der Annäherung** an den entscheidungserheblichen **69** Sachverhalt kann auch der mittelbare Beweis von hoher Bedeutung sein. Dies trifft insb. bei internationalen Verrechnungspreissachverhalten zu, da sich häufig entscheidungsrelevante Tatsachen nicht unmittelbar beweisen lassen, sondern lediglich sog. Hilfstatsachen (Indizien) zu verwenden sind, mit denen mittelbar auf die Tatsachen geschlossen werden kann. Hierzu bedarf es der Anwendung von **Erfahrungssätzen.**[170] Der **Anscheinsbeweis (*prima-facie-* Beweis)** ist im internationalen Steuerrecht die wichtigste Ausprägungsform ungeschriebener Beweisregeln. Insbesondere war es der BFH, der anerkannte, dass auch subjektive Tatbestandsmerkmale (Absichten, andere innere Tatsachen) für einen *prima-facie*-Beweis in Frage kommen.[171]

aa) Anscheinsbeweis

Der Anscheinsbeweis beruht auf der Erfahrung, dass bestimmte typische **70** Sachverhalte bestimmte Folgen auslösen oder dass umgekehrt bestimmte Folgen auf einen typischen Geschehensablauf hindeuten.[172] Ein *prima-facie*-Beweis liegt vor, wenn zwei Voraussetzungen erfüllt sind:
– Die Eignung des zu Grunde liegenden **Erfahrungssatzes,**[173] das Gericht zu überzeugen, und
– der neueste **Erfahrungsstand** in Bezug auf den unterstellten typischen Geschehensablauf.

Der Unterschied zu einer (sachlogisch zumeist nicht erreichbaren) absolu- **71** ten Gewissheit ist darin zu suchen, dass sich der Richter bei der Anwendung des Erfahrungsgrundsatzes zwar bewusst ist, dass im Einzelfall ein atypischer Geschehensablauf gegeben sein könnte. Solange diese vorläufige, voll persönliche **(subjektive) Überzeugung** des Richters aber keiner Erschütterung **(Erschütterungsbeweis)** unterliegt, folgt aus dem Anschein des Erfahrungsgrundsatzes das endgültige Urteil im individuellen Streitfall.[174]

Die Rechtsprechung im Steuerrecht hat insb. den Anscheinsbeweis bei der **72** Frage der **Gewinnerzielungsabsicht** diskutiert. Demnach ist die Existenz eines gewerblichen Betriebes bereits der Beweis des ersten Anscheins dafür,

---

[168] Vgl. Tz. 4.108 ff. OECD-VPL 2013.
[169] Vgl. Tz. 4.119 OECD-VPL 2013 iVm Annex I zu Kapitel IV der OECD-VPL.
[170] Vgl. *Seer* in Tipke/Kruse, § 96 FGO Tz. 35.
[171] Vgl. zur Gewinnerzielungsabsicht *Hutter* DStZ 98, 344, 348 f., s. auch *Seer* in Tipke/Kruse, § 96 FGO Tz. 38.
[172] Vgl. *Seer* in Tipke/Kruse, § 96 FGO Tz. 37 mwN.
[173] Vgl. *Seer* in Tipke/Kruse, § 96 FGO Tz. 41.
[174] Vgl. *Seer* in Tipke/Kruse, § 96 FGO Tz. 42.

dass der Betrieb in der Absicht der Gewinnerzielung betrieben wird. Gleichzeitig reichen dauernde Verluste alleine noch nicht aus, um einen für eine Gewinnerzielungsabsicht sprechenden Anscheinsbeweis zu entkräften.[175]

bb) Weitere ungeschriebene Beweisregeln

73   Weitere ungeschriebene Beweisregeln mit reduzierten Beweismaßen sind ebenfalls in der Rechtsprechung zum internationalen Steuerrecht zu finden. Allerdings verwenden Rechtsprechung und Literatur die Begriffe der **tatsächlichen Vermutung**, des **Indizienbeweises** und des **Anscheinsbeweises** uneinheitlich, indem sie diese entweder unklar oder synonym verwenden werden. Rechtsdogmatisch sind folgende Beweisregeln als reduzierte Beweismaße zu unterscheiden:
– Indizienbeweis (Anzeichenbeweis) und typisierende Betrachtungsweise[176]
– tatsächliche Vermutung[177]
– sachtypischer Beweisnotstand[178]
– Glaubhaftmachung[179]
– typisierende Betrachtungsweise[180]

74   Gerade Fälle der tatsächlichen Vermutung führen häufig zu einem „verdeckten" **reduzierten Beweismaß** und zu einer Veränderung der gesetzlichen **Beweislastverteilung.** Der BFH verwendet den Begriff der tatsächlichen Vermutung häufig im Zusammenhang mit der Aufklärung steuerbegründender Tatsachen, für die nach der Beweislastgrundregel eigentlich die Finanzbehörde den Beweis zu führen hätte. Dies führt faktisch zur **Beweislastumkehr.**

3. Beweislast

a) Begriff

75   Die oben dargestellten Probleme zum Beweismaß leiten direkt über zum Begriff der **Beweislast.** Das Prozessrecht unterscheidet zwischen **subjektiver Beweislast** (formeller Beweislast, Beweisführungslast, Behauptungslast) und **objektiver Beweislast** (materielle Beweislast, Feststellungslast).

aa) Subjektive Beweislast

76   Die subjektive Beweislast obliegt einer Partei dahingehend, dass diese Partei zur Vermeidung des Prozessverlusts durch eigene Tätigkeit den Beweis streitiger Tatsachen zu erbringen hat. Es handelt sich also um eine Last, keine Pflicht.[181] Das deutsche Steuerrecht kennt zwar das Konstrukt der **Beweisführungslast** (auch **subjektive Beweislast** genannt); allerdings gibt es nach hM im finanzgerichtlichen Verfahren, welches an und für sich vom Untersu-

---

[175] Vgl. BFH 21.8.1990, BStBl. II 1991, 564; BFH 12.12.1995, BStBl. II 1996, 219; BFH 22.4.1998, BStBl. II 1998, 663, 665; *Seer* in Tipke/Kruse, § 96 FGO Rn. 45.

[176] Vgl. *Seer* in Tipke/Kruse, § 96 FGO Tz. 36 f.

[177] Vgl. *Seer* in Tipke/Kruse, § 96 FGO Tz. 48 ff.

[178] Vgl. *Seer* in Tipke/Kruse, § 96 FGO Tz. 74.

[179] Vgl. *Seer* in Tipke/Kruse, § 96 FGO Tz. 75.

[180] Vgl. *Seer* in Tipke/Kruse, § 96 FGO Tz. 76 f.

[181] Vgl. *Söhn* in HHSp, § 88 AO Rn. 345.

chungsgrundsatz geprägt ist, grds. keine subjektive Beweislast.[182] Der Begriff der subjektiven Beweislast erstreckt sich gem. obiger Definition auf ein **Parteiverhalten,** das zwar nicht erzwungen werden kann, an dessen Ausbleiben sich aber als unabwendbare Folge **Nachteile für die Partei** knüpfen. Erbringt dabei der Steuerpflichtige den ihm auferlegten Beweis nicht (zB Bezeichnung des Zahlungsempfängers gem. § 16 AStG), gilt die Sache als unerwiesen.

Im internationalen Steuerrecht ist hier das Problem der erhöhten Mitwir- **77** kungspflichten nach § 90 Abs. 2 AO anzusprechen. Diese führen ebenfalls nicht zu einer subjektiven Beweislast des Steuerpflichtigen.[183]

Es ist in bestimmten Fällen möglich, dass das FA von seiner **Amtsermitt-** **78** **lungspflicht** aus § 88 AO entlastet wird.[184] Diesen Spielraum füllte der Gesetzgeber im Jahr 2003 mit Einführung der Dokumentationspflichten nach § 90 Abs. 3 AO und §§ 1 ff. GAufzV und die korrespondierenden **Sanktionsvorschriften** nach § 162 Abs. 3 u. 4 AO aus, indem dem Stpfl. nunmehr spezifische Aufzeichnungs- und Nachweispflichten für Verrechnungspreissachverhalte auferlegt sind und die Nichterfüllung dieser Pflicht eine **widerlegbare Vermutung** höherer Einkünfte zur Folge hat. Der beweisbelastete Steuerpflichtige kann die widerlegbare Vermutung entkräften durch Vorbringen neuer Tatsachen und Indizien, die für die zutreffende Höhe der erklärten Einkünfte sprechen.[185] Wenn die Sachverhaltsaufklärung durch die FinVerw. nicht weiter möglich ist, kann mit einer Entscheidung unter Berücksichtigung der subjektiven Beweislast eine Schätzung „vermieden" werden.[186]

bb) Objektive Beweislast

Der subjektiven Beweislast steht die objektive Beweislast gegenüber. Die **79** objektive Beweislast gibt eine Antwort auf die Frage, wer die **Konsequenzen** der **Unaufgeklärtheit** oder der **Unaufklärbarkeit** des **Sachverhalts** zu tragen hat, wenn sich die Finanzbehörde oder das FG aus den vorgetragenen Tatsachen keine Überzeugung über den Geschehensablauf bilden konnte. Dies kann auch dann der Fall sein, wenn der Beweiswert eines Beweises soweit vermindert ist, dass er nicht ausreicht, um die entsprechende Überzeugung zu erlangen. Der Beweiswert kann zB bei Verwendung von anonymisierten Daten (Lizenzkartei) vermindert sein.[187] Die objektive Beweislast regelt also nicht den Beweis, sondern die **Folgen der Beweislosigkeit** entscheidungsrelevanter Tatsachen.[188] Sie gilt daher in den Verfahren, in denen die Entscheidung von der Feststellung tatsächlicher Voraussetzungen abhängig ist.

Die Regeln der objektiven Beweislast oder **Feststellungslast** greifen ein, **80** wenn der Steuerpflichtige keine subjektive Beweislast hat und sich ein gesetzesrelevanter Sachverhalt trotz Beachtung der Regeln der Sachaufklärung nicht zur hinreichenden Überzeugung der Behörde erweisen lässt. Geregelt

---

[182] Vgl. *Helsper* in Koch/Scholtz, § 88 AO Rn. 12; *Seer* in Tipke/Kruse, § 96 FGO Tz. 78.
[183] Vgl. *Söhn* in HHSp, § 90 AO Rn. 155.
[184] Vgl. *Seer* in Tipke/Kruse, § 88 AO Rn. 32 f.
[185] Zur „Umkehr" der Beweislast s. Rn. 64.
[186] Vgl. *Seer* in Tipke/Kruse, § 88 AO Rn. 32.
[187] Vgl. *Schreiber* in Kroppen, VGr-Verfahren Anm. 33 ff.
[188] Vgl. *Söhn* in HHSp, § 88 AO Rn. 346.

werden damit in Anbetracht des Justizgewährungsanspruchs – dh, das Gericht ist gezwungen, in der Sache zu entscheiden – die Folgen der Beweislosigkeit entscheidungsrelevanter Tatsachen. Vor einer Entscheidung nach der objektiven Beweislast ist eine Reduzierung des Beweismaßes zu prüfen. Die Entscheidung nach der objektiven Beweislast ist als „ultima ratio" anzusehen.[189] Die Regeln der objektiven Beweislast oder **Feststellungslast** greifen ein, wenn sich ein gesetzesrelevanter Sachverhalt trotz Beachtung der Regeln der Sachverhaltsaufklärung nicht zur hinreichenden Überzeugung der Behörde erfassen und erweisen lässt. **Sachverhaltsaufklärung hat Vorrang** vor einer Entscheidung nach Beweislastregeln.[190]

81 Die Regeln der objektiven Beweislast dienen dem Richter als Grundlage der Entscheidung, zu wessen Nachteil der Prozess bei ungewissem Sachverhalt ausfallen muss **(Beweisrisikoverteilung).** Die Gerichte bedürfen hierzu einer normativen Grundlage; mithin ist die Verteilung der objektiven Beweislast Sache des Gesetzgebers. Die objektive Beweislast muss sich daher den Normen und den dahinter stehenden Wertungen entnehmen lassen. Hierbei kommen die Regelungen in Betracht, die schon zu einer Reduzierung des Beweismaßes führen:[191]

– § 1 Abs. 1 S. 2 AStG: Für die Anwendung des Fremdvergleichsgrundsatzes ist davon auszugehen, dass die voneinander unabhängigen Dritten alle wesentlichen Umstände kennen und nach den Grundsätzen ordentlicher und gewissenhafter Geschäftsleiter handeln.

– § 1 Abs. 3 S. 4 AStG: Verweis auf den Median, sofern der vom Stpfl. verwendete Wert außerhalb der (eingeengten) Bandbreite liegt.[192]

– § 1 Abs. 3 S. 7 AStG: Berücksichtigung des Mittelwertes des Einigungsbereiches im Rahmen des hypothetischen Fremdvergleichs, sofern kein anderer Wert glaubhaft gemacht wird.

– § 1 Abs. 3 S. 11 AStG: Fiktion einer Preisanpassungsklausel beim hypothetischen Fremdvergleich.

– § 1 Abs. 6 S. 2 FVerlV: Annahme einer Funktionsverlagerung, sofern es innerhalb einer Frist von 5 Jahre zu einer Beschränkung der Funktion kommt und nicht glaubhaft gemacht werden kann, dass die Einschränkung nicht im unmittelbaren wirtschaftlichen Zusammenhang mit der Funktionsverdoppelung steht.

– § 162 Abs. 2 S. 3 AO: Widerlegbare Vermutung, dass steuerpflichtige Einkünfte in Staaten oder Gebieten iSd § 90 Abs. 2 S. 3 AO vorhanden oder höher als die erklärten sind, sofern Mitwirkungspflichten iSd § 90 Abs. 2 S. 3 AO verletzt werden.

– § 162 Abs. 3 S. 1 u. 3 AO: Widerlegbare Vermutung, dass steuerpflichtige Einkünfte im Inland höher als die erklärten sind, sofern Mitwirkungspflichten iSd § 90 Abs. 3 AO verletzt werden.

82 Soweit Spezialvorschriften fehlen, gelten folgende Grundsätze der objektiven Beweislast:

---

[189] Vgl. BFH 23.3.2011, DStRE 2011, 1101, 1102.

[190] Vgl. BFH 9.5.2007, DStR 2007, 1295.

[191] S. Rn. 67.

[192] Vgl. Zum Teil wird die Auffassung vertreten, dass der Verweis auf den Median verstoße gegen Art. 9 DBA-MA, vgl. *Engel/Hilbert* IWB 2013, 123 ff.

- Die FinVerw. trägt die objektive Beweislast **(Feststellungslast)** für **alle steuerbegründenden und steuererhöhenden Tatsachen,** die erforderlich sind, den Steueranspruch des Fiskus geltend zu machen (sog. anspruchsbegründende Tatsachen, **positive Normvoraussetzungen**).[193] Eine Umkehr der Beweislast zugunsten des Steuerpflichtigen kommt nur in Betracht, wenn dem FA eine schuldhafte Beweisvereitelung vorzuwerfen ist.[194]
- Dagegen hat der Steuerpflichtige **alle steuerbegünstigenden Tatsachen** zu beweisen, mit denen er Steuerbefreiungen oder -ermäßigungen begründen kann oder die den Steueranspruch aufheben oder einschränken.[195]

Die Grundsätze der objektiven Beweislast wären dann heranzuziehen, **83** wenn die vorliegenden Beweismittel keine volle **Überzeugungsgewissheit** liefern und die Sonderfälle, die die einschlägigen Sonderregelungen zur Wirkung bringen würden, nicht eintreten.

Wenn die FinVerw. Zweifel an den Informationen des Steuerpflichtigen hat **84** und sie selbst nicht in der Lage ist, den Sachverhalt zB durch Auskunftsersuchen aufzuklären, kann sie verlangen, dass der Steuerpflichtige über die Richtigkeit und Vollständigkeit seiner Angaben oder über seine Angabe, ihm seien keine Tatsachen bekannt, eine Versicherung an Eides statt abgibt (§ 95 AO).

b) Anwendung der objektiven Beweislast

aa) Starre Regeln und Alternativen

Die Regeln der objektiven Beweisführung sind wegen ihrer relativen **85** Starrheit kritisch zu sehen (Alles-oder-Nichts-Charakter der Beweislastregel). Die Rechtsprechung hat sich in Fällen der Verletzung von Mitwirkungspflichten daher häufig mit einem verminderten Grad an Überzeugung begnügt und dadurch eine Beweislastentscheidung vermieden.[196] Je niedriger nämlich die Anforderungen an das Beweismaß sind, desto weniger Raum verbleibt für Beweislastscheidungen und umgekehrt.[197]

Auf Grund ihrer Schwächen in der praktischen Anwendbarkeit wurde den Gerichten und dem Gesetzgeber empfohlen,[198] auf die starren Regeln der objektiven Beweislast zu verzichten und dafür im konkreten Fall die Möglichkeiten der Beweisbeschaffung mittels der **Informations- und Mitwirkungspflichten** zu nutzen. Daher sind in der Rechtsprechung Fälle der objektiven Beweislast eher selten, obwohl der Grundsatz der objektiven Beweislast vom BFH in seinem Urteil vom 5.11.1970 übernommen wurde.[199] Gründe für die geringe Bedeutung in Steuerstreitfällen können folgende sein:

[193] Vgl. zB BFH 13.7.2010, BFH/NV 2010, 2015, 2015; *Seer* in Tipke/Kruse, § 96 FGO Tz. 83 ff. sowie *Hagen* NWB F. 2, 9907 ff., jeweils mwN.
[194] Vgl. BFH 26.2.2010, BFH NV 2010, 1116.
[195] Vgl. BFH 13.7.2010, BFH/NV 2010, 2015, 2015; *Seer* in Tipke/Kruse, § 96 FGO Tz. 83 ff.
[196] Vgl. BFH 15.2.1989, BStBl. II 1989, 462.
[197] Vgl. *Seer* in Tipke/Kruse, § 96 FGO Tz. 64.
[198] Vgl. *Martens* StuW 1981, 322.
[199] Vgl. BFH v. 5.11.1970, BStBl. II 1971, 220.

(a) Die **Verletzung** der Mitwirkungs- und Dokumentationspflichten (§ 90 AO) des Steuerpflichtigen führt bei Erfüllung der Ermittlungspflicht des FA zu einer Beweismaßreduzierung.[200]

(b) Die Besteuerungsgrundlagen dürfen **geschätzt** werden (zB § 162 AO). Sofern es um die bloße zahlenmäßige Fixierung eines festgestellten Sachverhalts geht, schließt § 162 AO eine Entscheidung nach Beweislastregeln aus.[201]

(c) Es besteht in **Ausnahmefällen** eine subjektive Beweislast des Stpfl.[202] Nach Auffassung der FinVerw. in Tz. 4.6.1 VGr-Verfahren besteht diese insb. in den Fällen der § 90 Abs. 3 AO iVm § 162 Abs. 3 und 4 AO.

bb) BFH-Sichtweise

86 Einen Ausweg aus den verfahrensrechtlichen Schwächen, die mit den Regeln der objektiven Beweislast verbunden sind, stellt der Grundsatz der **sphärenorientierten Beweislast** dar.[203] Der Sphärengedanke besteht darin, dass jede Prozesspartei im Steuerstreit dafür Verantwortung zu tragen hat, die ihrem **Herrschaftsbereich** und ihrer Wissens- und Tätigkeitssphäre zuzurechnenden Tatsachen darzulegen und Beweismittel zu beschaffen. § 90 Abs. 2 und 3 AO sind gesetzliche Ausprägungen dieses allgemeinen Grundsatzes. Demzufolge hat auch jede Partei Vorsorge für die **Aufklärbarkeit** des sich in ihrem Sphärenbereich abspielenden Geschehens zu treffen.[204] Hierzu sind die Beweislastkriterien der **Beweisnähe,** der **Verantwortungssphäre** und der **Einflusssphäre** zu verwenden.[205] Des Weiteren finden sich Entscheidungen, bei denen sich die Rechtsprechung an Erfahrungssätzen orientiert.[206] Die Mitwirkung der Beteiligten wird dabei nicht nur auf der Ebene der Beweiswürdigung und der damit in Verbindung stehenden Frage nach der Reduzierung des Beweismaßes evaluiert. Vielmehr kann der Grad der Mitwirkung auch für die Verteilung der Feststellungslast herangezogen werden. In Abhängigkeit des Grades der Mitwirkung kann sogar die Beweislastgrundformel außer Kraft gesetzt werden.[207]

Insgesamt kann festgehalten werden, dass sich die Rechtsprechung die Überlegungen einer **sphärenorientierten Beweislastverteilung** zu Nutze macht.

87 Die bundesdeutsche Rechtssystematik der Beweislast, Beweisführung, Mitwirkung und Schätzung mit Bezug auf Verrechnungspreise erfuhr mit dem BFH-Urteil vom 17.10.2001[208] eine grundlegende Wende: Vor Einfüh-

---

[200] Vgl. *Söhn* in HHSp, § 88 AO Rn. 231 mwN.

[201] Vgl. *Trzaskalik* in HHSp, § 162 AO Rn. 13.

[202] Vgl. *Seer* in Tipke/Kruse, § 96 FGO Tz. 83 ff.

[203] Vgl. *Stapperfend* in Gräber, § 96 FGO Rn. 52.

[204] Vgl. BFH 15.7.1986, BStBl. II 1986, 857; BFH 9.7.1986, BStBl. II 1987, 487; BFH 25.8.2009, DStR 2009, 2295.

[205] Vgl. zB BFH 23.5.1989, BStBl. II 1989, 879 (Beweisnähe); BFH 7.7.1983, BStBl. II 1983, 760 (Verantwortungssphäre) und BFH 20.1.1978, BStBl. II 1978, 338 f. (Einflusssphäre). Aus der aktuellen Rechtsprechung zB BFH 12.3.2003, BFH/NV 2003, 1031; BFH 6.6.2007, DStR 2007, 2060.

[206] S. Rn. 69 ff.

[207] Vgl. BFH 30.1.1980, BStBl. II 1980, 339 f.; BFH 18.11.1980, BStBl. II 1981, 510; BFH 22.10.1986, BStBl. II 1987, 253; FG Nürnberg 22.9.1987, EFG 1988, 21.

[208] Vgl. BFH 17.10.2001, DB 2001, 2474 ff.

rung des StVergAbG im Mai 2003 wurden die allgemeinen (§ 90 Abs. 1 AO) und die auf Auslandsgeschäfte bezogenen (§ 90 Abs. 2 AO) erhöhten Mitwirkungspflichten so gedeutet, dass es keine speziellen, die **Mitwirkungspflichten übersteigenden Dokumentationspflichten** für den Steuerpflichtigen gab. Dafür fehlte bis vor Inkrafttreten des StVergAbG im Mai 2003 und des damit neu eingeführten § 90 Abs. 3 AO die gesetzliche Grundlage. Im BFH-Urteil v. 17.10.2001 hielt der erkennende Senat fest, dass es Aufgabe des Gesetzgebers sei, diese rechtlichen Grundlagen zu schaffen.

Dieses Urteil des BFH und die Einführung der Dokumentationspflichten **88** nach § 90 Abs. 3 AO iVm §§ 1 ff. GAufzV sowie die neuen Regelungen des § 162 Abs. 3 und 4 AO haben folgende **Auswirkung auf die Beweisführung:**

– Liegt eine ordnungsgemäße Dokumentation vor, verbleibt die Beweis-last **89** bei der FinVerw.

– Bei nicht vorhandenen, unverwertbaren oder iSd § 90 Abs. 3 S. 3 nicht zeitnah erstellten Aufzeichnungen werden **höhere** als die erklärten **Einkünfte vermutet** (§ 162 Abs. 3 S. 1 AO).

– Sodann erhält der Steuerpflichtige die Gelegenheit, die Vermutung einer **90** vGA dem Grunde nach zu widerlegen (§ 162 Abs. 3 S. 1 AO). Das Konstrukt der **widerlegbaren Vermutung** führt zwar theoretisch nur zu einer erhöhten Mitwirkungspflicht, entspricht aber in seinen vollen Auswirkungen einer Umkehr der **Beweisführungslast.**[209]

(einstweilen frei) **91**

c) Beweislast bei Gewinnkorrekturen

Die BFH-Rechtsprechung bestätigt jedoch für den Fall von Gewinnbe-**92** richtigungen bei einer Kapitalgesellschaft generell als auch speziell zum Thema der Verrechnungspreise die Beweislast der FinVerw. So vertritt der BFH das **Konzept** einer **zweistufigen Gewinnermittlung;** danach wird der Gewinn auf der ersten Stufe als Unterschiedsbetrag nach Bilanzrecht ermittelt, der auf der zweiten Stufe Hinzurechnungen und Kürzungen erfährt.[210] Bereits auf der ersten Stufe ist zu prüfen, ob Aufwendungen betrieblich veranlasst und sofort abzugsfähig oder zu aktivieren sind. Auf der zweiten Stufe ist zu untersuchen, ob die Aufwendungen durch das Gesellschaftsverhältnis veranlasst und demzufolge dem Gewinn wieder hinzuzurechnen sind. Bei einer **Kapitalgesellschaft** ist das gesamte Vermögen als Betriebsvermögen zu qualifizieren; daher sind **alle Aufwendungen** als **betrieblich veranlasst** anzusehen.[211] Daraus folgt, dass Gewinnkorrekturen bei Kapitalgesellschaften nicht mehr den Betriebsausgabenabzug als solchen betreffen – für den das Unternehmen die Beweislast tragen würde –; es geht vielmehr um die Berechtigung zur Vornahme einer außerbilanziellen Einkommenshinzurechnung, für die immer die FinVerw. die Beweislast trägt.[212] Die **FinVerw.** hat daher für ertragsteuerliche **Gewinnkorrekturen** bei Kapitalgesellschaften

---

[209] Vgl. Tz. 4.6.1. VGr-Verfahren; *Bruschke* DStZ 2006, 575, 577.

[210] Vgl. BFH 29.6.1994, GmbHR 1994, 894; BFH 4.12.1996, BFHE 182, 123; BFH 8.7.1998, BFH/NV 1999, 269.

[211] Vgl. *Wassermeyer* IStR 2001, 653; *Wassermeyer* GmbHR 2002, 1 ff.; BFH 4.12.1996, BFHE 182, 123; BFH 8.7.1998, BFH/NV 1999, 269.

[212] Vgl. *Schreiber,* Mitwirkungspflichten, 9.

(soweit der Stpfl. seine Mitwirkungs- und Aufzeichnungspflichten erfüllt) **generell die Beweislast** zu tragen, unabhängig davon, ob es um verhinderte Vermögensmehrungen (zB zu niedrig berechnete Dienstleistungen an Gesellschafter) oder um Vermögensminderungen (zB Zahlung überhöhter Einkaufspreise an den Gesellschafter) geht.[213]

93 Der BFH hat klargestellt, dass sich die (erhöhte) Mitwirkungspflicht des Steuerpflichtigen nur auf die Verwirklichung, nicht hingegen auf die Würdigung des steuerlichen Sachverhalts bezieht.[214] Der **Steuerpflichtige** muss – soweit er über die entsprechenden rechtlichen und tatsächlichen Möglichkeiten verfügt – den von ihm tatsächlich verwirklichten **Sachverhalt aufklären und nachweisen.** Dazu gehört die Darlegung, wie der tatsächlich vereinbarte Verrechnungspreis zu Stande gekommen ist, welche Funktionen und Risiken vom Steuerpflichtigen übernommen wurden und welchen Einfluss verbundene Unternehmen auf das Zustandekommen des Preises ausgeübt haben.[215]

94 Nach der Gesetzeslage bis zum Jahr 2002 war der Steuerpflichtige nach Meinung des Bundesfinanzhofs **nicht verpflichtet,** eine **Dokumentation** über das Zustandekommen der vereinbarten Verrechnungspreise zu erstellen oder die Angemessenheit der Preise zu überprüfen bzw. nachzuweisen; auch soweit Tz. 9.2.2 Buchst. b) VGr etwas anderes zu entnehmen sein sollte, fehlte eine Rechtsgrundlage.[216] Der BFH stellt ausdrücklich fest:[217] „Die **Prüfung, ob** der tatsächlich **vereinbarte Preis mit** einem **Fremdvergleichspreis übereinstimmt,** ist dagegen im Verwaltungsverfahren **allein die Sache des FA.** Zu diesem Zweck hat das FA sowohl die maßgeblichen Verrechnungspreise zu ermitteln als auch den Vergleich als solchen durchzuführen. Sieht sich ein FA dazu nicht in der Lage, trägt es die sog. objektive Beweislast". Durch die Einführung der sog. Dokumentationspflichten nach § 90 Abs. 3 AO iVm §§ 1 ff. GAufzV ab 2003 bleibt diese Beweislast unberührt, sofern der Stpfl. seinen Aufzeichnungs- und Nachweispflichten nachkommt. Nur die Nichterfüllung dieser Pflichten führt zu der oben erörterten widerlegbaren Vermutung einer vGA.[218]

d) Beweislast bei Verletzung der Mitwirkungs- und Aufzeichnungspflichten

95 Bei der Frage inwieweit die Verletzung der Mitwirkungspflicht Einfluss auf die Entscheidung nach der Beweislast hat, ist zwischen der Verletzung der Dokumentationspflichten gem. § 90 Abs. 3 AO und der Verletzung der sonstigen oder allgemeinen Mitwirkungspflicht zu unterscheiden.

aa) Verletzung allgemeiner Mitwirkungspflichten

96 Wenn der Steuerpflichtige seine Mitwirkungspflichten verletzt,[219] indem er zB keine Auskunft darüber gibt, wie der Verrechnungspreis zu Stande kam und

---

[213] Vgl. *Schreiber,* Mitwirkungspflichten, 9.
[214] Vgl. BFH 17.10.2001, DB 2001, 2474, 2477.
[215] Vgl. BFH 17.10.2001, DB 2001, 2474, 2477.
[216] Vgl. BFH 17.10.2001, DB 2001, 2474, 2477, zur damals noch geltenden Tz. 9 ff. VGr 1983; s. oben Rn. 51.
[217] Vgl. BFH 17.10.2001, DB 2001, 2474, 2477.
[218] S. oben Rn. 74, 78 u. 87 ff.
[219] Zu den generellen Folgen der Verletzung der erhöhten Mitwirkungspflicht s. zunächst Rn. 39 ff.

welche Risiken und Funktionen er übernahm, dann richtet sich die Rechtsfolge nach Auffassung des BFH danach, ob die Mitwirkungspflichten eine Tatbestandsvoraussetzung oder eine Rechtsfolge der vGA betreffen. Bezieht sich die **unzureichende Mitwirkung** auf die **Aufklärung einer Tatbestandsvoraussetzung,** so soll dies die **Reduzierung des Beweismaßes** für das aufzuklärende Tatbestandsmerkmal zur Folge haben; dagegen soll eine Schätzung nur zulässig sein, wenn die unzureichende Mitwirkung die Klärung der Rechtsfolgen einer vGA betrifft.[220]

Das **BMF** sieht für die Unterscheidung zwischen Mitwirkungspflichten im Hinblick auf Tatbestandsvoraussetzungen und im Hinblick auf Rechtsfolgen keine Rechtsgrundlage und hat auf die Unterscheidung mit einem Nichtanwendungserlass reagiert.[221] Auch in der Literatur wird vereinzelt kritisiert, dass über Rechtsfolgen „nach Maßgabe des Gesetzes" zu entscheiden sei.[222]

Zwar ist es richtig, dass es keine Mitwirkung eines Steuerpflichtigen bei **97** der rechtlichen Würdigung eines Sachverhalts gibt. Vielmehr hat die FinVerw. die Rechtsfolgen bei Vorliegen eines bestimmten Sachverhalts selbst nach Maßgabe des Gesetzes festzustellen. Allerdings stellt der BFH nach der hier vertretenen Auffassung nicht auf die rechtliche Würdigung eines Sachverhalts ab, wenn er von Rechtsfolgen spricht. Es soll wohl zwischen den Tatbestandsvoraussetzungen einer vGA dem Grunde nach und den „Rechtsfolgen", nämlich der Schätzung der vGA der Höhe nach unterschieden werden. Die Bezeichnung der Schätzung als Rechtsfolge ist jedoch missverständlich. Die Schätzung ist nämlich nicht Teil einer rechtlichen Würdigung, sondern Teil des Ermittlungsverfahrens[223] und somit Teil der Sachverhaltsfeststellung. So verstanden hat die Unterscheidung auch eine gesetzliche Grundlage. Die Schätzung der Besteuerungsgrundlagen im Hinblick auf die Höhe einer vGA basiert nämlich auf einer gesetzlichen Regelung in § 162 AO. Beschränkt man nun die Schätzung auf die Höhe der Besteuerungsgrundlagen und verneint man die Möglichkeit der Schätzung von Tatbestandsvoraussetzungen einer vGA,[224] fehlt eine gesetzliche Regelung für eine eventuelle Beweismaßreduzierung im Falle einer Mitwirkungspflichtverletzung. Deshalb ist die Unterscheidung des BFH gerechtfertigt.

Zusammenfassend lassen sich folgende **Grundregeln** feststellen: Zunächst muss das FA eine vGA dem Grunde nach feststellen. Die Feststellung muss mit an Sicherheit grenzender Wahrscheinlichkeit (Regelbeweismaß) erfolgen. Liegt eine Mitwirkungspflichtverletzung vor, kann eine Reduzierung des Beweismaßes gerechtfertigt sein.[225] Kann die FinVerw. die **vGA dem Grunde nach** trotz des **reduzierten Beweismaßes** nicht feststellen, muss sie eine Entscheidung nach der objektiven Beweislast treffen. Da nach allgemeinen Grundsätzen die FinVerw. die **objektive Beweislast** zu tragen hat, dürfte sie nicht von einer vGA ausgehen. Die FinVerw. darf eine Schätzung nicht auf

---

[220] Vgl. BFH 17.10.2001, DB 2001, 2474, 2477; s. hierzu Rn. 42 ff.

[221] Vgl. BMF 26.2.2004, BStBl. I 2004, 270.

[222] Vgl. *Söhn* in HHSp, § 90 AO Rn. 131.

[223] Vgl. *Trzaskalik* in HHSp, § 162 AO Rn. 4.

[224] Vgl. zu dieser Problematik zB *Trzaskalik* in HHSp, § 162 AO Rn. 11 ff. oder *Seer* in Tipke/Kruse, § 162 AO Tz. 20 ff. jeweils mwN.

[225] So auch die FinVerw. in Tz. 4.2 und 4.4 der VGr-Verfahren.

einer „Sachverhaltsspekulation" aufbauen.[226] Hat die FinVerw. eine vGA dem Grunde nach festgestellt, ist die **Höhe der vGA** zu klären. Kann die Höhe nicht mit an Sicherheit grenzender Wahrscheinlichkeit festgestellt werden, kommt eine **Schätzung** nach § 162 Abs. 1 AO in Betracht.[227] Dies gilt nach § 162 Abs. 2 AO insb., wenn eine Verletzung der Mitwirkungspflicht vorliegt. Aufgrund der Möglichkeit zur Schätzung ist eine Entscheidung nach der objektiven Beweislast grds. nicht erforderlich.

98 Die Fragen nach dem Zustandekommen des Verrechnungspreises zielen auf das **Tatbestandsmerkmal der Veranlassung einer Vermögensminderung** (oder verhinderten Vermögensmehrung) **durch das Gesellschaftsverhältnis** und damit auf das Vorliegen einer vGA dem Grunde nach. Die Pflichtverletzung durch Nichtbeantwortung hat daher nur eine Minderung der Ermittlungpflichten des FA in Bezug auf dieses Tatbestandsmerkmal zur Folge. Dh, aus der **Verletzung der Mitwirkungspflicht** kann nur gefolgert werden, dass der Steuerpflichtige keinen eigenen Einfluss auf die Preisfestsetzung genommen hat; es wird demgemäß **widerlegbar vermutet,** dass die Festsetzung der **Preise durch das Gesellschaftsverhältnis veranlasst** wurde.[228]

99 Hinzukommen muss das zweite **Tatbestandmerkmal** der vGA, nämlich dass eine **Vermögensminderung** eingetreten ist. Dies setzt voraus, dass der tatsächlich vereinbarte **Preis nicht innerhalb** einer **Bandbreite angemessener Verrechnungspreise** liegt. Diese Ermittlung ist grds. Aufgabe des FA, unabhängig davon, ob der Steuerpflichtige den Preis nach einer anerkannten Standardmethode oder willkürlich festgelegt hat.[229] Zu diesem Zweck hat das FA sowohl die maßgeblichen Vergleichspreise zu ermitteln als auch den Vergleich als solchen durchzuführen. Ist ein FA hierzu nicht in der Lage, trägt es die objektive Beweislast.[230] Der Korrekturbetrag, der als **Rechtsfolge** einer vGA anzusetzen ist, kann nur dann geschätzt werden, wenn alle Tatbestandsvoraussetzungen der vGA bejaht wurden und der Korrekturbetrag nicht anderweitig zu ermitteln ist.[231] Dabei sind alle vorhandenen Erkenntnisquellen in vollem Umfang auszuschöpfen.[232]

100 Da das FA den Beweis dafür antreten muss, dass der beanstandete Verrechnungspreis nicht dem Fremdvergleichspreis entspricht, muss es zunächst versuchen, den **Fremdvergleichspreis** zu ermitteln.

101 Selbst wenn der Steuerpflichtige die Verrechnungspreise nach einer Methode ermittelt hat, die das FA zu Recht beanstandet, so berechtigt dies noch nicht zur Schätzung; vielmehr muss das **FA** den **Nachweis** führen, dass der tatsächlich vereinbarte **Preis unangemessen hoch bzw. niedrig** ist.[233] Dabei ist zu berücksichtigen, dass der Fremdvergleichspreis idR aus einer **Band-**

---

[226] Vgl. BFH 17.10.2001, DB 2001, 2474; *Wassermeyer* DB 2003, 1535.

[227] Vgl. BFH 17.10.2001, DB 2001, 2474; *Rengers* in Blümich, § 8 KStG Rn. 471 hält zumindest eine Unterscheidung nach qualitativen Voraussetzungen einer vGA, die nicht geschätzt werden können, und quantitativen, schätzbaren Voraussetzungen für vertretbar.

[228] Vgl. BFH 17.10.2001, DB 2001, 2474.

[229] Vgl. BFH 17.10.2001, DB 2001, 2474.

[230] Vgl. BFH 17.10.2001, 2474.

[231] Vgl. *Wassermeyer* WPg 2002, 14.

[232] Vgl. BFH 6.4.2005, BStBl. II 2007, 658 ff.

[233] Vgl. *Wassermeyer* WPg 2002, 15.

breite von Preisen besteht[234] und dass eine Orientierung am **Mittelwert** nur dann zulässig ist, wenn dieser wiederum aus Fremdvergleichen abgeleitet werden kann.[235]

Eine Korrektur auf den **Median** ist zwar nach § 1 Abs. 3 S. 4 AStG mög- **102** lich, dies setzt jedoch voraus, dass der vom Steuerpflichtigen verwendete Wert außerhalb der Bandbreite von Preisen liegt.[236] Dies muss zunächst durch die FinVerw. bewiesen werden. In den Fällen einer Mitwirkungspflichtverletzung, in denen eine Schätzung erforderlich ist, ist im Rahmen der Schätzung ebenfalls auf den Median abzustellen, um denjenigen nicht zu begünstigen, der seinen Mitwirkungspflichten nicht nachkommt.[237] Die „Strafschätzung" nach § 162 Abs. 3 AO ist bei einer Verletzung von Mitwirkungspflichten gem. § 90 Abs. 1 und 2 AO nicht anwendbar, sie greift nur bei der Verletzung von Dokumentationspflichten gem. § 90 Abs. 3 AO.

bb) Verletzung der Dokumentationspflichten

Gem. § 90 Abs. 3 AO und §§ 1 ff. GAufzV hat der Stpfl. Aufzeichnungen **103** vorzunehmen, aus denen ersichtlich wird, welche Sachverhalte er im Rahmen der Geschäftsbeziehungen mit nahestehenden Personen iSd § 1 Abs. 2 AStG verwirklicht hat und ob bzw. inwieweit er diesen Geschäftsbeziehungen Bedingungen einschl. von Preisen zu Grunde gelegt hat, die erkennen lassen, dass er den Grundsatz des Fremdvergleichs beachtet hat. Diese Aufzeichnungen hat der Stpfl. auf Anforderung innerhalb einer **Frist von 60 Tagen** vorzulegen (§ 90 Abs. 3 S. 8 AO).[238] Für außergewöhnliche Geschäftsvorfälle beträgt die Frist **30 Tage** (§ 90 Abs. 3 S. 9 AO). Ferner sind außergewöhnliche Geschäftsvorfälle zeitnah zu dokumentieren (§ 90 Abs. 3 S. 3 AO). Wenn der Stpfl. diese Dokumentationspflichten verletzt, wird gem. § 162 Abs. 3 S. 1 AO **widerlegbar vermutet,** dass seine im Inland steuerpflichtigen **Einkünfte,** zu deren Ermittlung die Aufzeichnungen dienen, **höher** als die von ihm erklärten Einkünfte sind. Wenngleich keine formale „Umkehr der Beweislast" zu Lasten des Steuerpflichtigen vorgenommen wird, so kommt die widerlegbare Vermutung einer Beweislastumkehr doch sehr nahe. Lediglich die Abschwächung der „Umkehr der Beweislast" auf das sog. **„ernsthafte Bemühen"** nach § 1 Abs. 1 GAufzV verhindert die tatsächliche Beweislastumkehr.[239] Nach Auffassung der FinVerw. in Tz. 4.6.1 VGr-Verfahren kommt es durch die Neuregelung im Ergebnis zu einer Umkehr der Beweislast.[240] Die FinVerw. kann in diesen Fällen eine **Schätzung** vornehmen und – soweit die Verrechnungspreise bzw. Einkünfte innerhalb einer Bandbreite liegen – den Rahmen zu Lasten des Stpfl. ausschöpfen.[241] Im Übrigen werden die in § 162 Abs. 4 AO geregelten

---

[234] Vgl. BFH 17.10.2001, DB 2001, 2474, 2478 unter Hinweis auf Tz. 1.45 OECD-VPL (jetzt Tz. 3.55 OECD-VPL).

[235] Vgl. BFH 17.10.2001, DB 2001, 2474, 2478; BFH 6.4.2005, BStBl. II 2007, 658 ff.

[236] Vgl. Zum Teil wird die Auffassung vertreten, dass der Verweis auf den Median verstoße gegen Art. 9 DBA-MA, vgl. *Engel/Hilbert* IWB 2013, 123 ff.

[237] S. Rn. 127.

[238] Wegen weiterer Einzelheiten s. Kap. E.

[239] Vgl. *Wassermeyer* DB 2003, 1535, 1538.

[240] S. Rn. 64.

[241] S. hierzu ausführlich Kap. E und unten Rn. 117 ff.

Zuschläge festgesetzt.[242] Letzteres gilt nicht, wenn die Dokumentation „nur"
nicht zeitnah erstellt wurde. In der Literatur wird bezweifelt, ob diese **„Strafzuschläge"** mit dem EU-Recht in Einklang stehen, weil sie nur bei Gewinnberichtigungen aufgrund grenzüberschreitender Geschäfte zur Anwendung
kommen, nicht dagegen bei rein innerdeutschen verdeckten Gewinnausschüttungen.[243]

104   Die in § 162 Abs. 3 S. 1 AO aufgestellte widerlegbare Vermutung knüpft allein an die Verletzung der Dokumentationspflichten an. Letztlich wird damit
das Vorliegen einer vGA vermutet, also sowohl eine Veranlassung der Preisfestsetzung durch das Gesellschaftsverhältnis als auch eine Vermögensminderung.
Der Stpfl. kann diese **Vermutung entkräften,** indem er zB nachweist, dass die
Preise innerhalb der Bandbreite angemessener Verrechnungspreise liegen.

105   Sofern der Stpfl. eine ordnungsgemäße Dokumentation iSd § 90 Abs. 3
AO und nach §§ 1 ff. GAufzV erstellt hat, finden die Vorschriften des § 162
Abs. 3 und 4 AO keine Anwendung. Das bedeutet, dass in diesen Fällen eine
Verletzung sonstiger Mitwirkungspflichten nur die oben zur Verletzung
der allgemeinen Mitwirkungspflichten erörterten Rechtsfolgen auslöst.

e) Beweislast bei mehrjährigen Verlusten

106   Wenn ein Konzernunternehmen dauerhaft **Verluste** erleidet, während der
Konzern insgesamt Gewinne erzielt, dann kann dies ein Anlass sein, die Verrechnungspreise genau zu prüfen.[244] Sofern es sich um vorübergehende Verluste handelt, die auf legitimen wirtschaftlichen Gründen beruhen, so zB
ein- oder mehrjährige Verluste in Folge hoher **Anlaufkosten, ungünstiger
wirtschaftlicher Bedingungen, Unwirtschaftlichkeit** oder **Geschäftsstrategien** mit Preissenkungen zwecks Markterschließung, besteht in der Regel kein Grund zur Beanstandung.[245] Erst wenn die Verluste über einen längeren nicht mehr vertretbaren Zeitraum anfallen, kann eine Berichtigung der
Verrechnungspreise angebracht sein.[246] Bei der Beurteilung von Geschäftsstrategien kommt es insbesondere darauf an, ob von dieser realistischerweise erwartet werden kann, dass sie sich innerhalb absehbarer Zukunft als rentabel erweist
und dass ein unabhängiger Dritter unter diesen wirtschaftlichen Umständen
und Wettbewerbsbedingungen über einen ähnlichen Zeitraum zu einem Ren-
tabilitätsopfer bereit gewesen wäre.[247] In der Praxis sind Dauerverluste von Pro-
duktions- und Vertriebsunternehmen regelmäßig ein Streitpunkt in der Betriebsprüfung, bei dem es auch um die Frage der Beweislast geht.

In diesem Zusammenhang ist auch der vom BFH bereits früher[248] vertretene
Erfahrungssatz zu erörtern, wonach eine unabhängige Vertriebsgesellschaft auf
Dauer keine Produkte vertreiben wird, mit denen sie nur Verluste erzielt.
Kurzfristige Verluste können in Kauf genommen werden, wenn der Lieferant
eine „wirtschaftliche Durststrecke" überwinden muss und die Vertriebsgesell-

---

[242] S. hierzu Kap. E.
[243] Vgl. zB *Hahn/Suhrbier-Hahn* IStR 2003, 84 ff.
[244] Vgl. Tz. 1.70 f. OECD-VPL.
[245] Vgl. dazu Tz. 1.70, 1.72 OECD-VPL.
[246] Vgl. Tz. 1.72 OECD-VPL.
[247] Vgl. Tz. 1.63 OECD-VPL.
[248] Vgl. BFH 17.2.1993, BStBl. II 1993, 457.

schaft die langjährige Geschäftsbeziehung nicht gefährden will.[249] Bei einer verbundenen **Vertriebsgesellschaft** soll die **Verlustphase idR drei Jahre** nicht überschreiten und sie muss innerhalb eines überschaubaren Kalkulationszeitraums mit einem **angemessenen Totalgewinn** rechnen können.[250] Diese Drei-Jahresgrenze soll jedoch nur bei der Erweiterung der Produktpalette eines etablierten Unternehmens Anwendung finden.[251] Bei der **Neugründung** eines Unternehmens sollen die Kriterien Anwendung finden, die zur „Liebhaberei" entwickelt wurden.[252] Nach neuer BFH-Rechtsprechung kommen insoweit Beanstandungen bei **Anlaufverlusten** für Zeiträume von weniger als **fünf Jahren** nur im Ausnahmefall in Betracht.[253] Der **Totalgewinn** kann sich als **Untergrenze** an einer angemessenen Verzinsung des zugeführten Eigenkapitals (einschl. Zinseszins und Risikozuschlag) bezogen auf die Zeit orientieren, für die geschätzt wird. Laut *Wassermeyer* dürfte der überschaubare Kalkulationszeitraum, innerhalb dessen ein Totalgewinn erzielt werden muss, im Fall einer Vertriebsgesellschaft bei etwa **fünf Jahren** liegen.[254]

Überschreitet die Verlustphase einer Vertriebsgesellschaft, die Produkte einer ihr nahestehenden Produktionsgesellschaft vertreibt, die oben genannte Drei-Jahresfrist, dann wird nach Meinung des BFH und Teilen der Literatur eine **widerlegbare Vermutung** ausgelöst, dass der Verrechnungspreis unangemessen und durch das Gesellschaftsverhältnis ausgelöst ist.[255] Durch die widerlegbare Vermutung liegt die subjektive Beweislast faktisch beim Steuerpflichtigen. Der Steuerpflichtige muss dann darlegen und beweisen, dass der tatsächlich vereinbarte Verrechnungspreis dennoch angemessen ist. Er kann zB begründen, dass die tatsächliche Ergebnisentwicklung entweder auf Fehlmaßnahmen oder auf Gründen beruhte, die nicht vorhersehbar waren, und dass v.a. rechtzeitig **Anpassungsmaßnahmen** ergriffen wurden. In diesem Zusammenhang sollte es auch zulässig sein, auf **Gründe** zu verweisen, die von Anfang an bspw. für neue Produkte oder Sortimente eine **längere Phase von Anlaufverlusten** erwarten lassen, so zB wenn wegen der anfänglichen (eventuell mehrjährigen) Dauer von Zulassungsverfahren nach dem Arzneimittelgesetz die Vermarktung erst nach der Genehmigung beginnen kann oder wenn in anderen Fällen wegen der Wettbewerbssituation von Anfang an aus betriebswirtschaftlichen Gründen mit einem längeren Zeitraum der Anlaufverluste und der Erreichung eines Totalgewinns gerechnet werden musste. **107**

Gelingt der Nachweis, dann können Verluste auch über den Zeitraum von drei Jahren hinaus anerkannt werden und es kann geboten sein, den Zeitraum, innerhalb dessen ein Totalgewinn erzielt werden muss, zu verlängern.[256] Gelingt der Nachweis nicht und ergreift der Steuerpflichtige keine Anpassungs- **108**

---

[249] Vgl. BFH 6.4.2005, BStBl. II 2007, 658 ff.
[250] Vgl. BFH 17.2.1993, BStBl. II 1993, 457; BFH 17.10.2001, DB 2001, 2474, 2478; BFH 6.4.2005, BStBl. II 2007, 658 ff.
[251] Vgl. BFH 15.5.2002, BFH/NV 2002, 1538.
[252] Vgl. BFH 15.5.2002, BFH/NV 2002, 1538.
[253] Vgl. BFH 23.5.2007, DStR 2007, 1712; Bei Produktionsgesellschaften sind Anlaufverluste von 5 Jahren nicht ungewöhnlich, FG Niedersachsen 31.1.2006, DStRE 2008, 796.
[254] Vgl. *Wassermeyer* WPg 2002, 16.
[255] Vgl. BFH 17.10.2001, DB 2001, 2474, 2478.
[256] Vgl. Tz. 1.63 und 1.70 ff. OECD-VPL mit weiteren Beispielen.

maßnahmen, kann im Rahmen der Schätzung einer vGA in Höhe der Differenz zwischen dem erklärten Verlust und einem angemessenen Totalgewinn angesetzt und auf die Jahre verteilt werden. Dabei werden die Verrechnungspreise soweit angepasst, bis ein angemessener Totalgewinn verbleibt. Letztendlich wird dabei die transaktionsbezogene Nettomargenmethode (TNMM) angewandt, obwohl diese nach Auffassung der deutschen FinVerw. (Tz. 3.4.10.3 VGr-Verfahren) und der deutschen Gesetzgebung (§ 1 Abs. 3 S. 1 AStG) nur subsidiär und unter bestimmten Voraussetzungen angewandt werden kann.

109   Die von der BFH-Rechtsprechung, FinVerw. und Teilen der Literatur befürwortete **Begrenzung der Verlustphase** und die Forderung nach einem **kurzfristigen Ausgleich** der Verluste ist in vielen Fällen betriebswirtschaftlich **nicht** nachvollziehbar.[257] So muss zB eine Vertriebsgesellschaft in der Pharmabranche zunächst die arzneimittelrechtliche Zulassung beantragen und entsprechende Wirksamkeitsstudien erstellen und vorlegen, bevor der Vertrieb beginnen kann. Ferner können die Markt- und Wettbewerbsverhältnisse Preisstrategien erfordern, die eine längere Verlustphase erwarten lassen. Richtiger wäre es daher, wenn der BFH auf die Branche oder den Produktlebenszyklus und zusätzlich auf den jeweiligen Einzelfall abstellt.

Darüber hinaus steht die Nichtanerkennung von langjährigen Verlusten bei Vertriebsgesellschaften in Widerspruch zu der bereits an anderer Stelle erörterten BFH-Rechtsprechung, wonach bei Kapitalgesellschaften **alle Aufwendungen** als **betrieblich veranlasst** anzusehen sind und dass die FinVerw. generell die Beweislast zu tragen hat, unabhängig davon, ob es um verhinderte Vermögensmehrungen oder Vermögensminderungen geht.[258] Nach der hier vertretenen Auffassung muss die FinVerw. die **Verluste** einer Vertriebsgesellschaft daher **ohne zeitliche Begrenzung anerkennen,** sofern ihr nicht der Nachweis gelingt, dass zB überhöhte Einkaufspreise an eine nahestehende Person gezahlt werden.

f) Beweislast bei Verständigungsverfahren

110   Wenn ein Staat die Verrechnungspreise und damit die Gewinne berichtigen möchte bzw. berichtigt hat und der andere Staat nicht bereit ist, eine Gegenberichtigung vorzunehmen, dann stellt sich in einem **Verständigungs- oder Schiedsverfahren**[259] die Frage, **welcher Staat** die **Beweislast** trägt. Gem. Tz. 4.17 OECD-VPL soll diejenige Steuerverwaltung, die eine Primärberichtigung vorgeschlagen hat, gegenüber dem anderen Staat nachweisen, dass diese Berichtigung sowohl dem Grunde als auch der Höhe nach gerechtfertigt ist. Das JTPF sieht die Beweislast bei dem Staat, der die Verrechnungspreisberichtigung vorgenommen hat.[260]

111   Der Nutzen dieser Beweislastregel ist in echten Konfliktfällen eher zweifelhaft, insb. wenn die beteiligten FinVerw. mit unterschiedlichen Methoden auch unterschiedliche Ergebnisse rechtfertigen wollen.

---

[257] Zur Kritik s. insb. Kap. N Rn. 204 u. 208.

[258] Vgl. BFH 4.12.1996, BFHE 182, 123; BFH 8.7.1998, BFH/NV 1999, 269; s. ferner Rn. 80 f.

[259] S. hierzu unten Rn. 231 ff. und 298 ff.

[260] Vgl. Tz. 49 des Berichts über die Sitzung des JTPF v. 19.6.2003, JTPF/012/2003/DE; *Peters/Haverkamp* BB 2011, 1303, 1310 mwN.

Beispiel: Die deutsche D-AG produziert in Deutschland Messgeräte. Die US-Tochtergesellschaft produziert Messgeräte für die Märkte in Nord- und Südamerika und bezieht dafür verschiedene Komponenten von der deutschen Muttergesellschaft. In diesem Fall ist es gut möglich, dass der US-Fiskus eine Verrechnungspreisanpassung auf Grund der Gewinnvergleichsmethode (Comparable Profit Method) verlangt, während die deutsche FinVerw. die Anwendung der Kostenaufschlagsmethode ohne Gewinnberichtigung für zutreffend erachtet. Beide Methoden können hier zu unterschiedlichen und gleichwohl zutreffenden Ergebnissen führen.

Nach Tz. 3.2.4 des Merkblatts des BMF zum Verständigungs- und Schiedsverfahren sollen Widersprüche der deutschen und ausländischen Finanzbehörden durch abgestimmte Ermittlungen beider Verwaltungen oder durch Verständigungsgespräche aufgeklärt werden.[261] Wenn auf diesem Wege keine Einigung erzielt werden kann, besteht innerhalb der EU auf Grundlage der EU-Schiedskonvention[262] die Pflicht, einen Beratenden Ausschuss einzusetzen und dessen Stellungnahme einzuholen. Wenn sich die Staaten nicht einigen können, sind sie an diese Stellungnahme gebunden. Die Frage der Beweislast stellt sich insoweit nicht. In dem OECD-Bericht „Improving the resolution of tax treaty disputes" vom 30.1.2007 wurde vorgeschlagen, dass in Art. 25 OECD-MA ebenfalls ein Schiedsverfahren geregelt wird, damit das Scheitern der Verständigung verhindert werden kann.[263] Dieser Vorschlag wurde am 31.8.2008 in die Neufassung des MA aufgenommen und veröffentlicht. Der neue **Art. 25 Abs. 5 OECD-MA** sieht nun ein **Schiedsverfahren** vor, wenn die zuständigen Behörden nicht in der Lage sind, sich zu einigen. Die Aufnahme solcher Regelungen in **bilaterale DBA** ist sehr wünschenswert. Dies gilt auch für die Abkommen zwischen EU-Staaten, weil die EU-Schiedskonvention nicht für alle Steuerarten gilt, auf die eine Gewinnberichtigung Einfluss hat.[264] Hierbei ist jedoch zu berücksichtigen, dass zumindest zwischen den EU-Staaten die Verständigungsverfahren in fast allen Fällen erfolgreich beendet werden und die Einberufung des Beratenden Ausschusses somit nicht notwendig wird.[265]

g) Beweislast und Amtshilfe

Der EuGH hatte zunächst zB im „Schumacker-Urteil" vom 14.2.1995 **112** entschieden, dass das FA auch die Möglichkeiten der Amtshilfe ausschöpfen muss, bevor eine Beweislastentscheidung getroffen werden darf.[266] Die Frage, ob ein Steuerpflichtiger auf die objektive Beweislast verwiesen werden darf, wenn die Finanzbehörde keine Amtshilfe in Anspruch genommen hat, hat der BFH dem EuGH erneut zur Entscheidung vorgelegt.[267] Der **EuGH** hat mit Urteil vom 27.1.2009 entschieden, dass die AmtshilfeRL nicht verlange, dass der Mitgliedstaat von ihr Gebrauch mache, wenn die Auskünfte des

---

[261] Vgl. BStBl. I 2006, 461.

[262] Vgl. BStBl. I 1993, 818 und BStBl. I 1995, 166.

[263] Vgl. *Owens* IStR 2007, 472.

[264] S. Rn. 298 ff.

[265] Vgl. *Becker* IStR 2007, 592.

[266] Vgl. EuGH 14.2.1995 DB 1995, 407 Tz. 43; ebenso EuGH 12.4.1994, RIW 1994, 523 Tz. 22.

[267] Vgl. BFH 9.5.2007, DStR 2007, 1295.

Steuerpflichtigen nicht ausreichen, um erforderliche Prüfungen vorzunehmen.[268] Die Mitgliedstaaten seien nicht daran gehindert, bei **Nichtvorlage
erforderlicher Nachweise** – die Beweislast lag im zu entscheidenden Fall
beim Steuerpflichtigen – den Steuerabzug **ohne Amtshilfeverfahren** zu
verweigern.[269] Das Urteil des EuGH vom 27.1.2009 bedeutet keine Änderung der Rechtsprechung im Hinblick auf das EuGH Urteil vom 14.2.1995,
da es sich offensichtlich um verschiedene Sachverhalte handelt. In dem neueren Urteil war der Steuerpflichtige zwar in der Lage, die erforderlichen
Auskünfte zu geben und Nachweise zu erbringen, jedoch hat er diese nicht
besorgt; in einem solchen Fall darf das FA die weitere Aufklärung des Sachverhalts im Wege der Amtshilfe unterlassen. Wenn es dem **Steuerpflichtigen** dagegen objektiv (zB aus tatsächlichen oder rechtlichen Gründen) **unmöglich**
ist oder **unzumutbar** bzw. **unverhältnismäßig** wäre, die geforderten Auskünfte zu erteilen bzw. Unterlagen zu besorgen, dann ist die **Finanzbehörde
verpflichtet,** die Möglichkeiten der **Amtshilfe auszuschöpfen.** Nach der
Rechtsprechung des BFH stehen Amtshilfe und Mitwirkungspflichten grundsätzlich nebeneinander und dienen der Sachverhaltsaufklärung in unterschiedlichen Fallgestaltungen. Mitwirkungspflichten seien insb. für die Fälle vorgesehen, in denen trotz Amtshilfe die Verifikation eines steuerlich erheblichen
Sachverhalts sehr schwierig oder gar ausgeschlossen ist.[270] Umgekehrt ist die
Amtshilfe insb. dann anzuwenden, wenn die Mitwirkungspflichten nicht zu
den entsprechenden Ergebnissen führen.

Beispiel: Die schweizerische Konzerngesellschaft CH-AG erbringt Dienstleistungen
an die europäischen Schwestergesellschaften und belastet die Kosten im Rahmen eines
Dienstleistungsvertrags nach der Kostenaufschlagsmethode. Die deutsche K-GmbH
wird vom Betriebsprüfer aufgefordert nachzuweisen, dass die vereinbarten Leistungen
tatsächlich erbracht wurden, dass die Gesamtkosten, die qua Kostenschlüssel verteilt
wurden, bei der CH-AG tatsächlich angefallen sind und dass der Kostenschlüssel dem
Anteil des voraussichtlichen oder tatsächlichen Nutzens der K-GmbH entspricht. Wenn
die CH-AG entgegen der vertraglichen Vereinbarung nur ungenügende Unterlagen zur
Verfügung stellt – zB keinen Nachweis der direkten Kosten in den entsprechenden Kostenstellen und keine plausible Erläuterung zur Berechnung der indirekten Kosten –,
dann könnte sich die K-GmbH darauf berufen, dass sie tatsächlich oder rechtlich nicht in
der Lage ist, den Sachverhalt aufzuklären und die Beweismittel zu beschaffen. In einem
solchen Fall stellt sich die Frage, ob die deutsche Finanzbehörde dann im Wege der
Amtshilfe versuchen muss, den Sachverhalt selbst aufzuklären oder ob sie sich auf die
Begrenzung ihrer Sachaufklärungspflicht mangels ausreichender Mitwirkung und Beweisvorsorge berufen kann. Aus rechtlicher Sicht sollte das FA hier Amtshilfe beantragen, da der Steuerpflichtige durch Vertrag Beweisvorsorge getroffen und sich ernsthaft
aber erfolglos um Aufklärung und Beweisbeschaffung bemüht hat. In der Praxis werden
solche Fälle regelmäßig durch Kompromiss gelöst, wobei der Steuerpflichtige immer in
einer ungünstigen Position ist, wenn er die geforderten Nachweise nicht erbringen kann
oder die Nachweise nicht die erforderliche Beweiskraft haben.

---

[268] Vgl. EuGH 27.1.2009, ABl. C 69 vom 21.3.2009, 8 bzw. Tz. 64 des Volltextes
unter http://curia.europa.eu. Der Volltext des Urteils steht unter http://curia.europa.eu
zur Verfügung. Vgl. hierzu *von Brocke/Tippelhofer* IWB Fach 11, Gruppe 2, 949 ff.;
Englisch IStR 2009, 37, 41.
[269] Vgl. EuGH 27.1.2009, ABl. C 69 vom 21.3.2009, Tz. 69.
[270] Vgl. BFH 10.4.2013, I R 45/11.

h) Beweislast in den OECD-VPL

Die **OECD-VPL** befasst sich u. a. mit der Beweislast (Tz. 4.11–4.17) und **113** weist zunächst darauf hin, dass die **Beweislast** in den **meisten Ländern** bei den **Steuerbehörden** liegt, wobei in einigen dieser Staaten eine **Beweislastumkehr** eintritt, wenn der Steuerpflichtige zB seine Mitwirkungspflichten nicht erfüllt oder falsche Erklärungen abgibt (Tz. 4.11). In **anderen Staaten** trägt der **Steuerpflichtige** die **Beweislast.** Die OECD-VPL fordert, dass weder die Steuerpflichtigen noch die Staaten die Beweislast für ihre Zwecke missbrauchen sollten, bspw. durch Ausnutzung unterschiedlicher Beweislastregeln in den beteiligten Staaten (Tz. 4.14) oder durch unberechtigte Gewinnberichtigungen (Tz. 4.16). Die Beweislast sollte weder den FinVerw.en noch den Steuerpflichtigen als Rechtfertigung für unbegründete oder unüberprüfbare Behauptungen über die Verrechnungspreisgestaltung dienen (Tz. 5.2 OECD-VPL).

Einige OECD-Mitgliedstaaten haben die Auffassung vertreten, dass sich aus **114** dem Wortlaut des Art. 9 OECD-MA eine Beweislast der Steuerverwaltung ableiten lasse und dass insoweit das nationale Recht durch ein bestehendes DBA überlagert werde.[271] Die OECD-VPL hat diese Frage jedoch im Hinblick auf den Kommentar zu Art. 9 OECD-MA offengelassen, weil einige Staaten dieser Folgerung nicht zustimmen.[272]

In der Praxis hat sich gezeigt, dass in vielen Ländern ähnliche Regelungen **115** wie in Deutschland gelten, dh der Steuerpflichtige muss zunächst die Besteuerungsgrundlagen mitteilen und ggf. erforderliche Beweismittel benennen oder vorlegen; die FinVerw. hat dann die Beweislast für steuererhöhende Tatsachen (zB in Dänemark, Frankreich, Schweden und in den Niederlanden). In anderen Ländern, insb. denjenigen mit angelsächsischer Tradition, trägt idR der Steuerpflichtige die Beweislast dafür, dass eine von der Steuerbehörde vorgenommene begründete Gewinnkorrektur nicht zutreffend ist (zB in USA, Großbritannien, Kanada und Japan).

Werra[273] leitet aus der OECD-VPL noch zwei weitere Grundsätze im Zu- **116** sammenhang mit der Beweislast ab. Zum einen weist er darauf hin, dass die OECD-VPL[274] bei einer **Unternehmensgruppe mit Profit-Centern** eine höhere Vermutung der Richtigkeit der Verrechnungspreise anerkenne als bei zentralisierten Konzernen. Daher könne davon ausgegangen werden, dass mit dem Nachweis des ernsthaften Verhandelns zwischen Gruppengesellschaften ein **Anscheinsbeweis** für die Richtigkeit des gefundenen Verrechnungspreises erbracht sei. Auch vorhandene **Minderheitsgesellschafter** sind ein Indiz dafür, dass die Geschäftsvorfälle näher an einem Fremdvergleich sind (Tz. 3.26 OECD-VPL). Dieser Beweis des ersten Anscheins werde nicht durch etwaige Liefer- oder Abnahmeverpflichtungen entkräftet, solange kein Gruppenmitglied mehr als den Marktpreis zahlen müsse und im Streitfall eine zentrale Schiedsstelle anrufen könne. Ob die Finanzbehörden und -gerichte in Deutschland oder anderen Ländern dieser Argumentation folgen werden, ist zweifelhaft, weil die Finanzbehörde im Streitfall die Preisver-

---

[271] Vgl. den Hinweis von *Werra* DStR 1995, 512.
[272] Vgl. *Werra* DStR 1995, 512.
[273] Vgl. *Werra* DStR 1995, 512.
[274] Vgl. zB Tz. 1.5, 4.10.

handlungen als Scheinverhandlungen bezeichnet wird. Nur wenn nachgewiesen werden kann, dass der Steuerpflichtige berechtigt ist, seinen Bedarf auch außerhalb der Gruppe zu decken und dies im Einzelfall auch erfolgte, wäre der von *Werra* befürwortete Anscheinsbeweis denkbar. Daher empfiehlt es sich grds., in allen Lieferungs- und Leistungsverträgen eine Klausel aufzunehmen, wonach das verbundene Unternehmen berechtigt ist, die Lieferung oder Leistung außerhalb des Konzerns zu beziehen, falls der Preis unter Berücksichtigung der Liefer- oder Leistungsbedingungen niedriger liegt.

4. Schätzung

117   Die obigen Ausführungen lassen erkennen, dass die Schätzung von der FinVerw. sowohl als Maßnahme der objektiven Wahrheitsfindung mit **reduziertem Sicherheitsanspruch** als auch als Mittel zur Reaktion auf ein **Fehlverhalten des Steuerpflichtigen** angewendet werden kann.[275] Allerdings besteht zwischen diesen beiden Polen ein Spannungsverhältnis, das im Folgenden kommentiert werden soll.

a) Schätzung als objektive Wahrheitsfindung

118   Für die FinVerw. besteht stets die **Amtsermittlungspflicht,** selbst dann, wenn der Steuerpflichtige seine Mitwirkungspflichten verletzt. Nach hM. besteht kein **Schätzungsautomatismus,** wenn der Steuerpflichtige nicht in dem Maße bei der Sachverhaltsklärung mitwirkt, wie es ihm durch § 90 Abs. 1 und 2 AO auferlegt ist.[276] Allerdings existiert in der auf Verrechnungspreisfragen ausgerichteten Literatur die Diskussion, ob **Pflichtverletzungen** von Seiten des Steuerpflichtigen zu einer gewissen Minderung der Sachaufklärungspflicht von FA und FG führen können.[277]

aa) Schätzung im Finanzgerichtsverfahren

119   Die Schätzung zielt auf eine möglichst hohe Wahrheitsfindung ab. Strafschätzungen, die nicht nur den Schätzrahmen zum Nachteil des Steuerpflichtigen ausnutzen, sondern zusätzlich eine **Strafwirkung** erzielen, sind daher verboten, selbst wenn der Steuerpflichtige seine Mitwirkungspflichten nach § 90 Abs. 1 und Abs. 2 AO verletzt hat.[278] Dies gilt so nicht für § 90 Abs. 3 AO: Sollte der Steuerpflichtige seiner Dokumentationspflicht nicht gerecht werden, sind mit § 162 Abs. 3 und 4 AO mit Wirkung ab 2004 auch **Sanktionsvorschriften** anwendbar. Die Möglichkeit der „Strafschätzung" wird durch § 162 Abs. 3 S. 3 AO auf Sachverhalte ausgedehnt, in denen eine ausländische nahestehende Person die Mitwirkung verweigert.[279]

Trotz der Möglichkeit der Ausschöpfung des Schätzrahmens zu Lasten des Steuerpflichtigen (§ 162 Abs. 3 S. 1 und S. 3 AO) ist sowohl im **Einspruchsverfahren** als auch im **Finanzgerichtsverfahren** jeder Beitrag des Steuer-

---

[275] Vgl. *Vögele/Bader* IStR 2002, 358.

[276] Vgl. BFH 20.6.2005, BFH/NV 2005, 2062; *Trzaskalik* in HHSp, § 162 AO Rn. 21.

[277] Vgl. *Vögele/Bader* IStR 2002, 357.

[278] Vgl. *Trzaskalik* in HHSp, § 162 AO Rn. 39.

[279] Zur Kritik s. oben Rn 19 ff.

pflichtigen wie bspw. ein überzeugender Sachvortrag für die Anwendung der Schätzung innerhalb eines Schätzrahmens zu beachten.[280]

bb) Schätzung und richterliche Überprüfung

Eine Schätzung nach § 162 AO ist keine Ermessensentscheidung des FA, **120** die dann möglicherweise durch das FG lediglich innerhalb der Grenzen des § 102 FGO zu prüfen wäre. Vielmehr unterliegt die Schätzung der **vollen richterlichen Überprüfung,** bei der das FG nach dem Grundsatz der freien Beweiswürdigung entscheidet (§ 96 Abs. 1 AO). Das FG kann daher die Schätzung der Finanzbehörde durch eine eigene Schätzung ersetzen, ohne dabei die Schätzung des FA als rechtsfehlerhaft einstufen zu müssen.[281] Dies wäre dann der Fall, wenn das FG bspw. nach Berücksichtigung des Sachvortrags des Steuerpflichtigen eine eigene Schätzung so betrachtet, dass sie den Sachverhalt mit einer höheren Wahrscheinlichkeit abbildet und daher dem **Beweismaß** eher gerecht wird.

Der **BFH** als Revisionsinstanz ist dagegen weitgehend an die Schätzung **121** des FG gebunden (§ 118 Abs. 2 FGO), da er **nicht schätzungsbefugt** ist. Die Schätzung gilt als **Tatsachenfeststellung** und ist daher lediglich daraufhin überprüfbar, ob die Voraussetzungen zur Schätzung gegeben waren. Der BFH überprüft, ob die Schätzung in sich konsistent und schlüssig ist und die allgemeinen Erfahrungssätze und anerkannten Schätzmethoden widerspiegelt.[282] Die Revision kann dann zugelassen werden, wenn ein erheblicher Rechtsfehler aufgrund objektiver Willkür bejaht wird. Dies ist zB der Fall, wenn das Schätzungsergebnis wirtschaftlich unmöglich und damit schlechthin unvertretbar ist.[283]

b) Schätzung als Mittel gegen Fehlverhalten

Die Schätzung wird aber auch als missbrauchsbekämpfende Maßnahme **122** eingesetzt: Mit der Schätzung soll sichergestellt werden, dass der die Mitwirkungspflichten verletzende Steuerpflichtige keine Vorteile gegenüber dem diese Pflichten erfüllenden Steuerpflichtigen erhält.[284]

aa) Auswirkung auf das Beweismaß

Dieser Logik folgend sinkt das erforderliche Beweismaß, wenn der Steuer- **123** pflichtige seinen Pflichten zum Nachweis steuerlich relevanter Tatsachen und zur Vorlage von Unterlagen nicht nachkommt.[285] Das Ausmaß der Verringerung des Beweismaßes ist einzelfallabhängig vom **Grad der Pflichtverletzung** (zB überhaupt keine Dokumente vorhanden; keine verwertbaren Aufzeichnungen und Dokumente; zu spät vorgelegte Dokumente) sowie der **Beweisnähe des Steuerpflichtigen.**[286] Außerdem besteht nach *Rüsken* die Möglichkeit der Erhebung eines Sicherheitszuschlages im Wege der Schätzung ohne Bin-

---

[280] Vgl. *Rüsken* in Klein, § 162 AO Rn. 37.
[281] Vgl. auch BFH 17.10.2001, DB 2001, 2474 ff.; BFH 6.4.2005, BStBl. II 2007, 658 ff.
[282] Vgl. BFH 6.4.2005, BStBl. II 2007, 658 ff.
[283] Vgl. BFH 19.7.2010, BFH/NV 2010, 2017, 2018.
[284] Vgl. *Seer* in Tipke/Kruse, § 162 AO Tz. 45.
[285] Vgl. BFH 25.8.2009, DStR 2009, 2295.
[286] S. oben Rn. 95 ff.

dung an ein **Wahrscheinlichkeitsmaß,** sofern eine schwerwiegende Pflichtverletzung vorliegt (zB nachgewiesene nicht erfasste Mehreinnahmen).[287]

bb) Ausnutzung des Schätzrahmens

124 Je nach Einzelfall können die FinVerw. und das FG im Interesse der Gleichmäßigkeit der Besteuerung bei Pflichtverletzungen den **Schätzrahmen** korrigierend ausnutzen. Bei steuererhöhenden Besteuerungsgrundlagen kann die Schätzung an der oberen Grenze, bei steuermindernden Besteuerungsgrundlagen an der unteren Grenze des Schätzrahmens bleiben. Dies darf jedoch nicht soweit führen, dass eine verbotene Strafschätzung vorliegt.[288] Außerdem gilt nach *Seer,* dass der Schätzrahmen umso größer ist, je ungesicherter das dem Schätzrahmen zu Grunde liegende Tatsachenmaterial ist.[289]

Allgemein wird von der FinVerw. unterstellt, dass in den Fällen der Verletzung der Mitwirkungspflichten durch den Steuerpflichtigen dieser mit seinem Verhalten Vorteile sucht und/oder etwas zu verbergen hat. Eine **Hinzuschätzung (Sicherheitszuschlag)** könnte dem Rechnung tragen und das Verletzen der Mitwirkungspflichten aus diesen Gründen eindämmen helfen. Eine solche Schätzung zu Lasten des Stpfl. lässt aber der BFH zu Recht nicht zu, weil die Steuerverwaltung nach dem Grundsatz der Verhältnismäßigkeit das mildeste Mittel anzuwenden hat.

125 Bezüglich der Ausnutzung des Schätzrahmens ist zwischen einer Schätzung nach § 162 Abs. 1 AO und einer Schätzung nach § 162 Abs. 2 AO zu unterscheiden. Die Vorschrift des § 162 Abs. 2 AO knüpft an § 162 Abs. 1 AO und setzt voraus, dass das FA die Besteuerungsgrundlagen nicht ermitteln oder berechnen kann.[290] Während jedoch die Schätzung nach § 162 Abs. 1 AO nicht auf einer Verletzung der Mitwirkungspflicht des Steuerpflichtigen beruht, sondern auf der Unmöglichkeit, die vGA der **Höhe nach** genau zu ermitteln,[291] beruht die Schätzung nach § 162 Abs. 2 AO auf der Verletzung der Mitwirkungspflicht des Steuerpflichtigen.

Bis zum Inkrafttreten des UStRG 2008 erschien es im Hinblick auf diesen Unterschied als gerechtfertigt, dass eine Schätzung nach § 162 Abs. 1 AO innerhalb einer Bandbreite möglicher Verrechnungspreise auf die für den Steuerpflichtigen **günstigste Alternative** abstellt.[292] Wenn der Steuerpflichtige dagegen die Sachverhaltsaufklärung durch Verletzung von Mitwirkungspflichten verschuldete oder durch Wahl einer unüblichen Struktur Anlass zur Schätzung gegeben hatte, dann sollte er keine ungerechtfertigten Steuervorteile erlangen; eine Schätzung sollte zu seinen **Ungunsten** bis zur oberen (bzw. unteren) Grenze des Schätzrahmens zulässig sein.[293]

---

[287] Vgl. *Rüsken* in Klein, § 162 AO Rn. 38; s. auch oben Rn. 95 ff.

[288] Vgl. *Trzaskalik* in HHSp, § 162 AO, Rn. 39.

[289] Vgl. *Seer* in Tipke/Kruse, § 162 AO Tz. 44.

[290] Vgl. *Seer* in Tipke/Kruse, § 162 AO, Tz. 32.

[291] Vgl. *Wassermeyer* DB 2001, 2465, 2469.

[292] Ebenso Tz. 3.4.20 Buchst. b), zweiter Spiegelstrich VGr-Verfahren; *Vögele/Bader* IStR 2002, 354 ff., 358. Dieser Grundsatz ist in der Betriebsprüfung für alle noch offenen Fälle bis einschl. VZ 2007 zu beachten.

[293] Vgl. *Vögele/Bader* IStR 2002, 354 ff., 358 f.; BFH 1.10.1992, BStBl. II 1993, 259.

Obwohl der Steuerpflichtige im Fall des BFH-Urteils vom 17.10.2001 sei-　**126** ne Mitwirkungspflichten verletzt hatte (indem er keine Angaben machte, wie der Verrechnungspreis zu Stande kam und welche Funktionen und Risiken übernommen wurden), ließ der BFH gleichwohl eine Schätzung nach § 162 Abs. 1 AO zu[294] und betonte, dass sich diese Schätzung – vorbehaltlich einer anderen Beweisrisikoverteilung (im gegebenen Fall wegen der Dauerverluste) – grds. an dem für den Steuerpflichtigen günstigeren Ober- oder Unterwert der Bandbreite orientieren müsse.[295] Dies war im Ergebnis konsequent, weil sich die Verletzung der Mitwirkungspflicht nur auf das Tatbestandsmerkmal der „Veranlassung durch das Gesellschaftsverhältnis" bezog, nicht aber auf die dadurch verursachte Vermögensminderung bzw. verhinderte Vermögensmehrung, die das FA beweisen muss.

Durch das **UStRG 2008** wurde die Frage, welcher Wert innerhalb der　**127** Bandbreite maßgebend ist, gesetzlich in **§ 1 Abs. 3 S. 4 AStG** verankert. Danach ist der **Median** der Werte der **innerhalb** entsprechenden **Bandbreite** maßgeblich. Obgleich § 1 Abs. 3 S. 4 AStG dem Wortlaut nach davon ausgeht, dass der vom Steuerpflichtigen für seine Einkunftsermittlung verwendete Wert bekannt ist und daher einen Fall regelt, in dem keine Schätzung erforderlich ist, ist der Grundgedanke „im Zweifel Ansatz des Medians" auch im Rahmen der Schätzung anzuwenden. Andernfalls würde derjenige, der zwar einen Wert außerhalb der Bandbreite ansetzt, der aber seinen Mitwirkungspflichten nachkommt, schlechter gestellt als derjenige, der keine Angaben zu seinen Verrechnungspreisen macht. Im ersten Fall wäre gem. § 1 Abs. 3 S. 4 AStG eine Korrektur auf den Median vorzunehmen. Im zweiten Fall könnte im Wege der Schätzung ein gegenüber dem Median günstigerer Wert angesetzt werden. § 1 Abs. 3 S. 4 AStG unterscheidet nicht danach, ob eine Verletzung der Mitwirkungspflicht vorliegt oder nicht.

Erst durch die Regelung des § 162 Abs. 3 AO ist es zulässig, dass die Finanzbehörden und die FG bei einer Verletzung der Dokumentationspflichten oder bei einer Verletzung der Mitwirkungspflichten einer nahestehenden Person im Ausland eine Schätzung zu Lasten des Stpfl. am ungünstigsten Ende der Bandbreite orientieren dürfen.[296] Durch das UStRG 2008 wurde außerdem § 162 Abs. 3 AO um einen S. 3 erweitert. Dieser neue Satz regelt die Konsequenzen im Falle der Verletzung von Mitwirkungspflicht nahestehender Personen im Ausland.[297]

cc) Schätzung als Konkretisierung der vGA der Höhe nach

Das BFH-Urteil vom 17.10.2001 lässt die Schätzung als Rechtsfolge der　**128** Verletzung der Mitwirkungspflichten zu, während § 162 Abs. 3 AO an die widerlegbare Vermutung anknüpft, dass die nicht dokumentierten Verrechnungspreise nicht mit dem Fremdvergleichsgrundsatz übereinstimmen. Das heißt, die Schätzung setzt voraus, dass zuvor eine vGA dem Grunde nach festgestellt wird, also unangemessene Verrechnungspreise vorliegen.[298] Die Schätzung kommt also einem verwaltungstechnischen Verfahren zur Feststel-

---

[294] Vgl. BFH 17.10.2001, DB 2001, 2474 f.
[295] Vgl. BFH 17.10.2001, DB 2001, 2474, 2478.
[296] S. dazu oben Rn. 103 ff. u. 19 ff. sowie Kap. E.
[297] S. oben Rn. 19 ff.
[298] S. oben Rn. 43 f.

lung einer vGA der Höhe nach gleich, nachdem eine vGA dem Grunde nach vermutet wurde und diese Vermutung vom Steuerpflichtigen nicht durch Widerlegung entkräftet werden konnte. Die Schätzung der Verrechnungspreise konkretisiert demnach die Höhe der vGA, nachdem sie dem Grunde nach bereits festgestellt wurde und vom Steuerpflichtigen nicht widerlegt werden konnte. Ob und inwieweit eine Vergütung dem Fremdvergleich standhält, muss im Wege der Schätzung ermittelt werden, wenn der Sachverhalt nicht anderweitig aufgeklärt werden kann. Die Ermittlung der Vergleichswerte ist Teil der Sachverhaltsfeststellung.[299] Ein Problem in der Praxis sind die immer häufiger vorkommenden unzureichend begründeten Schätzungen durch Betriebsprüfer, deren Ergebnisse nicht vom Fremdvergleichsgrundsatz gedeckt sind.[300] Die **Schätzung** darf nicht willkürlich sein, sondern muss die **Bandbreiten fremdvergleichskonformer Werte** berücksichtigen.

129   Die Voraussetzungen für die Nutzung von branchenspezifischen Bandbreiten auf der Grundlage von Datenbanken wurden in der Literatur und im BFH-Urteil vom 17.10.2001 ausführlich besprochen.[301] In dem Urteil stellt der Senat die **Einsetzbarkeit von Datenbanken** bei Verrechnungspreisanalysen vor, nachdem vom Grundsatz her keine Bedenken bestehen, „Vergleichsdaten mit Hilfe von Datenbanken zu ermitteln, wie sie das FA aus der Datenbank MARKUS eingeführt hat und wie sie im Schrifttum verwendet werden."[302] Die anhand von Datenbankenanalysen ermittelten **Bandbreiten** von Rohgewinn- oder EBIT-Margen, Gewinnaufschlägen, Lizenzsätzen oder anderen Werten können von der FinVerw. als Grundlagen für die Schätzung herangezogen werden.

c) Tatsächliche Verständigung als Alternative zur Schätzung

130   Die tatsächliche Verständigung kann eine Alternative sein anstelle einer andernfalls regelmäßig gebotenen Schätzung der Besteuerungsgrundlagen.[303] Eine tatsächliche Verständigung ist unter folgenden Voraussetzungen möglich:[304]

- Einigung über einen bestimmten Sachverhalt,
- eine erschwerte Sachverhaltsermittlung im jeweiligen Einzelfall,
- Handeln eines zuständigen Amtsträgers auf Seiten der Finanzbehörde,
- kein offensichtlich unzutreffendes Ergebnis.

131   Die **tatsächliche Verständigung** ist nur im Hinblick auf eine Sachverhaltsermittlung zulässig und bezieht sich ausschließlich auf **abgeschlossene**

---

[299] Vgl. FG Berlin-Brandenburg 12.12.2007, EFG 2010, 517.

[300] Vgl. *Andresen* IStR 2010, 289, 290.

[301] Vgl. BFH 17.10.2001, DB 2001, 2474 ff.; zur praktischen Umsetzung, s. insb. *Vögele/Juchems* IStR 2000, 713 ff., *Vögele/Crüger* IStR 2000, 516; *Rehkugler/Vögele* BB 2002, 1937; s. auch Kap. E.

[302] Vgl. BFH 17.10.2001, DB 2001, 2474 ff. in Abschn. III.A 2c) cc); *Vögele/Crüger* IStR 2000, 516 und *Vögele/Juchems* IStR 2000, 713.

[303] Vgl. BFH 1.9.2009, BFH/NV 2010, 593, 594; Ferner könnte die tatsächliche Verständigung zur Mediation bei Verrechnungspreiskonflikten als alternativer Streitbeilegungsgrundsatz weiterentwickelt werden, vgl. *Baumhoff/Puls* IStR 2010, 802 ff.

[304] Vgl. BMF 30.7.2008, BStBl. I 2008, 831, Tz. 2.2, 3 und 5.3; *Dißars* NWB 2010, 2141, 2142.

Sachverhalte.[305] Eine Bindungswirkung für die Zukunft ist jedoch nicht ausgeschlossen, wenn sich der Sachverhalt auch in der Zukunft auswirkt und sich die Verständigung nach dem Willen der Beteiligten bei gleichbleibenden Verhältnissen darauf erstreckt (zB Verständigung über Nutzungsdauer eines Wirtschaftsguts).[306] Eine Verständigung über eine Rechtsfrage, eine Rechtsfolge oder die Anwendung von Rechtsvorschriften ist nicht gestattet.[307] Eine Verständigung über tatsächliche Vorfragen zum Sachverhalt (zB Nichtabziehbarkeit von Betriebsausgaben iSd § 160 AO) ist zulässig.[308] Faktisch geht damit häufig eine Verständigung über die Rechtsfolgen einher, da sich die Beteiligten in der Regel über den Eintritt bestimmter Rechtsfolgen einig sind, wenn von einem bestimmten Sachverhalt ausgegangen wird.[309] In der Rspr. des BFH wurde eine tatsächliche Verständigung über die Angemessenheit eines Geschäftsführergehalts gebilligt.[310] Somit sollte auch eine tatsächliche Verständigung über die Angemessenheit eines Verrechnungspreises möglich sein.

Eine tatsächliche Verständigung kommt nur in wesentlichen Fällen in Betracht, in denen sich der Sachverhalt schwierig anderweitig ermitteln lässt. Daher kommt die tatsächliche Verständigung insbesondere als Alternative in Schätzungsfällen zum Einsatz. Hierbei sind u.a. der Aufwand der Ermittlung und das voraussichtliche Steueraufkommen abzuwägen.[311] Die Belastungen des Stpfl. sind dabei nicht zu berücksichtigen.[312] Nach der Auffassung der Rechtsprechung kann dahinstehen, ob die Bindungswirkung der tatsächlichen Verständigung auf einem öffentlich rechtlichen Vertrag oder auf Treu und Glauben beruht.[313] Die FinVerw. geht von einer Bindung nach Treu und Glauben aus.[314] Der Vorteil an der „Vertragslösung" ist, dass die Willenserklärung, die zum Vertragsschluss führen, nachträglich genehmigt werden können, wenn ein Unzuständiger die tatsächliche Verständigung herbeiführt.[315] Ferner darf die tatsächliche Verständigung nicht zu einem offensichtlich unzutreffenden Ergebnis führen. Es ist aber weitgehend ungeklärt, wann von einem solchen Ergebnis auszugehen ist.[316] Die tatsächliche Verständigung ist in beweissichernder Form schriftlich festzuhalten und von den Beteiligten zu unterschreiben.[317] **132**

Die Bindungswirkung gilt nur für die Finanzbehörde, die an der tatsächlichen Verständigung beteiligt war.[318] Sie kann insbesondere durchbrochen werden, wenn die tatsächliche Verständigung zu einem offensichtlich unzutreffenden Ergebnis führt oder wenn eine wirksame Anfechtung iSd §§ 119, **133**

---

[305] Vgl. BMF 30.7.2008, BStBl. I 2008, 831, Tz. 2.1 u. 4.2.
[306] Vgl. BMF 30.7.2008, BStBl. I 2008, 831, Tz. 4.2.
[307] Vgl. BMF 30.7.2008, BStBl. I 2008, 831, Tz. 2.2.
[308] Vgl. *Naumann* IStR 2011, 683, 684.
[309] Vgl. FG Düsseldorf 2.12.2008, EFG 2010, 546.
[310] Vgl. *Dißars* NWB 2010, 2141, 2143 mwN.
[311] Vgl. BMF 30.7.2008, BStBl. I 2008, 831, Tz. 3.
[312] Vgl. *Dißars* NWB 2010, 2141, 2143.
[313] Vgl. BFH 1.9.2009, BFH/NV 2010, 593, 594; aA FG Düsseldorf 2.12.2008, EFG 2010, 546.
[314] Vgl. BMF 30.7.2008, BStBl. I 2008, 831, Tz. 6.1.
[315] Vgl. *Dißars* NWB 2010, 2141, 2142.
[316] Vgl. *Dißars* NWB 2010, 2141, 2144.
[317] Vgl. BMF 30.7.2008, BStBl. I 2008, 831, Tz. 5.5.
[318] Vgl. *Dißars* NWB 2010, 2141, 2144.

123 BGB vorgenommen wird.[319] Ein einseitiger Widerruf der eignen Verständigungserklärung ist grundsätzlich nicht möglich.[320]

5. Amtshilfe als Beweismittel

134   Bereits am Anfang dieses Kapitels wurde auf den Amtsermittlungsgrundsatz hingewiesen. Grds. muss die Finanzbehörde – ebenso wie bei inländischen Sachverhalten – auch bei steuerlich erheblichen **Auslandssachverhalten** zunächst den inländischen **Steuerpflichtigen** zur Sachverhaltsaufklärung und zur Vorlage von geeigneten Unterlagen anhalten. Die Aufklärung darf sich nur auf **konkrete steuererhebliche Tatsachen** beziehen, sodass eine allgemeine Ausforschung „ins Blaue hinein" unzulässig ist.[321]

Beispiel: Der Betriebsprüfer stellt fest, dass die deutsche D-GmbH mit ihren verbundenen Unternehmen in den Ländern A und B jeweils einen Patent- und Know-how-Lizenzvertrag für die Produktion von Markenartikeln abgeschlossen hat und 2% Lizenzgebühren erhält. Der Prüfer vermutet, dass wegen der geringen Lizenzgebühren jeweils ein weiterer nicht in Deutschland vorgelegter Lizenzvertrag über die entgeltliche Überlassung der Marken vereinbart wurde und dass die verbundenen Unternehmen für die Markennutzung Lizenzgebühren auf ein Konto in die Schweiz oder in ein Niedrigsteuerland überweisen. Der Betriebsprüfer will bei den FinVerw.en in den Ländern A und B um Amtshilfe ersuchen zwecks Ermittlung der Lizenzzahlungen der dortigen Konzerngesellschaften. – Dieses Amtshilfeersuchen ist rechtswidrig, weil keine konkreten Anhaltspunkte für die Sachverhaltsunterstellungen des Prüfers vorliegen. Der Prüfer wird in der Praxis allerdings nur die Höhe der Lizenzgebühren beanstanden, wobei er dies alternativ damit begründen wird, dass entweder die Patent- und Know-how-Lizenz für die Produktion von Markenartikeln konkludent auch die Nutzung der Marken beinhaltet, sodass der Lizenzsatz für diese Gesamtleistung zu niedrig war, oder dass neben dem Vertrag eine unentgeltliche Überlassung der Marken vorlag, die eine zusätzliche Lizenzzahlung erforderte. Die Risiken solcher Beanstandungen können durch eine verwertbare Dokumentation vermieden bzw. vermindert werden.

135   Die Ermittlungspflicht umfasst die Aufklärung des Sachverhalts sowohl zu Ungunsten als auch zu Gunsten des Steuerpflichtigen. Wenn der Steuerpflichtige den Sachverhalt nicht aufklären kann oder seine Mitwirkung ganz oder teilweise verweigert, muss die Finanzbehörde im Rahmen ihrer Ermittlungen die bereits oben erwähnten anderen Beweismittel anwenden und dabei auch **Amtshilfe im Inland oder im Ausland** in Anspruch nehmen.[322] Für die **Amtshilfe im Inland** gelten die Vorschriften der §§ 111–116 AO. Die im nächsten Abschnitt noch näher zu erörternde **zwischenstaatliche Rechts- und Amtshilfe**[323] ist in § 117 AO sowie anderen Bestimmungen geregelt.

---

[319] Vgl. BFH 1.9.2009, BFH/NV 2010, 593, 594; FG Düsseldorf 2.12.2008, EFG 2010, 546.

[320] Vgl. BMF 30.7.2008, BStBl. I 2008, 831, Tz. 7.1; BFH 1.9.2009, BFH/NV 2010, 593, 594.

[321] Vgl. BFH 11.10.1989, BStBl. II 1990, 280.

[322] Vgl. EuGH 14.2.1995, DB 1995, 407 in Tz. 43; BFH 9.5.2007, DStR 2007, 1295; s. ferner oben Rn. 37.

[323] S. unten Rn. 161 ff.

§ 112 AO nennt die **Voraussetzungen und Grenzen der Amtshilfe,** **136** enthält aber keine abschließende Regelung, was aus dem Wortlaut („insbesondere") ersichtlich wird. Die Finanzbehörde kann danach andere Behörden oder Gerichte um Amtshilfe ersuchen, wenn sie
- aus rechtlichen oder tatsächlichen Gründen die Amtshandlung nicht selbst vornehmen kann (§ 112 Abs. 1 Nr. 1 und Nr. 2 AO),
- auf die Kenntnis von Tatsachen angewiesen ist, die ihr unbekannt sind und die sie selbst nicht ermitteln kann (§ 112 Abs. 1 Nr. 3 AO),
- Urkunden oder sonstige Beweismittel benötigt, die sich im Besitz der ersuchten Behörde befinden (§ 112 Abs. 1 Nr. 4 AO) oder
- die Amtshandlung nur mit wesentlich größerem Aufwand vornehmen kann als die ersuchte Behörde (§ 112 Abs. 1 Nr. 5 AO).

Beispiel: Das deutsche Unternehmen U-AG zahlt an die japanische Konzerngesellschaft S-AG eine Patentlizenz für die Herstellung von PC-Druckern. Da die Drucker besonders leistungsfähig sind und einen hohen Innovationsgrad haben, zahlt die U-AG Lizenzgebühren iHv 10% vom Nettoumsatz. In diesem Fall kann der Betriebsprüfer sich an das Deutsche oder Europäische Patentamt in München wenden und Auskünfte zur Eintragung des Patents und zu seinem Innovationsgehalt einholen.

Die ersuchte Behörde **darf keine Amtshilfe** leisten, wenn sie hierzu aus **137** **rechtlichen Gründen** nicht in der Lage ist (§ 112 Abs. 2 AO). Dies ist bspw. der Fall, wenn sie unzuständig ist und die erbetene Amtshilfe daher rechtswidrig wäre oder wenn besondere Vorschriften die erbetene Amtshilfe gesetzlich untersagen, so zB in § 105 AO die Verletzung des Brief-, Post- oder Fernmeldegeheimnisses (§ 111 Abs. 5 AO). Andere Amtshilfeverbote können sich aus Spezialvorschriften ergeben.[324]

Nach § 112 Abs. 3 AO ist die ersuchte Behörde in bestimmten Fällen **138** **nicht verpflichtet,** Hilfe zu leisten (Ablehnungsrecht), insb. wenn
- eine andere Behörde die Hilfe wesentlich einfacher oder mit wesentlich geringerem Aufwand leisten kann (§ 112 Abs. 3 Nr. 1 AO),
- sie die Hilfe nur mit unverhältnismäßig großem Aufwand leisten könnte (§ 112 Abs. 3 Nr. 2 AO) oder
- sie unter Berücksichtigung der Aufgaben der ersuchenden Behörde durch den Umfang der Hilfeleistung die Erfüllung ihrer eigenen Aufgaben ernstlich gefährden würde (§ 112 Abs. 3 Nr. 3 AO).

Das Amtshilfeverfahren ist ein **internes Verfahren** zwischen den Behör- **139** den, das der Steuerpflichtige zwar anregen kann, auf das er aber keinen Anspruch hat. Gegen das Amtshilfeersuchen der ersuchenden Behörde und gegen eine Ablehnung oder Stattgabe der ersuchten Behörde ist grds. **kein** **Rechtsbehelf** zulässig, weil diese Entscheidungen nicht auf unmittelbare Rechtswirkungen nach außen gerichtet sind und deshalb keine anfechtbaren Verwaltungsakte darstellen.[325] Sobald aber die ersuchte Behörde durch Verwaltungsakt mit Außenwirkung tätig wird, also von Dritten bspw. Auskünfte oder Urkunden anfordert, kann ein Rechtsbehelf eingelegt werden.[326]

---

[324] Vgl. dazu ausführlich *Seer* in Tipke/Kruse, § 93 AO Tz. 12.
[325] Vgl. *Brandis* in Tipke/Kruse, § 111 AO Tz. 9.
[326] Vgl. *Brandis* in Tipke/Kruse, § 111 AO Tz. 9; siehe dazu Rn. 184 u. 214.

140 Bei Sachverhalten mit Auslandsbezug nutzen die Finanzbehörden in vielen Fällen im Wege der **Amtshilfe** die **im Inland vorhandenen Informationssammlungen zu Auslandsbeziehungen.**[327] Als mögliche Informationsquellen stehen den Finanzbehörden vor allem zur Verfügung:

1. **Materialsammlung zur Prüfung von Auslandsbeziehungen:** Die Sammlung enthält Erfahrungen von Steuerbeamten in Einzelfällen; sie ist unverbindlich.[328]
2. Informationen und Unterlagen der **„Informationszentrale für steuerlich relevante Auslandsbeziehungen (IZA)":** In diesem Amtsbereich des Bundeszentralamts für Steuern werden alle sachdienlichen Informationen gesammelt und Auskünfte im Wege der Amtshilfe (§§ 111 ff. AO) erteilt, die zur Aufklärung von grenzüberschreitenden Sachverhalten von Bedeutung sein können, wie zB Informationen über:[329]
   – Ausländische Rechtssubjekte (natürliche und juristische Personen im Ausland, insbesondere auch ausländische Personengesellschaften sowie ausländische Briefkastengesellschaften [Domizil-, Sitz-, Offshore-Gesellschaften]);
   – die Rechtsprechung und Kommentierung zur steuerlichen Beurteilung der Beziehungen von Steuerinländern zu ausländischen Basis- oder Briefkastengesellschaften;
   – Beziehungen von im Inland ansässigen Rechtssubjekten zum Ausland;
   – Beziehungen von im Ausland ansässigen Rechtssubjekten zum Inland.

   Die Informationen werden in der **ISI-Datenbank** (Informations-System der IZA) gesammelt. In diesem Bereich sammelt das BZSt auch Daten, die für die Beurteilung von Verrechnungspreisen eine Rolle spielen können, bspw. über Marktverhältnisse, Zinsen, Rohstoffpreise oder Lizenzgebühren (sog. **Lizenzkartei**).[330]
3. Informationen durch die **Strafverfolgungsbehörden** nach dem Geldwäschegesetz (GwG).[331]
4. **Informationszentrale für den Steuerfahndungsdienst (IZ Steufa)** beim FA Wiesbaden und **Informationsstelle für US-Verbindungen (ISTUS)** bei der OFD Frankfurt.[332]
5. **Zolldienststellen und Zollkriminalamt:** Die Informationen der Zolldienststellen beziehen sich bspw. auf Ein- oder Ausfuhr oder Veredelung von Waren. Das Zollkriminalamt leistet Hilfe bei der Überprüfung der Echtheit von Urkunden, der Feststellung von Rückdatierungen, Übermalungen usw.[333] Soweit Grenzgänger mehr als 15 000 € Bargeld bei sich führen, haben sie nach Befragung Herkunft und Verwendungszweck gegen-

---

[327] Dazu zB *Dreßler*, 446 ff.; *Miehler* in Haarmann, 11 ff.; *Korts/Korts* IStR 2006, 869.

[328] Vgl. *Dreßler*, 449.

[329] Vgl. BMF 2.6.2012, BStBl. I 2012, 241. Das alte BMF-Schreiben vom 7.9.2007, DStR 2007, 2164 f. wurde durch BMF-Schreiben vom 27.3.2012, BStBl. I 2012, 370 aufgehoben.

[330] Vgl. *Miehler* in Haarmann, 12; *Korts/Korts* IStR 2006, 869 zur Lizenzkartei und rechtlichen Bedenken s. Kap. N Rn. 553 ff.

[331] Vgl. *Korts/Korts* IStR 2006, 869.

[332] Vgl. *Miehler* in Haarmann, 12.

[333] Vgl. *Miehler* in Haarmann, 12 f.

über der Zollverwaltung anzugeben. Dabei gewonnene Informationen können an die FinVerw. weitergegeben werden.[334]

6. **Deutsches Patentamt und Europäisches Patentamt** können Auskünfte zur Frage der Eintragung von Patenten, Gebrauchsmustern oder Marken geben, ferner zur Laufzeit von Patenten, wirtschaftlicher Verwertbarkeit einer Erfindung usw.[335]

7. **Landeszentralbanken** sammeln Daten, die ihnen nach dem Außenwirtschaftsrecht mitgeteilt werden. Der Betriebsprüfer kann hier zwar keine Amtshilfe ersuchen, jedoch vom Steuerpflichtigen die Vorlage der sog. AWV-Meldungen verlangen.

In diesem Zusammenhang sei hier nochmals darauf hingewiesen, dass der **141** BFH die Sammlung und Verwendung von anonymisierten Daten ebenso wie die Ermittlung von **Vergleichsdaten** mit Hilfe von **Datenbanken** ausdrücklich für zulässig erachtet.[336] Das BVerfG hat zudem klargestellt, dass die datensammelnde Tätigkeit des Bundeszentralamts mit dem Grundgesetz vereinbar ist und dass für Eingriffe in die Grundrechte § 88a AO eine hinreichende gesetzliche Grundlage enthält.[337] Ein Auskunftsanspruch[338] soll nach Auffassung des Gerichts erst bestehen, wenn die gespeicherten Daten mit nachteiligen Folgen genutzt werden, also im Rahmen eines konkreten Besteuerungs- oder Steuerstrafverfahrens.[339] Dabei soll es nicht zu beanstanden sein, dass ein vollständiger Überblick über die gesammelten Daten dauerhaft versagt bleibt.[340]

Allerdings muss die Datensammlung der FinVerw. bzw. die allgemein zu- **142** gängliche Datenbank gewisse Mindestanforderungen an die Qualität der Datenerfassung erfüllen und das FG kann gehalten sein, Rückfragen über die Zusammenstellung und Ableitung der anonymisierten Vergleichsdaten zu stellen.[341] Dies dürfte idR zu Problemen führen, weil einerseits im Hinblick auf das **Steuergeheimnis** keine Steuerakten von Vergleichsunternehmen herangezogen werden dürfen und andererseits ohne diese Informationen ein Vergleich der Unternehmen und Transaktionen kaum möglich sein wird.[342]

Ungeachtet dieser Probleme ermächtigt § 88a AO die FinVerw. zur Sammlung von nicht anonymisierten Vergleichsdaten.[343] Die Vorschrift ermächtigt nur zur Sammlung und nicht zur Erhebung von Daten. Die FinVerw. darf also unabhängig vom konkreten Steuerfall keine Daten erheben. Falls im

---

[334] Vgl. *Korts/Korts* IStR 2006, 869.

[335] Vgl. *Miehler* in Haarmann, 13.

[336] Vgl. BFH 17.10.2001, DB 2001, 2474, 2476; BFH 27.10.1993, BStBl. II 1994, 210.

[337] BVerfG 10.3.2008, BStBl. II 2009, 23, 29.

[338] Im zu entscheidenden Fall wurde der Auskunftsanspruch auf § 19 BDSG gestützt. Die im Referentenentwurf zum JStG 2009 geplante eigene steuerliche Regelung in § 31c AO wurde im Regierungsentwurf wieder gestrichen, vgl. *Brockmann* DStR 2008, Heft 26, VI. Allerdings hat das BMF inzwischen zu den Voraussetzungen eines Auskunftsanspruchs Stellung genommen, BMF 17.12.2008, DB 2009, 147. Vgl. hierzu ferner Rundvfg. der OFD Frankfurt a. M. vom 6.1.2009, AO Kartei zu § 91 Karte 1.

[339] BVerfG 10.3.2008, BStBl. II 2009, 23, 30.

[340] BVerfG 10.3.2008, BStBl. II 2009, 29, 31.

[341] Vgl. BFH 17.10.2001, DB 2001, 2474, 2476.

[342] Vgl. *Wassermeyer* WPg 2002, 10, 15.

[343] Vgl. *Söhn* in HHSp, § 88a AO Rn. 1 f.

Rahmen eines konkreten Steuerfalls Daten ohnehin bekannt werden, dürfen diese gesammelt werden. Die FinVerw. darf also unabhängig vom konkreten Steuerfall keine Daten erheben. Falls im Rahmen eines konkreten Steuerfalls Daten erhoben werden dürfen, dürfen diese gesammelt werden. Bei der Verwertung dieser Daten ist jedoch das Steuergeheimnis zu beachten, sodass § 88a AO nicht über die o. g. Probleme hinweghilft.

143–150 *(einstweilen frei)*

III. Formen und Bedeutung internationaler Verfahren

1. Internationale Zusammenarbeit der Finanzbehörden

151   Da immer mehr Unternehmen im Ausland Tochtergesellschaften, Betriebstätten oder Gemeinschaftsunternehmen mit anderen Gesellschaften gründen, nimmt die Bedeutung der Aufklärung grenzüberschreitender Sachverhalte – insb. auch bei Verrechnungspreisfragen – ständig zu.[344] Aber auch unabhängig von konkreten Einzelfällen ist die internationale Zusammenarbeit der Finanzbehörden erforderlich, um die internationale Steuerpolitik und v. a. die Grundsätze zur Vermeidung der Doppelbesteuerung abzustimmen. Als **wesentliche Bereiche der internationalen Zusammenarbeit der Finanzbehörden** sind zu nennen:[345]

– Internationale Amtshilfe (Auskunftsverkehr, koordinierte Betriebsprüfungen)
– Verständigungsverfahren
– Schiedsverfahren
– Konsultationen und Erfahrungsaustausch
– Zusammenarbeit in internationalen Organisationen
– Vollstreckungshilfe
– Rechtshilfe in Steuerstrafsachen
– Abgestimmte verbindliche Zusagen (Advance Pricing Agreements).

Die oben genannten Begriffe werden nachfolgend nur kurz erläutert. Im Übrigen wird auf die ausführlichen Darstellungen der Rechtsgrundlagen, Voraussetzungen und Beschränkungen dieser Formen des internationalen Informationsaustauschs in den folgenden Abschnitten verwiesen.

152   Im Rahmen ihrer Amtsermittlungspflicht kann die deutsche FinVerw. **internationale (zwischenstaatliche) Amtshilfe** in Anspruch nehmen[346] oder

---

[344] Vor allem wird die Bedeutung wesentlich zunehmen, wenn Gesellschaften in Staaten, die nicht am internationalen Informationsaustausch teilnehmen, negative Folgen, wie die Versagung des Betriebsausgabenabzugs, fürchten müssen. Vgl. zum Steuerhinterziehungsbekämpfungsgesetz; *Geberth* Status: Recht 2009, 39; *von Brocke/Tippelhofer* IWB Fach 11, Gruppe 2, 949 ff., 956. Zu den in diesem Rahmen geplanten Änderungen der erhöhten Mitwirkungspflichten siehe insbesondere Rn. 5.

[345] Vgl. auch *Menck* in Mössner, Rn. D 5 ff.

[346] Vgl. *Seer* in Tipke/Kruse, § 117 AO Tz. 5, weist zutreffend darauf hin, dass es genügt, von Amtshilfe zu sprechen, weil Rechtshilfe als Unterstützung der Gerichte bei Rechtspflegeaufgaben verstanden wird.

den Finanzbehörden anderer Länder Amtshilfe leisten.[347] Sowohl die Inanspruchnahme als auch die Gewährung zwischenstaatlicher Amtshilfe, die auch als **internationaler Informations- oder Auskunftsaustausch** bezeichnet wird, dient idR zur Ermittlung der Besteuerungsgrundlagen in einem **Einzelfall.** Damit gewinnt die internationale Amtshilfe wesentliche Bedeutung für das Gebiet der **Verrechnungspreisprüfungen.** Der Informationsaustausch kann auch bei **koordinierten Betriebsprüfungen** eine Rolle spielen.

Das **Verständigungsverfahren** bezieht sich ebenfalls jeweils auf einen **Ein-** **153** **zelfall** und dient der einverständlichen Regelung zur Beseitigung einer Doppelbesteuerung.[348] Dies spielt v. a. bei der Prüfung von Verrechnungspreisen und der damit zusammenhängenden Gewinnabgrenzung zwischen verbundenen Unternehmen eine Rolle, wenn zwischen den beteiligten Staaten ein DBA mit Regelungen nach dem Muster der Art. 7 und 9 OECD-MA besteht.

Ein **Schiedsverfahren** ist im Prinzip Phase II nach Scheitern der Phase I **154** in Form eines Verständigungsverfahrens, bei dem die beteiligten Finanzbehörden zur Vermeidung der Doppelbesteuerung in einem **Einzelfall** – anders als beim Verständigungsverfahren – **zwingend** eine **Lösung** finden müssen.[349] Abgesehen von dem zwischen den EU-Mitgliedstaaten getroffenen Schiedsverfahrensabkommen sind solche Vereinbarungen selbst auf bilateraler Ebene selten. Da jedoch seit 2008 in Art. 25 Abs. 5 OECD-MA ein Schiedsverfahren vorgesehen ist, ist zu erwarten, dass zukünftig viele neue bzw. revidierte DBA entsprechende Verfahren vorsehen werden.[350]

In einem **Konsultationsverfahren** können die Finanzbehörden über allgemeine materielle oder verfahrensrechtliche Schwierigkeiten und Zweifelsfragen beraten, die bei der Auslegung oder Anwendung von DBA entstehen. Ebenfalls unabhängig von Einzelfällen kann ein Erfahrungsaustausch durchgeführt werden.

Neben den soeben genannten Konsultationsverfahren und dem Erfah- **155** rungsaustausch zwischen den Staaten gewinnt die **Zusammenarbeit in** **internationalen Organisationen** eine zunehmende Bedeutung. Als wichtige Gremien sind hier der OECD-Steuerausschuss und eine Arbeitsgruppe der Vereinten Nationen zu nennen, die bekanntlich MA zur Vermeidung der Doppelbesteuerung erarbeitet haben. Ferner hat der **OECD-Steuerausschuss** ganz erhebliche Bedeutung bei der Erarbeitung von **Berichten zu** **Verrechnungspreisfragen,** die als RL den Konsens der Mitgliedstaaten zu allgemeinen und ausgewählten Fragen zusammenfassen und der Abstimmung und Harmonisierung beim Erlass eigener Gesetze oder Verwaltungsvorschriften dienen sollen.[351] Seit 2009 veröffentlicht eine Arbeitsgruppe, die vom

---

[347] Vgl. dazu das ausführliche „Merkblatt zur zwischenstaatlichen Amtshilfe durch Auskunftsaustausch in Steuersachen", BMF 25.5.2012.

[348] Vgl. dazu das Merkblatt zum Verständigungs- und Schiedsverfahren, BMF 13.7.2006, BStBl. I 2006, 461.

[349] Vgl. Tz. 1.2.2, BMF 13.7.2006, BStBl. I 2006, 461.

[350] Bilaterale Schiedsregelungen finden sich zB in den DBA, die Deutschland mit Frankreich, Jersey, Kanada, Österreich, Schweden, der Schweiz, den USA und Großbritannien abgeschlossen hat.

[351] Vgl. dazu insb. OECD-Berichte 1979, 1984, die OECD-RL von 1995 und die seit 2010 geltenden OECD-VPL.

Generaldirektorium für Steuern und Zölle bei der Europäischen Kommission gegründet wurde – sog. **EU Joint Transfer Pricing Forum** – Analysen und Berichte zu unterschiedlichen Verrechnungspreisfragen.[352] Auch diese Veröffentlichungen leisten einen wertvollen Beitrag zur Harmonisierung bei der Lösung von Verrechnungspreisproblemen.

156   Im Rahmen der **Vollstreckungshilfe** treibt ein Staat auf Ersuchen eines anderen Staates dessen Steuerforderungen in konkreten Fällen ein.[353] Die **Rechtshilfe in Steuerstrafsachen** dient der internationalen Zusammenarbeit in Steuerstrafverfahren. Die Vollstreckungshilfe und die Rechtshilfe in Steuerstrafsachen werden hier nicht weiter erörtert, da insoweit keine Besonderheiten in Verrechnungspreisfällen zu beachten sind. Insoweit wird auf die einschlägigen Kommentare verwiesen.

157   In vielen Ländern können Unternehmen von den Finanzbehörden im Voraus verbindliche Auskünfte oder Zusagen für bestimmte Steuerfragen erhalten, insb. auch im Hinblick auf steuerliche Probleme bei Verrechnungspreisen. Die verbindliche Zusage der Finanzbehörde gegenüber einem Steuerpflichtigen begründet jedoch keine Bindungswirkung für den ausländischen (nahestehenden) Geschäftspartner und für dessen zuständige Steuerbehörde. Aus diesem Grund haben viele Länder inzwischen Regelungen eingeführt, die es ermöglichen, mit anderen Staaten **abgestimmte verbindliche Auskünfte oder Zusagen** (sog. **Advance Pricing Agreement – APA**) über die Anwendung und Anerkennung von Verrechnungspreismethoden, Vergleichsdaten usw. zu vereinbaren.[354]

2. Mögliche Verfahren aus der Sicht des Steuerpflichtigen

158   Sofern es im Rahmen des Besteuerungsverfahrens aufgrund angeblich unangemessener Verrechnungspreise zu einer Änderung der Steuerbescheide kommt oder sich eine solche Änderung der Steuerbescheide abzeichnet, stellt sich die Frage, welche Verfahren dem Steuerpflichtigen zur Verfügung stehen, um sich gegen die Maßnahmen zu wehren. Dabei stellt sich insb. die Frage, ob der Steuerpflichtige neben dem klassischen Einspruchs- und Klageverfahren von der internationalen Zusammenarbeit der Finanzbehörden profitieren kann und in welchem Verhältnis die Verfahren zueinander stehen. Die einzelnen Verfahren werden in den nachfolgenden Abschnitten dieses Kapitels noch ausführlich beschrieben. Vorab soll das nachfolgende Schaubild eine Übersicht über die Verfahren und deren Verhältnis zueinander geben:

---

[352] Vgl. die in der Literaturliste genannten Veröffentlichungen des EU-JTPF.

[353] Zur neuen BeitreibungsRL vgl. *Kippenberg* IStR-Länderbericht 2010, 25.

[354] Vgl. dazu das Merkblatt zu den sog. Advance Pricing Agreements, BMF 5.10.2006, BStBl. I 2006, 594. S. ferner die näheren Ausführungen in Rn. 391 ff. „Internationale verbindliche Auskünfte".

Einspruchs-/ Finanzgerichts- verfahren	Verständigungs- und ggf. Schieds- verfahren gem. DBA	Verständigungs- und Schiedsver- fahren gem. EU-Schieds- konvention	Advance Pricing Agreement inkl. „Roll Back"
Verfahrensgrund			
Rechtsverletzung oder Ermessens- widrigkeit[355]	Abkommens- widrigkeit[356]	Doppelbesteuerung im Falle von Ge- winnberichtigun- gen zwischen ver- bundenen Unternehmen[357]	Abkommens- widrigkeit[358]
Behörde			
Grds. Behörde, deren Verwal- tungsakt ange- fochten wird.[359]	BZSt[360]		
Antragsfrist			
1 Monat[361]	idR 3 Jahre[362]		Grds. keine Frist. Gesamt- laufzeit idR auf 3–5 Jahre beschränkt.[363]
Beginn Antragsfrist			
Bekanntgabe Verwaltungsakt[364]	Erste Mitteilung der Maßnahme[365]		
Anschließendes Einspruchs-/Klageverfahren möglich?			
–	Grds. Einspruch gegen den ursprünglichen Steuerbe- scheid möglich, sofern kein Einspruchsverzicht erfolgte. Zur Fristwahrung ist es idR notwendig, Einspruch ein- zulegen und Ruhen des Verfahrens zu beantragen.[366]		

---

[355] Auf die Darstellung von Einzelheiten wird hier verzichtet, da insoweit einschlä- gige Kommentare zu den §§ 347 ff. AO zur Verfügung stehen.

[356] S. Rn. 231 ff.

[357] S. Rn. 298 ff.

[358] S. Rn. 402 ff.

[359] Vgl. § 357 Abs. 2 AO.

[360] S. Rn. 248, 305 und 406.

[361] Vgl. § 355 Abs. 1 AO.

[362] S. Rn. 249 und 305.

[363] S. Rn. 411 ff.

[364] Vgl. § 355 Abs. 1 AO.

[365] S. Rn. 249 und 307.

[366] S. Rn. 244.

Einspruchs-/ Finanzgerichts- verfahren	Verständigungs- und ggf. Schieds- verfahren gem. DBA	Verständigungs- und Schiedsver- fahren gem. EU-Schieds- konvention	Advance Pricing Agreement inkl. „Roll Back"
Anschließendes Verständigungs- und Schiedsverfahren möglich?			
Durchbrechung Bestandskraft grds. möglich. Str. bzgl. Rechtskraft.[367]	–		

159, 160   *(einstweilen frei)*

IV. Internationaler Informationsaustausch

1. Rechtsgrundlagen und Auskunftsarten

161   Wie bereits aus der Übersicht des vorigen Abschnitts erkennbar wurde, können bei Verrechnungspreisprüfungen im Einzelfall die zwischenstaatliche Amtshilfe, das Verständigungsverfahren und – v.a. im Geltungsbereich der EU – auch das Schiedsverfahren eine Rolle spielen. Die in **Art. 26 OECD-MA** unter dem Stichwort **„Informationsaustausch"** enthaltenen Regelungen befassen sich mit der **zwischenstaatlichen Amtshilfe** (auch sog. **Auskunftsverkehr** oder **Auskunftsaustausch**). Nach deutschem Recht sind folgende **Rechtsgrundlagen** für den internationalen Informationsaustausch zu beachten:[368]

162   1. **§ 117 Abs. 1 AO** für die **Inanspruchnahme zwischenstaatlicher Amtshilfe** durch deutsche Behörden, maW. für Auskunftsersuchen, die gegenüber ausländischen Behörden gestellt werden.

163   2. **§ 117 Abs. 2 AO** für die **Gewährung zwischenstaatlicher Amtshilfe** von deutschen Behörden gegenüber ersuchenden ausländischen Behörden auf Grund völkerrechtlicher Vereinbarungen und innerstaatlich anwendbarer Rechtsakte der Europäischen Gemeinschaft; dazu gehören insb.[369]
– das **EU-Amtshilfegesetz** (nachfolgend **EUAHiG**) mit dem die AmtshilfeRL[370] in nationales Recht umgesetzt wurde. Das zuvor geltende EG-

---

[367] S. Rn. 257 ff.

[368] Vgl. Tz. 1.3.1 des Merkblatts des BMF 25.5.2012.

[369] Vgl. *Korts/Korts* IStR 2006, 869 ff.; *Graf/Bisle* IWB, Fach 10, Gruppe 2, 1999 f.

[370] Die EU-Kommission hatte bereits am 2.2.2009 angekündigt, dass mit neuen RL die Zusammenarbeit weiter verbessert werden soll. In diesem Zusammenhang wurde der Entwurf einer AmtshilfeRL (COM (2009) 29) und der BeitreibungsRL (COM (2009) 28) veröffentlicht. Vgl. hierzu auch die Mitteilung der EU-Kommission aus April 2009 über die „Förderung des verantwortungsvollen Handelns im Steuerbereich", COM (2009) 201. Die RL 2011/16/EU vom 15.2.2011 über die Zusammenarbeit der Verwaltungsbehörden im Bereich der Besteuerung und zur Aufhebung der RL 77/799/EWG (ABl. EU L 64/1) war von den Mitgliedstaaten bis zum 1.1.2013 in nationales Recht umzusetzen, vgl. *Gabert* IWB 2011, 250 ff.;

Amtshilfegesetz (nachfolgend: EGAHiG), mit dem die „alte" EG-Amts-hilfeRL[371] in nationales Recht umgesetzt wurde, trat rückwirkend am 1.1.2013 außer Kraft. Die neue RL sieht weiterhin Ersuchungsauskünfte (Art. 5), automatische Auskünfte (Art. 8) und Spontanauskünfte (Art. 9) vor. Zu den wesentlichen Verbesserungen im Bereich Amtshilfe gehören die Ausdehnung auf alle direkten Steuern (Art. 2), die Bennenung von speziellen Verbindungsbüros bzw. -stellen sowie die Benennung zuständiger Beamter. (Art. 4), eine Fristsetzung für die Bearbeitung (Art. 7 und 10), die Regelung konkreter Fälle für den automatischen Auskunftsverkehr, das sind Vergütungen aus unselbständiger Arbeit, Aufsichtsrats- oder Verwaltungsratsvergütungen, Lebensversicherungsprodukte, die nicht von anderen europäischen Rechtsakten erfasst sind, Ruhegehälter, Eigentum an unbeweglichem Vermögen und Einkünfte daraus, (Art. 8), Erweiterung des Anwendungsbereichs der Spontanauskunft (Art. 9), Anwesenheitsbefugnisse für ausländische Bedienstete (Art. 11), eine Regelung und Erleichterung von Simultanprüfungen (Art. 12), die Unterscheidung zwischen Bank- und Geschäftsgeheimnissen und teilweise Aufgabe des Bankgeheimnisses (Art. 17 und 18) und die Vereinheitlichung der Standards beim Einsatz elektronischer Mittel (Art. 20 und 21), Bei allen Erweiterungen sollen „fishing expeditions" ins Blaue hinein weiter nicht erlaubt sein. In einem gemeinsamen Brief an die EU-Kommission haben die Finanzminister der G5 am 9.4.2013 angekündigt, gemeinsam noch effektiver gegen internationale Steuerhinterziehung vorzugehen. Dabei soll der automatische Informationsaustausch erweitert werden. Als Vorbild soll die Mustervereinbarung zur Umsetzung der US-amerikanischen Informations- und Meldebestimmungen („FATCA") durch zwischenstaatliche Abkommen aus Juli 2012 dienen.[372] Im Rahmen der „Base Erosion and Profit Shifting" bzw. „Fight against Tax Fraud and Tax Evasion" Diskussion wird die Amtshilfe, insb. der automatische Austausch, als elementares Mittel angesehen.[373] Inwischen liegt bereits ein Vorschlag der EU-Kommission zur erneuten Anpassung der RL 2011/16/EU vor.[374] Letztendlich soll insbesondere der Anwendungsbereich des automati-

---

Seer in Tipke/Kruse, § 117 Tz. 33a; *von Brocke/Tippelhofer* IWB Fach 11, Gruppe 2, 949, 954; *Phillips* TNI 06/2009, 912; *Gabert* IWB Fach 11, Gruppe 2, 1015; *Seer* IWB Fach 10, Gruppe 2, 2067, 2069; *Czakert* IStR 2010, 567, 568; *Mosquera Valderrama* TNI 08/2010, 609, 609. Die neue RL 2010/24/EU des Rates vom 16. März 2010 über die Amtshilfe bei der Beitreibung von Forderungen in Bezug auf bestimmte Steuern, Abgaben und sonstige Maßnahmen (Abl. EU L 84/1) wird hier nicht ausdrücklich erörtert da insoweit keine Besonderheiten im Hinblick auf Verrechnungspreisfälle ersichtlich sind.

[371] Vgl. EG-AmtshilfeRL vom 19.12.1977, in der Fassung vom 6.12.1979, 79/1070/EWG, ABl. EG Nr. L 331, vgl. auch bei *Seer* in Tipke/Kruse, § 117 AO Tz. 33. Vgl. dazu die ausführliche Darstellung in der 3. Aufl. 2011 dieses Handbuchs in Kap. F Rn. 161 ff.

[372] Vgl. Pressemitteilung 25/2013 des BMF vom 9.4.2013 sowie § 117c AO.

[373] Vgl. u. a. OECD Bericht „Hybrid Mismatch Arrangements" vom 5.3.2012; COM (2012) 351; COM (2012) 722; OECD Bericht „Addressing Base Erosion and Profit Shifting" vom 12.2.2013.

[374] Vgl. COM (2013), 348.

schen Informationsaustauschs in Art. 8 der RL auf Dividenden, Veräußerungsgewinne und andere Kapitaleinkünfte ausgeweitet werden.
- die Amtshilfe-VO für die MwSt,[375]
- die EU-ZinsRL, die durch die Zinsinformationsverordnung (ZIV) in
  deutsches Recht umgesetzt wurde,[376]
- DBA mit großer oder kleiner Auskunftsklausel,[377]
- besondere bilaterale Verwaltungsvereinbarungen (Belgien, Dänemark
  Finnland, Italien, Luxemburg, den Niederlanden, Norwegen, Österreich
  und Schweden)[378]
- Abkommen, die auf Grundlage des OECD-MA zum Informationsaustausch zwischen OECD-Staaten und Steueroasen („Tax Information
  Exchange Agreement" oder kurz „TIEA") basieren.[379]
- besondere multilaterale Abkommen, wie zB das Übereinkommen über die
  gegenseitige Amtshilfe in Steuersachen der OECD und des Europarats von
  1988, das die Bundesrepublik am 18.4.2008 unterzeichnet hat und das am
  1.7.2011 überarbeitet wurde.[380]

---

[375] Vgl. Mehrwertsteuer-Zusammenarbeitsverordnung (EG) Nr. 1798/2003 sowie
die VO (EG) Nr. 2073/04, Abl. EG 03 Nr. L 264, 1.

[376] Vgl. Zinsertragsteuer-RL 2003/48/EG, ABl. EU 03 Nr. L 157, 38 sowie BGBl. I
2004, 128.

[377] Zur Unterscheidung s. Rn. 170 ff.; eine Übersicht enthält Anlage 1 zum Merkblatt, BMF 25.5.2012. Vgl. ferner BT-Drs. 17/2743.

[378] Eine Übersicht enthält das BMF-Schreiben zum Stand der DBA, BMF
22.1.2009, BStBl. I 2009, 355, 359. Vgl. ferner *Seer* IWB Fach 10, Gruppe 2, 2067,
2072; *Eich* KöSDl. 2010, 17 041, 17 046. Mit Abkommen vom 10.8.2011 sowie mit
dem Änderungsprotokoll vom 5.4.2012 wurde zwischen Deutschland und der Schweiz
ein besonderes Steuerabkommen abgeschlossen, in dem ein über dem OECD-
Standard liegender Informationsaustausch vereinbart wurde. Ferner wurden insbesondere eine Regularisierung der Vergangenheit für Steuerhinterzieher und die Besteuerung schweizer Depots in der Zukunft (Quellensteuer vs. Meldung) geregelt. Allerdings steht die Ratifizierung des Abkommens noch aus. Vgl. hierzu *Tippelhofer* IStR
2011, 945 ff.

[379] Vgl. Rn. 171 ff.

[380] Vgl. *Vliegen* IWB, F. 10 Gr. 2, 2017 ff. mwN. Der Beitritt wird die Amtshilfe im
Hinblick auf die Verrechnungspreise kaum verändern, da bei Verrechnungspreissachverhalten ohnehin Auskünfte aufgrund des EGAHiG/EUAHiG oder aufgrund der
Auskunftsklauseln der entsprechenden DBA erteilt werden können. Das Abkommen
steht als völkerrechtliche Vereinbarung auf der gleichen Stufe wie andere völkerrechtliche Abkommen. Auf welches Abkommen die FinVerw. ihr Auskunftsersuchen stützt,
wird daher von der Anwendbarkeit des jeweiligen Abkommens im Einzelfall abhängen. In jedem Fall sind die Grenzen des § 117 Abs. 2 AO zu beachten. Zur Vorrangigkeit des Gemeinschaftsrechts s. Rn. 166. Das Übereinkommen wurde um ein Protokoll der OECD-Council ergänzt, C (2010) 10/Final. Nach einer Pressemitteilung
der OECD vom 27.5.2010 haben bereits 15 Staaten (u. a. Dänemark, Finnland, Island,
Italien, Frankreich, die Niederlande, Norwegen, Schweden, die Ukraine, Großbritannien und die USA) das Protokoll unterzeichnet. Ferner haben Korea, Mexico und
Portugal das Abkommen und das Protokoll unterzeichnet. In dem Protokoll wurde der
OECD Standard aus Art. 26 OECD-MA übernommen und das Abkommen gleichzeitig für Staaten eröffnet, de weder der OECD noch dem Europarat angehören. Zu den
Kooperationsmöglichkeiten, die das Protokoll eröffnet vgl. *Sait-Amans/Posso* TNI
6/2010, 1059 ff.; *Czakert* IStR 2010, 567, 569.

3. § 117 Abs. 3 AO für die **Gewährung zwischenstaatlicher Amtshilfe**   **164** von deutschen Behörden gegenüber ersuchenden ausländischen Behörden nach pflichtgemäßem Ermessen, wenn zwar keine bilateralen oder multilateralen Vereinbarungen vorliegen, aber die Gegenseitigkeit verbürgt ist und auch die anderen in § 117 Abs. 3 AO genannten Voraussetzungen vorliegen (sog. Kulanzauskunft).[381]

Auf der Basis dieser Rechtsgrundlagen hat die FinVerw. ihre Verfahrens-   **165** weise durch einen umfangreichen Erlass verkündet, der unter dem Namen **„Merkblatt zur zwischenstaatlichen Amtshilfe durch Auskunftsaustausch in Steuersachen"** bekannt ist.[382] Dieses Merkblatt enthält eine sehr gute Zusammenfassung der wesentlichen Aspekte des Auskunftsaustauschs, insb. über Rechtsgrundlagen, Arten des Auskunftsaustauschs, Zuständigkeiten, Geheimnisschutz der inländischen Beteiligten und andere Grenzen der Auskunftserteilung sowie Anhörung und Rechtsschutz der Beteiligten. Der deutsche Steuerpflichtige kann sich auf die in dem Merkblatt zu seinem **Schutz** festgelegten Rechte und Grenzen der Auskunftserteilung berufen, auch wenn hierfür keine gesetzliche Grundlage besteht, da die Finanzbehörden nach den allgemeinen Grundsätzen der Selbstbindung der Verwaltung und der Gleichmäßigkeit der Besteuerung an ihre Verlautbarungen gebunden sind. Die deutsche FinVerw. hat bspw. in Tz. 5.3 des Merkblatts klargestellt, dass die Grenzen des § 3 Abs. 1 und Abs. 2 EGAHiG unabhängig davon zu beachten sind, ob die Auskunftserteilung auf dem EGAHiG oder auf einer anderen Rechtsgrundlage beruht. Ab dem 1.1.2013 ist hier uE auf die Grenzen des § 4 Abs. 3 ff. EUAHiG abzustellen. Ein inländischer Steuerpflichtiger kann daher in allen Fällen zwischenstaatlicher Auskunftserteilung zu seinen Gunsten auf das **Merkblatt als „Rechtsgrundlage" für ein Auskunftsverbot oder ein Auskunftsverweigerungsrecht der deutschen Behörde** verweisen; umgekehrt sind der Steuerpflichtige und die Gerichte an die Verwaltungsanweisungen im Merkblatt nur im Rahmen der geltenden Gesetze gebunden, sodass entsprechende Rechtsverletzungen gerügt werden können.

Beispiel: Die kanadische Vertriebsgesellschaft eines deutschen Produzenten bestimmter Maschinen wird von der kanadischen FinVerw. geprüft. Die kanadische Behörde verlangt auf Grund des DBA eine Auskunft über anonymisierte Daten von Vergleichsbetrieben, die gleichartige Produkte in Deutschland herstellen und nach Kanada exportieren. – Wenn es nur einen oder zwei Wettbewerber in Deutschland gibt, die derartige Maschinen herstellen, dann besteht die Gefahr, dass die Auskunft Rückschlüsse auf die Identität des bzw. der Betroffenen zulässt. Eine Auskunft darf deshalb nicht ohne Zustimmung der betroffenen Vergleichsunternehmen erteilt werden (Merkblatt Tz. 5.3.1.1).

Sofern und soweit eine Auskunft nach § 117 Abs. 2 AO möglich ist, geht   **166** dies einer Auskunft nach § 117 Abs. 3 AO vor.[383] Insoweit § 117 Abs. 2 AO

---

[381] Vgl. *Seer* in Tipke/Kruse, § 117 AO Tz. 90 ff.

[382] Das BMF-Schreiben vom 25.1.2006, BStBl. I 2006, 26 wurde mit BMF-Schreiben vom 25.5.2012 BStBl. I 2012, 599 auf den Rechtsstand vom 1.1.2012 gebracht. Tz. 1.3.1.–1.3.5 des neueren BMF-Schreibens nennen die Rechtsgrundlagen der zwischenstaatlichen Amtshilfe durch Auskunftsaustausch.

[383] Vgl. Merkblatt, BMF 25.5.2012, Tz. 1.3.5.

jedoch nicht greift, kann § 117 Abs. 3 AO zur Anwendung kommen.[384] Dh, dass Auskunftsersuchen, die von den völkerrechtlichen Abkommen nicht gedeckt sind, gleichwohl unter den Voraussetzungen des § 117 Abs. 3 AO möglich sind. Zum Verhältnis der AmtshilfeRL zu den DBA gilt nach Auffassung der EG-Kommission der Grundsatz der **Vorrangigkeit des Gemeinschaftsrechts** gegenüber den Auskunftsklauseln der DBA.[385] Demnach gehen die Regelungen des deutschen EUAHiG den DBA-Auskunftsklauseln in deutschen DBA mit EU-Staaten vor.

167   Die oben genannten völkerrechtlichen Vereinbarungen (iSd § 117 Abs. 2 AO) und § 117 Abs. 3 AO betreffen allerdings **unterschiedliche Steuerarten,** sodass die Anwendungsbereiche sich teils überschneiden, teils verschieden sind.[386] Die DBA gelten für die Einkommen- und Körperschaftsteuer, meistens auch für die Gewerbe- und Vermögensteuer und teilweise auch für direkte Steuern (zB Grundsteuer), regelmäßig aber nicht für die USt; einige spezielle DBA betreffen die ErbSt. Das neue EUAHiG umfasst nach § 1 EUAHiG jede Art von Steuern, die von einem oder für einen Mitgliedstaat erhoben werden, soweit nicht die Umsatzsteuer, die Einfuhrumsatzsteuer, Zölle, harmonisierte Verbrauchsteuern, Pflichtbeiträge zur Sozialversicherung, oder Gebühren betroffen sind.[387] Die mit einigen Ländern abgeschlossenen Amts- und Rechtshilfeabkommen erfassen auch Verkehrssteuern. § 117 Abs. 3 AO erfasst dagegen alle Steuern, soweit Gegenseitigkeit gewährt wird.

168   Die einzelnen Rechtsgrundlagen regeln verschiedene **Arten der Auskunftserteilung,** wobei folgendermaßen differenziert werden kann:[388]
– **Auskünfte auf Ersuchen,** die sich untergliedern lassen in **Pflichtauskünfte** (auf Grund völkerrechtlicher Abkommen) und Auskünfte ohne rechtliche Verpflichtung, sog. **Kulanzauskünfte** gem. § 117 Abs. 3 AO,
– **Auskünfte ohne Ersuchen,** sog. **Spontanauskünfte,** und
– **automatische Auskünfte** (auch **Routineauskünfte** genannt), die dem anderen Staat auf Grund von Rechtsvorschriften regelmäßig übermittelt werden, wie zB für das Kontrollmeldeverfahren oder für Umsatzsteuerzwecke.[389]

169   Im Unterschied zu § 117 AO, nach dessen Wortlaut die deutschen Finanzbehörden die Amtshilfe in Anspruch nehmen und leisten „können", ergibt sich aus dem EUAHiG, der Amtshilfe VO, den Auskunftsklauseln der DBA und den besonderen Abkommen über Amts- und Rechtshilfe in Steuersachen unter den dort jeweils genannten Voraussetzungen eine **Verpflichtung** des ersuchten Staates zur **Gewährung zwischenstaatlicher Amts- und Rechtshilfe.** Die ersuchte deutsche Behörde muss zunächst immer prüfen,

---

[384] Vgl. *Seer* in Tipke/Kruse, § 117 AO Tz. 91. *Seer* weist jedoch darauf hin, dass Staaten, die bewusst die kleine Auskunftsklausel vereinbart haben, wohl kaum eine Ausweitung des Auskunftsverkehrs im Wege der Kulanz vornehmen.

[385] Vgl. *Engelschalk* in Vogel/Lehner, DBA, Art. 26 Rn. 15.

[386] Vgl. Merkblatt, BMF 25.5.2012, Tz. 1.3 ff.; eine detaillierte Übersicht gibt Anlage 1 zum Merkblatt.

[387] Vgl. *Bisle* PIStB 2012, 304, 305.

[388] Vgl. Merkblatt, BMF 25.5.2012, Tz. 1.4.

[389] Vgl. Tz. 9 MA-Komm. zu Art. 26 OECD-MA, OECD-Bericht vom 24.7.2012 „Automatic Exchange of Information" und *Schaumburg,* Internationales Steuerrecht, Tz. 19.115.

ob und inwieweit nach einem Abkommen Amtshilfepflicht besteht, weil nur im Rahmen dieser Verpflichtung eine Offenbarung der steuerlichen Verhältnisse ohne Verletzung des Steuergeheimnisses zulässig ist.[390] Das Merkblatt der FinVerw. hat die **Handhabung des Auskunftsverkehrs** generell an den **engsten Voraussetzungen orientiert,** nämlich an den Rechtsgrundlagen des EGAHiG. Ab dem 1.1.2013 ist hier wohl wieder auf die Voraussetzungen des **EUAHiG** abzustellen. Für die Praxis kann der Auskunftsverkehr daher einheitlich betrachtet werden.[391]

Die von Deutschland mit vielen OECD-Staaten und anderen Industrielän- **170** dern abgeschlossenen DBA sehen die **große Auskunftsklausel** vor, während die mit den meisten Entwicklungsländern abgeschlossenen Abkommen nur die **kleine Auskunftsklausel** enthalten.[392]

Die **große Auskunftsklausel** umfasst die notwendigen Auskünfte zur **171** **Anwendung der DBA und des innerstaatlichen Rechts.**[393] Die durch die Auskunftseinholung ermöglichte Besteuerung darf dem DBA nicht widersprechen und sich nur auf die unter das Abkommen fallenden Steuern beziehen. Der Informationsaustausch erstreckt sich auf alle Tatsachen, die nach dem Recht des ersuchenden Staates für die Entstehung und Höhe der Steuerschuld voraussichtlich erheblich sind.[394] Allerdings sollen „fishing expeditions" oder Ermittlungen ohne konkreten Anhaltspunkt ins Blaue hinein nicht erlaubt sein.[395]

In 2005 wurde Art. 26 Abs. 5 OECD-MA ergänzt. Danach darf ein Vertragsstaat die Erteilung einer Information an einen Vertragspartner nicht allein deshalb ablehnen, weil die Informationen sich im Besitz einer Bank oder eines anderen Finanzinstituts oder eines Bevollmächtigten oder Treuhänders befinden. Diese Neuerung bedeutet eine Einschränkung des Bankgeheimnisses.[396]

In 2012 wurde Art. 26 OECD-MA abermals angepasst.[397] So wurde in Art. 26 Abs. 2 OECD-MA ergänzt, dass die Informationen auch für andere Zwecke genutzt werden können, wenn dies nach den Gesetzen beider Staaten erlaubt ist. Ferner wurde in einem optionalen Art. 26 Abs. 6 OECD-MA verschiedene Fristen vorgesehen, um die Verfahren zu beschleunigen.[398]

Neben Art. 26 Abs. 5 DBA-MA gibt es auch Abkommen, die auf Grundlage des OECD-MA zum Informationsaustausch zwischen OECD-Staaten und Steueroasen („Tax Information Exchange Agreement" oder kurz „TIEA") basieren.[399] Das entsprechende MA hat die OECD 2002 veröffentlicht. Es entspricht hinsichtlich der einzelfallbezogenen Ersuchensauskunft inhaltlich

---

[390] Vgl. *Seer* in Tipke/Kruse, § 117 AO Tz. 31.

[391] Vgl. BMF 25.5.2012, Tz. 5.3.

[392] Vgl. *Engelschalk* in Vogel/Lehner, DBA, Art. 26 Rn. 64 und Übersicht in Anlage 1 zum Merkblatt, BMF 25.5.2012.

[393] Vgl. Merkblatt, BMF 25.5.2012, Tz. 2.1.

[394] Vgl. Merkblatt, BMF 25.5.2012, Tz. 2.1.

[395] Vgl. *Czakert* IStR 2010, 567, 568.

[396] Vgl. Tz. 5 OECD-MK zu Art. 26 idF vom 17.7.2012; *Seer* IWB Fach 10, Gruppe 2, 2067, 2072.

[397] Vgl. Update der OECD vom 17.7.2012.

[398] Vgl. Tz. 10.4 OECD-MK zu Art. 26 idF vom 17.7.2012.

[399] Vgl. *Korts/Korts* IStR 2006, 869 ff.

Art. 26 OECD–MA 2005.[400] Die OECD hat zum G20 Gipfel am 2.4.2009 eine Liste mit Staaten, die nicht zur internationalen Zusammenarbeit bereit sind (sog. schwarze Liste), bzw. Staaten, die zwar ihre Bereitschaft erklärt aber entsprechende Vorhaben noch nicht umgesetzt haben (sog. graue Liste), veröffentlicht.[401] Im Vorfeld haben sich viele Staaten bereit erklärt, entsprechende OECD Standards umzusetzen, um nicht auf der schwarzen Liste zu erscheinen.[402] Zwischenzeitlich wurden erhebliche Fortschritte gemacht. So haben zB Monaco, Andorra und Lichtenstein – nach 2002 die letzten unkooperativen Staaten auf der Liste der OECD – die OECD Standards angenommen und TIEAs abgeschlossen.[403] Seit 2009 wurden hunderte neue Abkommen abgeschlossen, die den Informationsaustausch entsprechend der Standards der OECD ermöglichen.[404] Verglichen mit 22 in 2008 und 12 in 2007 ist dies eine enorme Steigerung.[405] Österreich, Belgien, Luxemburg und die Schweiz haben Ihre Vorbehalte ggü. Art. 26 des OECD-MA aufgegeben.[406] Das „**Global Forum** on Transparency and Exchange of Information" der OECD startete einen „Peer Review" im Hinblick auf die Einhaltung der OECD Standards zum Informationsaustausch. Das Global Forum besteht inzwischen aus 119 OECD- und Nicht-OECD-Staaten und überprüft die Einhaltung der OECD-Standards ihrer Mitglieder.[407] In diesem Zusammenhang veröffentlichte die OECD die „Terms of Reference", in denen die OECD Standards beschrieben werden, ein Dokument über die „Methodology for Peer Reviews", das die Methoden der Überwachung beschreibt, und ein Dokument über die „Assessment Criteria", das die Kriterien für ein Ranking der Staaten erörtert. Sofern der Peer Review zu dem Ergebnis führt, dass einzelne Staaten unkooperativ sind, wird über Gegenmaßnahmen nachgedacht.[408] Inzwischen wurden die Reviews gestartet und es wurden mehr als 100 Berichte veröffentlicht.[409] Inzwischen wurden erste „Ratings" von Staaten veröffentlicht.[410] In diesem Zusammenhang ist zu beachten, dass es nicht ausreichend ist, die entsprechenden Auskunftsabkommen abzuschließen. Da in vielen

[400] Vgl. *Seer* IWB Fach 10, Gruppe 2, 2067, 2072.

[401] Vgl. OECD-Bericht „A progress report on the jurisdictions surveyed by the OECD Global Forum in implementing the internationally agreed tax standard". Die Liste geht auf das OECD „Project on Harmful Tax Practices" zurück. Vgl. hierzu auch OECD-Bericht „The 2004 progress report".

[402] Vgl. *Jackson u. a.* TNI 03/2009, 1027; *Gnaedinger u. a.* TNI 04/2009, 103.

[403] Vgl. *Jackson* TNI 08/2009, 618, 618.

[404] Vgl. OECD Bericht „Addressing Base Erosion and Profit Shifting" vom 12.2.2013, S. 29; OECD Bericht „OECD SECRETARY-GENERAL REPORT TO THE G20 FINANCE MINISTERS" vom 19.4.2013, 6.

[405] Vgl. *Ross* TPIR 10/2009, 12; *McIntyre* TNI 10/2009, 255.

[406] Vgl. *Stewart* TNI 09/2009, 808, 808.

[407] Vgl. OECD Bericht „OECD SECRETARY-GENERAL REPORT TO THE G20 FINANCE MINISTERS" vom 19.4.2013, 6; *Czakert* IStR 2010, 567, 568; *Fehling* IStR 2012, 353, 355.

[408] Vgl. *Gnädinger* TNI 10/2009, 24.

[409] Vgl. OECD Bericht „Addressing Base Erosion and Profit Shifting" vom 12.2.2013, S. 29; OECD Bericht „OECD SECRETARY-GENERAL REPORT TO THE G20 FINANCE MINISTERS" vom 19.4.2013, 7.

[410] Vgl. OECD Bericht „OECD SECRETARY-GENERAL REPORT TO THE G20 FINANCE MINISTERS" vom 19.4.2013, 5.

Ländern trotz bestehender Abkommen wenige Anträge gestellt werden, wird zT ein automatisches Informationsaustauschsystem gefordert.[411] Die OECD hat inzwischen in einem Bericht an die G8 dargelegt, wie ein effektiver internationaler Informationsautausch aussehen sollte. Nach Ansicht der OECD müsste der Umfang des Austausches genau festgelegt sein.[412] Ferner sollte eine entsprechende rechtliche Grundlage existieren und die Vertraulichkeit sichergestellt sein;[413] schließlich sollten technische Standards geschaffen werden.[414] Auf Basis dieser Feststellungen hat die OECD Standards zum automatischen Austausch von Informationen entwickelt.[415] Auch im OECD „Action Plan on Base Erosion and Profit Shifting" wird die Bedeutung des Informationsaustauschs erwähnt.[416] Das BMF hat bereits 2009 die Finanzbehörden dazu aufgefordert, vom Instrument der Amtshilfe vermehrt Gebrauch zu machen.[417] Am 14.4.2011 wurden die Ergebnisse des Reviews betreffend Deutschland veröffentlicht. Im Rahmen dieses Reviews wurden letztendlich „nur" die Reaktionszeiten der deutschen FinVerw. beanstandet.[418] Am 21.11.2013 hat die OECD eine Übersicht der Ergebnisse der Reviews von inzwischen 100 Staaten veröffentlicht.[419]

Die **kleine Auskunftsklausel** beschränkt sich auf die zur **Anwendung ei-**   **172** **nes DBA** notwendigen Auskünfte. Klärungsgegenstand des „kleinen Auskunftsverkehrs" sind Tatsachen und Verhältnisse, auf die die Abkommenswirkungen abstellen.[420]

In der Praxis ist die Unterscheidung zwischen kleiner und großer Aus-   **173** kunftsklausel in vielen Fällen unbedeutend, weil neben dem DBA entweder das EGAHiG (seit 1.1.2013 das EUAHiG) oder bei verbürgter Gegenseitigkeit die Bestimmung des § 117 Abs. 3 AO einen Informationsaustausch auch zum Zweck der innerstaatlichen Besteuerung zulassen. Selbst wenn die Voraussetzungen der anderen Bestimmungen nicht vorliegen, ist ein zwischenstaatlicher **Informationsaustausch** bei der **Gewinnabgrenzung verbundener Unternehmen** auch im Rahmen der **kleinen Auskunftsklausel** generell zulässig. Zur **Anwendung des DBA** gehören laut Tz. 7 Buchst. c MA-Kommentar zu Art. 26 OECD-MA auch Informationen, die der **Gewinnabgrenzung** dienen, die also benötigt werden, um verbundenen Unternehmen in verschiedenen Staaten einen angemessenen Gewinn zuzu-

---

[411] Vgl. *Parillo* TNI 9/2009, 984.

[412] Vgl. OECD Bericht „A STEP CHANGE IN TAX TRANSPARENCY" vom 18.6.2013, 7.

[413] Vgl. OECD Bericht „A STEP CHANGE IN TAX TRANSPARENCY" vom 18.6.2013, 8.

[414] Vgl. OECD Bericht „A STEP CHANGE IN TAX TRANSPARENCY" vom 18.6.2013, 9.

[415] Vgl. OECD Bericht „Standard for Automatic Exchange of Financial Account Information" vom 13.2.2014.

[416] Vgl. OECD Bericht vom 19.7.2013, 18.

[417] Vgl. OFD Münster 6.10.2009, DStR 2009, 2199.

[418] Die Ergebnisse des Reviews stehen unter www.oecd.org zur Verfügung.

[419] Die OECD Übersicht vom 21.11.2013 steht unter www.oecd.org zur Verfügung,

[420] Vgl. Merkblatt, BMF 25.5.2012, Tz. 2.2. sowie BFH 29.4.2008, BFH/NV 2008, 1807.

rechnen (Art. 9 OECD-MA) oder die Gewinne zu berichtigen, die in den Büchern der Betriebstätte in dem einen Staat und dem Unternehmensstammhaus in dem anderen Staat ausgewiesen sind (Art. 7 OECD-MA).[421] Hingegen gehört die **Gewinnermittlung** als solche zum Regelungskreis des innerstaatlichen Rechts. Auch wenn ein Staat zum Zwecke der Besteuerung einer in seinem Gebiet ansässigen Gesellschaft vom anderen Staat Informationen über Vergleichspreise eines nicht verbundenen Unternehmens ersucht, handelt es sich nicht um die Anwendung des Art. 9 DBA im Verhältnis zum ersuchten Staat, sondern um einen Fall der Anwendung des innerstaatlichen Rechts (Tz. 8 Buchst. c MA-Kommentar zu Art. 26 OECD-MA).

174   Aus den oben genannten Gründen ist eine genaue **Abgrenzung** in diesem Bereich nur erforderlich, wenn im Einzelfall lediglich eine kleine Auskunftsklausel vorliegt. *Engelschalk*[422] weist zutreffend darauf hin, dass zu unterscheiden ist zwischen der „Verteilung der Befugnis zur Gewinnberichtigung", die in Art. 9 OECD-MA angesprochen wird, und der „Durchführung" der Gewinnberichtigung, die auf innerstaatlichem Recht beruht. Soweit der Auskunftsverkehr der Feststellung der durch Art. 9 OECD-MA bestimmten abkommensrechtlichen Grenzen der Gewinnberichtigung dienen soll, handelt es sich um die Anwendung des Abkommens. Wenn es dagegen um die Anwendung der nationalen Gewinnberichtigungsvorschriften innerhalb der Grenzen des Abkommens geht, dient die Auskunft der Verwirklichung innerstaatlichen Rechts. Soweit sich die Voraussetzungen für eine Gewinnberichtigung in beiden Staaten gleichen, dient das Auskunftsersuchen nach Meinung von *Engelschalk* der Durchführung innerstaatlichen Rechts und nicht der Anwendung des Abkommens.[423]

2. Inanspruchnahme ausländischer Amtshilfe

175   Die Zahl der Auskunftsersuchen der Bundesrepublik gegenüber anderen Staaten ist in der Vergangenheit gestiegen.[424] Eine andere Entwicklung ist auch zukünftig nicht zu erwarten. Wie bereits erörtert wurde, ist § 117 Abs. 1 AO die Rechtsgrundlage für die **Inanspruchnahme zwischenstaatlicher Amtshilfe** durch deutsche Finanzbehörden.[425] Die Amtshilfe ausländischer Behörden kann „nach Maßgabe des deutschen Rechts", dh unter denselben **Voraussetzungen wie die nationale Amtshilfe,** ersucht werden. Demgemäß sind die Vorschriften der §§ 111–116 AO anwendbar.[426] Die **Auskünfte müssen** daher zur Durchführung der deutschen Besteuerung **erforderlich sein** (§ 111 Abs. 1 S. 1 AO). Wie bereits im vorangegangenen Abschnitt erläutert wurde, ist in diesem Zusammenhang v.a. der Subsidiaritätsgrundsatz zu beachten, dh, dass die FinVerw. zunächst die **innerstaatli-**

---

[421] Vgl. *Engelschalk* in Vogel/Lehner, DBA, Art. 26 Rn. 52 mwN auch zu abweichenden Auffassungen.
[422] Vgl. *Engelschalk* in Vogel/Lehner, DBA, Art. 26 Rn. 52.
[423] Vgl. *Engelschalk* in Vogel/Lehner, DBA, Art. 26 Rn. 52.
[424] Vgl. *Grams* IStR 2002, 276; BT Drs. 17/2743.
[425] S. Rn. 161 ff.
[426] Zur nationalen Amtshilfe siehe oben Rn. 110 ff. „Amtshilfe als Beweismittel".

chen Informationsquellen ausschöpfen muss, bevor sie die zwischenstaatliche Amtshilfe in Anspruch nehmen kann.[427] Erforderlich iSd § 111 Abs. 1 S. 1 AO und iSd deutschen DBA-Auskunftsklauseln sind nur solche Auskünfte, die für die Besteuerung erheblich sind und die der ersuchende Staat nicht durch eigene Nachforschungen in seinem Staatsgebiet beschaffen kann.[428] Obwohl das DBA-MA nur von Auskünften spricht, die für die Besteuerung „erheblich" sein können, gilt auch insoweit das Subsidiaritätsprinzip, weil der ersuchende Staat zunächst die „eigenen Ermittlungsmöglichkeiten ausschöpfen" muss. Nach § 1 Abs. 1 EUAHiG genügt es, dass die Informationen „voraussichtlich erheblich" sind.[429] Aber auch nach § 4 Abs. 3 Nr. 2 EUA-HiG muss der andere Mitgliedstaat die üblichen Informationsquellen ausschöpfen, die ihm zur Erlangung der erbetenen Informationen zur Verfügung stehen, ohne dabei die Erreichung des Ziels zu gefährden.

Beispiel 1: Die deutsche Vertriebsgesellschaft V-GmbH erwirbt von der italienischen Konzerngesellschaft I-S.A. Kraftfahrzeuge. Der Betriebsprüfer ist der Auffassung, dass die Einkaufspreise der V-GmbH zu hoch sind und dass deswegen nur geringfügige Gewinne verbleiben. Er will die italienische FinVerw. um Amtshilfe zwecks Mitteilung der Margen und Kalkulationsgrundlagen der Produktionsgesellschaft ersuchen, um eine angemessene Aufteilung der Einkünfte aus den Geschäftsbeziehungen vorzunehmen (Tz. 2.4.6 VGr). Das BZSt würde dieses Amtshilfeersuchen wohl nicht weiterleiten, denn die italienische Finanzbehörde kann die Beantwortung ablehnen (unter Hinweis auf die dem § 4 Abs. 3 Nr. 2 EUAHiG entsprechende italienische Vorschrift), da die deutsche Behörde zunächst ihre eigenen Ermittlungsmöglichkeiten, insb. nach der Wiederverkaufspreismethode, erschöpfen muss.

Die ausländische Amtshilfe ist ferner nur zulässig, wenn die deutsche Fin- **176** Verw. die Tatsachen nicht selbst ermitteln kann, wenn benötigte Beweismittel sich im Besitz der ersuchten Behörde befinden oder wenn die ersuchende Behörde die Amtshandlung nur mit wesentlich größerem Aufwand vornehmen könnte als die ersuchte Behörde (§ 112 AO).[430] Dabei müssen die Finanzbehörden sowohl gegenüber dem Steuerpflichtigen als auch gegenüber der ersuchten Behörde die allgemeinen **Ermessensgrenzen** der **Verhältnismäßigkeit** und der **Zumutbarkeit** beachten.[431]

Beispiel 2: Die deutsche Y-AG liefert über eine Konzernvertriebsgesellschaft in Zypern Lkw-Reifen an arabische Großhändler. Der Betriebsprüfer bittet um Nachweis, zu welchen Preisen die zypriotische Schwestergesellschaft die Reifen weiterveräußert hat, damit er nach der Wiederverkaufspreismethode den angemessenen Verkaufspreis der Y-AG (= Einkaufspreis der zypriotischen Gesellschaft) ermitteln kann. Für den Fall der Nichtbeantwortung der Anfrage will der Prüfer ein auf Art. 9, 26 DBA Zypern/D gestütztes Amtshilfeersuchen an die zypriotische Finanzbehörde richten. Die Y-AG ist der Auffassung, dass dieses Verlangen der Auskünfte ebenso wie die angekündigte Inanspruchnahme der Amtshilfe unzulässig sei, weil der angemessene

---

[427] Vgl. *Eich* KöSDl 2010, 17 041, 17 043.
[428] Vgl. *Engelschalk* in Vogel/Lehner, DBA, Art. 26 Rn. 35; *Seer* in Tipke/Kruse, § 117 AO Tz. 10.
[429] Vgl. *Bisle* PIStB 2012, 304.
[430] Vgl. *Seer* in Tipke/Kruse, § 117 AO Tz. 11; s. auch oben Rn. 136.
[431] Vgl. *Seer* in Tipke/Kruse, § 117 AO Tz. 12.

Verkaufspreis auch durch einen inneren Preisvergleich (Tz. 2.2.2 VGr) verifizierbar sei, denn die Y-AG liefere einen Teil ihrer Produktion auch an fremde Vertriebsgesellschaften zu gleichen oder annähernd gleichen Preisen und Konditionen wie an die zyprotische Schwestergesellschaft. – Die Rechtsauffassung der Y-AG ist zutreffend, da die Beschaffung der Informationen für die Y-AG unzumutbar und darüber hinaus für die Beurteilung im konkreten Fall auch nicht erforderlich ist.

177   Gem. dem **BMF-Merkblatt** sind im Rahmen pflichtgemäßen Ermessens u. a. folgende Aspekte zu beachten:[432]
– Der **Grundsatz der Verhältnismäßigkeit** gilt ebenso wie bei inländischen Ermittlungen.
– Es ist zu berücksichtigen, ob dem inländischen Beteiligten ein mit dem Zweck der Auskunft nicht zu vereinbarender **Schaden** entsteht.[433]
– Es ist gem. den Voraussetzungen des § 93 Abs. 1 S. 3 AO zu prüfen, ob eine **Sachverhaltsaufklärung durch Beteiligte** vergeblich oder ohne Erfolgsaussichten ist.
– Internationale Amtshilfe sollte erst eingeholt werden, wenn **innerstaatliche Ermittlungen** nicht zum Ziel führen.[434]

178   Streitig ist, ob dem inländischen Steuerpflichtigen vor Inanspruchnahme ausländischer Amtshilfe durch deutsche Behörden **rechtliches Gehör** nach § 91 AO gewährt werden muss. Die Entscheidung des BZSt, eine Auskunft einzuholen, ist kein Verwaltungsakt iSd § 118 AO,[435] sodass eine unmittelbare Anwendung des § 91 Abs. 1 AO ausscheidet, weil dieser ein Anhörungsrecht nur vor dem Erlass von Verwaltungsakten vorsieht. Nach Meinung von *Seer* „sollte" der Steuerpflichtige entsprechend dem Gedanken des § 117 Abs. 4 S. 3 AO vor der Stellung von Auskunftsersuchen auf diese Absicht hingewiesen werden.[436] Eine strikte Verpflichtung zur Anhörung lässt sich aus dieser Aussage nicht herleiten. Nach Auffassung von *Schaumburg* ist die Anhörung im Hinblick auf § 3 EGAHiG, § 117 Abs. 3 Nr. 4 AO in analoger Anwendung des § 117 Abs. 4 S. 3 AO „grundsätzlich geboten", dh es besteht eine verfassungsrechtlich begründete **Verpflichtung zur Anhörung,** die sich aus dem Grundsatz des Rechtsschutzes nach Art. 19 Abs. 4 GG und aus dem Schutz der informationellen Selbstbestimmung ableiten lässt.[437] Seit dem 1.1.2013 kann wohl mit gleichem Ergebnis statt auf § 3 EGAHiG auf § 4 Abs. 3 EUAHiG verwiesen werden. Am 4.6.2012 wurde dem EuGH die Frage zur Entscheidung vorgelegt, ob der Stpfl. vor einem Amtshilfeersuchen gehört werden muss.[438] Am 6.6.2013 hat die Generalanwältin Kokott die Auffassung vertreten, dass der Steuerpflichtige kein Recht auf rechtliches Gehör auf Basis des EU-Rechts hat. Dies schließt jedoch nicht aus, dass die einzelnen Staaten ein solches Recht aus den **nationalen** Rechtsvorschriften ableiten können.

---

[432] Vgl. BMF 25.5.2012, Tz. 4.1.1 und 4.1.2.

[433] S. dazu die nachfolgenden Ausführungen zum Anhörungsrecht, Rn. 178 ff.

[434] S. oben Rn. 175.

[435] Vgl. *Seer* in Tipke/Kruse, § 117 AO Tz. 43.

[436] Vgl. *Seer* in Tipke/Kruse, § 117 AO Tz. 43.

[437] Vgl. *Schaumburg*, Internationales Steuerrecht, Tz. 19.66.

[438] Der Fall Jiří Sabou v. Financní reditelství pro hlavní mesto Prahu ist unter dem Aktenzeichen C-276/12 anhängig.

Die FinVerw. bestätigt zwar im Merkblatt den Grundsatz, dass Amtshilfe **179** erst in Anspruch genommen werden soll, wenn die Sachverhaltsaufklärung durch den inländischen Beteiligten nicht zum Ziel führt oder keinen Erfolg verspricht (Merkblatt Tz. 4.1.2 unter Hinweis auf §§ 90 Abs. 2, 93 Abs. 1 S. 3 AO).[439] Jedoch ist die Finanzbehörde laut Tz. 3.1.1 des Merkblatts nicht verpflichtet, den Steuerpflichtigen auf die Möglichkeit eines Auskunftsersuchens hinzuweisen, sondern soll dies nur im Rahmen des **pflichtgemäßen Ermessens** tun.

Richtigerweise wird man mit *Schaumburg* eine **Verpflichtung** der Finanz- **180** behörden auf **Gewährung des rechtlichen Gehörs** vor Stellung eines zwischenstaatlichen Amtshilfeersuchens bejahen müssen. Nicht nur bei der Gewährung von Amtshilfe an ausländische Staaten, sondern auch im Rahmen von Auskunftsersuchen deutscher Finanzbehörden können sensible Informationen zur Begründung des Ersuchens mitgeteilt werden, die dem Unternehmen einen unwiederbringlichen Schaden zufügen können. Daher muss in analoger Anwendung des § 117 Abs. 4 S. 3 AO das allgemeine Anhörungsrecht des § 91 Abs. 1 AO (mit den Ausnahmefällen des § 91 Abs. 2 und 3 AO) gewährt werden. Außerdem gebietet der Grundsatz der Verhältnismäßigkeit eine Anhörung des inländischen Steuerpflichtigen. In vielen Fällen stellt nämlich der Hinweis auf die Möglichkeit eines Auskunftsersuchens das „mildere Mittel" gegenüber dem nicht angekündigten Auskunftsersuchen dar und kann den Steuerpflichtigen bewegen, seiner Mitwirkungspflicht doch noch zu genügen. Damit ist die vorherige Ankündigung des Amtshilfeersuchens gleichzeitig ein Mittel zur „Ausschöpfung" der inländischen Informationsquellen.

Beispiel 3: Der deutsche Betriebsprüfer will Software-Lizenzzahlungen der deutschen Konzerngesellschaft K-GmbH an ihre schweizerische Schwestergesellschaft überprüfen. Er fordert die K-GmbH auf, innerhalb von vier Wochen Vergleichslizenzen für diese oder ähnliche Software zu benennen, ohne auf die Möglichkeit eines Auskunftsersuchens hinzuweisen. Nachdem die K-GmbH innerhalb der gesetzten Frist keine Antwort gibt, wendet sich der Prüfer über das BMF an die Finanzbehörden in England, Frankreich und Belgien, wo weitere Schwestergesellschaften der K-GmbH ansässig sind, und bittet um Auskunft, ob und in welcher Höhe die jeweils ansässige Konzerngesellschaft und ggf. konzernfremde Lizenznehmer Lizenzen für die betroffene Software an die schweizerische Gesellschaft zahlen. – Der Steuerpflichtige kann im hier dargestellten Fall Rechtsmittel gegen die Auskunftsersuchen ergreifen, weil kein Anhörungsrecht gewährt und damit der Grundsatz der Verhältnismäßigkeit verletzt wurde. Unabhängig davon ist es ratsam, dass die K-GmbH innerhalb von 60 Tagen seit der Aufforderung des Betriebsprüfers die gem. § 90 Abs. 3 AO erforderlichen Aufzeichnungen zur Angemessenheit der Lizenzgebühren erstellt, sofern die Grenzen des § 6 Abs. 2 GAufzV überschritten sind.

Die deutschen Finanzbehörden müssen das **Steuergeheimnis** wahren, **181** dürfen jedoch im Rahmen des Auskunftsersuchens steuerliche Verhältnisse des inländischen Steuerpflichtigen offenbaren, soweit dies der Durchführung des Besteuerungsverfahrens dient (§ 30 Abs. 4 Nr. 1 AO). Gem. Art. 26 Abs. 3 Buchst. c OECD-MA ist kein Vertragsstaat verpflichtet, Informationen zu erteilen, die ein Handels-, Industrie-, Gewerbe-, oder Berufsgeheimnis oder ein Geschäftsverfahren preisgäben oder deren Erteilung der öffentlichen Ordnung widerspräche. Ein gleichartiger Geheimnisschutz wird für

---

[439] Vgl. BMF 25.5.2012.

Kulanzauskünfte in § 117 Abs. 3 Nr. 4 AO gewährt. Auch wenn § 4 Abs. 3 Nr. 3 EUAHiG „nur" noch von Handels-, Gewerbe- oder Berufsgeheimnissen oder Geschäftsverfahren spricht und die Industriegeheimnisse nicht mehr wie in § 3 Abs. 1 Nr. 4 EGAHiG genannt werden, ist wohl nicht von einem verminderten Geheimnisschutz auszugehen. In Analogie zu diesen für die **Auskunftserteilung** geltenden Vorschriften muss **auch für Auskunftsersuchen** ein **Geheimnisschutz** im gleichen Umfang gelten. IdS. fordert das Merkblatt des BMF (unter Hinweis auf § 117 Abs. 3 Nr. 4 AO) die Berücksichtigung der Gefahr, dass dem inländischen Beteiligten bei Auskunftsersuchen an ausländische Behörden ein mit dem Zweck der Amtshilfe nicht zu vereinbarender Schaden entstehen kann.[440] Nähere Ausführungen zum Begriff und dem Ausmaß der geschützten Geschäftsgeheimnisse erfolgen im nachstehenden Abschnitt in Zusammenhang mit den Erläuterungen zu den Auskunftsersuchen, die von ausländischen Finanzbehörden an deutsche Finanzbehörden gerichtet werden, weil der Geheimnisschutz bei der Gewährung von Auskünften an ausländische Behörden eine wesentlich größere Bedeutung hat.

> **Beispiel 4:** Die deutsche D-GmbH lizenziert Patente und geheimes Know-how an eine ausländische Tochtergesellschaft. Die Lizenzgebühren sind nach Meinung des deutschen Betriebsprüfers zu niedrig und er will Nachweise, in welchem Umfang die Tochtergesellschaft Nutzen aus diesen immateriellen Wirtschaftsgütern zieht (Hinweis auf Tz. 5.2.3 VGr) und in welcher Höhe in dem betreffenden Land Fremdpreise für gleichartige Lizenzen gezahlt werden (Tz. 5.1.1 und 5.2.2 VGr). Zur Frage der Höhe von Vergleichslizenzen will der Betriebsprüfer ein Auskunftsersuchen an die ausländische FinVerw. richten. – Hiergegen bestehen Bedenken, weil für den Vergleich der Lizenzen die Mitteilung der überlassenen Patente, aber auch die konkrete Bezeichnung des überlassenen geheimen Know-hows erforderlich ist. Wenn der Steuerpflichtige der Preisgabe der Geschäftsgeheimnisse unter keinen Umständen zustimmt, weil er zB auf Grund von Korruptionsaffären kein Vertrauen in die Behörden des betreffenden Landes hat oder weil er befürchtet, dass hohe Finanzbeamte wie in der Vergangenheit die FinVerw. verlassen und zu Industrieunternehmen wechseln, dann muss die deutsche FinVerw. solche Gefahren berücksichtigen. Der Betriebsprüfer muss anderweitige Ermittlungen anstellen. Der Steuerpflichtige wird in der Praxis in derartigen Fällen oft gedrängt, zur Vermeidung des Auskunftsersuchens einer teilweisen nachträglichen Erhöhung der Lizenzgebühren zuzustimmen.

182   Die deutsche FinVerw. darf Amtshilfe nach § 117 Abs. 1 AO auch **ohne** entsprechendes **Ersuchen** entgegennehmen, also auch **spontane oder automatische Auskünfte** verwerten. Sie darf jedoch ihrem Besteuerungsverfahren keine Auskünfte zu Grunde legen, die in einer Weise ermittelt worden sind, die die Rechte des deutschen Staatsbürgers verkürzt. Ferner darf die deutsche Finanzbehörde keine Informationen verwerten, die durch Maßnahmen erlangt wurden, die als Verstoß gegen Grundrechte oder gegen das Beweismethodenverbot des § 136a StPO zu qualifizieren sind.[441]

183   Der formale **Ablauf des Verfahrens** ist im BMF-Merkblatt beschrieben.[442] Die mit der Sache befasste Behörde legt das Auskunftsersuchen dem BZSt[443]

---

[440] Vgl. BMF 25.5.2012, Tz. 4.1.1.
[441] Vgl. *Seer* in Tipke/Kruse, § 88 AO Tz. 15 ff.
[442] Vgl. BMF 25.5.2012, Tz. 1.5.2 und 4.2.
[443] Laut Tz. 1.6.1.1 des BMF-Merkblatts vom 25.5.2012 hat das BMF seine Zuständigkeit auf das BZSt übertragen.

vor. Das BZSt hat die Funktion einer „Kontakt- oder Verbindungsstelle".[444] Von dort wird das Auskunftsersuchen nach Überprüfung an die zuständige Behörde des zu ersuchenden Staates weitergeleitet. Die ausländische FinVerw. führt die für die Auskunftserteilung erforderlichen Ermittlungen nach dem für sie maßgebenden nationalen Recht durch. Wenn die Finanzbehörden beider Länder einverstanden sind, können zur Beschleunigung und Erleichterung des Verfahrens Beamte zur ausländischen Ermittlungsbehörde entsandt werden, die dort das Ersuchen erläutern, etwaige Hinweise für weitere Ermittlungen geben und die Ermittlungsergebnisse entgegennehmen.[445] Die Erledigung eines Auskunftsersuchens kann **mehrere Wochen,** aber auch **mehr als ein Jahr** dauern.[446] Allerdings sind ab dem 1.1.2013 die Fristen der AmtshilfeRL zu berücksichtigen, die für die Gewährung zwischenstaatlicher Amthilfe in § 5 EUAHiG geregelt sind. Sofern die Auskunft der ausländischen Behörde unzureichend ist oder zusätzliche Aufklärungen erfordert, kann ein ergänzendes Ersuchen (Anschlussersuchen) gestellt werden.[447] Wegen weiterer Einzelheiten wird hier auf das BMF-Merkblatt verwiesen.

Im Zusammenhang mit der Frage des Anhörungsrechts des inländischen **184** Steuerpflichtigen wurde bereits erwähnt, dass die Entscheidung, Auskünfte entgegenzunehmen oder anzufordern, keinen Verwaltungsakt darstellt, weil es an der erforderlichen Außenwirkung fehlt.[448] Aus diesem Grund kann der inländische Betroffene gegen das angekündigte Amtshilfeersuchen der deutschen FinVerw. **keinen Einspruch** einlegen. Ein Einspruch ist zulässig gegen Ermittlungsmaßnahmen mit Außenwirkung auf Grund eines ausländischen Auskunftsersuchens.[449] Das ins Ausland übermittelte Ersuchen ist kein rein behördeninterner Vorgang. Ist das Ersuchen bereits erfolgt, kann der Stpfl. mittels Leistungsklage (§ 40 FGO) die Behörde zwingen, das Ersuchen zurückzunehmen.[450] Im Übrigen kann sich der Steuerpflichtige durch **vorbeugende Unterlassungsklage** (§ 40 FGO) gegen die Stellung eines deutschen Auskunftsersuchens wenden und gegebenenfalls eine **einstweilige Anordnung** (§ 114 FGO) beantragen.[451]

3. Gewährung zwischenstaatlicher Amtshilfe

Die **Rechtsgrundlagen** für die Leistung von zwischenstaatlicher Amtshil- **185** fe durch die deutschen Finanzbehörden wurden oben im vorletzten Abschnitt erörtert.[452] **Zuständig** für die **Auskunftserteilung gegenüber ausländischen Behörden** ist grds. das **Bundesministerium der Finanzen** (§ 3 Abs. 1 EUAHiG; Tz. 1.5.1.1 und 5.1 des BMF Merkblatts).[453] In § 3 Abs. 2 EUAHiG wird das BZSt seit 1.1.2013 als zentrales Verbindungsbüro benannt.

---

[444] Vgl. BFH 21.7.2009, RIW 2009, 894.
[445] Vgl. BMF 25.5.2012, Tz. 4.2.3.
[446] Vgl. BMF 25.5.2012, Tz. 4.2.4.
[447] Vgl. BMF 25.5.2012, Tz. 4.2.5.
[448] Vgl. *Seer* in Tipke/Kruse, § 117 AO Tz. 43.
[449] Vgl. BMF 25.5.2012, Tz. 3.2.2.
[450] Vgl. BFH 21.7.2009, RIW 2009, 894.
[451] Vgl. BMF 25.5.2012, Tz. 3.2.2.
[452] S. Rn. 161 ff.
[453] Vgl. BMF 25.5.2012.

Die zuständigen Behörden prüfen zunächst, ob und inwieweit sie auf Grund völkerrechtlicher Abkommen zur Amtshilfe verpflichtet sind, dh ob dem ausländischen Auskunftsersuchen entsprochen werden kann oder ob Hinderungsgründe entgegenstehen könnten.[454] Auch im weiteren Verfahren hat die deutsche Finanzbehörde ständig zu prüfen, ob die dem **Auskunftsaustausch gesetzten Grenzen** eingehalten werden.[455]

186 Grds. lassen sich die Schranken für die Auskunftserteilung in **drei Kategorien** einteilen:[456]

– Die Auskunftserteilung ist grds. zulässig, wenn die gesetzlichen Voraussetzungen der jeweiligen **Rechtsgrundlagen** erfüllt sind; dh, wenn diese Voraussetzungen **nicht vorliegen,** ergibt sich automatisch ein **Auskunftsverbot.**

– Unter bestimmten Voraussetzungen, die in völkerrechtlichen Abkommen, deutschen Gesetzen oder bspw. durch Rechtsprechung definiert sind, besteht ein absolutes **Verbot der Auskunftserteilung.**

– In anderen Fällen gewähren völkerrechtliche Abkommen, deutsche Gesetze, Rechtsprechung oder Verwaltungsregelungen das Recht zur **Verweigerung der Auskunftserteilung** nach pflichtgemäßem Ermessen.

187 Während bspw. Art. 26 Abs. 3 OECD-MA einige Hauptfälle regelt, in denen es im freien Ermessen der ersuchten Behörde steht, ob sie Auskünfte erteilen will, werden in § 4 Abs. 3 und 4 EUAHiG Auskunftsverbote und in geringerem Umfang als noch im EGAHiG auch Auskunftsverweigerungsrechte beschrieben, die nachfolgend erläutert werden.

a) Auskunftsverbote

188 Nachfolgend werden ohne Anspruch auf Vollständigkeit die **wichtigsten Fälle der Auskunftsverbote** genannt, wobei auch deren Relevanz für Verrechnungspreisfälle angesprochen wird. In diesem Zusammenhang sind gleichzeitig auch diejenigen Fälle zu erörtern, in denen schon die gesetzlichen Voraussetzungen für die Auskunftserteilung nicht vorliegen.

189 **1. Mangelnde Rechtsgrundlage und Verstoß gegen Steuergeheimnis:**

– Grds. unterliegen alle Verhältnisse des Steuerpflichtigen dem nationalen Steuergeheimnis gem. § 30 AO. Die Auskunftsklauseln völkerrechtlicher Abkommen ermächtigen und verpflichten die deutschen Finanzbehörden jedoch zur Auskunftserteilung unter Vorrang gegenüber nationalen Schutzvorschriften, wobei aber eigene abkommensrechtliche Schutzvorschriften bestehen. Das nationale Steuerrecht bleibt jedoch anwendbar, soweit es nicht durch Spezialvorschriften des Abkommensrechts zurückgedrängt wird. Das Steuergeheimnis begründet im Normalfall kein generelles Auskunftsverbot oder Auskunftsverweigerungsrecht, sondern es wird durch die oben genannten Rechtsgrundlagen in den völkerrechtlichen Abkommen und durch § 117 AO in zulässiger Weise eingeschränkt (§ 30 Abs. 4 Nr. 2 AO).[457] Liegt

---

[454] Vgl. BMF 25.5.2012, Tz. 5.1; *Seer* in Tipke/Kruse, § 117 AO Tz. 49.

[455] Vgl. *Menck* in Mössner u. a., Rn. D 90.

[456] Vgl. BMF 25.5.2012, Tz. 5.3.1 und 5.3.2.

[457] S. Rn. 181. Vor allem für natürliche Personen sind neben dem Steuergeheimnis auch der Schutz des Persönlichkeitsrechts gem. Art. 1 und 2 GG sowie das daraus vom BVerfG abgeleitete „Recht auf informationelle Selbstbestimmung" zu beachten.

für die Auskunft jedoch keine Rechtsgrundlage vor oder sind die darin genannten Voraussetzungen nicht erfüllt, dann ist die Auskunft unzulässig, also verboten. Eine Verletzung des Steuergeheimnisses und damit ein Auskunftsverbot liegt ferner vor, wenn zwar eine Rechtsgrundlage vorhanden ist, jedoch **mehr Auskünfte** erteilt werden **als** zur Erfüllung des Amtshilfeersuchens **notwendig** sind[458] und der Steuerpflichtige nicht zustimmt (§ 30 Abs. 4 Nr. 3 AO).

– Art. 26. Abs. 1 OECD-MA setzt insb. voraus, dass die Informationen, die **190** ausgetauscht werden, zur **Durchführung des Abkommens oder** zur Verwaltung oder Anwendung des **innerstaatlichen Rechts** betreffend Steuern jeder Art und Bezeichnung voraussichtlich erheblich sind. Nach § 1 Abs. 1 EUAHiG ist es ebenfalls ausreichend, wenn die Informationen voraussichtlich erheblich sind. Nach § 1 Abs. 1 EUAHiG gilt das EUAHiG für jede Art von Steuern, die von einem oder für einen Mitgliedstaat erhoben werden. In § 1 Abs. 2 EUAHiG sind harmonisierte Verbrauchsteuern sowie die Umsatzsteuer, die Einfuhrumsatzsteuer, Zölle, Pflichtbeiträge zur Sozialversicherung und Gebühren ausgenommen. Daraus folgt, dass die Auskünfte für die soeben genannten Steuern sowie für andere steuerliche Zwecke verboten sind, so bspw. Auskünfte, die der Steuerfestsetzung eines Drittstaats oder Nebenleistungen dienen.[459] Wenn die Informationen für andere Zwecke benötigt werden, muss dafür eine andere **Rechtsgrundlage** erfüllt sein, so zB die Auskunftsvoraussetzungen eines Erbschaftsteuer-DBA oder des § 117 Abs. 3 AO.

Alle Informationen, die ein Vertragsstaat erhalten hat, sind ebenso geheim **191** zu halten, wie die auf Grund des innerstaatlichen Rechts dieses Staates beschafften Informationen und dürfen **nur** den **für die Besteuerung** (einschließl. Steuerstrafverfahren) **zuständigen Behörden** zugänglich gemacht werden (Art. 26 Abs. 2 OECD-MA, Art 8 TIEA).[460] Informationen und Dokumente, die im Rahmen des EUAHiG erlangt werden, können wie vergleichbare inländische Informationen und Dokumente verwendet werden (§ 15 Abs. 4 EUAHiG). Sie unterliegen dem Steuergeheimnis und genießen den Schutz der Abgabenordnung (§ 19 Abs. 1 EUAHiG). § 19 Abs. 2 EUAHiG sieht vor, dass mit Einwilligung des anderen Mitgliedsstaates die Informationen auch für andere Zwecke verwendet werden dürfen. Die deutschen Finanzbehörden müssen jedoch die nachfolgend erörterten Schranken beachten.

2. Beschaffungsverbot: **192**

Nach § 4 Abs. 3 EUAHiG erteilt das zentrale Verbindungsbüro keine Information, wenn die Durchführung erforderlicher **Ermittlungen oder** die **Beschaffung** der betreffenden Information nach deutschem Recht **nicht möglich** ist.[461] Die deutsche Finanzbehörde ist demnach bei der Amtshilfe an die deutschen Gesetze gebunden, dh für das Verfahren gelten

---

[458] Vgl. *Söhn* in HHSp, § 117 AO Rn. 29.
[459] So auch *Schaumburg,* Internationales Steuerrecht, Tz. 19.59; vgl. auch Tz. 3 MA-Kommentar zu Art. 26 OECD-MA.
[460] Vgl. OECD-Bericht vom 24.7.2012 „Keeping it Safe".
[461] Gem. Art. 26 Abs. 3 Buchst. a) OECD-MA ist die Auskunft in diesen Fällen in das Ermessen der ersuchten Behörde gestellt.

hinsichtl. Ermittlungsmethoden, Ermittlungsumfang, Beweiserhebung usw. dieselben Grundsätze und Beschränkungen wie für die innerdeutsche Amtshilfe. Danach sind laut BMF-Merkblatt insb.[462]

- die Auskunfts- und Vorlageverweigerungsrechte nach §§ 101 ff. AO zu beachten (wenn zB Angehörige des Steuerpflichtigen Auskünfte über dessen Verhältnisse geben sollen),

- Mitteilungen von Daten über einen Vergleichsbetrieb nur zulässig, sofern sie keine Rückschlüsse auf die Identität des Betroffenen zulassen, es sei denn, der Betroffene willigt ein und

- Zwangsmittel unzulässig, wenn der Betroffene dadurch gezwungen würde, sich wegen einer von ihm begangenen Straftat oder Ordnungswidrigkeit zu belasten (§ 393 Abs. 1 S. 2; § 410 Abs. 1 Nr. 4 AO).

193   Für **Verrechnungspreisfragen** kann v. a. der zweite der oben genannten Fälle Bedeutung erlangen.[463] Dass Daten über etwaige **Vergleichsbetriebe** (zB zum Zweck der Preisvergleichsmethode), die nicht öffentlich zugänglich sind, in Auskunftsverfahren über die Grenze **nur anonymisiert** erteilt werden können, ergibt sich bereits aus dem Schutz des Steuergeheimnisses. Das nationale Steuergeheimnis gilt für den Vergleichsbetrieb uneingeschränkt, weil die Rechtsgrundlagen für das Auskunftsersuchen nur eine Einschränkung des Steuergeheimnisses im Verfahren des betroffenen Steuerpflichtigen zulassen (§ 30 Abs. 4 AO).

194   In der Praxis werfen Auskünfte über **Daten von Vergleichsbetrieben** und deren Verwendung in Verrechnungspreisfällen erhebliche Probleme auf. Die Betriebsprüfer, die auf Verrechnungspreisprüfungen multinationaler Unternehmen spezialisiert sind, haben umfangreiche Kenntnisse über die Preise, die zwischen Vergleichsbetrieben vereinbart werden. Wenn sie Auskünfte geben, müssen sie auf jeden Fall das **Steuergeheimnis sowie die Geschäftsgeheimnisse der Vergleichsbetriebe** wahren.[464] Dabei ist für die Prüfer selbst nicht immer erkennbar, ob die erteilten Auskünfte einem **Branchenkenner** nicht doch eine **Identifizierung einzelner Vergleichsbetriebe** ermöglichen. Es wäre daher wünschenswert, dass zum Schutz der „unbeteiligten" Vergleichsbetriebe entweder generell deren Zustimmung auch zur Weitergabe anonymisierter Daten gesetzlich geregelt wird oder dass zumindest ein Anhörungsrecht gewährt wird, damit von den Vergleichsbetrieben etwaige Einwände vorgetragen werden können.

195   Eine **Ausnahme** gilt, soweit die Auskünfte zB nur **statistisches Material** einer Branche, Preisspannen, Lizenzspannen oder andere zusammengefasste Daten aus einem größeren Kreis von Vergleichsbetrieben umfassen, ohne Zuordnung der Einzeldaten zu bestimmten Unternehmen. Dies folgt aus den Urteilen des BFH zur Zulässigkeit der **Lizenzkartei** des BZSt[465] und

---

[462] Vgl. BMF 25.1.2006, BStBl. I 2006, Tz. 3.3.1.1.

[463] S. Beispiel in Rn. 165.

[464] Auch der BFH 17.10.2001, DB 2001, 2474, 2476 weist auf die Notwendigkeit der Wahrung des Steuergeheimnisses hin. Übrigens sind die unten (s. Rn. 204) beispielhaft genannten Geschäftsgeheimnisse, soweit sie nicht offenkundig sind, für Vergleichsbetriebe im Rahmen des Steuergeheimnisses uneingeschränkt geschützt, während dies für den Verfahrensbeteiligten nur gilt, wenn die Gefahr eines Schadens besteht.

[465] Vgl. BFH 27.10.1993, BStBl. II 1994, 210 f.; in der Vorinstanz hatte das FG Köln die Auswertung der Lizenzverträge für Zwecke der Lizenzkartei für unzulässig

zur Zulässigkeit der Verwendung anonymisierter Daten von **Datenbanken.**[466] Im Übrigen ist gem. § 88a AO das Sammeln und Verwenden der nach § 30 AO geschützten Daten insb. zur Gewinnung von Vergleichswerten zulässig.

Das genannte BFH-Urteil zur Lizenzkartei könnte zu Missverständnissen **196** führen, soweit das Gericht ausführt: Die Möglichkeit, dass die nach mathematisch-statistischen Methoden erarbeiteten Vergleichswerte auf Grund zusätzlicher Branchenkenntnisse reidentifizierbar sein könnten, verletze die Klägerin nicht in ihrem Recht auf informationelle Selbstbestimmung.[467] Der BFH führt nämlich weiterhin aus, dass nicht nachvollziehbar sei, aus welchen Gründen die statistischen Angaben zur Anzahl beschränkter, unbeschränkter, ausschließlicher u. ä. Lizenzen und zur Spannbreite der Lizenzentgelte einen Rückschluss auf von der Klägerin abgeschlossene Verträge zulassen. Aus diesen Ausführungen folgt im Umkehrschluss, dass zusätzliche Angaben unzulässig sind, die geeignet sind, eine **Identifizierung** zu ermöglichen. Dies kann bspw. der Fall sein, wenn bei einer geringen Zahl von Vergleichsbetrieben neben der Benennung der Spannbreite der Lizenzentgelte auch die einzelnen Lizenzsätze genannt werden, die an bestimmte Länder oder von bestimmten Ländern gezahlt wurden. Dies kann im Einzelfall eine Identifizierung der im jeweiligen Land ansässigen Firmen ermöglichen und ist dann nicht gestattet.

Beispiel: Die US-FinVerw. bittet um Auskunft, welche Lizenzgebühren in Deutschland ansässige Reifenhersteller als verbundene Unternehmen für die Nutzung von Technologie und Marken an ausländische Lizenzgeber zahlen. Wenn die FinVerw. in diesem Fall mitteilen würde, welche Lizenzsätze für Zahlungen an Frankreich, Italien oder Japan vereinbart wurden, dann wären der Zahlende und der Zahlungsempfänger relativ leicht zu erraten, v. a., wenn dann noch die lizenzbehafteten Umsätze benannt würden. Zulässig wäre in diesem Fall deshalb nur die Angabe der Spannbreite (zB: für Patente und Produktions-Know-how 3–5 % vom Nettoumsatz) ohne nähere Angaben.

Ein weiteres Problem der Auskünfte über Vergleichsbetriebe stellt sich aus **197** Sicht des betroffenen Steuerpflichtigen und der Finanzbehörden im Empfängerstaat, weil sie die Daten nicht auf die tatsächliche Vergleichbarkeit überprüfen können. Ohne Kenntnis der einzelnen **Vertragsbedingungen** und der für die Preisgestaltung **maßgeblichen Umstände des Einzelfalls** kann ein Vergleich nur sehr grob durchgeführt werden, wobei eine entsprechend große Anzahl von Vergleichsbetrieben erforderlich ist, um eine einigermaßen sinnvolle Preisspanne zu ermitteln.

Als weiterer Anwendungsfall eines Beschaffungsverbots ist der Schutz von **198** Bankkunden nach § 30a AO (sog. **Bankgeheimnis**) zu nennen.[468] Nach § 30a Abs. 2 AO dürfen die Finanzbehörden von **Kreditinstituten** keine einmaligen oder periodischen Mitteilungen von Konten bestimmter Art oder bestimmter Höhe verlangen. Gem. § 93 Abs. 7–9 AO iVm § 93b AO

erachtet; vgl. dazu *Roeder* IWB, Fach 3, Gruppe 1, 1385 ff.; vgl. ferner Kap. O Rn. 553 ff.; ab 1.1.2006 nimmt das BZSt die maßgebenden Aufgaben des BfF war.

[466] Vgl. BFH 17.10.2001, DB 2001, 2474 ff.; s. Rn. 140.
[467] Vgl. BFH 27.10.1993, BStBl. II 1994, 210 f. unter 2b).
[468] Vgl. *Seer* in Tipke/Kruse, § 117 AO Tz. 74 (zu § 3 EGAHiG).

ist jedoch unter bestimmten Voraussetzungen ein automatisierter Kontenabruf einzelner Daten durch das BZSt bei den Kreditinstituten möglich. Für Auskunftsersuchen an Kreditinstitute gilt im Übrigen § 93 AO. Auf Grund dieser Vorschriften können ausländische Finanzbehörden daher nicht „ins Blaue hinein" Auskunftsersuchen stellen, weil die deutschen Finanzbehörden die Informationen von Banken selbst nur unter besonderen Voraussetzungen beschaffen dürfen.

Beispiel: Die Finanzbehörden des südamerikanischen Landes X vermuten, dass mehrere Unternehmen Guthaben auf Konten in Deutschland besitzen, die im Heimatstaat nicht deklariert wurden, wobei diese Konten teilweise unmittelbar und teilweise über verbundene Unternehmen unterhalten werden. Die ausländische Behörde bittet um Amtshilfe und Nachforschung bei bestimmten inländischen Geschäftsbanken. – Dieses Amtshilfeersuchen scheitert an § 30a Abs. 2 AO. Anders würde der Fall liegen, wenn ein konkreter Anfangsverdacht bestünde und eine bestimmte Bank benannt würde. In diesem Fall wäre Amtshilfe zu leisten, sofern der Beteiligte zuvor keine hinreichenden Erklärungen abgegeben hat.

199 3. Abkommenswidrige Besteuerung:

Nach Auffassung des BMF dürfen Auskünfte nicht erteilt werden, wenn sie zu einer **abkommenswidrigen Besteuerung** führen würden.[469] Unter dieses Auskunftsverbot fallen zB Amtshilfeersuchen, die erkennbar auf eine **nicht sachgerechte Einkunfts- oder Vermögensabgrenzung** abzielen.[470] Dabei kommen also vorwiegend Verrechnungspreisfälle in Betracht. Die deutsche FinVerw. sieht hier – auch unter Berücksichtigung der eigenen fiskalischen Interessen – einen gewissen Abwehrbedarf. Falls daher die Befürchtung besteht, dass die Auskunftserteilung zu einer abkommenswidrigen Besteuerung führen kann, ist gem. BMF-Merkblatt über die steuerliche Behandlung zuvor eine Verständigung zwischen den dafür zuständigen Finanzbehörden herbeizuführen.[471] Ferner können die Beteiligten schon während des Auskunftsverfahrens ein Verständigungsverfahren beantragen, wenn die Voraussetzungen dafür vorliegen. Im Hinblick auf das BMF-Merkblatt stellt sich die Frage, welche Anhaltspunkte im Einzelnen für die Befürchtung sprechen, dass die Auskunftserteilung zu einer abkommenswidrigen Besteuerung führen kann. Eine solche Befürchtung dürfte gerade in Bezug auf Verrechnungspreise bestehen, weil sich im Detail Unterschiede in der nationalen Interpretation der DBA als auch der OECD-VPL ergeben können.

Beispiel: Die deutsche Tochtergesellschaft T-GmbH einer im DBA-Land X ansässigen Muttergesellschaft M veräußert als „Limited Risk Distributor" vorwiegend von der M bezogene Waren. Die Finanzbehörde des Landes X verlangt auf Grund der großen Auskunftsklausel von der deutschen FinVerw. Auskünfte, welche Gewinne auf die Warenverkäufe der von M bezogenen Waren entfielen. Im Land X will man den Gewinn im Rahmen eines Profit Splits mit den Verlusten der Muttergesellschaft „verrechnen". Als „Routinegesellschaft" sollte die T-GmbH nach Tz. 3.4.10.2 VGrV niedrige aber stetige Gewinne erzielen. Der Profit Split würde hier ausschließlich zu einer abkommenswidrigen Besteuerung führen. Insofern darf die Auskunft nicht erteilt werden.

---

[469] Vgl. BMF 25.5.2012, Tz. 5.3.1.2.
[470] Vgl. BMF 25.5.2012, Tz. 5.3.1.2.
[471] Vgl. BMF 25.5.2012, Tz. 5.3.1.2 iVm Tz. 5.3.2.3.

4. Verletzung der öffentlichen Ordnung, insbesondere des interna- 200
tionalen Steuergeheimnisses im Ausland:
    Nach § 4 Abs. 3 Nr. 4 EUAHiG erteilt das zentrale Verbindungsbüro keine
Information, wenn die öffentliche Ordnung verletzt werden würde.[472] Es
besteht also ein Auskunftsverbot, wenn die fundamentalen **Ordnungsvor-**
stellungen und Grundwerte des ersuchten Staates (sog. **Ordre Pub-**
lic) – also zB die Grundrechte, die Souveränität, die Sicherheit oder andere
wesentliche Interessen – die Auskunftserteilung nicht zulassen.[473] Im „alten"
§ 3 Abs. 1 Nr. 3 EGAHiG wurde die **Nichtgeheimhaltung erteilter**
Auskünfte im Empfängerstaat als ein solcher Verstoß gegen die Ordre
Public genannt. Auch wenn das Beispiel im EUAHiG nicht mehr ausdrücklich genannt wird, sollte es uE weiterhin möglich sein, die Nichtgeheimhaltung als Verstoß gegen die Ordre Public anzusehen, sofern die
Weitergabe nicht ausdrücklich in den §§ 15 ff. EUAHiG gestattet wird.
Wenn die Gefahr besteht, dass der ersuchende Staat das Steuergeheimnis
nicht wahrt, weil zB sein nationales Recht kein Steuergeheimnis kennt,
oder wenn das Steuergeheimnis anderen Interessen untergeordnet wird,
dann darf die deutsche Finanzbehörde die Auskünfte nicht erteilen.[474] Allerdings ist es mitunter schwierig nachzuweisen, dass im Empfängerstaat das
Steuergeheimnis nicht eingehalten wird.[475] Die enge Zweckbindung der
Auskünfte soll v. a. vermeiden, dass im Wege der steuerlichen Amtshilfe
Wirtschaftsspionage und sonstige steuerfremde Zwecke, zB durch Devi-
sen-, Zoll- oder Preisbehörden, verfolgt werden.[476]

> **Beispiel:** Die US-Produktionsgesellschaft U-Inc. zahlt 6 % Lizenzgebühren vom
> Nettoumsatz für Patente, Know-how und Markennutzung an die deutsche Mutterge-
> sellschaft M-AG. Die US-FinVerw. bittet um Auskunft, welche Lizenzgebühren die
> M-AG an unabhängige Dritte belastet. Angenommen, die M-AG berechnet an unab-
> hängige Dritte eine Lizenzgebühr iHv 4 % vom Nettoumsatz, dann muss in den USA
> nicht nur mit einer Steuernachzahlung auf der Basis des wegen geringerer Lizenzge-
> bühren erhöhten Gewinns gerechnet werden, sondern auch mit einer Geldbuße von
> 20 % oder 40 %.[477] Die M-AG vertritt die Auffassung, dass ein Auskunftsverbot be-
> steht, weil die verschuldensunabhängigen Geldstrafen in USA mit der öffentlichen
> Ordnung (Ordre Public) in Deutschland nicht in Einklang stehen. – Zutreffend ist,
> dass verschuldensunabhängige Geldstrafen, die über den Charakter einer angemesse-
> nen Verzinsung hinausgehen, nicht mit rechtsstaatlichen Grundsätzen in Einklang ste-
> hen. Allerdings besteht hier die Besonderheit, dass der Steuerpflichtige in den USA die
> Geldbuße vermeiden kann, wenn er sich bemüht, die Verrechnungspreismethode und
> den Transferpreis im Voraus zutreffend zu ermitteln, und dies dokumentiert hat.[478]

---

[472] Ebenso § 117 Abs. 3 Nr. 2 AO; Art. 26 Abs. 2 (Geheimhaltungsklausel) und
Abs. 3 Buchst. c letzter Halbsatz (Ordre Public-Klausel) OECD-MA; BMF 25.5.2012,
Tz. 5.3.1.3.
[473] Vgl. *Seer* in Tipke/Kruse, § 117 AO Tz. 75. Laut Bundesverfassungsgericht ist
die Geheimhaltung im Ausland Voraussetzung dafür, dass in Auskunftsverfahren in
das Recht der informationellen Selbstbestimmung eingegriffen wird; vgl. BVerfG
15.12.1983, BVerfGE 65, 1 ff.
[474] Vgl. *Seer* in Tipke/Kruse, § 117 AO Tz. 32, 83 u. 96.
[475] Vgl. *Seer* IWB Fach 10, Gruppe 2, 2067, 2078.
[476] Vgl. *Carl/Klos* IStR 1995, 225, 227 f. mwN.
[477] S. unten Rn. 446 ff.
[478] S. dazu 2. Aufl. dieses Handbuchs, Kap. T, Rn. 9 ff.

Wenn daher die U-Inc. diese Dokumentation erstellt und darin die (höheren) Lizenzgebühren gerechtfertigt hätte, dann wäre eine Geldbuße nicht zu erwarten. Die M-AG kann sich deshalb nicht auf ein Auskunftsverbot berufen.

201   Dem Schutz des inländischen Beteiligten dient auch Tz. 1.6.2 des BMF-Merkblatts.[479] Danach werden die ausländischen Finanzbehörden in allen Äußerungen ausdrücklich auf die **Geheimhaltungspflichten** der völkerrechtlichen Vereinbarungen und des EGAHiG hingewiesen. Ab dem 1.1.2013 ist hier wohl auch auf das EUAHiG zu verweisen. Im Ausland ist der besondere Geheimhaltungsschutz auch dann zu wahren, wenn nach ausländischem Recht die Finanzbehörde Informationen an andere Stellen weitergeben könnte oder müsste.[480] Wenn befürchtet wird, dass die Geheimhaltung auf Grund besonderer Umstände nicht gewährleistet ist, kann sich der BdF von der ausländischen Behörde zusätzlich einzelfallbezogene **Zusicherungen** geben lassen.

202   **5. Gefahr für Handels-, Industrie-, Gewerbe-, Berufs- oder Geschäftsgeheimnis:**
Auskünfte dürfen nicht erteilt werden, wenn die Gefahr besteht, dass dem inländischen Beteiligten durch die **Preisgabe** eines **Handels-, Gewerbe-oder Berufsgeheimnisses oder eines Geschäftsverfahrens** ein mit dem Zweck der Auskunft nicht zu vereinbarender **Schaden** entsteht (§ 4 Abs. 3 Nr. 3 EUAHiG). Auch wenn § 4 Abs. 3 Nr. 3 EUAHiG „nur" noch von Handels-, Gewerbe- oder Berufsgeheimnissen oder Geschäftsverfahren spricht und die Industriegeheimnisse nicht mehr wie in § 3 Abs. 1 Nr. 4 EGAHiG genannt werden, ist wohl nicht von einem verminderten Geheimnisschutz auszugehen. In Art. 26 Abs. 3 Buchst. c OECD-MA ist die Wahrung dieser Betriebs- und Geschäftsgeheimnisse nur als Auskunftsverweigerungsrecht vorgesehen. Jedoch darf auch in reinen DBA-Fällen gem. dem entsprechend anwendbaren § 117 Abs. 3 Nr. 4 AO die Amtshilfe ebenfalls nicht geleistet werden **(Auskunftsverbot),** wenn die oben genannte Gefahr eines Schadens besteht.[481] Die zutreffende Besteuerung eines Betroffenen für sich allein ist kein Schaden idS. Ein mit dem Zweck der Amtshilfe unvereinbarer Schaden liegt nach herrschender Auffassung noch nicht vor, wenn die Weiterleitung der Informationen über die Grenze zu geschäftlichen Nachteilen führt, bspw. der Abwanderung oder Abschreckung von Kunden, weil das Interesse an einem umfassenden Amtshilfeverkehr insoweit vorrangig ist.[482] Dieser Meinung kann nicht uneingeschränkt zugestimmt werden, weil es schon nach dem Wortlaut der Bestimmungen immer auf die konkreten Umstände des Einzelfalls ankommt, nämlich darauf, ob der **mögliche Schaden** mit dem **Zweck der Amtshilfe** vereinbar ist. Dies erfordert eine Abwägung der vom in-

---

[479] Vgl. BMF 25.5.2012.

[480] Auch eine Weitergabe der Auskünfte an dritte Mitgliedstaaten für die Steuerfestsetzung oder -erhebung ist nur zulässig, wenn der erste Staat, der die Daten übermittelt hat, zustimmt (§ 4 Abs. 4 EGAHiG). Insoweit dürften ab dem 1.1.2013 die Regelungen des EUAHiG zu beachten sein.

[481] Vgl. *Carl/Klos* IStR 1995, 225, 228 f. mwN.

[482] Vgl. zB BFH 20.2.1979, BStBl. II 1979, 268; *Söhn* in HHSp, § 117 AO Rn. 131 mwN; *Carl/Klos* IStR 1995, 225 ff., 229.

ländischen Steuerpflichtigen vorgetragenen Einwände nach pflichtgemäßem Ermessen unter Beachtung des Grundsatzes der **Verhältnismäßigkeit.**[483]

Beispiel: Die deutsche Produktionsgesellschaft P-AG liefert Pharmazeutika an
ihre Vertriebstochter T in einem DBA-Land Y, in dem Preisbindungen vorliegen,
die für importierte Arzneimittel keinen höheren Endverkaufspreis zulassen als 400 %
der Herstellkosten. Die ausländische Finanzbehörde erbittet von der deutschen Steuerbehörde Auskunft über die Herstellkosten eines bestimmten Präparats, damit die
Angemessenheit des Einkaufspreises der T überprüft werden könne. Die P-AG weist
die deutschen Finanzbehörden darauf hin, dass die Herstellkosten ein Betriebsgeheimnis darstellen, dessen Bekanntgabe unzulässig sei. Außerdem würde die Bekanntgabe zu einer starken Herabsetzung der Endverkaufspreise im Land Y und damit auch der Verkaufspreise von P-AG an T führen. Dies hätte aber zur Folge, dass
auch in Nachbarländern und anderen Regionen der Preis dieses Produkts herabgesetzt werden müsste, sodass die gesamte Ertragssituation des Konzerns beeinträchtigt
würde, zumal mit erfolgreichen Produkten auch die Forschungs- und Entwicklungskosten nicht erfolgreicher Produkte abgedeckt werden müssen. Zunächst einmal könnte in diesem Fall auch die Frage einer abkommenswidrigen Besteuerung
bei unzutreffender Gewinnabgrenzung sowie die Frage der etwaigen Verletzung des
internationalen Steuergeheimnisses wegen der möglichen Weitergabe von Preisdaten
an Preisaufsichtsbehörden eine Rolle spielen. Lässt man diese Aspekte einmal außer
Acht, dann kann in diesem Fall der geschäftliche Nachteil der Auskunft so gravierende Folgen haben, dass der Schaden mit dem Zweck der Auskunft unvereinbar ist.
Hierfür muss die P-AG substantiiert vortragen, welche Einbußen sie im Fall einer
Preisreduzierung im Land Y und als Folge auch in anderen Ländern erwartet. Der
Schaden ist mit der Auskunft jedenfalls dann unvereinbar, wenn er die zu erwartende
Steuernachzahlung im anderen Land weit übersteigt oder wenn in Deutschland und
in anderen Ländern dann wegen erforderlicher Preissenkungen kein angemessener
Gewinn mehr erwirtschaftet werden kann.

In Zusammenhang mit dem soeben erörterten Fall stellt sich auch die Fra-   **203**
ge, ob der **Geheimnisschutz** überhaupt für **verbundene Unternehmen**
gilt. Nach der wohl herrschenden Auffassung kann es **keine Betriebs-
und Geschäftsgeheimnisse** im Verhältnis zwischen einer **Betriebstätte
und ihrer Hauptniederlassung** geben, weil diese nur gegenüber Dritten
bestehen können und nicht gegenüber einem anderen wirtschaftlichen Teil
desselben Unternehmens.[484] Ein Teil der Literatur vertrat darüber hinaus
früher die Meinung, dass es keinen Geheimnisschutz zwischen verbundenen oder sonst nahestehenden Unternehmen gebe, weil zwischen diesen
Unternehmen kein Wettbewerbsverhältnis bestehe.[485] Die heute herrschende Literaturmeinung befürwortet jedoch ganz klar den **Geheimnisschutz auch** im Verhältnis **zwischen verbundenen oder sonst nahe-**

---

[483] Soweit *Carl/Klos* IStR 1995, 225 ff., 229 meinen, die DBA würden keinen Anspruch auf ermessensfehlerfreie Bescheidung eines zwischenstaatlichen Amtshilfeersuchens durch ihren Heimatstaat gewähren, ist dies im Hinblick auf die von diesen Autoren selbst geforderte analoge Anwendung des § 117 Abs. 3 Nr. 4 AO (*Carl/Klos* IStR
1995, 225, 228) unbeachtlich.

[484] Vgl. *Engelschalk* in Vogel/Lehner, DBA, Art. 26 Rn. 111 mwN; *Schaumburg*, Internationales Steuerrecht, Tz. 19.89; *Runge* RIW/AWD, 1979, 73 ff., 86.

[485] Vgl. *Runge* RIW/AWD, 1979, 73 ff., 86; *Koch* DStZ A 1979, 4 ff., 8.

stehenden Unternehmen.[486] Dies wird zu Recht damit begründet, dass es zwischen den verbundenen Unternehmen zum einen abgrenzbare Geheimnisbereiche geben kann und dass der abkommensrechtliche Geheimnisschutz in erster Linie auch dem Interesse des um Auskunft ersuchten Staates an der Nichtweitergabe seiner Wirtschaftsdaten dient.[487] Wenn man diese Gedanken konsequent weiter verfolgt, dann muss man – teilweise abweichend von der herrschenden Auffassung – zu dem Ergebnis gelangen, dass

– es im Verhältnis zwischen Betriebstätte und Hauptniederlassung zwar aus der Sicht der **Betriebstätte keine Geheimnisse** gegenüber der Hauptniederlassung geben kann, dass aber die **Hauptniederlassung** außerhalb ihrer mit der Betriebstätte bestehenden Geschäftsbeziehungen in ihrem Ansässigkeitsstaat sehr wohl über umfangreiche **Betriebs- und Geschäftsgeheimnisse** verfügen kann, die den Finanzbehörden des Betriebstättenstaates nicht zur Verfügung gestellt werden dürfen;

– im Verhältnis der **Tochtergesellschaft** gegenüber der Muttergesellschaft in den meisten Fällen wohl nur ein **unbedeutender Geheimnisbereich** besteht, wobei jedoch im Einzelfall sehr autonome Strukturen mit eigenen Geschäftsgeheimnissen vorliegen können;

– im Verhältnis der **Muttergesellschaft gegenüber** der **Tochtergesellschaft** oder im Verhältnis zwischen Schwestergesellschaften sehr wohl **Geschäftsgeheimnisse** in größerem Umfang vorliegen können, die einen entsprechenden Schutz erfordern.

204   Die oben genannten einzelnen Geheimnisse werden üblicherweise zusammenfassend als **Geschäftsgeheimnis** (oder Geschäfts- und Betriebsgeheimnis) bezeichnet. Die **Definition** dieses Begriffs ist hinsichtlich des Umfangs problematisch, da sowohl national als auch international unterschiedliche Vorstellungen bestehen. Ein Geschäftsgeheimnis liegt laut BFH-Rechtsprechung und herrschender Literaturmeinung vor, **wenn es sich um Tatsachen und Umstände handelt, die von erheblicher wirtschaftlicher Bedeutung und praktisch nutzbar sind und deren unbefugte Nutzung zu beträchtlichen Schäden führen kann.**[488] Bei dem Geheimnis muss es sich folglich um **Kenntnisse** handeln, die außerhalb des Besteuerungsverfahrens **im Wirtschaftsverkehr einer selbständigen beruflichen oder geschäftlichen Nutzung fähig** sind.[489] Bloße Einzelheiten einer Geschäftsbeziehung, insb. die Art der Abwicklung der Geschäfte zwischen zwei vom Auskunftsaustausch betroffenen Unternehmen, gelten nicht als Geschäftsgeheimnisse; dies gilt auch, wenn Dritte eingeschaltet sind.[490]

---

[486] Vgl. zB *Seer* in Tipke/Kruse, § 117 AO Tz. 56; *Söhn* in HHSp, § 117 AO Rn. 125; *Engelschalk* in Vogel/Lehner, DBA, Art. 26 Rn. 111; *Schaumburg*, Internationales Steuerrecht, 1323.

[487] Vgl. *Seer* in Tipke/Kruse, § 117 AO Tz. 56; *Engelschalk* in Vogel/Lehner, DBA, Art. 26 Rn. 111.

[488] Vgl. zB BFH 20.2.1979, BStBl. II 1979, 268; BMF 25.5.2012, Tz. 5.3.1.3; *Söhn* in HHSp, § 117 AO Rn. 120 ff.; *Seer* in Tipke/Kruse, § 117 AO Tz. 52; *Carl/Klos* IStR 1995, 225, 227 f.

[489] Vgl. *Engelschalk* in Vogel/Lehner, DBA, Art. 26 Rn. 107 ff.; *Söhn* in HHSp, § 117 AO Rn. 120 ff.

[490] Vgl. BMF 25.5.2012, Tz. 5.3.1.3.

Die folgende Auflistung nennt **Beispiele von Geschäftsgeheimnissen,** wobei vorausgesetzt wird, dass die Fakten nicht veröffentlicht oder allgemein zugänglich sind:[491]

- Absatz- und Investitionsplanung sowie Absatzmethoden
- Bankverbindungen, -guthaben und -depots
- Beschaffenheit der Waren und Rezepturen
- Beteiligungs- und Betriebsstättenergebnisse
- Betriebsergebnisrechnung und Betriebsstatistik
- Bezugsquellen und Rohstoffpreise
- Bilanzen, Jahresabschluss und Buchhaltungsunterlagen
- Budgets
- Erfindungen (geschützte und ungeschützte)[492]
- Exportpreise
- Fabrikations- und Herstellungsverfahren
- Finanzierung
- Forschungsinformationen, -pläne und -kosten
- Gebietsabsprachen
- Herstellungskosten von Produkten
- Kalkulationsunterlagen, Kostenvoranschläge
- Know-how und praktische Kniffe
- Kosten und Kostenberechnungen
- Kunden- und Lieferantenlisten
- Lizenzzahlungen (geleistete und erhaltene)
- Marktkenntnisse und Marktstrategien
- Modelle, Pläne, Schablonen, Schnitte und Zeichnungen
- Preisgestaltung und interne Preislisten
- Produkthaftungsrisiken
- Produktionsplanung und Produktionserfahrungen
- Qualitätsprüfung und Fehlerquoten
- Rechtsstreitigkeiten
- Testprotokolle von Erprobungen
- Umsatzhöhe bestimmter Produktlinien oder Produkte
- Verrechnungspreisgestaltung
- Vertragsbeziehungen und Vertragsgestaltungen
- Werbemaßnahmen (geplante) und Werbemethoden
- Wettbewerbsabreden (zulässige und unzulässige)

Unter Berücksichtigung der oben angesprochenen Interpretation des Ge- **205** schäftsgeheimnisses sind die hier aufgezählten Geheimnisse vor der Preisgabe nur geschützt, wenn sie für einen anderen technisch, wissenschaftlich oder kommerziell von Wert oder Nutzen sein können. Auch Tz. 19 des MA-Kommentars zu Art. 26 Abs. 2 OECD-MA meint, dass der Geheimnisbegriff nicht zu weit ausgelegt werden darf. Für eine **restriktive Auslegung** spricht nach Meinung der Rechtsprechung und Literatur, dass der Zweck der Regelungen zum Schutz der Geschäftsgeheimnisse in der Verhinderung der Wirtschaftsspionage zu sehen ist, sodass eine so weite Auslegung wie im nationalen Recht (§ 30 Abs. 2 Nr. 2 AO) nicht möglich sei; andernfalls liefe die Auskunftsklausel leer. Dies aber widerspreche dem

---

[491] Die Mehrzahl der genannten Beispiele stammen von *Seer* in Tipke/Kruse, § 117 AO Tz. 54.
[492] Gemeint ist bei geschützten Erfindungen (Patenten, Gebrauchsmustern etc.) wohl das damit zusammenhängende unveröffentlichte Know-how.

„Effektivgrundsatz", wonach DBA-Vertragsbestimmungen so zu interpretieren sind, dass ihr Zweck nach Möglichkeit erreicht wird und sie einen praktischen Nutzen haben.[493]

206   Die Mindermeinung, die einen möglichst weitgehenden Schutz des deutschen Wirtschaftsverkehrs befürwortet, will den Begriff des Geschäftsgeheimnisses weit auslegen und versteht darunter alles, was mit den Verhältnissen des Betriebs zusammenhängt, nicht offenkundig und daher so wichtig ist, dass es nach dem Willen des Unternehmers geheim gehalten werden soll, sofern er ein schutzwürdiges Interesse an der Geheimhaltung hat.[494] Diese Meinung konnte sich nicht durchsetzen, weil sie den Nachteil hat, dass subjektive Elemente eine große Rolle spielen, die eine Beurteilung im Einzelfall stark erschweren. In der Praxis kommt es daher darauf an, dass der inländische Steuerpflichtige im Rahmen der Anhörung vor etwaiger Auskunftserteilung umfangreiche **Erläuterungen** abgibt, warum bestimmte Informationen nicht erteilt werden sollen und welche **Nachteile** ihm aus der Weitergabe erwachsen können. Vorsichtshalber kann in dringenden Fällen gerichtlich eine einstweilige Anordnung (§ 114 FGO) beantragt oder Unterlassungsklage (§ 40 FGO) erhoben werden.

207 **6. Nichtausschöpfung der Ermittlungsmöglichkeiten:**
Liegen Hinweise vor, dass der ersuchende Staat seine eigenen **Ermittlungsmöglichkeiten nicht ausgeschöpft** hat, obwohl dies ohne Gefährdung des Ermittlungszwecks möglich gewesen wäre, so greift das Auskunftsverbot nach § 4 Abs. 3 Nr. 2 EUAHiG ein.

b) Auskunftsverweigerungsrechte

208   In § 4 Abs. 4 EUAHiG und in Art. 26 Abs. 3 OECD-MA finden sich Bestimmungen über **Auskunftsverweigerungsrechte.** Wie bereits erwähnt wurde, sind die in deutschen **DBA** enthaltenen **Auskunftsverweigerungsrechte,** die Art. 26 Abs. 3 OECD-MA entsprechen, unbedeutend, insoweit diese in **§ 4 Abs. 3 EUAHiG** als **Auskunftsverbote** ausgestaltet wurden, da gem. Tz. 5.3 des BMF-Merkblatts[495] die Grenzen des EGAHiG zu beachten sind, unabhängig davon, ob die Auskunftserteilung auf dem EGAHiG oder einer anderen Rechtsgrundlage beruht. Hier wird man wohl ab dem 1.1.2013 die Grenzen des EUAHiG heranziehen müssen.

209   Zudem besteht keine Verpflichtung Auskünfte zu erteilen, wenn die Informationen durch Verwaltungsmaßnahmen beschafft wurden oder beschafft werden müssten, die das Recht des ersuchenden Staates nicht vorsieht.

210   Vor der Implementierung des EUAHiG brauchten Auskünfte nicht erteilt zu werden, wenn sie nur mit **unverhältnismäßig großem Aufwand** beschafft werden könnten **oder** wenn die ersuchte Behörde dadurch die **Erfüllung ihrer eigenen Aufgaben ernstlich gefährden** würde (§ 3 Abs. 2 Nr. 3 und 4 EGAHiG).[496] Die Auskunftsverweigerungsrechte in § 3 Abs. 2

---

[493] Vgl. BFH 20.2.1979, BStBl. II 1979, 268; *Söhn* in HHSp, § 117 AO Rn. 121 f. mwN.

[494] Vgl. *Ritter* in Menck/Ritter, Internationale Steuerauskunft und deutsches Verfassungsrecht, 1987, 267.

[495] Vgl. BMF 25.5.2012.

[496] Vgl. BMF 25.5.2012, Tz. 5.3.2.2.

Nr. 3 und 4 EGAHiG sind im EUAHiG nicht mehr vorgesehen. Vermutlich wurde das Vorliegen dieser Gründe von den Finanzbehörden in einigen EU-Staaten zu oft behauptet, sodass der Anspruch auf Amtshilfe nur selten durchsetzbar war.

Das Auskunftsverweigerungsrecht aus § 3 Abs. 2 Nr. 2 EGAHiG bei **nicht** 211 **bestehender Gegenseitigkeit** ist im EUAHiG nicht mehr vorgesehen. Allerdings sieht § 4 Abs. 4 EUAHiG vor, dass das zentrale Verbindungsbüro den Informationsaustausch ablehnen kann, wenn der andere Mitgliedstaat seinerseits aus rechtlichen Gründen nicht zur Erteilung entsprechender Informationen in der Lage ist.

Die genannten Auskunftsverweigerungsrechte betreffen vorwiegend die In- 212 teressen der deutschen FinVerw. an einer Beschränkung der Ermittlungen im Inland im Interesse der Verwaltungsökonomie. Eine unmittelbare Schutzwirkung für den inländischen Betroffenen wird mit diesen Auskunftsverweigerungsrechten nicht bezweckt.

Gleichwohl muss man dem inländischen Beteiligten einen Anspruch auf 213 Ausübung des pflichtgemäßen Ermessens durch die inländischen Steuerbehörden zugestehen.

c) Rechtsschutz

Im Normalfall prüft der BdF abschließend die Zulässigkeit der Weitergabe 214 des Ermittlungsergebnisses und erteilt der anfragenden ausländischen Behörde die Antwort auf ihr Ersuchen. Grds. hat vor Erteilung der Auskunft eine **Anhörung** des inländischen Beteiligten stattzufinden (Tz. 3.1.1 BMF-Merkblatt).[497] **Der Rechtsschutz** stimmt mit den Prinzipien überein, die bereits für die Inanspruchnahme zwischenstaatlicher Amtshilfe erörtert wurden. Für den inländischen Betroffenen besteht die Möglichkeit, sich im Wege der vorbeugenden Unterlassungsklage, unter Umständen auch der Feststellungsklage, gegen die Erteilung der Auskünfte und ggf. auch schon gegen die Ermittlungen zu wehren, weil die Ermittlungen unzulässig sind, soweit sie möglichen Auskünften dienen, die gegen Auskunftsverbote verstoßen. Unter Umständen muss der inländische Betroffene schnell eine einstweilige Anordnung zur Fristwahrung beantragen.[498] Der BMF wird idR auf Antrag eine Frist zur Klageerhebung oder zum Antrag auf eine einstweilige Anordnung einräumen.

4. Spontan- und Routineauskünfte

Bei der Erläuterung der Grundbegriffe wurde bereits erwähnt, dass **Aus-** 215 **künfte** auch **ohne Ersuchen** erteilt werden dürfen. Dabei sind Spontanauskünfte und Routineauskünfte (auch sog. automatische Auskünfte) zu unterscheiden.[499]

Nach § 8 EUAHiG kann das zentrale Verbindungsbüro **spontan** ohne Er- 216 suchen alle Informationen übermitteln, die für die anderen Mitgliedstaaten von Nutzen sein können. Eine Information ist demgemäß zu erteilen, wenn

---

[497] Vgl. BMF 25.5.2012.
[498] Vgl. BMF 25.5.2012, Tz. 3.1.4.
[499] Vgl. BMF 25.5.2012, Tz. 6.1.

1. Gründe für die Vermutung einer Steuerverkürzung in dem anderen Mitgliedstaat vorliegen,
2. ein Sachverhalt vorliegt, auf Grund dessen eine Steuerermäßigung oder Steuerbefreiung gewährt worden ist, und dies für den Steuerpflichtigen zu einer Besteuerung oder Steuererhöhung im anderen Mitgliedstaat führen könnte,
3. Geschäftsbeziehungen zwischen einem in Deutschland Steuerpflichtigen und einem in einem anderen Mitgliedstaat Steuerpflichtigen über ein oder mehrere weitere Staaten in einer Weise geleitet werden, die in einem oder beiden Mitgliedstaaten zur Steuerersparnis führen kann,
4. Gründe für die Vermutung vorliegen, dass durch künstliche Gewinnverlagerungen zwischen verbundenen Unternehmen eine Steuerersparnis eintritt, oder
5. ein Sachverhalt, der im Zusammenhang mit der Informationserteilung eines anderen Mitgliedstaats ermittelt wurde, auch für die zutreffende Steuerfestsetzung in einem weiteren Mitgliedstaat erheblich sein könnte.

217 **Spontanauskünfte** sind auch aufgrund der bereits erörterten **großen Auskunftsklauseln entsprechender DBA** zulässig. Im Falle kleiner Auskunftsklauseln gilt dies nur, sofern die Auskünfte zur Durchführung der entsprechenden DBAs erforderlich sind.[500] Nach Auffassung des BMF sind sowohl bei einer Spontanauskunft aufgrund § 2 Abs. 2 EGAHiG als auch bei einer Auskunft aufgrund entsprechender Auskunftsklauseln in den DBAs die Grenzen des § 3 Abs. 1 und 2 EGAHiG zu beachten.[501] Es wäre wünschenswert, wenn das BMF in einem neuen BMF-Schreiben klarstellt, dass die Grenzen des § 4 Abs. 3 und 4 EUAHiG auch bei der Spontanauskunft im Rahmen des § 8 EUAHiG zu beachten sind.

218 Für **Verrechnungspreisfälle** ist v. a. § 8 Abs. 2 Nr. 4 EUAHiG relevant. Da die FinVerw. jedoch regelmäßig ihre eigenen fiskalischen Interessen vertreten, dürften Spontanauskünfte in diesem Bereich in der Praxis die Ausnahme darstellen.

219 **Routineauskünfte** sind in § 7 EUAHiG nur für bestimmte Fälle vorgesehen, die jedoch für Verrechnungspreisfragen nur eine geringe Rolle spielen.[502]

5. Koordinierte Betriebsprüfungen

220 Der zwischenstaatliche Informationsaustausch erfolgt in einigen Fällen auch im Rahmen sog. **koordinierter Betriebsprüfungen oder Simultanbetriebsprüfungen.**[503] Der **Vorteil** der abgestimmten Betriebsprüfungen liegt darin, dass bei der Prüfung von Verrechnungspreisen bereits im Vorfeld eines etwaigen Verständigungsverfahrens eine Einigung zwischen den beteiligten Finanzbehörden zwecks **Vermeidung der Doppelbesteuerung** gefördert wird. Die Zusammenarbeit erfordert, dass bei den Konzernunternehmen gleichzeitig die gleichen Prüfungsjahre geprüft werden. Die deutsche FinVerw.

---

[500] Vgl. BMF 25.5.2012, Tz. 6.1.1.
[501] Vgl. BMF 25.5.2012, Tz. 6.1.1.1.
[502] Vgl. dazu zB *Schaumburg* Internationales Steuerrecht, Tz. 19.115 ff.
[503] Vgl. BMF 25.5.2012, Tz. 7; Tz. 4.77 OECD-VPL.

hat sich bislang nur an einzelnen Verfahren beteiligt;[504] solche Prüfungen haben in der Praxis in der Vergangenheit keine nennenswerte Bedeutung erlangt.[505] Inzwischen gab es jedoch auch internationale Entwicklungen. So veröffentlichte die **OECD** ihren „Joint Audit Report". Der Report definiert den Begriff **„Joint Audit"**, untersucht die rechtlichen Rahmenbedingungen sowie die Praktiken einzelner Staaten. Ferner werden Empfehlungen zur Durchführung ausgesprochen. Dabei werden Verrechnungspreisfälle ausdrücklich als für Joint Audits geeignete Fälle erachtet.[506] Die Empfehlungen sind in einem „Joint Audit Participants Guide" zusammengefasst. Auch das EU JTPF hebt inzwischen den Nutzen von *Joint Audits* hervor und macht Vorschläge im Hinblick auf eine Prüfung der Verrechnungspreise im Rahmen einer Betriebsprüfung.[507] Auch der IRS hat eine *Transfer Pricing Audit Roadmap* veröffentlicht.[508]

Auch in Deutschland wurden in § 12 EUAHiG entsprechende Voraussetzungen geschaffen werden, so dass die Bedeutung entsprechender Prüfungen wohl auch in Deutschland zunehmen wird.

6. Rechtshilfe

Bei der Erörterung der Grundbegriffe wurde darauf hingewiesen, dass die **221** Rechtshilfe sich auf Steuerstrafverfahren bezieht.[509] Die Rechtshilfe in Steuerstrafsachen – auch soweit sie Verrechnungspreisfälle betrifft – ist nicht Gegenstand dieses Handbuchs, sodass insoweit auf die einschlägige Literatur[510] sowie auf das neue BMF-Schreiben zur Rechtshilfe[511] verwiesen wird. Sofern zwischenstaatliche Amtshilfe geleistet wird, während gleichzeitig ein Strafverfahren läuft, gelten die allgemeinen Amtshilfegrundsätze weiter. Daneben sind aber zusätzlich die im Strafverfahren zu beachtenden Schutzbestimmungen heranzuziehen, sodass sich weitere Auskunftsverbote ergeben können.[512]

(einstweilen frei)   **222–230**

V. Verständigungs- und Schiedsverfahren in DBA

1. Rechtsgrundlage und Begriffsbestimmungen

Rechtsgrundlage für Verständigungsverfahren und Konsultationen sind **231** die **Verständigungsklauseln** in den deutschen **DBA,** die idR dem Art. 25 OECD-MA entsprechen.[513] Laut Textziffer 1 MA-Kommentar zu Art. 25

---

[504] Vgl. *Menck* in Mössner u. a., Rn. D 106.
[505] Vgl. dazu *Menck* in Mössner u. a., Rn. D 106.
[506] Vgl. OECD Joint Audit Report 2010, Tz. 70.
[507] Vgl. EU JTPF „Report on Transfer Pricing Risk Management" vom 6.6.2013, Tz. 16.
[508] Vgl. IRS Transfer Pricing Audit Roadmap vom 18.2.2014.
[509] Vgl. BMF 25.5.2012, Tz. 1.2.
[510] Vgl. Literaturhinweise bei *Menck* in Mössner u. a., Rn. D 114 ff.
[511] Vgl. BMF 16.11.2006, BStBl. I 2006, 698.
[512] Vgl. *Menck* in Mössner u. a., Rn. D 116.
[513] Zur EU-Schiedskonvention s. Rn 298 ff. In anderen Ländern (zB Vereinigtes Königreich) wird unter dem Stichwort **„Alternative Dispute Resolution"** ein weiteres Verfahren „angeboten", in dem ein bisher nicht Verfahrensbeteiligter zw. Stpfl.

OECD-MA[514] sieht Art. 25 „ein Verständigungsverfahren zur Beseitigung von Schwierigkeiten vor, die sich aus der Anwendung des Abkommens im weitesten Sinn ergeben." Die Verständigungsklauseln der DBA stellen regelmäßig drei Verfahren zur Verfügung, die unabhängig voneinander, aber auch parallel, durchgeführt werden können:[515]

1. Das **Verständigungsverfahren ieS** kann von einem Steuerpflichtigen beantragt werden, wenn Maßnahmen eines Vertragsstaates oder beider Vertragsstaaten zu einer dem Abkommen nicht entsprechenden Besteuerung führen oder führen werden und dem durch Maßnahmen des betreffenden Staates nicht abgeholfen werden kann (Art. 25 Abs. 1 und Abs. 2 OECD-MA). Bei dem noch zu erläuternden **Schiedsverfahren**[516] handelt es sich um Phase II nach Scheitern der Phase I in Form eines Verständigungsverfahrens ieS (Tz. 1.2.2 MiVS).[517] In dieser Phase II müssen die beteiligten Finanzbehörden zwingend eine Lösung finden (Tz. 1.2.2 MiVS).[518]

2. Das Verständigungsverfahren kann auch **allgemein** eröffnet werden zur Beseitigung von **Schwierigkeiten oder Zweifeln,** die bei der Auslegung oder Anwendung des Abkommens entstehen (Art. 25 Abs. 3 S. 1 OECD-MA). Das Verfahren wird in diesen Fällen als **Konsultationsverfahren** bezeichnet.

3. Das **Konsultationsverfahren** ist ferner zulässig für die Vermeidung der Doppelbesteuerung für im Abkommen **nicht geregelte Fälle** (Art. 25 Abs. 3 S. 2 OECD-MA). In diesen Fällen wird das Verfahren zT als **Ergänzungsverfahren** bezeichnet.

232 Damit dient das Verständigungsverfahren einerseits auf zwischenstaatlicher Ebene der Schlichtung von Konflikten in der Abkommensanwendung. Auf der anderen Seite versucht das Verständigungsverfahren, dem Steuerpflichtigen einen Interessenschutz zu gewähren, der auf der Verständigungsbereitschaft der Vertragsstaaten beruht. Das Verständigungsverfahren ist kein förmliches Rechtsbehelfsverfahren sondern ein zwischenstaatliches Verwaltungsverfahren.[519] Die deutsche FinVerw. erläutert in dem bereits zitierten Merkblatt **(MiVS)** die wichtigsten Grundsätze des Verständigungsverfahrens im engeren Sinn.

2. Verständigungsverfahren (im engeren Sinn)

a) Bedeutung in Verrechnungspreisfällen

233 Das Verständigungsverfahren (ieS) ermöglicht den DBA-Vertragsstaaten, insb. auch Probleme in Zusammenhang mit der **Korrektur von Verrechnungspreisen** einvernehmlich zu lösen.

---

und zuständigem Beamten „vermittelt". Faktisch führen BP-Schlussbesprechungen oft zu vergleichbaren Lösungen.

[514] Abgedruckt zB bei *Lehner* in Vogel/Lehner, DBA, Art. 25, vor Rn. 1.

[515] Vgl. BMF 13.7.2006, BStBl. I 2006, 461 Tz. 1.2 „Merkblatt zum internationalen Verständigungs- und Schiedsverfahren in Steuersachen"; nachfolgend zitiert mit Textziffern und der Abkürzung MiVS; *Lehner* in Vogel/Lehner DBA, Art. 25, Rn. 3.

[516] Zu den Schiedsverfahren s. unten Rn. 298 ff.

[517] Vgl. *D'Alessandro* TNI 09/2009, 1153, 1155.

[518] S. oben Rn. 154.

[519] Vgl. *Merz/Sajogo* PIS 2010, 185, 185.

Gem. Tz. 9 MA-Kommentar zu Art. 25 OECD-MA können **Gewinnbe-richtigungen,** die auf **Art. 9 Abs. 1 und Abs. 2 OECD-MA** gestützt sind, Gegenstand eines Verständigungsverfahrens bilden, sofern die betragsmäßige Festsetzung Schwierigkeiten bereitet.

Ferner sieht Art. 9 Abs. 2 S. 2 OECD-MA einen **Sonderfall** des Verständigungsverfahrens vor.[520] Dabei geht es um die nach einer Gewinnberichtigung erforderliche **Gegenberichtigung** bei einem verbundenen Unternehmen im anderen Vertragsstaat. Fehlt eine entsprechende Norm im konkreten DBA, kann über Art. 25 OECD-MA eine Verständigung über die Gegenberichtigung eingeleitet werden. **234**

Demgemäß kann der Steuerpflichtige praktisch in **allen Verrechnungs- 235 preisfällen,** in denen eine **dem Abkommen widersprechende Besteuerung eintritt oder droht,** das Verständigungsverfahren beantragen. Es ist jedoch zu beachten, dass das Verfahren zur Erstattung oder Ermäßigung einbehaltener Quellensteuer unabhängig vom Verständigungsverfahren durchzuführen ist und dass das Verständigungsverfahren das Verfahren bzgl. der Quellensteuer nicht ersetzen kann.[521] Sofern aufgrund einer Verrechnungspreisanpassung Quellensteuern ausgelöst werden, zB weil die Anpassung auf einer vGA beruht, so wird diese Quellensteuer auch als „**Secondary Adjustment**" bezeichnet. Ggf. ist es erforderlich, einen selbständigen Antrag auf ein Verständigungsverfahren zu stellen, wenn die Quellensteuer nicht anderweitig durch nationale Regelungen im anderen Staat, zB durch Anrechnung, berücksichtigt werden kann.[522]

Ein wichtiger Aspekt ist in diesem Zusammenhang die Möglichkeit, neben **236** dem Verständigungsverfahren nach innerstaatlichem Recht etwaige **Rechtsbehelfe** einzulegen (Art. 25 Abs. 1 S. 1 OECD-MA), sodass dieser Rechtsschutz nicht verloren geht (Tz. 2.1.5 MiVS). Der Antrag auf Einleitung des Verständigungsverfahrens und der nationale Rechtsbehelf sind parallel möglich.[523] Im Rahmen des Einspruchsverfahrens ist es sinnvoll, die Aussetzung der Vollziehung und das Ruhen des Verfahrens zu beantragen.[524] Zum Teil wird auch die Auffassung vertreten, die Aussetzung sei Voraussetzung für die Durchführung des Verständigungsverfahrens.[525]

Das BMF hat in dem bereits erwähnten MiVS die in Deutschland zu be- **237** achtenden wesentlichen Verfahrensgrundsätze zusammengefasst. Ergänzend hat die FinVerw. in die „VGr-Verfahren" einen Abschnitt über die „**Abwicklung von Verrechnungspreisberichtigungen und Verständigungsbzw. Schiedsverfahren (EU)**" aufgenommen.[526]

Im Rahmen der Prüfung von Geschäftsbeziehungen von nahestehenden **238** Unternehmen ist den Beteiligten rechtzeitig, zweckmäßigerweise anlässlich einer Zwischenbesprechung, **Gelegenheit zu geben, die im Ausland Be-**

---

[520] Vgl. *Eigelshoven* in Vogel/Lehner, DBA, Art. 9 Rn. 186.
[521] Vgl. *Merz/Sajogo* PIS 2010, 185, 186.
[522] Vgl. „Final Report on Secondary Adjustments" vom 18.1.2013, JTPF/017/FINAL/2012/EN.
[523] Vgl. *Merz/Sajogo* PIS 2010, 185, 186.
[524] Vgl. *Merz/Sajogo* PIS 2010, 185, 186.
[525] Vgl. *Rütters* S&S 2010, 23, 25.
[526] Vgl. BMF 12.4.2005, BStBl. I 2005, 570, 597, Tz. 6.

troffenen von der beabsichtigten inländischen Berichtigung **zu unterrichten und** die **Haltung der ausländischen Steuerverwaltung festzustellen** (Tz. 6.1.2 VGr-Verfahren). Die Finanzbehörden erteilen die Bestätigungen, die im Ausland erforderlich sind. Der Antrag auf Eröffnung eines Verständigungsverfahrens oder dessen Eröffnung hindern den Fortgang der Außenprüfung nicht und entbinden die Beteiligten nicht von ihren erhöhten Mitwirkungspflichten (Tz. 6.1.4 VGr-Verfahren). Wegen fehlender Mitwirkung des Steuerpflichtigen kann die Einleitung eines Verständigungsverfahrens grds. nicht abgelehnt oder ein anhängiges Verfahren nicht abgebrochen werden.[527] Zwar hat der Stpfl. nach hM keinen Anspruch auf Einleitung des Verfahrens, jedoch hat er einen Anspruch auf eine fehlerfreie Ermessensausübung.[528] Sofern das ausländische nahestehende Unternehmen von der ausländischen Behörde über eine beabsichtigte Berichtigung unterrichtet wird, kann nach Tz. 1.2.6 der „VGr"[529] verfahren werden, dh die deutsche FinVerw. erörtert mit dem deutschen nahestehenden Unternehmen schon vor Einleitung eines Verständigungsverfahrens die steuerlichen Auswirkungen.

239 Unternehmen, die in Deutschland ihre Mitwirkungspflichten in zumutbarem Umfang erfüllt sowie eine verwertbare Sachverhalts- und Angemessenheitsdokumentation erstellt haben und auf Grund einer Betriebsprüfung eine **abkommenswidrige Besteuerung befürchten,** müssen folgende **Überlegungen für** ihre weitere **Vorgehensweise** berücksichtigen:

240 – Kann der Steuerpflichtige neben dem Verständigungsverfahren auch ein **Schiedsverfahren** nach der EU-Schiedskonvention oder gem. einem DBA oder nach anderen Vorschriften beantragen? Falls dies zu bejahen ist, spielen die nachfolgend erörterten Punkte nur eine untergeordnete oder gar keine Rolle. Ein **Kompromiss** sollte dann **nur bei geringen steuerlichen Auswirkungen** vereinbart werden, insb. um die Lästigkeit des weiteren Verfahrens zu vermeiden. Sofern kein Schiedsverfahren möglich ist, müssen die folgenden Aspekte für das weitere Vorgehen beachtet werden.

241 – Kann ein für beide Seiten akzeptabler **Kompromiss** gefunden werden? Diese „Praktikerlösung" spart für beide Seiten Zeit und erlaubt es den Unternehmen, sich auf die eigentlichen Unternehmensziele zu konzentrieren. Leider ist den deutschen Finanzbehörden diese Kompromissmentalität der Unternehmer bekannt. Ein Kompromiss sollte von den Unternehmen idR aber nur akzeptiert werden, wenn dieser eine sofortige Doppelbesteuerung vermeidet (zB bei sehr hohen Verlustvorträgen, deren Nutzung viele Jahre dauern wird) und/oder wenn nur eine geringfügige Steuerbelastung eintritt (auch unter Beachtung der etwaigen Mindestbesteuerung bei Gewinnberichtigungen in Verlustjahren), die in Kauf genommen wird, um die Lästigkeit weiterer Verfahren zu vermeiden. Auch eine etwaige Zinslast ist bei der Abwägung zu berücksichtigen.

242 – Welche **steuerlichen Auswirkungen** ergeben sich aus dem denkbaren Kompromiss für das Unternehmen im Inland und beim verbundenen Unternehmen im Ausland? In einigen Fällen ist es bspw. möglich, dass die

---

[527] S. dazu Rn. 48.
[528] Vgl. *Albert*, Verständigungsverfahren, S. 21 mwN.
[529] Vgl. BMF 23.2.1983, BStBl. I 1983, 218.

Mehrsteuer im Inland auf die Steuer der Muttergesellschaft im Ausland teilweise oder (selten) ganz angerechnet werden kann.

– Schon während der Betriebsprüfung kann der Steuerpflichtige mit den zu-   **243** ständigen **Finanzbehörden im Ausland** die **Auswirkungen erörtern,** die sich aus den beabsichtigten steuerlichen Maßnahmen ergeben, die Gegenstand eines Verständigungsverfahrens werden können. Diese Möglichkeit wird in der Praxis noch zu selten genutzt, obwohl sie für den Steuerpflichtigen nur unwesentliche Beratungskosten und kein zusätzliches Risiko mit sich bringt. Die Stellungnahme der ausländischen Finanzbehörde wird deren Haltung in einem künftigen Verständigungsverfahren deutlich machen und müsste tendenziell die Position des Steuerpflichtigen stärken, weil der ausländische Staat eine abkommenswidrige Ausweitung des Besteuerungsrechts des deutschen Fiskus nicht akzeptieren wird. Wenn die ausländische Steuerverwaltung Einwendungen erhebt, müsste die deutsche Finanzbehörde ihre Position überdenken, sodass sich Chancen für eine günstigere Entscheidung ergeben. Die Stellungnahme der ausländischen FinVerw. kann auch in einem späteren Klageverfahren hilfreich sein. Sofern die ausländische Finanzbehörde keine Bedenken gegen die im Inland beabsichtigten Besteuerungsmaßnahmen äußert, kommt es für die Kompromissbereitschaft des inländischen Unternehmens darauf an, ob die Finanzbehörde im Ausland eine Gegenberichtigung zugesteht oder nicht.

– Sofern kein Kompromiss gefunden wird, sollte auf jeden Fall gegen die Steu-   **244** erfestsetzung **Einspruch** eingelegt werden. Gegebenenfalls sind die Erfolgsaussichten und das Kostenrisiko einer **Klage** zu prüfen. Dabei ist zu berücksichtigen, dass im Falle des Obsiegens bei einer Klage zumindest eine teilweise Kostenerstattung erfolgt. Spätestens zu diesem Zeitpunkt sollte – auch aus Kostengründen – an ein **gleichzeitiges Verständigungsverfahren** gedacht werden, das – anders als das Vorabverständigungsverfahren[530] – kostenfrei durchgeführt wird (Tz. 9 MiVS). Unmittelbar nach der Einreichung des Antrags auf Einleitung des Verständigungsverfahrens sollte die Aussetzung der Vollziehung (§ 361 AO) und das Ruhen des Einspruchs- oder Klageverfahrens (§ 363 AO) beantragt werden.[531] Die **Dauer** des Verständigungsverfahrens sollte in Kauf genommen werden. Wenn das Verständigungsverfahren Erfolg hat, muss der Einspruch bzw. die im (ruhenden) Klageverfahren anhängige Klage zurückgenommen werden, bevor eine Änderung der Bescheide stattfindet (Tz. 4.2 MiVS). Dieser Kostenvorteil beim Verständigungsverfahren kann jedoch mit einem zu berücksichtigenden Zinsnachteil einhergehen, sofern die FinVerw.en im Rahmen der Verständigung vereinbaren, von einer Verzinsung von Steuererstattungen abzusehen, obwohl in einem oder in beiden Staaten Steuern überzahlt wurden.[532] Damit sind selbst bei einer (ruhenden) Klage nur geringe Kosten entstanden. Hat das Verständigungsverfahren dagegen keinen Erfolg, kann das Klageverfahren weitergeführt werden.[533]

---

[530] S. unten Rn. 402 ff.

[531] Vgl. *Merz/Sajogo* PIS 2010, 185, 188.

[532] S. unten Rn. 259.

[533] In einigen anderen Ländern muss der Steuerpflichtige vor Durchführung oder vor einer positiven Entscheidung im Verständigungsverfahren den anhängigen

245 Die Bedeutung des Verständigungsverfahrens gerade auf dem Gebiet der Einkunftsabgrenzung bei international verbundenen Unternehmen wurde bereits im **OECD-Bericht 1984** hervorgehoben, dessen erster Teil sich ausschließlich mit diesem Thema befasst hat.[534] Auch die **OECD-VPL** fasst in Kapitel IV, Tz. 4.29 bis 4.77 das Verständnis der OECD-Staaten zu diesem Thema zusammen und gibt den Staaten Hinweise zur Durchführung der Verständigungsverfahren.[535] Hierzu wird auch auf die Darstellung der OECD-Regelungen in diesem Handbuch verwiesen.[536]

246 Mit der Zunahme der Beanstandungen von Verrechnungspreisen bei Betriebsprüfungen gewinnt auch das Verständigungsverfahren ständig an Bedeutung. So ist die Zahl der offenen Verständigungsverfahren in Deutschland von 362 (davon 86 Verrechnungspreisfälle) im Jahre 2004 auf 521 (davon 171 Verrechnungspreisfälle) im Jahre 2007 angestiegen.[537] Im gleichen Zeitraum wurden beim BZSt die Anzahl der mit Verständigungsvereinbarungen betrauten Personen von fünf auf 23 aufgestockt.[538] In den Jahren 2005 bis 2007 konnten 417 Verständigungsverfahren durch Einigung abgeschlossen werden.[539] Lediglich in vier Fällen ist das Verständigungsverfahren gescheitert.[540] Die Statistiken der **OECD**[541] bezüglich der Anzahl der neuen (1599 in 2009, 1341 in 2010, 1624 in 2011 und 1678 in 2012) und noch offenen Verfahren (3426 in 2009, 3328 in 2010, 3838 in 2011 und 4073 in 2012) zeigen die Bedeutung des Instituts. Leider stieg die durchschnittliche Verfahrensdauer ebenfalls von 22,82 Monate in 2009 auf 27,30 Monate in 2010.[542] Die Verfahrensdauer fiel jedoch wieder auf 25,39 Monate im Jahr 2011 und 25,46 Monate in 2012. In einer anderen Umfrage kam die OECD zum Ergebnis, dass die durchschnittliche Verfahrensdauer in Verrechnungspreisfällen bis zur Einigung 540 Tage (rund 18 Monate) betrug.[543] In dieser Statistik sind jedoch nicht nur die Verständigungsverfahren enthalten.

Die Statistiken der **EU** erfassen nur die Fälle unter der EU-Schiedskonvention,[544] die im jeweiligen Jahr der Beantragung noch anhängig waren. So waren zum 31.12.2011 noch 148 Fälle anhängig, die im Jahr 2011 beantragt

---

Rechtsbehelf zurücknehmen, vgl. *Lehner* in Vogel/Lehner, DBA, Art. 25 Rn. 95 u. 101.

[534] Vgl. Transfer Pricing and Multinational Enterprises, Three Taxation Issues; „Transfer Pricing, Corresponding Adjustments and The Mutual Agreement Procedure", OECD 1984.

[535] Zum 16.7.2009 wurde das überarbeitete Kap. IV der OECD-VPL von der OECD veröffentlicht.

[536] S. Kap. B.

[537] Vgl. BT-Drs. 16/8027 sowie *Nientimp,* IWB Nr. 7 v. 9.4.2008, Aktuelles, 331 f.

[538] Vgl. BT-Drs. 16/8027 sowie *Nientimp,* IWB Nr. 7 v. 9.4.2008, Aktuelles, 331 f.

[539] In 222 Fällen wurde ein Komprimiss ausgehandelt, in 127 Fällen konnten sich die deutschen Finanzbehörden durchsetzen, in 68 Fällen die jeweiligen ausländischen Finanzbehörden, vgl. BT-Drs. 16/8027 sowie *Nientimp,* IWB Nr. 7 v. 9.4.2008, Aktuelles, 331 f.

[540] Vgl. BT-Drs. 16/8027 sowie *Nientimp,* IWB Nr. 7 v. 9.4.2008, Aktuelles, 331 f.

[541] Vgl. Statistiken auf www.oecd.org und *Alberts* IStR-LB 2013, 74.

[542] Vgl. *Alberts* IWB 2011, 38 ff und IWB 2012, 13 ff.

[543] Vgl. OECD Bericht „Dealing Effectively with the Challenges of Transfer Pricing" 2012, 16.

[544] S. Rn. 298 ff.

wurden. Auch hier ist eine Steigerung zu erkennen, da zum 31.12.2010 nur 93 Fälle aus 2010, zum 31.12.2009 nur 108 Fälle aus 2009, zum 31.12.2008 nur 62 Fälle aus 2008, zum 31.12.2007 nur 81 Fälle aus 2007, zum 31.12.2006 nur 69 Fälle aus 2006, zum 31.12.2005 nur 68 Fälle aus 2005 und zum 31.12.2004 noch 16 Fälle aus 2004 anhängig waren.[545]

b) Voraussetzungen für ein Verständigungsverfahren

Das Verständigungsverfahren ieS aufgrund entsprechender DBA-Regelun-   **247** gen setzt einen **Antrag** des betroffenen **Steuerpflichtigen** voraus, mit dem dieser geltend macht, dass eine **abkommenswidrige Besteuerung** vorliegt oder droht (Tz. 2.3.1 MiVS; Art. 25 Art. 1 OECD-MA).

Eine dem **Abkommen nicht entsprechende Besteuerung** liegt vor, bei
– falscher Auslegung und Anwendung des Abkommensrechts,
– falscher Anwendung des innerstaatlichen Rechts, sofern das Abkommensrecht auf dieses Bezug nimmt oder das innerstaatliche Recht einen Teil des
  Sachverhalts bildet, auf den das DBA-Recht angewandt wird,
– unrichtigen Feststellungen zum tatsächlichen Sachverhalt.[546]

Beispiel: Die deutsche X-AG verkauft Waren in Tschechien über einen in Prag ansässigen unabhängigen Kommissionär. Die Prager Finanzbehörde meint, dass eine Betriebstätte der X-AG in Prag vorliege und fordert die X-AG zur Abgabe von Steuererklärungen auf. Da die X-AG nicht reagiert, wird der Gewinn der vermeintlichen
Betriebstätte geschätzt. Für den Fall der nicht fristgerechten Steuerzahlung wird die
Pfändung der „Kommissionsware" angedroht. In diesem Fall liegt aus Sicht der X-AG
offensichtlich eine falsche Auslegung des Begriffs Betriebstätte vor. Die X-AG muss ein
Verständigungsverfahren beim BZSt beantragen, weil sie in Deutschland ansässig ist.
Unabhängig davon kann die X-AG auch Rechtsbehelfe in Tschechien einlegen.

Hierbei ist für den Antrag ausreichend, dass nach der subjektiven Auffassung des Steuerpflichtigen eine abkommenswidrige Besteuerung droht. Ein
Nachweis ist nicht erforderlich. Die eigentliche Prüfung, ob eine abkommenswidrige Behauptung vorliegt, findet dann im Rahmen des Verfahrens statt.[547]

Antragsbefugt ist jede Person, die ein **Rechtsschutzbedürfnis** hat, also
geltend macht, dass die Maßnahmen eines oder beider Vertragsstaaten zu einer abkommenswidrigen Besteuerung führen.[548] Bei Gewinnkorrekturen in
Verrechnungspreisfällen gem. Art. 9 OECD-MA sind im Hinblick auf die
„wirtschaftliche Doppelbesteuerung" regelmäßig **zwei Unternehmen** betroffen.[549] In diesen Fällen kann der Antrag auf Einleitung des Verständigungsverfahrens wahlweise von dem einen oder anderen verbundenen Unternehmen gestellt werden. Dabei sollte der Antrag zweckmäßigerweise bei
der Steuerbehörde desjenigen Staates gestellt werden, von der eine Gewinn-
anpassung zu erwarten ist. Die von der deutschen FinVerw.[550] geäußerte Mei-

---

[545] Vgl. „2011 Statistics on the number of MAP pending cases under the AC", EU
Joint Transfer Pricing Forum (JTPF) aus Juni 2012, JTPF/013/2012/EN.
[546] Vgl. *Lehner* in Vogel/Lehner, DBA, Art. 25 Rn. 30; vgl. ferner BMF 13.7.2006,
BStBl. I 2006, 461 unter Tz. 2.3.2 mit konkreten Beispielen.
[547] Vgl. *Merz/Sajogo* PIS 2010, 185, 187.
[548] Vgl. *Lehner* in Vogel/Lehner, DBA, Art. 25 Rn. 27 ff.
[549] Im Falle der Beteiligung von mehr als zwei Unternehmen s. Rn. 301 ff.
[550] Vgl. BMF 13.7.2006, BStBl. I 2006, 461, Tz. 2.1.3.

nung, dass der Antrag idR im Staat des übergeordneten Steuerpflichtigen – also zB im Ansässigkeitsstaat der Muttergesellschaft – gestellt werden sollte, ist nicht nachvollziehbar. Im Hinblick auf das im nächsten Abschnitt erläuterte Vorprüfungs- und Abhilfeverfahren (Tz. 2.4.1 MiVS sowie Tz. 30 und 31 MA-Kommentar zu Art. 25 OECD-MA) erscheint es als sinnvoll, das Verständigungsverfahren grds. in dem Staat zu beantragen, in dem die Besteuerungsmaßnahme bereits erfolgte oder durchgeführt werden soll.

> **Beispiel:** Die französische Muttergesellschaft F-SA fertigt Autos und bezieht von ihrer deutschen Tochtergesellschaft T-GmbH Zubehör für die Produktion. Der deutsche Betriebsprüfer moniert eine vGA wegen zu niedriger Lieferpreise. In diesem Fall können entweder T-GmbH oder F-SA oder beide Unternehmen ein Verständigungsverfahren beantragen. Es empfiehlt sich aber, zunächst – neben etwaigen Rechtsmitteln – das Verständigungsverfahren in Deutschland zu beantragen, weil eine Abhilfe die Einleitung des eigentlichen Verfahrens vermeiden kann.

248   Der **Antrag** auf Einleitung des Verständigungsverfahrens ist bei der zuständigen Behörde zu stellen. Das BMF hat seine Zuständigkeit auf das **Bundeszentralamt für Steuern (BZSt)** übertragen (Tz. 1.4 MiVS); jedoch darf der Antrag auch beim **zuständigen FA** eingereicht werden, das diesen sodann an das BZSt weiterleitet (Tz. 2.1.4 MiVS). Der Antrag auf ein Verständigungsverfahren ist in Deutschland gebührenfrei und nicht formgebunden (Tz. 9 und Tz. 2.1–2.3 MiVS), jedoch ist ein schriftlicher Antrag zweckmäßig und wegen des erforderlichen Inhalts auch üblich.

249   Der **Antrag** auf Durchführung eines Verständigungsverfahrens soll möglichst bald nach Bekanntgabe der Besteuerungsmaßnahme erfolgen. Die meisten DBA sehen wie Art. 25 Abs. 1 S. 2 OECD-MA eine **Antragsfrist** von drei Jahren vor.[551] In einigen DBA sind abweichende Fristen vorgesehen (Tz. 2.2.2 MiVS).[552] Dabei beginnt die Frist mit der ersten Mitteilung der Maßnahme (zB Steuerbescheid), die zu einer abkommenswidrigen Besteuerung führt.[553] Ein nationales Rechtsbehelfsverfahren hemmt die Frist grds. nicht.[554] Tz. 2.2.1 MiVS führt aus, dass auf die Bekanntgabe des letzten Bescheides abzustellen ist, wenn die abkommenswidrige Besteuerung auf Besteuerungsmaßnahmen der deutschen und der ausländischen FinVerw. beruht.[555] Hier stellt sich die Frage, ob die Frist erst dann zu laufen beginnt, wenn der jeweils andere Staat eine Gegenkorrektur verweigert. So führt auch Tz. 18.3 OECD-MK aus, das eine Doppelbesteuerung erst eintritt, wenn der andere Staat keine Entlastung nach Art. 23 A oder Art. 23 B OECD-MA gewährt. Wenn also die FinVerw. des Landes A einen Bescheid erlässt, indem zB Betriebsausgaben nicht anerkannt werden, so ist dieser Bescheid nach dem Wortlaut des BMF-Schreibens noch nicht für den Fristbeginn maßgebend. Erst wenn die FinVerw. des Landes B eine Gegenkorrektur, zB eine entsprechende Kürzung der Betriebseinnahmen, ablehnt, so ist dieser ablehnende Bescheid für den Fristbeginn maßgebend. Sieht das Abkommen keine Befris-

---

[551] Zu Ausnahmen vgl. *Lehner* in Vogel/Lehner, Art. 25 Rn. 62.

[552] ZB zwei Jahre betreffend Belgien, Indonesien, Italien, Pakistan, Portugal, Venezuela oder vier Jahre betreffend USA.

[553] Vgl. *Lehner* in Vogel/Lehner, DBA, Art. 25 Rn. 38.

[554] Vgl. Tz. 18.4 OECD-MK.

[555] Vgl. BMF 13.7.2006, BStBl. I 2006, 461.

tung vor, kann der Antrag ohne zeitliche Begrenzung gestellt werden. Fraglich ist jedoch, inwieweit sich die Vertragsstaaten nach längerem Zeitablauf noch zu einer Verständigungslösung bereit finden. Bei Anträgen auf Verständigungsverfahren, die in das **EU-Schiedsverfahren** übergeleitet werden können, gilt eine maximale **Frist von drei Jahren:** Nach Art. 6 Abs. 1 der Schiedskonvention ist der Antrag innerhalb von drei Jahren nach der ersten Mitteilung der Maßnahme zu stellen, die eine Doppelbesteuerung iSd Konvention herbeiführt oder herbeiführen könnte.[556]

Der **Antrag** selbst soll idR folgenden **Inhalt** haben:[557] **250**
- Name, Anschrift (Sitz), Steuernummer und örtlich zuständiges FA;
- Angaben zu den für den Fall relevanten Tatsachen und Umständen;
- Angaben zu den betroffenen Besteuerungszeiträumen;
- Kopien der Steuerbescheide, des Betriebsprüfungsberichts oder vergleichbarer Dokumente, die zur behaupteten Doppelbesteuerung geführt haben, sowie weiterer bedeutsamer Dokumente;
- Angaben zu außergerichtlichen oder gerichtlichen Rechtsbehelfen und etwaigen den Fall betreffenden Gerichtsurteilen im In- und Ausland;
- in Fällen der Gewinnabgrenzung verbundener Unternehmen und bei Betriebstätten auch die nach Tz. 11.3.2 MiVS erforderlichen Angaben und Unterlangen (insb. über das verbundene Unternehmen und eine Schilderung, inwieweit nicht unter Berücksichtigung des Fremdvergleichsgrundsatzes besteuert wurde, sowie eine Zusicherung, dass so schnell wie möglich alle Nachfragen beantwortet und alle Unterlagen vorgelegt werden);
- eine Darlegung, inwieweit die vorgenommene oder drohende Besteuerung nach Auffassung des Betroffenen nicht dem Abkommen entspricht (nach den meisten deutschen DBA ist kein Nachweis erforderlich, dass eine Doppelbesteuerung tatsächlich eingetreten ist oder eintreten wird);[558]
- den Antrag des Abkommensberechtigten.

Soweit ein **Verständigungsverfahren** (auch oder nur) auf ein **DBA** **251** gestützt wird, ist dies im Antrag deutlich zu machen (Tz. 2.1.1 MiVS). In **Verrechnungspreisfällen** kommt jedoch in der EU regelmäßig alternativ die Einleitung des **Verständigungs- und Schiedsverfahrens** nach **Art. 6 ff.** der **EU-Schiedskonvention** in Frage, sodass der Antrag dann auf diese Regelungen gestützt werden sollte (Tz. 11.1.1 MiVS).[559] Sofern im Einzelfall unklar ist, ob die EU-Schiedskonvention im konkreten Fall auf alle oder nur für einzelne Sachverhalte anwendbar ist, empfiehlt es sich, den Antrag auf die EU-Schiedskonvention zu stützen und hilfsweise für alle nicht von der EU-Schiedskonvention erfassten Sachverhalte und Rechtsfragen auch auf die Verständigungs- und ggf. Schiedsklausel des betreffenden DBA. Das gilt insbesondere für Fälle, in denen auch Quellensteuer auf Lizenzzahlungen oder verdeckte Gewinnausschüttungen festgesetzt wurde. Der gleichzeitige Antrag auf Einleitung des Schiedsverfahrens ist in jedem Fall ratsam, damit spätere verfahrensrechtliche Verzögerungen vermieden werden.

(einstweilen frei) **252**

---

[556] S. unten Rn. 307.
[557] Vgl. BMF 13.7.2006, BStBl. I 2006, 461 unter Tz. 2.3.3.
[558] Vgl. *Lehner* in Vogel/Lehner, DBA, Art. 25 Rn. 28 ff.
[559] Zum Schiedsverfahren s. Rn. 298 ff.

c) Ablauf des Verständigungsverfahrens

253 Ein Verständigungsverfahren durchläuft im Regelfall **drei Phasen:**[560]
– das Vorprüfungs- und Abhilfeverfahren,
– die Durchführung des Verständigungsverfahrens und
– die Umsetzung der Verständigungsvereinbarung.

Im **Vorprüfungs- und Abhilfeverfahren** befindet die zuständige Behörde über die Zulässigkeit des Ersuchens und die Möglichkeit eigener Abhilfe (Tz. 31 und 32 MA-Kommentar zu Art. 25 OECD-MA). Sofern **keine abkommenswidrige Besteuerung** ersichtlich ist, wird der **Antrag abgelehnt.** Das Fehlen einer abkommenswidrigen Besteuerung kann sich zum einen in **materieller Hinsicht** ergeben, wenn bspw. dem anderen Staat das Besteuerungsrecht zusteht und er dieses nicht ausübt, sodass die deutsche FinVerw. ihr Besteuerungsrecht auf eine **Rückfallklausel** im betreffenden DBA (auch sog. switch over clause oder subject to tax clause) stützen kann. Die FinVerw. kann das Vorliegen einer dem Abkommen widersprechenden Besteuerung aber auch aus **formellen Gründen** verneinen, so v. a., wenn durch Nichtbeachtung verfahrensrechtlicher Vorschriften (zB Ablauf von Ausschlussfristen) eine Doppelbesteuerung entsteht (Tz. 2.1.7 MiVS). In diesem Zusammenhang stellt sich die Frage, ob die Finanzbehörde die Einleitung eines Verständigungsverfahrens ablehnen kann, wenn der Steuerpflichtige seine Mitwirkungspflichten nach § 90 Abs. 1 und 2 AO verletzt hat. Dies ist prinzipiell zu verneinen, da gerade der Umfang der Mitwirkungspflichten zwischen der Finanzbehörde und dem Steuerpflichtigen streitig sein kann.[561] Wenn sich der Steuerpflichtige allerdings in jeder Hinsicht ablehnend verhält und die Vorlage bei ihm vorhandener steuerlich relevanter Unterlagen ohne Nennung von nachvollziehbaren Gründen verweigert, kann die FinVerw. im Einzelfall den Antrag auf Einleitung eines Verständigungsverfahrens verweigern. Im Übrigen ist der Steuerpflichtige auch im Rahmen des Verständigungsverfahrens zur Mitwirkung verpflichtet (Tz. 3.21 MiVS) und er trägt die Verantwortung dafür, wenn das Verständigungsverfahren wegen mangelhafter Mitwirkung scheitert; dh, dass im zuletzt genannten Fall keine Billigkeitsmaßnahmen zur Beseitigung der Doppelbesteuerung in Frage kommt (Tz. 8.2 MiVS).

Im **eigentlichen Verständigungsverfahren** müssen die zuständigen Behörden der beiden **Vertragsstaaten** den zu Grunde liegenden Sachverhalt gemeinsam prüfen und aufklären sowie mit dem Ziel einer Verständigung verhandeln; sie sind allerdings nach den Verständigungsklauseln der DBA regelmäßig **nicht verpflichtet,** ein **Ergebnis zu erzielen** (Tz. 27 MA-Kommentar zu Art. 25 OECD-MA).[562]

254 Wenn die beanstandete abkommenswidrige Besteuerung in Deutschland auf einer von den deutschen Finanzbehörden getroffenen Maßnahme beruht, muss zunächst geprüft werden, ob dies durch innerdeutsche Maßnahmen vermieden werden kann (bspw. durch Anweisung des FA, von der Maßnah-

---

[560] Vgl. *Lehner* in Vogel/Lehner, DBA, Art. 25 Rn. 71; *Menck* in Mössner u. a., Rn. D 43.

[561] Zu den möglichen Folgen der Verletzung der Mitwirkungspflicht s. Rn. 44 f.

[562] Vgl. BMF 13.7.2006, BStBl. I 2006, 463 zu Tz. 1.2.1. Zum Einigungszwang im Rahmen von Schiedsverfahren s. Rn. 298 ff.

me abzusehen oder den Bescheid zu berichtigen).[563] Auch wenn die Finanzbehörde des anderen Staates eine Gewinnberichtigung vorgenommen hat, kann eine solche Abhilfe im Inland erfolgen, zB im Fall der Berichtigung des ausländischen Betriebsstättengewinns durch eine entsprechende Gegenberichtigung im Inland oder in Ausnahmefällen durch Billigkeitsmaßnahmen. IdR werden jedoch Maßnahmen ausländischer Behörden, die eine abkommenswidrige Besteuerung zur Folge haben, keine innerstaatliche Abhilfe rechtfertigen.[564] Die zuständige Finanzbehörde ist dann verpflichtet, das eigentliche Verständigungsverfahren einzuleiten (Tz. 33 MA-Kommentar zu Art. 25 OECD-MA) und dies dem anderen Staat schriftlich mitzuteilen.

Im **eigentlichen Verständigungsverfahren** müssen die zuständigen Be   **255** hörden der beiden **Vertragsstaaten** den zu Grunde liegenden Sachverhalt gemeinsam prüfen und aufklären sowie mit dem Ziel einer Verständigung verhandeln; sie sind allerdings nach den Verständigungsklauseln der DBA regelmäßig **nicht verpflichtet,** ein **Ergebnis zu erzielen.** Aus Art. 25 Abs. 4 OECD-MA folgt, dass die zuständigen Behörden unmittelbar miteinander verkehren können, dh, sie müssen nicht den diplomatischen Weg beschreiten, sondern können direkt schriftlich oder mündlich miteinander verhandeln.[565] Sofern die strenge Anwendung der Vorschriften des innerstaatlichen Rechts und des Abkommens keine Einigung ermöglicht, sollen die zuständigen Behörden wie bei internationalen Schiedsverfahren subsidiär auch Billigkeitserwägungen berücksichtigen, um den Interessen des Steuerpflichtigen zu entsprechen (Tz. 38 MA-Kommentar zu Art. 25 OECD-MA). Gem. Tz. 4.17 S. 2 OECD-VPL soll derjenige Staat, der bei einem Verständigungsverfahren die Primärberichtigung vorgeschlagen hat oder sich gegenüber dem anderen Staat auf die Anwendung einer bestimmten Gewinnmethode beruft, die **Beweislast** dafür tragen, dass die Berichtigung „sowohl dem Grunde als auch der Höhe nach gerechtfertigt" ist.[566] Das eigentliche Verständigungsverfahren endet mit der Feststellung der Verständigungsregelung oder der Feststellung, dass das Verständigungsverfahren gescheitert ist.

Die **Umsetzung der Verständigungsvereinbarung** erfolgt durch die zu   **256** ständige Finanzbehörde der beteiligten Staaten, die nach ihrem innerstaatlichen Recht entsprechende Maßnahmen ergreifen, zB durch Erlass geänderter Steuerbescheide. Wenn die Verständigungslösung in vollem Umfang dem Antrag des Steuerpflichtigen entspricht, hängt die Durchführung nicht mehr von seiner **Zustimmung** ab. Sofern die Verständigungsregelung nicht dem Antrag **des Steuerpflichtigen** entspricht, steht sie unter dem Vorbehalt, dass sich der Steuerpflichtige mit ihr einverstanden erklärt (Tz. 3.4 MiVS).[567]

In diesem Zusammenhang stellt sich die Frage nach dem **Verhältnis** zwi   **257** schen **Verständigungsverfahren** und innerstaatlichen **Rechtsbehelfsverfahren.** Die meisten DBA enthalten eine dem Art. 25 Abs. 1 S. 1 OECD-

---

[563] Vgl. BMF 13.7.2006, BStBl. I 2006, 465 zu Tz. 2.4.1.
[564] Vgl. *Lehner* in Vogel/Lehner, DBA, Art. 25 Rn. 79.
[565] Vgl. *Lehner* in Vogel/Lehner, DBA, Art. 25 Rn. 181 mit Nachweisen über Abweichungen in einzelnen DBA (zB kein mündlicher Meinungsaustausch) in Rn. 191 ff.
[566] Das gilt generell auch für das Schiedsverfahren, da das Verständigungsverfahren dem Schiedsverfahren vorgeschaltet ist.
[567] Vgl. *Lehner* in Vogel/Lehner, DBA, Art. 25 Rn. 101.

MA entsprechende Regelung, wonach das Verständigungsverfahren „unbeschadet der nach dem innerstaatlichen Recht dieser Staaten vorgesehenen Rechtsmittel" durchgeführt werden kann. Laut BFH können daher in Deutschland Verständigungsverfahren und Rechtsbehelfsverfahren **nebeneinander** durchgeführt werden.[568] Abgeschlossene Verständigungsregelungen können jedoch die **Bestandskraft** von Steuerbescheiden oder die **Rechtskraft** von Urteilen nur auf Grund der Vorschriften des jeweiligen innerstaatlichen Rechts durchbrechen.[569] Die bilateralen DBA enthalten idR eine dem Art. 25 Abs. 2 S. 2 OECD-MA entsprechende Bestimmung, wonach die Verständigungsregelung ungeachtet der Fristen des innerstaatlichen Rechts der Vertragsstaaten durchzuführen ist.

258 Gem. § **175a AO** können Verständigungsvereinbarungen und Schiedssprüche auf Grund von völkerrechtlichen Verträgen (zB DBA, Europäisches Gemeinschaftsrecht) durch Erlass, Aufhebung oder Änderung von Steuerbescheiden umgesetzt werden, wobei eine **Durchbrechung der Bestandskraft** etwa **vorhandener Steuerbescheide** stattfindet, wenn die Festsetzungsfrist noch nicht abgelaufen ist. Das Verfahren hemmt den Ablauf der Festsetzungsfrist (§ 175a S. 2 AO). Die Festsetzungsfrist endet nicht vor Ablauf eines Jahres nach dem Wirksamwerden der Verständigungsvereinbarung oder des Schiedsspruches. Dabei sollte uE § 175a S. 2 AO so ausgelegt werden, dass eine Verständigungslösung auch dann noch umgesetzt werden kann, wenn die Festsetzungsfrist bereits abgelaufen war, bevor der Antrag auf Verständigungsvereinbarung gestellt wurde.[570] Allerdings wird auch die Auffassung vertreten, dass eine Änderung nur möglich ist, wenn die Festsetzungsverjährung noch nicht abgelaufen war, bevor der Antrag gestellt wurde.[571] Um Probleme zu vermeiden, sollte der Steuerpflichtige vorsorglich immer Einspruch einlegen und Ruhen des Verfahrens beantragen.

259 Bei der **Umsetzung der Verständigungsvereinbarung** ist das innerstaatliche Recht zu beachten. Eine Verständigungsregelung hat keinen Gesetzesrang, geht den nationalen Gesetzen somit nicht vor. Ein DBA ist eine völkerrechtliche Vereinbarung iSd § 2 AO, die den nationalen Steuergesetzen vorgeht. Eine Verständigungsregelung aufgrund einer DBA-Klausel hat aber keinesfalls den gleichen Stellenwert. Der Unterschied zwischen diesen beiden „Vereinbarungen" liegt darin, dass das DBA ratifiziert werden muss, seine Legitimation durch den Gesetzgeber erhält. Die Tatsache, dass die Verständigungsvereinbarung nationalen Steuergesetzen nicht widersprechen darf, ist in Fällen mit Verrechnungspreisen idR kein Problem, da es „den" Verrechnungspreis nicht gibt und sich die Vereinbarung in den Bandbreiten angemessener Verrechnungspreise bewegen kann. Eröffnet die Verständigungsvereinbarung in Ausnahmefällen jedoch eine höhere Anpassung, als das nationale Recht vorsieht, so kann die Steuer im Bescheid nur in den Grenzen der deutschen Steuergesetze erhöht werden. Wenn eine Verständigungslösung zB vorsehen würde, dass einer deutschen „Dienstleistungsbetriebsstätte" be-

---

[568] Vgl. BFH 26.5.1982, BStBl. II 1982, 583; 12.10.1979, BStBl. II 1979, 64; 1.2.1967, BStBl. III 1967, 495.
[569] Vgl. *Lehner* in Vogel/Lehner, DBA, Art. 25 Rn. 104.
[570] Ausführlich hierzu *Loh/Steinert* BB 2008, 2383 mwN.
[571] Vgl. *Schmidt* S&S 2010, 60, 63.

stimmte Gewinne zuzuordnen sind, so könnte insoweit keine Steuer festgesetzt werden, da nach § 12 AO durch die bloße Erbringung von Dienstleistungen keine Betriebsstätte begründet wird. Sieht das nationale Recht zwingend eine höhere Steuer vor, so kann im DBA die Ermächtigung zur abweichenden Steuerfestsetzung gesehen werden oder es kommt in Deutschland eine niedrigere **Steuerfestsetzung aus Billigkeitsgründen** in Betracht (§ 163 AO). Sofern die FinVerw. vor diesem Hintergrund vereinbaren, von einer **Verzinsung von Steuererstattungen** abzusehen,[572] obwohl in beiden Staaten Steuern überzahlt wurden, so wäre dies in Deutschland ein Verstoß gegen § 233a AO.[573] Problematisch ist vor diesem Hintergrund, dass die Verständigungsvereinbarung in Deutschland grds. unter dem Vorbehalt steht, dass sich der Antragsteller einverstanden erklärt, dass anhängige Rechtsbehelfe erledigt werden und dass auf (weitere) innerstaatliche Rechtsbehelfe verzichtet wird (Tz. 4.2 MiVS). Der Antragsteller kann somit nur der ganzen Verständigungsvereinbarung zustimmen oder sie insgesamt ablehnen. Eine Zustimmung und ein späterer Rechtsbehelf sind somit nicht möglich.

Ein großes **Problem** stellt die **Durchbrechung der Rechtskraft von** **260** **Gerichtsurteilen** dar. Rechtskräftige Urteile binden grds. die Beteiligten und wirken darüber hinaus auch gegenüber der öffentlich-rechtlichen Körperschaft, der die beteiligte Finanzbehörde angehört (§ 110 Abs. 1 FGO). Die Rechtskraft umfasst aber nur die dem Urteil zu Grunde gelegte tatsächliche und rechtliche Beurteilung des Streitgegenstandes, sodass bspw. neue Tatsachen oder Beweismittel eine abweichende Verwaltungsentscheidung zulassen (§§ 110 Abs. 2 und 100 Abs. 1 S. 1 FGO). Soweit in einem Verständigungsverfahren derselbe Sachverhalt beurteilt wird wie in einem Gerichtsverfahren, ist die erzielte **Verständigung** selbst keine neue Tatsache und **rechtfertigt** daher nach herrschender Auffassung **nicht die Durchbrechung der Rechtskraft**.[574] Zwar besagt Art. 25 Abs. 2 S. 2 OECD-MA, dass die Verständigungsregelung ungeachtet der Fristen des innerstaatlichen Rechts umzusetzen ist, jedoch sind damit nur die Festsetzungs-, Verjährungs- und andere Fristen gemeint, von denen der Steuer- oder Steuererstattungsanspruch abhängt, nicht jedoch die Rechtsmittelfristen.[575] Dies lässt sich auch aus Tz. 39 MA-Kommentar zu Art. 25 OECD-MA ableiten. Allerdings geht die deutsche FinVerw. in ihrem BMF-Schreiben zu den Verständigungsverfahren davon aus, dass gem. § 175a AO auch Steuerbescheide, deren Rechtmäßigkeit rechtskräftig gerichtlich bestätigt worden ist, auf Grund der Entscheidung im Schiedsverfahren geändert werden können.[576] Aufgrund der mit

---

[572] Vgl. hierzu *Bödefeld/Kuntschik* IStR 2009, 268, 270.

[573] Auch das EU JTPF empfiehlt im „Final Report on the EU Joint Transfer Pricing Forum on the Interpretation of some Provisions of the Arbitration Convention" vom 14.9.2009, dass der Stpfl. durch unterschiedliche Zinsregelungen nicht negativ beeinflusst werden sollte, vgl. COM (2009) 472, SEC (2009) 1168 und SEC (2009) 1169. Diese Empfehlungen wurden in Tz. 8 des neuen Verhaltenskodexes übernommen, vgl. ABl. C322 vom 30.12.2009. Vgl. auch *Bödefeld/Kuntschik* IStR 2010, 474, 478 mwN.

[574] Vgl. *Lehner* in Vogel/Lehner, DBA, Art. 25 Rn. 132; *Merz/Sajogo* PIS 2010, 185, 188.

[575] Vgl. *Lehner* in Vogel/Lehner, DBA, Art. 25 Rn. 133.

[576] Vgl. BMF 13.7.2006, BStBl. I 2006, 461, Tz. 13.1.4. Zwar wird die Aussage im BMF-Schreiben nur im Kontext von Schiedsverfahren getroffen, jedoch ist kein Grund

dieser Aussage verbundenen Selbstbindung der Verwaltung wird die FinVerw. im Zweifel eine entsprechende Änderung vornehmen müssen. Jedenfalls ist eine Änderung von Steuerfestsetzungen wegen abweichender Verständigungsregelungen als **Billigkeitsmaßnahme** gem. §§ 163, 227 AO in Verwirklichung des Leistungsfähigkeitsprinzips zulässig.[577]

261   Zur Vermeidung der sich aus anhängigen Rechtsbehelfsverfahren ergebenden Probleme schlägt Tz. 45 MA-Kommentar zu Art. 25 OECD-MA vor, die **Durchführung der Verständigungsregelung** davon abhängig zu machen, dass der **Steuerpflichtige** diese **Regelung annimmt** und seinen **Rechtsbehelf** betreffend der im Verständigungsverfahren geregelten Punkte **zurückzieht.** Dem Steuerpflichtigen soll ferner gestattet werden, die Annahme der Verständigungslösung bis zur Gerichtsentscheidung im schwebenden Verfahren hinauszuschieben. Die deutsche FinVerw. hat demgemäß in dem bereits zitierten „Merkblatt" geregelt, dass der Abkommensberechtigte sich zur Frage der Rücknahme eigener Rechtsbehelfe erst zu äußern braucht, wenn ihm ein Verständigungsvorschlag mitgeteilt wurde.[578] Die Verständigung steht regelmäßig unter dem **Vorbehalt,** dass sich der Antragsteller mit ihr einverstanden erklärt und anhängige Rechtsbehelfsverfahren erledigt werden.[579] Vor der Umsetzung der Verständigungsvereinbarung muss sichergestellt werden, dass

– der Antragsteller sich schriftlich mit der Maßnahme einverstanden erklärt,
– schwebende Rechtsbehelfsverfahren ihre Erledigung finden (Rücknahme außergerichtlicher Rechtsbehelfe, Klagerücknahme oder Erledigungserklärung in Gerichtsverfahren) und
– der Antragsteller nach Bekanntgabe des Bescheides, der die Verständigungsregelung umsetzt, auf einen Rechtsbehelf verzichtet.[580]

262   Einigen sich die zuständigen Behörden in der Sache nicht, kommt es zum **Scheitern des Verständigungsverfahrens,** es sei denn, dass ein Schiedsverfahren möglich ist.[581] Der Steuerpflichtige findet sich unverändert in der Lage, die schon vor seinem Antrag bestand. Sofern neben dem Verständigungsverfahren auch ein Rechtsbehelfsverfahren eingeleitet wurde (das während des Verständigungsverfahrens ruhte), besteht die Möglichkeit, dieses Verfahren (Einspruch oder Klage) fortzuführen.[582] In diesem Fall sind jedoch ggf. zwei Verfahren in unterschiedlichen Staaten erforderlich, die zu nicht abgestimmten Ergebnissen führen können. Im Falle des Scheiterns des Verständigungsverfahrens ist auch zu prüfen, ob eine Doppelbesteuerung unter den Voraussetzungen des § 163 AO wegen sachlicher Unbilligkeit vermieden werden kann.[583]

---

ersichtlich, warum ein Verständigungsverfahren, das ohne Schiedsspruch zu einer Lösung kommt, schlechter gestellt werden sollte.

[577] Vgl. BFH 1.2.1967, BStBl. III 1967, 495; zu den Grenzen der Abhilfe durch Billigkeitsmaßnahmen vgl. *Lehner* in Vogel/Lehner, DBA, Art. 25 Rn. 133.

[578] Vgl. BMF 13.7.2006, BStBl. I 2006, 461 unter Tz. 3.3.2.

[579] Vgl. BMF 13.7.2006, BStBl. I 2006, 461 unter Tz. 3.4.

[580] Vgl. BMF 13.7.2006, BStBl. I 2006, 461 unter Tz. 4.2.

[581] S. Rn. 298 ff.

[582] S. Rn. 239 ff.

[583] Vgl. BMF 13.7.2006, BStBl. I 2006, 461 unter Tz. 8; vgl. auch Tz. 27 MA-Kommentar zu Art. 25 OECD-MA.

d) Stellung des Steuerpflichtigen im Verfahren

Obwohl der Steuerpflichtige eine **Antragsbefugnis** hat, handelt es sich bei **263** dem Verständigungsverfahren um ein Verwaltungsverfahren zwischen den beiden Behörden. Die Entscheidung auf die Einleitung eines Verständigungsverfahrens trifft das angerufene BZSt nach pflichtgemäßem Ermessen, wobei der Behörde nach Meinung des BFH ein weiter Ermessensspielraum eingeräumt wird.[584] Der Steuerpflichtige hat **keinen** klagbaren **Rechtsanspruch** auf Einleitung des Verständigungsverfahrens, sondern nur die Möglichkeit, die Rechtmäßigkeit der Ermessensentscheidung gerichtlich überprüfen zu lassen (Art. 19 Abs. 4 GG). Gegen die ablehnende Entscheidung ist der Einspruch nach § 348 Nr. 3 AO nicht statthaft. Er muss folglich seinen **Anspruch auf fehlerfreie Ermessensausübung** im Wege einer Verpflichtungsklage vor den FG verfolgen (§§ 33 Abs. 1 Nr. 1, 40 Abs. 1, 102 FGO).[585]

Dem Verständigungsverfahren steht eine rechtliche Eigenständigkeit zu. **264** Daher darf die zuständige Behörde (BZSt) bei ihrer Ermessensentscheidung den Steuerpflichtigen nicht auf innerstaatliche Rechtsbehelfe verweisen, um von Verständigungsmaßnahmen abzusehen.[586] Auch die Tatsache, dass der andere Vertragsstaat auf seinem Rechtsstandpunkt beharrt, rechtfertigt nicht die Ablehnung eines Verständigungsantrags. In der Praxis verneint die FinVerw. einen Anspruch auf Einleitung eines Verständigungsverfahrens, wenn das bisherige Verhalten des Steuerpflichtigen gegen Treu und Glauben verstößt. Dies nehmen die Behörden zB dann an, wenn der Steuerpflichtige gegenüber den Vertragsstaaten unterschiedliche Angaben macht. Jedoch dürfte die Dokumentation der Verrechnungspreise anhand unterschiedlicher Methoden zulässig sein. Die Zurückweisung des Verständigungsantrags darf nicht als Sanktion verwendet werden. ZB hat das FG Nürnberg entschieden, dass der Versuch des Steuerpflichtigen, durch die Einschaltung einer Basisgesellschaft eine Steuerumgehung zu erreichen, die Ablehnung der Einleitung eines Verständigungsverfahrens zwecks Stornierung oder Abmilderung der ausländischen Besteuerung nicht rechtfertigen kann.[587]

Haben frühere Verständigungsverfahren in der gleichen Frage zu keiner Lösung geführt, stellt dies für sich allein keinen Ablehnungsgrund dar. Denn im Vordergrund steht die Wahrnehmung des Interessenschutzes für den Steuerpflichtigen, dem über das Verständigungsverfahren die Befassung der zuständigen Behörde des anderen Vertragsstaates mit dem Sachverhalt gesichert sein muss.

Im Verständigungsverfahren hat der Antragsteller verschiedene **Aufklä-** **265** **rungs- und Mitwirkungspflichten** nach § 90 AO zu erfüllen.[588] Da der Steuerpflichtige keine Partei des Verständigungsverfahrens ist, stehen ihm nur **beschränkte Rechte auf Verfahrensbeteiligung** zu. Gem. Tz. 60 MA-Kommentar zu Art. 25 OECD-MA müssen als wesentliche Rechte zumindest zugestanden werden:

---

[584] Vgl. BFH 26.5.1982, BStBl. II 1982, 583.
[585] Vgl. *Merz/Sajogo* PIS 2010, 185, 187.
[586] Vgl. *Kaligin* WPg 1982, 220.
[587] Vgl. FG Nürnberg 3.11.1979, EFG 1978, 158.
[588] Vgl. BMF 13.7.2006, BStBl. I 2006, 461, Tz. 3.3.1. und BMF 12.4.2005, BStBl. I 2005, 570, Tz. 6.1.4. Buchst. a).

– das Recht, Erklärungen schriftlich oder mündlich in eigener Person oder durch einen Vertreter abzugeben und
– das Recht auf einen Rechtsbeistand.

Ein Recht auf Akteneinsicht besteht allerdings nicht (Tz. 61 MA-Kommentar zu Art. 25 OECD-MA).[589] Der Auffassung von *Lehner*,[590] wonach auch ein Anspruch auf **rechtliches Gehör** und ein Recht auf **Information** über den Verfahrensverlauf gegeben werden sollte, ist zuzustimmen. In Tz. 40 Buchst. c) MA-Kommentar zu Art. 25 OECD-MA wird zwar gefordert, dass dem Steuerpflichtigen in Verständigungsverfahren über Verrechnungspreisfragen jede angemessene Gelegenheit gegeben werden sollte, den zuständigen Behörden schriftlich oder mündlich die entscheidungserheblichen Tatsachen und Argumente darzulegen. Jedoch erscheint die Beschränkung des rechtlichen Gehörs auf Verrechnungspreisfälle nicht als sachgerecht und außerdem fehlt eine klare Aussage zum (ständigen) Informationsanspruch des Steuerpflichtigen.

266   In der deutschen Verfahrenspraxis ist eine **laufende Unterrichtung** über den **Verfahrensfortgang** üblich (Tz. 3.3.1 MiVS). Die fortlaufende Information des Beteiligten über mögliche Verständigungsvereinbarungen und die Gelegenheit zur Stellungnahme erscheinen schon aus praktischen Gründen als sinnvoll, weil für die endgültige Regelung ohnehin die **Zustimmung des Steuerpflichtigen** erforderlich ist. IdR dürften unterschiedliche Möglichkeiten für die Beseitigung der abkommenswidrigen Besteuerung bestehen. Der Antragsteller hat aber letztlich nicht die Möglichkeit, eine ganz bestimmte Lösung des Problems zu fordern, weil die Lösungsvorstellungen der beiden FinVerw.en maßgebend sind. Sofern der Antragsteller sich nicht flexibel zeigt, riskiert er, dass das Verständigungsverfahren ohne Vereinbarung endet.

267   Es ist zu jedem Zeitpunkt möglich, den **Antrag** auf Einleitung eines Verständigungsverfahrens **zurückzunehmen,** womit der in Betracht stehende Einzelfall erledigt ist. Sofern das Verständigungsverfahren allgemeine Schwierigkeiten oder Zweifel zum Gegenstand hatte, die bei der Auslegung oder Anwendung des Abkommens auch für andere Fälle von Bedeutung sein können, kommt die Klärung dieser Fragen in einem allgemeinen Konsultationsverfahren in Betracht.

268   Zusammenfassend ist festzuhalten, dass das Verständigungsverfahren insb. in Verrechnungspreisfällen eine realistische Chance bietet, eine wirtschaftliche Doppelbesteuerung zu vermeiden. Viele Unternehmen scheuen sich noch, schon **während der Betriebsprüfung** einen **Antrag auf Einleitung eines Verständigungs- oder Schiedsverfahrens** zu stellen, obwohl dies bei nennenswerten beabsichtigten Gewinnberichtigungen zweckmäßig sein kann. Unbefriedigend an den gegenwärtigen Regelungen über das Verständigungsverfahren gem. Art. 25 OECD-MA bleibt jedoch:
– Der Steuerpflichtige hat keinen klagbaren Anspruch auf die Einleitung des Verständigungsverfahrens.
– Der Steuerpflichtige hat nur eingeschränkte Rechte auf Beteiligung am Verfahren sowie auf Mitteilung oder Begründung der während eines Verständigungsverfahrens getroffenen Entscheidung.

---

[589] Zur Akteneinsicht im Besteuerungsverfahren allgemein vgl. *Nischke* S&S 2011, 169 ff.
[590] Vgl. *Lehner* in Vogel/Lehner, DBA, Art. 25 Rn. 116.

– Die FinVerw.en sind nicht gezwungen, sich auch tatsächlich zu verständigen, weil kein Einigungszwang besteht.[591]

Auf Grund dieser Einschränkungen kann auch durch ein Verständigungs-   **269**
verfahren eine Doppelbesteuerung nicht mit Sicherheit ausgeschlossen werden. Dies gilt jedoch nicht, wenn die Gewinnberichtigung im Verhältnis zu Staaten beabsichtigt ist oder durchgeführt wird, mit denen auf Grund völkerrechtlicher Vereinbarungen ein **Einigungszwang** im noch zu erörternden **Schiedsverfahren** besteht.[592]

(einstweilen frei)   **270**

e) Schiedsverfahren in DBA

Zur Vermeidung dieser Nachteile wird in jüngster Zeit versucht, in neuen   **271**
deutschen Abkommen, wie bspw. in den DBA mit Frankreich, Jersey, Kanada, Österreich, Schweden, der Schweiz, den USA und Großbritannien den Schutz der DBA-Regelungen durch Schiedsklauseln sicherzustellen, damit die Steuerverwaltungen im Fall eines erfolglosen Verständigungsverfahrens eine Entscheidung im **Schiedsverfahren** (oder Schlichtungsverfahren) herbeiführen können.[593] Auch in zukünftigen deutschen Abkommen wird man weiter mit entsprechenden Schiedsklauseln rechnen können. Zumindest in dem jüngst vom BMF veröffentlichten „Muster-DBA", das als Verhandlungsgrundlage für zukünftige DBA-Verhandlungen dienen soll, ist in Art. 24 Abs. 5 eine solche Klausel vorgesehen.[594] Ein solches Schiedsverfahren ist darauf ausgerichtet, durch einen unabhängigen, neutralen Spruchkörper letztlich eine für beide Staaten verbindliche Entscheidung zu erreichen. Das Schiedsverfahren ist jedoch in vielen Abkommen nicht befriedigend geregelt, weil grds. **keine zwingenden Vorschriften** über das Schiedsverfahren bestehen, sondern die **Einleitung** eines solchen Verfahrens **im Ermessen** beider FinVerw.en liegt.[595] So sehen zB die DBA mit Frankreich, Jersey, Kanada und Schweden[596] nur fakultative Schiedsverfahren vor. Eine Ausnahme stellt das DBA mit Österreich dar, welches in Art. 25 Abs. 5 eine Verpflichtung der Vertragsstaaten vorsieht, auf Antrag eines Steuerpflichtigen ein Schiedsverfahren einzuleiten. Das Änderungsprotokoll vom 1.6.2006 zum neuen **DBA** mit den **USA**,[597] das nach seiner Ratifizierung am 28.12.2007 in Kraft trat, sieht in Art. 25 Abs. 5 ebenfalls ein zwingendes **Schiedsverfahren** vor, wenn gewisse Voraussetzungen vorliegen.[598] Nach Art. XVII des Protokolls

---

[591] Vgl. Tz. 37 MA-Kommentar zu Art. 25 OECD-MA.

[592] S. Rn. 298 ff.

[593] Vgl. *Lehner* in Vogel/Lehner, DBA, Art. 25 Rn. 199 ff.; *Bödefeld/Kuntschik* IStR 2009, 449, 451.

[594] Vgl. BMF 22.8.2013, Download unter www.bundesfinanzministerium.de.

[595] Vgl. auch *Saß* DB 1991, 984; *Lehner* in Vogel/Lehner, DBA, Art. 25 Rn. 203 f. u. 206.

[596] Das DBA mit Schweden verweist in erster Linie auf die Europäische Konvention zur friedlichen Beilegung von Streitigkeiten.

[597] Vgl. BGBl. II 2006, 1184 ff.

[598] Vgl. BMF 16.1.2009, BStBl. I 2009, 345. Im Hinblick auf die Voraussetzungen, den Ablauf und die Unterschiede zum nachfolgend (Rn. 298 ff.) beschriebenen EU-Übereinkommen vgl. *Loh/Peters* RIW 2008, 294 ff. Vgl. ferner *Harrington* TNI 9/2010, 753 ff.

finden die neuen Regelungen zur Verständigung auf alle offenen Fälle Anwendung.[599] Auch die **DBA** mit der **Schweiz** und **Großbritannien** sehen
inzw. in Art. 26 Abs. 5 obligatorische Schiedsverfahren vor.

272 Da das Verständigungsverfahren in den DBA grds. keine Einigung der Vertragsstaaten vorschreibt, hat die *Kommission der Internationalen Handelskammer*
(International Chamber of Commerce – ICC) schon im Mai 2000 ein Positionspapier (Position Paper) und später den **Entwurf** einer **DBA-Regelung**
für Schiedsverfahren (draft tax treaty arbitration article – „Article 25 A –
Arbitration") veröffentlicht.[600]

273 Auch die **OECD** hat inzwischen reagiert, um die Schwächen des bisherigen
Verständigungsverfahrens zu beseitigen. Nach der Veröffentlichung von Ver-
besserungsvorschlägen für das Verständigungsverfahren und von zusätzlichen
Regelungen für ein **Schiedsverfahren** wurde im Juli 2008 „The 2008 Update
to the OECD Model Tax Convention" veröffentlicht. Am 31.8.2008 erfolgte
schließlich die Veröffentlichung der endgültigen Fassung des OECD-MA.[601]

274 Der neue **Abs. 5** des Art. 25 OECD-MA sieht vor, dass in Fällen, in denen eine abkommenswidrige Besteuerung vorliegt[602] und die zuständigen
Behörden sich im Verständigungsverfahren nicht innerhalb von 2 Jahren geeinigt haben, auf Antrag ein **Schiedsverfahren** eingeleitet werden soll.[603]
Der neue MK beschreibt unter Tz. 64, dass Abs. 5 eine **Ergänzung** des bisherigen **Verständigungsverfahrens** sein soll und kein alternatives Verfahren.
Die Schiedsentscheidung soll nur Punkte umfassen, die nicht im Rahmen
des Verständigungsverfahrens gelöst werden konnten. Das Schiedsverfahren
wird daher nicht durchgeführt, soweit eine Einigung erreicht wurde, diese
jedoch vom Stpfl. abgelehnt wurde.[604] Im Gegensatz zu dem in diesem Kapitel noch näher beschriebenen EU-Schiedsabkommen[605] ist das Schiedsverfahren nach Art. 25 Abs. 5 OECD-MA nicht auf Verrechnungspreisfälle beschränkt.[606]

Detailliertere verfahrensrechtliche Bestimmungen enthält Art. 25 Abs. 5
OECD-MA nicht. Insofern sind konkretisierende Verständigungsvereinbarungen zwischen den Staaten notwendig.[607] Eine entsprechende Musterver-
ständigungsvereinbarung ist im Anhang zum OECD-MK enthalten.[608]

Anders als beim EU-Schiedsverfahren wird das **Schiedsverfahren** auf Basis einer bilateralen **DBA-Bestimmung,** die Art. 25 Abs. 5 OECD-MA
entspricht, nicht automatisch beim Scheitern des Verständigungsverfahrens

---

[599] Die neuen Regelungen zu den Quellensteuern sind ab dem 1.1.2007 anwendbar,
die anderen Regelungen grds. ab dem 1.1.2008; zum Verfahrensbeginn vgl. BMF
29.5.2008, BStBl. I 2008, 639.

[600] Das Positionspapier und der Muster-Entwurf des Artikels 25 A sind mit einlei-
tenden Bemerkungen von *Couzin* abgedruckt in TPIR 3/2002, 12 ff.

[601] Ein Überblick über die Änderungen gibt *Kolb* IWB Fach 10, Gruppe 2, 2049 ff.

[602] Es reicht nicht aus, dass eine Doppelbesteuerung droht, *Rütters* S&S 2010, 23,
24.

[603] Ausführlich hierzu *Lehner* in Vogel/Lehner, Art. 25 Rn. 199 ff.

[604] Vgl. hierzu *Nientimp/Tomson* IStR 2009, 615, 616.

[605] Vgl. Rn. 298 ff.

[606] Vgl. hierzu *Bödefeld/Kuntschik* IStR 2009, 449 f.

[607] Vgl. *Herlinghaus* IStR 2010, 125, 128.

[608] Vgl. *Nientimp/Tomson* IStR 2009, 615, 616.

durchgeführt, sondern ein **gesonderter Antrag** ist erforderlich.[609] Wobei das Verfahren dem Wortlaut nach nicht von der Zustimmung der Behörden abhängt, sondern durchgeführt werden muss, wenn die Voraussetzungen vorliegen.[610] Die o. g. 2-Jahres-Frist beginnt mit der Vorlage des Falls bei der zuständigen Behörde des anderen Vertragsstaates, jedoch nicht vor dem Eintritt der abkommenswidrigen Besteuerung.[611] Anders als beim Verständigungsverfahren muss die **abkommenswidrige Besteuerung** nicht „nur" drohen sondern **schon erfolgt** sein.[612] Andererseits muss keine wirtschaftliche Doppelbesteuerung geltend gemacht werden, sondern „nur" Abkommenswidrigkeit.[613] Eine besondere Form ist für den Antrag nicht vorgesehen.[614] Der Antrag kann nicht vor Ablauf der o. g. 2-Jahres-Frist erfolgen, ist jedoch nach Ablauf dieser Frist zeitlich unbefristet möglich, sofern keine Festsetzungsverjährung oder andere Verfahrensregelungen entgegenstehen.[615]

Der OECD-MK empfiehlt, es nicht zu ermöglichen, gleichzeitig das **275** Schiedsverfahren und innerstaatliche Rechtsmittel durchzuführen.[616] Ferner wird vorgeschlagen, dass jede der beteiligten Behörden einen Schiedsrichter bestimmt und diese beiden einen dritten einsetzen. Kommt es zu keiner Einigung soll der Direktor des OECD Zentrums für Steuerpolitik einen dritten Schiedsrichter benennen.[617]

Für die Entscheidung gibt es zwei Ansätze.[618] Zum einen den sog. **„independent opinion approach"**, bei dem die Schiedsrichter frei entscheiden können. Zum Anderen der sog. **„final offer approach"**, bei dem die Schiedsrichter einen Lösungsvorschlag der beteiligten Behörden übernehmen müssen. Die Entscheidung soll nach Ziff. 15 der Mustervereinbarung schriftlich ergehen und eine Begründung enthalten.[619] Die Entscheidung soll 6 Monate nach Erhalt aller Informationen ergehen, wobei eine Verlängerung um weitere 6 Monate möglich ist.[620] Die zuständigen Behörden müssen die Entscheidung des Schiedsgerichts übernehmen und umsetzen, sofern der Steuerpflichtige sie nicht ablehnt und/oder im DBA nicht geregelt ist, dass sich die Staaten innerhalb von 6 Monaten auf eine eigene Lösung einigen.[621] Sollte der Steuerpflichtige nicht zustimmen, kann er den nationalen Rechtsweg weitergehen.[622]

Tz. 65 des neuen MK räumt ein, dass die „Schiedsklausel" ggf. nicht in den DBAs mit allen Staaten aufgenommen werden kann, da in einigen Staa-

---

[609] Vgl. *Nientimp/Tomson* IStR 2009, 615, 616.

[610] Vgl. *Herlinghaus* IStR 2010, 125, 126.

[611] Vgl. *Merz/Sajogo* PIS 2010, 185, 189: *Herlinghaus* IStR 2010, 125, 127.

[612] Vgl. Art. 25. Tz. 72 OECD-MK 2010; *Merz/Sajogo* PIS 2010, 185, 189; *Nientimp/Tomson* IStR 2009, 615, 616.

[613] Vgl. *Albert*, Schiedsverfahren, S. 10.

[614] Vgl. *Herlinghaus* IStR 2010, 125, 127.

[615] Vgl. *Herlinghaus* IStR 2010, 125, 128.

[616] Vgl. Art. 25. Tz. 76 OECD-MK 2010; *Merz/Sajogo* PIS 2010, 185, 189; *Nientimp/Tomson* IStR 2009, 615, 617.

[617] Vgl. *Nientimp/Tomson* IStR 2009, 615, 617.

[618] Vgl. *Nientimp/Tomson* IStR 2009, 615, 618.

[619] Vgl. *Nientimp/Tomson* IStR 2009, 615, 617.

[620] Vgl. *Nientimp/Tomson* IStR 2009, 615, 617.

[621] Vgl. *Merz/Sajogo* PIS 2010, 185, 190.

[622] Vgl. *Albert*, Schiedsverfahren, S. 21.

ten das nationale Recht einer solchen Klausel entgegenstehen könnte. Innerhalb der EU ist nach Tz. 67 des MK eine Abstimmung mit der EU-Schiedskonvention erforderlich. Es bleibt abzuwarten, wie viele Staaten in ihren DBA eine entsprechende Klausel umsetzen werden. Jedenfalls sind die Bemühungen der OECD zu begrüßen, die Schwächen des bisherigen Verständigungsverfahrens zu beseitigen.[623]

3. Konsultationsverfahren

276 Im Gegensatz zum vorstehend erörterten Verständigungsverfahren (ieS), das stets die Regelung eines Einzelfalls im Auge hat, sollen sich die Staaten nach Art. 25 Abs. 3 S. 1 OECD-MA im **Konsultationsverfahren** bemühen, **Schwierigkeiten oder Zweifel, die bei der Auslegung oder Anwendung des Abkommens** entstehen, in gegenseitigem Einvernehmen **zu beseitigen.** Damit werden Anwendungs- und Auslegungshilfen herbeigeführt, die für eine unbestimmte Vielzahl von Fällen Geltung haben.[624] Schwierigkeiten oder Zweifel, die bei der **Auslegung** des Abkommens entstehen, beruhen regelmäßig auf **Rechtsfragen,** während Schwierigkeiten oder Zweifel bei der **Anwendung** des Abkommens Rechtsfragen (in Form von Subsumtionsfragen) sein können, aber auch den Bereich der Sachverhaltsermittlung betreffen können. Das Konsultationsverfahren ermöglicht es daher den Behörden, die Definition von Ausdrücken, die im Abkommen unvollständig oder nicht eindeutig definiert sind, zu ergänzen oder klarzustellen, um etwaigen Schwierigkeiten vorzubeugen oder um Schwierigkeiten, die sich aus Änderungen in der Gesetzgebung eines Staates ergeben, zu bereinigen (Tz. 50 ff. MA-Kommentar zu Art. 25 OECD-MA).

277 Konsultationsverfahren kommen auch für Fragen zur Gewinnabgrenzung iSd Art. 7 und 9 OECD-MA in Betracht, insb. zur Auslegung des Begriffs Fremdvergleich (Arm's Length-Principle) und der dafür anwendbaren Methoden der Verrechnungspreisgestaltung. Im Hinblick auf die vorliegenden **OECD-Berichte zu Verrechnungspreisfragen** dürften Konsultationsverfahren auf dem Gebiet der Verrechnungspreise allerdings selten sein. Wenn jedoch ein Verständigungsverfahren ieS für einen Einzelfall eingeleitet wird und Rechtsfragen bei der Auslegung oder Anwendung des Abkommens betrifft, dann umfasst dieses Verfahren auch das Konsultationsverfahren nach Art. 25 Abs. 3 S. 1 OECD-MA.[625] Die sog. Memoranda of Understanding (MOU), mit denen Safe Harbour Regelungen zwischen Staaten vereinbart werden können, sollen ebenfalls als Konsultationsverfahren durchgeführt werden.[626]

278 Die zwischenstaatlich getroffenen **Auslegungsvereinbarungen** entfalten entsprechend ihrem Rechtscharakter als Verwaltungsabkommen **keine Bin-**

---

[623] In diesem Zusammenhang ist auch das auf den Internetseiten der OECD veröffentliche „online Manual on Effective Mutual Agreement Procedures", kurz „ME-MAP", zu nennen. Vgl. hierzu *Silberztein* TPITP 01/09, 30, 32 mwN.

[624] Ausführlich zum Konsultationsverfahren zB *Lehner* in Vogel/Lehner, DBA, Art. 25 Rn. 151 ff.

[625] Vgl. *Lehner* in Vogel/Lehner, DBA, Art. 25 Rn. 151.

[626] S. Rn. 68.

dungswirkung für den Steuerpflichtigen oder die Gerichte, sondern nur eine Selbstbindung für die Finanzbehörden.[627] Derartige Vereinbarungen können auch die DBA selbst nicht ändern. Auch die in Art. 31 Abs. 3 WÜV (Wiener Übereinkommen über das Recht der Verträge) vorgesehene Berücksichtigung der Übung der Vertragsanwendung begründet keine gesetzesersetzende Wirkung der Verständigungsvereinbarung.[628]

Jedoch ist auf die Abkommensermächtigung zu verweisen, die den Konsultationsverständigungen den Charakter ergänzender Rechtsauslegung zum Abkommen verleiht. Denn in der Praxis erkennen die deutschen Gerichte idR Verständigungslösungen bzw. erfolgreiche Konsultationsverfahren als authentische Auslegungen der DBA an. Im Übrigen kann die FinVerw. das Ergebnis derartiger Konsultationen in Verwaltungsanweisungen umsetzen. Inzwischen wurde in § 2 Abs. 2 AO eine Ermächtigung aufgenommen, die es ermöglicht, Konsultationsvereinbarungen durch Erlass von Rechtsverordnungen umzusetzen.[629]

4. Ergänzungsverfahren

Das OECD-MA sieht in Art. 25 Abs. 3 S. 2 darüber hinaus vor, dass die **279** zuständigen Behörden auch gemeinsam darüber beraten können, wie eine **Doppelbesteuerung** auch für die **nicht** im Abkommen **geregelten Fälle** vermieden werden kann. Das Konsultationsverfahren bezweckt hier eine **Abkommensergänzung** (daher meist sog. **Ergänzungsverfahren**) und kann sich auf einen Einzelfall beziehen oder allgemeiner Natur sein. In einigen deutschen DBA ist das Ergänzungsverfahren nicht vorgesehen, andere enthalten Modifikationen oder verlangen für ein Ergänzungsverfahren den Eintritt einer Härte auf Grund einer Doppelbesteuerung.[630] Da es sich bei dem Ergebnis der Beratung im Ergänzungsverfahren um eine „Ergänzung" des Abkommens und nicht nur um dessen Auslegung handelt, richtet sich das Wirksamwerden der Ergänzung nach dem jeweiligen nationalen Recht. In den meisten Staaten bedarf die Ergänzung der Zustimmung der gesetzgebenden Körperschaften; in Deutschland werden Änderungs- oder Ergänzungsprotokolle zum Abkommen verlangt.[631] Das Konsultationsverfahren selbst kann jedoch keine gesetzesergänzende bzw. gesetzgebende Funktion entfalten, denn eine derartige Form der Rechtsetzung von Völkerrecht durch Verwaltungsbehörden wird von den meisten Staaten als unvereinbar mit ihrem nationalen Recht angesehen.[632] In der Verrechnungspreispraxis dürfte das Ergänzungsverfahren kaum eine Rolle spielen, da alle deutschen DBA Regelungen iSd Art. 7 und 9 OECD-MA enthalten und weil diese wiederum durch umfang-

---

[627] Vgl. BFH 2.9.2009, DStRE 2009, 1377; *Lehner* in Vogel/Lehner, DBA, Art. 25 Rn. 154; vgl. auch Tz. 58 MA-Kommentar zu Art. 25 OECD-MA.

[628] Vgl. BFH 1.2.1989, BStBl. II 1990, 4.

[629] Vgl. BMF 13.4.2010, BStBl. I 2010, 353. Allerdings wird die Verfassungsmäßigkeit der Ermächtigung bezweifelt, vgl. *Lehner* IStR 2011, 733 ff mwN.

[630] Vgl. zu den einzelnen Abweichungen *Lehner* in Vogel/Lehner, DBA, Art. 25 Rn. 155 f., 165.

[631] Vgl. *Lehner* in Vogel/Lehner, DBA, Art. 25 Rn. 156.

[632] Vgl. *Gloria*, 161.

reiche OECD-Leitlinien interpretiert werden und insoweit praktisch alle denkbaren Fälle von Verrechnungspreisproblemen erfassen.

280–297   *(einstweilen frei)*

VI. EU Verständigungs- und Schiedsverfahren

1. Rechtsentwicklung

298   Das **„Übereinkommen über die Beseitigung der Doppelbesteuerung im Falle von Gewinnberichtigungen zwischen verbundenen Unternehmen"**[633] vom 23.12.1990 geht in seiner historischen Entwicklung bis in das Jahr 1976 zurück. Am 29.11.1976 wurde von Seiten der EG-Kommission der „Vorschlag einer RL des Rates über Bestimmungen zur Vermeidung der Doppelbesteuerung für den Fall der Gewinnberichtigung zwischen verbundenen Unternehmen (Schiedsverfahren)"[634] vorgelegt, der allerdings vom Ministerrat nicht als RL verabschiedet wurde. Erst 14 Jahre später konnten sich die EU-Mitgliedstaaten auf ein **ratifizierungspflichtiges Abkommen** einigen.[635]

299   Dieses Übereinkommen stellt einen völkerrechtlichen Vertrag dar, der zum Inkrafttreten von allen Vertragspartnern ratifiziert werden muss. Dies ist auch der Grund dafür, dass das Abkommen erst am **1.1.1995 in Kraft** treten konnte, nachdem mit Portugal das letzte Unterzeichnerland der damaligen zwölf EU-Mitgliedstaaten seine Ratifikationsurkunde hinterlegt hatte.[636] Durch die Beitrittskonvention vom 21.12.1995 wurde der Geltungsbereich der Schiedskonvention auf die neuen EU-Mitglieder Österreich, Finnland und Schweden erstreckt.[637] Auch wenn nachteilig zu erwähnen ist, dass bei derartigen multilateralen Abkommen – anders als bei einer RL – dem EuGH kein Überprüfungsrecht zusteht, stellte das Übereinkommen einen wichtigen Schritt auf dem Weg zur Harmonisierung der direkten Steuern in der EU dar.[638] Erstaunlich ist gleichwohl, dass bis Ende 1999 kein Schiedsverfahren bekannt wurde, das auf Grundlage der Schiedskonvention anhängig geworden war.[639]

300   Die **EU-Schiedskonvention** (EU-SK) wurde gem. ihrem Art. 20 zunächst auf fünf Jahre geschlossen und lief mit dem 31.12.1999 aus. Im Jahr 1999 wurde jedoch das Protokoll zur Änderung dieser Bestimmung beschlossen.[640] Nach der Neufassung wird die Schiedskonvention für die Dauer von zunächst fünf Jahren geschlossen, wobei sich das Abkommen jeweils um wei-

---

[633] Einschl. des deutschen Zustimmungsgesetzes abgedruckt in BGBl. II 1993, 1308.

[634] ABl EG C 301/4 vom 21.12.1976; vgl. hierzu u. a. *Saß* DB 1979, 2196 ff.; *Krabbe* RIW 1982, 269 ff.; *Saß* DB 1983, 306 ff.; *Schelpe* EC Tax Review 1995, 68 ff.

[635] Vgl. *Bellstedt* IWB, Fach 11, Gruppe 2, 1993, 847.

[636] Weitere Informationen zur Entstehungsgeschichte gibt *Schelpe* EC Tax Review 1995, 68 ff. Die Bekanntmachung vom 24.12.1994 über das Inkrafttreten des EU-Übereinkommens wurde im BStBl. I 1995, 166 veröffentlicht.

[637] Vgl. BGBl. 1999 II, 1010 und BGBl. 2006 II, 575.

[638] Vgl. *Saß* DB 1991, 984.

[639] S. *Kippenberg* IStR-Länderbericht, IStR 11/99.

[640] Vgl. BGBl. 1999 II, 1082 und BGBl. 2005 II, 635.

tere fünf Jahre verlängert, wenn nicht ein Vertragsstaat spätestens sechs Monate vor Ablauf des jeweiligen Fünfjahreszeitraums schriftlich Einspruch beim Generalsekretär der EU erhebt.[641] Die Änderung ist am 1.11.2004 rückwirkend zum 1.1.2000 in Kraft getreten.[642] Am 8.12.2004 wurde ein Übereinkommen über den Beitritt der neuen EU-Staaten Estland, Lettland, Litauen, Malta, Polen, Slowakei, Slowenien, Tschechien, Ungarn und Zypern unterzeichnet.

Am 6. März 2014 hat das EU Joint Transfer Pricing Forum ein geändertes Diskussionspapier zur Verbesserung der Anwendung der Schiedskonvention veröffentlicht und die Mitglieder des JTPF gebeten, dazu Stellungnahmen abzugeben.[643] Inhaltlich befasst sich das Dokument mit 20 Fragen, die hier nicht erörtert werden, da noch ungewiss ist, ob und ggf. in welchem Umfang die Schiedskonvention später geändert wird.

2. Anwendungsbereich

Der **Anwendungsbereich** des Abkommens erstreckt sich sowohl auf **Ge-** **301** **winnberichtigungen** iSd **Art. 9 Abs. 1 OECD-MA** als auch auf solche iSd **Art. 7 Abs. 2 OECD-MA.** Im neuen Verhaltenskodex der EU spricht die EU die Empfehlung aus, dass das Verfahren auch auf Gewinnkorrekturen im Zusammenhang mit Unterkapitalisierungen („thin capitalisation") anzuwenden sei.[644] Da die deutsche Regelung in § 8a KStG iVm § 4h EStG nicht mehr an Zinszahlungen an verbundene Unternehmen anknüpft, wird zum Teil vertreten, dass sich die Frage in Deutschland nicht mehr stellt.[645]

Das Abkommen ist gem. Art. 1 EU-SK[646] anzuwenden, wenn Gewinne **302** bzw. Verluste, die in die Besteuerungsgrundlage eines Vertragsstaates einbezogen sind, nochmals in die Bemessungsgrundlagen eines Unternehmens in einem anderen EU-Staat eingehen und die Steuerverwaltungen dies damit begründen, dass die Vorschriften des Art. 4 EU-SK nicht eingehalten worden sind. Art. 9 Abs. 1 OECD-MA wurde wörtlich (Art. 4 Abs. 1 EU-SK) und Art. 7 Abs. 2 OECD-MA annähernd wörtlich (Art. 4 Abs. 2 EU-SK) in das Abkommen übernommen.[647] Somit gilt das Übereinkommen für die Gewinnberichtigung sowohl zwischen Muttergesellschaft und rechtlich selbständigen Tochtergesellschaften als auch zwischen Schwestergesellschaften oder zwischen Stammhaus und Betriebstätten.[648] Der Anwendungsbereich umfasst

---

[641] Vgl. Art. 20.

[642] Vgl. auch BMF 13.7.2006, BStBl. I 2006, 461.

[643] Vgl. *EU JTPF*, Revised discussion paper on the improvement of the functioning of the Arbitration Convention, Meeting of 6 March 2014, DOC: JTPF/011/REV2/2013/EN.

[644] Der Verhaltenskodex hat jedoch lediglich eine politische und keine rechtliche Verpflichtung für die Mitgliedsstaaten, vgl. Präambel zum Verhaltenskodex, ABl. C322 vom 30.12.2009; *Bödefeld/Kuntschik* IStR 2010, 474. 474.

[645] Vgl. *Peters/Haverkamp* BB 2011, 1303, 1306.

[646] Artikel ohne nähere Bezeichnung sind Artikel aus dem EU-Übereinkommen.

[647] Allerdings gibt es Abweichungen zu einzelnen DBA, vgl. *Kempf/Gelsdorf* IStR 2012, 329, 330.

[648] Die Grundsätze in Art. 4 decken in Deutschland die „verdeckte Gewinnausschüttung", die „verdeckte Einlage" sowie die Vorschrift des § 1 AStG ab; vgl. *Saß* DB 1991, 985.

weitergehend sogar Geschäftsbeziehungen zwischen einem Unternehmen und der Betriebstätte eines verbundenen Unternehmens. Dieses wird in der „gemeinsamen Erklärung" zu Art. 4 Abs. 1 festgelegt. Nicht anwendbar ist das Abkommen, wenn ein nicht in der EU ansässiges Unternehmen über eine EU-Betriebstätte mit einem EU-Unternehmen kontrahiert.[649] Das Abkommen soll nach Auffassung des JTPF auch in multilateralen Fällen anwendbar sein, an denen mehr als zwei Unternehmen beteiligt sind. Dies wird aus Art. 6 Abs. 2 abgeleitet, der von der „zuständigen Behörde eines jeden anderen beteiligten Vertragsstaates" spricht.[650] Gültigkeit hat es für die **Ertragsteuern,** die für die einzelnen Staaten genau spezifiziert sind (Art. 2 EU-SK), in Deutschland somit für die **Einkommen-, Körperschaft- und Gewerbeertragsteuer.** Das Abkommen ist auch bei Steuern gleicher oder wesentlich gleicher Art anzuwenden, die nach der Unterzeichnung des Übereinkommens erhoben werden (Art. 2 Abs. 3 EU-SK).

303   Das Verfahren nach der EU Schiedskonvention deckt sich somit nur z. T. mit dem DBA-Verständigungsverfahren. Das EU-Verfahren ist enger als das DBA-Verfahren.[651] Folglich stellt sich die Frage nach dem Verhältnis zwischen beiden Verfahren. Zum Teil wird von einem Wahlrecht zwischen den Verfahren ausgegangen.[652] Nach Art. 15 bleiben weitergehende Verpflichtungen nach einem DBA unberührt. Daraus lässt sich schließen, dass beide Verfahren nebeneinander anwendbar sind.[653] Andererseits verlangt die FinVerw., dass der Antragsteller deutlich machen muss, ob er seinen Antrag auf Verständigung auf ein DBA oder auf die Konvention stützt (Tz. 2.1 und 11.1.1 MiVS). Damit stellt sich die Frage, was passiert, wenn ein Verfahren nach DBA beantragt wurde und eine Verständigung ohne Schiedsentscheidung nicht möglich scheint. Soll es dann bei einer Doppelbesteuerung bleiben oder kann – sofern keine Frist abgelaufen ist – nachträglich eine Fortführung des Verfahrens als Schiedsverfahren beantragt werden? Oder ist es erforderlich, ein neues Verständigungsverfahren nach der Konvention durchzuführen? Beides wäre nicht mit dem Sinn und Zwecke des DBA bzw. der Schiedskonvention vereinbar. Die FinVerw. sollte hier großzügig vorgehen und eine „Überleitung" vom DBA-Verständigungsverfahren zum EU-Schiedsverfahren ermöglichen.[654]

---

[649] Vgl. *Saß* DB 1991, 985.

[650] Zur Anwendung auf „Thin Capitalisation Cases" oder „Triangular Cases" vgl. „Final Report of the EU Joint Transfer Pricing Forum on the Interpretation of some Provisions of the Arbitration Convention", vgl COM (2009) 472, SEC (2009) 1168, SEC (2009) 1169. Die Empfehlungen des JTPF wurden inzwischen in Tz. 1.1 und 1.2 des neuen Verhaltenskodexes übernommen, vgl. ABl. C 322 vom 30.12.2009. Die Berücksichtigung von Nicht-EU-Gesellschaften in Dreieckskonstellationen soll durch multilaterale APAs, eine entsprechende Interpretation des Art. 25 Abs. 3 OECD-MA oder eine Ausdehnung des EU-Verständigungs- und Schiedsverfahren über die Wiener Konvention, vgl. COM (2011) 16. Vgl. hierzu auch *Bödefeld/Kuntschik* IStR 2010, 474, 475; *Peters/Haverkamp* BB 2011, 1303, 1307.

[651] Vgl. *Peters/Haverkamp* BB 2011, 1303, 1304.

[652] Vgl. *Peters/Haverkamp* BB 2011, 1303, 1304; *Kempf/Gelsdorf* IStR 2012, 329, 331.

[653] Vgl. auch *Lehner* in Vogel/Lehner, DBA, Art. 25 Rn. 306.

[654] Umgekehrt sollte es möglich sein, sich im Rahmen eines EU-Schiedsverfahrens auf günstigere Klauseln eines DBAs zu berufen, *Bödefeld/Kuntschik* IStR 2009, 449, 453.

Zur Vermeidung von Rechtsnachteilen sollte immer ein **Antrag auf Ein-** 304 **leitung des Verständigungs- und Schiedsverfahrens nach der EU-Schiedskonvention und hilfsweise des Verständigungsverfahrens nach dem (konkreten) DBA** gestellt werden. Obwohl dem EU-Schiedsverfahren ohnehin rechtstechnisch ein Verständigungsverfahren vorgeschaltet ist, ist der Hilfsantrag keineswegs ohne Bedeutung. So bestehen in einigen EU-Ländern noch Übergangsfristen für die Erhebung von Quellensteuern für Dividenden, Lizenzen oder Zinsen. Die Quellensteuer ist aber in das EU-Schiedsverfahren nicht einbezogen. Das Verständigungsverfahren kann ferner eine eigenständige Bedeutung erlangen, wenn sich zB herausstellt, dass ein Unternehmen in die Lieferungs- und Leistungsbeziehungen eingeschaltet war, das kein verbundenes Unternehmen war. Andererseits wird vertreten, dass beide Verfahren nicht gleichzeitig möglich seien, da insoweit das Verfahrenshindernis der anderweitigen Rechtshängigkeit bestünde.[655] Dem kann entgegengehalten werden, dass das Verständigungsverfahren kein förmliches Rechtsbehelfsverfahren sondern ein zwischenstaatliches Verwaltungsverfahren ist.[656]

3. Verfahren

Die Beseitigung der Doppelbesteuerung erfolgt über **drei Verfahrensstu-** 305 **fen,** nämlich das **Vorverfahren** (Art. 5 EU-SK), das **Verständigungsverfahren** (Art. 6) und das **Schlichtungsverfahren** (Art. 7 EU-SK). Zur Bereinigung des Konflikts müssen allerdings nicht zwangsläufig alle Stufen durchlaufen werden, vielmehr kann es auf jeder zu einer Lösung kommen.

a) Vorverfahren

Im Rahmen des Vorverfahrens muss ein Vertragsstaat, der eine Gewinn- 306 berichtigung nach Art. 4 EU-SK beabsichtigt, das **betroffene Unternehmen** rechtzeitig über dieses Vorhaben **unterrichten,** damit dieses Unternehmen zunächst das **verbundene Unternehmen** in dem anderen Staat davon in **Kenntnis** setzen und dieses wiederum die eigene **Steuerbehörde** informieren kann (Art. 5 S. 1 EU-SK). Die beabsichtigte Gewinnberichtigung kann durch eine solche Unterrichtung jedoch nicht verhindert werden (Art. 5 S. 2 EU-SK). Dies ist in der Weise zu verstehen, dass letztere keine suspensive Wirkung hat.[657] Wenn sich beide Unternehmen und der andere Vertragsstaat mit der Berichtigung einverstanden erklären, ist mit Hilfe dieses Verfahrens – durch Nachgeben – der Konflikt bereits beseitigt (Art. 5 S. 3 EU-SK). Obwohl dies nicht ausdrücklich in Art. 5 S. 3 EU-SK gesagt wird, ist anzunehmen, dass mit der Zustimmung des anderen Staates zur Berichtigung gleichzeitig eine Verpflichtung zur **Gegenberichtigung** durch den anderen Staat anerkannt wird, weil sonst der in Art. 5 S. 3 EU-SK letzter Halbsatz erwähnte Ausschluss der Anwendung von Art. 6 und 7 EU-SK nicht sinnvoll wäre.

---

[655] Vgl. *Kempf/Gelsdorf* IStR 2012, 329, 330.
[656] Vgl. *Merz/Sajogo* PIS 2010, 185, 185.
[657] Vgl. *Bellstedt* IWB, Fach 11, Gruppe 2, 1993, 850.

b) Verständigungsverfahren

307   Kann auf diesem Weg **keine Einigung** erzielt werden, besteht für das Unternehmen unbeschadet der im innerstaatlichen Recht vorgesehenen Rechtsbehelfe die Möglichkeit zur **Beantragung des Verständigungsverfahrens**
(Art. 6 Abs. 1 S. 1 EU-SK). Dieses geschieht durch Vorlage des Falls bei der
zuständigen Behörde des Vertragsstaates, dem es angehört oder in dem seine
Betriebstätte gelegen ist; in Deutschland ist das der Bundesminister der Finanzen bzw. ein bevollmächtigter Vertreter (Art. 3 Abs. 1 EU-SK). Das bereits erwähnte „Merkblatt zum internationalen Verständigungsverfahren und
Schiedsverfahren in Steuersachen"[658] enthält eine Zusammenfassung der wesentlichen Verfahrensgrundsätze. Laut diesem Merkblatt hat das BMF u. a.
seine Zuständigkeit auf das BZSt übertragen (Tz. 1.4 MiVS). Für das Unterbreiten des Falls bleibt dem Unternehmen ein **Zeitraum von drei Jahren**
seit dem Tag der Mitteilung der zur Doppelbesteuerung führenden Maßnahme (Art. 6 Abs. 1 S. 2 EU-SK).[659] Daran anschließend unterrichtet die zuständige Behörde sofort die entsprechende Behörde des anderen betroffenen
Staates (Art. 6 Abs. 1 Unterabs. 2 EU-SK). Die Fristdauer wird mit der Dauer der nationalen Rechtsmittelverfahren begründet, denn ein Unternehmen
kann vor Einleitung des Verständigungsverfahrens daran interessiert sein, in
welche Richtung das nationale Rechtsmittelverfahren tendiert. In diesem
Zusammenhang sei erwähnt, dass das **internationale Verfahren** und die **nationalen Rechtsbehelfe parallel nebeneinander** stehen.[660]

308   Nach der Unterbreitung des Falls findet eine „interne" Prüfung seitens der
zuständigen Behörde statt, ob sie die Einwände für begründet hält und evtl.
selbst regulieren kann, bspw. durch Anweisungen gegenüber nachgeordneten Behörden, **Abhilfe** zu schaffen. Das eigentliche Verständigungsverfahren beginnt, wenn die Einwendungen begründet sind, aber ohne Mitwirkung
des anderen Vertragsstaates keine zufriedenstellende Lösung zur Beseitigung
der Doppelbesteuerung herbeigeführt werden kann. Die Behörde ist dann
zur **Einleitung des Verständigungsverfahrens** verpflichtet (Art. 6 Abs. 2
EU-SK).

309   Diese **Pflicht besteht** jedoch **nicht,** falls bei einem der beteiligten Unternehmen ein Gerichts- oder Verwaltungsverfahren wegen eines „empfindlich
zu bestrafenden Verstoßes gegen steuerliche Vorschriften im Zusammenhang
mit dem zur Gewinnberichtigung führenden Geschäft" anhängig ist (Art. 8
Abs. 1 EU-SK).[661] Das DBA-Verständigungs- und Schiedsverfahren sieht kei-

---

[658] Vgl. BMF 13.7.2006, BStBl. I 2006, 461 (nachfolgend abgekürzt: MiVS); s. auch
Rn. 231.

[659] Zur Bestimmung des maßgebenden Bescheides s. Rn. 249. Vgl. auch Verhaltenskodex der EU, ABl. C 176 vom 28.7.2006, 8. Zur Neuregelung des Verhaltenskodex
vgl. die Empfehlungen des JTPF in den Dokumenten COM (2009) 472, SEC (2009)
1168 und SEC (2009) 1169. Vgl. Tz. 4 des neuen Verhaltenskodexes, ABl. C322 vom
30.12.2009. Vgl. *Hammarstrand/Monsenego* TNI 10/2009, 273. Der Verhaltenskodex
hat jedoch eine lediglich politische und keine rechtliche Verpflichtung für die Mitgliedstaaten, *Bödefeld/Kuntschik* IStR 2010, 474, 474.

[660] Vgl. *Saß* DB 1991, 986; s. auch oben Rn. 244 u. 257.

[661] Der neue Verhaltenskodex gibt den Mitgliedstaaten in Tz. 3 auf, ihre jeweiligen
Auslegungen zu konkretisieren und auf Ausnahmefälle zu beschränken, vgl. ABl. C322
vom 30.12.2009. Vgl. *Merz/Sajogo* PIS 2010, 44, 50.

ne entsprechende Regelung vor.[662] Läuft das Verständigungs- oder Schlichtungsverfahren bereits, kann es bis zur Urteilsverkündung ausgesetzt werden (Art. 8 Abs. 2 EU-SK). In Deutschland ist dieser Tatbestand schon bei einer mit Bußgeld geahndeten Steuerordnungswidrigkeit iSd §§ 377 ff. AO, also zB in Fällen der **leichtfertigen Steuerverkürzung** nach § 378 AO **oder** einer **Steuergefährdung** nach § 379 AO erfüllt.[663] Dagegen ist der Zuschlag nach § 162 Abs. 4 AO nicht als Geldstrafe oder Bußgeld iSd §§ 377 ff. AO anzusehen.[664] *Saß* sieht in diesem – gegenüber dem RLVorschlag neu eingeführten – Artikel eine bedenkliche Einschränkung des Prinzips der Beseitigung der Doppelbesteuerung und betont „das Unternehmen trifft neben der gesetzlich vorgesehenen Strafe noch die zusätzliche Sanktion der Doppelbesteuerung".[665] Es ist zwar verständlich, dass man Straftätern die Vorteile des Verständigungsverfahrens versagen möchte, jedoch ist es sehr fraglich, ob schon eine Steuerordnungswidrigkeit iSd §§ 377 ff. AO als „empfindlich zu bestrafender Verstoß gegen steuerliche Vorschriften" zu qualifizieren ist. Einige Vertragsstaaten tendieren diesbezüglich zu einer Ausdehnung des Begriffs, die kaum mehr steuerkriminelle Aspekte beinhaltet.[666] Inzwischen wird den EU-Mitgliedsstaaten im neuen Verhaltenskodex zur EU-Schiedskonvention empfohlen, ihre nationalen Regelungen auf Ausnahmefälle zu beschränken und näher zu präzisieren.[667]

Mit Beginn des eigentlichen Verständigungsverfahrens verbleibt den Behörden eine **Frist von zwei Jahren** zur **Beseitigung der Doppelbelastung** (Art. 7 Abs. 1 EU-SK).[668] Die Doppelbesteuerung von Gewinnen gilt gem. Art. 14 als beseitigt, wenn die Gewinne in nur einem Staat besteuert werden oder die Steuerbelastung des einen Staates auf die Steuer des anderen Staates angerechnet wird. Nach Art. 14 Buchst. a EU-SK ist es dabei ohne Bedeutung, dass sich der Betrag der Steuerersparnis in dem einen Land und der Mehrsteuerbetrag des anderen Landes auf Grund unterschiedlicher Steuersätze nicht unbedingt entsprechen. Während sich bei der Geltung des Freistellungsverfahrens kaum Probleme ergeben dürften, wird im Fall der Anwendung des Anrechnungsverfahrens befürchtet, dass der Staat mit der niedrigeren Belastung versuchen wird, seine einseitige Besteuerung durchzusetzen.[669] **310**

Die oben genannte Zweijahresfrist kann sich allerdings erheblich verlängern. Geht das betroffene Unternehmen zunächst den nationalen Rechtsmittelweg – was im Hinblick auf das mit einer Klage verbundene Kostenrisiko **311**

---

[662] Vgl. *Peters/Haverkamp* BB 2011, 1303, 1308.

[663] Vgl. BMF 12.4.2005, BStBl. I 2005, 570, Tz. 6.1.3.2 sowie *Baumhoff u. a.* WPg-Sonderheft 2006, 131, 155.

[664] Vgl. BMF 12.4.2005, BStBl. I 2005, 570, Tz. 6.1.3.2.

[665] Vgl. *Saß* DB 1991, 987.

[666] Vgl. *Saß* DB 1991, 987.

[667] Vgl. Tz. 3 des Verhaltenskodexes, ABl. C 322 vom 30.12.2009. Vgl. hierzu auch *Bödefeld/Kuntschik* IStR 2010, 474, 476.

[668] Zum Fristbeginn vgl. „Verhaltenskodex zur wirksamen Durchführung des Übereinkommens über die Beseitigung der Doppelbesteuerung im Falle von Gewinnberichtigungen zwischen verbundenen Unternehmen", ABl. C 176 vom 28.7.2006, 8 bzw. Tz. 5 des neuen Verhaltenskodexes, vgl. ABl. C 322 vom 30.12.2009.

[669] Vgl. *Bellstedt* IWB, Fach 11 Gruppe 2, 1993, 852.

generell nicht empfehlenswert ist –,[670] beginnt die Frist für das Verständigungsverfahren erst nach der letztinstanzlichen Gerichtsentscheidung (Art. 7 Abs. 1 Unterabs. 2 EU-SK). Zusätzlich besteht die Möglichkeit zu einer Änderung der Fristen; dieses erfordert jedoch das Einverständnis von Behörden und beteiligten verbundenen Unternehmen (Art. 7 Abs. 4 EU-SK). Im neuen Verhaltenskodex zum Schlichtungsverfahren wird inzwischen jedoch empfohlen, die Möglichkeit der Fristverlängerung auf Ausnahmefälle zu beschränken.[671] Ist die Doppelbesteuerung **nach Ablauf der Frist** nicht beseitigt, sind die zuständigen Behörden zur **Einleitung eines Schlichtungsverfahrens** verpflichtet (Art. 7 Abs. 1 EU-SK).

312　　An dieser Stelle ist noch auf ein Problem hinzuweisen, das sich aus der zulässigen Parallelität des Schiedsverfahrens und des nationalen Rechtsmittelwegs ergibt. Dem Verfassungsrecht einiger EU-Staaten folgend, darf die Fin-Verw. – wie zB in Italien – wegen des Grundsatzes strikter Gewaltentrennung nicht von ergangenen **Gerichtsurteilen** abweichen. Art. 7 Abs. 3 EU-SK erkennt diese Rechtslage an und zeigt Möglichkeiten, wie der Steuerpflichtige gleichwohl ein Verständigungsverfahren erreichen kann.[672] Es ist in solchen Ländern darauf zu achten, dass im Fall einer drohenden negativen Gerichtsentscheidung entweder der Rechtsmittelweg durch Verstreichenlassen der entsprechenden Fristen gar nicht erst begonnen wird oder dass die Steuerpflichtigen ihre **Klage rechtzeitig zurückziehen,** um somit den Weg zu einem möglicherweise günstiger verlaufenden Schlichtungsverfahren offen zu halten.[673] Letzterer Weg hat den Vorteil, dass man zunächst die tendenzielle Haltung des Gerichts abwarten kann.

c) Schlichtungsverfahren

313　　Beim EU-Schiedsverfahren wird ohne gesonderten Antrag das Schlichtungsverfahren durchgeführt, wenn das Verständigungsverfahren scheitert. Anders als beim EU-Schiedsverfahren ist beim OECD-Schiedsverfahren ein gesonderter Antrag erforderlich.[674] Im Rahmen des Schlichtungsverfahrens muss ein **Beratender Ausschuss** einberufen werden,[675] der mit dem Anfertigen ei-

---

[670] Wenn das EU-Schiedsverfahren beantragt werden kann, sollte lediglich Einspruch gegen die Steuerbescheide eingelegt und Ruhen des Verfahrens bis zur Beendigung des Schiedsverfahrens beantragt werden, damit keine Gerichtskosten entstehen.

[671] Vgl. *Bödefeld/Kuntschik* IStR 2010, 474, 476 mwN.

[672] Auch die Länder Frankreich und England haben in ihren einseitigen Erklärungen zum Abkommen festgelegt, dass sich die zuständigen Behörden ihrer Länder nicht über eine rechtskräftige Entscheidung der Gerichte hinwegsetzen dürfen.

[673] Vgl. *Bellstedt* IWB, Fach 11 Gruppe 2, 1993, 853; *Saß* DB 1991, 986.

[674] Vgl. *Nientimp/Tomson* IStR 2009, 615, 616; s. a. oben Rn. 233 ff.

[675] Es ist keine Frist vorgesehen, innerhalb derer der Beratende Ausschuss einberufen werden muss. Das Joint Transfer Pricing Forum (JTPF) der EU, das auch den bereits erwähnten Verhaltenskodex der EU (ABl. C 176 vom 28.7.2006, 8) erarbeitet hat, schlägt inzwischen eine Frist zur Einsetzung des Ausschusses von 6 Monaten nach Ablauf des in Art. 7 Abs. 1 genannten Zeitraums vor, vgl. „Final Report of the EU Joint Transfer Pricing Forum on the Interpretation of some Provisions of the Arbitration Convention", vgl. COM (2009) 472, SEC (2009) 1168 und SEC (2009) 1169. Vgl. hierzu auch *Bödefeld/Kuntschik* IStR 2009, 268 f. mwN. Im neuen Verhaltenskodex wird dies in Tz. 7.2b) bestätigt, vgl. ABl. C322 vom 30.12.2009. Vgl. auch *Bödefeld/Kuntschik* IStR 2010, 474, 476 mwN.

ner **Stellungnahme zur Beseitigung der Doppelbesteuerung** beauftragt wird (Art. 7 Abs. 1 EU-SK).[676] Dies entspricht dem „independent opinion approach" im Rahmen des DBA-Verfahrens.[677] Diese Stellungnahme muss binnen **sechs Monaten** nach Befassung des Ausschusses mit der Sache mit einfacher Mehrheit verabschiedet (Art. 11 Abs. 2 EU-SK) und abgegeben werden (Art. 11 Abs. 1 EU-SK).[678] Sie stellt zunächst lediglich eine Entscheidungshilfe dar, denn die beteiligten Behörden können bei ihrer Entscheidung davon abweichen (Art. 12 Abs. 1 Unterabs. 2 EU-SK).[679] Allerdings verbleiben den Behörden nach Abgabe der Stellungnahme nur noch sechs Monate zur Entscheidungsfindung (Art. 12 Abs. 1 EU-SK). Kommen sie binnen dieser Zeit zu keiner Einigung, sind sie zur Übernahme der Ergebnisse des Beratenden Ausschusses verpflichtet (Art. 12 Abs. 1 Unterabs. 2 EU-SK). „War die Stellungnahme also vor der Einigung der Behörden bloße unverbindliche Entscheidungshilfe, so wird sie mangels Einigung nach **weiteren 6 Monaten** zur verbindlichen Entscheidungsgrundlage".[680] Die Möglichkeit eines „nachgelagerten Verständigungsverfahrens" ist im DBA-Verfahren nicht vorgesehen.[681]

Trotz allem hat die Stellungnahme selbst keine Außenwirkung, sodass sie **314** von den betroffenen Unternehmen mit **Rechtsbehelfen** nicht angegriffen werden kann.[682] Es stellt sich allerdings die Frage, ob die Behörden – im Fall von Untätigkeit – zum Fällen einer Entscheidung iSd Stellungnahme gezwungen werden können. Diese Frage ist zu bejahen, denn zum Einen wird durch Untätigkeit die Verpflichtung des Art. 12 Abs. 1 EU-SK verletzt, und zum anderen haben deutsche betroffene Unternehmen nach Art. 20 Abs. 3 GG einen Anspruch auf gesetzmäßige Besteuerung und damit auch einen Anspruch auf Einhaltung der Schranken einer Gewinnkorrektur, die von den DBA oder anderen völkerrechtlichen Vereinbarungen mit Vorrang vor nationalem Recht vorgegeben werden (§ 2 AO). Als völkerrechtlicher Vertrag ist das Übereinkommen somit vorrangig vor nationalen Normen zu sehen. Der Rechtsweg für ein deutsches Unternehmen besteht in einer Verpflichtungs- bzw. sonstigen Leistungsklage nach § 40 Abs. 1 letzte Alternative FGO.[683]

Der **Beratende Ausschuss** (Art. 9) setzt sich aus je zwei – nach Abspra- **315** che auch nur je einem – Vertretern der zuständigen Behörden, einer geraden Anzahl unabhängiger Personen und einem Vorsitzenden zusammen (Art. 9 Abs. 1).[684] An die unabhängigen Personen wird die Forderung nach Staatsan-

---

[676] Zur Darlegungs- und Beweislast der Vertragsstaaten vgl. *Bödefeld/Kuntschik* IStR 2009, 268, 272.

[677] Vgl. *Peters/Haverkamp* BB 2011, 1303, 1309.

[678] Vgl. hierzu *Bödefeld/Kuntschik* IStR 2009, 268 f.

[679] Hierin ist der wesentliche Unterschied zu dem ursprünglichen RLvorschlag zu sehen, der von einem zwingenden Schiedsverfahren ausging. In diesem Zusammenhang wurde allerdings die Frage nach gerichtlicher Kontrolle und Zuständigkeit eines Gerichts diskutiert; vgl. hierzu *Krabbe* RIW 1982, 272; *Saß* DB 1983, 306 f.

[680] *Bellstedt* IWB, Fach 11 Gruppe 2, 1993, 854.

[681] Vgl. *Peters/Haverkamp* BB 2011, 1303, 1310.

[682] Zur Geltendmachung von Verfahrensfehlern vgl. *Bödefeld/Kuntschik* IStR 2009, 268, 271.

[683] Vgl. *Bellstedt* IWB, Fach 11 Gruppe 2, 1993, 854 f.

[684] Vgl. auch BMF 13.7.2006, BStBl. I 2006, 461, Tz. 13.3.1.

gehörigkeit und Wohnsitz in der EU, sachlicher Kompetenz sowie Unabhängigkeit gestellt. Jeder Vertragsstaat muss fünf von ihnen mit jeweils einem Stellvertreter benennen (Art. 9 Abs. 4). Aus dieser Liste werden die unabhängigen Personen und auch der Vorsitzende ausgewählt, der darüber hinaus die Voraussetzungen für die Ausübung höchstrichterlicher Aufgaben haben oder ein Jurist von allgemein bekannter Kompetenz sein muss (Art. 9 Abs. 5). In Bezug auf die unabhängigen Personen besteht für jede Behörde ein Ablehnungsrecht. Gründe hierfür können die Zugehörigkeit zu einer der beteiligten Steuerverwaltungen oder Unternehmen sowie mangelnde Unbefangenheit sein (Art. 9 Abs. 3). Des Weiteren sind alle Mitglieder des Schlichtungsausschusses zur Geheimhaltung aller erlangten Informationen verpflichtet. Verstöße werden von den Vertragsstaaten verfolgt (Art. 9 Abs. 6). Damit dieses möglich ist, müssen die Mitglieder Staatsangehörige eines Mitgliedstaates sein und ihren Wohnsitz in der EU haben.[685]

316   Die **Kosten** des Verfahrens vor dem Beratenden Ausschuss sind zu gleichen Teilen von den entsprechenden Vertragsstaaten zu tragen. Hiervon ausgenommen sind die Kosten, die den verbundenen Unternehmen entstehen (Art. 11 Abs. 3). Die **Umsetzung** der Schlichtungsregelung erfolgt wie beim **Verständigungsverfahren.** Dabei ist die Umsetzung ebenso wie im Rahmen des Verständigungsverfahrens davon abhängig, dass der **Steuerpflichtige** diese **Regelung annimmt** und seinen **Rechtsbehelf** betreffend der umzusetzenden Punkte **zurückzieht.**[686]

317   *Bellstedt* beanstandet „die Besetzung des Beratenden Ausschusses mit alten Haudegen aus der Szene".[687] Selbst wenn diese Kritik von *Bellstedt* wohl darauf abzielt, dass die Meinungsbildung im Ausschuss vorwiegend von Vertretern der zuständigen Behörden beeinflusst wird, so dürfte dies im Ergebnis keinen Nachteil für das betroffene Unternehmen mit sich bringen. Denn die Stellungnahme des Ausschusses muss einen Lösungsvorschlag unterbreiten, der in jedem Fall eine Doppelbesteuerung vermeidet. Ein etwaiger „Nachteil" für den Steuerpflichtigen kann sich nur durch eine Gewinnberichtigung zugunsten des Staates ergeben, der höhere Steuersätze hat.

318   Im Ergebnis ist mit diesem Übereinkommen ein großer Durchbruch auf dem Gebiet der internationalen Schlichtungsverfahren gelungen, insb. vor dem Hintergrund, dass in den meisten europäischen DBA Vorschriften zur verbindlichen Gegenberichtigung fehlen.[688]

4. Stellung des Steuerpflichtigen im Verfahren

319   Auch im EU-Verfahren hat der Stpfl. keine Parteistellung.[689] Jedes beteiligte Unternehmen hat ein **Recht auf Anhörung** und die **Pflicht,** bei Aufforderung vor dem Beratenden Ausschuss **zu erscheinen** (Art. 10 Abs. 2). Des Weiteren ist den Unternehmen und auch den zuständigen Behörden die Übermittlung von Beweismitteln etc. möglich bzw. sie sind auf Verlangen des

---

[685] Vgl. *Saß* DB 1991, 986.
[686] S. Rn. 256, 261 sowie 266.
[687] Vgl. *Bellstedt* IWB, Fach 11 Gruppe 2, 1993, 858.
[688] S. oben Rn. 298 ff.
[689] Vgl. *Peters/Haverkamp* BB 2011, 1303, 1308.

Ausschusses dazu verpflichtet (Art. 10 Abs. 1). Es besteht jedoch anders als im DBA-Verfahren ein Anhörungs- und Vertretungsrecht (Art. 10 Abs. 2 S. 1).

Die Kosten des Verfahrens werden zu gleichen Teilen von den beteiligten Vertragsstaaten getragen; jedoch müssen die verbundenen Unternehmen die ihnen entstehenden Kosten selbst tragen (Art. 11 Abs. 3).

(einstweilen frei)   320–330

VII. Verbindliche Auskünfte und Vereinbarungen

1. Unilaterale Auskünfte und Vereinbarungen in Deutschland

Wenn die Finanzbehörde dem Steuerpflichtigen im Voraus eine **verbind-** 331 **liche Zusage oder Auskunft** zur künftigen steuerlichen Behandlung eines geplanten Sachverhalts gibt, dann schafft dies für den Steuerpflichtigen **Rechtssicherheit** und er kann im Vertrauen auf die Auskunft entsprechende Investitionen vornehmen oder andere geplante Maßnahmen in die Tat umsetzen. Für Berater bietet die verbindliche Auskunft eine Möglichkeit, die Haftung in Fällen mit ungeklärten und riskanten Rechtsfragen zu vermeiden. In diesem Abschnitt soll erörtert werden, inwieweit es möglich ist, eine verbindliche Auskunft für die Preisgestaltung mit verbundenen Unternehmen, also für die Anwendbarkeit von Verrechnungspreismethoden oder für die Höhe von Verrechnungspreisen, Lizenzsätzen usw. zu erlangen.

Zum Teil wird seitens der FinVerw. bezweifelt, dass in grenzüberschreitenden Sachverhalten eine unilaterale Auskunft oder Zusage erteilt werden kann oder dass zumindest das BZSt eingeschaltet werden muss.[690] Die Unzulässigkeit einer verbindlichen Auskunft in Verrechnungspreisfällen wird auf Tz. 1.2 des APA-Merkblattes[691] und Tz. 3.5.4 und 3.5.7 AEAO zu § 89 AO gestützt. Zwar sieht Tz. 1.2 des o. g. Merkblatts vor, dass in den Fällen, in denen mit dem Staat eines ausländischen Unternehmens ein DBA besteht, das eine Verständigungsklausel enthält, Verrechnungspreiszusagen nur aufgrund einer Verständigung mit dem anderen Staat **(Advance Pricing Agreement – APA)** erfolgen sollen. Allerdings wird in der gleichen Tz. ausgeführt, dass im Einvernehmen mit dem BZSt **einseitig Verrechnungspreiszusagen** erteilt werden können, wenn der konkrete Einzelfall hierfür geeignet ist und ein berechtigtes Interesse besteht. Sicherlich bietet eine unilaterale Auskunft nicht die Rechtssicherheit wie ein bilaterales APA.[692] Allerdings gibt es auch viele kleinere Fälle, in denen der Aufwand eines bilateralen APAs unverhältnismäßig erscheint. In diesen Fällen ist es nicht nachvollziehbar, warum eine einseitige Lösung nicht möglich sein soll. Ein einseitiges APA kann ja unter dem Vorbehalt vereinbart werden, dass die ausländische Finanzbehörde keine Beanstandung der Verrechnungspreise bezüglich der betreffenden Geschäftsbeziehungen vornimmt. Ferner sind Fälle denkbar, in denen die ausländische Finanzbehörde bewusst nicht eingeschaltet werden soll, zB weil das deutsche Konzernunternehmen 90% der Standortvorteile des ausländischen Produk-

---

[690] Vgl. *Kramer* TNI 01/2007, 257.
[691] Vgl. BMF 5.10.2006, BStBl. I 2006, 594.
[692] S. Rn. 416.

tionsunternehmens durch günstige Einkaufspreise erhält oder weil bestimmte Kosten für Dienstleistungen im Ausland als nicht verrechenbar qualifiziert werden.

Beispiel: Eine deutsche Muttergesellschaft belastet an verschiedene ausländische Tochtergesellschaften im Wege der Konzernumlage Managementgebühren und zudem umsatzabhängige Lizenzgebühren für die Überlassung von Know-how. Die FinVerw. im Land B erkennt indirekte Kostenbelastungen für zentrale Dienstleistungen grds. nicht an. Daher soll zukünftig auf eine Belastung der Managementgebühren gegenüber der Tochtergesellschaft in Land B verzichtet werden. Gleichzeitig sollen die Lizenzgebühren so angehoben werden, dass die Mehrbelastung die wegfallende Managementgebühr wieder ausgleicht. Die höheren Lizenzgebühren sollen noch innerhalb der Interquartile Range von Lizenzgebühren liegen, die zB mittels Datenbankrecherchen ermittelt wurden. Die Geschäftsleitung der deutschen Muttergesellschaft will, dass die deutsche FinVerw. im Rahmen einer unilateralen verbindlichen Auskunft die Rechtsfrage beantwortet, ob ein Vorteilsausgleich vorliegt. Ein bilaterales APA ist in diesem Fall nicht erfolgsversprechend, da die FinVerw. in Land B die Umstellung als Umgehung der Vorschriften ansehen könnte und daher vermutlich wenig kompromissbereit wäre.

Der Unsicherheit aufgrund einer möglichen abweichenden Meinung der ausländischen Finanzbehörde kann dadurch Rechnung getragen werden, dass die Zusage unter dem Vorbehalt erteilt wird, dass eine abweichende Regelung im Rahmen eines etwaigen späteren Verständigungsverfahrens oder Schiedsverfahrens der Zusage vorgeht.[693] Auf Tz. 3.5.4 AEAO zu § 89 AO, der offensichtlich einen Missbrauch der verbindlichen Auskunft ausschließen soll, kann die FinVerw. eine ablehnende Haltung uE. nur in Ausnahmefällen stützen.[694] Ferner ist nicht zwingend die Anhörung einer anderen Behörde vorgesehen, wovon Tz. 3.5.7 AEAO zu § 89 AO die Erteilung einer verbindlichen Auskunft abhängig macht. Es ist nicht nachvollziehbar, warum die deutsche FinVerw. Rücksicht auf andere Staaten nimmt, wohingegen die **FinVerw. in zahlreichen Staaten** ohne Weiteres **unilaterale APAs** abschließen. Insbesondere in den USA werden überwiegend solche unilateralen APAs abgeschlossen.[695] Die o. g. Aussage in Tz. 1.2 des APA-Merkblatts, dass im Falle einer unilateralen verbindlichen Auskunft zwingend das BZSt hinzugezogen werden muss, ist nach der Neuregelung des § 89 AO wohl überholt. So hat der Gesetzgeber in § 89 Abs. 2 S. 2 und 3 AO eindeutig geregelt, dass nur in bestimmten Fällen das BZSt zuständig ist. In allen anderen Fällen soll nach dem Willen des Gesetzgebers die Finanzbehörde tätig werden, die bei Verwirklichung des dem Antrag zugrunde liegenden Sachverhalts örtlich zuständig ist. Jedenfalls sollte eine verbindliche Auskunft nicht an internen Zuständigkeitsstreitigkeiten scheitern. Vielmehr ist eine ergebnisorientierte Kooperation der jeweiligen Behörden und der Steuerpflichtigen wünschenswert, geht es doch darum, spätere Rechtsstreitigkeiten und Verständigungs- und Schiedsverfahren zu vermeiden, die für alle Seiten zeit- und kostenintensiv sind.

332   Grds. bestehen die folgenden Möglichkeiten, von den deutschen Finanzbehörden eine verbindliche Auskunft oder Zusage zu erhalten:[696]

---

[693] S. Rn. 338.
[694] S. Rn. 361.
[695] Vgl. *Kramer* IStR 2007, 174 f.
[696] Vgl. *Seer* in Tipke/Kruse, § 89 AO Tz. 21 ff. und 115 ff.

– Verbindliche Auskünfte außerhalb einer Außenprüfung gem. § 89 Abs. 2
  AO
– Verbindliche Zusagen aufgrund einer Außenprüfung gem. §§ 204 ff. AO
– Verbindliche Zollauskünfte gem. Art. 12 ZK
– Lohnsteueranrufungsauskünfte gem. § 42e EStG
– Ungeschriebene Zusagen durch verwaltungsrechtliche Willenserklärungen
– Selbstbindung durch Verwaltungsübung nach Treu und Glauben[697]
– Tatsächliche Verständigung auf bestimmte Sachverhalte[698]
– Verbindliche Vorabzusage über Verrechnungspreise zwischen international
  verbundenen Unternehmen auf Basis einer Vorabverständigungsvereinba-
  rung (Advance Pricing Agreement – APA).[699]

Verbindliche Zollauskünfte und Lohnsteueranrufungsauskünfte haben für
die Verrechnungspreispraxis keine Relevanz. Die Bindungswirkung auf Grund
ungeschriebener Zusagen oder auf Grund einer Selbstbindung durch Verwal-
tungsausübung ist nicht im Voraus zuverlässig planbar und gewährt insoweit
nicht die Rechtssicherheit, die mit der verbindlichen Auskunft erstrebt wird.[700]
Die tatsächliche Verständigung wurde bereits oben ausführlich beschrieben;
daher wird hier auf diese Ausführungen verwiesen.[701] Die Ausführungen beschränken sich daher im Folgenden auf die Darstellung der verbindlichen Zusage auf Grund einer Außenprüfung und der verbindlichen Auskunft außerhalb der Außenprüfung. Auf welcher Rechtsgrundlage die sog. Advance
Pricing Agreements beruhen, wird in einem eigenen Abschnitt gesondert erörtert.[702]

a) Verbindliche Zusagen auf Grund einer Außenprüfung

Die **verbindliche Zusage im Anschluss an eine Außenprüfung** ist in **333**
den §§ 204–207 AO geregelt. Die Worte „im Anschluss" weisen darauf hin,
dass ein zeitlicher Zusammenhang zwischen der Betriebsprüfung und der
Stellung des Antrags auf Erteilung einer verbindlichen Zusage bestehen muss.
Der **Antrag** sollte möglichst schriftlich und **vor oder** spätestens **während**
der **Schlussbesprechung** gestellt werden, weil die Finanzbehörde bei einem
nach der Schlussbesprechung gestellten Antrag keine verbindliche Zusage
mehr erteilt, wenn nochmalige umfangreiche Prüfungshandlungen erforderlich sind (Tz. 3 AEAO zu § 204 AO). Unabhängig davon hält die Literatur
einen Antrag auf verbindliche Zusage noch für zulässig, solange der Prüfungsbericht noch aussteht oder die darauf beruhenden Steuerbescheide noch
nicht bestandskräftig sind.[703] Zu späteren Zeitpunkten kann der Antrag um-

---

[697] Vgl. BFH 30.3.2011, BB Archiv.

[698] S. Rn. 130 ff.

[699] Vgl. dazu BMF 5.10.2006, BStBl. I 2006, 594 ff. sowie Rn. 402 ff.

[700] Allerdings ist eine tatsächliche Verständigung nicht schon deshalb unwirksam,
weil sie zu einer von einem Beteiligten nicht vorhergesehenen Besteuerungsfolge
führt, BFH 8.10.2008, FR 2009, 543.

[701] S. Rn. 130 ff.

[702] S. Rn. 402 ff.

[703] Vgl. *Seer* in Tipke/Kruse, § 204 AO Tz. 9; *Laufer* INF 1995, 398; laut FG Baden-Württemberg 20.7.2000, EFG 2000, 1161, genügt Antrag kurz nach Erhalt des
Prüfungsberichts. Der BFH hat das Urteil des FG aus formellen Gründen aufgehoben,
ohne sich in der Sache zu äußern, BFH 7.8.2002, BStBl. II 2005, 835.

gedeutet werden in einen Antrag auf verbindliche Zusage außerhalb einer Außenprüfung, wenn die Voraussetzungen dafür vorliegen.[704]

334   Der Anwendungsbereich des § 204 AO erstreckt sich auf für die Vergangenheit **geprüfte** (verwirklichte) **Sachverhalte** mit **Wirkung in die Zukunft,** so zB Gesellschaftsverträge (Tz. 3 AEAO zu § 204 AO), Leasingverträge oder andere Sachverhalte mit Dauerwirkung oder Wiederholungscharakter.[705] Wenn der Betriebsprüfer den betreffenden Sachverhalt nicht im Rahmen seines Prüfungsplans prüft, kann der an einer Zusage interessierte Steuerpflichtige auch die Prüfung des Sachverhalts anregen. Im Hinblick auf die **Verrechnungspreise** dürften insb. Rahmenlieferverträge, Dienstleistungsverträge, Umlageverträge, Darlehensverträge, Cash Pool Verträge, Bürgschaftsverträge sowie Lizenzverträge von besonderer Relevanz sein. Hier besteht ein wesentlicher Unterschied zur verbindlichen Auskunft außerhalb einer Außenprüfung, die regelmäßig einen geplanten, also noch nicht verwirklichten Sachverhalt voraussetzt. Eine verbindliche Zusage kommt daher uE. auch für Jahre in Betracht, die im Zusagezeitpunkt schon in der Vergangenheit liegen. Wenn zB in 2015 die Jahre 2010–2013 geprüft werden, dann kann eine Zusage ab 2014 erteilt werden. Maßgeblich ist insoweit nur, ob für 2014 noch ein Zusageinteresse vorliegt.

335   Der Antrag auf verbindliche Zusage setzt ein **Zusageinteresse** voraus, dh die Kenntnis der künftigen steuerlichen Behandlung für geschäftliche Maßnahmen muss von Bedeutung sein (§ 204 AO am Ende). Dies ist der Fall, wenn es sich um wirtschaftliche Dispositionen von einigem Gewicht handelt und wenn die künftige steuerrechtliche Behandlung für die wirtschaftliche Disposition – also das Tun oder Unterlassen – entscheidend ist.[706] Auch für Jahre, die im Zusagezeitpunkt schon in der Vergangenheit liegen, kann noch ein Zusageinteresse gegeben sein. Wenn im o.g. Beispiel im Jahr 2015 eine Zusage über die Behandlung in 2014 erteilt wird, so kann dies die Entscheidung des Steuerpflichtigen beeinflussen, ob er in 2015 zivilrechtlich rückwirkende Schritte, wie eine Vertragsanfechtung, einleitet. Ferner könnte in 2015 eine Betriebsprüfung im Ausland stattfinden, die bereits das Jahr 2014 umfasst. Die Zusage über die Behandlung in Deutschland kann für die Frage von Bedeutung sein, ob Korrekturen im Ausland aufgrund der Betriebsprüfung akzeptiert werden können oder ob gegen die Korrekturen vorgegangen werden muss, um eine Doppelbesteuerung zu vermeiden.

336   Da es sich bei § 204 AO um eine „**Soll-Regelung**" handelt, ist das **Ermessen der Behörde** dahingehend **eingeschränkt,** dass bei Vorliegen der Voraussetzungen die verbindliche Zusage erteilt werden muss, sofern nicht ganz besondere Gründe entgegenstehen.[707] Eine Verweigerung der verbindlichen Zusage kommt gem. dem Anwendungserlass zu § 204 AO insb. in Betracht, wenn im Hinblick auf den betreffenden Sachverhalt die Herausgabe von allgemeinen Verwaltungsvorschriften oder eine Grundsatzentscheidung des BFH nahe bevorsteht oder wenn sich der Sachverhalt nicht für eine ver-

---

[704] Vgl. *Seer* in Tipke/Kruse, § 204 AO Tz. 9.

[705] Vgl. *Seer* in Tipke/Kruse, § 204 AO Tz. 18.

[706] Vgl. *Schallmoser* in HHSp, § 204 AO Rn. 22 f.; *Seer* in Tipke/Kruse, § 204 AO Tz. 12 f.

[707] Vgl. *Seer* in Tipke/Kruse, § 204 AO Tz. 15.

bindliche Zusage eignet; als Beispielsfall für **mangelnde Eignung** wird die zukünftige Angemessenheit von **Verrechnungspreisen bei unübersichtlichen Marktverhältnissen** genannt.[708] Daraus lässt sich eindeutig ableiten, dass verbindliche Zusagen im Anschluss an eine Außenprüfung grds. auch für Verrechnungspreisfragen beantragt werden können und dass ein Anspruch auf Erteilung der Zusage besteht, wenn keine besonderen Umstände eine Ausnahme rechtfertigen.

Beispiel 1: Der Betriebsprüfer beanstandet im Rahmen einer Außenprüfung (Prüfungszeitraum 2007–2012) die Erhöhung der vom deutschen Hersteller an den ausländischen Konzern-Lizenzgeber gezahlten Patent-Lizenzgebühren von 4 % auf 5 % vom Nettoumsatz ab 2008. Als Kompromiss ist er bereit, eine Erhöhung ab 2011 zu akzeptieren. In diesem Fall empfiehlt sich für den Steuerpflichtigen der Antrag auf verbindliche Zusage, dass auch für die Zukunft, also für die VZ ab 2013 ein Lizenzsatz von 5 % nicht beanstandet wird. Andernfalls besteht die Gefahr, dass bei der nächsten Prüfung ein anderer Prüfer oder aber derselbe Prüfer „mit neuen Erkenntnissen" den Lizenzsatz erneut beanstandet. In diesem Fall sind keine Besonderheiten ersichtlich, die einem Anspruch auf Erteilung der Zusage entgegenstehen. Es ist allerdings denkbar, dass die Finanzbehörde im Hinblick auf Tz. 5.2.3 VGr die Zusage davon abhängig macht, dass dem deutschen Hersteller ein angemessener Betriebsgewinn aus dem lizenzierten Produkt verbleibt, der in Relation zum Umsatz den Vorjahresgewinnen entspricht. Zur Frage, inwieweit eine Zusage widerrufen werden kann, wird auf die nach dem Beispiel 2 folgenden Ausführungen verwiesen.

Beispiel 2: Die deutsche Vertriebsgesellschaft V-GmbH importiert Kraftfahrzeuge aus Frankreich. Der Einkaufspreis der V-GmbH wird nach der Wiederverkaufspreismethode ermittelt. Die Rohgewinnspanne betrug in den Jahren 2009–2013 zwischen 15 % und 20 %, sodass nach Abzug der Vertriebskosten ein Gewinn von ca. 6–10 % vor Steuern verblieb. Die V-GmbH wünscht eine verbindliche Zusage, dass auch in Zukunft eine Rohgewinnspanne in dem genannten Rahmen als angemessen anerkannt wird. Da keine unübersichtlichen Marktverhältnisse vorliegen, müsste ein Anspruch auf eine solche Zusage bestehen. In der Praxis lehnen die Finanzbehörden solche Zusagen jedoch ab, weil sie den in Zukunft angemessenen Verrechnungspreis nicht festlegen wollen und im Hinblick auf die nicht vorhersehbare Entwicklung der Preise am Markt auch keinen „angemessenen Rahmen" bestimmen wollen. Dies ist allerdings nicht ganz nachvollziehbar, weil die Bindungswirkung ohnehin nur besteht, wenn der Sachverhalt sich nicht ändert und weil bei veränderten Bedingungen (zB Änderung der Vergleichsgewinnspannen der Wettbewerber) ein Widerruf zulässig ist (Einzelheiten dazu weiter unten).

Obwohl § 204 AO als Soll-Vorschrift einen grds. Anspruch auf Zusageerteilung gewährt, muss häufig damit gerechnet werden, dass die Finanzbehörden verbindliche Zusagen für geprüfte Sachverhalte bzgl. der künftigen Preisgestaltung und Angemessenheit von **konkreten Verrechnungspreisen oder Preisspannen** für Warenlieferungen, Dienstleistungen, Darlehensgewährungen, Nutzungsüberlassungen usw. ablehnen und dies mit der angeblich mangelnden Eignung des Falls für eine solche Zusage begründen. Größere Chancen bieten erfahrungsgemäß Anträge auf verbindliche Zusagen über geprüfte und weiterhin anzuwendende **Verrechnungspreismethoden** oder Konzernumlageverträge. Inwieweit bestimmte Sachverhalte und Rechtsfragen für **337**

---

[708] AEAO, zu § 204 AO Tz. 5.

eine verbindliche Zusage geeignet sind, wird im übernächsten Abschnitt dieses Kapitels[709] ausführlich erörtert, weil diese Fragen v. a. auch für verbindliche Auskünfte außerhalb einer Außenprüfung relevant sind.

338 Die Eignung von Verrechnungspreissachverhalten für verbindliche Zusagen wird nicht dadurch in Frage gestellt, dass solche Sachverhalte auch die Sphäre anderer Länder berühren und dass mit einer **abweichenden Meinung** der **ausländischen Finanzbehörde** gerechnet werden muss. In solchen Fällen wäre im Normalfall eine Kompromisslösung im Wege des Verständigungsverfahrens oder des Schiedsverfahrens wegen der Bindung an die Zusage erschwert. Dieser im Detail nicht vorhersehbaren Entwicklung kann jedoch dadurch Rechnung getragen werden, dass die **Zusage unter** dem **Vorbehalt** erteilt wird, dass eine abweichende Regelung im Rahmen eines etwaigen späteren Verständigungsverfahrens oder Schiedsverfahrens der Zusage vorgeht.[710] Damit ist erforderlichenfalls zu Gunsten als auch zu Ungunsten des Steuerpflichtigen eine rückwirkende Änderung bzw. Aufhebung der Zusage möglich, um der ggf. abweichenden Meinung der ausländischen FinVerw. im Rahmen des Verständigungs- oder Schiedsverfahrens evtl. entgegenzukommen und eine Doppelbesteuerung zu vermeiden. Gleichzeitig gewinnt der Steuerpflichtige die erwünschte Rechtssicherheit für seine Dispositionen. Eine Berichtigung der Verrechnungspreise in Deutschland findet wegen der Zusage nicht statt, sofern sich der Sachverhalt nicht ändert und die ausländische FinVerw. keine Gewinnberichtigung verlangt. Eine Berichtigung im Ausland beseitigt hingegen die Bindung für die FinVerw. und den Steuerpflichtigen, sodass eine Einkunftsberichtigung unter Berücksichtigung des Verständigungsergebnisses möglich wird.

339 Die geltenden Gesetze und die oben erörterten Gründe sprechen dafür, dass weiterhin unilaterale Auskünfte bzw. Zusagen möglich sind.[711] Daher sollte sich die FinVerw. nicht mehr auf veraltete Verwaltungsanweisungen berufen, wonach verbindliche Zusagen hinsichtl. internationaler Verrechnungspreisgestaltungen nur in Ausnahmefällen erteilt werden.[712]

340 Die **Zuständigkeit** für die verbindliche Zusage liegt grds. bei dem Veranlagungs-FA.[713] Die FA sind allerdings angewiesen, über verbindliche Zusagen, die außensteuerliche Sachverhalte (zB über Verrechnungspreise) betreffen, an die OFD zum Zweck der Abstimmung vor Zusageerteilung zu berichten.[714] Die Zusage wird schriftlich erteilt und als verbindliche Zusage gekennzeich-

---

[709] S. Rn. 372 ff. „Anwendungsmöglichkeiten bei Verrechnungspreisen".

[710] Gem. dem Urteil des BFH 17.9.1992, BStBl. II 1993, 218, ist eine Zusage nur verbindlich, wenn sie ohne Einschränkung oder Vorbehalt erteilt wird. Wenn aber bereits der Antrag des Steuerpflichtigen für den Fall einer Sachverhaltsänderung einen Vorbehalt anerkennt, dann ist eine Zusage mit diesem Vorbehalt möglich. Dass Vorbehalte zulässig sind, folgt auch aus der Tatsache, dass eine Zusage lt. *Seer* in Tipke/Kruse, § 206 AO Tz. 14, befristet sein kann. Es sollte unerheblich sein, ob ein zeitlicher oder inhaltlicher Vorbehalt berücksichtigt wird.

[711] S. Rn. 331.

[712] Vgl. Erlass Bayern v. 9.1.1995 und OFD Koblenz v. 16.2.1995, beide StEK § 204 AO Nr. 10; Erlass Baden-Württemberg v. 28.11.1994, IStR 1995, 34.

[713] Dies kann auch eine nach § 195 AO beauftragte Behörde sein, vgl. *Seer* in Tipke/Kruse, § 204 AO Tz. 3.

[714] OFD Erfurt v. 28.4.1992, StEK § 204 AO, Nr. 8.

net (§ 205 Abs. 1 AO). Nach § 205 Abs. 2 AO muss die **verbindliche Zusage** folgenden **Inhalt** haben:
- den ihr zu Grunde gelegten **Sachverhalt,** wobei auf den im Prüfungsbericht dargestellten Sachverhalt Bezug genommen werden kann,
- die **Entscheidung** über den Antrag und die dafür maßgebenden **Gründe,**
- eine Angabe darüber, für welche **Steuern** und für welchen **Zeitraum** die verbindliche Zusage gilt.

Die verbindliche Zusage ist für die Besteuerung bindend, wenn sich der **341** später verwirklichte **Sachverhalt** mit dem der verbindlichen Zusage zu Grunde gelegten Sachverhalt deckt (§ 206 Abs. 1 AO). Unwesentliche **Änderungen** sind jedoch laut BFH unschädlich.[715] Laut § 206 Abs. 2 AO ist die Zusage nicht bindend, wenn die verbindliche Zusage zu Ungunsten des Antragstellers dem geltenden Recht widerspricht; dh, der Steuerpflichtige kann sich auf die für ihn vorteilhafte Rechtslage berufen. Dabei ist es unerheblich, ob die Fehlerhaftigkeit der Zusage bereits bei ihrer Erteilung erkennbar war oder erst später erkennbar geworden ist.[716] Das FA bleibt jedoch an die verbindliche Zusage gebunden, falls diese **zugunsten** des Antragstellers dem geltenden Recht widerspricht. Dies folgt aus § 207 Abs. 3 AO, der eine **rückwirkende Aufhebung oder Änderung** für **unzulässig** erklärt, es sei denn, dass der Steuerpflichtige zustimmt oder die Zusage von einer unzuständigen Behörde erlassen oder durch unlautere Mittel erwirkt worden war. Eine Zustimmung des Steuerpflichtigen kann nach der hier vertretenen Meinung auch angenommen werden, wenn die Zusage mit oder ohne Einverständnis des Steuerpflichtigen von Anfang an unter einer (auflösenden) **Bedingung** erfolgte und diese Bedingung eintritt. Ein solcher Fall wäre bspw. gegeben, wenn die Zusage unter dem Vorbehalt erteilt wurde, dass sie widerrufen werden kann, soweit der Sachverhalt durch ein späteres Verständigungs- oder Schiedsverfahren anders geregelt wird.

Die Finanzbehörde kann die verbindliche Zusage mit Wirkung für die **342** **Zukunft** aufheben oder ändern (§ 207 Abs. 2 AO). „Mit Wirkung für die Zukunft" bedeutet, dass die geänderte Rechtsauffassung bei allen offenen Entscheidungen berücksichtigt werden darf. Härten aufgrund von verwirklichten Dispositionen sind bei der Ermessensentscheidung zu berücksichtigen.[717] Die Aufhebung kommt zB in Betracht, wenn die Zusage zugunsten des Antragstellers vom geltenden Recht abweicht. Ein Widerruf kann ferner erfolgen, wenn sich die steuerrechtliche Beurteilung des zu Grunde liegenden Sachverhalts durch die Rechtsprechung oder Verwaltung zum Nachteil des Steuerpflichtigen ändert; diese Ermessensentscheidung muss unter Berücksichtigung des Vertrauens des Betroffenen und unter Billigkeitsgesichtspunkten getroffen werden.[718] Im Übrigen tritt die verbindliche Zusage nach § 207 Abs. 1 AO außer Kraft, wenn die Rechtsvorschriften, auf denen die Entscheidung beruht, geändert werden, da das Vertrauen auf den Fortbestand einer Rechtsnorm keinen Schutz genießt.

---

[715] Vgl. BFH 16.3.1983, BStBl. II 1983, 459.
[716] AEAO zu § 206 AO.
[717] *Schallmoser* in HHSp; § 207 Rn. 18.
[718] AEAO zu § 207 AO, Tz. 2.

343   Falls das FA über einen Antrag auf Erteilung einer verbindlichen Zusage nicht binnen einer angemessenen Frist entscheidet, kann der Betroffene Untätigkeitseinspruch (§ 347 Abs. 1 S. 2 AO) bzw. Untätigkeitsklage (§ 46 FGO) einreichen. Die verbindliche Zusage[719] sowie die **Ablehnung** der Erteilung einer verbindlichen Zusage stellen **Verwaltungsakte** iSd § 118 AO dar, die mit einem **Einspruch** angefochten werden können. Eine Mitteilung über das Außerkrafttreten der Zusage nach § 207 Abs. 1 AO stellt keinen Verwaltungsakt dar, insoweit erfolgt nur ein Hinweis auf die gesetzliche Rechtsfolge.[720] Ein Widerruf durch die FinVerw. ist daher nicht erforderlich. In einem solchen Fall kommt als Klageart deshalb nur die Feststellungsklage in Betracht. Hingegen ist gegen eine Aufhebung oder Änderung nach § 207 Abs. 2 bzw. Abs. 3 AO der Einspruch gegeben.

b) Andere verbindliche Auskünfte außerhalb einer Außenprüfung

344   **aa) Rechtsgrundlage**

Die Finanzbehörden können auch außerhalb einer Außenprüfung verbindliche Auskünfte erteilen. Dies ist seit 2006 ausdrücklich in § 89 Abs. 2 AO geregelt.[721] Davor waren solche Auskünfte nach der Rechtsprechung und der Auffassung des BMF[722] unter Berufung auf den Grundsatz von Treu und Glauben anerkannt. Leider hat der Gesetzgeber versäumt, die verbindliche Auskunft gem. § 89 Abs. 2 AO, die verbindliche Zusage gem. §§ 204 ff. AO sowie die noch genauer zu erörternden Advance Pricing Agreements (APAs)[723] aufeinander abzustimmen. § 89 Abs. 2 AO enthält eine Ermächtigung zum Erlass einer Rechtsverordnung, die nähere Bestimmungen zu Form, Inhalt und Voraussetzungen enthalten soll. Entsprechende Vorschriften sind in der (sog. **Steuer-Auskunftsverordnung,** StAuskV) enthalten.

345   Zuständig ist nach § 89 Abs. 2 S. 2 AO iVm Tz. 3.3 AEAO zu § 89 AO grds. das **FA,** das bei Verwirklichung des Sachverhalts zuständig wäre. Ergibt sich eine solche **Zuständigkeit** nicht, ist nach § 89 Abs. 2 S. 3 AO das **BZSt** zuständig.

bb) Voraussetzungen

346   Der **Antrag** muss nach § 89 Abs. 2 S. 1 AO iVm § 1 Abs. 1 StAuskV folgende Angaben enthalten:
1. die genaue Bezeichnung des Antragstellers (Name, Wohnsitz bzw. Sitz oder Ort der Geschäftsleitung, Steuernummer),
2. eine umfassende und abgeschlossene Darstellung des noch nicht verwirklichten Sachverhalts,
3. die Darlegung des besonderen steuerlichen Interesses des Antragstellers,
4. eine ausführliche Darlegung des Rechtsproblems mit eingehender Begründung des eigenen Rechtsstandpunkts des Antragstellers,
5. die Formulierung der konkreten Rechtsfragen,

---

[719] Vgl. *Seer* in Tipke/Kruse, § 204 AO Tz. 2 mwN.

[720] Vgl. *Seer* in Tipke/Kruse, § 207 AO Tz. 6.

[721] Ausführlich zu dieser Regelung und zur Gebührenpflicht, *Baum* NWB Fach 2, 9725 ff., 9727.

[722] Vgl. BMF 29.12.2003, BStBl. I 2003, 742.

[723] S. Rn. 402 ff.

6. die Erklärung, dass bei keiner anderen Behörde iSd § 89 Abs. 2 S. 2 und 3 AO eine verbindliche Auskunft beantragt wurde, sowie

7. eine Versicherung, dass alle erforderlichen Angaben gemacht wurden und der Wahrheit entsprechen.

Im Falle unvollständiger Anträge oder Sachverhaltsdarstellungen ist dem **347** Antragsteller vor einer Entscheidung zunächst Gelegenheit zu geben, **fehlende Angaben nachzuholen** bzw. unvollständige Angaben zu ergänzen.[724] Dieses Verfahren ist sinnvoll, da es dem Antragsteller freisteht, auch nach einer Ablehnung einen erneuten Antrag auf Erteilung einer verbindlichen Auskunft zu stellen.[725] Die FinVerw. vertritt die Auffassung, dass nicht ohne Weiteres weitere Anträge gestellt werden können, in denen der Sachverhalt in jeweils abgewandelter Form dargestellt wird **(Verbot der alternativ gestalteten Darstellung)**.[726] Dies wurde schon vor der Einführung des § 89 Abs. 2 AO damit begründet, dass die Aufgaben der steuerberatenden Berufe nicht auf die FinVerw. übertragen werden könnten. Ob dieses Verbot vor dem Hintergrund der noch genauer zu erörternden ebenfalls neu eingeführten Gebührenpflicht[727] für verbindliche Auskünfte noch gerechtfertigt werden kann, ist zweifelhaft. Da die FinVerw. eine „Beratungsgebühr" verlangt, können ggf. auch Auskünfte zu alternativen Gestaltungen verlangt werden, wenn die übrigen Voraussetzungen, insb. steuerliche Interessen, vorliegen.

Wie schon frühere BMF-Schreiben schränkt § 89 Abs. 2 S. 1 AO iVm § 1 **348** Abs. 1 Nr. 2 StAuskV die Anwendung der verbindlichen Auskunft auf noch **nicht verwirklichte Sachverhalte** ein.[728] Diese Einschränkung beruht auf dem Gedanken, dass der Steuerpflichtige bei abgeschlossenen Sachverhalten nicht mehr vor einer Disposition steht, die eine Abschätzung der steuerlichen Auswirkungen erfordert. Der Antrag soll nach Auffassung der FinVerw. noch möglich sein, solange der Sachverhalt im Wesentlichen noch nicht verwirklicht wurde und noch anderweitige Dispositionen möglich sind.[729]

Diese Einschränkung ist jedoch nicht dahingehend zu verstehen, dass keine **349** Auskunft im Hinblick auf **Dauersachverhalte** zu erlangen wäre.[730] Zumindest ein Teil des Dauersachverhalts ist zum Zeitpunkt der Antragstellung noch nicht verwirklicht, ein Antrag auf verbindliche Auskunft deshalb zulässig. Insbesondere bei Verrechnungspreissachverhalten geht es regelmäßig um Dauersachverhalte (dauerhafte Lieferbeziehungen, Leistungserbringung etc.). Bei diesen Sachverhalten besteht ein besonderes steuerliches Interesse, die dauerhaften Geschäftsbeziehungen zukünftig so zu gestalten, dass sie steuerlich anerkannt werden. Es besteht grds. die Möglichkeit zur Disposition, insb. wenn entsprechende langfristige Verträge Kündigungsklauseln enthalten. Vor diesem

---

[724] Vgl. AEAO zu § 89 Tz. 3.5.1; nach *Baum* NWB, Fach 2, 9725 ff., 9734 sind zwar keine Gestaltungsvarianten in einem Antrag möglich, jedoch verschiedene selbständige Auskunftsanträge, die allerdings jeweils eigenständig eine Gebührenpflicht auslösen.

[725] Vgl. zu § 204 AO: OFD Koblenz v. 13.3.1995, StEK § 204 AO, Nr. 11.

[726] Vgl. AEAO zu § 89 Tz. 3.5.1.

[727] S. Rn. 366 ff.

[728] Zur Möglichkeit einer Rückbeziehung („Roll Back") im Rahmen von bilateralen APAs s. Rn. 411.

[729] Vgl. AEAO zu § 89 Tz. 3.4.2.

[730] Vgl. auch *Seer* in Tipke/Kruse, § 89 AO Tz. 33.

Hintergrund lässt die FinVerw. ein Auskunftsverlangen auch dann zu, wenn der Steuerpflichtige eine Auskunft für die ernsthaft geplante **Umgestaltung eines bereits vorliegenden Sachverhalts** begehrt; dies gilt v. a. für Sachverhalte, die wesentliche **Auswirkungen in die Zukunft** haben (zB Dauersachverhalte).[731] Jeder Wechsel der Methode oder jede nicht ganz unbedeutende Änderung des Lieferungs- und Leistungsaustauschs zwischen verbundenen Unternehmen ist als eine solche Umgestaltung anzusehen. Ein Zusageinteresse besteht regelmäßig auch dann, wenn ein bereits verwirklichter Sachverhalt fortgesetzt oder wiederholt werden soll, sofern nicht bereits die Voraussetzungen für eine endgültige Entscheidung gegeben sind.

Beispiel: Die deutsche A-GmbH unterhält folgende Geschäftsbeziehungen zu ihrer niederländischen Schwestergesellschaft A-BV:
a) A-GmbH mietet von A-BV ein Bürogebäude in Frankfurt;
b) A-BV erbringt Dienstleistungen an A-GmbH.
Im Fall a) liegt zwar ein Dauerschuldverhältnis vor, jedoch rechtfertigt die Fortsetzung desselben allein keine verbindliche Auskunft über die Angemessenheit der Miethöhe, sondern nach Meinung der FinVerw. zB wohl erst die geplante Umgestaltung in einen Leasingvertrag, während nach Meinung der Literatur die beabsichtigte Änderung der Miethöhe wohl schon ausreichen würde. Im Fall b) könnte bspw. die geplante Erbringung zusätzlicher Dienstleistungen als Umgestaltung des Sachverhalts einen Zusageantrag rechtfertigen, während die vorgesehene Erhöhung des Entgelts ohne zusätzliche Dienstleistungen wohl nach Literaturauffassung bereits ausreicht, um einen Zusageantrag zu rechtfertigen.

350   Im Übrigen hat die verbindliche Auskunft nur dann **Bindungswirkung,** wenn sie ursächlich für die Sachverhaltsverwirklichung gewesen ist.[732] Die Durchführung vorbereitender Maßnahmen ist unschädlich und unterstreicht die Ernsthaftigkeit der Planungen, sofern dadurch nicht bereits eine Realisierung des Sachverhalts erfolgt.[733]

351   Das **besondere steuerliche Interesse** an einer verbindlichen Auskunft setzt voraus, dass eine **wirtschaftliche Entscheidung** des Steuerpflichtigen **von einigem Gewicht** von der Erteilung der Zusage abhängt.[734] Im Übrigen liegt ein besonderes steuerliches Interesse vor, wenn von der beantragten Auskunft die wirtschaftliche Disposition des Steuerpflichtigen abhängt.[735]

352   Die FA können die verbindliche Auskunft auch nicht mit der Begründung versagen, dass hier – anders als bei der Soll-Vorschrift des § 204 AO – ein freies **Ermessen** bestehe. § 89 Abs. 2 S. 1 AO spricht davon, dass die FA verbindliche Zusagen erteilen „können", sodass auf Grund dieser Formulierung solche Zusagen grds. nur nach pflichtgemäßem Ermessen erteilt werden. Im Allgemeinen besteht bei Ermessensvorschriften nur in Ausnahmefällen eine so starke Ermessenseinengung, dass ein Rechtsanspruch auf Erteilung der Zusage besteht. *Seer* vertritt zu Recht die Auffassung, dass sich das **Ermessen** der Verwaltung **auf Null reduziert,** wenn der Steuerpflichtige einen Antrag gestellt hat, er ein besonderes steuerliches Interesse an der Auskunft hat und

---

[731] Vgl. AEAO zu § 89 Tz. 3.5.3.
[732] Vgl. BFH 26.6.1992, BFH/NV 1992, 722.
[733] AA OFD Hannover 29.3.1993, StEK § 204 AO, Nr. 9 in Tz. 1.2.1.
[734] Sog. Dispositionsinteresse, vgl. *Baum* NWB Fach 2, 9725 ff.
[735] Vgl. *Seer* in Tipke/Kruse, § 89 AO Tz. 32.

keine Anhaltspunkte bestehen, dass er die entsprechende Gebühr nicht zahlen wird.[736]

Vor dem Hintergrund der neu eingeführten **Gebührenpflicht für ver-** 353 **bindliche Auskünfte** sollte sich auch die in der Vergangenheit z. T. zurückhaltende Einstellung der FinVerw. zur Erteilung entsprechender Auskünfte ändern.[737] Die dadurch entstehenden Personalkosten sollten jedenfalls kein Argument mehr sein, sich gegen das Verfahren zur Erteilung einer verbindlichen Auskunft zu entscheiden. Auch die zurückhaltende Einstellung zur Erteilung von Auskünften bei Verrechnungspreissachverhalten sollte der Vergangenheit angehören.

Anders als in den Fällen des § 204 AO liegt bei der verbindlichen Auskunft 354 außerhalb einer Außenprüfung noch kein geprüfter Sachverhalt vor, sodass es insoweit tatsächlich zu einer erhöhten Belastung der Finanzbehörden kommt, die aber zumindest teilweise durch einen verminderten Prüfungsbedarf in diesen Fällen in späteren Jahren kompensiert wird. Der geringfügig **höhere Personalbedarf** der Behörden ist spätestens nach der Einführung der Gebührenpflicht kein Argument, das eine Beschränkung der berechtigten Interessen der Steuerpflichtigen an mehr Rechtssicherheit rechtfertigt.[738]

Auch die **Komplexität der Vorgänge** spricht keineswegs gegen die Er- 355 teilung verbindlicher Auskünfte in Verrechnungspreisfragen. Die Probleme des einzelnen Sachverhalts kommen bei Großbetrieben, bei denen eine lückenlose Prüfung aller VZ üblich ist, früher oder später ohnehin zur Überprüfung. Die Vorgänge stellen sich im Rahmen der Außenprüfung nicht minder komplex dar, als bei einer verbindlichen Vorwegauskunft. Wie bereits oben zum Thema „erhöhter Personalbedarf" gesagt wurde, kann die Bearbeitung der verbindlichen Auskunft zwar die spätere Prüfung des Sachverhalts nicht ganz vermeiden, jedoch den entsprechenden Aufwand erheblich reduzieren.

Unternehmen und Berater, die eine verbindliche Auskunft wünschen, 356 müssen die Finanzbehörden demnach überzeugen, dass **auch in Verrechnungspreisfragen prinzipiell** ein **Anspruch auf Erteilung einer verbindlichen Auskunft** besteht, wenn die Voraussetzungen des § 89 Abs. 2 AO erfüllt sind.

Wenn ein Finanzbeamter die Zusage zeitlich verzögert, kann das Interesse 357 des Unternehmens daran schnell schwinden, weil wirtschaftliche Dispositionen oft unter Zeitdruck stehen. Zwar ist ein Antrag auf einstweilige Anordnung (§ 114 FGO) möglich, jedoch dürfte dies das künftige Klima zwischen Unternehmer und FA belasten. Zur Vermeidung negativer Erfahrungen sollten daher generell keine Anträge auf verbindliche Auskünfte gestellt werden, wenn Entscheidungen kurzfristig erforderlich sind. Gerade in Verrechnungspreisfragen muss mit einer längeren Dauer der Bearbeitung der Anträge gerechnet werden.

Die Formulierung der **Rechtsfrage** muss auf den dargestellten **Einzelfall** 358 bezogen sein. Wenn sich der Antrag auf mehrere Steuerfälle bezieht, handelt

---

[736] Vgl. *Seer* in Tipke/Kruse, § 89 AO Tz. 40; *Werder/Dannecker* BB 2011, 2903, 2903; im Umkehrschluss auch *Baum* NWB Fach 2, 9725 ff.

[737] Vgl. auch *Baum* NWB Fach 2, 9725 ff., 9733.

[738] Vgl. *Seer* in Tipke/Kruse, § 204 AO Tz. 40.

es sich nach Meinung des FG Baden-Württemberg nicht mehr um einen Antrag auf verbindliche Zusage, sondern auf allgemeine Rechtsauskunft, der unzulässig ist.[739] Das Erfordernis der Formulierung einer Rechtsfrage bedeutet
jedoch nicht, dass abstrakte Rechtsfolgen geklärt werden sollen. Vielmehr
sollen die Rechtsfolgen eines konkreten Sachverhalts abgesichert werden.[740]
Wie die Rechtsfrage in Verrechnungspreisfällen gestaltet sein muss, wird im
nächsten Abschnitt ausführlich erörtert.

359   Wie bereits ausgeführt wurde, besteht im Allgemeinen grds. ein **Anspruch
auf Erteilung einer Auskunft, wenn die Voraussetzungen** des § 89
Abs. 2 AO **vorliegen.** Die Auskunft kann den Erwartungen des Steuerpflichtigen ganz (positive Auskunft), nur teilweise oder gar nicht (negative Auskunft) entsprechen.[741] Dabei ist die Erteilung einer **negativen Auskunft**
nicht mit der Ablehnung einer Auskunft gleichzusetzen. Wird der Rechtsstandpunkt des Antragstellers nicht geteilt, ist die Auskunftserteilung nicht
abzulehnen, sondern die Auskunft ist mit dem von der Finanzbehörde für zutreffend erachteten Inhalt zu erteilen.

360   Bei der **positiven Auskunft** muss das FA darauf hinweisen, dass die Auskunft nach Treu und Glauben Bindungswirkung nur entfaltet, wenn der
später verwirklichte Sachverhalt nicht abweicht. Eine Verbindlichkeit der
Auskunft setzt voraus, dass später verwirklichte Sachverhalt von dem der Auskunft zugrunde gelegten Sachverhalt nicht oder nur unwesentlich abweicht
(§ 2 Abs. 1 S. 1 StAuskV). Für das FA wäre eine Auskunft zB verbindlich,
wenn es dem Steuerpflichtigen zusagt, einen bestimmten Verrechnungspreissachverhalt, dessen steuerrechtliche Beurteilung zweifelhaft erscheint und der
für die wirtschaftliche Disposition des Steuerpflichtigen bedeutsam ist, auf
eine bestimmte Weise steuerlich zu behandeln.

Wenn die weiter oben genannten Voraussetzungen für die Erteilung der
verbindlichen Auskunft nicht vorliegen, dann ist die Auskunft abzulehnen.
Trotz Vorliegens der Zusagevoraussetzungen kann laut BMF die verbindliche
Auskunft ausnahmsweise in folgenden Fällen **verweigert** werden, bei denen
die **Erzielung eines Steuervorteils im Vordergrund** steht:[742]
– Prüfung von Steuersparmodellen
– Feststellung der Grenzpunkte für das Handeln eines ordentlichen Ge-
  schäftsleiters.

361   Anträge auf verbindliche Zusagen in Verrechnungspreisfällen fallen grds.
nicht unter die oben genannten Versagungsgründe, insb. dienen sie idR nicht
der „Feststellung der Grenzpunkte für das Handeln eines ordentlichen Geschäftsleiters". Dies folgt zum Einen aus der Tatsache, dass die Finanzbehörden
verbindliche Zusagen für Verrechnungspreissachverhalte inzwischen grds. anerkennen. Zum Anderen ist selbst unter Berücksichtigung der VGr die Rechtsunsicherheit bei Verrechnungspreisfragen immer noch beträchtlich, sodass prinzipiell nicht der Vorwurf einer unzulässigen Feststellung der Grenzpunkte für
das Handeln eines ordentlichen Geschäftsleiters erhoben werden kann.[743] Auch

---

[739] Vgl. FG Baden-Württemberg 21.2.1990, EFG 1990, 454.
[740] Vgl. *Werder/Dannecker* BB 2011, 2903, 2903.
[741] Vgl. OFD Koblenz 13.3.1995, StEK, § 204 AO, Nr. 11, Tz. 2.
[742] Vgl. AEAO zu § 89 Tz. 3.5.4.
[743] Ebenso *Kaligin* DStZ 1988, 367, 371; *Krabbe* DB 1987, 2067 f.

die Feststellung, dass die geplante Gestaltung nicht als Gestaltungsmissbrauch iSd § 42 AO angesehen wird, soll durch eine verbindliche Auskunft möglich sein.[744]

cc) Bindungswirkung

Die **Bindungswirkung** tritt nach § 2 Abs. 1 S. 1 StAuskV nur ein, wenn **362** der zugrunde gelegte Sachverhalt vom verwirklichten Sachverhalt nicht oder nur unwesentlich abweicht.[745] Die **Auskunft** des FA ist nach Auffassung der FinVerw. dann nicht bindend, wenn sie zuungunsten des Steuerpflichtigen dem geltenden Recht widerspricht (§ 2 Abs. 1 S. 2 StAuskV). Die Bindungswirkung entfällt, wenn die Rechtsvorschriften, auf denen die Auskunft beruht, aufgehoben werden (§ 2 Abs. 2 StAuskV). Eine Änderung der verbindlichen Auskunft ist nach § 2 Abs. 3 StAuskV für die Zukunft möglich, wenn die Auskunft unrichtig war. Die Unrichtigkeit soll nach Auffassung der FinVerw. auch dann vorliegen, wenn die Auskunft zwar der bisherigen Rechtsauffassung entspricht, diese sich aber aufgrund aktueller Rechtsprechung als unrichtig erweist.[746] Die letzte Einschränkung widerspricht dem Sinn und Zweck der verbindlichen Auskunft. Eine solche Auskunft ist insb. bei unklaren Rechtsfragen sinnvoll. Die FinVerw. kann nicht wegen einer nach der Erteilung der Auskunft eintretenden Änderung der Rechtsprechung behaupten, die Auskunft sei unrichtig, deshalb müsse sie aufgehoben werden. Dabei ist es im Interesse der Rechtssicherheit nicht genügend, dass die Änderungsmöglichkeit auf die Zukunft beschränkt ist. Sofern eine Disposition getätigt wurde, hat dies fast immer Auswirkungen auf die Zukunft; insbesondere beeinflusst die steuerliche Behandlung bestimmter Investitionen oder Dauerschuldverhältnisse die Vermögens- und Ertragslage des Unternehmens.[747] Gerade um diese auf eine sichere Rechtsgrundlage zu stellen, wird eine verbindliche Auskunft eingeholt. Die verbindliche Auskunft muss auch dann binden, wenn sie rechtswidrig oder unrichtig ist oder wird.[748] Für eine solche Bindungswirkung spricht auch die Auffassung der FinVerw., dass es sich bei der verbindlichen Auskunft um einen Verwaltungsakt handelt.[749] Ein Verwaltungsakt wird nach § 124 Abs. 1 S. 2 AO mit dem Inhalt wirksam, mit dem er bekannt gegeben wurde. Dies bedeutet, dass auch ein unrichtiger Bescheid grds. Bindungswirkung hat. § 2 Abs. 3 StAuskV kann auch nicht als Änderungsvorschrift verstanden werden, denn wenn lediglich die Unrichtigkeit eine Änderung ermöglichen würde, dann wären die Grenzen des § 130 Abs. 2 AO ausgehebelt. § 2 Abs. 3 StAuskV kann nur so verstanden werden, dass im Falle der Unrichtigkeit eine Änderung im Rahmen der §§ 129–131 AO möglich ist. Sonst würde die Rechtsverordnung gegen formelles Geset-

---

[744] Vgl. *Baum* NWB Fach 2, 9725 ff.

[745] Zur Bindungswirkung im Falle der Rechtsnachfolge vgl. *Franke/von Cölln* BB 2008, 584, 587 ff.

[746] Vgl. AEAO zu § 89 Tz. 3.6.6.

[747] Nach der Auffassung des FG München 18.8.2008, DStRE 2009, 121 ist ein Widerruf idR nur ermessensgerecht, wenn der Steuerpflichtige sein Vertrauen noch nicht betätigt hat und kein besonderes steuerliches Interesse am Fortbestand der verbindlichen Auskunft besteht.

[748] Vgl. *Seer* in Tipke/Kruse, § 89 AO Tz. 54.

[749] Vgl. BR-Drs. 725/07; aA *Seer* in Tipke/Kruse, § 89 AO Tz. 29.

zesrecht verstoßen.[750] Das Ermessen in § 2 Abs. 3 StAuskV muss zudem so
ausgeübt werden, dass eine Änderung nur dann erfolgen kann, wenn der
Steuerpflichtige die Disposition noch nicht getätigt hat.[751] Auch der BFH
geht davon aus, dass der Widerruf einer verbindlichen Auskunft idR nur dann
ermessensgerecht ist, wenn das Vertrauen noch nicht betätigt wurde.[752] Andererseits stellt der BFH auch klar, dass der Verwaltungsakt, auf dem die verbindliche Auskunft beruht, nicht die Bindungswirkung hat, wie ein Steuerbescheid. Die Änderungsvorschriften in §§ 172 ff. AO für Steuerbescheide sind
strenger als die Änderungsvorschriften für die verbindlichen Auskünfte.[753]

363   Eine über eine längere Zeitspanne vertretene rechtsirrige Rechtsauffassung
stellt schon wegen des fehlenden Antrags keine verbindliche Auskunft dar, selbst
wenn der Steuerpflichtige im Vertrauen darauf disponiert hat.[754] Auch ein Erle-
digungsvorschlag des FA im Einspruchsverfahren stellt grds. keine verbindliche
Auskunft dar.[755]

Die Bindungswirkung gilt für den Steuerpflichtigen sowie seine Gesamt-
rechtsnachfolger. Ein Einzelrechtsnachfolger (zB beim Unternehmenskauf)
kann sich nicht auf die verbindliche Auskunft berufen.[756]

dd) Rechtsbehelfe

364   Erteilte das FA vor Einführung des § 89 Abs. 2 AO eine verbindliche Auskunft, so handelte es sich dabei um eine Wissenserklärung, die nicht den
Charakter eines **Verwaltungsakts** hatte; ein Rechtsbehelf war dagegen nicht
gegeben.[757] Ein Rechtsbehelf war deshalb erst gegen den Verwaltungsakt zulässig, in dem die Entscheidung des FA über den der Auskunft zu Grunde liegenden Sachverhalt ihren Niederschlag gefunden hatte, also gegen den Veran-
lagungs- oder Feststellungsbescheid.[758] Nach Einführung des § 89 Abs. 2 AO
geht insb. die Steuerauskunftsverordnung (§ 2 Abs. 3 StAuskV) davon aus,
dass es sich bei der verbindlichen Auskunft um einen Verwaltungsakt handelt.[759] Vor Einführung des § 89 Abs. 2 AO wurde die Meinung vertreten,
der verbindlichen Auskunft fehle es deshalb an den Merkmalen eines Verwal-
tungsaktes, da die Verwaltung nur sich selbst, nicht aber den Adressaten bin-
de.[760] Die fehlende Verpflichtung steht der Außenwirkung der Verwaltungsakt nicht entgegen. Auch bei Verwaltungsakten in anderen Rechtsgebieten
fehlt es an einer Verpflichtung der Adressaten (zB Baugenehmigung). Die

---

[750] Vgl. *Franke/von Cölln* BB 2008, 584, 586 zur Frage, inwieweit die Änderungsvorschrift von der Verordnungsermächtigung gedeckt ist.

[751] Vgl. zu § 207 Abs. 2 AO *Seer* in Tipke/Kruse, § 207 AO Tz. 11.

[752] Vgl. BFH 2.9.2009, HFR 2010, 450.

[753] Vgl. BFH 29.2.2012, DStR 2012, 1272, 1274.

[754] Vgl. BFH 15.12.1988, BStBl. II 1989, 363; BFH 23.5.1989, BStBl. II 1989, 879;
BFH 23.9.1992, BFH/NV 1993, 294.

[755] Vgl. BFH 11.12.1987, BStBl. II 1988, 232.

[756] Vgl. *Rätke* BBK 2009, 951, 953.

[757] Vgl. OFD Koblenz 13.3.1995, StEK § 204 AO, Nr. 11, Tz. 4. Inzwischen nimmt
die Rspr. auch bei Lohnsteueranrufungsauskünften gem. § 42e EStG einen Verwaltungsakt an, vgl. BFH 30.4.2009, DStZ 2009, 709; BMF 18.2.2011, DStR 2011, 414.

[758] Vgl. OFD Koblenz 13.3.1995, StEK § 204 AO, Nr. 11, Tz. 4.1.

[759] Vgl. BR-Drs. 725/07.

[760] Vgl. *Seer* in Tipke/Kruse, § 89 AO Tz. 29.

verbindliche Auskunft ist als Verwaltungsakt anzusehen.[761] Sie kann daher mit einem Einspruch angefochten werden. Im Anschluss kommt ggf. eine Anfechtungsklage in Betracht.

Wird die Erteilung einer verbindlichen **Auskunft abgelehnt,** so ist gegen 365 den ablehnenden Bescheid ebenfalls der **Einspruch** und danach die **Verpflichtungsklage** gegeben.[762] Mit dem Rechtsbehelf muss der Steuerpflichtige geltend machen, dass die beantragte Erteilung der Auskunft in ermessensfehlerhafter Weise abgelehnt wurde. Eine ohne Durchführung des Vorverfahrens erhobene Klage ist nur unter den Voraussetzungen der §§ 45, 46 FGO zulässig.[763] Der **Widerruf** einer verbindlichen Auskunft ist ebenfalls als Verwaltungsakt anzusehen,[764] gegen den mittels Einspruch vorgegangen werden kann.

ee) Gebührenpflicht

Durch das Jahressteuergesetz 2007[765] wurde durch § 89 Abs. 3 bis 5 AO die 366 bereits angesprochene **Gebührenpflicht** für die Erteilung **verbindlicher Auskünfte** eingeführt.[766] Im Rahmen des Steuervereinfachungsgesetzes 2011 wurde die Gebührenpflicht auf „wesentliche und aufwendige Fälle" beschränkt.[767] Die Gebührenpflicht ist in der Literatur zunächst auf Ablehnung gestoßen.[768] Inwieweit der Kritik, die insb. verfassungsrechtliche Bedenken vorbringt,[769] zuzustimmen ist, soll hier nicht weiter erörtert werden. Inzwischen ist die Gebührenpflicht ohnehin in mehreren Urteilen bestätigt worden.[770] Der Vorteil der Einführung einer gebührenpflichtigen Zusage liegt darin, dass der Ermessensspielraum zur Erteilung der Auskunft zugunsten des Antragstellers eingeschränkt wird. Wie bereits beschrieben, dürfte die negative Haltung der FinVerw. zur Auskunftserteilung nicht mehr haltbar sein.[771]

Die eigentliche Ermächtigung zur Erhebung von Gebühren im Falle der 367 Auskunftserteilung gem. § 89 Abs. 2 AO enthält § 89 Abs. 3 S. 1 AO. Die verbindliche Zusage gem. §§ 204 ff. AO sowie die Lohnsteueranrufungsauskünfte gem. § 42e EStG sind nicht von der Gebührenpflicht betroffen.[772] Die Gebühr entfällt nicht deshalb, weil die FinVerw. in der Auskunft eine andere

---

[761] Vgl. BR-Drs. 725/07; AEAO zu § 89 Tz. 3.5.5.
[762] Vgl. *Rätke* BBK 2009, 951, 955.
[763] Vgl. BFH 30.10.1987, BFH/NV 1989, 558.
[764] Vgl. FG München 18.8.2008, DStRE 2009, 121.
[765] Vgl. BGBl. I 2006, 2878, 2902.
[766] Zur Frage inwieweit die Gebühren auch bei einfachen Anfragen anfallen vgl. *Blömer* DStR 2008, 1866 ff.
[767] Vgl. *Baum* NWB 2012, 534.
[768] Vgl. *Simon* DStR 2007, 557 f.; *Lahme/Reiser* BB 2007, 408, 410; *Seer* in Tipke/ Kruse, § 89 AO Tz. 63 jeweils mwN.
[769] Vgl. zB *Stark* DB 2007, 2333 ff.; *Keß/Zillmer* DStR 2008, 1466 ff.; *Wienbracke* NWB F. 2, 9877 ff.
[770] Vgl. FG BW 20.5.2008, EFG 2008, 1342.; ferner FG BW 17.3.2010, EFG 2010, 1284; FG Niedersachsen 24.6.2010, EFG 2010, 1562; FG Schleswig Holstein 1.10.2010, DStRE 2011, 38. Inzwischen hat auch der BFH die Gebühr bestätigt, BFH 30.3.2011, DB 2011, 1032, BFH 30.3.2011, DB 2011, 1035. Eine Verfahrensübersicht bietet *Püttner* NWB 2011, 684.
[771] S. Rn. 331.
[772] Vgl. AEAO zu § 89 Tz. 4.1.4.

Auffassung als der Steuerpflichtige in seinem Antrag vertritt.[773] Die Gebühr wird nach § 89 Abs. 3 S. 2 AO (durch **Verwaltungsakt**) festgesetzt. Die Entscheidung über die verbindliche Auskunft kann nach § 89 Abs. 3 S. 3 AO bis zur Zahlung zurückgestellt werden. Wird der Antrag auf Auskunft zurückgenommen, so kann die Gebühr nach § 89 Abs. 7 S. 2 AO ermäßigt werden. Für jede Auskunft bzgl. eines Sachverhalts erhebt die FinVerw. „nur" eine Gebühr, auch wenn mehrere Steuerarten betroffen sind. Als Sachverhalt ist dabei ein einheitlicher Lebenssachverhalt zu verstehen, der sich aus mehreren Einzeltatsachen zusammensetzt.[774] Allerdings werden mehrere Gebühren fällig, wenn mehrere Antragsteller den gleichen Sachverhalt untersucht haben möchten.[775]

368   Die **Höhe der Gebühr** richtet sich gem. § 89 Abs. 4 S. 1 AO grds. nach dem **Gegenstandswert**. Der Antragsteller soll nach § 89 Abs. 4 S. 2 AO in seinem Antrag einen Gegenstandswert bestimmen. Die Finanzbehörde soll (dh in der Regel muss) diesen Wert bei der Gebührenfestsetzung zugrunde legen, soweit dies nicht zu offensichtlich unzutreffenden Ergebnissen führt (§ 89 Abs. 4 S. 3 AO). Daher ist anzuraten, im Rahmen des Vertretbaren im Antrag einen möglichst geringen Wert anzugeben, um so die Gebührenhöhe zu minimieren.[776]

369   Der Gegenstandswert ist gem. § 89 Abs. 5 S. 1 AO in entsprechender Anwendung des § 34 GKG mit einem Gebührensatz von 1,0 zu ermitteln. § 34 GKG geht von einer Gebühr bei einem Streitwert bis 300 Euro in Höhe von 25 Euro aus. Die Gebühr erhöht sich bei einem

Streitwert bis … Euro	für jeden angefangenen Betrag von weiteren … Euro	um … Euro
1 500	300	10
5 000	500	8
10 000	1 000	15
25 000	3 000	23
50 000	5 000	29
200 000	15 000	100
500 000	30 000	150
Über 500 000	50 000	150

In analoger Anwendung des § 39 Abs. 2 GKG will das Gesetz den Gegenstandswert auf 30 Mio. € begrenzen, § 89 Abs. 5 S. 2 AO. Die Gebühr beträgt somit höchstens 91 456 €. Beträgt der Gegenstandswert weniger als 10 000 €, wird nach § 89 Abs. 5 S. 3 AO keine Gebühr erhoben. Wenn kein Gegenstandswert ermittelt werden kann, so kann dieser nach § 89 Abs. 6 S. 1 AO geschätzt werden. Ist auch eine solche Schätzung nicht möglich, so wird eine Zeitgebühr berechnet. Beträgt die Bearbeitungszeit weniger als 2 Stunden, ist gem. § 89 Abs. 6 S. 2 AO keine Gebühr zu erheben. Die **Zeitgebühr** beträgt nach § 89 Abs. 6 S. 1 AO 50 € je angefangene halbe Stunde und mindestens 100 €. Sofern der Gegenstandswert unter 10 000 € liegt, wird

---

[773] Vgl. AEAO zu § 89 Tz. 4.1.2.
[774] Vgl. *Dannecker/Werder* BB 2011, 2268, 2269.
[775] Vgl. *Dannecker/Werder* BB 2011, 2268, 2269.
[776] Vgl. *Keß/Zillmer* DStR 2008, 1466, 1468.

die FinVerw. dazu neigen, eine Zeitgebühr zu vereinbaren; dies sollte unter Hinweis auf § 89 Abs. 4 S. 3 AO abgelehnt werden.[777] In Verrechnungspreisfällen dürfte ein Gegenstandswert unter 10 000 € jedoch nur selten vorliegen. Im Falle der Unbilligkeit kann auf die Erhebung der Gebühr gem. § 89 Abs. 7 AO verzichtet werden.

Maßgebend für den **Gegenstandswert** ist die **steuerliche Auswirkung**   **370** beim Antragsteller. Nach Auffassung der FinVerw. ist dabei die **Differenz** zwischen der steuerlichen Auswirkung unter Berücksichtigung der Rechtsauffassung des Antragstellers mit der Auswirkung unter Berücksichtigung der Rechtsauffassung der FinVerw. maßgebend.[778] Bei **Dauersachverhalten** soll auf die **durchschnittliche steuerliche Auswirkung eines Jahres** abgestellt werden.[779] Hier zeigt sich die Schwäche der Bezugnahme auf das Gerichtskostengesetz. Im Gerichtsverfahren ist klar, dass es zwei unterschiedliche Rechtsauffassungen gibt. Die Rechtsauffassung der FinVerw. hat sich grds. in einem Verwaltungsakt konkretisiert. Die Rechtsauffassung des Steuerpflichtigen kann dem Klageantrag entnommen werden. Beim Antrag auf verbindliche Auskunft kann nicht zwingend von abweichenden Rechtsauffassungen ausgegangen werden.[780] In diesem Fall läge der Streitwert bei 0 €. Dies ist auch kein Fall, bei dem eine Schätzung oder der Ansatz eine Zeitgebühr iSd § 89 Abs. 6 AO erforderlich wäre. Beide Möglichkeiten greifen nur, wenn der Gegenstandswert nicht ermittelt werden kann. Dies ist bei übereinstimmenden Rechtsauffassungen jedoch nicht der Fall.[781] Die finanzgerichtliche Rechtsprechung arbeitet im summarischen Verfahren des vorläufigen Rechtsschutzes mit pauschalen Bewertungsabschlägen. Der Gebührenwert wird dabei auf 10–25 % des vor Bewertungsabschlag ermittelten Wertes reduziert.[782] Auch im Rahmen der verbindlichen Auskunft erscheinen pauschale Bewertungsabschläge zumindest in Einzelfällen angebracht, wenn trotz der Auskunft gewisse Unsicherheiten verbleiben.

Die Gebühren nach § 89 Abs. 3–7 AO sind nach § 3 Abs. 4 AO als steu-   **371** erliche Nebenleistungen zu qualifizieren. Steuerliche Nebenleistungen sind nach § 12 Nr. 3 EStG bzw. § 10 Nr. 2 KStG nur dann abzugsfähig, wenn die entsprechende Steuer abzugsfähig ist.[783] Die Auskunftsgebühr ist keine steuerliche Abgabe iSd § 1 Abs. 1 u. 2 AO; jedoch gelten gem. § 1 Abs. 3 AO die Vorschriften der AO sinngemäß, soweit kein vorrangiges EU-Recht eingreift.[784] Das Auskunftsverfahren ist auch nicht Teil des Besteuerungsverfahrens.[785] Das FA handelt mit der Erteilung einer verbindlichen Auskunft öffentlich-rechtlich und daher besteht kein Anspruch auf Erteilung einer Rechnung mit USt-Ausweis.[786]

---

[777] Vgl. oben Rn. 368.

[778] Vgl. AEAO zu § 89 Tz. 4.2.2.

[779] Vgl. AEAO zu § 89 Tz. 4.2.3.

[780] Vgl. *Blömer* DStR 2008, 1866 f.

[781] Teilweise wird für den Fall übereinstimmender Rechtsauffassungen eine Anwendung des § 52 GKG empfohlen, vgl. *Blömer* DStR 2008, 1866, 1868.

[782] Vgl. *Blömer* DStR 2008, 1866, 1868.

[783] Vgl. *Simon* DStR 2007, 557 f. sowie *Blömer* DStR 2008, 1866, 1868.

[784] Vgl. BFH 30.3.2011, DB 2011, 1032, 1032.

[785] Vgl. BFH 30.3.2011, DB 2011, 1032, 1033.

[786] Vgl. FG München 17.3.2010, DStZ 2010, 508.

c) Anwendungsmöglichkeiten bei Verrechnungspreisen

372   Die bisherigen Erörterungen haben gezeigt, dass nach der hier vertretenen Meinung sowohl für verbindliche Zusagen im Anschluss an eine Außenprüfung nach § 204 AO als auch für verbindliche Auskünfte außerhalb einer Außenprüfung nach § 89 Abs. 2 AO **grds.** ein **Anspruch auf Erteilung der Zusage** besteht, sofern keine besonderen Versagungsgründe vorliegen. Ferner wurde festgestellt, dass diese beiden Zusagearten für **Verrechnungspreisfragen** generell in Frage kommen. Dabei sind unterschiedliche Voraussetzungen zu erfüllen:

1. Die verbindliche Zusage nach § 204 AO erfordert einen bereits **geprüften** Sachverhalt und ein Zusageinteresse.[787]
2. Für die verbindliche Auskunft außerhalb einer Außenprüfung gem. § 89 Abs. 2 AO müssen v. a. das besondere steuerliche Interesse für einen **geplanten** Sachverhalt dargelegt und eine konkrete Rechtsfrage formuliert sowie weitere formelle Anforderungen erfüllt sein.[788]

373   Für den Antrag auf verbindliche **Zusage nach § 204 AO** bestehen also geringere Anforderungen als für die verbindliche Auskunft außerhalb einer Außenprüfung. Entscheidend ist das Zusageinteresse im Hinblick auf den geprüften Sachverhalt. Da geplante Sachverhalte nicht Gegenstand der Zusage iSd § 204 AO sein können, wird das Zusageinteresse in den meisten Fällen damit begründet sein, dass die Kenntnis der künftigen steuerlichen Behandlung für die wirtschaftliche Disposition von Bedeutung ist, insb. weil dem Steuerpflichtigen Gestaltungsalternativen zur Verfügung stehen. Die **künftige Behandlung** des Sachverhalts muss **rechtlich zweifelhaft** sein, dh sie muss auch Fachleuten (steuerlichen Beratern) als zweifelhaft erscheinen **oder** es muss ein **Ermessens- oder Beurteilungsspielraum** bestehen; die Zusage soll Rechtssicherheit bei nicht eindeutiger Rechtslage schaffen.[789] In dieser Zielrichtung stimmt sie mit der **verbindlichen Auskunft nach § 89 Abs. 2 AO** für geplante Sachverhalte außerhalb einer Außenprüfung überein.

374   Für **Verrechnungspreisfälle** bedeutet dies, dass der Antrag iSd § 204 AO die Frage nach der **künftigen steuerrechtlichen Behandlung** eines geprüften Sachverhalts zum Gegenstand haben muss. Auch bei diesem Zusageantrag steht damit eine **Rechtsfrage** im Vordergrund. In sehr vielen Fällen kann die Rechtsfrage an der Definition und Auslegung unbestimmter Rechtsbegriffe anknüpfen, wobei die Auslegung von Tatbestandsmerkmalen unstreitig eine Rechtsfrage ist.[790] Bei Verrechnungspreissachverhalten stellt sich meistens die Frage, ob eine bestimmte Gestaltung die Voraussetzungen der in den Gesetzen oder VGr enthaltenen **normativen Begriffe**[791] oder **unbestimmten Rechtsbegriffe mit Beurteilungsspielraum**[792] erfüllt oder nicht.

Beispiel: Wegen fehlender Erkennbarkeit einer Rechtsfrage ist es nicht möglich, zu fragen: Kann der Verrechnungspreis für Produkt A von 5 € auf 6 € angehoben werden?

---

[787] S. oben Rn. 331 ff.

[788] S. oben Rn. 344 ff.

[789] Vgl. *Seer* in Tipke/Kruse, § 204 AO Tz. 14; *Schick* in HHSp, § 204 AO Rn. 68.

[790] Vgl. zB *Kruse* in Tipke/Kruse, § 5 AO Tz. 16.

[791] Vgl. dazu *Kruse* in Tipke/Kruse, § 5 AO Tz. 19.

[792] Vgl. dazu *Kruse* in Tipke/Kruse, § 5 AO Tz. 22.

– Die Frage muss vielmehr lauten: Ist der Preis für Produkt A auch dann noch angemessen – im Rahmen der Preisvergleichsmethode – und entspricht er damit den Bedingungen, die voneinander unabhängige Dritte iSd § 1 AStG vereinbart hätten und die eine Vermögensminderung oder verhinderte Vermögensmehrung iS. einer vGA vermeiden, wenn er von 5 € auf 6 € angehoben wird und wenn die Wettbewerber für die gleichartigen Produkte X, Y und Z bei sonst ähnlichen Lieferungs- und Leistungsbedingungen Preise zwischen 4,50 € und 6,20 € zahlen? Im Rahmen der Mitwirkungspflichten müssen insb. Darlegungen zur Vergleichbarkeit der Produkte erfolgen und die Preise der Wettbewerber auf gleicher Marktstufe nachgewiesen werden. Die Rechtfertigung der Frage ist hier mit dem vorhandenen Ermessens- oder Beurteilungsspielraum bei der Prüfung der Angemessenheit der Preise nach § 1 AStG und im Rahmen der vGA zu begründen.

Für den Antrag auf **verbindliche Auskunft außerhalb einer Außenprü-**   **375** **fung** ist es zunächst wichtig, dass der vom Steuerpflichtigen mitgeteilte **Sachverhalt** in allen wesentlichen Punkten richtig und vollständig dargestellt wird und offensichtlich ist, dass von der Auskunft gewichtige wirtschaftliche Entscheidungen des Steuerpflichtigen abhängen.[793] Weiterhin muss – ebenso wie bei der Zusage nach § 204 AO – das Rechtsproblem dargestellt und eine konkrete Rechtsfrage formuliert werden. Auch hier ist die künftige steuerrechtliche Beurteilung des geplanten Sachverhalts zweifelhaft und demnach klärungsbedürftig, wenn eine **offene Rechtsfrage oder** ein **Ermessens- oder Beurteilungsspielraum** besteht. Weiter oben wurde bereits zur Zusage nach § 204 AO festgestellt, dass ein solcher Spielraum gerade bei Verrechnungspreissachverhalten hinsichtlich normativer Tatbestandsmerkmale und unbestimmter Rechtsbegriffe mit Beurteilungsspielraum regelmäßig gegeben ist.

Auf Grund der obigen Ausführungen kommt man zu dem Ergebnis, dass   **376** sich Verrechnungspreisthemen ganz besonders für verbindliche Auskunftsanträge anbieten. Die Fragen zur steuerrechtlichen Behandlung geplanter Sachverhalte können sich zB auf die Anwendbarkeit bestimmter Methoden (Tz. 2.2 VGr) oder Berechnungssysteme (Tz. 2.4.3 VGr), den Preiseinfluss bestimmter Funktionen oder Risiken, die Anerkennung eines Vorteilsausgleichs oder die Zulässigkeit von Aufteilungsschlüsseln in Kostenumlageverträgen beziehen. Entscheidend kommt es darauf an, dass die hinter dem geplanten Sachverhalt stehende **Rechtsfrage** klar herausgestellt wird, insb. wenn (wie im obigen Beispiel zur Zusage nach § 204 AO) konkrete Preise oder Preisspannen im Rahmen eines Beurteilungs- oder Ermessensspielraums zur Diskussion stehen.

Diese Möglichkeiten sollen konkret anhand der folgenden **Liste mit Bei-**   **377** **spielen** zu verschiedenen Problemkreisen und Faktoren der Verrechnungspreisgestaltung dargestellt werden. Dabei wird differenziert zwischen Rechtsfragen, die für eine verbindliche Auskunft geeignet sind und solchen Fragen, die weniger geeignet erscheinen. Selbstverständlich stellt diese Auflistung nur eine grobe Richtschnur dar und es hängt vom Einzelfall ab, ob eine verbindliche Auskunft möglich ist und als zulässig erachtet wird. Die Liste der Beispielsfragen ist bewusst umfangreich und fordert hinsichtl. einzelner Fragen sicher auch Kritik heraus.

Wichtig ist nochmals der Hinweis, dass die folgenden Rechtsfragen **nur**   **378** **für geplante Sachverhalte** Gegenstand einer verbindlichen Auskunft sein

---

[793] Vgl. BFH 13.12.1989, BStBl. II 1990, 274.

können; dies wird in den einzelnen Fragen aus Formulierungsgründen nicht immer zum Ausdruck gebracht. Die verbindliche Auskunft muss daher **vor** der tatsächlichen Durchführung des Sachverhalts beantragt werden und darf erst nach Erhalt der Auskunft umgesetzt werden.[794] Bezüglich der aufgelisteten Fragen bedeutet dies bspw., dass diese nur vor der Errichtung einer Gesellschaft oder vor Abschluss oder Änderung eines Vertrags gestellt werden können. Auch die Rechtsfragen selbst sind in den folgenden Beispielen aus Platzgründen nicht immer so umfassend und klar formuliert, wie dies wünschenswert wäre.[795]

aa) Geeignete Rechtsfragen

379 (1) Anwendbarkeit der Korrekturvorschriften

– Liegt eine wesentliche Beteiligung iSd § 1 Abs. 2 AStG vor, wenn teilweise „Ordinary Stock" und teilweise „Preferred non-voting Stock" (stimmrechtslose Anteile) an einer ausländischen Gesellschaft gehalten werden, die zusammen 25 % des Kapitals erreichen?
– Liegt ein beherrschender Einfluss iSd § 1 Abs. 2 Nr. 2 AStG vor, wenn ein außenstehender Monopol-Lieferant zwei Unternehmen eines Konzerns beliefert?
– Liegen besondere Einflussmöglichkeiten oder Interessenidentität iSd § 1 Abs. 2 Nr. 3 AStG im Verhältnis zwischen Franchisegeber und Franchisenehmern vor?

380 (2) Anerkennung der Vertragsbeziehungen

– Werden die geplanten Verträge als klare und eindeutige Vereinbarungen im Verhältnis zum beherrschenden Gesellschafter anerkannt?
– Kann bei Dauerschuldverhältnissen (zB Mietverträgen) auf die Ausstellung von Rechnungen verzichtet werden?

381 (3) Anwendung der Preisvergleichsmethode

– Handelt es sich bei den Waren der Wettbewerber X, Y und Z um gleichartige oder vergleichbare Güter und Waren bzgl. der technischen Ausstattung, Qualität, Nutzungsmöglichkeit, Haltbarkeit, Zuverlässigkeit, Instandsetzbarkeit usw., sodass die Preise für diese Waren auf gleicher Handelsstufe für einen äußeren Fremdvergleich herangezogen werden können?
– Rechtfertigen die Unterschiede der geographischen Märkte (Größe, Siedlungsdichte, demographische Struktur, Industrialisierung, Durchschnittseinkommen, Kaufkraft usw.) einen anderen Verrechnungspreis?
– Dürfen bei zentralisiertem Rohstoffeinkauf im Konzern die Verrechnungspreise nach Marktpreisen (ohne Berücksichtigung des Mengenrabatts) festgesetzt werden?
– Rechtfertigen bzw. erfordern langjährige Geschäfts- und Lieferbeziehungen wegen geringerer Risiken den Ansatz niedrigerer Verrechnungspreise?
– Ist ein direkter Preisvergleich ausgeschlossen, wenn der Käufer (zB Vertriebsfirma für Software) in größerem oder geringerem Umfang als seine Wettbewerber Eigenleistungen aufbringen oder Fremdleistungen in Anspruch nehmen muss, um das Produkt seinen Kunden bereitzustellen?
– Bedingen große oder kleine Abrufe bzw. Aufträge unterschiedliche Verrechnungspreise?

---

[794] Oben (s. Rn. 348) wurde bereits erwähnt, dass die Durchführung vorbereitender Maßnahmen unschädlich ist.
[795] S. obiges Beispiel in Rn. 374.

– Rechtfertigt die unterschiedliche Bonität der Abnehmer unterschiedliche Verrechnungspreise?
– In bestimmten Branchen bzw. für bestimmte Produkte werden je nach Jahreszeit, Quartal, Woche, Tag oder Stunde unterschiedliche Preise festgelegt; dürfen zB unterschiedliche Saisonpreise berechnet werden?
– Rechtfertigt das Vorliegen eines Monopols (Oligopols) Abweichungen von der Preisvergleichsmethode?

(4) Anwendung der Wiederverkaufspreismethode   382

– Können marktübliche Rohgewinnmargen durch Anpassungsrechnungen verändert werden, wenn die Vertriebskosten der „tested party" offensichtlich über oder unter den Vertriebskosten liegen, die andere Vertriebsunternehmen in der Branche haben?
– Darf die Rohgewinnmarge für ein bis zwei Jahre unterhalb der Interquartile Range branchenüblicher Rohgewinnmargen liegen, wenn die Verkaufspreise gesenkt werden, um im starken Wettbewerb auf dem inländischen Markt mitzuhalten?
– Ist die Wiederverkaufspreismethode in modifizierter Weise anwendbar, wenn Fertigwaren von fremden Herstellern erworben und an nahe stehende Unternehmen weiter veräußert werden und die Rohgewinnmargen innerhalb der eingeengten branchenüblichen Bandbreite liegen?

(5) Anwendung der Kostenaufschlagsmethode   383

– Kann die angewandte Kalkulationsmethode im Rahmen der Kostenaufschlagsmethode anerkannt werden?
– Kann bei Anwendung der Kostenaufschlagsmethode auf Basis budgetierter Kosten ein Verlust (im Fall von Kostensteigerungen, die der Dienstleister zu vertreten hat) bzw. ein Übergewinn (im Fall geringerer Istkosten) anerkannt werden?

(6) Vorteilsausgleich   384

– Besteht ein innerer Zusammenhang von Geschäften für die Anerkennung des Vorteilsausgleichs?
– Entspricht die von den nahestehenden Unternehmen vorgenommene Quantifizierung der Vorteile und Nachteile der einzelnen Geschäfte den Voraussetzungen des Vorteilsausgleichs?

(7) Markterschließung   385

– Ist die vorgesehene prozentuale Verteilung der Kosten der Markterschließung (Markterweiterung) branchenüblich und angemessen?
– Stellen die Kosten einer großen Werbekampagne Kosten der Markterweiterung dar?

(8) Zinsen und Lizenzen   386

– Rechtfertigt der Wegfall der Refinanzierung eine Verminderung des Zinssatzes auf den Mittelwert zwischen Soll- und Habenzinsen zum nächstmöglichen Kündigungszeitpunkt?
– Ist der Vertrieb von Software über eine ausländische Tochtergesellschaft als Lizenzvertrag (mit dem Recht zur Erteilung von Sub-Lizenzen) anzusehen, sodass ausländische Quellensteuer, die von den Lizenzgebühren einbehalten wird, auf die deutsche Körperschaftsteuer anrechenbar ist (oder liegt ein Kaufvertrag über die Software vor mit dem Recht zur Weiterveräußerung)?

– Ist im umgekehrten Fall die deutsche Vertriebsgesellschaft verpflichtet, Quellensteuer von der Lizenzgebühr einzubehalten, die für von der ausländischen Muttergesellschaft erworbene Software gezahlt wird?

387   (9) Konzernumlageverträge für Dienstleistungen

– Entspricht der vorgelegte Konzernumlagevertrag für Dienstleistungen (oder F+E-Leistungen) den formellen Anforderungen der VGr?
– Kann der vorgesehene multilaterale Konzernumlagevertrag anerkannt werden, obwohl er für bestimmte Leistungen die Belastung nach der Preisvergleichsmethode und für andere Leistungen die Berechnung nach der Kostenaufschlagsmethode vorsieht?
– Erfüllen die Kostenermittlung und die Umlagenabrechnung die Voraussetzungen für die Anerkennung der Konzernumlage bzw. Forschungsumlage?
– Darf bei gemeinsamer Auftragsforschung mehrerer Parteien an eine ausscheidende Partei eine „Buy-out"-Zahlung unter einer auflösenden Bedingung geleistet werden, wonach eine Rückzahlung an alle Parteien zu erfolgen hat, sofern der erwartete Forschungserfolg nicht eintritt?

388   (10) Umlageverträge nach dem Poolkonzept

– Genügt es für die Qualifizierung als Poolvertrag iSd VGr-Uml., dass die leistende Gesellschaft nur einen Teil der erbrachten Leistungen (Hilfsfunktionen) selbst benötigt (zB Buchhaltungsarbeiten, Rechts-, Steuer- und Unternehmensberatung, nicht aber Einkaufs- und Marketingleistungen)?
– Kann ein Gewinnaufschlag im Rahmen eines konkreten Poolvertrags aus deutscher Sicht akzeptiert werden, wenn der ausländische Staat zwingend einen Kostenaufschlag verlangt?
– Sind die Leistungen einer Konzernforschungsgesellschaft A auch dann noch als Hilfsfunktion im Rahmen eines Forschungspools zu qualifizieren, wenn die Forschungsergebnisse von A selbst voraussichtlich nur zu 8 % und von den Poolmitgliedern B und C zu jeweils 46 % genutzt werden?
– Sind für den Beitritt zu einem Forschungspool Eintrittszahlungen auch dann gerechtfertigt, wenn die Pooltätigkeit bislang nur erfolglose Forschung umfasste?

389   (11) Funktionsverlagerung

– Liegt eine entgeltpflichtige Funktionsverlagerung vor, wenn die deutsche Vertriebsgesellschaft in einen Limited Risk Distributor umfunktioniert wird?
– Darf die Übertragung eines Vertriebsrechts für ein bestimmtes Vertriebsgebiet auf eine ausländische Tochtergesellschaft unentgeltlich erfolgen, wenn dadurch eigene Vertriebskosten im Ausland entfallen und aus den Lieferungen an die Vertriebstochter ein branchenüblicher Gewinn anfällt? Können in diesem Zusammenhang die Mehrgewinne aus Lieferungen an neue Kunden der Vertriebstochter gegengerechnet werden?
– Liegt eine Funktionsverlagerung vor, wenn eine Tochtergesellschaft im Ausland einige Jahre nur Auftragsforschung für die Muttergesellschaft durchgeführt hat und dann die Chance wahrnimmt, auch für Dritte (auf anderen Gebieten) Forschungsleistungen zu erbringen? Spielt es dabei eine Rolle, wenn die gegenüber den Dritten erbrachten Leistungen mit einer höheren Marge abgerechnet werden?
– Kann neben einer Überlassung von Wirtschaftsgütern auf gesellschaftsrechtlicher Ebene eine Funktionsverlagerung iSd § 1 AStG vorliegen?

bb) Weniger geeignete Rechtsfragen

390   – Kann der Erwerb des immateriellen Wirtschaftsguts AB von der nahestehenden Gesellschaft A zum Preis X erfolgen?

- Ist die beabsichtigte Lizenzgebühr von X % für die Überlassung des Patents P angemessen?
- Werden die marktüblichen Abschläge im Rahmen der Wiederverkaufspreismethode
unter Berücksichtigung der besonderen Funktionen und Risiken angemessen angepasst?
- Wird der konkrete Verrechnungspreis mit Hilfe der Kostenaufschlagsmethode zutreffend ermittelt?
- Führt die Anpassung der betriebs- oder branchenüblichen Gewinnzuschläge an die
spezifische Unternehmenssituation zu angemessenen Verrechnungspreisen?
- Entspricht die konkret vorgesehene Verteilung der Kosten der Markterschließung
(oder Markterweiterung) den VGr?
- Entspricht der Kostenschlüssel des F+E-Poolvertrags dem voraussichtlichen Nutzen
des Beteiligten?

2. Internationale verbindliche Auskünfte

a) Advance Pricing Agreements in den USA als Vorbild

Für multinationale Konzerne können Verrechnungspreiskorrekturen so   **391**
große Dimensionen erreichen, dass ein Streit mit der FinVerw. unvermeidbar
ist. Die USA bieten deshalb seit 1991 an, mit großen Konzernen sogenannte
Advance Pricing Agreements (nachfolgend **APA**)[796] zu treffen, damit spätere zeitaufwendige Konflikte über die Angemessenheit von Verrechnungspreisen in Betriebsprüfungen, Einspruchs-, Gerichts- oder Verständigungsverfahren vermieden werden.[797] Da der US-Steuerpflichtige zur Vermeidung
von Geldbußen im Fall einer Verrechnungspreisberichtigung nachweisen muss,
dass er bemüht war, die beste Methode anzuwenden, dient ein APA nicht nur
der Festlegung einer bestimmten Methode zwecks Vermeidung einer Gewinnberichtigung, sondern auch der Vermeidung von Geldbußen. Das APA
ist eine formelle Absprache des Steuerpflichtigen mit der US-Finanzbehörde
(Internal Revenue Service – **IRS**), in der für eine bestimmte Geschäftsart
eine **bestimmte Methode** zur Ermittlung des angemessenen Verrechnungspreises vorab für einen bestimmten Zeitraum verbindlich festgelegt wird. Im

---

[796] Vgl. zu den APA allgemein *Eilers/Wienands* IStR 1995, 311 ff. mwN; *Wagner*
StBp 1995, 265 ff.; *Granwell/Desirgh* RIW 1993, 1009 ff.; *Jacob* IWB, Fach 8 Gruppe 2,
605 ff.; *Rihm* RIW 1992, 994 ff.; *Kroppen* IWB, Fach 8 Gruppe 2, 795 ff.; *Plambeck* International Tax Review 1994, 44 ff.; *Rodemer* beschreibt in seinem im Jahr 2001 erschienenen Buch ausführlich die APAs im US-amerikanischen und im deutschen Steuerrecht; *Portner* European Taxation 1996, 50 ff., weist darauf hin, dass Regelungen für
APA auch in Japan, Kanada, Australien und in den Niederlanden bestehen. Inzwischen
sind APA-Regelungen in den meisten OECD-Ländern und in einigen Nicht-OECD-
Staaten in Kraft, so u.a. auch in Ägypten, Belgien, China, Dänemark, Frankreich,
Großbritannien, Indien, Indonesien, Kasachstan, Malaysia, Neuseeland, Peru, Rumänien, Singapur, Spanien, Südkorea und Thailand; *Grotherr* IWB, Fach 10, Gruppe 2,
1823 ff. nimmt einen Vergleich der Regelungen zu den APAs in Frankreich, Großbritannien, Italien, Spanien, Belgien, den Niederlanden, den USA, Kanada, China, Japan,
Korea und Australien vor.

[797] Das APA-Verfahren wird vom *IRS* jetzt (zusammen mit dem Verständigungsverfahren) im „Advance Pricing and Mutual Agreement Program" abgearbeitet. Nach
dem jährlichen Bericht des IRS „Announcement and Report concerning Advanced
Pricing Agreements" vom 27.3.2014 wurden bisher 1856 unilaterale und bilaterale
APA beantragt (Download unter www.irs.gov).

Ergebnis handelt es sich um eine **verbindliche Auskunft** des IRS, wobei der Steuerpflichtige allerdings am Verfahren wie ein **Vertragspartner** teilnimmt.

392   Wenn keine Einigung zustande kommt, kann der IRS die Unterlagen behalten und für eine spätere Prüfung verwerten. Zur Vermeidung oder Minimierung dieses Risikos kann in **informellen Vorbesprechungen** (sog. **Prefiling-Conferences**), die üblicherweise von großen Wirtschaftsprüfungsgesellschaften mit dem IRS geführt werden, ohne Nennung des Mandanten über den Inhalt des beabsichtigten APA gesprochen werden.[798] Wenn Chancen bestehen, dass die Vorstellungen des Steuerpflichtigen vom IRS weitgehend akzeptiert werden, kann das offizielle Verfahren beginnen. Der Steuerpflichtige hat die Nachweispflicht für die von ihm behaupteten Fakten. Die **wichtigsten Informationen und Unterlagen für ein APA** sind:

– Darlegung des Sachverhalts,
– Beschreibung einer objektiven Methode, die zu Verrechnungspreisen führt, die dem Arm's Length-Grundsatz entsprechen,
– Funktionsanalyse,
– Vergleich der Rendite und anderer Bilanzkennzahlen und
– Begründung, warum bestimmte Vergleichsdaten herangezogen oder abgelehnt wurden.

393   Der **Inhalt des APA** umfasst insb. die Festlegung der **Verrechnungspreismethode** (Transfer Pricing Methodology) und der sog. **kritischen Annahmen** (Critical Assumptions), also der Bedingungen, die während der gesamten Dauer des APA vorliegen müssen, um die Bedingungswirkung für die FinVerw. sicherzustellen. Das APA betrifft keine „reinen Rechtsfragen", sondern die Anwendung des Gesetzes auf einen bestimmten Sachverhalt.[799] Der Steuerpflichtige schlägt in dem Verfahren regelmäßig die nach seiner Meinung **beste Verrechnungspreismethode** vor. Dabei hat er die Wahl zwischen den Standardmethoden, den gewinnorientierten Methoden und unspezifizierten Methoden, wobei in Ausnahmefällen – zB im Bereich des „Global Trading" – auch die formelhafte Gewinnaufteilung in Frage kommt.[800] Der Steuerpflichtige kann entscheiden, ob sich die Methode auf einzelne **Geschäftsvorfälle, Produktlinien** oder ein **ganzes Unternehmen** beziehen soll.[801]

Die Verhandlungen und das Ergebnis des APA umfassen in der weit überwiegenden Zahl der Fälle nicht nur die Frage, welche der in den US-Regulations (oder bei bilateralen APA in den OECD-VPL) beschriebenen Methoden anwendbar ist, sondern auch die Vereinbarung bestimmter **Bandbreiten akzeptabler Preise, Lizenzsätze, Margen oder Gewinnkennziffern.**[802]

Die immer größere Bedeutung der Verrechnungspreise spiegelt sich auch in der Anzahl der beantragten APAs wieder. So wurden in den USA von 1991 bis

---

[798] Vgl. *Zschiegner* IWB Fach 8, USA, Gruppe 2, 1551, 1553.
[799] *Rodemer,* 120.
[800] *Rodemer,* 100 f.
[801] *Rodemer,* 102 unter Hinweis auf § 5.03 Rev. Proc. 96–53.
[802] Vgl. *Rodemer,* 99, 105 ff.; *IRS,* Tax Management Transfer Pricing Report, 2001, 872, 878 ff.; *Zschiegner* IWB Fach 8, USA, Gruppe 2, 758 ff.

2013 1300 APA-Verfahren durchgeführt (davon 489 multilaterale, 797 bilaterale und 14 multilaterale) und 331 waren noch anhängig. Ferner wurden 77 Verlängerungen durchgeführt, 147 waren noch anhängig.[803]

b) Advance Pricing Agreements nach den Leitlinien der OECD und der EU

Die **OECD-VPL** befassen sich in Tz. 4.124–4.166 sehr ausführlich mit den **394** Vor- und Nachteilen von Vorab-Vereinbarungen über die Verrechnungspreisgestaltung **(Advance Pricing Arrangements)**. In Tz. 4.125 wir betont, dass in APAs aufgrund der Ungenauigkeiten von Vorhersagen besondere Sorgfalt erforderlich ist, wenn nicht nur die Methodenwahl geregelt werden soll.[804] Auch die **OECD bevorzugt bilaterale oder multilaterale**[805] **APAs** (Tz. 4.162 OECD-VPL) und betont die Risiken unilateraler APAs (Tz. 4.148 f. OECD-VPL). Die OECD weist darauf hin, dass das APA-Verfahren im Hinblick auf die Gleichbehandlung der Steuerpflichtigen nicht nur für große Unternehmen zur Verfügung stehen darf (Tz. 4.164 OECD-VPL). In Ergänzung zu den VerrechnungspreisRL hat die OECD Ende 1999 die als Anhang dazu gedachten **RL für APA-Verfahren** auf der Grundlage des Verständigungsverfahrens nach den DBA (OECD-APA-RL) veröffentlicht.[806] In Tz. 31 OECD-APA-RL wird den Staaten empfohlen, eigene Regelungen für das APA-Verfahren für ihre Steuerpflichtigen zu erlassen.

Während früher neben den USA nur wenige Länder Regelungen für APAs **395** einführten (so zB Australien, Kanada, Japan, Mexiko und Niederlande), haben seit Vorliegen der OECD-VPL immer mehr Länder eigene APA-Bestimmungen geschaffen oder die APAs im Rahmen allgemeiner verbindlicher Auskünfte geregelt.[807]

In einer formlosen[808] Mitteilung über die Tätigkeiten des EU-Verrech- **396** nungspreisforums an den Rat, das europäische Parlament und den Europäischen Wirtschafts- und Sozialausschuss vom 26.2.2007 hat die **Europäische Kommission Leitlinien für Verrechnungspreiszusagen in der EU** veröffentlicht.[809] In Tz. 1 dieser EU-Leitlinien wird das Konsultationsverfahren gem. Art. 25 Abs. 3 OECD-MA als Grundlage für die APAs in der EU angesehen. Nach Tz. 9 dieser EU-Leitlinien soll dem Antrag des Steuerpflichtigen

---

[803] Vgl. *IRS*, Announcement and Reporting Advance Pricing Agreements vom 27.3.2014 (Download unter www.irs.gov) mit weiteren Details und Statistiken zum US APA Programm. Auch in anderen Ländern werden APA Statistiken veröffentlicht, die die Bedeutung des Themas wiederspiegeln, vgl. *Alberts* IWB 2011, 222 ff. zu den APA Statistiken in China.

[804] Vgl. *Schmid* in Grotherr HdB int. Steuerplanung, 738.

[805] Wobei multilaterale APAs auf immer größeres Interesse stoßen, vgl. *Elmore* TNI 11/2011, 407 f.

[806] Vgl. OECD-VPL Annex zu Kapitel IV.

[807] Vgl. u. a. die 79 Seiten umfassende Dokumentation über APAs in verschiedenen Staaten mit dem Titel „A Global Review of Advance Pricing Agreements", in Tax Management, Transfer Pricing, Special Report No. 22, August 1996; s. ferner oben, Rn. 391.

[808] Nach *Kosyan/Müller* IWB Fach 10, Gruppe 2, 1971 ff. handelt es sich um eine „Orientierungshilfe" für die beteiligten Steuerpflichtigen.

[809] Vgl. COM (2007) 71 sowie SEC (2007) 246.

auf ein APA-Verfahren stattgegeben werden, wenn die Voraussetzungen vorliegen. Auch wenn die Vorgaben der EU-Leitlinien **nicht verbindlich** sind,
sollte diese Vorgabe dazu führen, dass alle FinVerw.en innerhalb der EU Anträgen auf APAs offen gegenüberstehen. Tz. 14 der EU-Leitlinien sieht im
Hinblick auf etwaige **Gebühren** für die APA-Verfahren vor, dass diese nicht
so hoch sein sollten, dass sie von der Beantragung eines APA-Verfahrens ab-
schrecken.

397   Das **APA-Verfahren** unterteilt sich nach Tz. 20 ff. der EU-Leitlinien in
der Regel in **4 Phasen:**
1. Phase des Vorgesprächs bzw. der informellen Anfrage
2. Förmliche Antragstellung
3. Bewertung und Aushandlung des APA
4. Förmlicher Abschluss

398   Die erste Phase des **Vorgesprächs** dient allen Beteiligten der Einschätzung
der Erfolgsaussichten eines APA-Antrags. Um eine solche Einschätzung zu
ermöglichen, sollte der Antragsteller schon möglichst viele Informationen
über die entsprechenden Transaktionen etc. vorlegen. Der Antragsteller sollte
sich mit allen beteiligten FinVerw.en in Verbindung setzen und allen die entsprechenden Informationen vorlegen. Dabei dürfte es in der Praxis zweck-
dienlich sein, zunächst die Auffassung einer FinVerw. einzuholen und in einem zweiten Schritt die andere FinVerw. hinzuzuziehen. Die FinVerw.en
sollten sich im Gegenzug so rasch wie möglich äußern, welche Chancen bestehen, dass ein förmlicher Antrag angenommen wird.

399   In der zweiten Phase der **förmlichen Antragstellung** sollen den Fin-
Verw.en – soweit noch nicht im Rahmen des Vorgesprächs geschehen – alle
Informationen vorgelegt werden, die zur Bearbeitung des Antrags erforderlich
sind. In den Anhängen zu den Leitlinien sind umfangreiche Angaben darüber
enthalten, welche Informationen idR erforderlich sind. Die wichtigsten
Punkte sind nachfolgend zusammengefasst:
1. Name und Anschrift aller verbundenen Unternehmen
2. Darstellung der Konzernstruktur
3. Analyse der Branchen- und Markttrends, ggf. Marktstudien und Finanz-
   analysen sowie eine Darstellung der Unternehmensstrategie
4. Zeitraum, für den die Anwendung des APAs beantragt wird
5. Funktions- und Risikoanalyse sowie Angaben über die eingesetzten Vermögenswerte
6. Angaben von Gründen im Hinblick auf die Zweckmäßigkeit eines
   APA
7. Gültigkeitsbedingungen, die dem APA zugrunde liegen
8. Begründung der Verrechnungspreismethode, die im Zusammenhang mit
   den betreffenden Transaktionen angewandt werden soll
9. Einzelheiten zu den Finanzdaten (insb. Jahresabschlüsse der letzten
   3 Jahre)
10. Aufstellung bisheriger APAs beteiligter Unternehmen
11. Aufstellung der Verträge bzw. Vereinbarungen zwischen den verbundenen
    Unternehmen

Die umfangreichen Anforderungen zeigen, dass die Beantragung eines
APAs mit einem nicht zu unterschätzenden Verwaltungsaufwand verbunden
ist. Andererseits sind die wesentlichen Informationen im Rahmen der Do-

kumentation der Verrechnungspreise, die zumindest bei Beteiligung von deutschen Unternehmen nach § 90 Abs. 3 AO erforderlich ist, ohnehin zusammenzutragen und der FinVerw. vorzulegen.

In der dritten Phase der **Bewertung und der Aushandlung des APA**   **400** sollen die jeweiligen FinVerw.en den vorgelegten Sachverhalt zunächst (rechtlich) bewerten und dann mit den anderen FinVerw.en einheitliche Bedingungen und Konditionen (terms and conditions) aushandeln, die den beteiligten Steuerpflichtigen dann vorgeschlagen werden können.

Die vierte und letzte Phase der **förmlichen Vereinbarung** endet mit der   **401** förmlichen Unterzeichnung und mit dem Austausch formeller Urkunden. In den Anhängen zu den Leitlinien ist auch ein **Zeitplan** für den Ablauf eines APA-Verfahrens enthalten. In diesem Zeitplan ist die förmliche Vereinbarung nach 18 Monaten vorgesehen.

c) Advance Pricing Agreements in Deutschland

Die deutsche FinVerw. stand dem Abschluss von Advance Pricing Agree-   **402** ments vor 2006 zurückhaltend gegenüber, da verbindliche Auskünfte einerseits Personal-Ressourcen erfordern und andererseits in der Vergangenheit eine Rechtsgrundlage für die Erhebung einer Gebühr von denjenigen Steuerpflichtigen fehlte, die ein bilaterales APA begehrten.[810] Aufgrund der internationalen Entwicklungen, dh im Hinblick auf die o. g. OECD-APA-RL, die Leitlinie der Europäischen Kommission und die Einführung von APA-Regelungen in einer zunehmenden Anzahl von Ländern, musste die deutsche FinVerw. ihre Einstellung ändern. Im Jahr 2006 veröffentlichte das **BMF** das „Merkblatt für bilaterale oder multilaterale Verständigungsverfahren auf der Grundlage der DBA zur Erteilung verbindlicher Vorabzusagen über Verrechnungspreise zwischen international verbundenen Unternehmen (sog. „Advance Pricing Agreements" – APAs)".[811] Diese geänderte Einstellung zeigt sich auch in der Entwicklung der Anzahl der offenen APA-Verfahren, die sich von neun im Jahr 2004 auf über fünfzig im Jahr 2007 erhöht hat.[812] In den Jahren 2009 und 2010 wurden in Deutschland insges. 28 bzw. 26 neue APA-Anträge gestellt.[813]

Nach der **Definition** des BMF ist ein **APA** eine Vereinbarung zwischen   **403** einem oder mehreren Steuerpflichtigen und einer oder mehreren Steuerverwaltungen, in der neben einer Verrechnungspreismethode auch weitere Kriterien für die Verrechnungspreisbestimmung vereinbart werden, wie zB Ermittlung von Fremdvergleichswerten und Regeln für ihre Fortschreibung im APA-Zeitraum, sachgerechte Gültigkeitsbedingungen im Hinblick auf künftige Ereignisse (sog. „Critical Assumptions") usw.[814]

Das APA-Verfahren kann in zwei Verfahren aufgeteilt werden, die gemein-   **404** sam das APA bilden.[815] Zum Einen ist das **Vorabverständigungsverfahren**

---

[810] Vgl. *Grotherr* BB 2005, 855, 860 mwN.

[811] Vgl. BMF 5.10.2006, BStBl. I 2006, 594; dazu *Schmid* in Grotherr, HdB int. Steuerplanung, 744.

[812] Vgl. *Becker* IStR 2007, 592, 594.

[813] Vgl. *van der Hamm/Voll* Ubg 2013, 219.

[814] Vgl. BMF 5.10.2006, BStBl. I 2006, 594, Tz. 1.2.

[815] Vgl. BMF 5.10.2006, BStBl. I 2006, 594, Tz. 1.2.

zwischen der deutschen und einer oder mehreren ausländischen **FinVerw.en** zu nennen. Ebenso wie die EU-Leitlinien stützt die deutsche FinVerw. dieses Verfahren auf Art. 25 OECD-MA.[816] Im Hinblick auf das Vorabverständigungsverfahren kann daher weitgehend auf die Ausführungen zum Verständigungsverfahren verwiesen werden.[817] Zum Anderen bedarf es der Umsetzung der Verständigungsvereinbarung durch **Vorabzusage** oder Steuerbescheid **gegenüber dem Steuerpflichtigen.**[818] Im Rahmen der Umsetzung ist die Verständigungsvereinbarung bindend für die FinVerw.[819] Die Rechtsnatur der Vorabzusage wird im Anschluss an die Ausführungen zum Vorabverständigungsverfahren noch genauer untersucht.

405   Das Vorabverständigungsverfahren in Deutschland beginnt (in Übereinstimmung mit den EU-Leitlinien) mit einem **Vorgespräch** (sog. „Prefiling"). Das Vorgespräch sollte uE ohne Gebühr möglich sein. Es kann kein anonymes Vorgespräch gewährleistet werden, wenn zunächst eine Gebührenfestsetzung per Bescheid erforderlich ist. Das eigentliche Vorabverständigungsverfahren wird jedoch nach § 178a Abs. 1 S. 4 AO erst eröffnet, wenn die noch genauer zu erörternde Gebührenfestsetzung unanfechtbar geworden und die **Gebühr entrichtet** ist. In dieser Phase sollte der Antragsteller der FinVerw. bereits Informationen zur Verfügung stellen, um dieser eine Einschätzung der Lage zu ermöglichen. Die FinVerw. soll den Steuerpflichtigen bereits zu diesem Zeitpunkt darauf aufmerksam machen, dass Verständigungsverfahren von der deutschen FinVerw. nur abgeschlossen werden, wenn der Antragsteller auf etwaige Rechtsbehelfe gegen Steuerbescheide, die die Verständigungsvereinbarung umsetzen, gem. § 354 Abs. 1a AO verzichtet.[820]

406   In der Phase der **Antragstellung** ist zu beachten, dass aufgrund der Rechtsgrundlage im DBA nur Abkommensberechtigte die Möglichkeit haben, einen Antrag zu stellen.[821] Der Antrag ist – wie beim „normalen" Verständigungsverfahren – beim BZSt zu stellen.[822] Der Antrag kann auf bestimmte Geschäftsvorfälle, Produktlinien, Unternehmen, Unternehmensbereiche o. Ä. beschränkt werden.[823] Der Antrag soll insb. die folgenden Informationen bzw. Unterlagen enthalten:[824]

1. Begründung der vorgeschlagenen Verrechnungspreismethode vor dem Hintergrund des Fremdvergleichsgrundsatzes
2. Unterlagen und Berechnungen für die Anwendung der Methode sowie Kalkulationsschemata
3. Fremddaten (zB Preise, Bruttomargen, Kostenaufschläge) inkl. Angaben über etwaige zukünftige Anpassungsrechnungen
4. Darstellung der Beteiligungsverhältnisse
5. Darstellung der organisatorischen und operativen Konzernstruktur
6. Beschreibung der Tätigkeitsbereiche (soweit für das APA erforderlich)

---

[816] Vgl. BMF 5.10.2006, BStBl. I 2006, 594, Tz. 1.2.
[817] S. Rn. 231 ff.
[818] Vgl. *Kramer* TNI 01/2007, 257 f.
[819] Vgl. BMF 5.10.2006, BStBl. I 2006, 594, Tz. 1.2.
[820] Vgl. BMF 5.10.2006, BStBl. I 2006, 594, Tz. 2.2.
[821] Vgl. BMF 5.10.2006, BStBl. I 2006, 594, Tz. 2.3.
[822] Vgl. BMF 5.10.2006, BStBl. I 2006, 594, Tz. 2.3.
[823] Vgl. BMF 5.10.2006, BStBl. I 2006, 594, Tz. 3.2.
[824] Vgl. BMF 5.10.2006, BStBl. I 2006, 594, Tz. 3.4. und 3.5.

7. Darstellung der Geschäftsbeziehungen zu nahestehenden Personen inkl. geplanter Vertragsgestaltungen
8. Funktions- und Risikoanalyse
9. Beschreibung der wesentlichen Wirtschaftsgüter
10. Darstellung der Markt- und Wettbewerbsverhältnisse sowie der Geschäftsstrategie
11. Beschreibung der Wertschöpfungsketten und Beiträge der Unternehmen
12. Benennung aller offenen Steuerfragen (soweit APA-relevant).

Die umfangreichen Anforderungen zeigen viele Überschneidungen mit **407** den Anforderungen der EU-Leitlinie[825] bzw. mit den deutschen Dokumentationsvorschriften in der GAufzV.[826] Dem Verwaltungsaufwand bei der Beantragung sind daher die Erleichterungen im Rahmen der Dokumentation der Verrechnungspreise gegenüberzustellen, die sich durch das vorhandene APA ergeben, auf das in der Dokumentation verwiesen werden kann.

Die Entscheidung über den Antrag steht im **Ermessen** der FinVerw.[827] Bei **408** der Ermessensausübung sind insb. das Interesse des Steuerpflichtigen an der Vermeidung einer Doppelbesteuerung und das Interesse der FinVerw. an einer Vermeidung einer schwierigen Außenprüfung und ggf. eines sich anschließenden Verständigungsverfahrens bzw. Rechtsstreits zu berücksichtigen.[828] Ferner ist auch die noch genauer zu erörternde Gebühr für die Durchführung des APA zu beachten.[829] Nach Auffassung der FinVerw. sollen zB mangelnde Begründung des Antrags, bloßes Steuervermeidungsinteresse, mangelnde Mitwirkung oder das Bestehen auf einer nach Ansicht der FinVerw. ungeeigneten Methode gegen die Eröffnung des APA-Verfahrens sprechen.[830] In diesem Zusammenhang ist jedoch zu berücksichtigen, dass dem ganzen APA-Verfahren ein „Doppelbesteuerungsvermeidungsinteresse" zugrunde liegt. Die Erlangung steuerlicher Vorteile kann daher allenfalls im Ausnahmefall gegen die Eröffnung des APA-Verfahrens sprechen. Die **Ablehnung** des Antrags stellt einen Verwaltungsakt dar.[831]

In der Phase der **Bewertung und Aushandlung** von APAs will sich die **409** deutsche FinVerw. grds. auf die Festlegung einer Verrechnungspreismethode für bestimmte Geschäftsvorfälle beschränken. Eine darüber hinausgehende Regelung soll nur in Betracht kommen, wenn im Einzelfall mit der Methode zusammenhängende Kriterien bestimmt werden, die über die Festlegung von Gültigkeitsbedingungen (sog. **„Critical Assumptions"**) abgesichert werden können.[832] Sofern zB für einen Lohnfertiger die Kostenaufschlagsmethode in Frage kommt, kann eine konkrete Spanne von Aufschlagssätzen nur dann vereinbart werden, wenn zuverlässige, zumindest eingeschränkt vergleichbare Fremddaten für die Jahre des APA-Zeitraums tatsächlich nachgewiesen werden können. Wenn dies jedoch zB wegen späteren Wegfalls der Vergleichsun-

---

[825] S. Rn. 394 ff.
[826] Vgl. *Loh/Peters* RIW 2007, 116, 118.
[827] S. Rn. 263 f. zum Ermessen im Rahmen des Verständigungsverfahrens.
[828] Vgl. *Loh/Peters* RIW 2007, 116, 118.
[829] S. Rn. 352 ff. zur Ermessensentscheidung bei verbindlichen Auskünften.
[830] Vgl. BMF 5.10.2006, BStBl. I 2006, 594, Tz. 3.9.
[831] Vgl. BMF 5.10.2006, BStBl. I 2006, 594, Tz. 3.9.
[832] Vgl. BMF 5.10.2006, BStBl. I 2006, 597, Tz. 3.3.

ternehmen nicht mehr möglich ist, dann ist eine der Gültigkeitsbedingungen des APA entfallen. Allerdings sollte es ausreichend sein, wenn vergleichbare Unternehmen identifiziert werden können. Es ist nicht erforderlich, dass immer exakt die gleichen Vergleichsunternehmen vorliegen. Mögliche bzw. voraussehbare Schwankungen der maßgeblichen Verhältnisse müssen durch adäquate Anpassungsmechanismen im APA berücksichtigt werden, um zu vermeiden, dass das APA durch Nichterfüllung der Gültigkeitsbedingungen gefährdet wird. Als Gültigkeitsbedingungen kommen nach Auffassung der FinVerw. insb. in Betracht:[833]

1. gleich bleibende Beteiligungsverhältnisse,
2. gleich bleibende Verhältnisse bzgl. Marktbedingungen, Marktanteil, Geschäftsvolumen, Verkaufspreise (zB keine wesentlichen Änderungen wegen neuer Technologien),
3. gleich bleibende Verhältnisse bzgl. Aufsichtsrecht, Zölle, Import- und Exportbeschränkungen und internationalem Zahlungsverkehr,
4. gleich bleibende Funktions- und Risikoverteilung und Kapitalstruktur,
5. gleich bleibendes Geschäftsmodell,
6. gleich bleibende Verhältnisse bzgl. Währungskursen und Zinssätzen,
7. Durchführung der Besteuerung entsprechend dem APA im anderen Staat,
8. keine wesentlichen Änderungen der steuerlichen Rahmenbedingungen im anderen Staat sowie
9. keine Verrechnungspreiskorrekturen eines am APA nicht beteiligten Drittstaates.

410   Die oben beispielhaft genannten Gültigkeitsbedingungen gelten nicht generell, sondern müssen – soweit im Einzelfall zweckmäßig – in dem entsprechenden APA vereinbart werden. Insofern bleibt die Hoffnung, dass die Bedingungen nicht uneingeschränkt in einem APA festgelegt werden, da sie viel zu eng gefasst sind. So ändern sich zB die Marktbedingungen, Währungskurse und Zinssätze fortlaufend. Die FinVerw. wäre allein wegen Veränderungen in diesen Bereichen faktisch nie an die APA-Regelungen gebunden. Diese Gültigkeitsbedingungen müssen großzügig verstanden und unter Beachtung der wirtschaftlichen Verhältnisse festgelegt werden. Gegebenenfalls ist die Vereinbarung von Grenzen zu empfehlen, zB eine Gültigkeitsbedingung dahingehend, dass die FinVerw. dann nicht mehr an das APA gebunden ist, wenn sich bei einer Vertriebsgesellschaft die Einkaufspreise um mehr als 8 % in einem Jahr erhöhen und die Rohgewinnmarge im Durchschnitt während des APA-Zeitraums unterhalb der Interquartile Range von Vertriebsgesellschaften (Einzelhandel) der gleichen Branche liegen.

411   Die **Laufzeit** des APA muss ebenfalls geregelt werden und beträgt idR 3 bis 5 Jahre.[834] Die FinVerw. erkennt unter gewissen Voraussetzungen sogar einen rückwirkenden Beginn der Laufzeit an.[835] Eine **Rückbeziehung** (sog. „Roll Back") ist insb. dann möglich, wenn der bisher verwirklichte Sachverhalt dem Sachverhalt im APA entspricht.[836]

---

[833] Vgl. BMF 5.10.2006, BStBl. I 2006, 594, Tz. 3.7.
[834] Vgl. *Kramer* IStR 2007, 174, 176; *Loh/Peters* RIW 2007, 116, 119.
[835] Vgl. BMF 5.10.2006, BStBl. I 2006, 594, Tz. 3.8.
[836] Vgl. BMF 5.10.2006, BStBl. I 2006, 594, Tz. 7.3.

Wie in den EU-Leitlinien vorgesehen, endet das Vorabverständigungsver- **412** fahren mit der formellen Vereinbarung des APA (sog. **Verständigungsvereinbarung**).[837] Diese Vereinbarung ist als völkerrechtlicher Vertrag zwischen den beteiligten Staaten zu qualifizieren.[838] Die entsprechende Willenserklärung der deutschen FinVerw. steht unter dem Vorbehalt, dass der Steuerpflichtige den Einspruchsverzicht erklärt.[839] Mit der formellen Vereinbarung ist das eigentliche Vorabverständigungsverfahren abgeschlossen.[840]

Der Antragsteller ist kein Beteiligter am Vorabverständigungsverfahren,[841] **413** dementsprechend entfaltet es keine Wirkung gegenüber dem Steuerpflichtigen. Die Vereinbarung mit dem anderen Staat bedarf der **Umsetzung durch verbindliche Vorabzusagen** der deutschen FinVerw. gegenüber dem Steuerpflichtigen.[842] Die **Verständigungsvereinbarung** aufgrund des jeweiligen DBA **und** die **Vorabzusage bilden** nach Auffassung der deutschen FinVerw. **gemeinsam das APA.**[843] Nach Auffassung der FinVerw. unterscheiden sich APAs wegen ihrer Rechtsgrundlage in den jeweiligen DBA von verbindlichen Zusagen gem. §§ 204 ff. AO bzw. verbindlichen Auskünften gem. § 89 Abs. 2 AO. Die **Rechtsnatur** der Vorabzusage wird in dem Merkblatt des BMF im Übrigen nicht näher erörtert. Die Vorabzusage wird überwiegend nicht als öffentlich-rechtlicher Vertrag zwischen der FinVerw. und dem Steuerpflichtigen verstanden, da Vereinbarungen im Zusammenhang mit dem Steueraufkommen als unzulässig angesehen werden.[844] Die Aussage der FinVerw., dass das APA von verbindlichen Zusagen nach §§ 204 ff. AO und von verbindlichen Auskünften gem. § 89 Abs. 2 AO zu unterscheiden sei, weil ein APA seine Rechtsgrundlage im DBA hat, ist nicht ganz nachvollziehbar. Nur das Vorabverständigungsverfahren beruht auf Art. 25 DBA-MA. Die Vorabzusage kann dagegen durchaus als verbindliche Zusage nach §§ 204 ff. AO oder als verbindliche Auskunft gem. § 89 Abs. 2 AO qualifiziert werden.[845] So hat die Umsetzung einer Verständigungsvereinbarung in § 175a AO ebenfalls eine eigene Rechtsgrundlage und beruht nicht auf dem DBA, das die Verständigung zwischen den beteiligten Staaten regelt. Die Vorabzusage wird als Verwaltungsakt mit Widerrufsvorbehalt angesehen.[846] Für die Qualifikation als Verwaltungsakt spricht auch, dass die mit dem JStG 2007 eingeführten Gebühren von der FinVerw. (durch Verwaltungsakt) festgesetzt werden. Wäre die Vorabzusage als Vertrag anzusehen, so würde die Gegenleistung in diesem geregelt werden und sie müsste nicht separat durch Verwaltungsakt festgesetzt werden.

Solange die **Gültigkeitsbedingungen** eingehalten werden, sind die Fi- **414** nanzbehörden nicht berechtigt, bei Prüfungen und Veranlagungen abzuwei-

---

[837] Vgl. BMF 5.10.2006, BStBl. I 2006, 594, Tz. 4.5.

[838] Vgl. *Kramer* IStR 2007, 174, 176.

[839] Vgl. BMF 5.10.2006, BStBl. I 2006, 594, Tz. 4.5 und 4.6.

[840] Vgl. *Kramer* IStR 2007, 174, 176.

[841] Vgl. BMF 5.10.2006, BStBl. I 2006, 594, Tz. 1.2 und 4.2.

[842] Vgl. BMF 5.10.2006, BStBl. I 2006, 594, Tz. 5.1.

[843] Vgl. BMF 5.10.2006, BStBl. I 2006, 594, Tz. 1.2.

[844] Vgl. *Kramer* IStR 2007, 174, 175; *Loh/Peters* RIW 2007, 116 f.; aA *Seer* in Tipke/Kruse, § 178a AO Tz. 3.

[845] Ebenso für Zusagen nach einer Außenprüfung vgl. *Kramer* IStR 2007, 174 f.; aA *Heinrich/Schmitt* DB 2006, 2428, 2430.

[846] Vgl. *Kramer* IStR 2007, 174, 176; vgl. *Kramer* TNI 01/2007, 257 f.

chen.[847] Der Steuerpflichtige ist hingegen nicht verpflichtet, den dem APA zugrunde liegenden Sachverhalt zu verwirklichen.[848] Verwirklicht der Steuerpflichtige den Sachverhalt nicht, so entfaltet das APA keine Bindungswirkung und der tatsächliche Sachverhalt ist im „allgemeinen" Besteuerungsverfahren zu würdigen.[849] Im Falle der Nichterfüllung der Gültigkeitsbedingungen kann das APA widerrufen werden.[850] Sofern der Steuerpflichtige den Sachverhalt verwirklicht, ist nach Auffassung der FinVerw. auch er an das APA gebunden.[851] Wenn der Steuerpflichtige nicht mit dem APA in Einklang stehende Verrechnungspreise vereinbart bzw. zahlt oder bezahlt bekommt, darf eine Korrektur seitens der FinVerw. vorgenommen werden.[852]

415   Während der Laufzeit des APAs ist jährlich ein Bericht (sog. **„Compliance Report"**) zu erstellen und bis zum Ablauf der gesetzlichen Steuererklärungsfrist den FinVerw.en vorzulegen. In diesem Bericht ist darzulegen, ob der dem APA zugrunde liegende Sachverhalt verwirklicht wurde und ob die Gültigkeitsbedingungen eingehalten wurden.[853] Darüber hinaus wird die deutsche FinVerw. die Verwirklichung des Sachverhaltes und die Einhaltung der Gültigkeitsbedingungen insb. im Rahmen von Außenprüfungen untersuchen.[854]

416   **Unilaterale APAs** bestehen in Deutschland zumeist nur aus einer verbindlichen Zusage gem. §§ 204 ff. AO oder einer verbindlichen Auskunft gem. § 89 Abs. 2 AO.[855] Insoweit ergeben sich keine Besonderheiten gegenüber den bereits beschriebenen Rechtsinstituten und es kann auf obige Ausführungen verwiesen werden.[856] Insb. in den USA wurden in ca. 38 % der Fälle unilaterale APAs abgeschlossen.[857] Unilaterale APAs haben jedoch den großen **Nachteil,** dass sie nur für den Steuerpflichtigen und die Finanzbehörden in seinem Staat verbindlich sind, nicht jedoch für die nahestehende Person (zB Konzerngesellschaft oder Betriebstätte) im Ausland und der für diese zuständige FinVerw.. Folglich bieten unilaterale APAs nicht die erwünschte Rechtssicherheit für beide Parteien einer grenzüberschreitenden Geschäftsbeziehung.

417   Mit dem Jahressteuergesetz 2007 wurde eine **Gebührenregelung** für bilaterale APAs in **§ 178a AO** aufgenommen. Die Gebührenpflicht ist wie die Gebühr für die Erteilung verbindlicher Auskünfte auf weitgehende Ablehnung gestoßen. Inwieweit diesen insb. verfassungsrechtlichen Bedenken zuzustimmen ist, soll hier nicht weiter erörtert werden. Wie bereits zur Gebühr für die Erteilung verbindlicher Auskünfte angesprochen,[858] liegt der Vorteil der Einführung darin, dass das Ermessen der FinVerw. bezüglich der Zulassung von APA-Anträgen zugunsten des Antragsstellers beschränkt wird.

---

[847] Vgl. BMF 5.10.2006, BStBl. I 2006, 594, Tz. 6.3.

[848] Vgl. BMF 5.10.2006, BStBl. I 2006, 594, Tz. 6.4; *Kramer* IStR 2007, 174, 177.

[849] Vgl. BMF 5.10.2006, BStBl. I 2006, 594, Tz. 6.5.1.

[850] Vgl. BMF 5.10.2006, BStBl. I 2006, 594, Tz. 6.5.2.

[851] Vgl. BMF 5.10.2006, BStBl. I 2006, 594, Tz. 6.4.

[852] Vgl. BMF 5.10.2006, BStBl. I 2006, 594, Tz. 6.4.

[853] Vgl. BMF 5.10.2006, BStBl. I 2006, 594, Tz. 6.1.

[854] Vgl. BMF 5.10.2006, BStBl. I 2006, 594, Tz. 6.2.

[855] Vgl. *Loh/Peters* RIW 2007, 116 f.

[856] S. Rn. 331 ff.

[857] Vgl. oben Rn. 393 aE.

[858] S. Rn. 366.

Nach § 178a Abs. 2 AO wird für jeden Antrag eine **Grundgebühr** in   **418**
Höhe von **20 000 €** erhoben. Die **Verlängerung** eines bestehenden APA
kostet **15 000 €** (Verlängerungsgebühr). Für die **Änderung** eines bestehenden
APAs werden **10 000 €** veranschlagt (Änderungsgebühr). Die Gebühr entsteht
mit Eingang des APA-Antrags beim BZSt und ist grds. sofort fällig.[859] Für
kleine Unternehmen iSd § 6 GAufzV reduziert sich die Gebühr nach § 178a
Abs. 3 AO jeweils um die Hälfte.[860] Im Übrigen sieht § 178a Abs. 4 AO eine
Billigkeitsregelung vor, wenn die Erhebung der Gebühr eine unbillige Härte
darstellt und der Staat ein besonderes Interesse an der Durchführung des Verfahrens hat. Die Gebühr ist nach § 178a Abs. 5 AO nicht erfolgsabhängig,
entsteht also zB auch, wenn das Verfahren scheitert.[861]

Hat ein Antrag Vorabverständigungsverfahren mit **mehreren Staaten** zum   **419**
Ziel, so ist die Gebühr nach § 178a Abs. 1 S. 3 AO ebenfalls mehrmals festzusetzen und zu entrichten. Zwar ist bei einem multinationalen Sachverhalt
mit mehreren Finanzverhandlungen zu verhandeln, jedoch dürfte diesen Verhandlungen ein vergleichbarer Sachverhalt zugrunde liegen, so dass die
mehrmalige Erhebung der vollen Gebühr insoweit auf Bedenken stößt, als die
„Synergieeffekte" der FinVerw. nicht hinreichend berücksichtigt werden.

Außerdem ist die Regelung zu kritisieren, da sie nicht mit den Gebühren   **420**
für die verbindliche Auskunft abgestimmt ist.[862] Die Vorabzusage nach dem
Vorabverständigungsverfahren soll nicht unter die Gebührenpflicht des § 89
Abs. 3–5 AO fallen.[863] Dieser Annahme ist auch dann zuzustimmen, wenn
wie hier die Auffassung vertreten wird, dass es sich bei der Vorabzusage im
Rahmen eines APAs um eine verbindliche Auskunft iSd § 89 Abs. 2 AO
handelt. Das Vorabverständigungsverfahren ist für die FinVerw. als völkerrechtlicher Vertrag bindend. Bei der Umsetzung im Rahmen der Vorabzusage
muss kein zusätzlicher Sachverhalt ermittelt und es müssen keine rechtlichen
Prüfungen mehr vorgenommen werden. Da kaum zusätzlicher Verwaltungsaufwand entsteht, wäre eine weitere Gebühr nicht zu rechtfertigen. Insofern
ist § 178a AO als lex specialis gegenüber § 89 Abs. 3–5 AO anzusehen. Die
Gebühren nach § 178a AO sind wie die Gebühren nach § 89 Abs. 3–5 AO
gem. § 3 Abs. 4 AO als Kosten steuerliche Nebenleistungen. Steuerliche Nebenleistungen sind nach § 12 Nr. 3 EStG bzw. § 10 Nr. 2 KStG nur dann abzugsfähig, wenn die entsprechende Steuer abzugsfähig ist.[864]

Ein Teil der Literatur vertritt die Meinung, dass das **APA-Verfahren** äußerst   **421**
kompliziert konzipiert sei.[865] Dem ist jedoch entgegenzuhalten, dass dieses Verfahren auch in **anderen Ländern** gleich oder **ähnlich konzipiert** ist und im

---

[859] Vgl. *Seer* in Tipke/Kruse, § 178a AO Tz. 18.

[860] Die OECD startete in 2010 das Projekt "Administrative Aspects of Transfer Pricing". Das Projekt startete mit einer Umfrage über existierende „Simplification Measures" in den OECD und Observer Ländern. Die reduzierte Gebühr für APAs und die
Größengrenzen für Dokumentationspflichten wurden als „Simplification Measures"
Deutschlands aufgeführt. Vgl. OECD Analyse über Simplification Measures vom
8.6.2011, S. 62 und Update vom 6.6.2012, S. 70.

[861] Vgl. *Seer* in Tipke/Kruse, § 178a AO Tz. 27.

[862] Vgl. *Seer* in Tipke/Kruse, § 178a AO Tz. 22.

[863] Vgl. *Loh/Peters* RIW 2007, 116, 118.

[864] Vgl. *Simon* DStR 2007, 557 f.

[865] Ebenso *Kramer* IStR 2007, 174, 177.

Ergebnis den Interessen der Steuerpflichtigen und der FinVerw. Rechnung trägt. Bedenken werden ferner erhoben, weil das APA insb. wegen der relativ hohen Gebühren und den in diesem Zusammenhang erforderlichen Berater- kosten[866] nur in Fällen mit verbundenen Unternehmen mit umfangreichen Ge- schäftsbeziehungen in Betracht kommt. Insoweit ist es fraglich, ob die Kosten ein „Verfahrenshindernis" darstellen, das als Verstoß gegen den Grundsatz der Gleichmäßigkeit der Besteuerung (§ 85 Abs. 1 S. 1 AO) bzw. den allgemeinen Gleichbehandlungsgrundsatz (Art. 20 Abs. 3 iVm Art. 3 Abs. 1 GG) zu werten ist. Für eine Bejahung dieser Frage könnte sprechen, dass das Interesse an der mit einem APA verbundenen Rechtssicherheit bei einem kleinen Unterneh- men genau so anzuerkennen ist, wie bei einem großen Unternehmen, zumal bei einem kleinen Unternehmen zB die geplante Investition von 1 Mio. € im Fall unerwarteter Steuerfolgen genau so existenzgefährdend sein kann, wie bei einem großen Unternehmen die geplante Investition von 10 Mio. €. Jedoch spricht für die Zulässigkeit der gesetzlich geregelten Gebühren, dass – wie oben erwähnt – für kleine Unternehmen nur die halbe Gebühr erhoben wird und darüber hinaus Billigkeitsmaßnahmen möglich sind.

422   Zudem wird kritisiert, dass das APA-Verfahren aufgrund des engen Ver- ständnisses des BMF im Hinblick auf die Gültigkeitsbedingungen[867] nur in Fäl- len in Betracht kommt, in denen sich die Rahmenbedingungen nur unwesent- lich ändern werden. Diese Rahmenbedingungen sind dem Steuerpflichtigen jedoch im Voraus bekannt und werden dem APA international gleich oder ähnlich zugrunde gelegt. Daher muss jedes Unternehmen selbst die Vor- und Nachteile einer abgestimmten verbindlichen Auskunft sorgfältig abwägen. **Bi- laterale APAs** weisen v. a. folgende **Vorteile** für den Steuerpflichtigen auf:[868]
– Sicherheit für die Anwendung der Verrechnungspreismethode oder der Verrechnungspreise und damit Vermeidung von Doppelbesteuerungen;
– Vermeidung von Steuernachzahlungen und etwaigen Bußgeldern;
– kurze und billige Betriebsprüfung unter Vermeidung von Rechtsmitteln; insb. Vermeidung teurer Prozesse und
– Vermeidung von langwierigen Verständigungs- oder Schiedsverfahren, die zu großen Zinsnachteilen führen können.[869]

423   Als **Nachteile** sind hingegen zu nennen:[870]
– die freiwillige Preisgabe von internen Daten zur intensiven Prüfung ohne Sicherheit, dass das APA erfolgreich abgeschlossen wird,
– die Unsicherheit der Wahrung der Vertraulichkeit der Unternehmensda- ten,
– die internen und externen Kosten für die Unternehmen (in den bisher be- kannt gewordenen Fällen sind erhebliche Beratungskosten angefallen, die durchaus die Größenordnung von Kosten bei Betriebsprüfungen erreichen oder sogar überschreiten),
– die lange Verfahrensdauer, insb. bei bilateralen APAs,

---

[866] Vgl. *Loh / Peters* RIW 2007, 116, 120.
[867] Vgl. BMF 5.10.2006, BStBl. I 2006, 594, Tz. 3.7.
[868] Vgl. *Grotherr* BB 2005, 855, 863; *Menck* FR 2007, 307 f.
[869] S. Rn. 425.
[870] Vgl. *Werra* IStR 1995, 515 unter Hinweis auf die in der OECD-VPL geäußerten Bedenken. *Grotherr* BB 2005, 855, 863; *Menck* FR 2007, 307 f.

– eventuelle erhöhte Prüfungsintensität der Unternehmen bzgl. der Einhaltung der vereinbarten Methoden,
– die in einigen Staaten beschränkte zeitliche Wirksamkeit der verbindlichen Auskunft bzw. Zusage und
– vor allem aber die eingeschränkte wirtschaftliche Flexibilität im Hinblick auf die Bindung an die Erfüllung der Gültigkeitsbedingungen.

Im Hinblick auf die oben genannten Vorteile, die idR nur für einen be- **424** schränkten Zeitraum zur Verfügung stehen, und die Nachteile, wie insb. die strikte Einhaltung der Gültigkeitsbedingungen, muss in der Praxis abgewogen werden, unter welchen **Voraussetzungen** ein **APA-Antrag sinnvoll** ist. Nach der hier vertretenen Auffassung ist ein bilaterales APA zum einen zu befürworten, wenn einem nahestehenden Unternehmen im **Ausland** von der dortigen **Finanzbehörde** ein **APA empfohlen** wird. Eine solche Empfehlung weist auf die kritische Beurteilung der Verrechnungspreise durch die ausländische Finanzbehörde hin und zur Vermeidung von Nachteilen sollte das Gesprächsangebot nicht abgelehnt werden. Jedoch ist dringend ratsam, kein unilaterales APA zu vereinbaren, sondern schon zu Beginn die deutsche FinVerw. in das APA-Verfahren einzubeziehen. Ferner sollte ein APA erwogen werden, wenn vor einer Transaktion oder bei Dauerschuldverhältnissen zwischen verbundenen Unternehmen erhebliche **Rechtsunsicherheit** bzgl. der **Verrechnungspreismethoden** oder der Bandbreite der Verrechnungspreise oder der Margen besteht und wenn eines der beteiligten **Unternehmen** nach dem Recht des Ansässigkeitsstaats – **trotz vorhandener Dokumentation** – die **Beweislast** dafür hat, dass das vereinbarte Entgelt dem Fremdvergleich entspricht. Ein solcher Fall kann zB vorliegen, wenn nach Meinung einer ausländischen FinVerw. die Datenbankrecherche des Steuerpflichtigen bzw. seines Beraters zu unzutreffenden Ergebnissen geführt hat und die vom Steuerpflichtigen vereinbarten Preise bzw. erzielten Margen außerhalb der von der Finanzbehörde festgestellten Bandbreiten liegen und deshalb die Beweislast auf den Steuerpflichtigen zurückfällt.

Ein APA-Antrag ist dagegen aus deutscher Sicht wenig hilfreich, wenn es **425** dem Steuerpflichtigen lediglich um die Bestätigung der Anwendbarkeit einer anerkannten **Verrechnungspreismethode** geht. Wenn der Steuerpflichtige zB für eine Vertriebsgesellschaft die TNMM oder die Profit Split Methode anwenden will, dann kann er diese idR auch ohne APA nutzen. Zwar sind gem. § 1 Abs. 3 S. 1 AStG die Standardmethoden vorrangig anwendbar, wenn uneingeschränkt vergleichbare Fremdvergleichswerte ermittelt werden können; jedoch ist es im Normalfall ohne Probleme möglich, zB die Wiederverkaufspreismethode neben der gewünschten TNMM oder dem Profit Split anzuwenden und letztere nur als zusätzliche „Test-Methoden" heranzuziehen. Aus deutscher Sicht ist ein APA-Verfahren idR ferner weniger sinnvoll, wenn die an den Geschäftsbeziehungen beteiligten nahestehenden Personen in Ländern ansässig sind, zwischen denen ein **Schiedsverfahren** nach DBA-Regelungen oder nach der EU-Schiedskonvention möglich ist.[871] Da der Steuerpflichtige in diesem Verfahren nur seine Beraterkosten und keine Gebühren an die Finanzbehörden zu zahlen hat, ist es im Normalfall zum Einen aus Kostengründen günstiger. Zum Anderen wird die etwaige Doppelbesteue-

---

[871] Ebenso *Strunk/Kaminski* Stbg 2007, 26; aA *Grotherr* BB 2005, 855, 861.

rung vermieden, ohne dass der Steuerpflichtige wegen der Gültigkeitsbedingungen eines APA seine wirtschaftliche Flexibilität einschränken muss. Ein Nachteil des Verständigungs- und Schiedsverfahrens kann darin liegen, dass wegen der langen Dauer[872] des Verfahrens **Zinsnachteile** entstehen können. Zwar wird der Steuerpflichtige idR seine Steuerschuld mangels Gewährung der Aussetzung der Vollziehung bereits beglichen haben. Jedoch zeigt sich in der Praxis, dass zB das BZSt im Verständigungsvorschlag mit dem anderen Staat ausdrücklich keine Verzinsung der Erstattungsansprüche regelt.[873] Es dürfte aber schwierig sein, gegen diese gesetzeswidrige Entscheidung vorzugehen, da der Steuerpflichtige den Verständigungsvorschlag nur insgesamt annehmen oder ablehnen kann. Nur wenn der Verständigungsvorschlag insgesamt abgelehnt wird, besteht die Möglichkeit, den Zinsnachteil abzuwenden. Hier sind die Vorteile aufgrund der Vermeidung einer Doppelbesteuerung und die Zinsnachteile sorgfältig abzuwägen.

426–440 *(einstweilen frei)*

VIII. Sanktionen

1. Arten von Sanktionen

441 Die **OECD-VPL** befasst sich in Tz. 4.18–4.28 mit dem Problem der steuerbehördlichen Strafen, deren Ziel darin besteht, gesetzeskonformes Verhalten zu fördern. Zu unterscheiden ist zwischen den verwaltungsbehördlichen Strafen (bzw. nachteiligen Rechtsfolgen), die in der Praxis häufiger anzutreffen sind, und den gerichtlichen Strafen. **Verwaltungsbehördliche Strafen** sind meistens als Geldbuße oder Geldstrafe ausgestaltet, um bspw. die zeitgerechte Abgabe von Steuererklärungen oder die Erteilung von Auskünften zu erlangen (Tz. 4.21 OECD-VPL). Aber auch die im Fall mangelnder Mitwirkung des Steuerpflichtigen vorgesehene Umkehr der Beweislast kann als verwaltungsbehördliche Strafe angesehen werden (Tz. 4.20 OECD-VPL). Auch wenn einige Staaten bestimmte Maßnahmen nicht ausdrücklich als Strafe bezeichnen, wie zB Zinsen oder Steuerzuschläge für verspätete Steuerzahlungen, so können diese gleichwohl Strafcharakter haben (Tz. 4.22 OECD-VPL).

442 In **Deutschland** kann man die Verhängung von Zwangsgeldern (§§ 328, 329 AO), die Verfügung anderer Zwangsmittel (§§ 328, 330, 331 AO) sowie die Festsetzung von Verspätungszuschlägen (§ 152 AO), Säumniszuschlägen (§ 240 AO), Verzögerungsgeldern (§ 146 Abs. 2b AO) und Hinterziehungszinsen (§ 235 AO) als verwaltungsbehördliche Strafen bezeichnen. Auch die „Zuschläge", die gem. § 162 Abs. 4 AO erhoben werden, wenn der Stpfl. seine Aufzeichnungspflichten nach § 90 Abs. 3 AO iVm §§ 1 ff. GAufzV verletzt, werden oft als sog. Strafzuschläge bezeichnet. Ebenso hat die in § 162

---

[872] Das älteste unerledigte Verständigungsverfahren, dessen Dauer jedoch auf eine ausstehende Gerichtsentscheidung zurückzuführen ist, stammt aus dem Jahr 1984, vgl. BT-Drs. 16/8027.

[873] S. oben zu Rn. 259.

Abs. 3 AO geregelte widerlegbare Vermutung der unzutreffenden Höhe der inländischen Einkünfte für den Fall der Verletzung der Aufzeichnungspflichten einen klaren Sanktionscharakter.[874] Dagegen stellt die Verzinsung von Steuernachforderungen gem. § 233a AO zwar einen finanziellen Ausgleich für die aus der verspäteten Zahlung erwachsenen Zinsvorteile dar, jedoch wäre es übertrieben, die Regelung des § 233a AO als eine Strafvorschrift zu qualifizieren, da zum einen auch Zinsen für Steuererstattungen gewährt werden und zum anderen sowohl für Nachzahlungen als auch für Erstattungen ein gleich hoher Zinssatz von 0,5 % pro Monat angesetzt wird.

Die OECD-VPL betont, dass die meisten Staaten verwaltungsbehördliche **443** Geldstrafen nur bei Fahrlässigkeit oder Vorsatz anwenden und dass nur wenige Staaten Steuerstrafen auch ohne schuldhaftes Verhalten verhängen (Tz. 4.19, 4.23, 4.24 OECD-VPL). Die OECD-VPL fordert, dass **verschuldensunabhängige Strafen** nicht übermäßig sein dürfen, v. a. wenn der Steuerpflichtige sich bemüht hat, seine Geschäftsbeziehungen zu nahestehenden Personen am Fremdvergleichsgrundsatz zu orientieren (Tz. 4.25, 4.28 OECD-VPL). In diesem Zusammenhang ist der in Tz. 4.26 OECD-VPL gegebene Hinweis zutreffend, dass ein übermäßig strenges Strafsystem in einem Staat die Steuerpflichtigen dazu verleitet, die Einkünfte in diesem Staat zu hoch auszuweisen, was im Gegensatz zu Art. 9 OECD-MA steht.

(einstweilen frei) **444, 445**

2. Bußgelder bei der Besteuerung

In **Deutschland** gilt das verfassungsrechtlich verankerte Prinzip, dass Stra- **446** fen und Bußgelder nur bei Existenz einer gesetzlichen Grundlage und bei **Verschulden** des Täters festgesetzt werden können. Wenn daher keine Beweise für ein Verschulden vorhanden sind und folglich keine Steuerstraftat iSd §§ 369 ff. AO und keine Steuerordnungswidrigkeit iSd §§ 377 ff. AO vorliegen,[875] kann eine nach Meinung der FinVerw. vorzunehmende Berichtigung wegen unangemessener Verrechnungspreise nicht zu einem Bußgeld führen. Allerdings haben die bereits mehrfach erwähnten „Zuschläge" nach § 162 **Abs. 4 AO**[876] eine Art Bußgeldcharakter. Da die Zuschläge nur auf Steuerfälle mit Auslandsberührung zur Anwendung kommen, ist die Regelung als **EU-rechtswidrig** anzusehen,[877] sodass Rechtsbehelfe gegen festgesetzte Zuschläge empfehlenswert sind.

Auch die **OECD-VPL** weist darauf hin, dass die Mehrheit der OECD- **447** Staaten die Festsetzung von Bußgeldern (bzw. Strafen) ohne Verschulden ablehnt (Tz. 4.23). Wegen des Widerstands der USA gelang es nicht, in den Bericht eine generelle Ablehnung von Strafen ohne Verschulden aufzunehmen.[878] Allerdings sind sich die Mitgliedstaaten darin einig, dass keine erheblichen Strafen festgesetzt werden sollen, wenn der Steuerpflichtige ohne Verschulden handelte oder in gutem Glauben Anstrengungen zur Festsetzung angemessener

---

[874] S. oben Rn. 88 ff. u. 95 ff.
[875] Vgl. dazu die Erläuterungen im nächsten Abschnitt.
[876] S. zB oben Rn. 103, 442 und Kap. E.
[877] Vgl. *Hahn/Suhrbier-Hahn* IStR 2003, 84 ff.
[878] Vgl. *Werra* IStR 1995, 511, 514.

Verrechnungspreise unternahm (Tz. 4.28 OECD-VPL). Strafen sollen v. a. un-zulässig sein, wenn der Steuerpflichtige eine Methode nicht angewandt hat, weil ihm die dafür erforderlichen Daten nicht zur Verfügung standen.

448   In **vielen Ländern** werden neben der Steuernachzahlung **Bußgelder** festgesetzt (zB als Zuschlag zur Mehrsteuer als Prozentsatz vom Korrekturbe-trag oder als Strafzins neben Nachzahlungszinsen), wenn die Verrechnungs-preise durch die Finanzbehörden korrigiert werden und diese Gewinnberich-tigungen eine gewisse Größenordnung überschreiten und/oder der Steuer-pflichtige keine Dokumentation erstellt hat, aus der hervorgeht, dass er bemüht war, eine zutreffende (oder die beste) Methode anzuwenden und Fremdvergleichspreise zu ermitteln.

449–452   *(einstweilen frei)*

3. Strafverfahren oder Ordnungswidrigkeitenverfahren

453   Die Einleitung eines **Straf- oder Ordnungswidrigkeitenverfahrens** we-gen unzutreffend festgesetzter Verrechnungspreise war bis vor wenigen Jahren in Deutschland auf seltene Ausnahmefälle beschränkt.[879] Allerdings sind die Konsequenzen aufgrund der oftmals großen Beträge umso bedrohlicher, da nach Auffassung des BGH bereits bei einem Steuerschaden von einer Million keine Aussetzung der Freiheitsstrafe zur Bewährung in Betracht kommt.[880] Der **objektive Tatbestand** einer **Steuerhinterziehung** setzt voraus, dass gegen-über der FinVerw. über steuerlich erhebliche Tatsachen unrichtige oder unvoll-ständige Angaben gemacht werden (§ 370 Abs. 1 Nr. 1 AO) bzw. dass die Fin-Verw. pflichtwidrig in Unkenntnis über solche Tatsachen gelassen wird (§ 370 Abs. 1 Nr. 1 AO). Neben unrichtigen Angaben in Steuererklärungen bzw. in Betriebsprüfungen kommen im Bereich der Verrechnungspreise insb. falsche Angaben im Rahmen der Dokumentation iSd § 90 Abs. 3 AO in Betracht.[881] Dabei wird schon dann eine falsche Tatsache angenommen, wenn bei der Ver-rechnungspreisbildung eine Methode angewandt wird, die nicht der Auffas-sung des BMF entspricht und die Methodenwahl nicht entsprechend in der Verrechnungspreisdokumentation erörtert wird.[882] Dies ist uE insoweit prob-lematisch, als die Anwendung von Verrechnungspreismethoden eine rechtliche Würdigung voraussetzt und keine reine Tatsache ist. Auch die Verletzung der Pflicht zur Berichtigung von Erklärungen iSd § 153 AO ist strafbewehrt.[883] Neben dem Erfüllen des objektiven Tatbestandes setzt eine Steuerhinterzie-hung grundsätzlich vorsätzliches Handeln voraus **(subjektiver Tatbestand).** Fehlvorstellungen des Steuerpflichtigen schließen grundsätzlich als Tatbe-standsirrtum den Vorsatz aus. Der ordentliche Geschäftsleiter vereinbart seine Verrechnungspreise mit dem Ziel, Gewinne zu erwirtschaften, und die Fin-Verw. gesteht ihm dabei gewisse Spielräume zu (Tz. 2.1.8 VGr).

---

[879] Zu aktuellen Entwicklungen vgl. *Vögele/Fügmann* TPTP 01/09, 12, 15; aA *Biele-feld* Handelsblatt vom 27.11.2008; *Stewart* TNI 09/2009, 1004; *Gocke/Ditz* in FS Streck, S. 511. s. hierzu die detaillierten Ausführungen in Kap. K.

[880] Vgl. BGH 2.12.2008, HFR 2009, 412.

[881] Vgl. *Sidhu/Schemmel* BB 2005, 2549, 2551.

[882] Vgl. *Gocke/Ditz* in FS Streck, S. 509; *Peters/Pflaum* wistra 2011, 250 ff.

[883] *Blüte* BB 2010, 607 ff. mwN.

In diesem Zusammenhang ist zu beachten, dass eine Strafbarkeit nur dann vorliegen kann, wenn gegen ein formelles und materielles Gesetz verstoßen wird. Ein Verstoß gegen eine RVO Rechtsverordnung ist nicht strafbar.[884] Ferner muss das Gesetz so konkret formuliert sein, dass es dem strafrechtlichen Bestimmtheitsgrundsatz genügt.[885]

Wenn der Steuerpflichtige daher zwar objektiv die Grenze angemessener **454** Verrechnungspreise überschreitet, dies aber subjektiv nicht als unrichtig ansieht, also nicht als „aus dem Rahmen fallend" erkennt, dann kann man ihm gegenüber keinen Vorwurf erheben. Dabei ist insb. zu berücksichtigen, dass die Festsetzung von Verrechnungspreisen oft auf Datenbankrecherchen und Jahresabschlussanalysen beruht, denen eine gewisse Unsicherheit innewohnt.[886] Die unrichtige Festsetzung von Verrechnungspreisen wird daher grds. nicht den Tatbestand einer **Steuerhinterziehung** (§ 370 AO), einer **leichtfertigen Steuerverkürzung** (§ 378 AO) oder einer **Steuergefährdung** (§ 379 AO) erfüllen.[887]

Eine andere Beurteilung wäre hingegen denkbar, wenn der Steuerpflichti-**455** ge auf Anfrage unrichtige Angaben macht oder den Sachverhalt bewusst verschweigt. In solchen Fällen kommen als **Sanktionen** Bußgelder bzw. Geld- oder Freiheitsstrafen in Betracht. Hinsichtlich dieser Art von Sanktionen wird auf die Ausführungen in Kapitel K. Steuerstrafrecht des vorliegenden Handbuchs verwiesen.

Ein in der Praxis häufig auftretendes Problem stellt die **Rückdatierung** **456** **von Verträgen** dar. Hierbei ist zwischen der **verdeckten Rückdatierung** und der **rückwirkenden Inkraftsetzung** von Verträgen zu unterscheiden. Im ersten Fall wird das Datum der Unterschrift zurückdatiert, dh es wird der Anschein erweckt, der Vertrag wäre zu einem früheren Zeitpunkt unterschrieben worden. In diesem Fall kann ein Scheingeschäft und damit eine Steuerhinterziehung vorliegen.[888] Im zweiten Fall trägt der Vertrag das tatsächliche Datum der Unterschrift, er enthält aber eine Klausel, nach der er schon für Zeiträume vor der Unterschrift angewandt werden soll.

Eine Rückdatierung kann aufgrund eines Verstoßes gegen das sog. Rück-**457** wirkungsverbot grds. zu einer Korrektur nach § 8 Abs. 3 KStG oder § 1 AStG aus formellen Gründen führen.[889] Einer solchen Korrektur steht jedoch eine Art. 9 OECD-MA entsprechende Regelung entgegen.[890] Ist dies der Fall, so kann keine Steuer verkürzt werden, eine Steuerhinterziehung kann mithin nicht vorliegen.

Ist keine Art. 9 OECD-MA entsprechende Regelung anwendbar, so wird **458** z. T. vertreten, dass sowohl bei der verdeckten Rückdatierung als auch bei der rückwirkenden Inkraftsetzung eine Steuerhinterziehung vorliegen kann.[891] Hierbei ist jedoch zu unterscheiden: Sicher kann in beiden Fällen ein Verstoß

---

[884] Vgl. Kap. K Rn. 55.
[885] Vgl. Kap. K Rn. 59.
[886] Vgl. *Sidhu/Schemmel* BB 2005, 2549, 2551.
[887] Zur Abgrenzung des strafrechtlich relevanten vom straflosen Bereich sowie zu den Folgen vgl. *Gehm* Stbg 2010, 165.
[888] Vgl. BGH 24.5.2007, DStRE 2008, 169.
[889] S. hierzu Rn 24 ff.
[890] S. hierzu Rn. 24 ff.
[891] Vgl. *Sidhu/Schemmel* BB 2005, 2549, 2552.

gegen das steuerliche Rückwirkungsverbot vorliegen.[892] Jedoch liegt im Fall der rückwirkenden Inkraftsetzung keine Steuerstraftat vor, wenn nachgewiesen werden kann, dass lediglich eine bislang bestehende mündliche oder konkludente Vereinbarung bestätigt oder konkretisiert wird. In diesem Fall läge weder eine Steuerverkürzung noch eine falsche Angabe gegenüber der FinVerw. vor. Eine Steuerverkürzung liegt nicht vor, da das Vorliegen einer schriftlichen Vereinbarung nicht zwingend erforderlich ist.[893] Die Angaben in der Erklärung sind nicht falsch, da ihnen eine zulässige rechtliche Würdigung des Sachverhalts zugrunde liegt. Die neue vertragliche Regelung sollte jedoch im Rahmen der Dokumentation iSd § 90 Abs. 3 AO ausführlich beschrieben werden, um letzte Zweifel eines vorsätzlichen Handelns auszuräumen.

Ein neues Problem in der Praxis ist die **Rückdatierung** von **Verrechnungspreisdokumentationen.** Bei außergewöhnlichen Geschäftsvorfällen muss eine Dokumentation gem. § 90 Abs. 3 S. 3 AO zeitnah erfolgen. Ansonsten wird nach § 162 Abs. 3 S. 1 AO widerlegbar vermutet, dass die im Inland steuerpflichtigen Einkünfte höher als die erklärten Einkünfte sind. Wird nun das Datum der Verrechnungspreisdokumentation zurückdatiert, um den Anschein einer zeitnahen Dokumentation zu erwecken, stellt sich die Frage der Strafbarkeit dieser Rückdatierung. Nach der hier vertretenen Auffassung ist der Zeitpunkt der Erstellung der Dokumentation keine steuerlich erhebliche Tatsache iSd § 370 AO, so dass der Vorgang als strafrechtlich nicht relevant eingestuft werden sollte. Selbst wenn man das Datum der Erstellung der Dokumentation als steuerlich erhebliche Tatsache ansehen wollte, da eine nicht zeitnahe Dokumentation außergewöhnlicher Geschäftsvorfälle die widerlegbare Vermutung des § 162 Abs. 3 S. 1 AO auslöst, so handelt es sich bei der widerlegbaren Vermutung jedenfalls nicht um eine Steuerverkürzung oder „einen anderen nicht gerechtfertigten Steuervorteil" iSd § 370 Abs. 1 AO, da der Straftatbestand einen monetären und nicht einen verfahrensrechtlichen Vorteil voraussetzt.

IX. Risikomanagement im Bereich Verrechnungspreise

1. Bedeutung

459   Die Bedeutung der Verrechnungspreise rückt immer mehr in den Vordergrund. Nicht zuletzt durch die öffentliche Diskussion der Verrechnungspreismodelle und die sehr geringen Steuerbelastungen von Google, Amazon, Starbucks und anderen Großkonzernen wurde das „Problem" mit den Verrechnungspreisen weiter in den Fokus gerückt. Im Rahmen der **„Base Erosion und Profit Shifting – BEPS"** Diskussion haben die OECD z. T. im Auftrag der G8 bzw. G20 und auch die EU verschiedene Berichte veröffentlicht, die die Fakten zusammenfassen und Lösungsmöglichkeiten aufzeigen. Nachfolgend eine Übersicht der wichtigsten Veröffentlichungen:
* OECD Bericht „Dealing Effectively with the Challenges of Transfer Pricing", 19.1.2012

---

[892] Aus Vereinfachungsgründen sind kurzfristige Rückbeziehungen, insb. auf den Bilanzstichtag, zuzulassen, vgl. *Seeger* in Schmidt, § 2 EStG Rn. 52 mwN.
[893] S. oben Rn. 25 ff. sowie Kap. K Rn. 10 ff.

- OECD Bericht „Hybrid Mismatch Arrangements", 5.3.2012
- OECD Diskussionsentwurf „REVISION OF THE SPECIAL CONSID-ERATIONS FOR INTANGIBLES IN CHAPTER VI OF THE OECD TRANSFER PRICING GUIDELINES AND RELATED PROVI-SIONS", 6.6.2012
- COMMUNICATION FROM THE COMMISSION TO THE EURO-PEAN PARLIAMENT AND THE COUNCIL on concrete ways to rein-force the fight against tax fraud and tax evasion including in relation to third countries, 27.6.2012[894]
- COMMUNICATION FROM THE COMMISSION TO THE EURO-PEAN PARLIAMENT AND THE COUNCIL An Action Plan to strengthen the fight against tax fraud and tax evasion, 6.12.2012[895]
- OECD Bericht „Addressing Base Erosion and Profit Shifting", 12.2.2013
- OECD Bericht „OECD SECRETARY-GENERAL REPORT TO THE G20 FINANCE MINISTERS", 19.4.2013
- OECD Diskussionsentwurf „DRAFT HANDBOOK ON TRANSFER PRICING RISK ASSESSMENT", 30.4.2013
- Proposal for a COUNCIL DIRECTIVE amending Directive 2011/16/EU as regards mandatory automatic exchange of information in the field of taxation, 12.6.2013[896]
- OECD Bericht „A STEP CHANGE IN TAX TRANSPARENCY", 18.6.2013.
- EU JTPF „Report on Transfer Pricing Risk Management", 6.6.2013.
- OECD Bericht „Action Plan on Base Erosion and Profit Shifting", 19.7.2013.
- OECD Bericht „WHITE PAPER ON TRANSFER PRICING DOCU-MENTATION", 30.7.2013.
- OECD „REVISED DISCUSSION DRAFT ON TRANSFER PRIC-ING ASPECTS OF INTANGIBLES", 30.7.2013.
- OECD „Secretary-General Report to the 620 readers", 5.9.2013.
- OECD „DISCUSSION DRAFT ON TRANSFER PRICING DOCU-MENTATION AND CbC REPORTING", 30.1.2014.
- OECD Bericht „Standard for Automatic Exchange of Financial .Account Information", 13.2.2014.
- OECD Paper on transfer pricing comparability „data and developing coun-tries", 11.3.2014.
- OECD „Discussion draft on Action 6 (Prevent Treaty Abuse)", 14.3.2014.
- OECD „Discussion draft on Action 2 (Neutralise the effects of hybrid mis-match arrangements)", 19.3.2014.
- OECD „Discussion draft on Action 1 (Tax Challanges of the Digital Eco-nomy)", 24.3.2014.
- OECD „Full version of global standard for automatic exchange of infor-mation", 21.7.2014.
- OECD „Report to G20 Development working group on the impact of BEPS in low income countries", 1.8.2014.

---

[894] Vgl. COM (2012) 351.
[895] Vgl. COM (2012) 722.
[896] Vgl. COM (2013) 348.

- OECD Report „Addressing the Tax Challenges of the Digital Economy", 16.9.2014.
- OECD Report „Neutralising the Effects of Hybrid Mismatch Arrangements", 16.9.2014.
- OECD Report „Countering Harmful Tax Practices Move Effectively, Taking into Account Transparency and Substance", 16.9.2014.
- OECD Report „Preventing the Granting of Treaty Benefits in Inappropriate Circumstances", 16.9.2014.
- OECD „Guidance on Transfer Pricing Aspects of Intangibles", 16.9.2014.[897]
- OECD „Guidance on Transfer Pricing Documentation and Country-by-Country Reporting", 16.9.2014.
- OECD Report „Developing a Multilateral Instrument to Modify Bilateral Tax Treaties", 16.9.2014.

Die o. g. Berichte setzten sich mit verschiedenen materiellen und formellen Aspekten auseinander, die in den entsprechenden Kapiteln dieses Handbuchs erörtert werden. Stärker als in der Vergangenheit wurde im Rahmen dieser Berichte das Thema **Risikomanagement** in den Vordergrund gestellt. Hierbei ist auch die Empfehlung des EU JTPF hervorzuheben, dass die Staaten ihre Risikoeinschätzung im Wege des Inforamtionsaustausches teilen sollten.[898] War ein strukturiertes Risikomanagement schon in der Vergangenheit aus Sicht der **Unternehmen** sehr zu empfehlen, so ist es nahezu verpflichtend, wenn jetzt auch die FinVerw. ein entsprechendes Risikomanagement einführen, um diejenigen Fälle auszusuchen, die ausgiebig geprüft werden sollen.

2. Prozess des Risikomanagements

460   Der erste Schritt jedes Risikomanagements ist die Identifizierung der Risiken.[899] Zunächst sollten alle Transaktionen zwischen den verbundenen Unternehmen identifiziert werden.[900] Auf dieser Ebene des Risikomanagements können die größten Fehler passieren, insb. bzgl. derjenigen Transaktionen, die mangels Entgeltvereinbarungen nicht in der Dokumentation erfasst sind (zB zinslose Darlehen, unentgeltliche Managementdienstleistungen, unentgeltliche Überlassung von Marken). Die Verrechnungspreisdokumentation ist auch aus Sicht der OECD der Startpunkt für Risikomanagment.[901] Die Dokumen-

---

[897] Die Guidances enthalten bereits Formulierungen zur Änderung der OECD-VPL. Auch wenn viele Aussagen in den Guidances schon finalen Charakter haben, so könnten die OECD Deliverables 2015 doch noch Einfluss auf den Wortlaut der OECD-VPL haben.

[898] Vgl. EU JTPF „Report on Transfer Pricing Risk Management" vom 6.6.2013, Tz. 11.

[899] Vgl. OECD Bericht „Dealing Effectively with the Challenges of Transfer Pricing" 2012, 20.

[900] Vgl. OECD Diskussionsentwurf „DRAFT HANDBOOK ON TRANSFER PRICING RISK ASSESSMENT" 2013, 8.

[901] Vgl. OECD Bericht „WHITE PAPER ON TRANSFER PRICING DOCUMENTATION" 2013, Tz. 47 ff.

tation sollte zumindest eine Risikobewertung (Risikoassessment) enthalten.[902] Oftmals sind es diejenigen Transaktionen, die erst von der Betriebsprüfung identifiziert werden, die die größten Anpassungen zur Folge haben. Gerade im Mittelstand wird bspw. die Bedeutung der immateriellen Wirtschaftsgüter häufig unterschätzt. Wir die Nutzung von immateriellen Wirtschaftsgütern ermöglicht, aber nicht (hinreichend) vergütet, so hat dies oftmals große Anpassungen zur Folge.

Im Anschluss sollten die Transaktionen identifiziert werden, die besonders **461** risikobehaftet sind. Die OECD hat verschiedene Kriterien definiert, die auf risikobehaftete Transaktionen schließen lassen.[903] Die OECD Projekte zum Risikomanagement zielen zwar in erster Linie auf das Risikomanagement der FinVerw. ab; die gleichen Maßstäbe können jedoch auch für das Risikomanagement von Unternehmen herangezogen werden. Die Kriterien lassen sich uE in folgende Arten von Kriterien einteilen.

Geographische Kriterien:
- Wesentliche Transaktionen mit verbundenen Unternehmen in Steueroasen[904]
- Wesentliches Einkommen bei verbundenen Unternehmen in Steueroasen[905]
- Niedrig besteuerte Betriebsstätten[906]

Strukturelle Kriterien:
- Hybride Gesellschaften[907]
- Einsatz von Zweckgesellschaften (Conduits, Special Purpose Vehicle -SPV)[908]
- Einkaufsgesellschaften in Ländern ohne Produktionsstandort[909]

Transaktionsbezogene Kriterien:
- Zahlung von Zinsen, Versicherungsprämien und Lizenzgebühren wegen der Mobilität der zugrundeliegenden Rechte[910]
- Übertragung immaterieller Wirtschaftsgüter auf verbundene Unternehmen[911]

---

[902] Vgl. OECD Bericht „WHITE PAPER ON TRANSFER PRICING DOCUMENTATION" 2013, Tz. 70.

[903] Vgl. OECD Bericht „Dealing Effectively with the Challenges of Transfer Pricing" 2012 sowie OECD Diskussionsentwurf „DRAFT HANDBOOK ON TRANSFER PRICING RISK ASSESSMENT".

[904] Vgl. OECD Bericht „Dealing Effectively with the Challenges of Transfer Pricing" 2012, 20.

[905] Vgl. OECD Diskussionsentwurf „DRAFT HANDBOOK ON TRANSFER PRICING RISK ASSESSMENT" 2013, 15.

[906] Vgl. OECD Bericht „Addressing Base Erosion and Profit Shifting" vom 12.2.2013, 40.

[907] Vgl. OECD Bericht „Addressing Base Erosion and Profit Shifting" vom 12.2.2013, 40.

[908] Vgl. OECD Bericht „Addressing Base Erosion and Profit Shifting" vom 12.2.2013, 41.

[909] Vgl. OECD Diskussionsentwurf „DRAFT HANDBOOK ON TRANSFER PRICING RISK ASSESSMENT" 2013, 17.

[910] Vgl. OECD Bericht „Dealing Effectively with the Challenges of Transfer Pricing" 2012, 20.

[911] Vgl. OECD Bericht „Dealing Effectively with the Challenges of Transfer Pricing" 2012, 20; OECD Bericht „Addressing Base Erosion and Profit Shifting" vom 12.2.2013, 42.

- Cost Contribution Arrangements[912]
- Wesentliche Dienstleistungsumlagen (Management Fees) innerhalb der Gruppe[913]
- Hybride Finanztransaktionen[914]
- Hohe Verschuldung und/oder hohe Zinssätze[915]
- Übertragung von Risiken auf verbundene Unternehmen[916]
- „Business Restructurings" iSd Kapitels IX der OECD-VPL[917]
Gewinnorientierte Kriterien:
- Wiederkehrende oder einmalige Transaktionen mit hohem Volumen und daher mit dem Potenzial für Base Erosion and Profit Shifting[918]
- Dauerverluste[919]
- Veränderung der Gewinnsituation im Vergleich zu Vorjahren
- Abweichung von den Ergebnissen in der entsprechenden Branche[920]
- Abweichung von den Ergebnissen in der Gruppe[921]
- Niedrige effektive Steuerquote der Gruppe[922]
Verfahrensbezogene Kriterien:
- Schlechte oder keine Dokumentation[923]
- Keine schriftlichen Verträge
- Kooperationshistorie[924]
- Keine Minderheitsgesellschafter als Kontrollinstanz[925]
- Keine internen Prozesse zur Identifikation von Risiken
- Keine Kontrolle durch unabhängige, fachkundige, externe Berater.

---

[912] Vgl. OECD Diskussionsentwurf „DRAFT HANDBOOK ON TRANSFER PRICING RISK ASSESSMENT" 2013, 18.

[913] Vgl. OECD Diskussionsentwurf „DRAFT HANDBOOK ON TRANSFER PRICING RISK ASSESSMENT" 2013, 16.

[914] Vgl. OECD Bericht „Addressing Base Erosion and Profit Shifting" vom 12.2.2013, 40.

[915] Vgl. OECD Bericht „Dealing Effectively with the Challenges of Transfer Pricing" 2012, 20.

[916] Vgl. OECD Bericht „Addressing Base Erosion and Profit Shifting" vom 12.2.2013, 42.

[917] Vgl. OECD Bericht „Dealing Effectively with the Challenges of Transfer Pricing" 2012, 20.

[918] Vgl. OECD Diskussionsentwurf „DRAFT HANDBOOK ON TRANSFER PRICING RISK ASSESSMENT" 2013, 9.

[919] Vgl. OECD Bericht „Dealing Effectively with the Challenges of Transfer Pricing" 2012, 20.

[920] Vgl. OECD Bericht „Dealing Effectively with the Challenges of Transfer Pricing" 2012, 20.

[921] Vgl. OECD Diskussionsentwurf „DRAFT HANDBOOK ON TRANSFER PRICING RISK ASSESSMENT" 2013, 14.

[922] Vgl. OECD Bericht „Dealing Effectively with the Challenges of Transfer Pricing" 2012, 20.

[923] Vgl. OECD Bericht „Dealing Effectively with the Challenges of Transfer Pricing" 2012, 20.

[924] Vgl. OECD Diskussionsentwurf „DRAFT HANDBOOK ON TRANSFER PRICING RISK ASSESSMENT" 2013, 12.

[925] Vgl. OECD Diskussionsentwurf „DRAFT HANDBOOK ON TRANSFER PRICING RISK ASSESSMENT" 2013, 21.

Schließlich sollten die identifizierten **Risiken qualitativ gewichtet** wer- **462** den. Dabei können mathematische Schemata, die die Risiken bepunkten, ebenso wie vereinfachte Verfahren, die die Risiken in hoch, mittel oder niedrig einstufen, zum Einsatz kommen.[926] Die Risiken sind dann besonders hoch, wenn verschiedene Arten von Kriterien zusammentreffen. Wenn zB eine Gesellschaft in einer Steueroase Lizenzen von einer Gruppengesellschaft verlangt, diese zu Dauerverlusten bei dieser Gesellschaft führen und weder schriftliche Verträge noch eine anderweitige Dokumentation vorliegen, so ist das Risiko als sehr hoch einzustufen. Neben der qualitativen Gewichtung kommt auch eine **quantitative Gewichtung,** also eine **Berechnung des Steuerrisikos,** in Betracht.[927] Die identfizierten und gewichteten Risiken sollten dokumentiert werden, wobei es wichtig ist, derartige Unterlagen in Unternehmen nur einem eng begrenzten Personenkreis und nur vertraulich zugänglich zu machen und nicht in den Akten oder Dateien, die dem Betriebsprüfer im Rahmen der digitalen Außenprüfung zugänglich sind.[928] Diese Dokumentation kann dann die Basis für weitere Schlussfolgerungen sein, welche Maßnahmen aufgrund der Risiken ergriffen werden sollten. Dies sind in erster Linie Maßnahmen zur Minimierung des Risikos oder die Entscheidung, ob unter bestimmten Voraussetzungen eine Rückstellung gebildet werden sollte.

---

[926] Vgl. OECD Diskussionsentwurf „DRAFT HANDBOOK ON TRANSFER PRICING RISK ASSESSMENT" 2013, 9.

[927] Vgl. OECD Diskussionsentwurf „DRAFT HANDBOOK ON TRANSFER PRICING RISK ASSESSMENT" 2013, 13.

[928] Vgl. *Elbert*, Die digitale Außenprüfung, S. 49 ff.

3. Teil: Quantifizierung der Verrechnungspreise

Kapitel G: Standardmethoden

Übersicht

I. Einführung und Begriffsklärung für die Praxis

Dieses Kapitel zur praktischen Umsetzung des Fremdvergleichsgrundsatzes **1** dient in erster Linie als **Leitfaden für die Anwendung der unterschiedlichen Verrechnungspreismethoden.** Es zeigt auf, wie in der Praxis zwischen Routineaufgaben und Nichtroutineaufgaben sowie immateriellen und materiellen Wirtschaftsgütern zu differenzieren ist.

Bei der praktischen Umsetzung des Fremdvergleichsgrundsatzes im Konzern kommen oft mehrere Verrechnungspreismethoden gemeinsam zum Einsatz. So müssen bspw. bei der Anwendung der Residualgewinnaufteilungsmethode in einem ersten Schritt sämtliche Routineaktivitäten identifiziert und anhand einer der Verrechnungspreismethoden bewertet werden. Erst in einem zweiten Schritt wird der verbleibende Residualgewinn unter den relevanten Empfängern aufgeteilt.

2   Aufgrund der **verstärkten Integration der unterschiedlichen Verrechnungspreismethoden** können sich Schwierigkeiten bei der Umsetzung einer Methode auf die fehlerfreie und sinnvolle Durchführung einer anderen Methode auswirken. Bestehen bspw. Probleme bei der Durchführung der Transaktionalen Nettomargenmethode (TNMM), so kann auch ein auf diesen Resultaten aufbauender Profit Split zu einem fehlerhaften Ergebnis führen.

3   Die **verschiedenen Verrechnungspreismethoden** werden regelmäßig **für unterschiedliche Sachverhalte** angewendet. In der Praxis ist es dabei wichtig zunächst festzustellen, inwiefern es sich bei der untersuchten Konzerngesellschaft um eine sog. Routinegesellschaft oder um eine Nichtroutinegesellschaft, einen „Entrepreneur", handelt. Die Ergebnisse der Sachverhaltsdokumentation liefern zentrale Unterscheidungskriterien. Die Klassifizierung in Routine- und Nichtroutinegesellschaft lässt sich in Abhängigkeit von den identifizierten Aufgaben und getragenen Risiken einer Konzerngesellschaft vornehmen.

4   Die **Einteilung von Konzerngesellschaften** in Einheiten, denen als **Routinegesellschaften** ein fremdvergleichsüblicher Routinegewinn zusteht und solche Gesellschaften, denen in ihrer Eigenschaft als **unternehmerische Risikoträger** mögliche Übergewinne und Verluste zukommen, ist in der Praxis jedoch häufig sehr komplex und lässt sich selten durch eine einfache Auflistung von Funktionen und Risiken erreichen.

Interessant ist in diesem Zusammenhang die Tatsache, dass **viele komplexe unternehmerische Aktivitäten häufig aus mehreren einzelnen Routineaktivitäten bestehen.** Für sich alleine genommen ist jede dieser Routinetätigkeiten austauschbar und sollte eine angemessene Vergütung erhalten. Erst im Zusammenspiel der unterschiedlichen Tätigkeiten entsteht ein unternehmerisches „Orchester", das zu einem Teil der Übergewinne berechtigt ist. Handelt es sich dabei um den einzigen „Entrepreneur" im Konzern, so steht diesem der gesamte Residualgewinn zu. Finden sich solche „Entrepreneurs" an mehreren Stellen im Konzern, so muss der unternehmerische (Residual-)Gewinn zwischen diesen aufgeteilt werden.

5   Die **Frage,** welche Aktivität eine **Routinetätigkeit** darstellt und dafür angemessen entlohnt werden muss und welche Aufgabe bereits **Teil der unternehmerischen Wertschöpfung** ist, muss im Einzelfall geklärt werden. Dabei kann nicht immer auf isolierte einzelne Kriterien abgestellt werden. Wichtig ist, dass insgesamt eine wirtschaftlich logische Zuordnung vorgenommen wird, die die **wirtschaftliche Realität passend widerspiegelt.**

Nachdem die unterschiedlichen Konzerngesellschaften ausreichend analysiert wurden, erfolgt die Überprüfung des Fremdvergleichsgrundsatzes im Rahmen der Angemessenheitsdokumentation. Für Routinekonzerngesellschaften lässt sich die Fremdvergleichsüblichkeit der Verrechnungspreise regelmäßig entweder anhand einer der Standardmethoden oder anhand der TNMM dokumentieren. Mögliche Übergewinne, die nach Verteilung fremdvergleichsüblicher Margen den Routinegesellschaften verbleiben, stehen den Nichtroutinegesellschaften im Konzern, den Entrepreneurs, zur Verfügung.

Neben den Charakteristika der Konzerngesellschaft spielt außerdem die **6** Beschaffenheit der transferierten Wirtschaftsgüter für die Umsetzung des Fremdvergleichsgrundsatzes eine entscheidende Rolle. Dabei ist die Unterscheidung zwischen materiellen und immateriellen Wirtschaftsgütern wichtig. So ist bspw. die Anwendung der **Preisvergleichs-Methode** vorwiegend **für Wirtschaftsgüter** geeignet, die an Börsen, Termin- oder anderen Märkten gehandelt werden. Vergleichspreise lassen sich hauptsächlich dann finden, wenn ein transferiertes Gut austauschbar ist. Der Fremdvergleichscharakter von Transaktionen von bspw. Darlehen, Rohöl oder anderen Rohstoffen, für die aktuelle Börsenpreise vorhanden sind, kann am besten mit der Preisvergleichs-Methode dargestellt werden. Je weniger austauschbar ein transferiertes Gut ist, desto weniger eignen sich die Standardmethoden zur Bestimmung der Fremdvergleichstauglichkeit.

Besonders schwierig gestaltet sich der **Nachweis des Fremdvergleichs-** **7** **grundsatzes bei einzigartigen immateriellen Wirtschaftsgütern.** Ein Hauptmerkmal von Markenrechten und vielen Patenten besteht in ihrer Einzigartigkeit. Werden solche Wirtschaftsgüter transferiert oder zur Verfügung gestellt, ist es oft unmöglich, Vergleichspreise zu finden.

Die ökonomische Umsetzung des Fremdvergleichsgrundsatzes im Rahmen der Verrechnungspreisanalyse bei der Nutzung beim Transfer solcher Wirtschaftsgüter erfolgt daher häufig anhand von Gewinnaufteilungsmethoden.

Generell muss bei jeder Analyse von Verrechnungspreisen zunächst festgestellt werden, ob es sich bei den Transaktionspartnern um Routine- oder Nichtroutine-Einheiten handelt und ob materielle oder immaterielle Wirtschaftsgüter transferiert wurden.

Bei der praktischen Umsetzung des Fremdvergleichsgrundsatzes werden die Begriffe „Routine" und „Nicht-Routine" sowie „materiell" und „immateriell" häufig nicht scharf genug voneinander getrennt. Ein Problem besteht besonders dann, wenn Konzerngesellschaften als Routinegesellschaft klassifiziert werden, obwohl sie – zumindest teilweise – relativ komplexe unternehmerische Aufgaben übernehmen. Dabei kann die Anwendung der TNMM zur Überprüfung der Fremdvergleichstauglichkeit der Verrechnungspreise für Gesellschaften mit komplexen unternehmerischen Aufgaben zu fehlerhaften Ergebnissen führen.

Die **Anwendung der transaktionalen Nettomargenmethode ist** **8** **ausdrücklich nur für Konzerneinheiten vorgesehen, die ausschließlich Routineaktivitäten ausüben.**[1] Die VGr-Verfahren vom 12.4.2005 besagen in diesem Zusammenhang, dass die TNMM auf Unternehmen, die zwar mehr als Routineaufgaben ausüben, jedoch nicht als Entrepreneur klassifiziert werden können, nicht angewendet werden kann.

Dies zeigt deutlich, dass eine einfache und **absolute Zuteilung der** **9** **Konzerngesellschaften in Routineunternehmen und „Entrepreneurs"** **oft nicht möglich** ist. Allerdings besteht international ein anderer Konsens. Die VGr erkennen an, dass es auch Unternehmen geben kann, die weder als Entrepreneur noch als Routinegesellschaft klassifiziert werden können. Die

---

[1] Vgl. VGr-Verfahren, Tz. 3.4.10.3b) iVm Tz. 3.4.10.2.a).

transaktionale Nettomargenmethode eignet sich in diesem Zusammenhang nicht für den Nachweis der Fremdvergleichsüblichkeit der Verrechnungspreise.

Jede Verrechnungspreisanalyse muss daher zunächst eindeutig bestimmen, welche Aktivitäten als Routine bzw. Nicht-Routine klassifiziert werden. Diese Klassifizierung kann je nach Branche des Unternehmens variieren. Sie kann jedoch auch von anderen Faktoren wie bspw. Marktreife und Wettbewerbsposition der Gesellschaft abhängen. Wichtig ist, dass in der Praxis deutlich herausgearbeitet werden muss, inwiefern die Begriffe „Routine" und „Nicht-Routine" im konkreten Fall interpretiert müssen und inwieweit eine Konzerneinheit die jeweiligen Kriterien erfüllt. Eine Zuteilung in die beiden Kategorien muss hierbei nicht zwangsläufig erfolgen. Unternehmen, die weder der einen noch der anderen Kategorie zugeordnet werden können, müssen identifiziert und entsprechend behandelt werden.

10   Neben der oben diskutierten Begriffsklärung muss sich jede Verrechnungspreisanalyse in der Praxis verstärkt mit den Eigenschaften der übertragenen Güter beschäftigen. **Die Einteilung in materielle und immaterielle Wirtschaftsgüter ist dabei in der Praxis häufig schwieriger als es aus einer theoretischen Perspektive scheint.**

Immaterielles Vermögen umfasst aus einer theoretischen Perspektive bspw. sämtliche Ideen, Erfindungen, Technologien, Kunstwerke, Musik und Literatur, die zunächst immateriell entstehen und in einem zweiten Schritt in werthaltige Produkte übergehen. Wichtig dabei ist, dass eine Person oder eine Gruppe von Personen Rechte an dem geschaffenen Vermögen anmelden kann und dies auch tut. Immaterielles Vermögen wird daher auch oft als „Recht" verstanden, das durch kreative und intellektuelle Arbeit entstanden ist.

11   Die Bedeutung des **Schutzes geistigen Eigentums** wurde bereits im Rahmen der **Pariser Konvention zum Schutz industriellen Vermögens im Jahr 1883** deutlich.[2] Dabei wurde ein umfassender Katalog vorgestellt, der verschiedene Elemente geistigen Eigentums beschreibt.

Während sich transferierte materielle Güter noch relativ einfach lokalisieren und bewerten lassen, ist die Identifikation immaterieller Wirtschaftsgüter häufig eine wesentlich komplexere Aufgabe. Trotz vieler unterschiedlicher Definitionen und Kataloge ist es oft unklar, welche immateriellen Vermögensgegenstände im Konzern zu den Werttreibern gehören.

12   Bei der praktischen Umsetzung des Fremdvergleichsgrundsatzes wird daher stets im Rahmen der **Funktions- und Risikoanalyse festgestellt, welche unterschiedlichen Vermögensgegenstände existieren** und inwiefern diese Gegenstände den Erfolg des Unternehmens beeinflussen. Zusätzlich muss analysiert werden, inwiefern eine Konzerngesellschaft Routineaktivitäten ausführt oder als Entrepreneur Nicht-Routinetätigkeiten übernimmt.

13   Besonders wichtig ist vor diesem Hintergrund, dass **Routineaktivitäten keinesfalls nur aus einfachen Tätigkeiten bestehen,** die ohne den Einsatz von immateriellen Vermögensgegenständen auskommen. Die Unterscheidung zwischen Routineaktivitäten und Nicht-Routineaktivitäten ist in

---

[2] Weitere Informationen finden sich unter www.wipo.int, den Internetseiten der „World Intellectual Property Organization", einer Organisation der Vereinten Nationen.

der Praxis häufig fehlerhaft. Deshalb führen manche Verrechnungspreisstudien zu wenig aussagekräftigen Ergebnissen.

Eine differenzierte Umsetzung des Fremdvergleichsgrundsatzes für Routine- und Nicht-Routineaktivitäten erfordert in einem ersten Schritt zunächst die klare Unterscheidung zwischen diesen beiden Tätigkeiten.

II. Quantifizierung bei Routine- und Nicht-Routine-Tätigkeiten

Ein wichtiger erster Schritt auf dem Weg zu einer erfolgreichen Verrech- **14** nungspreisdokumentation ist die Analyse der von den unterschiedlichen Konzerngesellschaften ausgeübten Funktionen und Risiken. Im Rahmen der Sachverhaltsdokumentation wird dabei festgehalten, welche Einheit welche Funktionen ausübt und wie die mit den Aktivitäten verbundenen Risiken zwischen den Gesellschaften aufgeteilt werden.

Erst wenn die einzelnen werttreibenden Aktivitäten im Konzern herausgearbeitet und verstanden wurden, kann die Verrechnungspreisdokumentation geplant werden.

Gesellschaften, die nur Routineaktivitäten ausüben, steht in der **15** **Regel eine fremdvergleichsübliche Routinemarge zu.** Der Fremdvergleichsnachweis erfolgt dabei entweder im Rahmen einer der drei Standardmethoden oder durch die transaktionale Nettomargenmethode (TNMM).

Gesellschaften, die sowohl Routineaktivitäten ausüben als auch un- **16** **ternehmerisch tätig sind** bzw. unternehmerisches Risiko tragen, steht zunächst für ihre Routineaktivitäten eine gewisse fremdvergleichsübliche **Routinemarge** zu. Darüber hinaus haben diese Konzerngesellschaften ein Anrecht auf **unternehmerische Restgewinne,** die im Konzern entstehen. Allerdings müssen solche Unternehmen auch etwaige unternehmerische Verluste tragen. Dabei kann es auch vorkommen, dass die Einheiten insgesamt, also auch unter Berücksichtigung der Routinemarge, einen Verlust erleiden.

Gesellschaften, die nur unternehmerisch tätig sind, steht **ein Anteil** **17** **am unternehmerischen Restgewinn** zu. Gibt es im Konzern nur einen Entrepreneur, steht diesem der gesamte Restgewinn zu. Existieren mehrere unternehmerische Einheiten, so muss der gemeinsam erwirtschaftete Restgewinn zwischen diesen aufgeteilt werden. Dazu werden idR Gewinnaufteilungsmethoden verwendet.

1. Routinetätigkeiten

In der Praxis werden Routinetätigkeiten fälschlicherweise häufig mit einfa- **18** chen Tätigkeiten gleichgesetzt, die nur wenig zu der Wertschöpfung im Konzern beitragen.

Diese Klassifizierung greift allerdings zu kurz. Richtigerweise handelt es sich bei solchen Tätigkeiten um **Routinetätigkeiten, für die der Fremdvergleichsgrundsatz anhand von Marktpreisen ermittelt werden kann.** Eine Routinetätigkeit muss daher nicht notwendigerweise einfache Funktionen umfassen. Wichtig ist, dass bspw. anhand einer der Standardmethoden oder anhand der TNMM getestet werden kann, ob die Marge, die von der spezifischen Funktion erzielt wird, fremdvergleichsüblich ist.

Funktionen müssen dabei in Abhängigkeit von ihrer Stellung im Konzern bzw. im Zusammenspiel mit anderen Funktionen analysiert werden.

Beispiel: Das Betreiben einer Werkskantine stellt bei einem Unternehmen der Automobilbranche eine Routinefunktion dar. Fremdvergleichsübliche Preise bzw. Margen lassen sich relativ einfach ermitteln. Große, bekannte Unternehmen haben sich auf den Betrieb von Kantinen spezialisiert. Preise bzw. Marge lassen sich daher ohne besonderen Aufwand am Markt erkennen. Der Betrieb eines Sternerestaurants stellt jedoch im Gegensatz zu der Werkskantine eine Nicht-Routinefunktion dar.

Obwohl es sich um sehr ähnliche Tätigkeiten wie bspw. Planung der Karte, Einkauf von Nahrungsmitteln, Zubereitung der Speisen oder Bedienung der Gäste handelt, kann es sich in Abhängigkeit von der jeweiligen Situation sowohl um Routine- als auch um Nicht-Routinefunktionen handeln. Von zentraler Bedeutung dabei ist die Frage, inwieweit es sich bei der jeweiligen Tätigkeit um eine Kernkompetenz des Unternehmens handelt.

Das obige Beispiel zeigt, dass eine Funktion nicht allein deshalb eine Routinefunktion ist, weil die Tätigkeit an sich einfach ausgeführt werden kann. **Vielmehr kommt es darauf an, ob sich für eine Tätigkeit Vergleichspreise oder -margen identifizieren lassen.** Unabhängig davon, wie wichtig eine Funktion für ein Unternehmen ist – einer Werkskantine kann dabei auch eine große Bedeutung beigemessen werden – lassen sich auf diese Weise Routinetätigkeiten identifizieren.

Die VGr-Verfahren sprechen vor dem Hintergrund der Charakterisierung von Tätigkeiten und Unternehmen bei solchen Tätigkeiten von **Routinetätigkeiten, die „ohne weiteres am Markt auch bei Dritten in Auftrag gegeben werden können".**[3] Dies ist bei der Werkskantine der Fall, die Tätigkeiten eines Sternerestaurants sind jedoch schwierig am Markt replizierbar.

Eine fremdvergleichsübliche Entlohnung von Routinetätigkeiten kann sowohl durch eine der Standardmethoden (Preisvergleichs-, Wiederverkaufspreis- oder Kostenaufschlagsmethode) als auch durch Anwendung der TNMM getestet werden.

Können diese Methoden nicht sinnvoll für den Nachweis der Angemessenheit der Verrechnungspreise angewendet werden, so handelt es sich regelmäßig um Nicht-Routinefunktionen, deren fremdvergleichstaugliche Vergütung bspw. im Rahmen einer Gewinnaufteilungsmethode überprüft werden muss.

2. Nicht-Routinetätigkeiten

19   Im Gegensatz zu Routinetätigkeiten handelt es sich bei Nicht-Routinetätigkeiten um solche Aktivitäten im Konzern, die nur schwierig zu replizieren sind. Dies bedeutet, dass **Nicht-Routinetätigkeiten** idR **nicht von Dritten am Markt bezogen** werden können. Die Aktivitäten sind gewöhnlich eng mit der eigentlichen Wertschöpfung des Unternehmens verbunden, dh es

---

[3] VGr-Verfahren, Tz. 3.4.10.2a).

handelt sich um jene Kernkompetenzen, die die Einzigartigkeit eines Unternehmens ausmachen.

In Abgrenzung zu Routinetätigkeiten können Nicht-Routinetätigkeiten als jene qualifiziert werden, für die eine sinnvolle Überprüfung des Arm's Length-Grundsatzes anhand einer der Standardmethoden oder anhand der TNMM nicht möglich ist.

Solche Tätigkeiten werden in der Praxis häufig auch als „unternehmerisch" **20** bezeichnet. Zur Ausübung dieser unternehmerischen Aufgaben werden sehr oft auch zentrale immaterielle Wirtschaftsgüter verwendet.

Konzerneinheiten, die überwiegend unternehmerische Aufgaben übernehmen und die die damit verbundenen Risiken tragen, steht als Vergütung ein Teil des Restgewinns im Konzern zu. Dies bedeutet, dass ihnen ein nach Abzug aller fremdvergleichsüblichen Routinevergütungen bestehendes Residual zusteht.

Existiert nur ein Entrepreneur im Konzern, so steht diesem der gesamte Restgewinn zu. Bei mehreren unternehmerisch tätigen Konzernteilen muss der **Restgewinn anhand fremdvergleichsüblicher Kriterien** zwischen den Entrepreneurs **aufgeteilt werden.** Hierzu werden regelmäßig die in diesem Kapitel vorgestellten Gewinnaufteilungsmethoden angewendet. Besonders schwierig gestaltet sich diese Aufteilung dann, wenn die unternehmerischen Aktivitäten den Einsatz von wichtigen immateriellen Wirtschaftsgütern umfassen, die teilweise gemeinsam im Konzern entwickelt wurden.

In solchen Fällen muss die Aufteilung des Restgewinns nicht nur den aktuel- **21** len Beitrag jedes einzelnen Entrepreneurs berücksichtigen, sondern es müssen bei den Berechnungen auch vergangene Investitionen in relevante immaterielle Wirtschaftsgüter in Betracht gezogen werden. Die Analyse vergangener Investitionen, die heute bspw. in Form von Patenten einen wertvollen Beitrag zum Konzernerfolg leisten, dient in erster Linie der **Identifikation des wirtschaftlichen Eigentümers** des immateriellen Wirtschaftsgutes.

Diejenige Konzerneinheit, die als wirtschaftlicher Eigentümer des immateriellen Wirtschaftsgutes identifiziert wurde, erhält dafür eine **angemessene Beteiligung am Restgewinn.** Leistet dieselbe Einheit darüber hinaus auch einen aktuellen unternehmerischen Beitrag zum Konzernerfolg, bspw. durch Nicht-Routinetätigkeiten oder das Tragen zentraler Risiken, so steht dieser Einheit auch dafür ein angemessener Anteil am Restgewinn zu.

Die Überprüfung des Fremdvergleichsgrundsatzes bei Nicht-Routinetätig- **22** keiten gehört in der Praxis der Verrechnungspreisanalyse zu den komplexeren Aufgaben. Einen besonders wichtigen ersten Schritt stellt in diesem Zusammenhang zunächst die **klare Abgrenzung zwischen Routine- und Nicht-Routinetätigkeiten** dar.

Probleme ergeben sich dabei in der Praxis insbes. dann, wenn versucht wird, die Abgrenzung im Rahmen der Standardmethoden oder durch Anwendung der TNMM auf ihre Fremdvergleichstauglichkeit zu testen.

Lassen sich die Standardmethoden bzw. TNMM für eine Funktion oder **23** eine Konzerneinheit nicht sinnvoll anwenden, so handelt es sich meistens um Nicht-Routinetätigkeiten bzw. um einen **Entrepreneur,** dessen Verrechnungspreise besser anhand einer **Gewinnaufteilungs-Methode** getestet werden können.

In der Praxis ergeben sich insbes. dann Schwierigkeiten, wenn versucht wird, Nicht-Routinetätigkeiten anhand einer Standardmethode bzw. der TNMM zu

testen. Die Unvergleichbarkeit zwischen getestetem Unternehmen und identifizierten Vergleichsunternehmen führt dabei oft zu nicht aussagekräftigen
Ergebnissen.

Die Anwendung der Standardmethoden und der TNMM muss vor diesem
Hintergrund auf Routinetätigkeiten beschränkt bleiben. Von einem praktischen Standpunkt aus betrachtet führt dies in der Zukunft zu einer **verstärkten Anwendung der Gewinnaufteilungs-Methoden,** insb. in solchen
Fällen, in denen heute – teilweise aus Praktikabilitätsgründen – fälschlicherweise eine der Standardmethoden bzw. die TNMM für Nicht-Routinefunktionen angewendet wird.

III. Quantifizierung im Rahmen der Standardmethoden

24   Die Standardmethoden sind die Preisvergleichs-Methode, die Wiederverkaufspreis-Methode sowie die Kostenaufschlags-Methode. Es handelt sich bei
diesen Methoden um Instrumente für den Nachweis der Angemessenheit von
Verrechnungspreisen iSv § 90 Abs. 3 S. 2 AO iVm § 1 Abs. 1 und 3 GAufzV.
Die VGr-Verfahren präzisieren in diesem Zusammenhang, dass die Aufzeichnungen einem fremden Dritten innerhalb einer gewissen Frist die Prüfung ermöglichen müssen, „ob und inwieweit die Abgrenzung der Einkünfte zwischen
dem Steuerpflichtigen und der nahe stehenden Person bzw. zwischen den verbundenen Unternehmen dem **Grundsatz des Fremdverhaltens**[4] entspricht".[5]

25   Das Ziel der Angemessenheitsdokumentation besteht darin, die Fremdvergleichsüblichkeit der festgelegten Verrechnungspreise darzulegen. Dieser
Nachweis kann entweder direkt über die Preise erfolgen, indem der
Steuerpflichtige nachweist, dass unabhängige fremde Dritte in einer vergleichbaren Situation ähnliche Preise vereinbart hätten (Preisvergleichs-Methode)
oder der Nachweis kann **indirekt anhand der aus den Preisen resultierenden Ergebnisse** erfolgen (Wiederverkaufspreis- oder Kostenaufschlags-
Methode).[6]

26   Ein **ergebnisorientierter Nachweis** bedeutet, dass auf angemessene Verrechnungspreise geschlossen werden kann, wenn sich das Ergebnis in einem
marktüblichen Rahmen bewegt. Man geht dabei davon aus, dass ein Ergebnis, das den Ergebnissen vergleichbarer Transaktionen entspricht, auf fremdvergleichsüblichen Verrechnungspreisen beruht.

Nur wenn die Situationen vergleichbar sind – dies kann idR nur bei Routinetätigkeiten der Fall sein –, lässt sich eine der Standardmethoden sinnvoll anwenden.

27   Die drei Standardmethoden unterscheiden sich bei ihrer ökonomischen
Anwendung in dem zentralen Punkt der **Anforderung an die Vergleichbarkeit.**

---

[4] Vgl. § 1 AStG und § 8 Abs. 3 KStG.
[5] VGr-Verfahren, Tz. 3.4.12.1.
[6] Bei der Anwendung der TNMM handelt es sich ebenfalls um eine ergebnisorientierte Methode zur Überprüfung der Angemessenheit von Verrechnungspreisen. Die
ökonomische Anwendung wird gesondert in Kapitel H diskutiert.

Bei der transaktionsbasierten Preisvergleichs-Methode wird die Angemessenheit eines Verrechnungspreises direkt nachgewiesen. Daraus resultieren sehr hohe Anforderungen an die Vergleichbarkeit der zu testenden Transaktion mit den identifizierten Vergleichstransaktionen. Nur wenn die Eigenschaften des transferierten Produkts oder der Dienstleistung vergleichbar sind, kann die Angemessenheit des Verrechnungspreises zweifelsfrei nachgewiesen werden. Konkret müssen die **wirtschaftlichen Rahmenbedingungen** wie bspw. Marktverhältnisse, Mengen, Interdependenzen zu anderen Transaktionen, Rabattsysteme, Logistikkosten und Zölle **bei der Feststellung der Vergleichbarkeit berücksichtigt** werden. Kann nachgewiesen werden, dass sämtliche Faktoren mit der zu testenden Transaktion vergleichbar sind, so kann der zwischen fremden Dritten vereinbarte Preis für den Nachweis der Angemessenheit verwendet werden.

Theoretisch ergeben sich für die Anwendung der anderen beiden Standardmethoden, der Wiederverkaufspreis- und der Kostenaufschlagsmethode, ähnlich strenge Anforderungen an die Vergleichbarkeit. Dies gilt insb. dann, wenn die Wiederverkaufs- bzw. Kostenaufschlagsmargen für einzelne Transaktionen berechnet und verglichen werden.

In der Praxis werden **Wiederverkaufspreis- und Kostenaufschlags-** 28 **methode** jedoch nur in relativ **seltenen Fällen transaktionsbasiert** angewendet. In der Regel werden mehrere Transaktionen zwischen Konzerngesellschaften gruppiert und als Bündel verglichen. Je nachdem, wie unterschiedlich die Transaktionen innerhalb einer Konzerngesellschaft sind, werden oft auch sämtliche Transaktionen einer gesamten Gesellschaft gruppiert. Dann wird bspw. bei einer Routine-Vertriebsgesellschaft geprüft, inwieweit die erzielte gesamte Wiederverkaufsmarge dem Fremdvergleichsprinzip entspricht.

Die **Anforderungen an die absolute Vergleichbarkeit** der transferierten Produkte bzw. Dienstleistungen sind in diesen Fällen **weniger streng.** Es wird nämlich nicht wie bei der Preisvergleichs-Methode der direkte Preis für ein bestimmtes Produkt getestet, sondern es werden Margen verglichen, die bspw. aus dem Verkauf von ähnlichen Produkten resultieren (Wiederverkaufsmarge). Wichtiger ist in diesem Zusammenhang, dass die von der getesteten Gesellschaft ausgeführten Funktionen mit denen der Vergleichsunternehmen übereinstimmen.[7]

1. Preisvergleichs-Methode

Bei der Preisvergleichs-Methode wird generell zwischen **äußeren und** 29 **inneren Preisvergleichen** unterschieden.

Verkauft eine Konzerngesellschaft das gleiche Produkt unter identischen Bedingungen sowohl im internen Konzernverhältnis als auch an externe fremde Dritte, so muss der Preis, der fremden Dritten in Rechnung gestellt wird, ebenfalls im internen Verhältnis angewendet werden. Bei solchen Ver-

---

[7] Die ökonomische Umsetzung der Wiederverkaufspreismethode und der Kostenaufschlagsmethode erfolgt in der Praxis oft sehr ähnlich wie die TNMM, bei der ebenfalls oft viele Transaktionen auf Gesellschaftsebene gruppiert werden.

gleichspreisen spricht man in der Praxis von **inneren Vergleichspreisen** oder auf Englisch von „internal CUPs".[8]

30 Bei **äußeren Vergleichspreisen bzw. external CUPs** handelt es sich um Vergleichspreise, die zwischen zwei unabhängigen fremden Dritten vereinbart wurden. Solche Preise lassen sich besonders gut bei solchen Produkten beobachten, die austauschbar sind und für die gleichzeitig ein großer Markt besteht. Rohstoffpreise lassen sich bspw. relativ einfach am Markt ermitteln. Verrechnungspreise im Konzern müssen sich an solchen externen Vergleichspreisen orientieren.

Äußere Vergleichspreise werden auch häufig bei der Bewertung von zumindest eingeschränkt vergleichbaren immateriellen Wirtschaftsgütern angewendet. So finden sich bspw. in einschlägigen **Datenbanken** wie **RoyaltyStat, FranchiseHelp, Royalty Source, Royalty Range, ktMine** oder **TP CUT** Vergleichspreise für das Überlassen von Markenrechten bzw. von gesamten Unternehmenskonzepten im Rahmen eines Franchisevertrags.

Im angelsächsischen Raum wird bei externen Vergleichspreisen für die Überlassung von immateriellen Wirtschaftsgütern regelmäßig von „CUTs"[9] gesprochen.

31 Generell lässt sich festhalten, dass Vergleichspreise, sofern vorhanden, idR einen sehr soliden Nachweis für die Angemessenheit von Verrechnungspreisen liefern. Da es jedoch häufig schwierig ist, Preise für exakt identische Produkte in gleichen Marktverhältnissen und Mengen zu identifizieren, die unter exakt vergleichbaren Umständen verkauft wurden, werden in der Praxis regelmäßig **Anpassungsrechnungen** vorgenommen.

Beispiel: Ein Produkt wird von Konzerneinheit A an die im Ausland ansässige Konzerneinheit B verkauft. Es handelt sich dabei um ein Produkt, das von Konzerneinheit A auch an fremde Dritte im Inland verkauft wird. Wird das Produkt an fremde Dritte im Inland geliefert, übernimmt Konzerneinheit A eine zweijährige Garantie für das Produkt. Diese Garantie ist bereits in den Verkaufspreis eingepreist. Die zweijährige Garantie wird jedoch nicht bei einem Verkauf ins Ausland gewährt, da dies nur im Inland rechtlich vorgeschrieben ist. In diesem Fall kann der interne Vergleichspreis nicht eins zu eins für die Transaktion mit der ausl. Konzerneinheit angewendet werden. Der fremdvergleichstaugliche Verrechnungspreis muss in Höhe des Wertes der Garantie geringer ausfallen. Entsprechende Anpassungsrechnungen sind vorzunehmen und müssen für den Nachweis der Angemessenheit dokumentiert werden.

Insgesamt ist im Einzelfall zu prüfen, inwieweit sinnvolle Anpassungsrechnungen vorgenommen werden können, um ein hohes Maß an Vergleichbarkeit zwischen den identifizierten Vergleichspreisen und dem Preis für die getestete Transaktion zu gewährleisten.

Die folgende Abbildung illustriert, wie ein Vergleichspreis angewendet wird und die Gewinne der jeweiligen Konzerneinheiten beeinflusst.

---

[8] „CUP" ist die Abkürzung für „Comparable Uncontrolled Price", ein sog. „unabhängiger Vergleichspreis".

[9] „CUT" ist die Abkürzung für „Comparable Uncontrolled Transaction".

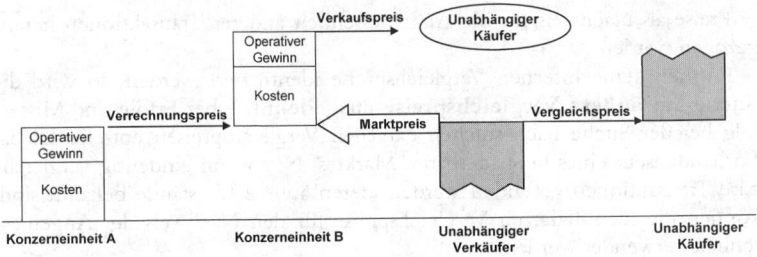

Abbildung 1: Die Anwendung von Vergleichspreisen
Quelle: Practical Solutions for Intercompany Pricing, NERA Economic Consulting.

Beobachtete Vergleichspreise zwischen einem unabhängigen Verkäufer und einem unabhängigen Käufer reflektieren das Marktpreisniveau. Dieser **Marktpreis ist im internen Verhältnis** als Verrechnungspreis zwischen abhängigen Konzerneinheiten **anzuwenden.** Bei gegebenen Kosten für beide Konzerneinheiten und einem fixen Verkaufspreis an den Endkunden beeinflusst der Verrechnungspreis den operativen Gewinn beider Konzerneinheiten.

In der Praxis ergeben sich bei der Anwendung der Preisvergleichs- **32** Methode jedoch häufig deshalb Schwierigkeiten, weil halbfertige Produkte zwischen Konzerngesellschaften verkauft werden. **Für** solche **Halbfertigfabrikate existieren häufig keine Marktpreise,** da solche Produkte nicht auf Märkten gehandelt werden. Außerdem kommt es in der Praxis selten vor, dass eine Konzerngesellschaft Halbfertigfabrikate sowohl an interne Konzerntöchter als auch an fremde Dritte verkauft. Interne Vergleichspreise lassen sich daher idR auch nicht identifizieren.

Aus diesen Gründen kommt die Preisvergleichs-Methode hauptsächlich bei Transaktionen zwischen Produktionsgesellschaften und Vertriebsgesellschaften zur Anwendung, bei denen fertige Produkte transferiert werden.

Für die **Überprüfung von Verrechnungspreisen für Halbfertigfabrikate** ist die Kostenaufschlags-Methode idR besser geeignet. Darüber hinaus stellt auch die TNMM unter Umständen eine geeignete Methode zum Nachweis der Angemessenheit solcher Verrechnungspreise dar.

a) Identifikation von Vergleichspreisen

Die Suche nach sinnvollen Vergleichspreisen gestaltet sich in der Praxis **33** häufig als komplexe Aufgabe. Ist es für Rohstoffe noch relativ einfach, einen Marktpreis zu bestimmen, so ergeben sich bei weniger leicht austauschbaren Gütern häufig Schwierigkeiten.

Zunächst einmal sollte sich die **Suche nach verlässlichen Vergleichspreisen** auf interne Preise fokussieren, die sowohl abhängigen Konzerntöchtern in Rechnung gestellt als auch von unabhängigen Dritten bezahlt werden. Aufschlussreiche Ergebnisse können dabei häufig Joint Ventures liefern. Beziehen bspw. **Joint Ventures,** in denen ein Konzern mit anderen Dritt-Unternehmen zusammenarbeitet, Produkte von Konzerneinheiten, so lässt dies – je nach Beteiligungsstruktur des Joint Ventures – auf das Vorhandensein interner Vergleichspreise schließen. Vorausgesetzt, dass die beteiligten Dritt-Unternehmen des Joint Ventures den Preisen zugestimmt haben, können diese Preise als Nachweis für die Angemessenheit anderer Transaktionen herangezogen werden.

Können keine internen Vergleichspreise identifiziert werden, so wird die **Suche auf äußere Vergleichspreise ausgedehnt.** Über Erfolg und Misserfolg bei der Suche nach solchen externen Vergleichspreisen entscheidet das Vorhandensein eines beobachtbaren Marktes. Nur wenn eindeutig vergleichbare Transaktionen gefunden werden, deren äußere Umstände bekannt sind, können die identifizierten Vergleichspreise für den Nachweis der Angemessenheit verwendet werden.

Beispiel: Eine Fluggesellschaft verkauft ein gerade neu zum Marktpreis eingekauftes Flugzeug an eine Leasinggesellschaft im Konzern. Als Kaufpreis wird exakt der soeben an den konzernfremden Hersteller bezahlte Preis festgelegt. Da für diese Transaktion ein Marktpreis existiert, ist diese Transaktion aus verrechnungspreistechnischer Sicht unproblematisch. Der externe Vergleichspreis dokumentiert die Angemessenheit der internen Transaktion in ausreichendem Maße (vorausgesetzt, die Transaktionen erfolgen zeitnah und es wurden keinerlei wertverändernde Maßnahmen durch den ursprünglichen Käufer vorgenommen). Allerdings ist zu berücksichtigen, inwieweit der Fluggesellschaft günstigere Preise eingeräumt wurden als sie die Leasinggesellschaft hätte entrichten müssen.

Häufig lassen sich äußere Vergleichspreise jedoch nicht so einfach feststellen. Es ist daher idR notwendig, detaillierte **Marktanalysen** durchzuführen. Diese Analysen können so angelegt werden, dass Unterschiede im Produkt oder in den Rahmenbedingungen berücksichtigt werden.

Beispiel: Das aus dem vorangehenden Beispiel verkaufte Flugzeug wird nun von der Leasinggesellschaft an die verbundene Fluggesellschaft im Rahmen eines „Sale-Leaseback" Arrangements „zurück" verleast. Es handelt sich allerdings um ein sehr neues Flugzeug, für das es keine direkt am Markt ablesbaren Leasingpreise gibt. Die zwischen den abhängigen Parteien vereinbarten Leasingraten (Verrechnungspreise) können jedoch trotzdem am Markt auf ihre Angemessenheit hin überprüft werden. Eine Analyse, die verlässlich aufzeigt, dass die vereinbarten Leasingraten mit relevanten marktspezifischen Faktoren übereinstimmen (bspw. der Leasingrate pro Sitz in Abhängigkeit vom Alter oder der Reichweite eines Flugzeugs), kann die Angemessenheit eines Verrechnungspreises nachweisen. In der Praxis spricht man dabei von indirekten externen Vergleichspreisen.

Eine wichtige Voraussetzung für die Durchführung von aussagekräftigen Marktanalysen für den Nachweis von Verrechnungspreisen durch **direkte oder indirekte äußere Vergleichspreise** ist das Vorhandensein ausreichender Daten. Können keine signifikanten Abhängigkeiten aufgrund von fehlenden Informationen über einen Markt getroffen werden, sind andere Verrechnungspreismethoden evtl. besser für den Fremdvergleichsnachweis geeignet.

34   Besonderheiten ergeben sich außerdem bei der Suche nach **Vergleichspreisen** für die **Zurverfügungstellung von immateriellen Wirtschaftsgütern.** Eine fremdvergleichsübliche Vergütung für das Überlassen eines Markenrechts oder eines Patents ist dabei oft schwierig zu ermitteln. Dies liegt u. a. daran, dass immaterielle Wirtschaftsgüter oft einzigartig und daher nur eingeschränkt vergleichbar sind.

Prinzipiell lassen sich jedoch – zumindest eingeschränkt – Vergleichspreise für Markenrechte oder andere immateriellen Güter feststellen. Dazu werden idR **Datenbanken** verwendet, in denen Verträge zwischen fremden Dritten aufgeführt sind. Diese Verträge enthalten detaillierte Beschreibungen in Bezug auf die überlassenen **immateriellen Güter** sowie in Bezug auf die zwischen den Vertragsparteien festgelegten Lizenzgebühren.

Solche **vergleichbaren Lizenzgebühren** repräsentieren Marktpreise und können – teilweise nach Anpassungsrechnungen – für die konzerninternen Transaktionen angewendet werden. Der Gewinn des Lizenznehmers verringert sich dabei um die zu zahlende Lizenzgebühr. Die folgende Abbildung illustriert diesen Zusammenhang.

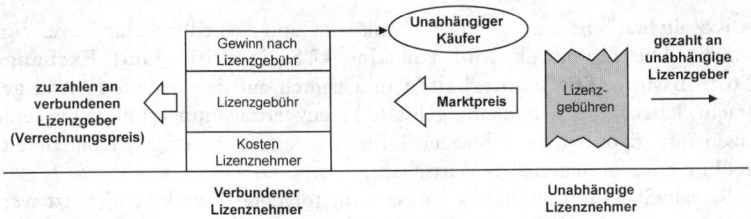

Abbildung 2: Vergleichspreise bei immateriellen Wirtschaftsgütern

Quelle: Practical Solutions for Intercompany Pricing, NERA Economic Consulting.

Die Vergleichbarkeit von Lizenzgebühren ist stark branchen- und markt- **35** spezifisch. So kann bspw. der **Wert einer identischen Marke in zwei Märkten** mit unterschiedlichen Wettbewerbsintensitäten **unterschiedlich hoch** sein.

Beispiel: Der Wert des Markennamens einer Telefongesellschaft hängt stark davon ab, ob die Marke in einem bereits vollständig deregulierten Markt verwendet wird oder ob mit der Marke auf einem Markt geworben wird, auf dem kein Wettbewerb herrscht und die werbende Gesellschaft eine Monopolstellung innehat. Das Beispiel besagt nicht, dass Markennamen in Monopolsituationen gar keinen Wert besitzen, es verdeutlicht lediglich, dass Marktgegebenheiten bei der Bewertung einer angemessenen Lizenzgebühr berücksichtigt werden müssen. Dies führt uU dazu, dass für dieselbe Marke, in Abhängigkeit von den äußeren Gegebenheiten, unterschiedliche Lizenzgebühren zu zahlen sind. Die Zahlung von unterschiedlichen Lizenzgebühren für verschiedene geographische Gebiete deckt sich dabei vollständig mit dem Arm's Length Prinzip. Ein unabhängiger Lizenzgeber kann idR in Abhängigkeit von der jeweiligen Marktsituation des Lizenznehmers auch unterschiedliche Lizenzgebühren durchsetzen.

Die Identifikation von Vergleichspreisen hängt stark von der jeweiligen Situation ab.

b) Anwendung und Anpassungsrechnungen

Die praktische Anwendung der Preisvergleichs-Methode besteht haupt- **36** sächlich in der Suche nach Vergleichspreisen und der späteren Gegenüberstellung mit den tatsächlich zwischen abhängigen Vertragspartnern festgelegten Preisen. Anpassungsrechnungen müssen regelmäßig durchgeführt werden, um die Vergleichbarkeit zwischen den beiden Preisen zu gewährleisten.

Bei der Suche nach angemessenen Vergleichspreisen für immaterielle Wirt- **37** schaftsgüter müssen die zugrunde liegenden **Rahmenbedingungen bei Vertragsabschluss,** zu denen bspw. die spezifischen Wettbewerbsbedingungen bei der Bewertung von Markenrechten gehören, auf ihre Vergleichbarkeit überprüft werden. Dies ist deshalb besonders wichtig, weil idR immaterielle Wirtschaftsgüter weniger gut vergleichbar sind als materielle Güter. Umso wichtiger ist daher die Überprüfung der Vergleichbarkeit sämtlicher relevanter Rahmenbedingungen.

Vergleichspreise für die Überlassung **immaterieller Wirtschaftsgüter** lassen sich in der Praxis anhand **von Datenbanken** identifizieren. Wichtige Datenbanken im englischsprachigen Raum werden im Folgenden dargestellt.

aa) RoyaltyStat

38 RoyaltyStat[10] ist eine US-Datenbank, die unterschiedliche Lizenzverträge enthält. Die Datenbank wird **von der U. S. Securities and Exchange Commission (SEC) unterhalten** und täglich auf den neuesten Stand gebracht. Jeder in der Datenbank gelistete Lizenzvertrag enthält mindestens eine Lizenzrate, den zwischen fremden Dritten vereinbarten Preis für die Bereitstellung eines immateriellen Wirtschaftsgutes.

RoyaltyStat kann besonders wirksam für folgende Zwecke eingesetzt werden:
– Identifikation von Lizenzraten für immaterielle Wirtschaftsgüter
– Bestimmung von sog. „buy-in payments" bei der gemeinsamen Entwicklung immaterieller Wirtschaftsgüter
– Entwicklung von Verteidigungsstrategien bei rechtlichen Streitfragen
– Bewertungen bei Unternehmenskäufen, Desinvestitionen, Insolvenz und anderen Transaktionen

Insgesamt enthält RoyaltyStat derzeit mehr als **16 000 unterschiedliche Lizenzverträge.** Die Datenbank enthält nicht nur eine kurze Beschreibung der Verträge, es steht vielmehr **der gesamte Wortlaut der Verträge inklusive sämtlicher Anhänge** zur Verfügung.

Dies ist besonders wichtig, um ein hohes Maß an Vergleichbarkeit zwischen der zu bewertenden Transaktion und den in RoyaltyStat identifizierten Lizenzverträgen zu gewährleisten.

In der Praxis orientiert sich die Suche nach vergleichbaren Lizenzverträgen in RoyaltyStat an den **von der OECD vorgegebenen Vergleichbarkeits-Faktoren.**[11] Dabei ist von besonderer Bedeutung, dass die Merkmale der Vermögenswerte und die generellen Geschäftsstrategien vergleichbar und die vertraglichen Bedingungen ähnlich sind, die wirtschaftlichen Umstände übereinstimmen und die Transaktionspartner ähnliche Funktionen und Risiken wahrnehmen.

39 Die Identifikation von vergleichbaren Lizenzverträgen umfasst ähnliche Suchschritte wie sie bei klassischen Datenbankstudien für die Ermittlung von Routinemargen angewendet werden.

Zunächst werden **objektive Kriterien** festgelegt, anhand derer die in der Datenbank vorhandenen Verträge gefiltert werden. Dazu können bspw. jene **Lizenzverträge herausgefiltert** werden, bei denen die Transaktionspartner in einer spezifischen Branche tätig sind. Dieser Screeningschritt erfolgt anhand der US-Klassifizierung der Wirtschaftszweige „SIC".[12]

---

[10] Weitere Informationen finden sich im Internet unter www.royaltystat.com.
[11] Vgl. Tz. 1.19, OECD-RL.
[12] „SIC" ist die Abkürzung für „Standard Industrial Classification".

Darüber hinaus kann auch direkt in RoyaltyStat nach Schlagwörtern gesucht werden.

Ein weiteres Suchkriterium, das direkt in der Datenbank angewendet werden kann, ist die Art des jeweiligen Lizenzvertrages. So lässt sich die Suche bspw. auf Markenrechtsverträge oder Franchiseverträge beschränken.

Nachdem die direkte Suche nach vergleichbaren Lizenzverträgen in RoyaltyStat abgeschlossen ist, werden in der Praxis die von RoyaltyStat gelieferten Kurzbeschreibungen der Verträge analysiert. In einem zweiten „qualitativen" Suchschritt können dann die einzelnen **Verträge mit ihrem vollen Wortlaut aus der Datenbank extrahiert** und **detailliert auf ihre Vergleichbarkeit überprüft** werden. Im Gegensatz zu den direkten Suchschritten in der Datenbank handelt es sich dabei um eine relativ aufwändige Analyse jedes einzelnen Vertrages.   **40**

Dabei muss die qualitative Beurteilung der Verträge objektiven Gesichtspunkten entsprechen. Hierzu ist es wichtig, vorab einen Kriterienkatalog zu bestimmen, anhand dessen die Verträge einzeln und objektiv analysiert werden können.

Die in den Lizenzverträgen **zwischen fremden Dritten vereinbarten Lizenzgebühren sind oft sehr komplex.** Häufig findet sich eine gewisse Staffelung von umsatzbasierten Prozentsätzen in Abhängigkeit von der Laufzeit des Lizenzvertrags. Diese schrittweise steigenden oder auch sinkenden Prozentsätze werden oftmals durch einen festgelegten Minimal- oder Maximalwert in USD beschränkt.   **41**

Beispiel: Ein weltweit bekannter Nahrungsmittelkonzern erlaubt einem fremden Dritten den Vertrieb von bestimmten Produkten in einem beschränkten Gebiet unter dem bekannten Markennamen. In dem identifizierten Lizenzvertrag einigen sich die beiden Parteien auf folgende Lizenzvergütung:

Der Lizenznehmer verpflichtet sich, für die Nutzung der in Abschnitt 4 beschriebenen Markenrechte in dem in Abschnitt 5 festgelegten Territorium zur Zahlung einer Lizenzgebühr, welche höher ist als
– in den Jahren eins (1) und zwei (2) nach Abschluss dieses Vertrages vier Prozent (4%) der Bruttoumsätze der unter den Markennamen vertriebenen Produkte im festgelegten Gebiet,
– im Jahr drei (3) nach Abschluss dieses Vertrages drei und ein viertel Prozent (3,25%) der Bruttoumsätze der unter den Markennamen vertriebenen Produkte im festgelegten Gebiet,
– in den Jahren vier (4) und fünf (5) nach Abschluss dieses Vertrages zwei und einhalb Prozent (2,5%) der Bruttoumsätze der unter den Markennamen vertriebenen Produkte im festgelegten Gebiet und
– zwei Millionen fünfhunderttausend Dollar (USD 2500000,–), die Minimum Lizenzgebühr.

Das obige Beispiel zeigt, dass Lizenzverträge oftmals sehr spezifisch auf die jeweilige Situation zugeschnitten sind und nur selten einen einfachen Prozentsatz für die Nutzung eines immateriellen Wirtschaftsgutes festlegen. Durch eine statistische Auswertung mehrerer vergleichbarer Lizenzverträge kann es jedoch gelingen, einen **fremdvergleichsüblichen Korridor für Lizenzvergütungen** festzulegen.

Außerdem ist im Einzelfall zu prüfen, inwieweit die identifizierten US Verträge mit den wirtschaftlichen Rahmenbedingungen der untersuchten Transaktion übereinstimmen. Aufgrund der teilweise nur eingeschränkten Vergleichbarkeit lässt sich die Angemessenheit von Lizenzgebühren nur selten allein anhand von Vergleichspreisen aus RoyaltyStat nachweisen.

In der Praxis werden Datenbankauswertungen aus RoyaltyStat meistens durch eine **gesonderte Bewertung der immateriellen Wirtschaftsgüter** unterstützt. Im Zusammenspiel kann bspw. eine Gewinnaufteilungsmethode zusammen mit einer Auswertung in RoyaltyStat die Angemessenheit einer Lizenzgebühr aussagekräftig untermauern.

bb) FranchiseHelp

42   Eine weitere wichtige Quelle zur Identifikation vergleichbarer Lizenzgebühren für die Bereitstellung immaterieller Wirtschaftsgüter ist die Datenbank FranchiseHelp.[13] Die Datenbank enthält **Franchiseverträge,** die zwischen unabhängigen Vertragspartnern abgeschlossen wurden (zumindest ein US-Vertragspartner).

Konkret handelt es sich um sog. **UFOCs „Uniform Franchise Offering Circulars".** UFOCs sind Vertragsofferten, die jedes Unternehmen, das in den USA einen Franchisevertrag anbietet, sowohl an die zukünftigen Franchisenehmer als auch an die **Federal Trade Commission** („FTC") übermitteln muss. Die FTC hat in diesem Zusammenhang 23 unterschiedliche Elemente definiert, die in diesen Vertragsofferten aufgeführt sein müssen.[14] UFOCs werden von der FTC überprüft und zentral auf der FranchiseHelp-Datenbank verwaltet.

Insgesamt enthält FranchiseHelp mehr als 1 550 Franchiseverträge, die von US-Gesellschaften, aber auch von ausländischen Gesellschaften stammen.

Die Suche nach **Franchiseverträgen** zur Überprüfung des Arm's Length-Prinzips orientiert sich an der in der Praxis an den von der OECD vorgegebenen Vergleichbarkeits-Faktoren.[15]

43   Die in FranchiseHelp gelisteten Verträge sind in **34 unterschiedliche funktionale Kategorien** aufgeteilt. Wichtige und traditionelle Kategorien sind bspw. Autovermietung/-leasing, Fast Food und Hotellerie. Allerdings enthält FranchiseHelp auch Franchiseverträge in weniger traditionellen Märkten wie bspw. in den Bereichen Medien, Immobilien, Reisen und Gesundheit.

Die Franchiseverträge enthalten idR unterschiedliche Vergleichspreise (Lizenzgebühren) für die verschiedenen Elemente, die der Franchisegeber dem Franchisenehmer zur Verfügung stellt. Dabei handelt es sich meist um einen umsatzabhängigen Prozentsatz für die **Nutzung des globalen Markennamens** sowie um weitere umsatzabhängige oder auch fixe Vergütungen für das **zur Verfügung gestellte Geschäftsmodell.**

Beispiel: Eine global operierende US-Hotelkette betreibt in Italien Hotels auf Basis eines Franchisevertrages. Der italienische Franchisenehmer bekommt im Rahmen des Vertrages das Recht, die globale Marke in Italien zu nutzen. Im Vertrag ist dafür eine umsatzbasierte Vergütung iHv 2 % des Bruttoumsatzes vorgesehen.

---

[13] Weitere Informationen finden sich im Internet unter www.franchisehelp.com.
[14] Die FTC ist eine unabhängige Kommission, die direkt an den US-Kongress berichtet. Die UFOCs werden vom Büro für Verbraucherschutz administriert und sollen Verbraucher vor unlauteren und betrügerischen Praktiken schützen.
[15] Vgl. Tz. 1.19, OECD-RL.

Zusätzlich erhält der italienische Franchisenehmer Unterstützung bei der Planung und Umsetzung des Geschäftsmodells. Dies beinhaltet bspw. Zugang zu Mitarbeiter-Trainings, einem gemeinsamen Kundenmanagement-System, einem strategischen Marketing- und Verkaufsauftritt, zu definierten Arbeitsanweisungen sowie zu einem gemeinsamen Internetbuchungssystem. Darüber hinaus ist der italienische Franchise-nehmer an ein zentrales Personalmanagement angebunden, über das er qualifizierte Fachkräfte bezieht. Für diese wertschaffenden Elemente bezahlt der Franchisenehmer eine „Hotel Network Charge" iHv 4,5 % seines Bruttoumsatzes.

Die in den Franchiseverträgen festgelegten Elemente finden sich auch häu- **44** fig in Branchen, für die Franchiseverträge nicht üblich sind. In vielen Kon-zernen werden in der Zentrale **unternehmerische Strategien** entwickelt, die als operative Konzepte an die verschiedenen Konzerngesellschaften wei-tergegeben werden. Die Konzernzentrale stellt in den meisten Fällen die Kos-ten der geleisteten Aktivitäten inklusive eines marktüblichen Aufschlages den Tochtergesellschaften in Rechnung. Dabei können Kosten, die der Konzern-leitung in ihrer Eigenschaft als Aktionärin entstehen – bspw. die Erstellung des Jahresabschlusses – den Tochtergesellschaften nicht belastet werden.

Franchiseverträge können in der Praxis dann für den **Nachweis der Angemessenheit von Verrechnungspreisen** herangezogen werden, wenn mehrere stark werttreibende Aktivitäten von einer Konzerneinheit zum Vor-teil einer anderen Einheit ausgeführt werden, die Kosten der Aktivitäten in keinem vernünftigen Verhältnis zu dem geschaffenen Mehrwert stehen und wichtiges Knowhow durch die Aktivitäten übertragen wird.

Kostenaufschlagssysteme führen in diesen Fällen **zu nicht aussage-kräftigen Ergebnissen** und reflektieren idR auch nicht den tatsächlich ge-schaffenen Wert.

Es kann daher uU wesentlich passender sein, die Tätigkeiten einer Kon-zernzentrale mit denen eines Franchisegebers zu vergleichen. Die Über-prüfung des Arm's Length-Grundsatzes erfolgt dabei anhand der Analyse der umsatzbasierten Vergütung, wie sie zwischen unabhängigen Franchiseteil-nehmern vereinbart wurde. Um ein hohes Maß an Vergleichbarkeit zu ge-währleisten, **sind im Einzelfall Anpassungsrechnungen durchzuführen.**

Die Anwendung der Preisvergleichs-Methode zum Nachweis der Ange- **45** messenheit von Verrechnungspreisen hängt stets besonders stark von der Ver-gleichbarkeit der identifizierten Preise ab. **Sind die Unterschiede** in Bezug auf das Produkt bzw. den Service oder die Rahmenbedingungen **so groß, dass Anpassungsrechnungen nicht mehr sinnvoll durchgeführt wer-den können, müssen andere Methoden** für die Angemessenheitsdoku-mentation **verwendet werden.**

cc) ktMINE

Eine relativ neue Quelle für die Identifikation vergleichbarer Lizenzgebüh- **46** ren für die **Bereitstellung immaterieller Wirtschaftsgüter** ist die **Daten-bank ktMINE.**[16] Sie enthält Lizenzverträge aus öffentlich zugänglichen Quel-len, wie zB der SEC Datenbank. Die meisten der beobachtbaren Lizenzverträge wurden daher mit zumindest einer amerikanischen Firma geschlossen, die auf dem U. S. amerikanischen Aktienmarkt gelistet ist.

---

[16] Weitere Informationen finden sich im Internet unter www.ktmine.com.

ktMINE ermöglicht es nach Lizenzverträgen neben einer Stichwortsuche auch nach Industrien zu suchen. Die Lizenzvereinbarungen geben dabei keinen Aufschluss über die Profitabilität des lizenzierten Wirtschaftsgutes. Charakteristika des Wirtschaftsgutes müssen individuell überprüft werden um die Vergleichbarkeit zu überprüfen.

dd) Royaltyrange

47 Eine weitere relativ neue Quelle für die Identifikation vergleichbarer Lizenzgebühren für die **Bereitstellung immaterieller Wirtschaftsgüter** ist die **Datenbank RoyaltyRange.**[17] Sie enthält Lizenzverträge aus öffentlich zugänglichen Quellen für **Europa.** Auf Grund spezieller Regularien in europäischen Ländern können signifikante Unterschiede zu außerhalb Europas geschlossenen Lizenzvereinbarungen bestehen, was zu einer Beeinträchtigung der Vergleichbarkeit zwischen den Lizenzverträgen führen könnte.

Lizenzverträge können neben einer Stichwortsuche auch nach Industrien gesucht werden. Die Lizenzvereinbarungen geben dabei keinen Aufschluss über die Profitabilität des lizenzierten Wirtschaftsgutes. Charakteristika des Wirtschaftsgutes müssen individuell überprüft werden um die Vergleichbarkeit zu überprüfen.

Bei RoyaltyRange wird eine Suchanfrage über das Onlineportal eingegeben. Bei der Suchanfrage können verschiedene, von der OECD vorgeschlagene, Faktoren gewählt werden, um vergleichbare Lizenzverträge zu identifizieren. An Hand von mehr als 50 verschiedenen Vergleichsfaktoren können die Lizenzverträge ausgewählt werden. Die Suchanfrage wird von RoyaltyRange ausgewertet und potentiell vergleichbaren Unternehmen ermittelt.

ee) Warenmärkte und Warenterminmärkte

48 Neben den beschriebenen externen Datenbanken zur Ermittlung von **Vergleichspreisen für** die Überlassung **immaterieller Wirtschaftsgüter** (RoyaltyStat und FranchiseHelp) finden sich außerdem eine Vielzahl von **Datenbanken,** die **Informationen** zu **unterschiedlichen Transaktionen** beinhalten. Externe Finanzdatenbanken wie bspw. **Bloomberg oder Reuters** bieten zeitnahe Informationen und Daten aus verschiedenen Finanzbereichen wie bspw. zu Zinsen, Börsendaten, Kursinformationen, Betafaktoren, Nachrichten und volkswirtschaftliche Daten.

49 Mit Hilfe solcher Finanzdatenbanken lassen sich äußere **Vergleichspreise bzw. external CUPs** bestimmen, anhand derer Waren im Konzern bewertet werden können, soweit sie grundsätzlich warenterminmarktfähig sind.[18] Dabei ist die Ermittlung von Vergleichspreisen für Transaktionen, die im **Börsenhandel** ermittelt werden, relativ einfach. Dies gilt für **Wertpapiere** und für eine Vielzahl von **Rohstoffen** und andere Produkte, bspw. Strom, Gas oder Agrarprodukte.

ff) Finanzierungsdatenbanken

50 Bei vielen Finanztransaktionen im Konzern, wie bspw. bei **Kreditgarantien oder Bürgschaften,** ist die Ermittlung von Vergleichspreisen zwischen einer

---

[17] Weitere Informationen finden sich im Internet unter http://www.royaltyrange.com.
[18] Vgl. *Crüger/Köhler* Avalprovisionen: Fremdvergleichskonforme Berechnung mittels Credit Default Swaps, RIW 2008.

Muttergesellschaft und einer oder mehrerer Tochtergesellschaften möglich. **Zinsen oder Garantiezahlungen,** die von einer Tochtergesellschaft an die bürgende Muttergesellschaft gezahlt werden, müssen dem Fremdvergleichsgrundsatz entsprechen. Am Zeitpunkt des Redaktionsausschlusses für diese Auflage ist noch nicht absehbar, ob weiterhin die Kreditwürdigkeit jeder Tochtergesellschaft maßgeblich ist oder ob stattdessen nur das Rating der Muttergesellschaft oder des gesamten Konzerns für jede Konzerngesellschaft relevant ist. Außerdem ist noch nicht geklärt, wie zwischen dem impliziten Suport auf betrieblicher Ebene und gesellschaftsrechtlicher Ebene zu unterscheiden ist. Die Ermittlung angemessener Verrechnungspreise erfolgt in diesem Zusammenhang häufig anhand von Bewertungsmodellen, die von führenden **Ratingagenturen** (bspw. Standard & Poor's, Moody's, Fitch Ratings) verwendet werden. Dabei sollten die gleichen quantitativen und qualitativen Bewertungsfaktoren herangezogen werden, die im Rahmen einer unabhängigen Bewertung Anwendung finden. Ziel ist es, ein **Kreditrating** für die Tochtergesellschaft zu ermitteln, das als Grundlage für die Bewertung der konzerninternen Finanztransaktion herangezogen werden kann.

Die **Ermittlung eines eigenständigen Kreditratings** erfolgt dabei häu- **51** fig in vier Schritten:

(1) Identifikation von Ratingfaktoren
  (a) Ermittlung der ausschlaggebenden, industriespezifischen Faktoren (qualitativ und quantitativ), die von führenden Ratingagenturen für die Bestimmung eines Kreditratings herangezogen werden.
(2) Ermittlung der Werte für Faktoren aus Schritt 1
  (b) Für quantitative Faktoren wird idR ein drei bis fünfjähriger Zeitrahmen betrachtet.
  (c) Qualitative Faktoren werden anhand der zum Zeitpunkt der Bewertung vorhandenen Informationen bestimmt.
(3) Analyse und Klassifizierung der bewerteten Faktoren
  (d) Ermittlung eines Rankings für jeden relevanten Faktor
  (e) Ermittlung von faktorspezifischen Rankings (bspw. Aaa, Aa, Baa, Ba, B und Caa)
(4) Bestimmung eines abschließenden Kreditratings
  (f) Zusammenfassung der faktorspezifischen Resultate zu einem Gesamtresultat

Das **resultierende eigenständige Kreditrating** wird im Anschluss dazu **52** verwendet, angemessene **Zinsen** im konzerninternen Verhältnis zu ermitteln. Dabei ist zu berücksichtigen, dass die bewertete Tochtergesellschaft sowohl ein schlechteres, ein ähnliches oder auch ein besseres Kreditrating im Vergleich zu der Muttergesellschaft haben kann. Die Zinsen im konzerninternen Verhältnis müssen an das eigenständige Rating der Tochtergesellschaft angepasst werden.

2. Statistische Verfahren bei der Preisvergleichs-Methode

a) Grundüberlegungen statistischer Methoden für die Preisvergleichs-Methode[19]

aa) Einführung

53   Statistische Methoden werden im Rahmen der Preisvergleichs-Methode (CUP)verwendet, um die Effekte ungleichartiger Geschäfte zu eliminieren. Für den **indirekten Preisvergleich**[20] können im Rahmen der Preisvergleichs-Methode **ungleichartige Geschäfte** zwischen fremden Dritten oder mit fremden Dritten mit den zu prüfenden Geschäftsvorfällen zwischen verbundenen Unternehmen verglichen werden, wenn der Einfluss der abweichenden Faktoren **eliminiert** und der bei diesen Geschäften vereinbarte Preis gem. Tz. 2.1.7 VGr auf einen Preis für das verglichene Geschäft **umgerechnet** werden kann (Tz. 2.2.2 S. 4 VGr). Soweit daher bspw. Unterschiede in Menge, Qualität, Wechselkursrisiko, Kundenstruktur (zB Großhandel vs. Vertriebsgesellschaft) oder Lieferungs- bzw. Leistungsbedingungen bestehen, kann der Einfluss dieser Faktoren auf den Preis ermittelt und herausgerechnet werden, damit die Preise der ungleichartigen Geschäfte mit den Preisen für die Geschäfte zwischen den verbundenen Unternehmen verglichen werden können. Ob und wie groß dieser Einfluss ist, kann anhand von statistischen Methoden ermittelt werden; diese statistischen Methoden werden in diesem Unterkapitel beschrieben.

54   **Tz. 2.2.2 VGr** nennt als Beispiel die Umrechnung von cif-Preisen in fob-Preise.[21] Auch bei Mengenunterschieden können die Mengenrabatte berücksichtigt werden, bei Übernahme des Wechselkursrisikos die Kosten der Kursabsicherung oder bei längeren Zahlungszielen die Zinsnach- oder -vorteile. **Statistische Methoden** eignen sich im Rahmen der Preisvergleichs-Methode auch für die Bereinigung von Unterschieden bei Warentermingeschäften für Güter wie Öl, Strom, Gas und Agrarprodukte und ebenso für die interne Unternehmensfinanzierung (zB Avalprovisionen, Zinsen, Rückversicherungsprämien). In Einzelfällen können auch Preisuntersuchungen des Unternehmensgenutzt werden, die es erlauben, **statistische Methoden für den indirekten Preisvergleich** anzuwenden. Oftmals werden konzerninterne Miet- und Leasingverträge abgeschlossen, für die ein indirekter Preisvergleich möglich ist; auch deren Anpassungen können anhand statistischer Methoden ermittelt werden.

---

[19] Die nachfolgenden Ausführungen sind weitgehend mit denen in der 3. Aufl. dieses Werkes identisch. Wir danken dem damaligen Ko-Autor Hendrik Fügemann für seine damaligen Texte.
    Vgl. „Application of Statistical Methods in Compliance with Transfer Pricing Rules in Japan", Makoto Ikeya und Keit Fukunaga, NERA Economic Consulting. Teile dieses Unterkapitels beruhen auf diesem Artikel; Beispiele wurden diesem Artikel entnommen. Wir danken Hendrik Fügemann für seine Beiträge zur dritten Auflage dieses Buches.
[20] Vgl. Kapitel D Rn. 10 ff.
[21] Die Abkürzungen cif (cost, insurance, fright paid) und fob (free on board) gehören zu den sog. INCOTERMS (International commercial terms); vgl. dazu zB *Baumbach/Hopt* HGB, 2. Teil, IV, (6) Incoterms und andere Handelskaufklauseln, 1077 ff.

Voraussetzung für die Anwendung statistischer Methoden ist die ausreichende Anzahl von (Fremdvergleichs-)Daten. Datenbanken (zB Bloomberg, Onesource, Bureau van Dijk, Hoppenstedt) gewähren einen breit gefächerten Zugang zu (Fremdvergleichs-)Daten.

Die deutschen VGr bevorzugen (theoretisch) die drei Standard-Verrechnungspreismethoden, dh die Preisvergleichs-Methode (CUP), die Kostenaufschlagsmethode (CP), und die Wiederverkaufspreismethode (RPM) vor der transaktionsbezogenen Nettomargenmethode und den Profit Splitmethoden. In der Praxis bevorzugen aber die Verrechnungspreisfachprüfer oft die transaktionsbezogene Nettomargenmethode (TNMM), da die Anforderungen der TNMM an die Vergleichbarkeit der Transaktionen nicht so strikt sind wie bei den drei Standard-Verrechnungspreismethoden. Aus diesem Grund wird die TNMM auch zunehmend von den Verrechnungspreisfachprüfern im Rahmen von Außenprüfungen eingesetzt. Die Ergebnisse, die aus der Anwendung der TNMM durch die Betriebsprüfung resultieren, sind jedoch oft problematisch. Dies liegt vornehmlich darin begründet, dass auch **die TNMM nicht frei von Vergleichbarkeitsproblemen** ist: oft ist bspw. die Funktion der Vergleichsunternehmen nicht hinreichend vergleichbar. Wenn die Vergleichsunternehmen nicht nur Routinefunktionen ausüben und deren Ergebnisse mit der Routinefunktion des getesteten Unternehmens verglichen werden, ergeben sich unangemessene Fremdvergleichsmargen für die TNMM, sofern die Unterschiede nicht angepasst werden.

Beispiel: ein Tochterunternehmen eines deutschen Unternehmens stellt Präzisionsmaschinen in einem Entwicklungsland her, in dem Vergleichsunternehmen von hoher Qualität kaum auffindbar sind. Falls der funktionale Gewinn, der anhand der Vergleichsunternehmen in entwickelten Staaten für die lokale Funktion ermittelt wurde, niedriger (höher) ist als er sein sollte, so ist der residuale Gewinn in Deutschland unangemessen hoch (niedrig), da dieser einen Restbetrag der Wertschöpfungskettengewinne nach Abzug des funktionalen Gewinns darstellt.

Der Steuerpflichtige sollte daher auch die Anwendbarkeit der drei Standard-Verrechnungspreismethoden prüfen. Die Parteien müssen allerdings bei der Anwendung der drei Standard-Methoden, insbesondere bei der CUP-Methode, prüfen, wie sie die Vergleichbarkeitskriterien erfüllen.

Nur selten wird eine Vergleichstransaktion alle Vergleichbarkeitskriterien, **56** wie unten erläutert, vollständig erfüllen. Aus diesem Grund wird bei Fällen, in denen **Transaktionsunterschiede** vorliegen und eine **Preisanpassung** aufgrund dieser Transaktionsunterschiede erfolgen kann, ein solcher angepasster Preis als Preis einer vergleichbaren Transaktion akzeptiert. Es existieren allerdings viele Fälle, in denen aufgrund der Schwierigkeit, eine entsprechende Preisanpassung vorzunehmen, auf die Anwendung der CUP-Methode verzichtet wird.

Anpassungen, die auf statistischen Methoden basieren, können ein geeignetes Instrument darstellen um solche Probleme zu lösen. In diesem Unterkapitel werden elementare **statistische Methoden** beschrieben, die **für das Testen und die Preisanpassungen** erforderlich sind. Hypothetische Beispiele erläutern die Anwendung dieser Methoden.

bb) Vergleichbarkeitsanforderungen bei der CUP-Methode

57   Bei Waren sind die folgenden Anforderungen für die Anwendung der CUP-Methode zu erfüllen: (1) die Waren müssen von der gleichen Art sein, und (2) die Transaktion muss unter Umständen vollzogen werden, bei denen der Transaktionslevel, das Transaktionsvolumen und andere Bedingungen gleich sind. Folglich müssen „vergleichbare Waren", die unter „vergleichbaren Umständen" gekauft oder verkauft werden, vorliegen.

Unter **„vergleichbaren Waren"** versteht man Vergleichbarkeit oder Ähnlichkeit in Bezug auf Form, Struktur und Funktion; dies impliziert eine bestimmte Ähnlichkeit in physischen oder chemischen Charakteristika. Für Transaktionen unter **„vergleichbaren Umständen"** müssen die Vertragsbedingungen, die Transaktionsperioden usw. ebenso vergleichbar sein wie die Transaktionsebenen und die Transaktionsvolumina.[22] Diese Vergleichbarkeitskriterien werden erfüllt, wenn die Preisdifferenzen, die sich aus den festgestellten Unterschieden ergeben, angepasst werden.

58   Bspw. haben unterschiedliche **Transaktionsvolumina** oder **Vertragsbedingungen** eine Auswirkung auf den Preis; deren Anpassung ist oft einfach. Falls Unterschiede in Transaktionsvolumina bestehen, zB aufgrund eines **Rabattsystems** auf Basis der Transaktionsvolumina, kann der Rabatt zum Transaktionspreis der Vergleichsunternehmen hinzuaddiert oder abgezogen werden, um den Transaktionspreis zwischen unabhängigen Dritten zu berechnen. Falls Unterschiede in der **Abrechnungsperiode** bestehen, ist es üblich, den Fremdvergleichspreis zu schätzen, indem die zusätzlichen Zinskosten zum Transaktionswert hinzuaddiert oder von diesem abgezogen werden. Es gibt jedoch auch viele Fälle, in denen die die Auswirkungen auf den Transaktionspreis nicht sofort erkennbar sind oder in denen die tatsächliche Quantifizierung auf Basis der Transaktionsunterschiede schwierig ist, selbst wenn die Unterschiede dem Grunde nach klar erkennbar sind.

59   In diesen Fällen muss der Steuerzahler den **Transaktionsunterschied,** der zwischen der getesteten Transaktion und der Vergleichstransaktion besteht, objektiv und umfassend analysieren und die Unterschiede berechnen. Der Steuerpflichtige hat zu untersuchen, ob die Charakteristika (Form, Struktur und/oder Funktion) der Waren **die Ergebnisse von wertsteigernden Funktionen** sind und wie solche Charakteristika **am Markt bewertet** werden. Bspw. kann ein Produkt, welches neueste **Forschungserkenntnisse** einbezieht, deutlich wertvoller sein als ein Produkt, welches diese Forschungserkenntnisse nicht beinhaltet, selbst wenn die Produkte ähnlich aussehen. Andererseits verändert ein **Zubehör,** welches zum Produkt hinzugefügt wurde um dessen Aussehen zu verändern, möglicherweise den Wert des Produktes nicht signifikant, und der Wertunterschied des Produktes mit und ohne Zubehör kann möglicherweise anhand der Kostendifferenz festgesetzt werden. Der Steuerzahler hat den Fall individuell zu untersuchen um herauszufinden, ob für den Unterschied eine berechenbare Auswirkung auf den Preis ermittelt werden kann. Wenn Unterschiede bestehen bleiben und deren **Effekt auf den Preis** strittig ist, sollte ein statistischer Test durchgeführt werden, bevor die CUP-Methode verworfen wird.

---

[22] S. Kapitel D Rn. 50 ff.

Im Folgenden wird anhand von verschiedenen hypothetischen Beispielen gezeigt, wie der Transaktionsunterschied anhand statistischer Methoden objektiv und klar berechnet werden kann.

cc) Statistische Methoden an Hand von Fallbeispielen[23]

Statistische Verfahren können helfen, fremdvergleichsübliche Preise und **60** den Wertbeitrag einzelner Merkmale eines Gutes zu bestimmen.

Die Merkmale eines Gutes umfassen **neben den physischen auch im- 61 materielle Eigenschaften.** In der Regel liegen **für die Bewertung von immateriellen Wirtschaftsgütern (IW) nur unzureichend vergleichbare Vergleichsdaten** vor. In wichtigen Merkmalen unterscheiden sich die zu vergleichenden immateriellen Wirtschaftsgüter. Hinzu kommt, dass **Ort und Zeitpunkt die Werte entscheidend mit beeinflussen.** Zum Beispiel sind Lizenzvereinbarungen zwischen Unternehmen von vielen Faktoren abhängig (Verhandlungsmacht, erwartete Gewinne, inhaltliche, zeitliche und räumliche Einschränkungen etc.). Auch der Wert der Kundenbeziehungen ist für Unternehmen sehr unterschiedlich. Er basiert auf der Möglichkeit, zukünftige Umsätze mit bestehenden Kunden zu erzielen und hängt auch von der jeweiligen Industrie und von Region und Land ab. Die Vergleichbarkeit ist daher oft nur ungenügend erfüllt. All diese Faktoren beeinflussen die Vergleichbarkeit von Transaktionen und die Bestimmung fremdvergleichsüblicher Preise. Statistischen Methoden können verwendet werden um diese verschiedenen Einflüsse zu berücksichtigen.

Viele immaterielle Wirtschaftsgüter sind firmenspezifisch, dh eine **62 Vergleichbarkeit von immateriellen Wirtschaftsgütern verschiedener Firmen ist nur möglich, wenn Anpassungen durchgeführt werden. Verrechnungspreisgrundsätze** für die Durchführung der Preisvergleichsmethode (CUP), der Kostenaufschlagsmethode (CP) und der Wiederverkaufsmethode (RPM) **erfordern in der Regel eine Vergleichbarkeit, die für immaterielle Wirtschaftsgüter nicht gegeben ist.** Die Anforderungen an die Vergleichbarkeit bei der transaktionsbasierten Nettomargenmethode (TNMM) sind niedriger, allerdings ist diese eher für die Bewertung von Routineprodukten anwendbar. Die meisten immateriellen Wirtschaftsgüter sind jedoch keine Routineprodukte. Daher **eignen sich in vielen Fällen die Standardmethoden nicht ohne weiteres für die Bewertung immaterieller Wirtschaftsgüter.**

Statistische Verfahren eignen sich, um die Vergleichbarkeit zwi- 63 schen immateriellen Wirtschaftsgütern herzustellen.[24] Wie gezeigt wird, können verschiede immaterielle Wirtschaftsgüter vergleichbar gemacht werden. Auch kann getestet werden, ob die immateriellen Wirtschaftsgüter in den relevanten Merkmalen überhaupt verschieden sind. Dadurch kann festgestellt werden, unter welchen Annahmen bestimmte IW miteinander verglichen werden können und sich für die Berechnung von fremdvergleichsüblichen Margen eignen.

---

[23] Die nachfolgenden Ausführungen sind weitgehend mit denen in der 3. Aufl. dieses Werkes identisch. Wir danken dem damaligen Ko-Autor Hendrik Fügemann für seine damaligen Texte.

[24] Vgl. *Korenko* in Leonard/Stiroh (2005), Economic Approaches to Intellectual Property Policy, Litigation, and Management, NERA Economic Consulting S. 335 ff.

Statistische Verfahren beruhen auf Beobachtungen, die für die Untersuchung eines Zusammenhangs verwendet werden. Die hier vorgestellten Methoden eignen sich für die Anwendung bei vielen und bei wenigen Beobachtungen. **Viele Beobachtungen** liegen zB vor, wenn **Preise an einem aktiven Markt** für ein bestimmtes immaterielles Wirtschaftsgut vorliegen. Dies ist bei manchen Kundenlisten der Fall. **In der Regel** handelt es sich bei **immateriellen Wirtschaftsgütern** aber nicht um frei handelbare Güter, so dass nur **wenige Beobachtungen zur Verfügung stehen.** Sofern nur wenige Beobachtungen vorliegen, können Befragungen zusätzliche Daten generieren.

Im Folgenden werden grundsätzliche Methoden der Statistik vorgestellt, die dann anhand von Beispielen auf die Bewertung von immateriellen Wirtschaftsgütern angewandt werden.

b) Grundlagen statistischer Verfahren[25]

aa) Beschreibung statistischer Verteilungen

64   Um einen Sachverhalt statistisch zu untersuchen, muss zunächst der **Untersuchungsgegenstand identifiziert** werden. Soll bspw. die Fremdvergleichsüblichkeit einer Lizenzgebühr überprüft werden, dann muss zuerst das immaterielle Wirtschaftsgut und seine Nutzung (Art, Ort, Zeit etc.) definiert werden. Außerdem müssen zentrale Eigenschaften erfasst werden, welche die Lizenzgebühr beeinflussen. **Vergleichbare Lizenzgebühren sollten in diesen zentralen Eigenschaften hinreichend ähnlich sein.** Die Lizenzierung eines Medikamentenwirkstoffes mit der Lizenzierung eines Computerpatents zu vergleichen, ist in der Regel nicht sinnvoll. Der **Untersuchungsgegenstand muss beschrieben** werden und die **zu Grunde gelegte Population bestimmt** und Daten erhoben werden. Es ist darzulegen, wie die **Erhebung der Stichprobe** (*sample frame*) erfolgt. Oft reicht es, nur **einen Teil der Daten** zu erheben, um **aussagekräftige Schlüsse** ziehen zu können.

Beispiel: Eine Marke kann bewertet werden, in dem der zusätzliche Umsatz auf Grund der Marke abzüglich der dazu gehörigen Kosten berechnet wird. Hierfür eignen sich Befragungen mit repräsentativ ausgewählten Konsumenten. Diese beantworten, wie hoch ihre Zahlungsbereitschaft und ihre Kaufmenge für ein Gut mit genau den gleichen Eigenschaften wäre, bei dem kein Markenname vorliegt. Für eine solche Befragung müssen nicht alle potentiellen Konsumenten befragt werden; **durch die repräsentative Befragung eines Teils der Konsumenten** können **aussagekräftige Rückschlüsse** gezogen werden.

65   Bei der Datensammlung werden durch eine Stichprobe verschiedene Variablen erhoben. Untersuchungen von Stichproben dienen dazu, **Rückschlüsse auf die zugrunde gelegte gesamte Population** zu ziehen und **kausale Zusammenhänge zu erklären.** Wenn es möglich ist, auf die Population zu schließen, dann gilt die Stichprobe als repräsentativ und kann verwendet werden, um valide Aussagen über Sachverhalte zu treffen.

---

[25] Die nachfolgenden Ausführungen sind weitgehend identisch mit *Vögele/Braukmann* Geistiges Eigentum – Intellectual Property, 2014.

Beispiel: Entspricht die in der Stichprobe erhobene durchschnittliche Zahlungsbereitschaft annähernd der Zahlungsbereitschaft in der gesamten Gruppe, dann ist die Stichprobe repräsentativ.

Das Problem hierbei ist, dass die tatsächlichen Werte in der Regel nicht beobachtet werden können. Unter Verwendung plausibler Annahmen, kann allerdings gezeigt werden, dass **die Werte einer Stichprobe gegen die tatsächlichen Werte konvergieren.**[26]

Beispiel: Beim Würfeln ist die Wahrscheinlichkeit für jede Zahl gleich; der tatsächliche Wert ist damit $1/6$. Wenn nun 10-mal gewürfelt wird, so kommt nicht jede Zahl gleich oft vor. Vergrößert man die Zahl der Würfe auf 1000 (die Stichprobe), so werden sich die beobachteten Häufigkeiten der Zahlen an den tatsächlichen Wert annähern.

Bei der statistischen Analyse quantitativer Daten müssen diese zunächst **66** aufbereitet und die Eigenschaften der Stichprobe beschrieben werden. Benötigt werden der **Mittelwert und die Standardabweichung der Stichprobe:**

$$\overline{X} = \frac{1}{N}\sum_{i=1}^{N} x_i \quad s^2 = \frac{1}{N-1}\sum_{i=1}^{N}(x_i - \mu)^2 \quad \sigma = \sqrt{s^2}$$

Dabei sind die Werte $\overline{X}$ und s^2 sog. **Schätzer.** Sie **repräsentieren die Werte in der Stichprobe** und sind **Schätzwerte für die tatsächlichen Werte** der zugrunde liegenden Gesamtpopulation. Der Mittelwert, $\overline{X}$ ergibt sich durch Aufsummieren aller beobachteten Antworten und anschließendem Teilen durch die Anzahl der beobachteten Werte N. **Der Mittelwert ist der durchschnittliche Wert** aller beobachteten Ausprägungen einer Variablen und dient als Erwartungswert für diese Variable. Wird bei einer Befragung das monatliche Einkommen erfragt, so gibt der Mittelwert bspw. das durchschnittliche Einkommen an.

Die **Varianz der Stichprobe,** s^2, ist die quadrierte Abweichung der individuellen Beobachtungen vom Mittelwert, geteilt durch die Anzahl der Beobachtungen. Da der Mittelwert ebenfalls geschätzt werden muss, stehen N-1 Beobachtungen zu Verfügung. Die Standardabweichung, σ, ergibt sich aus der Wurzel der Varianz der Stichprobe. **Die Varianz zeigt, wie groß die Streuung der beobachteten Variablen ist.** Wenn die Streuung sehr hoch ist, dann sind Aussagen zu kausalen Zusammenhängen in einer Stichprobe schwerer zu treffen. Um Zusammenhänge zu bestimmen, ist es dann nötig, weitere Variablen zu erheben und in Beziehung zu einander zu setzen. Dies wird unten in einer sogenannten Regressionsanalyse demonstriert.

Beispiel: Es werden die Gewinne aus zufällig ausgewählten pharmazeutischen Wirkstoffen erfasst, diese weisen eine hohe Streuung auf. Es ist schwer vorauszusagen, wie hoch der erwartete Gewinn eines zufällig ausgewählten ist. Wenn weitere Daten erhoben werden, können die Unterschiede im Einkommen besser erklärt werden. Als zusätzliche Daten eignen sich zum Beispiel Alter, Einsatzbereich, Krankheit, etc.

---

[26] Vgl. das Gesetz der großen Zahl bei *Schira,* Statistische Methoden der VWL und BWL, 4. Aufl. 2012, S. 223 f.

67   Die Datenerhebung für die Stichprobe ist entscheidend, um aussagekräftige Schlüsse zu ziehen; vor allem die Stichprobengröße ist ein wichtiger Faktor. Dabei gilt **nicht automatisch,** dass es **besser** ist, **eine möglichst große Stichprobe zu erheben.** Bestehen **systematische Verzerrungen,** dann sind auch **große Stichproben nicht valide,** da die Ergebnisse der Untersuchung nicht interpretierbar sind. Für manche Sachverhalte sind die Populationen klein und es kann nur eine sehr kleine Gruppe von Experten befragt werden, ihre Expertise ist so speziell, dass nur sie den Sachverhalt bewerten können. Generell müssen **zwei statistische Fehlerquellen** beachtet werden:
(1) **Zufallsfehler:** Abweichungen der Messwerte vom Erwartungswert. Sie weichen sowohl positiv als auch negativ vom Erwartungswert ab.
(2) **Systematische Fehler:** Abweichungen der Messwerte vom Erwartungswert, die sich bei wiederholten Messungen stets wieder gleich ergeben.

68   Zufallsfehler sind auf nicht im Modell erfasste (in der Regel nicht erfassbare) Einflüsse zurückzuführen. Bei Befragungen sind bspw. **individuelle Fehleinschätzungen der Befragten Zufallsfehler.** Die Zufallsfehler beeinflussen die beobachtete Ausprägung eines Messwertes, üben jedoch über die gesamte Stichprobe gesehen keinen Einfluss auf die kausale Beziehung im Gesamtmodell aus, da sich die Zufallsfehler mehrerer Beobachtungen in der Stichprobe ausgleichen. Bei der statistischen Auswertung findet eine valide Überprüfung der aufgestellten Hypothesen statt. Je **größer die einzelnen Zufallsfehler** jedoch sind, desto größer variieren die Beobachtungen voneinander; statistisch drückt sich dies in einer **höheren Varianz der Beobachtungen** aus. Um bei großen Zufallsfehlern Rückschlüsse ziehen zu können, müssen viele Beobachtungen erfasst werden.[27] Mit einer großen Stichprobe erhöht sich die Aussagekraft über den zu untersuchenden kausalen Zusammenhang, sofern nur Zufallsfehler einen Einfluss üben und der kausale Zusammenhang besteht.

69   Zu **systematischen Fehlern** (*„sample bias"*) kommt es durch dauerhafte Fehleinschätzungen der Befragten zu einem Sachverhalt; ihre Antworten weichen strukturell von den tatsächlichen Werten aus der zugrunde gelegten Gesamtpopulation ab.[28] Gründe dafür können sein:
– Die Erhebungsmethode ist nicht repräsentativ für die relevante Population.
– Die Befragungsmethode beeinflusst die Befragten systematisch.
– Wichtige Variablen werden nicht erhoben (sog. *„Omitted Variable Bias"*)
– Der Zusammenhang wird falsch modelliert (zB wenn Wachstumsprozesse und saisonale Schwankungen nicht berücksichtigt werden)

Beispiel: Es soll geprüft werden, ob der Lizenzsatz einer deutschen Tochtergesellschaft an ihre amerikanische Mutter für die Bereitstellung von IT- Systemen fremdvergleichsüblich ist. Die deutsche Tochterfirma ist eine Vertriebsfirma für Lebensmittel, ihre Margen sind klein und die Umsätze hoch. Die Lizenzrate wird auf den Umsatz erhoben. Bei der Suche nach Lizenzraten in einer Datenbank werden versehentlich Lizenzverträge für die Nutzung von Biotechnologiepatenten mit erfasst. Die berücksichtigten Patente zwischen den Biotechnologieunternehmen sind speziell, die auf Grund der Patente erzielten Umsätze sind gering, die Gewinne jedoch hoch. Die Li-

---

[27] Vgl. *Wooldridge,* Introductory Econometrics: A Modern Approach, South-Western, 2002, S. 82.
[28] *William H. Greene,* Econometric Analysis, 5. Aufl., New York University, 2002, S. 59.

zenzraten werden ebenfalls auf die Umsätze erhoben. Die totale Lizenzgebühr der untersuchten Lizenzverträge ist ähnlich, die Lizenzraten sind stark unterschiedlich. Auf Grund der verschiedenen Unternehmensgebiete ergibt sich eine systematisch höhere Lizenzrate auf die Umsätze für die Biotechnologieunternehmen. Die Lizenzgebühren sind nicht vergleichbar.

Systematische Fehler müssen so weit wie möglich vermieden, bzw. ihr Einfluss auf einen bestimmten Sachverhalt berücksichtigt werden. Andernfalls sind die Ergebnisse nicht fremdvergleichsüblich und werden von Behörden nicht akzeptiert. Bei groben Fehlern ist Vorsatz nicht auszuschließen.

bb) Überprüfungskriterien

Mit Hilfe statistischer Tests kann geprüft werden, ob Beobachtungen einen bestimmten Wert annehmen. Durch statistische Tests wird untersucht, ob eine Hypothese abgelehnt oder beibehalten wird. Es kann getestet werden, ob der beobachtete Wert signifikant verschieden von einem bestimmten Wert ist (oftmals Null). Zunächst werden zwei Hypothesen aufgestellt:
– H0: Die Beobachtungen sind nicht signifikant verschieden von Null: $\overline{X} = 0$
– H1: Die Beobachtungen sind signifikant verschieden von Null: $\overline{X} \neq 0$

Hypothesen werden nicht angenommen, im englischen spricht man bei der Beibehaltung einer Hypothese von „we fail to reject the hypothesis". Es sollen folgende zwei Fehler vermieden werden:
(1) **Alpha-Fehler:** Ablehnung eines kausalen Zusammenhangs, obwohl dieser in der relevanten Population existiert.
(2) **Beta-Fehler:** Beibehaltung eines kausalen Zusammenhangs, obwohl dieser in der relevanten Population nicht existiert.

Für das statistische Testen wird der Standardfehler benötigt: **70**

$$\sigma_N = \frac{\sigma}{\sqrt{N}} = \sqrt{\frac{1}{N \star (N-1)} \sum_{i=1}^{N}(x_i - \mu)^2}$$

Zur Beschreibung statistischer Daten werden oft Mittelwert und Standardabweichung oder Mittelwert und Standardfehler verwendet. Der Mittelwert und die Standardabweichung sind deskriptive Werte über die erhobene Stichprobe. Der **Standardfehler ist ein statistischer Wert und beschreibt die Erhebung der** Stichprobe, dh mit welcher Wahrscheinlichkeit sich der erhobene Wert dem tatsächlichen Wert nähert.

Die Standardabweichung misst die Streuung der Beobachtungen um ihren Mittelwert in einer Stichprobe. Es existieren in den relevanten Gesamtpopulationen, auch bei höchster Messgenauigkeit und unendlich vielen Beobachtungen, immer Schwankungen. In den meisten Fällen existiert kein „wahrer" Wert, sondern das Ergebnis fällt mit einer bestimmten Sicherheit in ein Schwankungsintervall, zB bei der Körpergröße. Wenn man eine Stichprobe erheben würde und die Körpergröße von 40 Menschen misst, dann gibt die Standardabweichung die Variabilität dieser Stichprobe an. Wenn man weitere Stichproben erhebt mit 50 und 80 Menschen, dann erhält man unterschiedliche Messergebnisse. **Mit Hilfe des Standardfehlers können die Stichproben vergleichbar gemacht und Tests auf signifikante Unterschiede** durchgeführt werden. Der Mittelwert der Stichprobenmittelwerte ist der beste Schätzer für den Populationsmittelwert, dh der tatsächlichen durchschnittlichen Größe in der Bevölkerung. Der Standardfehler entspricht der Streuung der empirischen Mittelwerte um den Populationsmittelwert. Er misst nicht die Streuung der Körpergröße in der Bevölkerung, sondern wie stark die gemessenen Ergebnisse (die Schätzer) vom wirklichen Wert (die Durchschnittsgröße einer Population) abweichen.

Der Standardfehler sinkt mit der größeren Stichprobe, da die Bestimmung des wirklichen Mittelwerts der Stichprobe genauer wird. Die Standardabweichung hingegen wird nicht von der Stichprobengröße beeinflusst, da sie die Variation der Ergebnisse in der Stichprobe beschreibt. Bei erwartungstreuen Schätzern gibt der Standardfehler die durchschnittliche Abweichung des geschätzten Parameters vom wahren Parameter an.

Falls keine systematischen Verzerrungen vorliegen, gilt:
- Je **größer die Stichprobe (N), umso kleiner wird der Standardfehler;** desto genauer wird der Schätzer.
- Je **kleiner die Varianz in der Stichprobe (s^2), umso kleiner ist der Standardfehler** und desto genauer ist der Schätzer.

cc) Test auf statistische Signifikanz[29]

71 Der **Einstichproben-t-Test** eignet sich, um zu testen, ob ein **in der Stichprobe beobachteter Wert ($\overline{X}$) signifikant verschieden von einem bestimmten Wert** (μ_0) ist. Dabei beeinflusst der Standardfehler (σ_n) als ein Schwankungsmaß der Stichprobe die Testentscheidung. Der t-Wert ist abhängig von dem Signifikanzniveau (α), der Stichprobengröße (N) und ob einseitig oder zweiseitig getestet wird:

$$t_{(1-\alpha;N-1)} = \sqrt{N} \star \frac{\overline{X} - \mu_0}{\sigma_N}$$

Der t-Wert ist das α-Quantil der t-Verteilung mit N-1 Freiheitsgraden. Mit dem t-Wert kann identifiziert werden, mit welcher Irrtumswahrscheinlichkeit (basierend auf dem oben beschriebenen Konzept auch Alpha Irrtumswahrscheinlichkeit genannt) der in der Stichprobe beobachtete Wert $\overline{X}$ vom zu testenden Wert μ_0 abweicht. Das **Signifikanzniveau gibt an,** mit welcher Wahrscheinlichkeit der **Alpha-Fehler in Kauf genommen wird,** dh mit welcher Wahrscheinlichkeit ein kausaler Zusammenhang abgelehnt wird, obwohl dieser besteht. Das **Signifikanzniveau** wird dabei vom Tester gewählt, **in der Regel beträgt das ein Signifikanzniveau 1%, 5% oder 10%.** Der t-Test kann einseitig oder zweiseitig durchgeführt werden. Beim **einseitigen t-Test** wird überprüft, ob der Wert **über oder unter einem bestimmten Wert** liegt, **beim zweiseitigen t-Test** wird überprüft, ob der Wert **verschieden von einem bestimmten Wert** ist. Daher sind **die kritischen Werte des einseitigen t-Tests immer doppelt so groß wie die des zweiseitigen Tests.** Abbildung 1 stellt die Hypothesenbereiche im ein- und zweiseitigen t-Test unter Normalverteilung dar. Fällt die Ausprägung ei-

---

[29] Die hier vorgestellten Verfahren werden in jedem Lehrbuch der Statistik vorgestellt. Ein weit verbreitetes Lehrbuch ist: *Wooldridge,* Introductory Econometrics: A Modern Approach, South-Western; 2. Aufl., 2002 S. 1 ff.

ner beobachteten Variable in den Ablehnungsbereich (gekennzeichnet mit α und α/2) so wird die Nullhypothese, dass $\overline{X}$ gleich Null ist verworfen. Die Alternativhypothese H₁ wird angenommen.

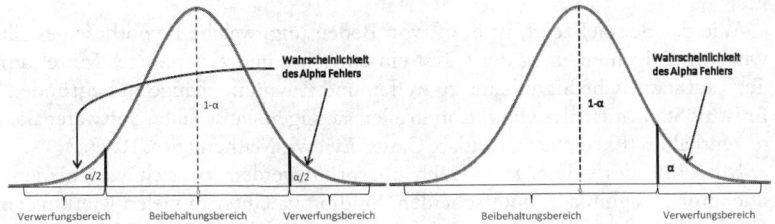

Abbildung 3: Hypothesenbereiche einseitiger und zweiseitiger t-Tests unter Normalverteilung

Die kritischen Werte des t- Tests sind dabei von der Stichprobengröße ab- 72 hängig. Bei einer Stichprobengröße von 121 Beobachtungen und eines akzeptierten Alpha-Fehlers von 5%, beträgt der kritische Wert des zweiseitigen t-Tests: $t_{(0,95;\ 120)} = 1{,}98$. Bei Ergebnissen des t-Tests, die unterhalb des kritischen Wertes liegen, wird die Hypothese Null verworfen; der Wert ist nicht signifikant verschieden von Null. Die folgende Tabelle gibt einen Überblick über kritische t-Werte bei verschiedenen Freiheitsgraden (Beobachtungen minus Anzahl der geschätzten Variablen) zu dem 10%-, 5%- und dem 1%-Signifikanzniveau.

Freiheitsgrade	Alpha = 10%	Alpha = 5%	Alpha = 1%
60	1.67	2	2.66
80	1,66	1.99	2.64
120	1,66	1,98	2,66
Unendlich	1,65	1,96	2,58

Tabelle 1: Kritische Werte für unterschiedliche Stichprobenumfänge beim zweiseitigen t-Test.

Beispiel: 61 Experten wurden befragt, ob sie einer Aussage zustimmen. Dabei konnten sie auf einer sieben stufigen Likert Skala von -3 (Stimme überhaupt nicht zu) bis +3 (Stimme voll und ganz zu) antworten. Der Mittelwert der Antworten betrug 1,5 bei einer Standardabweichung von 6. Es können zwei Dinge getestet werden:

1) Stimmen die Befragten der Aussage zu H₀: $\overline{X} > 0$, H₁: $\overline{X} \leq 0$. Dies ist ein einseitiger t-Test.
2) Ist die Meinung der Befragten signifikant verschieden von 0, dh haben sie eine Meinung zu der Aussage. H₀: $\overline{X} \neq 0$, H₁: $\overline{X} = 0$. Dies ist ein zweiseitiger t-Test

Um zu testen, ob die Befragten der Aussage zustimmen, wird der t-Test zum 10 % Signifikanzniveau durchgeführt:

$$t_{(0,9;60)} = 1{,}67 < \sqrt{61} \star \frac{1{,}5 - 0}{6} = 1{,}95 \qquad t_{(0,95;60)} = 2 > \sqrt{61} \star \frac{1{,}5 - 0}{6} = 1{,}95$$

Die Hypothese, dass die Befragten der Aussage zustimmen, kann zum 5 %igem Signifikanzniveau angenommen werden, während die Hypothese, dass die Meinung der Befragten signifikant verschieden von Null ist, zum 5 %igem Signifikanzniveau abgelehnt werden muss.

Wie das Beispiel zeigt, ist es oft von Bedeutung, welche Hypothese gestellt wird. Im Allgemeinen ist der t-Test ein einfaches und zuverlässiges Mittel um Tests auf statistische Signifikanz zu treffen und Zusammenhänge zu begründen. Er ist als Standardanalyse Funktion in allen gängigen statistischen Softwarepaketen enthalten (Excel, Stata, Matlab, Gauss, Eviews, Mathematica, R, etc.).

Mit Hilfe des t-Tests kann auch überprüft werden, ob sich verschiedene Stichproben signifikant unterscheiden. Sind bspw. Güter in vielen Merkmalen gleich, aber nicht in allen, so kann überprüft werden, ob die Unterschiede einen signifikanten Einfluss auf die Gewinne ausüben.

dd) Konfidenzintervalle

73   **Konfidenzintervalle** geben an, **mit welcher Wahrscheinlichkeit Beobachtungen einer Stichprobe in ein bestimmtes Intervall fallen.** Je größer die Varianz, desto größer ist dabei die Unsicherheit und das Konfidenzintervall wird größer, dh ungenauer. Es wird angenommen, dass die Variable $\overline{X}$ standardnormalverteilt mit Mittelwert μ_0 und Varianz s^2 ist: $\overline{X} \sim N(\mu_0, s^2)$. Die Variable wird standardisiert, um sie anhand einer Test-Statistik überprüfen zu können. Hierfür subtrahiert man den hypothetischen Mittelwert μ_0 und teilt durch den Standardfehler.

$$Z = \frac{\overline{X} - \mu_0}{\sigma_N}$$

Die standardisierte Variable ist $Z \sim N(\mu_0, s^2)$ (standardnormal-) verteilt. Die Frage mit welcher Wahrscheinlichkeit die Variable in ein bestimmtes Konfidenzintervall hineinfällt, ist von Interesse. Bei großen Stichproben gilt:
- Etwa 68 % der Stichprobenergebnisse liegen in einem Bereich von ±1 Standardfehler um den tatsächlichen Wert (in der Grundgesamtheit).
- 95 % der Stichprobenergebnisse liegen in einem Bereich von ±1,96 Standardfehlern um den tatsächlichen Wert (in der Grundgesamtheit).
- 99 % der Stichprobenergebnisse liegen in einem Bereich von ±2,58 Standardfehlern um den tatsächlichen Wert (in der Grundgesamtheit).

Das Konfidenzintervall berechnet, mit welcher Wahrscheinlichkeit ein beobachteter Wert in ein Intervall fällt. $\overline{x}_u$ gibt den unteren Wert, $\overline{x}_o$ den oberen Wert des Intervalls an:

$$P(\overline{x}_u \leq \overline{X} \leq \overline{x}_o) = 1 - \alpha$$

Für die standardisierte Variable Z gilt dementsprechend bei einem Konfidenzintervall, welches 95 % der Beobachtungen einschließt:

$$P(z_u \leq Z \leq z_o) = 0,95$$

Die kritischen Werte für die Unter- und Obergrenze folgt der Standardnormalverteilung:

$$P(-1,96 \leq Z \leq 1,96) = 0,95$$

Zunächst wird das Konfidenzniveau bestimmt, dh mit welcher Wahrscheinlichkeit normalverteilte Werte in eine bestimmte Bandbreite hineinfallen und ob die geschätzten Werte in der Nähe des tatsächlichen Wertes liegen. Die Nähe der Werte ist dabei relativ und hängt vom Konfidenzniveau ab. **Das Signifikanzniveau α gibt an, mit welcher Wahrscheinlichkeit der Alpha-Fehler in Kauf genommen werden soll.** Das Konfidenzniveau 1-α ist demnach die Sicherheit, mit welchen Ergebnissen angenommen werden können. Bei einem 1% Konfidenzniveau, werden nur beobachtete Ergebnisse akzeptiert, die bei häufiger Ziehung der Stichprobe in 99% der Fälle in einer bestimmten Spanne liegen. Das Intervall verändert sich aber für jede Untersuchung, da es auf den jeweiligen Beobachtungswerten basiert. Das Konfidenzintervall lässt sich mathematisch darstellen:

$$P\left(-z_{1-\frac{\alpha}{2}} \leq \frac{\overline{X} - \mu_0}{\sigma_N} \leq z_{1-\frac{\alpha}{2}}\right) = 1 - \alpha$$

$$P\left(\overline{X} - z_{1-\frac{\alpha}{2}} \star \sigma_N \leq \mu_0 \leq \overline{X} + z_{1-\frac{\alpha}{2}} \star \sigma_N\right) = 1 - \alpha$$

Die Funktion P( ) gibt die Wahrscheinlichkeit 1-α an, mit der die standardisierte Zufallsvariable Z in ein bestimmtes Intervall fällt. Durch umstellen erhält man das Konfidenzintervall:

$$KI_{(\mu,1-\alpha)} = \left[\overline{X} - z_{1-\frac{\alpha}{2}} \star \sigma_N ; \overline{X} + z_{1-\frac{\alpha}{2}} \star \sigma_N\right]$$

Das durch $\overline{X}$ bestimmtes Intervall überdeckt den wahren Parameter μ mit einer Wahrscheinlichkeit von 1-α.

Beispiel: Bestimmung von fremdvergleichsüblichen Lizenzraten

Ein deutsches Unternehmen hat zwei Tochterunternehmen in Frankreich **74** und Portugal. Beide produzieren und vertreiben ihre Produkte unter der deutschen Marke. Die Tochterunternehmen müssen eine Lizenzgebühr für die Verwendung der Markenrechte an die Muttergesellschaft zahlen, diese wird durch eine Lizenzrate auf die Gewinne erhoben. Das Unternehmen überprüft, ob es die gleiche Lizenzrate für beide Tochterunternehmen ansetzen kann. Hierfür ermittelt es die Lizenzraten für vergleichbare Lizenzverträge dieser Produkte zwischen unverbundenen deutschen und französischen Unternehmen mit den Lizenzraten für vergleichbare Lizenzverträge zwischen unverbundenen deutschen und portugiesischen Unternehmen. Es ist in der Lage, viele Beobachtungen zu erheben, die folgendermaßen verteilt sind:

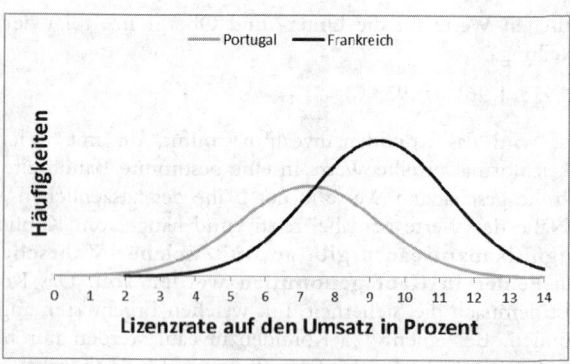

Abbildung 4: Häufigkeitsverteilungen der beobachteten Lizenzraten

Die Lizenzraten für die Marke scheinen in Portugal niedriger als in Frankreich zu sein. Grund hierfür kann sein, dass Gewinne aus Markennamen in Portugal niedriger als in Frankreich sind. Um eine angemessene Lizenzrate festzulegen, muss das Unternehmen klären:

(1) Ob die durchschnittlichen Lizenzraten signifikant verschieden voneinander sind und

(2) Ob die Festlegung einer Lizenzgebühr (zB in Höhe von 8%) im normalen Konfidenzintervall der beiden Länder wäre.

ee) Test auf Unterschiedlichkeit

75 In Frankreich standen 125 vergleichbare Lizenzverträge zu Verfügung, in Portugal 100. Die in der Stichprobe beobachtete durchschnittliche Lizenzrate beträgt in Frankreich 9,25% und in Portugal 7,25%. Die Standardabweichung beträgt für französische Lizenzraten 9 (der Standardfehler $\sigma_n = \sigma/\sqrt{N} = 0{,}81$), für portugiesische Lizenzraten 6 (der Standardfehler 0,6).

Die beiden Stichproben sind unterschiedlich groß und haben unterschiedliche Verteilungen. Unter Berücksichtigung der Unterschiede kann dennoch überprüft werden, ob die Mittelwerte der Stichproben signifikant verschieden voneinander sind. Mittelwerte zweier unabhängiger Verteilungen können mit Hilfe des **Zweistichproben–t–Tests** unter Verwendung folgender Gleichung miteinander verglichen werden:[30]

$$t_{(1-\alpha/2;N-2)} = \sqrt{N} * \frac{\overline{X}_{Fra} - \overline{X}_{Por}}{\sqrt{\dfrac{\sigma_{Fra}^2}{N_{Fra}} + \dfrac{\sigma_{Por}^2}{N_{Por}}}}$$

Durch Einsetzen der beobachteten Werte ergibt sich:

$$t_{(1-0{,}95;223)} = \sqrt{N} * \frac{9{,}25 - 7{,}25}{\sqrt{\dfrac{81}{125} + \dfrac{36}{100}}} = 1{,}99 > 1{,}98$$

---

[30] Vgl. *Schira*, Statistische Methoden der VWL und BWL, 4. Aufl. 2012, S 491 f. Die Unabhängigkeit der Stichproben ist nicht zwingend notwendig, wurde hier aber zur Darstellung angenommen.

Die Lizenzraten für vergleichbare deutsche Markennamen in Frankreich sind zum 5 %igem Signifikanzniveau höher als in Portugal.

ff) Überprüfung der Lizenzgebühr

Das Unternehmen möchte nun überprüfen, ob eine Lizenzgebühr von 8 % **76** für den Markennamen für beide Tochtergesellschaften fremdvergleichsüblich wäre. Es kann mittels des t-Tests zunächst überprüft werden, ob eine Lizenzrate von 8 % in beiden Stichproben signifikant unterschiedlich von den beobachteten Werten wäre:

$$t_{(1-\alpha;N-1)} = \sqrt{N} \star \frac{\overline{X} - \mu_0}{\sigma} = \frac{\overline{X} - \mu_0}{\sigma_N}$$

Durch Einsetzen der Verteilungswerte erhält man für die französische Stichprobe:

$$t_{(0,95;124)} = \sqrt{125} \star \frac{9.25\% - 8\%}{9} = 1,55 < 1,65$$

und für die portugiesische Stichprobe:

$$t_{(0,95;124)} = \left| \sqrt{100} \star \frac{7.25\% - 8\%}{6} \right| = 1,25 < 1,65$$

Die Durchschnitte beider Stichproben sind nicht signifikant verschieden von 8 %. Wenn das Unternehmen eine Lizenzrate in Höhe von 8 % festlegen würde, wäre dies nicht unüblich im Vergleich zu den beobachteten Lizenzraten anderer unverbundener Unternehmen.

Es kann zusätzlich ein Konfidenzintervall bestimmt werden, um festzulegen, in welchem Schwankungsintervall die Lizenzraten liegen können.

$$KI_{(\mu,1-\alpha)} = \left[\overline{X} - z_{1-\frac{\alpha}{2}} \star \sigma_N \, ; \overline{X} + z_{1-\frac{\alpha}{2}} \star \sigma_N \right]$$

Das gewählte Signifikanzniveau beträgt 90 % (der kritische Wert somit 1,96). Für das Konfidenzniveau der französischen Lizenzrate ergibt sich folgendes Konfidenzintervall:

$$KI_{(\mu,1-\alpha)} = \left[9,25 - 1,96 \star 0,81 \, ; \, 9,25 + 1,96 \star 0,91 \right]$$

$$KI_{(\mu,1-\alpha)} = \left[7,7 \, ; \, 10,8 \right]$$

Für das Konfidenzniveau der portugiesischen Lizenzrate ergibt sich folgendes Konfidenzintervall:

$$KI_{(\mu,1-\alpha)} = \left[7,25 - 1,96 \star 0,6 \, ; \, 7,25 + 1,96 \star 0,6 \right]$$

$$KI_{(\mu,1-\alpha)} = \left[6,1 \, ; \, 8,4 \right]$$

Das statistische Konfidenzintervall berücksichtigt Wahrscheinlichkeiten. Bei einer genügend großen Stichprobe spiegelt der angegebene Bereich recht genau die tatsächlichen Werte wider. Bei der Überprüfung der Fremdvergleichsüblichkeit von Lizenzraten werden oft das erste und dritte Quartil einer Stichprobe als Eckpunkte der interquartilen Bandbreite gewählt. Damit soll der Einfluss extremer Ergebnisse gemindert werden. Dieses Verfahren ist praktisch und bei wenigen Beobachtungen sinnvoll, führt aber bei großen Stichproben zu einem größeren Intervall als das statistische Konfidenzintervall. Konfidenzintervalle schrumpfen auf Grund der zunehmenden Schätzgenauigkeit (sinkende Standardfehler). Die Verwendung statistischer Konfidenzintervalle führt daher bei genügend vielen Beobachtungen zu einer genaueren Bestimmung einer interquartilen Bandbreite fremdvergleichsüblicher Preise.

c) Lineare Regressionsanalyse[31]

aa) Beschreibung der linearen Regressionsanalyse

77 Lineare Regressionen können in allen Fällen angewandt werden, bei denen ein **kausaler Zusammenhang zwischen** den **Variablen** besteht. Lineare Regressionen können helfen, die Festlegung von Preisen zu bestimmen bzw. zu überprüfen, ob die Preise fremdvergleichsüblich sind.[32] Sie sind besonders dann sinnvoll, wenn mehrere Variablen einen Einfluss auf die zu bestimmende abhängige Variable haben. Bei der Bewertung immaterieller Wirtschaftsgüter bieten sich lineare Regressionen bspw. in folgenden Fällen an:
– Bestimmung der Prämien für Versicherungen und die Übernahme von Wechselkursrisiken.
– Bestimmung der Zinsen und Garantieprämien für interne Unternehmensfinanzierung.
– Überprüfung von Lizenzverträgen.
– Bewertung von Urheberrechten.
– Bewertung von Patenten.
Immaterielle Wirtschaftsgüter üben einen wertsteigernden Einfluss auf die am Markt verkauften fertigen Produkte aus. Der Beitrag einzelner immaterieller Wirtschaftsgüter auf den letztendlichen Erfolg einer Firma kann mit Hilfe von linearen Regressionen mit mehreren unabhängigen Variablen berechnet werden. Immaterielle Wirtschaftsgüter weisen dabei ebenfalls verschieden Charakteristiken auf. Bspw. können bestimmte Nutzungsrechte definiert werden. Die fremdvergleichsüblichen Preise dieser Nutzungsrechte können wie unten dargestellt ebenfalls individuell bestimmt werden.

78 Der Beitrag einer abhängigen Variablen wird oft von mehreren Faktoren beeinflusst. Bspw. ist die Lizenzrate von pharmazeutischen Wirkstoffen abhängig von der Restlaufzeit des Patents, den Konkurrenzprodukten, der Anzahl der Kranken des Marktes, der Rechte, das Patent in einem bestimmt Gebiet anzuwenden, der Exklusivität usw. Diese Faktoren **(unabhängige Variablen)** können helfen, die Lizenzrate zu bestimmen. Wenn genügend Beobachtungen

---

[31] Vgl. *Schira*, Statistische Methoden der VWL und BWL, 4. Aufl. 2012, Kapitel 3 und 4.

[32] Wie in Kapitel H Rn. 157 ff. beschrieben, kann die lineare Regressionsanalyse auch dafür verwendet werden, den funktionalen Zusammenhang von Nachfragekurven zu bestimmen.

zur Verfügung stehen und man die Variablen in einen **funktionalen Zusammenhang** setzt, lässt sich die **abhängige Variable** erklären.

Es ist daher von Interesse, ob Variablen in einem funktionalen Zusammenhang zu-einander stehen. Man kann durch **Varianzen und Kovarianzen** erfahren, ob **Variablen miteinander korrelieren**. Eine **Korrelation gibt an, ob ein Zusammenhang zwischen Variablen** besteht und ob Veränderungen in Variablen gemeinsam auftreten. Korrelationen geben keine Kausalität an. **Bei einer Kausalität verändert sich eine Variable in Abhängigkeit zu einer anderen.** So beeinflussen bestimmte qualitative Merkmale eines Produktes bspw. die Zahlungsbereitschaft für das Produkt und nicht umgekehrt.

Zunächst muss eine Funktion aufgestellt werden, diese stellt eine **Variable y in Abhängigkeit zu einer Variablen x** dar:

$$y(x) = a + bx$$

Die Konstante a gibt den Grundwert der abhängigen Variable y an, welcher entstehen würde, wenn die Ausprägung der Variable x Null wäre. Der Regressionskoeffizient b bestimmt die Größe des Effekts der unabhängigen Variablen x auf die Variable y. Y ist aber nicht streng von x abhängig, dh, die Beobachtungen von x werden nie perfekt auf der angegebenen Funktion liegen, sondern um diese schwanken und die abhängige Variable nur schätzen $(\hat{y}_i)$.

$$\hat{y}_i = a + bx_i + e_i$$

Die Differenz aus beobachteten Wert y_i und dem auf Grund von x_i geschätzten $\hat{y}_i$ bildet den **Störterm**. Die Werte a und b werden mit der sog. **Methode der kleinsten Quadrate** bestimmt, dh ihre Werte minimieren die Summe der quadrierten Störterme der Funktion.

$$e_i = y_i - \hat{y}_i = y_i - a - bx_i$$

$$\sum_{i=1}^{N} e^2_i = \sum_{i=1}^{N}(y_i - \hat{y}_i)^2 = \sum_{i=1}^{N}(y_i - a - bx_i)^2$$

Unter Verwendung einiger Annahmen über die Verteilung der Störterme **79** kann gezeigt werden, dass die geschätzten Parameter die besten Schätzer sind. Man beschreibt die **Schätzer** auch als „**BLUE**" (Best linear unbiased estimator) Die dafür benötigten drei **Gauss-Markov-Annahmen,** werden oft erfüllt:

$E[e_i]=0$

$V[e_i]=\sigma^2=const \infty$ für alle i

$Kov[e_i, e_j]=0$ für alle i≠j

Die **erste Annahme schließt systematische Fehler aus.** Wie oben beschrieben würden systematische Fehler einen grundsätzlichen Einfluss auf den beobachteten Wert ausüben, dh der Erwartungswert exogener Einflüsse wäre nicht Null. Die **zweite Annahme** beschreibt, dass für alle Beobachtungen die Varianz konstant ist und kleiner als unendlich **(homoskedastisch)**. Ist die Varianz zu groß, können die Beobachtungen nicht plausibel erklärt werden. Die **dritte Annahme** verbietet, dass die **Störterme miteinander korrelie-**

ren, sie müssen unabhängig voneinander sein. Wenn die drei Annahmen nicht erfüllt sind, können mit Hilfe weiterer statistischer Methoden dennoch kausale Zusammenhänge überprüft werden.[33]

Durch partielles Ableiten kann gezeigt werden, dass der Koeffizient b durch die Kovarianz von x und y und die Varianz von x determiniert wird und die Konstante als Achsenabschnitt berechnet wird:

$$\sum_{i=1}^{N} e^2_i = \sum_{i=1}^{N}(y_i - \hat{y}_i)^2 = \sum_{i=1}^{N}(y_i - a - bx_i)^2$$

$$\frac{\partial \sum e^2_i}{\partial a} = \sum 2(y_i - a - bx_i) \star (-1) = 0$$

$$\frac{\partial \sum e^2_i}{\partial b} = \sum 2(y_i - a - bx_i) \star (-x_i) = 0$$

Die erste Gleichung kann umgeschrieben werden:

$$\sum y_i - bx_i = n \star a$$

$$a = \bar{y} - b\,\bar{x}$$

Durch Einsetzen der Werte für a ergibt die zweite Gleichung

$$\sum (y_i - \bar{y} - b(\bar{x} - x_i) \star (-x_i) = 0$$

$$\sum (y_i - \bar{y}) \star x_i = \sum b(\bar{x} - x_i) \star x_i$$

$$b = \frac{\sum (y_i - \bar{y}) \star x_i}{\sum (\bar{x} - x_i) \star x_i} = \frac{KoVar(x,y)}{Var(x)}$$

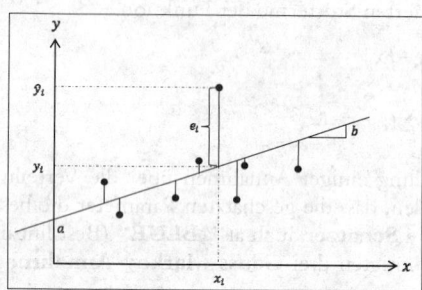

Abbildung 5: Abweichungen zwischen Beobachtungen und Schätzwerten

Die dargestellten statistischen Verfahren lassen sich ebenfalls anwenden, wenn eine abhängige Variable von mehr als einer unabhängigen Variablen beeinflusst wird. In diesen Regressionen erhält jede Variable einen eigenen Regressionskoeffizienten (b_i), der den Einfluss auf die abhängige Variable erklärt.

---

[33] S. dazu bspw. *Wooldridge*, Introductory Econometrics: A Modern Approach, South-Western, 2002, Kapitel 11 über Autokorrelation und Kapitel 12 über Heteroskedastizität.

bb) Beispiel der Bewertung eines immateriellen Wirtschaftsgutes

Im oben beschriebenen Beispiel wurde überprüft, ob die Lizenzraten einer **80** deutschen Marke für eine bestimmte Produktgruppe in Frankreich und Portugal verschieden sind. Hierfür wurde zunächst getestet, ob die Mittelwerte der Stichproben verschieden sind. Das Ergebnis war, dass die Lizenzrate in Frankreich signifikant höher als in Portugal ist. Dieses Ergebnis kann auch mit einer linearen Regression überprüft werden. Zunächst werden die wesentlichen Merkmale eines Lizenzvertrages erfasst. Wir gehen hier davon aus, dass die Lizenzrate (y_i) von einer Basisrate (a), der Dauer der Lizenzvereinbarung (b_1), der Exklusivität (b_2), dem Land Portugal oder Frankreich (b_3) und der Umsatzhöhe des Lizenznehmers (b_4) abhängig ist. Die Funktion lässt sich schreiben als:

$$\hat{y}_i = a + b_1 x_{1,i} + b_2 x_{2,i} + b_3 x_{3,i} + b_4 x_{4,i} + e_i$$

Insgesamt wurden 225 verschieden Lizenzverträge erfasst. Diese beinhalten alle nötigen Informationen der Variablen x_1, x_2 und x_3. Die Umsätze der Lizenznehmer sind ebenfalls beobachtbar. Die Variable x_3 gibt an, ob der Vertrag zwischen einer deutschen und einer portugiesischen oder französischen Firma geschlossen wurde. Wenn der Vertrag zwischen einer deutschen und einer portugiesischen Firma geschlossen wird, dann nimmt die Variable x_3 den Wert 0, ansonsten den Wert 1, an. Die Variable x_3 wird als sog. Dummy-Variable bezeichnet, da sie lediglich zwei Werte annimmt. Die Variable x_2 ist ebenfalls eine Dummy-Variable. Falls die Lizenz exklusiv erteilt wird, nimmt sie den Wert 1 an, ansonsten 0. Die Umsätze werden in Euro erhoben, die Laufzeit des Lizenzvertrages in Jahren. Die Regression ergibt folgende Ergebnisse für die Koeffizienten der Funktion:

SUMMARY OUTPUT

Regression Statistics	
Multiple R	0,21
RSquared	0,43
Adjusted RSquared	0,41
Observations	225

	Koeffizienten	*Standardfehler*	*t-Wert*
Basisrate	3,00	0,82	3,66
Laufzeit	-0,50	0,12	-4,17
Exklusivität	5,00	1,21	4,13
Land	1,93	0,92	2,10
Umsatz in Mio	2,91	3,25	0,90

Abbildung 6: Regressions-Output

Das verwendete Modell ist in der Lage, die Lizenzraten zu einem gewissen Grad zu erklären. Dies drückt sich im sog. R-Squared aus, welcher beschreibt, wie viel in der Variation der abhängigen Variablen von den unabhängigen Variablen erklärt wird. In dem vorliegenden Beispiel wird 43 % der

Variation in den Lizenzraten von dem Modell erklärt. Auf Grund der wenigen verwendeten Variablen zur Beschreibung einer komplexen Lizenzvereinbarung ist dieser Wert recht hoch.

Die Basisrate der Lizenzrate beträgt 3%, sie ist zum 1%igen Signifikanzniveau statistisch signifikant (t-Wert> 2.33). Die Laufzeit für die Lizenzvereinbarung hat einen negativen Einfluss auf die Lizenzrate und ist signifikant. Der Koeffizient beträgt -0,5, dh ein Lizenzvertrag der über 4 Jahre (9 Jahre) abgeschlossen wird, verringert die Lizenzrate um 2% (4,5%). Wenn die Lizenz exklusiv vergeben wird, erhöht sich die Lizenzrate um 5%. Wenn der Lizenzvertrag mit einer französischen Firma geschlossen wird, dann erhöht sich die Lizenzrate um 1,93%. Der Umsatz hat einen t-Wert von 0,9, dh er übt in diesem Beispiel keinen signifikanten Einfluss auf die Lizenzrate aus. Daher wird der Koeffizient nicht interpretiert. Dass die Höhe des Umsatzes insignifikant ist für Bestimmung der Lizenzrate, ist insoweit verständlich, als dass Lizenzverträge für vergleichbare Produkte ausgewählt wurden.

Das Modell bestätigt den Unterschied, ob eine Lizenzrate einer deutschen Firma mit einer französischen oder portugiesischen Firma geschlossen wird. Gleichzeitig quantifiziert es die Einflüsse anderer Variablen, so dass diese objektiv bewertet werden können. Obwohl nicht die gesamt Variation in den beobachteten Lizenzraten erklärt werden kann, werden die Einflüsse der Variablen objektiv erfasst. Im folgenden Abschnitt werden statistische Verfahren für Stichproben vorgestellt, bei denen wenig Beobachtungen zur Verfügung stehen: bei Expertenbefragungen.

d) Daten aus Expertenbefragungen

aa) Einführung

81 Expertenbefragungen werden oft verwendet, um den Wert immaterieller Wirtschaftsgüter zu bestimmen. Befragungen finden bspw. Anwendung: in Haftungsfragen, bei Lizenzgebühren für immaterielle Wirtschaftsgüter und beim Kartellrecht.

Beispiele für **Befragungsgebiete externer Experten:**
(1) Würde ein ordentlicher Geschäftsleiter eine bestimmte Lizenzgebühr bezahlen?
(2) Wie hoch ist (bei Standardlizenzen) die Spanne angemessener Lizenzgebühren?
(3) Wie hoch ist der Anteil einer Technologie an dem Wert eines Produkts?
(4) Wie viel Jahre Vorsprung bringt eine Technologie?

Beispiele für **Befragungsgebiete interner Experten:**
(1) Welchen Anteil haben verschiedene Unternehmensteile am wirtschaftlichen Eigentum?
(2) Wie beeinflusst die Verhandlungsposition der einzelnen Konzernteile die Lizenzgebühr?
(3) Wie hoch sind die Kosteneinsparungen durch ein bestimmtes Knowhow
(4) Wie hoch sind die Umsatzsteigerungen durch die Verwendung bestimmter „Best Practices"?

Befragungen ermöglichen **Folgerungen über kausale Zusammenhänge** und werden auch von Gerichten akzeptiert. Bei U.S. Gerichten werden umfragebasierte Gutachten oft bei markenrechtlichen Verfahren zugelassen. Der US Federal Judicial Center's Reference Guide on Survey Research, bezeichnet die Verwendung von Umfragen als Routine. Es werden klare Anforderungen an die Zulässigkeit von Expertenbefragungen gestellt, dazu gehören:[34]

- die **Qualifikation der befragten Experten,**
- die **Glaubwürdigkeit der Aussagen** basierend auf Fakten oder Daten und unter Verwendung **zuverlässiger Prinzipien und Methoden** und
- die **Nützlichkeit der Aussagen** zu dem Sachverhalt

Damit die Folgerungen tatsächliche Sachverhalte korrekt analysieren, müssen die Befragungen sorgfältig durchgeführt werden. Das folgende Kapitel erklärt die technischen Details, um eine Befragung korrekt durchzuführen. Neben der **statistischen Auswertung** ist dabei vor allem die **Durchführung der Befragung** selbst entscheidend, um objektive Aussagen zu treffen.

bb) Statistische Kriterien bei Expertenbefragungen

Untersuchungen von Stichproben dienen dazu, **Rückschlüsse auf die** **zugrunde gelegte gesamte Population** zu ziehen und **kausale Zusammenhänge zu erklären.** Wenn es möglich ist, auf die Population zu schließen, dann gilt die Stichprobe als repräsentativ und kann verwendet werden, um valide Aussagen über Sachverhalte zu treffen. Bei statistischen Tests wird daher untersucht, ob eine Hypothese abgelehnt oder beibehalten wird.   82

Mit einer großen Stichprobe erhöht sich die Aussagekraft über den zu untersuchenden kausalen Zusammenhang, sofern nur Zufallsfehler einen Einfluss haben. **Befragungen von** (zu einem bestimmten Thema ausgewählten) **Experten verringern den Zufallsfehler,** da sie eher in der Lage sind den tatsächlichen Wert anzugeben; folglich ihre Zufallsfehler geringer sind. Daher genügen **kleinere Stichproben,** um Schlussfolgerungen anstrengen zu können. Dies ist das **Prinzip der Expertenbefragungen.** Experten werden befragt, um ihr **Wissen über einen Sachverhalt** zu teilen; ihre Antworten besitzen eine **große Aussagekraft.** Durch die Befragung von Experten erhält man genauere Antworten über einen Sachverhalt, den Nicht-Experten lediglich abschätzen können. Die **Variabilität der Aussagen nimmt daher ab** und statistische Tests lassen sich mit kleineren Stichproben durchführen.

Beispiel: Befragungen über das jährliche BIP Deutschlands weisen im Durchschnitt bei Straßenbefragungen eine höhere Streuung auf als bei studierten Volks- und Betriebswirten.

Bei **systematischen Fehlern** (*„sample bias"*) kommt es zu dauerhaften   83 Fehleinschätzungen der Befragten zu einem Sachverhalt; ihre Antworten weichen strukturell von dem tatsächlichen Wert, aus der zugrunde gelegten Gesamtpopulation, ab.[35] Grund dafür kann sein, dass:

---

[34] Federal Rules of Evidence, Rule 702. Testimony by Expert Witnesses. Die Prinzipien werden anschaulich in Folgendem Fall dargestellt: Daubert v Merrill Dow Pharmaceuticals (509 US 579 (1993)) und Kumho Tire v Carmichael (526 US 137 (1999)).

[35] *William H. Greene,* Econometric Analysis, 5. Aufl., New York University, 2002, S. 59.

– Die ausgewählten Experten nicht repräsentativ für die relevante Population sind.
– Die Befragungsmethoden die Befragten systematisch beeinflusst.
– Die Fragestellung beeinflusst den Befragten.
– Der Interviewer beeinflusst den Befragten.

Beispiel: Ein klassisches Beispiel eines systematischen Fehlers bei Befragungen, findet sich bei der Telefonbefragung in den USA zur Präsidentschaftswahl 1948. Eine Telefonbefragung wurde durchgeführt, um den nächsten Präsidenten zu prognostizieren. Die Chicago Tribune verkündete daraufhin, dass der republikanische Kandidat Dewey gegen den Demokraten Truman siegt. Da 1948 längst nicht alle Haushalte einen registrierten Telefonanschluss hatten und die Haushalte mit Telefonanschluss im Durchschnitt wohlhabender waren, kam es zu einer systematischen Verzerrung bei der Umfrage. Die **Befragten waren nicht repräsentativ für die Gesamtbevölkerung** und entgegen der Umfrage gewann der demokratische Kandidat Truman die Wahl.

cc) Dokumentation und Planung einer Umfrage

84 Ziel einer Befragung ist es, die **Bewertung eines Sachverhaltes** vom Befragten **ohne Beeinflussung** durch die Befragung selbst zu ergründen. Die Ergebnisse sind nur dann zuverlässig, wenn die Messergebnisse nicht beeinflusst werden und die Befragungsmethodik wissenschaftlichen Standards genügt.

Bei der Planung einer Umfrage ist die Auswahl der Experten entscheidend. Zunächst müssen die **Experten an Hand klarer Anforderungen an die Zuverlässigkeit ihrer Expertise ausgewählt** werden. Hierfür muss klar **dokumentiert** werden, an Hand **welcher Kriterien** und **von wem** die Experten ausgewählt wurden.

Die **Feststellung von objektiven Sachverhalten** (bspw. von Kosteneinsparungen), bei der es um die Beschreibung und Erfassung von Fakten geht, reicht in der Regel **die Befragung eines Experten.** Bei der **Einschätzung von subjektiven Sachverhalten** (bspw. Umsatzsteigerungen durch bestimmte Maßnahmen) sollten **mehrere Experten** befragt und ihre **Aussagen statistisch aufbereitet** werden.

Die **Fragestellung** muss, wie im Folgenden beschrieben, sorgfältig erfolgen und ebenfalls **dokumentiert** werden. Die Fragemethodik muss **für Außenstehende ersichtlich und nachvollziehbar** sein, dazu müssen die **Befragungen und Antworteten systematisch erfasst werden.**

Die Befragung kann **zunächst schriftlich in Memo Form** dokumentiert und sollte danach **systematisch und nachvollziehbar zu den Berechnungen verlinkt** werden. Die Antworten der Umfrage sollten mit den Berechnungen an Hand eines **„Back–Up–Book"** verknüpft werden, so dass alle Daten in Berechnungen einer Quelle zugeordnet werden können. Hierfür eignet sich die Einarbeitung der Antworten in Excel, wobei die **Antworten der Experten mit Verweis auf die Befragung in die Berechnungen** eingearbeitet werden.

Bei den Berichten, die an die Steuerbehörden eingereicht werden sollten die **Befragungsergebnisse in Anhängen** erfasst werden. Dies umfasst auch die Auswahl der Experten. Die Experten sollten anonymisiert aber mit Berufstitel und Arbeitsbeschreibung dokumentiert werden, um ihre Expertise zu zeigen.

Der **Vorteil einer Befragung** besteht darin, **gezielt die Informationen zu erfragen,** die sonst oft nur durch Beobachtungen indirekt ermittelbar wären. Der **Nachteil einer Befragung** ist die **mögliche Verfälschung der Messergebnisse durch Beeinflussung der Befragten.** Nach der Identifizierung der relevanten Population sollten folgende Schritte für eine Befragung erfolgen.

(1) **Identifizierung der zu befragenden Experten** (*sample frame*) und **Formulierung der Fragen.** Da identifizierte Experten in der Regel keine allzu große Population bilden, bietet es sich an, möglichst viele Experten zu kontaktieren; spezielle Überlegungen über die Auswahl innerhalb der Population spielen daher eine untergeordnete Rolle.

(2) **Spezifizierung der Befragungsmethode:** neben der **Art der Antwortmöglichkeiten** gilt es die **Auswahl des Verfahrens** zu treffen.

(3) **Durchführung der Befragung.**

(4) Das **Sammeln der Antworten** und die **Interpretation der Ergebnisse.**

dd) Fragemethodik[36]

Die **Fragen** müssen **neutral und verständlich** geschrieben werden. **85** Wenn eine Frage missverständlich gestellt wird, dann spiegeln die Antworten nicht die tatsächliche Meinung der Befragten wieder. Verstehen die Befragten die Frage nicht, dann antworten sie nicht bzw. ihre Antwort ist der Auswertung nicht dienlich. Daher sollten in die Fragenstellung folgende Überlegungen einfließen:

– Der Befragte sollte mit der **Ausdrucksweise der Frage** vertraut sein. Der Fragesteller sollte **keine** nur ihm bekannten **Fachausdrücke** verwenden, oder diese zumindest erklären.

– **Beispiel:** Glauben Sie, dass die Bewertung von CDS auf den Derivatemärkten der Logik der efficient market hypothesis entspircht?

– **Unbestimmte Wörter** sollten vermieden werden, da sie bei den Befragten unterschiedliche Assoziationen auslösen. Wörter wie **regelmäßig, oft, viel, kürzlich, üblicherweise** etc. bedeuten für jeden Menschen etwas anderes.

– **Beispiel:** Geben Sie viel Geld für Schuhe aus?

– **Die Fragen sollten eindeutig** sein, so dass nicht ein Teil der Befragten die Frage missversteht. Bspw. sind **negative Fragen oft missverständlich.**

– **Beispiel:** Sind Sie gegen ein Rauchverbot?

– **Keine entweder – oder Fragen** verwenden.

– **Beispiel: Fahren sie gerne mit dem Zug oder dem Bus?**

---

[36] Einen anschaulichen Überblick über die Methoden der Fragestellung bietet: *Bethlehem,* 2009, Applied Survey Methods, S. 45 ff.

– Die Fragen sollten so **kurz wie möglich** sein, um die Aufmerksamkeitsspanne aufrecht zu erhalten. Dies bedeutet, dass **nicht zu viele Fragen** gestellt werden, dass die **Fragestellung nicht zu lang** ist und dass **nicht zu viele Informationen mit einer Frage** erfragt werden. Dies würde die **Rücklaufrate verringern.**

– Es dürfen **keine Suggestivfragen** gestellt, bzw. der Befragte in irgendeiner Form durch die Fragestellung beeinflusst, werden.

   – **Beispiel:** Viele Studien haben gezeigt, dass Rauchen Lungenkrebs erzeugt. Stimmen Sie dem zu?

– Bei der Befragung sollten die **äußeren Umstände und Hintergründe genau beschrieben werden.** Bspw. spielt der Zeitpunkt eine große Rolle und die Befragten sollten sich in einen Sachverhalt hineindenken.

   – **Beispiel:** Im Juni 2012 waren die Ratings der drei großen Ratingagenturen für griechische Staatsanleihen CCC, CCC+ und Caa1. Wie hoch schätzten sie im Juni 2012 das Ausfallrisiko griechischer Staatsanleihen?

ee) Spezifizierung der Befragungsmethode

86   Die Befragungsmethode wird einerseits durch den Grad der Standardisierung und andererseits durch das Kommunikationsmedium bestimmt. Die Kommunikation mit den Experten kann mündlich über **persönliche oder telefonische** Befragungen erfolgen oder schriftlich über **Brief- oder Online-Befragungen** stattfinden. Die Antworten selbst können dabei unterschiedlich gesammelt werden.

Bei der mündlichen Befragung stehen zur Auswahl: **Offene, teilstandardisierte und vollstandardisierte Fragen.** Bei **vollstandardisierten Befragungen** gibt der Experte in der Regel den **Grad seiner Zustimmung auf einer Skala**[37] an (von 1 „Stimme voll und ganz zu" bis 7 „Stimme gar nicht zu", andere Skalierungen sind möglich). Andere Antwortmöglichkeiten bestehen aus Ja–Nein Fragen sowie numerischen Angaben über eine Messgröße (zB das Jahresgehalt). Diese Art der Befragung wird als **quantitative Interviews** bezeichnet, die Antworten können leicht statistisch erfasst und quantitativ ausgewertet werden. Bei der **offenen und teilstandardisierten Befragung** hat der Experte die Möglichkeit **freie Antworten** zu einer Frage zu geben, sie werden **qualitative Interviews** genannt und können tiefere Einblicke des Befragten zu einem Sachverhalt gewähren. Die Antworten der offenen Fragen können mit einigem Aufwand in Skalen übersetzt werden und so eine statistische Analyse ermöglichen. Eine **Interpretation durch den Fragenden** findet aber in jedem Fall statt; in der Regel werden die **Befragungen qualitativ ausgewertet,** dh nicht mittels statistischer Verfahren.

87   Bei der schriftlichen **Brief- oder Online-Befragung** können den Befragten die gleichen Antwortmöglichkeiten gegeben werden:
– Sie können aus zwei Antworten wählen (Ja–Nein Fragen).
– Sie können aus mehreren Alternativen wählen (Welche Partei wählen Sie?).

---

[37] In der Regel wird die fünf bzw. sieben stufige Likert Skala verwendet

– Sie können die Antwort aus kontinuierlichem Bereich wählen.
– Es können offene Fragen gestellt werden.

Für die Auswertung ergibt sich wiederum, dass die offenen Fragen in der Regel qualitativ ausgewertet werden, während die skalierten Fragen quantitativ analysiert werden können.

ff) Durchführung der Befragung

Wie oben beschrieben führt die Befragung von Experten zu Stichproben **88** mit einer geringeren Variabilität in den Antworten und ermöglicht mit der Befragung weniger Experten, statistische Überprüfungen durchzuführen. Die Identifizierung der relevanten Experten (*sample frame*) für eine Befragung ist daher entscheidend. **Experten müssen danach ausgewählt** werden, dass sie **anerkannte Experten auf dem Untersuchungsgebiet** sind, in **der relevanten Branche tätig** sind bzw. sich in ihrer Arbeit mit dem Untersuchungsgegenstand beschäftigen oder von **anderen Experten als verlässliche Experten eingestuft** werden.[38]

Beispiel: Um die Art der Finanzierung für länderübergreifende Investitionen zu erfragen, eignen sich vor allem die Leiter der Finanzabteilung, Finanzdirektoren und die Vorstände von international agierenden Unternehmen.

Bei Expertenbefragungen besteht oftmals das Problem, dass die **Rücklaufquote gering** ist. Dies kann uU auf schlecht erstellte Befragungen zurückgeführt werden.[39] Problematisch ist eine geringe Rücklaufquote dann, wenn die nicht antworteten Experten systematisch andere Antworten geben würden. Dies würde zu einer systematischen Verzerrung führen und die Umfrage wäre statistisch nicht interpretierbar.[40] **Experten sind allerdings weniger gewillt/zeitlich in der Lage an Umfragen teilzunehmen.** Dies muss nicht an einer systematischen Verzerrung liegen. Auf Grund der geringen Rücklaufquote müssen daher in der Regel möglichst viele Experten angeschrieben werden, um eine aussagekräftige Stichprobe zu erhalten.

Bei der **Bestimmung der Stichprobengröße** gilt, dass auf Grund der **89** geringen Rücklaufquote **möglichst viele Experten kontaktiert** werden sollten, jedoch durch die **Güte der Antworten bereits eine geringe Stichprobe ausreichen kann,** um verlässliche Schlüsse zu ziehen. Oft bestehen Fehleinschätzungen, was die optimale Größe der Stichprobe angeht.

– Es besteht manchmal die Auffassung, ein **bestimmter Prozentsatz einer relevanten Population müsste erfasst werden.** Dies ist problematisch, da entscheidend für das Ziehen von Schlüssen durch Befragungen das Befragungsthema, die Befragungsmethode, sowie die Expertise der Befragten sind.
– **Einheitliche Standardgrößen** zu verwenden ist ebenfalls nicht ohne weiteres plausibel für die Bestimmung der Stichprobengröße, da in jede Befragung individuelle Einflussfaktoren einfließen, die die Stichprobengröße bestimmen.

---

[38] Vgl. Federal Rules of Evidence, Rule 702. Testimony by Expert Witnesses.
[39] Indizien hierfür können beigefügten Schreiben und einer hohen Variabilität der Antworten entnommen werden.
[40] Vgl. *Bethlehem*, 2009, Applied Survey Methods, S. 210 ff.

– Die Stichprobengröße **basierend auf der Fehlertoleranz** festlegen zu wollen, ist kaum möglich. Die Fehlertoleranz ist abhängig von der im Vorfeld unbekannten Variabilität der Antworten, diese schwankt je nach Befragungsthema und Befragungsgruppe.[41]

Die **Stichprobengröße hängt von der Genauigkeit der Schätzer ab.** Ist die Varianz der Antworten klein, dann werden weniger Befragte benötigt. Befragungen müssen sorgfältig durchgeführt werden, damit die Ergebnisse verwendet werden können. Wenn die Befragungen sorgfältig durchgeführt wurden, dann können **Wiederholungen der Befragung zeigen, ob die gleichen Schlüsse gezogen werden** können. So lange die Methodik und Fragenstellung akzeptiert werden, kommen erneute Befragungen mit großer statistischer Sicherheit zum gleichen Ergebnis. Daher sind Befragungen auch gegen Manipulationsvorwürfe robust, sie können mittels einer Wiederholung der Befragung auch mit anderen Stichproben der relevanten Population überprüft werden.

gg) Interpretation der Ergebnisse[42]

90   Nachdem die Antworten der Experten eingesammelt wurden, können sie ausgewertet werden. Bei qualitativen Fragen ist die Auswertung insoweit anspruchsvoll, als die Antworten sorgfältig interpretiert werden müssen. Bei der statistischen Analyse quantitativer Befragungen müssen zunächst die Daten aufbereitet werden. Benötigt werden der **Mittelwert und die Standardabweichung der Stichprobe.**

$$\overline{X} = \frac{1}{N}\sum_{i=1}^{N} x_i \qquad s^2 = \frac{1}{N-1}\sum_{i=1}^{N}(x_i - \mu)^2 \qquad \sigma = \sqrt{s^2}$$

Für das statistische Testen, wird der Standardfehler benötigt:

$$\sigma_N = \frac{\sigma}{\sqrt{N}} = \sqrt{\frac{1}{N \star (N-1)}\sum_{i=1}^{N}(x_i - \mu)^2}$$

Zur Beschreibung statistischer Daten werden oft Mittelwert und Standardabweichung oder Mittelwert und Standardfehler verwendet. Der Mittelwert und die Standardabweichung sind deskriptive Werte über die erhobene Stichprobe. Der **Standardfehler ist ein statistischer Wert und beschreibt die Erhebung der Stichprobe,** dh mit welcher Wahrscheinlichkeit sich der erhobene Wert dem tatsächlichen Wert nähert.

91   Bei erwartungstreuen Schätzern gibt der Standardfehler die durchschnittliche Abweichung des geschätzten Parameters vom wahren Parameter an. Falls keine systematischen Verzerrungen vorliegen, gilt:

– Je **größer die Stichprobe (N) desto kleiner wird der Standardfehler;** desto genauer wird der Schätzer.

---

[41] *Fowler,* Survey Research Methods, 4th Edition, S. 44 f.

[42] Die hier vorgestellten Verfahren werden in jedem Lehrbuch der Statistik vorgestellt. Ein weit verbreitetes Lehrbuch ist: *Wooldridge,* Introductory Econometrics: A Modern Approach, South-Western; 2. Aufl., 2002 S. 1 ff.

– Je **kleiner die Varianz in der Stichprobe (s^2), desto kleiner ist der Standardfehler** und desto genauer ist der Schätzer.

Bei Expertenbefragungen weisen die Antworten eine geringere Variabilität 92
auf, da die tatsächlichen Werte besser von den Befragten eingeschätzt werden können. Daher ist die Standardabweichung und somit auch in der Regel der Standardfehler kleiner. Mittels des Standardfehlers können, wie oben demonstriert wurde, statistische Tests durchgeführt werden.

Bei manchen Befragungen lassen sich nur sehr wenige Experten identifi- 93
zieren. Bspw. können innerbetriebliche Befragungen durchgeführt werden bei denen u. a. eruiert werden soll, welchen Nutzen bestimmte Leistungen für eine Abteilung haben. Die Anzahl der Menschen, die einen solchen speziellen Sachverhalt einschätzen können ist sehr gering. Eine statistische Auswertung ist bei diesen Befragungen nicht möglich, da Anhaltspunkte über die Verteilung der Antworten fehlen. Dennoch sind diese Befragungen relevant, da die Expertise der Befragten die fehlende Stichprobengröße aufwiegt. Die Antworten sind oftmals der einzige Anhaltspunkte für die Darstellung eines Sachverhaltes.

Für die Einschätzung eines **objektiven Sachverhaltes** reicht es oft aus, lediglich einen Experten zu befragen.

Beispiel: Ein Experte wurde zu den Kosteneinsparungen seiner Abteilung durch die Einführung eines zentralen IT Systems gefragt. Er ist in der Lage anzugeben, welche Kosten ein eigenes IT System für seine Abteilung bedeutet hätte.

Für die Einschätzung eines **subjektiven Sachverhaltes** müssen wenn mögliche mehrere Experten befragt werden. Die Antworten müssen dann statistisch aufbereitet werden, dabei eignet sich die Berechnung einer interquartilen Bandbreite in dem der „wahre" Wert liegen sollte

Beispiel: Sieben Experten einer ausländischen Tochtergesellschaft werden gefragt, welcher Anteil der Umsätze zurückzuführen ist auf die zentral erfolgten Marketingmaßnahmen der Muttergesellschaft und damit auf den Markenwert.

Die sieben Experten nehmen wichtige Vertriebsfunktionen der Gesellschaft wahr und schätzen folgende Werte.

Experte	Funktion	Anteil am Umsatz
1	Vertriebsleiter	20 %
2	Stellvertretender Vertriebsleiter	30 %
3	Vertriebsaußenmitarbeiter	35 %
4	Vertriebsmitarbeiter	20 %
5	Vertriebsaußenmitarbeiter	40 %
6	Vertriebsaußenmitarbeiter	25 %
7	Vertriebsaußenmitarbeiter	15 %

Aus den Antworten lässt sich durch die Berechnung von Quartilen eine interquartile Bandbreite bilden. Dabei kann der Median, bei wenigen Experten auch der Durchschnitt, der Antworten als tatsächlicher Wert verwendet werden, um den Beitrag zum Umsatz zentral erbrachter Marketingmaßnahmen zu bestimmen.

	Anteil am Umsatz
1. Quartile	20 %
Median	25 %
Durchschnitt	26 %
3. Quartil	35 %

Die Berechnung und Dokumentation einer Expertenbefragung muss dabei, wie oben beschrieben, in der Verrechnungspreisdokumentation aufgenommen werden.

e) Anwendung statistischer Methoden für die Preisvergleichs-Methode[43]

aa) Einführung

94   Die statistische Analyse ist nicht nur in den Naturwissenschaften weit verbreitet, sondern wird auch in der Volkswirtschafts- und Betriebswirtschaftslehre verwendet. Sie kann auch im Bereich der Verrechnungspreise zum Anpassen der Effekte von Transaktionsunterschieden auf Preise verwendet werden.

95   Im Folgenden wird die Anwendung statistischer Methoden im Rahmen der Preisvergleichsmethode anhand eines hypothetischen Beispiels gezeigt. Das **Fallbeispiel** zeigt, wie die Preisunterschiede zwischen Plus-Maschinen und Minus-Maschinen angepasst werden.

Unternehmen P verkauft Plus-Maschinen (15 mm) an das verbundene ausländische Unternehmen S. Zur gleichen Zeit verkauft es Minus-Maschinen (15 mm) und Plus- und Minus-Maschinen (10 mm) an verschiedene unverbundene Unternehmen. Zur Bestimmung eines Verrechnungspreises an das verbundene Unternehmen S verweist das Unternehmen P auf die CUP-Methode als anzuwendende Verrechnungspreismethode. Es führt aus, dass der Preis für Plus-Maschinen (15 mm) an Unternehmen S vergleichbar mit dem Preis für Minus-Maschinen (15 mm) an das unverbundene Unternehmen A ist: Plus-Maschinen und Minus-Maschinen unterscheiden sich nur in Ihrer Form und sind in ihrem Gebrauch substituierbar und gelten daher als „vergleichbare Waren".

Die Steuerbehörden stimmen mit dieser Auffassung jedoch nicht überein. Die Steuerbehörden führen aus, dass der physische Unterschied zwischen den Plus- und Minus-Maschineneine Auswirkung auf den Preis hat, während der Steuerzahler (Unternehmen P) dies verneint.[44]

---

[43] Die nachfolgenden Ausführungen sind weitgehend mit denen in der 3. Aufl. dieses Werkes identisch. Wir danken dem damaligen Ko-Autor Hendrik Fügemann für seine damaligen Texte.

Vgl. „Application of Statistical Methods in Compliance with Transfer Pricing Rules in Japan", Makoto Ikeya und Keit Fukunaga, NERA Economic Consulting. Teile dieses Unterkapitels beruhen auf diesem Artikel; Beispiele wurden diesem Artikel entnommen. Wir danken Hendrik Fügemann für seine Beiträge zur dritten Auflage dieses Buches.

[44] Es wird angenommen, dass diese Produkte, unabhängig von den Unterschieden zwischen Plus- und Minus-Maschinen sowie ihrer Größe (10 mm und 15 mm) die gleichen Waren sind in Hinblick auf ihre physischen und chemischen Charakteristika,

Um zu testen, ob der Unterschied zwischen Plus- und Minus-Maschinen **96** einen Einfluss auf den Preis hat, werden **historische Daten von Verkaufspreisen** von 10 mm Plus- und Minus-Maschinen an unabhängige Dritte verwendet, da der Vergleich zwischen 15 mm Plus- und Minus-Maschinen auch die Preise an verbundene ausländische Unternehmen inkludiert. Der Vergleich von 15 mm Plus- und 15 mm Minus-Maschinen wird daher als unangemessen angesehen.

Im Folgenden wird ein **Histogramm der Preisverteilung** von 10 mm **97** Plus- und Minus-Maschinen dargestellt. Die horizontale Achse zeigt die Preisbandbreite, und die vertikale Achse gibt das Transaktionsvolumen innerhalb jeder Preisbandbreite wieder.

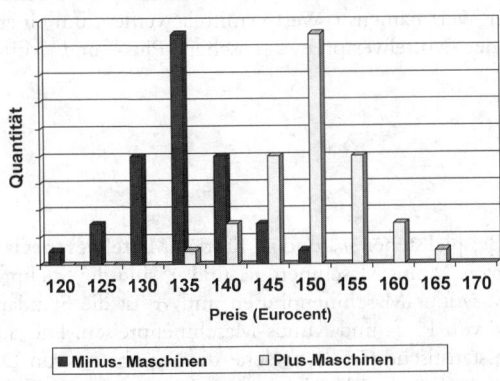

Preisverteilung von Maschinen

Folgende Rückschlüsse können aus dem Histogramm gezogen werden:
1. Es gibt Preisunterschiede, selbst bei der gleichen Art von Maschinen (dh eine **Preisbandbreite** kann beobachtet werden)
2. Insgesamt haben die Plus-Maschinen im Vergleich zu Minus-Maschinen einen höheren **Erwartungswert.** Bei der Betrachtung individueller Preise gibt es jedoch sowohl Plus-Maschinen, die teurer sind als Minus-Maschinen, als auch umgekehrt.

Das Histogramm zeigt, dass die Preise über die **Bandbreite** gestreut und **98** nicht identisch sind, selbst wenn die Transaktionen „vergleichbare Waren" unter „vergleichbaren Bedingungen" umfassen. Folglich können Preise unterschiedlich sein, selbst wenn die Transaktionen die gleichen Plus- oder Minus-Maschinen betreffen. Es kann gezeigt werden, dass die Preise zwischen unabhängigen Unternehmen nicht notwendigerweise zu einem Einheitspreis konvergieren.

Zu diesem Zeitpunkt kann nicht gefolgert werden, dass Preisunterschiede **99** bestehen. Es gibt Plus-Maschinen, die teurer sind und es gibt Minus-Maschinen, die teurer sind. Eine Partei könnte behaupten, dass der physische Unterschied zwischen Plus- und Minus-Maschinen einen Einfluss auf den Preis habe, während die andere Partei das Gegenteil behaupten könnte. Es ist

---

und dass die Transaktionsumstände auch keinen Unterschied aufweisen, der zu einem Einfluss auf den Preis führen würde.

schwierig zu entscheiden, welches dieser in Konflikt stehenden Argumente mehr Sinn ergibt. Dieses Problem kann jedoch mit Hilfe statistischer Methoden gelöst werden.

100   Wenn die Preise beider Produkte breit verteilt sind, kann der Preisunterschied dieser Produkte mit Hilfe einer statistischen Methode analysiert werden, indem der **Unterschied der Mittelwerte** getestet wird. Dies bedeutet, dass, falls mit statistischer Signifikanz gezeigt werden kann, dass der Mittelwertpreis für Plus-Maschinen höher ist als der Mittelwertpreis für Minus-Maschinen, der Nachweis erbracht wird, dass ein Preisunterschied besteht. Die Details dieser Methode werden im Folgenden dargelegt.

101   Die **Stichprobengröße** für beide Preise (dh von Plus-Maschinen und Minus-Maschinen) muss adäquat groß sein (n >= 30). Falls man annehmen kann, dass die Preise **normalverteilt** sind, kann mit der folgenden Formel ein statistischer Wert namens t-Wert ermittelt werden, um einen Test für den Unterschied der Mittelwertpreise zwischen Plus- und Minus-Maschinen durchzuführen.

$$ t = \frac{m_+ - m_-}{\sigma \sqrt{\dfrac{1}{n_+} + \dfrac{1}{n_-}}} $$

102   Im obigen Beispiel stehen m_+ und m_- für den **Mittelwertpreis** der Stichprobe von Plus- bzw. Minus Maschinen, n_+ und n_- sind die Stichprobenumfänge von Plus- bzw. Minus-Maschinenpreisen und σ ist die Standardabweichung der Stichprobe von Plus- und Minus-Maschinenpreisen. Die Standardabweichung ist eine statistische Größe, welche die Streubreite von Daten misst. Je höher der Wert der Standardabweichung ist, desto größer ist die Streubreite der Daten. Es wird hier angenommen, dass die Standardabweichung von Plus- und Minus-Maschinen gleich ist. Falls die Standardabweichungen von Plus- und Minus-Maschinen unterschiedlich sind, verändert sich die Formel des t-Werts leicht, jedoch bleiben die anderen Schritte des Tests unverändert.

103   Bei der Durchführung dieser statistischen Tests setzt man einen **Signifikanzlevel,** in diesem Fall 5 %, welcher die relative Größe des Ablehnungsbereichs und des Annahmebereichs definiert, wie unten erläutert wird. Es ist auch die **„Null-Hypothese"** zu definieren; dh in dem Fall, dass kein statistisch signifikanter Unterschied zwischen den Mittelwerten der Stichproben besteht. Wenn die Stichprobe groß genug ist und falls der absolute t-Wert größer als 1.96 („kritischer Wert", siehe Student-t-Verteilung) ist, wird die Null-Hypothese abgelehnt und es kann gefolgert werden, dass der Unterschied in den Mittelwertpreisen (dh der Preisunterschied zwischen Plus- und Minus-Maschinen) statistisch signifikant ist. Falls andererseits der absolute t-Wert kleiner als 1.96 ist, fällt er in den Annahmebereich und die Null-Hypothese kann nicht abgelehnt werden.

104   Im obigen Beispiel ergibt sich ein t-Wert von 0.56, wenn die Preisdaten für den Verkauf von 10 mm Plus- und Minus-Maschinen an das unverbundene Unternehmen betrachtet werden. Dies bedeutet, dass kein statistisch signifikanter Unterschied zwischen den Mittelwertpreisen besteht. Folglich hat der Unterschied zwischen Plus- und Minus Maschinen keine statistisch signifikante Auswirkung auf den Preis.

Diese **statistische Methode nutzt ein objektives und nachvollziehba-** 105
res Verfahren und kann daher testen, ob und in wieweit Preisunterschiede bestehen, ob die Produktunterschiede einen erkennbaren Einfluss auf den Preis
haben und ob bspw. der interne Preisvergleich durchgeführt werden kann.
Ergebnis: Im vorliegenden Fall ist der interne Preisvergleich anwendbar.

bb) Anpassungen auf Grund von Transaktionsunterschieden mit Hilfe statistischer Methoden

Eine statistische Methode kann nicht nur verwendet werden um festzustel- 106
len, ob statistisch signifikante Preisunterschiede aufgrund von Transaktionsunterschieden vorliegen, sondern auch um Anpassungen aufgrund von **Trans-**
aktionsunterschieden vorzunehmen.

Anpassungen aufgrund von Transaktionsunterschieden sind bei statistisch
signifikanten Preisunterschieden zweier Waren vorzunehmen, falls sich die
unabhängigen Parteien auf diesen Unterschied in den Transaktionsbedingun-
gen verständigt haben oder dieser durch eine statistische Methode, wie oben
dargelegt, bewiesen wurde. Wenn es schwierig oder unmöglich ist, angemessene Anpassungen anhand der Standardmethoden vorzunehmen, kann eine
statistische Methode verwendet werden.

Beispiel 2:

Um das **obige Beispiel weiterzuführen** wird angenommen, dass das 107
Unternehmen die gleichen 15 mm Plus-Maschinen, welche es an das Unternehmen S verkauft, auch an verschiedene unverbundene Unternehmen verkauft. Im Gegensatz zum obigen Fall kann nun ein Vergleich zwischen den
gleichen 15 mm Plus-Maschinengeführt werden. In diesem Fall ist es nicht
erforderlich, den Effekt des Unterschiedes zwischen Plus- und Minus Maschinen zu testen.

Es wird weiterhin angenommen, dass eine deutlich größere Menge an unverbundene Unternehmen verkauft wird und dass, wie gewöhnlich, ein
Mengenrabatt gewährt wird. Aus diesem Grund kann nicht gesagt werden,
dass die Transaktionen unter den gleichen Bedingungen stattgefunden haben;
daher sind die Transaktionen **nicht uneingeschränkt vergleichbar.**

Auch für diesen Fall kann eine statistische Methode verwendet werden, um
die Auswirkungen der Menge auf den Preis zu quantifizieren und hierauf basierend eine Anpassung vorzunehmen. Im Folgenden wird eine solche statistische Methode, die Regressionsanalyse, in ihrer einfachsten Form vorgestellt.

Die **Regressionsanalyse** schätzt statistisch die Beziehung zwischen der 108
abhängigen Variable (in diesem Fall Preis) und der unabhängigen Variable (in
diesem Fall Quantität). Die Beziehung zwischen Preis (P), der abhängigen
Variable, und Quantität (Q), der unabhängigen Variable, kann sehr vereinfacht
anhand der folgenden Gleichung dargestellt werden:

$$P = \alpha + \beta Q$$

In dieser Gleichung ist α eine Konstante, welche nicht vom Preis oder der 109
Quantität abhängig ist, und β ist ein Koeffizient, der die Beziehung zwischen Quantität und Preis wiedergibt. Falls die Ergebnisse der Regressionsanalyse statistisch signifikant sind, kann der korrespondierende Preis geschätzt
werden, indem die Verkaufsmenge in die obige Gleichung eingesetzt wird.

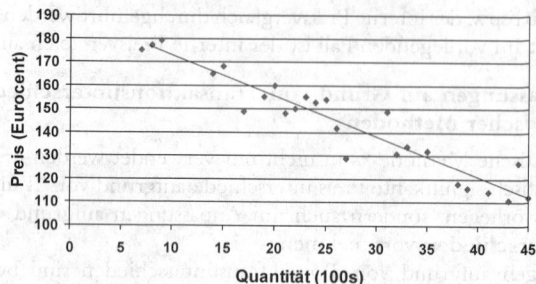

Grafische Darstellung des
Regressionsanalysenergebnisses

110 Die obige Darstellung zeigt das Ergebnis der Regressionsanalyse. Die Punkte spiegeln tatsächliche Beobachtungen von Preisen und Mengen wieder. Die Gerade zeigt die Beziehung zwischen Preis und Menge in der Regressionsgleichung. Die Steigung ist β, welche die lineare Beziehung zwischen Preis und Menge wiedergibt.

111 Um die Regressionsgleichung zu schätzen wird oft die **Methode der kleinsten Quadrate** („ordinary least-squares method") verwendet. Die Methode betrachtet die vertikale Distanz zwischen den tatsächlichen Beobachtungen (den Paaren von Menge und Preis) und der Geraden, und minimiert die Summe der quadrierten Differenzen für die gesamte Stichprobe, um die **Steigung** und die **Konstante** zu erhalten. Mit anderen Worten ist die Gerade so determiniert, dass die Summe der quadrierten Differenzen zwischen den tatsächlichen Punkten und den erwarteten Werten auf der Geraden (dh die Fehlerterme) minimiert wird.

Die Regressionsanalyse ergibt einen Wert von -1.8 für β und 192.2 für die Konstante. Somit kann die Beziehung zwischen Preis und Quantität von 15mm Plus-Maschinen anhand der folgenden Gleichung geschätzt werden.

$$\hat{P} = 102.2 - 1.8Q$$

112 $\hat{P}$ ist der erwartete Wert von P. Im obigen Beispiel ist der Wert von β mit -1.8 angegeben. Falls die Verkaufsmenge um 100 steigt, wird geschätzt, dass der Einheitspreis um 1.8 Euro sinkt. Da dies ein geschätzter Wert ist, kann dessen Genauigkeit mit Hilfe des oben vorgestellten t-Werts getestet werden. Gemeinhin, falls (unter den gleichen Annahmen wie oben) der t-Wert größer ist als 1.96, so wird von β gesagt, dass der Regressionskoeffizient statistisch signifikant ist und die Beziehung zwischen der unabhängigen und der abhängigen Variable statistische Signifikanz besitzt. Wenn anderseits der absolute t-Wert kleiner als 1.96 ist, kann nicht gesagt werden, dass die Beziehung zwischen der unabhängigen und der abhängigen Variable eine statistische Signifikanz hat und eine Anpassung ist nicht erforderlich. Im obigen Beispiel ergibt sich ein t-Wert[45] von 2.03 (>1.96), so dass die Beziehung zwi-

---

[45] Der t-Wert (Prüfgröße) für das Testen auf statistische Signifikanz von Regressionskoeffizienten ergibt sich aus der folgenden Formel:

schen der abhängigen und der unabhängigen Variable statistisch signifikant ist und eine Anpassung nötig ist.

Die Anpassungsmethode wird im Folgenden vorgestellt.

Wie oben ausgeführt, gibt β den geschätzten Einfluss der Quantität auf **113** den Preis wieder und dieser Wert ist −1.8. Dies bedeutet, dass wenn die Quantität um eine Einheit steigt (dh 100), der Einheits-Maschinenpreis sich um $\beta \times$ *Mengeneinheiten* $= -1.8 \times 1 = -1.8$ ändert. Unterschiedliche Preise können somit in unterschiedlichen Verkaufsmengen begründet liegen. Um festzustellen, ob der Verrechnungspreis zwischen den verbundenen Unternehmen dem Fremdvergleichsgrundsatz folgt, muss der Preis also um den **Mengeneffekt** „bereinigt" werden, dh der Preis muss um den Mengeneffekt angepasst werden.

Es werden bspw. 2,000 15 mm Plus-Maschinen an unverbundene Unter- **114** nehmen zu einem Preis von 159 Euro pro Einheit verkauft. Anderseits werden 1,500 15 mm Plus-Maschinen an das verbundene Unternehmen S zu einem Preis von 168 Euro pro Einheit verkauft. In diesem Fall kann geschätzt werden, dass ein Preisunterschied von $(2,000 - 1,500)/100 \times 1.8 = 9$ zwischen den Maschinenpreisen an das verbundene und an das unverbundene Unternehmen **aufgrund der Transaktionsmengenunterschiede** vorliegt. Diese Preisdifferenz entsteht durch den Einfluss der unterschiedlichen Transaktionsvolumina auf den Preis. Der Transaktionspreis der unverbundenen Unternehmen wäre $159 + 9 = 168$, falls die gleiche Menge an Maschinen, die an Unternehmen S verkauft wird, auch an unverbundenen Unternehmen verkauft würde.

Folglich kann als **Ergebnis der Fremdvergleichs-Analyse** anhand eines **internen Preisvergleichs** festgestellt werden, dass der Transferpreis an das verbundene Unternehmen S **fremdvergleichsüblich** ist, da sich nach der Anpassung der Transaktionsmengenunterschiede ein identischer Preis (dh 168) für die Transaktionen zwischen den verbundenen und zwischen dem verbundenen und dem unverbundenen Unternehmen ergibt.

cc) Grenzen statistischer Methoden

Statistische Methoden sind nützlich, um **Effekte von Transaktionsun-** **115** **terschieden** zu testen und um − bei Vorliegen von **statistisch signifikanten Unterschieden** − Anpassungen vorzunehmen. Der Gebrauch einer statistischen Methode errechnet die Unterschiede rechnerisch und kann insoweit eine ausschließliche Diskussion auf der Basis qualitativer Annahmen vermeiden. Statistische Methoden sind ein effektives Instrument, um die **Verhandlungen** zwischen den Steuerbehörden und dem Steuerzahler **effektiv und effizient** zu gestalten.

Um verwertbare Ergebnisse aus der statistischen Analyse zu erhalten, sind allerdings mehrere Voraussetzungen zu erfüllen.

Erstens muss das **Signifikanzniveau** vom Analysten auf Basis seines Ur- **116** teilsvermögens gesetzt werden; der Analyst sollte das geeignete Signifikanzni-

---

$t = \dfrac{\hat{\beta} - \beta_0}{\hat{\sigma}_\beta}$, wobei $\hat{\beta} - \beta_0$ die Abweichung des geschätzten Koeffizienten vom Null-Hypothesenwert β_0, in diesem Fall 0, und $\hat{\sigma}_\beta$ die geschätzte Standardabweichung von β ist.

veau fallspezifisch und abhängig von dem jeweiligen Zweck der Analyse beurteilen und setzen.

117   Zweitens können statistische Methoden nur verlässlich angewendet werden, wenn die **Stichprobengröße** groß genug ist. Die statistische Analyse unterstellt, dass man auf Basis der Stichprobe Werte schätzen kann (zB Mittelwert, Standardabweichung), welche die Charakteristika einer Grundgesamtheit (im vorherigen Beispiel wären dies die Preisdaten aller Plus-Maschinen) darstellen. Falls die Stichprobe jedoch zu klein ist, sind die Werte der Grundgesamtheit nicht verlässlich.

118   Drittens wird beim Vorliegen von **Heteroskedastizität** (dh die Verteilung der Fehlerterme ist abhängig von den unabhängigen Variablen) zwar die Genauigkeit der Größe der geschätzten Koeffizienten nicht beeinträchtigt, die Heteroskedastizität beeinflusst jedoch die Größe des t-Werts und daher die statistische Signifikanz (dh ob der Einfluss der unabhängigen Variablen statistisch signifikant ist oder ob das nicht der Fall ist).

119   Viertens kann im Fall von **Multikollinearität** der Einfluss der unabhängigen Variablen auf die abhängige Variable nicht konsistent geschätzt werden. Multikollinearität liegt vor, wenn bei mehreren unabhängigen Variablen (im obigen vereinfachten Beispiel lag nur eine unabhängige Variable vor), eine gewisse kollineare Beziehung zwischen zwei oder mehr unabhängigen Variablen existiert und es somit unmöglich wird den Einfluss der unabhängigen Variablen auf die abhängige Variable konsistent zu schätzen. In diesem Fall sollte zB die Auswahl der in der Analyse betrachteten Variablen überdacht werden, um das Problem der Multikollinearität zu beheben.

Weitere Probleme, wie bspw. Autokorrelation bei Zeitreihendaten, können die Ergebnisse der Analyse beeinträchtigen.

120   Statistische Methoden sind ein sehr nützliches Instrument; es müssen jedoch die **Charakteristika der jeweiligen Daten** und die angewandten **statistischen Methoden** sowie ihre **Annahmen** genau betrachtet und beachtet werden, da ansonsten inkorrekte Ergebnisse die Aussagekraft der statistischen Analyse beeinträchtigen.

121   Die Preisvergleichs-Methode kann aufgrund der **steigenden Verfügbarkeit von Preisdaten** für Wirtschaftsgüter in **externen und internen Datenbanken** zunehmend verwendet werden. Mit Hilfe statistischer Methoden lassen sich **zahlreiche Effekte** bzw. Unterschiede im Rahmen des indirekten Preisvergleichs **eliminieren.**

dd) Fazit

122   Statistische Methoden folgen einem objektiven und nachvollziehbaren Prozess, welcher immaterielle Wirtschaftsgüter in bestimmten Situationen plausibel bewerten kann. Dadurch kann **eine Diskussion auf der Basis qualitativer Argumente verringert werden und die Verhandlungen zwischen Steuerbehörden und Steuerzahlern effektiv und effizient erfolgen.**

Bei sorgfältiger Anwendung **statistischer Methoden,** können Sachverhalte **leicht verständlich und plausibel dargestellt werden.**

Beispiel: Statistische Methoden für die Bewertung immaterieller Wirtschaftsgüter sind in den USA Standard im Bereich der **pharmazeutischen Industrie.** Sie werden dort seit vielen Jahren bei der Bestimmung von Lizenzsätzen zwischen verbundenen Unternehmen verwendet.

In Deutschland sind statistische Methoden noch nicht weit verbreitet; daher muss die Methodik ausführlich erklärt werden. Insbesondere müssen **die gewählten Annahmen beschrieben werden:**
– Die Bestimmung der Stichprobe muss objektiv beschrieben werden, insbesondere welche Variablen warum ausgewählt werden.
– Das Signifikanzniveau muss plausibel gewählt werden.
– Es muss überprüft werden, ob die aufgestellten Gleichungen den Anforderungen des Gauss-Markov-Theorems genügen; ansonsten muss das Verfahren angepasst werden.

Statistische Methoden eignen sich **auch, wenn wenige Beobachtungen** zu Verfügung stehen. **Experten-Befragungen** sind ein probates Mittel, um gezielt Informationen zu erfragen und tiefe Einblicke in Zusammenhänge zu erhalten. Ihre Durchführung bedarf einer besonderen Sorgfalt. Ziel ist es, Antworten zu einem Sachverhalt frei von jeder Beeinflussung des Befragten zu erhalten. Bei der Auswahl der zu befragenden Experten sollte in erster Linie auf deren Expertise geachtet werden; bei manchen Befragungen liegt es in der Natur der Sache, dass wenige Experten zur Verfügung stehen. Die Gültigkeit der gezogenen Schlüsse hängt nicht so stark von der Größe der erhobenen Stichprobe, sondern der Aussagequalität ab.

f) Berechnung von Zinsen und Bewertung von Darlehen[46]

Die deutschen VerrechnungspreisRL und die OECD Guidelines setzen **123** strikte Vergleichbarkeitskriterien in Bezug auf CUP-Analysen voraus. Eine Transaktion unter fremden Dritten wird als vergleichbar angesehen, wenn
1. keine der vorliegenden Unterschiede zwischen den betrachteten Transaktionen einen materiellen Einfluss auf die jeweiligen Preise hat oder
2. es möglich ist die Unterschiede zwischen der verbundenen Transaktion und der Transaktion unter fremden Dritten anzupassen.

Aus diesem Grund ist es für die Ermittlung von Fremdvergleichszinsen für Darlehen wichtig, die spezifischen **Charakteristika des Darlehens** zu beachten und zu evaluieren, wie diese Charakteristika den Zinssatz und die Bewertung des Darlehens beeinflussen.

Die **Marktbewertung von Darlehen** ermöglicht es Banken und anderen **124** Kreditoren, Entscheidungen zu treffen, ob und zu welchem Preis einzelne Finanztitel emittiert, gehalten oder verkauft werden und in welcher Höhe die Zinssätze festgesetzt werden. Sowohl unter den International Financial Reporting Standards **(IFRS)** als auch unter den US Generally Accepted Accounting Standards **(US GAAP)** müssen immer mehr Aktiva und Passiva von Banken und anderen Firmen mit dem fairen Wert (**„fair value"**) angesetzt werden. Zwar ist die Definition des „fairen Werts" in beiden Rechnungslegungsstandards nicht identisch, jedoch sehr ähnlich.[47]

---

[46] Die nachfolgenden Ausführungen sind weitgehend mit denen in der 3. Aufl. dieses Werkes identisch. Wir danken dem damaligen Ko-Autor Hendrik Fügemann für seine damaligen Texte.

[47] Wir danken Amanda Pletz und Kristen Cote für die Erstellung von Beispielen und Berechnungen und Hendrik Fügemann für die Mitarbeit und die Formulierungen im Rahmen der dritten Auflage des vorliegenden Werkes.

125   Im Folgenden wird ein System zur Bewertung von Finanzinstrumenten und zur Festlegung von Zinsen anhand eines **praktischen Beispiels** dargelegt. Zu den Methoden und der Ermittlung von Verrechnungspreisen bei Finanzinstrumenten verweisen wir auf Kapitel O.

Im Folgenden **Standard-Fallbeispiel** gewährt Unternehmen X1 einem verbundenen Unternehmen X2, ein Darlehen. Das Unternehmen X2 ist eines von vier Landesgesellschaften und nimmt eine entscheidende Rolle im Bereich der Entwicklung und im Rahmen der Ingenieursfunktionen des Spezialmaschinenherstellers (dh der X-Gruppe) ein. Das Unternehmen X2 ist weitgehend in die Wertschöpfungskette der X-Gruppe integriert. Das Unternehmen X1 ist der einzige Kunde des Unternehmens X2, da X1 für den Verkauf und das Marketing alleinverantwortlich ist und entsprechend als einzige Vertragspartei der X-Gruppe für die Kunden fungiert. Darüber hinaus hat kein fremdes drittes Unternehmen das Knowhow, um Komponenten an das Unternehmen X1 zu liefern. Aufgrund des integrierten Geschäftsmodells der X-Gruppe kann das Unternehmen X1 die Spezialmaschinen nicht ohne das Unternehmen X2 herstellen und auch Unternehmen X2 kann nicht ohne die Funktionen, die von Unternehmen X1 und den anderen nationalen Unternehmen der X-Gruppe ausgeführt werden, tätig sein.

126   Im September 2006 veröffentlichte das Financial Accounting Standards Board (FASB) das Statement No. 157, welches Rahmenbedingungen für die Rechnungslegung nach dem fairen Wert festsetzt.[48]

Das Statement No. 157 führt eine Bewertungsmethodenhierarchie ein:

- Die Hierarchie setzt als erste Priorität tatsächliche **Preise identischer Vermögenswerte,** die in aktiven Märkten gehandelt werden, für die Bemessung eines fairen Markenwerts an, sofern erhältlich (Level 1).
- Die zweite Priorität umfasst Bewertungsmethoden, welche auf **Inputdaten** basieren, die sich aus Preisen für identische Vermögenswerte auf inaktiven Märkten, Preisen für **ähnliche Vermögenswerte** auf aktiven Märkten mit beobachtbaren Charakteristika des jeweiligen Vermögenswertes, und marktgestützten Inputdaten zusammensetzen (Level 2).
- Die niedrigste Priorität wird **unbeobachtbaren Inputdaten** beigemessen. Diese beinhalten firmeninterne **Annahmen über die Marktbewertung** bestimmter Vermögenswerte, falls diese gehandelt würden (Level 3).[49]

Matherat, S. „Fair value accounting and financial stability: challenges and dynamics", Banque de France Financial Stability Review, Valuation of Financial Stability (no. 12), October 2008.

[48] Statement of Financial Accounting Standards No. 157, Fair Value Measurement.

[49] *Matherat, S.* „Fair value accounting and financial stability: challenges and dynamics", Banque de France Financial Stability Review, Valuation of Financial Stability (no. 12), October 2008, Seite 54.

Tabelle 1: Bewertungshierarchie für die Ermittlung des fairen Wertes nach IFRS und UbS GAAP

IFRS –IAS 39	US GAAP –FAS 157
Level 1 = notierte Preise auf einem aktiven Markt Level 2 = kürzlich notierte Marktpreise	Level 1 = Marktpreise
Level 3 = Schätzung des fairen Werts unter Bezug auf ähnliche Finanzinstrumente unter Beachtung eines Maximums an beobachtbaren Daten Level 4 = Bewertungstechniken mit öffentlich beobachtbaren Inputdaten	Level 2 = Preise aus Modellen, die mit öffentlich beobachtbaren Inputdaten ermittelt wurden
Level 5 = Bewertungstechniken mit nicht öffentlich beobachtbaren Daten	Level 3 = Preise aus Modellen, die mit nicht öffentlich beobachtbaren Inputdaten ermittelt wurden

Quelle: *Matherat, S.*, Banque de France, Oktober 2008[50]

Aufgrund des **Mangels an tatsächlichen Sekundärmarktpreisen** für **127** Darlehen ist der **zweite Level die zumeist in der Praxis angewandte Methode.**

Banken wenden üblicherweise eine Hierarchie von verschiedenen Methoden zur Bestimmung des **fairen Werts von Gesellschaftsdarlehen** – basierend auf einer Marktpreisbetrachtung – an (*Wasserfall*).[51]

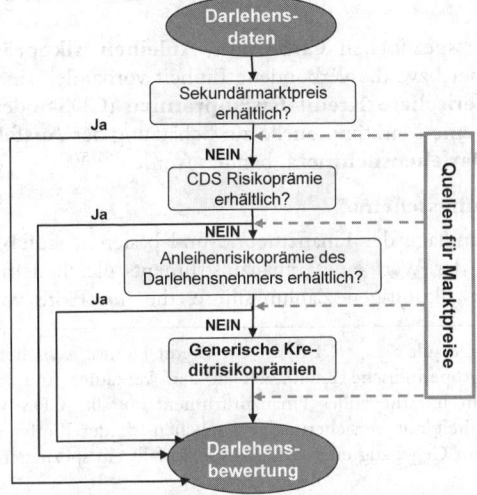

Abbildung 7: Wasserfall-Methode
Quelle: IACPM (2005)[52]

---

[50] *Matherat, S.* „Fair value accounting and financial stability: challenges and dynamics", Banque de France Financial Stability Review, Valuation of Financial Stability (no. 12), October 2008, Seite 54.

[51] *Tschirhart, J./Brien, J./Moise, M./Yang, E.,* „Bank Commercial Loan Fair Value Practices", Finance and Economics Discussion Series, Division of Research & Statistics and Monetary Affairs, Federal Reserve Board, Washington D. C., S. 14.

[52] IACPM (2005): „Valuation of Loans and Commitments", International Association of Credit Portfolio Managers.

128   An der Spitze des Wasserfalls – und ähnlich zum oben dargestellten Level 1 unter US GAAP – befinden sich die **Sekundärmarktpreise** für Darlehen, welche direkt benutzt werden könnten um das Darlehen zu bewerten. Der **Sekundärmarkt für Konsortialdarlehen** bildet die Hauptquelle für Darlehenspreise. Diese direkte Bewertungsmethode setzt voraus, dass die vergleichbaren Darlehen, die zur Bewertung herangezogen werden, vergleichbar sind mit dem Darlehen, welches bewertet wird. Diese Methode ist die direkteste Art der Bewertung und aufgrund der eingeschränkten Informationsquellen auch am wenigsten gebräuchlich.

Sofern keine tatsächlichen Marktpreisdaten für das Darlehen erhältlich sind, können generell Marktpreisdaten benutzt werden, um die **Ausfall- und Rückgriffswahrscheinlichkeit des Darlehensnehmers** zu schätzen.

129   Die **Kredit-Risikoprämien-Kurve (credit spread curve)** von **Credit Default Swaps (CDS)** bildet eine nützliche Datenquelle für Marktprämien auf CDS Anleihen für verschiedene Laufzeiten.[53, 54] Bevorzugt werden solche CDS genommen, welche für die Anleihen des Darlehensnehmers oder der verbundenen Einheit vorliegen. Die **CDS Risikoprämien** werden den Risikoprämien für normale Anleihen vorgezogen um den fairen Wert von Darlehen zu schätzen. Dies liegt darin begründet, dass die **Risikoprämien für normale Anleihen** möglicherweise mehr (zB Call- oder Put-Optionen) reflektieren als nur die Ausfall- und Rückgriffswahrscheinlichkeit des Darlehensnehmers.[55]

130   Sofern keine spezifischen CDS- oder **Anleihenrisikoprämien** für den Darlehensnehmer bzw. die verbundene Einheit vorhanden sind, können vergleichbare **generischere Kredit-Risikoprämien** (CDS- oder Anleihenrisikoprämien) als eine Marktpreisquelle zur Schätzung der **Ausfallwahrscheinlichkeit des Darlehensnehmers,** benutzt werden.[56, 57]

aa) Bewertungsschema

131   Auf der Grundlage der Finanztheorie und basierend auf **No-Arbitrage-Prinzipien** ist der Wert eines Finanzinstruments gleich dem Nettobarwert der erwarteten zukünftigen Zahlungsflüsse, die mit Hilfe von **Zinssätzen**

---

[53] Ein Credit Default Swap (CDS) ist ein Kredit-Derivat zwischen zwei Parteien. Der Käufer tätigt periodische Zahlungen an den Verkäufer und erhält dafür eine Zahlung, falls ein unterliegendes Finanzinstrument ausfällt. CDS Verträge wurden in der Vergangenheit mit Versicherungen verglichen, da der Käufer eine Prämie bezahlt, für die er im Gegenzug eine Zahlung erhält, falls ein spezifiziertes Ereignis eintritt.

[54] CDS Prämien sind vergleichbar mit den Risikozuschlägen zwischen der Anleihenrendite des Kreditnehmers und dem risikofreien Zinssatz für die gleiche Laufzeit.

[55] *Tschirhart, J./Brien, J./Moise, M./Yang, E.*: „Bank Commercial Loan Fair Value Practices", Finance and Economics Discussion Series, Division of Research & Statistics and Monetary Affairs, Federal Reserve Board, Washington D. C., S. 16.

[56] Typischerweise werden diese generischen Risikoprämien für Anleihen von bspw. Euro- oder USD-basierten Indices für bestimmte Kreditratings und Industrien abgeleitet.

[57] *Tschirhart, J./Brien, J./Moise, M./Yang, E.*, „Bank Commercial Loan Fair Value Practices", Finance and Economics Discussion Series, Division of Research & Statistics and Monetary Affairs, Federal Reserve Board, Washington D. C., S. 16.

des Sekundärmarktes für gleiche oder ähnliche Darlehen abgezinst werden.

Im Beispiel wird zwischen den Unternehmen X1 und X2 vereinbart, dass X1 die Rückzahlung der vollen Darlehenssumme innerhalb einer 5-Tage-Frist fordern kann. Darüber hinaus wird der Referenzzinssatz jährlich neu festgesetzt, um die Risiken des Darlehensgebers in Bezug auf wechselnde Marktbedingungen einzuschränken.

Aus Bewertungsgesichtspunkten kann das Darlehen somit als eine Kombi-   **132** nation aus einem langfristigen Darlehen (mit jährlich neu festgesetzten **LIBOR-Zinssätzen**) und einer **Frühaufkündigungsoption,** welche dem Investor die Möglichkeit bietet die volle Rückzahlung der Nominalsumme innerhalb einer 5-Tages-Frist zu fordern, angesehen werden.[58] Um den **fairen Wert des Darlehens** zu erhalten, werden beide Komponenten, dh das langfristige Darlehen mit seinen spezifischen Vertragsbedingungen (zB jährlich neu festgesetzter Referenzzinssatz) und die **Frühaufkündigungsoption,** separat bewertet. Das Darlehen wird im Folgenden in zwei Schritten bewertet.

– Zuerst wird der **faire Wert des Darlehens ohne Frühaufkündigungsoption** ermittelt. Es wird angenommen, dass das Darlehen innerhalb von 25 Jahren nach dem Bewertungstag zurückgezahlt wird.

– Anschließend wird der Preis geschätzt, den ein Investor bereit wäre für die Frühaufkündigungsoption zu zahlen.

Verfahren in zwei Schritten zur Bewertung innerkonzernlicher Darlehen

Im Beispiel beinhaltet das Darlehen an Unternehmen X2 eine Frühauf-   **133** kündigungsoption. Der Zins wird auf Basis eines 12-Monats USD LIBOR plus einer Risikoprämie von 0,25 % berechnet. Der **LIBOR-Zinssatz** (Referenzzinssatz) wird für die Zwecke dieses Darlehens jährlich neu am letzten Tag des Jahres festgesetzt; falls der letzte Jahrestag kein Geschäftstag ist, so findet die neue Festlegung am letzten Geschäftstag des Jahres statt. Darüber hinaus wird die übliche **360 Tage-Konvention** für den Zinssatz zu Grunde gelegt. Bis zum Einbringungstag fallen Zinsen an, welche auf dem Quartalsdurchschnitt des 12-Monat LIBOR plus 0,50 % Risikoprämie basieren. Auf dieser Grundlage wird der faire Wert des Darlehens ermittelt.

Der nächste Abschnitt zeigt die Effekte der Kreditwürdigkeit des Darle-   **134** hensnehmers. Darauf folgend wird die Schätzung des fairen Werts des Darlehens ohne die Frühaufkündigungsoption im Rahmen eines DCF-Modells aufgezeigt, bevor abschließend der Wert der Frühaufkündigungsoption ermittelt wird.

bb) Bewertung der Kreditwürdigkeit des Darlehensnehmers

Bei der Ermittlung der Zahlungsflüsse des Darlehens sollte ein Zinssatz be-   **135** nutzt werden, der die erwarteten **Kreditausfälle** berücksichtigt. Aus diesem Grund muss ein fremdvergleichsüblicher Zinssatz verwendet werden, welcher

---

[58] No-Arbitrage Modelle sind Modelle, die so entworfen werden, dass sie exakt mit der heutigen Zinsstruktur konsistent sind. S. auch *Hull, JC:* „Options, Futures, and Other derivatives", 5. Aufl., S. 544.

das *Shadow Rating* des Darlehensnehmers beachtet, um die erwarteten Zahlungsflüsse abzuzinsen. Am Zeitpunkt des Radaktionsschlusses für diese Aufl. ist noch nicht absehbar, ob weiterhin die Kreditwürdigkeit jeder Tochtergesellschaft maßgeblich ist oder ob stattdessen nur das Rating der Muttergesellschaft oder des gesamten Konzerns für jede Konzerngesellschaft relevant ist.

136   Generell basiert das **Rating** eines Tochterunternehmens größtenteils auf der **selbständigen Kreditwürdigkeit** des Tochterunternehmens; möglicherweise wird dieses noch angepasst, um die Verbindung zwischen dem Mutter- und dem Tochterunternehmen in die Bepreisung einzubeziehen. Die Verbindung kann einen signifikanten Effekt auf die **Kreditqualität** beider Unternehmen haben. Das Ausmaß dieses Effektes hängt von der finanziellen, juristischen und geschäftlichen Integration dieser Unternehmen ab.

137   **Moody's Investor Services** führt aus, dass die Wahrscheinlichkeit, dass die Muttergesellschaft die Tochtergesellschaft unterstützt, zwei Komponenten umfasst: (i) Die Bereitschaft und (ii) die Möglichkeit der **Unterstützungsgewährung.** Die Bereitschaft Unterstützung zu gewähren beinhaltet die Reputation, die Zuversicht in die Tochtergesellschaft, die Strategie, die operative Integration, die marginale Rendite, die nötigen zukünftige Investitionen und die Rolle der Finanzregulation. Die Möglichkeit Unterstützung zu gewähren, hängt vom **Rating der Muttergesellschaft,** der Korrelation der finanziellen Zustände der beiden Gesellschaften, der relativen Größe und dem Zeitpunkt der Investitionen ab.[59] Darüber hinaus ist zu beachten, dass das **Kreditrating** in Fällen, in denen das Überleben und der finanzielle Status einer Einheit (unterstützte Einheit) fundamental von einer anderen Einheit (unterstützende Einheit) abhängt, gleich sein wird mit dem der unterstützenden Einheit, unabhängig vom selbständigen Rating der unterstützten Einheit.[60]

138   Im vorliegenden Fall der X-Gruppe ist das Unternehmen X2 eine von vier Landesgesellschaften und nimmt eine entscheidende Rolle sowohl im Bereich der Entwicklung als auch im Rahmen der Ingenieursfunktionen des Spezialmaschinenherstellers ein. Das Unternehmen X2 ist weitgehend in die Wertschöpfungskette der X-Gruppe integriert. Das Unternehmen X1 ist der einzige Kunde des Unternehmens X2, da X1 für den Verkauf und das Marketing alleinverantwortlich ist und entsprechend die einzige Vertragspartei der X-Gruppe für die Kunden ist. Darüber hinaus besitzt kein fremdes drittes Unternehmen das Knowhow, um diese Komponenten an das Unternehmen X1 zu liefern. Aufgrund des integrierten Geschäftsmodells der X-Gruppe kann das Unternehmen X1 die Spezialmaschinen nicht ohne das Unternehmen X2 herstellen und auch Unternehmen X2 kann nicht ohne die Funktionen, die von Unternehmen X1 und den anderen nationalen Unternehmen der X-Gruppe ausgeführt werden, tätig sein.

---

[59] Moody's Investor Services, Rating Non-Guaranteed Subsidiaries: Credit Considerations in Assigning Subsidiary ratings in the absence of Legally Binding Parent Support.

[60] Moody's Investor Services, Rating Methodology, The Application of Joint Default analysis to Government Related Issuers, April 2005.

Aufgrund der **Interdependenz der betrachteten Unternehmen** ist **139** die Ausfallwahrscheinlichkeit von Unternehmen X2 mit der **Ausfallwahrscheinlichkeit** der X-Gruppe gleichzusetzen. Um entsprechend das *Shadow Rating* des Unternehmens X2 zu ermitteln, werden die Finanzzahlen der X-Gruppe zu Grunde gelegt, die in den konsolidierten Jahresabschlüssen des Unternehmens X1 berichtet werden.

Diese Interdependenzen bestehen im Beispiel, aber **nicht in allen Fällen.**

cc) Moody's Rating Methodologies

Für eine Beurteilung der Kreditwürdigkeit stützen sich *Credit Rating* **140** *Agencies* wie Moody's typischerweise auf (i) quantitative Faktoren *(baseline credit assessment),* die nur auf den Finanzzahlen des Unternehmens unter (der Hypothese der) Selbständigkeit basieren, und (ii) qualitative Faktoren, welche verschiedene Aspekte abdecken, inkl. die externe Unterstützung oder andere interne Faktoren, abhängig von dem Unternehmen und der Industrie, in der das Unternehmen tätig ist. Um das quantitative Rating für die X-Gruppe zu ermitteln, wird Moody's industriespezifische Methode zu Grunde gelegt.

Diese Methode identifiziert vier **Leistungsindikatoren,** die benutzt wer- **141** den um das langfristige **Ausfallrisiko** des Unternehmens zu ermitteln. Diese ermittelten Indikatoren beinhalten: (i) Größe und Diversität, (ii) Profitabilität, (iii) Leverage und Liquidität, und (iv) Cash Flow. Jeder dieser Leistungsindikatoren umfasst vier Sub-Faktoren, die auf Basis ihrer jeweiligen relativen Wichtigkeit im gesamten **quantitativen Rating** gewichtet werden. Die folgende Tabelle zeigt die **Sub-Faktoren,** welche in das Rating einfließen, und deren jeweilige Gewichtung.

Tabelle 2: Leistungsindikatoren, Sub-Faktoren und Faktorgewichtung

Leistungs-indikatoren	Sub-Faktoren	Gewichtung	Kumulative Gewichtung der Sub-Faktoren
Größe and Diversität	Gesamtumsatz	9%	25%
	Konzentration (Umsatz des größten Segments / Gesamtumsatz)	6%	
	Auftragsbestand / Umsatz	4%	
	Eintrittsbarrieren	6%	
Profitabilität	EBIT / Zinsen	9%	25%
	EBITA-Level und -Trend	6%	
	Gesamtkapitalrendite	5%	
	Umsatzrendite	5%	
Leverage und Liquidität	Verbindlichkeiten / Umsatz	9%	30%
	Verbindlichkeiten / EBITDA	8%	
	Barmittel und handelbare Wertpapiere / Gesamtverbindlichkeiten	8%	
	Veränderungen im Working Capital / Cash Flow der operativen Geschäftstätigkeit	5%	
Cash Flow	Free Cash Flow / Verbindlichkeiten	5%	20%
	Free Cash Flow / Netto-Verbindlichkeiten	3%	
	Einbehaltener Cash Flow / Verbindlichkeiten	8%	
	Einbehaltener Cash Flow / Netto-Verbindlichkeiten	4%	

Quelle: Moody's Investors Service, Rating Methodology, Januar 2007

142   Die Leistungsindikatoren, Sub-Faktoren und Faktorgewichtungen werden von Moody's laufend überarbeitet und angepasst. Es ist davon auszugehen, dass sie daher in dieser Form im Zeitpunkt der Veröffentlichung dieser Auflage schon **überholt sein werden**. Der Leser möge daher im Internet die neueste Version prüfen. Dasselbe gilt für die nachfolgenden Gewichtungen der Ratings

Um das **Kreditrating** zu ermitteln, werden die Ergebnisse, die für jeden der Sub-Faktoren ermittelt werden, anhand definierter Kriterien von Moody's gemessen. Hierauf basierend wird jedem Faktor ein **Basisrating** (dh Aaa, Aa, Baa, Ba, B und Caa) zugewiesen, welches einem spezifischen numerischen Wert entspricht. Die Summe dieser numerischen Werte werden mit dem **Sub-Faktorgewicht** multipliziert; das Ergebnis korrespondiert mit dem Wert, auf dem das Kreditrating basiert. Eine Darstellung von Moody's Ratings und den korrespondierenden numerischen Werten wird in der folgenden Tabelle aufgezeigt.

Gesamtrating		Sub-Faktor Rating	
Finales Rating	**Gesamte gewichtete Faktoren-bandbreiten**	**Vereinfachtes Rating**	**Faktor Punkte**
Aaa	< 1.5	Aaa	1
Aa1	1.5 < 2.5		
Aa2	2.5 < 3.5	Aa	3
Aa3	3.5 < 4.5		
A1	4.5 < 5.5		
A2	5.5 < 6.5	A	6
A3	6.5 < 7.5		
Baa1	7.5 < 8.5		
Baa2	8.5 < 9.5	Baa	9
Baa3	9.5 < 10.5		
Ba1	10.5 < 11.5		
Ba2	11.5 < 12.5	Ba	12
Ba3	12.5 < 13.5		
B1	13.5 < 14.5		
B2	14.5 < 15.5	B	15
B3	15.5 < 16.5		
Caa1	16.50 < 17.5		
Caa2	17.5 < 18.5	Caa	18
Caa3	≥ 18.5		

Tabelle 3: Rating
  Quelle: Moody's Investors Service, Rating Methodology, Januar 2007

Basierend auf der oben dargestellten Vorgehensweise (und unter der Maß-   **143**
gabe, dass das Kreditrating des Unternehmens X2 dem des Unternehmens
X1, der konsolidierenden Einheit der X-Gruppe, gleichzusetzen ist), wird im
Folgenden das Ergebnis des Unternehmens X1 für alle vier Leistungsindikatoren und deren Sub-Faktoren dargestellt.

dd) Leistungsindikator 1: Größe und Diversität

Die **Größe** und die **Diversität** eines Unternehmens geben einen Hinweis   **144**
über die **Stetigkeit** des zu erwartenden Umsatzes. Die Faktoren, welche von
Moody's betrachtet werden, um die Größe und Diversität eines Unternehmens zu beurteilen, werden im Folgenden dargelegt.

- Die **Größe** wird auf Basis des Gesamtumsatzes gemessen. In der Industrie,
  in der die X-Gruppe tätig ist, werden häufig Großprojekte durchgeführt,
  für die signifikante Ressourcen, Unterstützung, Leverage, und unterschied-
  lichstes Knowhow von Nöten ist, welches nur von Großunternehmen erbracht werden kann.
- Die **Konzentration** misst den Grad, zu dem ein Unternehmen von einem
  Kunden oder Segment abhängig ist. Unternehmen mit einer breit gefächerten Umsatzbasis haben ein geringeres Gefährdungspotential in Bezug
  auf schnelle oder unerwartete Nachfrageänderungen. Der Umsatz von Unternehmen X1 basiert vornehmlich auf einem Geschäftssegment und einer
  sehr konzentrierten Umsatzbasis.
- Der **Auftragsbestand** gibt einen Hinweis darüber, ob ein Unternehmen
  seine momentane Umsatzbasis aufrechterhalten oder steigern kann. Darüber hinaus gibt der Auftragsbestand auch einen Aufschluss über den zukünftigen Marktanteil des Unternehmens. Auf Basis des Jahresabschlusses der X-Gruppe lässt sich schlussfolgern, dass der Auftragsbestand der
  X-Gruppe zum Jahresende 2007 300 Mrd. € beträgt, welches zu einem Indikator von Auftragsbestand zu Gesamtumsatz von 1050% führt.
- Der letzte Sub-Faktor, welcher im Rahmen des Leistungsindikators „Größe und Diversität" betrachtet wird, sind die in der Industrie vorhandenen
  Eintrittsbarrieren. Eintrittsbarrieren bemessen den Grad, zu dem die
  Firmen einer Branche vor neuen Wettbewerbern geschützt sind; sie sind
  ein wichtiger Grundstein zur Bemessung der Umsatzstetigkeit. Eintrittsbarrieren können in einer hohen Kapitalintensität, Technologie und Patenten, bestimmten Programmen und der Existenz von Substituten begründet
  sein.
- Die Spezialmaschinenindustrie, in der die X-Gruppe tätig ist, ist charakterisiert durch ein Duopol. Die beiden Firmen, X und Y, teilen sich den
  Markt fast gleichwertig, wobei die X-Gruppe 51% der totalen Lieferungen, 51% der gesamten Bestellungen und 50% des Auftragseingangs verbucht und Y den jeweils komplementären Anteil hat. Aufgrund der hohen
  Technologie- und Kapitalintensität des Geschäftsmodells existieren signifikante Eintrittsbarrieren in der Industrie. Die Umsätze der X-Gruppe werden von den oben genannten Eintrittsbarrieren geschützt.

Die Ergebnisse des Unternehmens X2 für die o.g. Sub-Faktoren sind in   **145**
der folgenden Tabelle dargestellt.

Tabelle 4: Größe und Diversität

Sub-Faktoren	Sub-Faktor Gewicht	Sub-Faktor Werte	Sub-Faktor Rating	Sub-Faktor Punkte
Gesamtumsatz (Mrd. €)	9%	10	Aa	3
Konzentrierung (Umsatz des größten Segments / Gesamtumsatz)	6%	100%	B	15
Auftragsbestand / Umsatz	4%	1050%	Aaa	1
Eintrittsbarrieren	6%	-	A	6

ee) Leistungsindikator 2: Profitabilität

146   Der zweite Leistungsindikator, der von Moody's betrachtet wird, ist die **Profitabilität.** Der Stabilität der Profitabilität kommt eine Schlüsselbedeutung in der Risikobewertung von Darlehensnehmern zu. Die Sub-Faktoren, welche betrachtet werden um die Profitabilität zu bewerten, sind:

- Das Verhältnis von **EBIT zu Zinsen,** welches Aufschluss darüber gibt, ob ein Unternehmen seine Fremdkapitalkosten decken kann.
- **EBITA-Level und -Trend,** welche einen Hinweis über die Stabilität und Entwicklung des EBITA geben, wobei im Beispiel nicht nur historische Daten betrachtet werden (dh von 2004 bis 2008), sondern auch zukünftige Erwartungen (dh 2009 und 2010 Budgetzahlen). Der Trend der EBITA-Marge wird als stabil angesehen, falls die Veränderung der Marge 100 Basispunkte nicht übersteigt. Um den **EBITA-Level** des Unternehmens X1 zu bewerten, wurde der EBIT exklusive Goodwill und anderen außergewöhnlichen Wertminderungen betrachtet.
- Die **Gesamtkapitalrendite** und die **Umsatzrendite** geben einen Einblick in die Kapitaleffizienz und den Anteil jeder Umsatzeinheit, den die X-Gruppe erwirtschaftet; dies ist eine wichtige Maßzahl für den mittleren bis langfristigen operativen Erfolg.

X1s o.g. **Finanzkennzahlen** können der folgenden Tabelle entnommen werden.

Tabelle 5: Profitabilität

Sub-Faktoren	Sub-Faktor Gewicht	Sub-Faktor Werte	Sub-Faktor Rating	Sub-Faktor Punkte
EBIT / Zinsen	9%	-3	Caa	18
EBITA-Level und -Trend	6%	4% / -132	Caa	18
Gesamtkapitalrendite	5%	-2.4%	Caa	18
Umsatzrendite	5%	-4.0%	B	15

ff) Leistungsindikator 3: Leverage und Liquidität

147   Der nächste Leistungsindikator, der von Moody's betrachtet wird, bezieht sich auf den **Leverage** und die **Liquidität.** Der Leverage ist ein Schlüsselindikator des Risikos und misst den Grad, zu dem ein Unternehmen gegenüber den zukünftigen Zahlungsflüssen (**„Cash Flow"**) verschuldet ist. Die Liquidität bemisst das Bargeldpolster, welches einem Unternehmen zur Verfügung steht. Um den Leverage und die Liquidität zu bewerten, betrachtet Moody's vier Sub-Faktoren:

- Das Verhältnis von Verbindlichkeiten zu Umsatz zeigt die Verbindlichkeiten auf, die jeder Euro Umsatz absichern muss.

Am Jahresende 2007 beliefen sich die kurz- und langfristigen Verbindlichkeiten der X-Gruppe auf € 1000 Mio. Jedoch beinhaltete die Kapitalisierung der X-Gruppe einige ungewöhnliche Finanzierungsmechanismen, u. a. Vorauszahlungen von Kunden und rückerstattungsfähige Darlehen durch Staaten bzw. Regierungen. Vorauszahlungen werden normalerweise als kurzfristige Verbindlichkeiten in den Büchern des Darlehensnehmers ausgewiesen bis das Produkt geliefert wird und werden typischerweise nicht als Verbindlichkeiten klassifiziert. Die Darlehen der Staaten bzw. Regierungen – obwohl sie streng genommen keine finanziellen Verbindlichkeiten darstellen – sind zinstragend und es wird erwartet, dass sie wie normale Kreditverbindlichkeiten zurückgezahlt werden. Aus diesem Grund wurden die Staatsdarlehen in die Gesamtsumme der Verbindlichkeiten miteinbezogen.

- Das **Verhältnis von Verbindlichkeiten zu EBITDA** ist eine Maßzahl, die die Summe an Verbindlichkeiten angibt, die mit den vorhandenen Zahlungsflüssen bedient werden muss.

- Das **Verhältnis von Barmitteln und handelbaren Wertpapieren zu Verbindlichkeiten** gibt Aufschluss über die verfügbare Liquidität. In der Industrie, in der die X-Gruppe tätig ist, sind die Unternehmen großen Zahlungsflüssen ausgesetzt und müssen sich uU kurzfristig auf Barmittel stützen um ihren Finanzierungsbedarf decken zu können.

- Der Sub-Faktor der Veränderungen im Working Capital als Anteil des Cash Flows der operativen Geschäftstätigkeit wird benutzt um die zugrunde liegende Stärke des Cash Flows zu bewerten. Veränderungen des **Working Capital** können einen großen Einfluss auf den Cash Flow der operativen Geschäftstätigkeit haben und müssen entsprechend beachtet werden um eine Aussage über die Werthaltigkeit des Cash Flows treffen zu können. Der absolute Anteil wird gemessen um einen Hinweis darüber zu erhalten, inwiefern der **Cash Flow der operativen Geschäftstätigkeit** und der **Free Cash Flow** von Veränderungen des Working Capital beeinflusst werden. Große Veränderungen sind ein Hinweis auf eine größere langfristige Volatilität im Cash Flow aus der operativen Geschäftstätigkeit und eine Minderung der Fähigkeit des Unternehmens laufend Barmittel zu generieren.

Tabelle 6: Leverage und Liquidität

Sub-Faktoren	Sub-Faktor Gewicht	Sub-Faktor Wert	Sub-Faktor Rating	Sub-Faktor Punkte
Verbindlichkeiten / Umsatz	9%	27%	A	6
Verbindlichkeiten / EBITDA	8%	29.5	Caa	18
Barmittel und handelbaren Wertpapieren / Gesamtverbindlichkeiten	8%	95%	Aa	3
Veränderungen im Working Capital / Cash Flow der operativen Geschäftstätigkeit	5%	35.4%	Ba	12

gg) Leistungsindikator 4: Cash Flow

148   Der letzte Indikator, der von Moody's betrachtet wird, ist das Ausmaß, zu dem eine Einheit oder Gruppe (dh die X-Gruppe) genügend **Cash Flow** zu generieren um Ersatzinvestitionen und dem Schuldendienst nachzukommen. Beides, der einbehaltene Zahlungszufluss und der Free Cash Flow, werden sowohl auf der Basis der Brutto- als auch auf Basis der Netto-Verbindlichkeiten gemessen.

149   Der einbehaltene Zahlungszufluss ist definiert als Funds from Operations abzüglich Dividendenzahlungen. Dies ist ein Maß, welches die Fähigkeit des Unternehmens bemisst, einen positiven Cash Flow zu generieren (vor den Effekten von Working Capital Veränderungen und Kapitalinvestitionen).

Der **Free Cash Flow** andererseits gibt Aufschluss über die Barmittel, welche einem Unternehmen zur Verfügung stehen.

Die Ergebnisse der X-Gruppe für diese Sub-Faktoren sind in der folgenden Tabelle dargestellt.

Tabelle 7: Cash Flow

Sub-Faktoren	Sub-Faktor Gewicht	Sub-Faktor Wert	Sub-Faktor Rating	Sub-Faktor Punkte
Free Cash Flow / Verbindlichkeiten	5%	21%	A	6
Free Cash Flow / Netto-Verbindlichkeiten	3%	682%	Aaa	1
Einbehaltener Cash Flow / Verbindlichkeiten	8%	32%	A	6
Einbehaltener Cash Flow / Netto-Verbindlichkeiten	4%	1036%	Aaa	1

hh) Schlussfolgerung auf Basis des quantitativen Ratings

150   Wie oben erläutert wird der Wert für jeden Sub-Faktor mit dem relativen Gewicht, welches diesem beigemessen wird, multipliziert, wie in der obigen Tabelle gezeigt. Die Summe der **gewichteten Werte** ergibt einen finalen Wert, welcher dann in ein **Kreditrating** überführt wird. Basierend auf dieser Vorgehensweise ist das Kreditrating des Unternehmens X1 Baa3/BBB-.

Diese Analyse basiert hauptsächlich auf dem **intrinsischen Finanzprofil** des Unternehmens X1, unter Beachtung sowohl historischer als auch voraussichtlicher Finanzergebnisse.

ii) Bewertung des Darlehens ohne Frühaufkündigungsoption

Zum Zweck der Bewertung wurde die Software **FinCAD** angewendet. **151** FinCAD ist ein Microsoft Excel-basierte Anwendung, welche über 1400 Finanzfunktionen zur Bewertung von Risiken in Zusammenhang mit Wertpapieren und Derivaten der Finanzbranche bietet.

Darüber hinaus wurde aufgrund der oben dargelegten Vertragsbedingun- **152** gen der Bewertung eine **FRN (Floating Rate Note)** zu Grunde gelegt. FRNs sind Euro-Anleihen, deren Couponraten periodisch neu festgesetzt werden. Die Referenzrate ist typischerweise ein Geldmarktzinssatz (zB LIBOR oder EURIBOR). Dieses Konstrukt ähnelt somit der Kreditvereinbarung zwischen den Unternehmen X1 und X2. Darüber hinaus werden die Ausgaben mit einem fixen Risikoaufschlag von 0,25% über der Referenzrate bepreist und verkauft. Die häufige Anpassung der Referenzrate impliziert, dass Veränderungen der Marktzinsrate einen minimalen Einfluss auf den Preis der FRN haben.[61]

Dennoch kann der Preis einer FRN deutlich innerhalb der Laufzeit der **153** Ausgabe fluktuieren, welches zumeist in Veränderungen der Kreditqualität der ausgebenden Institution begründet liegt (dh der Kreditqualität des Unternehmens X2).[62] Für die Investoren liegen Preisveränderungen in den Veränderungen der Abzinsrate begründet; diese Zinsrate wird von **Marktzinsraten des Sekundärmarktes** abgeleitet und reflektiert somit die Kreditwürdigkeit des Darlehensnehmers[63, 64]

Unter Beachtung der Kreditwürdigkeit des Darlehensnehmers (dh der **154** **Ausfallswahrscheinlichkeit** des Darlehensnehmers) und den spezifischen **Charakteristika** des Darlehens (ohne Frühaufkündigungsoption), kann der faire Wert des Darlehens auf Basis der abgezinsten erwarteten zukünftigen Zahlungsflüsse des Investors (dh Unternehmen X1) ermittelt werden. Mathematisch kann der **faire Wert** mit Hilfe der folgenden Formeln berechnet werden.

$$Barwert\ der\ Zahlungsflüsse = \sum_{t=1}^{n}\left[Nominalwert \times (Libor + Risikoprämie) \times \frac{d}{360}\right] \times$$

$$Abzinsungsfaktor_t + \sum_{t=1}^{n} Nominalwert \times Abzinsungsfaktor_b$$

t = Jahr 1,2,3,...,n
d = Anzahl der Tage

$$Abzinsungsfaktor_t = \frac{1}{(1 + Spot - Zinssatz_t)^t}$$

---

[61] *Fabozzi, F.J./M. Choudhry,* The handbook of European Fixed Income Securities, 5te Aufl., S. 198.

[62] *Fabozzi, F.J./M. Choudhry,* The handbook of European Fixed Income Securities, 5te Aufl., S. 199.

[63] *Fabozzi, F.J./M. Choudhry,* The handbook of European Fixed Income Securities, 5te Aufl., S. 609.

[64] Die Abzinsungsrate ist der Zinssatz, der nötig ist, um die zukünftigen Zahlungsflüsse eines Finanztitels auf den heutigen Wert des Finanztitels abzuzinsen.

155   Der **faire Wert des Darlehens ohne Frühaufkündigungsoption** kann mit Hilfe der oben dargelegten Methode berechnet werden. Aufgrund anormaler Kreditmarktkonditionen, welche den Wert eines Finanzinstruments so beeinflussen, dass dieser nicht den wahren langfristigen Wert widerspiegelt, wurde die Bewertung zu einem Zeitpunkt vollzogen, zu dem die Kreditmarktkonditionen einen wesentlich normaleren Charakter aufwiesen.[65]

156   Da die Fälligkeit des Darlehens nicht explizit im Darlehnsvertrag genannt ist, wurde die Bewertung unter der industriespezifischen Annahme vollzogen, dass das Darlehen von Unternehmen X2 25 Jahre nach dem Bewertungszeitpunkt zurückbezahlt wird.

Für das Darlehen fallen Zinsen – wie im Darlehensvertrag bestimmt – auf Basis des **Quartalsdurchschnitts** des USD LIBOR plus **Risikozuschlag** von 0,5% bis zum Einbringungstag an. Nach dem Einbringungstag basiert die **Referenzrate** auf dem 12 Monat-USD-LIBOR plus Risikozuschlag von 0,25%, welcher jährlich am letzten Arbeitstag festgesetzt wird. Darüber hinaus wird die 360 Tage-Rechenkonvention zur Berechnung des Anleihezinses angewendet. Da das Unternehmen X2 die gesamten bis zum Einbringungstag angefallenen Zinsen an das Unternehmen X1 zurückzahlen wird, werden die Zinsen vom Bewertungstag bis zum Einbringungstag in der Berechnung des fairen Wertes des Darlehens nicht miteinbezogen.

157   Den Referenzraten wurden die USD LIBOR **Einlagezinssätze** für Fälligkeiten bis 12 Monate und über 1 Jahr die US LIBOR Swap Zinssätze für Fälligkeiten bis zu 30 Jahren zu Grunde gelegt. Diese Zinssätze plus Risikoaufschlag von 0,25% wurden dann als Referenzraten angewandt, um die erwarteten zukünftigen Zahlungsflüsse des Darlehens bis zur angenommenen Endfälligkeit zu schätzen.

158   Wie oben dargelegt entspricht der **faire Wert des Darlehens** dem Nettobarwert der erwarteten zukünftigen Zahlungsflüsse inklusive des Nominalwerts bei Fälligkeit. Da der Preis des Darlehens von der Kreditqualität des Darlehensnehmers abhängt (dh dem *Shadow Rating* des Unternehmens X2, wie oben dargestellt), wurden Sekundärmarktzinssätze mit dem gleichen Kreditrating wie dem des Darlehensnehmers zu Grunde gelegt, um die Zinssätze für die Abzinsung festzulegen. Aus diesem Grund wurde die Baa1/BBB+ Euro Industrial Bond Yield Curve mit einer Fälligkeit bis zu 25 Jahre (basierend auf dem *Shadow Rating* des Unternehmens X2) zu Grunde gelegt[66, 67]

159   Der Nettobarwert der zukünftigen Zahlungen inklusive des Nominalwerts bei Fälligkeit ergibt den fairen Wert des Darlehens (ohne Frühaufkündigungsoption).

---

[65] In der Panik von 1873 schlug Bagheot vor, dass Zentralbanken als Antwort auf Krisen die Sicherheiten von Banken mit gewichteten Preisen „Panik-" und „Vor-Panik-" Preisen als Marktpreise keine genauen Wertmaßstäbe unter diesen Umständen darstellen. Darüber hinaus werden die Marktpreise in diesen anormalen Bedingungen des Kreditmarktes eher von Liquiditätsaspekten als von Fundamentalwerten beeinflusst (Allen & Elena, 2008).

[66] Aufgrund weiterer Anpassungen, die hier nicht dargelegt werden und in den spezifischen Darlehensvertragsbedingungen begründet liegen, wurde das Shadow Rating des Unternehmens X2 von Baa3/BBB- auf Baa1/BBB+ angepasst.

[67] Die Baa1/BBB+ Euro Industrial Bond Curve wurde aus der Bloomberg-Datenbank extrahiert.

Da die **Marktzinsraten täglich fluktuieren,** kann der faire Wert des Darlehens vom zum Bewertungstag berechneten Wert abweichen. Um eine **repräsentative Bandbreite** zu ermitteln, wurden die täglichen Fluktuationen der Marktzinsraten vor dem Bewertungstag in Betracht gezogen. Um eine entsprechende Analyse zu vollziehen wurde:

- der Risikozuschlag (dh Baa1/BBB+ Euro Industrial One Year Bond Yield Curve minus 12-Monat USD LIBOR) über 3 Monate vor dem Bewertungstag geschätzt.
- der geringste und größte Risikozuschlag innerhalb der 3 Monate ermittelt.[68]
- der Risikozuschlag, der für den Bewertungstag errechnet wurde, vom geringsten und größten Risikozuschlag, der innerhalb der 3 Monate vor dem Bewertungstag beobachtet wurde, abgezogen.
- die Differenzbeträge im Risikozuschlag auf die Baa1/BBB+ **Euro Industrial Bond Yield Curve** angewendet um die Zinssätze für die Abzinsung der erwarteten zukünftigen Zahlungsströme zu ermitteln und hieraus resultierend den maximalen und minimalen fairen Wert für den Darlehenspreis zu errechnen.

jj) Bewertung der Frühaufkündigungsoption

Wie oben erläutert kann Unternehmen X1 die Rückzahlung des gesamten **160** Nominalwerts inkl. angehäufter Zinsen innerhalb von 5 Tagen fordern. Diese **Frühaufkündigungsoption** ist ökonomisch einer **Put-Option** auf ein Darlehen oder eine Anleihe gleichzusetzen. Eine Put-Option auf ein Darlehen oder eine Anleihe erlaubt es dem Investor zu bestimmten Zeiten in der Zukunft eine frühzeitige Rückzahlung zu einem vorher festgesetzten Preis zu fordern. Anleihen beinhalten häufig eingebettete Optionen und eine Put-Option würde darin resultieren, dass die Anleihe für einen Investor werthaltiger ist. In dem vorliegenden Fall kann Unternehmen X1 die Rückzahlung des Darlehens ohne Abschlag fordern, welches impliziert, dass das Darlehen eine *Put-Option* beinhaltet.

Wenn Anleihen mit **Call- oder Put-Option** ausgegeben werden, werden **161** die inhärenten Bedingungen der Anleihe im Vorhinein festgelegt; diese sind praktisch identisch mit den Bedingungen einer normalen Anleihe, mit Ausnahme der Optionskomponente, welche je nach Anleihe unterschiedlich ausgestaltet ist. Die eingebettete Call- oder Put-Option kann uU eine Periode, in der die Call- bzw. Put-Option nicht ausgeübt werden kann, beinhalten. Im vorliegenden Fall kann das Unternehmen X1 die Option zu jeder Zeit ausführen **(amerikanische Option).**

Es kann ergo erwartet werden, dass der faire Wert des Darlehens mit Früh- **162** aufkündigungsoption den fairen Wert des Darlehens ohne Frühaufkündi-

---

[68] Die Risikoprämien über den 3-Monatszeitraum wurden berechnet, indem die täglichen Baa1/BBB+ Euro Industrial One Year Index und die 12 Monat USD LIBOR Zinssätze subtrahiert wurden. Indem die Differenz zwischen der geringsten Risikoprämie und der Risikoprämie am Bewertungstag und zwischen der größten Risikoprämie und der Risikoprämie am Bewertungstag genommen wurde, konnte eine fixe auf- und abwärtige Anpassung der Risikoprämie für die Zinsstrukturkurve ermittelt werden.

gungsoption um den Betrag, den ein Investor gewillt wäre für die Option der (fast) direkten Rückzahlung des Darlehens zu zahlen, übersteigt.

163   Um den **Wert der Option** zu schätzen, wurde, da es sich bei dem Finanzinstrument um ein Darlehen handelt, das **FinCAD Bewertungsmodell** für Anleihen mit Call- oder Put-Option angewandt. Diesem liegt ein **Karasinski log-normal Zinsstrukturmodell** zu Grunde, welches es erlaubt, die Parameter als Funktionen der Zeit darzustellen. Außerdem können in diesem Modell die kurzfristigen Zinssätze bis zum Endfälligkeitstermin zum Zero-Coupon-Yield zurückkehren.

$$d(\log r) = \theta(t)[\log \upsilon(t) - \log r]dt + \sigma(t)dz$$

> *Wobei:*
> r = Zinssatz
> $\theta(t)$ = *mean reversion*[69]
> $\upsilon(t)$ = angestrebter Zinssatz (*mean reversion* Wert)
> $\sigma(t)$ = Volatilität des Zinssatzes

164   Basierend auf dem oben dargestellten Modell ist der Wert eines Finanztitels eine **Funktion der Zinsstrukturkurve für Forwards,** des **risikofreien Zinssatzes,** der **Volatilität der Zinsrate** und der **Zeit** bis zur Endfälligkeit. Die im Folgenden dargestellten Daten wurden in das Modell eingegeben, um den Wert der Option zu erhalten:

* Der Nominalwert entspricht dem Buchwert des Darlehens.
* Der **Ausübungspreis** ist der Betrag, den der Besitzer der Option zurückfordern kann, wenn die Option ausgeübt wird. Im vorliegenden Fall kann der Darlehnsgeber (dh Unternehmen X1) den vollen Nominalwert plus angehäufte Zinsen zu jedem Zeitpunkt innerhalb von 5 Tagen zurückfordern.
* Da die Option bis zum Tag der **Fälligkeit** ausgeübt werden kann, dh 25 Jahre ab dem Bewertungstag, entspricht die Zeit bis zur Fälligkeit der Option der Zeit bis zur Fälligkeit des Darlehens.
* Es wird die 360-Tage-Rechenkonvention angewendet.
* Der **Kalkulationszinsfuß** wurde, wie bei der Darlehensbewertung, über die 25 Jahre inkl. eines Risikozuschlags von 0,25 % angesetzt.
* Um die **Zinsstrukturkurve** zu errechnen wurde zur Abzinsung auf die US SWAP- und US LIBOR-Zinssätze über die 25-Jahresperiode abgestellt.

Der **faire Wert des Darlehens** mit Frühaufkündigungsoption ergibt sich aus der Summe des Wertes für das Darlehen ohne Frühaufkündigungsoption und dem hier ermittelten Optionswert.

3. Wiederverkaufspreis-Methode

165   Im Gegensatz zur Preisvergleichs-Methode fokussiert sich die Wiederverkaufspreis-Methode auf das wirtschaftliche Ergebnis, das durch die zugrunde liegenden Verrechnungspreise realisiert wird. Es handelt sich nicht um einen

---

[69] „Mean reversion theory" ist eine Theorie, die besagt, dass im Zeitablauf ein Wert zu einem Durchschnittspreis gelangen wird, trotz Fluktuationen über und unter den Durchschnittswert.

direkten Preisvergleich, sondern um **einen indirekten Test basierend auf der Vertriebsmarge,** die bspw. eine verbundene Vertriebsgesellschaft im Konzern erzielt.

Ist das zwischen abhängigen Konzerngesellschaften erzielte Ergebnis mit dem Ergebnis vergleichbar, das fremde Dritte in einem unabhängigen Verhältnis erreicht haben, so lässt sich dadurch auf fremdvergleichstaugliche Verrechnungspreise schließen.

Eine wichtige Annahme bei der Wiederverkaufspreis-Methode besteht darin, dass der **freie Wettbewerb** zwischen unabhängigen Vertriebsgesellschaften mit ähnlichem Funktions- und Risikoprofil **zu vergleichbaren Margen führt.** Die Wiederverkaufspreis-Methode bestimmt angemessene Verrechnungspreise so, dass dem Käufer – meistens eine Vertriebsgesellschaft – eine marktübliche Marge bleibt. Restgewinne, die aus der gemeinsamen wirtschaftlichen Tätigkeit entstehen, entfallen bei dieser Methode auf den Verkäufer.

Wie bei der Preisvergleichs-Methode müssen auch bei der Wiederverkaufs-Methode entsprechende Anpassungsrechnungen durchgeführt werden, um die Vergleichbarkeit der verkauften Produkte bzw. der geleisteten Dienste zu gewährleisten. Solche Anpassungsrechnungen beziehen sich idR auch auf die wirtschaftlichen Rahmenbedingungen, die spezifischen Konditionen der Transaktion sowie auf einen evtl. leicht unterschiedlichen Funktionsmix der identifizierten Vergleichsunternehmen.

a) Ermittlung von Wiederverkaufsmargen

Die Wiederverkaufspreis-Methode testet die **Marge, die bei Geschäften 166 zwischen verbundenen Gesellschaften von der Vertriebsgesellschaft erwirtschaftet wird.**

Dabei wird vom Endpreis (bzw. dem Umsatz), den die Vertriebsgesellschaft mit dritten Endkunden erzielt, eine prozentuale fremdvergleichsübliche Vertriebsmarge abgezogen. Daraus ergibt sich der angemessene Verrechnungspreis. Die folgende Abbildung illustriert diese Vorgehensweise:

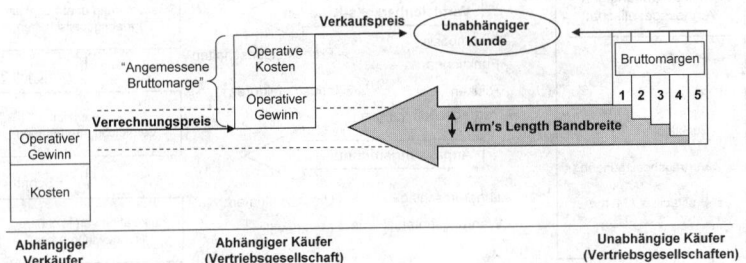

Abbildung 8: Wiederverkaufspreis-Methode
Quelle: Practical Solutions for Intercompany Pricing, NERA Economic Consulting.

Die Wiederverkaufspreis-Methode wird häufig angewendet, um Verrechnungspreise auf ihre Fremdvergleichstauglichkeit zu überprüfen. Dabei gibt ein **Vergleich der ermittelten Arm's Length Bandbreite** der Vertriebsmargen vergleichbarer unabhängiger Unternehmen mit der Marge, den die zu testende Gesellschaft erwirtschaftet, einen guten Hinweis, ob die zugrunde liegenden Verrechnungspreise angemessen sind.

In der Theorie wird der Verrechnungspreis so festgesetzt, dass die Konzerngesellschaft eine vergleichbare Bruttomarge erwirtschaftet. Bei der Bruttomarge handelt es sich um eine Rohgewinnmarge, die die Vertriebs- und Verwaltungskosten sowie andere Betriebsausgaben der Vertriebsgesellschaft decken soll. Darüber hinaus enthält diese Rohgewinnmarge einen Gewinn, der dem Funktions- und Risikoprofil der Vertriebsgesellschaft entspricht.

b) Anwendung und Anpassungsrechnungen

167   In der Praxis wird die Wiederverkaufspreis-Methode häufig für die Überprüfung der Verrechnungspreise eingesetzt, die einer Routine-Vertriebsgesellschaft in Rechnung gestellt werden. Sofern eine Vertriebsgesellschaft neben der Ausführung von Routinetätigkeiten auch unternehmerisch tätig ist, kann die Wiederverkaufspreis-Methode nur dann angewendet werden, wenn sich die Routinetätigkeiten eindeutig von den unternehmerischen Aktivitäten trennen lassen.

Die Resultate der **Wiederverkaufspreis-Methode** können in solchen Fällen nur auf die **Routine-Vertriebstätigkeit** angewendet werden. Es wird dazu getestet, inwiefern diese Routinetätigkeit eine angemessene Marge erwirtschaftet. Steht der Vertriebsgesellschaft aufgrund anderer unternehmerischer Aktivitäten bzw. Risiken zusätzlich ein **Anteil am Residualgewinn** zu, so muss dies anhand weiterer Methoden, bspw. anhand der **Gewinnaufteilungsmethoden,** analysiert werden. Die Wiederverkaufspreis-Methode stellt eine klassische Standardmethode dar, die in der Praxis vorrangig zum Testen einer angemessenen Marge von Routine-Vertriebsgesellschaften angewendet wird.

Untenstehende Abbildung zeigt auf, in welchen Schritten die Wiederverkaufspreis-Methode in der Praxis angewendet wird:

Abbildung 9: Anwendung der Wiederverkaufspreis-Methode
Quelle: Practical Solutions for Intercompany Pricing, NERA Economic Consulting.

Die praktische Anwendung der Wiederverkaufspreis-Methode beginnt mit **168** der Analyse der abhängigen Vertriebsgesellschaft. Im Rahmen einer Funktions- und Risikoanalyse wird dabei ein genaues Profil der Gesellschaft erstellt. Anhand dieses Profils werden in den folgenden Schritten vergleichbare unabhängige Unternehmen identifiziert, für die sich Rohgewinnmargen ermitteln lassen. Oftmals müssen die **identifizierten Rohgewinnmargen angepasst** werden, um damit einem **abweichenden Funktions- und Risikoprofil Rechnung zu tragen.** Es ist jedoch auch möglich, die Daten des zu testenden Unternehmens so anzupassen, dass die Vergleichbarkeit mit den identifizierten Unternehmen gewährleistet bleibt.

Schwierigkeiten ergeben sich in der Praxis insb. dadurch, dass bei der Wiederverkaufspreis-Methode eine Bruttomarge, die **Rohgewinnmarge,** identifiziert werden muss. Es ist in der **Praxis jedoch oft schwierig,** die dafür notwendigen **Daten zu ermitteln.** In den zur Verfügung stehenden Datenbanken[70] finden sich nur selten detaillierte Kosteninformationen. Eine genaue Analyse der Kosten ist jedoch notwendig, um vergleichbare Rohgewinnmargen bestimmen zu können.

Theoretisch muss für jede einzeln identifizierbare Transaktion eine solche spezifische Rohgewinnmarge ermittelt und auf ihre Fremdvergleichsüblichkeit überprüft werden. In der Praxis ist es jedoch bereits schwierig, die relevanten Daten für die zu testende Vertriebsgesellschaft zu erhalten. Transaktionsbasierte **Rohgewinnmargen** können dann **ermittelt** werden, wenn **effiziente Kostenrechnungssysteme** existieren. Nur wenn auch Verwaltungskosten und andere Betriebsausgaben sinnvoll dem einzelnen Geschäftsvorfall zugerechnet werden können, kann es gelingen, eine aussagekräftige Rohgewinnmarge pro Transaktion zu errechnen.

Wie oben diskutiert, ist es in der Praxis oft bereits schwierig, transaktions- **169** spezifische Rohgewinnmargen bei dem zu testenden Unternehmen zu ermitteln. Noch schwieriger gestaltet sich die Suche nach vergleichbaren Rohgewinnmargen von Vergleichsunternehmen.

Aus diesem Grund werden vielfach Transaktionen gebündelt und gemeinsam betrachtet. Führt eine Vertriebsgesellschaft viele **ähnliche Transaktionen** aus und lassen sich diese **sinnvoll zusammenfassen,** so ist es uU in der Praxis möglich, die Einhaltung des Arm's Length Grundsatzes auf Gesellschaftsebene nachzuweisen.

Ein weiteres Problem, das die Anwendung der Wiederverkaufspreis-Me- **170** thode in der Praxis erschwert, ist die mangelnde **Verfügbarkeit relevanter Kostendaten.** Bruttomargen wie die Rohgewinnmarge lassen sich nur selten ermitteln. Einschlägige Datenbanken beinhalten gewöhnlich Informationen zu dem Reingewinn und den Umsätzen eines Unternehmens. Anhand dieser Daten können zwar Nettomargen, aber keine Bruttomargen ermittelt werden.

Aufgrund dieser Schwierigkeiten kann die Wiederverkaufspreis-Methode in der Praxis nur in seltenen Fällen angewendet werden. Viel häufiger werden Methoden verwendet, die auf erzielten Nettomargen basieren. So wird bspw. die Transaktionale Netto Margen Methode (TNMM) in vielen Situationen angewendet, in denen sich vergleichbare Bruttomargen nicht sinnvoll ermit-

---

[70] Vgl. Kapitel H Rn. 19 ff. „Datenbanken als Informationsquelle".

teln lassen. Dabei werden die verschiedenen Transaktionen eines Unternehmens idR gebündelt analysiert und die Nettomargen mit denen unabhängiger Unternehmen verglichen.

4. Kostenaufschlags–Methode

171   Die **Kostenaufschlags–Methode** ist eng mit der Wiederverkaufspreis-Methode verwandt. Es handelt sich ebenfalls um **eine Standardmethode,** die verwendet werden kann, um die Angemessenheit von Verrechnungspreisen zu testen. In der Praxis verwenden viele Unternehmen Kostenaufschläge, um ihre Preise gegenüber fremden Dritten zu kalkulieren. Kostenaufschlagssysteme werden auch für die Preisermittlung bei konzerninternen Verrechnungspreisen verwendet. Besonders gut eignen sich solche Kostenaufschlagssysteme bei Lieferungen von halbfertigen Gütern sowie bei der Erbringung konzerninterner Dienstleistungen, soweit es sich um Routine-Funktionen handelt.

Bei der Kostenaufschlags-Methode müssen zwei wichtige Faktoren bei der Analyse von Verrechnungspreisen beachtet werden. Es handelt sich dabei zum einen um die **Kostenbasis** und zum anderen um den eigentlichen **Kosten- bzw. Gewinnaufschlag.** Beide Elemente bestimmen die absolute Höhe der Verrechnungspreise und somit auch die Gewinnverteilung zwischen verbundenen Unternehmen.

172   Für die Bestimmung der Kostenbasis kann auf alle anerkannten Kostenrechnungs-Methoden zurückgegriffen werden.[71] Dabei ist es wichtig, dass die **Kostenbasis** auch **zur Preisermittlung** von Lieferungen oder Dienstleistungen **an fremde Dritte verwendet** wird und über einen bestimmten Zeitablauf **einheitlich** bleibt. Die OECD-RL besagen vor diesem Hintergrund, dass verbundene Unternehmen „bereits im Voraus vereinbaren, welche Kosten als Grundlage für die Kostenaufschlagsmethode in Betracht kommen könnten."[72]

Auch zwischen unverbundenen Unternehmen ist es durchaus üblich, die Preiskalkulationen auf eine **im Voraus festgelegte Kostenbasis** zu beziehen und nach einer festen Formel zu berechnen. In der Regel werden dabei Bruttomargen verwendet, die die Verwaltungskosten des produzierenden Unternehmens abdecken. Weitere Kosten wie bspw. für Marketing und Verwaltung müssen durch diese Bruttomargen ebenfalls gedeckt werden. Beim Vergleich mit den Margen externer Unternehmen ist darauf zu achten, welche Kosten in deren Bruttomargen enthalten sind. Regelmäßig sind Anpassungsrechnungen vorzunehmen.

Beispiel: Das deutsche Unternehmen A produziert Fahrräder und verkauft diese an die französische Muttergesellschaft B. In Verhandlungen einigen sich die beiden Vertragsparteien auf die Anwendung der Kostenaufschlags-Methode zur Ermittlung der Verrechnungspreise. Für ein bestimmtes Fahrradmodell wird auf Basis einer Vollkostenkalkulation eine Kostenbasis von 100 € pro Stück festgelegt. Zusätzlich einigen sich die beiden Vertragsparteien auf die Anwendung eines Kostenaufschlags iHv 5 % als Routinevergütung für den deutschen Hersteller, Unternehmen A.

---

[71] Vgl. Tz. 2.45, OECD-RL.
[72] Tz. 2.45, OECD-RL.

Gelingt es dem deutschen Hersteller, seine Kosten für diesen Fahrradtyp auf unter 100 € pro Stück zu senken, so fällt ihm aufgrund der im Voraus festgelegten Kostenbasis von 100 € der Vorteil zu, der durch die Effizienzgewinne in der Herstellung geschaffen wird. Die RL der OECD besagen in diesem Zusammenhang, dass ein unabhängiges Unternehmen es umgekehrt wahrscheinlich nicht akzeptieren würde, einen höheren Preis zu zahlen, der durch die Ineffizienz der anderen Partei bedingt ist. Daher kann die Festlegung einer fixen Kostenbasis auch bei der Berechnung von konzerninternen Verrechnungspreisen sinnvoll sein.

Das Beispiel zeigt, dass die OECD-RL – zumindest bei der Anwendung der Kostenaufschlags-Methode – Routinegesellschaften die Möglichkeit zusprechen, **Effizienzgewinne** zu erwirtschaften und auch zu behalten. Wichtig ist jedoch, dass der Routinecharakter erhalten bleibt. Handelt es sich jedoch bspw. bei Einkauf und Herstellung um **zentrale unternehmerische Aufgaben,** die über Erfolg und Misserfolg des gesamten Konzerns entscheiden, lässt sich die **Kostenaufschlags-Methode nicht sinnvoll anwenden.**

a) Ermittlung von Kostenaufschlägen

Die Kostenaufschlags-Methode ist besonders gut geeignet, um die Verrechnungspreise von Routine-Produktionsgesellschaften zu testen. Ähnlich wie bei der Wiederverkaufspreis-Methode handelt es sich um eine **indirekte Methode,** bei der die Preise nicht direkt überprüft werden. In der Regel wird eine Bruttomarge ermittelt, die **nicht nur** die direkten **Herstellungskosten** und weitere **Betriebsausgaben** des Produktionsunternehmens **decken** soll, sondern **auch einen angemessenen Gewinn** für die ausgeführten Routinefunktionen und getragenen Risiken beinhaltet.

Die Kostenaufschlags-Methode wird näher durch folgende Abbildung beschrieben:

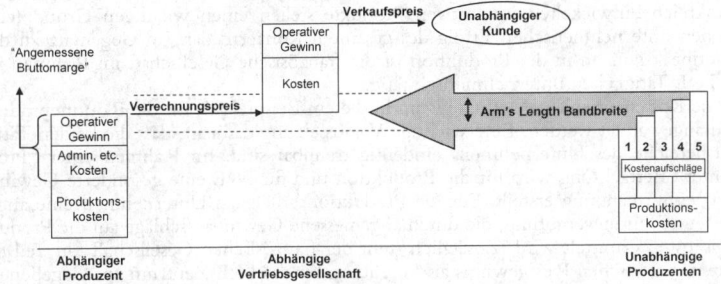

Abbildung 10: Anwendung der Kostenaufschlags-Methode
Quelle: Practical Solutions for Intercompany Pricing, NERA Economic Consulting.

Die Abbildung zeigt, dass die Fremdvergleichsüblichkeit der Verrechnungspreise anhand von Kostenaufschlägen überprüft wird, die von unabhängigen Produktionsunternehmen erzielt werden.

Eine zentrale Annahme dieses Ansatzes besteht darin, dass **Produzenten von vergleichbaren Produkten,** die vergleichbare Funktionen ausüben und vergleichbare Risiken tragen, bei vergleichbaren Wettbewerbsbedingungen **ein ähnliches Profitabilitätsniveau erreichen.**

Dieses Profitabilitätsniveau wird anhand von Kostenaufschlägen untersucht. Die Kostenaufschläge können sich bspw. auf Vollkosten beziehen und somit einem direkten Gewinnaufschlag entsprechen oder sie werden einzig auf die Produktionskosten bezogen und schließen somit als Bruttomarge neben einem Gewinnanteil außerdem noch Kosten für Verwaltung und Marketing und andere Betriebsausgaben mit ein.

174   Die **Ermittlung von Kostenaufschlägen erfolgt in der Regel anhand von einschlägigen Datenbanken.** Wichtig ist, dass objektive Suchkriterien bei der Identifikation von Vergleichsunternehmen angewendet werden.

b) Anwendung und Anpassungsrechnungen

175   In der Praxis wird die Kostenaufschlags-Methode für die Überprüfung von Verrechnungspreisen eingesetzt, die von einer Routine-Produktionsgesellschaft in Rechnung gestellt werden. Dabei kann es sich um **Preise für Halbfertigfabrikate oder auch für fertige Produkte** handeln.

Darüber hinaus wird die Kostenaufschlags-Methode auch für die Ermittlung und Überprüfung von Verrechnungspreisen für konzerninterne Dienstleistungen angewendet.

176   Die Angemessenheit der Vergütung für unternehmerische Aktivitäten sowie das Tragen zentraler Risiken kann nicht durch die Kostenaufschlags-Methode überprüft werden. Nur wenn sich **Routinetätigkeiten** eindeutig von den Tätigkeiten eines Entrepreneurs trennen lassen, kann die Kostenaufschlags-Methode auf diese Routineaktivitäten angewendet werden.

Beispiel: Eine in Frankreich ansässige Produktionsgesellschaft stellt Industrielaser her. Sie übt dazu sämtliche mit der Produktion anfallenden Routinetätigkeiten aus und trägt die damit zusammenhängenden Risiken. Neben der Produktion der Laser unterhält die französische Gesellschaft außerdem ein Forschungs- und Entwicklungszentrum, das auf die Weiterentwicklung der für die Laser wichtigen Dioden spezialisiert ist. Die F&E Aktivitäten kommen sämtlichen Konzerngesellschaften zu Gute. Die in Frankreich entwickelten innovativen Produkte stellen einen wichtigen Grundpfeiler für den unternehmerischen Erfolg des gesamten Konzerns dar. Im Gegensatz zu den Routineaktivitäten in der Produktion ist die französische Gesellschaft im Rahmen ihrer F&E Tätigkeiten unternehmerisch tätig.
Die Kostenaufschlags-Methode kann in diesem Beispiel nur für die Routineproduktion angewendet werden. Eine wichtige Voraussetzung dafür ist, dass die beiden Tätigkeitsbereiche des Unternehmens eindeutig trennbar sind. Im Rahmen einer „Profit Center" Betrachtung wird für die Produktion und für F&E eine gesonderte Gewinn- und Verlustrechnung erstellt. Für die Produktion erhält das Unternehmen eine angemessene Routinevergütung, die durch angemessene Gewinnaufschläge auf die Produktionskosten ermittelt wird. Zusätzlich steht der französischen Gesellschaft ein Teil des unternehmerischen Restgewinns als Vergütung für das F&E Zentrum zu. Gegebenenfalls muss im Rahmen einer Gewinnaufteilungsmethode festgestellt werden, inwieweit die Restgewinne zwischen dem französischen F&E Zentrum und anderen Entrepreneurs im Konzern aufgeteilt werden müssen.

177   Die Anwendung in der Praxis erfolgt dabei in fünf Schritten. In einem ersten Schritt wird von der zu testenden Gesellschaft ein **detailliertes Funktions- und Risikoprofil** erstellt. Hierzu gilt es herauszufinden, ob und inwieweit die Gesellschaft Routineaktivitäten ausübt. Nach Erstellung dieses Profils kann sinnvoll nach **Vergleichsunternehmen** gesucht werden, die ein ähnliches Funktions- und Risikoprofil aufweisen. Schließlich werden die Bruttomargen bzw. **Kostenaufschläge** der zu testenden Gesellschaft denen

der identifizierten unabhängigen Vergleichsunternehmen **gegenübergestellt.**
Ähnliche Margen lassen dabei auf angemessene Verrechnungspreise schließen.

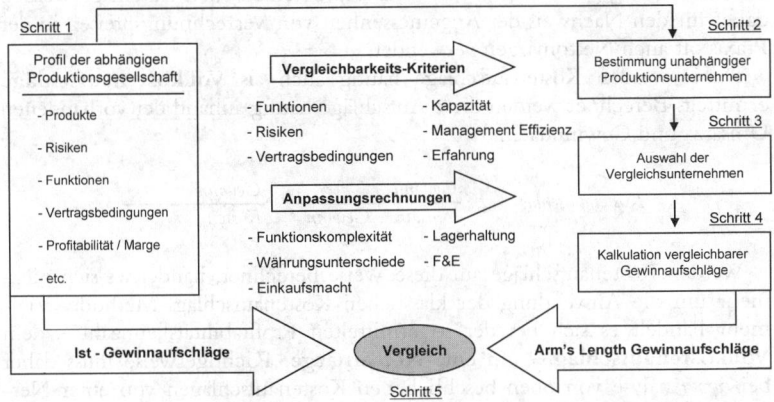

Abbildung 11: Anwendung der Kostenaufschlags-Methode
Quelle: Practical Solutions for Intercompany Pricing, NERA Economic Consulting.

Die **Kostenaufschlags-Methode** sollte – wie die anderen Standardmetho- **178**
den auch – **im Idealfall auf Transaktionsbasis angewendet werden.** Oft
ist es jedoch nur schwer möglich, die notwendigen Daten für eine transaktionsbasierte Anwendung zu erhalten. In solchen Fällen werden mehrere
Transaktionen gebündelt und gemeinsam analysiert. Bei einfachen **Routine-
produktionsgesellschaften** können dabei sogar häufig **sämtliche Transaktionen** des Unternehmens auf Gesellschaftsebene **zusammengefasst** werden.
Je höher das Aggregationsniveau bei der Analyse von konzerninternen
Transaktionen, desto schwieriger ist es, ein gewisses Maß an Vergleichbarkeit
zu gewährleisten.

Eine weitere Hürde, die bei der praktischen Anwendung der Kostenauf- **179**
schlags-Methode regelmäßig genommen werden muss, ist die **Trennung von
konzerninternen Transaktionen von solchen mit fremden Dritten.**
Problematisch ist dies insb. dann, wenn die Marge eines Produktionsunternehmens auf Gesellschaftsebene analysiert wird, das Unternehmen jedoch unterschiedliche Produkte sowohl an verbundene Unternehmen als auch an
fremde Dritte verkauft.

Lassen sich die Transaktionen nicht einzeln analysieren, so ist eine aggregierte Betrachtung nur eingeschränkt möglich. Die im internen Verhältnis erzielten **Margen können** nämlich durch den Verkauf anderer Produkte an
fremde Dritte **„verwässert" werden.** Dabei kann davon ausgegangen werden, dass ein Anteil von mehr als 80% interner Transaktionen am Gesamtumsatz ausreicht und ein sinnvolles Maß an Vergleichbarkeit gewährleistet. Es
muss jedoch **stets im Einzelfall überprüft werden,** ob und inwieweit
Transaktionen aggregiert analysiert werden können.

Ein weiteres wichtiges Element bei der Umsetzung der Kostenaufschlags- **180**
Methode stellt die Identifikation von vergleichbaren Kostenaufschlägen bzw.
Bruttomargen dar. In einschlägigen Datenbanken ist es dabei oft schwierig,

Vögele/Witt   783 die notwendigen Kostendaten zu ermitteln. Häufig stehen nur Umsatzdaten und Informationen in Bezug auf das Nettoresultat von Vergleichsunternehmen zur Verfügung. Aufgrund der relativ problematischen Datenlage werden daher für den Nachweis der Angemessenheit von Verrechnungspreisen in der Praxis oft auch Nettomargen verwendet.

Dabei werden Kostenaufschläge häufig auch als **Vollkostenaufschläge** ermittelt. Berechnet werden diese Aufschläge häufig anhand der vorhandenen Umsatz- und Gewinndaten.

$$Kostenaufschlag = \frac{Gewinn}{Umsatz - Gewinn} = \frac{Gewinn}{Kosten}$$

Werden Kostenaufschläge auf diese Weise berechnet, handelt es sich nicht mehr um die Anwendung der klassischen Kostenaufschlags-Methode. Vielmehr handelt es sich bei der so ermittelten Profitabilitätskennzahl – dem **Vollkostenaufschlag** – um eine **Nettomarge.** Richtigerweise muss daher bei der Analyse von oben beschriebenen Kostenaufschlägen von einer Nettomargenmethode gesprochen werden. So wird in der Praxis häufig die Transaktionale Netto Margen Methode, **TNMM, mit Kostenaufschlägen als Profitabilitätskennzahl** angewendet, um die Verrechnungspreise von Routine-Produktionsunternehmen zu überprüfen. Dies stellt eine in der Praxis häufig anzutreffende Hilfslösung dar, wenn keine ausreichenden Daten für die Berechnung von Bruttomargen bzw. Kostenaufschlägen zur Verfügung stehen.

c) Abgrenzung der Kostenaufschlagsmethode von Preiskalkulationen

181   Ein wichtiger Punkt bei Anwendung der Kostenaufschlags-Methode stellt die Abgrenzung zu Preiskalkulations-Methoden dar.

In der Praxis werden fast alle Produktpreise mit Hilfe von Kostenaufschlagskalkulationen ermittelt, indem der individuell angemessene Gewinnanteil des Produktes auf die Kosten aufgeschlagen wird. Dabei wird der angemessene Gewinnanteil jedoch auf der Grundlage des Wertbeitrags bestimmt. Mit anderen Worten, die einzelnen Produktpreise werden auf Basis der Kostenrechnung ermittelt, aber nicht der Gewinnaufschlag anhand der Kosten bemessen.

Eine derartige Vorgehensweise ist von einer Anwendung der Kostenaufschlags-Methode (als Verrechnungspreismethode) zu unterscheiden, bei welcher der Gewinnaufschlag auf Basis der Kosten bemessen wird. Die Kostenaufschlags-Methode kommt dann zur Anwendung, wenn die Produktionskosten die am besten geeignete Grundlage für die Prüfung der Angemessenheit der Gewinne darstellen (wenn zB aufgrund geringer Risiken eine allgemein übliche Kapitalverzinsung erreicht wird).

5. Praktische Schwierigkeiten bei der Anwendung

182   Die **theoretische Anwendung** der Standardmethoden zum Nachweis der Fremdvergleichsüblichkeit von Verrechnungspreisen ist **relativ unkompliziert.** Es handelt sich im Kern stets um den Vergleich der Preise oder der aus

ihnen resultierenden Ergebnisse mit jenen Preisen und Ergebnissen, die unter vergleichbaren Umständen zwischen unabhängigen fremden Dritten vereinbart worden sind.

Wichtig ist, dass der **Steuerpflichtige** seine **Preise** nach einer **freien Systematik festlegen** kann. Er ist bei der Bestimmung der Preise weder an eine der Standardmethoden noch an irgendwelche anderen Vorgaben gebunden.

Lediglich bei der **Überprüfung der Angemessenheit** im Rahmen der Verrechnungspreisdokumentation ist der Steuerzahler **verpflichtet,** eine der **Standardmethoden anzuwenden.** Lässt sich keine der Standardmethoden sinnvoll anwenden – zB weil sich keine direkten Preise oder Bruttomargen bestimmen lassen oder weil eine Gesellschaft mehr als nur Routinefunktionen ausübt – so können auch andere Methoden für den Nachweis der Angemessenheit der Verrechnungspreise angewendet werden.

Dazu zählen bspw. die TNMM sowie Gewinnaufteilungsmethoden. Die **183** Anwendung der TNMM ist dabei – wie die Standardmethoden – auf Routinetätigkeiten beschränkt. Im Gegensatz dazu werden Gewinnaufteilungsmethoden angewendet, um den Angemessenheitsnachweis bei Transaktionen zwischen zwei oder mehreren „Entrepreneurs" nachzuweisen.

Praktische Schwierigkeiten bei der Umsetzung der Standardmethoden führen in der Praxis häufig dazu, dass eine der beiden gewinnorientierten Methoden angewendet wird.

Wird eine gewinnorientierte Methode angewendet, so sollte eine ausrei- **184** chende Angemessenheitsdokumentation plausibel aufzeigen, warum weder die Preisvergleichs- noch die Wiederverkaufspreis- noch die Kostenaufschlagsmethode sinnvoll angewendet werden können.

Häufig ergeben sich in der Praxis **Schwierigkeiten bei der Anwendung der Standardmethoden,** insb. aufgrund **fehlender Daten.** Ein weiteres Problem besteht oft darin, dass sich **unterschiedliche Tätigkeiten** eines Unternehmens **nicht sauber abgrenzen** lassen.

a) Datenmangel

Bei der **Identifikation von Vergleichspreisen** ist zunächst zu prüfen, in- **185** wieweit innere Vergleichspreise vorliegen. Dabei gilt es herauszufinden, ob die im internen Verhältnis vorgenommenen Transaktionen evtl. auch mit fremden Dritten durchgeführt wurden. Eine sehr interessante Datenquelle stellen Joint Ventures in der Praxis dar. Lassen sich keine inneren Vergleichspreise identifizieren, so wird die Suche auf äußere Vergleichspreise ausgedehnt.

Äußere Vergleichspreise sind Preise, die zwischen unabhängigen fremden Dritten am Markt vereinbart wurden. Die Identifikation sinnvoller äußerer Vergleichspreise hängt stark davon ab, ob es einen **beobachtbaren Markt für vergleichbare Produkte** gibt.

Dies ist in der Praxis zunehmend der Fall, indem **aufwändige Marktstudien** durchgeführt werden. Preisangebote für vergleichbare Produkte von unabhängigen Dritten sind häufig nicht ausreichend zuverlässig und nur selten direkt verwendbar. Anpassungsrechnungen sind idR notwendig.

Werden immaterielle Wirtschaftsgüter transferiert, so lassen sich aussagekräftige Vergleichspreise teilweise in **einschlägigen Datenbanken** finden. **RoyaltyStat, FranchiseHelp und andere** liefern vor diesem Hintergrund einen umfassenden Überblick über zwischen unabhängigen Dritten geschlossene Verträge. In der Praxis werden diese Vergleichspreise häufig durch weitere Bewertungsmethoden unterstützt.

186   Die Anwendung der Preisvergleichsmethode gestaltet sich jedoch besonders schwierig, wenn **Halbfabrikate** zwischen verbundenen Unternehmen transferiert werden. Für solche Produkte besteht idR kein offener Markt.

In einzelnen Sektoren sind Preisvergleiche möglich. Zu diesen gehören Zinsen, Preise von Finanzprodukten, Versicherungsprämien und Waren, die warenterminmarktfähig sind. Zu diesen zählen Rohstoffe, Metalle, Energie und einzelne landwirtschaftliche Produkte.

Aufgrund der beschriebenen Schwierigkeiten wurde die **Preisvergleichsmethode** – obwohl als direktester Weg von der OECD favorisiert – in der Praxis **nur in wenigen Bereichen angewendet.** Bevor die statistischen Methoden zur Anpassung entwickelt worden waren, war es früher nur selten möglich, ein ausreichendes Maß an Vergleichbarkeit zwischen den zu testenden Transaktionen und Vergleichspreisen zu gewährleisten.

187   Die Anwendung der beiden anderen Standardmethoden, der **Wiederverkaufspreis- und** der **Kostenaufschlags-Methode,** hängt ebenfalls stark von den zur Verfügung stehenden Daten ab.

Die theoretisch transaktionsbasierten Methoden werden in der Praxis häufig auf Gesellschaftsebene angewendet. Dies ist insb. dann möglich, wenn viele ähnliche Transaktionen sinnvoll gebündelt werden können.

In einem nächsten Schritt müssen **Bruttomargen** von vergleichbaren unabhängigen Unternehmen identifiziert werden. Dabei handelt es sich entweder um **Rohgewinnmargen** (Wiederverkaufspreis-Methode) oder um **Gewinnaufschläge** (Kostenaufschlags-Methode).

Die Ermittlung solcher Margen bzw. Aufschläge ist in der Praxis äußerst schwierig. Die notwendigen Kosteninformationen sind in den verwendeten Datenbanken nur sehr eingeschränkt verfügbar. Besonders bei Verrechnungspreisstudien, die sich einzig auf den deutschen Markt fokussieren, können **Kosteninformationen** von vergleichbaren unabhängigen Dritten in der Regel nur **schwer identifiziert** werden.

Einfacher gestaltet sich die Suche nach **Nettomargen,** da Informationen in Bezug auf Umsatz und Reingewinn relativ einfacher beschafft werden können. **Nettomargen** sind jedoch **nicht mit** der theoretischen Anwendung der **Standardmethoden vereinbar.** Wird bspw. ein Vollkostenaufschlag ermittelt, so handelt es sich dabei streng genommen um die Anwendung der TNMM auf Basis einer kostenbasierten Kennzahl.

188   Trotz der beschriebenen Schwierigkeiten werden heute die Standardmethoden zunehmend angewendet, weil sich die Datenbasis laufend verbessert und die erforderliche statistische Software mehr und mehr in der Lage ist, die notwendige Anpassungsrechnung durchzuführen.

b) Mangelnde Profit Center Abgrenzung

189   Zusätzlich zu den Schwierigkeiten bei der Beschaffung von notwendigen Daten für den Fremdvergleich stellt die oft mangelhafte Abgrenzung der unterschiedlichen Profit Center in einem Unternehmen eine Hürde bei der praktischen Umsetzung der Standardmethoden dar.

Die **Standardmethoden** müssen klassischerweise **transaktionsbasiert** angewendet werden. Transaktionen können nur dann gebündelt betrachtet werden, wenn sie ein genügendes Maß an Vergleichbarkeit aufweisen. Üben Unternehmen mehrere verschiedene Routinetätigkeiten parallel aus, so müssen die **einzelnen Tätigkeiten** bzw. Transaktionen **gesondert analysiert** werden. Dazu ist eine klare finanzielle Abgrenzung der Tätigkeiten notwendig.

Schwierigkeiten bei dieser Abgrenzung sind auf unternehmensinterne Mängel im Accountingbereich zurückzuführen. Gelingt es nicht, **gesonderte Gewinn- und Verlustrechnungen** für die einzelnen Tätigkeiten im Rahmen einer **Profit Center Betrachtung** zu erstellen, kann ein ausreichendes Maß an Vergleichbarkeit unter Umständen nicht mehr gewährleistet werden.

Beispiel: Eine deutsche Vertriebsgesellschaft eines koreanischen Konzerns übt neben dem routinemäßigen Vertrieb von Elektrogeräten auch kleinere Reparaturfunktionen aus. Auch bei diesen Aktivitäten handelt es sich um reine Routinetätigkeiten. Der Nachweis der Angemessenheit der Verrechnungspreise lässt sich in diesem Beispiel nur gesondert für die beiden Funktionen durchführen. Es ist nämlich nur schwer möglich, Vergleichsunternehmen zu identifizieren, die beide Funktionen in einem ähnlichen Verhältnis ausüben. Es lassen sich jedoch Informationen fremder Dritter für beide Funktionen gesondert ermitteln. Schwierigkeiten ergeben sich dann in der Praxis, wenn es dem zu testenden Unternehmen nicht gelingt, beide Funktionen sauber zu trennen. Eine mangelhafte Profit Center Abgrenzung kann dadurch die Anwendung der Standardmethoden erschweren oder sogar unmöglich machen.
Ein Vergleich der gesamten Tätigkeit unabhängiger Vertriebsgesellschaften, die ebenfalls Vertrieb und Reparatur kombinieren, ist aufgrund zumeist unvergleichbarer Verhältnisse oft nicht möglich.

Die Möglichkeit, unterschiedliche Profit Center voneinander abzugrenzen, **190** hat in der jüngeren Vergangenheit stark zugenommen. Dank zunehmender Anwendung moderner **Entreprise Resource Planning Systeme**[73] sind die Möglichkeiten, die Profitabilität einzelner Tätigkeiten im Konzern gesondert zu analysieren, stetig gestiegen. Allerdings ist es gerade bei kleineren Konzerngesellschaften häufig immer noch **schwierig,** bspw. **Fixkosten sinnvoll** auf die unterschiedlichen Aktivitäten **zu verteilen.**

Lassen sich die einzelnen Profit Center nicht direkt analysieren, müssen Annahmen getroffen werden. Der Nachweis der Angemessenheit der Verrechnungspreise hängt in solchen Fällen davon ab, ob **sinnvolle Annahmen** getroffen werden können, die ein **ausreichendes Maß an Vergleichbarkeit** gewährleisten.

---

[73] Entreprise Resource Planning Systeme oder auch „ERP"-Systeme sind Softwarepakete, die zur Ressourcenplanung eines gesamten Unternehmens eingesetzt werden. Anbieter sind bspw. SAP, Oracle und PeopleSoft.

Kapitel H: Ergebnisorientierte Methoden

Übersicht

I. Externer Fremdvergleich für Dokumentationszwecke anhand von Datenbanken

1   Ein Fremdvergleich sollte bereits für die Planung der Verrechnungspreise Beachtung finden. Insb. bei der Dokumentation der Angemessenheit der Verrechnungspreise kommt dem externen Fremdvergleich eine herausragende Bedeutung zu. Schwerpunkte des externen Fremdvergleichs liegen u. a. bei der Angemessenheit von Rohgewinnmargen im Rahmen der Wiederverkaufspreismethode, von Nettomargen bei der Kostenaufschlagsmethode und bei Kostenumlageverträgen, aber auch der Höhe von Lizenzsätzen, Zinsen und Entgelten für Bürgschaften. In all diesen Fällen ist die Angemessenheit durch **Fremdvergleichsdaten** nachzuweisen; hierzu können häufig nur **externe Vergleichstransaktionen** herangezogen werden.

Die Prüfung der Angemessenheit der Verrechnungspreise auf der Grundlage von externen Vergleichsdaten (Fremdvergleichsdaten) geschieht heute in erster Linie unter Einsatz von sog. Datenbanken. Da deren Einsatz sowohl der Erfüllung der Dokumentationsvorschriften als auch darüber hinaus der (Neu-)Erstellung eines konzernweiten Verrechnungspreissystems dienen kann, richtet sich dieser Abschnitt an beide Problemseiten bezüglich der steuerrechtlichen und betriebswirtschaftlichen Handhabung von Verrechnungspreissachverhalten. Die Ausführungen sind also einerseits auf das steuerrechtliche Dokumentationsproblem ausgerichtet. Andererseits soll dieser Abschnitt dem **Verrechnungspreis–Praktiker** helfen, die Gestaltung oder Umstrukturierung von Verrechnungspreissystemen zu bewerkstelligen und deren Informationsergebnis für die Konzernleitung transparent zu machen.

1. Die Ermittlung von Vergleichsmargen mit Datenbanken

2   Datenbanken bieten zunehmend die Möglichkeit, diesen Nachweis durch eine Ermittlung von Vergleichsmargen zu führen und dadurch u. a. den Dokumentationsvorschriften Genüge zu tun. Hierbei ist es u. a. erforderlich, ausreichende Bilanzdaten zu erhalten und den Nachweis der **Unabhängigkeit für die Vergleichsunternehmen** zu führen.

Einschränkend gilt, dass bislang ein ausgereiftes Konzept zur Nutzung von Unternehmensdatenbanken im Rahmen der Verrechnungspreisanalyse noch fehlt. Vor allem mangelt es an wissenschaftlich fundierten Aussagen zu den relevanten Kenngrößen und -zahlen unter Beachtung des rechtlichen Rahmens der Grundsätze für die Prüfung der Einkunftsabgrenzung zwischen nahe stehenden Personen (VGr-Verfahren – VGV). Quantitativ-statistische Analyseansätze existieren in der deutschen Fachliteratur kaum.[1]

Trotz dieser Einschränkungen der direkten **Verwendbarkeit von Daten-** **3** **banken** bei den Verrechnungspreisanalysen ist jedoch das Angebot an Finanzinformationen zu Unternehmen bereits heute unüberschaubar. Eine Vielzahl von Anbietern offeriert Produkte wie Bilanzdatenbanken, Investmentinformationen, Börsenbriefe, Marktinformationen oder Adressdaten. Hierbei existieren jedoch nicht nur Unterschiede zwischen den Produkten, sondern auch zwischen den einzelnen Anbietern, die auf verschiedene Kundengruppen ausgerichtet sind. Allen Datenbanken gemeinsam ist, dass sie idR **keine transaktionsspezifischen Informationen,** sondern Informationen zum Gesamtbündel an Transaktionen erhalten, nämlich zum Gesamtunternehmen auf der Basis des publikationspflichtigen Jahresabschlusses sowie freiwillig veröffentlichter Informationen.

Entscheidend für die Verwendbarkeit solcher Datenbanken ist ihre regionale und sektorale Differenzierung. Abweichende rechtliche Bestimmungen, bspw. zwischen den USA und Deutschland, sorgen für drastische Unterschiede in Vergleichbarkeit und Verfügbarkeit von Informationen. Dies ist nicht nur auf unterschiedliche **Bilanzierungsvorschriften** dem Grunde und der Höhe nach zurückzuführen, sondern bspw. auch auf umfangreichere Pflichten zur Veröffentlichung von Finanzinformationen in anderen Ländern, **je nach Branchenzugehörigkeit.** Die Bilanzierung von Industrieunternehmen unterscheidet sich bspw. deutlich von der Bilanzierung von Banken oder Versicherungen. Einem Margenvergleich dienende Informationen müssen deshalb häufig aus unterschiedlichen Quellen bezogen werden.

2. Die Regelungen der Verwaltungsgrundsätze Verfahren

Am 12. April 2005 hat das Bundesministerium der Finanzen die VGr- **4** Verfahren erlassen. Hierin wird das Vorgehen zur Führung eines Fremdvergleichs detailliert erläutert, was nachfolgend verkürzt dargestellt werden soll.

a) Charakterisierung als Routinefunktion oder Entrepreneur

Entscheidend für die Ermittlung eines angemessenen Verrechnungspreises **5** ist der sogenannte **Fremdvergleichsgrundsatz,** dh die Frage, wie sich unabhängige Dritte im konkret zu betrachtenden Fall verhalten hätten. Dazu ist es unverzichtbar festzustellen, welche Funktionen ein Unternehmen in einem Verbund übernimmt und welche Risiken es dabei trägt. Zur genauen Charakterisierung beschreiben die VGr-Verfahren drei Gruppen von Unternehmen, wobei die zu untersuchende Organisation mit Hilfe einer Funktions- und Risikoanalyse einer dieser Gruppen zuzuordnen ist.

---

[1] Vgl. *Rehkugler/Vögele* 2002; *Oestreicher* IStR 2004, 1.

6   Unternehmen, die lediglich **Routinefunktionen** übernehmen, welche ohne Probleme auch am Markt eingekauft werden könnten, sind der ersten Gruppe zuzuordnen. Sie tragen ein lediglich ein geringes Risiko (zB Vertrieb: Forderungsausfall), zeichnen sich durch geringen Einsatz von Wirtschaftsgütern aus und machen bei üblichem Geschäftsverlauf kleine aber stabile Routinegewinne.

Unternehmen der Gruppe **Entrepreneur** kommt im Verbund eines multinationalen Konzerns eine entscheidende Bedeutung zu. Sie tragen die wesentlichen Risiken des Gesamtgeschäfts, übernehmen die entscheidenden strategischen Funktionen und setzen wesentliche materielle und immaterielle Wirtschaftsgüter ein. Ihnen steht daher auch das Konzernergebnis zu. Kann ein Unternehmen keinem der beiden oben beschriebenen Fälle eindeutig zugeordnet werden, so stellt es einen **Sonderfall** dar.

b) Verrechnungspreisbildung und Methodenwahl

7   Zur Bestimmung geeigneter Verrechnungspreise erlaubt die oberste Finanzbehörde der Länder mehrere Methoden, wobei die folgenden abweichenden Methoden nur dann verwendet werden dürfen, wenn die Standardmethoden (zB aus Mangel an oder gänzlichem Fehlen von Daten) **nicht verfügbar** sind. Zu den **Standardmethoden** zählen hierbei die Preisvergleichsmethode (comparable uncontrolled price), die Wiederverkaufspreismethode (resale price method) und die Kostenaufschlagsmethode (cost plus method).

Nur wenn keine dieser Methoden anwendbar ist, darf der Steuerpflichtige alternative Methoden benutzen, um einen angemessenen Verrechnungspreis zu bestimmen.

Bei der Geschäftsvorfallbezogenen **Nettomargenmethode (transactional net margin method)** werden die Nettorenditekennzahlen (Nettomargen usw.) des betreffenden Unternehmens mit den entsprechenden Kennzahlen vergleichbarer Firmen abgeglichen, allerdings nur für einzelne Geschäftsvorfälle bzw. wenn mehrere Geschäftsvorfälle, die gemessen an Funktionen und Risiken wirtschaftlich vergleichbar sind, zusammengefasst werden (§ 2 Abs. 3 GAufzV).

8   Die Geschäftsvorfallbezogene Nettomargenmethode darf laut Bundesamt für Finanzen nur auf Unternehmen angewendet werden, die **ausschließlich Routinefunktionen** wahrnehmen. Hat ein solches Unternehmen mehrere Geschäftsbereiche, so müssen diese zur besseren Vergleichbarkeit gesondert erfasst werden (Spartenrechnung). Zusätzlich muss zwischen den betreffenden Unternehmen Vergleichbarkeit gegeben sein. Tragen die Firmen unterschiedliche individuelle Risiken oder üben sie komplexere, nicht vergleichbare Tätigkeiten aus, so ist diese Methode nicht anwendbar. Sind die Unternehmen nur in bestimmten Geschäfts-Bereichen vergleichbar, so sind Teilergebnisse ermittelbar.

Im Fall der Geschäftsvorfallbezogenen **Gewinnaufteilungsmethode** (profit split method) wird der Gesamtgewinn des Konzerns nach dem Maßstab aufgeteilt, den vergleichbare unabhängige (dritte) Firmen bei der Aufteilung angelegt hätten.

Die **Gewinnvergleichsmethode** (comparable profit method) ist grundsätzlich unzulässig.

c) Angemessenheitsdokumentation und Aufzeichnungspflicht

Nach den Vorschriften der Obersten Finanzbehörden der Länder muss der 9 Steuerpflichtige nicht nur den Sachverhalt so darstellen, dass ein unabhängiger Dritter die Aufzeichnungen innerhalb einer angemessenen Frist auf deren Richtigkeit überprüfen kann, sondern auch die **Angemessenheit der Verrechnungspreise** dokumentieren. Das ernsthafte Bemühen des Steuerpflichtigen muss dabei ebenso zu erkennen sein wie die Einhaltung des Fremdvergleichsgrundsatzes, der sich auf die Verwendung objektiver Kriterien und geeigneter Vergleichsdaten stützt. Die Aufzeichnungen sollen die Überlegungen des Steuerpflichtigen widerspiegeln und die Angemessenheit der Verrechnungspreismethoden dokumentieren. Dazu zählt ebenfalls die Erläuterung aller bedeutsamen Umstände in technischer, wirtschaftlicher sowie rechtlicher Hinsicht.

Nachträgliche Anpassungen der Verrechnungspreise erkennen die Finanzbehörden nur dann an, wenn zuvor schon **Preisbestimmungsfaktoren** festgelegt wurden bzw. wenn fremde Dritte diese Anpassung ebenfalls vorgenommen hätten.

Zur Untermauerung der Plausibilität von Daten sind **Mehrjahresanalysen** zulässig.

d) Datenerhebung

Um die Richtigkeit und Nachvollziehbarkeit der gewählten Verrechnungs- 10 preismethode und der konkreten Preise zu untermauern muss der Steuerpflichtige zusätzlich Fremdvergleichsdaten aus Geschäftsvorfällen zwischen **voneinander unabhängigen Geschäftspartnern** beibringen, soweit dies möglich und zumutbar ist. Diese können aus **betriebsexternen** (fremde Dritte) oder **betriebsinternen** (Steuerpflichtiger mit fremden Dritten) Vergleichen stammen, oder aus einem Geschäftsvorfall zwischen Personen, die dem Steuerpflichtigen nahestehen, und fremden Dritten. Dabei sind sowohl Preisvergleiche als auch Vergleiche von Bruttomargen, Nettomargen und Kosten zulässig, wobei sich die Vergleiche auf einzelne bzw. zulässigerweise zusammengefasste Geschäftsvorfälle beziehen müssen. Des Weiteren ist zusätzlich die Aufzeichnung innerbetrieblicher Daten (§ 1 Abs. 3 S. 4 GAufzV) verpflichtend.

Dabei sind **reine Datenbankanalysen nicht ausreichend.** Der Steuer- 11 pflichtige muss demnach geeignete **Kriterien ermitteln** um die Plausibilität der Vergleichsdaten zu erhöhen. Dazu zählt die Auswahl geeigneter Suchkriterien sowie die Internetrecherche, um die Zahl der in der Analyse enthaltenen Unternehmen auf einen mit dem Steuerpflichtigen vergleichbaren Kreis einzuschränken.

Außerdem muss der **Suchprozess** für die Steuerbehörden im Rahmen der technischen Möglichkeiten nachvollziehbar sein. Dazu muss der Steuerpflichtige den Behörden die Daten technisch zugänglich machen und bei Verwendung der Nettomargenmethode noch genaue Angaben zur Datenbank selbst, den Kriterien für die Aufnahme, den Unternehmensdaten allgemein, der verwendeten Gliederung der GuV, den Auswahlschritten (Funktion und Risiko), der Branchenklassifizierung und der Verwendung von Rechenmodellen machen.

e) Vergleichbarkeit

12   Bevor die so ermittelten Daten zur Untermauerung der Argumentation des Steuerpflichtigen herangezogen werden können, muss zuerst noch die **Vergleichbarkeit der Geschäftsbeziehungen,** die ihnen zu Grunde liegen, überprüft werden. Dabei sind insb. die Eigenschaften der betreffenden Wirtschaftsgüter und Dienstleistungen, die übernommenen Funktionen und Risiken, die Vertragskonditionen, das Marktumfeld sowie die Strategie zu überprüfen.

Hier kann man drei Fälle unterscheiden:

13   Die Daten sind **uneingeschränkt vergleichbar,** wenn **identische Geschäftsbedingungen** vorliegen oder unterschiedliche Geschäftsbedingungen keine Auswirkungen auf die Wahl des Preises haben oder die Unterschiede durch Anpassungen beseitigt worden sind. Dies sollte regelmäßig bei Zinsen für ähnliche Darlehen und Darlehensnehmer der Fall sein, aber auch bei Margen von Vergleichsunternehmen mit sehr ähnlichem Funktions- und Risikoprofil.

Unvergleichbare Daten liegen vor, wenn die Geschäftsbedingungen sich so wesentlich unterscheiden, dass die Differenzen durch **Anpassungsrechnungen** nicht beseitigt werden können.

Zur Überprüfung, ob nicht zumindest eine **eingeschränkte Vergleichbarkeit** vorliegt, müssen die Unterschiede in Risiko- und Funktionsübernahme des Unternehmens sowie entsprechend vorgenommene oder unterlassene Anpassungsrechnungen dargelegt werden. Zudem muss der Steuerpflichtige darlegen, warum seiner Meinung nach eine eingeschränkte Vergleichbarkeit angenommen werden kann.

f) Bandbreitenberechnung

14   Sind die Daten nach oben genannten Maßgaben **uneingeschränkt vergleichbar,** dh ist die Datenqualität hoch und die Information vollständig, kommt es auf die Genauigkeit der Daten an. Existiert ein Wert, der mit hoher Wahrscheinlichkeit der Richtige ist, so muss der Steuerpflichtige die Gründe dafür darlegen. Gibt es mehrere Werte, die den Anschein der Richtigkeit haben, dann kann der Steuerpflichtige den für ihn günstigsten Wert wählen.

Bei eingeschränkter Vergleichbarkeit ist die Bandbreite der möglichen (richtigen) Werte zu groß, und diese muss daher eingeengt werden. Dazu kann der Steuerpflichtige Plausibilitäts-Überlegungen (zB in Bezug auf Preise und Gewinne) anstellen oder mit Hilfe von Vergleichsdaten eine Kontrollrechnung durchführen.

Führen auch diese Maßnahmen nicht zum Ziel, so ist auch die Verwendung mathematischer Verfahren möglich. Die Grundregel ist dabei, dass die obersten und untersten 25 % der Werte wegfallen, wobei die Ober- und Untergrenzen folgendermaßen ermittelt werden:

g) 1. Quartil (Untergrenze)

15   Als erstes werden alle Vergleichswerte in aufsteigender Reihenfolge aufgelistet. Danach multipliziert man die Anzahl der Beobachtungen „n" (Anzahl der Vergleichswerte) mit dem Faktor 0,25. Diese Multiplikation ergibt den

Richtwert „A", wobei man nun eine Fallunterscheidung vornehmen muss. Ist A keine ganze Zahl, so ist die Grenze des **ersten Quartils** die (in der aufsteigenden) Reihenfolge nächsthöhere Beobachtung (bei A=2,5 also zB die 3. Beobachtung). Ist dagegen A eine ganze Zahl, so errechnet sich das erste Quartil als Mittelwert der Beobachtung, deren Rang in der aufsteigenden Reihenfolge genau A entspricht, und der nächsthöheren Beobachtung (Rang A+1).

h) 3. Quartil (Obergrenze)

Wiederum müssen die Vergleichswerte in aufsteigender Reihenfolge ange- **16** ordnet werden, wobei die Anzahl der Beobachtungen nun mit 0,75 zu multiplizieren ist. Mit dem sich daraus ergebenden Wert B verfährt man wie im 1. Quartil: Ist B keine ganze Zahl, so ist die Grenze des dritten Quartils die (in der aufsteigenden) Reihenfolge nächsthöhere Beobachtung, ist B dagegen eine ganze Zahl, so errechnet sich das dritte Quartil als Mittelwert der Beobachtung, deren Rang in der aufsteigenden Reihenfolge genau B entspricht, und der nächsthöheren Beobachtung.

Aus der Grenze des **ersten und dritten Quartils** ergibt sich dann eine **Vergleichsspanne** von Werten, die alle von den Steuerbehörden anerkannt werden. Der Steuerpflichtige kann somit dann den für ihn günstigsten Wert wählen.

Andere Verfahren zur mathematischen Bandbreitenverengung (zB Verwendung des **Median**) sind zulässig, wenn der Steuerpflichtige glaubhaft darlegen kann, dass er damit eine dem Einzelfall besser entsprechende Analyse vorlegen kann.

i) Planrechnung

Verrechnungspreise können auch unter der Verwendung von **Plandaten** **17** errechnet werden, allerdings nur unter der Voraussetzung, dass Preise mit Hilfe eines Fremdvergleiches nicht verlässlich zu ermitteln sind. Die Berechnungen müssen sich dabei **auf innerbetriebliche Plandaten** und **vorsichtige Gewinnprognosen** stützen.

Notwendige Voraussetzungen für die Zulässigkeit dieser Methode sind laut Bundesministerium der Finanzen, dass Fremdvergleichsdaten entweder nicht ermittelbar, nicht vergleichbar, nicht zuverlässig oder nicht repräsentativ sind oder erhebliche Zweifel an der Plausibilität der auf Fremdvergleichsdaten gestützten Berechnung bestehen, auch nachdem diese mit Hilfe einer **Anpassungsrechnung** korrigiert wurde. Auch Unterschiede in Kernbereichen der Tätigkeit eines Unternehmens, wie zB Unterschiede in der ausgeübten Funktion, dem übernommenem Risiko oder der eingesetzten Wirtschaftsgüter können dazu führen, dass Fremdvergleichsdaten nicht hinreichend verlässlich sind und die Verwendung von Daten aus der Planrechnung zulässig ist. Die Methode ist auch dann zulässig, wenn zwar vergleichbare Unternehmen gefunden werden können, die Geschäftsvorfälle aber mehr als nur die Ausübung von Routinefunktionen erfordern und somit keine hinreichende Sicherheit über die Vergleichbarkeit gegeben ist.

Allgemein gilt, dass erst dann auf eine **Planrechnung** zurückgegriffen werden darf, wenn ein Fremdvergleich unmöglich oder nicht zumutbar ist.

18   Außerdem muss der Steuerpflichtige die Angemessenheit seiner Angaben ausreichend **dokumentieren.** Dazu zählt die Rechtfertigung von Abweichungen von den Plandaten aufgrund von unvorhersehbaren Änderungen ebenso wie ein regelmäßiger Soll-Ist-Vergleich um einen geänderten Geschäftsverlauf erkennen zu können. Alle Erträge müssen zudem den jeweiligen Unternehmen eindeutig zugeordnet werden. Soweit dies möglich ist sind zudem **Fremdvergleichsdaten** (zB marktübliche Renditen) zur Stützung der Planrechnung zu erheben. Somit kann auch die Planrechnung nicht ohne Datenbankanalyse o. ä. ausgeführt werden.

3. Datenbanken als Informationsquelle

19   Im folgenden Abschnitt werden Datenbanken beschrieben, die hauptsächlich in Deutschland für Verrechnungspreisstudien Verwendung finden. Die Inanspruchnahme dieser Datenbanken hat im Zuge der neuen Dokumentationsvorschriften nach § 90 Abs. 3 und Abs. 4 AO deutlich zugenommen. Allgemein gilt, dass für Verrechnungspreisstudien solche Datenbanken geeignet sind, die genügend in Deutschland ansässige Unternehmen mit detaillierten Finanzinformationen beinhalten.

a) Überblick zu Datenbanken

20   Wesentliche Kennzeichen von Datenbanken sind ihre Anzahl an **enthaltenen Unternehmen,** die **zeitliche Reichweite (Erfassungsjahre),** die **Datenquellen** und der -zugang, sowie der Preis für die Datenbank und ihre Aktualisierungsmöglichkeiten sowie der Preis der Nutzung. Die Informationen in den Datenbanken sind ausschließlich deskriptiv und es werden keine expliziten Bewertungen in Bezug auf die Unternehmen gegeben. Die wichtigsten Datenbanken und ihre Merkmale sind in der Tabelle 1 dargestellt. Dabei liegt der Schwerpunkt auf solchen Datenbanken, die in Deutschland regelmäßig zum Einsatz kommen, da ausreichend deutsche Vergleichsunternehmen enthalten sind. Für viele andere Länder oder Regionen existieren ebenfalls spezielle Datenbanken, die hier jedoch nicht aufgeführt werden können. Die Angaben basieren auf dem Stand vom September 2013.

Tabelle 1: Datenbanken mit deutschen Bilanzdaten

Datenbank	Anbieter	Inhalt	Zugang	Updates	Kosten
Bankscope	Bureau van Dijk	Banken weltweit	DVD, Online	24 pro Jahr, täglich	26 000 €
Isis	Bureau van Dijk	Versicherungen weltweit	DVD, Online	12 pro Jahr, wöchentlich	16 200 €
Dafne	Bureau van Dijk	Industrieunternehmen Deutschland	Blu-ray, Online	12 pro Jahr, wöchentlich	12 500 €
Amadeus	Bureau van Dijk	Industrieunternehmen Europa	Blu-ray, Online	12 pro Jahr, wöchentlich	20 000 €
Orbis	Bureau van Dijk	Industrieunternehmen weltweit	Online	wöchentlich	25 000 €

Datenbank	Anbieter	Inhalt	Zugang	Updates	Kosten
Firmendaten-bank	Bisnode	Allgemeine Fir-meninformatio-nen	Online	täglich	2 250 €
Modul Bilan-zen	Bisnode	Industrie, Ban-ken, Versiche-rungen in Deutschland	Online	täglich	3 000 €
M. Konzernstr ukturen	Bisnode	Internationale Konzerne	Online	täglich	3 000 €
OneSource G. Business Browser	OneSource	Diverse Firmen- und Finanzin-formationen	Online	wöchentlich	14 500 €
Capital IQ Plattform	S&P Capital IQ	Internationale Konzerne	Online	täglich	26 000 €
Fundamentals	Thomson Reu-ters	Internationale Konzerne	Online	quartalsweise	16 000 €
Worldwide Private	Thomson Reu-ters	Internationale Konzerne	Online	quartalsweise	16 000 €
Wer-gehört-zu-wem	Picoware	Deutsche Kon-zerne	CD	Keine, Stand 26.10.2010	259 €

Quelle: eigene Darstellung, Stand 2013.

Da beim Erstellen einer Verrechnungspreisstudie der Arbeitsschritt, bei **21** dem Datenbanken zum Einsatz kommen, vergleichsweise routiniert durch-führbar ist, kann unter Nutzung moderner Informationstechnologien dieser Arbeitsschritt auch weitgehend standardisiert werden. Mittels geeigneter **Software** kann dieser Arbeitsschritt dokumentiert, von Dritten nachvollzo-gen und sogar selbst durchgeführt werden. Der Einsatz von Softwarelösungen für Verrechnungspreisstudien wird weiter unten vorgestellt.[2]

b) Darstellung ausgewählter Datenbanken

Im Folgenden sollen ausgewählte Datenbanken ausführlicher dargestellt **22** werden:

aa) Datenbank Amadeus

Diese Datenbank, die von Bureau van Dijk veröffentlicht wird, enthält In- **23** formationen zu **Industrieunternehmen** aus 43 europäischen Ländern ein-schließlich aller EU-Mitgliedsstaaten. Darunter befinden sich ca. 1,5 Mio. deutsche Unternehmen, von denen für etwa 1,1 Mio. detaillierte Bilanzdaten vorliegen. In dieser Datenbank befinden sich sowohl börsennotierte als auch private Unternehmen. Die Datenbank steht in verschiedenen Versionen (VL, L, M und S) zur Verfügung. Diese Versionen unterscheiden sich in den Grö-ßenkriterien, von denen die enthaltenen Unternehmen mindestens eines er-füllen müssen. Die Kriterien sind in Tabelle 2 dargestellt. Unternehmen mit der Kennzahl Umsatz/Beschäftigte oder Bilanzsumme/Beschäftigte unter 100 werden nicht in Amadeus VL, L oder M aufgenommen.

---

[2] S. Rn. 45 (Softwarelösungen).

Tabelle 2: Aufnahmekriterien in die *Amadeus Datenbank*

Amadeus-Version	Umsatz	Bilanzsumme	Beschäftigte	Unternehmen
Very Large Co.	> 100 Mio.€	> 100 Mio. €	> 1000	> 82 509
Large Companies	> 10 Mio. €	> 20 Mio. €	> 150	> 498 245
Medium Sized Co.	> 1 Mio. €	> 2 Mio. €	> 15	> 3 176 651
Small Companies	Alle anderen	Alle anderen	Alle anderen	> 20 529 283

Quelle: Amadeus Datenbank.

Nach Angaben des Herausgebers sind aus jedem Land mindestens 90% derjenigen Unternehmen in der Datenbank enthalten, welche die Kriterien aus Tabelle 2 erfüllen. Die Amadeus-Versionen mit schwächeren Aufnahmekriterien liefern teilweise weniger detaillierte Informationen, sind aber durchaus für Transferpreisstudien einsetzbar.

24 Die Anzahl der **Datenelemente** und **Zeitreihen** pro Unternehmen hängt von dem jeweiligen regionalen Datenerheber ab. Der Schwerpunkt liegt bei Jahresabschlussdaten. Bilanz und Gewinn- und Verlustrechnung (GuV) werden in Amadeus **standardisiert,** um den Vergleich verschiedener Unternehmen sowohl national als auch international zu ermöglichen. Die standardmäßigen Jahresabschlussinformationen bestehen aus jeweils 26 Positionen für die Bilanz und die GuV sowie 32 Kennzahlen. Darüber hinaus werden Tätigkeitsbeschreibungen sowie Unternehmensprofile mit der aktuellen Adresse, dem offiziellen Firmennamen, Gründungsjahr usw. veröffentlicht.

25 Die **Länge der Zeitreihen** der Unternehmensdaten beträgt bis zu zehn Jahre. Da nicht für alle Unternehmen sämtliche Daten am Markt verfügbar sind, kann es vorkommen, dass nicht das ganze Spektrum an Informationen in der Datenbank vorhanden ist.

Die **Klassifikation der Unternehmen** erfolgt in Amadeus durch Industrie- und Ländercodierung. Der zu Grunde liegende Primärcode basiert auf dem siebenstelligen System des British Central Statistical Office (CSO), welches 8000 Aktivitäten numerisch klassifiziert und die Unternehmen den hieraus gebildeten Codes zuweist. Kreuzreferenzen zu den jeweiligen nationalen Codes existieren ebenfalls.

Die **Suchmöglichkeiten** in der Datenbank sind vielfältig: es können Kriterien formuliert werden bezüglich der Branche (zB unter Verwendung der internationalen SIC-Codes), der Herkunft (Land oder Region), der Bilanzgrößen und -kennzahlen, der Rechtsform, des Firmennamens, den Besitzverhältnissen usw. Diese Kriterien können außerdem durch verschiedene logische Operationen miteinander verknüpft werden. Die mehr oder weniger ausführlichen Unternehmensbeschreibungen erlauben es, die Liste der Vergleichsunternehmen nochmals zu überprüfen und mit dem Referenzunternehmen zu vergleichen.

26 Als **Datenquellen** dienen die in den jeweiligen Ländern führenden Datenerhebungsorganisationen. Diese sind bspw. die *Creditreform* in Deutschland, *Lexis Nexis* in den Niederlanden, die *Informa* in Spanien und *Jordan* in Großbritannien. Informationen und Daten über die Besitz- und Inhaberverhältnisse stammen direkt von den entsprechenden öffentlichen Institutionen oder den betreffenden Unternehmen.

Der **Zugang** zu der Datenbank ist über Blu-ray oder auch über das Internet möglich. Die Blu-ray wird zwölf Mal im Jahr **aktualisiert,** während der Datenbestand im Internet kontinuierlich (wöchentlich) auf den **neuesten Stand** gebracht wird. Die Kosten für die Datenbank hängen vom Unternehmensumfang sowie von der gewünschten Anzahl der Aktualisierungen im Jahr ab. Soll auf die Daten der Amadeus VL (inkl. Börsenunternehmen) über einen Internet-Zugang mit wöchentlicher Aktualisierung zugegriffen werden, so beträgt der Preis 20 000 €.

bb) Datenbank Dafne

Die Dafne Datenbank wird ebenfalls von Bureau van Dijk angeboten. Sie **27** enthält die 1,3 Mio. größten deutschen Unternehmen, wobei Banken und Versicherungen nicht erfasst sind.

In der Dafne Datenbank sind für 1,1 Mio. Unternehmen **detaillierte Jahresabschlussdaten und Kennzahlen** abrufbar. Für die restlichen Unternehmen der Dafne Datenbank sind die Informationen weniger ausführlich. Hier liegen lediglich Informationen wie Name des Unternehmens, Adresse, Unternehmenstyp, Registriernummer, Manager, Anteilseigner etc. vor. Die Daten reichen bis zu 10 Jahre in die Vergangenheit zurück.

Die **Klassifizierung der Unternehmen** erfolgt nach dem WZ-Activity Code bzw. G-Code und WZ-Code. Die verschiedenen Branchencodes werden an späterer Stelle näher erläutert. Die **Suchmöglichkeiten** beider Datenbanken sind auf Grund der Auswahl- und Verknüpfungsoptionen zahlreich. Als Kriterien stehen hier Branche/Sektor (zB WZ-Codes), Region, Bilanzgrößen und -kennzahlen (nur Dafne), Rechtsform, Firmenname und Anteilseigner zur Verfügung. Diese Kriterien können zum Teil verfeinert und spezifiziert werden. Die **Datenquellen** dieser Datenbank sind Creditreform e. V., Claritas Deutschland Data + Services GmbH und Microm Gesellschaft für Mikromarketing mbH.

Die Datenbank wird auf **Blu-ray** sowie **Online** herausgegeben. Für Dafne wird ein **Preis** von 12 500 € verlangt.

cc) BankScope

Eine auch von Bureau van Dijk angebotene Datenbank mit detaillierten **28** Finanzinformationen von etwa 31 200 **Kreditinstituten** stellt Bankscope dar. In diese Datenbank werden Informationen zu den 10 700 größten europäischen Banken, den 14 000 größten nordamerikanischen Banken, über 1000 japanischen kommerziellen und „Sogo"-Banken sowie von mehr als 5600 weiteren bedeutenden Banken und 44 führenden supranationalen Bank- und Finanzorganisationen eingespeist. Für etwa 2800 deutsche Kreditinstitute sind detaillierte Jahresabschlussinformationen erfasst. Auch für die übrigen Kreditinstitute liegen ausführliche Jahresabschlussinformationen sowie Kennzahlen und Ratings vor. Außerdem werden Informationen über Spezialisierungsrichtungen, Standorte, Besitzverhältnisse etc. gegeben. Die Daten reichen bis zu **16 Jahre** in die Vergangenheit zurück.

Die **Suchmöglichkeiten** sind vielfältig, da für fast alle Datenelemente **29** (Name, Kurzname, Kennzahl, Ratings, Standort etc.) Kriterien ausgewählt und miteinander verknüpft werden können. Die **Datenquellen** sind bei dieser Datenbank Fitch Solutions, Moody's, Standard & Poor's, Bureau van Dijk

Electronic Publishing SA, Reuters Ltd., Capital Intelligence Ltd. sowie The Economist Intelligence Unit N. A. Inc. Die Datenbank ist über DVD oder über das **Internet** zugänglich. Die DVD wird 24 Mal pro Jahr aktualisiert, wobei die Daten im Internet täglich auf dem neuesten Stand gehalten werden. Die **Kosten** belaufen sich auf 26 000 € pro Jahr.

dd) ISIS Datenbank

30   Diese Datenbank enthält Finanz- und Geschäftsinformationen von mehr als 12 000 **Versicherungen** weltweit (Hrsg. Bureau van Dijk). Darunter befinden sich rund 800 deutsche Versicherungen. In der Datenbank sind Jahresabschlussinformationen, Kennzahlen, Ratings, Spezialisierungsrichtungen sowie Standorte usw. enthalten. Es sind ebenfalls Daten vorhanden, die bis zu 10 Jahre zurückreichen.

Wiederum bieten sich vielfältige **Suchmöglichkeiten,** die sich über fast alle Variablen erstrecken. Zur Suche können einzelne Merkmale oder deren Verknüpfung herangezogen werden. Die vorhandenen Daten stammen aus Thomson Financial Insurance Solutions und werden wöchentlich aktualisiert. Auf die Datenbank kann über DVD oder über das Internet zugegriffen werden. Die Kosten belaufen sich auf 16 200 € pro Jahr.

ee) ORBIS Datenbank

31   Diese Datenbank enthält Finanz- und Geschäftsinformationen von **rund 115 Mio. Unternehmen weltweit** und umfasst den gesamten über den Hrsg. Bureau van Dijk verfügbaren Datenbestand, also sowohl Industrieunternehmen als auch Banken und Versicherungen. Darunter befinden sich rund 2,5 Mio. deutsche Firmen. Die Inhalte und Funktionen der Datenbank entsprechen den bereits beschriebenen Inhalten der Datenbanken dieses Anbieters. Die Daten reichen bis zu 10 Jahre in die Vergangenheit zurück.

Auf die Datenbank kann nur über das Internet zugegriffen werden. Die Kosten unterscheiden sich je nach der Größe der enthaltenen Unternehmen (Unternehmen VL, L, M und S siehe hierzu Amadeus-Größenkriterien) und ob auf eine bestimmte Weltregion (Europa, Asien-Pazifik, Amerika) eingeschränkt wird. Die Orbis Europa mit sehr großen und Börsenunternehmen ist bspw. für 25 000 € pro Jahr erhältlich.

ff) Hoppenstedt Firmendatenbank

32   Die Hoppenstedt-Firmendatenbank aus dem Haus des Wirtschaftsinformationsdienstes Bisnode besteht aus verschiedenen Modulen, die untereinander vernetzt sind und individuell ausgewählt werden können. Sie enthält **Firmen- und Personendaten** genauso wie **Bilanz- und Beteiligungsinformationen.** Eine eigene Fachredaktion gewährleistet die Aktualität der abgebildeten Daten, sammelt alle öffentlich verfügbaren Informationen und ergänzt sie um selbstrecherchierte Daten direkt von den Unternehmen. Die Datenbank wird täglich aktualisiert. Diese Datenbank ersetzt die einzelnen bisherigen Hoppenstedt Internet-Datenbanken, CDs und Bücher.

Die Datenbank beinhaltet über 850 000 aktuelle **Firmenprofile** aus Deutschland, Österreich und der Schweiz, dazu Personenprofile zu mehr als 1,6 Millionen Managern der 1. und 2. Führungsebene sowie Entscheidungsbeeinflussern der 3. Ebene. Bis zu 250 Suchkriterien sind für individuelle Suchanfragen auswählbar. Zusätzlich bietet die Datenbank Visualisierungstools.

Aktuell stehen ca. 7 Millionen **detaillierte Jahresabschlüsse** in der Fir- 33
mendatenbank zur Verfügung, zB für Analysen und Unternehmensvergleiche,
aber auch für Marketing- und Vertriebszwecke. Mit 60 speziellen Suchfeldern
lassen sich normierte Bilanzen mit bis zu 1500 Bilanzpositionen analysieren.
Ein Peergroup-Assistent ermöglicht direkte Vergleiche.

Die Firmendatenbank zeigt auch alle **Anteilseigner und Beteiligungen**
einer Firma auf. Man erhält einen detaillierten Überblick der weltweiten Verflechtungen von ca. 460 000 Unternehmen sowie weiterer ca. 330 000 natürlichen Personen und öffentlich-rechtlichen Körperschaften. Neben allen direkten und indirekten Beteiligungen auf bis zu 20 Hierarchie-Ebenen kann man
nach Mehrheitsbeteiligungen oder der ultimativen Firmenmutter suchen.

Die Datenbank beinhaltet Informationen bezüglich Firmenname und An- 34
schrift, Telekommunikationsdaten, Top- und mittleres Management, Produkt-
und/oder Tätigkeitsbeschreibungen, Branchenzuordnungen, Eigentumsverhältnisse, Beteiligungen, Niederlassungen, Jahresabschlussdaten, Kennzahlen,
Rechtsform, Bankverbindung, Handelsregister, Gründungsjahr, Mitglied-
schaft in Verbänden usw. Einige Variablen sind für einen Zeitraum verfügbar,
doch für die meisten Variablen liegen nur die aktuellsten Daten vor.

Die Unternehmen sind entsprechend dem **NACE-Code** und dem **SIC-
Code** kategorisiert. Die Datenbank kann nach 250 verschiedenen Kriterien
durchsucht werden. Diese Kriterien können zB der Firmenname, das Bundes-
land, der Ort, die Branche, ein Produkt oder die Geschäftstätigkeit sein.

Die Kosten für die Hoppenstedt Firmendatenbank beginnen bei 2250,– €
p. A. Sie sind abhängig von der gewählten Zugriffsform (zB Basis- oder Pre-
miumversionen, Selektivversionen), dem Datenbestand (zB nur 250 000 Firmen, 600 000 Firmen, nur individuell ausgewählte Firmen, nur Firmen in
Deutschland) und den Zusatzmodulen und Funktionalitäten.

gg) Modul Bilanzen innerhalb der Hoppenstedt Firmendatenbank

Das Modul Bilanzen innerhalb der Firmendatenbank Hoppenstedt bietet 35
Zugriff auf die **Finanzzahlen** von über 1 Mio. Unternehmen. Hierfür sind
in der Datenbank detaillierte Jahresabschlussinformationen, Kennzahlen,
Branchendurchschnitte, Firmeninformationen sowie Aktienkursinformatio-
nen (zu den börsennotierten Unternehmen) vorhanden.

Der Zeitraum der erfassten Daten erstreckt sich in der Regel über drei Jahre, wobei auch längere Zeitreihen existieren. Die Unternehmen werden hier
auch anhand von Industriecodes nach Branche und Sektoren eingeteilt. Anhand von über 50 Kriterien können sie gefiltert werden. Ausführliche Beschreibungen erlauben es, Tätigkeitsfelder eines Unternehmens genauer zu
recherchieren. Als **Datenquellen** für die Datenbank dienen die Jahresabschlüsse der Unternehmen.

Auf die Datenbank kann über das **Internet** zugegriffen werden. Der Voll-
zugang kostet pro Jahr ab 3000 €, ebenfalls angeboten werden auf bestimmte
Daten eingeschränkte Zugriffe oder Einzelrecherchen.

hh) Modul Konzernstrukturen innerhalb der Hoppenstedt
Firmendatenbank

Um einen schnellen Überblick über **Konzernstrukturen** zu bekommen, 36
bietet Hoppenstedt eine das Modul Konzernstrukturen innerhalb der Firmendatenbank mit Informationen über die Beteiligungsstrukturen von Un-

ternehmen an. In dieser Datenbank sind mehr als **460 000 Unternehmen** und deren Verflechtungen enthalten. Die Strukturen können grafisch dargestellt werden. Weitere Informationen sind dabei Daten zu Rechtsform und Kapitalanlagen sowie zu verschiedenen Arten und Quoten von Beteiligungen (direkte oder indirekte Anteile, Gruppen/Konzernanteile, effektive und Stimmrechtsanteile).

Die Suche nach bestimmten Konzernen oder Unternehmen kann auf Länder- oder Bundesebene erfolgen. Sämtliche Daten zu den Konzernstrukturen werden von Hoppenstedt selbst recherchiert und ausgewertet. Die Daten sind online erhältlich, wird die Datenbank auf diesem Medium erworben, belaufen sich die Ausgaben auf 3000 € im Jahr.

ii) OneSource Global Business Browser

37   Eine ebenfalls sehr umfassende Datenbank bietet *OneSource Information Services, Inc.,* an. Der Vorteil dieser Datenbank ist die Zugriffsmöglichkeit auf unzählige **Einzeldatenbanken,** wodurch insgesamt Informationen zu über **20 Mio. öffentlichen und privaten Unternehmen** zur Verfügung stehen. Darunter befinden sich in etwa 260 000 deutsche Unternehmen, von denen wiederum für über 200 000 detaillierte Jahresabschlussdaten vorliegen. Die weiteren **Variablen** erstrecken sich von der Branche/Sektor, Region über Bilanzgrößen und Bilanzkennzahlen bis zur Rechtsform, Firmenname, Besitzverhältnisse, Finanzdaten.

Das Set an Informationen unterscheidet sich jedoch je nachdem, aus welcher Einzeldatenbank die Informationen herausgezogen werden. Darüber hinaus können Markt-/Branchenberichte und -prognosen, sowie Presseartikel zu diversen Themen gefunden werden. Die Branchen/Sektoren werden nach den internationalen **SIC-Codes** unterschieden. Die Datenbank bietet eine Vielzahl von Suchmöglichkeiten, zB können die Unternehmen nach Industriezweigen, Geographie, Besitzverhältnissen, Umsatz und anderen Variablen sortiert und gesucht werden.

Die **Datenquellen** von OneSource sind vielfältig, wobei die wichtigsten Quellen Financial Times, LexisNexis, Mergent, Reuters, The Graham and Whiteside Ltd. Database, Dun & Bradstreet und Thomson Reuters sind. Auf OneSource kann über das **Internet** zugegriffen werden. Die volle Lizenz für den Global Business Browser für ein Jahr kostet für einen Benutzer 14 500 €. Wird nur eine Lizenz für die europäische Version erworben, sinkt der **Preis** auf 7750 €. Für die Aktualisierung der Daten sind die einzelnen Datenbankanbieter zuständig.

jj) Capital IQ Plattform

38   S&P Capital IQ bietet über die Capital IQ Plattform eine **Komplettlösung** mit Zugang zu Firmendaten, Bilanzdaten und Konzernstrukturen **weltweit** an. Diese Informationen sind erhältlich für mehr als 99 % aller am Markt gehandelten Unternehmen inklusive Organisationsstruktur sowie Beziehungen zwischen Mutter- und Tochtergesellschaften von mehr als 43 000 existierenden Unternehmen. Die Datenbank hat Informationen seit 1992 und wird täglich aktualisiert.

Darüber hinaus sind über die Capital IQ Plattform Firmendaten für ca. **682 500** private Unternehmen mit Bilanzdaten abrufbar. Davon entfallen ca.

39 000 Datensätze auf deutsche Privatunternehmen. Alle Privatunternehmen in der Datenbasis haben einen Mindestumsatz von 10 Millionen Euro.

Die globalen Daten werden täglich aktualisiert, und umfassen Firmenna- **39** men, Anschrift, Telekommunikationsdaten, Gründungsjahr, Anzahl der Mitarbeiter, Profile von Top- und mittlerem Management aktuelle Nachrichten, Firmennews wie Fusionen oder Akquisitionen, sowie andere Pressemitteilungen oder Informationen zu Insolvenzen. Im Zuge der Datenverarbeitung werden die Daten weltweit an ein standardisiertes und homogenes Verfahren angepasst, welches einfach an länderspezifische Regeln für Finanzdaten übertragen werden kann. Die Anzahl der verfügbaren **Finanzkennzahlen** einer Firmenbilanz geht in die Tausende.

Des Weiteren liefert die Datenbank Informationen zur Branchenzuordnung über den **GICS-Code** (Global Industry Classification Standard), Eigentumsverhältnisse sowie einen Überblick und direkten Zugriff zu allen erhältlichen Information von Niederlassungen oder Beteiligungen mit Hilfe von Organisationscharts.

Jedes private Unternehmen hat eine spezifische Identifikationsnummer (Capital IQ ID), die – falls verfügbar – mit Hilfe von S&P Capital IQ's Cross Reference Services auch einer DUNS von Dun & Bradstreet zugeordnet werden kann. Die gesamte Datenbank kann über eine Kombination von **Filterregeln** und logischen Operationen nach Belieben durchsucht werden, zum Beispiel nach Rechtsform, Größe, bestimmten Finanzkennzahlen oder Branchenzuordnung. Der **Zugang** zur kompletten Plattform ist ab 26 000 € erhältlich, wobei drei Mitarbeiter eine Zugangslizenz erhalten.

kk) Thomson Reuters Fundamentals Database

Diese Datenbank wird von Thomson Reuters angeboten. Enthalten sind **40** ca. 80 000 börsennotierte Unternehmen aus über 110 Ländern weltweit. Die Datenquellen sind die publizierten Bilanzen der Unternehmen. Die **Suche** nach Unternehmen oder Anteilseignern kann über deren Namen sowie die üblichen Industriecodes erfolgen. Zusätzlich enthalten sind über 100 Indikatoren. Der **Zugang** zur Datenbank ist möglich über die webbasierte Plattform Onesource Transfer Pricing und ist ab 16 000 € erhältlich.

ll) Thomson Reuters Worldwide Private Database

Diese erst in 2013 neu gestartete Datenbank wird ebenfalls von Thomson **41** Reuters angeboten und enthält Informationen zu ca. 1,6 Mio. Unternehmen weltweit. Als vorrangige **Datenquelle** dienen Veröffentlichungen in offiziellen Handelsregistern und entsprechenden Organen. Zusätzlich werden Daten von verschiedenen Anbietern oder den entsprechenden Firmen ergänzt. Die wichtigsten Auswahlkriterien sind Umsatz (>750 000 €), detaillierte Finanzkennzahlen (>65 Kennzahlen) sowie Tätigkeitsbeschreibungen in lokaler und englischer Sprache. Abgebildet werden sowohl industriespezifische als auch standardisierte Finanzkennzahlen. Der **Zugang** erfolgt ebenfalls über die webbasierte Plattform Onesource Transfer Pricing und ist ab 16 000 € erhältlich.

mm) Handbuch „Wer gehört zu Wem"

Diese Datenquelle wurde von 1954 bis 2010 von der Commerzbank he- **42** rausgegeben und zeigt die Beteiligungsverhältnisse deutscher Unternehmen.

In der letzten Ausgabe vom November 2010 werden 10570 Unternehmen mit etwa 19000 Anteilseignern aufgeführt. Aufgenommen werden deutsche Unternehmen mit einem Nominalkapital von mindestens 500000 €, ferner werden nur Unternehmen in die Datenbank aufgenommen, über die ausreichende öffentliche Informationen vorliegen. Das Handbuch liefert Informationen zu exaktem Namen, Rechtsform, Sitz, Sektor, Bilanzsumme, wichtigsten Anteilseignern und Partnern sowie deren prozentualem Anteil. Detaillierte Informationen zu Bilanz und GuV der Unternehmen werden nicht gegeben. Die **Suche** nach Unternehmen oder Anteilseignern kann über deren Namen erfolgen.

Als **Datenquelle** diente der Commerzbank der direkte schriftliche Kontakt zu den jeweiligen Unternehmen, deren Informationen durch offiziell veröffentlichte Quellen und Unternehmenspublikationen ergänzt werden. Die letzte sowie alle historischen Versionen ab 2000 der Datenbank sind als CD über die picoware GmbH zu 259 € erhältlich.

c) Vergleich der aufgeführten Datenbanken

43   Ein direkter Vergleich der Datenbanken ist nicht möglich, da sich jeder Anbieter spezialisiert hat. Isis und Bankscope sind bspw. auf eine Branche spezialisiert, während Dafne geographisch – auf deutsche Unternehmen – ausgerichtet ist. Die folgende Tabelle 3 gibt einen kurzen Überblick über die Datenbestände in den einzelnen Datenbanken in tabellarischer Form. Für die Auswahl „detaillierte Finanzdaten" berücksichtigt wurden Industrieunternehmen, die operatives Ergebnis und Umsatz vorweisen konnten. Bei Versicherungen wurde auf die Variable Bruttoprämie, bei Banken auf Gewinn vor Steuern abgestellt. Außerdem durften die Firmen nicht als inaktiv geführt sein.

Tabelle 3: Datenbestände der Datenbanken – ein Überblick

Datenbank	Anzahl der Firmen	Deutsche Firmen	Deutsche Unternehmen mit detaillierten Finanzdaten
Bankscope	31244	2805	2795
Isis	12126	793	747
Dafne	1262413	1262413	95986
Amadeus	20572064	1510655	73575
Orbis	98032468	2324085	76880
Firmendatenbank	ca. 850000	ca. 800000	--
Modul Bilanzen	ca. 1270000	1115688	68800
M. Konzernstrukturen	ca. 460000	ca. 400000	--
OneSource	20382116	260379	207091
Capital IQ	2431095	154287	39824
Fundamentals	ca. 80000	1470	1470
Worldwide Private	ca. 1600000	24060	21298
Wer-gehört-zu-wem	10570	10570	--

Quelle: eigene Darstellung, Stand 2013

44   Datenbanken vom selben Anbieter enthalten oft dieselben Datensätze. So ist es möglich, dass zB viele deutschen Firmen in Amadeus vom Anbieter Bureau von Dijk auch in Dafne aufgeführt sind. Ähnliches gilt für Datenbanken von Hoppenstedt, da ein Großteil des Modules Bilanzen in der Firmendatenbank enthalten ist. Es existieren jedoch Unterschiede zwischen den Datenbeständen der einzelnen Anbieter. Die Gesamtzahl verfügbarer Daten zu Industrieunternehmen ist daher schwer bestimmbar. Bei Banken und insb. bei Versicherungen sind die Datenbestände deutlich einheitlicher.

In den letzten 5 Jahren haben sich die Datenbestände weiter erhöht, jedoch nicht mehr annähernd so rasant wie in den Jahren davor. Insgesamt hat sich der Datenbestand in den letzten 10 Jahren sowohl quantitativ als auch qualitativ enorm verbessert. Die Gründe für die ansteigende Datenmenge liegen zum einen in den verschärften Publizitätspflichten für Unternehmen, zum anderen an der allgemeinen Zunahme elektronischer Veröffentlichungen, die jedoch wiederum zum Großteil ebenfalls auf die umfangreicheren Publizitätspflichten zurückzuführen sein dürfte.

Insgesamt deckt der Bestand an vorhandenen Datenbanken inzwischen alle Bereiche der gesamten **Privatwirtschaft** ab, so dass eine sinnvolle Margenanalyse für so gut wie alle Funktionen oder Unternehmen durchgeführt werden kann. Um diese Margenanalyse anhand von Datenbanken systematisch in den Prozess der Bildung eines Verrechnungspreissystems einbauen zu können, wurden von einigen Beratungsfirmen spezifische **Transferpreis-Software-Lösungen** entwickelt, die mit den vorhandenen Datenbanken arbeiten.

d) Softwarelösungen zur Nutzung von Datenbanken

Eine speziell für die Verrechnungspreisbildung entwickelte Software ermöglicht einen standardisierten Ablauf des Arbeitsschrittes „Margenvergleich" innerhalb einer Verrechnungspreisstudie. Die Software enthält Werkzeuge, die von der Darstellung der Unternehmensbeziehungen bis zur Ermittlung von Vergleichsmargen reichen. Bestimmte, inzwischen auf dem Markt erhältliche Softwarelösungen greifen gleichzeitig auf verschiedene Datenbanken zu und bekommen dadurch Zugang zu den benötigten Finanzdaten. Bspw. stehen den Nutzern europäische Daten (Datenbank Amadeus oder Capital IQ Plattform), als auch auf nordamerikanische Daten (Datenbanken Compustat, Disclosure und Mergent FIS; ehemals Moody's) zur Verfügung. **45**

Die Programme enthalten verschiedene Funktionen wie zB die Bestimmung von **Gewinn-Niveaus,** die Ermittlung von **Spannen** akzeptabler Fremdvergleichsmargen, die Suche nach **vergleichbaren Unternehmen,** die Durchführung von quantitativen und qualitativen **Screenings, Anpassungen** zur Verbesserung der Vergleichbarkeit, Analyse von verschiedenen Szenarien sowie weitere nützliche Hilfsmittel für die Durchführung einer Angemessenheitsanalyse. Da die Softwarelösungen idR internettauglich sind, kann ein internationaler Konzern von verschiedenen internationalen Konzerngesellschaften aus mit diesen Tools die Angemessenheit der Verrechnungspreise analysieren, dokumentieren und gegebenenfalls reagieren.

Als Beispiel für solche Softwarelösungen können der **Transfer Pricing Catalyst** von Bureau van Dijk, die **Capital IQ Plattform** und **OneSource Transfer Pricing** von Thomson Reuters genannt werden. **46**

Je mehr Unternehmen mit den entsprechenden Daten für einen Zugriff zur Verfügung stehen, desto fundiertere Ergebnisse erhält man durch ein **Da-**

tenbank-Screening. Daher ist die Verwendung von Softwaretools dann ein Nachteil, wenn nur auf eine Datenbank zugegriffen werden kann. Die Integration weiterer Datenbanken verursacht in der Regel unverhältnismäßig hohe Kosten. Zudem schränkt ein Tool meist die Flexibilität beim Zugriff auf die Daten ein, so dass Freiheitsgrade beim Ermitteln der Bandbreite verloren gehen können. Eine Übersicht über individuell angepasste Suchstrategien bietet Rn. 57 ff.

Da die Unternehmen nach verschiedenen **Rechnungslegungsnormen** ihren Abschluss erstellen und darüber hinaus gegebene Wahlrechte in der Darstellung der Jahresabschlussinformationen ausnutzen, stehen die Datenbankanbieter zunehmend vor dem Problem, die gegebenen Jahresabschlussinformationen in einer einheitlichen Form darzustellen. Die aus den verschiedenen Rechnungslegungsnormen resultierenden Probleme bei der Datenbankbenutzung sollen im Folgenden skizziert werden.

4. Rechnungslegungsnormen und Vergleichbarkeit

a) Relevante Rechnungslegungsnormen in Deutschland

47   Für deutsche Unternehmen bildete bis vor einigen Jahren das HGB die relevante rechtliche Grundlage für die Rechnungslegung. Das HGB eröffnet Bilanzierungswahlrechte mit der Folge eines Spielraums in der Darstellung und Bewertung von Jahresabschlussinformationen. Mit Blick auf die Verrechnungspreisanalyse resultiert hieraus eine reduzierte Vergleichbarkeit von Jahresabschlussinformationen, da damit zu rechnen ist, dass diese **Wahlrechte** von den zu vergleichenden Unternehmen auch unterschiedlich wahrgenommen wurden bzw. werden.

Durch die fortschreitende globale **Verflechtung der wirtschaftlichen Leistungsbeziehungen,** allen voran des Kapitalmarktes, neigen immer mehr Unternehmen dazu, ihre Jahresabschlüsse nach international anerkannten Grundsätzen zu erstellen. So sind sogar (deutsche) Unternehmen, die am US-amerikanischen Kapitalmarkt Kapital aufnehmen wollen, dazu gezwungen, einen Abschluss nach **US-GAAP** zu erstellen. Um den Unternehmen den Aufwand einer doppelten Rechnungslegung nach verschiedenen **Rechnungslegungsnormen** zu ersparen, ist der deutsche Gesetzgeber dazu übergegangen, international anerkannte Rechnungslegungsnormen auch in Deutschland anzuerkennen. Dies führt jedoch dazu, dass die **Zahl der Veröffentlichungsarten** der Jahresabschlüsse weiter zunimmt. Diese Situation wirft Probleme für Datenbankanbieter auf, da diese die Informationen der Unternehmen, die in der Datenbank vorhanden sind, in einer einheitlichen Form darstellen und vergleichbar halten wollen. Einige dieser Probleme werden im Folgenden behandelt.

b) Wirkung der internationalen Rechnungslegungsvorschriften

48   Im Kontext einer Verrechnungspreisanalyse auf der Basis einer Datenbankanalyse ist ein Vergleichsunternehmen nutzlos, wenn die Datenbank keine hinreichenden **Finanzinformationen** über das Vergleichsunternehmen hergibt. Während Datenbanken mit Unternehmen, die nach US-amerikanischen und britischen Rechnungslegungsnormen bilanzieren, eine viel umfangreichere Informationsgrundlage zum Vergleich bieten, hat sich der Analytiker von HGB-bilanzierenden Unternehmen mit **sehr wenigen vergleichbaren Unternehmen** zu begnügen, die darüber hinaus aufgrund der HGB-Rechnungslegungsvorschriften nur wenige bzw. **unvollständige Finanzinformationen** liefern. Dies wirkt umso gravierender, wenn Unternehmensinformationen nach HGB mit solchen nach US-GAAP oder IAS verglichen werden sollen.

aa) Unterschiede in der Publikationspflicht

Dieser Mangel an Informationen hat verschiedene Ursachen. Zum einen **49** legt das HGB dem Unternehmen geringere **Publizitätspflichten** in Deutschland auf. Traditionell müssen aufgrund deutscher Gesetze Kapitalgesellschaften und große Personengesellschaften Unternehmensinformationen veröffentlichen. Die **Offenlegungsvorschriften** für Kapitalgesellschaften finden sich in den §§ 325–329 HGB, für alle anderen Unternehmen kommen die §§ 1 ff. PublG zur Anwendung. Obwohl die Regelungen strikt zu sein scheinen, hat jedoch ein Mangel der Durchsetzung und vergleichsweise niedrige Strafen bei **Gesetzesverstößen** dazu geführt, dass kleinere Unternehmen die Veröffentlichung von Informationen vernachlässigt haben. Gerade diese kleineren Unternehmen sind aber idR unabhängige Unternehmen, die somit die geeigneten Vergleichsinformationen liefern könnten.

Eine weitere Ursache für den niedrigen Informationsstand bezüglich der **50** Finanzdaten deutscher Unternehmen ist die in Deutschland vorzufindende **Wirtschaftsstruktur.** Zur Publizität sind vor allem solche Unternehmen verpflichtet, die an einem Aktienmarkt notiert sind. Aufgrund der Tatsache, dass relativ weit weniger deutsche Unternehmen am Aktienmarkt notiert sind als US-amerikanische Unternehmen, stehen den Datenbankherstellern eine weitaus geringere Anzahl von Unternehmen zur Verfügung, über die regelmäßig detaillierte Finanzinformationen veröffentlicht werden. Die deutsche Industrie ist darüber hinaus durch einen hohen Anteil an mittelgroßen Unternehmen charakterisiert, die den so genannten Mittelstand bilden. Diese Unternehmen befinden sich oft noch im Familienbesitz und werden in der gesellschaftsrechtlichen Form einer GmbH oder OHG geführt. Solchen Unternehmen drohen bei Verstößen gegen die Publizitätspflicht keine hohen Strafen, weshalb sie die Offenlegungspflicht oft vernachlässigen.

Unterschiede in der **Gewinn- und Verlustrechnung** (GuV), verglichen mit angloamerikanischen Standards, tragen ebenso zu den geringeren und/oder unterschiedlichen Daten bei. Ebenfalls existieren Unterschiede der Behandlung von bestimmten Positionen in Bilanz und GuV, insb. in Bezug auf Rückstellungen und Rücklagen. Eine reduzierte Vergleichbarkeit ist die Folge.

bb) Einfluss der Gewinn- und Verlustermittlungsverfahren

Ein HGB-bilanzierendes Unternehmen hat bei der **Veröffentlichung** der **51** GuV die Wahl zwischen zwei Verfahren zur Darstellung. Diese zwei Verfahren sind das **Gesamtkostenverfahren** *(Expenditure Method)* und das **Umsatzkostenverfahren** *(Cost of Sales Method)*. Beide Methoden unterscheiden sich in der Art der jährlichen GuV-Ermittlung. Während das Umsatzkostenverfahren mit den Verfahren aus den US-GAAP und den IAS vergleichbar ist (aber nicht identisch), stellt das Gesamtkostenverfahren ein traditionelles HGB-Verfahren dar, das von den meisten deutschen Unternehmen immer noch zur Gewinn- oder Verlustermittlung im Jahresabschluss verwendet wird, aber keinen direkten Vergleich mit Unternehmen aus dem angloamerikanischen Raum erlaubt. Die wesentlichen Unterschiede werden in den folgenden beiden Abschnitten dargestellt.

cc) GuV-Rechnung nach dem Umsatzkostenverfahren

52 Wie nach US GAAP werden im deutschen Umsatzkostenverfahren die Kosten **entsprechend ihrer Entstehungsart,** dh in Übereinstimmung mit ihrer **Funktion** kategorisiert. Personalkosten können bspw. in unterschiedlichen Rechnungsstellen erscheinen. In der Produktion entstandene Personalkosten können unter den Herstellungskosten für die abgesetzte Ware ausgewiesen werden; fallen sie in der Verwaltung an, können sie in den allgemeinen Verwaltungskosten ausgewiesen werden.

Nach US-GAAP und IAS werden die Aufwendungen aufgeteilt in **Cost of Goods Sold** (COGS), was der GuV-Position 2 (Herstellungskosten der zur Erzielung der Umsatzerlöse erbrachten Leistungen) des deutschen Umsatzkostenverfahrens entspricht, und den Sales, General & Administrative Costs (SG&A), welche in etwa der Position 4 (Vertriebskosten) und der Position 5 (allgemeine Verwaltungskosten) der deutschen GuV-Rechnung bei Anwendung des Umsatzkostenverfahrens nach § 275 III HGB entspricht. Tabelle 4 zeigt eine sehr vereinfachte Gewinn- und Verlustrechnung unter Anwendung des Umsatzkostenverfahrens.

Tabelle 4: GuV-Rechnung beim Umsatzkostenverfahren – *Cost of Sales Format* (Beispielrechnung)

HGB GuV-Position	Positionen (englische Begriffe)	Jahr 1999
Umsatz	Turnover	4500
Herstellungskosten der zur Erzielung der Umsatzerlöse erbrachten Leistungen	Cost of Goods Sold (COGS)	3100
Bruttoergebnis vom Umsatz	**Gross Profit**	**1400**
Vertriebskosten	Selling Costs	300
Allgemein-, Verwaltungskosten	General & Administrative Costs	400
Abschreibungen	Depreciation	100
Sonstige Betriebliche Aufwendungen	Other Operating Expenses	200
Betriebsgewinn/-verlust	**Operating Profit/Loss**	**400**

Quelle: eigene Darstellung.

dd) GuV-Rechnung nach dem Gesamtkostenverfahren

53 Beim **Gesamtkostenverfahren** werden sämtliche Aufwendungen aufgeführt, die in der jeweiligen Periode angefallen sind. Zur Ermittlung des Betriebserfolges werden von den gesamten Betriebserträgen die gesamten Aufwendungen einer Periode abgezogen.[3] Die Aufwendungen sind nach der Aufwandsart aufgegliedert und es werden alle Materialaufwendungen, Personalaufwendungen und Abschreibungen der Periode jeweils in einer Position

---

[3] Vgl. *Eisele* Technik, 732.

ausgewiesen. Diese **Aufwandsarten** stellen die betriebliche Aufwendungen einer Periode dar (s. Tabelle 5). Werden diese Aufwendungen zusammen mit den sonstigen betrieblichen Aufwendungen von den Umsatzerlösen und den Positionen 2 bis 4 der GuV nach § 275 Abs. 2 HGB abgezogen, erhält man das Betriebsergebnis.

Diese Vorgehensweise unterscheidet sich nun grundlegend von derjenigen **54** nach dem Umsatzkostenverfahren entsprechend dem HGB, dem US-GAAP oder dem IAS. Bspw. wird hier nicht unterschieden, ob die Personalkosten im Güterproduktionsprozess angefallen sind oder ob sie durch Verwaltungstätigkeiten verursacht wurden. Tabelle 5 zeigt in einer sehr vereinfachten Form, wie eine GuV-Rechnung unter Anwendung des Gesamtkostenverfahrens aussehen könnte. Bezüglich des Betriebsgewinns ergeben sich unabhängig von der Wahl des Verfahrens (Umsatzkosten- oder Gesamtkostenverfahren) keine Unterschiede.[4]

Tabelle 5: Gewinn- und Verlustrechnung (HGB) unter Verwendung des Gesamtkostenverfahrens – *Total Expenditure Method* (Beispielrechnung)

GuV-Positionen nach HGB	Positionen (englische Begriffe)	Jahr 1999
Umsatz	Turnover	4000
Erhöhung oder Verminderung des Bestands an fertigen und unfertigen Erzeugnissen		500
Betriebliche Aufwendungen	Operating Expenses (total)	4100
Materialkosten	Material Expenses	1800
Personalkosten	Personnel Expenses	2000
Abschreibungen	Depreciation	100
Sonstige betriebliche Aufwendungen	Other Operating Expenses	200
Betriebsgewinn/-verlust	**Operating Profit/Loss**	**400**

Quelle: eigene Darstellung.

ee) Wirkung des GuV-Ermittlungsverfahrens auf die Qualität der Informationen aus Unternehmensdatenbanken

Die Konsequenzen dieser Darstellungsform für die Verrechnungspreisbil- **55** dung lassen sich leicht erkennen. Die in der Verrechnungspreispraxis zur Ermittlung der Margen verwendeten **COGS** (Costs of Goods Sold) und **SG&A** (Sales, General & Administrative Costs) können nicht direkt Verwendung finden. Der Datenbankanwender muss sich vielmehr mit den GuV-Positionen Umsatz, Betriebsergebnis und, als Korrekturposten, mit den außerordentlichen Abschreibungen zufrieden geben.

Die Datenbanken **Dafne** (Rn. 27) und **Amadeus** (Rn. 23) versuchen dieses Problem durch zwei verschiedene Vorgehensweisen in den Griff zu bekommen. Bei **Dafne** wird das **Gesamtkostenverfahren** in der Datenbank vorgegeben, sodass die GuV-Rechnung aller Unternehmen in dieser Form dargestellt werden (s. Tabelle 5). Im Gegensatz dazu orientiert sich **Amadeus** an den US GAAP bzw. am IAS und hat deshalb das **Umsatzkostenverfahren** als Darstellungsform gewählt. Die Daten der deutschen Unternehmen

---

[4] Vgl. *Eisele* Technik, 736.

werden in die korrespondierenden Positionen der US GAAP/IAS-konformen Darstellung überführt. Diese Veränderung der Datenstruktur führt dazu, dass der Hersteller zahlreiche Datenpunkte, die die COGS oder SG&A darstellen sollten, aufgrund der fehlenden Datengrundlage mit „n.a." versehen muss.

56   Obwohl die meisten **multinationalen Konzerne** auf das Umsatzkostenverfahren übergegangen sind (soweit nicht schon gänzlich auf US GAAP oder IAS umgestellt wurde) und insgesamt ein **Trend** zum international kompatiblen **Umsatzkostenverfahren** zu verzeichnen ist, gibt es eine große Anzahl an Unternehmen und eine noch größere Menge an **historischen Daten,** bei denen die Aufwendungen und Erträge immer noch nach dem Gesamtkostenverfahren dargestellt sind. Das trifft insb. auf **kleinere, unabhängige Unternehmen** zu, die nicht in einem Konzernverbund stehen und – wegen der fehlenden Verbundstruktur – genau deshalb die geeigneten Vergleichsunternehmen wären.

Neben dieser Problematik sollte beachtet werden, dass HGB-bilanzierende Unternehmen Wahlrechte haben, so zB ein Wahlrecht zwischen verschiedenen Methoden der Ermittlung von Abschreibungen oder das Wahlrecht bei der Ermittlungsmethode der Herstellungskosten. Aufgrund dieser **bilanzpolitischen Wahlrechte** sind die entsprechenden Positionen zur Ermittlung der Vergleichsmargen mit entsprechender Vorsicht zu verwenden. HGB-bilanzierende Banken und Versicherungsunternehmen verfügen ebenfalls über einen weiteren **bilanzpolitischen Spielraum** zur Bildung von Rückstellungen für ungewisse Verbindlichkeiten als angloamerikanische Unternehmen dieser Branche, die nach US-GAAP bilanzieren.

5. Suchstrategien bei der Margenbestimmung

57   Die Bestimmung der „zutreffenden" Margenbandbreite hängt entscheidend von der Auswahl der Vergleichsunternehmen ab. Die Auswahl der Vergleichsunternehmen wird mittels eines sog. **Screening-Prozesses** durchgeführt.

Die **steigende Bedeutung** von Screenings geht vor allem auf den Bedarf an Fremdvergleichsdaten zur Dokumentation und Überprüfung von Verrechnungspreisen[5] zwischen verbundenen Unternehmen zurück. Finanzbehörden verlangen im Zuge von Betriebsprüfungen in der Regel den Nachweis, dass die sich aus konzerninternen Transaktionen ergebenden **Margen** angemessen sind. Es kann sich um die Margen für die Kostenaufschlagsmethode, die Wiederverkaufspreismethode, die transaktionsbezogenen Nettomargenmethode, den Profit Split,[6] die Kostenumlage[7] oder auch um andere Zwecke im Kontext der Verrechnungspreisermittlung bzw. -prüfung handeln.

a) Screening als Prozess zur Ermittlung einer Vergleichsmarge

58   Mit **Screening** bezeichnet man die systematische Suche nach Unternehmen in Datenbanken, mit deren Kennzahlen eine Bandbreite von Margen

---

[5] Zum Begriff der Verrechnungspreise s. Kap. G Rn. 1 ff.

[6] S. Kap. B Rn. 221–228.

[7] Über die Verwendung von Vergleichsmargen im Zusammenhang mit Kostenumlagen vgl. *Vögele/Scholz* Nutzenanalyse.

entwickelt wird. Innerhalb dieser Bandbreite sollte dann die Marge des zu prüfenden Unternehmens liegen, um als angemessen eingestuft werden zu können. Dabei stehen Suchkriterien wie Branche, Unternehmensgröße und Konzernzugehörigkeit im Vordergrund. Ziel des Screenings ist die Ermittlung von Vergleichsunternehmen und letztendlich die Bestimmung von Vergleichskennzahlen, um ein zu untersuchendes Unternehmen in Relation zu ähnlichen Unternehmen zu beurteilen.

Bei der Frage nach der **Angemessenheit** von Verrechnungspreisen oder Margen bauen die meisten Länder ihre nationalen Verrechnungspreisregulierungen auf den **OECD Transferpreis-RL**[8] auf. Diese verlangen, dass Verrechnungspreise nach dem **Fremdvergleichsgrundsatz** (Dealing at Arm's Length) gebildet werden und damit ein Preisniveau aufweisen, als wenn sie zwischen unabhängigen Parteien vereinbart worden wären.[9] Ohne einen Vergleich der Margen des zu prüfenden verbundenen Unternehmens mit solchen von vergleichbaren, aber unverbundenen Unternehmen ist es zunehmend schwieriger, die bestehenden Verrechnungspreise zwischen dem zu prüfenden Unternehmen und seinen im Konzernverbund organisierten Unternehmen zu verteidigen. Die Vergleichbarkeit zu Transaktionen zwischen unabhängigen Unternehmen wird insb. an folgenden Kriterien festgemacht.[10] **59**

1. Die Merkmale und Besonderheiten der betreffenden Wirtschaftsgüter oder der Dienstleistungen
2. Die ausgeübten Funktionen, übernommenen Risiken sowie die eingesetzten Wirtschaftsgüter
3. Die vertraglichen Bedingungen
4. Die wirtschaftlichen Umstände im maßgeblichen Markt
5. Die Geschäftsstrategie

Die Bestimmung von Margen erfordert jedoch ein gründliches Vorgehen und die Überwindung diverser Schwierigkeiten.[11]

b) Vorgehensweise beim Screening

Die in den USA und Großbritannienschon seit langem **etablierte Methode** des Screening hat inzwischen auch in Deutschland und anderen europäischen Ländern an Bedeutung und Akzeptanz gewonnen. Dabei herrscht über die **grundlegenden Schritte** in einem Screening-Prozess weitgehendes Einvernehmen. **60**

Zunächst setzt das Screening die **Auswahl** einer oder mehrerer **geeigneter Datenbanken** voraus (s. Rn. 20 ff.). Die verfügbaren Datenbanken unterscheiden sich hinsichtlich der Anzahl der aufgenommen Unternehmen, der regionalen Abdeckung, der Datenelemente, der Suchmöglichkeiten und nicht zuletzt auch hinsichtlich der Kosten.[12]

Nach Auswahl der Datenbank findet das **eigentliche Screening** statt. **61** Hier muss in einem ersten Schritt entschieden werden, welche Unternehmen mit welchen **Merkmalen** und welcher **Datenverfügbarkeit** für einen Ver-

---

[8] Vgl. OECD 2010, s. auch Kap. B Rn. 41.
[9] Vgl. Kap. B Rn. 184–205.
[10] Vgl. OECD 2010, Tz. 1.36–1.63.
[11] Vgl. *Vögele/Juchems* IStR 2000, 23, 713 ff.; *Rehkugler/Vögele* BB 38/2002.
[12] Vgl. *Vögele/Crüger* IStR 2000, 17.

gleich mit dem zu überprüfenden Unternehmen in Frage kommen. In der Tabelle 6 sind die wichtigsten Kriterien für die Suche nach den geeigneten Vergleichsunternehmen aufgeführt. Weitere Kriterien werden im Teilabschnitt der Rn. 62 ff./71 ff. behandelt.

Tabelle 6: Grundlegende Schritte in einem Screening-Prozess

Schritt	Bemerkung
Auswahl eines Landes/ einer Region.	Das Einbeziehen von Unternehmen aus anderen Ländern ist nur dann akzeptabel, wenn die Vergleichbarkeit der Märkte gewährleistet ist.
Industrie/Branchencode.	Wird in Rn. 62 ff./71 ff. diskutiert.
Unabhängigkeit.	Wird in Rn. 66 ff. diskutiert.
Bilanz/GuV-Zahlen müssen vorhanden sein.	Voraussetzung
Keine Holding.	Vergleichsunternehmen müssen in der jeweiligen Branche tatsächlich „aktiv" sein.

Quelle: eigene Darstellung.

c) Kriterien für die Auswahl von Vergleichsunternehmen

aa) Auswahl anhand von Branchencodes

62   Wirtschaftsinformationen sind häufig nach Produkten oder Branchen gegliedert. Bei der Suche nach Vergleichsunternehmen ist die Verwendung eines **Industriecodes** zur Auswahl einer bestimmten Branche häufig der erste Schritt. Jedoch ist oft unklar, welcher Industriecode am besten geeignet ist. Um die beste Wahl zu treffen, sollte man die Eignung des Codes für ein bestimmtes Land kennen. Die folgende Tabelle 7 gibt einen Überblick über häufig verwendete Codes und die Länder, für die der jeweilige Code besonders geeignet ist.

Ein Code, der von einer deutschen Behörde erarbeitet wurde und benutzt wird, ist erwartungsgemäß für ein Screening von Steuerpflichtigen in Deutschland am besten geeignet. Erfahrungen im Umgang mit Datenbanken belegen, dass die Verwendung eines in dieser Hinsicht **nahe liegenden Codes bessere Resultate** liefert als die Verwendung eines Codes, der von einer Institution oder Behörde eines anderen Landes erstellt wurde. Im Anschluss an die Tabelle 7 werden die einzelnen Industriecodes näher erläutert.

Tabelle 7: Überblick über verschiedene Branchencodes

Code	Land/Region
US SIC	USA, Kanada
US NAICS	USA, Kanada
CSO Code	UK
NACE	Europäische Länder
WZ-Code	Deutschland

Quelle: eigene Darstellung.

63   Der **US SIC Code** ist das bekannteste und am häufigsten verwendete **Klassifizierungssystem** in den USA. Die Abkürzung steht für **S**tandard **I**ndustry

Classification System. Der SIC Code untergliedert die Wirtschaft nach Produkten und Dienstleistungen. Das *US Office of Management and Budget* entwickelte den SIC Code als RL für die Veröffentlichung von Wirtschaftsstatistiken. Das **Bureau of Census** (US-amerikanische Statistische Bundesamt) und andere US-amerikanische Bundeseinrichtungen verwenden den SIC Code für das Sammeln und die Veröffentlichung von Daten über Wirtschaftsaktivitäten, während das System aber auch für nicht-statistische Zwecke eingesetzt wird. So sind bspw. Firmenverzeichnisse oft nach dem SIC Code indiziert.

Ein neues Klassifikationssystem stellt der **US NAICS Code** dar. NAICS steht für **N**orth **A**merican **I**ndustry **C**lassification **S**ystem. Dieses System soll den bisherigen Standard des Industry Classification System (SIC) ersetzen. Die letzte Ausgabe des Standard Industrial Classification (SIC) Manuals wurde 1987 veröffentlicht. Das neue NAICS System hingegen bringt die Klassifikationen auf den neuesten Stand, indem es viele Kategorien einführt, zu denen in früheren Ausgaben noch keine Unternehmen vorhanden waren. Seit 1997 müssen die neuen NAICS Codes in statistischen Regierungsberichten benutzt werden. Neue Produktionsbereiche (zB Computer, Software und Elektronik) sowie neue Dienstleistungsbereiche wurden auf den neuesten Stand gebracht bzw. neu aufgenommen.

Der **CSO Code** ist der vom britischen **C**entral **S**tatistical **O**ffice verwendete Code für britische Unternehmen. Er ist siebenstellig und damit der detaillierteste Code Europas.

Jedes Land der europäischen Union hat einen nationalen Code, dessen erste vier Stellen denen des **NACE Codes** entsprechen (NACE = **N**omenclature Statistique des **A**ctivités **É**conomiques dans les **C**ommunautés **E**uropéennes). Der NACE Code sammelt sozusagen die einzelnen nationalen Daten und aggregiert diese. Da nur die ersten vier numerischen Stellen angegeben werden, kann bei einer Verrechnungspreisstudie auf europäischer Ebene nicht bis in die letzte Hierarchiestufe der Datenbank ausgewählt und dementsprechend diesbezüglich branchenintern auch nicht verglichen werden. **64**

Die Klassifikation der **Wirtschaftszweige** (Ausgabe 1993), auch kurz **WZ93 Code** genannt, wurde vom **Statistischen Bundesamt** veröffentlicht. Dieser Code stellt das deutsche Pendant der US bzw. UK SIC Codes dar. Der WZ-Code vom Statistischen Bundesamt gilt nur für Deutschland. Die ersten vier Stellen des fünfstelligen WZ Codes entsprechen dem vierstelligen NACE Code.

bb) Auswahlstrategie

Die **Wahl** des richtigen Branchencodes kann auf unterschiedlichem Wege **65** erfolgen. Man kann zB in der verwendeten Datenbank den Namen des zu prüfenden Unternehmens eingeben und herausfinden, wie dieses Unternehmen klassifiziert ist. Dies erlaubt, das **Klassifizierungsproblem** des zu prüfenden Unternehmens mit der **Klassifizierungskompetenz** der **Datenbankherstellers** zu lösen, sodass die Einordnung des Unternehmens nicht ‚erraten‘ zu werden braucht. Wenn man mit den Tätigkeiten des zu prüfenden Unternehmens vertraut ist, kann man den Branchencode im Index der Datenbank suchen und das Unternehmen im Einzelfall auch selbst einordnen.

Des Weiteren ist zu entscheiden, bis zu welcher Hierarchiestufe man den Branchencode verwendet. Je tiefer die gewählte Hierarchiestufe des Codes gehen soll, desto weniger Vergleichsunternehmen wird man dadurch erhalten; diese lassen sich dann allerdings umso zielgenauer nach der **Industriecodierung** mit dem zu prüfenden Unternehmen vergleichen. Will man mehrere Unternehmen finden und entscheidet sich deshalb für einen weiter gefassten Branchencode, so sollte man sich vergewissern, dass die ausgewählten Unternehmen tatsächlich in dem weiter gefassten Rahmen bezüglich Tätigkeit und Markt untereinander vergleichbar sind.

cc) Unabhängigkeit als Selektionskriterium

66   Nachdem man eine Liste von Unternehmen durch Anwendung eines bestimmten Industriecodes erhalten hat, sind aus dieser Liste Firmen zu ermitteln, die als Vergleichsfirmen herangezogen werden können. Zu den wichtigsten Bedingungen gehört das **Unabhängigkeitskriterium.** In der Praxis erweist es sich als besonders schwierig, unabhängige von abhängigen Unternehmen zu unterscheiden, wenn man sich auf die rechtliche Definition des Begriffs „nahe stehend" des **§ 1 AStG** beruft.[13] Denn nach § 1 AStG steht Unternehmen A dem Unternehmen B nahe, wenn:

– Unternehmen B an Unternehmen A mindestens zu 25 % unmittelbar oder mittelbar beteiligt (wesentlich beteiligt) ist oder
– Unternehmen C sowohl an Unternehmen A als auch an Unternehmen B wesentlich beteiligt ist.[14]

67   In Datenbanken kann man zwar herausfinden, wer die Anteilseigner und welche die Beteiligungen eines Unternehmens sind. Allerdings ist es schwer, aufgrund des Namens einer verbundenen Einzelperson oder verbundenen Gesellschaft festzustellen, ob ein Unternehmen **tatsächlich** abhängig ist. Die Verwendung von Unternehmen mit nahe stehenden Einzelpersonen als Vergleichsunternehmen oder der Ausschluss von Unternehmen mit nahe stehenden Gesellschaften sind ebenso nicht ohne weiteres möglich. Folgende Beispiele sollen dies zeigen.

Beispiel 1: Bei einer verbundenen Einzelperson kann man nicht ausschließen, dass sie wesentlich an einem anderen Unternehmen beteiligt ist.

Beispiel 2: Bei einer verbundenen Gesellschaft kann man nicht ausschließen, dass diese Gesellschaft nur aus rechtlichen Motiven gegründet wurde und sich *de facto* wie eine Einzelperson verhält. Stellt sich heraus, dass die verbundene Gesellschaft sich *de facto* wie eine Einzelperson verhält, ist Beispiel 1 zu berücksichtigen.

Im Beispiel 1 könnte man die **Beteiligungskette** bei der verbundenen Einzelperson weiterverfolgen und die potentielle Vergleichsfirma ausschließen, wenn sich herausstellt, dass die verbundene Einzelperson einer anderen Gesellschaft nahe steht. Im Beispiel 2 kann man jedoch nicht immer feststellen, welchen genauen **Funktionsumfang** die verbundene Gesellschaft trägt, da der Datensatz einer Datenbank oder andere Quellen dazu nicht notwendigerweise vollständige Informationen liefern.

---

[13] Vgl. *Wassermeyer/Baumhoff* Verrechnungspreise, Rz. 11 sowie Rz. 826 ff.; s. auch Kap. A Rn. 179 ff. zum Begriff Geschäftsbeziehung gem. des neuen § 1 Abs. 4 AStG.
[14] S. Kap. A Rn. 209–221.

dd) Unabhängigkeit versus Anzahl der Vergleichsunternehmen

Bei **strenger Auslegung des Unabhängigkeitskriteriums** sollte man   **68**
Vergleichsunternehmen ausschließen, wenn deren verbundene Einzelperson
anderen Gesellschaften nahe steht; man sollte Vergleichsunternehmen ebenfalls ausschließen, wenn deren verbundene Gesellschaften eigene Geschäftsaktivitäten unterhalten. Häufig bleiben bei solch strenger Auslegung weniger als
fünf Unternehmen übrig.

Eine **ausreichende Zahl an Vergleichsunternehmen** erhält man nur,
wenn man die Unabhängigkeitskriterien lockert bzw. die Besitzverhältnisse
näher untersucht. Bei manchen Unternehmen, die als abhängig klassifiziert
wurden, stellt sich bei näherer Betrachtung heraus, dass sie dem Grunde nach
doch als unabhängig eingestuft werden können.

Beispiel: Eine GmbH & Co. KG, bei der der Anteil der GmbH höher als 25 % ist,
scheint abhängig zu sein. Tatsächlich können die restlichen Anteilseigner als Kommanditisten der GmbH & Co. KG die Gesellschafter der GmbH sein und somit mit den
Anteilseignern der GmbH, die selbst Komplementärin ist, identisch sein. In diesem
Fall würde man das Unternehmen als unabhängig einstufen.

Eine weitere Möglichkeit besteht darin, die verschiedenen Unternehmen   **69**
eines Konzerns auf ihre **Nationalität** hin zu untersuchen. Besteht ein Konzern lediglich aus Unternehmen einer Nationalität, kann davon ausgegangen
werden, dass eine intendierte Gewinnverlagerung in diesen Unternehmen aus
steuerlichen Gründen nicht stattfindet, sofern man aus Sicht der Verrechnungspreisproblematik unterstellt, dass Steuer optimierende Verrechnungs-
preisstrategien nur im Falle des grenzüberschreitenden Geschäftsverkehrs mit
verbundenen **ausländischen Unternehmen** realisierbar sind.

Bei diesen **Erweiterungsversuchen** sollte man aber immer die Abwägung
zwischen der Qualität der Vergleichsfirmen und der Größe der Stichprobe im
Bewusstsein haben. Die Erweiterungsmöglichkeiten und deren Konsequenz
sind in der folgenden Tabelle 8 zusammengefasst. Dabei zeigt der Inhalt des
oberen Tabellenbereichs das strengste und im Bereich rechts unten das groß-
zügigste Unabhängigkeitskriterium.

Tabelle 8: Erweiterungsmöglichkeiten des Unabhängigkeitskriteriums und deren
Konsequenzen je nach dem Sitz des nahe stehenden Unternehmens

Art des nahe stehenden Unternehmens		**Deutschland**	**Ausland**
	Einzelperson	Wenn die deutsche/ausländische Einzelperson die einzige nahe stehende Person und nicht an anderen Gesellschaften wesentlich beteiligt ist, kann man davon ausgehen, dass das Unternehmen wirklich unabhängig ist.	
	GmbH	In diesem Fall spielen internationale Verrechnungspreise keine besondere Rolle, sondern es ist davon auszugehen, dass die GmbH aus	In diesem Fall wäre davon auszugehen, dass Verrechnungspreise zwischen international verbundenen Unternehmen grundsätzlich

Art des nahe stehen-den Unter-nehmens	Deutschland	Ausland
	Haftungsgründen als Gesellschaftsform gewählt wurde. Dies bedeutet wiederum, dass es keine signifikanten Transaktionen zum nahe stehenden deutschen Unternehmen geben muss.	dem Fremdvergleichsprinzip unterliegen und daher nicht zu Verzerrungen führen. Es wäre hier folglich zu unterstellen, dass dieses verbundene Unternehmen wie ein unabhängiges auf dem Markt agiert.

Quelle: eigene Darstellung.

ee) Unabhängigkeitsprüfung in den USA

70   In den USA wird die Frage, ob die **Ergebnissituation** eines Vergleichsunternehmens durch verbundene Unternehmen verzerrt wird, anders beantwortet. Nicht die Beteiligungsstruktur, sondern der Umfang der internen Transaktionen wird analysiert. Zeigt eine Firma einen signifikant hohen Anteil an konzerninternen Transaktionen, so wird dieses Unternehmen nicht als Vergleichsunternehmen herangezogen. Allerdings sind derartige Daten zu internen Transaktionen nur in den USA öffentlich zugänglich, in Form der sog. **10K Reports,** die jährlich für die *Securities and Exchange Commission* angefertigt werden.

Dieser Ansatz bedeutet implizit, dass in den USA **abhängige Firmen** als Vergleichsunternehmen dann herangezogen werden, wenn das Fehlen eines signifikant hohen Anteils an **internen Transaktionen** nachgewiesen werden kann. Dabei ist die Frage, wann ein Anteil als signifikant bezeichnet wird, nicht einheitlich und abschließend geregelt. Aufgrund der fehlenden Datengrundlage ist es in Deutschland bislang noch nicht möglich, die Frage des Anteils interner Transaktionen in dieser Weise zu beantworten.

ff) Weitere Selektionskriterien

71   Das Unabhängigkeitskriterium ist bei weitem nicht das einzige Kriterium, das im Auswahlprozess der Vergleichsfirmen zur Anwendung kommen kann. Es gibt **weitere Faktoren,** die dazu führen können, dass ein Unternehmen systematisch von den branchenüblichen abweicht und darum zum Vergleich nicht geeignet ist. Ein Unternehmen, das bspw. einen großen Anteil seines Umsatzes durch Geschäftsbeziehungen **mit dem öffentlichen Sektor** erzielt, könnte extrem abweichende Ergebnisse aufweisen. Der Grund ist, dass diese Leistungsbeziehungen oft nicht unter den gleichen Wettbewerbsbedingungen zustande kommen wie bei vergleichbaren Transaktionen zwischen privatwirtschaftlichen Geschäftspartnern.

72   In der folgenden Tabelle 9 sind weitere im Rahmen eines Screenings denkbare **Kriterien** und ihre ökonomische Begründung des Ausschließens aufgelistet. Jedoch ist darauf hinzuweisen, dass die meisten dieser Auswahlkriterien in Deutschland und in anderen europäischen Ländern wegen der begrenzten Datenverfügbarkeit nicht angewandt werden können. Lediglich in

den Ländern, in denen alle Kapitalgesellschaften strengen Dokumentationsvorschriften unterliegen (zB USA, Kanada, England, Australien und Frankreich), können die nachfolgend aufgezählten Kriterien im Rahmen eines Screenings Anwendung finden.

Tabelle 9: Weitere mögliche Auswahlkriterien

Weitere Kriterien	Begründung des Ausschließens
1. Firma darf keine Finanzierungsfunktion ausüben.	Die Finanzierungsfunktion beeinflusst die Marge des Unternehmens.
2. Firma darf keine extensive Lagerhaltung haben.	Große Lagerbestände beeinträchtigen die Profitabilität des Unternehmens.
3. Firma darf keine signifikanten Verkäufe in internationalen Märkten haben.	Die Bedingungen auf ausländischen Märkten sind nicht mit Bedingungen im heimischen Markt vergleichbar.
4. Firma darf keine signifikanten immateriellen Wirtschaftsgüter (Intangibles) besitzen.	Intangibles führen zu systematisch höheren Renditen im Vergleich zu den marktüblichen Renditen.
5. Es darf keinen Zweifel an der Kontinuität des Unternehmens geben.	Nur eine Firma, die mittel- bis langfristig ihre betriebswirtschaftlichen Interessen vertritt, ist vergleichbar.
6. Firma darf sich nicht in der Aufbauphase befinden.	Anlaufverluste in der Start-up-Phase wirken sich negativ auf die Ergebnisse aus.
7. Es müssen mindestens Daten aus zwei Jahren vorhanden sein.	Daten aus nur einem Jahr sind durch konjunkturelle Schwankungen wenig aussagekräftig.
8. Jahresabschlüsse müssen geprüft sein.	Ungeprüfte Zahlen sind nicht verlässlich.
9. Jahresabschlüsse sollten dem gleichen Rechnungslegungsstandard unterliegen wie dem des untersuchten Unternehmens.	Einzelne Posten/Zwischenergebnisse in Abschlüssen nach verschiedenen Rechnungslegungsstandards sind (meistens) nicht vergleichbar.
10. Firma darf keine signifikanten Verkäufe an Institutionen des öffentlichen Sektors haben.	Die Preise in Verkäufen an öffentliche Einrichtungen entsprechen nicht unbedingt den Marktpreisen.
11. Firma darf keinen signifikant hohen Anteil an Verkäufen im Gesundheitssektor haben.	Die Preise von Verkäufen im Gesundheitssektor entsprechen idR nicht den Marktpreisen.

Quelle: eigene Darstellung.

d) Schwierigkeiten der Verwendung des Screening

Die Ausgestaltung mancher Screening-Schritte und die Anwendung einzelner Kriterien lassen **Ermessensspielräume** offen, sodass dieselbe Screening-Aufgabe zu unterschiedlichen Ergebnissen führen kann, wenn sie von verschiedenen Personen bearbeitet wird. Diese unklare Situation hat verschiedene Ursachen. Die Personen, die die Screening-Aufgaben durchzuführen haben, bringen unterschiedliche **Erfahrungen** mit, setzen unterschiedliche **Akzente** und haben verschiedene **Ansichten** über die Bedeutung einzelner Kriterien. **73**

Beispiel: Die Auswahl des Branchencodes (zB nationaler, internationaler oder kombinierter Branchencode) resultiert in erheblichen Unterschieden der Stichproben. Auch die Abgrenzung eines geographischen Gebietes oder die Einschränkung auf unabhängige Unternehmen werden von unterschiedlichen Screening-Analysten unterschiedlich gehandhabt. Grundsätzlich ist es möglich, bei der Suche nach Unternehmen in verschiedenen Ländern mehrere sich unterscheidende Klassifizierungscodes für jedes Land zu benutzen, um damit so viele Vergleichsunternehmen wie möglich zu finden.

74   Letztere Vorgehensweise hat den Nachteil, dass die **Suchstrategie** unübersichtlich, möglicherweise **inkonsistent** und für einen Dritten schwer nachvollziehbar wird. Für ein Screening, das mehrere europäische Länder betrifft, bietet sich deshalb der NACE Code an, da dieser mit den meisten nationalen Codes in Europa in enger Übereinstimmung liegt.

Um geeignete Vergleichsunternehmen zu finden, sollten in jedem Screening **möglichst viele Kriterien** berücksichtigt werden. Die Auswahl der Kriterien hängt dabei vom **ökonomischen Verrechnungspreissachverhalt** und nicht zuletzt auch von der Datenlage ab. Nachdem man sich für eine Screening-Strategie entschieden hat, sollte man untersuchen, inwiefern sich die **Zwischenergebnisse** nach Einbringung eines zusätzlichen Kriteriums **verändern.** Mit dieser Strategie kann man beobachten, wie sich das Verschärfen oder Lockern eines bestimmten Kriteriums auf das Ergebnis auswirkt. Wenn sich die Suchergebnisse nach Einfügen eines weiteren Kriteriums kaum verändern, kann davon ausgegangen werden, dass die Auswahl der Vergleichsunternehmen robust bezüglich der Vergleichbarkeit anhand der gewählten Kriterien ist.

75   Bleiben nach Anwendung mehrerer Kriterien nur noch wenige oder sogar keine Unternehmen mehr übrig, so ist man gezwungen, **einzelne Kriterien aufzuweichen.** Wiederum tritt dabei das Problem auf, dass personenabhängig unterschiedliche Schwerpunkte gesetzt werden (zB Erweiterung der Branche, des geographischen Gebiets etc.). Auch das Nichtvorhandensein von Informationen kann unterschiedlich interpretiert werden und somit zu Abweichungen führen. Insgesamt ist bei der Bewertung der Screening-Ergebnisse zu berücksichtigen, dass bei der parallelen Durchführung durch zwei verschiedene Personen nur selten das gleiche Screening-Ergebnis generiert wird. Dies ist jedoch insofern akzeptabel, da fremdübliches Verhalten bestmöglich ermittelt wird.

e) Vereinfachte Beispiele für die Ermittlung von Vergleichsmargen

76   Nachdem durch das Screening vergleichbare Unternehmen gefunden wurden, muss aus den Unternehmensdaten eine Bandbreite für eine Vergleichsmarge ermittelt werden. Um das Vorgehen zu verdeutlichen werden nun vereinfachte Anwendungsbeispiele für die unterschiedlichen Unternehmensarten dargelegt. Dabei ist es wichtig den im Einzelfall richtigen Indikator für die Ermittlung der Bandbreite zu nutzen.

– Vertriebsgesellschaften

77   Bei Vertriebsgesellschaften kann die **Bruttomarge als Messgröße** verwendet werden, soweit von den Gesellschaften nur die Vertriebsfunktion erfüllt wird. Gehen wir bspw. von einem Autohändler ohne Werkstatt und Ersatzteilhandel aus, der nur neue Autos verkauft. In diesem Fall kann seine Bruttomarge und damit die Höhe seiner Bruttoerträge mit den Bruttoerträgen anderer Autohäuser verglichen werden, die über eine Benchmarkingstu-

die ermittelt wurden. Hier muss beim Screening der Ergebnisse darauf geachtet werden, dass die ermittelten Autohäuser auch nur eine Vertriebsfunktion für Neuwagen übernehmen oder diese zumindest separat dargestellt werden kann. Dann wird aus den Margen der ermittelten Vertriebsgesellschaften ein Interquartilsbereich ermittelt. Die so ermittelte Bandbreite kann nun als Ausgangspunkt verwendet werden, um eine Bruttomarge für die entsprechende Vertriebsgesellschaft zu bestimmen und die Angemessenheit entsprechend zu dokumentieren.

– Einfache Dienstleister

Bei einfachen Dienstleistern wird als Indikator der Profitabilität die Marge **78** des **Betriebsergebnisses (OM)** betrachtet. Diese Marge kann leicht durch den Umsatz (S) und die Kosten (C) ermittelt werden. Das Betriebsergebnis (OP) wird ermittelt indem vom Verkaufspreis die Kosten subtrahiert werden. Die daraus resultierende Berechnung der OM liefert die folgende Formel:

$$OM = OP/S$$

Aus den ermittelten OM-Werten wird in einem nächsten Schritt dann wieder eine Ermittlung des Interquartilsbereiches vorgenommen, der zur Festlegung der eigenen Ergebnismarge dient.

– Einfache Herstellungsunternehmen

Im Falle von einfachen Herstellungsunternehmen kann anstatt der OM die **79** **Kostenaufschlagsmarge (CM)** berechnet werden. Diese kann direkt aus der OM hergeleitet werden, was nun folgend kurz dargestellt wird.

Dabei kann zuerst die Formel der Bestimmung der OM aus dem Beispiel der einfachen Dienstleister übernommen werden.

Die generelle Definition der Kostenmarge ist:

$$CM = OP/C$$

Wenn man nun die obige Formel zur Bestimmung der OM umformt und einsetzt, dann ergibt sich daraus:

$$CM = (OM \star S)/C$$

Nun muss für die Kosten nur noch die Differenz zwischen Umsatz und Operating Profit (C = S – OP) eingesetzt werden.

$$CM = (OM \star S)/(S-OP)$$

Der Operating Profit lässt sich als Produkt des Umsatzes und der Gewinnmarge (OM + S) darstellen.

$$CM = (OM \star S)/(S – OM \star S)$$

Der Umsatz lässt sich vor die Klammern ziehen und herauskürzen. Somit ergibt sich:

$$CM = OM/(1 – OM)$$

Der für die Betrachtung nötige Parameter lässt sich folglich einfach aus dem Betriebsergebnis ableiten und kann in der Praxis ohne großen Aufwand bestimmt werden.

Wie auch bei den vorherigen Betrachtungen kann aus den Parametern der unterschiedlichen Unternehmen der **Interquartilsbereich** ermittelt und für die Festlegung und Dokumentation der vorliegenden Marge verwendet werden.

6. Suchstrategien für die Preisvergleichsmethode

80   Das Vorgehen zur Ermittlung von Vergleichspreisen entspricht dem Vorgehen für Vergleichsmargen. Anhand von Datenbanken wird eine **Bandbreite von Preisen** ermittelt, wobei hier der Fall eines einzigen Vergleichswertes deutlich häufiger auftreten dürfte als bei Margen. So kann es bspw. einen eindeutigen Marktpreis für ein bestimmtes Produkt zu einem festgelegten Zeitpunkt geben.

Das konkrete Vorgehen ist stark abhängig von der Branche und dem gehandelten Produkt, aber auch von der Art der Transaktion. Daher existieren unzählige Datenbanken, die je nach Einzelfall Verwendung finden können. Anbieter dieser Datenbanken sind Verbände, statistische Ämter, kommerzielle Anbieter, staatliche Institutionen, Unternehmen, Medien, Literatur sowie andere jeweils involvierte Parteien.

An dieser Stelle soll lediglich auf einige häufig auftretende Konstellationen eingegangen werden. Für die Bestimmung von Lizenzgebühren für Patente, technisches Know-how oder Markenrechte wird oft auf **Lizenzvertragsdatenbanken** zurückgegriffen, siehe hierzu Kapitel G Rn. 30. Auch **Franchisegebühren** können auf diese Weise abgedeckt werden.

81   Für Finanztransaktionen gibt es ebenfalls eine Vielzahl an Datenquellen, die von Zentralbanken, Geschäftsbanken, Finanzdienstleistern, Behörden und anderen angeboten werden. Eine Fülle an Möglichkeiten bietet u.a. Bloomberg, bspw. Zinsen, Kurse, Dividenden, Betafaktoren, aber auch volkswirtschaftliche Daten. So lassen sich Ratings und Vergleichswerte für Kreditzinsen zuverlässig bestimmen.[15]

Auch Vergleichswerte für Provisionen bei **Kreditgarantien** oder **Bürgschaften** lassen sich anhand solcher Finanzdatenbanken ermitteln.[16]

Vergleichsweise trivial ist die Ermittlung von Preisen, die im **Börsenhandel** ermittelt werden. Dies ist nicht nur für Wertpapiere, sondern auch für eine Vielzahl von Rohstoffen und anderen Produkten, bspw. Strom oder Gas, möglich.

7. Die Verwendung von Anpassungsrechnungen

82   Die Überprüfung der Fremdvergleichsgrundsätze von Transaktionen verbundener Gesellschaften beruht idealerweise auf dem Heranziehen von Anhaltspunkten fremder dritter Gesellschaften, die vergleichbare Transaktionen mit unabhängigen Unternehmen durchführen. Damit ein sinnvoller Vergleich zwischen dem zu überprüfenden Unternehmen und den Vergleichsunter-

---

[15] Vgl. *Crüger/Bodenstein* RIW 2005, 500–502 sowie *Crüger* IStR 5/2009.
[16] Vgl. *Crüger/Köhler* RIW 2008, 378 ff.

nehmen gewährleistet ist, müssen die Unternehmen vergleichbaren wirtschaftlichen Rahmenbedingungen unterliegen.

Ist das zu untersuchende Unternehmen zwar in den hauptsächlichen Kriterien einem ausgewählten Vergleichsunternehmen ähnlich, weist aber in einzelnen Aspekten offensichtliche Abweichungen auf, so kann man versuchen, diese Effekte durch **Anpassungsrechnungen** zu neutralisieren, um eine höhere Vergleichbarkeit zu erzielen.

Anpassungsrechnungen werden hauptsächlich bei Unterschieden in der **Lagerhaltung**, in den **Betriebskosten**, in der **Kapitalausstattung** oder bei **Wechselkursrisiken** zum besseren Vergleich herangezogen. Für die Anpassungsrechnungen reicht normalerweise eine Zeitpunktbetrachtung nicht aus, vielmehr sind **Marktstellungs- und Wechselkursunterschiede** im **Zeitverlauf** der zu vergleichenden Unternehmen bzw. Transaktionen zu berücksichtigen. In der Praxis beschränken sich Anpassungsrechnungen jedoch auf solche Faktoren, die aus den Zahlen des Jahresabschlusses und aus weiteren greifbaren Informationen die Wirkungen der abweichenden Unternehmensstrukturen bzw. Verhaltensweisen auf den tatsächlichen Erfolg relativ präzise abschätzen und damit bereinigen können.

a) Operative Kosten

Bei der Durchführung eines Fremdvergleiches werden zur Ermittlung der **83** Bandbreite der Vergleichsunternehmen finanzwirtschaftliche Kennzahlen herangezogen. Hierbei sollten unterschiedliche Konstellationen der Betriebsausgaben zwischen zu prüfendem und den Vergleichsunternehmen nicht außer Acht gelassen werden. Kennzahlen aus Daten der Vergleichsunternehmen müssen möglicherweise zur Durchführung eines Fremdvergleiches angeglichen werden, um die geringere Intensität bestimmter Betriebsausgaben wie zB Vertriebsausgaben, welche oftmals mit konzerninternen Transaktionen verknüpft sind, zu reflektieren.

Angenommen, das zu überprüfende Unternehmen weist einen **Operating Profit** von 30 und **Operating Expenses** in Höhe von 10 auf. Sollten die Operating Expenses der Vergleichsunternehmen im Schnitt bei 20 und der Operating Profit im Schnitt bei 10 liegen, wobei eine Bandbreite von 5–20 errechnet wurde, dann kann sich bspw. durch die Anpassung der Operating Expenses der Vergleichsunternehmen von 20 auf 10 die erfasste Bandbreite des Operating Profits auf 15–35 verschieben. In solch einem Falle würde der von dem zu prüfenden Unternehmen ermittelte Operating Profit erst nach der Anpassungsrechnung in der Vergleichsspanne liegen.

b) Währungsrisiken

Sobald das zu prüfende Unternehmen seine Transaktionen in einer **84** Fremdwährung abwickelt, ist es einem Währungsrisiko ausgesetzt. Währungsrisiken werden in der Regel durch Absicherungsgeschäfte **(Hedging)** reduziert. Hierbei entstehen jedoch Kosten, welche die Profitabilität eines Unternehmens beeinflussen. Sollten die Vergleichsunternehmen in ihrer Basiswährung handeln, so müssen sie diese Kosten nicht tragen. Dieser Vorteil muss bei der Betrachtung der Gewinnmargen des zu Prüfenden Unternehmens und der Vergleichsunternehmen angeglichen werden. Hier kann zB mit **hypothetischen Hedging-Kosten** gearbeitet werden.

c) Zahlungsbedingungen

85 Bei der Betrachtung der Gewinnmargen von Vergleichsunternehmen kommt der Vergleichbarkeit von bestimmten Variablen, welche die Gewinnmarge und die Kapitalstruktur von Unternehmen beeinflussen, eine wichtige Rolle zu. Unterschiede in Kapitaleinsatz und der Gewinnmarge eines Unternehmens entstehen teilweise aus **unterschiedlichen Zahlungsfristen** beim Handel mit Zulieferern und Kunden. Gewährt das zu prüfende Unternehmen seinen Kunden bspw. eine Zahlungsfrist von 90 Tagen, wobei die Vergleichsunternehmen nur eine Frist von 45 Tagen einräumen, wirken sich die Unterschiede der durch den **Zinseffekt** zeitversetzt eingegangenen Zahlungen auf die Profitabilität der Unternehmen aus. Daher eliminieren Anpassungsrechnungen in Bezug auf unterschiedliche Zahlungsfristen den Zinseffekt und ermöglichen dadurch einen besseren Vergleich. Ein Beispiel folgt im nächsten Abschnitt.

d) Forderungsbestände und Verbindlichkeiten

86 Unterschiedlich hohe Forderungsbestände können die Folge unterschiedlich eingeräumter Zahlungsziele oder faktisch abweichenden Zahlungsverhaltens der Kunden sein. In jedem Fall bewirken sie unterschiedlich hohe Kapitalbindungen und damit unterschiedlich hohe Zinsbelastungen. Die Zinsbelastung der Forderungsbestände beinhaltet die Belastung aus unterschiedlichen Zahlungsfristen. Zusätzlich wirkt sich bei der Betrachtung der Forderungsbestände das abweichende Zahlungsverhalten der Kunden auf die Zinsbelastung aus. Je nachdem, ob ein einzelner Kunde seinen Verpflichtungen vor Ablauf einer Frist, fristgerecht oder aber auch erst nach dem Ablauf der Frist nachkommt, werden unterschiedliche Zinsbelastungen ausgelöst. Aus der Differenz der unternehmensspezifischen Forderungsquoten (Forderungen dividiert durch Umsatz) multipliziert mit den durchschnittlichen Umsätzen der in der Analyse einbezogenen Unternehmen errechnet sich die absolute Höhe des unterschiedlichen Forderungsbestands. Auf diesen ist der entsprechende Zinssatz anzuwenden. Um den errechneten Betrag können dann die Finanzdaten der Vergleichsunternehmen korrigiert werden. Die Anpassungsrechnung bei unterschiedlich hohen Beständen der Verbindlichkeiten verläuft analog. Hierbei wird die Differenz der Quoten der Verbindlichkeiten (Verbindlichkeiten dividiert durch Warenbestände) mit den durchschnittlichen Warenbeständen der zu vergleichenden Unternehmen multipliziert.

Beispiel: Angenommen die Forderungsquote des zu testenden Unternehmens betrage 10% und jene der Vergleichsunternehmen im Schnitt 4%, wobei die Umsätze bei 100 bzw. 120 liegen. Dann errechnet sich die absolute Höhe des unterschiedlichen Forderungsbestandes durch: $(0,1 - 0,04) \times 120 = 7,2$. Auf dieses Ergebnis kann nun der entsprechende Zinssatz angewendet werden, um die abweichende Zinsbelastung auszurechnen.

e) Inventarrisiko und Inventarbestände

Oftmals unterscheiden sich das Inventarrisiko des zu untersuchenden Un-   **87** ternehmens und jene der Vergleichsunternehmen. Das Inventarrisiko wird durch die Summe der Faktoren Diebstahlquote, Beschädigung, Unverkäuflichkeit (zB bei technischer Überholung), Haltbarkeit von Waren und der Höhe der Warenbestände errechnet. Hierbei wird der Verlust durch einen Erwartungswert ermittelt, welcher sich auch auf das Betriebsergebnis auswirkt. Um aussagekräftigere Werte zu erzielen, kann im Zuge einer Anpassungsrechnung das Risiko geglättet werden, damit eine bessere Vergleichbarkeit erzielt werden kann.

Darüber hinaus reflektieren unterschiedliche **Inventarbestände** einen unterschiedlichen Grad an **Service,** den ein Unternehmen seinen Kunden zur Verfügung stellen kann. Sollte ein Unternehmen bspw. gar kein Inventar besitzen, müssten Kunden mit langen Lieferfristen rechnen, wohingegen ein hoher Inventarbestand eine kurzfristige Lieferung ab Lager ermöglicht. Jedoch hat ein größeres Inventar auch höhere Kosten zur Folge. Im Rahmen einer Anpassungsrechnung können unterschiedliche Inventarbestände verschiedener Unternehmen harmonisiert werden. Dazu wird die Differenz der unternehmensspezifischen Inventarbestandsquoten (Inventarbestand dividiert durch Umsatz) mit den durchschnittlichen Umsätzen der Vergleichsunternehmen multipliziert und darauf der entsprechende Zinssatz angewendet. Um den errechneten Betrag werden dann die Finanzdaten der Vergleichsunternehmen angepasst.

f) Anpassungsrechnungen beim Fehlen lokaler Vergleichsdaten in Schwellen- und Entwicklungsländern

Bei der Anwendung von TNMM für Unternehmen in **Schwellenländern**   **88** **und Entwicklungsländern** stellt sich oft das **Problem fehlender Daten** von vergleichbaren unabhängigen Unternehmen **in demselben Staat oder in derselben Region.** Dieses Problem besteht nicht nur in kleinen Staaten, sondern auch derzeit noch in der Mehrzahl der großen Schwellenstaaten.

Das Fehlen von Vergleichsdaten in Entwicklungsländern ist regelmäßig Thema internationaler Steuerkonferenzen. Auch das Vorwort der Gipfelverlautbarung des **G8 – Gipfels im Juni 2013** sagt, die Fähigkeit der Steuerverwaltungen, relevante Preisinformationen über die Grenzen von Staaten hinweg zu vergleichen, sei wesentlich für die Anwendung der Verrechnungspreismethoden. Das Fehlen von Vergleichsdaten sei ein wesentliches Problem für die Besteuerung, insb. in Entwicklungsländern. Der G8- Gipfel hat daher die OECD gebeten, Lösungen zu finden, um den Bedenken der Entwicklungsländer in Bezug auf die Qualität und Verfügbarkeit von Vergleichsdaten Rechnung zu tragen.[17]

aa) Das OECD – Diskussionspapier

Im März 2014 veröffentlichte die OECD das Diskussionspapier „**Transfer**   **89** **Pricing Comparability Data and Developing Countries".** Dieses Papier sagt, dass

---

[17] G-8 Leaders communiqué by Lough Erne, White House Press Releases and Documents, Juni 3013.

- Die **gewerblichen Datenbanken** keine ausreichende Zahl nützlicher Vergleichsdaten für Entwicklungsländer beinhalten und die Anbieter aufgefordert werden, Abhilfe zu schaffen;
- Spender gesucht werden, um den Entwicklungsländern **Zugang zu diesen Datenbanken** zu gewähren;
- Spender gesucht werden, um die Entwicklungsländer im **Gebrauch von Jahresabschlüssen zu unterrichten;**
- Den Entwicklungsländern zusätzliche **Anleitung und direkte Unterstützung** zum effizienten Benutzen von Datenbanken gegeben werden soll;
- Die Erfahrung anderer Länder mit der **Auswahl** ausländischer Vergleichsdaten gesammelt und zusätzliche Anleitung bereitgestellt werden soll;
- Die Erfahrung anderer Staaten mit **Länderanpassungen** gesammelt und zusätzliche Anleitung gegeben werden soll;
- Die Erfahrung anderer Staaten mit der **Bewertung aus der Sicht des ausländischen Partners** gesammelt und dazu zusätzliche Anleitung gegeben werden soll;
- Die Erfahrung anderer Staaten mit Maßnahmen wie **Benchmarking anderer Branchen** im selben Staat und ebenfalls mit den Maßnahmen zur Verbesserung der Vergleiche auf der Basis einer **kleinen Vergleichsmenge** gesammelt und dazu zusätzliche Anleitung gegeben werden soll;
- Sofern keine ausreichenden Vergleichsdaten verfügbar sind, die Anwendung der **Profit Split – Methode,** aber auch die Entwicklung neuartiger Methoden wie die **Value Chain Analysis** geprüft werden soll;
- Außerdem die Möglichkeit von **Safe Harbours,** der „Sechsten Methode", die Sammlung von Erfahrungen mit **Missbrauch, APAs, Verständigungsverfahren** usw. geprüft werden soll.

Das Diskussionspapier bespricht insb. die Erfahrungen Neuseelands mit der Verwendung ausländischer Daten und deren Anpassung; es vermeidet aber jeden Hinweis, wie die Anpassungen ausländischer Daten durchgeführt werden soll.

bb) Die gegenwärtige Praxis

90   In der bisherigen Praxis wird das Fehlen lokaler Vergleichsdaten von den Anwendern oft durch **passende Vergleichsdaten aus anderen Staaten** gelöst. Sofern signifikante Unterschiede zwischen den Staaten bestehen, sind **Anpassungsrechnungen** durchzuführen. Nachfolgend werden die Möglichkeiten untersucht, Daten aus fremden Staaten anzupassen.

91   Zahlreiche wirtschaftliche Sachverhalte tragen zu **unterschiedlichen Risikoprofilen und Kostenstrukturen** bei und beeinflussen dadurch die **Gewinnmargen** der Unternehmen. Sofern Unternehmen in verschiedenen Orten arbeiten, tragen unter anderem die folgenden **Faktoren** zu den Margen bei, welche von den Unternehmen verdient werden: der **Wettbewerb,** die **politischen Risiken,** die **Kapitalmarktbedingungen,** (insb. der Zahlungsausfall), der **Zugang zu Kapital,** die **Kaufkraft** der Konsumenten, die **rechtlichen Rahmenbedingungen,** die **Herstellungskosten,** die **wirtschaftlichen Bedingungen** der Branche, die **Inflationsrate,** die **Währungsschwankungen,** die **Zahlungsziele** und andere geschäfts- und marktrelevante **Risiken.** Soweit sich diese Unterschiede wesentlich auf die **Mar-**

gen der Unternehmen auswirken und die **Bandbreite der Vergleichsdaten** beeinflussen, sind Anpassungsrechnungen erforderlich.

Bei der Auswahl vergleichbarer Unternehmen berücksichtigen sowohl die OECD – als auch die UN-RL **fünf Vergleichsfaktoren:**

- Die **Eigenschaften** des transferierten Vermögensgegenstandes oder der transferierten Dienstleistung
- Die durch die Parteien erbrachten **Funktionen** unter Berücksichtigung der eingesetzten Wirtschaftsgüter und der übernommenen **Risiken,** also die Funktions- und Risikoanalyse
- Die vertraglichen **Vereinbarungen**
- Die **wirtschaftlichen Umstände** und
- Die verfolgten **wirtschaftlichen Ziele**

Art. 1.36 der OECD- und Art. 5.1.1 der UN-RL legen viel Wert auf Ver- **92** gleichbarkeit, ziehen aber **lokale Vergleichsdaten** grundsätzlich vor. Allerdings erlauben beide auch den **Gebrauch ausländischer Vergleichsdaten,** soweit keine einheimischen verfügbar sind.[18]

Art. 3.35 der OECD-VerrechnungspreisRL sagt, dass ausländische Vergleichsdaten nicht grundsätzlich abgelehnt werden sollen, weil sie aus einem anderen Staat stammen. Die OECD-VerrechnungspreisRL empfehlen außerdem, einen **pragmatischen Ansatz** zu wählen, wenn auf einigen Märkten und Branchen unabhängige Transaktionen selten sind.

Art. 5.3.2.4.4 der UN-RL bevorzugt Daten von unabhängigen Unternehmen **desselben geographischen Marktes,** auf dem das verbundene Unternehmen tätig ist, weil möglicherweise signifikante Unterschiede der wirtschaftlichen Rahmenbedingungen vorliegen. Sofern jedoch keine Informationen aus dem lokalen Markt vorliegen, können Daten von unabhängigen Unternehmen **ausländischer Märkte** verwendet werden, sofern

- **Keine wesentlichen Unterschiede** zwischen den Märkten bestehen, welche den Preis oder Gewinn aus der Transaktion beeinflussen **oder**
- Ausreichend **zuverlässige Anpassungen** vorgenommen werden, um die Unterschiede beider Märkte auszugleichen.

In der alltäglichen Verrechnungspreispraxis werden **ausländische Ver- 93 gleichsdaten zumeist akzeptiert.** Bspw. bilden heute **europaweite Vergleichsdaten** die Basis für die Dokumentation vieler Unternehmen in Europa, um die Kosten für die Dokumentation zu reduzieren, statt für jedes einzelne europäische Land separate Vergleichsdaten zu suchen.[19] Auch die **chinesischen Finanzbehörden** akzeptieren asienweite Vergleichsdaten, soweit keine chinesischen am Kapitalmarkt gelisteten Unternehmen bestehen; sie ziehen asienweite Vergleichsdaten von am Kapitalmarkt gelisteten Unternehmen den privaten chinesischen Unternehmen vor, deren Finanzdaten sie oft als nicht ausreichend zuverlässig erachten.

Sofern keine lokalen Vergleichsdaten vorliegen, können **regionale Vergleichsdaten** gewählt werden, wenn die Märkte wie innerhalb der **Europäischen Union** große Ähnlichkeiten haben. Sofern keine ausreichend vergleichbaren Unternehmen innerhalb von Regionen mit sehr ähnlichen Märkten vorliegen, besteht die Möglichkeit, die geografische Suche auszu-

---

[18] Art. 5.3.4.12 UN-RL.
[19] Vgl. Kap. E.

weiten. Dadurch erhöht sich die Anzahl der möglicherweise vergleichbaren Unternehmen und der Nachteil von **interregionalen wirtschaftlichen Unterschieden.** Diese Unterschiede können die Margen der Unternehmen beeinflussen, die in den unterschiedlichen Märkten verdient werden, und somit auch die **Zuverlässigkeit der interquartilen Bandbreiten.**

94   Die nachfolgenden Ausführungen behandeln die Anpassung wirtschaftlicher Situationen und zeigen, wie die Zuverlässigkeit der Daten erhöht wird, welche von ausländischen Vergleichsunternehmen stammen. Die analytischen Rahmenbedingungen dieser Anpassungen beabsichtigen, die **interquartile Bandbreite** des im Staat X operierenden untersuchten Unternehmens auf der Basis von Daten aus Unternehmen, welche im Staat Y operieren, anzupassen. Hierfür werden die **Unterschiede zwischen den zwei Ländern** so angepasst, dass die Vergleichsdaten aus dem Staat Y so erscheinen, als ob sie im Land X erzielt worden wären. Die Anpassungen erfordern im Regelfall eine Anpassung der **Markt- und Wettbewerbsbedingungen** in beiden Ländern. Als Ergebnis zeigen sie, dass die Unterschiede zum Staat X durch die Anpassungsrechnung der Ergebnisse des Landes Y eliminiert werden.

cc) Anpassung typischer wirtschaftlicher Gegebenheiten

Es bestehen derzeit **keine standardisierten und allgemein akzeptierten Methoden** für die Anpassung ausländischer Vergleichsdaten und die Finanzbehörden sind sich teilweise noch **uneinig,** wie bestimmte Anpassungen vorgenommen werden sollen.

Beispiel: die **indischen Finanzbehörden** sehen das **Capital Asset Pricing Model (CAPM)** zur Anpassung von Risiken sehr skeptisch (Kapitel 10 der UN-RL)

95   Außerdem stoßen die meisten statistischen Methoden zur Erhöhung der Vergleichbarkeit an ihre natürlichen Grenzen. Die Anpassungen geografischer Unterschiede sind daher sehr sorgfältig durchzuführen und können nur erfolgen, wenn rationale und genaue Anpassungen vorgenommen werden, um die Zuverlässigkeit der Ergebnisse zu erhöhen. Es bestehen mehrere Methoden, um die Vergleichbarkeit zwischen einem ausländischen Vergleichsunternehmen und dem untersuchten Unternehmen zu erhöhen. Bei der Auswahl des Verfahrens ist es entscheidend, ob es die Vergleichbarkeit erhöht. Nachfolgend werden drei Anpassungsverfahren besprochen:
- **Kapitalkostenanpassung (Cost of Capital Adjustment – CCA)**
- **Working Capital Intensity Adjustment (WCIA)**
- Andere Anpassungen

dd) Kapitalkostenanpassung

96   Sofern keine ausreichenden lokalen Vergleichsdaten von unabhängigen Unternehmen vorliegen und ausländische Vergleichsdaten verwendet werden, müssen Anpassungen vorgenommen werden, um die Unterschiede der Rahmenbedingungen zwischen dem untersuchten Unternehmen und den Vergleichsunternehmen zu berücksichtigen, beispielweise variieren der **leichtere Zugang zur Finanzierung,** die **Zinssätze,** die **Volatilität der Börsenkurse,** die **Marktrisiken,** die **Inflationsrate,** die **Steuersätze** etc. von Land zu Land und somit auch die **Kapitalkosten.** Sofern bei den Kapitalkosten signifikante Unterschiede bestehen, können die beobachteten Margen der

Vergleichsunternehmen in ausländischen Staaten nicht denen des untersuchten Unternehmens entsprechen. Eine Kapitalkostenanpassungsrechnung ist daher erforderlich, wenn die **Vergleichsunternehmen nicht im selben Staat** wie das untersuchte Unternehmen ansässig sind.[20] Bei der Anpassung der Unterschiede der Kapitalkosten ist zu analysieren, wie diese Unterschiede das Ergebnis beeinflussen, das ein rationaler Investor erwartet, wenn er in ein Unternehmen im anderen Staat investiert.

Die Definition des **Return On Capital Employed (ROCE)** ist wie folgt:

$$ROCE = \frac{Operating\ Profit}{Capital\ Employed}$$

In Märkten mit funktionierendem Wettbewerb können Unternehmen **97** kurzfristig Ergebnisse erzielen, die **über oder unter ihren Kapitalkosten** liegen. Allerdings werden im langfristigen Equilibrium die Übergewinne wegen des Wettbewerbs auf Null reduziert und Unternehmen, welche ihre Kapitalkosten nicht verdienen, werden verschwinden. Folglich müssen Unternehmen langfristig ihre Kapitalkosten verdienen.

Daher gilt langfristig folgendes:

$$ROCE = WACC$$

Daraus folgt, dass

$$Operating\ Profit = WACC * Capital\ Employed$$

Folglich gilt für die Kapitalkostenanpassung:

$$\Delta Operating\ Profit = (WACC_{Tested\ Party} - WACC_{Vergleichsunternehmen}) * Catpital\ Employed$$

Im Allgemeinen variieren die Kapitalkosten nicht nur **zwischen den 98 Staaten,** sondern auch im **Laufe der Zeit.** Die Kapitalkostenanpassung umfasst beides. Die Kapitalkostenanpassung umfasst auch die **Unterschiede in der Kapitalstruktur** zwischen dem untersuchten Unternehmen und den Vergleichsunternehmen. Außerdem umfasst die **Risikoprämie im WACC** auch **politische Risiken, Schuldnerrisiken** und andere **geschäfts- und marktspezifische Risiken.** Folglich kann die Kapitalkostenanpassung auch als **langfristige no-arbitrage condition** betrachtet werden. Die Kapitalkostenanpassung erfolgt unter der Annahme, dass der wirtschaftliche Gewinn der Gesellschaften durch ihre Kapitalkosten auf einer **ex ante – Basis** bestimmt wird, unter der Annahme, dass **kein exogener Gewinnschock** erfolgt.

Die Kapitalkostenanpassung kann nicht nur im Rahmen der **bilanzbasierten PLIs** genutzt werden, bspw. als **Return on Capital Employed,** sondern auch der PLIs auf der Basis der Gewinn- und Verlustrechnung, also beispielsweise als **Return On Sales, Return On Total Costs** usw. Die Höhe des Operating Profits der GuV ist mit derselben Formel wie oben anzupassen.

---

[20] *Urken/Barbera/Cole* Transfer Pricing Report, Volume 12 Number 1, 2003 p 39–48; *Curtis/Marriott/Nusubidze,* Transfer Pricing Report May 2010.

99   Wie schon oben erwähnt, unterliegt die Kapitalkostenanpassung der grundlegenden Annahme, dass **langfristig die Routinegewinne der Unternehmen deren Kapitalkosten decken.** Folglich steigt automatisch die Bandbreite der Gewinne, wenn die Ergebnisse eines Landes mit geringeren Kapitalkosten (also einem Land mit geringen Risiken) angepasst werden an die Verhältnisse in einem Land mit höheren Kapitalkosten (bspw. ein Entwicklungs- oder Schwellenland). Dieses Ergebnis entspricht der Finanztheorie, nach der ein Investor, der in ein höheres Risiko investiert, **ex ante eine höhere Vergütung** erwartet. Allerdings ergibt sich in Ländern mit höheren Risiken sowohl die **Chance eines höheren Gewinnes als auch Verlustes.** Auch die tatsächlichen beobachteten Ergebnisse solcher Länder zeigen, dass die Ergebnisse höher oder niedriger sein können als die Anpassung, die bei der Kapitalkostenanpassung verwendet wird. Die Kapitalkostenanpassung berücksichtigt folglich nicht ausreichend die **Volatilität der Marktergebnisse,** das heißt sie erweitert **nicht ausreichend die Bandbreite der Vergleichsmargen,** sondern verschiebt sie nur nach oben. Es ergibt sich daraus auch das unglückliche Ergebnis, dass sich die **interquartile Bandbreite reduziert;** das entspräche einem niedrigeren Risiko und würde zu einem unglücklichen Ergebnis führen.

     Es kann daraus abgeleitet werden, dass eine bessere Anpassungstechnik verwendet werden sollte, um die Bandbreite zu vergrößern und gleichzeitig den Median nach oben zu verschieben, wenn ein Staat ein **höheres Risikoniveau** als der Staat hat, aus dem die Vergleichsdaten stammen.

100   Unter der Annahme, dass die **Vergleichsgewinne ausgeschüttet** werden, können die Anpassungen im Verhältnis zu den **Standardabweichungen der Ausschüttungen** vorgenommen werden, um die Bandbreite der Gewinnmargen zu erweitern.[21] Diese Anpassung würde die oben besprochene Kapitalkostenanpassung ergänzen, das erhöhte Risiko durch die erhöhten Standardabweichungen abbilden und die Bandbreiten erweitern. Allerdings ist die Annahme unwahrscheinlich, dass die Gewinne voll ausgeschüttet werden; dies gilt insb. für sich noch entwickelnden Volkswirtschaften.

ee) Anpassung der Intensität des Betriebsvermögens (Working Capital Intensity)

     Bei der Verwendung ausländischer Vergleichsdaten ist es wahrscheinlich, dass sich die **Intensität des Betriebsvermögens** zwischen den Unternehmen in entwickelten Staaten und denen in unterentwickelten Staaten oder Schwellenstaaten wesentlich unterscheidet, weil das wirtschaftliche Umfeld verschieden ist. Zu diesen Unterschieden gehören unter anderem **Zinsen für kurzfristige Verbindlichkeiten,** die **Kreditkonditionen** und die Risiken in den **Kundenforderungen.**

     Zur Erhöhung der Vergleichbarkeit sollte das **Betriebsvermögen der Vergleichsunternehmen angepasst** werden und, sofern notwendig, auch das des untersuchten Unternehmens. Angepasst werden sollten die **Tage der Forderungen,** der **Verbindlichkeiten** und des **Lagerumschlags.** Hieraus kann der **Zinssatz** abgeleitet werden, der diesen Risiken entspricht.

---

[21] *Curtis/Ruhashyankyko,* Transfer Pricing International Journal, August 2003.

ff) Andere Anpassungen

Bei der Verwendung ausländischer Vergleichsdaten sollten auch weitere **101** Anpassungsrechnungen geprüft werden, um die Vergleichbarkeit mit dem untersuchten Unternehmen zu erhöhen. Zu den zu berücksichtigenden Vergleichbarkeitskriterien gehören **Standortvorteile,** die Auswirkungen von **Währungsschwankungen,** die Unterschiede durch die **gesetzlichen Rahmenbedingungen** und die **örtlichen Bilanzierungsregeln.** Diese unterschiedlichen Anpassungen müssen fallspezifisch vorgenommen werden und die Unterschiede zwischen den Staaten berücksichtigen.

Zu diesen gehören die nachfolgend aufgeführten Anpassungen.[22]

gg) Anpassung der Bilanzierungsregeln

Trotz der zunehmenden Vereinheitlichung der Bilanzierungsregeln vieler **102** Staaten, bspw. durch IFRS, bestehen noch immer signifikante Unterschiede. Es ist folglich notwendig, zu untersuchen, ob die Unterschiede der Bilanzierungsregeln zwischen den Ländern, in denen die Vergleichsunternehmen und das untersuchte Unternehmen ansässig sind, die Ergebnisse der Vergleichsanalyse wesentlich beeinflussen. Wesentliche Unterschiede in Bilanzierungsregeln und Bilanzierungspraxis zwischen den Staaten, in denen die Vergleichsunternehmen und in dem das untersuchte Unternehmen ansässig sind, können zu wesentlichen Fehlern der Ergebnisse führen, sofern keine Anpassungen vorgenommen werden. In manchen Fällen, bspw. beim Fehlen klarer **Abgrenzung zwischen Kosten,** können zur Anwendung der **Nettomargenmethode statt der Bruttomargenmethode** führen. Aber selbst bei Anwendung der Nettomargenmethode, bspw. der TNMM, können unterschiedliche Bilanzierungsregeln die Vergleichbarkeit beeinflussen, bspw. unterschiedliche **Abschreibungsdauern,** oder die **unterschiedliche Bilanzierung** von Stock Options der Mitarbeiter, welche den operativen Gewinn beeinflussen. In vielen Fällen ist es sehr schwierig oder unmöglich, die Unterschiede der tatsächlichen Bilanzierungspraxis zu eliminieren. Dies ist eindeutig eine wesentliche Schwäche der Vergleichsanalysen, welche Daten aus anderen Staaten verwenden.

hh) Konjunkturanpassungen

Die **Konjunkturschwankungen** verlaufen in den einzelnen Staaten **nicht 103 immer zeitgleich.** Bspw. hat die Wiedervereinigung in Deutschland dazu geführt, dass Deutschland einen anderen Konjunkturverlauf als andere Industriestaaten hat. Bei Entwicklungs- und Schwellenstaaten und innerhalb ihrer Branchen sind die Konjunkturverläufe ebenfalls oft sehr uneinheitlich.

Auch die Krise der Jahre 2007 bis 2009 wirkte sich zwischen den Staaten und Branchen sehr unterschiedlich aus. Es ist daher erforderlich, sorgfältig zu untersuchen, wie die Konjunktur zwischen den Staaten und Branchen verlaufen ist, wenn Daten aus anderen Ländern verwendet werden.

Beispiel: Große Automobilkonzerne litten in den Jahren 2007 bis 2009 oft unter sehr großen Verlusten, erzielten aber in einzelnen Schwellenstaaten hohe Gewinne.

---

[22] *Gonnet/Fris/Coriano,* Transfer Pricing International, 2011 und *Gonnet/Ikeya/ Starkov,* Transfer Pricing International Journal, Juli 2011.

Beispiel: Deutsche Autokonzerne sind in den Jahren 2010 bis 2013 sehr erfolgreich gewesen. Französische und italienische Autokonzerne erzielten in diesen Jahren hohe Verluste.

Die Unterschiede des Konjunkturverlaufs können durch **Regressionsanalysen** reduziert werden.[23] Die Anpassung durch Regressionsanalysen hängt wesentlich von der Anzahl der verwendeten Fälle und der Qualität der Daten ab.

- **Fall A – Anpassungen für Unterschiede im Working Capital[24]**

104   Ein Multinationales Unternehmen (MNU) erbringt die wesentlichen Teile seiner Produktentwicklung und Herstellung in einem entwickelten Staat. Um auf einem neuen Markt Fuß zu fassen, bspw. in Schwarzafrika, gründet dort das MNU eine Tochtergesellschaft im Staat B. Die Tochtergesellschaft in B erbringt hauptsächlich Marketing- und Vertriebsleistungen von Produkten, die im Land A hergestellt werden.

Der Konzern verwendet die **Wiederverkaufspreismethode** und bestimmt die Wiederverkaufspreismarge auf der Grundlage der Verkaufserlöse von unabhängigen Kunden. Die Wiederverkaufspreismarge wird aus den Ergebnissen vergleichbarer unabhängiger Unternehmen abgeleitet.

Der Konzern wendet **weltweit dieselben konsistenten Verrechnungspreisgrundsätze** an und würde diese gerne auch für die Tochtergesellschaft in Schwarzafrika verwenden.

Wie in zahlreichen anderen Entwicklungsländern bestehen auch im Land B **keine ausreichenden Vergleichsdaten** von unabhängigen Unternehmen. Es müssen daher andere Ansätze gewählt werden. Eine Möglichkeit besteht darin, Vergleichsdaten aus solchen Regionen zu wählen, wo diese gefunden werden können, bspw. aus Europa, dort funktional vergleichbare Daten auszuwählen und angemessene Anpassungen vorzunehmen.

Als erstes soll die **Anpassung der Forderungen** beschrieben werden. Andere Anpassungen, bspw. der **Verbindlichkeiten** und der **Vorräte** können ebenfalls erforderlich werden. Dasselbe gilt für die Unterschiede bei den **Kapitalkosten** zwischen den Regionen. Sie sollen hier aus didaktischen Gründen **nicht aufgeführt** werden.

Bei den **Forderungen** führen die Unterschiede bei den Ebenen des **Credit Market Risks** zwischen der Region der untersuchten Einheit (hier also Schwarzafrika) und der Region, aus der die Vergleichsdaten kommen (hier aus Europa) zu einer hohen Komplexität.

Gründe für die Anpassung der Forderungen

105   Im vorliegenden Fall werden Vergleichsdaten aus Europa benutzt, weil diese in Schwarzafrika fehlen. Die europäischen Unternehmen arbeiten in einem **sichereren Umfeld.** Die meisten existieren seit vielen Jahren. Sie haben ihren **Kundenstamm** im Laufe langer Jahre aufgebaut und besitzen Systeme, mit deren Hilfe sie die **Kreditwürdigkeit ihrer Kunden** beurteilen. Als Ergebnis liegt ihnen eine Auswertung ihrer begrenzten uneinbringlichen Forde-

---

[23] *Mori/Mert-Beydilly/Poole*, Tax Management Transfer Pricing Report, 2009.
[24] Der Fall ist entnommen aus: *Starkov/Gonnet/Pletz/Maitra*, The Bureau of National Affairs, 2014.

rungen und ihrer relativ kurzen Zahlungsziele vor. Dies lässt sich aus ihren Jahresabschlüssen erkennen.

Das untersuchte Unternehmen im Staat B ist demgegenüber neu, hat **neue Kunden** und besitzt nur begrenzte Möglichkeit, seine Forderungen gegenüber seinen neuen bestehenden und zukünftigen Kunden zu klassifizieren. Außerdem ist das Unternehmen in seiner Region höheren **politischen Risiken, Marktrisiken und anderen Forderungsausfallrisiken** ausgesetzt. Dies führt zu einem **hohen Forderungsbestand,** einem **höheren Bedarf an liquiden Mitteln** und anderen Kriterien, die es an seine Forderungen stellt. Das gilt auch für die Auswahl der Kunden und der **Vorsorge für Forderungsausfälle.**

Es ist daher aus ökonomischer Sicht erforderlich, Anpassungen vorzunehmen, welche diese **Unterschiede in den Risiken** zwischen den Vergleichsunternehmen und dem untersuchten Unternehmen berücksichtigen.

Ergebnisse vor der Anpassung

Die Ergebnisse der Vergleichsunternehmen sind vor ihrer Anpassung wie folgt:

	Umsatzrendite (Europäischer Vergleichsfirmen)
Erstes Quartil	6,4 %
Median	**8,9 %**
Drittes Quartil	15,4 %

Tabelle 10: Gewichtete Umsatzrenditen (Europäischer Vergleichsfirmen)

Diese Margen basieren auf den Rahmenbedingungen für Forderungen von Unternehmen in Europa. Diese Unternehmen arbeiten in einem **sichereren und stabileren Umfeld.** Anpassungen müssen durchgeführt werden, weil der Betriebsgewinn der unabhängigen Unternehmen **keine Risikoprämien** enthält, die in Entwicklungsländern typischerweise beobachtet werden können. Diese Risikoprämien reflektieren die oben genannten **Unsicherheiten und Marktgegebenheiten.**

Anpassungen

Die **Working Capital Adjustments** erfolgen für Unternehmen, welche **106** in denselben Ländern oder in **derselben Region** arbeiten wie das untersuchte Unternehmen. Sie umfassen die Unterschiede in den Forderungen und vergüten diese Unterschiede durch **angemessene Zinssätze,** welche diesen Risiken entsprechen.

Im vorliegenden Fall arbeiten die Unternehmen in einer Region, in der nicht nur das **wirtschaftliche Umfeld** verschieden ist, sondern sich auch die **Kreditrisiken** wesentlich von denen des untersuchten Unternehmens unterscheiden. Diese Unterschiede müssen bei der **Höhe der Forderungen und der Zinssätze** berücksichtigt werden. Der zusätzliche Aufwand für das Managen dieser Risiken erfordert höhere **Verwaltungskosten;** diese werden im vorliegenden Beispiel vernachlässigt.

Aus didaktischen Gründen erfolgt die Anpassung in **zwei unterschiedlichen Schritten:**

1. Der **erste Schritt** besteht aus der **Anpassung der Forderungen** der Vergleichsfirmen **auf null** und der **Ermittlung der Zinsen** für die Differenz. Es wird der Zinssatz in der Eurozone verwendet. Dadurch ergeben sich für die Vergleichsfirmen **niedrigere Gewinne und eine geringere Marge.** Dies ist in Übereinstimmung mit den **niedrigeren Risiken,** wenn keine Forderungen bestehen.

2. Der **zweite Schritt** besteht aus der **Anpassung der Forderungen** der Vergleichsunternehmen von null auf das **Niveau des untersuchten Unternehmens.** Darauf wird ein **Zinssatz aus Schwarzafrika** oder der Region angewendet. Dieser erhöht die Gewinne der Vergleichsfirmen und führt zu einer **höheren Vergleichsmarge.** Dies ist in Übereinstimmung mit den **höheren Risiken** aus den **höheren Forderungen** in Schwarzafrika.

107 Die Unterschiede zwischen den Forderungsbedingungen führen zwangsläufig zu diesem zweistufigen Verfahren. Wenn bspw. Dreimonats- **Short Term Sovereign Bond Yields** in verschiedenen Ländern existieren, können signifikant **unterschiedliche Sätze** beobachtet werden. Dasselbe gilt für **kurzfristige Forderungen von Unternehmen.**

Die Abbildung 1 zeigt den Vergleich dieser Dreimonats Sovereign Bond Rates verschiedener ausgesuchter Länder:

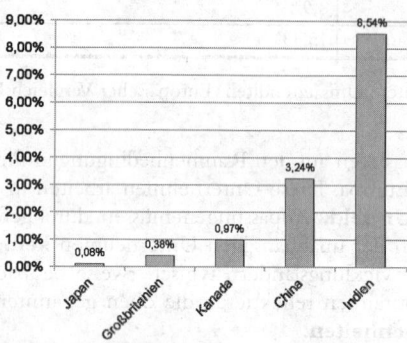

Abbildung 1: Dreimonats Sovereign Bond Rates verschiedener ausgesuchter Länder im Jahr 2013 (Quelle Bloomberg L. P.)

Die Bilanzanpassung der Forderungen (F) ist wie folgt:

$$\Delta Forderungen_T = (0 - Forderungstage\ der\ Vergleichsfirmen) \star \frac{Ums\ddot{a}tze}{365}$$

Die Anpassung der Gewinn- und Verlustrechnung ist wie folgt:

$$\Delta Ums\ddot{a}tze = \Delta F_T \star \frac{i_{Ausland}}{1 + i_{Ausland} \star \left(\dfrac{Forderungstage\ der\ Vergleichsfirmen}{365} \right)}$$

Nach dem Beseitigen der Effekte, die sich durch die **Tätigkeit auf europäischen Märkten** auf das Working Capital ergeben, besteht der nächste Schritt aus dem Einfügen der Effekte, die sich durch die **Tätigkeit in Entwicklungsländern** auf das Working Capital ergeben. Hierbei werden die Forderungen der Vergleichsfirmen, die zuvor auf null berichtigt wurden, auf die Höhe der Forderungen des untersuchten Unternehmens angehoben und ein **Zinssatz** angewendet, wie er für Forderungen im Staat des untersuchten Unternehmens berechnet wird. Insb. sollte ein Zinssatz gewählt werden, welcher typischerweise auf kurzfristige Verbindlichkeiten im Land B angewendet wird. Der Zinssatz sollte aus den **Kreditmarktdaten** entnommen werden, die in dem jeweiligen Land für eine bestimmte **Branche** vorliegen. Auf dieser Grundlage können ähnliche Formeln wie oben verwendet werden:

Bilanzberichtigung

$$\Delta Forderungen_{LT} = (Forderungstage\ der\ Tested\ Party - 0) \star \frac{Angepasste\ Umsätze}{365}$$

Berichtigte Ergebnisse

$$WACC^T = \left(\frac{LGB\ Rate_u^T + (Beta \star ERP_i^T)}{1 - T_i^T} \right) \star \left(1 - \frac{D_j^C}{C_j^C} \right) + \frac{D_j^C}{C_j^C} \star CB\ Rate_i^T$$

Die Tabelle 11 zeigt die berichtigten Vergleichsdaten **nach deren Anpas**   108 **sung.**

	Gewichtete Durchschnittsumsatzrendite vor der Anpassung	Anpassung auf „Null" der Forderungen – somit werden Unterschiede durch lokale europäische Lieferkondition aufgehoben Gewichtete Durchschnittsumsatzrendite	Anpassung auf die Höhe der Forderungen der Tested Party und lokaler schwarzafrikanischer Lieferkonditionen Gewichtete Durchschnittsumsatzrendite nach der Anpassung
Comparable 1	17,2 %	16,8 %	22,7 %
Comparable 2	8,0 %	7,4 %	13,3 %
Comparable 3	9,9 %	9,0 %	13,8 %
Comparable 4	5,8 %	5,2 %	11,1 %
Comparable 5	69,0 %	68,3 %	69,9 %
Comparable 6	5,6 %	4,4 %	9,7 %
1. Quartil	6,4 %	5,7 %	11,6 %
Median	8,9 %	8,2 %	13,5 %
3. Quartil	15,4 %	14,8 %	20,5 %

Tabelle 11: Gewichtete Umsatzrendite nach der Anpassung

109   Diese ökonomische Analyse zeigt, dass vergleichbare Vertriebsgesellschaften in Europa eine Umsatzrendite zwischen 6,4 und 15,4% erzielen, mit einem Median von 8,9%. Diese Spanne repräsentiert jedoch nicht notwendigerweise fremdvergleichsübliche Ergebnisse für untersuchte Unternehmen, die in Schwarzafrika tätig sind. Die Gewinne des untersuchten Unternehmens, die anhand der Anpassung der Forderungen und Zinsen an die lokalen Marktbedingungen entstanden, zeigen die Spanne der Vergleichsgewinne so wie sie sich aus den Ergebnissen aus den höheren Forderungen und Risiken im Land des untersuchten Unternehmens ergeben würden. Auf der Grundlage dieser Anpassungen ergibt sich eine **Zielmarge für Vertriebsgesellschaften** in Höhe von 11.6 bis 20.5% mit einem Median von 13.5 %.

    Allerdings berücksichtigen diese Werte **nicht** die in Entwicklungsländern übliche **größere Schwankungsbreite** der Ergebnisse. Diese Schwankungsbreite sollte zusätzlich untersucht werden.

Fall B – Anpassungen für Unterschiede bei den Kapitalkosten[25]

110   Die Anpassung der Kapitalkosten korrigiert die **länderspezifischen Unterschiede** bei den Kapitalkosten. Diese Anpassung ist erforderlich, weil die Gewinne einer Gesellschaft von ihren Kapitalkosten abhängen. Bei dem Vergleich der Gewinne von Gesellschaften, die in verschiedenen Staaten tätig sind, müssen diese Unterschiede eliminiert werden. Bei signifikanten Unterschieden der Kapitalkosten sind die **Margen der Vergleichsunternehmen anderer Staaten nicht vergleichbar.** Bei europäischen oder amerikanischen Vergleichsdaten für Unternehmen, die in Entwicklungsländern oder Schwellenländern tätig sind, müssen daher die **Margen in Bezug auf ihre Kapitalkosten** angepasst werden. Die Kapitalkosten schwanken nicht nur **zwischen den Staaten,** sondern auch **über die Zeiträume.** Die Kapitalkostenanpassungen müssen daher beide Aspekte berücksichtigen.

    Im nachfolgenden Beispielsfall werden die Kapitalkostenanpassungen für **zwei unterschiedliche Schwellenstaaten (China und Indien)** für eine Gruppe von 16 Vertriebsgesellschaften ermittelt, die in den **USA am Kapitalmarkt** gelistet sind. Die US-amerikanischen Unternehmen sind die **Vergleichsfirmen** des Vergleichsstaates USA; die chinesischen und indischen Unternehmen bilden die **untersuchten Unternehmen** in den Zielstaaten China und Indien; für diese sind die Anpassungen vorzunehmen. Das Fiskaljahr endet sowohl für die untersuchten als auch die Vergleichsunternehmen am 31. Dezember. Die nachfolgenden Beispiele gehen von einem **gewogenen Fünfjahresdurchschnitt** (2008 bis 2012) aus und nutzen den **Return on Capital Employed (ROCE)** als **Profi Level Indicator (PLI)**.

    Der Betriebsgewinn **(operating profit) jedes Vergleichsunternehmens** wird **für jedes Jahr** angepasst, um simultan die innerperiodischen und zwischenstaatlichen Unterschiede zu berücksichtigen. Zu den wesentlichen Kapitalkosten gehören die Kosten für Verbindlichkeiten **(cost of debt),** die **risikofreien Zinssätze,** die **Eigenkapitalrisikoprämie,** die **Unternehmenssteuersätze,** das Niveau der **Eigenkapital/Fremdkapitalausstattung** und die **Betas der Vorräte** der Vergleichsfirmen. Im nachfolgenden

---

[25] Der Fall ist entnommen aus: Storhov, Gonnet, Pletz, Maitra, Comparability Adjustments, The Bureau of National Affaires, 2014.

Beispiel wird für alle Vergleichsfirmen ein Beta von 1 angenommen. Im praktischen Fall sollten die **Marktbetas** genutzt werden.

$$WACC^T = \left(\frac{LGB\ Rate_i^C + (Beta * ERP_i^C)}{1-T_i^C} \right) * \left(1 - \frac{D_j^C}{C_j^C} \right) + \frac{D_j^C}{C_j^C} * CB\ Rate_i^C$$

Die Tabelle 12 zeigt den gewogenen **Fünfjahres-ROCE** für die 16 US- **111** Gesellschaften mit und ohne Kapitalkostenanpassung (**Cost of Capital – WACC**)

Vergleichsunternehmen	ROCE ohne WACC An-passung	ROCE mit WACC An-passung (China)	ROCE mit WACC An-passung (In-dien)
Unternehmen 1	13,7%	13,9%	23,7%
Unternehmen 2	26,9%	27,0%	36,9%
Unternehmen 3	40,8%	41,6%	53,4%
Unternehmen 4	-2,2%	-2,2%	4,5%
Unternehmen 5	1,4%	1,4%	9,4%
Unternehmen 6	-5,8%	-5,5%	7,6%
Unternehmen 7	53,5%	53,9%	66,8%
Unternehmen 8	-15,1%	-14,5%	-3,1%
Unternehmen 9	11,4%	11,8%	25,6%
Unternehmen 10	1,5%	2,0%	15,7%
Unternehmen 11	24,5%	25,1%	41,0%
Unternehmen 12	1,8%	2,4%	12,4%
Unternehmen 13	16,1%	16,3%	29,7%
Unternehmen 14	14,5%	15,5%	29,2%
Unternehmen 15	11,1%	11,4%	22,9%
Unternehmen 16	58,3%	58,9%	74,3%
1. Quartil	*1,4%*	*1,7%*	*10,9%*
Median	*12,5%*	*12,9%*	*24,7%*
3. Quartil	*25,7%*	*26,1%*	*39,0%*
Durchschnitt	**15,8%**	**16,2%**	**28,1%**
Standardabweichung	**20,7%**	**20,8%**	**22,0%**
Breite der interquartilen Bandbreite	**24,3%**	**24,4%**	**28,1%**

Tabelle 12: Gewichtete Umsatzrendite nach der Anpassung

Tabelle 12 zeigt, dass die interquartile Bandbreite ohne Kapitalkostenanpassung von 1.4 bis 25.7% reicht, mit einem Median von 12.5%. Nach der Anpassung der Kapitalkosten an chinesische Verhältnisse ändert sich im Ergebnis nicht viel. Die interquartile Bandbreite reicht dann von 1.7 bis zu 26.1%, mit einem Median von 12.9%. Bei der Kapitalkostenanpassung an die indischen Gegebenheiten erhöht sich die interquartile Bandbreite auf eine Spanne von 10.9 bis 39.0%, mit einem Median von 24.7%. Diese Erhöhung resultiert hauptsächlich aus den **höheren Zinsen** für indische Staatsanleihen und Schatzbriefe und aus der **höheren Risikoprämie** für Eigenkapital.

Wenn Kapitalkostenanpassungen von einem Land mit niedrigeren Kapitalkosten für ein **Land mit höheren Kapitalkosten** durchgeführt werden, **erhöht sich die Spanne der Vergleichsmargen.** Die ist in Übereinstimmung mit der grundlegenden Finanztheorie, dass die Gewinne im Umfeld stärkerer Risiken höher sind und dass ein Investor **ex ante in einem risikoreicheren Umfeld auch höhere Gewinne** erwartet.

112   Allerdings besteht in Ländern mit höheren Risiken auch die größere Wahrscheinlichkeit, einen **geringeren Gewinn oder Verlust** zu erzielen. Daraus resultieren bei der Durchführung der Anpassungsrechnungen der Margen **größere interquartile Bandbreiten.** Bei den obigen Kapitalkostenanpassungsrechnungen ist die **höhere Volatilität der Ergebnisse** noch nicht berücksichtigt, obwohl das bei den Risikoverhältnissen des Ziellandes erforderlich wäre. Bessere Berechnungen würden die **Spanne vergrößern,** den **Median und die Standardabweichung erhöhen,** wenn im Zielland höhere Risiken bestehen als in dem Land, aus dem die Vergleichsdaten stammen. Curtis und Ruhashyankiko zeigen in ihrem Artikel eine Methode zur Berücksichtigung dieser Effekte.[26] Unter der Annahme, dass die Gewinnmargen normal verteilt seien, können **Anpassungen in der Standardverteilung** der Ergebnisse vorgenommen werden, um die Größe der Spanne zu ermitteln. Eine solche Anpassung kann die oben beschriebene Kapitalkostenanpassung ergänzen. Sie kann die erhöhten Risiken in den Standardabweichungen und in den größeren interquartilen Spannen berücksichtigen.

ii) Anwendungsmöglichkeiten für die Anpassungsrechnungen

113   Wenn gewinnbasierte Verrechnungspreismethoden angewendet werden und keine Vergleichsdaten aus dem Land des untersuchten Unternehmens vorliegen, bestehen verschiedene Möglichkeiten, die Vergleichsdaten aus entwickelten Ländern zu verwenden und sie anzupassen. Die oben dargestellten Methoden sind nur anwendbar, wenn die Faktenlage dies zulässt. Sie sollten daher mit Vorsicht genutzt werden.

g) Schlussfolgerungen

114   Vergleichsdaten aus anderen Staaten können verwendet werden, wenn die Vergleichbarkeit ausreichend ist oder die Unterschiede ausreichend angepasst werden können. Nur bei sorgfältigen Anpassungsrechnungen können die Unterschiede ausreichend eliminiert werden.

8. Der Einsatz von Datenbanken bei der Gestaltung eines konzernweiten Verrechnungspreissystems

115   Das Heranziehen von Datenbanken für die Verrechnungspreisbildung wird dann nötig, wenn – wie dies nach Einführung der neuen Dokumentationsvorschriften in Deutschland im Rahmen des Steuervergünstigungs-Abbaugesetzes (StVergAbG) der Fall ist – gegenüber den Finanzbehörden darzulegen ist, dass die Transferpreise im Konzern nicht willkürlich festgelegt und zu **steuerinduzierten Gewinnverlagerungen** genutzt wurden. Mit Hilfe von Datenbanken ist gegenüber dem Fiskus der **Beweis** möglich, dass der ent-

---

[26] *Curtis/Ruhaskyankiko*, BNA's Transfer Pricing International Journal, 2003.

standene Gewinn des zu prüfenden Unternehmens mit den Gewinnen von unabhängigen Unternehmen vergleichbar ist, die keinem Einfluss durch steuerinduzierte Verrechnungspreise unterliegen.

Liegt der Gewinn des zu prüfenden Unternehmens innerhalb einer Gewinnspanne, die auch unabhängige Unternehmen aufweisen, so gilt der erwirtschaftete Gewinn auf der Basis des Fremdvergleichs als angemessen. Datenbanken sind damit ein hervorragendes Instrument zur Verrechnungspreisprüfung in Form der **Bestätigung eines Gewinns,** wenn dieser mit Gewinnen von unabhängigen Dritten vergleichbar ist.

Dagegen sind Datenbanken bei der **Bildung/Ermittlung** eines Verrechnungspreises bisher nur **in Kombination mit anderen Analysen** einsetzbar. Soll ein Verrechnungspreissystem für ein Unternehmen entwickelt werden, sind für eine optimale Ausgestaltung normalerweise über die Datenbanken hinausgehende Informationen zu berücksichtigen. Für die Bildung eines auf die Konzernziele ausgerichteten Verrechnungspreissystems genügt es idR nicht, nur die Verrechnungspreise und die daraus beeinflussten Gewinnmargen an sich zu betrachten. Vielmehr sind darüber hinaus **Konzernstruktur** sowie **Aufbau-** und **Ablauforganisation** im multinationalen Konzern zu berücksichtigen. **116**

Wie im Kap. S Rn. 1 ff. bei der Darstellung der Funktionen von Verrechnungspreisen gezeigt wurde, kann ein Verrechnungspreissystem mehr leisten als nur die aus steuerlicher Sicht notwendigerweise angemessene Bepreisung eines konzerninternen Leistungsstromes. Vielmehr trägt der Verrechnungspreis **Anreizfunktionen** innerhalb der **Konzernorganisation.** Der Einsatz von Datenbanken kann deshalb neben der Überprüfung eines angemessenen Gewinns auch ein Hilfsinstrument für die zielorientierte betriebswirtschaftliche Ausgestaltung der Anreizstrukturen eines multinationalen Unternehmens werden.

II. Quantifizierung durch Gewinnaufteilungsmethoden

1. Einführung

Können die drei Standardmethoden nicht sinnvoll angewendet werden, um die Fremdvergleichsüblichkeit von Verrechnungspreisen nachzuweisen, so können **gewinnorientierte Methoden** für die Verrechnungspreisanalyse herangezogen werden.[27] Dazu zählen die TNMM und unterschiedliche Gewinnaufteilungs-Methoden. **117**

Werden letztere korrekt angewendet, sind sie in der Lage, die Einhaltung des Arm's Length-Grundsatzes zu überprüfen und sauber zu dokumentieren.

Obwohl Gewinnaufteilungs-Methoden seit geraumer Zeit – insb. im angelsächsischen Raum – angewendet werden, unterliegt dieser Ansatz immer noch kontinuierlichen Entwicklungseinflüssen. Die in diesem Kapitel dargestellten Vorgehensweisen entsprechen sowohl von einer **praktischen Perspektive** als auch von einem **steuerrechtlichen Standpunkt** aus betrachtet dem aktuellen Stand der Wissenschaft.

---

[27] Vgl. Tz. 3.49 OECD-RL oder auch VGr-Verfahren, Tz 3.4.10.3c).

Das Kapitel zeigt, inwieweit die definitorische Abgrenzung von Funktionen und Risiken eine Rolle spielt, wie **ermittelte Bandbreiten** für Routinemargen **im Rahmen der Restgewinnaufteilung verwendet werden** können und wie immaterielle Wirtschaftsgüter in der Praxis bepreist werden.

Schwerpunkte dieses Kapitels sind die ökonomische Interpretation des Arm's Length-Grundsatzes sowie die Anwendung der verschiedenen Gewinnaufteilungsmethoden in der Praxis.

118   Welche der Gewinnaufteilungs-Methoden am besten geeignet ist, hängt von den relevanten ökonomischen Einflussfaktoren im Einzelfall ab. Neben einem **Methodenüberblick** enthält dieses Kapitel daher eine Beschreibung der verschiedenen Anwendungsbereiche, der **ökonomischen Hintergründe** sowie der wichtigsten **Anforderungen an** eine zuverlässige **Umsetzung**.

119   Besonders intensiv wird in diesem Kapitel die **Residualgewinnaufteilungs-Methode** diskutiert. Zusammen mit der globalen Gewinnaufteilungsmethode stellt sie eine in den OECD-RL sowie in den US-RL zu Section 482 IRC vorgeschlagene Methode dar, um solche Geschäfte zu analysieren, für die eine „sehr enge wechselseitige Beziehung besteht".[28] Die OECD nimmt dabei an, dass auch unverbundene Unternehmen bei solchen Geschäften eine Art **„Arbeitsgemeinschaft"** auf steuerrechtlicher Basis begründen und hierbei die Aufteilung von Gewinnen beschließen.[29]

120   Die in dem Kapitel beschriebenen Techniken und Anwendungsbeispiele illustrieren, wie bereits berechnete Bandbreiten für Routinegewinne im Rahmen der Residualgewinnaufteilungs-Methode verwendet werden können und wie sich diese Methode außerdem für die Berechnung beim **Transfer immaterieller Wirtschaftsgüter** anwenden lässt. Bei der Residualgewinnaufteilungs-Methode handelt es sich um eine universell einsetzbare Bewertungsmethode, die in einer Vielzahl von unterschiedlichen Verrechnungspreissituationen sinnvoll angewendet werden kann.

121   Bei den beiden anderen in diesem Kapitel vorgestellten Gewinnaufteilungsmethoden handelt es sich um spezifischere Methoden. Die **Vergleichs-Gewinnaufteilungsmethode** wird idR eingesetzt, wenn es darum geht, Lizenzgebühren auf ihre Angemessenheit zu überprüfen. Die **globale Gewinnaufteilungsmethode** eignet sich besonders gut in Situationen, die einem Joint Venture ähnlich sind.

Streng genommen unterscheidet sich die globale Gewinnaufteilungsmethode nur geringfügig von der Residual- bzw. Restgewinnaufteilungs-Methode. Dabei wird letztere eben in genau solchen Situationen angewendet, in denen ein Residualgewinn existiert. Die Erläuterungen und Beispiele zur Residualgewinn-Methode sind vor diesem Hintergrund auch auf die globale Gewinnaufteilungsmethode anzuwenden.

Die dargestellten Methoden dienen dazu, Verrechnungspreise auf ihre Angemessenheit hin zu überprüfen. Außerdem eignen sich die Methoden auch dazu, zukünftige Preise für Planungszwecke zu ermitteln.

Der Begriff *Gewinnaufteilungs*-Methode kann vor diesem Hintergrund leicht falsch interpretiert werden. Es handelt sich bei den Methoden nämlich nicht um Methoden zur Aufteilung von Gewinnen im Rahmen von Ge-

---

[28] Tz. 3.5 OECD-RL.
[29] Vgl. Tz. 3.5 OECD-RL.

winnausschüttungen, sondern um Methoden zur Ermittlung angemessener Preise für **Transaktionen auf schuldrechtlicher Ebene.**

Es gilt, angemessene Preise zu ermitteln oder bestehende Preise zu testen, die zu einer bestimmten Gewinnaufteilung führen. Die Transaktionen werden typischerweise bei einem Transaktionspartner als abzugsfähiger Aufwand erfasst und bei einem verbunden Transaktionspartner als Umsatz verbucht.

Ex-ante werden die aus den Gewinnaufteilungsmethoden gewonnenen **Margen** üblicherweise in **Zuschläge zu den Kosten** im Rahmen einer **Kostenzuschlagskalkulation** umgerechnet.

a) Methodenüberblick

Gewinnaufteilungsmethoden werden oft als Auswegslösung betrachtet, wenn die Standardmethoden zu nicht sinnvollen Ergebnissen führen. Bspw. werden **Gewinnaufteilungs-Ansätze** bei **steuerrechtlichen Streitigkeiten** vor Gericht verwendet. Ein besonderes Beispiel betrifft die vom amerikanischen IRS beantragte Steuerberichtigung iHv 5,4 Milliarden Dollar gegen **GlaxoSmithKline Holdings** (Americas) Inc. Im September 2006 wurde berichtet, dass die Streitigkeit gegen eine Zahlung von GlaxoSmithKline iHv 3,1 Milliarden Dollar beigelegt wurde.[30] Im Rahmen dieser Auseinandersetzung hat der amerikanische **IRS seine Forderungen basierend auf der Residual-Gewinnaufteilungsmethode** geltend gemacht. **122**

Auch dies verdeutlicht, dass Gewinnaufteilungs-Methoden in der praktischen Bewertung von Verrechnungspreissachverhalten eine wichtige Rolle spielen.

Viele nationale Steuerbehörden sind den von der OECD veröffentlichten RL gefolgt und erkennen **Gewinnaufteilungsmethoden grundsätzlich als mögliche Alternative** an, wenn sich die Standardmethoden nicht anwenden lassen. So hat bspw. die nationale japanische Steuerbehörde im September 2000 die Rest-Gewinnaufteilungsmethode sowie die Vergleichs-Gewinnaufteilungsmethode explizit in die japanischen Verrechnungspreis-RL aufgenommen.

Die deutschen **VGr-Verfahren** vom 12.4.2005 **verweisen** vor diesem Hintergrund **auf die OECD-RL von 1995** und besagen, dass die geschäftsvorfallbezogene Gewinnaufteilungsmethode bspw. bei der „Gewinnabgrenzung von grenzüberschreitenden Geschäftsbeziehungen zwischen mehreren Konzernunternehmen mit ‚Entrepreneur'-Funktion"[31] angewendet werden kann. **123**

Sofern sie korrekt angewendet werden, liefern Gewinnaufteilungsmethoden eine gute Alternative zu den „einseitigen" Betrachtungen der klassischen Standardmethoden sowie der TNMM. Stark integrierte Geschäftsbeziehungen können oft nur gemeinsam betrachtet werden. Die traditionellen Methoden greifen dabei oft zu kurz, da sie komplexe Sachverhalte aus einer nationalen Perspektive analysieren.

---

[30] Der exakte Wortlaut des ursprünglichen Antrags vom 2.4.2004 wurde unter 12 Transfer Pricing Rep. (BNA Tax Mgmt.) 1119 (2004) veröffentlicht. Dieser Antrag umfasst die Jahre 1989–1996. Eine weitere Steuernachforderung, die die Folgejahre 1997–2000 umfasst, wurde am 12.4.2005 eingereicht.

[31] VGr-Verfahren, Tz. 3.4.10.3c).

124   Im Gegensatz dazu liefern **Gewinnaufteilungsmethoden** einen **ganz-heitlichen Ansatz,** der den Arm's Length-Charakter von Geschäftsbeziehungen von einem internationalen Standpunkt aus beleuchtet. Gewinnaufteilungsmethoden stellen ein **wichtiges Analyseelement** im Rahmenwerk internationaler Verrechnungspreise dar.

aa) Globale Gewinnaufteilungsmethode

125   Die Anwendung von Gewinnaufteilungsmethoden basiert idR auf einem von mehreren Parteien gemeinsam erwirtschafteten Gewinn (bzw. Verlust), der anhand der Beiträge bzw. Investitionen auf die teilnehmenden Parteien aufgeteilt wird. In einem zweiten Schritt werden die Verrechnungspreise anhand der Resultate aus dem Profit Split abgeleitet. Dabei werden die Preise so festgesetzt, dass das im Rahmen des Profit Split ermittelte Resultat erreicht wird. Es handelt sich nicht um eine Methode zur Aufteilung von Gewinnen im Rahmen von Gewinnausschüttungen, sondern um eine Methode zur Ermittlung angemessener Preise für Transaktionen auf schuldrechtlicher Basis.

Die folgende Abbildung 1 gibt einen kurzen Überblick über die **Anwendung der globalen Gewinnaufteilungsmethode** basierend auf den **kapitalisierten Kosten** von zwei verbundenen Unternehmen. Dabei verkauft das verbundene Unternehmen A Halbfertigfabrikate an das verbundene Unternehmen B.

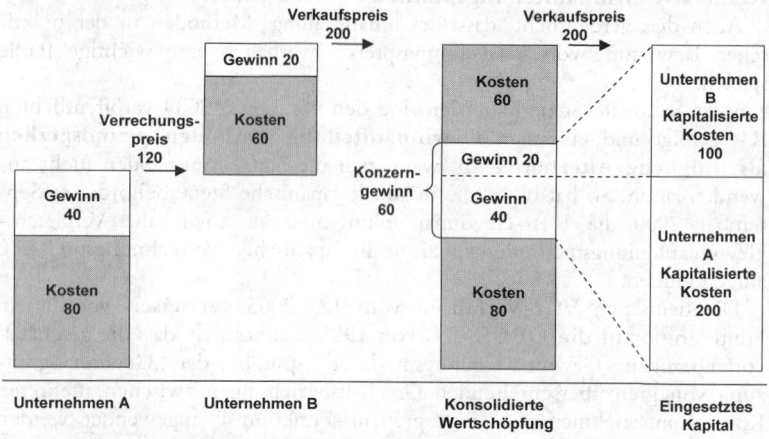

Abb. 2: Globale Gewinnaufteilungsmethode

126   Die Abbildung 2 zeigt, dass der konsolidierte Konzernumsatz mit fremden Dritten bei 200 liegt, ein Konzerngewinn von 60 erwirtschaftet wurde und die insgesamt eingesetzten kapitalisierten Kosten 300 betragen.

Ein Drittel der eingesetzten kapitalisierten Kosten stammen von Unternehmen B und zwei Drittel der gesamtkapitalisierten Kosten werden von Unternehmen A eingesetzt. Der **gemeinsam erwirtschaftete Konzerngewinn von 60** wird im obigen Beispiel so aufgeteilt, dass **jedes** der beiden **Unternehmen** den **Anteil** am Konzerngewinn bekommt, **der den eingesetzten kapitalisierten Kosten entspricht.** Dem Unternehmen A stehen daher 2/3 des Gesamtgewinns von 60 zu. In absoluten Zahlen entspricht dies einem Gewinn von 40. Addiert man diesen Gewinn auf die bei Unternehmen A angefallenen Gesamtkosten von 80, so ergibt sich ein Verrechnungspreis von 120 (40+80=120).

Das Beispiel verdeutlicht, dass die Anwendung der globalen Gewinnaufteilungsmethode dazu führt, dass sämtliche Profit Split-Teilnehmer eine gleiche Vergütung für ihren Einsatz (hier kapitalisierten Kosten) bekommen. Diese Vergütung entspricht dem Vergütungslevel auf Konzernniveau. Konkret bedeutet dies, dass sowohl Unternehmen A als auch Unternehmen B eine **Kapitalverzinsung** entsprechend dem Konzernniveau von 20% erzielen:

$$40/200 \ = 20/100 \ = 60/300 \ = 20\%$$

Es wird deutlich, dass eine Gewinnaufteilung auf der Basis von kapitalisierten Kosten zu einer **Angleichung der Kapitalverzinsung** zwischen den einzelnen Konzerngesellschaften führt. Im Umkehrschluss bedeutet dies, dass sämtliche Unternehmen im Konzern an einer marktgerechten Vergütung gemessen werden, nämlich dem tatsächlich vom gesamten Konzern erzielten – von Natur aus fremdvergleichsüblichen – Gewinn.

Dieser Gewinn wird anteilsmäßig auf die einzelnen Gesellschaften aufgeteilt und resultiert in einer gleichmäßigen Vergütung in Abhängigkeit von dem Aufteilungsschlüssel. Die Aufteilung auf der Basis von kapitalisierten Kosten aus dem obigen Beispiel führt daher zu einer **gleichmäßigen Kapitalverzinsung für die beiden Unternehmen A und B.** Dieses Ergebnis ist richtig, sofern alle Konzernunternehmen in Ländern mit gleichen Kapitalkosten tätig sind. Bestehen in den Ländern unterschiedliche Kapitalkosten, dann sind Anpassungsrechnungen vorzunehmen (s. Rn. 110 ff.). **127**

Ein großer Unterschied zu der Anwendung von Standardmethoden besteht darin, dass **keine Daten von externen unabhängigen Unternehmen** verwendet werden, um die Angemessenheit der Verrechnungspreise nachzuweisen. Es wird stets der tatsächlich erzielte Konzerngewinn nach einem im Voraus festgelegten Schlüssel aufgeteilt.

Bei der praktischen Anwendung der globalen Gewinnaufteilungsmethode muss daher dargestellt werden, warum keine der Standardmethoden angewendet werden kann – bspw. bei mehreren „Entrepreneurs" –, und es muss ökonomisch sinnvoll erklärt werden, warum ein konkreter Schlüssel für die Gewinnaufteilung angewendet wurde.

bb) Residual-Gewinnaufteilungsmethode

Anders als bei der globalen Gewinnaufteilungsmethode wird bei der Residual- oder auch Restgewinnaufteilungsmethode nur ein Teil des gesamten Konzerngewinns, das sog. **Residual,** aufgeteilt. Hierbei ist wichtig zu erwähnen, dass auch die Residual-Gewinnaufteilungsmethode zur Ermittlung angemessener Preise für Transaktionen auf schuldrechtlicher Basis dient und nicht dazu verwendet wird, entstandene Gewinne ex-post zu verteilen. **128**

Dabei handelt es sich um den **unternehmerischen Gewinnanteil,** der den abhängigen Unternehmen aufgrund zentraler unternehmerischer Funktionen oder Risiken zusteht.

Zunächst wird ein entsprechender **Routinegewinn für die Routinetätigkeiten** der Einheiten im Konzern zugewiesen. Dies geschieht bspw. anhand einer der typischen Standardmethoden. **129**

Im folgenden Beispiel liefert Unternehmen A Produkte an das verbundene Unternehmen B. Die beiden Unternehmen üben sowohl Routine- als auch Nicht-Routineaktivitäten aus. Sie **investieren** dazu sowohl **Routine-„Kapital"** als auch **unternehmerisches „Kapital".** Als „Kapital" werden hier die kapitalisierten Investitionen bezeichnet. Die vom Unternehmen A ausgeführten Routineaktivitäten schaffen einen relativ hohen Wert. Am Markt erreichen vergleichbare Unternehmen, die nur diese **Routineaktivitäten** ausüben, eine Kapitalverzinsung iHv 20%, ausgedrückt als **Return on Capital Employed (ROCE).**

Die von Unternehmen B ausgeübten Routinefunktionen sind relativ einfacher und schaffen daher einen geringeren Wert. Die am Markt beobachtbare Kapitalverzinsung für diese Aktivitäten beträgt 12,5%.

In Abhängigkeit des von beiden Unternehmen investierten Kapitals für die Ausübung der jeweiligen Routinefunktion erhalten beide Seiten eine Routinevergütung. Unternehmen A hat Kapital iHv 100 für Routineaktivitäten investiert. Bei Unternehmen B beträgt diese Investition 160. Beiden Unternehmen steht daher ein Routinegewinn von 20 zu (A: 100 × 20% ROCE = 20; B: 160 × 12,5% ROCE = 20).

Insgesamt hat der Konzern einen Gewinn iHv 70 erwirtschaftet. Dies bedeutet, dass **nach Verteilung der Routinegewinne** auf die beiden Unternehmen ein **Residual von 30** übrig bleibt (70 − 20 − 20 = 30).

Dieses Residual muss nun in einem nächsten Schritt z**wischen den beiden Unternehmen aufgeteilt werden.** Als **Aufteilungsschlüssel** dient dazu das von beiden Seiten **investierte unternehmerische Kapital.** Dieses „Risikokapital" ist notwendig, damit beide Unternehmen ihren jeweiligen unternehmerischen Tätigkeiten nachgehen können. Unternehmen A hat unternehmerisches Kapital iHv 40 investiert. Bei Unternehmen B beträgt diese Investition 80. Der **Residualgewinn** von 30 wird daher **im Verhältnis 2 : 1 zu Gunsten von Unternehmen B aufgeteilt,** da dieses exakt doppelt so viel unternehmerisches Kapital investiert hat.

Die folgende Abbildung 3 illustriert die beschriebene Vorgehensweise beider Residual-Gewinnaufteilungsmethoden:

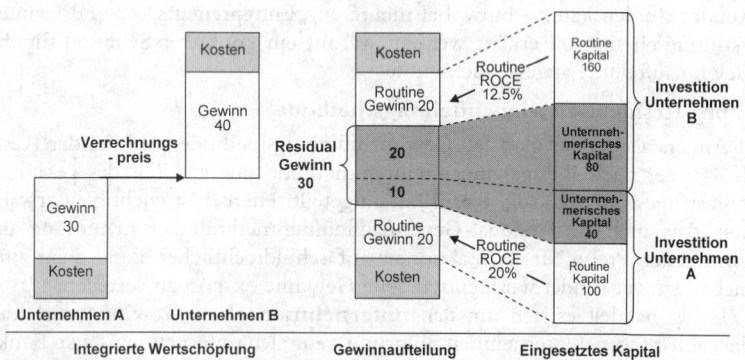

Abb. 3: Residual-Gewinnaufteilungsmethode

Unternehmen A steht ein **Gesamtgewinn von 30** zu. Dieser setzt sich aus einem Routinegewinn von 20 sowie einem Drittel des ermittelten Residualgewinns (1/3 ★ 30 = 10) zusammen. Bei **Unternehmen B** beträgt der ermittelte **Gesamtgewinn 40.** Er ist die Summe aus einem Routinegewinn von 20 sowie einem Anteil des Residualgewinns von zwei Dritteln, also ebenfalls 20 (2/3 ★ 30 = 20).

Die Residual-Gewinnaufteilungsmethode eignet sich besonders gut für **130** komplexe Situationen, in denen mehrere Entrepreneurs zusammenarbeiten. Die meisten Unternehmen führen nämlich idR sowohl Routine- als auch Nicht-Routinefunktionen aus. Es ist daher vielfach sinnvoll, den jeweiligen Konzerngesellschaften zunächst eine Routinemarge für diese Funktionen zuzuweisen. Dies entspricht dem Arm's Length-Grundsatz, wonach jeder Routinetätigkeit – zumindest über einen gewissen Zeitraum betrachtet – ein Routinegewinn zusteht.

Der darüber hinaus entstehende Restgewinn muss angemessen auf die unternehmerischen Funktionen bzw. Risiken aufgeteilt werden.

cc) Vergleichs-Gewinnaufteilungsmethode

Bei der hier beschriebenen Vergleichs-Gewinnaufteilungsmethode handelt **131** es sich nicht um das in Deutschland unzulässige „formula aportionment", sondern hier wird der (Residual-)Gewinn bzw. -verlust auf Basis von Vergleichsdaten unabhängiger Dritter getestet, zumeist auf der Basis von Lizenzgebühren ähnlich dem internen Preisvergleich. Die Vergleichs-Gewinnaufteilungsmethode dient zur Ermittlung angemessener Preise für Transaktionen auf schuldrechtlicher Basis. Dabei muss sichergestellt sein, dass die für den Fremdvergleich herangezogene Transaktion unter **vergleichbaren Rahmenbedingungen** beschlossen wurde. Dies bezieht sich sowohl auf die Funktionen und Risiken als auch auf die mit der Transaktion zusammenhängenden Kosten.

Die Vergleichs-Gewinnaufteilungsmethode wird oft bei der Berechnung von **Lizenzgebühren** für Patente verwendet. Dabei werden Gewinne zwischen Lizenznehmer und Lizenzgeber basierend auf vergleichbaren unabhängigen Transaktionen von ähnlichen Produkten oder immateriellen Wirtschaftsgütern aufgeteilt.

Die Vergleichs-Gewinnaufteilungsmethode ist vergleichbar mit der Residual-Gewinnaufteilungsmethode. Ein wesentlicher Unterschied besteht in der Bestimmung des Aufteilungsschlüssels für die endgültige Zuteilung des Restgewinns bzw. -verlusts auf die verschiedenen Entrepreneurs. Im Gegensatz zu der Residual-Methode wird der **Aufteilungsschlüssel** bei der Vergleichs-Gewinnaufteilungsmethode **direkt anhand von vergleichbaren Transaktionen** ermittelt.

Besonders häufig wird die Vergleichs-Gewinnaufteilungsmethode in der **132** pharmazeutischen Industrie angewendet. Vereinbaren bspw. zwei **Pharmakonzerne** die gemeinsame Entwicklung eines Medikaments, so beschließen sie idR, die aus diesem **Joint Venture** resultierenden Gewinne auf Basis ihrer jeweiligen Investitionen aufzuteilen.

Sofern allerdings Pharmakonzerne Lizenzverträge über schon (teilweise) entwickelte Produkte oder Wirkstoffe untereinander abschließen, ist es sehr schwierig, den jeweiligen buy-in-Wert zu ermitteln. Regelmäßig kann er nicht auf den historischen Kosten beruhen. Er richtet sich daher an den künftigen Ergebnissen aus. Sofern ein Konzern regelmäßig bestimmte **Verfahren**

zur Ermittlung dieser Lizenzgebühren im Verhältnis zu fremden Dritten anwendet, können diese als Fremdvergleich zur Bestimmung von Lizenzgebühren innerhalb des Konzerns herangezogen werden.

Angemessene Verrechnungspreise für vergleichbare Transaktionen zwischen verbundenen Unternehmen müssen vor diesem Hintergrund zu einem ähnlichen Ergebnis führen, wie dies die unabhängigen Unternehmen für ihr Joint Venture festgelegt haben.

b) Anwendungsbereiche

133   Sämtliche Verrechnungspreismethoden sind darauf ausgerichtet zu bestimmen bzw. zu testen, welche Preise bzw. welches Resultat zustande gekommen wäre, wenn unabhängige Dritte in der gleichen Situation wie die verbundenen Unternehmen gewesen wären. Stehen keine direkten Vergleichspreise zur Verfügung, so müssen Kennzahlen verglichen werden, die aussagekräftige Rückschlüsse auf die den Transaktionen zu Grunde liegenden Preise zulassen. Dazu werden bspw. Rohgewinnmargen, Kostenaufschläge oder Nettomargen miteinander verglichen.

134   In den **OECD VerrechnungspreisRL von 2010** wurde **Methodenhierarchie** abgeschafft: „Die Auswahl der Verrechnungspreismethode zielt immer darauf ab, für jeden Einzelfall die am besten geeignete Methode zu finden."[32] In den **VGr-Verfahren** findet sich (noch) eine **Methodenhierarchie,**[33] jedoch mit Verweisen zu älteren OECD Veröffentlichungen. Die **Methodenhierarchie** in den VGr-Verfahren besagt, dass direkte Vergleichspreise – sofern verfügbar- den zuverlässigsten Nachweis der Fremdvergleichsüblichkeit liefern. Wenn solche direkten Vergleichspreise nicht zu Verfügung stehen, können Wiederverkaufspreis- und Kostenaufschlagsmethode angewandt werden. Diese Methoden überprüft die Angemessenheit von Verrechnungspreisen anhand von Bruttomargen, die unabhängige Dritte erwirtschaften. Ein zentraler Punkt dabei ist, dass vergleichbare Unternehmen identifiziert werden müssen, damit deren Bruttomargen für den Fremdvergleich ausgerechnet werden können. Die **Suche nach Vergleichsunternehmen** ist ebenfalls notwendig bei der Anwendung der transaktionalen Nettomargen-Methode (TNMM).

Ein wichtiger Anwendungsbereich der Gewinnaufteilungs-Methoden umfasst Fälle, in denen sich keine zuverlässigen Vergleichsunternehmen feststellen lassen. Zwei elementare Gründe dafür sind 1. die verstärkte **vertikale Integration** innerhalb internationaler Konzerne sowie 2. der **Einsatz von** wertvollen **immateriellen Wirtschaftsgütern** sämtlicher Transaktionspartner. In solchen Fällen liefern Gewinnaufteilungs-Methoden häufig den besten Nachweis für die Angemessenheit der Verrechnungspreise.

135   **Internationale Konzerne** sind **zunehmend vertikal integriert.** Die vertikale Integration führt dabei häufig zu **Synergieeffekten,** die sich in niedrigeren Transaktionskosten, effizienten Managementprozessen sowie einem zentralisierten Risikomanagement manifestieren. Letzten Endes sind es eben diese Vorteile, die Konzerne dazu veranlassen, sich vertikal zu integrie-

---

[32] Vgl. Rn. 2.2 der OECD Verrechnungspreisleitlinien für multinationale Unternehmen und Steuerverwaltungen.
[33] Vgl. VwG Verfahren Tz. 3.4.10.3.

ren. Die Suche nach unabhängigen Vergleichsunternehmen fokussiert sich dabei systematisch auf Routinegesellschaften, die solche Integrationsvorteile nicht aufweisen. Dabei wird angenommen, dass die Synergieeffekte nur einem Transaktionspartner, dem Entrepreneur, zustehen. In der Praxis würden diese Vorteile jedoch – auch unter fremden Dritten – sämtlichen Transaktionspartnern zugutekommen, da sich die Integrationsvorteile nur schwer isolieren lassen. Im Übrigen lassen sich nur in seltenen Fällen Vergleichsunternehmen zu stark vertikal integrierten Konzerngesellschaften finden. Gewinnaufteilungs-Methoden stellen vor diesem Hintergrund oft einen verlässlicheren Ansatz dar.

Die folgende Abbildung 4 zeigt, inwiefern Kostenvorteile durch vertikale Integration die Suche nach Vergleichsunternehmen erschweren können:

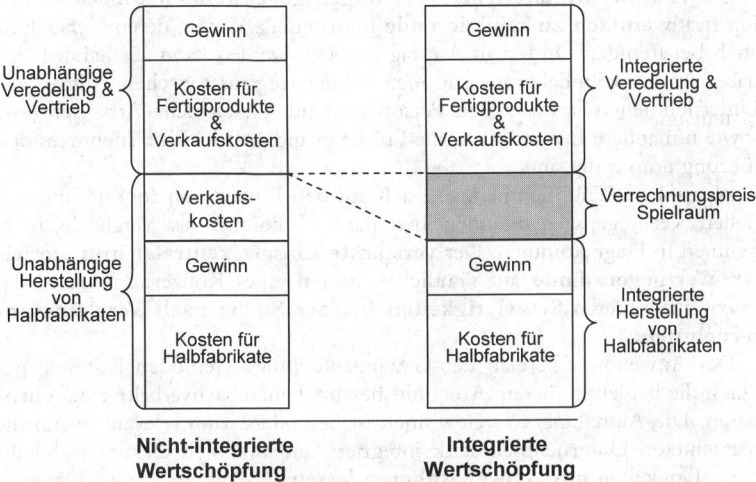

Abb. 4: Vertikale Integration von Wertschöpfungsketten

Die Abbildung macht deutlich, dass sich durch **vertikale Integration** **136** häufig **Kosten sparen** lassen. Im dargestellten Beispiel entfallen bei integrierter Wertschöpfung die Verkaufskosten, die bei nicht-integrierter Wertschöpfung beim Produzenten der Halbfabrikate entstehen. In Abhängigkeit davon, wie die **eingesparten Verkaufskosten** bei integrierter Wertschöpfung auf die beiden abhängigen Konzerngesellschaften aufgeteilt werden, entsteht ein **Spielraum für Verrechnungspreise.**

Vergleichsunternehmen zu stark im Konzern integrierten Gesellschaften lassen sich vor diesem Hintergrund nur selten identifizieren. Es ist theoretisch kaum möglich, Vergleichsunternehmen zu finden, die als unabhängige Unternehmen die gleichen Integrationsvorteile genießen wie eine zu testende integrierte Gesellschaft.

Ein **zweiter Grund** dafür, dass sich Vergleichsunternehmen häufig nicht **137** finden lassen, liegt im immer stärkeren Einsatz **immaterieller Wirtschaftsgüter auf sämtlichen Ebenen der Wertschöpfungskette.** Werden von sämtlichen Transaktionspartnern wertvolle Patente, Lizenzen oder Knowhow eingesetzt, so lassen sich die Standardmethoden nicht mehr sinnvoll anwenden. Es handelt sich in solchen Fällen um die gemeinschaftliche unternehmerische Tätigkeit mehrerer Entrepreneurs, deren Vergütung nur im Rahmen einer der Gewinnaufteilungs-Methoden bestimmt werden kann.

In der Praxis wird in diesem Zusammenhang häufig zwischen **routine- und nichtroutine-immateriellen Vermögensgegenständen** unterschieden. Bei den nichtroutine-immateriellen Wirtschaftsgütern handelt es sich um besonders wichtige Vermögensgegenstände, die untrennbar mit dem wirtschaftlichen Erfolg des gesamten Konzerns verbunden sind. Der Aufbau bzw. die Erschaffung dieser immateriellen Vermögensgegenstände lässt sich nicht an fremde Dritte ausgliedern. Fremde unabhängige Unternehmen verfügen daher nur selten über ähnliche wertschaffende Vermögensgegenstände und sind daher idR nicht mit dem zu testenden Unternehmen vergleichbar.

138   Bei **routine-immateriellen Vermögensgegenständen** handelt es sich um relativ **einfach zu replizierende** immaterielle **Werte,** deren Herstellung auch bei fremden Dritten in Auftrag gegeben werden kann. Es handelt sich dabei um gewöhnliche Investitionen in den organisatorischen Aufbau des Unternehmens wie bspw. den Personalbestand, IT, einfache Arbeitsprozesse sowie um andere Investitionen, die für die grundsätzliche Unternehmensfortführung notwendig sind.

Nur solche Unternehmen, die sich auf den Einsatz von routine-immateriellen Vermögensgegenständen beschränken, können als Vergleichsunternehmen in Frage kommen. Der **verstärkte Einsatz zentraler immaterieller Wertgegenstände** auf sämtlichen Stufen eines Konzerns führt in der Praxis zu größeren **Schwierigkeiten bei der Suche nach Vergleichsunternehmen.**

139   Der Anwendungsbereich der Gewinnaufteilungs-Methoden lässt sich gut durch die beiden in diesem Abschnitt beschriebenen Sachverhalte zusammenfassen. Die Aufteilung von Gewinnen ist besonders dann relevant, wenn die betrachteten Unternehmen stark integriert sind und sich die unterschiedlichen Tätigkeiten **nur schwer isolieren lassen.** Außerdem werden Gewinnaufteilungs-Methoden dann angewendet, wenn beide Transaktionspartner **wichtige nicht-routine-immaterielle Wirtschaftsgüter einsetzen.**

c) Ökonomischer Hintergrund

140   Auch bei Anwendung der Gewinnaufteilungs-Methoden steht die Frage im Vordergrund, inwieweit diese Vorgehensweise dem Fremdvergleichsgrundsatz entspricht. Dabei muss sichergestellt werden, dass die Aufteilung der von Transaktionspartnern gemeinsam erwirtschafteten Gewinne so auch zwischen unabhängigen fremden Dritten erfolgt wäre.

Der in der Praxis am häufigsten angewendete Aufteilungsschlüssel ist das investierte Kapital der Transaktionspartner. Es ist daher von großer Bedeutung, inwiefern das investierte Kapital eine ökonomisch sinnvolle Basis für die Aufteilung von Gewinnen darstellt.

Dazu gilt es, zunächst die generelle **Beziehung** zwischen **eingesetztem Kapital** und erwirtschafteten **operativen Gewinnen** näher zu analysieren.

Als eingesetztes Kapital wird in der Praxis die Summe aus Eigenkapital und zinstragendem Fremdkapital bezeichnet, die für die operative Ausübung der Geschäftstätigkeit notwendig ist. Anders ausgedrückt handelt es sich um das operative **Anlagevermögen nach Abzug von nicht-zinstragendem Fremdkapital.** Vermögensgegenstände, die nicht direkt operativ notwendig sind wie bspw. überflüssige Kassenhaltung, Wertpapiere, Investitionen in verbundene Unternehmen oder auch Verbindlichkeiten in Zusammenhang mit einmaligen, nicht wiederkehrenden Ereignissen werden nicht zum operativen Geschäftsvermögen gezählt und daher auch nicht als eingesetztes Kapital im Rahmen einer Gewinnaufteilung berücksichtigt.

Der **operative Gewinn** dient dazu, die **Ansprüche von Eigen- und** 141 **Fremdkapitalgebern** zu befriedigen. Während für das Fremdkapital idR eine marktübliche und risikoadäquate Vergütung in Form von **Zinsen** bezahlt wird, erhält das eingesetzte Eigenkapital entweder direkte Vergütungen in Form von **Dividenden** oder es wird indirekt – durch thesaurierte Gewinne – an zukünftigen Ausschüttungen beteiligt.

Langfristig betrachtet ergibt sich der Zusammenhang zwischen eingesetztem Kapital und operativen Gewinnen aus den Kapitalkosten, die von den jeweiligen Kapitalgebern gefordert werden.

Die **gewichteten Kapitalkosten** oder auch „Weighted Average Cost of 142 Capital" (WACC) spiegeln dabei die gewichtete risikoadäquate Vergütung wider, die Kapitalgebern bei Investitionen in ein spezifisches Unternehmen einer Branche zusteht bzw. die diese aufgrund des Risikoprofils fordern können.

Nach dem **Modigliani–Miller-Theorem**[34] ist die Kapitalstruktur irrele- 143 vant für die Bestimmung des Unternehmenswerts. Dies bedeutet, dass die Kapitalkosten eines Unternehmens – zumindest aus theoretischer Sicht[35] – unabhängig von dessen Kapitalstruktur betrachtet werden können. Im Gegensatz zur klassischen betriebswirtschaftlichen Betrachtungsweise, die einen optimalen Verschuldungsgrad eines Unternehmens kennt, führt die ökonomische Betrachtungsweise, die als isolierte Betrachtung des Kapitalstrukturrisikos das spezifische Geschäftsrisiko außer Acht lässt, zur **Irrelevanz des Verschuldungsgrades** bei der Bewertung eines Unternehmens. Es ist mit anderen Worten für die Bewertung einer Investitionsmöglichkeit unerheblich, mit welchen Mitteln die Investition durchgeführt wird.

Die ökonomische Begründung für das Modigliani-Miller-Theorem liegt darin, dass Arbitragegewinne in einem vollkommenen Markt nicht möglich sind. Spielte die Art der Verschuldung eine Rolle, so könnte bspw. ein Investor seine Anteile an einem verschuldeten Unternehmen verkaufen, mit dem Erlös Anteile an einem ansonsten ähnlichen, jedoch unverschuldeten Unternehmen zu einem niedrigeren Preis kaufen und durch Aufnahme von Fremdkapital das gleiche Kapitalstrukturrisikoprofil schaffen wie bei seinem ersten Investment. In einem vollkommenen Markt mit symmetrischer Information ist dies nicht möglich.

Im Umkehrschluss lässt sich anhand des Modigliani-Miller-Theorems aufzeigen, dass die **Kapitalkosten eines Unternehmens** langfristig das **Risi-**

---

[34] *Modigliani/Miller* The Cost of Capital, Corporation Finance and the Theory of Investment, American Economic Review (Juni 1958), Vol 48 No 3.

[35] Das erste Modigliani-Miller-Theorem fußt auf theoretischen Überlegungen ohne Steuern, ohne Insolvenzkosten, symmetrischer Information und ohne einen vollkommenen Kapitalmarkt.

koprofil der Investition widerspiegeln. Lassen sich bspw. in einem bestimmten Marktsegment oder in einer Branche Gewinne erzielen, die über den marktüblichen Kapitalkosten liegen, so werden neue Wettbewerber so lange in diesen Markt drängen, bis Übergewinne durch die gestiegene Konkurrenz nicht mehr möglich sind. Schöpferischen Unternehmen kann es vor diesem Hintergrund nur kurzfristig gelingen, Übergewinne zu erwirtschaften, nämlich nur so lange, bis der Konkurrenzdruck den Innovationszyklus beendet.[36]

144   Langfristig werden Investitionen in eine Branche mit einer **risikoadäquaten Prämie** entlohnt, die das eingesetzte Kapital marktüblich vergütet.

Die Aufteilung von Gewinnen auf Basis des eingesetzten Kapitals von mehreren Transaktionspartnern ist ökonomisch sinnvoll. Die gemeinsam erwirtschafteten operativen Gewinne dienen der Befriedigung der Ansprüche der Eigen- und Fremdkapitalgeber. Nachdem **Fremdkapitalgeber** ihren Gewinnanteil in Form von **Zinsen** erhalten haben, steht den **Eigenkapitalgebern** der **verbleibende Gewinn** zu. Das eingesetzte Eigenkapital, das für die operative Ausübung der Geschäftstätigkeit notwendig ist, stellt dabei einen sinnvollen Aufteilungsschlüssel dar. Je mehr eines der verbundenen Unternehmen in das für die Transaktion notwendige Kapital investiert hat, umso größer ist der ihm zustehende Anteil am gemeinsam erwirtschafteten Gewinn.

145   Vorausgesetzt, dass die für die Gewinnaufteilung zentralen Berechnungen in Bezug auf das investierte Kapital sowie den transaktionsbasierten operativen Gewinn fehlerfrei durchgeführt wurden, **führen Gewinnaufteilungsmethoden zu ökonomisch sinnvollen Ergebnissen,** die dem Fremdvergleichsgrundsatz entsprechen. Dies ist **insb. für** solche **Transaktionen** sinnvoll, für die sich **keine Vergleichspreise bzw. -margen finden lassen.**

2. Residual-Gewinnaufteilungsmethode

146   Die Residual-Gewinnaufteilungsmethode wird in der Praxis häufig angewendet. Die **Zuordnung eines Routinegewinns** für Routinetätigkeiten und die folgende Aufteilung des verbleibenden Residualgewinns auf die involvierten Entrepreneurs ist in vielen praktischen Fällen eine sinnvolle Methode, um Verrechnungspreise zu testen.

Schwierigkeiten bei der praktischen Anwendung entstehen bspw. bei der Ermittlung eines angemessenen Routinegewinns (idR lässt sich nur eine Bandbreite, jedoch kein exakter Wert bestimmen) und bei der **Ermittlung eines angemessenen Aufteilungsschlüssels** für das Residual. Der Aufteilungsschlüssel dient dazu, die Gewinne der involvierten Transaktionspartner zu ermitteln, die sich auf der Basis von fremdvergleichsüblichen Preisen für schuldrechtliche Transaktionen ergeben.

147   Der Aufteilungsschlüssel sollte im Idealfall dem relativen Beitrag jedes Transaktionspartners zum gemeinsamen Geschäftserfolg entsprechen. Bestehende Verrechnungspreisvorschriften bleiben allerdings sehr vage, was die Ermittlung von Aufteilungsschlüsseln angeht. So erwähnen die U.S.-Vorschriften, dass „der **relative Wert des Beitrags** jedes involvierten Steuerzah-

---

[36] Vgl. *Schumpeter* Theorie der wirtschaftlichen Entwicklung, Berlin 1912.

lers **zum Erfolg der Geschäftstätigkeit** so zu ermitteln ist, dass dieser die ausgeübten Funktionen, die getragenen Risiken und die eingesetzten Ressourcen jedes Geschäftspartners widerspiegelt."[37]

Dazu können bspw. **kapitalisierte Ausgaben** für den Aufbau von wert- 148 vollen immateriellen Wirtschaftsgütern herangezogen werden. Es ist dabei im Einzelfall zu überprüfen, welche Ausgaben für die **Ermittlung des Aufteilungsschlüssels** herangezogen werden sollen. In Frage kommen vergangene Ausgaben oder auch zukünftige, geplante Investitionen. Die OECD spricht sich in diesem Zusammenhang für die Anwendung von zukünftigen budgetierten Ausgaben aus, da diese für die Ermittlung zukünftiger Verrechnungspreise bzw. Gewinnaufteilungsschlüssel von besonderer Relevanz sind. Wichtig ist jedoch, dass die Besonderheiten der untersuchten Transaktion berücksichtigt werden.

Bei der **Anwendung der Residual-Gewinnaufteilungsmethode** bspw. 149 in der pharmazeutischen Industrie spielen vergangene Ausgaben für Forschung und Entwicklung eine entscheidende Rolle. So sollte einem Transaktionspartner, der in der Vergangenheit viel in die **Forschung und Entwicklung** eines bestimmten Medikaments investiert hat, ein **angemessen großer Anteil vom Residualgewinn** zustehen. Zukünftige Ausgaben spielen in diesem Beispiel für die Aufteilung der Gewinne aus dem bestimmten Medikament nur eine untergeordnete Rolle.

Weitere Schwierigkeiten, die sich bei der Anwendung der Residual-Gewinnaufteilungsmethode in der Praxis ergeben, bestehen in der **Integration der beiden Bewertungsschritte,** der Bestimmung eines angemessenen Routinegewinns und der Aufteilung des Residuals.

Lassen sich jedoch Nettomargen für einige Transaktionen bzw. Aktivitäten im Konzern feststellen, so liefert die Residual-Gewinnaufteilungsmethode die zuverlässigsten Ergebnisse. Den Routineaktivitäten, für die sich Vergleichsmargen identifizieren lassen, wird dabei in einem ersten Schritt eben diese Routinemarge zugewiesen. In einem zweiten Schritt wird der verbleibende Residualgewinn zwischen den unterschiedlichen Entrepreneurs aufgeteilt. Vergleichsmargen lassen sich dabei teilweise auch als Vergütung für das eingesetzte Routinekapital bestimmen.

Beispiel: Zwei komplexe Gesellschaften A und B eines Pharmakonzerns üben sowohl Routine- als auch Nichtroutinefunktionen aus. Gemeinsam erwirtschaften sie einen operativen Gewinn von € 60. Bei der von beiden Gesellschaften gemeinsam ausgeübten Nichtroutinefunktion handelt es sich um die gemeinschaftliche Forschung und Entwicklung neuer Wirkstoffe. Gesellschaft A hat € 100 für diese gemeinsame F&E Tätigkeiten investiert. Bei Gesellschaft B beläuft sich diese Investition auf € 200. Neben der gemeinsamen Forschung und Entwicklung üben die beiden Gesellschaften Routineaktivitäten aus. Gesellschaft A produziert die gemeinsam entwickelten Wirkstoffe, während Gesellschaft B den routinemäßigen Vertrieb der Medikamente übernimmt. Gesellschaft A hat € 150 für die Routineproduktion investiert. Das von Gesellschaft B investierte Kapital in den Routinevertrieb beläuft sich auf € 300. Die Suche nach Vergleichsmargen hat ergeben, dass Gesellschaften mit einem Funktions- und Risikoprofil ähnlich der Routineproduktion von Gesellschaft A im Mittel eine Kapitalvergütung von 10 % erwirtschaften.[38] Tätigkeiten, die den routinemäßigen Vertriebstä-

---

[37] US-Regs. § 1.482–1(d)(3).
[38] Als Vergleichsmarge wird dazu idR der „Return on Capital Employed" (ROCE) verwendet.

tigkeiten der Gesellschaft B entsprechen, steht gewöhnlich eine fremdvergleichsübliche Kapitalvergütung von 6 % zu.

Dies bedeutet, dass Gesellschaft A eine Routinevergütung von € 15 zusteht (10 % ⋆ € 150) und Gesellschaft B eine angemessene Entlohnung von € 18 für den ausgeübten Routinevertrieb erhalten sollte (6 % ⋆ € 300). Insgesamt sind daher € 33 (€ 15 + € 18) des erwirtschafteten operativen Gesamtgewinns von € 60 als Routinegewinn zu qualifizieren.

Der verbleibende Restgewinn iHv € 27 wird in einem zweiten Schritt auf die beiden Gesellschaften im Verhältnis ihrer jeweiligen Investition in die gemeinschaftliche Nichtroutinetätigkeit, der Forschung und Entwicklung, aufgeteilt. Gesellschaft A stehen 33,3 % (€ 100/€ 300) des Residualgewinns zu, während Gesellschaft B 66,6 % des verbleibenden Residuals von € 27 erhalten sollte (€ 200/€ 300). Konkret führt dies zu folgendem Gesamtergebnis für die beiden Gesellschaften:

Gesellschaft A: € 15 Routinegewinn + € 9 Residualanteil (€ 27 ⋆ 33,3 %) = **€ 24 Gesamtgewinn.**

Gesellschaft B: € 18 Routinegewinn + € 18 Residualanteil (€ 27 ⋆ 66,6 %) = **€ 36 Gesamtgewinn.**

Im obigen Beispiel wird der gemeinsam erwirtschaftete Gewinn iHv € 60 entsprechend dem eingesetzten Kapital auf die beiden Gesellschaften aufgeteilt. Dabei erhalten die Gesellschaften jeweils eine routinemäßige Vergütung für das von ihnen eingesetzte Routinekapital. Der verbleibende Residualgewinn wird im Verhältnis des eingesetzten Nichtroutinekapitals auf die beiden Gesellschaften verteilt.

a) Routinegewinnmargen und ihre Spannen

150   Bei der Ermittlung von Routinegewinnen, die den beteiligten Transaktionspartnern für die Ausübung von Routineaktivitäten zustehen, ergibt sich **in der Regel kein eindeutiges Resultat.** Vielmehr werden gewöhnlich **Bandbreiten** ermittelt, die sowohl eine zeitliche Variabilität der Ergebnisse von Vergleichsunternehmen abdecken, als auch eventuelle Unterschiede im Aktivitäts- und Risikoprofil der Vergleichsunternehmen berücksichtigen.

In der internationalen Verrechnungspreispraxis hat sich dabei die **Anwendung der Interquartilsbandbreite** als akzeptierte Methode zur Einengung der Resultate etabliert. Es werden jene Resultate berücksichtigt, die zwischen dem 25 und 75 Perzentil sämtlicher Ergebnisse liegen. Die Interquartilsbandbreite für Routinegewinne wird in der Praxis häufig auch „Arm's Length-Bandbreite" genannt.

Vor diesem Hintergrund stellt **Abbildung 3 eine Vereinfachung der Residual-Gewinnaufteilungsmethode** dar. Die Abbildung geht von einem eindeutigen Wert für Routinegewinne der beiden Transaktionspartner aus (20 % ROCE für Unternehmen A und 12,5 % ROCE für Unternehmen B). In der Praxis lassen sich allerdings häufig nur zwei Interquartilsbandbreiten ermitteln und es kann kein eindeutiger Wert bestimmt werden (bspw. 19–21 % ROCE für Unternehmen A und 11,5–13,5 % ROCE für das eingesetzte Routinekapital von Unternehmen B).

151   Je nach Anwendung verschiedener Werte innerhalb der ermittelten Interquartilsbandbreiten **verändert sich die absolute Höhe des Residualgewinns.**

Interessant ist außerdem, wie der tatsächlich erwirtschaftete Gesamtgewinn zwischen den beteiligten Transaktionspartnern aufgeteilt wird. In der Praxis lassen sich dabei **drei Situationen** unterscheiden:

I) Der tatsächlich erzielte **Gesamtgewinn reicht nicht aus,** um den notwendigen Routinegewinn (25. Perzentil) zu decken. In diesem Fall wird dem eingesetzten Routinekapital trotzdem der niedrigste Wert der Interquartilsbandbreite zugewiesen. Der Residualverlust wird entsprechend dem Aufteilungsschlüssel auf die Parteien verteilt.

II) Der tatsächlich erzielte **Gesamtgewinn reicht gerade aus,** um die Routineaktivitäten mit einer Profitabilität innerhalb der ermittelten Bandbreiten zu versorgen. In diesem Fall wird dem Routinekapital als auch bereits dem Nicht-Routinekapital ein gleicher Anteil am Gewinn zugewiesen.

III) Der tatsächlich erzielte **Gesamtgewinn liegt über den jeweils ermittelten Bandbreiten** für Routinegewinne. In diesem Fall erhält das Routinekapital die maximale Profitabilität (75. Perzentil) und der darüber hinausgehende Gewinn (Residual) wird anhand eines angemessenen Schlüssels auf die Transaktionspartner für ihre Nicht-Routineaktivitäten aufgeteilt.

Abbildung 4 beschreibt diesen Zusammenhang. Die Abbildung basiert zunächst noch auf einem eindeutigen Wert für die Routineprofitabilität (hier 12,5 % ROCE). Bandbreiten werden zu einem späteren Zeitpunkt eingeführt.

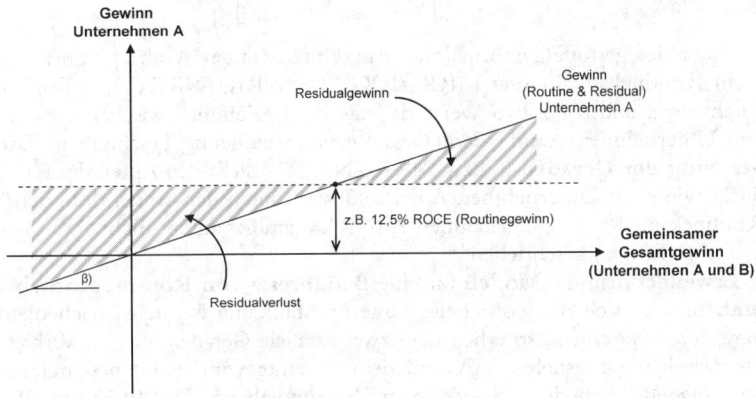

Abb. 5: Routine- und Residualgewinn

Die Gerade beschreibt den **Anteil am Gesamtgewinn** für Unternehmen A **152** in Abhängigkeit vom tatsächlich erwirtschafteten Gesamtgewinn. Die Steigung der Geraden (β) von unter 45° zeigt, dass im Beispiel angenommen wird, dass Unternehmen A proportional weniger Nicht-Routinekapital einsetzt als Unternehmen B. Mit zunehmendem Gesamtgewinn wächst der Gewinn von Unternehmen A unterproportional. Dies bedeutet, dass der **Aufteilungsschlüssel** für den Residualgewinn **zu Gunsten von Unternehmen B** liegt.

Die Abbildung zeigt außerdem die beschriebenen Situationen I bis III. **Links des Schnittpunkts** von Routineprofitabilität von 12,5 % ROCE und der Diagonalen reicht der tatsächlich erwirtschaftete Gesamtgewinn nicht aus, um die Routineprofitabilität von **Unternehmen A** zu decken (Situation I). Unternehmen A erhält trotzdem den berechneten Routinegewinn, muss jedoch einen **Residualverlust tragen.** Der Gewinn von Unternehmen A setzt sich aus dem Routinegewinn und dem Residualverlust zusammen.

Rechts des Schnittpunkts erhält Unternehmen A den berechneten Routinegewinn sowie einen Anteil am gemeinsamen **Residualgewinn** (Situation III). Im Schnittpunkt reicht der gemeinsam erwirtschaftete Gesamtgewinn gerade aus, um Unternehmen A für die ausgeübten Routineaktivitäten zu vergüten (Situation II).

Algebraisch lässt sich die **Beziehung zwischen Routine- und Residualgewinn** folgendermaßen ausdrücken:

$$G_A = r * RK_A + (GG - r * RK_{A+B}) * \frac{NRK_A}{NRK_{A+B}} \; ;$$

wobei G_A der Gewinn für Unternehmen A ist, r die für beide Unternehmen gleich angewendete Routinevergütung für das Routinekapital (RK) von bspw. 12,5 % ROCE ist, GG für den Gesamtgewinn steht und NRK als Abkürzung für Nicht-Routinekapital verwendet wird.

Die Formel lässt sich in die **generische Form y = a*x + b** umstellen, mit der sich die in Abbildung 5 illustrierte Abhängigkeit beschreiben lässt.

$$G_A = \frac{NRK_A}{NRK_{A+B}} * GG + r * RK_{A+B} \left[\frac{RK_A}{RK_{A+B}} * \frac{NRK_A}{NRK_{A+B}} \right]$$

Unter der getroffenen Annahme, dass Unternehmen A überproportional mehr Routinekapital einsetzt (RK_A/RK_{A+B}) > (NRK_A/NRK_{A+B}), stellen die Parameter a und b positive Werte dar, die die Beziehung zwischen Gewinn von Unternehmen A und dem Gesamtgewinn eindeutig beschreiben. **Die Steigung der Geraden** (β bzw. NRK_A/NRK_{A+B}) stellt den Anteil des Residualgewinns für Unternehmen A dar und wird durch den Anteil des Nicht-Routinekapitals von Unternehmen A (NRK_A) am gesamten Nicht-Routinekapital (NRK_{A+B}) beschrieben.

Erweitert man das **Modell** für eine **Bandbreite von Routineprofitabilität,** dh dass sich die gestrichelte Linie in Abbildung 5 parallel nach oben bzw. unten verschiebt, so erhält man zwei parallele Geraden, die das Verhältnis zwischen Unternehmen A und dem Gesamtgewinn (GG) beschreiben. Die folgende Abbildung zeigt diesen Zusammenhang. Die **Interquartilsbandbreite** ist **auf der linken Seite** durch eine um 90° gedrehte Normalverteilung mit den entsprechenden Quartilen dargestellt.

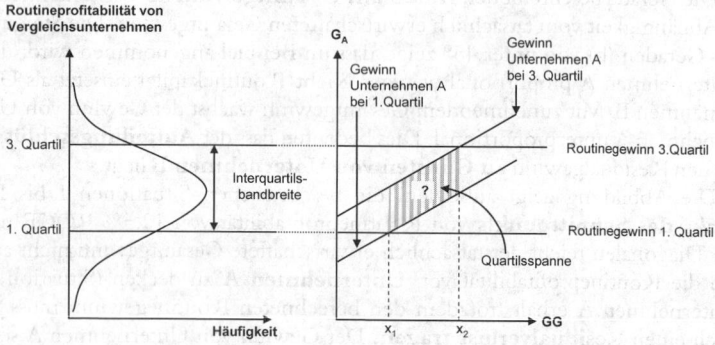

Abb. 6: Routinegewinnmargen und die Quartilsspanne

Wird ein **Gesamtgewinn von x₁ unterschritten,** dh der Gesamtgewinn reicht nicht mehr aus, um das 1. Quartil für das eingesetzte Routinekapital von Unternehmen A zu erreichen, so wird der Residual~~verlust~~ im Verhältnis NRK_A/NRK_{A+B} aufgeteilt.

Gleiches gilt für einen **Gesamtgewinn von größer als x₂.** Der dann resultierende Residual~~gewinn~~ führt zu einer Erhöhung des Gewinns von Unternehmen A im Verhältnis NRK_A/NRK_{A+B}.

Eine zentrale Frage besteht jedoch darin, herauszufinden, wie sich der Gewinn von Unternehmen A verhält, wenn der Gesamtgewinn gerade ausreicht, um das Routinekapital innerhalb der ermittelten Bandbreite mit einer angemessenen Profitabilität zu versorgen. Wie ermittelt sich der **Gewinn** von Unternehmen A **innerhalb** der in Abbildung 6 dargestellten **Quartilsspanne?** **153**

Wie bereits erwähnt, wird in diesem Fall sowohl dem Routine- als auch dem Nichtroutinekapital ein gleicher Anteil am Gesamtgewinn zugewiesen. Ähnlich wie bei einem Joint Venture gilt es im Rahmen einer bestimmten Profitabilitätszone, den **Gewinn unabhängig von der Art des Kapitals zu harmonisieren.** Im beschriebenen Beispiel bedeutet dies, dass der Gesamtgewinn in dieser Zone gleichmäßig auf Routine- und Nicht-Routinekapital verteilt wird, bis das Routinekapital mit maximaler Profitabilität (3. Quartil) versorgt ist. Für Unternehmen A bedeutet dies, dass die **Steigung der Geraden,** die die Abhängigkeit zwischen GG und G_A beschreibt, zwischen dem ersten Quartil (x₁) und dem dritten Quartil (x₂) **größer** ist.

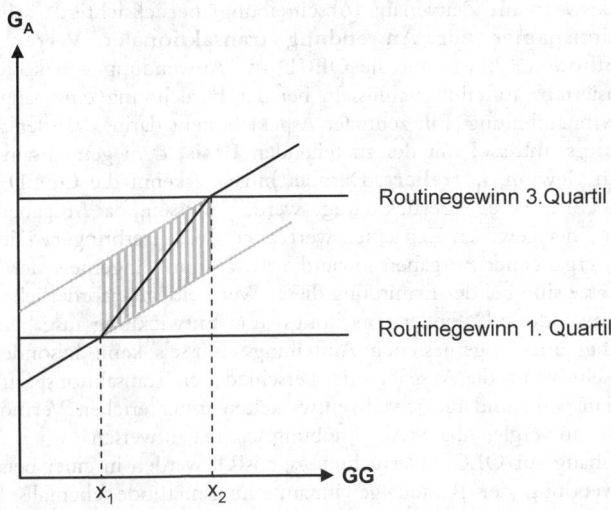

Abb. 7: Gewinnaufteilung innerhalb der Quartilsspanne

Die stärkere Steigung zwischen dem ersten und dritten Quartil hängt mit **154** der getroffenen Annahme zusammen, dass Unternehmen A proportional mehr Routinekapital und proportional weniger Nicht-Routinekapital einsetzt als Unternehmen B. In den Bereichen **unterhalb des ersten und oberhalb des dritten Quartils** verhält sich der Gewinn von Unternehmen

A daher relativ betrachtet **weniger sensitiv zu einer Veränderung des Gesamtgewinns.** Wird jedoch der Gesamtgewinn gleichmäßig auf Routine- und Nicht-Routinekapital verteilt, so führt dies zu einer stärkeren Steigung der Geraden im Abschnitt x_1 bis x_2.

b) Aufteilungsschlüssel

155   Im Beispiel zur Residualgewinnaufteilungsmethode wurde der Residual-gewinn zwischen Unternehmen A und B anhand des eingesetzten Nicht-Routinekapitals (NRK) aufgeteilt.

Die relative Höhe von Nicht-Routinekapital stellt dabei die Basis für die Gewinnaufteilung dar. Eine der zentralen Fragen, die bei der praktischen Anwendung der Residualgewinnaufteilungsmethode beantwortet werden muss, bezieht sich daher auf die **Ermittlung bzw. die Bewertung von Nicht-Routinekapital.** Was zählt zum NRK und wie lassen sich unterschiedliche Arten von NRK sinnvoll miteinander vergleichen?

Von besonderer Bedeutung sind dabei Diskontierungssätze, Steuern, Abschreibungen und andere Faktoren, die bei der Bewertung von immateriellem Anlagevermögen eine Rolle spielen. Grundsätzliche ökonomische Prinzipien vom Verhältnis zwischen Investition und Rendite sind zu respektieren.

Die U.S.-Vorschriften zur Ermittlung des Beitrags von immateriellem Anlagevermögen erwähnen vor diesem Hintergrund „**sämtliche kapitalisierten Kosten zur Entwicklung und Verbesserung der immateriellen Vermögenswerte** abzüglich eines angemessenen Betrags, der den Wertverlust des Vermögenswerts im Zeitverlauf (Abschreibung) berücksichtigt".[39] In einem **Diskussionspapier zur Anwendung transaktionaler Verrechnungspreismethoden**[40] beschreibt die OECD die Anwendung von kosten- und kapitalbasierten Aufteilungsschlüsseln bei der Berechnung einer angemessenen Gewinnaufteilung. Ein zentraler Aspekt besteht darin, dass der gewählte **Aufteilungsschlüssel** mit der zu teilenden **Basis,** dem gemeinsam erwirtschafteten Gewinn, **korreliert.** Darüber hinaus erkennt die OECD an, dass zeitliche Unterschiede berücksichtigt werden müssen, da Ausgaben häufig erst nach einer gewissen Zeit einen wertvollen Beitrag erbringen. Die Einbeziehung vergangener Ausgaben sowie die Anwendung angemessener Diskontierungssätze sind bei der Ermittlung dieser Wertbeiträge erforderlich.

156   Die Anwendung laufender Forschungs- und Entwicklungsausgaben für die Ermittlung eines angemessenen Aufteilungsschlüssels kann besonders dann sinnvoll sein, wenn die Ausgaben der verschiedenen Transaktionspartner relativ konstant sind und die jeweils entwickelten immateriellen Vermögensgegenstände ein vergleichbares Abschreibungsschema aufweisen.

Im Anhang zur OECD-VerrechnungspreisRL werden in einer beispielhaften Anwendung der Residualgewinnaufteilungsmethode ebenfalls kapitalisierte F&E-Ausgaben für die Ermittlung des Aufteilungsschlüssels herangezogen.

Wie oben dargestellt, wirken sich Abweichungen bspw. in der unterschiedlichen Lebensdauer der Vermögenswerte stark auf den Aufteilungsschlüssel

---

[39] US-Regs. § 1.482–6(c)(3)(i)(B).

[40] OECD Paper „Transactional Profit Methods, Discussion Draft for Public Comment", 25 January 2008.

aus und müssen daher unbedingt berücksichtigt werden. Folgendes Beispiel verdeutlicht dies.

Beispiel: Die verbundenen Unternehmen A und B investieren jeweils jährlich € 1 in den Aufbau von unterschiedlichen immateriellen Vermögensgegenständen. Nimmt man für beide Unternehmen den gleichen Steuersatz an und geht von gleichen Kapitalkosten für die beiden Unternehmen aus, so wirkt sich ein Unterschied in der Lebensdauer der investierten Vermögenswerte stark auf den Aufteilungsschlüssel aus.[41] Angenommen der immaterielle Vermögenswert von Unternehmen A hat eine Lebensdauer von 5 Jahren während der immaterielle Vermögenswert, in den Unternehmen B investiert, bereits nach 1 Jahr vollständig abgeschrieben ist. Der Nettobuchwert der beiden Vermögensgegenstände beträgt in diesem Beispiel € 2,5 für den Vermögenswert von Unternehmen A und € 1 für den Vermögenswert von Unternehmen B. Gemeinsam von A und B erwirtschaftete Residualgewinne werden in diesem Beispiel im Verhältnis 2,5 zu 1 zugunsten von Unternehmen A aufgeteilt. Dieser Aufteilungsschlüssel unterscheidet sich sehr stark von einer auf laufenden Investitionen basierenden Aufteilung im Verhältnis 1 zu 1.

III. Technische Verfahren für ergebnisorientierte Methoden

1. Die mikroökonomische „Werkzeugkiste" als wesentlicher Bestandteil der Preisermittlung[42]

a) Einleitung

Verrechnungspreise und der Wert von materiellen und immateriellen Wirtschaftsgütern können ermittelt werden, in dem der Markterfolg eines Unternehmens auch auf der Grundlage der Marktbedingungen und des geleisteten Beitrags verschiedener Parteien analysiert wird. Nach der Bestimmung des Wertes kann dieser fremdvergleichsüblich vergütet werden.   **157**

Jede Bewertung hat auf dem durch die deutsche Rechtsprechung entwickelten Grundsatzes des **doppelten ordentlichen und gewissenhaften Geschäftsleiters** zu erfolgen. Dieses Verhalten hat **denklogisch richtigen Prozessen** zu folgen. Bei der Bewertung von komplexen Wirtschaftsgütern, insb. immateriellen, liegen oft keine vergleichbaren Preise und Margen vor. In der Praxis wird daher der Wert einer Funktion oder eines immateriellen Wirtschaftsguts primär auf der Basis zukünftiger Gewinne oder Cashflows geschätzt. Diese werden zumeist durch die Transferors oder Transferees „hän-

---

[41] Das Beispiel basiert auf den weiteren Annahmen, dass die Investition ohne Zeitverzögerung („Gestation Lag") ihre Rendite entfalten und linear abgeschrieben werden, dh, dass die jährliche Abschreibung für Unternehmen A und B gleich ist und den jährlichen Investitionen von jeweils € 1 entspricht.

[42] Dieses Kapitel beinhaltet Abschnitte aus *Vögele/Sedlmayr* in Vögele/Borstell/Engler, Verrechnungspreise, 3. Aufl. Wir danken unserem ausgeschiedenen Ko-Autor Richard Sedlmayr für die Formulierungen aus der 3. Aufl. Ähnliche Überlegungen werden auch bei *Vögele/de Homont* in Vögele Geistiges Eigentum – Intellectual Property Kapitel I angestellt.

disch" ermittelt. Die mit der Bewertung betrauten Experten prüfen in der Regel nur die Plausibilität dieser Schätzungen. Wenn im Rahmen einer erst einige Jahre später stattfindenden Außenprüfung völlig andere Einnahmen und Cashflows vorliegen, folgt daraus oft eine Berichtigung. Um das Verhalten des ordentlichen und gewissenhaften Geschäftsleiters nachzuweisen, fehlt zumeist eine ausreichende Grundlage. Die **mikroökonomische „Werkzeugkiste"** schafft die Voraussetzung für Möglichkeiten, dieses Verhalten rechnerisch abzubilden. Nach dem gegenwärtigen Stand der Wirtschaftswissenschaften ist sie derzeit die beste Möglichkeit, die Bewertung durch den doppelten ordentlichen Geschäftsleiter abzubilden und die zur Bewertung erforderlichen **Einnahmen oder in komplexen Fällen zu ermitteln.**

Das strategische Verhalten der Akteure sowie die erzielbaren Umsätze und Gewinne können durch zentrale Eigenschaften analysiert werden. In der Literatur wird die sogenannte **„But-For-World"** untersucht, dh die **Betrachtung des Marktes,** wenn eine **zentrale Produkteigenschaft geändert** wird. Aus dem Unterschied der tatsächlich erzielten Umsätze und der in der Analyse errechneten kann der Wert der analysierten Eigenschaft abgeleitet werden.

Beispiel: Es können die Umsätze und Gewinne eines Anbieters **mit** oder **ohne Markennamen** bestimmt werden, die Differenz bildet den Wert des Markennamens auf diesem Markt.

Die **Bestimmung des Wertes von materiellen und immateriellen Wirtschaftsgütern** für die Festlegung von Verrechnungspreisen soll im Folgenden durch die **Bewertung zentraler Produkteigenschaften** und **mit Hilfe statistischer Untersuchungen des Marktes** vorgestellt werden.

b) But-For-World

158 Die fremdvergleichsübliche Vergütung eines materiellen oder immateriellen Wirtschaftsgutes erfolgt nach einer ökonomischen Bewertung. Eine vor US-Gerichten oft verwendete Methode für die Bewertung von immateriellen Wirtschaftsgütern ist die sog. **„But-For-World".** Dabei wird die **Auswirkung einer bestimmten Ausprägung eines wichtigen Einflussfaktors auf den Markt analysiert.** Bspw. wird ermittelt, inwieweit sich die Nachfrage von Konsumenten nach dem Produkt des Rechteverletzers in Abwesenheit des patentierten Merkmals verändert hätte. Die Ermittlung des Wertes einer Produktcharakteristik ermöglicht die korrekte Bewertung des geistigen Eigentums, da der **zusätzliche wirtschaftliche Erfolg** bei der Verwendung des immateriellen Wirtschaftsgutes bestimmt werden kann.

Ökonomen haben verschiedene ökonometrische Modelle entwickelt, um den **Wert einer Produkteigenschaft** zu bestimmen. **Jede** dieser **Produkteigenschaften trägt zu dem letztendlichen Wert bei,** gemessen als **erzielbarer Preis** und **verkaufbare Menge** auf einem Markt. So setzt sich bspw. der Wert eines Smartphones unter anderem aus dem Markennamen und den verschiedenen technologischen Eigenschaften zusammen (Internetfähigkeit, Speicherkapazität, Fotoqualität etc.).[43]

---

[43] Vgl. *Vögele/Vögele* in Vögele Geistiges Eigentum – Intellectual Property, Kapitel I Rn. 411 ff.

Der wirtschaftliche Erfolg eines Produktes auf einem Markt hängt von den **Produkteigenschaften** ab. Konsumenten treffen Kaufentscheidungen danach, ob die Produkteigenschaften ihre Präferenzen widerspiegeln oder nicht. **Produkte mit wünschenswerten Eigenschaften werden stärker nachgefragt und können höhere Preise und/oder höhere Verkaufszahlen erzielen.** Verschiedene ökonometrische Methoden können zur **Analyse von Markttransaktionen** angewendet werden, um die **Höhe einer Mengen- oder Preisprämie** zu berechnen, welche mit einer bestimmten Produkteigenschaft verbunden ist.

Unternehmen sind auf Grund unterschiedlicher Faktoren auf einem Markt **159** erfolgreich. Der **Erfolg eines Unternehmens** kann **durch das Zusammenspiel dieser verschiedenen Faktoren** analysiert werden, um den **Wertbeitrag eines einzelnen Faktors** zu bestimmen. Dabei kann unter bestimmten Voraussetzungen berechnet werden, welche Umsätze und Gewinne ohne ein bestimmtes Merkmal erzielbar wären. Wenn ein Unternehmen bspw. eine Technologie nicht mehr einsetzen darf auf Grund einer Patentverletzung, dann können die erzielbaren Umsätze und Gewinne des Produktes ohne diese Technologie bestimmt werden. Umgekehrt kann aber auch bestimmt werden, welche Umsätze und Gewinne erzielt werden können, wenn eine bestimmte Eigenschaft hinzugefügt wird. Die Betrachtung einer **Was-Wäre-Wenn-Welt ("But-For-World")** kann dazu verwendet werden:
- Den Wert **materieller Wirtschaftsgüter** zu berechnen,
- **entgangene Gewinne bei Rechteverletzungen** zu bestimmen,
- den **Wert eines immateriellen Wirtschaftsgutes** und die Festlegung fremdvergleichsüblicher Verrechnungspreise zu berechnen,
- **strategische Entscheidungen** des Unternehmens und **Marktpotentiale** zu bestimmen.

Die Betrachtung einer But-For-World wird in den USA oftmals vor Gerichten verwendet, insb. bei Rechteverletzung an immateriellen Wirtschaftsgütern. Dabei entsteht bspw. einem Rechtebesitzer durch die unrechtmäßige Konkurrenz ein Schaden. Durch **geringere Verkaufszahlen oder Verkaufspreise entgehen** dem Rechtebesitzer **Gewinne.** Ziel einer **objektiven Bewertung** dieser entgangenen Gewinne muss es sein, **Preise und Verkaufszahlen zu ermitteln,** die **ohne die Rechteverletzung** vom Geschädigten erzielt worden wären. Diese Prinzipien lassen sich sehr gut auf die Ermittlung von Verrechnungspreisen und Werten übertragen.

Im Folgenden werden Methoden für die Bewertung der entgangen Gewinne vorgestellt und anschließend auf die Bewertung von Wirtschaftsgütern übertragen. Von dieser Bewertung ausgehend können fremdvergleichsübliche Preise bestimmt werden. Nachfolgend werden die analytischen Methoden vorgestellt und Beispiele für die Bewertung von immateriellen Wirtschaftsgütern in der But-For-World dargestellt.

c) Verhandlungstheoretische Konzepte

aa) Konkurrenz und Gütersubstitution

Der Wert eines immateriellen Wirtschaftsgutes und der entstandene Scha- **160** den bei einer Rechtsverletzung werden durch die **Stärke der Konkurrenz** beeinflusst. **Der Markt (definiert durch Größe, sowie räumliche, zeit-**

liche und produktspezifische Charakteristika) auf dem der Geschädigte aktiv ist, wird bei der Bewertung berücksichtigt. Wenn die Firma mit dem verletzten Rechtsanspruch ihre Produkte nur in einem bestimmten Land verkauft und die Produkte des Schädigers in einem anderen Land verkauft werden, dann sind die potentiell entgangenen Gewinne gering. In einem solchen Fall bestehen aber andere **Rechtsansprüche, zB aus entgangenen Lizenzgebühren.** Innerkonzernlich können die **Nutzungsrechte eines immateriellen Wirtschaftsgutes** zeitlich, räumlich oder produktspezifisch so definiert werden, dass **erzielbare Gewinne genau zuordnungsfähig** sind und fremdvergleichsübliche Preise bestimmt werden können.

Wesentlich für die Konkurrenz auf einem Markt ist die **Substituierbarkeit der angebotenen Produkte.** Die Substituierbarkeit gibt an, in wie weit zwei oder mehrere Güter die gleichen Bedürfnisse befriedigen und daher anstelle des anderen Gutes konsumiert werden können. Bei Substituten **beeinflusst der Preis und die Ähnlichkeit eines Gutes die Nachfrage nach einem anderen.** Dies ist einfach darstellbar mit der sogenannten Preiselastizität der Nachfrage:

$$\varepsilon_{A,B} = \frac{\text{prozentuale Veränderung der Nachfrage nach Produkt A}}{\text{prozentuale Veränderung im Preis des Produkts B}}$$

wobei $\varepsilon_{A,B}$ die **prozentuale Veränderung der Nachfrage** an Produkt A **nach einer prozentuale Veränderung im Preis** des Produktes B ergibt. Mathematisch lässt sich dies sowohl in der diskreten als auch der stetigen Form darstellen als:

$$\varepsilon_{A,B} = \frac{\Delta Q_A}{\Delta P_B} \star \frac{P_{B,1} + P_{B,2}}{Q_{A,1} + Q_{A,2}} = \underset{\Delta \to 0}{\mathit{Lim}} \to \frac{\partial Q_A}{\partial P_B} \star \frac{P_B}{Q_A} \text{[44]}$$

wobei P_B der Preis des Produktes B und die Indexzahlen den Wert vor und nach der Preisänderung bezeichnen. Q_A gibt die verkaufte Menge des Produktes A an. Diskrete Veränderungen der Preise und Mengen werden mit Δ angegeben, für infinitesimal kleine Veränderungen (Veränderungen, die gegen Null tendieren) werden diese stetigen Veränderungen mit ∂ gekennzeichnet. Wenn die Preiselastizität zwischen zwei Gütern errechnet wird, handelt es sich um die **Kreuzpreiselastizität,** wenn der Effekt einer Preisveränderung auf die Nachfrage für das eigene Gut betrachtet wird, um die **Eigenpreiselastizität.** Es kann auch die **Preiselastizität des gesamten Marktes** berechnet werden, in dem man alle Angebote aggregiert und die Gesamtnachfrage des Marktes auf die Sensitivität gegenüber einem Preisanstieg überprüft.

Wenn Güter sehr **hoch substituierbar sind,** dann wird bei einer **Preissenkung (-erhöhung) für das Gut A, das Gut B weniger (mehr) nachgefragt.** Die Interpretation der Eigenelastizität ist wahrscheinlich am anschaulichsten: **Um wie viel Prozent verändert sich die Nachfrage nach Gut A, wenn sich der Preis von Gut A um 1 Prozent erhöht. Negative Werte der Elastizität** geben an, dass bei einer Preiserhöhung die

---

[44] Vgl. *Mas-Colell/Whinston/Green*, Microeconomic Theory, 1995, S. 27.

Nachfrage sinkt; je größer die Elastizität, desto stärker ist dieser Nachfrage-rückgang. Je **größer die Kreuzpreiselastizität** ist, desto **substituierbarer** sind zwei Güter, ihre Konkurrenz ist also stärker. **Negative Kreuzpreiselas-tizitäten** existieren für sog. **Komplementärgüter,** die nur in Verbindung mit einem anderen Gut konsumiert werden, da sie den Konsumnutzen ergän-zen. Wenn bspw. der Preis für Kraftstoff steigt, sinkt die Nachfrage nach Au-tos (insb. stark verbrauchender Autos). Wenn Güter nicht substituierbar sind, ihre Nachfrage also nicht vom Preis des anderen Gutes beeinflusst wird (die Kreuzpreiselastizität ist Null), sind die entgangenen Gewinne gering und ge-gebenenfalls auf eine erhöhte Konkurrenz um die Produktionsmittel zurück-zuführen. Je größer die Konkurrenz zweier Produkte auf einem Markt (= **je größer die Kreuzpreiselastizität ist**), desto höher sind in der Regel die **entgangenen Gewinne bei Rechtsverletzungen.** Elastizitäten können mit Hilfe der Regressionsanalyse aus den am Markt vorhandenen Daten geschätzt werden. Die am Markt beobachteten Mengen und Preise werden logarith-miert (ln(q), ln(p)) und die Elastizitäten geschätzt.[45] Der funktionale Zusam-menhang lautet:

$$\ln(q_A) = c_A + \varepsilon_{AA} \ln(p_A) + \varepsilon_{AB} \ln(p_B)$$
$$\ln(q_B) = c_B + \varepsilon_{BA} \ln(p_A) + \varepsilon_{BB} \ln(p_B)$$

wobei ε die Eigen- und Kreuzelastizitäten der Nachfrage nach Gut A und B angibt und die Konstante c nicht durch Preise beeinflusste Präferenzen dar-stellt. Abbildung 34 verdeutlicht den Substitutionseffekt grafisch. Eine Preis-erhöhung von Butter von P_1 nach P_2 verringert die verkaufte Menge von Q_1 nach Q_2. Die Nachfragekurve für Margarine verschiebt sich von N_1 zu N_2 nach außen, wenn der Preis für Margarine gleich bleibt, erhöht sich die ver-kaufte Menge.

Abbildung 34: Grafische Darstellung des Substitutionseffektes der Nachfrage von Butter und Margarine.

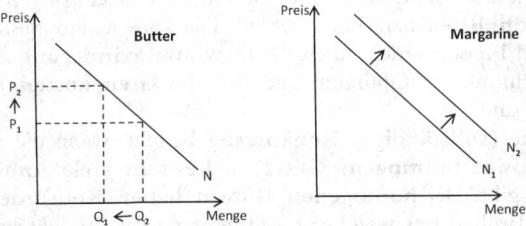

bb) Preissetzungsstrategien

Das **Preissetzungsverhalten** der Produzenten lässt sich mit **Gewinnma-**   **161** **ximierungsverfahren** analysieren. Zunächst muss die Konkurrenzsituation auf dem Markt erfasst werden. Die **Konkurrenz** wird durch die **Anzahl der Anbieter und Nachfrager** sowie den **Grad der Produktdifferenzierung**

---

[45] Wenn bei einer Funktion sowohl die unabhängige als auch die abhängige Variable logarithmiert werden, dann sind die Regressionskoeffizienten Elastizitäten.

bestimmt. Die Produktdifferenzierung beschreibt, wie unterschiedlich Produkte voneinander sind, differenzierte Güter unterscheiden sich bspw. auf Grund ihres Designs, des Markennamen oder anderer Produkteigenschaften. Da Konsumenten Präferenzen für bestimmte Produkteigenschaften haben, ist ihre Nachfrage für Produkte mit diesen Eigenschaften größer.

Kategorisierung der Konkurrenz
Je nach Konkurrenzsituation können Märkte in verschiedene Kategorien eingeteilt werden. Dazu gehören:

– **Vollständige Konkurrenz** ist dadurch charakterisiert, dass viele Anbieter und Nachfrager existieren und es **keine Preisgestaltungsmacht** der Akteure gibt. Die Nachfrager haben keine Präferenzen hinsichtlich der unterschiedlichen angebotenen Produkte (Beispiel Rohstoffmarkt).
– Das **Monopol** ist dadurch charakterisiert, dass die Produkte von **einem einzigen Anbieter** hergestellt werden. Der Monopolist hat **Preisgestaltungsmacht** und kann den **maximal möglichen Profit** erzielen.
– **Heterogenes Polypol**[46] ist dadurch charakterisiert, dass es eine **Preisgestaltungsmacht** der Anbieter gibt. Die Anbieter kooperieren implizit miteinander oder die Nachfrager haben Präferenzen für bestimmte Produkte, so dass die Anbieter höhere Preise durchsetzen können (Beispiel Automarkt).
– **Oligopolistische Konkurrenz** ist dadurch charakterisiert, dass wenige Anbieter und viele Nachfrager existieren und es eine **Preisgestaltungsmacht der Anbieter** gibt. Die Nachfrager haben keine Präferenzen für bestimmte Produkte, jedoch können die Anbieter auf Grund der wenigen Anbieter ihre Preise durch implizite Kooperationsstrategien erhöhen (Beispiel Handyverträge).

Vertragstheoretische Gewinnbestimmung[47]
162   Die **Konkurrenz beeinflusst die Verkaufszahlen der Anbieter,** aber **ebenso** können **die Verkaufspreise** beeinflusst werden. Wenn bspw. nur zwei Anbieter auf einem Markt agieren und einer ohne eine Rechtsverletzung sein Produkt nicht mehr anbieten könnte, dann müssen die entgangenen **Gewinne eines Monopolisten** berechnet werden. Die vom Monopolisten gesetzten Mengen und Preise werden durch die **Gewinnmaximierung eines Preissetzers** bestimmt. Im Optimum gilt, dass die **Grenzkosten gleich dem Grenzerlös** sind.

Eine starke **(vollständige) Konkurrenz** besteht, wenn die angebotenen Güter gleich sind **(homogene Güter)** und es **sehr viele Anbieter** auf einem Markt gibt. Bei **homogenen Gütern haben Konsumenten keine Präferenz** darüber, **bei welchem Anbieter** sie das Produkt kaufen. Bspw. ist es Nachfragern egal, bei welchem Anbieter sie bestimmte Rohstoffe kaufen. Je **stärker die Konkurrenz** desto mehr nähert sich der **Preis den Grenzkosten** an. Bei der **vollständigen Konkurrenz entspricht der Preis den Grenzkosten;** es werden auf Grund der Konkurrenz **keine Ge-**

---

[46] In der Literatur auch monopolistische Konkurrenz.
[47] Für die Preissetzung im Monopol, bei monopolistischer Konkurrenz und bei vollständiger Konkurrenz s. *Mas-Colell/Whinston/Green* Microeconomic Theory, 1995, S. 384 ff.

winne erzielt. Bei einer möglichen Rechteverletzung werden bei vollständiger Konkurrenz keine zusätzlichen Gewinne erzielt.

Bei Märkten mit **wenigen Anbietern, homogenen Gütern** und bei denen die Anbieter keine **(implizite) Kooperationsstrategie** verfolgen, tritt als Gewinnlösung ebenfalls das Ergebnis der vollständigen Konkurrenz auf. Im **Bertrand Modell mit homogenen Gütern und Preiswettbewerb** konkurrieren die Anbieter über den Preis. Sie haben daher einen Anreiz, den Konkurrenten zu unterbieten und tun dies so lange, bis der Preis den Grenzkosten entspricht. Dies ist das Ergebnis der vollständigen Konkurrenz. **Wesentlich für die Preissetzungsmacht ist nicht die Zahl der Anbieter, sondern der Grad der Produktdifferenzierung und der (impliziten) Kooperation der Anbieter.**

Wenn die angebotenen Güter sich in ihren Eigenschaften unterscheiden **(heterogene Güter)** und es **viele Anbieter** auf einem Markt gibt, dann ist die Konkurrenzsituation der Anbieter die einer **monopolistischen Konkurrenz.** In einem gewissen Umfang kann der Anbieter den Monopolgewinn erzielen, bevor es zu einem Substitutionseffekt kommt. Diese Konkurrenzsituation beschreibt die **tatsächliche Welt in den meisten Fällen.** Die meisten Produkte unterscheiden sich in bestimmten Merkmalen, so dass Firmen (begrenzt) die Möglichkeit haben, Preise zu gestalten und nicht nur ihre Kosten zu decken. Eine **monopolistische Konkurrenz kann mit Hilfe des Bertrand Modells** analysiert werden, dabei gibt es drei Abwandlungen des Bertrand Modells:

- Die Anbieter konkurrieren über die Menge (Cournot Modell),
- Die Anbieter haben Kapazitätsbeschränkungen,
- Die Angebotenen Produkte sind unterschiedlich (Bertrand Modell mit heterogenen Gütern und Preiswettbewerb),

Mit Hilfe der verschiedenen Szenarien des Bertrand Modells können die Preise als Marge auf die Produktionskosten ermittelt werden. Diese im Modell errechneten Margen können mit den tatsächlichen Margen überprüft werden.[48]

Bei der **oligopolistischen Konkurrenz** kann eine **(implizite) Kooperationsstrategie** verfolgt werden. Dabei setzen die Anbieter die Mengen so, dass Monopolpreise durchgesetzt werden und der resultierende Monopolgewinn wird zwischen den Anbietern aufgeteilt. Das **Preissetzungsverhalten** kann dabei **aus Sicht eines Monopolisten** analysiert werden. Die Preise sind höher als die Grenzkosten und die Unternehmen erzielen Gewinne. Bei einer Rechtsverletzung ergeben sich entgangene Gewinne.

Abbildung 35 beschreibt die Mengen- und Preissetzung im Monopol (Q_M, P_M), bei der monopolistischen Konkurrenz (Q_{mK}, P_{mK}) und in der vollständigen Konkurrenz (Q_{vK}, P_{vK}). Der Preis eines Anbieters bei monopolistischer Konkurrenz liegt höher als bei der vollständigen Konkurrenz, die angebotene Menge ist niedriger.[49]

---

[48] *Hausman/Leonard* The Competitive Effects of a NEW Product Introduction: A Case Study, Journal of Industrial Economics 50 (2002), 237–264.

[49] Für die Preissetzung im Monopol, bei monopolistischer Konkurrenz und bei vollständiger Konkurrenz s. *Mas-Colell/Whinston/Green*, Microeconomic Theory, 1995, S. 384 ff.

Der **Preis bei vollständiger Konkurrenz entspricht den Grenzkosten;** daher sind die Margen für die verkauften Produkte Null und es werden keine Gewinne erzielt. Der Monopolist maximiert seinen Gewinn, indem er den Schnittpunkt der Grenzkosten und Grenzerlöse und somit seine produzierte Menge bestimmt. Durch die gegebene Nachfrage kann er seinen Preis setzen, wobei Preise und Mengen im Monopol durch den sog. Cournotschen Punkt gegeben sind.

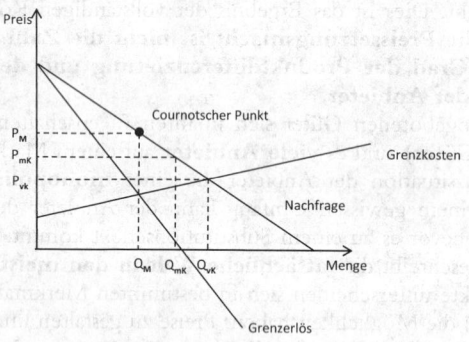

Abbildung 35: Grafische Darstellung der Mengen und Preisbestimmung im Monopol und bei vollständiger Konkurrenz.

Die folgende Tabelle fasst die Konkurrenzsituationen für verschiedene Charakteristiken zusammen:

Charakteristik	Vollständige Konkurrenz	Monopolistische Konkurrenz	Oligopol	Monopol
Anzahl der Unternehmen	Viele	Viele	Wenige	Ein Unternehmen
Differenzierungsgrad der Produkte	Homogen	Heterogen	Homogen/ Heterogen	Ein Produkt

Tabelle 24: Kategorisierung der Konkurrenzsituationen.

d) Gewinnmaximierung im Bertrand-Modell mit heterogenen Gütern

163   Die Gewinnmaximierung im Bertrand Modell mit heterogenen Gütern soll kurz dargestellt werden. Die Gewinnfunktionen zweier Anbieter lauten:

$$\Pi_1 = p_1 q_1 - mc_1 q_1 = (p_1 - mc_1)q_1$$
$$\Pi_2 = p_2 q_2 - mc_2 q_2 = (p_2 - mc_2)q_2$$

Die Gewinne der beiden Firmen werden mit π angegeben, die Preise mit p und die verkauften Mengen mit q. Die Anbieter können die Preise und Mengen wählen. Die Grenzkosten sind mit mc gekennzeichnet. Ihre Nachfragefunktionen hängen vom eigenen Preis und dem Preis ihres Konkurrenten ab:

$$q_1(p_1, p_2) = a_1 - b_1 p_1 + c_1 p_2$$
$$q_2(p_1, p_2) = a_2 + b_2 p_1 - c_2 p_2$$

Dabei sind a, b und c keine Entscheidungsvariablen, sondern für jede Firma fix gegeben. Die Koeffizienten b, c unterliegen den Kreuz- und Eigenpreiselastizitäten, sowie den Marktanteilen. Die Konstante a drückt die nicht durch Preise beeinflussten Präferenzen eines Konsumenten gegenüber einem Gut aus. Firma 1 kann ihre Gewinne durch die Differenzierung ihrer Gewinnfunktion nach dem von ihr bestimmten Preis maximieren:

$$\Pi_1 = (p_1 - mc_1) \star (a_1 - b_1 p_1 + c_1 p_2)$$
$$\frac{\partial \Pi}{\partial p_1} = a_1 - 2b_1 p_1 + c_1 p_2 + b_1 mc_1 = 0$$

Im Gewinnmaximum ist die notwendige Bedingung, dass die erste Ableitung Null ist.[50] Der Gewinnmaximale Preis für Firma 1 hängt somit vom Preis der Firma 2 ab. Durch Auflösen erhält man:

$$p_1 = \frac{a_1 + c_1 p_2 + b_1 mc_1}{2b_1}$$
$$p_2 = \frac{a_2 + b_2 p1 + c_2 mc_2}{2c_2}$$

Durch die Gewinnmaximierung der zweiten Firma wird die gleiche Optimalitätsbedingung errechnet und die Preise können in einander eingesetzt werden.

$$p_2^\star = \frac{a2 + c_2 mc_2}{2c_2} + \frac{b_2}{2c_2} \cdot \frac{(a_1 + c_1 p_2 + b_1 mc_1)}{2b_1}$$
$$p_2^\star = \left(\frac{a2 + c_2 mc_2}{2c_2} + \frac{b_2(a_1 + b_1 mc_1)}{2c_2 2b_1} \right) \star \frac{2c_2 2b_1}{2c_2 2b_1 - c_1 2b_2}$$

Analog lässt sich der Preis für Firma 1 bestimmen und durch Einsetzen beider Preise in die Nachfragefunktionen werden die Mengen bestimmt, durch weiteres Einsetzen in die Gewinnfunktion auch die Gewinne. Die ge-

---

[50] Die Hinreichende Bedingung, dass die zweite Ableitung kleiner als Null ist, wird ebenfalls erfüllt $\partial^2 \pi / \partial p_1^2 = -2b_1 < 0$ Die verkaufte Mengen hängt negativ von dem eigenen Preis ab, somit sind die Eigenkoeffizienten b_1, $c_2 < 0$.

winnoptimalen Preise $p_1^\star$ und $p_2^\star$ hängen wie gezeigt nur von den Parametern der Nachfragekurven und den Grenzkosten ab. Die Parameter der Nachfragekurven können dabei durch statistische Verfahren bestimmt werden.

e) Beispiel: Bestimmung des fremdvergleichsüblichen Wertes einer Technologie

164   Mit Hilfe der oben vorgestellten Analyse der Gewinnmaximierung von Unternehmen kann der Wert eines immateriellen Wirtschaftsgutes und danach die Festlegung fremdvergleichsüblicher Preise für dieses Wirtschaftsgut erfolgen. Es kann dabei analysiert werden, was die **Preissetzungsstrategie** eines Unternehmens mit ohne und ohne eine bestimmte Eigenschaft ist. Wenn das Produkt eines Unternehmens bspw. eine patentierte Eigenschaft verliert, dann wird das Produkt uninteressanter. Unternehmen verlieren dadurch **Preissetzungsmacht** und gegebenenfalls stellt sich eine völlig **andere Konkurrenz** auf dem Markt ein. Wenn bspw. der **Patentschutz für ein Medikament** abläuft und Generika auf dem Markt angeboten werden, dann verbilligt sich der Preis der Medikamente dramatisch. Im Folgenden soll die Analyse des Marktes, wenn sich eine zentrale Eigenschaft ändert, an Hand eines **Beispiels** demonstriert werden.

Ein ausländisches Unternehmen ist durch eine Tochtergesellschaft auf dem deutschen Markt aktiv und verkauft Handys. Das Tochterunternehmen verkauft keine Smartphones, das einzige Konkurrenzunternehmen bietet diese Handys an. Es gibt keine weiteren Hersteller auf dem Markt. Der Vertrieb der Handys in Deutschland stellt eine reine Routinefunktion dar, der fremdvergleichsüblich entlohnt wird. Das Unternehmen möchte nun ermitteln, welchen Wert die Einführung eines **Handys mit Smartphone** Technologie auf dem deutschen Markt hätte.

Die hier vorgestellte Analyse beruht dabei auf starken Annahmen, bspw. dass sich die Handys der beiden Anbieter ausschließlich in der Smartphone Technologie unterscheiden und nicht in Bezug auf andere Eigenschaften wie bspw. den Markennamen. Die nachfolgende Berechnung könnte jedoch auch im komplexeren Umfeld unterschiedlicher Markenwerte, Kundenstämme etc. durchgeführt werden.

aa) Marktvoraussetzungen

165   Die **Herstellungs- und Vertriebskosten** eines Smartphone Handys betragen **EUR 100,** die eines normalen Handys **EUR 50.** Die **Konsumenten haben starke Präferenzen für Handys mit der Technologie,** was sich in ihren Nachfragekurven widerspiegelt. Die Preisabsatzfunktionen der Anbieter wurden mittels statistischer Verfahren ermittelt:

$$q_1(p_1, p_2) = a_1 + b_1 p_1 + c_1 p_2 = 2.500.000 - 5.000 \star p_1$$

$$q_2(p_1, p_2) = a_2 + b_2 p_1 + c_2 p_2 = 200.000 + 500 \star p_1 - 3.012 \star p_2$$

Die potentielle **Marktgröße** für Smartphones ist größer als die für normale Handys (die Konstante a_1 ist größer als a_2). Die **Nachfrage für den ersten Anbieter reagiert nicht auf den Preis des zweiten Gutes.** Die Interpretation hierfür ist, dass **das zweite Gut kein Substitut für das erste Gut** ist. Das Alleinstellungsmerkmal durch die Technologie ist so groß, dass das Smartphone eine gänzlich andere Nachfrage erzeugt. Die Konsumenten, die das erste Gut kaufen, würden daher bei einer Preiserhöhung für das erste Gut nicht das zweite Gut kaufen, sondern eventuell aus dem Markt austreten. Da die Güter so verschieden voneinander sind und die Konsumenten stark ausgeprägte Präferenzen haben, ist der erste **Anbieter ein Quasi-Monopolist** in seinem Markt. Er kann daher seine Preise setzen und seine Gewinne folgendermaßen maximieren.

$$\Pi_1 = (p_1 - mc_1) \star (a_1 - b_1 p_1)$$

$$\frac{\partial \Pi}{\partial p_1} = a_1 - 2b_1 p_1 + b_1 mc_1 = 0$$

Durch Auflösung der Optimalitätsbedingung ergibt sich der gewinnoptimale Preis:

$$p_1 = \frac{a_1 + b_1 mc_1}{2b_1} = EUR\ 300$$

Der zweite Anbieter hat ebenfalls Preisgestaltungsmacht und kann seine Gewinne maximieren. Die Nachfrage für das zweite Gut wird jedoch vom Preis des ersten Gutes beeinflusst, dh manche der Kunden vom zweiten Anbieter würden potentiell das erste Gut kaufen. Da die Kunden jedoch weniger stark ausgeprägte Präferenzen für das zweite Gut haben und der potentielle Markt somit geringer ist, sind die Gewinne niedriger. Die Gewinnmaximierung erfolgt durch das folgende Gewinnmaximierungsproblem:

$$\Pi_2 = (p_2 - mc_2) \star (a_2 + b_2 p_1 - c_2 p_2)$$

$$\frac{\partial \Pi}{\partial p_2} = a_2 + b_2 p_1 - 2c_2 p_2 = 0$$

Durch Auflösung der Optimalitätsbedingung ergibt sich der gewinnoptimale Preis:

$$p_2 = \frac{a_2 + b_2 p1 + c_2 mc_2}{2c_2} = EUR\ 83$$

Aus den Preisen können die Absatzmengen und Gewinne der beiden Anbieter bestimmt werden, die folgende Tabelle fasst die Ergebnisse zusammen:

	Absatzmenge	Preis in EUR	Grenzkosten in EUR	Marge in EUR	Gewinn in EUR
Smartphone	1 000 000	300	100	200	200 000 000
Normales Handy	100 000	83	50	33	3 300 000

Tabelle 25: Beobachtete Marktdaten vor der Einführung der Technologie.

bb) Einführung der neuen Technologie

166   Das Unternehmen hat **eine eigene Smartphone Technologie** entwickelt und möchte diese nun durch das Tochterunternehmen auf dem deutschen Markt einführen. Es stellt sich die Frage nach dem **Wert der Technologie** und der **Höhe der Lizenzgebühr.** Dazu werden die Gewinne des Tochterunternehmens unter den gegebenen Marktvoraussetzungen analysiert. Das Tochterunternehmen wird in Zukunft **keine normalen Handys mehr** anbieten. Im Folgenden werden wichtige Annahmen über den funktionalen Zusammenhang der Nachfrage getroffen. Im Beispiel zur Bewertung entgangener Gewinne im nächsten Abschnitt werden **statistische Verfahren** verwendet, um diesen funktionalen Zusammenhang genau bestimmen zu können.

Wenn das Tochterunternehmen nun ein **neues Produkt** vertreiben kann, welches mit wichtigen neuen technologischen Eigenschaften ausgerüstet ist, dann kann der Geschäftserfolg im Zuge der **But-for-World** analysiert werden. Zunächst müssen Annahmen darüber getroffen werden, wie sich die Konsumenten und das Konkurrenzunternehmen verhalten werden, um das Gewinnmaximierungsproblem aufstellen zu können.

– Wir nehmen an, dass die Handys sich nicht unterscheiden werden, dh es wird ein weitgehend identisches Produkt von zwei Unternehmen angeboten und die Konsumenten haben **keine Präferenz** für eines der beiden Produkte.

– Die Hälfte der **Potentialnachfrage** des zweiten Unternehmens (a_2) **verlässt den Markt,** manche der Konsumenten möchten auf gar keinen Fall ein Handy mit Touchpad-Technologie.

– Es werden dauerhaft Smartphones in Deutschland verkauft und an dem zukünftigen Marktumfeld ändert sich nichts (zB keine neuen Konkurrenten). Die Unternehmen haben einen Vorteil, implizit zu kooperieren.[51]

– Die beiden Unternehmen **kooperieren implizit** miteinander, dh sie konkurrieren nicht über den Preis miteinander und maximieren die Gewinne, als ob sie ein Monopol bilden würden und den Gewinn gleich aufteilen würden.[52]

Da beide Unternehmen sich kooperativ verhalten und die Konsumenten keine Präferenz hinsichtlich der beiden Handys mit Smartphonetechnologie haben, können die Gewinne berechnet werden, als ob ein Monopol auf dem Markt bestehen würde. Die Preisabsatzfunktion ist gegeben durch:

$$Q = q_1 + q_2$$
$$Q(p) = a - bp = 2.600.000 - 4968 \star p$$

Das Marktpotential besteht aus dem Marktpotential des ersten Anbieters ($a_1 = 2\,500\,000$) plus der Hälfte der Nachfrage des zweiten Anbieter

---

[51] Hierfür muss gelten, dass im Rahmen des dynamischen Bertrand Modells der langfristige Kooperationsgewinn höher ist als der einmalige Monopolgewinn. Vgl. *Mas-Colell/Whinston/Green,* Microeconomic Theory, 1995, S. 401 ff.

[52] Dies bedeutet nicht, dass sie Preisabsprachen treffen gegen die Kartellrechtlich vorgegangen werden müsste. Die Unternehmen entscheiden unabhängig von einander im Sinne der Spieltheorie, dass das Gleichgewicht im Markt durch eine implizite Kooperation erreicht wird.

(a_2=200 000). Die Änderung der Nachfrage, wenn sich der Preis erhöht, hat sich ebenfalls geändert und beträgt nun 4968.[53] Durch die implizite Kooperation der Unternehmen können die Gewinne wie die eines Monopolisten bestimmt werden:

$$\Pi = (p - mc) \star (a - bp)$$

$$\frac{\partial \Pi}{\partial p} = a - 2bp + bmc = 0$$

Daraus kann der optimale Preis bestimmt werden:

$$p = \frac{a + bmc}{2b} = EUR\ 312$$

Die Menge und der Gewinn beider Unternehmen können folgendermaßen bestimmt werden:

$$Q(p) = a - bp = 2.600.000 - 4.968 \star 312 = 1.050.000$$

$$\Pi = (p - mc) \star q = EUR\ 222.600.000$$

$$q_{1/2} = Q/2 = 525.000$$

$$\Pi_{1/2} = \Pi/2 = EUR\ \ 111.300.000$$

Die Gewinne der Unternehmen können wie in der folgenden Tabelle dargestellt berechnet werden:

	Absatz-menge	Preis in EUR	Grenzkosten in EUR	Marge in EUR	Gewinn in EUR
Smartphone 1	525 000	312	100	212	111 300 000
Smartphone 2	525 000	312	100	212	111 300 000

Tabelle 26: Beobachtete Marktdaten nach der Einführung der Technologie.

Dadurch, dass das Unternehmen keine normalen Handys mehr herstellt und ein Teil der Konsumenten nun Smartphones kauft hat sich die Gesamtabsatzmenge von Smartphones erhöht. Auf Grund der in diesem Fall willkürlich gewählten Präferenzen hat sich der Preis für ein Smartphone erhöht, beide Effekte führen zu gestiegenen Gewinnen im Smartphone Segment.

cc) Wert der neuen Technologie

In dem dargestellten Beispiel wird errechnet, dass das Unternehmen einen **167** Gewinn von EUR 111 300 000 auf dem deutschen Markt durch die Einführung der Technologie erzielt. **Dieser Gewinn ist allein auf die neue**

---

[53] Diese Änderungen sind in diesem Beispiel willkürlich gewählt. Im nächsten Abschnitt werden statistische Methoden dargestellt, um tatsächlich Werte mit Hilfe statistischer Verfahren genau bestimmen zu können.

Technologie zurückzuführen, **in den Grenzkosten des Unternehmens sind die Aufwendungen für Routinetätigkeiten** des Tochterunternehmens in Deutschland enthalten. Durch die Einführung des Smartphones teilt sich das Unternehmen den Markt mit dem Konkurrenzunternehmen auf. Das Unternehmen erzielt nicht die gleichen Gewinne, die das Konkurrenzunternehmen zuvor erzielt hat. Alle Gewinne, die mit dem Smartphone in diesem Beispiel erzielt werden, können dem Mutterkonzern für die Entwicklung der Technologie zugeschrieben werden.

Zu beachten ist die wesentliche Annahme, dass die Unternehmen implizit kooperieren. Es könnte jedoch auch sein, dass die Unternehmen in vollständige Konkurrenz zueinander treten, da die Konsumenten keine Präferenz hinsichtlich des einen oder anderen Smartphone haben.

Die hier vorgestellte Analyse zeigt, wie Gewinne in einer hypothetischen Marktsituation berechnet werden können. Mit Hilfe von vertragstheoretischen Methoden können der Wert eines immateriellen Wirtschaftsgutes und der fremdvergleichsübliche Preis bestimmt werden. Der **Wertbeitrag eines Unternehmensteils** kann in einem solchen Fall leicht identifiziert werden, da im Sinne der OECD die **people functions für die Änderung einer zentralen Eigenschaft** in der Regel leicht zuordenbar sind. Die vorgestellte Analyse hat allerdings auch Schwächen:

– Die Präferenzen der Konsumenten wurden lediglich geschätzt.
– Andere Produkteigenschaften des Handys wurden nicht berücksichtigt, diese würden sich in den Präferenzen der Konsumenten widerspiegeln.

Das folgende Beispiel zeigt, wie statistische Verfahren helfen, Präferenzen von Kunden mittels statistischer Verfahren zu schätzen.

f) Bewertungsmethoden entgangener Gewinne

aa) Bestimmung von Marktanteilen

168   Bei der Bestimmung der Gewinne, die ohne einen neuen Marktteilnehmer (bspw. auch Rechtsverletzer) möglich gewesen wären, werden:

– die **Nachfragefunktionen und Markanteile der Konsumenten** geschätzt,
– die **Kosten der Produktionsmittel,** einschließlich der Effekte einer erhöhten Nachfrage durch den neuen Marktteilnehmer, ermittelt,
– das **strategische Preissetzungsverhalten** der Produzenten analysiert.

Die Nachfragefunktion kann auf Grund von Vergangenheitswerten von Verkaufsmengen und-preisen mit Hilfe statistischer Methoden geschätzt werden. Allerdings sind Annahmen über den funktionalen Zusammenhang der Nachfragekurve nötig. Liegen Daten für einen Zeitraum mit und ohne den neuen Marktteilnehmer bzw. die Rechtsverletzung vor und sind beide Zeiträume lang genug um ein Preis- und Marktanteilsgleichgewicht nachzuweisen, dann sind die entgangenen Gewinne leicht ersichtlich. Wenn Preise und Mengen ohne den neuen Marktteilnehmer bzw. die Rechtsverletzung nicht beobachtet werden können, werden mit Hilfe der beobachteten Nachfrageelastizitäten die hypothetischen Nachfragen extrapoliert. Dabei werden in Merger Simulationen in der Regel vier Verfahren zur Bestimmung von Nachfragekurven unterschieden: **lineare Nachfragekurven, konstante Elastizitätsnachfragekurven,** weitverbreitete **„Almost**

Ideal Demand Systems" (AIDS) Ansätze[54] und sog. **Nested Logit Modelle.**[55] Vor allem der „Almost Ideal Demand System" Ansatz und Nested Logit Modelle sind in der Lage Nachfragekurven realistisch darzustellen und werden in der Literatur verwendet.

Eine einfache Variante des AIDS Ansatzes soll nun für einen Markt mit drei Unternehmen vorgestellt werden. Um die Marktanteile und die Veränderung der Marktanteile zu bestimmen, werden die Eigenelastizität und die Gesamtelastizität des Marktes benötigt. Der Marktanteil s_i jedes Produktes ist eine Funktion des natürlichen Logarithmus der Preise p_i im relevanten Markt.

$$s_1 = \frac{p_1 \star q_1}{P \star Q} = a_1 + b_{11}\ln(p_1) + b_{12}\ln(p_2) + b_{13}\ln(p_3)$$

$$s_2 = \frac{p_2 \star q_2}{P \star Q} = a_2 + b_{21}\ln(p_1) + b_{22}\ln(p_2) + b_{23}\ln(p_3)$$

$$s_3 = \frac{p_3 \star q_3}{P \star Q} = a_3 + b_{31}\ln(p_1) + b_{32}\ln(p_2) + b_{33}\ln(p_3)$$

Die Konstanten a_i(i=1, 2, 3) repräsentieren Präferenzen der Konsumenten, die nicht durch die Preise beeinflusst werden. Diese Konstanten repräsentieren alle übrigen maßgeblichen Faktoren auf die Nachfrage außer dem Preis, sie geben an, wie hoch die Marktanteile der Anbieter wären, wenn die Preise Null wären. In einem solchen Fall würden die Konsumenten die Produkte nur nach ihren Präferenzen für die Produkteigenschaften auswählen. Die $b_{i,j}$(i,j=1,2,3) Koeffizienten müssen ermittelt werden, um die einzelnen Marktanteile zu erklären. Sie folgen aus den Eigen- und Kreuzpreiselastizitäten. Der Koeffizient $b_{1,2}$ gibt den Einfluss des Preises der Marke 2 auf den Marktanteil der Marke 1 an. Der funktionale Zusammenhang zwischen den Koeffizienten der Marktanteile und Eigen- und Kreuzpreiselastizitäten ist gegeben durch:[56]

$$\varepsilon_{ii} = -1 + \frac{b_{ii}}{s_i} + s_i \star (\varepsilon + 1)$$

$$\varepsilon_{ij} = \frac{b_{ij}}{s_i} + sj \star (\varepsilon + 1)$$

Wobei ε die Gesamtelastizität des Marktes angibt. Das Auflösen der Gleichungen nach den Koeffizienten ergibt:

---

[54] Vgl. *Deaton/Muellbauer* An Almost Ideal Demand System, The American Economic Review, Vol. 70 (1980), No. 3, 312–326.

[55] Vgl. *Berry/Levinsohn/Pakes* Automobile Prices in Market Equilibrium, 63 Econometrica (1995), 841 oder *Werden/Froeb/Beavers* Economic Analysis Lost Profits from Patent Infringement with and without Noninfringing Substitutes, American Intellectual Property Law Association Quarterly, Fall 1999, 305–333.

[56] Für die Herleitung des funktionalen Zusammenhangs siehe den Appendix A von *Epstein/Rubinfeld* Merger Simulation: A simplified Approach with new Applications, Antitrust Law Journal 69 (2002), 883–919.

$$b_{ii} = s_i \left[(\varepsilon_{ii} + 1) - s_i \star (\varepsilon + 1) \right]$$
$$b_{ij} = s_i \left[\varepsilon_{ij} - s_j \star (\varepsilon + 1) \right]$$

Um die Veränderung der Marktanteile zu bestimmen, müssen die b$_{i,j}$ Koeffizienten durch die geschätzten Eigen- und Kreuzpreiselastizität berechnet werden. Anschließend können die drei Konstanten a$_i$(i=1, 2, 3) mit Hilfe der tatsächlichen Marktanteile errechnet werden.[57]

169   Die Effekte des Entfernens eines Angebots können dann anhand der Nachfragekurven analysiert werden. Für die Schätzungen der für die Berechnung notwendigen Eigen- und Kreuzpreiselastizitäten werden viele Daten benötigt, um statistisch verlässliche Ergebnisse zu berechnen. Verschiedene Anbieter stehen hierbei zu Verfügung. Bspw. bieten die Firmen AC Nielsen und Information Resources, Inc. Daten an, welche sich in verschiedenen Studien als nützlich erwiesen haben.[58] Weitere Anbieter solcher Daten sind u. a.: Zenith Optimedia, die GFK Gruppe, Forrester und Gartner. Eine andere Möglichkeit **Nachfragefunktionen** zu bestimmen, sind **Marktstudien.** Dabei werden **Konsumenten hypothetisch** nach ihren **Kaufentscheidungen** gefragt. Ihnen werden in mehreren Szenarien Marktpreise verschiedener Anbieter vorgelegt, unter Berücksichtigung der Produkteigenschaften und eines persönlichen Budgets, entscheiden die Konsumenten dann, welche Produkte sie nachfragen.

170   Die **Kosten** durch die erhöhte Konkurrenz **um Produktionsmittel** können in der Regel durch **interne Finanzdaten** errechnet werden. Dabei spielen zwei Effekte eine Rolle: erstens werden durch die Rechtsverletzung **weniger Produkte des Rechteinhabers** verkauft und zweitens ist die **Nachfrage nach den produktspezifischen Rohstoffen durch die Konkurrenz erhöht.** Insgesamt ist davon auszugehen, dass die **Gesamtnachfrage nach den Produktionsmitteln steigt** und somit auch die Produktionskosten.

Benötigt **Firma A** bspw. für die Produktion des patentierten Gutes X einen wenig nachgefragten Rohstoff, so kann sie den **Rohstoffpreis stark beeinflussen.** Wenn nun die Firma B ein dem Gut X ähnliches Gut Y anbietet, dann fragt sie wahrscheinlich die gleichen Rohstoffe nach wie Firma A. Die **Preise der Rohstoffe** werden auf Grund der **zusätzlichen Nachfrage steigen** und zu erhöhten Produktionskosten führen, auch wenn die individuelle Nachfrage der Firma A an dem Rohstoff sinkt. Für Produktionsmittel, bei denen die veränderte Nachfrage einer Partei die Preise nicht beeinflusst, besteht zumeist ein Kosteneffekt. Obwohl dies oft der Fall ist, werden in der Praxis zur Vereinfachung oft die Grenzkosten aus den Kostenrechnungen des Unternehmens errechnet und als konstant angenommen.

171   Bei Rechteverletzungen wird in der Praxis wird der Wert eines immateriellen Wirtschaftsgutes oft berechnet, in dem die entgangenen Gewinne durch eine Rechteverletzung bestimmt werden. Die im Folgenden vorgestell-

[57] Vgl. *Epstein/Rubinfeld* Merger Simulation: A simplified Approach with new Applications, Antitrust Law Journal 69 (2002), 883–919.

[58] Vgl. *Werden/Froeb/Tardiff* The Use of the Logit Model in Applied Industrial Organization, International Journal of the Economics of Business1996, vol. 3, issue 1, 83–105 oder *Nevo* Measuring Market Power in the Ready-to-Eat Cereal Industry, Econometrica 2001, vol. 69(2), 307–342.

ten Bewertungsmethoden können auch verwendet werden, um innerkonzernliche Verrechnungspreise zu bestimmen, bspw. für die verwendeten immateriellen Wirtschaftsgüter.

Für die Berechnung entgangener Gewinne werden unter anderem sogenannte **Merger Simulationstechniken** verwendet. Diese wurden entwickelt, um die Effekte von **Firmenzusammenschlüssen auf den Wettbewerb zu analysieren.**[59] Vor allem für das Bundeskartellamt und ähnliche Institutionen sind diese Techniken hilfreich, um zu bestimmen, ob von einem Zusammenschluss eine marktbeherrschende Vormachtstellung ausgeht. Bei immateriellen Wirtschaftsgütern können bei zusätzlichem Markteintritt oder im Zuge einer Verletzung des geistigen Eigentums mit Hilfe von Merger Simulationstechniken die entgangenen Gewinne bestimmt werden bzw. der Wert eines bestimmten immateriellen Wirtschaftsgutes auf den Markterfolg. Die Analyse von Verrechnungspreisen, hypothetischen Firmenzusammenschlüssen und einem hypothetischen Marktausschluss ist ähnlich, da in allen Fällen sowohl Mengen als auch Preise beeinflusst werden.

Die **entgangenen Gewinne bilden die Differenz** aus dem **potentiellen Gewinn** ohne zusätzlichen Markteintritt oder ohne Rechtsverletzung und dem **tatsächlichen Gewinn** mit zusätzlichem Markteintritt des Transferees oder Rechtsverletzung.[60] Durch den zusätzlichen Markteintritt des Transferees oder die Rechtsverletzung können einerseits die **Verkaufsmenge** und der **Verkaufspreis** sinken, andererseits kann es zu einer größeren **Konkurrenz um Produktionsmittel** kommen, so dass die Produktionskosten steigen. Alle Effekte auf den Gewinn müssen daher in die Überlegungen mit einfließen. Es gilt auch zu beachten, welchen **Absatz das Produkt des in den Markt eintretenden bzw. Beklagten ohne den Markteintritt oder die Rechtsverletzung** finden würde. Wenn der Verletzer das Produkt ohne die Rechtsverletzung nicht verkaufen könnte, ist der potentielle Schaden höher, als wenn der Absatz nur sinken würde. Kann der Transferee bzw. der Verletzer das Produkt ohne den Erwerb der Lizenz bzw. ohne Rechtsverletzung verkaufen, dann bestehen verschiedene Möglichkeiten den Absatz und den erzielbaren Preis zu bestimmen. Mit Hilfe der Gewinnmaximierungsanalyse können Preise und Mengen bestimmt werden. Die Faktorenanalyse kann durch Konsumentenbefragungen ermitteln, welche Produkteigenschaften von den Konsumenten wie bewertet werden. Dabei geben Konsumenten die relative Wichtigkeit einzelner Produktcharakteristika (Farbe, Form, technische Details, Markennamen etc.) an, wodurch der jeweilige Beitrag zur Produktnachfrage erklärt wird.[61]

Es muss dabei berücksichtigt werden, ob eine Firma in der „But-For-World" ohne eine bestimmte Ausprägung die **zusätzliche Nachfrage auch**

---

[59] Vgl. zB *Deneckere/Davidson* Incentives to Form Coalitions With Bertrand Competitions, RAND Journal of Economics 16 (1985), 473–486 oder *Hausman/Leonard/Zona* Competitve Analysis with Differentiated Products, Annales d'Economie et de Statistique 34 (1994), 159–180.

[60] Dabei kann die Analyse auch dafür verwendet werden, um die erzielbaren Gewinne zu bestimmen.

[61] Vgl. *Backhaus/Erichson/Plinke/Weiber* Multivariate Analysemethoden. Eine anwendungsorientierte Einführung, 2011, Kapitel 5.

bedienen hätte können. Wenn die Produktkapazitäten des Transferors einer Lizenz bzw. eines Kläger bspw. nicht ausgereicht hätten um die zusätzliche Nachfrage zu bedienen, dann sind die entgangenen Gewinne aus verringerten Verkäufen geringer (zu überprüfen bliebe aber der Effekt auf die hypothetischen Preise).[62]

g) Bestimmung der entgangenen Gewinne nach Marktanteilen

172   Bei der Bestimmung der entgangenen Gewinne nach den Marktanteilen wird errechnet, wie viel der Rechteinhaber, also der Transferor von der zusätzlichen Nachfrage bekommen würde, wenn die Produkte des Transferees bzw. des Rechteverletzers vom Markt genommen werden würden. Zunächst muss der relevante Markt abgegrenzt und die Marktanteile der einzelnen Anbieter bestimmt werden. Dann wird die potentielle zusätzliche Nachfrage des Klägers geschätzt, indem das hypothetisch vom Markt genommene Angebot des Beklagten mit Hilfe der Marktanteile auf die verbliebenen Anbieter aufgeteilt wird.

$$ZN = \frac{s}{1-w}$$

Der Anteil an der **zusätzliche Nachfrage,** ZN, ergibt sich aus dem **Marktanteil des Klägers** s, geteilt durch die **Gesamtnachfrage minus des Markanteils des Angeklagten** w. Dasselbe gilt Für den Marktanteil des Transferors im Ausland. Diesem Verfahren liegt die Annahme zu Grunde, dass die **Marktanteile die Wettbewerbsstruktur im definierten Markt korrekt widerspiegeln.** Sie wird üblicherweise dann **verletzt, wenn Produkte in Produktgruppen** zusammengefasst werden können und die **Konkurrenz innerhalb einer Gruppe stärker ist als zwischen den Gruppen.**

173   Diese Überlegungen sollen kurz am **Beispiel des Automarktes** veranschaulicht werden. Dieses kann sowohl für die **Verlagerung der Herstellung** der Sportwagenherstellung an eine ausländische Tochtergesellschaft verwendet werden, die bislang dort nur Kleintransporter herstellte, als auch für die den Fall der Patentverletzung. Bei einer hypothetischen Patentverletzung eines Kleintransportherstellers an einem Patent eines anderen Kleintransportwagenherstellers[63] würde die **Marktdefinition „Automarkt"** die Aufteilung der zusätzlichen Nachfrage verzerren.[64] Die Marktdefinition „Markt für Kleintransporter" wäre hier angebracht, da beide Hersteller auf diesem Markt miteinander konkurrieren. Es ist wichtig, den geeigneten Markt korrekt zu bestimmen.

Sportwagen stehen zueinander in stärkerer Konkurrenz als zu Kleintransportern. Beide sind zwar Automobilhersteller, bedienen jedoch unterschiedli-

---

[62] Auch vor U.S. Gerichten müssen diese Überlegungen durchgeführt werden, vgl. Panduit Corp. v. Stahlin Bros. Fibre Works, Inc., 575 F.2d 1152, 197 U.S.P.Q. (BNA) 726 (6th Cir. 1978).

[63] Die rechtlichen Überlegungen wurden in den USA angestellt: State Industries Inc. vs. Mor-Flo Industries Inc., 883 f.2d 1573 (Fed. Cir. 1989).

[64] Crystal Semiconductor Corp. v. Tritec Microelectronics Intl. Inc. et al.; 246 f.3d 1336 (Fed. Cir. 2001).

che Bedürfnisse. Bei einer hypothetischen Patentverletzung eines Sportwagenherstellers an einem Patent eines Kleintransporterherstellers, wäre es schwierig einen gemeinsamen Markt zu definieren. Der Marktanteil des Kleintransporterherstellers im Produktsegment „Sportwagen" ist ebenso wie der Marktanteil des Sportwagenherstellers im Produktsegment „Kleintransporter" Null.[65] Auch die Definition „Automarkt" wäre nur bedingt geeignet, da die Produkte nicht in starker Konkurrenz zueinander stehen. Es käme bei der Definition „Automarkt" zu einer falschen Einschätzung der **zusätzlichen Nachfrage** und der damit verbundenen entgangenen Gewinne. Gleichzeitig besteht aber eine (geringe) Konkurrenz zwischen Produktgruppen, die beachtet werden sollte. Wegen dem **alles-oder-nichts Prinzip** der Marktdefinition muss sehr genau bestimmt werden, welche Produkte aufgenommen werden. Die Schwierigkeit den richtigen Markt zu definieren, wird mit den Simulationstechniken vermieden, diese sind datenaufwendiger und unterliegen einer statistischen Unsicherheit, stellen aber die Konkurrenz akkurater dar.

h) Merger Simulationstechnik-Bewertung[66]

Es existiert ein Markt auf dem vier Produkte in zwei unterschiedlichen **174** Segmenten angeboten werden. H1 und H2 sind hochwertige Premiumprodukte, während die Produkte L1 und L2 einem billigeren Segment zuzuordnen sind. Der Anbieter des Produktes H1 ist Besitzer eines Patents, gegen welches der Anbieter des Produktes L1 verstößt, oder das ins Ausland verlagert werden soll. Die Anbieter der Produkte H2 und L2 verstoßen nicht gegen das Patent. Bei der Verlagerung wären das unabhängige Marktteilnehmer im Ausland. Der Anbieter des L1 Produktes, also der Transferee bei der Verlagerung oder dem Lizenzverkauf, ist auf das Patent angewiesen, dh ohne das Patent zu nutzen könnte er sein Produkt nicht anbieten. Daher gibt es in der hypothetischen Welt ohne Verlagerung bzw. Patentverletzung nur die Produkte H1, H2 und L2. Es soll gezeigt werden, wie Preise, Umsätze und Gewinne in einer Welt ohne das L1 Produkt bestimmt werden können.

aa) Benötigte Daten

Die beiden Premiumanbieter haben Grenzkosten in Höhe von € 100 pro **175** Produkt, die beiden Standardanbieter Grenzkosten von € 110 pro Produkt. Die tatsächlichen Preise, Umsätze und Gewinne sind in Tabelle 27 Dargestellt.

Marke	Preis pro Einheit	Umsatz-menge	Marktanteil	Marge	Gewinn (in Millionen)
H1	EUR 173	214 500	33,9%	EUR 73	EUR 15.66
H2	EUR 169	207 100	32,8%	EUR 69	EUR 14.29
L1	EUR 132	105 200	16,6%	EUR 22	EUR 2.31
L2	EUR 132	105 200	16,6%	EUR 22	EUR 2.31

Tabelle 27: Tatsächliche Geschäftsergebnisse

---

[65] BIC Leisure Prods. Inc. v. Windsurfing Intl. Inc., 1 F.3d 1214 (Fed. Cir. 1995).
[66] Entnommen aus *Leonard/Stiroh* Economic Approaches to Intellectual Property Policy, Litigation, and Management, NERA Economic Consulting 2005, S. 117 ff.

Die Elastizitäten werden in **Tabelle 28** dargestellt. Diese können wie oben beschrieben mit Hilfe von **statistischen Verfahren** oder **Konsumentenbefragungen** ermittelt werden. Die Werte der Diagonalen geben die Eigenelastizitäten an. Die Nachfrage der Premiumanbieter reagiert weniger stark auf eine eigene Erhöhung der Preise um 1% (−2,37% für H1 und −2,42% für H2) als die Nachfrage der Standardanbieter (−5,90% für L1 und L2). Bei der Betrachtung der einzelnen Zeilen wird deutlich, welche Produkte stärker miteinander in Konkurrenz stehen. In der Zeile von H1 indiziert die Kreuzpreiselastizität des Gutes H2 von 0,80 eine starke Konkurrenz, während der Wert für L1 und L2 nur 0,22 beträgt. Es ist ersichtlich, dass H1 ein stärkeres Substitut für H2 und L1 ein stärkeres Substitut für L2 ist.

| | | **Für eine Änderung des Preises von ...** | | |
		H1	H2	L1	L2
Elastizität der Nachfrage für	H1	−2,37	0,80	0,22	0,22
	H2	0,83	−2,42	0,24	0,24
	L1	0,77	0,77	−5,90	3,71
	L2	0,77	0,77	3,71	−5,90

Tabelle 28: Eigen- und Kreuzpreiselastizitäten

Bei der Betrachtung der Spalten kann man den Effekt einer Preiserhöhung des Produktes um 1% auf die Nachfrage der einzelnen Güter ermitteln. Bei einer Erhöhung des Preises von H2 um 1% sinkt die Nachfrage nach H2 um 2,42%, die Nachfrage nach H1 steigt um 0,8% und die Nachfrage nach L1 und L2 steigt jeweils um 0,77%. Dass die Gesamtnachfragemenge bei grundlegenden Marktveränderungen nicht gleich bleibt, soll folgende Überlegung illustrieren. Aus den Elastizitäten ist erkennbar, wie sich die Nachfrage bei einer Preiserhöhung um 1% verändern. Die **Effekte einer Preiserhöhung** um 1% von Gut L1 auf die Gesamtnachfrage sind in **Tabelle 29** zusammengefasst.

Tabelle 29: Effekt einer Erhöhung des Preises für L1 um 1 % auf die Nachfragemengen

	Elastizität einer Preiserhöhung von L1 auf ...	Verkaufte Menge vor der Preiserhöhung	Nachfrageänderung (Elastizität★ Menge)	Verkaufte Menge nach der Preiserhöhung
H1	0.22	214,500	472	214,972
H2	0.24	207,100	497	207,597
L1	−5.90	105,200	−6,207	98,993
L2	3.71	105,200	3,903	109,103
Total		632,000	−1,335	630,665

Die Gesamtnachfrage verringert sich. Durch **Produktdifferenzierung heben sich die Produkte voneinander ab und die Konsumenten haben Präferenze**n für diese einzelnen Produktcharakteristika. Manche Konsumenten sind nicht bereit die anderen Produkte zu kaufen und treten daher aus den Markt aus. Sollte das Angebot von L1 nun komplett aus dem Markt genommen werden, dann sollte der Gesamtmarkt auf Grund der Konsumentenpräferenzen schrumpfen.

bb) Bewertung der entgangenen Gewinne

Im ersten Schritt sollen die entgangenen Gewinne mit Hilfe von Markt- **176** anteilen bestimmt werden. Hierbei kann entweder der **Gesamtmarkt (=H1+H2+L1+L2)** oder der **Produktgruppenmarkt (H1+H2 und L1+L2)** zur Aufschlüsselung der zusätzlichen Marktnachfrage dienen. Bei der Verwendung des Gesamtmarktes werden die verkauften **Einheiten von L1 auf die verbliebenen drei Anbieter nach ihrem jeweiligen Marktanteil aufgeteilt.** Die 105 200 Einheiten werden wie oben dargestellt folgendermaßen aufgeteilt: H1 erhält 33,9%/(1–16,6%)*105 200 = 42 835, H2 erhält 32,8%/(1–16,6%)*105 200 = 41 357 und L2 erhält 16,6%/(1–16,6%)* 105 200 = 21 008. Unter der Annahme, dass sich die Grenzkosten und die Verkaufspreise nicht geändert haben, stellt Tabelle 30 die Verkaufsmengen, Marktanteile und Gewinne dar. Der entgangene Gewinn für den Besitzer der Marke H1 ergibt sich aus der Differenz der Profite mit **Tabelle 27.**

Marke	Preis pro Einheit	Umsatz-menge	Markt-anteil	Marge	Gewinn (in Millionen)	Entgangener Gewinn (in Millionen)
H1	EUR 173	257.335	40,7%	EUR 73	EUR 18,79	EUR 3.13
H2	EUR 169	248.457	39,3%	EUR 69	EUR 17,14	
L1	–	–	–	–	–	–
L2	EUR 132	126.208	20,0%	EUR 22	EUR 2,78	

Tabelle 30: Hypothetische Gewinne nach der Aufteilung nach Marktanteilen am Gesamtmarkt

Der Großteil der zusätzlichen Nachfrage entfällt auf die ersten beiden Anbieter (80%), da sie die größten Marktanteile besitzen. Es wird **angenommen, dass die Marktanteile die Konkurrenzsituation korrekt widerspiegeln; Produktpräferenzen beeinflussen in diesem Beispiel die Entscheidung nicht.** Es wird daher nicht berücksichtigt, dass Konsumenten, die das Produkt L1 kaufen, in einer Welt ohne das Produkt L1 wahrscheinlicher zur Marke L2 wechseln würden, da es im gleichen Produktsegment ist. Es ist nicht plausibel, dass Konsumenten beim Wegfall eines Produktes aus dem billigen Segment mit der gleichen Wahrscheinlichkeit Produkte eines teuren Segmentes kaufen wie Produkte aus dem billigen Segment.

Bei einer **Aufteilung von Marktanteilen nach Produktsegmenten** **177** würde die zusätzliche Nachfrage komplett auf L2 entfallen und es bestünden keine entgangenen Gewinne für den Besitzer des Patents oder den Transferor. Es wird unterstellt, dass die Marken L1 und H1 nicht mit einander konkurrieren, da sie nicht im selben Produktsegment agieren. Es würde keine zusätzliche Nachfrage auf H1 entfallen.

Beim **Simulationsansatz mit Hilfe der Nachfrageelastizität** müssen die Nachfragekurven und Marktanteile für die einzelnen Produkte geschätzt werden. Dies geschieht mit Hilfe des „Almost Ideal Demand System" Ansatzes.[67] Zunächst werden wie oben beschrieben die unabhängigen Variablen der

---

[67] Für die mikroökonometrische Herleitung s. *Deaton/Muellbauer* An Almost Ideal Demand System, The American Economic Review (1980), Vol. 70, No. 3, 312–326.

Nachfragekurve aus den gegebenen Eigen- und Kreuzpreiselastizitäten errechnet. Die Markanteile und Elastizitäten werden benutzt, um Koeffizienten folgender Gleichungen zu lösen:

$$s_i = a_i + b_{i1} \ln(p_{L1}) + b_{i2} \ln(p_{L2}) + b_{i3} \ln(p_{H1}) + b_{i4} \ln(p_{H3})$$

Dabei können die Koeffizienten wie oben (s. Rn. 168) beschrieben mit Hilfe folgender Gleichungen berechnet werden:

$$\varepsilon_{ii} = -1 + \frac{b_{ii}}{s_i} + s_i \star (\varepsilon + 1)$$

$$\varepsilon_{ij} = \frac{b_{ij}}{s_i} + s_j \star (\varepsilon + 1)$$

Für i =1,...,4 ergeben sich vier verschiedene Gleichungen, deren Koeffizienten in Tabelle 31 dargestellt werden. Die Gesamtelastizität des Marktes beträgt -1.

	a_i	$b_{i,j}$	H1	H2	L1	L2
H1	0,61	H1	−0,47	0,27	0,08	0,08
H2	0,63	H2	0,27	−0,48	0,08	0,08
L1	−0,18	L1	0,13	0,13	−0,82	0,62
L2	−0,18	L2	0,13	0,13	0,62	−0,82

Tabelle 31: Koeffizienten der Nachfragefunktionen

Durch die hypothetische Eliminierung des Angebots der Marke L1 können auf Grund der Nachfragefunktionen Marktanteile errechnet werden. In einem ersten Schritt wird ein theoretischer logarithmierter Preis für das L1 Produkt berechnet unter der Annahme, dass der Marktanteil von L1 Null ist:

$$s_{L1} = a_3 + b_{3,1} \ln(p_{H1}) + b_{3,2} \ln(p_{H2}) + b_{3,3} \ln(p_{L1}) + b_{3,4} \ln(p_{L2})$$

$$\ln(p_{L1}) = \frac{a_3 + b_{3,1} \ln(p_{H1}) + b_{3,2} \ln(p_{H2}) + b_{3,4} \ln(p_{L2})}{-b_{3,3}} = EUR\ 5{,}09$$

$$p_{L1} = EUR\ 162$$

Wenn der Anbieter L1 einen Preis in von EUR 162 verlangen würden, dann würden die Konsumenten keine Produkte vom L1 Anbieter nachfragen. Dieser Preis kann in die Nachfragekurven der anderen Anbieter eingetragen werden, um die neuen Marktanteile zu bestimmen. **Tabelle 32** fast die Ergebnisse zusammen. Es wird wiederrum angenommen, dass sich für die anderen Anbieter Verkaufspreise und Grenzkosten nicht verändert haben.

Marke	Preis pro Einheit	Umsatz-menge	Markt-anteil	Marge	Gewinn (in Millionen)	Entgangener Gewinn (in Millionen)
H1	EUR 173	224.131	35,5%	EUR 73	EUR 16,36	EUR 0,70
H2	EUR 169	217.244	34,4%	EUR 69	EUR 14,99	
L1	–	–	–	–	–	–
L2	EUR 132	184.851	29,2%	EUR 22	EUR 4,07	

Tabelle 32: Hypothetische Gewinne unter Aufteilung der zusätzlichen Nachfrage mit Merger Simulationstechnik

Die Marktanteile der drei verbliebenen Firmen betragen zusammen 99,1%, **178** dh dass nicht alle verkauften L1 Einheiten auf die restlichen Anbieter aufgeteilt werden. Ein Teil der Nachfrage nach L1 (5,5%) ist vom Markt gänzlich verschwunden. Ein großer Teil der zusätzlichen Nachfrage (75,7%) wird von L2 bedient. Dies entspricht der durch die Elastizitäten angegebenen Substituierbarkeit von Gut L1 durch L2. Die Güter konkurrieren stärker miteinander als mit den anderen Gütern, weshalb der Anbieter des Gutes L2 von dem Wegfall des Gutes L1 am stärksten profitiert. Dennoch wandert ein Teil der Nachfrage ins Premiumsegment, da diese auch mit L1 konkurrieren. Diese Konkurrenz ist geringer, was sich in der geringeren zusätzlichen Nachfrage widerspiegelt. Die Ergebnisse der drei verschiedenen Aufteilungen sind in **Tabelle 33** zusammengefasst. Sie gibt die prozentuale Aufteilung der zusätzlichen Nachfrage auf die verbliebenen Güter bzw. die Möglichkeit aus dem Markt auszuscheiden an.

	Simuliert Nachfrage	Aufteilung nach Gesamtnachfrage	Aufteilung nach Produktgruppe
H1	9,2%	40,7%	0,0%
H2	9,6%	39,3%	0,0%
L2	75,7%	20,0%	100,0%
Marktabwanderung	5,5%	0,0%	0,0%

Tabelle 33: Aufteilung der Nachfragemenge von L1 unter den verschiedenen Ansätzen

Die zugrunde liegende ökonomische Annahme für die Aufteilung der **179** Nachfrage nach der Gesamtnachfrage ist, dass die Kreuzpreiselastizitäten gleich sind. Dies wäre bei vollkommener Konkurrenz ohne Produktdifferenzierung der Fall, nicht jedoch in dem hier dargestellten Beispiel. In der Realität ist es sehr unwahrscheinlich, dass in einem Markt vollkommene Konkurrenz herrscht. Dies wäre auch insoweit uninteressant, als dass in einem solchen Markt keine Gewinne erzielt werden würden (Preis=Grenzkosten). Durch die Produktdifferenzierung sind die Kreuzpreiselastizitäten nicht gleich und ein Teil der Konsumenten tritt aus dem Mark aus. Da L2 ein stärkerer Konkurrent für L1 ist kann davon ausgegangen werden, dass ein größerer Teil der Nachfrage auf L2 wandern wird. Da allerdings auch Konkurrenz zwischen den Produktklassen besteht ist die Aufteilung der Nachfrage nach Produktgruppen problematisch. Die vorgestellten Überlegungen der Merger Simulation eigenen sich besser, die Konkurrenzsituation im vorliegenden Beispiel darzustellen.

cc) Auswirkungen auf die Preise

Abschließend muss noch der **Effekt der Eliminierung eines Anbieters 180 auf die Preise** analysiert werden. **Anbieter L1 verstärkt den Wettbewerb;** dies führt zu einem **erhöhten Preisdruck.** In der Regel verringert erhöhter Wettbewerb die Verkaufspreise. Daher kann im Umkehrschluss davon ausgegangen werden, dass die **Preise bei einem verringerten Angebot höher** wären. Durch das Preissetzungsverhalten der Anbieter und den ermittelten Eigen- und Kreuzpreiselastizitäten können die Preise ohne das Angebot L1 simuliert werden. Dazu werden die Nachfragegleichungen vor (Pre) und nach (Post) dem Marktaustritt des L1 Angebotes bestimmt:

$$s_{i\_Post} = a_i + b_{i1} \ln(p_{L1\_Post}) + b_{i2} \ln(p_{L2\_Post}) + b_{i3} \ln(p_{H1\_Post}) + b_{i4} \ln(p_{H2\_Post})$$

$$s_{i\_Pre} = a_i + b_{i1} \ln(p_{L1\_Pre}) + b_{i2} \ln(p_{L2\_Pre}) + b_{i3} \ln(p_{H1\_Pre}) + b_{i4} \ln(p_{H2\_Pre})$$

Die beiden Nachfragegleichungen werden für alle Produkte voneinander abgezogen, so dass insgesamt 4 Gleichungen mit drei unbekannten Preisen entstehen (der Preis für das L1 Gut wurde oben bereits berechnet). Die Gleichungen können nach den unbekannten Preisen aufgelöst werden. Tabelle 34 fasst Ergebnisse zusammen. Die Preise der Anbieter haben sich auf Grund der verringerten Konkurrenz erhöht.

Marke	Preis pro Einheit	Umsatz-menge	Markt-anteil	Marge	Gewinn (in Millionen)	Entgangener Gewinn (in Millionen)
H1	EUR 178	223.500	35,4 %	EUR 78	EUR 17,43	EUR 1,77
H2	EUR 174	216.400	34,2 %	EUR 74	EUR 16,01	
L1	–	–	–	–	–	
L2	EUR 147	153.800	24,3 %	EUR 37	EUR 5,69	

Tabelle 34: Hypothetische Gewinne unter Aufteilung der zusätzlichen Nachfrage mit Merger Simulationstechnik und unter Berücksichtigung veränderter Preise.

Auf Grund der geringeren Konkurrenz steigen die Preise aller im Markt verbliebenen Anbieter. **Besonders stark ist der Anstieg beim Anbieter L2, da er auch in der stärksten Konkurrenz zu L1 stand.** Der Anbieter mit geringer direkter Konkurrenz, kann seinen Preis stark erhöhen. Die verkauften Mengen gehen auf Grund der erhöhten Preise leicht zurück, der Preiseffekt übertrifft den Mengeneffekt allerdings und die potentiellen Gewinne der verbliebenen Firmen steigen im Vergleich zu Tabelle 32.

i) Fazit

181   Die **Bewertung von schwer vergleichbaren Wirtschaftsgütern,** insb. von immateriellen Wirtschaftsgütern und Transferpaketen, **hängt primär von der Vorhersage von zukünftigen Gewinnen und Cashflows ab.** Diese beruhen bislang zumeist auf „händischen" Schätzungen durch die **Transferors und Transferees.** Deren Planung bzw. Schätzung wird von den Experten zumeist nur auf Plausibilität überprüft, wenn sie daraus den Wert des übertragenen Wirtschaftsguts errechnen. Oft ergeben sich aber in den **Folgejahren stark abweichende Umsätze, Kosten etc.** Die **Finanzbehörde**n haben bei ihrer späteren Prüfung den Vorteil, dass sie **im Prüfungszeitpunkt die tatsächliche Entwicklung kennen.** Um die Korrektur durch die Außenprüfung zu vermeiden, kann auf **Anpassungsklauseln** zurückgegriffen werden. Diese haben jedoch oft diverse unerwünschte Folgen.

Als Alternative kann das hier vorgestellte Verfahren gewählt werden. Es sollte den Außenprüfern schwer fallen, Vorhersagen, die auf der Basis der hier aufgeführten Verfahren ordnungsgemäß errechnet wurden, als unverwertbar oder fehlerhaft zu bezeichnen.

Die **Bestimmung des Wertes von immateriellen Wirtschaftsgütern** durch die Verwendung **verhandlungstheoretischer und statistischer Methoden** muss die **Konkurrenzsituation der am Markt aktiven Unter-**

nehmen berücksichtigen. Durch die Betrachtung eines Marktes mit bestehenden Transaktionen wird sichergestellt, dass der bestimmte Wert fremdvergleichsüblich ist; er wird aus tatsächlichen an einem aktiven Markt beobachteten Transaktionen bestimmt.

Die Bewertung muss realistisch sein und **alle zu Verfügung stehenden Informationen berücksichtigen.** Manche Ansätze wie die Aufteilung der zusätzlichen Nachfrage durch Marktanteile sind, wie oben beschrieben wurde, nicht realistisch und berücksichtigen zusätzlich nicht die veränderten Preise. **Mikroökonomische Verfahren** sind in der Lage, die **Preissetzungsmechanismen** darzustellen, nachdem mit Hilfe von statistischen Verfahren Nachfragekurven bestimmt wurden. Um die Nachfragekurven bestimmen zu können, existieren verschiedene Annahmen, welche sich sowohl in der Praxis als auch in der Literatur als hilfreich erwiesen haben.

Die hier vorgestellten Methoden zur Ermittlung eines fremdvergleichsüblichen Preises für (immaterielle) Wirtschaftsgüter eignen sich für die **Anwendung auf Märkten, für die viele Informationen über gehandelte Mengen und Preise** verfügbar sind.[68] Je nach Sachverhalt eignen sich verschiedene Verfahren auf Grundlage statistischer Auswertungen, die für die Bewertung ausgewählt werden können.

Die hier vorgestellte Analyse entspricht den Überlegungen eines **doppelten ordentlichen und gewissenhaften Geschäftsführers,** wenn er den **Wert einzelner Eigenschaften seiner Produkte** ermittelt, um den Preis für Lizenzgebühren festzulegen. **Der Wert der (immateriellen) Wirtschaftsgüter wird aus beobachtbaren Daten aus aktiven Märkten gewonnen werden und ist folglich fremdvergleichsüblich.**

2. Verhandlungstheorie – Spieltheorie zur Aufteilung gemeinsamer Einnahmen und Zahlungsströme

Die **meisten Verrechnungspreismethoden bestimmen eine Quartilsbandbreite für mögliche wirtschaftlich plausible Werte.** Einen festen fremdvergleichsüblichen Wert innerhalb dieser Quartilsbandbreite zu bestimmen, ist oft schwierig. In diesem Abschnitt wird dargestellt, wie der **fremdvergleichsübliche Wert mit Hilfe der Verhandlungstheorie,** in diesem Fall durch das Shapley Value, bestimmt werden kann. Der Wert wird dabei innerhalb einer Verhandlungsbandbreite (keiner interquartilen Bandbreite) bestimmt.

Bei der Bestimmung fremdvergleichsüblicher Preise bei konzerninternen Geschäftsvorfällen ist es von zentraler Bedeutung, den **Beitrag jeder Partei zur gemeinsamen Werterzeugung unter Berücksichtigung der einzigartigen Beziehungen und Dependenzen der Gruppe zu bestimmen.** Wenn mehrere Parteien in einer Gruppe **Nicht-Routine Beiträge erbringen, muss der Wert der Beiträge ermittelt werden.** Dabei kann es sein, dass die **Beiträge gleichwertig** sind **und** die Beiträge **daher gleich gewichtet** werden. In diesem Fall können bspw. die zur Erbringung des Beitrages angefallenen Kosten für die Bemessung der Beiträge verwendet werden.

---

[68] Im Gegensatz zu Kapitel H Rn. 1 ff. wo fremdvergleichsübliche Preise auf Grund von Monte Carlo Simulationen berechnet wurden, da nicht genügend beobachtbare Marktpreise vorhanden waren.

Die folgenden Abschnitte zeigen die Wertermittlung, wenn die **Beiträge nicht gleichwertig** sind. Die Beiträge müssen dann **unterschiedlich gewichtet werden.**

Im Folgenden wird dargestellt, wie der **Wert der geleisteten Beiträge** von verbundenen Parteien festgestellt werden kann, **um den Parteien fremdvergleichsübliche Gewinne aus einer gemeinsamen Tätigkeit zuzuordnen.** Dabei geht es grundsätzlich um die Frage, wie bei Verhandlungen zwischen fremden Dritten die Verhandlungsmacht der beiden Parteien simuliert werden kann. In Deutschland verlangt der Bundesfinanzhof den Nachweis des Handelns des **doppelten „ordentlichen und gewissenhaften Geschäftsleiters" bei Verhandlungen,** dabei muss die **Verhandlungsmacht der Beteiligten** dargestellt werden. Die OECD bestätigt die Möglichkeit der Verwendung der Spieltheorie im Rahmen der Verrechnungspreise:

> *„Ein anderer Weg für die Restgewinnanalyse könnte darin bestehen, das Ergebnis von Verhandlungen zwischen unabhängigen Unternehmen auf dem freien Markt nachzubilden. Dabei beruht die den einzelnen Beteiligten auf der ersten Stufe zugewiesene Vergütung auf dem niedrigsten Preis, den ein unabhängiger Verkäufer unter diesen Verhältnissen vernünftigerweise akzeptiert, und auf dem höchsten Preis, den der Käufer vernünftigerweise zu zahlen bereit ist. Unterschiede zwischen diesen beiden Werten ergäben den Restgewinn, über den unabhängige Unternehmen verhandeln würden. Auf der zweiten Stufe könnte bei der Restgewinnanalyse sodann eine Teilung dieser Gewinnmasse erfolgen, basierend auf einer Untersuchung aller für die verbundenen Unternehmen maßgebenden Faktoren, die zeigen, wie unabhängige Unternehmen die Differenz zwischen dem Verkäufer-Mindestpreis und dem Käufer-Höchstpreis aufgeteilt hätten."*[69]

a) Verhandlungstheoretische Konzepte

183   In der Verrechnungspreispraxis werden Güter und Dienstleistungen von international tätigen Unternehmen erstellt, bei denen verschiedene Unternehmensteile Nicht-Routine Funktionen erbringen und so zu einer gemeinsamen Leistungserstellung beitragen. Häufig vorkommende Nicht-Routine Funktionen, die gemeinsam erstellt werden umfassen: die Marke, F&E und andere immaterielle Wirtschaftsgüter (zB Wirkstoffe, Know-how, Kundenstamm und Projektmanagement-Know-how bspw. für Arzneimittelzulassungen). Für diese Funktionen kann die Gewinnaufteilung mit Hilfe der Spieltheorie durchgeführt werden. **Der Kern** und der **Shapley Wert** sind Konzepte der Verhandlungstheorie (bzw. Spieltheorie), die bei Verrechnungspreisen Anwendung finden. Sie können dazu eingesetzt werden die Verhandlungsmacht der involvierten Parteien zu simulieren, um den fremdvergleichsüblichen Wert innerhalb der Quartilsbandbreite zu bestimmen.

184   Das Konzept der Verhandlungsmacht ist eine rationale Möglichkeit zur **Ermittlung des relativen Wertes der Beiträge** verschiedener Parteien. Dies wurde von **Lloyd Shapley** in den 1950er Jahren erkannt.[70] Er baute mit seinem Modell auf Überlegungen auf, die wenig früher Durchbrüche in der

---

[69] OECD-Verrechnungspreisleitlinien für multinationale Unternehmen und Steuerverwaltungen 2010, para. 2.122.

[70] *Shapley,* „A Value for n-Person Games" in Kuhn/Tucker (Ed.), Contributions to the theory of games II, (Annals of Mathematics Studies 28), 1953, 307–317.

ökonomischen Forschung dargestellt hatten.[71] Das Gebiet der **Verhandlungs- oder Spieltheorie,** das kurz zuvor formalisiert worden war, befasst sich mit den **strategischen Interaktionen von Parteien,** die versuchen, ihren Nutzen zu maximieren, indem sie über das **Ausmaß der Kooperation** entscheiden. Für sein Modell erhielt Lloyd Shapley 2012 den Wirtschaftsnobelpreis.

Die **Spieltheorie** ist **Teil der Mikroökonomie** und **modelliert Interaktionen von Teilnehmern** in einem „Spiel"; **einer Beziehung strategischer Interdependenzen.** Der **Gewinn jedes Teilnehmers hängt nicht nur** von den eigenen Entscheidungen und Handlungen ab, **sondern auch von den Handlungen der anderen Teilnehmer im „Spiel".** Verhalten sich die Beteiligten „kooperativ" und tragen gemeinsam zu einer Werterzeugung bei, **erhöht sich der Gesamtgewinn** der Parteien. Im Rahmen der Verrechnungspreise entstehen bei „Spielen" gemeinsame Werterzeugungen durch Interaktionen von Beteiligten. Die Beteiligten sind bei der Bestimmung fremdvergleichsüblicher Verrechnungspreise die Einheiten internationaler Konzerne.

Es ist anzumerken, dass das **Shapley Value** ein Modell der **kooperativen Spieltheorie** ist. Es wird keine Aussage gemacht, inwiefern der Shapley Value ein **Nash-Gleichgewicht** darstellt. Das Modell macht also keine klare Verhaltensprognose, sondern ermittelt lediglich denjenigen Wert, der den gewichteten Durchschnitt der jeweiligen **Intensitäten der Verhandlungsmacht** darstellt. **Verhandlungsmacht wird als das marginale Produkt jeder Partei** in jeder möglichen Koalition zwischen den Produktionsfaktoren definiert. Das **Shapley Value** ist damit in der Lage, das Kernproblem zu beantworten, wie Gewinne im Lichte der Verhandlungsmacht der Parteien aufgeteilt werden sollen, wenn der **Wertschöpfungsprozess multiplikativer Natur** ist, dies ist insb. beim Bestehen immaterieller Wirtschaftsgüter in der Regel der Fall.[72]

Der **Shapley Value** basiert auf dem Prinzip, dass die Entlohnung eines Pro- **185** duktionsfaktors ausschließlich auf dessen **marginalem Beitrag zu einem Endoutput** basiert sein sollte. Der Shapley Value aggregiert die marginalen Produkte der verschiedenen Produktionsfaktoren und setzt sie zueinander in Beziehung. Damit ist das Konzept in der Lage, den Wert der Beiträge der verschiedenen Parteien in eine Beziehung zu deren Entlohnung zu stellen.

Es wird dabei berücksichtigt, dass die gesamte Entlohnung der Parteien dem gesamten **durch die Kooperation entstehenden Überschuss** genau entsprechen muss. Der Shapley Value ist also in der Lage, mit **multiplikativer Wertschöpfung** umzugehen: Im Ergebnis kann die Summe der Entlohnungen nicht den **gesamten erwirtschafteten Überschuss** überschreiten. Die Methode betont den **Wert der Beiträge und die Verhandlungsmacht** der Parteien.

Wenn **kooperative Handlungen** einen **höheren Wert als unkoopera-** **186** **tiven Handlungen** für die Beteiligten Firmen erzeugen, dann ist es rational,

---

[71] *von Neumann/Morgenstern* „Theory of Games and Economic Behavior", 1944; *Nash* „The Bargaining Problem", Econometrica 18 1950, 55–162.

[72] S. auch *Vögele/Gonnet/Gottschling* Transfer Prices Determined by Game Theory: Underlyings, Tax Planning International Transfer Pricing BNA 2008.

kooperative Lösungen anzustreben. Um der Fremdvergleichsüblichkeit zu genügen, müssen die Firmen eine höhere Vergütung durch Kooperation auf
verschiedenen Ebenen erreichen. Um die Effekte einer Kooperation nachzuweisen, sollte eine Analyse mit **folgenden Schritten** erfolgen:

(1) Die Bestimmung der gemeinsam erwirtschafteten Gewinne der Beteiligten Firmen durch Kooperation – „Kooperationsfall".

(2) Quantifizierung der (hypothetischen) Gewinne mit verschiedenen Koope-
rationsstufen bis hin zum Fall der Nicht-Kooperation.

(3) Berechnung des Kerns und des Shapley Wertes, wobei

(a) der **Kern die Spanne der fremdvergleichsüblichen Gewinnaufteilungen** angibt, dh alle zusätzlichen Gewinne die durch die Kooperationen erzielt werden und

(b) **der Shapley Wert den Punkt der kooperativen Gewinnaufteilungen innerhalb der Spanne** angibt, bei dem die Firmen für ihren
Beitrag zum Gesamtwert entlohnt werden.

Die **mathematische Interpretation** ist wie folgt:

187   Wenn S eine Koalition mit N Spielern ist, so setzt der Shapley Value den
Gewinn aus Koalition S in Beziehung mit dem **Gewinn einer Koalition,** in
der Spieler i der Koalition austritt. Verglichen wird also der **Koalitionsgewinn** ohne und mit dem Spieler i. Es wird damit das **marginale Produkt
des Beitrages** des Spielers i zu sämtlichen möglichen Koalitionen ermittelt:

$$x_i = \sum_{S, i \in S} \frac{(|S|-1)!(|N|-|S|)!}{|N|!} \left[v(S) - v(S \setminus i) \right]$$

i	Spieler i
S	Anzahl der Spieler in Koalition S
N	Anzahl aller Spieler im Spiel
v(S)	Aus Koalition S resultierender Gesamtgewinn

b) Gewinnbestimmung

188   Der erste Schritt für die Berechnung des Shapley Wertes, dh der fremdvergleichsüblichen Gewinne aus einer gemeinsam erstellten Leistung, besteht in
der Bestimmung der gemeinsam erwirtschafteten Gewinne. Hierfür muss der
Gewinn aus der Kooperation beziffert werden. Unter der Annahme, dass keine anderen Nicht-Routine Funktion außerhalb der Koalition[73] existieren,
entspricht der Gewinn aus der Koalition dem residualen Gewinn, dh
dem Gewinn abzüglich der Vergütung der Routine Funktionen.

Im zweiten Schritt erfolgt die **Quantifizierung der (hypothetischen)
Gewinne ohne vollständige Kooperation.** Dabei werden **alternative
Kooperationsgrade der verschiedenen Parteien analysiert.** Das Profit-
potential jeder möglichen Kooperation und **der Beitrag der Parteien zu**

---

[73] Im Falle, dass Nicht-Routine Funktionen existieren, die nicht integriert mit den
anderen Unternehmensteilen sind, können diese immer noch als Teil der Kooperation
betrachtet werden. Sie generieren einen eigenständigen von anderen IW unabhängigen
Wert. Der Wert wird zum Wert der anderen gemeinsamen Unternehmensaktivitäten
hinzuaddiert.

dem jeweiligen Profit müssen hierfür bestimmt werden. Die verschiedenen Ausprägungen des Kooperationsgrades existieren nicht immer in der tatsächlichen Welt, zusätzlich sind die Handlungen und Interaktionen jedes Unternehmens einzigartig, so dass eine **detaillierte Analyse der übernommen Funktionen und Risiken** notwendig ist. Zu diesem Zweck können Befragungen sowohl innerhalb des Unternehmens als auch bei externen Branchenexperten durchgeführt werden. Die getroffenen Überlegungen werden an Hand eines Beispiels im Folgenden dargestellt.

Die Übertragung oder Überlassung von immateriellen Wirtschaftsgütern **189** generiert üblicherweise einen wirtschaftlichen **Mehrwert,** um dessen Aufteilung die involvierten Parteien dann **verhandeln.** Bspw. kann ein immaterielles Wirtschaftsgut umsatzsteigernd wirken und so einen Mehrwert durch die zusätzlichen Gewinne erwirtschaften. Der Preis für das immaterielle Wirtschaftsgut, zum Beispiel in Form einer Lizenzgebühr, führt dann zu einer Aufteilung dieses Mehrwertes zwischen Lizenzgeber und Lizenznehmer: Bei einem niedrigen Preis kann der Lizenznehmer einen relativ hohen Anteil des Mehrwertes einbehalten, während ein höherer Preis dazu führt, dass der Lizenzgeber mehr erhält. In keinem Fall würde eine der Parteien einem Preis zustimmen, der in einem negativen Wert für diese Partei[74] führt.

Beispiel: Eine amerikanische Großbank stellt ihrer europäischen Tochtergesellschaft verschiedene immaterielle Wirtschaftsgüter für die **Vermögensverwaltung** zur Verfügung. Nach internationalem Steuerrecht ist es nötig, dass diese Überlassung fremdvergleichsüblich vergütet wird, dh dass die amerikanische Einheit eine Lizenzgebühr erhält, auf die sich fremde Dritte in einer vergleichbaren Situation geeinigt hätten.[75]
Drei wesentliche Faktoren tragen zum wirtschaftlichen Erfolg der Vermögensverwaltung bei: Kapital, Personal und immaterielle Wirtschaftsgüter, die die amerikanische Muttergesellschaft beisteuert, wie zB das Geschäftsmodell. Durch Shapley Value wird bestimmt, welchen Anteil am relevanten Gesamtgewinn jede der drei Faktoren in einer Verhandlung hätte einfordern können. Dazu ist es nötig zu analysieren welchen Gewinn jede der Funktionen für sich allein hätte realisieren können, und welchen Gewinn jede Kombination von je zwei Funktionen erwirtschaften könnte.
Jede einzelne Funktion und jede Kombination wird separat betrachtet und durch verschiedene Methoden analysiert. ZB würde der Faktor Kapital an sich nur eine normale Eigenkapitalverzinsung erwirtschaften. Der Gewinn des Personals (ohne Kapital und IW), kann bestimmt werden, indem entsprechende Unternehmen in Datenbanken identifiziert werden. Der Gewinn der Kombination von Personal und Kapital (aber ohne immaterielle Wirtschaftsgüter) kann durch Expertenbefragungen bestimmt werden. Alle acht möglichen Kombinationen werden analysiert. Aus der Analyse und Shapley Value Betrachtung ergibt sich der Gewinnanteil, den die amerikanische Mutterfirma in einer Verhandlung zwischen fremden Dritten erhalten hätte. Der Gewinnanteil kann in eine einzige Lizenzgebühr umgerechnet werden, die an die Mutterfirma entrichtet wird.

---

[74] Dabei sind alle wirtschaftlichen Auswirkungen der Lizensierung auf das Geschäft der Parteien zu berücksichtigen, inklusive aller etwaigen Opportunitätskosten. Grundlage bilden Grenzkosten und -erträge, die durch das untersuchte Geschäft entstehen, zB kann es sein, dass bestimmte Fixkosten ausgenommen werden müssen, wenn diese ohnehin durch das sonstige Geschäft anfallen würden.
[75] S. Vögele/Gonnet/Gottschling/Fügemann Transfer prices determined by game theory: 3 – Application to the banking industry, 12/08 Tax Planning International Transfer Pricing.

190   Das Shapley Value verwendet dabei einen axiomatischen Ansatz über die erreichte Verteilung, und macht eine Aussage über das erreichte Verhandlung*sergebnis*, ohne den konkreten Verhandlung*sprozess* zu spezifizieren. Shapley Value eignet sich damit insb. für **allgemeine Verhandlungssituationen,** bei denen unterstellte Verhandlungsprozesse nicht entscheidend einwirken. Im Regelfall ist dies gegeben, allerdings kann es auch Ausnahmen geben, wenn die Verhandlung stark formalisiert ist und dadurch ein erheblicher Einfluss auf das Ergebnis zu erwarten ist. In diesen Fällen kann die Anwendung anderer spieltheoretischer Modelle besser geeignet sein.

> **Beispiel:** Eine französische und eine deutsche Firma verhandeln über den Kaufpreis für Anteile an einem gemeinsamen Joint-Venture. Bei dem mehrere Jahre zurückliegenden Beginn des Joint-Ventures wurde eine Finanzoption vereinbart, die der deutschen Firma erlaubt in einem halben Jahr die Anteile der französischen Firma zu einem bestimmten Preis zu übernehmen. Selbst wenn die deutsche Firma diese Option noch nicht wahrnehmen kann, ist es wahrscheinlich, dass die Option die Verhandlungsbereitschaft der deutschen Firma beeinflusst. Die explizite Möglichkeit, in sechs Monaten einen bestimmten Preis erzielen zu können, sollte konkret in einem Verhandlungsmodel abgebildet werden.

Shapley Value basiert auf den **Wertbeiträgen** der beteiligten Parteien und **fußt nicht auf historischen Kosten.** Dies entspricht der Vorgehensweise von ordentlichen Geschäftsführern, die ebenfalls **zukunfts- und wertorientiert** agieren.

c) Ökonomischer Hintergrund

aa) Grundlagen

191   Formell bildet Shapley Value eine *normative* **Lösung** für *kooperative* **„Spiele".**[76] Kooperativ sind solche Spiele, bei denen alle Beteiligten prinzipiell ein *gemeinsames* **Interesse** daran haben zu einer Einigung zu gelangen, aber gleichzeitig einen *Interessenkonflikt* haben, wie diese Einigung exakt ausgestaltet sein soll. Für die Verhandlung über Lizenzgebühren oder ähnliches trifft dies im Regelfall zu: sowohl der Lizenzgeber, als auch der Lizenznehmer haben ein Interesse die Lizensierung zu Stande kommen zu lassen, aber gegenteilige Interessen, was die Höhe der dafür entrichteten Lizenzgebühr anbelangt.

Der Nobelpreisträger Lloyd Shapley fand 1953 einen normativen Lösungsansatz für diese Art kooperativer Spiele. Er zeigte, dass für jedes Spiel nur eine einzige Lösung existiert, die die folgenden vier Axiome erfüllt:

(1) *Effizienz*: Der gesamte Mehrwert wird verteilt, es wird also insgesamt kein Wert vernichtet.

(2) *Symmetrie*: Zwei Parteien, die aus wirtschaftlicher Sicht unter allen Umständen einen gleichen Beitrag zum Mehrwert liefern, sollten auch den gleichen Anteil daran erhalten.

---

[76] In der Ökonomie werden alle Situationen, bei denen der Gewinn einer Partei von den Aktionen einer anderen Partei abhängt als „Spiel" bezeichnet, insb. also jegliche Verhandlungen. Der ökonomische Begriff geht also über die Bedeutung von Gesellschaftsspielen hinaus.

(3) *Kombinierbarkeit:* Das Ergebnis sollte unabhängig davon sein, ob das Spiel als eine Einheit betrachtet wird, oder als Summe zweier Teile betrachtet wird.

(4) *Nullspieler:* Eine Partei, die unter keinen Umständen etwas zu dem Mehrwert beitragen kann, erhält keinen Anteil an diesem Mehrwert.

Der Begriff „Beitrag" zum Mehrwert ist relativ weit gefasst: Ein Beitrag **192** wird immer dann angenommen, wenn ohne Beteiligung der Partei ein geringerer Wert zu Stande käme. Ein Beitrag kann also auch in der reinen Gewährung eines Nutzungsrechtes liegen, und muss keine eigene weitere Aktivität voraussetzen.

Beispiel: Ein Maschinenbauer will eine neue Fertigungsanlage vertreiben, benötigt aber für die Steuerungsfunktion eine spezielle Software, die nur von einer einzigen Computerfirma vertrieben wird. Ohne die Software wäre die neue Fertigungsanlage nicht möglich, daher wird die Computerfirma einen relative hohen Anteil am Gewinn erhalten, selbst wenn ihr Beitrag nur in der bereits bestehenden Software besteht, und ihrerseits kein weiterer Einsatz für die Entwicklung der Fertigungsanlage geleistet wird.

Das Endergebnis wird als Shapley Value bezeichnet und ordnet jeder Partei **193** einen Anteil am Mehrwert zu, der dem **durchschnittlichen Grenzbeitrag** der Partei entspricht.

Im Sinne des Steuerrechts bildet **Shapley Value** damit die Figur des **doppelten, ordentlichen Geschäftsleiters** ab und kann damit auch genutzt werden um Verhandlungslösungen zwischen verbunden Unternehmen zu simulieren. Shapley Value findet eine Lösung, auf die sich Lizenznehmer und Lizenzgeber geeinigt hätten, wenn sie im Hinblick auf die Lizenzgebühr einem Interessenkonflikt unterlegen wären, selbst wenn das durch die Unternehmensstruktur tatsächlich nicht der Fall war. Insb. würden beide Parteien ihre jeweiligen Grenzbeiträge geltend machen und verwenden, um ihrer Verhandlungsposition dadurch Nachdruck zu verleihen. Neben dem deutschen Steuerrecht, betont auch die OECD die Zulässigkeit von Methoden, die „das Ergebnis von Verhandlungen zwischen unabhängigen Unternehmen auf dem freien Markt nachbilden".[77]

bb) Erfassung der möglichen Koalitionen

Grundsätzlich wird von zwei oder mehr verschiedenen **Parteien** ausge- **194** gangen, die mit einander in Verhandlungen treten müssten. Diese Parteien sind die verschiedenen wirtschaftlichen Handlungsträger, etwa der potentielle Lizenznehmer und der oder die Lizenzgeber.

Beispiel: Die Angemessenheit der Gewinne der Tochterfirma eines Konsumgüterkonzerns soll geprüft werden. Die Tochterfirma kauft Güter in China ein, die dann von den Verkaufsgesellschaften in aller Welt an Endkunden verkauft werden. Dabei nutzen die Verkaufsgesellschaften auch die Marke, die wesentlich durch die Muttergesellschaft entwickelt wurde. Daraus ergeben sich *drei* Parteien: *Einkauf (E)*, *Verkauf (V)* und *Marke (M)*.

Von diesen Parteien ausgehend werden alle möglichen **Koalitionen** gebildet, indem alle möglichen Kombinationen von Parteien betrachtet werden.

---

[77] S. OECD Verrechnungspreisleitlinien für multinationale Unternehmen und Steuerverwaltungen, Juli 2010, § 2.122.

Die Menge der möglichen Koalitionen hängt von der Anzahl der Parteien in der gesamten Verhandlung ab: Für zwei Parteien ergeben sich bspw. vier mögliche Koalitionen,[78] während es bei drei Parteien schon acht mögliche Koalitionen gibt.[79]

Beispiel: Aus den drei oben genannten Parteien ergeben sich acht Koalitionen: {}, {E}, {V}, {M}, {E,V}, {E,M}, {V,M}, und {E,V,M}.

195   Der Gesamtwert einer Koalition wird durch die **Wertfunktion** abgebildet, das heißt anschließend wird für jede Koalition der hypothetische Gesamtwert bestimmt, den alle Mitglieder der Koalition gemeinsam erwirtschaften könnten. Dabei wird jeweils angenommen, dass alle Mitglieder an der Wertschöpfung teilnehmen, während alle anderen Parteien nicht teilnehmen.

Die **Wertefunktion** erfasst die wesentlichen ökonomischen Grundlagen der Verhandlungssituation und ist der in der Praxis oftmals komplexeste Aspekt in der Bewertung des Shapley Value. Bspw. wäre zu bestimmen, welchen Wert ein Produkt hätte, das zwei von drei möglichen Patenten beinhaltet. Wie dieser Wert im konkreten Fall ermittelt wird, hängt wesentlich von den Umständen des Falles und den verfügbaren Informationen ab, jedoch haben sich insb. *Experteninterviews, Konsumentenbefragungen* und *Datenbankrecherchen* als sinnvoll erwiesen.

Beispiel: Tatsächlich haben alle drei Parteien in obigem Beispiel zusammen gearbeitet. Der Verdienst der Koalition **aller Parteien** {E,V,M} ist also der tatsächlich erwirtschaftete Gewinn aller Funktionen. Wenn **keine Funktion** teilnehmen würde, entstünde auch kein Gewinn $v(\{\})=0$. Wenn die **Einkaufsfunktion** separat agieren würde, könnte sie nur eine übliche Marge erwirtschaften, die durch eine Datenbankrecherche zu $v\{E\}=7\,\%$ Kostenaufschlag ermittelt wird. Die weltweite **Verkaufsfunktion** könnte im konkreten Fall ohne die Marke und die günstigen Einkaufspreise keinen effektiven Verkauf betreiben und würde daher keinen Gewinn erwirtschaften können $v(\{V\})=0$. Die reine **Marke** könnte ohne die anderen Funktionen nur den Markennamen an Dritte lizenzieren, was auch tatsächlich erfolgt. Daher wird der Gewinn der Marke im Alleinstellungfall durch die Lizenzeinnahmen bestimmt: $v(\{M\})=Lizenzeinkünfte$. Für die **Koalition aus Einkauf und Marke,** ergaben Experteninterviews kein besonderes Synergiepotential; der Wert dieser Koalition entspricht also der Summe der Einzelwerte: $v(\{E,M\})=v(\{E\})+ v(\{M\})$. Eine detaillierte Analyse der Einkaufsaktivitäten ergibt, dass diese die Wareneinsatzkosten erheblich senken konnte. Der Gewinn der **Koalition aus Verkauf und Marke** (ohne den Einkauf), müsste ohne diese Kostensenkung auskommen, daher wäre der Wert: $v(V,M)=hypothetischer\ Gewinn\ bei\ 31\,\%\ höheren\ COGS$. Die letzte zu prüfende **Koalition** ist die **von Einkauf und Verkauf,** ohne die Mitwirkung der Marke. Eine detaillierte Überprüfung zeigt, dass die Entwicklung der Marke zu einer Verdopplung der Umsätze geführt hatte. Für die Bestimmung des Koalitionswertes wird angenommen, dass um die Hälfte niedrigere Umsätze angefallen wären, was bei gleicher EBIT-marge zu entsprechend niedrigerem Gewinn geführt hätte.

cc) Shapley Value

196   Mit Hilfe der in bb) eingeführten Begriffe lässt sich die Shapley Value folgendermaßen mathematisch darstellen:

---

[78] Keine Partei {}, Partei A, Partei B, oder Partei A und B
[79] {}, {A},{B}, {C}, {A und B}, {A und C}, {B und C}, oder {A und B und C}

$$x_i = \sum_{S,i \in S} \frac{(|S|-1)!(|N|-|S|)!}{|N|!}\left[v(S)-v(S\backslash i)\right]$$

Formel 1: Der Gewinnanteil x_i der Partei i nach Shapley Value. Der Term in Klammern stellt die **Grenzbeiträge der Partei** zu einer Bestimmten Koalition S dar, also die Differenz im Gesamtwert, wenn i beiträgt, bzw. nicht beiträgt. Dabei wird die Summe über alle möglichen Koalitionen S gebildet und jeder Grenzbeitrag mit einem Faktor gewichtet, der die Wahrscheinlichkeit der Koalition ausdrückt.

Mit Hilfe dieser Formel wird jeder Partei ein Anteil am Gesamtwert zugeordnet, der vom **Grenzbeitrag der jeweiligen Partei** abhängt, also dem Mehrwert, den die Partei zur Koalition beiträgt. Implizit kann jede Partei androhen, nicht Teil der Koalition zu werden, und somit der Koalition den Grenzbeitrag zu entziehen.

Dabei wird ein gewichteter Mittelwert gebildet, der den **Grenzbeitrag zu allen möglichen Koalitionen** bestimmt, nicht nur der Koalition, welche tatsächlich entstanden ist. Durch dieses Verfahren wird berücksichtigt, in wie weit jede Partei abweichende Koalitionen eingehen könnte, bzw. wie sie welchen Grenzbeitrag dann geltend machen könnte.

d) Fallbeispiel zur Berechnung des Shapley Wertes

aa) Fallbeschreibung

Drei verbundene Pharmaunternehmen möchten fremdvergleichsübliche **197** Gewinne aus ihrer Kooperation bestimmen. Das Unternehmen in **Land A hat ein neues Medikament entwickelt** und möchte dieses durch sein Schwesterunternehmen in Land B vermarkten. Ein Unternehmen in **Land B hat eine Marke aufgebaut.** Ein anderes vollbringt **andere Nicht-Routine Aufgaben** im Bereich des Vertriebs. Die verbundenen Unternehmen tragen durch ihre übernommenen Nicht-Routine Funktionen in drei verschiedenen Feldern zu einer gemeinsamen Leistungserstellung bei. Hierfür können den Gesellschaften folgende **drei immaterielle Wirtschaftsgüter** zugeordnet werden: die Marke, Active Ingredient („AI"), und andere immaterielle Wirtschaftsgüter („andere IW").

Bei den **Active Ingredients** handelt es sich um die **Wirkstoffe** des Medikaments, ohne die das Produkt nicht marktfähig wäre. Die „anderen immateriellen Wirtschaftsgüter" beschreiben in diesem Fall das besondere Verkaufsknow-how des Unternehmens in Land B. Das Nicht-Routine Verkaufsknow-how hat nur einen Wert in Zusammenhang mit Produkten der Unternehmensgruppe, ohne den Verkauf der Produkte würden keine Gewinne mit dem Verkaufsknow-how erzielt werden. Jedoch könnten von fremden Dritten Routine Vertriebsaufgaben eingekauft werden, diese würden die Gewinne jedoch auf Grund des fehlenden Know-hows senken. Die Marke des Unternehmens in Land B erhöht das Gewinnpotential des Produktes, jedoch könnte es auch als No-Name Produkt auf den Markt gebracht werden.

Die Unternehmen können durch Kombinationen dieser immateriellen Wirtschaftsgüter unterschiedliche Endprodukte anbieten und somit verschiedene Profitpotentiale erreichen. Wenn bspw. Produkte mit den Active Ingrediants und anderen immateriellen Wirtschaftsgütern aber **ohne den Mar-**

kennamen des Pharmaherstellers angeboten werden, dann lassen sich aus dieser Kombination nur geringere Gewinne erzielen als **mit dem Marken- namen.** Aus den verschiedenen Kombinationen der verwendeten immate- riellen Wirtschaftsgüter sind die beiden Unternehmen in der Lage **unter- schiedliche Kooperationsgewinne** zu erzielen. Es soll im Folgenden beschrieben werden, wie der Wertbeitrag jedes einzelnen immateriellen Wirt- schaftsgutes gemessen werden kann.

bb) Beschreibung der Kooperationsmöglichkeiten

198   In der folgenden Tabelle werden die **unterschiedlichen Kooperations- grade** der Unternehmen dargestellt. Dabei werden je nach Kooperationsgrad **verschiedene Kombinationen** der möglichen ausgeübten Funktionen für eine **gemeinsame Leistungserstellung** verwendet. Im Kooperationsfall werden bspw. alle drei immateriellen Wirtschaftsgüter verwendet und somit ergibt sich für das Profitpotential die tatsächlich beobachten Profite aus der gemeinsamen Leistungserstellung. Wenn nun jedoch nicht alle immateriellen Wirtschaftsgüter in die Leistungserstellung einfließen, dh der Kooperations- grad geringer ausfällt, dann verändert sich das Profitpotential aus den hypo- thetischen Kooperationen.

Kooperationsgrad	Profitpotential der hypothetischen Kooperationen
Marke, AI, andere IW	Die kombinierten Profite aller drei Nicht-Routine Funk- tionen.
Marke, AI	Geschäftspotential für Besitzer einer Marke und eines AIs ohne andere IW.
Marke, andere IW	Geschäftspotential für Besitzer einer Marke in Verbindung mit anderen IW ohne Kooperation des AIs.
Wirkstoffe, andere IW	Geschäftspotential eines No-Name Produktes mit einem AI und anderen IW
Marke	Eigenständiger Markenwert
AI	Eigenständiger Wert des AI
andere IW	Wert der anderen IP

Die Ausprägungen der **Kooperationsgrade,** dh die unterschiedlichen Kombinationen der immateriellen Wirtschaftsgüter werden in der Spielttheo- rie als **Koalitionen** bezeichnet.

cc) Berechnung des Kerns

199   Der Kern gibt die **Spanne aller Gewinne** an, die aus der Kooperation entstehen können. Dabei wird der maximale Wert der Spanne in der Regel durch das Zusammenwirken aller immateriellen Wirtschaftsgüter und der niedrigste Wert der Spanne im Standalone Fall erreicht, bei dem jede Gesell- schaft für sich und ohne Kooperation agiert. Der Kern repräsentiert daher alle möglichen Verhandlungsergebnisse der Gewinn maximierenden Unter- nehmen. Mit Kooperation werden die Gewinne gesteigert und durch die Verhandlungsmacht der einzelnen Unternehmen wird bestimmt, wie die zu- sätzlichen Gewinne aufgeteilt werden. Die Spanne der möglichen Gewinn- aufteilung wird durch den Kern definiert. Prinzipiell sind alle Profitaufteilun-

gen möglich, bei denen die einzelnen Unternehmen einen **höheren Gewinn erzielen als ohne Kooperation möglich wäre.**

Die Spanne des Kernes hängt vom Nutzen der Kooperation ab. Existieren große Synergieeffekte, dann entstehen hohe zusätzliche Profite und die Spanne vergrößert sich. Um der Fremdvergleichsüblichkeit zu genügen, muss der **Shapley Wert innerhalb des Kernes** liegen, dh Bestimmungen der Verrechnungspreise bei denen die Gewinne eines Unternehmens durch die Kooperation sinken sind nicht zulässig. Der Shapley Wert jedes Unternehmens wird als durchschnittlicher Grenzbeitrag des Unternehmens zu den möglichen Kooperationsebenen errechnet. Die resultierende Gewinnaufteilung zwischen Marke, AI und anderen IW stellt die relativen Beiträge zu den gesamten Gewinnen des internationalen Unternehmens dar. Dadurch kann der Wert der einzelnen Beiträge abgeleitet werden.

Bedingungen an den Kern	Beschreibung des Kern
$\pi_{Marke} + \pi_{AI} + \pi_{andereIW}$ $= \upsilon(\{Marke,AI,andereIW\})$	Die Summe der drei Anteile am Profit ist gleich dem tatsächlichen Wert Profit aus Schritt 1.
$\pi_{Marke} + \pi_{AI}$ $\geq \upsilon(\{Marke, AI\})$ $\pi_{AI} + \pi_{andereIW}$ $\geq \upsilon(\{AI, andereIW\})$ $\pi_{Marke} + \pi_{andereIW}$ $\geq \upsilon(\{Marke, andereIW\})$	Die Summe der Gewinnanteile der beiden Funktionen muss mindestens gleich einer Kooperation basierend auf den Funktionen sein.
$\pi_{Marke} \geq \upsilon(\{Marke\})$ $\pi_{AI} \geq \upsilon(\{AI\})$ $\pi_{andereIW} \geq \upsilon(\{andereIW\})$	Der Anteil am Gewinn jeder Funktion muss mindestens so groß wie der hypothetische Gewinn ohne Kooperation sein.

Die Gewinnanteile der immateriellen Wirtschaftsgüter am Gesamtgewinn **200** bei verschiedenen Koalitionen wird beschrieben durch π_{Marke}, π_{AI} und $\pi_{andere\,IW}$. Das Ergebnis der jeweiligen Koalition wird durch die Wertfunktion $v(\{...,...\})$ angegeben. Die resultierende Gewinnaufteilung zwischen Marke, AI und anderen IW stellt die relativen Beiträge zu den gesamten Gewinnen des internationalen Unternehmens dar. Dadurch kann der Wert der einzelnen Beiträge durch die Grenzgewinne der jeweiligen Kooperationen abgeleitet werden.

Grenzgewinne der Kooperation					
Marke		AI		Andere IW	
mit	entspricht	mit	entspricht	mit	entspricht
{AI, andere IW}	$V(\{Marke, AI, andere\ IW\}) - V(\{AI, andere\ IW\})$	{Marke, andere IW}	$V(\{Marke, AI, andere\ IW\}) - V(\{Marke, andere\ IW\})$	{AI, Marke}	$V(\{Marke, AI, andere\ IW\}) - V(\{Marke, AI\})$
{AI}	$V(\{Marke, AI\}) - V(\{AI\})$	{Marke}	$V(\{Marke, AI\}) - V(\{Marke\})$	{AI}	$V(\{andere\ IW, AI\}) - V(\{AI\})$
{andere IW}	$V(\{Marke, andere\ IW\}) - V(\{andere\ IW\})$	{andere IW}	$V(\{AI, andere\ IW\}) - V(\{andere\ IW\})$	{Marke}	$V(\{andere\ IW, Marke\}) - V(\{Marke\})$
{0}	$V(\{Marke\}) - V(\{0\})$	{0}	$V(\{AI\}) - V(\{0\})$	{0}	$V(\{andere\ IW\}) - V(\{0\})$

Die **Grenzgewinne** der einzelnen immateriellen Wirtschaftsgüter müssen sorgfältig bestimmt werden. Im konkreten Fall:

– Die beobachtbaren **tatsächlichen Gewinne** der Gesellschaften aus der gemeinsamen Leistungserstellung betragen EUR 20m ($V(\{Marke, AI\})$ =EUR 20m).

– Es würden keine Gewinne mit einem Medikament **ohne Wirkungsstoffe** erzielt werden, weshalb alle Koalitionen ohne den Wirkungsstoffe Null wären ($V(\{Marke, andere\ IW\})= V(\{Marke\})= V(\{andere\ IW\})=V (\{0\})=0$).

– Den Einfluss des **Markennamens** auf die Grenzgewinne wurde im konkreten Fall mit Hilfe von Konsumentenumfragen eruiert. Dabei wurden Konsumenten nach ihrer Zahlungsbereitschaft für ein Produkt mit und ohne Markenname gefragt. Das Ergebnis war, dass die Unternehmen mit Produkten mit Wirkstoff und Markennamen Gewinne in Höhe von EUR 12m erzielen würden ($V(\{Marke, AI\})=EUR\ 12m$).

– Mit Produkten mit Wirkstoff, aber ohne Markennamen oder andere IW würden Gewinne in Höhe von EUR 5m ($V\{AI\}$) erzielt.

– Interne Analysen mit Bezug auf andere immateriellen Wirtschaftsgüter ergaben, dass durch die Produkte mit Wirkstoff und mit der Verwendung der anderen IW Gewinne in Höhe von EUR 9m erzielt werden würden ($V(\{andere\ IW, AI\})= EUR\ 9m$).

Die folgende Tabelle stellt die hypothetischen Ergebnisse jeder Koalition dar.

Grenzgewinne der Kooperation						
Marke		AI		Andere IW		
mit	entspricht	mit	entspricht	mit	entspricht	
{AI, andere IW}	EUR 20m – EUR 9 m= EUR 11m	{Marke, andere IW}	EUR 20m-0	{AI, Marke}	EUR 20m – EUR 12m= EUR 8m	
{AI}	EUR 12 m- EUR 5m= EUR 7m	{Marke}	EUR 12 m-0	{AI}	EUR 9m – EUR 5m= EUR 4m	
{andere IW}	0	{andere IW}	EUR 9m-0	{Marke}	0	
{0}	0	{0}	EUR 5m	{0}	0	

Die Spanne zwischen der **Koalitionslösung** (alle drei immateriellen Wirtschaftsgüter werden verwendet) und dem **Standalone Fall** (der Besitzer der Wirkstoffe aus Land A vermarktet das Produkt allein in Land B) beträgt EUR 15m. Nun muss berechnet werden, welchen Anteil an diesen Gewinnen den beiden Parteien zusteht. Dies erfolgt wie oben beschrieben durch die Berechnung des Shapley Wertes.

$$x_i = \sum_{S,i \in S} \frac{(|S|-1)!(|N|-|S|)!}{|N|!} [v(S) - v(S \backslash i)]$$

dd) Berechnung des Shapley Wertes

Aus der Berechnung der **hypothetischen Gewinne jeder Koalition** 201 können die Grenzbeiträge der immateriellen Wirtschaftsgüter in den einzelnen Koalitionen berechnet werden, wodurch der Wert innerhalb des Kerns bestimmt werden kann. Die Shapley Werte für die immateriellen Wirtschaftsgüter berechnen sich dabei folgendermaßen

$$x_{Marke} = \frac{1}{6} [2 \star EUR\ 11m + 1 \star EUR\ 7m] = EUR\ 4,83m$$

$$x_{AI} = \frac{1}{6} [2 \star EUR\ 20m + 1 \star EUR\ 12m + 1 \star EUR\ 9m + 2 \star EUR\ 5m] = EUR\ 11,83m$$

$$x_{IW} = \frac{1}{6} [2 \star EUR\ 8m + 1 \star EUR\ 4m] = EUR\ 3,33m$$

In diesem konkreten Beispiel ergibt die Aufteilung der Gewinne für das Unternehmen in Land A, welches die Wirkstoffe erforscht hat, einen Gewinnanteil in Höhe von EUR 11,83m. Das Unternehmen in Land B, welches im Besitz des Markennamens ist, steht ein fremdvergleichsüblicher Gewinn in Höhe von EUR 4,83m zu. Dem Unternehmen, das die anderen immateriellen Wirtschaftsgüter hält, stehen EUR 3,33m zu.

e) Ergebnis

202   Shapley Value findet eine Lösung, auf die sich Lizenznehmer und Lizenzgeber geeinigt hätten, wenn sie im Hinblick auf die Lizenzgebühr einem
Interessenkonflikt unterlegen wären, selbst wenn das bei **verbundenen Unternehmen** tatsächlich nicht der Fall war. Insb. würden unabhängige Unternehmen ihre jeweiligen Grenzbeiträge geltend machen und verwenden, um
ihrer Verhandlungsposition dadurch Nachdruck zu verleihen.

Im Sinne des **deutschen Steuerrechts** bildet Shapley Value die Figur des
doppelten, ordentlichen Geschäftsleiters ab und kann damit auch genutzt werden um Verhandlungslösungen zwischen verbunden Unternehmen
zu errechnen.

Dasselbe gilt für **Patentverletzungsfälle** und andere **Streitfälle,** bei denen verschieden Parteien zum Erfolg des verletzenden Produkts beitragen.

3. Realoptionen zur Ermittlung zukünftiger Einnahmen- und Zahlungsströme

203   *Der Wert von Wirtschaftsgütern hängt oft von zukünftigen Entwicklungen ab, die
zum Zeitpunkt der Bewertung noch unsicher sind, zB bei der Bewertung von Technologien, die sich noch nicht am Markt durchgesetzt haben. In vielen Fällen kann sich
die Informationslage im Laufe der Zeit verbessern, wodurch das Management zu einem späteren Zeitpunkt neue Entscheidungen treffen kann. Diese Flexibilität kann
einen hohen Einfluss auf den Wert des Wirtschaftsgutes haben, wird aber von Discounted Cash Flow Methoden nicht erfasst. Zur Bewertung von Wirtschaftsgütern
kann daher auf finanzmathematische Methoden der Optionspreistheorie zurückgegriffen werden. Dabei werden Entscheidungsmöglichkeiten des Managements als „Realoption" interpretiert und bewertet. Realoptionen sind dann besonders sinnvoll, wenn große Planungsunsicherheiten bestehen. Dies ist insb. relevant für die Bewertung von
immateriellen Wirtschaftsgütern, Geschäftschancen und in Entwicklung befindlicher
Technologie.*

a) Einleitung: Nutzen und Verwendung von Realoptionen

204   Wenn ein Wirtschaftsgut überlassen wird und keine verlässlichen Marktdaten zum Fremdvergleich zur Verfügung stehen, kann der Wert anhand des
modellierten Verhaltens doppelter, ordentlicher Geschäftsführer bestimmt
werden. Dazu wird der Wert aus den erwarteten zukünftigen Gewinnen bestimmt, die mit Hilfe des Wirtschaftsgutes erwirtschaftet werden können.
Zukünftige Gewinne unterliegen immer einer gewissen Unsicherheit. Insb.
wenn das Unternehmen auf spätere Informationen reagieren kann, ist es
wichtig diese Möglichkeit explizit in der Bewertung zu berücksichtigen.

Zur Bewertung von Wirtschaftsgütern wird meist die **Discounted Cash
Flow Methode** (DCF) verwendet. Dabei wird der zukünftige Zahlungsstrom, der aus dem Wirtschaftsgut entsteht bzw. dafür aufgewendet werden
muss, abgezinst und so ein Barwert gebildet, der den Zeitwert des Geldes und
das erhaltene Risiko abbildet. Zunächst wird dafür der **erwartete** Zahlungsstrom bestimmt, also der Erwartungswert des zukünftigen Cash Flows. Für
die meisten Wirtschaftsgüter ist dieser Zahlungsstrom allerdings nicht sicher

bekannt. Diese Unsicherheit zu etwaigen Abweichungen von diesem Erwartungswert wird abgebildet, indem ein **risiko-adäquater Zinssatz** verwendet wird.

Beispiel: Ein Wirtschaftsgut wird in Zukunft mit 50 % Wahrscheinlichkeit einen Reingewinn von 300 000 €/Jahr erbringen, während mit 50 % Wahrscheinlichkeit ein Verlust von 100 000 €/Jahr anfällt. In die Bewertung des Wirtschaftsgutes nach der Discounted Cash Flow Methode würde der erwartete Zahlungsstrom von 50 %*300 000 €/Jahr – 50 % * 100 000 €/Jahr = 200 000 €/Jahr einfließen.

Bei der Bewertung nach der DCF Methode wird also grundsätzlich von einem fixen aber unbekannten Zahlungsstrom ausgegangen. Implizit entspricht dies einer **passiven** Handlungsweise: Nachdem das Wirtschaftsgut einmal erworben ist, wird der folgende Zahlungsstrom hingenommen, ohne dass das aufnehmende Unternehmen darauf wesentlichen Einfluss nimmt. Ursprünglich wurde die DCF Methode für die Bewertung von Anleihen entwickelt, für die diese Annahmen auch sehr gut erfüllt sind: Der Anleger erhält das Recht auf einen Zahlungsstrom, ohne selbst einen nennenswerten Einfluss auf diesen Zahlungsstrom zu haben. Daher ist DCF für die Bewertung von passiven Anleihen sehr gut geeignet. Allerdings erfasst die Methode nicht den Wert der Möglichkeit von unternehmerischen Entscheidungen.

Tatsächlich kann das Management einer Firma zu verschiedenen Zeitpunkten **aktiv unternehmerische Entscheidungen** zu Geschäftsprojekten treffen, um sich ändernden Umständen Rechnung zu tragen. Zum Beispiel kann die Weiterentwicklung einer Software eingestellt werden, wenn sich herausstellt, dass der Markt übersättigt ist oder die Weiterentwicklung teurer als erwartet sein wird. Umgekehrt kann eine Firma die Produktion eines unerwartet erfolgreichen Artikels ausweiten. Gerade in Situationen, in denen die Marktlage oder die Produktchancen unklar oder volatil sind, kann diese **Möglichkeit** des aktiven Eingreifens zu einem späteren Zeitpunkt einen hohen wirtschaftlichen Wert darstellen. Dieser hohe Wert ergibt sich insb. bei der Bewertung immaterieller Wirtschaftsgüter.   **205**

Die Möglichkeit, bei einem Projekt zu einem späteren Zeitpunkt eine Entscheidung zu treffe, kann **analog zu einer Finanzoption bewertet werden.** Zur Bewertung von immateriellen Wirtschaftsgütern, bei denen Entscheidungsspielräumen eine wesentliche Rolle zukommt, kann daher auf die **Optionspreistheorie** zurückgegriffen werden, die ursprünglich in der Finanzmathematik entwickelt wurde. Hierfür identifiziert man **Analogien** zwischen den Entscheidungsmöglichkeiten des Managements und den (Finanz-)Optionen. Die Entscheidungsmöglichkeit wird daher **Realoption** genannt.   **206**

b) Grundbegriffe der Optionstheorie

Eine Finanzoption ist das **Recht,** ohne eine gleichzeitige Verpflichtung, zum Erwerb oder der Veräußerung einer bestimmten Sache zu einem vorbestimmten Preis. Man unterscheidet zwischen „*Call*" Optionen, die zum Kauf berechtigen, und „*Put*" Optionen, die zum Verkauf berechtigen. Zusätzlich unterschiedet man zwischen „*europäischen*" Optionen, die den Kauf (bzw. Verkauf) nur zu dem Ende der Laufzeit erlauben, und „*amerikanischen*" Optionen, die den Kauf (bzw. Verkauf) während der gesamten Laufzeit erlauben.   **207**

Eine Option kann zu einem festen *Basispreis* ausgeübt werden und wird als *„im Geld"* bezeichnet, wenn der Unterschied zwischen aktuellem Börsenkurs und Basispreis günstig für den Inhaber der Option ist, während eine Option die *„aus dem Geld"* ist aktuell eine ungünstige Differenz aufweist.

Beispiel: Eine europäische Call-Option auf eine Ebay-Aktie mit einer Laufzeit bis zum 1.1.2014 und einem Basispreis von 40 $ erlaubt dem Inhaber am 1. Januar 2014 eine Ebay-Aktie zum Preis von 40 $ zu erwerben. Anfang 2012 lag der Börsenpreis von Ebay bei rund 31 $, daher war die Option zu diesem Zeitpunkt aus dem Geld – es wäre günstiger gewesen die Aktie direkt ohne Ausübung der Option zu kaufen. Ein halbes Jahr später lag der Börsenpreis bei 41 $. In diesem Fall ist es günstiger die Option auszuüben um die Aktie zu kaufen. Die Option hat daher einen Wert und befindet sich zu diesem Zeitpunkt im Geld.

c) Grundlagen der Bewertung von Optionen

208   Zur Bewertung von Finanzoptionen können verschiedene Verfahren herangezogen werden. Grundsätzlich bestimmt sich der Wert einer Option aus der **Differenz zwischen Basispreis und dem Börsenpreis** am Ende der Laufzeit. Eine Call-Option ist im Geld, wenn der Börsenpreis höher ist als der Basispreis. In diesem Fall kann der Inhaber der Option diese gewinnbringend ausüben, also eine Aktie zum Basispreis kaufen, und anschließend zum (höheren) Börsenpreis verkaufen. Umgekehrt ist es aber für den Inhaber der Option nicht sinnvoll diese einzulösen, wenn die Option aus dem Geld ist. In diesem Fall ist es günstiger die Option **verfallen** zu lassen und die entsprechende Aktie gegebenenfalls direkt an der Börse zu kaufen. Daraus ergeben sich zwei wesentliche Grundsätze für die Bewertung von Optionen:

(1) Eine Option kann niemals einen negativen Wert haben, da eine Option den Inhaber eben nicht dazu verpflichtet sie einzulösen. Im schlechtesten Fall kann der Inhaber die Option einfach verfallen lassen und sie ist wertlos.

(2) Wenn eine Option am Ende ihrer Laufzeit im Geld ist, ist der Wert der Option zu diesem Zeitpunkt gleich der Differenz zwischen Börsenpreis und Basispreis.

Aus diesen Grundsätzen wird die Bewertung von Optionen abgeleitet. Dabei wird effektiv die **Wahrscheinlichkeit** ermittelt (oder unterstellt) mit der die Option im Geld ist, wenn sie ausgeübt werden kann, und wie hoch in diesem Fall die Differenz zwischen Börsenpreis und Basispreis ist. Abhängig von den Umständen des untersuchten Falls bieten sich verschiedene Methoden an, um diese Wahrscheinlichkeiten zu ermitteln. Optionen sind komplizierte Finanzderivate, und ihre Bewertung erfordert besondere Sorgfalt; insb. muss sichergestellt werden, dass die zu Grunde liegenden Annahmen mit den Charakteristika der Option übereinstimmt. Zwei Bewertungsmodelle haben sich als besonders wichtig für Realoptionen erwiesen, die **Black-Scholes Formel** und die Bewertung über **Entscheidungsbäume.**

209   Wenn der untersuchte Börsenpreis im Wesentlichen zufälligen Schwankungen unterworfen ist, kann die stochastische Verteilung ausgenutzt werden um den erwarteten Wert der Option zu bestimmen. Dabei wird davon ausgegangen, dass der Börsenpreis sich in sehr vielen kleinen Schritten zufällig entwickelt („random walk"). Insgesamt ergibt sich aus dieser stochastischen Betrachtung für europäische Optionen die sehr häufig verwendete **Black-Scholes Formel.**

$$C(S,t) = N(d_1) \cdot S - N(d_2) \cdot PV(EX)$$

$$d_1 = \frac{\ln\left[\frac{S}{PV(EX)}\right]}{\sigma\sqrt{t}} + \frac{\sigma\sqrt{t}}{2}$$

$$d_2 = d_1 - \sigma\sqrt{t}$$

Formel 1: Black-Scholes Formel für den Wert einer europäischen Call Option. *N(d)* ist die kumulative Verteilungsfunktion der Normalverteilung, *S* ist der aktuelle Börsenpreis (Spotpreis), PV(EX) ist der Barwert des Basispreises („Exercise Price") der mit dem risikolosen Zinssatz diskontiert wurde. *t* ist die verbleibende Restlaufzeit der Option, und σ ist die Standardabweichung des Aktienkurses. Nach „The Pricing of Options and Corporate Liabilities", F. Black und M. Scholes, The Journal of Political Economy, Vol. 81, No. 3 (May – Jun., 1973), S. 637–654.

Allerdings kann es auch Fälle geben, in denen der Börsenpreis sich nicht **210** rein stochastisch aus vielen kleinen Schritten entwickelt, sondern von einzelnen (oder wenigen) Ereignissen mit unbekanntem Ausgang abhängt. Bspw. kann eine ausstehende Entscheidung über die Zulassung eines neuen Medikamentes den Wert der Formel für die Wirkstoffe stark in die eine oder andere Richtung beeinflussen. In diesem Fall kann eine rein stochastische Methode unangemessen sein; eine Bewertung über **Entscheidungsbäume,** die alle möglichen Ergebnisse explizit modellieren, wäre vorzuziehen.

Um Realoptionen mit Hilfe der Optionspreistheorie bewerten zu können, müssen die verschiedenen Entsprechungen zwischen Optionen und Realoptionen identifiziert werden, was an zwei Beispielen verdeutlicht werden soll.

d) Beispiele

aa) Entscheidungsbäume

Wie oben beschrieben, können Realoptionen anhand von **Entschei-** **211** **dungsbäumen** bewertet werden. Das ist besonders dann sinnvoll, wenn der Wert wesentlich von wenigen einzelnen Ereignissen mit a priori unbekanntem Ausgang abhängt. Dieses Prinzip soll an Hand eines detaillierten Beispiels erläutert werden, in dem die Grundlagentechnologie für ein pharmazeutisches Medikament bewertet wird.

Annahmen

Eine **Pharmafirma** kauft im Jahr 2011 von einer ihrer Schwestergesell- **212** schaften einen Wirkstoff, auf dessen Grundlage sich möglicherweise ein Medikament entwickeln lässt, welches eventuell einen Durchbruch in der Behandlung einer bestimmten Krankheit darstellt. Sollte dies der Fall sein, so würde das Medikament einen deutlichen Vorteil gegenüber bereits bestehenden Konkurrenzprodukten bieten und ein erhebliches Gewinnpotential für die Firma darstellen. Anderseits besteht auch die Möglichkeit, dass sich das Medikament als wenig wirksam erweist und nicht gewinnbringend vermarket werden kann. Für die Firma stellt sich die Frage nach dem Wert dieses Wirkstoffes.

Um die **Grundlagentechnologie** zur Marktreife in Form eines Medikamentes zu entwickeln, ist zunächst weitere Forschung und Entwicklung nötig. Die beste Schätzung der Forschungsabteilung ist, dass zusätzliche Kosten von 50 Millionen Euro nötig sind um das Medikament zu entwickeln. Am Ende der 3-jährigen Forschungsaktivität kann eine Aussage über die Wirksamkeit des Medikamentes gemacht werden. A priori wird vermutet, dass das Medikament mit 20% Wahrscheinlichkeit ein sehr wirksamer Blockbuster wird und sich mit 80% Wahrscheinlichkeit als nur wenig wirksam erweist.

Nachdem das Medikament entwickelt ist, kann das Management im Jahr 2014 entscheiden, es entweder auf den Markt zu bringen oder das Projekt komplett **einzustellen.** Um das Medikament einzuführen müssen zunächst einige Zulassungshürden genommen werden, das Medikament muss vermarktet und produziert werden. Sollte das Medikament **Blockbuster**eigenschaften aufweisen, so wird mit erheblichen Gewinnen gerechnet, nachdem eine Markteinführung erfolgt ist. Eine Discounted-Cash-Flow Analyse in diesem Szenario ergibt einen Barwert im Jahr 2014 (dem Jahr in dem die Entscheidung zur Einführung getroffen wird) von +500 Millionen Euro. Im Gegenzug ergibt eine analoge Discounted-Cash Flow Analyse für den Fall, dass sich das Medikament als wenig wirksam erweist, einen Barwert im Jahr 2014 von -200 Millionen Euro bei Markteinführung; dh in diesem Fall überwiegen die Kosten der Markteinführung den erzielten Erlös. Sollte das Medikament nicht eingeführt werden ergeben sich keine weiteren Kosten oder Erlöse und der Barwert im Jahr 2014 ist Null, gleichgültig ob es sich um einen Blockbuster handelt oder das Medikament wenig wirksam ist.

In Euro	Barwert bei Markteinführung	Barwert ohne Markeinführung
Blockbuster (20%)	**+500 Mio.**	0
Wenig Wirksam (80%)	-200 Mio.	**0**

Tabelle 35: Überblick über die möglichen Barwerte im Jahr 2014 im einfachen Beispiel je nach Szenario und Entscheidung des Managements.

Lösung

213 Diese Situation lässt sich wie folgt in Entscheidungsbäumen darstellen. Durch die Anfangsinvestition in die Forschung und Entwicklung wird nach drei Jahren deutlich, ob es sich um einen Blockbuster handelt oder nicht. Mit diesem Wissen kann das Management dann zu Beginn des Jahres 2014 eine Entscheidung fällen und die **Markteinführung** des Produktes **vorantreiben oder** das Projekt **einfrieren.** Je nach Situation und Entscheidung ergibt sich ein unterschiedlicher Gewinn für die Firma.

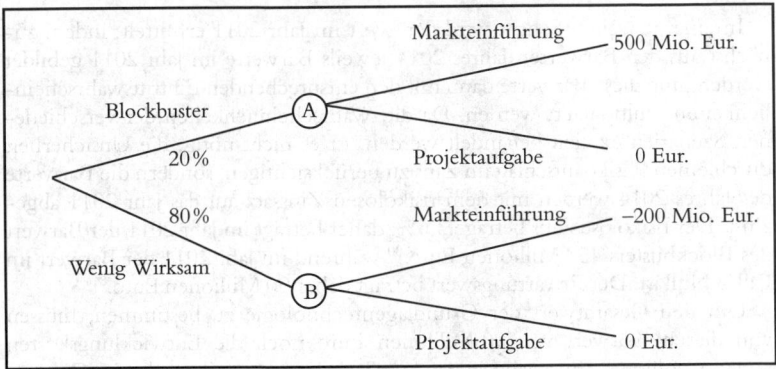

Abbildung 36

+: Entscheidungsbaum des vorliegenden Beispiels. Im ersten Schritt erweist sich, ob das Medikament ein Blockbuster ist (Situation A), oder wenig wirksam ist (Situation B). Mit diesem Wissen kann das Management entscheiden, ob es das Medikament einführen will oder nicht, was über die nächsten Jahre zu den ausgewiesenen Barwerten führt.

Entscheidungsbäume werden **von hinten ausgehend** aufgelöst. Zunächst 214 sei angenommen, die Entwicklungsphase habe gezeigt, dass das Medikament ein Blockbuster wird (Punkt A in obigem Entscheidungsbaum): Das Management hat in diesem Fall die Möglichkeit das Projekt einzufrieren (kein Gewinn oder Verlust), oder die Markteinführung voranzutreiben und einen Barwert von 500 Millionen Euro zu realisieren. Da die Markteinführung mit dem größeren Barwert einhergeht, wird das Management rationaler Weise in diesem Fall die Markteinführung vorantreiben. Im alternativen Fall (Punkt B) hat das Management die Wahl zwischen der Einführung eines wenig wirksamen Medikamentes, welches einen negativen Barwert aufweist einerseits, und andererseits dem Einfrieren des Projektes, welches einen Barwert von Null bedingt. In diesem Fall ist das Einfrieren offensichtlich die bessere Entscheidung, da es den höheren Barwert bedeutet.

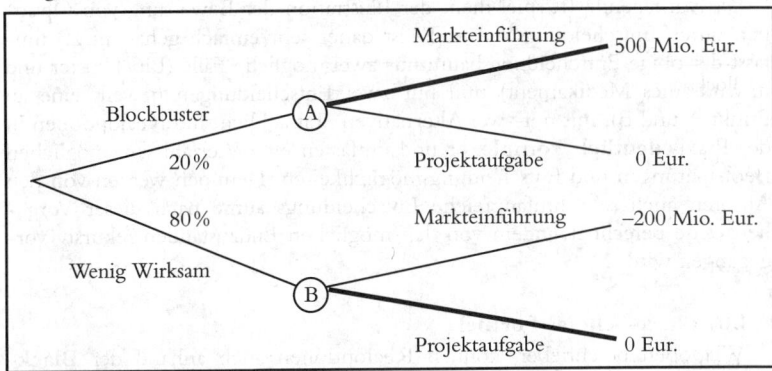

Abbildung 37

7: Entscheidungsbäume werden von hinten aufgelöst. Im ersten Schritt wird für die letztmöglichen Entscheidungen identifiziert, welche Alternative besseren Gewinn bestimmt. Im Fall A ist das die Markteinführung, im Fall B die Projektaufgabe.

In einem zweiten Schritt wird der Wert im Jahr 2011 ermittelt, indem zunächst aus den Barwerten Jahres 2014 jeweils Barwerte im Jahr 2011 gebildet
werden, und diese Barwerte dann mit den entsprechenden Eintrittswahrscheinlichkeiten multipliziert werden. Da die Wahrscheinlichkeiten der verschiedenen Szenarien explizit behandelt werden, ist es nicht nötig, die Unsicherheit
durch einen Risikoaufschlag im Zins zu berücksichtigen, sondern die Barwerte
des Jahres 2014 werden mit dem risikolosen Zinssatz auf das Jahr 2011 abgezinst. Der risikolose Zins betrage 3,6%; daher beträgt im Jahr 2011 der Barwert
des Blockbusters 450 Millionen Euro,[80] während im Jahr 2011 der Barwert im
Fall B Null ist. Der Erwartungswert beträgt daher 90 Millionen Euro.[81]

Um den Gesamtwert der Grundlagentechnologie zu bestimmen, müssen
von diesem Barwert von 90 Millionen Euro noch die Entwicklungskosten
von 50 Millionen Euro abgezogen werden. Daraus ergibt sich ein Gesamtwert der Grundlagentechnologie von 40 Millionen Euro. Die Pharmafima
sollte daher bereit sein, bis zu 40 Millionen Euro für die Grundlagentechnologie auszugeben.

An diesem einfachen Beispiel kann der Unterschied zu der Bewertung
nach einem reinem DFC Model deutlich gemacht werden. Im DFC Model
würde die einfache Entscheidungsmöglichkeit, das Medikament auf den
Markt zu bringen oder zu verwerfen, nicht abgebildet und stattdessen von einem Mittelwert ausgegangen. Daher würde von einem durchschnittlichen
Barwert (im Jahr 2014) von -60 Millionen Euro ausgegangen.[82] Damit unterschätzt die DFC Methode den Wert des Grundlagenwirkstoffs deutlich, da sie
die – in diesem Fall – sehr wertvolle Realoption nicht berücksichtigt.

Es ist zu beachten, dass bei der Bewertung dieser Realoption das **Ausmaß
des zu erwartenden Verlustes** im Fall des unwirksamen Medikamentes
keine Rolle spielt, da das Management in jedem Fall eine bessere Handlungsalternative hat. Außerdem ist zu bemerken, dass ein Realoptionsmodell nicht
vollständig im Gegensatz zur DCF Methode steht, sondern eine Ergänzung
darstellt. Tatsächlich wurde in dem Model der Barwert des Medikamentes in
den beiden Szenarien durch die DCF Methode ermittelt.

Das vorliegende Beispiel dient der Illustration der Bewertung von Optionen durch Entscheidungsbaume. Es ist daher sehr einfach gehalten; zB umfasst der obige Entscheidungsbaum nur zwei mögliche Fälle (Blockbuster und
unwirksames Medikament) und nur zwei Entscheidungen (jeweils eine an
Punkt A und B), mit nur zwei Alternativen. Tatsächlich sind Realoptionen in
der Praxis **deutlich komplexer** und umfassen eine Vielzahl von möglichen
Beobachtungen und Entscheidungsmöglichkeiten. Dennoch werden von den
Autoren auch sehr umfangreiche Entscheidungsbäume nach dieser Vorgehensweise berechnet, indem von den möglichen Endzuständen rekursiv vorgegangen wird.

bb) Black-Scholes Formel

215 Wie oben beschrieben können Realoptionen auch anhand der **Black-
Scholes-Formel** bewertet werden. Dabei ist einerseits zu beachten, dass die

---

[80] = 500 Mio. Euro/$(100\%+3,6\%)^3$
[81] = 20% $\star$ 450 Mio. Euro + 80% $\star$ 0
[82] = 20% $\star$ 500 Mio. Euro – 80% $\star$ 200 Mio. Euro.

Formel für (dividendenfreie) europäische Call-Optionen entwickelt wurde und daher auch nur auf entsprechende Realoptionen angewandt werden kann. Dies bedeutet, dass die zu Grunde liegende Realoption nur zu *einem bestimmten Zeitpunkt* ausgeübt werden kann und dass die Realoption dem Erwerb eines Projektes entsprechen muss. Andererseits basiert die Black-Scholes-Formel auf einer stochastischen Herangehensweise, bei der davon ausgegangen wird, dass sich der zukünftige Wert *zufällig in vielen kleinen Schritten entwickelt*. Für das erste Beispiel eines Medikamentes gilt dies in dieser Form nicht, da sich der endgültige Wert des Medikamentes durch ein einziges „Ereignis" entwickelt und er nur zwei mögliche Endzustände annehmen kann.

Annahmen

Die Bewertung einer Realoption mit Hilfe der Black-Scholes-Formel soll an Hand des folgenden Beispiels verdeutlicht werden. Eine **Softwarefirma** erwägt im Jahr 2011 die Lizenz zu einem **Computerspiel** von einer Schwestergesellschaft zu erwerben. Tabelle 36 zeigt die vom Management erwarteten Cash-Flows des Computerspiels und die Barwertberechnung bei einem risikoadäquaten Zinssatz von 15 %.

Jahr	Umsatz [Mio. Euro] (a)	Kosten [Mio. Euro] (b)	Gewinn [Mio. Euro] (c) = (a) − (b)	Diskontierungsfaktor bei 15 % (d)	Barwert im Jahr 1 [Mio. Euro] (e) = (c)*(d)
2011	0	75	-75	0.87	-65
2012	60	10	50	0.76	38
2013	25	3	22	0.66	14
2014	10	1	9	0.57	5
Summe					**-8**

Tabelle 36: Erwartete Cash-Flows des Computerspiels und resultierende Barwertberechnung bei einem unterstelltem Zinssatz von 15 %. Im ersten Jahr fallen nur Entwicklungskosten an, erst danach wird ein Gewinn erwirtschaftet. Die Umsätze fallen in den schnelllebigen Markt danach rapide ab.

Insgesamt ergibt sich nach der besten Managementvorhersage für das Computerspiel ein negativer Barwert von -8 Millionen Euro. Auf dieser Basis sollte die Lizenz also von ordentlichen und gewissenhaften Geschäftsführern nicht erworben werden. Das Management entscheidet sich aber dennoch das Programm zu entwickeln und führt als Begründung an, dass das Spiel einen Eintritt in den strategisch wichtigen Computerspielemarkt erlaubt. In diesem Sinne ist das Programm nur die erste Version des Spiels, die es ermöglicht zu einem späteren Zeitpunkt einen **Nachfolgetitel** herauszubringen, es dient effektiv als – mögliche – **Plattformtechnologie.**

Der Nachfolgetitel müsste in jedem Fall im Jahr 2015 auf den Markt gebracht werden um eine Kontinuität zu der ersten Version zu bewahren. Um dies zu erreichen müsste die Entscheidung zur Entwicklung des Nachfolgetitels spätestens zu Beginn des Jahres 2014 getroffen werden, so dass über das Jahr 2014 hinweg die wesentlichen Entwicklungskosten aufgewandt werden können.

Es wird davon ausgegangen, dass die zweite Version des Spiels insgesamt deutlich umfangreicher ist, so dass mit doppelten Kosten und doppelten Um-

sätzen für den Nachfolgetitel gerechnet wird. Damit ist die Erwartung gegenüber dem Nachfolgetitel *nicht* optimistischer, tatsächlich ist auch der *erwartete*
Verlust des Nachfolgetitels doppelt so hoch. Damit stellt auch das Nachfolgespiel aus der Sicht des Jahres 2011 kein werthaltiges Unterfangen dar.

In jedem Fall wird mit festen Entwicklungskosten von 150 Mio. Euro gerechnet. Es besteht allerdings die *Möglichkeit*, dass sich die folgenden Umsätze
und Kosten anders als momentan erwartet entwickeln. Mithin besteht insb.
die **Chance,** dass sich die Gewinnerwartung des Nachfolgetitels bis zum Beginn des Jahres 2014 (in dem die Entscheidung über die Entwicklung getroffen werden muss) positiv entwickelt und das Projekt dann wirtschaftlich sinnvoll sein wird. In diesem Sinne stellt die Entwicklung des Nachfolgetitels
eine Realoption für das Management dar: Das Unternehmen kann eine positive Entwicklung ausnutzten, indem es die zweite Version entwickelt, es besteht aber keine Verpflichtung dazu.

Lösung

216   Diese Realoption entspricht einer (dividendenfreien) europäischen Call-
Option und erfüllt damit die Voraussetzungen, um durch die Black-Scholes
Formel berechnet zu werden. Der „europäische" Charakter der Option ist
dadurch gegeben, dass sie nur zu einem bestimmten Zeitpunkt – dem Beginn
des Jahres 2014 – ausgeübt werden kann. Außerdem handelt es sich um eine
Call-Option, da das Management sich dazu entscheiden kann das zu Grunde
liegende Wirtschaftsgut – den Nachfolgetitel – zu fixen (Entwicklungs-)kos-
ten zu erwerben.

Zur Bewertung der Realoption mit Hilfe der Black-Scholes Formel müssen
die Entsprechungen zwischen dem Sachverhalt und den Spezifika einer Option
identifiziert werden. Diese sind in der folgenden Tabelle 37 zusammengefasst.

Spezifika einer Finanzoption	Spezifika der Realoption	Wert
Basispreis (EX)	Entwicklungskosten des Nach-folgetitels	150 Mio. Euro
Restlaufzeit (t)	Zeit bis die Realoption ausge-führt werden muss/Zeit bis zur Entscheidung über die Entwicklung	3 Jahre (2014–2011)
Börsenpreis	Barwert der Geschäftsgewinne des Nachfolgetitels (exklusive der Entwicklungskosten) zum Zeitpunkt der Bewertung (2011)	76 Mio. Euro
Risikoloser Zins	Risikoloser Zins	Angenommen seien 5% (per quasi-risikolosen Staatsanleihen)
Standardabwei-chung des Aktien-kurses (σ)	Standardabweichung der Ge-winnerwartung des Nachfol-getitels	Angenommen seien 45%.

Tabelle 37: Äquivalenzen zwischen Spezifika einer Finanzoption und der Realoption im vorliegenden Fall. Diese Spezifika fließen in die Berechnung des Options-
wertes nach Black-Sholes ein.

Der **Basispreis,** zu dem die Realoption ausgeführt werden kann, entspricht den Entwicklungskosten des Nachfolgetitels: Diese sicheren Kosten müssten aufgewendet werden, um das Nachfolgespiel auf den Markt bringen zu können.

Die **Restlaufzeit** ist der Zeitraum bis die Option „eingelöst" werden muss, also die verbleibende Zeit, in der eine Entwicklungsentscheidung getroffen werden kann.

Für Aktien bestimmt sich der **Börsenpreis** als Barwert der zukünftigen Geschäftsgewinne; analog muss daher für die Bewertung der Realoption der Barwert der zukünftigen Gewinne des Nachfolgetitels verwendet werden. Die Entwicklungskosten werden dabei nicht berücksichtigt, da sie bereits in den Basispreis eingehen (siehe oben). Der Barwert wird mit Hilfe eines risiko-adäquaten Zinses berechnet, der die wesentlichen Geschäftsrisiken abdeckt. Nach obiger Annahme ist der risiko-adäquate Zins 15 %.

Der **risikolose Zins** wird verwendet, um den Barwert der fixen Entwicklungskosten zu bilden. Typischerweise wird der (quasi-)risikolose Zins anhand von als sicher geltenden Staatsanleihen mit sehr hoher Bonität bestimmt. Einerseits ist zu beachten, dass die Staatsanleihe in derselben Währung ausgegeben werden sollte wie die Entwicklungskosten, welche diskontiert werden sollen, also in diesem Fall in Euro. Außerdem sollte die Laufzeit der Staatsanleihe dem betrachteten Zeitraum entsprechen. In diesem Fall könnte daher der Zins einer 3-jährigen Euro-Staatsanleihe mit AAA-Rating verwendet werden.

Für Finanzoptionen ist **die Standardabweichung des Aktienkurses** relevant um die Wahrscheinlichkeit zu bestimmen, mit der sich das zu Grunde liegende Wirtschaftsgut von der Erwartung abweichend entwickelt. Entsprechend wird bei der Bewertung der Realoption die Standardabweichung der Geschäftsgewinne des Nachfolgetitels verwendet. Diese Standardabweichung wird üblicherweise durch Vergleichsdaten erhoben, etwa in Form der Börsenentwicklung von Computerspielfirmen.

Mit Hilfe dieser Variablen lässt sich der Wert der Realoption explizit berechnen. Wie in Formel 2 unten dargestellt ergibt sich ein Wert der Realoption von 11 Mio. Euro im Jahr 2011.

$$d_1 = \frac{\ln\left[\frac{76}{150 \cdot \left(\frac{1}{105\%}\right)^3}\right]}{45\%\sqrt{3}} + \frac{45\%\sqrt{3}}{2} = -0,30$$

$$d_2 = 0.30 - 45\%\sqrt{3} = -1,08$$

$$C = N(-0,30) \cdot 76 - N(-1,08) \cdot 150 \cdot \left(\frac{1}{105\%}\right)^3 = 11$$

Formel 2: Berechnung des Wertes der Realoption nach der Black-Scholes Formel (siehe Formel 1) für das vorliegende Beispiel. Es ergibt sich ein Wert von 11 Mio. Euro.

Die Realoption, einen Nachfolgetitel des Spieles entwickeln zu können, hat damit einen Wert von 11 Mio. Euro. Dem steht der negative Barwert der ersten Version des Spieles von –8 Mio. Euro gegenüber. Insgesamt ergibt sich also ein positiver Wert von + 3 Mio. Euro.

e) Schlussfolgerung

217   Bei der Bewertung von immateriellen Wirtschaftsgütern und bei der Berechnung von Lizenzgebühren bestehen erhebliche Risiken. In vielen Fällen lassen sich diese Risiken durch Realoptionsmodelle quantifizieren. Die Autoren haben Realoptionen in **zahlreichen Fällen** verwendet, um **Geistiges Eigentum, andere Intangibles, Geschäftswerte, Kundenstämme etc.** zu bewerten. Realoptionen sind daher auch in der Praxis eine wesentliche Hilfe bei der Bewertung von immateriellen Wirtschaftsgütern und der Berechnung von Lizenzgebühren.

4. Methoden zu Ermittlung von Risikovergütungen

a) Einleitung

218   Aktivitäten von Unternehmen werden für Verrechnungspreiszwecke in Deutschland und vielen anderen Ländern nach Routine oder Nicht-Routine eingeteilt. Der erzielte wirtschaftliche Erfolg von Nicht-Routine Tätigkeiten ist in der Regel unsicher. Der erwartete Ertrag von Nicht-Routine Aktivitäten ist in oft, aber nicht immer, höher als von Routine Tätigkeiten, jedoch tritt auch wirtschaftlicher Misserfolg auf. Um zu entscheiden, ob ein Unternehmen Nicht-Routine Tätigkeiten ausführt, müssen die **ausgeübten Funktionen, die übernommenen Risiken** und das **im Besitz des Unternehmens befindliche geistige Eigentum** berücksichtigt werden.[83]

Das folgende Kapitel behandelt **nicht die Rolle des Risikos für die Qualifizierung** als Non-Routine-Unternehmen, sondern zeigt Wege, wie die **Risikotragung als solche zu vergüten** ist. Es stellt die Quantifizierung von übernommenen Risiken in den Mittelpunkt. Die OECD schlägt vor, viele verschiedene Risiken in der Funktions- und Risikoanalyse zu berücksichtigen:

> „The types of risks to consider include market risks, such as input cost and output price fluctuations; risks of loss associated with the investment in and use of property, plant, and equipment; risks of the success or failure of investment in research and development; financial risks such as those caused by currency exchange rate and interest rate variability; credit risks; and so forth."[84]

Es ist von zentraler Bedeutung, welcher Unternehmensteil das Risiko und die Funktion trägt. Entscheidungsgrundlage ist hierbei die **maßgebliche Personalfunktion**[85] (im englischen auch people functions genannt[86]). Es ist grundsätzlich **der Unternehmensteil am wirtschaftlichen Erfolg von**

---

[83] Vgl. OECD Transfer Pricing Guidelines 2010, D.1.2.2 para. 1.42.

[84] Vgl. OECD Transfer Pricing Guidelines 2010, D.1.2.2 para. 1.46.

[85] Vgl. § 1 Abs. 2 S. 2 des Verordnungsentwurfs der Betriebsstättengewinnaufteilungsverordnung des BMF vom 5.8.2013.

[86] Vgl. Para 13 des OECD Berichts, „2010 report on the attribution of profits to permanent establishments", vom 22 July 2010.

Vermögenswerten beteiligt, der die maßgebliche Personalfunktion wahrnimmt, dh qualifiziertes Personal für maßgebliche Entscheidungen beschäftigt. Der notwendige Umfang der Personalfunktion, um maßgeblich für eine bestimmte Transaktion verantwortlich zu sein, ist dabei von Fall zu Fall verschieden.

Die Höhe des übernommenen Risikos einer Gesellschaft korrespondiert nicht notwendigerweise mit dem Umfang der erforderlichen Qualifikation der Personen. Zahlreiche kleine Fälle komplexer Risiken erfordern oft eine große Anzahl hochqualifizierter Personen.

Beispiel: Die Konsumentenkreditvergabe erfordert eine aufwendige Analyse durch Bankmitarbeiter. In die Risikobewertung fließen viele verschiedene Variablen ein und viel qualifiziertes Personal wird benötigt, um die Fälle zu bewerten.

Es existieren andererseits sehr große und seltene Risiken, die nicht rechnerisch ermittelt oder in ihrer Auswirkung nicht beeinflusst werden können; diese hohen Risiken erfordern daher weder hochqualifiziertes noch viel Personal.

Beispiel: Die Risiken von Ölbohrplattformen auf hoher See. Die potentiellen Schäden einer Ölbohrkatastrophe sind schwer einschätzbar, gleichzeitig kann das Auftreten mancher Risiken nicht beeinflusst werden (zB bei Erdbeben).

Schließlich können Risiken auch unbewusst eingegangen werden, da sie nicht als solche erkannt werden.[87]

Gänzlich ohne Personalfunktion kann nach unserem Verständnis jedoch **keine Risikoübernahme erfolgen.** Die Risikoübernahme kann nur einer Gesellschaft zugeordnet werden, welches qualifiziertes Personal in einem ausreichenden Maße besitzt. Das Risikomanagementpersonal muss in der Lage sein, dass Risiko zu managen. Es ist hierbei **nicht grundsätzlich zu beanstanden, wenn das Risikomanagement oder die Risikoübernahme ausgelagert wird** und durch freie Mitarbeiter erfolgt, sofern solche Gestaltungen auch bei Fällen des Risikomanagements und der Risikoübernahme in einer interquartilen Bandbreite vergleichbarer Fälle anzutreffen sind. Im Regelfall ist davon auszugehen, dass zumindest eine bis zwei qualifizierte Personen erforderlich sind, um die Risiken managen zu können.

219

Beispiel: Die Übertragung von Risiken zwischen fremden Dritten über längere Zeiträume können bspw. bei Private Equity Gesellschaften oder Hedge Fonds beobachtet werden.

Die Vergütung des Risikomanagements (auf Grund von Personalkosten) und die Vergütung der Risikoübernahme sollten daher nach Möglichkeit separat ermittelt werden. Das Risikomanagement eines Unternehmens kann zum Ziel haben, alle Risiken, die nicht Kernkompetenz des Unternehmens sind, zu minimieren.

---

[87] Die Literatur über sog. Schwarze Schwäne hat in den letzten Jahren stark zugenommen. Vgl. *Taleb* The Black Swan: The Impact of the Highly Improbable, 2008.

Beispiel: Daher sichern sich manche Unternehmen gegen solche Risiken ab und nehmen bspw. Wechselkursabsicherungen vor.

Aber auch Absicherungsstrategien können mit impliziten Risiken verbunden sein. Wenn bspw. Konkurrenten keine Wechselkursabsicherungen vornehmen und von vorteilhaften Wechselkursbewegungen profitieren. Die **Übernahme sowie die Absicherung** von **Risiken sind immer mit Kosten verbunden,** zusätzlich zu der Übernahme von Funktionen.

Nach der Entscheidung welche Risiken vom Unternehmen getragen werden sollen, ist es grundsätzlich sinnvoll, wenn Risiken gezielt einzelnen Unternehmensteilen zugeordnet werden.

Grundsätzlich sollte das **Risiko von einem Unternehmensteil** getragen werden, der in der Lage ist, das **Risiko zu managen und einen möglichen Ausfall (mit Eigenkapital) zu tragen.** Dadurch lässt es sich besser beurteilen, welchen wirtschaftlichen Erfolg ein Unternehmensteil mit seinem tatsächlichen Funktionsprofil und welchen **wirtschaftlichen Erfolg es aus übernommenen Risiken erzielt. Gesamtrisiken** lassen sich besser **identifizieren** und Risiken können **effektiver gemanagt werden.** Die Auswirkungen von übernommenen Geschäftsrisiken können besser beurteilt werden, da zB Korrelationen identifiziert werden können.

Es gibt vielfältige Arten von Risiken, die einen Einfluss auf den wirtschaftlichen Erfolg eines Unternehmens ausüben können. Im Folgenden werden Risiken untersucht, die

− vom Unternehmen nicht beeinflusst werden können,
− unabhängig auftreten und
− einen großen Einfluss auf den wirtschaftlichen Erfolg ausüben.

Die **Risikoidentifizierung und Risikoübernahme ist ein wichtiger unternehmerischer Vorgang** und kann **losgelöst von ausgeführten Funktionen betrachtet und bewertet werden.** Die Separierung und Übertragung von Risiken innerhalb einer Unternehmensgruppe ist möglich: die Übernahme von Risiken muss dabei fremdvergleichsüblich entlohnt werden.

Im Folgenden wird die **Vergütung übernommener Risiken** mit Hilfe von **statistischen Simulationen quantifiziert.**

b) Quantifizierung des Risikos an Hand eines Falles

220   Im Folgenden wird die Quantifizierung von Risiken anhand eines Unternehmens beschrieben, welches von einem Fremden Dritten **wenige aber teure Investitionsgüter** über einen Zeitraum von **mehreren Jahren** kauft. Das Unternehmen verpflichtet sich aus Gründen der Planungssicherheit vertraglich über die nächsten 4 Jahre 10 „Maschinen" zu einem jeweils festgelegten Preis von EUR 20 Millionen zu erwerben. Das Unternehmen erwirbt weiterhin die Option zusätzliche Maschinen zu kaufen, wenn seine Nachfrage groß genug dafür ist. Die Maschinen werden speziell für das Unternehmen angefertigt und es existiert **nicht die Möglichkeit, die Maschinen an fremde Dritte zu verkaufen.** Das Unternehmen wird die Maschinen **intern an mehrere internationale Tochterunternehmen weiterverkaufen** und muss hierfür Verrechnungspreise bestimmen, **Marktpreise für die**

Maschinen lassen sich nicht genau beobachten. Es ist unsicher, wie groß die Nachfrage der einzelnen Tochterunternehmen tatsächlich sein wird. Die **Tochterunternehmen planen** ihre Investitionsentscheidungen selbstständig und rechnen damit, **maximal 14 Maschinen** zu kaufen. Jeder Maschinenkauf hängt von der zukünftigen Marktsituation des Unternehmens ab und ist unsicher. Ein fremder Dritter, der den Vertrag geschlossen hätte und die Maschinen an die Tochterunternehmen des Unternehmens weiterverkaufen würde, übernähme folgende Risiken:

– **Preisrisiko:** Die Preise mit dem Hersteller sind vertraglich fixiert, kein tatsächlicher Marktpreis ist beobachtbar. Der Preis, für den das Unternehmen die Maschinen theoretisch weiterverkaufen könnte, schwankt. Es könnte sein, dass das Unternehmen zusätzliche Maschinen in späteren Jahren zu einem höheren Preis als den Marktpreis kaufen muss.

– **Mengenrisiko:** Das Unternehmen hat sich vertraglich dazu verpflichtet 10 Maschinen zu kaufen und trägt das Risiko, nicht alle Maschinen weiter verkaufen zu können. Wenn es keine Verwendung für die 10 Maschinen hat, muss es den Kaufpreis in Höhe von EUR 20 Millionen an den Hersteller zahlen.

Ein Unternehmen, welches **Risiko trägt,** muss seine **Preise so setzen** (**„Price Setting"**), dass es zumindest im **Erwartungswert keinen Verlust** aus den Risiken erzielt. Ein doppelter ordentlicher und gewissenhafter Geschäftsleiter würde keine Preise verlangen, mit denen er im Erwartungswert einen Verlust erzielt. Daher müssen die Preise mindestens so gesetzt werden, dass der **erwartete Verlust aus den Risiken kompensiert** wird und das Unternehmen im Erwartungswert den Break-Even-Punkt erreicht. Im vorliegenden Fall wird der Erwartungswert der Verluste bestimmt und als Kostenaufschlag auf den Marktpreis angesetzt. Da generell von einer Aversion gegen die Übernahme von Risiken ausgegangen werden kann,[88] sollte das Unternehmen zusätzlich zu dem **Erwartungswert der Verluste** noch eine **Risikoprämie für die Übernahme von den Risiken** erhalten. Diese Risikoprämie stellt die Verzinsung auf das eingesetzte Kapital dar.

aa) Risikoanalyse

Die aus der vertraglich festgelegten Abnahme von 10 Maschinen zu einem fixen Preis resultierenden Risiken werden zunächst separat modelliert und ihre Einflüsse dann als Gewinnfunktion des Unternehmens zusammengeführt.   **221**

Preisrisiko

Die Preise für die Spezialmaschinen schwanken stark. Die **zukünftigen Marktpreise können nicht mit Sicherheit vorhergesagt werden,** da die Einflussfaktoren nicht im Vorfeld bestimmt werden können. Die Verkaufspreise des Herstellers hängen stark von seiner Kapazitätsauslastung ab:

– Es gibt nur wenige Hersteller, die die Spezialmaschinen herstellen können.

– Es gibt nur wenige Abnehmer für vergleichbare Spezialmaschinen. Zwar können die Maschinen nicht an die anderen Abnehmer verkauft werden,

---

[88] *Arrow,* The theory of risk aversion, in Aspects of the Theory of Risk Bearing, by Yrjo Jahnssonin Saatio, Helsinki, 1965. Reprinted in: Essays in the Theory of Risk Bearing, Markham Publ. Co., Chicago, 1971, 90–109.

jedoch beeinflussen die Unternehmen die Marktpreise mit ihrer eigenen Nachfrage.

– Staaten beeinflussen auf Grund von nicht kommerziellen Gründen ebenfalls die Marktnachfrage, da sie ähnliche Maschinen von den Herstellern nachfragen.

Die tatsächlichen zukünftigen Marktpreise können nicht genau bestimmt werden, da der Markt auf Grund der geringen Anzahl der Marktteilnehmer und externer Einflüsse **kein vollständiger und vollkommener Markt** ist. Ein langfristiges Gleichgewicht von Preisen und verkauften Maschinen stellt sich nicht ein. Die Fluktuation der in der Vergangenheit gezahlten Markpreise kann jedoch bestimmt werden. Mit der **Schwankung aus vergangen Marktpreisen** können im folgenden **Schlüsse für zukünftige Marktpreisbewegungen** und das Preisrisiko gezogen werden.

Das Unternehmen kaufte in den vergangen Jahren bereits 10 Maschinen vom Hersteller. Aus den gezahlten Markpreisen kann die Varianz des Marktpreises berechnet werden.

Index	Marktpreis in EUR	Standardisierter Preis	Standardab- weichung
1	23 641 903	1,15	0,23
2	25 474 552	1,24	
3	21 294 389	1,03	
4	12 019 122	0,58	
5	15 469 893	0,75	
6	16 177 988	0,79	
7	19 064 988	0,93	
8	19 425 026	0,94	
9	26 896 567	1,31	
10	26 511 217	1,29	

Tabelle 15: Übersicht vergangener Marktpreise

Der durchschnittlich gezahlte Preis des Unternehmens für die Maschinen betrug EUR 20 597 564. Die Preise variierten jedoch stark von Kauf zu Kauf; dies wird besonders deutlich wenn man den standardisierten Preis zu Grunde legt. Dabei werden alle Preise in Relation zum durchschnittlichen Preis gesetzt. Die zehnte Maschine war bspw. 29 % teurer als der durchschnittliche Preis. Aus den standardisierten Preisen wird für die folgenden Berechnungen die Standardabweichung gebildet. Die **Standardabweichung** ist ein **statistisches Schwankungsmaß**[89] und gibt an, um wie viel die beobachteten Marktpreise sich verändern. Im vorliegenden Fall beträgt die Standardabweichung 0,23, dh die vom Unternehmen gezahlten Marktpreise schwanken in der Regel um 23 % von Kauf zu Kauf.

Das Unternehmen kauft die Maschinen für einen fixen Preis von EUR 20 000 000 vom Hersteller. Ein fremder Dritter, der die Maschinen später zum theoretischen Marktpreis an die verbunden Gesellschaften weiterver-

---

[89] Vgl. Kapitel G Rn. 66 ff.

kauft, übernimmt ein Risiko. Sollte der Marktpreis bspw. EUR 18 000 000 betragen, dann erzielt das Unternehmen einen Verlust von EUR 2 000 000.

Mengenrisiko

Das Unternehmen hat sich verpflichtet 10 Maschinen vom Hersteller zu **222** kaufen. Wenn es dem Unternehmen nicht gelingt mindestens 10 Maschinen zu verkaufen muss es dem Hersteller dennoch den Kaufpreis bezahlen und erleidet dadurch einen Verlust. Die verbundenen Unternehmen planen über die nächsten 4 Jahre 14 Maschinen zu kaufen, jedoch sind die geplanten Verkäufe unsicher. Wenn der nicht mit Sicherheit zu bestimmende Bedarf an einer Maschine nicht vorhanden ist, dann muss das verbundene Unternehmen die Maschine auch nicht kaufen. Das Unternehmen plant über die Vertragszeit von 4 Jahren mit folgenden Maschinenkäufen:

Vertragsjahr	1	2	3	4
Anzahl der geplanten Maschinenkäufe	2	4	3	5

Tabelle 16: Geplante Maschinenkäufe während der Vertragsperiode

Interne Bedarfsanalysen des Unternehmens ergaben, dass jede Maschine lediglich mit einer Wahrscheinlichkeit von 80 % gekauft wird.[90] Daher verpflichtete sich das Unternehmen auch nicht zum Kauf von 14 sondern von weniger Maschinen, da es im Erwartungswert genügend Maschinen nachfragen wird:

Erwartungswert Maschinenkäufe $= 0{,}8 \star 14 = 11{,}2$

Das Unternehmen erwartet mindestens 11 Maschinen zu kaufen, in ungünstigen Fällen kann es jedoch passieren, dass die Nachfrage geringer ausfällt. Die Wahrscheinlichkeit für eine bestimmte Anzahl an Maschinenkäufen kann mit Hilfe der Binomialverteilung berechnet werden:[91]

$$P(q) = \binom{n}{k} l^k (1-l)^{n-k}$$

Dabei ist die Wahrscheinlichkeit, P, eine bestimmte Anzahl von Maschinen, q, zu kaufen definiert durch die Wahrscheinlichkeit, l, und die Gegenwahrscheinlichkeit, 1-l. Die Parameter n und k geben dabei die Häufigkeit der Ereignisse an und der Binomialkoeffizient (n über k) gibt an wie viele verschiedene Möglichkeiten es gibt, die k Maschinen aus der Gesamtzahl der Möglichkeiten n zu kaufen. Wenn bspw. die Wahrscheinlichkeit berechnet werden soll, dass alle 14 Maschinen gekauft werden, ergibt sich folgendes:

$$P(14) = \binom{14}{14} 0{,}8^{14}(1-0{,}8)^{14-14} = 0{,}8^{14} = 4{,}4\%$$

---

[90] Das Mengenrisiko kann auch für den Fall, das jeder Kauf eine eigene Wahrscheinlichkeit besitzt, berechnet werden.

[91] Eine leicht verständliche Einführung und Beispiele für die Anwendung der Binomialverteilung bietet: *Schira*, Statistische Methoden der BWL und VWL, 2. Aufl. 2005, Kapitel 7.

Die Wahrscheinlichkeit, dass 11 der 14 möglichen Maschinen gekauft werden beträgt:

$$P(11) = \binom{14}{11} 0,8^{11}(1-0,8)^{14-11} = 25,0\%$$

Die Wahrscheinlichkeit, dass 9 Maschinen gekauft werden beträgt:

$$P(9) = \binom{14}{9} 0,8^{9}(1-0,8)^{14-9} = 8,6\%$$

Das Unternehmen trägt also ein Mengenrisiko, da nicht im Vorhinein feststeht, wie viele Maschinen tatsächlich verkauft werden und ob die Kaufmenge unterhalb der vertraglich vorgeschriebenen Menge bleibt.

bb) Monte-Carlo Analyse

223   Die Monte-Carlo Analyse berechnet das wirtschaftliche Risiko durch wiederholtes simulieren von möglichen zukünftigen Marktpreisen und Verkaufsmengen. Es werden insgesamt 1000 Simulationen für jedes der Vertragsjahre durchgeführt und die Ergebnisse aufgezeichnet. Die Simulationen basieren auf tatsächlichen vergangenen Werten für die Marktpreise und internen unternehmerischen Schätzungen über den Kauf von Maschinen.

Simulierung des Marktpreises

Der **zukünftige Marktpreis ist unbekannt,** die beste möglich Schätzung des zukünftigen Preises, p_{t+1}, ist der heutige Preis, p_t, plus einem Residualterm, ε_t. Dieser Prozess wird auch als **Zufallsbewegung (Random Walk)** bezeichnet.

$$p_{t+1} = p_t + \varepsilon_t$$
$$\varepsilon_t \sim N(0, \sigma^2)$$

Der Residualterm ist standartnormalverteilt mit einem Erwartungswert von 0 und einer Varianz σ^2. Er wird mit einer in Excel integrierten Zufallsfunktion simuliert. Der Residualterm nimmt für jede Simulation einen anderen Wert an, dh manchmal ist der Residualwert negativ und der simulierte Marktpreis geringer als im letzten Jahr, manchmal ist er aber auch positiv und der simulierte Marktpreis steigt. Die Simulation hat zur Folge, dass die simulierten Marktpreise in jedem Jahr verschieden sind. Die Varianz kann aus den tatsächlich beobachteten Marktpreisen bestimmt werden. Hierfür wird die berechnete Varianz in Höhe von 0,23 an im Vertrag festgesetzten Preisniveau von EUR 20 000 000 angepasst:

$$p_{t+1} = p_t + \varepsilon_t$$
$$\varepsilon_t \sim N(0, [0.23 \star 20.000.000]^2)$$

Für jedes der Vertragsjahre werden die Marktpreise simuliert. Basierend auf dem Ergebnis der Simulation des Marktpreises für das erste Jahr wird der

Marktpreis im zweiten Jahr simuliert. Die simulierten Residualterme bestimmen dabei den Wert des Marktpreises:

$$p_{t+2} = p_{t+1} + \varepsilon_{t+1} = p_t + \varepsilon_t + \varepsilon_{t+1}$$

Die Residualterme können mit Hilfe von in Excel eingebauten Funktionen simuliert werden.

Simulierung der Maschinenkäufe

Es wird geplant in jedem der Vertragsjahre eine bestimmte Anzahl an Maschinen zu kaufen. Jede Maschine wird mit einer Wahrscheinlichkeit von 80% tatsächlich gekauft. Mit Hilfe der Binomialverteilung kann simuliert werden, ob eine Maschine gekauft wird oder nicht. Hierfür kann ebenfalls eine in Excel eingebaute Zufallsfunktion verwendet werden.

Vertragsjahr	1	2	3	4
Anzahl der geplanten Maschinenkäufe	2	4	3	5

Tabelle 17: Geplante Maschinenkäufe während der Vertragsperiode

Es wird geplant 2 Maschinen im ersten Vertragsjahr zu laufen. Die simulierte Anzahl der Käufe kann daher 0, 1, 2 betragen, wobei der Kauf von 2 Maschinen mit 64% am wahrscheinlichsten ist (0,8*0,8=0.64). Die Wahrscheinlichkeit, dass 1 Maschine gekauft wird, beträgt 32% (0,8*0,2*2= 0.32) und die Wahrscheinlichkeit, dass gar keine Maschine gekauft wird, beträgt 4% (0,2*0,2=0,04).
Die Anzahl der Maschinenkäufe wird ebenfalls 1000 Mal für jedes Jahr simuliert.

cc) Simulierte Gewinne/Verluste

Im Folgenden werden die Gewinne und Verluste des Unternehmens in jeder Simulation dargestellt. Insgesamt wurden 1000 Simulationen durchgeführt. Die Gewinne, π_t, ergeben sich durch folgende Formel: **224**

$$\pi_t = q_t \star (p_t - c)$$

Dabei ist q_t die simulierte Kaufmenge in jedem Vertragsjahr (t=1, 2, 3, 4, 5), p_t ist der simulierte Preis und c ist der vereinbarte Kaufpreis für den Hersteller in Höhe von EUR 20000000 für alle 4 Jahre.
Die Gewinne für jeden simulierten Maschinenkauf werden mit Hilfe eines Diskontsatzes auf den Bewertungsstichtag diskontiert zum Zeitpunkt Null. Der Diskontsatz beträgt 10%.

$$Weiterverkaufsprofit = \sum_{t=1}^{4} \pi_t \star \left(\frac{1}{1 + Diskontsatz} \right)^t$$

Wenn das Unternehmen in einer Simulation insgesamt weniger als 10 Maschinen vom Hersteller kauft, muss es den Kaufpreis auch für die nicht gekauften Maschinen zahlen. Daher wird bei jeder Simulation die Anzahl der gekauften Maschinen berücksichtigt:

$$Q = \sum_{t=1}^{4} q_t$$

Wenn die Kaufmenge niedriger als 10 ist dann muss das Unternehmen die Vertragsstrafe zahlen. Der Wert der Vertragsstrafe wird ebenfalls auf den Bewertungsstichtag diskontiert:

$$Vertragsstrafe = (10 - Q) \star EUR\ 20.000.000 \star \left(\frac{1}{1 + Diskontsatz} \right)^{4} \quad wenn \quad Q < 10$$

Der Gesamtprofit in jeder Simulation besteht aus dem Wiederverkaufsprofit und der etwaigen Vertragsstrafe:

Gesamtprofit = Weiterverkaufsprofit − Vertragsstrafe

Abbildung 32 zeigt die Verteilung der simulierten Profite. Die Simulationen haben auf Grund Varianz der Marktpreise eine große Schwankungsbreite. Je mehr Simulationen durchgeführt werden, desto mehr gleicht sich die Verteilung einer Gaußschen Normalverteilung an. Auf Grund der Menge der Simulationen werden auch extreme Gewinne und Verluste beobachtet. Diese haben für die Bestimmung fremdvergleichsüblicher Preise einen untergeordneten Einfluss, da Quartile und keine Durchschnitte berechnet werden.

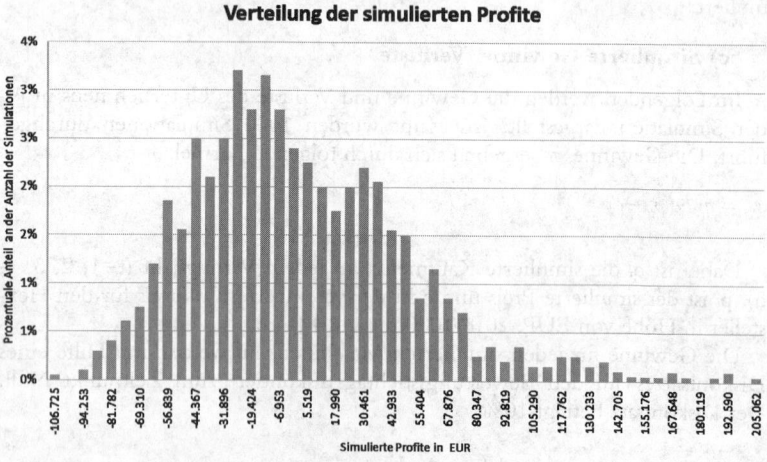

Abbildung 32: Verteilung der simulierten Profite

Die Profite ergeben sich aus der Simulation der Marktpreise und der Anzahl der Maschinenkäufe. Abbildung 33 beschreibt die Anzahl der simulierten

Maschinenkäufe. Für den Großteil der Simulationen ergibt sich, dass mehr als 10 Maschinen gekauft werden. In manchen Fällen werden jedoch weniger Maschinen verkauft und in diesen Simulationen muss die Vertragsstrafe gezahlt werden. Basierend auf den simulierten Profiten und Verluste wird die fremdvergleichsübliche Bandbreite bestimmt, in dem das erste Quartil, der Median und das dritte Quartil der simulierten Profite berechnet werden. Der Median der simulierten Profite betrug EUR -11,2m für alle Maschinen zusammen oder EUR -1,0m pro Maschine.

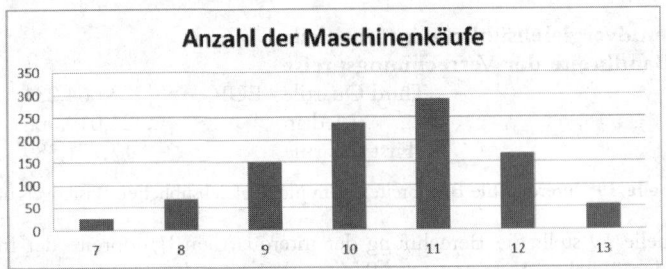

Abbildung 33: Verteilung der simulierten Profite

Das Unternehmen muss zumindest den erwarteten Verlust als fremdvergleichsübliche Entlohnung seiner eingegangenen Risiken verlangen. Um im Erwartungswert den Break-Even Punkt zu erreichen, muss das Unternehmen einen Risikoadäquaten Preisaufschlag von EUR 1m auf den Einkaufspreis verlangen. Die fremdvergleichsübliche Bandbreite ist gegeben durch die interquartile Bandbreite der simulierten Profite:

	Fremdvergleichs- üblicher Aufschlag in EUR	Fremdvergleichsüblicher Aufschlag pro Maschine in EUR
Drittes Quartil	40,306,543	3,664,231
Median	11,218,959	1,019,905
Erstes Quartil	-24,514,720	-2,228,611

Tabelle 18: Verteilung der simulierten Profite

dd) Bestimmung des internen Verrechnungspreises Kostenaufschlagsmethode

Der innerkonzernliche Verrechnungspreis kann als Aufschlag auf den **225** Kaufpreis der Maschinen bestimmt werden. Dafür werden die in Tabelle 18 dargestellten Preise als Aufschläge auf den Einkaufspreis angewendet

Fremdvergleichsübliche Risikovergütung

Fremdvergleichsüblicher Aufschlag auf den Kaufpreis pro Maschine

Drittes Quartil	EUR	3,664,231
Median		1,019,905
Erstes Quartil		-2,228,611
Kaufpreis		20,000,000

Fremdvergleichsübliche interquartile Bandbreite der Verrechnungspreise

Third Quartile	EUR	23,664,231
Median		21,019,905
First Quartile		17,771,389

Tabelle 19: Interquartile Bandbreite der fremdvergleichsüblichen Risikovergütung

Tabelle 19 stellt die Berechnung der interquartilen Bandbreite der fremd-vergleichsüblichen Vergütung der Risikoübernahme dar. Der Erwartungswert der Verluste wird dabei auf den Herstellerpreis aufgeschlagen.

Der interne Verrechnungspreis kann durch einen Kostenaufschlag be-stimmt werden, bei dem der Aufschlag dem Erwartungswert der Verluste durch die übernommenen Risiken entspricht. Ein interner Verrechnungspreis unterhalb des Herstellerpreises in Höhe von EUR 20m würde zu einem ga-rantierten Verlust führen. Ein Preis unterhalb des Medians würde für einen fremden Dritten in einen erwarteten Verlust resultieren, da die übernomme-nen Risiken in vielen Fällen zu einem Verlust führen (der Marktpreis plus Aufschlag ist geringer als der Kaufpreis). Daher sind nur Aufschläge zwischen dem Median und ersten Quartil ökonomisch sinnvoll, um die übernomme-nen Risiken adäquat zu vergüten.

Damit das Unternehmen **im Erwartungswert keinen Verlust** erzielt, sollte es einen Aufschlag auf den Einkaufspreis in Höhe von EUR 1,0m bis EUR 3,7m pro Maschine verlangen. Ein Aufschlag in Höhe des Medians von EUR 1,0m hat dabei zu Folge, dass ein fremder Dritter im Erwartungswert lediglich keine Verluste erzielen würde.

Zusammenfassung

Die **Vergütung des Risikos in Höhe** des hier berechneten Medians ist lediglich die Vergütung des übernommenen Risikos und beinhaltet noch **keine Vergütung der Managementleistung** und **keine marktübliche Verzinsung des eingesetzten Kapitals.** Das Unternehmen geht beträchtli-che Risiken ein, für deren Absicherung es Eigenkapital benötigt. Im nächsten Abschnitt wird analysiert, wie die marktübliche Vergütung des eingesetzten Kapitals mit Hilfe der Profit Split Methode berechnet werden kann.

ee) Profit Split Methode
Profit Split Methode für das Price Setting

226   Die Profit Split Methode wird oft für die Überprüfung von internen Ver-rechnungspreisen verwendet. Dabei wird überprüft, ob erzielte Gewinne aus

einer gemeinsam erstellten Leistung zweier Unternehmen, fremdvergleichsüblich sind. Die Profit Split Methode kann aber auch dazu benutzt werden, interne Verrechnungspreise zu setzen (Price Setting). Im Folgenden wird die marktübliche Verzinsung des Kapitals durch die Aufteilung des residualen Gewinnes bestimmt. Der residuale Gewinn resultiert aus der gemeinsamen Leistungserstellung der Unternehmen. Seine Aufteilung nach den anteiligen kapitalisierten Kosten der Unternehmen ist fremdvergleichsüblich.

Anwendbarkeit

Die Vergütung des eingesetzten Kapitals, zusätzlich zu der Vergütung der Risikoübernahme, kann mit Hilfe der Profit Split Methode bestimmt werden. Ein Profit Split System berücksichtigt die wirtschaftlichen Beiträge der verbundenen Unternehmen und teilt den Profit aus einer gemeinsam erstellten Leistung nach den kapitalisierten Beiträgen der Unternehmen auf.

– Die Profit Split Methode ist anwendbar wenn zwei oder mehrere Parteien werthaltige Nicht-Routine Tätigkeiten, Know-how oder geistiges Eigentum in einem integrierten Prozess beitragen.

– Die Preise werden so bestimmt, dass der letztendliche Profit aus einer Tätigkeit den verbundenen Unternehmen zu Teilen zugeordnet wird.

Zunächst muss der **totale Profit** aus der Verwendung der Spezialmaschinen und die **Wertbeiträge** in Form eines **Profit Split Aufteilungsschlüssel** bestimmt werden. Die Risikoübernahme des Unternehmens stellt eine Nicht-Routine Tätigkeit des Unternehmens dar. Die verbundenen Unternehmen besitzen technisches Know-how, um mit Spezialmaschinen Produkte herzustellen; weitere Non-Routine Tätigkeiten fallen nicht an.

Aufzuteilender Profit

Der **Barwert aller zukünftigen Profite,** die mit der Maschine erzielt **227** werden, wird zwischen dem Unternehmen und der Tochtergesellschaft aufgeteilt. Für die Bestimmung des Barwertes können die budgetierten Umsätze und Kosten aus den mit der Maschine hergestellten Produkten verwendet werden.

Der Anteil am Profit aus der Herstellung von Produkten mit der Spezialmaschine wird mit den Wertbeiträgen der verbundenen Unternehmen bestimmt.

– In diesem Beispiel wird der Gewinnaufteilungsschlüssel basierend auf den Nicht-Routine Kosten der Unternehmen bestimmt. Wenn bspw. ein Unternehmen 60% der gesamten Nicht-Routine Kosten trägt, dann erhält es auch 60% des totalen Profits.

– Die Nicht-Routine Kosten des Unternehmens werden durch die oben beschriebene Risikoquantifizierung bestimmt. Die Nicht-Routine Kosten des verbundenen Unternehmens können mit den Ausgaben für das technische Know-how berechnet werden.

Aufteilung des Profites

Die budgetierten Umsätze einer Tochtergesellschaft durch die Verwendung der Maschine betragen EUR 130m und budgetierte Kosten in Höhe von EUR 110 fallen folgendermaßen an:

Routine Kosten Tochtergesellschaft[92]	EUR 100m
Routine Kosten Muttergesellschaft[93]	–
Nicht-Routine Kosten Tochtergesellschaft[94]	EUR 9m
Nicht-Routine Kosten Muttergesellschaft[95]	EUR 1m
= Budgetierte Gesamtkosten	EUR 110m

Tabelle 20: Budgetierte Gesamtkosten

Der aufzuteilende Gesamtprofit beträgt EUR 20m (EUR 130m – EUR 110m):

Budgetierte Umsätze	EUR 130 m
– Budgetierte Gesamtkosten	EUR 110m
= Budgetierter Gesamtprofit	EUR 20m

Tabelle 21: Budgetierter Gesamtprofit

Der Barwert der Nicht-Routine Kosten des Tochterunternehmens beträgt EUR 9m und die Risikoquantifizierung ergibt einen Wert von EUR 1m, daher betragen alle Nicht-Routinekosten EUR 10m.

Budgetierte Nicht- Routine Kosten Tochtergesellschaft	EUR 9m
+ Nicht-Routine Kosten des Mutterkonzerns	EUR 1m
= Gesamte Nicht-Routine Kosten	EUR 10m

Tabelle 22: Gesamte Nicht-Routine Kosten

Das Unternehmen hat einen Anspruch auf EUR 1m/EUR 10m = 10% der Gesamtprofite. Dies entspricht einem Aufschlag von EUR 2m (Budgetierter Gesamtprofit*Gewinnaufteilungsschlüssel= EUR 20m * 10%= EUR 2m).

Gesamte Nicht-Routine Kosten	EUR 10m
Profitanteil Tochtergesellschaft	EUR 9m/EUR 10m=90%
Profitanteil Mutterkonzern	EUR 1m/EUR 10m=10%

Tabelle 23: Profitanteile

Der konzerninterne Verrechnungspreis beträgt:
EUR 20m[96] + EUR 1m + andere betriebliche Aufwendungen des Mutterkonzerns + EUR 2m = EUR 23m

---

[92] Diese Kosten beinhalten: Maschinenkaufkosten, Abschreibungen, andere Kosten des Einkaufs, betriebliche Aufwendungen, Gemeinkosten und bestimmte Steuern.

[93] Aus Vereinfachungsgründen wird angenommen, das keine Kosten für die Vertragsanbahnung und das Risikomanagement anfallen.

[94] Dies sind die kapitalisierten Kosten für die Entwicklung des technischen Know-hows.

[95] Dies sind die Kosten des Unternehmens durch die Übernahme des Risikos der Maschinenkäufe.

[96] Kaufpreis der Maschine.

Der konzerninterne Verrechnungspreis setzt sich zusammen aus:
– den Einkaufskosten der Maschine,
– der Vergütung der angefallenen Routine-Kosten der Muttergesellschaft (in diesem Fall Null),
– der fremdvergleichsüblichen Vergütung des Risikos und
– der marktüblichen Verzinsung des eingesetzten Kapitals.

c) Schlussfolgerung

Dieses Kapitel beschreibt Möglichkeiten der **Berechnung und Vergü-** 228 **tung von Risiken.** Es wird dabei unterstellt, dass nicht notwendigerweise eine Korrelation zwischen der Anzahl der qualifizierten Personen und der Komplexität des Risikos existiert. Somit können maßgebliche Personalfunktionen in bestimmten Fällen von wenigen Personen getroffen werden. Dieses Kapitel beschreibt nicht die Vergütung des tatsächlichen Risikomanagements, dh des Know-hows im tatsächlichen Umgang mit Risiken. Zur Vergütung des Risikomanagements wird auf die anderen Kapitel dieses Werkes verwiesen. Es geht in diesem Abschnitt darum, dass Risiken nicht nur der Qualifizierung von Funktionen dienen, sondern dass deren **Übernahme als solche vergütet werden muss.** Dies kann entweder im Rahmen der Funktionsvergütung erfolgen oder, wie hier vorgestellt, separat. Die Übernahme von Risiken kann komplett sein und wesentliche Leistungen oder people functions erfordern. Sie kann aber auch nur relativ geringe Leistungen der people functions erfordern.

Um den internen Verrechnungspreis für die Vergütung von Risiken zu bestimmen, muss das Risiko quantifiziert werden und das eingesetzte Kapital zur Haftung im Schadensfall muss marküblich verzinst werden.

Beide Funktionen erfordern **qualifiziertes Personal** für das Risikomanagement. Die in diesem Kapitel beschriebene Risikoübernahme erfordert jedoch eine relativ geringe Anzahl von Personen, da die Risiken vertraglich fixiert werden und nach der Vertragsunterzeichnung nicht mehr beeinflusst werden können.

Die hier vorgestellte Analyse bewertet die Übernahme der Risiken und die Verzinsung des riskierten Eigenkapitals separat und demonstriert, wie Risiken auch losgelöst von der Personalfunktion adäquat quantifiziert werden können.

IV. Quantifizierung immaterieller Wirtschaftsgüter[97]

1. Einführung[98]

a) Das Wesen immaterieller Wirtschaftsgüter

Immaterielle Wirtschaftsgüter wurden in den letzten Jahren zum Hauptau- 229 genmerk von Steuerbehörden im Bereich der Verrechnungspreise. Dies liegt einerseits in der Tatsache begründet, dass sich immaterielle Wirtschaftsgüter in

---

[97] Vgl. *Vögele* Geistiges Eigentum – Intellectual Property.
[98] *Vögele/Sedlmayr* in Vögele Verrechnungspreise, 3. Aufl. Wir danken unserem ausgeschiedenen Ko-Autor Richard Sedlmayr für die Formulierungen aus der 3. Aufl.

den letzten Jahren zu den wesentlichsten Wertelementen im Wirtschaftsleben entwickelt haben und aufgrund der Entwicklung hin zur Wissensgesellschaft weiterhin an Bedeutung gewinnen. Andererseits ist die verrechnungspreistechnische Behandlung immaterieller Wirtschaftsgüter mit erheblichen Herausforderungen verbunden, was u. a. an der mangelnden Vergleichbarkeit untereinander liegt.

Der Definition immaterieller Wirtschaftsgüter ist keine klare Grenze gezogen. Generell kann man festhalten, dass es sich um Vermögen handelt, das Wert hat und für das Zahlungsbereitschaft besteht, das jedoch nicht tangibel oder „greifbar" ist. Die hier verwendete Definition lehnt sich an die im angloamerikanischen Raum verbreitete Ansicht, immaterielle Wirtschaftsgüter setzen sich aus Rechten, Beziehungen, geistigem Eigentum und nicht näher definierten immateriellen Wirtschaftsgütern zusammen.

– Unternehmen könne **Rechte** besitzen, die anderen vorenthalten sind. Konzessionen sind ein Beispiel.
– Soziale Gebilde können je nach Art des Unternehmens von geringerer oder größerer Bedeutung sein. **Kundenbeziehungen** sind die wohl bedeutendste Form werthaltiger Sozialgebilde. In Unternehmen, in denen der soziale Zusammenhalt ihrer Mitarbeiter eine wesentliche Rolle spielt, ist vom Wert der sog. **Workforce** die Rede. So kann es etwa in einer Unternehmensberatung möglich sein, dass ein Ersatz der Belegschaft mit gleich qualifizierten Neulingen, die einander nicht kennen und nicht miteinander eingespielt sind, für eine bestimmte Dauer eine reduzierte Produktivität zur Folge hat. Von der OECD wird die **Workforce** im Allgemeinen nicht als immaterielles Wirtschaftsgut betrachtet. Allerdings kann man das **inhärente Know-how** sehr wohl als ein solches darstellen. Die zum Aufbau dieser Workforce erforderlichen Kosten stellen nicht den Wert des **Know-hows der Workforce** dar, sondern können nur Annäherungswerte bilden.[99]
– Von **geistigem Eigentum** ist gem. der hier verwendeten Definition die Rede, wenn es sich um solche immateriellen Wirtschaftsgüter handelt, die bis zu einem gewissen Grad rechtlich schützbar sind. Das Paradebeispiel für geistiges Eigentum ist das **Patent,** das den Eigentümer vor einer Nachahmung seiner technischen Neuerung schützt. Das **Urheberrecht (Copyright)** gilt dem Schutz von Werken im Bereich der Literatur, Wissenschaft, und Kunst. Das **Betriebsgeheimnis** schützt Unternehmen vor der Verbreitung und Ausbeutung technischen und kaufmännischen Wissens, und sichert die Geheimhaltung von Produktionsprozessen, Strategien, Kalkulationen und anderer vertraulicher Informationen und Daten, die den Geschäftserfolg betreffen. In bestimmten Geschäftszweigen, etwa dem Versandhandel, fallen **Kundenlisten** in den Bereich geistigen Eigentums und genießen damit Rechtsschutz, der – im Gegensatz zur reinen Kundenbeziehung – jenem des Betriebsgeheimnisses entspricht. Ebenfalls unter das Betriebsgeheimnis ist die **Technologie** zu fassen, die über patentierte Ideen hinausgeht, einem begrenzten Personenkreis zugängig ist und an deren Schutz ein kommerziell begründetes Interesse besteht. **Know-how** kann geistiges Eigentum sein, sofern es formulierbar und von der Person getrennt verwertbar ist.

---

[99] S. die Fallstudie in Kapitel H Rn. 275 ff.

– **Nicht isolierbare immaterielle Wirtschaftsgüter** entstehen aus der multiplikativen Natur in der Produktionsdynamik von Unternehmen und haben isoliert keinen Wert, nur in ihrer Anwendung im Unternehmen. Der **going concern value** und **Goodwill** sind hier zu nennen. Schwierigkeiten bereitet die Abgrenzung von immateriellen Wirtschaftsgütern zu Dienstleistungen („Services"). Es kann verallgemeinert werden, dass es sich bei immateriellen Wirtschaftsgütern um Vermögensgegenstände handelt, die, ob in der Bilanz aktiviert oder nicht Werte darstellen, die übertragbar sind und zur Nutzung überlassen werden können

b) Anerkannte Bewertungsprinzipien

Verschiedene Institutionen definieren Prinzipien zur Bewertung immate-   **230**
rieller Wirtschaftsgüter. In Deutschland sind diesbezüglich das **IDW S 5** und die Publikation des **Deutschen Instituts für Normung (DIN)** zu den Grundsätzen ordnungsgemäßer Patentbewertung[100] zu erwähnen. Während dem Thema des Transfers immaterieller Wirtschaftsgüter, und dabei den Überlegungen zu fremdvergleichsüblichem Pricing im Lichte der Verhandlungsmacht der involvierten Parteien, kein bedeutender Wert zugeordnet wird, sind die Vorgaben des Instituts grundsätzlich auch im Bereich der Verrechnungspreise relevant.

Bspw. ist die Vorgabe des Instituts, Patente grundsätzlich **einzeln** zu bewerten, doch **synergetische Effekte** zu berechnen, ein Zugang, der für immaterielle Wirtschaftsgüter generell gelten sollte. Für Leser, die in einkommensbasierten Bewertungsmethoden generell wenig Erfahrung haben, dürften auch die Ausführungen zum **Stichtagsprinzip,** der **Risikoberücksichtigung** und dem **Nettoflussprinzip** hilfreich sein.

c) Der ökonomische Zugang

In den folgenden Kapiteln zur Frage der fremdvergleichsüblichen Entloh-   **231**
nung geistigen Eigentums werden wiederholt mikroökonomische Methoden angewandt. Der ökonomische Zugang baut auf der Annahme **rationaler Akteure** auf, die entsprechend ihrer Präferenzen im Eigeninteresse handeln. Aufgrund der Erkenntnisse aus der Spiel- und Verhandlungstheorie ist der ökonomische Zugang dazu geeignet, die **strategische Interaktion unabhängiger Parteien** in einem **Verhandlungsprozess** zu simulieren. Es wird sich in den folgenden Kapiteln zeigen, dass der **Verhandlungsprozess** eine wesentliche Rolle in der Bestimmung angemessener Preise für die Überlassung geistigen Eigentums spielt, und daher die Fähigkeit des ökonomischen Zugangs, diese **Verhandlungsmacht** anhand von Modellen zu simulieren, eine wesentliche Annäherung an die Realität darstellt. Mikroökonomische Modelle sind stark individualistisch aufgestellt und analysieren das Zusammenspiel zwischen **eigeninteressierten Parteien.** Im Konzern, auf den Verrechnungspreisanalysen angewandt werden, existiert eben dieses Eigeninteresse nicht, das zwischen fremden Dritten den Verhandlungsprozess in Gang setzen würde. Um also den Verhandlungsprozess, der zwischen fremden Dritten letztlich zu einer fremd-

---

[100] DIN PAS 170 „Grundsätze ordnungsgemäßer Patentbewertung", 2007, und *Vögele* Geistiges Eigentum – Intellectual Property.

vergleichsüblichen Vergütung führen würde, zu simulieren, wird im Rahmen des Modells ein **hypothetischer Markt** für das immaterielle Wirtschaftsgut geschaffen, in dem ein **hypothetischer alleiniger Eigentümer** auf einen **hypothetischen Nutzer** trifft. Es ist zu betonen, dass in der Realität das wirtschaftliche Eigentum nicht bei einer einzigen Partei liegen mag. Der hypothetische alleinige Eigentümer ist lediglich ein Konstrukt, anhand dessen untersucht wird, welcher Teil des Gesamtwertes eines immateriellen Wirtschaftsgutes in einem Markt zwischen fremden Dritten – also in einem fremdvergleichsüblichen Umfeld – im Preis des immateriellen Wirtschaftsgutes widergespiegelt würde.

232   Die folgenden Absätze verlassen sich zu großen Teilen auf Vokabular der **Marginaltheorie.** Der Gesamtwert der Wirtschaftsgüter, die durch verschiedene hypothetische alleinige Eigentümer in verschiedene **Koalitionen** (Unternehmen) eingebracht werden, bemisst sich nach ihrem **marginalen Beitrag.** Dies ist der Unterschied des Wertes eines Unternehmens, in das dieses Wirtschaftsgut eingebracht wird, und eines Unternehmens, dem dieses Wirtschaftsgut fehlt.

Die Entlohnung des hypothetischen alleinigen Eigentümers eines Wirtschaftsgutes wird im ökonomischen Modell zu einem großen Teil durch dessen **Verhandlungsmacht** bestimmt. Diese kann u.a. durch den marginalen Beitrag des Wirtschaftsgutes zu bestimmten Koalitionen mit anderen Wirtschaftsgütern gemessen werden. Ceteris paribus gilt: je stärker die Verhandlungsmacht eines hypothetischen alleinigen Eigentümers desto höher sollte der Verrechnungspreis des Wirtschaftsgutes sein.

2. Besonderheiten immaterieller Wirtschaftsgüter[101]

a) Non-Routine-Eigenschaften

233   Anders als Autorenrechte, Musiktitel etc. sind die nachfolgend behandelten immateriellen Vermögenswerte idR nicht ohne weiteres replizierbar. Die Funktions- und Risikoanalyse zeigt im Regelfall, dass sie für den **Unternehmenserfolg** entscheidend sind, ihre **Ersetzbarkeit** begrenzt ist, und ihr Wegfallen wesentliche Konsequenzen für den Unternehmenserfolg hätte. Der hypothetische alleinige Eigentümer der immateriellen Wirtschaftsgüter könnte idR leichter die Beträge des hypothetischen Eigentümers der materiellen Wirtschaftsgüter ersetzen, als dies vice versa der Fall ist. Ceteris paribus würde daher zwischen fremden Dritten die Verhandlungsmacht des Eigentümers der immateriellen Wirtschaftsgüter überwiegen.

Die nachfolgend behandelten immateriellen Wirtschaftsgüter sind somit ihrer Natur nach üblicherweise als non-routine-Beiträge zum Unternehmenserfolg zu klassifizieren, und es stehen ihnen damit iSd Grundsatzes der Fremdvergleichsüblichkeit idR nicht eine fixe, sondern eine **erfolgsabhängige Vergütung** zu.

In vielen Fällen wird die Vergütung damit einen Teil des Residualgewinnes darstellen; vereinzelt ist auch der gesamte Residualgewinn dem Eigentümer immaterieller Wirtschaftsgüter zuzuordnen.

---

[101] *Vögele/Sedlmayr* in Vögele Verrechnungspreise, 3. Aufl. Wir danken unserem ausgeschiedenen Ko-Autor Richard Sedlmayr für die Formulierungen aus der 3. Aufl.

b) Multiplikative Wertschaffung

Eine zentrale Eigenschaft immaterieller Wirtschaftsgüter besteht darin, dass **234** sie idR auf **multiplikative** statt auf **additive** Weise Wert schaffen. Mit anderen Worten sinkt der Gewinn eines Unternehmens, das auf seine immateriellen Wirtschaftsgüter verzichten muss, um einen höheren Betrag als jener, der mit den immateriellen Wirtschaftsgütern alleine auf dem Markt erzielt werden kann.

Beispiel: Der Zigarettenhersteller erwirtschaftet mit den Produkten der Marke LiteOne 1 Mrd. EUR Gewinn jährlich. Würde er aufgrund einer geänderten Gesetzeslage dazu gezwungen, auf die Marke LiteOne im Zigarettenverkauf zu verzichten, müsste der Hersteller die Marke mit einer neuen ersetzen, die der geänderten Gesetzeslage entspricht. Aufgrund der geringeren Marktpenetration der neuen Marke sänke sein Gewinn auf 500 Mio. EUR jährlich. Die Marke LiteOne kann noch für eine Anwendung als Lizenz für einen Kleidungshersteller dienen, der die Marke zu Marketingzwecken verwenden will. An dieser Lizenz verdient der Zigarettenhersteller jedoch lediglich einen Gewinn von 20 Mio. EUR jährlich. Im Zusammenspiel der Zigarettenherstellung und der Marke ließe sich wesentlich mehr Wert schaffen.

In Extremfällen kann das Unternehmen ohne jegliche immateriellen Wirt-   **235** schaftsgüter überhaupt keinen Gewinn erzielen und für sich alleine stehend, dh ohne Anwendung in einem vergleichbaren Unternehmen, sind die immateriellen Wirtschaftsgüter ebenfalls wertlos.

Beispiel: Der weltweit alleinige Hersteller von Dichtungsmitteln im Raketenbau verfügt über eine Bekanntschaft mit einem syrischen Professor, der über einzigartiges Know-how im Bereich der Treibstoffmechanik verfügt. Dieser forscht derzeit an einem sichereren Kühlschaum, der kürzlich aufgetretene Probleme eines europäischen Rüstungskonzerns zu lösen verspricht. Der Hersteller kann auf eine lange und positive Zusammenarbeit mit der Rüstungsindustrie zurückblicken und verfügt über wertvolle Beziehungen. Ein Embargo verbietet jedoch eine Zusammenarbeit zwischen dem syrischen Professor und dem Hersteller; die Firma ist nicht fähig, das Know-how des Professors zu ersetzen, und verliert den Liefervertrag an den Rüstungskonzern. Der syrische Professor ist ebenfalls unfähig, sein Wissen anderswertig produktiv einzusetzen. Nur im Zusammenspiel lässt sich das Know-how des Professors und die Beziehung des Herstellers zu einem Wert schaffenden Vertrag zusammenschließen; für sich alleine sind die immateriellen Wirtschaftsgüter der beiden Parteien wertlos.

Zum verbesserten Verständnis dieser Tatsache ist es hilfreich, den Gesamtwert (marginalen Beitrag) eines Wirtschaftsgutes als Gegenwartswert künftiger Gewinne zu interpretieren, die aufgrund dieses Wirtschaftsgutes entstehen.

$G=U-K$	G Gewinn
	U Umsatz
	K Kosten
$U=f(A,C,I)$	A Arbeit
	C Kapital
$K=f(A,C,I)$	I Immaterieller
	Produktionsfaktor

Abb. 8: Gewinnfunktion A

Eine Bewertung des Gesamtwertes[102] des geistigen Eigentums untersucht den Mehrgewinn, der aufgrund der Existenz des geistigen Eigentums zustande kommt. Es wird also eine Beziehung zwischen G und dem Bestehen des immateriellen Produktionsfaktor I hergestellt.

Immaterielle Wirtschaftsgüter haben die erwähnte Eigenschaft, idR stark **multiplikativ** Wert zu schaffen. Die ökonomische Interpretation dieser Tatsache lässt sich durch einen multiplikativen Wertschöpfungsprozess widerspiegeln, in welchem der Gewinn, der in einer Firma entsteht, die über das immaterielle Wirtschaftsgut verfügt, höher ist als jener Gesamtgewinn, der entsteht, wenn die Firma und das immaterielle Wirtschaftsgut isoliert Einkommen generieren. Mit anderen Worten können immaterielle Wirtschaftsgüter ökonomisch als Produktionsfaktoren in einer **multiplikativen Gewinnfunktion**[103] definiert werden. Der Gewinn, der aus einer Koalition (einer Unternehmung) entsteht, in die sowohl Arbeit und/oder Kapital als auch ein immaterielles Wirtschaftsgut eingebracht wird, ist idR höher als jener, der bei einer isolierten Anwendung der drei Produktionsfaktoren entstünde.

$$G\{I \cup A\} \geq G\{I\} + G\{A\}$$
$$G\{I \cup C\} \geq G\{I\} + G\{C\}$$
$$G\{I \cup A \cup C\} \geq G\{I\} + G\{A\} + G\{C\}$$

G Gewinn
A Arbeit
C Kapital
I Immaterieller
Produktionsfaktor

Abb. 8: Multiplikative Wertschöpfung

236 Die analytische Konsequenz dieses multiplikativen Zusammenspiels der verschiedenen Produktionsfaktoren in der Schaffung von Gewinnen ist in Bezug auf die ökonomische Angemessenheit von Verrechnungspreisen von großer Bedeutung. Dies lässt sich am vernünftigsten anhand der Marginaltheorie erklären.

Bei **additiven Produktionsfunktionen,** für die ein **liquider Markt** besteht, entspricht die **gleichgewichtige Vergütung** eines Produktionsfaktors seinem **marginalen Produkt.**

Dies kann bei multiplikativer Wertschöpfung nicht der Fall sein. Die Summe der marginalen Produkte sämtlicher Produktionsfaktoren ist in diesem Fall nämlich höher als der gesamte verteilbare Überschuss.

---

[102] S. hierzu Rn. 171 ff.

[103] Eine **Gewinnfunktion** ist nichts als eine **unternehmerische Produktionsfunktion** minus eine **Kostenfunktion. Produktionsfunktionen** sind ein in der ökonomischen Theorie häufig angewandtes Konstrukt, um den Prozess zu simulieren, der zur Herstellung und zum Angebot eines Gutes führt. Die Menge eines Gutes wird hierbei als **Funktion von Inputs,** sog. **Produktionsfaktoren,** dargestellt. Es wird also eine Beziehung zwischen **Input und Output** geschaffen, die aufzeigt, wie stark sich der Output bei einer Änderung der Menge der Produktionsfaktoren verändert. **Arbeit** und **Kapital** stellen die **klassischen Produktionsfaktoren** dar; analytisch ist man jedoch nicht auf diese beiden beschränkt, und es kann iSd Analyse in Einzelfällen sinnvoll sein, immaterielle Wirtschaftsgüter ebenfalls unter die Produktionsfaktoren zu fassen.

Beispiel: Schließen sich ein Hersteller von Flüssigstickstoff und ein Unternehmen, das Behälter für Flüssigstickstoff herstellt, zusammen, sind sie in der Lage, 10 Mio. EUR Gewinn jährlich zu schaffen. Es existieren für beide Beiträge – den Stickstoff und die Behälter – keine Substitute. Für sich alleine sind Stickstoff und Behälter wertlos; nur gemeinsam können sie Wert schaffen. Somit ist das marginale Produkt der Beiträge beider Parteien jeweils 10 Mio. EUR, insgesamt 20 Mio. EUR. Es können jedoch nur 10 Mio. EUR Überschuss ausgezahlt werden.

Es ist anzumerken, dass multiplikative Wertschöpfungsprozesse nicht auf immaterielle Wirtschaftsgüter beschränkt sind: Tatsächlich ist die Tatsache, dass Produktionsfaktoren im Zusammenspiel mehr Wert schaffen als für sich allein eine **Existenzbegründung für Unternehmen** an sich. Jedoch ist diese Tatsache in Bezug auf immaterielle Wirtschaftsgüter so bedeutend, dass sie in der Analyse kaum außer Acht gelassen werden kann.

Dies schafft wesentliche Herausforderung in Bezug auf die Simulierung der fremdvergleichsüblichen Vergütung.

Spieltheoretische Modelle sind bei der angemessenen Aufteilung von Überschüssen im Lichte der Verhandlungsmacht der involvierten Parteien hilfreich.

c) Mangelnde Handelbarkeit

Weite Teile von immateriellen Vermögenswerten schaffen nur in einer klar   237 bestimmten Anwendung Wert, was ihren Wiederverkaufswert erheblich schmälert. Die Zahl der **potenziellen Abnehmer** ist meist stark beschränkt. Aus diesem Grund bildet sich kein **liquider Markt,** und der Handel mit geistigem Eigentum gestaltet sich weit schwieriger als jener mit materiellen Vermögenswerten.

Beispiel: Wird ein Unternehmen liquidiert, so gestaltet sich die Veräußerung der liquide handelbaren Güter (Rohstoffe, Grundstücke u. ä.) einfacher als jene der immateriellen Vermögenswerte.

Daher gilt, dass geistiges Eigentum **getrennt von dessen Anwendung kaum bewertet werden kann.**

In Bezug auf die gleichgewichtige Vergütung der Produktionsfaktoren ist anzumerken, dass die **mangelnde Handelbarkeit immaterieller Wirtschaftsgüter** die **Verhandlungsmacht** der hypothetischen alleinigen Eigentümer verringert. Das wirkt sich aufgrund des Grundsatzes der Fremdvergleichsüblichkeit darin aus, dass auch die fremdvergleichsübliche Entlohnung der hypothetischen alleinigen Eigentümer sinkt.

d) Alternative Transmissionsmechanismen

Es ist wichtig zu erkennen, **dass verschiedene Arten geistigen Eigen-**   238 **tums den Gewinn auf unterschiedliche Weise beeinträchtigen können.** So kann die durch eine Marke entstehende Nachfrage je nach dem strategischen Kalkül des Unternehmens eher zu einer Erhöhung der abgesetzten Menge führen oder dazu angewandt werden, den Preis zu erhöhen. Kostenrelevant sind insb. technische Betriebsgeheimnisse und Know-how; doch selbst die Marke kann auf die Kosten einen Einfluss haben, indem sie bspw. die Attraktivität des Unternehmens für potenzielle Angestellte erhöht und damit die Recruitingaufwendungen senkt.

$$G = Mp - Mv = F$$

G Gewinn
M Menge
p Produktpreis pro Stück
v Variable Kosten pro Stück
F Fixkosten

Abb. 10: Gewinnfunktion B

Mit anderen Worten kann geistiges Eigentum sämtliche Gewinndeterminanten – M, p, v sowie F – beeinträchtigen. Eine **Verallgemeinerung ist nicht angebracht;** der genaue Transmissionsmechanismus zwischen der Existenz immaterieller Wirtschaftsgüter und erhöhter Profitabilität ist **im Einzelfall zu analysieren** und entsprechende Analysen sind anzustellen.

e) Rechtliches und ökonomisches Eigentum

239   Die Entstehung von Eigentum an immateriellen Wirtschaftsgütern gestaltet sich zwischen verbundenen Unternehmen oft komplex. Selbst bei solchen Gütern, deren rechtlicher Eigentümer gesetzlich geschützt ist, kann es vorkommen, dass eine weitere Partei als Eigentümer im ökonomischen Sinne qualifiziert wird. Diese Argumentation hat insb. im Zusammenhang mit dem größten Transferpreissettlement der Geschichte[104] eine neue Dimension der Bedeutung erreicht.

Zwar hat der **rechtliche Eigentümer** die **Verfügungsgewalt** über das immaterielle Wirtschaftsgut, doch liegt der Argumentation in Bezug auf das **wirtschaftliche Eigentum** die Überlegung zugrunde, dass ein fremder Dritter für seine Beiträge zum Wert des Wirtschaftsgutes einen **Anteil am geschaffenen geistigen Eigentum verlangen würde.**

3. Bewertungsparadigma[105]

240   Es wurde in den vorhergehenden Kapiteln mehrmals auf die **multiplikative Natur der Wertschöpfung** immaterieller Wirtschaftsgüter hingewiesen. Dies liegt darin begründet, dass diese Eigenschaft sehr wesentliche Konsequenzen für die fremdvergleichsübliche Entlohnung der immateriellen Wirtschaftsgüter hat.

Es wurde gezeigt, dass die fremdvergleichsübliche **Entlohnung dieser Güter** in der Anwesenheit multiplikativer Wertschöpfungsprozesse **nicht derem marginalen Produkt entsprechen muss.** Das marginale Produkt zu bestimmen ist aber idR einfacher als den letztlich angemessenen Verrechnungspreis zu ermitteln. Daher kann es sinnvoll sein, zunächst dieses zu er-

---

[104] *Higinbotham* US Perspective on Marketing intangibles and Services, National Economic Research Associates 2006.
[105] *Vögele/Sedlmayr* in Vögele Verrechnungspreise, 3. Aufl. Wir danken unserem ausgeschiedenen Ko-Autor Richard Sedlmayr für die Formulierungen aus der 3. Aufl.

mitteln, und dann den Anteil, der den angemessenen Verrechnungspreis darstellt, durch folgende Schritte zu isolieren.

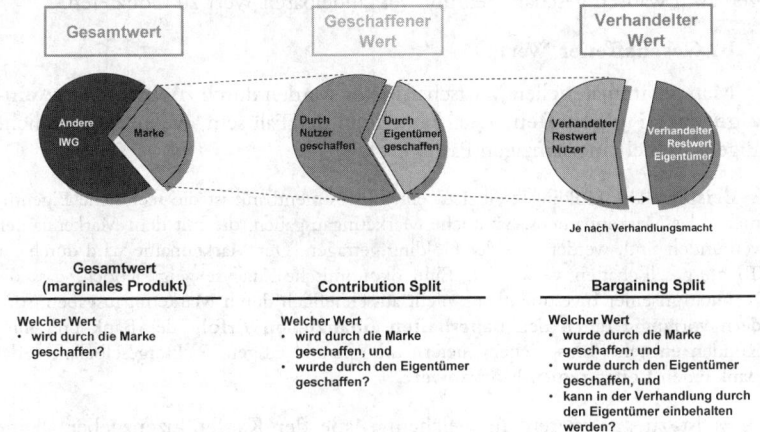

Abb. 11: Drei Wertdimensionen

Oft wird es also angemessen sein, zunächst einen Wert zu ermitteln, der den gesuchten Wert beinhaltet; die davon unabhängigen Wertanteile können dann isoliert werden und der relevante Wert (der Verrechnungspreis) wird als Residuale einbehalten. In diesen Fällen spricht man von sog. **Top-Down Approaches.**

Alternativ kann es in Einzelfällen möglich sein, den angemessenen Verrechnungspreis „direkt" **Bottom-Up** zu ermitteln. So wäre es bspw. denkbar, dass eine bestimmte Lizenz für geistiges Eigentum als Summe angemessener Lizenzen quantifiziert wird, die in ihrer Gesamtheit im Wesen mit dem überlassenen geistigen Eigentum vergleichbar sind, und für die **Marktdaten** etwa im Rahmen einer Benchmarkanalyse verfügbar sind.

a) Gesamtwert

Es wurde darauf hingewiesen, dass immaterielle Wirtschaftsgüter idR auf **241** multiplikative Weise Wert schaffen.

Als Gesamtwert eines Wirtschaftsgutes im Wertschöpfungsprozess wird in diesem Zusammenhang derjenige Wert bezeichnet, der die Differenz zwischen demjenigen Wert, den ein Unternehmen mit diesem Wirtschaftsgut hat, und demjenigen Wert, den das Unternehmen ohne das Wirtschaftsgut hätte, darstellt. Im Einklang mit der bisher verwendeten Definition handelt es sich hierbei um das **marginale Produkt des Wirtschaftsgutes.**

Häufig sind Bewertungsstudien anzutreffen, die den so ermittelten Wert als angemessenen Verrechnungspreis im Rahmen eines Verkaufs oder einer Lizenzierung definieren. Allerdings ist dieses Vorgehen in vielen Fällen fehlerhaft. Erstens ist in vielen Fällen der Käufer oder **Lizenznehmer selbst an der Schaffung des immateriellen Wirtschaftsgutes** beteiligt und das wirtschaftliche Eigentum liegt nicht ausschließlich beim Verkäufer. Zweitens ist ein Käufer am Kauf eines Wirtschaftsgutes nur interessiert, wenn der **Preis** unter seiner subjektiven Zahlungsbereitschaft liegt. Aus diesen Gründen ist der Gesamtwert im Rahmen einer Top-Down-Analyse durch Überlegungen zum wahren geschaffenen und verhandelbaren Wert zu reduzieren.

b) Geschaffener Wert

242   Manche immateriellen Wirtschaftsgüter werden durch **mehr als eine einzige Partei geschaffen.** Dies kann auch der Fall sein, wenn das rechtliche Eigentum bei einer einzigen Partei liegt.

> **Beispiel:** Die Holdinggesellschaft einer Investmentbank ist die rechtliche Eigentümerin des Markennamens. Sämtliche Marketingausgaben, die mit dem Markennamen verbunden sind, werden von der Holding getragen. Der Markenname wird durch die Tochtergesellschaften verwendet. Eine ökonomische Analyse zeigt jedoch, dass die Reputation einer Investmentbank nicht ausschließlich durch Marketingausgaben, sondern vorrangig durch den **dauerhaften finanziellen Erfolg** der Bank und ihrer Kunden entsteht. Entsprechend liefern die operativ tätigen Tochtergesellschaften der Bank einen **Beitrag zum Markenwert.**

Es ist zu analysieren, in welchem Maße der Käufer/Lizenzgeber alleine dazu fähig wäre, den Beitrag des Lizenzgebers zu erbringen, dh den Beitrag des Lizenzgebers zu ersetzen.

c) Verhandelter Wert

243   Es ist wichtig zu erkennen, dass diejenige Leistung, die durch den Eigentümer/Lizenzgeber geschaffen wird, zwischen fremden Dritten noch immer nicht die fremdvergleichsübliche **Kompensation** darstellt. Ein Käufer/Lizenznehmer wäre nämlich indifferent zwischen der Verwendung dieser Leistung und dem Verzicht darauf.

Somit stellt der Beitrag vom Lizenzgeber geschaffene Wert den Maximalwert dar, den ein fremder dritter Käufer/Lizenznehmer zu zahlen bereit wäre. Dieser würde jedoch rationalerweise versuchen, einen Mehrwert aus der Anwendung des immateriellen Wirtschaftsgutes zu generieren. Ein fremder dritter Käufer/Lizenznehmer würde also versuchen, durch Verhandlungen den Lizenzgeber auf dessen **Reservationsnutzen,** also den niedrigsten möglichen Marktpreis, zu drücken. **Spieltheoretische Modelle** sind für die Modellierung dieses Verhandlungsprozesses zwischen hypothetischen fremden Dritten hilfreich.

4. Bewertungsverfahren: Gesamtwert[106]

244   Sämtliche hier erwähnten Bewertungsverfahren beziehen sich auf die Quantifizierung des Gesamtwertes.

a) Einkommensbasiert

245   Der einkommensbasierte Zugang quantifiziert den Markenwert als Wert künftiger Einkommensströme. Die zusätzlichen Cash Flows, die durch die

---

[106] *Vögele/Sedlmayr* in Vögele Verrechnungspreise, 3. Aufl. Wir danken unserem ausgeschiedenen Ko-Autor Richard Sedlmayr für die Formulierungen aus der 3. Aufl.

Anwendung des immateriellen Wirtschaftsgutes entstehen, sind zu quantifizieren und im Einklang mit den Überlegungen zum Zeitwert des Geldes auf einen Gegenwartswert abzudiskontieren.

Es ist nach Möglichkeit darauf zu achten, dass der Diskontsatz **adäquate Kapitalkosten** abbildet; oft ist das mit immateriellen Wirtschaftsgütern verbundene **Risiko höher** als das durchschnittliche repräsentative Unternehmensrisiko. Dies gilt insb. für Unternehmenszweige, die überdurchschnittlich stark auf Forschung und Entwicklung bauen, etwa der High-Tech-Arm eines Elektronikunternehmens. In der Praxis werden oft die durchschnittlichen Kapitalkosten (WACC) herangezogen; nach Möglichkeit ist zu versuchen, diesen Satz für den jeweilig betrachteten Unternehmensteil zu quantifizieren.

Ebenfalls ist auf das **Wachstum** des Einkommens einzugehen, das auf das geistige Eigentum zurückzuführen ist. Das **Gordon Growth-Modell** erlaubt eine relativ unkomplizierte Durchführung dieser Maßnahme. Wachstumsorientierte Bewertungsmodelle rücken die Wachstumsrate in das Zentrum der Analyse.

aa) Mark-ups des Preises

Geistiges Eigentum kann zusätzliche Gewinne schaffen, indem es dem **246** Anwender erlaubt, höhere Preise für dessen Endprodukte zu verlangen. Dies gilt insb. für Marken: In vielen Fällen kann nachgewiesen werden, dass Markenprodukte in der Produktqualität No-Name-Produkten entsprechen, jedoch höher bepreist und für ein anderes Konsumentensegment gedacht sind.

Beispiel: Ein Schokoladenhersteller produziert sein Produkt und liefert es unter dem Namen „EliteChoc" verpackt an eine Supermarktkette. Der Schokoladenhersteller betreibt massive Marketingmaßnahmen, die den Wiedererkennungswert der Marke wesentlich erhöhen. Er verpackt jedoch dieselbe Schokolade auch in einer weißen No-Name-Hülle; auch dieses Produkt wird an die Supermarktkette geliefert, die diese zu weit günstigeren Preisen unter ihrer Eigenmarke vertreibt.

Ein naheliegender Bewertungsversuch setzt an dem **Preis-Mark-up** an und multipliziert diesen Mark-up mit der vertriebenen Menge des Markenproduktes. Diese Methode ist intuitiv und simpel, doch es ist anzumerken, dass der preisorientierte Zugang eine wesentliche und in vielen Fällen unzulässige Vereinfachung darstellt. **Preise und Mengen** sind interdependent und der preisliche Mark-up liegt alleine in der Verfügungsgewalt des Herstellers. Dessen Entscheidung, die Preise zweier Produkte zu differenzieren, bedeutet selbst bei vorliegender Gleichheit der Produkte nicht unmittelbar, dass das höher bepreiste Produkt mit einer wertvolleren Marke vertrieben wird.

bb) Zusätzliche Menge

In manchen Fällen scheint es plausibel, dass immaterielle Wirtschaftsgüter **247** nicht die Profitabilität des Unternehmens erhöhen, wohl aber die absoluten Profite. Dies gilt v.a., wenn die Marke nicht zur Anhebung der Preise verwendet wird, sondern um den Umsatz über die Menge zu erhöhen.

Beispiel: Eine renommierte schweizerische Privatbank verkauft ihre strukturierten Produkte zu sehr kompetitiven Preisen, um im osteuropäischen Markt Fuß zu fassen. Die Marge auf die Produkte ist aufgrund des Pricings gering, doch das Unternehmen genießt regen Zulauf osteuropäischer Kunden und hofft, Marktführer zu werden.

Eine sinnvolle Methode, um die damit verbundenen Mehrgewinne zu quantifizieren, kann in Einzelfällen ein **Benchmarking des Marktanteils** oder der **Wachstumsraten** – statt der Preise – sein. Lässt sich nachweisen, dass Markenprodukte zu gleichen Preisen wie No–Name-Produkte vertrieben werden und regeren Zulauf genießen, so ist dieser Zugang – hinreichende Benchmarkdaten vorausgesetzt – oft sinnvoll.

Bspw. kann iSe **ceteris paribus** Umfeldes nach einem Bench-marking der Wachstumsraten der Unternehmenswert des Unternehmens mit der Marke mit einem solchen hypothetischen Unternehmen verglichen werden, das lediglich das Wachstum der No–Name- Vergleichsunternehmen aufweist. Die Differenz im Unternehmenswert stellt der Gesamtwert der Marke dar.

$$Gegenwartswert = \frac{CF(1+g)}{(1+k)} + \frac{CF(1+g)^2}{(1+k)^2} + \ldots = \sum_{i=1}^{\infty} CF \frac{(1+g)^i}{(1+k)^i} = \frac{CF}{k-g}$$

CF   Cash Flow
k   Diskontsatz
g   Wachstumsrate der Cash Flows

Abb. 12: Gordon–Growth-Modell

Dieser Zugang eignet sich v. a. in Industrien mit hoher **Preiselastizität** im Markt und wesentlichen **Skalenerträgen in der Kostenstruktur;** hier sind **mengenorientierte Strategien** besonders gut zu beobachten.

Eine Herausforderung, die sich hier ergibt, ist die **Isolierung der Effekte immaterieller Wirtschaftsgüter.** Nur durch Umfragen ist es möglich, höhere Mengen auf immaterielle Wirtschaftsgüter zurückzuführen.

cc) Residualgewinn

248   Statt Preise und Mengen gegen solche Wettbewerber zu benchmarken, welche das immaterielle Wirtschaftsgut nicht aufweisen, kann auch der Gewinn direkt mit dem Wirtschaftsgut in Verbindung gebracht werden. Den Residualgewinn dem Eigentümer des immateriellen Wirtschaftsgutes zuzuschreiben, ist **nur in Einzelfällen sinnvoll,** in denen das einzelne immaterielle Wirtschaftsgut im Wertschöpfungsprozess eine überragende Bedeutung hat und sämtliche anderen Faktoren austauschbare Routinefunktionen sind.

dd) Höhere Zahlungsbereitschaft

249   Marken erlauben Unternehmen, ihre Kunden über ihre Produkte zu informieren, und heben die empfundene Qualität ihres Angebots. Die Marke kann ein wesentliches Qualitätselement sein, das bspw. technische Einwandfreiheit signalisiert.

So kann bspw. eine bekannte Kleidermarke einem generischen Kleidungsteil eine zusätzliche **empfundene Qualität** und damit Mehrwert schaffen.

Das letztendliche Ziel von Marketingstrategien ist es jedoch immer, die **Nachfrage** nach dem angebotenen zugrundeliegenden Produkt zu erhöhen.

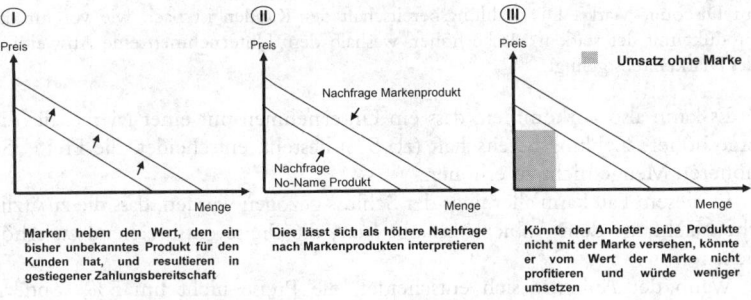

Abb. 13: Willingness to Pay A[107]

Es wurde wiederholt gezeigt, dass diese **zusätzliche Nachfrage** sowohl dazu verwendet werden kann, die Preise zu erhöhen, als auch dazu, die Menge anzuheben. Bei fallenden **marginalen Kosten (Skalenerträgen)** und preiselastischer Nachfrage ist eine **Erhöhung der Menge** häufig. Bei preisunsensitiver Nachfrage und steigenden marginalen Kosten würde sich die gestiegene Nachfrage eher in **höheren Preisen** widerspiegeln.

Es ist wichtig zu erkennen, dass erhöhte Preise oder Mengen die Konsequenz der unternehmerischen Preisgestaltung sind: Das Unternehmen kann die **zusätzliche Nachfrage** entweder dazu verwenden, die Preise ohne Mengeneinbuße zu erhöhen oder – bei gleich bleibenden Preisen – die abgesetzte Menge zu erhöhen. In der Regel werden sowohl Menge als auch Preis in gewissem Maße erhöht werden, wobei ein Effekt überwiegt.

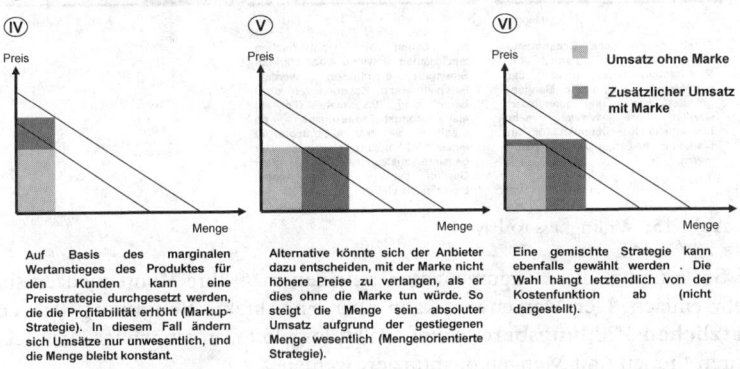

Abb. 14: Willingness to Pay B

Durch Umfragen oder Experimente kann gemessen werden, welchen Einfluss das immaterielle Wirtschaftsgut auf die Nachfrage hat. Es ist wichtig zu erkennen, dass die zukünftige Nachfrage nicht mit den tatsächlich am Markt beobachtbaren Preisen zusammenhängen muss.   250

Beispiel: Ein Unternehmen, das über eine starke Marke verfügt, entscheidet sich für eine aggressive Preispolitik und senkt die Preise auf das Niveau von Wettbewerbern

---

[107] Vgl. *Vögele / Schetter* Willingness to pay: how the microeconomic toolbox applies to brand valuation, ITR no. 38, 2007, 3 ff.

im Discount-Markt. Die Zahlungsbereitschaft der Kunden ist nach wie vor für das Produkt mit der starken Marke höher, weshalb dem Unternehmen eine Ausweitung des Marktanteils gelingt.

Es kann also vorkommen, dass ein Unternehmen mit einer Marke, für die eine höhere Zahlungsbereitschaft (zB 5 %) besteht, entscheidet, die Preise iSe höheren Menge nicht zu erhöhen.

In diesem Fall kann allerdings der Schluss gezogen werden, dass die zusätzliche Nachfrage dem Anbieter erlaubt *hätte*, die Preise entsprechend zu erhöhen.

Wenn der Anbieter sich entscheidet, die Preise nicht um 5 %, sondern bspw. nur um 2 % über jene des Wettbewerbs zu erhöhen, so tut das der Anbieter iSe höheren Marktanteils. Dies ist nur rational, wenn die Gewinne, die aus dem gestiegenen Marktanteil resultieren, mindestens so hoch sind wie die 3 %, um die der Preis hätte angehoben werden können und die aufgrund der unveränderten Menge alleine dem Gewinn zuzuschreiben wären.

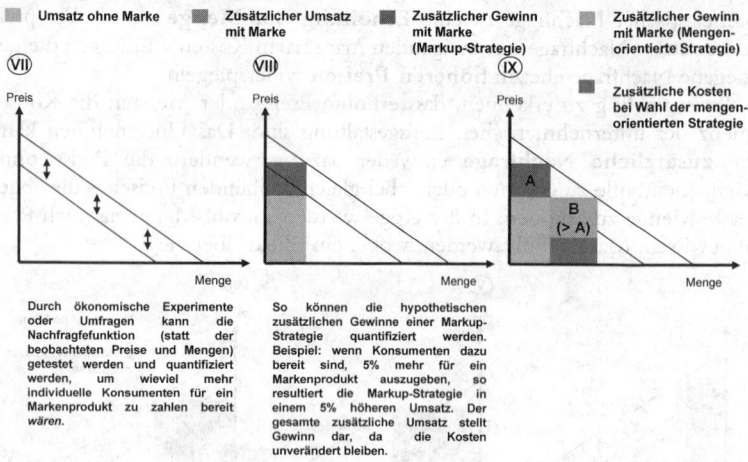

Abb. 15: Willingness to Pay C

So komplex diese Argumentation scheinen mag, ihre Konsequenzen sind sehr einfach: Der Markenwert kann über eine direkte **Schätzung der zusätzlichen Zahlungsbereitschaft** völlig losgelöst von tatsächlich beobachtbaren Preisen und Mengen quantifiziert werden.

Der wesentliche Vorteil des auf die **Zahlungsbereitschaft** orientierten Zuganges ist, dass keine wesentlichen Annahmen bzgl. der Kostenfunktion gemacht werden müssen. Ebenfalls muss nicht auf Benchmarks aufgebaut werden, womit die Frage nach der Vergleichbarkeit sich nicht stellt. Ökonomische Experimente können in einem strengen *ceteris paribus*-Umfeld durchgeführt werden, in dem alleine der Einfluss des immateriellen Wirtschaftsgutes untersucht wird.

ee) Tiefere Kosten

251 Immaterielle Wirtschaftsgüter können die Profitabilität erhöhen, indem sie Kosten senken.

Beispiele: Eine technische Neuerung senkt den Energiebedarf eines Zementwerkes; eine starke Marke senkt die Recruitingausgaben einer Bank; operatives Knowhow bestehender Verkaufseinheiten senken die Markterschließungskosten in einem neuen Markt.

Sofern die durch das geistige Eigentum geschaffene Kostensenkung sich sinnvoll quantifizieren lässt, steht einer Verwendung dieses Zuganges für den Bewertungsprozess nichts im Wege. In der Regel werden sich derartige Kostenersparnisse jedoch nur im Rahmen von **Bottom-Up-Analysen** bewerten lassen. **Umfragen** können hier helfen. Es ist darauf zu achten, dass der Umfrageprozess nach streng definierten Prozessen abläuft, die wissenschaftlichen Ansprüchen genügen.[108]

b) Marktbasiert

Der marktbasierte Zugang zieht Rückschlüsse aus **Marktbeobachtungen.**   252

aa) Comparables

Comparables dienen dazu, angemessene Marktpreise oder Lizenzgebühren   253
aus Transaktionen fremder Dritter abzuleiten.

Die Anforderungen an die Vergleichbarkeit sind bei der **Comparable Uncontrolled Price-Methode** hoch. Zudem werden recht selten Markenrechte übertragen.

Es ist anzumerken, dass idR keine Comparables für den Gesamtwert des geistigen Eigentums existieren; **Benchmarks von Lizenzgebühren** aus gängigen Datenbanken wie **RoyaltyStat** und **FranchiseHelp** dienen idR nicht dazu, den Gesamtwert immateriellen Eigentums zu quantifizieren, sondern ermitteln den fremdvergleichsüblichen Transaktionspreis direkt. Überlegungen zum Verhandlungsprozess sind damit nicht nötig.

bb) Buch- vs. Marktwert

Der **Überschuss der Marktbewertung** kann bei börsennotierten Unter-   254
nehmen einen Hinweis auf die Existenz immaterieller Wirtschaftsgüter geben.

Die **Bewertung immaterieller Wirtschaftsgüter** anhand der **Differenz zwischen dem Buchwert**[109] **und Marktwert** eines Unternehmens ist aber in vielerlei Hinsicht problematisch. Zwar zeigt der Überschuss, inwiefern ein Unternehmen in der Lage ist, über seine materiellen Vermögenswerte hinaus Wert zu schaffen;[110] diese Leistung aber auf geistiges Eigentum zu beziehen und von anderen möglichen Faktoren, etwa der Existenz stiller Reserven, zu trennen, setzt starke Annahmen voraus. Insb. ist dieser Zugang wenig hilfreich, wenn der Wert eines bestimmten immateriellen Vermögenswertes, etwa der Marke, zu quantifizieren ist.

Daher wird dieser Zugang idR als argumentative Unterstützung für die Existenz wesentlicher immaterieller Vermögenswerte dienen, nicht jedoch als Quantifizierungsmethode für bestimmte Vermögenswerte.

---

[108] Vgl. Kap. G Rn. 81 ff.
[109] Aktiviertes geistiges Eigentum ist vom Buchwert abzuziehen.
[110] Die Anwendung von Rechnungslegungsvorschriften ist zu beachten.

c) Kostenbasierte Methode[111]

255 Der **kostenbasierte Zugang** quantifiziert den Wert immaterieller Wirtschaftsgüter auf Basis der Kosten, die mit deren Bereitstellung zusammenhängen. Die zugrundeliegende Überlegung ist, dass ein rational handelndes Unternehmen die **Kosten für ein Wirtschaftsgut** nur aufwendet, wenn diese den Wert des Wirtschaftsgutes nicht übersteigen. Somit stellen die mit der Schaffung des Wirtschaftsgutes verbundenen Kosten die Untergrenze seines Wertes dar. Es existieren zwei Möglichkeiten der Quantifizierung: Entweder wird simuliert, was es kosten würde, das Wirtschaftsgut auf dieselbe Weise **neu zu schaffen;** oder es wird die Überlegung angestellt, was es kosten würde, ein **gleichwertiges Wirtschaftsgut als Ersatz** zu schaffen.

Den Wert **immaterieller Wirtschaftsgüter** über die Kosten zu ermitteln, ist idR ein anderen Methoden unterlegener Zugang. Der Wert immaterieller Wirtschaftsgüter steht mit den Kosten, die zu dessen Schaffung aufgewendet wurden, nur mittelbar im Zusammenhang, da immaterielle Wirtschaftsgüter nur unter **unvollkommener Information** bereitgestellt werden können. Außerdem neigt der Kostenzugang dazu, den Wert des Wirtschaftsgutes systematisch zu unterschätzen, da die Kosten wie erwähnt die Untergrenze des angestrebten Wertes darstellen. Von einem **kostenorientierten Zugang** zur Bewertung des Gesamtwertes eines immateriellen Wirtschaftsgutes ist daher abzuraten. Der kostenbasierte Zugang kann bestenfalls iSd **Plausibilitätsüberprüfung** als Zweitzugang dienen.

Es handelt sich beim kostenorientierten Zugang jedoch um eine sinnvolle Methode zur Ermittlung der **Verhandlungsmacht des Käufers/Lizenznehmers** des immateriellen Wirtschaftsgutes. Daher wird auf den kostenorientierten Zugang im Rahmen des verhandelten Wertes näher eingegangen.

Auch die Preisermittlung für weite Bereich der Informationstechnologie (IT) erfolgt zumeist kostenbasiert mit einem Aufschlag, welcher von der Marktmacht des Dienstleistungserbringers abhängt und mit Hilfe von Benchmarkingdaten ermittelt werden kann.

5. Quantifizierung des geschaffenen Werts

256 Es wurde wiederholt erwähnt, dass es möglich und sogar häufig ist, dass immaterielle Wirtschaftsgüter von mehr als einer einzigen Partei bereitgestellt werden. Oft handelt es sich neben dem **rechtlichen Eigentümer** beim Lizenznehmer um die zweite Partei, die teilweise dieses **wirtschaftliche Eigentum** besitzt. Dies gilt insb. im Fall der Marke, wo der Lizenznehmer häufig nicht nur **Marketing- und Werbungskosten** trägt, sondern auch **aktiv zum Wert der Marke beiträgt,** indem er das Produkt bereitstellt, das mit der Marke versehen ist und mit der Marke assoziiert wird.

Es gilt also nach der Bestimmung des Gesamtwertes eines immateriellen Wirtschaftsgutes, den **wirtschaftlichen Beitrag des Käufers oder Lizenznehmers** zu dessen Wert zu bestimmen. Ein fremder dritter Käufer oder Lizenznehmer wäre nicht bereit, den Verkäufer oder Lizenzgeber für ei-

---

[111] *Vögele/Sedlmayr* in Vögele Verrechnungspreise, 3. Aufl. Wir danken unserem ausgeschiedenen Ko-Autor Richard Sedlmayr für die Formulierungen aus der 3. Aufl.

nen Wert zu entschädigen, den er selbst geschaffen hat oder schaffen muss. Aus Sicht des Käufers oder Lizenznehmers stellt lediglich der **Beitrag des Verkäufers oder Lizenzgebers** einen **entschädigungswürdigen Wert** dar. In der Praxis sind zwei Methoden der Quantifizierung der jeweiligen Beiträge empfehlenswert. Zum einen können **Kosten** herangezogen werden, die von dem Lizenzgeber und Lizenznehmer anteilig für die Schaffung des immateriellen Wirtschaftsgutes aufgewandt wurden; zum anderen können die Beiträge über **empirische Umfragen** im Unternehmen gemessen werden. Die zweite Methode eignet sich nicht nur, wenn keine klar definierten und zuverlässigen Kostendaten vorhanden sind, sondern auch, wenn die **Beiträge zum immateriellen Wirtschaftsgut selbst von Non-Routine-Natur** sind und daher ihre Bedeutung durch Kosten nur begrenzt ausgedrückt werden kann.

a) Kostenbasierte Methode

Die kostenbasierte Methode zur Ermittlung der anteiligen Gewinne setzt **257** voraus, dass **relevante Kosten** ermittelt werden können. Es ist in einer detaillierten Analyse darauf einzugehen, weshalb die gewählten Kostenpositionen für die Schaffung des immateriellen Wirtschaftsgutes von Bedeutung sind und weshalb die nicht gewählten Kosten nicht damit zu assoziieren sind. Dies ist auch plausibel zu dokumentieren. Oft stellt sich nämlich heraus, dass eine eindeutige Zuordnung der Kosten in relevant und nicht relevant sich als schwierig gestaltet.

Beispiel: Eine Holding einer Investmentbank ist der rechtliche Eigentümer einer Marke und ist alleine für sämtliche Marketingaktivitäten zuständig. Eine Analyse zeigt jedoch, dass der Ruf von Investmentbanken nicht vorrangig durch Werbung, sondern durch den nachhaltigen finanziellen Erfolg der Bankkunden und der Bank selbst zustande kommt. Faktisch hat also die Holdinggesellschaft einen geringeren Anteil am wirtschaftlichen Eigentum der Marke, obwohl sie „auf den ersten Blick" für diese zuständig zu sein scheint.

Sofern die kostenbasierte Methode zur Ermittlung der Beiträge sinnvoll ist, können die vom Käufer/Lizenznehmer und Verkäufer/Lizenzgeber getragenen **Kosten aggregiert und miteinander in Relation gesetzt** werden. In diesem Fall ist nur derjenige Anteil des Markenwertes dem Lizenzgeber zuzuschreiben, der auch dem **Anteil der getragenen relevanten Kosten** entspricht.

b) Contribution Split Survey

Eine **wertbasierte Betrachtung der Beiträge** von Lizenzgeber und Li- **258** zenznehmer ist generell einer kostenbasierten Betrachtung vorzuziehen. Dies liegt darin begründet, dass die Schaffung eines immateriellen Wirtschaftsgutes idR kein einfach replizierbarer Routineprozess ist. Um den **Wertbeitrag des Käufers/Lizenznehmers und des Verkäufers/Lizenzgebers** zu ermitteln, eignen sich idR **Expertenbefragungen** mit unternehmensinternen Spezialisten.

Ein typischer Frageablauf würde etwa in einem ersten Schritt die Faktoren identifizieren, die durch die jeweiligen Parteien beigetragen wurden; in einem zweiten Schritt ist zu bestimmen, welche Faktoren im Wertschöpfungsprozess eine besonders große Rolle gespielt haben. So kann annähernd ermittelt werden, welcher **Anteil an der Schaffung des immateriellen Wirtschaftsgutes** durch die jeweiligen Parteien beigetragen wurde.

Es ist in diesem Vorgehen streng auf wissenschaftliche RL zu achten. Die Verteidigung des Umfrageprozesses ist nur möglich, wenn dokumentiert wird, wie die Befragten ausgewählt wurden und welcher Kontakt mit sämtlichen Befragten stattgefunden hat. Zur Durchführung wissenschaftlich sauberer Umfragen folgen auf den nächsten Seiten einige Hinweise. [112]

6. Quantifizierung des verhandelten Werts[113]

a) Comparables

259   **Datenbanken** wie **RoyaltyStat** und **FranchiseHelp** liefern fremdvergleichsübliche Lizenzgebühren ohne Umweg. Werden passende **Comparables** gefunden, so können diese unmittelbar iSe Preisvergleichsmethode herangezogen werden.

Allerdings ist auf die Vergleichbarkeit der unterliegenden Wirtschaftsgüter zu achten. Die Preisvergleichsmethode setzt hier wesentliche Anforderungen, und eine Erfüllung einwandfreier Vergleichbarkeit und das Auffinden hinreichender Comparables zur Schaffung einer Interquartilsbandbreite ist eher die **Ausnahme.**

Zudem ist bei der Suche von Comparables zu bedenken, dass das **wirtschaftliche Eigentum** in der kontrollierten und zu überprüfenden Beziehung demjenigen mit der Definition des Comparables im Einklang zu stehen hat. Es ist stark darauf zu achten, ob die Comparables eher den **verhandelten oder den geschaffenen Wert** quantifizieren. Dies kann ohne weitreichende Hintergrundinformationen oft nicht gewährleistet werden.

Daher eignen sich **Datenbankanalysen** im Bereich immaterieller Wirtschaftsgüter eher als **Backup.**

b) Shapley Value[114]

260   Der Shapley Value ist ein **spieltheoretisches Modell,** das es erlaubt zu messen, was der Eigentümer eines Produktionsfaktors als **„fairen Anteil"** des gesamten geschaffenen Wertes in Verhandlungen mit den Eigentümern anderer Produktionsfaktoren einbehalten würde.

In diesem Kontext können immaterielle Wirtschaftsgüter (I) wie die „klassischen" **Faktoren Arbeit (A) und Kapital (C) als Produktionsfaktoren** in einer **Produktions- oder Gewinnfunktion** aufgefasst werden.

---

[112] Vgl. Kap. G Rn. 81ff.

[113] *Vögele/Sedlmayr* in Vögele Verrechnungspreise, 3. Aufl. Wir danken unserem ausgeschiedenen Ko-Autor Richard Sedlmayr für die Formulierungen aus der 3. Aufl.

[114] Eine ausführliche Darstellung des Shapley Values befindet sich zusätzlich in diesem Kapitel bei Rn. 182ff. und 261.

Die stark auf das Konzept der **Verhandlungsmacht** bauende Methode ist im Einklang mit den OECD-VerrechnungspreisRL, die aussagen, dass die **relativen Verhandlungspositionen** als Indikatoren der immateriellen Beiträge der jeweiligen Parteien herangezogen werden können (Abs. 3.21). Dies entspricht auch dem Verhalten des ordentlichen und gewissenhaften Geschäftsleiters.

Das Konzept der Verhandlungsmacht ist ein mächtiges Instrument zur **Ermittlung des relativen Wertes der Beiträge** verschiedener Parteien. Dies wurde von **Lloyd Shapley** in den 1950er Jahren erkannt.[115] Er baute mit seinem Modell auf Überlegungen auf, die wenig früher Durchbrüche in der ökonomischen Forschung dargestellt hatten.[116] Das Gebiet der **Spieltheorie,** das kurz zuvor formalisiert worden war, befasst sich mit den **strategischen Interaktionen von Parteien,** die versuchen, ihren Nutzen zu maximieren, indem sie über das **Ausmaß der Kooperation** entscheiden.

Es ist anzumerken, dass **Shapley's Value** ein Modell der **kooperativen Spieltheorie** ist. Es wird keine Aussage gemacht, inwiefern der Shapley Value ein **Nash-Gleichgewicht** darstellt. Das Modell macht also keine klare Verhaltensprognose, sondern ermittelt lediglich denjenigen Wert, der den gewichteten Durchschnitt der jeweiligen **Intensitäten der Verhandlungsmacht** darstellt. **Verhandlungsmacht wird als das marginale Produkt jeder Partei** in jeder möglichen Koalition zwischen den Produktionsfaktoren definiert.

Der **Shapley Value** ist damit in der Lage, das Kernproblem zu beantworten, wie Gewinne im Lichte der Verhandlungsmacht der Parteien aufgeteilt werden sollen, wenn der **Wertschöpfungsprozess multiplikativer Natur** ist. Wie erwähnt, ist dies insb. beim Bestehen immaterieller Wirtschaftsgüter idR der Fall.

Der **Shapley Value** basiert auf dem Prinzip, dass die Entlohnung eines **261** Produktionsfaktors ausschließlich auf dessen **marginalem Beitrag zu einem Endoutput** basiert sein sollte. Der Shapley Value aggregiert die marginalen Produkte der verschiedenen Produktionsfaktoren und setzt sie zueinander in Beziehung. Damit ist das Konzept in der Lage, den Wert der Beiträge der verschiedenen Parteien in eine Beziehung zu deren Entlohnung zu stellen.

Es wird dabei der Tatsache Rechnung getragen, dass die gesamte Entlohnung der Parteien dem gesamten **durch die Kooperation entstehenden Überschuss** genau entsprechen muss. Der Shapley Value ist also in der Lage, mit **multiplikativer Wertschöpfung** umzugehen: Im Ergebnis kann die Summe der Entlohnungen nicht den **gesamten erwirtschafteten Überschuss** überschreiten.

Die Methode betont den **Wert der Beiträge und die Verhandlungsmacht** der Parteien. Die Eigentümer von Produktionsfaktoren, die besonders wichtig und schwer zu ersetzen sind, verdienen einen größeren Anteil der Gesamtgewinne.

---

[115] *Shapley* A Value for n-Person Games in Kuhn/Tucker (Ed.): Contributions to the theory of games II, (Annals of Mathematics Studies 28), 1953, 307–317.

[116] *von Neumann/Morgenstern* Theory of Games and Economic Behavior, 1944, Princeton: Princeton UP (1947); *Nash* The Bargaining Problem", Econometrica 18 (1950), 55–162.

Der **Shapley Value** ist in der Lage, diese Tatsachen, die Entlohnung zwischen eigeninteressierten fremden Dritten bestimmen, analytisch zu verarbeiten.

Die **mathematische Interpretation** ist wie folgt:

Wenn N die Gesamtzahl der Parteien ist und S eine Koalition mit n Spielern ist, die eine Teilmenge von N darstellen, so setzt der Shapley Value den Gewinn aus Koalition S in Beziehung mit dem **Gewinn einer Koalition,** in der Spieler i der Koalition beitritt. Verglichen wird also der **Koalitionsgewinn** ohne i und mit;. Es wird damit das **marginale Produkt des Beitrages** des Spielers i zu sämtlichen möglichen Koalitionen ermittelt:

$$(v) = \sum_{S \subseteq N/\{i\}} \frac{|S|!(n-|S|-1)!}{n!}(v(S \cup \{i\}) - v(S))$$

φ	Auszahlung
i	Spieler i
S	Koalition
N	Anzahl der Spieler
n	Anzahl der Spieler in Koalition S
v	Aus Koalition S resultierender Gesamtgewinn

Abb. 16: Shapley Value

Das **marginale Produkt des Spielers** i in sämtlichen Koalitionen wird aufsummiert und dann mit der Zahl der **Koalitionspermutationen** gewichtet. So kann eine **Auszahlungsfunktion** φ für Spieler i ermittelt werden, die mit den Auszahlungsfunktionen anderer Spieler kompatibel ist.

Neben seiner Anwendung zur **fairen Allokation von Ressourcen** ist der **Shapley Value** allgemeiner für die Darstellung der **Verhandlungsmacht** verschiedener Parteien in strategischer Interaktion dienlich. Das marginale Produkt dessen, was der Spieler in die Koalition einbringt, steht damit in einem direkten Zusammenhang.

Der **Shapley Value** wurde in vielen einschlägigen Bereichen angewandt, von der **Finanz- und Kapitalmarktforschung** bis zur Politikwissenschaft. Im Gebiet der Verrechnungspreise ist der Shapley Value ebenfalls von unmittelbarer Relevanz:

• Zunächst erfordert die **empirische Relevanz des Shapley Value** eine **langfristige kooperative Beziehung** zwischen Parteien, die eine Nutzenmaximierung beabsichtigen. Die **gemeinsame Erfolgsabsicht zwischen Parteien,** die miteinander dauerhaft in Beziehung stehen, ist ein Wesensmerkmal multinationaler Gesellschaften.

• Der **Shapley Value** erlaubt es zu simulieren, auf welche **Form der Gewinnaufteilung** sich eigeninteressierte rationale Parteien einigen würden, und trägt somit dem Fremdvergleichsgrundsatz, dem zentralen Prinzip im Gebiet der Verrechnungspreise, Rechnung.

• Drittens erlaubt es der **Shapley Value,** die Entlohnung der Parteien **auf Basis ihres Wertbeitrags,** nicht der Kosten ihrer Bereitstellung, zu ermitteln. Diese **beitragsorientierte Art der Gewinnzuteilung** ist nach ökonomischen Grundsätzen die vorzuziehende Methode und wird auch von der OECD als erstrebenswert erachtet.

c) Kostenbasierte Methode

aa) Ersatz

Als Alternative zur Ermittlung der historischen Kosten, die zur Schaffung **262**
des Wirtschaftsgutes herangezogen werden, können jene verwendet werden,
die zur Erstellung eines vergleichbaren Wirtschaftsgutes benötigt werden, das
in seiner gegenwärtigen Anwendung als gleichwertig anzusehen ist.

Beispiel: Beim **Wert der Arbeitskraft ("Workforce")** handelt es sich um den
Wert einer bestehenden, funktionsfähigen und sozial integrierten Belegschaft. Der ver-
handelte Wert der Workforce kann annähernd durch die Aggregierung der hypothetischen Kosten, die durch eine komplette Auswechslung der Belegschaft entstünden,
quantifiziert werden.

Wieder ist anzumerken, dass Kosten in Bezug auf die Schaffung immaterieller Wirtschaftsgüter keine zuverlässigen Aussagen in Bezug auf den
Gesamtwert zu treffen vermögen. So würde bspw. der Gewinn ohne die Belegschaft eines Unternehmens nicht nur einbrechen, sondern völlig verschwinden; somit ist das marginale Produkt, also der Gesamtwert des Wirtschaftsgutes, gleich dem Gesamtgewinn des Unternehmens. Der im Beispiel
erwähnte Zugang beantwortet jedoch nicht so sehr die Frage, was der Ge-
winnunterschied zwischen einem Unternehmen mit und einem ansonsten
gleichen Unternehmen ohne Belegschaft ist, sondern gibt eher Auskunft über
die **Verhandlungsmacht der Belegschaft.** Eine **schwer auszuwechseln-
de Belegschaft,** die zudem in **multiplikativen Wertschöpfungsprozessen** tätig ist, kann nämlich in Verhandlungen mit den anderen Produktionsfaktoren einen wesentlich größeren Anteil des Wertes einbehalten.

Beispiel: Flugzeugpiloten und **Lokomotivführer** sind in stark multiplikativen
Wertschöpfungsprozessen tätig; durch einen Streik weniger dieser Arbeitnehmer
kommen ganze Transportkonzerne zum Erliegen. Dies verschafft Flugzeugpiloten und
Lokomotivführern eine wesentliche Verhandlungsmacht, die letztlich in einer überdurchschnittlichen Entlohnung mündet.

Die Frage, welche Kosten (und **Opportunitätskosten**) beim **Ersatz eines Wirtschaftsgutes** anfallen, ist also zentral für die Frage, welchen Wert
der Eigentümer dieses Wirtschaftsgutes in Verhandlungen mit den Eigentümern anderer Wirtschaftsgüter einbehalten kann. Die gesamten mit dem Ersatz des Wirtschaftsgutes in Verbindung zu bringenden Kosten stellen die
Obergrenze dessen dar, was die Eigentümer der anderen Produktionsfaktoren
zu zahlen bereit sind, und ist damit die **Obergrenze einer fremdvergleichsüblichen Entlohnung.**

bb) Schaffung

Sind die Kosten, die in die Schaffung des immateriellen Wirtschaftsgutes **263**
gingen, gut dokumentiert, so können diese ebenfalls zur Analyse herangezogen werden. Statt der Kosten des Ersatzes oder der Neuschaffung des Wirtschaftsgutes werden in diesem Fall die historischen Kosten herangezogen, die
in die **Schaffung des Wirtschaftsgutes** tatsächlich gingen. Sie können im
Kontext des verhandelten Wertes als Proxy für diejenigen **Kosten, die beim
Ersatz des Wirtschaftsgutes entstünden,** herangezogen werden.

Die Abgrenzung der relevanten Kosten gestaltet sich hier oft als schwierig
und meist als unplausibel. Oftmals entstehen immaterielle Wirtschaftsgüter

(etwa Patente) nach dem **trial-and-error-Prinzip,** und viele gescheiterte Versuche gehen der Schaffung eines werthaltigen Wirtschaftsgutes voraus. Diese Kosten sind selten klar dokumentiert.

Es ist zu wiederholen, dass auch der Zugang über die Kosten der Schaffung ebenso wie jener über die Kosten des Ersatzes auf den Gesamtwert des Wirtschaftsgutes nur unzufriedenstellende Hinweise gibt und lediglich den verhandelten Wert – also jenen, der nach Verhandlungen einbehalten werden kann – quantifiziert.

d) Bargaining Split Survey

264   Wie erwähnt, ist die Logik eines verhandelten Wertes diejenige, dass der Eigentümer eines Wirtschaftsgutes in der Gegenwart **multiplikativer Wertschöpfungsprozesse** nicht den gesamten Wert, den das Wirtschaftsgut in der Wertschöpfung schafft, einbehalten kann. Im Laufe von **Verhandlungen zwischen fremden Dritten** würde er sich auf einen geringeren Wert einigen, der es den anderen Parteien erlaubt, einen Teil der Wertschöpfung zu verdienen, der nach denselben Prinzipien ermittelt wird.

Daten für die alternativen erwähnten Methoden zur **Modellierung des Verhandlungsprozesses** – auf Basis von Comparables, Kosten oder **spieltheoretischen Überlegungen** – können auch auf Basis von **Expertenansichten** ermittelt werden. Bspw. können diese die angemessene und „industrieübliche" Verteilung der Gewinne** zwischen den Vertragsparteien ermitteln. Saubere und hinreichende Comparables zu finden, ist idR nicht möglich, doch die **Befragung erfahrener Experten** kann helfen, eine angemessene Gewinnverteilung zu quantifizieren.

Beispiel: Das Mutterhaus eines Telekommunikationskonzerns verhandelt im Namen ihrer amerikanischen Tochter mit fremden Marktteilnehmern über den Preis und Umfang bestimmter Roamingdeals und schafft so Kostenersparnisse iHv 10 Mio. USD jährlich. Die Verhandlungen sind vergleichsweise schnell erledigbar und wenig aufwendig, setzen jedoch enorme Industrieerfahrung, soziales Gespür, technisches Know-how und Verhandlungsgeschick voraus. Eine Befragung von Roamingexperten ergibt, dass derartige Leistungen auch von fremden Dritten angeboten werden und diese typischerweise eine Kommission von 4,5–5,5 % der geschaffenen Ersparnisse einbehalten. Klar vergleichbare Transaktionsdaten fehlen, doch aus den Expertenmeinungen kann – wissenschaftliche Standards im Umfrageprozess vorausgesetzt – geschlossen werden, dass 5 % einen angemessenen Bargaining Split darstellen und die vom Unternehmen als Verrechnungspreis angesetzten 500 000 USD dem Fremdvergleichsgrundsatz entsprechen.

Die Durchführung von **Bargaining Splits** in hinreichender analytischer Sauberkeit anhand von **Umfragen** ist allerdings aufwändig. Oft stellen Umfragen zum Bargaining Split eine unzulässige Vereinfachung der Herausforderung dar.

7. Empirische Arbeit (Expertenumfragen) im Rahmen der Bewertung immaterieller Wirtschaftsgüter[117]

265   In der Quantifizierung von Gesamtwert, verhandeltem Wert, wie auch geschaffenem Wert stellen **Expertenumfragen** ein bedeutendes Instrument

---

[117] *Vögele/Sedlmayr* in Vögele Verrechnungspreise, 3. Aufl. Wir danken unserem ausgeschiedenen Ko-Autor Richard Sedlmayr für die Formulierungen aus der 3. Aufl.

dar. Wird die Objektivität der Befragung gesichert und nach wissenschaftlichen Standards vorgegangen, so handelt es sich bei den Resultaten von Expertenumfragen um äußerst robuste Ergebnisse, die kaum durch Externe widerlegbar sind.

Im angloamerikanischen Raum haben Expertenbefragungen eine wesentliche Rolle in Bezug auf Rechtsfälle im Bereich des Wettbewerbsrechts und des Immaterialgüterrechts erlangt. Der Reference Guide zum „Survey Research" des US Federal Judicial Center illustriert die Vorteile und das breite Anwendungsgebiet von Umfragen und erachtet Umfragen als anerkannte Standardprozeduren. Es wird jedoch auf verschiedene Faktoren hingewiesen, die die **Relevanz von Expertenumfragen** bestimmen; namentlich ist auf das Wissen und den Hintergrund der Experten Wert zu legen und auf die **Relevanz und Neutralität der Aussagen** zu achten. Zudem sind die Umfragen nach strengen wissenschaftlichen Standards durchzuführen und sauber zu dokumentieren.

Es empfiehlt sich, eine Befragung in vier Schritten durchzuführen:

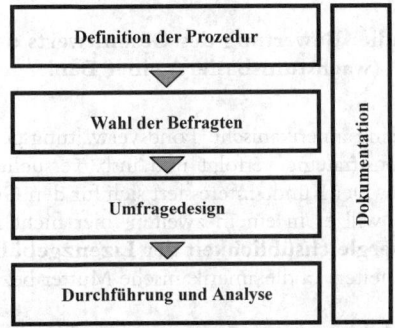

Abb. 17: Umfrageprozess

Die **Wissenschaftlichkeit der Umfrage** kann durch folgende Maßnah- **266** men erhöht werden:[118]
- Bei internen Expertenumfragen ist die **Wahl der Experten** auf objektive Kriterien zu basieren. Erfahrung in Jahren und Position in der Organisationshierarchie sind Beispiele solcher Kriterien. Die Wahl ist zu begründen und zu dokumentieren und ggf. durch zusätzliche Materialien (zB Organigramme) zu untermauern.
- Es ist darauf zu achten, dass die Dokumentation den gesamten Prozess zu begleiten hat. Insb. sind die genauen **prozedualen Regeln** bereits vor der Befragung des ersten Umfrageteilnehmers zu dokumentieren. Dem Vorwurf des **„Data Mining"** ist so zu begegnen.
- Die Anzahl der Antworten sollte Schlüsse erlauben, die eine **statistische Signifikanz** aufweisen. Es sind Überlegungen zur **statistischen Verteilung** der Antworten, zum Niveau der **Konfidenz** und zur **benötigten Stichprobe** anzustellen.

---

[118] Für eine ausführliche Darstellung eines Umfrageprozesses siehe Kap. G Rn. 81 ff.

- Die **Stichprobe der Befragten** hat nach Möglichkeit einen **repräsentativen Querschnitt** der Gesamtbevölkerung an potenziellen Befragten darzustellen. Insb. ist darauf zu achten, dass in solchen Dimensionen, in denen divergente Antworten zu erwarten sind, die Gewichtung der **Stichprobe** der Verteilung dieser Dimension in der Gesamtbevölkerung entspricht. Die relevanten Dimensionen können vielfältig sein und bspw. die **Herkunft** oder das **Einkommen** in öffentlichen Umfragen bzw. den **Geschäftsbereich** oder das **Erfahrungsniveau in internen Expertenumfragen** umfassen.
- Die Fragen sind verständlich zu formulieren und dürfen die Befragten nicht führen. Jegliche Informationen, mit denen der Befragte im Laufe der Befragung konfrontiert ist, sind zu dokumentieren.
- Es ist darauf zu achten, dass sämtliche, auch nicht zur Argumentation verwendete Antworten dokumentiert werden.
- Die **relevante Frage** soll nur in einer Form und an jeden Befragten ein einziges Mal gestellt werden.

8. Fallstudie: Bewertung des Gesamtwerts der Marke (wachstumsbasiert) einer Bank[119]

267   Der Kunde ist eine amerikanische Fondsverwaltungsgesellschaft, die eine aggressive Wachstumsstrategie verfolgt und insb. versucht, im europäischen Markt Fuß zu fassen. Der Kunde interessiert sich für den **Gesamtwert seiner Marke.** Außerdem will er in einem zweiten, hier nicht näher betrachteten Schritt die **Fremdvergleichsüblichkeit der Lizenzgebühren,** die durch die internationalen Einheiten an die amerikanische Mutter bezahlt werden, überprüfen.

Nach Aussagen des Managements wird iSd Wachstumsstrategie ein **kompetitives Pricing** angesetzt. Eine Marktanalyse zeigt, dass im **Asset Management** der **Preis für die Leistung des Vermögensverwalters** durch die „**Total Expense Ratio**" ausgedrückt werden kann. Dabei handelt es sich um die in Prozent der verwalteten Assets ausgedrückte Summe verschiedener Kommissionen einschließlich der Managementgebühr. Außerdem zeigt die Studie, dass Unternehmen mit starken Marken dazu neigen, höhere **Total Expense Ratios** anzubieten als dies Fondsmanager mit weniger bekannten Marken tun.

268   Ein Vergleich der durchschnittlichen durch das Management des Kunden angesetzten Total Expense Ratio der angebotenen Fonds mit jenen von Wettbewerbern bestätigt die Aussage des Managements, dass das Pricing des Kunden kompetitiv ist: Die angesetzten Total Expense Ratios der Fonds des Kunden befinden sich im unteren Quartil der Benchmarks und sind mit jenen von No-Name-Vermögensverwaltern vergleichbar.

Da die Marke des Kunden jedoch einen hohen Bekanntheitsgrad hat, liegt die Vermutung nahe, dass der Kunde eine **mengenorientierte Strategie** verfolgt, dh versucht, die zusätzliche Nachfrage, die durch die Marke ent-

---

[119] *Vögele/Sedlmayr* in Vögele Verrechnungspreise, 3. Aufl. Wir danken unserem ausgeschiedenen Ko-Autor Richard Sedlmayr für die Formulierungen aus der 3. Aufl.

steht, in **zusätzliche Assets under Management** statt in höhere Total Expense Ratios zu leiten.

Diese Vermutung wird durch eine **wachstumsorientierte Markenbewertung** bestätigt.

Wie erwähnt, zielt eine wachstumsorientierte Strategie im vorliegenden Fall darauf ab, die Assets under Management zu erhöhen. Dementsprechend wird eine Quantifizierungslogik angewandt, die das zusätzliche Wachstum, das durch die Marke entsteht, zu quantifizieren versucht, und den Wert dieses zusätzlichen Wachstums iSd zusätzlichen Gewinne, die durch dieses Wachstum entstehen, ermittelt.

Es wird also das **Gordon Growth-Modell** herangezogen. Die Hauptidee **269** des Gordon Growth-Modells ist im vorliegenden Fall, die **Wachstumsrate** der Assets under Management, die der Kunde genießt, mit jenen zu benchmarken, die für solche Vermögensverwalter kennzeichnend sind, die vergleichbare Voraussetzungen haben, jedoch auf eine starke Marke verzichten müssen. Diese Vermögensverwalter wurden in der erwähnten Anfangsanalyse bereits ermittelt.

Die relevante Wachstumsrate ist dabei jene des sog. „**Net New Money**". Dabei handelt es sich um das **Wachstum jener Assets under Management,** die neu zum Unternehmen fließen, und nicht die aufgrund der Performance der Vorjahre die gewachsenen, bereits bestehenden Assets darstellen.

Die folgenden Absätze illustrieren die **Quantifizierungslogik** im Detail.

Das gewählte Bewertungsmodell ist genauer eine Erweiterung des **Gordon Growth-Modells.** Es unterscheidet sich von der Grundversion insofern, als es eine **variable Wachstumsrate** der ausgezahlten Gewinne ansetzt. Während die gängigste Version des Gordon Growth-Modells eine **konstante Wachstumsrate** ansetzt, wird die **Wachstumsrate des Net New Money** im gegenwärtigen Fall innerhalb von 30 Jahren auf jene abgeschrieben, die auch für **No–Name-Wettbewerber** gilt. Die dahinterstehende Logik ist, dass ohne weitere Investments in die Marke der Wert innerhalb von einer Generation verschwinden würde.

Die Abschreibung der anfangs überdurchschnittlichen Wachstumsrate auf **270** jene des No-Name-Wettbewerbs findet anhand der **double-declining balance-Methode** statt. Damit wird unterstellt, dass eine **hypothetische Reduktion der Marketinginvestitionen** die kurzfristigen Umsätze stärker als die langfristigen Umsätze beeinträchtigt.

Zusätzlich baut das Modell auf folgende Annahmen:
– Das Modell kann auf alle Länder angewandt werden.
  • Die **Wachstumsrate der Assets under Management** wird als gewichteter Durchschnitt der Wachstumsraten in den einzelnen Ländern ermittelt.
– Markenwert kann im vorliegenden Fall besser anhand von Wachstums- als von Preisbenchmarks ermittelt werden.
  • Preisunterschiede werden nicht näher betrachtet.
– Das zusätzliche **Wachstum,** das durch die Marke geschaffen wird, gilt nicht unendlich.
  • Das Wachstum fällt innerhalb von 30 Jahren auf das Niveau des Wachstums der Benchmarks.

– Der **Wert des Unternehmens** setzt sich aus dem **Gegenwartswert von auszahlbaren Gewinnen** zusammen, die nicht weiter als 30 Jahre in der Zukunft liegen. Der Zeithorizont des hier präsentierten Modells ist auf 30 Jahre begrenzt.

– Mögliche **Operating Leverage-Effekte** werden ignoriert. Es wird unterstellt, dass die Profitabilität des Kunden von der Größe seiner Assets under Management unabhängig ist.

Um also den Mehrwert der Marke zu isolieren, müssen verschiedene Variablen isoliert werden:

– die gewichtete durchschnittliche Wachstumsrate des Net New Money, das dem Kunden zufließt

– die gewichtete durchschnittliche Wachstumsrate des Net New Money der Wettbewerber mit niedriger Markenbekanntheit

– die Gewinnmarge, die der Kunde aus seinen Assets under Management verdient

– die gegenwärtigen Assets under Management des Kunden

– der risikoadjustierte Diskontsatz (required return), der auf das künftige Einkommen des Kunden anzuwenden ist

– der **marginale Steuersatz**

Die gewichtete durchschnittliche Wachstumsrate des Net New Money des Kunden stellt den Durchschnitt der letzten fünf Jahre für alle Geschäftseinheiten dar, wobei proportional höheres Gewicht auf solche Geschäftseinheiten gelegt wird, die höhere **Assets under Management** aufweisen.

	2003	2004	2005	2006	2007	Geometr. Mittel
	a	b	c	d	e	$f = (a \star b \star c \star d \star e)^{(1/5)}$
Gewichteter Durchschnitt	6%	7%	8%	9%	10%	7,87%

Abb. 18: Wachstumsrate des Net New Money, Kunde

Die **Wachstumsrate des Net New Money,** das No-Name Anbietern zufließt, ist wie folgt:

	2003	2004	2005	2006	2007	Geometr. Mittel
	a	b	c	d	e	$f = (a \star b \star c \star d \star e)(1/5)$
Gewichteter Durchschnitt	4%	5%	6%	7%	8%	5,83%

Abb. 19: Wachstumsrate des Net New Money, No-Name-Wettbewerber

Es kann geschlossen werden, dass eine annähernd 2% höhere Wachstumsrate des Net New Money allein auf die Marke des Kunden zurückzuführen ist.

271   Aus dem stärkeren Wachstum resultieren für den Kunden zusätzliche absolute Gewinne. Im Sinne einer Bewertung der Gesamtmarke gilt es nun, den **marginalen Beitrag der Marke** zum **Gesamtwert des Unternehmens**

zu quantifizieren. Dabei ist der **tatsächliche Unternehmenswert** mit jenem Wert zu vergleichen, den das Unternehmen hätte, wenn es auf die Marke verzichten müsste und, im Einklang mit obiger Argumentation, ein etwa 2 % geringeres **Wachstum des Net New Money** aufweisen würde, als dies tatsächlich der Fall ist.

Der **marginale Steuersatz** beträgt 48 %. Sämtliche künftige Gewinne sind der Steuer unterworfen.

Die zusätzlichen Gewinne werden mit dem gewichteten durchschnittlichen **Kapitalkostensatz (WACC)** von 12 % auf einen Gegenwartswert diskontiert. Die Verwendung des **WACC** ist im vorliegenden Fall angebracht, da die zusätzlichen Gewinne, die durch die Marke entstehen, sich in ihrem Risikoprofil nicht von den restlichen Unternehmensgewinnen unterscheiden.

Das derzeitige Nettoeinkommen des Unternehmens beträgt 300 Mio. USD bei Assets under Management von 100 Mrd. Die Marge beträgt also 0,30 %.

Die obige Darstellung stellt die Struktur der **Gegenwartswerte (NPVs)** der Gewinne über die Zeit dar. Es ist ersichtlich, dass der Wert des Kunden über jenen eines **hypothetischen No-Name-Wettbewerbers** hinausgeht.

Zur Veranschaulichung der Gewinnentwicklung seien die ersten und die letzten beiden Jahre betrachtet:

NPV Gewinne USD Mio.	+1 Jahr	+2 Jahre	...	+29 Jahre	+30 Jahre	Summe
Kunde	150,25	144,52	...	38,68	36,64	2516,00
Wettbewerber	147,41	139,29	...	30,16	28,50	2186,92
Differenz	2,84	5,24	...	8,51	8,14	329,08

Abb. 20: NPV Profil Ausschnitt, Kunde und No-Name-Wettbewerber

Der **Gesamtwert der Marke** beträgt unter den beschriebenen Umständen 329,08 Mio. USD. Um die **fremdvergleichsüblichen Lizenzgebühren** zu ermitteln, muss dieser Wert von einem **Bargaining** und einem **Contribution Split** gefolgt werden. Auf beide wird an dieser Stelle nicht näher eingegangen.

9. Fallstudie: Bewertung des Gesamtwerts einer Marke eines Telekommunikationsunternehmens (basierend auf Zahlungsbereitschaft)[120]

Der Kunde ist ein europäisches Telekommunikationsunternehmen, das sei- **272** ne Leistungen in fünfzehn Ländern weltweit anbietet. Im konkreten Fall stellt sich die Frage, welche Lizenzgebühr die russische Tochtergesellschaft iSd Fremdvergleichsgrundsatzes für die Nutzung der europäischen Marke zu entrichten hat.

---

[120] *Vögele/Sedlmayr* in Vögele Verrechnungspreise, 3. Aufl. Wir danken unserem ausgeschiedenen Ko-Autor Richard Sedlmayr für die Formulierungen aus der 3. Aufl.

Eine erste Analyse zeigt, dass sich das Preisprofil der russischen Tochter unwesentlich von jenem seiner beiden Wettbewerber unterscheidet. Den Markenwert auf **Preisprämien** zurückzuführen, scheint also nicht angebracht. Ein **wachstumsbasierter Zugang** ist ebenfalls nicht sinnvoll, da keine aussagekräftigen Wachstumsdaten für die Wettbewerber vorliegen.

Es wird also ein Bewertungszugang gewählt, der die **Zahlungsbereitschaft** untersucht, die auf die Marke zurückzuführen ist. Konkret werden russische Endverbraucher zu ihren Präferenzen befragt.

273   Im Sinne des Bewertungsprozesses wurde erst die **relevante Stichprobe** definiert. Eine **statistische Analyse** zeigt, dass bei einer akzeptablen Fehlermarge von 5% und einem Konfidenzniveau von 95% – gegeben die **russische Gesamtbevölkerung** von etwa 145 Mio. Einwohnern: mindestens 384 Personen – zu befragen sind.[121] Folgende Formel wurde dabei herangezogen:

$$n = \frac{Z^2\,pq}{e^2} = \frac{1.96 \times 0,5 \times 0,5}{0,05^2} \approx 384$$

n	Stichprobe
Z	Z-wert für 95% Konfidenzniveau
p	Verteilung der Antworten (da unbekannt, maximale Streuung angenommen)
q	(1-p)
e	Fehlermarge

Abb. 21: Definition der Stichprobe

Es wird versucht, einen **repräsentativen Querschnitt** der russischen Bevölkerung zu erhalten, indem

- die Umfrage an drei Standorten im Land durchgeführt wird
- Zielvorgaben zu den **Quoten** an folgenden Variablen definiert werden:
  - Geschlecht
  - Alter
  - Stadt- versus Landbevölkerung
  - Telekommunikationsanbieter
  - Arbeitstätigkeit

Der Fragebogen beginnt also mit Fragen, welche die Zugehörigkeit der Befragten zu den obigen Quoten überprüft. In einem weiteren Schritt wird das ökonomische Experiment entworfen, das die **Zahlungsbereitschaft der Befragten** testet. Dieses wird in der Form einer Frage präsentiert, die darauf abzielt, den Unterschied in der **Zahlungsbereitschaft für Markenprodukte und No-Name-Produkte** zu ermitteln. Konkret wird nach der Zahlungsbereitschaft für Produkt A gefragt, welches mit einer unbekannten Marke versehen ist; dann wird das mit dem **Markennamen des Kunden** versehene Produkt präsentiert und gefragt, welches vorgezogen wird. Ebenfalls wird ermittelt, um wie viel mehr der Befragte für das bevorzugte Produkt zu zahlen bereit ist.

---

[121] *Israel* Determining Sample Size, PEOD6, IFAS Extension, (1992).

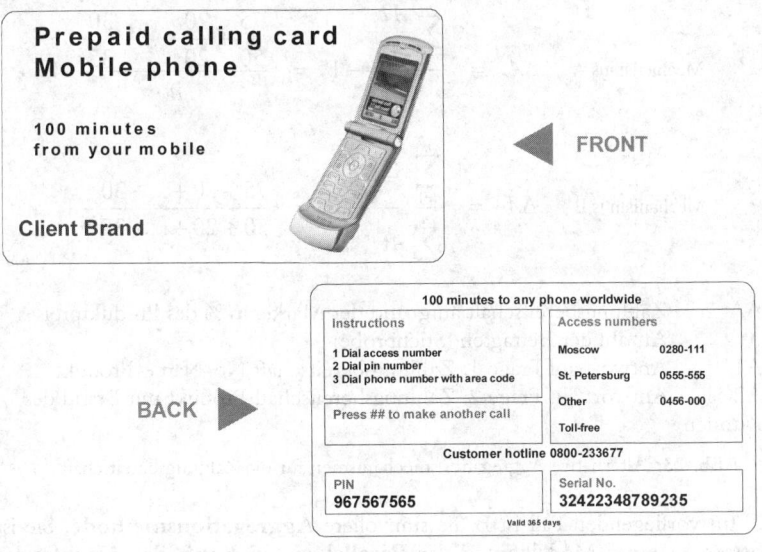

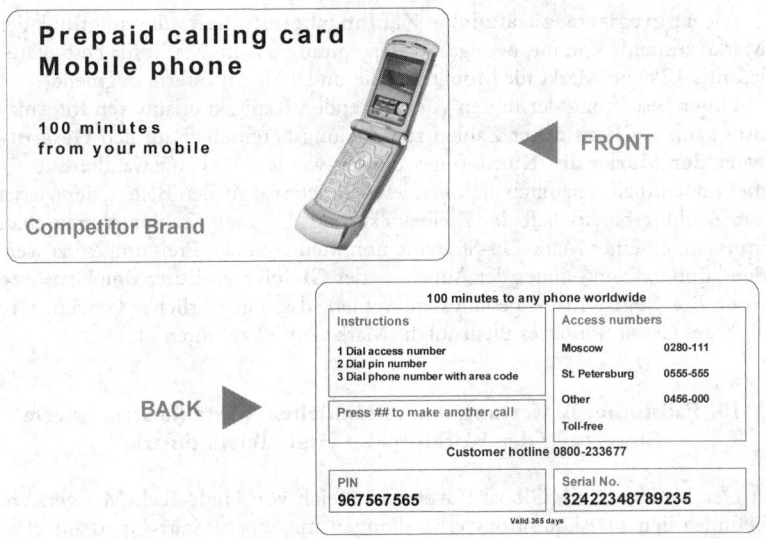

Abb. 22: Experimentelle Produkte

Es zeigt sich, dass Kunden in allen drei Produktbereichen (Festnetz, Mobil, **274** Internet) eine höhere Zahlungsbereitschaft für Produkte der Marke des Kunden aufweisen.

Im Laufe der Analyse müssen die Antworten der 384 Befragten nun aggregiert werden. Dabei drängen sich grundsätzlich zwei Methoden auf:

Vögele / Vögele

$$
\text{Mechanismus A} \quad \Delta A = \frac{\sum_{i=1}^{n} \frac{A2_i}{A1_i}}{n} - 1 = \frac{\frac{75}{50} + \frac{20}{20} + \ldots + \frac{30}{35}}{n} - 1
$$

$$
\text{Mechanismus B} \quad \Delta A = \frac{\sum_{i=1}^{n} A2_i}{\sum_{i=1}^{n} A1_i} - 1 = \frac{75 + 20 + \ldots + 30}{50 + 20 + \ldots + 35} - 1
$$

ΔA Zahlungsbereitschaft aufgrund der Marke, in % des Produktpreises

n Anzahl der Befragten (Stichprobe)

A1 Antwort auf Frage 1: Zahlungsbereitschaft No-Name-Produkt

A2 Antwort auf Frage 2: Zahlungsbereitschaft Produkt mit Brand des Kunden

Abb. 23: Alternative Aggregationsmechanismen für die Zahlungsbereitschaft

Im vorliegenden Fall ist B die sinnvollere **Aggregationsmethode.** Sie ist besser zu einer Modellierung der **Parallelverschiebung der Nachfrage-kurve** in der Lage.[122]

Die **aggregierte zusätzliche Zahlungsbereitschaft,** die aufgrund der Marke zustande kommt, beträgt iSd Berechnung 8 % im Markt für Festnetzte-lefonie, 12 % im Markt für Mobiltelefonie und 10 % im Internetsegment.

Unter Beachtung der in den vorangehenden Kapiteln erläuterten Informa-tion kann auf Basis dieser Zahlen zur Zahlungsbereitschaft auf den **Gesamt-wert der Marke des Kunden** geschlossen werden. Das angewandte Experi-ment quantifiziert nämlich nichts anderes als den marginalen Beitrag der Marke zur Zahlungsbereitschaft der Zielbevölkerung. Da diese Zahlungsbereitschaft im Rahmen einer Mark-Up-Strategie unmittelbar in den Preis umgesetzt wer-den könnte, kann – unter der Annahme der **Gleichverteilung der Umsätze über die Segmente** – geschlossen werden, dass ein jährlicher Gewinn iHv 10 % des Gesamtumsatzes allein auf die Marke zurückzuführen ist.

10. Fallstudie: Bewertung des verhandelten Werts (kostenbasierte Bewertung der Workforce) – High Techindustrie[123]

275 Der Kunde A, ein Global Player im Bereich von High-Tech-Messgeräten, befindet sich in Akquisitionsverhandlungen mit einem Start-Up B im glei-chen Geschäftszweig.

---

[122] Methode A neigt dazu, den Markenwert zu überschätzen, da es das Prinzip der äquivalenten Nenner ignoriert. Würde bspw. ein erster Befragter antworten: A1 = 1 Rubel, A2 = 2 Rubel; und ein zweiter Befragter antworten: A1 = 2 Rubel, A2 = 1 Rubel, so würde Methode A das Resultat ΔA = 25 % liefern, während Methode B das sinnvollere Resultat ΔA = 0 % errechnet. Dies liegt daran, dass die Mark-Ups +1 und – 1 Rubel in Methode A über ungleiche Nenner dividiert werden.

[123] *Vögele/Sedlmayr* in Vögele Verrechnungspreise, 3. Aufl. Wir danken unserem aus-geschiedenen Ko-Autor Richard Sedlmayr für die Formulierungen aus der 3. Aufl.

Der Kunde zahlt einen hohen Multiple im Laufe der Akquisition, der sich auf etwa 60 Mal EBITDA des B beläuft. A sieht großes Potenzial in der Technologie des B und hat vor, die Technologie an seine eigene R&D-Gesellschaft in der Schweiz zu übertragen. Diese Gesellschaft ist künftig für die Interpretation und Anwendung der Technologie verantwortlich und trägt die Kosten seiner Weiterentwicklung. Technologie ist hierbei als die Summe der Patente und des technischen Know-How definiert.

Es ist also der Marktwert der übertragenen Technologie zu quantifizieren. Dabei ist anzumerken, dass es sich nicht, wie in den vorangehenden Beispielen, um den **marginalen Beitrag der Technologie** handelt, sondern um jenen Wert, den A, als fremder Dritter, für die Technologie im Laufe der Akquisition bezahlt hat. Die Herausforderung besteht nun darin, die Technologie von anderen Wirtschaftsgütern, für die A bezahlt hat, zu trennen.

Dazu wird ein **Top-Down Approach** gewählt. Der Gesamtwert des Unternehmens B wird herangezogen und diejenigen identifizierbaren Wertelemente, die nicht mit Technologie verwandt sind, werden subtrahiert. Der **Wert der Technologie** bleibt also gewissermaßen als **Residuale** über. 276

Konkret werden vom Gesamtwert des B folgende Wertelemente subtrahiert:

- **Net assets:** Technologie, wie von A definiert, ist ein gänzlich immaterielles Gut. Der Wert sämtlicher materieller Wirtschaftsgüter ist daher abzuziehen. Der Gesamtwert der Aktiva, minus Verbindlichkeiten, stellt den Wert der tangiblen Assets des Unternehmens dar. Net Assets ist also gleich Eigenkapital und ist mit der Technologie nicht verwandt.
- **Operating Leverage:** Nach wesentlichen Investitionen in seine Geschäftsstrukturen generiert B nun steigende Umsätze. Diese Umsätze resultieren in zunehmender Profitabilität, da der Fixkostenanteil pro marginalem Umsatz fällt. Ein Teil dieses **Operating Leverage** ist **auf nichttechnologische Entrepreneur-Funktionen** zurückzuführen. Dieser ist zu identifizieren, im Laufe einer **Gegenwartswertanalyse** zu versteuern und zu **diskontieren,** und vom gesamten Unternehmenswert abzuziehen.
- **Workforce:** Im Augenblick der Akquisition ist das Unternehmen B bereits voll funktionstüchtig. Es verfügt über eine trainierte und eingespielte Belegschaft. Zu analysieren ist nun, wie viel A implizit für die funktionsfähige Workforce zahlt, da diese nicht mit der Technologie verwandt ist.

Graphisch lässt sich also die Methode folgendermaßen darstellen:

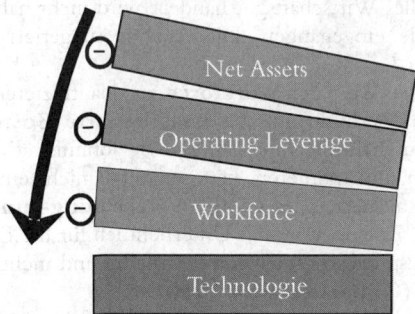

Abb. 24: Top-Down-Methode

Zur Quantifizierung werden nun marktbezogene, einkommensbezogene und auch kostenbasierte Methoden angewandt.

Der **Marktwert des Unternehmens** wurde bereits im Laufe der Akquisition definiert und beträgt 60 Mio. CHF.

Wie erwähnt, ist der **Wert der Net Assets** mit dem Buchwert des Eigenkapitals äquivalent. Dieses ist direkt der Bilanz zu entnehmen und beträgt 6 Mio. CHF.

277   Der Operating Leverage kann quantifiziert werden, indem untersucht wird, wie sich die Kosten im bestehenden Geschäftsmodell im Laufe der Zeit verändern werden und welchen Wert dies für B hätte, wenn er sich entscheiden würde, das Unternehmen weiterzuführen statt zu verkaufen.

Dazu werden die Kosten in die Kategorien „**fix**", **semi-fix**" bzw. „**sprungfix**" und „**variabel**" eingeteilt.

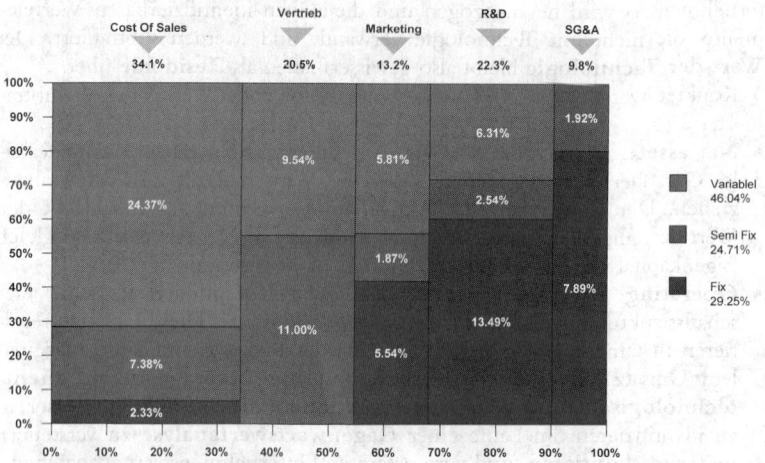

Abb. 25: Einteilung der Kosten

Diese Kosten werden nun dem **Wachstum,** das dem Budget von B zu entnehmen ist, entgegengestellt. Da es sich beim Operating Leverage nicht um ein immaterielles Wirtschaftsgut handelt, wird nicht näher auf die Quantifizierungsmethode eingegangen. Die Analyse suggeriert einen Wert von 10 Mio. CHF.

278   Schließlich ist der Wert der **Workforce** zu quantifizieren. Es handelt sich bei der gewählten Methode um die **ersatzbasierte Kostenmethode.** Ein fremder dritter Käufer müsste Ingenieure sowie administrative Angestellte und Manager einstellen und trainieren, hätte er mit B nicht eine funktionsfähige Unternehmung akquiriert. Dies würde in **Recruiting- und Trainingsausgaben** resultieren. Zudem wäre das Unternehmen für die Dauer des Recruiting- und Trainingsprozesses nicht funktionsfähig und nicht in der Lage, Gewinne zu erzielen **(Opportunitätskosten).**

Die wissenschaftliche **Befragung** einer lokalen Human Resource-Beratungsfirma resultiert in folgenden Schätzungen:

Funktion	Recruiting-aufwendung pro Person (CHF k)	Trainings-aufwendung pro Person (CHF k)	Anzahl Angestellte	Summe Recruiting-kosten (CHF k)	Summe Trainings-kosten (CHF k)
Produktion	75	15	10	750	150
Material	70	15	10	700	150
Vertrieb	100	10	10	1000	100
Marketing	90	10	10	900	100
R&D	115	20	10	1150	200
G&A	85	15	10	850	150
Summe			**60**	**5350**	**850**

Abb. 26: Recruiting- und Trainingskosten

Funktion	Monate bis zur Funktionsfähigkeit
Produktion	2
Material	3
Vertrieb	3
Marketing	3
R&D	3
G&A	2

Monatlicher verlorener Umsatz	Monatliche COS-Ersparnisse	Monatliche Opportunitäts-kosten	Anzahl Monate bis zur Funktionsfähig-keit	Summe Op-portunitäts-kosten CHF k
2000	400	1600	3	4800

Abb. 27: Opportunitätskosten

Daraus ergeben sich 33 Mio. CHF als **Residualwert der Technologie.**

	CHF Mio.
Net Assets	6
Operating Leverage	10
Workforce	11
Technologie	33
Summe = Marktwert	**60**

Abb. 28: Technologie als Residuale

Es ist zu betonen, dass es sich dabei nicht um den Gesamtwert, sondern um den Marktwert der Technologie handelt – also jenen Wert, für den B im

Laufe der Transaktion für die Überlassung der Technologie an den A entschädigt wurde.

11. Fallstudie: Ermittlung fremdvergleichsüblicher Lizenzgebühren für eine Marke (Spieltheorie, Shapley Value & Contribution Split) – Investment Bank[124]

279   Der Kunde ist eine amerikanische Investmentbank. Ziel der Studie ist es, fremdvergleichsübliche Lizenzgebühren für die Nutzung der Marke durch internationale Tochtergesellschaften zu ermitteln.

Dazu wird eine **Profit Split Methode** herangezogen. Drei generische Typen an Profit Splits können verwendet werden:

- **Die Overall Profit Split Methode (OPSM)** modelliert die Zusammenarbeit der Parteien in einem **hypothetischen Joint Venture Agreement** zwischen Parteien, die einzigartige Fähigkeiten und Assets einbringen. Die Gewinnaufteilung findet anhand einer Analyse des Werts der einzelnen Funktionen statt.

- **Die Comparable Profit Split Methode (CPSM)** zieht **fremdvergleichsübliche Gewinnaufteilungen** in vergleichbaren Transaktionen zwischen fremden Dritten heran und wendet das Verhältnis dieser auf den vorliegenden Fall an.

- **Die Residual Profit Split Methode (RPSM)** findet in zwei Schritten statt: Zunächst wird derjenige Gewinn, der nicht auf Routinefunktionen zurückzuführen ist, isoliert; dann werden die Non-Routine-Gewinne auf Basis der relativen Bedeutung der eingebrachten Funktionen auf die involvierten Parteien aufgeteilt.

Die OECD-RL beschreiben die Profit Split Methode wie folgt: „(It) seeks to eliminate the effect on profits of special conditions made or imposed in a controlled transaction (…) by determining the division of profits that independent enterprises would have expected to realize from engaging in the transaction or transactions" (Abs. 3.5).

Aus folgenden Gründen wird die OPSM als Analyseinstrument herangezogen:

- Es können keine hinreichend vergleichbaren Preise (CUPs) für derartiges geistiges Eigentum identifiziert werden.

- Die RPSM ist nicht anwendbar, da die **Isolierung von Routinegewinnen** im Investment Banking im gegebenen Fall nicht plausibel ist.

- Die OPSM ist in der Lage, mit den **komplexen und vielseitigen Wertbeiträgen** der verschiedenen Parteien und Produktionsfaktoren, die im Investment Banking existieren, umzugehen. Konkret ist sie in der Lage, die Wertbeiträge von Kapital, Arbeit und geistigem Eigentum sinnvoll zu entschädigen.

- Der Eigentümer der Marke trägt die Mehrzahl der **Marketingausgaben,** doch zT werden diese auch durch die Lizenznehmer getragen. Zudem tragen die Lizenznehmer durch ihre Aktivitäten zur Bildung der Marke bei. Durch die Anwendung von **Contribution Splits** ist die OPSM in der Lage, mit dieser Herausforderung umzugehen.

---

[124] *Vögele/Sedlmayr* in Vögele Verrechnungspreise, 3. Aufl. Wir danken unserem ausgeschiedenen Ko-Autor Richard Sedlmayr für die Formulierungen aus der 3. Aufl.

Im Lichte der OECD-RL „Attribution of Profits to Permanent Establishments" Teil III (Dezember 2006) ist es für Arbeit, Kapital wie auch geistiges Eigentum explizit möglich, non-routine-Gewinne zu erwirtschaften. Die OPSM setzt hier an und isoliert den auf die Marke entfallenden Gewinnanteil. Sämtliches geistige Eigentum, das nicht mit der Marke verwandt ist, wird hierbei unter den Faktor Arbeit gefasst.

Zur Definition der fremdvergleichsüblichen Entlohnung des Faktors Marke   **280** wird das **Shapley Value–Modell** herangezogen. So wird zunächst die Entlohnung des **hypothetischen alleinigen Eigentümers** der Marke definiert. In einem zweiten Schritt gilt es, die Hypothese des alleinigen Eigentümers zu lockern und im Rahmen eines **Contribution Splits** der Tatsache Rechnung zu tragen, dass das wirtschaftliche Eigentum an der Marke z. T. beim Lizenznehmer liegt und dieser Teil nicht zu entlohnen ist.

Die Analyse läuft also in vier Schritten:

- *Schritt 1: Bestimmung der gesamten zu verteilenden Gewinne*
- *Schritt 2: Bestimmung der fremdvergleichsüblichen Entlohnung der Faktoren Marke/Brand (B), Arbeit/Labor (L), und Kapital/Capital (C) durch die Quantifizierung des gewichteten durchschnittlichen marginalen Beitrages zu jeder möglichen Koalition (Shapley Value)*
- *Schritt 3 – Contribution Split: Aufteilung zwischen Lizenzgeber und Lizenznehmer*
- *Schritt 4: Bestimmung der Lizenzgebühr im Lichte des fremdvergleichsüblichen Gewinnes des Lizenzgebers*

Die Bestimmung der gesamten zu verteilenden Gewinne ist im Rahmen der OPSM einfach, da der Gesamtgewinn (Gross Income) der Investmentbank herangezogen werden kann. Dieser beträgt 100 Mio. USD oder 20 % des Gesamtumsatzes.

Die Quantifizierung der marginalen Beiträge der verschiedenen Produktionsfaktoren gestaltet sich allerdings als komplex. Hierzu wird ein **hypothetisches Verhandlungsspiel** zwischen den Eigentümern von Arbeit, Kapital und der Marke entworfen.

Koalitionen	Beschreibung von Koalitionsgewinn v (S)
B, L, C	B, L, und C kooperieren. Dies ist die gegenwärtige Situation, in der 100 Mio USD Gewinn geschaffen werden.
B, L	In dieser Koalition kooperieren der Eigentümer einer bekannten Marke und der Eigentümer der Arbeitskraft. Auf Kapital muss verzichtet werden.
L, C	In dieser Koalition kooperieren der Eigentümer des Kapitals und der Eigentümer der Arbeitskraft. Auf die Marke muss verzichtet werden. Der Unterschied zum Gewinn mit Marke stellt den marginalen Beitrag (Gesamtwert) der Marke dar.
B, C	In dieser Koalition kooperieren der Eigentümer einer bekannten Marke und der Eigentümer des Kapitals. Auf den Beitrag der Arbeit muss verzichtet werden.
L	Der hypothetische alleinige Eigentümer der Arbeit muss auf die anderen Faktoren verzichten.

Koalitionen	Beschreibung von Koalitionsgewinn v (S)
B	Der hypothetische alleinige Eigentümer der Marke muss auf die anderen Faktoren verzichten.
C	Der hypothetische alleinige Eigentümer des Kapitals muss auf die anderen Faktoren verzichten.

Abb. 29: Koalitionen

Es ist nun der marginale Beitrag der Produktionsfaktoren B, L und C zu sämtlichen möglichen Koalitionen zu bestimmen.

Koalition	Beschreibung von Koalitionsgewinn v (S)	Quelle
B, L, C	Gegenwärtiger Gewinn der Bank	2005–2010 Gewinn- und Budgetzahlen
B, L	Gewinnrenommierter Anbieter im kapitalfreien Advisory-Geschäft	Benchmarkstudie auf Basis von ORBIS
L, C	Gewinn einer gleichwertigen Bank ohne Marke	Willingness to Pay Methode
B, C	Mangels Comparables wird der Durchschnitt der Top-Down- und Bottom-Up-Analyse herangezogen	{B} + {C}
		{B, C, L} – {L}
L	Gewinn externer Advisors, die neu ins Geschäft einsteigen	Benchmarkstudie auf Basis des Investment Banking Directory
B	Gewinn, der bei einer Lizenzierung der Marke an fremde Dritte entsteht	Benchmarkstudie auf Basis von RoyaltyStat
C	Gewinn, der vom Kapitalmarkt für eine Bank gleichen Risikoprofils verlangt wird	Capital Asset Pricing-Modell (CAPM) Return, angewandt auf Tier I Capital

Abb. 30: Koalitionsgewinne: Bewertungsmethoden

Im Ergebnis kann nun der **marginale durchschnittliche gewichtete Beitrag** der verschiedenen Faktoren bestimmt werden.

Koalition	Koalitionsgewinn	v(i) (EBT Marge)
B, L, C	v (B, L, C)	20%
B, L	v (B, L)	10%
L, C	v (L, C)	10%
B, C	v (B)+ v (C)	5%
	v (B,C,L) – v (L)	15%
	Average	10%

Koalition	Koalitionsgewinn	v(i) (EBT Marge)
L	v (L)	5%
B	v (B)	5%
C	v (C)	5%

Abb. 31: Koalitionsgewinne: Ergebnisse

Die Anwendung des Shapley Value besagt nun im Ergebnis, dass der **Produktionsfaktor Marke** (im gegebenen Fall gleich wie die anderen Faktoren) einen fremdvergleichsüblichen Gewinn von 6,67% (EBT Marge) oder 33,3 Mio. USD zu erhalten hat.

Nun ist zum **Contribution Split** überzugehen und zu untersuchen, wel-   281 cher **Anteil des wirtschaftlichen Eigentums** auf den Lizenzgeber entfällt. Dazu wird eine **Expertenumfrage** durchgeführt. Die Experten werden nach den wesentlichsten Faktoren, die zur Markenbildung beitragen, befragt. Im Ergebnis antworteten 26 bankinterne Seniors, dass 50% des Markenwerts auf die operativen Tätigkeiten der Bank zurückzuführen seien, 30% auf Werbeaktivitäten und 20% auf Repräsentationsaktivitäten (Publikationen, Präsentationen, Kundenunterhaltung). Da der Lizenzgeber für das operative Geschäft nicht verantwortlich ist und nur die Hälfte der Repräsentationskosten übernimmt, entfallen nur 40% des wirtschaftlichen Eigentums auf ihn. Dies bedeutet, dass sein fremdvergleichsüblicher Gewinn 13,3 Mio. beträgt.

Um jedoch die fremdvergleichsübliche Entlohnung in der Form einer **Lizenzgebühr zu quantifizieren,** sind nun die mit dem Angebot der Marke assoziierten Kosten sowie ein angemessener Anteil der generellen und administrativen Kosten des Lizenzgebers zu dessen Gewinn hinzuzuaddieren. Es ist wichtig zu erkennen, dass die Lizenzgebühr aus Sicht des Lizenzgebers Umsatz, nicht Gewinn, darstellt.

Da die entsprechenden Kosten mit 11,7 Mio. USD quantifiziert werden können, beträgt der fremdvergleichsübliche Umsatz des Lizenzgebers in Form der Lizenzgebühr 25 Mio. USD. Werden diese dem Gesamtumsatz der von 500 Mio. USD entgegengestellt, so resultiert eine Lizenzgebühr von 5% des Gross Income.

Die operativen Geschäftseinheiten haben also der Eigentümerin der Marke die Nutzung des Markenrechts mit jährlich 5% ihres Gross Income zu vergüten.

12. Fallstudie: Bewertung des Kundenstammes

a) Einleitung[125]

Der **Wert des Kundenstamms** eines Unternehmens **basiert** auf keinen   282 rechtlichen Beziehungen, sondern **auf nicht aus bestehenden Verträgen**

---

[125] Die nachfolgenden Ausführungen wurden in ähnlicher Form bereits veröffentlicht. Vgl. *Vögele/Braukmann* in Vögele, Geistiges Eigentum – Intellectual Property, 2014, Kapitel Q.

beruhenden Kundenbeziehungen.[126] Er ist in der Grundlage auf den im deutschen Handelsrecht verankerten Handelsvertreterausgleichsanspruch zurückzuführen. Ein solcher existiert in den meisten anderen Staaten nicht in dieser Form.

Entscheidend ist in Deutschland der mit dem bestehenden Kundenstamm erzielte wirtschaftliche Erfolg eines Unternehmens, welcher nach Ansicht des IDW nicht zurückzuführen ist auf Marke, Technologie oder sonstige Faktoren wie Mitarbeiterstamm oder geographische Präsenz.[127] In den meisten anderen Staaten wird der Kundenstamm als **Teil des Brands oder von Marketing Intangibles** betrachtet. In den angloamerikanischen Staaten führt die deutsche Sonderbehandlung des Kundenstammes regelmäßig zu Unverständnis. Da Verrechnungspreise immer mindestens zwei Staaten und daher auch mindestens eine ausländische FinVerw. betreffen, ist das bei der Dokumentation für alle betroffenen Staaten zu berücksichtigen. Es ist jedoch nicht schwierig, eine Überleitung zu dem Verständnis dieser Staaten herzustellen.

Gem. Tz. 85 IDW S 5 besteht die ökonomische Bedeutung der Kundenbeziehung in der erwarteten **Bindung eines Kunden,** über einen **längeren Zeitraum wiederholt Produkte zu kaufen,** sodass der Aufwand zur Unterhaltung der Geschäftsbeziehung geringer ist als bei einer Neukundengewinnung. Neukunden, die nach dem Bewertungsstichtag gewonnen werden, bleiben bei der Bewertung außer Acht.[128] Es müssen konkrete Faktoren dafür sprechen, dass ein Kunde auch künftig neue Verträge abschließt bzw. bestehende Verträge verlängert. Diese Faktoren basieren entweder auf Differenzierungsmerkmalen (besonderer Service, maßgeschneiderte Kundenlösungen) oder auf hohen Wechselkosten (besondere Kundenspezifikation, gemeinsam entwickelte Spezialmaschinen, Kosten und Folgekosten des Wechsels).[129]

b) Nutzungsüberlassung eines Kundenstammes

283   Bei der Nutzungsüberlassung eines Kundenstammes muss analysiert werden, ob durch die Nutzungsüberlassung eine Funktionsverlagerung stattgefunden hat. Eine Funktionsverlagerung liegt gem. § 1 Abs. 2 S. 1 FVerlV nur dann vor, wenn eine Einschränkung der Funktion in Deutschland erfolgt. Es besteht ein Wert des Kundenstammes beim Übertragenden, gleichgültig ob er ihn nutzt. Bei der Nutzungsüberlassung des Kundenstammes liegt keine Funktionsverlagerung vor:

– Wenn keine Einschränkung der Funktionen beim verlagernden Unternehmen innerhalb von 5 Wirtschaftsjahren erfolgt (Funktionsverdoppelung).[130]

– Bei Bagatellfälle der Funktionseinschränkung (Absinken des Umsatzes in einem Wirtschaftsjahr um nicht mehr als EUR 1 000 000 innerhalb von 5 Jahren nach Verlagerung).[131]

---

[126] IDW S 5 Tz. 84.
[127] IDW S 5 Tz. 88.
[128] IDW S 5 Tz. 96.
[129] IDW S 5 Tz. 86.
[130] Vgl. Tz. 2.1.6.1 VGr FVerlV.
[131] Vgl. Tz. 2.1.6.2.4 VGr FVerlV.

– Bei der ausschließlichen Veräußerung oder Überlassung von Wirtschaftsgütern.[132]

Sollte eine Funktionsanalyse zu dem Schluss kommen, dass keine Funktionsverlagerung vorliegt, so muss dennoch der Wert des Kundenstammes bezahlt werden. Bei der Überlassung des Kundenstammes muss zunächst überprüft werden, welche Funktionen vom ursprünglichen Unternehmen ausgeführt werden.

Wenn ein Unternehmer eher opportunistisch sich ergebende Geschäftschancen wahrnimmt und die neu gegründete Gesellschaft direkt zielgerichtete Vertriebstätigkeiten in dem Markt durchführt, dann wird die Kernfunktion des übertragenden Unternehmens nicht beeinflusst. Dennoch mindert die Kundenstammüberlassung die Funktion beim Übertragenden, auch wenn diese keinen großen Wert für ihn hat. Es liegt bspw. **nur dann eine steuerfreie Funktionsverdopplung** vor, wenn **der Markt gar nicht bearbeitet wurde** und die neu gegründete Gesellschaft erstmals vollumfänglich den Vertrieb durchführen soll.

Es muss überprüft werden, ob die Kundenstamm empfangende Gesellschaft die übertragende Gesellschaft **einschränkt.** Die VGr-Funktionsverlagerungsverordnung beschreiben eine Einschränkung folgendermaßen: „Eine Einschränkung (Rn. 22) ist **erheblich** (keine Geringfügigkeit), wenn der Umsatz aus der [Vertriebs-]Funktion, den das ursprünglich tätige Unternehmen iSd § 1 Abs. 2 FVerlV im letzten vollen Wirtschaftsjahr vor der Funktionsverlagerung erzielt hat, innerhalb des Fünfjahreszeitraums iSd § 1 Abs. 6 FVerlV in einem Wirtschaftsjahr um mehr als 1 000 000 € absinkt."[133]

Wenn die Umsätze des verlagernden Unternehmens um nicht mehr als EUR 1 000 000 sinken würde, läge ein **Bagatellfall** im Sinne der Funktionsverlagerung vor, der als Funktionsverdopplung zu werten ist,[134] selbst wenn trotz der oben beschriebenen wirtschaftlichen Umstände davon ausgegangen würde, dass eine Funktionsverlagerung und keine Funktionsverdopplung stattgefunden hätte. Trotz des Bagatellfalles muss jedoch die Überlassung des Kundenstammes vergütet werden.

Mit der Überlassung des Kundenstammes wird im Regelfall auch die Funktion des Vertriebs übertragen, so dass **keine ausschließliche Veräußerung oder Überlassung von Wirtschaftsgütern besteht.**

Im **folgenden Beispiel** wird davon ausgegangen, dass eine neu gegründete Gesellschaft die Vertriebsfunktionen in ihrem Absatzmarkt im Wesentlichen stark fortentwickelt. Dabei kann die Gesellschaft aber auf den bereits bestehenden Kundenstamm zurückgreifen. Dieser Kundenstamm stellt ein Wirtschaftsgut dar, da die bestehende Kundenbindung in Zukunft geschäftlich genutzt werden kann. Um den Kundenstamm fremdvergleichsüblich zu vergüten, kann auf allgemein akzeptierte Bewertungsstandards zurückgegriffen werden.

c) Auswahl der Bewertungsmethode anhand eines Beispiels

Das Unternehmen ist vor der Überlassung schon 5 Jahre lang auf dem **284** Markt aktiv. Das immaterielle Wirtschaftsgut Kundenstamm wird dem emp-

---

[132] Vgl. Tz. 2.1.7.1 VGr FVerlV.
[133] Vgl. Tz. 2.1.6.2.4 Rn. 49 VGr FVerlV.
[134] Vgl. Tz. 2.1.6.2.4 VGr FVerlV.

fangenden Unternehmen zum 1. Juli des 5. Jahres zur Nutzung überlassen und wird zu diesem Zeitpunkt bewertet. Grundlage der Bewertung bilden die Bewertungsstandards des Instituts der Wirtschaftsprüfer (IDW), die im Allgemeinen von der deutschen Steuerverwaltung akzeptiert werden.[135] Die Bewertungsgrundlage für immaterielle Wirtschaftsgüter ist im IDW S 5 gegeben.[136] Bei einem Kundenstamm handelt es sich nicht um rechtliche Beziehungen, wie zum Beispiel bestehende Liefer- und Auftragsbeziehungen, sondern nur um nicht auf bestehenden Verträgen beruhende Kundenbeziehungen.[137] Bei der Bewertung des Kundenstamms liegt der Preis zu Grunde, den ein unabhängiger Dritter für den Kundenstamm bezahlt hätte. Das Geschäft mit **Neukunden** bleibt im Folgenden außerhalb der Betrachtung,[138] ein großer bestehender Kundenstamm erleichtert allerdings auch die Gewinnung neuer Kunden.

Bei der Bewertung des Kundenstamms eines Unternehmens soll der **Preis** ermittelt werden, **den ein unabhängiger Dritter bereit wäre für den Kundenstamm zu zahlen.**[139] Hierfür lassen sich in der Regel keine Marktpreise beobachten, weshalb der **Income Approach** und nicht der Market Approach für die Bewertung anwendbar ist. Dabei eignet sich die **Mehrgewinnmethode,** den Wert des Kundenstammes zu bestimmen. Die Differenz aus dem Gewinn, den ein unabhängiger Dritter ohne den Kundenstamm im Vergleich zu dem Unternehmen mit dem Kundenstamm erwirtschaftet, bildet den Wert des Kundenstammes. Zunächst sollte das auf Grund des Kundenstamms erwirtschaftete Einkommen isoliert werden.[140] Hierfür eignen sich Prognosen darüber, wie viel Waren und Dienstleistungen die bestehenden Kunden in Zukunft erwerben werden. Die **Nutzungsdauer des Kundenstamms** ist beschränkt, konkret unterliegt sie einem **Abschmelzungsprozess.**[141] Um die zukünftigen aus dem immateriellen Wirtschaftsgut entstehenden Einkommensströme korrekt erfassen zu können, muss die Abnehmrate bestimmt werden.[142] Je nach Branche ist die Abnehmrate unterschiedlich; ist sie hoch, dann ist der immaterielle Wert des Kundenstammes gering. Nach der Prognose der durch den Kundenstamm erwirtschafteten Umsätze kann der Gewinn errechnet und mit Hilfe der Discounted Cashflow Methode auf den Bewertungsstichtag diskontiert werden.

d) Beispiel: Bewertung des Kundenstammes mit der Mehrgewinnmethode

285   Firma A ist im Handel sowie der Weiterverarbeitung von Schrottteilen aktiv. Sie gründet die Tochtergesellschaft B; diese soll sich vor allem mit dem Handel von Schrottteilen beschäftigen, während Firma B sich in Zukunft auf

---

[135] Vgl. Tz. 2.3.2.1 Rn. 89–90 VGr FVerlV.

[136] Grundsätze zur Bewertung immaterieller Vermögenswerte (IDW S 5), WPg Supplement 3/2011, S. 98 ff., FN-IDW 7/2011, S. 467 ff. vom 23.5.2011.

[137] ISd IDW S 5 Tz. 85 f.

[138] In Übereinstimmung mit IDW S 5 Tz. 96.

[139] IDW S 5 Tz. 33.

[140] IDW S 5 Tz. 24.

[141] IDW S 5 Tz. 99.

[142] IDW S 5 Tz. 101.

die Weiterverarbeitung von Schrottteilen beschränkt. Während der Sitz der Firma A in Deutschland ist, soll Firma B in den Niederlanden angesiedelt werden, um leichter ausländische Neukunden zu gewinnen. Die Neugründung ist Teil eines langfristigen Konzeptes, für welches bereits zwei Jahre vor der Überlassung des Kundenstammes Vertriebsmanager angestellt wurden. Diese arbeiteten bereits erfolgreich an der Gewinnung von Neukunden sowie der Rückgewinnung abgewanderter Kunden. Die Vertriebsmanager arbeiten nicht vom Hauptsitz in Deutschland aus, sondern von angemieteten Büros in den Niederlanden.

Vor der Gründung der Firma B, betreute die Firma A bereits für fünfeinhalb Jahre Kunden und entwickelte dabei Kundenbeziehungen. Die Gründung der Firma B erfolgt am 1. Juli des 5. Jahres, dh ein Teil der Kunden wurde bereits fünfeinhalb Jahre lang von Firma A betreut. Es soll der Wert des Kundenstammes, welcher von Firma A an Firma B zum 1. Juli übertragen wurde, bewertet werden. Dies stellt nach § 90 Abs. 3 S. 3 AO eine Funktionsverlagerung dar. Im Folgenden wird davon ausgegangen, dass die Bagatellfallregelung gilt, da die Umsätze der Firma A über die nächsten Jahre um weniger als EUR 1 000 000 sinken. Daher können die Umsätze aus dem übertragenen Kundenstamm separat bewertet werden und die übertragene Geschäftschance muss nicht berechnet werden. Allerdings ist gegebenenfalls spezielleres Vertriebsknow-how zu vergüten.

Die Frage, in wieweit der übertragene Kundenstamm gegebenenfalls einer nicht erklärten ausländischen Betriebsstätte zuzuordnen ist, welche Schutz durch DBA geniest, ist im Einzelfall zu prüfen.

Die Umsätze aus dem bestehenden Kundenstamm bis zum Zeitpunkt der Überlassung zum 1. Juli des 5. Jahres:

	1	2	3	4	1 Januar 5 – 1 Juli 5
Umsätze der Firma A mit dem Handel von Schrottteilen	EUR 400,000	EUR 330,000	EUR 450,000	EUR 500,000	EUR 270,000
Umsätze mit dem zum 1 Jahr bestehenden Kundenstamm	EUR 400,000	EUR 330,000	EUR 380,000	EUR 320,000	EUR 150,000
Davon durch die neueingestellten Vertriebsmanager zurückgewonnene Kunden	–	–	EUR 130,000	EUR 120,000	EUR 70,000
Umsätze durch Neukunden der neueingestellten Vertriebsmanager	–	–	EUR 70,000	EUR 180,000	EUR 120,000

Tabelle 13: Umsätze mit bestehendem Kundenstamm

aa) Bestimmung der Abschmelzungsrate

Die Umsätze mit dem besehenden Kundenstamm lassen sich leicht nach- **286** vollziehen, allerdings sind Sondereffekte zu berücksichtigen. Durch Schwierigkeiten und Fehler des Vertriebsteams kam es zu **Abwanderung einiger**

Großkunden vor der Gründung der Vertriebsgesellschaft. Diese wurden durch die neu eingestellten Vertriebsmanager zurückgewonnen, können also als Neukunden betrachtet werden. Dadurch ergibt sich für die **Berechnung der Abschmelzrate** folgende Rechnung.

Zunächst wird errechnet, wie viel Umsatz eines Jahres im Folgejahr aus dem bestehenden Kundenstamm gewonnen werden kann. Den „**Überlebensfaktor**" für das Jahr 2 erhält man, wenn man den Umsatz aus dem Jahr 2 mit dem Umsatz aus dem Jahr 1 dividiert.

$$\text{Überlebensfaktor } r_i = \frac{Umsatz_{t+1}}{Umsatz_t}$$

	1	2	3	4	1 Januar 5 – 1 Juli 5
Umsätze des bestehenden Kundenstamms	EUR 400,000	EUR 330,000	EUR 250,000	EUR 200,000	EUR 80,000
Überlebensfaktor		82.5%	75.8%	80.0%	80.0%[143]

Tabelle 14: Umsätze des bestehenden Kundenstamms ohne zurückgewonnene Kunden

Die in Tabelle 14 dargestellten Umsätze des bestehenden Kundenstamms ohne die zurückgewonnen Kunden berechnen die Umsätze so, dass von den Umsätzen des bestehenden Kundenstamms die Umsätze mit **zurückgewonnenen Kunden** subtrahiert werden. Für das 3. Jahr ergibt sich bspw. ein Umsatz mit bestehenden Kunden von EUR 380 000, von dem EUR 130 000 mit zurückgewonnen Kunden erzielt wird. Die betrachteten Umsätze betragen daher EUR 250 000 (EUR 380 000 – EUR 130 000).

Das geometrische Mittel Beträgt 79.5%. Die durchschnittliche Abschmelzrate („**DAR**") (Anteil des Umsatzes der wegfällt) ist 1 minus dem geometrischen Mittel der Überlebensfaktoren und beträgt 20,5%. Die DAR berechnet sich wie folgt aus den Überlebensfaktoren r_i:

$$DAR = 1 - \sqrt[4]{\Pi_1^4\, r_i}$$

bb) 2. Wertermittlung zum Bewertungsstichtag

287   Um den Wert des Kundenstammes zu ermitteln, müssen die zukünftigen Free Cashflows bestimmt werden. Hierfür bietet es sich an, eine Suche nach Vergleichsunternehmen durchzuführen, um eine Marge dieser Unternehmen zu ermitteln. Um die **Free Cashflows** zu errechnen, kann man die **Profitabilität der Vergleichsunternehmen** als Umsatzmarge (EBIT/Umsatz) be-

---

[143] Für das 5. Jahr muss berücksichtigt werden, dass der Umsatz lediglich für ein halbes Jahr erwirtschaftet wurde. In der Regel sollte man den Umsatz mit den bestehenden Kunden für den gleichen Zeitraum in Jahr 4 verwenden, in diesem praktischen Fall wurde wegen der hier nicht näher erläuterten Faktenlage der Umsatz von Jahr 4 durch 2 dividiert 80 000/100 000=0.8.

rechnen. Dieser Wert, multipliziert mit den Umsätzen, erwirtschaftet aus den Kundenstamm, ergibt unter Berücksichtigung der Steuern die Free Cashflows. Es bietet sich an, **verschiedene Planszenarien** zu erstellen. Dies erfolgt am einfachsten, in dem eine **interquartile Bandbreite** aufgestellt wird. Um Verzerrungen durch besonders profitable oder unprofitable Unternehmen zu vermindern, werden die Margen des ersten und dritten Quartils als Eckpunkte festgelegt. Die Free Cashflows können dann mit Hilfe der **Discounted Cashflow Methode** diskontiert werden. Als verwendeter Diskontsatz kann der **WACC** verwendet werden. Der WACC kann verwendet werden, wenn Alternativinvestitionen möglich sind und ihre Rentabilität den durchschnittlichen gewogenen Kosten des Unternehmens entspricht.

Das WACC des Unternehmens wird mit 8% errechnet, die Umsatzmarge des ersten Quartils (Q1) beträgt 3%, die des dritten Quartils 7% (Q3). Die Abschmelzrate beträgt 20,5%, dh es besteht ein negatives Wachstum.

Unter Annahme, dass die Abschmelzrate für das ganze 4. Jahr konstant ist beträgt der prognostizierte Umsatz für das zweite Halbjahr EUR 80 000 und der Gesamtumsatz für das 4. Jahr demnach EUR 160 000. Der mit Hilfe der Abschmelzungsrate prognostizierte Umsatz mit dem bestehenden Kundenstamm für das darauffolgende 5. Jahr beträgt EUR 127 243. Das zukünftige Wachstum der Umsätze beträgt -20,5%. Zunächst werden die zukünftigen nach Jahr 4 erwirtschafteten Cashflows auf den 01 Januar des 5. Jahres diskontiert, es ergeben sich folgende Werte für Q1 und Q3:

$$\textit{Wert des Kundenstammes (Q1)} = \frac{\textit{Umsatz} \star \textit{Umsatzmarge}}{\textit{WACC} - g} = \frac{\textit{EUR } 127.243 \star 3\%}{8\% + 20,5\%} = \textit{EUR } 13.407$$

$$\textit{Wert des Kundenstammes (Q3)} = \frac{\textit{Umsatz} \star \textit{Umsatzmarge}}{\textit{WACC} - g} = \frac{\textit{EUR } 127.243 \star 7\%}{8\% + 20,5\%} = \textit{EUR } 31.283$$

Unter Berücksichtigung des Steuersatzes und durch die Diskontierung zum 01 Juli des 4. Jahres ergibt sich für den Wert des Kundenstammes:

$$\textit{Wert des Kundenstammes (Q1)} = \frac{(\textit{EUR } 127.243 \star 3\%) \star (1 - 0,3)}{8\% + 20,5\%} = \textit{EUR } 10.647$$

$$\textit{Wert des Kundenstammes (Q3)} = \frac{(\textit{EUR } 127.243 \star 7\%) \star (1 - 0,3)}{8\% + 20,5\%} = \textit{EUR } 24.843$$

Bei Berechnung des Wertes des Kundenstammes unter Verwendung des ersten Quartils ergibt sich ein Wert von EUR 10647, bei der Verwendung des dritten Quartils ein Wert von EUR 24843. Der Betrag innerhalb dieser interquartilen Bandbreite von der Firma B an die Firma A für die Überlassung des Kundenstammes bildet die Basis für die **Bargaining Analyse.** Aus dieser ergibt sich der **Wert des Kundenstammes, der zwischen dem oberen und unteren Quartil** liegen muss

Eine **Funktionsverlagerung** liegt nicht vor, da in diesem Beispiel unterstellt wird, dass die Umsätze der Firma A in den 5 Jahren nach der Überlassung des Kundenstammes nicht um mehr als EUR 1 000 000 sinken und somit die Bagatellfallregelung und somit die obige Bewertung anwendbar ist.

e) Zusammenfassung

288   Die grenzüberschreitende Überlassung eines Kundenstammes innerhalb eines Unternehmens stellt eine Funktionsübertragung da und muss im Hinblick auf die **Funktionsverlagerungsverordnung** analysiert werden. Im Fall einer Funktionsverlagerung muss auch die übertragene Geschäftschance bewertet werden, dies birgt einen erheblichen Mehraufwand und erfordert eine umfassende Analyse der zukünftigen aus der übertragenden Funktion resultierenden Umsätze und Gewinne.

Wenn keine Funktionsverlagerung im Sinne FVerlV besteht, dann kann der Kundenstamm **ohne die Bestimmung der Geschäftschance** bewertet werden. Die **Mehrgewinnmethode** eignet sich für die Bestimmung der Gewinne, die mit dem bestehenden Kundenstamm erzielt werden können. Die Bewertung des Kundenstammes kann auf Basis der **vergangenen Umsätze** und der **beobachteten Wiederkaufrate** der Kunden plausibel und objektiv durchgeführt werden.

Da im **Ausland** der Kundenstamm als solcher im Regelfall nicht gesondert bewertet, sondern entweder als Teil des **Brands oder der Marketing Intangibles** betrachtet wird, sollte in jedem Fall eine Überleitung zu diesen Bewertungen hergestellt werden, um die Kompatibilität mit der ausländischen Bewertungsmethodik zu erreichen.

289–299   *(einstweilen frei)*

V. Bewertungstechniken im Rahmen von Funktionsverlagerungen[144, 145]

1. Separierung der Zahlungsflüsse und Reingewinne der Funktion

300   Für eine Funktionsbewertung im Rahmen der Funktionsverlagerung sollte das **Konglomerat aus allen denkbaren Liefer- und Leistungsbeziehungen** definiert und qualitativ abgegrenzt werden und die zu Grunde liegenden quantitativen Kennzahlen separieret werden, um die Zahlungsflüsse und Reingewinne, die mit der Funktion verlagert werden, zu identifizieren.

a) Direkte Separierung

301   In einem ersten Schritt ist beim übernehmenden Unternehmen festzustellen, ob aus der übernommenen Funktion ein **selbständiges Unternehmen** oder eine **Betriebsstätte** mit eigener separierter Buchhaltung entsteht, da dies einen direkten Einfluss auf die Bewertungsmethodik der Funktion hat.

Es ist sowohl beim verlagernden, als auch beim übernehmenden Unternehmen zu eruieren, ob für das Transferpaket eine **Segmentberichterstattung**, ein **Profit Center**, ein **Cost Center**, zuordenbare **Buchungs-**

---

[144] *Vögele/Fügemann* in Vögele Verrechnungspreise, 3. Aufl. Wir danken unserem früheren Ko-Autor Hendrik Fügemann für die Formulierungen in der 3. Aufl.
[145] Zusätzliche Ausführungen zur Bewertung von Funktionsverlagerungen befinden sich in Kapitel R.

kreise oder **Konten** in der Finanzbuchhaltung oder der Kostenrechnung bestehen.

Darüber hinaus ist festzustellen, ob von Seiten der Unternehmen vormals Berechnungen oder Schätzungen für **Erfolgsfaktoren** der jeweiligen Funktion erhoben wurden.

Sofern keine Zahlungsflüsse bzw. Reingewinne für die Funktion vorliegen, ist der Anteil des Transferpaketes am gesamten Zahlungsfluss oder Reingewinn zu ermitteln. Hierbei ist für die ganzheitliche Berechnung oder Schätzung des Funktionswerts wichtig, die zu Grunde liegenden Determinanten der Funktion zu ermitteln. Diese können sich bspw. auf die Erfolgswahrscheinlichkeit von Forschungs- und Entwicklungtätigkeiten, historische Ausfallraten von Lieferanten oder Abnehmern etc. beziehen. Diese bilden idR einen Startpunkt für eine Analyse des ins Ausland verlagerten Gewinnpotenzials. Auch ist zu überprüfen, ob von Seiten der Unternehmen **Pressemitteilungen, Gesellschaftermitteilungen** oder **Bankmitteilungen** getätigt wurden, die Aufschluss über den Wert der Funktion als Ganzes oder die zu Grunde liegenden Erfolgsfaktoren geben.

b) Indirekte Separierung durch Befragungen

Die Separierung der Funktionsmerkmale kann auch durch die **Befragung** 302 der funktionsausübenden Personen erfolgen (**„Survey"**). Es hat sich gemeinhin in der Praxis als nützlich erwiesen, die zu Grunde liegenden Erfolgsfaktoren und -kennzahlen im Rahmen dieser Befragungen zu ermitteln um hierauf aufbauend einen Wert der Funktion zu ermitteln. Um einen statistisch relevanten Funktionswert zu ermitteln, ist die Repräsentanz der Auskunftspersonen von immanenter Bedeutung, sowohl in qualitativer (zB Entscheidungsträger) als auch in quantitativer Hinsicht. Auf Basis der vorher durchgeführten qualitativen Analyse der Funktion, müssen nunmehr mittels objektiver Fragen die Schätzungen über den Funktionswert ermittelt werden.

Ein **Survey** fußt auf Expertenaussagen über die jeweils vorliegende Thematik (hier: Wert bzw. Anteil am Wert einer Funktion). Diese Experten sind sowohl beim verlagernden, beim übernehmenden als auch außerhalb der Unternehmen zu identifizieren und zu befragen. Idealerweise sollten die jeweiligen Experten, die nicht vom Unternehmen beschäftigt werden, in vergleichbaren Unternehmen tätig sein, damit sie ein relevantes lokales Marktwissen vorweisen können. Zumeist ist es sinnvoll, die Befragungen nicht nur anhand von Internet-, Telefon- oder Postkorrespondenz, sondern **auch direkt vor Ort** durchzuführen. Zumeist, wie oben dargestellt, wird nicht der Wert bzw. der Anteil am Wert (siehe unten) des Transferpaketes direkt abgefragt, sondern vielmehr die zu Grunde liegenden Determinanten und Erfolgsfaktoren des Transferpaketes. Es ist eine statistisch relevante Stichprobenauswahl vorzunehmen. Um eine Aussage über die Profitabilität bzw. das Gewinnpotenzial des Transferpaketes treffen zu können, muss der Einfluss der abgefragten Erfolgsfaktoren bzw. Determinanten auf verschiedene Positionen der Gewinn- und Verlustrechnung (zB Aufwandspositionen, Umsatz, operativer Gewinn, etc.) im Rahmen des Surveys eruiert werden. Der Gewichtung der Erfolgsfaktoren bzw. Determinanten ist Rechnung zu tragen.

2. Bestimmung des Anteils verschiedener Unternehmenseinheiten am realisierten Gewinnpotenzial der übernehmenden Einheit

303   Sofern verschiedene Unternehmenseinheiten am Aufbau der Funktion im Ausland teilhaben (zB Beitrag einer bestehenden Produktion, einer bestehenden Forschung und Entwicklung, bestehender Marketingabteilung oder einer bestehenden Einkaufseinheit), ist herauszufinden, wie groß der **relative Wertbeitrag** der jeweiligen übertragenden Unternehmenseinheiten zur ausländischen Funktion bzw. dem sich einstellenden Gewinnpotenzial bei der übernehmenden Einheit ist.

a) Kosten- und kapitalbasierte Aufteilung des Wertes des Transferpakets

304   Häufig werden für die Bestimmung des anteiligen Wertes an der ausländischen Funktion die **Kosten** (zB der beitragenden Personen), die mit der Entwicklung der Funktion und des damit einhergehenden Gewinnpotenzials zusammenhängen, als Basis für die Aufteilung des Funktionswertes angenommen. Diese Vorgehensweise ist in der Regel dort sinnvoll, wo die Entwicklungszeiten überschaubar sind und die Kosten der Entwicklung eine gute Messgröße für den späteren Erfolg darstellen (zB Automobilsektor). Oft bieten die Kosten jedoch nur einen geringen Aufschluss über das Gewinnpotenzial und stehen somit nur bedingt mit den zu erwartenden Gewinnen in Verbindung. Soweit diese Methodik angewendet wird, ist nicht nur die Gesamthöhe der Kosten als Determinante für den Funktionswert zu beachten, sondern darüber hinaus der Entstehungszeitpunkt der jeweiligen Kosten, die Entwicklungszeit und die Erfolgswahrscheinlichkeit der Funktion, der Nutzungsbeginn, die Abschreibung, der relative Anteil aller Beteiligten an den Gesamtkosten, sowie der relative Anteil der entwicklungstragenden Unternehmen am Reingewinn oder Zahlungsfluss. Sollten hierüber keine Aussagen seitens des Unternehmens bestehen (zB Abschreibungsdauer und Erfolgswahrscheinlichkeit der Funktion beim übernehmenden Unternehmen), sind wiederum repräsentative Personen zu befragen.

Beispiel: In der Automobilbranche stehen Entwicklungskosten und spätere Ergebnisse in einer noch überschaubaren Relation. Es ist daher sinnvoll, den Anteil der einzelnen Parteien an dem späteren Reingewinn oder Zahlungsfluss auf der Basis der zuvor für die Entwicklung entstandenen kapitalisierten Kosten aufzuteilen. Tragen bspw. mehrere Länder zur Entwicklung einer bestimmten Komponente bei, die später nur in einer Einheit produziert wird, so kann das Ergebnis des Herstellers im Rahmen eines Residualen Profit Splits auf die einzelnen beitragenden Parteien aufgeteilt werden. Der Hersteller erhält vorab eine Routinevergütung für sein eingesetztes funktionales Kapital. Der Rest des Gewinns wird anhand der vorher eingesetzten kapitalisierten Kosten aufgeteilt. Jede Partei erhält somit eine Vergütung für die Entwicklung der Technologie in Form einer Lizenzgebühr.

b) Wertbeitragsbasierte Aufteilung des Wertes des Transferpakets

305   Alternativ kann eine Bemessung des Anteils der verschiedenen Unternehmenseinheiten am Funktionswert durch **Surveys** (statistische Umfragen) stattfinden (bspw. Sportartikel, pharmazeutische Industrie).

Beispiel: Im Rahmen einer Verlagerung der Herstellung von Wirkstoffen für die Produktion pharmazeutischer Produkte vom Inland ins Ausland finden bisher sowohl im Ausland als auch im Inland Forschungs- und Entwicklungstätigkeiten eines pharmazeutischen Unternehmens statt. Anhand historischer Daten und Umfragen kann der Wertbeitrag von Forschungs- und Entwicklungstätigkeiten festgestellt werden. Die Expertenaussagen sind insb. hilfreich, um für die spezifischen vom Unternehmen durchgeführten Forschungs- und Entwicklungstätigkeiten vergleichbare relevante Daten über die relative Erfolgswahrscheinlichkeit der Forschungs- und Entwicklungstätigkeiten zu identifizieren und um Aussagen über den jeweiligen Beitrag der beteiligten Unternehmen zum Erfolg der Forschungs- und Entwicklungstätigkeiten zu treffen.

3. Ermittlung der Nutzungsdauer des Transferpaketes

Abschließend ist auch die **Nutzungsdauer,** auf der der Wert des übertra-   **306** genen Transferpakets fußt, beim übernehmenden Unternehmen zu ermitteln. Eine unbegrenzte Nutzungsdauer der Funktion, wie gem. § 6 FVerlV vom Gesetzgeber widerlegbar angenommen, ist idR zu verneinen: Die Nutzungsdauer ist von der **Lebensdauer** der Funktion bzw. des Transferpakets abzugrenzen. Außerdem unterliegt die Funktion bzw. das Transferpaket beim übernehmenden Unternehmen voraussichtlich diversen Veränderungen. Im Regelfall erfolgen die Weiterentwicklungen, Abnutzungen oder das Hinzufügen zusätzlicher Elemente durch andere Personen als durch das verlagernde Unternehmen. Folglich ist die Ab- bzw. Zuschreibung zum Transferpaket zu ermitteln, um die Nutzungsdauer des effektiv übertragenen Transferpakets richtig im Rahmen der Bewertung widerzuspiegeln. Zudem wird häufig das Transferpaket nur für die Nutzung im Rahmen bestimmter Produkte übertragen bzw. überlassen (zB Automobilindustrie, computergesteuerte Fertigungsstraßen, Motorenindustrie).

Beispiel: Ein Automobilhersteller verlagert die Produktion eines bestimmten Automodells ins Ausland. Das für den Aufbau einer computergesteuerten Fertigungsstraße nötige Know-how kommt aus Deutschland. Dieser Aufbau der Fertigungsstraße kann jedoch nur für dieses eine Automodell benutzt werden. Anhand statistischer Mittelwerte für die Lebensdauer von Automodellen vergleichbarer Art konnte festgestellt werden, dass die Nutzungsdauer dieser Fertigungsstraße maximal 8 Jahre beträgt.

4. Bewertung der separierten Funktion

a) Einführung in die Bewertungsmöglichkeiten

Folgend der Bewertungshierarchie[146] zur Ermittlung fremdvergleichsübli-   **307** cher Verrechnungspreise, sind die Preise für das Transferpaket anhand **dreier Stufen** zu ermitteln: Erstens ist festzustellen, ob ein tatsächlicher Fremdvergleich anhand **uneingeschränkt vergleichbarer Werte** ermittelbar ist. Dies ist fast immer zu verneinen, da weder identische Funktionen unabhängig voneinander übertragen werden noch die Funktionen vom übernehmenden Unternehmen gleichwertig ausgeübt werden oder gar vergleichbare Rahmenbedingungen vorliegen.

---

[146] S. Kapitel D Rn. 1 ff.

Zweitens ist zu prüfen, ob ein tatsächlicher Fremdvergleich anhand **eingeschränkt vergleichbarer Werte** ansetzbar ist. Auch dies stellt sich in der Praxis aufgrund der Verschiedenheit der Funktionen und äußeren Umstände als schwierig dar und ist nur in seltenen Fällen, und dann auch nur mittels signifikanter Anpassungsrechnungen, anwendbar.

Drittens, falls die ersten beiden Möglichkeiten nicht in Betracht kommen, ist ein **hypothetischer Fremdvergleich** zur Ermittlung eines (hypothetischen) Einigungsbereichs durchzuführen. Dieser wird im Folgenden dargelegt.

Grundsätzlich ist der Preis des Transferpakets **sowohl beim verlagernden als auch beim übernehmenden** Unternehmen zu bewerten.

Sofern der Zahlungsfluss oder der Reingewinn aus der transferierten Funktion hinreichend separierbar ist, kann der Wert aus diesem Zahlungsfluss **direkt** bei der übernehmenden und bei der übertragenden Einheit ermittelt werden. Andernfalls ist es erforderlich, **indirekt,** wie im folgenden Diagramm beschrieben, vorzugehen.

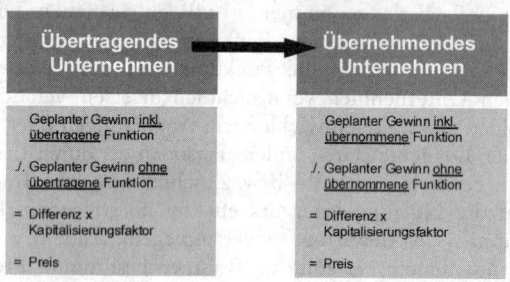

308   Zur Ermittlung des Transferpaketpreises muss sowohl die **Wertminderung** des verlagernden Unternehmens als auch die **Werterhöhung** des übernehmenden Unternehmens berücksichtigt werden und **Synergieeffekten und Standortvorteilen und -nachteilen** muss Rechnung getragen werden (vgl. Tz. 2.3 VGr FVerlV-E).

Aus diesen Bewertungen ergibt sich ein **Mindestpreis** für das verlagernde Unternehmen, dh den Preis, den das verlagernde Unternehmen mindestens für die Verlagerung der Funktion erhalten will, und einen **Höchstpreis,** dh den Preis, den das übernehmende Unternehmen maximal gewillt wäre für die Verlagerung der Funktion zu bezahlen.

Maßgeblich ist der Preis im Einigungsbereich, der dem Fremdvergleich am ehesten nahekommt; der Fiskus geht grds. vom **Mittelwert** aus (vgl. Tz. 2.7.6 VGr FVerlV-E).

b) Bewertungsverfahren

309   Im Folgenden soll ein kurzer Überblick über die gängigen Bewertungsverfahren gegeben werden. Gem. § 3 Abs. 2 FVerlV und Tz. 2.3.2.2. VGr FVerlV-E sind **kapitalwertorientierte Bewertungsmethoden** im Rahmen des hypothetischen Fremdvergleichs anzuwenden, basierend auf dem Reingewinn nach Steuern (§ 1 Abs. 4 FVerlV und Tz. 2.1.4.1 VGr FVerlV-E). Die Anwendungsmöglichkeiten betriebswirtschaftlicher Verfahren zur Ermittlung des Funktionswerts ist hierbei breit gefasst und beschränkt sich nicht nur auf **IDW S 1** und **IDW S 5** (Tz. 22–47).

Von den deutschen Bewertungsstandards kommen für die indirekte Methode die Grundsätze für Unternehmensbewertungen („IDW S1") zur Anwendung und für die direkte Methode die Grundsätze für die Bewertung immaterieller Wirtschaftsgüter („IDW S5").

Der IDW S 5 ist mehr zahlungsstrombezogen („discounted cash flow") und geht von einer begrenzten Nutzungsdauer des immateriellen Wirtschaftsguts aus. Er ist eher anwendbar für funktional geschlossene Transferpakete, die relativ gut separierbar sind.

Erfüllt das Transferpaket die steuerlichen Betriebs- und Teilbetriebskriterien, so kann auf IDW S 1 zurückgegriffen werden (so auch Tz. 2.3.2.2 VGr FVerl-E).

Der Wert einer Funktion bestimmt sich aus betriebswirtschaftlicher Sicht nach dem erwarteten **zukünftigen finanziellen Nutzen** dieser Funktion. Im Regelfall entspricht es betriebswirtschaftlichen Grundsätzen, für die ersten Jahre detaillierte Prognoseberechnungen aufzustellen und für die weiteren Jahre diese Werte pauschal fortzuschreiben (Tz. 2.3.2.2 VGr FVerlV-E).

Die jeweiligen Ertragswerte beinhalten alle Standortvorteile bzw. -nachteile und Synergieeffekte aller beteiligten Unternehmen. Welches Unternehmen durch seine Tätigkeit das Entstehen dieser Vorteile/Nachteile bewirkt, ist für die Bewertung selbst nicht entscheidend, sehr wohl aber für den Anteil am Wert des Transferpaketes. Außerdem kommt es darauf an, welches Unternehmen diese Vorteile/Nachteile in den fiktiven Preisverhandlungen in Anspruch nehmen kann. Hierbei muss auch den **Handlungsalternativen** (Tz. 2.3.2.3 VGr FVerlV-E) und der **Verhandlungsmacht** (Tz. 2.3.2.2 VGr FVerlV-E) der beteiligten Unternehmen Rechnung getragen werden.

Im folgenden Diagramm wird ein Überblick über typische **Bewertungsverfahren** gegeben. Für einen detaillierten Überblick sei der interessierte Leser auf IDW S 1 und IDW S 5 sowie die relevante Fachliteratur verwiesen.

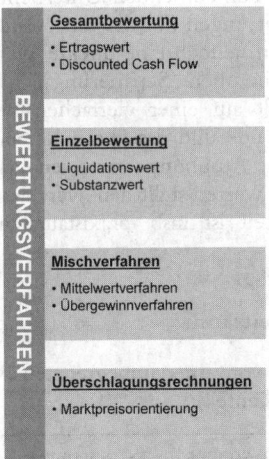

c) **Ermittlung des Einigungsbereichs**

310 Die Einigungsbereichsbetrachtung des § 1 Abs. 3 S. 6 AStG kommt auch
bei Funktionsverlagerungen zur Anwendung:

*„Der Steuerpflichtige hat auf Grund einer Funktionsanalyse und innerbetrieblicher
Planrechnungen den Mindestpreis des Leistenden und den Höchstpreis des Leistungsempfängers zu ermitteln (Einigungsbereich); der Einigungsbereich wird von den jeweiligen Gewinnerwartungen (Gewinnpotenzialen) bestimmt".*

Wie oben dargestellt, wird **sowohl aus Sicht des verlagernden als
auch aus Sicht des übernehmenden Unternehmens** ein **Ertragwert** für
das jeweilige Transferpaket ermittelt. Hierbei ist auf *„Gewinnpotenziale, die die
aus der verlagerten Funktion jeweils zu erwartenden Reingewinne nach Steuern (Barwert) [darstellen]"* (§ 1 Abs. 4 FVerlV) abzustellen. Dies impliziert, dass eine
Zukunftsbetrachtung angewandt wird, welche bspw. anhand von Planrechnungen gewonnen werden kann.[147]

Hierfür sind die folgenden bewertungstypischen Herausforderungen zu lösen:

- **Isolierung und Prognose der Gewinne,** die allein auf das Transferpaket
  entfallen
- **Bestimmung der Nutzungsdauer** für das Transferpaket und
- Ableitung eines angemessenen **Kapitalisierungszinssatzes.**

311 Die Quantifizierung der Gewinnerwartungen hat, wie oben dargestellt,
anhand betriebswirtschaftlicher Bewertungsgrundsätze und -methoden stattzufinden (vgl. oben „Bewertungsverfahren").

Wie oben dargelegt ist für die Prognose der Gewinne (Nettoeinnahmen
nach Steuern und Fremdkapitalkosten), welche dem Transferpaket zuzuordnen sind, sowohl die Perspektive des verlagernden als auch die des übernehmenden Unternehmens einzunehmen. Die Prognose ist auf Grund einer
Funktionsanalyse vor und nach der Funktionsverlagerung vorzunehmen.

Generell sind, wie oben dargestellt, zwei Methoden zur Wertermittlung
möglich: Bei der **direkten Wertermittlung** werden die Gewinnpotenziale
des zu bewertenden Transferpakets unmittelbar ermittelt, sowohl aus Sicht des
abgebenden als auch des aufnehmenden Unternehmens. Dies bedeutet, dass
zwei Unternehmensbewertungen (für das verlagernde und das übernehmende
Unternehmen) ausreichen, jedoch eine direkte Wertermittlung des Transferpakets von Nöten ist (siehe oben „Separierung der Funktion"). Die **indirekte Wertermittlung** fußt auf einer vierfachen Bewertung des Unternehmenswertes: Das verlagernde und das übernehmende Unternehmen werden
ganzheitlich mit und ohne Ausübung der zu verlagernden Funktion bewertet.
Die Differenz aus diesen Werten stellt den Wert des Transferpakets dar. Diese
Wertermittlungsmöglichkeit ist insb. praxistauglich, wenn die transferierte
Funktion relativ groß ist.

d) **Kapitalisierungszeitraum**

312 § 6 FVerlV geht grds. von einer unbegrenzten Nutzungsdauer des Transferpaketes aus („ewige Rente"):

---

[147] BMF 12.4.2005, BStBl. 2005, 570, Tz. 3.4.12.6.

„Werden keine Gründe für einen bestimmten, von den Umständen der Funktions-
ausübung abhängigen Kapitalisierungszeitraum glaubhaft gemacht oder sind solche
Gründe nicht ersichtlich, ist ein unbegrenzter Kapitalisierungszeitraum zu Grunde zu
legen."

Es ist jedoch möglich, diese Vermutung zu widerlegen und einen Gegenbeweis zu führen (Tz. 2.6 VGr FVerl-E). Aus den oben genannten Gründen
der Veränderung des Transferpakets und aufgrund betriebswirtschaftlicher
Überlegungen (zB Vertragslaufzeit, gesetzliche Kündigungsfristen, Produktlebenszyklen, technische Entwicklungen, Bedarfswandlungen am Markt) ist die
vorsehbare **Nutzungsdauer** und der sich daraus ergebende Kapitalisierungszeitraum **maßgeblich.** Dieser ist vom Steuerpflichtigen richtig zu ermitteln.

Es ist anzunehmen, dass mehrheitlich eine **begrenzte Nutzungsdauer**
des Transferpakets besteht. Während in der deutschen Literatur zumeist ein
Prognosezeitraum von 3–5 Jahren angenommen wird, werden keine zu hohen Anforderungen an den Nachweis, kürzere Prognosezeiträume zu Grunde
zu legen (*„ersichtlich"*), gestellt. Reine Schätzungen ohne Nachweis sind jedoch nicht ausreichend.

Einhergehend mit der Betrachtung der Nutzungsdauer ist auch die Analyse
der **Abschreibung des Transferpakets** im Zeitablauf zu ermitteln. Ab-
schreibungsvorteile sollten bei Funktionsverlagerungen sowohl beim abgebenden als auch beim aufnehmenden Unternehmen berücksichtigt werden,
sobald eine begrenzte Nutzungsdauer vorliegt (Wahlrecht nach Tz. 3.2.2.4
VGrFVerl-E).

e) Kapitalisierungszinssatz

Gem. § 1 Abs. 3 S. 9 AStG ist für das Abzinsen der Zahlungsströme ein   **313**
„funktions- und risikoadäquater Kapitalisierungszinssatz" anzuwenden.

Ausgangspunkt ist die Verzinsung einer risikolosen Investition am Kapitalmarkt **(Basiszinssatz),** deren Laufzeit der voraussichtlichen Ausübung der
Funktion entspricht. Hierfür kommen lt. IDW S 1 die Verwendung fristadä-
quater Zerobondsätze und lt. VGr FVerl-E die Zinsstrukturkurve der Deutschen Bundesbank/EZB in Frage (3-Monatsdurchschnitt). Für die Erbschaftssteuer ist als bestimmter Bewertungsstichtag für die Festsetzung der Zinssätze
der Jahresbeginn maßgebend.[148] Dieser Basiszinssatz wird von der FinVerw.
für das jeweilige Kalenderjahr mitgeteilt.

Dieser Basiszinssatz ist um **funktions- und risikoadäquate Zuschläge**
zu erhöhen.

Es ist zu beachten, dass sowohl die Basiszinssätze als auch die funktions-
und risikoadäquaten Zuschläge jeweils die **lokalen Marktanforderungen**
(dh den Marktanforderungen im Land des verlagernden und des übernehmenden Unternehmens) reflektieren.

Für die Erbschaftssteuer teilt die FinVerw. auch einen fixen Risikozuschlag
mit Wirkung für das jeweilige Kalenderjahr mit; derzeit beträgt er 4,5 Prozentpunkte. Es ist zu hoffen, dass die erbschaftssteuerlichen Werte nicht für
das Transferpaket anzuwenden sind, weil sie oft zu falschen, da nicht risiko-
und funktionsadäquaten, Ergebnissen führen.

---

[148] BMF 14.1.2008, DStR 2008, 301.

314   Der „funktions- und risikoadäquate" Zuschlag ist so zu bemessen, dass er sowohl für das übernehmende als auch für das verlagernde Unternehmen die in vergleichbaren Fällen jeweils **unternehmensübliche Risikobeurteilung** berücksichtigt (§ 5 S. 3 FVerlV). In Schätzungsfällen ist dies typisierend ein 50%-Zuschlag auf den inländischen Basiszinssatz (Tz. 3.2.2.4 VGr FVerl-E). Die Ausgangsgröße der Kapitalkosten sollte jedoch nach Möglichkeit aus den Gegebenheiten am Kapitalmarkt abgeleitet werden.

Hierfür besteht jedoch die Voraussetzung, dass Unternehmen, deren Geschäftstätigkeiten mit der zu verlagernden Funktion vergleichbar sind, um dann deren Eigenkapitalkosten zu analysieren, gefunden werden können.

315   Bei der Bewertung kommt grds. die **„Risikozuschlagsmethode"** zur Anwendung, bei der die erwarteten Zahlungsflüsse mit einem risikoangepassten Kapitalisierungszinssatz diskontiert werden. Ausgangsgröße sind hierbei die „Gewogenen durchschnittlichen Kapitalkosten des Unternehmens" (Weighted Average Cost of Capital), für deren Ermittlung die Eigenkapitalkosten, Fremdkapitalkosten (nach betrieblichen Steuern) und Kapitalstruktur zu ermitteln sind.

Zwecks Ermittlung des Risikozuschlags wird bei Unternehmensbewertungen u. a. auf Modelle der Preisbildung an Kapitalmärkten zurückgegriffen, zB Capital Asset Pricing Model (CAPM).

Das CAPM eignet sich primär nur für die Bewertung ganzer Unternehmen, weil das systematische Risiko (Beta) auf Basis der Differenz eines Marktportfolios (zB repräsentiert durch den S&P 500, Dax 30) zum risikolosen Zinssatz ermittelt wird. Die direkte Ermittlung des systematischen Risikos für eine Funktion scheidet jedoch aus, da eine singuläre Funktion nicht börsenorientiert ist.

316   Für den Fall, dass keine Kapitalmarktdaten für das Unternehmen selbst vorliegen, sollte der transferpaketspezifische Funktions- und Risikozuschlag auf der Basis einer Gruppe von Vergleichsunternehmen (**„Peer-Group"**) ermittelt werden. Bei Abweichungen von der Risikostruktur der Peer-Group sollten funktionsspezifische Zu- oder Abschläge beim Risikozuschlag vorgenommen werden. Die Besteuerung auf Anteilseignerebene wird nicht berücksichtigt, da gem. **„Äquivalenzprinzip"** weder bei den Zahlungsflüssen noch beim Kapitalisierungszinssatz persönliche Ertragsteuern angesetzt werden.

5. Ermittlung der Vergütung innerhalb des Einigungsbereichs

317   Innerhalb des ermittelten Einigungsbereichs muss ein Wert für das Transferpaket festgesetzt werden. Dieser Wert wird durch die **Verhandlungsmacht** der Parteien determiniert (Tz. 2.3.2.2 VGr FVerlV-E und Tz. 2.7.6 VGr FVerlV-E). Die FinVerw. geht, in Abstinenz besseren Wissens, vom Mittelwert dieses Einigungsbereichs aus (Tz. 2.7.6 VGr FVerlV-E iVm § 1 Abs. 3 S. 7 AStG).

In der Praxis wird oftmals die sog. **Knoppe-Formel** angewandt, wonach dem Lizenzgeber (= funktionsverlagerndes Unternehmen) eine Lizenz iHv 25–33,3% des vorkalkulierten Gewinns bzw. der Bruttoeinnahmen des Grenznehmers (= funktionsübernehmendes Unternehmen) aus den mit dem Transferpaket erwirtschafteten jährlichen Zusatzgewinnen erhält.

Auf Basis einer 1959 erschienen US-Studie **(Goldscheider Rule),** geht der Patentanwalt Robert Goldscheider davon aus, dass maximal 25 % der Gewinne an den Lizenzgeber abzuführen sind („All things being equal, a licensee will pay 25 percent of profits as a reasonable royalty").

Beide Annahmen sind jedoch nur als **Daumenregeln** anzusehen und werden in der Praxis nur bedingt zu verteidigen sein. Erfahrungsgemäß werden beide Formeln von der inländischen FinVerw. nur akzeptiert, wenn dies für diese vorteilhaft ist. Da die Vergütung in mindestens zwei Ländern von den jeweiligen FinVerw. akzeptiert werden muss, sind daher Probleme vorhersehbar.

Kapitel VI der OECD-VPL akzeptiert die Daumenregeln nicht mehr. Es ist anzunehmen, dass ihre Anwendung stark zurückgehen wird.

Vielmehr ist die tatsächliche Verhandlungsmacht der involvierten Parteien zB auf Basis der **Verhandlungstheorie** (Bargaining Theory) bzw. der **Spieltheorie** (Game Theory) zu ermitteln. Die Analyse der Verhandlungsmacht der jeweils involvierten Parteien wird in Kapitel H 157 ff. dargestellt. Eine detaillierte Berechnung ist dort ebenfalls zu finden.

Hierfür sind die **Wertbeiträge und Handlungsalternativen der beteiligten Parteien** von ausschlaggebender Bedeutung. Darüber hinaus tritt auch das wirtschaftliche Umfeld in den Vordergrund der Betrachtung (zB Marktlage, Entwicklungsstand der Länder, Industrielebenszyklus).[149]

Abschließend ist festzuhalten, dass der Steuerpflichtige das **Verhandlungsergebnis rechnerisch ermitteln** muss, um Probleme mit beiden beteiligten Fisci zu vermeiden.

6. Beispiele der VGr FVerlV-E

Ein Unternehmen (Muttergesellschaft – MG) hat ein Transferpaket auf **318** eine neu gegründete ausländische Kapitalgesellschaft (TG) übertragen. Der nachhaltig erzielbare jährliche Reingewinn nach Steuern aus der übertragenen Funktion soll aus Sicht der verlagernden MG 600 000 € (Umsatz 48 Mio. €) betragen. Nach den Planungen der übernehmenden TG wird mit einem aus der Funktion nachhaltig erzielbaren Reingewinn nach Steuern iHv 800 000 € (Umsatz 64 Mio. €) gerechnet. In beiden Fällen soll der quasirisikolose Zins nach Steuern 5 % betragen. Der angemessene Risikozuschlag soll 2,5 % betragen. Der anzusetzende Zinssatz beträgt somit 7,5 %.

Im Folgenden werden zwei Fallunterscheidungen getroffen. Im ersten wird **319** ein unbegrenzter Kapitalisierungszeitraum angenommen, im zweiten ein 10-jähriger Kapitalisierungszeitraum.

Im ersten Fall beträgt der Ertragswert, und somit der Wert des Transferpakets, für MG 8 000 000 € (600 000 €/7,5 %) und für TG 10 666 667 € (800 000 €/7,5 %).

---

[149] *Vögele/Gonnet/Gottschling* Transfer Prices Determined by Game Theory: Application to IP, Tax Planning International Transfer Pricing, November 2008; *Vögele/Gonnet/Gottschling,* Transfer Prices Determined by Game Theory: Underlyings, Tax Planning International Transfer Pricing, October 2008; *Vögele/Gonnet/Gottschling/Fügemann,* Transfer Prices Determined by Game Theory: Application to the banking industry, Tax Planning International Transfer Pricing, December 2008.

Im zweiten Fall beträgt der Ertragswert, und somit der Wert des Transferpakets, für MG 4 118 449 € (Reingewinn von 600 000 € abgezinst über 10 Jahre mit 7,5 %) bzw. für TG 5 491 265 € (Reingewinn von 800 000 € abgezinst über 10 Jahre mit 7,5 %).

Dieses Beispiel zeigt auf, dass sich der **Wert des Transferpakets** durch die Beschränkung der Nutzungsüberlassung auf 10 Jahre bei den unterstellten Zinsen ungefähr **halbiert.**

Das Transferpaket besteht aus drei Fertigungsanlagen und vier einzelnen Maschinen sowie zwei immateriellen Wirtschaftsgütern. Der fremdvergleichskonforme Marktpreis für die Fertigungsanlagen beträgt unstreitig 4 333 333 €. Die materiellen Wirtschaftsgüter sollen auf das übernehmende Unternehmen übertragen werden. Die immateriellen Wirtschaftsgüter werden hingegen nur zur Nutzung überlassen.

Zur Ermittlung des Lizenzsatzes für die immateriellen Wirtschaftsgüter sind vom festgestellten Mittelwert beim unbegrenzten Kapitalisierungszeitraum (9 333 333 €) die fremdvergleichskonformen Marktpreise für die Fertigungsanlagen und einzelnen Maschinen zum Zeitpunkt der Funktionsverlagerung (4 333 333 €) abzuziehen, da diese übertragen wurden. Somit ergibt sich im Zeitpunkt der Funktionsverlagerung eine jährlich zu fordernde Lizenzzahlung iHv 375 000 € (5 000 000 € × 7,5 %).

7. Zusammenfassung

320   Die Separierung des Zahlungsstromes bzw. des Reingewinns legen die Basis für die Bewertung. Beim Bewertungsvorgang sollte insb. der Risikozuschlag zum Basiszinssatz sehr sorgfältig ermittelt werden, weil sich hieraus große Abzinsungseffekte ergeben. Es ist wichtig das Verhandlungsergebnis rechnerisch so fundiert zu ermitteln, dass die Fisci diese Grundlage für die Ermittlung der Verhandlungsmacht der involvierten Parteien nachvollziehen und akzeptieren können. Daumenregeln führen ansonsten zu erheblichen Problemen mit mindestens einer der beteiligten FinVerw.

4. Teil: Verrechnungspreise in anderen Rechtsgebieten

Kapitel I: Internationale Verrechnungspreise und Umsatzsteuer*

Übersicht

---

* RD Christian Sterzinger ist Referent für Umsatzsteuer in der Oberfinanzdirektion Magdeburg. Der Beitrag ist nicht in dienstlicher Eigenschaft verfasst und gibt ausschließlich die persönliche Auffassung des Autors wieder.

I. Einleitung

1   Internationale Verrechnungspreise haben im zunehmend globalisierten Wirtschaftsleben eine immer größere Bedeutung. Deutschland ist in Europa der größte Markt mit einem enormen Warenaustausch innerhalb und außerhalb der EU. Deutschland ist zwar als eine der größten Exportnationen bekannt, jedoch haben in den vergangenen Jahren die Importe aus dem übrigen Gemeinschaftsgebiet und aus Drittländern zugenommen. Der Anteil konzerninterner Transaktionen wird auf 50% geschätzt.[1]

Bei grenzüberschreitenden Geschäften zwischen verbundenen Unternehmen sind Verrechnungspreisfragen stets ein Thema.

Ertragsteuerlich stellt sich in diesem Zusammenhang die Frage, inwiefern einander **nahestehende Personen** bei **grenzüberschreitenden Geschäftsbeziehungen** ihre Gewinne steuerlich akzeptabel untereinander aufteilen.[2] Wegen des in der Regel hohen **Transferpotentials** besteht die Gefahr erheblicher Steuerausfälle durch entsprechende Gewinnverlagerungen in das niedriger besteuernde Ausland.

2   Wohl vor dem Hintergrund des **Grundsatzes der Neutralität der Umsatzsteuer** in der Unternehmerkette sind umsatzsteuerliche Beiträge zu diesem Thema selten, da die vom Leistenden geschuldete Umsatzsteuer grundsätzlich als Vorsteuer beim Leistungsempfänger zu berücksichtigen ist. Darüber hinaus ist die Umsatzsteuer so konzipiert, dass sie nur dort zum Kostenfaktor wird, wo der (End-)Verbrauch stattfindet. Die nachfolgenden Ausführungen zeigen jedoch, dass sich bei den grenzüberschreitenden sonstigen Leistungen durchaus auch **umsatzsteuerliche Konsequenzen** ergeben können. Insb. werden die **Auswirkungen bei einer Kostenumlage im Poolkonzept** untersucht.

II. Ertragsteuerliche Ausgangslage

3   Ertragsteuerlich sind nach § 1 Abs. 1 AStG die Einkünfte eines Steuerpflichtigen, der seine Einkünfte aus Geschäftsbeziehungen zu einer ihm nahestehenden Person iSd § 1 Abs. 2 AStG dadurch mindert, dass er im Rahmen solcher **schuldrechtlicher Geschäftsbeziehungen zum Ausland** Bedingungen vereinbart, die von denen abweichen, die voneinander unabhängige Dritte unter gleichen oder ähnlichen Verhältnissen vereinbart hätten, so anzusetzen, wie sie unter den zwischen unabhängigen Dritten vereinbarten Bedingungen angefallen wären.

4   Dem Steuerpflichtigen ist eine Person nach § 1 Abs. 2 AStG nahestehend, wenn

- die Person an dem Steuerpflichtigen mindestens zu einem Viertel unmittelbar oder mittelbar beteiligt (**wesentlich beteiligt**) ist oder auf den

---

[1] *Masorsky/Schoppe/Stumpf* BB 2013, 279.

[2] Vgl. *Fischer/Looks/im Schlaa* BB 2007, 918; *Nestler* BB 2008, 2002; *Baumhoff/Greinert* IStR 2008, 353; *Bernhardt/van der Ham/Kluge* IStR 2008, 844; *Werra* IStR 2009, 81; *Oesterreicher/Hundeshagen* IStR 2009, 145; *Schneider* FR 2008, 686; *Frotscher* FR 2008, 49.

Steuerpflichtigen unmittelbar oder mittelbar einen beherrschenden Einfluss ausüben kann oder umgekehrt der Steuerpflichtige an der Person wesentlich beteiligt ist oder auf diese Person unmittelbar oder mittelbar einen beherrschenden Einfluss ausüben kann oder

- eine **dritte Person** sowohl an der Person als auch an dem Steuerpflichtigen wesentlich beteiligt ist oder auf beide unmittelbar oder mittelbar einen beherrschenden Einfluss ausüben kann oder
- die Person oder der Steuerpflichtige imstande ist, bei der Vereinbarung der Bedingungen einer Geschäftsbeziehung auf den Steuerpflichtigen oder die Person einen außerhalb dieser Geschäftsbeziehung **begründeten Einfluss** auszuüben oder wenn einer von ihnen **ein eigenes Interesse an der Erzielung der Einkünfte** des anderen hat.

III. Umsatzsteuerliche Beurteilung

Umsatzsteuerlich ist vorrangig zu prüfen, ob der Steuerpflichtige im Rahmen seiner grenzüberschreitenden Geschäftsbeziehung zu der ihm nahestehenden Person **steuerbare und steuerpflichtige Umsätze** erzielt. Nur in diesem Fall ist die **Frage der Bemessungsgrundlage** und die **eventuelle Anwendbarkeit** der Regelungen zur Mindestbemessungsgrundlage für diese Leistungen relevant.

1. Steuerbarer Leistungsaustausch zwischen den Beteiligten

a) Nichtsteuerbare Innenumsätze

Nach § 2 Abs. 1 S. 2 UStG umfasst das Unternehmen die gesamte gewerbliche oder berufliche Tätigkeit des Unternehmers. Innerhalb des einheitlichen Unternehmens sind steuerbare Umsätze grundsätzlich[3] nicht möglich, es handelt sich um **nicht steuerbare Innenleistungen.**[4] Diese Einheit des Unternehmens gilt unabhängig davon, ob die Tätigkeit im Inland oder Ausland ausgeübt wird.[5] Betriebsstätten iSd Abschnitt 3a.1 Abs. 3 UStAE bilden deshalb kein eigenständiges Unternehmen, sondern bleiben **unselbstständiger Unternehmensteil.**[6]

Die frühere Rechtsprechung[7] fasste im Wege einer wirtschaftlichen Betrachtungsweise mehrere unternehmerisch tätige Personen- und Kapitalgesellschaften, deren Gesellschafter identisch und im gleichen Verhältnis beteiligt sind, zu einem Unternehmen zusammen, wenn eine einheitliche Willensbildung in den Gesellschaften gewährleistet war (sog. **Unternehmereinheit**).

---

[3] Besonderheiten bestehen bei innergemeinschaftlichen Umsätzen, vgl. § 1 Abs. 1 Nr. 5, § 1a Abs. 2 und § 3 Abs. 1a UStG sowie Abschnitt 1a.2 UStAE; *Birkenfeld* in Birkenfeld/Wäger Umsatzsteuerhandbuch § 41 Rn. 51, 49. Lfg./April 2009.

[4] BFH 31.7.1987 – V R 25/79, BStBl. II 1987, 870.

[5] *Stadie* in Rau/Dürrwächter § 2 UStG Rn. 607, 147. Lfg./Juli 2011.

[6] EuGH 23.3.2006 – Rs. C-210/04 *FCE Bank* UR 2006, 331; FG Hamburg 26.1.2012 – 2 K 49/11, DStRE 2013, 218 – NZB BFH V B 34/12.

[7] Zuletzt BFH 10.3.1977 – V R 105–106/72, BStBl. II 1977, 521.

8   Diese Rechtsauffassung wurde aufgegeben,[8] weil sie nicht mit dem Wortlaut des § 2 UStG zu vereinbaren ist.[9] Die Annahme eines **organschaftlichen Verhältnisses** ist verfahrens-, haftungs- und vollstreckungsrechtlich problematisch und führt im Ergebnis zu einem unzulässigen Durchgriff auf einzelne Gesellschafter.[10]

9   Sind die Voraussetzungen einer **umsatzsteuerlichen Organschaft** erfüllt, weil die Organgesellschaft beim Organträger **finanziell,**[11] **wirtschaftlich und organisatorisch**[12] **eingegliedert** ist,[13] beschränkt sich deren Wirkung nach § 2 Abs. 2 Nr. 2 S. 2 UStG **auf die im Inland gelegenen Unternehmensteile,**[14] weil (nur) diese nach § 2 Abs. 2 S. 3 UStG als ein

---

[8] BFH 16.11.1978 – V R 22/73, BStBl. II 1979, 347; BFH 8.2.1979 – V R 114/74, BStBl. II 1979, 358.

[9] *Birkenfeld* in Birkenfeld/Wäger Umsatzsteuerhandbuch § 41 Rn. 53, 55, 49. Lfg./April 2009.

[10] FG München 7.3.2007 – 3 K 3891/03, DStRE 2008, 1385; *Stadie* in Rau/Dürrwächter § 2 UStG Rn. 615, 147. Lfg./Juli 2011; s. auch EuGH 20.2.1997 – Rs. C-260/95 *DFDS A/S*, UR 1997, 179 wonach die von einer Tochtergesellschaft erzielten Umsätze, deren sämtliche Anteile haltende Muttergesellschaft in einem anderen Mitgliedstaat ansässig ist, der Tochtergesellschaft zuzurechnen sind und die Umsätze zwischen beiden keine nicht steuerbare Innenumsätze sind.

[11] An dieser finanziellen Eingliederung fehlt es, wenn die Anteile an den Gesellschaften ausschließlich von natürlichen Personen im Privatvermögen gehalten werden, weil es sich um gleichrangige Schwesterngesellschaften handelt; BFH 18.12.1996 – XI R 25/94, BStBl. II 1997, 441; *Stadie* in Rau/Dürrwächter § 2 UStG Rn. 872, 147. Lfg./Juli 2011; *Radeisen* in Plückebaum/Widmann § 2 UStG Rn. 223, 189 Lfg./November 2011; *Birkenfeld* in Birkenfeld/Wäger Umsatzsteuerhandbuch § 44 Rn. 251, 57. Lfg./Oktober 2011. Eine Kapitalgesellschaft ist mangels finanzieller Beherrschung kein Organ iSv § 2 Abs. 2 Nr. 2 UStG, wenn sich die Beteiligung in der Hand eines Gesellschafters und nicht (unmittelbar oder mittelbar) im Gesamthandsvermögen befindet; BFH 22.4.2010 – V R 9/09, BStBl. II 2011, 597; BFH 1.12.2010 – XI R 43/08, BStBl. II 2011, 600; *Radeisen* in Plückebaum/Widmann § 2 UStG Rn. 227 ff., 189. Lfg./November 2011; *Birkenfeld* in Birkenfeld/Wäger Umsatzsteuerhandbuch § 44 Rn. 261, 57. Lfg./Oktober 2011; s. insoweit auch Abschnitt 2.8 Abs. 5 UStAE; BMF vom 5.7.2011, BStBl. I 2011, 703.

[12] Die bislang in Abschnitt 2.8 Abs. 7 UStAE geregelte Verwaltungsanweisung ist vor dem Hintergrund der Entscheidung des BFH vom 7.7.2011 – V R 53/10, BFH/NV 2011, 2195 und weiterer bereits im Bundessteuerblatt veröffentlichter Entscheidungen (BFH 28.10.2010 – V R 7/10, BStBl. II 2011, 391; BFH 20.8.2009 – V R 30/06, BStBl. II 2010, 863; BFH 3.4.2008 – V R 76/05, BStBl. II 2008, 905 und BFH 5.12.2007 – V R 26/06, BStBl. II 2007, 451 anzupassen. Der bislang vorliegende Entwurf eines BMF-Schreibens mit Stand vom 13.11.2012 sieht vor, Abs. 7 des Anwendungserlasses neu zu fassen und die Abs. 8–11 neu einzufügen. Neben der Identität der Geschäftsführer können die Tatbestandsvoraussetzungen der organisatorischen Eingliederung auch durch leitende Mitarbeiter des Organträgers, die gleichzeitig Geschäftsführer der Organgesellschaft sind erfüllt werden. Darüber hinaus ist auch von einer organisatorischen Eingliederung ohne personelle Verflechtung der Leitungsgremien auszugehen, wenn institutionell abgesicherte unmittelbare Eingriffsmöglichkeiten in den Kernbereich der laufenden Geschäftsführung bestehen.

[13] Zu den Kriterien der umsatzsteuerlichen Organschaft speziell im Konzernverbund; *Feldgen* BB 2010, 285.

[14] *Stadie* in Rau/Dürrwächter § 2 UStG Rn. 1050, 147. Lfg./Juli 2011.

Unternehmen zu behandeln sind.[15] Organträger und Organgesellschaft(en) bilden im Inland ein Unternehmen. Der Organträger ist Unternehmer und Schuldner der Umsatzsteuer (§ 13a Abs. 1 UStG) für alle im Rahmen dieses Unternehmens bewirkten steuerpflichtigen Umsätze und Gläubiger von Ansprüchen auf Erstattung rechtsgrundlos (bspw. von den Organgesellschaften) gezahlter Umsatzsteuer.[16] Wegen der Beschränkung der Wirkungen auf die im Inland vorhandenen Unternehmensteile sind nur Leistungen zwischen organschaftlich verbundenen Unternehmensteilen im Inland als nichtsteuerbare Innenumsätze innerhalb des Organkreises zu beurteilen. Im Gegensatz dazu führen **grenzüberschreitende Leistungen** innerhalb des Organkreises zu steuerbaren Umsätzen, soweit der Ort der Leistung im Inland liegt.

Organgesellschaften im Ausland führen daher im Verhältnis zum Un-   **10** ternehmen des inländischen Organträgers und zu Dritten Umsätze aus bzw. sind Leistungsempfänger.[17]

Ist der **Organträger im Ausland** ansässig, treten die Wirkungen der Or-   **11** ganschaft nur zwischen den im Inland gelegenen Organgesellschaften und den inländischen, nicht aber zu den im Ausland belegenen Betriebsstätten ein.[18] Als Unternehmer gilt der **wirtschaftlich bedeutendste Unternehmensteil im Inland** (§ 2 Abs. 2 Nr. 2 S. 4 UStG), auch wenn er nur Organgesellschaft oder inländische Betriebsstätte des Organträgers ist.[19] Hat der im Ausland ansässige Organträger mehrere Organgesellschaften im Inland, ist die Organgesellschaft mit den **höchsten Umsätzen** der wirtschaftlich bedeutendste Unternehmensteil im Inland.[20] Darüber hinaus können sich die beteiligten Finanzämter auf Antrag der Organgesellschaften über einen anderen Maßstab verständigen.[21] Gibt es im Inland keine Organgesellschaften des im Ausland ansässigen Organträgers, sondern nur rechtlich unselbstständige Betriebsstätten (des Organträgers oder von Organgesellschaften), gelten die vorstehenden Grundsätze entsprechend. In diesem Fall gilt die Betriebsstätte mit den höchsten Umsätzen als der wirtschaftlich bedeutendste Unternehmensteil im Inland.[22]

Der Begriff des Unternehmens in § 2 Abs. 1 S. 2 UStG bleibt von dieser   **12** Beschränkung der Organschaft auf das Inland unberührt.[23] Daher sind **grenz-**

---

[15] *Birkenfeld* in Birkenfeld/Wäger Umsatzsteuerhandbuch § 45 Rn. 2, 51. Lfg./Oktober 2009; *Birkenfeld* UR 2008 S. 2.

[16] *Birkenfeld* in Birkenfeld/Wäger Umsatzsteuerhandbuch § 44 Rn. 364, 57. Lfg./Oktober 2011.

[17] *Birkenfeld* in Birkenfeld/Wäger Umsatzsteuerhandbuch § 45 Rn. 11, 51. Lfg./Oktober 2009; Abschnitt 2.9 Abs. 6 S. 4 und 5 UStAE.

[18] *Radeisen* in Vogel/Schwarz § 2 UStG Rn. 268 und 270, 159. Lfg./November 2011; *Radeisen* in Plückebaum/Widmann § 2 UStG Rn. 264, 189. Lfg./November 2011; *Birkenfeld* in Birkenfeld/Wäger Umsatzsteuerhandbuch § 45 Rn. 112, 51. Lfg./Oktober 2009; Abschnitt 2.9 Abs. 8 und 9 S. 1 und 2 UStAE.

[19] *Birkenfeld* in Birkenfeld/Wäger Umsatzsteuerhandbuch § 44 Rn. 363, 57. Lfg./Oktober 2011.

[20] *Birkenfeld* in Birkenfeld/Wäger Umsatzsteuerhandbuch § 45 Rn. 152, 51. Lfg./Oktober 2009.

[21] Abschnitt 2.9 Abs. 7 S. 4 UStAE.

[22] *Birkenfeld* in Birkenfeld/Wäger Umsatzsteuerhandbuch § 45 Rn. 154, 51. Lfg./Oktober 2009.

[23] Abschnitt 2.9 Abs. 2 S. 1 UStAE; *Korn* in Bunjes § 2 UStG Rn. 147, 2012.

überschreitende Leistungen innerhalb des Unternehmens, insb. vom inländischen Organträger bzw. von den inländischen Organgesellschaften zu ihren ausländischen Betriebsstätten oder umgekehrt **nicht steuerbare Innenumsätze.**[24]

b) Innergemeinschaftliches Verbringen

13   Soweit die Tatbestandsvoraussetzungen des § 1 Abs. 1 Nr. 5 iVm § 1a Abs. 2 UStG erfüllt sind und deswegen Warenbewegungen auf Grund eines innergemeinschaftlichen Verbringens vorliegen, handelt es sich um **Ausnahmen vom Grundsatz der nichtsteuerbaren Innensätze.**[25] Das unternehmensinterne Verbringen aus dem übrigen Gemeinschaftsgebiet in das Inland gilt als entgeltlicher innergemeinschaftlicher Erwerb, wenn es durch einen Unternehmer im Rahmen seines Unternehmens veranlasst wird. Der Unternehmer verwirklicht durch das Verbringen des Gegenstandes regelmäßig zwei Umsätze in zwei Mitgliedstaaten. **Innergemeinschaftlicher Erwerb im Bestimmungsstaat** und **innergemeinschaftliche Lieferung im Ausgangsmitgliedstaat** sind unabhängig voneinander zu beurteilen. Der innergemeinschaftliche Erwerb ist unabhängig von der Steuerbefreiung der innergemeinschaftlichen Lieferung steuerbar. Die Steuerbefreiung für eine innergemeinschaftliche Verbringungslieferung setzt aber voraus, dass der Verbringungserwerb im anderen Staat der Erwerbsbesteuerung unterliegt. Nicht erforderlich ist aber, dass der Erwerb des Gegenstandes dort tatsächlich besteuert wird.

Bei einer **grenzüberschreitenden Organschaft**[26] handelt es sich bei Warenbewegungen zwischen den im Inland liegenden und den im übrigen Gemeinschaftsgebiet belegenen Unternehmensteilen um Lieferungen. Diese sind beim liefernden inländischen Unternehmensteil nach § 3 Abs. 1 UStG iVm § 6a Abs. 1 UStG und beim erwerbenden inländischen Unternehmensteil nach § 1a Abs. 1 Nr. 1 UStG zu beurteilen.[27]

aa) Tatbestandsvoraussetzungen

14   Ein Verbringen ist innergemeinschaftlich, wenn der körperliche **Gegenstand auf Veranlassung des Unternehmers vom Ausgangsmitgliedstaat in den Bestimmungsmitgliedstaat** gelangt.[28] Unerheblich ist, ob der

---

[24] *Radeisen* in Plückebaum/Widmann § 2 UStG Rn. 264, 189. Lfg./November 2011; *Birkenfeld* in Birkenfeld/Wäger Umsatzsteuerhandbuch § 45 Rn. 101 und 113, 51. Lfg./Oktober 2009.

[25] *Sterzinger* in Birkenfeld/Wäger Umsatzsteuerhandbuch § 37 Rn. 271 f, 61. Lfg./ Februar 2013; *Birkenfeld* in Birkenfeld/Wäger Umsatzsteuerhandbuch § 45 Rn. 134 ff., 51. Lfg./Oktober 2009; Abschnitt 2.9 Abs. 2 S. 2 UStAE.

[26] Vgl. Abschnitt 2.9 UStAE.

[27] *Sterzinger* in Birkenfeld/Wäger Umsatzsteuerhandbuch § 37 Rn. 294, 61. Lfg./ Februar 2013; *Mößlang* in Sölch/Ringleb § 1a UStG Rn. 21, Lfg. 68, September 2012; *Meyer* in Offerhaus/Söhn/Lange § 1a UStG Rn. 45, 214. Lfg./Oktober 2008; *Grünwald* in Hartmann/Metzenmacher § 1a UStG Rn. 89, Lfg. 4/10/Juni 2010; *Birkenfeld* in Birkenfeld/Wäger Umsatzsteuerhandbuch § 45 Rn. 175, 51. Lfg./Oktober 2009.

[28] *Sterzinger* in Birkenfeld/Wäger Umsatzsteuerhandbuch § 37 Rn. 281, 61. Lfg./ Februar 2013.

Unternehmer den Gegenstand selbst befördert oder ob er die Beförderung durch einen selbstständigen Beauftragten ausführen oder besorgen lässt.[29]

Ein innergemeinschaftliches Verbringen setzt voraus, dass der Gegenstand **im Ausgangsmitgliedstaat bereits dem Unternehmen zugeordnet** war und sich **bei Beendigung der Beförderung oder Versendung im Bestimmungsmitgliedstaat weiterhin in der Verfügungsmacht des Unternehmers** befindet. Dies ist der Fall, wenn der Gegenstand von dem im Ausgangsmitgliedstaat gelegenen Unternehmensteil erworben, hergestellt oder dort eingeführt wurde, in der Folge zur Verfügung des Unternehmers in den Bestimmungsmitgliedstaat verbracht und von dem dort gelegenen Unternehmensteil auf Dauer verwendet oder verbraucht wird.[30]

Nicht erforderlich ist, dass der **Unternehmensteil im Bestimmungsmitgliedstaat** die abgabenrechtlichen Voraussetzungen einer Betriebsstätte iSd § 12 AO erfüllt.

1) Unternehmer

Nur **Unternehmer** iSd § 2 UStG können durch ein innergemeinschaftliches Verbringen steuerbare Umsätze verwirklichen. Der ausführende Unternehmer (Lieferer im Ausgangsmitgliedstaat) gilt nach § 1a Abs. 2 S. 2 UStG im Bestimmungsmitgliedstaat gleichzeitig als der Erwerber.[31] Das steuerbare innergemeinschaftliche Verbringen begründet nicht die Unternehmereigenschaft, sondern setzt diese voraus.   15

Auch sog. **Schwellenerwerber** iSd § 1a Abs. 3 Nr. 1 Buchst. a–c UStG, also solche, die nur steuerfreie Umsätze ausführen, die zum Ausschluss des Vorsteuerabzugs führen, Kleinunternehmer iSd § 19 UStG, Land- und Forstwirte, für die Umsatzsteuer nach Durchschnittssätzen iSd § 24 UStG festgesetzt wird oder juristische Personen, die nicht Unternehmer sind oder die den Gegenstand nicht für ihr Unternehmen erwerben, können steuerbar verbringen, wenn sie die Erwerbsschwelle iHv 12 500 € überschritten (§ 1a Abs. 3 Nr. 2 UStG) oder auf die Anwendung verzichtet haben (§ 1a Abs. 4 UStG).

2) Verbringen eines Gegenstands von einem Mitgliedstaat in einen anderen Mitgliedstaat

Der Gegenstand muss wie bei einer Lieferung iSd § 3 Abs. 1 UStG **befördert oder versendet** werden. Der Unterschied zu einer Lieferung ist, dass der Gegenstand im Ausgangsmitgliedstaat dem Unternehmen zuzuordnen ist und bei Beendigung der Beförderung oder Versendung im Bestimmungsmitgliedstaat sich weiterhin in der Verfügungsmacht des Unternehmers befindet.[32]   16

Nur **dem Unternehmensvermögen zugeordnete Gegenstände** können steuerbar innergemeinschaftlich verbracht werden (§ 3 Abs. 1a UStG).[33]

---

[29] Abschnitt 1a.2 Abs. 3 UStAE.

[30] Abschnitt 1a.2 Abs. 4 UStAE.

[31] Abschnitt 1a.2 Abs. 1 S. 3 UStAE.

[32] Abschnitt 1a.2 Abs. 3 UStAE.

[33] *Sterzinger* in Birkenfeld/Wäger Umsatzsteuerhandbuch § 37 Rn. 285, 61. Lfg./ Februar 2013; *Schwarz* in Vogel/Schwarz § 1a UStG Rn. 126, 151. Lfg./Juni 2010; Abschnitt 1a.2 Abs. 4 S. 1 UStAE.

Ein nur teilweise dem Unternehmen zugeordneter Gegenstand kann auch nur teilweise innergemeinschaftlich verbracht werden.[34]

Das Verbringen ist innergemeinschaftlich, wenn der Gegenstand auf Veranlassung des Unternehmers **vom Ausgangsmitgliedstaat in den Bestimmungsmitgliedstaat** gelangt. Unerheblich ist, ob der Unternehmer den Gegenstand selbst befördert oder ob er die Beförderung durch einen selbstständigen Beauftragten ausführen oder besorgen lässt.[35]

Voraussetzung für ein innergemeinschaftliches Verbringen ist, dass der Gegenstand **im Ausgangsmitgliedstaat bereits dem Unternehmen zugeordnet** war und sich bei Beendigung der Beförderung oder Versendung **im Bestimmungsmitgliedstaat weiterhin in der Verfügungsmacht des Unternehmers** befindet. Der Unternehmer muss während des gesamten Vorgangs des Verbringens und anschließend im Bestimmungsland bei Beendigung der Beförderung oder Versendung weiterhin verfügungsbefugt sein.[36] Der Gegenstand muss dem Unternehmen auch nach dem Verbringen dienen.[37] Diese Voraussetzung ist insb. erfüllt, wenn der Gegenstand von dem im Ausgangsmitgliedstaat gelegenen Unternehmensteil erworben, hergestellt oder in diesen EU-Mitgliedstaat eingeführt, zur Verfügung des Unternehmers in den Bestimmungsmitgliedstaat verbracht und anschließend von dem dort gelegenen Unternehmensteil auf Dauer verwendet oder verbraucht wird.[38]

Kein innergemeinschaftliches Verbringen liegt hingegen vor, wenn der Gegenstand im Rahmen einer im Ausgangsmitgliedstaat steuerbaren Lieferung in den Bestimmungsmitgliedstaat gelangt. Dies ist bspw. der Fall, wenn der Abnehmer bereits bei Beginn des Transports im Ausgangsmitgliedstaat feststeht und der Gegenstand an ihn unmittelbar ausgeliefert wird. Aus **Vereinfachungsgründen** kann in diesen Fällen jedoch unter folgenden Voraussetzungen dennoch ein innergemeinschaftliches Verbringen angenommen werden:[39]

1. Die Lieferungen werden regelmäßig an eine größere Zahl von Abnehmern im Bestimmungsland ausgeführt.
2. Bei entsprechenden Lieferungen aus dem Drittlandsgebiet wären die Voraussetzungen für eine Verlagerung des Ortes der Lieferung in das Gemeinschaftsgebiet nach § 3 Abs. 8 UStG erfüllt.
3. Der liefernde Unternehmer behandelt die Lieferung im Bestimmungsmitgliedstaat als steuerbar. Er wird bei einem Finanzamt des Bestimmungsmitgliedstaates für Umsatzsteuerzwecke geführt. Er gibt in den Rechnungen seine Umsatzsteuer-Identifikationsnummer des Bestimmungsmitgliedstaates an.
4. Die beteiligten Steuerbehörden im Ausgangs- und Bestimmungsmitgliedstaat sind mit dieser Behandlung einverstanden.

Voraussetzung für die Anwendung der Vereinfachungsregelung ist, dass der Unternehmer **vor Ausführung der Lieferung** einen entsprechenden **Antrag** gestellt hat und die zuständige Behörde diesen genehmigt hat.[40]

---

[34] *Meyer* in Offerhaus/Söhn/Lange § 1a UStG Rn. 43, 214. Lfg./Oktober 2008.
[35] Abschnitt 1a.2 Abs. 3 UStAE.
[36] *Meyer* in Offerhaus/Söhn/Lange § 1a UStG Rn. 43, 214. Lfg./Oktober 2008.
[37] *Mößlang* in Sölch/Ringleb § 1a UStG Rn. 20, 68. Lfg./September 2012.
[38] Abschnitt 1a.2 Abs. 4 UStAE.
[39] Abschnitt 1a.2 Abs. 14 S. 2 UStAE.
[40] Abschnitt 1a.2 Abs. 14 S. 2 Nr. 4 UStAE.

Ob und wie andere Mitgliedstaaten ihre Zustimmung erteilen, prüfen die Finanzbehörden im Einzelfall.

Wird die **Vereinfachungsregelung ohne – vorherige – Genehmigung** des Antrags angewendet, erfolgt eine Rückabwicklung des Vorgangs. Der Lieferant erbringt daher eine innergemeinschaftliche Lieferung im Ausgangsmitgliedstaat statt eines steuerbaren Umsatzes im Bestimmungsmitgliedstaat und muss bereits erteilte Rechnungen berichtigen. Der Erwerber erfüllt im Bestimmungsmitgliedstaat die Tatbestandsvoraussetzungen eines innergemeinschaftlichen Erwerbs.

Im Rahmen einer **Übergangsregelung** verbleibt es bei der Zustimmung in solchen Fällen, in denen das Finanzamt der Anwendung der Regelung im Einzelfall vor dem 1. Januar 2013 nachträglich zugestimmt hat und der liefernde Unternehmer die Vereinfachungsregelung des Abschnitts 1a.2 Abs. 14 UStAE im Übrigen zutreffend angewendet hat. Entsprechendes gilt bei bis zum 31. März 2013 ausgeführten Lieferungen von Gegenständen, die vom Abnehmer befördert oder vom liefernden Unternehmer oder vom Abnehmer versendet wurden, wenn für die Anwendung der Vereinfachungsregelung auch in diesen Fällen eine Zustimmung des zuständigen Finanzamts vorliegt.[41] Diese Übergangsregelung ist um weitere 6 Monate verlängert worden und gilt dementsprechend für bis zum 30.9.2013 bewirkte Lieferungen.[42]

3) Keine nur vorübergehende Verwendung im Bestimmungsmitgliedstaat

Nach dem Wortlaut der gesetzlichen Vorschriften ist das Verbringen zu einer **nur vorübergehenden Verwendung** von der Lieferungs- und Erwerbsfiktion ausgenommen. Diese Ausnahmeregelung ist unter Beachtung von Art. 17 Abs. 2 Buchst. g und h bzw. Art. 23 MwStSystRL auszulegen.[43] Daher liegt **kein innergemeinschaftliches Verbringen** vor, wenn die Verwendung des Gegenstandes im Bestimmungsmitgliedstaat ihrer Art nach nur **vorübergehend**[44] ist oder **befristet**[45] ist.

Bei einer ihrer Art nach vorübergehenden Verwendung kommt es nicht auf die **Dauer der tatsächlichen Verwendung des Gegenstands** im Bestimmungsmitgliedstaat an.[46] Eine vorübergehende Verwendung liegt vor, wenn bereits beim Verbringen in das Inland **aus den Begleitumständen zu schließen** ist, dass der Gegenstand **vor weitgehendem Aufbrauchen seiner Substanz** wieder in das Herkunftsland zur Verfügung des Unternehmers zurückgebracht werden wird. Die Voraussetzung der nicht nur vorübergehenden Verwendung ist immer dann erfüllt, wenn der Gegenstand in dem im Bestimmungsmitgliedstaat gelegenen Unternehmensteil dem Anlagevermögen zugeführt oder dort als Roh-, Hilfs- oder Betriebsstoff verarbeitet oder verbraucht wird.[47] Eine nicht nur vorübergehende Verwendung liegt ebenfalls

17

---

[41] BMF-Schreiben vom 21.11.2012, BStBl. I 2012, 1229.
[42] BMF-Schreiben vom 20.3.2013, BStBl. I 2013, 335.
[43] Abschnitt 1a.2 Abs. 9 S. 2 UStAE.
[44] Abschnitt 1a.2 Abs. 10 und 11 UStAE.
[45] Abschnitt 1a.2 Abs. 12 und 13 UStAE.
[46] Abschnitt 1a.2 Abs. 11 S. 1 UStAE.
[47] *Sterzinger* in Birkenfeld/Wäger Umsatzsteuerhandbuch § 37 Rn. 292, 61. Lfg./ Februar 2013; Abschnitt 1a.2 Abs. 9 UStAE.

vor, wenn der Unternehmer den Gegenstand mit der konkreten Absicht in den Bestimmungsmitgliedstaat verbringt, ihn dort (unverändert) weiterzuliefern (zB Verbringen in ein Auslieferungslager).

Bei einer befristeten Verwendung des Gegenstands ist ein innergemeinschaftliches Verbringen **mit Fristablauf** anzunehmen oder wenn der **Gegenstand innerhalb der Verwendungsfrist untergeht oder veräußert** wird.

Verbringt der Unternehmer Gegenstände zum Zwecke des Verkaufs außerhalb einer Betriebsstätte in den Bestimmungsmitgliedstaat und gelangen die nicht verkauften Waren unmittelbar anschließend wieder in den Ausgangsmitgliedstaat zurück, kann das innergemeinschaftliche Verbringen aus **Vereinfachungsgründen** auf die tatsächlich verkaufte Warenmenge beschränkt werden.[48]

bb) Rechtsfolgen des innergemeinschaftlichen Verbringens

18 Nach § 4b UStG sind bestimmte Fälle des innergemeinschaftlichen Verbringens **steuerbefreit.** § 4b Nr. 1 und 2 UStG befreien solche Erwerbe, bei denen die Lieferung entsprechender Gegenstände ebenfalls befreit wäre. § 4b Nr. 3 UStG befreit den Erwerb, soweit auch eine Einfuhr nach § 5 UStG steuerbefreit wäre. Nach § 4b Nr. 4 UStG ist schließlich der Erwerb von solchen Gegenständen steuerbefreit, die ihrerseits zur Ausführung steuerfreier Ausfuhrlieferungen oder steuerfreier innergemeinschaftlicher Lieferungen verwendet werden.

Im Falle des innergemeinschaftlichen Verbringens bestimmt sich die **Bemessungsgrundlage** nach § 10 Abs. 4 S. 1 Nr. 1 UStG.[49] Maßgeblich sind die **Wiederbeschaffungskosten** zum Zeitpunkt, in dem sämtliche Tatbestandsmerkmale erfüllt sind. Dies sind im Regelfall der Einkaufspreis zuzüglich der Nebenkosten für den Gegenstand oder mangels Einkaufspreis die Selbstkosten.[50] Treten die Tatbestandsvoraussetzungen erst ein, nachdem der Gegenstand bereits eine Zeit lang im Inland genutzt wurde, weil bspw. der Gegenstand zunächst nur vorübergehend verbracht wurde, ist der in diesem Zeitraum eingetretene Wertverlust nicht zu berücksichtigen.[51]

Das innergemeinschaftliche Verbringen unterliegt demselben **Steuersatz** nach § 12 UStG wie entsprechende innerstaatliche Lieferungen.

Da das innergemeinschaftliche Verbringen ein innerbetrieblicher Vorgang ohne Außenwirkung ist, besteht keine Verpflichtung zum Ausstellen von Rechnungen.[52] Zur Abwicklung von Verbringensfällen ist gleichwohl ein Beleg (sog. **pro-forma-Rechnung**) auszustellen, in dem die verbrachten Gegenstände aufgeführt sind und der die Bemessungsgrundlage und die jeweilige USt-IdNr. der beteiligten Unternehmensteile beinhaltet.[53]

Die allgemeinen **Aufzeichnungspflichten** des § 22 UStG kommen auch beim innergemeinschaftlichen Verbringen zur Anwendung. Nach § 22 Abs. 2 Nr. 1 UStG hat der Unternehmer die Bemessungsgrundlage und die ggf.

---

[48] Abschnitt 1a.2 Abs. 6 UStAE.

[49] Abschnitt 1a.2 Abs. 2 S. 4 UStAE.

[50] *Sterzinger* in Birkenfeld/Wäger, Umsatzsteuerhandbuch, § 226 Rn. 432, 57. Lfg./ Oktober 2011.

[51] *Robisch* in Bunjes, UStG § 1a UStG Rn. 61, 2012.

[52] Abschnitt 14.1 Abs. 4 UStAE.

[53] Abschnitt 14a.1 Abs. 3 S. 2 UStAE.

darauf entfallende Steuer aufzuzeichnen.[54] Nach § 22 Abs. 2 Nr. 7 UStG sind die innergemeinschaftlichen Verbringensfälle getrennt von den übrigen Umsätzen aufzuzeichnen.[55]

Sofern der Erwerber den Gegenstand für sein Unternehmen bezieht und zur Ausführung von Umsätzen verwendet, die den **Vorsteuerabzug** nicht ausschließen, kann er die auf das innergemeinschaftliche Verbringen entfallende Umsatzsteuer nach § 15 Abs. 1 S. 1 Nr. 3 UStG als Vorsteuer abziehen.[56] Da über diesen innerbetrieblichen Vorgang keine Rechnung auszustellen ist, ist auch in Bezug auf den Vorsteuerabzug unerheblich, dass der Leistungsempfänger nicht im Besitz einer nach §§ 14, 14a UStG ausgestellten Rechnung ist.[57]

Da das Recht auf Vorsteuerabzug der Erwerbsteuer in dem Zeitpunkt entsteht, in dem die Erwerbsteuer entsteht (§ 13 Abs. 1 Nr. 6 UStG), kann der Erwerber als Schulder der Steuer (§ 13a Abs. 1 Nr. 2 UStG) den Vorsteuerabzug zeitgleich in der Voranmeldung oder Umsatzsteuererklärung für das Kalenderjahr geltend machen, in der er den innergemeinschaftlichen Erwerb zu versteuern hat.[58] Da sich Vorsteuer und Steuer ausgleichen, wird die Steuer nur für denjenigen zum **Kostenfaktor,** bei dem die Voraussetzungen für den Vorsteuerabzug nicht erfüllt sind, weil er bspw. Ausgangsumsätze tätigt, die den Vorsteuerabzug ausschließen (§ 15 Abs. 2 und 3 UStG).

Als erstes Zwischenergebnis ist festzustellen, dass grenzüberschreitende Umsätze, auf denen die Verrechnungspreise basieren, **regelmäßig keine bloßen Innenumsätze** und damit **umsatzsteuerlich relevant** sind.

c) Abgrenzung entgeltliche Lieferung/sonstige Leistung und unentgeltliche Wertabgabe

Im Rahmen der **Abgrenzung zwischen entgeltlichem und unentgeltlichem Umsatz** kann eine einheitliche Leistung nicht so in einen entgeltlichen und einen unentgeltlichen Teil aufgespalten werden, dass lediglich der anteilige Leistungsumfang, für den Zahlungen geleistet werden, als steuerbare Leistung angesehen und hinsichtlich des übersteigenden Teils eine unentgeltliche Wertabgabe unterstellt wird.[59] Ein **teilentgeltliches Rechtsgeschäft** ist im Umsatzsteuerrecht nicht denkbar und verstößt gegen den Grundsatz der Einheitlichkeit der Leistung. Dies gilt auch für Leistungen, deren Bemessungsgrundlage offensichtlich unter dem Einstandswert liegt.[60]

19

---

[54] *Sterzinger* in Birkenfeld/Wäger, Umsatzsteuerhandbuch, § 226 Rn. 431, 57. Lfg./Oktober 2011; Abschnitt 22.3 Abs. 1 S. 2 UStAE.

[55] Abschnitt 22.3 Abs. 1 S. 5 UStAE.

[56] *Robisch* in Bunjes, UStG § 1a UStG Rn. 61, 2012.

[57] EuGH 1.4.2004 – Rs. C-90/02 *Bockemühl* UR 2004, 367; Abschnitt 15.10 Abs. 1 UStAE.

[58] Abschnitt 15.10 Abs. 3 UStAE.

[59] *Probst* in Hartmann/Metzenmacher § 3 Abs. 9a UStG Rn. 112, Lfg. 2/00/März 2000; *Wagner* in Sölch/Ringleb § 10 UStG Rn. 461, 68. Lfg./September 2012; *Radeisen* in Birkenfeld/Wäger Umsatzsteuerhandbuch § 127 Rn. 1, 45. Lfg./Oktober 2007; andere Ansicht *Hörtnagel* UVR 2005, 367.

[60] EuGH 20.1.2005 – Rs. C-412/03 *Scandic* UR 2005, 152; FG Baden-Württemberg 11.1.2007 – 6 K 1066/05, EFG 2007, 956 und nachfolgend BFH 27.2.2008 – I R 50/07, UR 2008, 558.

Zahlt der Leistungsempfänger ein Entgelt, handelt es sich unabhängig von der Angemessenheit der Gegenleistung immer um einen **entgeltlichen Umsatz.**[61] Unter Umständen erforderliche Korrekturen erfolgen im Rahmen des Ansatzes der Mindestbemessungsgrundlage, wenn die Voraussetzungen des § 10 Abs. 5 UStG erfüllt sind.

Erbringt der Unternehmer unentgeltlich eine Lieferung für unternehmensfremde Zwecke, sind die **Tatbestandsvoraussetzungen für eine steuerbare unentgeltliche Wertabgabe** iSd § 3 Abs. 1b UStG erfüllt, sofern keine bloßen Aufmerksamkeiten vorliegen. Gegenstände des Unternehmens, die der Unternehmer aus nichtunternehmerischen (privaten) Gründen abgibt, werden als Entnahmen nach § 3 Abs. 1b S. 1 Nr. 1 UStG besteuert.[62] Gegenstände des Unternehmens, die der Unternehmer aus unternehmerischen Gründen abgibt, werden als unentgeltliche Zuwendungen nach § 3 Abs. 1b S. 1 Nr. 3 UStG besteuert.[63]

Erbringt der Unternehmer unentgeltlich eine sonstige Leistung handelt es sich grundsätzlich um eine den sonstigen Leistungen gleichgestellte sonstige Leistung nach § 3 Abs. 9a UStG. Im Gegensatz zu den Lieferungen ist aber die **Gewährung unentgeltlicher Leistungen aus unternehmerischen Gründen** nicht steuerbar.[64] Solche unternehmerischen Gründe liegen vor, wenn die unentgeltliche sonstige Leistung, die der Unternehmer dem Rahmen seines Unternehmens zuordnet, in einem objektiven und erkennbaren wirtschaftlichen Zusammenhang mit seiner gewerblichen und beruflichen Tätigkeit steht.[65] Dies ist bspw. bei einer unentgeltlichen Überlassung von Gegenständen im Rahmen der Anbahnung noch nicht bestehender Geschäftsbeziehungen, der Pflege bestehender Geschäftsbeziehungen oder der Werbung für die eigene Tätigkeit anzunehmen, sofern der Zuwendende Eigentümer des Gegenstandes bleibt und der Empfänger die Gegenstände später an den Zuwendenden zurückgeben muss.[66]

Ist der Leistende am Leistungsempfänger wesentlich beteiligt, hat er diese Beteiligung seinem Unternehmensvermögen zugeordnet und erhöhen deswegen die Einnahmen aus dieser Beteiligung den betrieblichen Gewinn, lie-

---

[61] EuGH 9.6.2011 – Rs. C-285/10 *Campsa Estaciones de Servicio SA*, UR 2012, 441.

[62] Abschnitt 3.3 Abs. 10 S. 8 UStAE; kritisch, weil der unentgeltlich zuwendende Unternehmer trotz Umsatzsteuerbelastung keine Rechnung mit gesondertem Steuerausweis erteilen kann und deswegen der Grundsatz der Neutralität der Umsatzsteuer wegen des fehlenden Vorsteuerabzug des Empfängers der Zuwendung beeinträchtigt ist, *Nieskens* in Rau/Dürrwächter § 3 Rn. 126, 148. Lfg./Oktober 2011; *Klenk* UR 2001, 56.

[63] Abschnitt 3.3 Abs. 10 S. 9 UStAE.

[64] BFH 28.11.1991 – V R 95/86, BStBl. II 1992, 569; BFH 10.12.1990 – V R 3/88 BStBl. II 1993, 380; *Widmann* in Plückebaum/Widmann § 3 Abs. 9a UStG Rn. 25 ff., 188. Lfg./Oktober 2011; *Nieskens* in Rau/Dürrwächter § 3 UStG Rn. 1371, 148. Lfg./Oktober 2011; Abschnitt 3.3 Abs. 10 S. 10 und 3.4 Abs. 1 S. 3 UStAE; zweifelnd *Klenk* in Sölch/Ringleb § 3 UStG Rn. 616, 67. Lfg./März 2012, wenn der Überlassende am Unternehmen des Empfängers beteiligt ist.

[65] BFH 10.12.1990 – V R 3/88, BStBl. II 1993, 380.

[66] BFH 28.11.1991 – V R 95/86, BStBl. II 1992, 569; *Probst* in Hartmann/Metzenmacher § 3 Abs. 9a UStG Rn. 110, Lfg. 2/00/März 2000; Abschnitt 3.3 Abs. 10 S. 11 UStAE.

gen solche **unternehmerischen Gründe für eine unentgeltliche Überlassung** vor. Dies gilt auch für die Fallgestaltungen, in denen der Leistende zumindest mittelbar betriebliche Vorteile aus einer unentgeltlichen Überlassung erlangt.

Zahlt der Empfänger einer sonstigen Leistung kein Entgelt, kann eine **steuerbare unentgeltliche Wertabgabe** nur im Ausnahmefall angenommen werden, weil die unentgeltliche Leistung in der Regel aus unternehmerischen Gründen erfolgt. Im Gegensatz dazu kann bei einer unentgeltlichen Lieferung in diesen Fällen eine unentgeltliche Zuwendung iSd § 3 Abs. 1b S. 1 Nr. 3 UStG vorliegen.

d) Bestimmung des Leistungsortes bei grenzüberschreitenden Umsätzen

aa) Lieferungen iSd § 3 Abs. 1 UStG

1) Grundfall

Befördert oder versendet der Lieferant den Gegenstand von einem Mit- **20** gliedstaat **(Ursprungsland)** in einen anderen Mitgliedstaat **(Bestimmungsland),** liegt der Ort der Lieferung regelmäßig im Ursprungsland (§ 3 Abs. 6 S. 1 UStG). Nur bei unbewegten (ruhenden) Lieferungen bestimmt sich der Lieferort nach dem Ort der Verschaffung der Verfügungsmacht (§ 3 Abs. 7 S. 1 UStG).

Damit liegt der Ort einer Lieferung grundsätzlich im Inland. **21**

Eine Verlagerung des Lieferortes in das Bestimmungsland nach § 3c UStG **22** kommt nur in Betracht, wenn bei einer Beförderung oder Versendung in einen anderen EU-Mitgliedstaat **der Liefergegenstand beim Erwerber nicht der Erwerbsbesteuerung unterliegt.** Da aber der Abnehmer als Unternehmer den Gegenstand für sein Unternehmen bezieht und deswegen im Bestimmungsland die Umsatzbesteuerung über den Tatbestand des innergemeinschaftlichen Erwerbs durchzuführen hat, sind die Voraussetzungen für die Verlagerung des Lieferortes nach der Vorschrift des § 3c UStG nicht erfüllt.

2) innergemeinschaftliches Reihengeschäft

Besonderheiten gelten in Fällen, in denen zwei aufeinanderfolgende Liefe- **23** rungen desselben Gegenstands zu einer einzigen innergemeinschaftlichen Lieferung führen **(innergemeinschaftliches Reihengeschäft).**[67] Ein im Inland ansässiger Unternehmer veräußert den Gegenstand an einen im übrigen Gemeinschaftsgebiet ansässigen Unternehmer. Aufgrund der Weiterveräußerung des ersten Abnehmers (Zwischenerwerber) an einen ebenfalls im übrigen Gemeinschaftsgebiet ansässigen zweiten Abnehmer gelangt der Gegenstand unmittelbar vom ersten an den dritten Unternehmer. Keinen Einfluss auf die Beurteilung hat der Umstand, ob der Zwischenerwerber den Auftrag zur Lieferung der Ware vor oder nach dem Einkauf der Ware erhält. Der **Sonderfall eines innergemeinschaftlichen Dreiecksgeschäfts** iSd § 25b UStG liegt vor, wenn drei Unternehmer aus unterschiedlichen Mitgliedstaaten ein Reihengeschäft abgeschlossen haben und die Beförderung oder Versendung durch den ersten Lieferer oder ersten Abnehmer erfolgt. Die zu einer fiktiven Er-

---

[67] *Birkenfeld* in Birkenfeld/Wäger Umsatzsteuerhandbuch § 64 Rn. 146, 31. Lfg./ April 2003.

werbsbesteuerung führende Vereinfachungsregelung findet auch Anwendung, wenn mehr als drei Unternehmer beteiligt sind, soweit die Voraussetzungen für die drei am Ende der Kette stehenden Unternehmer vorliegen.[68]

Bei Reihengeschäften ist jede Einzellieferung gesondert zu beurteilen, selbst wenn diese nur zu einer einzigen (grenzüberschreitenden) Warenbewegung führen.[69] Da die Lieferungen sowohl zeitlich als auch räumlich nacheinander stattfinden, liegt nur eine Beförderungs- oder Versendungslieferung vor, die einer der Lieferungen zuzuordnen ist (§ 3 Abs. 6 S. 5 UStG). Im Ergebnis gibt es also nur eine Lieferung mit Warenbewegung (sog. **bewegte Lieferung**), für die der Ort nach § 3 Abs. 6 S. 1 UStG zu bestimmen ist. Die Ortsbestimmung für die weiteren Lieferungen im Zusammenhang mit dem Reihengeschäft (sog. **ruhende Lieferungen**) richtet sich nach § 3 Abs. 7 S. 2 UStG.

24 Damit ist letztlich entscheidungserheblich, welche der beiden Lieferungen als die sog. **warenbewegte** und damit ggf. innergemeinschaftliche Lieferung und welche als sog. **ruhende** und damit in der Regel steuerpflichtige **Lieferung** anzusehen ist.[70]

Nach § 3 Abs. 6 S. 5 UStG ist von einem **Reihengeschäft** auszugehen, wenn mindestens drei Unternehmer über denselben Gegenstand Umsatzgeschäfte abschließen und der Gegenstand dabei unmittelbar vom ersten an den letzten Unternehmer in der Kette gelangt. Im Rahmen eines solchen Reihengeschäftes ist **nur eine der mindestens zwei Lieferungen** die sog. bewegte **Lieferung.** Diese gilt am Abgangsort als erbracht (§ 3 Abs. 6 S. 1–3 UStG). Alle anderen Lieferungen sind **ruhende Lieferungen** und gelten nach § 3 Abs. 7 S. 2 Nr. 1 UStG entweder am Abgangsort (die der bewegten Lieferung vorangehende ruhende Lieferung) oder nach § 3 Abs. 7 S. 2 Nr. 2 UStG am Bestimmungsort (die der bewegten Lieferung nachfolgende Lieferung) als ausgeführt.

25 Die **Abgrenzung,** welche der Lieferungen die bewegte und welche die (vorangehende bzw. nachfolgende) ruhende Lieferung ist, richtet sich nach dem nationalen Umsatzsteuerrecht danach, **welche Person den Gegenstand befördert oder versendet** (§ 3 Abs. 6 S. 5 und 6 UStG). Transportiert der erste Lieferant in der Lieferkette den Gegenstand, ist seine Lieferung an den Zwischenerwerber die bewegte Lieferung.[71] Holt der letzte Unternehmer innerhalb der Lieferkette den Gegenstand ab, ist die an ihn ausgeführte Lieferung die bewegte Lieferung.[72] Befördert oder versendet der Zwi-

---

[68] Abschnitt 25b.1 Abs. 2 UStAE.

[69] EuGH v. 6.4.2006 – Rs. C-254/04 *EMAG Handel Eder*, UR 2006, 342; *Treiber* in Sölch/Ringleb § 6a UStG Rn. 25, 63. Lfg./April 2010; *Flückinger* in Plückebaum/Widmann § 3 Abs. 6 UStG Rn. 66, 188. Lfg./Oktober 2011.

[70] Abschnitt 6a.1 Abs. 2 und 3.14 Abs. 13 UStAE.

[71] *Birkenfeld* in Birkenfeld/Wäger Umsatzsteuerhandbuch § 64 Rn. 87, 31. Lfg./April 2003; *Nieskens* in Rau/Dürrwächter § 3 UStG Rn. 1881, 148. Lfg./Oktober 2011; *Flückinger* in Plückebaum/Widmann § 3 Abs. 6 UStG Rn. 67, 188. Lfg./Oktober 2011; Abschnitt 3.14 Abs. 8 S. 1 und Beispiel Buchst. a UStAE.

[72] *Birkenfeld* in Birkenfeld/Wäger Umsatzsteuerhandbuch § 64 Rn. 88, 31. Lfg./April 2003; *Nieskens* in Rau/Dürrwächter § 3 UStG Rn. 1891, 1907, 148. Lfg./Oktober 2011; *Flückinger* in Plückebaum/Widmann § 3 Abs. 6 UStG Rn. 68, 188. Lfg./Oktober 2011; Abschnitt 3.14 Abs. 8 S. 2 und Beispiel Buchst. b UStAE.

schenerwerber den Liefergegenstand, ist dieser zugleich Abnehmer der Vorlieferung und Lieferer seiner eigenen Lieferung.[73] In diesem Fall besteht nach § 3 Abs. 6 S. 6 UStG die widerlegbare Vermutung, dass die Vorlieferung an ihn die bewegte Lieferung ist.[74] Diese Vermutung kann widerlegt werden, indem der Zwischenerwerber nachweist, dass er nicht als Abnehmer sondern als Lieferant transportiert. Hiervon ist auszugehen, wenn er unter der Umsatzsteuer-Identifikationsnummer des Mitgliedstaates auftritt, in dem der Transport beginnt und er auf Grund der mit seinem Vorlieferanten und seinem Auftraggeber vereinbarten Lieferkonditionen Gefahr und Kosten des Transports übernommen hat.[75]

Im Gegensatz dazu kennt die **MwStSystRL** den Begriff des Reihengeschäftes nicht. Für derartige Umsätze existieren **keine Sonderregelungen,** es handelt sich vielmehr um eine Aneinanderreihung von (Einzel-)Lieferungen, für die die allgemeinen Regeln gelten.[76]

Die für die Steuerbefreiung bei innergemeinschaftlichen Lieferungen maßgebliche Vorschrift des **Art. 138 MwStSystRL** differenziert nicht zwischen ruhender und bewegter Warenlieferung. Maßgeblich ist nach dem Wortlaut der Vorschrift allein, dass die Lieferung in einem anderen Mitgliedstaat als dem des Beginns der Versendung oder Beförderung bewirkt wird. Im Rahmen der deswegen erforderlichen Ortsbestimmung wirkt sich die Unterscheidung aber mittelbar aus, da die insoweit maßgeblichen Vorschriften in Art. 31 MwStSystRL die nicht warenbewegte/ruhende und in Art. 32 MwStSystRL die warenbewegte Lieferung regeln.

Bereits in seiner Entscheidung vom 6.4.2006 stellte der EuGH[77] fest, dass zwei aufeinanderfolgende Lieferungen auch dann **getrennt zu beurteilen** sind, wenn sie nur zu einer einzigen (grenzüberschreitenden) Warenbewegung führen. Die zur innergemeinschaftlichen Warenbewegung führende **Beförderung oder Versendung** kann also nicht beiden sondern **nur einer der beiden Einzellieferungen** zugeordnet werden.[78] Damit bestätigte der EuGH den Regelungsgehalt des § 3 Abs. 6 Satz 5 UStG mit der Konsequenz, dass bei Reihengeschäften die Steuerbefreiung nur einer Lieferung zuzuordnen ist.

---

[73] Abschnitt 3.14 Abs. 9 S. 1 UStAE.

[74] *Birkenfeld* in Birkenfeld/Wäger Umsatzsteuerhandbuch § 64 Rn. 97, 31. Lfg./April 2003; *Nieskens* in Rau/Dürrwächter § 3 UStG Rn. 1902, 148. Lfg./Oktober 2011; *Flückinger* in Plückebaum/Widmann § 3 Abs. 6 UStG Rn. 69 ff, 188. Lfg./Oktober 2011.

[75] *Birkenfeld* in Birkenfeld/Wäger Umsatzsteuerhandbuch § 64 Rn. 98, 31. Lfg./April 2003; *Nieskens* in Rau/Dürrwächter § 3 UStG Rn. 1914, 148. Lfg./Oktober 2011; *Flückinger* in Plückebaum/Widmann § 3 Abs. 6 UStG Rn. 71, 188. Lfg./Oktober 2011; Abschnitt 3.14 Abs. 10 S. 2 UStAE.

[76] *Birkenfeld* in Birkenfeld/Wäger Umsatzsteuerhandbuch § 64 Rn. 26 ff, 31. Lfg./April 2003; *Nieskens* in Rau/Dürrwächter § 3 UStG Rn. 1641, 1671, 1923, 148. Lfg./Oktober 2011; *Flückinger* in Plückebaum/Widmann § 3 Abs. 7 UStG Rn. 3, 188. Lfg./Oktober 2011; zu einer möglichen unionsrechtlichen Normierung *Nieskens/Slapio* UR 2011, 573 (579).

[77] EuGH 6.4.2006 – Rs. C-254/04 *EMAG Handel Eder*, UR 2006, 342 Rn. 38.

[78] *Treiber* in Sölch/Ringleb § 6a UStG Rn. 25, 63. Lfg./April 2010; *Flückinger* in Plückebaum/Widmann § 3 Abs. 6 UStG Rn. 66, 188. Lfg./Oktober 2011.

26   Ist der **ersten der Lieferungen die Beförderung/Versendung zuzu-ordnen,** die Ortsbestimmung also nach Art. 32 MwStSystRL durchzuführen, führt dies zu einer innergemeinschaftlichen Lieferung. Die nachfolgende Lieferung wird nach Art. 31 der MwStSystRL im Mitgliedstaat der Ankunft dieser Versendung oder Beförderung erbracht. Ist hingegen der zweiten der Lieferungen die Beförderung/Versendung zuzuordnen und diese deswegen als steuerbefreite innergemeinschaftliche Lieferung zu behandeln, befindet sich der Ort der ersten Lieferung, die vor der Versendung/Beförderung erfolgt sein muss, nach Art. 31 der MwStSystRL im Mitgliedstaat des Beginns der Versendung und Beförderung. Im Ergebnis kommt es bei der Lieferung eines inländischen Unternehmers an einen im übrigen Gemeinschaftsgebiet ansässigen Unternehmer mit anschließender Weiterlieferung damit entweder zu einer steuerfreien innergemeinschaftlichen Lieferung mit folgendem steuerpflichtigem Umsatz im Bestimmungsstaat oder zu einem steuerpflichtigen Umsatz im Ausgangsstaat mit anschließender steuerfreier innergemeinschaftlicher Lieferung.

Im Urteil vom 16.12.2010 nimmt der EuGH[79] diese erforderliche **Zuordnung anhand sämtlicher Einzelumstände** vor, die die Feststellung ermöglichen, dass die Voraussetzungen einer innergemeinschaftlichen Lieferung erfüllt sind.[80] Hat der Zwischenerwerber die Absicht bekundet, die Waren in einen anderen Mitgliedstaat zu befördern und ist er deswegen mit seiner vom anderen Mitgliedstaat zugewiesenen Umsatzsteuer-Identifikationsnummer aufgetreten, konnte der Lieferant anhand der Angaben seines Vertragspartners davon ausgehen, dass er an diesen eine innergemeinschaftliche Lieferung tätigt. Die Beförderung ist also grundsätzlich der ersten Lieferung zuzurechnen, wenn der Lieferant seinen Verpflichtungen zum Nachweis der innergemeinschaftlichen Lieferung nachkommen kann. Findet hingegen die (Weiter-) Übertragung des Eigentums bzw. des Rechts, wie ein Eigentümer verfügen zu können, auf den Zweiterwerber ebenfalls vor der Warenbewegung im Ursprungsland statt und hat der erste Lieferant davon Kenntnis, kann die bewegte Lieferung und damit auch die Steuerbefreiung für eine innergemeinschaftliche Lieferung nicht mehr der ersten Lieferung zugeordnet werden.[81]

27   Dem steht nicht entgegen, dass der **zweite Abnehmer erkennbar an der Beförderung des Gegenstandes beteiligt** ist. Etwas anderes gilt nur, wenn der **Lieferant darüber informiert** worden ist, **dass sein Vertragspartner den Gegenstand, bevor er den Liefermitgliedstaat verlassen hat, an einen anderen Unternehmer weiterverkauft** hat und dieser deswegen die Beförderung als neuer Eigentümer durchführt. Unerheblich ist auch, dass die gelieferten Gegenstände letztlich aufgrund der Weiterveräußerung nicht an die Anschrift des Ersterwerbers befördert werden. Die Anwendung der Steuerbefreiung auf eine innergemeinschaftliche Lieferung setzt nur das Verbringen in einen anderen Mitgliedstaat voraus. Ohne Belang ist, an welcher konkreten Adresse die Beförderung abgeschlossen wird.

28   Im Gegensatz zu Abschnitt 3.14 Abs. 7 S. 1 UStAE, wonach die Zuordnung primär nach der Person erfolgt, die die Beförderung bzw. Versendung

---

[79] EuGH 16.12.2010 – Rs. C-430/09 *Euro Tyre Holding BV*, DStR 2011, 23.
[80] So auch BFH 11.8.2011 – V R 3/10, BFH/NV 2011, 2208; BFH 3.11.2011 – V B 53/11, BFH/NV 2012, 281.
[81] *Meurer* DStR 2011, 199.

des Gegenstandes innerhalb der Lieferkette durchführt, stellt die Rechtsprechung vorrangig auf die **Person des Unternehmers zu Beginn der Lieferkette** ab.[82] Maßgeblich ist nicht, wer tatsächlich den Transport der Ware veranlasst hat, sondern wer davon ausgehen konnte, eine steuerbefreite innergemeinschaftliche Lieferung zu erbringen.[83] Mit Abholung der Ware beim ersten Unternehmer wird die Befähigung, wie ein Eigentümer über die Ware verfügen zu können, auf den Zwischenerwerber übertragen. Diese Übertragung ist grundsätzlich der ersten Lieferung zuzurechnen. Diese erste Lieferung kann aber keine steuerbefreite innergemeinschaftliche Warenlieferung sein, wenn der Zwischenerwerber bereits vor Durchführung der Beförderung die Befähigung, wie ein Eigentümer verfügen zu können, auf den Zweiterwerber übertragen hat.[84] Konnte der erste Unternehmer in der Reihe aufgrund der Angaben seines Erwerbers – keine **Verwendung der Umsatzsteuer-Identifikationsnummer** des Abgangsmitgliedstaates – davon ausgehen, dass er es ist, der die Voraussetzungen der §§ 4 Nr. 1b und 6a UStG erfüllt, und kann er die in §§ 17a ff. UStDV für diese Lieferungen geregelten Buch- und Belegnachweise erbringen, führt er die bewegte und damit steuerbefreite Lieferung aus.

Dem liegt die Überlegung zugrunde, dass gleichzeitig für den Ersterwerber erkennbar ist, dass die Beförderung in das übrige Gemeinschaftsgebiet nicht seiner Lieferung zuzurechnen ist.[85] Etwas anderes gilt in den Fällen, in denen der Ersterwerber nicht seine eigene Umsatzsteuer-Identifikationsnummer sondern die des Zweiterwerbers mitgeteilt hat und der erste Unternehmer hierüber durch eine Bestätigungsabfrage informiert war.[86] Grundsätzlich unerheblich ist, wer die Beförderung oder Versendung ausführt, es sei denn der Zweiterwerber holt den Gegenstand beim Unternehmer ab und der Ersterwerber hat den Unternehmer im Vorfeld darüber informiert, dass er den Gegenstand der Lieferung an den Handelnden veräußert hat oder andere Umstände lassen nur den Rückschluss zu, dass der Zweiterwerber bereits der Eigentümer des Gegenstandes ist. Findet hingegen die (Weiter-)Übertragung des Eigentums bzw. des Rechts, wie ein Eigentümer verfügen zu können, auf den Zweiterwerber ebenfalls vor der Warenbewegung im Ursprungsland statt und hat der erste Lieferant davon Kenntnis, kann die bewegte Lieferung und damit auch die Steuerbefreiung für eine innergemeinschaftliche Lieferung nicht mehr der ersten Lieferung zugeordnet werden.[87] Ob der Ersterwerber dem ersten Lieferer vor der Beförderung oder Versendung den Weiterverkauf bzw. die Übertragung der Verfügungsbefugnis mitgeteilt hat, ist anhand einer

---

[82] *Von Streit* UR 2011, 161; *Sterzinger* UR 2011, 269; im Gegensatz dazu hält *Nieskens* in Rau/Dürrwächter § 3 UStG Rn. 1927, 148. Lfg./Oktober 2011 die deutsche Regelung mit den Ausführungen des EuGH in der Rechtssache Euro Tyre vereinbar.

[83] *Flückinger* in Plückebaum/Widmann § 3 Abs. 6 UStG Rn. 72, 188. Lfg./Oktober 2011.

[84] *Bürger* UR 2012, 941 (944).

[85] *Nieskens* in Rau/Dürrwächter § 3 UStG Rn. 1928, 148. Lfg./Oktober 2011.

[86] EuGH 27.9.2012 – Rs. C-587/10 *VSTR*, UR 2012, 832 Rn. 36f., Anm. *Burgmaier* UR 2012, 838; *Prätzler* DB 2012, 2654 (2658); zweifelnd *Bürger* UR 2012, 941 (944).

[87] *Meurer* DStR 2011, 199.

umfassenden Würdigung aller besonderer Umstände des Einzelfalles festzustellen.[88]

Diese Auslegung vereinfacht die Beurteilung entsprechender Sachverhalte erheblich, weil die nach nationalem Recht erforderliche **Unterscheidung entfällt, welche der drei Personen die Beförderung oder Versendung des Gegenstandes durchgeführt hat.** Eine Gefahr von Steuerausfällen ist damit nicht verbunden, weil der erste Abnehmer weiß, dass er seinen Folgeumsatz versteuern muss. Er hat eine Eingangsleistung ohne Umsatzsteuerausweis erhalten und dies durch die Verwendung seiner Umsatzsteuer – Identifikationsnummer verursacht. Will er diese Rechtsfolge vermeiden, weil er den Gegenstand im Inland an einen Dritten veräußert hat und deswegen an ihn keine innergemeinschaftliche Lieferung erfolgt ist, muss er den Ausgangslieferanten entsprechend aufklären. Unterlässt er dies, hat er in seinem Ansässigkeitsstaat zwingend die Folgelieferung zu versteuern.

3) innergemeinschaftliche Dreiecksgeschäfte

29   Unter einem **innergemeinschaftlichen Dreiecksgeschäft** iSd § 25b UStG sind solche Reihengeschäfte zu verstehen, in denen am Ende der Lieferkette drei unmittelbar nacheinander liefernde Unternehmer beteiligt sind, die mit ihren Umsatzsteuer-Identifikationsnummern aus drei verschiedenen Mitgliedstaaten auftreten und die Ware durch den ersten Lieferer oder den letzten Abnehmer von einem in einen anderen Mitgliedstaat transportiert worden ist.

Die Vereinfachungsvorschrift[89] des § 25b UStG enthält keine Sonderregelung über den Ort der Lieferung bei Reihen- oder Kettengeschäften.[90] Vielmehr bestimmt sich der Ort der Lieferung auch bei Vorliegen der Voraussetzungen des § 25b UStG nach § 3 Abs. 6 und Abs. 7 UStG. Die Bedeutung der Vorschrift besteht allein darin, dass nach § 25b Abs. 2 UStG die **Steuerschuldnerschaft für die letzte Lieferung der Zwischenperson,** also der erste Abnehmer innerhalb des Dreiecksgeschäfts, **auf den letzten Abnehmer verlagert** wird und der Erwerb der Zwischenperson im Bestimmungsland des letzten Abnehmers als besteuert gilt.[91] Dadurch wird erreicht, dass der Zwischenperson im Bestimmungsland, in dem sie nicht ansässig ist, keine Erklärungs- oder Zahlungspflichten entstehen, weil sie weder den von ihr bewirkten Erwerb noch die von ihr bewirkte Lieferung besteuern muss.[92] Zusätzliche Voraussetzung hierfür ist nach § 3d S. 2 2. HS UStG, dass er in seiner Zusammenfassenden Meldung, die er in dem Staat einzureichen hat, der ihm die von ihm verwendete Umsatzsteuer-Identifikationsnummer erteilt hat, die Lieferung unter Angabe der Identifikationsnummer seines Abnehmers und Hinweis auf die Anwendung von § 25b UStG wie eine innergemeinschaftliche Lieferung erklärt (§ 14a Abs. 7 UStG).

---

[88] BFH 11.8.2011 – V R 3/10, BFH/NV 2011, 2208; BFH 3.11.2011 – V B 53/11, BFH/NV 2012, 281; FG Rheinland-Pfalz 29.5.2012 – 3 K 2138/10, EFG 2012, 1968 (1971); *Bürger* UR 2012, 941 (943 f.).

[89] *Birkenfeld* in Birkenfeld/Wäger Umsatzsteuerhandbuch § 236a Rn. 11, 30. Lfg./ November 2002.

[90] *Wäger* UR 2001, 1.

[91] *Treiber* in Sölch/Ringleb § 25b UStG Rn. 10, 67. Lfg./März 2012; *Sterzinger* BC 2012, 361.

[92] *Robisch* in Bunjes UStG § 25b UStG Rn. 4, 2012.

4) Zusammenfassung

Damit sind bei einer Lieferung grundsätzlich die Voraussetzungen für ei- **30** nen steuerbaren Umsatz erfüllt.

bb) Sonstige Leistung iSd § 3 Abs. 9 UStG

Sonstige entgeltliche Leistungen iSd § 3 Abs. 9 UStG werden nach § 3a **31** Abs. 1 S. 1 UStG grundsätzlich an dem Ort erbracht, von dem der leistende Unternehmer sein Unternehmen betreibt.

1) Rechtslage bis zum 31.12.2009

Erbrachte der Unternehmer **bis zum 31.12.2009** leistungsspezifisch ausgerichtete sonstige entgeltliche Leistungen iSd § 3a Abs. 2 UStG, wurden diese grundsätzlich am jeweiligen **Leistungs- bzw. Tätigkeitsort** erbracht.

Unterfiel die **entgeltliche sonstige Leistung** dem Katalog des § 3a Abs. 4 UStG, galt diese grundsätzlich nach § 3a Abs. 3 S. 1 UStG als dort erbracht, wo der Empfänger sein Unternehmen betreibt, wenn er diese Leistung für sein Unternehmen bezieht.[93]

Damit lag der Ort der sonstigen Leistung nur im Inland, wenn es sich um eine unter den Anwendungsbereich der Grundregel des § 3a Abs. 1 UStG fallende sonstige entgeltliche Leistung handelte oder die Voraussetzungen des § 3a Abs. 2 UStG erfüllt waren.

2. Rechtslage ab dem 1.1.2010

Das Jahressteuergesetz 2009 vom 19.12.2008[94] setzt die grundlegende **32** Neuregelung der gemeinschaftsrechtlichen Vorschriften über den Ort der Dienstleistungen[95] um, die nach Art. 39 Abs. 9 JStG 2009 zum 1.1.2010 in Kraft getreten sind. Für nach dem 30.6.2011 ausgeführte Umsätze sind zudem die Art. 17 ff. der MwStVO[96] zu beachten.

Die Regelung des § 3a Abs. 2 UStG ersetzt bei Dienstleistungen an Unternehmer oder diesen gleichgestellten Personen das bisherige Sitzortprinzip durch das **Empfängerortprinzip** und führt dazu, dass zahlreiche sonstige Leistungen am Ort des Leistungsempfängers steuerbar sind, soweit es sich nicht um eine in § 3a Abs. 3 UStG aufgeführte leistungsspezifische Dienstleistung handelt, die am Ort der Leistung bzw. Tätigkeit erbracht wird.

Im Rahmen der neuen Vorschrift zur Ortsbestimmung ist **zwischen unternehmerischen und nichtunternehmerischen Leistungsempfängern**

---

[93] Zu diesem Tatbestandsmerkmal EuGH 6.11.2008 – Rs. C-291/07 *TRR*, DStRE 2008, 1519; BFH 10.12.1999 – XI R 62/06, BStBl. II 2010, 436 und *Monfort* DStR 2008, 2458.

[94] Art. 7 Nr. 2 des JStG 2009 v. 19.12.2008, BGBl. I 2008, 2794; zur Begründung siehe Bericht des Finanzausschusses v. 27.11.2008, BT-Drs. 16/11 108 S. 34.

[95] RL 2008/8/EG vom 12.2.2008, ABl. L 44/11 vom 20.2.2008 und RL 2008/9/EG vom 12.2.2008, ABl. L 44/23 vom 20.2.2008; zu den Einzelheiten BMF-Schreiben vom 4.9.2009, BStBl. I 2009, 1005.

[96] DVO (EU) Nr. 282/2011 v. 15.3.2011 zur MwStSystRL, ABl. EU v. 23.3.2011 Nr. L 77 S. 1; vgl. BMF 10.6.2011, BStBl. I 2011, 583; zu den Auswirkungen der DVO *Huschens* UVR 2011, 220; *Becker* UStB 2011, 144 u. 179; *Röhrbein/Kuffel* BB 2012, 415; *Monfort* UR 2012, 172.

zu differenzieren. Das bislang nur für die Katalogleistungen des § 3a Abs. 4 UStG aF geltende Empfängerortprinzip wird zum allgemeinen Grundsatz.

Sonstige Leistungen an einen Unternehmer (B2B Leistung, **Business-to-Business**) werden regelmäßig an dem Ort ausgeführt, an dem der Leistungsempfänger sein Unternehmen betreibt (**Empfängersitzprinzip,** § 3a Abs. 2 UStG). Das gilt für die Leistungserbringung sowohl gegenüber Unternehmern mit Sitz in der EU als auch mit Sitz im Drittland. Den Unternehmern gleichgestellt sind nicht unternehmerisch tätige juristische Personen (insb. des öffentlichen Rechts), soweit ihnen eine Umsatzsteuer-Identifikationsnummer erteilt wurde.[97]

33   Die Leistung muss **für den unternehmerischen Bereich des Leistungsempfängers** ausgeführt worden sein.[98] Die bisher bestehende Möglichkeit, für bestimmte innergemeinschaftliche sonstige Leistungen den Leistungsort durch Verwendung einer Umsatzsteuer-Identifikationsnummer zu verlagern, wurde abgeschafft.[99] Verwendet der Leistungsempfänger aber eine Umsatzsteuer-Identifikationsnummer, kann der Leistende davon ausgehen, dass die Leistung für den unternehmerischen Bereich bezogen wird.[100] Für den unternehmerischen Bereich bezogen sind auch Leistungen, die der Erbringung nicht steuerbarer Umsätze dienen.[101] Der Leistungsort liegt am Ort einer Betriebsstätte des Leistungsempfängers, wenn die Leistung an diese Betriebsstätte ausgeführt wird.[102]

Wird eine der Art nach in § 3a Abs. 2 UStG erfasste sonstige Leistung sowohl für den unternehmerischen als auch für den nichtunternehmerischen Bereich des Leistungsempfängers erbracht (**Mischleistung**), ist der Leistungsort einheitlich nach § 3a Abs. 2 UStG zu bestimmen.[103] Nur die Behandlung eines gemischt tätigen Unternehmers als Unternehmer – auch wenn er die bezogene Leistung ausschließlich im nichtunternehmerischen Bereich verwendet – führt zur erforderlichen Rechtsklarheit und Rechtssicherheit.[104] Andernfalls hätte der Leistende Schwierigkeiten zu erkennen, ob die Leistung im unternehmerischen oder nichtunternehmerischen Bereich verwendet wird.

34   Bei nach dem 31.12.2012 ausgeführten Leistungen,[105] die unter § 3a Absatz 2 S. 1 und 2 UStG fallen können, ihrer Art nach aber **mit hoher Wahrscheinlichkeit nicht für das Unternehmen** sondern für den privaten Gebrauch oder den Gebrauch durch das Personal des Unternehmers **bestimmt** sind, reicht die bloße Verwendung der Umsatzsteuer-Identifikationsnummer bzw. der belegte Status als Unternehmer allein nicht mehr aus, um die unter-

---

[97] Abschnitt 3a.2 Abs. 13 S. 1, Abs. 14 S. 1 UStAE.

[98] Abschnitt 3a.2 Abs. 1 S. 1, Abs. 8 S. 1 UStAE.

[99] Siehe dazu § 3a Abs. 2 Nr. 3 Buchst. c S. 2 und Nr. 4 S. 2, § 3b Abs. 3 S. 2, Abs. 4 S. 2, Abs. 5 S. 2 und Abs. 6 S. 2 UStG aF.

[100] Abschnitt 3a.2 Abs. 9 S. 4; Art. 18 Abs. 1 und 19 Abs. 2 MwStVO.

[101] Abschnitt 3a.2 Abs. 8 S. 2 UStAE.

[102] Abschnitte 3a.1 Abs. 3 und 3a.2 Abs. 4 UStAE.

[103] BMF-Schreiben vom 8.12.2009, BStBl. I 2009, 1612 Rz. 14; Abschnitt 3a.2 Abs. 8 S. 3 UStAE; Art. 19 Abs. 3 MwStVO.

[104] *Stadie* in Rau/Dürrwächter § 3a UStG nF Rn. 158, 144. Lfg./Obtober 2010; *Becker/Müller-Lee* UStB 2009, 320.

[105] BMF-Schreiben vom 30.11.2012, BStBl. I 2012, 1230.

nehmerische Verwendung der bezogenen Leistung nachzuweisen. Der leistende Unternehmer muss über zusätzliche Informationen verfügen, die eine Verwendung der sonstigen Leistung für die unternehmerischen Zwecke dieses Leistungsempfängers bestätigen. Ausreichend ist eine **Erklärung des Leistungsempfängers,** in der dieser bestätigt, **dass die bezogene sonstige Leistung für sein Unternehmen bestimmt ist.**[106]

Bei sonstigen Leistungen an Endverbraucher (Leistungen im B2C Bereich, **35** **Business-to-Consumer**) bleibt es grundsätzlich bei der Besteuerung am Ort des leistenden Unternehmers **(Unternehmer-Sitz-Prinzip).**[107] Hierunter fallen auch Leistungen iSd § 3 Abs. 9a UStG, die am Sitz des leistenden Unternehmers bzw. der jeweiligen Betriebsstätte des Unternehmers erbracht werden.[108]

Damit stehen die Regelungen zur **Steuerschuldnerschaft** iSd § 13b UStG im Zusammenhang.

Bei im Inland erbrachten sonstigen Leistungen ist der **leistende Unternehmer** der **Steuerschuldner,** wenn er im Inland ansässig ist. Ist der leistende Unternehmer im Ausland ansässig, schuldet der Leistungsempfänger nach § 13b Abs. 5 S. 1 UStG die Steuer, wenn er ein Unternehmer oder eine juristische Person ist.

Grundsätzlich schuldet der Unternehmer, der sonstige Leistungen im übrigen Gemeinschaftsgebiet ausführt, im jeweiligen EU-Mitgliedstaat die Umsatzsteuer.[109] Liegt aber der Ort der sonstigen Leistung nach § 3a Abs. 2 UStG im übrigen Gemeinschaftsgebiet und ist der leistende Unternehmer dort nicht ansässig, **schuldet der Leistungsempfänger die Umsatzsteuer,** wenn er in diesem EU-Mitgliedstaat als Unternehmer für Umsatzsteuerzwecke erfasst ist oder eine nicht steuerpflichtige juristische Person mit Umsatzsteuer-Identifikationsnummer ist.[110]

Ist der Leistungsempfänger ein Unternehmer im übrigen Gemeinschaftsgebiet, ist der Leistende vor diesem Hintergrund auch seit dem 1.1.2010 verpflichtet, in seiner **Zusammenfassenden Meldung** an das BZSt auch die im übrigen Gemeinschaftsgebiet ausgeführten sonstigen Leistungen, für die der im anderen Mitgliedstaat ansässige Empfänger die Steuer dort schuldet, anzugeben. Gem. § 18a Abs. 4 UStG sind die Angaben zu der grundsätzlich in elektronischer Form einzureichenden Zusammenfassenden Meldung zu innergemeinschaftlichen Warenlieferungen, innergemeinschaftliche sonstige Leistungen und innergemeinschaftliche Dreiecksgeschäfte zu erklären.

Maßgebliches **Abgrenzungskriterium** ist die **Verwendung einer Um- 36 satzsteuer-Identifikationsnummer** durch den Leistungsempfänger.[111] Ver-

---

[106] Abschnitt 3a.2 Abs. 11a UStAE.

[107] Art. 45 MwStSystRL und § 3a Abs. 1 UStG.

[108] Abschnitt 3 f.1 UStAE.

[109] Art. 193 MwStSystRL.

[110] Art. 196 MwStSystRL.

[111] Darüber hinaus ist die Angabe der Umsatzsteuer-Identifikationsnummer ein formelles Kriterium, das die Steuerfreiheit des Umsatzes nicht in Frage stellen kann, sofern die materiellen Voraussetzungen einer innergemeinschaftlichen Lieferung erfüllt sind; EuGH 6.9.2012, Rs. C-273/11 *Mecsek-Gabona KfT*, DStR 2012, 1917 mit Anm. *Beer/Streit* DStR 2012, 1922 = UR 2012, 796; Anm. *Maunz* UR 2012, 802; EuGH 27.9.2012, Rs. C-587/10, *VSTR*, UR 2012, 832; s. auch EuGH 21.10.2010, Rs.

wendet der Empfänger diese nicht, hat der leistende Unternehmer nachzufragen, ob eine solche Nummer erteilt worden ist.[112] Hat der leistende Unternehmer durch eine Bestätigungsabfrage iSd § 18e UStG die Gültigkeit der verwendeten Umsatzsteuer-Identifikationsnummer sowie den Namen und die Anschrift des Verwenders kontrolliert, ist der nachträglich bekannt gewordene Umstand unerheblich, dass der Leistungsempfänger tatsächlich nicht unternehmerisch tätig ist.[113]

Im Ergebnis werden unter die Grundregel fallende **unbestimmte Konzernumlagen**[114] nunmehr grundsätzlich **am Ort des Leistungsempfängers besteuert.** Das bislang nur für die sog. Katalogleistungen iSd § 3a Abs. 4 und 3 UStG aF geltende Empfängerortprinzip wird zum allgemeinen Grundsatz.[115]

Eine vom Unternehmer im Inland erbrachte Dienstleistung liegt nur noch vor, wenn sie unter den Anwendungsbereich der Vorschrift des § 3a Abs. 3 Nr. 1, 2, 3 Buchst. b und Nr. 5 UStG fällt.[116] Im Zusammenhang mit Verrechnungspreisen werden dies regelmäßig **Leistungen** sein, die **im Zusammenhang mit inländischen Grundstücken** erbracht werden (§ 3a Abs. 3 Nr. 1 UStG).

Keine Änderungen durch die neue Leistungsortbestimmung haben sich bei Leistungen im Zusammenhang mit einem Grundstück ergeben,[117] die – so wie bisher – **am Belegenheitsort des Grundstücks** als **ausgeführt** gelten. Die Auslegung des Grundstücksbegriffs hat gemeinschaftsrechtlich zu erfolgen,[118] weswegen der Steuerpflichtige sich nicht mit dem Zivilrecht der einzelnen Mitgliedstaaten auseinandersetzen muss. Gleichwohl bietet das Zivilrecht eine Grundlage zur erforderlichen Einordnung, wenngleich das Umsatzsteuerrecht über den zivilrechtlichen Begriff hinausgeht.[119]

37 Bei der Frage, ob eine **sonstige Leistung im Zusammenhang mit einem Grundstück** steht, vertritt die Rechtsprechung[120] – im Gegensatz zur Verwaltungsanweisung[121] – die Auffassung, dass eine „enge" Auslegung des Begriffes nicht gerechtfertigt ist. Relevant wird diese Abgrenzung bspw. bei der Frage, ob Zubehör eines Grundstücks dem Grundstücksbegriff zuzuordnen

---

C-385/09 *Nidera* UR 2011, 27 Rz. 50, wonach die Umsatzsteuer-Identifikationsnummer ein zu Kontrollzwecken dienendes Formerfordernis ist und EuGH 22.12.2010, Rs. C-438/09 *Dankowski* UR 2011, 435, Rz. 33 ff. – so bereits auch FG Köln 3.11.2010 – 4 K 4262/08, EFG 2011, 667.

[112] Abschnitt 3a.2 Abs. 7 S. 3 und 4 UStAE.

[113] Siehe auch Abschn. 3a.2 Abs. 9 S. 4 UStAE.

[114] *Jansen* UR 2008, 837; *Monfort* DStB 2008, 1261; *Wiemann* UStB 2009, 372; *Forster/Mühlbauer* DStR 2002, 1470.

[115] *Rüth* EU-UStB 2009, 7.

[116] Abschnitt 3a.2 Abs. 16 S. 1 UStAE.

[117] *Jansen* UR 2008, 837; *Keydel/Gohlke* UStB 2011, 106.

[118] EuGH 16.1.2003 – Rs. C-315/00 *Maierhofer* UR 2003, 86 und 189; Abschnitt 3a.3 Abs. 2 S. 2 UStAE.

[119] Bspw. sind Scheinbestandteile entgegen der zivilrechtlichen Beurteilung ebenfalls dem Grundstücksbegriff zuzuordnen, Abschnitt 3a.3 Abs. 4 S. 5 UStAE.

[120] EuGH 7.9.2006 – Rs. C-166/05 *Heger Rudi GmbH*, UR 2006, 632; BFH 24.11.1994 – V R 30/92, BStBl. II 1995, 151.

[121] Abschnitt 3a.3 Abs. 3 S. 1 UStAE.

ist.[122] Zwischen der Dienstleistung und dem fraglichen Grundstück muss aber ein **hinreichend enger Zusammenhang** bestehen, weil es der Systematik dieser Bestimmung widerspräche, wenn jede Dienstleistung schon allein deshalb in den Anwendungsbereich dieser Sonderregelung falle, weil sie einen, wenn auch sehr schwachen, Zusammenhang mit einem Grundstück aufweise, da viele Leistungen auf die eine oder andere Weise mit einem Grundstück verbunden sind.[123] Werden komplexe Dienstleistungen gegenüber einer Vielzahl von Empfängern erbracht, die mehrere Einzelleistungen umfassen, richtet sich die Ortsbestimmung nach § 3a Abs. 2 UStG, selbst wenn die jeweiligen Einzelleistungen an den Belegenheitsort eines Grundstückes anknüpfen.[124]

Viele der einzelnen Mitgliedstaaten hatten in ihrem nationalen Recht den **Begriff der Grundstücksleistungen** lediglich allgemein definiert.[125] Tendenziell erfolgte eine relativ „enge" Auslegung des Begriffes, weswegen in Standardfällen eine einheitliche Beurteilung erfolgte. In Einzelfällen war aber besonderer Augenmerk zu Sachverhalten mit Bezug auf Frankreich (sehr enge Auslegung des Grundstücksbegriffes) und Großbritannien (im Gegensatz dazu eher weitere Auslegung) zu legen.[126]

Nunmehr haben sich die EU-Mitgliedstaaten auf Unionsebene auf eine gemeinsame Auslegung beim Anwendungsbereich der Ortsregelung für Leistungen im Zusammenhang mit einem Grundstück nach **Art. 47 MwSt-SystRL** geeinigt.[127] Der im Nachgang durch das **BMF-Schreiben vom 18.12.2012**[128] geänderte **Abschnitt 3a.3 UStAE** soll die einheitliche Auslegung der Regelung gewährleisten und die Gefahr einer Doppelbesteuerung vermeiden. Diese Regelungen gelten für Umsätze, die nach dem 31.12.2012 ausgeführt werden.

Der **Grundstücksbegriff des Umsatzsteuerrechts** ist ein eigenständiger **38** Begriff des Unionsrechts, der in Abschnitt 3a.3 Abs. 2 S. 3 UStAE definiert ist. Unter einem Grundstück iSd § 3a Abs. 3 Nr. 1 UStG ist zu verstehen:

- ein bestimmter über- oder unterirdischer Teil der Erdoberfläche, an dem Eigentum und Besitz begründet werden kann,
- jedes mit oder in dem Boden über oder unter dem Meeresspiegel befestigte Gebäude oder jedes derartige Bauwerk, das nicht leicht abgebaut oder bewegt werden kann,

---

[122] S. dazu *Stadie* in Rau/Dürrwächter § 14 UStG Rn. 104, 145. Lfg./Februar 2011; *Birkenfeld* in Birkenfeld/Wäger Umsatzsteuerhandbuch § 161 Rn. 52, 36. Lfg./November 2004.

[123] EuGH 3.9.2009 – Rs. C-37/08 *RCI*, BFH/NV 2009, 1762; EuGH 7.9.2006 – Rs. C-166/05 *Heger GmbH*, UR 2006, 632; BFH 8.9.2011 – V R 42/10, BStBl. II 2012, 248; *Radeisen* in Hartmann/Metzenmacher § 3a UStG Rn. 349, Lfg. 1/12, Januar 2012.

[124] EuGH 9.3.2006, Rs. C-114/05 *Gillian Beach*, UR 2006, 350 zu den Veranstaltungsleistungen bei Messen und Ausstellungen; siehe insoweit auch Abschnitt 3a.4 UStAE.

[125] *Jansen* UR 2008, 837.

[126] *Keydel/Gohlke* UStB 2011, 106.

[127] Leitlinien aus der 93. Sitzung des Mehrwertsteuer-Ausschusses vom 1.7.2011, UR 2012, 919.

[128] BMF-Schreiben vom 18.12.2012, BStBl. I 2012, 1272.

- jede Sache, die einen wesentlichen Bestandteil[129] eines Gebäudes oder eines Bauwerks bildet, ohne die das Gebäude oder das Bauwerk unvollständig ist, wie zum Beispiel Türen, Fenster, Dächer, Treppenhäuser und Aufzüge,
- Sachen, Ausstattungsgegenstände oder Maschinen, die auf Dauer in einem Gebäude oder einem Bauwerk installiert sind, und die nicht bewegt werden können, ohne das Gebäude oder das Bauwerk zu zerstören oder zu verändern.

39 Diese **Begriffsbestimmung** des Grundstückes gilt nicht allgemein sondern **nur für Zwecke der Leistungsortbestimmung** nach § 3a Abs. 3 Nr. 1 UStG.

Die sonstige Leistung muss nach Sinn und Zweck der Vorschrift **in engem Zusammenhang mit einem Grundstück** stehen.

Nach dem **Unionsrecht** ist in folgenden Fällen davon auszugehen, dass die Dienstleistung in einem ausreichenden direkten Zusammenhang mit einem Grundstück steht:

- wenn sie von einem Grundstück abgeleitet sind und das Grundstück fester Bestandteil der Dienstleistung und für die betreffende Dienstleistung zentral und wesentlich ist
- wenn sie in Bezug auf ein Grundstück erbracht wird und eine rechtliche oder physische Veränderung an dem Grundstück bezweckt.

Davon in Einzelfällen abweichend ist nach der **Umsetzung im UStAE** von einem engen Zusammenhang auszugehen, wenn sich die sonstige Leistung nach den tatsächlichen Umständen überwiegend auf die Bebauung, Verwertung, Nutzung oder Unterhaltung des Grundstücks selbst bezieht.[130] Dazu gehört auch die **Eigentumsverwaltung,** die sich auf den Betrieb von Immobilien durch oder für den Eigentümer des Grundstücks bezieht mit Ausnahme des Portfolio-Management im Zusammenhang mit Eigentumsanteilen an Grundstücken.[131]

Der UStAE orientiert sich an der Systematik der Gliederung des § 3a Abs. 3 Nr. 1 UStG und teilt die **Beispiele für grundstücksbezogene Dienstleistungen** den Kategorien entsprechend zu:

- Vermietung und Verpachtung von Grundstücken, Abschnitt 3a.3 Abs. 4–6 UStAE
- Dienstleistungen im Zusammenhang mit der Veräußerung oder dem Erwerb von Grundstücken, Abschnitt 3a.3 Abs. 7 UStAE
- Dienstleistungen, die der Erschließung von Grundstücken oder der Vorbereitung, Koordinierung oder Ausführung von Bauleistungen dienen, Abschnitt 3a.3 Abs. 8 UStAE
- Beispiele, die den vorgenannten drei Kategorien nicht zugeordnet werden können, Abschnitt 3a.3 Abs. 9 UStAE
- Negativbeispiele, Abschnitt 3a.3 Abs. 10 UStAE.

---

[129] Dieser Begriff ist aber nicht iSd § 94 BGB zu verstehen. Fraglich ist deswegen insb., ob sämtliche Scheinbestandteile iSd § 95 BGB den unionsrechtlichen Grundstücksbegriff erfüllen, so *Stadie* in Rau/Dürrwächter § 3a UStG Rn. 279, 150. Lfg./ April 2012; differenzierend *Becker* UStB 2013, 84 (85).
[130] *Walkenhorst* UStB 2013, 45 (46).
[131] Abschnitt 3a.3 Abs. 3 S. 3 UStAE.

Als sonstige **Leistungen im Zusammenhang mit einem Grundstück** **40**
(§ 3a Abs. 3 Nr. 1 S. 2 UStG) zählen nach Abschnitt 3a.3 Abs. 4 S. 4 UStAE auch
- die Vermietung von Wohn- und Schlafräumen, die ein Unternehmer bereithält, um kurzfristig Fremde zu beherbergen,
- die Vermietung von Plätzen, um Fahrzeuge abzustellen,
- die Überlassung von Wasser- und Bootsliegeplätzen für Sportboote,[132]
- die kurzfristige Vermietung auf Campingplätzen,
- die entgeltliche Unterbringung auf einem Schiff, das für längere Zeit auf einem Liegeplatz befestigt ist,[133]
- die Überlassung von Wochenmarkt-Standplätzen an Markthändler,[134]
- die Einräumung des Nutzungsrechts an einem Grundstück oder einem Grundstücksteil einschließlich der Gewährung von Fischereirechten und Jagdrechten, der Benutzung einer Straße, einer Brücke oder eines Tunnels gegen eine Mautgebühr und der selbständigen Zugangsberechtigung zu Warteräumen auf Flugplätzen gegen Entgelt,
- die Umwandlung von Teilnutzungsrechten – sog. Timesharing – von Grundstücken oder Grundstücksteilen[135]
und
- die Überlassung von Räumlichkeiten für Aufnahme- und Sendezwecke von inländischen und ausländischen Rundfunkanstalten des öffentlichen Rechts untereinander.

Zu den in Abschnitt 3a.3 Abs. 8 UStAE geregelten sonstigen **Leistungen,** **41**
die der Erschließung von Grundstücken oder der Vorbereitung oder
der Ausführung von Bauleistungen iSd § 3a Abs. 3 Nr. 1 S. 2 Buchst. c
UStG dienen, gehören auch
- Wartungs-, Renovierungs- und Reparaturarbeiten an einem Gebäude oder an Gebäudeteilen einschließlich Abrissarbeiten, Verlegen von Fliesen und Parkett sowie Tapezieren, Errichtung von auf Dauer angelegten Konstruktionen, wie Gas-, Wasser- oder Abwasserleitungen,
- die Installation oder Montage von Maschinen oder Ausrüstungsgegenständen, soweit diese wesentliche Bestandteile des Grundstücks sind,
- Bauaufsichtsmaßnahmen,
- Leistungen zum Aufsuchen oder Gewinnen von Bodenschätzen,
- die Begutachtung und die Bewertung von Grundstücken, auch zu Versicherungszwecken und zur Ermittlung des Grundstückswerts,
- die Vermessung von Grundstücken, und
- die Errichtung eines Baugerüsts.

Nach Abschnitt 3a.3 Abs. 9 UStAE **stehen in engem Zusammenhang** **42**
mit einem Grundstück auch
- die Einräumung dinglicher Rechte, zB dinglicher Nießbrauch, Dienstbarkeiten, Erbbaurechte, sowie sonstige Leistungen, die dabei ausgeführt werden, zB Beurkundungsleistungen eines Notars;
- die Vermittlung von Vermietungen von Grundstücken, nicht aber die Vermittlung der kurzfristigen Vermietung von Zimmern in Hotels, Gaststätten

---

[132] BFH 8.10.1991 – V R 46/88, BStBl. II 1992, 368.
[133] BFH 7.3.1996 – V R 29/95, BStBl. II 1996, 341.
[134] BFH 24.1.2008 – V R 12/05, BStBl. II 2009, 60.
[135] EuGH 3.9.2009 – Rs. C-37/08 RCI Europe, BFH/NV 2009, 1762.

oder Pensionen, von Fremdenzimmern, Ferienwohnungen, Ferienhäusern und vergleichbaren Einrichtungen;

- die Lagerung von Gegenständen, wenn zur Lagerung ausschließlich ein ganz bestimmtes Grundstück oder ein bestimmter Grundstücksteil zwischen den Vertragspartnern festgelegt worden ist;
- die Reinigung von Gebäuden oder Gebäudeteilen;
- die Wartung und Überwachung von auf Dauer angelegten Konstruktionen, wie Gas-, Wasser- oder Abwasserleitungen;
- die Wartung und Überwachung von Maschinen oder Ausrüstungsgegenständen, soweit diese wesentliche Bestandteile des Grundstücks sind;
- grundstücksbezogene Sicherheitsleistungen.

43   Nach Abschnitt 3a.3 Abs. 10 UStAE stehen folgende Leistungen **nicht im Zusammenhang mit einem Grundstück,** sofern sie selbständige Leistungen sind:

- die Erstellung von Bauplänen für Gebäude und Gebäudeteile, die keinem bestimmten Grundstück oder Grundstücksteil zugeordnet werden können;
- die Installation oder Montage, Arbeiten an sowie Kontrolle und Überwachung von Maschinen oder Ausstattungsgegenständen, die kein wesentlicher Bestandteil eines Grundstücks sind bzw. werden;
- das Portfolio-Management in Zusammenhang mit Eigentumsanteilen an Grundstücken;
- der Verkauf von Anteilen und die Vermittlung der Umsätze von Anteilen an Grundstücksgesellschaften;
- die Veröffentlichung von Immobilienanzeigen, zB durch Zeitungen;
- die Finanzierung und Finanzierungsberatung im Zusammenhang mit dem Erwerb eines Grundstücks und dessen Bebauung;
- sonstige Leistungen einschließlich Beratungsleistungen, die die Vertragsbedingungen eines Grundstücksvertrags, die Durchsetzung eines solchen Vertrags oder den Nachweis betreffen, dass ein solcher Vertrag besteht, sofern diese Leistungen nicht mit der Übertragung von Rechten an Grundstücken zusammenhängen, zB die Rechts- und Steuerberatung in Grundstückssachen;
- die Planung, Gestaltung sowie der Aufbau, Umbau und Abbau von Ständen im Zusammenhang mit Messen und Ausstellungen;[136]
- die Lagerung von Gegenständen auf einem Grundstück, wenn hierfür zwischen den Vertragsparteien kein bestimmter Teil eines Grundstücks zur ausschließlichen Nutzung festgelegt worden ist;
- Werbeleistungen, selbst wenn sie die Nutzung eines Grundstücks einschließen;
- das Zurverfügungstellen von Gegenständen oder Vorrichtungen, mit oder ohne Personal für deren Betrieb, mit denen der Leistungsempfänger Arbeiten im Zusammenhang mit einem Grundstück durchführt (zB Vermietung eines Baugerüsts), wenn der leistende Unternehmer mit dem Zurverfügungstellen keinerlei Verantwortung für die Durchführung der genannten Arbeiten übernimmt.

---

[136] EuGH 27.10.2011 – Rs. C-530/09 *Inter Mark Group*, BStBl. II 2012, 160.

Aufgrund der einheitlichen Umsetzung des Mehrwertsteuergesetzes im ge- **44** samten Gemeinschaftsgebiet findet grundsätzlich das **Bestimmungsland prinzip** bei den B2B-Leistungen Anwendung.

Deswegen liegen grundsätzlich **im Inland steuerbare sonstige Leistun gen** vor, wenn ein im übrigen Gemeinschaftsgebiet ansässiger Unternehmer eine sonstige Leistung an ein inländisches Unternehmen erbringt. Im Falle einer Steuerpflicht des Umsatzes kommt es grundsätzlich zu einer **Verlage rung der Steuerschuldnerschaft** nach § 13b Abs. 1 UStG auf den Emp fänger der sonstigen Leistung (§ 13b Abs. 5 Satz 1 UStG).

Nach § 3f UStG werden **unentgeltliche Lieferungen oder sonstige** **45** **Leistungen** an dem Ort ausgeführt, von dem aus der Unternehmer sein Un ternehmen betreibt. Änderungen hinsichtlich des Ortes der unentgeltlichen sonstigen Leistungen und des § 3f UStG haben sich durch das Jahressteuerge setz 2009 nicht ergeben.

Diese **Vorschrift** ist deswegen im Regelfall bei unentgeltlichen sonstigen Leistungen **nicht anwendbar,** weil aufgrund der unternehmerischen Grün de für die sonstige Leistung die Tatbestandsvoraussetzungen des § 3 Abs. 9a UStG nicht erfüllt sind.[137]

3. Innergemeinschaftlicher Erwerb

Liefert ein Unternehmer einen Gegenstand aus dem Gebiet eines Mit- **46** gliedstaats (Ursprungs-, Herkunfts-, Käufer- oder Ausgangsmitgliedstaat) in das Gebiet eines anderen Mitgliedstaats (Bestimmungs- oder Käuferland) an einen Unternehmer oder an eine nichtunternehmerisch tätige juristische Per son, ist diese Lieferung grundsätzlich im Bestimmungsland zu besteuern **(Be stimmungslandprinzip).**[138]

Dieses Besteuerungsprinzip wird seit dem 1.1.1993 nicht mehr durch die Einfuhrumsatzsteuer sondern durch die **Besteuerung des innergemein schaftlichen Erwerbs** (§ 1a UStG) bewirkt. Steuerschuldner ist der Erwer ber (§ 13 Abs. 2 Nr. 2 UStG) und nicht der Lieferant. Die Vorschrift be zweckt daher im Bereich des innergemeinschaftlichen Handels auch nach Einführung des Binnenmarktes und dem damit verbundenen Wegfall der Einfuhrumsatzsteuer für diese Umsätze – vorerst – eine Verlagerung der Be steuerung in den Mitgliedstaat des Endverbrauchs[139] und damit eine Beibe haltung des Bestimmungslandprinzips.

Die **Steuerfreiheit der innergemeinschaftlichen Lieferung** ist mit der **47** **Steuerbarkeit des innergemeinschaftlichen Erwerbs** untrennbar ver bunden (§ 6a Abs. 1 Nr. 3 UStG).[140] Die Besteuerung des innergemeinschaft lichen Erwerbs korrespondiert systematisch mit der Steuerfreiheit der inner-

---

[137] S. oben Kapitel I Rn. 19.

[138] *Schwarz* in Vogel/Schwarz § 1a UStG Rn. 3, 151. Lfg./Juni 2010.

[139] EuGH 27.9.2007, Rs. C-409/04 *Teleos*, UR 2007, 774; EuGH 27.9.2009, Rs. C-184/05 *Twoh International*, BStBl. II 2009, 83; EuGH 22.4.2010, Rs. C-536/08, C-539/08, *X und Facet Trading*, UR 2010, 418; EuGH 7.12.2010, Rs. C-285/09, R, BStBl. II 2011, 846.

[140] EuGH 27.9.2007, Rs. C-409/04 *Teleos*, UR 2007, 774; BFH 17.2.2011, V R 30/10, BStBl. II 2011, 769.

gemeinschaftlichen Lieferungen.[141] Allerdings gehört zu den Voraussetzungen einer innergemeinschaftlichen Lieferung, dass der Erwerb des Gegenstands der Lieferung beim Abnehmer im anderen Mitgliedstaat der Erwerbsbesteuerung unterliegt.[142] Diese Voraussetzung ist auch erfüllt, wenn der innergemeinschaftliche Erwerb im anderen Mitgliedstaat steuerfrei ist oder dort dem Nullsatz (Steuerbefreiung mit Vorsteuerabzug) unterliegt.[143] Indem im Ausgangsmitgliedstaat die im Wege des innergemeinschaftlichen Versands oder der innergemeinschaftlichen Beförderung erfolgende Lieferung steuerbefreit ist, der Vorsteuerabzug gewährt wird und der Bestimmungsmitgliedstaat den innergemeinschaftlichen Erwerb besteuert, ist eine klare Abgrenzung der Steuerhoheit der betroffenen Staaten gewährleistet (Grundsatz der Territorialität).[144] Darüber hinaus wird verhindert, dass ein letztlich einheitlicher Veräußerungsvorgang sowohl beim Veräußerer als auch beim Erwerber versteuert wird (Grundsatz der Neutralität).[145] Nicht erforderlich ist aber, dass der Erwerb des Gegenstands im Bestimmungsland tatsächlich besteuert wird.[146]

Umgekehrt ist die **Steuerbarkeit des** innergemeinschaftlichen **Erwerbs nicht von der Steuerbefreiung der innergemeinschaftlichen Lieferung abhängig.**[147] Entfällt bspw. die Steuerfreiheit der Lieferung wegen unzureichender Aufzeichnungen und kann der Lieferant nicht nachweisen, dass die Tatbestandsvoraussetzungen für eine Steuerbefreiung erfüllt sind, bleibt die Steuerbarkeit des Erwerbs davon unberührt. Ein Lieferant kann die Steuerbefreiung für eine innergemeinschaftliche Lieferung nicht aufgrund des objektiven Nachweises ihrer Voraussetzungen in Anspruch nehmen, wenn er und der Erwerber durch kollusives Zusammenwirken die Identität des Abnehmers der innergemeinschaftlichen Lieferung verschleiern, um diesem im Bestimmungsmitgliedstaat eine Mehrwertsteuerhinterziehung durch Umgehung der Erwerbsbesteuerung zu ermöglichen.[148] Beide Tatbestände werden zeitgleich verwirklicht und sind eigenständige Steuerfestsetzungen. Insb. entfaltet die Entscheidung über die Steuerfreiheit der Lieferung **keine Bindungswirkung** für die Entscheidung über den innergemeinschaftlichen Erwerb.[149]

a) Tatbestandsvoraussetzungen

48   § 1a UStG regelt die näheren Tatbestandsmerkmale des innergemeinschaftlichen Erwerbs (§ 1 Abs. 1 Nr. 5 UStG). **Grundtatbestand** ist der Erwerb

---

[141] *Grünwald* in Hartmann/Metzenmacher § 1a UStG Rn. 28, Lfg. 4/10, Juni 2010.

[142] *Schwarz* in Vogel/Schwarz § 1a UStG Rn. 23, 151. Lfg./Juni 2010; Abschnitt 6a.1 Abs. 16 S. 1 UStAE.

[143] Abschnitt 6a.1 Abs. 18 S. 4 UStAE.

[144] EuGH 6.4.2006, Rs. C-245/04 *EMAG Handel Eder*, UR 2006, 342; EuGH 7.12.2010, Rs. C-285/09 R, UR 2011, 15.

[145] *Hölzle* DStR 2011, 602.

[146] Abschnitt 6a.1 Abs. 18 S. 3 UStAE.

[147] *Meyer* in Offerhaus/Söhn/Lange § 1a UStG Rn. 10, 214. Lfg./Oktober 2010; *Stadie* in Rau/Dürrwächter § 1a UStG Rn. 9, 141. Lfg./Januar 2010.

[148] EuGH 7.12.2010, Rs. C-285/09 R, UR 2011, 15; BFH 17.2.2011, V R 30/10, BStBl. II 2011, 769; BFH 11.8.2011, V R 19/10, BStBl. II 2012, 156; BFH 11.8.2011, V R 50/09, BStBl. II 2012, 151.

[149] *Grünwald* in Hartmann/Metzenmacher § 1a UStG Rn. 74, Lfg. 4/10, Juni 2010.

eines Gegenstands durch Lieferung aus einem anderen Mitgliedstaat in das Inland (§ 1a Abs. 1 UStG). Der innergemeinschaftliche Erwerb muss an einen bestimmten Erwerber (§ 1a Abs. 1 Nr. 2, Abs. 3 UStG) durch einen bestimmten Lieferanten (§ 1a Abs. 1 Nr. 3 UStG) erfolgen.[150] Danach liegt ein innergemeinschaftlicher Erwerb unter folgenden Voraussetzungen vor.[151]

Ein **Gegenstand** muss bei einer **Lieferung**[152] gegen Entgelt[153] an den Abnehmer **aus dem übrigen Gemeinschaftsgebiet in das Inland** oder in die in § 1 Abs. 3 UStG bezeichneten Gebiete gelangen.[154] Der Lieferer kann den Gegenstand zuvor aus dem Drittlandsgebiet in das Gemeinschaftsgebiet eingeführt haben (§ 1a Abs. 1 Nr. 1 UStG).[155] Der innergemeinschaftliche Erwerb setzt immer eine körperliche Warenbewegung ins Inland voraus. Irrelevant für die Besteuerung ist, welche Gebiete der Gegenstand auf dem Weg vom Ursprungs- zum Bestimmungsland passiert. Vorausgesetzt wird nur, dass die Warenbewegung, die in einem anderen Mitgliedstaat beginnt, im Inland oder in den in § 1 Abs. 3 UStG bezeichneten Gebieten endet.

Der Abnehmer (= **Erwerber**) muss ein **Unternehmer,** der den Gegen-   **49** stand für sein Unternehmen erwirbt, oder eine juristische Person sein.[156] Die juristische Person muss weder ein Unternehmer sein noch den Gegenstand für ihr Unternehmen erwerben (§ 1a Abs. 1 Nr. 2 UStG). Da der Abnehmer bereits zu Beginn der Lieferung bestimmt sein muss, kann der Liefervertrag an den bestimmten Abnehmer nur im Wege einer Versendungs- oder Beförderungslieferung erfüllt werden.

Die Lieferung an den Erwerber muss durch einen **Unternehmer** im Rahmen seines Unternehmens ausgeführt werden. Diese Lieferung darf nicht aufgrund einer Sonderregelung für Kleinunternehmer steuerbefreit sein (§ 1a Abs. 1 Nr. 3 UStG).[157]

§ 1a Abs. 3–5 UStG enthalten **Ausnahmen** von diesen allgemeinen Regeln der Erwerbsbesteuerung.[158] Nach § 1a Abs. 3 UStG unterliegen Lieferungen und unternehmerisches Verbringen für einen bestimmten Personenkreis nicht der Erwerbsbesteuerung, sofern die Erwerbe die **Erwerbsschwelle** von 12 500 € im Kalenderjahr nicht überschreiten. Dieser Personenkreis kann je-

---

[150] *Sterzinger* in Birkenfeld/Wäger, Umsatzsteuerhandbuch, § 37 Rn. 71, 61. Lfg./Februar 2013.

[151] *Schwarz* in Vogel/Schwarz § 1a UStG Rn. 32, 151. Lfg./Juni 2010; *Schwarz* in Plückebaum/Widmann § 1a UStG Rn. 32; 181. Lfg./Juni 2010.

[152] *Sterzinger* in Birkenfeld/Wäger, Umsatzsteuerhandbuch, § 37 Rn. 81 ff., 61. Lfg./Februar 2013.

[153] Unentgeltliche Lieferungen führen zu keinem innergemeinschaftlichen Erwerb, *Sterzinger* in Birkenfeld/Wäger, Umsatzsteuerhandbuch, § 37 Rn. 222, 61. Lfg./Februar 2013.

[154] *Sterzinger* in Birkenfeld/Wäger, Umsatzsteuerhandbuch, § 37 Rn. 111, 61. Lfg./Februar 2013.

[155] *Sterzinger* in Birkenfeld/Wäger, Umsatzsteuerhandbuch, § 37 Rn. 131, 61. Lfg./Februar 2013.

[156] *Sterzinger* in Birkenfeld/Wäger, Umsatzsteuerhandbuch, § 37 Rn. 155, 61. Lfg./Februar 2013.

[157] *Sterzinger* in Birkenfeld/Wäger, Umsatzsteuerhandbuch, § 37 Rn. 201, 61. Lfg./Februar 2013.

[158] *Schwarz* in Vogel/Schwarz § 1a UStG Rn. 35, 151. Lfg./Juni 2010; *Schwarz* in Plückebaum/Widmann § 1a UStG Rn. 35, 181. Lfg./Juni 2010.

doch zur Erwerbsbesteuerung **optieren** (§ 1a Abs. 4 UStG). Die Erwerbs-schwellenregelung gilt nicht für den **Erwerb neuer Fahrzeuge und ver-brauchsteuerpflichtiger Waren** (§ 1a Abs. 5 UStG).

b) Innergemeinschaftlicher Erwerb durch Schwellenerwerber

50   Für bestimmte Erwerber, die die Voraussetzungen für einen Erwerb nach § 1a Abs. 1 und 2 UStG erfüllen, tritt eine Erwerbsteuerpflicht nicht ein, wenn sie die **Erwerbschwelle** nicht überschreiten und nicht für die Erwerbsbesteuerung optiert haben. Diese Erwerber werden wie Privatpersonen behandelt, für die im innergemeinschaftlichen Warenverkehr das **Ursprungs-landprinzip** gilt.[159] Das bedeutet, dass die Warenbezüge mit der Umsatzsteuer des Ausgangsmitgliedstaates belastet bleiben und dass ein Umsatzsteuerausgleich nicht erfolgt, obwohl die Gegenstände in das Bestimmungsland verbracht und dort auch weitergeliefert werden.[160]

Juristische Personen, die für ihren nichtunternehmerischen Bereich Waren beziehen, Unternehmer, die ausschließlich steuerfreie Umsätze tätigen, die nicht zum Vorsteuerabzug berechtigen, Kleinunternehmer iSd § 19 Abs. 1 UStG oder pauschal versteuernde Land- und Forstwirte iSd § 24 UStG unterliegen der Erwerbsbesteuerung, wenn dieser Personenkreis den Gesamtbetrag der Entgelte für alle Erwerbe in Höhe von **12 500 €** im vorangegangenen Kalenderjahr überschritten hat bzw. voraussichtlich im laufenden Kalenderjahr überschreiten wird. Die von den jeweiligen Mitgliedstaaten festgelegten Schwellenwerte beziehen sich auf den **Gesamtumfang aller Warenbezüge aus dem übrigen Gemeinschaftsgebiet.**[161] Diese ist **unternehmensbezogen.** Schließen sich daher mehrere Personen zu einer Personengesellschaft zusammen, welche nach außen als Unternehmerin auftritt, multipliziert sich nicht die Erwerbsschwelle entsprechend der Zahl ihrer Mitglieder.[162]

51   Der in § 1a Abs. 3 Nr. 1 UStG genannte Abnehmerkreis kann auch bei Nichtüberschreiten der Erwerbsschwelle **zur Erwerbsteuerpflicht optieren.** In diesem Fall wendet der Erwerber die Erwerbsbesteuerung freiwillig an, obwohl er die Erwerbsschwelle des § 1a Abs. 3 Nr. 2 UStG nicht überschreitet. Ist die Umsatzsteuer des anderen Mitgliedstaates höher als die deutsche Erwerbsteuer, ist der deutsche Schwellenerwerber daran interessiert, durch einen Verzicht auf die Anwendung der Erwerbsschwelle einen geringeren Steuerbetrag zu zahlen, zumal diese mangels Vorsteuerabzugsberechtigung nicht abgezogen werden kann und deswegen für ihn einen Kostenfaktor darstellt.[163]

---

[159] *Sterzinger* in Birkenfeld/Wäger, Umsatzsteuerhandbuch, § 37 Rn. 351, 61. Lfg./ Februar 2013.

[160] *Schwarz* in Vogel/Schwarz § 1a UStG Rn. 218, 151. Lfg./Juni 2010; *Schwarz* in Plückebaum/Widmann § 1a UStG Rn. 218, 181. Lfg./Juni 2010.

[161] Abschnitt 3c.1 Abs. 2 S. 4 UStAE enthält eine Übersicht zu den von den übrigen Mitgliedstaaten festgelegten Schwellenwerten.

[162] *Sterzinger* in Birkenfeld/Wäger, Umsatzsteuerhandbuch, § 37 Rn. 405, 61. Lfg./ Februar 2013.

[163] *Grünwald* in Hartmann/Metzenmacher § 1a UStG Rn. 114, Lfg. 4/10, Juni 2010; *Schwarz* in Plückebaum/Widmann § 1a UStG Rn. 238, 181. Lfg./Juni 2010; *Schwarz* in Vogel/Schwarz § 1a UStG Rn. 238, 151. Lfg./Juni 2010.

Diese Option zur Erwerbsteuer ist auch bei kleineren, aber regelmäßigen Warenbezügen aus EU-Mitgliedstaaten mit hohen Umsatzsteuersätzen **wirtschaftlich vorteilhafter,** weil die definitive Steuerbelastung bei dem o. g. Abnehmerkreis auf den häufig günstigeren deutschen Umsatzsteuersatz heruntergeschleust wird.[164]

Die Ausübung der Option erfolgt durch die **Verwendung der erteilten** 52 **Umsatzsteuer-Identifikationsnummer.** Mit der Beantragung einer Umsatzsteuer-Identifikationsnummer, ihrer Verwendung im Geschäftsverkehr mit den EU-Lieferanten und der Abgabe der entsprechenden Umsatzsteuer-Voranmeldung ist die Option wirksam ausgeübt worden. Die Vorschrift des § 1a Abs. 4 UStG ist mit Wirkung zum 1.1.2011[165] präzisiert worden,[166] um missbräuchliche Verwendungen der Umsatzsteuer-Identifikationsnummer bei Unterschreitung der Erwerbsschwelle zu unterbinden.[167]

Die Ausübung der Option **bindet** den Erwerber mindestens **für zwei Kalenderjahre** (§ 1a Abs. 4 S. 2 UStG) Dies sind das Jahr, für das der Verzicht ausgesprochen wird und das darauf folgende Jahr. Sofern der Optierende nicht ausdrücklich widerruft, gilt die Verzichtserklärung darüber hinaus.[168]

Der **Verzicht** auf die Anwendung der Erwerbsschwelle **gilt für sämtliche** innergemeinschaftliche **Erwerbe** des Schwellenerwerbers im Kalenderjahr.[169] Es ist nicht möglich, nur bei einzelnen Umsätzen oder bei einzelnen Erwerben aus Ländern mit höheren Steuersätzen als in Deutschland den Verzicht zu erklären.[170]

c) Ort des innergemeinschaftlichen Erwerbs

Die Regelung des § 3d S. 2 UStG beinhaltet eine **Besonderheit zum** 53 **Leistungsort** beim innergemeinschaftlichen Erwerb. Verwendet der Erwerber gegenüber dem Lieferer eine ihm von einem anderen Mitgliedstaat – als von dem, in dem sich der Gegenstand am Ende der Beförderung bzw. Versendung befindet – erteilte Umsatzsteuer-Identifikationsnummer, gilt der Erwerb so lange in diesem Mitgliedstaat als bewirkt, bis der Erwerber eine Besteuerung im Bestimmungsland nachweist **(auflösend bedingte Doppelbesteuerung).**

Die Erwerbsteuer für den innergemeinschaftlichen Erwerb **entsteht in beiden Mitgliedstaaten** gleichzeitig (§ 13 Abs. 1 Nr. 6 UStG). Die Steuer entsteht sowohl in dem Mitgliedstaat, in dem sich der Gegenstand am Ende der Beförderung oder Versendung befindet (§ 3d S. 1 UStG), als auch in dem Mitgliedstaat, der die Umsatzsteuer-Identifikationsnummer erteilt hat, die der Erwerber verwendet hat (§ 3d S. 2 UStG). § 3d S. 2 UStG ist keine Ausnah-

---

[164] *Sterzinger* in Birkenfeld/Wäger, Umsatzsteuerhandbuch, § 37 Rn. 432, 61. Lfg./ Februar 2013.

[165] Art. 32 Abs. 5 des JStG 2010 v. 8.12.2010, BGBl I 2010, 1768.

[166] Art. 4 Nr. 2 des JStG 2010 v. 8.12.2010, BGBl I 2010, 1768.

[167] *Mößlang* in Sölch/Ringleb § 1a UStG Rn. 30, 67. Lfg./März 2012; Begründung zum Gesetzentwurf der Bundesregierung vom 22.6.2010, BT-Drs. 17/2249, 121.

[168] *Mößlang* in Sölch/Ringleb § 1a UStG Rn. 31, 67. Lfg./März 2012.

[169] *Schwarz* in Vogel/Schwarz § 1a UStG Rn. 239, 151. Lfg./Juni 2010.

[170] *Sterzinger* in Birkenfeld/Wäger, Umsatzsteuerhandbuch, § 37 Rn. 438, 61. Lfg./ Februar 2013; *Schwarz* in Plückebaum/Widmann § 1a UStG Rn. 239, 181 Lfg./Juni 2010.

meregelung, die die Grundaussage des § 3d S. 1 UStG verdrängt[171] – die Rechtsfolge des § 3d S. 2 UStG ist vielmehr nur subsidiär und auflösend bedingt.[172]

Die vom Unternehmer bis zum Nachweis der Besteuerung der Erwerbe im Mitgliedstaat des Endes der Beförderung **in dem Mitgliedstaat der verwendeten Umsatzsteuer-Identifikationsnummer geschuldete Steuer** für den innergemeinschaftlichen Erwerb darf der Unternehmer aber **nicht als Vorsteuer abziehen.** § 15 Abs. 1 Nr. 3 UStG, wonach der Unternehmer die Steuer für den innergemeinschaftlichen Erwerb von Gegenständen für sein Unternehmen als Vorsteuer abziehen darf, gilt **nur für den Regelfall des innergemeinschaftlichen Erwerbs** (Ende der Beförderung im Inland), nicht aber für den Fall, dass der Erwerber gegenüber dem Veräußerer seine inländische Umsatzsteuer-Identifikationsnummer verwendet hat, die Beförderung aber in einem anderen Mitgliedstaat endet.[173]

54 Der vor diesem Hintergrund zu weit gefasste Wortlaut des § 15 Abs. 1 S. 1 Nr. 3 UStG ist unter Berücksichtigung des Zwecks der Bestimmungen über den innergemeinschaftlichen Erwerb einschränkend in dem Sinn auszulegen **(teleologische Reduktion),** dass die Steuer für innergemeinschaftliche Erwerbe nicht als Vorsteuer abgezogen werden kann, wenn sie nur wegen der Verwendung einer inländischen Umsatzsteuer-Identifikationsnummer entstanden ist.[174] Der Entwurf des Jahressteuergesetzes 2013[175] schränkt den Vorsteuerabzug aus dem innergemeinschaftlichen Erwerb von Gegenständen nach § 15 Abs. 1 S. 1 Nr. 3 UStG auf solche Fälle ein, in denen der innergemeinschaftliche Erwerb nach § 3d S. 1 UStG in Deutschland bewirkt wird, da in Deutschland die Beförderung oder Versendung tatsächlich endet.

Da die Erwerbsteuer in den Fällen des § 3d S. 2 UStG nicht als Vorsteuer abgezogen werden kann, ist die daraus resultierende **Doppelbesteuerung in sämtlichen Fällen durch § 17 Abs. 2 Nr. 4 UStG aufzulösen.**[176] Der (erste) Erwerber kann und muss die Belastung mit Umsatzsteuer (Versteuerung des Erwerbs und fehlender Vorsteuerabzug) vermeiden, indem er den Nachweis nach § 3d S. 2 UStG führt und so die Bemessungsgrundlage gem. § 17 Abs. 2 Nr. 4 UStG mindert.[177] Deswegen muss der Unternehmer bei seinen

---

[171] *Stadie* in Rau/Dürrwächter § 3d UStG Rn. 18, 141. Lfg./Januar 2010; *Kossack* in Offerhaus/Söhn/Lange § 3d UStG Rn. 10, 242. Lfg./Juni 2011; *Bülow* in Vogel/Schwarz § 3d UStG Rn. 12, 126. Lfg./Juni 2005; andere Ansicht *Keil* DStR 1996, 321 (323); *Ammann* DStR 1993, 705.

[172] *Sterzinger* in Birkenfeld/Wäger, Umsatzsteuerhandbuch, § 85 Rn. 87, 58. Lfg./März 2012; *Bülow* in Vogel/Schwarz § 3d UStG Rn. 12, 126. Lfg./Juni 2005.

[173] BFH 1.9.2010 – V R 39/08, BStBl. II 2011, 658; BFH 8.9.2010 – XI R 40/08, BStBl. II 2011, 661; Abschnitt 15.10 Abs. 2 S. 2 UStAE.

[174] *Sterzinger* in Birkenfeld/Wäger, Umsatzsteuerhandbuch, § 85 Rn. 87.2, 58. Lfg./März 2012; BMF-Schreiben vom 7.7.2011, BStBl. I 2011, 739.

[175] Beschluss des Bundestages über den Entwurf eines Jahressteuergesetzes 2013, BT-DRs. 17/10000.

[176] Da nach der bisherigen Rechtsauffassung die Erwerbsteuer grundsätzlich als Vorsteuer abzugsfähig war, bestand die Gefahr einer unzutreffenden Doppelbesteuerung nur in solchen Fällen, in denen die Erwerbsteuer nicht oder nur mit zeitlicher Verzögerung abziehbar war; vgl. *Wagner* UVR 2010, 220 (224); *Langer* DB 1992, 340.

[177] *Kossack* in Offerhaus/Söhn/Lange § 3d UStG Rn. 10, 14, 242. Lfg./Juni 2011.

innergemeinschaftlichen Erwerben unterscheiden, ob es sich um einen originären Erwerb in Deutschland handelt (Ende der Beförderung im Inland, § 3d S. 1 UStG) oder um einen Erwerb nach § 3d S. 2 UStG (Ende der Beförderung in einem anderen Mitgliedstaat, aber Verwendung der deutschen Umsatzsteuer-Identifikationsnummer).

Grundsätzlich nicht geregelt ist, wie der erforderliche **Nachweis der Be-**   **55** **steuerung** des innergemeinschaftlichen Erwerbs im Bestimmungsmitgliedstaat zu führen ist,[178] insb. wenn der Unternehmer sämtliche innergemeinschaftlichen Erwerbe eines Besteuerungszeitraums – saldiert – der Umsatzbesteuerung unterwirft.[179] Da bei den innergemeinschaftlichen Erwerben in den Voranmeldungen bzw. in der Jahreserklärung nur der Gesamtbetrag der innergemeinschaftlichen Umsätze anzugeben ist, kann der Nachweis nicht allein durch die Vorlage der entsprechenden Erklärung mit dem dazugehörenden Zahlungsbeleg erbracht werden.[180]

War dieser Nachweis bislang nur für solche Unternehmer von Interesse, die nicht zum Vorsteuerabzug berechtigt sind,[181] haben nach der neueren Rechtsprechung[182] **sämtliche Unternehmer** dieses **Nachweisproblem,** weil die aus § 3d S. 2 UStG resultierende Erwerbsteuer generell nicht als Vorsteuer iSd § 15 Abs. 1 Nr. 3 UStG berücksichtigt werden kann.

Der Unternehmer muss zum **Nachweis** der Steuerbelastung im Bestim-   **56** mungsmitgliedstaat die Besteuerungsgrundlagen (Entgelte für angemeldete innergemeinschaftliche Erwerbe) aufdecken und darlegen, welche innergemeinschaftlichen Erwerbe seine Steueranmeldung im Bestimmungsmitgliedstaat umfasst.[183] Idealerweise legt der Unternehmer der Finanzbehörde eine **Bescheinigung** vor, aus der sich die Besteuerung des konkreten Umsatzes ergibt. Ein Rechtsanspruch auf Erteilung dieser Bescheinigung besteht nicht.[184] Der Unternehmer kann ohne Bescheinigung den ihm obliegenden Nachweis **nicht allein durch den Vortrag erbringen, dass eine Besteuerung tatsächlich erfolgt ist.**[185] Eine Bestätigung des anderen Unternehmers, dass er den Umsatz versteuert hat, genügt daher nicht.[186] Der Unternehmer muss vielmehr eine zusätzliche **nachvollziehbare und über-**

---

[178] *Sterzinger* in Birkenfeld/Wäger, Umsatzsteuerhandbuch, § 85 Rn. 90, 58. Lfg./ März 2012; *Kossack* in Offerhaus/Söhn/Lange § 3d UStG Rn. 14, 242. Lfg./Juni 2011.

[179] *Martin* in Sölch/Ringleb § 3d UStG Rn. 7, 65. Lfg./April 2011; *Korn* in Bunjes UStG § 3d UStG Rn. 4, 2012.

[180] *Widmann* in Plückebaum/Widmann § 3d UStG Rn. 10, 141. Lfg./März 1997; *Bülow* in Vogel/Schwarz § 3d UStG Rn. 15, 126. Lfg./Juni 2005.

[181] So noch *Grünwald* in Hartmann/Metzenmacher § 3d UStG Rn. 29, Lfg. 2/06, März 2006; *Widmann* in Plückebaum/Widmann § 3d UStG Rn. 10 f., 141. Lfg./März 1997; *Bülow* in Vogel/Schwarz § 3d UStG Rn. 16, 126. Lfg./Juni 2005.

[182] EuGH 22.4.2010 – Rs. C-536/08 und C-539/08 *X und Facet BV/Facet Trading BV*, UR 2010, 418; BFH 1.9.2010 – V R 39/08, BStBl. II 2011, 658; BFH 8.9.2010 – XI R 40/08, BStBl. II 2011, 661.

[183] *Sterzinger* in Birkenfeld/Wäger, Umsatzsteuerhandbuch, § 85 Rn. 92, 58. Lfg./ März 2012.

[184] *Grünwald* in Hartmann/Metzenmacher § 3d UStG Rn. 37, Lfg. 2/06, März 2006.

[185] *Korn* in Bunjes *UStG* § 3d UStG Rn. 4, 2012.

[186] *Kossack* in Offerhaus/Söhn/Lange § 3d UStG Rn. 14, 242. Lfg./Juni 2011.

prüfbare **Einzelaufstellung sämtlicher innergemeinschaftlichen Erwerbe des jeweiligen Besteuerungszeitraums** vorlegen, aus der sich ergibt, dass im erklärten Gesamtbetrag derjenige Erwerb, dessen Doppelbelastung rückgängig gemacht werden soll, enthalten ist.[187]

Im Rahmen einer **Übergangsregelung** beanstandet es die FinVerw. nicht, wenn der Unternehmer bei **bis zum 31.12.2011 ausgeführten Umsätzen** die Besteuerung des fraglichen innergemeinschaftlichen Erwerbs im Mitgliedstaat der Beendigung des Versands oder der Beförderung lediglich glaubhaft macht.[188] Der Unternehmer ist in der Wahl der Mittel der Glaubhaftmachung frei. Eine Besteuerung im Mitgliedstaat der Beendigung der Beförderung oder des Versands ist insb. dann hinreichend glaubhaft gemacht, wenn **anhand der vom Unternehmer gefertigten Aufzeichnungen nachvollziehbar** ist, dass der **Umsatz in eine von ihm in diesem Mitgliedstaat abgegebene Erklärung eingeflossen** ist.

Der Erwerber trägt die **Beweislast** für die auflösende Bedingung durch Besteuerung des innergemeinschaftlichen Erwerbs im Bestimmungsmitgliedstaat.[189] Er kann sich nicht auf die Möglichkeiten der Steuerverwaltung zur Beschaffung von Informationsmöglichkeiten im anderen Mitgliedstaat berufen.[190]

d) Rechtsfolgen

57   Der nach § 1 Abs. 1 Nr. 5 UStG steuerbare innergemeinschaftliche Erwerb ist **grundsätzlich steuerpflichtig.** § 4b UStG sieht für bestimmte Erwerbe eine Steuerbefreiung vor. Diese Steuerbefreiung ist nur auf innergemeinschaftliche Erwerbe nach § 3d S. 1 UStG, nicht aber auf innergemeinschaftliche Erwerbe nach § 3d S. 2 UStG anwendbar.[191] Eine Entlastung von der Besteuerung des fiktiven innergemeinschaftlichen Erwerbs kann weder durch einen korrespondierenden Vorsteuerabzug noch durch die Gewährung einer Steuerbefreiung erfolgen, da ansonsten die Besteuerung des innergemeinschaftlichen Erwerbs im Mitgliedstaat des Beförderungs- bzw. Versendungsende gefährdet wäre.[192]

§ 4b Nr. 1 UStG befreit den Erwerb der in § 4 Nr. 8 Buchst. e UStG bezeichneten Wertpapiere, der in § 4 Nr. 17 Buchst. a UStG genannten Gegenstände (menschliche Organe, menschliches Blut und Frauenmilch) sowie die in § 8 Abs. 1 Nr. 1 und 2 UStG bezeichneten Wasserfahrzeuge für die Seeschifffahrt.

---

[187] *Bülow* in Vogel/Schwarz § 3d UStG Rn. 15, 126. Lfg./Juni 2005; *Kossack* in Offerhaus/Söhn/Lange § 3d UStG Rn. 14, 242. Lfg./Juni 2011.

[188] BMF-Schreiben vom 7.7.2011, BStBl. I 2011, 739.

[189] *Bülow* in Vogel/Schwarz § 3d UStG Rn. 15, 126. Lfg./Juni 2005; *Kossack* in Offerhaus/Söhn/Lange § 3d UStG Rn. 14, 141. Lfg./Juni 2011.

[190] EuGH 22.4.2010 – Rs. C-536/08 und 539/08 *X und Facet BV/Facet Trading BV*, UR 2010, 418; EuGH 27.9.2007 – Rs. C-184/05 *Twoh International BV*, BStBl. II 2009, 83; *Martin* in Sölch/Ringleb § 3d UStG Rn. 7; andere Ansicht *Grünwald* in Hartmann/Metzenmacher § 3d UStG Rn. 37, Lfg. 2/06, März 2006.

[191] Vfg. LfSt Bayern 2.4.2012, DStR 2012, 861.

[192] EuGH 22.4.2010 – Rs. C-536/08 und 539/08 *X und Facet BV/Facet Trading BV*, UR 2010, 418.

Nach § 4b Nr. 2 UStG ist der Erwerb der in den folgenden Vorschriften genannten Gegenstände steuerfrei, wenn auch die dort bezeichneten Voraussetzungen erfüllt sind:

- Gold, das von Zentralbanken erworben wird (§ 4 Nr. 4 UStG)
- Gesetzliche Zahlungsmittel, wenn sie nicht nur wegen ihres Metallgehalts oder ihres Sammlerwerts erworben werden (§ 4 Nr. 8 Buchst. b UStG)
- im Inland gültige Wertzeichen zum aufgedruckten Wert (§ 4 Nr. 8 Buchst. i UStG)
- Luftfahrzeuge für den entgeltlichen grenzüberschreitenden Luftverkehr und Ausrüstungsgegenstände für derartige Luftfahrzeuge (§ 8 Abs. 2 Nr. 1 und 2 UStG).

§ 4b Nr. 3 UStG befreit den Erwerb solcher **Gegenstände, deren Einfuhr** (§ 1 Abs. 1 Nr. 4 UStG) nach den für die Einfuhrumsatzsteuer geltenden Vorschriften **steuerfrei wäre**. Diese Steuerbefreiungen ergeben sich aus der Vorschrift des § 5 UStG.

Nach § 4b Nr. 4 UStG ist der Erwerb solcher Gegenstände steuerfrei, die **58** **zur Ausführung von** Umsätzen verwendet werden, für die der Ausschluss zum Vorsteuerabzug nach § 15 Abs. 3 UStG nicht eintritt. Hierbei handelt es sich insb. um steuerfreie Umsätze nach § 4 Nr. 1–7 UStG, § 25 Abs. 2 UStG (Reiseleistungen) und § 25 Abs. 5 UStG (Umsätze gegenüber Stationierungsstreitkräften). Von den nach § 4 Nr. 1–7 UStG steuerfreien Umsätzen sind vorrangig zu erwähnen die nach § 4 Nr. 1 UStG steuerfreien **Ausfuhrlieferungen in Drittlandsgebiete** (§ 6 UStG) und **innergemeinschaftliche Lieferungen** (§ 6a UStG).

Der steuerpflichtige Umsatz nach § 1 Abs. 1 Nr. 5 UStG wird grundsätzlich nach dem **Entgelt** bemessen (§ 10 Abs. 1 S. 1 UStG). Das Entgelt bestimmt sich nach den allgemeinen Grundsätzen. Unterliegt der Gegenstand der Verbrauchsbesteuerung, sind die **Verbrauchssteuern, die vom Erwerber geschuldet oder entrichtet werden,** zusätzlich in die Bemessungsgrundlage einzubeziehen (§ 10 Abs. 1 S. 4 UStG). Hierzu zählen nicht nur die in § 1a Abs. 5 UStG erwähnten Verbrauchssteuern, sondern sämtliche Verbrauchssteuern, selbst wenn sie vom anderen Mitgliedstaat erhoben werden.

Unternehmer können die Steuer für den innergemeinschaftlichen Erwerb nach § 15 Abs. 1 Nr. 3 UStG als **Vorsteuern** abziehen, wenn sie den Gegenstand für ihr Unternehmen erwerben und kein Ausschlusstatbestand nach den Abs. 2–4 eingreift. Im Ergebnis wird die Erwerbsumsatzsteuer wie die Einfuhrumsatzsteuer behandelt. Diese stellt deswegen nur dann einen Kostenfaktor für den Unternehmer dar, wenn dieser den Gegenstand für Ausgangsumsätze verwendet, die nicht zum Vorsteuerabzug berechtigen.

Steuerschuldner hinsichtlich der Steuer auf den steuerpflichtigen inner- **59** gemeinschaftlichen Erwerb iSd § 1 Abs. 1 Nr. 5 UStG ist der Erwerber (§ 13a Abs. 1 Nr. 2 UStG). Die **Steuer entsteht** mit Ausstellung der Rechnung, spätestens jedoch mit Ablauf des dem Erwerb folgenden Kalendermonats (§ 13 Abs. 1 Nr. 6 UStG).

Der **Zeitpunkt der Abziehbarkeit** der Erwerbsteuer **als Vorsteuer** ergibt sich aus § 18 Abs. 1 S. 2 iVm § 16 Abs. 2 S. 1 UStG. Sie ist danach in dem Voranmeldungszeitraum abzusetzen, in den sie als abziehbar fällt. Da sie erst abziehbar ist, wenn sie zuvor als Steuer entstanden ist, ist sie stets für denselben Voranmeldungszeitraum abzusetzen, in dem die Erwerbsteuer anzumelden ist.

Nach § 22 Abs. 2 Nr. 7 UStG gelten die allgemeinen **Aufzeichnungspflichten** auch für innergemeinschaftliche Erwerbe. Der Unternehmer hat die Bemessungsgrundlagen und Steuerbeträge – getrennt von den übrigen Aufzeichnungen – aufzuzeichnen.[193]

4. Steuerpflichtiger Leistungsaustausch zwischen den Beteiligten

60   Im Inland steuerpflichtige Lieferungen können aufgrund einer Versendung oder Beförderung in das Ausland steuerpflichtig sein. So sind **Ausfuhrlieferungen** und **innergemeinschaftliche Lieferungen** nach § 4 Nr. 1 Buchst. a und b UStG **steuerfrei**, wobei sich die hierfür zu erfüllenden Voraussetzungen aus den §§ 6 und 6a UStG ergeben. Die Steuerfreiheit beruht auf dem **Bestimmungslandprinzip**, nach dem die Besteuerung nicht im Staat des Lieferorts, sondern in dem des bestimmungsgemäßen Verbrauchs erfolgt.

a) Grundlagen

61   **Grundtatbestand** der **innergemeinschaftlichen Lieferung** ist die Versendung oder Beförderung des Liefergegenstands durch den Unternehmer oder den Abnehmer in das übrige Gemeinschaftsgebiet, wenn es sich bei dem Abnehmer um einen zur Erwerbsbesteuerung verpflichteten Unternehmer handelt (§ 6a Abs. 1 S. 1 Nr. 1, Nr. 2 Buchst. a und Nr. 3 UStG). Die tatsächliche Vornahme der Erwerbsbesteuerung im übrigen Gemeinschaftsgebiet ist keine Voraussetzung für die Steuerfreiheit der innergemeinschaftlichen Lieferung.[194]

Grundtatbestand der **Ausfuhrlieferung** ist die Versendung oder Beförderung des Liefergegenstands durch den Unternehmer (§ 6 Abs. 1 S. 1 Nr. 1 UStG) oder durch den Abnehmer (§ 6 Abs. 1 S. 1 Nr. 2 UStG) in das Drittlandsgebiet. Im Gegensatz zu den innergemeinschaftlichen Lieferungen hat die Identität des Abnehmers bei den Ausfuhrlieferungen im Grundtatbestand keine Bedeutung.

Die Frage der Steuerfreiheit von Ausfuhrlieferungen und innergemeinschaftlichen Lieferungen stellt sich **nur bei im Inland steuerbaren Umsätzen.** Es muss sich daher insb. um eine Lieferung im Inland durch einen Unternehmer im Rahmen seines Unternehmens handeln. Der Abnehmer muss bereits bei Beginn der Versendung oder Beförderung feststehen. Unerheblich ist, ob der Abnehmer im Ausland oder Inland ansässig ist.

aa) Belegnachweis

62   Der Unternehmer hat die Ausfuhr **durch Belege nachzuweisen** (§ 6 Abs. 4 UStG und §§ 8–11 UStDV). Entsprechendes gilt für den Nachweis der Voraussetzungen einer innergemeinschaftlichen Lieferung (§ 6a Abs. 3 S. 1 UStG und §§ 17a bis 17c UStDV).

---

[193] *Sterzinger* in Birkenfeld/Wäger Umsatzsteuerhandbuch § 226 Rn. 431, 57. Lfg./ Oktober 2011; Abschnitt 22.3 Abs. 1 S. 4 UStAE.

[194] BFH 30.3.2006 – V R 47/03, BStBl. II 2006, 634; BFH 7.12.2006 – V R 52/ 03, BStBl. II 2007, 420; Abschnitt 6a.1 Abs. 16 Beispiel 2 S. 9 UStAE.

Der EuGH hat in drei Grundsatzurteilen in den Rechtssachen Collee,[195] Twoh[196] und Teleos[197] zur innergemeinschaftlichen Lieferung und in einem Folgeurteil vom 21.2.2008 in der Rechtssache Netto Supermarkt[198] zu den Ausfuhrlieferungen zahlreiche sich bei der Anwendung der Steuerbefreiungen ergebende Zweifelsfragen geklärt. Vor dem Hintergrund dieser Entscheidungen sowie drei weiterer Entscheidungen des V. Senats des BFH vom 8.11.2007[199] und vom 6.12.2007[200] hatte die FinVerw. in einem BMF-Schreiben vom 6.1.2009[201] die Steuerbefreiung von innergemeinschaftlichen Lieferungen umfassend geregelt.[202]

Der Lieferant muss insb. nachweisen, dass der **Gegenstand in einen anderen Mitgliedstaat oder in das Drittland versandt oder befördert** worden ist und aufgrund des Versands oder der Beförderung den Liefermitgliedstaat physisch verlassen hat. Grundsätzlich trägt der Unternehmer die Feststellungslast für das Vorliegen der Voraussetzungen, die sich aus den Belegen eindeutig und leicht nachprüfbar ergeben müssen.

Die in §§ 8 ff. und §§ 17a UStDV geregelten **Buch- und Belegnach-** **63** **weise** können **nicht einseitig** von der FinVerw. in Verwaltungsvorschriften **erweitert werden.** Erfüllt der Unternehmer die gesetzlich geregelten Nachweise, kann er die Lieferung grundsätzlich steuerfrei behandeln, es sei denn, diese erweisen sich im Rahmen einer Prüfung der FinVerw. als unzutreffend oder es bestehen Zweifel an deren Richtigkeit und es gelingt dem Unternehmer nicht, diese auszuräumen.[203] Eine bloße Verwaltungspraxis, die beliebig oft geändert werden kann und die nur unzureichend bekannt ist, genügt den Erfordernissen der Rechtssicherheit nicht, um eine nach dem Gemeinschaftsrecht mögliche nationale Ausnahme zu regeln. Erforderlich ist vielmehr, eine konkrete, bestimmte, klare und von den nationalen Gerichten überprüfbare Regelung im Gesetz oder in den aufgrund des Gesetzes ergangenen Durchführungsbestimmungen.[204] Diese Rechtsprechung schränkt zwar einerseits die Befugnisse der FinVerw. ein, stellt aber dem liefernden Unternehmer keinen Freibrief aus,[205] da für ihn weitergehende Nachweispflichten bestehen, wenn die Steuerfreiheit der Lieferung im Einzelfall zweifelhaft ist.

Diese in den nationalen Vorschriften geregelte **Buch- und Belegnachweise** sind aber **keine materiell-rechtliche Voraussetzung** für eine inner-

---

[195] EuGH 27.9.2007 – Rs. C-146/05 *Collee*, BStBl. II 2009, 78.

[196] EuGH 27.9.2007 – Rs. C-184/05 *Twoh*, BStBl. II 2009, 83.

[197] EuGH 27.9.2007 – Rs. C-409/04 *Teleos*, BStBl. II 2009, 70.

[198] EuGH 21.2.2008 – Rs. C-271/06 *Netto-Supermarkt*, UR 2008, 508.

[199] BFH 8.11.2007 – V R 26/05, BStBl. II 2009, 70; BFH 8.11.2007 – V R 71/05, BStBl. II 2009, 52; BFH 8.11.2007 – V R 72/05, BStBl. II 2009, 55.

[200] BFH 6.12.2007 – V R 59/03, BStBl. II 2009, 57.

[201] BMF-Schreiben vom 6.1.2009, BStBl. I 2009, 60; und nachfolgend BMF-Schreiben vom 5.5.2010, BStBl. I 2010, 508.

[202] *Weber* BB 2009, 248; *Neeser* UVR 2009, 82.

[203] BFH 28.5.2009 – V R 23/08, BStBl. II 2010, 517; BFH 23.4.2009 – V R 84/07, BStBl. II 2010, 509; BFH 12.5.2009 – V R 65/06, BStBl. II 2010, 511; *Sterzinger* BB 2009, 2573; *Matheis/Braun* UVR 2009, 296.

[204] EuGH 14.12.2000 – Rs. C-446/98 *Fazenda Publica*, UR 2001, 108.

[205] *Wäger* DStR 2009, 1621; *Sterzinger* BB 2009, 2573.

gemeinschaftliche Lieferung[206] oder Ausfuhrlieferung.[207] Der Nachweis in der in der UStDV geregelten Form ist kein Selbstzweck, so dass die Steuerfreiheit unter bestimmten Voraussetzungen auch beim Verstoß gegen diese Vorgaben zu gewähren ist.[208] Aufgrund der der FinVerw. zustehenden Prüfungsbefugnis hat der Buch- und Belegnachweis den **Charakter eines Anscheinsbeweises.** Ein fehlender Nachweis spricht daher im Rahmen einer **Beweiswürdigung** gegen eine innergemeinschaftliche Lieferung oder Ausfuhrlieferung. Allerdings kann der Unternehmer den ihm obliegenden Nachweis **durch andere Unterlagen** führen.

In zeitlicher Hinsicht muss der **Belegnachweis** bis zum **Schluss der letzten mündlichen Verhandlung vor dem Finanzgericht** vorliegen.[209] Den **Buchnachweis** hat der Unternehmer in seinen Grundzügen bis zu dem Zeitpunkt zu führen, zu dem er die **Umsatzsteuer-Voranmeldung für den Zeitraum der Lieferung** abzugeben hat.[210]

Der Unternehmer kann die ihm obliegende Verpflichtung zur Vorlage entsprechender Nachweise nicht auf die FinVerw. abwälzen oder verlangen, dass diese ihrerseits entsprechende Ermittlungen anstellt, selbst wenn ihr diese möglich wären. Die **Finanzbehörde** ist daher **nicht verpflichtet,** die Behörden des vom Lieferanten angegebenen Bestimmungsmitgliedstaats um **Auskunft zu ersuchen.**[211]

bb) Objektivnachweis

64   Die Steuerbefreiung ist ausnahmsweise aber auch dann zu gewähren, wenn zwar der Unternehmer die formellen Buch- und Nachweispflichten nicht erfüllt, gleichzeitig aber aufgrund der **objektiven Beweislage** feststeht, dass eine innergemeinschaftliche Lieferung oder Ausfuhrlieferung ausgeführt worden ist.

Bei der **innergemeinschaftlichen Lieferung** hat der Unternehmer nachzuweisen, dass die **Ware tatsächlich in einen anderen Mitgliedstaat bewegt** wurde, der **Abnehmer Unternehmer** ist und der **Leistungsbezug für dessen Unternehmen** erfolgte.[212] Steht aufgrund der objektiven Be-

---

[206] BFH 8.11.2007 – V R 72/05, BStBl. II 2009, 55; BFH 6.12.2007 – V R 59/03, BStBl. II 2009, 57; Abschnitt 6a. 2 Abs. 3 S. 5 und 6 UStAE.

[207] BFH 23.4.2009 – V R 84/07, BStBl. II 2010, 509; BFH 28.5.2009 – V R 23/08, BStBl. II 2010, 517; *Wäger* in Birkenfeld/Wäger Umsatzsteuerhandbuch § 108 Rn. 91, 52. Lfg./Mai 2010; *Sterzinger* BB 2009, 2573; *Nieskens* StC 2009, 16; *Matheis/Braun* UVR 2009, 296; andere Ansicht noch BFH 28.2.1980 – V R 118/76, BStBl. II 1980, 415; vgl. auch EuGH 21.2.2008 – Rs. C-271/06 *Netto-Supermarkt*, UR 2008, 508 = DStR 2008, 450 und die hierzu ergangene Nachfolgeentscheidung des BFH 30.7.2008 – V R 7/03, BStBl. II 2010, 1075.

[208] *Robisch* in Bunjes UStG § 6a UStG Rn. 54, 2012.

[209] BFH 30.3.2006 – V R 47/03, BStBl. II 2006, 634; BFH 1.2.2007 – V R 41/04, UR 2007, 339; BFH 28.5.2009 – V R 23/08, BStBl. II 2010, 517; Abschnitt 6.10 Abs. 3 S. 3 und 6a.3 Abs. 2 S. 1 UStAE.

[210] BFH 28.5.2009 – V R 23/08, BStBl. II 2010, 517; Abschnitt 6.10 Abs. 3 S. 2 und 6a.7 Abs. 8 S. 3 UStAE.

[211] EuGH 27.9.2007 – Rs. C-184/05 *Twoh*, BStBl. II 2009, 83; Abschnitt 6a.2 Abs. 3 S. 3 UStAE.

[212] EuGH 27.9.2007 – Rs. C-146/05 *Collee*, BStBl. II 2009, 78; *Matheis/Krumes* UVR 2012, 316.

weislage fest, dass die Voraussetzungen des § 6a Abs. 1 S. 1 UStG für die Annahme einer steuerfreien innergemeinschaftlichen Lieferung vorliegen, ist die Steuerbefreiung auch zu gewähren, wenn der Unternehmer nicht in der Lage ist, die nach § 6a Abs. 3 UStG erforderlichen Nachweise zu erbringen,[213] wenn der Verstoß gegen die formellen Anforderungen nicht den sicheren Nachweis verhindert, dass die materiellen Anforderungen der Steuerfreiheit erfüllt werden.[214]

Fraglich ist, ob bei der innergemeinschaftlichen Lieferung dieser Objektiv- **65** nachweis auch ohne Aufzeichnung der Umsatzsteuer-Identifikationsnummer möglich ist.[215] Grundsätzlich reicht die bloße **Aufzeichnung der Umsatzsteuer-Identifikationsnummer** für den erforderlichen Nachweis der Identität des Abnehmers nicht aus.[216] Der Lieferant muss darüber hinaus die **Gültigkeit der Nummer** durch eine Bestätigungsabfrage iSd § 18e UStG qualifiziert überprüfen lassen und **keine Fehlermeldung** erhalten.[217] Erklärt der Bestimmungsstaat nachträglich die von ihm erteilte Umsatzsteuer-Identifikationsnummer rückwirkend für ungültig, führt dieser Umstand allein nicht zur Versagung der Umsatzsteuerbefreiung.[218] Liefernde Unternehmer müssen sich darauf verlassen können, dass die zuständige Behörde bei Erteilung der Umsatzsteuer-Identifikationsnummer den Status des Steuerpflichtigen überprüft und fortlaufend überwacht. Etwaige Änderungen sind zeitnah zu berücksichtigen, wirken aber zeitlich nicht zurück. Daher kann die Steuerbefreiung nicht allein deswegen versagt werden, weil eine erteilte Umsatzsteuer-Identifikationsnummer nachträglich gelöscht wird und diese Löschung auf den Zeitpunkt der Lieferung zurückwirkt.

Steht allerdings auf Grund der objektiven Beweislage fest, dass die Voraussetzungen des § 6a Abs. 1 S. 1 UStG erfüllt sind, ist die **Steuerbefreiung** selbst dann **zu gewähren,** wenn der **Abnehmer über keine Umsatzsteuer-Identifikationsnummer verfügt.**[219] Die Angabe der Umsatzsteuer-Identifikationsnummer ist ein **formelles Kriterium,** das die Steuerfreiheit des Umsatzes nicht in Frage stellen kann, sofern die materiellen Voraussetzungen einer innergemeinschaftlichen Lieferung erfüllt sind.[220] Eine Umsatz-

---

[213] BFH 6.12.2007 – V R 59/03, BStBl. II 2009, 57.

[214] BFH 9.3.2012 – V S 21/11, BFH/NV 2012, 1191; BFH 17.2.2011 – V R 30/10, BStBl. II 2010, 769.

[215] *Wäger* in Birkenfeld/Wäger Umsatzsteuerhandbuch § 108 Rn. 91, 52. Lfg./Mai 2010.

[216] BFH 8.11.2007 – V R 26/05, BStBl. II 2009, 70; BMF 6.1.2009, BStBl. I 2009, 60 Rz. 11 und 42.

[217] BFH 2.4.1997, V B 159/96, BFH/NV 1997, 629; *Nieskens* UR 2008, 812; *Kraeusel* UR 2005, 187; *Englisch* UR 2008, 481; *Oelmeier* DStR 2008, 1213.

[218] EuGH 6.9.2012 – Rs. C-273/11 *Mecsek-Gabona KfT,* DStR 2012, 1917; BFH 8.11.2007 – V R 72/05, BStBl. II 2009, 55; BFH 14.12.2011 – XI R 32/09, BFH/NV 2012, 1004; EuGH 27.9.2007 – Rs. C-409/04 *Teleos,* BStBl. II 2009, 70; BMF-Schreiben vom 6.1.2009, BStBl. I 2009, 60 Rz. 54.

[219] FG Köln 3.11.2010 – 4 K 4262/08, EFG 2011, 667.

[220] EuGH 6.9.2012, Rs. C-273/11 *Mecsek-Gabona KfT,* DStR 2012, 1917 mit Anm. *Beer/Streit* DStR 2012, 1922 = UR 2012, 796 mit Anm. *Maunz* UR 2012, 802; EuGH 27.9.2012, Rs. C-587/10, *VSTR,* UR 2012, 832; s. auch EuGH 21.10.2010, Rs. C-385/09 *Nidera,* UR 2011, 27 Rz. 50, wonach die Umsatzsteuer-Identifikations-

steuer-Identifikationsnummer erleichtert die Kontrolle innergemeinschaftlicher Umsätze und dokumentiert die Absicht des Abnehmers, den Leistungsbezug unternehmerisch zu verwenden. Dieser steuerliche Status des Abnehmers ändert sich ohne die Angabe der Umsatzsteuer-Identifikationsnummer nicht.[221] Daher kann zwar die Gewährung der Steuerbefreiung davon abhängig gemacht werden, dass der Lieferant die dem Erwerber zugeteilte Umsatzsteuer-Identifikationsnummer mitteilt. Die Steuerbefreiung kann aber nicht allein aus dem Grund verweigert werden, wenn der Lieferant redlicherweise alle ihm zumutbaren Maßnahmen ergriffen hat, diese Umsatzsteuer-Identifikationsnummer gleichwohl nicht mitteilen kann und er statt dessen Angaben macht, die hinreichend belegen können, dass der Erwerber ein Steuerpflichtiger ist, der bei dem betreffenden Vorgang als solcher gehandelt hat.[222]

cc) Kollusives Zusammenwirken zur Vermeidung der Erwerbsbesteuerung im Bestimmungsland

66 Verschleiert aber der Lieferant die wahre Identität des Erwerbers, um diesem die Hinterziehung der auf den innergemeinschaftlichen Erwerb entfallende Umsatzsteuer zu ermöglichen, hat der Ausgangsmitgliedstaat dem Lieferanten die Steuerbefreiung für die innergemeinschaftlichen Lieferung zu versagen.[223] Dass der Erwerb des Gegenstands der Lieferung beim Abnehmer im anderen Mitgliedstaat den Vorschriften der Umsatzbesteuerung unterliegt, bedingt nicht nur die Existenz entsprechender Vorschriften, sondern erfordert zusätzlich, dass der Erwerb beim Abnehmer diesen Vorschriften tatsächlich unterworfen wird.[224] Im Falle des **kollusiven Zusammenwirkens** muss der Lieferant nicht zuletzt aus Abschreckungsgründen die Steuern entrichten, weil nur dadurch gewährleistet ist, dass der Umsatz überhaupt besteuert wird. Entsprechendes gilt, wenn der Lieferant sich wissentlich an einem strukturierten Verfahrensablauf beteiligt, der darauf abzielt, die Besteuerung des innergemeinschaftlichen Erwerbs im Bestimmungsmitgliedstaat zu verdecken. Unerheblich ist, dass der Gegenstand der Lieferung auch in diesen Fällen tatsächlich in den Bestimmungsstaat gelangt ist.[225] Die Erfüllung der Nachweispflichten im Ausgangsmitgliedstaat ist also einerseits Voraussetzung für die dortige Steuerbefreiung und gleichzeitig gewährleisten diese die Erwerbsbesteuerung im Bestimmungsmitgliedstaat.[226]

---

nummer ein zu Kontrollzwecken dienendes Formerfordernis ist und EuGH 22.12.2010, Rs. C-438/09 *Dankowski,* UR 2011, 435, Rz. 33 ff.

[221] EuGH 6.9.2012, Rs. C-273/11 *Mecsek-Gabona KfT,* DStR 2012, 1917 mit Anm. *Beer/Streit* DStR 2012, 1922 = UR 2012, 796 mit Anm. *Maunz* UR 2012, 802.

[222] *Bürger* UR 2012, 941 (946).

[223] EuGH 7.12.2010 – Rs. C-285/09 R, BStBl. II 2011, 846 mit Anm. *Sterzinger* UR 2011, 20.

[224] BVerfG 16.6.2011, 2 BvR 542/09, wistra 2011, 458.

[225] BFH 11.8.2011 – V R 19/10, BStBl. II 2012, 156; BFH 11.8.2011 – V R 50/09, BStBl. II 2012, 151; BFH 17.2.2011 – V R 30/10, BStBl. II 2011, 769; BFH 14.12.2011 – XI R 33/10, BFH/NV 2012, 1009; Abschnitt 6a.2 Abs. 3 S. 7 UStAE; zur strafrechtlichen Beurteilung BGH 20.10.2011 – 1 StR 41/09, BFH/NV 2012, 366; *Esskandari/Bick* UStB 2012, 139.

[226] BGH 20.10.2011 – 1 StR 41/09, BFH/NV 2012, 366; BFH 11.8.2011 – V R 50/09, BStBl. II 2012, 151; FG München 13.10.2011 – 14 K 2305/08, Haufe-Index 2859739.

Wird eine solche Lieferung durch den inländischen Unternehmer gleichwohl als steuerfreie innergemeinschaftliche Lieferung erklärt, macht der Unternehmer gegenüber den Finanzbehörden unrichtige Angaben iSv § 370 Abs. 1 Nr. 1 AO und verkürzt dadurch die auf die Umsätze nach § 1 Abs. 1 Nr. 1, § 13 Abs. 1 Nr. 1, § 13a Abs. 1 Nr. 1 UStG anfallende und von ihm geschuldete Umsatzsteuer. Täuscht aber der die innergemeinschaftliche Lieferung erbringende Unternehmer nicht über die Identität des Abnehmers, kann die Steuerbefreiung nicht versagt werden, selbst wenn dem Lieferanten bekannt ist, dass der Abnehmer im Bestimmungsland seine steuerlichen Verpflichtungen nicht erfüllt.[227] Dient der **Verstoß gegen die formellen Nachweispflichten** auch dazu, die **Identität des Erwerbers zu verschleiern,** um diesem im Bestimmungsland eine Hinterziehung von Umsatzsteuern bzgl. des innergemeinschaftlichen Erwerbs zu ermöglichen, bewirkt selbst ein **(späterer) objektiver Nachweis keine Steuerfreiheit.**[228]

dd) Vertrauensschutz

Die **Vertrauensschutzregelung** des § 6a Abs. 4 S. 1 UStG ist bei **inner- 67 gemeinschaftlichen Lieferungen** nur anwendbar, wenn ein vollständiger Buch- und Belegnachweis vorliegt und der Unternehmer gutgläubig war.[229] Ob er die Sorgfalt eines ordentlichen Kaufmannes beachtet hat, ist eine Frage des Einzelfalles.[230] Bei **Ausfuhrlieferungen** kommt eine Steuerfreiheit aus Gründen des Vertrauensschutzes nur im Rahmen eines Billigkeitsverfahrens nach § 163 AO in Betracht, wobei der Unternehmer aber Anspruch auf Verbindung von Festsetzungs- und Billigkeitsverfahren hat.[231] Für die Gewährung von Vertrauensschutz bei Ausfuhrlieferungen ist ebenfalls erforderlich, dass der Unternehmer mit der Sorgfalt eines ordentlichen Kaufmanns gehandelt hat.[232]

b) Nachweise bei innergemeinschaftlichen Lieferungen (Gelangensbestätigung)

Die **Zweite Verordnung zur Änderung steuerlicher Verordnun- 68 gen**[233] hat zum 1.1.2012 die Nachweispflichten bei innergemeinschaftlichen Lieferungen reformiert.

Die damit verbundene Einführung der Gelangensbestätigung dient im Wesentlichen **zwei Zielen:** Zum einen soll eine jahrelange Forderung der Wirt-

---

[227] BFH 17.2.2011, V R 30/10, BStBl. II 2011, 769; BFH 11.8.2011, V R 50/09, BStBl. II 2012, 151; BFH 11.8.2011, V R 19/10, BStBl. II 2012, 156.

[228] BFH 15.2.2012, XI R 42/10, BFH/NV 2012, 1188; BFH 14.12.2011, XI R 18/10, BFH/NV 2012, 1006; BFH 14.12.2011, XI R 42/10, BFH/NV 2012, 1009.

[229] BFH 12.5.2011 – V R 46/10, BStBl. II 2011, 957; BFH 8.11.2007 – V R 26/05, BStBl. II 2009, 49; BFH 9.11.2006 – V B 131/05, BFH/NV 2007, 284.

[230] BFH 28.5.2009 – V R 23/08, BStBl. II 2010, 517; *Englisch* UR 2008, 481; *Oelmeier* DStR 2008, 1213; *Sterzinger* DStR 2008, 2450.

[231] BFH 30.7.2008 – V R 7/03, BStBl. II 2010, 1075; *Sterzinger* DStR 2010, 2606; Abschnitt 6.5 Abs. 6 S. 2 UStAE.

[232] EuGH 21.2.2008 – Rs. C-271/06 *Netto-Supermarkt*, UR 2008, 508; BFH 30.7.2008 – V R 7/03, BStBl. II 2010, 1075; Abschnitt 6.5 Abs. 6 S. 3 UStAE.

[233] BGBl. I 2011, 2416 = BStBl. I 2011, 1167.

schaftsverbände erfüllt werden, **einfachere und sichere Belegnachweise** als die bis dahin geltenden Nachweise zu schaffen, damit die Steuerbefreiung nicht mehr – wie oftmals in der Vergangenheit – Gegenstand von Streitigkeiten zwischen Unternehmen und Verwaltung ist, ob die vorgelegten Belege ausreichend sind. Zum anderen soll mit dieser Gelangensbestätigung der Nachweis geführt werden können, dass die **Voraussetzungen der Steuerbefreiung einer innergemeinschaftlichen Lieferung tatsächlich vorliegen.** Die bis zum 31.12.2011 zugelassenen Belegnachweise hatten diese Voraussetzungen zum Teil nicht erfüllt. Die Versicherung des Abnehmers in Abholfällen, den Liefergegenstand in das übrige Gemeinschaftsgebiet zu befördern bzw. die vom mit der Beförderung beauftragten Spediteur dem liefernden Unternehmer – oft bereits vorab – erteilte Bescheinigung, dass der Liefergegenstand in das übrige Gemeinschaftsgebiet transportiert werden soll, sind kein ausreichender Nachweis, dass der Liefergegenstand – wie von der Rechtsprechung gefordert – tatsächlich in das übrige Gemeinschaftsgebiet gelangt ist.

69   Nach dem BMF-Schreiben vom 9.12.2011[234] beanstandet es die FinVerw. im Rahmen einer **Übergangsregelung** nicht, wenn der beleg- und buchmäßige Nachweis für bis zum 31.3.2012 ausgeführte innergemeinschaftlichen Lieferungen auf der Grundlage der bisherigen Rechtslage geführt wird.[235] Das BMF-Schreiben vom 6.2.2012[236] verlängert diese Übergangsfrist für innergemeinschaftliche Lieferungen um weitere drei Monate auf den 30.6.2012. Das Schreiben vom 1.6.2012[237] gewährt eine weitere Verlängerung der Übergangsfrist **bis zum Inkrafttreten einer beabsichtigten erneuten Änderung der UStDV** auf Grundlage eines Entwurfes eines BMF-Einführungsschreibens. Dieser Entwurf (Stand 21.3.2012, IV D 3 – S 7141/11/10003-02[238]), zu den ab 1.1.2012 geltenden neuen Nachweispflichten für die Umsatzsteuerbefreiung von Ausfuhrlieferungen und innergemeinschaftlichen Lieferungen ist nach Abschluss der Verbandsanhörung verwaltungsintern ergangen und berücksichtigt zum Teil die erhebliche Kritik der Wirtschaftsverbände gegenüber dem Vorentwurf.[239] Die Wirtschaft hatte an der Neuregelung insb. kritisiert, dass es für die Unternehmer in bestimmten Fällen schwierig sei, eine Bestätigung mit Unterschrift des tatsächlichen Abnehmers über den Empfang des Liefergegenstands zu erhalten. Bereits vor Einführung der Gelangensbestätigung waren Drittlandsexporte einfacher als innergemeinschaftliche Lieferungen durchzuführen. Dies gelte erst recht nach Einführung der Gelangsbestätigung.[240]

70   Mit Wirkung **zum 1.10.2013** wird die **Umsatzsteuer-Durchführungsverordnung erneut** in Bezug auf die Belegnachweise zu den innergemein-

---

[234] BMF-Schreiben vom 9.12.2011, BStBl. I 2011, 1287.

[235] S. insoweit zu den Änderungen auch den Entwurf eines BMF-Schreibens vom 9.12.2011, IV D 3 – S 7141/11/10 003 (Stand 7.12.2011), HaufeIndex 2858726.

[236] BMF-Schreiben vom 6.2.2012, BStBl. I 2012, 211.

[237] BMF-Schreiben vom 1.6.2012, BStBl. I 2012, 619.

[238] Abgedruckt bei *Robisch* in Bunjes, UStG, § 6a UStG Rn. 65d, 2012.

[239] Zu den angedachten Änderungen s. *Matheis* UVR 2012, 188, der diese Vereinfachungen als Klarstellung bezeichnet, die nicht die grundsätzlich mit der Einführung der Gelangensbestätigung verbundenen Probleme beseitigen.

[240] *Alefs/Geberth* DB 2012, 2544.

schaftlichen Lieferungen **geändert.**[241] Nach § 74a Abs. 3 UStDV können Unternehmer für **bis zum 30.9.2013 ausgeführte innergemeinschaftliche Lieferungen** den Nachweis der Steuerbefreiung gem. den §§ 17a–17c UStDV in der bis zum 31.12.2011 geltenden Fassung der UStDV, also nach der bisherigen Rechtslage, führen. Für innergemeinschaftliche Lieferungen, die der Unternehmer **nach dem 31.12.2011 und vor dem 1.10.2013** ausführt, steht ihm also ein **Wahlrecht** zu, nach welchen Regelungen er die Voraussetzungen für die Inanspruchnahme der Steuerbefreiung nach § 4 Nr. 1 Buchst. b, § 6a UStG beleg- und buchmäßig nachweist. Unternehmer mit entsprechenden Umsätzen sind **gleichwohl** gut beraten, ihre **Nachweise schon vorher an den Neuregelungen zu orientieren.** Hintergrund ist, dass die Rechtsprechung im Gegensatz zur FinVerw. nicht an diese Übergangsregelungen gebunden ist und in Streitfällen bereits innerhalb der Übergangsfrist die zum Jahreswechsel eingetretene Änderung des Buch- und Belegnachweises anzuwenden hat .

Der Lieferant hat die Voraussetzungen für die Steuerbefreiung einer inner- **71** gemeinschaftlichen Lieferung – so wie bisher – mit einem **Rechnungsdoppel** nachzuweisen. In dieser Rechnung muss ein Hinweis auf das Vorliegen einer innergemeinschaftlichen Lieferung und deren Steuerfreiheit enthalten sein, um den Abnehmer der Lieferung auf seine Verpflichtung zur Durchführung der Erwerbsbesteuerung hinzuweisen.[242] Neben einem Wechsel von Sollvorschriften auf **Mussvorschriften** führte die Neuregelung des § 17a UStDV zum 1.1.2012 als zusätzlichen Nachweis die sog. **Gelangensbestätigung** ein. Mit dieser Bestätigung ist nach § 17a Abs. 2 UStDV sowohl in Beförderungsfällen (der liefernde Unternehmer oder sein Abnehmer transportieren den Liefergegenstand selbst) als auch in Versendungsfällen (der liefernde Unternehmer oder sein Abnehmer lassen den Gegenstand der Lieferung von einem selbständigen Beauftragten transportieren) der Belegnachweis für eine innergemeinschaftliche Lieferung zu führen. Der neu gefasste Einleitungssatz der Vorschrift verdeutlicht, dass der Unternehmer den Belegnachweis nicht zwingend mit einer Gelangensbestätigung (§ 17a Abs. 2 UStDV) oder den in § 17a Abs. 3 UStDV genannten Nachweisen führen muss.[243] Es steht ihm vielmehr offen, den Belegnachweis mit allen zulässigen Beweismitteln zu führen. Führt der Unternehmer aber den Nachweis mit der Gelangensbestätigung oder den in § 17a Abs. 3 UStDV geregelten Belegen, gilt dieser Belegnachweis als für die FinVerw. eindeutig und leicht überprüfbar.

Liegen dem liefernden Unternehmer Belege der in § 17a Abs. 2 und 3 **72** UStDV genannten Art nicht vor, kann der Unternehmer die Steuerbefreiung einer innergemeinschaftlichen Lieferung auch mit anderen Belegen oder Beweismitteln nicht führen, kommt der Unternehmer seinen Nachweispflichten nicht oder nur unvollständig nach, erweisen sich die Nachweisangaben bei einer Überprüfung als unzutreffend oder bestehen zumindest berechtigte

---

[241] Der Bundesrat hat in seiner 908. Sitzung am 22.3.2013 der am 31.1.2013 übermittelten und vom BMF zu erlassenden Elfte Verordnung zur Änderung der Umsatzsteuer-Durchführungsverordnung zugestimmt; BR-DRs. 66/13 (B).

[242] BFH 15.2.2012, XI R 42/10, BFH/NV 2012, 1188; BFH 12.5.2011, V R 46/10, BStBl. II 2011, 957.

[243] *Alefs/Geberth* DB 2012, 2544 (2545).

Zweifel an der inhaltlichen Richtigkeit der Angaben, die der Unternehmer nicht ausräumt, ist von der **Steuerpflicht der innergemeinschaftlichen Lieferung** auszugehen. Trotz derartiger Mängel ist die Lieferung aber **steuerfrei,** wenn **objektiv zweifelsfrei feststeht,** dass die Voraussetzungen der Steuerfreiheit (insb. das Gelangen des Liefergegenstands in das übrige Gemeinschaftsgebiet bei dieser Lieferung) erfüllt sind. Die Steuerbefreiung kommt allerdings nicht in Betracht, auch nicht auf Grund des Vorliegens einer objektiven Beweislage, wenn die unrichtige Nachweisführung dazu dient, die **Identität des Abnehmers der innergemeinschaftlichen Lieferung zu verschleiern,** um diesem im Bestimmungsmitgliedstaat eine Mehrwertsteuerhinterziehung zu ermöglichen.

73   Die Gelangensbestätigung **ersetzt den Verbringensnachweis, die Empfangsbestätigung und den handelsüblichen Beleg, aus dem sich der Bestimmungsort ergibt.** Bescheinigungen der Abholperson (Verbringensversicherung) oder des Spediteurs (Eigenbeleg) sind nicht mehr erforderlich. Nur in Zweifelsfällen kann die FinVerw. die Vorlage einer Vollmacht, die den Beauftragten berechtigt hat, den Liefergegenstand abzuholen, bzw. die Vorlage der Legitimation des Ausstellers der Vollmacht verlangen.[244]

Werden **Fahrzeuge, für die eine Zulassung im Straßenverkehr erforderlich ist,** innergemeinschaftlich geliefert, kann der Belegnachweis auch durch einen Nachweis über die Zulassung des Fahrzeugs für den Straßenverkehr im Bestimmungsmitgliedstaat der Lieferung des Fahrzeugs erbracht werden, sofern dieser Zulassungsnachweis durch eine inländische oder ausländische Behörde amtlich beglaubigt ist und die Fahrzeug-Identifikationsnummer enthält.[245]

Werden **verbrauchsteuerpflichtige Waren** (Mineralöle, Alkohol, alkoholische Getränke, Tabakwaren) **unter** Steueraussetzung und **Verwendung des IT-Verfahrens EMCS** (Excise Movement and Control System – EDV-gestütztes Beförderungs- und Kontrollsystem für verbrauchsteuerpflichtige Waren) innergemeinschaftlich befördert, kann der Belegnachweis auch durch eine von der zuständigen Behörde des anderen Mitgliedstaates validierte EMCS-Eingangsmeldung geführt werden.[246]

Werden **verbrauchsteuerpflichtige Waren** im **steuerrechtlich freien Verkehr** befördert, kann der Belegnachweis durch die **dritte Ausfertigung**

---

[244] Abschnitt 6a.4 Abs. 2 S. 4 UStAE.

[245] § 17a Abs. 3 Nr. 5 UStDV = Abschnitt 6a.5 Abs. 16 und 17 UStAE, *Alefs/Geberth* DB 2012, 2544 (2546). Bisher wurde die Frage, ob eine Zulassung des Fahrzeuges im anderen EU-Mitgliedstaat das innergemeinschaftliche Verbringen nachweisen kann, uneinheitlich beurteilt: dem FG Baden-Württemberg 20.7.2011, 14 K 4282/09, EFG 2011, 2203; dem Niedersächsischen FG 23.4.2009, 16 K 261/05, Haufe-Index 2 538 039 und dem FG Rheinland-Pfalz 27.11.2008, 6 K 1463/08, Haufe-Index 2 090 792 genügte dieser Nachweis; anders aber FG Rheinland-Pfalz 12.12.2004, 6 K 2494/01, Haufe-Index 2 126 747; Hessisches FG 6.4.2000, 6 K 3280/99, Haufe-Index 956 061, weil in einzelnen Staaten das Fahrzeug im Rahmen der Zulassung nicht körperlich vorgestellt werden muss und weil die Zulassung im anderen Staat allein nicht belegt, wer das Fahrzeug in den anderen Staat geliefert hat und ob diese Lieferung an einen Unternehmer für dessen Unternehmen erfolgte.

[246] § 17a Abs. 3 Nr. 4 Buchst. a UStDV = Abschnitt 6a.5 Abs. 14 und 15 UStAE; *Alefs/Geberth* DB 2012, 2544 (2546).

des vereinfachten Begleitdokuments, das für Zwecke der Verbrauchsteuerentlastung dem zuständigen Hauptzollamt vorzulegen ist, geführt werden.[247]

aa) Notwendige Angaben in der Gelangensbestätigung

Eine **Gelangensbestätigung** muss folgende für das Gelangen des Liefer- **74** gegenstands in das übrige Gemeinschaftsgebiet erforderlichen **Angaben** enthalten:[248]

* den **Namen und die Anschrift des Abnehmers,**
  Abnehmer ist derjenige, der mit dem liefernde Unternehmer das der Lieferung zugrunde liegende Verpflichtungsgeschäft abgeschlossen hat.
* die **Menge** des Gegenstands der Lieferung und **handelsübliche Bezeichnung,**
  Bei Fahrzeugen iSd § 1b Abs. 2 UStG muss die Bestätigung auch die **Fahrzeug-Identifikationsnummer** enthalten (§ 17a Abs. 2 Nr. 2 Buchst. b UStDV).
  Bei anderen Gegenständen (bspw. hochpreisige Uhren oder Mobiltelefone) ist die Angabe von Nummern des gelieferten Gegenstands nicht erforderlich. Allerdings muss ein Abrechnungspapier Angaben tatsächlicher Art enthalten, welche die leichte und eindeutige Identifizierung der abgerechneten Leistung ermöglichen. Bei **hochpreisigen Gegenständen** (Stückpreis über 2500 €) **reicht die bloße Gattungsangabe** nicht aus, erforderlich ist vielmehr eine konkrete Bezeichnung und Beschreibung der gelieferten Ware.[249]
* im Fall der Beförderung oder Versendung durch den Unternehmer oder **75** im Fall der Versendung durch den Abnehmer den **Ort**[250] **und Monat des Erhalts des Gegenstands im übrigen Gemeinschaftsgebiet** bzw. im Fall der Beförderung des Gegenstands durch den Abnehmer den Ort und Monat des Endes der Beförderung des Gegenstands im übrigen Gemeinschaftsgebiet (§ 17a Abs. 2 Nr. 2 Buchst. c UStDV).
  Aus der Gelangensbestätigung bzw. aus den die Gelangensbestätigung bildenden Dokumenten muss sich ergeben, zu welchem Datum und an welchem Bestimmungsort im übrigen Gemeinschaftsgebiet der Abnehmer den Liefergegenstand erhalten hat bzw. (wenn der Abnehmer den Liefergegenstand selbst befördert) zu welchem Datum und an welchem Bestimmungsort im übrigen Gemeinschaftsgebiet die Beförderung des Liefergegenstandes geendet hat.
  Bei **Reihengeschäften,** bei denen der Abnehmer nicht der Warenempfänger ist, wird es insb. in Versendungsfällen unverhältnismäßig schwierig sein, den Ort und den Zeitpunkt in der Gelangensbestätigung durch den Abnehmer (der die Waren gar nicht erhält) zu bescheinigen.[251] Fraglich ist deswegen, ob solche Abnehmer überhaupt zur Abgabe solcher ihm unbekannten Daten verpflichtet sein kann.[252]

---

[247] § 17a Abs. 3 Nr. 4 Buchst. b UStDV.

[248] Abschnitt 6a.4 Abs. 1 Nr. 2 S. 1 UStAE.

[249] BFH 29.11.2002, V B 119/02, BFH/NV 2003, 518; *Sterzinger* SteuK 2012, 65.

[250] Erforderlich ist die Angabe einer Stadt/Gemeinde – nicht erforderlich ist die Bezeichnung einer konkreten Anschrift.

[251] *Sterzinger* BC 2012, 361.

[252] *Sterzinger* BC 2012, 308.

76 • das **Ausstellungsdatum der Bestätigung** und die **Unterschrift des Abnehmers** (§ 17a Abs. 2 Nr. 2 Buchst. e UStDV).
Der **Abnehmer** muss die Bestätigung **unterschreiben.** Abnehmer ist derjenige, der mit dem liefernden Unternehmer das der Lieferung zu Grunde liegende Verpflichtungsgeschäft abgeschlossen hat.
Der aus dem mit dem Lieferanten abgeschlossenen Vertrag schuldrechtlich Verpflichtete muss die Bestätigung **nicht persönlich unterzeichnen.** An seiner Stelle kann ein zur Vertretung des Abnehmers Berechtigter den Erhalt des Liefergegenstands bestätigen (bspw. ein Arbeitnehmer, der den Liefergegenstand entgegen nimmt).[253] Nur soweit im konkreten Einzelfall **Zweifel an der Vertretungsberechtigung** bestehen, muss der liefernde Unternehmer den Nachweis der Vertretungsberechtigung des Unterzeichnenden führen.[254] Diese kann sich aus dem Lieferauftrag bzw. Bestellvorgang ergeben, mangels ausdrücklicher Regelung ist eine schriftliche Vollmacht nicht erforderlich. Ein mit dem Warentransport beauftragter selbständiger Dritter kann für Zwecke der Gelangensbestätigung nicht zur Abnahme der Ware beauftragt sein.
Hat der Abnehmer einen **Firmenstempel** verwendet, bestehen keine Zweifel an der Berechtigung des Unterzeichnenden.[255] Insb. ist die Vorlage einer schriftlichen Vollmacht mangels gesetzlicher Verpflichtung nicht erforderlich.[256]
Darüber hinaus ist zu berücksichtigen, dass die **FinVerw.** in den Fällen der **elektronischen Übermittlung bzw. der elektronischen Bestätigung** der Angaben des liefernden Unternehmers auf eine **Unterschrift des Abnehmers oder seines Beauftragten vollständig verzichtet.**[257]
Hätten die Beteiligten diese Übermittlungsart gewählt, wären entsprechende Zweifelsfälle nicht aufgetreten bzw. bei Sichtung des Beleges nicht bekannt geworden. Zweifelsfälle bei einer Übermittlung in Papierform können daher nur im Ausnahmefall Anlass für Ermittlungen sein – zumal die Einführung der Gelangensbestätigung die Vielzahl der bisherigen Belege reduzieren soll. Dieser Zweck wäre verfehlt, wenn zukünftig eine Passkopie des Unterzeichnenden, dessen Vollmachtsnachweis sowie die Berechtigung der Person, die die Vollmacht erteilt hat, als notwendiger Nachweis in etwaigen Zweifelsfällen vorgehalten werden müssten.[258]
Die Gelangensbestätigung kann in jeder die erforderlichen Angaben enthaltenden Form erbracht werden. Sie muss sich nicht zwingend aus einem einzigen Beleg ergeben, sondern kann auch **aus mehreren Dokumenten** bestehen, aus denen sich die geforderten Angaben insgesamt ergeben.[259]

---

[253] § 17a Abs. 2 Nr. 2 Buchst. e zweite Variante UStDV = Abschnitt 6a.4 Abs. 2 S. 2 und 3 UStAE.
[254] Abschnitt 6a.4 Abs. 2 S. 4 UStAE.
[255] Abschnitt 6a.4 Abs. 2 S. 5 UStAE. *Sterzinger* BC 2012, 308.
[256] *Korn* KöSDi 4/2012, 17856.
[257] § 17a Abs. 2 S. 2 Buchst. e Satz 2 UStDV = Abschnitt 6a.4 Abs. 3 S. 1 UStAE.
[258] *Sterzinger* BC 2012, 308.
[259] Abschnitt 6a.4 Abs. 5 S. 2 UStAE.

bb) Sammelbestätigung

Die Gelangensbestätigung muss nicht für jeden einzelnen Liefergegenstand **77** gesondert sondern kann auch als **Sammelbestätigung** ausgestellt werden.[260] Bei Lieferungen, die mehrere Gegenstände umfassen, oder bei Rechnungen über mehrere Lieferungen, genügt es, wenn sich die Gelangensbestätigung auf die jeweilige Lieferung bzw. auf die Sammelrechnung bezieht. Darüber hinaus kann die Bestätigung bei dauerhaften Liefervereinbarungen für einen im voraus vereinbarten Leistungszeitraum (zB für Lieferungen eines Monats oder eines Quartals) ausgestellt werden.[261] Zulässig ist auch eine für das Quartal erstellte Sammelbescheinigung bei monatlicher Verpflichtung zur Abgabe von Umsatzsteuer-Voranmeldungen.[262]

cc) Elektronisch übermittelte Sammelbestätigung

Die Gelangensbestätigung kann **auf elektronischem Weg**, bspw. per **78** E-Mail, ggf. mit PDF- oder Textdateianhang, per Computer-Telefax oder Fax-Server, per Web-Download oder im Wege des Datenträgeraustauschs (EDI) übermittelt werden.[263] Die elektronische Übermittlung einer Kopie der Gelangensbestätigung als PDF-Dokument genügt. Es reicht aus, wenn der Abnehmer bzw. dessen Vertreter elektronisch die vom liefernden Unternehmer beigestellten Angaben bestätigt (bspw. Bestätigung des Erhalts des Liefergegenstands am Bestimmungsort durch Bestätigung der vom Lieferer per E-Mail übersandten entsprechenden Daten per Mausclick oder Antwort-E-Mail).[264]

Eine auf elektronischem Wege übermittelte Gelangensbestätigung muss erkennen lassen, dass die **Übermittlung im Verfügungsbereich des Abnehmers begonnen** hat (zB bei E-Mail durch die systemgesteuerte Bezeichnung des Absenders der E-Mail).[265]

Der Lieferant hat diese Bestätigung elektronisch oder als Papierausdruck zu dokumentieren und zu archivieren. Insoweit muss er die Grundsätze ordnungsgemäßer EDV-gestützter Buchführungssysteme[266] und die Grundsätze zum Datenzugriff und zur Prüfbarkeit digitaler Unterlagen[267] beachten.[268] Allerdings führt die bloße Verletzung dieser Pflichten nicht zur Versagung der Steuerbefreiung bei Vorliegen der übrigen Voraussetzungen, so dass im Ergebnis **weder Echtheit der Herkunft, Unversehrtheit des Inhalts noch die Lesbarkeit der Gelangensbestätigung gewährleistet** sein müssen.[269]

Bei einer elektronisch übermittelten Bestätigung ist eine **Unterschrift** des Abnehmers oder seines Beauftragten **nicht erforderlich**.[270]

---

[260] *Sterzinger* BC 2012, 308.
[261] Abschnitt 6a.4 Abs. 4 S. 1 UStAE.
[262] Abschnitt 6a.4 Abs. 4 S. 2 UStAE.
[263] § 17a Abs. 2 Nr. 2 Buchst. e S. 2 UStDV = Abschnitt 6a.4 Abs. 4 S. 2 UStAE.
[264] *Alefs/Geberth* DB 2012, 2544 (2545).
[265] § 17a Abs. 2 Nr. 2 Buchst. e S. 2 UStDV = Abschnitt 6a.4 Abs. 3 S. 1 UStAE.
[266] BMF-Schreiben 7.11.1995, BStBl. I 1995, 738.
[267] BMF-Schreiben 16.7.2001, BStBl. I 2001, 415.
[268] Abschnitt 6a.4 Abs. 6 S. 4 UStAE.
[269] *Sterzinger* BC 2012, 308.
[270] § 17a Abs. 2 Nr. 2 Buchst. e S. 2 UStDV = Abschnitt 6a.4 Abs. 3 S. 1 UStAE.

dd) Muster der Gelangensbestätigung

79   Eine bestimmte Form für die Gelangensbestätigung ist nicht vorgeschrieben. Dem Entwurf des BMF-Schreibens vom 21.3.2012 sind als Anlagen 1–3 jeweils ein **Muster in drei Sprachen** (deutsch, englisch und französisch) beigefügt, wie eine Gelangensbestätigung ausgefüllt sein kann.[271]

Da die Muster **kein amtlicher Vordruck** sind, kann der Unternehmer die Gelangensbestätigung frei gestalten. Verwendet er aber eine nach dem Muster vollständig und zutreffend ausgefüllte Gelangensbestätigung, wird diese als Beleg für die entsprechende innergemeinschaftliche Lieferung anerkannt.[272]

Die Gelangensbestätigung muss **nicht in deutscher Sprache** ausgestellt werden. Verwendet der Abnehmer nicht die Muster bzw. stellt die Bescheinigung in einer davon abweichenden Landessprache aus, kann die FinVerw. grundsätzlich eine Übersetzung verlangen.[273] Allein der Umstand, dass ein Abnehmer seine Gelangensbestätigung in einer von ihm nicht beherrschten Sprache ausgestellt hat, rechtfertigt nicht die Versagung der Steuerbefreiung, kann aber Anlass für weitere Ermittlungen sein.

ee) Gelangensbestätigung beim liefernden Unternehmer

80   Letztlich ist die Gewährung der Steuerbefreiung von einem **Nachweis** abhängig, **der erst nach Beendigung der Lieferung ausgestellt wird** und auf dessen Ausstellung der Lieferant keinen Einfluss mehr hat. Die Einhaltung des § 17a UStDV setzt einen vollständigen Rücklauf (entweder über den normalen Postweg oder auf elektronischem Wege) im Nachgang zum ausgeführten Umsatz voraus. Daher ist bei Ausführung des Umsatzes fraglich, ob dieser steuerpflichtig oder steuerbefreit zu behandeln ist. Problematisch sind deswegen insb. Fallgestaltungen, in denen der Abnehmer die Ware befördert, weil dem liefernden Unternehmer die Gelangensbestätigung in diesen Fällen nicht bei Ausführung der Lieferung vorliegt, so dass er zu diesem Zeitpunkt noch nicht über den für die Steuerbefreiung erforderlichen Nachweis verfügt.[274] Der Lieferant kann sich insb. bei neuen Geschäftsbeziehungen oder bei „Laufkundschaft"[275] nicht sicher sein, ob sich sein Geschäftspartner tatsächlich an seine bei Übernahme der Ware gegebene Zusage hält, ihm im Nachgang die Gelangensbestätigung tatsächlich zu übermitteln. Gleichzeitig sind aber Preisbildung und Fakturierung (mit oder ohne Umsatzsteuer) erst endgültig möglich, nachdem dem Lieferanten die Gelangensbestätigung bzw. die Versicherung des Transportunternehmers vorliegt, dass der Abnehmer der Ware sie im übrigen Gemeinschaftsgebiet erhalten hat.

Der Lieferant kann das dadurch verursachte **finanzielle Risiko** dadurch minimieren, indem er zunächst eine **Rechnung über den Bruttobetrag, aber ohne gesonderten Ausweis der Steuer** ausstellt. Ist in der Rechnung lediglich der Gesamtpreis einschließlich Umsatzsteuer in einem Betrag angegeben, treten die Rechtsfolgen des § 14c Abs. 1 UStG nicht ein. Letztlich erhält

---

[271] Abschnitt 6a.4 Abs. 5 S. 6 und 7 UStAE.

[272] *Sterzinger* BC 2012, 308.

[273] § 87 Abs. 2 AO, Abschnitt 6a.4 Abs. 5 S. 7 UStAE; vgl. Art. 231 Abs. 4 MwStSystRL für Rechnungen in ausländischer Sprache.

[274] *Sterzinger* SteuK 2012, 65; kritisch deswegen auch *Matheis* UVR 2012, 188.

[275] *Robisch* in Bunjes UStG § 6a UStG Rn. 65e, 2012.

der Lieferant bei Bezahlung des Rechnungsbetrages eine Kaution in Höhe der auf den Nettokaufpreis entfallenden Umsatzsteuer, die er nach Übersendung der Gelangensbestätigung und Rechnungsberichtigung erstattet.[276]

Diese Form der Rechnungslegung ist auch in Fällen anzuwenden, in de- **81** nen der im übrigen Gemeinschaftsgebiet ansässige Abnehmer die Erstellung einer Gelangensbestätigung ablehnt, weil ihm diese bspw. nicht bekannt ist. Schließlich sollten Lieferanten diese Abrechnungsvariante wählen, wenn sie den nach § 6a Abs. 3 UStG erforderlichen Nachweis auf andere Art und Weise erbringen können, weil sie nur bei Vorlage einer Gelangensbestätigung unter den Anwendungsbereich des § 6a Abs. 4 UStG fallen und ansonsten der gute Glauben in die Angaben des Abnehmers nicht geschützt ist.

Keine Alternative ist hingegen in solchen Fällen, in der Rechnung über die innergemeinschaftliche Lieferung die **Umsatzsteuer gesondert auszuweisen,** wenn die zum Nachweis notwendigen Unterlagen im Moment der Rechnungslegung (noch) nicht vorliegen. In der Vergangenheit haben zwar Unternehmer teilweise diese Vorgehensweise gewählt, um das Risiko zu minimieren, dass bei einer späteren Überprüfung die Steuerbefreiung wegen nicht ausreichender oder unzutreffender Belege versagt wird und der Steuerausfall zu diesem Zeitpunkt nicht mehr kompensiert werden konnte. Da aber die in § 6a Abs. 3 S. 2 UStG in Verbindung mit §§ 17a bis 17c UStDV erforderlichen **Buch- und Belegnachweise keine materiell-rechtlichen Voraussetzungen für die Gewährung der Steuerbefreiung** als innergemeinschaftliche Lieferung sind,[277] werden derartige Lieferungen nicht durch den bloßen Verzicht auf etwaige Nachweise steuerpflichtig, wenn feststeht, dass der Gegenstand tatsächlich in das übrige Gemeinschaftsgebiet geliefert worden ist.[278] Da die Möglichkeit einer Option iSd § 9 UStG für diese Steuerbefreiung nicht vorgesehen ist, schuldet der Aussteller den ausgewiesenen Steuerbetrag nach § 14c Abs. 1 UStG.

ff) Alternative Belegnachweise in den Fällen der Versendung

In den Fällen der Versendung kann der Unternehmer neben der Ge- **82** langensbestätigung den Nachweis der Steuerbefreiung der innergemeinschaftlichen Lieferung durch **alternative Belege** führen (§ 17a Abs. 3 UStDV). Diese Belege sind ebenfalls – wie die Gelangensbestätigung – für die FinVerw. eindeutige und leicht prüfbare Nachweismöglichkeiten.

Insb. kann der Unternehmer das Vorliegen einer innergemeinschaftlichen Lieferung mit einer **Bescheinigung des von ihm beauftragten Spediteurs** belegen. Er kann den Nachweis (insb. den Nachweis über das Gelangen des Liefergegenstands in das übrige Gemeinschaftsgebiet), sofern der vereinfachte Nachweis nicht erbracht werden kann, aber auch mit allen anderen zulässigen Belegen und Beweismitteln führen, aus denen sich das Gelangen des Liefergegenstands in das übrige Gemeinschaftsgebiet an den umsatzsteuerrechtlichen Abnehmer in der Gesamtschau nachvollziehbar und glaubhaft er-

---

[276] *Sterzinger* SteuK 2012, 65.

[277] BFH 6.12.2007 – V R 59/03, BStBl. 2009 II, 57; EuGH 27.9.2007 – Rs. C-146/05 *Albert Collee*, BStBl. II 2009, 78.

[278] EuGH 15.3.2007 – Rs. C – 35/05 *Reemtsma*, UR 2007, 343 und 430; *Sterzinger* SteuK 2012, 65.

gibt. Die in § 17a Abs. 2 UStDV geregelte Gelangensbestätigung gilt damit nur als eine mögliche Form des Belegnachweises, mit dem die Voraussetzungen der Steuerbefreiung einer innergemeinschaftlichen Lieferung für die Fin-Verw. eindeutig und leicht nachprüfbar sind. Gleiches gilt auch für die in § 17a Abs. 3 UStDV aufgeführten Belege, mit denen der Unternehmer anstelle der Gelangensbestätigung die Steuerbefreiung einer innergemeinschaftlichen Lieferung nachweisen kann.

Es verblüfft, dass in dem sehr **sensiblen Bereich der Versendung durch den Abnehmer,** im Ergebnis eine bloße Versicherung des mit der Beförderung beauftragten Unternehmers ausreicht. Die Nachweisführung durch eine Gelangensbestätigung knüpft grundsätzlich daran an, dass der Liefergegenstand tatsächlich in einen anderen Mitgliedstaat gelangt ist und nicht nur gelangen soll. Dazu steht die Ergänzung einer Versicherungsregelung für Versendungsfälle, in denen der Abnehmer den Spediteur beauftragt, im direkten Widerspruch. Letztlich kommt dadurch zum Ausdruck, dass einer Versicherung, den Liefergegenstand transportieren zu wollen, der gleiche Aussagegehalt beizumessen ist, wie einer Bestätigung, den Liefergegenstand tatsächlich transportiert zu haben. Im Ergebnis ist durch die Aufnahme der **einseitigen Versicherungsmöglichkeit** in die geänderte Verordnung keine schlüssige Rechtfertigung mehr dafür ersichtlich, warum in den Fällen, in denen der leistende Unternehmer den Spediteur beauftragt[279] oder der Abnehmer den Liefergegenstand selbst abholt, eine Versicherung nicht mehr ausreichen soll.

1) Handelsrechtlicher Frachtbrief, Konossement

83   Nach § 17a Abs. 3 S. 1 Nummer 1 Buchst. a UStDV kann der Nachweis durch einen Versendungsbeleg, insb. einen **handelsrechtlichen Frachtbrief,** der vom Auftraggeber des Frachtführers unterzeichnet ist und der eine Unterschrift des Empfängers als Bestätigung des Erhalts des Gegenstands der Lieferung enthält, oder ein **Konossement** geführt werden. Ein solcher Versendungsbeleg ist auch ein **CMR-Frachtbrief,** der alle für die Gelangensbestätigung erforderlichen Angaben enthält.[280] Insb. muss der Absender als Auftraggeber des Frachtführers, also dem Versender des Liefergegenstands, den Erhalt der Ware im übrigen Gemeinschaftsgebiet bestätigen (beim CMR-Frachtbrief durch die Unterschrift in Feld 24 auf der Rückseite des Formulars).[281]

2) Bescheinigung des beauftragten Spediteurs

84   Nach § 17a Abs. 3 S. 1 Nr. 1 Buchst. b UStDV kann der Belegnachweis auch mit einem anderen handelsüblichen Beleg als nach § 17a Abs. 3 S. 1 Nr. 1 Buchst. a UStDV geführt werden. Als anderer handelsüblicher Beleg gilt insb. die **Bescheinigung des beauftragten Spediteurs.**

---

[279] Siehe auch *Alefs/Geberth* DB 2012, 2544 (2548).

[280] Abschnitt 6a.5 Abs. 2 S. 2 UStAE.

[281] Die bisherige Rspr. – vgl. BFH 17.2.2011, V R 28/10, BFH/NV 2011, 1448 und BFH 12.5.2009, V R 65/06, BStBl. II 2010, 511 – wonach ein CMR-Frachtbrief auch als Versendungsbeleg anzuerkennen ist, wenn er nicht vom Auftraggeber des Frachtführeres unterzeichnet ist, bezieht sich auf die bis zum 31.12.2011 geltende bisherige Rechtslage. Kritisch aber *Alefs/Geberth* DB 2012, 2544 (2545).

Diese Art der Bescheinigung muss **folgende Angaben** enthalten:

- den **Namen und die Anschrift des** mit der Beförderung **beauftragten Unternehmers** sowie das Ausstellungsdatum,
- den **Namen und die Anschrift des liefernden Unternehmers** sowie des **Auftraggebers** der Versendung,
- die **Menge** des Gegenstands der Lieferung und die **handelsübliche Bezeichnung** (einschließlich der Fahrzeugidentifikationsnummer bei Fahrzeugen[282]),
- den **Empfänger** des Gegenstands der Lieferung und den **Bestimmungsort** im übrigen Gemeinschaftsgebiet,
- den **Monat des Endes der Beförderung** des Gegenstands der Lieferung im übrigen Gemeinschaftsgebiet,
- eine **Versicherung des mit der Beförderung beauftragten Unternehmers,** dass die Angaben in dem Beleg auf Grund von Geschäftsunterlagen gemacht worden sind, die im Gemeinschaftsgebiet nachprüfbar sind, sowie
- die **Unterschrift** des mit der Beförderung beauftragten Unternehmers.

3) Vereinfachter Nachweis beim Transport durch Kurierdienste

Beauftragt der liefernde Unternehmer oder der Abnehmer einen selbstän- **85** digen **Unternehmer, der Kurierdienstleistungen** erbringt, mit der **Beförderung des Gegenstands,** erbringt der Lieferant den Nachweis nach § 17a Abs. 3 S. 1 Nr. 1 Buchst. c UStDV durch folgende Unterlagen:[283]

- eine **schriftliche Auftragserteilung,** die folgende Angaben enthält:
  - Name und Anschrift des Ausstellers des Belegs;
  - Name und Anschrift des Absenders;
  - Name und Anschrift des Empfängers;
  - handelsübliche Bezeichnung, Menge und Wert der beförderten Gegenstände (bzgl. der Angaben zur handelsüblichen Bezeichnung, Menge und Wert der beförderten Gegenstände kann auf die Rechnung des Auftraggebers durch Angabe der Rechnungsnummer verwiesen werden, wenn auf dieser die Nummer des Versendungsbelegs angegeben ist[284]);
  - Tag der Einlieferung der beförderten Gegenstände beim Kurierdienstleister.
- ein von dem Kurierdienstleister ausgestelltes **Protokoll** (in elektronischer Form oder als Papierausdruck, bspw. ein sog. „tracking and tracing"-Protokoll über den Sendungsverlauf) über die Annahme bzw. Ablieferung des Liefergegenstands beim Abnehmer, auf dem die Unterschrift der Person enthalten ist, die den Liefergegenstand entgegen genommen bzw. – im Fall, in dem der Liefergegenstand im Verfügungsbereich des Abnehmers vereinbarungsgemäß abgestellt worden ist – der Person, die den Liefergegenstand abgeliefert hat und
- einen **Nachweis über die Bezahlung der Lieferung.**

---

[282] § 17a Abs. 3 S. 2 UStDV.

[283] Abschnitt 6a.5 Abs. 6 UStAE.

[284] *Geberth* DB 15/2012 M1 hält diese Vereinfachung für praktisch nicht durchführbar, weil in der Praxis bei Rechnungsausstellung die Versendungsnummer nicht bekannt ist.

4) Vereinfachter Nachweis bei Beförderung der Ware durch einen Postdienstleister

86   Beauftragt der liefernde Unternehmer oder der Abnehmer einen selbstän-digen **Unternehmer, der Postdienstleistungen** erbringt, mit der **Beför-derung des Gegenstands,** ist der Nachweis nach § 17a Abs. 3 S. 1 Nr. 1 Buchst. d UStDV erbracht, wenn der Lieferant über einen **Einlieferungs-schein für im Postverkehr beförderte Sendungen** (oder ein Doppel-stück oder Kopie) mit folgenden Angaben verfügt:[285]
- Name und Anschrift des Absenders,
- Name und Anschrift des Abnehmers,
- Menge des Gegenstands der Lieferung und handelsübliche Bezeichnung.

Die vom liefernden Unternehmer geführten Aufzeichnungen und die Un-terlagen zum jeweiligen Geschäftsvorfall (zB Auftragserteilung, Lieferschein, Rechnung, Zahlung) müssen einen **Zusammenhang der Angaben auf dem Einlieferungsschein mit der jeweils ausgeführten Lieferung** er-kennen lassen.[286] Da es in den Fällen, in denen die Rechnung sich bereits in dem Paket befindet, das zur Versendung aufgegeben wird, praktisch nicht möglich ist, dass die Nummer des Versendungsbelegs auf der Rechnung des liefernden Unternehmers enthalten ist, kann aus Vereinfachungsgründen bzgl. der Angaben zur handelsüblichen Bezeichnung, Menge und Wert der beför-derten Gegenstände auf die Rechnung des Auftraggebers durch Angabe der Rechnungsnummer verwiesen werden, wenn auf dem Doppel der Rechnung die Nummer des Versendungsbelegs angegeben ist.[287]

5) Weitere Nachweismöglichkeiten für den Fall der Versendung durch den Abnehmer

87   **Versendet der Abnehmer den Liefergegenstand,** kann der Unter-nehmer den Belegnachweis nach § 17a Abs. 3 S. 1 Nr. 2 UStDV auch mit ei-nem **Nachweis über die Bezahlung des Liefergegenstands** zusammen mit einer **Bescheinigung des beauftragten Spediteurs** führen, die fol-gende Angaben enthält:
- den **Namen und die Anschrift des mit der Beförderung beauftrag-ten Unternehmers** sowie das **Ausstellungsdatum,**
- den **Namen und die Anschrift des liefernden Unternehmers** sowie des **Auftraggebers der Versendung,**
- die **Menge des Gegenstands der Lieferung** und die **handelsübliche Bezeichnung** (einschließlich der Fahrzeugidentifikationsnummer bei Fahrzeugen[288]),
- den **Empfänger des Gegenstands der Lieferung** und den **Bestim-mungsort** im übrigen Gemeinschaftsgebiet,
- eine **Versicherung** des mit der Beförderung beauftragten Unternehmers, den Gegenstand der Lieferung an den Bestimmungsort im übrigen Ge-meinschaftsgebiet zu befördern, sowie

---

[285] Abschnitt 6a.5 Abs. 8 S. 1 UStAE.
[286] Abschnitt 6a.5 Abs. 8 S. 3 UStAE.
[287] Abschnitt 6a.5 Abs. 8 S. 2 UStAE.
[288] § 17a Abs. 3 S. 2 UStDV.

• die **Unterschrift des mit der Beförderung beauftragten Unternehmers.**

Diese Angaben sind inhaltlich **identisch mit den in § 17a Abs. 3 S. 1 Nr. 1 Buchst. b Doppelbuchst. aa–dd UStDV geforderten Angaben.** Zusätzlich wird in dieser Fallgruppe eine **Versicherung** des mit der Beförderung beauftragten Unternehmers gefordert, dass er den Gegenstand der Lieferung an den Bestimmungsort im übrigen Gemeinschaftsgebiet befördern wird.

Nach § 17 Abs. 3 Nr. 2 UStDV ist der notwendige Zahlungsnachweis nur   **88** anzuerkennen, wenn es sich um eine **Zahlung über ein Konto des Abnehmers** handelt. Offen ist aber, wie der Lieferant diese Voraussetzung konkret nachweisen kann. Darüber hinaus ist ungeklärt, ob der Abnehmer der einzige Berechtigte sein muss oder ob auch Zahlungen von einem Oder-Konto ausreichen.

Erbringt der Unternehmer den ihm obliegenden Nachweis durch eine Spediteursbescheinigung plus Zahlungsnachweis (§ 17a Abs. 3 Nr. 2 UStDV) und bestehen gleichwohl **begründete Zweifel** daran, **dass der Gegenstand der Lieferung tatsächlich in das übrige Gemeinschaftsgebiet gelangt ist,** muss der Unternehmer den Nachweis nach § 17a Abs. 1 (Gelangensbestätigung und Rechnungsdoppel) oder mit den übrigen Belegen nach § 17a Abs. 2 oder Abs. 3 UStDV führen (§ 17a Abs. 3 S. 4 UStDV). Da diese Zweifel aber unter Umständen erst Jahre nach der Ausführung des Umsatzes in einer späteren Betriebsprüfung auftreten werden, besteht bei der Nachweisführung durch Vorlage einer Spediteursbescheinigung plus Zahlungsnachweis die erhebliche Gefahr, dass dann aufgrund des Zeitablaufs die übrigen Nachweise nicht mehr oder nur mit erheblichem Aufwand beschafft werden können.

c) Nachweise bei Ausfuhrlieferungen

Die von der Rechtsprechung zum Buch- und Belegnachweis bei innerge-   **89** meinschaftlichen Lieferungen entwickelten Grundsätze sind wegen der rechtssystematischen Gemeinsamkeit zwischen § 6 UStG und § 6a UStG grundsätzlich auch für den Bereich der Ausfuhrlieferung anzuwenden.

Die **Zweite Verordnung zur Änderung steuerlicher Verordnungen**[289] hat zum 1.1.2012 auch die für Ausfuhrlieferungen geltenden Buch- und Belegnachweispflichten an die Pflicht zur Teilnahme am elektronischen Ausfuhrverfahren angepasst.[290] Nach dem BMF-Schreiben vom 9.12.2011[291] beanstandet es die FinVerw. im Rahmen einer **Übergangsregelung** nicht, wenn der beleg- und buchmäßige Nachweis für bis zum 31.3.2012 ausgeführte Ausfuhrlieferungen auf der Grundlage der bisherigen Rechtslage geführt wird.

EU-einheitlich besteht seit dem 1.7.2009 die **Pflicht zur Teilnahme am elektronischen Ausfuhrverfahren.** In Deutschland steht hierfür seit dem 1.8.2006 das IT-System **ATLAS-Ausfuhr** zur Verfügung. Die Pflicht zur

---

[289] BGBl. I 2011, 2416 = BStBl. I 2011, 1167.
[290] Zu den Einzelheiten s. BMF-Schreiben vom 6.2.2012, BStBl. I 2012, 212; vgl. auch *Huschens* UVR 2012, 77; *Pogodda/Wagner* BB 2012, 1314.
[291] BMF-Schreiben vom 9.12.2011, BStBl. I 2011, 1287.

Abgabe elektronischer Anmeldungen betrifft alle Anmeldungen unabhängig vom Beförderungsweg (Straßen-, Luft-, See-, Post- und Bahnverkehr).

90   Die **Ausfuhrzollstelle** (AfZSt) überführt die elektronisch angemeldeten Waren in das Ausfuhrverfahren und übermittelt der angegebenen **Ausgangszollstelle** (AgZSt) vorab die Angaben zum Ausfuhrvorgang. Über das europäische IT-System AES (Automated Export System)/ECS (Export Control System) kann die AgZSt, unabhängig davon, in welchem Mitgliedstaat sie sich befindet, anhand der Registriernummer der Ausfuhranmeldung (MRN – Movement Reference Number) den Ausfuhrvorgang aufrufen und den körperlichen Ausgang der Waren überwachen. Die AgZSt vergewissert sich u. a., dass die gestellten Waren den angemeldeten entsprechen, und überwacht den körperlichen Ausgang der Waren aus dem Zollgebiet der Gemeinschaft. Der körperliche Ausgang der Waren ist der AfZSt durch die AgZSt mit der „Ausgangsbestätigung/Kontrollergebnis" unmittelbar anzuzeigen. Weder im nationalen noch im europäischen Zollrecht existiert eine Differenzierung zwischen Beförderungs- und Versendungsfällen. Für alle elektronisch angemeldeten Waren übersendet die AgZSt der AfZSt die Nachricht „Ausgangsbestätigung/Kontrollergebnis".

Der **Nachrichtenaustausch zwischen den Teilnehmern und den Zolldienststellen** wird im IT-Verfahren ATLAS mit EDIFACT[292]-Nachrichten durchgeführt, die auf EDIFACT-Nachrichtentypen basieren. Die (deutsche) AfZSt erledigt den Ausfuhrvorgang auf Basis der von der AgZSt übermittelten „Ausgangsbestätigung" dadurch, dass sie dem Ausführer/Anmelder elektronisch den „Ausgangsvermerk" (Artikel 796e ZK-DVO) als pdf-Dokument übermittelt. Der „Ausgangsvermerk" beinhaltet die Daten der ursprünglichen Ausfuhranmeldung, ergänzt um die zusätzlichen Feststellungen und Ergebnisse der AfZSt. Der belegmäßige Nachweis der Ausfuhr wird daher zollrechtlich in allen Fällen (Beförderungs- und Versendungsfällen) durch den „Ausgangsvermerk" erbracht.

91   Aus zollrechtlicher Sicht sind hiervon **Abweichungen** nur zulässig
- im Ausfall- und Sicherheitskonzept (erkennbar am Stempelabdruck „ECS/AES Notfallverfahren"). Hier wird das Exemplar Nummer 3 des Einheitspapiers, ein Handelsbeleg oder ein Verwaltungspapier als schriftliche Ausfuhranmeldung verwendet (bis zum 31. Dezember 2010 konnte auch ein Handelsbeleg oder ein Verwaltungspapier verwendet werden)
- bei der Ausfuhr mit mündlicher oder konkludenter Anmeldung (in Fällen von geringer wirtschaftlicher Bedeutung). Hier wird ein sonstiger handelsüblicher Beleg als Ausfuhranmeldung verwendet.

Nur in diesen Fällen wird die vom Ausführer/Anmelder vorgelegte Ausfuhranmeldung von der AgZSt auf der Rückseite mit einem Dienststempelabdruck versehen.

§ 9 Abs. 1 S. 1 Nr. 1 S. 1 UStDV regelt in den Beförderungsfällen, dass als Belegnachweis der Ausfuhr grundsätzlich nur noch der **„Ausgangsvermerk"** gilt, und zwar **entweder als elektronische Fassung oder als mit Dienststempelabdruck versehene Druckversion.** § 9 Abs. 1 S. 1 Nr. 1

---

[292] EDIFACT = Electronic Data Interchange For Administration, Commerce and Transport-Branchenübergreifender internationaler Standard für das Format elektronischer Daten im Geschäftsverkehr.

S. 2 UStDV regelt die Fällen, in denen der Unternehmer einen „**Alternativ-Ausgangsvermerk**" erhält, weil die Nachricht „Ausgangsbestätigung/Kontrollergebnis" der AgZSt bei der AfZSt nicht eingegangen ist und das Ausfuhrverfahren deshalb nicht automatisiert mit dem Dokument „Ausgangsvermerk" erledigt werden kann.

In Fällen, in denen die **Ausfuhranmeldung nicht im elektronischen** **92** **Ausfuhrverfahren** durchgeführt werden kann (bei Ausfall der IT-Systeme), wird – wie bisher – das Exemplar Nr. 3 der Ausfuhranmeldung als Nachweis der Beendigung des zollrechtlichen Ausfuhrverfahrens verwendet. Ein Handelspapier (zB Rechnung) oder ein Verwaltungspapier (zB das begleitende Verwaltungsdokument, das bei der Ausfuhr verbrauchsteuerpflichtiger Waren unter Steueraussetzung anstelle des Exemplars Nr. 3 des Einheitspapiers verwendet wird) kann ebenfalls als Nachweis der Beendigung des zollrechtlichen Ausfuhrverfahrens verwendet werden. Dieser Beleg wird als Nachweis für Umsatzsteuerzwecke anerkannt, wenn die Ausfuhrbestätigung durch einen Vermerk (Dienststempelabdruck der Grenzzollstelle mit Datum) auf der Rückseite des Exemplars Nr. 3 der Ausfuhranmeldung oder des Handels- oder Verwaltungspapiers angebracht ist. Dieser Beleg muss im Fall des Ausfallkonzepts außerdem den Stempelabdruck „ECS/AES Notfallverfahren" tragen, da im Ausfallkonzept stets alle anstelle einer elektronischen Ausfuhranmeldung verwendeten schriftlichen Ausfuhranmeldungen mit diesem Stempelabdruck versehen werden. Das Ausfuhrbegleitdokument (ABD) ist nicht als Ausfuhrnachweis geeignet, weil es von der AgZSt weder abgestempelt noch zurückgegeben wird.

In Fällen, in denen die **Ausfuhranmeldung weiterhin nicht im elekt-** **93** **ronischen Ausfuhrverfahren** erfolgt (bei Ausfuhren mit mündlicher oder konkludenter Anmeldung in Fällen von geringer wirtschaftlicher Bedeutung bzw. bei Ausfuhranmeldungen bis zu einem Warenwert von 1000 Euro), wird – ebenfalls wie bisher – auf andere Weise als mit dem **Exemplar Nr. 3 der** **Ausfuhranmeldung** (= Exemplar Nr. 3 des Einheitspapiers) der Ausgang der Ware überwacht. Wird hierfür ein **handelsüblicher Beleg** (zB Frachtbrief, Rechnung, Lieferschein) verwendet, wird er als Nachweis für Umsatzsteuerzwecke anerkannt, wenn die Ausfuhrbestätigung durch einen Vermerk (Dienststempelabdruck der Grenzzollstelle mit Datum) auf der Rückseite angebracht ist. Aus diesem Beleg müssen wie bisher Name und Anschrift des liefernden Unternehmers, die handelsübliche Bezeichnung und die Menge des ausgeführten Gegenstands, der Ort und der Tag der Ausfuhr sowie die Ausfuhrbestätigung der zuständigen Grenzzollstelle hervorgehen.

Bei der **Ausfuhr von für den Straßenverkehr zugelassenen Fahrzeu-** **94** **gen** muss nach dem neuen § 9 Abs. 1 S. 2 UStDV der Ausfuhrnachweis neben dem „Ausgangsvermerk" (der bei Fahrzeugen iSv § 1b Abs. 2 UStG auch die Fahrzeug-Identifikationsnummer enthalten muss), zusätzlich mit einer Bescheinigung über die Zulassung, die Verzollung oder die Einfuhrbesteuerung im Drittland geführt werden.[293] Wird das Fahrzeug mit einem Ausfuhrkennzeichen ausgeführt, genügt es nach § 9 Abs. 1 S. 3 UStDV, wenn aus

---

[293] Diese Regelung entspricht Abschnitt 6.9 Abs. 11 UStAE, die der BFH mit Urteil vom 31.7.2008 – V R 21/06, BFH/NV 2009, 95 als bloße Verwaltungsanweisung für unzulässig angesehen hat.

dem „Ausgangsmerk" die Nummer des Ausfuhrkennzeichens ersichtlich ist. Nach der Mantelverordnung vom 11.12.2012[294] gilt diese Regelungen aber nur für den Nachweis bei der Ausfuhr von **Fahrzeugen iSd § 1b Abs. 2 S. 1 Nr. 1 UStG, die zugelassen sind oder die ein Kurzzeitkennzeichen bzw. ein rotes Kennzeichen haben.** Die jeweils gleich lautende Ergänzung in § 9 Abs. 2 S. 2 und § 10 Abs. 2 S. 2 UStDV stellt klar, dass insb. bei Ausfuhren **von nicht zugelassenen (Neu-)Fahrzeugen, die auf einem Autotransporter oder per Bahn oder Schiff ins Drittlandsgebiet befördert oder versendet werden,** keine zusätzlichen Nachweispflichten gelten. Die auch in diesen Fällen notwendige Angabe der Fahrzeug-Identifikationsnummer erfolgt bereits bei der Zollanmeldung und ist deswegen in dem Beleg nach § 9 Abs. 1 bzw. § 10 Abs. 1 UStDV enthalten.

Nach § 10 Abs. 1 S. 1 Nr. 1 UStDV gelten für den umsatzsteuerlichen **Ausfuhrnachweis in Versendungsfällen** die Regelungen zu den Beförderungsfällen entsprechend.

Nach § 10 Abs. 1 S. 1 Nr. 2 UStDV kann der Unternehmer in Versendungsfällen, in denen das elektronische Ausfuhrverfahren durchgeführt wird, den Ausfuhrnachweis statt mit dem „Ausgangsvermerk" auch mit einem **handelsüblichen Beleg** führen, wenn es dem Unternehmer nicht möglich oder nicht zumutbar ist, den Nachweis mit dem „Ausgangsvermerk" zu erbringen. Damit soll es insb. Unternehmern ermöglicht werden, den Ausfuhrnachweis mit einer Spediteurbescheinigung zu führen, wenn ein „Ausgangsvermerk" nicht oder noch nicht vorliegt.

95   Anders als bisher schreibt § 10 Abs. 1 S. 1 Nr. 2 Buchst. a UStDV explizit vor, dass der **Versendungsbeleg vom Auftraggeber des Frachtführers** zwingend **zu unterzeichnen** ist.[295]

Voraussetzung für dieses Ersatzverfahren ist, dass in diesem Beleg die **Registriernummer der Ausfuhranmeldung** (MRN = Movement Reference Number) enthalten ist. Durch die Angabe dieser Registriernummer, die der Zoll im Rahmen des elektronischen Ausfuhrverfahrens ATLAS-Ausfuhr erteilt, kann die FinVerw. schneller Zugriff auf den entsprechenden Datensatz der Zollverwaltung erhalten, der den Ausfuhrvorgang dokumentiert.

5. Zwischenergebnis

96   Als Zwischenergebnis ist festzuhalten, dass im Falle der **grenzüberschreitenden sonstigen Leistungen an nahestehende Personen** im übrigen Gemeinschaftsgebiet diese im Regelfall nur im Inland steuerbar und steuerpflichtig sind, wenn es sich dabei um sonstige Leistungen handelt, die unter die Vorschrift des § 3a Abs. 3 UStG fallen. Umgekehrt liegt ein im Inland steuerbarer und steuerpflichtiger Umsatz vor, wenn ein inländisches Unternehmen eine sonstige Leistung iSv § 3a Abs. 2 UStG von einem Unternehmen aus dem übrigen Gemeinschaftsgebiet empfängt und es gleichzeitig zur

---

[294] BGBl. I 2012, 2637.

[295] Deswegen war nach der Vorgängerregelung eine Empfängerbestätigung zur Anerkennung als Versendungsbeleg nicht erforderlich, BFH 12.5.2009, V R 65/06, BStBl. II 2010, 511; *Wäger* in Birkenfeld/Wäger Umsatzsteuerhandbuch § 109 Rn. 59, 52. Lfg./Mai 2010.

Umkehr der Steuerschuldnerschaft nach § 13b Abs. 1 und Abs. 5 S. 1 UStG kommt.

Lieferungen an im Drittland oder im übrigen Gemeinschaftsgebiet 97 **ansässige nahestehende Personen** sind zwar regelmäßig in Deutschland steuerbar, jedoch nach § 4 Nr. 1a iVm § 6 UStG bzw. § 4 Nr. 1b iVm § 6a UStG steuerbefreit. Umgekehrt erfüllen Lieferungen aus dem übrigen Gemeinschaftsgebiet die Tatbestandsvoraussetzungen des innergemeinschaftlichen Erwerbs (§ 1 Abs. 1 Nr. 5 iVm § 1a UStG).

Entsprechendes gilt nach § 1a Abs. 2 iVm § 3 Abs. 1a UStG für den Sonderfall des **innergemeinschaftlichen Verbringens,** wenn also der Unternehmer einen Gegenstand aus dem Gebiet eines anderen EU-Mitgliedstaates (Ausgangsmitgliedstaat) zu seiner Verfügung in das Inland befördert oder versendet und ihn dort nicht nur vorübergehend verwendet.

IV. Bemessungsgrundlage bei nicht marktüblicher Preisgestaltung – Anwendbarkeit der Mindestbemessungsgrundlage

Bemessungsgrundlage für den Umsatz ist das **Entgelt** (§ 10 Abs. 1 S. 1 98 UStG). Dazu gehört alles, was der **Empfänger der Leistung** aufwendet, um diese zu erhalten oder ein Dritter dem Unternehmer für die Leistung gewährt.

Unerheblich ist in diesem Zusammenhang, ob das Entgelt dem objektiven Wert der bewirkten Leistung entspricht.[296] Die Vorschrift des § 10 Abs. 1 S. 2 UStG stellt weder auf die Gleichwertigkeit von Leistung und Entgelt noch auf eine etwaige Kostendeckung ab.[297] Im Regelfall bestimmt sich die Höhe des Entgelts nach den subjektiven **Wertvorstellungen** der am Geschäft beteiligten Vertragsparteien, welche jeweils im Rahmen der **Privatautonomie** handeln.[298] In Kauf genommen wird also auch eine Bemessungsgrundlage, die dem objektiven Wert der Gegenleistung nicht entspricht. Das gilt bspw. im Fall eines überhöhten Preises, der trotz ertragsteuerlicher Beurteilung als verdeckte Gewinnausschüttung des Entgelt iSd § 10 Abs. 1 UStG bildet.[299]

Eine **Höchstbemessungsgrundlage** kennt das Umsatzsteuerrecht nicht.[300] Eine **Korrekturmöglichkeit** besteht nur im Anwendungsbereich der Mindestbemessungsgrundlage nach § 10 Abs. 5 UStG bei den Umsätzen, bei de-

---

[296] Abschnitt 10.1 Abs. 2 S. 1 UStAE; *Korn* in Bunjes UStG § 10 UStG Rn. 4, 2012.

[297] *Birkenfeld* in Birkenfeld/Wäger, Umsatzsteuer-Handbuch § 32 Rn. 21, 47. Lfg./ August 2008.

[298] EuGH 23.11.1988 – Rs. C-230/87 *Naturally Yours Cosmetics Ltd.*, UR 1990, 307; EuGH 5.2.1981 – Rs. 154/80 *BAZ Bausystem AG*, UR 1982, 159; *Schwarz* in Plückebaum/Widmann § 10 UStG Rn. 9, 196. Lfg./Januar 2013.

[299] BFH 25.11.1987 – X R 12/81, BStBl. II 1988, 210; BFH 10.5.1990 – V R 47/ 86, BStBl. II 1990, 757; *Schwarz* in Plückebaum/Widmann § 10 UStG Rn. 9 und 522, 196. Lfg./Januar 2013.

[300] *Schwarz in* Plückebaum/Widmann § 10 UStG Rn. 12 und 522, 196. Lfg./Januar 2013; diese wäre auch nicht mit der MwStSystRL zu vereinbaren, FG Rheinland-Pfalz 23.9.1998 – 1 K 1613/98, UR 1999, 116.

nen durch ein Näheverhältnis dieser übliche Interessenwiderstreit der Geschäftspartner gestört sein könnte. § 10 Abs. 5 UStG ist eine zulässige Sondermaßnahme iSd Art. 394 MwStSystRL;[301] andernfalls ist die Abweichung vom tatsächlichen Entgelt nicht gerechtfertigt.[302] Allenfalls in Einzelfällen kann darüber hinaus eine Korrektur wegen des Missbrauchs rechtlicher Gestaltungen nach § 42 AO in Betracht kommen.

Entgeltliche Leistungen, die Körperschaften, Personenvereinigungen sowie Gemeinschaften im Rahmen ihres Unternehmens an ihre Anteilseigner, Gesellschafter, Mitglieder, Teilhaber oder diesen nahestehenden Personen ausführen, unterliegen dieser **Mindestbemessungsgrundlage** (§ 10 Abs. 5 Nr. 1 UStG).

Nicht eindeutig geregelt ist, wer als solche **nahestehende Person** iSd § 10 Abs. 5 Nr. 1 UStG gilt.

99 Ein Rückgriff auf den **Definitionskatalog** des § 1 Abs. 2 AStG für Zwecke der Umsatzsteuer ist nicht möglich.[303]

Nach Abschnitt 10.7 Abs. 1 S. 2 UStAE sind dies **Angehörige** iSd § 15 AO sowie andere Personen und Gesellschaften, zu denen ein Anteilseigner, Gesellschafter usw. eine enge rechtliche, wirtschaftliche oder persönliche Beziehung hat.[304] Symptomatisch ist ein Gleichklang der Interessenlagen der am Leistungsaustausch Beteiligten.[305] Der BFH hat solche nahestehende Personen auch bei aneinander beteiligten Gesellschaften angenommen.[306]

100 Die Gegenansicht knüpft nicht an die allgemeinen Beziehungen zwischen Leistendem und Leistungsempfänger an, sondern an die auf unternehmensfremden Gründen beruhende Bevorzugung des Leistungsempfängers durch den Leistenden.[307] Die Mindestbemessungsgrundlage komme unter Reduktion des Wortlauts des § 10 Abs. 5 UStG nur zur Anwendung, wenn das niedrigere Entgelt zum Zweck der Steuerhinterziehung oder -umgehung missbräuchlich vereinbart werde.[308] Vor diesem Hintergrund ist für jeden einzelnen Umsatz der Frage nachzugehen, ob konkrete wirtschaftliche Gründe

---

[301] BFH 24.1.2008 – V R 39/06, BStBl. II 2009, 786.

[302] EuGH 9.6.2011 – Rs. C-285/10 *Campsa Estaciones des Servicio SA*, UR 2012, 440; *Korn* in Bunjes § 10 UStG Rn. 95, 2012.

[303] *Wagner* in Sölch/Ringleb § 10 UStG Rn. 487, 68. Lfg./September 2012.

[304] *Probst* in Hartmann/Metzenmacher § 10 UStG Rn. 405, Lfg. 1/10, Januar 2010; *Radeisen* in Birkenfeld/Wäger Umsatzsteuerhandbuch § 127 Rn. 113, 45. Lfg./Oktober 2007; kritisch aber *Schwarz* in Plückebaum/Widmann § 10 UStG Rn. 534, 196. Lfg./Januar 2013.

[305] BFH 31.3.2008 – XI B 208/06, BFH/NV 2008, 1217; *Schuhmann* in Rau/Dürrwächter § 10 Rn. 564, 152. Lfg./Oktober 2012.

[306] BFH 24.1.2008 – V R 39/06, BStBl. II 2009, 786; BFH 18.12.1996 – XI R 12/96, BStBl. II 1997, 374; FG Köln 20.2.1986 – II K 143/84, EFG 1986, 314; FG München 6.10.1998 – XIII 308/84, EFG 1989, 258; s. auch FG Münster 7.9.2006 – 5 K 754/04 U, EFG 2007, 467; *Wagner* in Sölch/Ringleb § 10 Rn. 499, 68. Lfg./September 2012; andere Ansicht *Schwarz* in Vogel/Schwarz § 10 UStG Rn. 534, 196. Lfg./Januar 2013; *Schwarz* UR 1985, 217.

[307] FG München 6.10.1988 – XIII (XIV) 308/84 U, UR 1989, 350; *Schwarz* in Plückebaum/Widmann § 10 UStG Rn. 521 und 527, 196. Lfg./Januar 2013; *Schumann* in Rau/Dürrwächter § 10 UStG Rn. 607, 152. Lfg./Oktober 2012; *Meyer* EFG 2013, 404 f.

[308] *Möhlenkamp/Maunz* UR 2006, 1.

ein **Entgelt unterhalb des Selbstkostenpreises** rechtfertigen oder ob tatsächlich ein Missbrauchsfall vorliegt. Ein durch Geschäftsbeziehung oder Beteiligungsstruktur begründeter Einfluss in der Unternehmerkette ist immer unerheblich, wenn sich die **Umsatzsteuer des Leistenden** und der **Vorsteuerabzug des Leistungsempfängers** aufheben.[309] Die der Vermeidung von Steuergestaltungen dienenden Regelungen zur Mindestbemessungsgrundlage seien Ausnahmen, die sich bei Umsätzen zwischen Unternehmern mit Berechtigung zum Vorsteuerabzug für den betreffenden Umsatz nicht auswirken, sondern erst, wenn die Leistung (Lieferung oder Dienstleistung) von einem Endverbraucher oder für steuerfreie Umsätze bezogen würde. Daher bestehe nur wenn der Leistungsempfänger nicht zum Vorsteuerabzug für diese Leistung berechtigt ist, das Risiko einer Steuerhinterziehung oder -umgehung, dem die Mitgliedstaaten nach Art. 80 Abs. 1 MwStSystRL mit der Mindestbemessungsgrundlage vorbeugen dürfen.[310]

Für die Beurteilung kann nicht maßgeblich sein, ob eine wirtschaftliche Belastung durch den Vorsteuerabzug des Leistungsempfängers ausgeschlossen ist.[311]

Ansonsten müsste auf die **Festsetzung der Umsatzsteuer** innerhalb der   **101** Unternehmerkette generell verzichtet werden. Die materiell-rechtliche Regelung der **Steuerschuld des Leistenden** und des **Vorsteuerabzugs des Leistungsempfängers** im Umsatzsteuergesetz ist zwar vom systematischen Ausgangspunkt her erfolgt, dass sich in der Unternehmerkette Steuer und Vorsteuer betragsmäßig gegeneinander aufheben (sog. Null-Situation). Das Gesetz verknüpft aber die entsprechenden Regelungen nicht materiell im Sinne einer gegenseitigen Abhängigkeit. Steuerschuld des Leistenden und Vorsteuerabzug des Leistungsempfängers sind jeweils getrennt in deren Steuerschuldverhältnissen nach eigenen Grundsätzen zu prüfen.[312]

Der **Ansatz einer Mindestbemessungsgrundlage** soll den unbesteuerten Verbrauch vermeiden, der bei einer Besteuerung nach dem Entgelt bestünde, weil dieses Entgelt aufgrund der besonderen Beziehungen zwischen Leistendem und Leistungsempfänger niedriger ist als ein zwischen unbeteilig-

---

[309] *Schumann* in Rau/Dürrwächter § 10 UStG Rn. 589, 152. Lfg./Oktober 2012; vgl. auch *Wagner* in Sölch/Ringleb § 10 UStG Rn. 488ff., 68. Lfg./September 2012.

[310] EuGH 26.4.2010 – Rs. C-621/10 und C-129/11 *Balkan Sea Properties* und *Provadinvest*, UR 2012, 435 sowie die Schlussanträge der Generalanwältin Sharpston in diesen Verfahren, jeweils veröffentlicht unter www.curia.europa.eu wonach Art. 80 MwStSystRL, der eine Umsatzbesteuerung auf Grundlage des Nominalwerts anstelle des Werts der tatsächlich entrichteten Gegenleistung vorsieht, nicht anwendbar sei, wenn die am Umsatz beteiligte Person zum vollen Vorsteuerabzug berechtigt sei; *Wagner* UVR 2012, 216; *Wagner* in Sölch/Ringleb § 10 UStG Rn. 493ff., 68. Lfg./September 2012; *Slapio* hält vor dem Hintergrund dieser Rechtsprechung eine Änderung des § 10 Abs. 5 UStG für erforderlich, UR 2012, 429; s. auch FG München 27.11.2012 – 2 K 3380/10, EFG 2013, 402 – Rev. BFH XI R 44/12.

[311] BFH 24.1.2008 – V R 39/06, BStBl. II 2009, 786; *Raudszus/Wagner* UStB 2008, 314; *Handzik* in Offerhaus/Söhn/Lange § 10 UStG Rn. 210c, 230. Lfg./Mai 2010; *Radeisen* in Birkenfeld/Wäger, Umsatzsteuerhandbuch § 127 Rn. 77, 45. Lfg./Oktober 2007; *Schuhmann* in Rau/Dürrwächter § 10 Rn. 563, 152. Lfg./Oktober 2012; Abschnitt 10.7 Abs. 6 UStAE; kritisch auch *Wagner* UVR 2012, 216.

[312] BFH 7.7.1983 – V R 197/81, BStBl. II 1984, 70.

Sterzinger   1031

ten Dritten vereinbarter Preis.[313] Ziel der Wertabgabenbesteuerung und des Ansatzes der Mindestbemessungsgrundlage ist nicht die Vorsteuerberichtigung[314] sondern die Gleichbehandlung des sich selbst oder nahestehenden Dritten versorgenden Unternehmers mit einem Fremdversorger.[315] Ist der Leistende am Leistungsempfänger in dem Ausmaß wirtschaftlich beteiligt, dass Interessenidentität besteht, wird dadurch die üblicherweise stattfindende Preisfindung beeinflusst. Dies gilt insb., wenn durch diese Beteiligung besondere Einflussmöglichkeiten bestehen, die zu einem **einheitlichen geschäftlichen Betätigungswillen** führen.[316]

Die Gegenansicht, die auf den konkreten Umsatz und den dabei festzustellenden Missbrauch abstellt, verkennt, dass neben der wirtschaftlichen Beteiligung als **weitere Tatbestandsvoraussetzung** ein ungewöhnlich **niedriger Preis** vorliegen muss, der nicht einmal die **Selbstkosten des Leistenden** abdeckt. Vor diesem Hintergrund ist die Anwendung der Regelung des § 10 Abs. 5 UStG indiziert und dem Leistenden obliegt der Nachweis, dass andere wirtschaftliche Gründe diesen niedrigen Preis rechtfertigen und er auch bei Umsätzen mit fremden Dritten keinen höheren Preis hätte erzielen können. Dann ist aber der vereinbarte Preis auch **marktüblich.**

Die Vorschrift des § 10 Abs. 5 UStG soll Steuerumgehungen vermeiden, die darauf beruhen, dass die Besteuerung der unentgeltlichen Wertabgabe durch die Vereinbarung unangemessen niedriger Entgelte unterlaufen wird.[317] Daher unterliegt eine Leistung nur der Mindestbemessungsgrundlage, wenn sie **ohne Entgeltvereinbarung als unentgeltliche Wertabgabe** steuerbar wäre.[318] Hintergrund ist, dass ein Unternehmer bei Vereinnahmung eines geringen Entgelts nicht schlechter gestellt werden kann, als dies der Fall wäre, wenn er gar kein Entgelt vereinnahmt hätte. Gerechtfertigt ist der **Ansatz der Mindestbemessungsgrundlage** daher nur, wenn das Entgelt niedriger ist als die Bemessungsgrundlage für eine unentgeltliche Wertabgabe und dieser Umstand außerdem auf **unternehmensfremden Gründen** beruht.[319] Insb. ist § 10 Abs. 5 UStG keine Vereinfachungsregelung bei der Steuererhebung.[320]

102 Da die Beteiligungsstruktur in den zu beurteilenden Fällen regelmäßig dazu führt, dass **unternehmerische Gründe** für die Höhe des vereinbarten Entgelts

---

[313] *Korn* in *Bunjes*, UStG § 10 UStG Rn. 95, 2012.

[314] So aber *Stadie* UR 2006, 645; *Dziadkowski* UR 2011, 92.

[315] *Tehler* UVR 2013, 61; *Widmann* UR 2006, 644; *Reiß* UR 2010, 797.

[316] BFH 31.3.2008 – XI B 208/06, BFH/NV 2008, 1217; FG Münster 7.9.2006 – 5 K 754/04 U, EFG 2007, 467; *Raudszus/Wagner* UStB 2008, 314.

[317] BFH 15.11.2007 – V R 15/06, BStBl. II 2009, 423; *Wagner* in Sölch/Ringleb § 10 UStG Rn. 463 und und 482, 68. Lfg./September 2012; *Schuhmann* in Rau/Dürrwächter § 10 UStG Rn. 562, 152. Lfg./Oktober 2012.

[318] FG Baden-Württemberg 11.1.2007 – 6 K 1066/05, EFG 2007, 956 und nachfolgend BFH 27.2.2008 – XI R 50/07, UR 2008, 558; FG Münster 19.1.2005 – 5 K 3083/03 U, EFG 2006, 1016 und nachfolgend BFH 15.11.2007 – V R 15/06, BStBl. II 2009, 423; *Schuhmann* in Rau/Dürrwächter § 10 UStG Rn. 562, 152. Lfg./Oktober 2012; *Handzik* in Offerhaus/Söhn/Lange § 10 UStG Rn. 210b, 230. Lfg./Mai 2010; *Schwarz* in Vogel/Schwarz § 10 UStG Rn. 529, 166. Lfg./Januar 2013.

[319] *Stadie* in Rau/Dürrwächter Einf. vor § 1 UStG Rn. 309 f., 142. Lfg./April 2010.

[320] EuGH 29.5.1997 – Rs. 63/96 *Skripalle*, BStBl. II 1997, 841; *Handzik* in Offerhaus/Söhn/Lange § 10 UStG Rn. 210a, 230. Lfg./Mai 2010.

ursächlich sind und im Falle einer **unentgeltlichen sonstigen Leistung** deswegen **keine Besteuerung als unentgeltliche Wertabgabe** in Betracht kommt,[321] scheidet auch der Ansatz der Mindestbemessungsgrundlage aus.

Im Gegensatz dazu ist die **unentgeltliche Abgabe von Gegenständen aus unternehmerischen Gründen** eine **unentgeltliche Zuwendung** nach § 3 Abs. 1b S. 1 Nr. 3 UStG.[322] Fraglich ist, ob die **Mindestbemessungsgrundlage** nach § 10 Abs. 5 UStG auch bei **innergemeinschaftliche Erwerbe** iSd § 1 Abs. 1 Nr. 5 UStG zur Anwendung kommen kann. Der bloße Wortlaut der Vorschrift scheint dagegen zu sprechen, denn danach gilt § 10 Abs. 4 UStG nur entsprechend für Lieferungen, die Unternehmer an Gesellschafter oder nahestehende Personen ausführen. Dieses Ergebnis wäre jedoch deswegen systemwidrig, weil im Ursprungsland eine vollständige Entlastung von der Besteuerung erfolgt, im Bestimmungsland aber keine korrespondierende Belastung herbeigeführt würde, wenn die Beteiligten nur ein geringfügiges Entgelt vereinbaren.[323]

Soweit die Mindestbemessungsgrundlage zur Anwendung kommt, ist das **103** **vereinbarte Entgelt (§ 10 Abs. 1 UStG) mit der Bemessungsgrundlage nach § 10 Abs. 4 UStG zu vergleichen.**

Bei den einer Lieferung gleichgestellten Wertabgaben iSd § 3 Abs. 1b UStG ist bei der Ermittlung der Bemessungsgrundlage grundsätzlich der **Einkaufspreis zuzüglich der Nebenkosten** für den Gegenstand der Lieferung oder einem vergleichbaren Gegenstand im Zeitpunkt der Entnahme oder Zuwendung maßgeblich (§ 10 Abs. 4 S. 1 Nr. 1 UStG).[324] Das ist der Preis, den der Unternehmer im Zeitpunkt der Entnahme, der Lieferung oder des Verbringens aufwenden muss, um einen gleichen oder entsprechenden Gegenstand zu erhalten.[325] Auch bei im eigenen Unternehmen hergestellten Gegenständen ist grundsätzlich der fiktive Einkaufspreis maßgebend.[326] Ist der hergestellte Gegenstand eine Sonderanfertigung, für die ein Marktpreis nicht ermittelbar ist, oder lässt sich aus anderen Gründen ein Einkaufspreis am Markt für einen gleichartigen Gegenstand nicht ermitteln, sind die **Selbstkosten** anzusetzen.[327] Bei der Ermittlung sind nur solche Ausgaben bzw. Kosten einzubeziehen, die vorsteuerentlastet sind also zum vollen oder teilweisen Vorsteuerabzug berechtigt haben.[328]

Dieser Ansatz der Kosten kommt dann nicht in Betracht, wenn das vereinbarte niedrigere Entgelt marktüblich ist.[329] Übersteigt die nach § 10 Abs. 4

---

[321] Abschnitt 3.3 Abs. 10 S. 10 und Abschnitt 3.4 Abs. 1 UStAE.

[322] Abschnitt 3.3 Abs. 10 S. 8 UStAE.

[323] *Stadie* in Rau/Dürrwächter UStG (BinnM) Rn. 121; 71. Lfg./Februar 1993.

[324] *Slapio* in Birkenfeld/Wäger § 118 Rn. 71–91, 59. Lfg./Juli 2012; Abschnitt 10.6 Abs. 1 UStAE.

[325] *Schwarz* in Plückebaum/Widmann § 10 UStG Rn. 470, 196. Lfg./Januar 2013; *Schwarz* in Vogel/Schwarz § 10 UStG Rn. 470, 166. Lfg./Januar 2013.

[326] BFH 12.12.2012 – XI R 3/10, DStR 2013, 403.

[327] BFH 28.2.1980 – V R 138/72, BStBl. II 1980, 309; *Slapio* in Birkenfeld/Wäger § 118 Rn. 101–109, 59. Lfg./Juli 2012.

[328] EuGH 17.5.2001 – Rs. C-322 und 323/09 *Hans-Georg Fischer*, UR 2001, 293; BFH 20.12.2001 – V R 8/98, BStBl. II 2002, 557; Abschnitt 10.6 Abs. 2 UStAE.

[329] EuGH 29.5.1997 – Rs. C-63/96 *Werner Skripalle*, BStBl. II 1997, 841; BFH 8.10.1997 – XI R 8/86, BStBl. II 1997, 840; Abschnitt 10.7 Abs. 1 S. 4 UStAE; *Korn*

UStG ermittelte Bemessungsgrundlage den Marktpreis, ist der Umsatz **höchstens nach dem marktüblichen Entgelt** zu bemessen.[330] Übersteigen aber sowohl das marktübliche Entgelt als auch die Ausgaben nach § 10 Abs. 4 UStG das vereinbarte Entgelt, sind als Bemessungsgrundlage die Ausgaben nach § 10 Abs. 4 UStG anzusetzen.[331]

V. Kostenerstattung in einem Poolkonzept

104   Im Falle einer **Abrechnung in einem Poolkonzept** schließen sich international verbundene Unternehmen auf der Grundlage eines gemeinschafts- oder gesellschaftsrechtlichen Vertrages zusammen, um im **gemeinsamen Interesse** und über einen längeren Zeitraum durch **Zusammenwirken in einem Pool** Leistungen zu erlangen bzw. zu erbringen. Hintergrund dieser Vorgehensweise ist insb., die Abrechnung der einzelnen Leistungen zu erleichtern, wenn zwischen den Beteiligten ein **regelmäßiger Leistungsaustausch** erfolgt.

1. Umsatzsteuerlich erforderliche Unterscheidung zwischen Innengemeinschaft und Außengesellschaft

105   Bei einer Innengemeinschaft werden die einzelnen Leistungen im Interesse der empfangenden Unternehmen erbracht und lassen einen Vorteil zum Beispiel durch **Ersparnis von Aufwand oder Steigerung der Erlöse** erwarten. Die Aufwendungen können alle Leistungskategorien betreffen, zB die Forschung und Entwicklung, den Erwerb von Wirtschaftsgütern, verwaltungsbezogene oder andere Leistungen. Die Leistungen werden zum Zwecke der gemeinsamen Beschaffung, Entwicklung oder Herstellung von Wirtschaftsgütern, Dienstleistungen oder Rechten gebündelt, um aus der damit verbundenen Zusammenlegung ihrer Ressourcen oder Fähigkeiten wechselseitig Nutzen zu ziehen.

Damit beschränkt sich der Teilnehmerkreis auf die Unternehmen, die aus den Leistungen, die sie gegenüber der Innengemeinschaft erbringen, für sich selbst Vorteile ziehen, dh ihren Anteil an den Ergebnissen der gemeinsamen Tätigkeit nutzen. Die für den Poolzweck entstehenden – ggf. der Höhe nach begrenzten – Aufwendungen werden nach einem **vertraglich geregelten Schlüssel,** der sich nach dem Nutzen der Poolmitglieder bestimmt, auf diese verteilt. Die in diesem Zusammenhang stehenden Kosten werden ohne Gewinnaufschlag nach einem nutzenorientierten Umlageschlüssel auf die Pool-

---

in Bunjes, UStG § 10 UStG Rn. 96, 2012; *Schwarz* in Vogel/Schwarz § 10 UStG Rn. 539c ff., 166. Lfg./Januar 2013; *Widmann* UR 1997, 303.

[330] BFH 19.6.2011 – XI R 8/09, UR 2012, 60; *Slapio* in Birkenfeld/Wäger § 119 Rn. 51 und Rn. 111, 59. Lfg./Juli 2012.

[331] Abschnitt 10.7 Abs. 1 S. 5 UStAE; *Schuhmann* in Rau/Dürrwächter § 10 Rn. 610, 152. Lfg./Oktober 2012; s. aber BFH 19.6.2011 – XI R 8/09, BFH/ NV 2011, 2184; *Wagner* in Sölch/Ringleb § 10 UStG Rn. 532, 68. Lfg./September 2012.

mitglieder verteilt. Im Gegenzug können die Poolmitglieder auf die im Pool erzielten Ergebnisse zurückgreifen.[332]

Maßgeblich für diese umsatzsteuerliche Qualifizierung ist der Umstand, **106** dass die weiteren **Rechtsbeziehungen zwischen den Gemeinschaftern** beschränkt sind und zusätzlich keine weiteren, darüber hinausgehenden Rechtsbeziehungen mit nicht an der Gemeinschaft Beteiligten bestehen. Ob die Beteiligten bei Begründung von Vertragsverhältnissen im eigenen Namen oder im Namen der Gemeinschaft auftreten, ist hingegen für die umsatzsteuerliche Beurteilung unerheblich.[333]

Ertragsteuerlich führt diese Beteiligung an der Innengemeinschaft nicht zur Begründung einer Mitunternehmerschaft oder Betriebsstätte.[334]

Können jedoch zusätzlich nicht am Pool beteiligte Unternehmen Leistungen an den Pool erbringen bzw. von ihm beziehen, handelt es sich begrifflich um eine **umsatzsteuerliche Außengesellschaft**.[335] Die Leistungen dieser Unternehmen sind zu Fremdpreisen an den Pool zu verrechnen und werden auf die Mitglieder des Pools aufgeteilt.[336] In diesem Fall erbringt der Leistende einen Umsatz im Rahmen einer **schuldrechtlichen Beziehung** an die Gesellschaft und diese im Anschluss einen weiteren Umsatz an den jeweiligen Leistungsempfänger. Liegt also ein schuldrechtlicher Leistungsaustausch vor, erbringt entsprechend dem Leistungsaustauschkonzept ein zentraler Dienstleistungserbringer als Auftragnehmer gegenüber mehreren verbundenen Unternehmen als Auftraggeber Leistungen. Im Rahmen dieser sog. Leistungsumlage wird der Verrechnungspreis pro Leistungsempfänger pauschal durch Umlage der beim Leistungserbringer entstandenen Kosten zuzüglich eines Gewinnaufschlags mittels einer sachgerechten Schlüsselung bestimmt.[337]

2. Unternehmereigenschaft des Pools

Eine bloße **Innengemeinschaft** ohne eigenes Vermögen, ohne Betrieb, **107** ohne Rechtsfähigkeit und ohne Firma tritt selbst nicht nach außen auf. Daher empfängt sie keine Umsätze von ihren Mitgliedern noch kann sie an diese Leistungen erbringen.[338] Der umsatzsteuerliche Leistungsaustausch erfolgt vielmehr unmittelbar zwischen den Mitgliedern der Innengesellschaft im Rah-

---

[332] *Schoppe/Voltmer-Darmanyan* BB 2012, 1251.

[333] Die Frage, wer zivilrechtlich berechtigt oder verpflichtet ist, bzw. die daraus unter Umständen folgende erstragsteuerliche Beurteilung, ist im Rahmen der umsatzsteuerlichen Beurteilung unerheblich.

[334] BMF-Schreiben vom 30.12.1999, BStBl. I 1999, 1122.

[335] In BMF-Schreiben vom 30.12.1999, BStBl. I 1999, 1122 werden diese umsatzsteuerlichen Außengesellschaften unter Rz. 1.7 als Nachfragepool bezeichnet, s. auch *Forster/Mühlbauer* DStR 2002, 1470 zu Rz. 2.2.

[336] BMF-Schreiben vom 30.12.1999, BStBl. I 1999, 1122.

[337] *Schoppe/Voltmer-Darmanyan* BB 2012, 1251.

[338] EuGH 23.3.2006 – Rs. C-210/04 *FCE Bank*, UR 2006, 331; BFH 11.11.1965 – V 146/63 S, BStBl. III 1966, 28; BFH 28.11.2002 – V R 18/01, BStBl. II 2003, 443; *Stadie* in Rau/Dürrwächter § 2 UStG Anm. 286, 147. Lfg./Juli 2011; *Scharpenberg* in Hartmann/Metzenmacher § 2 UStG Rn. 95, Lfg. 5/09; August 2009; *Korn* in Bunjes UStG § 2 UStG Rn. 11 und 21, 2012; *Radeisen* in Vogel/Schwarz § 2 UStG Rn. 41, 159. Lfg./November 2011; *Masuch/Katzbach* NWB 2012, 2303.

men des Ausgleichs der bestehenden **schuldrechtlichen Ausgleichsbeziehungen.**[339]

Umsätze zwischen Pool und Mitglied erfolgen nicht, weil bei einer Innengemeinschaft **keine Leistungen mit oder gegenüber fremden Dritten** erfolgen und daher kein Mitglied in seiner Rolle als Gemeinschafter nach außen im eigenen Namen oder im Namen der Innengemeinschaft auftritt. Schließen sich Personen zu einem gemeinsamen Handeln zusammen und bewirken mit dieser Zielsetzung Leistungen, fehlt es darüber hinaus an einem für die Annahme eines umsatzsteuerbaren Leistungsaustauschs notwendigen synallagmatischen Verhältnis von Leistung und Gegenleistung. Bei einer derartigen **nicht steuerbaren Leistungsvereinigung** werden die Leistungen nicht in Erwartung einer Gegenleistung sondern zur Erreichung eines übergeordneten Zweckes erbracht.[340] Handeln die Gemeinschafter für Rechnung des Pools, betrifft dies nur die internen Beziehungen unter ihnen, ohne dass sich hieraus eine Außenwirkung ergäbe. Der Gegenstand der Lieferung oder die sonstige Leistung kann mangels vorhandenem Gesamthandvermögen nicht an die Innengesellschaft, sondern nur auf die **leistungsempfangenden Mitglieder des Pools** übergehen.

108   Eine Rechnung mit der **Leistungsbezeichnung Kostenumlage,** die Bezug auf die vereinbarte Abrechnungsumlage nimmt, enthält eine für den Vorsteuerabzug ausreichende Leistungsbezeichnung.[341] Eine den Anforderungen des § 14 Abs. 4 Nr. 5 UStG genügende Leistungsbeschreibung liegt vor, wenn die abgerechnete Leistung nach Art und Umfang so konkretisiert ist, dass die Rechnungsangaben – ggf. unter Heranziehung weiterer Erkenntnismittel – eine eindeutige und leicht nachprüfbare Feststellung der Leistung ermöglichen, über die abgerechnet wird. Grundsätzlich zulässig ist mit Angaben tatsächlicher Art den beim Leistungsempfänger eintretenden Erfolg der Leistungshandlung statt die Leistungshandlung selbst in der Rechnung zu beschreiben.[342] Letztlich muss die Angabe der Finanzbehörde die Prüfung ermöglichen, dass der Leistende den abgerechneten Umsatz tatsächlich versteuert hat und dass eine mehrfache Abrechnung der erbrachten Leistungen ausgeschlossen ist.[343] Können ausweislich der vereinbarten Kostenumlage die anteilig auf die Vertragsparteien entfallenden Kosten im Wege einer einvernehmlichen Schätzung ermittelt werden, wobei die allgemeinen Geschäftskosten und Vertriebskosten anhand des angefallenen Arbeitsaufwands und die Einzelvertriebskosten nach dem im jeweiligen Geschäftsjahr im Vertrieb befindlichen zeitlich gewichteten Verkaufsvolumen aufgeteilt werden, weichen ertragsteuerliche und umsatzsteuerliche Beurteilung voneinander ab. Ertragsteuerlich ist der Betriebsausgabenabzug ausgeschlossen, weil die Vereinba-

---

[339] BFH 27.5.1982 – V R 110–111/81, BStBl. II 1982, 678; *Radeisen* in Plückebaum/Widmann § 2 UStG Rn. 41, 189. Lfg./November 2011; *Klenk* in Sölch/Ringleb § 2 UStG Rn. 28, 63. Lfg./April 2010; Abschnitt 2.1 Abs. 5 UStAE.

[340] *Flückinger/Georgy* in Plückebaum/Widmann § 1 Abs. 1 Nr. 1 UStG Rn. 22, 125 und 620 ff., 172. Lfg./März 2008; *Strahl* KöSDi 7/2012, 17 988 (17 996).

[341] FG Berlin–Brandenburg 9.9.2008 – 6 K 2463/03 B, EFG 2009, 136; *Birkenfeld* in Birkenfeld/Wäger, Umsatzsteuerhandbuch, § 163 Rn. 248, 49. Lfg./April 2009.

[342] BFH 21.1.1993 – V R 30/88, BStBl. II 1993, 385; BFH 22.12.2002 – V B 53/02, BFH/NV 2003, 522; BFH 3.5.2007 – V B 87/05, BFH/NV 2007, 1550.

[343] BFH 14.10.2002 – V B 9/02, BFH/NV 2003, 213.

rung und ihre praktische Durchführung einem Fremdvergleich nicht stand-halten.[344]

Eine Außengesellschaft, die zusätzlich Rechtsbeziehungen zu einem nicht **109** am Pool beteiligten Dritten eingehen kann, ist selbst Unternehmer iSd § 2 Abs. 1 UStG, wenn sie im eigenen Namen auf eigene Rechnung nachhaltig Lieferungen oder sonstige Leistungen gegen Entgelt erbringt.[345] Im Gegensatz zur Innengesellschaft tritt die Außengesellschaft Dritten gegenüber selbst ent-weder im eigenen Namen oder vertreten durch einen der Gesellschafter wirt-schaftlich in Erscheinung tritt.

3. Abrechnung der an den Pool erbrachten Dienstleistungen mittels Umlage

Erbringt das Mitglied einer Innengemeinschaft Dienste oder überlässt es **110** **Gegenstände zur Nutzung,** findet ein **umsatzsteuerbarer Leistungs-austausch** zwischen den Gemeinschaftern selbst statt, wenn dieser Einlage eine gewollte, erwartete oder zumindest erwartbare Gegenleistung gegenüber steht.[346]

Dies ist der Fall, wenn für diese Einlage ein gesondertes Entgelt gezahlt wird oder der Beteiligte davon ausgehen konnte, dass sich auf die gesamte Dauer des Gesellschaftsverhältnisses ein **Überschuss der Gewinnanteile über die Verlustanteile** ergibt.[347]

Unerheblich ist, ob sich später diese Entgelterwartung tatsächlich erfüllt oder nicht.[348] Die Verteilung des nach Abzug der Unkosten verbleibenden Erlöses der Innengemeinschaft durch die Gemeinschaft an ihre Mitglieder ist **keine Gewinnausschüttung,** sondern ein Entgelt, das die Gemeinschafter für ihre Tätigkeit zu Gunsten der Mitglieder erhalten.[349]

Da bei einer Innengemeinschaft nur **umsatzsteuerliche Leistungsbe-ziehungen** zwischen den am Pool Beteiligten bestehen, gelten die vorste-henden Ausführungen[350] zu den unmittelbaren Umsätzen bei der Innenge-meinschaft entsprechend.

Da eine Abrechnung entweder durch direkte Einzelabrechnung, durch **111** Verrechnung mit einem einheitlichen Verrechnungspreis, durch indirekte Ab-rechnung über eine Kostenumlage nach dem Poolkonzept oder über eine Konzernumlage nach dem Leistungsaustauschprinzip erfolgen kann, handelt es sich zwingend um **entgeltliche Umsätze.**

---

[344] FG Berlin-Brandenburg 9.9.2008 – 6 K 2463/03 B, EFG 2009, 136.

[345] *Radeisen* in Plückebaum/Widmann § 2 UStG Rn. 41, 189. Lfg./November 2011; *Forster/Mühlbauer* DStR 2002 S. 1470.

[346] BFH 7.5.1981 – V R 47/76, BStBl. II 1981, 495; zur Annahme eines Leistungs-austauschs bei nicht erfüllter Entgelterwartung BFH 22.6.1989 – V R 37/84, BStBl. II 1989, 913.

[347] *Flückinger/Georgy* in Plückebaum/Widmann § 1 Abs. 1 UStG Rn. 623, 134. Lfg./ Januar 1995.

[348] BFH 22.6.1989 – V R 37/84, BStBl. II 1989, 913.

[349] BFH 11.11.1965 – V 146/63 S, BStBl. III 1966, 28; *Klenk* in Sölch/Ringleb § 2 UStG Rn. 28, 63. Lfg./April 2010; *Scharpenberg* in Hartmann/Metzenmacher § 2 UStG Rn. 97, Lfg. 5/09, August 2009.

[350] S. oben Rn. 5–103.

Zuordnungsprobleme entstehen, wenn das einzelne Mitglied **mehrere Leistungen an den Pool** erbringt, weil die jeweilige ggf. anteilige Erstattung einer konkreten Leistung zuzuordnen ist.

Im Gegensatz dazu findet bei einer umsatzsteuerlich relevanten Außengesellschaft der **umsatzsteuerliche Leistungsaustausch** zwischen den Mitgliedern des Pools und der Gesellschaft selbst statt, sofern dem Anteil eine konkrete Leistung desjenigen gegenübersteht, an den der Anteil ausgeschüttet wird.[351]

Ob dieses für die Annahme eines Leistungsaustauschs erforderliche Rechtsverhältnis auf schuld- oder gesellschaftsvertraglichen Vereinbarungen zwischen Gesellschaft und Gesellschafter beruht, ist unerheblich.[352]

Der Annahme eines Leistungsaustausches steht nicht entgegen, dass die Personenvereinigung durch ihre Tätigkeit Leistungen gleichzeitig für alle Mitglieder erbringt. Ob sich **Zahlungen des Gesellschafters** am Umfang der Inanspruchnahme der Leistungen oder an der Höhe der Beteiligung orientieren, spielt im Rahmen der Abgrenzung keine Rolle.[353] An dem notwendigen Zusammenhang zwischen Leistung und Gegenwert fehlt es somit im Wesentlichen nur, wenn ein Gesellschafter aus im Gesellschaftsverhältnis veranlassten Gründen die Verluste seiner Gesellschaft übernimmt, um ihr die weitere Ausübung ihrer Tätigkeit zu ermöglichen oder die Zahlung allgemein nur dazu dient, die Gesellschaft mit dem für ihre Tätigkeit notwendigen **Kapital** auszustatten.[354]

112 Für die umsatzsteuerliche Beurteilung ist schließlich nicht maßgeblich, ob diese Außengesellschaft im Inland belegen und finanziell, wirtschaftlich und organisatorisch iSd § 2 Abs. 2 Nr. 2 S. 1 UStG in das Unternehmen desjenigen eingegliedert ist, der die Umsätze erbringt.

Nach dem nationalen Umsatzsteuerrecht können nur **juristische Personen** Organgesellschaften sein. Personengesellschaften und andere nichtrechtsfähige Personenvereinigungen können nicht in einem anderen Unternehmen nach dem Gedanken des **organschaftlichen Verhältnisses** eingegliedert sein.[355]

Nach Art. 11 Unterabschnitt 1 der MwStSystRL kann gemeinschaftsrechtlich zwar auch eine Personengesellschaft als Organgesellschaft behandelt werden. Daraus folgt aber nicht, dass solche Gesellschaften sich auf diese Vorschrift berufen und verlangen können, als **Organgesellschaft** behandelt zu werden.[356] Der Wortlaut der Regelung des Art. 11 der MwStSystRL stellt es den Mitgliedstaaten frei, diese in das nationale Recht zu übernehmen. Der deswegen nicht verpflichtete deutsche Gesetzgeber hat sich gegen die Aufnahme der Rechtsfigur des organschaftlichen Verhältnisses in das nationale Recht entschieden.[357]

---

[351] BFH 5.12.2007 – V R 60/05, BStBl. II 2009, 486.

[352] BFH 16.3.1993 – XI R 44/90, BStBl. II 1993, 529.

[353] BFH 5.12.2007 – V R 60/05, BStBl. II 2009, 486.

[354] BFH 11.4.2002 – V R 65/00, BStBl. II 2002, 782; BFH 1.2.2007 – V R 69/05, UR 2007, S. 448; BFH 18.12.2008 – V R 38/06, DStRE 2009, 866; BFH 29.10.2008 – XI R 76/07, BFH/NV 2009, 795.

[355] BFH 20.12.1973 – V R 87/70, BStBl. II 1974, 311; *Stadie* in Rau/Dürrwächter § 2 UStG Rn. 838, 147. Lfg./Juli 2011; *Birkenfeld* UR 2008, 1; Abschnitt 2.8 Abs. 2 S. 1 UStAE.

[356] So aber *Birkenfeld* UR 2008, 1 und *Hahne* DStR 2008, 910.

[357] *Stadie* in Rau/Dürrwächter § 2 UStG Rn. 179 ff. und 838 ff., 147. Lfg./Juli 2011.

Ist die Beteiligung am Pool im Betriebsvermögen des Leistenden erfasst **113** und wird dadurch dessen unternehmerische Tätigkeit gefördert, weil die im Rahmen des Pools gewonnenen Resultate in seinem Unternehmen verwertet bzw. genutzt werden können und die im Rahmen der Beteiligung erzielten Erträge des Gewinn erhöhen, erfolgt die **Leistung aus unternehmerischen Gründen.** Da die Gewährung unentgeltlicher sonstiger Leistungen aus unternehmerischen Gründen nicht steuerbar ist, kommt insoweit der Ansatz der Mindestbemessungsgrundlage nach § 10 Abs. 5 UStG für teilentgeltliche sonstige Leistungen nicht in Betracht. Anders ist dies bei **teilentgeltlichen Lieferungen** aus unternehmerischen Gründen. Da Gegenstände des Unternehmens, die ein Unternehmer aus unternehmerischen Gründen abgibt, als Entnahmen nach § 3 Abs. 1b S. 1 Nr. 3 UStG zu besteuern sind, führt der Umstand, dass die erhaltene Zahlung den Einkaufspreis bzw. die im Rahmen der Leistungsausführung entstandenen Selbstkosten nicht abdeckt, zum **Ansatz der Mindestbemessungsgrundlage nach § 10 Abs. 5 iVm Abs. 4 Nr. 1 UStG.**

Wird ein ganzes Leistungsbündel erbracht, bestehen ebenfalls Schwierigkeiten, die **Erstattung einer konkreten Leistung** zuzuordnen.

4. Einheitliches Leistungsbündel bei Umsätzen gegenüber einer Außengesellschaft?

Fraglich ist, ob wegen der dargestellten Schwierigkeiten bei der Zuord- **114** nung der Zahlung eine **einheitliche Leistung gegenüber dem Pool** anzunehmen ist und deswegen **eine einheitliche Leistungsortbestimmung** für das gesamte Leistungsbündel zu erfolgen hat.

Einerseits ist jeder Umsatz grundsätzlich als eigene, selbstständige Leistung zu betrachten.[358]

Andererseits darf ein Umsatz, der in einer wirtschaftlich einheitlichen Leistung besteht, im Interesse eines **funktionierenden Mehrwertsteuersystems** nicht künstlich aufgespalten werden. Deshalb ist das Wesen bzw. die charakteristischen Merkmale des fraglichen Umsatzes zu ermitteln, um festzustellen, ob der Unternehmer gegenüber dem Leistungsempfänger mehrere selbstständige Leistungen oder eine einheitliche Leistung erbringt, wobei auf die Sicht des Durchschnittsverbrauchers abzustellen ist.[359]

Bloße Nebenleistungen teilen das steuerliche Schicksal der Hauptleistung und es handelt sich um eine einheitliche Leistung im Sinne eines Leistungsbündels. Eine solche **Nebenleistung** hat keinen eigenen Zweck, sondern stellt das Mittel dar, um die **Hauptleistung** unter optimalen Bedingungen in Anspruch zu nehmen.

Von einem Leistungsbündel ist auch auszugehen, wenn der Steuerpflichtige für den Verbraucher, wobei auf einen Durchschnittsverbraucher abzustellen ist, **zwei oder mehr Handlungen** vornimmt oder Elemente liefert, die so eng miteinander verbunden sind, dass sie objektiv eine einzige untrennbare wirtschaftliche Leistung bilden, deren Aufspaltung wirklichkeitsfremd wäre.

---

[358] BFH 8.9.2011 – V R 5/10, BFH/NV 2012, 523.
[359] BFH 17.4.2008 – V R 39/05, BFH/NV 2008, 1712; BFH 2.3.2011 – XI R 25/09, BStBl. II 2011, 737.

Eine Leistung ist dann als Nebenleistung zu einer Hauptleistung anzusehen, wenn sie für den Leistungsempfänger keinen eigenen Zweck erfüllt, sondern das Mittel darstellt, um die Hauptleistung des Leistenden unter optimalen Bedingungen in Anspruch zu nehmen.[360]

115 Dem Umstand, dass durch einen **Gesamtpreis in einer einheitlichen Rechnung** abgerechnet wird, kommt indizielle, aber keine allein entscheidende Bedeutung zu.[361] Entsprechendes gilt für die Tatsache, dass **Leistungen aufgrund einer einzigen Vertragsgrundlage** erbracht werden.[362]

Dieser gemeinschaftsrechtliche Ansatz zur Abgrenzung gilt auch für das nationale Recht.[363] Werden mehrere Leistungen erbracht, ist grundsätzlich jede Leistung separat zu beurteilen. Eine einheitliche, nicht aufteilbare Leistung liegt vor, wenn deren einzelne Faktoren so ineinander greifen, dass sie bei natürlicher Betrachtung hinter dem Ganzen zurücktreten.[364] Hingegen ist ein auf einem Gesamtvertrag beruhendes Leistungsverhältnis aufzuteilen, wenn hiervon mehrere, in ihrem wirtschaftlichen Gehalt nach selbstständige und voneinander unabhängige Einzelleistungen zusammengefasst sind.[365] Umsatzsteuerlich wird allein durch den Umstand, dass faktisch zusammenhängende Vorgänge einem einheitlichen wirtschaftlichen Ziel dienen, noch **keine einheitliche Leistung** begründet.[366]

Ausgehend von diesen Grundsätzen kann bei den Umsätzen gegenüber einer Außengesellschaft kein einheitlich zu beurteilendes Leistungsbündel angenommen werden. Die einzelnen Leistungen sind aus der Sicht eines durchschnittlichen Verbrauchers getrennt voneinander wirtschaftlich verwertbar und stehen nicht in einem Verhältnis voneinander abhängiger Haupt- und Nebenleistungen. Die einzelnen Umsätze verfolgen jeweils einen eigenen Zweck, so dass eine Aufspaltung nicht wirklichkeitsfremd ist. Schwierigkeiten bei der Aufteilung oder Zuordnung des dafür einheitlich entrichteten Entgelts rechtfertigen hingegen keine Zusammenfassung. Dies gilt auch für den Umstand, dass sie faktisch einem **einheitlichen wirtschaftlichen Ziel** dienen.

---

[360] EuGH 25.2.1999 – Rs. C-349/96 *Card Protection Plan*, UR 1999, 254; BFH 11.11.2004 – V R 30/04, BStBl. II 2005, 802; BFH 10.2.2010 – XI R 49/07, BStBl. II 2010, 1109.

[361] EuGH 27.10.2005 – Rs. C-41/04 *Levob Verzekeringen* und *OV Bank,* UR 2006, 20; EuGH 25.2.1999 – Rs. C-349/96 Card Protection Plan, UR 1999, 254; EuGH 22.10.1998 – Rs. C-308/96 und 94/97 *Madgett und Baldwin*, UR 1999, 38; EuGH 2.5.1996 – Rs. C-231/94 *Faaborg Gelting Linien*, UR 1996, 220; *Forster/Mühlbauer* DStR 2002, 1470.

[362] BFH 26.4.2010 – V B 3/10, BFH/NV 2010, 1664.

[363] BFH 8.9.2011 – V R 5/10, BFH/NV 2012, 523; BFH 31.5.2001 – V R 97/98, BStBl. II 2001, 658; *Nieskens* in Rau/Dürrwächter § 3 UStG Rn. 446 ff., 143. Lfg./Juli 2010; *Martin* in Sölch/Ringleb § 3 UStG Rn. 29 ff., 67. Lfg./März 2012; *Baldauf* UR 2008, 401; Abschnitt 3.10 UStAE.

[364] BFH 15.9.1994 – XI R 51/91, UR 1995, 305; BFH 10.9.1992 – V R 99/88, BStBl. II 1993, 316; *Nieskens* in Rau/Dürrwächter § 3 UStG Rn. 490, 143. Lfg./Juli 2010.

[365] BFH 19.3.2009 – V R 50/07, BStBl. II 2010, 78; BFH 31.5.2007 – V R 18/05, BStBl. II 2008, 206.

[366] Zur – unbeachtlichen – missbräuchlichen Aufteilung in mehrere Verträge zwischen mehreren Unternehmen einer Unternehmensgruppe EuGH 21.2.2008 – Rs. C-425/06 *Part Service*, UR 2008, 461.

5. Gewährleistung des Vorsteuerabzugs für von den Poolmitgliedern gemeinsam bezogene Leistungen

Rechtsprechung und Verwaltung beantworten die Frage, wer **Leistungs-** 116 **empfänger** ist, wenn eine selbst nicht unternehmerisch tätige Bruchteilsgemeinschaft eine Eingangsleistung bezieht, die von einem der Gesellschafter in seinem Unternehmen verwendet wird, unterschiedlich.[367] Grundsätzlich ist derjenige als Leistungsempfänger zum Vorsteuerabzug berechtigt, der aus dem schuldrechtlichen Vertragsverhältnis, welches dem Leistungsaustausch zu Grunde liegt, als Auftraggeber berechtigt ist, mithin Anspruch auf die Leistung hat.[368] Ausgehend von diesen Grundsätzen hätte der einzelne Beteiligte an der Bruchteilsgemeinschaft keinen Anspruch auf Vorsteuererstattung, wenn die dem Vorsteuerabzug zu Grunde liegende Leistung an die Gesamtheit der Miteigentümer, also die Bruchteilsgemeinschaft selbst erbracht wird.

Nach **Ansicht der Rechtsprechung** werde eine gemeinschaftlich bestell- 117 te Leistung gleichwohl an den einzelnen unternehmerisch tätigen Gemeinschafter ausgeführt, wenn die Gemeinschaft selbst nicht unternehmerisch tätig sei und gleichzeitig nicht sämtliche Gemeinschafter den Gegenstand unternehmerisch verwenden würden. Diene eine Beteiligung den Zwecken des eigenen Unternehmens, seien die der Gemeinschaft überlassenen Gegenstände für das jeweilige Unternehmen des bzw. der Gemeinschafter angeschafft und die im Interesse der Gemeinschaft getätigten Aufwendungen würden für dessen/deren Unternehmen erfolgen.[369] Die **Verwaltung** hat auf diese Auffassung mit einem **Nichtanwendungserlass**[370] reagiert und vertritt die Ansicht, dass bei einer **gemeinschaftlicher Auftragserteilung** durch mehrere Personen immer von einer **einheitlichen Leistung an die Gemeinschaft** auszugehen sei. Überlässt diese im Anschluss dem Gemeinschafter den ihr gelieferten Gegenstand oder Teile des Gegenstandes, erbringe die Gemeinschaft ihm gegenüber Leistungen und trete als wirtschaftlich und umsatzsteuerlich relevantes Gebilde auf.[371] Im Regelfall führen jedoch diese beiden unterschiedlichen Ansätze zu keinen unterschiedlichen Ergebnissen, weil auch nach Ansicht der Verwaltung jeder unternehmerische Gemeinschafter für Zwecke des **Vorsteuerabzugs** als Leistungsempfänger anzusehen ist und ihm deswegen das Vorsteuerabzugsrecht aus den bezogenen Leistungen anteilig zusteht, soweit der seinem Unternehmen zugeordnete Anteil am Gegenstand

---

[367] *Sterzinger* UR 2012, 785.

[368] BFH 13.9.1984 – V B 10/74, BStBl. II 1985, 21.

[369] EuGH 29.4.2004 – Rs. C-77/01 *Fazenda Pública*, UR 2004, 292 Tz. 86; BFH 1.10.1998, V R 31/98, BStBl. II 2008, 497; BFH 1.2.2001 – V R 79/99, BStBl. 2008, 495; BFH 16.5.2002 – V R 15/00, BFH/NV 2002, 1346; BFH 6.10.2005 – V R 40/01, BStBl. II 2007, 13; BFH 7.7.2011 – V R 41/09, UR 2011, 867; *Stadie* in Rau/Dürrwächter § 2 UStG Rn. 535 ff., 147. Lfg./Juli 2011; *Scharpenberg* in Hartmann/Metzenmacher § 2 UStG Rn. 96, Lfg. 5/09, August 2009; s. auch EuGH 21.4.2005 – Rs. C-25/03 *Hundt-Eßwein*, BStBl. II 2007, 23.

[370] BMF-Schreiben vom 9.5.2008, BStBl. I 2008, 675; s. auch Abschnitt 15.2 Abs. 16 S. 9 UStAE.

[371] BMF-Schreiben vom 1.12.2006, BStBl. I 2007, 90; Abschnitt 15.2. Abs. 16 S. 5 ff. UStAE.

seinen Miteigentumsanteil nicht übersteigt.[372] Ist also bei einer Bruchteilsgemeinschaft nur einer der Gemeinschafter unternehmerisch tätig und verwendet dieser einen Teil des Gegenstandes ausschließlich für unternehmerische Zwecke, steht ihm das Vorsteuerabzugsrecht aus den bezogenen Eingangsleistungen anteilig zu, soweit der seinem Unternehmen zugeordnete Anteil am Gegenstand seinen Miteigentumsanteil nicht übersteigt.[373]

VI. Zusammenfassung

118   Grenzüberschreitende Umsätze iSd § 1 AStG sind **keine bloßen Innenumsätze.** Selbst eine **Beteiligungsidentität** und eine **einheitliche Willensbildung** rechtfertigen keine **umsatzsteuerliche Zusammenfassung** zu einem einheitlichen Unternehmen. Die Wirkungen einer umsatzsteuerlichen Organschaft sind auf das Inland begrenzt.

Umsätze aus Deutschland in das übrige Gemeinschaftsgebiet oder in Drittländer **(Exporte)** sind im Regelfall umsatzsteuerlich nicht relevant.

Grenzüberschreitende Lieferungen sind regelmäßig steuerbefreit. Bei den **sonstige Leistungen** führt die durch das Jahressteuergesetz 2009 mit Wirkung zum 1.1.2010 eingeführte Regelung des § 3a Abs. 1 UStG 2010 aufgrund des damit verbundenen grundsätzlichen Wechsels **vom Sitzortprinzip zum Empfängerortprinzip** bei Dienstleistungen an einen Unternehmer dazu, dass nur noch im Ausnahmefall im Inland steuerbare Umsätze vorliegen, die am Ort des inländischen Leistenden erbracht werden.

Im Gegensatz dazu führen im Regelfall Umsätze aus dem übrigen Gemeinschaftsgebiet oder aus dem Drittland **(Importe)** zu umsatzsteuerlichen Konsequenzen.

119   Bei **Lieferungen** aus dem übrigen Gemeinschaftsgebiet sind die Tatbestandsvoraussetzungen des **innergemeinschaftlichen Erwerbs** oder des **innergemeinschaftlichen Verbringens** erfüllt. Bei **sonstigen Leistungen** kommt es bei Anwendung des Empfängerortprinzips zu im Inland steuerbaren Umsätzen. In beiden Fällen ist der Empfänger Schuldner der Steuer (§ 13a Abs. 1 Nr. 2 UStG bzw. § 13b Abs. 5 S. 1 UStG). Im Ergebnis wird der Empfänger in beiden Fällen so behandelt, als schulde er die Steuer für einen im Inland steuerpflichtigen Umsatz. Diese Umsatzsteuer können vorsteu-

---

[372] Abschnitt 15.2 Abs. 16 S. 7 UStAE; BMF-Schreiben vom 9.5.2008, BStBl. I 2008, 675.

[373] Hinsichtlich der formellen Voraussetzungen muss einer der Gemeinschafter das Original der auf den vollständigen Namen und die Anschrift der Gemeinschaft ausgestellten Rechnung und jeder andere Gemeinschafter zumindest eine Ablichtung der Rechnung aufbewahren, BMF-Schreiben vom 1.12.2006, BStBl. I 2007, 90; Abschnitt 14b.1 Abs. 1 S. 3 UStAE. Darüber hinaus müssen sich aus den nach § 22 UStG zu führenden Aufzeichnungen die Namen und Anschriften der übrigen Gemeinschafter sowie deren Anteile am Gemeinschaftsvermögen ergeben. Das Vorliegen einer Rechnung auf den Namen des Unternehmers ist jedenfalls dann entbehrlich, wenn keine Gefahr besteht, dass mittels der auf die Gemeinschaft ausgestellte Rechnung andere als der unternehmerisch tätige Gemeinschafter den Vorsteuerabzug beantragen. Sofern die Leistung an die Bruchteilsgemeinschaft ausgeführt wird, muss die Rechnung an diese und nicht an den einzelnen Gemeinschafter adressiert sein, um der Gemeinschaft den Vorsteuerabzug zu ermöglichen, BFH 23.9.2009, XI R 14/08, BStBl. II 2010, 367.

erabzugsberechtigte Unternehmer zeitgleich als Vorsteuer verrechnen, so dass für diese damit zwar keine wirtschaftliche Belastung aber ein erheblicher administrativer Aufwand verbunden ist.

Bemessungsgrundlage für diese Umsätze ist das Entgelt (§ 10 Abs. 1 S. 1 UStG). Lediglich beim innergemeinschaftlichen Verbringen kommt der Ansatz des Einkaufspreises zuzüglich der Nebenkosten bzw. der Selbstkosten zum Ansatz (§ 10 Abs. 4 Nr. 1 UStG). Hätten fremde Dritte ein höheres Entgelt vereinbart, kann der einheitlich zu beurteilende Umsatz nicht in einen entgeltlichen und einen unentgeltlichen Teil aufgeteilt werden.

Der **Anwendung der Mindestbemessungsgrundlage** steht nicht entgegen, dass über eine ordnungsgemäß durchgeführte Lieferung an einen vorsteuerabzugsberechtigten Unternehmer abgerechnet wird. Allerdings kommt der Ansatz der Mindestbemessungsgrundlage nur in solchen Fällen in Betracht, in denen der **Umsatz ohne Entgeltvereinbarung** als **unentgeltliche Wertabgabe** steuerbar wäre.

Haben die Beteiligten kein Entgelt vereinbart, erfolgt die Leistung innerhalb 120 des Konzerns gleichwohl aus unternehmerischen Erwägungen. Die Steuerbarkeit entfällt nicht, wenn der Empfänger der zugewendeten Gegenstände diese Gegenstände in seinem Unternehmen verwendet. Gegenstände des Unternehmens, die der Unternehmer aus unternehmerischen Gründen abgibt, werden daher als **unentgeltliche Zuwendungen nach § 3 Abs. 1b S. 1 Nr. 3 UStG** besteuert. Im Gegensatz dazu ist die Gewährung unentgeltlicher sonstiger Leistungen aus unternehmerischen Gründen nicht steuerbar.

Ist die Mindestbemessungsgrundlage nach den vorstehenden Grundsätzen anwendbar, ist das vereinbarte Entgelt (§ 10 Abs. 1 UStG) mit der Bemessungsgrundlage nach § 10 Abs. 4 Nr. 1 UStG zu vergleichen. Ist das für die Lieferung entrichtete Entgelt niedriger als der **Einkaufspreis zuzüglich Nebenkosten bzw. die Selbstkosten zum Zeitpunkt des Umsatzes,** sind als Bemessungsgrundlage die Werte nach § 10 Abs. 4 Nr. 1 UStG anzusetzen. Dies gilt nicht, sofern das vereinbarte Entgelt **marktüblich** ist. Übersteigen sowohl das marktübliche Entgelt als auch die Werte nach § 10 Abs. 4 Nr. 1 UStG das vereinbarte Entgelt, sind als Bemessungsgrundlage die Werte nach § 10 Abs. 4 Nr. 1 UStG zu berücksichtigen.

Schließen sich die Beteiligten im Rahmen eines **gesellschaftsrechtlichen** 121 **Vertrages** zusammen, ist im Rahmen der umsatzsteuerlichen Beurteilung zwischen einer Innengemeinschaft und einer Außengesellschaft zu unterscheiden.

Nur bei einer **Außengesellschaft,** bei der auch **Leistungen von Dritten** bezogen werden können, findet ein **umsatzsteuerlich relevanter Leistungsaustausch** zwischen den Mitgliedern des Pools und dem Pool als Unternehmer statt. Selbst wenn eine wirtschaftliche, finanzielle und organisatorische Eingliederung vorliegt, kann eine Zusammenfassung in einer Organschaft nicht erfolgen, weil eine Personengesellschaft nicht Organgesellschaft sein kann.

Bei einer **Innengemeinschaft** vollzieht sich hingegen der Leistungsaustausch unmittelbar zwischen den Gesellschaftern als Mitglieder dieser Innengemeinschaft.

Auch wenn die Zuordnung der erhaltenen Zahlung zur konkreten Leistung Schwierigkeiten bereitet, ist die Zusammenfassung der einzelnen Leistungen zu einem Leistungsbündel nicht möglich.

Kapitel J: Zoll

Übersicht

I. Allgemeine Grundlagen

1. Zweck der Zollerhebung und Anwendungsbereich

a) Zweck der Zollerhebung

1   Der Zoll diente ursprünglich als Einnahmequelle und wurde bei bestimmten Warenbewegungen erhoben. Art. 4 Nr. 10 und 11 ZK versteht unter Zöllen Einfuhr- und Ausfuhrabgaben. Zu ihnen zählen auch die Agrarzölle. Weitere Einfuhrabgaben sind die Einfuhrumsatzsteuer (EUSt) und die Verbrauchsteuer (VSt), die bei dem Import von Waren aus Drittländern in die EU erhoben werden. Alle genannten Abgaben sind Steuern iSd nationalen Abgabenordnung (§ 3 AO).

2   Von der Möglichkeit der Ausfuhrabgabenerhebung macht der Gesetzgeber seit langem keinen Gebrauch mehr.

3   Dienten die Zölle ursprünglich als **Finanz- und Fiskalzölle** der Einnahmeerzielung, wandelten sie sich im Laufe der Zeit generell zu **Schutzzöllen,** um die heimische Wirtschaft gegen bestimmte Importe zu schützen. Daneben gilt es auf **Strafzölle** hinzuweisen. Sie werden in erster Linie angewandt, um Dumping bei Einfuhren zu verhindern bzw. den damit verbundenen wirtschaftlichen Vorteil abzuschöpfen **(Antidumpingzoll).**

4   Im Laufe der Zeit entwickelte sich die Notwendigkeit, mit anderen Ländern zusammenzuarbeiten. Als Folge trat am 1.1.1948 das **Allgemeine Zoll- und Handelsabkommen,** besser bekannt als GATT-Abkommen (General Agreement on Tariffs and Trade), als internationale Vereinbarung über den freien Welthandel in Kraft. Inzwischen sind 153 Staaten dem GATT-Abkommen beigetreten, welches 1995 durch die Welthandelsorganisation (World Trade Organization, WTO) abgelöst wurde. Eines der vorrangigen Ziele des Abkommens ist die stufenweise Absenkung der Zollsätze. Dadurch tritt der Schutzzollgedanke immer mehr in den Hintergrund. Die Einfuhrabgaben dienen heutzutage lediglich zum Ausgleich zwischen einem niedrigeren Weltmarktpreis und einem höheren Inlandsmarktpreis. Durch diesen Anpassungsmechanismus ist der Zoll mehr und mehr als **Wirtschaftszoll** zu verstehen.

b) Historische Entwicklung des Zollwerts

Der Wert iSd Zollrechts bildet heute im Allgemeinen die Grundlage für **5** die Zollerhebung. Der Schwerpunkt ist hier auf den Begriff „Wert" zu legen.

Mit dem GATT-Abkommen wurden erstmals die Grundsätze der Wertverzollung aufgestellt, die – betrachtet man die Gründerstaaten – weltweit verteilt Anwendung fanden. Nach diversen Überarbeitungen des ursprünglichen GATT-Abkommens und der Umsetzung in Gemeinschaftsrecht hat der Zollwert zwar wieder das einzelne Geschäft zur Grundlage, aber nur unter der Voraussetzung, dass der Preis – vereinfacht ausgedrückt – frei ist von Bedingungen oder Beeinflussungen.[1] In der Praxis führt dies bei verbundenen Unternehmen immer wieder zu der Frage, ob die Verbundenheit den Preis beeinflusst hat.

c) Anwendungsbereich

Rechtliche Grundlage für die Anwendung des Zollwerts in der EU bildet **6** seit 1994 der Zollkodex mit den entsprechenden Durchführungsvorschriften.[2] In dem Zollkodex findet sich an vielen Stellen der Begriff „Wert", ohne dass hierbei zwingend der Zollwert gemeint ist.

Nachfolgend ist das Augenmerk auf den Zollwert gerichtet, der insb. dann zur Anwendung kommt, wenn es um die Ermittlung der Höhe der zu entrichtenden Einfuhrabgaben geht. Die rechtliche Basis für die Anwendung des Zollwerts stellen insb. Art. 28–36 ZK sowie Art. 141–181a einschl. Anhänge 23–29 ZK-DVO dar. Diese Regelungen resultieren aus den GATT-Zollwert-Kodex-Vorschriften, die von den Vertragsparteien obligatorisch umzusetzen waren. Eine nationale Umsetzung war unumgänglich, weil der GATT-Zollwert-Kodex kein unmittelbar anwendbares Recht darstellt.

Die Verbindung zwischen GATT-Zollwert-Kodex und dem ZK wurde **7** durch Art. 141 ZK-DVO und Anhang 23 geschaffen. In diesem Anhang finden sich insb. Antworten zu Fragen bei der Bewertung nach den einzelnen Zollwertermittlungsmethoden.

Das BMF gibt den Zollbeamten in Deutschland Dienstvorschriften für die **8** praktische Anwendung des ZK an die Hand, wobei die Vorschriften lediglich verwaltungsintern Bindungswirkung entfalten. Gleichwohl stellen sie ein wichtiges Erkenntnis- und Hilfsmittel auch für den Wirtschaftsteilnehmer dar, denn er kann ihnen die Auffassungen der Verwaltung entnehmen.

Auf EU-Ebene finden Absprachen zwischen der Kommission und den **9** Mitgliedstaaten statt. Diese Verwaltungsvereinbarungen sollen die einheitliche

---

[1] Vgl. Rn. 102 f.
[2] Zollkodex, ABl. EG Nr. L 302/1 vom 19.10.1992; Zollkodex-DVO, ABl. EG Nr. L 253/1 vom 11.10.1993.

Anwendung in allen EU-Staaten sicherstellen, um zB Wettbewerbsverzerrungen zu vermeiden. Besonders hingewiesen sei an dieser Stelle auf Anhang 24 zu Art. 141 Abs. 2 ZK-DVO, in dem die allgemein anerkannten Buchführungsgrundsätze (Generally Accepted Accounting Principles = GAAP) aufgeführt sind. Ihnen kommt Bedeutung insb. bei der Ermittlung von Gewinn- und Gemeinkostenzuschlägen, üblichen Beförderungs- und Versicherungskosten sowie Herstellungskosten bestimmter Beistellungen zu.

10 Nach Art. 28 ZK regeln die Zollwertvorschriften die Ermittlung des Zollwerts für die Anwendung des Zolltarifs der Europäischen Gemeinschaften. Unter Zolltarif sind dabei lt. Art. 20 Abs. 3 ZK insb. die Kombinierte Nomenklatur, Regel- und besondere Zollsätze, Präferenz- und sonstige Maßnahmen zu verstehen. Der Zollwert stellt in aller Regel die Bemessungsgrundlage dar, auf der die nach dem Zolltarif ermittelten Wertzollsätze bei der Verzollung der Waren angewandt werden. Zum Teil ist es notwendig, den Zollwert nicht als eigentliche Bemessungsgrundlage, sondern als notwendiges Merkmal für die Einreihung der Waren in den Zolltarif zu ermitteln.

11 Im Zusammenhang mit dem Zolltarif ist auf den Wert iSd Ursprungs- und Präferenzrechts hinzuweisen. Die EU gewährt vielen Ländern, insb. den Entwicklungsländern, einseitig Zollfreiheiten oder Zollermäßigungen für Ursprungswaren der entsprechenden Länder. Daneben hat die EU Abkommen mit etlichen Vertragsparteien über eine gegenseitige Präferenzgewährung abgeschlossen. Ob eine Ware Ursprungserzeugnis eines Staates ist, ist oft durch Anwendung festgelegter Wertkriterien zu beurteilen.

12, 13 *(einstweilen frei)*

2. Wichtige Verfahrensgrundsätze

a) Amtsermittlungsgrundsatz und Mitwirkungspflicht

aa) Amtsermittlungsgrundsatz

14 Entscheidungen der Zollbehörden werden grundsätzlich im sog. Antragsverfahren nach Art. 6 Abs. 1 ZK herbeigeführt. Eine Entscheidung idS entspricht gem. Art. 4 Nr. 5 ZK dem Verwaltungsakt des deutschen Rechts.[3] Im Antragsverfahren findet eine Amtsermittlung im Gegensatz zu den übrigen von den deutschen Zollbehörden nach dem ZK zu erfüllenden Aufgaben grundsätzlich nicht statt. Vielmehr gilt hier der sog. **Beibringungsgrundsatz,** wonach der Antragsteller mit dem Antrag die erforderlichen Angaben und Unterlagen zu liefern hat.

15 Dieser Beibringungsgrundsatz wird jedoch durch die Pflicht der Zollbehörde, **Hilfe zur Beibringung** zu leisten, relativiert.

16 Für andere als das Antragsverfahren enthält der Zollkodex keine Regelung des anzuwendenden Ermittlungsverfahrens. Daher verbleibt es insoweit bei der **Amtsermittlungspflicht** der deutschen Zollbehörde[4] und der damit zusammenhängenden Mitwirkungspflicht der Beteiligten.[5]

---

[3] Vgl. §§ 118 AO, 35 VwVfG.

[4] Vgl. §§ 88 AO, 24 VerwVfG.

[5] Vgl. §§ 26 Abs. 2, 90–93, 95, 97, 99, 140 ff., 149, 153, 200, 208 Abs. 1 S. 2 u. 3, 210; 26 Abs. 2 VerwVfG.

bb) Mitwirkungspflichten

Die gemeinschaftsrechtliche **Mitwirkungspflicht** ist in Art. 14 ZK gere- **17** gelt. Diese überlagert die nationalen Vorschriften auf Grund fehlender Öffnungsklauseln. Nationale Vorschriften können jedoch zur Auslegung herangezogen werden. Der Personenkreis der zollrechtlich Mitwirkungspflichtigen ist weiter gefasst als nach nationalem Recht (§ 90 AO), da zollrechtlich sowohl unmittelbar (zB Zollschuldner, Vertreter) als auch nur mittelbar Beteiligte (zB Vor- und Nacherwerber einer importierten Ware) mitwirkungspflichtig sind.

Ein Regulativ dieser weitreichenden Mitwirkungs- und Duldungspflichten **18** stellt das Prüfungskriterium der Erforderlichkeit dar. Das Verlangen der Zollbehörde zur Mitwirkung muss sachgerecht und angemessen sein, § 5 AO **(Ermessen)** ist zu beachten.

b) Beweiswürdigung und Beweislast

aa) Feststellungslast

Hinsichtlich der Beweislast, dh der sog. **Feststellungslast,** gelten im gemein- **19** schaftsrechtlichen Zollrecht keine Besonderheiten. Es sind die allgemeinen Beweisregeln der finanzgerichtlichen Prozessordnung unter Anwendung der Zivilprozessordnung maßgeblich. Diese Regeln sind zwar nicht gesetzlich festgelegt. Doch nach ständiger höchstrichterlicher Rspr.[6] gilt, dass die Finanzbehörde die objektive Feststellungslast für die den Steueranspruch begründenden Tatsachen trägt. Den Steuerpflichtigen dagegen trifft die Feststellungslast für Tatsachen, die Steuerbefreiungen und -ermäßigungen begründen (zB Inanspruchnahme von Zollbefreiungen für Rückwaren) oder einen Steueranspruch aufheben bzw. einschränken (zB Erstattungsanträge aufgrund von Preiskorrekturen).

bb) Anscheinsbeweis

Daneben gelten im zollrechtlichen Verfahren die Grundsätze des **An-** **20** **scheinsbeweises** (Prima-facie-Beweis), die auch im finanzgerichtlichen Verfahren Anwendung finden.[7] Der Beweis des ersten Anscheins basiert auf der Anwendung allgemeiner Erfahrungssätze und enthält materiell-rechtliche Zurechnungsregeln. Er beruht auf dem Resümee des serienmäßig typisch gleichen Verlaufs wesensgleicher Ereignisse, dh sich gleichender oder sich ähnelnder Verbindungen von Ursache und Wirkung, sog. **„typischer Geschehensabläufe".** Gemeint ist damit, dass bei einem feststehenden typischen Geschehensablauf und nach den Erfahrungen des Lebens auf eine bestimmte Ursache oder einen bestimmten Kausalverlauf geschlossen werden kann,[8] dh dass gewisse typische Sachverhalte bestimmte Folgen auslösen oder bestimmte Folgen auf einen typischen Geschehensablauf hindeuten.[9]

(einstweilen frei) **21–29**

---

[6] BFH 7.7.1983 – VII R 43/80, BStBl. II 1983, 760; BFH 20.3.1987 – III R 172/82, BStBl. II 1987, 679.

[7] Informativ hierzu: *Gräber* Kommentar zur Finanzgerichtsordnung, § 96 FGO Rn. 17; BFH 14.3.1989 – VII R 75/85, BStBl. II 1989, 534; BFH 13.11.1979 – VIII R 93/73, BStBl. II 1980, 69.

[8] BFH 30.8.1994 – VII 71/94, BFH/NV 1996, 375.

[9] *Hartmann* in Baumbach/Lauterbach/Albers/Hartmann (BLAH) Kommentar zur Zivilprozessordnung, § 286 Anhang 3 B; *Tipke/Kruse* (TK), Kommentar zur Abgaben- und Finanzgerichtsordnung, § 96 FGO, Rn. 4a ff.

3. Verbindliche Auskünfte und Vereinbarungen

30   Angesichts der Komplexität des Zollrechts hat der Importeur, um entsprechende Dispositionen treffen zu können, ein wirtschaftliches Interesse daran, von den Zollbehörden eine Auskunft darüber zu erhalten, wie diese das Zollrecht in einem bestimmten Einzelfall anwenden würden. Eine sichere Grundlage bildet diese Aussage jedoch nur dann, wenn die mitgeteilte Auslegung des Zollrechtes bindend ist. Das Zollrecht kennt derartige verbindliche Auskünfte lediglich auf zwei Gebieten:
- Einreihung einer Ware in die Zollnomenklatur (die verbindliche Zolltarifauskunft gem. Art. 12 Abs. 1. 1. Alt. ZK)
- Bestimmung des präferenzrechtlichen sowie des nichtpräferentiellen Ursprungs einer Ware (verbindliche Ursprungsauskunft gem. Art 12 Abs. 1. 2. Alt. ZK).

Über alle anderen Fragestellungen erteilen die Zollbehörden lediglich unverbindliche Auskünfte (Art. 11 ZK).

In Abweichung von der AO sehen der Zollkodex und die Durchführungsverordnung verbindliche Zusagen aufgrund einer Außenprüfung nicht vor. Demnach sind die §§ 204–207 AO im Anwendungsbereich des Zollkodex nicht einschlägig.

a) Verbindliche Zolltarifauskunft (vZTA)

31   Eine verbindliche Zolltarifauskunft regelt die Einreihung von Waren in die Zoll-Nomenklatur einheitlich für die gesamte Gemeinschaft. Sie bindet gem. Art. 11 ZK-DVO die Zollbehörden aller Mitgliedstaaten.

32   Die Bindung bezieht sich auf einen **Warentyp** und die **zolltarifliche Einreihung** der Ware gem. Art. 12 Abs. 2 ZK, die zukünftig auf Verlangen des Berechtigten entsprechend durchzuführen ist. Die vZTA dient der Wirtschaft dazu, den Abschluss von Einfuhrgeschäften auf einer sicheren Basis kalkulieren zu können. Für die Verwaltung ist sie ebenfalls von Vorteil, da ihr eine ständige erneute Einreihung der betreffenden Ware in die Zoll-Nomenklatur erspart bleibt.

33   Die verbindliche Zolltarifauskunft wird auf Antrag erteilt, der an das Hauptzollamt Hannover als zentrale Stelle für die Erteilung von vZTA'en zu richten ist.

34   Das Hauptzollamt Hannover kann die Erteilung einer vZTA ablehnen, sofern der Antragsteller entsprechende Wareneinfuhren nicht beabsichtigt bzw. unzureichende Angaben hinsichtlich der Warenbeschaffenheit macht. Der Antrag ist an die Zollbehörde des Mitgliedstaates zu richten, in den die Ware importiert werden soll.

35   Die **rechtliche Tragweite** der vZTA ist in Art. 10 ZK-DVO geregelt. Die vZTA greift nur gegenüber dem Berechtigten (Antragsteller), Dritte können sich hierauf nicht berufen.

Eine **Rücknahme** der vZTA ist gem. Art. 12 Abs. 4 S. 2 ZK möglich, wenn diese auf unrichtigen oder unvollständigen Angaben beruht. In diesem Fall entfaltet die vZTA keine Bindungswirkung.

36   Die **Ungültigkeit** der vZTA wird insb. durch folgende Umstände ausgelöst:

– durch **Zeitablauf** gem. Art 12 Abs. 4 ZK nach Ablauf von 6 Jahren seit
der Erteilung,
– durch **Rechtsänderung** gem. Art. 12 Abs. 5 Buchst. a) Ziff. i) ZK, sofern
diese eine Änderung der Zollnomenklatur bewirkt bzw. Auswirkungen auf
die Einreihung einer Ware in die Zollnomenklatur hat,
– durch **Änderung der Auslegung** gem. Art. 12 Abs. 5 Buchst. a) Ziff. ii)
ZK aufgrund von Änderungen der Erläuterungen zur Kombinierten Nomenklatur.

Die vZTA ist eine zollrechtliche Entscheidung iSd Art. 4 Nr. 5 ZK und **37**
somit ein Verwaltungsakt iSd § 118 AO. Der Antragsteller kann sich mittels
Einspruch gem. § 347 AO gegen die Auskunft wehren. Gegen die Ein-
spruchsentscheidung kann Klage beim Finanzgericht eingelegt werden. Soweit es um die Auslegung des Gemeinschaftlichen Zolltarifs geht, kann das
Finanzgericht die Einholung einer Vorabentscheidung des EuGH gem.
Art. 234 EGV für erforderlich halten.

b) Verbindliche Ursprungsauskunft (vUA)

Die vUA wurde mit Wirkung zum 1. Januar 1997 eingeführt.[10] Bis dahin **38**
bestand nur die Möglichkeit zur Einholung unverbindlicher Auskünfte gem.
Art. 11 ZK.

Gegenstand der vUA ist die Feststellung des Ursprungs einer Ware, vgl. **39**
Art. 12 Abs. 2 ZK, sowohl des nichtpräferentiellen Ursprungs gem. Art. 22 ff.
ZK als auch des Präferenzursprungs gem. Art. 27 ZK. Die Bestimmung des
Präferenzursprungs entscheidet idR über die Anwendung eines ermäßigten
Zollsatzes im Importland und ist daher ein entscheidender Faktor bei der
Kalkulation des Verkaufspreises. Im Hinblick auf verfahrensrechtliche Rege-
lungen kann weitgehend auf die vorherigen Ausführungen zur vZTA verwie-
sen werden.

Die Zollbehörde ist verpflichtet, die vUA innerhalb von 150 Tagen ab An- **40**
tragstellung zu erteilen. Fristbeginn ist der Zeitpunkt, zu dem die Zollbehörde über alle Angaben verfügt, die zur Stellungnahme erforderlich sind. Der
Antragsteller hat einen Anspruch auf die Erteilung, wenn er zulässige Beweg-
gründe geltend macht, dh, wenn sich der Antrag auf eine konkrete Ausfuhr
bezieht. Die zeitliche Gültigkeit der vUA beträgt 3 Jahre (Art. 12 Abs. 4 ZK).

(einstweilen frei) **41–51**

II. Methoden der Zollwertermittlung

1. Transaktionswertmethode

a) Grundsätzliches

Von den vorstehend erwähnten Artikeln des ZK,[11] die sich auf die **Ermitt-** **52**
lung des Zollwerts beziehen, stellt Art. 29 ZK, der die sog. Transaktionswertmethode enthält, die zentrale Vorschrift dar. *Müller-Eiselt*[12] nennt Art. 29

---

[10] VO EG Nr. 82/97 in: ABl. EG Nr. L 17.
[11] Vgl. Rn. 10.
[12] *Müller-Eiselt* EG-Zollrecht 4229 Rn. 1.

ZK sogar das „Herzstück" der Zollwertermittlung. Hintergrund hierfür ist, dass bei der weit überwiegenden Mehrheit der Einfuhren (*Rinnert* nennt in diesem Zusammenhang die Zahl von ca. 80%)[13] die Zollwertermittlung nach Art. 29 ZK durchgeführt wird.

53 Die Ursache für die herausragende Bedeutung des Art. 29 ZK ist im Zollkodex selbst zu finden. Gem. Art. 30 Abs. 1 S. 1 ZK hat die **Transaktionswertmethode** des Art. 29 ZK Vorrang vor den weiteren Zollwertermittlungsmethoden, wie sie in den Art. 30 und 31 ZK enthalten sind.[14] Wann immer der Zollwert nach Art. 29 ZK ermittelbar ist, soll er auch auf der Basis dieser Vorschrift festgestellt werden. Erst dann, wenn aus dem einen oder anderen Grund Art. 29 ZK keine Anwendung finden kann,[15] darf zu den Methoden der Art. 30 und 31 ZK übergegangen werden.

54 Diese Bindung trifft dabei den Anmelder und die Zollverwaltung gleichermaßen. Während der Anmelder nicht einfach den Zollwert auf der Basis anderer Grundlagen ermitteln darf, ist es der Verwaltung ohne konkrete Gründe verwehrt, die Anwendung der Methoden gem. Art. 30 und 31 ZK zu fordern.

b) Merkmale des Transaktionswerts

55 Gem. Art. 29 Abs. 1 S. 1 ZK ist der **Zollwert** eingeführter Waren der **Transaktionswert,** dh der für die Waren bei einem Verkauf zur Ausfuhr in das Zollgebiet der Gemeinschaft **tatsächlich gezahlte** oder zu zahlende Preis. Dabei muss dieser Preis ggf. gem. den Vorschriften der Art. 32 ZK (Hinzurechnungen)[16] und Art. 33 ZK (Abzüge)[17] noch **berichtigt** werden, bevor er als Basis für die Verzollung dienen kann.

56 Art. 29 Abs. 3 ZK konkretisiert den Transaktionswert dahingehend, dass unter dem tatsächlich gezahlten oder zu zahlenden Preis die **„vollständige Zahlung"** zu verstehen ist, „die der Käufer an den Verkäufer oder zu dessen Gunsten für die eingeführten Waren entrichtet oder zu entrichten hat".

57 Aus den Formulierungen des Art. 29 Abs. 1 und 3 ZK wird zudem deutlich, dass der Transaktionswert der **tatsächliche** Preis im **konkreten** Einfuhrfall ist. Es kommt folglich nicht darauf an, welcher Wert für die eingeführte Ware normalerweise gezahlt wird. Der tatsächlich im jeweils zu beurteilenden konkreten Einzelfall gezahlte oder zu zahlende Preis ist zu ermitteln. Diese Aussage wird unterstützt durch die „Erläuternden Anmerkungen" im Anhang 23 zur ZK-DVO.[18]

58 Grundsätzlich gilt somit, dass für denjenigen, der **günstigere Einkaufspreise** ausgehandelt hat, diese auch bei der Zollwertbemessung **maßgebend** sein sollen. Welche Probleme sich aber in diesem Zusammenhang gerade bei **verbundenen Unternehmen** ergeben können, wird noch zu beleuchten sein.

---

[13] *Rinnert* in Witte, Zollkodex, Art. 29 Rn. 1.
[14] Vgl. Rn. 144 ff.
[15] S. hierzu insb. nachstehend unter Rn. 102 ff.
[16] Vgl. Rn. 160 ff.
[17] Vgl. Rn. 190 ff.
[18] Vgl. Rn. 83 f.

Darüber hinaus beinhaltet Art. 29 Abs. 1 ZK in Verbindung mit Anhang 59
23 ZK-DVO, dass es auf die **Beschaffenheit** der betreffenden Ware zum
maßgebenden Zeitpunkt ankommt, dh bei der **Annahme der Anmeldung**
durch die Zollbehörden,[19] bei der die **Bemessungsgrundlage** für womöglich zu entrichtende Einfuhrabgaben festgestellt wird. Folglich kommt es dabei nicht etwa auf den Zeitpunkt des Kaufvertragsabschlusses an.

Hierin unterscheidet sich das Zollwertrecht der EU grundsätzlich von den 60
Verrechnungspreisgrundsätzen der OECD[20] – für die Steuerverwaltung ist bei
der Lieferung von Waren auf „die Verhältnisse aus der Sicht im Zeitpunkt des
Vertragsabschlusses" abzustellen.

Die Verrechnungspreisgrundsätze der OECD gehen davon aus, dass der
Zeitpunkt des Abschlusses des Liefervertrages und der Lieferung selbst häufig
zusammenfallen oder aber doch zumindest annähernd zeitgleich erfolgen.[21]
Eigelshoven/Ebering weisen jedoch zu Recht darauf hin, dass teilweise „der
Zeitpunkt des Vertragsabschlussesim Rahmen der Ermittlung des Verrechnungspreises und der Annahme der Zollanmeldung im Rahmen der Ermittlung des Zollwerts weit auseinander fallen", so dass sich die Verhältnisse inzwischen geändert haben können.[22]

Wurde vorstehend davon gesprochen,[23] dass die Transaktionswertmethode 61
wann immer möglich Anwendung finden soll, so muss gleichwohl betont
werden, dass Art. 29 Abs. 1 ZK in Buchst. a)–d) **vier Voraussetzungen**
nennt, deren Nichtvorliegen zum **Ausschluss der Anwendung** der Zollwertermittlung gem. Art. 29 ZK führen kann:

- schädliche Einschränkungen bzgl. **Verwendung und Gebrauch** der eingeführten Ware
- schädliche Bedingungen oder Leistungen hinsichtlich des **Kaufgeschäfts
  oder des Preises**
- schädliche **Erlösbeteiligungen** des Verkäufers aus späteren **Weiterverkäufen** der Einfuhrware
- eine schädliche **Verbundenheit** zwischen Käufer und Verkäufer.[24]

c) Tatbestandsvoraussetzungen des Art. 29 ZK

aa) Ware und maßgebende Menge

Ware

Gem. Art. 29 Abs. 1 ZK ist der **Zollwert** der **Transaktionswert** einge- 62
führter Waren. Negativ ausgedrückt bedeutet dies, dass alle grenzüberschreitenden Transaktionen, bei denen **keine Ware** eingeführt wird, nicht Gegenstand einer Zollwertermittlung gem. Art. 29 ZK werden.[25]

---

[19] Vgl. Art. 67 ZK.
[20] Tz. 1.12, 1.35-1.37.
[21] Tz. 1.35 Verrechnungspreisgrundsätze OECD.
[22] *Eigelshoven/Ebering* in Kroppen, Handbuch Internationale Verrechnungspreise,
OECD-Kap. I Anm. 237.
[23] Vgl. Rn. 53.
[24] Kommentierung zu diesen Voraussetzungen s. unten Rn. 102 ff.
[25] Weitergehende Ausführungen zur Übereinstimmung der Ermittlung des Zollwertes einer Ware mit det Ermittlung von Verrechnungspreisen bei *Eigelshoven/Ebering* in

Das kann auch nicht anders sein, legt doch bereits Art. 1 ZK fest, dass der ZK und die ZK-DVO allein im „**Warenverkehr** zwischen der Gemeinschaft und Drittländern" gelten bzw. auf **Waren** i .S. d. Gründungsverträge der EGKS, EWG oder EAG Anwendung findet. Bei einem **Transfer von Rechten oder Dienstleistungen** wäre folglich grundsätzlich gar nicht erst die **Anwendbarkeit des ZK** gegeben.

63   Bemerkenswerterweise enthalten aber weder ZK noch ZK-DVO eine **Definition des Begriffs „Ware"**. Dennoch ergibt sich aus den gängigen Kommentierungen,[26] dass hier einheitlich von **Ware als beweglicher Sache** bzw. als **materiellem Wirtschaftsgut** ausgegangen wird. Die Bewertung der bereits vorerwähnten Rechte und Dienstleistungen kann folglich im Zusammenhang mit der Einfuhr von Waren nur dann zum Diskussionsthema zwischen Anmelder und Zollbehörde werden, wenn sie als **Kostenbestandteil** oder Eigenschaft zum kalkulierten Preis der Ware **dazugehören**.

64   *(einstweilen frei)*

Maßgebende Menge

65   Haben wir vorstehend darauf verwiesen, dass es auf die Ermittlung des tatsächlich gezahlten oder zu zahlenden **Preises** im konkreten Fall ankommt,[27] so gilt dies auch hinsichtlich der konkret eingeführten **Menge**. Kommt es in diesem Zusammenhang zur Verzollung von Teilpartien einer Gesamtlieferung, so muss der in der Rechnung ausgewiesene Wert entsprechend aufgeteilt werden.

Beispiel 1: D1 in Deutschland hat insgesamt 20 000 Kartons Champignons in China bestellt. Die Lieferung erfolgt in 10 Teilpartien à 2000 Kartons. Die bei der Einfuhrabfertigung vorgelegte Rechnung ist jedoch für die Gesamtmenge erstellt worden.

66   Die maßgebliche Rechtsgrundlage für die **Aufteilung** des in der Rechnung ausgewiesenen Rechnungspreises ist Art. 145 ZK-DVO. Er verpflichtet die Zollbehörde, den Gesamtpreis **entsprechend der angemeldeten Teilmenge** aufzuteilen.[28] Die Anweisung gilt auch bei **Teilverlust bzw. teilweiser Beschädigung** und ist auch auf die Fälle anwendbar, in denen der Einkaufspreis auf **Basis des Gewichts** ermittelt wurde. Da es – wie bereits ausgeführt – bei der Ermittlung des Zollwerts auf die Verhältnisse im Zeitpunkt der Annahme der Zollanmeldung ankommt,[29] soll gem. Art. 145 Unterabsatz 2 ZK-DVO eine „verhältnismäßige Aufteilung des tatsächlich gezahlten oder zu zahlenden Preises auch im Falle des Teilverlustes" erfolgen. Bei einem Teilverlust infolge zB **Diebstahls oder Unfalls beim Transport in die EU** ist also nur die bei Zollabfertigung gestellte Menge zu verzollen. Es kommt nicht darauf an, wer zivilrechtlich das **Risiko für das Abhandenkommen** der Teilmenge trägt.

Kroppen, Handbuch Internationale Verrechnungspreise, OECD-Kap. I, Anm. 214 ff., insb. 218 ff.

[26] *Müller-Eiselt* EG-Zollrecht 4229 Rn. 39 ff.; *Rinnert* in Witte, Zollkodex, Art. 29, Rn. 21.

[27] Vgl. Rn. 57.

[28] Zur Frage der zollwertrechtlichen Berücksichtigung gewährter Rabatte bei der Aufteilung einer bestellten Gesamtmenge vgl. Rn. 86 ff.

[29] Vgl. Rn. 59.

bb) Verkauf zur Ausfuhr in das Zollgebiet der Gemeinschaft

Verkauf

Wie beim Warenbegriff[30] enthalten weder ZK noch ZK-DVO eine **Defi-** 67
nition des Terminus „Verkauf". Bei der Auslegung des Begriffs kann
nicht auf nationale Rechtsquellen (zB § 433 BGB) zurückgegriffen werden,
da es hierdurch zu einer **uneinheitlichen Auslegung** des zu Grunde liegenden **Gemeinschaftsrechts** käme.[31] Gem. *Glashoff* ist der Verkaufsbegriff des
Art. 29 „aus den Bestimmungen des ZK und der DVO abzuleiten" und bestimmt sich „nach **wirtschaftlichen Merkmalen,** die im allgemeinen internationalen Handelsverkehr **üblich** sind".[32]

Die Transaktionswertmethode soll, wie vorstehend ausgeführt, wann im- 68
mer möglich zur Anwendung kommen.[33] Dieser Absicht wird u. a. dadurch
Rechnung getragen, dass gem. **Advisory Opinion** 1.1. des Technischen
Zollwertausschusses (RZZ) der Begriff „Verkauf" **weit auszulegen** ist.

Obwohl oder wohl eher gerade weil es keine positive Definition des Ver- 69
kaufsbegriffs gibt, wurden im Laufe der Jahre durch **Rechtsprechung** einer-
seits und **Entscheidungen des Technischen Ausschusses** für den Zoll-
wert andererseits **Regelungen** darüber erstellt, wann ein Verkauf zu bejahen
ist und wann nicht. So hat es u. a. zahlreiche **Negativdefinitionen** gegeben,
wann auf keinen Fall ein Verkaufsgeschäft iSd Art. 29 ZK vorliegt. Als wichtigste seien hier genannt:
– Kostenlose Sendungen
– Warenmuster
– Werbegeschenke
– Konsignationslieferungen
– Miet- und Leasingverträge
– Leihe von Waren
– Wareneinfuhren durch Zweigniederlassungen.
Die positive Definition eines Verkaufsgeschäfts umfasst auch Werk- und Werk-
lieferungsverträge. Beide sind zollwertrechtlich einem Kaufvertrag gleichge-
stellt.[34]

Verkauf zur Ausfuhr in das Zollgebiet der Gemeinschaft. Art. 147 70
Abs. 1 S. 1 ZK-DVO enthält bzgl. dieses Terminus den folgenden Grundsatz:
„Für die Anwendung des Art. 29 des ZK wird die Tatsache, dass die **Anmel-**
dung von Waren, die Gegenstand eines Verkaufs sind, zur Überführung in
den zollrechtlich freien Verkehr in der Gemeinschaft erfolgt, als ausreichendes
Indiz dafür angesehen, dass sie zum Zweck der Ausfuhr in das Zollgebiet der
Gemeinschaft verkauft wurden".

Diese Formulierung ist sehr weitgehend.

Voraussetzung ist vielmehr nur, dass zum Zeitpunkt des Verkaufs der Wa- 71
ren ihre Verbringung aus einem Drittlandsgebiet in das Zollgebiet der Gemeinschaft feststeht. Es ist unmaßgeblich, wo Verkäufer und Käufer ihren Sitz
haben. So ist ein Verkaufsgeschäft zwischen zwei im Drittland ansässigen Un-

---

[30] Vgl. Rn. 63.
[31] BFH 17.7.1990 – VII R 36/89, BFHE 161, 274.
[32] *Glashoff* in Schwarz/Wockenfoth, Zollrecht, 3. Aufl., Art. 29, Rn. 18.
[33] Vgl. Rn. 53.
[34] Vgl. hierzu weiterführend *Müller-Eiselt* EG-Zollrecht zu Art. 29, Rn. 172 ff.

ternehmen, das zur Ausfuhr einer Ware in das Zollgebiet der Gemeinschaft führt, grundsätzlich ebenso als Grundlage einer Zollwertermittlung gem. Art. 29 ZK zu akzeptieren wie ein Verkaufsgeschäft zwischen einem Gemeinschaftsansässigen und einem Drittländer, sofern dieses eine Warenbewegung aus dem Drittland in die Gemeinschaft auslöst.[35] Zu beachten ist allerdings, dass der Zollwertanmelder gemeinschaftsansässig sein muss.

72   **Vorerwerberpreis:** Art. 147 Abs. 1 S. 2 ZK-DVO definiert ein **Wahlrecht** für den Fall mehrerer Verkäufe hintereinander. Danach gilt die Fiktion des Art. 147 Abs. 1 S. 1 ZK-DVO „bei **aufeinander folgenden Verkäufen** vor der Bewertung im Hinblick auf den letzten Verkauf, der zur Verbringung der Waren in das Zollgebiet der Gemeinschaft geführt hat. …" (vgl. Art. 147 Abs. 1 S. 2 erster Halbsatz ZK-DVO).

Beispiel 2: U1 in den USA verkauft an U2 (ebenfalls mit Sitz in den USA) Produktionsmaschinen. U2 wiederum veräußert die Ware an D1 in Deutschland. Die Ware wird direkt von U1 für den Export nach Deutschland verpackt und unmittelbar nach Deutschland verschifft.

Im vorgenannten Beispiel kann grundsätzlich **jedes Verkaufsgeschäft in der Kette der Zollwertbemessung** in der EU zu Grunde gelegt werden, da die Ware bereits bei U1 zur Ausfuhr in das Zollgebiet der Gemeinschaft verpackt wurde und somit bereits dieses erste Verkaufsgeschäft in der Reihe die Voraussetzung erfüllt, wonach ein Verkauf vorliegen muss, der zur Verbringung in das Zollgebiet der Gemeinschaft führt. Der Zollwertanmelder hat insofern ein Wahlrecht.[36]

73   Er sollte vor seiner Entscheidung jedoch bedenken, dass er in der Lage sein muss, auf Verlangen der Zollbehörden für den angemeldeten Preis alle erforderlichen Angaben zu machen und **Unterlagen** vorzulegen[37] (zB Kalkulationen, Buchhaltung etc.).

74   **Beweislast gem. Art. 147 Abs. 1 zweiter Unterabsatz ZK-DVO:** Der Zollwertanmelder hat den Zollbehörden **nachzuweisen,** dass der von ihm angemeldete Verkauf „mit Bestimmung für das genannte Gebiet abgeschlossen wurde". Der Art. wurde mit Wirkung vom 28.7.1995 neu gefasst.[38] Hierbei erfolgte u. a. eine Verschärfung der **Beweislastregeln.**[39]

75   Der Nachweis, dass das angemeldete Verkaufsgeschäft mit der Zweckbestimmung Ausfuhr in das Zollgebiet der Gemeinschaft erfolgt ist, kann sich zunächst aus den geschäftlichen Unterlagen (zB Vertragspapiere, Verschiffungsdokumente) ergeben. Ergänzend hat das BMF in einem Erlass vom 19.6.1995 – III B 4 – Z 5311-2/95 –[40] weitere Kriterien aufgelistet, aus denen sich der Nachweis der vorgenannten Zweckbestimmung ergeben kann:
– Die Waren werden gem. Spezifikation der EG hergestellt oder es wird anderweitig festgestellt (zB gem. Kennzeichnung der Ware), dass sie nicht zu anderweitigem Gebrauch oder anderweitiger Bestimmung gedacht sind;

---

[35] Vgl. insofern *Rinnert* in Witte, Zollkodex, Art. 29, Rn. 32.
[36] Vgl. hierzu EuGH 6.6.1990 – Rs. C-11/83, ZfZ 1990, 255.
[37] Zur Beweislast s. Rn. 74 ff.
[38] VO (EWG) Nr. 1762/95 (ABl. L 171/8).
[39] Kritisch hierzu *Hein* in AW-Prax 1995, 320.
[40] VSF N 2595 Nr. 236.

– die Waren wurden speziell für einen Käufer in der EG hergestellt;
– bestimmte Waren werden bei einem Zwischenhändler bestellt, der sie seinerseits bei einem Hersteller in Auftrag gibt. Die Waren werden direkt vom Hersteller in die Gemeinschaft geliefert.

Die Aufzählung in dem Erlass ist nicht abschließend. Dem Zollwertanmelder stehen „alle geeigneten Beweismittel zur Verfügung, wie er sie auch im Besteuerungsverfahren nach der nationalen AO hat (vgl. §§ 93 ff. AO)."[41]

Käuferbegriff: Art. 147 Abs. 3 ZK-DVO legt fest, dass der Käufer „kei- **76** nen anderen Voraussetzungen zu genügen (braucht), als **Partei des Kaufvertrags** zu sein". Dieser Definition lässt sich entnehmen, dass für **den Käufer nicht** die Voraussetzung der **Gemeinschaftsansässigkeit** gilt. Daraus ergibt sich die Möglichkeit der Anmeldung eines Vorerwerbergeschäfts, das außerhalb der EU abgewickelt wurde.

Ein Käufer iSd Art. 147 Abs. 3 ZK-DVO muss über die im Rahmen der **77** Einfuhr der Zollwertbemessung zu befindende Ware einen **Kaufvertrag** abgeschlossen haben, der iSd vorstehend kommentierten Voraussetzungen als **Verkaufsgeschäft zur Ausfuhr** in das Zollgebiet der Gemeinschaft zu qualifizieren ist.

Keine Partei des Kaufvertrags iSd Art. 147 Abs. 3 ZK-DVO sind: **78**
– Zweigniederlassungen
– Einkaufskommissionäre.

Tatsächlich gezahlter oder zu zahlender Preis: Wird vielfach in der **79** Praxis der Transaktionswert vereinfachend mit dem Rechnungspreis gleichgesetzt, so ist doch festzustellen, dass diese Darstellung nur bedingt der Realität entspricht. In Art. 29 Abs. 1 ZK wird der Transaktionswert nicht ohne Grund als tatsächlich gezahlter oder zu zahlender Preis definiert und nicht etwa als **Rechnungspreis.**

Eine **Legaldefinition** des „tatsächlich gezahlten oder zu zahlenden Prei- **80** ses" enthält Art. 29 Abs. 3 Buchst. a) S. 1 ZK. Dort heißt es: „Der tatsächlich gezahlte oder zu zahlende Preis ist die vollständige Zahlung, die der Käufer an den Verkäufer oder zu dessen Gunsten für die eingeführten Waren entrichtet oder zu entrichten hat, und schließt alle Zahlungen ein, die als Bedingung für das Kaufgeschäft über die eingeführten Waren vom Käufer an den Verkäufer oder vom Käufer an einen Dritten zur Erfüllung einer Verpflichtung des Verkäufers tatsächlich entrichtet werden oder zu entrichten sind."

Vollständige Zahlung des Käufers: Nach dem bereits erwähnten Urteil **81** des EuGH vom 6.6.1990[42] gehören zur vollständigen Zahlung alle vom Käufer an den Verkäufer als Gegenleistung erbrachten Zahlungen. Dabei umfasst Art. 29 Abs. 3 ZK auch **Zahlungen,** die der Käufer als **Bedingung für das Kaufgeschäft** über die eingeführten Waren **an einen Dritten** zur Erfüllung einer Verpflichtung des Verkäufers leistet.[43]

Der Begriff **„Zahlung"** wird im Art. 29 Abs. 3 Buchst. a) S. 2 ZK erläu- **82** tert. Danach sind **nicht nur Geldübertragungen** gemeint. Die Zahlung kann vielmehr auch durch Kreditbriefe und verkehrsfähige Wertpapiere erfolgen.

---

[41] *Alexander* in Witte, Zollkodex, Art. 6, Rn. 12.
[42] Vgl. Rn. 72.
[43] Art. 29 Abs. 3 Buchst. a) S. 1 zweiter Halbsatz ZK.

83 Ausdrücklich sind nicht nur **unmittelbare,** sondern auch **mittelbare** Zahlungen durch Art. 29 ZK abgedeckt.[44] Als Beispiel einer mittelbaren Zahlung nennt Anhang 23 zur ZK-DVO die „vollständige oder teilweise Begleichung einer Schuld des Verkäufers durch den Käufer". Ein weiteres Beispiel mittelbarer Zahlungen sind sog. **abgespaltene Kaufpreisbestandteile.** Hierunter fallen vom Käufer eingeräumte **Vergünstigungen,** für die der Verkäufer im Gegenzug eine **geringere Zahlung** erhält.

> **Beispiel 3:** Käufer K kauft Ware im Gegenwert von € 10 000,– bei Verkäufer V. Da K im Zeitpunkt der Fälligkeit nicht liquide ist, einigt er sich mit V auf die kostenlose Nutzung der Finca des K nebst Segeljacht für eine Woche. Der Gegenwert beträgt insgesamt € 4000,–, K zahlt nur die Differenz von € 6000,–. Der tatsächlich gezahlte oder zu zahlende Preis umfasst sowohl die unmittelbare Zahlung iHv € 6000,– als auch die mittelbare Zahlung iHv € 4000,–.

Einzelfälle der vollständigen Zahlung

84 **Skonti** sind keine Preisnachlässe, sondern **Zahlungsvergünstigungen** für pünktliche Zahlungen.[45] Dabei wird in der Praxis als pünktliche Zahlung, die die Inanspruchnahme von Skonti ermöglicht, häufig ein Zahlungszeitraum von 14 Tagen genannt, der normalerweise nach Erhalt der Ware beginnt. Zum Zeitpunkt der Zollwertermittlung ist die Zahlung in der Mehrzahl der Fälle noch nicht erfolgt und **Skonto noch nicht in Anspruch genommen.** Der Zollbeamte, der den korrekt angemeldeten Zollwert überprüft, weiß folglich nicht, ob das mögliche Skonto auch **tatsächlich** vom Käufer **in Anspruch genommen** wird.

85 Die Lösung für die Fälle, in denen im Zeitpunkt der Einfuhr noch nicht gezahlt wurde, findet sich in Art. 144 ZK-DVO. Danach wird zur Ermittlung des Zollwerts der Preis anerkannt, wie er im Zeitpunkt der Zollwertermittlung gezahlt würde. Dementsprechend sind die in diesem Zeitpunkt möglichen **Skonti auch zollwertrechtlich zu berücksichtigen.**[46]

86 **Preisnachlässe, Rabatte:** Maßgeblich für die zollwertrechtliche Anerkennung ist die Frage, ob sich die gewährten Rabatte auf die eingeführten Waren beziehen und ob ein **Rechtsanspruch** auf die Gewährung der Rabatte besteht.[47] Auf die Art der Rabatte kommt es dabei nicht an.[48] Sie sind auch dann anzuerkennen, wenn sie in der zu Grunde gelegten Rechnung nicht ausgewiesen sind, der Importeur (Einführer)/Käufer aber bei der Zollwertbemessung bereits einen Rechtsanspruch darauf hat. Nur Rabatte, die erst **nach diesem Zeitpunkt** gewährt werden, dürfen **nicht berücksichtigt** werden.

87 „**Mengenrabatte** sind **Preisermäßigungen,** die ein Verkäufer seinen Kunden entsprechend den innerhalb eines bestimmten Zeitraums abgenom-

---

[44] Vgl. Art. 29 Abs. 3 Buchst. a) S. 3 letzter Halbsatz ZK.

[45] *Müller-Eiselt* EG-Zollrecht zu Art. 29, Rn. 575.

[46] Vgl. auch Fachteil Zollwertrecht, abgedruckt in: VSF Z 5101 Abs. 16; ausführlicher zu diesem Thema: *Müller-Eiselt* EG-Zollrecht zu Art. 29, Rn. 575 ff.; zur Berücksichtigung der Skonti bei der Ermittlung des Verrechnungspreises vgl. Kap. J Rn. 160 ff. der 1. Aufl. dieses Handbuchs.

[47] Vgl. VSF Z 5101 Abs. 15 (Abs. 15 ist durch E-VSF N 44 2012 (Nr. 232) unverändert geblieben).

[48] Wegen Mengenrabatten vgl. Rn. 87 ff.

menen Warenmengen gewährt".[49] Vermutlich selten wird die **Gesamtmenge,** die die Rabattgewährung ermöglicht, zugleich der **Einfuhrverzollung** zugeführt. Es stellt sich daher die Frage, welche Voraussetzungen hinsichtlich der zollwertrechtlich zu berücksichtigenden Mengenrabatte zu erfüllen sind.

Zunächst gilt, dass es zur Anerkennung des Mengenrabatts nicht auf die **88** Menge ankommt, die **konkret** eingeführt wird, sondern auf die Menge, die Grundlage des der Einfuhrverzollung zu Grunde liegenden Kaufgeschäfts und der damit zusammenhängenden Zollwertbemessung ist. Die Mengenrabatte müssen jedoch im maßgebenden Zeitpunkt der Bewertung feststehen und begründet sein.

Sind beide Voraussetzungen erfüllt, werden sie zollwertrechtlich berücksichtigt, unabhängig davon, ob die **gesamte Menge** oder nur eine **Teilpartie** eingeführt wird.

Auch die Frage, **welche Menge in der EU verbleibt** bzw. hier in den **89** freien Verkehr gelangt, ist unerheblich.

Beispiel 4: D in Deutschland bestellt 11 000 Handys bei der Muttergesellschaft in den USA. Wegen Überschreitens der Menge von 10 000 Stück gewährt die Muttergesellschaft einen Rabatt von 3 %. D verkauft 4000 der 11 000 Handys an S in der Schweiz. In Deutschland werden nur 7000 Handys in den freien Verkehr der Gemeinschaft abgefertigt. Die 4000 Handys für die Schweiz werden im T1-Verfahren von Deutschland in die Schweiz transportiert. Das der Einfuhr zu Grunde liegende Verkaufsgeschäft lässt eine Gewährung von Mengenrabatt zu. Die Tatsache, dass nur 7000 Handys in den freien Verkehr gelangen, bleibt unberücksichtigt. Zur Berechnung des Rabatts werden vom Verkaufspreis der Gesamtpartie 3 % abgezogen. Dieser Preis wird entsprechend auf die Einfuhr- und die Transitmenge aufgeteilt.

Umsatzboni: Für sie gelten die Ausführungen zu den Mengenrabatten **90** sinngemäß, da sie dem Wesen nach nichts anderes als Rabatte sind, die vom Gesamtumsatz abhängen, den ein Verkäufer mit einem Käufer erzielt.

Teilmengen: Zur zollwertrechtlichen Behandlung von Teilmengen vgl. vorstehend Rn. 65 ff. sowie Art. 145 ZK-DVO.

Sach-/Warenmängel: Über die zollwertrechtliche Behandlung von Sach- **91** mängeln bzw. deren zollwertrechtliche Berücksichtigung herrscht unter den Kommentatoren **Uneinigkeit.** Ursache für die kontroverse Meinungslage ist die Entwicklung in der Rspr. des EuGH. Aufgrund des EuGH-Urteils vom 12.6.1986 in der Sache „Repenning"[50] kam die deutsche FinVerw. zu dem Ergebnis, dass Sachmängel nicht zu einer Kürzung des Zollwerts führen, da unter diesen Umständen die gekaufte Ware selbst mangelbehaftet sei und es dem Käufer offenstehe, eine **Reduzierung** des Kaufpreises auszuhandeln, die dann automatisch eine **Korrektur des Zollwerts** nach sich ziehe. Ein durch Mängel verminderter Zollwert sollte demnach nicht „automatisch" greifen, sondern allein dann, wenn der Käufer die ihm zustehenden Rechte beim Verkäufer geltend macht.

Auf Vorlage des BFH entschied der EuGH dann jedoch im Fall „Ebbe **92** Sönnichsen",[51] dass es hinsichtlich der Beschädigung von Waren nicht darauf

---

[49] *Müller-Eiselt* EG-Zollrecht zu Art. 29, Rn. 563 unter Verweis auf Ziff. 1–3 des Gutachens Nr. 15.1 des Technischen Ausschusses für den Zollwert bei der WCO.
[50] EuGH 12.6.1986 – Rs. 183/85, Sammlung des EuGH 1986, 1873.
[51] Vorlage des BFH 10.1.1991 – VII R 60/90; EuGH 29.4.1993 – C-59/92.

ankomme, ob diese **vor oder nach Gefahrenübergang** auf den Käufer eingetreten sei.

93   *Rinnert*[52] hält nach diesem Urteil die Lage so weit für geklärt, dass „im Bewertungszeitpunkt vorhandene Sachmängel wertmindernd zu berücksichtigen (sind)". Der **zivilrechtliche Gesichtspunkt** der Gefahrübertragung sei zollwertrechtlich irrelevant.

94   *(einstweilen frei)*

95   Trotz Gegenstimmen in der Literatur sollte einer Zollwertminderung bei Sachmängeln auf der Grundlage der Ebbe Sönnichsen-Entscheidung jedoch derzeit nichts im Wege stehen.

96   **Falschlieferung:** Liegt immer dann vor, wenn nicht die Ware geliefert wird, die Gegenstand des Kaufvertrags ist. In diesen Fällen scheidet die Zollwertermittlung nach der Transaktionswertmethode aus.[53]

97   **Tätigkeiten für den Absatz der Waren:** Gem. Art. 29 Abs. 3 Buchst. b) ZK werden „vom Käufer auf eigene Rechnung durchgeführte Tätigkeiten einschließlich solcher für den Absatz der Waren" grundsätzlich „nicht als eine mittelbare Zahlung an den Verkäufer angesehen", die folglich auch nicht in den Zollwert einzubeziehen sind. Dies gilt dabei selbst dann, wenn diese Tätigkeiten für den Verkäufer zum Vorteil sind oder nach Absprache mit ihm erfolgen.

98   Was unter „Tätigkeiten für den Absatz der Waren" zu verstehen ist, wird in Art. 149 Abs. 1 ZK-DVO definiert. Danach fallen hierunter „alle Tätigkeiten in Verbindung mit der **Werbung** für diese Waren und der **Förderung** des **Absatzes** dieser Waren sowie alle Tätigkeiten in Verbindung mit **Gewährleistung und Garantie** für diese Waren". Solche Tätigkeiten, die der Käufer durchführt, gelten als „für eigene Rechnung durchgeführt" mit der Folge, dass sie nicht zum tatsächlich gezahlten oder zu zahlenden Preis des Käufers an den Verkäufer gehören. Auch eine Verpflichtung des Käufers nach Absprache mit dem Verkäufer vermag hieran nichts zu ändern.[54]

99   **Werbemaßnahmen,** die der Käufer durchführt, um die vom Verkäufer bezogenen Waren besser absetzen zu können, gehören also **nicht zum Zollwert.** Selbst wenn der Verkäufer seinen Abnehmer **verpflichtet,** derartige Maßnahmen durchzuführen, werden diese trotzdem **nicht als mittelbare Zahlungen** des Käufers an den Verkäufer angesehen.

100   Zu beachten ist, dass die Kosten für **Werbung und Garantie** nicht im Rechnungspreis für die eingeführte Ware enthalten sein dürfen, da dann ein Abzug nicht möglich ist.[55]

101   **Berichtigung gem. Art. 32 und 33 ZK:** Der gem. Art. 29 ZK festgestellte Transaktionswert soll gem. Art. 29 Abs. 1 S. 1 zweiter Halbsatz ZK nach den Vorschriften der Art. 32 ZK (Hinzurechnungen) bzw. Art. 33 (Abzüge) berichtigt werden, bevor er anerkannt werden kann. Wegen der besonderen Bedeutung dieser beiden Korrekturvorschriften werden diese in eigenen Kapiteln behandelt.[56]

---

[52] *Rinnert* in Witte, Zollkodex, Art. 29, Rn. 106.
[53] Vgl. Rn. 81: vollständige Zahlung für die eingeführten Waren.
[54] Vgl. Art. 149 Abs. 2 ZK-DVO.
[55] Vgl. Rn. 195 ff.
[56] Vgl. Rn. 160 ff. (Hinzurechnungen), Rn. 195 ff. (Abzugsposten).

d) Ausschlusstatbestände des Art. 29 ZK

Der Artikel enthält **vier Voraussetzungen,** die alle erfüllt sein müssen, **102** damit es zur Anwendung der Transaktionswertmethode kommt. Wenn nur eine der Voraussetzungen nicht vorliegt, wird eine der **Folgemethoden** zur Ermittlung des Zollwerts angewendet.

Die vier **Ausschlusstatbestände** haben alle im weiteren Sinne mit dem **103** **Fremdvergleichsgrundsatz** zu tun: Der Transaktionswert soll zwar, wenn möglich, immer zur Anwendung kommen.[57] Dieser Grundsatz wird jedoch eingeschränkt, wenn der Transaktionswert nicht einem Preis entspricht, wie er zwischen unabhängigen Vertragspartnern ausgehandelt würde.

Sollten den Preis beeinflussende Besonderheiten des Verkaufsgeschäfts nicht eliminierbar bzw. quantifizierbar sein, führt dies zum **Ausschluss der Transaktionswertmethode.**[58]

aa) Keine Einschränkungen bezüglich Verwendung und Gebrauch der Waren (Art. 29 Abs. 1 Buchst. a) ZK)

Art. 29 Abs. 1 Buchst. a) ZK schließt die Anwendung der Transaktions- **104** wertmethode für den Fall aus, dass der Käufer in der Verwendung bzw. beim Gebrauch der eingeführten Ware **eingeschränkt** ist. Wie aber vorstehend bereits erläutert, sollen nur „schädliche" Einschränkungen zum Ausschluss führen.[59] Unschädliche Verwendungs- bzw. Gebrauchseinschränkungen liegen u. a. dann vor, wenn sie
– durch das Gesetz oder von den Behörden in der Gemeinschaft **auferlegt oder gefordert** werden;
– das **Gebiet abgrenzen,** innerhalb dessen die Waren weiter verkauft werden können;
– sich auf den **Wert** nicht wesentlich auswirken.

Der Verordnungsgeber bleibt eine Definition des unbestimmten Rechtsbe- **105** griffs „wesentlich" schuldig. Auch das im Anhang 23 ZK-DVO gegebene Beispiel[60] lässt keine Schlüsse dahingehend zu, wann eine wesentliche Auswirkung auf den Wert vorliegt. So stehen dem Steuerpflichtigen wie auch der Verwaltung weiterhin **Interpretationsspielräume** offen.

Gesetzlich oder behördlicherseits auferlegte Einschränkungen sind allein **106** schon deshalb unschädlich, da sie undifferenziert alle gleich gelagerten Fälle treffen und somit keine den Preis beeinflussende Wirkung entfalten. Eine Feststellung des Zollwerts auf der Basis des Transaktionswerts ist folglich bei derartigen Einschränkungen gleichwohl möglich.

Die **Gebietsbegrenzung** betrifft v. a. sog. **Alleinvertreter,** denen kraft **107** Vertrag mit ihrer Produktions- bzw. Vertriebsgesellschaft häufig nur bestimmte Regionen zugewiesen sind. Wäre auf Grund des eingeschränkten Vertriebsraums die Transaktionswertmethode ausgeschlossen, würden die Alleinvertreter aufgrund ihrer vertraglichen Konstellation regelmäßig in eine Folgemethode der Zollwertermittlung gezwungen.

---

[57] Vgl. Rn. 53.
[58] Daher vorstehend der Begriff „schädlich" (s. Rn. 61).
[59] Vgl. Rn. 61.
[60] Vgl. Rn. 61.

108   Einschränkungen iSd Art. 29 Abs. 1 Buchst. a) ZK können zugleich einen **Hinzurechnungstatbestand** des Art. 32 ZK darstellen, wenn bspw. Einschränkungen der Verwendung mit lizenzrechtlichen Aspekten zusammenhängen.[61] In einer solchen Konstellation wäre der Transaktionswert nicht ausgeschlossen, sondern es hätte vielmehr eine Berichtigung des nach Art. 29 ZK ermittelten Zollwerts gem. Art. 32 ZK zu erfolgen.[62]

bb) Keine Bedingungen oder Leistungen, deren Wert nicht bestimmt werden kann (Art. 29 Abs. 1 Buchst. b) ZK)

109   Weitere Voraussetzung für die Anwendbarkeit der Transaktionswertmethode ist nach Art. 29 Abs. 1 Buchst. b) ZK, dass hinsichtlich des Kaufgeschäfts oder des Preises weder Bedingungen vorliegen noch Leistungen zu erbringen sind, deren **Wert** im Hinblick auf die zu bewertenden Waren **nicht bestimmt werden kann.**

110   **Schädliche** Bedingungen bzw. Leistungen iSd Art. 29 Abs. 1 Buchst. b) ZK sind demnach nur solche, die **nicht quantifizierbar** sind. Mit anderen Worten: Selbst bei Vorliegen von Bedingungen oder Leistungen iSd Art. 29 Abs. 1 Buchst. b) ZK bleibt die Transaktionswertmethode anwendbar, sofern für die Bedingungen oder Leistungen **ein Wert ermittelbar** ist. In diesen Fällen gilt der festgestellte Wert gem. Art. 148 ZK-DVO als mittelbare Zahlung des Käufers an den Verkäufer. Ausgenommen sind hiervon lediglich
– Tätigkeiten nach Art. 29 Abs. 3 Buchst. b) ZK,[63]
– Hinzurechnungsfaktoren gem. Art. 32 ZK.[64]

111   Die unterschiedlichen Ausschlusskriterien für die Anwendbarkeit der Transaktionswertmethode lassen erkennen, dass eine Unterscheidung zwischen Einschränkungen gem. Art. 29 Abs. 1 Buchst. a) ZK einerseits und Bedingungen bzw. Leistungen iSd Art. 29 Abs. 1 Buchst. b) ZK andererseits von großer Bedeutung ist. *Müller-Eiselt* weist aber zu Recht auf ein **Abgrenzungsproblem** in diesem Zusammenhang hin.[65] Auch ist ihm darin zuzustimmen, dass im Zweifelsfall „der Annahme einer Bedingung der Vorzug gegeben werden sollte, schon um einer der Zielsetzungen des Zollwertrechts, den Transaktionswert so weit wie möglich anzuwenden, Geltung zu verschaffen".[66]

Bedingungen

112   Als Bedingung iSd Art. 29 Abs. 1 Buchst. b) ZK sind für den Käufer **wesentliche Vertragsbedingungen** zu verstehen, ohne deren Vereinbarung er den konkreten Verkauf zur Ausfuhr nicht oder nicht in dieser Form geschlossen hätte und die eine Auswirkung auf den für den Transaktionswert maßgeblichen Kaufpreis haben.[67]

113   **Keine Bedingungen** in diesem Sinne bilden Vertragsklauseln, die das Kaufgeschäft selbst betreffen. Hier sind in erster Linie **Liefertermine,** von denen das Zustandekommen des Kaufgeschäfts abhängig gemacht wird, ein-

---

[61] Vgl. Art. 32 Abs. 1 Buchst. c) ZK.
[62] *Rinnert* in Witte, Zollkodex, Art. 29, Rn. 44 unter Verweis auf *Glashoff* DSTJE 11 (1988), 135 ff.; Kommentierung vgl. nachstehend Rn. 215 ff.
[63] Vgl. Rn. 97.
[64] Vgl. Rn. 160 ff.
[65] *Müller-Eiselt* EG-Zollrecht zu Art. 29, Rn. 744 ff.
[66] *Müller-Eiselt* EG-Zollrecht zu Art. 29; s. auch vorstehend Rn. 53.
[67] Vgl. *Müller-Eiselt* EG-Zollrecht zu Art. 29, Rn. 754 ff.

zuhaltende **Qualitätsstandards, Zahlungsbedingungen** („bei Abnahme von … Stück Rabattgewährung") sowie die Abhängigkeit der Warenabnahme von **Genehmigungen oder Sachverständigengutachten** zu nennen.

Bei Vorliegen einer Bedingung iSd Art. 29 Abs. 1 Buchst. b) ZK entspricht **114** der in der Rechnung ausgewiesene Wert für die eingeführten Waren nicht dem tatsächlich gezahlten oder zu zahlenden Preis. Gelingt es, den Gegenwert der Bedingung zu ermitteln, so wird er als mittelbare Zahlung gem. Art. 148 ZK-DVO dem tatsächlich gezahlten oder zu zahlenden Preis hinzugerechnet. Es bleibt demnach bei der Zollwertermittlung auf der Grundlage des Art. 29 ZK.

Ist es dagegen nicht möglich, den Wert der Bedingungen zu quantifizieren, **115** scheidet Art. 29 ZK wegen des Vorliegens einer schädlichen Bedingung aus. Der Zollwert ist gem. Art. 30 bzw. 31 ZK zu ermitteln.[68] Anhang 23 zur ZK-DVO nennt Beispiele für Bedingungen, die zum Ausschluss der Anwendung des Art. 29 ZK führen können. Die dort beschriebenen Konstellationen stellen in erster Linie auf sog. **Kopplungsgeschäfte** ab: Das der Einfuhr zu Grunde liegende Einfuhrgeschäft enthält Vertragsklauseln, die es an frühere oder Folgegeschäfte koppelt.

Auch **Kompensationsgeschäfte,** die das Einfuhrgeschäft mit einem Ge- **116** gengeschäft verknüpfen, schließen die Anwendung der Transaktionswertmethode aus. Nicht als Kompensationsgeschäfte werden allerdings reine **Tauschaktionen** angesehen, bei denen Ware gegen Ware geliefert wird und eine **monetäre Zahlung ausbleibt.** In diesen Fällen ist der Zollwert nach Art. 30 bzw. 31 ZK zu ermitteln, da ein tatsächlich gezahlter oder zu zahlender Preis nicht existiert.[69]

Eine Bedingung iSd Art. 29 Abs. 1 Buchst. b) ZK wäre auch der Verkauf **117** einer Ware unter der Maßgabe, dass der Käufer sie unter einem gewissen Label weiterverteilen muss.[70]

Leistungen

Leistungen iSd Art. 29 Abs. 1 Buchst. b) ZK sind solche, die der Käufer **118** zusätzlich zur Verpflichtung der Kaufpreiszahlung zu erbringen hat. Hierzu gehört bspw. die Verpflichtung des Käufers, dem Verkäufer gewisse Forschungsergebnisse zur Verfügung zu stellen.[71] Wiederum gilt, dass nur solche **zusätzlichen Leistungen** die Anwendbarkeit des Art. 29 ZK ausschließen, deren **Wert nicht bestimmbar** ist.[72]

Bedingungen oder Leistungen bezüglich Erzeugung oder Absatz

Den erläuternden Anmerkungen zur Ermittlung des Zollwerts in Anhang **119** 23 ist zu entnehmen, dass Bedingungen oder Leistungen, die sich auf die **Erzeugung oder den Absatz** eingeführter Waren beziehen, nicht zur Ablehnung des Transaktionswerts führen. Solche Leistungen sind bspw. die Beistellung von Techniken und Plänen zur Herstellung der später eingeführten Waren. Sie ermöglichen demnach die Anwendung des Art. 29 ZK. Allerdings müssen die Werte der Techniken, Pläne, Beistellungen etc. gem. Art. 32

---

[68] Vgl. hierzu nachstehend Rn. 144 f.

[69] Vgl. hierzu auch *Rinnert* in Witte, Zollkodex, Art. 29, Rn. 57.

[70] *Müller-Eiselt* EG-Zollrecht zu Art. 29 Rn. 509 ff.; zu Lizenzgebühren vgl. nachstehend Rn. 177.

[71] *Rinnert* in Witte, Zollkodex, Art. 29, Rn. 58.

[72] Vgl. Rn. 128.

Abs. 1 Buchst. b) ZK **dem tatsächlich gezahlten oder zu zahlenden Preis hinzugerechnet** werden.[73]

120   Leistungen, die sich auf den **Absatz der eingeführten Waren** beziehen, sind u. a. die in Art. 29 Abs. 3 Buchst. b) ZK in Verbindung mit Art. 149 ZK-DVO aufgeführten Tätigkeiten der Werbung für die eingeführten Waren. Diese gelten als **für eigene Rechnung** des Käufers durchgeführt und gehören folglich nicht zum Zollwert.

cc) Keine Erlösbeteiligung des Verkäufers am Verkauf der eingeführten Waren (Art. 29 Abs. 1 Buchst. c) ZK)

121   Erhält der Verkäufer der eingeführten Waren nicht nur den Kaufpreis der Ware, sondern wird er zusätzlich an den **Erlösen aus den Weiterverkäufen** bzw. der Verwendung der eingeführten Waren beteiligt, scheidet die Anwendung der Transaktionswertmethode dann aus, wenn diese Erlösbeteiligungen nicht wertmäßig ermittelbar sind. Kann der Wert jedoch festgestellt werden, so hat eine **Berichtigung** des tatsächlich gezahlten oder zu zahlenden Preises gem. Art. 32 Abs. 1 Buchst. d) ZK zu erfolgen.

122   Art. 29 Abs. 1 Buchst. c) ZK erfasst nur solche Erlösbeteiligungen, die sich auf Erlöse aus Weiterverkäufen bzw. Verwendungen der Einfuhrware beziehen. Jegliche **sonstige Erlösbeteiligungen,** aus denen Geldflüsse des Käufers an den Verkäufer resultieren, die jedoch nicht mit der Einfuhrware in Zusammenhang stehen, fallen nicht hierunter (Beispiel: Erlöse aus Kapitalbeteiligungen des Käufers).[74]

dd) Keine Verbundenheit zwischen Käufer und Verkäufer (Art. 29 Abs. 1 Buchst. d) ZK)

123   Nach Art. 29 ZK kann der Zollwert nur dann nach der Transaktionswertmethode ermittelt werden, sofern „der Käufer und der Verkäufer nicht miteinander verbunden sind, oder falls sie miteinander verbunden sind, der Transaktionswert gem. Abs. 2 für Zollzwecke anerkannt werden kann."

124   Wie schon bei den vorstehend kommentierten Voraussetzungen gem. Art. 29 Abs. 1 Buchst. a)–c) ZK,[75] so gilt auch bzgl. des Kriteriums „Verbundenheit", dass diese für sich nicht automatisch zum Ausschluss der Transaktionswertmethode gem. Art. 29 ZK führt, dh sie allein ist kein Grund, den Transaktionswert als unannehmbar anzusehen.[76] Lediglich eine **schädliche Verbundenheit** – die zur **Preisbeeinflussung** geführt hat – zwingt zur Zollwertermittlung nach den Folgemethoden der Art. 30 und 31 ZK.[77]

125   Der **Begriff der Verbundenheit** ist in Art. 143 ZK-DVO definiert. Die dort genannte Aufzählung ist umfangreicher, detaillierter als die Aufzählung, die in § 1 Abs. 2 AStG enthalten ist.[78] Dennoch wird nach überwiegender Auffassung der Regelungsgehalt des § 1 AStG mit dem des Art. 29 ZK zumindest im Kernbereich als übereinstimmend angesehen.[79]

---

[73] Vgl. hierzu nachstehend Rn. 160 ff.

[74] *Rinnert* in Witte, Zollkodex, Art. 29, Rn. 66.

[75] Vgl. Rn. 102 ff.

[76] ZK Art. 29 Abs. 2 Buchst. a) S. 1.

[77] Vgl. hierzu nachstehend Rn. 144 ff.

[78] Vgl. § 1 AStG.

[79] Vgl. insoweit *Eigelshoven/Eberding* in Kroppen, Handbuch Internationale Verrechnungspreise, OECD-Kap. I Anm. 247.

Art. 143 Abs. 2 ZK-DVO bestimmt in diesem Zusammenhang, dass **Al-** 126 **leinvertreter** grundsätzlich als **unabhängig** gelten, es sei denn, auf sie trifft eines der Kriterien gem. Art. 143 Abs. 1 ZK-DVO zu.

Beweislast der Zollverwaltung

Wie stellen die Zollbehörden fest, dass eine Verbundenheit vorliegt? Der 127 Zollwertanmelder hat bei der Anmeldung anzugeben, ob Verkäufer und Käufer iSd Art. 143 ZK-DVO als verbunden anzusehen sind. Bei Bejahung dieser Frage muss er anschließend die Frage beantworten, ob die Verbundenheit den Preis beeinflusst hat. Art. 29 Abs. 2 Buchst. a) S. 2 erster Halbsatz ZK bestimmt, dass „falls notwendig" die Begleitumstände des Kaufgeschäfts zu prüfen sind. Ob eine derartige Prüfung als notwendig erachtet wird, dürfte in der Praxis häufig zu Diskussionen zwischen der Zollverwaltung und dem Zollwertanmelder führen.

Grundsätzlich ist nicht daran gedacht, eine **Untersuchung der Begleit-** 128 **umstände des Kaufgeschäfts** in allen Fällen vorzunehmen, in denen Käufer und Verkäufer miteinander verbunden sind.[80] Vielmehr muss die Zollverwaltung zumindest **„begründete Zweifel"** haben, ob das Kaufgeschäft anerkannt werden kann. Anhang 23 zur ZK-DVO spricht in Tz. 2 S. 3 zu Art. 29 Abs. 2 ZK nur von „Zweifeln". Die deutsche Dienstvorschrift zum Zollwertrecht ist in ihrer neuen Fassung hieran angepasst worden und gestattet eine Überprüfung der laut Anmeldung nicht vorliegenden Preisbeeinflussung nur bei Zweifeln, dass der dem Verbundenen berechnete Preis dem Preis entspricht, der auch einem nicht verbundenen Käufer berechnet worden wäre.[81] Derartige Zweifel sind nicht bloß Vermutungen.[82] Sie müssen auf konkreten **Anlässen für Zweifel** an der Preisbeeinflussung beruhen.[83]

Zweifel können nach obiger Dienstvorschrift begründet sein, wenn es sich 129 zB um Preise – häufig als **Intercompany- oder Transferpreise** bezeichnete – handelt, zu denen die Ware offensichtlich nicht an Unabhängige verkauft werden würde.

Zwar könnte man überlegen, ob man im Zusammenhang mit dieser Pas- 130 sage der Dienstvorschrift nicht zur Ansicht gelangen könnte, dass eine Abfertigungszollstelle u. a. stets dann Zweifel hegen müsse, wenn der angemeldete Kaufpreis als Intercompany-Preis, als Verrechnungspreis o. Ä. bezeichnet ist.[84] Diese Ansicht vermag nicht zu überzeugen. Sie lässt den Anschein aufkommen, dass die Bezeichnung eines Preises bereits Zweifel auslöst, was sicherlich weder gewollt noch richtig sein kann. „Jahrzehntelange Erfahrungen aus Betriebsprüfungen beweisen, dass idR auch Intercompany-Preise schon aus Gründen der Unternehmenssteuerung (Controlling) nach allgemein anerkannten Buchführungssätzen kalkuliert werden, dass der Verkäufer(/Ausführer) seine an einen Verbundenen (zB eine Tochtergesellschaft) berechneten Preise idR gegenüber der Steuerverwaltung des Ausfuhrlandes rechtfertigen muss und auch das Management der verkaufen-

---

[80] Vgl. Anhang 23 ZK-DVO Tz. 2 S. 2 zu Art. 29 Abs. 2 ZK.
[81] Vgl. Fachteil Zollwertrecht unter VFS Z 5101 Abs. 28 (Abs. 28 blieb durch E-VSF N 44., 2012 (Nr. 232) unverändert).
[82] *Glashoff* in Schwarz/Wockenfoth, Zollrecht, 3. Aufl. Art. 29, Rn. 162.
[83] *Rinnert* in Witte, Zollkodex, Art. 29, Rn. 80.
[84] *Müller-Eiselt* EG-Zollrecht zu Art. 29, Rn. 555.

den Gesellschaft ein eigenes Interesse an der Gewinnoptimierung für ihr Unternehmen hat."[85]

131   Diese Auffassung wird unterstützt durch das Finanzgericht Hamburg, das im konkreten Einzelfall eine **automatische Beeinflussung** des Preises selbst unter den Umständen **ausgeschlossen** hat, dass der Konzernverrechnungspreis nach den **Selbstkosten der Muttergesellschaft** kalkuliert worden ist.[86]

132   Nach Auffassung der Verwaltung liegen darüber hinaus begründete Zweifel regelmäßig vor, wenn der angemeldete Kaufpreis nicht nach den **branchenüblichen Kalkulationsgrundsätzen** gebildet wurde, die **Handelsspanne** beim Weiterverkauf **unangemessen hoch** ist oder **abweichende Preise** für gleichartige Waren[87] bei Verkäufen an **nicht verbundene Käufer** bekannt sind".[88]

133   Auch ungewöhnlich **niedrige Handelsspannen** beim Weiterverkauf können auf eine Preisbeeinflussung schließen lassen. Diese wäre dann aber lediglich für die Steuerbehörden von Bedeutung („verdeckte Einlage"), da zollwertrechtlich eine Preisbeeinflussung nur insoweit von Bedeutung ist, als hierdurch ein zu niedriger Preis und somit Zollwert gegeben ist.[89]

134   Keine Zweifel sollten regelmäßig dann vorliegen, wenn die Zollbehörden schon früher die Verbundenheit untersucht haben.[90] Dabei ist bei Einfuhren anderer Waren als derjenigen, auf die sich die Prüfung bezog, davon auszugehen, dass sich die Feststellung hinsichtlich des nicht beeinflussten Preises auch auf diese Waren erstreckt.[91]

Beweislast des Importeurs

135   Hat die Zollbehörde nach ihrer Prüfung begründete Zweifel, so teilt sie dem Importeur – auf Antrag schriftlich – ihre Gründe mit und gibt ihm ausreichende Gelegenheit zur Gegenäußerung.[92]

136   An diesem Punkt des Prüfungsverfahrens **kehrt sich die Beweislast um.** Nunmehr ist der **Importeur gefordert,** die Zweifel der Zollstelle auszuräumen. Er hat dabei die Möglichkeit, dies durch weitergehende Informationen zu bewerkstelligen.

137   Anhang 23 zur ZK-DVO nennt folgende **Beispiele weitergehender Informationen,** die Zweifel ausräumen können:
- Der Preis ist im Einklang mit der in der Branche **üblichen Preispraxis**.
- Der Verkäufer berechnet entsprechende Preise auch an nicht verbundene Abnehmer.
- Der Preis ist **ausreichend für die Deckung aller Kosten** zzgl. eines Gewinns, der dem allgemeinen Gewinn des Unternehmens innerhalb eines repräsentativen Zeitraums (zB auf jährlicher Grundlage) bei Verkäufen von Waren der gleichen Gattung oder Art entspricht.

---

[85] *Glashoff* in Schwarz/Wockenfoth, Zollrecht, 3. Aufl. Art. 29, Rn. 162.

[86] Vgl. FG Hamburg, Urteil vom 6.3.1999, EFG 1990, 617 f.

[87] Zum Begriff s. Art. 142 ZK-DVO.

[88] Vgl. Fachteil Zollwertrecht unter VFS Z 5101 Abs. 28.

[89] EuGH-Urteil 24.4.1980 – 65/79, Sammlung 1980, S. 1345; EuGH 15.12.1987 – 328/85, HFR 1988, 482.

[90] Vgl. Anhang 23 zur ZK-DVO.

[91] Vgl. insofern auch *Müller-Eiselt* EG-Zollrecht zu Art. 29, Rn. 549.

[92] Vgl. Art. 29 Abs. 2 Buchst. a) S. 3 und 4 ZK.

Anhang 23 zur ZK-DVO spricht ausdrücklich von Beispielen, und so dürfte 138
der **Nachweis eines angemessenen Preises,** der dem Fremdvergleich
standhält, auch gelingen, wenn der Preis auf Grundlage einer der in Kapitel
D. beschriebenen Methoden ermittelt wurde.

(einstweilen frei) 139–143

2. Weitere Bewertungsmethoden

a) Allgemeines

Wenn aus den genannten Gründen die **Transaktionswertmethode nicht** 144
anwendbar ist, kommen die **anderen fünf Bewertungsmethoden** in Betracht. Die Reihenfolge dieser Methoden ist gesetzlich festgelegt. Zunächst
ist zu prüfen, ob der Zollwert nach dem Transaktionswert **gleicher Waren**
(Art. 30 Abs. 2 Buchst. a) ZK) ermittelt werden kann. Wenn nicht, gelangt
man zum Transaktionswert **gleichartiger Waren** (Art. 30 Abs. 2 Buchst. b)
ZK), sodann zur **deduktiven** Methode (Art. 30 Abs. 2 Buchst. c) ZK) und
schließlich zur **additiven** Methode (Art. 30 Abs. 2 Buchst. d) ZK). Die **Reihenfolge** der **letzten beiden** Methoden kann auf Antrag des Anmelders
vertauscht werden. Wenn der Zollwert nach keiner dieser vorgenannten Arten ermittelt werden kann, kommt die sog. **Schlussmethode** nach Art. 31
ZK zur Anwendung.

b) Gleiche Waren

Gem. Art. 30 Abs. 2 Buchst. a) ZK ist Zollwert der **Transaktionswert** 145
gleicher Waren, die zur Ausfuhr in die Gemeinschaft verkauft und zumindest im annähernd selben Zeitpunkt wie die zu bewertenden Waren importiert wurden.

Damit sind die Zollwerte maßgebend, die bei anderen Waren nach Art. 29 146
ZK ermittelt wurden. Bestimmte **Berichtigungen** (zB wegen unterschiedlicher Mengen, Handelsstufen oder Lieferkosten) sind dabei zulässig.

Gleiche Waren sind solche Waren, die **in demselben Land** wie die zu 147
bewertende Einfuhrware **hergestellt** wurden und die in Bezug auf körperliche Eigenschaften, **Qualität** und **Aussehen gleich sind.** Dabei ist es nicht
notwendig, dass die Waren vom selben Hersteller stammen; **dasselbe Herstellungsland** genügt. **Geringe äußerliche Unterschiede,** zB in Bezeichnung, Herkunftsangabe oder Image sind für die Gleichheit **unschädlich.**
Gleichheit in Bezug auf körperliche Eigenschaften, Qualität und Aussehen
muss kumulativ vorliegen. Ein unterschiedlicher Markenname kann dabei bereits schädlich sein. Eine Bewertung nach Art. 30 Abs. 2 Buchst. b) ZK
scheidet in diesem Fall aus.[93]

Die gleichen Waren müssen zu **demselben oder annähernd demselben** 148
Zeitpunkt wie die zu bewertende Ware importiert worden sein.

Weder der Anmelder noch die Zollstelle sind verpflichtet, sich auf die Su- 149
che nach dem Transaktionswert gleicher Waren zu begeben. Dementsprechend sind nur die im Bewertungszeitraum bekannten Transaktionswerte
gleicher Waren in Betracht zu ziehen.

---

[93] Zu „Ausfuhr in die Gemeinschaft" s. Rn. 67 ff.

Beispiel 5: Für am 1.4. aus der Türkei eingeführte Stühle aus Holz wird der Zollwert nach der Transaktionswertmethode (Art. 29 ZK) festgestellt. Am 30.4. gelangen Stühle aus Holz aus der Türkei zum ungewissen Verkauf in die EG. Zur Ermittlung ihres Zollwertes ist es zulässig, auf die Zollwerte für die am 1.4. verzollten Stühle zurückzugreifen.

c) Gleichartige Waren

150   Lässt sich der Zollwert nicht anhand eines Transaktionswerts gleicher Waren ermitteln, kommt eine Ermittlung anhand gleichartiger Waren in Betracht.

Unter gleichartigen Waren sind Waren zu verstehen, die im **selben Land** wie die zu bewertende Ware **hergestellt** wurden und **gleiche Eigenschaften** und gleiche Materialzusammensetzungen aufweisen, durch die sie gleiche Aufgaben erfüllen können. Außerdem müssen sie im Handelsverkehr **austauschbar** sein.

151   Bei der Prüfung der Gleichartigkeit ist das Augenmerk ebenfalls auf Qualität, Aussehen sowie etwaige Warenzeichen zu legen. Gewisse **Abweichungen** sind – anders als bei gleichen Waren – **zulässig.** So können zB Waren, die zwar vom selben Hersteller stammen, aber unter **verschiedenen Markennamen** vertrieben werden, uU als gleichartige Waren anerkannt werden.

Beispiel 6: Der Hersteller C aus China liefert Wäschetrockner mit den Markennamen „A" und „B" an Abnehmer in der EU. Die Wäschetrockner der Marke „A" werden regelmäßig von einer großen deutschen Handelskette gekauft und unmittelbar bei ihrem Import nach Deutschland zum freien Verkehr abgefertigt. Der Zollwert wird anhand der Transaktionswertmethode nach Art. 29 ZK bestimmt.
Die Wäschetrockner der Marke „B" hingegen werden nicht unmittelbar verkauft, sondern zunächst in einem Lager des „C" in Deutschland zwischengelagert.
Der Zollwert der Wäschetrockner der Marke „B" kann daher mangels Vorliegen eines Kaufgeschäftes zum Zeitpunkt des Imports nicht nach der Transaktionswertmethode ermittelt werden. Er kann jedoch auf Basis des Transaktionswertes bestimmt werden, der für die Wäschetrockner der Marke „A" festgesetzt wurde. Denn diese Wäschetrockner gelten als „gleichartige Waren".

d) Deduktive/retrograde Methode bzw. Subtraktionsmethode

152   Diese Zollwertermittlungsmethode scheidet bei Verbundenheit zwischen Verkäufer und Käufer aus. Aus diesem Grund ist sie nachfolgend lediglich grob skizziert.

153   Nach Art. 30 Abs. 2 Buchst. c) ZK ist Zollwert der **Verkaufspreis je Einheit,** zu dem die vorliegenden gleichen oder gleichartigen eingeführten Waren in der Gemeinschaft verkauft werden. Darunter ist der Preis zu verstehen, zu dem die größte Anzahl von Einheiten auf der Handelsstufe nach der Einfuhr an nicht Verbundene verkauft wird (Art. 152 Abs. 3 ZK-DVO), und zwar grundsätzlich innerhalb eines Zeitraums von 90 Tagen.

154   Nach dem Grundgedanken der deduktiven Methode sind von dem Weiterverkaufspreis in der Gemeinschaft **bestimmte Beträge** abzuziehen, um zum Zollwert der importierten Ware zu gelangen. Derartige **Abzugskosten** sind zB übliche **Gewinn- und Gemeinkostenzuschläge,** innergemeinschaftliche **Beförderungs- und Versicherungskosten** sowie **Zölle** und andere **Einfuhrabgaben.**

e) Errechneter Wert bzw. Additionsmethode

Bei der Additionsmethode errechnet sich der Zollwert durch Addition be-   **155** stimmter Kosten (Material-, Herstellungs- sowie sonstige Be- oder Verarbeitungskosten, Gewinn- und Gemeinkostenaufschlag sowie Lieferkosten). Da die Herstellungskosten die Grundlage für die additive Methode bilden, liegt es auf der Hand, dass diese Methode vorrangig bei **verbundenen Unternehmen** Anwendung findet, denn Unverbundene würden diese Kosten bzw. ihre Kalkulation in aller Regel nicht offenlegen.

Während bei den Material- und sonstigen Kosten ebenso wie bei den Lie-   **156** ferkosten die tatsächlichen Beträge maßgebend sind, ist für den Gewinn- und Gemeinkostenaufschlag auf das Übliche abzustellen. Hierbei kann zB auf einen Satz zurückgegriffen werden, den die zuständige Stelle des Ausfuhrlandes (Handelskammer o. Ä.) mitgeteilt hat. Weiter gilt für die einzelnen Faktoren, dass für ihre Ermittlung auf die im **Herstellungsland** allgemein anerkannten **Buchführungsgrundsätze** zurückzugreifen ist.

f) Schlussmethode

Ist eine Zollwertermittlung nach allen vorgenannten Methoden nicht   **157** möglich, ist der Zollwert nach der Schlussmethode[94] zu ermitteln. Sie sieht vor, den Zollwert auf der **Grundlage von in der Gemeinschaft verfügbaren Daten** durch zweckmäßige Methoden zu ermitteln. Bezüglich der Daten kann vorrangig auf einen **früheren,** aber noch **zeitnah ermittelten Zollwert** zurückgegriffen werden. Nachrangig sind Preislisten, Angebote für Lieferungen, Börsennotierungen u. Ä. sowie Erklärungen des Beteiligten heranzuziehen. Eine **Schätzung** ist grundsätzlich **ausgeschlossen.** Vielmehr sind die oben beschriebenen Zollwertermittlungsmethoden nach Art. 29 und 30 ZK (noch einmal) unter gleichzeitiger Gewährung eines größeren Auslegungs- bzw. Akzeptanzspielraums anzuwenden.

Erst wenn dies immer noch nicht zum Erfolg führt, ist eine **Schätzung möglich.** Aber auch diese darf **nicht willkürlich** erfolgen, sondern muss auf **einfachen und objektiven Kriterien** beruhen und mit der Handelspraxis in Einklang stehen.

(einstweilen frei)   **158, 159**

III. Hinzurechnungen

1. Allgemeines

Hinzurechnungen sind **zwingend** vorzunehmende **Zuschläge** zum   **160** Transaktionswert. Die Hinzurechnungsbeträge ermitteln sich nach Art. 32 ZK. Diese Vorschrift ist eine Ergänzungsbestimmung zur Transaktionswert-Bestimmung nach Art. 29 ZK.

Art. 32 ZK enthält eine **erschöpfende** und nicht lediglich beispielhafte   **161** Aufzählung sämtlicher Hinzurechnungsposten; andere als dort genannte Be-

---

[94] Art. 31 ZK.

träge dürfen dem tatsächlich gezahlten oder zu zahlenden Preis nicht hinzugerechnet werden. Eine Hinzurechnung setzt voraus, dass die entsprechenden
Kosten nicht schon im Kaufpreis enthalten sind. Bereits enthaltene Hinzurechnungsposten werden nicht nochmals hinzugerechnet.

2. Objektive und bestimmbare Tatsachen

162   Voraussetzung der Hinzurechnung ist, dass sie auf der Grundlage **objekti-**
ver und **bestimmbarer** Tatsachen vorgenommen werden kann. Ist dies nicht
der Fall, ist, wie bereits beschrieben, die Zollwertbestimmung nach Art. 30
ZK bzw. 31 ZK vorzunehmen.[95] Objektiv und bestimmbar bedeutet, dass die
für die Hinzurechnung maßgeblichen Daten nachprüfbar und die Zurech-
nungsbeträge der Höhe nach quantifizierbar sein müssen. Letzteres ist bspw.
nicht der Fall, wenn für die Einfuhrware gezahlte Lizenzgebühren von anderen finanziellen Vereinbarungen der Vertragsparteien nicht unterschieden
werden können.

3. Vereinfachungsregel

163   Häufig sind Hinzurechnungsbeträge zum Zeitpunkt der Bewertung der
Ware (noch) nicht genau bestimmbar. Konsequenz nach bisherigem Recht
war zunächst die Abgabe einer vorläufigen Zollanmeldung, die dann mit
Nachweis der tatsächlichen Kosten zu berichtigen bzw. zu ändern war. Die
Vereinfachungsregel gem. Art 156a ZK-DVO[96] eröffnet nunmehr die
Möglichkeit, Beträge bereits dann hinzuzurechnen, wenn sie im Zeitpunkt
des Entstehens der Zollschuld noch nicht genau bestimmbar sind.[97] Ausreichend ist deren Ermittelbarkeit anhand besonderer und angemessener Kriterien, wobei die Konkretisierung dieser Kriterien den Mitgliedstaaten obliegt.[98]
Denkbar sind hier pauschale Zuschlagssätze, die auf Basis von Vorjahreszahlen
ermittelt werden (zB Ermittlung eines pauschalen Zuschlagssatzes für Lizenzzahlungen auf Basis der Vorjahres-Lizenzzahlungen im Verhältnis zum Vorjah-
res-Importvolumen). Als Konsequenz ist die Zollwertanmeldung in diesem
Fall nicht als vorläufig anzusehen.[99] Eine nachträgliche Berichtigung bzw.
Korrektur erübrigt sich und dient der Vermeidung von Verwaltungsaufwand.
Die Zollverwaltung behält sich jedoch vor, die Ermittlung vereinfachter Zuschlagssätze einer regelmäßigen Prüfung zu unterziehen.

4. Einzelne Hinzurechnungsposten

Nachfolgend werden einzelne Hinzurechnungsposten dargestellt, die in der
praktischen Anwendung am häufigsten anzutreffen sind.

---

[95] Vgl. Rn. 144 ff.
[96] Eingefügt m. W. v. 5.9.1996 durch VO Nr. 1676/96 in: Abl. Nr. L 218/1.
[97] Vgl. *Hein* in AW-Prax 1996, S. 351 ff. „Änderungen der Zollkodex-DVO".
[98] Vgl. VSF N 0397 vom 16.1.1997 Nr. 25.
[99] Art. 254 zweiter Gedankenstrich ZK-DVO.

a) Provisionen und Maklerlöhne, ausgenommen Einkaufsprovisionen[100]

Provisionen sind Vergütungen, die an Vermittler, Agenten oder Kommis- **164** sionäre für die Vermittlung des Abschlusses eines Kaufvertrages gezahlt werden. Hinzurechenbar sind nur Vermittlungsgebühren an gegenüber dem Verkäufer und Käufer selbständige Personen. Kosten für ein Mitwirken von Angestellten sind nicht hinzurechenbare Gemeinkosten.

Maklergebühren entstehen idR für Vermittlungsleistungen von Personen, **165** die für beide Vertragsparteien tätig werden.

Nicht hinzurechenbar sind **Einkaufsprovisionen.** In Art. 32 Abs. 4 ZK **166** werden diese als Beträge definiert, die ein Importeur dafür zahlt, dass beim Kauf der zu bewertenden Ware eine andere Person für ihn tätig wird. Die Nachweislast, dass es sich um eine Einkaufskommission handelt, liegt beim Importeur.[101] Weiterführende Ausführungen s. Rn. 215 ff.

(einstweilen frei) **167–172**

b) Beistellungen des Käufers[102]

Beistellungen sind Gegenstände und Leistungen, die der Käufer dem Ver- **173** käufer im Zusammenhang mit der Herstellung und dem Verkauf der Einfuhrware **unentgeltlich oder zu einem ermäßigten Preis** zur Verfügung stellt. Der anteilige Wert dieser Beistellungen ist dem Kaufpreis hinzuzurechnen, sofern nicht bereits darin enthalten, da der Transaktionswert gem. Art. 29 ZK mit dem vollen Kaufpreis für die eingeführte Ware in ihrer Beschaffenheit zum Bewertungszeitpunkt einschließlich aller indirekten Zahlungen identisch ist.

Als Hinzurechnungsbetrag gelten nicht die tatsächlichen Kosten, sondern **174** der **Wert** der Beistellung, der in der Einfuhrware verkörpert ist. Erfasst werden sowohl unmittelbare als auch mittelbare, dh durch Dritte vorgenommene Beistellungen.

Als Beistellungen kommen insb. in Betracht:
– beigestellte Materialien und Bestandteile,[103]
– verwendete Werkzeuge, Matrizen und Gussformen,[104]
– verbrauchte Materialien[105] (zB Betriebsmittel wie Öle und Schmierfette),
– sog. „geistige Beistellungen".

Geistige Beistellungen sind zB Techniken, Entwicklungen, Entwürfe, Plä- **175** ne und Skizzen. Unter dem Wert dieser Elemente ist – anders als bei ihrer eigenen Verzollung – nicht ihr Materialwert als gedrucktes Papier, sondern ihr ideeller wirtschaftlicher Wert zu verstehen. Deshalb sind nur geistige Leistungen hinzuzurechnen, die für die Herstellung der Einfuhrware einen eigenen wirtschaftlichen Wert darstellen (zB Herstellungs-Know-how). Einfache Her-

---

[100] Art. 32 Buchst. a) Ziff. i) ZK.
[101] FG Hamburg vom 29.11.1995, EFG 1996, 1232; vgl. auch Ausführungen unter Rn. 209 ff.
[102] Gem. Art. 32 Buchst. b) ZK.
[103] Art. 32 Abs. 1 Buchst. b) Ziff. i) ZK.
[104] Art. 32 Abs. 1 Buchst. b) Ziff. ii) ZK.
[105] Art. 32 Abs. 1 Buchst. b) Ziff. iii) ZK.

stellungsanweisungen oder allgemein bekannte Techniken werden wegen Fehlens eines eigenen wirtschaftlichen Werts nicht erfasst.

Hinzurechenbar sind ausschließlich Techniken etc., die außerhalb der Gemeinschaft erarbeitet wurden.

176   Von der Hinzurechnung ausgenommen sind jedoch gem. Art. 155 ZK-DVO die Kosten für Forschungen und für Vorentwürfe. Die praktische Umsetzung dieser Ausnahmevorschrift ist insb. wegen ihrer Abgrenzung zu den sonstigen (hinzurechnungspflichtigen) geistigen Beistellungen besonders schwierig.

c) Lizenzgebühren[106]

177   Lizenzverträge beziehen sich auf die Übertragung oder Überlassung von **immateriellen Gütern** (geistige Leistungen), insb. von gewerblichen Schutzrechten (zB Patent- und Warenzeichenrechte, Gebrauchs-, Geschmacksmusterrechte, Urheberrechte). Immaterielle Güter unterliegen aber nicht der Verzollung. Verzollt werden nur körperliche Waren. Es können demnach hier nur Lizenzgebühren maßgeblich sein, die sich bei wirtschaftlicher Betrachtungsweise als abgespaltener Bestandteil des Kaufpreises darstellen.[107] Weiterführende Ausführungen unter Rn. 215 f.

d) Beförderungs- und Versicherungskosten[108]

178   Zurechenbare **Beförderungskosten** sind sämtliche Haupt- und Nebenleistungen im Zusammenhang mit der Beförderung bis zum sog. **Ort des Verbringens** (idR der Ort, an dem die Landesgrenze des Zollgebiets der Gemeinschaft überschritten wird).[109] Die Beförderungskosten sind daher in einen inner- und einen außergemeinschaftlichen Teil aufzuteilen. Zu den Beförderungskosten gehören insb. Frachten einschließlich besonderer Zuschläge, Speditionskosten und Miete für Beförderungsmittel und Behälter. Der Hinzurechnungsbetrag ist auf die tatsächlich entstandenen Kosten beschränkt; handelsübliche Kosten sind nicht relevant.

179   **Hinzurechnungspflichtig** sind neben den Beförderungskosten auch **Versicherungskosten** für die Versicherung des Transports bis zum Ort des Verbringens.[110] Problematisch ist der Hinzurechnungsbetrag bei durchgehender Versicherung bis zum Empfangsort, da eine Aufteilung nach in- und ausländischer Fahrtstrecke nicht möglich ist. In diesem Fall ist eine Aufteilung durch sonstige geeignete Maßnahme geboten.[111] Zu den Versicherungskosten gehören auch die Transportversicherungssteuer, die Kosten der Versicherung für die Beförderungsmittel (die regelmäßig mit den Frachtsätzen abgegolten sind) und die cif-Schutz-Versicherung.[112]

180–189   *(einstweilen frei)*

---

[106] Art. 32 Buchst. c) ZK.

[107] BFH 27.10.1987, ZfZ 1988, 84; BFH 16.1.1990, ZfZ 1990, 172.

[108] Art. 32 Abs. 1 Buchst. e) Ziff. i) ZK.

[109] EuGH 6.6.1990, RIW 1990, 682.

[110] BFH 26.6.1990, ZfZ 1990, 355.

[111] BFH 21.9.1960, HFR 1961 Nr. 25.

[112] BFH 26.6.1990, VII R 78/88, BeckRS 1990, 22009550; *Müller-Eiselt* EG-Zollrecht, Fach 7300 S. 69 ff.

IV. Abzugsposten

Die Abzugsposten sind in Art. 33 ZK geregelt. Diese Vorschrift stellt eine **190** **Ergänzung** zu Art. 29 ZK, dh zur Transaktionswert-Bestimmung dar. Nach Art. 33 ZK werden bestimmte Kosten und Aufwendungen nicht in den Zollwert einbezogen. Für den Fall, dass solche Aufwendungen oder Kosten in dem tatsächlich gezahlten oder zu zahlenden Preis bereits **enthalten** sind, ist dieser nach den Voraussetzungen des Art. 33 ZK zu **berichtigen:** Die nicht einzubeziehenden, aber trotzdem im Kaufpreis enthaltenen Kosten werden aus diesem Preis **ausgesondert** und in **Abzug gebracht.**

1. Getrennter Ausweis

Materiell-rechtliche Voraussetzung für das Nichteinbeziehen ist in erster **191** Linie der **getrennte Ausweis.** Die nicht einzubeziehenden Kosten müssen betragsmäßig vom Kaufpreis der eingeführten Ware unterschieden werden können und als **selbstständige Kostenelemente** erkennbar sein. Der getrennte Ausweis kann durch jegliche Art von Geschäftsunterlagen erfolgen, insb. durch eine Rechnung, wenn dort Kaufpreis und nicht einzubeziehendes Kostenelement **getrennt aufgeführt** sind. Er kann auch aus zwei getrennten Rechnungen über den Kaufpreis und die nicht einzubeziehenden Kosten bestehen. In jedem Fall wird verlangt, dass das jeweilige Kostenelement **namentlich bezeichnet** ist (zB innergemeinschaftliche Beförderungskosten oder Einkaufsprovisionen).

Aus dem tatsächlich gezahlten oder zu zahlenden Preis auszusondernde **192** Kostenelemente sind in der sog. Zollwertanmeldung (s. Rn. 163) bei den Abzugsposten einzutragen. Die Anmeldung der Abzugsposten gehört jedoch begrifflich nicht zum getrennten Ausweis. Daraus resultiert, dass Kostenelemente, die von vornherein getrennt vereinbart und berechnet werden, dh nicht im Kaufpreis enthalten sind, begrifflich nicht getrennt ausgewiesen werden können.[113] Demnach ist **nur bei einem Gesamtpreis** ein getrennter Ausweis erforderlich.[114]

2. Zeitpunkt

Durch die EuGH-Rspr.[115] ist die früher strittige Frage[116] beigelegt, welcher **193** Zeitpunkt für den getrennten Ausweis maßgeblich ist. Der EuGH hat entschieden, dass der getrennte Ausweis **im maßgebenden Zeitpunkt** für die Ermittlung des Zollwerts vorliegen muss, dh – bspw. bei Abfertigung zum zollrechtlich freien Verkehr – an dem Tag, an dem die Zollstelle die Zollanmeldung mit der Zollwertanmeldung annimmt.[117]

---

[113] EuGH 25.7.1991, Rs. C 299/90, BeckRS 2004, 76126.
[114] BFH 16.10.1990, VII R 32/89, BeckRS 1990, 22009699; BFH 18.2.1992, VII R 66/89, BB 1992, 851; *Müller-Eiselt* EG-Zollrecht Fach 7300 S. 72 ff., 88 ff., 98 ff., 107 ff., 114 ff.
[115] EuGH 18.4.1991, RIW 1991, 520.
[116] Vgl. Vorlagebeschluss des BFH v. 13.2.1989, ZfZ 1989, 146.
[117] BFH 15.10.1991, RIW 1992, 154; BFH 18.2.1992, ZfZ 1992, 229.

Kann der Anmelder zu diesem Zeitpunkt den Nachweis nicht erbringen, muss er die **nachträgliche Ergänzung** bzw. Berichtigung in der Zollanmeldung beantragen. Ansonsten kann eine spätere Berücksichtigung abzugsfähiger Posten nicht mehr erfolgen.

3. Vereinfachungsregel

194   Auch bzgl. der Abzugsposten gilt die Vereinfachungsregel des Art. 156a ZK-DVO.[118]

4. Einzelne Abzugsposten

Nachfolgend werden einige Abzugsposten dargestellt, die in der praktischen Anwendung am häufigsten anzutreffen sind.

a) Beförderungskosten nach der Ankunft am Ort des Verbringens[119]

195   Für die begriffliche Definition der Beförderungskosten in diesem Zusammenhang kann nach oben verwiesen werden.[120] Abzugsfähig sind jedoch nur solche Beförderungskosten, die nach der Ankunft am Ort des Verbringens anfallen (sog. innergemeinschaftliche Beförderungskosten).

b) Finanzierungszinsen[121]

196   Diese Zinsen können nur abgezogen werden, wenn sie vom Käufer im Rahmen einer Finanzierungsvereinbarung mit Bezug auf den Kauf der eingeführten Waren zu zahlen sind. Eine solche liegt vor, wenn auf Basis der Vereinbarung dem Käufer ganz oder teilweise die Kreditmittel bzw. das Kapital zur **Begleichung des Kaufpreises** zur Verfügung gestellt werden. Hierbei ist die Person des Kreditgebers irrelevant.[122] Es kann sich um den Verkäufer selbst, eine Bank oder einen anderen Dritten handeln. Weitergehende Ausführungen s. Rn. 233 f.

c) Einkaufsprovisionen[123]

197   Hinsichtlich der Einkaufsprovisionen und deren Relevanz für den Zollwert ergeben sich zwei Alternativen. Sind die Einkaufsprovisionen im gezahlten oder zu zahlenden Preis enthalten, müssen sie zwecks Abzugsfähigkeit **getrennt ausgewiesen** sein.[124] Sind sie nicht enthalten, so sind diese Kosten nicht in den Zollwert einzubeziehen.[125] Weitergehende Ausführungen s. Rn. 200 f.

198, 199   *(einstweilen frei)*

---

[118] Vgl. Rn. 163.
[119] Vgl. Art. 33 Buchst. a) ZK.
[120] Vgl. Rn. 178 f.
[121] Vgl. Art. 33 Buchst. c) ZK.
[122] Vgl. Art. 33 Buchst. c) 2. HS ZK.
[123] Vgl. Art. 33 Buchst. e) ZK.
[124] Vgl. Art. 33 ZK.
[125] Vgl. Art 32 Abs. 1 Buchst. a) i) ZK.

V. Praxisrelevante Einzelthemen

1. Einkaufs- und Verkaufsprovisionen bei Kommissionärsstrukturen

a) Überblick

Werden Waren durch Einschaltung von Einkaufs- oder Verkaufskommissionären in die EU importiert, ist für die Ermittlung des Zollwerts zwischen **Einkaufs- und Verkaufsprovisionen** zu unterscheiden. Provisionen und Maklerlöhne sind grundsätzlich dem für die eingeführten Waren tatsächlich gezahlten oder zu zahlenden Preis (i. d. R. Kaufpreis) hinzuzurechnen, soweit sie für den Käufer entstanden, jedoch noch nicht in dem Preis für die bezogenen Waren enthalten sind.[126] Einkaufsprovisionen sind von dieser Hinzurechnungspflicht explizit ausgenommen. Unter der Voraussetzung des getrennten Ausweises sind sie nicht in den Zollwert einzubeziehen (Art. 33 Buchst. e) ZK).[127]

Die Nichteinbeziehung von Einkaufsprovisionen in den Zollwert verfolgt das Ziel, Käufer, die sich bei ihrem Warenbezug eines Dritten bedienen, mit den Käufern gleichzustellen, die die Einkaufsfunktion durch eigene Arbeitnehmer wahrnehmen, so dass hier keine Provisionszahlungen, wohl aber eigene Personal- und Verwaltungskosten anfallen.[128] Der Einkaufskommissionär übernimmt quasi die Funktion einer ausgelagerten Einkaufsabteilung. Die Vorschrift trägt damit der zunehmenden Tendenz Rechnung, Einkaufsfunktionen, die bislang in verschiedenen Konzerngesellschaften integriert waren, in einer eigenständigen Gesellschaft zu zentralisieren (sog. „Shared Service Centers").

200

b) Verkaufsprovisionen

Kommissionäre übernehmen den gewerbsmäßigen Kauf oder Verkauf von Waren oder Wertpapieren in eigenem Namen, jedoch für Rechnung eines anderen (des Kommittenten; § 383 HGB). Die nachfolgenden Ausführungen beziehen sich auf inländische Gesellschaften, die es übernommen haben, im genannten Sinn bei dem Vertrieb von Waren tätig zu werden (Verkaufskommissionäre). Die Leistung des Verkaufskommissionärs wird durch eine Provision abgegolten (Verkaufsprovision), die der Kommissionär vom Kommittenten einfordern kann (§ 396 HGB). Derartige Verkaufsprovisionen sind Bestandteil des Zollwerts.

201

Beispiel 7: Ein in Deutschland ansässiger Importeur (D) vertreibt für eine in der Schweiz ansässige Konzerngesellschaft (CH) Kosmetikartikel auf Basis eines Verkaufskommissionärsgeschäftes. CH ist Kommittent, D ist Kommissionär. Die Kosmetikartikel werden von verschiedenen Herstellern in Fernost hergestellt, an CH verkauft, jedoch direkt nach Deutschland transportiert. Für seine Tätigkeit als Verkaufskommissionär erhält D 10 % seiner Verkaufserlöse (netto).

202

---

[126] Art. 32 Abs. 1a) i) ZK.
[127] Vgl. Rn. 166 und 186 ff.
[128] Vgl. auch *Glashoff* in ZfZ 1988 Nr. 12, 354.

Der Zollwert kann auf Basis von verschiedenen Rechtsgeschäften ermittelt werden.[129] Die Wahl des Rechtsgeschäfts beeinflusst die Höhe des Zollwerts und kann dazu führen, dass Verkaufsprovisionen bei der Zollwertermittlung unberücksichtigt bleiben.

Erste Alternative: Vorerwerberpreis als Zollwert

203   CH ist nicht selbst Produzent der importierten Ware, sondern bezieht diese als Handelsware von verschiedenen Herstellern in Fernost. Der Kaufpreis zwischen den Herstellern und CH kann der Zollwertbemessung zugrunde gelegt werden (sog. Vorerwerberpreis, Art. 147 Abs. 1 2. Unterabsatz ZK-DVO).

Die von D erwirtschafteten Verkaufsprovisionen beziehen sich zweifelsfrei nicht auf die Vermittlung des Kaufgeschäftes zwischen den Herstellern in Fernost und CH, welches bei Anmeldung des Vorerwerberpreises zollwertrechtlich maßgebend ist. Daher entfällt eine Hinzurechnung der Verkaufsprovision zum Zollwert.

Zweite Alternative: Kaufpreis des Kunden als Zollwert

204   Das Kaufgeschäft zwischen D und seinem Kunden kann gleichfalls als das maßgebende Kaufgeschäft angemeldet werden. Bei dieser Alternative qualifiziert sich der Kunde zollwertrechtlich als Käufer. Für ihn „entstehen" Verkaufsprovisionen üblicherweise verdeckt durch die Zahlung des Kaufpreises, der kalkulatorisch die Verkaufsprovisionen bereits abdeckt. Der Zollwert beinhaltet damit zwangsläufig die anfallenden Verkaufsprovisionen. Sollten die Verkaufsprovisionen nicht im Kaufpreis an den Kunden enthalten sein, sind sie dem Zollwert hinzuzurechnen.[130]

Praktische Hürde dieser Variante ist die Tatsache, dass der Kaufpreis zu dem Zeitpunkt, zu dem der Zollwert fixiert werden muss, häufig noch nicht bekannt ist.[131] Die Zollverwaltung kann sich in diesen Fällen bspw. auf vorhandene Preislisten stützen, die jedoch nachträglich anhand der tatsächlich vom Käufer entrichteten Kaufpreise zu verifizieren sind.[132]

Hat der Verkaufskommissionär die Waren zum Zeitpunkt des Imports jedoch bereits verkauft, ist nach Auffassung der FinVerw. zwingend der Kaufpreis des Kunden als Zollwert anzumelden.[133]

Dritte Alternative: Zollwertermittlung nach alternativen Bewertungsmethoden

205   Können die vorstehenden Alternativen nicht in Betracht gezogen werden, ist – basierend auf dem Gedanken, dass bei Kommissionsgeschäften der Einfuhr kein Kaufgeschäft zwischen CH und D zu Grunde liegt – der Zollwert nach den alternativen Bewertungsmethoden zu ermitteln (Art. 30, Art. 31 ZK). Kann D zB den Zollwert für einen bestimmten Kosmetikartikel beim Import nach den vorstehenden Alternativen nicht ermitteln, ist zunächst festzustellen, ob D nicht zum gleichen oder annähernd gleichen Zeitpunkt vergleichbare Kosmetikartikel importiert hat, deren Zollwert nach der Transaktionswertmethode festgestellt wurde. Ist dies der Fall, sind diese Zollwerte (ggf. nach Berichtigung hinsichtlich Menge und Lieferungskosten) für die Zollwertfeststellung der Kosmetikartikel heranzuziehen. Damit sind idR Verkaufsprovisionen im Zollwert enthalten. Liegen keine Vergleichzollwerte für vergleichbare Kosmetikartikel vor, kann D den Zollwert auf der nächsten Stufe nach der deduktiven Methode ermitteln. Auf Basis eines bereits vorliegenden Verkaufspreises an den Kunden wird im Rahmen einer Rückrechnung der zutreffende Zollwert ermittelt. Dabei können Verkaufsprovisionen in Abzug gebracht werden.

---

[129] Vgl. *Müller-Eiselt* EG-Zollrecht Fach 7500 S. 10 ff.

[130] Vgl. Erläuterung 2.1 „Provisionen und Maklerlöhne" des Technischen Ausschusses, hier Nr. 7 und Nr. 8; *Müller-Eiselt* EG-Zollrecht Fach 3340, 4 ff.

[131] Vgl. auch *Müller-Eiselt* in EG-Zollrecht zu Art. 29 ZK Rn. 220.

[132] VSF Z 5101 (128).

[133] Vgl. auch *Vonderbank* in AW-Prax November 2007, 34.

Das Verfahren der Zollwertermittlung nach alternativen Bewertungsmethoden sollte vorab mit den Zollbehörden abgestimmt werden. Das nachträgliche Begehren eines günstigeren Zollwerts ist grundsätzlich nicht möglich.

(einstweilen frei) 206–208

c) Einkaufsprovisionen

aa) Definition

Der Zollkodex versteht unter dem Begriff „Einkaufsprovisionen" Beträge, 209 die ein Importeur jemandem dafür zahlt, dass er für ihn beim Kauf der zu bewertenden Waren tätig wird.[134] Provisionen stellen mithin Zahlungen dar, die an Vermittler für ihre Mitwirkung beim Abschluss eines Kaufvertrages bezahlt werden.[135] Der Vermittler wird als Person angesehen, die Waren kauft oder verkauft, möglicherweise im eigenen Namen, aber immer für Rechnung eines Auftraggebers.[136] Offensichtlich beschränkt sich diese Definition nicht nur auf Personen, die als typische Vermittler in fremdem Namen handeln, sondern auch auf Personen, die in eigenem Namen, jedoch auf Rechnung des Kommittenten agieren (Kommissionäre).

Beispiel 8: Ein in Deutschland ansässiger Importeur von Spielzeugwaren (D) bedient sich für den Einkauf der Spielzeugwaren eines in Hongkong ansässigen Einkaufskommissionärs (EK). Für den Import einer Warensendung berechnet EK an D US$ 10000 zzgl. gesondert ausgewiesener „buying commission" von 5% (US$ 500). EK selbst hat die Waren bei einem thailändischen Hersteller für US$ 10000 erworben, wofür ihm auch eine Lieferantenrechnung vorliegt. Die Waren gelangen direkt vom thailändischen Hersteller in das Warenlager des D in Deutschland.

bb) Zollwert

Trotz der klaren Regelung, dass im Gegensatz zu Verkaufsprovisionen Ein- 210 kaufsprovisionen den Zollwert nicht erhöhen,[137] kommt es bei der zollwertrechtlichen Umsetzung immer wieder zu Schwierigkeiten.

Die FinVerw. unterstellte bis Juni 2000 bei Vorliegen eines Einkaufskommissionärsverhältnisses zwei Kaufgeschäfte: zum einen zwischen dem Verkäufer und dem Einkaufskommissionär und zum anderen zwischen dem Einkaufskommissionär und dem Kommittenten.

Diese Auffassung wurde vom Schrifttum einhellig kritisiert.[138] Darüber 211 hinaus war diese Auslegung mit einschlägiger EuGH-Rspr. nicht vereinbar.[139]

---

[134] Art. 32 Abs. 4 ZK; vgl. auch Abs. 1 der Erläuterungen 2.1 „Provisionen und Maklerlöhne" des Technischen Ausschusses; hier wird unter Bezugnahme auf die erläuternden Anmerkungen zu Art. 8 GATT-Zollwert-Kodex der Begriff der Einkaufsprovision als Betrag definiert, den ein Einführer an jemanden dafür zahlt, dass er ihn im Ausland beim Kauf der zu bewertenden Waren vertritt.

[135] Abs. 2 der Erläuterungen 2.1 „Provisionen und Maklerlöhne" des Technischen Ausschusses, *Müller-Eiselt* EG-Zollrecht Fach 3340, 4 ff.

[136] Abs. 4 der Erläuterungen 2.1 „Provisionen und Maklerlöhne" des Technischen Ausschusses, *Müller-Eiselt* EG-Zollrecht Fach 3340.4 ff.

[137] Art. 32 Abs. 1a) i) ZK, Art. 33e) ZK.

[138] *Glashoff* in Schwarz/Wockenfoth, Zollrecht, 3. Aufl., Art. 32 ZK Rn. 34 ff.; *Müller-Eiselt* EG-Zollrecht, Fach 4229 Rn. 242 und Fach 4232 Rn. 37 ff.

[139] Vgl. EuGH 25.7.1991, Rs. C-299/90 (Gebrüder Hepp), Abs. 14, BeckRS 2004, 76126.

212   Nach den Vorstellungen des EuGH besteht das maßgebende Kaufgeschäft nicht zwischen Verkäufer und Einkaufskommissionär sowie zwischen Einkaufskommissionär und Kommittenten, sondern zwischen dem Lieferanten/ Verkäufer (im Drittland) und dem Auftraggeber (Kommittenten) im Einfuhrland. Dieses Kaufgeschäft ist die zollwertrechtliche Transaktion, auf die es bei der Ermittlung des Zollwerts ankommt.[140]

Beispiel 8, Zollwertermittlung: Nach bisheriger (dh bis Juni 2000) Auffassung der deutschen FinVerw. hatte D bei der Anmeldung des zutreffenden Zollwerts zwei Möglichkeiten: Er konnte zum einen den Rechnungspreis zwischen dem thailändischem Hersteller und EK (US$ 10000) anmelden. In diesem Fall qualifizierte sich EK als zollwertrechtlicher Käufer. Für diesen entstanden keine Einkaufsprovisionen, so dass die Einkaufsprovisionen bei der Zollwertermittlung unberücksichtigt bleiben konnten.

Zum anderen konnte D den Rechnungspreis von EK an D anmelden. Hierzu vertrat die deutsche FinVerw. die Auffassung, dass die 5% buying commission Bestandteil des Kaufpreises zwischen EK und D sind. D hatte keine Möglichkeit, unter Berufung auf Art. 32 Abs. 1 Buchst. a) Ziffer i) ZK die Einkaufsprovision bei der Ermittlung des Zollwerts unberücksichtigt zu lassen.

Diese Interpretation widerspricht der Auffassung des EuGH. Danach existiert lediglich ein maßgebliches Kaufgeschäft zwischen dem thailändischen Hersteller und D iHv US$ 10000. Die Einkaufsprovision iHv 5% kann bei Vorliegen der sonstigen Voraussetzungen bei der Ermittlung des Zollwerts unberücksichtigt bleiben.

213, 214   *(einstweilen frei)*

2. Lizenzzahlungen

a) Grundsatz

215   Lizenzgebühren sind in der Hinzurechnungsnorm des Art. 32 ZK geregelt. Bei der Ermittlung des Zollwerts sind dem für die eingeführten Waren tatsächlich gezahlten oder zu zahlenden Preis (idR Kaufpreis) Lizenzgebühren **„für die zu bewertenden Waren"** hinzuzurechnen, die der Käufer entweder unmittelbar oder mittelbar nach den Bedingungen des Kaufgeschäfts zu zahlen hat. Eine Hinzurechnung kommt jedoch nur dann in Betracht, wenn die Lizenzgebühren noch nicht im Preis enthalten sind.[141] Der Wortlaut des Zollkodex ist hier nicht sehr präzise, da Lizenzgebühren nicht für die Ware selbst zu zahlen sind. Sie entstehen vielmehr für übertragene Rechte, die entweder in der Ware verkörpert sind oder eng mit ihr in Verbindung stehen. Art. 157 Abs. 1 ZK-DVO umschreibt deshalb den Begriff der Lizenzgebühren als „Zahlungen, die zu leisten sind für die Nutzung von Rechten in Zusammenhang mit …".[142]

---

[140] Vgl. EuGH 25.7.1991, Rs. C-299/90 (Gebrüder Hepp) Abs. 14, BeckRS 2004, 76126.

[141] Art. 32 Abs. 1 Buchst. c) ZK.

[142] Vgl. hierzu auch den englischen Text des Zollkodex „Royalties and License fees **related to** the goods being valued". Weitere gesetzliche Vorschriften über die Auswirkungen von Lizenzgebühren auf den Zollwert finden sich in den Art. 157–162 ZK-

Sowohl der zollwertrechtlichen Hinzurechnungsnorm als auch den hierzu 216
ergangenen Kommentaren und Gutachten ist der Grundsatz zu entnehmen,
dass eine Verzollung von Lizenzgebühren nur dann erfolgen soll, wenn sich
die Lizenzgebühren auf **Waren** beziehen. Dienstleistungen bzw. immaterielle
Wirtschaftsgüter sollen nicht Gegenstand einer Zollerhebung sein. Eine solche kommt allenfalls dann in Betracht, wenn das immaterielle Wirtschaftsgut
vollständig in der importierten Ware integriert ist. In derartigen Fällen wird
das immaterielle Wirtschaftsgut bereits Bestandteil des Kaufpreises sein, der
der Verzollung zu Grunde zu legen ist. Wird das immaterielle Wirtschaftsgut
in Form einer Lizenzgebühr gesondert berechnet, ist zu untersuchen, ob ihre
Hinzurechnung nach Art. 32 Abs. 1 Buchst. c) ZK zu erfolgen hat.

Für eine Hinzurechnung müssen folgende Voraussetzungen erfüllt sein: 217
1. die Zahlung des Käufers muss sich als Lizenzgebühr iSd Zollwertrechtes
   qualifizieren (Art. 157 Abs. 1 ZK-DVO);
2. die Lizenzgebühr muss sich auf die zu bewertende (dh importierte) Ware
   beziehen (Art. 157 Abs. 2 erster Anstrich ZK-DVO);
3. die Zahlung der Lizenzgebühr muss entweder ummittelbar oder mittelbar
   eine Bedingung des dem Import zu Grunde liegenden Kaufgeschäfts darstellen (Art. 157 Abs. 2 zweiter Anstrich, Art. 160 ZK-DVO);
4. die Lizenzgebühr ist nicht bereits im tatsächlich gezahlten oder zu zahlenden Preis enthalten (Art. 32 Abs. 1 Buchst. c) ZK).

Mit Ausnahme der letzten werden die Voraussetzungen in den nachfolgenden Ausführungen erläutert.

b) Die Hinzurechnungsbedingungen im Einzelnen

aa) Voraussetzung 1: Qualifikation der Zahlung als Lizenzgebühr

Als Lizenzgebühren gelten **insb.** Zahlungen, die zu leisten sind für die 218
Nutzung von Rechten in Zusammenhang mit:[143]
– der Herstellung der eingeführten Ware (insb. Gebrauchsmuster, Geschmacksmuster und Herstellungs-Know-how) oder
– dem Verkauf zur Ausfuhr der eingeführten Ware (insb. Warenzeichen, Gebrauchsmuster) oder
– der Verwendung oder dem Weiterverkauf der eingeführten Ware (insb.
  Urheberrechte, untrennbar in der eingeführten Ware verkörperte Herstellungsverfahren).

Aus dem Wortlaut („gelten insb.") ist ersichtlich, dass die Zollvorschriften **kei-** 219
ne abschließende Aufzählung der Lizenzgebühren enthalten. Der Ausschuss
für den Zollkodex verweist für die Frage der Definition von Lizenzgebühren auf
Art. 12 Abs. 2 des OECD-MA zur Vermeidung der Doppelbesteuerung des

---

DVO sowie im Anhang 23, der erläuternde Anmerkungen zu Art. 32 Abs. 1
Buchst. c) ZK enthält. Darüber hinaus hat der Ausschuss für den Zollkodex – Fachbereich Zollwert – in seinem Kommentar Nr. 3 maßgeblich die Auslegung der zollwertrechtlichen Lizenzvorschriften kommentiert. Erläuterungen enthalten auch die
Gutachten Nr. 1–13 des Technischen Ausschusses für den Zollwert zu den Lizenzgebühren nach Art. 8 Punkt 1 (c) des GATT-Zollwert-Kodex 1994. Hier hat der Technische Ausschuss in Form von „Musterlösungen" verschiedene Fragestellungen bei der
Hinzurechnung von Lizenzgebühren zum Zollwert kommentiert.

[143] Art. 157 Abs. 1 ZK-DVO.

Einkommens und des Vermögens.[144] Hiernach sind Lizenzgebühren „Vergütungen jeder Art, die für die Benutzung oder für das Recht auf Benutzung von
Urheberrechten in literarischen, künstlerischen oder wissenschaftlichen Werken, einschließlich kinematographische Filme, von Patenten, Warenzeichen,
Mustern oder Modellen, Plänen, geheimen Formeln oder Verfahren oder für
die Benutzung oder das Recht auf Benutzung gewerblicher, kaufmännischer
oder wissenschaftlicher Ausrüstung oder für die Mitteilung gewerblicher,
kaufmännischer oder wissenschaftlicher Erfahrungen gezahlt werden". Aus
beiden Rechtsquellen ist ersichtlich, dass der zollwertrechtliche Begriff der Lizenzgebühren nicht nur die gängigen Schutzrechte, sondern **auch sog.
Know-how** umfasst.[145]

Der Begriff der Lizenzgebühren ist für zollwertrechtliche Zwecke daher weit
auszulegen.[146]

bb) Voraussetzung 2: Bezug auf die zu bewertende Ware

220   Lizenzgebühren sind nur dann dem Preis hinzuzurechnen, wenn sie „für
die zu bewertende Ware" zu zahlen sind. Maßgebend ist dabei der Zustand
der Ware zum entsprechenden von dem jeweiligen Zollverfahren vorgegebenen Bewertungszeitpunkt. Bezieht sich die Zahlung der Lizenzgebühren hingegen auf Vorgänge, die erst nach dem maßgebenden Bewertungszeitpunkt
erfolgen, mangelt es an einem Bezug der Lizenzgebührenzahlung zu der zu
bewertenden Ware.

Beispiel 9: D-GmbH mit Sitz in Deutschland bezieht Sprühköpfe für Spraydosen von U-Corp. mit Sitz in USA. Die Sprühköpfe werden in Deutschland zum
freien Verkehr abgefertigt und auf Basis eines besonderen Produktionsverfahrens an
den Spraydosen angebracht. Zwischen U-Corp. und D-GmbH existiert ein Lizenzvertrag, in dem U-Corp. der D-GmbH technische Unterstützung bei der Produktion in
Deutschland zusichert und das technische Produktions-Know-how gewährt. Die Lizenzgebühr beträgt 5 % der Nettoverkaufserlöse der Spraydosen (incl. Sprühköpfe).
Bei der Abfertigung der Sprühköpfe zum freien Verkehr in Deutschland ist u. a. der
Zollwert der Sprühköpfe festzustellen. Dabei ist zu überprüfen, ob D-GmbH Lizenzgebühren für die Sprühköpfe zu entrichten hat. Maßgebend ist hierfür der Zustand der Sprühköpfe zum Zeitpunkt der Abfertigung zum freien Verkehr. Da sich die
Lizenzgebühr jedoch auf Vorgänge an den Sprühköpfen bezieht, die nach diesem
Zeitpunkt erfolgen (Anbringen der Sprühköpfe an Spraydosen), erfolgt die Zahlung
nicht für die zu bewertende Ware. Eine Hinzurechnung der Lizenzgebühren zum
Kaufpreis für die Sprühköpfe kommt mangels Bezug auf die zu bewertende Ware nicht
in Betracht.

221   Die **Art der Lizenzgebührenberechnung** ist für die Frage der Hinzurechnung nicht entscheidend. Maßgebend ist allein, aus welchem Grund und
wofür die Lizenzgebühr gezahlt wird.[147]

---

[144] Kommentar des Ausschusses für den Zollkodex – Fachbereich Zollwert – über
die Auswirkung von Lizenzgebühren auf den Zollwert Z 5403 S. 1.

[145] Zur Definition von Know-how vgl. Nr. 12 des OECD-Kommentars zu Art. 12
des OECD-MA.

[146] Eine ausführliche Darstellung der wichtigsten Nutzungsrechte findet sich in *Müller-Eiselt* in EG-Zollrecht zu Art. 32 ZK Rn. 217 ff.

[147] Vgl. auch BFH 27.10.1987, VII R 18/83.

cc) Voraussetzung 3: Bedingung des Kaufgeschäfts
Zahlung der Lizenzgebühr an den Verkäufer der Ware

Für die Frage der Hinzurechnung ist weiterhin (kumulativ) erforderlich,   **222** dass der Käufer die Lizenzgebühren nach den Bedingungen des Kaufgeschäfts für die zu bewertende Ware zahlen muss.[148] Eine **Bedingung des Kaufgeschäfts** liegt nur dann vor, wenn die Zahlung der Lizenzgebühren nach den Vereinbarungen der Kaufvertragsparteien ein Teil der Gegenleistung dafür ist, dass der Käufer die Verfügung über die Ware erlangt.[149]

Nach Auffassung des Ausschusses für den Zollkodex ist in den meisten Fällen bereits im Lizenzvertrag festgelegt, ob der Verkauf der eingeführten Ware von der Zahlung einer Lizenzgebühr abhängig ist. Diese Auffassung hat sich aber in der Praxis als unzutreffend herausgestellt. Deshalb lässt sich die Fin-Verw. zumeist nur schwer davon überzeugen, dass auch faktisch die Lieferung der Ware nicht von der Zahlung einer Lizenzgebühr abhängig ist, wenn die betreffende Bedingungsklausel – mangels Bedingung – nicht im Lizenzvertrag enthalten ist.

Zahlung der Lizenzgebühr an eine dritte Person

Art. 160 ZK-DVO erweitert die Definition „Bedingung des Kaufge-   **223** schäfts" dahingehend, dass bei der Zahlung von Lizenzgebühren an einen Dritten (gemeint ist hier eine andere Person als der Verkäufer) diese Zahlungen dann als Bedingung gelten, wenn der Verkäufer die Zahlung an diese dritte Person vom Käufer verlangen kann. Der Verkäufer muss damit in der Lage und auch berechtigt sein, die Waren nicht oder nicht zu den vereinbarten Konditionen an den Käufer zu liefern, falls dieser die Lizenzgebühr nicht an den Dritten entrichtet.

An die Stelle des Verkäufers kann auch eine mit diesem – im zollwert-   **224** rechtlichen Sinne – verbundene Person treten.[150] Der Kommentar Nr. 3 führt hierzu zwei Fallgestaltungen auf: Zum einen, wenn in einem multinationalen Konzern die Waren von einem Konzernmitglied gekauft werden und die Lizenzgebühr an ein anderes Mitglied desselben Konzerns gezahlt wird. Zum anderen, wenn der Verkäufer Lizenznehmer des Empfängers der Lizenzgebühr ist und Letzterer die Verkaufsbedingungen bestimmt. Der letztgenannte Fall ist jedoch kritisch zu betrachten, da die Möglichkeit, auf Basis eines Lizenzvertrages Weisungen zu erteilen, keine Verbundenheit iSd Zollwertrechts darstellt.[151]

Beispiel 10: D-GmbH mit Sitz in Deutschland bezieht T-Shirts von einem Hersteller H-Inc. aus Thailand. Die T-Shirts sind mit einer bekannten Comicfigur bedruckt. Für das Recht auf Nutzung der Comicfigur hat die D-GmbH eine Lizenzgebühr an ihre in USA ansässige Muttergesellschaft M-Corp. zu entrichten, die mit dem Rechteinhaber der Comicfigur einen Lizenzvertrag abgeschlossen hat. H-Inc. ist weder mit der D-GmbH noch mit M-Corp. in zollwertrechtlichem Sinne verbunden. Die Zahlung der Lizenzgebühr für die Comicfigur bezieht sich zweifellos auf die importierte Ware in Form der bedruckten T-Shirts. Die Zahlung erfolgt jedoch nicht an

---

[148] Art. 32 Abs. 1c) ZK, Art. 157 Abs. 2 zweiter Anstrich ZK-DVO.
[149] Vgl. BFH 27.10.1987, VII R18/83, BeckRS 1987, 22008264; *Müller-Eiselt* EG-Zollrecht Fach 7300, 15.
[150] Zur Verbundenheit vgl. Art. 29 Abs. 1 Buchst. d) ZK, 143 ZK-DVO.
[151] *Müller-Eiselt* in EG-Zollrecht, Art. 32 ZK Rn. 260.

den Verkäufer H-Inc., sondern an eine dritte Person (hier: M-Corp.). Als mit der D-GmbH unverbundene Person kann die H-Inc. die Zahlung der Lizenzgebühr von D-GmbH an M-Inc. nicht verlangen. Mangels Verbundenheit zwischen M-Corp. und H-Inc. ist es der M-Corp. ebenfalls nicht möglich, auf die H-Inc. dergestalt einzuwirken, dass bei fehlenden Lizenzzahlungen keine Warenlieferung von der H-Inc. an die D-GmbH mehr erfolgt. Insofern ist die Zahlung der Lizenzgebühr von der D-GmbH an die M-Corp. keine Bedingung des Kaufgeschäfts zwischen H-Inc. und D-GmbH. Eine Bedingung des Kaufgeschäfts läge nur dann vor, wenn M-Corp. und H-Inc. zollwertrechtlich verbunden sind.

225–237 *(einstweilen frei)*

3. Finanzierungszinsen

233 Zinsen für die Kaufpreisfinanzierung der importierten Waren können unter bestimmten Voraussetzungen bei der Ermittlung des Zollwerts unberücksichtigt bleiben (s. Rn. 196 ff.). Hierzu führt Art. 33 Buchst. c) ZK aus:

234 „Die nachstehenden Aufwendungen oder Kosten werden nicht in den Zollwert einbezogen, vorausgesetzt, dass sie **getrennt** von dem für die eingeführten Waren tatsächlich gezahlten oder zu zahlenden Preis **ausgewiesen** werden:

c) Zinsen, die im Rahmen einer vom Käufer abgeschlossenen Finanzierungsvereinbarung in Bezug auf den Kauf eingeführter Waren zu zahlen sind, unabhängig davon, ob der Kredit vom Verkäufer, von einer Bank oder von einer anderen Person zur Verfügung gestellt worden ist, vorausgesetzt, dass die **Finanzierungsvereinbarung schriftlich** abgeschlossen worden ist und der Verkäufer auf Verlangen nachweist, dass

– solche Waren tatsächlich zu dem Preis verkauft werden, der als tatsächlich gezahlter oder zu zahlender Preis angemeldet worden ist, und

– der geltend gemachte Zinssatz nicht höher ist als der **übliche Zinssatz** für derartige Geschäfte in dem Land und in dem Zeitpunkt, in dem der Kredit zur Verfügung gestellt wurde."

235 Zur Auslegung des Begriffs „getrennter Ausweis" des Abzugspostens einschließlich der Art und des Zeitpunkts der Geltendmachung der in Art. 33 ZK aufgeführten Posten sei auf die Ausführungen in IV. verwiesen.

Um das Einbeziehen von Zinsen in den Zollwert zu vermeiden, bedarf es einer Finanzierungsvereinbarung für den Kauf der eingeführten Waren. Darunter ist eine vom Käufer abgeschlossene Vereinbarung zu verstehen, aufgrund derer dem Käufer ganz oder teilweise die Mittel zur Begleichung des Kaufpreises zur Verfügung gestellt werden.[152]

236 Eine Finanzierungsvereinbarung hat einen Zielpreis zum Inhalt, da der Warenpreis nicht bei Lieferung, sondern einige Zeit später zu zahlen ist. Mithin liegt eine vom Verkauf getrennte Leistung, nämlich eine Kreditgewährung vor. Die Zinszahlungen stellen das Entgelt für diese Kreditierungsleistung dar. Der Zielpreis beinhaltet dementsprechend den eigentlichen Warenpreis sowie einen Zinszuschlag.

237 Da nach dem Gedanken des Zollwertrechts aber nur Waren, nicht jedoch Dienstleistungen mit Einfuhrabgaben belastet werden sollen, ist die Kreditie-

---

[152] *Witte* Zollkodex, Art. 33 Rn. 19.

rungsleistung nicht in den Zollwert einzubeziehen. Darum ist es irrelevant,[153] ob der Verkäufer, eine Bank oder eine andere Person den Kredit gewährt.

Im Falle der Verbundenheit zwischen Käufer und Verkäufer wird besonders **238** kritisch untersucht, ob bei einer Kreditgewährung durch den Verkäufer echte Zinszahlungen oder verdeckte Kaufpreiszahlungen vorliegen. Entsprechendes gilt bei einer wirtschaftlichen und/oder persönlichen Verflechtung/Verbundenheit des Verkäufers mit einer den Kredit gewährenden Bank. Geht die Verwaltung von verdeckten Kaufpreiszahlungen aus, bezieht sie diese in den Zollwert mit ein.

Wie bereits erwähnt, sieht Art. 33 ZK für die Vereinbarung zwingend die Schriftform vor (s. Rn. 234). Dabei dürfte die Unterzeichnung beider Parteien auf derselben Urkunde entbehrlich sein. Vielmehr soll auch die formlose Annahme eines schriftlich dokumentierten Kreditangebotes ausreichen (EuGH vom 4.6.1992[154] sowie Präambel des GATT-Zollwert-Kodex).

Bis zu der erwähnten EuGH-Entscheidung hat die deutsche Zollverwal- **239** tung Zielpreise in keinem Fall als Finanzierungsvereinbarung anerkannt. Im Gegensatz dazu sieht der EuGH gerade in dem Kauf auf Ziel eine Finanzierungsvereinbarung. Nach seiner Auffassung sind unter „Zinsen im Rahmen einer Finanzierungsvereinbarung in Bezug auf den Kauf eingeführter Waren auch Zinsen zu verstehen, die deswegen zu zahlen sind, weil der Verkäufer dem Käufer ein von diesem akzeptiertes Zahlungsziel für die Bezahlung der eingeführten Waren eingeräumt hat".

Die Finanzierungsvereinbarung muss sich auf den Kauf der eingeführten **240** Ware beziehen.

Die einfachste und in der Praxis gängigste Möglichkeit, den Bezug zwischen Finanzierungsvereinbarung und Einfuhrware herzustellen, ist die Vorlage eines generellen Kreditvertrags sowie der jeweiligen Warenrechnung, in der die Zinsen gesondert ausgewiesen sind und sich ein Hinweis auf die Vereinbarung findet.

Art. 33 Buchst. c) ZK räumt der Zollverwaltung das Recht ein, sich vom **241** Käufer nachweisen zu lassen, dass die Waren tatsächlich zu dem Preis verkauft werden, der als Kaufpreis angemeldet wurde. Darüber hinaus kann der Nachweis verlangt werden, dass der geltend gemachte Zinssatz nicht höher ist als der übliche Zinssatz für derartige Geschäfte in dem Land und zu dem Zeitpunkt, an dem der Kredit zur Verfügung gestellt wurde. Diese Vorschrift knüpft an das allgemeine Recht der Verwaltung, sich von der Richtigkeit und Genauigkeit der Angaben, Erklärungen und Unterlagen zu überzeugen.[155] Von dieser Möglichkeit macht die Zollstelle im Einzelfall Gebrauch, wenn sie Zweifel an der Richtigkeit bzw. Genauigkeit hat. Sie muss diese Zweifel allerdings weder äußern noch belegen.

Beispiel 11: Ein amerikanischer Autohersteller verkauft Kraftfahrzeuge an seinen in **242** Deutschland ansässigen Zentralimporteur. Die Kraftfahrzeuge werden nach Deutschland importiert und zum freien Verkehr abgefertigt. Der Autohersteller stellt dem Zentralimporteur für ein Kraftfahrzeug USD 10.000 (FOB Bremerhaven) in Rechnung, zahlbar 150 Tage nach Verschiffung. Die Importrechnung weist zusätzlich zum

---

[153] Gem. Art. 33 ZK.
[154] RIW 1992, 682.
[155] Insb. Art. 14 ZK iVm Art. 178 Abs. 4 ZK-DVO.

Kaufpreis noch Zinsen für das gewährte Zahlungsziel aus und verweist auf eine zwischen dem Autohersteller und seinem Zentralimporteur geschlossene Finanzierungsvereinbarung. Unter der Voraussetzung eines üblichen Zinssatzes bleiben die Zinsen bei der Ermittlung des Zollwertes unberücksichtigt.

243–246   *(einstweilen frei)*

4. Contract Manufacturing

a) Passiver Veredelungsverkehr

aa) Begrifflichkeiten

247   Zum besseren Verständnis des Verfahrens der zollrechtlichen passiven Veredelung ist es unerlässlich, zunächst einige Begrifflichkeiten zu erläutern, die in den weiteren Ausführungen wiederholt vorkommen werden.

Passiver Veredelungsverkehr

248   Im Rahmen des passiven Veredelungsverkehrs werden Gemeinschaftswaren[156] vorübergehend aus dem Zollgebiet der Gemeinschaft[157] ausgeführt („Waren der vorübergehenden Ausfuhr"),[158] um nach Abschluss der Veredelungsvorgänge[159] im Drittland in Form von Veredelungserzeugnissen[160] in die EU zurückzukehren.

249   Hierbei ist es aus zollwertrechtlicher Sicht unbeachtlich, ob der Veredeler im Rahmen eines reinen Lohnauftrags tätig wird (Lohnveredelung[161]) oder die Ware zunächst einkauft und das aus der Veredelung hervorgegangene Erzeugnis wieder verkauft (Eigenveredelung[162]).

Der passive Veredelungsverkehr bedarf vor seiner Inanspruchnahme einer zollamtlichen Bewilligung. Die passive Veredelung stellt – wirtschaftlich betrachtet – das Spiegelbild der aktiven Veredelung dar. Auch hier geht es darum, den in der Gemeinschaft ansässigen Unternehmen die Möglichkeit internationaler Arbeitsteilung offenzuhalten. So ist es in einigen Bereichen notwendig, Herstellungshandlungen in Ländern vornehmen zu lassen, in denen die Standortfaktoren anders, idR günstiger als die in der Gemeinschaft sind (Niedriglohnländer).[163]

Waren der vorübergehenden Ausfuhr

250   Im Art. 145 Abs. 3 Buchst. a) ZK werden die Waren der vorübergehenden Ausfuhr als Waren definiert, die „in das Verfahren der passiven Veredelung überführt worden sind". Aus der Formulierung des Art. 145 Abs. 1 ZK wird ergänzend klar, dass es sich bei Waren der vorübergehenden Ausfuhr grundsätzlich

---

[156] Begriffsdefinition s. Art. 4 Nr. 7 ZK.
[157] Vgl. Art. 3 ZK.
[158] Vgl. nachstehend Rn. 250.
[159] Vgl. Art. 145 Abs. 3 Buchst. b) iVm Art. 114 Abs. 2 Buchst. c) ZK sowie nachstehend Rn. 251.
[160] Vgl. Art. 145 Abs. 3 Buchst. c) ZK sowie nachstehend Rn. 253.
[161] Vgl. Rn. 254.
[162] Vgl. Rn. 254.
[163] *Müller-Eisele* Kommentar Zollwert, Kennung 4420, Abs. 2.

um Gemeinschaftswaren handeln muss. Sofern ein EU-Unternehmer Waren zur Be- oder Verarbeitung ins Drittland transportieren lassen möchte, die zuvor aus einem Drittland in die EU gekommen und hier noch nicht zum zollrechtlich freien Verkehr abgefertigt worden sind – zu denken wäre hier etwa an Waren, die sich im Zolllagerverfahren befinden –, so müssen diese zunächst durch die Abfertigung zum freien Verkehr Gemeinschaftswaren werden, bevor sie in das Zollverfahren der passiven Veredelung überführt werden können. Art. 145 Abs. 3 Buchst. a) ZK-DVO stellt außerdem klar, dass sich diese Waren, obwohl Gemeinschaftswaren, ab dem Zeitpunkt der Überführung in das Zollverfahren der passiven Veredelung[164] unter zollamtlicher Überwachung befinden.[165]

Veredelungsvorgänge

Als Veredelungsvorgänge gelten alle im Rahmen eines Produktionsprozesses vorstellbaren Tätigkeiten, insb.   **251**
- die Bearbeitung von Waren einschließlich ihrer Montage, Zusammensetzung und Anpassung an andere Waren;
- die Verarbeitung von Waren;
- die Ausbesserung von Waren einschließlich ihrer Instandsetzung und Regulierung.[166]

Veredelt iSd ZK wird also jede Ware, die in irgendeiner Weise zur Herstellung der fertigen Ware verwendet wird, gleichgültig ob und in welchem Umfang sie dabei selbst verändert wird.[167] Es ist daher für die zollamtliche „Anerkennung" als Veredelungsvorgang unerheblich, worin die Be- oder Verarbeitung besteht. Ferner spielt es keine Rolle, ob im Drittland ein oder gleich mehrere Veredelungsvorgänge vorgenommen werden. Schließlich ist es auch möglich, dass der Veredeler im Drittland außerdem noch andere als Gemeinschaftswaren einsetzt. Das Veredelungserzeugnis muss nicht ausschließlich aus EU-Erzeugnissen hergestellt worden sein.   **252**

Veredelungserzeugnisse

Veredelungserzeugnisse sind lt. Art. 145 Abs. 3 Buchst. c) ZK alle Erzeugnisse, die aus Veredelungsvorgängen entstanden sind. Gemeint sind hierbei aber nur bewilligte Veredelungsvorgänge.[168] In der ZK-DVO wird zwischen Hauptveredelungserzeugnissen, dh solchen Veredelungserzeugnissen, für deren Herstellung das Verfahren der pVV bewilligt wurde, und Nebenveredelungserzeugnissen, die bei dem Veredelungsvorgang zwangsläufig anfallen, unterschieden.[169]   **253**

Lohn- oder Eigenveredelung

Wie vorstehend bereits ausgeführt,[170] ist es aus zollrechtlicher Sicht unbeachtlich, ob ein passiver Veredelungsverkehr als Lohn- oder Eigenveredelungsverkehr durchgeführt wird. Deshalb findet man weder im ZK noch in der ZK-DVO eine Definition dieser Begriffe. Als Lohnveredelung wird dabei   **254**

---

[164] Vgl. Art. 4 Nr. 16 Buchst. g) ZK.

[165] Art. 59 Abs. 2 ZK.

[166] Vgl. Art. 114 Abs. 2 ZK.

[167] *Friedl* in Schwarz/Wockenfoth, Zollrecht, Art. 145, Rn. 8.

[168] *Witte* in Witte, Zollkodex, zum Art. 145 ZK Rn. 37.

[169] Vgl. Art. 496 Buchst. k) und l) ZK-DVO.

[170] Vgl. Rn. 249.

die Veredelung gem. Weisung und für Rechnung des Auftraggebers verstanden.[171] In diesem Fall stellt der EU-ansässige Auftraggeber dem im Drittland ansässigen Lohnveredeler die zu veredelnden Produkte bei. Bei Eigenveredelung beschafft sich der Veredeler die Stoffe selbst. Dabei ist es möglich, dass er sie vom Auftraggeber einkauft, oder dass er sie von fremden Dritten zum Zwecke der Veredelung erwirbt.

bb) Funktionsweise des pVV

255   Im Rahmen des passiven Veredelungsverkehrs werden Gemeinschaftswaren vorübergehend aus dem Zollgebiet der Gemeinschaft ausgeführt, um als Veredelungserzeugnisse in die EU zurückzukehren. Würde man die Veredelungserzeugnisse einer „normalen" Einfuhrabfertigung unterwerfen, dh sie so betrachten, als kämen sie insgesamt aus dem Land der Veredelung, würden die in den Veredelungserzeugnissen enthaltenen Gemeinschaftswaren, die entweder bereits einmal einer Einfuhrabfertigung in der EU zugeführt oder aber in der EU hergestellt worden sind, ebenfalls verzollt. „Zollpolitisch liegt dieser Regelung die Überlegung zu Grunde, dass der Zollschutz der in der EU ansässigen Unternehmen zu genau diesem Zeitpunkt wirken muss, die während der Veredelung wirksam gewordenen Zollsatzänderungen werden somit berücksichtigt."[172]

Differenzverzollung

256   Um die Verzollung der vorübergehend ausgeführten Gemeinschaftswaren zu vermeiden, sah das Zollrecht der EU bis zum 1. Juli 2001 – mit Ausnahme der Ausbesserungsverkehre – ausschließlich die so genannte Differenzverzollung vor. Sie besagt, dass bei der Überführung der Veredelungserzeugnisse in den zollrechtlich freien Verkehr der Gemeinschaft nicht der nach den üblichen Vorschriften zu berechnende Zollbetrag zu erheben ist, sondern lediglich die Differenz zum Zollbetrag, der für die Waren der vorübergehenden Ausfuhr zu erheben wäre, würden diese zur gleichen Zeit und unter den selben Umständen wie die Veredelungserzeugnisse in das Zollgebiet der Gemeinschaft eingeführt.[173] Es wird also ein fiktiver Zollbetrag für die in den Veredelungserzeugnissen enthaltenen Waren der vorübergehenden Ausfuhr von dem für die Veredelungserzeugnisse selbst zu zahlenden Zollbetrag abgezogen.

Zollwert der Veredelungserzeugnisse

257   Für die Zollwertermittlung der Veredelungserzeugnisse gelten die bereits ausführlich erläuterten Zollwertermittlungsmethoden.[174] Dabei ist die Bewertung nach der Grundmethode des Art. 29 ZK, die das Vorliegen eines Kaufgeschäfts voraussetzt, nur in den Fällen der Eigenveredelung[175] möglich, da allein unter dieser Konstellation ein Verkauf des Veredelungserzeugnisses vorliegt.

---

[171] Vgl. insoweit zum Begriff bei der aktiven Veredelung Art. 536 Buchst. b) ZK-DVO.
[172] *Beußel* in Dorsch, Zollrecht, Art. 151 ZK, Rn. 6.
[173] *Müller-Eiselt* Der Veredelungsverkehr, Kap. 39 I 39/2.
[174] Vgl. Rn. 52 ff.
[175] Begriff s. vorstehend Rn. 254.

Bei Lohnveredelung tritt an die Stelle des zu zahlenden Kaufpreises das   **258** vom Auftraggeber zu zahlende Veredelungsentgelt. Um auf der Basis dieses Veredelungsentgelts den Zollwert für die Veredelungserzeugnisse zu ermitteln, muss das Veredelungsentgelt um folgende Hinzurechnungsposten korrigiert werden:

– Kosten der Beistellungen (Art. 32 Abs. 1 Buchst. b) i ZK)
– Umschließungskosten (Art. 32 Abs. 1 Buchst. a) ii ZK)
– Verpackungskosten (Art. 32 Abs. 1 Buchst. a) iii ZK)
– Beförderungskosten vom Ort der Veredelung bis zum Ort des Verbringens in das Zollgebiet der Gemeinschaft (Art. 32 Abs. 1e) i ZK)[176]

Dagegen bleiben die entsprechenden Kosten für die Waren der vorüber-   **259** gehenden Ausfuhr sowohl bei der Ermittlung des Zollwerts der Veredelungserzeugnisse als auch bei der Ermittlung des Minderungsbetrages unberücksichtigt (Art. 151 Abs. 2 ZK iVm Art. 590 ZK-DVO – das Verbot des Einbeziehens dieser Kosten enthielt die Vorläuferregelung des Art. 590 ZK-DVO, der Art. 771 ZK-DVO aF). Sind sie aber im Wert enthalten, erfolgt kein Herausrechnen.

Minderungsbetrag

Der Zollbetrag, der auf der Basis des vorstehend erläuterten Systems der   **260** Zollwertermittlung zu erheben ist, wird bei der Differenzverzollung um einen fiktiv zu erhebenden Betrag für die Waren der vorübergehenden Ausfuhr gemindert. Es wird dabei fingiert, dass die Waren der vorübergehenden Ausfuhr in dem Zustand, in dem sie ausgeführt wurden, zum selben Zeitpunkt wie die Veredelungserzeugnisse zum freien Verkehr abgefertigt werden.

Für Menge und Beschaffenheit der Waren der vorübergehenden Ausfuhr wird also auf den Zeitpunkt der Annahme der Ausfuhranmeldung abgestellt. Für den Zollsatz und die Zollvorschriften ist der Zeitpunkt der Annahme der Anmeldung der Veredelungserzeugnisse zum freien Verkehr maßgeblich.[177]

Der fiktive Zollwert der Waren der vorübergehenden Ausfuhr kann auf   **261** zwei Arten ermittelt werden:

– Ist der Zollwert der Veredelungserzeugnisse nach der vorstehend geschilderten Methode ermittelt worden (Veredelungsentgelt berichtigt gem. Art. 32 ZK), so entspricht der Zollwert für die Waren der vorübergehenden Ausfuhr dem Hinzurechnungsbetrag der Beistellungen gem. Art. 32 Abs. 1 Buchst. b) ZK.
– Ist der Zollwert der Veredelungserzeugnisse auf andere Weise ermittelt worden, so entspricht der Wert der Waren der vorübergehenden Ausfuhr dem Unterschied zwischen dem Zollwert der Veredelungserzeugnisse und Veredelungskosten bzw. -entgelt.[178]

Mehrwertverzollung

Seit dem 1. Juli 2001 besteht in der EU die Möglichkeit, die Einfuhrabfer-   **262** tigung der Veredelungserzeugnisse auf der Basis des im Drittland erzielten Mehrwerts vorzunehmen. Bis zu diesem Zeitpunkt war diese sog. Mehrwert-

---

[176] Vgl. zu den Hinzurechnungsposten vorstehend Rn. 160 ff.
[177] *Witte,* Zollkodex zu Art. 151 Rn. 13.
[178] Ausführlich hierzu: *Müller-Eiselt* in EG-Zollrecht I 39/15 ff.; wegen der Beförderungskosten s. vorstehend Rn. 259.

verzollung nur bei Ausbesserungsverfahren zulässig.[179] Die Anwendung dieses Verfahrens erfolgt allerdings nur auf Antrag.[180]

Ausgangspunkt für die Ermittlung der Einfuhrabgaben ist wiederum das Veredelungsentgelt, das entsprechend den Vorschriften des Art. 32 ZK korrigiert werden muss.[181]

263, 264 *(einstweilen frei)*

b) Warenursprungs- und Präferenzrecht

aa) Präferenzabkommen der EU

265 Die EU hat mit zahlreichen Ländern und Ländergruppen bilaterale Präferenzabkommen zur gegenseitigen Gewährung von Zollermäßigungen oder gar -freiheiten geschlossen. Daneben gewährt die EU einseitig vielen Ländern Zollpräferenzen beim Import ihrer Waren in die EU (unilaterale Präferenzabkommen). Von den bilateralen Abkommen sind derzeit jene mit der Schweiz und Norwegen die für die EU-Wirtschaft bedeutendste.

266 Aus Sicht eines deutschen bzw. EU-Unternehmers können beide Arten der Präferenzabkommen von Bedeutung sein: die unilateralen, weil sie EU-Unternehmern die Möglichkeit eröffnen, beim Einkauf in bestimmten Ländern durch Einsparen von Zollabgaben günstige Einstandspreise zu erzielen.

Die bilateralen Abkommen hingegen ermöglichen nicht nur günstigere Einkäufe. Auch beim Verkauf in die entsprechenden Abkommensstaaten kann sich für den EU-Unternehmer ein Wettbewerbsvorteil ergeben, wenn dieser ein Produkt liefern kann, das beim Import in den jeweiligen Partnerstaat nur ermäßigten oder gar keinen Zöllen unterliegt.

bb) Ursprungskriterien

267 Sowohl die unilateralen Abkommen als auch die bilateralen basieren auf dem sog. Ursprungsprinzip. In den Genuss einer Zollermäßigung oder Zollfreiheit sollen beim Import in einen Abkommensstaat demnach nur diejenigen Waren kommen, die ihren präferenzrechtlichen Ursprung im jeweiligen anderen Abkommensstaat haben, aus dem die Ware geliefert wurde. Ihren präferenzrechtlichen Ursprung können Erzeugnisse dabei einheitlich in allen Präferenzabkommen auf zwei Arten erlangen:
– durch die vollständige Herstellung im Exportland[182] oder
– durch eine ausreichende Be- bzw. Verarbeitung im Exportland.[183]

Vollständige Herstellung

268 Vollständig hergestellt ist ein Produkt im Sinne der präferenzrechtlichen Vorschriften dann, wenn sämtliche für die Produktion dieses Erzeugnisses benötigten Bestandteile (sog. Vormaterialien) selbst ihren Ursprung im Land der Herstellung haben.

---

[179] Vgl. Art. 153 Unterabs. 2 ZK iVm Art. 591 ZK-DVO.

[180] Weiterführend hinzu vgl. *Witte,* Zollkodex zu Art. 153 ZK.

[181] Vgl. hierzu vorstehend Rn. 258.

[182] Vgl. zB Art. 5 Protokoll Nr. 3 zum Abk. EU-Schweiz, abgedruckt unter VSF Z 41 35-7.

[183] So bspw. Art. 6 Protokoll 3 zum Abk. EU-Schweiz.

Beispiel: Ein Möbelhersteller in der EU produziert einen Stuhl aus Holz. Das benötigte Holz hat er selbst aus den in der EU gefällten Bäumen zurechtgeschnitten. Die Nägel und den Leim, die zur Herstellung des Stuhls benötigt werden, hat er als EU-Ursprungserzeugnisse eingekauft. Die so gefertigten Stühle sind im Sinne des Kriteriums „vollständige Herstellung" EU-Ursprungswaren, da alle eingesetzten Vormaterialien ihren Ursprung in der EU haben.

Ausreichende Be- oder Verarbeitung

Der weitaus häufiger vorkommende Fall dürfte aber in der heutigen Zeit **269** eher derjenige sein, dass ein Produktionsunternehmen auch solche Vorprodukte zur Herstellung seines Exportprodukts einsetzt, die ihren Ursprung in Ländern außerhalb der EU haben. In einem solchen Fall kann mit Hilfe der ersten Ursprungsregel („vollständige Herstellung") der präferenzrechtliche Ursprung EU nicht erreicht werden. Eine auf diese Art produzierte Ware könnte den präferenzrechtlichen Ursprung der EU dennoch erlangen, wenn das eingesetzte Nicht-EU-Vormaterial in der EU eine sog. ausreichende Be- oder Verarbeitung erfahren hätte.

Die Mindestbearbeitungsschritte, die in der EU an Nicht-EU-Vormaterialien (sog. Vormaterialien ohne Ursprung) vorgenommen werden müssen, damit **270** iSd Präferenzabkommens eine ausreichende Be- bzw. Verarbeitung in der EU erfolgt, sind in Anhängen zu den Präferenzabkommen in Listenform aufgeführt.[184] Der Anhang orientiert sich dabei an der für das jeweilige Exportprodukt maßgeblichen zolltariflichen Position des Harmonisierten Systems (HS).[185]

Beispiel: Will der im obigen Beispiel genannte Hersteller der Holzstühle wissen, ob sein Produkt beim Export nach China trotz eingesetzten Holzes zB russischen Ursprungs präferenzberechtigt ist, muss er in der Liste zu den Abkommen der EU mit der Schweiz die Listenbedingung zu der Position des betroffenen Exportprodukts nachschlagen,[186] hier HS-Pos. 9402. Da für diese Position keine eigenen Mindestbearbeitungen genannt sind, wären in diesem Fall die Bedingungen der Auffangposition „ex Kap. 94" zu erfüllen.

In dem vorstehend beschriebenen Beispiel findet man in der genannten Listenposition eine Bedingung, die in allen bilateralen Präferenzabkommen häufig **271** zur Ermittlung des präferenziellen Ursprungs zu finden ist: Als ausreichende Be- oder Verarbeitung gilt demnach eine Herstellungshandlung, bei der der Wert aller verwendeten Vormaterialien, die ihren präferenzrechtlichen Ursprung nicht in der EU haben, 40% des Ab-Werk-Preises der fertigen Ware nicht überschreitet. Wird dieser Prozentsatz überschritten, kann alternativ eine andere Bedingung einschlägig sein: Als ausreichende Be- oder Verarbeitung gilt für das Kap. 94 auch das Herstellen aus Vormaterialien jeder Position, ausgenommen aus Vormaterialien derselben Position wie die hergestellte Ware.

---

[184] Vgl. zB Liste im Anh. zum Protokoll Nr. 3 des Abkommens EU-Schweiz.

[185] Das HS ist in der Mehrzahl der an der Weltwirtschaft teilnehmenden Länder einheitliches Nummernschema zur Klassifizierung von Waren; hierzu s. *Friedrich* in Schwarz/Wockenfoth, Kommentar Zollrecht, zu Art. 20 ZK.

[186] Zur Ermittlung der korrekten Zolltarifnummer kann ein Antrag auf Erteilung einer verbindlichen Zolltarifauskunft gestellt werden (vgl. hierzu Rn. 31 f.).

Wert der Vormaterialien ohne Ursprung

272 Vormaterialien ohne Ursprung sind, wie bereits dargestellt, Erzeugnisse, die bei der Produktion eingesetzt werden und die ihren präferenzrechtlichen Ursprung nicht im Land der Produktion haben. Für die Präferenzkalkulation ist es erforderlich, den Wert dieser Vormaterialien zu ermitteln. Hinsichtlich der Ermittlung dieses Wertes folgende Bestimmungen:

1. Sind die Vormaterialien ohne Ursprung in das Land der Produktion importiert worden, ist der Zollwert im Zeitpunkt der Einfuhr maßgeblich.
2. Für Waren unbestimmbaren Ursprungs soll der erste Preis zugrunde gelegt werden, der für diese Produkte im Land der Produktion gezahlt wurde. Dabei soll der Preis dem Betrag entsprechen, der bei einem Verkauf unter den Bedingungen des freien Wettbewerbs zwischen unabhängigen Käufern und Verkäufern zu zahlen wäre.[187]

273 Der Wert der Vormaterialien ohne Ursprung soll also einem Fremdvergleich standhalten und dem Preis zwischen unabhängigen Dritten entsprechen. Während es für Waren unbestimmbaren Ursprungs explizit gesagt wird, gilt dies implizit auch für importierte Vormaterialien ohne Ursprung, denn für diese wird der Fremdvergleich im Rahmen der Überprüfung des Zollwerts angewendet.[188] Der EU-ansässige Produzent zu exportierender Waren muss dementsprechend für alle eingesetzten Vormaterialien ohne EU-Ursprung belegen können, dass der dafür von ihm gezahlte Preis dem Fremdvergleich standhält – sei es in Form des Zollwerts, sei es in Form eines angemessenen Rechnungspreises.

274 Gerade den Preisen der Vormaterialien ohne Ursprung dürfte bei späteren Prüfungen durch die Zollbehörden eine erhöhte Aufmerksamkeit geschenkt werden. Aufgrund der häufig in den Listenbedingungen genannten Vom-Hundertsatz-Klauseln gemessen am Ab-Werk-Preis der hergestellten Ware kann ein niedriger Einkaufspreis der Vormaterialien ohne Ursprung zur Einhaltung der Listenbedingungen beitragen. Daher ist es umso wichtiger belegen zu können, dass der Wert der Vormaterialien ohne Ursprung wie unter fremden Dritten ermittelt wurde.

Ab-Werk-Preis der hergestellten Ware

275 Für Endprodukte, dh für die zu exportierende Ware, ist der Preis „ab Werk" einschließlich der Kosten für Umschließungen bei der Präferenzkalkulation maßgeblich.[189] Ab-Werk-Preis ist der Preis, den der Hersteller seinem Kunden ab Werk, dh exklusive aller Beförderungskosten in Rechnung stellen würde.

276 Ist ein solcher Preis nicht ermittelbar, zB weil bei der Ausfuhr kein Verkaufsgeschäft vorliegt, ist der Preis zu schätzen. Dabei soll auch dieser Preis dem Betrag entsprechen, wie er unter fremden Dritten zu zahlen wäre. Auch hier wird auf den Fremdvergleichsgrundsatz zurückgegriffen. Dabei dürfte hinsichtlich des Ab-Werk-Preises des hergestellten Erzeugnisses der Fremd-

---

[187] Vgl. dazu VSF Z 4210 Abs. 10 geändert durch DV Z 4390 (E-VSF N 03 2012 (Nr. 9)); sowie auch zB Art. 5 des Protokolls Nr. 4 über die Ursprungswaren zum EWR-Abkommen.

[188] Vgl. vorstehend Rn. 52 ff.

[189] Vgl. Z 42 13 Abs. 12 f.

vergleich bei einem Verkauf des EU-Exporteurs an seine in Ungarn ansässige Tochtergesellschaft eher in Betracht ziehen, ob dieser Preis nicht zu hoch angesetzt wurde, um die Bestimmungen in den Prozentklauseln der Anhänge zum Präferenzabkommen einhalten zu können. Allerdings dürfte der Ansatz eines zu hohen Ab-Werk-Preises vor dem Hintergrund des damit steigenden Gewinns im Inland eher selten vorkommen.

(einstweilen frei) 277–280

c) Folgen zu Unrecht ausgestellter Präferenznachweise

Ist der EU-Unternehmer, der sein Produkt in einen Abkommensstaat, zB 281 nach Ungarn, verkauft, der Ansicht, dass sein Erzeugnis im Sinne des Abkommens der EU mit der Schweiz eine Ursprungsware ist, so kann er die Ausstellung eines Präferenznachweises beantragen, dessen Vorlage beim Import in dem Abkommensstaat zur Erhebung ermäßigter Zölle oder gar zur Zollfreiheit führt.

Wird ein Präferenznachweis auf der Basis nicht zutreffender Informationen 282 ausgestellt und erhält der Importeur aufgrund dieses Dokuments Zollermäßigung oder gar -freiheit, so kann dies bei Entdecken des Fehlers und rückwirkendem Widerruf des Präferenznachweises durch die Zollbehörden für den Exporteur mehrere Folgen haben:
1. Der Importeur wird die nicht oder zu wenig gezahlten Zollabgaben nachentrichten müssen. Er wird dann evtl. versuchen, sich zivilrechtlich gegenüber seinem Lieferanten, dh dem deutschen Unternehmen, schadlos zu halten.
2. Gemäß deutscher Abgabenordnung kann die unrichtige Ausstellung eines Präferenznachweises, durch den es zur verminderten Erhebung von Einfuhrabgaben im Bestimmungsland kommt, einen Bußgeld- oder gar Straftatbestand darstellen.[190] Es kann somit theoretisch ein Verfahren gegen den deutschen Exporteur eingeleitet werden, obwohl die steuerlichen Auswirkungen gar nicht in Deutschland zum Tragen kommen.

5. Preisanpassungen

Im Rahmen von Verrechnungspreiskorrekturen stellt sich regelmäßig die 283 Frage, ob derartige zeitlich nach dem Import einer Ware stattfindenden Korrekturen Auswirkungen auf den Zollwert haben. Bei einer nachträglichen Erhöhung der Verrechnungspreise würden die Korrekturen zu einer Erhöhung des Zollwertes und damit zu einer **nachträglichen Zollbelastung** führen, wohingegen eine nachträgliche Minderung der Verrechnungspreise eine **Erstattung bereits erhobener Zollabgaben** nach sich zöge.

In der Regel wird der Zollwert nach der sog. Transaktionswertmethode er- 284 mittelt.[191] Ausgangsbasis für die Zollwertermittlung ist dabei der tatsächlich gezahlte oder zu zahlende Preis (in aller Regel der **Kaufpreis** für die Ware). Eine Ermittlung des Zollwertes anhand der Transaktionswertmethode scheidet le-

---

[190] Vgl. § 370 Abs. 6 AO, § 378 Abs. 1 S. 2 AO.
[191] Art. 29 ZK.

diglich dann aus, wenn der Kaufpreis durch die Verbundenheit zwischen Verkäufer und Käufer beeinflusst ist.[192] Beim Import hat der Zollanmelder in der Zollanmeldung sämtliche Angaben zu machen und Unterlagen beizufügen, die es der Zollverwaltung ermöglichen, den Zollwert auf Basis des Transaktionswertes festzusetzen.[193] Bei der Abgabe der entsprechenden Zollanmeldung kommt der **Rechnung** eine zentrale Bedeutung zu. Diese ist bei der Anmeldung der Waren **stets vorzulegen.**[194] Bei Abfertigungen zum freien Verkehr entsteht mit der Annahme der Zollanmeldung durch die Zollverwaltung die Zollschuld auf Basis des angemeldeten Zollwertes.[195] **Nachträgliche Berichtigungen** der Zollanmeldung sind nach Überlassung der Ware **nicht mehr möglich.**[196] Der Zollanmelder kann dann lediglich noch eine nachträgliche Überprüfung der Zollanmeldung begehren (zB bei nachträglich eingeräumten Preisnachlässen).[197]

285   Erfolgen Änderungen des Kaufpreises auf Basis **nachträglicher Vereinbarungen,** dh nach Annahme der entsprechenden Zollanmeldung, haben diese Änderungen **keine Auswirkungen** mehr auf den bereits angemeldeten Zollwert. Der Zollanmelder ist nicht verpflichtet, einen höheren Zollwert nachträglich anzumelden. Er kann allerdings auch keine Erstattung bereits entrichteter Zollabgaben mehr begehren.

286   Nachträgliche Änderungen der Verrechnungspreise können somit lediglich dann einen Einfluss auf den bereits angemeldeten Zollwert haben, wenn die Grundlage für die Änderung bereits zum zollrechtlich maßgebenden Zeitpunkt (bei Abfertigungen zum freien Verkehr bei der Annahme der Zollanmeldung) feststeht. Es bedarf daher einer vorab geschlossenen vertraglichen Vereinbarung zwischen Verkäufer und Käufer im Hinblick auf die genauen Konditionen einer nachträglichen Verrechnungspreiskorrektur. Diese müssen dem Grunde nach bereits beim Import feststehen; lediglich die Bestimmung der Höhe darf von nachträglichen Ereignissen abhängen.

287   Erfolgt im Nachhinein eine Korrektur der Verrechnungspreise durch Nachbelastung an den Käufer, hat dieser die Nachbelastung den Zollbehörden anzuzeigen. Ansonsten kann er sich einer Steuerhinterziehung nach § 370 AO schuldig machen. Erfolgt im Nachhinein eine Korrektur der Verrechnungspreise durch Gutschrift, kann der Zollanmelder grundsätzlich eine Erstattung der Zollabgaben begehren.[198]

Beispiel: Ein amerikanischer Hersteller von Elektrowerkzeugen bedient sich für den Vertrieb in Deutschland seiner deutschen Tochtergesellschaft. Die Elektrowerkzeuge werden in den USA hergestellt und nach Deutschland importiert. Die Verrechnungspreise für die Elektrowerkzeuge werden anhand der Wiederverkaufsmethode in Verbindung mit der Gewinnaufteilungsmethode ermittelt. Der zugrundeliegende Vertrag sieht vor, dass eine jährliche Überprüfung der Gewinne vorzunehmen ist.

---

[192] Art. 29 Abs. 2 ZK.

[193] Art. 62 ZK.

[194] Art. 218 ZK-DVO.

[195] Art. 201 Abs. 2 ZK.

[196] FG Bremen 14.12.1999, ZfZ 2000, 98; EuGH 8.6.1994 – C–371/92, ZfZ 1994, 277/278.

[197] Art. 78 ZK.

[198] Gem. Art. 239 ZK (Erstattungsantrag) oder im Rahmen einer nachträglichen Überprüfung der Zollanmeldung gem. Art. 78 ZK).

Die deutsche Tochtergesellschaft fertigt die Elektrowerkzeuge bei ihrer Einfuhr zum freien Verkehr ab. Grundlage für die Ermittlung der Zollabgaben sind Handelsrechnungen, die die deutsche Tochtergesellschaft von ihrer amerikanischen Muttergesellschaft erhält.

Zum Ende ihres Geschäftsjahres überprüft die amerikanische Muttergesellschaft die Gewinnverteilung im Konzern. Dabei ergibt sich eine Nachbelastung an die deutsche Vertriebsgesellschaft für die Verkäufe im vergangenen Jahr, die sie der Vertriebsgesellschaft in Rechnung stellt. Da die amerikanische Muttergesellschaft bereits zum Zeitpunkt der unterjährigen Importe einen vertraglichen Anspruch gegenüber ihrer deutschen Vertriebsgesellschaft auf eine Korrektur ihrer Verrechnungspreise für die Elektrowerkzeuge hatte, muss die deutsche Vertriebsgesellschaft eine nachträgliche Korrektur ihrer Zollanmeldungen vornehmen und entsprechend Zollabgaben nachentrichten. Gleichsam hätte sie bei einer Gutschrift einen entsprechenden Erstattungsanspruch auf die Rückzahlung bereits erhobener Zollabgaben.

Praktische Schwierigkeiten ergeben sich dadurch, dass die Nachbelastung bzw. Gutschrift grundsätzlich in einem Betrag für ein Jahr erfolgt, ohne eine Aufteilung auf die einzelnen Verkäufe zuzulassen. Das Erfordernis einer zollrechtlichen Korrektur bezieht sich hingegen auf jeden einzelnen Warenimport. Zusätzliche Komplikationen können sich durch eine Vielzahl unterschiedlicher Waren mit unterschiedlichen Zollsätzen ergeben, da hier eine gleichmäßige Aufteilung des Korrekturbetrages auf die zurückliegenden Warenimporte zu unzutreffenden Zollbelastungen führen kann. In derartigen Fällen bietet sich eine vorherige Absprache mit dem zuständigen Hauptzollamt an, in der eine vereinfachte Korrektur der Zollanmeldungen festzulegen ist.

Kapitel K: Rechtsprechung und Steuerstrafrecht

Übersicht

I. Einführung

1   Die **Verrechnungspreisproblematik** ist und bleibt virulent. Wie hinlänglich bekannt, versucht der nationale deutsche Gesetzgeber durch immer neue Ergänzungen des § 1 AStG, alle nach seiner Auffassung bestehenden Besteuerungslücken zu schließen. Allerdings sieht sich der Gesetzgeber offenbar nicht in der Lage, abschließende Regelungen im Außensteuergesetz zu schaffen. Denn neben dem **Gesetz** existiert eine Mehrzahl von **Rechtsverordnungen,** die ihrerseits noch durch **Verwaltungsvorschriften** in Gestalt von BMF-Schreiben ergänzt werden. Will der Steuerpflichtige ein umfassendes Bild der Rechtslage gewinnen, darf er **internationale Regelungen** ebenfalls nicht außer Acht lassen. Bei allen diesen Normen stellt sich freilich jeweils die Frage, ob die **Rechtsquelle,** aus der eine Vorschrift stammt, tatsächlich auch verbindliche Regelungen mit Wirkung für den Steuerpflichtigen enthält, oder ob es sich „nur" um Recht handelt, das sich an Staaten oder Verwaltungsbehörden richtet. Der Steuerpflichtige muss sich also nicht nur mit den Regelungen selbst, sondern auch mit deren **Rechtsqualität** befassen.

2   Es verwundert nicht, dass die Verrechnungspreisproblematik damit noch unübersichtlicher wird. Vollends zur Verunsicherung des Steuerpflichtigen tragen indessen weitere Perspektiven bei. So ist die Frage aufgetaucht, ob durch die Vereinbarung von unangemessenen Verrechnungspreisen etwa auch **Schenkungsteuer** ausgelöst werden kann. Und schließlich steht sogar zu befürchten, dass der Steuerpflichtige sich wegen **Steuerhinterziehung** strafbar macht, wenn er nicht den „richtigen" Verrechnungspreis deklariert.

Der folgende Beitrag soll deshalb ein wenig für Rechtsklarheit sorgen, indem folgende Themenkreise angesprochen werden:

- **Grundfälle** unangemessener Verrechnungspreise im ertragsteuerlichen Verfahren,
- **Schenkungsteuer** durch unangemessene Verrechnungspreise zwischen Tochtergesellschaften und
- **Steuerhinterziehung** durch unangemessene Verrechnungspreise.

II. Grundfälle unangemessener Verrechnungspreise

1. Verwertbarkeit von Dokumentationen

a) Dokumentationspflichten, § 90 Abs. 3 AO

3   Als Reaktion auf das „Bandbreiten-Urteil" des Bundesfinanzhofes vom 17.10.2001[1] sind durch § 90 Abs. 3 AO gesetzliche Dokumentationspflichten über Geschäftsbeziehungen zwischen nahe stehenden Personen iSv § 1 Abs. 2 AStG geschaffen worden. Damit besteht die Verpflichtung zur Erstellung von Aufzeichnungen über Art und Inhalt von Vorgängen mit Auslandsbezug aus Geschäftsbeziehungen mit nahe stehenden Personen, sog. **Sachverhaltsdo-**

---

[1] BFH 17.10.2001 – I R 103/00, BStBl. II 2004, 171; hierzu BMF 26.2.2004 – IV B 4 – S 1300 – 12/04; BStBl. I 2004, 270.

kumentation. Die Aufzeichnungspflicht umfasst auch die wirtschaftlichen und rechtlichen Grundlagen für eine den Fremdvergleichsgrundsatz beachtende Vereinbarung von Preisen und anderen Geschäftsbedingungen, sog. **Angemessenheitsdokumentation.** Bei **außergewöhnlichen Geschäftsvorfällen** sind die Aufzeichnungen zeitnah zu erstellen (6 Monate nach Ablauf des Wirtschaftsjahres, § 3 Abs. 1 S. 2 GAufzV). Es gilt eine Vorlagefrist von 60 Tagen nach Aufforderung (30 Tage bei außergewöhnlichen Geschäftsvorfällen), § 90 Abs. 3 S. 9 AO; die Vorlage soll nur für die **Durchführung einer Betriebsprüfung** verlangt werden.

b) Verstoß der Dokumentationspflicht gegen primäres Europarecht

Neben der Problematik eines Verstoßes gegen Art. 3 Abs. 1 GG – wegen **4** Ungleichbehandlung von Inlands- und Auslandssachverhalten – stellt sich die Frage nach der **Europarechtstauglichkeit der besonderen Dokumentationspflicht.**

Nach Auffassung des BFH[2] verstößt die Dokumentationspflicht aus **§ 90 Abs. 3 AO** jedoch nicht gegen die unionsrechtlichen Grundfreiheiten. Die **Dienstleistungsfreiheit** gem. **Art. 56 AEUV** (Art. 49 EGV aF) wird nicht verletzt. § 90 Abs. 3 AO greift zwar in den Schutzbereich ein. Denn die Vorschrift wirkt sich ausschließlich nachteilig bei grenzüberschreitend erbrachten Dienstleistungen aus. Diskriminierungen oder Beschränkungen können jedoch aus den in Art. 62 iVm 52 Abs. 1 AEUV (Art. 55 iVm Art. 46 Abs. 1 EGV aF) genannten Gründen (Schutz der öffentlichen Ordnung, Sicherheit oder Gesundheit) sowie durch den ungeschriebenen Rechtfertigungsgrund der **zwingenden Gründe des Allgemeininteresses** gerechtfertigt sein. Als zwingender Grund ist hier insbesondere das **Erfordernis einer wirksamen Steueraufsicht** anerkannt. Das Allgemeininteresse an einer wirksamen Steueraufsicht zur Sicherung eines gleichmäßigen Gesetzesvollzugs unabhängig vom (möglichen) Vorliegen eines Missbrauchs ist ein tauglicher Rechtfertigungsgrund für eine Ungleichbehandlung. Die erhöhte Mitwirkungspflicht ist nach Auffassung des Gerichts in ihrer Ausgestaltung auch verhältnismäßig. Ohne § 90 Abs. 3 AO ist es danach nicht möglich, die Einkünfteabgrenzung zwischen international verbundenen Unternehmen (Verrechnungspreisproblematik) durch die Finanzverwaltung zu prüfen. An der Erforderlichkeit fehlt es nicht deshalb, weil die Finanzverwaltung die erforderlichen Informationen auch mit den Mitteln der **Amtshilfe** erlangen könnte. Amtshilfe und die Mitwirkungspflichten des Steuerpflichtigen schließen sich nicht aus. Mitwirkungspflichten – wie § 90 Abs. 3 AO – können die Mitgliedstaaten insbesondere für die Fälle vorsehen, in denen trotz Amtshilfe die Verifikation eines steuerlich erheblichen Sachverhalts sehr schwierig oder gar ausgeschlossen ist.

Auch die AmtshilfeRL der EU[3] mit den entsprechenden nationalen Regelungen gewährleistet hinsichtlich der beteiligten ausländischen Gesellschaft und hinsichtlich des ggf. im Ausland bestehenden Preisniveaus keine vergleichbare Ermittlungsmöglichkeit, weil sie nur auf die Erteilung von Einzel-

---

[2] BFH 10.4.2013 – I R 45/11, BStBl. II 2013, 771.
[3] Vgl. RL 2011/16/EU des Rates vom 15.2.2011 über die Zusammenarbeit der Verwaltungsbehörden im Bereich der Besteuerung und zur Aufhebung der RL 77/799/EWG (AmtshilfeRL), ABl. Nr. L 64 S. 1.

auskünften gerichtet ist. Dafür, dass ein Bedürfnis für eine Dokumentationspflicht iSd § 90 Abs. 3 AO besteht, spricht auch, dass die Bundesrepublik Deutschland mit der Einführung des § 90 Abs. 3 AO einer **internationalen Entwicklung** folgte und eine Vielzahl anderer OECD- und EU-Staaten entsprechende gesetzliche Dokumentationspflichten eingeführt haben.

c) Verwertbarkeitsproblematik

5   Verletzt der Steuerpflichtige seine Mitwirkungspflichten aus § 90 Abs. 3 AO in besonders **schwerer Form (qualifizierte Verletzung)**, so **reduziert** sich der von der FinVerw. einzusetzende Ermittlungsaufwand aufgrund einer tatsächlichen Vermutung in § 162 Abs. 3 S. 1 AO; auch kann das FA im Rahmen einer Bandbreite zum Nachteil des Steuerpflichtigen schätzen, § 162 Abs. 3 S. 2 AO.

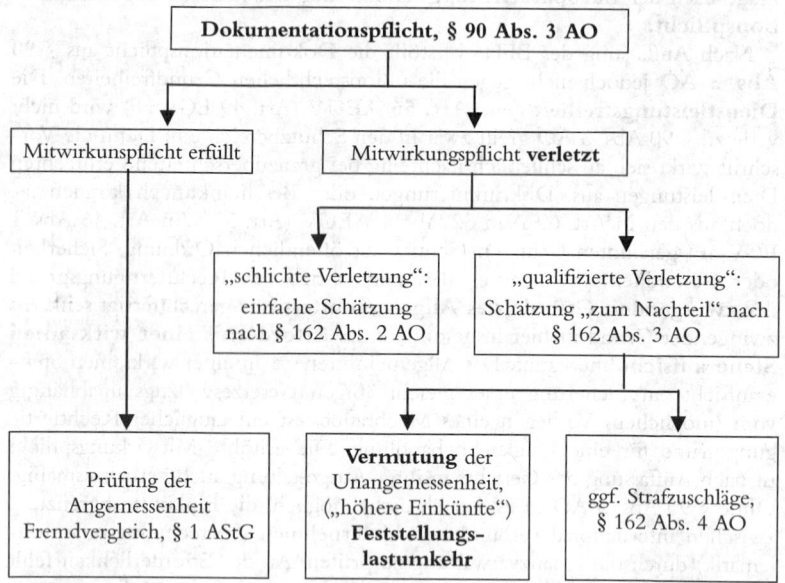

6   Voraussetzung ist, dass keine oder nur „unverwertbare Aufzeichnungen" vorgelegt werden. Der Gesetz- bzw. Verordnungsgeber hat keine konkreten Regelungen zu der Frage getroffen, wann eine **Unverwertbarkeit von Aufzeichnungen** gegeben ist.

Die Vorschrift des § 2 Abs. 1 GAufzV regelt diesbezüglich lediglich, dass verwertbare Aufzeichnungen es einem sachverständigen Dritten ermöglichen müssen, innerhalb einer angemessenen Frist festzustellen, welche Sachverhalte der Steuerpflichtige im Zusammenhang mit seinen Geschäftsbeziehungen zu nahe stehenden Personen verwirklicht und ob und inwieweit er dabei den Fremdvergleichsgrundsatz beachtet hat. Auch einschlägige Verwaltungsanweisungen in Gestalt der **Verwaltungsgrundsätze-Verfahren**[4] – **VGr-Verfah-**

---

[4] BMF-Schreiben 12.4.2005 – IV B 4-S 1341-1/05, BStBl. I 2005, 570, Tz. 3.4.19.

ren – können keine allgemeingültige Antwort geben. Nach der Begründung der GAufzV[5] ist eine Unverwertbarkeit anzunehmen, wenn
– die Aufzeichnungen unklar, nicht nachvollziehbar oder **in wesentlichen Teilen unvollständig** oder in sich widersprüchlich sind oder
– der Steuerpflichtige eine offensichtlich ungeeignete Verrechnungspreismethode gewählt hat und seine Aufzeichnungen für die Anwendung einer geeigneten Methode nicht verwendbar sind.

Letztlich ist der Literatur[6] zu folgen, die eine Dokumentation erst dann für unverwertbar hält, wenn die Mängel insgesamt so gravierend sind, dass der Dokumentation zur Legitimation des angesetzten Verrechnungspreises **keinerlei Aussagekraft** zukommt.

In der Praxis liegen **Mängel** oft in der fehlenden Beschaffung und Darstel-   7
lung (Aufbereitung) von Fremdvergleichsdaten oder in der Vorlage **fremdsprachlicher Dokumentationen.** Gleichwohl sind die **Sanktionen** des § 162 Abs. 3 AO in der Praxis bislang **selten:** Denn stellt die FinVerw. fest, dass Aufzeichnungen im Wesentlichen unverwertbar sind, hat sie den Steuerpflichtigen unverzüglich darauf hinzuweisen und ihn **zur Nachbesserung aufzufordern,** da die Unverwertbarkeit die Rechtsfolgen des § 162 Abs. 3 und 4 AO auslösen kann.[7] Unabhängig davon ist im Einzelfall zu prüfen, ob es der FinVerw. nach dem allgemeinen Verhältnismäßigkeitsgrundsatz möglich und zumutbar ist, die **Verwertbarkeit ohne weitere Mitwirkung des Steuerpflichtigen** herbeizuführen, um Steuerzuschläge zu vermeiden oder so gering wie möglich zu halten.

Beispiel: Anlässlich einer Betriebsprüfung wird Folgendes festgestellt: Der Mittel-   8
ständler M hat einen verbundenen Lizenzfertiger L Z. o. o. in Polen. Zur Erfüllung der Dokumentationspflicht beschreibt M in kurzer Form, welche Produkte produziert werden und die Funktionen und Risiken; auch andere Fragen werden kurz beantwortet.
Es ist eine Lizenz von 4 vH vom Umsatz vereinbart, eine Angemessenheitsdokumentation liegt nicht vor. M argumentiert, dass vergleichbare Drittdaten aufgrund der Einmaligkeit der Lizenzgebühr nicht vorliegen.

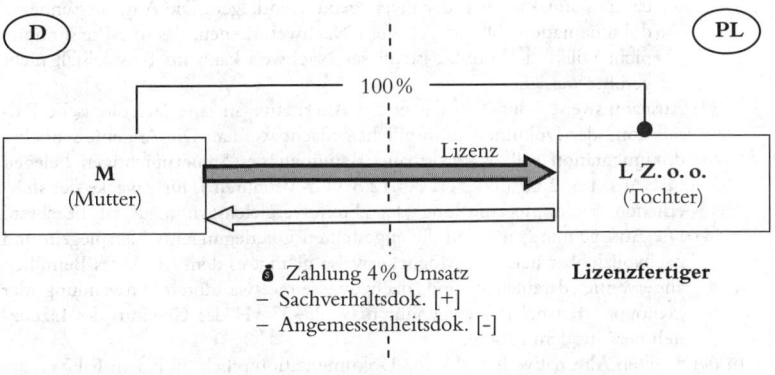

---

[5] Vgl. BR-Drs. 583/03, 8.
[6] In *Tipke/Kruse* AO/FGO, Tz. 67 zu § 162 AO.
[7] Vgl. VGr-Verfahren BMF 12.4.2005, BStBl. I 2005, 570, Tz. 3.4.19c).

L in Polen erwirtschaftet im Prüfungszeitraum 2005–2007 sehr hohe Gewinne. Die Betriebsprüfung nimmt eine Einkünftekorrektur bei M vor und das Finanzamt setzt ein Bußgeld wegen unzureichender Dokumentation fest.

1. Ist eine Dokumentation bei fehlender Angemessenheitsdokumentation immer unverwertbar?
2. Wie ist der Fall ab 2008 zu beurteilen?

Lösung:

1. Es bestehen Zweifel daran, dass M die Voraussetzung der Dokumentationspflicht erfüllt und eine verwertbare Dokumentation vorgelegt hat.

   a) M hat in den Streitjahren 2005–2007 der Dokumentationspflicht nach § 90 Abs. 3 AO in Gestalt der Sachverhalts- (S. 1) und Angemessenheitsdokumentation (S. 2) unterlegen; diese Anforderungen gelten für Wirtschaftsjahre, die nach dem 31.12.2002 beginnen.

   b) M hat die Dokumentationspflicht insgesamt verletzt, wenn keinerlei Informationen über die Preisbildung vorliegen.

      (1) M hat eine Sachverhaltsdokumentation erstellt, die trotz der Kürze jedenfalls eine gewisse Aussagekraft besitzt und daher für sich genommen nicht unverwertbar ist.

      (2) Fraglich ist, ob es zu einem Ausfall der Angemessenheitsdokumentation gekommen ist und ob ein solcher Ausfall die Unverwertbarkeit der gesamten Dokumentation nach sich zieht.

         (a) Aufzeichnungen zur Angemessenheit liegen nicht vor. M hat nicht – positiv – dargelegt, wie der Preis mit L zustande gekommen ist, sondern hat nur – negativ – damit argumentiert, dass vergleichbare Drittdaten nicht vorgelegen hätten. Damit liegen keinerlei Erkenntnisse über das Zustandekommen des Verrechnungspreises vor.

         (b) Der **vollständige Ausfall der Angemessenheitsdokumentation wird grundsätzlich zur Unverwertbarkeit der gesamten Dokumentation führen.**
         Bei der Auslegung des Begriffs der „Unverwertbarkeit" ist der Zweck der Dokumentation zu berücksichtigen: Der Außenprüfer soll in die Lage versetzt werden zu beurteilen, ob die Preisvereinbarungen dem Fremdvergleichsgrundsatz entsprechen. Dieser Zweck wird nicht erreicht, wenn nicht nur keinerlei Drittdaten, sondern auch sonst keine Information über das Zustandekommen der Lizenzgebühr vorliegen. Die Angemessenheitsdokumentation soll letztlich dem Nachweis dienen, dass die Preisfindung nicht willkürlich erfolgt ist; dieser Nachweis kann im Beispielsfall nicht geführt werden.

      (3) Ausnahmsweise könnte in der ersten Alternative an eine „teleologische Reduktion" der Dokumentationspflicht gedacht werden: Die Angemessenheitsdokumentation soll das ernsthafte Bemühen des Steuerpflichtigen belegen (§ 1 Abs. 1 S. 2 GAufzV, Tz. 3.4.12.3 VGr-Verfahren[8]), für Zwecke der steuerlichen Einkünfteermittlung den Fremdvergleichsgrundsatz zu beachten. Die Aufzeichnungen sollen die angestellten Überlegungen widerspiegeln und nachvollziehbar machen. Möglicherweise gelingt es dem M, dieses Bemühen anderweitig darzulegen und nachzuweisen, etwa durch Anwendung der „Knoppe"-Formel (Lizenzgebühr max. 25–33 vH des Gewinns des Lizenznehmers aus dem Produkt).

2. In der zweiten Alternative hat M seine Dokumentationspflicht in jedem Fall verletzt und eine unverwertbare Dokumentation vorgelegt, da eine „teleologische Reduktion" wegen entgegenstehender gesetzlicher Regelung nicht mehr möglich ist.

---

[8] Vgl. BMF 12.4.2005, BStBl, I 2005, 570.

Es gelten die Überlegungen wie im Ausgangsfall mit der Besonderheit, dass ab dem Jahr 2008 gem. § 1 Abs. 3 S. 5 AStG bei Nichtvorliegen auch nur eingeschränkt vergleichbarer Fremdvergleichswert eine Angemessenheitsprüfung anhand des **hypothetischen Fremdvergleichs** durchzuführen war; mittels Plandaten und Gewinnerwartungspotentialen muss danach eine Lizenzgebühr bestimmt werden.

Beispiel: Die einer Betriebsprüfung unterzogene deutsche Tochtergesellschaft T **9** GmbH zahlt an ihre ausländische Muttergesellschaft M Inc. USA eine Lizenzgebühr in Höhe von 5 vH vom Umsatz. Die Lizenz ist in den USA entwickelt worden. Eine Dokumentation liegt vor: Die Angemessenheit der Lizenzgebühr wird über Drittdaten (Lizenzverträge aus externen Datenbanken) gestützt.

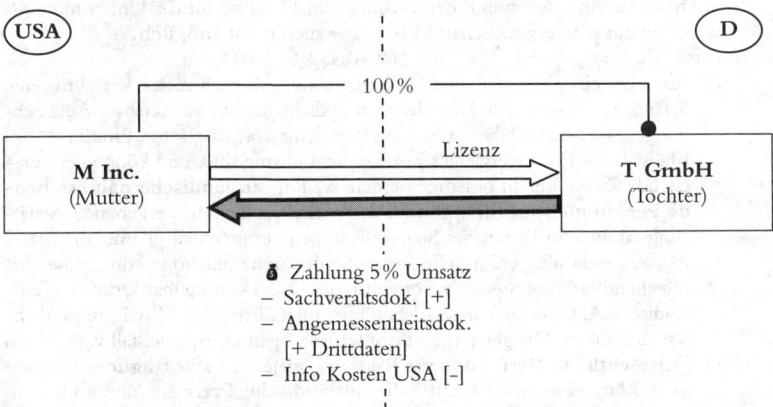

Die Betriebsprüfung räumt ein, dass ein branchentypischer Satz mit diesen Datenbanken zwar ermittelt werden könne, dies sei aber nicht ausreichend. Zur Verprobung der Fremdüblichkeit fordert die Betriebsprüfung die Kosten der Entwicklung in den USA an. Die Muttergesellschaft lehnt ab, weil diese Daten für die Bestimmung der Fremdüblichkeit nicht relevant seien.

Die Betriebsprüfung nimmt eine **Schätzung** der Besteuerungsgrundlagen vor und wendet die „Knoppe"-Formel an. Nach Unsicherheitsabschlägen wird der Lizenzsatz auf 3 vH festgesetzt. Zudem ist nach Auffassung der Betriebsprüfung die Dokumentation unverwertbar, da die Kostendaten der Muttergesellschaft nicht vorgelegt wurden.

1. Ist die Dokumentation unverwertbar?
2. Ist eine Einkünftekorrektur zulässig?

Lösung:
1. Die vorgelegte Dokumentation ist **nicht unverwertbar.**
   „Unverwertbarkeit" liegt vor, wenn die Mängel der Dokumentation insgesamt so gravierend sind, dass der Dokumentation zur Legitimation des angesetzten Verrechnungspreises keinerlei Aussagekraft zukommt. Das ist im Beispiel nicht der Fall; auch die FinVerw. geht von einem Erkenntnisgewinn aus (branchentypischer Prozentsatz ist ermittelt).
2. Eine Einkünftekorrektur ist nur aufgrund einer **Ermächtigungsgrundlage** zulässig.
   a) Ermächtigungsgrundlage könnte **§ 162 Abs. 3 S. 1 AO** sein.
      Die FinVerw. dürfte aufgrund dieser Norm eine Schätzung – nach S. 2 auch zu Ungunsten der T – vornehmen und aufgrund der Vermutungsregel in S. 1 müss-

te die T darlegen und nachweisen, dass die Schätzung unzutreffend war (**Umkehr der Feststellungslast**).

Jedoch liegen im Beispielsfall die Voraussetzungen der Ermächtigungsgrundlage **nicht** vor, da die **Dokumentation** der T-GmbH **nicht unverwertbar** ist.

b) Ermächtigungsgrundlage könnte **§ 162 Abs. 2 S. 1 AO** sein.

Auch bei einer verwertbaren Dokumentation ist eine Schätzung zulässig, wenn der Steuerpflichtige seine allgemeinen Mitwirkungspflichten verletzt, etwa weil er Fragen der Betriebsprüfung nicht beantwortet. Allerdings muss die Mitwirkung, die vom Steuerpflichtigen verlangt wird, erforderlich und dem Steuerpflichtigen möglich sein (§ 90 Abs. 1 AO).

Nach diesen Maßstäben hat die T-GmbH ihre **Mitwirkungspflicht nicht verletzt:** Zwar hat sie keine Angaben zu Kosten der Entwicklung in den USA gemacht; diese Angaben waren der T-GmbH im Hinblick auf das Unterordnungsverhältnis zur Muttergesellschaft M Inc. aber auch **nicht möglich.**

c) Ermächtigungsgrundlage könnte **§ 162 Abs. 3 S. 3 AO** sein.

(1) Auch bei einer verwertbaren Dokumentation soll nach dieser Vorschrift eine Schätzung zulässig sein: Legt der Steuerpflichtige zwar verwertbare Aufzeichnungen vor, liegen aber Anhaltspunkte dafür vor, dass seine Einkünfte, am Maßstab des Fremdvergleichs gemessen, zu niedrig sind, und können entsprechende Zweifel nicht beseitigt werden, weil die **ausländische nahe stehende Person nicht „pflichtgemäß mitwirkt",** soll ein sich ergebender Schätzungsrahmen zu Lasten des Steuerpflichtigen entsprechend § 162 Abs. 3 S. 2 AO ausgeschöpft werden. Die Belastung des Steuerpflichtigen durch die entsprechend erhöhte Steuer hat offenbar zum Zweck, mittelbar Druck auf ausländische Anteilseigner bzw. Eigentümer auszuüben, ihre Mitwirkungspflichten zu erfüllen. Die genannten Erfordernisse lägen im Beispielsfall vor.

(2) Der **rechtliche Bestand** dieser Regelung ist jedoch sehr **fraglich.** Denn es ist **unklar, welche „Pflicht" die ausländische Person** – die ja nicht als beschränkt steuerpflichtiges Rechtssubjekt in Anspruch genommen wird – zu erfüllen haben soll. Die **Beteiligten** des Steuerrechtsverhältnisses sind abschließend in **§ 78 AO aufgeführt;** die ausländische Person unterfällt keinem der dort genannten Tatbestandsmerkmale.

Nach dem „Territorialitätsprinzip" darf die deutsche Steuerverwaltung – soweit besondere völkerrechtliche Vereinbarungen es nicht gestatten – keine hoheitlichen Handlungen auf fremdem Hoheitsgebiet vornehmen. Die zitierte Regelung statuiert – und sanktioniert – aber ausdrücklich Mitwirkungspflichten ausländischer Rechtssubjekte. Insofern kommt möglicherweise sogar ein Verstoß der Vorschrift gegen Art. 25 S. 2 GG (Vorrang des Völkerrechts) in Betracht.

d) Ermächtigungsgrundlage könnte **§ 1 Abs. 1 S. 1 AStG** sein. Selbst wenn es zu keinerlei Mitwirkungspflichtverletzungen kommt, hat der Steuerpflichtige keinen Anspruch darauf, dass der von ihm ermittelte Verrechnungspreis der Besteuerung zugrunde gelegt wird. Vielmehr ermöglicht § 1 Abs. 1 S. 1 AStG gerade eine Berichtigung der deklarierten Einkünfte. Sachlich entscheidend dürfte hier allerdings sein, dass die FinVerw. die **Feststellungslast** für das Vorliegen der Tatbestandsvoraussetzungen – insb. der „Minderung" der Einkünfte durch unangemessene Verrechnungspreise" – trägt.[9]

---

[9] Vgl. zB *Kaminski* in *Strunk/Kaminski/Köhler* § 1 AStG Rz. 107.

2. Angemessenheit von Verrechnungspreisen –
„Sperrwirkung" Art. 9 OECD-MA

Nach überkommener Auffassung der FinVerw.[10] sind die Geschäftsbezie- **10**
hungen zwischen nahestehenden Personen nach deutschem Steuerrecht unter
Beachtung des Grundsatzes des Fremdvergleichs entsprechend Art. 9 Abs. 1
OECD-MA zu überprüfen. Art. 9 OECD-MA behandele – so die FinVerw.
– jedoch nur Fälle unangemessen abgerechneter Leistungsbeziehungen auf
schuldrechtlicher Basis; Leistungen an den beherrschenden Gesellschafter
ohne vorherige, klare und eindeutige Vereinbarung würden dagegen von
Art. 9 OECD-MA nicht erfasst.

Dieser Rechtsstandpunkt dürfte nicht mehr haltbar sein: Durch die Anwendung des Fremdvergleichsgrundsatzes gem. Art. 9 OECD-MA soll ein
Verrechnungspreis ermittelt werden, der für **beide** von einer Geschäftsbeziehung betroffenen **Staaten** vertretbar ist. Eine Akzeptanz kann nur dann erreicht werden, wenn beide Staaten einen Verrechnungspreis als angemessen
beurteilen, wobei die Angemessenheit nur aus dem Fremdvergleichsgrundsatz
folgt. Wenn noch weitere, insb. formale Anforderungen maßgebend wären,
könnte eine Verrechnungspreisberichtigungen vorgenommen werden, obwohl entsprechend dem Maßstab des Fremdvergleichsgrundsatzes angemessene Verrechnungspreise vorliegen. Eine solche Berichtigung würde der Fiskus
des anderen Staates allerdings nicht hinnehmen, käme es dadurch doch zu einer Abweichung vom **Fremdvergleichsgrundsatz.** Insofern ist offensichtlich, dass **Formalanforderungen** nicht mit Art. 9 OECD-MA im Einklang
stehen.[11] Inzwischen hat auch der Bundesfinanzhof[12] entschieden, dass der
abkommensrechtliche **Fremdvergleichsgrundsatz** bei verbundenen Unternehmen eine **Sperrwirkung** gegenüber den sog. Sonderbedingungen entfaltet, denen bspw. beherrschende Unternehmen im Rahmen der Einkommenskorrektur nach § 8 Abs. 3 S. 2 KStG bei Annahme einer verdeckten
Gewinnausschüttung unterworfen sind.

Fall: Gegenstand des Unternehmens der Klägerin, der K-GmbH in Deutschland, **11**
sind Speditionsgeschäfte. Die Anteile an der K werden zu 100 vH von der niederländischen D B.V. gehalten. Mit Rechnung vom 31.12.04 machte die D gegenüber der K
Aufwendungen geltend. Dieser Rechnung lag ein Vertrag über die **konzerninterne
Erbringung von Dienstleistungen** gegen Kostenumlage zugrunde („concern services cost-sharing agreement", im Folgenden: Vertrag). Die D hatte sich im Vertrag gegenüber der K verpflichtet, eine Reihe verschiedener Dienstleistungen aus den Bereichen „Management", „Finance and Control" und „Information & Communication
Technology ICT" zu erbringen. Die Leistungen sollten gegenüber der T **jährlich im
Nachhinein** stunden- und abteilungsweise auf der Grundlage festgelegter Service-
Raten abgerechnet werden („all-inclusive fee per spent manhour per Concern Department"). Die Aufwendungen für die Dienstleistungen (Kostenumlage) zog die K in
ihrer Körperschaftsteuererklärung für 04 als Betriebsausgaben ab.

---

[10] Vgl. Tz. 6.1.1 VGr-Verfahren BMF 12.4.2005, BStBl. I 2005, 570.
[11] Vgl. *Baumhoff/Greinert* IStR 2008, 353, 355.
[12] 11.10.2012 – I R 75/11, BFH/NV 2013, 324.

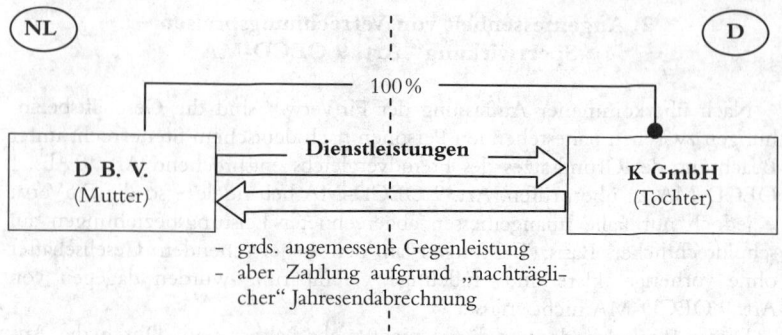

- grds. angemessene Gegenleistung
- aber Zahlung aufgrund „nachträglicher" Jahresendabrechnung

Danach fand eine Betriebsprüfung statt. Der Prüfer vertrat die Auffassung, dass die Kostenumlage **mangels wirksamer vorheriger Vereinbarung** nach § 8 Abs. 3 KStG im Streitjahr 04 als vGA zu berücksichtigen sei.
Trifft diese Auffassung zu?

Lösung: Nein.
1. Die Kostenumlage könnte mangels wirksamer vorheriger Vereinbarung gem. § 8 Abs. 3 S. 2 KStG 2002[13] als verdeckte Gewinnausschüttung (vGA) zu behandeln und das Einkommen der K könnte für das Streitjahr deswegen zu erhöhen sein. Denn die Kostenumlage war erst im Dezember schriftlich und rückwirkend verein-bart worden und erst in dieser schriftlichen Fassung waren die Spezifikationen der Umlage enthalten.
2. Auf diese Überlegungen kommt es jedoch nicht an, weil die einschlägigen Sonder-bedingungen zur Annahme einer vGA zwischen der Kapitalgesellschaft und ihrem beherrschenden Gesellschafter infolge der **abkommensrechtlichen Sperrwir-kung** des Art. 6 Abs. 1 DBA Niederlande − welcher insoweit Art. 9 OECD-MA entspricht − unanwendbar bleiben.[14]
Die nationalen Sonderbedingungen für beherrschende Gesellschafter scheiden als Korrektiv im Rahmen des Fremdvergleichs aus.

Dass es sich in der Gestaltungsberatung vorsorglich empfiehlt, Verrech-nungspreise nach wie vor klar, eindeutig und im Voraus wirksam zu vereinba-ren, dürfte dennoch verständlich sein.[15] Letztlich hilft der pauschale Verweis auf Art. 9 Abs. 1 OECD-MA dem Steuerpflichtigen auch nicht uneinge-schränkt: Dem tatsächlichen Leistungsaustausch müssen zumindest klare und eindeutige Bedingungen, die eine Angemessenheitsprüfung im Rahmen eines Fremdvergleichs ermöglichen, zugrunde liegen.

3. Voraussetzung einer Funktionsverlagerung

12   Die Problematik der **Funktionsverlagerung** ist vielgestaltig. Folgendes Beispiel[16] dürfte jedoch eindeutig sein.

---

[13] Vgl. auch R 36 Abs. 2 S. 1 KStR 2004.
[14] Ebenso bereits FG Köln 22.8.2007 − 13 K 647/03, EFG 2008, 161.
[15] Vgl. Urteilsanmerkung *Wilk* EFG 2008, 164.
[16] Vgl. *Schönfeld* IStR 2011, 219, 225.

Beispiel: Die M AG in Deutschland hat in der Vergangenheit der 100prozentigen Tochter T Z. o. o. in Polen Produktionsanlagen überlassen, mit denen die T Photovoltaik-Module für die M herstellt. Verkauft wurden die Module durch die M.

Im Jahr 01 verkauft die M der T die für die Produktion insgesamt notwendigen Wirtschaftsgüter in Gestalt von Know-how, Patenten, Plänen u. a. Die T soll die Module zukünftig auch direkt am Markt vertreiben. T zahlt für den Erwerb 50 Mio. EUR; diesen Preis hätte die M auch von Dritten in Deutschland verlangen können. Der Geschäftsvorfall wird ordnungsgemäß zeitnah dokumentiert.

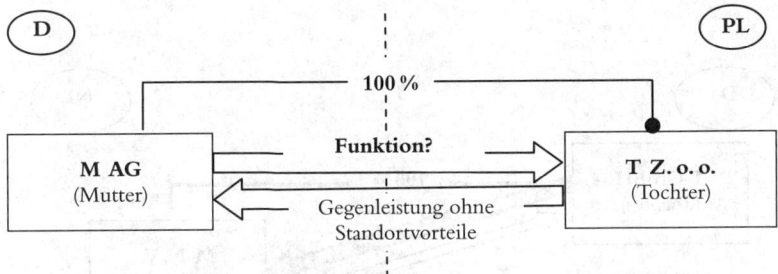

Bei einer nachfolgenden Betriebsprüfung möchte der Prüfer die Einkünfte der M AG um 10 Mio. EUR erhöhen. Er ist der Auffassung, die Bewertung durch die M AG sei alleine deshalb falsch, weil die Standortvorteile in Polen (geringere Lohnkosten, Umweltauflagen) bei der Preisbildung nicht berücksichtig worden seien.

Wäre eine Berichtigung der Einkünfte zulässig (verdeckte Einlage soll außer Betracht bleiben)?

Lösung:
Eine Änderung könnte nach **§ 1 Abs. 1 S. 1 iVm Abs. 3 AStG** erfolgen.
– Jedenfalls nach Verwaltungsauffassung in den **VGr Funktionsverlagerung**[17] – **VGr-FVerl** – ist das Erstarken eines Lohnfertigers zum Eigenproduzenten (Entrepeneur) unproblematisch ein Fall der Funktionsverlagerung; dem ist idR zuzustimmen.
– Das tatbestandliche Vorliegen einer Funktionsverlagerung zieht nach der gesetzlichen Regelung – mangels Vorliegens vergleichbarer Fremdvergleichswerte – die Bewertung nach dem **hypothetischen Fremdvergleich iSd § 1 Abs. 3 S. 9 AStG** nach sich; in dem zu bildenden Einigungsbereich sind – jedenfalls nach Verwaltungsauffassung[18] – auch Standortvorteile des Erwerbers zu berücksichtigen.

III. Schenkungsteuer durch unangemessene Verrechnungspreise zwischen Tochtergesellschaften

1. Überkommene Rechtslage zu vGA und Schenkungsteuer

Nach überkommener Rechtslage schlossen sich das gleichzeitige Vorliegen **13** einer ertragsteuerlich motivierten Gewinnkorrektur (verdeckte Gewinnaus-

---

[17] Vgl. BMF-Schreiben 13.10.2010 – IV B 5 – S 1341/08/10003, 2010/0598886, BStBl. I 2010, 774 Rz. 201 f.
[18] Vgl. VGr-FVerl BMF 13.10.2010, BStBl. I 2010, 774, Rz. 93.

schüttung oder Verrechnungspreisanpassung) und einer freigebigen Zuwendung iSd § 7 Abs. 1 Nr. 1 ErbStG aus: Nach Auffassung der FinVerw.[19] waren **Leistungen der Gesellschaft an ihre Gesellschafter,** die durch das Gesellschaftsverhältnis veranlasst sind, entweder als Rückzahlung des gezeichneten Kapitals oder als – unter Umständen verdeckte – Gewinnausschüttung zu qualifizieren. In beiden Fällen sollte eine **steuerbare (ggf. gemischte) Schenkung im Verhältnis zwischen Gesellschaft und Gesellschafter nicht** vorliegen.

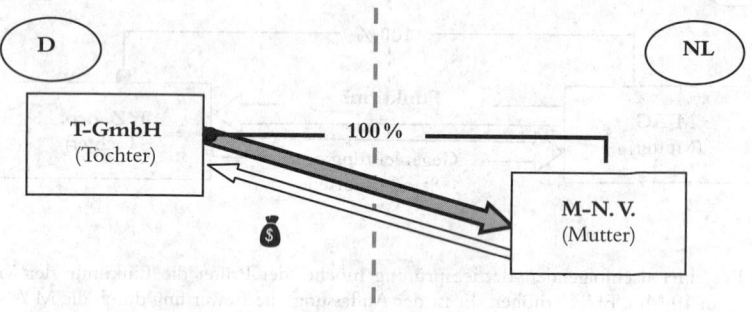

14   **Beispiel:** Die in Deutschland ansässige T-GmbH ist eine 100 vH Tochter der in den Niederlanden ansässigen M-N.V. Für die Übertragung eines immateriellen Wirtschaftsgutes von T auf M zahlt M im Hinblick auf ihre Gesellschafterstellung nur die Hälfte des Preises, den fremde Dritte ausgehandelt hätten. Rechtsfolgen?

1. Ertragsteuerliche Rechtsfolge

a) Zwischen der Muttergesellschaft M und der Tochter T liegen die Voraussetzung einer **verdeckten Gewinnausschüttung** iSd § 8 Abs. 3 S. 2 KStG vor, da die Kapitalgesellschaft (Tochtergesellschaft) einem Gesellschafter (Muttergesellschaft) außerhalb der gesellschaftsrechtlichen Gewinnverteilung einen Vermögensverteilung zuwendet und diese Zuwendung ihre Ursache im Gesellschaftsverhältnis hat.[20] Korrekturmaßstab für eine solche Berichtigung ist auch der Fremdvergleichspreis.[21] Dieser entspricht regelmäßig dem gemeinen Wert.

b) Gleichzeitig kann eine Berichtigung der Einkünfte der T gem. **§ 1 Abs. 1 S. 1 AStG** vorgenommen werden, da der von T verlangte Preis nicht dem Fremdvergleichsmaßstab entspricht, § 1 Abs. 1 AStG. Im Gegensatz zur verdeckten Gewinnausschüttung ist hier auch eine „Globalkorrektur" zulässig ggf. mit Schätzung einer Umsatzrendite, eines Reingewinnsatzes und einer Verzinsung.

2. Schenkungsteuerliche Rechtsfolge

Nach der dargestellten überkommenen Rechtsauffassung lag hier **keine – teilweise – freigebige Zuwendung** („gemischte Schenkung") iSd § 7 Abs. 1 Nr. 1 ErbStG vor, da die Zuwendung ihren Rechtsgrund in der Gesellschafterstellung der M hat.

---

[19] Vgl. R 18 Abs. 7 ErbStR 2003.
[20] Vgl. auch vgl. R 36 KStR 2004.
[21] Vgl. BFH 17.10.2001 – I R 103/00, BStBl. II 2004, 171.

2. Rechtsprechung des Bundesfinanzhofes –
Leistung an nahe stehende Dritte

In der Folgezeit hat der Bundesfinanzhof zu schenkungsteuerlichen Konse- **15** quenzen einer verdeckten Gewinnausschüttung entschieden und dabei die Fälle behandelt, in denen eine Leistung der Kapitalgesellschaft an eine dem Gesellschafter nahe stehenden Dritten erfolgt.[22]

Beispiel: Die in Deutschland ansässigen GmbH T 1 und die in den Niederlanden ansässige T 2 B. V. sind jeweils 100 vH Töchter der in den Niederlanden ansässigen M-N. V. Für die Übertragung eines immateriellen Wirtschaftsgutes von T 1 auf T 2 zahlt T 2 im Hinblick auf die Konzernstruktur nur die Hälfte des Preises, den fremde Dritte ausgehandelt hätten. Rechtsfolgen?

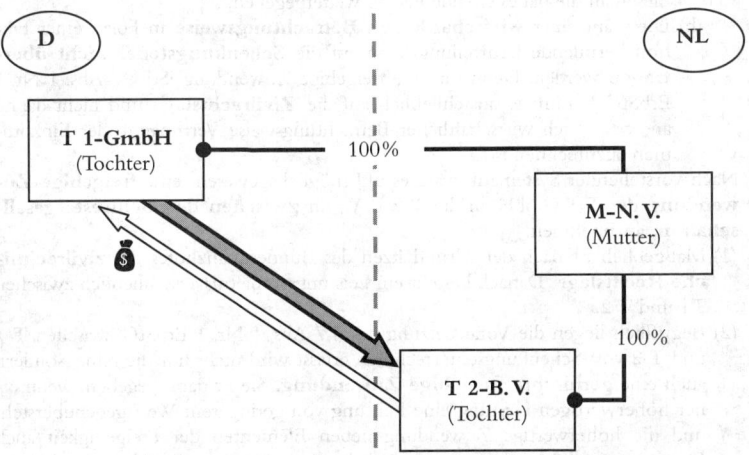

1. Ertragsteuerliche Rechtsfolge

a) Zwischen der Muttergesellschaft M und der Tochter T 1 liegt wiederum eine **verdeckte Gewinnausschüttung** vor: Zahlt eine Kapitalgesellschaft an eine Schwestergesellschaft für von dieser gelieferte Wirtschaftsgüter Preise, die sie unter ansonsten vergleichbaren Bedingungen einem nicht mit ihr durch gemeinsame Gesellschafter verbundenen Unternehmen nicht eingeräumt hätte, so liegt darin eine verdeckte Gewinnausschüttung iSd § 8 Abs. 3 S. 2 KStG.[23]

b) Gleichzeitig kann auch hier eine Berichtigung der Einkünfte der T gem. **§ 1 Abs. 1 S. 1 AStG** vorgenommen werden: Gem. **§ 1 Abs. 2 Nr. 2 AStG** ist eine nahe stehende Person auch dann gegeben, wenn eine dritte Person sowohl an der Person als auch an dem Steuerpflichtigen wesentlich beteiligt ist. Dem steht die Ausübung eines – unmittelbaren oder mittelbaren – beherrschenden Einflusses auf den Steuerpflichtigen gleich. Damit werden vor allem Fälle von Schwestergesellschaften erfasst, wobei die dritte Person (die Muttergesellschaft) sowohl Einfluss auf die sich im Inland befindende Kapitalgesellschaft ausüben kann als auch auf die andere Tochtergesellschaft, die im Ausland ansässig ist.[24]

---

[22] Vgl. BFH 7.11.2007 – II R 28/06, BStBl. II 2008, 258.
[23] Vgl. BFH 6.4.2005 – I R 22/04, BStBl. II 2007, 658.
[24] Vgl. *Kaminski* in Strunk/Kaminski/Köhler, § 1 AStG Rz. 366.

2. Schenkungsteuerliche Rechtsfolge (altes Recht)

a) Es liegt **keine freigebige Zuwendung** iSd § 7 Abs. 1 Nr. 1 ErbStG der **Muttergesellschaft M N. V. an die Tochtergesellschaft** T 2 B. V. vor.[25]

(1) Eine Vermögensverschiebung, dh eine Vermögensminderung auf der Seite des Schenkers und eine Vermögensmehrung auf der Seite des Beschenkten kann auch dadurch bewirkt werden, dass ein Schuldner des Zuwendenden auf dessen Aufforderung hin eine Leistung unmittelbar an den Bedachten gem. § 362 Abs. 2 i. V. mit § 185 BGB erbringt (**Abkürzung des Leistungswegs**).

(2) Ein abgekürzter Leistungsweg liegt aber **nicht** vor, wenn eine GmbH an eine Person, die ihrer Muttergesellschaft nahesteht, überhöhte Vergütungen zahlt. In einem solchen Fall fehlt es an einem Anspruch der Muttergesellschaft M gegen die T 1 GmbH, den diese durch Zahlung an die Schwestergesellschaft T 2 erfüllen könnte.

(a) Zwar wird ertragsteuerrechtlich die Zuwendung zu Lasten der GmbH so beurteilt, als hätte die Muttergesellschaft M N. V. den Vorteil erhalten und diesen an die nahestehende Person weitergegeben.

(b) Diese auf einer **wirtschaftlichen Betrachtungsweise** in Form einer Fiktion beruhende Beurteilung kann auf die **Schenkungsteuer nicht übertragen** werden. Denn für eine freigebige Zuwendung iSd § 7 Abs. 1 Nr. 1 ErbStG kommt es ausschließlich auf die **Zivilrechtslage** und nicht darauf an, wem nach wirtschaftlicher Betrachtungsweise Vermögen oder Einkommen zuzurechnen ist.

b) Nach vorstehender Systematik wäre es uU möglich gewesen, eine **freigebige Zuwendung** der T 1 GmbH an die T 2 B. V., dh **zwischen den Schwestergesellschaften,** anzunehmen.

(1) Maßgeblich ist nach den Grundsätzen des Bundesfinanzhofes die **zivilrechtliche Rechtslage.** Danach besteht ein Leistungsverhältnis ausschließlich zwischen T1 und T 2.

(2) Begrifflich liegen die Voraussetzung des § 7 Abs. 1 Nr. 1 ErbStG zwischen T 1 und T 2 vor: Schenkungsteuerrechtlich erfasst wird nicht nur die reine, sondern auch eine **gemischte freigebige Zuwendung.** Sie ist dann gegeben, wenn einer höherwertigen Leistung eine Leistung von geringerem Wert gegenübersteht und die höherwertige Zuwendung neben Elementen der Freigebigkeit auch Elemente eines Austauschvertrags enthält, ohne dass sich die höherwertige Leistung in zwei selbständige Leistungen aufteilen lässt.[26]

(3) Eine **gesellschaftsrechtliche Beziehung** zwischen T 1 und T 2, die etwa eine verdeckte Gewinnausschüttung (oder verdeckte Einlage) in diesem Verhältnis begründen damit den Zuwendungscharakter überlagern könnte, besteht **nicht.**

16   Somit war nach der überkommene Rechtslage die „Gefahr" gegeben, eine Besteuerung der Zuwendung zwischen den Schwestergesellschaften nach Steuerklasse III (§ 15 Abs. 1 ErbStG) mit einem „Eingangssteuersatz" von **30 vH** und einem Spitzensteuersatz von **50 vH** (§ 19 Abs. 1 ErbStG) erdulden zu müssen. Dieser Steuerbelastung wäre die Belastung mit Gewerbesteuer, Körperschaftsteuer sowie Solidaritätszuschlag nach einer Gewinnkorrektur hinzuzurechnen gewesen.

---

[25] Vgl. BFH 7.11.2007 – II R 28/06, BStBl. II 2008, 258.
[26] Vgl. BFH 29.10.1997 – II R 60/94, BStBl. II 1997, 832.

3. Neuerungen zur vGA und Schenkungsteuer

Diese „zivilrechtliche" Betrachtungsweise der Rechtsprechung hatte zu der **17** Sorge geführt, dass auch **verdeckte Gewinnausschüttungen im Konzern** schenkungsteuerbar sein könnten. In der **Literatur** wurden allerdings verschiedene **Argumente gegen dieses Ergebnis** vorgebracht.[27] Unbeschadet dieser Einwände hat die Problematik zu einer Reaktion im **Beitreibungsrichtlinie-Umsetzungsgesetz**[28] und zur Schaffung des **§ 7 Abs. 8 S. 2 ErbStG** geführt. In einer Stellungnahme vom 17.6.2011 hatte der Bundesrat[29] eine Gesetzesänderung gefordert, die den Befürchtungen im Hinblick auf eine Doppelbelastung mit Ertrag- und Schenkungsteuer Rechnung tragen sollte.

Nach § 7 Abs. 8 S. 2 ErbStG sollen Vermögensverschiebungen zwischen **18** Kapitalgesellschaften – wie verdeckte Gewinnausschüttungen – im Wesentlichen nur zu freigebigen Zuwendungen führen, soweit sie nicht betrieblich veranlasst sind. Die Vorschrift soll für Erwerbe nach dem 13.12.2011 (§ 37 Abs. 7 S. 1 ErbStG) „klarstellen", dass Vermögensverschiebungen zwischen Kapitalgesellschaften nur in den dort definierten Ausnahmefällen als Schenkungen behandelt werden können.

Die Diskussion um das Verhältnis zwischen vGA und Schenkungsteuer geht freilich weiter: Die **FinVerw**.[30] meint, es führe das über die Beteiligungsquote hinaus Verteilte zu einer Bereicherung des Gesellschafters auf Kosten der Gesellschaft, wenn eine Kapitalgesellschaft einem Gesellschafter überhöhte Vergütungen zahle (**„disquotale verdeckte Gewinnausschüttung"**). Es liege eine – gemischte – freigebige Zuwendung im Verhältnis der Kapitalgesellschaft zum Gesellschafter vor. Anders der **BFH:**[31] Danach gibt es im Verhältnis einer Kapitalgesellschaft zu ihren Gesellschaftern oder zu den Gesellschaftern einer an ihr beteiligten Kapitalgesellschaft neben betrieblich veranlassten Rechtsbeziehungen lediglich offene und verdeckte Gewinnausschüttungen sowie Kapitalrückzahlungen, aber keine freigebigen Zuwendungen.

IV. Steuerhinterziehung durch unangemessene Verrechnungspreise

1. Problemstellung

Eine erhebliche Weiterung hat die Verrechnungspreisproblematik von **19** staatsanwaltschaftlicher Seite[32] erfahren: Danach haben die möglichen strafrechtlichen Implikationen der Verrechnungspreisgestaltung und -dokumen-

---

[27] Vgl. *Benz/Böing* DStR 2010, 1160 ff. mwN.

[28] Gesetz zur Umsetzung der Beitreibungsrichtlinie sowie zur Änderung steuerlicher Vorschriften (Beitreibungsrichtlinie-Umsetzungsgesetz – BeitrRLUmsG) vom 7.12.2011, BGBl. I, 2592.

[29] BR-Drs. 253/11, 33 ff.

[30] Gleich lautende Ländererlasse 14.3.2012, BStBl. I 2012, 331 Tz. 2.6.2.

[31] Urteil vom 30.1.2013 – II R 6/12, BStBl. II 2013, 930.

[32] Vgl. den Aufsatz von *Peters/Pflaum* wistra 2011, 250.

tation zugenommen. Praxisfälle von Mittelständlern hätten gezeigt, wie schnell ein zunächst rein steuerlich geführtes Verfahren in **strafrechtliche Dimensionen** ausufere, mit zum Teil gravierenden Konsequenzen.

Die **wirtschaftliche Bedeutung** von Verrechnungspreisen ist idR hoch. Damit darf vorstehende Einschätzung im Zusammenhang damit gelesen werden, dass der Bundesgerichtshof[33] neuerdings entschieden hat, nach der gesetzgeberischen Wertung zur Steuerhinterziehung im großen Ausmaß und den hieraus abgeleiteten Grundsätzen zur Strafzumessung komme bei Steuerhinterziehung in Millionenhöhe regelmäßig nur eine **Freiheitsstrafe ohne Bewährung** in Betracht. Die Beantwortung der Frage nach einer „Steuerhinterziehung durch unangemessene Verrechnungspreise" ist daher von gewichtiger Bedeutung.

2. Strafbarkeitsvoraussetzungen einer Steuerhinterziehung

20   Strafrechtliches Delikt in diesem Zusammenhang ist die **Steuerhinterziehung nach § 370 AO.** Die „leichtfertige Steuerverkürzung" nach § 378 AO sowie die „Verletzung der Aufsichtspflicht in Betrieben und Unternehmen" nach § 130 OWiG sind dagegen lediglich Bußgeldtatbestände, die keine Strafbarkeit begründen, sondern ein Ordnungswidrigkeitenverfahren (idR Geldbuße) nach sich ziehen.

a) Objektiver Straftatbestand: Tathandlung, Taterfolg, Täter

21   Bei dem Tatbestand des § 370 Abs. 1 Nr. 1 AO handelt es sich um ein Begehungsdelikt, das voraussetzt, dass der Täter **„unrichtige oder unvollständige Angaben"** macht und dadurch nicht gerechtfertigte Steuervorteile erlangt. Bei der Vorschrift handelt es sich um eine **Blankettnorm,** dh zur Ausfüllung des Tatbestands ist der Rückgriff auf die Vorschriften anderer Steuergesetze – wie vorliegen das **Außensteuergesetz** – erforderlich. Eine Steuerhinterziehung liegt danach nur vor, wenn ein bestimmter tatbestandlicher **Taterfolg** tatsächlich eintritt, dh wenn der Verpflichtete **Steuern** nicht, nicht rechtzeitig oder **nicht vollständig** zahlt.

22   Als **Täter** einer **Steuerhinterziehung** durch Handeln kommt jeder in Betracht, der tatsächlich in der Lage ist, auf die Festsetzung der Steuer zum Nachteil des Fiskus Einfluss zu nehmen.[34] Bezogen auf die Situation von Unternehmen bedeutet dies, dass **jeder Mitarbeiter** – unabhängig von seiner Hierarchieebene – tauglicher Täter oder Teilnehmer einer Steuerhinterziehung zugunsten des Steuerpflichtigen (dh des Unternehmens) sein kann.

Dagegen ist der Täterkreis bei der **Ordnungswidrigkeit** der leichtfertigen Steuerverkürzung nach § 378 AO kleiner. Aufgrund der Formulierung „als Steuerpflichtiger" bzw. „bei Wahrnehmung der Angelegenheiten eines Steuerpflichtigen" kann das Sonderdelikt nur durch den Steuerpflichtigen selbst oder bei juristischen Personen durch den gesetzlichen Vertreter nach § 34 AO (zB den Geschäftsführer oder Vorstand) oder den Verfügungsberechtigten gem. § 35 AO (zB den Prokuristen oder faktischer Geschäftsführer) begangen werden.

---

[33] Urteil vom 7.2.2012 – 1 StR 525/11, NJW 2012, 1458.
[34] Vgl. *Geuenich/Kiesel* BB 2012, 155, 157.

b) Subjektiver Tatbestand

aa) Steuerhinterziehung/Vorsatz, § 370 AO

(1) Vollendete Tat

Eine Steuerhinterziehung nach § 370 AO muss nach **§ 15 StGB** mit 23
„Vorsatz" ausgeführt werden. Dies erfordert ein zumindest „**bedingt**"
vorsätzliches Handeln des Täters, wobei zwei Komponenten zu berücksichtigen sind.

– **Kognitives Element („Wissen")**
Der Wille des Täters muss sich grundsätzlich auf die Verwirklichung des
Tatbestandes **in Kenntnis seiner Tatbestandsmerkmale** beziehen.
Hierbei reicht es – da sonst nur die Strafbarkeit von Steuerfachleuten in
Betracht käme – aus, dass der Täter anhand einer uU **ungefähren Bewer-
tung der Umstände erkennt, dass ein Steueranspruch existiert,** auf
den er einwirkt. Es genügt für die Annahme einer Steuerhinterziehung,
wenn sich der Steuerpflichtige aufgrund dieser sog. Parallelwertung in der
„Laiensphäre" des **sozialen Sinngehalts** seines Verhaltens bewusst ist.

– **Voluntatives Element („Wollen")**
Direkter Vorsatz erfordert den unmittelbaren Willen zur Tatbestandsverwirklichung. In der Praxis ist jedoch zu beachten, dass für die Strafbarkeit
nach § 370 AO auch ein „bedingter" Vorsatz ausreicht: **(Bedingt) vorsätzlich** handelt auch, wer es **für möglich hält,** dass er den Tatbestand
verwirklicht oder das billigt oder doch in Kauf nimmt.[35] Dabei kann es
sich um einen an sich unerwünschten Erfolg handeln, mit dessen mögli-
chem Eintritt der Täter sich aber **abfindet.**

Beispiel: Der Leiter einer Steuerabteilung kennt die Regelung in § 1 Abs. 3 AStG.
Er ist jedoch der Auffassung, bei den Berechnungsmethoden des Gesetzes handele es
sich um „Unsinn". Er bestimmt den Verrechnungspreis nach seiner langjährigen Erfahrung, da er der Auffassung ist, auf diese Weise sei ein angemessenes Ergebnis zu erzielen. Ob dieser Preis mit einer Berechnung nach § 1 Abs. 3 AStG übereinstimmt, ist
ihm gleichgültig. Der Abteilungsleiter wird bedingt vorsätzlich handeln.

(2) Versuch

Die Steuerhinterziehung ist **vollendet,** wenn z. B. Körperschaftsteuer auf- 24
grund einer falschen Steuererklärung **festgesetzt und** dem Steuerpflichtigen
durch Bescheid **bekannt gegeben** wird. Nach der ausdrücklichen Regelung
in § 370 Abs. 2 AO iVm § 23 Abs. 1 StGB ist jedoch bereits der **Versuch
einer Steuerhinterziehung strafbar.** Ein strafbarer Versuch ist zB dann gegeben, wenn dem Finanzamt lediglich eine Steuererklärung abgegeben wird,
die unrichtige oder unvollständige Angaben über Verrechnungspreise enthält,
die Körperschaftsteuer jedoch noch nicht festgesetzt wurde. Der Steuerpflichtige muss jedoch (jedenfalls bedingt) vorsätzlich handeln, dh er muss die Unrichtigkeit der deklarierten Verrechnungspreise kennen und sich damit abfin-
den.

Beispiel Fortsetzung: Zufällig stimmt der vom Leiter einer Steuerabteilung „ge-
griffene" Verrechnungspreis doch mit einer Berechnung nach § 1 Abs. 3 AStG über-

---

[35] Vgl. BFH 19.3.1998 – V R 54/97, BStBl. II 1998, 466.

ein. Dem Abteilungsleiter kann jedoch der strafrechtliche Vorwurf der versuchten Steuerhinterziehung gemacht werden.

bb) Leichtfertige Steuerverkürzung, § 378 AO

25   Auch § 378 AO erfordert die objektive Tathandlung des § 370 Abs. 1 AO. In subjektiver Hinsicht sanktioniert der Ordnungswidrigkeitentatbestand des § 378 AO jedoch nur „**leichtfertiges**" Verhalten. Leichtfertigkeit bedeutet nach der ständigen Rechtsprechung des Bundesfinanzhofes[36] einen erheblichen Grad an Fahrlässigkeit und entspricht damit in etwa der „**groben Fahrlässigkeit**" des bürgerlichen Rechts oder der „**bewussten Fahrlässigkeit**" des Strafrechts.

Zur **Abgrenzung** der Leichtfertigkeit zum **bedingten Vorsatz** kann gesagt werden:[37]

– Das Willenselement des **bedingten Vorsatzes** ist bei Straftaten nur gegeben, wenn der Täter den von ihm als möglich erkannten **Eintritt des Taterfolges billigt** oder sich damit abfindet.

– **Leichtfertigkeit** liegt hingegen dann vor, wenn der Täter mit der als möglich erkannten Tatbestandsverwirklichung **nicht einverstanden** ist und ernsthaft – nicht nur vage – darauf vertraut, der Erfolg werde nicht eintreten. Auch hier ist auf die persönlichen Fähigkeiten des Täters abzustellen. Ein derartiges leichtfertiges Verschulden liegt danach vor, wenn der Täter nach den Gegebenheiten des konkreten Falls und seinen individuellen Fähigkeiten **in der Lage gewesen wäre,** den sich aus den konkret einschlägigen gesetzlichen Regelungen ergebenden **Sorgfaltspflichten zu genügen.**

cc) Verletzung der Aufsichtspflicht, § 130 OWiG

26   Handelt eine Person selbst weder vorsätzlich noch leichtfertig im Hinblick auf den Taterfolg einer Steuerhinterziehung, kann jedoch die für alle Ordnungswidrigkeiten geltende Regelung der bußgeldrechtlichen Verantwortlichkeit des Geschäftsherrn bei **Verletzung seiner Aufsichtspflicht** nach § 130 OWiG Anwendung finden: Die Auffangvorschrift trifft den Inhaber oder den gesetzlichen Vertreter eines Unternehmens und sanktioniert bereits das (leicht) fahrlässige Unterlassen von Aufsichtsmaßnahmen, die erforderlich sind, um Zuwiderhandlungen gegen strafrechtlich sanktionierte Pflichten zu verhindern oder zu erschweren.

3. „Richtige und vollständige Angaben" bei Verrechnungspreisen – aktuelle Rechtsmaßstäbe für den „richtigen Verrechnungspreis"

27   Zentrale Voraussetzung für die **strafrechtliche Ahndung** eines Verhaltens als Steuerhinterziehung nach § 370 Abs. 1 Nr. 1 AO und – wegen der Verweisung – letztlich auch für die Ahnung als Steuerordnungswidrigkeit nach § 378 AO ist das Vorliegen objektiv „**unrichtiger oder unvollständiger Angaben**" als **Tathandlung.** Im Zusammenhang mit der Verrechnungspreisproblematik stellt sich damit die Frage, was denn als „richtige und voll-

---

[36] Vgl. etwa BFH 19.2.2002 – IV R 37/01, BStBl. II 2003, 385.
[37] Vgl. für das Strafrecht allgemein BGH 7.7.2011 – 5 StR 561/10, NJW 2011, 2895.

ständige" Angaben zu werten ist, maW, **welche Rechtsmaßstäbe** an die zutreffende Preisermittlung anzulegen sind. Dies hängt von den heranzuziehenden **Rechtsquelle** und deren Anforderungen ab.

a) Internationales Recht

aa) Regelungen der OECD

(1) Fremdvergleichsgrundsatz – Art. 9 OECD-MA

Fraglich ist, ob die Regelungen des OECD-MA den Besteuerungstatbe-   **28** stand konstituieren und damit für den Steuerpflichtigen bindend sind.

Das OECD-MA und die Kommentierung sind rein praktisch von ganz erheblicher Bedeutung, weil sie als Modell für tatsächlich abzuschließende DBA dienen. Letztlich lässt sich in Bezug auf das OECD-MA – und auch für die Regelung zu verbundenen Unternehmen in Art. 9 – aber nur festhalten, dass sie **keine eigene bindende Rechtsquelle** darstellen. Schon aus der Bezeichnung als „Musterabkommen" lässt sich erkennen, dass das Modell nur als Vorlage dienen kann.

Auch grundsätzlich bewirken die Veröffentlichungen der OECD keine unmittelbare Bindungswirkung für Steuerpflichtige, FinVerw. und Gerichte. Die Publikationen der OECD sind vielmehr **unverbindliche** Regeln, die der nationale Gesetzgebung und dem Besteuerungsverfahren in Verrechnungspreisfragen als Orientierung dienen sollen. Deshalb können die Veröffentlichungen für die Rechtsanwendung in Deutschland allenfalls als Auslegungshilfen herangezogen werden.

(2) OECD-VerrechnungspreisRL – „Business-Restructuring"

Im Jahr 2010 hat die OECD bspw. eine aktualisierte Fassung der Verrech-   **29** nungspreisRL (OECD-LL 2010) veröffentlicht. „Business Restructuring" wurde als Kapitel IX in die VerrechnungspreisRL aufgenommen.[38] Die VGr-FVerl[39] enthalten an vielen Stellen Verweise[40] auf die OECD-RL. Es ist anzunehmen, dass dies in der Absicht der deutschen FinVerw. erfolgt, Unsicherheiten auf Seiten des Steuerpflichtigen bezogen auf potenzielle Doppelbesteuerungsrisiken als Ergebnis von konzerninternen Reorganisationen zu reduzieren.[41] Letztlich ist jedoch entscheidend, dass **auch die OECD-RL lediglich als „Orientierungshilfe"** etwa für die FinVerw. dienen sollen. Sie verfügen damit über **keinerlei rechtliche Bindungswirkung** auf lokaler Ebene und können damit für die Würdigung grenzüberschreitender Restrukturierungen im Rahmen nationaler Betriebsprüfungen von FinVerw. nicht verpflichtend herangezogen werden.

bb) Sonstige Internationale Verfahren

(1) Verständigungsverfahren/Schiedsverfahren

Internationale Verständigungs- und Schiedsverfahren sind zwischen-   **30** staatliche Verfahren zur übereinstimmenden Anwendung der **DBA** oder des

---

[38] Vgl. *Förster* IStR 2011, 20 ff.
[39] Vgl. BMF 13.10.2010, BStBl. I 2010, 774.
[40] Vgl. bereits Tz 1.1 „Regelungsziel", Tz. 1.3 „Allgemeine Grundsätze zur Anwendung des Fremdvergleichsgrundsatzes auf Funktionsverlagerungen" und fortlaufend.
[41] Vgl. *Freudenberg/Ludwig* BB 2011, 215, 219 f.

Übereinkommens vom 23. Juli 1990 Nr. 90/436/EWG über die Beseitigung der Doppelbesteuerung im Falle von Gewinnberichtigungen zwischen verbundenen Unternehmen – **Schiedskonvention.**[42] Rechtsgrundlage sind die Verständigungsklauseln der DBA (vgl. Art. 25 OECD-MA) und die Art. 6 ff. der Schiedskonvention.

Diese Regelungen enthalten Bestimmungen, nach denen die zuständige Behörde in Deutschland mit den zuständigen Behörden anderer **Staaten unmittelbar verkehren** kann, um eine **Einigung über Einzelfälle** herbeizuführen, die die Besteuerung in Deutschland oder in einem anderen Staat betreffen. Die Vorteile einer internationalen Einigung liegen bekanntermaßen in der vollständigen Beseitigung einer möglichen Doppelbesteuerung aufgrund freier bilateraler Vereinbarung. Eine Verständigungsregelung ist durch Erlass nationaler Steuerbescheide gem. § 175a AO ungeachtet der Bestandskraft der Steuerfestsetzung umzusetzen.

Angesichts des völligen Fehlens von Vorschriften über den Inhalt der Einigungen kann der Steuerpflichtige ,a priori' und auch im Allgemeinen nichts aus solchen Verfahren für die Richtigkeit von Verrechnungspreisen herleiten. Die Verfahren sind ausschließlich zur Beilegung von Besteuerungskonflikten im **Einzelfall** vorgesehen.

(2) „Advance Pricing Agreements"

31   Schließlich existiert die Möglichkeit einer vorherigen Abstimmung über die zutreffende Methode der Verrechnungspreisermittlung: Die deutschen Finanzbehörden führen **Advance Pricing Agreement** – APA-Verfahren mit dem Ziel durch, Meinungsverschiedenheiten zwischen Steuerverwaltungen verschiedener Staaten und den Unternehmen über Verrechnungspreismethoden und eine dadurch drohende wirtschaftliche Doppelbelastung bzw. Doppelbesteuerung soweit möglich **im Voraus einvernehmlich** zu vermeiden. Durch APAs sollen mehr Rechtssicherheit für die Unternehmen sowie mehr Effizienz bei der Prüfung von Verrechnungspreisen erreicht werden. Einzelheiten zum Ablauf eines solchen Verfahrens finden sich in einem ausführlichen BMF-Schreiben.[43]

Wichtig ist die Erkenntnis, dass im Verfahren um die Vorabzusagen über Verrechnungspreise zwischen international verbundenen Unternehmen ebenfalls **keine konkreten Verrechnungspreise,** sondern **nur entsprechenden „Methoden" zur Verrechnungspreisbestimmung** fixiert werden.[44] Die entsprechende Vereinbarung mit dem ausländischen Fiskus ist **für Deutschland bindend,** dh sie ist mit dem vereinbarten Inhalt umzusetzen (Art. 25 Abs. 2 S. 2 OECD-MA und entsprechende DBA). Dies geschieht durch eine **Vorabzusage gegenüber dem Steuerpflichtigen** und durch entsprechende Steuerbescheide.

---

[42] Vgl. BStBl. I 1993, 818 und BStBl. I 1995, 166.
[43] Vgl. BMF-Scheiben 5.10.2006, IV B 4 – S 1341 – 38/06, BStBl. I 2006, 594.
[44] Vgl. BMF, BStBl. I 2006, 594 Tz. 1.2 und 3.3.

b) Europarecht

aa) Rechtsnatur des Europarechts

Dem **Anwendungsvorrang des primären Gemeinschaftsrechts** in 32 Gestaltung der europäischen Verträge ist bereits durch das Zustimmungsgesetz zum EG-Vertrag iVm Art. 24 Abs. 1 GG der innerstaatliche Rechtsanwendungsbefehl erteilt worden: Nationale **Rechtsbestimmungen, die gegen Gemeinschaftsrecht verstoßen, dürfen nicht (mehr) angewendet werden.** Auch der Europäische Gerichtshof[45] hat schon früh darauf hingewiesen, dass innerstaatliches Recht zurücktreten muss, soweit Gemeinschaftsrecht ihm entgegensteht.

Bei der Einkünftekorrektur nach § 1 Abs. 1 S. 1 AStG im grenzüberschreitenden EU-Rechtsverkehr stellt sich naturgemäß die Frage nach einem Verstoß gegen die **Grundfreiheiten des AEUV.**

bb) Europarechtstauglichkeit der deutschen Verrechnungspreisregelungen

Im AEUV finden sich keine positiven Regelungen über die Richtigkeit 33 von Verrechnungspreisen. **Jedoch fragt es sich, ob der Steuerpflichtige die nationalen Regelungen in § 1 AStG teilweise oder vollständig „ignorieren" darf,** weil diese gegen das höherrangige Recht der Europäischen Union verstoßen. Unabhängig von der Frage, ob die Europarechtswidrigkeit zunächst vom hierzu berufenen Europäischen Gerichtshof (vgl. Art. 19 EUV und Art. 251 ff. AEUV) in einem Vorlageverfahren festgestellt werden müsste, ist § 1 AStG zu beachten, weil die Vorschrift im Ergebnis wohl europarechtskonform ist.

(1) Finanzgerichte: Europarechtswidrigkeit des § 1 AStG

Das Finanzgericht Münster[46] ist zunächst zu dem Ergebnis gekommen, dass 34 § 1 Abs. 1 AStG nicht angewendet werden darf, weil die Norm mit der **Niederlassungsfreiheit** nach Art. 49, 54 AEUV[47] nicht vereinbar sein soll. Mit der Niederlassungsfreiheit ist das Recht verbunden, die Tätigkeit in dem betreffenden Mitgliedstaat u. a. durch eine Tochtergesellschaft auszuüben.[48] Gem. Art. 49 Abs. 1 S. 1 iVm Art. 54 AEUV sind **Beschränkungen der freien Niederlassung** von Gesellschaften eines Mitgliedstaats im Hoheitsgebiet eines anderen Mitgliedstaats **grundsätzlich verboten.** Die Anwendung des § 1 Abs. 1 AStG bewirkt nach Auffassung des Gerichts, dass die Position eines Steuerpflichtigen sich verschlechtert, weil er eine Geschäftsbeziehung mit einer ausländischen Gesellschaft im EU-Raum unterhalten hat, an der er beteiligt ist. Hätte er hingegen einen – ansonsten vergleichbaren – Vertrag mit einer deutschen Tochtergesellschaft abgeschlossen, wäre eine Anwendung des § 1 Abs. 1 AStG wäre nicht möglich, weil es sich um rein inländische Geschäftsbeziehungen handeln würde.

Die durch die Regelung des § 1 Abs. 1 AStG eintretende Diskriminierung grenzüberschreitender Geschäftsbeziehungen ist nach Meinung des Gerichts

---

[45] Vgl. bereits EuGH 9.3.1978 – Rs. C-106/77, DB 1978, 2108.
[46] Urteil vom 22.2.2008 – 9 K 509/07 K,F; EFG 2008, 923.
[47] ex Art. 43, 48 EGV und ex Art. 52, 58 EGV aF vom 25.3.1957.
[48] EuGH 29.3.2007 – C-347/04, BStBl. II 2007, 492.

nicht gerechtfertigt. Insb. kann danach eine Rechtfertigung nicht auf eine dem **Art. 9 OECD-MA** nachgebildete Vorschrift (~ Wahrung des **Fremdvergleichsmaßstabes**) eines DBAs gestützt werden. Denn nach der Rechtsprechung des Europäischen Gerichtshofes sollen Regelungen in DBA nicht geeignet sein, einen Verstoß gegen die Grundfreiheiten zu rechtfertigen.[49] Weitere Rechtfertigungsgründe sind nach Meinung des Senates nicht ersichtlich.

Sogar der **Bundesfinanzhof**[50] hatte in einem Verfahren auf Gewährung vorläufigen Rechtsschutzes entschieden, es sei ernstlich **zweifelhaft,** ob § 1 Abs. 1 AStG mit den europarechtlichen Diskriminierungsverboten vereinbart werden kann.

(2) EuGH: „Hinzurechnung" grundsätzlich europarechtskonform

35 Nach Meinung des Europäischen Gerichtshofes[51] **widerspricht es dagegen der Niederlassungsfreiheit nicht** grundsätzlich, grenzüberschreitende Sachverhalte anders zu bewerten als Inlandssachverhalte, wenn diese Ungleichbehandlung **sachlich gerechtfertigt** ist. Gegenstand des Entscheidungsverfahrens ist eine dem **§ 1 Abs. 1 AStG vergleichbare Vorschrift** des belgischen Steuerrechts, wonach bei „verflochtenen" Unternehmen den eigenen Gewinnen außergewöhnliche oder unentgeltliche Vorteile hinzugerechnet werden können, **Art. 26 Abs. 2 Nr. 1 CIR** 1992.

> **„Code des impôts sur les revenus" – CIR – 1992**
> (Einkommensteuergesetzbuch Belgien)
>
> **Art. 26**
>
> „(1) Gewährt ein in Belgien ansässiges Unternehmen außergewöhnliche oder unentgeltliche Vorteile, werden diese … zu seinen eigenen Gewinnen hinzugerechnet, es sei denn, die Vorteile werden bei der Feststellung der steuerpflichtigen Einkünfte der Empfänger berücksichtigt.
>
> (2) Ungeachtet der in Abs. 1 erwähnten Einschränkung werden den eigenen Gewinnen außergewöhnliche oder unentgeltliche Vorteile hinzugerechnet, die das Unternehmen
>
> 1. einem Steuerpflichtigen iSv Art. 227 gewährt, mit dem das in Belgien ansässige Unternehmen unmittelbar oder mittelbar verflochten ist; …"
>
> **Art. 227**
>
> „[Definition gebietsfremder Gesellschaften] …
>
> die ausländischen Gesellschaften, die ihren Sitz, ihre Hauptniederlassung oder den Sitz ihrer Leitung oder Verwaltung nicht in Belgien haben."

Nach belgischem Recht soll ein Vorteil dann „außergewöhnlich" sein, wenn er unter Berücksichtigung der wirtschaftlichen Gegebenheiten in dem betreffenden Zeitpunkt und der wirtschaftlichen Situation der Parteien in Widerspruch zur normalen Ordnung der Dinge, den Regeln und den feststehenden Handelsbräuchen steht. Ein Vorteil ist „unentgeltlich", wenn er ohne Verpflichtung oder nicht gegen Entgelt, ohne Gegenleistung, gewährt wird.

---

[49] EuGH 28.1.1986 – C-270/83, NJW 1987, 569 und 21.9.1999 – C-307/97, BStBl II 1999, 844.

[50] Vgl. BFH 21.6.2001 – I B 141/00, BFH/NV 2001, Beilage 9, 1169.

[51] Urteil vom 21.1.2010 – C-311/08, BFH/NV 2010, 571.

Fall: Die Klägerin, die SGI SA, ist eine Holdinggesellschaft belgischen Rechts. Sie be-   **36** sitzt einen Anteil von 65 vH am Kapital der RECYDEM SA, einer Gesellschaft französischen Rechts. Außerdem gehört sie dem Verwaltungsrat dieser Gesellschaft an. SGI gewährte RECYDEM am 31.12.2000 ein unverzinsliches Darlehen in Höhe von umgerechnet knapp 1 Mio. EUR. Nach Ansicht der belgischen FinVerw. waren deshalb dem eigenen Gewinn der SGI gem. Art. 26 Abs. 2 Nr. 1 CIR 1992 für den Veranlagungszeitraum 2001 die außergewöhnlichen oder unentgeltlichen Vorteile in Höhe von umgerechnet ca. 50 TEUR hinzuzurechnen, die SGI der Tochtergesellschaft gewährt hatte. Dieser Betrag soll den zu einem Zinssatz von 5 vH jährlich berechneten fiktiven Zinsen entsprechen. Ist dies unter europarechtlichen Gesichtspunkten rechtmäßig?

Lösung: Der EuGH hat die Auffassung der belgischen FinVerw. bestätigt und geht von der grundsätzlichen Europarechtskonformität aus.

1. Der EuGH misst einen möglichen Verstoß ausschließlich an der **Niederlassungsfreiheit** nach Art. 49, 54 AEUV, da der Rechtsstreit ausschließlich die Auswirkungen der genannten Regelung auf die steuerliche Behandlung einer Gesellschaft betrifft, die mit den anderen betroffenen Gesellschaften in einer Weise verflochten ist, die durch die Ausübung eines „sicheren Einflusses" gekennzeichnet ist.

2. Der **Schutzbereich** der Niederlassungsfreiheit ist **eröffnet:** Mit ihr ist für die nach den Rechtsvorschriften eines Mitgliedstaats gegründeten Gesellschaften, die ihren satzungsmäßigen Sitz innerhalb der Europäischen Gemeinschaft haben, das Recht verbunden, ihre Tätigkeit in dem betreffenden Mitgliedstaat durch eine Tochtergesellschaft, Zweigniederlassung oder Agentur auszuüben. Auch wenn die Vertragsbestimmungen über die Niederlassungsfreiheit nach ihrem Wortlaut die Inländerbehandlung im Aufnahmemitgliedstaat sichern sollen, **verbieten** sie es doch ebenfalls, dass der Herkunftsmitgliedstaat die **Niederlassung** einer nach seinem Recht gegründeten Gesellschaft **in einem anderen Mitgliedstaat behindert.**

3. Ebenso **bejaht** der EuGH einen **Eingriff** des Art. 26 Abs. 2 Nr. 1 iVm Art. 227 CIR 1992 in die Niederlassungsfreiheit: Eine gebietsansässige Gesellschaft könnte sich dazu veranlasst sehen, von der Gründung einer Tochtergesellschaft in einem anderen Mitgliedstaat aufgrund der steuerlichen Belastung abzusehen, die in einer grenzüberschreitenden Situation mit der Gewährung von Vorteilen, die von der fraglichen Regelung erfasst werden, verbunden ist.

4. Allerdings sieht der EuGH diesen Eingriff als **gerechtfertigt** an.

   a) Der Eingriff ist nach Auffassung des Gerichts **erforderlich** und **geeignet,** legitime Ziele von Mitgliedstaaten zu verfolgen: Aufgrund einer Gesamtbetrachtung zweier Gesichtspunkte, nämlich der Notwendigkeit der Wahrung einer **ausgewogenen Aufteilung der Besteuerungsbefugnis** zwischen den Mitgliedstaaten und der Notwendigkeit der **Verhinderung einer Steuerumgehung,** ist festzustellen, dass Art. 26 Abs. 2 Nr. 1 CIR 1992 zwingenden Gründen des Allgemeininteresses entspricht und zur Erreichung dieser Ziele geeignet ist.

   b) Auch das Prinzip der **Verhältnismäßigkeit** ist nicht verletzt.

   (1) Eine Regelung, die eine Prüfung objektiver Umstände vorsieht, ob ein geschäftlicher Vorgang eine rein künstliche Konstruktion zu steuerlichen Zwecken darstellt, geht nicht über das hinaus, was zur Erreichung der Ziele hinsichtlich der Notwendigkeit, die Ausgewogenheit der Aufteilung der Besteuerungsbefugnis zwischen den Mitgliedstaaten zu wahren, und der Notwendigkeit, Steuerumgehungen zu verhindern, erforderlich ist. Dies gilt jedenfalls dann, wenn der Verdacht besteht, dass ein geschäftlicher Vorgang über das hinausgeht, was die betreffenden Gesellschaften unter Bedingungen des freien Wettbewerbs vereinbart hätten und **dem Steuerpflichtigen,** ohne ihn übermäßigen Verwaltungszwängen zu unterwerfen, **die Möglichkeit eingeräumt wird, Beweise für etwaige wirtschaftliche Gründe** für den Abschluss dieses Geschäfts **beizubringen.**

(2) Im Fall des belgischen Steuerrechts trifft nach Angaben des belgischen Fiskus die Beweislast für das Vorliegen eines „außergewöhnlichen" oder „unentgeltlichen" Vorteils im Sinne der streitigen Regelung die nationale Steuerverwaltung. Wenn diese die fragliche Regelung anwende, werde dem Steuerpflichtigen die Möglichkeit eingeräumt, Beweise für etwaige wirtschaftliche Gründe für den Abschluss des fraglichen Geschäfts beizubringen.

Nach der vorstehenden Entscheidung kann **nicht** von einer **grundsätzlichen Europarechtswidrigkeit** der Regelung in § 1 Abs. 1 AStG ausgegangen werden; die **Regelung ist also zu beachten.**

c) Innerstaatliches (deutsches) Recht

aa) Gesetz – § 1 Abs. 3 AStG

(1) Grundkonzeption

37   Die Grundnorm des § 1 AStG regelt für **grenzüberschreitende Geschäftsbeziehungen** die Anwendung des Fremdvergleichsgrundsatzes als Maßstab für Einkünftekorrekturen. Die Vorschrift des § 1 Abs. 3 AStG regelt für Geschäftsbeziehungen iSd § 1 Abs. 1 S. 1 AStG, zu denen auch Funktionsverlagerungen gehören, wie fremdübliche Verrechnungspreise zu bestimmen sind.

In der Literatur[52] werden bereits aus dieser Konzeption Bedenken wegen eines **Verstoßes gegen den allgemeinen Gleichheitssatz nach Art. 3 Abs. 1 GG** abgeleitet. Zum Teil werden die Regelungen zur Funktionsverlagerung für unvereinbar mit Art. 3 Abs. 1 GG gehalten, da sie sich **ausschließlich bei grenzüberschreitenden Aktivitäten** auswirken, während im Inlandsfall etwa nur Einkünftekorrekturen nur auf Basis von § 8 Abs. 3 S. 2 und 3 KStG erfolgen können. Dadurch würden vergleichbare Sachverhalte ungleich behandelt, da weder bei der verdeckten Gewinnausschüttung noch bei der verdeckten Einlage Gesamtpaketbetrachtungen stattfinden bzw. künftige Gewinnpotentiale der Besteuerung unterworfen werden. Auch unterliegt die **Sitzverlagerung der gesamten inländischen Kapitalgesellschaft nicht** den Regelungen zu **Funktionsverlagerungen,** da es insoweit an einer schuldrechtlichen Geschäftsbeziehung zwischen zwei Unternehmen fehlt.[53]

Ein sachlicher Grund für die unterschiedlichen Rechtsfolgen soll nicht ersichtlich sein. Das Vorliegen des Verstoßes gegen Art. 3 Abs. 1 GG hätte die (partielle) Rechtswidrigkeit und damit Nichtigkeit von § 1 AStG zu Folge; der Steuerpflichtige müsste die Regelung nicht beachten.[54]

(2) Funktionsverlagerung

„Funktionsverlagerung" im Gesetz

38   Eine grundlegende Schwierigkeit beim Verständnis der gesetzlichen Regelung im Einzelnen ergibt sich daraus, dass das **Gesetz nicht definiert, was**

---

[52] Vgl. *Micker* IStR 2010, 829, 831 und 832 mit zahlreichen weiteren Nachweisen aus der Literatur.

[53] In diesem Fall wird das deutsche Steuersubstrat über § 12 KStG gesichert.

[54] Allerdings liegt die Kompetenz zur Qualifikation einer Norm als verfassungswidrig beim Bundesverfassungsgericht, vgl. Art. 100 Abs. 1 GG, §§ 13 Nr. 11, 31 Abs. 2 S. 1 BVerfGG.

mit „Funktion" gemeint ist. Zwangsläufig bleibt damit auch der gesetzliche Definitionsversuch der **„Verlagerung"** einer Funktion in **§ 1 Abs. 3 AStG** unbestimmt.[55]

Allerding ist auch ein **„unbestimmter Rechtsbegriff"** in der Gesetzessprache grundsätzlich zulässig.[56] Kennzeichnend für einen solchen Begriff ist es, dass er nicht durch die Angabe genauer Merkmale bestimmt ist. Er enthält einen **festen „Begriffskern"** und einen mehr oder weniger **weiten „Begriffshof".**[57] Der Sinngehalt ist mit Hilfe der anerkannten Auslegungsregeln zu erschließen; die Grenzen des sich ergebenen Beurteilungsspielraums müssen abgesteckt und damit die Möglichkeit richterlicher Überprüfung der Einhaltung der Grenzen gegeben sein.

Diesen Anforderungen soll § 1 Abs. 3 AStG genügen, weil die dort verwendeten Begriffe zwar unbestimmt und auslegungsbedürftig, jedoch noch **einer Auslegung zugänglich** sind.

„Funktionsverlagerung" in der Rechtsverordnung

Der Begriff der Funktionsverlagerung wird in der **„Funktionsverlage-** **39** **rungsverordnung"**[58] – FVerlV – in § 1 definiert. **Rechtgrundlage** der FVerlV ist **§ 1 AStG,** wonach die Bundesregierung durch **Rechtsverordnung** Einzelheiten zur Anwendung des Fremdvergleichsgrundsatzes bestimmen darf.

Für die Gültigkeit der Bestimmungen der FVerlV und damit der Tatbestandsvoraussetzungen einer Funktionsverlagerung nach § 1 FVerlV ist jedenfalls zweierlei erforderlich.[59]

– die FVerlV muss auf der Grundlage einer tragfähigen gesetzlichen **Ermächtigungsgrundlage** erlassen worden und

– ihr **Regelungsgehalt** darf keine Normierung durch ein Parlamentsgesetz erfordern.

• Rechtmäßigkeit der Ermächtigungsgrundlage

Die **Verordnungsermächtigung** des § 1 AStG ist an **Art. 80 Abs. 1** **40** **S. 2 GG** zu messen. Das Grundgesetz verlangt, dass der Gesetzgeber selbst die Entscheidungen über Regelungen trifft; er selbst muss die Grenzen einer solchen Regelung festsetzen und angeben, welchem Ziel sie dienen soll. Demnach ist Art. 80 Abs. 1 S. 2 GG verletzt, wenn eine Ermächtigung zum Erlass von Rechtsverordnungen so **unbestimmt** ist, dass nicht mehr vorausgesehen werden kann, in welchen Fällen und mit welcher Tendenz von ihr Gebrauch gemacht werden wird und welchen Inhalt die aufgrund der Ermächtigung erlassenen Verordnungen haben können.

---

[55] *Blum/Lange* GmbHR 2011, 65, 66.

[56] Vgl. *Micker* IStR 2010, 829, 830 mit zahlreichen weiteren Nachweisen aus der Literatur.

[57] Vgl. BFH 5.10.1984 – III R 192/83, BStBl. II 1985, 151.

[58] "Verordnung zur Anwendung des Fremdvergleichsgrundsatzes nach § 1 Abs. 1 des Außensteuergesetzes in Fällen grenzüberschreitender Funktionsverlagerungen" vom 11.7.2008, BGBl. Teil I 2008, 1680.

[59] Vgl. zu den verfassungsrechtlichen Erfordernissen für den Erlass einer Rechtsverordnung u. a. BVerfG vom 30.1.1968 – 2 BvL 15/65, BStBl. II 1968, 296; im Weiteren zur FVerlV auch *Micker* IStR 2010, 829, 833 mwN.

Durch den Hinweis auf „Einzelheiten zur Anwendung des Fremdvergleichsgrundsatzes" und den Verweis auf vorstehende Regelungen wird im Gesetz jedenfalls deutlich, dass u. a. Einzelheiten zur Funktionsverlagerung geregelt werden sollen. Im Übrigen dürfen die Bestimmtheitsanforderungen nicht überspannt werden, weil sonst eine Regelung im Verordnungswege keinerlei Entlastung für den Gesetzgeber bringen würde.

• **Rechtmäßigkeit der FVerlV – Gesetzesvorbehalt für „Funktionsverdoppelung"**

41   Allerdings sind **Zweifel** abgebracht, ob die FVerlV durch die Ermächtigung gedeckt ist.[60] Dies gilt insb. für § 1 Abs. 6 FVerlV, wonach unter den dort bestimmten Voraussetzungen auch eine **„Funktionsverdoppelung"** als Funktionsverlagerung angesehen werden kann.[61] Mangels Einschränkung der Funktionsausübung durch das „verlagernde" Unternehmen im Inland fällt die Funktionsverdoppelung grundsätzlich nicht in den Anwendungsbereich der Funktionsverlagerung iSd § 1 Abs. 3 AStG. Im Gegensatz hierzu sieht die Regelung des **§ 1 Abs. 6 S. 1 FVerlV** vor, dass eine Funktionsverdoppelung gleichwohl als Funktionsverlagerung anzusehen ist, wenn es bei Vorliegen der übrigen Voraussetzungen des § 1 Abs. 2 S. 1 FVerlV innerhalb von fünf Jahren nach Aufnahme der Funktion durch das nahe stehende Unternehmen zu einer Einschränkung der Ausübung der betreffenden Funktion durch das verlagernde Unternehmen kommt. In diesem Fall ordnet § 1 Abs. 6 S. 2 FVerlV an, dass zum Zeitpunkt, zu dem die Einschränkung eintritt, insgesamt eine einheitliche Funktionsverlagerung vorliegt.

42   Fraglich ist, ob hier ein Verstoß gegen den **Gesetzesvorbehalt** vorliegt, maW, ob die Funktionsverdoppelung als „Besteuerungstatbestand" nicht in das Gesetz hätte aufgenommen werden müssen. Letztlich ist die Regelung aber erklärlich – und dann wohl auch zulässig – als **Missbrauchsbekämpfungsvorschrift.**[62] Die fortlaufende Reduktion einer Funktion im Inland mit korrespondierender Expansion dieser Funktion im Ausland könnte auch ohne den Begriff der Funktionsverdoppelung der Besteuerung unterworfen werde, wenn ein **„Gesamtplan" zur Umgehung der sofortigen Funktionsverlagerung nachweisbar** wäre: Die „Gesamtplanrechtsprechung" des Bundesfinanzhofes[63] beruht darauf, dass eine auf einheitlicher Planung beruhende und in engem zeitlichen und sachlichen Zusammenhang stehende Mehrzahl von Rechtsgeschäften für die steuerliche Beurteilung zu einem einheitlichen wirtschaftlichen Vorgang zusammenzufassen und sodann unter den Steuertatbestand zu subsumieren ist. Ist aufgrund dieser zusammenfassenden – wirtschaftlichen – Betrachtung eine rechtsmissbräuchliche Gestaltung zu bejahen, entsteht der Steueranspruch gem. **§ 42 Abs. 1 S. 3 AO** entsprechend einer den wirtschaftlichen Vorgängen angemessenen rechtlichen Gestaltung. Die **Feststellungslast** für das Vorliegen des Missbrauchs und damit auch des Gesamtplanes trägt allerdings die FinVerw.[64]

---

[60] Vgl. *Kroppen/Rasch/Eigelshoven* IWB 2007, Fach 3 Gruppe 1, 2201, 2221.

[61] Vgl. *Borstell* IStR 2009, 329.

[62] Vgl. die Begründung zu § 1 Abs. 6 S. 1 FVerlV, BR-Drs. 352/08, 13.

[63] Vgl. BFH 27.10.2005 – IX R 76/03, BStBl. II 2006, 359 und grundsätzlich BFH 19.1.2011 – X B 43/10, BFH/NV 2011, 636.

[64] Statt aller *Frotscher* in Schwarz, AO § 42 Rz. 82.

Die Regelung in § 1 Abs. 6 S. 2 FVerlV **kehrt die Feststellungslast zum Nachteil des Steuerpflichtigen um,** wenn es innerhalb von fünf Jahren zu einer „Einschränkung der Ausübung der Funktion" im Inland kommt.

(1) Verrechnungspreisbestimmung „Stufenmodell"

Nach § 21 Abs. 16 AStG gelten die Vorschriften des **§ 1 Abs. 1 und 3 AStG** idF des Unternehmensteuerreformgesetzes 2008[65] ab dem **Veranlagungszeitraum 2008.** Dieses Gesetz weist erstmalig folgendes „Stufenmodell" für die Ermittlung des Verrechnungspreises auf: **43**

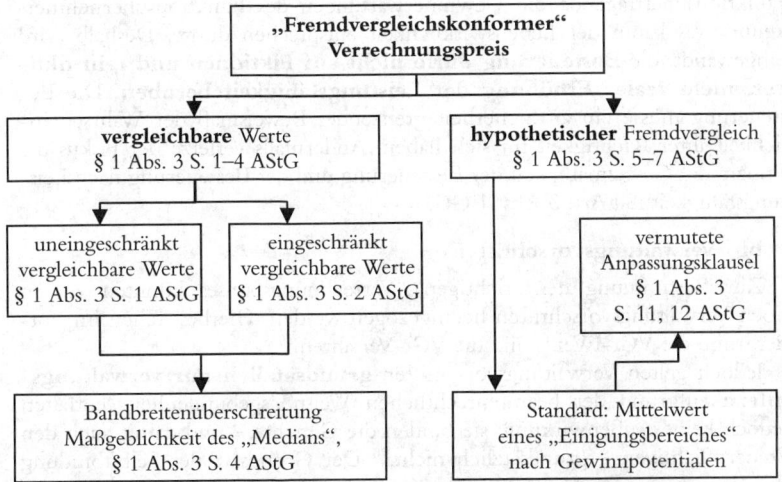

In Fällen von Funktionsverlagerungen, sind die Verrechnungspreise grundsätzlich auf der Grundlage einer Verlagerung der Funktion als Ganzes (Transferpaket) nach Ertragswertkriterien zu bestimmen, § 1 Abs. 3 S. 9 AStG iVm § 1 Abs. 2 FVerlV.

Gleichheitswidrigkeit des „hypothetischen Fremdvergleichs"

Insb. im Fall der Funktionsverlagerung wird es mangels vergleichbarer   **44**
Werte regelmäßig zu einer Verrechnungspreisbestimmung aufgrund des „hypothetischen Fremdvergleichs" nach § 1 Abs. 3 S. 5 AStG kommen.

Gegen diese ertragswertbasierte Bewertung werden verfassungsrechtliche Bedenken im Hinblick auf den Gleichbehandlungsgrundsatz nach **Art. 3 Abs. 1 GG** in zweierlei Hinsicht erhoben.

Einseitige Erfassung zukünftiger Gewinnpotenziale

Zunächst soll zu berücksichtigen sein, dass nur im Bereich der Besteuerung   **45**
von Funktionsverlagerungen die o.a. Systematik zum Tragen kommt, also auch **künftige Gewinnpotentiale** der deutschen Besteuerung zugeführt werden.[66] Darin unterscheidet sich die Behandlung von Funktionsverlagerun-

---

[65] Art. 7 des Gesetzes vom 14.8.2007, BGBl. I S. 1912.
[66] Vgl. *Micker* IStR 2010, 829, 831.

gen von der Beschränkung des deutschen Besteuerungsrechts iSd § 4 Abs. 1 S. 3 EStG, wonach bei Vorliegen der Beschränkung es lediglich zu einer sofortigen Besteuerung der **stillen Reserven** kommt. Auch § 12 KStG sieht bei Sitzverlegung ins Ausland nur die Besteuerung der stillen Reserven vor; es werden aber auch dort keine Gewinnpotentiale abgeschöpft.

Missachtung des Leistungsfähigkeitsprinzips durch „Hellseherklausel"

46   Problematisch soll die Regelung auch durch die informationsbezogene Prämisse des § 1 Abs. 1 S. 3 (S. 2 aF) AStG – „Informationstransparenz-" oder **„Hellseherklausel"** werden.[67] Danach wird fiktiv unterstellt, dass der Funktionsübertragende die Gewinnerwartungen des Funktionsübernehmers kennt, was kaum der Lebenswirklichkeit entsprechen dürfte. Deshalb wird eingewandt, die **Besteuerung dürfe nicht auf Fiktionen und rein fiktiver, nicht realer Erhöhung der Leistungsfähigkeit beruhen.** Die Besteuerung müsse ein an Sicherheit grenzendes Beweismaß der Wahrscheinlichkeit ihrer Richtigkeit für sich haben. Andernfalls verletze der Fiskus das Prinzip der Gesetzmäßigkeit der Besteuerung und der Besteuerung nach Leistungsfähigkeit iSd Art. 3 Abs. 1 GG.

bb) Verwaltungsvorschriften

47   Zur Bestimmung des „richtigen" Verrechnungspreises könnten zudem noch Verwaltungsvorschriften herangezogen werden. Hierbei stehen im Vordergrund die VGr-FVerl[68] und die VGr-Verfahren.[69]

Jedoch gelten Verwaltungsvorschriften **grundsätzlich nur verwaltungsintern** aufgrund der beamtenrechtlichen Weisungsgebundenheit, entfalten jedoch keine Außenwirkung; sie binden die Gerichte – und damit auch den Steuerpflichtigen – grundsätzlich nicht.[70] Der Grundsatz der Selbstbindung der Verwaltung, der aus Art. 3 Abs. 1 GG abzuleiten ist, gilt nur für solche Verwaltungsvorschriften, die die Ermessensausübung regeln, weil die Verwaltung im Bereich der Ermessensentscheidungen einen Entscheidungsfreiraum hat, der gerichtlich nur beschränkt überprüfbar ist. Um eine derartige Ermessensentscheidung handelt es sich im vorliegenden Fall nicht; vielmehr sind die BMF-Schreiben als „norminterpretierende Verwaltungsvorschriften" anzusehen.

48   Schon gar **nicht** vermögen diese Verwaltungsvorschriften eine **rückwirkende Anwendung des Gesetzes** zu ermöglichen.[71] Für Veranlagungszeiträume vor 2008 kann eine rückwirkende Anwendung der § 1 Abs. 1 und 3 AStG idF des Unternehmensteuerreformgesetzes 2008 nicht verlangt werden, was auch die FinVerw.[72] grundsätzlich anerkennt. Nicht gefolgt werden kann der FinVerw.[73] allerdings bei der abweichenden Auffassung, ordentliche und gewissenhafte Geschäftsleiter würden für Zwecke der Preisbestimmung bei

---

[67] Vgl. *Schnorberger* StB 2011, 355, 357 f.
[68] Vgl. BMF 13.10.2010, BStBl. 2010, 774.
[69] Vgl. BMF 12.4.2005, BStBl. 2005, 570.
[70] Vgl. BFH-Urteil vom 30.9.1997 – IX R 39/94, BFH/NV 1998, 446.
[71] Vgl. auch *Greinert/Thiele* DStR 2011, 1197 ff.
[72] Vgl. Rz. 180 VGr-FVerl BMF 13.10.2010, BStBl. I 2010, 774.
[73] Vgl. Rz. 184 VGr-FVerl BMF 13.10.2010, BStBl. I 2010, 774.

einer Funktionsverlagerung auch für Veranlagungszeiträume **vor 2008** das Entgelt **auf der Grundlage der betreffenden Gewinnpotenziale** bestimmen – ohne die Transparenzfiktion („Hellseherklausel") in § 1 Abs. 1 S. 3 AStG dürfte dies kaum möglich sein. Ebenso kann nicht die Auffassung der FinVerw.[74] geteilt werden, für Veranlagungszeiträume **vor 2008** sei für die Bestimmung des Werts im Einigungsbereich, der dem Fremdvergleichsgrundsatz am besten entspricht, von dem Erfahrungssatz auszugehen, dass sich fremde Dritte auf einen **mittleren Wert** einigen: Ein Einigungsbereich ist wiederum ohne Transparenzfiktion nicht darstellbar; auch wäre ohne die gesetzliche Vermutung in § 1 Abs. 3 S. 7 AStG wohl davon auszugehen, dass bei Kenntnis vom möglichen Gewinnpotenzial des Erwerbers der Veräußerer seinen Preis sofort am oberen Ende des Einigungsbereiches fixieren würde.

4. Steuerstrafrechtliche Würdigung

Die vorstehenden Überlegungen haben gezeigt, dass es für den Steuerpflichtigen als Rechtsanwender alles andere als leicht ist zu erkennen, welches Recht aus welchen Rechtsquellen für ihn **„verbindlich"** ist. Nur die Verletzung verbindlichen Rechts kann aber eine Strafbarkeit nach § 370 AO begründen. **49**

a) Objektiver Tatbestand

(1) Tathandlung – „unrichtige Angaben"

Der Aufforderung des § 370 Abs. 1 Nr. 1 AO, zur Vermeidung strafrechtlicher Sanktion richtige und vollständige Angaben zu machen und den angemessenen, dh **zutreffenden Verrechnungspreis** anzugeben, ist nicht leicht Rechnung zu tragen angesichts der Tatsache, dass die in Frage kommenden Rechtsquellen – teilweise – **unverbindlich** und im Übrigen häufig **unklar** sind. **50**

(2) Internationales Recht

Mangels rechtlicher Verbindlichkeit können die **Regelungen der OECD** grundsätzlich keine konstitutive Wirkung entfalten, dh der Steuerpflichtige darf sich bei der Bestimmung des zutreffenden Verrechnungspreises nicht – alleine – an diesen Publikationen orientieren. Das Ergebnis eines **APA-Verfahrens** ist zwar für die deutsche FinVerw. und letztlich auch für den Steuerpflichtigen bindend; vorgegeben wird aber nur eine bestimmte Methode und nicht ein bestimmter – zutreffender – Verrechnungspreis. **51**

(3) Europarecht

Auch wenn der Europäische Gerichtshof[75] die Befugnis des nationalen Gesetzgebers zur Angemessenheitsprüfung für Verrechnungspreise grundsätzlich anerkannt hat, folgen aus seiner Entscheidung **Restriktionen für das deutsche Recht** und damit auch für die **Findung des zutreffenden Verrechnungspreises.** **52**

---

[74] Vgl. Rz. 190 VGr-FVerl BMF 13.10.2010, BStBl. I 2010, 774.
[75] Urteil vom 21.1.2010 – C-311/08, BFH/NV 2010, 571.

Beschränkung des Fremdvergleichsgrundsatzes auf Missbrauchsfälle

53   So wird in der Literatur[76] vertreten, der Europäische Gerichtshof habe in seiner Entscheidung den Fremdvergleichsgrundsatz als Maßstab der steuerlichen Kontrolle grenzüberschreitender Leistungen im Grundsatz akzeptiert. Er habe dessen Anwendungsbereich allerdings zugleich auf **„künstliche Konstruktionen"** iS manipulativer Gewinnverlagerungen (Missbrauchsfälle) beschränkt und dem Steuerpflichtigen die Möglichkeit eingeräumt, für eine vom Fremdvergleich abweichende Wahl von Verrechnungspreisen wirtschaftliche Gründe anzuführen.

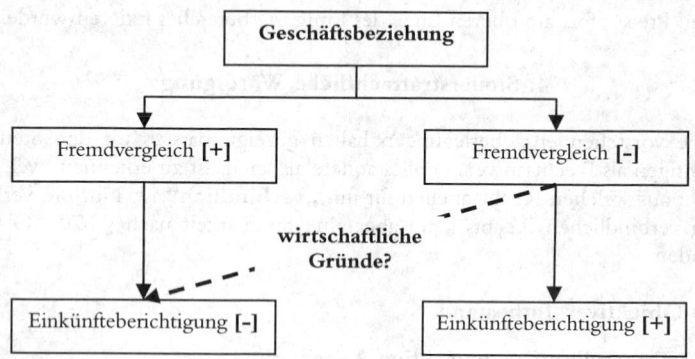

Sollte diese Betrachtungsweise zutreffen, würde dies bedeuten, dass **Steuerpflichtige für die Bestimmung des „richtigen" Verrechnungspreises weiter greifende Überlegungen anstellen darf:** Vor dem Hintergrund, dass das Interesse integrierter Großunternehmen gerade darin besteht, **innerhalb des Konzerns langfristige spezifische Leistungsbeziehungen** aufzubauen, deren Effizienzgründe einem Fremdvergleich entgegenstehen, würden die Steuerpflichtigen in großem Umfang in der Lage sein, vom „arm's length"-Grundsatz abweichende Leistungsentgelte und -bedingungen zu legitimieren. Es steht zu erwarten, dass eine solche Auslegung sofortige Reaktionen des deutschen Gesetzgebers nach sich ziehen würde.

Europarechtskonforme Auslegung des deutschen Rechts

54   Folgt man nicht der vorstehen Auffassung, wonach „wirtschaftliche Gründe" ohnehin eine Gestaltung rechtfertigen, so kann der Stpfl. jedenfalls eine angepasste **europarechtskonforme Auslegung** des deutschen Rechts unter Berücksichtigung des vom Europäischen Gerichtshof[77] konstatierten Eingriffs in die Niederlassungsfreiheit verlangen. Dies ist etwa dann denkbar, wenn **materielle Besteuerungstatbestände zu Lasten des Steuerpflichtige**n so extensiv ausgelegt werden,[78] dass diesem faktisch häufig keine Möglichkeit

---

[76] *Schön* IStR 2011, 777, 782.

[77] Urteil vom 21.1.2010 – C-311/08, BFH/NV 2010, 571.

[78] Folgende Beispiele seien genannt:

– „Atomisierung" des Funktionsbegriffs in Produkte und Produktgruppen, Rz. 16 VGr-FVerl BMF, BStBl. I 2010, 774;

verbleiben wird, einen anzuerkennenden wirtschaftlichen Hintergrund eines Geschäfts darzulegen.

(4) Innerstaatliches (deutsches) Recht

Gesetz als Rechtsmaßstab
Gesetzesvorbehalt für Straftatbestand

Eine **unrichtige Angabe iSv § 370 Abs. 1 Nr. 1 AO** kann grundsätz-   55
lich nur aus einem Verstoß gegen **§ 1 Abs. 1 iVm Abs. 3 AStG** folgen.
Verstöße gegen **Rechtsverordnungen** – wie die FVerlV – oder gar **Verwaltungsvorschriften** – wie die VGr-Verfahren[79]/VGr-FVerl[80] – sind **strafrechtlich irrelevant**. Der strenge **Gesetzesvorbehalt** des **Art. 103 Abs. 2
GG** verwehrt es der vollziehenden und rechtsprechenden Gewalt, die normativen Voraussetzungen einer Bestrafung festzulegen. Der Verweis des § 370
AO auf das Steuerrecht ist daher grundsätzlich durch Gesetz, nicht durch
Rechtsverordnung auszufüllen. Verwaltungsvorschriften bilden lediglich Auslegungshilfen und können grundsätzlich keine strafrechtliche Verantwortung
über das Gesetz hinaus begründen.[81]

Unwirksamkeit wegen inhaltlicher Unbestimmtheit

Angesicht der Verwendung „**unbestimmter Rechtsbegriffe**" könnte   56
daran zu zweifeln sein, dass die Gesetzesfassung in § 1 Abs. 1 iVm Abs. 3
AStG hinreichend präzise ist, um einen Straftatbestand zu begründen.
Der Tatbestand der Steuerverkürzung ist unter Berücksichtigung des
Art. 103 Abs. 2 GG ausreichend bestimmt, wenn sich erkennen lässt, unter
welchen Voraussetzungen die Tatbestandsmerkmale erfüllt sein sollen, welche
Anknüpfungspunkte maßgeblich sein sollen und ob es auf den jeweilgen
Einzelfall ankommt; der Normadressat – der dem Gesetz unterworfene **Steu-
erbürger** – **muss durch Auslegung Tragweite und Anwendungs-
reich des Straftatbestandes ermitteln und konkretisieren können**.[82]
Im Hinblick auf die Gesetzesfassung in § 1 Abs. 1 iVm Abs. 3 AStG wird
man jedenfalls eine **ausreichende Bestimmtheit der Tatbestandsmerkmale hinsichtlich des Kernbereichs der Begrifflichkeit (" Be-**

– grundsätzliche Unverwertbarkeit von Ergebnissen eines Datenbankscreenings bei
  der Angemessenheitsdokumentation, Tz. 3.4.12.4 VGr-Verfahren BMF, BStBl. I
  2005, 570;
– extensive Auslegung von Verfahrensvorschriften zu Lasten des Steuerpflichtigen (zB
  Feststellungslast des Stpfl. für einen begrenzten Kapitalisierungszeitraum, Rz. 110
  VGr-FVerl BMF, BStBl. I 2010, 774; Feststellungslast für die Gründe des Umsatzrückgangs im Inland bei Funktionsverdoppelung, § 6 FVerlV und Rz. 49
  a. E. VGr-FVerl BMF, BStBl. I 2010, 774; Unterstellung des Wegfalls der Geschäftsgrundlage bei wesentlicher Gewinnabweichung, Rz. 195 VGr-FVerl BMF, BStBl. I
  2010, 774).

[79] BMF, BStBl. I 2005, 570.
[80] BMF, BStBl. I 2010, 774.
[81] Vgl. *Peters/Pflaum* wistra 2011, 250, 253.
[82] Vgl. zu diesen Anforderungen an einen Straftatbestand BVerfG 20.3.2002 –
2 BvR 794/95, NJW 2002, 1779 sowie BGH 22.7.2004 – 5 StR 85/04, BFH/NV
2005, Beilage 1, 47 zum ehemaligen Straftatbestand der gewerbsmäßigen und banden-
mäßigen Steuerhinterziehung gem. § 370a AO.

griffskern") feststellen können: Der Gesetzgeber möchte die Geschäftsbeziehungen nahe stehender Personen dem Fremdvergleich unterwerfen; besondere Regelungen hinsichtlich der Angemessenheit der einander gewährten Leistungen gelten bei der Verlagerung einer teilbetriebsähnlichen Funktion.

„Falschdeklaration" dem Grunde nach

57   Danach wird man sagen können, dass in **eindeutigen Fällen der Falschdeklaration** der objektive Tatbestand einer Steuerhinterziehung nach § 370 Abs. 1 Nr. 1 AO iVm § 1 Abs. 1, 3 AStG erfüllt ist. Davon ist bspw. in folgenden Beispielsfällen auszugehen:
- der Steuerpflichtige bestimmt den Verrechnungspreis ohne jegliche Ermittlungen iSd § 1 Abs. 3 AStG nach seinem Gutdünken oder aufgrund einer „historischen Preisliste";
- der Steuerpflichtige deklariert die Veräußerung eines laufenden Betriebes oder Teilbetriebes zum Gegenwert der Summe der Einzelpreise der übertragenen Wirtschaftsgüter („asset deal"), dh ohne jegliche Berücksichtigung des Geschäftswerts („good will").

„Falschdeklaration" der Höhe nach – Bewertung nach dem Stufenmodell

58   Schwieriger gestaltet sich die Anwendung des **Stufenmodells** der Verrechnungspreisermittlung gem. § 1 Abs. 3 AStG. Sowohl die „uneingeschränkte" als auch die „eingeschränkte Vergleichbarkeit" sind ebenso wie die „Sachgerechtigkeit" der Anpassungen und die „Geeignetheit" von Verrechnungspreismethoden **unbestimmte Rechtsbegriffe.** Alle genannten Begriffe sind auslegungsfähig, so dass häufig mehrere Stufen vertretbar sein werden. Fraglich ist deshalb, in welchen Fällen auch „Falschdeklarationen" durch eine unzutreffende Wertermittlung des Verrechnungspreises der Höhe nach vorkommen können.

Eingeschränkt vergleichbare Fremdvergleichswerte

59   Das Konzept des § 1 Abs. 3 S. 2 und 3 AStG geht davon aus, dass jeweils eine „Bandbreite" möglicher steuerlich anzusetzender Verrechnungspreise existiert. Die „Einengung" der Bandbreite (S. 3) ist bei fehlender inhaltlicher Konkretisierung steuerstrafrechtlich nicht relevant.[83] Dies folgt aus dem strafrechtlichen Bestimmtheitsgebot, da das Gesetz keine Vorgaben für die „Einengung" enthält, diese vielmehr lediglich den Verwaltungsvorschriften[84] entnommen werden können. Falschdeklarationen wären also jenseits vergleichbarer Werte bzw. außerhalb jeglicher Bandbreite denkbar.

Keine vergleichbaren Fremdvergleichswerte – „hypothetischer Fremdvergleich"

60   Auch im Fall des § 1 Abs. 3 S. 5 AStG stellt sich die Frage nach einer Falschdeklaration.
- **Der Steuerpflichtige wendet den hypothetischen Fremdvergleich nicht an**

---

[83] Vgl. *Peters/Pflaum* wistra 2011, 250, 253.
[84] Vgl. „Bandbreiten und ihre Einengung" Tz. 3.4.12.5 VGr-Verfahren BMF, BStBl. I 2005, 570.

Der Steuerpflichtige könnte sich auf den Standpunkt stellen, dass die Wertermittlung im Wege des hypothetischen Fremdvergleichs nach § 1 Abs. 3 S. 5 AStG wegen der Informationstransparenzklausel in § 1 Abs. 1 S. 3 AStG im Hinblick auf einen Verstoß gegen das Leistungsfähigkeitsprinzip und damit letztlich Art. 3 Abs. 1 GG verfassungswidrig und damit nichtig ist. Allerdings ist dieser Standpunkt insofern „gefährlich", als es für eine **Nichtigkeitserklärung** der **Entscheidung des Bundesverfassungsgerichtes** bedürfte, Art. 100 Abs. 1 GG, § 13 Nr. 11, 31 Abs. 2 S. 1 BVerfGG.

– **Der Steuerpflichtige wählt nicht den Mittelwert**
Die Konkretisierung auf einen bestimmten Wert – den **Mittelwert** in § 1 Abs. 3 S. 7 Halbsatz 2 AStG – soll steuerstrafrechtlich ebenfalls nicht möglich sein.[85] Denn es handelt sich bei der Vorschrift um eine **Feststellungslastregel** („wird kein anderer Wert glaubhaft gemacht"), die ihrer Rechtsnatur nach eine steuerliche **Verfahrensvorschrift** ist und dementsprechend **im Steuerstrafverfahren außer Betracht** bleibt. Im Übrigen ist zu berücksichtigen, dass strafrechtlich bei einer möglichen Bandbreite von Werten auch der Grundsatz des ‚in dubio pro reo' Anwendung finden müsste.

– **Der Steuerpflichtige vereinbart keine Preisanpassungsklausel**
Die Vereinbarung oder Nichtvereinbarung einer Preisanpassungsklausel ist **steuerstrafrechtlich ebenfalls irrelevant:** Die – widerlegliche – Fiktion der Vereinbarung einer 10-jährigen **Preisanpassungsklausel** in § 1 Abs. 3 S. 11 AStG ist eine „verdeckte Änderungsermächtigung" und damit materiell eine **Verfahrensvorschrift,** die es der FinVerw. erlauben soll, auch nach Ablauf der regulären Festsetzungsfrist noch eine Änderung der Steuerfestsetzung vorzunehmen.

aa) Taterfolg – fehlerhafte Festsetzung der Steuer

Der Straftatbestand des § 370 Abs. 1 Nr. 1 AO erfordert darüber hinaus **61** den **Taterfolg eine Steuerverkürzung.** Eine Verkürzung liegt nach § 370 Abs. 4 S. 1 AO vor, wenn die Steuer nicht, nicht in voller Höhe oder nicht rechtzeitig festgesetzt wird.

Eine Steuerverkürzung ist eingetreten, wenn die aus dem tatsächlichen Sachverhalt folgende **Soll-Steuer von der** sich auf Grund der erklärten Tatsachen ergebenden **Ist-Steuer** abweicht. **Die Höhe der verkürzten Beträge ist dabei so genau wie möglich festzustellen und erfordert grundsätzlich eine ins Einzelne gehende Berechnungsdarstellung.**[86]

Diese Berechnungsdarstellung ist jedoch im Fall der Verwendung unangemessener Verrechnungspreise mit erheblichen Problemen behaftet. Der Tatrichter der ordentlichen Gerichtsbarkeit muss wie bei jeder Steuerverkürzung den Umfang auf Grund eigener Feststellungen nach den Beweisgrundsätzen des Strafprozessrechts ermitteln. Dem **Strafrichter** ist es – anders als den Strafverfolgungsbehörden in Gestalt der Steuerfahndung oder Staatsanwaltschaft – **verwehrt,** die **Feststellungen,** und besonders Schätzungen der FinVerw. **ohne eigene Prüfung zu übernehmen.** Eine Steuerverkürzung iSd § 370 Abs. 1 AO kann deshalb nicht alleine mit der Vermutung und Schätzung nach § 162 Abs. 3 S. 1 und 2 AO („unverwertbare Dokumentation")

---

[85] Vgl. *Peters/Pflaum* wistra 2011, 250, 253.
[86] Vgl. *Peters/Pflaum* wistra 2011, 250, 254.

begründet werden. Die Soll-Steuer ist bei Verwendung angemessener Verrechnungspreise möglichst präzise zu berechnen. Außerdem ist die bei Verrechnungspreisen gegebene **Bandbreite** der Angemessenheit ‚in dubio pro reo' entgegen § 162 Abs. 3 S. 2 AO **zu Gunsten des Steuerpflichtigen** (späteren Angeklagten) zu berücksichtigen.[87]

bb) Exkurs: Steuerhinterziehung durch Unterlassen

62 Aus § 153 Abs. 1 S. 1 Nr. 1 AO folgt eine steuerrechtliche Anzeige- und Berichtigungspflicht: Nach dieser Vorschrift ist der Steuerpflichtige zur unverzüglich vorzunehmenden Anzeige und Richtigstellung gegenüber den Finanzbehörden verpflichtet, wenn er **nachträglich vor Ablauf der Festsetzungsfrist erkennt,** dass eine von ihm abgegebene **Erklärung unrichtig** ist und dass es dadurch zu einer Verkürzung von Steuern kommen kann oder bereits gekommen ist.

Auch bei der Anzeige- und Berichtigungspflicht aus § 153 AO handelt es sich um eine Erklärungspflicht iSd § 370 Abs. 1 AO, deren Nichterfüllung ebenso strafbar ist (§ 370 Abs. 1 Nr. 2 AO) wie die nur scheinbare Berichtigung mit erneut falschen Angaben (§ 370 Abs. 1 Nr. 1 AO).

Allerdings ist zu berücksichtigen, dass **§ 1 Abs. 1 und 3 AStG idF** des Unternehmensteuerreformgesetzes („Stufenmodell") erst **ab dem Veranlagungszeitraum 2008** gilt; eine „rückwirkende Anwendung durch Verwaltungsvorschrift" ist nicht möglich.

b) Subjektiver Tatbestand

aa) Vollendete Tat

63 Auch wenn trotz der oben aufgezeigten hohen Anforderung die Unrichtigkeit einer Steuererklärung und eine dadurch eingetretene Steuerverkürzung festgestellt werden kann, bleibt fraglich, ob der Steuerpflichtige mit **Vorsatz** iSd „Wissens" und „Wollens" handelt.

Im Falle unangemessener Verrechnungspreise dürfte die Frage nach der Strafbarkeit nach § 370 Abs. 1 AO in der Regel auf der subjektiven Tatbestandsseite entschieden werden. Legt der Steuerpflichtige anhand einer **ordnungsgemäßen Dokumentation nach § 90 Abs. 3 AO iVm der „Gewinnabgrenzungsaufzeichnungs-Verordnung" – GAufzV –**[88] über die Überlegungen zur Ermittlung der Verrechnungspreise eine **vertretbare Vorgehensweise** dar, die von FinVerw. im Ergebnis nicht nachvollzogen wird, dürfte **angesichts der Unwägbarkeiten der Verrechnungspreisermittlung der erforderliche Vorsatz regelmäßig nicht nachweisbar sein.**[89]

bb) Versuch

64 Fraglich ist, ob in dem Fall, wo ein objektiv willkürlich angesetzter Verrechnungspreis **zufällig** von zumindest einer Standardmethode abgedeckt wird und daher **„richtig"** ist, eine versuchte Steuerhinterziehung, § 370

---

[87] Vgl. *Peters/Pflaum* wistra 2011, 250, 254.

[88] „Verordnung zu Art, Inhalt und Umfang von Aufzeichnungen iSd § 90 Abs. 3 der Abgabenordnung" vom 13.11.2003, BGBl. Teil I 2003, 2296.

[89] Vgl. *Peters/Pflaum* wistra 2011, 250, 255.

Abs. 1, 2 AO, § 23 Abs. 1 StGB in Betracht kommt.[90] Hat der Steuerpflichtige **keine ordnungsgemäße Dokumentation** erstellt und ist er auch sonst nicht in der Lage, das Zustandekommen der Verrechnungspreise schlüssig zu erklären, kann ein „**bedingter Vorsatz**" anzunehmen sein, so dass eine **Versuchsstrafbarkeit** in Frage kommt.

cc) Leichtfertige Steuerverkürzung

Grundsätzlich könnte davon auszugehen sein, dass ein **Verstoß gegen die**   65 **Dokumentationspflichten** aus § 90 Abs. 3 AO iVm GAufzV **regelmäßig** den Vorwurf der **Leichtfertigkeit** begründen wird, wenn ein entsprechendes „Wissen" des Steuerpflichtigen vorliegt.

Dagegen wird eingewandt,[91] dass angesichts der dezidierten Regelungen in § 1 Abs. 3 AStG und der Dokumentationspflichten die Annahme **bedingt vorsätzlichen Handelns** nahe liege, wenn der Steuerpflichtige von der gesetzlichen Reihenfolge der Verrechnungspreisermittlung abweiche und sich fremdunüblicher Verrechnungspreise bediene. Eine Strafbarkeit wegen leichtfertiger Steuerverkürzung sei allenfalls bei einem fehlerhaften hypothetischen Fremdvergleich denkbar, etwa wenn die Funktionsanalyse oder die innerbetriebliche Planrechnung grob fehlerhaft durchgeführt werde. Im Übrigen sei dem Anwendungsbereich des § 378 AO auf Grund der **engen gesetzlichen Vorgaben** weitestgehend der Boden entzogen.

c) Ergebnis

aa) Strafrecht

(1) Verfahren

Der Gang eines Strafverfahrens – beginnend mit dem Ermittlungsverfahren   66 – stellt sich wie folgt dar (vgl. auch die Verwaltungsvorschrift „Anweisungen für das Straf- und Bußgeldverfahren (Steuer)" – AStBV (St)[92]):

> „Verdacht einer Straftat", § 160 Abs. 1 StPO
> **zureichende tatsächliche Anhaltspunkte, § 152 Abs. 2 StPO**
> deklaratorisch: § 397 Abs. 1 AO (Nr. 26 AStBV [St])

▼

> **Einleitung eines Ermittlungsverfahrens**
> – durch Staatsanwaltschaft
> – Strafverfahren beginnt im Übrigen, sobald die Einleitungsmaßnahme durch FinVerw. oder Polizei vorgenommen worden ist, 397 Abs. 1 AO
> – Mitteilung an Beschuldigen bei Aufforderung zur Mitwirkung, § 397 Abs. 3 AO

▼

---

[90] Vgl. *Peters/Pflaum* wistra 2011, 250, 255 – ein vollendetes Delikt scheidet aus, weil es entweder schon an der Tathandlung („unrichtige Angabe"), jedenfalls aber am Taterfolg („Steuerverkürzung") fehlt.

[91] Vgl. *Peters/Pflaum* wistra 2011, 250, 256.

[92] Gleich lautende Ländererlasse „Anweisungen für das Straf- und Bußgeldverfahren (Steuer)" – AStBV (St) 2014 vom 1.11.2013, BStBl. I 2013, 1995.

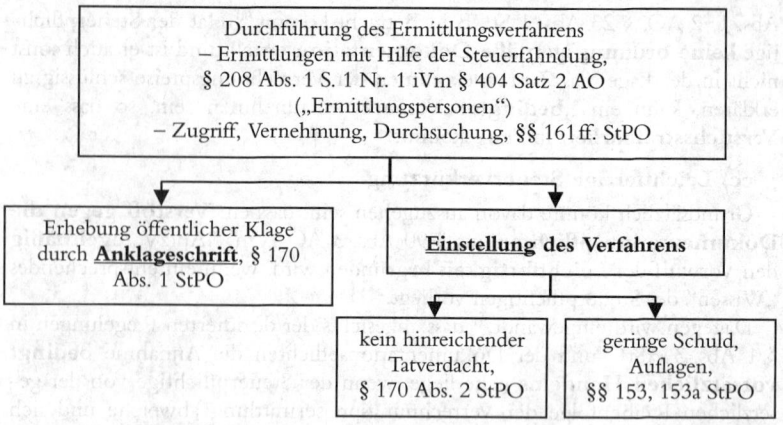

Die zuständige Finanzbehörde ist bei ihrer Entscheidung über die Einleitung eines Strafverfahrens wegen Steuerhinterziehung gem. § 399 Abs. 1 AO in Verbindung mit § 152 Abs. 2 StPO dem **Legalitätsgrundsatz** verpflichtet ist.

Zureichende tatsächliche Anhaltspunkte iSd § 152 Abs. 2 StPO liegen vor, wenn konkrete tatsächliche Umstände gegeben sind, die es **nach kriminalistischer Erfahrung möglich erscheinen** lassen, dass eine verfolgbare Straftat begangen worden ist.[93] Wenn solche Anhaltspunkte vorliegen, darf und muss das Strafverfahren eingeleitet werden.

(2) „Verurteilungswahrscheinlichkeit"

67   Dass es tatsächlich zu einer **strafrechtlichen Verurteilung** kommt, dürfte im Wesentlichen auf folgende Fälle beschränkt sein:

subjektiver Tatbestand: Stpfl. handelt mit …	objektiver Tatbestand: Verrechnungspreis ist …	
	zutreffend	falsch
mind. bedingtem Vorsatz („Steuerverkürzung billigend in Kauf nehmen")	ggf. versuchte Steuerhinterziehung	**Steuerhinterziehung § 370 Abs. 1 Nr. 1 AO [+]**
nicht vorsätzlich („mit Steuerverkürzung nicht einverstanden")	Steuerhinterziehung § 370 I Nr. 1 AO [-]	Steuerhinterziehung § 370 I Nr. 1 AO [-] (ggf. § 378 AO)

Es ist nochmals darauf hinzuweisen, dass der Richter **im Strafverfahren keine Schätzung** zu Lasten des Angeklagten vornehmen darf – **ebenso wenig** kommt eine **„Reduzierung des Beweismaßes"**[94] wegen einer Mitwirkungspflichtverletzung in Frage.

---

[93] Vgl. zB BGH 21.4.1988 – III ZR 255/86, NJW 1989, 96.

[94] Eine „Schätzung" bezieht sich auf numerische Besteuerungsgrundlagen, die „Reduzierung des Beweismaßes" bedeutet die Annahme eines Sachverhaltes zulasten des Steuerpflichtigen: Wirkt der Steuerpflichtige nicht mit, mindert sich das sog. „Beweismaß"; das Finanzamt kann sich damit begnügen, zu einem geringeren Grad als

Es ist erkennbar, dass sich die Frage nach der Strafbarkeit wesentlich über das Vorliegen eines „bedingten Vorsatzes" löst. Hierbei handelt es sich um eine innere Tatsache, die keines unmittelbaren Beweises zugänglich ist. Vielmehr muss durch Hilfstatsachen, sog. „Indizien" auf das Vorliegen der subjektiven Disposition geschlossen werden. Wiederum zeigt sich daher die Wichtigkeit der **Einhaltung von gesetzlichen Dokumentationspflichten,** aber auch der möglichen Implementierung eines Compliance Management-Systemen oder schlicht des Führens interner Vermerke: Je mehr Indizien sich für ein „Nicht Einverstandensein" des Steuerpflichtige ergeben, umso geringer ist die Wahrscheinlichkeit einer strafrechtlichen Sanktion.

(3) Konsequenzen der Einleitung eines Ermittlungsverfahrens

Zuständigkeits- und Verfahrenswechsel

IdR ergibt sich bei Durchführung einer Außenprüfung der Verdacht einer **68** Steuerhinterziehung. Der Betriebsprüfer muss bei begründetem Anfangsverdacht ein **Ermittlungsverfahren** einleiten bzw. bei der Möglichkeit eines durchzuführenden Strafverfahrens zumindest die Steuerfahndung (Steufa) oder die Bußgeld- und Strafsachenstelle (BuStra) informieren, § 10 Betriebsprüfungsordnung[95] – BpO –, Nr. 130 AStBV [St].[96] Das Vorhandensein tatsächlicher Anhaltspunkte für das Vorliegen einer Straftat wird aber durch § 10 Abs. 1 S. 2 BpO nicht entbehrlich, dh, **bloße Vermutungen lösen eine Mitteilungspflicht auch nach dieser Norm nicht** aus.[97] Das weitere Verfahren gestaltet sich wie folgt:

– Zuständigkeit

In der Regel[98] wird das Ermittlungsverfahren durch die **Steuerfahndung** („kriminalpolizeiliche Aufgaben") oder die **Bußgeld- und Strafsachenstelle** („staatsanwaltliche Aufgaben") geführt, § 208 Abs. 1 S. 1 Nr. 1 AO: Anders als in § 387 Abs. 1 AO vorgesehen, lässt § 387 Abs. 2 AO die Begründung der sachlichen Zuständigkeit einer eigenständigen Finanzbehörde zu. Die Bundesländer haben durch entsprechende landesrechtliche Regelungen nahezu alle von der Möglichkeit der Zuständigkeitszentralisierung bei einem Finanzamt Gebrauch gemacht; überwiegend existieren selbstständige Finanzämter für Steuerfahndung und Strafsachen. Nach Wunsch des Bundesgerichtshofes[99] soll zudem die **Staatsanwaltschaft** grundsätzlich frühzeitig in die Ermittlungen der Finanzbehörden einbezogen werden. Hintergrund ist möglicherweise das

---

nach § 88 AO geboten davon überzeugt zu sein, dass ein bestimmter Sachverhalt vorliegt, grundlegen BFH 15.2.1989 – X R 16/86, BStBl. II 1989, 462 – zum Ganzen vgl. BFH 23.3.2011 – X R 44/09, BStBl. II 2011, 884.

[95] Allgemeine Verwaltungsvorschrift für die Betriebsprüfung idF der Verwaltungsvorschrift zur Änderung der Betriebsprüfungsordnung vom 20.7.2011, BStBl. I 2011, 710.

[96] BStBl. I 2013, 1395.

[97] Vgl. Gleich lautende Erlasse der obersten Finanzbehörden der Länder vom 31.8.2009, zB FinMin Baden-Württemberg – S 1400/2, BStBl. I 2009, 829.

[98] Auch der Betriebsprüfer kann Ermittlungen im Strafverfahren führen, vgl. BFH Urteil vom 4.11.1987 – II R 102/85, BStBl. II 1988, 113.

[99] Vgl. BGH 20.5.2010 – 1 StR 577/09, DStR 2010, 1133.

Bestreben, eine stärkere gerichtliche Befassung mit Steuerstrafsachen abzusichern und dem „Deal" auf Ebene der Straf- und Bußgeldsachenstelle entgegen zu wirken.

– Verfahren

Das weitere Verfahren verläuft **zweigleisig:**

Das **strafrechtliche Ermittlungsverfahren** richtet sich in jedem Fall nach den Vorschriften der **Strafprozessordnung.** Dem Beschuldigten steht damit **strafrechtlich** ein umfassendes Aussage- und Mitwirkungsverweigerungsrecht zu, vgl. § 136 Abs. 1 S. 2 StPO.

Zu beachten ist aber das gleichzeitig durchzuführende **Besteuerungsverfahren,** § 393 Abs. 1 S. 1 AO: Gem. **§ 393 Abs. 1 S. 2 AO** sind im Besteuerungsverfahren lediglich **Zwangsmittel**[100] gegen den Steuerpflichtigen unzulässig, wenn er dadurch gezwungen würde, sich selbst wegen einer von ihm begangenen Steuerstraftat oder Steuerordnungswidrigkeit zu belasten. Sonstige Einschränkungen der Mitwirkungspflicht enthält die Abgabenordnung nicht.[101] Damit kann es gegenüber einem Steuerpflichtigen, der auch im Besteuerungsverfahren nicht mitwirkt, trotz des parallelen Strafverfahrens zu einer **Schätzung** nach § 162 AO kommen.

Rechtsbehelf gegen die Einleitung eines Ermittlungsverfahrens

69   Neben möglichen finanziellen Sanktionen lösen steuerstrafrechtliche Ermittlungsverfahren Kosten für externe Berater im Zusammenhang mit der Aufbereitung und Prüfung des entscheidungserheblichen Sachverhalts, der notwendigen Strafverteidigung und einer ggf. notwendigen Prozessführung aus.[102] Darüber hinaus binden solche Verfahren interne Ressourcen des Unternehmens (Geschäftsführung und Fachabteilungen) und können durch negative Presseberichterstattung zu Reputationsschäden für das Unternehmen und die Marke führen. Im Idealfall kann ein **Compliance Management-Systemen** diese Risiken bereits im Ansatz vermeiden oder beherrschbar machen. Andernfalls stellt sich angesichts der nicht unerheblichen Folgen der Einleitung eines Ermittlungsverfahrens die Frage, ob für den **„unschuldigen" Beschuldigten** die Möglichkeit besteht, seinerseits eine „Nichteröffnung" bzw. (Wieder)Einstellung des Verfahrens zu betreiben.

– Möglich ist eine **Dienst- oder Sachaufsichtsbeschwerde:** Aufsichtsbeschwerden sind **behördenintern** unverzüglich der vorgesetzten Behörde vorzulegen, wenn ihnen nicht abgeholfen wird. Sachaufsichtsbeschwerden bei Maßnahmen, die Beamte der Steuerfahndungsstellen in ihrer Eigenschaft als Ermittlungspersonen der Staatsanwaltschaft (§ 404 AO) auf Anordnung der Staatsanwaltschaft treffen, sind, wenn ihnen nicht abgeholfen wird, der Staatsanwaltschaft vorzulegen, Nr. 97 AStBV (St).[103] Deren Entscheidung ist nicht weiter rechtsbehelfsfähig.

---

[100] § 328 AO – Zwangsgeld, Ersatzvornahme, unmittelbarer Zwang – nicht: Verzögerungsgeld, § 146 Abs. 2b AO!

[101] Vgl. in aller Deutlichkeit BFH 19.9.2001 – XI B 6/01, BStBl. II 2002, 4 sowie BFH 23.7.1999 – XI B 170/97, BFH/NV 2000, 7.

[102] *Geuenich/Kiesel* BB 2012, 155, 158.

[103] BStBl. I 2013, 1395.

– Das Verfahrensrecht sieht **grundsätzlich keinen gerichtlichen Rechtsschutz** gegen die Einleitung und Fortführung eines Ermittlungsverfahrens vor.[104] Denn das Ermittlungsverfahren ist ein vorbereitendes Verfahren; sein Ziel ist die Entschließung, ob und inwieweit die öffentliche Klage geboten ist (§§ 160 Abs. 1, 170 StPO).

Kommt es zur Anklage, wird der in Gestalt des Anklagesatzes konkretisierte Tatverdacht zur gerichtlichen Prüfung gestellt. Rechtsschutz gegen das bloße Betreiben des Ermittlungsverfahrens schon vor seinem Abschluss für grundsätzlich geboten zu halten, wäre systemwidrig und nicht Rechtsschutz „zur rechten Zeit". Ein Zuwarten ist dem Beschuldigten deshalb in aller Regel bis zur Entschließung (§ 170 StPO) zuzumuten.

Etwas **anderes** gilt nur in Fällen, in denen schlüssig dargetan ist, dass das Ermittlungsverfahren aus **schlechthin unhaltbaren Erwägungen** eingeleitet oder fortgeführt wird, also objektiv willkürliches Handeln der Staatsanwaltschaft zum Nachteil des Beschuldigten in Rede steht.[105]

– Schließlich hat der Beschuldigte in ganz besonderen Fällen die Möglichkeit, **Strafanzeige wegen Verfolgung Unschuldiger** zu erstatten (§§ 344 StGB, 172 StPO) und gegebenenfalls einen **Amtshaftungsanspruch** nach § 839 BGB, Art. 34 GG vor dem Landgericht geltend zu machen.

bb) Ordnungswidrigkeitenverfahren

Die leichtfertige Steuerverkürzung iSd § 378 AO kann aufgrund der ausdrücklichen Formulierung des Tatbestandes nur durch den Steuerpflichtigen selber oder bei juristischen Personen durch den gesetzlichen Vertreter nach § 34 AO (Geschäftsführer oder Vorstand) oder den Verfügungsberechtigten nach § 35 AO (Prokurist oder faktischer Geschäftsführer) begangen werden. Bezogen auf in Unternehmen übliche Delegationsketten kann insb. eine **grob fahrlässige Verletzung von Auswahl- und Überwachungspflichten** zur Verantwortlichkeit eines gesetzlichen Vertreters oder Verfügungsberechtigten iSd §§ 34, 35 AO führen. **70**

Unter praktischen Gesichtspunkten wird es den Ermittlungsbehörden häufig leichter fallen, fahrlässige Verstöße gegen notwendige Aufsichtspflichten zu belegen, als individuellen Mitarbeitern ein bedingt vorsätzliches Handeln nachzuweisen. Umgekehrt besteht für Unternehmen allerdings auch die Möglichkeit, durch Implementierung von geeigneten Auswahl- und Überwachungsmaßnahmen im Rahmen von „**Compliance**" fahrlässige Verstöße des Leitungspersonals weitgehend auszuschließen.[106]

V. Fazit

Viele Probleme um die zutreffende Bestimmung von Verrechnungspreisen **71** sind weiterhin ungeklärt. Auch die FinVerw. hat mit den Schwierigkeiten der

---

[104] Vgl. BVerfG 2.10.2003 – 2 BvR 660/03, NStZ 2004, 447 zu einem Antrag nach § 23 Abs. 1 EG GVG – „Justizverwaltungsakte" – auf Einstellung eines Ermittlungsverfahrens; ebenso OLG Frankfurt 18.9.2007 – 3 VAs 33/07, NStZ-RR 2008, 78.

[105] Vgl. BVerfG, NStZ 2004, 447.

[106] *Geuenich/Kiesel* BB 2012, 155, 157.

komplexen Rechtslage zu kämpfen. Eine grundlegende Beantwortung aller Fragen hat durch die finanzgerichtliche **Rechtsprechung noch nicht** stattfinden können. Jedenfalls kann uneingeschränkt auf die **besondere Bedeutung einer ordnungsgemäßen Dokumentation** hingewiesen werden.

– **Ertragsteuerliches Verfahren**

Die Fertigung ordnungsgemäßer Dokumentationen schützt vor dem Vorwurf der Mitwirkungspflichtverletzung und verhindert eine **Schätzung,** die sogar mit einer Feststellungslastumkehr einhergehen kann.

– **Schenkungsteuer durch unangemessene Verrechnungspreise**

Anhand der Dokumentation kann zweifelsfrei belegt werden, dass einer bestimmten Leistung zwischen zwei Kapitalgesellschaften **kein Bereicherungswille** zugrunde gelegen hat und deshalb eine freigebige Zuwendung ausscheidet.

– **Steuerhinterziehung durch unangemessene Verrechnungspreise**

Die ordnungsgemäße Dokumentation hilft bei der Ermittlung des „zutreffenden" Verrechnungspreises, so dass bereits der objektive Tatbestand des § 370 AO entfällt. Im Fall eines gleichwohl unzutreffenden Verrechnungspreises kann jedenfalls nachgewiesen werden, dass **kein bedingter Vorsatz** in Form des „sich Abfindens" (bzw. keine Leichtfertigkeit) vorgelegen hat.

5. Teil: Anwendungsbereiche

Kapitel L: Einkunftsabgrenzung bei Betriebsstätten und Personengesellschaften

Übersicht

I. Betriebsstätten

1. Notwendigkeit der Ergebnis- und Vermögenszuordnung

1   Sofern ein Unternehmen in einem Staat sein Stammhaus und in einem anderen eine Betriebsstätte hat, lassen sich **vier Grundfälle** unterscheiden:
1. Ein Unternehmen mit Stammhaus in einem anderen Staat, mit dem die Bundesrepublik Deutschland kein DBA hat, unterhält im Inland eine Betriebsstätte (Inlandsbetriebsstätte ohne DBA).
2. Ein Unternehmen mit Stammhaus in einem anderen Staat, mit dem die Bundesrepublik Deutschland ein DBA hat, unterhält im Inland eine Betriebsstätte (Inlandsbetriebsstätte mit DBA).
3. Ein Unternehmen mit inländischem Stammhaus unterhält eine Betriebsstätte in einem Land, mit dem die Bundesrepublik Deutschland kein DBA hat (Auslandsbetriebsstätte ohne DBA).
4. Ein Unternehmen mit inländischem Stammhaus unterhält eine Betriebsstätte in einem Land, mit dem die Bundesrepublik Deutschland ein DBA hat (Auslandsbetriebsstätte mit DBA).

2   Da sich in jedem der Grundfälle jeweils das Stammhaus und die Betriebsstätte in unterschiedlichen Staaten befinden und damit das Unternehmen als Ganzes dem Zugriff von zumindest zwei Fisken unterliegt, gilt es für jeden der Grundfälle zu entscheiden, welchem Staat welches **Besteuerungsrecht** zusteht:
– welchen Teil des Gesamtunternehmens die Bundesrepublik Deutschland nach nationalem Recht wie besteuert,
– wie dieses nationale Besteuerungsrecht durch ein bestehendes DBA begrenzt wird und
– nach welchen Maßstäben das Ergebnis und das Vermögen des Gesamtunternehmens nach nationalem und ggf. nach Abkommensrecht für die Besteuerung bzw. für die Zuweisung des Besteuerungsrechts aufgeteilt werden.

Im Folgenden wird – der Interessenlage für Verrechnungspreise folgend – im Wesentlichen nur auf die ertragsteuerlichen Fragestellungen eingegangen.

2. Besteuerungsgrundlagen

a) Besteuerungsrecht

Im Falle der **Inlandsbetriebsstätte ohne DBA** (Fall 1; vgl. oben Rn. 1) **3** unterliegen gem. § 1 Abs. 4 EStG iVm § 49 Abs. 1 Nr. 2a EStG bzw. § 2 Nr. 1 und § 8 Abs. 1 KStG iVm § 49 Abs. 1 Nr. 2a EStG Einkünfte aus Gewerbebetrieb, die der Inlandsbetriebsstätte zuzurechnen sind, der deutschen Einkommen- bzw. Körperschaftsteuer. Für die Gewerbesteuer ergibt sich die Besteuerungsgrundlage aus § 2 Abs. 1 S. 1 GewStG.

Bei **Inlandsbetriebsstätten mit DBA** (Fall 2; vgl. oben Rn. 1) schränken **4** die deutschen DBA das deutsche Besteuerungsrecht als Betriebsstättenstaat gem. Art. 7 Abs. 1 OECD-MA regelmäßig nicht ein.[1] Daher gelten die gleichen Rechtsgrundlagen wie bei einer Inlandsbetriebsstätte ohne DBA. Folglich unterliegen die Einkünfte der inländischen Betriebsstätte sowohl der Einkommen- bzw. Körperschaftsteuer als auch der Gewerbesteuer. Allerdings gilt es zu beachten, dass der Betriebsstättenbegriff des nationalen Rechts und des Abkommensrechts zwar inhaltlich weitgehend identisch, der abkommensrechtliche Begriff hinsichtlich der ausgeübten Tätigkeiten jedoch regelmäßig enger ist,[2] so dass die der beschränkten Steuerpflicht unterworfenen Einkünfte im Nicht-DBA-Fall und im DBA-Fall voneinander abweichen können (vgl. Rn. 12–27).

Liegt die **Auslandsbetriebsstätte** in einem Land, mit dem die Bundesre- **5** publik Deutschland **kein DBA** unterhält (Fall 3; vgl. oben Rn. 1), unterliegt auch das Einkommen der Auslandsbetriebsstätte gem. § 1 Abs. 1 iVm § 2 Abs. 1 EStG bzw. gem. § 1 und § 8 Abs. 1 und 2 KStG iVm § 2 Abs. 1 EStG der deutschen Einkommen- bzw. Körperschaftbesteuerung. Gewerbesteuer fällt für das Einkommen der Auslandsbetriebsstätte nicht an, da die Gewerbesteuer gem. § 2 Abs. 1 S. 1 GewStG einen im Inland betriebenen Gewerbebetrieb vorraussetzt (vgl. auch § 9 Nr. 3 GewStG). Nach §§ 34c, 34d Nr. 2a EStG ist zur Vermeidung der Doppelbesteuerung eine der deutschen Einkommensteuer entsprechende ausländische Steuer auf die deutsche Einkommensteuer anzurechnen, die auf die Einkünfte aus diesem Staat entfällt. Das Gleiche gilt für die Anrechnung von der deutschen Körperschaftsteuer entsprechenden ausländischen Steuern auf die deutsche Körperschaftsteuer gem. § 26 Abs. 1 und 6 KStG. Alternativ kann die ausländische Steuer wahlweise bei der Einkunftsermittlung abgezogen werden, soweit sie auf ausländische Einkünfte entfällt, die nicht steuerfrei sind (§ 34c Abs. 2 EStG; § 26 Abs. 6 KStG iVm § 34c Abs. 2 EStG).

Im Falle der **Auslandsbetriebsstätte mit DBA** (Fall 4; vgl. oben Rn. 1) sehen die DBA gem. Art. 7 Abs. 1 OECD-MA regelmäßig vor, dass nur der ausländische Quellenstaat die der Auslandsbetriebsstätte zuzurechnenden Ein-

---

[1] Eine Ausnahmeregelung gilt gem. Art. 8 OECD-MA für Gewinne aus dem Betrieb der Seeschifffahrt, Binnenschifffahrt und Luftfahrt, wonach das Besteuerungsrecht dem Staat, in dem sich die tatsächlichen Geschäftsleitung des Unternehmens befindet, zugeteilt wird.
[2] Vgl. BFH 30.10.1996, BStBl. II 1997, 15; BMF 24.12.1999, BStBl. I 1999, 1076 (Betriebsstättenerlass) Tz. 1.2.1.1.

künfte besteuern darf.[3] Die Bundesrepublik Deutschland stellt derartige Einkünfte – gem. deutscher Abkommenstradition – unter Progressionsvorbehalt von den deutschen Ertragsteuern frei.

b) Gewinnermittlung

6   Die Bemessung des eigenen Steueranspruchs (Fall 1), die Zuordnung des Besteuerungsrechts (Fälle 2 und 4) oder die Festlegung dessen, was als Einkünfte aus dem anderen Staat zum Zwecke der Anrechnung der ausländischen Steuer gilt (Fall 3), verlangt die Aufteilung des Gesamtergebnisses des Unternehmens in einen Gewinn der Betriebsstätte und einen Gewinn des Stammhauses. Dazu sind zunächst die einzelnen Ertrags- und Aufwandskomponenten dem Stammhaus bzw. der Betriebsstätte nach dem Veranlassungsprinzip zuzurechnen (sog. **Ergebniszuordnung**).[4]

7   Zum Zwecke der Ergebniszuordnung bedarf es Normen, die festlegen, wie die einzelnen Erfolgskomponenten zu bemessen sind. So unterscheiden sich international zB die Grundsätze für den Zeitpunkt der Erfassung von Erträgen oder die Zulässigkeit und Höhe von Abschreibungen erheblich. Grundsätzlich gilt, dass alle Erträge und Aufwendungen, auch die ausländischer Unternehmensteile (vgl. § 146 Abs. 2 S. 4 AO), zum Zwecke der Gewinnermittlung **nach deutschem Steuerrecht** zu ermitteln sind.[5] Ggf. ist dabei für ausländische Unternehmensteile eine Handelsbilanz II bzw. eine Steuerbilanz zu erstellen. In jedem Fall ist die **Gewinnermittlung** von der Zuordnung des Besteuerungsrechts[6] und der Ergebniszuordnung[7] zu unterscheiden.[8] Die Gewinnermittlung füllt den durch die Ergebniszuordnung auf die Betriebsstätte gesetzten Rahmen „rechnerisch" aus. Auch abkommensrechtlich bleibt die Gewinnermittlung grundsätzlich dem innerstaatlichen Recht vorbehalten.[9]

8   Nach **deutschem Handelsrecht** haben inländische Unternehmen ihren Gewinn je nach Rechtsform gem. §§ 238ff., 264ff., 336ff. HGB sowie ergänzend nach §§ 120 Abs. 1 und 161 HGB, §§ 91, 270, 286 AktG, §§ 41ff. GmbHG, § 33 GenG, § 141 AO zu ermitteln.[10] Diese Regelungen gelten jeweils auch für ausländische Unternehmensteile, wie zB ausländische Betriebsstätten. Für inländische Zweigniederlassungen ausländischer Unternehmen besteht Buchführungspflicht gem. §§ 238ff. iVm §§ 13dff. HGB.[11] Falls beschränkt steuerpflichtige Personen in Deutschland Betriebsstätten iSd § 12 AO unterhalten, die nicht zugleich Zweigniederlassungen gem. §§ 13dff.

---

[3] Eine Ausnahmeregelung gilt gem. Art. 8 OECD-MA für Gewinne aus dem Betrieb der Seeschifffahrt, Binnenschifffahrt und Luftfahrt, wonach das Besteuerungsrecht dem Staat, in dem sich die tatsächliche Geschäftsleitung des Unternehmens befindet, zugeteilt wird.

[4] Vgl. dazu iE Rn. 66–107.

[5] Vgl. BMF, Betriebsstättenerlass, Tz. 2.1.

[6] Vgl. Rn. 3–5.

[7] Vgl. Rn. 66–107.

[8] Vgl. *Debatin* DB 1989, 1695.

[9] Vgl. *Vogel/Lehner* Art. 7, Rn. 21, 70.

[10] Vgl. *IDW* DB 1988, 309 ff.

[11] Vgl. *Winkeljohann/Klein* in Beck'scher Bilanz-Kommentar § 238, Anm. 37.

HGB sind, ergibt sich die Buchführungspflicht aus § 141 AO, soweit die relevanten Buchführungsgrenzen überschritten sind.[12]

Soweit nach vorstehenden Normen beschränkt Steuerpflichtige der Buchführungspflicht unterliegen bzw. freiwillig Bücher führen, sind die Einkünfte inländischer Betriebsstätten durch Betriebsvermögensvergleich zu ermitteln.[13] Ansonsten ist eine Einnahmeüberschussrechnung gem. §§ 49 Abs. 1 Nr. 2a, 4 Abs. 3 EStG durchzuführen.

Für die Gewinnermittlung verlangt § 146 Abs. 2 S. 1 AO **steuerrecht-** **9** **lich,** dass Bücher und Aufzeichnungen im Ausland befindlicher Betriebsstätten grundsätzlich im Inland geführt werden. Dies gilt jedoch gem. § 146 Abs. 2 S. 2 AO nicht, soweit im Ausland das ausländische Recht die Führung von Büchern und Aufzeichnungen vorschreibt. Werden im Ausland Bücher und Aufzeichnungen geführt oder aufbewahrt, müssen diese auf Verlangen der inländischen Finanzbehörde vorgelegt werden. Allerdings besteht diese Vorlagepflicht nicht, wenn ausländisches Recht die Vorlage der Bücher in Deutschland verbietet.[14] Wenn Bücher und Aufzeichnungen im Ausland geführt werden, müssen die Ergebnisse der ausländischen Buchführung in die Buchführung des inländischen Stammhauses unter Anpassung an deutsches Steuerrecht übernommen werden (§ 146 Abs. 2 S. 3 und 4 AO).[15]

Sofern für inländische Betriebsstätten ausländischer Steuerpflichtiger die **10** Verpflichtung besteht, Bücher zu führen, dehnt sich diese Pflicht handelsrechtlich nicht automatisch auf die Führung und Aufbewahrung der Bücher im Inland aus.[16] Steuerrechtlich ergibt sich jedoch diese Verpflichtung aus § 146 Abs. 2 S. 1 AO.[17] Von der inländischen Buchführungs- und Aufbewahrungspflicht können gem. § 146 Abs. 2a AO Erleichterungen gewährt werden, zB dass die elektronische Buchführung unter Einsatz von Datenverarbeitung im Ausland erledigt werden kann.

Für die deutsche Besteuerung stellt sich in der Praxis häufig die Frage, ob **11** die steuerrechtliche Verpflichtung zur Führung und Aufbewahrung von Büchern im Inland im Einklang mit EG-Recht steht. Die Verpflichtung zur Buchführung im Inland kann die Ausübung der EG-Grundfreiheiten unzulässig beschränken, da dem steuerpflichtigen Unternehmen die Möglichkeit genommen wird, seine Accountingfunktionen auf eine Betriebsstätte oder Tochtergesellschaft bzw. einen externen Serviceprovider im EU-Ausland zu verlagern.[18] Hierdurch können die Niederlassungsfreiheit (Gründung einer Tochtergesellschaft oder Betriebsstätte mit Accountingfunktionen im EU-Ausland) oder die Dienstleistungsfreiheit (Inanspruchnahme von Accountingleistungen aus dem EU-Ausland) im Einzelfall beschränkt werden.

Soweit die Regelung zu einer Beschränkung der Grundfreiheiten führt, ist sie gemeinschaftswidrig, sofern die Beschränkung nicht gemeinschaftsrechtlich

---

[12] Vgl. BFH 13.9.1989, BStBl. II 1990, 57; 9.8.1989, BStBl. II 1990, 175.

[13] Vgl. BFH 20.7.1988, BStBl. II 1989, 140; §§ 49 Abs. 1 Nr. 2a, 5 Abs. 1 EStG; § 8 Abs. 1 KStG iVm §§ 49 Abs. 1 Nr. 2a, 5 Abs. 1 EStG.

[14] Vgl. *Drüen* in Tipke/Kruse § 146 AO, Tz. 34; *Hangarter* RIW/AWD 1982, 176 ff.; *IDW* WPG 1987, 652; *Dreßler* StBp 1992, 149 ff.

[15] Vgl. *IDW* WPG 1987, 648 ff.

[16] Vgl. FG Köln 14.10.1981, EFG 1982, 422.

[17] Vgl. *IDW* DB 1988, 311.

[18] Vgl. *Droscha/Reimer* DB 2003, 1691.

zu rechtfertigen ist. Die Regelung zur Führung und Aufbewahrung von Büchern im Inland dient dem ordnungsrechtlichen Interesse der Steueraufsicht, da sie den effektiven und zeitnahen Zugriff auf alle Unterlagen und Informationen des steuerpflichtigen Unternehmens gewährleisten soll. Der Europäische Gerichtshof hat diesbezüglich in ständiger Rechtsprechung festgestellt, dass die Steueraufsicht zwischen den EU-Mitgliedstaaten ausreichend durch die EG-AmtshilfeRL geschützt wird.[19] Die Verlagerung von Buchführungstätigkeiten sowie die nachfolgende Aufbewahrung der Bücher in einem anderen EU-Mitgliedstaat sind deshalb aus Sicht des Gemeinschaftsrechts zu gewähren.[20]

3. Betriebsstättenbegriff

a) Nationales Recht

12   Bevor auf die Ergebniszuordnung auf Betriebsstätten eingegangen werden kann, ist zunächst festzulegen, was das nationale Recht und das Abkommensrecht unter einer Betriebsstätte verstehen. Das **nationale Recht (§ 12 AO)** enthält ebenso wie das Abkommensrecht (Art. 5 OECD-MA) eine allgemeine Betriebsstättendefinition,[21] wobei beide Definitionen weitgehend inhaltsgleich sind.[22] Daneben kennt jedoch das deutsche Außensteuer- und Abgabenrecht auch noch verschiedene Sondertatbestände, die einen eigenständigen Anknüpfungspunkt für die Besteuerung bilden (zB Vertretertatbestand nach § 13 AO), ohne dass eine Betriebsstätte vorliegen muss.

13   § 12 AO definiert die Betriebsstätte wie folgt:

„Betriebsstätte ist jede feste Geschäftseinrichtung oder Anlage, die der Tätigkeit eines Unternehmens dient.

Als Betriebsstätten sind insb. anzusehen:

1. die Stätte der Geschäftsleitung,

2. Zweigniederlassungen,

3. Geschäftsstellen,

4. Fabrikations- oder Werkstätten,

5. Warenlager,

6. Ein- oder Verkaufsstellen,

7. Bergwerke, Steinbrüche oder andere stehende, örtlich fortschreitende oder schwimmende Stätten der Gewinnung von Bodenschätzen,

8. Bauausführungen oder Montagen, auch örtlich fortschreitende oder schwimmende, wenn

    a) die einzelne Bauausführung oder Montage oder

    b) eine von mehreren zeitlich nebeneinander bestehenden Bauausführungen oder Montagen oder

    c) mehrere ohne Unterbrechung aufeinander folgende Bauausführungen oder Montagen

länger als sechs Monate dauern. “

---

[19] Vgl. EuGH 15.5.1997 (Futura Participations, Rs. 250/95), Slg. 1997 I-2492, Tz. 36 ff.; *Droscha/Reimer* DB 2003, 1689, 1693 mwN.

[20] Vgl. *Droscha/Reimer* DB 2003, 1689, 1694.

[21] Vgl. *Vogel/Lehner* Art. 5, Rn. 2 ff.

[22] Vgl. auch BMF, Betriebsstättenerlass, Tz. 1.2.1.1.

Nach der Definition von § 12 AO sind **fünf kumulative Merkmale** für 14
den Begriff der Betriebsstätte **wesensbestimmend:**
– das Vorhandensein einer Geschäftseinrichtung oder Anlage,
– die feste Beziehung zu einem bestimmten Punkt der Erdoberfläche,
– die von gewisser Dauer ist,
– über die der Steuerpflichtige eine nicht nur vorübergehende Verfügungsmacht hat und
– die der Tätigkeit des Unternehmens unmittelbar dient.

Geschäftseinrichtung oder Anlage kann jeder körperliche Gegenstand 15
oder jede Zusammenfassung körperlicher Gegenstände sein, die Grundlage
einer Unternehmenstätigkeit sein können.[23] Eine Anlage unterscheidet sich
von einer Geschäftseinrichtung durch ihre mehr technische als kaufmännische
Zweckbestimmung sowie durch ihre Größe und räumliche Ausdehnung.[24]
Welches der beiden Tatbestandsmerkmale vorliegt, ist von der Art der jeweils
ausgeübten Tätigkeit abhängig.[25] Die Aufzählung von Betriebsstätten in § 12
S. 2 Nr. 1–8 AO ist allerdings nicht erschöpfend.[26] Bspw. können bereits La-
gerplätze, Marktverkaufsstellen, eine „Büroecke" in der Wohnung, Plakatsäu-
len oder Anschlagtafeln als Geschäftseinrichtungen angesehen werden.[27] Jedoch begründet die bloße Innehabung von Rechten oder das Halten einer
Beteiligung an einer Kapitalgesellschaft keine Betriebsstätte.[28]

Fest ist die Geschäftseinrichtung oder Anlage im Sinne einer örtlichen Fi- 16
xierung. Es muss sich dabei jedoch nicht um eine feste Verbindung mit der
Erdoberfläche handeln,[29] so dass auch Marktstände sowie fahrbare Verkaufsstätten mit wechselndem Standplatz Betriebsstätten sein können.[30] Die als
Geschäftseinrichtung oder Anlage bezeichneten körperlichen Gegenstände
müssen räumlich begrenzt und örtlich fixiert sein.[31] Deshalb ist eine Zusammenfassung von mehreren ausländischen Geschäftseinrichtungen/Anlagen innerhalb eines Staatsgebietes zu einer Betriebsstätte nur ausnahmsweise zulässig, sofern ein hinreichend enger wirtschaftlicher Zusammenhang zwischen
ihnen besteht.[32]

Für eine örtliche Fixierung ist es ausreichend, dass ein Internet-Server in
seiner Ausgestaltung als Computer („Equipment") an das lokale Strom- und
Telekommunikationsnetz angeschlossen ist.[33] Auf OECD-Ebene wurde diesbezüglich klargestellt, dass es auf die reine Möglichkeit, einen Server zu be-

---

[23] Vgl. *Kruse* in Tipke/Kruse § 12 AO, Tz. 4.

[24] Vgl. *Kruse* in Tipke/Kruse § 12 AO, Tz. 4.

[25] Vgl. RFH 30.4.1935, RStBl. 1935, 840.

[26] Vgl. *Gersch* in Klein § 12 AO, Tz. 1; *Kumpf* Besteuerung 1982, 31 ff.; BMF, Betriebsstättenerlass, Tz. 1.1.1.1.

[27] Vgl. RFH 8.10.1941, RStBl. 1941, 814; BFH 13.5.1958, BStBl. III 1958, 379;
15.7.1986, BStBl. II 1986, 744.

[28] Vgl. BFH 29.8.1984, BStBl. II 1985, 160; *Kessler* in Kessler/Kröner/Köhler § 8
Konzernstruktur und Umstrukturierung, Tz. 121.

[29] Vgl. BFH 30.10.1996, BStBl. II 1997, 12.

[30] Vgl. BFH 30.10.1996, BStBl. II 1997, 12; 9.10.1974, BStBl. II 1975, 203; *Kruse*
in Tipke/Kruse § 12 AO, Tz. 9.

[31] Vgl. FG Münster 28.2.1966, EFG 1966, 501; *Gersch* in Klein § 12 AO, Tz. 2.

[32] Vgl. *Jacobs* Unternehmensbesteuerung 2011, 285 f.; *Kumpf* Besteuerung 1982, 31.

[33] Vgl. *Peter* IStR 2001, 238, 241.

wegen, nicht ankommt; ausschlaggebend ist hiernach vielmehr, ob der Server tatsächlich bewegt oder ausreichend lange an einem bestimmten Platz belassen wird.[34]

An einer örtlichen Fixierung fehlt es bei beweglichen Einrichtungen, insb. bei Schiffen und Flugzeugen.[35] Daher sind sie weder selbst als Betriebsstätte des Schifffahrt- oder Luftfahrtunternehmens anzusehen, noch kann ein anderes Unternehmen auf ihnen eine Betriebsstätte haben.[36]

17   Das Anknüpfungsmerkmal einer festen Geschäftseinrichtung ist aber sowohl im nationalen als auch im Abkommensrecht durchbrochen, soweit **Bauausführungen und Montagen** betroffen sind. Denn diese gelten nur dann als Betriebsstätten, wenn gem. § 12 S. 2 Nr. 8 AO sechs Monate überschritten werden (vgl. ausführlicher Rn. 172 ff.).

18   Die Geschäftseinrichtung bzw. Anlage muss **von gewisser Dauer** sein.[37] Nach der Rechtsprechung ist das Tatbestandsmerkmal der Dauer für die Geschäftseinrichtung bzw. Anlage eine eigenständige Anforderung. Es hat aber zudem für die Auslegung der Merkmale „fest" (vgl. oben Rn. 16, 17) und „nicht nur vorübergehende Verfügungsmacht" (vgl. unten Rn. 19) Bedeutung. Die Umstände des Einzelfalls entscheiden über die geforderte Mindestdauer der festen Geschäftseinrichtung bzw. Anlage. Für einen Verkaufsstand auf einem Weihnachtsmarkt, der wiederholt jährlich vier Wochen betrieben wird, hat der BFH entschieden, dass dieser die geforderte Mindestdauer nicht erfüllt.[38] Die Sechs-Monats-Frist des § 12 S. 2 Nr. 8 AO als Sonderregelung für Bauausführungen und Montagen kann allenfalls als Anhaltspunkt für andere Arten von Betriebsstätten dienen.[39] Nach Auffassung der FinVerw. und nach Rechtsprechung des BFH ist die Geschäftseinrichtung bzw. Anlage jedoch immer auf gewisse Dauer angelegt, wenn sie länger als sechs Monate besteht.[40]

19   Ein weiteres Merkmal einer Betriebsstätte ist nach gegenwärtiger Rechtslage das Gebot, dass das Unternehmen die **nicht nur vorübergehende Verfügungsmacht** über die Geschäftseinrichtung bzw. Anlage besitzen muss.[41] Daher muss der Steuerpflichtige eine Rechtsposition innehaben, die ihm nicht mehr ohne weiteres verändert oder entzogen werden kann. Dies ist bspw. bei Miete (oder gleichartigen Nutzungsrechten) oder Eigentum der Fall. Nicht erforderlich ist die alleinige Verfügungsmacht des Steuerpflichti-

---

[34] Vgl. Kommentar zum OECD-MA 2010 Art. 5, Tz. 42.4.

[35] Vgl. BFH 13.2.1974, HFR 1974, 231; BFH 26.6.1996, BStBl. II 1998, 278.

[36] Vgl. *Kruse* in Tipke/Kruse § 12 AO, Tz. 7

[37] Vgl. BFH 28.8.1986, BStBl. II 1987, 162 f.

[38] Vgl. BFH 17.9.2003, BStBl. II 2004, 396. Im ersten Diskussionsentwurf zur Änderung der Kommentierung zum OECD-MA 2010 war in der Tz. 6.1 noch ein Beispiel vorgesehen, wonach der wiederholt jährlich fünf Wochen betriebene Verkaufsstand auf einer Messe dauerhaft sein sollte. Dieses Beispiel ist im überarbeiteten Entwurf nicht mehr enthalten. Vgl. Revised Proposals Concerning the Interpretation and Application of Article 5 (Permanent Establishment) vom 19. Oktober 2012.

[39] Vgl. BFH 30.10.1973, BStBl. II 1974, 107.

[40] Vgl. BFH 19.5.1993, BStBl. II 1993, 655; BMF, Betriebsstättenerlass, Tz. 1.1.1.1.

[41] Vgl. BFH 11.10.1989, BStBl. II 1990, 166; 3.2.1993, BStBl. II 1993, 462; BFH 14.7.2004, BFH/NV 2005, 154.

gen, vielmehr genügt eine gemeinschaftliche Dispositionsbefugnis.[42] Ebenso besteht keine Notwendigkeit, dass die Betriebsstätte[43] oder die Verfügungsmacht nach außen als solche erkennbar sind.[44]

Durch den Hinweis auf die **Tätigkeit des Unternehmens** erfasst § 12   **20** AO nicht nur Gewerbebetriebe, sondern auch Anlagen bzw. Einrichtungen der Land- und Forstwirtschaft und der selbstständigen Tätigkeit.[45] Der Betriebsstättenbegriff ist unabhängig von der Rechtsform des Stammhauses zu bestimmen.[46] Für die Betriebsstätteneigenschaft iSd nationalen Rechts ist es unerheblich, ob in der Geschäftseinrichtung/Anlage Haupt- oder Nebentätigkeiten bzw. wesentliche oder unwesentliche Tätigkeiten ausgeübt werden.[47] Dies ist darauf zurückzuführen, dass die Geschäftseinrichtung/Anlage der Tätigkeit des Unternehmens lediglich **dienen** muss. Ausschlaggebend ist daher lediglich, dass die Geschäftseinrichtung/Anlage objektiv erkennbar zum unmittelbaren Einsatz im Betrieb bestimmt ist.[48] Eine rein betriebliche Veranlassung, wie bspw. im Rahmen einer passiven Nutzung, reicht hiernach also aus; eine aktive Tätigkeit ist nicht zwingend erforderlich.

Von besonderer Bedeutung ist in diesem Zusammenhang das sog. **„Pipeline-Urteil"** des BFH.[49] Im Hinblick auf eine unterirdisch verlaufende Rohrleitung, die der bloßen „Durchleitung" von Rohöl dient, entschied der BFH in diesem Zusammenhang, dass auch diese bloße Transportfunktion dahingehend zu bewerten ist, dass die Rohrleitung der Tätigkeit des Unternehmens dient. Besonders hervorzuheben ist die klarstellende Anmerkung des BFH, dass das **Fehlen von Arbeitnehmern** oder sonstigem weisungsabhängigem Personal im Inland unschädlich ist. Die Geschäftseinrichtung/Anlage kann hiernach also auch dann der Unternehmenstätigkeit dienen, wenn sie automatisiert arbeitet.

Zu weiteren Einzelheiten und Beispielsfällen des § 12 S. 2 Nr. 1–8 AO vgl. zB *Kruse* in Tipke/Kruse § 12 AO.

b) Abkommensrecht

Die DBA der Bundesrepublik Deutschland greifen idR auf das internatio-   **21** nal nach **OECD-Muster** übliche Betriebsstättenprinzip zurück. Danach darf der Quellenstaat gewerbliche Einkünfte nicht ansässiger Unternehmen nur dann besteuern, wenn die Einkünfte einer in seinem Gebiet gelegenen Betriebsstätte zuzurechnen sind (Art. 7 Abs. 1 OECD-MA). Somit wird die nationale Besteuerung durch den im jeweiligen Abkommen verankerten Betriebsstättenbegriff eingegrenzt.

Nach **Art. 5 Abs. 1 OECD-MA** bezeichnet der **Begriff** Betriebsstätte   **22** „eine feste Geschäftseinrichtung, durch die die Tätigkeit eines Unterneh-

---

[42] Vgl. FG Baden-Württemberg 11.5.1992, EFG 1992, 653.
[43] Vgl. BFH 30.10.1996, BStBl. II 1997, 12.
[44] Vgl. RFH 4.3.1927, RStBl. 1927, 112, 113; BFH 3.2.1993, BStBl. II 1993, 462.
[45] Vgl. BFH 5.6.1986, BStBl. II 1986, 661.
[46] Vgl. BFH 30.1.1981, BStBl. II 1981, 560.
[47] Vgl. BFH 30.8.1960, BStBl. III 1960, 468.
[48] Vgl. BFH 6.3.1991, BStBl. II 1991, 829.
[49] Vgl. BFH 30.10.1996, BStBl. II 1997, 12.

mens ganz oder teilweise ausgeübt wird". Die Begriffsbestimmung stellt im Abkommensrecht in gleicher Weise wie im deutschen Abgabenrecht auf die Merkmale feste Geschäftseinrichtung, Dauerhaftigkeit, Verfügungsmacht und Unternehmenstätigkeit ab. Inhaltlich stimmt der abkommensrechtliche Betriebsstättenbegriff also mit jenem des nationalen Rechts weitgehend überein.[50]

23 Allerdings ergeben sich **Unterschiede** zwischen dem nationalen und dem abkommensrechtlichen Betriebsstättenbegriff bzgl. der ausgeübten Tätigkeiten.[51] Diese Unterschiede sind im Wesentlichen darauf zurückzuführen, dass nach der unilateralen Regelung des § 12 AO eine Anlage/Geschäftseinrichtung der Unternehmenstätigkeit **dienen** muss, um als Betriebsstätte zu gelten. Im Gegensatz zu dieser „passiven" Ausrichtung ist die abkommensrechtliche Regelungspraxis eher „aktiv" ausgerichtet; sie setzt idR voraus, dass die Unternehmenstätigkeit durch die feste Geschäftseinrichtung **ausgeübt** wird.[52] Folgerichtig wirkt nach § 12 AO der Gesamtbereich der gewerblichen Tätigkeit, dh auch gewerbliche **Hilfs- und Nebentätigkeiten,** Betriebsstätten begründend, während im Abkommensrecht generell eine Begrenzung auf qualitativ und quantitativ bedeutsame Tätigkeiten erfolgt. Folglich ist der Betriebsstättenbegriff im Abkommensrecht insofern erheblich enger als im unilateralen deutschen Steuerrecht.

24 Dies ergibt sich insb. aus Art. 5 Abs. 4 OECD-MA, nach dem ungeachtet ihrer allgemeinen Betriebsstätteneigenschaft **nicht als Betriebsstätte gelten:**

„*a) Einrichtungen, die ausschließlich zur Lagerung, Ausstellung oder Auslieferung von Gütern oder Waren des Unternehmens benutzt werden;*

b) Bestände von Gütern oder Waren des Unternehmens, die ausschließlich zur Lagerung, Ausstellung oder Auslieferung unterhalten werden;

c) Bestände von Gütern oder Waren des Unternehmens, die ausschließlich zu dem Zweck unterhalten werden, durch ein anderes Unternehmen bearbeitet oder verarbeitet zu werden;

d) eine feste Geschäftseinrichtung, die ausschließlich zu dem Zweck unterhalten wird, für das Unternehmen Güter oder Waren einzukaufen oder Informationen zu beschaffen;

e) eine feste Geschäftseinrichtung, die ausschließlich zu dem Zweck unterhalten wird, für das Unternehmen andere Tätigkeiten auszuüben, die vorbereitender Art sind oder eine Hilfstätigkeit darstellen;

f) eine feste Geschäftseinrichtung, die ausschließlich zu dem Zweck unterhalten wird, mehrere der unter den Buchstaben a bis e genannten Tätigkeiten auszuüben, vorausgesetzt, dass die sich daraus ergebende Gesamttätigkeit der festen Geschäftseinrichtung vorbereitender Art ist oder eine Hilfstätigkeit darstellt. "

Bei den in den Buchstaben a)–d) genannten Tätigkeiten handelt es sich um eine Aufzählung von Tätigkeiten, die auch wenn diese in einer festen Geschäftseinrichtung ausgeübt werden, nicht zur Begründung einer Betriebsstätte führen. Die in den Buchstaben e) und f) aufgeführten und nicht weiter

---

[50] Vgl. BFH 30.10.1996, BStBl. II 1997, 15; BMF, Betriebsstättenerlass, Tz. 1.2.1.1.

[51] Vgl. *Wassermeyer* in Debatin/Wassermeyer MA Art. 5, Rz. 8 ff.; BMF, Betriebsstättenerlass, Tz. 1.2.1.1.

[52] Vgl. Art. 5 Abs. 1 OECD-MA 2010.

spezifizierten Tätigkeiten begründen hingegen nur dann keine Betriebsstätte, wenn sie sich auf vorbereitende oder Hilfstätigkeiten beschränken.[53]

Ob es sich um vorbereitende oder Hilfstätigkeiten handelt, ist anhand der Bedeutung dieser Aktivitäten für das Unternehmen zu bestimmen. Es kommt darauf an, ob die Aktiviäten eine bedeutenden und erheblichen Teil der Gesamtunternehmensaktivitäten darstellen.[54]

Laut FinVerw. unterscheiden sich vorbereitende Tätigkeiten von Hilfstätigkeiten anhand des zeitlichen Bezugs zur Haupttätigkeit voneinander.[55] Eine vorbereitende Tätigkeit ist dadurch gekennzeichnet, dass sie der Haupttätigkeit vorgelagert ist. Hilfstätigkeiten finden parallel zur Haupttätigkeit oder nachgelagert statt.

Von einer vorbereitenden Tätigkeit ist bspw. auszugehen, wenn eine Versuchsanlage für eine neue Verfahrenstechnik errichtet wird.[56] Hingegen ist die Forschungstätigkeit eines Pharmaunternehmens als Teil der Haupttätigkeit anzusehen, da die Forschung einen erheblichen Teil der Gesamtunternehmensaktivitäten eines Pharmanunternehmens ausmacht.[57] Aktivitäten von Vertriebsabteilungen, wie die aktive Teilnahme an Vertragsverhandlungen, überschreiten regelmäßig die Schwelle von Hilfstätigkeiten.[58]

Außerdem stellen **Bauausführungen und Montagen** im Gegensatz zum nationalen Recht nach dem OECD-Muster erst dann Betriebsstätten dar, wenn ihre Dauer zwölf Monate überschreitet.[59] In der Praxis sehen jedoch zahlreiche DBA auch andere Zeiträume, zB von sechs oder neun Monaten, vor.[60]

c) Verhältnis von nationalem und abkommensrechtlichem Betriebsstättenbegriff

Der im innerdeutschen Recht herangezogene Begriff der Betriebsstätte (§ 12 **25** AO) ist vom weitgehend inhaltsgleichen Begriff der DBA hinsichtlich seiner Rechtswirkung zu unterscheiden. Das innerdeutsche Recht verwendet den Begriff „Betriebsstätte" zur **Bestimmung der materiellen Steuerpflicht.** Dagegen dient der Begriff im Rahmen der DBA als Kriterium für die **Zuordnung des Besteuerungsrechts** an den einen oder anderen Vertragsstaat.[61] Demzufolge wirken die beiden Betriebsstättenbegriffe auf verschiedenen Ebenen und sind deshalb insofern nicht vergleichbar.

Der Betriebsstättenbegriff der DBA dient der Abgrenzung der Steuerbe- **26** rechtigung zwischen den Vertragsstaaten und ist unabhängig davon, welcher Betriebsstättendefinition die eine oder andere nationale Steuerrechtsordnung folgt.[62] Während das deutsche Steuerrecht bspw. den ständigen Vertreter ne-

---

[53] Vgl. Kommentar zum OECD-MA-Entwurf Art. 5, Tz. 21 sowie Bericht zum Kommentar zum OECD-MA-Entwurf, Tz. 70 ff. (vgl. zum Entwurf Rn. 27).

[54] Vgl. Kommentar zum OECD-MA-Entwurf Art. 5, Tz. 24.

[55] Vgl. BMF, Betriebsstättenerlass, Tz. 1.2.1.1.

[56] Vgl. BFH 22.6.1995, BStBl. II 1995, 843.

[57] Vgl. BMF, Betriebsstättenerlass, Tz. 1.2.1.1.

[58] Vgl. Kommentar zum OECD-MA-Entwurf Art. 5, Tz. 24.2.

[59] Vgl. Art. 5 Abs. 3 OECD-MA 2010.

[60] Vgl. *Vogel/Lehner* Art. 5, Rn. 74.

[61] Vgl. *Debatin* DB 1989, 1693.

[62] Vgl. *Debatin* DB 1989, 1694.

ben den Betriebsstättenbegriff stellt, erfasst das Abkommensrecht zusätzlich zu der Betriebsstätte fiktiv nur die Tätigkeit des sogenannten **abhängigen** Vertreters.[63] Der Betriebsstättenbegriff der DBA engt die durch den nationalen Betriebsstättenbegriff begründete Steuerpflicht ein, wie zB durch die Begrenzung auf qualitativ und quantitativ bedeutsame gewerbliche Tätigkeiten.[64]

27   Das führt hingegen nicht dazu, dass das DBA dem innerstaatlichen Recht einen anderen Betriebsstättenbegriff zuweist. DBA und die darin jeweils enthaltenen Betriebsstättenbegriffe stellen nur Schrankenrecht für das nationale Recht dar. Zur Präzisierung des Betriebsstättenbegriffs der DBA ist im konkreten Einzelfall auf den Wortlaut und den Sinnzusammenhang der jeweiligen Abkommensvorschriften abzustellen. Für die **Auslegung des Betriebsstättenbegriffs** kommt insb. dem OECD-Kommentar erhebliche Bedeutung zu. Dieser hat keine rechtliche Bindungswirkung und ist daher im Wesentlichen als Auslegungshilfe anzusehen. Der OECD-MK repräsentiert jedoch den Meinungskonsens der verschiedenen Mitgliedstaaten über die Auslegung des OECD-MA.[65] Durch die eindeutige Umschreibung des Betriebsstättenbegriffs auf Abkommensebene ist ein Rückgriff auf das nationale Verständnis von der Betriebsstätte analog Art. 3 Abs. 2 OECD-MA ausgeschlossen.[66] Allerdings werden Qualifikationskonflikte durch unterschiedliche Interpretationen der DBA-Normen auch dadurch nicht vermieden.

Die Kommentierung des OECD-MA ist in ständiger Entwicklung. Fortlaufend werden nationale und internationale Positionen diskutiert und Empfehlungen für die künftige Kommentierung formuliert. Die letzte Aktualisierung fand im Jahr 2010 statt. Derzeitige Änderungsvorschläge zu Art. 5 OECD-MA werden im Rahmen der „Revised Proposals Concerning the Interpretation and Application of Article 5 (Permanent Establishment)" vom 19. Oktober 2012 diskutiert (im Folgenden „Bericht zum Kommentar zum OECD-MA-Entwurf"). Es bleibt abzuwarten, wann und wie diese Änderungen in eine aktualisierte Fassung des OECD-Kommentars eingehen (im Folgenden „Kommentar zum OECD-MA-Entwurf"). Nach derzeitigem Kenntnisstand ist die nächste Aktualisierung im Jahr 2014 geplant.

4. Vertriebsaktivitäten

a) Allgemeines

28   Zu den beschränkt steuerpflichtigen inländischen Einkünften zählen Einkünfte aus Gewerbebetrieb, für den im Inland eine Betriebsstätte unterhalten wird oder ein ständiger Vertreter bestellt ist (§§ 1 Abs. 4, 49 Abs. 1 Nr. 2a EStG iVm § 13 AO). Der ständige Vertreter stellt einen steuerlichen Anknüpfungspunkt dar, durch den die beschränkte persönliche sowie sachliche Einkommen- und Körperschaftsteuerpflicht auf auslandsansässige Personen erweitert wird. Dies gilt jedoch nicht für die Gewerbesteuer, da der Steuergegenstand der Gewerbesteuer auf Betriebsstätten begrenzt ist (§ 2 GewStG).

---

[63] Vgl. weitergehend Rn. 34 ff.
[64] Vgl. *Jacobs* Unternehmensbesteuerung 2011, 293 ff.
[65] Vgl. Kommentar zum OECD-MA 2010 Introduction, Tz. 28 ff.
[66] Vgl. *Jacobs* Unternehmensbesteuerung 2011, 302 ff.

Für den umgekehrten Fall einer Auslandtätigkeit definiert das Gesetz ausländische Einkünfte als Einkünfte aus Gewerbebetrieb, die durch eine in einem ausländischen Staat belegene Betriebsstätte oder durch einen in einem ausländischen Staat tätigen ständigen Vertreter erzielt werden (§ 34d Nr. 2a EStG).

Auch das Abkommensrecht folgt dem Gedanken, dass die Tätigkeit eines **29** Vertreters eine Betriebsstätte des vertretenen Unternehmens begründen kann. Unter den in Art. 5 Abs. 5 und 6 OECD-MA genannten Voraussetzungen wird eine Vertreterbetriebsstätte begründet. Die Regelung erweitert den sachlichen Anwendungsbereich des abkommensrechtlichen Betriebsstättenbegriffs in Art. 5 Abs. 1–4 OECD-MA.

b) Nationales Recht

Der Begriff des ständigen Vertreters wird in § 13 AO definiert: **30**
„Ständiger Vertreter ist eine Person, die nachhaltig die Geschäfte eines Unternehmens besorgt und dabei dessen Sachweisungen unterliegt. Ständiger Vertreter ist insb. eine Person, die für ein Unternehmen nachhaltig
1. Verträge abschließt oder vermittelt oder Aufträge einholt oder
2. einen Bestand von Gütern oder Waren unterhält und davon Auslieferungen vornimmt. "

Durch § 13 AO wird der Begriff des ständigen Vertreters gegenüber dem **31** Betriebsstättenbegriff gesetzessystematisch verselbstständigt.[67] Das Institut des ständigen Vertreters knüpft nicht an die Tatbestandsmerkmale einer Betriebsstätte gem. § 12 AO an. Demzufolge erfordert die Annahme eines ständigen Vertreters auch keine feste Geschäftseinrichtung des beschränkt steuerpflichtigen Unternehmens.[68] Gesetzlicher Anknüpfungspunkt ist keine bestimmte Stätte, von der aus ein Unternehmen nachhaltig geschäftlich tätig wird, sondern die Person des Vertreters, der die Geschäfte für das beschränkt steuerpflichtige Unternehmen besorgt.

Die **geschäftsbesorgende Tätigkeit** des ständigen Vertreters muss für den **32** Unternehmenszweck des vertretenen Unternehmens erfolgen. Es ist dabei unerheblich, ob eine Vollmacht oder gesetzliche Vertretungsbefugnis besteht oder ein Vertreter rein faktisch nach außen im eigenen oder fremden Namen handelt.[69]

Die Besorgung der Geschäfte für den ausländischen Geschäftsherrn muss **33** schließlich nachhaltig im Sinne einer nicht nur gelegentlichen, sondern dauerhaften bzw. fortgesetzten Tätigkeit sein. Aus dem gesetzlichen Begriff des **„ständigen"** Vertreters wird gefolgert, dass die Geschäftsbesorgung ein planmäßiges Handeln erfordert, das auf einem vorweggefassten und die Wiederholungsabsicht einschließenden Willensentschluss beruht.[70] Zwar wird vorausgesetzt, dass die Geschäftsbesorgung nach den sachlichen Weisungen des ausländischen Unternehmers erfolgt, ein persönliches Abhängigkeitsverhältnis ist jedoch nicht erforderlich.[71] Beispielhaft stehen die Tätigkeiten des Han-

---

[67] Vgl. BFH 18.12.1990, BStBl. II 1991, 395.
[68] Vgl. *Kruse* in Tipke/Kruse § 13 AO, Tz. 1.
[69] Vgl. BFH 12.4.1978, BStBl. II 1978, 494.
[70] Vgl. *Kruse* in Tipke/Kruse § 13 AO, Tz. 7.
[71] Vgl. BFH 28.6.1972, BStBl. II 1972, 785.

delsvertreters, des Agenten mit und ohne Abschlussvollmacht, des Kommissionärs oder des Spediteurs.[72]

Zu weiteren Einzelheiten und Beispielsfällen des § 13 AO vgl. zB *Kruse* in Tipke/Kruse § 13 AO.

c) Abkommensrecht

34 Das Abkommensrecht setzt für eine Vertreterbetriebsstätte voraus, dass eine Person

– im Vertragsstaat für ein Unternehmen des anderen Vertragsstaats tätig wird,
– in diesem Vertragsstaat eine Vertragsvollmacht für das Unternehmen des anderen Vertragsstaats besitzt,
– diese Vollmacht dort gewöhnlich ausübt,
– nicht als unabhängiger Vertreter iSd Art. 5 Abs. 6 OECD-MA anzusehen ist und
– Tätigkeiten ausübt, die nicht auf die in Art. 5 Abs. 4 OECD-MA genannten Hilfstätigkeiten beschränkt sind.

In der Praxis stellen insb. die einschränkenden Tatbestandsmerkmale der **„Abhängigkeit des Vertreters"** sowie seiner **„Bevollmächtigung"** wichtige Sonderaspekte der Vertreterbetriebsstätte dar, die im Folgenden näher erläutert werden sollen.[73]

aa) Abhängiger Vertreter

35 Die Negativabgrenzung zum unabhängigen Vertreter gem. Art. 5 Abs. 6 OECD-MA schränkt den Anwendungsbereich der Vertreterbetriebsstätte auf den abhängigen Vertreter ein. Das Abkommensrecht stellt klar, dass ein Unternehmen nicht schon deshalb so behandelt wird, als habe es eine Betriebsstätte in einem Vertragsstaat, weil es dort seine Tätigkeit durch einen Makler, Kommissionär oder einen anderen **unabhängigen** Vertreter ausübt, sofern diese Personen im Rahmen ihrer ordentlichen Geschäftstätigkeit handeln (Art. 5 Abs. 6 OECD-MA). Für Inlandsfälle ist hierin eine wichtige Beschränkung der gem. nationalem Steuerrecht begründeten beschränkten Steuerpflicht iSd §§ 1 Abs. 4, § 49 Abs. 1 Nr. 2a EStG iVm § 13 AO zu sehen.

36 Der OECD-MK setzt voraus, dass der Vertreter sowohl „rechtlich als auch wirtschaftlich unabhängig sein muss, um keine Betriebsstätte zu begründen".[74] Der BFH unterscheidet in seiner Rechtsprechung zwischen sachlicher und persönlicher Abhängigkeit.[75] Für die Praxis bleibt unklar, welche Unterschiede zwischen beiden Ansätzen bestehen sollen, da im Ergebnis beide Ansätze darauf abstellen, wie die Stellung des Vertreters gegenüber dem Geschäftsherrn rechtlich und wirtschaftlich ausgestaltet ist. Inhaltlich führen beide Ansätze deshalb wohl weitreichend zu demselben Ergebnis.[76]

---

[72] Vgl. *Kruse* in Tipke/Kruse § 13 AO, Tz. 3.

[73] Vgl. weitergehend *Wassermeyer* in Debatin/Wassermeyer OECD-MA Art. 5, Rz. 191 ff.

[74] Vgl. Kommentar zum OECD-MA 2010 Art. 5, Tz. 37.

[75] Vgl. BFH 30.4.1975, BStBl. II 1975, 626; 14.9.1994, BStBl. II 1995, 238.

[76] Vgl. *Wassermeyer* in Debatin/Wassermeyer OECD-MA Art. 5, Rz. 203, 225.

Die Beurteilung der Unabhängigkeit des Unternehmers richtet sich da- 37
nach, ob seine Tätigkeit der eines selbstständigen Unternehmers entspricht
oder ob die Weisungsgebundenheit und die Kontrollbefugnisse des Geschäftsherrn über das hinausgehen, was selbstständige Gewerbetreibende üblicherweise miteinander vereinbaren.[77] Die Unabhängigkeit ist daran zu messen, ob
das Auftreten des Vertreters durch einen eigenständigen Entscheidungsspielraum von einem gewissen wirtschaftlichen Gewicht sowie der Übernahme
eines Unternehmerrisikos gekennzeichnet ist.[78]

Ein Vertreter ist nicht mehr unabhängig, wenn er sachlich weisungsgebun- 38
den ist und diese Weisungsgebundenheit nicht nur mit Bezug auf konkrete
Geschäfte besteht, sondern darüber hinaus so umfassend ist, dass der Vertreter
einer Arbeitspflicht unterliegt, die einem Arbeitsverhältnis vergleichbar ist.[79]
Ein unabhängiger Vertreter wird typischerweise ebenfalls gegenüber seinem
Geschäftsherrn für die Ergebnisse seiner Arbeit verantwortlich sein. In seiner
persönlichen Stellung wird er aber keiner wesentlichen Kontrolle hinsichtlich
der Art und Weise seiner Tätigkeitsausübung unterliegen. Wird ein Vertreter
nur für ein Unternehmen tätig, ist dies als Indiz für einen abhängigen Vertreter anzusehen.[80]

Sofern die Funktionen des Vertreters durch die Tochtergesellschaft eines 39
auslandsansässigen Unternehmens ausgeführt werden, ist schließlich zu beachten, dass die Kontrolle, die eine Muttergesellschaft in ihrer Eigenschaft als
Gesellschafterin über ihre Tochtergesellschaft ausübt, für die Frage der Abhängigkeit der Tochtergesellschaft oder in sonstiger Hinsicht für deren Eigenschaft als Vertreterin der Muttergesellschaft unerheblich ist (Art. 5 Abs. 7
OECD-MA). Da Tochtergesellschaften in der Regel eine eigene umfassende
Wirtschaftstätigkeit entfalten, wird man Abhängigkeit nur in Ausnahmefällen
annehmen können.[81] Derselbe Grundsatz gilt im Übrigen auch für Tätigkeiten, die Schwestergesellschaften untereinander ausüben.[82] Die OECD-Musterkommentierung stellt in diesem Zusammenhang klar, dass eine Betriebsstättenbegründung allein aufgrund Konzernzugehörigkeit nicht ausreichend
ist.[83] Allerdings schließt dies nicht aus, dass, sofern die allgemeinen Voraussetzungen von Art. 5 erfüllt sind, eine Betriebsstätte begründet wird.

bb) Bevollmächtigung

Die Vertreterbetriebsstätte setzt voraus, dass der abhängige Vertreter **bevoll-** 40
mächtigt worden ist und seine **Vollmacht** gewöhnlich ausübt. Die Bevollmächtigung eines Vertreters kann förmlich durch rechtsgeschäftliche Erklärung
erfolgen, sich aber auch aus dem tatsächlichen Verhalten der Parteien ergeben.[84]
Entsprechend sind bspw. die tatsächlichen Umstände einer Duldungsvollmacht
für eine Bevollmächtigung ausreichend.[85] Der Vertreter übt die ihm förmlich

---

[77] Vgl. *Wassermeyer* in Debatin/Wassermeyer OECD-MA Art. 5, Rz. 203, 225.
[78] Vgl. *Wassermeyer* in Debatin/Wassermeyer OECD-MA Art. 5, Rz. 203, 225.
[79] Vgl. *Vogel/Lehner* Art. 5, Rn. 145.
[80] Vgl. Kommentar zum OECD-MA 2010 Art. 5, Tz. 38.6.
[81] Vgl. BFH 14.9.1994, BStBl. II 1995, 238.
[82] Vgl. Kommentar zum OECD-MA 2010 Art. 5, Tz. 38.1, 41.
[83] Vgl. Kommentar zum OECD-MA 2010 Art. 5, Tz. 41.1.
[84] Vgl. *Vogel/Lehner* Art. 5, Rn. 117 f.
[85] Vgl. Kommentar zum OECD-MA 2010 Art. 5, Tz. 32.1.

übertragene oder tatsächlich bestehende Vollmacht **gewöhnlich aus,** wenn er mit einer gewissen Nachhaltigkeit am Wirtschaftsleben teilnimmt und seine Vollmacht wiederholt und nicht nur gelegentlich ausübt.[86]

(1) Mitwirkung bei Vertragsverhandlungen

41   Obwohl die Vollmacht, Verträge im Namen des vertretenen Unternehmens abzuschließen (Abschlussvollmacht), entsprechend dem Wortlaut des Art. 5 Abs. 5 OECD-MA eine maßgebliche Voraussetzung der Vertreterbetriebsstätte darstellt, vertritt die OECD seit ihrer im Jahr 2005 erfolgten Revision des MK zu Art. 5 OECD-MA die Sichtweise, dass eine förmliche Abschlussvollmacht keine notwendige Bedingung für die Begründung einer Vertreterbetriebsstätte ist. Ausreichend ist hiernach bereits das Aushandeln wesentlicher Vertragsbestandteile durch den Vertreter. Zwar soll allein die Tatsache, dass eine Person an Verhandlungen zwischen einem Unternehmen und einem Kunden in einem Staat teilgenommen oder daran mitgewirkt hat, nicht den Schluss auf eine bestehende Abschlussvollmacht begründen. Allerdings sollen die Umstände der „Teilnahme" oder des „Mitwirkens" einen „beachtlichen Faktor bei der Ermitlung der genauen Funktionen (darstellen), die diese Person für das Unternehmen wahrgenommen hat."[87]

42   Hintergrund der in diesem Sinne ergänzten OECD-Musterkommentierung war unter anderem das mitunter stark divergierende Verständnis des Begriffsmerkmals der Abschlussvollmacht zwischen den Vertragsstaaten. Der italienische Kassationshof hatte bspw. im Jahre 2002 in der umstrittenen Entscheidung der Rechtssache **Philip Morris**[88] ein sehr weites Verständnis einer Vertreterbetriebsstätte iSd insoweit dem OECD-MA folgenden deutsch-italienischen DBA vertreten.[89] In der Entscheidung ging es um die Besteuerung der deutschen Philip Morris GmbH sowie der italienischen Intertaba S. p. A., die beide Teil der europäischen Supply Management Chain des US-amerikanischen Philip Morris-Konzerns waren. Während die deutsche Tochtergesellschaft Zigaretten an das italienische Tabakmonopol verkaufte, beaufsichtigte Intertaba die Lagerung und Verteilung der Zigaretten. Des Weiteren stellte Intertaba auch Informationen über den italienischen Markt bereit und nahm an den Vertragsverhandlungen teil. Es fehlte ihr allerdings an der Abschlussvollmacht für die Philip Morris GmbH.

43   Das italienische Gericht entschied, dass auch die bloße Teilnahme von Vertretern der Intertaba an dem Vertragsschluss zwischen Philip Morris GmbH und dem lokalen Abnehmer eine Vertreterbetriebsstätte begründete, obwohl sie keine eigene Vertretungsmacht hatte. Gemäß der Entscheidung des italienischen Gerichts sollen die Voraussetzungen einer Vertreterbetriebsstätte deshalb auch dann befürwortet werden können, wenn eine Person nur an Vertragsverhandlungen beteiligt ist oder sonst mitwirkt, ohne die Verträge mit dem Kunden selbst zu unterzeichnen.

---

[86] Vgl. *Vogel/Lehner* Art. 5, Rn. 120. Vgl. auch Kommentar zum OECD-MA 2010 Art. 5, Tz. 33.1.

[87] Vgl. Kommentar zum OECD-MA 2010 Art. 5, Tz. 33.

[88] Vgl. Corte Suprema di Cassazione Urteil vom 7.3.2002 („Philip Morris"), Tax Notes International 2004, 939 ff.

[89] Vgl. kritisch *Schön* Tax Notes International, 4. Juni 2007, 1059.

Der italienische Kassationsgerichtshof ging damit **über den Wortlaut** des Abkommensrechts hinaus und entschied abweichend von den Auslegungsgrundsätzen völkerrechtlicher Verträge, nach denen primär der Wortlaut eines Vertrages maßgeblich ist bzw. der Wortlaut zumindest die Grenze für ein mögliches Begriffsverständnis darstellt.[90] Der weite Ansatz des italienischen Gerichts ist deshalb abzulehnen.

Auch die Ergänzung der OECD-Kommentierung zu Art. 5 Abs. 5 OECD- **44** MA muss sich entgegenhalten lassen, dass sie den insoweit eindeutigen Wortlaut des Art. 5 Abs. 5 OECD-MA („Vollmacht, im Namen des Unternehmens Verträge abzuschließen") missachtet und damit keine bloße Auslegung, sondern faktisch eine Korrektur des Abkommens darstellt.[91]

Die OECD entfernt sich mit der Neukommentierung von dem bisherigen, am Wortlaut orientierten klaren Erfordernis des Bestehens einer Abschlussvollmacht. Da sie das Mitwirken und die Teilnahme an Vertragsverhandlungen lediglich als Indizien für eine „Funktionsbeschreibung" des Vertreters im Unternehmen heranzieht, besteht Unsicherheit, in welchen Fällen dies tatsächlich zur Annahme einer Betriebsstätte führen soll. Wegen der zitierten Rechtsprechung in Sachen Philip Morris sind von dieser Unsicherheit insb. Vertriebsstrukturen im Verhältnis zu Italien betroffen.

Schließlich stellt sich die Frage, ob die neue Kommentierung des OECD- **45** MA auch für die Veranlagungsjahre vor Änderung des MK anzuwenden ist. Entgegen teilweise vertretener Ansicht[92] findet die Neukommentierung der OECD keine Anwendung auf die Auslegung bereits in der Vergangenheit abgeschlossener deutscher Abkommen, wenn der Wortlaut des Abkommens das neue Auslegungsergebnis der OECD-Kommentierung nicht trägt.[93] Da die Kommentierung der OECD über den in Art. 5 Abs. 5 OECD-MA vorgegebenen Wortlaut hinausgeht, kann der ergänzte MK unseres Erachtens nur für künftig abzuschließende Abkommen Wirkung entfalten. Hieran gemessen ist die neue OECD-Kommentierung höchst restriktiv zu verstehen.

(2) Kommissionärsmodelle

Zum Vorliegen des Merkmals „Bevollmächtigung" sind in jüngster Zeit mehrere Urteile im Zusammenhang mit Kommissionärsmodellen ergangen. Vereinfacht ging es in allen Fällen darum, ob bzw. unter welchen Bedingungen eine Tochtergesellschaft eine Betriebsstätte der Muttergesellschaft begründen kann, wenn sie als Kommissionär den Vertrieb für die Muttergesellschaft durchführt.[94] Kernpunkt war die Frage, ob der in Art. 5 Abs. 5 OECD-MA geforderte Abschluss von Verträgen „im Namen des Unternehmens" rechtlich oder wirtschaftlich zu interpretieren ist. Die obersten Gerichte in Frankreich (Zimmer), Norwegen (Dell) und Italien (Boston Scientific) haben dazu entschieden, dass im Wesentlichen die rechtliche In-

---

[90] Vgl. Art. 31 ff. des Wiener Übereinkommens über das Recht der Verträge vom 23.5.1969 (WÜRV); *Vogel/Lehner* Einl., Rn. 106.

[91] Vgl. *Piltz* IStR 2004, 181, 185.

[92] Vgl. *Lokouta* SWI 2000, 299.

[93] Vgl. *Wassermeyer* in Debatin/Wassermeyer Vor Art. 1 MA, Rz. 60; *Vogel/Lehner* Einl., Rn. 127; *Lang* IStR 2001, 536.

[94] Vgl. den Überblick bei *Baranger et al.* European Taxation 2013; *Pijl* Bulletin for International Taxation 2013, No. 1, 3, 7–9.

terpretation maßgeblich ist.[95] Der Abschluss von Verträgen „im Namen des Unternehmens" setzt voraus, dass das (vertretene) Unternehmen rechtlich gebunden wird. Eine wirtschaftliche Interpretation, wonach der Kommissionär das zu vertretene Unternehmen wie auch immer wirtschaftlich bindet, ohne es rechtlich zu verpflichten, scheidet somit aus (form over substance). Ein Kommissonär, der im eigenen Namen auftritt, kann nach geltendem Recht in diesen Ländern keine Verträge mit rechtlicher Wirkung für das zu vertretene Unternehmen abschließen, weshalb das Kriterium der Abschlussvollmacht bei Kommissionärmodellen typischerweise nicht erfüllt ist.[96] Diese Auslegung wird vom eindeutigen Wortlaut von Art. 5 Abs. 5 OECD-MA getragen und ist daher zu begrüßen. Zugleich folgt daraus, dass der Kommissionär nach deutschem Recht (§ 383 HGB) keine Vertreterbetriebsstätte begründen kann, da er keine Abschlussvollmacht für den Kommittenten besitzt.

Eine weitere Entscheidung in Sachen Kommissionärsmodelle ist in Spanien am 15.3.2012 in der Rechtssache Dell ergangen.[97] Es handelte sich hierbei um einen zu Dell Norwegen vergleichbaren Sachverhalt. Ein Kommissonär, der im eigenen Namen auftritt, kann nach geltendem Recht auch in Spanien keine Verträge mit rechtlicher Wirkung für das zu vertretene Unternehmen abschließen.[98] Entgegen der o. g. Auffassungen kam das spanische Gericht jedoch zu dem Schluss, dass der Kommissionär in Spanien auch ohne Abschlussvollmacht als Vertreterbetriebsstätte des zu vertretenden Unternehmens anzusehen ist.[99] Das spanische Gericht ging von einer wirtschaftlichen Interpretation des Begriffs Abschlussvollmacht aus (substance over form), wie sie auch in der OECD-Kommentierung zum Ausdruck kommt. Werden alle Einzelheiten eines Vertrages verbindlich für das zu vertretene Unternehmen ausgehandelt, wird das Vorliegen einer Abschlussvollmacht angenommen, auch wenn der Vertrag von einer anderen Person in dem Staat unterzeichnet wird, in dem sich das vertretene Unternehmen befindet, oder dem Vertreter förmlich keine Vertretungsmacht erteilt worden ist.[100]

Es besteht somit international keine Einigkeit darüber, wie das Tatbestandsmerkmal der Abschlussvollmacht im Rahmen von Kommissionärsmodellen zu interpretieren ist. Obwohl die rechtliche Interpretation auf Grund der klaren Rechtsfolge uE vorzuziehen ist, sind bei der Ausgestaltung von Kommissionärsmodellen wegen der unklaren Rechtslage weiterhin auch wirtschaftliche Aspekte zu berücksichtigen.

---

[95] Vgl. die Urteilsbesprechungen bei *Rasch* IStR 2011, 6 (Zimmer); *Bjerke/Sogaard* International Transfer Pricing Journal 2012, 176 (Dell); *Pijl* Bulletin for International Taxation 2013, No.1, 3, 7–9 (Boston Scientific).

[96] Vgl. *Rasch* IStR 2011, 6 (Zimmer); *Bjerke/Sogaard* International Transfer Pricing Journal 2012, 176 (Dell); *Pijl* Bulletin for International Taxation 2013, No. 1, 3, 7–9 (Boston Scientific).

[97] Vgl. die Urteilsbesprechung bei *Fernandez* Bulletin for International Taxation 2013, No. 6.

[98] Vgl. *Pijl* Bulletin for International Taxation 2013, No. 1, 7, 8.

[99] Neben der Existenz einer Vertreterbetriebsstätte begründete die Tätigkeit nach Ansicht des Gerichts auch eine Betriebsstätte als feste Geschäftseinrichtung.

[100] Vgl. Kommentar zum OECD-MA 2010 Art. 5, Tz. 32.1 f.

(3) Negative Abgrenzungen

Eine Vertreterbetriebsstätte setzt voraus, dass die Vollmacht durch den abhängigen Vertreter ausgeübt wird. Ist eine Person ermächtigt alle Einzelheiten eines Vertrags verbindlich auszuhandeln, kann davon ausgegangen werden, dass die Vollmacht durch sie ausgeübt wird.[101] Im Umkehrschluss sollte die Vollmacht nicht ausgeübt werden, wenn der Prinzipal derartig enge Vorgaben macht (zB durch die Vorgabe von Preisen und Verträgen sowie internen Berechtigungen und Genehmigungsverfahren), dass dem Agenten kein eigener Entscheidungsspielraum verbleibt. Dazu zählt bspw. auch die Unterschrift von lokalen Vertretern unter bereits durch den Prinzipal ausgehandelte Verträge aus rein repräsentativen Zwecken (co-signing).

Im Rahmen der Diskussionen zur Änderung der OECD-Kommentierung wurde diese Thematik aufgegriffen. In diesem Zusammenhang wird zwischen drei Fällen unterschieden:[102]

- Es liegen Standardverträge für alle Kunden vor, dh die Verträge werden nicht individuell ausgehandelt.
- Es existieren Rahmenverträge für die Gruppenunternehmen und Bestellungen erfolgen auf Basis dieser Rahmenverträge in den einzelnen Unternehmen.
- Bei multinationalen Unternehmen sehen die internen VertragsRL vor, dass verschiedene Personen der Unternehmensgrupppe, die uU aus verschiedenen Unternehmen der Gruppe stammen, Verträgen zustimmen müssen und diese ggf. zusammen unterschreiben.

In den ersten beiden Fällen soll es auf eine tatsächliche Ausübung der Vollmacht im Sinne einer eigenen Entscheidungskompetenz des Bevollmächtigten nicht ankommen. Maßgeblich ist lediglich, dass die Verträge durch den Bevollmächtigten abgeschlossen werden. Ob dieser einen eigenen Entscheidungsspielraum hat, soll folglich irrelevant sein.[103] Insb. in Bezug auf den zweiten Fall ist kritisch anzumerken, dass der Abschluss eines Rahmenvertrags noch keine unmittelbaren Auswirkungen auf die Entstehung von Umatz und damit Vertriebsleistung hat. Erst wenn – auf Basis des Rahmenvertrags – eine spezifische Bestellung eingeht und diese bestätigt wird, sollte ein relevanter umsatzwirksamer Vertragsabschluss vorliegen. Die Annahme von Betriebsstätten in Fällen, bei denen durch lokale Vertreter lediglich Rahmenverträge vereinbart werden, ist daher uE besonders kritisch zu sehen.

Der dritte Fall soll unter Anwendung der allgemeinen Kriterien zu lösen sein.[104] Danach rechtfertigt allein die Tatsache, dass eine Person an Verhandlungen zwischen einem Unternehmen und einem Kunden in einem Staat teilgenommen oder daran mitgewirkt hat, nicht den Schluss, dass eine bestehende Abschlussvollmacht ausgeübt wurde. Allerdings sollen die Umstände der „Teilnahme" oder des „Mitwirkens" einen „beachtlichen Faktor bei der Ermitlung der genauen Funktionen (darstellen), die diese Person für das Unternehmen wahrgenommen hat."[105] So deutet die fehlende aktive Teilnahme

---

[101] Vgl. Kommentar zum OECD-MA 2010 Art. 5, Tz. 33.
[102] Vgl. Bericht zum Kommentar zum OECD-MA-Entwurf, Tz. 112.
[103] Vgl. Bericht zum Kommentar zum OECD-MA-Entwurf, Tz. 112.
[104] Vgl. Bericht zum Kommentar zum OECD-MA-Entwurf, Tz. 112.
[105] Vgl. Kommentar zum OECD-MA 2010 Art. 5, Tz. 33.

des Prinzipals darauf hin, dass der Vertreter eine Vollmacht ausübt.[106] Sofern aber lokale Vertreter aus Repräsentations- und Informationsgründen zusätzlich zum Prinzipal zwar teilnehmen, an der aktiven Entscheidungsfindung und Verhandlungsführung aber nicht teilnehmen, sollte dies indizieren, dass der Vertreter nicht in Vollmachtsausübung handelt.

Die oben genannten Beispiele und deren Kommentierung werden in den „Revised Proposals Concerning the Interpretation and Application of Article 5 (Permanent Establishment)" vom 19. Oktober 2012 diskutiert („Bericht zum Kommentar zum OECD-MA-Entwurf") und machen deutlich, dass die OECD sich weiter vom Wortlaut des Art. 5 Abs. 5 OECD-MA entfernt. Insb. in den beiden ersten Beispielen soll selbst dann eine Vertreterbetriebsstätte vorliegen, wenn der Agent keinen eigenen Entscheidungsspielraum hat und die Vollmacht folglich nicht durch ihn ausgeübt wird. Dieser weite Ansatz ist abzulehnen. Eine Vertreterbetriebsstätte liegt nicht vor, wenn der Vertreter keinen eigenen Entscheidungsspielraum besitzt und er dadurch seine Vollmacht nicht ausübt.

cc) „Multiple Permanent Establishment"

46   Ein weiterer Punkt, der in der oben dargestellten Entscheidung **Philip Morris** von dem italienischen Kassationshof aufgeworfen wurde, betrifft die Frage, ob die Betriebsstätte einer Tochtergesellschaft eines internationalen Konzerns aufgrund des Konzernverbundes gleichzeitig eine Betriebsstätte für weitere Gesellschaften dieses Konzernverbundes darstellen kann (sog. „multiple permanent establishment"). Während das italienische Gericht noch dazu tendierte, auch in einer solchen Konstellation eine Betriebsstätte anzunehmen, ist die OECD diesem Ansatz durch die Neukommentierung in Tz. 41.1 zu Art. 5 Abs. 7 OECD-MA ausdrücklich entgegen getreten.[107] Zwar kann einer Mutter- oder Schwestergesellschaft eine Betriebsstätte an einem Ort zugerechnet werden, an dem eine Tochtergesellschaft über eine feste Geschäftseinrichtung verfügt oder wo sie als abhängige Vertreterin für sie tätig wird. Dies gilt bspw. bei der Mitbenutzung von Räumlichkeiten oder bei Einsatz der Tochtergesellschaft als abhängige Vertreterin. Allerdings müssen diese Voraussetzungen im jeweiligen konkreten bilateralen Verhältnis vorliegen. Eine Zurechnung zu anderen Konzerngesellschaften aufgrund des Konzernverbundes wird deshalb in der OECD-Kommentierung zurückgewiesen.[108] Dies schließt allerdings nicht aus, dass eine Tochtergesellschaft für mehrere Konzerngesellschaften eine Betriebsstätte begründet, wenn sie bspw. für jede Konzerngesellschaft als abhängige Vertreterin tätig wird und damit die Voraussetzungen im jeweiligen konkreten bilateralen Verhältnis vorliegen.

5. Zurechnung zu festen Geschäftseinrichtungen

47   Die oben dargestellten Grundsätze zur Begründung einer Betriebsstätte legen Mindestanforderungen für die Besteuerung von Unternehmensgewinnen in einem Staat fest. Obwohl der Abkommenstext in Art. 5 OECD-MA in

---

[106] Vgl. Kommentar zum OECD-MA 2010 Art. 5, Tz. 32.1.
[107] Vgl. *Wichmann* StBJb 2004/2005, 93.
[108] Vgl. Kommentar zum OECD-MA 2010 Art. 5, Tz. 41.1.

den letzten Jahrzehnten nahezu unverändert fortbesteht, lassen sich deutliche Tendenzen zur Ausweitung des Betriebsstättenbegriffs feststellen. Diese basieren im Wesentlichen auf Änderungen der OECD-Kommentierung infolge der Rechtsprechung in einigen Ländern sowie der zunehmenden Tendenz in Nicht-OECD Ländern dazu, Aktivitäten, die in diesen Ländern durchgeführt werden, durch die Begründung von Betriebsstätten direkt an der „Wurzel" zu besteuern.[109]

a) Dienstleistungen

Die geschilderte Tendenz zur Ausweitung des Betriebsstättenbegriffs betrifft **48** insb. Dienstleistungsaktivitäten, die vielfach zur Annahme von sog. „unechten Dienstleistungbetriebsstätten" führen.[110] Insoweit ist zu differenzieren zwischen sog. unechten Dienstleistungsbetriebsstätten, die auf einer erweiternden Auslegung des Betriebsstättenbegriffs beruhen, und sog. echten Dienstleistungsbetriebsstätten, die mittlerweile in einigen DBA durch explizite Definitionen aufgenommen worden sind.[111]

Ausschlaggebend für das Vorliegen einer („unechten") Dienstleistungsbetriebsstätte nach dem weiteren Verständnis des Betriebsstättenbegriffs ist das Merkmal der **„festen Geschäftseinrichtung"** (vgl. Rn. 15–16), über die der Steuerpflichtige nicht nur **„vorübergehend"** (Rn. 18) **„verfügen"** (Rn. 19) kann. Das Vorliegen dieser Merkmale kann insb. dann angenommen werden, wenn ein Unternehmen bzw. eine Person aus einem Land eine Dienstleistung an ein Unternehmen in einem anderen Land erbringt und hierzu im Land des Auftraggebers tätig wird.

aa) Tätigkeiten in den Geschäftsräumen des Auftraggebers

Ein solcher Sachverhalt lag der Rechtssache Dudney zu Grunde.[112] In der **49** Entscheidung führte ein unabhängiger Berater aus den USA in den Geschäftsräumen seines Mandanten in Kanada Schulungen des Personals durch. In einem Jahr verbrachte der Berater rund 300 Tage in den Geschäftsräumen des Mandanten. Für seine Arbeit wurden dem Berater unterschiedliche Räume vom Mandanten zugewiesen. Diese durften nur für die Erfüllung der vertraglichen Pflichten genutzt werden und konnten vom Berater mit einer Sicherheitskarte nur während der regulären Arbeitszeit betreten werden. Die Begründung einer Betriebsstätte des Beraters in den Mandantenräumen in Kanada lehnte das kanadische Bundesgericht ab. Seiner Ansicht nach handelte es sich nicht um eine feste Geschäftseinrichtung, die dem Berater dauerhaft zur Verfügung stand. Er konnte die Räume eben nicht für sein eigenes Beratungsgeschäft nutzen, sondern alleine für die Erfüllung seiner vertraglichen Verpflichtungen gegenüber seinem Auftraggeber. Auf die Dauer der Dienstleistungserbringung kam es nicht an.

Zu einem ähnlichen Ergebnis kam der BFH bei der Durchführung von Reinigungsarbeiten in den Geschäftsräumen des Kunden (NATO-Flugha-

---

[109] Vgl. *de Goede et al.* Bulletin for International Taxation 2012, 313, 314.

[110] Vgl. *Rosenberger/Vitali/Ziehr* IStR-Beihefter 2010, 1, 2.

[111] Zur echten Dienstleistungsbetriebsstätte s. unter Rn. 61 ff.

[112] Vgl. die Urteilsbesprechung bei *Boidman* Bulletin for International Fiscal Documentation 2000, 339.

fen).[113] Eine Betriebsstätte liegt laut BFH nicht vor, wenn die Überlassung der Räume nur zur Erfüllung der vertraglichen Pflichten geschieht, selbst dann, wenn die Tätigkeit über mehrere Jahre hinweg erbracht wird. Vielmehr müssen weitere Umstände hinzutreten, die für eine örtliche Verfestigung der Tätigkeit sprechen.[114] Davon ist nach Ansicht des BFH bspw. auszugehen, wenn die Geschäftsräume des Kunden mit Vorrichtungen und einer Ausrüstung ausgestattet sind, die für die vertraglich geschuldete Tätigkeit erforderlich sind.[115] Die bloße Präsenz eines Dienstleitungsunternehmens in den Geschäftsräumen des Auftraggebers reicht folglich für die Begründung einer Betriebsstätte nicht aus.

Demgegenüber wird in Indien eine weite Auslgegung des Merkmals „Verfügungsmacht" vertreten. In der Rechtssache Rolls Royce entschied das Income Tax Appellate Tribunal, dass es bereits dann zu einer Betriebsstätte der Mutter- bei der Tochtergesellschaft in Indien kommen kann, wenn Mitarbeiter der Muttergesellschaft die Räume der Tochtergesellschaft regelmäßig nutzen und damit über eine faktische Verfügungsmacht verfügen.[116]

Diese weite Auslegung des Merkmals Verfügungsmacht wird mittlerweile offenbar auch vom OECD-Kommentar verfolgt.[117] Dies zeigt sich insb. am sog. Anstreicherbeispiel, wonach bereits die Tätigkeit eines Anstreichers an drei Tagen in der Woche über einen Zeitraum von zwei Jahren in den Geschäftsräumen des Auftraggebers eine Betriebsstätte begründen kann.[118]

50 Der derzeit diskutierte Entwurf zum OECD-MK sieht vor, die Verfügungsmacht davon abhängig zu machen, ob ein Unternehmen bestimmte Räumlichkeiten eines anderen Unternehmens regelmäßig und über einen längeren Zeitraum hinweg nutzen kann.[119] Was unter diesen Begrifflichkeiten im Detail zu verstehen ist, bleibt offen. Beispielhaft sollen diese Merkmale erfüllt sein, wenn ein Berater über einen längeren Zeitraum (hier 20 Monate) in den Geschäftsräumen des Auftraggebers Schulungen durchführt.[120] UE kann in solchen Fällen jedoch die Verfügungsmacht an Räumlichkeiten des Arbeitgebers nicht pauschal ausschließlich anhand der Nutzungsdauer beurteilt werden. Vielmehr sind die konkreten Umstände der Nutzungsmöglichkeit zu berücksichtigen. Diese Umstände können im Einzelfall trotz langer Aufenthaltsdauer erheblich gegen eine Verfügungsmacht des Auftragnehmers sprechen, etwa wenn dieser keine eigene Zutrittsberechtigung zu den Räumlichkeiten des Auftraggebers hat, ihm kein eigener, fest zugeordneter Arbeitsplatz zur Verfügung steht und auch sonst keine für die Erbringung der Leistung erforderliche Infrastruktur in den Räumen des Auftraggeber zur Verfügung gestellt wird. Entscheidend sollte mithin also uE sein, ob es dem

---

[113] Vgl. BFH 4.6.2008, BStBl. II 2008, 922.

[114] Vgl. auch *Rosenberger/Vitali/Ziehr* IStR-Beihefter 2010, 1, 12 ff.; *Lühn* BB 2008, 2445.

[115] Vgl. BFH 14.7.2004, BFH/NV 2005, 154.

[116] Vgl. die Urteilsbesprechung bei Kapoor International Transfer Pricing Journal 2008, 141.

[117] Vgl. Kommentar zum OECD-MA 2010 Art. 5, Tz. 4.1; *Ditz* IStR 2010, 553.

[118] Vgl. Kommentar zum OECD-MA 2010 Art. 5, Tz. 4.5.

[119] Vgl. Kommentar zum OECD-MA-Entwurf Art. 5, Tz. 4.2.

[120] Vgl. Bericht zum Kommentar zum OECD-MA-Entwurf, Tz. 13 f. sowie die Beispiele im Kommentar zum OECD-MA-Entwurf Art. 5, Tz. 4.4–4.7.

Auftragnehmer im Rahmen seines Aufenthalts ermöglicht wird, selbstbestimmt nicht nur im Rahmen seiner Auftragserfüllung, sondern ggf. auch für eigene Zwecke tätig zu werden.

Nach OECD-Sicht soll zudem regelmäßig nicht von einer Verfügungsmacht des Arbeitgebers über die Räumlichkeiten des Arbeitnehmers auszugehen sein, wenn der Arbeitnehmer in seinen eigenen Räumlichkeiten für den Arbeitgeber tätig wird (Heimarbeitsplatz), sofern dem Arbeitnehmer zusätzlich ein Büroarbeitsplatz zur Verfügung steht.[121]

Die Neukommentierung der OECD ist insgesamt kritisch zu sehen, da sie sich weiter vom Wortlaut des Art. 5 Abs. 1 OECD-MA entfernt. Anstatt derartig weitgreifende Neuinterpretationen unter dem Deckmantel der Neukommentierung einzuführen, sollte die OECD sich uE zu den inhaltlichen Änderungen eindeutig bekennen und diese durch eine Änderung des Wortlauts von Art. 5 OECD-MA ausdrücklich dokumentieren.

bb) Auslagerung von Tätigkeiten auf Dienstleister

Neben der Begründung einer Betriebsstätte des Auftragnehmers in den **51** Geschäftsräumen des Auftraggebers könnte umgekehrt eine Betriebsstätte des Auftraggebers in den Räumlichkeiten des Auftragnehmers im Rahmen einer Auslagerung bspw. von Management- (Geschäftsleitungsbetriebsstätte) oder Produktionstätigkeiten (Lohnfertigung) angenommen werden.

Die Übernahme von Managementtätigkeiten (zB Strategieführung, Buchhaltung, Rechts- und Personalabteilung) durch Konzerngesellschaften unter Vereinbarung von Dienstleistungsverträgen mit anderen Konzerngesellschaften begründet per se noch keine Verfügungsmacht des Auftraggebers über die Geschäftsräume des Auftragnehmers und damit auch keine Betriebsstätte. Dies gilt insb. dann, wenn die Tätigkeiten durch das Personal des Auftragnehmers in seinen Geschäftsräumen durchgeführt werden. Eine Betriebsstätte ist folglich nicht per se anzunehmen.[122] In einem neueren Urteil[123] hat der BFH das Vorliegen einer Verfügungsmacht im Rahmen eines Managementdienstleistungsverhältnisses dennoch bejaht, auch ohne dass gemäß Sachverhalt ein vertraglich eingeräumtes, eigenes Nutzungsrecht bestand. Ausschlaggebendes Kriterium war nach Ansicht des BFH neben dem Umstand, dass es sich um eine Private Equity Struktur handelte, dass mangels eigenen Personals des Auftraggebers sämtliche Tätigkeiten durch das Personal des Managementdienstleisters durchgeführt wurden und der Dienstleister aufgrund eines Managementvertrages zur Erbringung dieser Aufgaben vertraglich verpflichtet war. Substanziell hat der Dienstleister den Auftraggeber damit quasi „ersetzt". Der BFH kommt, unter Verweis auf seine bisherige Rechtsprechung, zum Ergebnis, dass infolge des Bestehens dieses Vertrages konkludent mehr als ein nur gelegentliches Nutzungsrecht des Auftraggebers an den Räumlichkeiten der Managementgesellschaft besteht und damit eine Betriebsstätte gegeben ist. Auf weitere Aspekte, die eine tatsächliche Verfügungsmacht im Sinne einer örtlichen Verwurzelung begründen könnten (wie möglicherweise die im Ur-

[121] Vgl. Kommentar zum OECD-MA-Entwurf Art. 5, Tz. 4.8f.; Bericht zum Kommentar zum OECD-MA-Entwurf, Tz. 22ff.

[122] Vgl. Kommentar zum OECD-MA 2010 Art. 5, Tz. 42 sowie Bericht zum Kommentar zum OECD-MA-Entwurf, Tz. 57ff.

[123] Vgl. BFH 24.8.2011, IStR 2011, 925.

teilsfall gegebene Personenidentität der Leitungsorgane von Auftraggeber und Managementgesellschaft) geht der BFH nicht näher ein. In der Literatur wird dieses Urteil deshalb zwar weniger im Ergebnis, wohl aber in der Begründung erheblich kritisiert, da es Raum für ein sehr weites Verständnis des Kriteriums der Verfügungsmacht lässt.[124] Folgt man der Begründung des BFH in dem genannten Urteil, könnte theoretisch angenommen werden, dass jeder Subunternehmer eine Betriebsstätte seines Auftraggebers begründet.[125] Dies widerspricht jedoch der bisherigen Linie des BFH, nach der stets zusätzliche Kriterien erfüllt sein müssen, die für eine gewisse räumliche und zeitliche Verwurzelung sprechen.[126] UE sollten diese Grundsätze auch weiterhin Gültigkeit haben, wobei jedoch die weitere Rechtsprechung des BFH bis zu einer endgültigen Klarstellung genau zu beobachten ist.

52   Legt man die in dem Urteil des BFH vom 24.8.2011 angesprochenen Kriterien zugrunde, würde es dagegen wohl nur von dem Umfang der auf eine Managementgesellschaft übertragenen Aufgaben abhängen, ob das Büro der Managementgesellschaft als Geschäftsleitungs- oder sonstige Betriebsstätte der Fondgesellschaft qualifiziert.[127] Begrifflich ist die Geschäftsleitungsbetriebsstätte nach Art. 5 Abs. 2 Buchst. a OECD-MA abzugrenzen von der tatsächlichen Geschäftsleitung nach Art. 4 Abs. 3 OECD-MA. Ein Unternehmen kann grundsätzlich mehrere Geschäftsleitungsbetriebsstätten besitzen, allerdings nur einen Ort der tatsächlichen Geschäftsleitung.[128] Die Geschäftsleitung und damit den Mittelpunkt der geschäftlichen Oberleitung definiert der BFH als den Ort, an dem die wesentlichen Tagesgeschäfte abgewickelt werden.[129]

Im Falle der Auslagerung von Produktionstätigkeiten liegt regelmäßig keine Verfügungsmacht des Auftraggebers über die Geschäftsräume des Lohnfertigers vor. Denn die bloße Tatsache, dass sämtliche Produkte durch den Auftraggeber im Anschluss in dessen Geschäftsbetrieb genutzt werden oder dass der Lohnfertiger gewissen Weisungsvorgaben des Auftraggebers unterliegt, begründet allein keine Verfügungsmacht über die Geschäftsräume des Lohnfertigers.[130]

Neben der bloßen Beauftragung einer Managementgesellschaft oder eines Lohnfertigers müssen also weitere Umstände hinzutreten, die für eine örtliche Verfestigung der Tätigkeit und damit Verfügungsmacht sprechen.[131] Davon kann bspw. auszugehen seinn, wenn der Auftraggeber den Auftragnehmer in dessen Geschäftsräumen fortlaufend überwacht.[132] In jedem Fall ist aber auch bei der Begründung von Betriebsstätten durch Einschaltung von Subunternehmern für die Annahme von Verfügungsmacht eine hinreichend manifes-

---

[124] Vgl. *Blumers/Wenig* DStR 2012, 551; *Reiser/Cortez* IStR 2013, 6, 9 ff.; *Ditz/Quilitzsch* FR 2012, 493, 500.

[125] Vgl. *Wassermeyer* IStR 2011, 925.

[126] Vgl. BFH 4.6.2008, BStBl. II 2008, 922; BFH 23.2.2011, BFH/NV 2011, 1354.

[127] Vgl. *Wassermeyer* IStR 2011, 931.

[128] Vgl. Bericht zum Kommentar zum OECD-MA-Entwurf, Tz. 64.

[129] Vgl. BFH 3.7.1997, BStBl. II 1998, 86.

[130] Vgl. Kommentar zum OECD-MA-Entwurf Art. 5, Tz. 4.2; Bericht zum Kommentar zum OECD-MA-Entwurf, Tz. 17 ff.

[131] Vgl. Kommentar zum OECD-MA-Entwurf, Tz. 4.2, 42.

[132] Vgl. BFH 23.2.2011, BFH/NV 2011, 1354.

tierte räumliche und zeitliche Verwurzelung erforderlich.[133] Insofern sollten die gleichen Grundsätze gelten wie für die Begründung einer Dienstleistungbetriebsstätte beim Auftraggeber.

cc) Anwendung von Art. 5 Abs. 4 OECD-MA bei unechten Dienstleistungsbetriebsstätten

Eine weitere Besonderheit von unechten Dienstleistungsbetriebsstätten liegt **53** darin, dass unabhängig von der Art der Dienstleistung Art. 5 Abs. 4 OECD-MA regelmäßig keine Anwendung finden kann. Denn als Hilfstätigkeit iSd Art. 5 Abs. 4 OECD-MA kommen nur solche Tätigkeiten in Betracht, die ausschließlich im Interesse derjenigen Rechtseinheit erbracht werden, deren Mitarbeiter im Ausland tätig sind.[134] Demgemäß scheidet diese Ausnahme sowohl für Dienstleistungen an Dritte als auch für Dienstleistungen gegenüber Konzerngesellschaften aus, wenn diese nicht ausschließlich im Interesse der leistenden Gesellschaft erbracht werden. Ein solches ausschließliches Eigeninteresse der leistenden Gesellschaft sollte neben weniger bedeutsamen Fallgruppen wie etwa für eigene Trainings- oder Ausbildungszwecke ohne Nutzen für die aufnehmende Gesellschaft insb. dann anzunehmen sein, wenn eine Konzernmuttergesellschaft Leistungen gegenüber nachgeordneten Gesellschaften ausschließlich in ihrer Eigenschaft als Gesellschafterin im allgemeinen Konzerninteresse erbringt (so genannte Stewardship Tätigkeit oder Aufenthalte vor Ort in Zusammenhang mit Fragen der Konzernstrategie/-struktur).

Ob eine Leistung ausschließlich im Interesse der Muttergesellschaft erbracht wird, bestimmt sich danach, wer aus den betreffenden Aktivitäten einen Vorteil oder Nutzen zieht (Benefit Test). Dieser Test muss ergeben, dass die Tätigkeit ausschließlich im Interesse der Muttergesellschaft aus deren Gesellschafterstellung heraus erfolgt. Dies kann teilweise auch bei so genannten „aufgedrängten Dienstleistungen" in Betracht kommen, die nicht im Interesse der empfangenden Gesellschaft, sondern allein im Konzerninteresse erbracht werden.

b) Zurechnung von Aktivitäten im Ausland

Auch wenn sicherlich die Dienstleistungsbetriebsstätte in der aktuellen **54** Diskussion über eine Ausweitung des Betriebsstättenbegriffs im Vordergrund steht, lässt sich auch in anderen Bereichen eine Tendenz zu einer weiten Auslegung des Betriebsstättenbegriffs, insb. zur Aufweichung des Tatbestandsmerkmals der Verfügungsmacht über eine feste Geschäftseinrichtung feststellen.

Es wird bspw. aktuell intensiv diskutiert, inwieweit lokale Mitarbeiter als sog. „wirtschaftliche Arbeitnehmer" einer ausländischen Konzerngesellschaft angesehen werden können, die dieser die Verfügungsmacht über eine feste Geschäftseinrichtung vermitteln. Insb. in Fällen konzerninterner Arbeitnehmerentsendungen soll nach dem Bericht zum Kommentar zum OECD-MA-Entwurf eine von den vertraglichen Beziehungen abweichende Zurechnung von Arbeitnehmern in Betracht kommen.[135] Ob die Tätigkeit eines Arbeit-

---

[133] Vgl. *Ditz/Quilitzsch* FR 2012, 493, 500; *Reiser/Cortez* IStR 2013, 6, 11.
[134] Vgl. Art. 5 Rz. 26 OECD-MA.
[135] Vgl. Tz. 37 ff. des Revised Proposals Concerning the Interpretation and Application of Article 5 (Permanent Establishment) vom 19. Oktober 2012.

nehmers in solchen Fällen dem entsendenden oder dem aufnehmenden Unternehmen zuzurechnen ist, soll sich nach den für Art. 15 OECD-MA maßgeblichen Kriterien (Rn. 8.13-8.15 OECD-MK zu Art. 15) richten.[136] Hiernach sollte es insb. darauf ankommen, in wessen wirtschaftlichem Interesse und auf wessen Betreiben die Entsendung erfolgt und inwieweit der Arbeitnehmer in den Arbeitsablauf des empfangenden Unternehmens eingebunden und dessen Weisungen unterworfen ist. Diese wirtschaftliche Auslegung des Arbeitnehmerbegriffs hat einerseits zur Konsequenz, dass trotz eines Arbeitsvertrags mit dem entsendenden Unternehmen die Tätigkeit des Arbeitnehmers dem aufnehmenden Unternehmen zuzurechnen sein kann und es folglich nicht zur Begründung einer Betriebsstätte des entsendenden Unternehmens kommt. Im Umkehrschluss muss aber auch beachtet werden, dass insb. bei fehlender wirtschaftlicher und weisungsrechtlicher Eingliederung in das aufnehmende Unternehmen eine Zurechnung der Tätigkeit zum entsendenden Unternehmen möglich erscheint.

55   Neben den beschriebenen Fällen konzerninterner Entsendungen kann der wirtschaftliche Arbeitnehmerbegriff auch bei Verträgen zwischen Fremden Dritten relevant werden. Insoweit führt der Bericht zum Kommentar zum OECD-MA-Entwurf das Beispiel an, dass ein Hotelbetreiber einen in einem anderen Staat ansässigen Personaldienstleister engagiert, um die Aufgaben des Hotelmanagers zu übernehmen.[137] Selbst in dem Fall, dass die als Hotelmanager eingesetzten Personen arbeitsvertraglich bei dem Personaldienstleister beschäftigt sind, soll keine Betriebsstätte des Personaldienstleisters anzunehmen sein, solange die Hotelmanager nach den Kriterien von Rn. 8.13-8.15 OECD-MK zu Art. 15 wirtschaftlich als Arbeitnehmer des Hotelbetreibers anzusehen seien.

Umstritten ist, inwieweit ein Heimarbeitsplatz (Home Office) eines Mitarbeiters zu einer Betriebsstätte des Unternehmens führen kann, bei dem der Mitarbeiter beschäftigt ist. Diese Debatte wird maßgeblich gepägt durch entsprechende Vorschläge im Rahmen der geplanten Überarbeitung des OECD MK.[138] Nach dem aktuellem Diskussionsstand soll nur in Ausnahmefällen eine für die Begründung einer Betriebsstätte erforderliche Verfügungsmacht des ausländischen Unternehmens über ein häusliches Arbeitszimmer seines inländischen Arbeitnehmers vorliegen.[139] Dennoch soll eine Betriebsstätte in der Wohnung des Arbeitnehmers aber möglicherweise dann anzunehmen sein, wenn der betreffende Arbeitsplatz laufend und über einen längeren Zeitraum sowie nach den Vorgaben des Unternehmens entsprechend zur Ausführung von Geschäftstätigkeiten genutzt wird.[140] Gleichwohl bleibt aber festzuhalten, dass auch nach Ansicht der OECD die Diskussion noch nicht abgeschlossen ist, ob und unter welchen Voraussetzungen im Fall eines Heim-

---

[136] Vgl. Tz. 37 des Revised Proposals Concerning the Interpretation and Application of Article 5 (Permanent Establishment) vom 19. Oktober 2012.

[137] Vgl. Tz. 38 f. des Revised Proposals Concerning the Interpretation and Application of Article 5 (Permanent Establishment) vom 19. Oktober 2012.

[138] Vgl. Tz. 4.8 des Revised Proposals Concerning the Interpretation and Application of Article 5 (Permanent Establishment) vom 19. Oktober 2012.

[139] Vgl. *Reiser/Cortez* IStR 2013, 6, 14; *Hoor* IStR 2012, 17, 18; *Ditz/Quilitzsch* FR 2012, 493, 496.

[140] *Reiser/Cortez* IStR 2013, 6, 14.

arbeitsplatzes tatsächlich von einer Verfügungsmacht der Arbeitgebers auszugehen ist.[141] UE ist eine solche Verfügungsmacht regelmäßig zu verneinen. Dies entspricht auch der ständigen Rechtsprechung des BFH, wonach Räumlichkeiten, die in die private Sphäre des Angestellten eingebunden sind, nicht zu einer Betriebsstätte des Arbeitgebers am Ort der Wohung des Arbeitnehmers führen.[142] Denn die Verfügungsmacht über die Wohnung hat – auch in Bezug auf ein nur dieser Tätigkeit vorbehaltenes häusliches Arbeitszimmer – allein der Angestellte und nicht der Arbeitgeber.[143]

In der Praxis steht bei einer möglichen Zurechnung einer festen Ge- **56** schäftseinrichtung neben der Verfügungsmacht regelmäßig auch die Frage im Fokus, ob es sich bei der Tätigkeit, die durch die Geschäftseinrichtung ausgeübt wird, um eine für eine Betriebsstättenbegründung unerhebliche Vorbereitungs- oder Hilfstätigkeit iSd Art. 5 Abs. 4 OECD-MA handelt.[144] Denn anders als bei Dienstleistungen, die grundsätzlich im Interesse eines anderen erbracht werden und deshalb nicht unter Art. 5 Abs. 4 OECD-MA fallen, kommt bei den hier interessierenden Tätigkeiten im Interesse des Stammhauses eine Anwendung von Art. 5 Abs. 4 OECD-MA in Betracht. Insoweit ist aber zu beachten, dass die Definition von Hilfs- und Vorbereitungstätigkeiten eine Betrachtung des jeweiligen Einzelfalls erfordert, was in der praktischen Anwendung mitunter zu erheblichen Schwierigkeiten führt.

Als Beispiele für Hilfs- und Vorbereitungstätigkeiten iSd Art. 5 Abs. 4 OECD-MA benennt der OECD-MK etwa feste Geschäftseinrichtungen, „die ausschließlich zu dem Zweck unterhalten werden, Werbung zu betreiben, Informationen zu erteilen, wissenschaftliche Forschung zu betreiben oder Auskünfte über die Verwertung eines Patent oder eines technischen Verfahrens (Know-how) zu erteilen, wenn diese Tätigkeiten vorbereitender Art sind oder Hilfstätigkeiten darstellen".[145] Von maßgeblicher Bedeutung ist dabei die Einschränkung am Ende der genannten Aufzählung. Diese verdeutlicht, dass die Beispielsfälle nicht absolut zu verstehen sind, sondern das Vorliegen von Hilfs- oder Vorbereitungstätigkeiten stets in einer einzelfallbezogenen Wertung durch einen Vergleich mit der Haupttätigkeit des Unternehems zu ermitteln ist.[146] So stellt bspw. die Werbetätigkeit einer Werbeagentur ebenso wenig eine Hilfstätigkeit dar[147] wie eine im Rahmen der Produktentwicklung/Produktherstellung ausgeübte Forschungstätigkeit.[148] Auch die grundsätzlich als Hilfstätigkeit anzusehende Nutzung von Teststrecken oder Testanlagen[149] kann im Einzelfall zu schwierigen Abgrenzungsfragen führen, insb. wenn die Testaktivitäten ein großes Ausmaß annehmen. Sofern im Rahmen dieser

---

[141] Vgl. Rn. 27 des Revised Proposals Concerning the Interpretation and Application of Article 5 (Permanent Establishment) vom 19. Oktober 2012.

[142] Vgl. BFH Beschluss vom 10.11.1998, I B 80/97, BFH/NV 1999, 665; BFH Urteil vom 23. Mai 2002, III R 8/00, BStBl. II 2002, 512.

[143] Vgl. *Reiser/Cortez* IStR 2013, 6, 14.

[144] Gerade bei Heimarbeitsplätzen kommt dieser Frage regelmäßig entscheidende Bedeutung bei, vgl. *Ditz/Quilitzsch* FR 2012, 493, 496.

[145] Vgl. Rn. 23 OECD-MK zu Art. 5.

[146] Vgl. *Hruschka* in Schönfeld/Ditz, DBA, Art. 5 Rn. 122.

[147] Vgl. *Görl* in Vogel/Lehner, DBA, Art. 5 Rn. 94.

[148] Vgl. *Hruschka* in Schönfeld/Ditz, DBA, Art. 5 Rn. 122.

[149] Vgl. *Günkel* in Gosch/Kroppen/Grotherr, DBA, Art. 5 OECD-MA Rn. 205.

Testaktivitäten lediglich die äußeren Rahmenbedingungen im Testland genutzt werden, ansonsten die Tätigkeit aber eher der Datengewinnung dient, sollte tendenziell eine vorbereitende Tätigkeit vorliegen. Soweit aber nicht nur Testdaten aufgenommen, sondern diese auch ausgewertet und ggf. für Entwicklungszwecke umgesetzt werden, sollte tendenziell eher kein Hilfs- oder vorbereitender Charakter vorliegen.

c) Funktionsschwache Unternehmen

57   Eine weitere Kategorie, in der es zu einer Zurechnung ausländischer fester Geschäftseinrichtungen kommen kann, sind so genannnte funktionsschwache Unternehmen. Unter dieser Fallgruppe sind Sachverhalte zu verstehen, in denen einem Prinzipal eine feste Geschäftseinrichtung einer ausländischen Konzerngesellschaft zugerechnet wird, wenn der Prinzipal über solche Einflussmöglichkeiten auf den Geschäftsbetrieb der Tochtergesellschaft verfügt, dass die rechtliche und vor allem die wirtschaftliche Eigenständigkeit der Tochtergesellschaft negiert wird.

Entsprechende Weisungsrechte der Muttergesellschaft können sich in Konzernfällen sowohl über interne „Reporting Lines" als auch durch vertragliche Regelungen zwischen den Konzerngesellschaften ergeben. Dabei führen solche Weisungsbefugnisse zu Betriebsstättenrisiken, wenn durch sie typische unternehmerische Spielräume und Entscheidungsfreiheiten der lokalen Geschäftsführung in unüblicher Weise eingeschränkt werden. Trotz der rechtlichen Eigenständigkeit der ausländischen Gesellschaft kann es in solchen Konstellationen zu einem derartigen Verlust an wirtschaftlicher Eigenständigkeit kommen, dass lokale FinVerw. das Vorliegen einer Betriebsstätte unterstellen könnten.

aa) Roche Fall

Ein Beispiel für die Annahme einer Betriebsstätte aufgrund von Einflussmöglichkeiten der Muttergesellschaft ist der sogenannte Roche Fall, in dem die spanische Gerichtsbarkeit die Annahme einer Betriebsstätte maßgeblich auf die vertraglich vereinbarten Kontroll- und Weisungsrechte der Muttergesellschaft stützte, die sich diese im Rahmen von konzerninternen Verträgen (Auftragsfertigung, Kommissionärstätigkeit) vorbehalten hatte.[150] Dem entschiedenen Fall lag dabei der Sachverhalt zugrunde, dass die spanische Tochtergesellschaft Auftragsfertiger für die schweizerische Muttergesellschaft war. Daneben wurde die spanische Tochtergesellschaft als Absatzvertreter für ihre Muttergesellschaft in Spanien tätig und betrieb gleichzeitig ein Warenlager für die Muttergesellschaft. Die Tochtergesellschaft war nicht berechtigt, Vertragsverhandlungen zu führen oder Verträge im Namen ihres Mutterunternehmens abzuschließen, dh eine Abschlussvollmacht lag nicht vor.

58   Die mit dem Fall befassten spanischen Gerichte stützten die Annahme einer Betriebsstätte in Spanien sowohl auf Art. 5 Abs. 1 DBA Spanien-Schweiz als auch auf die abkommensrechtlichen Regelungen zur Vertreterbetriebsstätte.[151]

---

[150] Vgl. die Urteilsbesprechung bei *Carreno/Rodriguez* International Transfer Pricing Journal 2012, 257; *Baranger et al.* European Taxation 2013.

[151] Während das erstinstanzliche Gericht sowohl eine Geschäftseinrichtungs- als auch eine Vertreterbetriebsstätte bejahte, nahm das Berufungsgericht lediglich eine Ver-

Insb. entschieden sie, dass eine Vertreterbetriebsstätte nicht zwingend voraussetze, dass der Bevollmächtigte eine Abschlussvollmacht für das vertretene Unternehmen besitzt. Vielmehr seien darüber hinaus weitere Aspekte der Tätigkeit im Rahmen einer Gesamtbetrachtung zu würdigen. Im Detail verwies das spanische Gericht darauf, dass die Produktionstätigkeiten in Spanien vom Mutterunternehmen gesteuert wurden und die Muttergesellschaft alleine das wirtschaftliche Risiko der Produktionstätigkeit trug. Nach Ansicht des spanischen Gerichtshofs war das Mutterunternehmen derart in die gesamten unternehmerischen Tätigkeiten von Roche in Spanien verwickelt, dass wirtschaftlich betrachtet von einer Vertreterbetriebsstätte in Spanien auszugehen war. Im Ergebnis stellte der spanische Gerichtshof nicht auf das rechtliche Vorhandensein einer Abschlussvollmacht ab, sondern auf das wirtschaftliche Verhältnis zwischen Mutter- und Tochtergesellschaft. Die Tätigkeiten der Tochtergesellschaft wurden der Muttergesellschaft zugerechnet, da die Tochtergesellschaft einen Großteil der Geschäftsaktivitäten (Produktion und Marketing) der Muttergesellschaft (vertretendes Unternehmen) am Inlandsmarkt übernahm. Hinsichtlich des Ausmaßes der Betriebsstätte wurde entschieden, dass die gesamten Tätigkeiten der Tochtergesellschaft der Betriebsstätte zuzurechnen sind, dh sowohl die Produktions- als auch die Vertriebstätigkeiten. Eine solche umfassende Zurechnung lässt sich uE aber nur rechtfertigen, wenn eine Geschäftseinrichtungsbetriebsstätte angenommen wird. Geht man dagegen – wie das spanische Berufungsgericht – ausschließlich von einer Vertreterbetriebsstätte aus, erscheint es inkonsistent, dieser Vertreterbetriebsstätte auch die Produktionstätigkeiten zuzurechnen.

bb) Betriebsstätten aufgrund faktischer Weisungsbefugnisse

Das Vorliegen einer Betriebsstätte kann auch dann in Betracht kommen, **59** wenn zwar keine limitierenden vertraglichen Beziehungen zu einer ausländischen Rechtseinheit bestehen, die Mitarbeiter bzw. das Führungspersonal einer ausländischen Rechtseinheit aber über interne Berichtslinien und Rollenbeschreibungen so stark in ihrer Eigenständigkeit eingeschränkt werden, dass hieraus analoge Schlussfolgerungen in Bezug auf das Vorliegen einer Betriebsstätte gezogen werden können. Indiziell können sich entsprechende Hinweise auf eine starke Einschränkung der Entscheidungs- und Handlungsfreiräume unter anderem ergeben aus den Rollenbeschreibungen der lokalen Geschäftsführung, der Ausgestaltung und Handhabung der internen Governance und bestehenden Approval Prozeduren.

Inhaltlich ist die Frage der wirtschaftlichen Eigenständigkeit der lokalen **60** Gesellschaft daran zu messen, inwieweit Entscheidungen über das Tagesgeschäft der Gesellschaft von der lokalen Geschäftsführung unabhängig getroffen werden. Zur Beurteilung der Eigenständigkeit der lokalen Geschäftsführung können dabei u. a. folgende Kriterien herangezogen werden:
- Befugnisse der lokalen Geschäftsführung bei der Einstellung von Mitarbeitern der lokalen Gesellschaft und in Fragen der Gehaltspolitik
- Eigenständigkeit bei Fragen des Kundenkontakts und der Marktbearbeitung

---

treterbetriebsstätte an. Der oberste Gerichtshof Spaniens schloss sich beiden Vorinstanzen an. Zum Verfahrensgang vgl. etwa *Ditz/Bärsch/Schneider* Ubg 2013, 493, 495.

- Grad der Selbständigkeit bezüglich Budgetbildung und -verwaltung
- Bemessung von Grenzwerten für Entscheidungen im Bereich Finanzen, Investitionen, Personal etc., ab denen ein Approval der Muttergesellschaft erforderlich ist.

Bei der Würdigung der genannten Kriterien ist zu beachten, dass die Frage, in welchen Fällen eine „untypische" Einschränkung lokaler Entscheidungsfreiräume zu unterstellen ist, anhand der konkreten Umstände des jeweiligen Einzelfalles zu beurteilen ist. Insoweit sind insb. die Größe und das Funktionsprofil der lokalen Gesellschaft zu beachten (so kann bspw. eine bei einer kleinen Tochtergesellschaft nicht zu beanstandende Approval Grenze bei einer Tochtergesellschaft mit mehreren tausend Mitarbeitern eine untypische Einschränkung der lokalen Geschäftsführung darstellen).

6. Echte Dienstleistungsbetriebsstätte

61   Neben der oben dargestellten weiten Auslegung der Voraussetzungen einer Betriebsstätte iSd Art. 5 Abs. 1 OECD-MA, wird der Betriebsstättenbegriff teilweise auch durch die explizite Aufnahme von Dienstleistungsbetriebsstätten in DBA erweitert. Diese Regeln lösen sich von den Voraussetzungen einer festen Geschäftseinrichtung und knüpfen stattdessen projektbezogen allein an die Tätigkeitsdauer im jeweiligen Land an.

Im OECD-MA existiert bislang zwar keine Vorschrift, die eine echte Dienstleistungsbetriebsstätte explizit regelt (im UN-MA findet sich eine solche Vorschrift in Art. 5 Abs. 3). Allerdings finden sich im Kommentar zum OECD-MA Formulierungsvorschläge zur Defintion von Dienstleistungbetriebsstätten, wie sie von den Vertragsstaaten in DBA aufgenommen werden könnten.[152] Die OECD-Kommentierung enthält zwei Alternativen, wann eine Betriebsstätte fingiert werden kann:

62   *„Wenn ein Unternehmen eines Vertragsstaats in dem anderen Vertragsstaat*
a) durch eine natürliche Person, die sich in dem anderen Staat insgesamt länger als
183 Tage innerhalb eines Zeitraums von zwölf Monaten aufhält, Dienstleistungen
erbringt und mehr als 50 vom Hundert der Bruttoeinnahmen, die aktiven Ge-
schäftstätigkeiten des Unternehmens während des Aufenthalts zuzurechnen sind,
aus den Dienstleistungen dieser Person in dem anderen Staat bezogen werden, oder
b) insgesamt an mehr als 183 Tagen innerhalb eines Zeitraums von zwölf Monaten
Dienstleistungen erbringt und die Dienstleistungen für dasselbe Projekt oder zu-
sammenhängende Projekte durch eine natürliche Person oder mehrere natürliche Per-
sonen erbracht werden, die sich in dem anderen Staat aufhalten und diese Dienst-
leistungen dort erbringen,
gelten ungeachtet der Absätze 1, 2 und 3 die Tätigkeiten, die beim Erbringen der
Dienstleistungen in dem anderen Staat ausgeübt werden, als durch eine dort gelegene
Betriebsstätte des Unternehmens ausgeübt, es sei denn, diese Tätigkeiten beschränken
sich auf die in Absatz 4 genannten Tätigkeiten, die, würden sie durch eine feste Ge-
schäftseinrichtung ausgeübt, diese Einrichtung nach dem genannten Absatz nicht zu
einer Betriebsstätte machten. "

---

[152] Vgl. Kommentar zum OECD-MA 2010 Art. 5, Tz. 42.23 (entnommen aus Debatin/Wassermeyer).

Deutschland hat diese Vorschläge, wonach die Tätigkeit eines Dienstleisters **63** über eine gewisse Mindestdauer eine Betriebsstätte bewirkt, bislang nur in den DBA mit China, Türkei, Liberia und den Philippinen umgesetzt.[153]

Ein typischer Fall, der in den Anwendungsbereich der echten Betriebsstätte fällt, ist die Erbringung von Dienstleistungen an eine Tochtergesellschaft im Ausland durch Mitarbeiter der Muttergesellschaft (Fall b). In diesem Fall erbringt die Muttergesellschaft im Staat der Tochtergesellschaft Dienstleistungen durch die eigenen Arbeitnehmer. Werden innerhalb eines Zeitraums von zwölf Monaten diese Dienstleistungen an mehr als 183 Tagen durch Arbeitnehmer der Muttergesellschaft erbracht, begründet die Muttergesellllschaft im Staat der Tochtergesellschaft eine echte Dienstleistungbetriebsstätte.[154]

In der praktischen Anwendung führen diese Regelungen zu mehreren problematischen Abgrenzungsfragen. Diese betreffen zum einen das Tatbestandsmerkmal der „Dienstleistung", andererseits den Begriff des „Projekts" bzw. der „zusammenhängenden Projekte".

Der Begriff der Dienstleistung wird im OECD-MK nicht definiert. Viel- **64** mehr beschränkt sich Rn. 42.29 OECD-MK zu Art. 5 auf die Negativabgrenzung, dass der Fischfang eines ausländischen Unternehmens in Territorialgewässern eines Staats und der anschließende Verkauf der Fänge nicht zu einer echten Dienstleistungsbetriebsstätte führt. Der mit diesem Beispiel verbundene Erkenntnisgewinn ist begrenzt. Zumindest wird man dem Beispiel aber entnehmen können, dass die Übertragung von Gütern keine Dienstleistung iSd OECD-MK darstellt und auch Tätigkeiten, die niemandem geschuldet sind (wie der Fischfang auf eigene Rechnung), nicht zur Begründung einer Dienstleistungsbetriebsstätte führen sollten.[155] Zu weiteren praktischen bedeutsamen Fragen nimmt der OECD-MK hingegen keine Stellung. Insb. bei einer Kombination von Liefer- und Dienstleistungselementen bleibt deshalb unklar, unter welchen Umständen von einer einheitlichen Leistung auszugehen ist, bzw. wann ein Leistungsbündel vorliegt, dessen Einzelbestandteile separat zu würdigen sind.[156] Ebenso trifft der OECD-MK keine Aussage dazu, ob abkommensrechtlich zwischen Werklieferung und Werkleistung in dem Sinne differenziert werden kann, dass zumindest dann keine Dienstleistung vorliegen sollte, wenn der Werklieferer Stoffe beschafft, die nicht nur als Zutaten oder sonstige Nebenbestandteile qualifizieren.[157]

Bezüglich des Tatbestandsmerkmals der „Projekts", ist in der Praxis zu- **65** meist die Frage von zentraler Bedeutung, wann ein Zusammenhang einzelner Projekte anzunehmen ist. Als Kriterien für einen solchen Zusammenhang werden im OECD-MK u. a. benannt:

- Vorliegen eines einheitlichen Rahmenvertrags
- Abschluss der Verträge mit derselben Person/verbundenen Personen

---

[153] Vgl. *Rosenberger/Vitali/Ziehr* IStR-Beihefter 2010, 1, 14. Daneben besteht eine vergleichbare Regelung mit Taiwan.

[154] Vgl. auch Kommentar zum OECD-MA 2010 Art. 5, Tz. 42.39 ff.

[155] Vgl. *Kaeser* IStR 2012, 674, 676.

[156] Vgl. *Ditz/Quilitzsch* FR 2012, 493, 494; *Rosenberger/Vitali/Ziehr* IStR-Beihefter 1, 2010, 6, die als Beispiel die Lieferung einer Anlage mit anschließendem Wartungsvertrag nennen.

[157] Vgl. *Ditz/Quilitzsch* FR 2012, 493, 494.

- Erwartung der weiteren Vertragsabschlüsse bereits bei Abschluss des ersten Vertrags
- Gleichartige Tätigkeit bei den verschiedenen Projekten
- Erbringung der Dienstleistungen durch dieselben natürlichen Personen

Diese Kriterien sind aufgrund ihrer allgemeinen Formulierung auslegungsbedürftig und gerade in Konzernsachverhalten schwierig anzuwenden. Aufgrund dieser Unschärfe kommt eine Zusammenrechnung grundsätzlich immer dann in betracht, wenn in einem Land mehrere Leistungen von der gleichen Konzerngesellschaft erbracht werden und diese einen inhaltlichen Bezug zueinander haben. Gleichzeitig eröffnet die Unschärfe der Abgrenzung aber in gewissen Umfang auch Gestaltungsspielräume, insb. bei der Vertragsgestaltung. Insoweit ist allerdings zu beachten, dass eine gegen die wirtschaftliche Realität erfolgende „Atomisierung" von Projekten den OECD Grundsätzen („substance over form") widerspricht und nicht anzuerkennen ist (vgl. auch Art. 5 Rz. 42.45 OECD-MK zur Vermeidung von Missbräuchen in Zusammenhang mit Dienstleistungsbetriebsstätten).

7. Ergebniszuordnung gegenüber Betriebsstätten

66   Die allgemeinen Grundsätze zur Ergebniszuordnung **(Ertrags- und Aufwandszuordnung)** gegenüber einer Betriebsstätte sind in Art. 7 Abs. 2–4 OECD-MA geregelt. In der internationalen Besteuerungspraxis hat sich herausgestellt, dass das Verständnis dieser Bestimmungen zwischen den Vertragsstaaten stark voneinander abweichen kann.

Die OECD hat diese Problematik ausführlich in ihren im Juli 2008 bzw. Juli 2010 veröffentlichten Betriebsstättenberichten analysiert,[158] weil die in den einzelnen Steuerjurisdiktionen mitunter sehr unterschiedliche Rechtsanwendung zu Konstellationen der Doppelbesteuerung oder der Nichtbesteuerung von Gewinnen führen kann.[159]

In ihrer Analyse unterscheidet sie grundsätzlich zwischen zwei verschiedenen Methoden der Ergebniszuordnung: dem **„Functionally Separate Entity" Approach** (FSE-Approach) und dem **„Relevant Business Activity" Approach** (RBA-Approach).[160]

Der **RBA-Approach**[161] definiert die Betriebsstättengewinne als die Gewinne der Geschäftstätigkeit, an der die Betriebsstätte beteiligt ist. Der RBA-Approach begrenzt die Höhe des aufteilbaren Gewinns unter Art. 7 Abs. 2 OECD-MA, denn die abzugrenzenden Gewinne können nicht die Gewinne übersteigen, die das Unternehmen insgesamt aus der relevanten Geschäftstätigkeit erzielt. Die Gewinne des gesamten Unternehmens sind die aggregierten Gewinne und Verluste, die im Geschäftsverkehr mit Dritten und mit verbundenen Unternehmen erzielt werden.

---

[158] Vgl. OECD Report On The Attribution of Profits To Permanent Establishments vom 17. Juli 2008 (im Folgenden: „Betriebsstättenbericht 2008") sowie OECD Report On The Attribution of Profits To Permanent Establishments vom 22. Juli 2010 (im Folgenden „Betriebsstättenbericht 2010").

[159] Vgl. Betriebsstättenbericht 2010, Part I, Tz. 70–71.

[160] Vgl. Betriebsstättenbericht 2010, Part I, Tz. 50.

[161] Vgl. Betriebsstättenbericht 2008, Part I, Tz. 61–68.

Der **FSE-Approach**[162] geht dagegen davon aus, dass die der Betriebsstätte **67** zuzuordnenden Gewinne nicht auf den durch das Unternehmen insgesamt erzielten Gewinn begrenzt sind. Der Betriebsstätte können deshalb bspw. auch dann Gewinne zugeordnet werden, wenn das Gesamtunternehmen Verluste erwirtschaftet hat.[163] Die Betriebsstätte wird fiktiv wie ein selbstständiges Unternehmen mit eigener Geschäftätigkeit beurteilt.

Beide Ansätze unterscheiden sich im Anknüpfungspunkt der Ergebniszuordnung. Der RBA-Approach knüpft an die Transaktionen des Unternehmens als Ganzes an und sieht hierin den Ausgangspunkt für die Zuordnung von Gewinnen zwischen Stammhaus und Betriebsstätte. Gewinne müssen deshalb im Verkehr mit anderen Unternehmen erwirtschaftet worden sein (Außenumsatz), um der Betriebsstätte zugeordnet werden zu können.

Demgegenüber legt der FSE-Approach die Transaktionen der Betriebsstätte einschließlich interner Transaktionen gegenüber dem Stammhaus sowie anderen Betriebsstätten der Ergebniszuordnung zugrunde. Der FSE-Approach erlaubt also eine Gewinnzuordnung auf der Grundlage reiner Innentransaktionen, auch wenn die Gewinne noch nicht nach außen realisiert worden sind.[164]

a) Eingeschränkte Selbstständigkeitsfiktion in der deutschen Besteuerungspraxis bis 2012

Die bislang mehrheitlich vertretene Sichtweise in der deutschen Besteue- **68** rungspraxis wandte die Grundsätze der Ergebniszuordnung zwischen Stammhaus und Betriebsstätte im Sinne einer eingeschränkten Selbstständigkeitsfiktion an. Danach war der Betriebsstätte der Gewinn zuzurechnen, den sie unter gleichen oder ähnlichen Umständen als selbstständiges Unternehmen hätte erzielen können.[165] Gewinnelemente zwischen Stammhaus und Betriebsstätte wurden nach der eingeschränkten Selbstständigkeitsfiktion jedoch grundsätzlich nicht anerkannt,[166] da die rechtliche und tatsächliche Einheit von Stammhaus und Betriebsstätte keine schuldrechtlichen Vereinbarungen ermöglicht. Die eingeschränkte Selbstständigkeitsfiktion war insoweit insb. in ihren Rechtsfolgen mit dem RBA-Approach vergleichbar.[167]

Die Ergebniszuordnung zwischen Stammhaus und Betriebsstätte orientierte sich mehrheitlich an der sog. direkten Methode, nach der die Betriebsstätten eines Unternehmens als selbstständige Gewinnzuordnungseinheiten betrachtet werden.

Neben der direkten Methode hat sich in der Besteuerungspraxis die sog. indi- **69** rekte Methode herausgebildet. Die indirekte Methode behandelt ein Unternehmen mit einer oder mehreren Betriebsstätten als das, was es juristisch ist, nämlich als ein **einheitliches Unternehmen.** Ausgangspunkt der Zuordnung ist das Gesamtergebnis, das in einem zweiten Schritt teilweise den ein-

---

[162] Vgl. Betriebsstättenbericht 2010, Part I, Tz. 50.

[163] Vgl. Kommentar zum OECD-MA 2010 Art. 7, Tz. 17.

[164] Vgl. Betriebsstättenbericht 2010, Part I, Tz. 50; Kommentar zum OECD-MA 2010 Art. 7, Tz 20.

[165] Vgl. zum Umfang der Selbstständigkeitsfiktion *Vogel/Lehner* Art. 7, Rn. 77 ff.

[166] Vgl. *Blumenberg* Ubg 2008, 269, 275.

[167] Vgl. BFH 17.7.2008 sowie weitergehend *Roser* DStR 2008, 2389, 2391.

zelnen Betriebsstätten zuzurechnen ist. Die Aufteilungs- bzw. Zuordnungsschlüssel für das Welteinkommen des Unternehmens müssen eine sachgerechte Aufteilung gewährleisten.

Der in der Praxis angewandte grundlegende Maßstab für die Zuordnung von Erträgen und Aufwendungen auf Stammhaus bzw. Betriebsstätte nach der direkten Methode war nach der eingeschränkten Selbstständigkeitsbetrachtung das **Erwirtschaftungs- bzw. Veranlassungsprinzip.** Die mit Hilfe der Wirtschaftsgüter eines Unternehmens erwirtschafteten Erträge bzw. veranlassten Aufwendungen werden entsprechend der tatsächlichen Nutzung zwischen Stammhaus und Betriebsstätte aufgeteilt. Für die Ermittlung des Betriebsstättengewinns wurden die Aufwendungen von den Erträgen als Betriebsausgaben abgesetzt, die dem Unternehmen durch die Tätigkeit und die Existenz der Betriebsstätte entstanden.

b) Selbstständigkeitsfiktion nach dem Authorised OECD Approach

70   Die OECD vertritt als Arbeitsergebnis der Betriebsstättenberichte den FSE-Approach[168] als maßgebliche Methode zur Ergebniszuordnung zwischen Stammhaus und Betriebsstätte (sog. **Authorised OECD Approach = AOA**).[169] Die Betriebsstätte soll wie ein selbstständiges Unternehmen betrachtet werden, das eigene Funktionen ausübt, selbst Wirtschaftsgüter besitzt oder nutzt und eigene Risiken trägt. Da der AOA davon ausgeht, dass Gewinnelemente bei sogenannten Innentransaktionen zwischen Stammhaus und Betriebsstätte bestehen, soll der Betriebsstätte das Ergebnis zugeordnet werden, das sie unter Beachtung des Fremdvergleichsgrundsatzes erwirtschaftet hätte, wenn sie ein selbstständiges und vom Stammhaus unabhängiges Unternehmen wäre und wenn sie gleiche oder ähnliche Funktionen unter gleichen oder ähnlichen Bedingungen ausüben würde.[170]

Ein wesentlicher Punkt ist dabei die Umsetzung des Fremdvergleichsgrundsatzes zwischen Stammhaus und Betriebsstätte. Während Art. 7 Abs. 1 OECD-MA das Betriebsstättenprinzip regelt, wird für die Ergebniszuordnung gegenüber Betriebsstätten direkt auf Art. 7 Abs. 2 OECD-MA verwiesen.[171] Gem. Art. 7 Abs. 2 OECD-MA sind der Betriebsstätte diejenigen Gewinne zuzurechnen, die diese Betriebsstätte hätte erzielen können, wenn sie eine gleiche oder ähnliche Geschäftstätigkeit unter gleichen oder ähnlichen Bedingungen als selbstständiges Unternehmen ausgeübt hätte und im Verkehr mit dem Unternehmen, dessen Betriebsstätte sie ist, unabhängig gewesen wäre.

71   Die Methodik des AOA ist die sogenannte „Two-Step Analysis".[172] Der AOA besteht in einem ersten Schritt darin, die Betriebsstätte auf der Grundlage einer Funktionsanalyse als fiktiv selbstständiges Unternehmen zu betrachten und mit Unternehmen zu vergleichen, die unter gleichen oder ähnlichen Bedingungen eine gleiche oder ähnliche Tätigkeit ausüben.[173] Ziel ist

---

[168] Vgl. Rn. 67.
[169] Vgl. Betriebsstättenbericht 2010, Part I, Tz. 8.
[170] Vgl. Betriebsstättenbericht 2010, Part I, Tz. 8.
[171] Vgl. Kommentar zum OECD-MA 2010 Art. 7, Tz. 15.
[172] Vgl. Betriebsstättenbericht 2010 Part I, Tz. 8.
[173] Vgl. Betriebsstättenbericht 2010, Part I, Tz. 9 ff.

es, der Betriebsstätte wie einem selbstständigen Unternehmen Funktionen und die zu ihrer Erbringung erforderlichen Wirtschaftsgüter zuzuordnen. Aus den ausgeübten Funktionen und den zugeordneten Wirtschaftsgütern ergeben sich die damit zusammenhängenden Unternehmensrisiken sowie die Zuordnung eines angemessenen Anteils am Gesamteigenkapital (Dotationskapital).[174]

Auf der Grundlage dieser fiktiven Selbstständigkeit und Unabhängigkeit der Betriebsstätte befürwortet die OECD zum Zwecke der Durchführung des Fremdvergleichs die entsprechende Anwendung der Verrechnungspreisgrundsätze für multinationale Unternehmen und Steuerverwaltungen auf das Verhältnis zwischen Stammhaus und Betriebsstätte.[175] Die Betriebsstätte wird zu diesem Zweck einer Funktionsanalyse unterzogen.[176] Da eine Trennung der rechtlichen Einheit aus Stammhaus und Betriebsstätte nicht möglich ist, soll eine Trennung auf der Grundlage einer betriebsstättenspezifischen Funktionsanalyse entsprechend den Verrechnungspreisgrundsätzen für multinationale Unternehmen und Steuerverwaltungen (OECD-Bericht 1995) erfolgen.[177] Diese sog. „Guidelines" sollen dabei unter Berücksichtigung der Unterschiede zwischen fiktiv selbstständigen Betriebsstätten und rechtlich tatsächlich selbstständigen Unternehmen angepasst und ergänzt werden.[178]

Der AOA sieht die Funktionsanalyse als Ausgangspunkt für die Ergebniszuordnung gegenüber einer Betriebsstätte. Dies gilt nicht alleine für die Vergleichbarkeitsanalyse, sondern auch für die Zuordnung von Wirtschaftsgütern, Unternehmensrisiken und Dotationskapital zu der Betriebsstätte und den übrigen Unternehmensteilen.[179] Sie ist maßgebend für die unternehmensinterne Zuordnung der Geschäftstätigkeit des Gesamtunternehmens mit Dritten und damit für die Ergebniszuordnung zwischen Stammhaus und Betriebsstätte.[180]

Die Funktionsverteilung ist wesentliche Grundlage bei der Zuordnung von **72** Wirtschaftsgütern zwischen Betriebsstätte und dem Stammhaus oder anderen Unternehmensteilen.[181] Wirtschaftsgüter sind nach dem Ansatz der OECD auf der Basis der Funktionen zuzuordnen, zu deren Ausübung sie verwendet werden. Da Wirtschaftsgüter jedoch mit den verschiedensten Funktionen im Zusammenhang stehen können und zivilrechtliches Eigentum als Kriterium im einheitlichen Unternehmen ausscheidet, soll bei der Bestimmung des wirtschaftlichen Eigentümers auf die im Rahmen der Funktionsanalyse zu identifizierenden wesentlichen Personalfunktionen („significant people functions") abgestellt werden.[182]

Die Verteilung von Unternehmensrisiken folgt demselben Ausgangspunkt. Auch hier soll die Zuordnung von Unternehmensrisiken zwischen der Be-

---

[174] *Förster/Naumann* IWB 2004, F. 10, Gr. 2, 1777, 1779; vgl. Betriebsstättenbericht 2010, Part I, Tz. 59.

[175] Vgl. Betriebsstättenbericht 2010, Part I, Tz. 2.

[176] Vgl. Betriebsstättenbericht 2010, Part I, Tz. 13 ff.

[177] Vgl. Anhang 4 auf CD.

[178] Vgl. Betriebsstättenbericht 2010, Part I, Tz. 55 ff.

[179] Vgl. Betriebsstättenbericht 2010, Part I, Tz. 67.

[180] Vgl. Betriebsstättenbericht 2010, Part I, Tz. 98.

[181] Vgl. Betriebsstättenbericht 2010, Part I, Tz. 62.

[182] Vgl. Betriebsstättenbericht 2010, Part I, Tz. 74.

triebsstätte und den übrigen Unternehmensteilen den wesentlichen Personalfunktionen folgen.[183] Während sich die Übernahme von Unternehmensrisiken bei verbundenen Unternehmen im Allgemeinen aus Vereinbarungen ergeben, besteht für das Verhältnis zwischen Stammhaus und Betriebsstätte die Besonderheit, dass die Unternehmensrisiken rechtlich nicht zwischen der Betriebsstätte und den übrigen Unternehmensteilen aufgeteilt werden können, da sie dem Unternehmen als rechtliche Einheit anhaften. Der OECD-Ansatz, der in der Betriebsstätte ein für steuerliche Zwecke selbstständiges Unternehmen sieht, geht davon aus, dass die Betriebsstätte im Regelfall zumindest eine Mitverantwortung derjenigen Unternehmensrisiken (Lagerrisiko, Gewährleistungsrisiko, Kreditrisiko ua.) zuzuordnen ist, deren Kontrolle sie funktionell mit ihrem Personal übernommen hat.[184]

Die Funktionsanalyse hat schließlich maßgebende Bedeutung für die unternehmensinterne Zuordnung des Dotationskapitals, da sich seine Höhe aus dem Verhältnis der sich auf ihrer Grundlage fremdvergleichskonform zugeordneten Wirtschaftsgüter und Unternehmensrisiken ergibt.

73   Ein wesentliches Merkmal des AOA ist die Fiktion der Betriebsstätte als selbstständiges Unternehmen. Die Konsequenz dieses Ansatzes besteht darin, dass steuerlich betrachtet zwischen der Betriebsstätte und dem Stammhaus oder anderen Unternehmensteilen Vereinbarungen bestehen können, die in entsprechender Anwendung der Guidelines wie Verträge zwischen abhängigen Unternehmen dem Fremdvergleichsgrundsatz entsprechen müssen. Die OECD bezeichnet diese Vereinbarungen als „Dealings".

Diese Dealings werden in einem zweiten Schritt mit Vereinbarungen unabhängiger Unternehmen verglichen, welche die gleichen oder ähnliche Funktionen wie die Betriebsstätte ausüben, hierfür die gleichen oder ähnliche Wirtschaftsgüter nutzen, die gleichen oder ähnliche Unternehmensrisiken übernehmen und die gleichen oder ähnliche wirtschaftlich bedeutsame Eigenschaften aufweisen.[185]

Für die Praxis stellt sich zunächst die Frage, wie Dealings identifiziert werden können. Rein rechtlich betrachtet handelt es sich nicht um Verträge, da zivilrechtlich kein interner Vertragsschluss zwischen der Betriebsstätte und anderen Unternehmensteilen möglich ist.[186]

Die OECD stellt deshalb klar, dass sich Dealings nicht aus jeder Innentransaktion ergeben, sondern vielmehr besondere Voraussetzungen erfüllen müssen.[187] Als geeigneten Anhaltspunkt für Dealings betrachtet die OECD die sich aus der Buchführung des Unternehmens ergebende Dokumentation der Innentransaktionen. Gleichzeitig kann eine zeitnahe Dokumentation auf andere Weise, bspw. in Form einer unternehmensinternen „Vereinbarung", erfolgen und ein nützliches Mittel sein, die Innentransaktion sowie den wirtschaftlichen Kontext und die Bedingungen der Transaktion für steuerliche Zwecke festzuhalten.[188]

---

[183] Vgl. Betriebsstättenbericht 2010, Part I, Tz. 62.
[184] Vgl. Betriebsstättenbericht 2010, Part I, Tz. 68.
[185] Vgl. Betriebsstättenbericht 2010, Part I, Tz. 59.
[186] Vgl. Betriebsstättenbericht 2010, Part I, Tz. 175.
[187] Vgl. Betriebsstättenbericht 2010, Part I, Tz. 175.
[188] Vgl. Betriebsstättenbericht 2010, Part I, Tz. 87.

Die OECD vertritt die Auffassung, dass die so identifizierten Dealings die **74** Grundlage für die steuerliche Würdigung der Innentransaktionen zwischen Stammhaus und Betriebsstätte darstellen, soweit sie entsprechend der wirtschaftlichen Verhältnisse unter Berücksichtigung der Zuordnung von Funktionen, Wirtschaftsgütern und Unternehmensrisiken fremdvergleichskonform ausgestaltet sind.[189]

In der internationalen Diskussion ist umfangreich Kritik an der Sichtweise der OECD geäußert worden.[190] Die OECD begründet ihren Standpunkt damit, dass er im Einklang mit dem Fremdvergleichsgrundsatz in Art. 7 Abs. 2 OECD-MA steht, eine höhere Konsistenz mit dem Abgrenzungskonzept zwischen verbundenen Unternehmen aufweist und einfacher zu administrieren sei als der RBA-Approach.[191]

Unabhängig von der dogmatischen Würdigung wurde der AOA durch Revision von Art. 7 OECD-MA vollständig in das Abkommensrecht umgesetzt.[192] Der neu gefasste Art. 7 OECD-MA wird allerdings nur dann gelten können, wenn er beim Abschluss oder der Revision eines zwischenstaatlichen DBAs vereinbart wurde.[193]

Darüber hinaus erfolgte die Umsetzung des AOA in der internationalen Besteuerungspraxis durch eine Revision der OECD-Musterkommentierung in 2008 und 2010.

Die OECD hat jedoch gleichzeitig klargestellt, dass der AOA nur einge- **75** schränkt umgesetzt werden kann.[194] Der Wortlaut der bestehenden DBA ist die Grenze für die „abkommensrechtliche" Auslegung von Art. 7 OECD-MA.[195] Nach Auffassung des Committee of Fiscal Affairs der OECD können Änderungen und Einfügungen in den Kommentar, die nicht aus einer Änderung eines Artikels resultieren, bei der Auslegung und Anwendung früherer Abkommen herangezogen werden, da sie den übereinstimmenden Willen der Mitgliedsstaaten in Bezug auf die angemessene Auslegung bestehender Regelungen oder auf ihre Anwendung in bestimmten Situationen darstellen.[196] Die aktuellen Änderungen sind nach dieser Ansicht bindend, soweit sie nicht über den Wortlaut des Art. 7 hinausgehen, da sie insoweit rein klarstellenden Charakter haben. Die Folge ist eine dynamische Auslegung der DBA anhand der aktuellsten OECD-Musterkommentierung.

Die Annahme, dass die Vertragsparteien mit der Übernahme des Abkom- **76** menstexts im Zweifel auch dessen Auslegung durch den Kommentar der OECD übernehmen wollen, ist jedoch völkerrechtlich und in der deutschen Besteuerungspraxis bestritten.[197] Eine Delegation von gesetzgebender Gewalt

---

[189] Vgl. Betriebsstättenbericht 2010, Part I, Tz. 87.

[190] Vgl. *Förster/Naumann* IWB 2004, F. 10, Gr. 2, 1777, 1778; *Andresen* in Wassermeyer/Andresen/Ditz Betriebsstätten-Handbuch, Rn. 2.163; *Ditz* IStR 2002, 210; *ders.* IStR 2005, 37; *Wassermeyer* IStR 2004, 733.

[191] Vgl. Betriebsstättenbericht 2008, Part I, Tz. 74–79.

[192] Vgl. The 2010 Update to the Model Tax Convention, 22 July 2010.

[193] Vgl. Betriebsstättenbericht 2010, Part I, Tz. 4 f.; *Förster* IStR 2007, 398.

[194] Vgl. Betriebsstättenbericht 2010, Part I, Tz. 4 f.

[195] Vgl. BFH 29.5.1996, BStBl II 1997, 57, 60, 65; *Vogel* IStR 2003, 523, 524.

[196] Vgl. Kommentar zum OECD-MA 2010 Einleitung, Tz. 35, 36; *Förster* IStR 2007, 398, 398.

[197] Vgl. *Vogel* SWI 2000, 103, 109 f.; *Förster* IStR 2007, 398.

an die OECD hat nicht stattgefunden und wäre auch schon aus verfassungsrechtlichen Gründen nicht zulässig.[198] Die Annahme, dass die Vertragspartei-
en mit der Übernahme des Abkommenstexts im Zweifel auch dessen Auslegung durch den Kommentar der OECD übernehmen wollen, wird darüber
hinaus dadurch erschüttert, dass die OECD seit 1992 etwa alle zwei Jahre
neue Änderungen des Kommentars vereinbart.[199] Eine automatische Koppelung der Auslegung von DBA an die OECD-Musterkommentierung erscheint aus diesem Grunde nicht sachgerecht. Eine Änderung des Kommentars kann deshalb nach der hier vertretenen Auffassung nicht rückwirkend
verbindlich sein, sondern auf ältere Abkommen nur dann Einfluss haben,
wenn ihre innere Überzeugungskraft ausreicht, um dem gemeinsamen Willen
der an einem Abkommen beteiligten Staaten zu entsprechen.[200] Folglich kann
für die Auslegung eines DBA grundsätzlich nur die OECD-Musterkommentierung zum Zeitpunkt des Abschlusses herangezogen werden. Dieser statische Ansatz wurde vom BFH ausdrücklich bestätigt.[201]

77   Im Übrigen bleibt es den Vertragsstaaten unbenommen, eine zwischenstaatliche Vereinbarung zu treffen, die den FSE-Approach als verbindliche
Vertragsauslegung übernimmt. Eine solche Vereinbarung hat. Deutschland
mit den USA sowie Liechtenstein, Luxemburg und den Niederlanden getroffen.[202]

c) Umsetzung des Authorised OECD Approach in Deutschland ab 2013

78   Die Umsetzung des AOA im Muster-DBA ändert nichts an der Tatsache,
dass DBA grundsätzlich nur Schrankenrecht für das nationale Recht darstellen. DBA können kein Besteuerungsrecht begründen. Sie können es nur zuweisen. Maßgeblich für die Begründung eines Besteuerungsrechts ist alleine
das nationale Steuerrecht. Folglich kann ein Staat die ihm nach dem AOA
zugeordneten Gewinnanteile nur dann besteuern, wenn das Besteuerungsrecht durch nationale Gewinnermittlungsvorschriften ausgefüllt wird.

Der deutsche Gesetzgeber hat das nach dem AOA eröffnete Besteuerungsrecht teilweise durch die Entstrickungsvorschriften (Rn. 108 ff.) ausgefüllt.
Mittelbar wurde der AOA mittlerweile durch Änderungen im Außensteuergesetz umgesetzt. Hierbei handelt es sich um Einkünftekorrekturvorschriften und keine Gewinnermittlungsvorschriften, die unmittelbar regeln wie die
Betriebsstättengewinnermittlung zu erfolgen hat.[203] Kernstück war die Ausweitung des in § 1 AStG geregelten Fremdvergleichsgrundsatzes auf Betriebsstätten, wonach eine Betriebsstätte für die Zwecke des Fremdvergleichsgrundsatzes wie ein eigenständiges Unternehmen zu behandeln ist.[204] Die
Vorgehensweise bei der Anwendung des Fremdvergleichsgrundsatzes ist der
„Two-Step Analysis" des AOA nachgebildet (vgl. Rn. 71 ff.).[205]

---

[198] Vgl. *Vogel* IStR 2003, 523, 527.

[199] Vgl. *Vogel* SWI 2000, 103, 109 f.

[200] Vgl. *Vogel* IStR 2003, 523, 528; *Hemmelrath/Kepper* IStR 2013, 37, 39–40.

[201] Vgl. BFH 25.5.2011, BB 2011, 2404; BFH 9.2.2011, BStBl II 2012, 106.

[202] Vgl. *Hemmelrath/Kepper* IStR 2013, 37.

[203] Vgl. *Schnitger* IStR 2012, 638; *Kaeser* in Wassermeyer, MA Art. 7, Rz. 691, 693.

[204] Vgl. *Baldamus* IStR 2012, 317, 318 f.

[205] Vgl. § 1 Abs. 5 AStG.

Die zentrale Vorschrift zur Umsetzung des AOA ins nationale Recht findet sich in § 1 Abs. 5 AStG. Danach sind die Einkünftekorrekturvorschriften in den Absätzen 1, 3 und 4 des § 1 AStG für Geschäftsbeziehungen (sog. dealings) zwischen einem Unternehmen und seinen Betriebsstätten entsprechend anzuwenden. Dem FSE-Approach folgend soll die Betriebsstätte wie ein selbstständiges Unternehmen betrachtet werden, das eigene Funktionen ausübt, selbst Wirtschaftsgüter besitzt oder nutzt und eigene Risiken trägt. Auf Basis der Ermächtigung nach § 1 Abs. 6 AStG hat das BMF am 28.8.2014 eine Verordnung zur Anwendung des Fremdvergleichsgrundsatzes auf Betriebsstätten nach § 1 Abs. 5 AStG veröffentlicht (im Folgenden BsGaV), in dem weitere Einzelheiten zur Umsetzung des AOA geregelt sind.

Im Grundsatz ordnet § 1 Abs. 5 S. 2 AStG an, dass eine Betriebsstätte wie ein **79** eigenständiges und unabhängiges Unternehmen anzusehen ist. Diese Selbständigkeitsfiktion gilt allerdings nicht, wenn die Zugehörigkeit der Betriebsstätte zum Unternehmen eine andere Behandlung erfordert. Hierdurch wird berücksichtigt, dass eine Betriebsstätte tatsächlich unselbständiger Teil des Unternehmens ist, was Einschränkungen der Selbständigkeitsfiktion rechtfertigt.[206] Gerechtfertigt ist eine solche eingeschränkte Selbständigkeitsfiktion nach der Auffassung der FinVerw. (§ 16 Abs. 3 BsGaV) insb. im Bereich der Nutzung finanzieller Mittel des übrigen Unternehmens durch die Betriebsstätte.

Die Umsetzung des „Two-Step Approach" findet sich in § 1 Abs. 5 S. 3–4 AStG. Demnach sind einer Betriebsstätte im ersten Schritt Personalfunktionen, Vermögenswerte, Chancen und Risiken sowie das Dotationskapital zu zuweisen.

Unter einer Personalfunktion ist nach § 2 Abs. 3 S. 1 BsGaV eine Geschäftstätigkeit zu verstehen, die von eigenem Personal des Unternehmens für das Unternehmen ausgeübt wird. Der Begriff „eigenes Personal" umfasst nach Abs. 4 nur das Personal des Unternehmens selbst, dh natürliche Personen, die mit dem Unternehmen einen Arbeitsvertrag geschlossen haben oder auf Grund einer gesellschaftsvertraglichen Vereinbarung tätig werden. Lediglich die in Abs. 4 S. 3 genannten natürlichen Personen werden als „eigenes Personal" angesehen, auch wenn sie ohne vertragliche Vereinbarung mit dem Unternehmen für das Unternehmen tätig werden. Das Personal anderer Unternehmen, die für das Unternehmen Dienstleistungen erbringen, zählen nach Abs. 4 S. 2 nur dann zum „eigenen Personal", wenn ein anderes Unternehmen sich vertraglich verpflichtet hat, das Personal dem Unternehmen als Personal zu überlassen und sich die Verpflichtung auf die Überlassung beschränkt.

Eine Personalfunktion wird der Betriebsstätte nach § 4 Abs. 1 BsGaV immer dann zugerechnet, wenn sie dort ausgeübt wird. Eine Zurechnung unterbleibt nur, sofern die Personalfunktion kurzfristig, dh an weniger als 30 Tagen innerhalb eines Wirtschaftsjahres ausgeübt wird und diese keinen sachlichen Bezug zur Betriebsstätte aufweist. Personalfunktionen, die weder in der Betriebsstätte noch im übrigen Unternehmen ausgeübt werden, wie zB Reisetätigkeiten, werden nach § 4 Abs. 2 BsGaV der Betriebsstätte zugerechnet, zu deren Geschäftstätigkeit die Personalfunktion sachlich den engsten Bezug aufweist.

---

[206] Vgl. BT-Drucksache 17/1000, 64, vom 19.6.2012 zum Entwurf eines Jahressteuergesetzes 2013.

80 Auf Basis der einer Betriebsstätte zugeordneten maßgeblichen Personalfunktionen erfolgt nach den §§ 2 Abs. 5 iVm 5 ff. BsGaV die Zuordnung von Vermögenswerten, Chancen und Risiken, Geschäftsvorfällen sowie des Dotationskapitals. Diese Zuordnung anhand der maßgeblichen Personalfunktionen ist notwendig, weil anders als für rechtlich selbständige Unternehmen innerhalb eines Unternehmens eine rechtliche Zuordnung, zB aufgrund vertraglicher Beziehung, nicht möglich ist.[207] Rein unterstützende und strategische Personalfunktionen sind nach § 2 Abs. 5 S. 2 BsGaV für die Zuordnung hingegen nicht maßgeblich.

Im zweiten Schritt sind nach § 1 Abs. 5 S. 4 AStG auf Basis dieser Zuordnung die Art der Geschäftsbeziehungen zwischen dem Unternehmen und seiner Betriebsstätte sowie die Verrechnungspreise für diese Geschäftsbeziehungen zu bestimmen. Als Geschäftsbeziehungen definiert § 1 Abs. 4 S. 1 Nr. 2 AStG Geschäftsvorfälle eines Unternehmens mit seiner Betriebsstätte, sog. anzunehmende schuldrechtliche Beziehungen (dealings).[208] Nach § 16 Abs. 1 BsGaV liegen anzunehmende schuldrechtliche Beziehungen vor, wenn wirtschaftliche Vorgänge festgestellt werden, die zu einer geänderten Zuordnung von Vermögenswerten, Chancen und Risiken oder Geschäftsvorfällen führen. Daneben zählen dazu auch wirtschaftliche Vorgänge, die durch schuldrechtliche Vereinbarungen geregelt würden oder zur Geltendmachung von Rechtspositionen führen würden, wenn Unternehmen und Betriebsstätte voneinander unabhängige Unternehmen wären. § 16 Abs. 2 BsGaV stellt klar, dass für die anzunehmenden schuldrechtlichen Beziehungen fremdvergleichskonforme Verrechnungspreise anzusetzen sind, die wiederrum zu fiktiven Betriebseinnahmen und -ausgaben führen. Allerdings erlauben die Grundsätze des § 1 AStG nur eine Erhöhung der Einkünfte im Inland. Sollte die Anwendung des AOA hingegen zu einer Reduzierung der Einkünfte im Inland führen, ist § 1 AStG nicht anwendbar. Hier wird deutlich, dass es sich bei den Regelungen des § 1 Abs. 5 AStG lediglich um eine Einkünftekorrekturvorschrift und um keine Gewinnermittlungsvorschrift handelt.[209] Als Grundlage für eine Korrektur verbleiben lediglich die jeweiligen DBA.[210]

81 Entgegen der herrschenden Literaturmeinung und der BFH-Rechtsprechung (vgl. Rn. 76) soll der AOA einer dynamischen Auslegung folgend nach § 1 Abs. 5 S. 8 AStG auch bei bereits abgeschlossenen DBA anwendbar sein. Diese Regelung ist regelmäßig als treaty override zu qualifizieren,[211] da nur wenige DBA die Anwendung des AOA vorsehen (vgl. Rn. 77). Daneben enthalten auch neu abgeschlossene DBA nicht den AOA, wie zB das DBA mit den Philippinen oder China. Der Steuerpflichtige kann zwar geltend machen, dass die Regelungen zum AOA dem jeweiligen DBA widersprechen. Er muss allerdings nachweisen, dass der andere Staat sein Besteuerungsrecht entsprechend dem abgeschlossenen DBA ausübt und es bei Anwendung des

---

[207] Vgl. auch die Begründung zu § 2 Abs. 5 BsGaV (BR-Drs. 401/14).

[208] Vgl. BT-Drucksache 17/1000, 63, vom 19.6.2012 zum Entwurf eines Jahressteuergesetzes 2013. Vgl. auch *Schnitger* IStR 2012, 637.

[209] Vgl. *Wassermeyer* IStR 2012, 282.

[210] Vgl. *Schnitger* IStR 2012, 634 ff.

[211] Vgl. *Hemmelrath/Kepper* IStR 2013, 37, 41; differenzierter *Gebhardt* BB 2012, 2353, 2555.

AOA zu einer Doppelbesteuerung kommen würde. Wie ein solcher Nachweis in der Praxis erbracht werden kann, ist fraglich. An den Nachweis können uE nur geringe Anforderungen gestellt werden, da ansonsten davon auszugehen ist, dass der Steuerpflichtige die im DBA zugesagte Abkommensvergünstigung regelmäßig nicht in Anspruch nehmen kann. Der im Gesetzesentwurf genannte Nachweis der Besteuerung durch die Vorlage eines entsprechenden ausländischen Steuerbescheids und ergänzender Unterlagen[212] geht uE an der Realität vorbei, da sich insb. aus Steuerbescheiden, aber auch aus Betriebsprüfungsberichten häufig keine Hinweise auf abkommenskomforme Vorgehensweisen im Ausland erkennbar sind. Insb. nach Betriebsprüfungen liegen dem Steuerpflichtigen keine eindeutigen Nachweise über die Besteuerung bestimmter Einkünfte vor. Daher sollte sich der Nachweis darauf beschränken, dass der andere Staat allgemein sein Besteuerungsrecht entsprechend dem DBA ausübt. Da bisher nur wenige DBA den AOA vorsehen, ist davon im Regelfall auszugehen. Nur im Ausnahmefall, zB wenn mit dem anderen Staat ein DBA mit AOA vereinbart wurde, sollte der Steuerpflichtige weitere Nachweise erbringen müssen.

d) Sonderaspekte

aa) Zuordnung von Dotations- und Fremdkapital

Für die Zuordnung von Dotations- und Fremdkapital versucht die OECD **82** auf der Grundlage des AOA, die konzeptionelle Ausrichtung in den Vertragsstaaten auf eine gemeinsame Basis zu stellen. Die Zuordnung des Dotations- und Fremdkapitals soll auf der Grundlage der Zuordnung von Funktionen, Wirtschaftsgütern und Unternehmensrisiken erfolgen.[213] Die Zuordnung eines adäquaten Dotationskapitals soll sich grundsätzlich danach richten, welche Kapitalausstattung für ein selbstständiges Unternehmen erforderlich wäre, das mit vergleichbaren Funktionen, Wirtschaftsgütern und Risiken ausgestattet ist wie die Betriebsstätte.[214] Die Bestimmung der Höhe des Dotationskapitals soll nach den im Betriebsstättenbericht genannten Methoden (Kapitalzuordnungsmethode, Wirtschaftliche Kapitalzuordnungsmethode, Mindestkapitalisierungsmethoden, „Safe Harbour"-Methoden) erfolgen, wobei die Wahl der Methoden einzelfallbezogen ist.[215] Der Betriebsstätte soll ein angemessener Teil des Eigenkapitals des Gesamtunternehmens zugeordnet werden, der sich für ein vergleichbares Unternehmen ergeben würde.

Die OECD erkennt an, dass die Zuordnung von Dotations- und Fremdka- **83** pital auch auf der Grundlage der von ihr vorgeschlagenen Methoden nur zu einer Bandbreite fremdvergleichskonformer Ergebnisse führen kann und die von ihr vorgeschlagene Möglichkeit der Anwendung verschiedener Methoden das Risiko einer Doppelbesteuerung erhöht. Die Höhe des dem Betriebsstättenstaat nach einer der zugelassenen Methoden zugeordneten Dota-

---

[212] Vgl. BT-Drucksache 17/1000, 64, vom 19.6.2012 zum Entwurf eines Jahressteuergesetzes 2013.

[213] Vgl. Betriebsstättenbericht 2010, Part I, Tz. 107.

[214] Vgl. Betriebsstättenbericht 2010, Part I, Tz. 30–33.

[215] Vgl. Kommentar zum OECD-MA 2010 Art. 7, Tz. 49 sowie zu den verschiedenen Ansätzen der Zuordnung von Kapital Betriebsstättenbericht 2010, Part I, Tz. 121 ff.; *Förster/Naumann* IWB 2004, F. 10, Gr. 2, 1777, 1784.

tions- und Fremdkapitals sowie der in diesem Zusammenhang veranlasste Zinsaufwand sollen deshalb anerkannt und zur Vermeidung der Doppelbesteuerung bei der Besteuerung berücksichtigt werden,

- soweit etwaige Differenzen bei der Berechnung des Dotationskapitals aus der Anwendung unterschiedlicher Kapitalzuordnungsmethoden im nationalen Recht herrühren und
- soweit ein Einverständnis dahingehend besteht, dass der Betriebsstättenstaat eine nach dem Betriebsstättenbericht als zulässig erachtete Methode anwendet und diese im zu beurteilenden Fall zu einem fremdvergleichskonformen Ergebnis führt.

Dieses Ergebnis soll entweder auf Basis des nationalen Rechts oder des Abkommensrechts nach Art. 7 und 23 OECD-MA bzw. auf der Grundlage des Verständigungsverfahrens nach Art. 25 OECD-MA erreicht werden.[216]

84   Die Anerkennung unternehmensinterner Zinsvereinbarungen zwischen Stammhaus und Betriebsstätte lehnt die OECD auch weiterhin ab. Eine Ausnahme lässt die OECD nur für Finanzdienstleister zu.[217] Der dem Stammhaus und der Betriebsstätte zuzuordnende Zinsaufwand gegenüber Dritten folgt der unternehmensinternen Zuordnung von Dotations- und Fremdkapital.

85   In Deutschland wird bei der Zuordnung von Dotatationskapital zu einer Betriebsstätte nach der BsGaV zwischen einer inländischen (§ 12 BsGaV) und einer ausländischen Betriebsstätte (§ 13 BsGaV) unterschieden. Einer inländischen Betriebsstätte wird nach § 12 Abs. 1 BsGaV das Dotationskapital grundsätzlich nach der funktions- und risikobezogenen Kapitalaufteilungsmethode zugewiesen, wobei nach § 12 Abs. 5 BsGaV als Untergrenze das tatsächlich zugeordnete Kapital dient. Bei ausländischen Betriebsstätten wird das Dotationskapital nach § 13 Abs. 1 BsGaV grundsätzlich nach der Mindestkapitalausstattungsmethode zugewiesen, wobei das tatsächlich zugeordnete Kapital nach § 13 Abs. 4 BsGaV die Obergrenze bildet. Diese unterschiedliche Behandlung von in- und ausländischen Betriebsstätten führt tendenziell zu einer asymmetrischen Behandlung von Inbound und Outbound Fällen mit der Folge, dass es in vielen Fällen zu einer Doppelbesteuerung kommen kann.

86   Die Zuordnung der übrigen Passiva nach § 14 BsGaV ist grundsätzlich nachrangig. Einer Betriebsstätte kann nach § 14 Abs. 2 BsGaV maximal der Wert der zugeordneten Aktiva (§§ 4–11 BsGaV) abzüglich des Dotationskapitals (§§ 12–13 BsGaV) (sog. zuordnungsfähiger Betrag) als übrige Passiva zugeordnet werden. Folglich sind die nach § 14 Abs. 1 BsGaV direkt zurechenbaren Passiva anteilig zu kürzen, soweit sie den zuordnungsfähigen Betrag (Residualgröße) übersteigen. Im Ergebnis sind nach § 15 Abs. 1 BsGaV also grundsätzlich nicht alle direkt zurechenbaren Zinsaufwendungen der Betriebsstätte abzugsfähig, was zu einer Doppelbesteuerung führen kann. Übersteigt der zuordnungsfähige Betrag hingegen die direkt zurechnaren übrigen Passiva, ist der Fehlbetrag nach § 14 Abs. 3 BsGaV mit übriger Passiva aufzufüllen (indirekte Zuordnung). Nach § 15 Abs. 3 BsGaV sind in diesem Fall die Zinsaufwendungen der Betriebsstätte für diese indirket zugeordneten üb-

---

[216] Vgl. Kommentar zum OECD-MA 2010 Art. 7, Tz. 48; *Förster* IStR 2007, 398, 400.

[217] Vgl. Kommentar zum OECD-MA 2010 Art. 7, Tz. 41 und 42.

rigen Passiva gesondert zu ermitteln. Maßgeblich ist das Verhältnis der indirekt zugeordneten übrigen Passiva der Betriebsstätte und der übrigen Passiva des Unternehmens. Da vergleichbare Regelungen bisher weder auf OECD-Ebene noch in anderen Ländern bestehen, trägt die in der BsGaV geplante Regelung sicherlich zur Entstehung von Doppelbesteuerungskonflikten bei.

(einstweilen frei)   87–87

bb) Währungserfolge

Die **Buchhaltung** von Auslandsbetriebsstätten wird in aller Regel **in der 94 jeweiligen Fremdwährung** geführt. Die deutsche FinVerw. hingegen verlangt die Umrechnung des Betriebsstättenergebnisses in Euro.[218] Grundsätzlich ist für jeden einzelnen Geschäftsvorfall der jeweilige Tageskurs maßgebend.[219] Im Falle von nicht wesentlichen Kursschwankungen kann die Umrechnung jedoch anhand des Stichtagskursverfahrens erfolgen, wobei bislang unklar ist, was die FinVerw. unter wesentlichen Kursschwankungen versteht.[220]

Sich ergebende **Währungserfolge** sind laut Betriebsstättenerlass der aus- 95 ländischen **Betriebsstätte zuzuordnen.**[221] Diese Auffassung entsprach auch der bisherigen Rechtsprechung des BFH.[222] Begründet wurde das damit, dass gem. § 4 Abs. 4 EStG bei der Ermittlung des Betriebsstättengewinns die Aufwendungen als Betriebsausgaben abzuziehen sind, die durch die Betriebsstätte wirtschaftlich veranlasst waren. Dieses Kriterium wurde erfüllt, da Währungsgewinne und -verluste durch die Existenz oder durch die Tätigkeit der Betriebsstätte ausgelöst wurden.[223]

In der Entscheidung „Deutsche Shell" hat der EuGH mit Urteil vom 96 28.2.2008 klargestellt, dass die bislang von FinVerw. und Rechtsprechung vertretenen Grundsätze den Steuerpflichtigen unzulässig in seiner Niederlassungsfreiheit beschränken (Art. 43 EG in Verbindung mit Art. 48 EG).[224] Das Gericht hatte über einen Sachverhalt zu befinden, in dem eine deutsche Gesellschaft in Verbindung mit einer Betriebsstätteninvestition in Italien entstandene Währungsverluste weder auf Ebene des Stammhauses noch auf Ebene der Betriebsstätte steuerlich berücksichtigen konnte. In Italien wurden keine Währungsverluste berücksichtigt, da die Bemessungsgrundlage für die italienische Besteuerung in Lire festgesetzt wurde. Gleichzeitig wurde der Betriebsausgabenabzug in Deutschland unter Verweis auf die bislang herrschende Ansicht in Rechtsprechung und FinVerw. versagt.

Hierin sah der EuGH eine Beschränkung der Niederlassungsfreiheit und begründete diese damit, dass das wirtschaftliche Risiko einer Gesellschaft, die in einem anderen Mitgliedstaat eine Einheit gründen möchte, dadurch erhöht ist, wenn dort eine andere Währung als im Herkunftsstaat gilt. In einem sol-

---

[218] Vgl. BMF, Betriebsstättenerlass, Tz. 2.8.

[219] Vgl. hierzu und zum Folgenden BMF, Betriebsstättenerlass, Tz. 2.8.1 mwN.

[220] Vgl. *Ziehr* IStR 2009, 261; *Kumpf/Roth* DB 2000, 790.

[221] Vgl. BMF, Betriebsstättenerlass, Tz. 2.8.1.

[222] Vgl. BFH 16.2.1996, BStBl. II 1996, 588; 16.2.1996, BStBl. II 1997, 128.

[223] Vgl. *Ziehr* IStR 2009, 261; *Baranowski* DB 1992, 240; aA *Schröder* in Mössner, Steuerrecht, Rz. C 125 ff.; *Uhrmann* DB 1990, 2037.

[224] Vgl. EuGH 28.2.2008 (Deutsche Shell, Rs. 293/06), Tz. 36 ff.

chen Fall sei das Stammhaus nicht nur den üblichen Risiken im Hinblick auf die Gründung einer solchen Einheit ausgesetzt, sondern habe durch deren Ausstattung mit Dotationskapital und daraus resultierenden Währungsverlusten darüber hinaus ein zusätzliches Steuerrisiko zu tragen.[225]

97   Unabhängig von der gemeinschaftsrechtlichen Würdigung führt die Rechtsprechung des EuGH zu einem Ergebnis, das im Einklang mit der Funktions- und Risikoverteilung zwischen Stammhaus und Betriebsstätte steht, soweit das Unternehmensrisiko währungsbedingter Verluste dem Stammhaus zugeordnet werden kann. Während die bislang vertretene Ansicht von dem Erwirtschaftungs- und Verwirtschaftungsprinzip ausging und die Währungsverluste ausschließlich der Betriebsstätte zuordnete, wird das Stammhaus nun durch die steuerliche Berücksichtigung der Währungserfolge so gestellt wie ein Steuerpflichtiger, der in eine selbstständige Einheit (die Betriebsstätte) investiert und den Währungserfolg aus seiner Investition selbst zu tragen hat.

cc) Gewinnzuordnung bei Vertreterbetriebsstätten

98   Die OECD verfolgt die Umsetzung des AOA auch für die Gewinnzuordnung bei Vertreterbetriebsstätten. Eine Besonderheit ergibt sich jedoch aus dem Erfordernis, die durch den Vertreter erwirtschafteten Gewinne in der Weise aufzuteilen, dass dem Vertreter als selbstständigem Steuerpflichtigen einerseits eine Vergütung und der Vertreterbetriebsstätte andererseits ein angemessener Teil des unternehmerischen Gesamtergebnisses zugeordnet werden muss.

99   Der OECD-Ansatz folgt für die Gewinnzuordnung bei der Vertreterbetriebsstätte Art. 7 OECD-MA. Die Vertreterbetriebsstätte soll also dem Functionally Separate Entity Approach folgend wie ein unabhängiges Unternehmen behandelt werden. Die Aufteilung der Gewinne erfolgt auf Basis einer einzelfallbasierten Funktionsanalyse unter Berücksichtigung des vertretenen Auslandsunternehmers („Vertreter-Stammhaus"), dem Vertreter als selbstständigem Steuersubjekt und dem Vertreter als Vertreterbetriebsstätte der beschränkt steuerpflichtigen Auslandsgesellschaft.[226]

100   Für die Gewinnzuordnung bei Vertreterbetriebsstätten wird in der deutschen Besteuerungspraxis als wohl herrschende Meinung die „Nullsummentheorie" vertreten.[227] Danach kann der Vertreterbetriebsstätte regelmäßig kein Gewinn zugeordnet werden, da sich ein der Vertreterbetriebsstätte zugeordneter Gewinn grundsätzlich dadurch auf „Null" ausgleicht, dass ihm ein Aufwand in gleicher Höhe gegenübersteht, der auf die (fiktive) „Geschäftstätigkeit" des Vertreters für die Vertreterbetriebsstätte entfällt.[228] Eine Ausnahme wird von der Mehrheit der Vertreter der Nullsummentheorie in den Fällen befürwortet, in denen durch Angestellte des vertretenen Unternehmens eine Vertreterbetriebsstätte begründet worden ist, da die Tätigkeit des Angestellten nicht in der Höhe vergütet wird, die ein fremder Dritter – mit den entsprechenden, aus der Selbstständigkeit resultierenden Risiken – geltend gemacht hätte.[229]

---

[225] Vgl. EuGH 28.2.2008 (Deutsche Shell, Rs. 293/06, Tz. 30.

[226] Vgl. Betriebsstättenbericht 2010, Part I, Tz. 227–247.

[227] Vgl. *Griemla* IStR 2005, 857.

[228] Vgl. *Hey* RIW 1994, 889; *Sieker* BB 1996, 981; *Runge* StbJb. 1997/1998, 499; *Runge* in Piltz/Schaumburg, Internationale Betriebsstättenbesteuerung, 131, 134 sowie *Schröder* in Mössner, Steuerrecht international tätiger Unternehmen, Rz. C 177.

[229] Vgl. *Griemla* IStR 2005, 857, 858.

Die OECD hat den Gedanken der „Nullsummentheorie", der in den Ver- **101**
tragsstaaten in unterschiedlicher Ausgestaltung vertreten wird, in ihren Betriebsstättenberichten als „Single Taxpayer Approach" aufgegriffen[230] und eine
Allgemeingültigkeit der Aussage abgelehnt, dass sich Gewinne der Vertreterbetriebsstätte mit dem Aufwand für die fiktive „Geschäftstätigkeit" des Vertreters ausgleichen. Die OECD weist auf die Möglichkeit hin, dass eine Funktionsanalyse zu dem Ergebnis kommen kann, dass der Betriebsstätte neben
der Wahrnehmung der Vertriebsfunktion im Einzelfall weitere Funktionen
und Risiken zugeordnet werden können und argumentiert deshalb, dass sich
je nach Einzelfall Fallgestaltungen ergeben können, in denen sich Ertrag und
Aufwand für die Tätigkeit des Vertreters nicht vollständig ausgleichen.

Im Ergebnis steht der Standpunkt der OECD der in Deutschland vertrete- **102**
nen Nullsummentheorie nicht entgegen. Dies wird insb. daran deutlich, dass
die Nullsummentheorie in den Fällen nicht gelten soll, in denen die Vertreterbetriebsstätten durch Angestellte des beschränkt steuerpflichtigen Unternehmens begründet wird, da Angestellte kein unternehmerisches Risiko
tragen und deshalb nicht wie ein selbstständiger Vertreter vergütet werden.
Die Anwendung der Nullsummentheorie soll die Fälle der Vertreterbetriebsstätte in praktikabler Weise lösen. Ihre Anwendbarkeit hängt jedoch von den
Umständen des Einzelfalls ab und ist nicht pauschal auf alle Fälle übertragbar,
in denen die Voraussetzungen einer Vertreterbetriebsstätte erfüllt sind. Es
kommt auf die übernommenen Funktionen und Risiken an.

Werden bspw. von einem abhängigen Vertreter Funktionen und Risiken **103**
übernommen, die denen eines Absatzmittlers entsprechen (Routinetätigkeiten), können nach diesen Grundsätzen insgesamt nur die Einnahmen und
Ausgaben zugeordnet werden, die ein Absatzmittler erzielt hätte.

Für die Gewinnzuordnung sind im Tätigkeitsland grundsätzlich die Einnahmen und Ausgaben zwei Einheiten zuzurechnen. Zum einen dem Vertreter
als selbständiges Steuersubjekt für die Dienstleistungen, die er gegenüber der
Auslandsgesellschaft in Form der Personalgestellung erbringt. Zum anderen
der Vertreterbetriebsstätte der Auslandsgesellschaft für die Absatztätigkeiten
des Vertreters, die er im Auftrag für die Auslandsgesellschaft durchführt.[231]

Da der Vertreter als selbständiges Steuersubjekt gegenüber der Auslandsge- **104**
sellschaft Dienstleistungen nur in Form von Routineaktivitäten erbringt und
keine bzw. kaum eigene Risiken trägt, ist eine Vergütung auf Basis der Kostenaufschlagsmethode angemessen. Vergütet werden für die unterstellte „Personalgestellung" die lokalen Personalkosten plus Gewinnaufschlag.

Die Vertreterbetriebsstätte der beschränkt steuerpflichtigen Auslandsgesell-
schaft erbringt ebenfalls nur Routinetätigkeiten und trägt kein bzw. kaum
eigenes Risiko. Als Einnahmen werden ihr für diese Tätigkeit fremdübliche
Vermittlungsprovisionen zugerechnet von denen die Vergütungen an den
Vertreter als selbständiges Steuersubjekt als Ausgaben abgezogen werden.[232] In
Summe wird der Vertreterbetriebsstätte und dem Vertreter als selbständiges

---

[230] Vgl. Betriebsstättenbericht 2010, Part I, Tz. 235 ff.

[231] Vgl. Betriebsstättenbericht 2010, Part I, Tz. 230–245.

[232] Stehen sich Einnahmen und Ausgaben in gleicher Höhe gegenüber, kommen
Nullsummentheorie und AOA zum gleichen Ergebnis. Vgl. auch Betriebsstättenbericht 2010, Part I, Tz. 234.

Steuersubjekt im Tätigkeitsland der Gewinn zugerechnet, den ein Absatzmittler dort erzielt hätte. Eine darüberhinausgehende Gewinnzurechnung im Tätigkeitsstaat ist mit den Grundsätzen des AOA nicht vereinbar. Sie kommt nur in Frage, wenn über die reine Absatzvermittlung hinaus weitere Funktionen und Risiken übernommen werden, wie dies bspw. bei Handelsunternehmen der Fall ist.

105   In der internationalen Besteuerungspraxis der Vertragsstaaten wird die Besteuerung verbundener Unternehmen über das Rechtsinstitut der Vertreterbetriebsstätte nur sehr zurückhaltend gehandhabt. Dies hängt uE mit dem Erfordernis der rechtlich und administrativ aufwendigen Abgrenzung der Vertreterbetriebsstätte von den übrigen Unternehmenseinheiten zusammen. Als Alternative zu der Besteuerung einer Vertreterbetriebsstätte hat Deutschland in dem DBA mit Österreich vereinbart, dass beide Vertragsstaaten darauf verzichten, dass ein verbundenes Unternehmen als Vertreterbetriebsstätte eines anderen verbundenen Unternehmens behandelt wird, wenn die jeweiligen Funktionen durch Ansatz angemessener Verrechnungspreise, einschließlich eines dem verbundenen Unternehmen verbleibenden Gewinns, abgegolten werden (vgl. Protokoll Abs. 2 zu Art. 5 DBA-Österreich). Deutschland und Österreich haben hierdurch zumindest indikativ gezeigt, dass eine angemessene Gewinnzuordnung zwischen verbundenen Unternehmen auch ohne das Rechtsinstitut der Vertreterbetriebsstätte möglich ist.

106, 107   *(einstweilen frei)*

8. Behandlung von Leistungsbeziehungen zwischen Stammhaus und Betriebsstätte

a) Grundlagen

108   Durch die Umsetzung des AOA in Art. 7 OECD-MA wurde die steuerliche Behandlung von Innentransaktionen zwischen Stammhaus und Betriebsstätte vorgezeichnet. Die Bewertung dieser Innentransaktionen wird grundsätzlich den nationalen Gewinnermittlungsvorschriften überlassen. Wie bereits oben dargestellt hat der deutsche Gesetzgeber durch die Einführung von § 1 Abs. 5 AStG das durch den AOA eröffnete Besteuerungsrecht jedoch lediglich in Form einer Einkünftekorrekturvorschrift umgesetzt.

Daneben hat der Gesetzgeber das durch den AOA definierte Verständnis der Gewinnzuordnung auf Betriebsstätten durch einen fiktiven Entnahmetatbestand für Innentransaktionen zwischen Stammhaus und Betriebsstätte nachvollzogen (Entstrickungsbesteuerung). Die Regelungen in § 4 Abs. 1 S. 3 und 4 EStG bzw. § 12 Abs. 1 KStG regeln eine fiktive Entnahme zum gemeinen Wert in den Fällen der Überführung bzw. Nutzungsüberlassung von Wirtschaftsgütern gegenüber einer ausländischen Betriebsstätte. Die Regelungen zur Entstrickungsbesteuerung gehen als Gewinnermittlungsvorschriften den Einkünftekorrekturvorschriften in § 1 Abs. 5 AStG vor. In Entstrickungsfällen läuft § 1 Abs. 5 AStG daher regelmäßig ins Leere.[233]

109   *(einstweilen frei)*

---

[233] Vgl. *Schnitger* IStR 2012, 638; *Baldamus* IStR 2012, 319.

b) Überführung von Wirtschaftsgütern zwischen Stammhaus und Betriebsstätte

Der Entnahmetatbestand gem. § 4 Abs. 1 S. 3 und 4 EStG bzw. § 12 **110** Abs. 1 KStG knüpft an die Innentransaktion zwischen Stammhaus und Betriebsstätte in Form der Überführung bzw. Nutzungsüberlassung von Wirtschaftsgütern gegenüber dem ausländischen Betriebsteil an. Der Entnahmetatbestand bestimmt, dass die Überführung von Wirtschaftsgütern in das Ausland einer Entnahme für betriebsfremde Zwecke gleich gestellt ist, wenn das **Besteuerungsrecht Deutschlands** hinsichtlich des Gewinns aus einer späteren Veräußerung hierdurch beschränkt oder ausgeschlossen wird. Die Bestimmung unterscheidet nicht zwischen der bilanziellen Zuordnung des Wirtschaftsgutes zum Anlage- oder Umlaufvermögen. Alternativ ist der Tatbestand auch dann erfüllt, wenn der Gewinn aus der Nutzung eines Wirtschaftsgutes beschränkt oder ausgeschlossen wird.[234]

Das deutsche Besteuerungsrecht an dem Veräußerungsgewinn ist ausgeschlossen, wenn Wirtschaftsgüter in eine ausländische Betriebsstätte überführt werden, deren steuerliches Ergebnis durch ein DBA freigestellt ist. Die Beschränkung des Besteuerungsrechts soll nach der gesetzgeberischen Intention auch bereits dann erfüllt sein, wenn die Doppelbesteuerung durch die Anrechnungsmethode vermieden wird,[235] wobei es keinen materiellen Unterschied machen kann, ob die Anrechnung auf der Grundlage eines DBA oder im Verhältnis zu einem Nicht-DBA-Staat gem. § 34c EStG erfolgt.[236]

Schließlich erfasst die Regelung auch diejenigen Fälle, in denen das Wirt- **111** schaftsgut **von einer inländischen Betriebsstätte in ein ausländisches Stammhaus** überführt wird, da das deutsche Besteuerungsrecht auch in diesen Fällen verloren gehen kann.

In den Rechtsfolgen stellt die Regelung den Ausschluss und die Beschrän- **112** kung des Besteuerungsrechts aus dem Gewinn, aus der Veräußerung oder der Nutzung des Wirtschaftsgutes einer Entnahme des Wirtschaftsgutes für betriebsfremde Zwecke zwar gleich. Anders als die Entnahme zu betriebsfremden Zwecken, die gem. § 6 Abs. 1 Nr. 4 S. 1, 1. HS EStG mit dem Teilwert zu bewerten ist, ist in den Fällen der Überführung eines Wirtschaftsgutes in ein ausländisches Betriebsvermögen jedoch gem. § 6 Abs. 1 Nr. 4 S. 1, 2. HS EStG der gemeine Wert anzusetzen.

Diese Abweichung kann im Einzelfall zu Bewertungsunterschieden führen. Während als Teilwert der Betrag anzusetzen ist, den ein Erwerber des ganzen Betriebs im Rahmen des Gesamtkaufpreises unter der Prämisse der Unternehmensfortführung für das einzelne Wirtschaftsgut ansetzen würde (§ 6 Abs. 1 Nr. 1 S. 3 EStG), richtet sich die Bemessung des gemeinen Wertes nach § 9 BewG.[237] Der gemeine Wert bestimmt sich durch den Preis, der im gewöhnlichen Geschäftsverkehr nach der Beschaffenheit des Wirtschaftsgutes bei seiner Veräußerung zu erzielen wäre. Er erfasst auch einen Gewinnauf-

---

[234] Vgl. weitergehend Rn. 119 ff.

[235] Vgl. BR-Drucksache 542/06 vom 11.8.2006 zum Entwurf eines Gesetzes über steuerliche Begleitmaßnahmen zur Einführung der Europäischen Gesellschaft und zur Änderung weiterer steuerrechtlicher Vorschriften (SEStEG), 42.

[236] Vgl. *Stadler/Elser* BB 2006 (Special 8), 19 f.

[237] Vgl. BR-Drs 542/06, 11.8.2006, 43 (Fn. 212).

schlag,[238] während der Teilwert keine Gewinnkomponente enthält, sondern nach oben durch die Wiederbeschaffungs- bzw. Herstellungskosten begrenzt wird.[239]

113 Der bilanzielle Ausweis des Entnahmegewinns (= gemeiner Wert abzüglich Buchwert des Wirtschaftsgutes im Zeitpunkt der Überführung) führt zu einer Besteuerung der Innentransaktion zwischen Stammhaus und Betriebsstätte. Die deutsche Regelung folgt im Ergebnis weitgehend dem AOA, da der Ansatz der Entnahme mit dem gemeinen Wert weitgehend deckungsgleich mit dem Fremdvergleichspreis ist.[240] Dennoch soll die Berücksichtigung ungewöhnlicher oder persönlicher Verhältnisse als besonderes Merkmal des Fremdvergleichspreises ausdrücklich unterbleiben.[241] Allerdings dürfte trotz der konzeptionellen Unterschiede der gemeine Wert nur in Einzelfällen vom Fremdvergleichspreis abweichen.[242]

114 Spiegelbildlich zu der Entnahmeregelung bei Verlust oder Beschränkung des deutschen Besteuerungsrechts führt die steuerliche Überführung eines Wirtschaftsgutes aus dem Ausland in das Inland zur steuerlichen Verstrickung und Begründung des deutschen Besteuerungsrechts und wird einer Einlage gleichgestellt (§ 4 Abs. 1 S. 8, 2. HS. EStG). Das Wirtschaftsgut ist in diesen Fällen grundsätzlich mit dem gemeinen Wert anzusetzen (vgl. § 6 Abs. 1 Nr. 5a EStG).

115 Sofern Wirtschaftsgüter in Betriebsstätten überführt werden, die in einem EU-Mitgliedstaat belegen sind, führt die Regelung grundsätzlich zu einer Sofortbesteuerung. Da eine vergleichbare Überführung von Wirtschaftsgütern zwischen zwei inländischen Betriebsstätten desselben Steuerpflichtigen keine Besteuerungsfolgen auslösen würde, handelt es sich bei der Sofortbesteuerung im Zeitpunkt der Überführung ins Ausland um eine unzulässige Beschränkung der Niederlassungsfreiheit. Dies steht nach den Entscheidungen des EuGH in den Rechtssachen National Grid Indus[243] und Kommission/Portugal[244] nunmehr fest. Der Verstoß gegen die Niederlassungsfreiheit bezieht sich jedoch nicht auf die Erhebung einer Wegzugsteuer per se, sondern alleine auf den sofortigen Einzug der Steuer.

116 Diese Problematik hatte wohl auch bereits der Gesetzgeber erkannt. Der Steuerpflichtige kann deshalb ausnahmsweise bei Überführung eines Wirtschaftsgut des **Anlagevermögens** in eine Betriebsstätte in einem anderen EU-Mitgliedstaat die Sofortversteuerung der stillen Reserven aufschieben, indem er auf Antrag einen steuerlichen Ausgleichsposten in Höhe der durch die Überführung aufgedeckten stillen Reserven bildet (§ 4g Abs. 1 EStG). Die Bildung des Ausgleichpostenst wird nicht durch eine Einkünftekorrektur nach § 1 Abs. 5 AStG eingeschränkt (§ 1 Abs. 5 S. 6 AStG). Die Besteuerung erfolgt, indem der Ausgleichsposten im Wirtschaftsjahr seiner Bildung sowie

---

[238] Vgl. BR-Drs 542/06, 11.8.2006, 43 (Fn. 212).
[239] Vgl. H 6.7 EStH „Teilwertvermutungen".
[240] Vgl. BFH 23.2.2005, BStBl. II 2005, 882.
[241] Vgl. BR-Drs 542/06, 11.8.2006, 43 (Fn. 212).
[242] Vgl. *Baldamus* IStR 2012, 317, 319; *Roth* in Grotherr, Handbuch der internationalen Steuerplanung, 85; *Kahle/Franke* IStR 2009, 406, 410; *Wassermeyer* IStR 2008, 176, 178.
[243] Vgl. EuGH 29.11.2011, IStR 2012, 27.
[244] Vgl. EuGH 6.9.2012, IStR 2012, 27.

in den vier folgenden Wirtschaftsjahren zu jeweils $^1/_5$ gewinnerhöhend aufgelöst wird. Der Ausgleichsposten ist bereits vor Ablauf dieses Zeitraums gem. § 4g Abs. 2 EStG in vollem Umfang aufzulösen, wenn das Wirtschaftsgut aus dem Betriebsvermögen des Steuerpflichtigen ausscheidet, das Wirtschaftsgut aus der Besteuerungshoheit der EU-Mitgliedstaaten ausscheidet, wenn die stillen Reserven bspw. durch Veräußerung im Ausland aufgedeckt werden oder die stillen Reserven in entsprechender Anwendung der inländischen Vorschriften hätten aufgedeckt werden müssen.

Trotz dieser Regelung können die gemeinschaftsrechtlichen Bedenken gegen den gegenwärtigen Entnahmetatbestand nicht beseitigt werden. Auch die zeitlich gestreckte Besteuerung gem. § 4g EStG führt im Ergebnis zu einer Besteuerung stiller Reserven vor deren Realisierung und ist gegenüber der rein inländischen Überführung eines Wirtschaftsgutes nachteilig, da diese keine Besteuerung zur Folge hätte. Dieser Argumentation folgt auch das FG Düsseldorf und hat die Rechtsfrage dem EuGH zur Vorabentscheidung vorgelegt.[245] Im Übrigen ist aus rein gemeinschaftsrechtlicher Sicht nicht verständlich, warum die Streckung der Besteuerung auf Wirtschaftsgüter des Anlagevermögens beschränkt ist und nicht ebenfalls für die Überführung von Wirtschaftsgütern des Umlaufvermögens gelten soll. Im Verhältnis zu anderen EU-Mitgliedstaaten ist deshalb fraglich, ob diese Regelung mit Gemeinschaftsrecht vereinbar und als Besteuerungsgrundlage anwendbar ist.[246] In einem anderen Zusammenhang hat der EuGH in der Rechtssache DMC Beteiligungsgesellschaft mbH allerdings entschieden, dass eine Entstrickungsbesteuerung mit gestaffelter Steuerzahlung grundsätzlich unionsrechtskonform sei.[247] In Anbetracht dieses Urteils bleibt zu befürchten, dass der EuGH die Einschätzung des FG Düsseldorf nicht teilen wird. **117**

In der Literatur wird darüber hinaus die Auffassung vertreten, die ablehnende Rechtsprechung des BFH zur finalen Entnahmetheorie vom 17.7.2008[248] sei argumentativ auch auf die Neuregelungen in § 4 Abs. 1 S. 3 EStG bzw. § 12 Abs. 1 KStG übertragbar und der gesetzliche Anwendungsbereich deshalb entsprechend zu reduzieren. **118**

Dieser insb. von *Gosch* erläuterte Ansatz[249] wird mit dem Wortlaut der Neuregelungen begründet, der für die Entnahmebesteuerung den „Ausschluss oder die Beschränkung des Besteuerungsrechts der Bundesrepublik Deutschland" voraussetzt. Da der BFH in dem zitierten Urteil vom 17.7.2008 für Fälle von DBA mit Quellenfreistellung gem. Art. 23A iVm Art. 7 Abs. 1 OECD-MA einen derartigen Ausschluss des Besteuerungsrechts im Zeitpunkt der Auslandsüberführung unter Bezugnahme auf neuere abkommensrechtliche Erkenntnisse verneint hat, argumentiert *Gosch,* dass tatbestandlich im Ergebnis nur noch die Beschränkung des Besteuerungsrechts in Betracht komme. Eine Beschränkung des Besteuerungsrechts könne aber nur dann befürwortet werden, wenn man bereits die Schwierigkeiten genügen lässt, den späteren Realisationsakt im Ausland administrativ nachzuverfolgen. Aus Sicht von *Gosch* er-

---

[245] Vgl. FG Düsseldorf 5.12.2013, IStR 2014, 73.

[246] Vgl. *Beutel/Rehberg* IStR 2012, 94, 95 f.; *Thömmes/Linn* IStR 2012, 282, 283 f.

[247] Vgl. EuGH 23.1.2014, IStR 2014, 106.

[248] BFH 17.7.2008 – I R 77/06, DB 2008, 2281.

[249] Vgl. *Gosch* BFH-PR 2008, 499. Vgl. auch *Kessler/Philipp* DStR 2012, 267, 270.

scheint dieses mögliche Gegenargument jedoch kaum tragfähig. Er vertritt deshalb die Auffassung, dass die Neuregelung im Ergebnis weitgehend leer laufen müsse, wenn man den dargestellten Annahmen folge. Ihr bliebe allenfalls Raum für Fälle der Steueranrechnung (Art. 23B OECD-MA).

Der von *Gosch* erläuterte Ansatz überträgt die vom BFH im Urteil vom 17.7.2008 zitierten abkommensrechtlichen Erkenntnisse zu der Abgrenzung des Besteuerungsrechts zwischen Stammhausstaat und Betriebsstättenstaat konsequent auf die gesetzliche Neuregelung. Es erscheint erforderlich, dass der BFH den Tatbestand der neuen Entnahmeregelung im Einklang mit den internationalen Besteuerungsgrundsätzen auslegt und die Grundsätze seiner Rechtsprechung zur finalen Entnahmetheorie auch auf die neue Rechtslage anwendet. Inwieweit § 1 Abs. 5 AStG als Ersatznorm für eine Entstrickungsbesteuerung in Frage kommt, ist streitig.[250] Allerdings scheint die FinVerw. davon auszugehen, dass § 1 Abs. 5 AStG grundsätzlich auch auf Entstrickungstatbestände anwendbar ist.[251]

Es ist jedoch zu beachten, dass nicht jede Überführung eines Wirtschaftsguts in eine Betriebsstätte eine Besteuerng der vollen stillen Reserven auslöst. Nutzt die Betriebsstätte das Wirtschaftsgut als Mieter bzw. Leasingnehmer, kommt eine Entstrickungsbesteuerung nicht in Betracht, sofern nicht auch das wirtschaftliche Eigentum übergeht und das Wirtschaftsgut folglich der Betriebsstätte zuzurechnen ist.[252]

c) Sonderaspekte für die Nutzungsüberlassung von Wirtschaftsgütern zwischen Stammhaus und Betriebsstätte

119 Soweit die Überführung des Wirtschaftsgutes nicht zu einer steuerlichen Übertragung auf die ausländische Betriebsstätte führt, sondern das Wirtschaftsgut der Betriebsstätte lediglich zur Nutzung oder Verwertung überlassen wird, ist die Nutzungsüberlassung ebenfalls einer Entnahme für betriebsfremde Zwecke gleichgestellt, wenn hierdurch das deutsche Besteuerungsrecht an den Gewinnen aus der Nutzung ausgeschlossen oder beschränkt wird.[253] Betroffen hiervon sind Situationen in denen ein Wirtschaftsgut vorübergehend einer Betriebsstätte überlassen wird und es daher nicht zu einem Wechsel der Zuordnung des Wirtschaftsguts kommt.[254] Die Nutzungsüberlassung stellt in diesem Fall eine „Nutzungsentnahme" auf Ebene des Stammhauses dar, die mit dem gemeinen Wert gem. § 6 Abs. 1 Nr. 4 S. 1, 2. HS. EStG anzusetzen ist.

120 Der gesetzgeberische Hintergrund der Regelung besteht darin, dass die Zuordnung von Wirtschaftsgütern zu einer ausländischen Betriebsstätte unterbleibt, wenn diese nur vorübergehend überlassen werden und die Überlassung unter Fremden auf Grund eines Miet-, Pacht- oder ähnlichen Rechtsverhältnisses erfolgt wäre.[255]

---

[250] Vgl. *Schnitger* IStR 2012, 639 f.; *Kaeser* in Wassermeyer, MA Art. 7, Rz. 708.

[251] Vgl. die Begründung zu § 16 Abs. 1 BsGaV.

[252] Vgl. *Kaeser* in Wassermeyer, MA Art. 7, Rz. 708; *Wied* in Blümich, EStG, § 4, Rz. 488. Vgl. zu Abgrenzungsschwierigkeiten *Wassermeyer* IStR 2008, 176, 178.

[253] Vgl. *Rödder/Schumacher* DStR 2006, 1484.

[254] Vgl. *Wied* in Blümich, EStG, § 4, Rz. 488.

[255] Vgl. BR-Drs 542/06, 11.8.2006, 43 (Fn. 212).

Der Gesetzeswortlaut ließe den Schluss zu, dass die Nutzungsüberlassung **121** in ihren Rechtsfolgen mit der Überführung eines Wirtschaftsgutes gleichgestellt wird. Dies würde im Ergebnis zu einer Aufdeckung und Versteuerung der gesamten stillen Reserven des zur Nutzung überlassenen Wirtschaftsgutes führen.[256] Diese Rechtsfolge entspricht jedoch uE nicht dem Ziel der Regelung, da eine Sofortentstrickung der stillen Reserven des zur Nutzung überlassenen Wirtschaftsgutes im Zeitpunkt der Nutzungsüberlassung offensichtlich nicht gesetzgeberisch gewollt ist. Der Gesetzgeber wollte durch die tatbestandliche Erweiterung der Entnahmeregelung lediglich verhindern, dass die Rechtsfolgen des Entnahmetatbestandes durch Vereinbarung eines Miet-, Pacht- oder ähnlichen Rechtsverhältnisses vermieden werden können, weil eine Zuordnung von Wirtschaftsgütern zu einer ausländischen Betriebsstätte in diesen Fällen unterbleibt.[257] Die Nutzungsüberlassung an die ausländische Betriebsstätte kann jedoch nicht zu einem Ertrag führen, der sonst nur generiert würde, wenn das Wirtschaftsgut das Betriebsvermögen verlassen würde. Es erscheint deshalb sachgerecht, die Entnahme wertmäßig auf den Entnahmewert der Nutzungsüberlassung zu beschränken. Auch in ähnlichem Zusammenhang hat der Gesetzgeber klargestellt, dass eine Entnahme nicht notwendigerweise zu einer vollständigen Entstrickung führt, wenn das Wirtschaftsgut im Betriebsvermögen verbleibt. Für die Fälle der privaten KfZ-Nutzung ist bspw. gem. § 6 Abs. 1 Nr. 4 EStG klargestellt, dass eine Nutzungsentnahme nach dem privaten Nutzungswert erfolgt.

Die Nutzungsüberlassung ist uE mit einem verkehrsüblichen „gemeinen Wert" anzusetzen.[258] Auch wenn sich die Bewertungsregelung in § 9 BewG grundsätzlich nur auf Wirtschaftsgüter bezieht, ist die Regelung vor dem Hintergrund der ausgeführten Argumentation für die Fälle der Nutzungsentnahme entsprechend anwendbar. Eine darüber hinausgehende Einkünftekorrektur nach § 1 Abs. 5 AStG dürfte regelmäßig nicht in Betracht kommen, da der gemeine Wert weitgehend deckungsgleich mit dem Fremdvergleichspreis ist.[259]

d) Erbringung von Dienstleistungen

aa) Grundlagen

Anders als für die Überführung von Wirtschaftsgütern sowie die Nut- **122** zungsüberlassung von Wirtschaftsgütern zwischen Stammhaus und Betriebsstätte werden Dienstleistungen zwischen Stammhaus und Betriebsstätte nicht durch die Gewinnermittlungsvorschriften im EStG bzw. KStG erfasst, sondern durch die Einkünftekorrekturvorschriften im § 1 Abs. 5 AStG.

Danach ist für Dienstleistungen zwischen Stammhaus und Betriebsstätte **123** eine Besteuerung zum Fremdvergleichspreis einschließlich eines Gewinnaufschlags vorgesehen.

---

[256] Vgl. *Werra/Teiche* DB 2006, 1456, die wohl eine Entnahme befürworten.

[257] Vgl. BR-Drs 542/06, 11.8.2006, 43 (Fn. 212).

[258] Vgl. *Rödder/Schumacher* DStR 2006, 1484; *Stadler/Elser* BB 2006 (Special 8), 20 f.

[259] Vgl. BFH 23.2.2005, BStBl. II 2005, 882. Nur im Einzelfall dürfte der gemeine Wert vom Fremdvergleichspreis abweichen. Vgl. *Baldamus* IStR 2012, 317, 319; *Roth* in Grotherr, Handbuch der internationalen Steuerplanung, 85; *Kahle/Franke* IStR 2009, 406, 410; *Wassermeyer* IStR 2008, 176, 178.

Vor der Umsetzung des AOA in den Einkünftekorrekturvorschriften des § 1 Abs. 5 AStG folgte die FinVerw. dem Grundsatz, dass Dienstleistungen zwischen Stammhaus und Betriebsstätte als Innentransaktionen nicht dem Entgeltsprinzip unterworfen sind. Die Verrechnung von Fremdvergleichspreisen, Marktentgelten oder Gewinnaufschlägen für erbrachte Dienstleistungen kam daher grundsätzlich nicht in Betracht. Hiervon sollte nur dann eine Ausnahme gemacht werden, wenn es sich bei der Erbringung von Dienstleistungen um die Haupttätigkeit der Betriebsstätte handelte.[260]

Die Differenzierung zwischen Haupt- und Nebentätigkeiten warf enorme Abgrenzungsprobleme hervor und war in hohem Maße gestaltungsanfällig.[261] So hatte der Steuerpflichtigegrundsätzlich die Möglichkeit, eine Nebentätigkeit aus einer bestehenden in eine neugegründete Betriebsstätte auszulagern, um auf diese Weise bei letzterer eine Haupttätigkeit zu begründen.[262] Umgekehrt ließe sich durch Übernahme weiterer Aufgaben die Qualifizierung als Haupttätigkeit vermeiden. Die streitanfällige Unterscheidung zwischen Haupt- und Nebentätigkeit ist nach Grundsätzen des AOA hinfällig.

Die zentrale Vorschrift zur Umsetzung des AOA und damit zur Gewinnrealisierung nach Maßgabe des Fremdvergleichsgrundsatzes für Leistungsbeziehungen zwischen Stammhaus und Betriebsstätte findet sich in § 1 Abs. 5 AStG. Danach ist die Betriebsstätte für Geschäftsbeziehungen mit dem Stammhaus (sog. anzunehmende schuldrechtliche Beziehungen bzw. dealings), wie ein selbstständiges Unternehmen zu behandeln, das eigene Funktionen ausübt, selbst Wirtschaftsgüter besitzt oder nutzt und eigene Risiken trägt. Gem. § 16 Abs. 1 Nr. 2 BsGaV liegen solche anzunehmende schuldrechtliche Beziehungen insb. vor, wenn unabhängige Dritte die Beziehungen durch schuldrechtliche Vereinbarungen geregelt hätten. Nach § 16 Abs. 2 BsGaV sind für diese Innentransaktionen Fremdvergleichspreise anzusetzen. Es wird folglich nicht mehr zwischen Haupt- und Nebentätigkeiten unterschieden und die bisherigen Abgrenzungschwierigkeiten werden durch die einheitliche Handhabung von Innentransaktion vermieden. Der Ansatz von Fremdvergleichspreisen für Innentransaktionen gilt jedoch auch nach den Grundsätzen des AOA nicht ausnahmslos.

bb) Managementdienstleistungen

124   Bei der Erbringung von Managementdienstleistungen gelten die oben dargestellten Grundsäzte zur Anwendung des Fremdvergleichsgrundsatzes. Danach sind für solche Leistungen, für die unabhängige Dritte schuldrechtliche Beziehungen abgeschlossen hätten, Fremdvergleichspreise anzusetzen. Zu denken ist hier bspw. an die Übernahme der nach den lokalen Vorschriften zu erstellenden Betriebsstättenbuchführung durch das Stammhaus.

Allerdings existieren zwischen Stammhaus und Betriebsstätte auch Beziehungen, die für das Unternehmen als Ganzes anfallen und nicht durch einen bestimmten Betriebsteil hervorgerufen werden. Hier wird deutlich, dass die Betriebsstätte tatsächlich nicht selbständig ist und aus rechtlicher Perspektive bspw. keine eigene Geschäftsleitung benötigt. Für solche Beziehungen zwi-

---

[260] Vgl. zur bisherigen Auffassung der FinVerw. *Jacobs* Unternehmensbesteuerung 2011, 719.

[261] Vgl. *Strunk/Kaminski* IStR 2000, 39.

[262] Vgl. *Strunk/Kaminski* IStR 2000, 39.

schen Stammhaus und Betriebsstätte sind auch nach dem AOA grundsätzlich keine Fremdvergleichspreise anzusetzen. Vielmehr sind die Aufwendungen zwischen Stammhaus und Betriebsstätte über **verrechenbare Kosten** aufzuteilen.[263] Dies gilt insb. für die folgenden Innentransaktionen:[264]

– Tätigkeit von Geschäftsführung und Aufsichtsrat des Stammhauses,
– Aufwand für die rechtliche Organisation des Stammhauses/Unternehmens als Ganzes und
– Kosten der Stabstellen beim Stammhaus, insb. für Unternehmensplanung, Entscheidung und Koordinierung.

cc) Lizenzen

Werden immaterielle Wirtschaftsgüter, die dem Stammhaus zugeordnet **125** werden, durch eine Betriebsstätte genutzt (oder vice versa), handelt es sich um eine Innentransaktion in der Form einer Lizenz. Für ihre Überlassung ist grundsätzlich der Fremdvergleichspreis anzusetzen. Allerdings ist darauf zu achten, dass eine Vergütung nicht bereits in einer anderen Art und Weise verrechnet wurde, zB als Bestandteil in den Preisen für die zum Vertrieb überlassenden Waren.[265] Zudem sind die Einkünftekorrekturvorschriften des § 1 AStG nur subsidiär anzuwenden. Sofern die Nutzungsüberlassung eine „Nutzungsentnahme" auf Ebene des Stammhauses darstellt, ist diese bereits bei der Gewinnermittlung nach § 4 Abs. 1 S. 3 EStG mit dem gemeinen Wert gem. § 6 Abs. 1 Nr. 4 S. 1, 2. HS. EStG anzusetzen. Eine darüber hinausgehende Korrektur dürfte regelmäßig nicht in Betracht kommen, da der gemeine Wert weitgehend deckungsgleich mit dem Fremdvergleichspreis ist.[266]

dd) Fremdkapital

Im Bereich der Nutzung finanzieller Mittel des übrigen Unternehmens **126** durch die Betriebsstätte gilt nach § 16 Abs. 3 BsGaV eine eingeschränkte Selbständigkeitsfiktion. Es wird in diesem Fall grundsätzlich kein dealing angenommen, obwohl rechtlich selbständige Unternehmen ein schuldrechtliche Vereinbarung in der Form eines Darlehensvertrags abschließen würden. Eine Rückausnahme und damit ein dealing liegt nach § 17 BsGaV jedoch vor, sofern die Betriebsstätte eine Finanzierungsfunktion innerhalb des Unternehmens übernimmt. Inwieweit eine Ausnahme von der Selbständigkeitsfiktion für „Darlehensbeziehungen" tatsächlich gerechtfertigt ist, ist uE zweifelhaft.[267] Es führt insb. zu Inkonsistenzen und Abgrenzungsschwierigkeiten bei der Behandlung von Innentransaktionen zwischen Stammhaus und Betriebsstätte.

---

[263] Vgl. *Keaser* in Wassermeyer, MA Art. 7, Rz. 538, 576.

[264] Inwieweit überhaupt Innentransaktionen anzunehmen sind vgl. kritisch *Kaeser* in Wassermeyer, MA Art. 7, Rz. 538.

[265] Vgl. Betriebsstättenbericht 2010, Part I, Tz. 203; *Kaeser* in Wassermeyer, MA Art. 7, Rz. 570.

[266] Vgl. BFH 23.2.2005, BStBl. II 2005, 882. Nur im Einzelfall dürfte der gemeine Wert vom Fremdvergleichspreis abweichen. Vgl. *Baldamus* IStR 2012, 317, 319; *Roth* in Grotherr, Handbuch der internationalen Steuerplanung, 85; *Kahle/Franke* IStR 2009, 406, 410; *Wassermeyer* IStR 2008, 176, 178.

[267] Vgl. zur Rechtfertigung die Begründung zu § 16 Abs. 3 BsGaV.

ee) Sonstige Dealings

127   Für alle sonstigen dealings zwischen Stammhaus und Betriebsstätte ergeben sich im Grundsatz keine Besonderheiten. Nach dem AOA ist die Betriebsstätte für Geschäftsbeziehungen mit dem Stammhaus wie ein selbstständiges Unternehmen zu behandeln. Für Innentransaktionen zwischen Stammhaus und Betriebsstätte sind Fremdvergleichspreise anzusetzen.

128–195   *(einstweilen frei)*

II. Personengesellschaften

1. Besteuerungsgrundlagen[268]

196   Personengesellschaften selbst sind weder einkommen- noch körperschaftsteuerpflichtig (§ 1 EStG, §§ 1, 2 KStG). **Einkünfte** aus den hier behandelten gewerblich tätigen Personengesellschaften werden steuerlich gem. § 15 Abs. 1 S. 1 Nr. 2 EStG anteilig **bei den Gesellschaftern erfasst.** Unter diese sog. Mitunternehmereinkünfte fallen nach § 15 Abs. 1 S. 1 Nr. 2 EStG die Gewinnanteile und Sondervergütungen der Gesellschafter einer OHG, einer KG (einschließlich einer GmbH & Co. KG) und anderer Gesellschaften, bei denen der Gesellschafter als Mitunternehmer anzusehen ist (insb. einer GbR). Unter Sondervergütungen versteht man die Vergütungen, die der Gesellschafter von der Gesellschaft für seine Tätigkeit im Dienste der Gesellschaft, für die Hingabe von Darlehen oder für die Überlassung von Wirtschaftsgütern bezieht.

197   Die **Ermittlung der Mitunternehmereinkünfte,** dh des Gewinns des Mitunternehmers aus der Mitunternehmerschaft,[269] vollzieht sich in mehreren Stufen.

1. Der Gewinn oder Verlust der Personengesellschaft ist zunächst auf der Grundlage der Handelsbilanz der Gesellschaft zu ermitteln und nach den Regelungen des Gesellschaftsvertrages, ergänzend oder ersatzweise nach den Vorschriften des HGB und/oder BGB, auf die einzelnen Gesellschafter zu verteilen (handelsrechtliche Gewinnverteilung).

2. Danach sind zur Ermittlung des steuerbilanziellen Anteils des einzelnen Gesellschafters am Gesamtgewinn der Mitunternehmerschaft die die Maßgeblichkeit der Handelsbilanz durchbrechenden Vorschriften des Steuerrechts nach dem unter 1. angewandten Schlüssel zu berücksichtigen (zB Korrektur von steuerlich nicht anerkannten Abschreibungen). Es ergibt sich die Gewinnverteilung auf der Grundlage der Steuerbilanz der Gesellschaft.

3. In Ergänzungsbilanzen für die einzelnen Mitunternehmer sind Wertkorrekturen zu den Ansätzen der Steuerbilanz der Gesellschaft zu erfassen, die sich aus besonderen persönlichen Verhältnissen des einzelnen Mitunternehmers ergeben, und zwar bei entgeltlichem Erwerb eines Mitunternehmeranteils und bei Einbringung eines Betriebs, Teilbetriebs oder Mitunternehmeranteils in eine Personengesellschaft, ferner bei Inanspruch-

---

[268] Vgl. BMF 20.12.1977, BStBl. I 1978, 8.
[269] Vgl. BFH 26.1.1995, BStBl. II 1995, 589.

nahme personenbezogener Steuervergünstigungen. Der so ermittelte Gewinn(-anteil) gem. steuerlicher Gesamthandsbilanz entspricht § 15 Abs. 1 S. 1 Nr. 2 S. 1, 1. HS EStG und wird auch als Steuerbilanzgewinn erster Stufe der Gesellschaft bezeichnet.[270]

4. In einer weiteren Gewinnermittlungsstufe wird aus den Sonderbilanzen bzw. den Sondergewinn- und Verlustrechnungen der einzelnen Mitunternehmer der jeweilige Sonderbilanzgewinn ermittelt, der dem Gewinnanteil der ersten Stufe hinzuzurechnen ist. In den Sonderbilanzen bzw. Sondergewinn- und Verlustrechnungen werden Vergütungen erfasst, die der Mitunternehmer für seine Tätigkeit, die Hingabe eines Darlehens oder für die Überlassung von Wirtschaftsgütern für bzw. an die Gesellschaft erhält. In diesen Fällen werden die Wirtschaftsgüter, die zivilrechtlich einem Mitunternehmer gehören und der Personengesellschaft überlassen werden, in der Sonderbilanz des Mitunternehmers aktiviert und die mit ihnen zusammenhängenden Aufwendungen (zB Refinanzierungsaufwand) und Erträge (zB Miet- oder Zinseinnahmen), sonstige Sonderaufwendungen und -erträge des Mitunternehmers (Gewinn oder Verlust aus der Veräußerung eines Anteils) und die Sondererträge (Sondervergütungen) iSd § 15 Abs. 1 S. 1 Nr. 2 S. 1, 2. HS EStG in der Sondergewinn- und Verlustrechnung erfasst. Das Ergebnis aus dem Gewinnanteil erster Stufe und dem Sonderbilanzgewinn wird als Steuerbilanzgewinn zweiter Stufe bezeichnet.[271]

5. Zur Ermittlung der steuerpflichtigen Einkünfte des einzelnen Mitunternehmers sind zuletzt noch die sonstigen Hinzurechnungen und Kürzungen außerhalb der Steuerbilanz nach dem unter 1. verwendeten Schlüssel zu berücksichtigen (zB nichtabziehbare Betriebsausgaben gem. § 4 Abs. 5 EStG).

2. Leistungsbeziehungen zwischen Gesellschaft und Gesellschafter oder umgekehrt

a) Grundlagen der steuerlichen Behandlung

Zivilrechtlich kann der Personengesellschafter mit seiner Gesellschaft Verträge abschließen (vgl. zB § 124 HGB). Als Beispiele seien Kaufverträge, Dienstverträge, Darlehensverträge, Miet- und Pachtverträge angeführt. **198**

In der **Handelsbilanz,** die Grundlage für die steuerliche Gewinnermittlung **199** der Gesellschaft ist, sind die Verbindlichkeiten und Forderungen aus schuldrechtlichen Verhältnissen zwischen der Gesellschaft und den Gesellschaftern in derselben Weise wie solche aus Verträgen der Gesellschaft mit Dritten auszuweisen. Gleiches gilt für die handelsrechtliche Gewinn- und Verlustrechnung bzgl. der sich aus den Vertragsbeziehungen ergebenden Aufwendungen und Erträge.

Entscheidend für die **steuerliche Anerkennung** schuldrechtlicher Beziehungen ist, inwieweit eine Personengesellschaft aufgrund einer eigenen Steuerrechtsfähigkeit als Steuerpflichtige angesehen werden kann. Natürliche Personen sind gem. § 1 EStG einkommensteuerpflichtig, juristische Personen gem. §§ 1 f. KStG körperschaftsteuerpflichtig. Personengesellschaften sind jedoch nicht selbst einkommen- oder körperschaftsteuerpflichtig. Folglich sind sie kei- **200**

---

[270] Vgl. BFH 13.10.1998, BStBl. II 1999, 163.
[271] Vgl. BFH 8.1.1975, BStBl. II 1975, 437.

ne Steuerpflichtigen iSd beiden Steuergesetze.[272] Trotzdem hat der GrS des BFH entschieden, dass eine Personengesellschaft für die Anwendung der Einkommensteuer oder der Körperschaftsteuer insoweit als Steuerrechtssubjekt gilt, als sie in der Einheit ihrer Gesellschafter Merkmale eines Besteuerungstatbestandes verwirklicht, die den Gesellschaftern für deren Besteuerung zuzurechnen sind.[273] Ihr kommt also insoweit eine partielle Steuerrechtssubjektqualität zu, als sie Subjekt der Gewinnerzielung, Gewinnermittlung und Einkünftequalifikation ist.[274] Eine Personengesellschaft ist demnach zwar nur partiell steuerrechtsfähig, kann aber, anders als im Verhältnis zwischen Stammhaus und Betriebsstätte, mit ihrem Gesellschafter schuldrechtliche, steuerrechtlich anerkannte Verträge abschließen.[275]

b) Entgeltliche Veräußerungsgeschäfte

201   Personengesellschaft und Gesellschafter werden aufgrund der partiellen Steuerrechtsfähigkeit der Personengesellschaft für den Bereich der entgeltlichen Veräußerungsgeschäfte so behandelt, **als ob** voneinander **rechtlich unabhängige Personen** miteinander schuldrechtliche Verträge abschließen würden. Verkauft eine Personengesellschaft entgeltlich ein Wirtschaftsgut an einen Gesellschafter, ist dies daher wie ein Veräußerungsgeschäft zwischen der Gesellschaft und einem Dritten zu beurteilen.[276] Folglich ist ein angemessener Gewinnaufschlag bzw. **Fremdvergleichspreis** zwischen Personengesellschaft und Gesellschafter anzusetzen.

Das Gleiche gilt für den umgekehrten Vorgang, bei dem der Gesellschafter ein Wirtschaftsgut entgeltlich an die Gesellschaft veräußert.[277]

202   Verkauft die Gesellschaft ein Wirtschaftsgut an den Gesellschafter und **übersteigt der** vereinbarte **Kaufpreis den Fremdvergleichspreis,** also das Entgelt, das ein Dritter der Gesellschaft bezahlen würde, liegt steuerlich bzgl. des Mehrbetrages grundsätzlich eine Einlage vor. Veräußert im umgekehrten Fall ein Gesellschafter der Gesellschaft ein Wirtschaftsgut und übersteigt hierbei der Kaufpreis das Entgelt, das die Gesellschaft einem Dritten zahlen würde, ist der Mehrbetrag grundsätzlich als Entnahme zu qualifizieren.

203   Es bleibt jedoch die Frage, ob Gesellschafter und Gesellschaft bei Veräußerungen zur **Gewinnrealisierung** gezwungen sind oder ob auch die Veräußerung zum Buchwert steuerlich anerkannt wird.

Sofern die veräußerten Wirtschaftsgüter beim Gesellschafter **Privatvermögen** sind oder werden, ist zweifelsfrei davon auszugehen, dass Fremdvergleichspreise anzusetzen und stille Reserven aufzulösen sind.

---

[272] Vgl. BFH 25.6.1984, BStBl. II 1984, 751.

[273] Vgl. BFH 25.6.1984, BStBl. II 1984, 751; 26.1.1988, BStBl. II 1988, 577; 12.11.1985, BStBl. II 1986, 311; 2.9.1985, BStBl. II 1986, 10; 20.3.1984, BStBl. II 1984, 487; 24.3.1983, BStBl. II 1983, 598; 19.1.1982, BStBl. II 1982, 456; 10.11.1980, BStBl. II 1981, 164; 8.1.1975, BStBl. II 1975, 437.

[274] Vgl. BFH 3.7.1995, BStBl. II 1995, 617; 25.2.1991, BStBl. II 1991, 691.

[275] Vgl. BFH 20.2.2003, BStBl. II 2003, 700.

[276] Vgl. BFH 20.2.2003, BStBl. II 2003, 700; 28.1.1976, BStBl. II 1976, 744.

[277] Vgl. BFH 21.10.1976, BStBl. II 1977, 145; 31.3.1977, BStBl. II 1977, 415; 28.1.1976, BStBl. II 1976, 744.

Problematisch ist die Frage dagegen, wenn ein Mitunternehmer Wirtschaftsgüter aus einem **Betriebsvermögen** an das Gesamthandsvermögen der Mitunternehmerschaft veräußert (und umgekehrt) oder wenn er Wirtschaftsgüter aus dem Sonderbetriebsvermögen an das Gesamthandvermögen veräußert (und umgekehrt). In diesen Fällen, die sich zwischen einem (Sonder-) Betriebsvermögen des Mitunternehmers und der Gesamthand abspielen, stellt sich die Frage, ob § 6 Abs. 5 S. 3 EStG dahingehend auszulegen ist, dass zu Buchwerten zu übertragen ist.[278]

Unseres Erachtens ist eine solche Auslegung von § 6 Abs. 5 S. 3 EStG jedoch abzulehnen, da die Regelung nur auf rein gesellschaftsrechtliche Vorgänge, nicht aber auf Geschäfte, bei denen eine schuldrechtliche Gegenleistung erbracht wird, anzuwenden ist.[279] Daher ist auch in diesen Fällen der Grundsatz anzuwenden, dass Veräußerungen zwischen Mitunternehmer und Personengesellschaft zu Fremdvergleichspreisen erfolgen müssen und damit zwingend die Auflösung stiller Reserven zur Folge haben. Sollte ein solches Veräußerungsgeschäft jedoch nicht zum Fremdvergleichspreis, sondern einem geringeren Wert ausgestaltet werden, so sind hierauf uE die für teilentgeltliche Geschäfte geltenden Grundsätze anzuwenden.[280] Die Folge hieraus ist die teilweise Aufdeckung stiller Reserven.[281] Die Auffassung, dass bspw. auch eine Veräußerung zum Buchwert (ohne Auflösung stiller Reserven) möglich ist,[282] lässt sich in diesen Fällen uE nicht überzeugend begründen.[283]

Durch die Neuregelung von § 1 AStG in der Fassung des Unternehmensteuerreformgesetzes 2008[284] hat der Gesetzgeber klargestellt, dass eine Einkünftekorrektur für grenzüberschreitende Sachverhalte unter Anwendung des Fremdvergleichsgrundsatzes vorzunehmen ist, wenn dieser zu weitergehenden Berichtigungen als andere steuerliche Korrekturnormen führt. Auch nach der Kodifizierung des AOA in § 1 Abs. 5 AStG richten sich Korrekturen im Verhältnis zwischen Gesellschafter und Personengesellschaft bzw. Mitunternehmer und Mitunternehmerschaft – wie bisher – nach § 1 Abs. 1 AStG. Dies ist in § 1 Abs. 5 S. 7 AStG ausdrücklich geregelt und entspricht dem von der OECD anerkannten Grundsatz, dass der AOA lediglich auf anzunehmende schuldrechtliche Beziehungen zu rechtlich unselbständigen Betriebsstätten anzuwenden ist, nicht jedoch auf zivilrechtlich anerkannte Vertragsbeziehungen zu Personengesellschaften.[285]

204

---

[278] Vgl. *Düll/Fuhrmann/Eberhard* DStR 2000, 1715.

[279] Vgl. *van Lishaut* DB 2000, 1785.

[280] Vgl. auch *van Lishaut* DB 2000, 1786; vgl. *Brandenberg* FR 2000, 1185.

[281] Vgl. BMF 8.12.2011, BStBl. I 2011, 1279, Tz. 15.

[282] Vgl. *Düll/Fuhrmann/Eberhard* DStR 2000, 1715.

[283] So aber BFH 19.9.2012, DStR 2012, 2051 für die teilentgeltliche Übertragung eines Wirtschaftsguts des Sonderbetriebsvermögens in das Gesamthandsvermögen einer Personengesellschaft. Kritisch hierzu *Vees* DStR 2013, 681. Inwieweit diese Grundsätze über den entschiedenen Fall hinaus anwendbar sind, ist strittig. Vgl. *Kulosa* in Schmidt, § 6 Rn. 697. Die FinVerw. wendet die genannte Rechtsprechung im Hinblick auf das noch anhängige Revisionsverfahren X R 28/12 nicht an, vgl. Nichtanwendungserlass BMF BStBl. I 2013, 1164.

[284] Vgl. BGBl. I 2007, 1912.

[285] Vgl. BR-Drs. 302/12, 107. S. auch *Pohl* in Blümich, § 1 AStG Rn. 204.

Da die Einkünftekorrekturvorschrift des § 1 AStG ausschließlich Auslandssachverhalte betrifft, während Inlandssachverhalte alleine anhand der Entnahmevorschrift des § 4 Abs. 1 EStG zu beurteilen sind, kann die gegenwärtige Gesetzeslage bei niedrigeren Teilwerten zu einer Ungleichbehandlung von inländischen und ausländischen Geschäftsbeziehungen führen.[286] Entnahmen sind in reinen Inlandsfällen mit dem Teilwert anzusetzen (§ 4 Abs. 1 EStG iVm § 6 Abs. 1 Nr. 1 S. 3 und § 6 Abs. 1 Nr. 4 S. 1, 1. HS EStG). Zwar sind Fälle denkbar, bei denen der Teilwert höher als der Fremdvergleichswert ist. Hierbei wäre bspw. an Werbemittel wie Kataloge oder Werbegeschenke zu denken, die nicht zur Veräußerung bestimmt sind. Typischerweise wird der nach § 1 AStG zu berücksichtigende Fremdvergleichspreis aber höher zu bemessen sein, weil er bereits eine Gewinnkomponente umfasst. Da ein Erwerber des Betriebs der Personengesellschaft eine solche Gewinnkomponente für einzelne Wirtschaftsgüter im Gesamtkaufpreis nicht entgelten würde, weil er beabsichtigen würde, gerade diese Gewinnaufschläge später am Markt zu realisieren, bilden die Wiederbeschaffungs- bzw. Herstellungskosten die Obergrenze des Teilwertes.[287] Hierin liegt uE ein Verstoß gegen die Niederlassungs- und Kapitalverkehrsfreiheit innerhalb der EU.[288] Obwohl der BFH bereits in seinem richtungsweisenden Beschluss v. 21.6.2001[289] ernste Zweifel geäußert hat, ob § 1 Abs. 1 AStG mit dem Gemeinschaftsrecht vereinbar ist, hatte der EuGH jedoch bislang keine Gelegenheit, sich zur Vereinbarkeit des § 1 Abs. 1 AStG mit dem Gemeinschaftsrecht zu äußern.

205   Die Problematik zeigt, dass das Verhältnis zwischen § 1 AStG und anderen Korrekturvorschriften auch in Zukunft von praktischer Bedeutung bleiben wird.[290] Unseres Erachtens hätte es nahe gelegen, durch Angleichung der Wertmaßstäbe in § 1 AStG und § 4 Abs. 1 EStG eine abschließende Vereinheitlichung auch iSd Fremdvergleichsgrundsatzes herbeizuführen. Der Gesetzgeber hat durch die Regelung in § 1 AStG jedoch indirekt auf eine Angleichung der Wertmaßstäbe verzichtet, indem er gesetzlich anerkannt und billigend in Kauf genommen hat, dass eine Korrektur gem. § 1 AStG zu weitergehenden Berichtigungen als andere steuerliche Korrekturnormen führen kann.

c) Unentgeltliche Übertragung von Wirtschaftsgütern

206   Überträgt die **Gesellschaft** ein Wirtschaftsgut des Gesamthandsvermögens unentgeltlich **auf einen Gesellschafter,** so liegt eine Entnahme vor, wenn das Wirtschaftsgut bei dem Gesellschafter Privatvermögen wird. Die Entnahme ist mit dem Teilwert zu bewerten und führt so zur Gewinnrealisierung. Wird das unentgeltlich übertragene Wirtschaftsgut beim Gesellschafter Sonderbetriebsvermögen, so muss der Gesellschafter das Wirtschaftsgut mit dem bisherigen Buchwert ansetzen.[291] Wird das übertragene Wirtschaftsgut beim Gesellschafter Betriebsvermögen eines anderen Gewerbebetriebs, gilt dies analog.

---

[286] Vgl. *Wassermeyer* IStR 1998, 243; *Wassermeyer* IStR 2001, 633.
[287] Vgl. *Wassermeyer* IStR 1998, 243; *Wassermeyer* IStR 2001, 633.
[288] Vgl. *Borstell/Brüninghaus/Dworaczek* IStR 2001, 757.
[289] Vgl. BFH 21.6.2001, IStR 2001, 509.
[290] Vgl. auch *Bernhardt/van der Ham/Kluge* IStR 2007, 718.
[291] Vgl. § 6 Abs. 5 S. 3 EStG.

Überträgt **der Gesellschafter** ein Wirtschaftsgut unentgeltlich **auf die Gesellschaft,** so liegt bei der Gesellschaft eine nach § 6 Abs. 1 Nr. 5 EStG zu bewertende Einlage vor. Bewertungsmaßstab ist grundsätzlich der Teilwert. Handelt es sich bei dem übertragenen Wirtschaftsgut jedoch um Sonderbetriebsvermögen oder anderes Betriebsvermögen des Gesellschafters, so ist auf eine Gewinnrealisierung beim Gesellschafter zu verzichten.[292]

Wenn **ein Gesellschafter** ein Wirtschaftsgut seines Sonderbetriebsvermö-   **207** gens unentgeltlich auf eine andere Person überträgt, liegt grundsätzlich eine zur Gewinnrealisierung führende Entnahme vor. Sofern das Wirtschaftsgut jedoch **auf einen anderen Gesellschafter** derselben Mitunternehmerschaft übertragen und bei diesem ebenfalls Sonderbetriebsvermögen wird (Übertragung vom Sonderbetriebsvermögen in ein anderes Sonderbetriebsvermögen derselben Mitunternehmerschaft), so ist nach § 6 Abs. 5 S. 3 EStG ebenfalls zwingend der Buchwert fortzuführen; zu einer Gewinnrealisierung kommt es nicht.[293]

Die Überführung eines Wirtschaftsguts in eine ausländische Personenge-   **208** sellschaft ist zu behandeln wie die Überführung in eine ausländische Betriebsstätte. Das Wirtschaftsgut ist deshalb gem. § 6 Abs. 1 Nr. 4 S. 1, HS 2 EStG mit dem gemeinen Wert anzusetzen. Dies gilt auch für die Überführung in das Sonderbetriebsvermögen des Mitunternehmers bei der ausländischen Personengesellschaft.

Ausweislich der Gesetzesbegründung soll in diesen Fällen kein Ausgleichsposten gem. § 4g Abs. 1 EStG gebildet werden dürfen.[294] Die Überführung resultiert deshalb in jedem Fall in einer ungemilderten Sofortversteuerung der stillen Reserven und führt daher zu den bereits dargelegten gemeinschaftsrechtlichen Bedenken.[295]

d) Einbringung und unentgeltliche Übertragung eines Betriebs, Teilbetriebs oder Mitunternehmeranteils

Wenn der Gesellschafter einen Betrieb, einen Teilbetrieb oder einen Mit-   **209** unternehmeranteil in die Personengesellschaft einbringt und er Mitunternehmer der Gesellschaft wird, ist § 24 UmwStG anzuwenden. Hiernach hat die Personengesellschaft das eingebrachte Betriebsvermögen in ihrer Bilanz einschließlich Ergänzungsbilanzen der Gesellschafter grundsätzlich mit dem gemeinen Wert anzusetzen(§ 24 Abs. 2 S. 1 UmwStG). Der Buchwertansatz oder der Ansatz eines Zwischenwertes ist auf Antrag möglich, soweit das Recht Deutschlands hinsichtlich der Besteuerung des eingebrachten Betriebsvermögens nicht ausgeschlossen oder beschränkt wird (§ 24 Abs. 2 S. 2 UmwStG). Der hierzu erforderliche Antrag ist bis zur erstmaligen Abgabe der steuerlichen Schlussbilanz bei dem für die Besteuerung der übernehmenden Gesellschaft zuständigen Finanzamt zu stellen (§ 24 Abs. 2 S. 3 UmwStG iVm § 20 Abs. 2 S. 3 UmwStG).

Wird ein Betrieb, Teilbetrieb oder Mitunternehmeranteil dagegen unentgeltlich auf eine inländische Personengesellschaft übertragen, so hat diese

---

[292] Vgl. § 6 Abs. 5 S. 3 EStG.
[293] Vgl. auch BFH 28.8.1974, BStBl. II 1975, 166.
[294] Vgl. BT-Drucks. 16/2710, S. 57; BT-Drucks. 16/3369, S. 5. Vgl. auch *Benecke/ Schnitger* IStR 2007, 23; *Heinicke* in Schmidt, § 4g EStG Rn. 2.
[295] Vgl. Rn. 117.

nach § 6 Abs. 3 EStG zwingend die Buchwerte des Übertragenden anzusetzen.

e) Tätigkeitsvergütungen, Darlehenshingabe und Überlassung von Wirtschaftsgütern

210   Trotz der BFH-Rechtsprechung zur steuerlichen Teilrechtsfähigkeit von Personengesellschaften[296] geht die partielle Steuerrechtsfähigkeit der Personengesellschaft nicht so weit, dass sich auch in den Bereichen der Tätigkeiten, Dienstleistungen, Darlehensvergabe und Überlassung von Wirtschaftsgütern **durch den Gesellschafter an die Gesellschaft** Rechtsfolgen wie zwischen Dritten ergeben. Das zeigt sich an § 15 Abs. 1 S. 1 Nr. 2 EStG in Bezug auf die Sondervergütungen.

Gem. § 15 Abs. 1 S. 1 Nr. 2 S. 1 2. HS EStG sind alle Vergütungen dem steuerlichen Gesamthandsgewinn als **Sondervergütungen** wieder hinzuzurechnen, die der Gesellschafter von der Gesellschaft für seine Tätigkeit im Dienste der Gesellschaft, für die Vergabe von Darlehen oder für die Überlassung von Wirtschaftsgütern bezogen hat. Die Auslegung des Gesetzeswortlauts verlangt, jegliche Vergütung der Gesellschaft an den Gesellschafter für eine der oben genannten Leistungen als Sondervergütung anzusetzen.

Es ist demnach zwischen Vergütungen zu unterscheiden, die von § 15 Abs. 1 S. 1 Nr. 2 S. 1, 2. HS EStG erfasst werden, und solchen, bei denen dies nicht der Fall ist.[297] Im ersten Fall handelt der Gesellschafter (**„gesellschaftsrechtlich"**) als Mitunternehmer seiner Gesellschaft, ist daher Gewerbetreibender und hat gewerbliche Einkünfte („Sondervergütungen"). Im zweiten Fall handelt der Gesellschafter (**„schuldrechtlich"**) wie ein fremder Dritter, wodurch sich die Qualifikation der Einkunftsart allein nach der Art der von ihm verrichteten Tätigkeit gem. §§ 15, 18, 19, 20 oder 21 EStG richtet.[298]

211   Jedoch hat der **Bundesfinanzhof** bislang das Beweisproblem der Unterscheidung zwischen Sondervergütungen für Leistungen aufgrund des Gesellschaftsverhältnisses einerseits und für Leistungen aufgrund eines Drittverhältnisses (schuldrechtlicher Vertrag) andererseits **nicht eindeutig** lösen können. Nach der Rechtsprechung des I. Senats des BFH gehören zu den Sondervergütungen auch solche Vergütungen, die zwar zivilrechtlich auf einem schuldrechtlichen Vertrag beruhen, aber der Sache nach der Verwirklichung des Gesellschaftszwecks **dienen** und insb. bei wirtschaftlicher Betrachtung als Beitrag zur Erreichung und Verwirklichung des Gesellschaftszwecks anzusehen sind.[299] Der IV. Senat des BFH nimmt jedoch an, dass § 15 Abs. 1 S. 1 Nr. 2 EStG vorrangig bezwecke, die Einordnung nach dem wählbaren Schuldgrund (Gesellschaftsverhältnis oder Schuld- bzw. sog. Drittverhältnis) entbehrlich zu machen.[300] § 15 Abs. 1 S. 1 Nr. 2 EStG erfasst danach Vergü-

---

[296] Vgl. Rn. 200.

[297] Vgl. BFH 23.5.1979, BStBl. II 1979, 757; 23.5.1979, BStBl. II 1979, 763; 23.5.1979, BStBl. II 1979, 767.

[298] Vgl. zB auch bei Veräußerungsgeschäften Rn. 201 ff.

[299] Vgl. BFH 23.5.1979, BStBl. II 1979, 757; 23.5.1979, BStBl. II 1979, 763; 23.5.1979, BStBl. II 1979, 767; 27.5.1981, BStBl. II 1982, 192.

[300] Vgl. zB BFH 24.1.1980, BStBl. II 1980, 269.

tungen für alle Leistungen, von denen vorstellbar ist, dass sie auch Gegenstand einer gesellschaftsrechtlichen Beitragspflicht sein **könnten.** Dies schließt lediglich Vergütungen für Leistungen aus, bei denen die Gesellschaftereigenschaft des Leistenden und die Leistungen nur zufällig zusammentreffen. Vor allem, wenn man der finalen Auslegung des I. Senats folgt, ist im Einzelfall zu prüfen, ob Vergütungen Entgelt für Leistungen des Gesellschafters sind, die zur Förderung des Gesellschaftszwecks erbracht werden, oder ob ein Drittverhältnis bzw. ein schuldrechtlicher Vertrag vorliegt. Diese Entscheidung kann nur unter Würdigung der rechtlichen und tatsächlichen Verhältnisse des Einzelfalls getroffen werden.

Liegen **Sondervergütungen** vor, gelten diese als gewerbliche Einkünfte 212 des Gesellschafters iSv § 15 EStG. Daher benötigt man auch **keine Einkunftskorrekturen,** falls die Sondervergütungen den Fremdvergleichsmaßstab übersteigen. Wird im Einzelfall festgestellt, dass **keine Sondervergütung** vorliegt, sondern nur ein Entgelt aufgrund eines schuldrechtlichen Vertrags, ist zu prüfen, ob der (Verrechnungs-)Preis, den die Gesellschaft dem Gesellschafter vergütet hat, der Höhe nach anzuerkennen ist. Überhöhte Beträge stellen einen verdeckten Gewinnanteil dar und müssen demnach als Entnahme behandelt werden. Unangemessen geringe Entgelte führen in Höhe der Differenz zu den angemessenen Entgelten grundsätzlich zu Einlagen (sofern einlagefähig).

§ 15 Abs. 1 S. 1 Nr. 2 EStG betrifft nicht die **Leistungen der Gesell-** 213 **schaft an die Gesellschafter.** Werden derartige Leistungen (Dienstleistungen, Darlehen, Miete, Lizenzen) der Gesellschaft dem Gesellschafter zu unangemessen niedrigen (Verrechnungs-)Preisen zur Verfügung gestellt, liegen (immer) Entnahmen vor, bei unangemessen hohen Vergütungen Einlagen (sofern es sich nicht um nicht einlagefähige Nutzungsvorteile handelt).

3. Außensteuerrecht: Nicht-DBA-Fall

Das im deutschen Steuerrecht verwirklichte **Mitunternehmerkonzept** 214 gilt gleichermaßen für nach inländischem wie für nach ausländischem Recht errichtete Personengesellschaften,[301] soweit der deutsche Besteuerungszugriff betroffen und die ausländische Gesellschaft auf Grundlage des sog. Typenvergleichs[302] ihrer tatsächlichen Struktur nach einer deutschen Personengesellschaft vergleichbar ist. Gewerbliche Personengesellschaften vermitteln jedem einzelnen Gesellschafter über dessen Anteil an der Gesellschaft fiktiv eine Betriebsstätte[303] an jedem Ort, an dem die Personengesellschaft ihre Geschäftsleitung oder eine andere Betriebsstätte unterhält.

---

[301] Zur Anwendbarkeit auf ausländische Personengesellschaften vgl. BFH 3.2.1988, BStBl. II 1988, 588; 17.7.1968, BStBl. II 1968, 695; *Wassermeyer* in Wassermeyer/ Andresen/Ditz, Betriebsstättenhandbuch, Kap. 7, Rz. 7.2; *Schröder* StBp 1989, 25 ff.

[302] Vgl. RFH 12.2.1930, RFHE 27, 13 („Venezuela-Urteil"); BFH 23.6.1992, BStBl. II 1992, 972; BMF 24.12.1999, BStBl. I 1999, 1076 Rz. 1.1.5.2.; *Pyszka/ Brauer* Ausländische Personengesellschaften im Unternehmenssteuerrecht, Rz. 22 ff.; Verfügung der OFD Frankfurt am Main vom 16.12.2005.

[303] Vgl. BFH 9.8.2006, BFH/NV 2006, 2326; 27.2.1991, BStBl. II 1991, 444; 17.10.1990, BStBl. II 1991, 211; 29.1.1964, BStBl. III 1964, 165.

215   Gesellschafter einer inländischen gewerblichen Personengesellschaft, die im Ausland ansässig sind, haben gem. § 49 Abs. 1 Nr. 2a EStG iVm § 12 S. 2 Nr. 1 AO inländische gewerbliche Betriebsstätteneinkünfte, die der beschränkten Steuerpflicht unterliegen. Unbeschränkt steuerpflichtige Gesellschafter einer ausländischen Personengesellschaft haben gem. § 34d Nr. 2a EStG iVm § 12 S. 2 Nr. 1 AO ausländische gewerbliche Betriebsstätteneinkünfte. Das deutsche Außensteuerrecht behandelt unter diesen Voraussetzungen die Beteiligung an einer Personengesellschaft fiktiv als Betriebsstätte des Personengesellschafters.[304]

Voraussetzung für die Qualifikation als Betriebsstätte ist in beiden Fällen, dass die Tätigkeit der Personengesellschaft die Betriebsstätteneigenschaften erfüllt (§ 12 AO). Soweit die Personengesellschaft neben dem Ort ihrer Geschäftsleitung noch weitere Betriebsstätten unterhält, sind diesen Betriebsstätten Einnahmen und Aufwendungen nach dem AOA zuzurechnen.[305]

216   Die Tatsache, dass das nationale Außensteuerrecht für Zwecke der Ertragsbesteuerung fingiert, dass der Gesellschafter immer und überall dort eine Betriebsstätte hat, wo die Personengesellschaft eine solche unterhält, führt jedoch nicht dazu, dass Verrechnungspreise zwischen Personengesellschaft und Gesellschafter primär am Erwirtschaftungs- und Verwirtschaftungsprinzip bzw. dem Ertrags- und Aufwandszuordnungsprinzip auszurichten sind.[306] Vielmehr handeln mit Personengesellschaft und Gesellschafter zivilrechtlich insoweit selbstständige Personen.[307] Die **Verrechnungspreise** sind nach dem **Fremdvergleichsmaßstab** anzusetzen.[308] Dies gilt unabhängig davon, dass Überführungen von Wirtschaftsgütern zwischen dem Stammhaus der Personengesellschaft und ihrer Betriebsstätte, also innerhalb des Unternehmens, grundsätzlich wieder dem Erwirtschaftungs- und Verwirtschaftungsprinzip bzw. dem Grundsatz der Aufwands- und Ertragszuordnung unterliegen.[309]

4. Außensteuerrecht: DBA-Fall

217   Die DBA beschränken das Besteuerungsrecht der nationalen Finanzbehörden durch die Verteilung des Steuergutes zwischen Wohnsitzstaat und Quellenstaat.[310] Methodisch beschränken dabei die sog. Verteilungsnormen der Art. 6–21 OECD-MA das Besteuerungsrecht des Quellenstaates, während über Art. 23 A, B OECD-MA der Ansässigkeitsstaat zur Freistellung der bezogenen Einkünfte bzw. Anrechnung der entrichteten Steuern verpflichtet wird. Die typisierende Einordnung von **Einkommensquellen** in den Art. 6–21 des OECD-MA deckt sich aber nicht mit der Einkunftsartenzuordnung nach innerstaatlichem Steuerrecht gem. §§ 13–24 EStG iVm § 2 Abs. 1 S. 2 EStG. Auch enthält das OECD-MA keine speziellen Regelungen über die Einkünfte, die von einer Personengesellschaft bezogen werden. Die

---

[304] Vgl. BFH 18.12.2002, BFH/NV 2003, 964.
[305] Vgl. BFH 20.7.1988, BStBl. II 1989, 140.
[306] Vgl. dazu Rn. 66.
[307] Vgl. Rn. 198 ff.
[308] Vgl. auch BMF, Betriebsstättenerlass, Tz. 2.6.4.
[309] Vgl. Rn. 66.
[310] Vgl. Art. 6–22 OECD-MA 2010.

Behandlung von Personengesellschaften im internationalen Steuerrecht ist im Einzelnen strittig. Die FinVerw. hat die von ihr vertretenen Grundsätze der internationalen Besteuerung von Personengesellschaften zuletzt mit Schreiben des Bundesfinanzministeriums vom 16. April 2010[311] zusammengefasst. Einen Entwurf für die geplante Aktualisierung des Schreibens hat das BMF im November 2013 veröffentlicht.[312]

a) Unternehmensgewinne

Die Einkünftezuordnung der DBA ist unmittelbar mit der **Subjektquali-** **218** **fikation der Personengesellschaft** verbunden, dh mit der Frage, ob sie Person iSv Art. 1 und 4 OECD-MA und damit abkommensberechtigt ist, da nur abkommensberechtigte Personen Zuordnungssubjekt für abkommensrechtliche Einkünfte sein können. Wird die Personengesellschaft von beiden Vertragsstaaten als selbstständiges Steuersubjekt und somit als Gesellschaft gem. Art. 3 Abs. 1 Buchst. b OECD-MA und als Person iSv Art. 1 und 4 OECD-MA anerkannt, erzielt sie selbst Unternehmensgewinne gem. Art. 7 OECD-MA und ihre Gesellschafter beziehen im Fall der Ausschüttung Dividendeneinkünfte, die unter Art. 10 OECD-MA fallen.[313] Dem Quellenstaat verbleibt in diesem Fall idR ein begrenztes Quellenbesteuerungsrecht (Art. 10 Abs. 2 Buchst. a, b OECD-MA), während der Wohnsitzstaat die entrichtete Quellensteuer auf die inländische Steuer anrechnen wird (Art. 23 A Abs. 2 OECD-MA).

Sobald die Personengesellschaft übereinstimmend von Quellen- und Gesellschafterwohnsitzstaat nicht als selbstständiges Steuersubjekt qualifiziert wird und damit nicht abkommensberechtigt ist, erzielen die Gesellschafter als die das Unternehmen betreibenden abkommensberechtigten Personen über eine fingierte Betriebsstätte Unternehmensgewinne, die unter Art. 7 OECD-MA erfasst werden.[314] Der letzte Fall tritt regelmäßig bei der Beurteilung von Personengesellschaften nach deutschem Recht auf, da die Personengesellschaft nach deutschem Steuerrecht nur eine partielle Steuerrechtsfähigkeit besitzt.

Besondere Probleme bei der abkommensrechtlichen Behandlung von Un- **219** ternehmensgewinnen aus Personengesellschaften können regelmäßig auftreten, wenn die Gesellschaft in Quellen- und Gesellschafterwohnsitzstaat für steuerliche Zwecke uneinheitlich qualifiziert wird, da die abkommensrechtliche Einordnung der Unternehmensgewinne besonders in diesen Fällen sehr uneinheitlich beantwortet wird.[315]

---

[311] BMF 16.4.2010, Gz.: IV B 2 – S 1300/09/10003.

[312] http://www.bundesfinanzministerium.de/Content/DE/Downloads/BMF_ Schreiben/Internationales_Steuerrecht/Allgemeine_Informationen/2013-11-05- anwendung-dba-personengesellschaften-entwurf.pdf?__blob=publicationFile&v=2. Vgl. zu diesem Entwurf etwa *Sonnleitner/Winkelhog* BB 2014, 473 ff.

[313] Vgl. Kommentar zum OECD-MA 2010 Art. 10, Tz. 27; *Vogel/Lehner* Art. 10, Rn. 190.

[314] Vgl. BFH 17.10.1990, BStBl. II 1991, 211; *Vogel/Lehner* Art. 10, Rn. 190; *Vogel/ Lehner* Art. 7, Rn. 37.

[315] Vgl. *Vogel/Lehner* Art. 1, Rn. 30 ff.; *Wassermeyer* in Debatin/Wassermeyer, MA Art. 1, Rz. 27 ff. mwN.

Qualifiziert der ausländische Vertrags- und Sitzstaat die Personengesellschaft als selbstständiges Steuersubjekt, erzielt die Personengesellschaft uE Unternehmensgewinne, und bei Ausschüttung beziehen die Gesellschafter Dividendeneinkünfte.[316] Die in Deutschland ansässigen Gesellschafter beziehen nach innerstaatlichem Steuerrecht im Zeitpunkt der Gewinnentstehung grundsätzlich steuerfreie Betriebsstätteneinkünfte im DBA-Ausland (gewerbliche Einkünfte); die spätere „Ausschüttung" ist aus deutscher Sicht dagegen als Gewinnentnahme zu behandeln.[317]

Sofern eine deutsche Personengesellschaft im Ansässigkeitsstaat der ausländischen Gesellschafter als selbstständiges Steuersubjekt anerkannt wird, erzielen die ausländischen Gesellschafter uE nach deutschem Recht Unternehmensgewinne (Einkünfte aus Gewerbebetrieb); nach ausländischem Recht erzielen sie dagegen im Zeitpunkt der Gewinnentnahme Dividendeneinkünfte.[318]

b) Sondervergütungen

220 Soweit der Sitzstaat der Personengesellschaft und der Ansässigkeitsstaat der Gesellschafter **beide** eine Personengesellschaft als **nicht selbstständig steuerrechtsfähig** einordnen, unterliegen Gewinne der Personengesellschaft dem Betriebsstättenprinzip des Art. 7 OECD-MA.[319] Die abkommensrechtliche Behandlung von Sondervergütungen durch die beteiligten Vertragsstaaten kann jedoch auseinanderfallen, da kein Auslegungsvorrang für einen Vertragsstaat besteht. Dies kann dazu führen, dass die betreffenden Einkünfte im Steuerrecht der Vertragsstaaten unterschiedlich behandelt werden.[320] Für die abkommensrechtliche Qualifikation und Behandlung von Sondervergütungen gehen die Rechtsprechung des BFH sowie die FinVerw. jedoch von unterschiedlichen Ansätzen aus, die in der Vergangenheit wiederholt zu gerichtlichen Verfahren vor dem BFH geführt haben.

221 Aus Sicht der FinVerw. werden Sondervergütungen einer Personengesellschaft an ihre Gesellschafter (sowohl einer inländischen Personengesellschaft an einen ausländischen Gesellschafter als auch die Sondervergütungen einer ausländischen Personengesellschaft an einen inländischen Gesellschafter) als Unternehmensgewinne iSd Art. 7 Abs. 1 OECD-MA behandelt.[321] Dies soll auch gelten, wenn das DBA keine ausdrückliche Regelung i. d. S. enthält.[322] Diese Grundsätze der FinVerw. werden auch in dem aktuellen Entwurf eines aktualisierten BMF Schreibens zur Anwendung von DBA auf Personengesellschaften bekräftigt; eine Ausnahme soll nur bestehen, soweit die Personengesellschaft keine Unternehmensgewinne erzielt.[323]

Das Besteuerungsrecht für Sondervergütungen eines ausländischen Gesellschafters einer deutschen Personengesellschaft ist dieser Auffassung zufolge

---

[316] Vgl. Verfügung der OFD Frankfurt am Main vom 16.12.2005, Tz. VI.3.

[317] Vgl. BFH 16.11.1989, BStBl. II 1990, 204; Verfügung der OFD Frankfurt am Main vom 16.12.2005, Tz. VI.3.

[318] Vgl. *Vogel* Art. 1, Rn. 30 ff.; *Debatin* BB 1989, 1 ff.

[319] Vgl. Rn. 218 ff.

[320] Vgl. *Vogel/Lehner* Art. 1, Rn. 37.

[321] Vgl. BMF, Betriebsstättenerlass, Tz. 1.2.3 S. 1.

[322] Vgl. Betriebsstättenerlass, Tz. 1.2.3 S. 1.

[323] Vgl. Tz. 5.1.1 des Entwurfs aus November 2013 (s. Fn. 312).

gem. Art. 7 OECD-MA der Bundesrepublik Deutschland als Teil des Unternehmensgewinns der Personengesellschaft zuzuordnen.[324] Soweit das Ausland
dieser Qualifikation nicht folgt, was die Regel ist, können ggf. Sonderbetriebseinnahmen doppelt besteuert und Sonderbetriebsausgaben doppelt geltend gemacht werden.

Der BFH vertritt dagegen die Auffassung, dass für Sondervergütungen   **222**
(Zinsen, Geschäftsführungsvergütungen, Lizenzgebühren etc.) zwischen der
Personengesellschaft und ihren Gesellschaftern eine eigenständige Einordnung
anhand der Vorschriften des jeweils einschlägigen DBA vorzunehmen ist.[325]
Die rein nationale Qualifikation der Sondervergütungen als Einkünfte aus der
Mitunternehmerschaft (§ 15 Abs. 1 Nr. 2 S. 1, HS 2 EStG) ist prinzipiell
ohne Belang.[326]

Nach dem insoweit grundlegenden BFH-Urteil vom 27.2.1991[327] ist im
Falle der Gewährung eines Darlehens an eine ausländische Personengesellschaft durch einen deutschen Mitunternehmer, der dafür Zinsen erhält, die
abkommensrechtliche Qualifikation der Zinsen grundsätzlich aus den Bestimmungen des jeweils anwendbaren DBA zu entnehmen.[328] Dies soll auch
dann gelten, wenn dem DBA keine ausdrückliche Begriffsbestimmung zu
entnehmen ist. Für den zu entscheidenden Fall in den Streitjahren 1981 bis
1983 entschied der BFH, dass die Darlehenszinsen, die ein deutscher Personengesellschafter von einer US-amerikanischen Limited Partnership erhalten
hatte, vom Zinsartikel des DBA-USA erfasst und deshalb nicht durch das
DBA-USA von der deutschen Besteuerung ausgenommen sind. Sie stellen
für den deutschen Kommanditisten aber weiter gewerbliche Einkünfte iSv
§ 15 EStG dar, die allerdings nicht wie sonstige gewerbliche Einkünfte durch
das DBA steuerfrei gestellt sind, sondern unter Anrechnung im Ausland erhobener Quellensteuern der deutschen Besteuerung unterliegen (Art. 23 A
Abs. 2 OECD-MA).[329] Gehören die den Dividenden, Zinsen oder Lizenzgebühren zugrunde liegenden Vermögenswerte nach den tatsächlichen Feststellungen zur Betriebsstätte des Gesellschafters im Sitzstaat der Personengesellschaft, sehen die Art. 10–12 und 21 OECD-MA[330] eine Rückverweisung auf
Art. 7 OECD-MA vor, wonach eine Besteuerung als Unternehmensgewinn
in diesem Vertragsstaat erfolgt und Deutschland grundsätzlich zur Freistellung
iSd Art. 23A OECD-MA verpflichtet ist.[331]

Gestützt auf diese Grundsätze entschied der BFH in seinem Urteil vom   **223**
17.10.2007[332] für einen Streitgegenstand aus dem Jahr 1991, dass auf Zinsen,
die eine inländische Personengesellschaft an ihren in den USA ansässigen Gesellschafter als Sondervergütung zahlt, ebenfalls der Zinsartikel des DBA-USA

---

[324] Vgl. *Piltz* in FS Wassermeyer, 747; *Piltz* Personengesellschaften 1981, 229.
[325] Vgl. BFH 27.2.1991, BStBl. II 1991, 444.
[326] Vgl. *Pyszka/Brauer* Ausländische Personengesellschaften, Rz. 102.
[327] BFH 27.2.1991, BStBl. II 1991, 444 und seitdem in ständiger Rechtsprechung,
vgl. nur BFH 9.8.2006, BFH/NV 2006, 2326; 16.10.2002, BStBl. II 2003, 632;
10.7.2002, BStBl. II 2003, 192.
[328] Vgl. BFH 27.2.1991, BStBl. II 1991, 444.
[329] Vgl. BFH 27.2.1991, BStBl. II 1991, 444.
[330] Art. 10 Abs. 4, Art. 11 Abs. 4, Art. 12 Abs. 3, Art. 21 Abs. 2 OECD-MA 2010.
[331] Vgl. *Gosch* in FS Wassermeyer, 263.
[332] Vgl. BFH 17.10.2007, DStR 2008, 659.

anzuwenden ist. Die Vergütungen wurden damit nicht als Unternehmensgewinne qualifiziert und das Besteuerungsrecht für entsprechende Zinsen den USA zugewiesen.

Der Steuergesetzgeber hat hierin eine Besteuerungslücke für Sondervergütungen erblickt und dies zum Anlass genommen, durch das Jahressteuergesetz 2009 mit dem Erlass von § 50d Abs. 10 EStG zu reagieren. Danach gelten die Sondervergütungen einer Mitunternehmerschaft bei der Anwendung der DBA als Unternehmensgewinne, wenn das DBA keine ausdrückliche Regelung für solche Sondervergütungen enthält.[333] Durch diese Regelung sollte sichergestellt werden, dass das Besteuerungsrecht für Sondervergütungen an auslandsansässige Personengesellschafter in Deutschland verbleibt. Diese Einstufung gilt gem. § 7 S. 6 GewStG auch für die Gewerbesteuer und soll für alle noch nicht bestandskräftigen Einkommen- oder Körperschaftsteuerfestsetzungen bzw. bei der Gewerbesteuer auch in Erhebungszeiträumen vor 2009 gelten (§ 52 Abs. 59a S. 8 EStG, § 36 Abs. 5 S. 2 GewStG). Im Ergebnis stellt diese Neuregelung den Versuch des Gesetzgebers dar, die bisherige Verwaltungsauffassung trotz der zwischenzeitlichen Entscheidungen des BFH festzuschreiben, um damit in Inbound-Fällen das deutsche Besteuerungsrecht zu sichern.

Dieses gesetzgeberische Ziel wurde aber durch § 50d Abs. 10 EStG idF des JStG 2009 nicht erreicht, da die tatbestandliche Fiktion nach Auffassung des BFH[334] zu kurz griff, um ein deutsches Besteuerungsrecht an den Sondervergütungen zu erreichen. Zu Recht verweist der BFH in den genannten Entscheidungen darauf, dass die Qualifikation von Einkünften als „Unternehmensgewinne" weder von dem Erfordernis der abkommensrechtlichen Existenz einer Betriebsstätte noch der (ebenfalls abkommensrechtlichen) Betriebsstättenzurechnung suspendiert.[335] Da sich § 50d Abs. EStG idF des JStG 2009 jedoch nicht zur Frage der Zurechnung äußerte, verblieb es insoweit bei den allgemeinen abkommensrechtlichen Grundsätze, wonach Betriebsstätten nur die Gewinne zugerechnet werden, die sie durch ihre Tätigkeit oder ihre Vermögenswerte erzielt haben. Schied nach diesen Kriterien eine Zurechnung der Einkünfte zur inländischen Betriebsstätte aus, ging die fingierte Qualifikation der Einkünfte ins Leere. Aus diesem Grund verfehlte § 50d Abs. 10 EStG vielfach seinen vom Gesetzgeber zugedachten Zweck, Besteuerungssubstrat zu sichern.[336] Diese tatbestandliche Unzulänglichkeit des § 50d Abs. 10 idF des JStG 2009 hatte zudem zur Folge, dass der BFH zu den wegen des Treaty Overrides und der zeitlichen Rückwirkung erhobenen verfassungsrechtlichen Bedenken gegen die Regelung[337] zunächst keine Stellung nehmen musste.

---

[333] Dies soll gem. § 50d Abs. 10 S. 7 Nr. 1 jedoch nicht für gewerblich geprägte Personengesellschaften gelten. Dieser Sichtweise entspricht auch die neuere Verwaltungsauffassung, wonach Einkünfte nicht originär gewerblich tätiger, sondern lediglich gewerblich geprägter Personengesellschaften nicht als Unternehmensgewinne iSv DBA qualifizieren, vgl. Tz. 2.2.1 des Entwurfs eines aktualisierten BMF Schreibens zur Anwendung von DBA auf Personengesellschaften (Fn. 312).

[334] Vgl. BFH 8.9.2010, BFH/NV 2011, 138; BFH 7.12.2011, BFH/NV 2012, 556.

[335] Vgl. BFH 8.9.2010, BFH/NV 2011, 138.

[336] Vgl. *Wagner* in Blümich, § 50d EStG Rn. 128.

[337] Vgl. etwa *Franz/Voulon* BB 2011, 164.

Infolge der genannten BFH Rechtsprechung und der von der Literatur ge-übten Kritik[338] wurde § 50d Abs. 10 EStG durch das AmtshilfeRLUmsG[339] um Zurechnungsregeln ergänzt. Gem. § 50d Abs. 10 S. 3 EStG sind Sonder-vergütungen nunmehr nunmehr unabhängig von abkommensrechtlichen Re-gelungen derjenigen Betriebsstätte zuzurechnen, der der Aufwand für die der Vergütung zugrunde liegende Leistung zuzuordnen ist. Der Gesetzgeber schreibt mit dieser Ergänzung den bisherigen Treaty Override fort. Mögliche Doppelbesteuerung sollen lediglich durch eine Anrechnung der anteilig auf die betreffenden Einkünfte entfallenden Steuer auf die inländische Einkom-men- oder Körperschaftsteuer vermieden werden (§ 50d Abs. 10 S. 5 EStG). Da die geänderte Fassung der Regelung gem. § 52 Abs. 59a S. 9 EStG auf alle Fälle Anwendung finden soll, in denen die Einkommen-/Körperschaft-steuer noch nicht bestandskräftig festgesetzt wurde, stellt sich auch die schon zur § 50d Abs. 10 EStG aF aufgeworfene Rückwirkungsproblematik weiter-hin. Dies hat der Gesetzgeber offensichtlich bewusst in Kauf genommen.[340]

Die genannten Bedenken hat der BFH in seinem Beschluss vom 11.12.2013[341] aufgegriffen, mit dem er dem BVerfG die Frage vorlegt, ob der mit § 50d Abs. 10 EStG verbundene Treaty Override einen Verstoß gegen die verfassungsmäßige Ordnung darstellt. Insoweit reiht sich die Entscheidung in die aktuelle Linie der BFH Rechtsprechung ein, wonach der „Bruch" völ-kerrechtlicher Vereinbarungen durch unilaterale, abkommensüberschreitend wirkende Vorschriften nicht lediglich rechtspolitisch unerfreulich sei, sondern zur Verfassungswidrigkeit der entsprechenden Regelung führen kann.[342] Da-neben stützt der BFH die Vorlage von § 50d Abs. 10 EStG an das BVerfG auch verfassungsrechtliche Bedenken wegen eines Verstoßes gegen das Rück-wirkungsverbot.[343] Vor dem Hintergrund dieses Vorlagebeschlusses bleibt ab-zuwarten, ob der Gesetzgeber mit der Neufassung des § 50d Abs. 10 EStG sein Ziel der Sicherung des deutschen Besteuerrungsrechts letztlich erreicht hat oder ob das BVerfG die Regelung kassieren wird und damit das Ringen um die Besteuerung von grenzüberschreitenden Sondervergütungen in eine neue Runde geht.

Eine andere Problematik ergibt sich in Fällen, in denen inländische Perso-   **224** nengesellschafter Sondervergütungen ausländischer Personengesellschafter er-halten. Der Auffassung der FinVerw. folgend wäre das Besteuerungsrecht für Sondervergütungen eines inländischen Gesellschafters einer ausländischen Personengesellschaft gem. Art. 7 OECD-MA dem Grunde nach dem Aus-land zugeteilt. Soweit das Ausland dieser Qualifikation nicht folgt, können

---

[338] Vgl. *Boller/Eilinghoff/Schmidt* IStR 2009, 109; *Meretzki* IStR 2009, 217.

[339] BGBl. I 2013, S. 1809.

[340] Vgl. *Schmidt* DStR 2013, 1704.

[341] BFH 11.12.2013, BFH/NV 2014, 614 (Anhängig beim BVerfG unter Az. 2 BvL 15/14).

[342] Vgl. bereits den Vorlagebeschluss zu § 50d Abs. 8 EStG BFH/NV 2012, 1056 (Anhängig beim BVErfG unter Az. 2 BvL 1/12). Inhaltlich bezieht sich der BFH dabei auf die maßgeblich von *Vogel* (u. a. in FA Höhn, 461 ff.; JZ 1997, 161; IStR 2005, 29) angefachte Debatte über die Verfassungsmäßigkeit von Treaty Overrides. Zum aktuellen Stand der Diskussion vgl. *Lehner* IStR 2014, 189; *Musil* IStR 2014, 192.

[343] BFH 11.12.2013, BFH/NV 2014, 614.

systematisch wiederum Fälle der Doppelbesteuerung bzw. Doppel-Nichtbesteuerung auftreten.[344] Die deutsche FinVerw. hatte deshalb bereits durch den Betriebsstättenerlass klargestellt, dass sich aus ihrer Auffassung zur Qualifikation der Sondervergütungen als Unternehmensgewinne iSd Art. 7 OECD-MA keine Doppel-Nichtbesteuerungen bei **Qualifikationskonflikten** ergeben sollen. Der Betriebsstättenerlass bestimmte deshalb, dass Unternehmensgewinne dann nicht von der deutschen Bemessungsgrundlage ausgenommen werden sollen, wenn der andere Staat die Sondervergütungen abweichend vom deutschen Steuerrecht qualifiziert und der andere Staat sich aufgrund dieser Qualifikation nach dem DBA gehalten sieht, sie von der Steuer zu befreien oder nur zu einem einen bestimmten Vomhundertsatz der Einnahmen nicht übersteigenden Satz zu besteuern.[345]

225   Der Gesetzgeber hat auch hier den Ansatz der FinVerw. gesetzlich übernommen. Gem. § 50d Abs. 9 Nr. 1 EStG[346] wird die Freistellung von Einkünften eines unbeschränkt Steuerpflichtigen, die nach einem Abkommen zur Vermeidung der Doppelbesteuerung von der Bemessungsgrundlage der deutschen Steuer auszunehmen sind, ungeachtet des Abkommens nicht gewährt, wenn der andere Staat die Bestimmungen des Abkommens so anwendet, dass die Einkünfte in diesem Staat von der Besteuerung auszunehmen sind oder nur zu einem durch das Abkommen begrenzten Steuersatz besteuert werden können. Ausweislich der Gesetzesbegründung[347] sollen durch diese Neuregelung Fälle der doppelten Nichtbesteuerung als Folge von Qualifikationskonflikten vermieden werden. Gemäß dieser unilateralen Switch Over Klausel sind Sondervergütungen, die ein deutscher Gesellschafter von einer ausländischen Personengesellschaft bezieht und die im ausländischen Sitzstaat der Gesellschaft als Aufwand berücksichtigt werden können, in Deutschland zu besteuern. Ausländische Quellensteuern sind gem. § 34c Abs. 6 S. 5 EStG anzurechnen.

Auch hier ergeben sich uE verfassungsrechtliche Bedenken, da § 50d Abs. 9 Nr. 1 EStG ebenfalls einen Fall des Treaty-Override darstellt, mit dem sich Deutschland einseitig über die in den von ihm abgeschlossenen Abkommen vereinbarte Befreiungsmethode hinwegsetzt.[348] Die Regelung ist deshalb ebenfalls verfassungsrechtlich bedenklich.[349] Dies gilt auch für den durch das AmtshilfeRLUmsG eingefügten § 50d Abs. 9 S. 3 EStG, der den Vorrang von DBA Regelungen (ebenso wie den Vorrang von § 50d Abs. 8 EStG und § 20 Abs. 2 AStG) ausschließt, wenn diese weitergehend als Abs. 9 zu einer Freistellung von Einkünften führen.[350]

226   Besondere Probleme treten regelmäßig dann auf, wenn **einer** der Vertragsstaaten die Personengesellschaft **als steuerrechtsfähig** ansieht, womit sie abkommensberechtigt wird, während der andere Staat eine Steuerrechtsfähigkeit

---

[344] Vgl. *Piltz* Personengesellschaften 1981, 159 ff.

[345] BMF, Betriebsstättenerlass, Tz. 1.2.3 S. 2.

[346] Geändert durch das Jahressteuergesetz 2007, Gesetz vom 13.12.2006, BGBl. I 2006, 2878.

[347] Vgl. BT-Drs. 16/2712, 61.

[348] Vgl. *Vogel/Lehner* Einl., Rn. 194 ff.

[349] Vgl. *Gosch* IStR 2008, 413.

[350] Vgl. *Möhrle/Groschke* IStR 2012, 610.

ablehnt. Die abkommensrechtliche Einordnung von Sondervergütungen folgt keiner klaren Linie.[351]

Soweit die Personengesellschaft (nur) **in ihrem ausländischen Sitzstaat als selbstständiges Steuersubjekt** qualifiziert wird, mindern die Sondervergütungen uE als Betriebsausgaben die Unternehmensgewinne der Personengesellschaft.[352] Abkommensrechtlich stellen die Sondervergütungen aus Sicht des ausländischen Sitzstaates der Gesellschaft zB Zinsen (Art. 11 OECD-MA) oder Vergütungen für unselbstständige Arbeit (Art. 15 OECD-MA) dar. Dessen ungeachtet erzielen die in der Bundesrepublik Deutschland ansässigen Gesellschafter weiterhin nach nationalem Recht gem. § 15 Abs. 1 S. 1 Nr. 2 EStG Einkünfte aus Gewerbebetrieb, auf die die im Ausland einbehaltenen Quellensteuern auf die Sondervergütungen anzurechnen sind.[353]

Qualifiziert der **Ansässigkeitsstaat der ausländischen Gesellschafter** 227 die deutsche Personengesellschaft als selbstständiges Steuersubjekt, beziehen deren Gesellschafter uE abkommensrechtlich Unternehmensgewinne. Hingegen behandelt das nationale Recht des Ansässigkeitsstaates der Gesellschafter die Einkünfte nach seiner Rechtsauffassung, zB als Einkünfte aus Kapitalvermögen.[354]

---

[351] Vgl. *Piltz* in Debatin/Wassermeyer, MA Art. 7, Rz. 108 ff.; *Vogel/Lehner* Art. 1, Rn. 38 ff. mwN.

[352] Vgl. *Vogel/Lehner* Art. 1, Rn. 39, 43.

[353] Vgl. auch *Piltz* in Debatin/Wassermeyer, MA Art. 7, Rz. 129 f.; *Vogel/Lehner* Art. 1, Rn. 39; *Piltz* Personengesellschaften 1981, 182.

[354] Vgl. *Piltz* Personengesellschaften 1981, 231 f.

Kapitel M: Lieferungen von Gütern und Waren

Übersicht

I. Einleitung

1   Die VGr aus dem Jahre 1983[1] widmen den Verrechnungspreisen für Warenlieferungen und Dienstleistungen[2] einen eigenen Abschnitt (Tz. 3 der VGr). Zugleich ist aber festzustellen, dass die VGr vom Aufbau und Inhalt in vieler Beziehung nicht mehr zeitgemäß sind und Verrechnungspreise in der Praxis heute, auch von Betriebsprüfungen, anders gelebt werden, und dass die VGr und zum Teil auch die 2005 ergangenen VGr-Verfahren schon vom 2008 eingeführten § 1 Abs. 3 AStG überholt sind oder zumindest einer inhaltlichen Fortschreibung bedürfen.

Neben grundsätzlichen Feststellungen zum Fremdpreis, zur Methodenwahl und dem für die Untersuchung maßgeblichen Zeitpunkt, finden sich im Folgenden auch Ausführungen hinsichtlich der Vergleichbarkeit der maßgeblichen Verhältnisse. Regelungen der VGr-Verfahren[3] aus dem Jahre 2005 werden ergänzend vorgestellt, soweit diese auch für die hier behandelten Themen im Bereich der Warenlieferungen von Bedeutung sind.

In der Einleitung werden die vorgenannten grundsätzlichen Regelungen vorgestellt. In den darauf folgenden Abschnitten werden zum einen die Vergleichbarkeitsanalyse aus Sicht der VGr, der OECD und UNO sowie aus Sicht der Praxis vorgestellt und zum anderen der Aufbau von Verrechnungspreissystemen sowie Fragestellungen im Zusammenhang mit Vertriebsstrategien (Markterschließung, Marktausweitung, Marktverteidigung) behandelt.

Generell ist dabei festzustellen, dass durchaus erkennbare **Teile der VGr 1983** zu Güter- und Warenlieferungen, zB zum maßgeblichen Zeitpunkt der Verrechnungspreisbildung oder zur Stellung von Hersteller und Vertriebsgesellschaft, heute durch die tatsächliche Praxis der Verrechnungspreisbildung und die Veränderung der Märkte **nicht mehr zeitgemäß und überholt** sind. Zudem entsprechen sie nicht mehr in allen Punkten der ab 2008 veränderten Gesetzeslage (§ 1 Abs. 1 und 3 AStG).

1. Fremdpreis

2   Nach Tz. 3.1.1. der VGr ist der **Fremdpreis bei Lieferungen von Gütern und Waren** derjenige Preis, „den Fremde für Lieferungen
– gleichartiger Güter oder Waren
– in vergleichbaren Mengen
– in den belieferten Absatzmarkt
– auf vergleichbarer Handelsstufe und
– zu vergleichbaren Lieferungs- und Zahlungsbedingungen
unter den Verhältnissen wirtschaftlich vergleichbarer Märkte vereinbart hätten“.

---

[1] BMF 23.2.1983, BStBl. I 1983, 218 (VGr).
[2] Zu den Dienstleistungen vgl. Kap. N Rn. 1 ff.
[3] BMF 12.4.2005, BStBl. I 2005, 570 (VGr-Verfahren).

Tz. 3.1.1. der VGr konkretisiert damit an dieser Stelle für die Lieferung von Gütern und Waren die insb. in Tz. 2.1.1. bzw. Tz. 2.1.4. der VGr beschriebenen allgemeinen Grundsätze des Fremdvergleichs. Danach sind Geschäftsbeziehungen zwischen Nahestehenden regelmäßig so zu beurteilen, als ob unabhängige Dritte in geschäftliche Beziehungen träten. Das bedeutet, dass der Grundsatz des Handelns zwischen Nahestehenden der Fremdpreis ist, dh der **Preis, den fremde Dritte** als Entgelt für die Lieferung oder Leistung **vereinbart hätten.**

Aus diesen allgemeinen Grundsätzen folgt, dass der Fremdpreis aus solchen **3** Daten und Informationen abzuleiten ist, die auch die Preisbestimmung am Markt leiten. Daraus ergibt sich bei der Auswahl der Methoden zur Prüfung von Verrechnungspreisen ein Vorrang der Preisvergleichsmethode.

Allerdings ist die Identifizierung von Fremdpreisen im Einzelfall durchaus problematisch. Diesem Umstand tragen die VGr Rechnung, indem der Grundsatz des Preisfremdvergleichs in bestimmten Fällen **relativiert** wird:

– Das Vorliegen besonderer Wettbewerbssituationen beschränkt die Beweiskraft dort erzielter Fremdpreise (Tz. 3.1.2.4. der VGr, vgl. unten Rn. 70 ff.).
– Die Verknüpfung von Liefergeschäften mit Finanzierungsgeschäften oder der Überlassung immaterieller Wirtschaftsgüter beeinflusst die Übertragbarkeit von Fremdpreisen (Tz. 3.1.2.2. und 3.1.2.3. der VGr).[4]

2. Methodenwahl

Der dritte Abschnitt der **VGr** über die Lieferung von Waren oder Gütern **4** enthält **keine eigenständige Vorschrift über Methodenwahl** und Verrechnungspreisermittlung, sondern bezieht sich insoweit auf den für alle Liefer- und Leistungsbeziehungen maßgeblichen Abschnitt über die Standardmethoden zur Ermittlung und Prüfung von Verrechnungspreisen (Tz. 2.2. der VGr).[5] Folglich können nach den VGr auch für die Lieferung von Gütern und Waren grundsätzlich alle (aber auch nur die) Standardpreismethoden angewandt werden.

Die VGr-Verfahren enthalten ebenfalls keine eigenständigen Ausführun- **5** gen zur Methodenwahl bei Lieferungen von Gütern und Waren. Abschnitt 3.4.10.3 der VGr-Verfahren erlaubt für alle Liefer- und Leistungsbeziehungen die Anwendung der Standardmethoden und stellt insoweit keine inhaltliche Abweichung zu Tz. 2.2 der VGr dar.

Die VGr und die VGr-Verfahren sind mittlerweile allerdings durch den **6** 2008 neu eingeführten **§ 1 Abs. 3 AStG** überholt. Dieser knüpft die Methodenwahl an die **Verfügbarkeit von** uneingeschränkt oder eingeschränkt vergleichbaren **Fremdvergleichswerten** und enthält insoweit dann erstmals eine gesetzliche Regelung zum Vorrang der Standardmethoden für Geschäftsbeziehungen mit ausländischen nahe stehenden Personen (§ 1 Abs. 3 S. 1 AStG). Demnach sind die Standardmethoden dann vorrangig anzuwenden, soweit nach Vornahme sachgerechter Anpassungen uneingeschränkt vergleichbare Fremdvergleichswerte ermittelt werden können. Soweit nur eingeschränkt vergleichbare Fremdvergleichsdaten vorliegen, was in der Praxis der

---

[4] Vgl. unten Rn. 53 f.
[5] Vgl. Kap. D Rn. 1 ff.

Regelfall ist, erkennt § 1 Abs. 3 S. 2 AStG an, dass die Verrechnungspreise ggf. nach Vornahme sachgerechter Anpassungen unter Anwendung einer geeigneten Verrechnungspreismethode ermittelt werden können, was insb. die transaktionsbezogene Nettomargenmethode und die Gewinnaufteilungsmethode mit erfasst.[6]

7   Der letzte Satz von Tz. 3.1.1. der VGr verweist für die Auswahl und Anwendung der Standardmethoden ausdrücklich auf Tz. 2.4.1. der VGr. Nach Tz. 2.4.1. der VGr besteht grundsätzlich **keine** für alle Fallgruppen zutreffende und damit **verbindliche Rangfolge unter den Standardmethoden** Preisvergleich, Wiederverkaufspreis und Kostenaufschlag. Eine solche Rangfolge ist auch weder den VGr-Verfahren noch § 1 Abs. 3 S. 1 AStG zu entnehmen. Allerdings hat wohl, wenngleich unausgesprochen, die **Preisvergleichsmethode** aus dem systematischen Gesamtzusammenhang **Priorität vor den anderen Standardmethoden** zu haben.[7] Allerdings wird diese Aussage für die praktische Anwendung durch die häufig bestehenden Probleme bei der Identifizierung möglicher Vergleichspreise wieder relativiert.

8   Von besonderer Bedeutung ist die Tatsache, dass die Anwendung der sogenannten transaktionsbezogenen **gewinnorientierten Methoden** in den VGr-Verfahren erstmalig und nunmehr auch gesetzlich **in § 1 Abs. 3 S. 2 AStG ausdrücklich zugelassen** wird.[8] Dies gilt jedoch nach den VGr-Verfahren nur unter bestimmten Voraussetzungen. So ist nach dem Willen der FinVerw. die geschäftsvorfallbezogene Nettomargenmethode (transactional net margin method – TNMM) nur dann anzuwenden, wenn die Standardmethoden wegen des Fehlens oder der Mängel von Fremdvergleichsdaten nicht sachgerecht angewendet werden können und wenn eines der beteiligten Unternehmen ein Unternehmen mit Routinefunktionen[9] darstellt.[10] Die geschäftsvorfallbezogene Gewinnaufteilungsmethode (profit split method – PSM) ist nach den VGr-Verfahren ebenfalls nur nachrangig gegenüber den Standardmethoden anzuwenden.[11] Die Anwendung der Gewinnvergleichsmethode (comparable profits method – CPM) wird von der deutschen FinVerw. auch weiterhin abgelehnt.[12]

9   Gem. Tz. 3.1.1. iVm Tz. 2.4.1. der VGr bildet auch bei Güter- oder Warenlieferunen die **vom Unternehmen getroffene Wahl** und Anwendung der Methogde die Grundlage der Prüfung der Verrechnungspreise. „Bei der Prüfung, ob diese nach Art und Anwendung sachgerecht ist, ist davon auszugehen, dass ein ordentlicher Geschäftsleiter

a) sich an der Methode orientieren wird, die **den Verhältnissen am nächsten kommt,** unter denen sich auf wirtschaftlich vergleichbaren Märkten Fremdpreise bilden;

---

[6] Vgl. dazu insb. Kap. A Rn. 222 ff., Kap. B Rn. 76 ff. und Kap. D Rn. 11 ff.

[7] Vgl. Kap. B Rn. 76, Kap. D Rn. 232. Im Ergebnis ebenso: BFH 6.4.2005, IStR 2005, 598.

[8] Vgl. zur früher ablehnenden Position BMF-Pressemitteilung vom 13. Juli 1995, IStR 1995, 384.

[9] Vgl. Rn. 222.

[10] Vgl. Tz. 3.4.10.3b) VGr-Verfahren.

[11] Vgl. Tz. 3.4.10.3c) VGr-Verfahren.

[12] Vgl. Tz. 3.4.10.3d) VGr-Verfahren.

b) in Zweifelsfällen sich an der Methode orientieren wird, für die **möglichst zuverlässige preisrelevante Daten** aus dem tatsächlichen Verhalten der beteiligten nahe stehenden Unternehmen bei Fremdgeschäften zur Verfügung stehen".[13]

Die VGr-Verfahren bestätigen diese Grundsätze in Tz. 3.4.10.1. Die Wahl der Verrechnungspreismethode hat der Steuerpflichtige im Rahmen der Erstellung seiner Verrechnungspreisdokumentation zu begründen. Er muss jedoch nicht darlegen, warum andere Methoden weniger geeignet erscheinen.[14]

Grundsätzlich stehen **Methodenwahl und Funktionsausübung** in keinem Zusammenhang derart, dass eine ausgeübte Funktion (zB Großhandel) die Anwendung einer bestimmten Verrechnungspreismethode (zB Wiederverkaufspreismethode) verlangen würde. Die Analyse der ausgeübten Funktionen entlang der Wertschöpfungskette dient systematisch ausschließlich der Bestimmung der Höhe des Verrechnungspreises innerhalb der vom ordentlichen Geschäftsleiter gewählten Verrechnungspreismethode. Je nach Methode wirkt das Ergebnis der Wertschöpfungsanalyse dann direkt auf den Verrechnungspreis (Preisvergleichsmethode) oder indirekt auf diesen über die Höhe von Gewinnaufschlag (Kostenaufschlagsmethode), Rohgewinnmarge (Wiederverkaufspreismethode) oder Reingewinnmarge (operating margin – geschäftsvorfallbezogene Nettomargenmethode). **10**

Jedoch ist zu beachten, dass die VGr-Verfahren von diesem Grundsatz insoweit abweichen, als sie die Anwendung der geschäftsvorfallbezogenen **Nettomargenmethode nur für Unternehmen mit Routinefunktionen** zulassen. Hierdurch wird eine systematische Methodenwahl nach Maßgabe der tatsächlichen Verhältnisse durch eine definitive Rangreihenfolge in Abhängigkeit von typisierten übernommenen Funktionen ersetzt.[15] Ein solch normativer Charakter steht im Widerspruch zu Tz. 3.4.10.1. VGr-Verfahren. Tz. 3.4.10.1. der VGr-Verfahren enthält eine eindeutige Aussage dahingehend, dass sich die ausgewählte Methode an den Verhältnissen und den vorhandenen Daten des Einzelfalls orientieren muss. Gleichermaßen enthält § 1 Abs. 3 S. 2 AStG keine Beschränkung „einer angemessenen Verrechnungspreismethode" auf Routineunternehmen, sondern knüpft die Anwendung zB der geschäftsvorfallbezogenen Nettomargenmethode lediglich an das Vorliegen nur begrenzt vergleichbarer Fremdvergleichsdaten. **11**

Das Durchbrechen oder zumindest die **Beeinflussung der Wahlfreiheit** der Verrechnungspreismethode durch typisierende Vorgaben der FinVerw. ist allerdings nicht neu. Vielmehr enthalten bereits die VGr von 1983 **Beispiele für die Anwendung der Standardpreismethoden** bei der Lieferung von Gütern und Waren (Tz. 3.1.3 der VGr), die in praxi die Freiheit der Methodenwahl durch den ordentlichen und gewissenhaften Geschäftsleiter einschränken.[16] Ein normativer Charakter kann und darf allerdings den Beispie- **12**

---

[13] Vgl. Tz. 2.4.1. VGr. Im Ergebnis ebenso nun in Tz. 3.4.10.1 VGr-Verfahren.

[14] Vgl. § 2 Abs. 2 GAufzV.

[15] Ein weiteres Beispiel enthalten die VGr-Verfahren in Tz. 3.4.10.3c), wonach die geschäftsvorfallbezogene Gewinnaufteilungsmethode für Geschäftsbeziehungen zwischen zwei Entrepreneur-Unternehmen anwendbar sein soll.

[16] Vgl. zB unten Rn. 296 zur verlängerten Werkbank oder Kap. D Rn. 150 ff. zu Vertriebsgesellschaften.

len aus Tz. 3.1.3. der VGr nicht zuerkannt werden, da damit die Aussagen in den Beispielen über die grundsätzlichen Feststellungen zur wahlfreien und sachverhaltsabhängigen Anwendung von Methoden in Tz. 2.4. der VGr bzw. Tz. 3.4.10.1. der VGr-Verfahren gestellt würden.

13   Zusätzlich zur Anwendung der Verrechnungspreismethoden ist eine **Plausibilitätskontrolle der ermittelten Verrechnungspreise** notwendig. Dies geschieht auf Grundlage **innerbetrieblicher Plandaten** zB mit Hilfe von Absatz-, Kosten-, oder Gewinnprognosen (§ 1 Abs. 3 S. 4 GAufzV). Ansatzpunkte für die Plausibilitätskontrolle können zB außergewöhnlich hohe erwartete Gewinne oder Verluste sein, die sich bei Anwendung „vermeintlicher" Fremdpreise ergeben würden. Auf die Anforderung einer Plausibilitätskontrolle mit Hilfe von Plandaten will die FinVerw. nur dann ausnahmsweise verzichten, wenn der Steuerpflichtige bei der Verrechnungspreisermittlung uneingeschränkt vergleichbare Fremdvergleichsdaten zugrunde gelegt hat.[17]

3. Festlegung von Verrechnungspreisen auf der Basis von Planrechnungen

14   Oft werden sich ausreichend vergleichbare Fremdvergleichspreise für Güter und Waren nicht mit zumutbarem Aufwand verlässlich ermitteln lassen. Dies wird insb. dann der Fall sein, wenn ein interner Fremdvergleich nicht geführt werden kann, weil keines der Konzernunternehmen ausreichend vergleichbare Geschäftsbeziehungen mit fremden Dritten unterhält und keine vergleichbaren Produkte an fremde Dritte liefert, gerade bei Konsumgütern. Fehlt es an hinreichend vergleichbaren Fremdvergleichspreisen, ist nach Auffassung der deutschen FinVerw. die Angemessenheitsdokumentation auf Basis **von innerbetrieblichen Plandaten und vorsichtigen Gewinnprognosen** (Planrechnungen) vorzunehmen. Ziel sollte es dabei sein darzulegen, dass fremde Dritte unter Berücksichtigung der prognostizierten Gewinne die Verrechnungspreise in entsprechender Höhe vereinbart hätten.[18] Diese Methodenanwendung wird in der Praxis, zB im Falle von Vertriebsgesellschaften, häufig als **„modified resale price method"** bezeichnet.

15   Der Unterschied zur Dokumentation auf Basis von Fremdvergleichsdaten liegt also darin, dass aufgrund des Fehlens von „preisbezogenen" Fremdvergleichsdaten, unabhängig davon, ob dies ein Fremdpreis unter der Preisvergleichsmethode oder ein Mark-up unter der Kostenaufschlagsmethode ist, die Angemessenheit der Verrechnungspreise hier auf der Basis von Gewinnerwartungen mit einem entsprechenden Rückschluss auf die Höhe der dafür nötigen Verrechnungspreise dokumentiert wird. Diese Vorgehensweise ähnelt dem **hypothetischen Fremdvergleich,**[19] bei dem auch das Verhalten zwischen fremden Dritten simuliert wird. Die Planrechnungen zur Ermittlung des Verrechnungspreises sollen in dieser Situation die Simulation der Entscheidung des ordentlichen und gewissenhaften Geschäftsleiters zahlenmäßig nachvollziehen.

16   Die für die Planrechnungen zugrunde gelegten Plandaten sollen nach den VGr-Verfahren auf Erfahrungen zurückliegender Zeiträume sowie auf be-

---

[17] Vgl. Tz. 3.4.18.1 VGr-Verfahren.
[18] Vgl. Tz. 3.4.12.6b) VGr-Verfahren.
[19] Vgl. § 1 Abs. 3 S. 5 AStG.

triebswirtschaftlich fundierten Prognosen beruhen. Eine weitere **Anforderung an die Plandaten** besteht darin, dass diese im Zeitpunkt des Geschäftsabschlusses bereits verfügbar waren. Dies liegt bei Planzahlen regelmäßig auf der Hand. Jedoch sollte es auch nicht zu beanstanden sein, wenn vorhandene Planungsüberlegungen erst zum Zeitpunkt der Dokumentationserstellung schriftlich aufgezeichnet werden oder aber die bereits vorhandenen Budgetrechnungen einer Gesellschaft erst für Zwecke der Dokumentation aufbereitet werden.[20] So kann es im Rahmen der Dokumentation notwendig sein, Planrechnungen zu segmentieren, um die verursachungsgerechte Zuordnung von Aufwendungen und Erträgen zu den Gruppen von Geschäftsbeziehungen sicherzustellen.

Bei der Verrechnungspreisfestlegung auf der Basis von Planrechnungen ist **17** darüber hinaus ein **regelmäßiger Abgleich zwischen Plan- und Ist-Zahlen** durchzuführen. Bei Auftreten von Abweichungen ist darzulegen, dass diese Abweichungen auf unerwarteten Umständen beruhen, die im Zeitpunkt der Erstellung der Planrechnungen nicht vorhergesehen werden konnten.

Die deutsche FinVerw. nennt explizit drei **Verfahren,** um eine Angemessenheitsdokumentation auf Basis von **Planrechnungen** zu führen.[21] Diese Verfahren sollen nachfolgend kurz dargestellt werden:

(1) *Planrechnungsbasierte Verrechnungspreisbestimmung auf Grundlage von* **18** *Renditekennziffern funktional (zumindest) eingeschränkt vergleichbarer Unternehmen*

Nach diesem Verfahren sollen die prognostizierten **Gewinne auf Basis von Renditekennziffern** festgelegt werden. Diese Renditekennziffern werden regelmäßig mit Hilfe von Datenbankanalysen ermittelt. Sie bilden im Übrigen auch die Grundlage für die Anwendung der geschäftsvorfallbezogenen Nettomargenmethode. Diese soll aber nur bei Unternehmen mit Routinefunktionen zur Anwendung kommen. Dagegen dürfen Renditekennziffern im Zusammenhang mit anderen Verrechnungspreismethoden, insb. der Wiederverkaufspreismethode, im Bereich der Planrechnungen auch **bei Unternehmen mit größerer Funktionsausstattung (Hybridunternehmen)** verwendet werden. Es gibt allerdings einen bedeutsamen Unterschied: Im Bereich der **Planrechnungen** soll wegen der eingeschränkten Zuverlässigkeit der Renditekennziffern nach Auffassung der FinVerw. grundsätzlich **ein mittlerer Wert (Median) zugrunde gelegt werden.** Der Unternehmenscharakterisierung und der Wahl der Verrechnungspreismethode (TNMM vs. Wiederverkaufspreismethode) kommt damit ggf. große praktische Bedeutung zu.[22]

(2) *Planrechnungsbasierte Verrechnungspreisbestimmung auf Grundlage der* **19** *Kapitalverzinsungsmethode*

Dieses Verfahren basiert auf der Überlegung, die Verrechnungspreise auf Grundlage einer **angemessenen Verzinsung des** im Unternehmen **eingesetzten Kapitals** zu bestimmen. Das zentrale Problem bei der Anwendung

---

[20] Vgl. auch Tz. 3.4.8.1 der VGr-Verfahren.
[21] Vgl. Tz. 3.4.12.6b) VGr-Verfahren.
[22] Vgl. hierzu Rn. 332 ff.

der Kapitalverzinsungsmethode liegt in der Unsicherheit über den anzuwendenden Zinssatz und über den anzuwendenden Kapitalbegriff. In dieser Hinsicht existieren keine klaren Standards.

In der Entscheidung des BFH vom 17.10.2001[23] wird als Kapitalbasis das zugeführte Eigenkapital genannt. Sicherlich wird aber auch langfristig zugeführtes Fremdkapital in der einen oder anderen Form in die Kapitalbasis einzubeziehen sein.

Der Zinssatz setzt sich aus einem risikofreien Zinssatz und einem risikobezogenen Zuschlag zusammen. Um das Problem der Bestimmung des angemessenen Zinssatzes zu lösen, wird in der Praxis auf Ansätze aus der Investitionstheorie zurückgegriffen. Das bekannteste Verfahren, um in der Praxis eine erwartete Kapitalverzinsung abzubilden, ist das Capital Aset Pricing Model (CAPM). Das Modell basiert auf der Annahme eines linearen Zusammenhangs zwischen Renditeerwartung und erwartetem Risiko.

20   **Anhaltspunkte für den risikofreien Zinssatz** können sich aus den Renditen zB langfristiger Bundesanleihen ergeben. Zur Berechnung der **Zuschläge auf den risikofreien Zinssatz** wird der individuelle Betafaktor verwendet, der das systematische Risiko des betrachteten Unternehmens abbilden soll. Der Betafaktor wird zB von Bloomberg ermittelt und muss ggf. über eigene Anpassungsrechnungen modifiziert werden, um zB einen abweichenden Verschuldungsgrad zu berücksichtigen. Anschließend wird eine Marktrisikoprämie ermittelt, die sich aus der Differenz der Rendite eines geeigneten Börsenindex (zB DAX 30 bei deutschen Unternehmen) mit dem zuvor ermittelten risikofreien Zinssatz ergibt. Die Multiplikation dieser Marktrisikoprämie mit dem Betafaktor führt zum Risikoaufschlag. Der Betafaktor kann jedoch nur für börsennotierte Unternehmen berechnet werden. Hilfsweise können in der Praxis bei nicht-börsennotierten Unternehmen ggf. Betafaktoren für börsennotierte Unternehmen der gleichen Branche zugrunde gelegt werden.

21   Schwerwiegender ist jedoch zu berücksichtigen, dass der so gewonnene Risikozuschlag noch nicht die **geschäftsvorfallbezogene Funktions- und Risikoverteilung der Transaktionspartner** widerspiegelt. Die bei der Ermittlung des Risikozuschlags ermittelten Faktoren (Betafaktor und Marktrisikoprämie) spiegeln die Risikosituation des Gesamtkonzerns wieder. Diese Risikosituation wird aber anders zu beurteilen sein, wenn das Unternehmen zB als Lohnfertiger und damit als Unternehmen mit Routinefunktion zu charakterisieren ist. In diesem Fall sind Abschläge von der Marktrisikoprämie erforderlich, um das geringere geschäftsvorfallbezogene Risiko dieses Unternehmens zu berücksichtigen.

22   (3) *Planrechnungsbasierte Verrechnungspreisbestimmung auf Grundlage einer Wertschöpfungsbeitragsanalyse*

Die Festlegung und Dokumentation von Verrechnungspreisen auf Grundlage einer **Wertschöpfungsbeitragsanalyse** beruht auf der Überlegung, dass jede Konzerneinheit unter Berücksichtigung der von ihr ausgeübten Funktionen, der von ihr getragenen Risiken und der von ihr eingesetzten Wirtschaftsgüter angemessen an dem zu erwartenden Gewinn des Gesamtkonzerns

---

[23] Vgl. BFH 17.10.2001, BStBl. II 2004, 171, IStR 2001, 745.

zu beteiligen ist.[24] Die Verrechnungspreise sollten danach also in der Höhe so festgesetzt werden, dass sich für die an einer Geschäftsbeziehung **beteiligten Konzerngesellschaften** ein jeweils angemessener **Anteil an der erwarteten Gesamtwertschöpfung** ergibt.

Hierzu muss einerseits das (aufzuteilende) Gesamtergebnis aus einer Ge- **23** schäftsbeziehung prognostiziert werden. Zum anderen muss zur Bestimmung des angemessenen Anteils der beteiligten Konzernunternehmen im Rahmen einer Wertschöpfungsbeitragsanalyse ihr jeweiliger Beitrag zum (prognostizierten) Konzerngesamtergebnis bestimmt werden. Beides ist im Rahmen der Angemessenheitsdokumentation plausibel darzulegen und zu begründen. Eine Dokumentation auf Basis von Wertschöpfungsbeiträgen verlässt sich zwangsläufig auch auf erkennbar subjektive Wertungen, weil die Wertschöpfungsbeiträge der beteiligten Konzernunternehmen nach Maßgabe der unternehmerischen Selbsteinschätzung quantifiziert werden müssen. Darüber hinaus erfordert die Wertschöpfungsbeitragsanalyse die Offenlegung des Gesamtgewinns gegenüber anderen Gliedgesellschaften und einzelnen FinVerw., der im Konzern mit der dokumentationspflichtigen Geschäftsbeziehung erzielt wird.

4. Maßgebender Zeitpunkt

Maßgebend für die Ermittlung und spätere Überprüfung der Angemessen- **24** heit der Verrechnungspreise sind gem. Tz. 3.1.2.1. S. 3 der VGr „die Verhältnisse aus der Sicht im **Zeitpunkt des Vertragsabschlusses**". Das bedeutet, dass Erkenntnisse, die nach Vertragsabschluss, jedoch vor der Überprüfung durch den Betriebsprüfer gewonnen werden, nicht über die Angemessenheit der angewendeten Methode oder der verwendeten Vergleichsdaten entscheiden können **(kein „hindsight")**. Aber auch bei der Bildung von Verrechnungspreisen auf Basis von Planrechnungen ist grundsätzlich auf den Erkenntnisstand zum Zeitpunkt der Erstellung der Planrechnungen abzustellen.[25]

Die VGr-Verfahren lassen in Tz. 3.4.12.8 **nachträgliche Preisanpassun-** **25** **gen** ausnahmsweise aber dann zu, wenn der Steuerpflichtige anhand von Aufzeichnungen glaubhaft machen kann, dass in vergleichbaren Fällen auch zwischen fremden Dritten Preisanpassungen vorgenommen würden. Als Beispiel werden Preisanpassungen kurz nach Vertragsabschluss genannt. Zu denken ist darüber hinaus an nachträglich akzeptierte Preisanpassungen, um eine langfristige Geschäftsbeziehung nicht zu gefährden.[26]

Bei **langfristig zu erfüllenden Verträgen** ist außerdem zu prüfen, ob **26** fremde Dritte den damit verbundenen Risiken durch entsprechende Vereinbarungen (zB Preisgleitklauseln) Rechnung tragen würden.[27] Derartige Vertragsverhältnisse dürften insb. im Großanlagen- oder Schiffsbau, aber auch bei langfristigen Dauerlieferverträgen vorliegen. Die angesprochenen Risiken

---

[24] Vgl. zu Wertschöpfungsanalyse und Business Process Analysis unten Rn. 299 ff.

[25] Vgl. Tz. 3.4.12.6 S. 2 VGr-Verfahren. Periodische Anpassungen sind danach zukunftsbezogen auf Basis regelmäßiger Soll-Ist-Vergleiche vorzunehmen (Tz. 3.4.12.6c) VGr-Verfahren).

[26] Vgl. BFH 14.8.1974, BStBl. II 1975, 123, zitiert in Tz. 3.4.12.8 VGr-Verfahren.

[27] Vgl. Tz. 3.1.2.1. S. 3 VGr und Tz. 3.4.12.8 VGr-Verfahren.

umfassen vor allem Veränderungen im wirtschaftlichen und politischen Rahmen, zB Wechselkursschwankungen, Mengenänderungen, Geldentwertung, Preis- und Kostensteigerungen aller Art und Änderungen im politischen und regulatorischen Rahmen.

27   Die FinVerw. knüpft die Vereinbarung von **Preisgleitklauseln**[28] an enge Voraussetzungen. So wird gefordert, dass **im Vorhinein** sowohl ein entgeltliches Leistungsverhältnis als auch **alle Preisbestimmungsfaktoren vereinbart** wurden. Die Preisbestimmungsfaktoren dürfen von den an der Geschäftsbeziehung beteiligten Parteien nicht mehr beeinflusst werden können. Die Preisanpassung soll allein auf vorher festgelegten Rechenvorgängen beruhen. Anpassungen in Abhängigkeit vom erzielten Ergebnis der Vertragsparteien müssen ausgeschlossen sein.

Diese **Voraussetzungen** erscheinen unter dem Gesichtspunkt des allgemeinen Fremdvergleichsgrundsatzes **überzogen.** So ist auch zwischen fremden Dritten zu beobachten, dass je nach individueller Verhandlungsposition insb. Unternehmen mit geringem Funktions- und Risikoprofil gezwungen sind, ihre Preiskalkulationen offen zu legen und ergebnisorientierte Anpassungen zu akzeptieren. Entsprechende ergebnisorientierte Preisanpassungen müssen dann in besonderen Fällen auch zwischen Konzernunternehmen möglich sein. Die Vereinbarung einer Ergebnissteuerung mittels **„Cap and Floor"-Regeln** stellt insoweit eine pragmatische und anzuerkennende Lösung dar, um Verluste bzw. Übergewinne zB eines „low risk distributors" zu vermeiden.[29]

28   Systematisch ist nach deutscher Rechtsauffassung der Verrechnungspreis nach wie vor grundsätzlich **„ex ante"** nach den Verhältnissen bei Vertragsabschluss **zu ermitteln** (nach OECD-Terminologie: **price setting approach**[30]), während die „ex post"-Sicht mit nachträglichen Anpassungen der Verrechnungspreise an die tatsächlich später erzielten Ergebnisse (nach OECD-Terminologie: outcome testing approach[31]) abgelehnt wird. Damit werden **schematische Anpassungen** der Betriebsergebnisse von Vertriebsgesellschaften an Renditekennziffern von Vergleichsunternehmen, wie dies unter Anwendung der geschäftsvorfallbezogenen Nettomargenmethode in der Praxis zum Teil zu beobachten ist, von der FinVerw. grundsätzlich **abgelehnt.**[32] Dem steht auch nicht entgegen, dass in der Praxis der Verrechnungspreisbildung eine pragmatische Vorgehensweise immer dann notwendig ist, wenn an der Transaktion Unternehmen aus Staaten beteiligt sind, zB den USA, bei denen Verrechnungspreise ex post angemessen korrigiert werden können oder sogar müssen, um den widerstreitenden systematischen Vorgehensweisen in beiden Staaten gerecht zu werden.

29   Der Forderung nach **periodischen Anpassungen** der Verrechnungspreise kommt nur als Ausnahmefall bei langfristigen Vertragsverhältnissen eine begrenzte Bedeutung zu. Danach kann es durchaus angebracht sein, dem Fremdvergleichsmaßstab durch periodische Anpassungen Rechnung zu tra-

---

[28] Vgl. auch Beispiele in Rn. 326 f.
[29] Vgl. das Beispiel in Rn. 327.
[30] Vgl. dazu unten Rn. 30 und Kap. B Rn. 126 und B Rn. 266 ff.
[31] Vgl. dazu unten Rn. 30 und Kap. B Rn. 126 und B Rn. 266 ff.
[32] Vgl. Tz. 3.4.20e) VGr-Verfahren, ausdrücklich für „Hybridunternehmen" gem. Tz. 3.4.10.2c) VGr-Verfahren.

gen.[33] In diesem Sinne fordert § 2 Abs. 4 GAufzV auch die Erstellung besonderer Aufzeichnungen im Falle von Dauersachverhalten. Aufgrund dieser Aufzeichnungen soll die FinVerw. prüfen können, ob fremde Dritte wegen der Änderung von preisrelevanten Umständen eine Anpassung der Verrechnungspreise vorgenommen hätten. Die Forderung nach periodischen Anpassungen bedeutet in aller Regel jedoch nicht, dass Änderungen für bereits abgelaufene Zeiträume vorgenommen werden können. Die zu berücksichtigenden Änderungen beeinflussen vielmehr nach deutschem Verständnis nur den zukünftigen Verrechnungspreis.

Während die **OECD** in der Vergangenheit davon ausging, dass die Verrechnungspreise grundsätzlich ex ante im Zeitpunkt des Vertragsabschlusses zu bestimmen sind (vgl. zB Tz. 1.35, 1.51 und 3.12 OECD-RL 1995/96/97), betrachtet die OECD mittlerweile sowohl den ex ante- als auch den ex post-Ansatz sowie Kombinationen beider Ansätze als gleichwertige zeitliche Alternativen zur Bestimmung und Überprüfung von Verrechnungspreisen.[34] **30**

Die in den **US-Regulations** eingegangene ausgeprägte nachträgliche Überprüfung eines bei Vertragsabschluss ermittelten Verrechnungspreises für die Übertragung oder Überlassung immaterieller Wirtschaftsgüter[35] („super-royalty"-Konzept; „periodic adjustment"-Forderung) war bis 2007 mit deutschem Rechtsverständnis nicht vereinbar. **31**

Im Rahmen der Unternehmenssteuerreform 2008 wurden jedoch Anpassungsvorschriften eingeführt, die für bestimmte Geschäftsbeziehungen anwendbar sind, deren Gegenstand wesentliche immaterielle Wirtschaftsgüter und Vorteile sind.[36]

Die in **§ 1 Abs. 3 S. 11 AStG** enthaltene Regelung, wonach eine widerlegbare Vermutung aufgestellt wird, dass fremde Dritte bei Unsicherheiten über die Prognose zukünftiger Ertragserwartungen **Preisanpassungsklauseln** vereinbaren würden, bezieht sich nach dem Wortlaut nur auf die Überlassung wesentlicher immaterieller Wirtschaftsgüter und Vorteile. Diese Vorschrift sollte demnach bei der Lieferung von Gütern und Waren selbst dann nicht zur Anwendung kommen können, wenn Produkte mit bekannten Markennamen vertrieben werden, da auch hier Produkt und Marke eine Einheit bilden und im relevanten Markt das **„branded product" als Ganzes** und nicht etwa getrennt voneinander als ein materielles und ein (wesentliches) immaterielles Wirtschaftsgut gehandelt werden.[37] Die Nicht-Anwendbarkeit von § 1 Abs. 3 S. 11 AStG sollte im Übrigen auch beim Vertrieb von Standardsoftware gelten, die allgemein als Lieferung eines materiellen Wirtschaftsguts und nicht als Überlassung von Software/Vertrieb eines immateriellen Wirtschaftsguts angesehen wird. **32**

---

[33] Vgl. auch Tz. 3.4.8.3 VGr-Verfahren.
[34] Vgl. Tz. 3.69-3.71 OECD-RL 2010. Die ex ante- bzw. ex post-Sichtweise bezeichnet die OECD als „Arm's length price-setting"- bzw. „Arm's length outcome-testing"-Ansatz.
[35] Vgl. Sec. 1.482-4 (f) (2) US Regs.
[36] Vgl. § 1 Abs. 3 S. 11 u. 12 AStG. Vgl. dazu iE Kap. R Rn. 254 ff.
[37] Vgl. zur Vergleichbarkeit von Produkten unten Rn. 41 ff.

II. Vergleichbarkeitsanalyse

33   § 1 Abs. 1 S. 1 AStG bestimmt, dass ein Fremdpreis nur dann als Vergleichspreis dienen kann, wenn er **unter gleichen oder vergleichbaren Verhältnissen** wie der Verrechnungspreis für das zu beurteilende Geschäft zustande gekommen ist (vgl. auch Tz. 1.33 OECD-RL 2010).

In Tz. 3.4.12.7 der VGr-Verfahren und ab 2008 auch gesetzlich in § 1 Abs. 3 S. 1 und 2 AStG wird darüber hinaus unterschieden in Geschäftsbeziehungen, die **„uneingeschränkt"** oder lediglich **„eingeschränkt" vergleichbar** sind. Diese Unterscheidung ist bedeutsam, weil bei Vorliegen von mehreren nur eingeschränkt vergleichbaren Fremdvergleichsdaten eine Einengung der Bandbreite von Fremdvergleichsdaten verlangt wird.[38] Darüber hinaus sind nach den gesetzlichen Regelungen bei Vorliegen uneingeschränkt vergleichbarer Fremdvergleichswerte die Standardmethoden vorrangig anzuwenden.[39]

Der **Vergleichbarkeitsanalyse**, deren Ziel die Ermittlung der für den jeweiligen Einzelfall maßgebenden Fremdvergleichsdaten ist, wird daher im Ergebnis eine **zunehmende Bedeutung** zukommen. Dies spiegelt sich auch auf OECD-Ebene wider, denn die OECD-RL 2010 wurde um ein neues Kapitel ergänzt, das sich speziell der Vergleichbarkeitsanalyse widmet. Nur Teile wurden dafür aus dem Kapitel „Fremdvergleichsgrundsatz" der Vorgängerrichtlinie 1995/96/97 übernommen.

34   Der größte Teil des neu in der OECD-RL 2010 aufgenommenen Kapitels befasst sich mit der Durchführung einer Vergleichbarkeitsanalyse. Hierbei beschreibt die **OECD** einen Analysevorgang, der aus insgesamt **neun Schritten** besteht:[40]

1. Festlegung der zu berücksichtigenden Jahre
2. Analyse des wirtschaftlichen Umfelds des Steuerpflichtigen
3. Durchführung einer Funktionsanalyse, Feststellung des untersuchten Unternehmens und Identifikation der signifikanten Vergleichbarkeitsfaktoren
4. Überprüfung der existierenden internen Vergleichswerte
5. Bestimmung verfügbarer Informationsquellen über externe Vergleichswerte
6. Auswahl der besten Verrechnungspreismethode und Bestimmung des Gewinnindikators bei Verwendung gewinnorientierter Methoden
7. Ermittlung potenzieller Vergleichswerte auf Basis der signifikanten Vergleichbarkeitsfaktoren
8. Durchführung von Anpassungsrechnungen
9. Interpretation der gesammelten Daten und Bestimmung der fremdüblichen Vergütung.

Die vorstehenden Schritte werden von der OECD als typische Vorgehensweise zur Durchführung einer Vergleichbarkeitsanalyse beschrieben, die sich aus Sicht der OECD in der Praxis bewährt haben. Hierbei sind die einzelnen Schritte **nicht unbedingt linear zu durchlaufen.** So wird in der RL darauf verwiesen, dass insb. die Schritte 5–7 bei Bedarf mehrfach zu durchlaufen sind. Ursächlich hierfür können unzureichende Informationen über ver-

---

[38] Vgl. Tz. 3.4.12.5 VGr-Verfahren und § 1 Abs. 3 S. 3 AStG.
[39] Vgl. § 1 Abs. 3 S. 1 AStG.
[40] Vgl. OECD-RL 2010 Tz. 3.4.

gleichbare Transaktionen oder die nicht mögliche Durchführung notwendiger Anpassungsrechnungen sein. Ebenso weist die OECD darauf hin, dass nicht immer zwingend das vorgestellte Verfahren in der Praxis anzuwenden ist. So können **andere Verfahren**, die ebenfalls zu einem richtigen Ergebnis führen, **nicht beanstandet** werden.[41]

Die Vergleichbarkeit der Verhältnisse lässt sich über eine Analyse der rele- **35** vanten Industrie und ihres allgemeinen Verhaltens (**äußere Vergleichbarkeit:** Güter und Waren, Marktumfeld, besondere Wettbewerbssituationen) und eine Analyse der an der Lieferbeziehung beteiligten rechtlichen Einheiten und ihres Verhaltens untereinander (**innere Vergleichbarkeit:** Geschäftsstrategie und Preispolitik, Liefervereinbarungen, Funktionsanalyse) ermitteln.

Eine Darstellung der Kriterien zur Vergleichbarkeitsanalyse findet sich sowohl in den VGr als auch in der OECD-RL.

In **Tz. 3.1.1. der VGr** wird als notwendiger Umstand für die Übertragbarkeit von Fremdpreisen die Vergleichbarkeit der Güter und Waren, Mengen, Märkte, Handelsstufen sowie Lieferungs- und Leistungsbedingungen gefordert. Tz. 3.1.1. der VGr enthält zwar unstreitig keine abschließende Aufzählung der Merkmale, die bei der Feststellung der Vergleichbarkeit des Fremdpreises zu berücksichtigen wären, jedoch gehören die genannten Merkmale sicher zu denen, die bei einem inneren bzw. äußeren Vergleich zu beachten sind.

Bereits Tz. 2.1.3. der VGr verweist für die Einkunftsabgrenzung allgemein **36** auf die Funktionen der einzelnen nahestehenden Unternehmen. Zudem fordert Tz. 2.4.1. der VGr, auf die Tz. 3.1.1. der VGr Bezug nimmt, dass bei der Auswahl der Methode für die Ermittlung des Verrechnungspreises auf die Verhältnisse des Einzelfalls abzustellen ist.[42] Noch konkreter sind gem. **Tz. 3.1.2.1. der VGr** bei der Prüfung des Verrechnungspreises **alle Umstände des Einzelfalls** zu berücksichtigen. Tz. 3.1.2.1. der VGr führt ebenso wie Tz. 2.1.3. der VGr bedeutsame Verhältnisse und Umstände auf, wobei das Wort „insb." in beiden Fällen darauf hinweist, dass die Aufzählung nicht abschließend ist. Weil aber grundsätzlich viele und auch unterschiedliche Faktoren relevant sein können, ist es weder praktisch möglich noch überhaupt sinnvoll, immer sämtliche, möglicherweise abstrakt relevante Kriterien bei einer Vergleichbarkeitsanalyse heranzuziehen oder, als Gegensatz dazu, diese per Aufzählung zu begrenzen. So wird aus deutscher Sicht erwartet, dass der Steuerpflichtige sein ernsthaftes Bemühen[43] darlegt, alle Faktoren zu berücksichtigen, die im betrachteten Fall die Preisgestaltung beeinflussen.[44] Dies erfordert für den Einzelfall, eine geeignete Auswahl der Faktoren zu treffen.

Nach Tz. 3.1.2.1. der VGr sind insb. **folgende Umstände des Einzel-** **37** **falls** für die Ermittlung und Überprüfung des Verrechnungspreises **zu berücksichtigen:**
1. Die besondere Art, Beschaffenheit und Qualität sowie der Innovationsgehalt der gelieferten Güter und Waren;

---

[41] Vgl. OECD-RL 2010 Tz. 3.4–3.5.
[42] So auch Tz. 3.4.10.1 VGr-Verfahren.
[43] Vgl. § 1 Abs. 1 S. 2 GAufzV sowie Tz. 3.4.12.3 VGr-Verfahren.
[44] Vgl. Tz. 3.4.12.7 VGr-Verfahren.

2. Die Verhältnisse des Marktes, in dem Güter oder Waren benutzt, verbraucht, bearbeitet, verarbeitet oder an Fremde veräußert werden;
3. Die Funktionen und die Handelsstufen, die von den beteiligten Unternehmen tatsächlich wahrgenommen werden (vgl. Tz. 2.1.3. der VGr);
4. Die Liefervereinbarungen, insb. über Haftungsverhältnisse, Zahlungsfristen, Rabatte, Skonti, Gefahrentragung, Gewährleistung usw.;
5. Bei längerfristigen Lieferbeziehungen die damit verbundenen Vorteile und Risiken;
6. Besondere Wettbewerbssituationen (vgl. zB Tz. 3.1.2.4. Satz 2 der VGr).

38 Auch die OECD führt in ihrer RL aus, dass die wirtschaftlich relevanten Gegebenheiten der jeweiligen zu vergleichenden Situationen hinreichend vergleichbar sein müssen. Zu den die **Vergleichbarkeit bestimmenden Faktoren** zählen aus Sicht der **OECD-RL 2010:**[45]

1. Die in den Gütern und Waren inhärenten Merkmale zur Werthaltigkeit, wie ihre **physischen Eigenschaften,** ihre Qualität und Zuverlässigkeit sowie ihre Verfügbarkeit und Liefermenge (vgl. Tz. 1.39 ff.);
2. Die von jedem Unternehmen wahrgenommenen **Funktionen** unter Berücksichtigung der eingesetzten Wirtschaftsgüter und der übernommenen Risiken auf der Grundlage von Funktionsanalysen (vgl. Tz. 1.42 ff.);
3. Die expliziten oder impliziten **Vertragsbedingungen,** die die Aufteilung der Verpflichtungen, Risiken und Vorteile zwischen den Parteien bestimmen, bzw. die wahren Gegebenheiten eines Geschäfts, die sich auf Basis einer Analyse der Einhaltung der Vertragsbedingungen ergeben (vgl. Tz. 1.52 ff.);
4. Die Beschaffenheit des **relevanten Markts** bezüglich geographischer Lage, Größe, Wettbewerbsintensität, Wettbewerbsposition der Käufer und Verkäufer, Möglichkeit zum Bezug von Ersatzwaren, Angebot und Nachfrage auf dem Markt, Kaufkraft der Konsumenten, Art und Umfang staatlicher Marktregulierung, Produktionskosten, Transportkosten, Marktstufe, Zeitpunkt der Transaktionen etc. (vgl. Tz. 1.55 ff.);
5. Die von der jeweiligen rechtlichen Einheit bestimmten **Geschäftsstrategien,** in die die Entwicklung neuer Produkte oder Märkte, der Diversifikationsgrad, die Risikostrategien, die Einschätzung politischer Veränderungen, der Einfluss der Arbeitsgesetze etc. eingehen (vgl. Tz. 1.59 ff.).

Die Faktoren der Vergleichbarkeit sind für sämtliche Geschäftsbeziehungen und nicht nur bei der Lieferung von Gütern und Waren von Bedeutung. Die Vergleichbarkeitsfaktoren werden in diesem Kapitel aber insb. aus zwei Gründen ausführlich dargestellt. Zum einen legt die **OECD** mittlerweile ein **sehr hohes Gewicht auf** die Aspekte der **Vergleichbarkeit.** Dies geht bspw. aus der bereits erwähnten Aufnahme eines eigenständigen Kapitels zur Vergleichbarkeitsanalyse hervor. Zum anderen ist die Vergleichbarkeit bei immateriellen Wirtschaftsgütern oft bereits von vornehererin nicht gegeben. Dies kann damit erklärt werden, dass immaterielle Wirtschaftsgüter ihrer Natur nach häufig schwer greifbar und unter Umständen sogar einzigartig sind, sodass sie sich einer Vergleichbarkeit entziehen und eine Bewertung somit äußerst

---

[45] Vgl. Tz. 1.36 ff. OECD-RL 2010. Für Geschäftsbeziehungen allgemein folgt die Aufzählung in Tz. 3.4.12.7 VGr-Verfahren noch der bei Erlass des BMF-Schreibens anwendbaren OECD-RL 1995/96/97.

schwierig ist. Auch die OECD verweist auf die teilweise großen Schwierigkeiten bei der Anwendung des Fremdvergleichsgrundsatzes und der Wertbestimmung im Kontext von immateriellen Wirtschaftsgütern.[46] Wenngleich bei der Wertermittlung von immateriellen Wirtschaftsgütern Vergleichbarkeitsaspekte ebenfalls von Bedeutung sind,[47] so lässt sich aus den vorstehenden Ausführungen ableiten, dass die Vergleichbarkeitsfaktoren bei der Lieferung von Gütern und Waren von besonderer praktischer Bedeutung sind und ihnen daher im Folgenden besonderer Raum gegeben wird.

Bevor im Weiteren auf die Vergleichbarkeitsaspekte im Detail eingegangen wird, sei zunächst noch auf Entwicklungen auf Ebene der **UNO** eingegangen. Oiese hat am 29. Mai 2013 ein „Practical Manual on Transfer Pricing for Developing Countries" (**„UN Practical Manual 2013"**) veröffentlicht.[48] Diese Ausarbeitung stellt keinen Gegenentwurf zu den OECD-RL dar, sondern beabsichtigt vielmehr, eine praktische Anwendungshilfe für die Bestimmung von Verrechnungspreisen für **Entwicklungsländer** und für Steuerpflichtige zu liefern, die mit Entwicklungsländern Geschäftsbeziehungen unterhalten.[49]

Für die Durchführung einer **Vergleichbarkeitsanalyse** schlägt die **UNO** einen **achtstufigen Prozess** vor:[50]

1. Analyse der wirtschaftlich wesentlichen Umstände der Industrie, des Geschäfts des Steuerpflichtigen und der konzerninternen Transaktionen des betrachteten Unternehmens
2. Untersuchung von Vergleichbarkeitsfaktoren für die konzerninternen Transaktionen
3. Bestimmung des zu überprüfenden Konzernunternehmens (tested party), soweit relevant
4. Identifikation potenzieller (interner und externer) Vergleichstransaktionen
5. Durchführung von Anpassungsrechnungen, sofern erforderlich
6. Auswahl der am besten geeigneten Verrechnungspreismethode
7. Bestimmung eines Fremdvergleichspreises oder -gewinns (bzw. einer entsprechenden Bandbreite)
8. Dokumentation aller Elemente der Vergleichbarkeitsanalyse und Monitoring

Die beschriebenen Schritte **ähneln stark dem Aufbau** der von **der OECD** vorgeschlagenen Reihenfolge zur Durchführung einer Vergleichbarkeitsanalyse. Zu dieser Vorgehensweise führt die UNO aus, dass im Einzelfall weitere Schritte notwendig sein können und einzelne Schritte möglicherweise mehrfach wiederholt werden müssen, bis ein zufriedenstellendes Ergebnis erzielt wird.[51]

Im Hinblick auf die **Faktoren der Vergleichbarkeit** greift das UNO-Handbuch die gleichen Faktoren wie die OECD auf: die Eigenschaften der

---

[46] Vgl. Tz. 6.13 OECD-RL 2010.
[47] Vgl. Tz. 6.14–6.15 OECD-RL 2010.
[48] Vgl. http://www.un.org/esa/ffd/documents/UN_Manual_TransferPricing.pdf und Kap. B Rn. 271 ff., insb. Kap. B Rn. 278 ff.
[49] Vgl. UN Practical Manual 2013, Foreword.
[50] Vgl. UN Practical Manual 2013, sec. 5.2.
[51] Vgl. UN Practical Manual 2013, sec. 5.2.

Güter oder Leistungen, die übernommenen Funktionen und Risiken, die Vertragsbedingungen, die Marktbedingungen sowie die Geschäftsstrategien.[52]

1. Äußere Vergleichbarkeitsanalyse

39   Bei der äußeren Vergleichbarkeitsanalyse wird in einem ersten Schritt die **Industrie und das Marktumfeld, in dem das Unternehmen tätig ist, analysiert (Industry Analysis).** Sofern das Unternehmen eine divisionalisierte Organisationsstruktur aufweist und daher in verschiedenen Industrien tätig ist, verlangt die äußere Vergleichbarkeitsanalyse eine eigenständige Untersuchung für jede Division des Unternehmens, um den unterschiedlichen Bedürfnissen der jeweiligen Industrien Rechnung zu tragen. Dazu werden zum einen die Güter und Waren bzw. zum anderen die Märkte, auf denen die Güter und Waren abgesetzt werden, in ihrer historischen und antizipierten Entwicklung dargestellt.

40   Die äußere Vergleichbarkeitsanalyse ist dann hinreichend bestimmt, wenn die **relative Position des zu untersuchenden Unternehmens auf den jeweiligen Märkten** dargestellt ist **(Company Analysis).** Hieraus folgt nämlich die Erkenntnis, mit welchen unabhängigen Unternehmen das zu untersuchende Unternehmen zu vergleichen bzw. ob das zu untersuchende Unternehmen im Marktvergleich eine marktbeherrschende oder lediglich eine marktfolgende Position einnimmt.

a) Vergleichbarkeit der Güter und Waren

41   Tz. 3.1.2.1. Nr. 1 der VGr erwähnt zunächst die Vergleichbarkeit von Art, Beschaffenheit, Qualität und Innovationsgehalt der zu vergleichenden Güter und Waren. Tz. 3.4.12.7 der VGr-Verfahren verweist auf die Merkmale und die Besonderheiten der Wirtschaftsgüter und zählt beispielhaft die in der OECD-RL genannten Kriterien physische Eigenschaften, Qualität, Zuverlässigkeit, Verfügbarkeit und Liefermenge auf. Nach herrschender Meinung wird ein Produkt im Markt nicht nur nach seinen technisch-physischen Eigenschaften bestimmt. Vielmehr setzt sich ein Produkt als Kombination von **physischen, symbolischen, ästhetischen und dienstleistungsmäßigen Komponenten** zusammen, die beim Käufer die Erfüllung bestimmter Erwartungen oder die Lösung bestimmter Probleme hervorruft.

Die VGr teilen offenbar einen solchen weit gefassten Produktbegriff. Dies ergibt sich indirekt aus Tz. 3.1.2.1. der VGr und deutlicher aus Tz. 3.1.2.2. der VGr, nach der im Fremdpreis zu berücksichtigen ist, ob im Zusammenhang mit der Lieferung von Gütern oder Waren besondere Dienstleistungen vereinbart werden.

42   Im Folgenden sollen **Schlüsseleigenschaften** angesprochen werden, durch die sich scheinbar ähnliche **Produkte unterscheiden.** Diese Unterschiede führen dazu, dass die Preise für derartige, nur scheinbar ähnliche Güter und Waren nicht mehr als vergleichbare Fremdpreise für das zu überprüfende Produkt angesehen werden können, soweit nicht eine Anpassungs-

---

[52] Vgl. UN Practical Manual 2013, sec. 5.3.2.

rechnung nach Tz. 2.1.7. bzw. 2.2.2. der VGr[53] gelingt. Dabei darf nicht verkannt werden, dass sich bestimmte Eigenschaften überschneiden, in Beziehung zueinander stehen oder auch überlagern. Die angeführten Beispiele beziehen sich auf die **Preisvergleichsmethode,** soweit nicht ausdrücklich eine andere Methode aufgeführt wird. Dies ist auch dadurch begründet, dass sich Produktunterschiede bei der Preisvergleichsmethode stärker niederschlagen als bei der Wiederverkaufspreis- oder Kostenaufschlagsmethode.[54]

(1) *Technische Ausstattung*

Ein Produkt, von dem der Verwender einen bestimmten Verwendungs- **43** zweck bzw. Gebrauchswert erwartet, kann aus verschiedenen Materialien, in verschiedenen technischen Ausführungen, mit unterschiedlichen technischen Eigenschaften und in verschiedenen Mustern hergestellt werden.

Beispiel: Ein deutscher Hersteller von Polstermöbeln liefert seiner Tochterfirma im Land A Polstersessel mit Stoffbezügen. Gleichzeitig exportiert der Hersteller formgleiche Polstersessel, die mit Leder bezogen sind, an seine Tochterfirma in Land B. Der Hersteller darf unter der **Preisvergleichsmethode** verschiedene Verrechnungspreise für die Polstermöbel ansetzen.

(2) *Technische Qualität*[55]

Unter technische Qualität fallen Merkmale wie physikalische Leistungsfä- **44** higkeit, Energieverbrauch, Funktionssicherheit sowie Einfachheit der Bedienung und Reinigung. Diese Eigenschaften werden idR vom Produzenten beeinflusst und bestimmen, inwieweit die an das Produkt gestellten Qualitätserwartungen der Abnehmer in Erfüllung gehen.

Beispiel: Ein deutscher Motorenhersteller verkauft Motoren, die einen vergleichsweise hohen Energieverbrauch aufweisen, an eine Tochtergesellschaft in Land A. Die Tochtergesellschaft in Land B bezieht jedoch energiesparende Motoren des deutschen Herstellers. Der Verrechnungspreis für die energiesparenden Motoren wird bei Anwendung der Preisvergleichsmethode zu Recht höher angesetzt.

(3) *Haltbarkeit*

Die Haltbarkeit ist ein Maß für die Nutzbarkeitsdauer eines Produkts. Je **45** nach Markt und/oder Region sind sowohl Konsumenten als auch industrielle Abnehmer tendenziell bereit, für das haltbarere Produkt mehr zu bezahlen. Der Preiszuschlag für die Haltbarkeit ist jedoch in der Höhe zB auch davon abhängig, ob das Produkt ausgeprägten Modetrends unterworfen ist oder technologisch schnell veraltet. In diesen Fällen werden sowohl Konsumenten als auch industrielle Abnehmer nicht bereit sein, hohe Haltbarkeit zusätzlich zu entgelten.

Beispiel 1: Ein Kaffeeproduzent vertreibt mit unterschiedlichen Verfahren hergestellte Instant-Kaffees über eine Tochtergesellschaft in Deutschland. Für die längere Haltbarkeit der gefriergemahlenen Instant-Kaffees stellt der Hersteller dem deutschen Vertriebsunternehmen zu Recht einen höheren Verrechnungspreis in Rechnung.

---

[53] Zu Anpassungsrechnungen vgl. auch Tz. 3.4.12.7c) VGr-Verfahren sowie § 1 Abs. 3 S. 1 und 2 AStG.
[54] Vgl. auch Tz. 2.24 OECD-RL 2010.
[55] Vgl. auch Tz. 1.39 OECD-RL 2010.

Beispiel 2: Es dürfte nicht dem Fremdvergleichsmaßstab entsprechen, wenn ein Personalcomputerhersteller seiner Vertriebstochtergesellschaft aufgrund einer garantierten Haltbarkeit der Leiterplatten von 10 Jahren einen höheren Verrechnungspreis in Rechnung stellt, als für PC mit Leiterplatten, deren Funktionsfähigkeit nur für 5 Jahre garantiert wird, da sich die technischen Ausstattungselemente und die Leistung der Personalcomputer sehr schnell überholen. Ein Konsument wird kaum bereit sein, für das „überlang" haltbare Produkt mehr zu zahlen, wenn die fragliche Personalcomputerlinie in ein bis zwei Jahren technologisch überholt sein wird.

(4) *Zuverlässigkeit*[56]

46   Die Zuverlässigkeit misst die Wahrscheinlichkeit, dass innerhalb eines definierten Zeitraums keine Leistungsstörung auftritt. Gerade industrielle Käufer sind bereit, für hohe Zuverlässigkeit einen höheren Preis zu zahlen.

Beispiel: Ein deutsches Unternehmen A liefert Fertigungssteuerungselemente an einen fremden Dritten französischen Maschinenbauer für 140 € das Stück. Der Betriebsprüfer hält dem deutschen Unternehmen B, welches vergleichbare Steuerungen an ein französisches Tochterunternehmen F liefert, vor, dass es einen Verrechnungspreis von 100 € gegenüber F ansetzt. Der Geschäftsführer von B kann jedoch nachweisen, dass seine Produkte bedauerlicherweise störungsanfälliger als die von A sind. Auch am freien Markt könnte B keinen höheren Produktpreis erzielen. Der Verrechnungspreis von B gegenüber F von 100 € ist anzuerkennen.

(5) *Instandsetzbarkeit*

47   Industrieprodukte, insb. Maschinen, unterscheiden sich auch darin, wie schnell eine Leistungsstörung behoben werden kann. Wenn zB eine Maschine aus vielen standardisierten Modulen hergestellt ist, die sich leicht austauschen lassen, ist eine Reparatur relativ einfach. Der Käufer kann in diesem Fall ggf. sogar das defekte Teil selbst austauschen, ohne dafür die Techniker des Herstellers anfordern zu müssen. Eine weitere Verbesserung der Instandsetzbarkeit stellen DV-gesteuerte diagnostische Fehleranzeigen dar. Diese ermöglichen umgehende Fehlerdiagnosen und damit eine weitere Verkürzung der Reparaturzeit.

Beispiel: Ein französischer Maschinenbauer F liefert Werkzeugmaschinen an ein unabhängiges deutsches Vertriebsunternehmen zum Preis von 300 000 €. Im gleichen Abrechnungsjahr bezieht die deutsche Vertriebstochter D von F ähnliche Werkzeugmaschinen, die jedoch eine modulare Instandsetzbarkeit aufweisen, zu einem um 30 000 € höheren Preis. Der höhere Preis an D hält dem Fremdvergleich stand, da sich die gelieferten Maschinen durch eine höhere Instandsetzbarkeit auszeichnen.

(6) *Normung*

48   Normung kann zum einen für die kostensparende Fertigung eines Produktes von Bedeutung sein. Zum anderen ist sie auch für die Formgebung und Verpackung bedeutsam und erhöht uU die Absatzfähigkeit von Gütern und Waren. Darüber hinaus stellen Normen und Standards die Anschlussfähigkeit industrieller Produkte an angrenzende Systeme des Anwenders sicher.

Beispiel 1: Ein italienisches Chemieunternehmen C liefert sowohl an ein unabhängiges deutsches Textilunternehmen als auch an ein deutsches Tochterunternehmen D der Textilbranche chemische Färbemittel in Behältern. D erhält die Färbemittel in ge-

---

[56] Vgl. auch Tz. 1.39 OECD-RL 2010.

normten Spezialbehältern, die ohne zusätzliche Rüstkosten in die Produktionsanlagen integriert werden können. Dieser Vorteil erspart D erhebliche Rüstkosten je Fertigungscharge. Daher entspricht es dem Arm's-Length-Grundsatz, dass D einen höheren Preis als das unabhängige deutsche Textilunternehmen bezahlt.

Beispiel 2: Das US-Automobilunternehmen A verkauft einen Teil seiner Produktion nach Deutschland. Es beliefert hier eine eigene Vertriebstochtergesellschaft V, die von A Modelle erhält, die bereits den deutschen Normen entsprechen, insb. bezüglich Katalysator, passiver Sicherheit und Armaturenanzeigen. Gleichzeitig beliefert eine weitere Produktionsgesellschaft B der A-Gruppe mit Sitz in Südafrika die Vertriebsgesellschaft V auch mit Modellen, die noch nicht auf deutsche Normen umgerüstet sind, sondern südafrikanischen Zulassungsvoraussetzungen entsprechen. V nimmt hier den Umbau auf deutsche Normen selbst vor. Obwohl beide an V gelieferten Modelle technisch gleichwertig sind, ist V berechtigt, B einen niedrigeren Preis zu berechnen als A, da die von A gelieferten Modelle bereits der vorgeschriebenen Norm für den Verkauf an Endverbraucher entsprechen.

(7) Verpackung

Größe, Form, Material, Verschluss und Gestaltung der Verpackung sind **49** funktions-, mode- und zielgruppenabhängig. Zudem unterscheiden ökologische Gesichtspunkte die Art der Verpackung. Verschiedene Regionen (zB Länder, Gemeinden) stellen unterschiedliche Anforderungen an Recyclingfähigkeit, Rückstandsfreiheit und Müllvermeidung. Zudem erfüllt die Verpackung regionalspezifische absatztechnische Aufgaben, wie Ermöglichung der Transport- und Lagerfähigkeit, Schutz und Sicherung der enthaltenen Ware und Information des Nutzers.

Beispiel 1: Je nach Absatzland und Transportmitteln verpackt der Hersteller von gläsernen Lampenschirmen seine Waren zusätzlich in eigens geformte Styroporschalen. Dies führt zu unterschiedlichen Verrechnungspreisen.

Beispiel 2: Das amerikanische Chemieunternehmen C liefert Reagenzien an seine deutsche Vertriebsgesellschaft D in Spezialkartons mit biologisch abbaubarer Innenbeschichtung und an andere deutsche Abnehmer in herkömmlichen PVC-Kanistern. Der höhere Preis, den C an D berechnet, entspricht der besseren Recyclingfähigkeit der Spezialverpackung und wird von D akzeptiert, da es dadurch seine Müllgebühren verringern und lokale Sondersteuern auf Plastikverpackungen vermeiden kann.

(8) Formgebung

Durch die Formgebung wird entscheidend bestimmt, wie gut ein Produkt **50** aussieht und wie attraktiv es auf den potentiellen Käufer wirkt. Insb. Käufer von Konsum- oder Gebrauchsgütern sind bereit, wegen einer außergewöhnlichen Formgebung für eine Ware einen Aufpreis zu bezahlen. Styling hat den Vorteil, dass Produkte geschaffen werden, die Aufmerksamkeit erregen und nicht so leicht kopiert werden können. Zudem ist Formgebung als Gebrauchsmuster rechtlich schützbar.

In welchem Maß das Styling eine höhere Produktleistung aus Kundensicht mit sich bringt, ist im Einzelfall zu entscheiden und hängt in nicht unwesentlichem Maße von der Mode und ihrer Veränderung ab. Besonders markant tritt diese Abhängigkeit in der Bekleidungs- und Parfümindustrie auf, aber auch andere Branchen wie Automobile, Schuhe, Möbel oder Lampen unterliegen starken Schwankungen in Bezug auf Mode und Formgebung.

(9) *Image*

51   Auch wenn die Waren und Güter der verschiedenen Anbieter objektiv gleichwertig erscheinen, ist es möglich, dass die Kunden den Waren und Gütern der konkurrierenden Anbieter unterschiedliche Imagewerte zuordnen. Das **Produktimage** kann sich länderspezifisch, sogar regionenspezifisch und käufergruppenspezifisch unterscheiden. Bspw. gilt Obst in bestimmten nordischen Ländern fast als Luxusprodukt, während es in einem sonnenreichen Mittelmeerstaat Grundnahrungsmittel ist. Ein weiteres Beispiel sind Modetrends. ZB ist es in den USA oder China regelmäßig ein mehr oder weniger starker Trend, bestimmte deutsche Automarken als Prestige- und Statussymbol zu besitzen. Ähnliches gilt für bestimmte englische Fabrikate in Deutschland.

Das Image eines Produkts kann das Ergebnis jahrelanger Kundenzufriedenheit, regional- bzw. käufergruppenspezifischer Unterschiede bzw. Trends oder der Produktpolitik und Werbung des Unternehmens sein. Teilweise prägt auch die wirtschaftliche Entwicklung eines Landes das Image einer Ware, wie zB das Image-Siegel „made in Germany" seit Jahren ein Synonym für deutsche Wertarbeit darstellt. Hier überlagern sich allerdings Image und technische Qualität als Produkteigenschaft.

Das vom inländischen Endverbraucher bzw. -abnehmer wahrgenommene Image beeinflusst direkt den Endabnehmerpreis und damit auch den Verrechnungspreis zwischen inländischem Vertriebsunternehmen und ausländischem Mutterunternehmen.

Beispiel: Eine japanische Vertriebsfirma J bietet in Deutschland einen japanischen Luxuswagen an. Aus Sicht der Konsumenten in der Bundesrepublik Deutschland hat der japanische Luxuswagen aber nicht das Image wie ein technisch vergleichbarer Wagen bestimmter europäischer Hersteller. Daher muss J den Wagen zu einem niedrigeren Preis anbieten. Letztendlich beurteilt der deutsche Konsument den japanischen Luxuswagen als ein erkennbar anderes Produkt, welches gegenüber dem europäischen Luxuswagen unterschiedliche Produktmerkmale aufweist. Bei Anwendung der Preisvergleichsmethode ist daher der übliche Fremdpreis zwischen dem japanischen Hersteller und J um einen Abschlag zu vermindern, der das niedrigere Produktimage in Deutschland berücksichtigt. Ähnliches ergibt sich bei der Anwendung der Wiederverkaufspreismethode oder der transaktionsbezogenen Nettomargenmethode.

52   Neben oder gemeinsam mit dem Produktimage beeinflusst auch das **Marken- und/oder Firmenimage** den Preisspielraum gegenüber dem Endverbraucher. Bspw. liegt der Erfolg einer bekannten Zigarettenmarke darin, dass diese Zigarettenmarke mit dem Image eines „Traum-Cowboys" behaftet ist und damit die Raucher animiert, zu dieser Zigarette zu greifen. Besondere Bedeutung für die Festlegung von Verrechnungspreisen hat auch, wenn ein Unternehmen schon „per se" ein bestimmtes, meist positives Image auf alle seine Produkte ausstrahlt. Zu denken ist hier an sehr verschiedene Ausprägungen, von bekannten Kinderspielzeug- bis hin zu Smartphonemarken. Dies wirkt sich insb. auf die Akzeptanz neu eingeführter Produkte vorteilhaft aus.

Es ist jeweils im Einzelfall zu prüfen, inwieweit das Image des Markennamens oder allgemein des Unternehmens Einfluss auf die Bestimmung des Verrechnungspreises hat. Dabei ist zu beachten, dass eine Muttergesellschaft gem. Tz. 6.3.2 der VGr ein Entgelt für die Führung des Firmennamens nicht verrechnen darf.[57]

(10) *Zusatzleistungen und Service*

Neben den ursprünglichen Eigenschaften einer Ware oder eines Produkts **53** können Unternehmen ihr Angebot durch die mit dem Produkt verbundenen Serviceleistungen differenzieren. Vielfach liegt der Schlüssel zum Erfolg im Wettbewerb gerade beim Umfang der Zusatzleistungen. Dies findet auch Niederschlag in Tz. 3.1.2.2. der VGr. Werden gem. Tz. 3.1.2.2. der VGr im Zusammenhang mit der Lieferung von Gütern und Waren besondere Finanzierungsleistungen, Beistellungen oder Nebenleistungen vereinbart, hat der Fremdpreis dies zu berücksichtigen.

Die wichtigsten Kundendienstleistungen seien im Folgenden aufgezählt, wobei die Reihenfolge je nach Fragestellung voneinander abweichen dürfte:
– Technische problemorientierte Beratung
– Projektausarbeitung
– Kaufberatung
– Musterversand bzw. Lieferung zur Probe
– Bestelldienst und Zustellung
– Installation und Montage
– Kundenschulung in Form von Dokumentation, Betriebsanleitungen und Gesprächen
– Instandsetzung und Instandhaltung, inkl. Ersatzteilversorgung
– Sonderverpackungen
– Umtauschrechte, Garantieleistungen/Gewährleistungen
– Bereitstellen eines Recyclingsystems/Rücknahmegarantien
– Sonstige Dienstleistungen.
Die Hersteller bzw. Händler können durch derartige Dienstleistungsangebote ihr Produkt vom Anbieter anderer Produkte abheben. Denkbar ist jedoch auch, dass nur bestimmte Kundengruppen spezielle Zusatzleistungen erhalten. Daher kann nur im Einzelfall überprüft werden, inwieweit derartige Zusatzleistungen die Verrechnungspreise zwischen verbundenen Unternehmen beeinflussen.

Unterschiedliche Produkteigenschaften und Serviceleistungen führen letzt- **54** endlich zu unterschiedlichen Produkten. Dennoch kann für derartige ungleichartige Geschäfte gem. Tz. 2.2.2. der VGr die Preisvergleichsmethode herangezogen werden, wenn der **Einfluss der abweichenden Faktoren eliminiert** und der bei diesen Geschäften vereinbarte Preis gem. Tz. 2.1.7. der VGr auf einen Preis für das verglichene Geschäft umgerechnet werden kann.[58] Im Rahmen der Kostenaufschlagsmethode können diese Sonderfaktoren durch den Ansatz entsprechender Kosten- und Gewinnaufschlagswerte berücksichtigt werden. Bei der Wiederverkaufspreis- und der transaktionsbezogenen Nettomargenmethode wird das Vorhandensein bzw. Fehlen bestimmter Produkteigenschaften oder Serviceleistungen des Herstellers oder des Vertreibers durch Zu- bzw. Abschläge vom Verkaufspreis (bzw. der Rohgewinnmarge des Wie-

---

[57] Vgl. dazu auch Kap. O Rn. 506 ff.
[58] Zu Anpassungsrechnungen vgl. auch Tz. 3.4.12.7c) VGr-Verfahren sowie § 1 Abs. 3 S. 1 und 2 AStG.

derverkäufers) berücksichtigt.[59] Auch bei Anwendung der sogenannten vierten Methode[60] ist eine Einbeziehung von unterschiedlichen Produkteigenschaften und Zusatzleistungen möglich und gefordert.

b) Vergleichbarkeit der Märkte

aa) Marktbegriff

55   Gem. Tz. 3.1.1. und 3.1.2.1. Nr. 2 der VGr sind bei der Prüfung des Verrechnungspreises die Verhältnisse des Marktes zu berücksichtigen, in dem die Güter oder Waren benutzt, verbraucht, bearbeitet, verarbeitet oder an Fremde veräußert werden. Tz. 3.4.12.7 der VGr-Verfahren spricht für Geschäftsbeziehungen allgemein von den „wirtschaftlichen Umständen im maßgeblichen Markt".[61] Folglich stellt sich die Frage, wie der Begriff „Markt" zu definieren ist.

56   Tz. 3.1.1. der VGr spricht vom **„Absatzmarkt".** Aus dieser Bezeichnung könnte sich das Missverständnis ergeben, dass der Markt gemeint ist, auf dem der Endverbraucher tätig wird. Die Preise eines derartigen Absatzmarktes kommen jedoch für den Fremdvergleich zwischen Industrie- bzw. Handelsunternehmen nicht in Betracht, da gem. Tz. 3.1.2.1. Nr. 3 der VGr die Funktionen und Handelsstufen beim Fremdvergleich zu berücksichtigen sind. Es ist aber davon auszugehen, dass Tz. 3.1.1. der VGr wie auch die inhaltsgleiche Umschreibung des Absatzmarktes in Tz. 3.1.2.1. Nr. 2 der VGr lediglich den Markt aus Sicht des Anbieters bezeichnen soll.

57   Die **Betriebswirtschaftslehre** versteht unter dem Begriff „Markt" weder eine Institution noch einen räumlich bestimmten Platz, sondern ganz allgemein das Zusammentreffen von Angebot und Nachfrage. Diese Definition erscheint jedoch für Zwecke des Fremdvergleichs zu unbestimmt, insb. da in der Praxis der geographisch-räumlichen Abgrenzung von Märkten und der Differenzierung nach Käufer- und Anbietergruppen große Bedeutung zukommt. Daher soll der **Begriff „Markt"** in Anlehnung an gängiges betriebswirtschaftliches Verständnis als Summe von geographisch und zeitlich zusammengehörigen Transaktionen für vergleichbare Produkte zwischen bestimmten Anbietern und einer bestimmten Gruppe von Nachfragern verstanden werden, wobei der Markt über alle in der Definition genannten Merkmale näher zu beschreiben und zu unterscheiden ist.

Diese **allgemeinen Merkmale von Märkten,** nämlich
– vergleichbare Produkte,
– räumlich und zeitlich zusammenhängende Geschäfte und
– zusammengehörige Gruppe von Anbietern und Nachfragern,
stellen aus der Sicht des Fremdvergleichs zugleich Kriterien für die Abgrenzung des relevanten Marktes dar.

58   Die zuvor angeführten allgemeinen Merkmale von Märkten umgrenzen die Einflussfaktoren auf die Vergleichbarkeit von Verrechnungspreisen, soweit das **„sachliche" Marktumfeld** betroffen ist, das der Marktteilnehmer weitgehend als von ihm nicht beeinflussbares Datum **„passiv" hinnehmen**

---

[59] Vgl. Kap. D Rn. 157 ff.
[60] Vgl. Tz. 2.4.2. VGr, D Rn. 16.
[61] Eine Aufzählung der ggf. bedeutsamen Markt- und Wettbewerbsverhältnisse findet sich in Tz. 3.4.11.4f) der VGr-Verfahren.

muss. Für die Übertragbarkeit von Preisen, die in einem potentiellen Vergleichsmarkt erzielt werden, ist es aber von ebenso großer Bedeutung, wie sich die Marktteilnehmer **„persönlich" verhalten,** da die hier zu beachtenden Abgrenzungskriterien (Wettbewerbsstruktur, Reaktionsprofile, Preispolitik) von ihnen in viel größerem Maße als das sachliche Marktumfeld **„aktiv" beeinflussbar** sind.[62] Die Vergleichbarkeit des persönlichen Marktumfelds wird in der inneren Vergleichbarkeitsanalyse eingehend beschrieben.

bb) Marktunterscheidung auf Basis einer Produkthierarchie

Waren, Güter und Dienstleistungen stehen als Produkte in mehr oder weni- **59** ger enger Beziehung zu anderen Produkten. Derartige Beziehungen werden in der Literatur als **Produkthierarchien** bezeichnet[63] und finden ihren Niederschlag zB auch im US-amerikanischen SIC-Code oder dem Zolltarif.

Für die Anwendung des Fremdvergleichs ist entscheidend, auf welcher **60** Ebene der Produkthierarchie ein Marktvergleich stattfinden soll. Diese Frage ist vor allem für die sogenannte **Palettenbetrachtung** bedeutsam,[64] bei der Verrechnungspreise nicht für ein einzelnes Produkt, sondern für eine Gruppe zusammenhängender Produkte bestimmt werden. Im Folgenden sei die Produkthierarchie in fünf Ebenen eingeteilt und anhand des Beispiels „Automobil" erläutert:[65]

– Produktfamilie: Hierunter versteht man alle Produktklassen, die ein Grundbedürfnis mehr oder weniger wirkungsvoll zufrieden stellen können. In unserem Beispiel sei das Bedürfnis „mobil zu sein durch Automobile".
– Produktklasse: Die Produktklasse bezeichnet Produktlinien innerhalb einer Produktfamilie, zwischen denen ein sachlicher Zusammenhang besteht. Beispielhaft seien Personenkraftwagen und Nutzfahrzeuge unterschieden.
– Produktlinie: Die Produktlinie umfasst Produkttypen innerhalb einer Produktklasse, deren Funktionsweise ähnlich ist, die über dieselben Vertriebsschienen oder derselben Zielgruppe angeboten wird oder in eine bestimmte Preisklasse fällt. Beispiele sind die Produktlinie Kleinwagen oder die Produktlinie Luxuswagen.
– Produkttyp: Der Produkttyp kennzeichnet Produkte gleicher Art innerhalb einer Produktlinie. ZB ist es denkbar, die Produkttypen Coupé, Limousine, Cabriolet, Kombi und Großraum-Limousine innerhalb der Produktlinie Mittelklassewagen zu unterscheiden.
– Artikel (Produkt): Der Artikel ist eine ganz bestimmte Ausführungsform des Produkttyps, der sich in Details, wie zB Ausstattung, Größe und Design, von anderen Artikeln unterscheidet. Als Beispiel diene der Mercedes SL 500 mit 320 kW, Modelljahr 2011, silbermetallic.

Je nach Definition von Angebot und Nachfrage ist es theoretisch und prak- **61** tisch möglich, **einen Markt für jede Ebene der Produkthierarchie,** also für eine Produktfamilie, eine Produktklasse, eine Produktlinie, einen Produkttypen oder einen Artikel zu definieren. Am Beispiel Automobil dargestellt, ergeben sich aus dieser Vielfalt von Marktdefinitionen entscheidende Fragen für die Anwendung des Fremdvergleichs.

---

[62] Vgl. dazu Rn. 81 ff.
[63] Vgl. *Kotler/Keller/Bliemel* Marketing-Management, 2007, 494.
[64] Vgl. Kap. B Rn. 68.
[65] Vgl. *Kotler/Keller/Bliemel* Marketing-Management, 2007, 495.

Beispiel: Ein französischer Hersteller von Automobilen vertreibt seine Autos über eine konzerneigene Vertriebstochtergesellschaft in Deutschland. Die deutsche Vertriebstochter und die deutsche FinVerw. wenden zur Prüfung der Verrechnungspreise die Wiederverkaufs- oder Absatzpreismethode an. Dazu wird gem. Tz. 2.2.3. der VGr der Wiederverkaufspreis (Endabnehmerpreis) um marktübliche Abschläge vermindert, die der Funktion und dem Risiko des Wiederverkäufers entsprechen.[66] Nach Tz. 2.1.6., 3.1.1. und 3.1.2.1. Nr. 2 der VGr kommen zur Bemessung von Fremdpreisen vor allem Preise in Betracht, die auf dem maßgeblichen Markt ermittelt werden. Je nach Zusammenfassung und Definition von Angebot und Nachfrage kann daher ein Markt und somit ein unterschiedlicher marktüblicher Abschlag je Produktfamilie, je Produktklasse, je Produktlinie, je Produkttyp und je Artikel vorliegen. Folgende Konstellationen sind denkbar:

– Die Rohgewinnmarge einer Vertriebstochter, die ausschließlich Nutzfahrzeuge vertreibt, kann nicht für eine Vertriebstochter relevant sein, die ausschließlich nur Pkw verkauft, da in diesem Fall unterschiedliche Angebots- und Nachfragestrukturen jeweils eigenständige Märkte je Produktklasse hervorbringen.

– Die Rohgewinnmarge einer Vertriebstochter, die ausschließlich Luxuswagen vertreibt, wird idR nicht für eine Vertriebstochter relevant sein, die ausschließlich nur Kleinwagen verkauft. Im Rahmen der Produktlinie gilt es zu prüfen, inwieweit unterschiedliche Angebots- und Nachfragestrukturen eigenständige Märkte erzeugen.

– Die Rohgewinnmarge einer Vertriebstochter, die ausschließlich Geländewagen der Mittelklasse verkauft, wird idR nicht mit dem Abschlag einer Vertriebstochter vergleichbar sein, die ausschließlich Limousinen, Kombis und Großraum-Limousinen verkauft. Im Rahmen des Produkttyps ist zu prüfen, ob verschiedene Angebots- und Nachfragestrukturen eigenständige Märkte erzeugen.

– Sogar bei scheinbar gleichem Artikelangebot zweier Vertriebstöchter ist systematisch die Rohgewinnmarge im Rahmen der Wiederverkaufspreismethode nicht zwangsläufig vergleichbar. Unterschiede können zB dadurch auftreten, dass die Vertriebsfirma überwiegend Autos mit hochwertigen Sonderausstattungen verkauft, während die zu vergleichende Vertriebsfirma schwerpunktmäßig nur Standardmodelle vertreibt.

62   Die unterschiedlichen Auswirkungen der Produkthierarchien können folglich bei Anwendung der Wiederverkaufspreismethode durch **Ansatz marktspezifischer** üblicher **Abschläge und** im Rahmen der Preisvergleichsmethode durch den Ansatz marktspezifischer **Fremdvergleichspreise** berücksichtigt werden. Im Rahmen der Kostenaufschlagsmethode werden ebenfalls markt- und produktbezogene Kosten erfasst, ebenso sind systematisch marktspezifische Gewinnaufschläge möglich. Es ergeben sich folglich unterschiedliche Deckungsbeiträge und Gewinnaufschläge je nach Produktfamilie, Produktklasse, Produktlinie, Produkttyp und Artikel.

Auch im Rahmen der von den USA angewandten gewinnorientierten Methoden (Gewinnvergleich und Gewinnaufteilung)[67] sowie den auch von der OECD und in Deutschland anerkannten gewinnorientierten Methoden (Transaktionsnettomarge und Gewinnaufteilung)[68] müssen derartige Unterschiede Berücksichtigung finden.

---

[66] Vgl. Kap. D Rn. 150 ff.
[67] Vgl. Kap. D Rn. 371 ff., Kap. D Rn. 450 ff.
[68] Vgl. Kap. D Rn. 350 ff., Kap. D Rn. 450 ff.

cc) Marktunterscheidung nach bestehenden Rahmenbedingungen

Selbst wenn vergleichbare Produkte oder Produktgruppen dem Fremd-   **63**
vergleich zugrunde liegen, verlangt dieser zusätzlich noch die **Berücksichtigung der gegebenen Rahmenbedingungen des Marktes,** um die
Vergleichbarkeit der dort erzielten potenziellen Fremdpreise feststellen zu können (vgl. auch Tz. 3.1.2.1. Nr. 2 und Tz. 3.1.1. der VGr). Dazu ist es notwendig, die unterschiedlichen Variablen der Märkte zu identifizieren und deren Auswirkungen bei der Berechnung des Fremdpreises zu beachten. Dies
entspricht letztlich einem Fremdvergleich der bestehenden Rahmenbedingungen industrieller Märkte. Dazu können folgende **Merkmale** dienen:[69]

(1) Industriell-geographischer Fremdvergleich

– Standorte: Verlangen unterschiedliche geographische Gebiete unterschied-   **64**
liche Verrechnungspreisansätze?
– Branchen: Sind die Branchen vergleichbar?
– Unternehmensgröße: Könnte der Vertragspartner aufgrund seiner Unternehmensgröße eine stärkere oder schwächere Verhandlungsposition haben?

(2) Demographischer Fremdvergleich

– Abnehmerzahl: Ist die Einwohnerzahl und die Zahl potentieller Endab-   **65**
nehmer vergleichbar?
– Nachfragerstruktur: Sind die potentiellen Nachfrager demographisch vergleichbar, insb. hinsichtlich ihres Alters?
– Nachfragepotential: Ist die erwartete Kaufkraft der Nachfrager gleich
hoch?

(3) Technologischer Fremdvergleich

– Absatzaufwand: Muss der Anbieter (Vertriebsgesellschaft) starke, mittlere   **66**
oder geringe technologische Dienstleistungen aufbringen, um das Produkt
seinen Kunden bereitzustellen?
– Kundenkompetenz: Benötigt der Anbieter (Vertriebsgesellschaft) starke,
mittlere oder geringe technologische Unterstützung des Herstellers, um die
Produkte verkaufen zu können?

(4) Fremdvergleich der Alternativen

– Alternativen: Haben die Abnehmer die Möglichkeit, auf Alternativproduk-   **67**
te konkurrierender Anbieter zurückzugreifen?

(5) Fremdvergleich der Beschaffungskonzepte

– Organisation der Beschaffung: Bedingen Endabnehmerunternehmen auf-   **68**
grund einer stark zentralisierten oder dezentralisierten Beschaffungsfunktion unterschiedliche Verrechnungspreise?
– Bestehende Beziehungen: Bedingen langjährige Geschäfts- bzw. Lieferbeziehungen den Ansatz unterschiedlicher Verrechnungspreise?
– Attraktivität der Kunden: Bedienen die Anbieter (Vertriebsgesellschaften)
ihrerseits wieder attraktive Kunden, die der Hersteller langfristig auch mit
anderen Produkten des Unternehmensverbundes beliefern möchte?

---

[69] Vgl. auch Tz. 1.55 OECD-RL 2010 und § 1.482–1 (d) (3) (iv) US-Regs.

– Allgemeine Beschaffungspolitik: Beziehen die Abnehmer des Produktes unterschiedliche Nebenleistungen des Produktes, wie zB Leasing, Wartungsverträge oder Systemkäufe?
– Kaufkriterien: Haben die verschiedenen regionalen Abnehmerunternehmen unterschiedliche Qualitäts-, Produkt- bzw. Kundendienststandards, die wiederum ihre Einkaufspolitik und damit die Verrechnungspreispolitik beeinflussen?

(6) *Fremdvergleich der Beschaffungssituation*

69 – Auftragsumfang: Bedingen große oder kleine Abrufe bzw. Aufträge unterschiedliche Verrechnungspreise?
– Spezifische Produktanwendung: Konzentrieren sich die Abnehmer auf unterschiedliche Anwendungen bzw. Verwendungen des Produkts?
– Dringlichkeit: Sind bestimmte Abnehmer bevorzugt in Bezug auf schnelle und kurzfristige Lieferungen (just in time)?
– Risikobereitschaft: Bestimmt die Bonität des Abnehmers unterschiedliche Verrechnungspreise?
– Zeitpunkt der Beschaffung: In bestimmten Branchen bzw. für bestimmte Produkte werden je nach Jahreszeit, Quartal, Woche, Tag oder Stunde unterschiedliche Preise festgelegt.
– Regional spezifisches Image: Teilweise werden je nach Region bzw. Marktsegment unterschiedliche Preise bzw. Verrechnungspreise festgesetzt, auch wenn die Kosten gleich sind. Dies scheint insb. dann gerechtfertigt, wenn die Vertriebsgesellschaft dieses Image wiederum gegenüber ihren Kunden verkaufsfördernd einsetzen kann.

(7) *Fremdvergleich der Wettbewerbsstruktur*[70]

70 – Monopol (ein Anbieter, viele Nachfrager);
– Oligopol (wenige Anbieter, wenige Nachfrager);
– Angebotsoligopol (wenige Anbieter, viele Nachfrager);
– Vollkommener Wettbewerb (Polypol) (viele Anbieter, viele Nachfrager);
– Wettbewerbsbeschränkung durch Marktregulierung (Festpreise, Kontingentierung, Zölle).

(8) *Fremdvergleich des Reaktionsprofils der Konkurrenten*[71]

71 – Zurückhaltung der Konkurrenz;
– Selektives Preisverhalten der Konkurrenz;
– Aggressives Preisverhalten der Konkurrenz;
– Unberechenbares Preisverhalten der Konkurrenz.

dd) Berücksichtigung von Unterschieden

72 Auf unterschiedlichen Märkten erzielte Preise sind zunächst nicht vergleichbar. Im Rahmen der Preisvergleichsmethode können allerdings auch ungleichartige (auch marktungleichartige) Geschäfte nach Tz. 2.2.2. der VGr für den Preisvergleich herangezogen werden, wenn der **Einfluss der abweichenden Faktoren eliminiert** und der bei diesen Geschäften (Märkten) vereinbarte Preis gem. Tz. 2.1.7. der VGr auf einen Preis für das verglichene

---

[70] Vgl. unten Rn. 84.
[71] Vgl. unten Rn. 85 ff.

Geschäft umgerechnet werden kann, um den Fremdpreis an abweichende Bedingungen des jeweils vorliegenden Geschäfts (Marktes) anzupassen.[72]

Die Kennzeichnung und Charakterisierung eines Marktes mit Hilfe der **73** angeführten Kriterien Produkthierarchie-Ebene und Rahmenbedingungen erlaubt, ungleiche Märkte zu unterscheiden und potentielle Vergleichsmärkte zu identifizieren. Wichtig und von der OECD in ihrer RL von 2010 ausdrücklich betont ist jedoch auch, dass Steuerpflichtiger und FinVerw. die Vergleichbarkeitskriterien **mit Augenmaß handhaben,** da Verrechnungspreissetzung in der Praxis gerade auch verlangt, damit zu leben, dass Verrechnungspreise keine exakte Wissenschaft sind.[73] Dem kommt § 1 Abs. 3 S. 2 und 3 AStG mit der Forderung nach Einengung der Bandbreite möglicher Fremdvergleichsdaten bei nur eingeschränkt vergleichbaren Fremdvergleichsdaten nach.

So wird es in vielen Fällen möglich sein, Fremdvergleichspreise im Rahmen der **Preisvergleichsmethode aus anderen Staaten** zu verwenden, wobei diese Staaten danach ausgewählt werden können, dass sie die o. g. Vergleichbarkeitskriterien erfüllen und gleichzeitig für ähnliche Produkte ähnliche Preiskorrelationen zwischen den beiden Staaten erkennen lassen. Wenn also in einem Staat bei ähnlichen Rahmenbedingungen (Größe, Kaufkraft, Wettbewerbsstruktur, etc.) die Preise für ähnliche Produkte empirisch und stabil zB 20% über denen im anderen Staat liegen, dann spricht alles dafür, dass diese Preiskorrelation auch für das fragliche Produkt gelten sollte, auch wenn der Preis in einem anderen Staat erzielt wird und Preisunterschiede bestehen, diese aber rechnerisch annähernd eliminiert werden können.

ee) Fehlende Fremdvergleichsdaten, zB für Schwellen- und Entwicklungsländer

Die Durchführung einer Vergleichbarkeitsanalyse wird vor enorme Her- **74** ausforderungen gestellt, wenn sich die Analyse auf Unternehmen aus Schwellen- oder Entwicklungsländern bezieht. Zu denken ist etwa an **afrikanische, südamerikanische, arabische oder Asean-Staaten,** für die **Daten** über Vergleichsunternehmen **nur begrenzt oder überhaupt nicht verfügbar** sind. In derartigen Fällen sollte es der Forderung der OECD nach Pragmatismus in der OECD-RL 2010[74] und dem Verhalten fremder Dritter entsprechen, Fremdvergleichsdaten grundsätzlich auch dann zu akzeptieren, wenn sie aus anderen Staaten stammen, deren ökonomische Bedingungen mit dem betrachteten Schwellen- bzw. Entwicklungsland ausreichend vergleichbar sind.[75]

Bei Fehlen lokaler Fremdvergleichsdaten für Märkte innerhalb von **75** Schwellen- oder Entwicklungsländern erscheint der **Rückgriff auf märkteübergreifende Fremdvergleichsdaten (cross market comparables)** praktikabel. Zur Bestimmung der Märkte, die als vergleichbar mit dem betrachteten Markt einzustufen sind, bietet sich als Kriterium das **Marktrisiko**

---

[72] Zu Anpassungsrechnungen vgl. auch Tz. 3.4.12.7c) VGr-Verfahren sowie § 1 Abs. 3 S. 1 und 2 AStG.

[73] Vgl. Tz. 1.13, 3.35 OECD-RL 2010.

[74] Vgl. Tz. 1.13, 3.35 OECD-RL 2010.

[75] Vgl. Tz. 3.35 OECD-RL 2010; vgl. dazu auch das am 11.3.2014 veröffentlichte Diskussionspapier „Transfer Pricing Comparability Data And Developing Countries", 11.3.2014, unter: www.oecd.org.

an. Denn Reingewinnmargen (operating margins) im Sinne der transaktionsbezogenen Nettomargenmethode stehen (widerlegbar) in einer Beziehung
zum Marktrisiko: Je höher das Risiko, desto höher die Erwartung des Markt-
teilnehmers auf Vergütung bzw. Gewinn.

76 Für das Risikoprofil der Märkte kann auf **unabhängig ermittelte Risi-
kokennziffern** zurückgegriffen werden (zB Damodaran, Coface Group oder
Euromoney). Sowohl die Verwendung einer einzelnen Rating-Kennziffer als
auch die Kombination mehrerer Ratings ist hierbei möglich. Nachdem zunächst das Rating für das betrachtete Land ermittelt wurde, können die Staaten, deren Rating innerhalb einer bestimmten, zu definierenden Bandbreite
liegen, als vergleichbare Staaten herangezogen werden. Auf diese Weise könnte es zum Beispiel vertretbar sein, für ein Konzernunternehmen in Afrika
Vergleichsunternehmen aus osteuropäischen Staaten heranzuziehen, welche
ein ähnliches Marktrisiko aufweisen. In Abhängigkeit der sich ergebenden
Fremdvergleichsdaten kann eine Vergrößerung oder Verkleinerung der Bandbreite sinnvoll sein.

Der soeben beschriebene Lösungsweg weist zwei wesentliche Vorteile auf:
Zum einen handelt es sich um einen **vergleichsweise einfachen Ansatz,**
da lediglich auf ein einziges Kriterium für die Marktunterscheidung, das
Marktrisiko, zurückgegriffen wird. Zum anderen unterliegt dem Ansatz eine
objektive Bewertungskomponente, da für die Bestimmung des Marktrisikos unabhängig ermittelte Ratings verwendet werden. Wenngleich der vorgestellte Ansatz durchaus vereinfachende Annahmen macht, ist er mangels
Fremdvergleichsdaten in vielen Fällen oft der einzige pragmatisch gangbare
Lösungsweg.

77 In ihrem am 29. Mai 2013 veröffentlichten „Practical Manual on Transfer
Pricing for Developing Countries"[76] **(„UN Practical Manual 2013")** nimmt
die **UNO** Stellung zur Vorgehensweise bei mangelnder Verfügbarkeit von
Fremdvergleichsdaten. Hierbei hält die UNO es für angemessen, auf entsprechende, gegebenenfalls anzupassende, **ausländische Fremdvergleichsdaten**
zurückzugreifen. Ebenso hält sie es für möglich, **inländische Daten bran-
chenfremder Unternehmen** zu verwenden, sofern das Funktions- und Risikoprofil ausreichend vergleichbar ist. Wenn bspw. das zu prüfende Konzernunternehmen als Hersteller in einer neuen Branche aktiv ist, sodass keine
unabhängigen Vergleichsunternehmen existieren, dann soll es möglich sein, für
Fremdvergleichszwecke auf Hersteller einer fremden Branche zurückzugreifen, die ein vergleichbares Funktions- und Risikoprofil aufweisen.[77]

Wie an anderer Stelle beschrieben,[78] stellt das UN Practical Manual 2013
eine praktische Anwendungsunterstützung für FinVerw. in Schwellen- und
Entwicklungsländern und für Steuerpflichtige dar, die Geschäftsbeziehungen
mit solchen Ländern pflegen. Es versteht sich somit nicht als Gegenkonzept
zur OECD. Insofern adressiert das UNO-Handbuch die besonderen Probleme, die bei der Ermittlung und der Prüfung von Verrechnungspreisen im

---

[76] Vgl. http://www.un.org/esa/ffd/documents/UN_Manual_TransferPricing.pdf.
[77] Vgl. UN Practical Manual 2013, sec. 5.4.3.3 ff. und 5.4.3.6 ff.; vgl. dazu auch das
am 11.3.2014 veröffentlichte OECD-Diskussionspapier „Transfer Pricing Comparability Data And Developing Countries", 11.3.2014, unter: www.oecd.org.
[78] Vgl. Kap. B Rn. 272 ff.

Zusammenhang mit Schwellen- und Entwicklungsländern bestehen, und versucht dabei allerdings sehr wohl, deren **politische sowie fiskalische Interessen** zu wahren. Es kann davon ausgegangen werden, dass das UN Practical Manual 2013 als Referenzwerk neben den OECD-RL in Zukunft erkennbar an Einfluss gewinnen wird.

c) Besondere Wettbewerbssituationen

Nach **Tz. 3.1.2.4. der VGr** sind für die Anwendung der Standardmetho-　**78** den Daten und Preise außer Betracht zu lassen, die durch besondere Wettbewerbssituationen beeinflusst und daher nicht vergleichbar sind. Tz. 3.1.2.4. der VGr zählt **vier Beispiele** auf, die als besondere Wettbewerbssituationen gelten. Die **Aufzählung** ist jedoch **nicht vollständig,** worauf die Formulierung „zB" hinweist.

Tz. 3.1.2.4. Nr. 1 der VGr nennt **Preise,** die sich **auf abgeschlossenen Sondermärkten** bilden. Darunter sind zB Preise auf Spot-Märkten zu verstehen. Es können sich jedoch auch abgeschlossene Sondermärkte durch staatliche Maßnahmen bilden.[79] Beispiele für staatliches Eingreifen sind Einfuhrbeschränkungen (zB japanische Pkw), Sonderzölle (zB Nicht-EU-Bananen), Marktregulierungen (zB durch Preiskontrollen in der Pharmaindustrie), Sondersteuern (zB sog. Luxus-Steuern), Subventionen, Währungskonvertierungsverbote oder Devisentransferverbote. Aber auch die allgemeinen, geographischen, politischen, wirtschaftlichen und sozialen Rahmenbedingungen eines Landes können zur Annahme von Sondermärkten führen, wie zB extreme geographische Randlagen, Kriege, soziale Unruhen, Devisenknappheit oder länderspezifische Inflation.[80]

Tz. 3.1.2.4. Nr. 2 der VGr erwähnt ausdrücklich Preise, bei denen im Zu-　**79** sammenhang mit der **Markteinführung** von Waren besondere Abschläge zugestanden werden. Derartige **Einführungspreise** können idR nicht als Vergleichspreise angesetzt werden.[81] Unverständlich erscheint, warum die VGr speziell eine Markterschließungsstrategie mit Niedrigpreispolitik als Sondersituation hervorheben. Vielmehr können in verschiedenen Märkten über den gesamten Lebenszyklus eines Produkts unterschiedliche Preisstrategien verfolgt werden. Demnach können durch bestimmte Wettbewerbsstrukturen, Reaktionsprofile der Konkurrenten, Beschaffungskonzepte und -situationen, technologische oder demographische Aspekte unterschiedliche Sondersituationen bzw. Sondermärkte entstehen. Auch diese wirtschaftlich bedingten Sondereinflüsse sind beim Ansatz eines Vergleichspreises zu berücksichtigen. Die einseitige Einschränkung durch Tz. 3.1.2.4. Nr. 2 der VGr auf den Markteintritt ist sachlich nicht begründet.

Tz. 3.1.2.4. Nr. 3 der VGr nennt als nicht vergleichbare **Preise** solche, die sich **unter Umgehung** oder außerhalb **eines** sonst bestehenden **Patentschutzes** bilden. Es ist nicht gerechtfertigt, die Regelung nur auf Patente zu beschränken, da Preise auch unter Umgehung sonstiger bestehender Schutzrechte zustande kommen können. Dies sollte aber durch die Unvollständig-

---

[79] Vgl. Tz. 1.73 ff. OECD-RL 2010.
[80] Vgl. dazu auch Rn. 63 ff.
[81] Vgl. Rn. 338.

keit der in Tz. 3.1.2.4. der VGr angeführten Sachverhalte zu keinen rechtlichen Nachteilen führen.

Beispiel: Fälschungen bekannter Bekleidungs- oder Uhrenmarken werden gerade in Urlaubsgebieten oder auf asiatischen Märkten in großem Umfang angeboten. Die dort verlangten Preise liegen naturgemäß weit unter denen der Originale und können selbstverständlich keine Vergleichspreise im Rahmen von Verrechnungspreisfestsetzungen für die entsprechenden Originalprodukte darstellen.

80   Tz. 3.1.2.4. Nr. 4 der VGr spricht Preise an, die durch **behördliche Preisregulierungen oder vergleichbare Maßnahmen** beeinflusst sind. Da durch derartige Preisregulierung idR Sondermärkte entstehen, decken sich insoweit die Nr. 1 und 4 der Tz. 3.1.2.4. der VGr.[82]

Die in Tz. 3.1.2.4. der VGr beispielhaft aufgezählten Preise, die unter besonderen Wettbewerbssituationen entstanden sind, können bei Anwendung der Standardmethoden dann als Vergleichspreise berücksichtigt werden, wenn sie nach Tz. 2.1.7. und 2.2.2. der VGr durch entsprechende **Anpassungsrechnungen** angemessen berichtigt werden können (Tz. 3.1.2.4. S. 3 der VGr).

Damit sind zwar die „passiven" Verhältnisse des Marktes iSd Tz. 3.1.2.1. Nr. 2 der VGr einschließlich besonderer Wettbewerbsbedingungen betrachtet, aber nicht alle relevanten Umstände der Vergleichspreisfindung im Markt. Erst wenn neben den **„passiv" als Datum hinzunehmenden** – weil vom Marktteilnehmer nicht beeinflussbaren – Rahmenbedingungen des Marktes berücksichtigt wird, wie fremde Dritte und das zu überprüfende Unternehmen sich **„aktiv" im Markt verhalten,** also zB welche Geschäftsstrategie und sich daraus ergebende Preispolitik sie verfolgen, kann abschließend beurteilt werden, ob die auf einem Markt erzielten Preise als Fremdvergleichspreise dienen können.[83]

2. Innere Vergleichbarkeitsanalyse

81   Bei der inneren Vergleichbarkeitsanalyse werden in einem zweiten Schritt (nach der äußeren Vergleichbarkeitsanalyse im ersten Schritt) die **unternehmensspezifischen Elemente transaktionsbezogen analysiert.** Wichtigster Bestandteil dieses Vorgangs ist die **Funktionsanalyse**[84] bzw. die **Wertschöpfungsanalyse,**[85] in der bezogen auf Einkauf, Forschung und Entwicklung, Produktion, Vertrieb und allgemeine Verwaltung (General Management) die übernommenen Funktionen und Risiken dargestellt werden. Diese Analyse beschränkt sich allerdings nicht auf ein ausgewähltes Unternehmen, sondern orientiert sich an der im Konzern erfolgenden Wertschöpfung. Dies liegt darin begründet, dass Resultat der Analyse eine Festlegung des Anteils eines jeden an der Leistungserstellung beteiligten Unternehmens an der Wertschöpfung ist. Eine solche Festlegung kann jedoch erst dann er-

---

[82] Vgl. oben Rn. 78.

[83] Vgl. dazu im Folgenden Rn. 81 ff.

[84] Vgl. auch § 4 Nr. 3a GAufzV sowie Tz. 3.4.11.4 VGr-Verfahren. Eine gesetzliche Definition ist in § 1 Abs. 3 S. 1 AStG enthalten.

[85] Vgl. auch § 4 Nr. 3b GAufzV sowie Tz. 3.4.11.5 VGr-Verfahren.

folgen, wenn der Wertschöpfungsbeitrag aller beteiligten Unternehmen erfasst wird.

Als weitere Bestandteile der Analyse der Vergleichbarkeit von Fremdpreisen **82** können – neben Funktionen und Risiken – die **Geschäftsstrategie** und die **Preispolitik sowie** die konkret vereinbarten **Liefervereinbarungen** als Maßstab der Vergleichbarkeit dienen.

Aus der inneren Vergleichbarkeitsanalyse ergeben sich als Ergebnis die Transaktionen zwischen fremden Dritten, die dem zu beurteilenden innerkonzernlichen Geschäftsvorfall nach den Merkmalen der inneren Vergleichbarkeit entsprechen.[86]

a) Geschäftsstrategie und Preispolitik

Die VGr fordern gem. Tz. 3.1.2.1., dass bei der Prüfung des Verrech- **83** nungspreises alle Umstände des Einzelfalls, insb. gem. Tz. 3.1.2.1. Nr. 2 der VGr die individuellen Verhältnisse des jeweiligen Marktes, zu beachten sind.

Nach Tz. 2.1.1. der VGr sind Geschäftsbeziehungen zwischen Nahestehenden steuerlich danach zu beurteilen, ob sich die Beteiligten wie voneinander unabhängige Dritte verhalten haben. Eben diese unabhängigen Dritten würden jedoch je nach Absatz- und Beschaffungsmarkt sowohl als Verkäufer als auch als Einkäufer mit **unterschiedlichen Geschäfts- und Preisstrategien** auf unterschiedliche Märkte und Marktverhältnisse reagieren. Dieses „**aktive" Verhalten der Marktteilnehmer** im Markt muss neben dem „passiv" hinzunehmendem Marktumfeld[87] beim Ansatz von Verrechnungspreisen berücksichtigt werden.

aa) Wettbewerbsstruktur

Die VGr gehen nach Tz. 2.1.1. der VGr von Fremdpreisen aus, die sich **84** unter den Verhältnissen des **freien Wettbewerbs** gebildet haben, um zu beurteilen, ob bei der Festsetzung der Verrechnungspreise dem Grundsatz des Fremdvergleichs entsprochen wurde.

Dieser Maßstab des freien (polypolistischen) Wettbewerbs mit einer zumindest großen Zahl von Anbietern und Nachfragern wird in seiner Reinform in der Praxis des internationalen Liefer- und Leistungsverkehrs selten anzutreffen sein, da dort tendenziell eher **oligopolistisch und monopolistisch** strukturierte Märkte anzutreffen sind. Auch **staatlich beeinflusste** (zB Importkontingente für japanische Pkw) **oder gelenkte,** sog. dirigistische **Märkte** (zB Arzneimittelmarkt) können den Wettbewerb und die Preise beeinflussen und diese als Fremdpreise untauglich werden lassen. Die Wettbewerbsstruktur bzw. Marktstellung zählt aber zu den Marktverhältnissen, die nach Tz. 3.1.2.1. Nr. 2 (auch Tz. 3.1.2.1. Nr. 6 und Tz. 3.1.2.4.) der VGr bei der Festsetzung der Verrechnungspreise zu berücksichtigen sind.[88]

---

[86] In diesem Kapitel werden lediglich Lieferungen von Gütern und Waren behandelt. Selbstverständlich werden auch immaterielle Wirtschaftsgüter sowie Dienstleistungen durch die Funktions- bzw. Wertschöpfungsanalyse erfasst.

[87] Vgl. oben Rn. 55 ff.

[88] Vgl. auch Tz. 3.4.11.4f) VGr-Verfahren sowie die Tz. 1.68, 1.55 und 1.73 ff. OECD-RL 2010, mit einer ausführlichen Erörterung des Einflusses staatlicher Lenkungsmaßnahmen.

Beispiel 1: Besitzt ein Unternehmen auf zwei verschiedenen Märkten jeweils ein Monopol und liefert es in dem einen Markt an einen fremden Dritten, so kann der dort entstandene Preis als Fremdvergleichspreis für die Tochtergesellschaft in dem anderen Markt gelten (innerer Preisvergleich), soweit sonst gleiche Verhältnisse vorliegen. Liefert ein Unternehmen an zwei Tochtergesellschaften in zwei Märkten, auf denen unterschiedliche Wettbewerbsstrukturen vorherrschen, so sind die Verhältnisse verschieden und die erzielten Preise nicht mehr vergleichbar.

Beispiel 2: Die Kapitalgesellschaft A beliefert die ausländische Tochtergesellschaft B auf dem Markt B und die ausländische unabhängige Gesellschaft C auf dem Markt C. Den Markt B beherrscht ein typisches Nachfrageoligopol, während Markt C durch freien polypolistischen Wettbewerb gekennzeichnet ist. Trotz des Vorliegens sonst gleicher Bedingungen kann der Marktpreis C nicht als Fremdpreis für den Markt B gelten, da sich die Wettbewerbsstrukturen grundsätzlich unterscheiden.

Beispiel 3: Das deutsche Pharmaunternehmen D liefert Arzneimittel u. a. an Vertriebstochtergesellschaften in alle EU-Staaten und die Schweiz. Aufgrund der Preisbindung in Portugal kann der Verrechnungspreis an die portugiesische Vertriebstochtergesellschaft nicht dem des schweizerischen Marktes ohne Preisbindung oder dem des weitgehend dirigistischen Marktes in Großbritannien entsprechen.

bb) Reaktionsprofil der Konkurrenten

85 Das Reaktionsprofil der Konkurrenten bestimmt ebenfalls entscheidend die Verhältnisse im Markt. Zwei Märkte können nur miteinander verglichen werden, wenn das Reaktionsprofil und das Verhalten der Konkurrenten ähnlich ist (Tz. 3.1.2.1. Nr. 2 der VGr).

Beispiel: Ein inländisches Unternehmen A beliefert ein ausländisches Tochterunternehmen B in Markt B. Zudem beliefert A ein unabhängiges Unternehmen C im Markt C. Obwohl in beiden Märkten Angebotsoligopole vorherrschen, weist die Konkurrenz in beiden Angebotsoligopolen ein unterschiedliches Reaktionsprofil aus.
Der Markt B ist durch aggressives Preisverhalten der Konkurrenz gekennzeichnet. Diese versucht, A durch Preisunterbietung vom Markt zu verdrängen. Entsprechend bildet sich auf dem Markt B ein relativ niedriger Preis, der den Unternehmen in diesem Markt nur einen Deckungsbeitrag für ihre Produkte belässt.
Im Markt C dagegen verhält sich die Konkurrenz zurückhaltend. Deshalb zeichnet sich der Markt C durch relative Preisstarrheit auf hohem Preisniveau aus. In dieser Situation kann der höhere Preis des Marktes C nicht als Fremdpreis für den Markt B herangezogen werden, denn die Verhältnisse der Märkte unterscheiden sich bezüglich des Reaktionsprofils der Konkurrenten. Nur wenn die unterschiedlichen Marktverhältnisse angemessen berichtigt werden können (zB durch Vergleichsrechnungen von Marktmodellen), um sie an die abweichenden Bedingungen des Fremdvergleichs anzupassen, ist gem. Tz. 2.1.7. der VGr ein Fremdvergleich möglich. In der Praxis dürfte dieser Vergleich allerdings kaum gelingen.

86 Im Folgenden sollen **gängige Reaktionsprofile von Konkurrenten** dargestellt werden, die bei Abweichung auf verschiedenen Märkten den auf einem Markt erzielten Preis grundsätzlich für den anderen Markt nicht vergleichbar machen.[89]

---

[89] Vgl. *Kotler/Keller/Bliemel* Marketing-Management, 2007, 1104–1105.

(1) *Zurückhaltung der Konkurrenz*

Die Konkurrenz reagiert auf Preissenkungen eines Wettbewerbers weder 87
unverzüglich noch intensiv. Dafür kann es mehrere Gründe geben. Die Konkurrenz baut auf die Treue ihrer Kunden oder will den Markt durch höhere
Preise „abschöpfen". Schließlich ist es auch denkbar, dass der Konkurrenz die
erforderlichen Ressourcen für eine Reaktion fehlen. Die von der Konkurrenz
unveränderten Preise dürften nach wie vor als Fremdpreise vergleichbar sein.

Beispiel: Aktionswochen eines Wettbewerbers.

(2) *Nachziehen der Konkurrenz*

Soweit die Konkurrenz Preisänderungen eines Wettbewerbers in engem 88
Rahmen weitgehend folgt, aber nicht aggressiv unterbietet, ist dies bei Fehlen
von kartellähnlichen Absprachen häufig ein Anzeichen für die Angemessenheit der Verrechnungspreise auf diesem Markt.

Beispiel: Benzin- und Dieselvertrieb.

(3) *Selektives Preisverhalten der Konkurrenz*

Die Konkurrenz reagiert auf Preisveränderungen eines Wettbewerbers mit 89
einem selektiven Marketing-Mix. So beantwortet die Konkurrenz eine Preissenkung des Wettbewerbers in einem ersten Schritt mit einer Intensivierung
der Kommunikationspolitik (Werbung, Verkaufsförderung, Public Relations),
in einem zweiten Schritt mit verstärkten Anstrengungen der Produkt- und
Distributionspolitik (zB Sonderausstattungen, freie Zugaben) und erst in einem letzten Schritt mit preispolitischen Veränderungen bzw. Preissenkungen.
Die zunächst unverändert belassenen Preise stellen keine übertragbaren
Fremdpreise mehr dar, soweit auf dem zu beurteilenden Markt ein anderes
Preisverhalten oder der Einsatz eines anderen Marketing-Mix als auf dem
Vergleichsmarkt zu beobachten ist.

Beispiel: Führende Hersteller von Computer-Hardware nahmen erst mehrere Jahre,
nachdem Konkurrenten mit Niedrigpreisen in ihren PC-Markt eingebrochen waren,
nennenswerte Preissenkungen vor, um diese Käufergruppe zurückzugewinnen.

(4) *Aggressives Preisverhalten der Konkurrenz*

Die Konkurrenz reagiert schnell und intensiv auf alle Preissenkungen eines 90
Wettbewerbers. Auf dem Markt herrscht Preiskampf und Verdrängungswettbewerb. Im Vergleich mit den oben vorgestellten Reaktionsprofilen bzw.
Marktsituationen wird sich auf diesem Markt ein geringerer Marktpreis bilden. Soweit auf potentiellen Vergleichsmärkten ein anderes Preisverhalten der
Konkurrenz zu beobachten ist, sind die im aggressiven Preiswettbewerb erzielten Preise nicht als vergleichbare Fremdpreise übertragbar.

Beispiele: Fernseher-, CD- und DVD-Player-Markt; Standard-Software; Finanzie-
rungsangebote beim Autoverkauf, Handyverträge.

cc) Ziel- und situationsspezifische Preispolitik

Im Rahmen der unternehmerischen Planung legt jedes Unternehmen fest, 91
welche Ziele es mit seinen Produkten auf den unterschiedlichen Märkten erreichen will. Wenn Zielmärkte und deren Marktverhältnisse festgestellt wur-

den, erfolgt eine Produktpositionierung. Daraus lässt sich schließlich eine Marketing-Mix-Strategie ableiten, die auch den Aktionsparameter Preis umfasst.

(1) Typische Preisstrategien

92 Letztendlich ist die Preisstrategie des Unternehmens eine **Antwort auf die Marktverhältnisse.** Unterschiedliche Produkt- und Marktverhältnisse erfordern daher unterschiedliche Preisstrategien. Dieser Umstand muss gem. Tz. 3.1.2.1. Nr. 2 der VGr auch beim Fremdvergleich in Erwägung gezogen werden. Nur wenn die auf dem Vergleichsmarkt vorgefundene Preispolitik der des zu untersuchenden Marktes entspricht, können die auf dem Vergleichsmarkt erzielten Preise Maßstab für die Verrechnungspreisfestsetzung auf dem zu untersuchenden Markt sein. Demnach ist neben der Wettbewerbsstruktur und dem Reaktionsprofil der Wettbewerber die Preispolitik ein weiteres Vergleichskriterium für potentielle Fremdpreise, die auf einem Vergleichsmarkt erzielt werden.

Dies sei anhand der folgenden **typischen Preisstrategien** erläutert:[90]

(1) Preisstrategien bei Überkapazitäten und intensivem Wettbewerb

93 Durch Überkapazitäten, intensiven Wettbewerb oder sich verändernde Verbraucherwünsche kann ein Unternehmen in erhebliche Ertrags- und Liquiditätsschwierigkeiten geraten. In dieser Situation wird ein Unternehmen häufig Preise senken, um zumindest die variablen Kosten und einen Teil der Fixkosten zu decken. Derartige Preise stellen idR ohne Anpassungsrechnungen keine übertragbaren Fremdpreise dar.

Beispiel: Das inländische Unternehmen A produziert Staubsauger auf Grund hoher Überkapazitäten bei einer Kapazitätsauslastung von nur 60%. Diese Staubsauger vertreibt es an eine englische verbundene Kapitalgesellschaft zum Preis von 70 € pro Stück. Ein Mitarbeiter der FinVerw. vergleicht diesen Verrechnungspreis mit dem Preis, den eine unabhängige englische Vertriebsgesellschaft in Höhe von 90 € an den inländischen Hersteller B für ein gleichwertiges Produkt bezahlt, und schlägt diesen als Fremdpreis für A vor. Das Unternehmen A kann jedoch darauf verweisen, dass es eine 20% niedrigere Auslastung als B aufweist. A akzeptiert daher einen geringeren Preis, um wenigstens seine variablen Kosten und einen Teil der Fixkosten zu decken. Der Mitarbeiter der FinVerw. akzeptiert schließlich, dass A ein anerkanntes betriebswirtschaftliches Kalkulationsverfahren gem. Tz. 2.1.6.c) der VGr eingesetzt hat, welches der Sondersituation des Unternehmens gerecht wird.[91]

(2) Kurzfristige Gewinnmaximierung durch Höchstpreise

94 Werden Unternehmen bestimmten Marktverhältnissen in besonderer Weise gerecht bzw. besitzen diese Unternehmen eine herausragende Stellung aus der Sicht der Kunden, zB weil ihr Produkt gerade als „in" gilt, können diese Unternehmen zeitweilig den gewinnmaximalen Preis für ihr Produkt verlangen. Dieser Preis eignet sich keinesfalls als Fremdpreis für zu vergleichende Geschäfte, da die Marktverhältnisse in diesem Fall gem. Tz. 3.1.2.1. Nr. 2 der VGr unterschiedlich sind.

---

[90] Vgl. *Kotler/Keller/Bliemel* Marketing-Management, 2007, 589–597.
[91] Vgl. Kap. D Rn. 176 ff.

Beispiel: Ein inländisches Unternehmen A hat in Bezug auf Technologie, Beschaffungskonzept und Beschaffungssituation[92] klare strategische Vorteile gegenüber Konkurrenten im englischen Markt. Im Gegensatz zu A hat das Unternehmen B am englischen Markt Probleme, obwohl es dort durch eine eigene Vertriebstochtergesellschaft vertreten ist. Demnach ist der Verrechnungspreis zwischen B und seiner Vertriebstochtergesellschaft niedriger als der Preis, den A von unabhängigen englischen Vertriebsgesellschaften verlangt und erhält. A kann auf Grund seiner außerordentlichen strategischen Position kurzfristige Gewinnmaximierung durch Höchstpreise erreichen, während B geringere Margen in Kauf nehmen muss.

(3) *Umsatzmaximierung durch Preissenkungen*

Bestimmte Märkte bzw. Industriezweige sind durch komplexe Produktions- bzw. Technologieverfahren gekennzeichnet. Das Vorhandensein von fertigungs- und anlageintensiven Produktionsstrukturen verlangt hohe Investitionen und Auslastungsgrade der Maschinen. Unternehmen können idR bei Vorliegen derartiger Produktionsstrukturen nur bestehen, wenn sie ihre Stückkosten durch Investitionen in Anlagen senken, die bei niedrigeren Stückkosten einen höheren Produktionsausstoß bieten. **95**

Beispiel: Eine Brauerei hat eine Produktionsanlage, die bei 20 000 Flaschen Bier pro Tag einen Stückkostenpreis von 0,20 € verursacht. Würde die Brauerei zwei Millionen Euro in eine neue Produktionsanlage investieren, könnte sie den Stückkostenpreis bei einer Produktion von 40 000 Flaschen am Tag auf 0,15 € senken.

In fertigungsintensiven Branchen werden häufig Wettbewerber erfolgreich sein, die durch **Betriebsgrößenvorteile** (economies of scale) und Lernkurveneffekte Kostenvorteile gegenüber der Konkurrenz erwerben. In dieser Situation setzen die investierenden Konkurrenten die Preise so niedrig wie möglich an, versuchen damit einen hohen Marktanteil zu erreichen und durch zunehmende Betriebsgrößenvorteile die Stückkosten zu senken. Beim Ansatz von Fremdpreisen ist darauf zu achten, dass diese situationsspezifische Preispolitik der Wettbewerber in die Überlegungen zur Übertragbarkeit der Fremdpreise einbezogen wird. **96**

Beispiel: Eine inländische Spezialbrauerei für Weizenbier ist Kostenführer in Bezug auf die Produktion von Weißbier. Die Spezialbrauerei beliefert eine amerikanische Vertriebstochtergesellschaft zu einem vergleichbar niedrigen Preis, da sie sich davon ein erhebliches Marktwachstum, eine Abschreckung von Konkurrenten und aufgrund des erwarteten steigenden Absatzes Stückkostenvorteile verspricht. Ein Mitarbeiter der deutschen FinVerw. verweist auf den höheren Preis, den ein deutscher Konkurrent des Mutterunternehmens einer unabhängigen Vertriebsgesellschaft in den USA in Rechnung stellt. Gem. Tz. 3.1.2.1. Nr. 6 iVm Tz. 3.1.2.4. der VGr liegt jedoch in diesem Fall eine preispolitische Sonderstellung vor. Ein vom Kostenführer erzielter Preis kann nicht mit dem Preis eines Mitläufer-Wettbewerbers verglichen werden. Der potentielle Vergleichspreis kann jedoch um die Kostenführerschafts- bzw. Nicht-Kostenführerschaftseinflüsse berichtigt werden, um nach Tz. 2.1.7. der VGr für die Bemessung des Fremdpreises herangezogen zu werden. Dies dürfte in der Praxis aber selten ausreichend genau möglich sein.

---

[92] Vgl. Rn. 66, 68, 69.

(4) Maximale Marktabschöpfung bei Produktinnovation

97   Nach Tz. 3.1.2.1. Nr. 1 der VGr ist der Innovationsgehalt der gelieferten Güter und Waren bei der Prüfung des Verrechnungspreises zu berücksichtigen.

Viele Unternehmen entschließen sich zur Festsetzung höherer Preise, um in solchen Situationen den Markt abzuschöpfen (Preispolitik der Marktabschöpfung).[93] Für jede Innovation des Produkts setzen diese Firmen den höchstmöglichen Preis an, den man aufgrund der vergleichbaren Vorteile der eigenen Produktinnovation gegenüber den Konkurrenzangeboten ermitteln kann. Falls der Absatz nach einiger Zeit zurückgeht, senkt das Unternehmen den Preis, um die Schicht preisbewussterer Kunden zu erreichen.

Durch die Produktinnovation wird ein neues Produkt angeboten. Der Markt für die innovativen Produkte ist nicht vergleichbar mit dem Markt für ähnliche Produkte, die nicht diesen Innovationsgrad besitzen. Deshalb können entsprechende Produktpreise nicht verglichen werden, es sei denn, dass der Einfluss der abweichenden Faktoren gem. Tz. 2.1.7. bzw. gem. Tz. 2.2.2. der VGr eliminiert werden kann.

Beispiel 1: Die Erstpreise für Tablet-Computer oder Smartphones einer neuen Generation liegen zunächst deutlich über den Preisen für ähnliche Geräte, die technisch noch auf der vorhergehenden Innovationsstufe stehen. Nach Abschöpfung der Trendkäufer und mit Einsetzen von Konkurrenzprodukten wird dann der Preis gesenkt.

Beispiel 2: Ein deutscher Motorenhersteller A liefert Benzinmotoren an eine argentinische Tochter-Produktionsgesellschaft T zum Preis von 3500 € pro Stück. Ein deutsches Konkurrenzunternehmen liefert innovative Benzinmotoren an unabhängige argentinische Produktionsgesellschaften zum Preis von 4500 € pro Stück. Die 4500 € können jedoch nicht als Fremdpreis für die Lieferung von A an T angesetzt werden, da die Motoren des Konkurrenten Innovationen, wie zB leichteres Material und neuartige Einspritztechnik, aufweisen. Kann jedoch der Einfluss der innovativen Faktoren eliminiert werden und der bei diesen Geschäften vereinbarte Preis gem. Tz. 2.1.7. und Tz. 2.2.2. der VGr auf einen Preis für das zu vergleichende Geschäft umgerechnet werden, ist ein Fremdvergleich möglich. Dies dürfe allerdings in der Praxis sehr schwierig sein.

98   Jedoch ist eine Preispolitik der Marktabschöpfung nur unter folgenden **Bedingungen** möglich:[94]
- Eine ausreichende Zahl von Käufern ist willens, einen hohen Preis zu zahlen.
- Kleinere hochpreisig angesetzte Verkaufsmengen erreichen trotz höherer Stückkosten eine höhere Gewinnspanne.
- Der hohe Abschöpfungspreis lockt keine weiteren Konkurrenten auf den Markt.

Insb. bei der Abschöpfungspreisstrategie eines ausländischen Mutterunternehmens gegenüber seiner deutschen Tochtergesellschaft gilt es im Einzelfall zu prüfen, ob die Preispolitik der Marktabschöpfung wirtschaftlich sinnvoll ist. Dies ist eine **rein betriebswirtschaftliche Entscheidung.** Die FinVerw.

---

[93] Vgl. *Kotler/Keller/Bliemel* Marketing-Management, 2007, 595.
[94] Vgl. *Kotler/Keller/Bliemel* Marketing-Management, 2007, 595.

kann insoweit nicht ihr Ermessen an die Stelle des Ermessens des ordentlichen und gewissenhaften Geschäftsleiters setzen. Wenn in einem Markt eine
Preispolitik der Marktabschöpfung betrieben wird, so präjudiziert dies auch
nicht das preispolitische Verhalten auf anderen Märkten.

(5) *Kampfpreise*

Nach Tz. 3.4.3. der VGr sind Kosten und Erlösminderungen, die dadurch **99**
entstehen, dass ein Vertriebsunternehmen durch Kampfpreise oder ähnliche
Mittel seinen Marktanteil wesentlich erhöhen oder ihn verteidigen will,
grundsätzlich vom Hersteller zu tragen.

U. E. ist es fraglich, ob diese Vorschrift § 1 Abs. 1 AStG gerecht wird. Es ist
vielmehr fremdvergleichskonform anzunehmen, dass voneinander unabhängige Dritte unter gleichen oder ähnlichen Verhältnissen Bedingungen vereinbaren würden, die es erlauben, Kosten und Erlösminderungen aufgrund von
Kampfpreisen zwischen Produktions- und Vertriebsgesellschaft aufzuteilen.
Sowohl der Hersteller als auch das Vertriebsunternehmen haben nicht nur ein
Interesse, sondern müssen geradezu dafür Sorge tragen, ihren Marktanteil zu
erhalten oder zu erweitern. Denn nur dadurch ist sichergestellt, dass sie beide
im Markt tätig bleiben.[95]

Zudem stellt sich die Frage, warum die VGr bei der Berücksichtigung von
Kampfpreisen nur auf die Beziehung Hersteller – Vertriebsunternehmen abstellen und andere Funktionsbeziehungen bzw. Handelsstufen, wie zB die Beziehung Vertriebsunternehmen – Großhandel, nicht berücksichtigen.

Kampfpreise können jedenfalls in keinem Fall übertragbare Fremdpreise für
andere Märkte darstellen.

(2) Geschäftsstrategien der OECD

Unter Tz. 1.59–1.63 widmet sich die OECD-RL 2010 dem Einfluss der **100**
„Business strategies" bzw. Preisstrategien auf die Verrechnungspreise.

Tz. 1.59 OECD-RL 2010 stellt zunächst grundsätzlich fest, dass **Ge-
schäftsstrategien,** die von einem Steuerpflichtigen verfolgt werden, bei der
Bestimmung der Verrechnungspreise **berücksichtigt werden müssen.** Derartige Geschäftsstrategien stellen im Wesentlichen Preisstrategien dar, zB im
Rahmen von Markterschließung, -ausweitung und -verteidigung (Tz. 1.60
OECD-RL 2010). Auch wenn die OECD demnach grundsätzlich die Vergleichbarkeit der Preisstrategien als Kriterium für die Vergleichbarkeit und
Übertragbarkeit von Marktpreisen anerkennt, ist sie sich doch der Risiken
bezüglich der Durchführung der Strategien und der Aufteilung der Kosten
einer solchen Preisstrategie bewusst und fordert eine **entsprechend kritische Überprüfung** der Angabe eines Steuerpflichtigen, er verfolge eine Geschäftsstrategie, die vorübergehend verringerte Gewinne im Hinblick auf höhere Gewinne in der Zukunft in Kauf nehme.

Wichtig ist die Feststellung in Tz. 1.62 OECD-RL 2010, dass **Markt-** **101**
eroberungsstrategien entweder **vom Produktionsunternehmen oder
vom Vertriebsunternehmen** initiiert und durchgeführt werden und die
Kosten entweder von dem einen oder dem anderen Unternehmen getragen
werden können, eine Vorstellung, die im Übrigen mit den Auffassungen der

---

[95] Vgl. dazu iE unten Rn. 379 ff. und Kap. B Rn. 67.

VGr wohl kaum im Einklang steht (Tz. 3.4.1.–3.4.3. der VGr).[96] Zu beachten ist aber natürlich, ob die Art der Beziehung zwischen den beteiligten Parteien es rechtfertigt, dass der Steuerpflichtige die Kosten der Geschäftsstrategie trägt. Zum Beispiel würde unter fremden Dritten ein Vertriebsunternehmen, das als reine Verkaufsagentur mit geringer oder gar keiner Verantwortung für die langfristige Marktentwicklung agiert, nicht die Kosten einer Markteroberungsstrategie tragen. Soweit ein Unternehmen Marktentwicklungsaktivitäten auf eigenes Risiko wahrnimmt und den Wert eines Produkts steigert, sei es durch einen Handelsnamen oder ein Markenzeichen oder eine Erhöhung des Geschäftswertes, der mit dem Produkt verbunden ist, so muss dies bei der Funktionsanalyse berücksichtigt werden, um die Vergleichbarkeit der erzielten Preise herzustellen.

102   Nach Tz. 1.63 OECD-RL 2010 ist weiterhin in Betracht zu ziehen, ob mit hinreichender Wahrscheinlichkeit die **Geschäftsstrategie** in Zukunft genügend Einnahmen verspricht, um die aufgewendeten Kosten innerhalb einer angemessenen Zeit zu rechtfertigen. Es sei wohlverstanden, dass eine Geschäftsstrategie, wie zB eine Markteroberungsstrategie, **fehlschlagen kann.** Ein solcher Fehlschlag bedeute nicht gleichzeitig, dass die Strategie für Zwecke der Verrechnungspreisfestsetzung zu ignorieren sei. Falls aber ein erwartetes positives Ergebnis der Geschäftsstrategie **zurzeit ihrer Aufnahme nicht plausibel** gewesen sei, oder wenn die verfolgte Geschäftsstrategie trotz fehlendem Erfolg über einen angemessenen Zeitraum hinaus weiter verfolgt werde, kann es angemessen sein, den Vortrag des Unternehmens zu verwerfen. Bei der Beurteilung, welcher Zeitraum von unabhängigen Dritten als angemessen angegeben würde, könnten die Finanzbehörden auf die Zeiträume von Geschäftsstrategien abstellen, die in dem Land umgesetzt werden, in dem die Strategie verfolgt wird. Letztendlich sei aber von entscheidender Bedeutung, ob die fragliche Strategie erwarten lässt, innerhalb einer vorhersehbaren Zukunft zu Gewinnen zu führen (ungeachtet der Tatsache, dass sie fehlschlagen könnte) und ob ein fremder Dritter unter vergleichbaren Umständen und Wettbewerbsbedingungen bereit gewesen wäre, für einen vergleichbaren Zeitraum Rentabilität zu opfern.

103   Die Markterschließungs- und -erweiterungsstrategien **beziehen sich** in der OECD–RL 2010, wie sich aus dem Gesamtzusammenhang ergibt, **auf die einzelne Transaktion.** Demnach können sich für Unternehmen unterschiedliche Strategien je Produktfamilie, Produktklasse, Produktlinie, Produkttyp oder Artikel ergeben.[97]

Beispiel: Ein deutscher Automobilhersteller beliefert seine amerikanische Vertriebstochter zum einen mit Luxuswagen als auch mit Kleinwagen. Bei den Luxuswagen beschließt der Konzern eine Abschöpfungsstrategie, dh die Wagen werden zu relativ hohen Preisen an die Vertriebstochter und von dieser wieder an die Endabnehmer abgegeben. Bei den Kleinwagen verfolgt der Konzern jedoch eine Markteroberungsstrategie, dh, der Hersteller liefert zu relativ niedrigen Preisen (Deckungsbeitrag) an die Vertriebstochter, die wiederum diesen Preisvorteil an die Kunden weitergibt, um einen möglichst hohen Marktanteil zu erreichen.

---

[96] Vgl. dazu Kap. B Rn. 67.
[97] Vgl. oben Rn. 59 ff.

(3) Vorteilsausgleich und Geschäftsstrategie

Die Verfolgung **unterschiedlicher Geschäftsstrategien** mit positiven **104** und negativen Ergebniswirkungen für verschiedene Produkte oder Märkte kann **nur ausnahmsweise** auch einen **Vorteilsausgleich** darstellen. Vielmehr unterscheidet sich ein Vorteilsausgleich[98] regelmäßig vom Ansatz unterschiedlicher Geschäftsstrategien.

Nach Tz. 2.3.2. der VGr setzt der Vorteilsausgleich voraus, dass Geschäfte in einem inneren Zusammenhang stehen und die Vorteilsverrechnung vereinbart war oder zur Geschäftsgrundlage des nachteiligen Geschäfts gehörte. Im Fall, dass ein inländisches verbundenes Vertriebsunternehmen eines ausländischen Mutterunternehmens Nachteile und Vorteile aus verschiedenen Geschäftsstrategien für unterschiedliche Produkte erfährt, ist ein Vorteilsausgleich nur angebracht, soweit die Voraussetzungen des Vorteilsausgleichs gem. Tz. 2.3.2. der VGr vorliegen.

Bei **Vertriebsgesellschaften** wird **im Regelfall durch die Anwendung 105 der Wiederverkaufspreismethode oder** transaktionsbezogenen **Nettomargenmethode** auf jede einzelne Transaktion bzw. jede relevante Palette von Transaktionen[99] ein Vorteilsausgleich bei vertriebs- und strategieverantwortlichem Produktionsunternehmen **entbehrlich,** da die Vertriebsgesellschaft nur an der weitgehend produktpreisindifferenten Angemessenheit ihrer Roh- bzw. Reingewinnmarge beurteilt wird und das Produktionsunternehmen, soweit es der Strategieträger[100] ist, alle Residualgewinne und -verluste trägt.

Beispiel: Ein inländisches Vertriebsunternehmen V der Automobilindustrie erhält vom ausländischen Mutter-Produktionsunternehmen M Einkaufspreise unter Selbstkosten für Kleinwagen, um in diesem Segment eine Markteroberungsstrategie zu verfolgen. Andererseits erhält V Luxuswagen zu einem über dem Marktpreis liegenden Einkaufspreis, da der Konzern in Bezug auf die Luxuswagen eine Marktabschöpfungsstrategie verfolgt. V gibt die Preisstrategien mit jeweils angemessener Marge an seine Kunden weiter. Im Fall des Beispiels ist bei V kein Vorteilsausgleich anzunehmen, da V aus beiden Produktlinien eine angemessene Roh- bzw. Reingewinnmarge bei Anwendung der Wiederverkaufspreismethode bzw. der transaktionsbezogenen Nettomargenmethode erzielt. Nur wenn V durch die Preisgestaltung von M bei Kleinwagen einen Verlust und bei Luxuswagen einen höheren Gewinn erzielen würde, bestände für die Anwendung des Vorteilsausgleiches bei Erfüllung der formalen Anforderungen der deutschen FinVerw. Raum.

Eine Geschäftsstrategie selbst kann einen **quasi-Vorteilsausgleich über 106 den Lebenszyklus eines Produkts** beinhalten. So mag eine Vertriebstochter zu Beginn des Lebenszyklusses höhere Einstandspreise in Kauf nehmen, falls innerhalb einer angemessenen Zeit niedrigere Einkaufspreise zu erwarten sind (Abschöpfungsstrategie). Oder ein deutsches Produktionsunternehmen verzichtet zunächst auf den Ansatz von Vollkosten gegenüber einer ausländischen Vertriebstochter, da bei der Erreichung eines bestimmten Marktanteils Vollkosten und Gewinnzuschlag verrechnet werden können (Marktdurchdringungsstrategie) (vgl. Tz. 3.4.2.b) der VGr). Folglich kann eine Geschäfts-

---

[98] Vgl. Kap. C Rn. 91 ff.
[99] Vgl. zur Palettenbetrachtung Kap. B Rn. 68, ABC „Palettenbetrachtung".
[100] Vgl. unten Rn. 221, 230 ff., 263, 270 ff., 309 ff.

strategie einen quasi-Vorteilsausgleich innerhalb des Lebenszyklusses eines Produkts darstellen, während der reine Vorteilsausgleich einen Ausgleich zwischen unterschiedlichen vorteilhaften und nachteiligen Geschäften eines Steuerpflichtigen bezeichnet. Daher gilt für die Beurteilung einer Geschäftsstrategie auch nicht, dass gem. Tz. 2.3.3. der VGr die Nachteile innerhalb der drei folgenden Wirtschaftsjahre ausgeglichen werden müssen. Nach Tz. 3.1.2.1. der VGr ist allerdings bei langfristig zu erfüllenden Verträgen zu prüfen, ob unabhängige Dritte den damit verbundenen Risiken durch entsprechende Vereinbarungen Rechnung getragen hätten. Folglich ist bei der Beurteilung des zeitlichen Ausgleichs zwischen Verlust und Gewinn aus einer Strategie auf das Verhalten fremder Dritter abzustellen.[101]

b) Liefervereinbarungen

aa) Allgemeine Lieferbedingungen

107   Nach Tz. 3.1.2.1. Nr. 4 der VGr sind die Liefervereinbarungen, insb. über **Haftungsverhältnisse, Zahlungsfristen, Rabatte, Skonti, Gefahrentragung und Gewährleistung** bei der Festsetzung der Verrechnungspreise zu berücksichtigen.[102] Die Aufzählung der bei der Verrechnungspreisfestsetzung zu beachtenden Umstände des Einzelfalls in Tz. 3.1.2.1. Nr. 4 der VGr ist **weder abschließend noch vollständig,** was sich aus den Zusätzen „insb." und „usw." ergibt.

108   Für den Fall, dass angeführte Fremdpreise zu gleichen Lieferbedingungen abgewickelt wurden, sind diese direkt auf den zu überprüfenden Verrechnungspreis übertragbar. Bei abweichenden Bedingungen ist ggf. eine Anpassungsrechnung nach Tz. 2.1.7. bzw. 2.2.2. der VGr durchzuführen, was in der Praxis erfahrungsgemäß relativ leicht möglich ist.[103]

Die **Lieferbedingungen** legen in Ergänzung oder anstelle zivil- und handelsrechtlicher Vorschriften die allgemeinen Rechte und Pflichten der Vertragspartner aus den jeweiligen Geschäften fest, die mit der Warenlieferung zusammenhängen. Sie beziehen sich insb. auf folgende Punkte:
– den Lieferort,
– den Zeitpunkt des Gefahren- und Eigentumsübergangs auf den Käufer einschließlich Eigentumsvorbehalten,
– die Übernahme des Versicherungsschutzes für den Untergang der Ware,
– die Aufteilung der Beförderungskosten auf den Käufer und Verkäufer,
– die Übernahme von Zoll und anderen Abgaben,
– die Zuständigkeiten bei Streitigkeiten,
– die Zahlungsmodalitäten.

(1) Incoterms

109   Insb. in der Außenhandelspraxis entstanden zahlreiche Usancen in Gestalt bestimmter allgemein üblicher Handelsklauseln für die praktische Ausgestaltung der Lieferbedingungen. Die gebräuchlichsten Vertragsformeln wurden

---

[101] Vgl. auch unten Rn. 369 f.

[102] Vgl. auch Tz. 1.52 OECD-RL 2010, auf die in Tz. 3.4.12.7 der VGr-Verfahren Bezug genommen wird.

[103] Zu Anpassungsrechnungen vgl. auch Tz. 3.4.12.7c) VGr-Verfahren sowie § 1 Abs. 3 S. 1 und 2 AStG.

von der Internationalen Handelskammer erstmals als „International Commercial Terms 1936" zusammengestellt. Diese sog. „Incoterms" wurden 2010 zuletzt neu gefasst.[104]

Als Beispiele seien nachfolgend einige der **gebräuchlichsten internationalen Handelsklauseln** erwähnt: **110**

– EXW (exwork; ab Fabrik, Werk, Lagerhaus, Grube): Der Käufer hat die Ware im Werk des Verkäufers spätestens zum vereinbarten Übernahmetermin abzunehmen und alle Beförderungs- und Versicherungskosten zu tragen (Abholklausel).

– FCA (free on rail bzw. truck; frei Frachtführer): Der Verkäufer hat alle Kosten und das Risiko des Warenuntergangs bis zum Zeitpunkt der Übergabe der Ware an den Frachtführer (Eisenbahn, Lastwagen) zu tragen.

– FAS (free alongside ship; frei Längsseite Schiff): Der Verkäufer hat alle Kosten und Risiken zu tragen, bis die Ware termingerecht oder innerhalb der vereinbarten Frist längsseits des Schiffs geliefert wurde. Das Umladen der Ware ist bereits vom Käufer zu veranlassen.

– FOB (free on board; frei an Bord): Der Verkäufer hat alle Kosten zu tragen, bis die Ware im vereinbarten Verschiffungshafen die Reling des Schiffes passiert hat.

– CFR (cost and freight; Kosten und Fracht): Der Verkäufer hat alle Verlade- und Frachtkosten bis zur Ankunft des Schiffes im Bestimmungshafen zu tragen, nicht dagegen die Versicherung.

– CIF (cost, insurance, freight; Kosten, Versicherung, Fracht): Der Verkäufer hat sämtliche Verlade-, Versicherungs- und Frachtkosten bis zur Ankunft des Schiffes im Bestimmungshafen zu tragen.

Für die Verrechnungspreisfestsetzung sind die Liefervereinbarungen **in zweierlei Hinsicht zu beachten.**

Zum einen ist bei der Anwendung der Standardpreismethoden zu berücksichtigen, welche Lieferbedingungen dem Ansatz eines Fremdpreises zugrunde gelegen haben. Ggf. sind Anpassungsrechnungen gem. Tz. 2.1.7. und 2.2.2. der VGr durchzuführen.[105]   **111**

Beispiel: Eine inländische Kapitalgesellschaft verkauft Staubsauger zum Preis von 70 € an eine englische Vertriebstochtergesellschaft unter der Liefervereinbarung „ab Fabrik". Zur gleichen Zeit liefert der deutsche Produzent an eine unabhängige schottische Vertriebsfirma gleichartige Staubsauger zum Preis von 100 € unter der Liefervereinbarung CIF. Um einen Fremdvergleich anzustellen, sind die Liefervereinbarungen mit der schottischen Vertriebsfirma gem. § 1 Abs. 1 S. 1 AStG und Tz. 2.1.7. und 2.2.2. der VGr zu berichtigen, um sie an abweichende Bedingungen des zu überprüfenden Konzerngeschäfts anzupassen. Fremdpreis ist unter sonst gleichen Umständen der Preis, den das unabhängige schottische Unternehmen unter Maßgabe eines „ab Fabrik"-Preises bezahlt hätte.

Zum anderen hat die Übernahme zusätzlicher Funktionen und Risiken   **112**
durch Vereinbarung entsprechender Incoterms (zB CIF statt FOB) zur Folge, dass gem. Tz. 3.1.2.1. Nr. 4 der VGr der angemessene Preis umso höher steigt, je umfangreicher die von der Konzerngesellschaft ausgeübte Funktion ist.

---

[104] Vgl. dazu zB *Baumbach/Hopt* Handelsgesetzbuch, 2014, (6) Incoterms.
[105] Vgl. auch Tz. 2.19. OECD-RL 2010.

Beispiel: Einer Vertriebsgesellschaft wird bei Verträgen, die einen CIF-Eingangs-Verrechnungspreis festlegen, ein relativ niedrigerer Preis zustehen, als bei Verträgen, die eine „ab-Werk"-Vereinbarung mit dem konzerninternen Produzenten beinhalten, selbst wenn die zusätzlichen Verlade-, Versicherungs- und Frachtkosten entgolten werden. Denn der Wiederverkäufer hat im Falle der CIF-Vereinbarung nicht nur sämtliche Verlade-, Versicherungs- und Frachtkosten bis zur Ankunft des Schiffes im Bestimmungshafen zu tragen, sondern auch alle nicht versicherbaren, zusätzlichen Risiken, wofür er über einen relativ niedrigeren Einstandspreis für die Güter einen relativ höheren Anteil am Gesamtgewinn der Wertschöpfungskette erhält.

(2) Übernahme von Gewährleistungspflichten

113 Tz. 3.1.2.1. Nr. 4 der VGr spricht ausdrücklich auch die Gewährleistung an. Je nach nationalen bzw. internationalen Rechtssystemen gibt es unterschiedliche **gesetzlich begründete Gewährleistungspflichten** des Verkäufers, insb. die Gewährleistung aus Rechtsmängeln (vgl. § 435 iVm § 437 BGB) und die Gewährleistung aus Sachmängeln (vgl. § 434 iVm § 437 BGB).

Nationale Rechtssysteme für die Gewährleistung aus Sachmängeln können sich insb. in folgenden Merkmalen vom deutschen Recht unterscheiden:
- Gegenstand der Haftung bei Sachmängeln (deutsches Recht: § 434 BGB)
- Ausschluss der Haftung bei Sachmängeln (deutsches Recht: § 444 BGB)
- Inhalt der Gewährleistungspflicht bei Sachmängeln (deutsches Recht: § 437 iVm § 435 BGB)
- Verjährung der Gewährleistungsansprüche (deutsches Recht: § 438 BGB).

Das Gewährleistungsrisiko kann im Konzern in dreierlei Hinsicht auftreten. Zum einen im Verhältnis zwischen Endverbraucher und Vertriebsfirma, zum zweiten beim Lieferungs- und Leistungsverkehr zwischen verschiedenen Konzerntöchtern und schließlich direkt zwischen Hersteller und Endverbraucher im Rahmen der sog. Produzentenhaftung (Produkthaftpflicht).

114 Gem. Tz. 2.1.3. der VGr ist die **Risikoverteilung im Konzern** bei der Einkunftsabgrenzung zu beachten. Grundsätzlich ist einem Konzernunternehmen eine Risikoprämie zu entgelten, soweit dieses Konzernunternehmen höhere Risiken als vergleichbare Fremdunternehmen bzw. am Lieferprozess beteiligte Konzernunternehmen trägt. In diesem Zusammenhang gilt es auch, unterschiedlichen nationalen Produkthaftungsgesetzen bzw. Schadensersatzansprüchen gerecht zu werden.

115 Neben den gesetzlichen Gewährleistungsansprüchen spielen **privatrechtliche Garantien** für die vertragsmäßige Ausführung von Lieferungen und Leistungen im Zusammenhang mit Auslandsgeschäften eine große Rolle. Im Außenhandel entstehen besondere Risiken, die darauf beruhen, dass größere Entfernungen überwunden werden müssen und die rechtlichen Regelungen und Usancen sowie der Umfang von Schadenersatzklagen in den verschiedenen Ländern voneinander abweichen. Eine nach Menge, Form und Qualität vertragsgerechte und rechtzeitige Lieferung soll durch die Stellung von Lieferungs- und Leistungsgarantien bewirkt werden. Für den Fall von Abweichungen vom Vertrag verpflichtet sich der Lieferant zB, eine Vertragsstrafe zu bezahlen. Derartige Garantien sind unter Fremden durchaus gängige Geschäftspraxis. Vielfach werden diese Garantien zusätzlich über Banken abgewickelt.

116 Auch Tz. 3.1.2.2. der VGr fordert, dass der Fremdpreis es zu berücksichtigen hat, wenn im Zusammenhang mit der Lieferung von Gütern und Waren besondere Nebenleistungen vereinbart werden. Demnach können **innerhalb eines Konzerns Lieferungs- und Leistungsgarantien** angesetzt und entsprechend bei der Festsetzung der Verrechnungspreise berücksichtigt werden. Im Einzelfall ist jedoch zu prüfen, ob die Garantien dem inhaltlichen und zeitlichen Umfang nach einem Fremdvergleich standhalten.

(3) Andere allgemeine Liefervereinbarungen

Bei den Liefervereinbarungen in Tz. 3.1.2.1. Nr. 4 der VGr werden auch **117** Rabatte und Skonti aufgeführt. Zu Rabatten, Boni und sonstigen preispolitischen Ab- und Zuschlägen vgl. Kap. D Rn. 91 ff.

bb) Wechselkursrisiko

Die Aufzählung in Tz. 3.1.2.1. Nr. 4 der VGr **ist nicht vollständig,** **118** worauf die Zusätze „insb." und „usw." hinweisen.[106] Demnach haben die Liefervereinbarungen weitere Inhalte, die die Verrechnungspreisgestaltung zusätzlich zu den in Tz. 3.1.2.1. Nr. 4 der VGr genannten erheblich beeinflussen. Dies gilt insb. für die Auswahl der Währung und das damit verbundene Wechselkursrisiko.[107]

Unternehmen, deren Tochtergesellschaften in unterschiedlichen Währungsgebieten ansässig sind, unterliegen dem **Risiko der Wechselkursänderung.** Die Übernahme des Wechselkursrisikos durch die eine oder andere Konzerngesellschaft beeinflusst die Höhe eines zwischen ihnen zu vereinbarenden Verrechnungspreises für die Lieferung von Waren oder Gütern.

(1) Problemstellung

Der Wechselkurs bezeichnet den Preis für eine fremde Währung. Eine **119** **Aufwertung (Abwertung)** der ausländischen Währung liegt vor, wenn ihr Preis gemessen in Inlandswährung steigt (sinkt). Aus jeder Aufwertung oder Abwertung ergeben sich jedoch nicht nur Risiken, sondern auch Chancen.

Beispiel: Eine inländische Produktions-AG vereinbart im Januar einen Verrechnungspreis für Waren in Höhe von 1000 € mit der amerikanischen Vertriebstochtergesellschaft. Zum Zeitpunkt des Vertragsabschlusses notiert der Dollar mit einem Kurs von 1,20 Dollar/1 €, dh der Verrechnungspreis weist einen Wert von 1200 Dollar auf. Vertraglich vereinbart wurde eine Lieferung im Februar und die Bezahlung im März des gleichen Jahres.

Zum Zeitpunkt der Bezahlung im März notiert der Dollar bei 1,30 Dollar/1 €, dh der Dollar erhält am Devisenmarkt eine Abwertung. Die inländische Produktionsgesellschaft erhält im März wie vereinbart 1000 €, aber die Vertriebstochtergesellschaft muss nun 1300 Dollar anstatt der geplanten 1200 Dollar aufbringen. Da Bezahlung in Euro vereinbart wurde, trägt die amerikanische Tochtergesellschaft das eingetretene Risiko in Höhe von 100 Dollar. Hätte man im Januar vereinbart, in Dollar zu fakturieren, hätte die inländische Produktionsgesellschaft das Wechselkursrisiko bis März tragen müssen.

Setzt man voraus, dass die fakturierte Währung zwischen fremden Dritten frei vereinbart werden kann, zeigt sich deutlich, dass das Wechselkursrisiko des einen Vertragspartners mit der Wechselkurschance des anderen Vertragspartners einhergeht. Die Risiko-Chancen-Verteilung ist natürlich genau umgekehrt, wenn der Dollar bis zum März nicht abgewertet, sondern aufgewertet worden wäre.

---

[106] Vgl. oben Rn. 107.
[107] Vgl. Tz. 1.46 und 1.73 OECD-RL 2010; *Becker* in Becker/Kroppen, Internationale Verrechnungspreise, V 3.1.2.1.

120   Im Rahmen einer jeden Preisgestaltung und so auch der Verrechnungspreisgestaltung besteht die Schwierigkeit darin, dass man zum Zeitpunkt des
Vertragsabschlusses nicht voraussehen kann, wie sich der Wechselkurs bis zum
Zahlungstermin entwickelt. Je nach **Beurteilung von Chancen und Risiken** werden die Vertragspartner eine Fakturierungswährung bevorzugen und
ggf. das Wechselkursrisiko gemeinsam tragen.[108]
    Es ist jedoch auch durchaus möglich, dass beide Vertragspartner Chance
und Risiko der Wechselkursentwicklung unterschiedlich einschätzen. Genau
genommen steht ein Unternehmen, das die Wahl hat, eine bestimmte Vertragswährung zu vereinbaren, vor zwei Risiken. Zum einen besteht das Risiko, einen Währungsverlust zu erleiden, zum anderen besteht die Gefahr, die
Chance auf einen Wechselkursgewinn zu verlieren.

Beispiel: Fakturiert das inländische Unternehmen gegenüber der amerikanischen
Tochtergesellschaft in Euro anstatt in Dollar, verliert das inländische Unternehmen im
Falle einer Dollaraufwertung die Chance auf einen Wechselkursgewinn. Fakturiert das
inländische Unternehmen in Dollar gegenüber der amerikanischen Tochtergesellschaft
anstatt in Euro, trägt das inländische Unternehmen im Falle einer Dollarabwertung das
Risiko eines Wechselkursverlustes.

121   **In bestimmten Industriezweigen** wird handelsüblich **in bestimmten
Währungen,** meist US-$, fakturiert (zB Rohöl oder Flugzeuge), auch wenn
keine der Vertragsparteien im entsprechenden Währungsgebiet ansässig ist.
Hier trägt jede der Vertragsparteien ein voneinander unabhängiges und einzeln zu beurteilendes Währungsrisiko.

(2) Typen von Wechselkursrisiken

122   Bei der Beurteilung der Währungsvereinbarungen bzw. der Wechselkurspolitik im Rahmen der Verrechnungspreisfestsetzung gilt es zudem zu beachten, dass sich je nach Zeitraum des Risikos und je nach den betroffenen Bilanzpositionen mehrere Wechselkursrisikotypen unterscheiden lassen:[109]

(1) Umtauschrisiko (transaction risk)

123   Das Umtauschrisiko (transaction risk) erfasst die Gefahr von Verlusten, die
bei auf Fremdwährung lautenden Forderungen und Verbindlichkeiten durch
eine **Veränderung der Währungsrelation bis zur** bzw. bei der **Bezahlung** der Rechnung entstehen.
    Ein Exporteur, der seine Forderung in Fremdwährung fakturiert, erleidet
bei einer zwischenzeitlichen Abwertung der Fremdwährung einen Verlust, da
er, in Heimatwährung gerechnet, weniger erlöst als kalkuliert. Bei einem Importeur gilt das Umgekehrte. Dabei ist zu beachten, dass das Umtauschrisiko
nicht nur für den Zeitraum zwischen Fakturierung und Zahlung, sondern
auch für die Zeit zwischen Vertragsvereinbarung bzw. Währungsvereinbarung
und Fakturierung besteht.

124   Die **Vertragswährung** ist grundsätzlich bei jedem Fremdwährungsgeschäft
individuell auszuhandeln. Die Vereinbarung der Fremdwährung ist daher
vergleichbar mit den Regelungen über die Zahlungsfristen oder über die

---

[108] Vgl. auch zu Fremdwährungsdarlehen Kap. P Rn. 86 ff.
[109] Vgl. *Büschgen* Internationales Finanzmanagement, 1997, 310–316.

Aufteilung von Transportkosten. Die durch die Wechselkursvereinbarung entstehende Risikoübernahme **zählt zu den gewichtigsten Risiken** im internationalen Geschäft und ist als zusätzliche Nebenleistung anzusehen, die durch entsprechende Auf- oder Abschläge bei der Festlegung der Verrechnungspreise zu berücksichtigen ist.

Maßgebend für die Risikoverteilung und Verrechnungspreissetzung sind gem. Tz. 3.1.2.1. S. 2 der VGr die Verhältnisse aus der Sicht im **Zeitpunkt des Vertragsabschlusses.**[110]

Die Bestimmung von Ab- und Zuschlägen bereitet idR dann die größten Schwierigkeiten, wenn die Vertragspartner bei Vertragsabschluss Chancen und Risiken der Wechselkursentwicklung unterschiedlich beurteilen. Zudem ziehen die Vertragspartner in der Praxis oft **nicht nur das Wechselkursrisiko des einzelnen Geschäfts,** sondern den Umfang ihres Wechselkursrisikos im Unternehmen in Betracht, das aus vielerlei Transaktionen und Geschäftsvereinbarungen resultiert. Denn auch in einem unabhängigen fremden Unternehmen können unterschiedliche Währungsrisikopositionen auftreten, die sich unter Umständen gegenseitig aufrechnen lassen. Auch dies kann für eine Verrechnungspreisfestsetzung beachtlich sein, falls fremde Dritte diese Überlegungen unter vergleichbaren Umständen in ihre Preisfestsetzung einbeziehen würden.

(2) Umrechnungsrisiko (translation risk)

Das Währungsumrechnungsrisiko (translation risk) beschreibt die Gefahr, **125** dass bei der **jahresabschlussbezogenen Umrechnung von Währungsaktiva und -passiva** im Einzelabschluss sowie bei der Konsolidierung von Abschlüssen ausländischer Unternehmenseinheiten im Konzernabschluss durch zwischenzeitlich eingetretene Wechselkursänderungen unerwartete Verluste entstehen.

Dem Währungsumrechnungsrisiko liegt also die jahresabschlussorientierte Betrachtungsweise zugrunde. Ein ausgereiftes Währungsmanagement im Unternehmen wird bei der Wechselkursvereinbarung eines einzelnen Geschäfts berücksichtigen, welchen Einfluss bestehende Währungsaktiva und -passiva auf den Einzelabschluss haben können. Dazu ist zunächst zu klären, welche Vermögens- und Schuldpositionen von bestimmten Wechselkursrisiken betroffen sind. In den einzelnen Währungen sind bestehende offene Positionen mit ihrem Fälligkeitstermin (net exposure) zu bestimmen. Denn Aktiv- und Passivpositionen in gleicher Währung lassen sich bei gleichen Fälligkeitsterminen ggf. aufrechnen, da sich die Risiken und Chancen gegenläufig verhalten **(closed positions).**

Ein ordentlicher und gewissenhafter Geschäftsleiter eines Unternehmens **126** kann sich daher je nach Risikoneigung und Währungspolitik dazu entscheiden, bei der Fixierung eines Wechselkurses für ein konzerninternes Geschäft die bestehenden Währungsaktiva und -passiva zu berücksichtigen.

Beispiel: Das inländische Produktionsunternehmen A hat in einem Monat eine Lieferantenverbindlichkeit in Höhe von 1000 Dollar zu bezahlen. Der ordentliche Geschäftsleiter entschließt sich, der amerikanischen Tochter gegenüber eine bestimmte

---

[110] Vgl. auch oben Rn. 24 ff.

Fertigware in Dollar abzurechnen (1000 Dollar). Der Verrechnungspreis wird ebenfalls in einem Monat fällig. Folglich hat der ordentliche Geschäftsleiter eine Verbindlichkeit in Dollar mit einer Forderung in Dollar ausgeglichen.

Im Einzelfall ist natürlich zu untersuchen, ob ein fremder Dritter eine derartige Vereinbarung getroffen hätte. Dabei ist die Verhandlungsstärke, die Wechselkurserwartung, der Umfang des Wechselkursrisikos und die strategische Wechselkurspolitik beider Vertragspartner einzubeziehen.

(3) *Wirtschaftliches Wechselkursrisiko (Economic risk)*

127   Das wirtschaftliche Wechselkursrisiko umfasst die **strategischen** zukunftsgerichteten wirtschaftlichen **Risiken von Wechselkursänderungen.** Damit wird die Gefahr umschrieben, dass die zukünftig erwarteten Zahlungsströme einer Unternehmung durch Wechselkursänderungen beeinträchtigt werden können. ZB kann ein konkurrenzfähiges Produkt durch eine mehrjährige Aufwertung der inländischen Währung langfristig im Ausland nicht mehr wettbewerbsfähig sein. Es stellt sich daher die Frage, ob ein ordentlicher und gewissenhafter Geschäftsleiter bei längerfristigen Lieferbeziehungen die damit verbundenen Chancen und Risiken beim Ansatz der Verrechnungspreise berücksichtigen würde, wie es Tz. 3.1.2.1. Nr. 5 der VGr nahe legt. Diese Frage kann jedoch nur unternehmensindividuell beantwortet werden, denn die Risikoeinschätzung des ordentlichen Geschäftsleiters hängt von verschiedenen Faktoren ab:

Beispiel 1: Das deutsche Chemieunternehmen C liefert Spezialchemikalien u. a. nach Südamerika. Zunächst kann es sich auf dem Markt trotz relativ hoher Preise auf Grund der Qualität seiner Produkte und der herausragenden technischen Beratung der Abnehmer behaupten. Die Hyperinflation in bestimmten südamerikanischen Ländern und hohe Abschöpfungen auf Devisenexporte lassen jedoch nach einigen Jahren kein wettbewerbsfähiges Auftreten am Markt mehr zu. Zum einen steigt der Euro-Preis für die Produkte in Südamerika gemessen in der Landeswährung in unbezahlbare Höhen, zum anderen können aber Devisenzahlungen nur unter hohen Abgaben an die jeweilige Notenbank nach Deutschland transferiert werden. C entschließt sich, den Markt selbst nicht mehr zu bedienen.

Beispiel 2: Ein inländisches Produktionsunternehmen P beliefert seine amerikanische Vertriebstochter V mit Motoren, die in US-Dollar fakturiert werden. Die Dollar-Erlöse der nächsten drei Jahre verwendet P dazu, US-Dollar-Kredite zu verzinsen und zu tilgen. Da sich die US-Dollar-Erlöse nahezu mit den US-Dollar-Zins- und Tilgungszahlungen der nächsten drei Jahre decken werden, bewertet der ordentliche Geschäftsführer von P ein wirtschaftliches Währungsrisiko iSd economic risk als nicht existent. Erst die Wahl einer anderen Vertragswährung oder eine Kurssicherungsmaßnahme bzw. neue Absprachen mit V würden ein Währungsrisiko bei P erzeugen.

Beispiel 3: Der deutsche Textilfabrikant T hat die Wahl, im südamerikanischen Staat A oder im asiatischen Staat B produzieren zu lassen. Die Löhne in B liegen 20 % über denen in A. Die Inflationsrate in A liegt bei 100 %, in B bei 5 %. Aufgrund der gegenüber A latent bestehenden Abwertungsgefahr beschließt T, zur Vermeidung des strategischen Wechselkursrisikos trotz höherer Löhne in B zu produzieren.

128   Eine im Vorhinein vereinbarte Verteilung von Währungsverlusten bzw. Währungsgewinnen nach Abwicklung des Geschäfts wird dadurch erschwert, dass verschiedene ordentliche Geschäftsleiter Risiko und Chancen unterschiedlich einschätzen. Daher liegt es ausschließlich im Entscheidungs- und **Ermessensspielraum jedes** einzelnen **ordentlichen Geschäftsleiters,** ob und wie bei längerfristigen Lieferbeziehungen die damit verbundenen Wechselkurschancen und -risiken berücksichtigt werden.

In Konzernen übernehmen teilweise spezielle **Finanzierungsgesellschaften** bzw. Finanzierungsstellen die Aufgabe, das **Währungsmanagement** für den Konzern wahrzunehmen. Bekannte Vehikel sind dafür belgische Coordination Center, niederländische Finanzierungsgesellschaften oder schweizer Clearingstellen. Unabhängige Dritte hätten zwar keine Finanzierungsgesellschaft, die das Währungsmanagement zentral leitet, trotzdem hält eine derartige Struktur dem Fremdvergleich stand. Denn die Finanzierungsgesellschaft wirkt quasi wie ein unabhängiges Bankunternehmen, das auch unabhängige Dritte zum Währungsmanagement einschalten. Ähnlich wie bei einer Bank können die einzelnen Konzernunternehmen ihre Währungsrisiken über die Finanzierungsgesellschaft bzw. Finanzierungsstelle absichern. Kursgewinne oder -verluste können durch Einzelabrechnung oder Konzernumlage während oder am Ende einer Abrechnungsperiode als Dienstleistungskosten bzw. -erlöse mit den einzelnen Konzernunternehmen verrechnet werden.[111]

(3) Wirkung verschiedener Wechselkurssysteme

Die Berücksichtigung des Wechselkursrisikos wird im Wesentlichen vom **129**
Ausmaß der zu erwartenden Kursschwankungen bestimmt. Die Wechselkursschwankungen unterscheiden sich wiederum **je nach Wechselkurssystem.**
Weltweit unterscheidet man zwischen Systemen fester und flexibler Wechselkurse. Zusätzlich tauchen jedoch auch Mischformen auf, die mit zulässigen Bandbreiten arbeiten (zB das frühere Interventionspunktsystem der EG).

Im System **fester Wechselkurse** erfolgt die Kursfestsetzung der Landes- **130**
währung gegenüber anderen Währungen vorwiegend durch Fixierung der beteiligten Staaten. Demnach können Kursverluste und -gewinne nur entstehen, wenn es zu einer Neufestsetzung der Paritäten durch die Notenbank kommt. Zwei ordentliche Geschäftsführer können jedoch unterschiedliche Auffassungen darüber vertreten, ob, wann und in welchem Ausmaß es zu einer Neufestsetzung der Paritäten kommt.

Im Falle **flexibler Wechselkurse** bilden sich die Devisenkurse frei am **131**
Markt. Der ordentliche Geschäftsleiter muss in diesem Fall dauernde Wechselkursschwankungen ins Kalkül ziehen. Auch wenn staatliche Institutionen (Notenbanken) im Markt eingreifen, hat die Praxis gezeigt, dass sie sich langfristig nicht gegen den Markt stellen können. Zu den Floatern zählen aus Sicht der Bundesrepublik zB der US-Dollar, das englische Pfund und der japanische Yen. Insb. bei längerfristigen Lieferungs- und Leistungsvereinbarungen können in diesem Fall erhebliche Währungsrisiken entstehen.

Einem ordentlichen Geschäftsleiter kann nicht grundsätzlich im Nachhinein vorgehalten werden, dass er gem. Tz. 3.1.2.1. Nr. 5 der VGr bei langfristigen Lieferbeziehungen die damit verbundenen Wechselkursrisiken im Verrechnungspreis hätte berücksichtigen müssen. Maßstab ist einzig, ob unabhängige Dritte den Wechselkursrisiken durch entsprechende Vereinbarun-

---

[111] Vgl. Tz. 6 und Tz. 7 VGr.

gen (zB Währungsgleitklauseln oder Kurssicherungsmaßnahmen) im Zeitpunkt des Vertragsabschlusses Rechnung getragen hätten.

132 Auch unabhängige Dritte können **unterschiedliche Wechselkurssicherungspolitiken** betreiben, zB:

– Kurssicherung in keinem Fall auf Grund zu hoher Kurssicherungskosten
– Stets Kurssicherung als Teil der Geschäftspolitik
– Gelegentliche Kurssicherung je nach Art und Umfang des Geschäfts, Verhandlungsposition der Vertragspartner, Marge des einzelnen Geschäfts, Wechselkurssystem und individueller Wechselkurserwartung.

133 Zu beachten ist aber, dass nach Auffassung der FinVerw. **Kurssicherungskosten** bei Fremdwährungsdarlehen vom Darlehensnehmer zu tragen sind (Tz. 4.2.3. der VGr).[112] Dies kann nicht auf den Fall des Kaufs von Gütern und Waren übertragen werden. Es steht im **freien Entscheidungsermessen** der beiden beteiligten ordentlichen und gewissenhaften Geschäftsleiter, welche der beiden Gesellschaften, zB Vertriebs- oder Produktionsgesellschaft, das **Währungsrisiko** trägt. Dies wird häufig von der grundsätzlichen Verrechnungspreispolitik innerhalb der Unternehmensgruppe abhängen. IdR wird ein Konzern eher bestrebt sein, das **Währungsrisiko** durch Fakturierung in der Währung der Vertriebsgesellschaften bei dem Strategieträger, zB der zentralen Produktionsgesellschaft, **zu konzentrieren,** da sich so unerwünschte Verluste oder überschießende Gewinne bei den Vertriebsgesellschaften besser vermeiden lassen. Wird dagegen der Vertriebsgesellschaft das Währungsrisiko überlassen, ist als Gegenleistung der Vertriebsgesellschaft eine entsprechend hohe bzw. erhöhte Roh- bzw. Reingewinnmarge zuzubilligen, aus der sie ggf. auch die Kurssicherungskosten bestreiten kann, falls sie das von ihr übernommene Währungsrisiko absichern will. Demnach läuft Tz. 4.2.3. der VGr insoweit leer, als die Übernahme des Währungsrisikos durch die eine oder andere Konzerngesellschaft die **Erhöhung oder Verringerung der Rohgewinnmarge der Vertriebsgesellschaft** nach sich zieht.[113]

(4) Wechselkurssicherung

134 Die Übernahme des Währungsrisikos durch einen Vertragspartner ist bei der Gestaltung der Verrechnungspreise zu berücksichtigen. Fremde Dritte bzw. der ordentliche Geschäftsleiter haben zahlreiche Möglichkeiten der Vertragsgestaltung. Dem ordentlichen **Geschäftsleiter obliegt** letztendlich **die Entscheidung,** welche Vertragsgestaltung er der Situation entsprechend wählt.

Gelingt die vertragliche Absicherung des Wechselkursrisikos mit dem Geschäftspartner nicht, weil dieser zB darauf besteht, die Ware in seiner Inlandswährung einzukaufen oder abzugeben, kann ein Unternehmen seine Zahlungsströme außerhalb des Handelsgeschäfts gegen die beschriebenen Währungsrisiken absichern. Dazu steht ihm ein Bündel von **Wechselkurssicherungsmöglichkeiten** zur Verfügung, die teils umfassend, teils nur für spezielle Risikotypen, Währungen, Zeiträume und Bilanzpositionen ihren Sicherungseffekt entfalten:[114]

---

[112] Vgl. zu Absicherungsmaßnahmen auch Kap. P Rn. 91.
[113] Vgl. Tz. 1.45 und 1.46 OECD-RL 2010.
[114] Vgl. Kap. P Rn. 91.

– Reservenbildung für Wechselkursverluste
– Streuung des Wechselkursrisikos durch die Wahl unterschiedlicher Währungen je Kunde bzw. Lieferant
– Zahlungsverzögerung und Zahlungsbeschleunigung je nach aktuellem Wechselkurs und erwartetem Wechselkurs
– Interner Währungspositionsausgleich (Netting)
– Devisenkassageschäfte
– Fremdwährungskredite
– Devisentermingeschäfte
– Devisenfutures
– Devisenoptionen
– Wechselkursversicherungen
– Verkauf von Fremdwährungsforderungen
– Diskontierung von Währungswechseln
– Exportfactoring
– Forfaitierung.

Ein ordentlicher und gewissenhafter bzw. ein unabhängiger dritter Geschäftsleiter hat jedoch, sofern er sich für eine Kurssicherung entscheidet, bei der Auswahl bestimmter Wechselkurssicherungsmaßnahmen **situationsspezifische Anwendungskriterien** einzelner Kurssicherungsmaßnahmen zu berücksichtigen, wie zB:[115]   **135**

– Situationsbezogene, zeitliche, rechtliche und marktbezogene Restriktionen der Anwendbarkeit
– Eignung zu globaler oder geschäftsindividueller Absicherung
– Einsatzflexibilität der einzelnen Instrumente
– Sicherungswirkung in Bezug auf die Kalkulationsgrundlage
– Liquiditätsauswirkungen der Sicherungsmaßnahme
– Auswirkungen auf die Geschäftsleitung
– Subjektive Kurserwartungen
– Subjektive Risikopräferenzen des ordentlichen Geschäftsleiters.

Die **VGr äußern sich nicht** dazu, ob ein ordentlicher und gewissenhafter   **136** Geschäftsleiter bestrebt sein muss, das Währungsrisiko hinsichtlich Lieferungs- und Leistungsvereinbarungen durch geeignete Kurssicherungsmaßnahmen auszuschließen.[116] Einer derartigen Forderung könnte auch nicht zugestimmt werden. Zum einen, weil die Entscheidung, ob eine Kurssicherung betrieben werden soll, ausschließlich in dem Entscheidungs- und Ermessensspielraum des ordentlichen und gewissenhaften Geschäftsleiters liegt.[117] Zum anderen, weil durch jede Kurssicherungsmaßnahme auch Chancen auf Kursgewinne aufgegeben werden.

Zudem wird jede Entscheidung über eine Kurssicherungsmaßnahme berücksichtigen, wie sich **erwartetes Risiko und Kosten der Kurssicherungsmaßnahme** zueinander verhalten, und eine Kurssicherung nur vornehmen, wenn die Kosten niedriger als das erwartete Risiko sind.

Beispiel: Ein deutsches Produktionsunternehmen A bestellt im Jahr 1 Maschinen im Wert von 1 Million Dollar bei einem amerikanischen Hersteller B. Der Dollar no-

---

[115] Vgl. Kap. P Rn. 91.
[116] Vgl. *Klein* Verrechnungspreisgestaltung, 1988, 274.
[117] Vgl. *Klein* Verrechnungspreisgestaltung, 1988, 274 sowie Kap. P Rn. 91.

tiert zu dieser Zeit bei einem Kurs von 1,30 Dollar/1 €, und die geschuldete Summe ist in Dollar im Jahr 2 zu begleichen. A befürchtet im Jahr 1, dass der Dollarkurs steigt und schließt ein Termingeschäft zu 1,25 Dollar/1 € ab. Der Dollarkurs sinkt aber im Verlauf des nächsten Jahres auf 1,40 Dollar/1 €. Im Jahr 2 muss A das Termingeschäft erfüllen und den Dollar zu 1,25 Dollar/1 € kaufen. Hätte das Unternehmen A kein Termingeschäft abgeschlossen, könnte es am freien Markt den Dollar für 1,40 Dollar/1 € kaufen, also 15 Cent billiger als durch das Termingeschäft. A verliert dadurch knapp 86.000 €. Dagegen hätten flexiblere Kurssicherungsinstrumente bzw. Kombinationen von Kurssicherungsinstrumenten, die es einem Unternehmen ermöglichen, bei ungünstiger Kursentwicklung den gesicherten Kurs zu realisieren und bei günstiger Entwicklung sich am Markt einzudecken, A den Währungsverlust ersparen können. Derartige Kurssicherungsinstrumente, wie zB die Währungsoptionen, sind jedoch wesentlich teurer und verlangen daher, soweit sich für sie ein Vertragspartner findet, in Bezug auf eine Verrechnungspreisbestimmung höhere Ab- oder Zuschläge.

c) Funktions- und Wertschöpfungsanalyse, Business Process Analysis

137   Bei der Prüfung der Verrechnungspreise sind gem. Tz. 3.1.2.1. Nr. 3 der VGr die Funktionen, die von den beteiligten Unternehmen tatsächlich wahrgenommen werden, zu berücksichtigen. Auch die OECD räumt der Funktion und ihrer Analyse eine **entscheidende Bedeutung bei der Beurteilung eines Verrechnungspreises** ein (Tz. 1.42–1.51 OECD-RL 2010).

In Anlehnung an Tz. 2.1.3. der VGr sind folgende nicht abschließend aufgezählte **Einflussfaktoren** bei der Funktions- bzw. Wertschöpfungsanalyse zu beachten:[118]

– Die Struktur, Organisation, Aufgabenteilung und Risikoverteilung im Konzern;

– Die Zurechnung von Wirtschaftsgütern zu den einzelnen Konzernunternehmen;

– Die Tatsache, welche Funktionen die einzelnen Konzerngesellschaften im Konzern erfüllen (zB Herstellung, Montage, Forschung und Entwicklung, verwaltungsbezogene Leistungen, Absatz, Dienstleistungen);

– Die Eigenschaft, in welcher die Konzernunternehmen diese Funktion erfüllen (zB als Eigenhändler, Agent, gleichgeordneter Teilnehmer, Handlungsbeauftragter eines Pools).

Gem. Tz. 2.1.2. der VGr ist auf den **wirtschaftlichen Gehalt der tatsächlichen Tätigkeiten** abzustellen. So können bei funktionslosen Unternehmen Leistungsentgelte nicht verrechnet werden.[119] Bei funktionsschwachen Unternehmen können nur die tatsächlich erbrachten wirtschaftlichen Leistungen berücksichtigt werden, und zwar idR dann mit einem kostenorientierten Entgelt.[120]

aa) Begriff der Funktion, der Funktionsanalyse, der Wertschöpfungsanalyse und der Business Process Analysis

138   Die **Funktionen** bezeichnen die **Tätigkeiten und Verantwortlichkeiten,** die ein Unternehmen im Rahmen aller für eine Leistungserbringung

---

[118] Vgl. auch Tz. 1.42–1.51 OECD-RL 2010.
[119] Vgl. auch Tz. 2.33 OECD-RL 2010.
[120] Vgl. Tz. 2.1.3. VGr und beispielhaft auch unten Rn. 179 ff.

notwendigen Schritte übernommen hat.[121] Da jedes Tätigwerden und Verantworten stets mit Chancen und Risiken verbunden ist, wird häufig auch
zu Recht von „Funktionen und Risiken" gesprochen, die ein Unternehmen übernommen hat, und dies mit den von einem Unternehmen eingesetzten Wirtschaftsgütern (insb. immateriellen Wirtschaftsgütern) verbunden.
Entsprechend wird in **§ 4 Nr. 3 der GAufzV** die Erstellung einer „Funk-
tions- und Risikoanalyse" gefordert. In den VGr-Verfahren werden Funktionen, Risiken und eingesetzte Wirtschaftsgüter als wesentliche Faktoren
für die Vergleichbarkeit genannt.[122] Bereits die VGr erwähnen im Einleitungssatz der Tz. 2.1.3. die von einem Unternehmen übernommenen Funktionen und in den folgenden erläuternden Spiegelstrichen dann u. a. die Risikoverteilung im Konzern (Tz. 2.1.3. der VGr). Die OECD-RL 2010
spricht von ausgeübten Funktionen unter Berücksichtigung des Kapitaleinsatzes und der übernommenen Risiken **(Tz. 1.42 ff. OECD-RL 2010).**
Die US-Regulations sprechen von „the functions performed, and associated
resources employed, by the taxpayer in each transaction" (§ 1.482-1 (d)(3)(i)
US Regs). Demnach wird im Allgemeinen für die Funktionsanalyse darauf
abgestellt, welche
– Funktionen ein Unternehmen ausübt **(„functions performed"),**
– Risiken ein Unternehmen übernimmt **(„risks incurred")** und
– Wirtschaftsgüter das Unternehmen eingesetzt hat **(„assets employed").**
Bestimmt werden die von einem Konzernmitglied übernommenen Funktio-
nen durch eine Ermittlung aller für eine Leistungserstellung notwendigen
Schritte, Tätigkeiten und Verantwortlichkeiten, die Feststellung, welcher
Konzernteil diese übernommen hat, und die Bestimmung der Bedeutung, die
die einzelne Funktion für den gesamten Leistungsprozess hat. Diese Analyse
wird als **Funktionsanalyse** bezeichnet.

Keinesfalls stellt die Funktionsanalyse eine Verrechnungspreismethode dar   **139**
oder ist mit einer solchen zu verwechseln. **Gegenstand der Funktionsanalyse** ist vielmehr,
– Daten über die Funktions-, Risiko- und Wirtschaftsgüterverteilung im
  Konzern zur Vorbereitung und **Unterstützung einer** funktions- und
  fremdvergleichskonformen **Methodenwahl** zu sammeln und
– innerhalb einer gewählten Verrechnungspreismethode aufgrund der gesammelten Daten entscheidende **Hinweise für die Höhe** eines angemessenen Verrechnungspreises zu geben.

Ob sich das **Ergebnis der Funktionsanalyse,** dh die Zuordnung von Gewinnanteilen, letztendlich
– durch entsprechende Zuordnung von Rohgewinnmargen im Rahmen der
  Wiederverkaufspreismethode oder
– durch entsprechende Zuordnung eines Gewinnaufschlags innerhalb der
  Kostenaufschlagsmethode oder

---

[121] Vgl. zum Begriff der Funktion und der spezifischen Deutung im Rahmen von
Funktionsverlagerungen Kap. R Rn. 13 ff. und Kap. R Rn. 294 ff.
[122] Vgl. Tz. 3.4.12.7 VGr-Verfahren. In Tz. 3.4.11.4 werden darüber hinaus für die
wesentlichen Funktionsbereiche eines Unternehmens (Forschung und Entwicklung,
Herstellung, Vertrieb, Unternehmensverwaltung) beispielhaft Funktionen, Risiken und
materielle wie immaterielle Wirtschaftsgüter genannt.

– im Rahmen der Preisvergleichsmethode durch direkte Bestimmung eines Verrechnungspreises, oder

– im Rahmen der transaktionsbezogenen Gewinnmethoden durch entsprechende Zuordnung von Gewinnanteilen oder Nettotransaktionsmargen niederschlägt, spielt für die Funktionsanalyse als solche keine Rolle.

140   Für die Funktionsanalyse, im Englischen als functional analysis bezeichnet, ergeben sich **unterschiedliche Ansätze bezüglich der Tiefe der Untersuchung.** Die Tiefe der Funktions- bzw. Wertschöpfungskettenanalyse hängt entscheidend von der Komplexität der Transaktionen und der beteiligten Unternehmen bzw. dem klaren Funktionsprofil einzelner zu betrachtender Konzerngesellschaften für eine Transaktion ab.

Sofern ein **unilateraler Ansatz** verfolgt wird, beschränkt sich die Untersuchung lediglich auf die Funktionen einer an einer Transaktion beteiligten Einheit, so dass nur die Funktionen und Risiken dieser beteiligten Einheit dargestellt werden. Sofern die Funktionsanalyse auch die Beiträge der anderen an der Transaktion beteiligten Gesellschaft einbezieht, liegt eine **bilaterale Funktionsanalyse** vor. Die **multilaterale Funktionsanalyse** geht einen entscheidenden Schritt weiter. Dieser liegt darin, dass der Fokus nicht allein auf der Transaktion einer rechtlichen Einheit mit einer anderen rechtlichen Einheit liegt, sondern dass alle Transaktionen entlang der Wertschöpfungskette eines Konzerns betrachtet werden. In einem solchen Fall werden sämtliche Leistungsbeziehungen transparent und ermöglichen eine gewogene Bewertung des Wertschöpfungsbeitrags einer bzw. jeder Konzerngesellschaft unter Berücksichtigung der Beiträge aller anderen an der Leistungserstellung beteiligten Konzerngesellschaften. Dies wird auch als **Wertschöpfungsanalyse** bezeichnet.

141   In § 4 Nr. 3b) GAufzV wird eine **multilaterale Funktionsanalyse bzw. Wertschöpfungsanalyse** gefordert, soweit diese für die Prüfung der Geschäftsbeziehung von Bedeutung ist. Gem. Tz. 3.4.11.5 der VGr-Verfahren will die FinVerw. **auf die Vorlage** einer Wertschöpfungsanalyse **verzichten, soweit** aus der Funktionsanalyse einschließlich der Angemessenheitsdokumentation bereits der Wertschöpfungsbeitrag des Steuerpflichtigen erkennbar wird.

142   Wie bereits aus den vorstehenden Ausführungen deutlich wird, ist jedoch die **multilaterale Funktionsanalyse oder Wertschöpfungsanalyse** hinsichtlich der Qualität der Darstellung der Funktions- und Risikoverteilung bzw. der quantitativen Bewertung der anteiligen Wertschöpfung der bilateralen oder gar der unilateralen Funktionsanalyse überlegen und stellt **nach heutigen Maßstäben** die „**best practice**" dar. Zudem entspricht der multilaterale Wertschöpfungsanalysenansatz alleine dem Anspruch, dass ein Verrechnungspreissystem die Lieferungs- und Leistungsflüsse in einer Unternehmensgruppe umfassend, klar, eindeutig und im Vorhinein in seiner Gesamtheit darstellen soll. Trotzdem wird man **aus Kostengründen und Praktikabilitätserwägungen bei klaren und einfach gelagerten Transaktionen** (zB bei reinen Lieferbeziehungen in das Inland) auf eine aufwendige Wertschöpfungsanalyse des Gesamtkonzerns **verzichten** und auch verzichten können, da der zusätzliche Erkenntnisgrad, der aus einer umfassenden Wertschöpfungsanalyse resultiert, minimal wäre und zu unzumutbarem Aufwand führen würde. Soweit allerdings von der Norm abweichende und außerordentliche Rahmenbedingungen vorliegen, sollte zur Sicherstellung der Angemessenheit eine Wertschöpfungsanalyse vorgenommen werden, die die relevanten ausländischen Konzerneinheiten umfasst und jedenfalls über eine unilaterale Funktionsanalyse hinausgeht.

Als **nächste Generation** und **Weiterentwicklung der** multilateralen **143** Funktionsanalyse oder **Wertschöpfungsanalyse** findet in der praktischen Anwendung bereits der Übergang von der relativ statisch geprägten, wenn auch multilateralen Betrachtung der Funktionen der einzelnen beteiligten Konzernunternehmen („pro Unternehmen") zu der an die Unternehmensberatung angelehnten, dynamisch geprägten Betrachtung der im Leistungserstellungsprozess stattfindenden Prozesse und ihrer Beiträge zur Prozessdurchführung der beteiligten Gesellschaften („pro Prozess") **(Business Process Analysis)** statt. Hierbei werden die Leistungserstellungsvorgänge in einem Konzern als Prozesse begriffen, die ausgehend von den Megaprozessen immer feiner aufgegliedert werden, um dann in der letzten Stufe (aber erst dann) den einzelnen Konzerngesellschaften zugeordnet zu werden.[123]

Der **Vorteil** dieser Vorgehensweise liegt insb. darin, dass   **144**
– der volle Umfang aller relevanten Leistungsbeziehungen im Konzern systematisch betrachtet wird und damit verhindert wird, dass Teilbereiche des Leistungserstellungsprozesses bei der Betrachtung einzelner Konzerngesellschaften im Rahmen der einfachen Funktionsanalyse „durch das Gitter fallen", und
– bei Veränderungen im rechtlichen Aufbau des Konzerns keine neue Funktionsanalyse erfolgen muss, sondern lediglich die Zuordnung der Funktionen zu den (neuen) Konzerneinheiten durchgeführt werden muss.

Der Leistungserstellungsprozess für die Herstellung und den Vertrieb von Gütern und Waren kann exemplarisch in drei Hauptphasen eingeteilt werden, den **Einkauf,** die **Produktion** und den **Absatz.**

Für die Lieferung von Waren und Gütern steht regelmäßig die Funktions- **145** analyse des Absatzes im Vordergrund, da das Beispiel 1 der Tz. 3.1.3. der VGr für ein Vertriebsunternehmen die Wiederverkaufspreismethode vorschlägt. Hieraus folgt die notwendige Analyse der Absatzfunktionen, damit die funktionsadäquate Marge des Vertriebsunternehmens bestimmt werden kann. Da aber die Bewertung der von den Vertriebsunternehmen übernommenen Funktionen nur erfolgen kann, wenn auch die Bedeutung der von den Produktionsunternehmen übernommenen Funktionen und Risiken bekannt ist, muss eine vollständige Funktionsanalyse auch eine Funktionsanalyse der Produktionsstufen umfassen. Dabei wird funktionsschwachen Unternehmen im steuerlichen Kontext eine erhöhte Aufmerksamkeit gewidmet.[124] In zunehmendem Maße wird unter dem Einfluss moderner konzerninterner Beschaffungskonzepte (zB group procurement, centralised warehousing) eine eigenständige Funktionsanalyse des Einkaufs notwendig.

bb) Funktionsanalyse des Absatzes

Tz. 3.1.1. der VGr fordert neben der Vergleichbarkeit von Produkten und **146** Märkten,[125] dass die Fremdpreise **„auf vergleichbarer Handelsstufe"** erzielt worden sein müssen. Dieser Grundsatz hängt eng mit der Forderung

---

[123] Vgl. hierzu auch unten Rn. 211 ff.
[124] Vgl. beispielhaft Rn. 179 ff.
[125] Vgl. Rn. 41 ff.

nach der Vergleichbarkeit der Absatzmärkte zusammen und verlangt im Grund die Vergleichbarkeit der Absatzorganisation. Hiermit ist zum einen die tatsächliche Stufe in der vertikalen Absatzkette eines Unternehmens gemeint **(Handelsstufen),** dh bspw., ob und wie viele Großhändler zwischengeschaltet werden. Zum anderen betrifft diese Forderung aber auch die Vergleichbarkeit des wirtschaftlichen Gehalts der tatsächlichen Tätigkeiten auf den jeweiligen Stufen **(Handelsfunktionen).**[126] Auch in der OECD-RL von 2010 sind (allerdings bei der Vergleichbarkeit der Märkte) vergleichbare Marktstufen als Kriterium für die zulässige Anwendung des Preisvergleichs erwähnt (Tz. 1.55 OECD-RL 2010). Auch die betriebswirtschaftliche Literatur unterscheidet bei der Analyse von Absatzorganisationen zwischen Betriebsform (Handelsstufe) und Betriebstyp (Handelsfunktion).[127]

(1) Handelsstufen

147   Die Handelsstufe (oder Betriebsform) beschreibt die **Stellung eines Handelsbetriebs in der Absatzkette** zwischen Hersteller und Endverbraucher (Konsument). Zu unterscheiden sind zunächst **Großhandelsbetriebe,** deren Abnehmer Wiederverkäufer, gewerbliche Verwender sowie Großverbraucher sind, und **Einzelhandelsbetriebe,** die ausschließlich an Endabnehmer verkaufen. Man kommt zu folgenden möglichen Absatzsystemen:

Hersteller – Endverbraucher
Hersteller – Einzelhandel – Endverbraucher
Hersteller – Großhandel – Einzelhandel – Endverbraucher
Hersteller – Großhandel – Endverbraucher.

Die letztgenannte Kombination erscheint auf Grund der Großhandelsdefinition als nicht korrekt, findet sich aber insb. im Bereich der Cash & Carry-Märkte immer häufiger, da dort die Grenzen zwischen privaten Verwendern und Großverbrauchern nicht klar gezogen werden können.[128] Zwischen den Stufen können noch weitere Verkaufsorgane, zB Handelsvertreter, eingeschaltet sein.

148   Die Berücksichtigung der Handelsstufe im jeweiligen Absatzmarkt ist für die Angemessenheitsprüfung von Verrechnungspreisen von ausschlaggebender Bedeutung.

Beispiel: Ein Herstellunternehmen setzt sein Produkt zum einen an unabhängige Einzelhändler ab, zum anderen an eine Vertriebstochtergesellschaft, die als Großhändler fungiert. Der Fremdpreis liegt über dem Verrechnungspreis, da ersterer die Handelsspanne beinhaltet, die im zweiten Fall dem Großhändler zukommt.

149   Bei internationalen Geschäftsbeziehungen wird im Ausland häufig ein weiterer verbundener Großhandelsbetrieb eingeschaltet.

Beispiel: Der japanische Automobilhersteller J vertreibt in Japan seine Pkw direkt an die Einzelhändler. Für den Vertrieb an seine deutschen Einzelautohändler ist eine europäische Großhandelsgesellschaft in den Niederlanden und nachgeordnet in verschiedenen Ländern, so auch in Deutschland, eine nationale Großhandelsgesellschaft zwischengeschaltet.

---

[126] Vgl. Tz. 2.1.2. und 2.1.3. VGr.
[127] Vgl. *Barth/Hartmann/Schröder* Handel, 2007, 43–44.
[128] Vgl. *Barth/Hartmann/Schröder* Handel, 2007, 86.

Im Zusammenhang mit der Handelsstufe ist auch die Wertschöpfungsana- **150** lyse zu sehen.[129] So ist der Wert eines Produkts für einen Weiterverarbeiter ggf. ein anderer als für ein Handelsunternehmen, sei es auf Großhandels- oder Einzelhandelsebene. Insofern beeinflusst diese Unterscheidung auch die (Verrechnungs-)Preisgestaltung.

Beispiel: Ein Hersteller von patentierten Schaltkreisen vertreibt diese zum einen an einen verbundenen Computerhersteller, zum anderen an unabhängige EDV-Ersatzteil- händler. Hierbei divergieren Fremd- und Verrechnungspreis. Dieses ist zunächst durch die verschiedenen Handelsstufen begründet, darüber hinaus aber auch durch den unterschiedlichen Wert für die jeweiligen Abnehmer, da der Computerhersteller den Schaltkreis für sein Gesamtprodukt benötigt, der Händler aber ggf. auf die Abnahme des Produkts verzichten kann.

Die dargestellte Abgrenzung zwischen Großhändler und Einzelhändler ver- **151** liert weiter an Konturen durch **moderne Absatzsysteme** wie **e-business.** Hierbei wird u. a. unterschieden zwischen business to business (B2B) und business to customer (B2C). Welche beteiligte Konzerneinheit diese Funktion übernimmt, hängt vornehmlich von den vorhandenen Ressourcen und Erfahrungen ab und weniger von der Position innerhalb der Wertschöpfungskette. So kann ein Produzent über diesen Absatzkanal Waren sofort an Endkonsumenten absetzen, während im klassischen Absatzsystem Großhändler und/oder Einzelhändler in den jeweiligen Ländern notwendig waren. Ebenso ist es denkbar, dass eine Vertriebseinheit sowohl Großhandels- als auch Einzelhandelsfunktionen übernimmt. Entsprechend des dargestellten Zusammenhangs zwischen Handelsstufe und Wertschöpfung muss die Zuordnung der Funktion und der Beitrag jeder Einheit untersucht werden.

(2) Handelsfunktionen

Die Frage der konkret **auf einer Handelsstufe ausgeübten Einzelfunk-** **152** **tionen** (Handelsfunktionen) hat für die Angemessenheitsprüfung von Verrechnungspreisen eine erhebliche Bedeutung. Dieselbe Handelsstufe bedeutet daher keinesfalls zwangsläufig einheitliche Preise, Rohgewinnmargen, Handelsspannen oder Gewinnaufschläge. Im Folgenden seien – auf einer der betriebswirtschaftlichen Theorie entlehnten Systematik von Handelsfunktionen aufbauend[130] – die wesentlichen auf einer Handelsstufe vorhandenen **verschiedenen Funktionen und Risiken** dargestellt.[131]

(1) Sortimentieren

Das Sortimentieren umfasst das bedarfsgerechte Zusammenstellen von Ar- **153** tikeln aus dem Gesamtsortiment des Herstellers in quantitativer und qualitativer Hinsicht.

(2) Bereitstellung

Die Bereitstellungsfunktion umfasst den Transport und die Lagerung der **154** Güter und Waren einschließlich Auslieferung sowie die Übernahme und Ab-

---

[129] Vgl. hierzu auch oben Rn. 141 f.
[130] Vgl. *Barth/Hartmann/Schröder* Handel, 2007, 25–29; *Tietz* Handelsbetrieb, 1993, 12–15.
[131] Vgl. auch Tz. 1.46 OECD-RL 2010 sowie Tz. 3.4.11.4c) VGr-Verfahren.

sicherung des Risikos des Untergangs oder des Verlusts der Güter und Waren durch Objektschutz und/oder Versicherung.

Beispiel: Ein Hersteller von Büroeinrichtungen beliefert sowohl unabhängige Großhändler als auch verbundene Vertriebsunternehmen, die ebenfalls Großhandelsfunktionen übernehmen. Ein unabhängiger Großhändler übernimmt die Lagerung der Einrichtungsgegenstände, da sie für ihn gleichzeitig als Ausstellungsstücke dienen. Die Tochtergesellschaft hingegen bestellt nur bei Bedarf. Der höher liegende Verrechnungspreis ist gerechtfertigt, da dem Hersteller Lagerungskosten entstehen. Demzufolge ist auch nur ein indirekter Fremdvergleich möglich, wobei der Fremdpreis zur Herstellung der Vergleichbarkeit um die Lagerkosten zu erhöhen ist.

(3) *Produktrisiko*

155   Das Produktrisiko beinhaltet die Übernahme von Umtausch-, Garantie-, Kulanz- und Produkthaftpflichtrisiko.

Beispiel: Ein Hersteller beliefert unabhängige Einzelhändler im Inland und verbundene Einzelhändler im Ausland. Die unabhängigen Einzelhändler übernehmen sämtliche Garantie- und Kulanzleistungen. Die ausländischen Tochtergesellschaften leiten, auch wenn für die Kunden nicht erkennbar, derartige Fälle direkt an die Muttergesellschaft weiter. Aufgrund der damit verbundenen Kosten unterscheiden sich Fremd- und Verrechnungspreis trotz gleicher Produkte und gleicher Handelsstufe.

(4) *Forderungs- und Währungsrisiko*

156   Das Forderungs- und Währungsrisiko umfasst neben dem Delkredererisiko gegenüber dem belieferten Abnehmer die Übernahme des Risikos von Währungsschwankungen auf der Einkaufs- wie auf der Verkaufsseite und die Absicherung dieser Risiken durch Sicherungsmaßnahmen wie Hedging oder Devisenoptionen.[132]

(5) *Abnahme- und Absatzrisiko*

157   Das Abnahme- und Absatzrisiko beinhaltet die Vereinbarung darüber, ob die Vertriebsgesellschaft eine Abnahmeverpflichtung über eine bestimmte Artikelmenge oder Umsatzgröße trägt, oder ob umgekehrt bei hoher Nachfrage die Vertriebsgesellschaft eine – begrenzte oder unbegrenzte, mengenmäßig oder zeitlich definierte – Belieferungsgarantie des Herstellers besitzt.

(6) *Verwaltungsdienstleistungen*

158   Unter die Verwaltungsdienstleistungsfunktion fallen neben der Verwaltung von Güterbeständen und Kundenkarteien zB die Fakturierung, die kaufmännische Beratung von (potentiellen) Kunden sowie das Inkasso der Forderungen (nicht aber das Delkredererisiko[133]) und die Rechnungseingangskontrolle.

(7) *Markterschließung, Marktpflege, Marketing*

159   Zur Markterschließungsfunktion zählen die Marktuntersuchung und die Marktbeeinflussung, dh jegliche Maßnahmen, die der Abstimmung von Angebot und Nachfrage dienen, einschließlich Werbung. Dieser Aufgabenkomplex gewinnt zunehmend an Bedeutung, da der Handel immer mehr Markt-

---

[132] Vgl. Rn. 134 ff.
[133] Vgl. hierzu Rn. 156.

forschungsaufgaben übernimmt. Dieses wiederum ist auf die verstärkte Zusammenarbeit zwischen Herstellern und Handel im Marketingbereich zurückzuführen.

Beispiel: Zwei Konzernmuttergesellschaften stellen das gleiche Konsumgut her und verkaufen es jeweils an als Handelsgesellschaften fungierende Tochterunternehmen. Im Konzern A übernimmt die Muttergesellschaft die gesamte Marktforschung bezüglich des Produkts. Im Konzern B sind die Tochtergesellschaften in den jeweiligen Ländern dafür zuständig. Im Rahmen der Funktionsanalyse wird festgestellt, dass – gerechtfertigterweise – unterschiedliche Verrechnungspreise festgesetzt worden sind.

(8) *Technische Dienstleistungen*

Die technische Dienstleistungsfunktion umfasst zB die Qualitätskontrolle, **160** die technische Anpassung von Produkten an technische Vorschriften des Absatzmarktes (DIN-Normen, Eurocodes), die technische Beratung von (potentiellen) Kunden, die Installation, den technischen Kundenservice und die Wartung gelieferter Produkte.

Abweichende Aufgabenverteilungen in einem oder mehreren der ge- **161** nannten Bereiche führen zu (Verrechnungs-)Preisunterschieden bei der Lieferung gleicher Produkte auf denselben Handelsstufen.[134]

Handelsfunktionen können auf Dritte ausgelagert werden. Eine derartige Funktionsausgliederung (**„Outsourcing"**) kann im hier betrachteten Kontext als Rationalisierungsmaßnahme zur Verbesserung der Wirtschaftlichkeit der Handelsbetriebe angesehen werden. Im engeren Sinn verbindet sich mit dem Begriff Outsourcing dabei die Verlagerung von bestimmten Handelsfunktionen auf nicht zur Absatzkette gehörige Unternehmen (horizontale Funktionsübertragung). Im weiteren Sinn versteht man unter Outsourcing auch jegliche Form von Funktions- bzw. Aufgabenverschiebung zwischen den am Absatzprozess beteiligten Gesellschaften (vertikale Funktionsübertragung).[135]

Allein die Unterscheidung in horizontale und vertikale Funktions- und **162** auch Risikoübertragung zeigt, wie weit sich das Feld der Möglichkeiten erstreckt. Im Rahmen der erstgenannten werden bestimmte Aufgaben gegen Entgelt an spezielle Institutionen, idR Dienstleistungsunternehmen wie Inkassobüros, übertragen. Bei der vertikalen Funktionsübertragung, die aus Sicht des traditionellen Inhabers der Funktion auch als Outsourcing verstanden werden kann, findet die Aufgabenverteilung als Verlagerung zwischen den jeweiligen Marktpartnern statt, die unmittelbar am Umsatz beteiligt sind. Dieses kann in jeglicher Konstellation zwischen Hersteller, Weiterverarbeiter, Großhandel, Einzelhandel und sogar Konsument erfolgen.

Beispiel: Eine Konzernmuttergesellschaft M vertreibt ein von ihr produziertes Konsumgut an eine abhängige und eine unabhängige Handelsgesellschaft A bzw. B. Die für das Produkt notwendige Werbung übernimmt M, was sich sowohl im Fremdpreis als auch im Verrechnungspreis niederschlägt. Im weiteren Rahmen der

---

[134] Vgl. Tz. 1.45–1.47 OECD-RL 2010.
[135] Die vertikale Funktionsübertragung wird unter dem Stichwort der Funktionsverlagerung unter Kap. R Rn. 1 ff. genauer untersucht, so beispielhaft die Abschmelzung von Vertriebsfunktionen einer Vertriebsgesellschaft zum Kommissionär (Kap. R Rn. 385 ff. und Kap. R Rn. 970 ff.).

Funktionsverteilung führt A den Transport seiner abgenommenen Menge selber durch. Die Lieferung an B erfolgt durch einen fremden dritten Spediteur, der den Auftrag dazu von M erhält. A übernimmt darüber hinaus Teile der Qualitätskontrolle, während B diese vom Hersteller fordert. Im Rahmen des Fremdvergleichs zeigt sich, dass Fremd- und Verrechnungspreis divergieren. Um die Angemessenheit dieser Differenz und damit des Verrechnungspreises zu überprüfen, müssen alle Aspekte der Funktionsausgliederung bzw. -verteilung einbezogen werden.

(3) Großhandelstypen

163 Großhandelsbetriebe können entweder mit Tätigkeitsschwerpunkt auf der Beschaffungsseite (**Einkaufsgroßhandel**) oder mit Tätigkeitsschwerpunkt auf der Absatzseite (**Verkaufsgroßhandel**) auftreten. Betrachtet man verschiedenen Großhandelstypen, zeigt sich, dass aufgrund der unterschiedlichen Tätigkeitsbereiche andere Kosten entstehen, die sich im Preis niederschlagen und folglich als Fremdpreise die Verrechnungspreise beeinflussen.

Beispiel: Eine Produktionstochtergesellschaft eines Konzerns vertreibt ihr Produkt an eine Schwestergesellschaft S in Land A und an einen unabhängigen Großhändler U in Land B. S ist hauptsächlich für den Absatz an Einzelhändler zuständig, wofür erhebliche Kosten der Marktpflege und -verteidigung anfallen. U fungiert als Einkaufs- und Belieferungszentrale diverser kooperierender Einzelhändler, so dass in diesem Fall größere Verkauftätigkeiten entfallen. Bei der Angemessenheitsprüfung der Verrechnungspreise wird festgestellt, dass sich Fremd- und Verrechnungspreise gerechtfertigterweise unterscheiden.

164 Grundsätzlich sind alle Unterschiede in der Übernahme von bestimmten Handelsfunktionen durch Großhandelsunternehmen dazu geeignet, Abweichungen beim Ansatz von Verrechnungspreisen zu begründen.[136]

Verwendet man die Zuordnung von Handelsfunktionen für die Unterteilung des Großhandels,[137] kann nach der Sortimentsfunktion in **Sortiment- und Spezialgroßhandelsbetriebe** unterschieden werden. Ziel der erstgenannten ist ein möglichst tief und breit gegliedertes Warenangebot, wodurch die Beschaffung seitens des Einzelhandels möglichst ökonomisch gestaltet werden soll. Der Spezialgroßhandel hingegen bietet nur wenige, idR komplementäre Warengruppen an, die jedoch tief gegliedert sind, dh, es bestehen entsprechend viele Alternativmöglichkeiten beim Kauf eines Produkts. Diese Differenzierung übt auf die Verrechnungspreisgestaltung allerdings einen eher begrenzten Einfluss aus, der sich im Regelfall hauptsächlich auf zusätzliche Beratungsleistungen bei der letztgenannten Variante bezieht. Je nach Erklärungsbedürftigkeit des Produkts bestehen eventuell Einsparungsmöglichkeiten für den Hersteller, die sich auf den Preis auswirken können, wenn die notwendige Beratung vom Großhändler übernommen wird.

165 Das zweite mögliche Einteilungskriterium greift auf die traditionelle Funktion der Güter- und Warenbereitstellung zurück. Übernimmt der Großhandel nur Vertriebstätigkeiten, jedoch nicht die physische Distribution, dh Lagerhaltung und Transport, spricht man vom **Streckenhandel.** Großhandelsunternehmen, die Lagerung und Transport durchführen, werden als **lagerhaltender Großhandel** bezeichnet. Dieser Betriebstyp übernimmt darüber hinaus

---

[136] Vgl. oben Rn. 152 ff.

[137] Vgl. zum Folgenden *Barth/Hartmann/Schröder* Handel, 2007, 84–87.

häufig noch bestimmte technische Dienstleistungen (zB Umverpacken in landesübliche Verpackung). Diese Unterscheidung ist für die Verrechnungspreisproblematik von erheblicher Bedeutung, da hier die in Tz. 2.1.2. und 2.1.3. der VGr geforderte Berücksichtigung des wirtschaftlichen Gehalts der Funktionen voll zum Tragen kommt.

Beispiel 1: Ein Stahlkonzern A verkauft seinen Stahl zum einen an verbundene Handelsgesellschaften sowohl im Inland als auch im Ausland, zum anderen an inländische unabhängige Abnehmer. A fakturiert jeweils in der Landeswährung seines Abnehmers (vgl. auch unten Beispiel 2). Im Inland finden aus Kostengründen nur Streckengeschäfte statt, so dass sich die inländischen Verrechnungs- und Fremdpreise bei sonst vergleichbaren Verhältnissen entsprechen müssen. Für die ausländischen Konzerngesellschaften hingegen hat sich die Organisation als lagerhaltender Großhandel als günstiger erwiesen. Da demzufolge im Ausland mehr Funktionen übernommen werden, unterscheiden sich bei sonst vergleichbaren Verhältnissen die Verrechnungspreise trotz gleicher Handelsstufe sowohl von den inländischen Fremd- als auch von den inländischen Verrechnungspreisen. Ein indirekter innerer Fremdvergleich durch entsprechende Anpassungsrechnungen gem. Tz. 2.1.7. und 2.2.2. der VGr erscheint jedoch im Regelfall auch praktisch durchführbar.[138]

Beispiel 2: Ein weiterer Stahlkonzern B produziert die gleichen Stahlprodukte und hat seinen Verkauf ebenfalls unter Einschaltung von Großhandelsunternehmen organisiert. Alle Verkäufe von B werden in Euro fakturiert. Ebenso wie für A ist auch für B im Inland die Abwicklung von Streckengeschäften die günstigste Möglichkeit. Die ausländischen Konzernhandelsgesellschaften übernehmen jedoch zusätzlich zur Lagerhaltung noch bestimmte Risiken, insb. das Währungsrisiko gegenüber B. Der wirtschaftliche Gehalt der tatsächlich wahrgenommenen Funktionen der ausländischen Vertriebsgesellschaften ist somit im Konzern B größer als bei A, so dass sich unterschiedliche Verrechnungspreise ergeben. Dieses muss im Rahmen eines externen Fremdvergleichs berücksichtigt werden.

Ein weiteres Abgrenzungskriterium für Großhandelstypen stellen die vertriebsweg- und marktbezogenen Funktionen (zB Marktpflege und Marketing, Auslieferung im Rahmen der Warenbereitstellungsfunktion) dar.[139] Hiernach können **Bedienungs- bzw. Zustellgroßhandel und Selbstbedienungsgroßhandel,** sog. Cash & Carry-Großhandel, unterschieden werden. Auch bei dieser Einteilung ergibt sich ein erheblicher Einfluss auf die Festsetzung von Verrechnungspreisen. Dieses gilt insb. beim Vergleich des Selbstbedienungs- oder Cash & Carry-Großhandels mit Preisen des Bedienungsgroßhandels, da gerade hier über die genannten Leistungen hinausgehend zunehmend Kundendienst, Schulungen, Beratung der Einzelhändler und Werbemaßnahmen übernommen werden. Insofern ist bei der Angemessenheitsprüfung von Verrechnungspreisen der Frage, welche Leistungen tatsächlich von wem übernommen werden, besondere Aufmerksamkeit zu widmen. **166**

Beispiel: Der Hersteller eines Konsumguts verkauft sein Produkt an unabhängige Cash & Carry-Großhändler, die außer einer begrenzten Lagerhaltung keine weiteren Funktionen übernehmen, und an verbundene Vertriebsgesellschaften. Letztere sind mit bestimmten Aufgaben in ein vertikales Marketingkonzept eingebunden, übernehmen

---

[138] Zu Anpassungsrechnungen vgl. auch Tz. 3.4.12.7.c) VGr-Verfahren sowie § 1 Abs. 3 S. 1 und 2 AStG.
[139] Vgl. auch Tz. 1.47 OECD-RL 2010.

bestimmte Garantie- und Kulanzleistungen und führen teilweise auch den Transport von der Produktionsgesellschaft zu den Standorten ihrer Abnehmer durch. Eine Differenz zwischen Fremd- und Verrechnungspreis ist gerechtfertigt, wenn man im Rahmen eines indirekten Fremdvergleichs diese Aspekte in die Verrechnungspreisfestsetzung mit einbezieht.

(4) Einzelhandelstypen

167 Anders als im Großhandel sind die Fälle **kapitalmäßig verbundener Einzelhändler** eher die Ausnahme. Meist treten an ihre Stelle heute Franchise- oder vergleichbare Vertriebsorganisationen auf Lizenzbasis.

Zu den Betriebstypen des Einzelhandels in einer funktionalen Untergliederung gehören u. a. Fach- und Spezialgeschäft, Discounter, Versandhaus, Catalogue-Showrooms, Verbrauchermarkt, Selbstbedienungswarenhaus, Fachmarkt und Off-Price-Store.

168 **Verbrauchermärkte** sowie Teile der Selbstbedienungswarenhäuser gehören neben dem originären Discounter zu den Betriebstypen, deren Hauptkennzeichen neben der Selbstbedienung eine aggressive Preispolitik ist. Darüber hinaus ist es für das Discountprinzip typisch, dass auf umfassende Dienst- bzw. Handelsleistungen weitgehend verzichtet und die Sortimentszusammenstellung hauptsächlich an der Umschlagshäufigkeit der Produkte ausgerichtet wird.[140]

Fach- und Spezialgeschäfte zeichnen sich dagegen durch Fachberatung und das Angebot zusätzlicher Leistungen (zB Reparaturservice) aus. Analog der Funktionsausgliederung bzw. -verteilung auf Großhandelsebene ergeben sich gerade hier Einflüsse auf die (Verrechnungs-)Preisgestaltung.

Beispiel: Ein Hersteller hochwertiger Konsumentenelektronik ist an einigen Fachgeschäften selbst wesentlich beteiligt und verkauft an diese einen Teil seiner Produkte. Die Abnehmer für den restlichen Teil sind unabhängige Elektrogeschäfte. Letztere übernehmen wirtschaftlich weder Reparatur- noch Garantie- oder Kulanzleistungen. Die verbundenen Fachgeschäfte dagegen sind aufgrund ihres Fachpersonals größtenteils zu Reparaturleistungen selbst in der Lage und können auf Grund ihres Serviceangebots am Markt bestehen. Trotz gleichen Produkts und gleicher Handelsstufe unterscheiden sich Fremd- und Verrechnungspreis.

169 Weitere Verrechnungspreisfälle auf Einzelhandelsebene entstehen im Bereich des **Versandhandels.** In zunehmendem Maße erweitern Versandhäuser ihr Tätigkeitsfeld insofern, als neben das Versandgeschäft niedergelassene – idR – Fach- oder Spezialgeschäfte treten, die die gleichen Produkte verkaufen, aber auch **Catalogue-Showrooms,** in denen ausschließlich die per Katalog erwerbbaren Güter ausgestellt sind.

(5) Bedeutung von Marken

170 Die Konzeption von Hersteller-, Handels- und Gattungsmarken, sog. no names, beruht hauptsächlich auf einer Produkt- und Preisdifferenzierung.

Die Werbemaßnahmen für **Herstellermarken (Markenartikel)** liegen idR beim Hersteller selbst, so dass es in diesem Bereich zu keiner oder nur begrenzter Funktionsverschiebung zum oder im Handel kommt. Gleichzeitig

---

[140] Vgl. *Barth/Hartmann/Schröder* Handel, 2007, 94.

wird eine weitgehend einheitliche, regelmäßig relativ hohe Preisfestsetzung durch den Hersteller angestrebt.

Die **Handelsmarken** wurden vom Handel als Gegengewicht zu den klassischen Markenartikeln (Herstellermarken) eingeführt, v. a. im Hinblick auf eine stärkere Position gegenüber übermächtigen Herstellern. Ihr Hauptkennzeichen ist es zum einen, dass sie nicht überall erhältlich sind, sondern nur in den Verkaufsstätten der entsprechenden Handelsunternehmen. Zum anderen liegt die Werbung vollständig in den Händen der Handelsunternehmen. Handelsmarken werden tendenziell billiger angeboten als Markenartikel.

Die **no names** oder **Gattungsmarken,** die häufig auch als Billigmarken **171** bezeichnet werden, umfassen insb. Produkte des täglichen Bedarfs mit hoher Umschlagshäufigkeit und geringer Erklärungsbedürftigkeit. Sie zeichnen sich durch einfache Verpackungen ohne Namensangaben, niedrige Preise und fehlende Werbung aus.

Die **Bedeutung der Marken für die** Festlegung der **Verrechnungspreise** ergibt sich daraus, dass die obengenannte Staffelung nicht gleichbedeutend mit einer Staffelung der Qualität ist. Immer mehr Hersteller gehen dazu über, Teile ihrer Produktion an die Vertreiber von Handels- und Gattungsmarken zu verkaufen. Aufgrund der unterschiedlichen Zielsetzungen und der entsprechend verminderten Aufgaben der Hersteller (zB Wegfall der Werbeaufwendungen) kommt es zu verschiedenen Verrechnungspreisen. Des Weiteren liegen die Endabnehmerpreise für no names deutlich unter denen von Markenartikeln. Dies wirkt insb. unter der Wiederverkaufspreis- und der transaktionsbezogenen Nettomargenmethode auf die Produzenten-Verrechnungspreise zurück und erfordert ggf. auch abweichende Rohgewinnmargen verglichen zum Markenartikelvertrieb.

Beispiel: Ein Waschmittelhersteller W verkauft den Teil seiner Produktion, der als Herstellermarke zu erkennen ist, an verbundene Vertriebsgesellschaften, die als Großhändler fungieren. W übernimmt sämtliche Werbemaßnahmen. Ein weiterer Teil der Produktion geht an ein unabhängiges Großhandelsunternehmen, das zu einem Verbund gehört, der das Waschmittel als eigene Handelsmarke vertreibt. Die Verpackung ist ebenso aufwändig wie bei der Herstellermarke, W obliegt jedoch nicht die Werbung. Der verbleibende Teil der Produktion wird als „no name" an einen anderen nicht verbundenen Großhändler verkauft. Hier fällt ebenfalls die Werbung weg, darüber hinaus sind die Verpackungskosten geringer. Obwohl es sich um das gleiche Produkt und die gleiche Handelsstufe (Großhandel) handelt, entspricht der Verrechnungspreis zu Recht keinem der Fremdpreise.

(6) Vertriebsbindungen

Einen weiteren möglichen Einflussfaktor auf die Verrechnungspreisgestal- **172** tung stellt die Vertriebsbindung dar, im Rahmen derer sich ein Wiederverkäufer verpflichtet, die Waren eines Herstellers **nur an bestimmte,** von letzterem festgelegte **Abnehmer** weiterzuverkaufen. Solche Vertragssysteme beruhen auf der Idee, dass sich die Händler bestimmten Regelungen unterwerfen, dafür jedoch günstigere Bezugskonditionen erhalten. Der Einflussfaktor Vertriebsbindung hat enge Beziehungen zur Wettbewerbsstruktur als Bestimmungsfaktor von Geschäftsstrategie und Preispolitik und kann sogar in eine sog. besondere Wettbewerbssituation münden.[141]

---

[141] Vgl. Rn. 78 ff.

cc) Funktionsanalyse der Produktion

(1) Allgemeine Grundsätze

173   Eine angemessene Aufteilung der einzelnen Wertschöpfungsbeiträge und ihrer relativen Bedeutung zueinander kann nur erfolgen, wenn neben den Absatzfunktionen ebenso auch die Produktions- und Einkaufsprozesse untersucht werden.[142] Letztendlich ergibt sich die anzuwendende Methode zur Bestimmung des angemessenen Verrechnungspreises zwischen der Einkaufs-, Produktions- und der Vertriebsgesellschaft erst durch eine Analyse der Funktionsverteilung entlang der **gesamten Wertschöpfungskette.** Die Annahme, dass bei der Lieferung von Gütern und Waren an eine Vertriebsgesellschaft die Wiederverkaufspreismethode Anwendung finden muss,[143] kann kein striktes Diktum, sondern nur eine durch die Funktionsanalyse zu bestätigende Vermutung darstellen.[144]

174   Jedem Produktionsunternehmen steht – ebenso wie jedem Vertriebsunternehmen – für seine Tätigkeit und Risikoübernahme ein angemessenes Entgelt im Rahmen des vom Konzern insgesamt erzielten Gewinns zu. Die Vergütung richtet sich regelmäßig danach, ob das Produktionsunternehmen den Marktzugang hat und das **Marktrisiko trägt,** und wie hoch die **Produktionstiefe** in einem Konzern gestaffelt ist. Sofern das Produktionsunternehmen über den Marktzugang verfügt und das Marktrisiko trägt sowie alle weiteren notwendigen Funktionen ausübt, die dieses gegenüber seinen Abnehmern als eigenständigen Produzenten auszeichnet, so spricht man von einem **vollwertigen Produktionsunternehmen (fully fledged manufacturer).** Soweit das Produktionsunternehmen keinen Marktzugang hat und das Marktrisiko nicht trägt, weil Konzernunternehmen die Produkte vollständig abnehmen, und das Produktionsunternehmen in abgestufter Form auch nur einzelne Arbeitsvorgänge bearbeitet, spricht man von einem **Auftragsfertiger (contract manufacturer), Lohnfertiger (consignment manufacturer) oder Lohnveredler (toll manufacturer).**[145] Generell liefert die Funktionsanalyse ein Abbild des tatsächlichen wirtschaftlichen Umfelds, so dass alle denkbaren Konstellationen zwischen einem vollwertigen Produktionsunternehmen auf der einen Seite und einem Lohnveredler auf der anderen Seite vorliegen können.[146]

175   Auch im Fall und aus Sicht von Produktionsunternehmen besteht für die Veräußerung ihrer Produkte und dem Ankauf der Vorprodukte grundsätzlich **keine Rangfolge** zwischen der Wahl **der Standardmethoden** (Preisvergleich, Wiederverkaufspreis, Kostenaufschlag).[147] Die Prüfung der Verrech-

---

[142] Vgl. auch die Ausführungen zur Wertschöpfungsanalyse unter Rn. 141 ff.

[143] Vgl. Beispiel 1 in Tz. 3.1.3. VGr.

[144] Neben den folgenden systematischen Überlegungen ist zu beachten, dass spätestens seit 2008 Beispiel 1 zu Tz. 3.1.3. der VGr durch § 1 Abs. 3 S. 2 AStG überholt ist, wenn nur eingeschränkt vergleichbare Fremdvergleichsdaten vorliegen, da dann auch die Anwendung der geschäftsvorfallbezogenen Nettomargenmethode alternativ zulässig ist.

[145] Vgl. *Burkert* in Kleineidam, Internationale Besteuerung, 1999, 529 ff. sowie im folgenden Rn. 178 und Kap. N Rn. 443 ff.

[146] Für eine ausführliche Darstellung vgl. *Kuckhoff/Schreiber* IStR 1999, 326 ff.

[147] Vgl. Tz. 3.4.10.3a) VGr-Verfahren, Tz. 2.4.1. VGr und Kap. D Rn. 12, 53.

nungspreise geht vielmehr auch in diesem Fall von der Methode aus, die der ordentliche Geschäftsleiter des deutschen Unternehmens gem. Tz 2.1.8. der VGr ermessensgerecht angewandt hat bzw. die den Verhältnissen am nächsten kommt, unter denen sich auf wirtschaftlich vergleichbaren Märkten Fremdpreise bilden bzw. für die möglichst zuverlässige preisrelevante Daten aus dem tatsächlichen Verhalten der beteiligten nahe stehenden Unternehmen bei Fremdgeschäften zur Verfügung stehen.[148]

Sofern **Fremdvergleichspreise** für Vor-, Halbfertig- oder Fertigprodukte **176** unter vergleichbaren Rahmenbedingungen gefunden werden können, sind diese für die Bestimmung des Verrechnungspreises heranzuziehen. Allerdings zeigen die Ausführungen zur äußeren Vergleichbarkeitsanalyse,[149] dass der Fremdvergleichspreis nur bei gegebener produkt- und marktbezogener Ähnlichkeit als Fremdvergleichsmaßstab herangezogen werden kann. Sofern eine solche Vergleichbarkeit nicht mit hinreichender Genauigkeit belegt werden kann, ist eine andere Standardmethode für die Bestimmung der Verrechnungspreise heranzuziehen. Die **Beispiele in Tz. 3.1.3. der VGr** lassen die von der FinVerw. bevorzugte Auswahl erkennen, wonach bei der Lieferung von **Fertigwaren** die **Wiederverkaufspreismethode** und bei der Lieferung von **Halbfertigwaren** die **Kostenaufschlagsmethode** anzuwenden ist.

Zu beachten ist allerdings in diesem Zusammenhang, dass diese strikte **Zuordnung durch** die Einführung von **§ 1 Abs. 3 S. 2 AStG** ab Veranlagungszeitraum **2008 relativiert** worden ist, der beim Vorliegen von nur begrenzt vergleichbaren Fremdvergleichsdaten die Anwendung u. a. der **geschäftsvorfallbezogenen Nettomargenmethode** gesetzlich zulässt, was den praktischen Bedürfnissen der Verrechnungspreisfestsetzung und -beratung entgegenkommt.

Im Regelfall wird ein Produktionsunternehmen – unabhängig von der Wahl **177** der angemessenen Methode und Überlegungen zur Strategieträgerschaft[150] – bestrebt sein, zumindest seine Kosten zu decken. Demnach stellen die **Vollkosten** des Produktionsunternehmens unter normalen Bedingungen die **Verrechnungspreisuntergrenze** dar. Dies muss gleichermaßen für in- wie für ausländische Produktionsgesellschaften gelten. Unterschritten werden kann dieser Preis, falls der Konzern insgesamt keinen Gewinn erzielt, der ausreicht, um allen beteiligten Konzernunternehmen einen aus isolierter Betrachtung angemessenen Funktionsgewinn zuzuordnen. Zu denken ist ferner an Fälle, in denen zB eine Produktionsgesellschaft über **unausgelastete Kapazitäten** verfügt und deshalb für einen begrenzten Zeitraum einen Preis unterhalb der Voll-, aber oberhalb der **Grenzkosten** zu akzeptieren bereit ist.

Im Regelfall wird ein Produktionsunternehmen bestrebt sein, nicht nur **178** seine Kosten zu decken, sondern auch **mindestens einen angemessenen Gewinnaufschlag** zu realisieren. Anhaltspunkte für einen angemessenen Gewinnaufschlag ergeben sich auch aus den von dem Unternehmen übernommenen Funktionen und Risiken im Vergleich zu den im gesamten Konzern vorzufindenden Funktionen und Risiken.

---

[148] Vgl. auch Tz. 3.4.10.1 VGr-Verfahren.
[149] Vgl. oben Rn. 39 ff.
[150] Vgl. dazu unten Rn. 230 ff., 270 ff.

Dabei werden im Regelfall **drei Fälle von Nicht-Vollproduktionsgesellschaften** unterschieden,[151] denen gemeinsam ist, dass sie keinen Marktzugang haben und damit **kein Marktrisiko tragen,** die sich aber hinsichtlich des Einkaufs der (Vor-)Produkte, dem Vorhandensein eigener Technologie und der Frage, ob sie Eigentum an den hergestellten Produkten erwerben, unterscheiden:

1. **Auftragsfertiger (contract manufacturer):** Häufig funktionsstarkes Produktionsunternehmen, das in der Regel Fertigprodukte in hoher oder sogar voller Fertigungstiefe herstellt, Eigentum an seinen Gütern und Waren erwirbt, häufig erkennbare eigene Produktionstechnologie besitzt und den Einkauf der (Vor)Produkte weitgehend selbständig verantwortet, allerdings seine gesamte Produktion an ein Konzernunternehmen zum Weiterverkauf abgibt, eine entsprechende Abnahmegarantie besitzt und daher kein Marktrisiko trägt. Der Gewinnaufschlag kann substantiell sein und wird in aller Regel auf die selbst verursachten Kosten einschließlich der Materialkosten (Vollkosten) vorgenommen.

2. **Lohnfertiger (consignment manufacturer):** Eher funktionsschwächeres Produktionsunternehmen, das meist Fertigprodukte her- oder fertigstellt, teilweise aber auch nur wichtige Produktionsschritte aus dem gesamten Produktionsprozess übernimmt, Eigentum an den Produkten erwirbt, häufig noch begrenzte eigene Produktionstechnologie besitzt und den Einkauf der (Vor)Produkte teilweise selbständig verantwortet, allerdings seine gesamte Produktion an ein Konzernunternehmen zum Weiterverkauf abgibt, eine entsprechende Abnahmegarantie besitzt und daher kein Marktrisiko trägt. Der Gewinnaufschlag ist begrenzter als für einen Auftragsfertiger und wird in der Regel nur auf die selbst verursachten Kosten, also nicht auf die Materialkosten, vorgenommen.

3. **Lohnveredler (toll manufacturer):** Funktionsschwaches Produktionsunternehmen, das in der Regel nur einzelne, oft nicht wesentliche, aber arbeitsintensive Produktionsschritte aus dem gesamten Produktionsprozess übernimmt, kein Eigentum an den Produkten erwirbt, sondern Materialien, Produkte und Technologie vom Produktionsprinzipal beigestellt erhält, eine entsprechende Abnahmegarantie besitzt und daher kein Marktrisiko trägt. Der Gewinnaufschlag ist begrenzt und wird nur auf die selbst verursachten Kosten und jedenfalls nicht auf die Materialkosten vorgenommen.

Die zuvor vorgenommene **Unterscheidung** ist **typisierend,** da je nach Einzelfall Abweichungen vorkommen und gerechtfertigt sein können. Auch sind die Begriffe nicht gesetzlich festgelegt oder normativ von der OECD oder ähnlichen Institutionen geprägt oder vorgegeben.

Der **Auftragsfertiger** ist demnach ein durchaus funktionsstarkes Unternehmen, dem zum Vollproduzenten im Wesentlichen nur der Marktzugang und folglich das Marktrisiko fehlt. Er ist gewissermaßen das **Hybridunternehmen der Produktionsseite,** das nur wegen des fehlenden Marktzugangs unter die Kostenaufschlagsmethode fällt, aber entsprechend seiner Funktionalität und seiner immateriellen Wirtschaftsgüter durchaus hohe Gewinnaufschläge realisiert.

---

[151] Vgl. oben Rn. 174.

Bei funktionsschwachen **Lohnfertigern oder Lohnveredlern** handelt es sich um Produktionsgesellschaften, die als sog. **„Unternehmen mit Routinefunktionen"** zu charakterisieren sind, die gem. Tz. 3.4.10.2a) VGr-Verfahren im Regelfall „geringe aber relativ stabile Gewinne" erzielen.[152] Soweit sich ein solcher Lohnveredler oder Lohnfertiger im Ausland befindet und die Merkmale erfüllt, die Tz. 3.1.3. Beispiel 3 der VGr[153] nennt, spricht man auch von einer **„verlängerten Werkbank".**

(2) Lohnfertigung („Verlängerte Werkbank")

Das **Konzept** der „verlängerten Werkbank" **aus den VGr 1983** ist ge- 179
prägt von der Wirtschaftswelt um 1980, als Unternehmen begannen, einzelne, oft unwesentliche, aber arbeitsintensive Produktionsvorgänge insb. in das osteuropäische Ausland zu verlagern. Der Aufbau von Wertschöpfungsketten hat sich seitdem grundsätzlich verändert und hat insb. wesentlich differenziertere Ausprägungen erfahren.[154] Insoweit sind die Ausführungen der VGr (und vor allem das Beispiel 3 zu Tz. 3.1.3. VGr) in ihrer nicht differenzierten Form aus heutiger Sicht nicht mehr zeitgemäß.

Im Falle der **Auslagerung von Fertigungsfunktionen** auf ausländische Tochtergesellschaften will die FinVerw. im Allgemeinen die Kostenaufschlagsmethode anwenden (Beispiel 3 in Tz. 3.1.3. der VGr). Aus einer eingeschränkten Produktionsbreite und einer engen Anbindung der Hersteller-Tochtergesellschaft an den Betrieb der Vertriebs- und Zulieferungs-Muttergesellschaft wird abgeleitet, dass unter Fremden nur eine Lohnfertigung vereinbart worden wäre. Dieser Auffassung liegt die Theorie der „verlängerten Werkbank" zugrunde, wonach die inländische Produktion der Muttergesellschaft um die Lohnfertigung der ausländischen Tochtergesellschaft ergänzt („verlängert") wird. Mit der Begründung, dass die von der ausländischen Tochtergesellschaft übernommenen Funktionen bzw. Risiken stark eingeschränkt sind und sich nur auf die Fertigung für die Mutter erstrecken, wird die Anwendung der **Kostenaufschlagsmethode** als zutreffend erachtet, was dazu führt, dass der ausländischen Produktionstochtergesellschaft nur ein vergleichsweise geringer Gewinnaufschlag auf die ihr entstehenden Kosten zugestanden wird.[155]

Andererseits ist bei der Bestimmung des Aufschlags zu berücksichtigen, 180
dass die Kostenbasis als Grundlage der Kostenaufschlagsmethode aufgrund von Standortvorteilen niedrig sein kann. Daher verbleibt im Land der verlängerten Werkbank ein geringer Gewinn und die inländische Muttergesellschaft vereinnahmt die **Kostenvorteile des Lohnfertigers.** Dies erscheint nicht gerechtfertigt. Zwischen fremden Dritten werden Kostenvorteile des Lohnfertigerstandorts entweder nicht weitergegeben oder allenfalls aufgeteilt, zB durch den Ansatz kalkulatorischer Kosten oder eine Erhöhung des Gewinnaufschlags.[156] Die Gründe, warum die Kostenvorteile mehr oder weniger von

---

[152] Vgl. zur Unternehmenscharakterisierung nachfolgend Rn. 220 ff.

[153] Vgl. hierzu Rn. 181.

[154] Vgl. dazu zuvor Rn. 174 ff.

[155] Nachrangig zur Kostenaufschlagsmethode ist die Anwendung der geschäftsvorfallbezogenen Nettomargenmethode zu prüfen, vgl. § 1 Abs. 3 S. 2 AStG und Tz. 3.4.10.3b) iVm mit Tz. 3.4.10.2a) VGr-Verfahren.

[156] Im Ergebnis wird eine Aufteilung nicht beanstandet im Urteil des FG Münster 16.3.2006, IStR 2006, 794 f.; vgl. *Baumhoff/Greinert* IStR 2006, 289.

einer Vertragspartei vereinnahmt werden, liegen insb. in der Verhandlungsposition der beiden beteiligten Parteien begründet und sind entsprechend zu dokumentieren. Gerade BRICS-, Schwellen- und Entwicklungsländer machen, angeführt von China, seit kurzem geltend, dass die Standortvorteile eine „**Location Specific Advantage**" (**LSA**) darstellen, die einem immateriellen Wirtschaftsgut gleichkommen und entsprechend im jeweiligen Land verbleiben müssten. Es bleibt abzuwarten, wann und in welchem Umfang sich diese Auffassung, die bereits pominent Eingang in das UN Practical Manual 2013 gefunden hat, in der Praxis durchsetzen wird.[157]

181   Die **VGr** nennen mehrere **Voraussetzungen**, die **kumulativ vorliegen** müssen, um eine (funktionsschwache) Lohnfertigung anzunehmen. Folgende Bedingungen müssen erfüllt sein (vgl. Tz. 3.1.3. Beispiel 3 der VGr):

– Ein Unternehmen muss **spezielle Teile** seiner Fertigung auf seine ausländische Tochtergesellschaft (oder eine andere Konzerngesellschaft) auslagern.
– Die Produktion und der Vertrieb durch die ausländische Gesellschaft müssen in enger Anbindung an den Betrieb des inländischen Unternehmens erfolgen.
– Die Produktion wird von der inländischen Muttergesellschaft (bzw. Konzerngesellschaften) **langfristig abgenommen.**
– Die Tochtergesellschaft (ausländische Konzerngesellschaft) mit ihrer eingeschränkten Produktionsbreite wäre als unabhängiges Unternehmen auf Dauer nicht lebensfähig.
– Unter Fremden wäre die Produktion in Lohnfertigung übertragen worden.

182   Eine Lohnfertigung kann im Einzelfall auch dann angenommen werden, wenn die Produktion nicht auf eine ausländische Tochter-, sondern auf eine **ausländische Schwestergesellschaft** verlagert wird. Dies folgt speziell aus der Tatsache, dass die VGr in Tz. 3.1.3. zwar eine Tochtergesellschaft anführen, dies jedoch ausdrücklich nur ein „Beispiel" nennen, und allgemein aus der Gleichstellung von Mutter-Tochter-Beziehungen mit wesentlichen (mindestens 25 %) Beteiligungen innerhalb derselben Unternehmensgruppe (§ 1 Abs. 2 Nr. 1 und 2 AStG).

183   Ebenso müssen die Kriterien auf den Fall einer funktionsschwachen **deutschen Produktionsgesellschaft** eines ausländischen Konzerns gleichfalls angewendet werden können, auch wenn die VGr dies nicht ausdrücklich beschreiben.

Beispiel: Die US-Gesellschaft U-Inc. verfügt in Europa über mehrere Produktions- und Vertriebsgesellschaften. Aus Rationalisierungsgründen wird die Zahl der Standorte in Europa vermindert. Unter anderem wird dabei die Produktion bestimmter Arzneimittel von der deutschen D-GmbH auf ihre irische Schwestergesellschaft I-Ltd. übertragen. Die I-Ltd. stellt nunmehr diese Pharmazeutika her, wobei die produktprägenden, aber schon länger lizenzfreien Wirkstoffe nach wie vor von der D-GmbH eingekauft und an die I-Ltd. auf cost plus-Basis weiterveräußert werden, während die irische Gesellschaft alle anderen Bestandteile der Pharmazeutika in eigener Regie lokal beschafft. Die I-Ltd. zahlt der D-GmbH ein angemessenes Entgelt für die Übertragung der gewinnträchtigen Produktionstätigkeit.

Die D-GmbH erwirbt von I-Ltd. die gesamte Produktion an fertigen unverpackten Tabletten und verpackt diese für den deutschen Markt in den schon bisher üblichen

---

[157] Vgl. insb. UN Practical Manual 2013, sec. 5.3.2.39 ff. und 10.3.3 ff. sowie Kap. B Rn. 8 und Kap. B Rn. 271 ff., insb. Rn. 288.

Verpackungsgrößen mit deutschem Verpackungsaufdruck und Beipackzettel. Den Rest verkauft sie an die anderen europäischen Konzernvertriebsgesellschaften.

Fremdvergleichspreise für die Lieferung vergleichbarer Arzneimittel im Verhältnis Irland-Deutschland liegen nicht vor. Die D-GmbH ermittelt den Einkaufspreis für die Rohware aus diesem Grund anhand der Wiederverkaufspreismethode, so dass ihr ein für Pharma-Vertriebsgesellschaften branchenüblicher Gewinn verbleibt. Zusätzlich erhöht sich der Gewinn um eine Marge, mit der die Verpackungsfunktion vergütet wird. Diese Marge beläuft sich nach der Kostenaufschlagsmethode auf 10% der Verpackungskosten. Der I-Ltd. verbleibt nach dieser Verrechnungspreisgestaltung rechnerisch ein Gewinnaufschlag von 50% auf ihre Kosten, der aufgrund des irischen Steuersatzes (nur) mit 12,5% besteuert wird. Zudem erhält die I-Ltd. Arbeitsmarktzuschüsse in erheblicher Höhe vom irischen Staat.

Der Betriebsprüfer beanstandet, dass der in Irland erzielte (handelsrechtliche) Gewinn wesentlich höher sei als der von der deutschen Vertriebsgesellschaft erzielte Gewinn aus dem Vertrieb dieser Produkte. Der Betriebsprüfer vertritt die Auffassung, dass es sich um Lohnfertigung durch die irische Schwestergesellschaft handele, deshalb der Verrechnungspreis nach der Kostenaufschlagsmethode ermittelt werden müsste und der irischen Produktionsgesellschaft maximal eine Gewinnmarge von 10% zugebilligt werden könnte.

Im vorliegenden Beispiel sprechen folgende Punkte gegen das Vorliegen einer verlängerten Werkbank und die Umqualifizierung der Leistungsbeziehung zwischen der I-Ltd. und der D-GmbH:

(1) *Allgemein*

Solange der ordentliche Geschäftsleiter der D-GmbH sein Ermessen bei **184** der Wahl der Verrechnungspreismethode (hier: Wiederverkaufspreismethode) nicht verletzt, ist diese grundsätzlich anzuerkennen. Diese Methode ist hier sogar ausdrücklich von Bsp. 1 in Tz. 3.1.3. der VGr gestützt. Die verwendete Marge ist branchenüblich.

§ 1 Abs. 1 AStG und Art. 9 OECD-MA erlauben lediglich die Korrektur des Verrechnungspreises der Höhe nach. So spricht § 1 AStG davon, dass Einkünfte „aus Geschäftsbeziehungen" gemindert werden und nach Art. 9 OECD-MA ist eine Berichtigung „innerhalb" der bestehenden Geschäftsbeziehung zulässig. Eine Änderung der Geschäftsbeziehung der Qualität nach (Produktionsunternehmen in abhängigen Lohnfertiger) ist dagegen insb. nach Art. 9 OECD-MA nicht zulässig. Diese Auffassung wird auch grundsätzlich von der OECD geteilt (vgl. Tz. 1.64 OECD-RL 2010; aA Tz. 1.2.1. der VGr).

Die von der Betriebsprüfung beabsichtigte Absenkung des Verrechnungspreises führt im Ergebnis dazu, dass Deutschland die Investitionszuschüsse des Staates Irland und dessen „Steuerverzicht" der deutschen Steuer unterwirft, da die Gewinne der I-Ltd. weitgehend auf diese Einflussfaktoren zurückzuführen sind. Dies kann nicht akzeptiert werden.

(2) *Speziell*

Die D-GmbH lagert die gesamte Produktion bestimmter Arzneimittel **185** nach Irland aus, nicht nur einzelne Arbeitsschritte, wie dies Tz. 3.1.3. Bsp. 3 der VGr fordert.

Die I-Ltd. ist in nicht unwesentlichen Bereichen selbstständig tätig, so beim lokalen Erwerb zahlreicher Arzneimittelinhaltsstoffe, auch wenn der Wirkstoff als produktprägender Hauptstoff von der D-GmbH geliefert wird.

Es besteht keine langfristige Abnahmeverpflichtung der D-GmbH.

Die Behauptung, eine Gesellschaft wie die I-Ltd. sei als unabhängiges Unternehmen auf Dauer nicht lebensfähig, ist in dieser Allgemeinheit nicht gerechtfertigt. Die wirtschaftliche Praxis kennt zahlreiche Gegenbeispiele von erfolgreichen Nischenanbietern. Zudem ist die I-Ltd. eben nicht der typische unselbstständige „Handlanger" oder „Erfüllungsgehilfe".

Die Behauptung, unter Fremden wäre die Produktion in Lohnfertigung übertragen worden, ist von der FinVerw. zu beweisen und trifft auf einen „Vollproduzenten" wie I-Ltd. sicher nicht allgemein zu.

(3) *Ergebnis*

186   Ein Vorliegen einer „verlängerten Werkbank" ist abzulehnen. Allerdings bleibt zu untersuchen, ob die D-GmbH eine ihren Funktionen entsprechende Marge erhält.

Die der D-GmbH von I-Ltd. in Rechnung gestellten Einkaufspreise belassen der D-GmbH eine ihrer Vertriebsfunktion entsprechende branchenübliche Marge und halten demgemäß unter Zugrundelegung der Wiederverkaufspreismethode einem Fremdvergleich stand. Die innerhalb des Konzerns vorgenommene Aufgabenteilung stellt eine unternehmerische Entscheidung dar und ist nicht Gegenstand der Überprüfung durch die FinVerw.

Da die D-GmbH die Endverpackung der Pharmazeutika übernimmt, muss ihr für diese neben dem Vertrieb ausgeübte Funktion eine weitere angemessene Vergütung verbleiben. In diesem Fall erscheint die von D-GmbH angewandte Kostenaufschlagsmethode mit einem Gewinnaufschlag von 10% als angemessen, wenn nicht sogar eher hoch, da hier die D-GmbH weitgehend als Lohnfertiger für die I-Ltd. tätig wird. Durch den Gewinnaufschlag erhöht sich die Marge der D-GmbH in noch angemessenem Umfang. Zu dem gleichen Ergebnis würde man gelangen, wenn man im Rahmen der Wiederverkaufspreismethode die Verpackungsfunktion bei der Ermittlung des marktüblichen Abschlags berücksichtigt (vgl. Tz. 2.2.3. der VGr).

187   Neben der Frage, ob auf Lohnfertiger („verlängerte Werkbänke") immer die Kostenaufschlagsmethode anzuwenden ist, stellt sich die nicht minder wichtige Frage, **welcher Gewinnaufschlag** einem solchen Produktionsunternehmen zustehen soll. Soweit im Einzelfall unterstellt wird, dass eine „verlängerte Werkbank" iSe funktionsschwachen Produktionsgesellschaft vorliegt, ist zu prüfen, ob ihr tatsächlich nur ein vergleichsweise geringer Gewinn als Aufschlag bei Anwendung der Kostenaufschlagsmethode zuzugestehen ist oder ob besondere Umstände wie Marktverhältnisse, Geschäftsstrategien oder Preispolitiken vorliegen, die einen ggf. höheren Gewinnaufschlag erfordern (Tz. 3.1.2.1. der VGr). Mit Bezug auf das in Rn. 183 ff. beschriebene Beispiel könnten dafür zB folgende Gründe sprechen:

– Die I-Ltd. befindet sich gegenüber der D-GmbH in einer Monopolsituation, oder

– Die I-Ltd. hat gegenüber Konkurrenz-Produktionsunternehmen erhebliche Produktivitäts- und Kostenvorteile, oder

– Im Rahmen einer Funktionsanalyse und Analyse der betrieblichen Erfolgsfaktoren im Konzern (Ermittlung der relativen Funktionswerte) stellt sich die qualitätsgerechte irische Produktion als maßgeblicher Erfolgsfaktor des Konzerns heraus (vgl. unten Rn. 241 ff., insb. Rn. 249), oder

– Die Wirkungsweise der bei der I-Ltd. hergestellten Tabletten tritt zuverlässiger als bei der Konkurrenz ein, oder
– Die Tabletten der I-Ltd. sind durch besondere Produktionsbedingungen haltbarer als die ähnlicher Konkurrenten, oder
– Innerhalb der Produktlinie weisen bestimmte Artikel (Tabletten) besondere Qualität, Innovation oder Haltbarkeit auf, die einen höheren Gewinnaufschlag verdienen, oder
– Die I-Ltd. übernimmt bestimmte logistische Hilfsleistungen für die D-GmbH.

Diese **einzelnen maßgebenden Verhältnisse** können allein für sich zu einem höheren Gewinnaufschlag auf die entstandenen Kosten der I-Ltd. führen, falls diese als Lohnfertiger anzusehen wäre, obwohl die Aufzählung weder abschließend noch vollständig sein kann. Demnach kann für ein Produktionsunternehmen, selbst wenn es als eine verlängerte Werkbank aus Sicht der FinVerw. anzusehen ist,   **188**
– im Vergleich zur Konkurrenz,
– im Vergleich der Aufgabenerfüllung im Konzern,
– aus der Sicht des Kundennutzens oder
– unter Berücksichtigung anderer maßgebender Verhältnisse
im Einzelfall ein vergleichsweise hoher oder niedriger Gewinnaufschlag im Rahmen der Kostenaufschlagsmethode angemessen sein.

dd) Funktionsanalyse des Einkaufs

Die Funktionsanalyse für Lieferungen von Waren und Gütern umfasste **189** traditionell die des Absatzes und die der Produktion. In den letzten Jahren hat aber der Einkauf erheblich größere Bedeutung gewonnen als früher. Daher ist insb. unter dem Ansatz einer umfassenden Wertschöpfungsanalyse (multilateralen Funktionsanalyse) oder Business Process Analysis eine Einbeziehung der Einkaufsfunktionen in die Analyse, also eine **Funktionsanalyse des Einkaufs, unverzichtbar geworden.**

In vermehrtem Maß werden in Konzernen Beschaffung und Einkaufslogis- **190** tik (zB centralised warehousing, group procurement) nicht mehr von allen Produktionsgesellschaften selbst wahrgenommen, sondern entweder bei einer Produktionsgesellschaft zentralisiert oder auf **selbstständige Einkaufs- und Logistiktochtergesellschaften** ausgelagert, die zum Teil sogar als Strategieträger agieren.[158] Darüber hinaus scheint es in bestimmten Branchen geboten, das Produktsortiment durch den Einkauf von Fertigprodukten als Handelsware abzurunden. Damit erweitert sich aber zugleich die Gesamtfunktionsanalyse neben dem Absatz und der Produktion um eine konzerninterne Einkaufsfunktion.

Ziele eines zentralisierten Konzerneinkaufs sind u. a.
– Erzielung von höheren Mengenrabatten
– Durchsetzung besserer sonstiger Lieferbedingungen (Anlieferung statt Abholen, just in time) und bessere Dienstleistungen der Lieferanten
– Einsparung von zuvor an verschiedenen Stellen „doppelt" ausgeübten Arbeiten (Synergieeffekte)

---

[158] Vgl. dazu auch unten Rn. 268 ff.

- Verbesserung der Lagerlogistik (bessere Bestandskontrolle, bessere Lieferfähigkeit)
- Optimierung der Transportwege und -kosten

Als **typische Funktionen** der beteiligten Konzernunternehmen kommen in Betracht:

- Waren- und Vorprodukteinkauf
- Lagerhaltung und -logistik
- Spedition und Frachtführerschaft
- Zentrales Einkaufsmanagement und Bestandskoordination.

191 Jedem Einkaufs- und Logistikunternehmen steht dabei für seine Tätigkeit und Risikoübernahme ein angemessenes Entgelt im Rahmen des vom Konzern insgesamt erzielten Produktgewinns zu. Auch im Fall und aus der Sicht von Einkaufs- und Logistikunternehmen besteht **keine Rangfolge für die Wahl der Standardverrechnungspreismethode.** Solange der ordentliche und gewissenhafte Geschäftsleiter des Unternehmens gem. Tz. 2.1.8. der VGr ermessensgerecht eine der Standardmethoden für die Festlegung der Verrechnungspreise auswählt, ist diese Entscheidung grundsätzlich anzuerkennen.[159] Soweit die Standardmethoden nicht anwendbar sind, weil keine uneingeschränkt vergleichbaren Fremdvergleichsdaten ermittelbar sind (zB für Einkaufsprovisionen), sind **nach § 1 Abs. 3 S. 2 AStG** die Verrechnungspreise ab Veranlagungszeitraum 2008 anhand einer angemessenen Verrechnungspreismethode zu bestimmen, was im Einkaufsbereich je nach Fallgestaltung **auch** die **transaktionsbezogene Nettomargenmethode** oder auch die **Gewinnaufteilungsmethode** zur Anwendung kommen lassen kann.

192 Soweit eine Einkaufs- und Logistikgesellschaft in traditioneller Form **funktional** als **Dienstleister für andere Konzerngesellschaften** zu qualifizieren ist, werden in vielen Fällen für Einkaufs- und insb. Logistikleistungen Fremdvergleichspreise ermittelbar sein, so dass häufig die Preisvergleichsmethode zur Bewertung der Einkaufs- und Logistikfunktionen herangezogen werden kann. Daneben dürfte die Kostenaufschlagsmethode dort, wo keine Fremdpreise ermittelbar sein sollten, Bedeutung haben, ebenso wie in der Praxis die transaktionsbezogene Nettomargenmethode. Die Wiederverkaufspreismethode sollte dagegen im Regelfall nicht anwendbar sein.

193 Soweit allerdings die Einkaufsgesellschaft gerade in Handelskonzernen von den beteiligten Geschäftsleitern als der **Strategieträger** beim Aufbau des Verrechnungspreissystems identifiziert und bestimmt wird[160] (sog. **Procurement- oder Sourcing-Gesellschaften**), kommt der Einkaufsgesellschaft dann die Rolle des Trägers des Residualgewinns(-verlustes) zu, so dass in diesen Fällen dann die Verrechnungspreise für die Vergütung der Leistungen der anderen Konzerngesellschaften als Vertriebsgesellschaften für die strategieführende Einkaufsgesellschaft zB nach der Wiederverkaufspreismethode oder der transaktionsbezogenen Nettomargenmethode zu bestimmen sind.

194–200 *(einstweilen frei)*

---

[159] Vgl. Tz. 2.4.1. VGr sowie Tz. 3.4.10.1 VGr-Verfahren.
[160] Zur Strategieträgerschaft und ihrer Bestimmung und ihren Voraussetzungen vgl. Tz. 3.4.10.2.b) VGr-Verfahren sowie unten Rn. 270 ff.

ee) Informationsbeschaffung für die Funktionsanalyse

Eine Funktionsanalyse erfordert im Konzern einen erheblichen Aufwand 201
an Informationsbeschaffung und Informationsaufbereitung, ist aber das unverzichtbare Kernelement für die Bildung und Verteidigung von Verrechnungspreisen. Mit der Funktionsanalyse und der mit ihr einhergehenden Informationsgewinnung sammelt das Unternehmen die entscheidenden Informationen, aus denen das Verrechnungspreissystem und die Verrechnungspreise entwickelt werden.

Die im Folgenden aufgelisteten, benötigten Daten für eine Funktionsanaly- 202
se stellen einen **Beispielkatalog** dar, der **je nach Einzelfall erweitert oder eingeschränkt werden muss** und keinen Anspruch auf Vollständigkeit erhebt.

(1) *Die Struktur der betroffenen Konzernunternehmen (Basisinformation)*
- Rechtliche Struktur (Konzernschaubild) 203
- Organisatorische Struktur (Reportingstruktur; Geschäftsbereiche, Matrixorganisation)
- Güterfluss im Konzern (Transaktionsmatrix: Produktionsstandorte, Vertriebsgesellschaften, Einkaufsgesellschaften, Vertriebsformen, angewandte Verrechnungspreismethoden)
- Dienstleistungseinheiten (Finanzierungs- und Servicegesellschaften; Shared Service Centers; Lizenzverwertungsgesellschaften)
- Immaterielle Wirtschaftsgüter (Eigentümer, Lizenzen)
- Wesentliche materielle Wirtschaftsgüter (insb. Grundbesitz)
- Jahresabschlüsse aller relevanten Konzernunternehmen.

(2) Die Entwicklung der betroffenen Konzernunternehmen
- Beschreibung der Strategie des Gesamtkonzerns einschließlich Firmenphi- 204
losophie und Verrechnungspreispolitik
- Entwicklung von Umsätzen, Gewinnen, Rentabilität, Marktanteilen über mehrere Jahre
- Tätigkeitsgebiete der Unternehmen, Sparten, Produkte, Sortimentspolitik, übriges Leistungsangebot
- Stellung der Unternehmen innerhalb der Branche und der Gesamtwirtschaft
- Wettbewerbssituation auf den relevanten Märkten
- Diversifikation und Veräußerung von Unternehmensteilen, Fusionen, Joint Ventures, Kooperationen und (zulässige) Kartellbildungen
- Dynamik, Risikobereitschaft und Innovationsstärke der Unternehmung
- Forschungs- und Entwicklungstätigkeit (Stammprodukte/neue Produkte/Pipeline)
- Entscheidungsstrukturen, Verantwortlichkeiten für Verrechnungspreise, Einfluss des Top-Managements.

(3) *Der Absatzbereich der betroffenen Konzernunternehmen*
- Umsatzzahlen 205
- Deckungsbeiträge und Ertragswerte
- Kundenkreis
- Geographische Märkte und Marktanteile
- Produkte und Produktgruppen, Preis-, Sortiments- und Markenpolitik

– Verkaufsförderung, Marktforschung, Werbung
– Service, sonstige Dienstleistungen
– Zahlungsbedingungen, Auftragsbestand, Forderungsstruktur, offene Posten, Zahlungseingangsstatistik, Mahnwesen
– Liefertermine, Auftragsgrößen, Bearbeitungszeit von Aufträgen
– Absatzorganisation: Aufbau, Prozesse, Entwicklung und Bewährung.

(4) *Der Produktionsbereich der betroffenen Konzernunternehmen*

206 – Produktionsleistungen: Angaben über Kapazitäten, Auslastung, durchschnittliche Herstellzeit, Terminverzögerungen
– Technischer Stand der Produkte, erwarteter technischer Fortschritt
– Technischer Stand von Anlagen und Einrichtungen, Produktionsverfahren, Produktionsprozessen und Fabrikorganisation
– Technischer Stand der Lagerhaltung und der Logistik.

(5) *Personalbereich der betroffenen Konzernunternehmen*

207 – Entwicklung und Zusammensetzung des Personals
– Arbeitsstunden, Fehlzeiten, Fluktuationen (u. a. Kennziffern)
– Entwicklung der Einkommen, Sozialleistungen und Altersvorsorge
– Schulung, Weiterbildung
– Gewerkschaften, politische Einflüsse, staatliche Arbeitsbehörden, Mitbestimmung, Arbeitgeberorganisationen.

(6) *Informationswesen der betroffenen Unternehmen*

208 – System der Kostenrechnung und Finanzbuchhaltung
– Abrechnungssystem (Debitorenbuchhaltung, Rechnungserstellung, Prüfung von Eingangsrechnungen)
– Berichtswesen (Reporting)
– Unternehmensplanung (Budgetierung)
– Automatisierungsgrad und Verknüpftheit der vorgenannten Systeme.

(7) *Informationen über die Konkurrenten*

209 – Marktanteile
– Angebotsgestaltung der Konkurrenten (Verkaufspreise, Werbung, Lieferfristen, etc.)
– Erwartete Reaktionen der Konkurrenten auf die geplanten eigenen absatzbeeinflussenden Maßnahmen
– Wirtschaftliche Situation der Konkurrenten.

(8) *Informationen über das Marktumfeld*

210 (a) Eigener Markt
– Absatz der eigenen Produkte im Ausland, insb. zukünftige Märkte (zB Afrika, Lateinamerika, etc.)
– Substitutionsmöglichkeiten durch andere Güter (sowie deren erwartete Nachfrageentwicklung)
– Indikatoren für die eigene Absatzentwicklung (= Größen, die mit dem eigenen Absatz in Zusammenhang stehen, insb. ihm vorausgehen)
(b) Erwartete Entwicklung des Branchenmarktes (In- und Ausland)
(c) Erwartete Entwicklung volkswirtschaftlicher Determinanten (Inland und wichtige Exportländer)

– Volkswirtschaftliche Gesamtgrößen (Bruttosozialprodukt, Konjunkturindikatoren, Industrieumsätze etc.)
– Wirtschafts-, Devisen- und Währungspolitik, insb. Geldpolitik.

ff) Vorgehensweise bei einer Business Process Analysis

Während die klassische Funktions- und Risikoanalyse die einzelnen Konzerneinheiten untersucht, stehen bei der Business Process Analysis die **betriebswirtschaftlichen Prozesse der Wertschöpfungskette** im Vordergrund der Analyse. Hierbei werden zunächst die **Haupt(Mega)prozesse identifiziert und in Subprozesse untergliedert.** Anschließend werden die Prozesse beschrieben und der relative Beitrag zur Wertschöpfung ermittelt. Erst zum Schluss erfolgt die Zuordnung zu den einzelnen Konzerneinheiten. Vermögenswerte und Risiken werden im Rahmen der Wertschöpfungsanalyse nicht eigenständig, sondern als Teil der Prozesse betrachtet. Im Folgenden werden die einzelnen Schritte einer Wertschöpfungsanalyse kurz beschrieben.[161]   **211**

(1) Identifikation der Hauptprozesse

Die Analyse beginnt mit der Identifikation der für die Erbringung der Wertschöpfung erforderlichen **Hauptprozesse,** die aus einer Reihe von Aktivitäten bestehen. Da der Prozess selbst im Vordergrund steht, werden die zugehörigen Aktivitäten an unterschiedlichen Orten und zu verschiedenen Zeitpunkten ausgeübt und verfügen über einen klar definierten Anfang mit notwendigen Inputs sowie über ein Ende, an dem die zu erzielenden Outputs stehen. Beispiele für entsprechende Hauptprozesse können etwa sein: Forschung und Entwicklung, Einkauf/Produktion, Absatz, After Sales, Administration. Hauptprozesse lassen sich als die **höchste Stufe im Rahmen der Prozessanalyse** betrachten. Es kann davon ausgegangen werden, dass sich die Anzahl der Hauptprozesse für die meisten Unternehmen zwischen zwei und zehn Prozessen bewegt.   **212**

(2) Aufspaltung in Subprozesse

Sind die Hauptprozesse der Wertschöpfungskette eines Unternehmens identifiziert, erfolgt eine **Zerlegung der Haupt- in ihre Subprozesse.** Aufgrund dieser Aufspaltung erschließen sie sich einer detaillierteren Analyse, sodass deren jeweilige Verbindung zu den kritischen Erfolgsfaktoren herausgearbeitet werden kann. Wurde bspw. die Entwicklung neuer Produkte als Hauptprozess identifiziert, so ließe sich dieser Prozess etwa in die Subprozesse Grundlagenforschung, Produktentwicklung und Produktdesign untergliedern. Im Rahmen der Analyse der Hauptprozesse ist eine **Untergliederung in** mehrere Unterebenen möglich, die über **Subprozesse und Aktivitäten bis hin zu einzelnen Aufgaben oder gar Arbeitsschritten** reichen kann.   **213**

(3) Beschreibung der identifizierten Subprozesse

Sind die Hauptprozesse in mehrere Subprozesse aufgespalten worden, müssen diese nun **genau beschrieben** werden, sodass anschließend der **Wertschöpfungsbeitrag** der einzelnen Prozesse **bestimmt werden kann.** Für   **214**

---

[161] Die folgende Beschreibung lehnt sich an die Ausführungen von Ernst & Young, Verrechnungspreise, 2003, 94 ff. an.

Zwecke der Prozessbeschreibung bietet es sich an, einer Struktur zu folgen, die sich an die verschiedenen Prozesseigenschaften anlehnt:

- **Ziele des Prozesses:** Hierbei sollten die wichtigsten Ziele des betrachteten Prozesses erläutert werden. Besteht ein Ziel bspw. darin, den Kundennutzen zu erhöhen, so bietet es sich auch an zu beschreiben, auf welche Weise der Prozess einen Beitrag zur Steigerung des Kundennutzens leistet.
- **Inputs für den und Outputs des Prozesses:** Zunächst ist es wichtig, die für den Prozess erforderlichen Inputs zu beschreiben. Hierzu gehören nicht nur Inputs wie Rohstoffe, Kapital oder Informationen, sondern auch die Prozesse, die abgeschlossen sein müssen, bevor der betrachtete Prozess beginnen kann. Darüber hinaus sollte Auskunft etwa über die Kosten und das benötigte Personal gegeben werden. Wesentlich ist auch, die innerhalb des Prozesses eingesetzten immateriellen Wirtschaftsgüter zu identifizieren. Schließlich sind die durch den Prozess generierten Outputs festzuhalten, wozu Güter, Leistungen oder Informationen gehören können.
- **Beitrag des Prozesses zu den Kernkompetenzen:** Von besonderer Relevanz ist die Beschreibung und Einordnung der kritischen Erfolgsfaktoren innerhalb des Prozesses. Die Herstellung einer Verknüpfung zwischen den kritischen Erfolgsfaktoren und den einzelnen Prozessen erlaubt die Beurteilung der relativen Bedeutung des betrachteten Prozesses.
- **Mit dem Prozess verbundene Geschäftsrisiken:** Zu adressieren sind an dieser Stelle die Risiken, denen das Gesamtunternehmen ausgesetzt ist. Da sich diese Risiken auf bestimmte Prozesse auswirken, geht es hier darum, die Risikoauswirkungen auf den betrachteten Prozess herauszuarbeiten. Zu achten ist hierbei auch auf Interdependenzen zu anderen Prozessen.
- **Leistung des Prozesses:** Zu beschreiben ist auch der Grad der Leistung eines Prozesses. Die Messung der Leistung des Prozesses erfolgt generell über sogenannte Erfolgsindikatoren. Diese Indikatoren lassen sich auch verwenden, um Vergleichsunternehmen zu finden.

(4) Bestimmung des relativen Werts der Subprozesse

215   Die vorstehenden Schritte bilden die Basis, um die **relative Bedeutung des betrachteten Prozesses zu ermitteln.** Hierbei ist es bspw. denkbar, sich an ein **Scoring-Verfahren** anzulehnen. Dies bedeutet, dass eine Beurteilung der relativen Wichtigkeit anhand von zu verteilenden Punkten vorgenommen werden kann. Als Leitlinie für die Beurteilung der Wichtigkeit eines Haupt- und auch eines Subprozesses bietet sich bspw. der dadurch geschaffene Mehrwert für das Unternehmen oder der für den Kunden angenommene Nutzenbeitrag an. Welche Indikation für den geschaffenen Wertbeitrag auch immer herangezogen wird, Ziel der Bewertung muss die Ermittlung des relativen Beitrags eines Subprozesses zu einem kritischen Erfolgsfaktor sein.

(5) Bestimmung der Beiträge der Konzerneinheiten

216   In einem **abschließenden Schritt** ist der Beitrag der an der Wertschöpfung **beteiligten Konzerneinheiten** an den einzelnen Subprozessen zu ermitteln. Wesentliche Kriterien sind die Inputs der jeweiligen Konzerneinheiten für die vorab beschriebenen Subprozesse. Für die Darstellung sind sogenannte **Star-Chart-Analysen** in der Praxis gebräuchlich, mit deren Hilfe zum Beispiel der Beitrag einer Konzerneinheit auf einer Skala zwischen einem Stern (sehr geringer Beitrag) und fünf Sternen (sehr hoher Beitrag) geschätzt werden kann.

Die soeben beschriebene Vorgehensweise zur Durchführung einer Business 217
Process Analysis macht deutlich, dass sich die Beurteilung der Wertschöpfungsbeiträge **auch auf subjektive Wertungen stützt,** denn sie ist abhängig von der unternehmerischen Selbsteinschätzung. Allerdings ist dies auch Ausdruck der Tatsache, dass der Unternehmenserfolg zu einem Großteil auf den unternehmensindividuellen Stärken und Schwächen beruht. Das Unternehmensergebnis ist somit insb. eine Folge des individuellen Zusammenspiels all seiner Unternehmensteile, das sich von einem anderen Unternehmen der gleichen Branche durchaus erheblich unterscheiden kann.

gg) Steuerliche Anerkennung

Die **Funktions- und Wertschöpfungsanalyse** ist **grundsätzlich** von 218
der deutschen FinVerw.[162] wie von der OECD[163] als integraler und gewichtiger Teil der Erstellung eines Verrechnungspreissystems und der Festlegung einer funktionsadäquaten Vergütung **anerkannt und gefordert.** Die VGr wie die OECD-RL beurteilen letztlich die Ergebnisse der Funktions- bzw. Wertschöpfungsanalyse. Nicht Gegenstand ihrer Betrachtung ist, wie der Prozess der Ermittlung der Funktions-, Risiko- und Wirtschaftsgüterverteilung abläuft. Und nur hierbei unterscheiden sich klassische Funktionsanalyse (Ausgangspunkt Legaleinheiten) und Business Process Analysis (Ausgangspunkt Unternehmensprozesse). Die Ergebnisse beider Vorgehensweisen sind identisch und daher ist auch ein Vorgehen nach einer **Business Process Analysis** steuerlich in gleichem Maß wie bei einer (klassischen) Funktionsanalyse **anzuerkennen.**

Soweit das Ergebnis der Funktionsanalyse über den festgelegten Verrechnungspreis der deutschen Gesellschaft einen als zumindest üblich anzusehenden Gewinn belässt, sollten die Verrechnungspreise von der deutschen FinVerw. auch **in der praktischen Anwendung** anerkannt werden. Schwierigkeiten der Anerkennung von Verrechnungspreisen treten idR dann auf, wenn einer deutschen Gesellschaft über die Festsetzung der Verrechnungspreise nur noch ein Gewinn aus dem Geschäft verbleibt, der deutlich unter dem vergleichbarer Unternehmen liegt. Ursachen dafür können sowohl unterdurchschnittliche Leistung der deutschen Gesellschaft im Vergleich zu Wettbewerbern als auch Produkte mit geringer Marge sein. In diesen Fällen wird in der Praxis regelmäßig
– die Auswahl der Verrechnungspreismethode durch die ausländischen Unternehmen und Fisci in Frage gestellt,
– gefordert, dass die Auswahl der Methode vom deutschen Unternehmen ausgeht (Absicherung des deutschen Steueraufkommens durch Anwendung der Kostenaufschlagsmethode),
– die Funktionsanalyse und -bewertung oder
– die Datenbankanalyse
nicht anerkannt.

---

[162] Vgl. insb. § 4 Nr. 3 GAufzV sowie Tz. 3.4.11.4 und Tz. 3.4.11.5. VGr-Verfahren und bereits Tz. 2.1.3. VGr.
[163] Vgl. insb. Tz. 1.42 ff. OECD-RL 2010 und Kap. B Rn. 63 f.

219 Soweit dieser Fall eintritt, besteht nach erfolglosen Klärungsversuchen mit den beteiligten FinVerw. idR nur die Möglichkeit, neben oder parallel zu der gerichtlichen Klärung in Verständigungsverfahren nach DBA oder Schiedsverfahren nach der EU-Schiedskonvention einzutreten.[164] Dabei ist sicherzustellen, dass nach Abschluss der Verfahren in allen Ländern noch eine Änderung der entsprechenden Steuerfestsetzungen möglich ist, wie dies in Deutschland durch § 175a AO grundsätzlich gewährleistet wird.

III. Aufbau von Verrechnungspreissystemen

1. Grundlagen

220 **Zielsetzung** der Verrechnungspreisgestaltung ist es, im Ergebnis den **Konzerngesamtgewinn aus einem Produkt auf die** verschiedenen **beteiligten Konzerngesellschaften** entsprechend ihres relativen Anteils an der Wertschöpfung zu **verteilen.**

Zu diesem Zweck ist für jede zu beurteilende Geschäftsbeziehung eine Unternehmenscharakterisierung vorzunehmen. Insb. ist zu prüfen, ob eines der beteiligten Unternehmen als Strategieträger (Entrepreneur) und das andere beteiligte Unternehmen als Funktionseinheit (Unternehmen mit Routinefunktionen) charakterisiert werden kann. Mit dieser Festlegung ist dann auch bereits eine wichtige Vorentscheidung zur Verrechnungspreismethode und zur Gewinnausstattung getroffen. Zu diesem Zweck unterscheidet die FinVerw. die folgenden Gruppen von Unternehmen:[165]

Entrepreneur bzw. Strategieträger

221 Entrepreneure oder Strategieträger verfügen über die wesentlichen materiellen und immateriellen Wirtschaftsgüter. Ferner üben sie die für den Unternehmenserfolg entscheidenden Funktionen aus und übernehmen die hiermit in Zusammenhang stehenden wesentlichen Risiken. Der Entrepreneur hat regelmäßig Anspruch auf den **Anteil am Konzerngesamtgewinn** aus der Geschäftsbeziehung, der nach Abzug des Gewinnanteils der Unternehmen mit Routinefunktionen verbleibt (den sog. **Residualgewinn**).

Unternehmen mit Routinefunktionen (= Funktionseinheit)

222 Diese Unternehmen üben lediglich Routinefunktionen aus. Sie erbringen bspw. konzerninterne Dienstleistungen, die auch am Markt angeboten und bei Dritten in Auftrag gegeben werden könnten oder übernehmen einfache Vertriebsfunktionen. Sie setzen nur in geringem Umfang Wirtschaftsgüter ein und tragen nur geringe Risiken. **Unternehmen mit Routinefunktionen** haben mangels unternehmerischer Chancen und Risiken regelmäßig Anspruch auf **moderate, aber stabile Gewinne.** Verluste treten bei normalem Geschäftsverlauf nicht auf.

Zusätzlich wird der Zwischenbereich (Hybridunternehmen) definiert:

---

[164] Vgl. Kap. B Rn. 130 ff., Kap. F Rn. 231 ff.
[165] Vgl. Tz. 3.4.10.2 VGr-Verfahren.

Hybridunternehmen

Hierbei handelt es sich um Unternehmen, die unter Berücksichtigung der 223
von ihnen ausgeübten Funktionen, eingesetzten Wirtschaftsgüter und übernommenen Risiken **weder als Unternehmen mit Routinefunktion
noch als Entrepreneur anzusehen** sind. Hybridunternehmen stehen im
Hinblick auf die von ihnen ausgeübten Funktionen, übernommenen Risiken
und eingesetzten Wirtschaftsgütern zwischen Entrepreneuren und Unternehmen mit Routinefunktionen.

Die **Unternehmenscharakterisierung** und damit der Anteil einer Kon- 224
zerngesellschaft am Konzerngesamtgewinn ist **keinesfalls als feststehendes
System vorherbestimmt** und folgt auch keiner allgemein gültigen Struktu-
rierungsvorgabe, sondern richtet sich im Wesentlichen nach den konkreten
Gegebenheiten des Einzelfalles, insb. der strategischen Ausrichtung des Konzerns, den geschäftlichen Notwendigkeiten sowie steuerlichen Erwägungen,
und verlangt eine eingehende Einzelanalyse. Dabei sind **vier Schritte** als
Teilaufgaben zu unterscheiden:

Schritt 1: Ermittlung des Grundverständnisses im Konzern über die kon- 225
zerninterne Funktions- und Risikoverteilung und den oder die Träger des
Marktrisikos **(Strategieträgerschaft)**.

Schritt 2: Festlegung der rechtlichen Grundstruktur, in der die einzelnen
Prozesse im Rahmen der Wertschöpfungskette im Konzern erbracht werden
sollen **(Rechtliche Grundstrukturierung der Einzelprozesse)**.

Schritt 3: Ausgehend von Strategieträgerschaft und rechtlicher Grundstrukturierung Ermittlung der von jedem Konzernunternehmen ausgeübten Funktionen und übernommenen Risiken und Ermittlung des Anteils des Konzernunternehmens an der Gesamtwertschöpfung der Unternehmensgruppe
(Funktions- bzw. Wertschöpfungsanalyse).

Schritt 4: Gestaltung des Verrechnungspreissystems und Auswahl der Verrechnungspreismethoden unter Berücksichtigung von Strategieträgerschaft,
rechtlicher Grundstrukturierung und Funktionsanalyse **(Gestaltung des
Verrechnungspreissystems)**.

Wenngleich zur Gestaltung von Verrechnungspreissystemen stets auf die Gegebenheiten des Einzelfalls abzustellen ist, so wird die Analyse dennoch von unterschiedlichen, **häufig anzutreffenden Grundstrukturen** ausgehen.

Auf der einen Seite steht das **klassische Verrechnungspreissystem,** bei 226
dem das Produktionsunternehmen als Strategieträger dient und das sicher in
vielen Bereichen der Industrie nach wie vor das zu bevorzugende System darstellt, gerade im Bereich der Investitionsgüter. Es ist das System, **von dem**
auch **die VGr** aus dem Jahre 1983 **nach wie vor ausgehen.** Fraglich ist
aber, ob diese Vorstellung nicht in zahlreichen Fällen inzwischen an der wirtschaftlichen Realität vorbeigeht und die VGr hier dringend einer Überarbeitung und Anpassung bedürfen. **Offener** zeigen sich hier bereits die **VGr-
Verfahren,** in deren Tz. 3.4.10.2 zurecht darauf hingewiesen wird, dass die
Charakterisierung von Unternehmen nur anhand einer Analyse der Umstände des Einzelfalls erfolgen kann und im Rahmen der Funktions- und Risikoanalyse zu begründen ist.

Tatsächlich bilden sich in der Praxis vermehrt **alternative Verrechnungs-** 227
preissysteme, in denen die Produktionsgesellschaften nicht mehr ohne weiteres als Strategieträger zu charakterisieren sind. Gerade im Bereich der **Kon-**

sumgüterindustrie stellt sich eindringlich die Frage, ob hier den Produktionsgesellschaften wirklich noch zentrale Bedeutung zukommt oder ob die Strategieträgerschaft nicht bei den Vermarktungseinheiten, also den großen Vertriebsgesellschaften oder bei den Gesellschaften liegen sollte, die die Markenrechte besitzen.

228 Ein weiterer Anwendungsfall, in dem ein klassisches Verrechnungspreissystem versagt, ergibt sich bei Unternehmen, die ein **Systemgeschäft** betreiben. Hier liefern verschiedene Konzerngesellschaften Komponenten eines Gesamtangebots, von denen jede einzelne für sich gesehen nicht vermarktungsfähig ist. So produziert eine Gesellschaft die Apparate, die nächste stellt die notwendigen Reagenzien her und die dritte betreibt die Ausbildung des Personals des Kunden.

229 Des Weiteren ist das klassische System nur im Wege der Analogie auf **nicht produzierende Konzerne** übertragbar, seien es Warenhaus- oder Versandhandelskonzerne, Dienstleister wie Banken und Versicherungen oder gar Unternehmen der digitalen Wirtschaft. Daher folgen die alternativen Systeme einem offenen, weitergehenden Ansatz als das klassische Verrechnungspreissystem, der durchaus (im Einzelfall) nicht mit der Grundvorstellung der VGr aus dem Jahr 1983 im Einklang stehen muss.

2. Klassische Verrechnungspreissysteme

a) Strategieträgerschaft

230 Nach **Tz 3.4.1. der VGr** werden Kosten der Markterschließung „in der Regel vom Vertriebsunternehmen nur insoweit getragen, als ihm aus der Geschäftsbeziehung ein angemessener Betriebsgewinn verbleibt". Und gem. **Tz. 3.4.3. der VGr** sind „Kosten und Erlösminderungen, die dadurch entstehen, dass ein Vertriebsunternehmen durch Kampfpreise oder ähnliche Mittel seinen Marktanteil wesentlich erhöhen oder verteidigen will, … grundsätzlich vom Hersteller zu tragen."

231 Aus beiden Zitaten ist zu erkennen, dass nach Auffassung der deutschen FinVerw. **stets das Produktionsunternehmen das Marktrisiko,** aber auch die Marktchancen **trägt.**

Diese **Auffassung der FinVerw** ist **in ihrer pauschalen und absoluten Form überholt,** systematisch in zahlreichen Anwendungen nicht länger haltbar, entspricht nicht mehr der OECD-RL 2010,[166] dem Fremdvergleichsverhalten bei Unternehmenskäufen und dem Grundverständnis vieler Konzerne von der Bedeutung einzelner Funktionsbereiche für ihre Gewinnerzielungsfähigkeit.[167]

232 In der Praxis des Unternehmenskaufs gerade im **Konsumgüterbereich** besteht ein bisweilen fast ausschließliches Interesse der Käufer an den **immateriellen Wirtschaftsgütern** des veräußernden Unternehmens. Dies sind vornehmlich Markennamen und -rechte, Kundenstämme, Vertriebsrechte, Patente, Rezepturen und Know-how. Dagegen erfahren materielle Wirt-

---

[166] Vgl. unten Rn. 353. Dies galt auch schon für die OECD-RL 1995/96/97, vgl. deren Tz. 1.34.

[167] Vgl. *Borstell* in Grotherr, Internationale Steuerplanung, 2011, 525; differenzierter allerdings: *Kuckhoff/Schreiber* Verrechnungspreise, 1997, 19 ff.

schaftsgüter wie Produktionsanlagen eine eher untergeordnete Bedeutung im Rahmen der Ermittlung des Unternehmenskaufpreises.[168]

Vor diesem Hintergrund kann es jedenfalls **nicht mehr gerechtfertigt**   233 werden, grundsätzlich davon auszugehen, dass die **Produktionsunternehmen als** die „**geborenen Träger**" **der Konzerngeschäftsstrategie anzusehen** sind. Vielmehr können und müssen im Rahmen von modernen Organisationsformen und alternativen Verrechnungspreissystemen innerhalb eines Konzerns gerade auch die großen Vertriebsgesellschaften oder regional übergeordnete Zentralgesellschaften (sogenannte Regionalgesellschaften) als Träger von Geschäftsstrategien anerkannt werden, also Gesellschaften, die die Marktrisiken (Anlauf- und Markteinführungskosten, Verluste) im Hinblick auf erwartete Marktchancen (Gewinne) tragen und im Rahmen des Konzerns verantworten.[169]

b) Rechtliche Grundstrukturierung

Nach klassischer Vorstellung ist der Träger der Konzerngeschäftsstrategie   234 gleichbedeutend mit der Produktionsgesellschaft. Diese Vorstellung rührt daher, dass die Produktionsgesellschaft historisch regelmäßig die personellen und finanziellen Möglichkeiten hatte, um eine Geschäftsstrategie erfolgreich am Markt durchzusetzen. Die **Produktionsgesellschaft vereint** dabei **alle wesentlichen Funktionen** der Wertschöpfungskette, die zwischen der Zulieferung von Rohstoffen und Halbfertigprodukten und der Abnahme der Fertigware durch Kunden liegen.

Obwohl auch die klassische Vorstellung durchaus anerkennt, dass nicht alle   235 Funktionen zwangsläufig nur von einer rechtlichen Einheit ausgeführt werden müssen, wird bei einer **Auslagerung von Funktionen** den anderen beteiligten Einheiten lediglich eine Hilfsfunktion für den eigentlichen Kern der Leistungserstellung, die Produktion, zugestanden. Dies gilt grundsätzlich auch für die Vertriebsfunktion, wobei die Errichtung von **Vertriebsgesellschaften** die „normalste" Form der Funktionsausgliederung in einem klassischen Verrechnungspreissystem darstellt. Diese besondere Stellung der Vertriebsgesellschaften liegt in ihren spezifischen Eigenschaften begründet, insb. ihrer räumlichen Nähe zu den entsprechenden nationalen Märkten, ein Merkmal, das die zentrale Produktionsgesellschaft nicht erfüllen kann.

Durch diese präjudizierende Vorstellung der klassischen Verrechnungspreis-   236 systeme wird die rechtliche Grundstrukturierung der konzerninternen Lieferbeziehungen stark vorbestimmt. Im Verhältnis zwischen Produktions- und Vertriebsgesellschaft wird regelmäßig die **Wiederverkaufspreis- oder transaktionsbezogene Nettomargenmethode** angewandt,[170] da sich dadurch das Marktrisiko auf das liefernde Herstellunternehmen verlagert. Die Vertriebsgesellschaft wird dann, nicht unähnlich einem Lohnfertiger, als **Lohn-**

---

[168] Vgl. *Borstell* in Grotherr, Internationale Steuerplanung, 2011, 525.
[169] Vgl. *Borstell* in Grotherr, Internationale Steuerplanung, 2011, 525.
[170] Vgl. Tz. 3.1.3. Beispiel 1 VGr. Im Falle eines funktions- und risikoarmen sog. „low risk distributors" oder „limited risk distributors" geht die FinVerw. ausdrücklich von der Charakterisierung als Unternehmen mit Routinefunktion aus und erklärt insoweit auch die transaktionsbezogene Nettomargenmethode für anwendbar; vgl. Tz. 3.4.10.3b) VGr-Verfahren.

vertreiber behandelt.[171] Der Vertriebsgesellschaft wird auf der Grundlage eines möglichst sorgfältig und gewissenhaft erstellten Budgets für das folgende Wirtschaftsjahr eine Rohgewinnmarge zugestanden, aufgrund derer die Vertriebsgesellschaft bei Erfüllung der Planannahmen einen angemessenen und stetigen, wenn auch eher moderaten Gewinn erzielen kann.

Die VGr enthalten insoweit auch noch die systematisch durchaus richtige Vorstellung, dass Verrechnungspreise im Vorhinein („ex ante", **„price setting approach"**) festzusetzen sind. Zu beachten ist allerdings, dass in der Realität der Verrechnungspreispraxis **ein pragmatischerer Ansatz nötig** ist und angewandt wird, um aufwändige Eingriffe in das Konzernrechnungswesen durch diese Vorgehensweise zu minimieren und um eine Kongruenz der Verrechnungspreisermittlung mit Staaten, die eine andere, idR ex post-orientierte Vorgehensweise („outcome testing approach") bei der Anerkennung von Verrechnungspreisen haben, wie zB den USA, sicherzustellen.[172]

Die gegebenenfalls hohen **Verluste aus dem Zeitraum der Markteinführung** genau wie die möglichen Gewinne nach erfolgreicher Markteinführung werden durch Anwendung der Wiederverkaufspreismethode methodenimmanent dem Produktionsunternehmen als der Konzerneinheit zugeordnet, die von der deutschen FinVerw. als der „geborene" Träger der Geschäftsstrategie eines Konzerns angesehen wird.[173]

c) Funktionsanalyse im klassischen Verrechnungspreissystem

237   Die Funktionsanalyse im Rahmen eines klassischen Verrechnungspreissystems orientiert sich stark an der vorgegebenen Grundstruktur, bei der das Produktionsunternehmen die Strategieführerschaft innehat. Insoweit ist die Funktionsanalyse stärker **eingeschränkt** als bei alternativen Verrechnungspreissystemen,[174] da sich im klassischen System die Aufgabe der Funktionsanalyse ausschließlich auf die Bestimmung der **Höhe des angemessenen Verrechnungspreises** bezieht, während ihr im Rahmen alternativer Verrechnungspreissysteme auch in großem Maße eine Informationsbeschaffungsfunktion zur Unterstützung und Vorbereitung einer fremdvergleichs- und funktionsadäquaten Bestimmung der Verrechnungspreismethoden zukommt.

238   Die Funktionsanalyse im klassischen Verrechnungspreissystem besteht grundsätzlich aus **vier Schritten:**
1. Ermittlung der Ausgangsdaten (Endverkaufspreise, Kosten der einzelnen am Produktions- und Absatzprozess beteiligten Unternehmen)
2. Ermittlung des Wertes der von den einzelnen Unternehmen ausgeführten bzw. ausgelagerten Funktionen in absoluter Höhe mit Hilfe von Fremdpreisen für die erbrachten Leistungen (absoluter Funktionswert)
3. Anpassung der absoluten Funktionswerte jedes Unternehmens an die Bedeutung der von diesem Unternehmen ausgeübten Funktionen für den Gesamterfolg (relativer Funktionswert)
4. Soweit die Summe der relativen Funktionswerte nicht dem Gesamtgewinn entspricht, den alle beteiligten Unternehmen aus dem Geschäft erzielen, ist

---

[171] Vgl. *Borstell* in Grotherr, Internationale Steuerplanung, 2011, 525.
[172] Vgl. dazu oben Rn. 24 ff.
[173] Vgl. *Borstell* in Grotherr, Internationale Steuerplanung, 2011, 525.
[174] Vgl. Rn. 299 ff.

aus dem relativen Funktionswert noch durch proportionale Anpassung aller relativen Funktionswerte ein gesamtgewinnorientierter relativer Funktionswert zu ermitteln.

Schritte 2 und 3 können auch als **Funktionsanalyse im engeren Sinne** 239 und bei multilateraler Ausprägung als Wertschöpfungsanalyse im engeren Sinn bezeichnet werden. Die Schritte für die Durchführung der Funktionsanalyse sollen an einem Beispiel erläutert werden.

Beispiel: Eine inländische weiterverarbeitende Produktionsgesellschaft bezieht von einer ungarischen landwirtschaftlichen Produktionstochtergesellschaft Zwiebeln.

Die inländische weiterverarbeitende Gesellschaft reinigt die Zwiebeln und verarbeitet sie zu Zwiebelscheiben und Zwiebelpulver und verpackt diese in eine marktgerechte Verpackung. Die verpackten Zwiebelscheiben verkauft die inländische Gesellschaft schließlich an eine amerikanische Vertriebstochtergesellschaft.

Die amerikanische Vertriebsgesellschaft verkauft die verpackten Zwiebeln an Hotels, Gaststätten und Imbissstuben. Die Konkurrenz in Amerika ist zwar sehr stark, durch ein ausgereiftes Vertriebssystem und ausgezeichnete Vertriebsmitarbeiter gelingen der Vertriebstochter aber gute Verkaufserfolge.

Zunächst werden **im ersten Schritt** die insgesamt aufgewendeten Kosten, der Endverkaufspreis und als Ergebnis der Gewinn über die Unternehmens- 240 gruppe ermittelt.

Es soll sich in € umgerechnet Folgendes ergeben:

Endverkaufspreis (Kunde: Hotel, Gaststätte)	1,50 €/kg
Kosten der amerikanischen Vertriebsgesellschaft	0,25 €/kg
Kosten der inländischen Produktionsgesellschaft	0,40 €/kg
Kosten der ungarischen Produktions-Tochtergesellschaft	0,40 €/kg
Gewinn über die Unternehmensgruppe	0,45 €/kg

Aufgabe der **Funktionsanalyse im engeren Sinne** ist es nun, im zweiten 241 und dritten Schritt die von jedem beteiligten Konzernunternehmen wahrgenommenen Funktionen und übernommenen Risiken zu ermitteln und den Gesamtgewinn aus dem Geschäft auf die beteiligten Unternehmen unter Berücksichtigung der von ihnen wahrgenommenen Funktionen zu verteilen. Ob sich das Ergebnis der Funktionsanalyse, dh die Zuordnung von Gewinnanteilen, letztendlich zB

– durch entsprechende Zuordnung von Rohgewinnmargen im Rahmen der Wiederverkaufspreismethode zwischen amerikanischer Vertriebsgesellschaft und inländischer Produktionsgesellschaft, oder

– durch entsprechende Zuordnung eines Gewinnaufschlags innerhalb der Kostenaufschlagsmethode zwischen inländischer Produktionsgesellschaft und ungarischer Tochtergesellschaft, oder

– im Rahmen der Preisvergleichsmethode durch direkte Bestimmung eines Verrechnungspreises, oder

– im Rahmen der transaktionsbezogenen Gewinnmethoden durch entsprechende Zuordnung von Gewinnanteilen oder Nettotransaktionsmargen

niederschlägt, spielt für die Funktionsanalyse als solche keine Rolle.[175]

Zunächst ist **im zweiten Schritt** der Wert der ausgeübten Funktionen in 242 absoluten Zahlen **(absoluter Funktionswert)** zu ermitteln. Die Funktions-

---

[175] Vgl. oben Rn. 139.

analyse hat dabei alle Umstände des Einzelfalls in die Wertermittlung einzubeziehen, wie es auch Tz. 3.1.2.1. der VGr fordert. Das bedeutet insb., dass Fremdpreise für von den Konzernunternehmen übernommene oder auf Fremdfirmen ausgelagerte **Funktionen** grundsätzlich **mit einem vergleichbaren Fremdpreis anzusetzen** sind. Die Übertragbarkeit hängt dabei davon ab, ob der Fremdpreis für die betreffende Funktion auf vergleichbaren Märkten unter vergleichbaren Umständen entstanden ist.[176] So ist die Lagerhaltung je nach Produkt (Frischzwiebel, verarbeitete Zwiebelringe), Menge und Ort (USA, Deutschland) unterschiedlich teuer. Soweit Fremdpreise bestehen, die auf nicht vergleichbaren Märkten entstanden sind, ist eine Anpassungsrechnung gem. Tz. 2.1.7. und 2.2.2. der VGr erforderlich.[177]

243　　Dagegen ist nicht Gegenstand der Funktionsanalyse, ob sich eine Unternehmensgruppe betriebswirtschaftlich am sinnvollsten verhält und zB die Produkte am kostengünstigsten Ort einlagert. Diese unternehmerischen Entscheidungen sind für die Funktionsanalyse – und ihre Überprüfung durch die FinVerw. – als Datum hinzunehmen. Die Funktionsanalyse ist **keine Wirtschaftlichkeitsbeurteilung.**

Im hier betrachteten Beispiel wirkt es sich erschwerend auf die Ermittlung der absoluten Funktionswerte aus, dass die Eigenheiten von drei Märkten und Produkten zu beachten sind.
– Der Markt zwischen ungarischer Tochtergesellschaft und inländischer Produktionsgesellschaft;
– Der Markt zwischen inländischer Produktionsgesellschaft und amerikanischer Vertriebsgesellschaft;
– Der Markt zwischen der amerikanischen Vertriebsgesellschaft und den amerikanischen Endverbrauchern.

244　　Zur Ermittlung der angemessenen Verrechnungspreise bzw. des angemessenen Verrechnungspreiskorridors wird **marktweise vorgegangen,** wobei im klassischen Verrechnungspreissystem bereits feststeht, dass die Produktionsgesellschaft das strategische Marktrisiko trägt (tragen soll) und den Residualgewinn oder -verlust vereinnahmt.

Zunächst werden die Funktionen der amerikanischen Vertriebsgesellschaft bzw. der sich daraus ergebende Verrechnungspreis zwischen amerikanischer Vertriebsgesellschaft und inländischer Produktionsgesellschaft betrachtet.

(1) *US-Vertriebsgesellschaft – deutsche Produktionsgesellschaft*

245　　Das amerikanische Unternehmen wählt gem. Sec. 1.482-1, 1.482-3a), c) und 1.482-8 US Regs im Einklang mit Tz. 2.4.1.a) der VGr die Wiederverkaufspreismethode gem. Tz. 2.2.3. der VGr, da sie den Verhältnissen am nächsten kommt, unter denen sich auf wirtschaftlich vergleichbaren Märkten Fremdpreise bilden. Dies entspricht Tz. 3.1.3. Bsp. 1 der VGr.[178]

---

[176] Vgl. dazu ausführlich oben Rn. 55 ff.

[177] Zu Anpassungsrechnungen vgl. auch Tz. 3.4.12.7c) VGr-Verfahren sowie § 1 Abs. 3 S. 1 und 2 AStG.

[178] Vgl. auch Tz. 3.4.10.1. und 3.4.10.3. der VGr-Verfahren. Die Wahl der Wiederverkaufspreismethode durch das US-Vertriebsunternehmen wird hier zur Vereinfachung unterstellt. In der Realität wird regelmäßig aus US-Sicht die Comparable Profits Method angewandt, die sich jedoch vom Ergebnis her häufig kaum von der

Das amerikanische Tochterunternehmen geht von dem Preis von umgerechnet 1,50 €/kg aus, zu dem eine bei dem inländischen Produktionsunternehmen gekaufte Ware an die unabhängigen amerikanischen Hotels und Gaststätten weiterverkauft wird. Dieser Wiederverkaufspreis von 1,50 €/kg ist nach der Wiederverkaufspreismethode um marktübliche Abschläge zu vermindern, die der Funktion und dem Risiko der amerikanischen Vertriebsfirma gerecht werden, um den Verrechnungspreis mit dem deutschen Produktionsunternehmen zu ermitteln. Unterstellt, es läge ein marktüblicher Abschlag von 20% für Vertriebsgesellschaften der Lebensmittelbranche vor, dh 0,30 €/kg, so stellt sich die Frage, ob diese 0,30 €/kg der Funktion und dem Risiko des Wiederverkäufers gerecht werden.

Dazu ist zunächst einmal zu klären, welche Funktionen die amerikanische **246** Vertriebsgesellschaft wahrnimmt.

Es wären u. a. folgende Funktionen der Vertriebsgesellschaft denkbar:
– Kauf der Ware von der Produktionsgesellschaft
– Transport der Ware von der Mutter- zur Tochtergesellschaft
– Import und Zollabfertigung in die USA
– Warenlagerung mit Eingangskontrolle
– Unterbreitung von Angeboten an Kunden
– Auftragsannahme und -abwicklung
– Verpackung und Auslieferung der Ware
– Kreditgewährung an die Kunden
– Bonitätseinschätzung und Zahlungsüberwachung
– Reklamationsbearbeitung
– Erbringung zusätzlicher Dienstleistungen an die Kunden, zB Übermittlung von lebensmittelchemischen Untersuchungsergebnissen („nutrition facts")
– Marktforschung und -beobachtung
– Regelmäßige Kundenbesuche
– Sonstige administrative Tätigkeiten und Dienstleistungen.

Es ist nunmehr im **zweiten Schritt** der Funktionsanalyse zu klären, **wel-** **247** **che der typischen Funktionen** die amerikanische Vertriebsgesellschaft **ausübt** und ob der marktübliche Abschlag (Rohgewinnmarge) von 20% bzw. 0,30 €/kg der Funktionsausübung der amerikanischen Vertriebsfirma isoliert betrachtet aus Sicht der absoluten Höhe des Betrages gerecht wird. Im Vergleich mit dem Durchschnitt der amerikanischen Branche könnte die amerikanische Vertriebsfirma **mehr Aufgaben bzw. Funktionen oder auch weniger** ausüben, was zu einem höheren bzw. niedrigeren Abschlag (Rohgewinnmarge) im Rahmen der Wiederverkaufspreismethode führen würde. Dagegen spielt die Frage, ob die Vertriebsgesellschaft übernommene Funktionen **gut oder schlecht** ausübt, für die Festsetzung ihrer Rohgewinnmarge im zweiten Schritt **keine Rolle.** Dies ist Teil des dritten Schritts der Funktionsanalyse.

Nachdem festgestellt worden ist, welche Funktionen die US-Vertriebs- **248** gesellschaft ausübt, sind diesen anhand von Fremdvergleichspreisen absolute Funktionswerte (Funktionspreise) zuzuordnen.[179] Gerade für Transport, Im-

---

Wiederverkaufspreismethode oder der transaktionsbezogenen Nettomargenmethode unterscheidet. Vgl. auch oben Rn. 236.
[179] Vgl. auch oben bereits Rn. 242.

port, Lagerung, Verpacken, Inkasso oder Marktforschung sind im Allgemeinen relativ leicht geeignete Fremdvergleichspreise feststellbar.

249 Nach Festlegung des absoluten Funktionswerts der von der US-Vertriebsgesellschaft erbrachten Leistungen (und übernommenen Risiken) folgt im **dritten Schritt** der Funktionsanalyse die Ermittlung der **relativen Funktionswerte,** was eine **Wertschöpfungsanalyse** voraussetzt und darstellt.[180]

Gem. Tz. 2.1.3. bzw. Tz. 3.1.2.1. Nr. 3 der VGr ist nicht nur der Umfang der Funktionen der vergleichbaren Wettbewerber in die Analyse einzubeziehen, sondern auch die Funktionswahrnehmung bzw. Aufgabenteilung der beteiligten Unternehmen im Konzern. Es stellt sich daher die Frage: Verdient die amerikanische Vertriebsgesellschaft aus der Sicht aller beteiligten Konzernunternehmen und der von ihnen übernommenen Funktionen und Risiken auch aus relativer Sicht eine Rohgewinnmarge von 0,30 €/kg auf einen Erlös von 1,50 €/kg oder verdient sie sie nicht?

250 Auch wenn Elemente der Kostenaufschlagsmethode im Rahmen der Wiederverkaufspreismethode definitionsgemäß nicht zu beachten sind, können sie jedoch als Hilfsmaßstab herangezogen werden,[181] denn nach Tz. 2.4.2. der VGr können die Standardmethoden konkretisiert, vermischt oder durch andere Elemente ergänzt werden, um den Marktverhältnissen Rechnung zu tragen. Bezogen auf den Beispielfall sei der marktübliche Abschlag von 0,30 €/kg mit den Kosten der amerikanischen Vertriebsgesellschaft in Höhe von 0,25 €/kg verglichen. Werden vom marktüblichen Abschlag von 0,30 €/kg die Kosten der amerikanischen Vertriebsgesellschaft iHv 0,25 €/kg abgezogen, verbleibt ein theoretischer Gewinnanteil von 0,05 €/kg bei der Vertriebsgesellschaft, was einem Gewinnaufschlag von 20% auf ihre Kosten (20% von 0,25 € = 0,05 €) und der Reingewinnmarge nach der Wiederverkaufspreis- oder transaktionsbezogenen Nettomargenmethode entspricht. Demnach scheint die Kostenaufschlagsmethode auch aus US-Sicht diese Verrechnungspreisgestaltung grundsätzlich zu stützen.

Aus deutscher Sicht ist aber in Anlehnung an Tz. 2.1.3. der VGr nach wie vor noch zu prüfen, ob dem amerikanischen Vertriebsunternehmen 0,05 €/kg Gewinn von 0,45 €/kg Gesamtgewinn zugewiesen werden kann. Erwirtschaftet die amerikanische Vertriebsgesellschaft nur 0,05 €/kg bzw. 1/9 des Konzerngewinns am Produkt oder nicht?

251 Die amerikanischen Hotels und Gaststätten ziehen die Zwiebeln des betrachteten Unternehmens der Konkurrenz vor, weil sie der Auffassung sind, dass dieses Produkt ihre Bedürfnisse besser erfüllt. Der Endverbraucher ist also bereit, 0,45 €/kg Gewinn und 1,05 €/kg Kosten im Preis zu bezahlen. Der Gewinn von 0,45 €/kg wird demnach offensichtlich nur für das Produkt bezahlt, da der Kunde bewusst oder unbewusst annimmt, dass das Produkt einen zusätzlichen Wert in Höhe von 0,45 €/kg über die Kosten von 1,05 €/kg hinaus verspricht. Entscheidend ist daher in **Analogie zum Benchmarking** und im Rahmen einer multilateralen Funktionsanalyse bzw. **Wertschöpfungsanalyse** zu betrachten, **welcher Unternehmens-**

---

[180] Vgl. auch die vergleichbaren Überlegungen zur Contribution Analysis im Rahmen der Gewinnaufteilungsmethode; Tz. 2.120 OECD-RL 2010.
[181] Vgl. zu den analogen Überlegungen BFH 17.10.2001, BStBl. II 2004, 171.

teil des Konzerns **diesen zusätzlichen Wert** aus der Sicht des Kunden **erzeugt.**

– Sind die amerikanischen Hotels oder Gaststätten bereit, einen Gewinn von   252
  0,45 €/kg zu bezahlen, weil die speziellen ungarischen Zwiebeln einen besonderen Geschmack, eine besondere Farbe oder Qualität haben? Mit anderen Worten, einen Nutzen, den die ungarische Tochtergesellschaft erzeugt hat?

oder

– Hat die inländische Produktionsgesellschaft die Zwiebeln so gut gereinigt, gemischt, geschnitten, getrocknet oder qualitativ aussortiert, dass der amerikanische Kunde dies honoriert?

oder

– Haben die Vertriebsanstrengungen und begleitenden Serviceleistungen der amerikanischen Tochtergesellschaft einen solch hohen Wert, dass die amerikanischen Hotels und Gaststätten dies honorieren?

Der **Mehrwert aus Sicht des Kunden** wird in Analogie zu Bench-   253
marking, Target Costing (Zielkostenvorgabe) und Wertschöpfungsanalyse insb. **für das** beteiligte **Unternehmen** bezahlt, **das der Konkurrenz voraus ist.**

In Anlehnung an Tz. 2.1.3. der VGr sind daher die dort genannten einzelnen Funktionen (Herstellung, Montage, Forschung und Entwicklung, Administration, Absatz, Dienstleistungen[182]) der beteiligten Unternehmen zu analysieren und den Daten von vergleichbaren Konkurrenten gegenüberzustellen (Benchmarking). Ziel ist es festzustellen, in welchen Bereichen

– die amerikanische Vertriebsfirma der Konkurrenz voraus ist;
– die inländische Produktionsgesellschaft verarbeitenden Wettbewerbern überlegen ist;
– die ungarische Tochtergesellschaft besser ist als konkurrierende ungarische Anbaubetriebe.

Natürlich kann es auch der Fall sein, dass ein beteiligtes Konzernunternehmen schlechtere Leistungen erbringt als ein vergleichbarer Konkurrent. Dies wirkt sich entsprechend zu seinem Nachteil als Abschlag aus.

Je nach Funktion könnten die Unternehmen bestimmte **wertschöpfende**   254
Kriterien überprüfen, wie die Beispiele Produktion und Vertrieb zeigen:

Produktion:

– Erforderliche Zeit, um Produkte zu bearbeiten
– Fehlerzahl mit Ausschuss pro Zeiteinheit
– Output pro Zahl der Arbeitskräfte
– Grad der Automation
– Prozentsatz der Einhaltung von Terminen.

Vertrieb:

– Anzahl der betreuten Kunden
– Umsatz
– Deckungsbeitrag
– Anzahl der Kundenkontakte pro Mitarbeiter
– Bestellpositionen pro Kunde
– erforderliche Zeit, um Kundenaufträge zu bearbeiten

---

[182] Vgl. auch Tz. 1.43 OECD-RL 2010.

– Anzahl der Lieferengpässe
– Index der Kundenzufriedenheit.

255   In der Praxis ist es oft **schwierig, Benchmarking durchzuführen.** Hinreichend genaue Informationen über die Aufgabenverteilung und Aufgabenerfüllung der Konkurrenz werden nur selten vorhanden sein. In diesen Fällen kann **zumindestens** das **Zielkostenmanagement (target costing)** dem einzelnen Konzernunternehmen Hinweise bieten. Dh Konzernunternehmen, die ihre Ziele bzw. Zielkosten ständig nicht erreichen, werden offensichtlich weniger zum Erfolg des Unternehmens beitragen, während Konzernunternehmen, die ihre vorgegebenen Ziele idR erfüllen, werden entscheidend zum Erfolg beitragen. Das gilt jedoch nur, wenn die Ziele realistisch gesteckt werden.

256   Das Benchmarking oder das target costing können also helfen zu ermitteln, welche Unternehmenseinheit mehr oder weniger zum Erfolg beiträgt. Unter diesem und nur unter diesem Aspekt können auch die Gewinne der einzelnen Unternehmen aus **überdurchschnittlicher Aufgabenerfüllung Bedeutung** zB **für** die **Rohgewinnmarge** der Wiederverkaufspreismethode **oder** für den **Gewinnaufschlag** der Kostenaufschlagsmethode haben.

257   Im dargestellten Beispiel könnte sich durch Benchmarking bzw. target costing ergeben, dass die amerikanische Vertriebsfirma in ihrer Branche wettbewerbsfähiger ist als die inländische Produktionsgesellschaft und die ungarische Tochtergesellschaft in ihren Branchen. Dies kann im Beispiel dazu führen, dass man der amerikanischen Vertriebsgesellschaft einen Abschlag (Rohgewinnmarge) von 0,45 €/kg im Rahmen der Wiederverkaufsmethode belässt, dh neben ihren Kosten von 0,25 €/kg erhält die US-Vertriebsgesellschaft 0,20 €/kg als Gewinnaufschlag, während in der Branche nur 0,05 €/kg üblich sind.

Die Bruttomarge von 0,45 €/kg mag sich auch zB dadurch rechtfertigen lassen, dass die Konkurrenz auf Grund ihrer schlechteren Organisation höhere Kosten hat, zB 0,40 €/kg Vertriebskosten, und der Kostenvorteil, den die amerikanische Vertriebsgesellschaft erwirtschaftet hat, dieser bei der Verteilung des Gesamtgewinnes belassen wird. Damit wäre im dritten Schritt der Funktionsanalyse der relative Funktionswert (0,45 €/kg Funktionswert oder Rohgewinnmarge bzw. 0,20 €/kg Gewinn) und der sich daraus ergebende Verrechnungspreis als Einstandspreis der US-Vertriebsgesellschaft (1,05 €/kg) bestimmt.

(2) Deutsche Produktionsgesellschaft – ungarische Produktionstochtergesellschaft

258   Es sei zunächst unterstellt, dass nach dem klassischen Verrechnungspreissystem die weiterverarbeitende deutsche Produktionsgesellschaft die strategische Marktführung haben soll und das Marktrisiko trägt und die ungarische Tochtergesellschaft ihr Lohn- oder Auftragsfertiger sein soll. Im Weiteren wird unterstellt, dass die ungarische Tochter besser in ihrem Markt zu beurteilen ist als die inländische Weiterverarbeitungsgesellschaft in ihrem und dass die ungarische Gesellschaft in Übereinstimmung mit ungarischem Steuerrecht und im Einklang mit Tz. 2.4.1.a) der VGr als Verrechnungspreismethode die Kostenaufschlagsmethode gewählt hat.

Folglich würde der ungarischen Produktionsgesellschaft **im zweiten Schritt** der Funktionsanalyse, also der Ermittlung der absoluten Funktionswerte, im Rahmen der Kostenaufschlagsmethode ein Gewinnzuschlag von zB

0,15 €/kg zugewiesen, dh, für die inländische Produktionsgesellschaft verbliebe ein Gewinn von lediglich 0,10 €/kg.

Im Rahmen der Kostenaufschlagsmethode kann für den **dritten Schritt** 259 der Funktionsanalyse bei der Ermittlung der relativen Funktionswerte das Ergebnis zB wie folgt gerechtfertigt werden. Konkurrenten der ungarischen Tochtergesellschaften erzielen üblicherweise Gewinnaufschläge von 25 %, dh absolut 0,10 €/kg. Die amerikanischen Kunden schätzen jedoch den eigentümlichen, besonderen Geschmack der Zwiebeln, die die ungarische Tochtergesellschaft anbaut. Diese Geschmacksrichtung hebt sich entscheidend von anderen Anbaugebieten bzw. Anbietern in Ungarn ab. Zudem wurde im Rahmen des Benchmarkings bzw. des target costings ermittelt, dass die ungarische Anbaugesellschaft produktiver bzw. wettbewerbsfähiger als die Konkurrenz im eigenen Land ist. Diese Faktoren rechtfertigen unter Berücksichtigung der Aufgabenteilung im Konzern einen relativ höheren Gewinnaufschlag von 37,5 % bzw. 0,15 €/kg im Rahmen der Kostenaufschlagsmethode. Damit verbleibt ein Gewinnanteil von 0,10 €/kg bei der deutschen weiterverarbeitenden Gesellschaft.

Damit wäre im dritten Schritt der Funktionsanalyse der relative Funktionswert der ungarischen Produktionstochtergesellschaft (0,55 €/kg Funktionswert bzw. 0,15 €/kg Gewinn) bzw. ihr Verrechnungsabgabepreis (0,55 €/kg) und der relative Funktionswert der deutschen Weiterverarbeitungsgesellschaft (0,50 €/kg Funktionswert bzw. 0,10 €/kg Gewinn) und ihr Verrechnungsabgabepreis (1,05 €/kg) bestimmt.

Soweit der Zuschlag von 25 % oder 0,10 €/kg für die deutsche Weiterver- 260 arbeitungsgesellschaft unter Berücksichtigung ihrer relativ schlechteren Wettbewerbsstellung (Performance) in absoluter Höhe angemessen und im Verhältnis zu den anderen Unternehmen relativ angebracht erscheint, ist abschließend zu prüfen, ob die **Summe der relativen Funktionswerte** und der sich daraus ergebenden Einzelgewinne dem von der Unternehmensgruppe insgesamt aus dem Geschäft erzielten **Gesamtgewinn entspricht.** Dies ist hier der Fall.

Soweit es nicht der Fall wäre, müssten in einem **vierten Schritt** der Funk- 261 tionsanalyse die relativen Funktionswerte durch **proportionale Anpassung** so verändert werden, dass die Summe der sich ergebenden Gewinne dem Gesamtgewinn entspricht.

Ergebnis des Beispiels 262

(1) US-Vertriebsgesellschaft – deutsche Produktionsgesellschaft

Preis für die amerikanischen Kunden	1,50 €/kg
Kosten der amerikanischen Vertriebsgesellschaft	0,25 €/kg
Marktüblicher Abschlag: 20 % bzw. 0,30 €/kg	
=> Wettbewerbsvorteil bzw. Mehrwert aus Sicht des Kunden und die Aufgabenteilung im Konzern rechtfertigen einen Abschlag von 30 % (Ergebnis von Benchmarking, Wertschöpfungsanalyse und target costing)	
=> Besonderer Abschlag: 0,45 €/kg	
Gewinnanteil der amerikanischen Gesellschaft (statt 0,05 €/kg)	0,20 €/kg
Verrechnungspreis (resale minus) zwischen deutscher Produktionsgesellschaft und US-Vertriebsgesellschaft	1,05 €/kg

(2) Deutsche Produktionsgesellschaft – ungarische Produktionsgesellschaft

Kosten der ungarischen Produktionsgesellschaft   0,40 €/kg
Marktüblicher Gewinnaufschlag: 25 % bzw. 0,10 €/kg
=> Wettbewerbsvorteil bzw. Mehrwert aus Sicht des
Kunden und die Aufgabenverteilung im Konzern
rechtfertigen einen höheren Gewinnaufschlag
in Höhe von 37,5 %
Gewinnanteil der ungarischen Produktionsgesellschaft
(statt 0,10 €/kg)   0,15 €/kg
Verrechnungspreis (cost plus) zwischen ungarischer
Tochtergesellschaft und inländischer Produktionsgesellschaft   0,55 €/kg

(3) Situation der inländischen Produktionsgesellschaft

Verkaufspreis   1,05 €/kg
Einkaufspreis   0,55 €/kg
Rohgewinn   0,50 €/kg
Kosten der inländischen Produktionsgesellschaft   0,40 €/kg
Gewinn   0,10 €/kg

d) Gestaltungsmöglichkeiten eines klassischen Verrechnungspreissystems

263   In der klassischen Betrachtungsweise sind Gestaltungsmöglichkeiten durch die nahezu **dogmatisierte Strategieträgerschaft der Produktionsgesellschaft weitestgehend ausgeschlossen.**[183]

Aufgrund dieser methodischen Vorgabe werden die Verrechnungspreise zwischen Produktions- und Vertriebseinheiten auf der Grundlage der Wiederverkaufspreismethode oder, soweit anwendbar, der transaktionsbezogenen Nettomargenmethode ermittelt, damit auch nach dem Verrechnungspreissystem das Marktrisiko (Anlaufkosten, Markteinführungsverluste, etc.) wie auch die Marktchancen (Gewinne nach Abschluss der Markteinführung) stets bei der **Produktionsgesellschaft als dem Strategieträger** anfallen.

Produktionsgesellschaft = Strategieträger

Sicher gibt es nach wie vor eine erhebliche Anzahl von Anwendungsfällen für die klassische Gestaltung von Verrechnungspreissystemen, gerade im Investitionsgüterbereich, falls die Konzernstrukturen eine gewisse produktionstechnische Einfachheit aufweisen.

---

[183] Vgl. auch Tz. 3.4.1. und 3.4.3. sowie Tz. 3.1.3. Bsp. 1 VGr und oben Rn. 230 ff.

Die **Schwäche dieser klassischen Strukturgestaltung** liegt zum einen **264** in der Realität vieler heutiger Konzernstrukturen. Aufgrund hoch **integrierter Fertigungsprozesse** an verschiedenen Orten besteht **zunehmend keine Möglichkeit mehr,** *der* **(einen) Produktionsgesellschaft** *das* **Marktrisiko zuzurechnen.**[184] Alternativ könnte jeder der am Produktionsprozess beteiligten Produktionsgesellschaften ein anteiliges Marktrisiko zugerechnet werden. Dies erscheint bereits theoretisch angreifbar und dürfte in der Praxis zu unüberwindbaren Problemen führen. Als weitere Alternative könnte erwogen werden, **stets die letzte Produktionsgesellschaft im Produktionsprozess das Marktrisiko tragen zu lassen.** Dafür fehlt aber eine systematische Begründung, insb., wenn es sich bei dieser Gesellschaft um einen reinen Montierer (Screwdriver factory) handelt oder die Gesellschaft nur noch unbedeutende lohnfertigerartige Tätigkeitsschritte vornimmt (Anbringen von Aufdrucken in der jeweiligen Landessprache, Verpackung).[185]

Dies hat dazu geführt, dass dieses Konzept klassischer Verrechnungspreis- **265** systeme in seiner Reinform zunehmend in der Praxis nicht mehr angewandt werden kann. Hinzu kommt, dass auf Grund der Zersplitterung des Produktionsprozesses der Produktionsgesellschaft der Charakter als der historisch finanziell wie personell am stärksten ausgestatteten Gesellschaft innerhalb eines Konzerns verloren gegangen ist.[186]

Des Weiteren ist als Schwachpunkt der klassischen Verrechnungspreisstruk- **266** tur zu nennen, dass im heutigen Wirtschaftsleben häufig, besonders markant im Konsumgüterbereich und in der digitalen Wirtschaft, wie bei Unternehmenskäufen leicht zu beobachten ist, im Regelfall die Kundenlisten und andere **immaterielle Wirtschaftsgüter** (Markennamen und -rechte, Patente, Rezepturen, Know-how, Firmenwert) als die gewinntreibenden Elemente des Wertschöpfungsprozesses angesehen werden und nicht mehr die Fähigkeiten eines Unternehmens, die Produktion bestimmter Güter zu organisieren.[187]

Darüber hinaus finden sich in der Praxis Konstellationen, in denen das **267** Endprodukt erst bei den Vertriebseinheiten durch die Kombination verschiedener Elemente entsteht **(Systemanbieter)** oder Konzerne überhaupt **nicht produzierend** tätig sind (zB Warenhäuser, Dienstleister wie Banken und Versicherungen oder Unternehmen der digitalen Wirtschaft).[188]

3. Alternative Verrechnungspreissysteme

In den letzten Jahrzehnten hat die Bedeutung multinational tätiger Unter- **268** nehmen durch die **Globalisierung der Weltwirtschaft,** die sich verstärkende Integration der Volkswirtschaften, durch Unternehmenszusammenschlüsse und die Verbesserung der Kommunikationsmöglichkeiten dramatisch zugenommen. Dies hat tiefgreifende Bedeutung für die konzerninternen Leis-

---

[184] Vgl. *Borstell* in Grotherr, Internationale Steuerplanung, 2011, 525 und 534 f.
[185] Vgl. *Borstell* in Grotherr, Internationale Steuerplanung, 2011, 525 und 534 f.
[186] Vgl. *Borstell* in Grotherr, Internationale Steuerplanung, 2011, 525 und 534 f.
[187] Vgl. *Borstell* in Grotherr, Internationale Steuerplanung, 2011, 525 und 534 f. und Rn. 232 ff.
[188] Vgl. dazu ausführlicher Rn. 228 f.

tungsbeziehungen und folglich für die Gestaltung des angemessenen Verrechnungspreissystems:

– Global tätige Unternehmen gehen zunehmend dazu über, ihren **Vertrieb und** ihre **Logistik** für bestimmte Großregionen zu **zentralisieren.** Dadurch entstehen zusätzlich konzerninterne Lieferungsbeziehungen zwischen Zentralvertriebs- und Landesvertriebsgesellschaft, ggf. unter Einschaltung eines Logistikzentrums.[189]

– In den letzten Jahrzehnten haben sich mehrere **große Wirtschafts- und Zollunionen** gebildet (zB EU, NAFTA, Mercosur, ASEAN), die bei der Einfuhr von Gütern und Waren in das jeweilige Gemeinschaftsgebiet zT prohibitiv hohe Zölle und Einfuhrabgaben erheben. Im Regelfall werden fertige Produkte davon in weit höherem Maß betroffen als Vorprodukte oder Zulieferteile für eine im entsprechenden Wirtschaftsraum angesiedelte Fertigungsstätte („local content"). Dies hat dazu geführt, dass global operierende Unternehmen in den entsprechenden Wirtschaftsräumen eigene Produktionsgesellschaften errichtet haben und diese mit einzelnen Vorprodukten oder Sätzen von Fertigungsteilen versorgen.[190]

– Aufgrund der notwendigen Investitionskosten in **Großwerkzeuge und Produktionsanlagen** werden bestimmte Vorprodukte trotz der entstehenden Logistikkosten nur an einem Ort in der Welt produziert und dann als Komponenten an ausländische Konzernproduktionsgesellschaften geliefert, die die Weiterverarbeitung lokal vornehmen.[191]

– Im Bereich der **Forschung und Entwicklung** gehen Konzerne zunehmend dazu über, alle immateriellen Wirtschaftsgüter zwar bei einer Konzerngesellschaft eigentumsmäßig zu zentralisieren (oft bei der Konzernmuttergesellschaft), jedoch die Forschung und Entwicklung physisch an dem jeweils kostengünstigsten Standort (zB Softwareentwicklung in Indien) als Auftragsforschung bzw. -entwicklung zu betreiben.

– In den letzten Jahren haben Konzerne ihr Augenmerk verstärkt auf die Optimierung des **Einkaufs** gelenkt und diesen konzernweit (oder für bestimmte Bereiche) zentralisiert. Entsprechend wurden Einkaufsgesellschaften, häufig in steuerlich günstigen Standorten (zB der Schweiz) oder in der Nähe zu den relevanten Einkaufsmärkten (zB Hongkong für Bekleidung oder Elektronik) errichtet.

– Ebenso werden in Konzernen immer häufiger **zentrale Dienstleistungen** zur Erzielung von Rationalisierungsvorteilen in eigens dafür gegründete Dienstleistungsgesellschaften ausgegründet (Shared Service Centers).

269 Die Veränderungen der Fertigungs- und Vertriebsprozesse innerhalb global tätiger Unternehmen hat zu einem dramatischen Anstieg der konzerninternen Lieferungsbeziehungen bei Gütern und Waren geführt. Dieser Anstieg hat jedoch neben einer quantitativen auch eine qualitative Komponente, dh Lieferbeziehungen folgen nicht mehr unbedingt dem Muster klassischer Verrechnungspreissysteme. Vielmehr ist eine **Zuordnung der Strategieträgerschaft** nicht mehr per se auf das oder die Produktionsunternehmen möglich, sondern **bedarf einer umfassenden Analyse des Einzelfalls.** Im Einzel-

---

[189] Vgl. *Borstell* in Grotherr, Internationale Steuerplanung, 2011, 519.
[190] Vgl. *Borstell* in Grotherr, Internationale Steuerplanung, 2011, 519.
[191] Vgl. *Borstell* in Grotherr, Internationale Steuerplanung, 2011, 520.

fall kann dies zusätzlich auch noch durch die Veränderungen bei den Strukturen für Forschung und Entwicklung, Einkauf sowie Dienstleistungen beeinflusst werden. Diesem Umstand der Einzelfallanalyse tragen moderne alternative Verrechnungspreissysteme Rechnung.

a) Strategieträgerschaft

Die Gestaltung eines Verrechnungspreissystems beginnt mit der Frage, wel- **270** ches der Konzernunternehmen das Kernrisiko eines jeden Geschäftes, das Marktrisiko, übernimmt, **wer** also **im Konzern die Geschäftsstrategie verantwortet** und damit auch **die Marktrisiken und -chancen trägt.** Die Ausführungen zur Funktionsverteilung zwischen Produktions- und Vertriebsgesellschaften in den VGr 1983[192] sind noch geprägt von einem Vorrang klassischer Verrechnungspreissysteme[193] und führen daher zu einer offensichtlich starken Abweichung zwischen der Auffassung der deutschen FinVerw., wie sie jedenfalls in den VGr (noch?) dargestellt ist, und der neueren Auffassung der OECD unter Berücksichtigung des heutigen wirtschaftlichen Umfelds. Diese Auffassungen werden im Nachfolgenden exemplarisch anhand der Strategieträgerschaft erläutert.

Die Entscheidung, welches Konzernunternehmen die Strategieträgerschaft **271** übernimmt, ist ein wesentliches Element betriebswirtschaftlichen Handelns eines ordentlichen und gewissenhaften Geschäftsleiters in einem Konzern. Es gehört zu den wesentlichen Aufgaben des Geschäftsleiters im Rahmen seiner Ergebnisverantwortung, ein Verrechnungspreissystem, das der Funktionsverteilung im Konzern gerecht wird, zu planen und zu implementieren. Dazu gehört insb. die Entscheidung, welches Konzernunternehmen die Strategieträgerschaft und damit das Marktrisiko für ein bestimmtes Geschäftsfeld übernimmt.

Es besteht gerade in diesem Zusammenhang **kein Anlass,** den **Ermes-** **272** **sensspielraum des ordentlichen und gewissenhaften Geschäftsleiters** ohne Notwendigkeit **einzuschränken.**[194] Der Geschäftsleiter kann das Unternehmen nur dann erfolgreich führen, wenn er die Freiheit hat, das geschäftliche Handeln der Konzerngesellschaften nach betriebswirtschaftlichen Aspekten optimal zu gestalten.

Im Rahmen seines Grundverständnisses der Funktions- und Risikovertei- **273** lung muss dem Geschäftsleiter die betriebswirtschaftlich und **geschäftsmäßig begründete Wahlmöglichkeit** zustehen, auch andere als Produktionsgesellschaften – dies nach der Theorie des doppelten Geschäftsleiters[195] im Einvernehmen mit den ordentlichen und gewissenhaften Geschäftsleitern aller beteiligten Konzernunternehmen – zum verantwortlichen Träger der Geschäftsstrategie („Entrepreneur") zu bestimmen.[196]

Dafür kommen neben den Produktionsgesellschaften **insb. auch Ver-** **274** **triebsgesellschaften** in Frage. Diese können die Strategieträgerschaft zum einen durch ihre Größe oder überregionale Verantwortlichkeit faktisch über-

---

[192] Vgl. hierzu ausführlich Rn. 226, 230 ff. und 339.
[193] Vgl. oben Rn. 230 ff.
[194] Vgl. *Borstell* in Grotherr, Internationale Steuerplanung, 2011, 526.
[195] Vgl. Kap. C Rn. 81 ff.
[196] Vgl. *Borstell* in Grotherr, Internationale Steuerplanung, 2011, 526.

nehmen oder zum anderen durch ihren Einfluss auf das Endprodukt originär beanspruchen.[197] In zunehmendem Maße erwirbt ein Abnehmer in bestimmten Branchen ein Gesamtprodukt, das erst bei der Vertriebsgesellschaft zusammengeführt wird, zB Apparaturen, dazugehörige Reagenzien und Schulungsdienstleistungen für Mitarbeiter **(Systemgeschäft).** In einem solchen Fall steht den Vertriebsgesellschaften de facto die Strategieträgerschaft zu, da Waren und Güter lediglich Bestandteile des Endproduktes darstellen.

275   Die FinVerw. hat sich in den im Jahr 2005 veröffentlichten **VGr-Verfahren dieser Sichtweise** zumindest **geöffnet.** In Tz. 3.4.10.2 wird festgestellt, dass **die Zuordnung der Strategieträgerschaft** eine **Entscheidung des Einzelfalls** ist. Strategieträger kann dabei allgemein ein Unternehmen sein, das über die wesentlichen Wirtschaftsgüter, Funktionen und Risiken verfügt.[198]

Folgendes ist jedoch ergänzend anzuführen: Die Ernennung eines Konzernunternehmens zum verantwortlichen Träger der Geschäftsstrategie bedeutet nicht, dass dieses Unternehmen „nur" die Strategie im Konzern bezüglich Produktportfolio, Investition, Desinvestition und allgemeiner strategischer Ausrichtung des Konzerns bestimmt, sondern diese Auswahl besagt vielmehr, dass dieses Unternehmen dann auch grundsätzlich **das Marktrisiko trägt** und die anderen beteiligten Unternehmen entlang der Wertschöpfungskette entsprechend ihrer übernommenen Funktionen und Risiken adäquat entgolten werden. Somit **übernimmt der Strategieträger das Risiko, Verluste** unternehmerischer Entscheidungen wirtschaftlich **tragen zu müssen,** jedoch auch die Chance, Residualgewinne zu vereinnahmen.

276   Die **Trägerschaft der Geschäftsstrategie setzt** jedoch Folgendes **voraus:**

– Es muss sich im Einklang mit Tz. 1.62 OECD-RL 2010 um eine Konzerngesellschaft handeln, die von ihrer **funktionalen und finanziellen Ausstattung** her ein angemessenes Gewicht innerhalb des Konzerns hat, um verglichen mit einer Situation unter fremden Dritten Träger einer solchen Verantwortung sein zu können. Demnach dürften als **negative Abgrenzung funktionsschwache Handelsvertreter, Limited Risk Distributors oder Lohnfertiger** nicht als Träger zB einer Markteinführungsstrategie für neue Produkte in Frage kommen.[199] Auch in Tz. 3.4.10.2.b) der VGr-Verfahren wird darauf hingewiesen, dass der Strategieträger die wesentlichen Wirtschaftsgüter, Funktionen sowie Risiken vereinnahmt.

– Es muss sichergestellt werden, dass eine Gesellschaft, die verantwortlicher Träger einer Geschäftsstrategie ist und als solche die Anlauf- und Markteinführungskosten trägt, später **nach erfolgreicher Einführung auch Anspruch auf die entstehenden Gewinne** hat. Nicht akzeptabel ist, dass eine Gesellschaft zunächst die Kosten tragen soll, später aber nicht in den Genuss der sich aus ihren Anstrengungen ergebenden Gewinne kommt.[200] Dies ist allerdings nicht gleichbedeutend mit der Situation, dass trotz erkennbarer Anstrengungen der Gesellschaft, die Geschäftsstrategie zu einem

---

[197] Vgl. unten Rn. 311 ff.; auch: *Kroppen* in Becker/Kroppen, Internationale Verrechnungspreise, W 75 ff.
[198] Vgl. Rn. 221.
[199] Vgl. *Borstell* in Grotherr, Internationale Steuerplanung, 2011, 526.
[200] Vgl. *Borstell* in Grotherr, Internationale Steuerplanung, 2011, 526 f.

erfolgreichen Abschluss zu bringen, diese scheitert und unter Inkaufnahme der entstandenen Kosten abgebrochen werden muss.[201]

– Es ist, wie allgemein im Bereich der Geschäftsbeziehungen zwischen verbundenen Unternehmen, **im Vorhinein klar und eindeutig zu entscheiden und zu dokumentieren,** dass die Verantwortung für die Durchführung einer Geschäftsstrategie von dem bestimmten Unternehmen auf schuldrechtlicher Grundlage aufgrund einer geschäftlichen Entscheidung übernommen wurde, und nicht aufgrund gesellschaftsrechtlicher Zwänge im Rahmen des Konzernverbunds. Festlegungen zur Geschäftsstrategie sind insoweit ein wichtiger Bestandteil der Verrechnungspreisdokumentation.[202] Eine Abänderung einer solchen, einmal getroffenen Entscheidung steht unter dem Prüfungsvorbehalt, ob fremde Dritte eine solche Abänderung ebenfalls getätigt hätten.[203]

Unter den zuvor genannten Voraussetzungen erscheint es zwingend angebracht, dass jeder Unternehmensgruppe auf der Grundlage ihres Grundverständnisses der Funktions- und Risikoverteilung innerhalb des Konzerns die **freie Wahlmöglichkeit** zugestanden wird, zur Optimierung ihrer betriebswirtschaftlichen Ausrichtung **jede funktional geeignete Gesellschaft** zum Träger von Geschäftsstrategien mit der vollen Marktverantwortung („Entrepreneur") zu bestimmen.[204]   **277**

b) Rechtliche Grundstrukturierung der Einzelprozesse

Bevor nach der Festlegung der Strategieträgerschaft mit der eigentlichen Gestaltung des Verrechnungspreissystems begonnen werden kann, ist zunächst noch im zweiten Schritt seitens des Konzerns im Rahmen seiner unternehmerischen Freiheit zu entscheiden, in welcher rechtlichen Grundstruktur die einzelnen Schritte im Leistungserstellungsprozess durchgeführt werden sollen.   **278**

Im Folgenden sollen dabei als Vorstufe zur eigentlichen Gestaltung des Verrechnungspreissystems **mögliche Organisationsstrukturen** im Vertrieb, bei der Produktion, bei der Forschung und Entwicklung und im Dienstleistungsbereich einschließlich Finanzdienstleistungen beschrieben werden.

aa) Vertriebsstruktur

Als Alternativen für die Gestaltung der Vertriebswege innerhalb eines Konzerns stehen verschiedene rechtliche Organisationsformen zur Verfügung.   **279**

(1) Direktvertrieb durch die Produktionsgesellschaft

Wie bei der Analyse der klassischen Verrechnungspreissysteme erläutert, kann eine Produktionsgesellschaft sämtliche Funktionen entlang der Wertschöpfungskette übernehmen. Dies beinhaltet die direkte Belieferung der Endabnehmer außerhalb des Konzerns. Da hierbei keine Lieferbeziehungen zwischen verbundenen Unternehmen vorliegen, treten insoweit **keine Verrechnungspreise auf.**   **280**

---

[201] Vgl. Tz. 1.62 OECD-RL 2010.

[202] Vgl. auch § 4 Nr. 3a) GAufzV. Geschäftsvorfälle im Zusammenhang mit einer Änderung der Geschäftsstrategie stellen regelmäßig außergewöhnliche Geschäftsvorfälle dar und sind damit zeitnah zu dokumentieren (§ 3 Abs. 2 GAufzV).

[203] Vgl. *Borstell* in Grotherr, Internationale Steuerplanung, 2011, 527.

[204] Vgl. *Borstell* in Grotherr, Internationale Steuerplanung, 2011, 527.

(2) Vertrieb über eine Vertriebsbetriebstätte der Produktionsgesellschaft

281   Auf internationaler Ebene definiert Art. 7 Abs. 2 OECD-MA die Behandlung von Betriebstätten für Zwecke der Gewinnabgrenzung. Im Jahre **2010**
hat die OECD das MA sowie den dazugehörigen MK novelliert. Eine wesentliche Änderung bezieht sich hierbei auf den Umfang der Selbständigkeitsfiktion einer Betriebstätte. Während die OECD vor der Aktualisierung noch
einen eingeschränkten Umfang der Selbständigkeit einer Betriebstätte fingierte, hat sie sich mit der Aktualisierung für eine uneingeschränkte Selbständigkeitsfiktion (**functionally separate entity approach**) ausgesprochen.[205] Der
deutsche Gesetzgeber hat den novellierten OECD-Ansatz zum 1. Januar 2013
in nationales deutsches Recht umgesetzt (**§ 1 Abs. 4 und 5 AStG nF**).

Nach Art. 7 Abs. 2 OECD-MA ist der Betriebstätte der Gewinn zuzurechnen, den sie hätte erzielen können, wenn sie als selbstständiges Unternehmen eine gleiche oder ähnliche Tätigkeit unter gleichen oder ähnlichen
Bedingungen ausgeübt hätte.

282   Unter der **vor 2010** geltenden Vorstellung der OECD ist einer nur eingeschränkten Selbständigkeitsfiktion folgend bei der Aufwands- und Ertragszuordnung zu berücksichtigen, dass auf Grund der rechtlichen Einheit von
Stammhaus und Betriebstätte innerhalb des einen Unternehmens dem Prinzip
der nicht zur Gewinnrealisierung führenden **bloßen Ertrags- und Aufwandszuordnung ohne Gewinnaufschlag** nachdrücklich der Vorrang einzuräumen ist.[206] Demnach ist der Vertriebsbetriebstätte kein nach dem
Fremdvergleichsgrundsatz zu bemessendes Entgelt für ihre Vertriebstätigkeit
zuzurechnen, wie dies etwa bei der Provision des Handelsvertreters der Fall
ist. Vielmehr sind der Vertriebsbetriebstätte die Umsätze, die sie vermittelt
hat, sowie der diesen Umsätzen zuzurechnende Wareneinsatz und die weiteren Kosten aufwandsmäßig zuzuordnen.[207]

Wenn Güter und Waren im Stammhaus produziert werden, müssen sie vor
Veräußerung durch die Vertriebsbetriebstätte vom inländischen Stammhaus in
die ausländische Betriebstätte überführt werden. Aufgrund von § 4 Abs. 1
S. 3 EStG soll bei dieser **innerbetrieblichen Überführung** als Gewinn
(oder Verlust) der Unterschiedsbetrag zwischen dem **gemeinen Wert** des
Wirtschaftsgutes und dem Wert zu erfassen sein, den das Wirtschaftsgut im
Zeitpunkt seiner Überführung hatte. Insoweit soll nach dem Willen des Ge-
setzgebers eine **Gewinnrealisierung** mit steuerlicher Wirkung auch dann
bereits **im Zeitpunkt der Überführung** eintreten, wenn die Güter und
Waren durch die ausländische Vertriebsbetriebstätte erst später an fremde
Dritte außerhalb des Unternehmens veräußert werden.

Ab 2010 legt die OECD dagegen der Betriebstättengewinnabgrenzung eine
uneingeschränkte Selbständigkeitsfiktion der Betriebstätte zugrunde.[208]
Hiernach ist in einem ersten Schritt festzustellen, welche Vermögenswerte,
Funktionen, Chancen und Risiken der Betriebstätte zuzurechnen sind. Anschließend sind, angewandt auf den hier besprochenen Sachverhalt, auf dieser

---

[205] Vgl. dazu iE Kap. B Rn. 70 ff.
[206] Vgl. Rn. 68 ff.; Kommentar zum OECD-MA, Art. 7 Tz. 16–20; *Wassermeyer/
Andresen/Ditz* Betriebsstätten, 2006, S. 21 ff.
[207] Vgl. dazu ausführlich Rn. 68 f., 98 ff.
[208] Vgl. dazu iE Rn. 70 ff.

Basis die wirtschaftlichen Vorgänge zwischen der Produktionsgesellschaft und der Vertriebsbetriebstätte zu erfassen und fremdvergleichskonform abzurechnen (§ 1 Abs. 5 S. 3 und 4 AStG nF). Dazu werden zwischen Stammhaus und Betriebstätte **schuldrechtliche Vereinbarungen fingiert** („anzunehmende schuldrechtliche Beziehungen"; OECD-Terminologie: „dealings") und auf diese dann die **Verrechnungspreismethoden** wie zwischen rechtlich selbständigen Konzernunternehmen angewandt. Dies kann bspw. zur Folge haben, dass die Vertreterbetriebstätte als Handelsvertreter zu charakterisieren ist und der Betriebstätte deshalb für Zwecke der Gewinnabgrenzung eine fremdübliche Provision analog eines Handelsvertreters zuzurechnen wäre.

(3) *Vertriebsbetriebstätte eines anderen Konzernunternehmens*

Soweit ein Produktionsunternehmen seine Güter und Waren über eine **283** ausländische Betriebstätte eines anderen Konzernunternehmens vertreibt, finden die Grundsätze zur Gewinnabgrenzung von Vertriebsbetriebstätten keine Anwendung, sondern der **Fremdvergleichsmaßstab** zwischen rechtlich selbstständigen Unternehmen, da das inländische Produktionsunternehmen seine Produkte **über ein anderes rechtlich selbstständiges Unternehmen vertreibt.**

Nur innerhalb des anderen Konzernunternehmens ist wiederum die be- **284** triebstättentypische Ertrags- und Aufwandszuordnung nach dem Erwirtschaftungsprinzip vorzunehmen. Dies gestaltet sich jedoch in diesem Fall als vergleichsweise einfach, da bezüglich der hier betrachteten Geschäftsbeziehungen das Stammhaus nicht in die konzerninternen Lieferungsbeziehungen eingeschaltet ist und demnach alle durch den Vertrieb bewirkten Erträge und Aufwendungen unzweifelhaft der Vertriebsbetriebstätte zuzurechnen sind. Die Verrechnungspreispolitik für die konzerninternen Lieferungen richtet sich in diesem Fall also nicht nach den Grundsätzen der Betriebstättengewinnabgrenzung, sondern nach den Regeln für rechtlich eigenständige Vertriebsgesellschaften im Konzern. Daher bereitet auch der Übergang auf Art. 7 Abs. 2 OECD-MA 2010 keine Schwierigkeiten.[209]

(4) *Kommissionäre und Handelsvertreter*

Der Handelsvertreter vertreibt Güter und Waren im Namen und für **285** Rechnung des Prinzipals, der Kommissionär für Rechnung des Prinzipals, aber im eigenen Namen. Beide, Handelsvertreter wie Kommissionär, erhalten für ihre Vertriebstätigkeit vom Prinzipal eine **Provision.** Diese stellt für den Handelsvertreter oder Kommissionär die **am Erfolg orientierte Tätigkeitsvergütung** dar, die vom Umsatz und/oder vom erzielten Verkaufsgewinn abhängig ist. Aus ihr müssen Handelsvertreter oder Kommissionär die ihnen für ihr Geschäft entstehenden Aufwendungen decken.

Unter fremden Dritten bestimmen die Kräfte des Marktes, welche Höhe **286** die Provision hat. Soweit innerhalb eines Konzerns die Vertriebsaktivitäten über eigene Gesellschaften strukturiert werden, die als **Vertriebskommissionäre** auftreten, fehlt das Regulativ des freien Spiels der Kräfte im Markt für die Bestimmung der Provisionshöhe. Dem Grundsatz des Fremdvergleichs entsprechend ist daher idealtypisch die Provision des konzernabhängigen

---

[209] Vgl. zu dieser Problematik zuvor Rn. 281 f. und Kap. L Rn. 70 ff.

Kommissionärs durch Vergleich mit Provisionen, die nicht in einen Konzern eingebundene Kommissionäre unter vergleichbaren Umständen erzielen, zu ermitteln **(Fremdvergleich der Provisionen).** Um feststellen zu können, ob beide Kommissionäre, der konzernabhängige wie der konzernfremde, miteinander vergleichbar sind, ist zu untersuchen, ob beide die gleichen Funktionen ausüben und vergleichbare Risiken übernehmen. Insb. ist dabei zu beachten, ob der Kommissionär die Vertragsverhandlungen mit Kommittenten und Kunden führt, die gelieferte Ware überprüft, ein eigenes Büro mit entsprechenden Kosten unterhält und daneben ggf. noch Marketing und Werbung übernimmt, Inkasso betreibt und das Delkredererisiko abdeckt.[210]

287 In Deutschland stößt der Fremdvergleich mit Provisionen konzernfremder Kommissionäre **mangels öffentlich zugänglicher Informationen auf** im Regelfall **erhebliche Schwierigkeiten.** Daher wird in der Praxis häufig auf Provisionshöhen vergleichbarer ausländischer Kommissionäre zurückgegriffen oder hilfsweise zumindest die **Untergrenze für die Provisionshöhe** des Kommissionärs ermittelt.[211] Dies erfolgt, indem man zu einem angestrebten, branchenüblich bekannten oder durch Datenbankrecherchen ermittelten Reingewinnsatz die budgetierten Vollkosten des Kommissionärs hinzufügt und damit ermittelt, bei welcher Provisionshöhe er auf Budgetbasis den angestrebten Gewinn erzielen kann. Methodisch handelt es sich dann bei dieser am Reingewinn orientierten Vorgehensweise allerdings eher um die Anwendung der **transaktionsbezogenen Nettomargenmethode** bzw. um die Festlegung von Verrechnungspreisen **auf Basis von Planrechnungen.**[212]

288 Lange Zeit zögerten Konzerne, konzerneigene **Handelsvertreter** zu errichten, um die Annahme eines ständigen Vertreters und damit die Begründung einer Betriebsstätte im jeweiligen Vertriebsgebiet zu vermeiden. Es gab jedoch immer schon gute Gründe, warum trotzdem Handelsvertreterstrukturen gewählt wurden, aus operativen Gründen oder auch steuerlich, zB um die Anwendung des Außensteuergesetzes zu vermeiden. **Zunehmend** werden derzeit Handelsvertreterstrukturen **bewusst gewählt,** um die Anzahl der Konzernunternehmen zu vermindern (corporate simplification; legal entity reduction; single sales entity-Konzept; Europäische SE; etc.) oder auch, weil in bestimmten Ländern (zB Italien, Indien) nach nationalem Recht so schnell Vertreterbetriebsstätten begründet werden, dass man direkt in diese Strukturen wechselt. In diesen Fällen gelten dann die Ausführungen zur Vergütung von Kommissionären analog auch für Handelsvertreter im Konzern.

(5) *Eigenhändler*

289 Die nach wie vor in Konzernen **am häufigsten vorzufindende rechtliche Organisationsstruktur** für den Vertrieb der Produkte ist die als **Eigenhändler** auftretende Vertriebsgesellschaft, also eine rechtlich selbstständige Gesellschaft, die im eigenen Namen für eigene Rechnung die Produkte des Konzerns vertreibt. Angesichts der Veränderung unternehmerischer Funktionsverteilung im Zusammenhang mit Maßnahmen wie „Supply Chain Ma-

---

[210] Zum Fremdvergleichsmaßstab vgl. Kap. C Rn. 1 ff.

[211] Vgl. dazu unten auch das analoge Vorgehen bei Eigenhändlern, Rn. 292; *Borstell* in Grotherr, Internationale Steuerplanung, 2011, 530.

[212] Vgl. Rn. 4 ff. zur Methodenwahl bzw. Rn. 14 ff. zu Planrechnungen.

nagement" oder „Business Process Redesign" werden traditionelle Strukturen mit Voll-Vertriebsgesellschaften mit erheblichem Funktions- und Risikoprofil verstärkt durch Konzepte wie das des „Limited Risk Distributors" oder des Kommissionärs abgelöst.

Typischerweise erhalten Konzernvertriebsgesellschaften in ihrem Verkaufs-   **290** gebiet das **Exklusivvertriebsrecht.** In diesem Fall können im Regelfall im Grunde keine Fremdvergleichspreise für die von der Vertriebsgesellschaft verkauften Produkte vorliegen, da zumindest immer das Vergleichsmerkmal „gleicher Markt" nicht erfüllt sein kann; bzw. Fremdvergleichspreise können nur vorliegen, wenn das Unternehmen für verschiedene Märkte einheitliche Produkte zu einheitlichen Preisen an seine konzernfremden Abnehmer veräußert. Dies ist der Grund, warum im Regelfall weitgehende Einigkeit darüber besteht, dass ein Vertriebsunternehmen, das Ware ohne wesentliche Be- oder Verarbeitung weiter veräußert, in einem klassischen Verrechnungspreissystem seine Verrechnungspreise gegenüber der Produktionsgesellschaft auf der Grundlage der **Wiederverkaufspreismethode** bestimmt, soweit entsprechende Fremdvergleichsdaten vorliegen. Dazu wird vom Endabgabepreis des Vertriebsunternehmens an konzernfremde Abnehmer eine Rohgewinnmarge abgezogen, woraus sich durch Rückrechnung der konzerninterne Verrechnungspreis gegenüber der Produktionsgesellschaft ergibt. Alternativ kommt in der Praxis der Verrechnungspreisgestaltung häufig aber auch die **transaktionsbezogene Nettomargenmethode** zum Einsatz, da in vielen Fällen zwar Reingewinnkennzahlen von Vergleichsunternehmen verfügbar sind, zB die operating margin (in etwa vergleichbar dem Ergebnis der gewöhnlichen Geschäftstätigkeit), aber keine Rohgewinnmargen.

Die der Vertriebsgesellschaft zuzugestehende Rohgewinnmarge bestimmt   **291** sich nach den von ihr **ausgeübten Funktionen und übernommenen Risiken.** Hierzu zählen neben entsprechenden Personal- und administrativen Kosten das (im Rahmen der Budgetansätze für das laufende Jahr begrenzt bestehende) Absatz- oder Marktrisiko, der Transport, die Lagerung und die Auslieferung der Güter und Waren, das Umtausch-, Garantie-, Kulanz- und Produkthaftpflichtrisiko, das Forderungs- und Währungsrisiko bei Fremdwährungsfakturierung, die technische Dienstleistungsfunktion (zB Qualitätskontrolle) und die Kosten der Markterschließung, der Marktpflege und des Marketings.[213]

Auch für die Rohgewinnmarge scheitert in der deutschen Praxis der   **292** Fremdvergleich regelmäßig zumindest an der Forderung, dass eine Fremdvergleichsmarge im gleichen oder zumindest einem vergleichbaren Markt erzielt worden sein muss. Ähnlich wie bei einem Kommissionär oder Handelsvertreter verbleibt demnach, soweit die Wiederverkaufspreismethode weiter angewandt werden soll oder der Vergleich mit Rohgewinnmargen ausländischer, vergleichbarer Vertriebsgesellschaften nicht fremdvergleichskonform erscheint, nur die Möglichkeit, die **Untergrenze der Rohgewinnmarge** anhand der erwarteten Kosten der Vertriebsgesellschaft im Planungswege unter Ansatz eines angemessenen angestrebten Gewinniveaus zu ermitteln, das in der Regel auch durch Datenbankanalysen gestützt wird.[214] Weil Ausgangs-

---

[213] Vgl. Kap. D Rn. 152 ff.
[214] Vgl. auch zu der analogen Überlegung zu Kommissionären Rn. 287; *Borstell* in Grotherr, Internationale Steuerplanung, 2011, 530.

punkt und Maßstab des Fremdvergleichs dann nicht mehr der Roh- sondern der Reingewinn ist, handelt es sich methodisch jedoch eher um die Anwendung der **transaktionsbezogenen Nettomargenmethode** bzw. um die Festlegung von Verrechnungspreisen **auf Basis von Planrechnungen.**[215]

bb) Produktionsstruktur

293   Produktionsfunktionen innerhalb eines Konzerns können rechtlich grundsätzlich als vollwertige Produktionsgesellschaft, als Auftragsfertiger oder als Lohnfertiger bzw. Lohnveredler für eine andere Konzerngesellschaft organisiert werden:[216]

294   Übernimmt eine Produktionsgesellschaft innerhalb eines Konzerns weitgehend selbstständig einen zumindest erheblichen Anteil am Gesamtproduktionsprozess, so steht ihr eine entsprechend hohe Vergütung zu, die den von ihr übernommenen Funktionen und Risiken entspricht. Häufig wird sich eine solche Produktionsgesellschaft auch dafür eignen, als Träger der Geschäftsstrategie eines Konzerns das Marktrisiko und die Marktchancen bei sich zu vereinen und als Strategieträger den von ihren Kosten unabhängigen Residualgewinn, also die Gewinnteile, die nicht anderen Konzerneinheiten vorrangig zuzurechnen sind, auf sich zu vereinen (**vollwertige Produktionsgesellschaft** oder fully fledged manufacturer).

295   Dieses Ergebnis ist aber nicht zwingend. So kommt es immer wieder vor, dass **Vollproduzenten das Vermarktungsrisiko an Konzerngesellschaften abgeben,** von dieser für die gesamte Produktion Abnahmegarantien erhalten, aber nach wie vor die Forschung und Entwicklung hinsichtlich der Produkte und des Produktions-Knowhows betreiben. Es handelt sich dann um ein Konzernunternehmen, das alle Funktionen auf sich vereint, die für eine vollwertige Produktionsgesellschaft typisch sind, außer dem entscheidenden Kriterium, dem Markt- oder Absatzrisiko. Solche Gesellschaften werden auch als **Auftragsfertiger,** vereinzelt auch als risikobegrenzter Produzent bezeichnet, wobei die Bezeichnungen weder festgelegt noch einheitlich verwandt werden.

296   Wird die Produktionsfunktion innerhalb eines Konzerns jedoch so aufgespalten, dass eine produzierende Gesellschaft nur noch im Auftrag einer anderen Konzerngesellschaft **einen mehr oder weniger beschränkten Anteil an der Gesamtfertigung** übernimmt, so kann bei entsprechender Verlagerung der wichtigen Funktionen und Risiken auf den Herstellungsprinzipal und der Beschränkung der produzierenden Gesellschaft auf ihre eigentlichen produktionstechnischen Funktionen diese Gesellschaft als **Lohnfertiger bzw. Lohnveredler** (consignment bzw. toll manufacturer) qualifiziert werden, dem typischerweise nur ein (geringer) Gewinnaufschlag auf die ihm entstehenden Kosten zuzugestehen ist. Kennzeichnendes Merkmal ist **fehlendes Marktrisiko und eine langfristige Abnahmegarantie des Herstellungsprinzipals** verbunden mit einer geringen Fertigungstiefe, sodass Lohnfertiger und Lohnveredler, der OECD folgend, auch als Produktionsdienstleister charakterisiert werden können.[217] Beim Lohnfertiger bzw. Lohnveredler, je nach Einzelfall

---

[215] Vgl. Rn. 4 ff. zur Methodenwahl bzw. Rn. 14 ff. zu Planrechnungen.
[216] Vgl. dazu iE Rn. 173 ff.
[217] Vgl. Tz. 1.47 OECD-RL 2010 und Kap. N Rn. 443 ff.

auch als verlängerte Werkbank[218] bezeichnet, handelt es sich regelmäßig um eine funktionsschwache Fertigungsgesellschaft bzw. um ein Unternehmen mit Routinefunktionen gem. Tz. 3.4.10.2a) der VGr-Verfahren.

cc) Forschungs- und Entwicklungsstruktur, Dienstleistungsstruktur

Im Bereich der **Forschung und Entwicklung** kann nach der rechtlichen **297** Organisation der Tätigkeit durch den Konzern entschieden werden, ob eine Gesellschaft die vollwertige Forschungs- und Entwicklungsfunktion auf eigenes Risiko ausübt, als **Auftragsforscher/-entwickler** für eine andere Konzerngesellschaft tätig wird oder als **Forschungs- und Entwicklungspool** verschiedener Konzerngesellschaften strukturiert wird.[219]

Dagegen liegen bei **Dienstleistungsgesellschaften regelmäßig Hilfstä-** **298** **tigkeiten** für andere Konzerneinheiten vor, wenn Dienstleistungen nicht die Haupttätigkeit der Unternehmensgruppe darstellen. Die interne Dienstleistungsfunktion ist für die Verrechnungspreispolitik bei konzerninternen Lieferungsbeziehungen im Regelfall nicht von ausschlaggebender Bedeutung. Daher ist sie nur als notwendige Ergänzung, **nicht** aber als **strukturell prägende** Leistungsbeziehung in eine Konzernverrechnungspreispolitik aufzunehmen und in vielen Fällen nach der Kostenaufschlagsmethode zu entgelten.

c) Funktions- und Wertschöpfungsanalyse, Business Process Analysis

Nach der Klärung der Frage, welches Grundverständnis ein Konzern von **299** seiner internen Funktions- und Risikoverteilung hat, insb., welches Konzernunternehmen das Marktrisiko trägt und wie die Geschäftsprozesse rechtlich grundlegend organisiert sein sollen, muss in jedem Fall für die Gestaltung eines Verrechnungspreissystems für konzerninterne Lieferungsbeziehungen zunächst noch untersucht werden, **welche konkreten Einzelfunktionen jede** an dem Leistungserstellungsprozess beteiligte **Gesellschaft** für die Erfüllung ihrer Teilaufgabe **ausübt,** welche Risiken sie dabei übernimmt und welche Wirtschaftsgüter, insb. immateriellen Wirtschaftsgüter, sie für ihre Leistungserstellung einsetzt. Denn unabhängig von den angewandten Verrechnungspreismethoden oder der Art der Vergütung ist stets zu bestimmen, welcher Anteil an der Gesamtwertschöpfung dem einzelnen Unternehmen aufgrund der von ihm wahrgenommenen Funktionen, der von ihm getragenen Risiken und der von ihm eingesetzten immateriellen Wirtschaftsgüter zuzurechnen ist.[220]

Die wesentlichsten, im Rahmen der Funktionsanalyse **zu berücksichti-** **300** **genden Funktionen** lassen sich in eine der folgenden Kategorien einordnen:[221]

---

[218] Vgl. auch Rn. 179 ff.; Tz. 3.1.3. Beispiel 3 VGr.

[219] Zur Berücksichtigung von Forschungs- und Entwicklungsträgern im Rahmen der Wertschöpfungsanalyse vgl. *Kuckhoff/Schreiber* Verrechnungspreise, 1997, 19 ff., insb. 21.

[220] Zu Umfang und Durchführung einer Funktionsanalyse vgl. oben Rn. 137 ff.; *Kuckhoff/Schreiber* Verrechnungspreise, 1997, 22 ff.

[221] Vgl. auch oben ausführlich Rn. 137 ff.

– **Forschung:** In der Forschungsphase werden in einem Konzern finanzielle Mittel aufgewendet, um neue Produkte bzw. Produktideen zu entwickeln. Darunter können sowohl Innovationen in Form von neuen Produkten oder in Form von Weiterentwicklungen verstanden werden.

– **Entwicklung:** In der Entwicklungsphase werden die gewonnenen Innovationen bis zur Marktreife weiterentwickelt. Diese Phase ist von der Forschung zu trennen, da Innovationen nicht zwangsläufig Marktreife erlangen müssen, sei es aus unternehmens- oder gesellschaftspolitischen Gründen, wegen fehlender erwarteter Marktgängigkeit, oder weil die Entwicklung auf andere Konzerneinheiten oder fremde Dritte ausgelagert wird.

– **Einkauf:** Er umfasst den Einkauf von Rohstoffen und Vorprodukten in- und außerhalb des Konzerns.

– **Produktion:** In der Produktion bzw. in der Montage werden Produkte erstellt, die in der Wertschöpfungskette der Weiterverarbeitung dienen, im Vertriebsprozess an Endverbraucher geliefert werden oder dem Eigenverbrauch des Produzenten dienen.

– **Vertrieb/Verkauf:** In diese Kategorie lassen sich die weiteren Stufen der Wertschöpfungskette (Logistik und Vertrieb) einordnen. Damit werden die Funktionen beschrieben, die notwendig sind, um Güter und Waren den Abnehmern zukommen zu lassen.

– **Management und Dienstleistungen:** Neben den primären Funktionen innerhalb der Wertschöpfungskette werden in einem Konzern Management- und Dienstleistungsfunktionen ausgeführt, die die eigentliche Wertschöpfung optimieren und unterstützen.

301   **Aufgabe der Funktions- und Wertschöpfungsanalyse oder Business Process Analysis**[222] ist es,

– zum einen Daten über die Funktions-, Risiko- und Wirtschaftsgüterverteilung im Konzern zur **Vorbereitung und Unterstützung einer** funktions- und fremdvergleichskonformen **Methodenwahl** zu sammeln und

– zum anderen innerhalb einer gewählten Verrechnungspreismethode auf Grund der gesammelten Daten entscheidende Hinweise für die **Höhe eines angemessenen Verrechnungspreises** zu geben.

302   Im Gegensatz zur Funktions- und Wertschöpfungs- bzw. Business Process Analysis in einem klassischen Verrechnungspreissystem, bei der die zweitgenannte Aufgabe im Vordergrund steht, kommt der erstgenannten Aufgabe, der **Vorbereitung und Unterstützung einer** funktions- und fremdvergleichskonformen **Methodenwahl, bei der Erstellung eines alternativen Verrechnungspreissystems** große Bedeutung zu, da es eben keine dogmatisch vorgegebene Festlegung von Strategieträgerschaft beim Produktionsunternehmen und der sich daraus fast zwangsläufig ergebenden Wahl der Verrechnungspreismethoden gibt.

303   Hinsichtlich der zweitgenannten Aufgabe der Funktions- und Wertschöpfungs- bzw. Business Process Analysis, der entscheidenden Hilfestellung bei der Ermittlung der **Höhe eines angemessenen Verrechnungspreises,** bestimmt sich der Anteil, der einem beteiligten Konzernunternehmen am

---

[222] Zur Unterscheidung der verschiedenen Formen und Ansätze der Funktions- und Wertschöpfungs- bzw. Business Process Analysis vgl. oben Rn. 137 ff.

Gesamtgewinn aus einem Produkt zukommt, natürlich wieder aus den übernommenen Funktionen, Risiken und eingesetzten Wirtschaftsgütern, dh ein ordentlicher und gewissenhafter Geschäftsleiter erwartet eine funktionsadäquate Entlohnung. Darüber hinaus wird ebenfalls ein angemessener Beitrag für das eingesetzte Kapital erwartet. Der Umfang des eingesetzten Kapitals kann in Abhängigkeit von der Branche oder der rechtlichen Grundstrukturierung der Einzelprozesse unterschiedlich ausfallen. Der Umfang, in dem Kapital zur Ausführung des Geschäftsbetriebs notwendig ist, spiegelt sich in erster Linie in den materiellen und zunehmend in den immateriellen Wirtschaftsgütern wider.

Das **Ergebnis der Funktions- und Wertschöpfungs- bzw. Business**   **304**
Process Analysis inklusive der Analyse der Risiken und der eingesetzten Wirtschaftsgüter

– unterstützt als Datengrundlage die Entscheidung darüber, **welches Konzernunternehmen** für ein bestimmtes Produkt das **strategische Marktrisiko** als Strategieträger verantworten soll,

– unterstützt auf der Grundlage der Entscheidung über die Strategieträgerschaft als Datengrundlage die Entscheidung darüber, **welche Verrechnungspreismethode** für eine bestimmte Geschäftsbeziehung Anwendung finden soll und

– gibt entscheidende Hinweise darauf, **welcher Anteil der Gesamtwertschöpfung** aller am Wertschöpfungsprozess beteiligten Konzernunternehmen dem jeweiligen einzelnen Unternehmen zusteht, was dann im Rahmen der zuvor gewählten Verrechnungspreisstruktur und -methode seinen Niederschlag insb. in der Rohgewinnmarge im Rahmen der Wiederverkaufspreismethode, im Gewinnaufschlag im Rahmen der Kostenaufschlagsmethode oder in der Reingewinnmarge im Rahmen der transaktionsbezogenen Nettomargenmethode findet.[223]

d) Gestaltung des Verrechnungspreissystems

Das Verrechnungspreissystem für konzerninterne Lieferbeziehungen wird   **305**
in einem **dreistufigen Prozess** gestaltet, der auf dem Grundverständnis des Konzerns von seiner internen Funktions- und Risikoverteilung im Sinne von Strategieträgerschaft, der gewollten rechtlichen Organisationsstruktur der betriebenen Leistungserstellungsprozesse und der Funktions- und Wertschöpfungs- bzw. Business Process Analysis aufbaut. Die Gestaltung der Verrechnungspreispolitik unterteilt sich dabei in die drei Schritte:
1. Festlegung der Verrechnungspreisstruktur
2. Strukturadäquate Auswahl der Verrechnungspreismethoden
3. Gestaltung der Vergütung innerhalb der gewählten Verrechnungspreismethoden.

aa) Festlegung der Verrechnungspreisstruktur

Die Struktur des Verrechnungspreissystems, das innerhalb eines Konzerns   **306**
Anwendung findet, hängt maßgeblich von dem Organisationswillen des Konzerns innerhalb der vorgegebenen Rahmenbedingungen[224] für die Gestaltung

---

[223] Vgl. auch oben Rn. 139.
[224] Vgl. oben Rn. 39 ff.

eines Verrechnungspreissystems ab. Im Vordergrund bei der Gestaltung der Verrechnungspreisstruktur steht die **Zielsetzung,** die Verrechnungspreispolitik **aus betriebswirtschaftlicher Sicht** in Abhängigkeit vom betriebenen Geschäft **optimal** zu **gestalten,** um das operative Management und dessen Unternehmensziele durch Anreiz- und Sanktionsmechanismen im Rahmen der Abrechnung konzerninterner Lieferungs- und Leistungsströme zu unterstützen. Aus steuerrechtlicher Sicht ist Zielsetzung, dieses vorrangig aus betriebswirtschaftlicher Sicht angedachte Verrechnungspreissystem so zu gestalten, dass es **im Rahmen des rechtlich Zulässigen steuerlich optimiert wird.**[225]

307   Für die folgenden Überlegungen wird von folgender **Grundstruktur** von Produktion und Vertrieb im Konzern ausgegangen, bei der die zwischengeschaltete Regionalgesellschaft als die für einen größeren Wirtschaftsraum zuständige Gesellschaft neben Vertriebs- auch zB eigene Produktionsaufgaben wahrnehmen kann, was aber nicht Voraussetzung ist und hier nicht angenommen werden soll (Großhandelsgesellschaft):

Grundstruktur

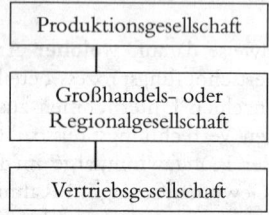

308   Für die Gestaltung der Verrechnungspreisstruktur steht den ordentlichen und gewissenhaften Geschäftsleitern in einem Konzern ein **Ermessensspielraum** insoweit zu, als die gewählte Gestaltung dem Geschäft des Unternehmens und seiner Marktsituation entspricht.[226] Die **zentrale Bedeutung** für die Festlegung der Verrechnungspreisstruktur kommt dabei der Entscheidung des Konzerns zu, welches Konzernunternehmen **Träger der Geschäftsstrategie und** damit **des Marktrisikos** sein soll.[227]

In der Praxis lassen sich im Konzern in mehr oder weniger abgeänderter Form die folgenden Grundstrukturen für konzerninterne Lieferungsbeziehungen erkennen, die allesamt gleichberechtigt auch steuerlich anzuerkennen sind.[228]

(1) Produktionsgesellschaft als Strategieträger

309   Wie im klassischen Verrechnungspreissystem kann die Analyse des Konzerngeschäfts sowie der Funktions-, Risiko- und Wirtschaftsgüterverteilung im Einzelfall nahe legen, dass die Produktionsgesellschaft der Träger der vom Konzern verfolgten Geschäftsstrategien und des sich daraus ergebenden Markt-

---

[225] Vgl. *Borstell* in Grotherr, Internationale Steuerplanung, 2011, 521.
[226] Vgl. auch Tz. 2.1.8. VGr; Rn. 271 ff., Kap. C Rn. 63 ff.
[227] Vgl. oben Rn. 221, 230 ff., 270 ff.
[228] Vgl. *Borstell* in Grotherr, Internationale Steuerplanung, 2011, 532 ff. und oben Rn. 226 ff.

risikos sein sollte. Zum Beispiel ist dies häufig in der Investitionsgüterindustrie der Fall. Dies geschieht dann aber auf Grund einer **begründeten Einzelfallentscheidung und nicht** auf Grund einer bestreitbaren **Strukturvorgabe.**

Produktionsgesellschaft = Strategieträger

Die Verrechnungspreise zwischen Produktions- und **Vertriebsgesellschaf-** **310** **ten** werden folglich auf der Grundlage der **Wiederverkaufspreismethode** ermittelt, damit auch nach dem Verrechnungspreissystem das Marktrisiko (Anlaufkosten, Markteinführungsverluste etc.) wie auch die Marktchancen (Gewinne nach Abschluss der Markteinführung) stets bei der Produktionsgesellschaft anfallen.[229] Alternativ kann die **transaktionsbezogene Nettomargenmethode** zur Anwendung kommen (§ 1 Abs. 3 S. 2 AStG), deren Anwendungsvoraussetzungen in der Praxis häufig erfüllt sind.

(2) *Vertriebsgesellschaft als Strategieträger*

Bei dieser Struktur übernimmt die Vertriebsgesellschaft das Marktrisiko **311** und die Verantwortung für Geschäftsstrategien des Konzerns. Die **Produktionsgesellschaft wird zum Lohn- oder Auftragsfertiger**[230] **der Vertriebsgesellschaft,** die auf Anforderung dieser Gesellschaft nach den Spezifikationen der Vertriebsgesellschaft die Produkte mit Abnahmegarantie fertigt. Eine solche Struktur ist insb. im Konsumgüterbereich, allen Einzelanfertigungen (Anlagenbau, Kleinstserienfertigung, Maßarbeit nach individuellen Kundenspezifikationen) und im Systemgeschäft[231] vorstellbar.

Folgerichtig werden die Verrechnungspreise zwischen **Produktionsge-** **312** **sellschaft** und Vertriebsgesellschaft auf Grundlage der **Kostenaufschlagsmethode** berechnet, damit auch nach dem Verrechnungspreissystem das Marktrisiko (Anlaufkosten, Markteinführungsverluste etc.) wie auch die Marktchancen (Gewinne nach Abschluss der Markteinführung) stets bei der Vertriebsgesellschaft anfallen, wobei der Gewinnaufschlag der produzierenden Gesellschaft sich nach den von ihr übernommenen Funktionen richtet. Alternativ kann die **transaktionsbezogene Nettomargenmethode** zur Anwendung kommen (§ 1 Abs. 3 S. 2 AStG), deren Anwendungsvoraussetzungen in der Praxis häufig erfüllt sind.

---

[229] Vgl. *Borstell* in Grotherr, Internationale Steuerplanung, 2011, 534. Ausführlich dazu und zur Kritik am klassischen Verrechnungspreissystem vgl. oben Rn. 230 ff., 263 ff.
[230] Vgl. zum Begriff des Lohn- bzw. Auftragsfertigers oben Rn. 178, 295 f.
[231] Vgl. oben Rn. 228, 267, 274.

Vertriebsgesellschaft = Strategieträger

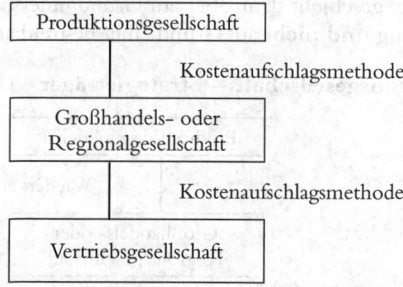

313 Diese Gestaltung der Verrechnungspreisstruktur ist **steuerlich anzuerkennen,** wenn sie den geschäftlichen Gegebenheiten und der Bedeutung der Vertriebsgesellschaft im Einzelfall entspricht, die Vertriebsgesellschaft funktional zur Übernahme des Absatzrisikos geeignet erscheint und sichergestellt ist, dass ihr bei Übernahme des Marktrisikos aus Geschäftsstrategien zu einem späteren Zeitpunkt auch die Marktchancen (Gewinne) zustehen.[232]

314 Gleiches gilt selbstverständlich auch für den Fall, dass zwischen das Produktionsunternehmen und die einzelnen Vertriebsgesellschaften in verschiedenen Ländern eine überregional zuständige **Großhandelsgesellschaft** (Regionalgesellschaft) geschaltet wird, die für den Vertrieb in einer ganzen Region zuständig ist. Sie erhält dann die Ware von der Produktionsgesellschaft auf der Grundlage der Kostenaufschlagsmethode und berechnet ihrerseits die Ware unter Beachtung ihrer eigenen (begrenzten) Wertschöpfung auf der Grundlage der Kostenaufschlagsmethode an die jeweilige Vertriebsgesellschaft weiter.

(3) Großhandels- oder Regionalgesellschaft als Strategieträger

315 Bei dieser Gestaltung der Verrechnungspreisstruktur ist zwischen die produzierende Gesellschaft und die Vertriebsgesellschaft eine weitere funktionsstarke Gesellschaft geschaltet, die überregional für den Vertrieb der Produkte in einer bestimmten Region zuständig ist (Großhandels- oder Regionalgesellschaft). Zu ihrer Großhandelsfunktion kann, muss aber nicht, eine Produktionsfunktion im Rahmen des Gesamtherstellungsprozesses oder eine Forschungs- und Entwicklungs- sowie Dienstleistungsfunktion hinzutreten. Derartige Organisationsstrukturen entsprechen häufig den Notwendigkeiten einer Optimierung der Produktions- und Logistikprozesse in einem Konzern bei örtlich diversifizierter Produktion und der Bedeutung, dem im heutigen Marktumfeld den wirtschaftspolitischen Unionen (EU, Asean, Mercosur, Nafta, etc.) und betriebswirtschaftlich dem Vertrieb, der Lieferbereitschaft und dem After Sales Service zukommt.

316 Als Ausfluss dieser Strukturentscheidung stellen die **Produktionsgesellschaften** die benötigten Güter und Waren oder Vorprodukte für die Regionalgesellschaft **als Lohn- oder Auftragsfertiger**[233] her. Als Verrechnungs-

---

[232] Vgl. *Borstell* in Grotherr, Internationale Steuerplanung, 2011, 535; dazu auch Rn. 270 ff.; aA offensichtlich: *Kuckhoff/Schreiber* Verrechnungspreise, 1997, 19 ff., insb. 21.

[233] Vgl. zum Begriff des Lohn- bzw. Auftragsfertigers oben Rn. 178, 295 f.

preismethode kommt die **Kostenaufschlagsmethode** zur Anwendung, wobei sich die Höhe des Gewinnaufschlages nach den von den Produktionsgesellschaften (noch) übernommenen Funktionen und Risiken richtet. Alternativ kann die **transaktionsbezogene Nettomargenmethode** zur Anwendung kommen (§ 1 Abs. 3 S. 2 AStG), deren Anwendungsvoraussetzungen in der Praxis häufig erfüllt sind.

Hinsichtlich der **Landesvertriebsgesellschaften,** die für die Regionalgesellschaft den Vertrieb in den einzelnen Ländern bestreiten, werden häufig Strukturen gewählt, bei denen die Landesvertriebsgesellschaften auch als Eigenhändler nur noch mit einer sehr begrenzten Anzahl von Funktionen und Risiken ausgestattet werden (**„Limited Risk Distributors"**). Alternativ kommen Kommissionärs- oder neuerdings auch wieder Handelsvertreterstrukturen zum Einsatz. Entsprechend der Gestaltung erhalten **Vertriebsgesellschaft** oder Kommissionär/Handelsvertreter eine ihren begrenzten Funktionen entsprechende relativ geringe Rohgewinnmarge im Rahmen der **Wiederverkaufspreismethode,** eine, wenn anwendbar, relativ begrenzte operating margin im Rahmen der **transaktionsbezogenen Nettomargenmethode** bzw. relativ gering bemessene Provisionen als Entgelt für ihre Tätigkeit als Kommissionär/Handelsvertreter. Durch diese Wahl der Verrechnungspreismethoden wird sichergestellt, dass auch nach dem Verrechnungspreissystem das Marktrisiko (Anlaufkosten, Markteinführungsverluste, etc.) wie auch die Marktchancen (Gewinne nach Abschluss der Markteinführung) stets bei der Regionalgesellschaft anfallen.[234]

Großhandels- oder Regionalgesellschaft = Strategieträger

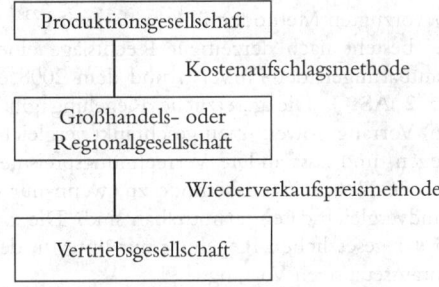

Soweit eine solche Regionalgesellschaft, ob als reiner Großhändler oder **317** mit weiteren Funktionen ausgestattet, **funktional, finanziell und personell in der Lage ist, das Marktrisiko** und die Verantwortung für Geschäftsstrategien innerhalb der Unternehmensgruppe **zu übernehmen,** besteht keine Veranlassung, diese Strukturentscheidung der ordentlichen und gewissenhaften Geschäftsleiter des Konzerns **steuerlich** nicht **anzuerkennen.** Voraussetzung ist selbstverständlich, dass der Regionalgesellschaft nicht nur die Marktrisiken, sondern auch die Marktchancen nach Erfolg der von ihr verantworteten Geschäftsstrategie zustehen.[235]

---

[234] Vgl. *Borstell* in Grotherr, Internationale Steuerplanung, 2011, 536.
[235] Vgl. *Borstell* in Grotherr, Internationale Steuerplanung, 2011, 536; dazu auch Rn. 276.

**bb) Strukturadäquate Auswahl der Verrechnungspreis-
methoden**

318   Nachdem zwischen den ordentlichen und gewissenhaften Geschäftsleitern
innerhalb eines Konzerns Einigkeit über die grundlegende Gestaltung der
konzerninternen Funktions- und Risikoverteilung, die daraus abgeleitete
Strategieträgerschaft bestimmter Konzerngesellschaften für bestimmte Produkte und die sich damit ergebende grundsätzliche Verrechnungspreisstruktur
erzielt wurde, sind die strukturadäquaten Verrechnungspreismethoden zu
bestimmen.

319   Nach dem allgemeinen Fremdvergleichsgrundsatz sollten die ordentlichen
und gewissenhaften Geschäftsführer innerhalb des Konzerns sich auf **Verrechnungspreismethoden** verständigen, die **auch von fremden Dritten**
in vergleichbaren Situationen angewandt würden. Dies schlägt sich auch in
den VGr nieder, deren Tz. 2.4.1. davon ausgeht, dass ein ordentlicher und
gewissenhafter Geschäftsleiter sich an der Methode orientieren würde, die
den Verhältnissen am nächsten kommt, unter denen sich auf wirtschaftlich
vergleichbaren Märkten Fremdpreise bilden.[236]

   Beispiele für eine strukturadäquate Auswahl von Verrechnungspreismethoden finden sich im vorhergehenden Kapitel für die dort beschriebenen Einzelstrukturen.[237]

   Obwohl also dem ordentlichen und gewissenhaften Geschäftsleiter ein erheblicher Ermessensspielraum zusteht, wie er die Verrechnungspreise mit seinen nahe stehenden Unternehmen gestaltet, muss er davon ausgehen, dass die
FinVerw. die von ihm gesetzten Verrechnungspreise auf der Grundlage der
von ihr bevorzugten Methoden überprüfen wird.[238]
   Hierbei besteht nach derzeitiger Rechtslage eine **Diskrepanz** zwischen
den Verlautbarungen der FinVerw. und dem 2008 eingeführten **§ 1 Abs. 3
S. 1 und 2 AStG.** Die gesetzliche Regelung gibt den Standardmethoden
(nur dann) Vorrang, soweit uneingeschränkt vergleichbare Fremdvergleichsdaten vorliegen, und lässt andere Verrechnungspreismethoden wie die transaktionsbezogene Nettomargenmethode zu, wenn nur eingeschränkt vergleichbare Fremdvergleichsdaten ermittelbar sind. Die Standardmethoden haben
also nach der gesetzlichen Regelung nur unter in der Praxis häufig nicht erfüllten Voraussetzungen Vorrang.

320   Nach den (allesamt vor 2008 ergangenen) **VGr und VGr-Verfahren** ist
dagegen die Anwendung der Standardmethoden immer vorrangig zu prüfen.
Nach den VGr ist für Vertriebsgesellschaften die Wiederverkaufspreismethode[239] anzuwenden und für Produktionsgesellschaften, die zB als Auftragsfertiger Vorprodukte an andere Konzernunternehmen liefern, die Kostenaufschlagsmethode.[240] Tz. 3.4.10.3 der VGr-Verfahren erlaubt zwar in
bestimmten Fällen die Anwendung gewinnorientierter Methoden wie der
Gewinnaufteilungsmethode (profit split) und der transaktionsbezogenen Net-

---

[236] Vgl. auch Tz. 3.4.10.1 VGr-Verfahren mit Verweis auf Tz. 2.4.1 VGr.
[237] Vgl. oben Rn. 305 ff.
[238] Vgl. *Borstell* in Grotherr, Internationale Steuerplanung, 2011, 536 f.
[239] Vgl. Tz. 3.1.3. Beispiel 1 VGr.
[240] Vgl. Tz. 3.1.3. Beispiel 3 VGr.

tomargenmethode, jedoch wollen auch die VGr-Verfahren noch immer vorrangig die Anwendung der Standardmethoden prüfen.[241]

Die von den VGr und der OECD-RL zu Recht systematisch bevorzugte **Preisvergleichsmethode**[242] spielt in der praktischen Anwendung bei konzerninternen Lieferungsbeziehungen selten eine Rolle, da die dafür benötigten externen Daten nur in Ausnahmefällen verfügbar sind.

Wie im nachfolgenden Abschnitt darzulegen sein wird, kommt aber insb. der **transaktionsbezogenen Nettomargenmethode** eine gewichtige und eher zunehmende praktische Bedeutung zu.

cc) Gestaltung der Vergütung innerhalb der gewählten Verrechnungspreismethoden

Nach der Entscheidung über die grundlegende Struktur des Verrechnungs- **321** preissystems und der dabei anzuwendenden Verrechnungspreismethoden ist auf der Grundlage der Funktionsanalyse die **konkrete Ermittlung der Gewinnelemente im Rahmen der ausgewählten Verrechnungspreismethoden** vorzunehmen. Dies sind bei Anwendbarkeit der traditionellen Verrechnungspreismethoden insb. die Rohgewinnmarge für die Wiederverkaufspreismethode und die Höhe des Gewinnaufschlags für die Kostenaufschlagsmethode, alternativ bei der transaktionsbezogenen Nettomargenmethode die Reingewinnmarge (operating margin). Rohgewinnmarge, Reingewinnmarge und Gewinnaufschlag sind umso höher, je mehr Funktionen und Risiken ein Konzernunternehmen übernommen hat und je mehr Wirtschaftsgüter, insb. immaterielle Wirtschaftsgüter, in seinem Besitz sind, die im Rahmen des Wertschöpfungsprozesses eingesetzt werden.

Zu beachten ist dabei, dass in der **Praxis der heutigen Verrechnungspreisfestsetzung**

– zum einen die **strenge Festlegung** darauf, **Verrechnungspreise** ausschließlich **im Vorhinein festzulegen** („price setting approach"), häufig **nicht mehr durchführbar** ist, vor allem, wenn Staaten an den Transaktionen beteiligt sind, zB die USA, bei denen Verrechnungspreise ex post angemessen korrigiert werden können oder sogar müssen („outcome testing approach"), und

– zum anderen durch die begrenzte Verfügbarkeit von Finanzdaten in Datenbanken die **transaktionsbezogene Nettomargenmethode zunehmend an Bedeutung gewinnt.**

(1) *Wiederverkaufspreismethode*

Im Rahmen der Wiederverkaufspreismethode wird die **Rohgewinnmar-** **322** **ge** vergleichbar der Provision eines Kommissionärs oder Handelsvertreters **im Regelfall als fester Prozentsatz des Abgabepreises** der Konzernvertriebsgesellschaft an den ersten konzernfremden Abnehmer bestimmt. Aus dieser Rohgewinnmarge sind die Vertriebs- und Verwaltungskosten der Vertriebsgesellschaft zu decken, danach verbleibt rechnerisch der als angemessen

---

[241] Vgl. Rn. 4 ff., insb. Rn. 8; zur früher ablehnenden Position des BMF vgl. BMF-Pressemitteilung vom 13. Juli 1995, IStR 1995, 384.

[242] Vgl. Kap. D Rn. 50 ff.; Tz. 2.3. OECD-RL 2010; *Baumhoff* in Flick/Wassermeyer/Baumhoff, § 1 AStG Anm. 387.

bestimmte Planungsgewinn (Reingewinn) der Vertriebsgesellschaft. Der Verrechnungspreis kann auf diese Weise als Wiederverkaufspreis der Vertriebsgesellschaft abzüglich des Rohgewinns ermittelt werden.

323　Übliche Praxis ist es, dass der so bestimmte angemessene Verrechnungspreis in der praktischen Anwendung innerhalb der Planungsperiode entweder **als Aufschlag auf eine konzerngebräuchliche Kostenbasis oder als Preisliste dargestellt** wird. Zu diesem Zweck werden für die Planungsperiode feststehende Aufschlagsätze des liefernden Konzernunternehmens errechnet, die, angewandt auf die Produktions- bzw. Anschaffungskosten des liefernden Konzernunternehmens, zum angemessenen Verrechnungspreis gemäß der Wiederverkaufspreismethode führen. Dies entspricht zudem im Regelfall der technischen Umsetzung in den Rechnungswesensystemen der Unternehmen.

324　Die Rohgewinnmarge wird bei systemstrenger Vorgehensweise **auf Grundlage der Budgets im Voraus** für den folgenden Vertriebszeitraum festgelegt, um der Forderung nach einer klaren und eindeutigen Vereinbarung der Geschäftsbedingungen zwischen der Produktions- und der Vertriebsgesellschaft im Vorhinein nachzukommen.[243] Soweit sich nach Festlegung der Rohgewinnmarge die Marktbedingungen substanziell verändern, ergeben sich möglicherweise Gewinn- oder Verlustniveaus der Vertriebsgesellschaft, die nicht mehr im Einklang mit dem als angemessen angenommenen Planungsgewinn stehen. Diese **Abweichungen** sind jedoch dann **steuerlich nicht zu beanstanden,** sondern vielmehr Ausdruck der Tatsache, dass auch eine Vertriebsgesellschaft für den Zeitraum der Planungsperiode üblicherweise ein gewisses Marktrisiko trägt. Entscheidend in diesem Zusammenhang ist die Dauer der angemessenen Planungsperiode und damit die Frage, in welchen zeitlichen Abständen die Verrechnungspreise neu geplant werden sollten, um längerfristige Verlustperioden zu vermeiden. In der Praxis **üblich** sind **einjährige Planungsperioden** ggü. Vertriebsgesellschaften. Insb. bei schwankendem Geschäftsverlauf ist jedoch eine Vereinbarung zwischen den Konzernunternehmen sinnvoll, dass eine **regelmäßige (zB vierteljährliche oder gar monatliche) Überprüfung** der Verrechnungspreise vorzunehmen ist. Dies vermindert im Übrigen praxisrelevant das Auseinanderfallen der Verrechnungspreisfestsetzung zwischen Staaten, die Verrechnungspreise ex ante festsetzen, wie zB Deutschland, und solchen, die Verrechnungspreise auch ex post anpassen können oder müssen, wie zB den USA. Im Ergebnis kann dies aber auch bedeuten, dass vierteljährlich (oder gar monatlich) die Verrechnungspreise für zukünftige Lieferungen anzupassen sind. Dies ist aber praktisch in größeren Unternehmen nicht möglich, was dafür spricht, **notwendige Korrekturen auch pauschal und im Nachhinein zuzulassen.**

325　Als weitere Lösungsmöglichkeit bleibt in einer systemstrengen Vorgehensweise eine **flexible Gestaltung der Rohgewinnmarge** bzw. der Provisionen bei Handelsvertretern oder Kommissionären. Zum Zwecke der steuerlichen Anerkennung solch flexibler Spannen muss diese Flexibilität jedoch dann im Vorhinein vertraglich festgelegt werden,[244] wirtschaftlich begründbar

---

[243] Vgl. Rn. 24 ff. und Kap. B Rn. 126 zum Zeitpunkt der Festlegung der Verrechnungspreise.
[244] Vgl. Kap. A Rn. 72 ff.

sein und der **Nachweis der Üblichkeit unter fremden Dritten** geführt
werden können. Als Alternativen kommen dann insb. in Betracht:

– **Umsatzabhängigkeit:** Die Rohgewinnmarge wird an die Umsatzent-   **326**
wicklung geknüpft. Zunächst wird die Wiederverkaufsspanne auf Grundlage der wahrscheinlichsten Annahmen laut Budget ermittelt. In einem
zweiten Schritt wird für den Fall, dass die Umsatzentwicklung deutlich von
der abweicht, die dem Budget zugrunde gelegt worden ist, eine abweichende Wiederverkaufsspanne festgelegt. Es wird festgesetzt, **bei welchen
Umsatzstufen sich die Marge um wie viel Prozent ändert.** Nach
Ablauf der Periode wird anhand der tatsächlichen Umsätze die endgültige
Spanne ermittelt und ggf. eine Ausgleichszahlung geleistet. Vorteile dieses
Systems sind, dass extreme Gewinne und Verluste verhindert werden können. Probleme ergeben sich daraus, dass eine derartige Flexibilisierung ein
qualitativ hochwertiges Budget verlangt (best practice) und wirtschaftlich
durch Fremdvergleichsnachweis begründbar sein muss. Dies dürfte bei einer einfachen Staffelung von Rohgewinnmargen oder Provisionen allerdings häufig gegeben sein, wobei je nach Geschäft neben progressiven auch
degressive Margen und Provisionen anerkannt werden sollten.[245]

– **Ergebnisabhängigkeit:** Bei der ergebnisabhängigen Margenbestimmung   **327**
wird zunächst auf der Basis von Budgets eine Bestimmung der Wiederverkaufsmarge vorgenommen, der die wahrscheinlichste Geschäftsentwicklung
zugrunde liegt. Zur Vermeidung von Verlustsituationen und extremen Gewinnen wird anschließend **anhand der Kostenaufschlagsmethode eine
Begrenzung des Ergebnisses** der Vertriebsgesellschaft **nach unten
(„floor")** und **nach oben („cap"), also ein „collar" vereinbart.** Der
Vorteil dieser Vorgehensweise ist, dass die Vertriebsgesellschaft aufgrund der
Kontrollrechnung anhand der Kostenaufschlagsmethode nicht in die Verlustzone abrutschen kann. Als Ausgleich für diesen Vorteil nimmt die Vertriebsgesellschaft eine Begrenzung ihres Gewinns nach oben in Kauf. Die FinVerw.
im Sitzstaat der Vertriebsgesellschaft sollte einem solchen Collar tendenziell
positiv gegenüberstehen, da Verluste generell vermieden werden[246] und die
Garantie eines niedrigen Gewinns der **Funktion der** traditionellen **Vertriebsgesellschaft als „Lohnvertreiber" entspricht.**[247] Im Ergebnis unterscheidet sich diese Praxis nicht wesentlich von der Anerkennung von
**Bandbreiten von Reingewinnmargen (operating margins) im
Rahmen der transaktionsbezogenen Nettomargenmethode** und der
Korrektur solcher Margen auf den nächsten Punkt der Bandbreite im
Nachhinein, wenn die Vertriebsgesellschaft ihr Gewinnziel tatsächlich verfehlt. Je schwächer die Funktionalität einer Vertriebsgesellschaft ausgeprägt
ist, desto angemessener ist es, für eine Vertriebsgesellschaft die Vereinbarung eines Collars als eine anzuerkennende angemessene Vorgehensweise
bei der Bestimmung der Verrechnungspreise anzusehen. Allerdings will die
deutsche FinVerw. gem. **Tz. 3.4.12.8 der VGr-Verfahren** ergebnisorientierte Preisanpassungen grundsätzlich **nicht anerkennen.** Diese Festlegung ist in ihrer Pauschalität jedoch als praxisfern abzulehnen.

---

[245] Vgl. *Borstell* in Grotherr, Internationale Steuerplanung, 2011, 538.
[246] Vgl. Kap. D Rn. 196 ff.
[247] Vgl. *Borstell* in Grotherr, Internationale Steuerplanung, 2011, 538.

(2) Kostenaufschlagsmethode

328 Im Rahmen der Kostenaufschlagsmethode ist insb. das **Verhältnis zwischen Kostenbasis und Höhe des Gewinnaufschlages** zu beachten. Soweit eine große Kostenbasis gewählt wird (zB Vollkosten), wird die Gesellschaft einen kleineren Gewinnzuschlag zugestanden bekommen als für den Fall, dass eine geringere Kostenbasis (zB Teilkosten) als Bemessungsgrundlage gewählt wird. Denn in diesem Fall müssen aus dem Gewinnaufschlag noch verschiedene Kostenbestandteile, zB Gemeinkosten, bestritten werden.

329 **Aus Managementsicht** ist bei Gestaltung der Verrechnungspreispolitik bei konzerninternen Lieferungsbeziehungen durchaus einer **Teilkostenbasis** mit erhöhtem Gewinnaufschlag **der Vorzug zu geben,** da diese Vorgehensweise die leistende Gesellschaft stärker als bei Vollkostenabrechnung dazu zwingt, die eigenen Kosten unter Kontrolle zu halten.[248] Jedoch ist zu beachten, dass die deutsche FinVerw. Kostenaufschlagsmethoden, die nicht der Vollkostenkalkulation entsprechen, tendenziell kritisch gegenübersteht, auch wenn sich dafür in der einschlägigen Tz. 2.2.4. der VGr kein expliziter Ansatzpunkt findet.[249]

(3) Bestimmung der Rohgewinnmarge bzw. des Gewinnaufschlags

330 Der Anteil einer beteiligten Konzerngesellschaft an der Gesamtwertschöpfung ergibt sich aus der Funktionsanalyse auf der Grundlage der zur Anwendung kommenden Verrechnungspreismethode. Wiederverkaufspreismethode und Kostenaufschlagsmethode beruhen beide auf einem Vergleich der Geschäftsvorfälle zwischen verbundenen Unternehmen mit zumindest eingeschränkt vergleichbaren Geschäftsvorfällen zwischen nicht verbundenen Unternehmen, um **eine angemessene Rohgewinnmarge bzw. einen angemessenen Kostenaufschlag zu ermitteln.**[250]

331 Die Sammlung von transaktionsbezogenen Fremdvergleichsdaten ist in der Praxis mit erheblichen Schwierigkeiten verbunden. Wenn überhaupt, kann häufig nur ein interner Fremdvergleich geführt werden, bei dem ein Konzernunternehmen vergleichbare Geschäftsvorfälle mit fremden Dritten tätigt. Angesichts dieser Schwierigkeiten findet in der Praxis die **Anwendung von Datenbankanalysen („Comparables Searches")** weitgehende Verbreitung. Auf Basis einer Datenbankanalyse werden Renditekennziffern (im Wesentlichen sind dies Rohgewinnmargen, Reingewinnmargen, Vollkostenaufschläge, Verzinsung des eingesetzten Kapitals) von Vergleichsunternehmen festgestellt, deren Jahresabschlüsse veröffentlicht wurden und in Datenbanken gesammelt werden. Auch die FinVerw. akzeptiert Datenbankanalysen mittlerweile unter eng umrissenen Voraussetzungen.[251]

332 Eine Herausforderung für die Ermittlung fremdvergleichskonformer Fremddaten stellt dar, dass mittels Datenbankanalysen in der Regel lediglich die **Finanzdaten für ein Gesamtunternehmen** analysiert werden können.

---

[248] Vgl. *Borstell* in Grotherr, Internationale Steuerplanung, 2011, 539.

[249] Vgl. dazu auch Kap. D Rn. 297 ff.

[250] Es handelt sich dabei um die absoluten Funktionswerte im Rahmen der Funktionsanalyse; vgl. oben Rn. 238, 242.

[251] Vgl. Tz. 3.4.12.4 der VGr-Verfahren sowie ausführlich zur Anwendung von Datenbankanalysen Kap. H Rn. 1 ff.

Aus diesem Grund ist mangels ausreichender Informationen der Zusammenhang zwischen den Unternehmensergebnissen und den zu vergleichenden Geschäftsvorfällen mit einiger Unsicherheit behaftet. Daher konzentrieren sich Datenbankanalysen auch darauf, Unternehmen zu identifizieren, die nur einen klar umrissenen Tätigkeitsbereich haben, zB die nur lohnfertigen.

Eine weitere Schwierigkeit besteht darin, dass die in Datenbanken veröffentlichten Finanzdaten in vielen Fällen nur (Rein-)Gewinnangaben (Ergebnis der gewöhnlichen Geschäftstätigkeit bzw. Nettomarge) umfassen, aber keine Angabe zu Rohgewinnen oder Kostenaufschlägen. Hier zeigt sich, dass die **Verwendung von Datenbankanalysen häufig** die **Anwendung der transaktionsbezogenen Nettomargenmethode impliziert,** die die Fin-Verw. aber nur akzeptiert, soweit ein **Unternehmen mit Routinefunktionen** Gegenstand des Fremdvergleichs ist.[252] Für **Hybridunternehmen** sollen Datenbankanalysen gem. Tz. 3.4.12.6b) der VGr-Verfahren allenfalls **unterstützend** im Rahmen von Planrechnungen zur Anwendung kommen.[253] Praktisch bedeutsam ist dieser Unterschied insb. deshalb, weil die FinVerw. verlangt, dass im Rahmen der Planrechnung ein mittlerer Wert (Median) der Bandbreite gemäß Datenbankanalyse gewählt wird, soweit nicht im Einzelfall besondere Umstände dargelegt werden können.

Beispiel: Die X-GmbH vertreibt von ihrer ausländischen Muttergesellschaft bezogene Produkte. Die Angemessenheit der Verrechnungspreise soll mit Hilfe einer Datenbankanalyse dargelegt werden, weil Fremdvergleichsdaten wie Preise oder Rohgewinnmargen aus Lieferungen zwischen fremden Dritten nicht zu beschaffen sind. Die Bandbreite der Umsatzrenditen von Vergleichsunternehmen beträgt 1–8 %. Die Interquartil-Bandbreite beträgt 2–6 %. Der Median sei 3,5 %.

Alternative a)

Die Funktions- und Risikoanalyse führt zur Schlussfolgerung, dass X- **333** GmbH als **Limited Risk Distributor** tätig ist und deshalb zutreffend als Unternehmen mit Routinefunktionen zu charakterisieren ist. Als Verrechnungspreismethode wird die **geschäftsvorfallbezogene Nettomargenmethode** gewählt, weil die Standardmethoden Preisvergleich und Wiederverkaufspreis wegen mangelnder Fremddaten nicht anwendbar sind. Eine Umsatzrendite in Höhe von 2 % als dem **unteren Wert der eingeschränkten Bandbreite** ist steuerlich nicht zu beanstanden.

Alternative b)

Die X-GmbH wird aufgrund übernommener Lagerrisiken und eigenver- **334** antwortlicher Preis- und Marketingstrategie zutreffend als **Hybridunternehmen** charakterisiert. Die Anwendung der geschäftsvorfallbezogenen Nettomargenmethode ist ausgeschlossen. Die Festlegung der Verrechnungspreise erfolgt nach der **Wiederverkaufspreismethode** auf Basis von Planrechnungen. Die FinVerw. wird für die X-GmbH die Festlegung einer Ziel-Umsatzrendite in Höhe von 6 % am **oberen Ende der Bandbreite** verlangen, wenn nicht besondere Umstände dargelegt werden können.

---

[252] Vgl. Tz. 3.4.10.3b) VGr-Verfahren sowie Rn. 8, 11.
[253] Vgl. Rn. 18.

335   Unabhängig von der Kritik, die an Datenbankanalysen geübt werden kann, stellt sich die Frage, **welche Alternativen bestehen.** Es geht darum, die bestmögliche Fremdvergleichbarkeit zu ermitteln, mit einer Betonung auf „mögliche". Die Alternative der FinVerw., die Schätzung, kann sich, soweit sie nach „best practice" durchgeführt wird, ebenfalls nur an den bestmöglich vorhandenen Fremdvergleichsdaten orientieren, eine Schätzung, die nicht einem solch qualitativ hochwertigen Vorgehen gerecht wird, ist als unangemessen abzulehnen.

336   Ein Datenbanken gestützter **„Comparables Search"**[254] bedarf der folgenden Schritte:[255]

– **Search Strategy:** Bei der search strategy wird der grundlegende Ablauf der Untersuchung festgelegt. Besonderes Augenmerk gilt dabei der Auswahl relevanter Industriezweige, geographischer Regionen bzw. solcher unternehmensspezifischer Tatbestände, die eine Suche nach vergleichbaren unabhängigen Unternehmen ermöglichen.

– **Datenbanksuche:** Eine erfolgreiche Suche nach vergleichbaren Unternehmen wird insb. von der Qualität der zur Verfügung stehenden Datenbanken abhängen. Zurzeit stehen in Deutschland vor allem die Datenbanken Amadeus und Daphne zur Verfügung.[256]

– Untersuchung der **Beschreibung der Geschäftsfelder:** Obwohl Datenbanken bereits mit Suchmasken ausgestattet sind, die eine Suche erleichtern, ist dennoch eine weitergehende Überprüfung der Ergebnisse wesentlich. Hierbei sind die in den Datenbanken vorhandenen Kurzbeschreibungen des jeweiligen Unternehmensgegenstandes daraufhin zu würdigen, ob eine ausreichende Übereinstimmung der Funktionen mit dem zu überprüfenden Unternehmen gegeben ist. Vielfach stehen auch andere Informationsquellen zur Verfügung, die zur Verifizierung herangezogen werden können. Dies gilt insb. für die Beteiligungsverhältnisse, um sicherzustellen, dass es sich bei dem potentiellen Vergleichsunternehmen wirklich um einen unabhängigen Dritten handelt.

– **Verifizierung mit anderen Quellen:** Die FinVerw. verlangt gem. Tz. 3.4.12.4 VGr-Verfahren, dass die Informationen aus Datenbankanalysen zusätzlich auf Basis weiterer Quellen geprüft werden. Ein reines so genanntes „Datenbankscreening" wird abgelehnt. Öffentlich zugängliche Informationsquellen, insb. das Internet, werden zu diesem Zweck eingesetzt. Auch können telefonische Anfragen bei den mittels Datenbanken ermittelten potentiellen Vergleichsunternehmen gestellt werden.

– **Auswertung der Finanzdaten:** Vergleichsunternehmen können nur dann ausgewählt werden, wenn die Datenbank ausreichende Finanzdaten für mehrere Jahre enthält. Die Datenbankanalyse führt in der Regel zur Auswahl mehrerer Vergleichsunternehmen, deren Renditekennziffern eine

---

[254] Zur Zulässigkeit und praktischen Anwendbarkeit von datenbankgestützten Comparables Searches vgl. FG Düsseldorf 8.12.1998, IStR 1999, 311, aufgehoben durch BFH 17.10.2001, IStR 2001, 745; zu FG Düsseldorf 8.12.1998: *Borstell/Prick* IStR 1999, 311; *Borstell/Prick* ITR April 1999, 9 ff.; *Schnorberger* IStR 1999, 523 ff.; Vögele ITR July/August 1999, 9 f.; *Kuckhoff* IStR 1999, 513 ff.

[255] Vgl. dazu iE Kap. H Rn. 1 ff.

[256] Zu einem Überblick über verfügbare Datenbanken vgl. Kap. H Rn. 20 ff.

Bandbreite bilden. Die notwendige Einengung der Bandbreite bei nur eingeschränkt vergleichbaren Renditekennziffern folgt in der Praxis dem Interquartilsverfahren.[257]

– Die Verwendung von Datenbankanalysen verlangt eine sorgfältige und nachvollziehbare **Dokumentation des Suchprozesses.** Hierzu enthalten die VGr-Verfahren detaillierte Hinweise.[258]

Die Bandbreiten sind als wichtiger Anhaltspunkt dahingehend zu werten,   **337**
ob die zwischen den Konzernunternehmen vereinbarte Marge bzw. ob der gewählte Aufschlag einem Fremdvergleich standhält. Allerdings ist mit der Ermittlung solcher absoluter Bandbreiten noch nicht die **relative Bedeutung und die Qualität der Funktionserfüllung** durch die entsprechende Konzerngesellschaft und die Bedeutung ihres Beitrags zur Gesamtwertschöpfungskette des Konzerns für das fragliche Produkt ausgedrückt und beurteilt. Dies erfolgt in einem weiteren Schritt im Rahmen der Wertschöpfungsanalyse (multilateralen Funktionsanalyse) oder auch der Business Process Analysis, die dann im relativen Funktionswert endet.[259]

IV. Markterschließung, Marktausweitung und Marktverteidigung

Die Erschließung neuer Märkte, die Ausweitung von Marktanteilen und   **338**
die Verteidigung von Märkten verlangen von den beteiligten Unternehmen den Einsatz von Geschäftsstrategien und preispolitischen Maßnahmen, unter denen **Preise** entstehen, die **aufgrund der Sondersituation nicht** mit Preisen **vergleichbar** sind, wie sie sich unter normalen Umständen auf dem entsprechenden Markt bilden würden.[260] Dies wird auch von den VGr erkannt, die ausdrücklich Preise, die „im Zusammenhang mit einer Markteinführung" entstanden sind, als nicht vergleichbar ansehen (Tz. 3.1.2.4. Nr. 2 der VGr).

Neben der Frage nach der Vergleichbarkeit von Preisen während einer   **339**
Markteinführung oder -verteidigung stellt sich jedoch insb. die **Frage, wer** unter unabhängigen Dritten **die Kosten** der mit Markteinführung, -ausweitung und -verteidigung verbundenen Geschäftsstrategien und Preispolitiken **zu tragen hat.** Diesem Themenbereich widmen die VGr einen eigenen Unterabschnitt „Kosten der Markterschließung" (Tz. 3.4.). Die Position der FinVerw. in den VGr aus dem Jahre 1983 ist dabei von dem Leitbild der Produktionsgesellschaft als Strategieträger geprägt, wie es für klassische Verrechnungspreissysteme typisch ist. Entsprechend wird grundsätzlich die **Kostentragung durch das Herstellunternehmen** gefordert. Diese dogmatische Festlegung ist **überholt.** Die Zuordnung der Strategieträgerschaft ist vielmehr stets nach den Verhältnissen des Einzelfalls zu entscheiden. Diesem Grundsatz

---

[257] Vgl. Tz. 2.4.12.5 VGr-Verfahren mit einem Zahlenbeispiel.
[258] Vgl. hierzu Tz. 3.4.12.4 VGr-Verfahren.
[259] Zum Begriff des relativen Funktionswertes und seiner Angleichung an das Gesamtgewinnniveau im Rahmen der Funktionsanalyse vgl. oben Rn. 238, 249 ff. sowie beispielhaft auch Rn. 333 f.
[260] Vgl. auch Rn. 79.

folgen bereits die im Jahr 2005 veröffentlichten VGr-Verfahren,[261] ohne jedoch die hier interessierenden Fragen der Kostentragung ausdrücklich anzusprechen. Die VGr aus dem Jahre 1983 bedürfen insoweit einer dringenden Überarbeitung.

340 Der Unterabschnitt zu den „Kosten der Markterschließung" ist im Abschnitt „Warenlieferungen und Dienstleistungen" (Tz. 3.) hinter den Unterabschnitten „Lieferung von Gütern und Waren" (Tz. 3.1.), „Gewerbliche Dienstleistungen" (Tz. 3.2.) und „Kosten der Werbung" (Tz. 3.3.) sowie vor dem Unterabschnitt „Anlaufkosten" (Tz. 3.5.) angeordnet.

Bereits die Stellung der Vorschrift deutet darauf hin, dass die Markterschließung und -verteidigung in keinem Fall nur güterwirtschaftliche Produktionsunternehmen betrifft, sondern in gleichem Maße auch Dienstleistungsunternehmen, zB Versicherungen, oder Unternehmen, die immaterielle Wirtschaftsgüter erstellen, zB Softwarehäuser. Insoweit ist die **Bezeichnung „Produkt"** in Tz. 3.4.1. der VGr **weit auszulegen.**

1. Markterschließung

a) Abgrenzungen

aa) Anlaufkosten

341 Unter **Anlaufkosten** (Tz. 3.5. der VGr) werden die Kosten verstanden, die entstehen, wenn eine Gesellschaft neu gegründet oder eine bestehende Gesellschaft erweitert oder wesentlich umorganisiert wird. Es handelt sich hierbei systematisch um die „betriebsintern" verursachten oder **„betriebsbezogenen" Reorganisations- und Beratungskosten,** sei es für den Aufbau eines Vertreternetzes, Sozialplankosten oder Aufwendungen für Unternehmensberater.

342 **Im Gegensatz dazu** stellen (erhöhte) Kosten für die Einführung neuer Produkte, zB aufgrund einer aggressiven Niedrigpreispolitik der Vertriebsgesellschaft, **„produktbezogene" Kosten der Markterschließung** dar. Derartige Kosten können, anders als Anlaufkosten, jederzeit bei Einführung eines neuen Produkts anfallen, sind also keinesfalls auf die Aufbauphase eines Vertriebsunternehmens beschränkt. Soweit aber produktbezogene Markterschließungskosten in der Anlaufphase eines Unternehmens auftreten, was häufig der Fall sein wird, sind sie getrennt von den Anlaufkosten zu beurteilen. Insoweit ist der Abgrenzung in Tz. 3.5. der VGr zu folgen, die für Kosten oder Erlösminderungen, die während der Anlaufphase durch die Einführung von Produkten entstehen, auf Tz. 3.4. „Kosten der Markterschließung" verweist (Tz. 3.5. S. 3 der VGr).

343 Die Anlaufkosten sind typische, wenn auch anlaufbedingt erhöhte Betriebsausgaben der **Vertriebsgesellschaft,** die diese **aus ihrer Rohgewinnmarge zu bestreiten** hat. Dabei spielt es keine Rolle, ob die Wiederverkaufspreismethode oder eine andere Verrechnungspreismethode der Ermittlung der Rohgewinnmarge des Vertriebsunternehmens zugrunde liegt. Auch bestehen keine grundsätzlichen Bedenken, der Auffassung der VGr zu

---

[261] Vgl. Tz. 3.4.10.2 VGr-Verfahren zur Unternehmenscharakterisierung sowie Rn. 270 ff.

folgen, dass Anlaufkosten grundsätzlich von der neu gegründeten, erweiterten oder umorganisierten Gesellschaft zu tragen sind (Tz. 3.5. S. 2 der VGr).

Allerdings wird in jedem Einzelfall zu untersuchen sein, ob nicht unter   **344** fremden Dritten sich die **Produktionsgesellschaft** an den Anlauf- oder Reorganisationskosten der Vertriebsgesellschaft **beteiligt hätte.** Dies wird vor allem immer dann der Fall sein, wenn die Veränderungen im Betrieb der Vertriebsgesellschaft auf Betreiben der Produktionsgesellschaft erfolgt sind (zB Aufbau einer zweiten Vertriebsgesellschaft für no-name-Produkte, Reorganisation der Vertriebswege mit Folge eines Sozialplans) und daher von dem Herstellerunternehmen mit allen Chancen und Risiken zu verantworten sind. In diesen Fällen würde der Übernahme der Anlaufkosten durch die Vertriebsgesellschaft gem. Tz. 3.5. S. 2 der VGr als zwingend gebotener Reflex die Erhöhung ihrer Rohgewinnmarge gegenüberstehen. Im Ergebnis würde die Produktionsgesellschaft die von ihr bei der Vertriebsgesellschaft verursachten Anlaufkosten zu Recht wieder tragen.

Diese Auffassung scheint auch von der Rechtsprechung eines Finanzge-   **345** richts geteilt zu werden. Das Urteil des **FG Hessen vom 17.10.1988**[262] fordert, dass ein Vertriebsunternehmen vom Hersteller eine Rohgewinnspanne zugebilligt bekommt, „die die üblichen anfallenden Kosten deckt und zumindest einen bescheidenen Gewinn ermöglicht". Da es sich im Urteilsfall um ein Vertriebsunternehmen im Aufbau handelte, kann aus dieser Rechtsprechung abgeleitet werden, dass einem Vertriebsunternehmen im Aufbau zur Abdeckung seiner üblichen erhöhten Anlaufkosten von der Produktionsgesellschaft eine erhöhte Rohgewinnmarge zugebilligt werden muss. Das Urteil des FG Hessen kann allerdings wegen seiner ungerechtfertigten, pauschalen Forderung, ein deutsches Vertriebsunternehmen müsse einen zumindest kleinen Gewinn machen, nicht verallgemeinert werden und ist abzulehnen.

bb) Kosten der Werbung

Sowohl die Markterschließung als auch die Ausweitung von Marktanteilen,   **346** die Marktverteidigung, aber auch die Neugründung oder Reorganisation von Unternehmen können mit Werbemaßnahmen verbunden werden. Die typischerweise aufgewendeten Kosten hängen stark vom Tätigkeitsbereich des Unternehmens ab und sind im Allgemeinen im Konsumgüterbereich am höchsten.

Während der **Einsatz von Werbung** für die Einführung neuer Produkte,   **347** für die Ausweitung von Marktanteilen oder deren Verteidigung zumindest im Konsumgüterbereich zum normalen marketingpolitischen Instrumentarium zählt, ist der Einsatz von Werbemaßnahmen im Zusammenhang mit Neugründungen oder Reorganisationen von Unternehmen seltener. Hier wird Werbung insb. dann eingesetzt, wenn ein Unternehmen aus übergeordneten Gründen seinen Namen ändern muss. Die von einem Unternehmen zu tragenden **Kosten der Werbung** stellen bei der Vertriebsgesellschaft systematisch produktbezogene Kosten der Markterschließung oder betriebsbezogene Anlaufkosten dar.

Die **VGr** enthalten in Tz. 3.3. eine eigenständige Vorschrift für „Kosten der   **348** Werbung". Sie regelt, wie anfallende Werbeaufwendungen zwischen den betei-

---

[262] FG Hessen 17.10.1988, EFG 1989, 200.

ligten Konzerngesellschaften angemessen aufzuteilen und formell richtig abzurechnen sind. Die VGr enthalten aber **keine Kollisionsregelung** für den Fall, dass Kosten der Werbung (Tz. 3.3. der VGr) bei dem Unternehmen, das sie wirtschaftlich trägt, systematisch **Markterschließungskosten** (Tz. 3.4. der VGr) oder **Anlaufkosten** (Tz. 3.5. der VGr) darstellen. Nach der hier vertretenen Auffassung stellen die Tz. 3.4. und 3.5. der VGr eine **lex specialis** gegenüber der allgemeineren Vorschrift der Tz. 3.3. der VGr dar. Dies ergibt sich zum einen daraus, dass Werbeaufwendungen über die gesamte Lebensdauer eines Produkts oder eines Unternehmens anfallen bzw. anfallen können, zum anderen aus der Stellung der Vorschriften im Abschnitt „Warenlieferungen und Dienstleistungen" (Tz. 3. der VGr), das von den allgemeinen Regeln beginnend (Tz. 3.1. und 3.2. der VGr) hin zu den speziellen Vorschriften (Tz. 3.3. bis Tz. 3.5. der VGr) aufgebaut ist. Tz. 3.3. der VGr „Kosten der Werbung" erfasst demnach die „laufenden" Kosten der Werbung, während **„einmalige" Kosten,** zB bei Einführung eines neuen Produkts, den Regeln der Tz. 3.4. bzw. 3.5. der VGr unterliegen. In vielen Fällen dürfte es allerdings im Ergebnis keinen materiellen Unterschied bereiten, nach welcher Vorschrift Werbekosten aufgeteilt werden, da auch bei Anlauf- und Markterschließungskosten geprüft werden muss, ob der Vertriebsgesellschaft, der die Werbeaufwendungen zugerechnet werden (zB nach Tz. 3.5. Satz 2 der VGr), nicht als Ausgleich eine höhere Rohgewinnmarge zuzugestehen ist.[263]

b) Aufteilung der Kosten

aa) Aufteilungsgrundsätze

349   Tz. 3.4.1. S. 1 der VGr stellt zunächst sicher zutreffend, aber nicht mehr als einen Allgemeinplatz darstellend, fest, dass für die Einführung von Produkten bei Herstellungs- und Vertriebsunternehmen während des Einführungszeitraumes häufig erhöhte Kosten oder Mindererlöse entstehen. Dies besagt noch nichts darüber aus, wer letztlich die Kosten der Markteinführung trägt.[264]

350   Als Aufteilungsgrundsatz für die Kosten der Markterschließung postuliert Tz. 3.4.1. S. 2 der VGr, dass unter Fremden die Markterschließungskosten idR **vom Vertriebsunternehmen nur insoweit getragen** werden, **als ihm** aus der Geschäftsbeziehung **ein angemessener Betriebsgewinn verbleibt.** Dieser Grundsatz ist inhaltlich bedenklich, mangelhaft formuliert und lässt wesentliche Fragen offen.

bb) Kostentragung

351   Mit der Behauptung, unter fremden Dritten würden Markterschließungskosten von Vertriebsunternehmen nur insoweit getragen, dass diesen ein angemessener Betriebsgewinn verbleibe (Tz. 3.4.1. S. 2 der VGr), weisen die VGr, ausgehend von einem klassischen Verrechnungspreissystem (vgl. oben Rn. 230 ff.), grundsätzlich dem Hersteller die Verpflichtung zur Übernahme der Markterschließungskosten zu.

352   Der Auffassung der VGr kann nicht gefolgt werden. Vielmehr liegt es im **Interesse von Hersteller und Vertreiber,** ein Produkt am Markt einzufüh-

---

[263] Vgl. Rn. 343 ff.; Tz. 1.47 OECD-RL 2010.
[264] Zum Begriff Produkt vgl. Rn. 340. Zu den erhöhten Kosten zählen u. a. einmalige Werbekampagnen (vgl. Rn. 346 ff.).

ren. Es ist in der Praxis sogar so, dass Vertriebsgesellschaften bereit sind, für besonders interessante Waren die Markteinführungskosten alleine zu übernehmen, auch wenn sie dadurch zunächst erhebliche, ggf. länger andauernde Verluste erleiden.

Ebenso geht die **OECD-RL 2010** offensichtlich davon aus, dass Markteinführungskosten zwischen Hersteller und Vertriebsgesellschaft aufgeteilt werden (Tz. 1.61 OECD-RL 2010: „... and the resulting cost borne by either of them"). Lediglich bei funktionsschwachen Handelsvertretern oder Agenten vertritt die OECD wohl die Auffassung, dass diese unter fremden Dritten nicht die Kosten einer Markteinführungsstrategie tragen würden.[265] In diesem Sinne wird auch in Tz. 3.4.10.2a) der VGr-Verfahren festgestellt, dass sog. „Low Risk Distributor" als Unternehmen mit Routinefunktionen „regelmäßig geringe, aber relativ stabile Gewinne" erzielen.   **353**

Nach der **Rechtsprechung des BFH** „würde ein ordentlicher und gewissenhafter Geschäftsleiter keine Vermögensminderung ... wegen des Aufwands der Markteinführung ... hinnehmen, wenn üblicherweise dieser Aufwand von Dritten – insb. vom Hersteller oder Lieferanten – getragen wird".[266] Damit stellt der BFH auf die **branchenübliche Kostenaufteilung** ab. Die Aussage des BFH lässt darauf schließen, dass er grundsätzlich das beiderseitige Interesse von Hersteller und Vertreiber an der Markteinführung eines neuen Produkts anerkennt. Der BFH steht damit den Auffassungen der OECD-RL[267] nahe und tendenziell im Widerspruch zu den VGr.   **354**

Wenn auch grundsätzlich dem Ansatz des BFH gefolgt werden kann, erscheint jedoch das **hohe Gewicht,** das **der Branchenüblichkeit** beigemessen wird, als **nicht gerechtfertigt.** Zum einen steht es im freien Ermessen der Geschäftsleiter, wie sie die Kostentragung bei Markteinführung eines Produkts verteilen, und zum anderen kann gerade das Abweichen von der Branchenüblichkeit der Schlüssel zum Erfolg sein.   **355**

cc) Gewinn als Maßstab

Der von Tz. 3.4.1. S. 2 der VGr verwandte **Begriff des „Betriebsgewinns"** ist dem Steuerrecht fremd und auch handelsrechtlich kein feststehender Terminus. Demnach ist die Vorschrift unbestimmt und vermag bereits von daher keine bindende Wirkung zu entfalten. Ein – wie auch immer definierter – Gewinn **als Maßstab** für die Angemessenheit von Verrechnungspreisen ist **dem deutschen Rechtsverständnis** grundsätzlich **fremd.** Die Angemessenheit von Verrechnungspreisen wird unter der Wiederverkaufspreismethode vielmehr danach beurteilt, ob die zwischen verbundenen Unternehmen angesetzten Preise dem Verhalten fremder Dritter entsprechen. Abgestellt wird also auf vergleichbare Preise und vergleichbare Rohgewinnmargen aus dem einzelnen Geschäft. Aus diesen ergibt sich erst nach Abzug der Betriebsausgaben der Gewinn der Gesellschaft aus dem jeweiligen Geschäft.   **356**

Der **Gewinn** einer Gesellschaft **aus dem einzelnen Geschäft** hängt kalkulatorisch von zahlreichen Faktoren ab, die keinen Bezug zur Angemessen-   **357**

---

[265] Vgl. Tz. 1.61 OECD-RL 2010; dazu auch ausführlich oben Rn. 230 ff., 276 und B Rn. 67.
[266] BFH 17.2.1993, BStBl. II 1993, 457.
[267] Vgl. zuvor Rn. 353.

heit der Verrechnungspreise haben, sei es der Verschuldungsgrad (Zinsaufwand), die Abschreibungspolitik (Abschreibungsaufwand) oder allgemein das Auftreten der Gesellschaft (Repräsentationsaufwand einschließlich Ort der Geschäftsräume, Lohn- und Gehaltsniveau, Sponsoring). Demnach kann ein – wie auch immer definierter – Gewinn nur Maßstab der Angemessenheit von Verrechnungspreisen sein, wenn sichergestellt werden kann, dass Konzern- und Vergleichsunternehmen vergleichbare Betriebsausgabenstrukturen haben, so wie das bei der transaktionsbezogenen Nettomargenmethode (TNMM) geschieht.

358   **Keinesfalls** darf aber der **Gewinn eines Unternehmens als Ganzes als Maßstab** für die Angemessenheit der (jeder) einzelnen Transaktion gelten.[268] Diesem Gewinn fehlt in noch höherem Maß als dem „Transaktionsgewinn" ein Bezug zur Angemessenheit des einzelnen Geschäfts. Vielmehr stellt der Unternehmensgewinn einen Saldo aus einer Vielzahl von Transaktionen und transaktionsunabhängigen Kosten dar. Der in Tz. 3.4.1. S. 2 der VGr verwendete Begriff „Betriebsgewinn" könnte aber gerade eine derartige gesamtunternehmensbezogene Gewinnsicht nahe legen.[269]

dd) Gewinnerwartung

359   Verrechnungspreise sind nach der deutschen steuerrechtlichen Systematik aus der Sicht des ordentlichen und gewissenhaften Geschäftsleiters im Zeitpunkt des Vertragsabschlusses zu beurteilen (Tz. 3.1.2.1. S. 3 der VGr),[270] also zeitlich vor Ausführung des Geschäfts. Folgerichtig kann es sich bei dem in Tz. 3.4.1. S. 2 der VGr angesprochenen **Betriebsgewinn** nur um eine Schätzung des **erwarteten zukünftigen Gewinns** handeln, nicht um den späteren tatsächlichen Erfolg. Maßgebend ist folgerichtig dann aber auch nur die Gewinnerzielungsabsicht, der Wille und die **Gewinnerwartung (ex ante)** und keinesfalls die spätere Gewinnrealisierung (ex post-Sicht). Dies wird auch ausdrücklich von der Rechtsprechung des BFH bestätigt.[271]

360   Die Gewinnerwartung des ordentlichen und gewissenhaften Geschäftsleiters ist nach der Rechtsprechung betriebswirtschaftlich durch **vorsichtige und vorherige kaufmännische Prognose** einschließlich vorab erstellter Absatzplanung, Werbestrategie und Gewinnplanung für den erwarteten Absatzzeitraum zu belegen.[272] Wenn der Forderung nach vorheriger Prognose auch im Grundsatz zuzustimmen ist, erscheint jedoch der Umfang der erwarteten Planung weder mit der betrieblichen Praxis noch dem Verhalten fremder Dritter übereinzustimmen und muss als überzogen abgelehnt werden.

ee) Ausgleich der Verluste

361   Tz. 3.4.1. S. 2 der VGr enthält keine zeitliche Dimension. Aus dem Zusammenhang mit Tz. 3.4.2. der VGr lässt sich allerdings schließen, dass Tz. 3.4.1. S. 2 der VGr den **„Betriebsgewinn"** nicht als gesamtunterneh-

---

[268] Vgl. auch Tz. 2.78 f. OECD-RL 2010; zT aA Sec. 1.482-5 US Regs (Comparable Profits Method).

[269] Vgl. aber unter Rn. 361.

[270] Vgl. auch Rn. 24 ff.

[271] BFH 17.2.1993, BStBl. II 1993, 457.

[272] BFH 17.2.1993, BStBl. II 1993, 457.

mensbezogenen Jahresgewinn, sondern als **produktbezogenen Totalperiodengewinn** versteht, also den Gewinn, den das Vertriebsunternehmen, berechnet über die gesamte Lebenszeit des jeweils betrachteten Produkts, aus diesem erzielen kann.

Dies bedeutet zugleich, dass das **Entstehen von Verlusten** in einzelnen **362** Jahren, zB bei Einführung eines Produktes, **keine Bedeutung** für die Angemessenheit der Verrechnungspreise hat, solange über die Totalperiode mit einem Gewinn aus dem Vertrieb des Produkts gerechnet wird. Die offensichtlich abweichende Auffassung des **FG Hessen,** ein Vertriebsunternehmen müsse jedes Jahr Gewinn erzielen, ist **unsinnig.**[273] Ebenso besteht kein Beweis des ersten Anscheins, dass Verluste auf eine fehlerhafte Festsetzung von Verrechnungspreisen schließen lassen.[274]

Die VGr enthalten keine Vorschrift darüber, wie viele Verlustjahre sie als **363** Folge einer Markteinführung für angemessen halten und innerhalb welchen Zeitraums ein Ausgleich der Verluste durch Gewinne erfolgen soll.[275] Diese Zurückhaltung ist zu begrüßen. Aus Sicht der Betriebswirtschaftslehre gibt es **keinen allgemein abgrenzbaren Zeitraum** (vgl. auch Tz. 1.63 und 1.72 OECD-RL 2010), über den ein ordentlicher und gewissenhafter Geschäftsleiter Verluste bei Einführung eines neuen Produkts in Kauf nehmen würde. Gleiches gilt für den Zeitraum, in dem die Verluste ausgeglichen werden sollten. Zeitliche Grenzen werden systematisch nur durch den vom jeweiligen Unternehmen erwarteten Lebenszeitraum des Produkts gesetzt (Lebenszyklus), der dem Planungszeitraum und der Totalperiode entspricht, in dem das Produkt im Regelfall einen Totalperiodengewinn erzielen sollte.

Dessen ungeachtet kann es in Ausnahmefällen durchaus dem Verhalten **364** fremder Dritter und der betrieblichen Realität entsprechen, dass auch Produkte, die **dauerhaft defizitär** sein werden, aus übergeordneten strategischen Gründen (weiter) vertrieben werden. Dies gilt insb. bei sog. **Komplementärprodukten,** bei denen das Bestehen einer ganzen Produktlinie gefährdet ist, falls ein – eigentlich selbstständig unwirtschaftliches, weil defizitäres – Produkt nicht auch angeboten wird.

Eine Festlegung oder auch nur Typisierung von einem allgemein anzuerkennenden Verlust- und Verlustkompensationszeitraum ist betriebswirtschaftlich unhaltbar und findet auch keine rechtliche Grundlage. Demnach hat **365** auch die vom **BFH** als regelmäßig angemessen angesehene **Verlustphase** der Markteinführungszeit **von höchstens drei Jahren**[276] weder eine systematische Begründung noch eine rechtliche Basis und ist als fremdvergleichswidrig abzulehnen.[277] Ebenso steht diese Rspr. nicht im Einklang mit früheren Entscheidungen des Gerichtshofs, die Verlustzeiträume bis zu 14 Jahren aner-

---

[273] Vgl. FG Hessen 17.10.1988, EFG 1989, 200.

[274] Vgl. BFH 12.3.1980, BStBl. II 1980, 531; auch: Tz. 1.70 und 1.71 OECD-RL 2010; *Flick/Wassermeyer/Wingert/Kempermann* DBA-Schweiz, Art. 9 Tz. 250; *Kempermann* FR 1990, 442; *Schreiber* IStR 1994, 315.

[275] Gem. § 5 Nr. 5 GAufzV sind besondere Aufzeichnungen im Falle von mehr als drei aufeinanderfolgenden Verlustjahren zu erstellen.

[276] BFH 17.2.1993, BStBl. II 1993, 457, differenzierter: BFH 17.10.2001, IStR 2001, 745, 750.

[277] Vgl. auch *Sieker* BB 1993, 2424; dazu auch: *Baranowski* Besteuerung, Rn. 709 f.; aA *Schreiber* IStR 1994, 315.

kannt haben,[278] oder der Auffassung der OECD, die zu Recht nur darauf abstellt, dass die Verluste lediglich für eine begrenzte Zeit auftreten („for a limited period only"; Tz. 1.72 OECD-RL 2010).

366 Ebenso erscheint die Forderung des BFH, die **Verluste** müssten **„innerhalb eines überschaubaren Kalkulationszeitraums" ausgeglichen werden,** bedenklich. Dies ist nur dann richtig, falls der Kalkulationszeitraum dem Planungszeitraum und dem Lebenszeitraum des Produkts entspricht. Für jeden kürzeren Kalkulationszeitraum kann kein Ausgleich der eingetretenen Verluste aus der Markteinführung gefordert werden. Die OECD fordert wenig präzise, aber auch weniger restriktiv, den Ausgleich innerhalb angemessener Zeit („within a period of time that would be acceptable"; Tz. 1.63 OECD-RL 2010) bzw. innerhalb der überschaubaren Zukunft („within the foreseeable future"; Tz. 1.63 OECD-RL 2010).

367 In keinem Fall kann aber verlangt werden, dass das Produkt zB **nach fünf Jahren** den **Verlustausgleich,** also den break-even-Point, erreicht, wie dies gelegentlich in der Betriebsprüfungspraxis gefordert wird. Schon gar nicht kann eine derartige jahresmäßige Festschreibung des Verlustausgleichszeitraums auf das BFH-Urteil vom 17.2.1993[279] gestützt werden. Es enthält schlicht keine derartige Zahlenangabe.

368 Eine Festschreibung einer bestimmten Anzahl von Jahren für Markteinführungsverlust (zB 3 Jahre) und seinen Ausgleich (zB 2 Jahre) ist völlig praxisfern und auch aus rein rechnerischer Sicht sinnlos, wie die folgenden Beispiele verdeutlichen.

Beispiel 1: Unternehmen A macht 4 Jahre einen Verlust von je € 1 und erzielt ab Jahr 5 einen Gewinn von € 100 – nicht anerkannt.

Beispiel 2: Unternehmen B macht 3 Jahre einen Verlust von je € 33 und erzielt im Jahr 4 einen Gewinn von € 99 und ab Jahr 5 von € 1 – fremdvergleichskonform.

Beispiel 3: Unternehmen C macht 2 Jahre einen Verlust von € 50, im Jahr 3 und 4 einen Verlust von je € 20, im Jahr 5 ein Ergebnis von € 0, im Jahr 6 und 7 einen Gewinn von je € 30 und ab Jahr 8 einen Gewinn von je € 60 – fremdvergleichswidrig und nicht anerkannt.

c) Zeitliche Verteilung der Kosten

aa) Verrechnungstechnik

369 Nach Tz. 3.4.2. S. 1 der VGr werden Kosten der Markteinführung unter Fremden auch derart aufgeteilt (besser: **zeitlich verteilt**),[280] dass
„a) das Vertriebsunternehmen diese Kosten oder Erlösminderungen in größerem Umfange trägt und ihm dafür Lieferpreise eingeräumt werden, durch die es nach dem Einführungszeitraum seine Gewinnausfälle in überschaubarer Zeit ausgleichen kann, oder

---

[278] Vgl. BFH 9.10.1963, BStBl. III 1964, 79 (10 Jahre); BFH 18.3.1976, BStBl. II 1976, 485 (14 Jahre); BFH 6.7.1978, BStBl. II 1978, 626 (10 Jahre).

[279] BFH 17.2.1993, BStBl. II 1993, 457, bestätigt durch BFH 17.10.2001, IStR 2001, 745, 750.

[280] Zur Aufteilung der Kosten nach Tz. 3.4.1. der VGr vgl. Rn. 351 ff.

b) der Hersteller diese Kosten oder Erlösminderungen in größerem Umfange trägt und nach dem Einführungszeitraum seine Gewinnausfälle in überschaubarer Zeit ggf. durch höhere Lieferpreise ausgleichen kann." (Tz. 3.4.2. S. 1 der VGr; vgl. auch Tz. 1.60-1.63 OECD-RL 2010).

Tz. 3.4.2. S. 1 der VGr beschreibt zutreffend zwei mögliche **Techniken,** **370** **Markteinführungskosten** zwischen Hersteller und Vertreiber durch zeitliche Verteilung **zu verrechnen,** wobei jeweils eine Partei der anderen vorübergehend eine Art Warenkredit einräumt. Tz. 3.4.2. S. 1 der VGr regelt **nicht die Frage, wer** dem Fremdvergleichsmaßstab nach **die Kosten zu tragen hat.** Dies tut Tz. 3.4.1. der VGr. Tz. 3.4.2. S. 1 der VGr umreißt nur zwei Techniken, wie auf der Basis einer bereits nach Tz. 3.4.1. der VGr festgelegten Kostenaufteilung zB die finanzstärkere Partei technisch der anderen Partei einen „Vorschuss" geben kann. Das Wort „auch" in Tz. 3.4.2. S. 1 der VGr weist darauf hin, dass **andere Techniken** der Verteilung und Verrechnung von Markteinführungskosten **ebenfalls anzuerkennen** sind.

bb) Formelle Voraussetzungen

Tz. 3.4.2. S. 2 der VGr legt die formellen Voraussetzungen fest, unter **371** denen die FinVerw. bereit ist zu akzeptieren, dass ein verbundenes Produktions- und ein verbundenes Vertriebsunternehmen vereinbaren, die an sich angemessene Aufteilung der Markterschließungskosten zeitlich begrenzt anders zu verteilen, um der einen oder anderen Partei eine finanzielle Hilfe zu geben.[281] Nach Tz. 3.4.2. S. 2 der VGr ist der hierbei vorzunehmende Ausgleich zwischen Herstellungs- und Vertriebsunternehmen in aller Regel **im Vorhinein aus Rentabilitätsrechnungen abzuleiten und vertraglich abzusichern.**

Der Ausgleich hat **zwischen Herstellungs- und Vertriebsunterneh-** **372** **men** zu erfolgen. Eine zeitlich begrenzte Übernahme und spätere Rückvergütung von Markterschließungskosten zwischen zwei Vertriebsunternehmen verschiedener Stufe (zB European Sales Company („Regionalgesellschaft") – National Sales Company („Landesvertriebsgesellschaft")) ohne Beteiligung des Herstellers soll mit ertragsmäßiger Wirkung nicht zulässig sein. Dieser Auffassung fehlt jegliche Begründung, beruht aber wohl noch auf den Vorstellungen klassischer Verrechnungspreissysteme (vgl. oben Rn. 230 ff.), die die VGr von 1983 prägen. Natürlich ist es vor allem aus heutiger Sicht fremdvergleichskonform, wenn zB die überregionale Zentralhandelsgesellschaft für Europa eine zeitlich begrenzte Kostenumverteilungsvereinbarung mit ihren regionalen konzernzugehörigen Großhändlern analog Tz. 3.4.2. S. 1 der VGr trifft.

Tz. 3.4.2. S. 2 der VGr stellt offensichtlich auf die Regeln des **Vorteils-** **373** **ausgleichs** ab.[282] Demnach wird eine zeitliche Umverteilung von Markterschließungskosten zwischen mehreren Konzernunternehmen „im Dreieck" nicht anerkannt werden.

Der Ausgleich ist **in aller Regel** im Vorhinein aus Rentabilitätsberechnun- **374** gen abzuleiten und vertraglich abzusichern (Tz. 3.4.2. S. 2 der VGr). Demnach gilt die Forderung nach vorheriger Vereinbarung des Ausgleichs nicht uneinge-

---

[281] Vgl. oben Rn. 369 f.
[282] Vgl. Kap. C Rn. 91 ff.

schränkt. Begründbare Ausnahmefälle sind also anzuerkennen. Unklar bleibt jedoch, worauf sich die Öffnungsklausel „in aller Regel" bezieht, ob nur auf die Worte „im Vorhinein", womit die Forderung nach Erstellung von Rentabilitätsrechnungen und dem Abschluss von Verträgen zwingend bestehen bleibt, oder auf den gesamten Satzteil „im Vorhinein aus Rentabilitätsberechnungen abgeleitet und vertraglich abgesichert", womit auch die Erstellung von Rentabilitätsberechnungen und der Abschluss von Verträgen im Einzelfall abdingbar wäre. Im Kontext der Vorschriften über den Vorteilsausgleich[283] und der umstrittenen und international nicht üblichen Forderung nach vertraglichen Vereinbarungen im Vorhinein zwischen herrschendem und beherrschtem Unternehmen (Tz. 1.4.1. der VGr) ist davon auszugehen, dass die FinVerw. die Öffnungsklausel („in *aller* Regel") entweder sehr eng nur auf den Zeitpunkt der Erstellung der Rentabilitätsberechnungen („im Vorhinein") auslegt oder sogar der Wortwahl „in aller Regel" den Sinngehalt „immer" zuordnen dürfte.

375   Tz. 3.4.2. S. 2 der VGr fordert, dass der vorzusehende Ausgleich im Vorhinein **aus Rentabilitätsberechnungen** abgeleitet wird. Maßstab des Verhaltens verbundener Unternehmen im Geschäftsverkehr soll das Verhalten fremder Dritter sein.[284] Dagegen ist es nicht Aufgabe der VGr, verbundenen Unternehmen für ihr Verhalten **schärfere Auflagen** zu machen, **als** sie **unter Dritten üblich** sind. Die betriebliche Praxis zeigt, dass Unternehmen zwar häufig Finanz- und Ergebnisplanungen auch getrennt für Geschäftsbereiche erstellen, Rentabilitätsberechnungen zur Einführung neuer Produkte am Markt für das jeweilige Produkt werden idR jedoch nicht erstellt. Vielmehr beschränkt sich die betriebliche Praxis meist darauf, Umsätze und Kosten des Geschäftsbereichs zu budgetieren und allgemeine, oft nicht einmal schriftlich fixierte, Überlegungen zum erwarteten Markterfolg eines neuen Produkts anzustellen. Demnach kann auch für verbundene Unternehmen nicht gefordert werden, dass sie im Vorhinein Rentabilitätsberechnungen für die Einführung eines neuen Produkts erstellen.[285]

376   Gem. Tz. 3.4.2. S. 2 der VGr soll der Ausgleich über die zeitliche Verrechnung zwischen Herstellungs- und Vertriebsunternehmen im Vorhinein **vertraglich abgesichert** werden. Soweit fremde Dritte eine bestimmte Aufteilung von Markteinführungskosten vereinbaren, sich aber gleichzeitig darauf einigen, dass zunächst eine Partei einen größeren Teil der Aufwendungen trägt, was ihr später von der anderen Partei entgolten wird (Tz. 3.4.2. S. 1 der VGr), so kann man davon ausgehen, dass fremde Dritte darüber eine Vereinbarung treffen würden. Demnach ist im Grundsatz der Forderung der VGr zuzustimmen, dass auch verbundene Unternehmen solche Abmachungen in geeigneter Form zu fixieren haben. Dies bedeutet jedoch nicht, dass eine solche Vereinbarung schriftlich oder als gesonderter Vertrag über die Aufteilung von Markteinführungskosten vorzuliegen hat.[286] Vielmehr **kann sich die Absprache auch implizit** aus besonderen, ggf. zeitlich begrenzten Preisnach-

---

[283] Vgl. Kap. C Rn. 91 ff. und Tz. 2.3. VGr.
[284] Vgl. Kap. C Rn. 1 ff.
[285] Vgl. auch *Becker* in Becker/Kroppen, Internationale Verrechnungspreise, V 3.4.4.
[286] Vgl. dazu auch die praxisnahe, wenig restriktive Auffassung der OECD: Tz. 1.52 OECD-RL 2010.

lässen gegenüber Listenpreisen oder aus konkludentem Verhalten **ergeben** (§ 362 HGB), zB bei Weiterbelastung von Markteinführungskosten durch das Vertriebsunternehmen, der der Hersteller nicht widerspricht.

Beispiel: Das französische Vertriebsunternehmen F schreibt dem deutschen Pro- **377** duktionsunternehmen D auf Grund einer mündlichen Absprache der Geschäftsführer für eine Einführungsphase von fünf Jahren grundsätzlich nur 80 % der geltenden Listenpreise für Lieferungen eines neuen Produkts gut. Ab dem sechsten Jahr zahlt F dann zunächst 110 %, später 130 % der Listenpreise an D, bis die Vorteilsgewährung der Ersten fünf Jahre ausgeglichen ist. Das Verhalten von F und D ist anzuerkennen.

Die Anerkennung der abweichenden zeitlichen Verteilung hängt nicht da- **378** von ab, ob ein **Ausgleich später tatsächlich zustande kommt.** Geht zB das Vertriebsunternehmen trotz ermäßigter Einstandspreise in Konkurs, so dass es den erhaltenen Vorteil nicht mehr in späteren Jahren dem Hersteller rückvergüten kann, oder wird eine erwartete Marktdurchdringung nicht erreicht und muss unter Verlusten abgebrochen werden, hat keine Berichtigung der steuerlichen Behandlung bei den beteiligten Unternehmen zu erfolgen.[287] Insoweit ist für die steuerliche Beurteilung nur die plausibel belegte Ausgleichserwartung (innerhalb einer bestehenden Vereinbarung) aus der Sicht im Zeitpunkt des Abschlusses der Vereinbarung maßgeblich (Sicht ex ante).[288]

2. Marktausweitung und Marktverteidigung (Kampfpreise)

Tz. 3.4.3. der VGr fordert, dass Kosten und Erlösminderungen, die da- **379** durch entstehen, dass ein Vertriebsunternehmen durch **Kampfpreise** oder ähnliche Mittel seinen Marktanteil wesentlich erhöhen oder verteidigen will, grundsätzlich vom Hersteller zu tragen sind. Dieser Verwaltungsauffassung kann inhaltlich nicht gefolgt werden, zudem enthält sie mehrere so unbestimmte Begriffe (Kampfpreise, ähnliche Mittel, wesentlich erhöhen), dass ihre rechtliche Verbindlichkeit äußerst fraglich und ihre praktische Handhabung faktisch unmöglich wird.

a) Unbestimmte Begriffe

Der **Begriff des Kampfpreises** ist rechtlich nicht definiert und ist auch **380** betriebswirtschaftlich nicht eindeutig bestimmt. Daher steht die Frage, ob Kampfpreise vorliegen, häufig im Mittelpunkt der Diskussionen bei Betriebsprüfungen. Versucht man sich dem Begriff zu nähern, ergeben sich zwei Kernmerkmale für das Vorliegen eines Kampfpreises:

- Es darf sich nicht nur um die Gewährung üblicher Rabatte handeln, wie sie zB auch ein Großkunde erhalten würde, und
- die Preissenkung muss zielgerichtet sein auf eine Erhöhung des Marktanteils oder seine Verteidigung, dh das Unternehmen muss am Markt seine Niedrigpreispolitik aggressiv betreiben, es muss agieren.

Kampfpreise liegen also vor, wenn ein Unternehmen aggressiv zur Ausweitung oder Verteidigung seines Marktanteils eine Niedrigstpreispolitik einsetzt.[289]

---

[287] Vgl. auch Tz. 1.63 OECD-RL 2010.
[288] Vgl. oben Rn. 24 ff.; Tz. 1.63 OECD-RL 2010, dazu auch Kap. B Rn. 66 f.
[289] Vgl. oben Rn. 99.

381   Der Begriff der **ähnlichen Mittel** ist völlig unbestimmt. Man kann darunter alle dem Abnehmer gewährten Vorteile verstehen, die nicht einen Preisnachlass im engsten Sinne darstellen. Beispiele sind kostenlose Serviceleistungen, kostenlose Lieferungen von Zusatzgeräten/-teilen, kostenlose Schulungen für Mitarbeiter, Geschenke, Einladungen zu gesellschaftlichen oder privaten Anlässen.

382   Nach Tz. 3.4.3. der VGr liegen Kampfpreise immer nur dann vor, wenn ein Vertriebsunternehmen seinen Marktanteil **wesentlich** erhöhen oder verteidigen will. Dagegen müssten Niedrigpreise zur „normalen" Erhöhung des Marktanteils nach dem Wortlaut der Tz. 3.4.3. der VGr keine Kampfpreise darstellen. Diese Unterscheidung zwischen „normaler" und „wesentlicher" Erhöhung des Markanteils ist unbestimmbar, künstlich und realitätsfern. Vielmehr ist die Bezeichnung **Kampfpreis** synonym für jede **aggressive Niedrigstpreispolitik** gegenüber Wettbewerbern am Markt,[290] die die Erhöhung oder Verteidigung des Marktanteils zum Ziel hat. Der überflüssige und aussichtslose Versuch der VGr einer Unterscheidung zwischen „normaler" und „wesentlicher" Ausweitung des Marktanteils beruht auf dem falschen inhaltlichen Ansatz, dass die Kosten einer aggressiven Niedrigstpreispolitik vom Hersteller (allein) zu tragen sind.[291]

b) Kostenaufteilung

383   Die VGr verlangen, ausgehend von der Vorstellung klassischer Verrechnungspreissysteme (vgl. dazu Rn. 230 ff.), dass die Kosten, die mit dem Einsatz von Kampfpreisen verbunden sind, grundsätzlich **vom Hersteller zu tragen** sind. In der Praxis wird dabei der Zusatz „grundsätzlich" seitens der FinVerw. einseitig als „immer" ausgelegt.

384   Der Auffassung der VGr zur Übernahme der Kosten durch den Hersteller kann weder systematisch noch aus praktischer Sicht gefolgt werden. Sie verkennt, dass sowohl Hersteller als auch Vertreiber an der Ausweitung oder Verteidigung des Marktanteils interessiert sein müssen, da ansonsten beider Umsatz und Gewinn verringert wird. Kampfpreise gehören also grundsätzlich zum Funktions- und Verantwortungsbereich von Produktions- und Vertriebsunternehmen.[292] Auch die OECD-RL 2010 geht grundsätzlich von einer freien Kostenaufteilung aus und bietet keine Stütze für den Ansatz der Tz. 3.4.3. der VGr (Tz. 1.59 ff. OECD-RL 2010, insb. Tz. 1.62: „and the resulting cost borne by either of them").

385   Im Gegensatz zu Tz. 3.4.3. der VGr sind die **Kosten** einer aggressiven Niedrigstpreispolitik **vielmehr** dem Produktions- bzw. dem Vertriebsunternehmen **angemessen wie folgt zuzuordnen:** Es ist auszugehen von der gemeinsamen Verantwortung beider Unternehmen für eine solche Kampfpreispolitik.[293] Zu tragen hat die Kosten dasjenige Unternehmen, dem später auch die (erwarteten) Gewinne nach Erfolg der Marktstrategie zustehen (vgl. auch Tz. 1.45 OECD-RL 2010). Dies kann sowohl der Hersteller als auch das Vertriebsunternehmen sein.[294] Diese Kostentragung entspricht dem

---

[290] Vgl. oben Rn. 380.
[291] Vgl. im Folgenden Rn. 383 ff.
[292] Vgl. auch *Becker* in Becker/Kroppen, Internationale Verrechnungspreise, V 3.4.4.
[293] Vgl. auch Rn. 384.
[294] Vgl. oben Rn. 276, 384 und Tz. 1.62 OECD-RL 2010.

Grundsatz, dass nur demjenigen die Chancen zustehen, der auch die Risiken dafür trägt.[295] Dies deckt sich mit dem Verhalten fremder Dritter und den von der FinVerw. anerkannten Grundsätzen für die Bestimmung des Gewinnaufschlags im Rahmen der Kostenaufschlagsmethode und der Rohgewinnmarge im Rahmen der Wiederverkaufspreismethode.

Nicht verkannt werden soll aber, dass bei der Zuteilung oder Aufteilung   **386** der Kosten einer Kampfpreisstrategie beachtet werden muss, ob im **Ausnahmefall** die Art der Geschäftsbeziehung zwischen Hersteller und Vertreiber es als nicht fremdvergleichskonform erscheinen lässt, dass die Vertriebsgesellschaft die Kosten einer Kampfpreisstrategie trägt. Dies dürfte insb. bei **Handelsvertretern und Agenten** der Fall sein, denen keine oder nur eine geringe Verantwortung für die langfristige Marktentwicklung zukommt.[296] Gleiches sollte auch für den sog. „limited or low risk distributor" zutreffen.[297]

Generell vermag nicht zu überzeugen, dass Tz. 3.4.3. der VGr nur auf die Kostenaufteilung zwischen **Hersteller und Vertreiber** abstellt und andere Funktionsbeziehungen bzw. Handelsstufen, wie zB zwischen einer europäischen zentralen Vertriebsgesellschaft und den einzelnen nationalen Großhandelsgesellschaften, nicht berücksichtigt.[298]

---

[295] Vgl. auch Tz. 1.45 OECD-RL 2010.
[296] Vgl. Tz. 1.62 OECD-RL 2010.
[297] Vgl. Tz. 3.4.10.2a) VGr-Verfahren.
[298] Vgl. auch oben Rn. 372.

Kapitel N: Dienstleistungen

Übersicht

I. Überblick zur Problematik

Zur Erhaltung und Stärkung ihrer Wettbewerbsfähigkeit sind multinationa- 1
le Unternehmen gezwungen, ständig Produktion und Vertrieb der Waren zu
rationalisieren, zu zentralisieren oder in kostengünstigere Länder auszulagern.
Die Änderungen und Verlagerungen betrieblicher Funktionen sowie die Umstrukturierungen in den Wertschöpfungsketten eines Konzerns werden häufig
im Rahmen des sog. **Supply Chain Planning** vorbereitet und danach als
sog. **Supply Chain Management** (oder *Value Chain Management*) durchgeführt. Da im Rahmen der Planung neben der Ersparnis von zB Personal-,
Material- oder Logistikkosten auch die Nutzung steuerlicher Vorteile eine
Rolle spielt, wird die steuerlich optimierte Gestaltung der Liefer- und Wertschöpfungskette auch als **Tax Efficient Supply Chain** Management be-

zeichnet.[1] Dabei kommt es häufig vor, dass von der Muttergesellschaft oder besonderen Dienstleistungsgesellschaften im Konzern (sog. „Shared Service Centres") spezielle Dienstleistungen zentralisiert angeboten werden, wie zB die Unterstützung beim Marketing und Vertrieb, rechtliche Beratung, EDV-Leistungen, Übernahme der Buchhaltung oder Leistungen im Personalbereich. Ferner werden bei der Etablierung von **Prinzipalstrukturen** zB Forschungs- und Entwicklungstätigkeiten auf Auftragsforschungsgesellschaften ausgelagert oder Produktionstätigkeiten werden auf Lohn- oder Auftragsfertigungsgesellschaften in Länder mit niedrigerem Lohnniveau und anderen Standortvorteilen übertragen.[2]

Bei der Überprüfung von Verrechnungspreisen für Dienstleistungen kommt es zwischen den Unternehmen und den Beratern einerseits und den Finanzbehörden andererseits häufiger zu Meinungsverschiedenheiten als bei der Bestimmung angemessener Verrechnungspreise für Warenlieferungen. Während bei der Überprüfung der Verrechnungspreise für Warenlieferungen in vielen Fällen auf einen internen Preisvergleich oder auf externe Marktdaten (zB Fremdvergleichspreise, Rohgewinnmargen oder branchenübliche Umsatzrenditen) zurückgegriffen werden kann, ist wegen der Vielfalt und Eigenarten der **konzernspezifischen Dienstleistungen** regelmäßig **kein** interner und kein direkter **Fremdvergleich** möglich. Für die Abrechnung der Dienstleistungen im Konzern fehlen idR Vergleichspreise, sodass auf die Renditen von unabhängigen Unternehmen abgestellt werden muss, die vergleichbare Dienstleistungen anbieten.

2   Ein weiterer wesentlicher Problemkreis besteht in der **Abgrenzung verrechenbarer Leistungen von Gesellschafterkosten.** Dienstleistungen werden im Konzern häufig von spezialisierten Abteilungen der Muttergesellschaft oder von speziellen Dienstleistungsgesellschaften im Interesse der verbundenen Unternehmen erbracht. Gleichzeitig erfüllen solche Dienstleistungsabteilungen oder -gesellschaften oft auch Aufgaben, die der Muttergesellschaft auf Grund ihrer Stellung als Gesellschafterin zuzuordnen sind, so bspw. Tätigkeiten, die mit dem Erwerb, der Verwaltung oder der Kontrolle der Beteiligungen zusammenhängen. Die Kosten für Leistungen auf gesellschaftsrechtlicher Basis werden idR als Gesellschafteraufwand oder Kontrollkosten bezeichnet. Diese im Interesse der Muttergesellschaft erbrachten Leistungen können nicht an die Tochtergesellschaften belastet werden. Es muss also unterschieden werden zwischen **nicht verrechenbaren** Kosten für Leistungen, die im Interesse der Muttergesellschaft erbracht werden (Gesellschafterkosten) und den **verrechenbaren** Kosten für Leistungen, die im Interesse des einzelnen Konzernunternehmens liegen.

3   Zahlreiche Fragen ergeben sich hinsichtlich der Zulässigkeit unterschiedlicher **Verrechnungsformen** für Dienstleistungen. Serviceabteilungen der Muttergesellschaft oder spezielle Konzern-Dienstleistungsgesellschaften erbringen idR ein Bündel unterschiedlicher Leistungen für die Konzerngesellschaften. Anstelle der **Einzelabrechnung** der einzelnen Leistungen erfolgt häufig eine Belastung der anfallenden Kosten auf Basis eines **Konzernumla-**

---

[1] Vgl. dazu auch Kap. O Rn. 161 ff.
[2] Die Problematik der Funktionsverlagerung und die Besteuerung des mit dem Transferpaket zusammenhängenden Gewinnpotentials werden in Kapitel R erörtert.

gevertrags oder eines **Kostenumlagevertrags (Poolvertrags),** wobei die Kosten an die einzelnen Leistungsempfänger auf Grund eines vereinbarten Kostenaufteilungsschlüssels belastet werden. Die wichtigsten im Zusammenhang mit Umlageverträgen auftretenden Probleme betreffen bspw. die Abgrenzung der zu verrechnenden Kosten, die Bestimmung des Kostenverteilungsschlüssels oder die Frage eines Gewinnaufschlags.

II. Dienstleistungsbegriff

1. Zivilrechtliche Definition

Die VGr für die Prüfung der Einkunftsabgrenzung bei international ver- **4** bundenen Unternehmen[3] befassen sich in einigen speziellen Abschnitten mit der Verrechnung von Kosten für **Dienstleistungen** (insb. Tz. 3.2 und 6 VGr). Die VGr von 1983 werden seit einigen Jahren sukzessive überarbeitet. Im Zuge dieser Änderungen wurde die ehemalige Tz. 7 VGr im Jahr 1999 aufgehoben und durch die Grundsätze für die Prüfung der Einkunftsabgrenzung durch Umlageverträge zwischen international verbundenen Unternehmen[4] ersetzt, in denen jetzt die Erbringung von Leistungen im Rahmen eines Pools geregelt wird. Ferner befassen sich die VGr für die Prüfung der Aufteilung der Einkünfte und des Vermögens der Betriebstätten international tätiger Unternehmen (sog. Betriebstätten-Erlass)[5] in verschiedenen Abschnitten mit Dienstleistungen der Betriebstätte oder des Stammhauses, so bspw. in Tz. 3.1.2 mit Dienstleistungen als Haupttätigkeit einer Betriebstätte, in Tz. 3.1.3 mit der Lohnfertigung durch Betriebstätten oder in Tz. 4.4. mit Aktivitäten von Kontroll- und Koordinierungsstellen.

Bevor auf die Frage eingegangen wird, welche Leistungen das **Steuerrecht** und insb. die VGr unter den Begriff „Dienstleistungen" subsumieren, soll zunächst kurz erläutert werden, wie im **Zivilrecht** der Begriff „Dienstleistungen" verstanden wird. Eine ausführliche Diskussion wird bewusst vermieden, weil es hier nur darum geht, demjenigen Leser, der nicht über zivilrechtliche Vorkenntnisse verfügt, Grundbegriffe zum Leistungsgegenstand eines Dienstvertrags zu vermitteln. Im Rahmen der Erörterung der steuerlichen Begriffsbestimmung sind dann etwaige Abweichungen zu diskutieren.

a) Dienstvertrag und sonstige Verträge mit Dienstleistungscharakter

Ein **Dienstvertrag** (§ 611 BGB) ist ein schuldrechtlicher gegenseitiger Ver- **5** trag, durch den der eine Teil (Dienstverpflichteter) zur Leistung der versprochenen Dienste, der andere Teil (Dienstberechtigter) zur Leistung der verein-

---

[3] VGr vom 23.2.83, BStBl. I 1983, 218.

[4] VGr für Umlageverträge vom 30.12.99, BStBl. I 1999, 1122 (nachfolgend auch mit „VGr-Uml." abgekürzt).

[5] Betriebstätten-Erlass vom 24.12.99, BStBl. I 1999, 1076 (nachfolgend auch als „VGr-Betriebsstätten" abgekürzt).

barten Vergütung verpflichtet wird.[6] Dienstverträge liegen – da unselbständige Dienstleistungen unter die gesondert geregelten Arbeitsverträge fallen – insb. dann vor, wenn die Dienste in wirtschaftlicher und sozialer Selbständigkeit und Unabhängigkeit geleistet werden; dies ist v. a. der Fall, wenn der Dienstverpflichtete selbst Unternehmer ist oder einen freien Beruf ausübt.[7]

6   Ein Dienstvertrag liegt oft auch in der Form eines Werkvertrags oder eines entgeltlichen Geschäftsbesorgungsvertrags vor. Der **Werkvertrag** (§ 631 BGB) hat regelmäßig auch die persönliche Leistung von Diensten zum Gegenstand, jedoch liegt das entscheidende Abgrenzungskriterium darin, dass beim Dienstvertrag das bloße Wirken, die Arbeitsleistung als solche (bspw. Beratung durch Rechtsanwalt, Tätigkeit als Vorstand), beim Werkvertrag dagegen die Herbeiführung des vereinbarten, gegenständlich fassbaren Arbeitsergebnisses, geschuldet wird.[8] Ein Dienstvertrag oder ein Werkvertrag, der eine entgeltliche Geschäftsbesorgung zum Gegenstand hat, wird als **Geschäftsbesorgungsvertrag** (§ 675 BGB) bezeichnet. Der wesentliche Unterschied zum reinen Dienstvertrag besteht regelmäßig darin, dass Gegenstand des Geschäftsbesorgungsvertrags eine ursprünglich dem Dienstberechtigten obliegende selbständige wirtschaftliche Tätigkeit, insb. die Wahrnehmung bestimmter Vermögensinteressen, ist.[9] Für einige besondere Formen der Geschäftsbesorgung bestehen Spezialregelungen, so bspw. für Handelsvertreter (§§ 84 ff. HGB), Kommissionär (§§ 383 ff. HGB) oder Spediteur (§§ 407 ff. HGB). Als Geschäftsbesorgungsverträge werden auch eine Reihe von alltäglichen Verträgen qualifiziert, wie bspw. Verträge mit Banken (mit Ausnahme der reinen Kreditgewährung), Baubetreuungs- und Bauträgerverträge, Beratungsverträge, die den Berater verpflichten, einen bestimmten Erfolg herbeizuführen usw.[10]

b) Abgrenzung zu anderen Rechtsverhältnissen

7   Verträge, bei denen anders als bei den oben erörterten Dienstverträgen und sonstigen Verträgen mit Dienstleistungscharakter eine Dienst- bzw. Arbeitsleistung nicht Bestandteil der Hauptpflichten des Vertrags ist, können grundsätzlich nicht unter den Begriff „Dienstleistungen" subsumiert werden. Im Steuerschrifttum werden manchmal auch Darlehensverträge oder Garantie- und Bürgschaftsverträge unter dem Oberbegriff der „Finanzdienstleistungen" erfasst.[11] Zivilrechtlich ist diese Qualifizierung unzutreffend, weil beim **Darlehensvertrag** (§ 488 BGB) die Übergabe der materiellen Wirtschaftsgüter (Geld oder andere vertretbare Sachen) und die entgeltliche Überlassung derselben mit der Verpflichtung der Rückgabe gleicher Sachen Gegenstand des Vertrags ist. Der Bürgschaftsvertrag (§ 765 BGB) und der Garantievertrag für Zahlungsansprüche (verkehrstypischer Vertrag iSd § 311 BGB) haben ebenfalls keinen Dienstleistungscharakter.

---

[6] Vgl. *Palandt/Weidenkaff* Einf. v. § 611 BGB, Rn. 1.

[7] Vgl. *Palandt/Weidenkaff* Einf. v. § 611 BGB, Rn. 16.

[8] Vgl. *Palandt//Sprau* Einf. v. § 631 BGB, Rn. 8; Forschungs- und Entwicklungsleistungen können Gegenstand eines Dienstvertrags wie auch eines Werkvertrags sein, BGH NJW 2002, 3323 ff.

[9] Vgl. *Palandt/Weidenkaff* Einf. v. § 611 BGB, Rn. 24.

[10] Vgl. dazu *Palandt/Sprau* § 675 BGB, Rn. 9–27.

[11] Vgl. zB *Nieß* in Schaumburg u. a., Verrechnungspreise, 54 f.

Während die **OECD** sog. Finanzdienstleistungen als konzerninterne Dienstleistung qualifiziert,[12] legen sich die **US Regulations** noch nicht fest, ob Finanztransaktionen (einschließlich Garantien) als Dienstleistungen für Verrechnungspreiszwecke anzusehen sind.[13] Nach den Plänen der US-FinVerw. sollen **Finanztransaktionen** einschließlich der Garantiegewährung im Zusammenhang mit RL über das **Global Trading** in gesonderten Vorschriften geregelt werden.[14]

Ferner kann die Überlassung von Gegenständen zur Nutzung auf Grund **8** eines **Mietvertrags** (§ 535 BGB), eines **Pachtvertrags** (§ 581 BGB) oder eines **Leihvertrags** (§ 598 BGB) nicht als Dienstleistung angesehen werden, weil bei der Nutzungsüberlassung die persönliche Leistung von Diensten nicht Vertragsinhalt ist. Ebenso verhält es sich beim **Lizenzvertrag,** der gesetzlich nur partiell geregelt ist[15] und als Vertrag *sui generis* die Überlassung eines gewerblichen Schutzrechts bzw. sonstigen immateriellen Wirtschaftsguts an einen anderen zur (beschränkten oder unbeschränkten) Nutzung zum Gegenstand hat. Dabei stehen Elemente des Pachtvertrags im Vordergrund, es können aber auch gesellschaftsrechtliche und kaufvertragliche Elemente vorliegen.[16] In diesem Zusammenhang ist zu erwähnen, dass der Erwerb von Standardsoftware idR zivilrechtlich als Kaufvertrag qualifiziert wird,[17] während die entgeltliche Nutzung von **Datenbanken** (zB Amadeus, Orbis, Comtax, Hoppenstedt) nicht als die Nutzungsüberlassung von Know-how, sondern als **Dienstleistung** des Datenbankanbieters zu beurteilen ist.[18]

Bei allen Arten von Verträgen ist also immer zu prüfen, ob eine bestimmte **9** geistige oder körperliche Arbeitsleistung oder vielfältige Tätigkeit geschuldet wird, die zumindest teilweise als Hauptleistung der einen Vertragspartei anzusehen ist. Fehlen solche dienstvertraglichen Elemente, so ist es zivilrechtlich nicht möglich, diesen (gemischten) Vertrag ganz oder teilweise als Dienstvertrag anzusehen.

2. Der Dienstleistungsbegriff in den Steuergesetzen

In den Steuergesetzen und den dazu ergangenen Verwaltungsanweisungen **10** wird der Begriff der „Dienstleistungen" teilweise verwendet, jedoch nicht

---

[12] Vgl. allgemein Tz. 7.2. S. 1 u. Tz. 7.15 S. 2 sowie speziell für Garantien Tz. 7.13 OECD-VPL.

[13] Vgl. *IRS* Präambel zu den US Services Regs, Abschnitt A. 9.c.

[14] Vgl. *IRS* Präambel zu den US Services Regs. Abschn. A. 9.b.

[15] Vgl. zB § 9 PatG, § 30 MarkenG, § 13 GebrMG.

[16] Vgl. *Palandt/Weidenkaff* Einf. v. § 581 BGB, Rn. 7. Der EuGH hat in einem vollstreckungsrechtlichen Fall entschieden, dass der Lizenzvertrag kein Dienstleistungsvertrag ist, vgl. EuGH 23.4.2009, RIW 2009, 864.

[17] Vgl. *Palandt/Ellenberger* § 90 BGB Rn. 2; Kap. O, Rn. 143 u. 380.

[18] Vgl. auch Tz. 11.3 (3. Spiegelstrich) u. 11.4 (6. Spiegelstrich) OECD-MK zu Art. 12 OECD-MA; aA *Redecker* IT-Recht, 5. Aufl. 2012 Rz. 1145, der von einem Werkvertrag ausgeht, weil er annimmt, der Dienstanbieter schulde eine korrekte Antwort auf die Anfrage. Jedenfalls bei Datenbanken wie ORBIS ist uE für den Fall der Gewährung eines zeitlich beschränkten Dauerzugriffsrechts aber in erster Linie eine Abfrage der in der Datenbank vorhandenen Daten und eine Rückmeldung geschuldet, also eine Tätigkeit.

einheitlich definiert. Dies erklärt auch, weshalb der **Begriff der „Dienstleistungen" im Steuerrecht teilweise weiter ausgelegt** wird als im Zivilrecht und auch solche Leistungen einbezieht, die nach zivilrechtlichen
Maßstäben keinen Dienstleistungscharakter haben.

11   Im **Einkommensteuergesetz** wird der Begriff der „Dienstleistungen"
bspw. in § 8 Abs. 3 S. 1 EStG im Rahmen der Regelung für Personalrabat-
te/Belegschaftsrabatte verwendet. Nach herrschender Meinung umfasst der
Begriff „Dienstleistungen" iSd § 8 Abs. 3 Satz 1 EStG alle nicht unter den
Begriff „Waren" subsumierbaren anderen persönlichen und sachlichen Zuwendungen aus dem allgemeinen Geschäftsangebot des Arbeitgebers, wozu
auch **Nutzungsüberlassungen** gehören können.[19] Begünstigt sind daher
gem. Abschn. R 8.2 Abs. 1 LStR neben der Überlassung von „Waren" (inkl.
Strom und Wärme) auch **Dienstleistungen,** so zB Beförderungs-, Beratungs-,
Werbe-, Datenverarbeitungs-, Kontenführungs-, Versicherungs- und Reise-
veranstaltungsleistungen sowie die leih- oder mietweise Überlassung von
Grundstücken, Wohnungen, Zinsermäßigungen durch Banken, verbilligte
Kfz-Vermietung durch Mietwagenunternehmen usw., soweit diese Leistungen
nur Gegenstand des jeweiligen Unternehmens bilden.[20]

12   Der Begriff der „Dienstleistungen" ist ferner in § 8 Abs. 1 Nr. 5 AStG
enthalten, wird jedoch auch im **Außensteuergesetz** nicht definiert. In der
Literatur zu § 8 Abs. 1 Nr. 5 AStG wird darauf hingewiesen, dass der Begriff
der „Dienstleistungen" kein steuerlicher Fachterminus ist.[21] Zu den Dienstleistungen iSd § 8 Abs. 1 Nr. 5 AStG werden alle wirtschaftlichen Verrich-
tungen gerechnet, die nicht in der Erzeugung von Sachgütern, sondern in
persönlichen Leistungen bestehen.[22] Als Dienstleistungen iSd § 8 Abs. 1 Nr. 5
AStG kommen vor allem in Betracht:[23]

1. **Gewerbliche Dienstleistungen** (Transportwesen, Nachrichtenverkehr,
   Baubetreuung, Instandhaltung, Reinigung, Bewachung und Übernahme
   von Computerarbeiten),
2. **Technische Planleistungen** (Engineering, Werbung, Verkaufs- und Or-
   ganisationsleitung, Forschung, Entwicklung, seismische Untersuchungen,
   statische Berechnungen, Meinungsforschung),
3. Führen von Büchern, Übernahme von Rechenarbeiten, Erstellung von
   Programmen u.ä.,
4. Die Tätigkeit der Handelsvertreter, Makler, Spediteure, Lagerhalter, Frachtführer, Versicherungsvertreter, Treuhänder und das sonstige Mitwirken an
   gewerblichen Tätigkeiten,
5. Dienstleistungen des Gaststätten- und Beherbergungsgewerbes, Wäscherei
   und Reinigung, Gesundheitspflege, Krankenhaus, Sanatorium, Schaustel-
   lung, fotografisches Gewerbe und vergleichbare Tätigkeiten,

---

[19] BFH 4.11.94, BStBl. II 1995, 338; BMF 28.4.95, BStBl. I 1995, 273.

[20] Vgl. H 8.2 LStH (Dienstleistungen); *Schmidt/Krüger* § 8 EStG, Anm. 68 mwN;
Blümich/Glenk § 8 EStG, Rn. 189; BFH 4.11.94, BStBl. II 1995, 338.

[21] Vgl. *Wassermeyer* in FWB § 8 AStG, Rn. 171; *Brezing/Mössner* § 8 AStG, Rn. 55;
Rödel in *Kraft* § 1 AStG, Rn. 282.

[22] Vgl. *Wassermeyer* in FWB § 8 AStG, Rn. 172; *Brezing/Mössner* § 8 AStG, Rn. 55.

[23] Diese Einteilung folgt der Darstellung von *Wassermeyer* in FWB § 8 AStG,
Rn. 172.

6. Dienstleistungen im **kulturellen Bereich** (Kunst, Theater, Film, Rundfunk und Fernsehen, Verlags-, Literatur- und Pressewesen),

7. **Freiberufliche Tätigkeit** der Architekten, Ärzte, Rechtsanwälte, Wirtschaftsprüfer, vereidigten Buchprüfer, Steuerberater, Patentanwälte, Notare, Ingenieure, Heilpraktiker, Krankengymnasten, Dentisten, Tierärzte, Journalisten, Bildberichterstatter, Dolmetscher, Übersetzer, Industrie- und Wirtschaftsberater, Anlage- und Vermögensberater, Sachverständigen, Auktionatoren, freien Mitarbeiter, Hausverwalter.

Aus den Beispielen wird ersichtlich, dass auch **Geschäftsbesorgungsver-** **13** **träge** erfasst werden, die auf einem Dienstvertrag beruhen. Fraglich ist jedoch, ob auch **Werkverträge** und Geschäftsbesorgungsverträge, die auf einem Werkvertrag basieren, den Dienstleistungen iSd § 8 Abs. 1 Nr. 5 AStG zugerechnet werden können. Zunächst einmal sind alle diejenigen Tätigkeiten, die in § 8 Abs. 1 Nr. 1–4 und Nr. 6 und 7 AStG genannt sind, nicht den Dienstleistungen zuzurechnen; das sind insb. die Einkünfte aus Land- und Forstwirtschaft, der industriellen Produktion, dem Betrieb von Kreditinstituten und Versicherungsunternehmen, dem Handel (mit gewissen Einschränkungen, insb. hinsichtlich der oben zu 6 genannten Tätigkeiten), der Vermietung und Verpachtung und der Finanzierungstätigkeit. Daraus ist zu folgern, dass Werkverträge, die die Herstellung oder Veränderung einer Sache zum Gegenstand haben (§ 631 Abs. 2, erster Halbsatz BGB) dem Produktionsbereich iSd § 8 Abs. 1 Nr. 2 AStG zuzurechnen sind, während Werkverträge, deren Gegenstand ein durch Arbeit oder Dienstleistung herbeizuführender Erfolg ist (§ 631 Abs. 2, zweiter Halbsatz BGB) idR wohl den Dienstleistungen iSd § 8 Abs. 1 Nr. 5 AStG zugeordnet werden können.

Für den Bereich der **Verrechnungspreise** müssten v.a. die Kommentie- **14** rungen zum Begriff der Dienstleistungen gem. § 8 Abs. 1 Nr. 5 AStG einschlägig sein. Dies folgt aus der Überlegung, dass die „VGr für die Prüfung der Einkunftsabgrenzung bei international verbundenen Unternehmen"[24] und alle weiteren BMF-Schreiben zu Verrechnungspreisen als eine Interpretation der FinVerw. des in § 1 AStG postulierten Fremdvergleichsgrundsatzes zu qualifizieren sind und dass eine einheitliche Interpretation des Begriffs der Dienstleistungen im Rahmen des § 8 AStG und der Anwendungsvorschriften zu § 1 AStG erfolgen sollte. Da die im Jahr 1983 veröffentlichten VGr jedoch auf der Basis des OECD-Berichts 1979 (und des Entwurfs des OECD-Berichts 1984) geschaffen wurden, kann gefolgert werden, dass die VGr sich in ihrer Terminologie und Auslegung an die in diesen Berichten enthaltenen Grundsätze und Begriffe anlehnen. Ebenso ist davon auszugehen, dass die VGr für Umlageverträge[25] grundsätzlich auch unter Berücksichtigung des in den OECD-VPL in den Kapiteln VII und VIII verwendeten Dienstleistungsbegriffs zu interpretieren sind.

3. Der Dienstleistungsbegriff der Verwaltungsgrundsätze

Die zum Thema Verrechnungspreise bisher veröffentlichten VGr und Ver- **15** ordnungen also die allgemeinen VGr von 1983, die VGr-Uml. von 1999, die

---

[24] BMF 23.2.83, BStBl. I 1983, 218.
[25] BMF 30.12.99, BStBl. I 1999, 1122.

VGr-Betriebsstätten von 1999, die VGr-Arbeitnehmerentsendung von 2001, die VGr-Dotationskapital von 2004, die VGr-Verfahren von 2005, die VGr-Funktionsverlagerung vom 13. Oktober 2010, definieren keinen einheitlichen Dienstleistungsbegriff, sondern unterscheiden **verschiedene Dienstleistungsarten,** und zwar bspw.:

1. Leistungen, die ihren Rechtsgrund in den gesellschaftsrechtlichen Beziehungen oder anderen Verhältnissen haben, die die Verflechtung begründen (Tz. 6.1 und 6.3.2 VGr),
2. Gewerbliche Dienstleistungen (Tz. 3.2 VGr und Tz. 3.1.1 VGr-Betriebsstätten),
3. Verwaltungsbezogene Dienstleistungen (Tz. 3.2.2 und Tz. 6.2ff. VGr sowie Tz. 1.1 VGr-Uml.; Tz. 4.4 VGr-Funktionsverlagerung),
4. Dienstleistungen generell (Tz. 4.3 VGr-Funktionsverlagerung),
5. Dienstleistungen im Bereich Forschung und Entwicklung (Tz. 3.2.2 und 5. VGr sowie Tz. 1.1ff. VGr-Uml. und Tz. 4.3 Abs. 1, S. 1, dritter Spiegelstrich Entwurf VGr-Funktionsverlagerung),
6. Dienstleistungen im Zusammenhang mit Warenlieferungen (Tz. 3.2.3.3 VGr),
7. Leistungen im Zusammenhang mit der Überlassung immaterieller Wirtschaftsgüter (Tz. 5.1.2 VGr),
8. Leistungen beim Erwerb von Wirtschaftsgütern (Tz. 1.1 VGr-Uml.),
9. Lohnfertigung durch Betriebsstätten (Tz. 2.1.3 VGr-Betriebsstätten),
10. Geschäftliche Oberleitung der Betriebsstätten durch das Stammhaus (Tz. 3.1.4 VGr-Betriebsstätten),
11. Leistungen von Kontroll- und Koordinierungsstellen (Tz. 4.4.1 VGr Betriebsstätten) sowie (produktionstechnisch) Tz. 2.1.7.4 Bsp. VGr-Funktionsverlagerung
12. Andere Leistungen (Tz. 1.1 VGr-Uml.),
13. Personalüberlassung (Tz. 2.1.7.2, zweites Beispiel VGr-Funktionsverlagerung),
14. Zentraler Einkauf (Tz. 4.5 S. 2 VGr-Funktionsverlagerung),
15. Finanzierungsleistungen von Betriebsstätten (§ 17 Abs. 2 BsGaV),
16. Dienstleistungen bei Bau- und Montage sowie Explorationstätigkeiten (§§ 32, 37 BsGaV).

16   Einschränkungen bzgl. der Verrechnung bestehen nur für die oben unter Nr. 1 genannten Leistungen (den sog. Gesellschafteraufwand).[26] Die Frage, ob für die Verrechnung einer Dienstleistung die **Einzelabrechnung,**[27] die **Konzernumlage**[28] mit Gewinnaufschlag, die **Kostenumlage nach dem Poolkonzept**[29] ohne Gewinnaufschlag oder ggf. auch andere Abrechnungsformen in Frage kommen, hängt grundsätzlich nicht von der Art der Dienstleistung ab, sondern von anderen Faktoren.[30] Die VGr für Umlagen betonen in Tz. 1.1, dass die Umlageverträge nach dem Poolkonzept alle Leistungska-

---

[26] Vgl. zur Unterscheidung zwischen Dienstleistungen und Gesellschafteraufwand unten Rn. 31ff.

[27] Vgl. dazu unten Rn. 141ff.

[28] S. unten Rn. 281ff.

[29] Vgl. dazu unten Rn. 401ff. u. Kap. O Rn. 251ff.

[30] Vgl. dazu Rn. 114ff.

tegorien betreffen können, so zB Forschung und Entwicklung, Erwerb von Wirtschaftsgütern, verwaltungsbezogene oder andere Leistungen. Aus den Worten „oder andere Leistungen" ist zu schließen, dass auch die in Tz. 3.2.1 und 3.2.3 genannten gewerblichen Dienstleistungen Gegenstand einer Kostenumlage nach dem Poolkonzept sein können und nach der hier vertretenen Auffassung[31] alternativ auch in eine Konzernumlage einbezogen werden können. Damit entspricht die FinVerw. im Ergebnis der in der ersten Auflage dieses Handbuchs vertretenen Meinung, dass eine Abgrenzung zwischen gewerblichen und verwaltungsbezogenen Dienstleistungen überflüssig ist und daher aufgegeben werden sollte.[32] Es ist davon auszugehen, dass die FinVerw. im Zuge der Überarbeitung der VGr von 1983 die noch vorhandene Unterscheidung zwischen gewerblichen Dienstleistungen (Tz. 3.2 VGr) und verwaltungsbezogenen Dienstleistungen (Tz. 6 VGr) ganz beseitigt und in Anlehnung an die OECD-VPL nur noch von konzerninternen Dienstleistungen spricht.

4. Der Dienstleistungsbegriff in den OECD-VPL

Die OECD-VPL befassen sich in den Kapiteln VII und VIII mit **konzern-** **17** **internen Dienstleistungen.** In Kapitel VII werden überwiegend zwei Themenkomplexe behandelt, nämlich
1. die Beurteilung der Dienstleistungsgebühren dem Grunde nach (Tz. 7.6– 7.18 OECD-VPL); dabei geht es um das Problem, wie überprüft und nachgewiesen werden kann, ob konzerninterne Dienstleistungen tatsächlich zur Verfügung gestellt wurden;
2. die Bestimmung einer der Höhe nach angemessenen Dienstleistungsgebühr (Tz. 7.19-7.37 OECD-VPL); dies betrifft die Frage, wie hoch das Entgelt für konzerninterne Dienstleistungen für steuerliche Zwecke gem. dem Fremdvergleichsgrundsatz sein sollte.

Die Probleme der Abrechnung von Dienstleistungen mit Umlageverträgen werden in Kapitel VII – insb. im Zusammenhang mit der Anwendung indirekter Abrechnungsmethoden (Tz. 7.22–7.25 OECD-VPL) – nur teilw. erörtert. Weitere Einzelheiten werden in dem speziellen Kapitel VIII (Tz. 8.1– 8.43 OECD-VPL) dargestellt, in dem die Verrechnung von Leistungen nach dem Poolkonzept erläutert wird.

Die Kapitel VII und VIII OECD-VPL enthalten **keine Definition** des **18** Begriffs **konzerninterne Dienstleistungen.** Aus Kapitel VII OECD-VPL lassen sich aber **verschiedene Kategorien** von Dienstleistungen ableiten. In Tz. 7.2 OECD-VPL wird zunächst darauf verwiesen, dass fast jeder Konzern seinen Gliedunternehmen eine große **Vielfalt von Dienstleistungen** zur Verfügung stellen muss, insb. administrative, technische, finanzielle und kaufmännische Dienstleistungen. Solche Dienstleistungen können auch Management-, Koordinations- und Kontrollfunktionen für den gesamten Konzern umfassen (Tz. 7.2 OECD-VPL).

---

[31] Vgl. dazu Rn. 281 ff.
[32] Vgl. ausführlich *Engler* in Vögele/Borstell/Engler/Kotschenreuther, Handbuch der Verrechnungspreise, 1. Aufl., 1997, K Rn. 21–27 und Rn. 41 f.

In Tz. 7.14 OECD-VPL werden zahlreiche Beispiele für Konzerndienstleistungen genannt, so insb. [33]

– Verwaltungsdienstleistungen, wie Planung, Koordination, Budgetkontrolle, Finanzberatung, Rechnungswesen, Rechnungsprüfung, Rechtsberatung, Factoring- oder Computerdienstleistungen,
– Finanzdienstleistungen, wie die Überwachung des Cash Flow und der Liquidität, Kapitalerhöhungen, Darlehensaufnahmen, Zinsmanagement und Management des Wechselkursrisikos sowie Refinanzierung,
– Unterstützung in den Bereichen Produktion, Beschaffung, Vertrieb und Marketing,
– Dienstleistungen im Personalbereich, wie Einstellung und Ausbildung,
– Dienstleistungen im Bereich Forschung und Entwicklung oder die Verwaltung und der Schutz immaterieller Wirtschaftsgüter.

Soweit es sich bei den Dienstleistungen um Tätigkeiten handelt, die zB die Muttergesellschaft oder eine regionale Holding in ihrer Eigenschaft als Gesellschafter ausübt, können solche **Anteilseigneraktivitäten (Shareholder Activities)** nicht als entgeltfähige Dienstleistungen angesehen werden (Tz. 7.9 OECD-VPL).[34] Damit wird also unterschieden zwischen dem **nicht verrechenbaren Gesellschafteraufwand** und den sonstigen **verrechenbaren Konzerndienstleistungen.**[35]

19 Grundsätzlich liegt keine verrechenbare konzerninterne Dienstleistung vor, wenn Aktivitäten ausgeübt werden, die ein anderes Konzernunternehmen bereits selbst ausgeführt hat oder von Fremden ausführen ließ (sog. **Duplicative Activities**).[36] Auch Vorteile aus der Konzernzugehörigkeit (zB die höhere Kreditwürdigkeit) oder Synergieeffekte die sich beiläufig durch Leistungen ergeben, die zwischen anderen Konzernunternehmen erbracht wurden, sind nicht als entgeltpflichtige Dienstleistungen zu qualifizieren.[37]

20 Für die Abrechnung von Dienstleistungen differenziert die OECD-VPL zwischen:

– Dienstleistungen, die das Hauptgeschäftsfeld oder einen wesentlichen Teil des Geschäfts darstellen und von dem Unternehmen auch an konzernfremde Unternehmen erbracht werden,
– Dienstleistungen, die nur gelegentlich oder nur im geringem Umfang gegenüber Dritten erbracht werden und
– Dienstleistungen, die nur an Konzernunternehmen erbracht werden.

21 Für die erste Kategorie soll die Abrechnung grundsätzlich nur nach der **direkten Methode** erfolgen (Tz. 7.21 und 7.23 OECD-VPL). Das bedeutet, dass der Preis für die einzelne Dienstleistung zu berechnen ist (Tz. 7.20 OECD-VPL). Für die **Einzelabrechnung**[38] liegt in diesen Fällen der gegen-

---

[33] Vgl. auch die ausführliche Liste unten zu Rn. 113, ferner *EU JTPF,* JTPF Report 2010, Annex I.
[34] Vgl. iE unten Rn. 51 ff.
[35] S. auch unten Rn. 51–56 und 74–76.
[36] Vgl. Tz. 7.11 OECD-VPL; ebenso US Services Regs. § 1.482-9 (l) (3) (iii).
[37] Vgl. Tz. 7.12 und 7.13 OECD-VPL; ebenso US Services Regs. § 1.482-9 (l) (3) (ii) und § 1.482-9 (l) (3) (v); s. auch unten Rn. 110.
[38] *Kroppen* in Kroppen, Rn. 3 zu Tz. 7.20 OECD-VPL weist zutreffend darauf hin, dass die indirekt Methode eigentlich nicht mit dem Begriff Einzelabrechnung gleichzusetzen ist, weil damit nur eine direkte Abrechnung zu einem bestimmten Preis ver-

über den konzernfremden Unternehmen belastete Preis als **Fremdvergleichspreis** vor, sodass diese Regelung der OECD-VPL auf den ersten Blick als akzeptabel erscheint. Dagegen spricht aber, dass damit dem Leistenden die vertragliche Freiheit genommen wird, solche Leistungen nach dem Vereinfachungsprinzip im Wege der **Konzernumlage** mit Gewinnaufschlag gegenüber verbundenen Unternehmen abzurechnen. In der Konsequenz könnten derartige Dienstleistungen auch nicht im Rahmen eines Poolvertrags als Hilfsfunktionen gegenüber anderen Poolteilnehmern erbracht und die Kosten ohne Gewinnaufschlag im Pool verrechnet werden.

Für die oben genannte zweite Kategorie von Dienstleistungen, die nur gelegentlich oder in geringem Umfang gegenüber Dritten erbracht werden, wird in Tz. 7.21 OECD-VPL zwar eine direkte Abrechnung befürwortet, jedoch mit der Einschränkung, dass dieser Ansatz nicht immer zutreffend sein muss. Auch für diesen Fall gelten die oben genannten Bedenken; das heißt, es besteht nach der hier vertretenen Meinung generell ein **Wahlrecht,** nach welcher Methode abgerechnet wird.[39]

Soweit die Dienstleistungen nicht gegenüber konzernfremden Unternehmen erbracht werden, erkennt die OECD-VPL die Abrechnung nach einer indirekten Methode grundsätzlich an, obwohl aus Tz. 7.21–7.23 OECD-VPL generell eine Tendenz zur Bevorzugung der direkten Methode ersichtlich wird.

Als **Ergebnis** ist festzuhalten, dass die OECD-VPL unterscheidet zwischen **22**
schen
1. nicht verrechenbaren Anteilseignertätigkeiten (Shareholder Activities), also dem sog. Gesellschafteraufwand und
2. verrechenbaren konzerninternen Dienstleistungen, für die das Entgelt
   – bevorzugt nach der direkten Methode, also im Wege der **Einzelabrechnung** zu ermitteln ist, insb. wenn diese Leistungen auch gegenüber fremden Unternehmen erbracht werden, oder
   – im Wege einer indirekten Methode zu berechnen ist, also als **Konzernumlage oder Kostenumlage.**

Wünschenswert wäre, dass die OECD-VPL den Begriff der **Shareholder Activities** noch näher definieren und auch zur Frage der Aufteilung der Kosten Stellung nehmen, wenn die Dienstleistungen sowohl im Interesse des Gesellschafters als auch im Interesse der operativen Unternehmer liegen.[40] Im Übrigen sollte den Vertragsparteien ausdrücklich die Wahl gelassen werden, ob sie die Leistungen im Wege der Einzelabrechnung oder im Wege der Konzern- oder Kostenumlage abrechnen wollen.

Inzwischen hat eine Arbeitsgruppe der **EU-Kommission (EU Joint Transfer Pricing Forum)** einen Bericht veröffentlicht, der RL für Konzerndienstleistungen enthält und insb. auch zu den Gesellschafterkosten Stellung nimmt.[41] In Anhang II enthält dieser Bericht eine nicht abschließende

---

langt wird im Unterschied zur indirekten Abrechnung über eine Umlage oder im Preis für eine andere Leistung.

[39] Vgl. dazu auch unten Rn. 284–294.

[40] Vgl. dazu unten Rn. 31 ff., 51 ff. und 77 ff.

[41] Vgl. *EU JTPF,* JTPF Report: Guidelines on low value adding intra-group services, February 2010.

und unverbindliche Liste mit Aktivitäten, zu denen Kommentare abgegeben werden, ob diese generell oder im Einzelfall den Interessen des Gesellschafters dienen.[42]

5. Qualifikationskonflikte

23   Ebenso wie Deutschland haben auch viele **andere Staaten** inzwischen eigene nationale Gesetze oder Verwaltungsregelungen zur Prüfung von Verrechnungspreisen geschaffen, wobei diese Regelungen entweder auf den OECD-Berichten von 1979 und 1984 oder den OECD-VPL von 1995/96 oder den OECD-VPL von 2010 beruhen.[43] Einige Staaten wenden die OECD-VPL unmittelbar an.[44] Soweit die Verrechnungspreise für Dienstleistungen in einem Staat überprüft werden und die Regelungen in beiden Ländern zB **Unterschiede** bei der Anwendung der **Methoden** oder der **Definition** der **Dienstleistungen** aufweisen, können solche **Qualifikationskonflikte** die Gefahr einer Doppelbesteuerung und die Notwendigkeit eines Verständigungsverfahrens bzw. APAs mit sich bringen.

24   So werden häufig **gemischte Verträge** abgeschlossen, die neben der Überlassung von Patenten und Know-how auch die Erbringung laufender **technischer Dienstleistungen** beinhalten.[45] Wenn die technischen Dienstleistungen nach dem Vertrag nicht nur als Nebenleistungen, sondern als gleichrangige Hauptleistung neben der Lizenzgewährung vereinbart werden, dann darf die dafür gezahlte Vergütung **nicht** als **Lizenzzahlung** für die Übertragung von weiterem Know-how qualifiziert werden, und der Quellenstaat darf auch **keine Quellensteuer** auf die Vergütung für die Dienstleistungen einbehalten. Dies gilt selbst dann, wenn die Parteien im Vertrag eine Gesamtvergütung für die beiden Hauptleistungen des Vertrags vereinbart haben; hierbei werden die Aufteilung und die steuerlich gesonderte Behandlung der Vergütungsteile erforderlich.[46] In solchen Fällen kann jedoch nicht ausgeschlossen werden, dass die FinVerw. der beteiligten Länder unterschiedliche Auffassungen vertreten, ob überhaupt eine Dienstleistung als Hauptleistung vorliegt oder ob sie als Nebenleistung der Lizenzgewährung zu beurteilen ist. Derartige Qualifikationskonflikte können insb. im Verhältnis zu Entwicklungsländern auftreten, weil die DBA mit diesen Ländern meistens ein Recht auf Quellensteuerabzug gewähren.[47] Solche Qualifikationskonflikte

---

[42] Vgl. *EU JTPF,* JTPF Report 2010, Rn. 41 u. Annex II; dazu auch unten Rn. 31 ff., 51 ff., 77 ff. u. 113.

[43] Zur Bindungswirkung der OECD-VPL vgl. Kap. B, Rn. 9 ff., *Vogel* in Vogel/Lehner, DBA, Einl., Rn. 123 ff.

[44] So zB die Schweiz; vor Erlass eigener Verrechnungspreisleitlinien auch Österreich.

[45] Tz. 7.3. OECD-VPL; vgl. zB *Joos* in Grotherr, Handbuch der internationalen Steuerplanung, 859 ff., 871 f.

[46] Vgl. Tz. 11.6 MA-Komm. zu Art. 12 OECD-MA; *Pöllath/Lohbeck* in Vogel/Lehner, DBA, Art. 12 Rn. 74.

[47] In einigen DBA wird der Begriff der Lizenzgebühren sogar erweitert und umfasst ausdrücklich Gebühren für technische Dienstleistungen (DBA Indien und Indonesien) oder für Beratungen und ähnliche Dienstleistungen (DBA Australien, Jamaika, Simbabwe, Uruguay), sodass für diese Länder kaum Qualifikationskonflikte entstehen sollten.

wirken sich auch auf die Frage der Angemessenheit der Verrechnungspreise aus, weil die Beurteilung der Vergütung als Lizenzgebühr einen anderen Fremdvergleich erfordert als die Beurteilung der Vergütung als Dienstleistungsentgelt.

Auch die Abgrenzung des **Begriffs der Dienstleistungen** nach nationa-   25 lem Recht und nach dem **Recht anderer Staaten** kann zu Qualifikationskonflikten führen. So können in den beteiligten Staaten **unterschiedliche Auffassungen** darüber bestehen, ob eine **Lieferung oder** eine **Dienstleistung** vorliegt und ob daher zB bevorzugt die Preisvergleichsmethode, die Wiederverkaufspreismethode oder die Kostenaufschlagsmethode zur Anwendung kommen sollte.

Diese Fragen stellen sich vor allem bei der **Lohnveredelung** (auch **Lohn-**   26 **fertigung** genannt), die auch in den VGr angesprochen wird (Tz. 3.1.3, Beispiel 3 VGr), sowie bei der **Auftragsfertigung.** Oft werden die Begriffe Lohnveredelung und Auftragsfertigung synonym verwendet; im Detail bestehen aber Unterschiede.[48] Sowohl bei der Lohnveredelung als auch bei der Auftragsfertigung stellt sich die Frage, ob der beauftragte Hersteller unter Beachtung der Funktions- und Risikoanalyse für den Auftraggeber nur eine „Dienstleistung" erbringt oder ob er in eigenem Namen und auf eigene Rechnung und Gefahr Produkte herstellt und eine Lieferung ausführt. Weiterhin können diese Abgrenzungsprobleme auch im Rahmen der Auftragsforschung eine Rolle spielen, wo im Einzelfall zu fragen ist, ob die Lieferung eines Forschungsprodukts oder die Dienstleistung im Vordergrund steht.[49]

Qualifikationskonflikte können ferner auftreten bei der Frage, ob be-   27 stimmte Leistungen als nicht verrechenbarer **Gesellschafteraufwand** oder als verrechnungspflichtige konzerninterne Dienstleistungen zu qualifizieren sind. Insoweit wird auf die Ausführungen in den nächsten Abschnitten verwiesen.[50]

Unterschiedliche Auffassungen können auch bzgl. der Frage bestehen, un-   28 ter welchen Voraussetzungen **Umlageverträge** nach dem **Poolkonzept** mit Abrechnung der Kosten ohne Gewinnaufschlag **oder** Konzernumlagen nach dem **Leistungsaustauschgedanken** mit Gewinnaufschlag zulässig sind. Die der OECD angehörenden Länder vertreten zu diesem Thema durchaus unterschiedliche Auffassungen.[51] Dies ist auch der Grund, weshalb in Tz. 8.1 OECD-VPL ausdrücklich darauf hingewiesen wird, dass in Kapitel VIII OECD-VPL nicht alle wichtigen Probleme gelöst sind und zB offen ist, wann ein Ansatz der tatsächlichen Kosten oder wann ein Ansatz von Marktpreisen angemessen ist oder welche Auswirkungen Subventionen oder steuerliche Anreize haben können.

Erhebliches Potential für Qualifikationskonflikte bieten die in § 1 Abs. 3   29 AStG und in der Funktionsverlagerungsverordnung enthaltenen Regelungen

---

[48] Vgl. dazu die ausführliche Kommentierung unter Rn. 443 ff.

[49] Dazu ausführlich Kap. O Rn. 181 ff., 188 ff.

[50] Vgl. Rn. 31 ff. und 51 ff.

[51] Die US-Regulations für konzerninterne Dienstleistungen enthalten zB für *Shared Services Arrangements* unter der *Services Cost Method* spezielle Voraussetzungen für die Verrechnung von Kosten für Dienstleistungen ohne Gewinnaufschlag, vgl. dazu in diesem Kapitel Rn. 256 ff.

über die Besteuerung des Transferpakets im Fall von **Funktionsverlagerungen**.[52] Bei der Verlagerung von Dienstleistungen können insb. Meinungsverschiedenheiten bzgl. der Fragen auftreten, ob die Schließungskosten des übertragenden Unternehmens und ob die vom übernehmenden Unternehmen realisierten Standortvorteile und Synergieeffekte bei der Ermittlung der Gewinnerwartungen berücksichtigt werden dürfen. Ferner kann die Einbeziehung des künftigen Gewinnpotenzials des übernehmenden Unternehmens in die Ausgleichszahlung als Verstoß gegen bilaterale DBA sowie in der EU zusätzlich als Verstoß gegen die Niederlassungs- und die Kapitalverkehrsfreiheit angesehen werden.

30   Außer den vorstehend genannten Möglichkeiten gibt es noch zahlreiche andere denkbare Qualifikationskonflikte bei der Beurteilung, ob Dienstleistungen vorliegen, ob diese verrechenbar sind, welche Art der Abrechnung zulässig ist, usw. Zur Vermeidung von Konflikten empfiehlt es sich stets, vor dem Vertragsabschluss die steuerlichen Implikationen in den Ansässigkeitsstätten aller Vertragsparteien zu prüfen und erforderlichenfalls geeignete Gestaltungsmaßnahmen zu treffen. Soweit sinnvoll, können **Advance Pricing Agreements** beantragt werden.[53]

6. Unterscheidung zwischen Dienstleistungen und Gesellschafteraufwand

31   Die OECD-VPL weisen darauf hin, dass in fast allen Konzernen eine Reihe unterschiedlicher Arten von Dienstleistungen erbracht werden, bspw. administrative, technische, finanzielle oder gewerbliche Dienstleistungen, wobei diese auch Management- und Koordinationsleistungen beinhalten können.

Der maßgebende Unterschied im Hinblick auf die Verrechenbarkeit der Leistungen beruht jedoch gem. der OECD-VPL auf der **Trennung** zwischen Leistungen, die der **Wahrnehmung der Gesellschafterfunktion** dienen, **und** solchen, die im Interesse bzw. zum **Vorteil anderer Konzernunternehmen** erbracht werden.[54] Nach dem Kriterium der Vorteilserlangung und der Verrechenbarkeit bzw. Entgeltpflichtigkeit unterscheidet die OECD-VPL zwischen:[55]

– **nicht verrechenbaren Tätigkeiten,** die der Muttergesellschaft in ihrer Eigenschaft als Gesellschafterin nutzen (sog. **Shareholder Activities**) und
– **verrechenbaren Tätigkeiten,** die eindeutig zum Vorteil eines oder mehrerer verbundener Unternehmen erbracht werden.

32   In den OECD-Berichten 1979 und 1984 wurden ferner genannt:[56]
– Tätigkeiten, die in **unterschiedlichem Maße** sowohl der **Muttergesellschaft** nutzen – und insoweit nicht verrechenbar sind – **als auch** einem oder mehreren **Konzernunternehmen** Vorteile bringen und insoweit verrechenbar sind.

---

[52] Vgl. dazu ausführlich Kap. R.
[53] Vgl. dazu Kap. F Rn. 402 ff.
[54] Tz. 7.9 und 7.10 OECD-VPL.
[55] Tz. 7.9 und 7.10 OECD-VPL.
[56] Tz. 145 OECD-Bericht 1979 und Tz. 27 OECD-Bericht 1984.

Letztere können nur insoweit verrechnet werden, als eine Analyse der jeweiligen Dienstleistungsbeziehungen und der Funktionen der leistenden und der leistungsempfangenden Unternehmen des Konzernverbundes vorliegt.[57] Die OECD-VPL äußern sich zu solchen „gemischten" Leistungen nicht (mehr) ausdrücklich. Da es aber vorstellbar ist, dass in Ausnahmefällen Leistungen sowohl dem Interesse der Muttergesellschaft als auch dem Interesse eines untergeordneten Unternehmens dienen, sollten die oben genannten Grundsätze einer Kostenteilung bei gemischten Leistungen weiterhin gelten. Das *EU Joint Transfer Pricing Forum* hat in einem Bericht vom Februar 2010 eine anteilige Kostenbelastung bei solchen Leistungen befürwortet.[58]

In Kapitel VII der **OECD-VPL** wird die **Verrechenbarkeit** von **kon-**   **33** **zerninternen Dienstleistungen** diskutiert, die entweder von der Muttergesellschaft selbst oder von speziellen Konzern-Dienstleistungsgesellschaften erbracht werden. Empfänger der Dienstleistung können alle Konzernunternehmen einschließlich der Muttergesellschaft sein.

Ebenso wie die früheren OECD-Berichte differenzieren die OECD-VPL   **34** zwischen Kosten für **verrechenbare und nicht verrechenbare Dienstleistungen (Gesellschafteraufwand).**[59] Die **OECD-VPL** definieren aber den **Umfang** des **nicht verrechenbaren Gesellschafteraufwands** etwas **enger** als die früheren Berichte und stellen klar, dass bspw. **Koordinationsleistungen** zu den **verrechenbaren Leistungen** gehören.[60] Als Abgrenzungskriterium für die Aufteilung zentraler Dienstleistungen auf die Konzernunternehmen wird die Vorteilserlangung angesehen. In Tz. 28 des OECD-Berichts 1984 wurde auf die Schwierigkeit einer eindeutigen Trennung von nicht verrechenbarem Gesellschafteraufwand und weiterbelastbarem Aufwand hingewiesen. Insb. beim Erbringen von Dienstleistungen, die mehreren Konzernunternehmen Vorteile bringen, stellt sich die Frage, in welcher Weise der Begriff „Vorteil" letztendlich auszulegen ist.[61]

Der Dienstleistungsbegriff ist – wie oben erörtert wurde – sowohl in den   **35** VGr als auch in den OECD-VPL nur unzureichend definiert. Aber auch in der deutschsprachigen Rechtsprechung und Literatur herrscht zur begrifflichen Kennzeichnung des Dienstleistungsaustauschs zwischen verbundenen Unternehmen eine verwirrende Begriffsvielfalt.[62] Zur Unterscheidung werden daher häufig die Begriffe **Unterstützungs- bzw. Assistenzleistungen, Managementleistungen, Regieleistungen, Koordinationsleistungen** und **Kontrollleistungen** verwendet.

Als **Assistenzleistungen** werden solche Dienstleistungen bezeichnet, die   **36** idR auch von einem unabhängigen Dienstleistungsunternehmen am Markt angeboten und erbracht werden (auch sog. gewerbliche Dienstleistungen).[63] Durch die fortdauernde Arbeitsteilung, das Auslagern von betrieblichen

---

[57] Vgl. Tz. 150, 159 und 178 OECD-Bericht 1979; vgl. auch Tz. 29 OECD-Bericht 1984.

[58] Vgl. *EU JTPF,* JTPF Report 2010, Rn. 46; dazu unten Rn. 77 ff.

[59] Vgl. Tz. 7.9 f. OECD-VPL.

[60] Vgl. Tz. 7.9 OECD-VPL; nähere Ausführungen hierzu sind unten in den Rn. 51–56 enthalten.

[61] Vgl. Tz. 29 OECD-Bericht 1984; vgl. ferner unten Rn. 67 ff. u. 77–83.

[62] Vgl. *Baumhoff* Verrechnungspreise, 1986, 30.

[63] Vgl. *Felix* StuW 1964, Sp. 23; *Ebenroth* Verdeckte Vermögenszuwendung, 223.

Funktionen und die generelle Entwicklung der klassischen Industrienationen zu „Dienstleistungsgesellschaften" gibt es nahezu alle Dienstleistungen am Markt bzw. an den Dienstleistungsmärkten zu kaufen.

Beispiele: Marktforschung, Produktentwicklung, Werbung, Public Relations, Markteinführung, Steuerberatung, Rechtsberatung, Kreditvermittlung, EDV-Beratung, Systementwicklung, Patentberatung, Bauberatung, Laborberatung, Qualitätskontrolle, Inkasso und Fachgutachten.

Auch die Produktion kann im Wege der Auftrags- und Lohnfertigung oder die Forschung und Entwicklung kann in Gestalt der Auftragsforschung als Dienstleistung erbracht werden. Ebenso können Verkaufsaktivitäten durch einen sog. Limited Risk Distributor oder einen sog. Sales Support Service Provider dem Charakter einer Dienstleistung weitgehend entsprechen.[64]

37   Eine Konzerngesellschaft übernimmt im Rahmen von **Assistenzleistungen** die Funktion eines unabhängigen Dienstleistungsunternehmens; somit wird die Dienstleistung gegenüber den anderen Konzerngesellschaften erbracht, aber dadurch nicht in die Entscheidungskompetenz der empfangenden Unternehmen eingegriffen.[65] Da die Konzerngesellschaft auch einem fremden dritten Dienstleistungsunternehmen die erhaltene Leistung marktgerecht vergüten müsste, muss auch der leistungserbringenden Konzerngesellschaft ein **angemessenes Entgelt** (einschließlich eines Gewinnelements) gezahlt werden (vgl. Tz. 3.2.3 VGr).

38   Durch **Managementleistungen** greift die leistende Konzerngesellschaft in den Entscheidungsprozess der empfangenden Gesellschaft ein. Durch diese Dienstleistungen beteiligt sich die Konzernobergesellschaft an der Geschäftsführung eines verbundenen Unternehmens, und die Geschäftsführung der leistungsempfangenden Gesellschaft wird ganz oder teilweise entlastet.[66] Soweit die Managementleistungen den **Leistungsempfängern** einen **Nutzen** bringen und in deren **Interesse** liegen, sind auch diese Leistungen grundsätzlich verrechenbar.[67] Dies gilt jedenfalls, soweit diese Leistungen unmittelbar den operativen Unternehmensbereich betreffen und somit dem Aspekt der betrieblichen Verursachung gerecht werden und nicht als Gesellschafteraufwand zu qualifizieren sind und bspw. unter die Ausnahmen der Tz. 6.3.2 VGr fallen. Teilweise wurde früher die Auffassung vertreten, dass es sich bei Managementleistungen um unternehmensspezifische Leistungen handelt, die nicht von dritter Stelle erbracht werden können,[68] sodass ein Fremdvergleich nur in Ausnahmefällen möglich sein soll.

Beispiele: Unter Managementleistungen fallen die Gestaltung des Absatz- und Produktionsprogramms, die Festlegung der Investitionspolitik und Finanzplanung, die Auftrags- und Fertigungssteuerung sowie die Personalpolitik.

39   Schon seit einigen Jahren sind **Managementleistungen** jedoch als marktgängige Leistungen zu betrachten. Spezialisierte Unternehmensberater bieten

---

[64] Vgl. zu den zuletzt genannten Dienstleistungen unten Rn. 499 ff.
[65] Vgl. *Wiedemann/Strohn*, 113–120.
[66] Vgl. *Wiedemann/Strohn*, 114.
[67] Vgl. auch Tz. 7.9 OECD-VPL; zur Frage der Verrechenbarkeit vgl. ausführlich unten Rn. 51 ff.
[68] Vgl. *Schiffer* DB 1978, 904; *Wiedemann/Strohn*, 114; *Brezing* § 1 AStG, Rn. 160 ff.

heute **Beratung** für fast alle Unternehmensbereiche an, u. a. auch für Konzern(um)organisation, Planung zur Effizienzsteigerung und Kostenreduktion, strategische Planung, insb. Absatz-, Produktions-, Investitions- und integrierte Finanzplanung sowie Fertigungssteuerung usw. Auch in der **internationalen Literatur** wird der Begriff **Management Services** generell sehr weit definiert und beschränkt sich keinesfalls auf Dienstleistungen der Geschäftsleitung, sondern umfasst **alle administrativen, technischen und kommerziellen Leistungen,** die zwischen verbundenen Unternehmen erbracht werden.[69] Für den Fremdvergleich kommt es daher auf die Vergleichbarkeit entsprechender Leistungen bzw. die Frage der angemessenen Berichtigung abweichender Bedingungen gem. Tz. 2.1.7 VGr an. In einigen Fällen dürfte es schwierig sein, uneingeschränkt vergleichbare Fremdvergleichswerte für Managementleistungen zu finden. Soweit jedoch für bestimmte Leistungen die Stundensätze oder Projektkosten externer Berater bekannt sind, ist ein **externer Preisvergleich** möglich. Soweit keine Marktpreise ermittelt werden können, erfolgt die Vergütung der Managementleistungen anhand der **Kostenaufschlagsmethode** auf der Grundlage der Kosten der leistungserbringenden Unternehmung zuzüglich eines branchenüblichen Gewinnaufschlags.

Die Berechnung von Managementleistungen auf Basis von (hohen) Stundensätzen, die dem **Preisvergleich** entsprechen, kann jedoch – wie bei externen Beratern – **nur** für einen **zusätzlichen begrenzten Einsatz** anerkannt werden.[70] Wenn dagegen die Kombination von Stundensätzen und vereinbarter Arbeitszeit den fremdüblichen Aufwand weit übersteigt, der für Bezüge von Geschäftsführern vergleichbarer Unternehmen gezahlt wird, dann liegt insoweit eine vGA vor.[71]

Regieleistungen erfassen nur den Dienstleistungsfluss von der Muttergesellschaft zur Tochtergesellschaft (wobei dazu auch eine andere Konzerngesellschaft eingeschaltet sein kann), nicht jedoch Dienstleistungen von einer Tochtergesellschaft zur Muttergesellschaft.[72]   **40**

Beispiel: Die deutsche Muttergesellschaft A legt die Geschäftspolitik für das britische Tochterunternehmen B fest.

Der Begriff Regieleistungen umfasst aber nicht Leistungen, die die einzelnen Gliedunternehmen selbst erbringen könnten, die aber aus organisatorischen Gründen von der Muttergesellschaft erbracht werden.[73] Dienstleistungen, die auch von unabhängigen Dienstleistungsunternehmen erbracht werden könnten, sind ebenfalls keine Regieleistungen. Der Begriff **Regiekosten** kennzeichnet jedoch keinesfalls nur nicht-abzugsfähige Kosten, sondern umfasst auch Leistungen, deren Abzugsfähigkeit unumstritten ist.[74] Zwi-

---

[69] Vgl. zB *Raby,* 80; *Male,* 189 ff.

[70] BFH 5.3.08, DStRE 2008, 692 ff.

[71] BFH 5.3.08, DStRE 2008, 692, 694.

[72] Vgl. *Felix* StuW 1964, Sp. 22; *Kumpf* Verrechnungspreise, 231; BFH 19.3.69, BStBl. II 1969, 497.

[73] Vgl. *Rasch* BB 1963, 1095.

[74] Vgl. *Felix* StuW 1964, Sp. 24; *Rädler/Raupach,* 609; *Brezing* Verrechnungsentgelte, 69; *Baumhoff* Verrechnungspreise, 32.

schen Regieleistungen und den nachfolgend erörterten Kontrollleistungen kann es im Einzelfall Überschneidungen geben. Soweit Regieleistungen im primären Interesse der Muttergesellschaft liegen, sind sie nicht verrechenbar.

41 **Kontrollleistungen** sind Tätigkeiten, die dem Gesellschafter auf Grund seiner **Gesellschafterstellung** entweder unmittelbar oder über den Aufsichtsrat zustehen. Durch die Kontrollleistungen übt die Obergesellschaft ihre Mitgliedschaftsrechte aus und kontrolliert das Leitungsorgan der Untergesellschaft. Die Kontrolle umfasst die Entgegennahme von Berichten, aktives Befragen und ggf. besondere Prüfungen, jedoch keine gesellschaftsinternen Überprüfungen, wie etwa die interne Revision in einer Tochtergesellschaft durch deren eigene Mitarbeiter. Im Fall von Kontrollleistungen findet kein Leistungsaustausch zwischen Ober- und Untergesellschaft statt, daher können diesbezügliche Kosten als sog. **Gesellschafteraufwand** nicht an die Tochtergesellschaften berechnet werden.[75]

42 Soweit die Management-, Regie- oder Kontrollleistungen und sonstige Aktivitäten den primären Interessen des Gesellschafters dienen, liegen folglich Gesellschafteraktivitäten vor (sog. **Shareholder Activities**), deren Kosten grundsätzlich vom Gesellschafter selbst zu tragen sind. Gem. Tz. 6.1 VGr können für verwaltungsbezogene Dienstleistungen keine Entgelte verrechnet werden, soweit sie ihren **Rechtsgrund** in den **gesellschaftsrechtlichen Beziehunge**n oder in anderen Verhältnissen haben, die die Verflechtung begründen. In Tz. 6.3.2 VGr nennt die FinVerw. einige Beispiele für Leistungen im Interesse des Gesellschafters; demgemäß kann eine Muttergesellschaft Entgelte nicht verrechnen für
– den sog. **Rückhalt im Konzern**[76] einschließlich des Rechts den Konzernnamen[77] zu führen sowie der Vorteile, die sich allein aus der rechtlichen, finanziellen und organisatorischen Eingliederung in den Konzern ergeben,
– die Tätigkeit ihres Vorstands und Aufsichtsrats als solche sowie für ihre Gesellschafterversammlungen,
– die rechtliche Organisation des Konzerns als ganzen sowie für die Produktions- und Investitionssteuerung im Gesamtkonzern,
– Tätigkeiten, die Ausfluss ihrer Gesellschafterstellung sind, einschließlich der allgemeinen Organisation sowie der der Konzernspitze dienenden Kontrolle und Revision,
– Schutz und Verwaltung der Beteiligungen,
– die Konzernführung und diejenigen Führungsaufgaben nachgeordneter Unternehmen, die die Konzernspitze an sich gezogen hat, um ihre eigenen Führungsmaßnahmen besser vorzubereiten, durchzusetzen und zu kontrollieren. Die Führung schließt die Planung, die unternehmerische Entscheidung und die Koordinierung ein.

Die Obergesellschaft kann einen Teil ihrer Management-, Regie- oder Kontrollleistungen usw. an eine **andere Konzerngesellschaft** delegieren. Soweit eine Dienstleistungsgesellschaft derartige Aktivitäten ausübt und wenn

---

[75] Vgl. BFH 19.3.69, BStBl. II 1969, 447; FG Freiburg 21.12.60, EFG 1962, 315; *Baranowski,* 129.

[76] Vgl. dazu die Kommentierung unten Rn. 108 f.

[77] Zur Entgeltfähigkeit einer Marke, die mit dem Konzernnamen identisch ist; vgl. Kap. O Rn. 506 ff.

diese Tätigkeiten den Interessen des (unmittelbaren oder mittelbaren) Gesellschafters dienen, sind diese gleichwohl als sog. **Shareholder Activities** zu qualifizieren und die betreffenden Kosten dürfen nicht an die operativen Gesellschaften belastet werden, sondern sind an den Gesellschafter zu verrechnen.

Auch die Duplizierung von Leistungen (sog. **Duplicative Services**) durch **43** den Gesellschafter oder andere verbundene Unternehmen ist idR nicht verrechenbar, wenn der Leistungsempfänger die entsprechende Leistung bereits intern im eigenen Unternehmen ausführt oder von einem Dritten erhalten hat (Tz. 7.11 OECD-VPL). Jedoch kann in Ausnahmefällen eine Verrechnung anerkannt werden, wenn die Duplizierung eine wirtschaftlich sinnvolle Maßnahme darstellt, so zB die Einholung einer zweiten Meinung **(Second Legal Opinion)** in einer schwierigen Rechtsfrage, um die Risiken einer falschen Unternehmensentscheidung zu minimieren.[78]

Wenn eine Dienstleistung im Interesse eines oder mehrerer Konzernunter- **44** nehmen erbracht wird und diese Leistung einen **zufälligen oder indirekten Nutzen** für eine andere Konzerngesellschaft mit sich bringt, die nicht zum Kreis der Leistungsempfänger gehört, dann kann dafür keine Vergütung in Rechnung gestellt werden (Tz. 7.12 OECD-VPL).[79] Dies kann zB der Fall sein, wenn in Folge einer Umstrukturierung im Konzern auch die Effizienz nicht unmittelbar betroffener Unternehmen steigt oder **Synergieeffekte** auftreten (Tz. 7.12 S. 3 OECD-VPL).[80]

Im Hinblick auf die enge Auslegung des Begriffs der **Gesellschafterakti-** **45** **vitäten** durch Tz. 7.9 OECD-VPL[81] sollte bei der Überarbeitung der VGr 1983 geprüft werden, ob die in Tz. 6.3.2 VGr genannten Beispiele uneingeschränkt übernommen werden können. So werden **Vorstände** oder **Geschäftsführer** in vielen Unternehmen überwiegend im Interesse der zu ihrem Ressort gehörenden operativen Abteilungen, Tochtergesellschaften oder Spartenunternehmen tätig und nur in geringem Umfang für die Holding selbst. Auch die **Produktions- und Investitionssteuerung** im Gesamtkonzern kommt den einzelnen Konzernunternehmen zu Gute und sollte daher als verrechenbare Dienstleistung oder als teilweise verrechenbare Mischleistung qualifiziert werden. Ähnliche Überlegungen gelten für die **interne Revision,** die **Planung** und **Koordinierung.**[82]

VGr, OECD-VPL, Literatur und Rechtsprechung verwenden offensicht- **46** lich unterschiedliche Definitionen des Dienstleistungsbegriffs. Eine eindeutige und zweifelsfreie Zuordnung bestimmter Dienstleistungen in die verschiedenen Kategorien (zB Assistenz-, Management-, Koordinations-, Regie-, Kontrollleistungen) ist oft nicht möglich und kann daher häufig nur willkürlich vorgenommen werden.[83] Wie bereits oben zum Dienstleistungsbegriff der

---

[78] Vgl. Tz. 7.11 Satz 3 OECD-VPL; ebenso US Services Regs. § 1.482-9(l)(3)(iii).

[79] Vgl. ähnlich US Services Regs. § 1.482-9(l)(3)(ii).

[80] Vgl. zur Berücksichtigung von Synergien unten Rn. 110 ff.

[81] Vgl. dazu unten Rn. 51 ff.

[82] So auch *Becker/Kroppen* in Kroppen, Rn. 1 ff. zu Tz. 7.10 OECD-VPL; vgl. ferner die Beispiele unten in Rn. 113.

[83] Vgl. *Ritter* Generalbericht, CDFI 1975, 19; *Ebenroth* Verdeckte Vermögenszuwendung, 228; *Kumpf* Verrechnungspreise, 236.

VGr erörtert wurde, ist auch die Unterscheidung zwischen gewerblichen und verwaltungsbezogenen Dienstleistungen für die Frage der Verrechenbarkeit der Leistungen und für die Frage, ob Einzelabrechnung oder Umlageverfahren nach dem Leistungsaustausch- oder nach dem Poolprinzip zulässig sein sollen, nach der hier vertretenen Auffassung wenig hilfreich.

47 Da die Begriffe der Dienstleistungsarten weder eine zweifelsfreie Zuordnung noch eindeutige Rechtsfolgen begünstigen, genügt die **Unterscheidung** zwischen **verrechenbaren** (belastbaren) **Dienstleistungen** und **nicht verrechenbarem** (nicht belastbarem) **Gesellschafteraufwand.** In den folgenden Abschnitten werden Kriterien zur Bestimmung der Verrechenbarkeit von Dienstleistungen ermittelt. Bei Vorliegen einer Dienstleistung zwischen verbundenen Unternehmen sollten im Einzelfall diese Kriterien unabhängig vom Dienstleistungsbegriff geprüft werden.

48–50 *(einstweilen frei)*

III. Verrechenbarkeit und Abzugsfähigkeit der Kosten für Leistungen

1. Verrechnung von Gesellschafteraufwand an Gesellschafter

51 Wie im vorangehenden Abschnitt erörtert wurde, können sog. **Kontrollleistungen** und andere Aktivitäten, die der Gesellschafter im eigenen Interesse durchführt oder durchführen lässt, keine Kostenbelastung rechtfertigen. Die Kosten für die im Interesse des Gesellschafters erbrachten Leistungen müssen also vom Gesellschafter selbst getragen werden, oder wenn eine spezielle **Dienstleistungsgesellschaft** die Kosten aufgewendet hat, müssen diese **Kosten** von den verrechenbaren Kosten abgegrenzt und **an** die **Muttergesellschaft** (bzw. den **Gesellschafter**) belastet werden. Dieser sog. **Gesellschafteraufwand** wird auch mit dem Begriff „Kontrollkosten" oder in der englischsprachigen Literatur mit den Begriffen **Stewardship Expenses, Shareholder Expenses** oder **Control Costs** bezeichnet. Die **OECD–VPL** unterscheiden in Tz. 7.9 den **Begriff** der **Shareholder Activity,** der den Begriff der nicht verrechenbaren Anteilseigneraktivitäten eng auslegt, von dem im OECD-Bericht 1979 geprägten Begriff der **Stewardship Activity,** der weiter ausgelegt werden könne und auch zahlreiche Aktivitäten eines Anteilseigners umfasse, die zu den verrechenbaren Dienstleistungen gehören, wie zB bestimmte **Koordinationsleistungen.** Es kommt jedenfalls darauf an, den nicht verrechenbaren Gesellschafteraufwand von den verrechenbaren sonstigen Leistungen zu unterscheiden.[84] Dabei ist zu trennen einerseits zwischen dem Aufwand, der sich auf die rechtliche Struktur des Mutterunternehmens bezieht oder zum Erwerb und zur Verwaltung der Beteiligungen der Muttergesellschaft erforderlich ist, und andererseits den Ausgaben, die getätigt werden um die Ertragsfähigkeit eines Konzernunternehmens zu verbessern.[85]

52 Obwohl dieses Verrechnungsprinzip unstrittig ist, ergeben sich bei seiner Umsetzung in der Praxis immer wieder Meinungsverschiedenheiten. Dies be-

---

[84] Vgl. Tz. 7.9 OECD-VPL; *EU JTPF,* JTPF Report 2010, Rn. 44.
[85] Vgl. Tz. 7.9 und 7.10 OECD-VPL.

ruht auch darauf, dass international zwei unterschiedliche Ansätze zur Abgrenzung von verrechenbaren und nicht-verrechenbaren Kosten vertreten werden:[86]

1. Bei **enger Auslegung** des Begriffs „Gesellschafteraufwand" beinhaltet dieser lediglich Ausgaben im Zusammenhang mit eigenen Aufgaben des Gesellschafters und mit dem Erwerb und der Verwaltung der Beteiligungen. Die darüber hinausgehenden Tätigkeiten, die dem Management, der Koordination und der Kontrolle des Gesamtkonzerns dienen, werden dem Geschäftsbetrieb der Tochtergesellschaften zugeordnet, so dass eine umfassende Verrechnung der zur Erbringung der Dienstleistungen angefallenen Aufwendungen möglich ist.

2. Wird der Begriff „Gesellschafteraufwand" **weit ausgelegt,** so sind verwaltungsbezogene Dienstleistungen eher der Muttergesellschaft zuzuordnen. Von den Tochterunternehmen kann nur dann ein Entgelt verlangt werden, wenn die Dienstleistungen im speziellen betriebswirtschaftlichen Interesse der Tochtergesellschaft erbracht werden.

Die **OECD-VPL** folgen in Tz. 7.9 offensichtlich der **engen Auslegung**   **53** des Begriffs Gesellschafteraufwand (bzw. Gesellschafteraktivitäten); dh, dass zB **auch Koordinationsleistungen,** die für den Gesamtkonzern von Nutzen sind, **verrechenbar** sein sollen. Das *EU Joint Transfer Pricing Forum* befürwortet wie die OECD-VPL eine am Nutzen der Beteiligten orientierte Entscheidung und diskutiert in seinem Bericht beispielhaft einige typische **Shareholder Activities,**[87] wobei die oben erörterte enge Auslegung erkennbar wird. Unklar ist, ob die deutsche FinVerw. der engen oder weiten Auslegung zuneigt. Das letzte in Tz. 6.3.2 VGr genannte Beispiel für nicht-verrechenbare Entgelte nennt u. a. Führungsaufgaben, die die Konzernspitze an sich gezogen hat, um ihre eigenen Führungsmaßnahmen besser vorzubereiten, durchzusetzen und zu kontrollieren; dies schließt die Planung, die unternehmerische Entscheidung und die Koordinierung ein. Aus diesem Beispiel ist zu folgern, dass die deutsche FinVerw. zurzeit noch eher der weiten Auslegung des Begriffs Gesellschafteraufwand zuneigt. An anderer Stelle lässt sie jedoch – im sog. Betriebsstätten-Erlass[88] in Tz. 4.4 – eine **Weiterbelastung von bestimmten Management- und Koordinierungsleistungen** zu, wobei allerdings diese Art von Leistungen gerade die Haupttätigkeit der Kontroll- und Koordinierungsstelle ausmachen und auch dort die gesellschaftsrechtlich veranlassten Kosten auszusondern und der Konzern-Muttergesellschaft bzw. dem Stammhaus zu belasten sind. Der Betriebsstätten-Erlass gibt daher keinen Aufschluss, ob die FinVerw. die oben erörterte enge oder weite Auslegung des Begriffs Gesellschafteraufwand bevorzugt.

Die Entscheidung der Frage, ob verrechenbare Dienstleistungen oder nicht   **54** entgeltfähige Anteilseigneraktivitäten vorliegen,[89] hängt davon ab, ob unter vergleichbaren Fakten und Umständen ein **unabhängiges Unternehmen**

---

[86] Vgl. OECD-Bericht 1984, 3. Teil, Tz. 36–42.

[87] Vgl. *EU JTPF,* JTPF Report 2010, Rn. 41 iVm Annex II.

[88] BMF 24.12.99, BStBl. I 1999, 1076 ff.

[89] Wie oben zu Rn. 51 erläutert wurde, sind Kosten für Leistungen, die bei einer Dienstleistungsgesellschaft im Interesse des Gesellschafters entstehen, an den Gesellschafter zu belasten.

bereit wäre, für die Aktivität zu zahlen oder diese selbst auszuüben (Tz. 7.10 OECD-VPL und Tz. 6.2.1 Satz 1 VGr). Dies entspricht dem allgemeinen Grundsatz der steuerlichen Gewinnermittlung, wonach beim Leistungsempfänger nur diejenigen Aufwendungen als **Betriebsausgaben** abzugsfähig sind, die **durch den Betrieb veranlasst** sind (§ 4 Abs. 4 EStG). Das bedeutet, dass die Aufwendungen objektiv mit dem Betrieb zusammenhängen und subjektiv dazu bestimmt sein müssen, dem Betrieb zu dienen. Die Frage der betrieblichen Veranlassung und der Abzugsfähigkeit der Betriebsausgaben beim Leistungsempfänger korreliert also – jedenfalls nach deutschem Verständnis – weitgehend mit der Frage der Verrechenbarkeit der Leistungen auf Seiten des leistungserbringenden Unternehmens (im Ausland mag es davon abweichende Auffassungen geben). Die Frage der betrieblichen Veranlassung und der Abzugsfähigkeit der Kosten wird im nächsten Abschnitt erörtert. Aus Sicht der deutschen FinVerw. ist eine Entgeltverrechnung demnach nur möglich, wenn die Dienstleistung eindeutig abgrenzbar ist und im Interesse des empfangenden Unternehmens erbracht wird, dh einen **Vorteil** erwarten lässt und eigene Kosten erspart.[90] Die FinVerw. prüft demnach für jede Dienstleistungsart, ob die Tätigkeit durch den Geschäftsbetrieb der Muttergesellschaft oder den der Tochtergesellschaft verursacht ist. Dies kann in einigen Bereichen zu Meinungsverschiedenheiten führen, bspw. für Koordinationsleistungen oder für Leistungen, die beiden Gesellschaften nützlich sind. Zur Aufteilung der Kosten solcher gemischter Leistungen wird weiter unten Stellung bezogen.[91]

55   Für **Koordinationsleistungen** unterscheidet *Jacobs* nach **zentraler, vertikaler, horizontaler Koordination** und **Innenkoordination**.[92] Die zentrale Koordination dient einer Abstimmung der Gesamtstrategie des Konzerns mit den Aufgaben der einzelnen Tochtergesellschaften und umfasst u. a. die Investitions-, Produktions-, Finanz- und Absatzplanung; diese Leistungen nutzen daher unmittelbar den Konzerntöchtern und sind verrechenbar. Die vertikale Koordination dient der Abstimmung zwischen Ober- und Tochtergesellschaft und liegt im Interesse beider Unternehmen, sodass eine Kostenteilung als sinnvoll erscheint. Die horizontale Koordination bezweckt die Abstimmung von Maßnahmen zwischen zwei oder mehreren Tochtergesellschaften und erfordert daher eine Verrechnung der Leistungen an diese. Die Innenkoordination betrifft die Abstimmung zwischen Abteilungen oder Geschäftsbereichen innerhalb einer Konzerngesellschaft, sodass für die etwaige Unterstützung durch die Muttergesellschaft eine Kostenbelastung zulässig ist.

56   Wie bereits erwähnt, ist die Frage der **Verrechenbarkeit**[93] von Leistungen **aus der Sicht des Leistenden** zu beurteilen, während die Frage der **Abzugsfähigkeit**[94] von Kosten für empfangene Leistungen **aus der Sicht des Leistungsempfängers** zu beurteilen ist. Wenn der Leistende und der Leistungsempfänger demnach in unterschiedlichen Ländern ihren Sitz haben,

---

[90] Vgl. nachfolgend Rn. 63 ff., 67 ff.

[91] Siehe unten Rn. 77 ff.

[92] *Jacobs*, 782 f.

[93] Die Verrechenbarkeit führt zur Verrechnungspflicht, vgl. unten Rn. 74 ff.

[94] Für die Frage der Abzugsfähigkeit kommt es in Deutschland auf die betriebliche Veranlassung an, vgl. unten Rn. 57 ff.

kann es im Einzelfall vorkommen, dass dort unterschiedliche Auffassungen über die Verrechenbarkeit bzw. Abzugsfähigkeit der Kosten bestehen.[95] Insofern existiert kein zwingender Zusammenhang zwischen der Verrechenbarkeit auf der einen Seite und der Abzugsfähigkeit auf der anderen Seite. Es erscheint daher als konsequent, dass die FinVerw. für die **Verrechnung** von (verwaltungsbezogenen) **Dienstleistungen** im Konzern nicht auf die Abzugsfähigkeit beim Empfänger abstellt, sondern folgende Kriterien formuliert:

– Die Leistung darf ihren Rechtsgrund nicht in gesellschaftsrechtlichen Beziehungen oder anderen Verhältnissen haben, die die Verflechtung begründen (Tz. 6.1 VGr).
– Für die Leistungen müsste zwischen Fremden ein Entgelt gewährt werden (Tz. 6.2.1 VGr).
– Die Verrechnung muss vom zahlenden Unternehmen von vornherein vereinbart sein und nachgewiesen werden (Tz. 6.2.1 VGr).[96]
– Der Aufwand darf dem Leistungsempfänger nicht in anderer Form weiterbelastet werden, zB durch Verrechnung im Rahmen des konzerninternen Waren- oder Leistungsverkehrs zu Fremdpreisen, die diesen Aufwand bzw. diese Leistung bereits berücksichtigen (Tz. 6.2.1 VGr).
– Die Leistungen müssen eindeutig abgrenzbar und messbar sein und im Interesse der empfangenden Person erbracht werden (dh einen Vorteil erwarten lassen und eigene Kosten ersparen). Die Tochtergesellschaft müsste solche Leistungen auch als unabhängiges Unternehmen in Anspruch nehmen (Tz. 6.2.2 VGr).
– Die Leistungen müssen tatsächlich erbracht sein; das bloße Angebot genügt nicht. Jedoch wird bei schwankendem Leistungsfluss die Zahlung von Durchschnittsentgelten anerkannt (Tz. 6.2.3 VGr).

Wenn eine der vorgenannten Voraussetzungen nicht vorliegt, ist nach Meinung der FinVerw. die Verrechenbarkeit der Leistungen ausgeschlossen. Da hier die Auffassung vertreten wird, dass eine Differenzierung zwischen gewerblichen und verwaltungsbezogenen Dienstleistungen nicht sinnvoll ist, sind die vorstehend genannten Bedingungen demnach für alle Arten von Dienstleistungen anwendbar. Es ist allerdings fraglich, wie man im Einzelfall die genannten Voraussetzungen interpretiert. Dies gilt v. a. für die Bedingung, wonach die Leistungen „eindeutig abgrenzbar und messbar" sein müssen. In den nachfolgenden Abschnitten sollen deshalb die einzelnen Kriterien für die Verrechenbarkeit und die Abzugsfähigkeit von Leistungen näher erörtert werden.

2. Die betriebliche Veranlassung

Nach Tz. 1.4.1 VGr richtet sich bei dem Empfänger der Leistungen die   **57** **steuerliche Abzugsfähigkeit** von Aufwendungen gem. § 4 Abs. 4 EStG grundsätzlich nach deren **betrieblicher Veranlassung**. § 4 EStG zufolge mindern Ausgaben den Gewinn; entsprechend darf eine Betriebsausgabe den

---

[95] Sofern die unterschiedlichen Auffassungen zu einer drohenden Doppelbesteuerung führen, kommt zu deren Vermeidung die Einleitung eines Verständigungs- oder Schiedsverfahrens in Betracht, vgl. Kap. F Rn. 231 ff. und 298 ff.
[96] Zur Wirksamkeit mündlicher oder konkludenter Verträge vgl. unten Rn. 84 ff.

Gewinn nicht mindern, sofern sie keine Ausgabe darstellt. Laut herrschender Meinung werden bei Kapitalgesellschaften § 8 Abs. 3 S. 2 KStG und § 1 AStG als Spezialvorschriften gegenüber § 4 Abs. 4 EStG betrachtet.[97] Obwohl demnach § 8 Abs. 3 S. 2 KStG *lex specialis* gegenüber § 4 Abs. 4 EStG ist, besteht wegen der Wechselwirkung zwischen gesellschaftsrechtlicher und betrieblicher Veranlassung ein innerer Zusammenhang. Daher kann § 4 Abs. 4 EStG als Auslegungshilfe sowohl bei § 8 Abs. 3 S. 2 KStG als auch bei § 1 AStG herangezogen werden. Die **betriebliche Veranlassung** ist daher sowohl aus der Sicht des leistenden Unternehmens als auch aus der Sicht des Leistungsempfängers als das maßgebende **Abgrenzungskriterium für eine Dienstleistungsverrechnung** dem Grunde nach anzusehen. Wenn die Leistung nämlich durch den Leistungsempfänger betrieblich veranlasst ist, dann ist sie aus der Sicht des Leistenden verrechenbar. Ist die Leistung aber nicht durch den Betrieb des Leistungsempfängers veranlasst, dann muss regelmäßig eine betriebliche Veranlassung des Leistenden selbst oder eines anderen Auftraggebers vorliegen, und die Leistung ist bei ihm oder beim Auftraggeber abzugsfähig. Eine abzugsfähige Betriebsausgabe muss daher in einem objektiven Zusammenhang mit dem Betrieb stehen, zudem muss der Steuerpflichtige subjektiv mit dieser Aufwendung den Betrieb fördern wollen.[98] Unter diesen Voraussetzungen sind auch vergebliche, ungewöhnliche, unwirtschaftliche, unsinnige sowie im Einzelfall auch gesetzes- und sittenwidrige Aufwendungen als abzugsfähige Betriebsausgaben anzuerkennen.[99]

Beispiel: Die US-Gesellschaft X–Inc. hält alle Anteile der deutschen X-GmbH, die für den westeuropäischen Markt Körperpflegeprodukte herstellt. Die englische Schwestergesellschaft X-Ltd. belastet die X-GmbH mit Kosten für eine Marktforschungsstudie betreffend die Absatzchancen der Produkte der X-Gruppe am osteuropäischen Markt. Im Hinblick auf den eventuellen künftigen Nutzen ist die anteilige Kostenübernahme durch die X-GmbH betrieblich veranlasst. Die Höhe der Kostenbeteiligung könnte sich nach dem Verhältnis der aktuellen Umsätze der an der Forschungsstudie interessierten Konzerngesellschaften richten. Die Beteiligung an den Kosten wäre für die X-GmbH auch dann betrieblich veranlasst, wenn sich auf Grund der Marktstudie herausstellt, dass ihre Produkte keine oder nur geringe Chancen am osteuropäischen Markt haben.

58   Bei einer Vielzahl von Dienstleistungen ist allerdings nicht immer ein direkter, objektiver Zusammenhang mit dem Betrieb des Leistungsempfängers erkennbar. Folglich ist eine zweifelsfreie Zuordnung von Aufwendungen bestimmter Dienstleistungen zur gesellschafts- oder schuldrechtlichen Ebene nicht in jedem Fall möglich. Die betriebliche Veranlassung kann jedoch nicht nur im Sinne einer kausalen Notwendigkeit verstanden werden.[100] Damit können **auch nur mittelbar mit dem Betrieb zusammenhängende Auf-**

---

[97] Vgl. BFH 7.7.76, BStBl. II 1976, 753; BFH 24.9.80, BStBl. II 1981, 108.

[98] So zB *Stapperfend* in *Herrmann/Heuer/Raupach* § 4 EStG, Rn. 790–793; *Blümich/ Wied* § 4 EStG, Rn. 556; *Schmidt/Heinicke* § 4 EStG, Rn. 30; ebenso Tz. 3.1 VGr-Uml. wonach Umlagebeiträge in Forschungs- und Entwicklungspools, die sich als erfolglos erweisen, steuerlich anzuerkennen sind.

[99] BFH 29.10.91, BStBl. II 1992, 647, 648; *Stapperfend* in *Herrmann/Heuer/Raupach* § 4 EStG, Rn. 793 mwN.

[100] Vgl. *Görlich* DB 1979, 711.

wendungen als betrieblich veranlasst gelten. In letzteren Fällen entscheiden die Erwägungen des Steuerpflichtigen, womit der Begriff „veranlassen" ein subjektives Merkmal erhält.[101] Die Einstufung von Aufwendungen als Betriebsausgabe wird bei nur mittelbar betrieblicher Veranlassung durch die subjektive Zweckbestimmung des ordentlichen Geschäftsleiters bestimmt. Der ordentliche Geschäftsleiter beurteilt letztendlich, ob die Aufwendungen zukünftig, uU auch nur mittelbar, dem Unternehmen einen diesen Aufwendungen entsprechenden wirtschaftlichen Vorteil bringen bzw. dazu geeignet sein könnten, die Geschäftstätigkeit der Unternehmung zu fördern.[102]

Beispiel: In Ergänzung zum Sachverhalt des obigen Beispiels plant die X-GmbH im Fall eines positiven Ergebnisses der Marktstudie die Gründung einer Tochtergesellschaft im osteuropäischen Ausland, die einen großen Teil der dort zu veräußernden Produkte herstellen soll. Hier besteht für die Kostenbeteiligung der X-GmbH an der Marktstudie eine mittelbare betriebliche Veranlassung, die im Wege der erwarteten Beteiligungserträge auch einen Vorteil erwarten lässt.

Von dem hier erörterten Sachverhalt sind die Fälle sog. **Mischleistungen** zu unterscheiden, wo ein oder mehrere Unternehmen unmittelbare Vorteile erwarten, während ein anderes Unternehmen lediglich indirekte Vorteile erlangt. Die Beurteilung derartiger Fälle erfolgt in einem gesonderten Abschnitt.[103]

Da die betriebliche Veranlassung das Hauptkriterium für die Verrechenbar-   **59** keit von Dienstleistungen darstellt, sind alle **Dienstleistungen der Obergesellschaft,** die diese vornimmt, um ihre Rechte **als Gesellschafterin** unmittelbar gegenüber der Untergesellschaft wahrzunehmen bzw. deren Tätigkeit zu überwachen, eindeutig **bei der Obergesellschaft betrieblich veranlasst.** Folglich sind die betreffenden Aufwendungen nur bei der Obergesellschaft als Betriebsausgaben abzugsfähig. Dieser sog. **Gesellschafteraufwand** ist gem. Tz. 6.1 VGr **nicht verrechenbar** und darf nicht an die Untergesellschaft belastet werden, da er bei gesellschaftsrechtlicher Unabhängigkeit der Untergesellschaft nicht erforderlich wäre und den Dienstleistungen kein echter Leistungsaustausch zu Grunde liegt. Die Untergesellschaft erhält schließlich keinen Vorteil, da sie lediglich als Kontrollobjekt zur Verfügung steht. Grundsätzlich gesellschaftsrechtlich bedingte und damit nicht an Tochtergesellschaften abzuladende verrechenbare Leistungen werden beispielhaft in Tz. 6.3.2 VGr aufgeführt.[104] Auch wenn eine konzerneigene **Dienstleistungsgesellschaft** Dienstleistungen erbringt, die den **Interessen der Muttergesellschaft** als Gesellschafterin dienen, besteht die betriebliche Veranlassung nur bei der Muttergesellschaft, sodass eine Kostenbelastung an andere Konzernunternehmen als die Muttergesellschaft unzulässig ist.

Die **betriebliche Veranlassung** als **Hauptkriterium** zur Bestimmung der   **60** **Verrechenbarkeit von Dienstleistungen** gewährleistet vor dem Hintergrund des differenzierten Dienstleistungsaustausches internationaler Konzerne eine zweifelsfreie Trennung zwischen verrechenbaren und nicht verrechenba-

---

[101] Vgl. *Stapperfend* in *Herrmann/Heuer/Raupach* § 4 EStG, Rn. 813.
[102] Vgl. *Stapperfend* in *Herrmann/Heuer/Raupach* § 4 EStG, Rn. 815.
[103] Vgl. unten Rn. 77 ff.
[104] Vgl. auch Tz. 7.10 OECD-VPL.

ren Leistungen. Daneben definieren die VGr in Tz. 6.2.2 Hilfskriterien, die das Hauptkriterium der betrieblichen Veranlassung konkretisieren. Gem. Tz. 6.2.2 VGr würde zwischen Fremden ein Entgelt für Dienstleistungen nur gewährt, wenn sie

– eindeutig abgrenzbar und messbar sind und

– **im Interesse der empfangenden Person** erbracht werden (dh „einen Vorteil erwarten lassen und eigene Kosten ersparen").

61 Demgemäß können Dienstleistungen nicht verrechnet werden, wenn keine betriebliche Veranlassung vorliegt und zB eine Tochtergesellschaft die Leistungen nur mit Rücksicht auf die Verhältnisse der Muttergesellschaft entgegennimmt, sie aber als unabhängiges Unternehmen nach ihren eigenen Verhältnissen nicht in Anspruch nehmen würde.[105] Auf diese ergänzenden Hilfskriterien wird in den nächsten Abschnitten näher eingegangen.

62 Auch in den **US-Regulations** wird das Thema der **Shareholder Activities** im Zusammenhang mit der Frage erörtert, ob die Dienstleistung dem Leistungsempfänger einen Nutzen bringt **(Benefit Test).**[106] **Shareholder Activities** werden definiert als Leistungen, die primär dem Anteilseigner einer Gruppe nahe stehender Unternehmen einen Vorteil gewähren, und zwar in seiner Eigenschaft als Gesellschafter. Auch der **Rückhalt im Konzern (Passive Association),** der Vorteile allein aufgrund der Konzernzugehörigkeit vermittelt, sowie die **Duplizierung von Leistungen (Duplicative Activities)** gewähren dem nahe stehenden Unternehmen **keinen Vorteil** iSd Benefit Tests.[107] Soweit keine Dienstleistungen, sondern andere Transaktionen vorliegen, wurden die bestehenden US-Regulations[108] für sog. Stewardship Expenses an die neue Terminologie der US Service Regulations angepasst.[109]

3. Abgrenzbarkeit und Messbarkeit der Leistung

63 Soweit Tz. 6.2.2 VGr die Verrechenbarkeit einer Dienstleistung u. a. von ihrer **Abgrenzbarkeit und Messbarkeit** abhängig macht, basiert dies offensichtlich auf dem Grundsatz der Einzelerfassung. Die Rechtsprechung hat wiederholt bestätigt, dass nicht der Gesamtgewinn als solcher, sondern lediglich die **Angemessenheit einzelner Geschäfte** im Rahmen des Fremdvergleichs zu beurteilen ist.[110] Dabei ist es jedoch zulässig, gleichartige oder zusammenhängende Geschäftsvorfälle gemeinsam zu beurteilen.[111] Soweit einzelne Dienstleistungen erbracht werden, dürfte die Abgrenzbarkeit der Leistungen im Allgemeinen unproblematisch sein. Dies gilt vor allem bei Anwendung der Preisvergleichsmethode, weil nur bestimmte gleichartige Leistungen für den Vergleich in Frage kommen, wobei für diese entweder ein

---

[105] Darauf stellt auch Tz. 7.9 OECD-VPL ab.

[106] Vgl. US Services Regs. § 1.482-9 (l) (3) (iv); zu den ähnlichen Regeln der OECD-VPL vgl. oben Rn. 18 f.

[107] US Services Regs § 1.482-9 (l) (3) (iii) und (v); vgl. auch oben Rn. 43 f.

[108] US Regs § 1.861-8(e) (4).

[109] Vgl. Präambel Abschnitt D. der US Services Regs., Seite 38837.

[110] Vgl. BFH 19.3.75, BStBl. II 1975, 722; 12.3.80, BStBl. II 1980, 531.

[111] Vgl. Tz. 3.9–3.12 OECD-VPL u. Beispiele zur Kostenaufschlagsmethode in Tz. 2.53 u. 2.54 OECD-VPL.

interner Preisvergleich oder – sofern Marktpreise feststellbar sind – ein externer Preisvergleich erfolgt.

Schwieriger ist die Abgrenzung, wenn ein **Bündel von Leistungen** erbracht wird. Das Kriterium der Abgrenzbarkeit dürfte vorliegen, wenn vertraglich bestimmte Leistungen definiert werden, sodass der Rahmen des Leistungsumfangs feststeht. Das Kriterium der Messbarkeit kann wohl dahingehend verstanden werden, dass der **Umfang der Leistungen** und die ihnen zu Grunde liegenden **Kosten** nachvollziehbar sein müssen. *Brezing* vertritt die Auffassung, dass Assistenzleistungen in der Praxis nicht stets eindeutig abgrenzbar und messbar sind; vielmehr müsse man häufig zu Schätzungen greifen.[112] In der Tat stößt die mengenmäßige Erfassung einer Dienstleistung an Grenzen, soweit es sich nicht um standardisierte oder tarifierte Dienstleistungen handelt. Um das Kriterium der abgrenzbaren und messbaren Leistungen zu erfüllen, sollte es daher genügen, dass der Steuerpflichtige Art und Umfang der Leistungen definiert und die Kosten mengenmäßig nachvollziehbar sind.[113]

Um in einem ersten Schritt eine **mengenmäßige Konkretisierung** der   **64** Dienstleistung zu erreichen, empfiehlt sich folgendes Vorgehen:
1. In einem schriftlichen **Vertrag** sind alle Arten der zu erbringenden Dienstleistungen genau zu beschreiben.
2. In Anlagen zum Vertrag erfolgt die **Bestimmung** der **Kostenstellen** (Abteilungen), die mit der Dienstleistung beauftragt werden. Erbringen mehrere Kostenstellen bzw. Konzernunternehmen die Dienstleistung, sind alle Teilleistungen festzulegen und deren Zusammenwirken zu beschreiben.
3. Ferner sind die für die Dienstleistungen angefallenen direkten und indirekten **Kosten** anhand von Aufzeichnungen über die zur Dienstleistung benötigten verbrauchten **Einsatzgüter und Kapazitäten** zu ermitteln. Grundlage hierfür ist idR eine Kostenstellenrechnung, die die Dienstleistungsabteilung(en) als eigene Kostenstelle(n) führt. Für die Abgrenzung ist es in manchen Unternehmen üblich, Stunden- bzw. Tagesaufzeichnungen über geleistete bzw. empfangene Dienstleistungen zu führen. Auch Sachkosten, die zu ihrer Erbringung anfallen, können auf dem Kostenstellenkonto Dienstleistung erfasst werden.

Trotz systematischer Vorgehensweise fehlen in der Praxis oft eindeutige   **65** „Abgrenzungen und Messungen" von Dienstleistungen, da deren inhaltliche und technische Erfassbarkeit ihre Grenzen im betrieblichen Rechnungswesen findet.

Beispiel: Der zentrale Einkauf der Muttergesellschaft A übernimmt mit 4 Mitarbeitern die Einkaufsfunktionen für 5 Konzerntöchter in Europa. Für die chinesische Tochtergesellschaft C kauft die A nur von Fall zu Fall ein, weil C den überwiegenden Teil der Rohstoffe und Komponenten in Asien selbst einkauft. Die A möchte die Leistungen der Einkaufsabteilung im Wege der Einzelabrechnung an C belasten. Sowohl technische Schwierigkeiten als auch die erheblichen Kosten sprechen dagegen, dass der einzelne Einkäufer quasi stündlich aufschreibt, für welche Tochtergesellschaft er gerade tätig wird. Zudem wird der einzelne Einkäufer auch Aufgaben wahrnehmen, die nicht

---

[112] *Brezing* § 1 AStG, Rn. 158.
[113] Vgl. Tz. 41 des OECD-Berichts 1984.

direkt einer Tochterfirma zuzuordnen sind, wie zB Lieferantenbewertungen, Vertragsverhandlungen, Überprüfung von Mengenrabatten und Konkurrenzanalysen.

66 Auf Grund dieser Schwierigkeiten gilt es, die Anforderung nach eindeutiger Abgrenzbarkeit und Messbarkeit nicht zu hoch zu stellen. Im Einzelfall – zB wenn keine Kostenrechnung vorhanden ist – sollte es genügen, die Dienstleistung glaubhaft zu konkretisieren bzw. deren Umfang und Wert zu schätzen, falls die Kosten für einzelne Leistungsarten nicht genau ermittelt werden können.[114]

In solchen Fällen kann es sinnvoll sein, auch für die **Einzelabrechnung** – ähnlich wie bei Konzernumlagen – die anteiligen Kosten der Dienstleistungen nach einem **Schlüssel** zu ermitteln, der den anteiligen Nutzen des Leistungsempfängers berücksichtigt. Im obigen Beispiel ist es theoretisch denkbar, die Gesamtkosten der Einkaufsabteilung jeweils monatlich zu ermitteln und diese Kosten (zuzüglich Gewinnzuschlag) im Verhältnis der Kosten für die eingekauften Rohstoffe und Waren an die betreffenden Tochtergesellschaften zu belasten. Diese Art der Abrechnung entspricht aber schon weitgehend einer Konzernumlage. Alternativ könnten aus Erfahrungswerten der Vergangenheit die durchschnittlichen Kosten pro Einkauf (nur direkte und indirekte Kosten der Dienstleistungsabteilung ohne Rohstoff- und Warenpreise) ermittelt und dann als Pauschale jeweils für das Folgejahr für die (monatliche) Abrechnung der Einkaufsabteilung vereinbart werden. Die Kosten der Rohstoffe und Waren wären ohne Gewinnaufschlag neben den Pauschalen in Rechnung zu stellen.

An dieser Stelle sei bereits darauf hingewiesen, dass statt der Einzelleistung auch ganze Leistungsbereiche entweder im Wege des **Poolvertrags** (Kostenumlage nach dem Poolkonzept)[115] **oder** im Wege der **Konzernumlage** nach dem Leistungsaustauschkonzept[116] abgerechnet werden können. Auch solche Umlagen gem. den genannten Verfahren führen zum Betriebsausgabenabzug. Nach der hier vertretenen Auffassung genügt für die steuerliche Abzugsfähigkeit des Dienstleistungsentgelts, dass der Leistungsempfänger – unabhängig von der Abrechnungsart – tatsächlich oder voraussichtlich einen Vorteil erwarten kann, m. a. W., dass es sich um eine verrechenbare Leistung handelt.

4. Vorteil oder ersparte Kosten des Leistungsempfängers

67 Nach Tz. 6.2.2 VGr würde zwischen fremden Dritten ein Entgelt für eine Dienstleistung nur gewährt, wenn sie – neben den soeben erörterten Voraussetzungen der Abgrenzbarkeit und Messbarkeit – des Weiteren **im Interesse des Leistungsempfängers** erbracht wird. Dies ist der Fall, soweit die **Leistung einen Vorteil** und die **Ersparnis eigener Kosten** für das leistungsempfangende Unternehmen **erwarten lässt.** Auch die OECD-VPL fordern, dass eine entgeltfähige Dienstleistung zum **Nutzen,** im **Interesse** oder zum **Vorteil** der empfangenden Konzerngesellschaft erbracht wird.[117] An dieser

---

[114] Vgl. *Ebenroth* 1978, 237; *Bellstedt,* 178; *IdW* 1982, Tz. 6.2.2, *Brezing* § 1 AStG, Rn. 158; ferner unten Rn. 84 ff. zu den Form- und Dokumentationserfordernissen.
[115] Vgl. Rn. 401 ff.
[116] Vgl. Rn. 281 ff.
[117] Vgl. u. a. Tz. 7.6, 7.23, 7.27 OECD-VPL.

Stelle sei jedoch nochmals ausdrücklich darauf hingewiesen, dass der **Benefit Test** im Sinne der OECD-VPL inhaltlich nicht deckungsgleich mit dem Betriebsausgabenbegriff gem. § 4 Abs. 4 EStG ist. Denn der Betriebsausgabenbegriff gem. § 4 Abs. 4 EStG stellt allein auf die betriebliche Veranlassung ab und enthält eine objektive und eine subjektive Komponente.[118] Die Prüfungskriterien Nutzen und Vorteil sind dagegen auf den erwarteten oder tatsächlichen **Erfolg** ausgerichtet und somit nicht identisch mit dem Betriebsausgabenbegriff.[119]

Beispiel: Kontrolltätigkeiten, die eine französische Muttergesellschaft A in ihrer Eigenschaft als Gesellschafterin bei ihrer deutschen Tochtergesellschaft B ausführt, können gegenüber der deutschen Tochtergesellschaft nicht verrechnet werden. Obwohl diese Kontrolltätigkeiten für die Untergesellschaft von Vorteil sein können, sind derartige Tätigkeiten nur bei der Obergesellschaft betrieblich veranlasst und deshalb gem. Tz. 6.1 VGr nicht verrechenbar.

Interesse und **Vorteil** oder **Nutzen** werden meistens als **Synonyme** angesehen, da grundsätzlich alle Leistungen, von denen sich ein Leistungsempfänger einen Vorteil verspricht, gleichzeitig auch in dessen Interesse und zu seinem Nutzen erbracht werden. Bei der Beurteilung muss der von der Gesellschaft **erwartete Vorteil** ermittelt werden. Entscheidend ist, ob zum Zeitpunkt der Erbringung der Dienstleistung vernünftigerweise zu erwarten war, dass die Dienstleistung dem empfangenen Unternehmen dienen würde. Für die Beurteilung des zu erwartenden Vorteils ist es unerheblich, ob sich der mögliche Vorteil später eingestellt hat oder sich sogar ein Nachteil ergeben hat.[120] Eine nicht zu unterschätzende Aufgabe ist es, den Vorteil zu quantifizieren bzw. zu qualifizieren. Nicht immer wird eine Dienstleistung direkt zu höherem Umsatz, Gewinn oder Betriebsergebnis führen. Oftmals besteht zudem kein direkter kausaler Zusammenhang zwischen Dienstleistung und Vorteil. **68**

Beispiel: Ein Managementtrainer der deutschen Muttergesellschaft A hält für die Geschäftsführer einer französischen Tochtergesellschaft B ein Seminar mit dem Thema „Führungsstrategien für Manager". Auf Grund dieses Seminars führen die Geschäftsführer ihre Verkaufsmitarbeiter im nächsten Jahr erfolgsorientierter und mit mehr Motivation. Da jedoch der Markt für die Produkte der französischen Tochtergesellschaft stagniert, erreicht das Tochterunternehmen kein Umsatzwachstum. Selbst wenn das französische Unternehmen ein Umsatzwachstum erreicht hätte, wäre dieses nicht notwendigerweise auf das Seminar zurückzuführen.

Zumindest ist im Beispielsfall der zu erwartende **Vorteil** zum Zeitpunkt **69** der Erbringung der Leistung **indirekt möglich**.[121] Die Geschäftsführer der Tochtergesellschaft hoffen nach dem Seminar ihre Mitarbeiter effektiver zu

---

[118] Vgl. oben Rn. 57.

[119] Vgl. BFH 4.3.86, BStBl. II 1986, 373.

[120] Vgl. das Beispiel oben in Rn. 57 zum Merkmal der betrieblichen Veranlassung, sowie Tz. 3.1 VGr-Uml.

[121] Der Nutzen darf aber nicht nur zufällig oder indirekt aus den Leistungen erwachsen, die zwischen anderen Konzernunternehmen erbracht werden, vgl. dazu oben Rn. 44 und unten Rn. 73.

führen, um so ein besseres Betriebsergebnis zu erzielen. Wie dieses Beispiel zeigt, können sich im Nachhinein Schwierigkeiten beim Nachweis des erwarteten „Vorteils" ergeben. Deshalb ist es notwendig oder zumindest ratsam für alle Dienstleistungen im Konzern schon vor der Leistungserbringung die betrieblichen Ziele, den **voraussichtlichen Nutzen** sowie Funktionen, Verantwortlichkeiten und Leistungsbeziehungen der am Dienstleistungsaustausch beteiligten Unternehmen zu **dokumentieren.**

Für Kostenumlageverträge nach dem Poolkonzept verlangt Tz. 3.1 VGr-Uml., dass der zu erwartende Nutzen anhand betriebswirtschaftlicher Grundsätze und unter Berücksichtigung aller Umstände und Entwicklungen zu ermitteln ist, die vernünftigerweise im Zeitpunkt des Vertragsabschlusses vorhersehbar sind. Sind in einem Umlagevertrag unterschiedliche Leistungen zusammengefasst, ist der Nutzen für jede Leistung gesondert zu ermitteln. Die Dokumentation des Nutzens gehört nach Tz. 5.1.1 VGr-Uml. zu den Mindestanforderungen, die für die steuerliche Anerkennung eines Poolvertrags zu erfüllen sind. Im Übrigen enthält die Regelung des § 5 Nr. 2 GAufzV für **alle Umlageverträge** eine Aufzählung von erforderlichen Aufzeichnungen für die **Verrechnungspreisdokumentation** und nennt u. a. auch Unterlagen über den erwarteten Nutzen.

70   Tz. 6.2.2 VGr definiert als **zweites Merkmal des Interesses** der empfangenden Person die **ersparten Kosten** beim Leistungsempfänger. Das Erfordernis der Ersparnis eigener Kosten kann in zweierlei Hinsicht verstanden werden. Zum einen könnte es bedeuten, dass auf Grund der Dienstleistung solche Kosten erspart werden müssen, die bei der Erbringung der Leistung durch eigenes Personal anfallen würden. Zum anderen könnte diese Bedingung dahingehend ausgelegt werden, dass die Dienstleistung zu einem Vorteil führen muss, der zusätzlich auch eigene Kosten erspart, dh die Dienstleistung müsste einen über die Ersparnis eigener Personalkosten und Sachkosten hinausgehenden Kostenvorteil mit sich bringen. Die zuletzt genannte Auslegung dürfte allerdings erheblich zu weit gehen, zumal solche Sachverhalte bereits vom Merkmal des „erwarteten Vorteils" erfasst werden. Daher genügt die Ersparnis eigener Personalkosten und Sachkosten.

71   Im Rahmen der Tz. 6.2.2 VGr kann nicht auf die als Folge der Dienstleistung bezweckten Kostenersparnisse abgestellt werden, bspw. wenn ein Gutachten zur Ersparnis von Logistikkosten erstellt wird. Ob in diesem Beispiel das Gutachten durch Befolgung der darin empfohlenen Maßnahmen tatsächlich zu Vorteilen bzw. Kostenersparnissen führt, ist unerheblich. Der Vorteil des Gutachtens liegt in der Bereitstellung einer Entscheidungsgrundlage; die Ersparnis beschränkt sich darauf, was die Erstellung des Gutachtens im eigenen Betrieb oder durch Fremde gekostet hätte.

72   Im Übrigen ist Tz. 6.2.2 VGr im Zusammenhang mit Tz. 6.4.1 VGr zu sehen, wo ausgeführt wird, dass ein ordentlicher Geschäftsleiter des Leistungsempfängers idR kein Entgelt zugestehen würde, das den Aufwand übersteigt, der bei **Erledigung** der fraglichen Verwaltungsaufgaben **durch** den **eigenen Betrieb** oder durch Vergabe entsprechender Aufträge an ortsansässige **Fremde** anfallen würde. Soweit also die Durchführung der Aufgaben im eigenen Betrieb oder durch Fremde **günstiger** zu bewerkstelligen ist, dürfen an den Leistenden idR keine höheren Entgelte bezahlt werden als die Kosten, die bei Durchführung im eigenen Betrieb bzw. durch Fremde anfallen würden. In Tz. 7.29 und 7.30 OECD-VPL werden ähnliche Überlegungen angestellt, indem zum einen verlangt wird, dass sowohl der Wert der Dienstleistungen für den Empfänger als auch die Kosten für die Erbringung der Dienstleistung für den Dienstleister zu berücksichtigen sind, und zum anderen sollen die Preisuntergrenze des Dienstleisters sowie die Preisobergrenze des Leistungsempfängers beachtet werden.[122]

Die **US-Regulations** for services verlangen für die Verrechenbarkeit der   **73** Dienstleistungskosten ebenfalls einen Vorteil des Leistungsempfängers **(Benefit-Test)**.[123] Eine fremdvergleichskonforme Zahlung ist danach nur zulässig, wenn die Leistung bei dem Leistungsempfänger unmittelbar zu einem identifizierbaren Vorteil im Sinne des Zuwachses an wirtschaftlichem oder kommerziellem Wert führt und den Marktwert erhöht.[124] Ein solcher Vorteil wird nicht gewährt, wenn die Aktivitäten nur einen indirekten oder fernliegenden Effekt bewirken, ferner wenn Aktivitäten lediglich dupliziert werden, wenn sie als Shareholder Activities zu qualifizieren sind oder lediglich Ausfluss der Konzernzugehörigkeit sind.[125]

5. Verrechnungspflicht für verrechenbare Leistungen

Wenn bestimmte Leistungen verrechenbar sind, stellt sich die Frage, ob in-   **74** soweit eine Verrechnungspflicht besteht oder ob auf die Verrechnung verzichtet werden kann. Der Wortlaut der VGr erweckt zunächst den Eindruck, dass die Kostenbelastung für verrechenbare Leistungen auf einem Wahlrecht beruht. So lauten bspw. die Regelungen wie folgt:

– „… **kommt** eine Verrechnung nach folgenden Grundsätzen **in Betracht**" (Tz. 6.1 VGr)
– „Eine gesonderte Verrechnung **ist möglich,** wenn für die Leistungen …" (Tz. 6.2.1 VGr).

Jedoch kann aus anderen Formulierungen gefolgert werden, dass **verrechenbare Leistungen** grundsätzlich auch verrechnet werden **müssen,** sodass also **kein Wahlrecht, sondern** eine **Pflicht zur Belastung** der entsprechenden Entgelte besteht. Die in Tz. 6.1 und 6.2.1 VGr gewählten Formulierungen, wonach bestimmte Leistungen verrechnet werden können bzw. in Betracht kommen, müssen vor dem Hintergrund der im unmittelbaren Zusammenhang stehenden Regelungen gesehen werden, die bestimmen, welche Entgelte nicht verrechnet werden können, insb. Tz. 6.2.2 und Tz. 6.3.2 VGr.

Die **Verrechnungspflicht** folgt zum einen aus den in Tz. 1.1.1 VGr ge-   **75** nannten allgemeinen Abgrenzungsregeln des nationalen Steuerrechts, also den Regelungen über die vGA (§ 8 Abs. 3 Satz 2 KStG), die verdeckte Einlage (§ 8 Abs. 3 S. 3 KStG) und die Berichtigung von Einkünften bei Geschäftsbeziehungen zum Ausland (§ 1 AStG). Ferner kann aus Tz. 3.2.3 VGr geschlossen werden, dass für gewerbliche Dienstleistungen branchenübliche Preise oder – wenn Vergleichspreise fehlen – idR Entgelte auf der Basis der Kosten-

---

[122] Vgl. dazu ausführlich unten Rn. 173 ff.
[123] US Services Regs. § 1.482-9 (l) (1) und (3).
[124] US Services Regs. § 1.482-9 (l) (3) (i).
[125] US Services Regs. § 1.482-9 (l) (3) (ii) bis (v).

aufschlagsmethode zu berücksichtigen sind. Diese Feststellung wird in Tz. 6.4.1 VGr für verwaltungsbezogene Leistungen wiederholt.

Auch aus dem Kriterium der betrieblichen Veranlassung gem. § 4 Abs. 4 EStG ist zu folgern, dass eine verrechenbare Leistung auch verrechnet werden muss, weil die Kosten im Falle der Nichtweiterbelastung beim leistungserbringenden Unternehmen nicht abzugsfähig wären, denn sie wurden nicht von diesem, sondern vom leistungsempfangenden Unternehmen betrieblich veranlasst.

76   Die OECD-VPL gehen ebenfalls davon aus, dass eine Entgeltpflicht für erhaltene Dienstleistungen besteht. Dies lässt sich bspw. aus Tz. 7.1 und 7.5 OECD-VPL ableiten, wonach zu prüfen ist, ob die konzerninterne Dienstleistung tatsächlich erbracht wurde und wie hoch das Entgelt dafür gem. dem Fremdvergleichsgrundsatz sein sollte.

6. Aufteilung gemischter Leistungen

77   Ein großer Teil der Dienstleistungen und sonstigen Leistungen kann unproblematisch entweder als **Gesellschafteraufwand oder** als **verrechenbare Leistung** zum Vorteil der Tochter-, Enkel- oder Schwestergesellschaft etc. definiert werden. Wenn jedoch von einer Dienstleistungsabteilung (oder Kostenstelle) beide Arten von Leistungen erbracht werden, ist es erforderlich, die **Kosten** für den nur an die Muttergesellschaft belastbaren Gesellschafteraufwand von denjenigen Kosten **abzugrenzen,** die für Leistungen zB an die operativen Produktions- oder Vertriebsgesellschaften belastet werden können. Ferner ist es denkbar, dass Leistungen sowohl im Interesse der Muttergesellschaft als auch im Interesse der Tochtergesellschaft (bzw. anderer Konzerngesellschaften) liegen. In der Praxis werden die zuletzt genannten Leistungen häufig auch als sog. **Mischleistungen** bezeichnet. Die früheren OECD-Berichte empfahlen für diese Fälle zu klären, welchem Unternehmen die Dienstleistungen Vorteile gebracht haben oder in welchem Verhältnis der Vorteil jeweils auf die beteiligten Unternehmen anteilig entfallen ist,[126] während die OECD-VPL von 1995/96 und 2010 das Thema der Mischleistungen nicht mehr diskutieren. Im Ergebnis muss geprüft werden, ob solche Mischleistungen denkbar sind und (falls dies zu bejahen ist) wie eine **Aufspaltung** in einen **verrechenbaren und** in einen **nicht verrechenbaren Teil der Kosten** möglich ist. Der im Februar 2010 verfasste Bericht des *EU Joint Transfer Pricing Forum* lässt eine Kostenaufteilung bei Mischleistungen ausdrücklich zu.[127]

78   Bevor auf die Frage eingegangen wird, wie die Kosten von Mischleistungen aus heutiger Sicht zu behandeln sind, muss vorab noch geklärt werden, wie die Kosten einer Dienstleistungsabteilung oder leistenden Kostenstelle abzugrenzen sind, wenn diese einerseits bestimmte Leistungen im Interesse des Gesellschafters (Shareholder Activities) und andererseits auch verrechenbare Leistungen zum Nutzen der anderen operativen Gesellschaften erbringt. Diese Frage stellt sich oft bei Erbringung und Abrechnung von Leistungen im Rahmen eines Konzernumlagevertrags.

---

[126] OECD-Bericht 1979, Tz. 175; OECD-Bericht 1984, Tz. 28 und 29.
[127] Vgl. *EU JTPF,* JTPF Report 2010, Rn. 46.

Beispiel: Die Abteilung Rechnungswesen und Finanzen der deutschen Konzern-obergesellschaft A-GmbH erbringt folgende Leistungen:

a) Unterstützung der europäischen Tochtergesellschaft bei der Budgetierung, der Bilanzierung und Erstellung der Einzel-Jahresabschlüsse, der Beschaffung von Krediten,

b) Buchhaltung, Bilanzierung, Jahresabschluss und Kreditangelegenheiten der A-GmbH selbst,

c) Erstellung des Konzernabschlusses der A-GmbH und Unterstützung der Tochtergesellschaften bei der Erstellung von Überleitungsrechnungen für die Konsolidierung.

In diesem Beispiel liegen **keine Mischleistungen** vor, weil die unter Buchst. a) genannten Leistungen eindeutig an die Tochtergesellschaften zu verrechnen sind, während die unter b) genannten Leistungen nur dem Interesse der A-GmbH dienen und nicht an die Tochtergesellschaften erbracht werden und schließlich die unter c) genannten Leistungen zwar gegenüber den Tochtergesellschaften erbracht werden, jedoch den Gesellschafterinteressen der A-GmbH dienen. Gleichwohl stellt sich in diesem Beispiel die Frage, wie die in der Abteilung bzw. Kostenstelle angefallenen Kosten für verrechenbare Leistungen von den nicht verrechenbaren Kosten abgegrenzt werden können.

In dem o.g. Beispiel wäre die **Aufteilung der Kosten** unproblematisch,   **79** wenn die Abteilung Rechnungswesen und Finanzen die Zeiten der Mitarbeiter die diese für die einzelnen Leistungen benötigen, erfassen würden. In diesem Fall wäre im **Verhältnis der** für die einzelnen Leistungen **benötigten Zeiten** eine verursachungsgerechte Abgrenzung der Kosten und eine darauf basierende Abrechnung zB nach der Kostenaufschlagsmethode leicht möglich.[128] In der Praxis werden jedoch wegen des hohen administrativen Aufwands nur selten Stundenaufschreibungen in Dienstleistungsabteilungen vorgenommen. Alternativ könnten die Kosten ohne Probleme aufgeteilt werden, wenn im Beispiel ein Teil der Mitarbeiter der Abteilung Rechnungswesen und Finanzen nur für die Aufgaben a) zuständig wären, während andere Mitarbeiter ausschließlich die unter b) und c) genannten Arbeiten ausführen würden. Dann könnten die direkten und indirekten Kosten der für die Aufgaben a) zuständigen Mitarbeiter relativ einfach ermittelt werden und an die Leistungsempfänger unter Anwendung eines nutzenorientierten Umlageschlüssels belastet werden.[129] Eine solche **Abgrenzung nach Aufgabenbereichen** ist jedoch nur selten möglich.

Aus den genannten Gründen ist es relativ schwierig, eine zuverlässige Abgrenzung der Gesellschafterkosten und der verrechenbaren Kosten einer Dienstleistungsabteilung vorzunehmen. Eine denkbare Alternative wäre die oben erwähnte **Stundenaufschreibung** der Mitarbeiter nur für einen **repräsentativen Zeitraum.** Allerdings erscheint die Einführung und Durchführung einer solchen Maßnahme wegen des administrativen Aufwands ebenfalls als unzumutbar. Außerdem könnte der Betriebsprüfer den repräsentativen Charakter des Zeitraums ebenso wie die Richtigkeit der Aufzeichnungen trotz dieser Bemühungen in Frage stellen. Daher bleibt im Ergebnis nur eine Abgrenzung der nicht verrechenbaren Gesellschafterkosten von den verrechenbaren Kosten durch sachgerechte Schätzung. Die OECD-VPL betonen an mehreren Stellen, dass die Verrechnungspreisgestaltung keine exakte Wis-

---

[128] Vgl. zum Kostenumlageschlüssel auf Stundenbasis unten Rn. 328 u. 343.
[129] Zum Umlageschlüssel für Rechnungswesenabteilungen vgl. unten Rn. 330.

senschaft ist und es nicht immer möglich sein wird, den genauen Fremdpreis zu ermitteln,[130] sodass zB die Anwendung von Kostenumlage- und Kostenaufteilungsmethoden oft einen gewissen Grad an **Schätzung** und Annäherung **erfordert.**[131]

Damit die Schätzung der in einer Dienstleistungsabteilung anfallenden anteiligen nicht verrechenbaren Kosten für Gesellschafteraktivitäten für die Fin-Verw. **nachvollziehbar und überprüfbar** wird, empfiehlt es sich, mindestens einmal jährlich einen **Fragebogen** durch den Abteilungsleiter und die Mitarbeiter der Dienstleistungsabteilung ausfüllen zu lassen, in dem diese über die Abgrenzung zwischen Gesellschafterkosten und anderen Kosten informiert werden (auch bzgl. der konkreten Leistungen dieser Abteilung) und in dem sie dann stichwortartig ihren jeweiligen Aufgabenbereich beschreiben und angeben, wie viel Prozent ihrer Gesamtarbeit sie für die jeweiligen Leistungskategorien aufwenden. Wenn aufgrund solcher Fragebogen festgestellt wird, dass im obigen Beispiel die Mitarbeiter der Abteilung Finanz- und Rechnungswesen durchschnittlich 60 % ihrer Arbeitszeit für die unter a) genannten Aufgaben und jeweils 20 % für die unter b) und c) genannten Tätigkeiten widmen, dann sollte anerkannt werden, dass 60 % der direkten und indirekten Kosten dieser Abteilung zuzüglich Gewinnaufschlag nach einem nutzenorientierten Kostenschlüssel an die Leistungsempfänger belastet werden. Grundsätzlich ist es empfehlenswert, das Ausfüllen der Fragebogen durch Interviews des steuerlichen Beraters des Konzernunternehmens zu begleiten, um sicherzustellen, dass die befragten Mitarbeiter die Fragen vollständig beantworten und ferner nicht falsch interpretieren.

81   Zu klären bleibt, wie die zu Beginn dieses Abschnitts erwähnten **Mischleistungen** zu behandeln sind, sofern solche existieren. In diesem Zusammenhang ist zunächst festzustellen, dass die OECD-VPL 1995/96 und inzwischen auch die US Services Regulations den Bereich der nicht belastbaren Kosten für **Gesellschafteraufwand (Shareholder Activities)** erheblich eingeengt haben. Während früher auch Kosten für Koordinations- und Unterstützungsleistungen als sog. „stewardship expenses" dem nicht belastbaren Aufwand zugerechnet wurden, ist dies heute oft nicht mehr der Fall. Dies wurde an anderer Stelle bereits erläutert.[132]

Aus den oben erwähnten Gründen ist es verständlich, dass das Thema der **Mischleistungen** nicht mehr diskutiert wird, weil diese praktisch kaum noch vorkommen. Dies wird deutlich, wenn man die unterschiedlichen Kategorien konzerninterner Dienstleistungen betrachtet. Zum einen gibt es **Leistungen, die eindeutig** zum **unmittelbaren operativen Nutzen** einer oder mehrerer Tochtergesellschaften erbracht werden. Dabei ist es möglich, dass die Muttergesellschaft einen indirekten Nutzen durch solche Aufwendungen hat. So kann zB die Einbeziehung der Muttergesellschaft bei der Verrechnungspreisfestsetzung zwischen den Tochtergesellschaften unerwünschte Gewinnberichtigungen bei der Muttergesellschaft vermeiden. Die Kosten sind jedoch in solchen Fällen immer von den Unternehmen zu tragen, die den direkten Vorteil erwarten.

---

[130] Vgl. zB Tz. 1.12, 1.45 u. Tz. 4.8 OECD-VPL; s. a. Tz. 1.13, 3.55 OECD-VPL 2010.
[131] Tz. 7.23 S. 1 OECD-VPL.
[132] Vgl. oben Rn. 31–50.

Ferner gibt es Leistungen, die **eindeutig** dem **Gesellschafteraufwand** **82** zuzurechnen sind. Dazu gehören sowohl die von der Muttergesellschaft selbst als auch die von einer anderen Konzerngesellschaft erbrachten Leistungen, die primär den Interessen des Gesellschafters dienen.[133] In diesen Bereich gehören nach der hier vertretenen Ansicht auch Aktivitäten, die auf Veranlassung des Gesellschafters lediglich eine Dienstleistung duplizieren, die das Konzern-unternehmen bereits selbst ausgeführt hat bzw. ausführen ließ,[134] so zB eine interne Revision. Allerdings weist Tz. 7.11 OECD-VPL darauf hin, dass Ausnahmefälle denkbar sind, zB wenn zwecks Verminderung eines Geschäfts-risikos eine zweite rechtliche Stellungnahme eingeholt wird.

In **Ausnahmefällen** ist es jedoch denkbar, dass eine Leistung **sowohl** den **83** **Interessen des Gesellschafters als auch** denen der **Tochtergesellschaft** dient, sodass eine Aufteilung der Kosten erforderlich wird.[135]

Beispiel: Die US-Muttergesellschaft muss einen Bericht über die Aktiva der Toch-tergesellschaft für Berichtspflichten gegenüber der SEC erstellen. Die Tochtergesell-schaft benötigt im Wesentlichen gleichartige Informationen für ihre Vermögensteuer-erklärung, die sie im Land X abgeben muss. Der Angestellte E der Muttergesellschaft erstellt den Bericht in acht Stunden, davon entfallen zwei Stunden allein auf die Arbeit für den SEC-Report, zwei Stunden für Informationen, die nur für die Steuererklärung im Land X benötigt werden. Die restlichen vier Stunden entfallen auf beide Berichte gleichermaßen. Die mit dem SEC-Bericht zusammenhängenden Stunden begründen Gesellschafterkosten. Diese sind bei der Muttergesellschaft abzugsfähig, weil sie sach-lich und unmittelbar nur mit dem Unternehmen der Muttergesellschaft zusammen-hängen. Die beiden Stunden, die mit der Steuererklärung des Landes X zusammen-hängen, sind sachlich und unmittelbar durch das Unternehmen der Tochtergesellschaft verursacht und demgemäß an die Tochtergesellschaft zu verrechnen und bei dieser ab-zugsfähig.

Die vier Stunden, die der Angestellte für beide Gesellschaften gleichermaßen tätig war, sind aufzuteilen, weil die Leistungen zum Vorteil beider Gesellschaften erbracht wurden. Im Hinblick auf den beiderseitigen Nutzen ist eine Aufteilung der Kosten nach der jeweils benötigten Zeit möglich, wobei der für beide Firmen gemeinsam an-gefallene Aufwand im Verhältnis der für beide Firmen direkt zurechenbaren Kosten aufgeteilt werden kann, im Beispiel also hälftig. Soweit ein solcher Maßstab nicht vor-handen oder nicht sachgerecht ist, wird man auf den voraussichtlichen Nutzen der be-teiligten Unternehmen abstellen müssen. Als Maßstab kommen in anderen Fällen ggf. die ersparten Kosten oder die jeweils erwarteten zusätzlichen Umsätze oder Erträge der Beteiligten in Betracht.

7. Form- und Dokumentationserfordernisse

a) Rechtslage ohne DBA

Die **FinVerw. fordert** in der Praxis regelmäßig – insb. auch für die **84** Erbringung von Dienstleistungen – *ex ante* abgeschlossene **schriftliche Ver-träge** bzw. Leistungsanforderungen. Der BFH nimmt eine **vGA** an, wenn bei einer Kapitalgesellschaft eine Vermögensminderung (oder alternativ ver-hinderte Vermögensmehrung) eintritt, die durch das Gesellschaftsverhältnis

---

[133] Vgl. Tz. 7.10 OECD-VPL und oben Rn. 31 ff.
[134] Vgl. Tz. 7.11 OECD-VPL.
[135] Vgl. *EU JTPF,* JTPF Report 2010, Rn. 46.

veranlasst ist, sich auf die Höhe des Unterschiedsbetrags iSd § 4 Abs. 1 S. 1 EStG auswirkt und nicht in Zusammenhang mit einer offenen Gewinnausschüttung steht.[136] Eine Veranlassung durch das Gesellschaftsverhältnis liegt zum einen vor, wenn die Kapitalgesellschaft ihrem Gesellschafter einen Vorteil zuwendet, den ein ordentlicher und gewissenhafter Geschäftsleiter einem Nichtgesellschafter nicht gewährt hätte.[137] Zum anderen kann im Verhältnis zu einem **beherrschenden Gesellschafter** eine vGA auch dann gegeben sein, wenn die Kapitalgesellschaft eine Leistung an ihn erbringt, für die zwar ein dem **Fremdvergleich entsprechendes Entgelt** gezahlt wird, jedoch **keine klare im Voraus getroffene, zivilrechtlich wirksame und tatsächlich durchgeführte Vereinbarung** vorliegt.[138] Diese Anforderungen dienen bei Dienstleistungen sowohl der Nachprüfbarkeit des Leistungsumfangs und der Preiseinflussfaktoren als auch der Angemessenheit des gezahlten Entgelts.

85 Im Übrigen gelten im „normalen Lieferungs- und Leistungsverkehr" gem. Tz. 1.4.1 VGr die gleichen formellen Anforderungen wie bei Geschäften zwischen Fremden. Das bedeutet, dass für den Lieferungs- und Leistungsverkehr zwischen **Schwestergesellschaften** die **formalen Anforderungen nicht höher** sein dürfen, als bei Geschäften zwischen fremden Dritten, während für Verträge mit dem **Gesellschafter** die zuvor erwähnten **höheren Anforderungen** der BFH-Rechtsprechung gelten sollen. Diese unterschiedliche Beurteilung der Geschäftsbeziehungen zwischen Konzerngesellschaften ist im Hinblick auf zivil- und gesellschaftsrechtliche Grundsätze nicht gerechtfertigt. Eindeutige Vereinbarungen können auch **mündlich** abgeschlossen werden oder sich aus **konkludentem Handeln** (zB §§ 344, 362 HGB) ergeben.[139] So werden zB mündliche oder schriftliche Angebote für Reparaturleistungen oft durch telefonische Aufträge angenommen.

86 Der BFH hat in mehreren Urteilen die **Wirksamkeit mündlicher Vereinbarungen** im Verhältnis zwischen einer Kapitalgesellschaft und ihren Gesellschaftern bestätigt und darüber hinaus anerkannt, dass trotz vereinbarter Schriftform eine mündliche Vertragsänderung wirksam sein kann, wenn davon auszugehen ist, dass die Vertragsparteien die Bindung an die Schriftformklausel aufheben wollten.[140]

Der BFH hat ferner ausgeführt, dass eine mündlich abgeschlossene Vereinbarung als **klar** anzusehen ist, wenn ein außen stehender Dritter erkennen kann, dass die Leistung der Gesellschaft auf Grund einer entgeltlichen Vereinbarung mit dem Gesellschafter erbracht wurde; dabei kann eine **mündliche Vereinbarung** über monatlich wiederkehrende Leistungen auf Grund ihrer **tatsächlichen Durchführung** als klar angesehen werden.[141] Es ist kein Grund ersichtlich, warum diese für das Verhältnis zwischen einer GmbH und

---

[136] So zB BFH 2.2.94, BStBl. II 1994, 479; BFH 18.12.96, DStR 1997, 575.; BFH 15.2.12, DB 2012, 885 ff.; so auch R 36 Abs. 1 S. 1 KStR; vgl. näher zu verdeckten Gewinnausschüttungen Kap. A Rn. 63 ff.

[137] Vgl. BFH 22.9.04, BStBl. II 2005, 160 sowie vorige Fußnote.

[138] Vgl. BFH 14.3.90, BStBl. II 1990, 795; BFH 17.12.97, BStBl. II 1998, 545.

[139] Vgl. auch Kap. F Rn. 24 ff. und unten Rn. 347 ff.

[140] BFH 24.1.90, BStBl. II 1990, 645; BFH 24.5.89, BStBl. II 1989, 800; BFH 18.5.72, BStBl. II 1972, 721.

[141] BFH 24.1.90, BStBl. II 1990, 646.

ihren Gesellschafter-Geschäftsführern aufgestellten Rechtsprechungsgrundsätze nicht auf das Verhältnis zwischen verbundenen Unternehmen übertragen werden sollten. Insb. spricht der BFH in seinen Leitsätzen – möglicherweise bewusst – nur von der Kapitalgesellschaft und ihren beherrschenden Gesellschaftern, ohne die Besonderheit zu betonen, dass es sich im konkreten Fall um Gesellschafter-Geschäftsführer handelte.

Eine **Vergütung** gilt bei **Dienstverträgen oder Werkverträgen** als **still-   87 schweigend vereinbart,** wenn die Dienstleistung bzw. die Herstellung des Werks den Umständen nach nur gegen eine Vergütung zu erwarten ist. (§§ 612, 632 BGB); dabei ist die taxmäßige oder übliche Vergütung als vereinbart anzusehen. Wenn keine taxmäßige oder übliche Vergütung feststellbar ist, erfolgt die Bestimmung durch den Unternehmer nach billigem Ermessen (§§ 315, 316 BGB). Zudem sind die vom Zivilrecht vorgesehenen Regelungen zur Geschäftsführung ohne Auftrag (§§ 683, 677, 670 BGB) sowie zur ungerechtfertigten Bereicherung (§ 812 BGB, §§ 684, 812 BGB) anwendbar. Ausnahmen von der Forderung nach klaren und eindeutigen Vereinbarungen können zudem zulässig sein, soweit es nach den besonderen Verhältnissen des Einzelfalls unmöglich oder unzumutbar schwierig ist, Vereinbarungen im Voraus klar festzulegen.[142]

Gerade beim Abschluss mehrjähriger Dienstleistungsverträge bzw. bei der   88 langfristigen Übernahme von Verwaltungs- und Werbeaufgaben werden jedoch auch fremde Dritte, im Interesse der Transparenz solcher Rechtsbeziehungen und einer erleichterten Nachweis- und Nachprüfbarkeit, schriftliche Vereinbarungen treffen. Im Laufe der Vertragsdauer werden dann manchmal Änderungen vereinbart, ohne diese schriftlich zu bestätigen, bspw. ein veränderter Abrechnungsmodus oder die Erbringung zusätzlicher Leistungen gegen zusätzliches Entgelt. Schon aus der wiederholten Anwendung der geänderten Art der Abrechnung wird erkennbar, dass beide Parteien eine **Änderung mündlich bzw. schlüssig vereinbart** haben, die nicht nur rechtlich, sondern auch steuerlich beachtet werden muss.[143] Wenn daher eindeutige Indizien für eine Vertragsänderung vorliegen, müssen diese auch bei nahe stehenden Unternehmen für die Anerkennung der Änderungen genügen.

Soweit mit der Erbringung einer Dienstleistung bei dem leistungsempfan-   89 genden Unternehmen eindeutige Kostenersparnisse und somit **Vorteile** zu erwarten sind, ist diese Leistung auch unabhängig von der vorherigen Auftragserteilung verrechenbar.[144] Denn eine **betriebliche Veranlassung** setzt nicht unbedingt eine Leistungsanforderung voraus, stattdessen kann die betriebliche Veranlassung bspw. auch aus einer stillschweigenden Annahme des Angebots durch Entgegennahme der Leistung oder aus den zivilrechtlichen Grundsätzen der Geschäftsführung ohne Auftrag abgeleitet werden. Gem. Tz. 1.4.1 VGr gelten für den normalen Lieferungs- und Leistungsverkehr die gleichen formellen Anforderungen wie bei Geschäften zwischen Fremden.[145]

Nach ständiger BFH-Rechtsprechung muss ein **Verstoß gegen** übliche   90 **Formalien** nicht zur Annahme einer verdeckten Gewinnausschüttung füh-

---

[142] Vgl. BFH 21.7.82, BStBl. II 1982, 761.
[143] Ebenso die oben erörterte Entscheidung des BFH 24.1.90, BStBl. II 1990, 645.
[144] Vgl. *Baumhoff* Verrechnungspreise für Dienstleistungen, 184.
[145] Vgl. auch unten Rn. 347 ff.

ren, sondern ist als **Indiz** in die Beurteilung des Einzelfalls einzubeziehen.[146] Wer sich aber auf die Existenz eines mündlich abgeschlossenen Vertrags beruft, einen entsprechenden Nachweis aber nicht führen kann, hat den Nachteil des fehlenden Nachweises zu tragen.[147]

91   *Baumhoff/Wassermeyer*[148] gehen davon aus, dass eine verrechenbare Leistung selbst dann entgeltfähig und sogar entgeltpflichtig ist, wenn weder eine schriftliche noch eine mündliche oder schlüssig zu Stande gekommene Vereinbarung vorliegt. Dies folge aus den neben den vertraglichen Anspruchsgrundlagen vorhandenen Ansprüchen aus **Geschäftsführung ohne Auftrag oder** aus **ungerechtfertigter Bereicherung.** Dem ist im Ergebnis zuzustimmen. In fast allen Fällen kann jedoch bei der Erbringung einer Leistung durch den Leistenden und der Annahme derselben durch den Leistungsempfänger zumindest eine **stillschweigende Vereinbarung** über die Leistung angenommen werden. In diesen Fällen bestimmt sich daher der Vergütungsanspruch auch ohne ausdrückliche Vereinbarung in Höhe der ggf. vorhandenen taxmäßigen oder der üblichen Vergütung nach § 612 Abs. 2 oder § 632 Abs. 2 BGB.[149] Diese Ansprüche aus Dienst- oder Werkvertrag (eventuell mit Geschäftsbesorgungscharakter iSd § 675 BGB) gewähren dem Leistenden nicht nur Erstattung seiner Kosten, sondern auch den üblichen Gewinn, während die – zwischen Konzerngesellschaften wohl selten gegebenen – Ansprüche aus Geschäftsführung ohne Auftrag und aus ungerechtfertigter Bereicherung regelmäßig nur einen Anspruch auf Erstattung der Kosten zubilligen.[150]

92   Mit der grundsätzlichen steuerlichen Anerkennung mündlicher und konkludent zustande gekommener Verträge trägt der BFH dem Zivilrecht Rechnung. In **Deutschland** gilt der Grundsatz, dass zivilrechtlich **Formfreiheit** besteht, soweit nicht das Gesetz eine bestimmte Form für ein Rechtsgeschäft vorschreibt.[151] Nur ein Rechtsgeschäft, das der gesetzlich vorgeschriebenen Form ermangelt, ist gem. § 125 BGB nichtig. Die Parteien können allerdings freiwillig für ein Rechtsgeschäft und seine Änderung die Schriftform vereinbaren (§ 127 BGB). In diesem Fall hat dann die Nichtbeachtung der vereinbarten Schriftform im Zweifel die Nichtigkeit zur Folge (§ 125 S. 2 BGB).[152]

Für Dienstleistungen, Werkverträge, Geschäftsbesorgungsverträge und ähnliche Verträge gilt demnach grundsätzlich die **Formfreiheit.** Hinzu kommt, dass gem. § 350 HGB bspw. für die Bürgschaft zwischen Kaufleuten die

---

[146] Vgl. BFH 23.10.96, BStBl. II 1999, 35; BFH 13.7.1999, BStBl. II 2000, 386; BFH 7.6.2006, DStRE 2006, 1372.

[147] Vgl. BFH 29.7.92, BStBl. II 1993, 247.

[148] *Baumhoff/Wassermeyer* in FWB § 1 AStG Rn. 333.

[149] Vgl. auch oben Rn. 87.

[150] Eine Ausnahme wird anerkannt, dh übliche Vergütung geschuldet, wenn die Übernahme der Geschäftsführung dem Interesse und dem wirklichen oder dem mutmaßlichen Willen des Geschäftsherrn entspricht (§ 683 BGB) und wenn das Geschäft in den Kreis der beruflichen oder gewerblichen Tätigkeit des Geschäftsführers fällt; vgl. *Palandt/Sprau* § 683 BGB Rn. 8.

[151] *Palandt/Ellenberger* § 125 BGB Rn. 1.

[152] Vgl. aber das Urteil des BFH 24.1.90, BStBl. II 1990, 645, in dem der BFH anerkennt, dass die Parteien die Bindung an die Schriftformklausel mündlich aufheben können; vgl. ferner Kap. F Rn. 24 ff.

Formvorschrift des § 766 BGB nicht gilt. Soweit daher das **Zivilrecht** für den Abschluss von Verträgen **keine** besondere **Form** vorsieht, kann diese nach der hier vertretenen Meinung **auch nicht für steuerliche Zwecke** verlangt werden. Soweit die FinVerw. zB unter Berufung auf Tz. 1.4.1 VGr die Vorlage schriftlicher Verträge verlangt, entbehrt dies der gesetzlichen Grundlage. Jedoch muss der Steuerpflichtige in der Lage sein, die vereinbarten Bedingungen einschließlich der Vergütung durch andere Beweismittel so nachzuweisen, dass diese auf ihre Angemessenheit überprüft werden können.[153]

Die hier angesprochenen Fragen stehen auch in Zusammenhang mit der **93** Grundsatzfrage, ob die **FinVerw. zivilrechtlich gültige Verträge anerkennen muss** oder ob sie darüber hinausgehende Anforderungen aus steuerlicher Sicht stellen darf.[154] Die FinVerw. hat nicht das Recht, zivilrechtlich gültigen Verträgen oder Ansprüchen die Anerkennung zu verweigern, soweit dies nicht ausdrücklich gesetzlich geregelt ist. Einschränkungen der zivilrechtlichen Wirkung oder Anerkennung von Verträgen können sich bspw. aus §§ 39–42 AO ergeben. § 1 Abs. 1 AStG berechtigt die FinVerw. dagegen nicht zum Außerachtlassen mündlicher oder konkludenter Entgeltvereinbarungen oder gesetzlicher Kostenerstattungsansprüche. Man kann im Gegenteil aus § 1 Abs. 1 AStG folgern, dass im Fall von Einkunftsminderungen eines Steuerpflichtigen seine Einkünfte **immer** so anzusetzen sind, **wie sie unter den zwischen unabhängigen Dritten vereinbarten Bedingungen** angefallen wären. Aus diesem Wortlaut kann man schließen, dass selbst **ohne Vereinbarung** die Einkünfte so zu berichtigen sind, wie sie sich im Falle angemessener Vereinbarung ergeben hätten.[155] Im Hinblick auf § 1 Abs. 1 AStG wird sich die FinVerw. daher nicht auf den Mangel der Schriftlichkeit berufen, wenn eine deutsche Dienstleistungsgesellschaft ihre Kosten in angemessener Höhe an die ausländischen Leistungsempfänger belastet. Dieses Prinzip muss auch im umgekehrten Fall Anwendung finden, wenn eine ausländische Dienstleistungsgesellschaft unstreitig Leistungen an eine deutsche Konzerngesellschaft erbracht hat und die schriftliche Vereinbarung fehlt oder bspw. einzelne Leistungen im Vertrag nicht ausdrücklich nennt. Da in der Praxis fast immer schriftliche Vereinbarungen vorliegen, ist v. a. der zuletzt genannte Fall eher von praktischer Relevanz.

Für **Poolverträge** (Kostenumlageverträge nach dem Poolkonzept) verlangt **94** Tz. 3.1 VGr-Uml. ausdrücklich einen nach Handelsbrauch **im Vorhinein schriftlich abgeschlossenen Umlagevertrag,** der mit einer sachgerechten Dokumentation verknüpft sein muss. In Tz. 5.1.1 VGr-Uml. werden neben der Schriftform weitere Mindestanforderungen bzgl. des Vertragsinhalts und der Dokumentation genannt.[156] In der Praxis ergibt sich insb. beim Abschluss

---

[153] Vgl. oben zu Rn. 86 f. und unten Rn. 101 ff.

[154] Diese und weitere damit zusammenhängende Fragen – wie bspw. die vertragliche Wahl der Anwendung ausländischen Zivilrechts – werden unten in Rn. 521 ff. näher erörtert.

[155] So im DBA-Fall BFH 11.10.12 I R 75/11, Vorinstanz FG Hamburg 31.10.11, IStR 2012, 190 ff., und FG Köln 22.8.07, EFG 2008, 161; vgl. Rn. 101 ff.

[156] Wegen weiterer Einzelheiten vgl. unten Rn. 401 ff. sowie für Forschung und Entwicklung Kap. O Rn. 328 ff.

von Umlageverträgen mit mehreren Parteien immer ein langer Abstimmungsprozess, der mehrere Monate dauern kann. Da aber von Anfang an ein allgemeiner Konsens besteht, dass entweder ein Konzernumlagevertrag auf der Basis der Kostenaufschlagsmethode oder in anderen Fällen ein Poolvertrag abgeschlossen werden soll, erscheint es als angemessen, eine **Rückwirkung** auf den Zeitpunkt des Beginns der Verhandlungen (zB bis zum Beginn des laufenden Jahres oder in Ausnahmefällen auch früher) anzuerkennen. Aus der Formulierung, dass der Vertrag „nach Handelsbrauch im Vorhinein" abgeschlossen sein muss, lässt sich folgern, dass es genügt, wenn – wie allgemein üblich – zum Vertragsbeginn ein Entwurf vorliegt, der die Rahmenbedingungen beschreibt und wenn danach die Abstimmung von Detailfragen mit den Konzernunternehmen und die Unterzeichnung innerhalb angemessener Frist (uE spätestens innerhalb von 6 Monaten) folgt.[157]

95   Durch die Einführung der **Dokumentationspflicht** für Verrechnungspreise besteht jetzt vermeintlich eine gesetzliche Grundlage, auf die die Fin-Verw. ihre Forderung auf Vorlage von schriftlichen Verträgen stützt (§ 90 Abs. 3 AO iVm § 4 Nr. 2a und Nr. 3b GAufzV). Dem ist jedoch entgegenzuhalten, dass zwar Aufzeichnungen über die Verträge mit nahe Stehenden und über die vereinbarten Vertragsbedingungen erforderlich sind, dass aber nach wie vor eine **gesetzliche Vorschrift fehlt,** die für die steuerliche Anerkennung von Verträgen explizit die **Schriftform** vorschreibt. In dieser Hinsicht darf aber das Steuerrecht keine anderen und vor allem keine höheren Anforderungen stellen, als das auf den Vertrag anwendbare in- oder ausländische Zivil- und Gesellschaftsrecht.[158]

b) Rechtslage mit DBA

96   Bei grenzüberschreitenden Dienstleistungen stellt sich außerdem die Frage, ob die von der Rechtsprechung zur nationalen Vorschrift der verdeckten Gewinnausschüttung iSd § 8 Abs. 3 S. 2 KStG entwickelten Rechtsgrundsätze – insb. die steuerlich formale Betrachtung – auch zu beachten sind im Rahmen der Anwendung des **Art. 9 OECD-MA** und der ihm entsprechenden bilateralen Abkommensregelungen. Die DBA-Regelungen gehen jedenfalls gem. § 2 AO den innerstaatlichen Steuergesetzen als *lex specialis* vor.[159] Fraglich ist also, ob zB das nach nationalem Recht geltende Nachzahlungsverbot bei einer der Höhe nach **fremdüblichen Vergütung** auch bei grenzüberschreitenden Leistungsbeziehungen zur Annahme einer verdeckten Gewinnausschüttung führt, allein weil es an einer vorherigen, klaren Vereinbarung fehlt,[160] oder ob eine dem Art. 9 OECD-MA entsprechende DBA-Regelung dies verhindern kann. Der Wortlaut des Art. 9 OECD-MA lässt eine Korrektur des Gewinns nur zu, wenn „zwischen den beiden Unternehmen Bedingungen vereinbart oder auferlegt werden, die von denen abwei-

---

[157] Ebenso *Kaminski* in Grotherr, Handbuch der internationalen Steuerplanung, 693 ff., 706 unter Hinweis auf ältere Literatur, aber ohne Begründung, wieso dies im Hinblick auf Tz. 1.3 VGr-Uml. noch vertretbar ist. Zur Rückwirkung im DBA-Fall vgl. unten Rn. 102 ff.

[158] Vgl. unten Rn. 518 f. u. 521 f.

[159] Vgl. zum Rang *Vogel* in Vogel/Lehner, DBA, Einl. Rn. 63.

[160] So zB FG München 16.7.2002, EFG 2003, 952.

chen, die unabhängige Unternehmen miteinander vereinbaren würden …". Damit wird der **Zeitpunkt** der getroffenen Bedingungen i. S. einer im Vorhinein getroffenen Absprache **nicht erwähnt.** Dies ist auch nicht notwendig, weil das **entscheidende Kriterium** für die steuerliche Anerkennung der Vergütung **nur** die **Fremdüblichkeit** sein soll.[161] Beruht also eine vGA nur darauf, dass es an einer klaren und von vornherein abgeschlossenen Vereinbarung darüber fehlt, ob und in welcher Höhe ein Entgelt von der inländischen Tochtergesellschaft an die ausländische Muttergesellschaft gezahlt werden soll, entspricht aber das gezahlte Entgelt dem Fremdvergleich, so ist nach Auffassung der überwiegenden Literatur eine Einkünfteerhöhung bei der inländischen Tochtergesellschaft unzulässig, wenn die bilateralen Einkünftekorrektur-Klauseln des anwendbaren DBA auf diesen formalen Gesichtspunkt nicht abstellen.[162] Dieser Auffassung hat sich inzwischen auch die Rechtsprechung angeschlossen.[163]

Die vorstehend erörterte Interpretation des **Art. 9 OECD-MA** ist nicht **97** nur herzuleiten aus der fehlenden Tatbestandsvoraussetzung einer „im Voraus getroffenen klaren und eindeutigen Vereinbarung", sondern auch aus der Tatsache, dass eine **Gewinnminderung,** die diese Vorschrift voraussetzt, dann nicht vorliegt, wenn zwar solche formellen Vereinbarungen fehlen, jedoch das Ergebnis der Höhe nach dem Fremdvergleich entspricht. Der **Fremdvergleichsmaßstab** bedingt also eine Prüfung der getroffenen Vereinbarung ohne formelle Vorausetzung und eine **Prüfung** der Höhe der festgesetzten Verrechnungspreise bzgl. des daraus **resultierenden Gewinns.** Ergibt diese Prüfung, dass auch fremde, voneinander unabhängige Geschäftspartner inhaltlich solche Vereinbarungen getroffen hätten, so sind diese Absprachen steuerlich nicht zu beanstanden.

Nach einer bedeutenden Mindermeinung[164] ist die FinVerw. durch Art. 9 **98** OECD-MA nicht gehindert, die BFH-Rechtsprechung zur verdeckten Gewinnausschüttung durchzusetzen. Der BFH gehe beim Fehlen einer klaren, von vorneherein abgeschlossenen, zivilrechtlich wirksamen und tatsächlich durchgeführten Vereinbarung von einem **Mangel** der **Ernstlichkeit** aus. Unabhängige Unternehmen erbrächten aber keine Leistungen auf Grund nicht ernstlich gemeinter Vereinbarungen. Daher widerspreche die BFH-Rechtsprechung zum beherrschenden Gesellschafter nicht dem Art. 9 Abs. 1 OECD-MA, weil ein ordentlicher und gewissenhafter Geschäftsleiter kein Entgelt ohne Rechtsgrundlage zahlen würde.[165] Zweifel bestünden insoweit nur, wenn die **Entgeltlichkeit** als solche zwar klar vereinbart sei, die fehlende Klarheit sich aber auf die **Höhe** des Entgelts beziehe. Für solche Fälle habe der BFH noch nicht geklärt, ob mindestens der angemessene Fremdpreis zu berücksichtigen sei. Im Übrigen meint *Wassermeyer,* dass die Beurtei-

---

[161] *Kuckhoff/Schreiber* Verrechnungspreise in der Betriebsprüfung 1997, 16.

[162] Vgl. *Schaumburg* Internationale Verrechnungspreise zwischen Kapitalgesellschaften, Forum der internationalen Besteuerung Band 6, 1994, 6 mwN; *Schaumburg* Internationales Steuerrecht, 1036; *Eigelshoven* in *Vogel/Lehner,* Art. 9 DBA, Rn. 27; *Ritter* BB 1983, 1677; *Bellstedt* FR 1990, 65 ff.; *Schnieder* IStR 1999, 65 ff., *Mank/Nientimp* DB 2007, 2163 ff. mwN.

[163] Vgl. dazu ausführlich unter Rn. 101 ff.

[164] *Wassermeyer* in Wassermeyer, DBA, Art. 9 OECD-MA, Rn. 103 und 128.

[165] *Wassermeyer* in Wassermeyer, DBA, Art. 9 OECD-MA, Rn. 128.

lung nicht ernstlich gemeinter Vereinbarungen dem jeweiligen Anwendestaat des DBA überlassen bleibe.[166]

99   Die Auffassung der Mindermeinung ist nicht in vollem Umfang überzeugend. Nur soweit **keine** mündliche, konkludente oder schriftliche zivilrechtlich wirksame **Vereinbarung** über die Erbringung der Dienstleistung vorliegt **oder** wenn die vereinbarte **Leistung** tatsächlich **nicht durchgeführt** wird, liegt ein Mangel der Ernstlichkeit vor, sodass kein Entgelt zu zahlen ist. Soweit aber die Dienstleistungen erbracht werden, jedoch keine klaren Vereinbarungen über die Entgeltlichkeit der Vereinbarungen nachweisbar sind, sollte es genügen, dass im Hinblick auf § 612 Abs. 1 und 2 BGB eine übliche Vergütung gezahlt wird, wenn die Dienstleistung den Umständen nach nur gegen eine Vergütung zu erwarten ist.

100   Die Interpretation des Fremdvergleichs iSd Art. 9 OECD-MA darf nicht einseitig dem jeweiligen **Anwendestaat** überlassen werden, weil sonst bei unterschiedlichen Auffassungen der Staaten eine Doppelbesteuerung droht, die ein Konsultationsverfahren oder im Einzelfall ein Verständigungs- oder Schiedsverfahren erforderlich macht.[167] Wenn bspw. ein Land akzeptiert, dass Managementgebühren für tatsächlich erbrachte Leistungen auch ohne schriftliche Vereinbarung zulässig sind, dann muss die deutsche FinVerw. dies unter Berücksichtigung des Art. 9 OECD-MA ebenfalls anerkennen, weil dies dem Fremdvergleich entspricht.

101   In der Rechtsprechung hatte der BFH in seinem Urteil vom 9.11.2005 bereits die Frage aufgeworfen, ob das Fehlen klarer und eindeutiger Abmachungen aus abkommensrechtlicher Sicht die Vermutung zulasse, dass keine kaufmännischen oder finanziellen, sondern gesellschaftsrechtliche Beziehungen gegeben seien.[168] In dem genannten Urteil kam es aber auf die Beantwortung dieser Frage nicht an. Inzwischen wurde ein rechtskräftiges Urteil des FG Köln vom 22.8.2007 veröffentlicht, das ausdrücklich auf den **Vorrang** der dem **Art. 9 OECD-MA** entsprechenden bilateralen DBA-Regelungen abstellt.[169] Das FG Köln folgt zunächst der ständigen BFH-Rechtsprechung, wonach bei einer verdeckten Gewinnausschüttung die Vermögensminderung im Verhältnis zum beherrschenden Gesellschafter ihre Ursache im Gesellschaftsverhältnis hat, wenn der Leistung (an den Gesellschafter oder an eine diesem nahe stehenden Person) keine klare und von vornherein abgeschlossene Vereinbarung zu Grunde liegt oder die entsprechende Vereinbarung nicht durchgeführt wurde oder unwirksam ist: Fehlt es an einer klaren und eindeutigen Vereinbarung, so besteht keine unwiderlegbare Vermutung einer vGA, sondern es liegt ein (widerlegbares) Indiz vor, das gegen die ernsthafte Begründung schuldrechtlicher Leistungsverpflichtungen spricht.[170] Wenn der **Inhalt des Vertrags durch Auslegung feststellbar** ist bzw. wenn ein außenstehender Dritter bei einer an sich mehrdeutigen Vereinbarung den übereinstimmenden Parteiwillen zweifelsfrei erkennen kann, dann ist die **Verein-**

---

[166] *Wassermeyer* in Wassermeyer, DBA, Art. 9 OECD-MA, Rn. 128.

[167] Vgl. dazu Kap. F Rn. 24 ff.

[168] BFH 9.11.05, BStBl. II 2006, 505.

[169] Vgl. FG Köln 22.8.07, EFG 2008, 161 ff.; vgl. auch § 2 AO; ebenso FG Hamburg 31.10.11, IStR 2012, 190 ff.

[170] So FG Köln 22.8.07, EFG 2008, 161 mwN.

barung klar und eindeutig.[171] In dem entschiedenen Fall konnte das FG Köln den Parteiwillen nicht zweifelsfrei feststellen, sodass gem. § 8 Abs. 3 KStG dem Grunde nach eine vGA vorlag. Jedoch betonte das FG Köln, dass der zwischen dem FA und der Klägerin im Wege einer tatsächlichen Verständigung unstreitig gestellte angemessene Teil der Vergütung wegen Verstoßes gegen Art. 4 DBA-Großbritannien (der inhaltlich Art. 9 OECD-MA entspricht) nicht in die vGA einbezogen werden darf.[172] Das FG Köln schließt sich in seiner Begründung der herrschenden Literaturmeinung an, wonach die dem **Art. 9 OECD-MA** entsprechenden bilateralen DBA-Vorschriften eine **Sperrwirkung gegenüber § 8 Abs. 3 KStG** entfalten, **soweit** die **Gewinnkorrektur** nach nationalem Recht **auf rein formale Beanstandungen gestützt** wird.[173]

Inzwischen entschied auch der **BFH**[174] in einem das DBA Niederlande betreffenden Fall, in dem es zwischen den Parteien an einer im Vorhinein schriftlich getroffenen Vereinbarung fehlte, dass Art. 6 Abs 1 DBA-Niederlande vom 16.6.1959 (der inhaltlich Art. 9 Abs. 1 OECD-MA entspricht) lediglich eine **Gewinnkorrektur,** die sich auf die **Angemessenheit** (dh Höhe) des Vereinbarten erstreckt, gestattet, nicht aber Modifikationen durch innerstaatliches Recht wie § 8 Abs. 3 KStG, der in einer zweiten Stufe auch auf den „Grund" (Üblichkeit, Ernsthaftigkeit) abstellt.

FG Köln und BFH führen ferner aus, dass der in Art. 9 OECD-MA **102** (bzw. konkret in Art. 4 DBA Großbritannien bzw. Art. 6 Abs. 1 DBA Niederlande) enthaltene Begriff der „finanziellen Beziehungen" auch gesellschaftsrechtliche Beziehungen zwischen verbundenen Unternehmen erfasst und dass folglich **auch nachträgliche Leistungsvereinbarungen** – die wegen Verstoßes gegen die formellen Sonderbedingungen (Rückwirkungsverbot) der Gesellschaftsebene zuzuordnen sind – **vom Anwendungsbereich umfasst** werden.[175] Wenn aber die vereinbarten oder auferlegten Bedingungen so unbestimmt sind, dass sie keine Überprüfung der Werthaltigkeit der erbrachten Leistungen ermöglichen, ist eine Angemessenheitsprüfung nicht durchführbar und die dem Art. 9 OECD-MA entsprechende DBA-Regelung nach ihrem Sinn und Zweck nicht anwendbar.[176] Wurden dagegen Dienstleistungen erbracht, für die das Gericht die vereinbarten oder auferlegten Bedingungen – ggf. unter Berücksichtigung verfahrensrechtlicher Prinzipien (§ 162 AO) – feststellen kann, dann ist es unerheblich, ob diese Bedingungen im Vor- oder erst im Nachhinein vereinbart wurden.[177] Entscheidend ist dann allein, ob der gezahlte Verrechnungspreis (bzw. die erzielte Marge) der Höhe nach angemessen ist. In **Höhe des angemessenen** Teils des **Verrechnungspreises steht Art. 9 OECD-MA einer Korrektur** nach innerstaatlichen Vorschriften **entgegen,** während in

---

[171] Vgl. FG Köln 22.8.07, EFG 2008, 162.
[172] FG Köln 22.8.07, EFG 2008, 162.
[173] Vgl. FG Köln 22.8.07, EFG 2008, 162.
[174] BFH I R 75/11 vom 11.10.2012, IStR 2013, 109; ebenso Vorinstanz FG Hamburg 31.10.11, IStR 2012, 190 ff.
[175] Vgl. FG Köln 22.8.07, EFG 2008, 163.
[176] FG Köln 22.8.07, EFG 2008, 163.
[177] FG Köln 22.8.07, EFG 2008, 163.

Höhe des unangemessenen Teils der Vergütung eine Gewinnberichtigung möglich ist.[178]

103 Die Literatur hat den Urteilen des FG Köln, FG Hamburg sowie BFH erwartungsgemäß zugestimmt.[179] Dabei wird hervorgehoben, dass die vereinbarten Leistungen hinreichend konkretisiert sein müssen, damit die Prüfung der Angemessenheit erfolgen kann. Daher seien für die Gestaltungsberatung nach wie vor klare, eindeutige und im Voraus wirksam vereinbarte Vereinbarungen empfehlenswert.[180] **Rückwirkende Regelungen** können vor diesem Hintergrund anerkannt werden, wenn tatsächlich Leistungen erbracht wurden, deren Bedingungen so hinreichend bestimmt sind, dass eine Bewertung der Angemessenheit möglich ist.[181] Damit dürften rückwirkende Vereinbarungen u.a. in folgenden Fällen zulässig sein.

Beispiel 1: Die Obergesellschaft eines Konzerns beschließt im September 2007, bestimmte Dienstleistungen, die sie bisher selbst an Tochtergesellschaften erbracht hat, ab. 1.1.2008 auf eine spezielle Dienstleistungsgesellschaft in einem Niedriglohnland zu übertragen. Die Abrechnung an die Leistungsempfänger soll weiterhin nach der Kostenaufschlagsmethode erfolgen. Wenn der schriftliche Vertrag zwischen der neuen Dienstleistungsgesellschaft und den Leistungsempfängern in diesem Fall zB erst im März oder Mai des Jahres 2008 unterzeichnet wird, dann sind die angemessenen Dienstleistungsentgelte bereits ab Beginn der Leistungen anzuerkennen.

Beispiel 2: Eine Konzerngesellschaft wird als Auftragsfertiger errichtet. Im Auftragsfertigungsvertrag wird vereinbart, dass die Vergütung für die Produkte auf Basis der Kostenaufschlagsmethode kalkuliert werden soll, wobei die Höhe des angemessenen Gewinnaufschlags anhand einer später noch zu erstellenden Datenbankrecherche durch eine Wirtschaftsprüfungsgesellschaft bestimmt werden soll.

Beispiel 3: Die Konzerngesellschaften A, B und C beschließen mündlich, ihren Einkauf zu zentralisieren und beauftragen A, diese Aufgabe zu übernehmen, wobei die erwarteten höheren Rabatte allen Parteien im Verhältnis der Einkaufsvolumen zukommen sollen, während A eine Dienstleistungsvergütung erhalten soll. Auch wenn der schriftliche Vertrag erst zwei Jahre später rückwirkend abgeschlossen wird, bestehen keine Bedenken gegen die Anerkennung der an A gezahlten Vergütung auf Basis der Kostenaufschlagsmethode. Das FA der Gesellschaft B kann zB nicht einwenden, es habe nur ein Poolvertrag vorgelegen, der keinen Kostenaufschlag rechtfertige, da die Parteien ihren übereinstimmenden Willen durch den tatsächlichen Leistungsaustausch und Abrechnung gem. Kostenaufschlagsmethode manifestiert haben.

104 Obwohl die Revision zugelassen war, ließ die FinVerw. das Urteil des FG Köln rechtskräftig werden. In der Literatur wurde darauf hingewiesen, dass die FinVerw. vergleichbare Fälle nicht mehr aufgreift.[182] Ob daraus bereits der

---

[178] So im Ergebnis FG Köln 22.8.07, EFG 2008, 163 f.; BFH 11.10.12, IStR 2013, 109.

[179] Vgl. *Wilk* EFG 2008, 164 in einer Urteilsanmerkung; *Baumhoff/Greinert* IStR 2008, 353 ff.; *Rasch* IWB 2012, 200; *Rohler* GmbH-StB 2012, 306; *Schnorberger/Becker* IStR 2013, 112; *Engel/Hilbert* IWB 2013, 123; *Böhmer* IStR 2012, 270 ff.; *Böing* BB 2013, 360 ff.; *Andresen/Immenkötter/Frohn* DB 2013, 514 ff.; *Kircher/Moll* DStR 2013, 1111 ff.

[180] *Wilk* EFG 2008, 164; *Baumhoff/Greinert* IStR 2008, 357.

[181] *Wilk* EFG 2008, 164.

[182] Vgl. *Wilk* EFG 2008, 164; *Baumhoff/Greinert* IStR 2008, 356.

Schluss gezogen werden durfte, dass die Sperrwirkung der DBA-Regelungen, die dem Art. 9 Abs. 1 OECD-MA entsprechen, generell auch von der Fin-Verw. anerkannt wird, musste bezweifelt werden, nachdem Ende 2011 das Urteil des FG Hamburg[183] erging und die FinVerw. dagegen Revision einlegte. Da das Urteil des FG Hamburg mittlerweile vom BFH bestätigt wurde,[184] sollte nun auch die FinVerw. die Sperrwirkung entsprechender DBA-Regelungen anerkennen. Inwieweit die Entscheidungen Auswirkungen auf das von der FinVerw. in Tz. 1.3 VGr-Umlageverträge postulierte Schriftformerfordernis für Umlageverträge hat, bleibt abzuwarten.

Hagemann[185] weist uE zutreffend darauf hin, dass die jeweilige Art. 9 OECD-MA nachempfundene DBA-Norm nicht notwendigerweise stets eine Sperrwirkung entfaltet. Wenn die betreffende Norm nur auf „Unternehmen"[186] Anwendung findet, könne sie zB in Fällen von Darlehenszinsen, in denen der beherrschende an der grenzüberschreitenden Transaktion beteiligte Gesellschafter rein vermögensverwaltend tätig sei, keine Anwendung finden. In diesen Fällen muss auf die Korrekturnormen in den jeweils einschlägigen speziellen Verteilungsartikeln zurückgegriffen werden, zB Art. 11 Abs. 6 OECD-MA, der eine Korrektur grundsätzlich auf die Angemessenheit der Höhe der Zinsen beschränkt.

Die neuere Rechtsprechung bedeutet eine Schlechterstellung von Steuerpflichtigen bei rein nationalen gegenüber DBA-Sachverhalten.[187] Sofern zwischen Deutschland und dem beteiligten ausländischen Staat **kein DBA** in Kraft ist oder im DBA eine dem Art. 9 OECD-MA entsprechende Regelung fehlt, sind die hier erörterten **Grundsätze nicht anwendbar.**[188] In solchen Fällen kommen daher uneingeschränkt die allgemeinen Regeln der verdeckten Gewinnausschüttung zur Anwendung.[189]

8. Leistungsbereitschaft auf Abruf

Gem. Tz. 6.2.3 VGr müssen Dienstleistungen **tatsächlich erbracht** worden sein, um verrechnet werden zu können. Demnach würde das bloße Angebot einer Dienstleistung im Konzern nicht genügen, da unter Fremden in aller Regel nur tatsächlich abgenommene Leistungen vergütet werden. Bei Dauerschuldverhältnissen – v. a. bei den noch zu erörternden Konzernumlageverträgen und ggf. auch bei Poolverträgen – kann es allerdings in einzelnen Jahren zu unterschiedlicher Inanspruchnahme der Leistungen kommen. Denkbar ist auch, dass bestimmte Leistungen – zB Rufbereitschaft von Ingenieuren bei technischen Problemen **(Troubleshooting)** – für ein oder zwei Jahre überhaupt nicht in Anspruch genommen werden. Bei Beurteilung der Inanspruchnahme darf von einem **schwankenden Dienstleistungsfluss** ausgegangen und **Durchschnittsentgelte** können verrech-

---

[183] FG Hamburg 31.10.11 IStR 2012, 190 ff.

[184] BFH 11.10.12, IStR 2013, 109.

[185] *Hagemann* PISt 2013, 32 ff.

[186] Vgl. zum Begriff *Vogel* in V/L Art. 3 Rn. 41a; *Wassermeyer* in Wassermeyer Art. 3 OECD-MA Rn. 23.

[187] *Gosch* PR 2013, 88 ff.; *Pezzer* FR 2013, 415 ff.

[188] Dies ist bspw. für Brasilien oder Hongkong zu beachten.

[189] Vgl. dazu oben Rn. 84 ff.

net werden, die der tatsächlichen Abnahme innerhalb eines mehrjährigen Zeitraums entsprechen.[190] Fraglich ist, wie der mehrjährige Zeitraum gem. Tz. 6.2.3 VGr bestimmt werden soll. Für die Beurteilung sollte der Betriebsprüfungszeitraum, mindestens aber eine Periode von **fünf Jahren,** herangezogen werden.[191] Nach Beispiel 5 in Tz. 6.3.1 VGr ist das marktübliche Bereitstellen von Dienstleistungen auf Abruf verrechenbar, soweit nachgewiesen wird, dass die Tochtergesellschaft diese benötigt und dass sie tatsächlich in angemessenem Umfang Dienstleistungen abgerufen hat (wegen Ausnahmen wird auf die nachfolgenden Ausführungen verwiesen). Neben dem Recht auf jederzeitige Inanspruchnahme der Dienstleistung muss gesichert sein, dass die Leistungsbereitschaft auf Veranlassung der abrufberechtigten Gesellschaft besteht.

106 Auch in der **OECD-Leitlinie** wird die **Leistungsbereitschaft auf Abruf** (On-call-Services) als verrechenbare Dienstleistung dargestellt.[192] Aus Tz. 7.16 OECD-VPL wird ersichtlich, dass die Leistungsbereitschaft einerseits und die tatsächliche Erbringung der Leistungen andererseits als jeweils selbständige Leistungen qualifizieren. Daher erscheint es bei der Abfassung grenzüberschreitender Verträge nicht als empfehlenswert, zB sämtliche Kosten einer Abteilung für technische Rufbereitschaft nach der (geschätzten oder auf Erfahrungswerten beruhenden) durchschnittlichen Inanspruchnahme an die potentiellen Leistungsempfänger zu belasten. Richtiger ist es, einen **Teil der Kosten** für die **Leistungsbereitschaft** (Stand-by Charge) an alle potenziellen Leistungsempfänger zu verrechnen und den überwiegenden **Teil der Kosten** gem. dem **Umfang der tatsächlichen Inanspruchnahme** in Rechnung zu stellen.

107 Ähnlich wie Tz. 6.2.3 und Beispiel 5 in Tz. 6.3.1 VGr stellen auch Tz. 7.16 und 7.17 **OECD-VPL** darauf ab, ob auch unabhängige Unternehmen unter vergleichbaren Verhältnissen bereit wären, ein Entgelt zu zahlen und inwieweit die Dienstleistungen im Zeitraum von mehreren Jahren in Anspruch genommen wurden. Gem. Tz. 7.17 OECD-VPL ist es unwahrscheinlich, dass ein unabhängiges Unternehmen **Stand-by-Gebühren** bezahlen würde, wenn die Notwendigkeit der Inanspruchnahme der Dienstleistung unwahrscheinlich ist oder wenn der Vorteil, Dienstleistungen auf Abruf zur Verfügung zu haben, gering ist oder wenn die entsprechenden Dienstleistungen auch schnell und einfach von anderen Anbietern ohne Notwendigkeit von Stand-by-Verträgen erhältlich sind. *Becker/Kroppen*[193] halten diese Einschränkungen mit zutreffender Begründung teilweise für ungerechtfertigt. So weisen sie zu Recht darauf hin, dass ein geringer Bedarf oder die Nichtabnahme über einen bestimmten Zeitraum irrelevant sind, wenn die angebotene Leistungsbereitschaft eine Art Versicherungscharakter hat und der Schaden für den Fall, dass nicht sofort gehandelt würde, sehr groß wäre, wie dies bspw. beim Ausfall einer EDV-Anlage der Fall sein kann. Diese Argumente sprechen dafür, eine Vergütung auch dann anzuerkennen, wenn über längere Zeit keine Inanspruchnahme erfolgt. Im Übrigen weist Tz. 7.28 OECD-VPL da-

---

[190] Vgl. Tz. 7.17 OECD-VPL; Tz. 6.2.3 VGr.
[191] Vgl. *IdW* DB 1980, 2457.
[192] Vgl. Tz. 7.16 und 7.17 OECD-VPL.
[193] *Becker/Kroppen* in Kroppen, Rn. 4–6 zu Tz. 7.16 und 7.17 OECD-VPL.

rauf hin, dass die Vereinbarung auch eine Bestimmung enthalten kann, wonach erst dann eine Vergütung für die tatsächliche Inanspruchnahme verrechnet wird, wenn diese einen im Voraus festgelegten Umfang überschreitet.

9. Rückhalt im Konzern

Unter dem Rückhalt im Konzern versteht man alle Vorteile im Konzern,   **108**
die sich **allein** aus der **Zugehörigkeit zum Unternehmensverbund** ergeben, bei völliger Passivität der Konzernleitung.[194] Beispiele für den Rückhalt im Konzern sind zB eine erhöhte Kreditwürdigkeit, günstigere Absatz- und Einkaufsmöglichkeiten oder das Recht auf Führung des Konzernnamens.[195] Nach Tz. 5.2.3 VGr sowie nach international ähnlichen Regelungen kann eine Muttergesellschaft **kein Entgelt** für den Rückhalt im Konzern verrechnen.[196] Alle Vorteile, die sich allein aus der rechtlichen, finanziellen und organisatorischen Eingliederung in den Konzern ergeben, können nicht verrechnet werden. Zudem würde eine Verrechnung des Konzernrückhalts sowohl auf Grund mangelnder Erfassbarkeit und Quantifizierbarkeit der Vorteile als auch wegen des Fehlens eines Leistungsaustauschs scheitern. Der Konzernrückhalt stellt keine eigenständige Leistung eines bestimmten Unternehmens dar.[197] **Synergien** im Konzern können je nach Sachverhalt im Einzelfall auf dem Rückhalt im Konzern oder auf anderen Ursachen beruhen und sind daher differenziert zu beurteilen.[198]

Die Meinung von *Becker* und *Ebenroth,* eine Verrechenbarkeit des Kon-   **109**
zernrückhalts nicht generell abzulehnen, sondern stattdessen darüber im Einzelfall zu befinden,[199] beruht auf einer unzulässigen Begriffsausweitung. Versteht man unter dem Konzernrückhalt gem. Tz. 6.2.3 VGr die reine Konzernzugehörigkeit in Form einer rechtlichen, organisatorischen und finanziellen Eingliederung in den Unternehmensverbund bei völliger Passivität der Spitzeneinheit, scheitert die Erfassbarkeit und Quantifizierung an fehlendem Leistungsaustausch. Dagegen geht die **aktive Unterstützung** der Tochtergesellschaft durch die Muttergesellschaft über den Konzernrückhalt hinaus und **kann** eine **verrechenbare Leistung darstellen.**

Beispiel: Werbemaßnahmen der Muttergesellschaft, die der Tochtergesellschaft dienen, das Recht auf Benutzung der Konzernmarke, das Angebot spezieller Zentralabteilungen, Probleme auf Abruf zu lösen, die Beratung bei Verkauf und Einkauf oder Bürgschaftsverpflichtungen zugunsten einzelner Tochtergesellschaften sind als abgrenzbare und verrechenbare Einzelleistungen anzusehen. In diesen Fällen liegt kein Rückhalt im Konzern vor, da definitionsgemäß ein Tätigwerden der Obergesellschaft oder einer anderen beauftragten Einzelgesellschaft nicht dem passiven Begriff des Konzernrückhalts entspricht.

---

[194] Vgl. *Moxter,* 646.
[195] Für eine Marke, die mit dem Konzernnamen identisch ist, besteht dagegen grundsätzlich ein Anspruch auf eine Lizenzgebühr, BFH 9.8.00, IStR 2001, 54 f.; s. a. Kap. O Rn. 506 ff.
[196] Ebenso Tz. 7.13 OECD-VPL und US Services Regs., § 1.482-9 (l) (3) (v).
[197] Vgl. *Baumhoff* Verrechnungspreise für Dienstleistungen, 188.
[198] Vgl. dazu unten Rn. 110 ff.
[199] *Becker* in Kroppen zu Tz. 6.3.2 VGr; *Ebenroth* 1978, 238 f.

10. Synergien

110 Die OECD hat am 31.7.2013 einen überarbeiteten Entwurf und am 16.9.2014 eine Neufassung mit Änderungsvorbehalt (nachfolgend: 2014 Guidance) zu Kapitel VI. OECD-VPL veröffentlicht. Diese Dokumente enthalten auch einige Ergänzungen der Kapitel I. und II. OECD-VPL.[200] Eine der Ergänzungen befasst sich mit den Auswirkungen von **Synergien** im Konzern auf die Verrechnungspreise.[201] Nach Meinung der OECD können sich in einem multinationalen Konzern einerseits **vorteilhafte Synergien** ergeben, so zB durch Bündelung des Einkaufs, Zusammenwirken des Managements, gemeinsame Kreditfinanzierung oder Nutzung integrierter EDV-Systeme. Andererseits können aber auch „**negative Synergien**" eintreten, so zB durch erhöhten Verwaltungsaufwand bei kleineren Konzernunternehmen.[202]

Unter Hinweis auf Tz. 7.13 OECD-VPL bestätigt die OECD, dass keine Dienstleistungen vorliegen und daher kein Entgelt zu zahlen ist, wenn ein Konzernunternehmen nur beiläufige Vorteile („incidental benefits") erhält, die sich allein aus der **Zugehörigkeit zum Konzern** ergeben.[203] Als Beispiel wird die erhöhte Kreditwürdigkeit genannt.[204] Sofern jedoch die Konzernobergesellschaft die Kreditwürdigkeit der Konzerngesellschaft durch Gewährung einer **Garantie oder Bürgschaft** (weiter) erhöht, ist die Zahlung einer Garantie- bzw. Bürgschaftsgebühr erforderlich, die sich an der Höhe des zusätzlichen Vorteils orientieren soll.[205]

111 Die OECD weist ferner darauf hin, dass sich Synergievorteile (oder Nachteile) unter bestimmten Voraussetzungen aus einem konkreten absichtlichen **Zusammenwirken im Konzern** ergeben können.[206] Aus einer solchen abgestimmten Aktion („concerted group action") können sich genau identifizierbare Vorteile (oder Nachteile) ergeben, die bei anderen Marktteilnehmern ohne vergleichbare Transaktionen nicht entstehen. In solchen Fällen hält es die OECD für wahrscheinlich, dass im Rahmen der Vergleichbarkeitsanalyse eine **Anpassungsrechnung** erforderlich wird. Wenn daher eine konzertierte Aktion im Konzern zu nennenswerten vor- oder nachteiligen Synergien führt, ist es erforderlich, folgende Fakten zu ermitteln:[207]
– die Art der Vor- oder Nachteile,
– den Umfang der Vor- oder Nachteile und

[200] Vgl. *OECD*, Revised Discussion Draft on Transfer Pricing Aspects of Intangibles (nachfolgend: Revised DD), 30 July 2013, Tz. 1–34; jetzt Kap. I, Tz. 1.80 ff. u. Kap. II, Tz. 2.9 f. OECD-VPL Kapitel I u. II (2014 Guidance). Diese 2014 Guidance ist noch nicht formell beschlossen, vgl. dazu Kap. O Rn. 48.
[201] Vgl. *OECD*, Revised DD, Tz. 18–33; jetzt Tz. 1.98 ff. Kapitel I (2014 Guidance).
[202] Vgl. *OECD*, Revised DD, Tz. 18; Tz. 1.98 Kapitel I (2014 Guidance).
[203] Vgl. *OECD*, Revised DD, Tz. 19; Tz. 1.99 Kapitel I (2014 Guidance).
[204] Vgl. *OECD*, Revised DD, Example 1, Tz. 24; Beispiel 1, Tz. 1.105 ff. Kapitel I (2014 Guidance).
[205] Vgl. *OECD*, Revised DD, Example 2, Tz. 27; Beispiel 2, Tz. 1.108 Kapitel I (2014 Guidance).
[206] Vgl. *OECD*, Revised DD, Tz. 20; Tz. 1.100 Kapitel I (2014 Guidance).
[207] Vgl. *OECD*, Revised DD, Tz. 22; Tz. 1.102 Kapitel I (2014 Guidance).

– den Verteilungsschlüssel, nach dem die Vor- und Nachteile zwischen den Konzerngesellschaften aufzuteilen sind.

Als Beispiel nennt die OECD den **gemeinsamen Einkauf** im Konzern **112** mit dem Ziel, einen günstigeren Rabatt für alle Konzerngesellschaften zu erlangen.[208] In diesem Fall soll diejenige Gesellschaft, die den gemeinsamen Einkauf koordiniert und durchführt, vorab eine angemessene Vergütung für ihre Tätigkeiten erhalten, während die Einkaufsvorteile im Übrigen allen Beteiligten zugutekommen sollen, typischerweise im Verhältnis der Einkaufsvolumina.[209]

Beispiel 1: Die Konzerngesellschaft A wird als Einkaufsmanager für den Konzern tätig und verhandelt mit einem Lieferanten eine Preisreduzierung für jedes Produkt von $ 200 auf $ 110. In diesem Fall dürfte der Verkaufspreis der Firma A an andere Konzerngesellschaften nicht in der Nähe von $ 200 liegen, sondern sie dürfte nur eine angemessene Vergütung für ihre zentrale Einkaufstätigkeit erhalten. Angenommen die Kosten für diese Dienstleistung einschließlich eines angemessenen Gewinnaufschlags würden bei $ 6 pro Produkt liegen, dann könnte der Verkaufspreis ungefähr $ 116 je Produkt betragen. Alle Konzerngesellschaften würden demgemäß einen Vorteil in Höhe von ca. $ 84 pro Produkt erhalten.[210]

Beispiel 2: Angenommen, die Fakten sind mit dem zuvor genannten Beispiel identisch, jedoch werden die Produkte vom Lieferanten unmittelbar an die jeweiligen Konzerngesellschaften geliefert und abgerechnet. In dieser Alternative wäre die als Einkaufsmanager handelnde Gesellschaft berechtigt, den anderen Konzerngesellschaften eine Dienstleistungsgebühr in Höhe von $ 5 je Produkt in Rechnung zu stellen.[211] Die Gebühr ist niedriger wegen geringerer Risiken (kein Eigentumserwerb, kein Lager).

Abweichend von den genannten Beispielen ist eine Vergütung im Konzern dann nicht gerechtfertigt, wenn ein konzernfremder Lieferant einer Konzerngesellschaft freiwillig einen günstigen Preis gewährt in der Hoffnung, dass er damit auch zusätzliche Bestellungen von anderen Konzerngesellschaften erlangen kann; in diesem Fall liegt kein absichtliches Zusammenwirken der Konzerngesellschaften vor.[212]

11. Beispiele

Die nachfolgende Liste enthält eine **Übersicht** über **häufig im Konzern** **113** **vorkommende Leistungen,** dh, diese Liste ist keinesfalls abschließend.[213] Die Beispiele sind nach bestimmten Unternehmensbereichen geordnet (zB Personalbereich, Finanzbereich, Produktion, Vertrieb usw.), wobei eben-

---

[208] Vgl. *OECD*, Revised DD, Tz. 21 u.23 sowie Examples 3 u. 4. in Tz. 28f.; Tz. 1.101 u. 1.103 sowie Beispiele 3 u. 4 in Tz. 1.109f. Kapitel I (2014 Guidance).

[209] Vgl. *OECD*, Revised DD, Tz. 23; Tz. 1.103 Kapitel I (2014 Guidance).

[210] Vgl. *OECD*, Revised DD, Example 3, Tz. 28; Beispiel 3 in Tz. 1.109 Kapitel I (2014 Guidance).

[211] Vgl. *OECD*, Beispiel 4, Tz. 1.110 Kapitel I (2014 Guidance).

[212] Vgl. *OECD*, Revised DD, Tz. 21 letzter Satz; Tz. 1.101 Kapitel I (2014 Guidance).

[213] Vgl. auch *EU JTPF*, JTPF Report 2010, Annexes I, II.

falls nur exemplarische Unternehmensbereiche mit üblicherweise anfallenden Funktionen dargestellt werden. Mit „ja" gekennzeichnete Leistungen sind im Allgemeinen verrechenbar, mit „nein" gekennzeichnete grundsätzlich nicht. Wichtig ist hier der **Hinweis,** dass die **Kennzeichnung als verrechenbare Dienstleistung** oder als **nicht-verrechenbare Leistung** (sog. Shareholder Activity) **nur eine Qualifikation** *prima vista* darstellt und dass im Einzelfall immer die konkreten Umstände zu beachten sind, die ggf. zu einer abweichenden Beurteilung führen. Vor allem bei den zusätzlich **in Klammern** markierten Leistungen ist häufig eine differenzierte Beurteilung, die sich am Nutzen des Leistungsempfängers orientiert, oder eine Kostenaufteilung[214] geboten. Sofern bspw. die Geschäftsführung der Muttergesellschaft den Tochtergesellschaften im operativen Bereich (zB Produktionsplanung, Marketing, Beteiligungserwerb) Unterstützung gewährt, sind diese Leistungen abrechenbar.

Art der Dienstleistungen im Konzern[215]

	ja	nein
1. Konzernleitung[216]		
a) Vorstand, Geschäftsführung, Aufsichtsrat und Gesellschafterversammlungen der Muttergesellschaft (Tz. 6.3.2 VGr)	(X)	X
b) Entwicklung Konzernstrategie und Leitung des Konzerns		X
c) Rechtliche Organisation des Gesamtkonzerns (Tz. 6.3.2 VGr)		X
d) Produktions- und Investitionssteuerung im Gesamtkonzern (Tz. 6.3.2 VGr, Tz. 7.14 OECD-VPL)	(X)	X
e) Aufgaben, die auf der Gesellschafterstellung beruhen, einschließlich Kontrolle und Revision (Tz. 6.3.2 VGr)		X
f) Schutz und Verwaltung der Beteiligungen (Tz. 6.3.2 VGr)		X
g) Konzernführung und Führungsaufgaben nachgeordneter Unternehmen, die die Konzernspitze an sich gezogen hat	(X)	X
h) Zentrale Planung und Koordination der Investitions-, Produktions-, Finanz- und Absatzplanung des Gesamtkonzerns	(X)	X
i) Gründung von Tochtergesellschaften oder Erwerb von Beteiligungen durch Muttergesellschaft		X
j) Kapitalerhöhung (Tz. 7.14 OECD-VPL)	(X)	X
k) Finanzierungskosten für Beteiligungserwerb durch Muttergesellschaft		X
l) Börsengang der Muttergesellschaft		X
2. Koordination und allgemeines Management[217]		
a) Horizontale Koordination von konkreten Maßnahmen zwischen Tochtergesellschaften, zB Produktion, Marketing und Verkauf	X	
b) Zentrale und vertikale Koordination zwischen Mutter- und Tochtergesellschaften (Kostenteilung)	X	X
c) Unterstützung der Tochtergesellschaften gegenüber Behörden zum Erlangen erforderlicher Genehmigungen, zB für Export-, Devisentransfer- oder Aufenthaltsgenehmigungen	X	
d) Unterstützung bei der Planung oder Anmietung neuer Büro- oder Fabrikgebäude	X	

---

[214] Vgl. dazu ausführlich oben Rn. 77–83.

[215] Die ja/nein-Qualifikation ist vorläufig und muss in jedem Einzelfall überprüft werden.

[216] Vgl. oben Rn. 31–56; ferner Tz. 7.9, 7.10 und 7.14 OECD-VPL.

[217] Vgl. dazu Rn. 53 und 55.

	ja	nein
3. Kosten für Unterstützung im Personalbereich		
a) Einrichtung und Durchführung von (Management-) Fortbildungsprogrammen (ggf. nein, falls Vorstand/Geschäftsführer)	X	(X)
b) Unterstützung bei der Auswahl und Einstellung von (leitenden) Angestellten	X	
c) Beistellung von Mitarbeitern für Projekte	X	
d) Entwicklung von RL für die Entsendung	X	
e) Entwicklung von RL für die Entlohnung	X	
f) Beratung betreffend Personalpolitik und Personalverwaltung	X	
g) Bonusprogramme und Optionspläne für (leitende) Angestellte	X	
4. Kosten für Finanz- und Rechnungswesen und EDV		
a) Übernahme von Buchhaltungsarbeiten	X	
b) Konzernbuchhaltung, -budgetierung, -finanzierung		X
c) Konzern- bzw. Holdingabschluss, konsolidierte Steuererklärung		X
d) Deutscher Teilkonzernabschluss	X	
e) Erarbeitung von Rechnungslegungsgrundsätzen	(X)	X
f) Überleitung von HGB auf ausländische Bilanzierungsregeln	(X)	X
g) Jahresabschlussprüfung der nicht prüfungspflichtigen Tochtergesellschaft durch Wirtschaftsprüfer	X	(X)
h) Unterstützung bei Erstellung des Budgets	X	
i) IT Services und Software-/Hardwareeinkauf	X	
j) Entwicklung, Installation und Pflege konzerneigener Software und Internet Website	X	
k) Einführung eines neuen EDV-Systems	X	(X)
l) Interne Revision (ja, wenn Ersatz für eigene Revision)	(X)	X
m) Konzernweite Führungs- und Reporting-Systeme für Sparten-/Unternehmungsbereichsorganisationen	X	
n) Unterstützung bei der Kostenrechnung	X	
o) Unterstützung bei der Inventur	X	
p) Erstellung von Kosten- und Preisanalysen	X	
q) Erstellung von Benchmarkanalysen	X	
r) Erstellung der Verrechnungspreisdokumentation	X	
s) Rechnungserstellung und Mahnwesen	X	
5. Darlehen und Finanzdienstleistungen[218]		
a) Darlehen und Warenkredite	X	
b) Übernahme von Bürgerschaften oder Zahlungsgarantien	X	
c) Unterstützung bei Finanzplanung und Kreditaufnahme	X	
d) Cash Pool und Anlage oder Gewährung kurzfristiger Mittel	X	
e) Pooling/Netting von Forderungen und Verbindlichkeiten	X	
f) Wechselkurssicherung (Hedging)	X	
g) Liquiditätsplanung	X	
h) Forderungseinzug	X	
i) Forfaitierung oder Factoring[219]	X	
j) Sonstige Finanzdienstleistungen	X	
6. Kosten für Rechts-, Steuer- und Unternehmensberatung		
a) Entwicklung und Prüfung von Verträgen	X	
b) Beratung in allgemeinen rechtlichen Fragen, zB Exportgenehmigung, Kundeninsolvenz, Versicherungsfragen, etc.	X	

---

[218] Wie oben erläutert wurde, stellen Finanzdienstleistungen zT keine Dienstleistungen dar; vgl. Rn. 7.

[219] Vgl. auch unten Rn. 470 ff.

	ja	nein
c) Gründung der Tochtergesellschaft sowie Kapitalerhöhung/-herabsetzung, Liquidation, Verschmelzung, Formwechsel oder Spaltung	(X)	X
d) Unterstützung der Tochter-/Schwestergesellschaft beim Erwerb, Verkauf oder der Reorganisation von Beteiligungen	X	(X)
e) Patentanmeldungen, Markenschutz etc.	X	
f) Kartellrechtliche Verfahren	X	(X)
g) Beratung betr. Umweltschutz	X	
h) Beratung beim Abschluss von Versicherungen	X	
i) Steuerliche Beratung (ggf. nein im Fall 6. c)	X	(X)
j) Planung, Dokumentation und Verteidigung von Verrechnungspreisen	X	
k) Unterstützung in Gerichtsverfahren	X	
l) Unternehmensberatung und -bewertung	X	
m) Betriebswirtschaftliche Untersuchungen	X	
n) Zollrechtliche Beratung und Abwicklung	X	

7. Kosten für Produktion

	ja	nein
a) Errichtung einer neuen Produktionsstätte einschließlich Planung des Produktionsprozesses und Durchführung		X
b) Unterstützung bei der Planung neuer Produktionsanlagen (anders ggf. bei Neugründung)	X	(X)
c) Bau- oder Ingenieurleistungen (anders bei Neugründung)	X	(X)
d) Unterstützung bei der Produktplanung im Hinblick auf Wettbewerb und Kundenakzeptanz	X	
e) Technische Einweisung in Produktionsprozesse und Erarbeitung von SicherheitsRL	X	
f) Unterstützung bei technischen Problemen einschließlich Rufbereitschaft	X	
g) Maßnahmen zur Steigerung der Produktivität (anders, wenn nur Kontrolle)	X	(X)
h) Unterstützung bei Qualitätskontrollen und Testverfahren	X	
i) Überwachende Qualitäts- oder Effizienzkontrolle	(X)	X
j) Wartung, Reinigung, Überholung, Reparatur	X	
k) Unterstützung beim (ggf. gemeinsamen) Erwerb von Rohstoffen	X	
l) Unterstützung bei der Erlangung von Zertifizierungen (zB ISO 9000) oder Produktzulassungen (zB Arzneimittel)	X	
m) Auftragsfertigung, Lohnveredelung[220]	X	
n) Auftragsverpackung[221]	X	

8. Kosten für Forschung und Entwicklung

	ja	nein
a) Grundlagenforschung		X
b) Spezielle Produktforschung, Neuentwicklung, Anwendungsforschung		X
c) Weiterentwicklung, Produkt- oder Verfahrensalternativen		X
d) Unterstützung von Laborkontrollen		X
e) Entwicklung von Design		X
f) Auftragsforschung[222]		X
g) Klinische Studien (zB Wirkung und Nebenwirkungen von Arzneimitteln)		X

---

[220] Vgl. unten Rn. 443 ff.
[221] Vgl. unten Rn. 465 ff.
[222] Zur Auftragsforschung vgl. Kap. O Rn. 181 ff.

	ja	nein
9. Kosten für Logistik, Marketing und Vertrieb		
a) Strategische Gesamtplanung der Gruppe		X
b) Informationen über Markt- und Produktentwicklungen	X	
c) Marktstudien, zB für Exportmärkte	X	
d) Unterstützung bei der Werbung (Erstellung von Werbefilmen, Prospekten, Beratung etc.)	X	
e) Entwurf von Etiketten, Gebrauchsanweisungen, Übersetzungen	X	
f) Preisstudien betreffend Wettbewerbsprodukte und Beratung bei der Preisfestsetzung	X	
g) Unterstützung bei Produktzulassungen oder Verkaufsproblemen	X	
h) Beratung und Schulung betreffend Verkaufstechniken und Kundenbetreuung	X	
i) Öffentlichkeitsarbeit/Konzernöffentlichkeitsarbeit	X	(X)
j) Bildung einer Corporate Identity	X	(X)
k) Veranstaltung von Messen/Ausstellungen	X	
l) Lagerhaltung	X	
m) Transport	X	
n) Abwicklung von Fracht- und/oder Zollformalitäten	X	
o) Vertriebsunterstützung (Sales Support Services)[223]	X	
p) Vermittlung als Handelsvertreter oder Kommissionär[224]	X	
10. Nutzungsüberlassung und sonstige Leistungen[225]		
a) Nutzung des Firmen- bzw. Konzernnamens (Tz. 6.3.2 VGr)[226]		X
b) Rückhalt im Konzern (Tz. 6.3.2 VGr)		X
c) Vermietung/Leasing materieller Wirtschaftsgüter	X	
d) Überlassung/Lizenzierung immaterieller Wirtschaftsgüter[227]	X	
e) Franchiseleistungen[228]	X	

12. Formen der Kostenverrechnung

Grundsätzlich sind für die Verrechnung der Kosten für Dienstleistungen **114** und sonstige Leistungen verschiedene Formen denkbar; dabei sind zu unterscheiden:

1. Die **Einzelabrechnung** gem. Tz. 3.2.1 VGr[228a];

2. Die **Verrechnung** als Nebenleistung **im Preis für Warenlieferungen** gem. Tz. 3.2.3.3 VGr **oder** im Zusammenhang mit der **Nutzungsüberlassung** von Wirtschaftsgütern (Argument aus Tz. 5.1.2 VGr);

3. Die indirekte Verrechnung über eine **Konzernumlage** nach dem **Leistungsaustauschprinzip**[229] (Grundsatz der Vertragsfreiheit, § 305 BGB, Art. 27 EGBGB und Argument aus Tz. 7.22 OECD-VPL);

---

[223] Vgl. unten Rn. 499 ff.

[224] Vgl. unten Rn. 476 ff.

[225] Die hier unter Nr. 10 genannten Leistungen stellen z. T. *keine* Dienstleistungen dar; jedoch werden Nutzungsüberlassungen oft den Dienstleistungen zugerechnet, vgl. oben Rn. 8 und 15.

[226] Wenn der Konzernname mit einer Marke identisch ist, kann für die Marke eine Lizenz belastet werden; vgl. Kap. O Rn. 506 ff.

[227] Vgl. Kap. O Rn. 441 ff.

[228] Vgl. dazu Kap. O Rn. 701 ff.

[228a] Vgl. unten Rn. 115 und 141 ff.

[229] Zur Begriffsbestimmung vgl. nachfolgend Rn. 117 ff. und 281 ff.

4. Die Verrechnung über eine **Kostenumlage** nach dem **Poolkonzept**[229a] (Tz. 1 ff. VGr-Uml.; EU JTPF, JTPF Report 2012; Tz. 8.1 ff. OECD-VPL);

5. Das **Kostenfinanzierungsverfahren** oder Schlüsselumlageverfahren (Cost Funding Agreement oder Fixed-key Method) gem. Tz. 45 des OECD-Berichts 1984 und Tz. 100 des Entwurfs des OECD-Berichts 1995.[230]

Das folgende Schaubild verdeutlicht, dass zunächst zwischen belastbaren und nicht weiterbelastbaren Kosten zu trennen ist und dann die Einzelabrechnung, die Kostenumlage oder die Konzernumlage angewendet wird, soweit im Einzelfall keine Weiterbelastung über die Lieferpreise stattfindet. Das von der deutschen FinVerw. abgelehnte Kostenfinanzierungsverfahren ist im Schaubild nicht enthalten.

Schaubild: Konzerninterne Verrechnung von Dienstleistungen und Forschungs- und Entwicklungskosten

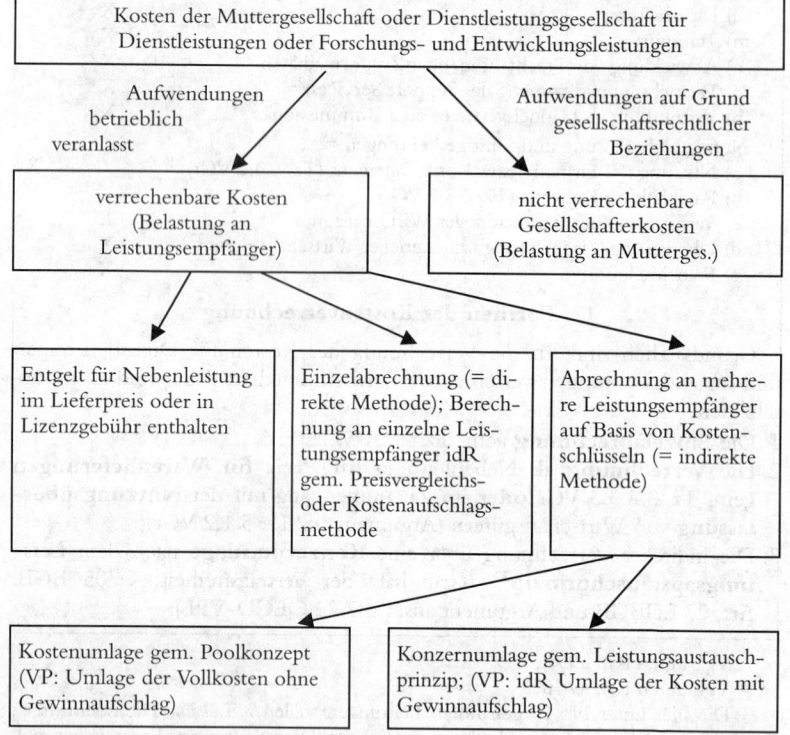

115   In den VGr wird der **Einzelabrechnung** von Dienstleistungen grundsätzlich der **Vorrang** vor der Abrechnung auf Basis einer Konzern- oder Kosten-

---

[229a] Vgl. unten Rn. 401 ff.

[230] Die OECD-VPL bezieht in Kapitel VIII über *Cost Contribution Agreements* keine Stellung zum Kostenfinanzierungsverfahren. Näher dazu unten Rn. 120 f.

umlage eingeräumt.[231] Auch die OECD-VPL lassen erkennen, dass sie der **direkten Methode,** dh, der Abrechnung für einzelne Dienstleistungen (Direct-charge Method) den **Vorzug vor** den **indirekten Methoden** der Preisverrechnung (Indirect-charge Methods) geben.[232] Die OECD-VPL betonen, die Einzelabrechnung habe den Vorteil, dass die einzelne Leistung und die Basis der Zahlung anhand des Fremdvergleichsgrundsatzes leichter überprüft werden könne.[233] Dies ist insb. der Fall, wenn die Dienste als wesentlicher Teil der Geschäftstätigkeit regelmäßig auch gegenüber fremden Dritten erbracht werden.[234] Soweit Dienstleistungen jedoch nur an Konzerngesellschaften (und folglich nicht an konzernfremde Unternehmen) erbracht werden, lässt sich aus den OECD-VPL kein genereller Vorrang der Einzelabrechnung vor den indirekten Methoden ableiten.

Gem. den VGr ist eine Einzelverrechnung von Leistungen allerdings nicht möglich, soweit diese Leistungen als unselbständige **Nebenleistungen** bei der Lieferung von Gütern oder Waren vereinbart und **durch den Warenpreis abgegolten** sind, so zB bei Finanzierungsleistungen in Form von Zahlungszielen oder bei branchenüblichen Garantie-, Wartungs- oder Kulanzleistungen (Tz. 3.1.2.2 und 3.2.3.3 VGr).[235] Ein solcher Fall liegt auch vor, wenn der Lieferpreis für eine große Maschine die Kosten für den Aufbau und die Einweisung des Personals des Abnehmers umfasst.

Bei der Nutzung von immateriellen Wirtschaftsgütern sind Nutzungsentgelte nicht anzuerkennen, wenn die **Nutzungsüberlassung** im Zusammenhang mit Lieferungen oder Leistungen steht, bei denen unter Fremden die **Überlassung der immateriellen Wirtschaftsgüter** im Preis der Lieferung oder Leistung mit **abgegolten** ist (Tz. 5.1.2 VGr).[236] Wenn daher eine Tochtergesellschaft das Vertriebsrecht für bestimmte Markenartikel in ihrem Territorium erhält, dann umfasst der Lieferpreis der Waren regelmäßig das Vertriebsrecht und das Recht zur Nutzung der Marken. Wenn Patente oder Know-how zur Herstellung von Produkten überlassen werden, können die Parteien vereinbaren, dass die Lizenzgebühren die Kosten des Lizenzgebers für die Einweisung des Personals des Lizenznehmers enthalten. Ebenso kann zB vereinbart werden, dass die laufende Lizenzgebühr für die Nutzung einer betrieblichen Software die Kosten der Implementierung und den „First Level Support" bei Störungen innerhalb eines bestimmten Zeitraums umfasst. Zur Vermeidung zivilrechtlicher und steuerlicher Probleme ist es generell empfehlenswert, den Umfang entgeltlicher oder unentgeltlicher Nebenleistungen im Vertrag klar zu regeln.

Wenn eine Muttergesellschaft oder eine spezielle Dienstleistungsgesellschaft **116** im Konzern mehrere Dienstleistungen für einige oder alle Gesellschaften des Konzerns erbringt, dann ist es möglich, die bei der dienstleistenden Gesellschaft anfallenden Kosten im Wege der **Konzernumlage** nach dem **Leistungsaustauschprinzip** an die Leistungsempfänger zu berechnen. Der ent-

---

[231] Vgl. vor allem Tz. 3.2, 6.4.1 und 6.4.2 VGr gegenüber Tz. 1 VGr-Uml. Die Einzelabrechnung wird in Abschnitt IV. dieses Kapitels ausführlich kommentiert.

[232] Vgl. Tz. 7.20-7.24 OECD-VPL.

[233] OECD-VPL, Tz. 7.20 u. 7.21.

[234] Siehe Tz. 7.21 u. 7.23 OECD-VPL.

[235] Eine ähnliche Regelung findet sich zB in Tz. 7.26 OECD-VPL.

[236] Vgl. insoweit zum Grundsatz der „Erschöpfung" Kap. O Rn. 492 ff.

scheidende Vorteil des Konzernumlageverfahrens liegt darin, dass die Kosten für ein Bündel verschiedener Leistungen auf Grund eines vereinfachten Verfahrens und anhand eines sachgerechten Aufteilungsschlüssels auf die Unternehmen verteilt werden, die die Dienstleistungen in Anspruch nehmen.

Der **Konzernumlagevertrag** nach dem Leistungsaustauschprinzip[237] ist zu **unterscheiden** von dem sog. **Poolvertrag (Kostenumlagevertrag** nach dem Poolkonzept),[238] weil der zuletzt genannte Vertrag anderen Zwecken dient und andere Voraussetzungen für die Verrechnung von Leistungen aufstellt. Für den Konzernumlagevertrag nach der hier verwendeten Definition bestehen nach Wegfall der Tz. 7 VGr keine besonderen Regelungen mehr, dh, dass die allgemeinen Regelungen der Tz. 3.2 und 6 VGr Anwendung finden.

Neben dem hier verwendeten Begriff **Konzernumlage** wird **synonym** auch der Begriff **Leistungsumlage**[239] verwendet. In Anlehnung an die in der OECD-VPL verwendeten Begriffe wird die Konzern- oder Leistungsumlage häufig auch als „**indirekte Verrechnungsmethode**" bezeichnet,[240] während der Kostenumlagevertrag (= Poolvertrag) iSd VGr-Umlagen dem „Cost Contribution Agreement" iSd Kapitels VIII der OECD-VPL gleichgesetzt wird.

117   Nach hM können konzerninterne Dienstleistungen – soweit keine Einzelabrechnung nach Marktpreisen erfolgt – im Wege der auf Leistungsaustausch beruhenden **Konzernumlage nach der Kostenaufschlagsmethode** berechnet werden.[241] Dies folgt zum einen aus der Formulierung in Tz. 1 S. 2 VGr-Uml., wo es heißt: „Die Einzelverrechnung von Leistungen bleibt hiervon unberührt, ohne Rücksicht darauf, ob der Verrechnungspreis mit Hilfe der direkten oder indirekten Methode ermittelt wird". Insoweit nimmt Tz. 1 VGr-Uml. auf die in Tz. 7.22–7.25 OECD-VPL genannten **indirekten Methoden** Bezug. Die indirekten Methoden treten an die Stelle einer direkten Einzelabrechnung und erfüllen bei umfangreichen und komplexen Dienstleistungen eine **Vereinfachungsfunktion,** indem die Verrechnung der Kosten an mehrere Leistungsempfänger auf Grundlage einer modifizierten Kostenaufschlagsmethode anhand von nutzenorientierten Kostenschlüsseln erfolgt. Die indirekte Preisverrechnung ist in vielen Konzernen die bevorzugte Form der Dienstleistungsverrechnung.[242] Die Zulässigkeit der Konzernumlage nach

---

[237] Vgl. dazu ausführlich unten Rn. 281 ff.

[238] Vgl. unten Rn. 401 ff.

[239] *Jacobs,* 790; *Baumhoff* in FWB, § 1 AStG, Anm. 647.

[240] Vgl. Tz. 7.22 f. OECD-VPL; *Male,* 179 f.; *Baumhoff* in FWB, § 1 AStG, Anm. 645, 649 f.; *Becker/Kroppen* in Kroppen, Bd. II, Kap. VII. Konzerninterne Dienstleistungen, Vorbem. Rn. 5 und Tz. 7.23 OECD-VPL, Rn. 1 ff.

[241] *Kuckhoff/Schreiber* IStR 2000, 346 ff., 347; *Baumhoff* Hefte zur Internationalen Besteuerung, Heft 130, 8 ff.; *Vögele/Freytag* IWB, F. 10 Gr. 2, 1493 ff., 1500; *Kaminski* in Grotherr, Handbuch der internat. Steuerplanung, 693 ff., 698 ff.; *Jabobs,* 789 ff. u. 1078 ff.; *Becker/Kroppen* in Kroppen, Vorbemerkung zu Kapitel VII Rn. 6 und Rn. 6 zu Tz. 7.20 und Rn. 1 ff. zu Tz. 7.24 OECD-VPL; *Oestreicher,* IStR 2000, 759 ff., 760, 762; *Sieker* in Wassermeyer, DBA, Art. 9 OECD-MA, Rn. 277 f.; ebenso schon in der 1. Auflage dieses Handbuchs: *Engler* in Kap. K. Rn. 212, damals noch zum „Kostenumlagevertrag" gem. Tz. 7 VGr, die die Anwendung des Leistungsaustauschprinzips zuließ bzw. nicht ausschloss; aA lediglich *Böcker,* StBp 2008, 8 ff., dessen persönliche Meinung jedoch von Vertretern der FinVerw. abgelehnt wird.

[242] *Jacobs,* 797.

dem Leistungsaustauschkonzept lässt sich auch damit begründen, dass solche auf dem Vereinfachungsgedanken beruhenden Konzernumlagen auch in anderen Ländern anerkannt werden, dass weiterhin die Tz. 7.22–7.25 OECD-VPL solche indirekten Verrechnungsmethoden anerkennen – wobei offen bleiben kann, ob es sich dabei um eine der „vielen Arten von Kostenumlageverträgen" iSd Tz. 8.1 OECD-VPL handelt – und dass schließlich die zivilrechtliche **Vertragsfreiheit** (§ 305 BGB, Art. 27 EGBGB) die Gestaltung des Inhalts und der Form von Verträgen, sowie im internationalen Bereich auch die Wahl des anwendbaren Zivilrechts garantiert. Solche Verträge sind daher auch in Deutschland steuerlich anzuerkennen, solange das Ergebnis dem Fremdvergleichsgrundsatz entspricht.[243]

Die **Konzernumlage** ist zu **unterscheiden** vom **Nachfragepool.** Bei einem Nachfragepool erbringt ein außerhalb des Pools stehendes Unternehmen Leistungen an die Poolmitglieder und rechnet zB auf Basis der Kostenaufschlagsmethode ab.[244] Dagegen ist das leistende Unternehmen bei der Konzernumlage häufig auch Vertragspartner und Leistungsempfänger; jedoch haben die Vertragsparteien keinen Poolvertrag sondern einen Leistungsaustausch mit Abrechnung nach der Kostenaufschlagsmethode vereinbart.

Bis 1999 war Tz. 7 der VGr von 1983 für die steuerliche Beurteilung von **118** Umlageverträgen maßgebend. Diese Regelungen wurden jedoch durch **die VGr zu Umlageverträgen** (VGr-Uml.) vom 30.12.99 ersetzt. Diese VGr-Uml. beschränken sich allerdings auf den **Kostenumlagevertrag nach dem Poolkonzept,** der kurz auch als **Poolvertrag**[245] bezeichnet werden kann. In Tz. 1.2 VGr-Uml. wird dieser Umlagevertrag als ein System beschrieben, das international verbundene Unternehmen miteinander vereinbart haben, um durch Zusammenwirken und im gemeinsamen Interesse die Kosten und Risiken für die Entwicklung, Produktion und die Beschaffung von Wirtschaftsgütern, Dienstleistungen oder Rechten aufzuteilen.[246] Die Leistungen erstrecken sich auf **Hilfsfunktionen** der Poolmitglieder (Tz. 1.1. VGr-Uml.).

Der Zweck des Poolvertrags liegt nicht in der Erbringung von Leistungen an den Pool. Durch die Teilnahme am Pool und die Zusammenlegung von Ressourcen soll vielmehr ein Nutzen für die Poolmitglieder erzielt werden. Zwischen dem jeweils leistenden Poolmitglied und den anderen Poolmitgliedern (bzw. dem Pool) findet **kein Leistungsaustausch** statt (Tz. 1.4 VGr-Uml.). Innerhalb des Pools werden lediglich die **Kosten** der jeweiligen Leistungen ermittelt und dann auf die Poolmitglieder nach einem Schlüssel, der sich nach dem Nutzen der Poolmitglieder bestimmt, **ohne Gewinnaufschlag** umgelegt (Tz. 1.1 und 2.2 VGr-Uml.).

Die **VGr zu Umlageverträgen (Poolverträgen)** basieren weitgehend **119** auf den im **Kapitel VIII** der **OECD-VPL** enthaltenen Regelungen zu **Kostenumlagevereinbarungen**[247] (Cost Contribution Arrangements, auch übersetzt als **Kostenumlageverträge,** Kostenverteilungsverträge oder Kos-

---

[243] Der Konzernumlagevertrag wird in Abschnitt V. dieses Kapitels ausführlich kommentiert; vgl. unten Rn 281 ff.

[244] Vgl. Tz. 1.7 VGr-Uml., ferner unten Rn. 406 ff. u. Kap. O Rn. 207 u. 271 ff.

[245] Ausführlich zum Poolvertrag unten Rn. 401 ff. und Kap. O Rn. 251 ff.

[246] Ebenso Tz. 8.3 OECD-VPL.

[247] So die offizielle Übersetzung der OECD-VPL 2010 von 2011.

tenbeitragsvereinbarungen). In Tz. 8.1 OECD-VPL wird zwar ausgeführt, dass es viele Arten von Kostenumlagevereinbarungen gibt, jedoch befasst sich das Kapitel VIII OECD-VPL fast ausschließlich mit Kostenumlageverträgen nach dem **Poolkonzept.** Folgerichtig können die in Kapitel VIII OECD-VPL enthaltenen Regelungen für die Interpretation der deutschen Bestimmungen über Poolverträge herangezogen werden.

120   Beim **Kostenfinanzierungsverfahren** gewähren die beteiligten Unternehmen Kostenzuschüsse an das leistende Unternehmen nach einem **pauschalen Schlüssel,** der weder an den tatsächlichen Kosten des Leistenden noch an dem tatsächlichen Nutzen des Leistungsempfängers orientiert ist; allenfalls eine vage Schätzung des voraussichtlichen Nutzens wird für den Schlüssel zu Grunde gelegt.

Beispiel: Die Leistungsempfänger zahlen für die Leistungen der konzerneigenen Dienstleistungsgesellschaft X-GmbH eine Kostenpauschale von 2% ihres Umsatzes. Bei der X-GmbH entstehen Kosten für die folgenden verrechenbaren Leistungen:

Leistungsarten	€T
Buchhaltung	200
EDV	600
Marketing	1000
Logistik	200
Summe	2000

Die Konzerngesellschaften A, B, C und D sind Leistungsempfänger. Sie erzielen folgende Umsätze und zahlen davon 2% Umlage:

	2009 € Mio.	2% Umlage €T
A	25	500
B	50	1000
C	50	1000
D	75	1500
Summe	200	4000

In diesem Beispielsfall kommt es zu einer erheblichen Überdeckung der durch die Dienstleistungen tatsächlich entstandenen Kosten der Dienstleistungsgesellschaft. Wenn sich die Umsätze der Leistungsempfänger halbieren, werden die Kosten der X-GmbH gedeckt und bei noch geringeren Umsätzen erzielt die GmbH einen Verlust. Im Übrigen ist nicht sichergestellt, dass die von den einzelnen Konzernunternehmen geleisteten Zahlungen in angemessenem Verhältnis zu dem geschätzten oder tatsächlichen Nutzen der Dienstleistungen stehen. Eine solche Umlage wird daher von der deutschen Fin-Verw. zu Recht abgelehnt, weil sie nicht dem Grundsatz des Drittvergleichs entspricht. Gem. den inzwischen durch Tz. 7 VGr-Uml. aufgehobenen früheren Regelungen der Tz. 7.1.2 und 7.2.1 VGr waren immer die **tatsächlichen Kosten** der leistenden Gesellschaft bei der Kostenumlage zu Grunde zu legen. Auch Tz. 2.1 VGr-Uml. regelt für den Poolvertrag, dass Ausgangsbasis für den umlagefähigen Betrag die **tatsächlichen direkten und indirekten**

Aufwendungen sind, die im wirtschaftlichen Zusammenhang mit der erbrachten Leistung stehen. Daher ist die Anwendung des Kostenfinanzierungsverfahrens mit pauschalen Zuschüssen unzulässig (Tz. 3.1 S. 10 VGr-Uml.).
Auch das FG Köln hat in einem Urteil die Auffassung vertreten, dass dem
Grunde nach eine **vGA** vorliege, wenn die im Streitfall vereinbarte **Kostenumlage** von 3% des Bruttoumsatzes **höher** liege **als** die anteiligen **Kosten.**[248]

Jacobs hält das Kostenfinanzierungsverfahren ausnahmsweise für zulässig,   **121**
sofern die verwendete Bezugsgröße im Durchschnitt der Jahre zu einem Kos-
tenausgleich und einem angemessenen Gewinn bei dem leistenden Unternehmen führt, auch wenn sich in einzelnen Jahren Unter- oder Überdeckungen ergeben.[249] Diese Meinung berücksichtigt allerdings nur die Seite des
leistenden Unternehmens und nicht die Seite der Leistungsempfänger. Ein
weiteres Problem des Kostenfinanzierungsverfahrens liegt nämlich darin, dass
der pauschale Kostenschlüssel idR nicht oder nur unzureichend den tatsächlichen oder voraussichtlichen Nutzen der Beteiligten berücksichtigt. Nur wenn
der pauschale Kostenschlüssel auch geeignet wäre, im Durchschnitt der Jahre
eine Kostenverteilung nach dem tatsächlichen oder voraussichtlichen Nutzen
der Beteiligten zu gewährleisten, könnte das Kostenfinanzierungsverfahren
anerkannt werden. Unter diesen Voraussetzungen wäre das Kostenfinanzierungsverfahren allerdings weitgehend dem Konzernumlageverfahren nach
dem Leistungsaustauschprinzip angenähert. Zur Vermeidung steuerlicher
Probleme sollte in der Praxis jedoch das Kostenfinanzierungsverfahren vermieden und das Konzernumlageverfahren oder der Poolvertrag auf jeden Fall
bevorzugt werden.

13. Funktionsanalyse der Dienstleistungen

Bei der Prüfung der Verrechnungspreise sind gem. Tz. 2.1.3 und Tz. 3.2.1   **122**
in Verbindung mit Tz. 3.1.2.1 Nr. 3 VGr auch die **Funktionen** zu berücksichtigen, die von den beteiligten Unternehmen tatsächlich wahrgenommen
werden. Nach Tz. 2.1.3 VGr sind folgende nicht abschließend aufgezählte
Einflussfaktoren bei der **Funktionsanalyse** zu beachten:
1. Struktur, Organisation, Aufgabenteilung und Risikoverteilung im Konzern,
2. Zurechnung von Wirtschaftsgütern zu den einzelnen Konzernunternehmen,
3. Funktionen, die die einzelnen Konzerngesellschaften im Konzern erfüllen,
4. Eigenschaft, in der die Konzernunternehmen diese Funktionen erfüllen.
   Auch die **OECD-VPL** fordern für die Anwendung des Fremdvergleichsgrundsatzes die Durchführung einer **Vergleichbarkeitsanalyse**.[250] Dabei ist es
notwendig, die Merkmale der Geschäftsvorfälle und Unternehmen zu vergleichen, die die Bedingungen fremdüblicher Geschäftsvorfälle beeinflussen.[251] Die

---

[248] Vgl. FG Köln 22.8.07, EFG 2008, 161.
[249] *Jacobs*, 799 f.; die Zulässigkeit wird aus dem Wortlaut der Tz. 8.7 OECD-VPL gefolgert, der das Kostenfinanzierungsverfahren nicht ausschließt: „CCA's could exist for
any *joint funding* or sharing of costs and risks".
[250] Vgl. Tz. 1.33 ff. OECD-VPL.
[251] Vgl. Tz. 1.36 OECD-VPL.

OECD-VPL nennen die folgenden **fünf Vergleichbarkeitsfaktoren,** die bei der Bestimmung der Vergleichbarkeit von Bedeutung sein können:[252]

1. Eigenschaften der Wirtschaftsgüter und Dienstleistungen (Tz. 1.39 ff. OECD-VPL),
2. Funktionsanalyse (Tz. 1.42 ff. OECD-VPL),
3. Vertragsbedingungen (Tz. 1.52 ff. OECD-VPL),
4. Wirtschaftliche Verhältnisse (Tz. 1.55 ff. OECD-VPL),
5. Geschäftsstrategien (Tz. 1.59 ff. OECD-VPL).

123 Im Rahmen der Einführung der gesetzlichen Dokumentationspflicht durch die Gewinnabgrenzungsaufzeichnungsverordnung **(GAufzV)** wurden in § 4 Nr. 3 GAufzV mit Wirkung vom 30. Juni 2003 Aufzeichnungspflichten für die **Funktions- und Risikoanalyse** und die Wertschöpfungsanalyse statuiert. Ergänzend werden in den VGr Verfahren vom 12. April 2005 in **Tz. 3.4.11.4 VGr-Verfahren** Hinweise gegeben, welche Informationen in der Funktions- und Risikoanalyse insb. von Bedeutung sind, wobei dort einige wesentliche Funktionen, Risiken und eingesetzte Wirtschaftsgüter für die Bereiche

- Forschung und Entwicklung,
- Herstellung von Produkten,
- Vertrieb,
- Unternehmensverwaltung,
- Geschäftsstrategie sowie
- Markt- und Wettbewerbsverhältnisse

aufgelistet werden. Aus der Formulierung „insbesondere" ist zu schließen, dass es sich nur um eine exemplarische Aufzählung von Funktionen, Risiken und eingesetzten Wirtschaftsgütern in verschiedenen Unternehmensbereichen handelt und dass es selbstverständlich eine Vielzahl weiterer Faktoren gibt, die für die Funktions- und Risikoanalyse wichtig sein können. In diesem Zusammenhang sind auch die Vertragsbedingungen, die gewählte Geschäftsstrategie sowie die für die Preisvereinbarung bedeutsamen Markt- und Wettbewerbsverhältnisse aufzuzeichnen und ggf. zu erläutern (Tz. 3.4.11.4 S. 2 VGr-Verfahren). Eine tabellarische Darstellung (sog. „star chart") ist zulässig (Tz. 3.4.11.4 S. 3 VGr-Verfahren). Im Ergebnis umfassen die in der GAufzV, in den VGr und in den VGr-Verfahren genannten Informationen, die im Rahmen einer Funktionsanalyse zu beachten sind, alle Merkmale, die auch in den OECD-VPL für die oben erwähnte Durchführung einer Vergleichbarkeitsanalyse genannt werden.

124 Die Funktionsanalyse ist u. a. erforderlich bei

- der Bestimmung, ob es sich zB im Rahmen einer **Prinzipalstruktur** und/oder im Rahmen der **Wertschöpfungskette** um ein (funktions- und risikoschwaches) **Unternehmen mit Routinefunktionen,** um ein (funktions- und risikostarkes) **Strategieträger-Unternehmen** oder um ein zwischen diesen Unternehmenstypen stehendes Unternehmen (zT als **Hybridunternehmen** oder **„Mittelunternehmen"** bezeichnet[253]) handelt;[254]

---

[252] Vgl. Tz. 1.36 u. 1.38 ff. OECD-VPL.

[253] Vgl. zB *Kaut/Freudenberg/Foth* BB 2007, 1665 ff., 1666; *Brem/Tucha* IStR 2006, 499 ff., 500; *Baumhoff/Ditz/Greinert* DStR 2005, 1549 ff., 1552.

[254] Zur Charakterisierung dieser Unternehmen vgl. Tz. 3.4.10.2 Buchst. a) bis c) VGr-Verfahren und unten Rn. 146 ff. sowie Kap. O Rn. 72 ff.

– der Beurteilung, ob die übernommenen **Funktionen** und **Risiken** sowie die eingesetzten **Wirtschaftsgüter** weitgehend mit den Funktionen, Risiken und Wirtschaftsgütern übereinstimmen, die von **Vergleichsunternehmen** für gleichartige oder ähnliche Geschäftsvorfälle übernommen bzw. eingesetzt werden;

– der Bestimmung der geeigneten **Verrechnungspreismethode** (insb. iSd § 1 Abs. 3 S. 1 u. 2 AStG);

– der Suche nach Unternehmen mit **vergleichbaren Dienstleistungen** im Rahmen der Preisvergleichsmethode,[255] der Kostenaufschlagsmethode oder TNMM, aber auch für die evtl. Anwendung anderer Methoden;

– der Vornahme von **Anpassungsrechnungen** gem. Tz. 2.1.7 VGr und Tz. 3.4.12.7 Buchst. a) und c) VGr-Verfahren, um die Daten den abweichenden Bedingungen des jeweils vorliegenden Geschäfts anzupassen;

– der Erstellung der **Verrechnungspreisdokumentation** iSd § 90 Abs. 3 AO iVm § 4 Nr. 3 GAufzV und der Rechtfertigung der angewendeten Verrechnungspreismethoden.

Durch die Funktionsanalyse ist es möglich, den wirtschaftlichen Gehalt der **125** tatsächlichen Tätigkeiten gem. Tz. 2.1.2 VGr zu ergründen. Gem. Tz. 2.1.3 VGr können bei **funktionslosen Unternehmen** Leistungsentgelte nicht berücksichtigt werden, bei **funktionsschwachen Unternehmen** können nur die tatsächlich erbrachten wirtschaftlichen Leistungen in Betracht gezogen werden, und zwar idR mit einem kostenorientierten Entgelt. Die Auffassung der FinVerw. bezüglich der funktionsschwachen Unternehmen wäre nicht akzeptabel, wenn als „kostenorientiertes Entgelt" eine Vergütung auf Basis der Kosten ohne Gewinnaufschlag gemeint wäre, da auch funktionsschwache Unternehmen idR danach streben, Gewinn zu erzielen. Allerdings verweist Tz. 2.1.3 VGr in diesem Zusammenhang auf Tz. 2.2.4 und damit auf die Kostenaufschlagsmethode, bei der betriebs- oder branchenübliche Gewinnzuschläge vorgesehen sind. Daraus folgt, dass die FinVerw. auch funktionsschwachen Unternehmen einen funktions- und risikogerechten Gewinn zugesteht.

Durch die VGr zu **Kostenumlageverträgen** wurde nur für den Bereich **126** der Leistungen, die sich auf **Hilfsfunktionen** der Parteien eines Kostenumlagevertrages (Poolvertrags) erstrecken, anerkannt, dass diese ohne Gewinnaufschlag verrechnet werden können (Tz. 2.2 VGr-Uml.).[256] Für die Beurteilung von Kostenumlageverträgen kommt es folglich nicht darauf an, ob das leistende Unternehmen insgesamt ein „funktionsschwaches" Unternehmen iSd Tz. 2.1.3 VGr ist, sondern allein darauf, dass sich die erbrachten Leistungen auf Hilfsfunktionen der Poolmitglieder erstrecken (Tz. 1.1 und 1.2 VGr-Uml.) und im Hinblick auf den gemeinsamen Zweck des Pools kein unternehmerisches Risiko vorliegt (Tz. 2.2 VGr-Uml.).

Im Übrigen wurde durch die VGr-Verfahren klargestellt, dass für die Festlegung und Prüfung von Verrechnungspreisen jeweils bezogen auf die zu prüfende **Geschäftsbeziehung** eine **Unternehmenscharakterisierung** vorzunehmen ist.[257] Die Unternehmenscharakterisierung erfolgt anhand der

---

[255] Vgl. Tz. 2.2.2 und 2.2.3 VGr.

[256] BMF 30.12.99, BStBl. 1999, 1122 ff.

[257] Tz. 3.4.10.2 Abs. 1 S. 1 u. 2 VGr-Verfahren.

Umstände des einzelnen Falles auf Basis der **Funktions- und Risikoanalyse** einschließlich der **Wertschöpfungsanalyse.**[258] Dabei ist zu klären, ob und welches der beteiligten Unternehmen lediglich Routinefunktionen ausübt (sog. **„Unternehmen mit Routinefunktionen"**), welches über die zur Durchführung von Geschäften wesentlichen materiellen und immateriellen Wirtschaftsgüter verfügt, die wesentlichen, für den Unternehmenserfolg entscheidenden Funktionen ausübt und die wesentlichen Risiken übernimmt (sog. **„Entrepreneur"** oder **„Strategieträger"**).[259] Eine dritte Gruppe stellen diejenigen Unternehmen dar, die weder als Unternehmen mit Routinefunktionen noch als Strategieträger (Entrepreneur) anzusehen sind.[260] Die zuletzt genannten Unternehmenstypen werden in der Literatur zT als **Hybridunternehmen** bezeichnet.[261]

Aus der Eingruppierung der Unternehmen – bezogen auf die jeweilige Geschäftsbeziehung – zieht die FinVerw. sodann Folgerungen für oder gegen die Anwendbarkeit bestimmter Verrechnungspreismethoden. Dies wird im Rahmen der Darstellung der für Dienstleistungen anwendbaren Methoden noch näher erörtert.[262]

127   Auch bei Dienstleistungen benötigt man für die Funktionsanalyse umfangreiches Informationsmaterial. Die **FinVerw. erwartet,** dass die Unternehmen in gewissem Umfang eine **Funktionsanalyse** vornehmen. Die **Dokumentationsvorschriften**[263] verlangen in § 4 GAufzV unabhängig von der Art der Transaktion (zB Warenlieferung, Dienstleistung, Lizenzierung) und der Art der Abrechnung (zB bei Dienstleistungen die Einzelabrechnung, Konzernumlage oder Kostenumlage) eine **Funktionsanalyse,** so bspw. eine Darstellung der Anteile an der Wertschöpfung und eine Analyse der konzerninternen Transaktionen und der Vergleichstransaktionen (insb. Funktionen, Risiken, Vertragsbedingungen, Geschäftsstrategien, immaterielle Vermögensgegenstände) sowie eine Darstellung der Markt- und Wettbewerbsverhältnisse.

128   Zu beachten ist, dass sich der **Aufwand** des Unternehmens für die Erstellung der **Dokumentation und** der **Funktionsanalyse** in **zumutbarem Rahmen** halten muss. Deshalb wäre es ein klarer **Verstoß gegen** den **Grundsatz der Verhältnismäßigkeit,** wenn die FinVerw. zu sämtlichen Punkten in der nachfolgend aufgeführten Liste Informationen verlangen würde. Die Liste ist nur dazu gedacht, erste Anhaltspunkte für die Funktionsanalyse von Dienstleistungen zu geben, wobei hier einerseits nur Teilbereiche beispielhaft genannt werden und andererseits nicht alle genannten Faktoren für die Funktionsanalyse im Einzelfall relevant sind. Tz. 5 VGr-Uml. fordert, für Poolverträge darzulegen, welche Leistungen erbracht werden, wie der Nutzen der Teilnehmer ermittelt wird usw. Ferner wird eine umfangreiche Dokumentation verlangt. Für die **Funktionsanalyse des Dienstleistungsbereichs** können im Einzelfall mehrere der folgenden Angaben von Bedeutung sein:

---

[258] Tz. 3.4.10.2, letzter Absatz VGr-Verfahren.

[259] Vgl. Tz. 3.4.10.2 Abs. 1 S. 1 und 3.4.10.2 Buchst. a) und b) VGr-Verfahren.

[260] Tz. 3.4.10.2 Buchst. c) VGr-Verfahren.

[261] Vgl. zB *Kaut/Freudenberg/Foth* BB 2007, 1665 ff., 1666; *Brem/Tucha* IStR 2006, 499 ff., 500.

[262] Vgl. dazu unten Rn. 144–152.

[263] Vgl. dazu ausführlich Kap. E.

a) Allgemeine Informationen   **129**

– Informationen bzgl. der Konzernstruktur, der Beteiligungsverhältnisse und der nahe stehenden Personen mit denen Geschäftsbeziehungen bestehen (§ 4 Nr. 1 Buchst. a–c GAufzV)
– Beschreibung der Tätigkeitsbereiche des Steuerpflichtigen (§ 4 Nr. 1d GAufzV)
– Arten von Geschäftsbeziehungen mit nahe stehenden Personen und Übersicht über die Verträge nebst Änderungen (§ 4 Nr. 2a GAufzV)
– Unternehmenscharakterisierung im Rahmen der Wertschöpfungskette im Konzern.[264]

b) Funktionen des Dienstleisters   **130**

(1) Beschreibung der Dienstleistungsbereiche
– Dienstleistungsbereiche und Dienstleistungsprodukte
– Strategie für die Dienstleistungsbereiche
– Dienstleistung als Haupt- oder Hilfsfunktion
– Innovationsgrad und Substituierbarkeit beim Empfänger der Dienstleistung
– Organisation des Dienstleistungsbereichs

(2) Absatzbereich (Leistungsbereich) des Dienstleisters
– Entwicklung von Umsätzen, Gewinnen, Rentabilität und Marktanteil
– Kundenkreis des Dienstleistungsbereichs (zB 10 größte Kunden)
– Geographische Märkte des Dienstleistungsbereichs
– Marktanteil im Dienstleistungsbereich
– Deckungsbeiträge und Ertragswerte des Dienstleistungsbereichs
– Umsatz pro Beschäftigter im Dienstleistungsbereich
– Preise und Zahlungsbedingungen im Dienstleistungsbereich
– Auftragsbestand des Dienstleistungsbereichs

(3) Erstellungsprozess der Dienstleistung
– Angaben über Kapazitäten, Auslastung, durchschnittliche Dienstleistungszeit
– Stand und Entwicklung von Dienstleistungsprodukten
– Stand der Automation bzw. DV-Unterstützung der Dienstleistung
– Entwicklung von Kosten/Leistungsrelationen, Kostenentwicklung des Dienstleistungsbereichs
– Entwicklung der Personal- und Materialkosten des Dienstleistungsbereichs

(4) Personalbereich des Dienstleistungsunternehmens
– Entwicklung der Mitarbeiterzahl
– Anzahl der Mitarbeiter nach Qualifikationsstufen
– Arbeitsstunden, Fehlzeiten, Auslastung und Fluktuationen
– Personalkosten des Dienstleistungsbereichs

c) Markt und Wettbewerbsverhältnisse   **131**

(1) Marktdaten
– Umsatzentwicklung des Gesamtmarkts
– Beschäftigungslage
– volkswirtschaftliche und betriebswirtschaftliche Daten ausländischer Dienstleistungsmärkte, soweit der Dienstleistungsbereich in diesen tätig wird
– Marktanteile der in- und ausländischen Konkurrenten

(2) Geschäftsstrategien der Konkurrenten am Dienstleistungsmarkt
– Preisniveau der Wettbewerber
– Werbung
– Gestaltung der Dienstleistungen

---

[264] Vgl. Tz. 3.4.10.2 Buchst. a) bis c) VGr-Verfahren und oben Rn. 124, 126.

– Leistungsbereitschaft und -fähigkeit
– Erwartete Auswirkungen der geplanten eigenen Geschäftsstrategien

132 d) Angewendete Methoden

– Standardmethoden
– Konzernumlage nach dem Leistungsaustauschprinzip
– Kostenumlage nach dem Poolkonzept
– Gewinnorientierte Methoden
– andere Methoden

133 e) Risiken des Dienstleistungsbereichs

– Investitionsrisiko (Büro- und Geschäftsausstattung incl. EDV, Aus- und Fortbildungskosten)
– Absatz- und Auslastungsrisiko (Änderung des Bedarfs der Leistungsempfänger, Substituierbarkeit, Konjunkturschwäche)
– Personalrisiko (Überkapazitäten, Ausscheiden qualifizierter Mitarbeiter)
– Gewährleistungs- und Qualitätsrisiko (Leistungsmangel, Nachbesserungsaufwand, Schadensersatz)
– Forderungs- und ggf. Wechselkursrisiko

134 f) Eingesetzte Wirtschaftsgüter des Dienstleisters

– Materielle Wirtschaftsgüter (idR nur Büro- und Geschäftsausstattung incl. EDV)
– Know-how, Marken
– Urheberrechte (Software)
– Kundenstamm

135 Im Rahmen einer Dokumentation iSd §§ 1 ff. GAufzV sind **nicht alle** der oben erwähnten Funktionen und Risiken zu erläutern, sondern nur die wesentlichen Aspekte. Die oben stehende Aufzählung zahlreicher Aspekte ist jedoch hilfreich, um im Fall von Beanstandungen durch die Betriebsprüfung zu überprüfen, in welchen Punkten Besonderheiten und Abweichungen gegenüber Vergleichsunternehmen bestehen, die dann eine Abweichung von der (eingeengten) Bandbreite üblicher Gewinnaufschläge oder Margen rechtfertigt. Durch die **Funktionsanalyse** ergeben sich erhebliche Aufschlüsse über die **Aufgabenteilung** und **Risikoverteilung** im Konzern, wodurch Rückschlüsse für die Anwendung der Methoden der Verrechnungspreisprüfung sowie für die Vergleichbarkeit und die Bewertung der Dienstleistungen ermöglicht werden. Auch Tz. 7.32 OECD-VPL bezeichnet die Funktionsanalyse als hilfreich, um eine Beziehung zwischen der relevanten Dienstleistung und der Art der Geschäftstätigkeit der Leistungsempfänger zu erkennen.[265] Dabei ist es erforderlich, nicht nur die kurzfristigen, sondern auch die langfristigen Effekte der Dienstleistungen zu untersuchen.

136 Die Funktionsanalyse in Bezug auf Dienstleistungen ist geeignet, die „Verhältnisse" und „Bedingungen" der einzelnen Dienstleistungsbeziehung zu ermitteln. ZB dürfte es dem ordentlichen Geschäftsleiter leichter fallen, mit einer detaillierten Analyse der Konkurrenzsituation die Verhältnisse und Bedingungen des jeweiligen Dienstleistungsmarktes in Betracht zu ziehen. Zudem kann der ordentliche Geschäftsleiter anhand der Funktionsanalyse plausibel darstellen, dass er die tatsächlichen Verhältnisse nach ihrem wirt-

---

[265] Vgl. auch Tz. 1.20 ff. OECD-VPL, wo die Funktionsanalyse zu Recht als Hilfsmittel im Rahmen der Überprüfung der Vergleichbarkeit der konzerninternen Geschäfte genannt wird; jetzt Tz. 1.36 u. 1.42 ff. OECD-VPL.

schaftlichen Gehalt gem. Tz. 2.1.2 VGr beurteilt hat. Im Rahmen der Kostenaufschlagsmethode kann zB durch die Funktionsanalyse nachgewiesen werden, welche Preispolitik der Leistende gegenüber Fremden zu Grunde legt, bzw. dass die Preispolitik betriebswirtschaftlichen Grundsätzen entspricht.

Daher ist die **Funktionsanalyse** gerade auch im Dienstleistungsbereich ein **137** wichtiges **Instrument zur Preisfindung** des ordentlichen Geschäftsleiters. Gleichzeitig dient sie im Rahmen der Betriebsprüfung als wirksames Mittel zur Verteidigung, weil die Funktionen und Risiken bei gleichartigen Dienstleistungen verschiedener Unternehmen oft sehr unterschiedlich sind und weil diese Unterschiede geeignet sind, abweichende Preise bzw. große Preisspannen zu rechtfertigen.

Im nachfolgenden Abschnitt IV. sollen v. a. die Probleme der Einzelabrechnung und der dabei anzuwendenden Methoden erörtert werden. Die Problematik der Konzernumlagen wird erst in Abschnitt V. und das Thema des Poolvertrags danach in Abschnitt VI. dieses Kapitels sowie speziell für Forschungsleistungen in Abschnitt VI. des Kapitels O dargestellt.

(einstweilen frei)   **138–140**

IV. Einzelabrechnung von Dienstleistungen

1. Leistungsumfang bei der Einzelabrechnung

Im Wege der **Einzelverrechnung** werden **einzelne Dienstleistungen 141** bzw. sonstige Leistungen gesondert bewertet und verrechnet. Die Einzelverrechnung wird der in den VGr bevorzugten Einzelfallbetrachtung gerecht (Tz. 2.1.2 VGr). Danach ist bei der Einkunftsabgrenzung „grundsätzlich das jeweilige Geschäft mit dem Nahestehenden zu Grunde zu legen". Diese individuelle Abrechnung erfordert jedoch eine genaue **Abgrenzung des Leistungsumfangs und** der mit der Leistung zusammenhängenden direkten und indirekten **Kosten,** um die Höhe des Verrechnungspreises bemessen zu können. Wenn der Leistungsumfang gesetzlich[266] und (ergänzend) vertraglich geregelt ist, dann ergeben sich idR keine Probleme bei der Ermittlung der betriebs- oder branchenüblichen Preise oder Margen, da die **Hauptleistung** bestimmte **Nebenleistungen** umfasst und für dieses Leistungspaket eine Gesamtvergütung vereinbart wird. Die separate Abrechnung bereitet jedoch Probleme, wenn neben einer Hauptleistung sog. Hilfs- oder Zusatzleistungen erbracht werden, die im unmittelbaren inhaltlichen und zeitlichen Zusammenhang mit der Hauptleistung stehen und keine gesetzliche oder vertragliche Regelung vorhanden ist, die bestimmt, ob diese Hilfs- oder Zusatzleistungen zur Hauptleistung gehören und damit im Preis enthalten sind oder ob sie gesondert zu vergüten sind. Ein ähnliches Problem entsteht, wenn Dienstleistungen im Zusammenhang mit Warenlieferungen erbracht werden.

Grundsätzlich ist bei jeder Art von **Nebenleistung** zunächst zu untersu- **142** chen, ob es sich vertraglich um gesondert abzurechnende Leistungen handelt,

---

[266] Vgl. zB §§ 407 ff. HGB (Frachtgeschäft), §§ 453 ff. HGB (Speditionsgeschäft), §§ 467 ff. HGB (Lagergeschäft).

die nicht zusammen mit der Hauptleistung verrechnet werden können. Nebenleistungen können nicht gesondert verrechnet werden, wenn sie gem. Tz. 3.2.3.3 VGr üblicherweise zwischen Dritten durch den Warenpreis abgegolten sind, so bspw. alle gesetzlichen Garantieleistungen sowie alle Leistungen, die auf der üblichen Kulanz zwischen Geschäftspartnern beruhen, die längerfristige Geschäftsbeziehungen unterhalten. Wenn allerdings die Nebenleistungen das übliche Maß übersteigen und bspw. im Zusammenhang mit der Lieferung von Gütern oder Waren besondere Finanzierungsleistungen (nicht handelsübliche Zahlungsziele, Kundenfinanzierung), Beistellungen oder Nebenleistungen vereinbart werden, so hat der Fremdpreis dies zu berücksichtigen (Tz. 3.1.2.2 VGr). In diesem Zusammenhang sind auch die jeweils vereinbarten **Allgemeinen Geschäftsbedingungen** zu beachten, aus denen sich die Einzelheiten der Abwicklung des Geschäfts ergeben; so entscheidet zB der Lieferort idR über die Kosten des Transports, die der Verkäufer bis zum Ort der Übergabe an den Erwerber oder an dessen Spediteur trägt. Generell müssen die **Nebenleistungen** bei der **Kalkulation des Lieferpreises einbezogen** werden, sofern die Parteien für diese Nebenleistungen keine gesonderten Verträge über Zahlung eines angemessenen Entgelts oder über ausgleichende Gegenleistungen der anderen Partei abgeschlossen haben (Tz. 3.1.2.2, S. 2 VGr). Diese für **Warenlieferungen und Nebenleistungen** geltenden Grundsätze können im Hinblick auf ihren Sinn und Zweck in gleicher Weise Anwendung finden, wenn eine **Dienstleistung als Hauptleistung** erbracht wird und als **Nebenleistungen** weitere Dienstleistungen oder untergeordnete Lieferungen erfolgen.

143   Im Einzelfall kann es jedoch erhebliche Schwierigkeiten bereiten, den Umfang eines Geschäfts genau abzugrenzen, um zu entscheiden, welche Lieferungen oder Leistungen zusätzlich, dh über den normalen Leistungsumfang hinaus angeboten und erbracht worden sind. Generell lassen sich daher keine allgemein verbindlichen Aussagen treffen, da der **Umfang der Dienstleistungen** oder **Warenlieferungen** von den **Gegebenheiten der jeweiligen Branche** und den **Vereinbarungen des Einzelfalls** abhängig ist. Der ordentliche Geschäftsleiter wird daher situativ entscheiden, welcher Leistungsumfang den Bedingungen und Verhältnissen des Einzelfalls gerecht wird.

Beispiel 1: Die zentrale Informationsmanagementabteilung der französischen Muttergesellschaft F verkauft an die deutsche Vertriebsgesellschaft 20 Personalcomputer und ein Netzwerk einschließlich Server. Die beiden Gesellschaften vereinbaren für diese Leistung einen Festpreis von 80 000 €, wobei die physische Installation des Netzwerks durch einen Mitarbeiter der F im Preis enthalten ist (Aufwand 8 Mann-Tage). Auch unabhängige EDV-Dienstleister bieten regelmäßig Festpreisangebote an, die neben dem Preis für die Ware ein Entgelt für die Installation der Hardware beinhalten. Es würde jedoch auch dem Fremdvergleich standhalten, wenn Hardware und Dienstleistung einzeln verrechnet würden. Ob der Preis von 80 000 € gerechtfertigt ist, hängt sowohl von der Qualität bzw. Art der PCs und des Netzwerks ab als auch von der Qualität der Dienstleistung, demnach der Installation des Netzwerks. Keinesfalls kann in diesem Fall die Verrechnung der Installation entfallen, da sie üblicherweise zwischen Dritten durch den reinen Hardwarepreis nicht abgegolten wird, denn dazu ist die Installation eines Netzes mit 20 PCs zu umfangreich. Dem ordentlichen Geschäftsleiter steht es jedoch frei, die Netzwerkinstallation im Rahmen des Festpreises oder gesondert zu vereinbaren.

Beispiel 2: Die schwedische Konzerngesellschaft S-AB liefert Kfz-Zubehör an die deutsche Schwestergesellschaft D-AG. Die S-AB stellt der D-AG neben den vereinbarten Lieferpreisen auch die Kosten für Verpackung, Transport und Versicherung in Rechnung, wobei S-AB Verpackung und Transport vorgenommen hat, während die Versicherungskosten verauslagt wurden. Kann der deutsche Betriebsprüfer die Übernahme dieser Kosten durch D-AG beanstanden?

Soweit vertraglich keine speziellen Regelungen darüber getroffen wurden, wer die Verpackungs-, Transport- und Versicherungskosten zu tragen hat, gilt – falls deutsches Recht anwendbar ist – die Bestimmung des § 346 HGB über „Handelsbräuche", wonach unter Kaufleuten in Ansehung der Bedeutung und Wirkung von Handlungen und Unterlassungen auf die im Handelsverkehr geltenden Gewohnheiten und Gebräuche Rücksicht zu nehmen ist. Zu diesen Handelsbräuchen gehören auch die internationalen Handelskaufklauseln, die sog. „Incoterms" (International Commercial Terms), wie zB „ab Werk", „FOB" (Free On Board), „CIF" (Cost, Insurance, Freight Paid) usw.[267] Folglich ist im Einzelfall bei fehlender ausdrücklicher Vereinbarung zu prüfen, ob aus den Vertragsumständen oder den bisherigen Geschäftsbeziehungen ein konkludenter Wille der Parteien feststellbar ist oder ob der Wille der Parteien durch ergänzende Vertragsauslegung ermittelt werden kann. Falls dies nicht möglich ist, muss geprüft werden, welche Handelsbräuche in der jeweiligen Branche üblich sind und wer demgemäß normalerweise die betreffenden Kosten zu tragen hat. Sofern sich im Beispiel herausstellt, dass die Verpackungs-, Transport- und Versicherungskosten üblicherweise vom Verkäufer getragen werden, darf die D-AG diese Kosten nicht übernehmen. Wenn jedoch nachgewiesen wird, dass die S-AB diese Kosten auch an konzernfremde Abnehmer belastet oder aber wegen der zusätzlichen Kostenbelastung günstigere Lieferpreise gewährt, dann könnte die Übernahme der Kosten durch D-AG nicht beanstandet werden.

2. Methodenrangfolge und Methodenwahl

a) Allgemeine Grundsätze

Nach § 1 Abs. 3 S. 1 AStG haben die **Standardmethoden Vorrang** vor **144** **anderen Verrechnungspreismethoden,** wenn **Fremdvergleichswerte** ermittelt werden können, die nach Vornahme sachgerechter Anpassungen im Hinblick auf die ausgeübten Funktionen, die eingesetzten Wirtschaftsgüter und die übernommenen Chancen und Risiken (Funktionsanalyse) für diese Methoden **uneingeschränkt vergleichbar** sind; mehrere solcher Werte bilden eine **Bandbreite.** Aus dem im Gesetz verwendeten Wort „vorrangig" ist zu folgern, dass **uneingeschränkte vergleichbare Werte** auch bei der Anwendung **gewinnorientierter oder anderer Methoden** vorliegen können, dass diese aber nur zu berücksichtigen sind, wenn nicht ebenso uneingeschränkt vergleichbare Werte nach einer Standardmethode vorliegen. Sofern mehrere Standardmethoden zur Ermittlung uneingeschränkt vergleichbarer Werte führen, gibt das Gesetz keiner bestimmten Methode den Vorrang, während die OECD-VPL dann die Preisvergleichsmethode bevorzugen.[268]

---

[267] Weitere ausführliche Erläuterungen zu diesen und weiteren Klauseln bei *Baumbach/Hopt* § 346 HGB Rn. 39 und dort Anhang (6) „Incoterms und andere Handelskaufklauseln".

[268] Vgl. *OECD* Tz. 2.3 S. 4 OECD-VPL.

Wenn keine uneingeschränkt vergleichbaren Vergleichswerte zu ermitteln sind, müssen gem. § 1 Abs. 3 S. 2 AStG **eingeschränkt vergleichbare Werte** – nach Vornahme sachgerechter Anpassungen – der Anwendung einer **geeigneten Verrechnungspreismethode** zugrunde gelegt werden. Demnach kann beim Vorhandensein lediglich eingeschränkt vergleichbarer Werte jede geeignete Methode – also eine Standardmethode, eine gewinnorientierte Methode oder eine andere Methode – angewendet werden. Das Gesetz enthält keine Regelung zu der Frage, ob bei Vorhandensein eingeschränkt vergleichbarer Werte eine Standardmethode den Vorrang hat, sofern sie im konkreten Fall gleichermaßen geeignet ist, wie eine gewinnorientierte oder andere Methode. So kann für eine Vertriebsgesellschaft zB die Wiederverkaufspreismethode oder die geschäftsvorfallbezogene Nettomargenmethode geeignete Werte liefern. Da sich der deutsche Gesetzgeber (anders als die OECD-VPL) für diesen Fall nicht auf einen Vorrang der Standardmethode festlegt, bleibt dem Steuerpflichtigen die Wahl der nach seiner Meinung (besser) geeigneten Methode.

Gem. Tz. 2.2f. **OECD-VPL** kommt es bei der Auswahl der Verrechnungspreismethode darauf an, die für den jeweiligen Einzelfall **„am besten geeignete Methode"** zu finden. Nur wenn eine Standardmethode und eine gewinnorientierte Methode gleichermaßen zuverlässig angewendet werden können, ist der Standardmethode vor der gewinnorientierten Methode der Vorzug zu geben.

Zu beachten ist, dass die gesetzlichen Vorschriften des § 1 Abs. 3 AStG den Regelungen der VGr und VGr-Verfahren (oder anderen Verwaltungsregelungen) vorgehen.[269] Für die Anwendung der Standardmethoden gehen der Gesetzgeber und die FinVerw. grundsätzlich von der **Gleichrangigkeit** der drei **Standardmethoden** aus (Tz. 2.4.1 VGr).[270] Der ordentliche Geschäftsleiter wird sich an der Methode orientieren, die den Verhältnissen am nächsten kommt, unter denen sich auf wirtschaftlich vergleichbaren Märkten Fremdpreise bilden (externer Fremdvergleich).[271] In Zweifelsfällen wird sich der ordentliche Geschäftsleiter jedoch an der Methode orientieren, für die möglichst preisrelevante Daten aus dem tatsächlichen Verhalten der beteiligten nahe stehenden Unternehmen bei Fremdgeschäften zur Verfügung stehen (interner Fremdvergleich).[272]

145 Die VGr scheinen jedoch in Bezug auf Dienstleistungen die grundsätzliche Gleichrangigkeit der Standardmethoden einzuschränken. Bspw. könnte die Formulierung „wenn Vergleichspreise fehlen" in Tz. 3.2.3.2 VGr darauf schließen lassen, dass beim Vorliegen gewerblicher Dienstleistungen vorrangig

---

[269] Die Regelungen der FinVerw. binden im Übrigen nur sie selbst, nicht aber den Steuerpflichtigen oder die Finanzgerichte; vgl. Kap. A Rn. 270.

[270] In den OECD-VPL 1995 gab es keine klare Methodenrangfolge innerhalb der Standardmethoden, so dass aus Tz. 2.49 OECD-VPL 1995 auf eine Gleichrangigkeit der Standardmethoden geschlossen werden konnte. In den OECD-VPL wird diese Gleichrangigkeit über Tz. 2.3 OECD-VPL insofern eingeschränkt als die Preisvergleichsmethode anderen Verrechnungspreismethoden immer dann vorzuziehen ist, wenn die Preisvergleichsmethode und eine andere Verrechnungspreismethode gleichermaßen zuverlässig Anwendung finden können.

[271] Vgl. Tz. 2.4.1. Buchst. a VGr.

[272] Vgl. Tz. 2.4.1. Buchst. b VGr.

die Anwendung der **Preisvergleichsmethode** geprüft und erst bei fehlenden Voraussetzungen die übrigen Methoden Anwendung finden sollen. Auch für verwaltungsbezogene Leistungen im Konzern könnte aufgrund der Formulierung „soweit hierfür Marktpreise nicht feststellbar sind" in Tz. 6.4.1 VGr ebenfalls die Vorrangigkeit der Preisvergleichsmethode angenommen werden. Der Preisvergleichsmethode kommt jedoch eine Priorität allenfalls prüfungstechnisch zu.[273] Demnach sollte der ordentliche Geschäftsleiter im Rahmen der Festlegung von Verrechnungspreisen prüfen, ob der Fremdpreis anhand einschlägiger und brauchbarer Vergleichspreise ermittelt werden kann. Gem. Tz. 3.2.3.2 VGr ist bei Dienstleistungen die **Kostenaufschlagsmethode** anzuwenden, wenn Vergleichspreise fehlen. Die Wiederverkaufspreismethode scheidet laut den VGr prinzipiell aus, da Dienstleistungen idR nicht weiterveräußert werden.[274] Inhaltlich obliegt jedoch die Entscheidung über Anwendbarkeit, Sachnähe und **Auswahl der Methode** im Einzelfall dem **ordentlichen Geschäftsleiter,** die seitens der FinVerw. nur dann beanstandet werden kann, wenn dieser hierbei den ihm zustehenden Ermessensspielraum überschreitet (Tz. 2.4.1 VGr). Dies wird durch Tz. 1.64 und 2.8–2.11 OECD-VPL in gleicher Weise beurteilt.

Nach einer empirischen Untersuchung der Ernst&Young-Gruppe werden international für **Dienstleistungen** bevorzugt folgende **Methoden** angewendet:[275]

Kostenaufschlagsmethode	52% der Fälle
Preisvergleichsmethode	21% der Fälle
TNMM	11% der Fälle
Kostenumlage (ohne Gewinnaufschlag)	7% der Fälle
Wertorientierte Dienstleistungsgebühr	2% der Fälle
Andere Methoden	6% der Fälle

b) Unternehmenscharakterisierung und Methodenwahl

Eine **Einschränkung der Methodenwahl** besteht nach Auffassung der **146** deutschen FinVerw. für bestimmte Typen von Unternehmen. Bei der Kommentierung der Funktionsanalyse wurde bereits kurz darauf hingewiesen, dass die VGr-Verfahren vom 12.4.2005 generell eine **Unternehmenscharakterisierung** im Hinblick auf die zu prüfende Geschäftsbeziehung verlangen.[276] Die nachfolgend beschriebene Eingruppierung des Unternehmens hat nach Meinung der deutschen FinVerw. Folgen für die Frage, welche Verrechnungspreismethode im Einzelfall anwendbar bzw. zulässig sein soll.

Gem. Tz. 3.4.10.2 S. 2 VGr-Verfahren ist es nach Auffassung der FinVerw. **147** regelmäßig unverzichtbar, jeweils bezogen auf die zu prüfende Geschäftsbeziehung zu klären, ob und welches der beteiligten Unternehmen Routinefunktionen ausübt, welches Unternehmen das wesentliche Unternehmensrisiko trägt und welches mehr als nur Routinefunktionen ausübt, ohne die wesentlichen Risiken zu tragen. Die Tz. 3.4.10.2 Buchst. a) VGr-Verfahren

---

[273] Vgl. *Hoffmann* RIW/AWD 1977, 10 ff.

[274] Vgl. unten Rn. 211 ff. zur „Wiederverkaufspreismethode".

[275] Vgl. *Ernst&Young* 2010 Global Transfer Pricing Survey – Addressing the challenges of globalization, S. 13; ebenso *Hobster/Trahan,* S. 15.

[276] Vgl. oben Rn. 126.

erläutert, dass ein Unternehmen, das lediglich Routinefunktionen ausübt (bspw. Dienstleistungen erbringt, die ohne weiteres am Markt auch bei Dritten in Auftrag gegeben werden könnten, oder einfache Vertriebsfunktionen) und nur geringe Risiken trägt, bei üblichem Geschäftsverlauf keine Verluste, sondern regelmäßig geringe, aber relativ stabile Gewinne erzielt (**„Unternehmen mit Routinefunktionen"**). Dies gilt auch für einen sog. Lohnfertiger oder einen sog. „low risk distributor" der im Hinblick auf Forderungsausfälle und die Marktentwicklung nur kommissionsähnliche Risiken trägt (Tz. 3.4.10.2 Buchst. a, S. 2 VGr-Verfahren).

148 Im Gegensatz zu den Unternehmen mit Routinefunktion verfügen die als **„Entrepreneur"** oder als **„Strategieträger"** bezeichneten Unternehmen über die zur Durchführung von Geschäften wesentlichen materiellen oder immateriellen Wirtschaftsgüter, üben die wesentlichen für den Geschäftserfolg entscheidenden Funktionen aus und übernehmen die wesentlichen Risiken. Ihnen steht daher regelmäßig (ggf. zusammen mit anderen Unternehmen, die ebenfalls eine „Entrepreneur" – Funktion ausüben) das betreffende Konzernergebnis zu, das nach Abgeltung von Funktionen anderer nahe stehender Unternehmen verbleibt.[277] Gem. Tz. 3.4.10.2 Buchst. b S. 2 VGr-Verfahren kann das vom **Entrepreneur erzielte Ergebnis** mangels vergleichbarer Unternehmen regelmäßig nicht unter Verwendung von Fremdvergleichsdaten überprüft werden, sondern bildet eine **Residualgröße.** Das bedeutet, dass – vorbehaltlich der nachfolgenden Ausführungen zu „Mittelunternehmen" (Hybridunternehmen) – zunächst die Vergütung für die an der Wertschöpfung beteiligten Routineunternehmen zu ermitteln ist und dass der verbleibende Gewinn oder Verlust dem Entrepreneur zugerechnet wird.

149 Ein **Hybridunternehmen,** das unter Berücksichtigung der von ihm ausgeübten Funktionen, eingesetzten Wirtschaftsgütern und übernommenen Risiken weder als Unternehmen mit Routinefunktionen noch als „Entrepreneur" (Strategieträger) anzusehen ist, kann gem. Tz. 3.4.10.2 Buchst. c) VGr-Verfahren – soweit für seine Geschäftsvorfälle keine Fremdpreise feststellbar sind – seine Verrechnungspreise aufgrund von **Planrechnungen** ermitteln, wobei es den Eintritt der prognostizierten Ergebnisse zu überwachen und ggf. auf Abweichungen zu reagieren hat. Die **geschäftsvorfallbezogene Nettomargenmethode** (TNMM) wird von der deutschen FinVerw. in diesem Zusammenhang **nicht** als geeignete Methode **anerkannt** (Tz. 3.4.10.2 Buchst. c, S. 2 VGr-Verfahren).

150 Die Ausführungen der FinVerw. zu den Routineunternehmen und den Strategieträgerunternehmen verdienen im Prinzip Zustimmung, soweit ausgeführt wird, dass ein **Unternehmen mit Routinefunktionen** „bei üblichem Geschäftsverlauf keine Verluste, sondern **regelmäßig geringe,** aber relativ **stabile Gewinne** erzielt." Durch das mehrfach verwendete Wort „regelmäßig" wird deutlich gemacht, dass **Ausnahmen** denkbar sind. Daher sollte es keine Beanstandungen durch den Betriebsprüfer geben, wenn ein Routineunternehmen bei Anwendung der Preisvergleichsmethode **Anlauf-**

---

[277] So Tz. 3.4.10.2 Buchst. b, S. 1 VGr-Verfahren noch unter Hinweis auf Tz. 1.23 S. 2 und 1.27 OECD-VPL 1995, dies entspricht im Ergebnis weitgehend Tz. 9.10 S. 3, 1.45 S. 3, 1.47 S. 2 u. 3 u. 1.49 ff. OECD-VPL.

verluste erwirtschaftet.[278] Fraglich ist, ob zB ein **Limited Risk Distributor,** der neues Vertriebspersonal einstellt, um das Geschäft auszuweiten, wegen dieser besonderen Marktstrategie vorübergehend **Verluste** erzielen darf. Hier erwartet die FinVerw. vermutlich, dass der Strategieträger die Risiken und folglich auch die Kosten bzgl. der Marktentwicklung trägt. In Bezug auf Vereinbarungen mit einem Limited Risk Distributor sollte jedenfalls darauf geachtet werden, dass dieser möglichst nur geringe Risiken übernimmt und im Rahmen der üblichen Geschäftätigkeit keine Verluste erwirtschaftet. Sofern sich jedoch ein geschäftsübliches Unternehmerrisiko verwirklicht (zB Zerstörung der nicht ausreichend versicherten Waren oder Büroeinrichtungen durch Feuer oder Wasser), sollten Verluste idR akzeptiert werden. Dies gilt in gleicher Weise für einen **Auftragsfertiger** oder **Limited Risk Manufacturer,** wenn in dessen Lager Waren oder Rohstoffe zerstört werden oder wenn der Prinzipal die hergestellten Produkte nicht abnimmt, weil diese nicht die vereinbarte Qualität aufweisen.[279]

Ferner ist es denkbar, dass ein **Routineunternehmen** nicht nur geringe, sondern in bestimmten Branchen oder im Fall hoher Wertschöpfung relativ **hohe Gewinne** erzielt, zumal wenn es sich um Dienstleistungen handelt, die am Markt auch von Dritten angeboten werden.[280] Die **US-Regulations** betonen, dass zB bei Anwendung der *Profit Split Method* zunächst den *Routinebeiträgen,* die im Rahmen der Geschäftsaktivitäten erbracht wurden, marktübliche Erträge („market returns") zugerechnet werden sollen, wobei diese Erträge unter Bezugnahme auf die Erträge ermittelt werden sollen, die nicht verbundene Unternehmen, die ähnliche Aktivitäten durchführen, erzielen.[281] Abweichend von Tz. 3.4.10.2 Buchst. a VGr-Verfahren fordern die US Regs. damit nicht ausdrücklich geringe und relativ stabile Gewinne.

Soweit die FinVerw. die **Anwendung** der **transaktionsbezogenen Nettomargenmethode auf Routineunternehmen beschränken** will,[282] ist das aus mehreren Gründen nicht gerechtfertigt. Zum einen ergibt sich eine solche **Einschränkung nicht aus § 1 Abs. 3 AStG.** Dort wird in S. 1 der Vorrang der Standardmethoden für uneingeschränkt vergleichbare Fremdvergleichswerte bestimmt und in S. 2 wird lediglich die Anwendung einer geeigneten Verrechnungspreismethode beim Vorhandensein eingeschränkt vergleichbarer Fremdvergleichswerte gefordert. Zum anderen vertritt die **OECD** in den OECD-VPL zu Recht die Auffassung, dass generell die **am besten geeignete Methode** (most appropriate method) Anwendung finden soll.[283] Die **Standardmethoden** haben **Vorrang,** wenn sie zuverlässigere Ergebnisse liefern oder wenn die Standardmethoden und gewinnorientierten Methoden

---

[278] Vgl. auch *Kaut/Freudenberg/Foth* BB 2007, S. 1666; *Schreiber* in Kroppen, zu Tz. 3.4.10.3 VGr-Verfahren, Anm. 161.

[279] Vgl. dazu ausführlich unten Rn. 487 ff.

[280] Vgl. auch *Schreiber* in *Kroppen,* zu Tz. 3.4.10.3 VGr-Verfahren, Anm. 161.

[281] Vgl. US Regs. § 1.482-6(c)(3)(i)(A); die Temporary US Regs. von 2006 § 1.482-6T (c)(3)(i)(B)(l) hatten zuvor noch erläutert, dass der Begriff „routine" nicht notwendig bedeutet, dass es sich um einen Beitrag von geringem Wert handelt; tatsächlich könne sich aus Vergleichstransaktionen ergeben, dass die Ergebnisse von Routine-Aktivitäten sehr hoch sein können.

[282] Vgl. Tz. 3.4.10.3 Buchst. b) VGr-Verfahren.

[283] Vgl. *OECD* Tz. 2.2 OECD-VPL.

zu **gleichermaßen zuverlässigen Ergebnissen** führen. Die **gewinnorien-tierten Methoden** sind generell zu **bevorzugen,** wenn sie **zuverlässigere Ergebnisse** liefern.[284]

151   Die von der deutschen FinVerw. veröffentlichten **Grundsätze** zur steuerli-chen Behandlung der Transaktionen von **Hybridunternehmen** (auch sog. „**Mittelunternehmen**") – also den Unternehmen, die weder als Routine-unternehmen noch als Strategieträger-Unternehmen qualifiziert werden kön-nen – sind in wesentlichen Teilen **nicht nachvollziehbar.** Soweit keine Fremdpreise ermittelt werden können – womit vermutlich gemeint ist, dass die Standardmethoden zu keinem verwertbaren Ergebnis führen – soll der Steuerpflichtige die Verrechnungspreise aufgrund von **Planrechnungen** er-mitteln, und die **geschäftsvorfallbezogene Nettomorgenmethode** soll **keine Anwendung** finden.[285] Zwar bestehen keine Bedenken, wenn das Unternehmen solche Planrechnungen freiwillig als eine andere Methode für die Festsetzung seiner Verrechnungspreise verwendet. Jedoch bestehen ganz erhebliche Zweifel, ob die deutsche FinVerw. berechtigt ist, zum Einen – so-weit die Standardmethoden tatsächlich nicht angewendet werden können – die Anwendung einer bestimmten Methode vorzuschreiben und zum Ande-ren implizit die Anwendung anderer Methoden (insb. der gewinnorientierten Methoden) zu verbieten. Dies **widerspricht** dem **Grundsatz** der **freien Methodenwahl,** der bisher in den deutschen VGr Gültigkeit hatte und im Hinblick auf die zivilrechtliche Privatautonomie der Vertragsparteien beibe-halten werden sollte. Im Übrigen gilt auch für Hybridunternehmen die be-reits oben für Routineunternehmen getroffene Feststellung, dass bei Nicht-anwendbarkeit der Standardmethoden gem. § 1 Abs. 3 S. 2 AStG **jede geeignete Verrechnungspreismethode** zur Ermittlung eingeschränkt ver-gleichbarer Fremdvergleichswerte zulässig ist.[286]

152   Zwar befürworten die OECD und die deutsche FinVerw. schon bisher eine gewisse Einschränkung der freien Methodenwahl, indem sie den **Stan-dardmethoden** den **Vorrang** vor den gewinnorientierten oder anderen Me-thoden gewähren. Jedoch ist diese Beschränkung insofern gerechtfertigt, als dem ordentlichen und gewissenhaften Geschäftsleiter bei feststellbaren Preisen bzw. Margen den Standardmethoden – insb. wenn ein interner Fremdver-gleich möglich ist – idR eine zuverlässigere Bandbreite an Verrechnungsprei-sen zur Verfügung steht, als bei der Anwendung gewinnorientierter Metho-den. Wenn aber die Standardmethoden zu keinem verwertbaren Ergebnis führen oder wenn die Anwendung gewinnorientierter Methoden zuverlässi-gere Ergebnisse liefert, dann muss die FinVerw. dem Steuerpflichtigen die **Wahl** lassen, welche **Methode** er aus betriebswirtschaftlichen oder sonstigen betrieblichen Erwägungen anwenden möchte. Dazu gehört auch das Recht des Geschäftsleiters, die geschäftsvorfallbezogene Nettomargenmethode *(**Transactional Net Margin Method** – **TNMM**)* oder die Gewinnaufteilungs-methode *(**Profit Split Method**)* anzuwenden.[287]

---

[284] Vgl. *OECD* Tz. 2.3f. OECD-VPL.

[285] Vgl. Tz. 3.4.10.2 Buchst. c) VGr-Verfahren.

[286] Vgl. oben Rn. 144 zum Vorrang des Gesetzes vor den Verwaltungsregelungen.

[287] Zur Diskussion, ob gewinnorientierte Methoden gleichrangig neben den Stan-dardmethoden anwendbar sein sollten, vgl. oben Rn. 150 u. unten Rn. 247 f.

3. Preisvergleichsmethode

Gem. Tz. 3.2.3.1 iVm Tz. 2.2.2 VGr wird der zwischen den Nahestehen- **153** den vereinbarte Preis mit Preisen verglichen, die bei vergleichbaren Geschäften zwischen Fremden im Markt vereinbart worden sind. Dies vollzieht sich entweder durch einen

– **äußeren Preisvergleich,** dh einen Vergleich mit Marktpreisen, die anhand von branchenüblichen Preisen oder Abschlüssen unter voneinander unabhängigen Dritten festgestellt werden, oder durch einen

– **inneren Preisvergleich,** dh einen Vergleich mit marktentstandenen Preisen, die der Steuerpflichtige oder ein Nahestehender mit Fremden vereinbart hat.

In Deutschland sind die Preise für **Dienstleistungen** nur in wenigen Bereichen gesetzlich fixiert, so insb. für Notare und Gerichtsvollzieher, sowie – mit der Möglichkeit vertraglicher Abweichungen – bspw. für Ärzte, Architekten, Rechtsanwälte und Steuerberater. Im Übrigen gilt Vertragsfreiheit, sodass bei der Anwendung des äußeren und inneren Fremdvergleichs nicht nur die Art der Dienstleistung, sondern auch alle für die Preisbildung maßgebenden Bewertungs- und Einflussfaktoren zu beachten sind.

Die FinVerw. weist in Tz. 3.2.1 VGr zutreffend darauf hin, dass die maßgebenden Verhältnisse iSd Tz. 3.1.2 VGr bei der Prüfung der Verrechnungspreise für Dienstleistungen zu berücksichtigen sind.

Grundsätzlich kommt die **Preisvergleichsmethode** für alle **marktgän-** **154** **gigen und marktfähigen Dienstleistungen** bzw. sonstigen Leistungen in Betracht.

Beispiele: Transport-, Versicherungs-, Übernachtungs-, Montage-, Reparatur-, Nachrichtenübermittlungs-, EDV-Hardware- und Software- sowie Finanzdienstleistungen, Reinigungs- und Wartungsdienste, Lohnfertigung, Marktforschung, Vertriebsberatung, Werbung, Public Relations, Messe- und Kongressorganisation, Auftragsforschung, Rechts- und Steuerberatung, Unternehmensberatung, Lagerhaltung, Logistikberatung, Beratung in Ingenieurangelegenheiten, Erstellung von Gutachten, Buchführungsarbeiten und Anfertigung von Übersetzungen.

Das Dienstleistungsangebot fremder Unternehmen erhöhte sich durch die **155** Entwicklung des **Outsourcing** in den letzten Jahren erheblich; so entstand ein ständig wachsender Markt externer Dienstleistungsanbieter. Die Beispiele oben zeigen nur einen kleinen Ausschnitt der am freien Markt erhältlichen Dienstleistungen. Die Preise und Preisspannen (insb. Stundensätze) entsprechender Dienstleistungsunternehmen sind bei Vorhandensein von Gebührentabellen entweder bekannt oder dürften durch Nachfrage relativ einfach zu ermitteln sein, sodass auf den ersten Blick eine **Marktpreisorientierung** möglich sein müsste. An dieser Stelle sei jedoch vor unzulässigen Vereinfachungen gewarnt. Denn gem. Tz. 3.1.2.1 VGr müssen auch bei der Prüfung des Verrechnungspreises für Dienstleistungen **alle Umstände des Einzelfalls** berücksichtigt werden. Das bedeutet, dass sowohl die Konzernunternehmen bei der Festsetzung der Verrechnungspreise als auch die FinVerw. bei deren Überprüfung alle wichtigen Faktoren ermitteln und berücksichtigen müssen, die den Preis beeinflussen und eine Abweichung von den externen oder internen Fremdvergleichspreisen rechtfertigen. Nachfolgend werden die wichtigsten Aspekte ausführlich erörtert, weil diese sowohl für die Preisfestsetzung als auch für die Funktionsanalyse und die Argumentation im Rahmen von Betriebsprüfungen besondere Bedeutung haben.[288]

a) Gleichartige Dienstleistungen

156   In Analogie zu Tz. 3.1.2.1. Nr. 1 VGr ist zunächst die **Vergleichbarkeit der Dienstleistungen** nach ihrer Art, Beschaffenheit und Qualität zu beachten. Auch die OECD-VPL verlangen u. a. in Tz. 1.36 und 1.39 einen Vergleich zwischen den Eigenschaften der erbrachten konzerninternen Dienstleistungen und den Eigenschaften gleichartiger Dienstleistungen, die von externen Unternehmen angeboten werden. Dabei muss berücksichtigt werden, dass Dienstleistungen ebenso wie Waren und Güter höchst **unterschiedliche** „Produkte" darstellen können. Bei der Festsetzung der Verrechnungspreise und v. a. bei der Überprüfung der Preise im Rahmen einer Betriebsprüfung kommt es darauf an, die wesentlichen Faktoren darzulegen, die im Rahmen des Fremdvergleichs die Gleichartigkeit der Leistungen und damit den Fremdpreis begründen oder aber die Differenzierung der Leistungen und der Preise rechtfertigen. Als derartige Faktoren, die beim Vergleich der Art, Beschaffenheit und Qualität der Dienstleistung selbst zu beachten sind, kommen vor allem in Betracht:
– der qualitative und technische Unterschied der Dienstleistung
– die Verfügbarkeit der Dienstleistung
– die Kompetenz und das Image des Leistenden
– die Zuverlässigkeit
– die Risiken
– die Garantie
– Zusatz- und Serviceleistungen usw.

157   Eine Dienstleistung kann in einer reinen Tätigkeit bestehen (zB Wartung von Maschinen, Lagerhaltung für Waren, Beratung in Rechtsfragen), aber – vor allem bei Werkleistungen – auch zur Erstellung eines „Produkts" führen, dessen Verwendung der Auftraggeber beabsichtigt (zB Marktforschungsgutachten, Planungsunterlagen des Architekten oder der Ingenieure im Produktionsbereich). In beiden Fällen sind die **Art und die Qualität der Dienstleistung** bzw. des Dienstleistungsprodukts wesentliche Merkmale für die Bestimmung des Verrechnungspreises. Ein Dienstleistungsprodukt, von dem der Verwender einen bestimmten Verwendungszweck erwartet, kann mit verschiedenen Methoden, mit unterschiedlichem Aufwand und mit unterschiedlichen Ergebnissen hergestellt werden. So erfordert zB die Beratung bzgl. komplizierter technischer oder rechtlicher Probleme einen höheren Aufwand und eine größere Qualifikation als in einfachen Fragen aus diesen Bereichen.

Beispiel 1: Eine belgische Konzernmutter bietet ihrem deutschen Tochterunternehmen eine integrierte System- und DV-Beratung bei der Entwicklung und Installation eines speziellen Softwareprodukts an. Gleichzeitig offeriert die belgische Konzernmutter unabhängigen dritten Unternehmen die Installation von Standardsoftware.

---

[288] Alle wesentlichen Faktoren müssen im Rahmen einer Funktionsanalyse im Einzelfall ermittelt werden, vgl. dazu oben Rn. 122 ff.

Während die individuelle Softwareentwicklung an das deutsche Tochterunternehmen zu einem Preis von 1200 € pro Mann/Tag verrechnet wird, bietet die belgische Konzernmutter die Installation der Standardsoftware zu 800 € pro Mann/Tag an. Die beiden Preise für das Dienstleistungsangebot können nicht verglichen werden, da individuelle System- und Softwareentwicklung eine wesentlich hochwertigere DV-Dienstleistung als die Installation von Standardsoftware darstellt. Dies folgt u. a. aus der Tatsache, dass man für die individuelle Softwareentwicklung regelmäßig höher qualifiziertes Personal benötigt als für die Installation von Standardsoftware.

Der Preis des Dienstleistenden hängt nicht nur von der Art der Tätigkeit, **158** sondern auch von der **Kompetenz und der Qualifikation,** also von den Fertigkeiten, Kenntnissen und Erfahrungen des Dienstleistungsanbieters bzw. seines Personals ab. Dauerhafte kompetente und qualifizierte Dienstleistungen führen am Markt zu einem positiven Image, das ebenfalls den Preis beeinflusst. So kann bspw. die zentrale Vertriebsstelle einer Konzernmuttergesellschaft die Beratungstätigkeiten ihrer qualifizierten Vertriebsspezialisten gegenüber den Tochtergesellschaften zu Marktpreisen verrechnen.

Beispiel 2: Angenommen, Unternehmensberater in Vertriebsfragen bieten am freien Markt ihre Leistungen in einer Spanne von 800 € pro Mann/Tag bis 4000 € pro Mann/Tag an, wobei für Mitarbeiter mit internationaler Erfahrung die höheren Honorare gelten. Beim Vorhandensein entsprechender Kompetenz können dann auch verbundene Unternehmen Tagessätze bis zu 4000 € pro Mann/Tag vereinbaren.

Dienstleistungen können sich erheblich durch ihre zeitliche und räumliche **159** **Verfügbarkeit** unterscheiden. Eine Dienstleistung ist für einen Kunden idR umso wertvoller, je problemloser sie an einem erreichbaren Ort und innerhalb angemessener Zeit – ggf. auch zu ungewöhnlichen Tageszeiten oder innerhalb kürzester Zeit – abgerufen werden kann. Solche Überlegungen gelten nicht nur für den hier zu nennenden Standardfall des technischen Notdienstes für die Beseitigung von Produktionsstörungen innerhalb des Konzerns (Troubleshooting), sondern auch für andere Dienstleistungsbereiche.

Vor allem bei Dauerschuldverhältnissen ist auch die **Zuverlässigkeit** der **160** Leistungserbringung ein Preis bestimmendes Merkmal. Zuverlässigkeit bedeutet, dass innerhalb des definierten Dienstleistungszeitraums keine Leistungsstörungen auftreten. Ob der Dienstleistende seinen Verpflichtungen nachkommt, kann bspw. durch Befragung der Leistungsempfänger festgestellt werden. Ferner kann sich ein Image am Markt gebildet haben, soweit das Konzernunternehmen auch am freien Markt Dienstleistungen anbietet. Eine hohe Zuverlässigkeit vermittelt ebenso wie hohe Kompetenz ein Indiz dafür, dass der entsprechende Verrechnungspreis relativ höher anzusetzen ist.

Haftungsausschlüsse oder -begrenzungen in Verträgen können eben- **161** falls Preisunterschiede bei Dienstleistungen rechtfertigen. Bei Dienstverträgen und Geschäftsbesorgungsverträgen besteht eine Haftung aus Pflichtverletzung gem. § 280 Abs. 1 BGB, die vertraglich beschränkt werden kann.[289] Verträge mit Haftungsausschluss bzw. Haftungsbegrenzung müssten naturgemäß einen

---

[289] Die Haftung für Vorsatz kann gem. § 276 Abs. 3 BGB nicht ausgeschlossen werden, vgl. *Palandt/Grüneberg* § 276 BGB, Rn. 35.

geringeren Preis bzw. Verrechnungspreis aufweisen als Verträge ohne Haftungsausschluss.

Beispiel 3: Das ausländische Konzernunternehmen A erbringt technische Dienstleistungen einschließlich Reparatur von Spezialmaschinen gegenüber europäischen Konzernproduktionsgesellschaften. Wenn bspw. gegenüber der deutschen konzernzugehörigen Herstellungsgesellschaft D die Haftung für Schäden und Folgeschäden auf Vorsatz und grobe Fahrlässigkeit begrenzt wird, müsste der Verrechnungspreis für die Dienstleistungen geringer sein als bei Einschluss der Haftung für leichte und mittlere Fahrlässigkeit. Die Differenz wird sich in der Praxis aber nur dann auswirken, wenn die unterschiedliche Haftungsvereinbarung wesentliche Preisunterschiede bei den Versicherungsprämien zur Folge hat.

162 Abweichend von der gesetzlichen Regelung kann der Dienstleistende auch eine selbständige **Garantie** für einen bestimmten **Erfolg** seiner Tätigkeit übernehmen, sodass der Vertrag Elemente eines Werkvertrags enthält oder sogar als Werkvertrag qualifiziert werden kann. In solchen Fällen ist das angemessene **Entgelt** selbstverständlich **höher** anzusetzen als bei gleichartiger Dienstleistung ohne Garantieübernahme.

Beispiel 4: Im Konzern wird die belgische Dienstleistungsgesellschaft B von mehreren europäischen Vertriebsgesellschaften beauftragt, einen Fernseh-Werbespot für das Produkt P herzustellen. In der Praxis dürfte es – vor allem außerhalb eines Konzerns – kaum vorkommen, dass der Hersteller des Werbemittels dessen Erfolg verbindlich zusagt und bspw. eine Umsatzsteigerung von mindestens 5 % garantiert. Allerdings sind verbundene Unternehmen in der Lage, eine wesentlich größere Vielfalt unterschiedlicher Verträge und Sondervereinbarungen abzuschließen, als unabhängige Unternehmen (Tz. 1.67 OECD-VPL). Daher sollte eine derartige Vereinbarung auch mit steuerlicher Wirkung anerkannt werden, wenn das den Erfolg garantierende Unternehmen für die Garantieübernahme eine höhere Gesamtvergütung bzw. zusätzliche Vergütung erhält.

So könnte zB vereinbart werden, dass sich die Vergütung auf einen an den Kosten orientierten Festbetrag beschränkt, wenn die garantierte Umsatzsteigerung von 5 % nicht eintritt und dass sich die Vergütung um 20 % erhöht, wenn die Umsatzsteigerung mehr als 6 % erreicht. Auch stufenweise weitere Entgelterhöhungen für zusätzliche Umsatzsteigerungen sind denkbar.

163 Eine Garantieübernahme kann v. a. bei Projekten der **Auftragsforschung** relevant sein. Für die Auftragsforschung wird von der FinVerw. eine Vergütung nach der Kostenaufschlagsmethode anerkannt (Tz. 5.3 VGr). Sofern im Einzelfall das mit der Forschung beauftragte Unternehmen zB aufgrund eigener Vorarbeiten bereits über Spezialkenntnisse auf bestimmten Gebieten verfügt und deshalb in der Lage ist, bestimmte Forschungsergebnisse zu garantieren, sollte es für die Übernahme einer derartigen **Garantie** nicht nur zulässig, sondern erforderlich sein, eine **zusätzliche Vergütung** zu vereinbaren, bspw. durch eine Erhöhung des Kostenaufschlagssatzes von 10% auf 30% (oder mehr) oder durch Zahlung einer einmaligen oder gestaffelten Prämie.

Diese bereits in der ersten Auflage des Handbuchs erörterte Gestaltungsmöglichkeit mit Erfolgsgarantien wird in der Literatur[290] unter dem Begriff des **partiarischen Dienstvertrags** noch weiter ausgedehnt. *Vögele/Kirchner*

---

[290] Vgl. *Vögele/Kirchner* BB 2000, 1581 ff.

halten es aus betriebswirtschaftlichen Gründen zutreffend für zulässig, dass anstelle oder zusätzlich zu einer anderen Vergütung eine **Beteiligung** am **Gewinn oder Ertrag** vereinbart werden kann, wenn es sich um **außergewöhnlich wertvolle Dienstleistungen** handelt, bei denen der Wert der Dienstleistungen wesentlich höher ist als die Kosten dieser Dienstleistungen.[291] Gem. Tz. 7.29 OECD-VPL ist für die Ermittlung des Fremdvergleichspreises u. a. auch der **Wert** der Dienstleistung beim **Empfänger** zu berücksichtigen.

Neben dem üblichen Umfang einer Dienstleistung können Unternehmen **164** ihr Angebot durch mit der **Hauptdienstleistung verbundene Zusatz- und Serviceleistungen** verbinden. Solche zusätzlichen Leistungen müssen auch bei der Festsetzung und Überprüfung von Fremdvergleichspreisen in Bezug auf Dienstleistungen gem. Tz. 3.2.1 iVm Tz. 3.1.2.2 VGr berücksichtigt werden.

Beispiel 5: Ein Softwareproduzent bietet neben der individuellen Softwareentwicklung spezielle Finanzierungsleistungen für sein Angebot oder einen Softwarewartungsvertrag mit jährlichen Updates an.

Beispiel 6: Unternehmensberatungsgesellschaften, Planungs- und Architektenbüros, Speditionen und Instandhaltungsunternehmen erbringen in der Praxis vielfältige Nebenleistungen zu ihrer eigentlichen Hauptdienstleistung, zB Kundenschulung, Problemlösungsberatung, Projektausarbeitung, Dokumentation, usw. Auch zentrale Konzerndienstleistungsstellen verrichten zusätzlich zu ihrer Hauptaufgabe häufig Nebenleistungen. Es ist in diesen Fällen im Einzelfall zu prüfen, ob diese Nebenleistungen bereits im Preis enthalten sind oder einzeln verrechnet werden müssen.

Wenn im Zusammenhang mit gängigen Hauptdienstleistungen besondere **165** **Nebenleistungen** vereinbart werden, die einen höheren Preis rechtfertigen, so kann das Entgelt für die Nebenleistungen im Gesamtpreis enthalten sein oder gesondert ausgewiesen werden.[292] Soweit jedoch über diese „Nebenleistungen" gesonderte Verträge geschlossen werden, ist in jedem Fall die Vereinbarung eines gesonderten Entgelts empfehlenswert. Dies folgt aus der Tatsache, dass für diese Zusatzleistungen oft Laufzeiten, Kündigungsfristen oder Änderungsvereinbarungen vorgesehen werden, die von denen der Hauptleistung verschieden sind.

Werden im **Zusammenhang** mit der **Lieferung von Gütern oder Waren** besondere **Dienstleistungen** erbracht, so hat der Fremdpreis dies gem. **166** Tz. 3.1.2.2 VGr zu berücksichtigen. Allerdings können Dienstleistungen im Zusammenhang mit Warenlieferungen gem. Tz. 3.2.3.3 VGr nicht verrechnet werden, wenn sie üblicherweise zwischen Dritten durch den Warenpreis abgegolten sind (zB Garantie-, Wartungs- oder branchenübliche Kulanzleistungen).

b) Der Fremdvergleich der Dienstleistungsmärkte

Gem. Tz. 3.1.2.1. Nr. 2 VGr sind bei der Prüfung des Verrechnungspreises **167** **die Verhältnisse des Marktes** zu berücksichtigen, in dem die Güter oder

---

[291] Vgl. *Vögele/Kirchner* BB 2000, 1581 ff., 1582.
[292] Vgl. auch oben Rn. 142.

Waren benutzt, verbraucht, bearbeitet, verarbeitet oder an Fremde veräußert werden. Diese Regelung ist gem. Tz. 3.2.1 VGr analog auch auf Dienstleistungsmärkte anzuwenden. Auch Tz. 1.55 OECD-VPL verlangt für die Verrechnungspreisprüfung einen Vergleich der Dienstleistungsmärkte. Insb. für marktgängige **gewerbliche Dienstleistungen** kann man – ähnlich wie bei Märkten für Waren und Güter – durchaus **verschiedene Märkte** vorfinden, die unter Umständen unterschiedliche Geschäftsstrategien erfordern.[293]

Ein **interner Fremdvergleich** bietet sich insb. bei Dienstleistungsgesellschaften an, die ihre Leistungen sowohl an Konzerngesellschaften als auch an konzernfremde Gesellschaften auf einer Vielzahl von Märkten erbringen. Dabei ist es notwendig, für die Festlegung, Dokumentation und Verteidigung der Verrechnungspreise und Margen die verschiedenen Variablen der Märkte zu identifizieren und deren Auswirkungen bei der Berechnung des Fremdpreises zu beachten. ZB zählt die **Wettbewerbsstruktur** zu den Marktverhältnissen, die nach Tz. 3.1.2.1 Nr. 6 und Tz. 3.1.2.4 VGr zu berücksichtigen sind.

Beispiel 1: Die Dienstleistungsgesellschaft A erbringt für die ausländische Tochtergesellschaft B im Land B und die ausländische unabhängige Gesellschaft C im Land C technische Installationsleistungen. Im Markt B ist die Dienstleistungsgesellschaft A Monopolist, während Markt C durch freien Wettbewerb gekennzeichnet ist. Trotz des Vorliegens sonst gleicher Bedingungen kann der Marktpreis C nicht als Fremdpreis für den Markt B gelten, da sich die Marktverhältnisse grundsätzlich unterscheiden.

168 Ein **externer Preisvergleich** ist denkbar, wenn bestimmte in einem Konzern in einem Land erbrachte Dienstleistungen auch zwischen unabhängigen Unternehmen in einem anderen Land (Markt) feststellbar sind und die Marktverhältnisse und sonstigen Umstände vergleichbar sind. Eine **Vergleichbarkeit der Märkte** ist grundsätzlich für die westeuropäischen Länder sowie USA und Kanada gegeben. Auch die Daten von denjenigen osteuropäischen Ländern, die der Europäischen Union angehören und den Euro eingeführt haben, können grundsätzlich zu Vergleichszwecken herangezogen werden. Dabei können aber zB nicht die Stundensätze für bestimmte Leistungen in den jeweiligen Ländern verglichen werden, weil das Preisniveau sehr unterschiedlich sein kann. Jedoch ist es durchaus möglich, im Rahmen der Kostenaufschlagsmethode bzw. der TNMM den **Kostenaufschlag** bzw. den **Mark-up Over Cost (MOC)** – auch sog. *Net Cost Plus* oder *Mark-up Over Expenses*[294] – des untersuchten Unternehmens mit den entsprechenden Kennziffern von Vergleichsunternehmen in anderen Ländern zu vergleichen, da den niedrigeren Stundensätzen gegenüber den Dienstleistungsempfängern idR auch geringere Lohn- und Gehalts- sowie Sachkosten des Dienstleisters im jeweiligen Land zu Grunde liegen, so dass jedenfalls die **Margen** für vergleichbare Dienstleistungen regelmäßig **innerhalb ähnlicher Bandbreiten** liegen.

Im Übrigen wird man im Einzelfall entscheiden müssen, ob gute Gründe für eine Erweiterung der Datenbankrecherche auf **andere Märkte** vorliegen und eine Erweiterung damit als vertretbar erscheint. Im Rahmen von Daten-

---

[293] Vgl. dazu unten Rn. 189 ff.
[294] Vgl. unten Rn. 234 ff.

bankrecherchen ist es zB denkbar, nur solche Länder in den Vergleich einzubeziehen, in denen ein vergleichbares statistisches **Bruttosozialprodukt** pro
Einwohner erwirtschaftet wird, wobei zB Abweichungen von $\pm$ 20% tole-
riert werden.

Sofern die Bilanzkennzahlen bzw. Margen von Unternehmen untersucht
werden, die ihren Sitz in **anderen Ländern/Kontinenten** haben, ist es
empfehlenswert, die Vergleichsunternehmen aus dem jeweiligen Land und –
soweit zulässig – aus vergleichbaren Märkten des jeweiligen (Sub-)Kontinents
heranzuziehen. Insoweit sind im Rahmen einer Analyse und Dokumentation
für die Auswahl der Vergleichsunternehmen immer die lokalen Bestimmungen zu beachten.

Zudem muss auch bei Dienstleistungsmärkten das **Reaktionsprofil** der   **169**
Konkurrenten ins Kalkül gezogen werden.

Beispiel 2: Ein inländisches Unternehmen A erbringt für ein ausländisches Tochterunternehmen B im Land B Transportleistungen. Zudem stellt das inländische Unternehmen A auch einem unabhängigen Unternehmen C Transportleistungen im
Land C zur Verfügung. Obwohl in beiden Ländern Angebotsoligopole auf dem Transportmarkt vorherrschen, weist die Konkurrenz in beiden Angebotsoligopolen unterschiedliche Reaktionsprofile auf. In Land B ist der Transportmarkt durch aggressives
Preisverhalten der Konkurrenz gekennzeichnet. Dieser Verdrängungswettbewerb hat
das Ziel, den Konkurrenten durch Preisunterbietung vom Markt zu verdrängen. Entsprechend bildet sich auf dem Markt B ein relativ niedriger Preis, der zB den Unternehmen in diesem Markt nur einen sehr geringen Gewinn ermöglicht. In Land C dagegen verhält sich die Konkurrenz zurückhaltend, deshalb zeichnet sich der Markt C
durch relative Preisstarrheit auf hohem Preisniveau aus. In dieser Situation kann der
höhere Preis des Marktes C nicht als Fremdpreis für den Markt B herangezogen werden, denn die Verhältnisse der beiden Transportmärkte unterscheiden sich bzgl. des
Reaktionsprofils der Konkurrenten. Nur wenn die Preise unter Beachtung der unterschiedlichen Marktverhältnisse für Vergleichszwecke angemessen berichtigt werden
können (zB durch Anpassungsrechnungen), ist gem. Tz. 2.1.7 VGr ein indirekter
Fremdvergleich möglich.

Auch bei Dienstleistungen ist eine eventuelle **Rabattgewährung** gem.
Tz. 3.1.2.1 Nr. 4 iVm Tz. 3.2.1 VGr zu berücksichtigen. Da der zu entrichtende Preis durch Rabatte verändert wird, ist die Rabattpolitik eine Möglichkeit der Preisdifferenzierung. Die generellen Zielsetzungen liegen dabei in
der Absatzausweitung des Dienstleistungsangebots, Erhöhung der Kundentreue, Rationalisierung der Auftragsabwicklung sowie der Steuerung der zeitlichen Verteilung des Auftragseingangs. Da ein Endverbraucherrabatt für die
Verrechnungspreisproblematik ohne Bedeutung ist, sind ausschließlich Rabattarten zu beachten, die „Wiederverkäufern" gewährt werden.

Ebenso wie bei Waren und Gütern lassen sich auch bei gewerblichen
Dienstleistungen Zeit-, Mengen- und Treuerabatte unterscheiden. In jedem
Einzelfall muss aber in Betracht gezogen werden, ob und in welchem Um-
fang auch ein fremdes Dienstleistungsunternehmen eine Preispolitik durch
Rabatte je nach Unternehmenssituation und den Verhältnissen des Marktes
betreiben würde.

Bei **Zeitrabatten** ist die Einräumung vom Zeitpunkt der Bestellung oder   **170**
der Dienstleistungsverrichtung abhängig. Die Zielsetzung der Rabattgewährung liegt hauptsächlich in der Erleichterung der zeitlichen Disposition des

Dienstleistenden, vor allem im zeitlichen Ausgleich von Umsatz- bzw. Auslastungsschwankungen, der durch die Gewährung von Saisonrabatten erreicht werden soll. Eine weitere Form von Zeitrabatten stellen Einführungsrabatte dar; sie sollen den Verkauf von neuen Produkten fördern.

171   **Mengen- oder Treuerabatte** sollen beim Dienstleistungsempfänger eine Anreizwirkung hervorrufen, die Produkte ausschließlich oder überwiegend bei dem rabattgewährenden Unternehmen zu beziehen. Verbunden sind mit diesen Rabattarten zwei Zielsetzungen: Zum einen soll eine Auftragskonzentration gefördert werden, zum anderen stellt sie den Versuch dar, Konkurrenten das Eindringen in bestehende Geschäftsverbindungen zu erschweren. Treuerabatte sind idR zeitabhängig und ihre Gewährung erfolgt am Ende einer bestimmten Periode. Eine weitere Form des Preisnachlasses stellt der **Bonus** dar. Dieser wird durch eine Gutschrift oder einen Nachlass am Ende einer Periode für alle getätigten Umsätze gewährt. Ziel dieser Nachlassart, die sich idR am Dienstleistungsumsatz orientiert, ist eine Absatzsicherung durch Bindung des Abnehmers an den Leistenden.

172   **Beispiel 3:** Eine Werbeagentur bzw. Werbeabteilung eines internationalen Konzerns gewährt ihren Kunden einen jährlichen Bonus in Abhängigkeit vom Gesamtumsatz in der Periode. Tochtergesellschaft A erhält für ihre Dienstleistungsbezüge iHv 60 000 € am Ende des Jahres eine Gutschrift über 5 %, dh über 3000 €. Tochtergesellschaft B bekommt einen Bonus von 10 %, da sie einen Umsatz von 100 000 € brachte.

c) Bandbreite zwischen Preisuntergrenze und Preisobergrenze

173   In Tz. 7.29, 7.30 und 7.33 OECD-VPL werden Überlegungen angestellt, wie man die **Preisuntergrenze** des Erbringers und die **Preisobergrenze** des Empfängers der **Dienstleistungen** bestimmen kann, um mit diesem simulierten Preisbildungsprozess einen Einigungsbereich festzustellen. Die OECD-Verrechnungspreisleitlinien berücksichtigen damit die Theorie **vom doppelten ordentlichen Geschäftsführer,**[295] wonach angemessene Verrechnungspreise aus der Sicht des jeweiligen ordentlichen Geschäftsführers der beiden beteiligten Unternehmen zu ermitteln sind. Zunächst kann davon ausgegangen werden, dass ein unabhängiger **Dienstleister** normalerweise ein Entgelt verlangt, das nicht nur seine **Selbstkosten** deckt, sondern ihm auch einen **Gewinn** einbringt; dies ist im Normalfall die **Preisuntergrenze** des Leistenden (Tz. 7.30 und 7.33 OECD-VPL).

174   Der Gedanke der Ermittlung des Mindestpreises des Leistenden und des Höchstpreises des Leistungsempfängers wird in **§ 1 Abs. 3 AStG** für den sog. **hypothetischen Fremdvergleich** aufgegriffen. Allerdings ist der hypothetische Fremdvergleich gem. § 1 Abs. 3 S. 5 AStG erst dann anwendbar, wenn weder uneingeschränkt noch eingeschränkt vergleichbare Fremdvergleichswerte für die Anwendung einer geeigneten Verrechnungspreismethode vorliegen. Die Kommentierung des hypothetischen Fremdvergleichs iSd § 1 Abs. 3 S. 5 AStG erfolgt im **Kapitel R. Funktionsverlagerung,** da die Fälle der Funktionsverlagerung die Hauptanwendungsfälle sind, in denen es problematisch ist, einen Fremdvergleich anhand der Standardmethoden oder gewinnorientierten Methoden vorzunehmen.

---

[295] Diese Theorie liegt auch § 1 Abs. 1 S. 2 und Abs. 3 S. 5–7 AStG zugrunde.

Aus Sicht des Leistungsempfängers müssen die zur Verfügung stehenden **175** wirtschaftlichen **Alternativen** berücksichtigt werden (Tz. 7.33 OECD-VPL), also bspw. der Marktpreis für gleichartige bzw. vergleichbare Leistungen, die auf dem Markt des Leistungsempfängers von in- oder ausländischen Anbietern angeboten werden, oder die Vollkosten einer Erbringung dieser Leistungen im eigenen Unternehmen; diese Kriterien bestimmen in vielen Fällen die **Preisobergrenze** des Leistungsempfängers. Liegt die Preisuntergrenze des Leistungserbringers unter der Preisobergrenze des Leistungsempfängers, dann besteht ein **Einigungsbereich,** innerhalb dessen der mögliche Verrechnungspreis liegt (Tz. 7.33 OECD-VPL).[296] Die Bestimmung der Einigungsbereiche bzw. des Preisrahmens möglicher Verrechnungspreise stellt im Prinzip eine Kombination aus der Anwendung der Kostenaufschlagsmethode aus der Sicht des Leistenden und der Anwendung der Preisvergleichsmethode aus der Sicht des Leistungsempfängers dar.[297]

Die OECD-VPL erkennen an, dass es Umstände gibt, unter denen ein un- **176** abhängiges Unternehmen bereit wäre, die Leistung auch **unter** den **Selbstkosten** anzubieten, wenn bspw. bestimmte Geschäftsstrategien verfolgt werden oder wenn dadurch die Rentabilität erhöht wird (gemeint ist die Erwirtschaftung eines positiven Deckungsbetrags) oder wenn dies zur Vervollständigung der **Palette** seiner Tätigkeiten erforderlich ist (Tz. 7.33 OECD-VPL). Solche **Geschäftsstrategien** und besondere Umstände, die ein Unterschreiten der Selbstkosten rechtfertigen, werden in den folgenden Abschnitten erörtert.[298] Diese Maßnahmen sind jedoch grundsätzlich nur **temporär** anzuerkennen, weil als langfristige Preisuntergrenze derjenige Preis anzusehen ist, der den Fortbestand des Unternehmens sichert und demgemäß die Vollkosten einschließlich einer angemessenen Verzinsung des Kapitals beinhaltet.[299] Zur Frage, wie lange die Preisuntergrenze unterschritten werden kann, wird auf den Abschnitt „f) Markterschließungskosten und Kampfpreise" unten in diesem Kapitel verwiesen.[300] Soweit allerdings die in Tz. 7.33 OECD-VPL erwähnte „Palettenbetrachtung" anwendbar ist, kann das Dienstleistungsunternehmen für einen **Teilbereich** der Leistungen **auf Dauer Verluste** erwirtschaften, wenn es diesen Teilbereich nicht aufgeben kann, weil diese Leistungen das Angebot komplettieren und auch von fremden Leistungsempfängern erwartet würden.

Beispiel: Die deutsche Konzerndienstleistungsgesellschaft D bietet den EU-Konzerngesellschaften die Übernahme der Finanzbuchhaltung, der Lohnbuchhaltung und des außergerichtlichen Mahnwesens an. Für die Leistungsempfänger kommt mangels eigener Buchhaltung das Outsourcing der Finanzbuchhaltung etc. nur in Frage, wenn auch die Überwachung der Zahlungseingänge auf den Bankkonten der EU-Gesellschaften und das Mahnwesen von D übernommen werden. Für das Beispiel wird unterstellt, dass D keinen Gesamtbetrag für alle Leistungen, sondern separate Einzel-

---

[296] Vgl. *Baumhoff* Verrechnungspreise für Dienstleistungen, S. 246 ff.; *Kroppen* in Kroppen, Rn. 1–10 zu Tz. 7.30 OECD-VPL.

[297] Zur Bestimmung des Einigungsbereichs im Fall einer Funktionsverlagerung werden von der deutschen FinVerw. idR Ertragswerte berücksichtigt; vgl. § 1 Abs. 3 S. 6–9 AStG und § 7 FVerlV.

[298] Vgl. zB unten Rn. 189 ff., 198 ff.

[299] Vgl. *Kroppen* in Kroppen, Rn. 2 zu Tz. 7.30 OECD-VPL.

[300] Vgl. unten Rn. 198 ff.

preise für die Finanzbuchhaltung, die Lohnbuchhaltung und das Mahnwesen in Rechnung stellt. Bei einem externen Preisvergleich wird dann festgestellt, dass der Einzelpreis für das Mahnwesen auf Dauer die Selbstkosten unterschreitet. Dies ist nur dann akzeptabel, wenn das Entgelt für die gesamte Buchhaltung einschließlich Mahnwesen die Selbstkosten übersteigt und ein angemessener Gesamtgewinn erzielt wird.

177   Ein weiterer Fall, in dem langfristig eine konzerninterne Leistung unter den Selbstkosten erbracht werden darf, liegt gem. Tz. 7.34 OECD-VPL vor, wenn die Kosten über dem Marktpreis liegen, der Konzern aber wegen **anderer Vorteile** beschlossen hat, für diese Leistungen nicht Dritte in Anspruch zu nehmen. Bei einem solchen Sachverhalt soll der Preis nicht höher angesetzt werden als der Preis, der sich nach der Preisvergleichsmethode ergeben würde. Aus der Formulierung am Anfang der Tz. 7.34 OECD-VPL („zB") ist zu schließen, dass es sich dabei auch um einen Anwendungsfall der in Tz. 7.33 OECD-VPL zuletzt genannten **Palettenbetrachtung** handelt. Allerdings wird hier von anderweitigen Vorteilen im Konzern gesprochen, nicht jedoch davon, ob die Nachteile bei dem Leistungserbringer ausgeglichen werden sollen, ob also dem Leistenden zB vom Gesellschafter ein Ausgleich für die Differenz zwischen den angefallenen Kosten und dem in Rechnung gestellten niedrigeren Marktpreis zu gewähren ist. In diesem Fall bestehen zumindest dann Probleme, wenn der Leistende keinen „Vorteilsausgleich" iSd Palettenbetrachtung erlangt, also nicht in ausreichendem Umfang anderweitige profitable Leistungen im Konzern erbringt und daher insgesamt Verluste erwirtschaftet. Dann wären die verlustverursachenden Dienstleistungen gesellschaftsrechtlich veranlasst, sodass eine vGA angenommen werden kann. Zur Vermeidung von **Dauerverlusten** eines Unternehmens, das sämtliche verlustbringenden Produkte herstellt, während andere Konzernunternehmen die gewinnbringenden Produkte herstellen, empfiehlt Tz. 1.71 OECD-VPL die Vereinbarung einer angemessenen Dienstleistungsvergütung. Dieser Gedanke dürfte für einen Dienstleistungskonzern in ähnlicher Weise anwendbar sein.

178   Für die Bestimmung der **Preisobergrenze** ist nicht generell der niedrigste Marktpreis maßgebend. Wie bereits erwähnt wurde, spielen auch andere Kriterien eine Rolle, wie bspw. Qualität der Leistungen, Kompetenz und Qualifikation des Anbieters, zeitliche und räumliche Verfügbarkeit, Zuverlässigkeit, Zusatz- und Serviceleistungen, Haftungsregelungen usw., so dass der Leistungsempfänger im **Einzelfall** bereit ist, ein Dienstleistungsentgelt zu zahlen, das dem **höchsten** feststellbaren **Marktpreis** entspricht oder aus besonderen Gründen sogar darüber liegt. Sofern bestimmte **Dienstleistungen** nicht nur temporär, sondern **auf Dauer** benötigt werden, ist auch zu berücksichtigen, ob ein fremder Dritter im Hinblick auf die Kosten eigenes Personal eingestellt hätte. So hat der BFH die Auffassung vertreten, dass die Belastung von **Managementleistungen** auf Basis fremdüblicher Stundensätze eine vGA darstellen kann, wenn das Personal den Einsatz eines Vollzeit beschäftigten Geschäftsführers erbringt und die Gesamtvergütung die **Bezüge von Geschäftsführern** vergleichbarer Unternehmen **weit übersteigt**.[301]

179   Der **Einigungsbereich** möglicher Verrechnungspreise für Dienstleistungen liegt somit in der soeben erörterten **Bandbreite** zwischen dem **höchs-**

---

[301] Vgl. BFH 5.3.08, DStRE 2008, 692.

ten Preis, den der Leistungsempfänger zu zahlen bereit ist, und dem **niedrigsten Preis,** den der Leistende verlangt. Jeder Preis, der innerhalb dieser Bandbreite liegt, ist ein möglicher Preis zwischen unabhängigen Unternehmen; er entspricht dem Fremdvergleichsgrundsatz und schließt folglich eine Korrektur durch die FinVerw. aus.[302] Diese Meinung wird durch Tz. 3.60 OECD-VPL[303] bestätigt. Sofern jedoch bei einer Bandbreite von Werten anzunehmen ist, dass gewisse Vergleichbarkeitsmängel verbleiben, können statistische Methoden (zB die Interquartilsbandbreite) berücksichtigt werden, um die Bandbreite einzuengen und die Verlässlichkeit der Analyse zu verbessern (Tz. 3.57 OECD-VPL).

Die deutsche FinVerw. hatte bisher in Tz. 2.1.9 VGr eine Orientierung an **180** der oberen oder unteren Grenze des Preisbandes für unzulässig erachtet. Diese Auffassung der deutschen FinVerw. war aber im Lichte der OECD-Verrechnungspreisleitlinien und der BFH-Rechtsprechung nicht mehr haltbar und wurde in den VGr-Verfahren revidiert.[304] Der deutsche Gesetzgeber hat daher im Jahr 2008 im Interesse der Rechtssicherheit[305] in **§ 1 Abs. 3 AStG** präzisierende Regelungen zur Festsetzung, Prüfung und Korrektur von Verrechnungspreisen aufgenommen.

Gem. § 1 Abs. 3 S. 1 AStG ist „der Verrechnungspreis vorrangig nach der **181** Preisvergleichsmethode, der Wiederverkaufsmethode oder der Kostenaufschlagsmethode zu bestimmen, wenn **Fremdvergleichswerte** ermittelt werden können, die nach Vornahme sachgerechter Anpassungen im Hinblick auf die ausgeübten Funktionen, die eingesetzten Wirtschaftsgüter und die übernommenen Chancen und Risiken (Funktionsanalyse) für diese Methoden **uneingeschränkt vergleichbar** sind; mehrere solche Werte bilden eine **Bandbreite.**" Das Gesetz gestattet dem Steuerpflichtigen somit, den Verrechnungspreis zu seinem Vorteil oder zu Gunsten des Vertragspartners innerhalb der **vollen** Bandbreite uneingeschränkt vergleichbarer Fremdvergleichswerte zu vereinbaren.[306] Das Gesetz definiert allerdings nicht, wann „uneingeschränkt vergleichbare Fremdvergleichswerte" vorliegen und in welchem Umfang „sachgerechte Anpassungen" zulässig sind ohne dass die Grenze zu den nur eingeschränkt vergleichbaren Fremdvergleichswerten überschritten wird. Insoweit ist auf Tz. 3.4.12.7 Buchst. a) VGr-Verfahren abzustellen, wonach eine uneingeschränkte Vergleichbarkeit gegeben ist, „wenn

– die Geschäftsbedingungen identisch sind oder
– Unterschiede bei den Geschäftsbedingungen keine wesentliche Auswirkung auf die Preisgestaltung haben oder

---

[302] Vgl. *Kroppen* in Kroppen, Rn. 7 zu Tz. 7.30 OECD-VPL; zT aA *Baumhoff* Verrechnungspreise für Dienstleistungen, S. 251 ff., der meint, dass wegen des möglichen Einflusses der Muttergesellschaft ein neutraler Kompromisswert gefunden werden müsste.

[303] Jetzt relativiert durch Tz. 3.56 f. OECD-VPL; ebenso US Regs. § 1.482-1(e) (1).

[304] Vgl. insbes. Tz. 3.4.12.7 Buchst. a) VGr-Verfahren.

[305] Laut Gesetzesbegründung dient die Neufassung und Ergänzung des § 1 AStG durch das Unternehmensteuerreformgesetz 2008 u. a. dazu, die Rechtssicherheit für die Steuerpflichtigen, die steuerlichen Berater und die FinVerw. zu erhöhen, vgl. BT Dr. 16/4841 S. 84 zu Art. 7 (§ 1 AStG).

[306] So bisher schon Tz. 3.4.12.7 Buchst. a) VGr-Verfahren.

– Unterschiede in den Geschäftsbedingungen (zB unterschiedliche Zahlungsziele) durch hinreichend genaue Anpassungen beseitigt worden sind
und die ermittelten Daten qualitativ zuverlässig sind."

182 Da die Geschäftsbedingungen der verglichenen Transaktionen bei einem
inneren Preisvergleich iSd Tz. 2.2.2. Buchst. b) VGr regelmäßig bekannt
sind, muss die FinVerw. in solchen Fällen die volle Bandbreite der Verrechnungspreise akzeptieren, sofern keine wesentlichen Abweichungen der Geschäftsbedingungen vorliegen. Dagegen dürften in den Fällen des **äußeren
Preisvergleichs** iSd Tz. 2.2.2. Buchst. a) VGr nur selten uneingeschränkt
vergleichbare Werte vorliegen. Hinzu kommt, dass der Begriff der Geschäftsbedingungen in Tz. 3.4.12.7 VGr-Verfahren so umfassend definiert ist, dass –
jedenfalls bei einem äußeren Preisvergleich – nur in Ausnahmefällen eine uneingeschränkte Vergleichbarkeit vorliegt.[307]

183 Für **Dienstleistungen** sind **uneingeschränkt vergleichbare Preise** v. a.
dann feststellbar, wenn für vergleichbare Leistungen **Gebührenordnungen**
vorliegen, so zB für die Leistungen der Rechtsanwälte, Steuerberater oder
Architekten. Wenn derartige Leistungen im Konzern erbracht werden, ist es
daher zulässig, die jeweiligen Gebührentabellen anzuwenden und den vollen
Rahmen auszuschöpfen. Sofern aber nach **Stundensätzen** abgerechnet wird
und diese Sätze nicht auf den Gebührenrahmen, sondern auf die Preisvergleichsmethode und die Stundensätze von internationalen Anwalts- oder
Steuerberatersozietäten gestützt werden, könnte von der FinVerw. eingewendet werden, dass keine uneingeschränkte sondern nur eine eingeschränkte
Vergleichbarkeit vorliege, weil Gehaltsunterschiede und kein Wettbewerb
vorliegen. Insofern wären nur eingeschränkt vergleichbare Werte vorhanden.

184 Wenn die im Zuge des Fremdvergleichs ermittelten **Werte** nach Vornahme
etwaiger sachgerechter Anpassungen nur **eingeschränkt vergleichbar** sind,
dann sind diese der Anwendung einer geeigneten Verrechnungspreismethode zugrunde zu legen (§ 1 Abs. 3 S. 2 AStG). Sofern mehrere eingeschränkt
vergleichbare Werte feststellbar sind, ist die sich ergebende **Bandbreite einzuengen** (§ 1 Abs. 3 S. 3 AStG). Das Gesetz gibt zwar nicht vor, wie diese
Einengung der Bandbreite zu erfolgen hat, jedoch verweist die Gesetzesbegründung zum Regierungsentwurf insoweit auf die VGr-Verfahren. In
Tz. 3.4.12.5 VGr-Verfahren werden für die **Einengung der Bandbreite**
verschiedene Möglichkeiten empfohlen. Zum einen können durch **weitere
Analysen oder** zuverlässige **Anpassungsrechnungen** Feststellungen getroffen werden, inwieweit die Daten ganz oder teilweise wegen mangelnder Vergleichbarkeit der Umstände (i. S. d. Tz. 3.4.12.7 VGr-Verfahren) nicht berücksichtigt werden dürfen (Tz. 3.4.12.5 Buchst. b VGr-Verfahren). Als zweite
Möglichkeit kann anhand von **Kontrollrechnungen mit anderen Verrechnungspreismethoden** eine Einengung durchgeführt werden, wobei der
etwaige Überschneidungsbereich der sich jeweils ergebenden Bandbreiten
nicht zwangsläufig als steuerlich maßgebende eingeengte Bandbreite anzuse-

---

[307] *Baumhoff/Ditz/Greinert* DStR 2007, 1461 ff. zweifeln, ob diese restriktive Sichtweise der FinVerw. vom Gesetzgeber beabsichtigt war. Da die VGr- Verfahren jedoch
im Zeitpunkt der Änderung des § 1 AStG bereits vorlagen, muss davon ausgegangen
werden, dass der Gesetzgeber nur nachträglich die gesetzliche Grundlage schaffen
wollte.

hen ist (Tz. 3.4.12.5 Buchst. c VGr-Verfahren). Als dritte Alternative für die Verengung der Bandbreite werden **Plausibilitätsüberlegungen** genannt, die zB in Betracht ziehen, ob eine angemessene Gewinnerzielung in einem überschaubaren Zeitraum möglich ist oder ob der Steuerpflichtige in der konkreten Situation aufgrund seiner Verhandlungsposition bestimmte Preise innerhalb einer Bandbreite hätte durchsetzen können (Tz. 3.4.12.5 Buchst. c, dritter Absatz VGr-Verfahren). In diesem Zusammenhang wird (unter Hinweis auf Tz. 2.1.9 VGr) betont, dass ein Unternehmer seinem Geschäftspartner nicht den gesamten Preisspielraum überlässt oder sich ständig zu seinen Lasten auf einen Grenzpreis festlegen lässt. Als vierte Möglichkeit zur Einengung der Bandbreite wird auf mathematische Verfahren verwiesen, wobei insb. die international verbreitete Methode der sog. **„Interquartile Range"**, dh die Bildung von Quartilen und das Ausscheiden der 25 % kleinsten und der 25 % größten Werte anerkannt wird, selbst wenn nur eine kleine Anzahl von Vergleichswerten vorhanden ist (Tz. 3.4.12.5 Buchst. d VGr-Verfahren).[308] Außer den vier konkret beschriebenen Alternativen darf der Steuerpflichtige auch andere Verfahren zur Bandbreitenverengung nutzen, wenn er glaubhaft darlegen kann, dass diese den Verhältnissen seines Falles besser gerecht werden (Tz. 3.4.12.5 Buchst. d, Abs. 2 VGr-Verfahren).

Wenn die Verrechnungspreise des untersuchten Unternehmens außerhalb der eingeengten Bandbreite der anhand des äußeren Preisvergleichs ermittelten Vergleichswerte von Vergleichstransaktionen liegen, ist vor einer etwaigen Korrektur der Verrechnungspreise zunächst zu prüfen, ob es Gründe gibt, die gegen die Vergleichbarkeit der Transaktionen sprechen und Anpassungsrechnungen erfordern oder ob für die zu beurteilenden Transaktionen eine **andere Methode** – insb. die Kostenaufschlagsmethode – **geeigneter** ist.[309]

Sofern der innere oder äußere Preisvergleich zuverlässige Werte liefert und **185** der vom Steuerpflichtigen für seine Einkünfteermittlung verwendete Wert im Fall des Vorhandenseins uneingeschränkt vergleichbarer Werte **außerhalb der Bandbreite** liegt **oder** bei nur eingeschränkt vergleichbaren Werten **außerhalb der eingeengten Bandbreite** liegt, ist für die **Korrektur** des Verrechnungspreises der **Median** maßgeblich (§ 1 Abs. 3 S. 4 AStG). Aufgrund der Rechtsprechung des BFH[310] hatte die FinVerw. vor der Gesetzesänderung von 2008 akzeptiert, dass eine Berichtigung immer auf den für den Steuerpflichtigen günstigsten Preis innerhalb der Bandbreite vorzunehmen ist (Tz. 3.4.12.7 Buchst. a, letzter Satz VGr-Verfahren).

Dagegen befürwortet **Tz. 3.61 f. OECD-VPL** eine Anpassung auf **den Punkt** innerhalb der Bandbreite, der am **besten** dem Sachverhalt und den Umständen des betreffenden Geschäfts entspricht.

Die Regelung des § 1 Abs. 3 S. 4 AStG, die eine Verrechnungspreisberich- **186** tigung auf den **Median** vorsieht, ist ebenso abzulehnen, wie eine grundsätzliche Orientierung an dem für den Steuerpflichtigen günstigen Wert innerhalb der Bandbreite. Der BFH hatte in seinem Urteil vom 17.10.01 unter Hinweis

---

[308] Zu weiteren Einzelheiten der Anwendung der Interquartile Range vgl. Tz. 3.4.12.5 VGr-Verfahren und Kap. E, Dokumentation.
[309] Vgl. zur Kostenaufschlagsmethode unten Rn. 220 ff.
[310] Vgl. BFH 17.10.01, DB 2001, 2474, 2477 f.

auf Tz. 1.48 OECD-VPL 1995[311] die Auffassung vertreten, dass der Fremdvergleichspreis idR aus einer **Bandbreite von Preisen** besteht und dass bei
der Gewinnkorrektur eine Orientierung am **Mittelwert** nur dann zulässig ist,
wenn dieser wiederum aus Fremdvergleichen abgeleitet werden kann.[312] In
allen anderen Fällen muss sich die Schätzung vorbehaltlich einer anderen Beweisrisikoverteilung (zB wegen Dauerverlusten) an dem für den Steuerpflichtigen **günstigeren Ober- oder Unterwert der Bandbreite** orientieren.[313]
Diese Ausführungen können nur so verstanden werden, dass zunächst geprüft
werden muss, ob innerhalb der Bandbreite von Preisen ein **Punkt** feststellbar
ist, **der am ehesten** dem **Fremdvergleich entspricht.** Nur wenn dies
nicht möglich ist, sollte die Berichtigung auf den für den Steuerpflichtigen
günstigen Preis innerhalb der Bandbreite erfolgen. Dies gilt jedenfalls dann,
wenn der Steuerpflichtige seine Aufzeichnungsverpflichtungen gem. § 90
Abs. 3 AO iVm §§ 1 ff. GAufzV erfüllt hat und demgemäß die bei Verletzung
dieser Pflichten anwendbare Regelung des § 162 Abs. 3 AO nicht zur Anwendung kommt.[314]

187   Die BFH-Rechtsprechung ist durch die oben erwähnte neue Regelung des
§ 1 Abs. 3 S. 4 AStG obsolet geworden. Jedoch wäre es wünschenswert gewesen, wenn der Gesetzgeber eine differenzierte Lösung vorgesehen hätte.
Grundsätzlich ist es nachvollziehbar, dass der Gesetzgeber für den Fall, dass
der vom Steuerpflichtigen verwendete Wert außerhalb der (eingeengten)
Bandbreite liegt, keine generelle Korrektur auf den für den Steuerpflichtigen
günstigsten Punkt innerhalb der Bandbreite zulässt. Damit wären immer diejenigen Steuerpflichtigen begünstigt, die ihre Preise bewusst aggressiv unterhalb oder oberhalb des Preisbandes ansetzen, da dann eine etwaige Korrektur
im Zweifelsfall nur bis zum Rand des Preisrahmens durchgeführt wird. Die
pauschale Korrektur auf der Basis des **Median** ist jedoch kritikwürdig.

188   Richtig wäre es gewesen, einen **Kompromiss** zu finden, der möglichst allen Interessen gerecht wird. Hierzu bedarf es einer gesetzlichen Regelung, die
zunächst gem. dem Rechtsgedanken der Tz. 3.61 f. OECD-VPL eine Anpassung auf den Punkt innerhalb der Bandbreite vorsieht, der am besten dem
Sachverhalt und den Umständen des betreffenden Geschäfts entspricht. Sofern
ein solcher Punkt nicht feststellbar ist, sollte die Art der Korrektur von den
Aufzeichnungen des Steuerpflichtigen abhängen. Eine Korrektur auf den
obersten oder untersten Punkt des Preisrahmens wäre dann zu Gunsten des
Steuerpflichtigen nur vorzunehmen, wenn er anhand einer Verrechnungspreisdokumentation oder sonstiger Unterlagen nachweist, dass er bemüht war,
seine Preise am Fremdvergleichsgrundsatz zu orientieren. Erst wenn dieser
Nachweis nicht gelingt, sollte eine Berichtigung auf den Median der Bandbreite zulässig sein. Eine solche Regelung würde dem ernsthaften Bemühen
eines gutgläubigen Steuerpflichtigen eher Rechnung tragen.

Beispiel 1: Die deutsche D-GmbH erbringt EDV-Dienstleistungen sowohl an verbundene als auch und an konzernfremde Unternehmen. In diesem Fall ist ein innerer

---

[311] Ähnlich jetzt auch *OECD* Tz. 3.61 f. OECD-VPL.

[312] Vgl. BFH 17.10.01, DB 2001, 2474, 2477 f.

[313] Vgl. BFH 17.10.01, DB 2001, 2474, 2477 f.

[314] Vgl. zur Schätzung bei Verletzung der Mitwirkungs- oder Aufzeichnungspflichten Kap. F Rn. 96 ff., 103 ff. u. 119 f.

Preisvergleich gem. Tz. 2.2.2 Buchst. b) VGr möglich, sodass ein bestimmter Punkt im Rahmen der Bandbreite möglicher Fremdvergleichspreise feststellbar ist. Sofern die D-GmbH die EDV-Dienstleistungen nach der Preisvergleichsmethode abrechnet, jedoch die Preise an verbundenen Unternehmen um 10 % geringer ansetzt als an konzernfremde Unternehmen, ist eine Gewinnkorrektur

a) unzulässig, wenn der an verbundene Unternehmen berechnete Preis bei uneingeschränkter Vergleichbarkeit der Geschäfte innerhalb der vollen Bandbreite bzw. bei eingeschränkter Vergleichbarkeit der Geschäfte innerhalb der eingeengten Bandbreite der jeweiligen Vergleichspreise liegt oder

b) zulässig, wenn der Preis außerhalb der festgestellten Bandbreiten liegt; dann wäre eine Korrektur auf den durch den inneren Preisvergleich bestimmten Punkt der Bandbreite erforderlich.

Beispiel 2: Die D-GmbH erbringt EDV-Dienstleistungen nur an Konzernunternehmen, und zwar

a) die Entwicklung von spezieller Software für die Steuerung von Maschinen,

b) die Installation von Standard-Software im Verwaltungsbereich in Deutschland und in Nachbarländern.

Der Betriebsprüfer stellt fest, dass im Fall a) die Belastung an die ausländischen Produktionsbetriebe durch Konzernumlage auf Basis der Kosten mit einem Gewinnaufschlag von 8 % erfolgt, wobei als Umlageschlüssel die geplanten Stückzahlen dienen. Er beanstandet die Kostenbelastung als zu niedrig, weil er erfahren habe, dass für die Entwicklung der speziellen Software zunächst ein Angebot einer fremden Entwicklungsfirma eingeholt worden sei, die die Software zu einem Preis von 20 % über den Kosten der D-GmbH entwickelt hätte, sodass die Belastung dieses Fremdpreises nach der Preisvergleichsmethode erforderlich sei. Im Übrigen habe er bei Anwendung der Kostenaufschlagsmethode eine Bandbreite uneingeschränkt vergleichbarer Gewinnaufschlagssätze von 8–26 % festgestellt, sodass zumindest eine Anpassung des Gewinnzuschlags auf den Median, also auf 17 % erfolgen müsse. Im Fall b) stellt der Prüfer fest, dass die Berechnung nach Zeitaufwand erfolgt, wobei der Stundensatz von € 70 zwar 10 % über den eigenen Kosten, aber unter der am Sitzort der D-GmbH üblichen Bandbreite von € 80 bis € 200 für derartige IT-Leistungen fremder Anbieter liegt. Er will deshalb die Stundensätze am mittleren Bereich der Bandbreite orientieren und mit € 140 festsetzen.

Im Hinblick auf die oben angestellten Überlegungen zur Festlegung des Preisrahmens zwischen den Vertragsparteien[315] und unter Beachtung der Theorie vom doppelten ordentlichen Geschäftsführer ist es nicht zu beanstanden, dass hier im Fall a) nicht der höhere Preis nach der Preisvergleichsmethode, sondern der für beide Vertragsparteien vorteilhafte Preis nach der Kostenaufschlagsmethode festgesetzt wurde. Eine Erhöhung des Gewinnzuschlags bei der Anwendung der Kostenaufschlagsmethode ist nicht möglich, weil der vereinbarte Aufschlag innerhalb der Bandbreite für gleichartige Dienstleistungen liegt. Wenn die D-GmbH für den Fall b) nachweisen kann, dass sie mit den Vertragsparteien jeweils die Kostenaufschlagsmethode vereinbart hat, besteht kein Anlass für eine Korrektur der Verrechnungspreise. Wenn die Parteien aber davon ausgingen, dass sich die Berechnung der Leistungen an den Marktpreisen orientieren sollte, dann wäre nach dem neuen § 1 Abs. 3 S. 4 AStG eine Korrektur auf den Median von € 140 zulässig. Wie bereits erörtert wurde, wäre eine gesetzliche Regelung vorzugswürdig, die primär eine Anpassung auf den Punkt innerhalb der Bandbreite vorsieht, der am ehesten dem Fremdvergleichspreis entspricht.

d) Markt- und Geschäftsstrategien für Dienstleistungen

Gem. § 5 GAufzV erstrecken sich die Aufzeichnungen des Steuerpflichti- **189** gen auch auf besondere Umstände, die Einfluss auf die Geschäftsbeziehungen

---

[315] Vgl. oben Rn. 173 ff.

mit nahe stehenden Unternehmen haben. Die **Dokumentation** der Verrechnungspreise bezieht sich dabei u. a. auf „Informationen über die Änderung von **Geschäftsstrategien** (zB Marktanteilstrategien, Wahl von Vertriebswegen, Managementstrategien) und andere Sonderumstände wie Maßnahmen zum Vorteilsausgleich, soweit sie die Bestimmung der Verrechnungspreise des Steuerpflichtigen beeinflussen können" (§ 5 Nr. 1 GAufzV).

Auch ein Dienstleistungsunternehmen im Konzern muss ebenso wie ein unabhängiges fremdes Dienstleistungsunternehmen planen, welche **Markt- und Preisstrategien** es anwenden will, dh was es mit seinen einzelnen Dienstleistungsprodukten auf den unterschiedlichen Märkten erreichen will. Die **Preisstrategie** des Unternehmens ist eine Antwort auf die Verhältnisse der Märkte. **Unterschiedliche Produkt- und Marktverhältnisse** erfordern daher unterschiedliche Preisstrategien. Diesen Umstand muss gem. Tz. 3.1.2.1. Nr. 2 VGr und Tz. 1.59 ff. OECD-VPL auch der Fremdvergleich in Erwägung ziehen. Im Folgenden werden einige Preisstrategien dargestellt, wobei man in der Praxis einfache Preisstrategien für reine Dienstleistungsgesellschaften bzw. Dienstleistungsabteilungen und kombinierte Preisstrategien für Dienstleistungen und Güter unterscheiden sollte. Weitere Markt- und Preisstrategien, die mit den Kosten der Werbung, mit der Markterschließung, mit Kampfpreisen und Anlaufkosten zusammenhängen, werden in gesonderten Abschnitten erörtert.[316]

190   Durch **Überkapazitäten, intensiven Wettbewerb oder sich verändernde Kundenwünsche** kann ein Unternehmen in erhebliche Ertrags- und Liquiditätsschwierigkeiten geraten. In dieser Situation wird auch ein Dienstleistungsunternehmen seine Preise senken, um zumindest die variablen Kosten und einen Teil der Fixkosten zu decken.[317]

Beispiel: Das inländische Unternehmen A hat eine zentrale Marketingabteilung, die eine Kapazitätsauslastung zu 70% aufweist. Da ein Personalabbau wegen der vereinbarten Kündigungsfristen erst über einen Zeitraum von 3–6 Monaten möglich ist, bietet A den anderen Konzerngesellschaften kurzfristige Marktforschungsanalysen für die von ihnen hergestellten und vertriebenen Produkte an. Die Marketingabteilung erarbeitet im Auftrag einer englischen verbundenen Kapitalgesellschaft eine Marktforschungsanalyse zum Preis von 120 000 €. Ein Betriebsprüfer vergleicht diesen Verrechnungspreis mit dem Preis, den eine unabhängige englische Gesellschaft iHv 150 000 € für eine vergleichbare Leistung an das inländische Marktforschungsinstitut B bezahlt hat und schlägt diesen Preis als Fremdpreis für A vor. Das Unternehmen A kann jedoch darauf verweisen, dass seine Marketingabteilung im Zeitpunkt der Angebotsabgabe eine zu 30% niedrigere Auslastung als Unternehmen B aufwies. A akzeptierte daher einen geringeren Dienstleistungspreis, um wenigstens variable Kosten und einen Teil der Fixkosten zu decken. Aufgrund dieser Tatsachen sollte der Betriebsprüfer den vereinbarten Preis akzeptieren, weil ein ordentlicher Geschäftsleiter in einer solchen Situation zwecks Auslastung auch Aufträge zu Sonderkonditionen anbietet und vereinbart, die zwar keinen Gewinnbeitrag leisten, jedoch die Kostendeckung begünstigen und damit Verluste vermindern.

191   Werden dagegen Dienstleistungsunternehmen bzw. Dienstleistungsabteilungen aufgrund ihres Angebots bestimmten Marktverhältnissen in besonde-

---

[316] Vgl. dazu unten Rn. 198–208.
[317] Vgl. auch oben Rn. 176 und *OECD* Tz. 7.33 OECD-VPL.

rer Weise gerecht bzw. besitzen diese Unternehmen eine herausragende Stellung aus der Sicht der Kunden, so können diese Unternehmen zeitweilig **Höchstpreise** für ihre Leistungen verlangen. Dieser Dienstleistungspreis eignet sich keinesfalls als Fremdpreis für zu vergleichende Geschäfte auf anderen Märkten, da die Marktverhältnisse in diesem Fall gem. Tz. 3.1.2.1 Nr. 2 VGr völlig unterschiedlich sind.

Bestimmte Dienstleistungsmärkte sind durch komplexe Methoden und **192** Verfahren gekennzeichnet, zB Telekommunikationsleistungen bzw. DV-Leistungen. Das Vorhandensein der anlagenintensiven Telekommunikations- bzw. DV-Strukturen verlangt hohe Investitionen und Auslastungsgrade der Maschinen (zB DV-Betriebsstunden). In derartigen Situationen ist es akzeptabel, dass der Dienstleistende durch **Niedrigpreise** zunächst versucht, möglichst viele Kunden zu gewinnen, um sich einen hohen Marktanteil für die Folgeleistungen zu sichern. Diese Niedrigpreise des einen Marktes können nicht mit den Preisen eines anderen Marktes verglichen werden.

Beispiel: Die X-GmbH will auf dem Mobiltelefonsektor im deutschen wettbewerbsintensiven Markt Kunden gewinnen. Um möglichst schnell gewisse Marktanteile für das X-Netz zu erreichen, geht die Preisstrategie dahin, die für das X-Netz angebotenen Mobiltelefone zu Selbstkosten zu verkaufen. Dieser Preis kann nicht als Fremdvergleichspreis für die Geräte anderer Hersteller herangezogen werden, die sich bereits fest am Markt etabliert haben und deren deutsche Vertriebsgesellschaften die im Ausland produzierten Apparate daher teurer einkaufen.

e) Kosten der Werbung

Nach Tz. 3.3.1 VGr sind die Kosten einer Werbemaßnahme von demjeni- **193** gen nahe stehenden Unternehmen zu tragen, für dessen Aufgabenbereich durch diese Maßnahme geworben wird. **Werbemaßnahmen** können gem. Tz. 3.3.1 Buchst. a VGr als gewerbliche **Dienstleistung** verrechnet werden, soweit sie nach Art und Umfang den Leistungen eigenständiger Werbeunternehmen entsprechen. Als Beispiel sei die selbständige Durchführung der Gesamtwerbung einschließlich der Herstellung von Werbeträgern oder Werbevorlagen erwähnt. Soweit Werbemaßnahmen zum Aufgabengebiet zweier Konzernunternehmen gehören (zB Herstellungs- und Vertriebsunternehmen) ist gem. Tz. 3.3.2 VGr zu prüfen, ob der Werbeaufwand zwischen den beteiligten Unternehmen angemessen aufgeteilt worden ist.

In Ergänzung hierzu ist die Rechtsprechung des BFH zu beachten, wo- **194** nach die Entscheidung über die Kostenverteilung zwischen Hersteller und Verkaufsgesellschaft sich danach richten soll, was in der betreffenden **Branche üblich** ist.[318] Wenn also in der betroffenen Branche üblicherweise das Vertriebsunternehmen die Kosten der Werbung im Vertriebsgebiet trägt, so bedarf es keiner Kostenteilung.

Sofern sich der Hersteller von Waren in einer bestimmten Branche übli- **195** cherweise an den Kosten der Werbung beteiligt, können die Parteien einen **Vorteilsausgleich** vereinbaren, wonach das Vertriebsunternehmen den Werbeaufwand allein trägt, während der Hersteller die Lieferpreise senkt (Tz. 3.3.2 S. 3 u. 4 VGr). Ein solcher Vorteilsausgleich müsste allerdings in

---

[318] Vgl. BFH 1.2.67, BStBl. III 1967, 495.

allen Einzelheiten genau schriftlich dokumentiert werden, damit ein Nachweis gegenüber den FinVerw. beider Staaten möglich ist. Die Vermeidung eines Vorteilsausgleichs ist in der Praxis aus Vereinfachungsgründen vorzugswürdig.

196 Die vorstehenden Ausführungen beziehen sich insgesamt auf Dienstleistungen in Form von Werbemaßnahmen, die sich auf die Werbung für Güter und Waren beziehen. Davon zu **unterscheiden** sind **Werbemaßnahmen, die den Absatz von Dienstleistungen fördern** sollen. In diesen Fällen sind die Kosten der Werbung regelmäßig allein von demjenigen Unternehmen zu tragen, für dessen Dienstleistungen geworben wird. Dies folgt aus der Überlegung, dass in diesem Fall nur der Umsatz des Dienstleisters gesteigert wird, während die Werbung einer Vertriebsgesellschaft für Waren nicht nur zu einer Erhöhung des eigenen Umsatzes, sondern auch des Umsatzes des Herstellers führt.

Beispiel: Das deutsche Zeitarbeitsunternehmen „Service GmbH" gehört zum Konzern der schweizerischen „Service AG". Eine Schwestergesellschaft der Service GmbH betreibt in Abstimmung mit den Konzerngesellschaften Werbemaßnahmen in den jeweiligen Ländern. Die Kosten der Werbemaßnahmen in Deutschland sowie die anteiligen Kosten der Leistungen der Schwestergesellschaft sind von der Service GmbH zu tragen, weil die Werbung für deren Dienstleistungen erfolgt.

197 Nur in seltenen **Ausnahmefällen** dürfte eine **Kostenteilung** in Frage kommen, so zB wenn ein Franchisegeber über ein **Franchisesystem** für spezielle Dienstleistungen verfügt und er für die Dienstleistungen seiner Franchisenehmer wirbt. In diesen Fällen können erhöhte Umsätze sowohl den Franchisenehmern als auch – über die umsatzabhängige Franchisegebühr – dem Franchisegeber zugutekommen. Auch in diesem Fall muss aber geprüft werden, ob eine Kostenverteilung branchenüblich ist oder ob es vertraglich zulässig wäre, alle Kosten an die Franchisenehmer zB über einen Kostenverteilungsschlüssel zu belasten.[319]

f) Markterschließungskosten und Kampfpreise

198 Nach Tz. 3.4.1 und 3.5 S. 3 VGr fallen für die **Einführung neuer Produkte** während des Einführungszeitraumes häufig **erhöhte Kosten** oder **Mindererlöse** an. Nach Tz. 3.4.1 VGr sind diese erhöhten Kosten oder Mindererlöse idR vom Vertriebsunternehmen nur insoweit zu tragen, als ihm aus der Geschäftsverbindung ein angemessener Betriebsgewinn verbleibt. Im Gegensatz zu den Markterschließungskosten im Zusammenhang mit **Warenlieferungen,**[320] stehen an dieser Stelle die **Markterschließungskosten für Dienstleistungen** im Vordergrund.

199 Marketingleistungen, wie zB:

– die Marktforschung für einen neuen Markt,
– das Erstellen eines Marketingkonzepts,
– Vertriebsberatung,
– die Durchführung von Werbekampagnen,

---

[319] Franchiseverträge werden in Kap. O Rn. 701 ff. ausführlich dargestellt.
[320] Vgl. dazu Kap. M Rn. 338 ff.

- die Abwicklung spezieller Verkaufsförderungsaktionen,
- Aufgaben aus dem Bereich der Öffentlichkeitsarbeit,
- Messe- und Kongressorganisation,
- Aufbau eines neuen Vertriebsnetzes

bedingen auch bei der Einführung eines neuen Dienstleistungs-Produkts erhebliche Kosten. Bei den genannten **Marketingdienstleistungen** sind im Rahmen der Preisvergleichsmethode branchenübliche Preise bei vertretbaren, dh marktfähigen Leistungen festzustellen. Nach Tz. 3.2.3.1 VGr sind hierbei die Formen der Preisgestaltung zu beachten, die sich in besonderen Bereichen des Dienstleistungssektors herausgebildet haben.

Tz. 3.4.2 VGr beschreibt zwei Methoden für die Aufteilung der mit **200** der Markterschließung zusammenhängenden Kosten oder Erlösminderungen zwischen Vertriebsunternehmen und Hersteller. Im Fall von **Dienstleistungsunternehmen** spielen die in Tz. 3.4.2 VGr enthaltenen Grundsätze für eine **Kostenaufteilung** jedoch **keine Rolle.** Hier gelten die oben im voranstehenden Abschnitt zu den Kosten der Werbung angestellten Überlegungen entsprechend. Da es keinen „Lieferanten" für die eigenen Dienstleistungen gibt, nutzen die von einem anderen Konzernunternehmen erbrachten Dienstleistungen für die Markterschließung nur dem Dienstleistungsunternehmen, das mit Hilfe dieser Marketingdienstleistungen für seine eigenen Dienstleistungen den Markt erschließen will. Folglich sind die **Markterschließungskosten** – einschließlich der Kosten für damit zusammenhängende Dienstleistungen anderer Konzernunternehmen – grundsätzlich allein von der **Dienstleistungsgesellschaft** zu tragen, die die neuen Dienstleistungen am Markt einführen will. Ebenso wie bei den Kosten der Werbung sind aber auch für die Markterschließungskosten **Ausnahmen** denkbar, so zB bei Franchiseverträgen oder wenn der Dienstleister selbst Auftragnehmer ist und Subunternehmer mit der Ausführung der Leistungen beauftragt.

Gem. Tz. 3.4.3 VGr sind Kosten und Erlösminderungen, die dadurch ent- **201** stehen, dass ein Vertriebsunternehmen durch **Kampfpreise** oder ähnliche Mittel seinen **Marktanteil wesentlich erhöhen oder verteidigen** will, grundsätzlich vom **Hersteller** zu tragen. Die VGr berücksichtigen an dieser Stelle nicht, dass ebenso wie bei der Markterschließung (Tz. 3.4.1 VGr) sowohl der Hersteller als auch das Vertriebsunternehmen darum besorgt sein müssen, ihren Marktanteil zu erhalten oder zu erweitern, um erfolgreich am Markt tätig zu bleiben. Die von Tz. 3.4.3 VGr geforderte pauschale Zuordnung von Aufwendungen für die Erhöhung oder Verteidigung des Marktanteils zum Hersteller gilt allerdings nur „grundsätzlich", sodass eine gegenteilige Begründung anerkannt werden kann.

Für **Dienstleistungsunternehmen** können ebenfalls **Kampfpreise** in Frage kommen, wenn sie mit anderen Dienstleistern konkurrieren. Die Kosten und Erlösminderungen dieser Maßnahmen hat grundsätzlich die Dienstleistungsgesellschaft selbst zu tragen. Zur Begründung wird auf die oben in diesem Abschnitt zu den Markterschließungskosten genannten Erwägungen verwiesen, die hier in ähnlicher Weise gelten.

Fraglich ist, ob die zu den **Markterschließungskosten** und zu den **202** **Kampfpreisen** angeführten Überlegungen auch dann gelten, wenn die Dienstleistungsgesellschaft ihre **Leistungen** auch oder ausschließlich **gegen-**

über **Konzernunternehmen** erbringt. Dies ist zu bejahen, soweit derartige Dienstleistungen am Markt von externen Unternehmen angeboten werden und auch ein fremder Dritter bereit wäre, die mit diesen Strategien verbundenen Kosten bzw. Erlösminderungen in Kauf zu nehmen. Wie bereits erwähnt wurde, können konzerninterne Dienstleistungen in Ausnahmefällen auch unter den Selbstkosten angeboten werden (Tz. 7.33 OECD-VPL); idR können solche Ausnahmen jedoch nur für einen begrenzten Zeitraum akzeptiert werden.[321] Kampfpreise sind auch dann steuerlich anzuerkennen, wenn sich herausstellt, dass sie wettbewerbsrechtlich als **Dumpingpreise** unzulässig waren. Die steuerliche Anerkennung ergibt sich in solchen Fällen aus § 41 AO.[322]

203   In diesem Zusammenhang stellt sich die Frage, welchen **Zeitraum** die Erlösminderung für die Einführung von Dienstleistungsprodukten oder die Strategie mit Kampfpreisen erfassen darf. Hier kann auf die Grundsätze der BFH-Rechtsprechung[323] zur Einführung neuer Produkte (Waren) am Markt zurückgegriffen werden, soweit diese passen. Der BFH vertritt die Auffassung, dass ein ordentlicher und gewissenhafter Geschäftsleiter nur dann ein **neues Produkt** am Markt einführen und vertreiben wird, „wenn er daraus bei vorsichtiger und vorheriger Prognose innerhalb eines überschaubaren Kalkulationszeitraumes ggf. **nach Verlusten** innerhalb einer vertretbaren Anlaufzeit einen angemessenen **Gesamtgewinn** erzielen kann".[324] Kritisch zu beurteilen ist jedoch die weitergehende Konkretisierung des Zeitraums der Anlaufzeit, der **drei Jahre** nicht übersteigen soll, es sei denn, dass die besonderen Umstände des Einzelfalls eine längere Verlustphase rechtfertigen. Unabhängig davon müsse der Hersteller einen **Kostenzuschuss** leisten, wenn dies branchenüblich sei. Der BFH fordert weiterhin, die Gewinnerwartung durch die Erstellung von **Absatzplanung, Werbestrategie und Gewinnplanung** für den erwarteren Absatzzeitraum betriebswirtschaftlich zu belegen. Diese Planungen sollen vor Aufnahme der Vertriebstätigkeit durchgeführt werden. Die Entscheidung des BFH verdient insoweit Kritik, als eine allgemeine Beschränkung des Verlustzeitraums nicht angebracht ist, denn dann müssten sich jegliche Anfangsinvestitionen bzw. Firmengründungen innerhalb der ersten drei Jahre amortisieren. Die FinVerw. und die Gerichte müssen dem ordentlichen Geschäftsleiter zugestehen, dass er alle Marktbedingungen und Verhältnisse abwägt und somit auch **längerfristige Verlustphasen** akzeptiert, soweit er einen späteren Markterfolg erwartet.[325]

204   Wendet man die vorstehend erläuterten Grundsätze auf die Markteinführung oder auf Kampfpreise bei konzerninternen **Dienstleistungen** an, dann sollte auch eine **längerfristige Verlustphase** von mehr als drei Jahren akzeptiert werden, wenn sich aus den **Planungsunterlagen** der Dienstleistungsgesellschaft ergibt, dass nach Ende der Markteinführungsphase ein Gewinn zu erwarten ist. In der Praxis empfiehlt es sich, für die Planung so viele Folgejahre zu berücksichtigen, dass das Budget einen angemessenen **Gesamtgewinn** für die Gesamtperiode nach Ausgleich der Verluste ausweist. Die

---

[321] Vgl. oben Rn. 176.
[322] Vgl. auch Tz. 1.1.2 VGr und Tz. 1.1.3 VGr-Verfahren.
[323] Vgl. BFH 17.2.93, BStBl. II 1993, 457.
[324] Vgl. BFH 17.2.93, BStBl. II 1993, 457.
[325] Vgl. zur Dauer der Anerkennung von Anlaufverlusten unten zu Rn. 208.

Rechnungsunterlagen sollten jährlich angepasst werden, um die aktuelle Situation zu berücksichtigen. Darüber hinaus ist zu dokumentieren, welche Maßnahmen zur Beseitigung der Verlustsituation dienen und welche außerordentlichen Umstände zu Abweichungen der Ergebnisse von den Planzahlen geführt haben.

Sofern die Dienstleistungsgesellschaft auch langfristig keinen Gewinn er- **205** wirtschaftet und die Planung auch keinen Gewinn erwarten lässt, kann die FinVerw. die Preise für die konzerninternen Dienstleistungen berichtigen und im Prinzip eine Anhebung der Preise gegenüber dem Leistungsempfänger verlangen, sofern kein Fall der bereits erörterten Palettenbetrachtung vorliegt.[326] Wenn allerdings die Kosten schon ohne Gewinnaufschlag immer noch die Marktpreise im Land eines Leistungsempfängers übersteigen, dann müsste geprüft werden, ob die Entscheidung, die Leistungen an diesen Leistungsempfänger zu erbringen, gesellschaftsrechtlich beeinflusst ist, weil ein unabhängiger Dritter die Leistungen nicht auf Dauer unter Selbstkosten erbringen würde. Soweit die Leistungen durch ein inländisches Unternehmen an ein in- oder ausländisches Konzernunternehmen langfristig (oder kurzfristig ohne betriebswirtschaftliche Rechtfertigung) unter den Selbstkosten zuzüglich eines angemessenen Gewinnaufschlags erbracht werden, liegt eine vGA an die Muttergesellschaft vor. Dies kann nicht dadurch vermieden werden, dass die Muttergesellschaft an den inländischen Leistenden einen Ausgleich für die niedrigeren Dienstleistungsentgelte zahlt, sondern sie müsste einen Zuschuss an den ausländischen Leistungsempfänger gewähren, damit dieser die höheren Dienstleistungskosten akzeptiert.

g) Anlaufkosten und Anlaufphase

Tz. 3.5 VGr behandelt die **„Anlaufkosten".** Bei neu gegründeten Gesell- **206** schaften oder bei Gesellschaften, die erweitert oder wesentlich umorganisiert werden, werden die Anlaufkosten in Kauf genommen, in der Erwartung, dass in späteren Wirtschaftsjahren Gewinne erzielt werden können. Derartige Kosten sind gem. Tz. 3.5 VGr von der neu gegründeten, erweiterten oder umorganisierten Gesellschaft zu tragen. Für Kosten und Erlösminderungen, die während der **Anlaufphase** durch die **Einführung** von **Produkten** entstehen, gilt gem. Tz. 3.5 S. 3 VGr die in Tz. 3.4 VGr für Markterschließungsmaßnahmen geforderte Kostenteilung. Eine Zeitspanne, während derer noch von Anlaufkosten ausgegangen werden kann, wird von den VGr nicht festgelegt.

Tz. 3.5 VGr erläutert nicht, was unter **Anlaufkosten** zu verstehen ist. Anlaufkosten im handelsrechtlichen Sinn sind die **Aufwendungen für die Ingangsetzung und Erweiterung** des Geschäftsbetriebs. Gem. der Kommentierung zu § 269 HGB aF, der durch das BilMoG[327] gestrichen wurde, gehören dazu handelsrechtlich neben den Aufwendungen für die erstmalige Aufnahme des eigentlichen Geschäftsbetriebs auch entsprechende Aufwendungen für eine Betriebserweiterung und/oder -umstellung.[328] Dazu zählen

---

[326] Zur Palettenbetrachtung s. oben Rn. 176 f. und Tz. 3.4.13 VGr-Verfahren.

[327] Vgl. zur Begründung der Streichung den Gesetzentwurf der Bundesregierung, Bilanzrechtsmodernisierungsgesetz, BTDr. 16/10067, S. 8, 36.

[328] Vgl. *Winkeljohann/Lawall* in Beck Bil-Komm. (6. Aufl.) § 269 Rn. 2 u. 4.

zB die Aufwendungen für den Auf- bzw. Ausbau der Betriebs-, Verwaltungs- und Vertriebsorganisation, aber zB auch für die Beschaffung von Arbeitskräften, Marktstudien oder für Einführungswerbung.[329]

207   Wie die Beispiele zeigen, überschneidet sich offensichtlich der Begriff der „Anlaufkosten" mit dem Begriff der „Markterschließungskosten" in vielen Fällen. **Markterschließungskosten** für die Einführung von Produkten sind jedoch im Gegensatz zu den Anlaufkosten nicht grundsätzlich von der neu gegründeten, erweiterten oder umorganisierten Gesellschaft zu tragen, sondern zwischen Vertriebsgesellschaft und Herstellerunternehmen aufzuteilen (Tz. 3.4 VGr). Für Dienstleistungsunternehmen kommt es jedoch auf die Unterscheidung zwischen Anlaufkosten iSd Tz. 3.5 VGr und Markterschließungskosten in der Anlaufphase iSd Tz. 3.5 S. 3 und Tz. 3.4 VGr nicht an, da eine Dienstleistungsgesellschaft – abweichend von Tz. 3.4 VGr – auch die mit der Markterschließung zusammenhängenden Kosten oder Mindererlöse grundsätzlich allein zu tragen hat.[330]

208   Fraglich ist, **wie lange** eine **Anlaufphase** dauern darf und insb., ob eine deutsche Dienstleistungsgesellschaft über einen längeren Zeitraum **Verluste** erwirtschaften darf. Im Fall der Anwendung der Kostenaufschlagsmethode dürfte sich diese Frage zwar selten stellen, jedoch ist es denkbar, dass im Fall von Überkapazitäten keine Vollkosten verrechnet werden können, sodass es zu Verlusten der Dienstleistungsgesellschaft kommen kann. In solchen Fällen ist zu fragen, ob die oben für Markterschließungskosten bzw. für die Einführung neuer Produkte erwähnte dreijährige Periode anwendbar ist. In einem neuen Urteil hat der BFH bei der Beurteilung der Gewinnerzielungsabsicht als Merkmal des gewerblichen Unternehmens eines Verlegers eine wesentlich längere Verlustperiode als nur drei Jahre für zulässig erachtet und betont, dass als betriebsspezifische Anlaufzeit bis zum Erforderlichwerden größerer Korrektur- und Umstrukturierungsmaßnahmen ein Zeitraum von **weniger als fünf Jahren nur im Ausnahmefall** in Betracht kommt.[331] Zwar betrifft dieses BFH-Urteil keinen Verrechnungspreisfall, jedoch ist kein vernünftiger Grund ersichtlich, weshalb für verbundene Unternehmen andere Verlustperioden gelten sollten als für die Abgrenzung von gewerblichen Betrieben zu Liebhabereibetrieben.

h) Wechselkursschwankungen

209   Auch Dienstleistungsentgelte unterliegen ebenso wie Verrechnungspreise für Waren dem **Wechselkursrisiko,** soweit die beteiligten verbundenen Unternehmen in unterschiedlichen Währungsgebieten ansässig sind.

Beispiel: Eine inländische Verwaltungs-AG vereinbart im Januar einen Verrechnungspreis für DV-Dienstleistungen iHv 110 000 € mit einer verbundenen amerikanischen Vertriebstochtergesellschaft. Zum Zeitpunkt des Vertragsabschlusses notiert der Dollar mit einem Kurs von 1,10 € = 1,00 $, dh, der Verrechnungspreis weist einen Wert von 100 000 $ auf. Vertraglich vereinbart wurde eine DV-Leistung bis Mai und die Bezahlung im Juni des gleichen Jahres. Zum Zeitpunkt der Bezahlung im Juni notiert der Dollar bei 0,99 € = 1,00 $, dh der Dollar erfährt am Devisenmarkt eine Ab-

---

[329] Vgl. *Winkeljohann/Lawall* in Beck Bil-Komm. (6. Aufl.) § 269 Rn. 2.
[330] Vgl. dazu ausführlich oben Rn. 198 ff.
[331] Vgl. BFH 23.5.07, DStR 2007, 1712.

wertung um 10%. Die inländische Verwaltungsgesellschaft erhält im Juni wie vereinbart 110 000 €, aber die Vertriebstochtergesellschaft muss nun 111 111 $ (= 110 000 € : 0,99) anstatt der geplanten 100 000 $ aufbringen. Daher trägt die amerikanische Tochtergesellschaft das eingetretene Risiko iHv 11 111 $, da im Januar vereinbart wurde, in Euro zu fakturieren. Hätte man im Januar vereinbart, in Dollar zu fakturieren, hätte die inländische Verwaltungsgesellschaft im Juni 100 000 $ erhalten und das Risiko von 11 000 € (= 110 000 – 99 000 €) im Juni tragen müssen. Da zivilrechtlich in den meisten Ländern die fakturierte Währung zwischen fremden Dritten und auch zwischen Konzerngesellschaften frei vereinbart werden kann, zeigt sich deutlich, dass die Übernahme des Wechselkursrisikos durch einen Vertragspartner gleichzeitig das Wechselrisiko des anderen Vertragspartners vermeidet. Die Risiko-/Chancenverteilung wäre im voranstehenden Beispiel daher genau umgekehrt, wenn der Dollar bis zum Juni nicht abgewertet, sondern aufgewertet worden wäre. Durch eine Euro-Fakturierung verzichtet die deutsche Verwaltungsgesellschaft auf die Chance der Dollaraufwertung bei gleichzeitiger Vermeidung des Abwertungsrisikos.

Die Berücksichtigung von Währungsverlusten, Währungsgewinnen und **210** Kurssicherungskosten wird dadurch erschwert, dass verschiedene ordentliche Geschäftsleiter Risiken und Chancen unterschiedlich einschätzen und unterschiedliche Auffassungen über die zukünftige Wechselkursentwicklung haben. Daher liegt es grundsätzlich im **Entscheidungs- und Ermessensspielraum** des ordentlichen Geschäftsleiters, ob und wie bei Dienstleistungsbeziehungen die damit verbundenen Wechselkurschancen und -risiken Berücksichtigung finden. Um etwaige Diskussionen mit den FinVerw. der Ansässigkeitsstaaten der beteiligten Firmen zu vermeiden, empfiehlt es sich, das Wechselkursrisiko bei mittel- und langfristigen Zahlungsvereinbarungen und hohen Summen durch **Kurssicherungsgeschäfte** abzudecken. **Alternativ** wäre es möglich, dass die Parteien im Voraus vereinbaren, alle während des Jahres aus den gegenseitigen Geschäftsbeziehungen erwachsenden **Kursgewinne und Kursverluste** am Jahresende zu saldieren und den Saldo hälftig zu **teilen.**

4. Die Wiederverkaufspreismethode

Wenn Marktpreise für Dienstleistungen nicht feststellbar sind, ist gem. **211** Tz. 3.2.3.2 und 6.4.1 S. 3 VGr idR die Kostenaufschlagsmethode anzuwenden. Leistungen werden im Normalfall nicht weiterveräußert, sodass die Wiederverkaufspreismethode ausscheidet. Neben den deutschen VGr (Tz. 3.2.3.2) sieht auch die ältere Literaturmeinung für die Wiederverkaufspreismethode keine Anwendungsmöglichkeit bei Dienstleistungen, **da Dienstleistungen** einen sehr individuellen Charakter hätten und daher **nicht weiterveräußerbar** seien.[332] Diese Auffassung beruht offensichtlich auch auf dem Gedanken, dass Dienstleistungen kein Wirtschaftsgut darstellen, sondern eine gewisse immaterielle Qualität haben.

Es ist jedoch zu überlegen, ob die These von der Nichtweiterveräußerbar **212** keit von Dienstleistungen ausnahmslos zutrifft oder ob nicht im **Einzelfall** die Anwendung der Wiederverkaufspreismethode in Frage kommt.[333] Für die

---

[332] Vgl. *Kumpf* Verrechnungspreise, 262; *Hoffmann,* RIW/AWD 1977, 12.
[333] Ebenso *Baumhoff* in FWBS § 1 AStG, Rn. 446.

Überprüfung dieser Frage können insb. folgende Fälle in Erwägung gezogen werden, wobei jedoch als Vorfrage jeweils zu klären ist, ob in diesen Fällen rechtlich tatsächlich Dienstleistungen (§ 611 BGB) bzw. Geschäftsbesorgungen (§ 675 BGB) oder andere Rechtsgeschäfte vorliegen.

Beispiel 1: Der Dienstleistende bedient sich einer Konzerngesellschaft (die als Subunternehmer agiert) für die Erbringung der Dienstleistungen gegenüber fremden Dritten – zB für die Datenverarbeitung oder Marktforschung oder die Wartung von Produktionsanlagen.

Beispiel 2: Die Dienstleistung – zB Architektenleistungen oder Softwareentwicklung – mündet in ein materielles oder immaterielles Wirtschaftsgut – zB Bauplanungsunterlagen oder Software – das weiterveräußert werden kann.

Beispiel 3: Die Dienstleistungen – zB Transportleistungen – werden von einem Vermittler angeboten und dann unmittelbar vom Dienstleistenden an den Auftraggeber erbracht.

Beispiel 4: Der Leistende gewährt einer Konzerngesellschaft ein Darlehen oder vermietet/lizenziert ihr ein Wirtschaftsgut, und der Darlehensnehmer gibt das Darlehen an Dritte weiter, bzw. der Mieter/Lizenznehmer untervermietet/unterlizenziert das Wirtschaftsgut.

213   In **Beispiel 1** bedient sich der Dienstleistende eines **Subunternehmers** für die Erbringung der Leistung gegenüber einem Dritten. Zivilrechtlich bestehen zwei Leistungsverhältnisse, nämlich ein Dienstleistungsvertrag zwischen dem Leistenden und dem Dritten und ein weiterer Dienstleistungsvertrag zwischen dem Subunternehmer und dem Dienstleistenden. Der Subunternehmer erscheint im Verhältnis zu dem Dritten nur als Erfüllungsgehilfe (§ 278 BGB) bzw. Verrichtungsgehilfe (§ 831 BGB) des Leistenden. Da zivilrechtlich der Leistende nicht die Leistung des Subunternehmers an den Dritten „weiterverkauft", sondern dem Dritten eine **eigene Leistung** erbringt, scheint die Anwendung der Wiederverkaufspreismethode begrifflich ausgeschlossen. Wirtschaftlich ließe sich jedoch die Auffassung vertreten, dass der Leistende de facto die Dienstleistung des Subunternehmers an den Dritten weiterveräußert. Insoweit wäre dann auch die Anwendung der **Wiederverkaufspreismethode** möglich. Im Ergebnis wäre dann das von dem Dritten an den Leistenden zu zahlende Entgelt um die der Funktions- und Risikoübernahme des Leistenden entsprechende Marge zu kürzen, um die vom Leistenden an den Subunternehmer zu zahlende Vergütung zu ermitteln.[334]

214   Dieses Ergebnis muss man wohl als vertretbar erachten, weil man für **Beispiel 1** auch bei Anwendung der Kostenaufschlagsmethode zu demselben Ergebnis gelangen sollte. Ausgangspunkt der Kostenaufschlagsmethode wären die Kosten des Subunternehmers, die um eine angemessene Marge des Subunternehmers zu erhöhen wären, um die vom „Leistenden" an den Sub-

---

[334] Auch die US Service Regulations sehen in § 1.482-9 (d) die Anwendung der „Gross Services Margin Method" vor, wenn im Rahmen von Dienstleistungen eine Partei für „intermediary functions" eingeschaltet ist. Diese Methode wird in Analogie zur Wiederverkaufspreismethode angewendet; vgl. unten Rn. 259.

unternehmer zu zahlende Vergütung zu ermitteln. Im Prinzip müsste diese Vergütung ebenso hoch sein, wie die oben nach der Wiederverkaufspreismethode ermittelte Vergütung. Beiden Fällen ist gemeinsam, dass letztlich die Gesamtmarge des Leistenden und des Subunternehmers aufgeteilt wird, ohne dass ausdrücklich eine „Gewinnaufteilung" (sog. *Profit Split*) stattfindet. Während aber bei der Wiederverkaufspreismethode zunächst die Rohgewinnmarge des „Wiederverkäufers" bestimmt wird, um den Einkaufspreis und damit auch den (verbleibenden) Gewinn des „Erstverkäufers" (Herstellers oder Leistenden) zu fixieren, führt dagegen die Anwendung der Kostenaufschlagsmethode zunächst zur Ermittlung der Kosten und der operativen Marge des Erstverkäufers (Herstellers oder Leistenden) und damit zur Fixierung des Einkaufspreises des Wiederverkäufers und damit in der Konsequenz auch zur Festlegung der (verbleibenden) Marge des Wiederverkäufers. Wenn daher nach beiden Methoden die entsprechenden Margen der Beteiligten angemessen ermittelt werden, führen beide Methoden im Idealfall zu demselben Ergebnis.

In **Beispiel 2** werden die Ergebnisse der Dienstleistung in einem Schrift-   **215** stück verkörpert (Baupläne des Architekten) oder in einem Datenspeicher (zB Software auf CD) fixiert. Diese Ergebnisse können damit auch an Dritte weitergegeben werden bzw. weiterverkauft und folglich auch von diesen Dritten genutzt werden. Zivil- und handelsrechtlich wird allerdings nicht die Dienstleistung desjenigen weiterveräußert, der das Ergebnis geschaffen hat. Durch die Dienstleistung ist vielmehr ein **immaterielles** (in Ausnahmefällen evtl. auch ein materielles) **Wirtschaftsgut** entstanden, das Gegenstand der Weiterveräußerung ist. Insofern erscheint es als möglich, in diesen Fällen die Wiederverkaufspreismethode anzuwenden, soweit das geschaffene immaterielle Wirtschaftsgut tatsächlich zwecks uneingeschränkter Nutzung verkauft und nicht nur zur Nutzung überlassen, also lizenziert wird (zur Nutzungsüberlassung vgl. Tz. 5 VGr).[335]

In **Beispiel 3** wird ein Handelsvertreter, Makler oder sonstiger **Vermittler**   **216** tätig und vermittelt Dienstleistungen. Auch in diesen Fällen werden keine Dienstleistungen „weiterverkauft", weil der Dienstleistende seine Leistungen gegenüber dem Auftraggeber als seinem Vertragspartner erbringt (und nicht gegenüber dem Vermittler). Der Vermittler erbringt hingegen eine eigenständige – von der vermittelten Dienstleistung unabhängige – Vermittlungsleistung, die ihrerseits als Dienstleistung mit dem vereinbarten bzw. branchenüblichen Entgelt zu vergüten ist. Demgemäß findet in solchen Fällen die Wiederverkaufspreismethode keine Anwendung.

In **Beispiel 4** handelt es sich um Fälle der **entgeltlichen Nutzungsüber-**   **217** **lassung** von **materiellen** oder **immateriellen Wirtschaftsgütern** und um die weitere Nutzungsüberlassung an Dritte. Darlehens-, Miet- und Lizenzverträge sind zivilrechtlich eigenständige Rechtsverhältnisse, die von Dienstleistungsverträgen zu unterscheiden sind, sodass die in Beispiel 4 genannten Fälle nicht zum Bereich der Dienstleistungs- oder Geschäftsbesorgungsverträge gerechnet werden können. Allerdings wird die Gewährung von Darlehen häufig

---

[335] Auch *Baumhoff* geht in diesen Fällen von der Anwendbarkeit der Wiederverkaufspreismethode aus; vgl. *Baumhoff* Verrechnungspreise für Dienstleistungen, 205–210. Vgl. ferner Kap. O Rn. 384.

als „Finanzdienstleistung" bezeichnet.[336] Gleichwohl kann man rechtlich die Erbringung von persönlichen Diensten im Rahmen eines Dienstleistungs- oder Geschäftsbesorgungsvertrags nicht mit der darlehensweisen Überlassung von Kapital gleichstellen. Beim Darlehensvertrag werden materielle Wirtschaftsgüter zur Nutzung überlassen und keine Dienste geleistet. Auch bei der Vermietung oder Lizenzgewährung liegt jeweils nur eine Nutzungsüberlassung und keine Dienstleistung vor. Außerdem werden die entsprechenden Wirtschaftsgüter nicht weiterverkauft, sodass schon aus diesem Grund die Anwendung der Wiederverkaufspreismethode ausscheidet.

218   Als Ergebnis kann somit festgehalten werden, dass die VGr in Tz. 3.2.3.2 zutreffend davon ausgehen, dass für Dienstleistungen die Wiederverkaufspreismethode regelmäßig nicht anwendbar ist. Es erscheint allerdings als vertretbar, in **Ausnahmefällen** – zB bei der Einschaltung von Subunternehmern – aus wirtschaftlicher Sicht die **Wiederverkaufspreismethode** anzuwenden, ferner wenn das Ergebnis einer Dienstleistung in einem materiellen oder immateriellen Wirtschaftsgut verkörpert ist, das seinerseits zum Wiederverkauf geeignet ist (siehe oben Beispiel 2).

219   Die Ermittlung des angemessenen, marktüblichen Abschlags bei Dienstleistungen setzt auch eine Analyse der Funktionen und Risiken der beteiligten Unternehmen voraus.[337] Die Schwierigkeit bei der Festlegung eines angemessenen **Rohgewinnsatzes** besteht dann darin, die Kosten und Gewinne (Marge), die ein preisliches Äquivalent für die Funktionen des Wiederverkäufers darstellen, zu bestimmen. Dabei ist zu berücksichtigen, dass die Funktion des Wiederverkäufers einer Dienstleistung über die reine „Vertriebstätigkeit" hinausgehen kann, zB durch die Erbringung zusätzlicher eigener Dienstleistungen oder durch die Vornahme zusätzlicher Be- bzw. Verarbeitungsschritte an materiellen bzw. immateriellen Wirtschaftsgütern, die aus Dienstleistungen herrühren.

5. Die Kostenaufschlagsmethode

220   Wenn für **Dienstleistungen** kein interner Preisvergleich möglich ist und auch externe Vergleichspreise nicht feststellbar sind, so ist gem. Tz. 3.2.3.2 VGr idR die **Kostenaufschlagsmethode** anzuwenden. Tz. 3.2.3.2 VGr ist jedoch nicht in der Weise zu interpretieren, dass die Kostenaufschlagsmethode generell den Vorrang vor anderen Methoden hat oder dass die Wiederverkaufspreismethode bei der Beurteilung von Dienstleistungsentgelten ausscheidet. Aus § 1 Abs. 3 S. 1 AStG und Tz. 3.4.10.3 Buchst. a) VGr-Verfahren ist zu folgern, dass die **Standardmethoden** grundsätzlich **gleichrangig** sind, aber Vorrang vor anderen Methoden haben. Eine generelle Bevorzugung der **Kostenaufschlagsmethode** für Dienstleistungen würde Tz. 2.4.1 VGr widersprechen, wonach es „eine für alle Fallgruppen zutreffende Rangfolge der Standardpreise für die Prüfung von Verrechnungspreisen nicht gibt". Der or-

---

[336] Vgl. zB Tz. 8.1.5.1.1 Nr. 2 Anwendungserlass zum AStG, BMF-Schreiben 14.5.2004, BStBl. I Sondernummer 1/2004 „Grundsätze zur Anwendung des Außensteuergesetzes"; ebenso *Nieß* in Schaumburg Internationale Verrechnungspreise, 45 ff., 54 f.

[337] Vgl. oben Rn. 126 ff.

dentliche Geschäftsleiter wird sich nach Tz. 2.4.1 Buchst. a) VGr grundsätzlich an der Methode orientieren, die den Verhältnissen am nächsten kommt, unter denen sich auf wirtschaftlich vergleichbaren Märkten Fremdpreise bilden. In Zweifelsfällen wird sich der ordentliche Geschäftsleiter an der Methode orientieren, für die möglichst zuverlässige preisrelevante Daten aus dem tatsächlichen Verhalten des beteiligten nahe stehenden Unternehmens bei Fremdgeschäften zur Verfügung stehen (Tz. 2.4.1 Buchst. b) VGr). Bei beiden Alternativen ist auf die Verhältnisse des Einzelfalls abzustellen. Auch die OECD-Verrechnungspreisleitlinien bevorzugen keinesfalls die Kostenaufschlagsmethode für Dienstleistungen, sondern eher die Preisvergleichsmethode.[338]

Beispiel 1: Die spanische Muttergesellschaft M erbringt für eine deutsche verbundene Tochtergesellschaft T technische Installationsleistungen für ein technologisch innovatives Produktionssystem im Agrarbereich, welches nur in dem beschriebenen Konzern zur Anwendung kommt. Die technische Beratung ist außerordentlich komplex und sehr kostenintensiv, zudem werden derartige technische Beratungen am Markt nicht angeboten. Da es sich um eine nicht marktfähige, konzernspezifische Dienstleistung handelt, bietet sich die Anwendung der Kostenaufschlagsmethode an.

Beispiel 2: Das Labor der französischen Muttergesellschaft M unternimmt eine Qualitätskontrolle und Prüfung des Labors der deutschen verbundenen Tochtergesellschaft T. Für diesen einmaligen Spezialauftrag werden die Leistungen nach der Kostenaufschlagsmethode abgerechnet, da der Umfang, aber auch die Art der Kontrolle individuell vom Zustand des einzelnen Labors abhängen. Daher existieren keine vergleichbaren Marktpreise, da auch fremde Dritte die Kosten für diesen Spezialauftrag erst nach Durchführung der betreffenden Leistung genau bestimmen und in Rechnung stellen könnten. Sofern allerdings ein fremdes Unternehmen solche Spezialaufträge zu bestimmten Stunden- oder Tagessätzen ausführen würde, kämen diese Kostensätze für einen Fremdvergleich in Betracht.

a) Bestimmung der Kosten

Nach Tz. 2.2.4 VGr geht die Kostenaufschlagsmethode bei (Dienst-)Leistungen von den Kosten des Leistenden aus. Die **Kosten der Dienstleistung** sind nach Kalkulationsmethoden zu ermitteln, die der Leistende auch bei seiner **Preispolitik gegenüber Fremden** zu Grunde legt **oder** – wenn keine Dienstleistungen gegenüber Fremden erbracht werden – die **betriebswirtschaftlichen Grundsätzen** entsprechen. An anderer Stelle wurden bereits derartige betriebswirtschaftliche Grundsätze und Kalkulationsverfahren ausführlich dargestellt.[339] Daher wird in den folgenden Ausführungen nur auf einige Besonderheiten in Bezug auf Dienstleistungen aufmerksam gemacht.

Auch die **OECD** weist darauf hin, dass sich bei der Anwendung der Kostenaufschlagsmethode eventuell Schwierigkeiten bei der Kostenermittlung ergeben können.[340] So sind für die Herstellung eines Produkts oder die Erbringung einer Dienstleistung regelmäßig alle damit zusammenhängenden direkten und indirekten Kosten sowie die allgemeinen Kosten und die Ver-

221

---

[338] Vgl. *OECD* Tz. 2.3 S. 4, 7.31 und 7.35 OECD-VPL.
[339] Vgl. hierzu Kap. D Rn. 267 ff.
[340] Vgl *OECD* Tz. 2.43 ff. OECD-VPL.

waltungskosten des Gesamtunternehmens zu berücksichtigen.[341] Die OECD betont, dass grundsätzlich historische Kosten (dh Istkosten) zum Ansatz kommen sollten;[342] jedoch wird anerkannt, dass es unter Umständen erforderlich ist, Durchschnittskosten, Wiederbeschaffungskosten, Grenzkosten oder nur variable Kosten heranzuziehen.[343] Ferner können im Einzelfall auch Sollkosten oder Plankosten verwendet werden.[344]

222   Ebenso wie bei Gütern und Waren kann zur Ermittlung der relevanten Kostenarten nicht nur auf die steuerlichen Selbstkosten bzw. „Herstellungskosten" Bezug genommen werden. Denn nur die **Einbeziehung der Kalkulationsmethoden gegenüber Fremden** entspricht dem Grundsatz des Fremdvergleichs. Diesen Kalkulationsmethoden können jedoch sowohl **unterschiedliche Kostenbegriffe als auch Geschäftsstrategien** zu Grunde liegen.

Beispiel 1: Die deutsche Dienstleistungsgesellschaft D eines internationalen Chemiekonzerns erbringt Logistik-Dienstleistungen für verbundene Unternehmen und rechnet auf Basis der Kostenaufschlagsmethode ab. Wegen mangelnder Kapazitätsauslastung übersteigen im Jahr 2011 die Kosten zuzüglich Gewinnaufschlag den auf Basis des Budgets vereinbarten Kostenrahmen für bestimmte Projekte. Die Abteilung für Logistik versucht marktgerechte Preise anzubieten und verzichtet daher im Jahr 2011 auf den Ansatz von kalkulatorischen Kosten.

Beispiel 2: Eine deutsche Muttergesellschaft M ist mit drei europäischen Tochtergesellschaften in der IT-Branche tätig. Bei größeren Projekten arbeiten die Konzerngesellschaften zusammen, indem die für das jeweilige Projekt verantwortliche Gesellschaft die anderen Unternehmen teilweise als Subunternehmer einschaltet. Damit es gelingt, bei Ausschreibungen Aufträge von wichtigen Kunden zu erhalten, sind die Unternehmen in Einzelfällen bereit, intern und gegenüber Kunden nur die Selbstkosten in Rechnung zu stellen. In solchen Fällen sollte der Ansatz der Selbstkosten ohne Gewinnaufschlag zulässig sein.

223   Im Folgenden werden weitere Beispiele für die Erfassung, Verrechnung und Verteilung von Dienstleistungskosten aufgezeigt. Generell ist die technische Voraussetzung für die Kostenaufschlagsmethode eine Kostenrechnung für Dienstleistungen, an deren Beginn die **Erfassung aller unmittelbaren (direkten) und mittelbaren (indirekten) Kosten** für die jeweilige Dienstleistung steht.

Beispiel 1: Für die Erstellung von Beratungs- und Verwaltungsleistungen entstehen idR Personalkosten, Reisekosten, technische Unterstützungskosten bzw. Ausrüstungskosten, Raumkosten (Miete oder Gebäude-AfA, Heizung, Strom und andere Nebenkosten), Kosten der Betriebs- und Geschäftsausstattung (AfA auf PKW, Möbel, DV-Anlagen, Software usw.), Kosten des Bürobetriebs (Büromaterial, Druckkosten, Kommunikationskosten), kalkulatorische Kosten und Gemeinkostenzurechnungen anderer Unternehmensbereiche.

Beispiel 2: Zu den reinen Personalkosten eines Dienstleistungsunternehmens zählen die Bruttogehälter, die gesetzlichen und freiwilligen Sozialkosten des Arbeitgebers,

---

[341] Vgl. *OECD* Tz. 2.47 OECD-VPL.
[342] Vgl. *OECD* Tz. 2.49 S. 1 OECD-VPL.
[343] Vgl. *OECD* Tz. 2.49 u. 2.51 OECD-VPL.
[344] Vgl. *OECD* Tz. 2.95 OECD-VPL.

die Umrechnung von Urlaubs- und Krankheitstagen, die Kosten für Vergütungsneben-
leistungen und Sondervergütungen, Aus- und Weiterbildungskosten und eine Zuordnung von innerbetrieblichen Personalverwaltungskosten. Im Hinblick auf die Urlaubs-,
Krankheits- und Ausbildungszeiten etc. ist es erforderlich, für die Ermittlung der Kostenbasis für weiterverrechenbare Tages- oder Stundensätze die theoretische Jahres-
Arbeitszeit anhand eines Auslastungskoeffizienten zu berichtigen, um festzulegen, welche Arbeitszeiten im Ergebnis zur Verfügung stehen und um welchen Prozentsatz der
Personalkostensatz (pro Tag oder Stunde) zu erhöhen ist, damit bei Weiterbelastung
der gesamten auf Projekte entfallenden Arbeitstage oder -stunden die Kosten vollständig erfasst werden. Nur durch eine projekt- bzw. dienstleistungsbezogene Aufschrei-
bung der geleisteten Arbeitsstunden ist theoretisch eine genaue Zuordnung der Personalkosten pro Dienstleistung möglich. In der Praxis würde jedoch eine derartige,
stündliche Arbeitsnachweisführung erhebliche Kosten verursachen. Zudem ist eine
Zuteilung der Arbeitszeit für Mitarbeiter unmöglich, die an Projekten arbeiten, deren
Ergebnisse mehreren Kunden als Dienstleistung in Rechnung gestellt werden. UE ist
es daher dem ordentlichen Geschäftsleiter zu gestatten, Zuschlüsselungen von Personalkosten aufgrund üblicher betriebswirtschaftlicher Überlegungen zu treffen. Neben
den Personalkosten sind auch die in Beispiel 1 genannten sonstigen Kosten, die durch
einzelne Dienstleistungen verursacht wurden, weiterzuverrechnen.

Beispiel 3: Verwendet ein Dienstleistungsunternehmen den wertmäßigen Kostenbegriff und erlaubt es die Wettbewerbslage, können auch kalkulatorische Kosten
zum Ansatz kommen, so zB kalkulatorische Abschreibungen, und/oder kalkulatorische
Zinsen für ein eigenfinanziertes Verwaltungsgebäude. Der Ansatz von kalkulatorischen
Zinsen und die Zuordnung auf eine entsprechende Dienstleistung erfordern zwar eine
sorgfältige Rechnung, dies ist aber inhaltlich durchaus gerechtfertigt, denn auch ein
fremdes drittes Dienstleistungsunternehmen wäre gezwungen, alle Kosten zu decken.

Tz. 2.2.4 VGr fordert ausdrücklich, dass sich die der Kostenermittlung zu **224**
Grunde zu legenden Kalkulationsmethoden an der Preispolitik gegenüber
Fremden bzw. an betriebswirtschaftlichen Grundsätzen zu orientieren haben.
Daher entsprechen auch **Teilkostenpreise** bzw. **Deckungsbeitragspreise**
dem Fremdvergleich, soweit der ordentliche Geschäftsleiter diese Methoden
bzw. Systeme auch in seiner Preispolitik gegenüber Fremden anwendet.
Wenn keine Dienstleistungen gegenüber Fremden erbracht werden, ist gem.
Tz. 2.2.4 und 2.1.6 Buchst. c) VGr die teilkostenorientierte Verrechnungspreisgestaltung nur erlaubt, wenn sie betriebswirtschaftlichen Grundsätzen
entspricht.

Grundsätzlich ist die Teilkostenrechnung ein betriebswirtschaftlich aner- **225**
kanntes Instrument zur Fundierung preispolitischer Entscheidungen. Der ordentliche Geschäftsleiter kann selbst entscheiden, ob in der entsprechenden
Unternehmenssituation besser die Teilkostenrechnung, die Sollkostenrech-
nung oder die Prozesskostenrechnung dem Fremdvergleich entspricht.

Beispiel 1: Ein deutsches Chemieunternehmen M unterstützt sein polnisches verbundenes Vertriebsunternehmen T beim Aufbau einer Vertriebsorganisation in Polen.
Für diese erbrachte Dienstleistung bzw. Managementleistung stellt die deutsche
Muttergesellschaft dem Tochterunternehmen nur die variablen Kosten und 10% der
Fixkosten in Rechnung (Deckungsbeitrag). Der Hersteller M trägt daher einen erheblichen Teil der Kosten der Markterschließung, da er hofft, nach dem Einführungszeitraum seine Gewinnausfälle in überschaubarer Zeit durch höhere Lieferpreise auszugleichen. Gem. Tz. 3.4.2 Buchst. b) VGr ist der ordentliche Geschäftsleiter durch
diese Preispolitik dem Fremdvergleich gerecht geworden.

Beispiel 2: Die zentrale Marketingabteilung eines deutschen Maschinenbauunternehmens M erbringt im Konzernverbund an verschiedene Vertriebstochtergesellschaften Marketing- und Vertriebsberatung. Die zentrale Marketingabteilung wird als Profit-Center geführt und verrechnet ihre Leistung den Vertriebstochtergesellschaften zu Marktpreisen. Im ersten Halbjahr weist das Profit-Center „Marketing" einen Bereichsverlust aufgrund von Auftragsmangel und Unterbeschäftigung aus. Daraufhin bietet die zentrale Marketingabteilung den Konzernvertriebstochtergesellschaften ihre Vertriebsleistungen im 2. Halbjahr zu Teilkosten (20 % Deckungsbeitrag) an. Die ausländischen Tochtergesellschaften reagieren auf die Preissenkung und fragen im 2. Halbjahr verstärkt Dienstleistungen nach. Eine ähnliche Situation ist durchaus zwischen fremden Dritten denkbar, daher hat der ordentliche Geschäftsleiter der Muttergesellschaft gem. dem Fremdvergleich und in Übereinstimmung mit Tz. 2.1.1, Tz. 2.1.2 und Tz. 2.1.8 VGr gehandelt.

Beispiel 3: Die englische Tochtergesellschaft T stellt Kraftfahrzeuge in England her und will ihren Marktanteil in Großbritannien wesentlich erhöhen. Die deutsche Muttergesellschaft M übernimmt daher für die T spezielle Marktforschungsleistungen, die Vertriebsberatung, die Durchführung von Werbekampagnen, die Messe- und Kongressorganisation und die Öffentlichkeitsarbeit. Gem. Tz. 3.4.3 VGr sind derartige Kosten grundsätzlich vom Hersteller zu tragen.[345] Die zentrale betriebswirtschaftliche Abteilung ermittelt jedoch, dass der Nutzen der Marktanteilserhöhung zu 40 % dem Hersteller und zu 60 % dem Vertriebsunternehmen zuzuordnen ist. Folglich stellt die Muttergesellschaft M dem britischen Vertriebsunternehmen nur 60 % der Kosten (Teilkosten) für die erbrachte Dienstleistung in Rechnung.

Beispiel 4: Im Rahmen des *„Lean Management"* wird die spanische verbundene Tochtergesellschaft einer deutschen Muttergesellschaft der Chemieindustrie wesentlich umorganisiert. Derartige Kosten sind gem. Tz. 3.5 VGr grundsätzlich von der umorganisierten Gesellschaft zu tragen.

226   Auch die Frage, ob **Vollkosten** oder **Teilkosten** als Basis der Verrechnungspreise angesetzt werden dürfen, ist nach betriebswirtschaftlichen Grundsätzen zu entscheiden, die bei der Preispolitik gegenüber Fremden angewendet werden. Generell basieren Verrechnungspreise auf Vollkosten zuzüglich Gewinnaufschlag, weil jedes unabhängige Unternehmen bestrebt ist, Gewinne zu erzielen. Jedoch sind unter Berücksichtigung der jeweiligen Umstände des Einzelfalls auch teilkostenorientierte Verrechnungspreise zulässig. In diesem Zusammenhang sind bspw. folgende Aspekte zu berücksichtigen: Enteignungsrisiken, Gewinn- oder Kapitalrepatriierungsverbote, Wechselkursrisiken, Inflation, Bilanzpolitik des Konzerns, Import- bzw. Exportkontingente, Organisationsstruktur, Produktlebenszyklus, Preispolitik, Konkurrenz- bzw. Marktform. Für viele im Konzern erbrachte Dienstleistungen gibt es heute bereits gewerbliche Märkte, wie zB die Existenz von Marktforschungsinstituten, Vertriebstrainings-Gesellschaften, Werbeagenturen, Public Relation Agenturen, Unternehmensberatungen, Messe- und Kongressorganisationsgesellschaften, Ingenieurbüros, Lager- und Transportunternehmen, Buchführungsgesellschaften und EDV-Beratern beweist. Selbst Managementleistungen werden für bestimmte Bereiche angeboten. Voll-

---

[345] Der BFH stellt darauf ab, in welchem Umfang die Kostenteilung zwischen Hersteller und Vertriebsgesellschaft branchenüblich ist; BFH 1.2.67, BStBl. III 67, 495; DB 1993, 1118; vgl. dazu oben Rn. 200 f.

kommene Konkurrenz bzw. ausgeprägter Preiswettbewerb werden es einem fremden unabhängigen dritten Unternehmen kaum erlauben, immer Vollkosten am Dienstleistungsmarkt zu erzielen. Im Monopolfall wird der Preis regelmäßig höher als die Grenzkosten liegen, es kann jedoch trotzdem ein Teilkostenpreis vorliegen. Beim Oligopol unterscheidet man das heterogene und das homogene Oligopol; diese beeinflussen die Preis- und Mengenpolitik. Je nach Typ des Oligopols sind Teil- oder Vollkosten als Verrechnungspreise anzusetzen.

Die VGr gehen nicht auf die Frage des Zeitbezugs der zu verrechnenden **227** Kosten ein. Der ordentliche Geschäftsleiter hat daher aufgrund von „Kalkulationsverfahren oder sonstigen betriebswirtschaftlichen Grundlagen, die im freien Markt die Preisbildung beeinflussen", gem. Tz. 2.1.6 Buchst. c) VGr das Recht zu entscheiden, ob er **Ist-, Normal- oder Plankosten** ansetzt. Der Ansatz von **Istkosten** erfolgt in der Praxis am häufigsten und wird bei der Anwendung der Kostenaufschlagsmethode im In- und Ausland regelmäßig anerkannt.[346] Wie bereits erwähnt wurde, können im Einzelfall aber auch Soll- oder Plankosten verwendet werden.[347]

Einige Autoren bezweifeln die Möglichkeit der Anwendung der Plan- oder Normalkostenrechnung bei heterogenen Dienstleistungen, wie zB Werbeleistungen, insb. wenn sie ein- oder erstmalig erbracht werden. In diesen Fällen sollen die Selbstkosten ausschließlich auf der Grundlage von **Istkosten** errechnet werden, da die verursachten Kosten angeblich aufgrund der Individualität der Leistung nicht normiert werden können.[348] Dieser Mindermeinung ist nicht zuzustimmen, da **auch fremde Dritte** für die Kalkulation und Vereinbarung von Dienstleistungsentgelten regelmäßig gezwungen sind, **Plandaten** zu bestimmen bzw. die Kosten zu schätzen, auch wenn dies im Einzelfall – insb. bei erstmaliger Erbringung dieser Leistung – schwierig ist. Der Ansatz von Plankosten gestattet einerseits, dass sich – wie zwischen unabhängigen Geschäftspartnern – unwirtschaftliches Handeln zu Lasten und kostenbewusstes Handeln zu Gunsten der leistenden Gesellschaft auswirkt; andererseits wird die Plankostenrechnung auch der dem Fremdvergleichsgrundsatz entsprechenden „ex-ante"-Betrachtung gerecht, da nur die Verhältnisse und Informationen zugrunde gelegt werden, die zum Zeitpunkt des Vertragsschlusses bekannt waren bzw. sich abzeichneten.[349]

Der Ansatz von **Plankosten** oder **Normalkosten** ist bei Verträgen zwi- **228** schen **fremden Dritten** eher die Regel, da ein **Angebot** sowohl bei Lieferungen über noch zu produzierende Waren als auch bei Dienstleistungen aller Art generell auf einer **Schätzung der Kosten** beruht. Nach Annahme des Angebots kann im Fall abweichender Istkosten grundsätzlich **kein** höherer Preis verlangt werden. Wenn für Dienstleistungen jedoch die Abrechnung auf Basis eines bestimmten Mengengerüsts – zB nach Anzahl der Stunden – vereinbart ist, dann ändern sich die Gesamtkosten mit der Anzahl der Stunden, auch wenn der Stundensatz nicht variabel ist. Im Hinblick auf den Fremdvergleich muss daher anerkannt werden, wenn die Parteien eine Leistungsver-

---

[346] Vgl. *OECD*, Tz. 2.47, 2.93 u. 2.95 OECD-VPL.
[347] Vgl. *OECD*, Tz. 2.95 OECD-VPL.
[348] Vgl. *Kumpf* Verrechnungspreise, 190.
[349] Vgl. *Baumhoff* in FWBS § 1 AStG, Rn. 493; *Baumhoff* in Mössner, Rn. C.202 f.

rechnung zwar auf Basis der **Kostenaufschlagsmethode** vereinbaren, jedoch **nicht Istkosten sondern Plankosten** zugrunde legen. Damit soll vermieden werden, dass kostensteigerndes Verhalten der operativen Einheit noch durch einen Gewinnaufschlag belohnt wird.[350] Da in einem solchen Fall der Leistende auch ein Verlustrisiko trägt, wird er den Gewinnaufschlag ähnlich hoch wie bei der Abrechnung nach Marktpreisen festlegen. Nur wenn die Parteien bei einem Werkvertrag einen **unverbindlichen Kostenvoranschlag** iSd § 650 BGB zugrunde gelegt haben, kann der Besteller den Vertrag kündigen, sofern das Werk nicht ohne wesentliche Überschreitung des Anschlags ausführbar ist.

229 Gem. Tz. 6.2.4 VGr hat der Steuerpflichtige den **Nachweis** zu führen sowohl für die **Erbringung** der einzelnen **Leistungen** als auch für die den einzelnen Leistungen **zuzurechnenden Kosten.** Hierfür hat der Steuerpflichtige im Rahmen seiner Aufklärungs- und Mitwirkungspflicht (§ 90 Abs. 2 AO) entsprechende Unterlagen vorzulegen. Der ordentliche Geschäftsleiter wird im Einzelfall entscheiden, welche Unterlagen dafür vorzulegen sind. Bei der Einzelabrechnung müsste der **Nachweis** der erbrachten **Leistungen** relativ leicht fallen. Wenn zB im Marketingbereich für ein bestimmtes Produkt die Werbemaßnahmen konzipiert werden oder eine Marktforschungsstudie erstellt wird, kann die Leistung anhand von Ergebnisberichten und konzerninternen Mitteilungen nachgewiesen werden. Bei Beratungsleistungen ist der Nachweis mit Hilfe von Korrespondenz, Besprechungsprotokollen und Reiseberichten denkbar, wobei aber keine Verpflichtung besteht, der FinVerw. die Korrespondenz über steuerliche Gestaltungsmaßnahmen vorzulegen, weil dies unzumutbar wäre. Auch für andere Dienstleistungsbereiche, wie zB für die Unterstützung bei der Personalauswahl, die Mitarbeiterausbildung, die technische Unterstützung, für EDV-Leistungen usw. empfiehlt es sich, entsprechende Schriftstücke aufzubewahren und Aufzeichnungen über Art und Umfang der Dienstleistungen anzufertigen. In Kapitel F wurden bereits weitere Hinweise zum Umfang der Mitwirkungs- und Dokumentationspflichten gegeben.[351]

230 Bei der Ermittlung der einer einzelnen Dienstleistung **zuzurechnenden Kosten** erfordert die Anwendung der Kostenaufschlagsmethode eine verursachungsgerechte Zuordnung **aller** mit der Dienstleistung zusammenhängenden **direkten und indirekten** Kosten.

Beispiel: Die Abteilung „Rechnungswesen" in der Muttergesellschaft (MG) unterstützt eine Tochtergesellschaft (TG) bei der Erstellung des Budgets. Dabei werden die Mitarbeiter A und B jeweils für 1 Woche für TG tätig. Zur Ermittlung der direkten Kosten müssen zunächst die anteiligen Personalkosten von A und B ermittelt werden, die neben dem Gehalt auch die Kosten für Sozialversicherung, Fortbildung, Pensions- und Jubiläumsrückstellungen, Sachzuwendungen, Tantiemen usw. enthalten. Ferner müssen als weitere direkte Kosten zB die etwaigen Kosten der Dienstreise zur TG einschließlich Übernachtungskosten, Pauschalen für Verpflegungsmehraufwand etc. berücksichtigt werden. Als indirekte Kosten sind u. a. die anteiligen Kosten der MG für die von A und B genutzten Büroräume (Büromiete oder anteilige Gebäude-AfA und Finanzierungskosten, auch für die Zeit etwaiger Dienstreisen), für die Büronebenkos-

---

[350] Vgl. *Menck* StBp 1998, 133 f.
[351] Vgl. Kap. F Rn. 5 ff. „Verfahren".

ten (zB Strom, Heizung, Wasser, Reinigung etc.), für die Büroausstattung (AfA auf Möbel, PC und sonstige Ausstattung, sowie Büromaterial und Telekommunikationskosten) und die zurechenbaren Verwaltungskosten (zB anteilige Kosten der Sekretärin, der Personalabteilung, der EDV-Abteilung etc.) zu kalkulieren. Für die Berechnung ist es häufig sinnvoll, die direkten Personalkosten und die indirekten Kosten zunächst auf Jahresbasis zu ermitteln und dann durch die Anzahl der Arbeitstage (nach Abzug von Urlaub und anderen Ausfallzeiten) zu dividieren. Das Ergebnis ist ein Tageskostensatz für den Mitarbeiter, der bei der Einzelabrechnung und bei Konzernumlageverträgen (nicht aber bei Poolverträgen) um einen für diese Art von Leistung üblichen Gewinnzuschlag zu erhöhen ist und der bei Bedarf auch in einen Stundensatz umgerechnet werden kann. Die Rechnung der MG an TG sollte im Beispiel demgemäß die Kosten für jeweils 5 Arbeitstage der Mitarbeiter A und B zuzüglich etwaiger Reisekosten ausweisen und in einer Anlage sollte die Berechnung der Kosten nebst Gewinnaufschlag nachvollziehbar dargestellt sein. Aus Vereinfachungsgründen wäre es auch denkbar, dass die MG einen Durchschnittstagessatz bzw. -stundensatz für alle Mitarbeiter einer Abteilung ermittelt und diesen als Basis für ihre Rechnung an TG zu Grunde legt.

b) Höhe des Gewinnaufschlags

Bei der Einzelabrechnung von Dienstleistungen nach der **Kostenauf- 231 schlagsmethode** sind grundsätzlich die Vollkosten zuzüglich betriebs- oder branchenüblicher Gewinnzuschläge in Rechnung zu stellen (Tz. 2.2.4 VGr). Die Kostenaufschlagsmethode kann für alle denkbaren konzerninternen Dienstleistungen Anwendung finden, sofern keine Sonderregelungen bestehen. Die Kostenaufschlagsmethode findet idR auch Anwendung bei der Abrechnung von Leistungen, die aufgrund eines Konzernumlagevertrags[352] erbracht werden. Dagegen ist die Anwendung der Kostenaufschlagsmethode auf Dienstleistungen im Rahmen von Poolverträgen[353] grundsätzlich ausgeschlossen (Tz. 2.2 VGr-Uml.).

Für die Ermittlung der **Höhe** eines angemessenen **Gewinnaufschlags** muss 232 zunächst geprüft werden, ob **betriebsübliche** Gewinnsätze aus vergleichbaren Geschäften mit konzernfremden Unternehmen existieren (interne Vergleichswerte) oder ob **branchenübliche** Gewinnzuschläge für **vergleichbare Dienstleistungen** zwischen unabhängigen Unternehmen feststellbar sind (externe Vergleichswerte). Betriebsübliche Gewinnaufschläge sind grundsätzlich nur dann denkbar, wenn das Unternehmen diese Art von Dienstleistungen auch an fremde Unternehmen erbringt; diese Situation liegt bei Konzerndienstleistungen nur selten vor. Gem. Tz. 2.40 OECD-VPL sollte der Kostenaufschlag im Idealfall vom internen Vergleichswert ausgehen und daneben die externen Vergleichswerte als Richtwert heranziehen. Im Fall der Berücksichtigung interner Vergleichswerte müssen aber die Leistungen gegenüber Dritten regelmäßig und nicht nur gelegentlich angeboten und erbracht werden, weil sonst das Risiko besteht, dass die FinVerw. den Fremdvergleich nicht akzeptiert.[354] Zur Begründung könnte der Betriebsprüfer darauf verweisen, dass eine nur gelegentliche Leistung an Dritte lediglich zum Zweck der Auslastung der Kapazitäten und der Erzielung eines Deckungsbeitrags erfolgt. Da die Dienstleistungen im Konzern häufig konzernspezifisch

---

[352] Vgl. dazu unten Rn. 281 ff. u. 295 ff.
[353] Vgl. dazu unten Rn. 401 ff. und Kap. N Rn. 251 ff.
[354] Vgl. *OECD* Tz. 7.21 S. 4 OECD-VPL.

sind und nicht auch an Dritte erbracht werden, liegen berücksichtigungsfähige betriebsinterne Gewinnaufschläge für Vergleichszwecke nur selten vor.

233   Sind betriebsinterne Gewinnaufschlagssätze für gleichartige Dienstleistungen nicht zu ermitteln, dann muss die **Bandbreite** von **Gewinnaufschlägen** für **vergleichbare** Arten von **Dienstleistungen** in der betreffenden **Dienstleistungsbranche** anhand von **Datenbankrecherchen** festgestellt werden. In diesem Fall ist darauf zu achten, dass dann für den Vergleich nur solche Dienstleistungen herangezogen werden, deren Funktionen und Risiken im Betrieb oder in der Branche am ehesten eine Ähnlichkeit zu den zu beurteilenden Dienstleistungen aufweisen. So können bspw. für die Unterstützung bei der Investitionsplanung am ehesten Gewinnaufschlagssätze aus dem betriebsinternen Beratungsbereich (Unternehmens-, Rechts-, Steuer-, Finanzberatung) oder ersatzweise aus den entsprechenden Branchen herangezogen werden. In der Praxis werden anhand von **Wirtschaftszweig-Kennziffern**[355] in den Datenbanken diejenigen Unternehmen gesucht, die entweder in der gleichen Branche tätig sind oder aber in einer Branche, deren Tätigkeitsfeld dem Bereich der überprüften Transaktionen entspricht oder gleich kommt. Dabei kommt es also idR nicht darauf an, in welcher Branche das Unternehmen tätig ist, dessen Dienstleistungsabteilung an andere Konzernunternehmen bestimmte Dienstleistungen erbringt, sondern darauf, welcher **Dienstleistungsbranche** die Vergleichsunternehmen angehören, die üblicherweise solche Leistungen gegenüber Dritten erbringen.

Beispiel: Die Pharmafirma P-AG erbringt gegenüber ihren Tochtergesellschaften Dienstleistungen in den Bereichen EDV (IT), Marketing und Werbung sowie Buchhaltung. In diesem Fall sind zB in der Datenbank Orbis jeweils Recherchen bzgl. der Unternehmen erforderlich, die in den Bereichen EDV-Dienstleistungen (NACE-Code 62.02), Marketing und Werbung (NACE-Codes 73.20 und 73.1) und Buchhaltung (NACE-Code 69.20) tätig sind. Sofern die Datenbankrecherche unabhängige Unternehmen mit entsprechenden Gewinnaufschlägen ausweist, ist zunächst die Liste potenzieller Vergleichsunternehmen im Wege der Durchsicht der Handelsbeschreibung für jedes einzelne Unternehmen zu überprüfen (sog. qualitatives Screening). Dabei sind alle Unternehmen auszuscheiden, die keine gleichartigen oder ähnlichen Aktivitäten ausüben, sondern vorwiegend nicht vergleichbare Geschäfte tätigen; in Zweifelsfällen müssen weitere Überprüfungen durchgeführt werden (zB Internet-Recherche auf der Website des Unternehmens oder in frei zugängigen Unternehmensregistern). Ferner werden in der Praxis idR Vergleichsunternehmen mit Dauerverlusten ausgeschlossen. Danach sind die Bandbreiten der jeweiligen Gewinnaufschläge sowie die eingeengten Bandbreiten der jeweiligen Gewinnaufschläge zu ermitteln. Oft weisen die Datenbanken keine Gewinnaufschläge gesondert aus, so dass zu deren Ermittlung der operative Nettogewinn in das Verhältnis zu den operativen Kosten gesetzt werden muss, um den „Mark-up Over Cost – MOC" zu ermitteln.[356]

---

[355] Vgl. *Europäische Gemeinschaften*, NACE Rev. 2. In den Unternehmensdatenbanken Orbis und Amadeus bestand früher auch die Möglichkeit mit Hilfe der in Deutschland verbreiteten sog. Wirtschaftszweig-Codes („WZ-Codes") zu suchen, vgl. hierzu Statistisches Bundesamt, www.destatis.de; Klassifikation der Wirtschaftszweige Die Möglichkeit der Suche nach WZ-Codes wird inzwischen von den Unternehmensdatenbanken nicht mehr unterstützt, so dass in der EU idR die NACE-Codes Verwendung finden.

[356] Aus US-Sicht ist der MOC ein „Profit Level Indicator" im Rahmen der CPM, der als „ratio of operating profit to total services costs" ermittelt wird, vgl. US Services Regs. § 1.482-9 (f) (2) (ii).

Der Ausschluss von potenziellen Vergleichsunternehmen, deren Tätigkeitsbeschreibung darauf schließen lässt, dass sie auch wesentliche ungleichartige Transaktionen durchführen, ist zwingend, da solche Unterschiede grundsätzlich für das Vorliegen von im Wesentlichen abweichenden Funktionen und Risiken sprechen. Das in der Praxis übliche Ausscheiden von Unternehmen mit Dauerverlusten ist dagegen in deutschen Gesetzen und Verwaltungsvorschriften nicht vorgeschrieben. Aus den VGr-Verfahren ist vielmehr zu folgern, dass Unternehmen mit Dauerverlusten im Regelfall berücksichtigt werden können, da in einem Beispiel ein Verlustunternehmen ohne Vorbehalte aufgeführt wird.[357] Die **OECD** vertritt zu diesem Thema zu Recht die Auffassung, dass **Verluste** per se nicht ausreichen, um ein Vergleichsunternehmen auszuschließen, sondern nur Anlass für eine sorgfältige Prüfung der Vergleichbarkeit geben.[358]

In fast allen Fällen ist es heute mit Hilfe von **Datenbanken** möglich, eine **234** **Bandbreite üblicher Gewinnaufschläge** zu ermitteln. Sofern die Datenbank keinen Gewinnaufschlag als Kennziffer ausweist, kann dieser als „**Mark-up Over Cost (MOC)**" – auch „Net Cost Plus" oder „Mark-up Over Expenses (MOE)" oder „Full cost Mark-up (FCM)" genannt – errechnet werden,[359] indem der operative Gewinn ins Verhältnis zu den operativen Kosten gesetzt wird. Die Ermittlung des MOC wird allerdings nicht der Kostenaufschlagsmethode, sondern der **TNMM** zugerechnet.[360] Dies ist prinzipiell kein Problem, da Tz. 2.58 S. 2 OECD-VPL ausdrücklich erwähnt, dass die TNMM ähnlich funktioniert wie die Kostenaufschlags- oder Wiederverkaufspreismethode.

Die Datenbankrecherchen werden sowohl bei der hier kommentierten Einzelabrechnung von Dienstleistungen als auch bei der später noch zu erörternden Abrechnung im Wege der Konzernumlage auf solche unabhängige **Unternehmen** beschränkt, die jeweils **gleichartige Dienstleistungen** erbringen und für diese werden jeweils Bandbreiten von Vergleichsmargen ermittelt. In der Praxis werden idR für jede Dienstleistungskategorie gesonderte Bandbreiten ermittelt.[361] Sofern die Bandbreite der Kostenaufschläge auf **uneingeschränkt vergleichbaren Transaktionen** beruht – was idR nur der Fall ist, wenn ein interner Vergleich mit betriebsüblichen Margen aus gleichartigen Geschäften mit konzernfremden Unternehmen vorliegt –, dann darf der Verrechnungspreis bzw. die Marge innerhalb der **vollen Bandbreite** der Vergleichsmargen liegen.[362] Die volle Bandbreite kann auch dann berücksichtigt werden, wenn für den Vergleich zunächst **Anpassungsrechnungen** erforderlich und die ermittelten Daten qualitativ zuverlässig sind, so zB die Korrektur der Preise um Skonti, Mengenrabatte, Preiseffekte durch Zahlungsziele, Zu- oder Abschläge zur Verfolgung von Geschäftsstrategien usw.[363]

---

[357] Vgl. Tz. 3.4.12.5d VGr-Verfahren.
[358] Vgl. *OECD* Tz. 3.64f. OECD-VPL und unten Rn. 271.
[359] Vgl. unten Rn. 307 und für das US-Steuerrecht Rn. 260.
[360] Vgl. Tz. 3.4.10.3 Buchst. b) VGr-Verfahren; *OECD,* Tz. 2.58, 2.92f. OECD-VPL.
[361] Vgl. oben Beispiel in Rn. 233.
[362] Vgl. Tz. 3.4.12.7. Buchst. a) VGr-Verfahren.
[363] Vgl. Tz. 3.4.12.7 Buchst. a) S. 1 VGr-Verfahren.

Wenn die verglichenen Transaktionen hingegen nur **eingeschränkt vergleichbar** sind, dann muss die (nach Anpassungsrechnungen) ermittelte **Bandbreite** der Verrechnungspreise oder Margen **eingeengt** werden. Die deutsche FinVerw. anerkennt für die Einengung der Bandbreiten u.a. das mathematische Verfahren der Bildung der sog. **„Interquartile Range"**, das international verbreitet und anerkannt ist.[364]

Beispiel: Die deutsche Muttergesellschaft MG erbringt gegenüber ihrer ausländischen Tochtergesellschaft TG Dienstleistungen in den Bereichen IT-Services, Buchhaltung und Logistik (insb. Lagerhaltung und Transportplanung). MG rechnet gegenüber TG auf Basis der Kostenaufschlagsmethode ab. Welche Gewinnaufschläge können angesetzt werden? In der heutigen Praxis ist es nicht mehr zulässig, ohne Recherche einen Wert aus den unten von der FinVerw. oder der Rechtsprechung genannten pauschalen Bandbreiten von 5–10% oder 10–15% anzusetzen.[365] Vielmehr müssen für den Beispielsfall anhand von Datenbankrecherchen unter Anwendung von „NACE-Codes" (s. vorheriges Beispiel) zunächst die Bandbreiten für die Gewinnaufschläge für die drei unterschiedlichen Dienstleistungsbereiche ermittelt werden. Angenommen die Datenbankrecherchen würden folgende Bandbreiten an Kostenaufschlägen ergeben: 4–12% für IT-Services, 3–7% für Buchhaltung und 5–11% für Logistik, dann müsste auf die mit der jeweiligen Leistung zusammenhängenden Kosten ein Gewinnaufschlag angesetzt werden, der bei uneingeschränkt vergleichbaren Werten innerhalb der Bandbreite der jeweiligen Vergleichsmargen liegt. Da selbst bei gleichartigen Dienstleistungen die Funktionen und Risiken der Vergleichsunternehmen, die anhand der Datenbank ermittelt wurden, unterschiedlich sind, liegen insoweit idR nur eingeschränkt vergleichbare Werte vor, deren Bandbreite eingeengt werden muss. Anhand mathematischer Formeln wird dann die eingeengte Bandbreite (Interquartile Range) für den jeweiligen Dienstleistungsbereich ermittelt, innerhalb derer dann der anzusetzende Kostenaufschlag liegen muss.[366]

235   Für die unter bestimmten NACE-Codes erfassten Dienstleistungsunternehmen stellen die erbrachten Leistungen allerdings regelmäßig die **Hauptaktivitäten** dieser Unternehmen dar. Das heißt, dass sie idR mehr Funktionen ausüben (zB auch strategische Planung, Marketing, Kundenwerbung) und höhere Risiken tragen (insb. das Marktrisiko), als eine Dienstleistungsabteilung oder eine Dienstleistungsgesellschaft im Konzern. Insoweit sind **unabhängige Dienstleistungsgesellschaften** wohl als **Strategieträger oder Hybridunternehmen** und nicht als Routineunternehmen zu qualifizieren.[367] Daher ist zu überlegen, ob die im Wege der Datenbankrecherchen gefundene (eingeengte) Bandbreite von Gewinnaufschlägen für eine bestimmte Dienstleistung in vollem Umfang vergleichbar ist.

In der Praxis werden insoweit von der FinVerw. regelmäßig keine Einwände erhoben. Wenn man nämlich für aus dem Ausland empfangene Konzerndienstleistungen die weitere Einengung der Bandbreiten von Gewinnaufschlägen wegen reduzierter Risiken befürworten würde, dann müsste man

---

[364] Vgl. Tz. 3.4.12.5, Buchst. d) VGr-Verfahren.

[365] Vgl. zu den pauschalen Bandbreiten unten Rn. 239.

[366] Ein Beispiel für die Anwendung der Interquartile Range findet sich in Tz. 3.4.12.5 Buchst d) VGr-Verfahren.

[367] Vgl. zur Unternehmensqualifikation und zu den anwendbaren Methoden Kap. N Rn. 72 ff. u. Rn. 77 ff.

konsequent auch entsprechende Korrekturen für Dienstleistungen vornehmen, die von deutschen an ausländische Konzernunternehmen erbracht werden. Im Ergebnis würde dies in allen Fällen für die Unternehmen und die
Finanzbehörden zu erhöhtem Verwaltungsaufwand und zusätzlichen Kosten
für etwaige Anpassungsrechnungen führen. Bei der Durchführung solcher
Anpassungen bestehen häufig gewisse Beurteilungsspielräume und die Ergebnisse können daher erneut Anlass zu Zweifeln geben.

Entscheidend für die **Vergleichbarkeit** der Dienstleistungen und der Gewinnaufschläge spricht jedoch die Überlegung, dass auch die von **unabhängigen Unternehmen** angebotenen Dienstleistungen regelmäßig als **Routineaktivitäten** qualifiziert werden können, für deren Durchführung kein
besonderes geheimes Know-how oder andere immaterielle Wirtschaftsgüter
erforderlich sind, die einen Wettbewerbsvorsprung vor anderen Dienstleistern
gewähren. Diese Beurteilung liegt offensichtlich auch den US Services Regulations zugrunde, die für bestimmte Kategorien von Dienstleistungen (sog.
„Specified Covered Services" und „Certain Low Margin Covered Services")
den Steuerpflichtigen generell erlauben, die Kosten solcher Leistungen mit
oder ohne Gewinnaufschlag im Konzern zu verrechnen.[368] Weiterhin ist zu
bedenken, dass das Vorhandensein von mehr Funktionen und höheren Risiken bei einem unabhängigen Dienstleister zur Folge hat, dass sich diese Risiken im Durchschnitt der Jahre auch realisieren (zB Verlust wichtiger Kunden
an Wettbewerber). Dies hat zur Folge, dass etwaige höhere Gewinne in guten
Jahren durch entsprechend geringere Gewinne oder gar Verluste in schlechten
Jahren ausgeglichen werden. Im Ergebnis führt dies zwar zu einer etwas größeren Bandbreite der Gewinnaufschläge bzw. EBIT-Margen der unabhängigen Dienstleister, jedoch werden im Durchschnitt der Jahre die eingeengte
Bandbreite und der Median für diese Vergleichsunternehmen wiederum der
eingeengten Bandbreite und dem Median der Gewinnaufschläge nahe kommen, die von gleichmäßiger ausgelasteten Konzerndienstleistungsunterneh-
men tatsächlich erzielt werden bzw. im Rahmen des Fremdvergleichs erzielt
werden sollten.

Wenn keine eingeschränkt vergleichbaren Fremdvergleichswerte festgestellt
werden können, hat der Steuerpflichtige für seine Einkünfteermittlung einen
hypothetischen Fremdvergleich durchzuführen (§ 1 Abs. 3 S. 5 AStG).
Zu diesem Zweck muss er zunächst den möglichen Einigungsbereich der
Vertragsparteien ermitteln, indem er anhand von Funktionsanalysen und
Planrechnungen die Gewinnerwartung der Parteien und den Mindestpreis
des Leistenden sowie den Höchstpreis des Leistungsempfängers bestimmt (§ 1
Abs. 3 S. 6 AStG). Dem Verrechnungspreis ist der Wert im Einigungsbereich
zugrunde zu legen, der dem Fremdvergleichsgrundsatz mit der **höchsten
Wahrscheinlichkeit** entspricht; wenn kein anderer Wert glaubhaft gemacht
wird, ist der **Mittelwert** des Einigungsbereichs heranzuziehen (§ 1 Abs. 3
S. 7 AStG) Ergänzende Hinweise für die Verwendung von Planrechnungen
enthält Tz. 3.4.12.6 VGr-Verfahren. Dort wird u. a. ausgeführt, dass die Planrechnungen auf **fremdübliche Gewinnaufschläge** oder eine **marktübliche Kapitalverzinsung** zu stützen sind (Tz. 3.4.12.6 Buchst. b, S. 1 VGr-
Verfahren). Für die Darlegung, dass fremde Dritte im Hinblick auf die prog-

---

[368] Vgl. dazu unten Rn. 256.

nostizierten Gewinne die Verrechnungspreise in dieser Höhe vereinbart hätten, sollen zB Renditekennziffern funktional zumindest eingeschränkt vergleichbarer Unternehmen, eine Mindestrendite, die im Hinblick auf das Unternehmensrisiko einen risikofreien Zinssatz übersteigt oder auf Basis der Funktions- und Wertschöpfungsanalyse eine funktionsgerechte Gewinnzuweisung im Gesamtkonzern ermittelt werden (Tz. 3.4.12.6 Buchst. b VGr-Verfahren).

236 Grundsätzlich kann davon ausgegangen werden, dass der **hypothetische Fremdvergleich** für **Dienstleistungen** nur in seltenen **Ausnahmefällen** zur Anwendung kommen dürfte. Selbst für konzernspezifische Dienstleistungen unterschiedlichster Art sollte es generell möglich sein, den konkreten Fremdvergleich vorzunehmen und anhand von Datenbanken zumindest eingeschränkt vergleichbare Gewinnaufschläge zu ermitteln, aus denen eine eingeengte Bandbreite abgeleitet werden kann.

Wenn i. Ü. für etwaige **Planrechnungen** die in Tz. 3.4.12.6 VGr-Verfahren genannten **externen Daten** verfügbar sind, dann ist idR schon ein konkreter Fremdvergleich anhand einer Standardmethode oder gewinnorientierten Methode möglich. Liegen zB die „Renditekennziffern funktional (zumindest eingeschränkt) vergleichbarer Unternehmen in dem betreffenden Geschäftsbereich"[369] vor, dann sollte es immer auch möglich sein, aus diesen Renditekennziffern eine Bandbreite von Gewinnaufschlägen für die Anwendung der Kostenaufschlagsmethode oder eine Bandbreite von Renditekennziffern für die Anwendung der transaktionsbezogenen Nettomargenmethode abzuleiten. Ebenso kann eine „funktionsgerechte Gewinnzuweisung" im Rahmen der „Gewinnerwartung für den Gesamtkonzern"[370] auch bei Anwendung einer anderen Methode, so zB bei der Gewinnaufteilungsmethode, erfolgen.

237 In der Literatur wird diskutiert, ob allgemein der Gewinn eines nahe stehenden Unternehmens – und folglich bei Anwendung der Kostenaufschlagsmethode der jeweilige Gewinnaufschlag – so zu bemessen ist, dass **zumindest** eine **Eigenkapitalrendite** in Höhe der **Kapitalmarktrendite** erwirtschaftet wird.[371] Diese Diskussion beruht zum einen auf der Regelung des **§ 1 Abs. 4 AStG** (vor 2008 noch § 1 Abs. 3 AStG) wonach bei einer Schätzung nach § 162 AO mangels anderer geeigneter Anhaltspunkte von einer Verzinsung für das im Unternehmen eingesetzte Kapital oder einer Umsatzrendite auszugehen ist, die nach Erfahrung und Üblichkeit unter normalen Umständen zu erwarten ist. Zum anderen hat der **BFH** die Kapitalverzinsung für die Ermittlung eines angemessenen Totalgewinns nach dem Anfall von Anlaufverlusten hervorgehoben; so soll sich die **Untergrenze des Totalgewinns** an einer angemessenen **Verzinsung des zugeführten Eigenkapitals** (einschließlich Zinseszins und Risikozuschlag) bezogen auf die Zeit orientieren, für die geschätzt wird.[372] Denn auch fremde Dritte würden eine unternehmerische Funktion nur dann ausüben, wenn die erzielbaren Erlöse langfristig eine angemessene Verzinsung des eingesetzten Kapitals gewährleisten.

---

[369] Vgl. Tz. 3.4.12.6 Buchst. b, erster Spiegelstrich VGr-Verfahren.

[370] Vgl. Tz. 3.4.12.6 Buchst. b, dritter Spiegelstrich VGr-Verfahren.

[371] Vgl. *Scholz* IStR 2004, 209 ff.; *Baumhoff* in Wassermeyer/Baumhoff 2001, 295; *Taetzner* IStR 2004, 726 ff.

[372] Vgl. BFH 17.10.2001, BStBl. II 2004, 171.

Dabei stellt sich jedoch für Unternehmen, die keine reinen Dienstleistungsunternehmen sind, die Frage, wie viel Prozent des Eigenkapitals des Unternehmens zumindest gedanklich dem Dienstleistungsbereich zuzuordnen ist. Diese Zuordnung ist äußerst schwierig, weil die Bilanz keinen eindeutigen Hinweis darauf gibt, für welche Zwecke bzw. Aktiva das Eigenkapital eingesetzt ist. Die Eigenkapitalrendite des Gesamtkonzerns bzw. der Bereiche Produktion oder Vertrieb sind kaum geeignet, einen Hinweis auf die angemessene Eigenkapitalrendite für den Bereich der Dienstleistungen zu geben. Denkbar wäre das Heranziehen von Eigenkapitalrelationen vergleichbarer am Markt handelnder Dienstleistungsunternehmen. Generell ist aber zu beachten, dass die **Kapitalverzinsung** gem. § 1 Abs. 4 AStG **nur** bei **Versagen der Verrechnungspreismethoden** angewendet werden darf und sofern eine Schätzung zulässig ist.[373] In allen anderen Fällen **fehlt** jedoch die **gesetzliche Grundlage** und die Kapitalverzinsungsmethode darf auch nicht als Anhaltspunkt für die Untergrenze des Gewinns herangezogen werden.[374]

Bei Dienstleistungsunternehmen könnte alternativ davon ausgegangen werden, dass die aufgewendeten **Vollkosten** der Dienstleistungen eine betriebliche Rendite zu erwirtschaften haben, und dass ein Unternehmer in Bezug auf die Kosten einen **Gewinnaufschlag** mindestens in Höhe der **langfristigen Kapitalmarktrendite zuzüglich eines Risikozuschlags** erwirtschaften will. Unterstellt man bspw. eine langfristige Kapitalmarktrendite von 4 % und einen Risikozuschlag von 50 %, dann müsste der Unternehmer einen Gewinnzuschlag von 6 % auf die Vollkosten als **Untergrenze** für seine Berechnung zu Grunde legen. Diese Überlegungen könnten zumindest für Länder mit harten Währungen und langfristig relativ geringen Zinsschwankungen in Erwägung gezogen werden. Allerdings erwirtschaften sehr viele Unternehmen in der EU und in Deutschland in bestimmten Branchen (zB Lebensmittel- oder Touristikbranche) operative Margen, die im mehrjährigen Durchschnitt unterhalb der Kapitalmarktrendite für das eingesetzte Kapital oder für die aufgewendeten Kosten liegen, sodass derartige Renditeerwägungen häufig nicht dem Fremdvergleich entsprechen und daher abzulehnen sind. Auch für eine etwaige Forderung nach einer Mindestverzinsung der eingesetzten Kosten fehlt somit die gesetzliche Grundlage. **238**

Da in früheren Jahren keine Datenbanken mit Daten aus Jahresabschlüssen existierten, war es schwieriger, geeignete Vergleichsdaten zu finden, Daher war es u. a. üblich, auf **(pauschale) Gewinnaufschläge** abzustellen, die aus der Rechtsprechung, FinVerw. oder Literatur bekannt waren. Der **BFH** sah einen Gewinnaufschlag von 10–15 % nicht als unangemessen an, ohne jedoch genau zu begründen, worauf er diese Feststellung stützte.[375] Die deutsche **FinVerw.** anerkennt zB im Betriebstätten-Erlass, dass ein **Gewinnaufschlag von 5–10 %** auf die gesamten direkten und indirekten Kosten nicht zu beanstanden ist, wenn die Erbringung von **Dienstleistungen** die **Haupttätigkeit einer Betriebstätte** ist und kein Fremdvergleichspreis festgestellt werden kann (Tz. 3.1.2 VGr-Betriebsstätten). **239**

---

[373] Zu den Voraussetzungen einer Schätzung vgl. Kap. F Rn. 117 ff.

[374] Vgl. ebenso *Taetzner* IStR 2004, 731 ff.

[375] Vgl. BFH 2.2.60, BB 1960, 731.

Die von der FinVerw. für Dienstleistungsbetriebstätten anerkannten Gewinnaufschläge von 5–10 % sollten im Hinblick auf den Gleichbehandlungsgrundsatz auch akzeptiert werden, wenn das **Stammhaus** selbst verrechenbare Dienstleistungen erbringt oder wenn eine **Kapitalgesellschaft** (ohne Betriebstätte) an andere Konzerngesellschaften Dienstleistungen erbringt, für die „kein Marktpreis" (gemeint ist wohl „kein Fremdvergleichspreis") feststellbar ist. Nur in den Fällen, in denen weder uneingeschränkt noch eingeschränkt vergleichbare Bandbreiten von Gewinnaufschlägen feststellbar sind, sollte es wegen des Grundsatzes der Selbstbindung der Verwaltung zulässig sein, wenn der Steuerpflichtige sich auf die pauschale Bandbreite von 5–10 % beruft. In allen anderen Fällen ist jedoch dringend zu empfehlen, den Gewinnaufschlag für den jeweiligen Dienstleistungsbereich im Rahmen der (eingeengten) Bandbreiten von **Margen** festzulegen, die anhand von **Datenbankrecherchen** ermittelt wurden.[376]

240   Unklar ist, ob und unter welchen Voraussetzungen eine **Abweichung von** den Ergebnissen einer **Datenbankrecherche** zulässig ist. Zum einen sollte es zulässig sein, zur Verfolgung bestimmter **Geschäftsstrategien** zB den Gewinnaufschlag auch außerhalb der (eingeengten) Bandbreite von Gewinnaufschlägen anzusetzen. Zum anderen sollte es zulässig sein, im Hinblick auf die **Wertschöpfung des Gesamtkonzerns** in begründeten Fällen Gewinnaufschläge anzusetzen, die der Dienstleistungsabteilung oder dem Dienstleistungsunternehmen für die Routinefunktion im Durchschnitt der Jahre keine höheren Margen zugesteht, als die durch den Strategieträger in dieser Branche erzielbaren Margen. Wenn daher in einem Konzern die **Margen** für das **operative Geschäft** sehr **niedrig** liegen, dann sollte dies nach der hier vertretenen Auffassung auch bei der Festlegung des Gewinnaufschlags für Dienstleistungen Berücksichtigung finden.

Beispiel: Ein Konzern ist in einer Branche tätig, in der im Durchschnitt eine EBIT-Marge von 3 % p. a. vor Steuern erwirtschaftet wird. In diesem Fall erscheint es als angemessen, wenn für Dienstleistungen innerhalb des Konzerns nur ein Gewinnaufschlag von 1,5–3 % belastet wird, weil andernfalls die Dienstleistungsgesellschaft zu Lasten der Margen der Leistungsempfänger höhere Renditen erwirtschaftet, als die im operativen Kerngeschäft tätigen Unternehmen, die als (zentrale, regionale oder lokale) Strategieträger (Entrepreneure) regelmäßig einen höheren Anteil am Gewinn haben sollten oder die als weitere Routineunternehmen im Konzern eine branchenübliche geringe Marge erwirtschaften.[377] Im Hinblick auf den Fremdvergleichsgrundsatz lässt sich dies auch mit dem Argument rechtfertigen, dass der ordentliche Geschäftsführer des Leistungsempfängers in dieser Situation wohl eigenes Personal für diese Aufgaben einstellen würde und daher keinen höheren Aufwand akzeptieren würde (Tz. 6.4.1 VGr).

241   Soweit der Leistende für seine Leistungen nicht nur Hilfsmaterial (zB Büromaterial), sondern in größerem Umfang von Dritten **Produkte zukauft** (zB Software) oder Dritte als **Subunternehmer einschaltet,** ist zu beachten, dass insoweit bereits der Unternehmergewinn des Dritten in den Kosten enthalten ist. Daher sollte auf diese Kosten vom Leistenden nur ein sehr **geringer oder** gar **kein Gewinnaufschlag** belastet werden.[378]

---

[376] Vgl. oben Rn. 233 f.

[377] Vgl. dazu Tz. 3.4.10.2 Buchst. b und a VGr-Verfahren.

[378] Vgl. dazu auch die Ausführungen zum gemeinsamen Einkauf, unten Rn. 333 und zu EDV-Leistungen Rn. 337.

Die **OECD** vertritt die Meinung, dass die Frage eines etwaigen Gewinn-aufschlags auf **durchlaufende Kosten** *(Pass-through Costs)* insb. von der Vergleichbarkeitsanalyse abhängt.[379] Soweit solche Kosten aus der Berechnung der Gewinnmarge ausgeschieden werden, können sich jedoch Probleme hinsichtlich des Vergleichs mit den Ergebnissen anderer Unternehmen ergeben, da selten Informationen vorhanden sind, aus denen die Behandlung dieser Kosten bei Vergleichsunternehmen erkennbar werden.[380]

Bei einer Dienstleistungsgesellschaft, die den **zentralen Einkauf** für die Konzerngesellschaften übernimmt, ist es zB möglich, dass anstelle der Belastung der Kosten mit Gewinnaufschlag eine Vereinbarung getroffen wird, wonach die Einkaufsgesellschaft als Vergütung einen bestimmten **Anteil an** den ausgehandelten **Rabatten** erhält. In diesem Fall muss die Vergütung aber so bemessen sein, dass die Einkaufsgesellschaft im Durchschnitt der Jahre zumindest ihre Kosten deckt und einen angemessenen Gewinn erwirtschaftet.[381] Anderseits darf die Einkaufsgesellschaft nicht die gesamten Rabattvorteile behalten, sondern muss den anderen Unternehmen den Rabatt möglichst in der Höhe weitergeben, in der die Empfänger auch ohne zentralen Einkauf (geringere) Rabattvorteile erlangt hätten. Der zentrale Einkauf wird jedoch regelmäßig nicht im Wege der Einzelabrechnung, sondern im Rahmen eines Konzernumlagevertrags abgerechnet.[382]

Wie bereits erläutert wurde, sollte die Ermittlung eines Fremdvergleichs- 242 preises für Dienstleistungen sowohl die **Perspektive** des **Dienstleisters** als auch die Perspektive des **Leistungsempfängers** berücksichtigen (Tz. 7.29 OECD-VPL). Zu beachten sind auch der Wert der Dienstleistung beim Empfänger, der Preis, den ein vergleichbares unabhängiges Unternehmen unter vergleichbaren Umständen zu zahlen bereit wäre, sowie die beim Erbringer der Dienstleistung entstehenden Kosten (Tz. 7.29 OECD-VPL). Wenn die Dienstleistung daher für den Empfänger einen besonders **hohen Wert** hat oder wenn er – zB bei Auftragsforschung – eine **Erfolgsgarantie** erhält, wird er bereit sein, dem Leistenden einen **hohen Preis** zu zahlen, sodass die Gewinnmarge des Leistenden bezogen auf seine Kosten durchaus 50%, 100% oder gar mehr betragen kann.[383] Die Vertragsparteien können auch eine **partiarische Beteiligung** des Dienstleisters am **Gewinn** oder Ertrag des Leistungsempfängers vereinbaren, wenn es sich um eine außergewöhnlich wertvolle Dienstleistung handelt.[384]

Beispiel: Der Ölkonzern A besitzt weltweit Tochtergesellschaften, die Erdöl fördern, sowie eine Servicegesellschaft S, die auf die Brandbekämpfung von Bohrlöchern und Ölplattformen spezialisiert ist. Die Brandbekämpfung wird auch für externe Gesellschaften durchgeführt, wofür S den höheren Betrag erhält aus
a) den Kosten von $ X Mio. zuzüglich 400% Gewinnaufschlag oder
b) den Kosten von $ X Mio. zuzüglich einer Beteiligung am Ertrag (Umsatzlösen) aus dem Bohrloch iHv 10% für die nächsten 6 Monate.

---

[379] Vgl. *OECD* Tz. 2.93 OECD-VPL.

[380] Vgl. *OECD* Tz. 2.94 OECD-VPL.

[381] Im Fall eines Poolvertrags (unten Rn. 401 ff.) wären die Rabattvorteile an die Poolmitglieder im Verhältnis der bestellten Waren aufzuteilen.

[382] Vgl. dazu unten Rn. 333.

[383] Vgl. oben Rn. 162f.; Kap. O Rn. 198.

[384] Vgl. *Vögele/Kircher* BB 2000, 1581 ff.; vgl. ferner oben Rn. 163.

Wenn eine Tochtergesellschaft des A-Konzerns diese Dienstleistung benötigt, bestehen keine Bedenken, eine Abrechnung nach Alternative a) oder b) vorzunehmen, weil diese Vergütung nach einer modifizierten Kostenaufschlagsmethode dem betriebsüblichen Fremdvergleich entspricht.

243   Die Berücksichtigung der **Perspektive beider Vertragsparteien** gem. Tz. 7.29 OECD-VPL erfordert auch die Beachtung der **Gewinnmargen,** die im Land des Leistungsempfängers für gleichartige Dienstleistungen üblich sind. So ist es denkbar, dass für den **Markt des Leistenden** eine andere Bandbreite von Gewinnaufschlägen besteht, als auf dem **Markt des Leistungsempfängers.** Soweit beide **Bandbreiten** einen **Überschneidungsbereich** aufweisen, ist es empfehlenswert, den **Gewinnaufschlag innerhalb dieses Bereichs** festzusetzen. Sofern im Ausnahmefall ein solcher Bereich nicht vorhanden ist, sollte geprüft werden, ob die Bandbreite der Margen im Markt des Leistungsempfängers über oder unter der Bandbreite der Margen im Land des Leistenden liegt. Der zuerst genannte Fall wäre unproblematisch, weil die Belastung der Kosten mit einem geringeren Gewinnaufschlag von den Finanzbehörden im Ansässigkeitsstaat des Leistungsempfängers nicht beanstandet wird. Im zuletzt genannten Fall wäre zu überlegen, ob der Leistende diese Leistungen auch selbst benötigt. Soweit dies der Fall ist, könnte bei Vorliegen der weiteren Voraussetzungen ein **Poolvertrag** ohne Gewinnaufschlag vereinbart werden. Wenn dies nicht möglich ist, sollte zur Vermeidung etwaiger späterer Beanstandungen eine **verbindliche Vorabauskunft** (APA) bei der FinVerw. beantragt werden; wegen der damit verbundenen Kosten lohnt sich dieses Verfahren nur, wenn das potentielle Steuerrisiko während eines Betriebsprüfungszeitraums die Verfahrenskosten in nennenswertem Umfang übersteigt.[385]

244   In einigen Ländern gab es früher veröffentlichte **Nichtbeanstandungsgrenzen** für bestimmte Gewinnaufschläge oder Mindestgewinnaufschläge. In Belgien wurden zB früher für die Tätigkeiten eines Koordinationszentrums 8% Gewinnaufschlag verlangt, wobei allerdings als Basis nur ein bestimmter Teil der Kosten heranzuziehen war.

Die Regelungen solcher Nichtbeanstandungsgrenzen wurden allerdings von der Europäischen Union als Verstoß gegen den EU-Verhaltenskodex angesehen[386] und wurden daher – soweit vorhanden – von den betroffenen Staaten abgeschafft.

In den OECD-VPL von 2010 wurde der Gebrauch von „**Safe-Harbour-Regelungen**" noch sehr kritisch gesehen.[387] Die dort vertretene Auffassung entsprach aber nicht der Praxis in vielen OECD-Mitgliedsstaaten, die aus verschiedenen Gründen (zB Vereinfachung oder Rechtssicherheit) zum Teil Safe-Harbour-Regelungen für bestimmte konzerninterne Transaktionen eingeführt haben. In 2013 hat die OECD daher die Safe-Harbour-Regelungen in den OECD-VPL überarbeitet.[388] In den Regelungen, die Kapitel IV Ab-

---

[385] Zu den Kosten eines APA aus deutscher Sicht vgl. § 178a AO, ferner Kap. F Rn. 417 ff.

[386] Vgl. *Kippenberg* IStR 1/2000, 1.

[387] Vgl. *OECD* Tz. 4.122 OECD-VPL. Zur Änderung der OECD-VPL zu Safe-Harbour-Regelungen vgl. *Reichl/v. Bredow* DB 2013, 1514 ff.

[388] Vgl. *OECD* Revised Section E on Safe Harbours, 16.5.2013.

schnitt E ersetzen, betrachtet die OECD Safe-Harbour-Regelungen differenzierter als noch in der Altfassung und hebt die Vorzüge von Safe-Harbour-Regelungen wie die Verringerung von Verwaltungsaufwand (für die Einhaltung der unterschiedlichen einzelstaatlichen Rechts-, Verwaltungs- und Steuervorschriften), die Erhöhung von Rechtssicherheit für den Steuerpflichtigen sowie die effektive Nutzung der Ressourcen der FinVerw. zur Bearbeitung von komplexen und risikoreichen Transaktionen hervor.[389] Unter bestimmten Voraussetzungen empfiehlt die OECD inzwischen sogar die Anwendung von bilateralen oder multilateralen Safe-Harbours.[390]

6. Andere Verrechnungspreismethoden

a) Tendenz zur Anwendung gewinnorientierter Methoden

Sowohl aus den VGr von 1983 als auch aus den OECD-Verrechnungs- **245** preisleitlinien wird ersichtlich, dass für die **Einzelabrechnung** von Dienstleistungen idR nur die Preisvergleichsmethode und die Kostenaufschlagsmethode in Frage kommen (Tz. 3.2.3 und 6.4 VGr sowie Tz. 7.31 OECD-VPL). Die Wiederverkaufspreismethode kann wegen der Rechtsnatur der Dienstleistungen praktisch nur in Ausnahmefällen Anwendung finden.[391] Für die **gewinnorientierten Methoden** bestand in früheren Jahren nur ein eingeschränkter Anwendungsbereich. Dies folgt aus der Tatsache, dass durch die deutsche FinVerw. in Tz. 2.4.5 S. 3 und 2.4.6 VGr und durch die OECD noch in den OECD-Verrechnungspreisleitlinien 1995 in Tz. 2.49 und 3.1 OECD-VPL 1995 den **geschäftsfallbezogenen Standardmethoden** („Traditional Transaction Methods") der **Vorrang** gegenüber den **geschäftsfallbezogenen Gewinnmethoden** („Transactional Profit Methods") gewährt wurde.

Obwohl § **1 Abs. 3 S. 1 AStG** den Standardmethoden seit **1.1.2008** ge- **246** setzlich den Vorrang vor anderen Verrechnungspreismethoden einräumt, wenn eine Bandbreite **uneingeschränkt** vergleichbarer Fremdvergleichswerte ermittelt werden kann, können gem. § **1 Abs. 3 S. 2 AStG** in denjenigen Fällen, in denen nur **eingeschränkt** vergleichbare Werte feststellbar sind, auch andere geeignete Methoden angewendet werden. Da Dienstleistungen im Konzern mit gleichartigen oder ähnlichen Dienstleistungen unabhängiger Anbieter meistens nur **eingeschränkt** vergleichbar sind, ist es folglich zulässig, dass der Steuerpflichtige in diesen Fällen entweder eine **Standardmethode oder** eine **gewinnorientierte Methode** als „geeignete Verrechnungspreismethode" wählt. Damit entspricht der Gesetzgeber der bereits in der Praxis beobachteten Tendenz zur vermehrten Anwendung gewinnorientierter Methoden. In diesem Zusammenhang ist zu beachten, dass – wie bereits erwähnt wurde – die Ermittlung eines Gewinnaufschlags als MOC (Mark-up Over Cost) nach herrschender Auffassung nicht der Kostenaufschlagsmethode, sondern der TNMM zugerechnet wird.[392] Im Übrigen ist bei

---

[389] Vgl. *OECD* Revised Section E on Safe Harbours, 16.5.2013, Tz. 4.103-4.107.
[390] Vgl. *OECD* Revised Section E on Safe Harbours, 16.5.2013, Tz. 4.128.
[391] Vgl. oben Rn. 211 ff.
[392] Vgl. oben Rn. 234.

Verträgen mit nahe stehenden Personen im Ausland auch zu beachten, welche Methode die ausländische FinVerw. voraussichtlich akzeptierten wird.

247   Da in einer zunehmenden Zahl von Staaten die Anwendung gewinnorientierter Methoden in der Praxis an Bedeutung gewonnen hatte, stellte der Steuerausschuss der **OECD** unter Praktikern aus Unternehmen, Berufsverbänden und der FinVerw. im Zusammenhang mit der Überarbeitung der OECD-VPL die Frage zur **Diskussion, ob** die **gewinnorientierten Methoden gleichrangig** neben den Standardmethoden Anwendung finden sollten.[393] Im Ergebnis vertritt die OECD in den OECD-VPL nun die Auffassung, dass generell die am **besten geeignete Methode** (Most Appropriate Method) Anwendung finden soll.[394] Sofern eine Standardmethode zu gleichermaßen zuverlässigen Ergebnissen führt, wie eine gewinnorientierte Methode, soll die Standardmethode bevorzugt werden.[395] Damit wird den **gewinnorientierten Methoden** ein **größerer Anwendungsspielraum** gewährt, weil sie generell anwendbar sind, wenn sie zuverlässigere Ergebnisse als die Standardmethoden liefern. Demgegenüber waren die gewinnorientierten Methoden entsprechend der in den OECD-VPL 1995 vertretenen Auffassung nur subsidiär anwendbar, wenn keine Daten verfügbar waren oder die Qualität der verfügbaren Daten nicht genügte, um die Standardmethode anzuwenden (Tz. 2.49 OECD-VPL 1995).

248   In diesem Zusammenhang ist zu beachten, dass es sich bei der **Kostenaufschlagsmethode** ohnehin schon um **eine Art gewinnorientierte Methode handelt,** weil hier auf den betriebs- und branchenüblichen Gewinnaufschlag für vergleichbare Geschäfte abgestellt wird. Im Gewinnaufschlag können bereits die in Tz. 7.29 OECD-VPL genannten Faktoren berücksichtigt werden, um eine entsprechend hohen oder niedrigen Gewinn zu erzielen,[396] also

– die Perspektive des Dienstleisters und des Leistungsempfängers
– der Wert der Dienstleistung beim Empfänger
– der Preis, den ein vergleichbares unabhängiges Unternehmen unter vergleichbaren Umständen zu zahlen bereit wäre und
– die beim Dienstleister entstehenden Kosten (als Basis des Gewinnaufschlags).

Da für konzernspezifische Dienstleistungen ein interner Fremdvergleich (für Preise oder Margen) und externe Marktpreise idR nicht feststellbar sind, muss unter Berücksichtigung der Funktions- und Risikoanalyse eine Datenbankrecherche durchgeführt werden, um die (eingeengte) **Bandbreite üblicher Gewinnaufschläge** unabhängiger Gesellschaften zu ermitteln, die gleichartige Leistungen erbringen.

Da die Datenbanken den Gewinnaufschlag auf die operativen Kosten oft nicht aufweisen, ist es regelmäßig erforderlich, den **Mark-up Over Cost** (MOC) – der u.a. auch als **Mark-up Over Expenses** (MOE) bezeichnet

---

[393] Vgl. *OECD* Transactional Profit Methods, Discussion Draft for Public Comment, 25 January 2008. Die Diskussionsbeiträge wurden auf der Website der OECD veröffentlicht, vgl. www.oecd.org/CTP/TP.
[394] Vgl. *OECD* Tz. 2.2 OECD-VPL.
[395] Vgl. *OECD* Tz. 2.3 OECD-VPL.
[396] Vgl. oben Rn. 156 ff. und 242 f.

wird – zu ermitteln, wobei der operative Gewinn (EBIT) ins Verhältnis zu den operativen Kosten gesetzt wird, um den Gewinnaufschlag zu errechnen. Diese Vorgehensweise kann als Anwendungsfall der Kostenaufschlagsmethode gesehen werden, wird aber international als Anwendungsfall der **TNMM** (bzw. in USA der CPM) betrachtet, wobei der MOC als „Net Profit Indicator" im Rahmen der TNMM[397] bzw. als „Profit Level Indicator" im Rahmen der CPM[398] beurteilt wird.

b) Nettomargenmethode (TNMM)

Für die **Einzelabrechnung** von Dienstleistungen spielen die gewinnorientierten Methoden verständlicherweise eine geringere Rolle als bei der Verrechnung von Konzernumlagen. Zum Einen erfolgt eine Einzelabrechnung idR nur, wenn ein interner oder externer Preisvergleich möglich ist. Zum Anderen müssten für die Anwendung der TNMM sowohl die Kosten der einzelnen Dienstleistungen als auch zB der Mark-up Over Cost (EBIT im Verhältnis zu den operativen Kosten) oder der Return on Sales (EBIT im Verhältnis zum Umsatz) für die einzelnen Dienstleistungen im Unternehmen gesondert feststellbar sein, damit diese Margen mit der (eingeengten) Bandbreite der Margen für gleichartige Fremdleistungen verglichen werden können. **249**

Wenn allerdings ein Unternehmen nur eine bestimmte Art von Dienstleistungen erbringt, wie dies bspw. in den Fällen der Auftragsfertigung oder der Auftragsforschung der Fall ist, dann ist die Anwendung der TNMM grundsätzlich unproblematisch.[399] Ebenso ist die Anwendung der TNMM leicht möglich, wenn die (direkten und indirekten) Kosten einzelner Dienstleistungsabteilungen im Wege der Konzernumlage abgerechnet werden.[400]

Sofern die TNMM als **geeignete Methode** neben anderen Methoden gem. § 1 Abs. 3 S. 2 AStG in Frage kommt, hat der Unternehmer nach der hier vertretenen Auffassung das **Wahlrecht,** welche der geeigneten Methoden er anwendet. Generell darf der Steuerpflichtige die TNMM aber auch als zweite Methode zur **Verprobung** der angewendeten Hauptmethode heranziehen (sog. Sanity Check).[401] Jedoch kann diese Vorgehensweise von der FinVerw. nicht vorgeschrieben werden.[402] Sofern die zweite Methode zu ungewöhnlichen Ergebnissen führt, führt dies nicht zum Ausschluss der Hauptmethode, sondern gibt Anlass zur Prüfung, ob die Hauptmethode die geeignete Methode ist und ob sie richtig angewendet wurde.[403] **250**

c) Gewinnaufteilungsmethode (Profit Split)

Für die **Einzelabrechnung** von Dienstleistungen spielt die Gewinnaufteilungsmethode prinzipiell keine Rolle. Der *Profit Split* erlangt im Zusammen- **251**

---

[397] Vgl. *OECD* Tz. 2.76, 2.92 OECD-VPL.

[398] Vgl. US-Regs. § 1.482-9 (f) (2) (ii).

[399] Vgl. dazu unten Rn. 453 f. mit Beispiel in Rn. 455.

[400] Vgl. unten Rn. 306 f.

[401] Vgl. *OECD* Transactional Profit Methods, Abschn. 2.B.

[402] Vgl. *OECD* Tz. 2.8, 2.11 OECD-VPL.

[403] Vgl. *OECD* Entwurf 2009, Tz. 2.11; dieser Hinweis fehlt in Tz. 2.11 OECD-VPL, wird aber in ähnlicher Weise in Tz. 3.59 OECD-VPL erörtert.

hang mit Dienstleistungen idR mit Ausnahme der Fälle des *Global Trading* keine Bedeutung, da **Dienstleistungsfunktionen** in der Wertschöpfungskette meistens nur als **Routinefunktionen** qualifiziert und mit einem entsprechenden Gewinn auf Basis der Kostenaufschlagsmethode oder der TNMM vergütet werden, während beim Profit Split grds. beide Parteien einzigartige und wertvolle Beiträge zum Geschäftsvorfall leisten (wie zB der Beitrag wertvoller immaterieller Wirtschaftsgüter) und nach Vergütung von Routinefunktionen den Restgewinn aufteilen.[404]

252   Die Anwendung einer gewinnorientierten Methode in Form einer **Gewinnaufteilungsmethode** liegt vor, wenn die Unternehmen einen **partiarischen Dienstvertrag** abschließen, bei dem vereinbart wird, dass der Leistende eine Vergütung erhält, die sich zB nach dem Gewinn oder Rohgewinn des Leistungsempfängers richtet.[405] Eine solche Vereinbarung ist zivilrechtlich zulässig und sollte steuerlich jedenfalls dann anerkannt werden, wenn es sich um **außergewöhnlich wertvolle Dienstleistungen** handelt, bei denen der Wert der Dienstleistung – der ja gem. Tz. 7.29 OECD-VPL zu beachten ist – wesentlich höher liegt als die Kosten dieser Dienstleistung.[406]

253   Eine Beteiligung am Gewinn oder bspw. am operativen Ergebnis kann – ggf. neben einer Mindestvergütung – auch dann vereinbart werden, wenn der Dienstleister einen bestimmten **Erfolg** erwartet oder sogar garantiert (zB für kreative Werbekampagnen oder für Forschungsprojekte) und auch unabhängige Unternehmen solche Vereinbarungen treffen würden. Derartige erfolgsorientierte Vergütungsabsprachen sind in einigen Branchen und Märkten bereits weit verbreitet, so bspw. für Investmentbanken und Unternehmensberater im Bereich der „Mergers and Acquisitions" und für Börsengänge oder in USA auch für Steuerberater und Rechtsanwälte. Da in Deutschland für Steuerberater, Rechtsanwälte und Wirtschaftsprüfer die Vereinbarung einer erfolgsabhängigen Vergütung berufsrechtlich nur unter bestimmten Voraussetzungen zulässig ist, sollten zur Vermeidung etwaiger Beanstandungen durch die FinVerw. für konzerninterne Dienstleistungen dieser Art etwaige erfolgsabhängige Vergütungen nur vereinbart werden, wenn die erforderlichen Voraussetzungen vorliegen oder wenn für die Leistungen das Recht eines anderen Landes gilt, in dem solche Vereinbarungen gestattet sind.

7. Methoden im Ausland am Beispiel USA

254   Wenn eine deutsche Gesellschaft mit einer ausländischen Gesellschaft einen Dienstleistungsvertrag abschließt, muss zuvor auf jeden Fall überprüft werden, ob dieser Vertrag aus zivilrechtlicher und steuerlicher Sicht in beiden Staaten so akzeptiert wird.[407] Dabei ist zu beachten, dass die OECD-Verrechnungs-

---

[404] Vgl. Tz. 3.4.10.2 Buchst. b) VGr-Verfahren; *OECD*, Tz. 2.109, 2.121 u. 2.137 OECD-VPL. Im Einzelfall können auch mehrere Strategieträger vorhanden sein, die sich den Restgewinn teilen, vgl. dazu Kap. G Rn. 4 u. 20 f.

[405] Dazu ausführlich *Vögele/Kircher* BB 2000, 1581 ff.; vgl. oben Rn. 242.

[406] Vgl. Beispiel oben in Rn. 242.

[407] Zur Zivilrechtswahl und den Auswirkungen auf das Steuerrecht vgl. unten Rn. 511 ff.

preisleitlinien für die OECD-Mitgliedstaaten nur eine Empfehlung und Interpretationsgrundlage für die Anwendung des Fremdvergleichsgrundsatzes darstellen und dass es mehrere Länder gibt (insb. in Südamerika und in USA), in denen die Verrechnungspreisregelungen in einigen Punkten von den OECD-Verrechnungspreisleitlinien abweichen.[408] So betont zB Tz. 2.11 OECD-VPL ausdrücklich, dass der Fremdvergleichsgrundsatz nicht die Anwendung von mehr als einer Methode verlangt und weder der Steuerpflichtige noch der Betriebsprüfer verpflichtet ist, Analysen durchzuführen, die auf mehr als einer Methode beruhen.[409] Dagegen verlangt zB das **US-Steuerrecht** ausdrücklich, dass der Steuerpflichtige **alle Methoden** prüft, um dann die **beste Methode** anzuwenden.[410]

In solchen Fällen kann es vorkommen, dass aus Sicht der beteiligten Staaten unterschiedliche Methoden anzuwenden sind. Sofern bei Anwendung von zwei verschiedenen Methoden die Fremdvergleichswerte jeweils innerhalb der (eingeengten) Bandbreiten liegen, wären die Verrechnungspreise aus Sicht beider Staaten akzeptabel. Wenn allerdings die Fremdvergleichswerte nach Auffassung eines Staates außerhalb der (eingeengten) Bandbreite liegen, sind Gewinnberichtigungen und Rechtsmittel oder Verständigungs- und Schiedsverfahren unausweichlich. Nachfolgend werden beispielhaft in der gebotenen Kürze die in den USA anwendbaren Verrechnungspreismethoden für Dienstleistungen dargestellt, damit deutlich wird, wie wichtig in jedem Fall – also auch bei Verträgen mit Konzernunternehmen in anderen Ländern – eine **Überprüfung** der **Methoden** aus Sicht der **beteiligten Länder** ist, bevor ein Vertrag über grenzüberschreitende Dienstleistungen abgeschlossen und unterzeichnet wird.

Die US-FinVerw. veröffentlichte im Jahr 2006 neue vorläufige Verrech- **255** nungspreisbestimmungen für Dienstleistungen, die für alle Steuerjahre, die nach dem 31.12.06 beginnen, verbindlich anzuwenden sind,[411] wobei aber ein Teil der Vorschriften zur Services Cost Method (SCM) erst für Steuerjahre, die nach dem 31.12.2007 beginnen, gelten.[412] Im August 2009 wurden diese Services Regulations mit einigen klarstellenden Änderungen als **Final Services Regulations** bestätigt[413] und zwar mit Wirkung für Steuerjahre, die nach dem 31. Juli 2009 beginnen.[414] Der Steuerpflichtige darf die *Final Services Regulations* jedoch mit Wirkung ab einem beliebigen Steuerjahr anwenden, das nach dem 10. September 2003 begann.[415] Die Final Services

---

[408] Vgl. zB *Mank/Dagnese* IStR 2006, 713 ff. zu den Besonderheiten in Lateinamerika.

[409] Vgl. ebenso *OECD* Tz. 2.8 u. 2.11 OECD-VPL.

[410] Die sog. Best Method Rule gilt für alle Arten von Transaktionen, vgl. § 1.482-1(c)(1).

[411] Die neuen Regelungen wurden zunächst als Final and Temporary Services Regulations erlassen und ab 1.1.2007 verbindlich angewendet. Der Text findet sich in Federal Register Vol. 71, No. 150, Friday August 4, 2006, 44466 ff.; vgl. dazu *Korff* IStR 2008, 44 ff.; *Rasch/Fischer* DB 2007, 878 ff.; *Ackermann u. a.*, TNI 2007, 525 ff.

[412] Vgl. *Ackermann u. a.*, TNI 2007, 525 ff.

[413] Vgl. US Services Regs., Federal Register Vol 74, No. 148, August 4, 2009, 38830 ff.

[414] Vgl. US Services Regs. § 1.482-9(n)(1).

[415] Vgl. US Services Regs. § 1.482-9(n)(2).

Regulations bestätigen, dass der Steuerpflichtige wie bisher die beste Methode anwenden muss und erwarten, dass für konzerninterne Dienstleistungen überprüft wird, welche der folgenden sechs spezifizierten Methoden als beste Methode in Frage kommt:

- Services Cost Method (SCM)
- Comparable Uncontrolled Services Price Method (CSUP)
- Gross Services Margin Method
- Cost of Services Plus Method
- Comparable Profit Method (CPM)
- Profit Split Method.

Im Übrigen kann der Steuerpflichtige auch „Unspecified Methods" anwenden, sofern diese als beste Methode zutreffendere Ergebnisse liefern. Demgemäß gelten im Prinzip in den **USA** für **Dienstleistungen** die gleichen Methoden wie in Deutschland und anderen OECD-Staaten; jedoch ergeben sich einige Abweichungen.

256   Ähnlich wie die deutsche Kostenumlage nach dem Poolkonzept ermöglicht die neue **Services Cost Method (SCM)**[416] eine Verrechnung der **Kosten ohne Gewinnaufschlag.** Jedoch gilt die SCM nur für **zwei Kategorien** von Leistungen, sofern auch die weiteren Voraussetzungen erfüllt sind. Die **erste Kategorie** umfasst bestimmte **„Back-Office"-Leistungen** (sog. **„Specified Covered Services"**),[417] die von der US-FinVerw. (IRS) in einem „revenue procedure" im Jahr 2006 veröffentlicht wurden.[418] Im Jahr 2007 wurde eine zweite Liste mit Dienstleistungen bekannt gemacht. Zu den *Specified Covered Services* gehören u. a. Lohnbuchhaltung, EDV-Dienstleistungen, Steuer- und Rechtsberatung, Öffentlichkeitsarbeit, Personalbereich, Ausbildung, Forderungs- und Verbindlichkeitenmanagement usw.[419] Die **zweite Kategorie** umfasst bestimmte Dienstleistungen mit **geringen Margen („Certain Low Margin Covered Services");** diese liegen vor, wenn für vergleichbare Dienstleistungen der **Median** des Gewinnaufschlags in der „Interquartile Range" **7 % oder weniger** beträgt.[420] Für beide Kategorien kann der Steuerpflichtige die SCM nur anwenden, wenn diese Leistungen weder beim Leistenden noch beim Leistungsempfänger zu erheblichen Wettbewerbsvorteilen, zentralen Fähigkeiten oder fundamental zum Erfolg oder Misserfolg beitragen.[421] Im Übrigen darf die Dienstleistung nicht auf der Liste der explizit ausgeschlossenen Dienstleistungen stehen.[422] Zu den von der SCM ausgenommenen Dienstleistungen gehören insb. Fertigung, Vertrieb (einschließlich Handelsvertreter- und Kommissionsleistungen), Forschung und Entwicklung, Erforschung und Gewinnung von Bodenschätzen, Bautä-

---

[416] Vgl. US Services Regs. § 1.482-9(b).

[417] Vgl. US Services Regs. § 1.482-9(b)(3)(i).

[418] Vgl. *IRS,* Announcement that identifies specified covered services eligible for services cost method under section 482 regulations, Announcement 2006-50, erhältlich unter www.treas.gov/press/releases/reports/not12782706.pdf; vgl. dazu ausführlich *Rasch/Fischer* DB 2007, 878 ff., 881.

[419] Vgl. *IRS* Announcement 2006-50, TMTR 2006, Vol. 15, No. 7, S. 214 ff. und *IRS,* Rev. Proc. 2007-13, TMTR 2007, Vol. 15, No. 17, S. 660 ff.

[420] Vgl. US Services Regs. § 1.482-9(b)(3)(ii).

[421] Vgl. US Services Regs. § 1.482-9(b)(5).

[422] US Services Regs. § 1.482-9(b)(2) und (4).

tigkeiten, Konstruktionsplanung (Engineering), Garantien, Finanzdienstleistungen und Versicherungsleistungen.[423]

Ähnlich wie diesem Kapitel erläuterte Kostenumlage nach deutschem **257** Recht[424] enthalten die US-Regelungen im Rahmen der **SCM** auch Vorschriften über **Shared Services Arrangements (SSAs)**[425] zur Verrechnung von Kosten zwischen zwei oder mehr Parteien **ohne Gewinnaufschlag.** Dabei muss der Kostenschlüssel das Verhältnis des anteiligen Nutzens der Partei berücksichtigen. Kostenumlagen für Forschungs- und Entwicklungsleistungen werden in gesonderten US-Regulations für **Cost Sharing Arrangements** geregelt.

In der Literatur wurde darauf hingewiesen, dass die SCM in Einzelfällen zu **258** Problemen führen kann. Wenn zB eine deutsche Dienstleistungsgesellschaft auf Grundlage eines Konzernumlagevertrags die Leistungen mit Gewinnaufschlag an eine US-Gesellschaft abrechnet, könnte der IRS die Auffassung vertreten, dass es sich um „Specified Covered Services" handele, für die die SCM als „Best Method" anwendbar sei, sodass der Gewinnaufschlag nicht belastet werden dürfe.[426] Dieses Risiko dürfte jedoch durch eine Klarstellung in den Final Services Regulations ausgeschlossen sein, weil eindeutig ein Wahlrecht zwischen Anwendung der SCM oder einer anderen Methode besteht.[427] Eine Beanstandung ist ferner denkbar für Dienstleistungen, die nicht explizit von der SCM ausgenommen sind, wenn nach den Analysen des IRS der zuverlässigste Wert innerhalb der Interquartile Range bzw. im Zweifel der Median der Gewinnaufschläge mehr als 7% erreicht, während die Analysen des Steuerpflichtigen geringere Mark-ups ausweisen, so dass er die Anwendung der SCM gewählt hat. Ferner können Meinungsverschiedenheiten auftreten, wenn bestimmte Dienstleistungen in einem Jahr als „Lower Margin Covered Services" eingestuft werden können, aber in einem Folgejahr dann die durchschnittliche Marge den Median von 7% überschreitet und die Leistung nicht mehr als „Covered Service" qualifiziert.[428] Aus deutscher Sicht können ferner Probleme auftreten, wenn die Parteien einen Kostenumlagevertrag nach dem Poolkonzept abschließen möchten, die US-Gesellschaft jedoch Leistungen erbringt, die zB als Engineering-Leistungen zur Liste der von SSA ausgeschlossenen Leistungen gehören.

Nach dem Wortlaut der US Services Regulations darf der Steuerpflichtige wahlweise die SCM anwenden, wenn alle dafür genannten Voraussetzungen vorliegen; es wird dann unterstellt, dass es sich um die „Best Method" handelt.[429] Um in den oben genannten Fällen Konflikte mit den jeweiligen FinVerw. zu vermeiden, empfiehlt es sich generell, vor Abschluss eines Vertrags mit US-Konzernunternehmen immer zu prüfen, ob die jeweiligen Dienstleistungen die Wahl des jeweiligen Vertragstyps zulassen.

---

[423] Vgl. US Services Regs. § 1.482-9(b)(4), wo die ausgeschlossenen Leistungen genannt werden.
[424] Vgl. unten Rn. 401 ff.
[425] Vgl. US Services Regs. § 1.482-9(b)(7).
[426] Zu diesem Fall vgl. *Korff* IStR 2008, 44 ff., 46.
[427] Vgl. US Services Regs. § 1.482-9(b)(1).
[428] Vgl. dazu *Rasch/Fischer* DB 2007, 878 ff., 882.
[429] Vgl. US Services Regs. § 1.482-9(b)(1) und (2).

259   Die **Standardmethoden** werden in den US-Regulations etwas **modifiziert**. Die „**Comparable Uncontrolled Services Price (CSUP)**" Method[430] entspricht der *Preisvergleichsmethode* (Comparable Uncontrolled Price
(CUP) Method). Die CUSP verlangt eine relative Ähnlichkeit der verglichenen Dienstleistungen und je nach Sachverhalt die Nutzung (oder Nichtnutzung) immaterieller Wirtschaftsgüter. Soweit etwaige Unterschiede der Transaktionen für Vergleichbarkeitszwecke nicht berichtigt werden können, ist die
Verlässlichkeit der Ergebnisse eingeschränkt. Bei erheblichen Unterschieden
ist die Methode idR nicht anwendbar.

Die für die Übertragung materieller Wirtschaftsgüter u. a. anwendbare
Wiederverkaufspreismethode hat gem. den US-Regulations für Dienstleistungen
ihr Pendant in der **Gross Services Margin Method**.[431] Verglichen wird
dabei die erzielte Bruttodienstleistungsmarge des nahe stehenden Unternehmens mit den Bruttodienstleistungsmargen aus ähnlichen Dienstleistungen
mit oder zwischen unabhängigen Unternehmen. Diese Methode darf zB angewendet werden, wenn ein Unternehmen an ein nahe stehendes Unternehmen Dienstleistungen erbringt, die dieses wiederum in Zusammenhang
mit Transaktionen gegenüber konzernfremden Unternehmen benötigt oder
wenn ein Steuerpflichtiger für die Erbringung seiner Leistungen gegenüber Dritten ein nahe stehendes Unternehmen als Subunternehmer heranzieht.

Die in den US-Regulations beschriebene **Cost of Services Plus Method**[432] vergleicht analog zur *Kostenaufschlagsmethode* den Gewinnaufschlag als
Prozentsatz im Verhältnis zu den Kosten, die für die Dienstleistung entstanden
sind. Diese Methode kann nach Meinung der US-Behörden idR dann Anwendung finden, wenn der Leistende diese oder ähnliche Leistungen auch an
Dritte erbringt, weil dann genaue Informationen über die Kosten vergleichbarer Transaktionen feststellbar sind (interner Preisvergleich). Wenn dagegen
ein externer Preisvergleich stattfindet, muss regelmäßig der Gewinnaufschlag
bzgl. der Gesamtkosten verifiziert werden. Im Fall niedriger oder negativer
Margen kann dies ein Hinweis auf andere Funktionen sein, so dass eine
Überprüfung erforderlich ist, ob eine andere Methode im Hinblick auf die
„Best Method"-Regel anzuwenden ist.

260   Die spezielle **Comparable Profit Method** (CPM) for Services[433] stellt –
wie die generelle CPM bei Transaktionen mit materiellen oder immateriellen
Wirtschaftsgütern[434] – auf Gewinnindikatoren (**Profit Level Indicators** – PLIs)
ab und ist nur anwendbar, wenn der Leistende die geprüfte Partei ist. Die neuen
US-Regulations führen für Dienstleistungen zusätzlich einen weiteren PLI ein,
nämlich das Verhältnis des operativen Gewinns zu den gesamten Dienstleistungskosten (**Ratio of Operating Profit to Total Services Costs**), den sog.
„**Mark-up on Total Costs**" (auch als „net cost plus" bezeichnet).[435] Aus
deutscher Sicht würde man diesen speziellen Anwendungsfall nach Meinung

---

[430] Vgl. US Services Regs. § 1.482-9(c).
[431] Vgl. US Services Regs. § 1.482-9(d).
[432] Vgl. US Services Regs. § 1.482-9(e).
[433] Vgl. US Services Regs. § 1.482-9(f).
[434] Vgl. dazu US-Regs. § 1.482-5.
[435] Vgl. US Services Regs. § 1.482-9(f)(2)(ii) und § 1.482-9(j).

der Verfasser eher als einen Anwendungsfall der Kostenaufschlagsmethode qualifizieren.

Auch die generelle **Profit Split Method**[436] wird durch spezielle Regelungen **261** für den Dienstleistungsbereich ergänzt.[437] Die Profit Split Method ist anwendbar, wenn bei Dienstleistungen eine Kombination von nicht-routinemäßigen Beiträgen durch zwei (oder mehrere) nahe stehenden Personen erfolgt.[438] Ein nicht routinemäßiger Beitrag liegt vor, wenn sein Ergebnisbeitrag – anders als bei Routine-Transaktionen – nicht durch Benchmarks mit Marktdaten überprüft werden kann.

Schließlich können auch für Dienstleistungen andere Methoden, also **262** **Unspecified Methods**[439] angewendet werden, wenn diese gem. der „Best Method Rule" die zuverlässigsten Ergebnisse liefern.

8. Verrechnungspreise in der Rezession

Wenn stabile wirtschaftliche Verhältnisse vorliegen und die Wirtschaft **263** normale Wachstumsraten verzeichnet, ist es in der Praxis in vielen Fällen bereits schwierig, die Verrechnungspreise nach dem Fremdvergleichsgrundsatz festzusetzen und gegenüber der FinVerw. zu verteidigen. Häufige Beispiele sind die Meinungsverschiedenheiten über die Höhe von Gewinnmargen oder Lizenzen oder über länger anhaltende Anlaufverluste von Vertriebsgesellschaften. Im Hinblick auf leere Staatskassen sind in Zeiten einer landesweiten oder kontinentalen **Rezession,** einer **weltweiten Wirtschaftskrise** oder einer partiellen **Krise mehrerer Wirtschaftszweige** noch wesentlich intensivere Streitigkeiten zwischen den steuerpflichtigen Unternehmen und den Finanzbehörden und (im Rahmen von Verständigungs- oder Schiedsverfahren) zwischen den FinVerw. zu erwarten.

In der Rezession bzw. Krise erleiden viele multinationale Konzerne erhebliche Gewinnminderungen oder Verluste. Daher stellt sich die Frage, unter welchen zivilrechtlichen und steuerlichen Voraussetzungen die Unternehmen eines Konzerns in solchen Zeiten die Verrechnungspreise ändern können. Im Hinblick auf die in diesem Kapitel erörterten Konzernunternehmen, die **Dienstleistungen** erbringen, ist insb. zu klären, ob es gerechtfertigt ist, dass **Routinegesellschaften** weiterhin geringe aber relativ stabile **Gewinne** erwirtschaften, die auf **Zielmargen** beruhen, die vor der Krise anhand von Benchmarkanalysen festgesetzt wurden, während andere Konzerngesellschaften, wie zB zentrale und regionale **Strategieträger** (Entrepreneure), hohe **Verluste** erleiden.[440] Eine Rezession kann auch Auswirkungen auf andere Transaktionen haben, wie zB Lizenzgewährungen,[441] Warenlieferungen oder Darlehensgewährungen.[442] Ferner beeinflusst eine Rezession bzw. Wirtschafts-

---

[436] Vgl. US Regs § 1.482-6.

[437] Vgl. US Services Regs. § 1.482-9(g).

[438] Vgl. US Services Regs. § 1.482-9(g)(1) und (2) Example 1 (iii).

[439] Vgl. US Services Regs. § 1.482-9(h).

[440] Zur Qualifizierung von Routineunternehmen und Strategieträgern vgl. Tz. 3.4.10.2 VGr-Verfahren sowie zB Erläuterungen in Kap. N Rn. 71–96.

[441] Vgl. zu Änderungen eines Lizenzvertrags in der Rezession Kap. N Rn. 671 ff.

[442] Vgl. *Engler* IStR 2009, 685 ff., 690 zu den Änderungen der Verrechnungspreise bei Warenlieferungen oder Darlehen.

krise auch die sog. **kritischen Annahmen** (Critical Assumptions) eines abgeschlossenen Advance Pricing Agreements (APA).[443]

264   Vor der Diskussion der steuerlichen Zulässigkeit von Anpassungsmaßnahmen soll zunächst erörtert werden, welche **zivilrechtlichen Voraussetzungen** für die **Änderung eines Vertrags** zu beachten sind. Im Hinblick auf den Fremdvergleichsgrundsatz sollten die vertraglichen Vereinbarungen ebenso wie die Gesetze des Landes, die für den Vertrag gelten (nachfolgend wird die Anwendung deutschen Rechts unterstellt), wie zwischen fremden Dritten berücksichtigt werden. Daher muss zunächst geprüft werden, ob und in welcher Weise es in einer Rezession bzw. Wirtschaftskrise zivilrechtlich **zulässig** ist, dass die verbundenen Unternehmen vereinbaren, den **Gewinn** des Dienstleistungsunternehmens vorübergehend auf ein geringeres Niveau oder gar auf Null zu **reduzieren oder** gar eine **Beteiligung am Verlust** vorzusehen. In diesem Zusammenhang sind grds. vertragliche **Anpassungsklauseln** zu beachten oder der Vertrag muss unter Einhaltung der vertraglichen oder gesetzlichen Frist gekündigt werden. Viele Dienstleistungsverträge enthalten jedoch Kündigungsfristen von 3 Monaten zum Ende des Wirtschaftsjahres oder noch längere Fristen. Bei der Finanz- und Wirtschaftskrise, die im Jahr 2008 begann, zeigten sich deren Auswirkungen bei vielen Unternehmen erst im Laufe des Jahres 2009 in vollem Ausmaß. In derartigen Fällen besteht ein starkes Interesse der Vertragspartner, auch **unterjährige Anpassungen** zu vereinbaren.

265   Fraglich ist daher, ob unabhängig von Kündigungsfristen eine kurzfristige Vertragsanpassung möglich ist. Denkbar wäre zB, dass beide Seiten die Rezession als einen wichtigen Grund ansehen und deshalb ausdrücklich oder implizit eine beiderseitige fristlose **Kündigung des Vertrags** vornehmen, indem sie eine **neue Vereinbarung** mit anderem Verrechnungspreis bei sonst gleichem Inhalt treffen. Jedoch ist im Hinblick auf § 311 Abs. 1 BGB eine Vertragskündigung nicht erforderlich, da die Parteien den Inhalt des Schuldverhältnisses ohnehin **jederzeit** durch **Vertrag ändern** können, soweit nicht das Gesetz ein anderes vorschreibt. Die Änderung kann die Hauptleistungen (also auch den Preis), Nebenverpflichtungen oder Leistungsmodalitäten betreffen.[444] Der Änderungsvertrag bedarf der für die Begründung des Rechtsgeschäfts vorgesehenen Form.[445] Die idR vertraglich vereinbarte Schriftform kann (sofern keine sog. doppelte Schriftformklausel[446] vorliegt) stillschweigend aufgehoben werden, sodass auch mündliche Vertragsänderungen anzuerkennen sind.[447] Jedoch empfiehlt es sich aus steuerlicher Sicht, immer einen **schriftlichen Änderungsvertrag** abzuschließen, damit der Vertragsinhalt und der Änderungszeitpunkt nachgewiesen werden können.

266   Fraglich ist, ob eine Rezession bzw. Wirtschaftskrise einen (einseitigen) Anspruch eines Vertragspartners auf Vertragsanpassung wegen **„Störung der Geschäftsgrundlage"** gem. § 313 BGB rechtfertigt.[448] Im Hinblick auf die

---

[443] Vgl. zum APA Kap. F Rn. 391 ff.; zum Einfluss der Rezession auf US-APAs *Parillo* TNI, 2009, 230f; *Beeton* Transfer Pricing in a Recession, BNA 04/09, 24.

[444] Vgl. *Palandt/Grüneberg* § 311 BGB, Rn. 3.

[445] Vgl. *Palandt/Grüneberg* § 311 BGB, Rn. 4.

[446] Vgl. *Palandt/Ellenberger* § 125 BGB Rn. 19.

[447] Vgl. *Palandt/Grüneberg* § 311 BGB Rn. 5.

[448] Vgl. dazu *Feißel/Gorn* BB 2009, 1138 ff.

sehr engen Voraussetzungen des § 313 BGB[449] wird auch im Fall einer Rezession nur selten ein solcher Anspruch gegeben sein.[450] Entscheidend kommt es darauf an, ob die in § 313 BGB genannten Tatbestandsmerkmale vorliegen; insoweit ist die umfangreiche zivilrechtliche Literatur und Rechtsprechung heranzuziehen. Die Geltendmachung der Störung der Geschäftsgrundlage ist zwischen verbundenen Unternehmen jedoch eher theoretischer Natur, da grds. langfristige Geschäftsbeziehungen bestehen und daher in der Praxis regelmäßig eine **einvernehmliche Vertragsänderung** gem. § 311 Abs. 1 BGB im Interesse der beteiligten Unternehmen vereinbart wird. Aus diesem Grund bedarf es keiner Prüfung, ob ein Konzernunternehmen sich im Streitfall darauf berufen kann, dass für langfristige Verträge, die vor der Rezession abgeschlossen wurden, eine Vertragsanpassung nach § 313 BGB erforderlich ist.

Für die Vertragsgestaltung empfiehlt es sich generell, vorsorglich in jeden **267** Vertag **automatische Anpassungsklauseln** für den Fall der Krise aufzunehmen **oder** zumindest eine **Verpflichtung** der Parteien vorzusehen, bei einer wesentlichen Änderung der wirtschaftlichen Rahmenbedingungen und insb. in Krisenzeiten ohne Einhaltung von Kündigungsfristen über die Anpassung der Verrechnungspreise **zu verhandeln.** Der Vorteil vertraglich vereinbarter automatischer Änderungsklauseln liegt darin, dass diese unter bestimmten Voraussetzungen eine durch die Parteien nicht beeinflusste Anpassung der Preise oder Gewinnaufschläge nach oben oder unten vorsehen, sodass beide Parteien Chancen und Risiken tragen. Diejenige Vertragspartei, die eine für sie günstige **Vertragsänderung** wünscht (die grds. nur ex nunc wirken darf), sollte auf jeden Fall **zunächst schriftlich** den Vertrag fristlos (und hilfsweise mit vertraglicher bzw. gesetzlicher Frist) **kündigen** oder/und sich auf eine vertragliche Verhandlungsverpflichtung berufen. Der Nachweis eines solchen Schreibens erleichtert gegenüber den Finanzbehörden die Argumentation, dass die andere Vertragspartei unter den gegebenen Umständen zu einer einvernehmlichen Vertragsanpassung ab diesem Zeitpunkt bereit war.

Im Einzelfall könnte ein Betriebsprüfer den Einwand erheben, dass ein konzernfremdes Unternehmen keine Minderung seines Gewinns zugunsten der anderen Vertragspartei akzeptiert hätte oder zumindest nicht im Wege der einvernehmlichen Vertragsänderung ohne Einhaltung der Kündigungsfrist. Diese Argumentation ist jedoch praxisfern, da solche Vereinbarungen auch zwischen fremden langjährigen Vertragspartnern die Regel sind, während eine kompromisslose Haltung eher als seltene Ausnahme erscheint (zB wenn ein Monopol oder Oligopol existiert). Im Normalfall wird aber jedes Unternehmen, das seine Zulieferer (insb. wegen der Produktqualität, der Lieferzuverlässigkeit usw.) und seine Abnehmer (u. a. wegen der Kapazitätsauslastung, der Abnahmemengen, der Zahlungsmoral usw.) halten möchte, im Zweifel bereit sein, vorübergehende Einbußen seiner Margen zu akzeptieren, um nicht selbst auf Dauer in wirtschaftliche Schwierigkeiten zu geraten.

Scholz vertritt die Auffassung, dass es sich bei **Dienstleistungen** um **fast** **268** **risikofreie Aktivitäten** handele und dass bereits ein Gewinnaufschlag von zB 5 % eine Eigenkapitalrendite zur Folge habe, die weit höher liege als eine

---

[449] Vgl. zB *Palandt/Grüneberg* § 313 BGB Rn. 17 ff.
[450] Vgl. auch *Feißel/Gorn* BB 2009, 1145.

risikofreie Eigenkapitalrendite von zB 5 %; daher sei es gerechtfertigt, wenn Dienstleistungsgesellschaften das Risiko tragen, dass in Krisenzeiten ihre Margen im Verhandlungsweg vermindert werden.[451] In Krisenzeiten hält *Scholz* sogar die Vereinbarung eines **Preises unter den Selbstkosten (Cost Minus System)** für gerechtfertigt.[452] Zwar erkennt auch die OECD die vorübergehende Hinnahme von Verlusten als Geschäftsstrategie an.[453] Jedoch widerspricht eine Beteiligung des **Routineunternehmens** am Gruppenverlust dem vom Konzern gewollten Prinzip der Funktions- und Risikoverteilung, das sich auch auf die Ertragssituation auswirkt. Während die Routineunternehmen geringe aber relativ stabile Gewinne erwirtschaften, sollen die Strategieträger den Restgewinn erhalten, aber auch das Risiko von Verlusten tragen.[454] Daher ist zu erwarten, dass die deutsche FinVerw. für Routineunternehmen (so zB für Dienstleistungs-, Auftragsfertigungs- oder Auftragsforschungsunternehmen, Limited Risk Manufacturer, Limited Risk Distributor) im Prinzip die **Beteiligung an Verlusten** über ein „Cost Minus System" **ablehnt,** aber die in den folgenden Absätzen diskutierten Maßnahmen akzeptieren wird. Wenn dagegen ein Unternehmen als **Strategieträger** (Entrepreneur) tätig ist und zur Ermittlung seiner Verrechnungspreise bisher die Kostenaufschlagsmethode angewendet hat – so zB eine voll ausgestattete Produktionsgesellschaft –, dann bestehen grds. **keine Bedenken** gegen die vorübergehende Anwendung eines **Cost Minus Systems** oder die Beteiligung an Verlusten in der Wertschöpfungskette bei Anwendung der Profit Split Method.

269   Für die Preisanpassung kommen unterschiedliche sinnvolle Möglichkeiten in Betracht. Zunächst können die Unternehmen prinzipiell eine **Korrektur** der Preise und Margen **innerhalb der Bandbreiten** bereits ermittelter Werte vornehmen. Tz. 3.62 OECD-VPL gestattet den Unternehmen, den Verrechnungspreis innerhalb der **vollen Bandbreite** von Fremdvergleichspreisen festzusetzen. Dies gilt gem. § 1 Abs. 3 S. 3 AStG jedoch nicht, soweit eine Bandbreite von nur eingeschränkt vergleichbaren Werten vorliegt, für die eine **Einengung der Bandbreite** gefordert wird. Da in den meisten Fällen lediglich eingeschränkt vergleichbare Werte festgestellt werden können, ist eine Korrektur der Verrechnungspreise innerhalb der eingeengten Bandbreite (i. d. R. innerhalb der Interquartile Range)[455] oft nicht ausreichend, um den Auswirkungen der Rezession zu begegnen.

270   Ferner ist es denkbar, **neue Datenbankanalysen** durchzuführen, die eine Bandbreite von Margen ermitteln, die von Dienstleistern in **vergleichbaren Rezessionsperioden** – zB in den Jahren 2000 und 2001 – erwirtschaftet wurden.[456] Eine solche Vorgehensweise trägt der Tatsache Rechnung, dass es zB für die Überprüfung der Preise und Margen für das Jahr 2008 nicht sinn-

---

[451] Vgl. *Scholz* Transfer Pricing in a Recession, BNA 04/09, 8.

[452] Vgl. *Scholz* Transfer Pricing in a Recession, BNA 04/09, 8.

[453] Vgl. *OECD* Tz. 1.70 ff. u. 7.33 OECD-VPL; ferner oben Rn. 176.

[454] Vgl. Tz. 3.4.10.2 Buchst. a) u. b) VGr-Verfahren.

[455] Vgl. zur Bildung der Interquartile Range Tz. 3.4.12.5 Buchst. d) VGr-Verfahren; *OECD* Tz. 3.57 OECD-VPL.

[456] Vgl. *Scholz* Transfer Pricing in a Recession, BNA 04/09, 9; ebenso betr. die USA *Beeton* Transfer Pricing in a Recession, BNA 04/09, 24.

voll wäre, auf die Durchschnittswerte der Jahre 2005–2007 abzustellen, da es sich um Wachstumsjahre handelte. Alternativ kommen **Anpassungsrechnungen** in Betracht, durch die eine Anpassung in Relation zu den Unterschieden von Bandbreiten von Werten in Rezessions- und Wachstumsphasen erfolgt.[457] Die Bandbreiten von Gewinnaufschlägen (bzw. von MOCs)[458] oder von operativen Margen während der Krisenzeiten liegen regelmäßig unter denen, die während normaler Wirtschaftsphasen ermittelt werden können. Insofern sind Anpassungsrechnungen möglich, die den Einfluss der Umsatzrückgänge auf die Gewinnaufschläge (oder MOCs) bzw. auf die operativen Gewinne von Vergleichsunternehmen aufzeigen. Bei der Anwendung der Kostenaufschlagsmethode oder der TNMM kann der Gewinnaufschlag (bzw. MOC) oder die operative Marge dann während der Krise auf einen niedrigeren Wert im Rahmen der Interquartile Range auf Basis einer solchen Analyse festgelegt werden.

Das EU JTPF hat eine von PricewaterhouseCoopers durchgeführte **Regressionsanalyse** für Dienstleistungsunternehmen veröffentlicht, aus der ersichtlich wird, dass eine positive Korrelation zwischen dem Wachstum des Bruttosozialprodukts und der Ertragskraft eines Unternehmens besteht.[459] Dabei wird der statistische Zusammenhang zwischen dem Wachstum des Bruttosozialprodukts und der Ertragskraft eines Unternehmens durch den Betafaktor ausgedrückt. Im Rahmen der Analyse wurden die Betafaktoren für das untere Quartil ($\beta = 0{,}11$), den Median ($\beta = 0{,}24$) und das obere Quartil ($\beta = 0{,}43$) ermittelt. Der für den Median ermittelte Betafaktor von 0,24 gibt zB an, dass unter sonst gleichen Bedingungen (sog. ceteris paribus Annahme) die Ertragskraft eines Routinedienstleistungsunternehmens um 0,24% steigt (fällt), wenn das Bruttosozialprodukt um 1% wächst (sinkt). Wenn zB das Bruttosozialprodukt in einem Jahr von 5% auf 0% sinkt und die Ertragskraft der Unternehmen für den Median zuvor mit 5% ermittelt wurde, dann fällt dieser Wert auf 3,8%.[460]

Wenn die Werte aus vergleichbaren Rezessionsphasen nicht feststellbar sind   **271** oder nicht zu verwertbaren Ergebnissen führen, wäre noch folgender Aspekt zu berücksichtigen. Während in Jahren wachsender Wirtschaft die Daten von **Unternehmen mit Dauerverlusten** im Rahmen von Datenbankanalysen idR unberücksichtigt bleiben, sollte es zumindest in der Rezessionsphase zulässig sein, für die Analyse auch die Daten von **Vergleichsfirmen** heranzuziehen, die **mehrjährige Verluste** erlitten haben.[461] Aus den VGr-Verfahren lässt sich im Übrigen folgern, dass die Daten von Unternehmen mit mehrjährigen Verlusten selbst in normalen Wirtschaftsphasen verwendet werden dürfen, da dort in einem Beispiel eine Verlustfirma in den Vergleich einbezogen

---

[457] Vgl. *Scholz* Transfer Pricing in a Recession, BNA 04/09, 9.

[458] Vgl. zum Mark-up Over Cost (MOC) unten Rn. 307 u. 455.

[459] Vgl. *EU JTPF* BM contribution to illustrate available generic evidence relating to intra group services profit margins, Sept. 2009, "D. Economic Downturn Analysis".

[460] Vgl. *EU JTPF* BM contribution to illustrate available generic evidence relating to intra group services profit margins, Sept. 2009, "D. Economic Downturn Analysis"; die Analyse merkt an, dass die Auswirkungen bei Routine-Dienstleistungsunternehmen etwas geringer sein dürften.

[461] Vgl. *Phatarphekar u. a.* Transfer Pricing in a Recession, BNA 04/09, 62.

wird und erst im Rahmen der Interquartile Range entfällt.[462] Da die Fin-Verw. die Regelungen der VGr-Verfahren anwenden muss (Grundsatz der Selbstbindung der Verwaltung), können sich die Firmen auf die Einbeziehung von Verlustfirmen berufen. *Beeton/Jairaj*[463] und *Beeton*[464] gehen allerdings davon aus, dass die (englischen und US-amerikanischen) Finanzbehörden die Einbeziehung von Unternehmen mit Dauerverlusten idR nicht akzeptieren werden.

Die **OECD** betont in den Kapiteln I–III der OECD-VPL jedoch ausdrücklich, dass es keine Regel gibt, die für oder gegen die Einbeziehung von vergleichbaren Unternehmen spricht, die Verluste erleiden.[465] Entscheidend seien die Fakten und Begleitumstände, die für die Berücksichtigung als Vergleichsunternehmen sprechen und nicht die finanziellen Resultate.[466] Jedoch müsste bei vergleichbaren Transaktionen mit Verlusten genau geprüft werden, ob diese für einen Vergleich geeignet seien, wobei ein Vergleich ausscheide, wenn zB keine branchenüblichen Bedingungen oder wesentliche Risikounterschiede vorliegen.[467] Dagegen sollen **Unternehmen,** die aufgrund der Funktions- und Risikoanalyse vergleichbare Transaktionen durchführen, **nicht allein wegen** der Tatsache **erwirtschafteter Verluste** aus dem Vergleich **ausscheiden.**[468] Eine ähnliche Überprüfung sei im Übrigen für potenzielle Vergleichsunternehmen erforderlich, die außergewöhnlich **hohe** Gewinne erzielen.[469]

272   Jedoch ist es zulässig, die Datenbankanalysen von dem üblichen Zeitraum der drei Vorjahre auf eine wesentliche **längere Benchmarkperiode** von bspw. acht oder zehn Jahren auszudehnen, die zum Einen sowohl **Aufschwungs- als auch Rezessionsphasen** beinhaltet und zum Anderen auch **Unternehmen** erfasst, die in diesem Zeitraum **einige Jahre Verluste** erlitten haben.[470] Dieses Verfahren führt idR zu einer Ausweitung der gesamten Bandbreite und der Interquartile Range der Vergleichswerte. Da für den Vergleich sowohl auf den einzelnen Jahreswert (zB Gewinnaufschlag oder EBIT-Marge) des untersuchten Unternehmens als auch auf dessen langjährige Bandbreite an Werten abgestellt wird, wäre es **unproblematisch,** wenn jedenfalls die durchschnittlichen langjährigen **Werte** des Unternehmens **innerhalb** der **langjährigen Bandbreite** der Vergleichsunternehmen liegen.[471] Diese Vorgehensweise sollte auch in Deutschland anerkannt werden und kann in vielen Fällen eine akzeptable Lösung bieten. Jedoch ist sie im Einzelfall weniger hilfreich als die oben vorgeschlagene Heranziehung von Daten aus

---

[462] Vgl. Tz. 3.4.12.5d), Beispiel VGr-Verfahren.

[463] Vgl. *Beeton/Jairaj* Transfer Pricing in a Recession, BNA 04/09, 13.

[464] Vgl. *Beeton* Transfer Pricing in a Recession, BNA 04/09, 24 (zur USA).

[465] Vgl. *OECD* Tz. 3.63 f. OECD-VPL.

[466] Vgl. *OECD* Tz. 3.64 OECD-VPL.

[467] Vgl. *OECD* Tz. 3.65 OECD-VPL.

[468] Vgl. *OECD* Tz. 3.65 OECD-VPL.

[469] Vgl. *OECD* Tz. 3.66 OECD-VPL.

[470] Vgl. *Breen/Kochman* TNI 06/2009, 1048 f. unter Hinweis auf die Regelungen des sog. „Multiple-Year Averaging" in US Regs. § 1.482-1(f)(2)(iii)(B); so wohl auch Tz. 3.4.12.9 VGr-Verfahren noch unter Hinweis auf Tz. 1.49 ff. OECD-VPL 1995., jetzt *OECD* Tz. 3.75 ff. OECD-VPL.

[471] Vgl. *Breen/Kochman* TNI 06/2009, 1048 f.

ähnlichen Rezessionsphasen, da die Bandbreite von Werten auf Basis einer langjährigen Benchmarkanalyse der Tatsache nicht gerecht wird, dass die Bandbreite der Werte des untersuchten Unternehmens und der Vergleichsunternehmen in einer Rezessionsphase noch deutlich unterhalb der durchschnittlichen langjährigen Werte liegen können.

Sofern die Werte (zB Gewinnaufschläge oder EBIT-Margen) des geprüften Unternehmens in der Referenzperiode in einzelnen Jahren und im Durchschnitt der Jahre **außerhalb** der **Bandbreite** liegen, muss untersucht werden, ob **außerordentliche Ergebniseinflüsse** vorlagen (zB Rückruf von Waren mit Fehlern, Markteintritt neuer Wettbewerber mit Niedrigpreisen, erhöhte Abschreibungen auf Investitionsgüter), die entsprechende **Anpassungsrechnungen** bezüglich der Werte rechtfertigen.

Als weitere Maßnahme kommen v. a. bei Anwendung der **TNMM** auch   **273** im Voraus vertraglich vereinbarte **Anpassungszahlungen am Jahresende** in Betracht, um zB eine bestimmte operative Marge zu erreichen.[472] Im Hinblick auf die Regelungen der VGr-Verfahren muss allerdings damit gerechnet werden, dass die deutsche FinVerw. diese Art von Anpassungen nur unter bestimmten Voraussetzungen akzeptiert.[473] Demgemäß werden nachträgliche Preisermittlungen und -anpassungen nur anerkannt, wenn diese allein auf bereits vorher festgelegten Rechenvorgängen beruhen und diese keiner späteren Einflussnahme eines Vertragspartners unterliegen. Jedoch müssen solche Anpassungen auf eine bei Vertragsabschluss vorliegende und festgestellte **Ungewissheit über** eine oder mehrere **Preiskomponenten** zurückzuführen sein (zB die Entwicklung des Referenzzinssatzes oder bestimmter Rohstoffpreise), dürfen aber **nicht** auf die **Anpassung** des bei einem der Beteiligten entstehenden **Ergebnisses** abzielen.[474] Für diese zuletzt genannte einschränkende Auffassung der deutschen Finanzbehörden besteht keine Rechtsgrundlage. Generell sollten solche Vereinbarungen im Hinblick auf die internationale Vertragspraxis anerkannt werden, sofern jedenfalls die Berechnungsmethode für die nachträgliche Anpassung der Preise bzw. Margen im Voraus vertraglich genau definiert wird, so dass eine spätere Einflussnahme der Vertragspartner ausscheidet.[475] So werden in grenzüberschreitenden Verträgen zB oft **Zielmargen für Routineunternehmen** vereinbart (bspw. eine EBIT-Marge von 3,5 % für eine bestimmte Routineaktivität) und am Jahresende erfolgt eine Anpassungszahlung zugunsten oder zuungunsten des Routineunternehmens, um die vertraglich vereinbarte Zielmarge zu erreichen. Da diese Zielmargen auf Datenbankrecherchen beruhen, die regelmäßig einen Zeitraum von drei bis fünf Vorjahren umfassen, sind solche Vereinbarungen grundsätzlich auch in Krisenjahren verbindlich, es sei denn, dass der Vertrag flexible Anpassungsregelungen enthält. So wäre zB eine Regelung hilfreich, die es gestattet, dass im Fall von rezessionsbedingten Verlusten des Strategieträgers die Zielmarge des Routineunternehmens im Rahmen der Erstellung des Jahresabschlusses ausnahmsweise für das abgelaufene rezessionsbehaftete Wirt-

---

[472] Vgl. *Scholz* Transfer Pricing in a Recession, BNA 04/09, 9; *Breen/Kochman* TNI 06/2009, 1051 f. zu den einseitigen „Taxpayer-Initiated Adjustments" in USA.

[473] Vgl. Tz. 3.4.12.8 u. Tz. 3.4.20 Buchst. e) VGr-Verfahren.

[474] Vgl. Tz. 3.4.12.8 S. 4 u. Tz. 3.4.20 Buchst. e) VGr-Verfahren.

[475] Vgl. auch *Kaut/Freudenberg/Foth* BB 2007, 1665 ff. und unten Rn. 497.

schaftsjahr anhand einer Datenbankrecherche, die auf Rezessionsjahre abgestellt, neu bestimmt werden kann. Diese Regelung könnte sich ferner auf
Folgejahre mit rezessionsbedingten Verlusten des Strategieträgers erstrecken.
Aufgrund der neuen Datenbankrecherchen kann dem Routineunternehmen
insoweit eine geringere Zielmarge zugerechnet werden; jedoch muss diese zur
Vermeidung steuerlicher Risiken auf jeden Fall noch positiv sein, da ein Verlust von der Finanzbehörden grundsätzlich nicht akzeptiert wird.

274   Im Januar 2014 hat das **EU Joint Transfer Pricing Forum** (EU JTPF)
einen Bericht veröffentlicht, der Empfehlungen zum Thema der **Anpassungen** von bereits gezahlten Verrechnungspreisen vor dem Abschluss der Buchhaltung bzw. vor der Abgabe der Steuererklärungen enthält.[476] Zunächst weist
das EU JTPF darauf hin, dass

- einige Mitgliedstaaten erwarten, dass der Steuerpflichtige in der Lage ist,
  zu dokumentieren, dass er bemüht war, bereits vor oder im Zeitpunkt der
  geschäftlichen Transaktion einen Verrechnungspreis zu vereinbaren, der
  dem Fremdvergleich entsprach **(ex-ante or arm's length setting approach),**
- während andere Mitgliedstaaten erwarten, dass der Steuerpflichtige überprüft, ob die tatsächlichen Ergebnisse seiner Transaktionen dem Fremdvergleich entsprechen **(ex-post or arm's length outcome approach).**[477]

Im ersten Fall sind die Verrechnungspreise und deren Ergebnisse verbind-
lich. Im zweiten Fall gestattet oder erwartet der Mitgliedstaat eine Anpassung
der Preise zum Jahresende vor dem Abschluss der Buchhaltung oder vor der
Abgabe der Steuererklärungen.[478] Sofern die Ansässigkeitsstaaten der beiden
Konzernunternehmen unterschiedliche Auffassungen vertreten – also ein
Staat befürwortet den *Ex-ante Approach* und der andere Staat den *Ex-post
Approach* –, dann können Konflikte entstehen, die im Rahmen eines Verständigungsverfahrens zu lösen sind.[479] Das EU JTPF schlägt vor, dass die beteiligten Staaten eine Preisanpassung akzeptieren sollten, wenn folgende Voraus-
setzungen erfüllt sind:

- Hinreichende Bemühungen des Stpfl. vor der Transaktion ein fremdver-
  gleichskonformes Ergebnis zu erzielen; diese werden idR in der Verrech-
  nungspreisdokumentation beschrieben;
- Korrespondierende Änderungen in den Büchern der Unternehmen in bei-
  den Mitgliedsstaaten;
- Konsistente Anwendung dieses Ansatzes über mehrere Jahre;
- Anpassung erfolgt vor Abgabe der Steuererklärung;
- Der Stpfl. ist in der Lage zu erklären, warum das Budget vom tatsächlichen
  Ergebnis abweicht, sofern dies die Regelungen in mindestens einem der
  involvierten Mitgliedsstaaten vorsehen.

---

[476] Vgl. EU JTPF „Report on Compensating Adjustments" vom 29.1.2014, Tz. 5 ff.
Diese Vorschläge der EU JTPF gelten generell und nicht nur für den hier in
Rn. 263 ff. erörterten Fall der Rezession.

[477] Vgl. EU JTPF „Report on Compensating Adjustments" vom 29.1.2014, Tz. 9 ff.
unter Hinweis auf Tz. 3.69 u. 3.70 OECD-VPL.

[478] Vgl. EU JTPF „Report on Compensating Adjustments" vom 29.1.2014, Tz. 11
unter Hinweis auf Tz. 4.38 f. OECD-VPL.

[479] Vgl. EU JTPF „Report on Compensating Adjustments" vom 29.1.2014,
Tz. 13 f.

Als weitere Alternative käme in Betracht, dass die Dienstleistungsgesell- **275**
schaft **vorübergehend** – zB für zwei oder drei Jahre – auf den bisher vereinbarten **Gewinnaufschlag verzichtet,** jedoch der Dienstleistungsempfänger
bereit ist, **später** im Wege des Vorteilsausgleichs für eine etwa gleich lange
Zeit nach der Rezession einen entsprechend **höheren Gewinnaufschlag** zu
zahlen, wobei sich die Barwerte der Summe der ausfallenden Gewinne und
der Summe der später anfallenden zusätzlichen Gewinne im Idealfall gleichen
sollten.[480] Eine solche Vereinbarung wird den Interessen beider Parteien gerecht und sollte von den Finanzbehörden idR als **Vorteilsausgleich** iSd
Tz. 3.13 ff. OECD-VPL anerkannt werden. Insofern sollte die deutsche Fin-
Verw. einen „Vorteilsausgleich" auch dann akzeptieren, wenn nicht alle der in
Tz. 2.3 VGr genannten Voraussetzungen vorliegen.

Für die steuerliche Anerkennung aller vorstehend genannten Maßnahmen
müssen die Parteien den **Nachweis** erbringen, dass sie die **Änderung** bzw.
Anpassung der Preise, Gewinnaufschläge oder Margen bereits zu Beginn des
Wirtschaftsjahres oder zu einem **frühen Zeitpunkt im Laufe der Krise**
vereinbart und mit Wirkung ab der Änderungsvereinbarung tatsächlich durchgeführt haben. Daher ist es erforderlich, eine Vertragsänderung oder Zusatz-
vereinbarung in schriftlicher Form zu treffen und eine möglichst zeitnahe
Dokumentation zu erstellen.

Selbstverständlich sind auch andere Gestaltungen denkbar, die im Einzelfall
sinnvoll sein können.[481] So wäre es bspw. möglich, ein **Routineunterneh-**
men mit Funktionen, Risiken und immateriellen Wirtschaftsgütern anzurei-
chern und es damit in eine **Strategieträgerunternehmen** umzuwandeln. In
der Folge kann für dieses Unternehmen eine andere geeignete Verrechnungspreismethode – ggf. auch eine gewinnorientierte Methode – zur Anwendung
kommen, so dass eine **Beteiligung** an den **Verlusten** des Konzerns ermöglicht wird. Solche grundlegenden **Umstrukturierungen** sind jedoch nur
dann sinnvoll, wenn nicht nur steuerliche Gründe vorliegen, sondern vorwiegend unternehmerische und betriebswirtschaftliche Gründe dafür vorhanden
sind und wenn die Struktur auf Dauer, also nicht nur vorübergehend, verändert werden soll.

Bei allen **Änderungen** der **Konzernstruktur, Umwandlungen** oder bei **276**
der Übertragung von Funktionen, Risiken und immateriellen Wirtschaftsgütern müssen u. a. die steuerlichen Folgen genau analysiert werden. In fast allen Fällen wird eine **Funktionsverlagerung** iSd § 1 Abs. 3 S. 9 AStG vorliegen, die eine Besteuerung des sog. „Transferpakets" auslöst.[482] Dabei ist zu
beachten, dass die Anfang des Jahres 2010 erfolgte Neufassung des § 1 Abs. 3
S. 10 AStG mit Rückwirkung ab 2008 eine weitere Ausnahmeregelung enthält, die in vielen Fällen an Stelle der **Bewertung des Transferpakets** eine
Einzelbewertung der übertragenen immateriellen und materiellen Wirtschaftsgüter zulässt.[483] Gerade in der Krise kann jedoch eine umfassende Änderung der Konzernstrategie oder eine auf einzelne Gesellschaften beschränk-

---

[480] Vgl. *Beeton/Jairaj* Transfer Pricing in a Recession, BNA 04/09, 12.

[481] Vgl. dazu zB *Scholz* Transfer Pricing in a Recession, BNA 04/09, 7 ff.; *Beeton/*
Jairaj Transfer Pricing in a Recession, BNA 04/09, 11 ff.

[482] Vgl. auch §§ 1 ff. FVerlV; ferner Kap. R Funktions- und Geschäftsverlagerung.

[483] Vgl. dazu Kap. O Rn. 438 f. u. Kap. R.

te Funktionsverlagerung durchaus sinnvoll sein, da für die Bewertung des Transferpakets die Gewinnpotenziale zu ermitteln sind und folglich die Übertragung von Funktionen nebst immateriellen Wirtschaftsgütern wegen der angefallenen und noch erwarteten Verluste (oder Mindergewinne) idR zu einer geringeren Steuerbelastung führt.[484] Im Übrigen muss vor einer Änderung der Konzernstruktur überprüft werden, ob im In- oder Ausland **weitere steuerliche Folgen** ausgelöst werden, wie zB der Wegfall von Verlustvorträgen, das Überschreiten von Zinsschranken oder der Anfall von Gesellschaft- oder Börsenumsatzsteuer, Stamp Duties oder Grunderwerbsteuer.

277   Bei Umstrukturierungsmaßnahmen oder Funktionsverlagerungen, die sich erheblich auf die Höhe der Einkünfte aus den Geschäftsbeziehungen auswirken, handelt es sich um außergewöhnliche Geschäftsvorfälle iSd § 3 Abs. 2 GAufzV, die eine **zeitnahe Dokumentation** erfordern (§ 3 Abs. 1 GAufzV). Die Aufzeichnungen sind innerhalb von 30 Tagen nach Aufforderung vorzulegen (§ 90 Abs. 3 S. 8 AO).

278–280   *(einstweilen frei)*

V. Konzernumlage

1. Zulässigkeit der Konzernumlage

281   Die **Konzernumlage** – die in der deutschen Literatur zT auch als **Leistungsumlage** bezeichnet wird[485] – ist ein vereinfachtes Verfahren zur pauschalen Abrechnung von Dienstleistungen im Konzern. Zur Zulässigkeit des **Konzernumlagevertrags,** der in der ersten Auflage dieses Handbuchs noch als „Kostenumlagevertrag" bezeichnet wurde, sowie zur **Abgrenzung** gegenüber dem **Poolvertrag,** wird zunächst auf die einführenden Erläuterungen oben verwiesen.[486] Die **VGr zu Umlageverträgen**[487] gelten nur für den **Poolvertrag,** bei dem **kein Leistungsaustausch** zwischen den Parteien stattfindet.[488]

282   Für die in der Praxis häufiger anzutreffenden Konzernumlageverträge kann folgende **Definition** gegeben werden: Konzernumlageverträge betreffen einen Leistungsaustausch zwischen mehreren Parteien, wobei idR eine Partei ein Bündel verschiedenartiger Leistungen an mehrere Leistungsempfänger im Konzern erbringt und zur Vereinfachung der Abrechnung die Kosten nach einem nutzenorientierten Umlageschlüssel nebst Gewinnaufschlag auf die Leistungsempfänger umlegt. Demgemäß wird grundsätzlich die **Kostenaufschlagsmethode** angewendet;[489] jedoch werden wegen der damit verbundenen Schwierigkeiten nicht die Kosten jeder individuell an die Leistungsempfänger erbrachten Leistung ermittelt, sondern die jeweiligen **Gesamtkosten einer Leistungskategorie** werden aus Vereinfachungsgründen nach einem

---

[484] Vgl. § 1 Abs. 3 S. 6 AStG u. § 1 Abs. 4 FVerlV.

[485] Vgl. oben Rn. 116 mwN.

[486] Vgl. hierzu Rn. 114.

[487] Vgl. BMF 30.12.99, BStBl. I 1999, 1122 ff.

[488] Zum Poolvertrag vgl. unten Rn. 401 ff. und Kap. O Rn. 251 ff.

[489] Auch die Preisvergleichsmethode kann im Rahmen von Konzernumlageverträgen für einen Teil der Leistungen Anwendung finden; vgl. dazu unten Rn. 295 ff.

verursachungsgerechten (nutzenorientierten) Schlüssel auf die jeweiligen Leistungsempfänger umgelegt und nebst Gewinnaufschlag abgerechnet. Nach herrschender Meinung handelt es sich dabei jetzt um eine **pauschale bzw. indirekte Einzelabrechnung**,[490] für die die allgemeinen Regelungen der VGr Anwendung finden.

Nach der Terminologie der **OECD-VPL** liegt hier – im Unterschied zur 283 direkten Methode, bei der einzelne Leistungen abgerechnet werden – eine **indirekte Methode der Leistungsabrechnung** vor, die u. a. in Tz. 7.20 ff. OECD-VPL erläutert wird. Die zuletzt genannten Regelungen können ggf. ergänzend für die Interpretation der VGr herangezogen werden, soweit diese für die Prüfung von Konzernumlageverträgen keine ausreichenden Aussagen enthalten.[491]

Aufgrund der zivilrechtlichen **Vertrags- und Gestaltungsfreiheit** darf 284 der Unternehmer grundsätzlich frei vereinbaren, ob er die Dienstleistungen im Wege der (direkten) Einzelabrechnung, der indirekten Abrechnung – also durch Konzernumlage – oder im Wege des Poolvertrags abrechnet. Allerdings müssen für die steuerliche Anerkennung der Art und der Höhe der Verrechnungen zum Einen der Fremdvergleichsgrundsatz und zum Anderen die Sonderregelungen für Kostenumlageverträge (Poolverträge) beachtet werden. Während die Einzelabrechnung für Steuerzwecke immer zulässig ist, müssen für die indirekte Einzelabrechnung (Konzernumlage nach dem Leistungsaustauschprinzip) zusätzliche Voraussetzungen vorliegen und für die Kostenumlage nach dem Poolkonzept müssen noch weitere Bedingungen erfüllt sein, die in den bereits erwähnten VGr zu Umlageverträgen geregelt werden.

Ein **Konzernumlagevertrag** erfordert, dass zwei oder mehr Parteien die 285 Leistungen erhalten, wobei es genügt – aber im Gegensatz zum Kostenumlagevertrag (Poolvertrag) **nicht Voraussetzung** ist – dass der **Leistende selbst** die **Leistung** ebenfalls **benötigt** und somit selbst einer der Leistungsempfänger ist.[492] Ein Konzernumlagevertrag kann folglich nicht abgeschlossen werden, wenn nur ein Leistungsempfänger vorhanden ist; dann ist nur die Einzelabrechnung möglich. Wenn dagegen die **Dienstleistungen** an **mehrere Leistungsempfänger** erbracht werden und im Übrigen die in diesem Abschnitt noch zu erörternden Voraussetzungen für einen Konzernumlagevertrag nach dem Leistungsaustauschprinzip erfüllt sind, darf generell **eine Abrechnung im Wege der Konzernumlage** mit Gewinnaufschlag erfolgen. Diese unternehmerische Dispositionsfreiheit besteht auch dann, wenn die strengeren Tat-

---

[490] Vgl. zB *Kuckhoff/Schreiber* IStR 2000, 346 ff., 347; *Baumhoff* Hefte zur Internationalen Besteuerung, Heft 130, S. 8 ff.; *Vögele/Freytag* IWB, F. 10 Gr. 2, S. 1493 ff., 1500; *Kaminski* in Grotherr, Handbuch der internat. Steuerplanung, S. 693 ff., 700 ff.; *Becker/Kroppen* in Kroppen, Vorbemerkung zu Kapitel VII Rn. 6 und *Kroppen* in Kroppen Rn. 6 zu Tz. 7.20 und Rn. 1 ff. zu Tz. 7.24 OECD-VPL; *Oestreicher* IStR 2000, 759 ff., 760, 762; *Sieker* in Wassermeyer, DBA, Art. 9 OECD-MA, Rn. 277 f.; ebenso schon in der 1. Aufl. des Handbuchs der Verrechnungspreise: *Engler* in Kap. K Rn. 212, damals noch zum „Kostenumlagevertrag" gem. Tz. 7 VGr, die die Anwendungen des Leistungsaustauschprinzips zuließ bzw. nicht ausschlossen; aA nur *Böcker* StBp 2008, 8 ff., dessen persönliche Meinung aber von Vertretern der FinVerw. abgelehnt wird.

[491] Vgl. dazu unten Rn. 287 ff.

[492] Ebenso die US-Reg. § 1.482-9(b)(ii)(A) (1) zum Shared Services Arrangement.

bestandsmerkmale für die mögliche Vereinbarung eines Poolvertrags vorliegen, der eine Verrechnung der Kosten ohne Gewinnaufschlag erlauben würde.[493]

286 Für die Anerkennung eines **Kostenumlagevertrags** nach dem **Poolkonzept** müssen folgende Voraussetzungen erfüllt sein:[494]

a) Zusammenwirken der Konzernunternehmen,

b) Verfolgung gemeinsamer Interessen,

c) bei allen Poolmitgliedern muss ein Vorteil (zB in Form von Kosteneinsparungen) zu erwarten sein,

d) die Tätigkeit darf bei dem leistungserbringenden Unternehmen nur eine Hilfsfunktion und nicht den Hauptgegenstand des Unternehmens darstellen und

e) es muss ein schriftlicher Umlagevertrag (Poolvertrag) vorliegen.

Fehlt eines der genannten **Merkmale,** kann steuerlich **kein Pool** anerkannt werden mit der Folge, dass die Leistungen entweder zu Marktpreisen oder im Wege des Kostenaufschlagsverfahrens mit Gewinnaufschlag abzurechnen sind.[495] Dabei ist es nach der hier vertretenen Auffassung idR unproblematisch, einen nicht anerkannten **Kostenumlagevertrag (Poolvertrag) in einen Konzernumlagevertrag umzudeuten;** in solchen Fällen muss dann noch der angemessene **Gewinnaufschlag** für die jeweiligen Leistungskategorien vereinbart und berechnet werden. Kein Poolvertrag liegt vor, wenn der Leistende die von ihm erbrachten Leistungen selbst nicht benötigt, weil er dann kein Poolmitglied sein kann (Tz. 1.2 VGr-Uml.). Selbst wenn der Leistende als Nichtpoolmitglied an einen Pool Leistungen erbringt, kann er diese regelmäßig nach der Kostenaufschlagsmethode an den Pool berechnen (Tz. 1.7 VGr-Uml.). Wenn daher für den Leistenden ein Poolvertrag mit Sicherheit vermieden werden soll, empfiehlt sich die Errichtung einer **speziellen Dienstleistungsgesellschaft** oder einer **konzerneigenen Auftrags-Forschungsgesellschaft.** Diese kann dann ihre Leistungen im Wege der Einzelabrechnung bzw. bei mehreren Leistungsempfängern im Wege der Konzernumlage abrechnen.

287 Fraglich ist, ob sich gewisse **Einschränkungen der Zulässigkeit von Konzernumlageverträgen** aus Tz. 7.20 ff. OECD-VPL ergeben. Diese wären zwar für deutsche Unternehmen unbeachtlich, weil sie keine Bindungswirkungen entfalten, jedoch könnten sie für die FinVerw. den Rang eines Sachverständigengutachtens zur Interpretation des Fremdvergleichsgrundsatzes einnehmen.[496] Darüber hinaus ist zu berücksichtigen, ob einer der **Vertragspartner** in einem Land ansässig ist, in dem die OECD-Verrechnungspreisleitlinien in ein Gesetz oder in verbindliche Vorschriften der FinVerw. übernommen wurden. In diesem Zusammenhang sind ferner nationale Steuergesetze und Verwaltungsregelungen zu beachten, die von den OECD-Verrechnungspreisleitlinien abweichen und etwaige andere Einschränkungen enthalten.

288 Aus Tz. 7.20 OECD-VPL wird ersichtlich, dass einer Abrechnung von konzerninternen Dienstleistungen nach einer **direkten Methode** (Direct-

---

[493] Vgl. *Kuckhoff/Schreiber* IStR 2000, 346 ff.

[494] Vgl. unten Rn. 401 ff. und Kap. O Rn. 251 ff.

[495] Vgl. *Kuckhoff/Schreiber* IStR 2000, 346 ff., 349.

[496] Vgl. Kap. B Rn. 9–15; ebenso *Kuckhoff/Schreiber* IStR 2000, 346.

charge Method) der **Vorzug** gegeben wird, dh wenn den verbundenen Unternehmen jeweils gesonderte Entgelte für **einzelne Dienstleistungen** berechnet werden. Dies hat für die FinVerw. den Vorteil, dass sich die erbrachte Leistung und die Zahlung eindeutig identifizieren lassen und dass die Untersuchung erleichtert wird, ob das Entgelt mit dem Fremdvergleichsgrundsatz vereinbar ist (Tz. 7.20 OECD-VPL). Ferner betont Tz. 7.21 OECD-VPL, dass ein Konzern meistens dann in der Lage sein sollte, Vereinbarungen mit direkten Gebührenbelastungen abzuschließen, wenn vergleichbare Leistungen auch an fremde unabhängige Unternehmen erbracht werden. Wenn die Erbringung von gleichzeitigen **Dienstleistungen an Dritte** einen **wesentlichen Teil des Geschäfts** ausmacht, kann unterstellt werden, dass der Konzern in der Lage ist, eine bestimmte Grundlage für die Gebührenerhebung darzulegen; daher wird für diese Fälle die Anwendung einer direkten Methode empfohlen (Tz. 7.21 und 7.23 OECD-VPL).

Die OECD-Verrechnungspreisleitlinien räumen ein, dass die Anwendung **289** einer direkten Abrechnungsmethode im Einzelfall schwierig oder sogar unmöglich sein kann, insb. wenn bei zentral ausgeführten Leistungen der Vorteil der Leistungen für die einzelnen Leistungsempfänger nur ungenau oder aufgrund einer Schätzung ermittelt werden kann.[497]

Beispiel: Bei zentraler Verkaufsförderung, Teilnahme an internationalen Messen, Werbung in der internationalen Presse und sonstigen zentralen Marketingleistungen ist es schwierig, für die begünstigten Konzernunternehmen den anteilig zurechenbaren Nutzen zu ermitteln.

Ein zweiter Fall, in dem die OECD-VPL die direkte Abrechnung als prob- **290** lematisch ansieht und deswegen die indirekte Abrechnungsmethode befürwortet, liegt vor, wenn die einzelne Dienstleistung nur mit einem erheblichen Verwaltungsaufwand erfasst und analysiert werden kann, wobei dieser Aufwand im Verhältnis zu den empfangenen Leistungen selbst als unverhältnismäßig erscheint.[498]

Beispiel: Die Leistungen der Mitarbeiter eines europäischen Koordinationszentrums für die europäischen Konzerngesellschaften einer US-Muttergesellschaft könnten nur durch genaue Zeiterfassung der einzelnen Mitarbeiter detailliert erfasst und einzeln abgerechnet werden. Der Verwaltungsaufwand der Einzelerfassung und Einzelabrechnung wäre unverhältnismäßig groß.

Schon der OECD-Bericht 1984 kam zu dem Ergebnis, dass in solchen Fäl- **291** len die Kostenumlage zugelassen werden muss.[499] Dabei wurde betont, dass es falsch wäre, die spezielle Situation multinationaler Unternehmen zu ignorieren und zu behaupten, Kostenumlagesysteme kämen zwischen fremden Dritten nur selten zur Anwendung; vielmehr seien für die Beurteilung die Umstände des Einzelfalles maßgeblich.[500]

---

[497] Vgl. *OECD* Tz. 7.24 OECD-VPL.

[498] Vgl. *OECD* Tz. 7.24 OECD-VPL.

[499] Vgl. *OECD* Tz. 61 im Abschnitt "The allocation of central management and service costs" des OECD-Berichts 1984.

[500] Vgl. *OECD* Tz. 63 im Abschnitt "The allocation of central management and service costs" des OECD-Berichts 1984.

292   Trotz des Plädoyers der Tz. 7.20 und 7.21 OECD-VPL für die bevorzugte Anwendung einer direkten Methode werden jedoch an keiner Stelle die **indirekten Abrechnungsmethoden** (Indirect-charge Methods) als generell unzulässig oder als nur nachrangig bzw. ersatzweise anwendbar bezeichnet. Eine **Ausnahme** gilt nur, wenn bestimmte Dienstleistungen, die ein **Hauptgeschäftsfeld** des Unternehmens darstellen, nicht nur an verbundene, sondern auch an fremde Unternehmen erbracht werden (Tz. 7.23 OECD-VPL), weil dann der an Dritte berechnete Preis idR einen internen Preisvergleich und eine Einzelabrechnung ermöglicht. In allen anderen Fällen sind neben der Einzelabrechnung nach der direkten Methode – also der gesonderten Abrechnung jeder einzelnen Leistung – auch indirekte Methoden zulässig, wobei es sich um **Kostenumlage- und Kostenaufteilungsmethoden** (Cost Allocation and Apportionment Methods)[501] handeln kann, die oft einen gewissen Grad an Schätzung oder die Anwendung von Annäherungswerten erfordern (Tz. 7.23 OECD-VPL).

293   Die in Tz. 7.24 OECD-VPL genannten Fälle, in denen indirekte Preisverrechnungen stattfinden können, also
– wenn der Wert der erbrachten Dienstleistungen nicht quantifiziert werden kann oder
– wenn die Aufzeichnung und Bewertung getrennt für jeden Dienstleistungsempfänger im Verhältnis zur Dienstleistung einen hohen Verwaltungsaufwand bedeuten würde,
dürfen **nicht** als tatbestandsmäßige **Voraussetzungen** einer indirekten Abrechnung verstanden werden, da es sich ausdrücklich um Beispielsfälle handelt. Unabhängig davon erfüllen in der **Praxis** ohnehin fast alle **Konzernumlageverträge** diese Kriterien, weil regelmäßig ein **Bündel von Leistungen** an **mehrere Leistungsempfänger** erbracht wird und eine getrennte Aufzeichnung, Bewertung und Abrechnung unverhältnismäßig wäre.

294   Unterstellt man den Fall, dass ein deutscher Betriebsprüfer die Anwendung eines Konzernumlagevertrags aus rein formellen Gründen beanstandet und die Anerkennung von bestimmten Voraussetzungen abhängig machen will, so wäre ihm entgegen zu halten, dass es im Rahmen der gesetzlichen Korrekturvorschriften nur darauf ankommt, dass der Gewinn der deutschen beteiligten Gesellschaft nicht gemindert wurde. Weder § 1 AStG noch andere gesetzliche Vorschriften verbieten die Anwendung des Konzernumlageverfahrens. In Deutschland gilt das oben bereits erwähnte **Prinzip der Vertragsfreiheit.** Danach muss den beteiligten Parteien eines Vertrags überlassen bleiben, wie sie ihre Rechtsbeziehungen im Rahmen der geltenden Gesetze gestalten.[502] Soweit sich daher aus den Verwaltungsvorschriften oder aus den OECD-VPL eine Einschränkung der Vertragsfreiheit ergeben sollte, wäre diese mangels Gesetzesgrundlage grundsätzlich unbeachtlich. Demgemäß ist die **Abrechnung** von Leistungen **im Wege des Konzernumlagevertrags** – dh im

---

[501] Diese Begriffe unterscheiden sich von dem in Kapitel VIII. OECD-VPL für den Umlagevertrag nach dem Poolkonzept benutzten Begriff der *Kostenbeitragsvereinbarung* (Cost Contribution Arrangement), wobei die überwiegende Literatur dies jedoch als *Kostenumlagevertrag* bezeichnet, sodass dieser Begriff auch hier synonym für den Poolvertrag verwendet wird.

[502] Die Parteiautonomie wird unten in Rn. 512 ff. erörtert.

Wege der pauschalen Einzelabrechnung – **immer zulässig,** wenn ein solche vereinfachte Abrechnung auch zwischen fremden Dritten denkbar ist, sodass die Konzernumlage im Prinzip für alle Arten von Dienstleistungen in Frage kommt.

Als **Ergebnis** bleibt damit festzuhalten, dass der ordentliche Geschäftsleiter grundsätzlich ein **Wahlrecht** hat, Dienstleistungen entweder im Wege der **Einzelabrechnung oder** durch **Konzernumlageverfahren** zu belasten.[503] Dabei genügt es, dass der ordentliche Geschäftsleiter in der Konzernumlage eine vereinfachte Form der Dienstleistungsverrechnung sieht. Soweit die Dienstleistung nur eine **Nebenleistung** darstellt, kommt eine Verrechnung zB im Preis für Warenlieferungen in Betracht.

2. Verrechnungspreismethoden

Dieser Abschnitt soll erläutern, welche **Verrechnungspreismethoden** für   295 die **Konzernumlagen** nach dem Leistungsaustauschgedanken Anwendung finden. Es ist allgemein anerkannt, dass für die Verrechnung von Leistungen an mehrere Leistungsempfänger im Konzern zwei Arten von Umlageverträgen in Frage kommen, nämlich

a) der sog. **Poolvertrag,** der auf dem Poolgedanken beruht und nur eine Umlage der Kosten ohne Gewinnaufschlag erlaubt oder

b) der **Konzernumlagevertrag,** der auf dem Marktgedanken bzw. Leistungsaustauschgedanken beruht und eine vereinfachte Form der Entgeltvereinbarung darstellt, die eine Abrechnung aller Leistungen nach der **Kostenaufschlagsmethode** (oder daneben auch nach der **Preisvergleichsmethode**) erlaubt.

Nach dem Erlass der „VGr für Umlageverträge" (Poolverträge) ist klar, dass die deutsche FinVerw. in Übereinstimmung mit den OECD-Verrechnungspreisleitlinien **beide** Konzepte anerkennt. Das **Poolkonzept** kann unter den in Tz. 1 ff. VGr–Uml. genannten Voraussetzungen durchgeführt werden.[504] Die **Konzernumlage nach dem Leistungsaustauschgedanken** wird ebenfalls anerkannt;[505] dies wird in Tz. 1 S. 2 VGr–Uml. zum Ausdruck gebracht,[506] wo es heißt: „Die **Einzelverrechnung** von Leistungen bleibt hiervon unberührt, ohne Rücksicht darauf, ob der Verrechnungspreis mit Hilfe der **direkten oder indirekten Methode** ermittelt wird." Damit wird auch die Konzernumlage nach dem Leistungsaustauschgedanken erfasst, da diese nach Auffassung der FinVerw. und zahlreicher Autoren im Schrifttum als pauschale Einzelabrechnung nach der indirekten Methode qualifiziert wird.[507] Die in Tz. 7.20 ff. OECD-VPL verwendeten Begriffe der direkten und indi-

---

[503] Im Ergebnis ebenso *Piltz* in Schaumburg, Verrechnungspreise, 64. Zur Abgrenzung von Kostenumlagen nach dem Poolkonzept vgl. oben Rn. 286 sowie Rn. 114 ff.

[504] Vgl. unten Rn. 401 ff. und Kap. O Rn. 251 ff.

[505] Vgl. Erläuterungen im vorherigen Abschnitt, Rn. 281 ff.

[506] Vgl. *Kuckhoff/Schreiber* IStR 2000, 346 ff., 347; *Schreiber* ist Mitglied der Arbeitsgruppe im BMF, die seit 1998 mit der Überarbeitung der VGr 1983 befasst ist, (Hinweis in der Vorbemerkung des Artikels).

[507] Vgl. Tz. 1 S. 2 VGr–Uml. und die oben zu Rn. 282 genannte Literatur.

rekten Methode waren in den deutschen VGr bisher nicht verwendet worden. Für die Interpretation kann daher auf die entsprechenden Regelungen der OECD-Verrechnungspreisleitlinien zurückgegriffen werden.

296 Wie bereits erörtert wurde, liegt die Abrechnung von Dienstleistungen nach einer **direkten Methode** vor, wenn **einzelne Dienstleistungen** unter Anwendung einer Verrechnungspreismethode – also der Preisvergleichsmethode, der Wiederverkaufspreismethode oder einer anderen Methode – bewertet und in Rechnung gestellt werden. Dies entspricht der in diesem Kapitel erläuterten **Einzelabrechnung** von Dienstleistungen.[508] Die Abrechnung von einzelnen Dienstleistungen entspricht aber nicht dem **Sinn und Zweck des Konzernumlagevertrags,** der eine **Vereinfachung der Ermittlung und Zurechnung der Kosten** nach einer indirekten Methode ermöglichen soll.[509] Vor allem wäre eine Einzelabrechnung von Konzerndienstleistungen bei einer Vielzahl von Dienstleistungsabteilungen und bei mehreren Leistungsempfängern nur möglich, wenn eine gut funktionierende Zeiterfassung der Mitarbeiter der leistenden Abteilungen vorhanden wäre. Ein solcher Verwaltungsaufwand ist jedoch für Konzernunternehmen nicht zumutbar.

Fraglich ist aber, ob es möglich ist, in einem Konzernumlagevertrag, der verschiedene Leistungsbereiche regelt, für bestimmte Leistungen eine direkte Methode anzuwenden – insb. wenn für diese Leistungen Fremdvergleichspreise nach der Preisvergleichsmethode vorliegen – während für alle anderen Leistungen die Abrechnung nach der indirekten Methode erfolgt. Bevor diese Frage beantwortet wird, soll zunächst noch die Anwendung der indirekten Methode näher erläutert werden.

297 Der Konzernumlagevertrag beruht auf dem **Marktgedanken bzw. Leistungsaustausch-Gedanken.** Danach stellt die Konzernumlage lediglich eine vereinfachte Form der Entgeltvereinbarung dar, die der Einzelabrechnung vergleichbar ist. Die leistende Konzerngesellschaft steht einem unabhängigen Unternehmen gleich und trägt das mit der Leistungserbringung verbundene Geschäftsrisiko. Während der Poolgedanke einen Gewinnaufschlag ausschließt, rechtfertigt der Leistungsaustauschgedanke einen solchen Gewinnaufschlag.

298 Die **Anwendung der indirekten Methode** bedeutet, dass keine Abrechnung der einzelnen Dienstleistungen erfolgt, sondern dass die **Kostenaufschlagsmethode** für die Abrechnung **gleichartiger** Leistungen bzw. eines Bündels von gleichartigen **Leistungen** idR an **mehrere Leistungsempfänger** angewendet wird, wobei die **Gesamtkosten** jeder Leistungskategorie nach einem nutzenorientierten bzw. **verursachungsgerechten Schlüssel** auf die Leistungsempfänger mit einem Gewinnaufschlag umgelegt werden. Die in der Praxis oft anzutreffende Vorgehensweise wird aus folgendem, stark vereinfachtem Beispiel ersichtlich.

Beispiel: Zum Konzern der deutschen A-AG gehören die als Warenhersteller tätigen Tochtergesellschaften B, C und D im Ausland und die Servicegesellschaft S. Die S erbringt an B, C und D Leistungen auf den Gebieten des Personalwesens (Mitarbeiter-

---

[508] Vgl. oben Rn. 141–253.
[509] Vgl. dazu oben Rn. 282, 293.

training), der EDV (Softwareentwicklung und -unterstützung) und des Marketings (Erstellen der Werbekonzepte). Bei der S fallen laut Budget folgende in Spalte 2 genannten Kosten an (jeweils T€):

Abteilung Bei S	Kosten T€	Verwaltungs kostenzuschlag %	Verwaltungs kostenzuschlag T€	Summe T€
Verwaltung	300			
Personalwesen	450	10	45	495
EDV	1500	10	150	1650
Marketing	1050	10	105	1155
Summe	3300		300	3300

Zur Ermittlung der verrechenbaren Kosten muss zunächst der nicht verrechenbare Gesellschafteraufwand ausgeschieden werden; im Beispiel liegen keine Anhaltspunkte für Gesellschafteraufwand vor. Danach werden die indirekten Kosten für die Verwaltung auf die leistenden Kostenstellen (Personalwesen, EDV, Marketing) verteilt. Hierzu wird in einem ersten Schritt der Verwaltungskostenzuschlag als Verhältnis der Verwaltungskosten (T€ 300) zu den direkten Kosten (T€ 3000) bestimmt, der dann in einem zweiten Schritt auf die jeweiligen direkten Kosten der leistenden Kostenstellen angewendet wird (oben Spalten 3 und 4). Die Summe der direkten und indirekten Kosten wird dann nach dem vereinbarten Umlageschlüssel zuzüglich der für die einzelnen Leistungsbereiche ermittelten Gewinnaufschläge iHv 10% auf die Leistungsempfänger verteilt (nachfolgende Tabellen). Im Beispiel wird davon ausgegangen, dass die Parteien laut Vertrag die Kosten für Personalwesen nach dem Verhältnis der Mitarbeiterzahlen, die Kosten der EDV nach dem Verhältnis der PC-Nutzer und die Marketingkosten nach den anteiligen Umsätzen aufteilen und dass der anhand von Datenbankrecherchen für jeden Leistungsbereich ermittelte Gewinnaufschlag jeweils 10% beträgt.

Die Berechnung der Konzernumlagen kann dann wie folgt aussehen:

a) Personalwesen

Gesellschaft	Mitarbeiter Zahl	Mitarbeiter %	Kosten Personalwesen T€	Gewinn-Zuschlag T€	Summe Umlage T€
B	400	20	99,0	9,90	108,90
C	600	30	148,5	14,85	163,35
D	1000	50	247,5	24,75	272,25
Summe	2000	100	495,0	49,50	544,50

b) EDV

Gesellschaft	PC-Nutzer Zahl	PC-Nutzer %	Kosten EDV T€	Gewinn-Zuschlag T€	Summe Umlage T€
B	50	25	412,5	41,25	453,75
C	60	30	495,0	49,50	544,50
D	90	45	742,5	74,25	816,75
Summe	200	100	1650,0	165,00	1815,00

c) Marketing

Gesell-schaft	Umsatz Mio.	Umsatz %	Kosten Marketing T€	Gewinn-Zuschlag T€	Summe Umlage T€
B	30	20	231,0	23,10	254,10
C	39	26	300,3	30,03	330,33
D	81	54	623,7	62,37	686,07
Summe	150	100	1155,0	115,50	1270,50

Aufgrund des Budgets haben die Tochtergesellschaften B, C und D demnach jeweils die Summe aus den genannten Umlagen zu zahlen (für B zB T€ 816,75, gem. nachfolgender Tabelle).

d) Summe Umlagen

Gesell-schaft	Personal Umlage T€	EDV Umlage T€	Marketing-Umlage T€	Summe Umlagen T€
B	108,90	453,75	254,10	816,75
C	163,35	544,50	330,33	1038,18
D	272,25	816,75	686,07	1775,07
Summe	544,50	1815,00	1270,50	3630,00

Üblicherweise werden auf der Basis eines Budgets vierteljährliche (oder monatliche) Abschlagszahlungen an S vereinbart. Nach Vorliegen des Jahresabschlusses der S erfolgt eine Endabrechnung auf Basis der Istkosten, die zu einer Nachzahlung oder Erstattung führt.

299   Die in der **Praxis** verwendeten Konzernumlageverträge für Dienstleistungen berücksichtigen in manchen Fällen wie bei der Einzelabrechnung nicht nur die Kostenaufschlagsmethode, sondern für einige der Leistungen – soweit Fremdpreise zur Verfügung stehen – auch die Preisvergleichsmethode.

Beispiel: Die schweizerische X-SA erbringt als europäische Holding eines US-Konzerns verschiedene Management-Leistungen und Dienstleistungen für europäische Tochtergesellschaften der US-Muttergesellschaft. U. a. druckt die X-SA außer Werbeprospekten auch die Geschäftsberichte aller europäischen Aktiengesellschaften einschließlich des Geschäftsberichts der deutschen Schwestergesellschaft D-AG. X-SA berechnet dafür an die europäischen Schwestergesellschaften und die D-AG den (durch Angebote externer Firmen festgestellten) unstreitigen Fremdpreis iHv € 30 pro Exemplar. Die tatsächlichen Kosten der Herstellung der Geschäftsberichte belaufen sich auf € 20 pro Exemplar. Für andere Leistungen wie zB Marketingunterstützung wird eine Konzernumlage mit 10% Gewinnaufschlag nach dem Umsatzschlüssel erhoben.

300   Das oben angeführte Beispiel führt zu der Frage, ob es zulässig ist, in einem Konzernumlagevertrag die **direkte** und die **indirekte Methode** zu **mischen,** ob also zB für einige Leistungen die **Preisvergleichsmethode** Anwendung finden kann – oder sogar finden muss – während für andere Leistungen die pauschale Einzelabrechnung nach der **Kostenaufschlagsmethode** angewendet werden kann. Grundsätzlich bestehen gegen diese Art der gemischten Abrechnung keine Bedenken, wobei auch in solchen Fällen eine exakte Abgrenzung der direkten und indirekten Kosten der jeweiligen Dienstleistungsabteilungen erforderlich ist. Für die Zulässigkeit verschiedener Abrechnungsarten für die Leistungen unterschiedlicher Abteilungen sprechen mehrere Gründe. Zum einen könnten die Vertragsparteien ohnehin für die einzelnen Leistungen auch **gesonderte Verträge** schließen, sodass eine Zusammenfassung verschiedener Leistungsbündel und verschiedener Abrechnungsarten in einem Vertrag lediglich der Vereinfachung dient und aufgrund der Vertragsfreiheit keinen Bedenken begegnet. Zum anderen ist die Gleichrangigkeit der **Standardmethoden** seit 1.1.2008 in § 1 Abs. 3 S. 1 AStG gesetzlich verankert und wurde zuvor bereits in Tz. 2.4.1 VGr von der deutschen FinVerw. anerkannt. Demnach besteht auch im Rahmen des Konzernumlagevertrags ein **Wahlrecht** zwischen der Preisvergleichsmethode und der Kostenaufschlagsmethode.[510]

Der BFH[511] hat vor einigen Jahren in einem Urteil implizit den Vorrang **301** der **Preisvergleichsmethode** vor der damaligen „Kostenumlage" iSd Tz. 7. VGr befürwortet. Aus dem Urteilstatbestand wird ersichtlich, dass eine **Steuerberatungsgesellschaft,** die drei Aktiengesellschaften gehörte, Steuerberatungsleistungen an diese nur im Wege der „Kostenumlage" ohne Gewinnaufschlag berechnete. Der BFH vertritt in dem Urteil die Meinung, dass die Steuerberatungsgesellschaft ihre Gebühren nach der geltenden **Gebührenordnung für Steuerberater** hätte in Rechnung stellen müssen und dass in Höhe der Differenz eine vGA vorliege. Der BFH beanstandete daher nicht, dass das FG auf Basis der Personalaufwendungen einen Gewinnzuschlag von 153% geschätzt hatte.[512] Nach Meinung des BFH hätte der Konzern eine konzerneigene Steuerabteilung anstelle einer Steuerberatungsgesellschaft gründen können und wäre dann nicht an den Gebührenrahmen der Steuerberater gebunden gewesen.

Der BFH vermeidet eine Auseinandersetzung mit der damals in Tz. 7.1.6 VGr aF enthaltenen Aussage, wonach die Kostenumlage ohne Gewinnaufschlag zu erfolgen hat, weil der **BFH** im Urteilsfall davon ausgeht, dass der Fremdvergleich die **Einzelabrechnung** mit Gewinnaufschlag gebiete. Der BFH hat im genannten Fall demnach die von den Parteien gewollte Kostenumlage in eine Einzelabrechnung umgedeutet. Richtig wäre es gewesen, die von den Parteien zivilrechtlich gewollte Vereinbarung zu Grunde zu legen und festzustellen, welche alternativ zulässige Vereinbarung der getroffenen Vereinbarung am nächsten kam. Der BFH hätte dann zu dem Ergebnis kommen müssen, dass eine konzerneigene Steuerberatungsgesellschaft nicht am Markt auftritt und nicht so hohe Risiken wie die Wettbewerber trägt, so dass der Vertrag als Konzernumlagevertrag (mit Gewinnaufschlag) anzuerkennen war. Ferner hätte der BFH feststellen müssen, dass im Rahmen von Konzernumlageverträgen für einzelne Leistungsbündel grundsätzlich der Fremdvergleich gilt und dass demgemäß die Preisvergleichsmethode, die Kostenaufschlagsmethode oder andere Methoden für die Abrechnung der Dienstleistungen im Rahmen des Konzernumlagevertrags anwendbar sind. Damit wäre der BFH zu dem Ergebnis gelangt, dass wahlweise (die vom BFH ange-

---

[510] Vgl. zur Methodenwahl oben Rn. 144 f.
[511] Vgl. BFH 23.6.93, BStBl. II 1993, 801.
[512] Vgl. BFH 23.6.93, BStBl. II 1993, 804.

wandte) Preisvergleichsmethode oder aber die Kostenaufschlagsmethode zulässig war. Die Kostenaufschlagsmethode auf Basis der Istkosten hätte der von den Vertragsparteien gewählten Kostenumlage eher entsprochen, auch wenn sie zwingend einen Gewinnaufschlag vorsieht. Für die Ermittlung der Höhe des Gewinnaufschlags hätte dann eine Zurückverweisung an das FG erfolgen müssen. Der Gewinnaufschlag hätte dann als Mark-up Over Cost (MOC) anhand einer Datenbankrecherche ermittelt werden können.

302   Ein weiteres Argument für die Zulässigkeit der Mischung der Abrechnungsarten in einem Konzernumlagevertrag ist, dass sich diese Abrechnungsweise in der **Vertragspraxis** weitgehend durchgesetzt hat und im Ergebnis auch keine Nachteile für die FinVerw. der verschiedenen Länder ersichtlich sind. Wenn alle Länder dieses Prinzip anerkennen, dann müssten sich die Vor- und Nachteile der Fremdpreise und der Gewinnzuschläge im Ergebnis ausgleichen, weil einmal der Leistende im einen Land Fremdpreise berechnet und ein anderes Mal der Leistende im anderen Land Fremdpreise in Rechnung stellt. Schließlich spricht kein Gesetz gegen die Anwendung mehrerer Methoden für verschiedene Leistungen eines Vertrags. Zudem entspricht die Anwendung mehrerer Methoden dem Fremdvergleichsgrundsatz in weit größerem Maße als die reine Konzernumlage nach der Kostenaufschlagsmethode, weil letztere zwischen fremden Dritten doch wohl eher die Ausnahme sein dürfte.

303   Soweit **keine Fremdpreise** vorliegen oder aufgrund der freien Methodenwahl nicht verrechnet werden, kommt grundsätzlich die Anwendung der **Kostenaufschlagsmethode,** dh die Verrechnung der **Kosten mit Gewinnaufschlag** in Betracht. Gem. Tz. 2.2.4 VGr werden die **Kosten** nach den Kalkulationsmethoden ermittelt, die der Leistende auch bei seiner Preispolitik gegenüber Fremden zu Grunde legt und – wenn keine Leistungen gegenüber Fremden erbracht werden – die betriebswirtschaftlichen Grundsätzen entsprechen. Demgemäß sind regelmäßig die tatsächlich entstandenen Kosten entsprechender Leistungen im Konzern zu erfassen. Bei der Ermittlung des Umfangs der relevanten Kosten besteht kein Zweifel, dass die Abrechnung auf **Vollkostenbasis** (direkte und indirekte Kosten) zu erfolgen hat.[513] Der Ansatz von Teilkosten scheidet damit aus.

Fraglich ist, ob nur **Istkosten** verrechnet werden dürfen. Wie bereits ausführlich erörtert wurde,[514] entsprechen die Plan- und Normalkostenrechnung durchaus sowohl dem Fremdvergleich als auch betriebswirtschaftlichen Grundsätzen gem. Tz. 2.2.4 VGr. *Baumhoff* vertritt daher die Auffassung, dass die **Plankostenrechnung** für Dienstleistungen die geeignetste Grundlage für die Ermittlung von Verrechnungspreisen darstellt.[515] Jedoch bleibt es den Unternehmen unbenommen, die Kosten auf Basis der **Istkosten** abzurechnen und dies ist in der Praxis in der überwiegenden Zahl der Fälle zu beobachten. Die Abrechnung auf Basis der Istkosten vermeidet das Problem des Risikos

---

[513] Vgl. *OECD* Tz. 7.35 OECD-VPL, wo aber darauf hingewiesen wird, dass die Kosten keine höheren Verwaltungskosten (Overhead Costs) beinhalten dürfen als bei anderen vergleichbaren Geschäften.

[514] Vgl. dazu ausführlich oben Rn. 221 ff. insb. Rn. 227 f.

[515] Vgl. *Baumhoff* in FWBS, § 1 AStG, Rn. 492 ff.; *Baumhoff* in Mössner, Rn. 3.201 ff.

von Verlusten bei Routineunternehmen wegen Überschreitens der Plankosten, so wenn zB ein Dienstleistungsunternehmen den Aufwand für bestimmte Projekte falsch eingeschätzt hat oder wenn sich für ein Auftragsfertigungs- oder Auftragsforschungsunternehmen unerwartete Erhöhungen der Personal- und Sachkosten ergeben.

Wenn Leistungserbringer und Leistungsempfänger in verschiedenen Staaten **304** ansässig sind, stellt sich die Frage, welche Rechnungslegungsmethoden für die Bestimmung der umlagefähigen Kosten des Konzernumlagevertrags Anwendung finden. Für den **Poolvertrag** lässt Tz. 2.1 VGr-Uml. zu, dass die Aufwendungen grundsätzlich nach den **Rechnungslegungsvorschriften** des Staates zu ermitteln sind, in dem das Unternehmen tätig wird, das die Leistung erbringt. Erbringen mehrere Poolmitglieder die vereinbarte Leistung, so können die Aufwendungen nach den Rechnungslegungsvorschriften eines Staates oder den Grundsätzen, die für die Aufstellung einer konsolidierten Bilanz der Unternehmen gelten, ermittelt werden, soweit dieses Vorgehen von den FinVerw. der anderen Staaten nicht beanstandet wird. Diese Regelungen können **analog** für einen **Konzernumlagevertrag** angewendet werden, weil sie sinnvoll sind und den Bedürfnissen sowie den tatsächlichen Gegebenheiten in der Praxis Rechnung tragen. Es empfiehlt sich aber, im Konzernumlagevertrag zu regeln, dass die Ermittlung der direkten und indirekten **Kosten** einer Leistung nach den **Rechnungslegungsvorschriften** im **Staat des Leistenden** erfolgt.

Der Konzernumlagevertrag muss auf jeden Fall die für die einzelnen Leis- **305** tungen anzuwendenden **Aufteilungsschlüssel** (auch sog. Umlage- oder Kostenschlüssel) enthalten.[516] Die Vertragsparteien sollten dabei für die einzelnen leistenden Abteilungen oder Kostenstellen jeweils einen – eventuell auch einen einheitlichen oder gemischten – Umlageschlüssel wählen, der den Anteilen entspricht, zu dem die beteiligten Unternehmen die Leistungen tatsächlich oder voraussichtlich nutzen werden. [517]

Da es sich bei zahlreichen Dienstleistungen um **Routinefunktionen** han- **306** delt, ist es auch zulässig, die geschäftsvorfallbezogene **Nettomargenmethode** anzuwenden. Nach Meinung der FinVerw. setzt dies u. a. voraus, dass die Standardmethoden wegen des Fehlens oder der Mängel von Fremdvergleichsdaten nicht angewandt werden können (Tz. 3.4.10.3 Buchst. b VGr-Verfahren). Dagegen regelt § 1 Abs. 3 S. 1 AStG den Vorrang der Standardmethoden nur für die Fälle, in denen Fremdvergleichswerte ermittelt werden können, die **uneingeschränkt** vergleichbar sind. Da **konzernspezifische Dienstleistungen** idR jedoch nur **eingeschränkt** mit den Funktionen, Risiken und eingesetzten Wirtschaftsgütern von Dienstleistern, die am Markt tätig sind, verglichen werden können, liegen regelmäßig nur „eingeschränkt vergleichbare Fremdvergleichswerte" iSd § 1 Abs. 3 S. 2 und 3 AStG vor. Diese Werte sind nach Vornahme sachgerechter Anpassungen und Einengung der Bandbreite einer „geeigneten Verrechnungspreismethode" zugrunde zu legen. Folglich kommt in diesen Fällen sowohl die Anwendung der Standardmethoden als auch die Anwendung gewinnorientierter oder anderer Me-

---

[516] Vgl. oben Beispiel zu Rn. 298 und unten Rn. 321 ff.
[517] Ausführliche Erläuterungen zu den Umlageschlüsseln finden sich unten zu Rn. 321 ff.

thoden in Betracht. Daher ist für Konzerndienstleistungen **anstelle** der **Kostenaufschlagsmethode auch** die geschäftsvorfallbezogene **Nettomargenmethode** im Rahmen des Fremdvergleichs regelmäßig anwendbar. Folglich ist es zulässig, für die Konzerndienstleistungen im Rahmen des Konzernumlagevertrags eine Vergütung zu vereinbaren, die zB die Erzielung einer bestimmten EBIT-Marge (im Verhältnis zum Umsatz oder zu den Kosten) oder einer EBIT-Marge innerhalb einer konkret definierten Bandbreite (ebenfalls im Verhältnis zum Umsatz oder zu den Kosten) garantiert.[518]

307 Wegen der erforderlichen Aufteilung der Kosten auf verschiedene Leistungsempfänger ist es aber fraglich, ob die jeweiligen Ansässigkeitsstaaten eine nutzenorientierte Kostenbelastung zuzüglich einer Marge akzeptieren, die nicht als Kostenaufschlag, sondern als **EBIT-Marge** des Leistenden konzipiert ist. Generell ist es jedoch idR möglich, die EBIT-Kennzahlen bzw. den operativen Gewinn ins Verhältnis zu den operativen Kosten zu setzen. Der auf diese Weise ermittelte **„Mark-up Over Cost (MOC)"** entspricht dem **Gewinnaufschlag,** der **auf Basis der Kosten** erzielt wurde. Folglich lässt sich argumentieren, dass der Vergleich der Bandbreiten des **MOC faktisch** einen **Anwendungsfall der Kostenaufschlagsmethode** darstellt,[519] während der unmittelbare Vergleich der Bandbreiten von EBIT-Margen (bzw. operativen Gewinnen) im Verhältnis zum Umsatz oder zum eingesetzten Kapital ohne Zweifel zum Anwendungsbereich der **TNMM** gehört.[520] Nach Auffassung der OECD und der US Regs. handelt es sich bei dem MOC um einen auf die Kosten bezogenen **Net Profit Indicator** bzw. **Profit Level Indicator** im Rahmen der TNMM bzw. CPM. Um diesbezügliche Diskussionen bzgl. der anwendbaren Methode mit den Finanzbehörden der beteiligten Staaten zu vermeiden, sollte im Rahmen der Dokumentation dargestellt werden, dass einerseits die Anwendung des MOC im Rahmen der Kostenaufschlagsmethode zu akzeptablen (eingeengten) Bandbreiten von ermittelbaren Gewinnaufschlägen führt und dass andererseits auch die Anwendung des MOC als *Net Profit Indicator*[521] im Rahmen der TNMM (bzw. in USA der CPM) zu Ergebnissen führt, die dem Fremdvergleich genügen.

---

[518] Vgl. dazu oben Rn. 273.

[519] Die US Services Regulations qualifizieren den „Mark-up on total Costs" als „Profit Level Indicator" im Rahmen der CPM, vgl. oben Rn. 260. Jedoch ergibt sich aus empirischen Untersuchungen der Ernst&Young-Gruppe (oben Rn. 145), dass für Dienstleistungen zB in 52% der Fälle die Kostenaufschlagsmethode und in 11% der Fälle gewinnorientierte Methoden angewendet wurden, vgl. hierzu *Ernst& Young* 2010 Global Transfer Pricing Survey – Addressing the challenges of globalization, 13. Dies spricht dafür, dass der MOC in der Literatur und von Unternehmen zT nicht der TNMM/CPM, sondern der Kostenaufschlagsmethode zugerechnet wird. Auch *Schreiber* in *Kroppen,* zu Tz. 3.4.12.2 VGr-Verfahren, Anm. 203 weist in Abschnitt f) darauf hin, dass die Kostenaufschlagsmethode und die kostenbezogene Anwendung der TNMM letztlich identisch sind und dieselben Ergebnisse hervorrufen.

[520] Vgl. *OECD* Transactional Profit Methods, Abschn. 6.B, Tz. 132 zur Bevorzugung des EBIT als Gewinngröße und Abschn. 6 C.1, Tz. 143–172 zur Anwendung von Umsatz, Kosten oder anderen Kennzahlen, zu denen das EBIT ins Verhältnis gesetzt wird.

[521] Vgl. *OECD* Tz. 2.76, 2.92 ff. OECD-VPL.

Sofern im Rahmen von Konzernumlageverträgen für bestimmte Leistun- **308** gen **andere Methoden** als die Kostenaufschlagsmethode angewendet werden, empfiehlt es sich, die einzelnen Leistungsarten und ihre unterschiedlichen Abrechnungsmethoden jeweils in gesonderten Abschnitten und/oder Anlagen zum Vertrag zu regeln. Dies erleichtert die Argumentation, dass es sich im Prinzip um zwei (oder mehrere) **unterschiedliche Leistungs- und Abrechnungsarten** handelt, die auch in getrennten Verträgen hätten vereinbart werden können, aber aus Vereinfachungsgründen in einem Vertrag zusammengefasst wurden. Sofern sich bereits bei der Konzeption des Vertrags Bedenken gegen die Anwendung unterschiedlicher Verrechnungspreismethoden für die einzelnen Leistungsarten ergeben, sollten vorsorglich getrennte Verträge für die Leistungen bestimmter Dienstleistungsabteilungen abgeschlossen werden. In diesem Zusammenhang muss auf eine klare Kostenabgrenzung der Dienstleistungsabteilungen geachtet werden, um etwaige Doppelbelastungen zu vermeiden.

In den **USA** gilt für Dienstleistungen ebenso wie für andere Geschäftsbe- **309** ziehungen mit nahe stehenden Personen der Grundsatz, dass die „beste Methode" anzuwenden ist, die der Steuerpflichtige im Rahmen einer Überprüfung aller anwendbaren Methoden zu ermitteln hat (best method rule). Obwohl keine Hierarchie der Methoden besteht und gewinnorientierte Methoden somit den gleichen Rang wie die Standardmethoden einnehmen, besteht gleichwohl idR **kein Wahlrecht** des Steuerpflichtigen, eine von mehreren möglichen Methoden anzuwenden, sondern er muss zwingend die **beste Methode** ermitteln und anwenden. Für Dienstleistungen gelten die bereits oben erwähnten Methoden,[522] wobei für Konzernumlageverträge nach dem Leistungsaustauschprinzip insb. die Comparable Uncontrolled Services Price (CUSP) Method (also die Preisvergleichsmethode), die Cost of Services Plus Method und die Comparable Profit Method (CPM) in Betracht kommen. Die Regelungen für Shared Services Arrangements (SSAs) sind dagegen für Konzernumlageverträge (mit Gewinnaufschlag) nicht anwendbar, sondern bestimmen explizit die Voraussetzungen, unter denen ein Kostenumlagevertrag ohne Gewinnaufschlag (in Deutschland auch als Poolvertrag bezeichnet) möglich ist. Dies folgt u. a. aus der Tatsache, die SSAs als ein Unterfall der SCM geregelt sind.[523]

Fraglich ist, ob die US-Steuerbehörden die auf der Grundlage eines deut- **310** schen Konzernumlagevertrags erfolgten Kostenbelastungen mit Gewinnaufschlag auch dann anerkennen, wenn die zugrunde liegenden Dienstleistungen aus US-Sicht die Voraussetzungen für ein Shared Services Arrangement und damit für Kostenbelastungen ohne Gewinnaufschlag erfüllen würden. Für eine grundsätzliche Anerkennung der Verrechnungen auf Basis des Kostenumlagevertrags spricht, dass die Bestimmungen zur Services Cost Method und zu den Shared Services Arrangements dem Steuerpflichtigen unter bestimmten Voraussetzungen lediglich das Recht geben, auf die Belastung eines Gewinns zu verzichten;[524] das heißt, dass der Steuerpflichtige auch berechtigt ist, alternativ eine andere Verrechnungspreismethode anzuwenden. Dieses

---

[522] Vgl. oben Rn. 254 ff.
[523] Vgl. US-Regs. § 1.482-9 (b) (5); *Korff* IStR 2008, 44 ff.
[524] Vgl. dazu oben Rn. 256–258.

Recht muss dann auch der ausländischen Dienstleistungsgesellschaft zugestanden werden.

Weitere Probleme bei Konzernumlageverträgen mit US-Beteiligten können sich ergeben, wenn der IRS die vertraglich vereinbarte Kostenaufschlagsmethode nicht akzeptiert und stattdessen zB die Comparable Profit Method für anwendbar hält. Um unliebsame Überraschungen zu vermeiden, sollten daher die Konzernumlageverträge aus steuerlicher Sicht der Ansässigkeitsstaaten aller Beteiligten überprüft werden. Dies gilt in gleicher Weise für Konzernumlageverträge mit anderen Staaten.[525]

3. Gewinnaufschlag

311   Der **Konzernumlagevertrag** erfordert nach dem Leistungsaustauschgedanken und dem Fremdvergleichsgrundsatz die Anwendung von Verrechnungspreismethoden, die dem Leistenden einen angemessenen **Gewinn** ermöglichen. Wie bereits erwähnt, regelt ein Konzernumlagevertrag für Dienstleistungen **generell** eine Abrechnung auf Basis der **Kostenaufschlagsmethode,** jedoch ist es grundsätzlich zulässig, im Rahmen eines Konzernumlagevertrags für unterschiedliche Leistungskategorien auch unterschiedliche Verrechnungspreismethoden zu vereinbaren.[526] Die Anwendung der Preisvergleichsmethode für bestimmte Leistungen kann dabei einer Einzelabrechnung gleichkommen.

Beispiel: Die deutsche GmbH erledigt die Buchhaltung jeweils für die österreichische, luxemburgische und schweizerische Tochtergesellschaft und berechnet dafür
a) monatliche Dienstleistungsgebühren nach der Steuerberatergebührenverordnung oder
b) auf Basis von Zeitaufschreibungen mit üblichen Stundensätzen für Buchhalter oder
c) auf Basis der anteiligen Kosten zuzüglich angemessenem Gewinnaufschlag, wobei als Kostenschlüssel die Anzahl der Buchungen dient.
In den Fällen a) und b) liegt eine Einzelabrechnung gem. der Preisvergleichsmethode vor, während im Fall c) eine Abrechnung im Wege der Konzernumlage auf Basis der Kostenaufschlagsmethode erfolgt.

312   Bei Anwendung der **Preisvergleichsmethode** sind, gem. Tz. 6.4.1 in Verbindung mit Tz. 2.2.2 VGr Fremdpreise heranzuziehen, soweit ein äußerer oder innerer Preisvergleich möglich ist. Aus der Differenz zwischen dem Fremdpreis und den Istkosten ergibt sich automatisch der **Gewinn** des Dienstleistenden. Wichtig ist bei der Anwendung der Preisvergleichsmethode für Dienstleistungen, dass entweder Marktpreise oder taxmäßige Preise für gleichartige Leistungen zur Verfügung stehen – zB Gebührentabellen für Dienstleistungen von Rechtsanwälten, Steuerberatern, Architekten, Ingenieuren und anderen Freiberuflern – oder dass für nicht marktgängige Leistungen ein indirekter Fremdvergleich durch Berücksichtigung der unterschiedlichen Funktionen und Risiken erfolgt.[527]

---

[525] Diese Probleme bestehen auch bei der Einzelabrechnung von Dienstleistungen, vgl. Rn. 254.

[526] Vgl. oben Rn. 300 ff.

[527] Vgl. *OECD* Tz. 7.31 OECD-VPL.

Bei der Berücksichtigung von **Gebührenordnungen** oder üblichen 313
Stundensätzen muss im Rahmen der Preisvergleichsmethode aber auch berücksichtigt werden, welcher Art die Dienstleistungen im Vergleich sind.

> **Beispiel:** Die niederländische U-B. V. ist eine Dienstleistungsgesellschaft, die ihren
> europäischen Schwestergesellschaften u. a. Rechtsberatung auf den Gebieten des inter
> nationalen Wettbewerbsrechts, Kartellrechts, Vertragsrechts, Markenschutzes und Versi
> cherungsrechts gewährt.

In diesem Fall muss berücksichtigt werden, dass die Beratung bei internationalen Sachverhalten regelmäßig anspruchsvoller und teurer ist als die Beratung in rein nationalen Rechtsfragen. Demgemäß wird in derartigen Fällen
bei Vorhandensein eines **Gebührenrahmens** eher der obere Bereich des
Rahmens zur Anwendung gelangen. Ebenso muss beim Ansatz von **Stundensätzen** der vergleichbare Stundensatz eines in internationalen Angelegenheiten tätigen Rechtsanwalts herangezogen werden. Andererseits stehen
die Beteiligten des Konzernumlagevertrags in einem Dauerschuldverhältnis
zum Leistenden (hier: U-BV), sodass die Risiken des Leistenden geringer sind
als bei Dritten, so zB das Auslastungs- bzw. Marktrisiko, das Zahlungs- und
das Haftungsrisiko. Die verminderten Risiken können daher niedrigere Ansätze im Gebührenrahmen und bei Stundensätzen rechtfertigen. Der Fremdpreis muss daher im Einzelfall korrigiert werden, um diese Besonderheiten
bei der Festsetzung des Verrechnungspreises zu berücksichtigen.

Wenn bestimmte Dienstleistungen **auf Dauer** benötigt werden und den 314
Umfang eines **Vollzeit** beschäftigten Mitarbeiters erreichen, dann darf die
Abrechnung auf Basis von fremdüblichen Stundensätzen die Kosten der Bezüge gleichartiger Mitarbeiter vergleichbarer Unternehmen nicht weit übersteigen.[528] Auch Tz. 7.35 OECD-VPL weist darauf hin, dass die **Kosten,** die
bei Eigenerbringung der Leistung durch Personal des Empfängers entstehen würden, als Anhaltspunkt dafür herangezogen werden können, welche
Art von Vereinbarung ein konzernfremder Dienstleistungsempfänger akzeptiert hätte.[529] Um Beanstandungen in dieser Hinsicht zu vermeiden, empfiehlt
es sich, die Abrechnung nach der **Preisvergleichsmethode** unter Heranziehung fremdüblicher **Stundensätze** nur dann zu vereinbaren, wenn es sich zB
nur um zeitlich beschränkte Leistungen handelt oder aber um Leistungen, die
auf Dauer benötigt werden, für die man jedoch keine Teilzeitkraft einstellen
oder finden würde (zB Buchhaltung für 10 Stunden pro Woche). Wenn dagegen die Einstellung eigenen Personals wesentlich günstiger wäre als die
Dienstleistungsgebühren nahe stehender Unternehmen auf Basis fremdüblicher Stundensätze, dann sollte zwecks Verminderung steuerlicher Risiken die
Kostenaufschlagsmethode vereinbart werden, da eine Abrechnung auf Basis dieser Methode nicht dazu führen kann, dass damit die Kosten, die bei alternativer Eigenerbringung der Leistung anfallen würden, **weit** überstiegen
werden. Nach der hier vertretenen Auffassung kann die FinVerw. im Hinblick auf die unternehmerische Freiheit nicht verbieten, dass bestimmte oder
fast all im Unternehmen benötigten Dienstleistungen an konzernzugehörige

---

[528] Vgl. BFH 5.3.2008, DStRE 2008, 692.
[529] Vgl. auch Tz. 6.4.1 VGr.

der konzernfremde Unternehmen ausgelagert werden **(Outsourcing).**[530] In diesem Zusammenhang muss dann auch akzeptiert werden, dass das Dienstleistungsunternehmen einen funktions- und risikoadäquaten Gewinn erwirtschaftet.

Soweit demgemäß bei einem Konzernumlagevertrag die Preisvergleichsmethode nicht anwendbar ist oder nicht vereinbart wird, kommt v. a. die **Kostenaufschlagsmethode** oder in Ausnahmefällen ggf. die **Wiederverkaufspreismethode** in Betracht. Gem. Tz. 2.2.4 VGr werden bei der Kostenaufschlagsmethode betriebs- oder branchenübliche Gewinnzuschläge erhoben. Für die Anwendung der Kostenaufschlagsmethode bei Konzernumlagen kann insb. für die Ermittlung der **Höhe des Gewinnaufschlags** weitgehend auf die umfangreichen Ausführungen zur Anwendung der Kostenaufschlagsmethode bei der **Einzelabrechnung** verwiesen werden.[531]

315   Für die **Höhe des Gewinnaufschlags** kommt es ganz entscheidend auf die von dem Leistenden übernommenen Aufgaben und die einzelnen **Funktionen und Risiken** an.[532] Wie bereits bei der Kommentierung der Einzelabrechnung von Dienstleistungen erläutert wurde, sind für Vergleichszwecke **Datenbankrecherchen** erforderlich, wobei idR auf die Margen von Unternehmen abgestellt wird, die in einer Dienstleistungsbranche tätig sind, die vergleichbare Leistungen für Dritte anbietet.[533] Der „Gewinnaufschlag" kann auch als **Mark-up Over Cost (MOC)** im Rahmen der TNMM ermittelt werden, wobei der operative Gewinn oder Gewinn vor Zinsen und Steuern (EBIT) in das Verhältnis zu den operativen Kosten gesetzt wird.[534]

316   Auch die **OECD-Verrechnungspreisleitlinien** befürworten grundsätzlich einen **Gewinnaufschlag** für Dienstleistungen. In Tz. 7.20 und 7.21 OECD-VPL wird eine bevorzugte Anwendung der Einzelabrechnung (Direct-charge Method) empfohlen, insb. wenn die Dienstleistungsgesellschaft solche Dienstleistungen auch gegenüber konzernfremden Unternehmen erbringt. Jedoch werden gem. Tz. 7.23 und 7.24 OECD-VPL generell auch indirekte Methoden der Belastung von Dienstleistungskosten (Indirect-charge Methods) – also Konzernumlagen – anerkannt. Ohne Rücksicht auf diese unterschiedlichen Abrechnungsmethoden werden dann in Tz. 7.31 OECD-VPL die Preisvergleichsmethode und die Kostenaufschlagsmethode für die Ermittlung des angemessenen Fremdpreises genannt. Daher ist im Normalfall ein **Gewinn** des leistenden Unternehmens gerechtfertigt (Tz. 7.33 OECD-VPL).

Nur in **Ausnahmefällen** kann **kein Gewinnaufschlag** belastet werden, so zB wenn die Kosten bestimmter Dienstleistungen über dem Marktpreis liegen, der Anbieter aber diese Dienstleistungen zur Vervollständigung seiner Palette anbieten muss, um andere Dienstleistungen rentabel zu erbringen (Tz. 7.33 OECD-VPL) oder wenn z. B der Wert des Nutzens geringer ist als der Preis der Dienstleistungen oder wenn die Kosten bei eigener Durchfüh-

---

[530] Zur Problematik der Funktionsverlagerung, die in solchen Fällen zu prüfen ist, vgl. Kap. R.

[531] Vgl. oben, Rn. 231 ff.

[532] Vgl. Tz. 2.1.3 VGr und Tz. 3.4.11.4 VGr-Verfahren.

[533] Vgl. oben, Rn. 233 ff.

[534] Vgl. oben Rn. 234 u. 307.

rung der Leistungen geringer gewesen wären (Tz. 7.34 und 7.35 OECD-VPL). Die in den OECD-VPL genannten Ausnahmen können grundsätzlich auch bei der Beurteilung von Konzernumlageverträgen nach dem deutschen Fremdvergleichsgrundsatz berücksichtigt werden. Eine Ausnahme ist ferner dann denkbar, wenn es sich bei den in Rechnung gestellten Leistungen um sog. „durchlaufende Kosten" handelt, dh wenn ein Unternehmen für ein anderes Konzernunternehmen in Kostenvorlage getreten ist.[535]

Da die Anwendung der **Kostenaufschlagsmethode** für die Abrechnung 317 von Dienstleistungen im Rahmen von Konzernumlageverträgen der **Regelfall** ist, werden nachfolgend insb. die Gewinnaufschläge bei Anwendung dieser Methode erörtert. Pauschale Gewinnzuschläge, wie sie früher in Rechtsprechung, Literatur und Verwaltungsregelungen anerkannt wurden,[536] sind im Hinblick auf die heutzutage verfügbaren Datenbanken grundsätzlich nicht mehr anwendbar. Ebenso ist die zT erhobene Forderung nach einem Gewinnaufschlag, der zumindest eine Eigenkapitalrendite in Höhe der Kapitalmarktrendite gewährleistet, nach geltendem Recht nicht gerechtfertigt.[537] Wie bei der Einzelabrechnung von Dienstleistungen müssen auch bei der pauschalen Einzelabrechnung im Rahmen eines Konzernumlagevertrags **Datenbankrecherchen** durchgeführt werden, um die Bandbreite der **Höhe von Gewinnaufschlägen** für bestimmte Leistungen zu ermitteln. Zur Vermeidung von Wiederholungen wird auf die ausführliche Darstellung zum **Gewinnaufschlag bei der Einzelabrechnung verwiesen.**[538]

In Zeiten einer **Rezession** bzw. **Wirtschaftskrise** können die Gewinn- 318 aufschläge, die während einer Wachstumsphase ermittelt, festgesetzt und dokumentiert wurden, oft keine Anwendung mehr finden. Ebenso wie im Fall der Einzelabrechnung müssen die Konzernunternehmen dann gemeinsam über Maßnahmen verhandeln, um für die Zeit der Krise eine fremdvergleichskonforme **Anpassung** der **Gewinnaufschläge** zu vereinbaren. Wegen der Einzelheiten wird auf die Erläuterungen im Abschnitt „Verrechnungspreise in der Rezession" verwiesen, die für den Konzernumlagevertrag entsprechend gelten.[539]

Auch wenn die **Betriebstätte** eines Unternehmens grenzüberschreitende 319 Dienstleistungen erbringt, sollte die Angemessenheit des Gewinnaufschlags anhand von **Datenbankrecherchen** verifiziert werden. Nur wenn ein Fremdvergleichspreis nicht feststellbar ist und wenn die **Dienstleistungen** die **Haupttätigkeit** der Betriebstätte darstellen, wird gem. Tz. 3.1.2 VGr-Betriebsstätten nicht beanstandet, dass der Gewinn der Betriebstätte nach der Kostenaufschlagsmethode mit einem Gewinnaufschlag von 5–10 % ermittelt wird. Dies gilt laut Tz. 3.1.2 S. 2 VGr-Betriebsstätten auch dann, wenn die Aufwendungen nach Art einer Umlage anderen Betriebsteilen zugeordnet werden.

Die deutsche FinVerw. will allerdings einen Gewinnaufschlag nicht anerkennen, wenn die Dienstleistungen nur eine **Nebentätigkeit** der Betriebstät-

---

[535] Vgl. *OECD* Tz. 2.93 f. OECD-VPL; unten Rn. 333, 337.

[536] Vgl. dazu oben Rn. 239 und 2. Aufl. des Handbuchs der Verrechnungspreise Kap. O Rn. 200 ff. u. 255.

[537] Vgl. dazu oben Rn. 237.

[538] Vgl. oben Rn. 231 ff.

[539] Vgl. oben Rn. 263 ff.

te darstellen (Tz. 3.1.2 S. 3 VGr-Betriebsstätten). Diese Regelung ist nicht nachvollziehbar und nicht mehr mit dem im Jahr 2010 veröffentlichten Bericht der **OECD** zur Zurechnung von Betriebsstättengewinnen vereinbar, wonach für Betriebsstätten insb. die Unabhängigkeitsfiktion („functionally separate entity approach") gilt.[540] Der deutsche Gesetzgeber hat im Jahr 2013 den § 1 AStG durch einen neuen Abs. 5 ergänzt, um die Grundsätze für die Gewinnabgrenzung für Betriebsstätten und Personengesellschaften an die Grundsätze für die Gewinnabgrenzung bei Kapitalgesellschaften und an den OECD-Betriebsstättenbericht 2010 anzupassen.[541] Demgemäß sind zB für Dienstleistungen, die von einer Betriebsstätte oder von einer Personengesellschaft im Konzern erbracht werden, die gleichen Verrechnungspreisregelungen anwendbar, wie für Kapitalgesellschaften. Unabhängig davon sind auch bei Betriebsstätten keine Gewinnzuschläge zulässig, wenn die Betriebsstätte Mitglied eines Poolvertrags ist und Kosten von der Betriebsstätte oder an die Betriebsstätte belastet werden.

320   Als Ergebnis ist demnach festzustellen, dass die Höhe des Gewinnaufschlags bei der Verrechnung von Dienstleistungen und sonstigen Leistungen im Rahmen von Konzernumlageverträgen – ebenso wie bei der Einzelabrechnung – von der Art der Dienstleistung sowie von den vom Leistenden übernommenen Funktionen und Risiken abhängt. Das bedeutet, dass es durchaus zulässig und auch erforderlich ist, innerhalb eines Konzernumlagevertrags für die Abrechnung verschiedener Leistungsbündel unterschiedliche Bandbreiten von Gewinnaufschlägen und folglich **unterschiedlich hohe Gewinnaufschlagssätze** anzuwenden. Ferner ist es wie bei der Einzelabrechnung möglich, zB für besonders wertvolle Leistungen **gewinnorientierte Gewinnmargen** anzuwenden.[542]

4. Kostenschlüssel

321   Die umlagefähigen Kosten müssen an diejenigen Konzerngesellschaften verrechnet werden, die die Dienstleistungen in Anspruch nehmen. Für eine **verursachungs- und leistungsgerechte Zuordnung der Kosten** kommen **aus betriebswirtschaftlicher Sicht** solche Aufteilungsschlüssel in Betracht, die sich am Kostenverursachungsprinzip, Leistungsentsprechungsprinzip sowie am Kostentragfähigkeitsprinzip orientieren.[543]

322   Diese betriebswirtschaftlichen Prinzipien sind allerdings nur begrenzt geeignet, Aufteilungsschlüssel für die umlagefähigen Kosten zu rechtfertigen. Das Kostenverursachungsprinzip ist ungeeignet, weil es aufgrund der unterstellten Proportionalität zwischen Schlüsselgröße und Kostenentstehung grundsätzlich nur zur Verteilung von variablen Kosten herangezogen werden

---

[540] Vgl. *OECD* 2010 Report on the attribution of profits to permanent establishments, Tz. 8 ff.; vgl. dazu ausführlich Kap. L Rn. 66 u. 70 ff.

[541] Die Änderung war im Entwurf eines Jahressteuergesetzes 2013 in Art. 5 enthalten und wurde in der Gesetzesbegründung erläutert. Wegen weiterer Einzelheiten vgl. Kap. L Rn. 78 ff.

[542] Vgl. oben Rn. 242.

[543] Vgl. *Baumhoff* Verrechnungspreise für Dienstleistungen, 269 ff.; *Schaumburg* Internationales Steuerrecht, 1075, Rn. 18.167; *Vögele/Scholz/Hoffmann* IStR 2001, 94 ff.

kann, das Problem der Fixkostenverteilung jedoch ungelöst lässt.[544] Das Kostentragfähigkeitsprinzip ist ebenfalls abzulehnen, weil dann auf den Gewinn des Kostenträgers, hier also der Tochtergesellschaften, abgestellt werden müsste, wobei jedoch zwischen der Kostenentstehung auf Ebene der dienstleistungserbringenden Gesellschaft und dem Gewinn des Leistungsempfängers kein unmittelbarer Zusammenhang besteht.[545]

Gem. der früher geltenden Tz. 7.2.1 Nr. 4 VGr mussten im Umlagever- **323** trag **Aufteilungsschlüssel** vereinbart sein, die dem **Anteil** entsprechen, **zu dem das steuerpflichtige Unternehmen die** im Konzern anfallenden Forschungs- und Entwicklungsergebnisse und **verwaltungsbezogenen Leistungen tatsächlich nutzt oder voraussichtlich nutzen wird.**[546] In Tz. 3.2 VGr-Uml. wird für **Poolverträge** gefordert, dass der Schlüssel auszuwählen ist, der im Einzelfall der sachgerechteste ist. Diese Regelungen stehen in Übereinstimmung mit der zB in Tz. 7.23, 7.27 und 8.19–8.22 OECD-VPL genannten Forderung, wonach die Verteilung der umlagefähigen Kosten nach dem **Verhältnis** des zugewendeten oder erwarteten **Nutzens** der Dienstleistungen erfolgen soll. Da für Konzernumlageverträge zur Zeit keine deutschen Verwaltungsvorschriften mehr bestehen, lassen sich die Rechtsgedanken der vorstehend genannten Regelungen anwenden, da sie auch für die Kostenaufteilung im Rahmen von Konzernumlageverträgen zu wirtschaftlich sinnvollen Ergebnissen führen.

Auch die US-Vorschriften für Dienstleistungen betonen, dass bei Anwen- **324** dung einer Methode, die auf die Kosten Bezug nimmt, eine Kostenzuordnung erforderlich ist, die den anteiligen Nutzen des Leistungsempfängers berücksichtigt.[547] Speziell für Kostenumlagen auf Basis eines Shared Services Arrangement wird ebenfalls auf das Erfordernis der Kostenverrechnung unter Beachtung des erwarteten Nutzens der Vertragsparteien hingewiesen.[548]

Man kann davon ausgehen, dass bei **Dienstleistungen** der **tatsächliche** **325** **oder erwartete Nutzen** als Maßstab für die Festlegung des Aufteilungsschlüssels international anerkannt wird.[549] Generell kommen bei Dienstleistungen und sonstigen Leistungen sehr **vielfältige Schlüssel** in Betracht, die den tatsächlichen oder erwarteten Nutzen reflektieren. Dies wird in Tz. 7.25 OECD-VPL bestätigt, wo als mögliche Umlageschlüssel der Umsatz, die Mitarbeiterzahl oder sonstige Schlüssel genannt werden, die die Inanspruchnahme der Leistungen angemessen berücksichtigen. Für Poolverträge werden in Tz. 3.2 VGr-Uml. als mögliche Verteilungsmaßstäbe die eingesetzten, hergestellten, verkauften oder zu erwartenden Einheiten einer Produktlinie, der Materialaufwand, die Maschinenstunden, die Anzahl der Arbeitnehmer, die Lohnsumme, die Wertschöpfung, das investierte Kapital, der Betriebsgewinn und der Umsatz als Beispiele genannt. Eine ähnliche Aufzählung enthält Tz. 8.20 OECD-VPL, wo ergänzend aber auch der Rohgewinn als möglicher Aufteilungsschlüssel aufgelistet wird. Grundsätzlich sind auch kombi-

---

[544] Vgl. *Scheffler* Zfbf 1991, 471 ff., 485.
[545] Vgl. *Scheffler* Zfbf 1991, 485 f.
[546] Vgl. oben Rn. 67 f. „Vorteil oder ersparte Kosten des Leistungsempfängers".
[547] Vgl. US Services Regs. § 1.482-9 (k) (1).
[548] Vgl. US Services Regs. § 1.482-9 (b) (7) (ii) (A) (2) und (B).
[549] Vgl. *OECD* Tz. 7.23 OECD-VPL.

nierte Schlüssel für die Aufteilung zulässig, wobei auch eine Gewichtung der verschiedenen Faktoren möglich ist bzw. laut Tz. 3.2 VGr–Uml. „geboten sein kann". Wenn **unterschiedliche Leistungen** an **verschiedene Gruppen** von Unternehmen erbracht werden, müssen die Kosten innerhalb der jeweiligen Leistungskategorien abgegrenzt und an die unterschiedlichen Gruppen von Leistungsempfängern nach jeweils nutzenorientierten Umlageschlüsseln verrechnet werden.[550]

326   In der Literatur wird auch eine **prozessorientierte Umlage** befürwortet, die das Ziel verfolgt, Kosten administrativer Dienstleistungen nach Schlüsseln umzulegen, die die tatsächliche Beanspruchung von Ressourcen widerspiegeln.[551] Dies wird dadurch erreicht, dass Kosten, die normalerweise als Gemeinkosten verstanden und daher nicht einzelnen Kostenträgern direkt zugeordnet werden, durch die Identifikation von Nutzungsmaßzahlen als direkte Kosten klassifiziert werden.[552]

327   Die **Rechtsprechung** hat den beteiligten Unternehmen für die Auswahl des Verteilungsschlüssels ausdrücklich einen **Ermessensspielraum** eingeräumt und festgestellt, dass der Umlageschlüssel nur dann beanstandet werden könnte, wenn für ihn kein sachlicher Grund vorliegt.[553] Wichtig ist, dass die beteiligten Unternehmen Art und Umfang der erbrachten Leistungen ebenso wie die vereinbarten Kostenschlüssel ständig überprüfen und erforderlichenfalls anpassen.[554] Für die in diesem Kapitel oben genannten Beispiele[555] verrechenbarer Dienstleistungen können je nach Unternehmensbereich individuelle **verursachungsgerechte bzw. nutzenorientierte Kostenschlüssel** angesetzt werden. Im Einzelfall kann es dabei auch sinnvoll sein, **gemischte Schlüssel** zu vereinbaren. Der *JTPF Report* betont aber, dass die Anwendung eines komplexen Schlüssels, der nur wenig bessere Ergebnisse liefert als ein leicht anwendbarer Schlüssel, nicht verlangt werden kann.[556]

In der Praxis werden sehr häufig – vor allem im Ausland – Umsatzschlüssel gewählt, weil diese den Verwaltungsaufwand vermeiden, der bei Anwendung unterschiedlicher Schlüssel anfällt, und weil der **Umsatz** wohl in den meisten Fällen eine Größenordnung des Geschäfts des Unternehmens widerspiegelt, die auch dem Verhältnis der in Anspruch genommenen Leistungen entspricht. Für die Praxis empfiehlt es sich, je nach Art der Dienstleistung oder sonstigen Leistung einen individuellen Verteilungsschlüssel zu bestimmen, der die tatsächliche oder voraussichtliche Inanspruchnahme der Leistungen bzw. den tatsächlichen oder voraussichtlichen Nutzen berücksichtigt. Nachfolgend werden für unterschiedliche Leistungsbereiche mögliche Kostenschlüssel dargestellt.

328   Wenn in einem Unternehmen für bestimmte Aktivitäten, zB für Rechtsberatung oder Investitionsberatung eine **Zeiterfassung** mit Angabe der Leistungsempfänger erfolgt, kann anhand dieser **Stundennachweise** recht ein-

---

[550] Vgl. unten Rn. 358.

[551] Vgl. *Vögele/Scholz/Hoffmann* IStR 2001, 94 ff.

[552] Vgl. dazu das Beispiel bei *Vögele/Scholz/Hoffmann* IStR 2001, 94 ff.

[553] Vgl. BFH 2.2.60, BB 1960, 731; BFH 10.1.73, BStBl. II 1973, 322.

[554] Vgl. zB 3.3 VGr–Uml.; *EU JTPF,* JTPF Report, 2010 Rn. 50.

[555] Vgl. oben Rn. 113.

[556] Vgl. *EU JTPF,* JTPF Report, 2010 Rn. 50.

fach der Aufwand dieser Abteilung für ihre Dienstleistungen proportional auf die jeweiligen Leistungsempfänger verteilt werden. Die Belastung der Kosten auf Basis des tatsächlichen Zeitaufwands findet bei geeignetem Nachweis regelmäßig Anerkennung bei den FinVerw. der beteiligten Länder und daher sollte der Zeitaufwand als Umlageschlüssel – soweit eine Zeiterfassung vorliegt – den Vorzug vor den nachfolgend erörterten Kostenverteilungsschlüsseln haben. Solche Zeitnachweise sind jedoch in der Praxis wegen des damit verbundenen Aufwands nur sehr selten anzutreffen.[557]

Die Kosten für Unterstützung im **Personalbereich**[558] können bspw. nach **329** der **Mitarbeiterzahl** (Kopfzahl) der beteiligten Unternehmen geschlüsselt werden. Zur Vereinfachung empfiehlt es sich idR auf die durchschnittliche Zahl der Mitarbeiter zu Beginn und Ende des Wirtschaftsjahres bei jedem Leistungsempfänger abzustellen. Ein solcher Schlüssel berücksichtigt die Tatsache, dass ein Unternehmen mit einer geringeren Mitarbeiterzahl die Leistungen im Durchschnitt in geringerem Umfang in Anspruch nimmt als ein beteiligtes Unternehmen mit größerer Mitarbeiterzahl. Alternativ zur Kopfzahl könnte auch die **Lohn- und Gehaltssumme** als Kostenschlüssel dienen. Dieser Schlüssel sollte aber möglichst nur dann Anwendung finden, wenn das Lohn- bzw. Gehaltsniveau in den Ländern der beteiligten Gesellschaften ungefähr gleich ist. Für die Teilnahme an konzerninternen Fortbildungs- oder Trainingsveranstaltungen können die Kosten im Verhältnis der **Anzahl der Teilnehmer** an die beteiligten Firmen belastet werden.

Für die Übernahme von **Buchhaltungsarbeiten** kommt als Kostenschlüs- **330** sel die **Anzahl der Buchungen** in Frage.[559] Kosten für **Datenverarbeitung,** wie zB die zentrale Erstellung und Versendung von Auftragsbestätigungen, Rechnungen und Mahnungen können nach der **Anzahl** der erstellten **Dokumente** oder – falls feststellbar – nach der (durchschnittlichen) Bearbeitungsdauer umgelegt werden. Die umlagefähigen Kosten für andere Leistungen im Bereich **Finanz- und Rechnungswesen**[560] können bei überwiegend gleichartiger Bilanzstruktur der Beteiligten bspw. zu 50% nach dem Verhältnis der **Bilanzsummen und** zu 50% nach dem Verhältnis der **Umsätze** verteilt werden. Die Unterstützung durch die **Treasury**-Abteilung bei der Kreditaufnahme kann auch nach dem Verhältnis der **Verbindlichkeiten** der beteiligten Unternehmen geschlüsselt werden. Kosten für **Factoring**-Leistungen sollten nach dem Verhältnis der entsprechenden **Forderungen** verrechnet werden.[561] Als weitere Schlüssel für Leistungen der Abteilung Rechnungswesen können auch EDV-Stunden, der Jahresüberschuss, die Summe des Anlage- oder Umlaufvermögens usw. in Betracht kommen.

---

[557] Zur hilfsweisen Schätzung des Zeitaufwands bei der Abgrenzung von Gesellschafterkosten vgl. oben Rn. 79 f. Solche Schätzungen sollten zur Vermeidung von Beanstandungen möglichst nicht als „Umlageschlüssel" für verrechenbare Kosten verwendet werden.

[558] Beispiele für verrechenbare Leistungen im Personalbereich finden sich oben in Rn. 113 Nr. 3.

[559] Zu alternativen Abrechnungsformen vgl. oben Beispiel in Rn. 311.

[560] Leistungen im Finanz- und Rechnungswesen vgl. oben Rn. 113, Nr. 4.

[561] Wenn das Factoring eine Hauptleistung des Factors darstellt, kommt die Anwendung der Preisvergleichsmethode in Betracht, vgl. dazu unten Rn. 470.

331   Kosten für **Rechts-, Steuer- und Unternehmensberatung**[562] sollten möglichst verursachungsgerecht im Wege der Einzelabrechnung und unter Beachtung der Preisvergleichsmethode berechnet werden.[563] Soweit die Leistungsempfänger jedoch gleichartige Leistungen benötigen, bestehen keine Bedenken gegen die Vereinbarung einer Konzernumlage. Für Steuerberatung und betriebswirtschaftliche Unternehmensberatung empfehlen sich dann die oben für das Finanz- und Rechnungswesen genannten Umlageschlüssel.

Für allgemeine Rechtsberatung, wie zB die Entwicklung von konzerneinheitlichen Verkaufsverträgen und Geschäftsbedingungen kann als Umlageschlüssel das Verhältnis der Umsätze oder – falls ermittelbar – der proportionale Zeitaufwand herangezogen werden. Gleichermaßen können die Kosten für die Entwicklung einheitlicher Lizenzverträge nach dem Verhältnis der voraussichtlichen Lizenzeinnahmen belastet werden. In einigen Fällen wird für die Rechtsberatung eine Art Grundgebühr **(Retainer Fees)** wie für die Rufbereitschaft vereinbart. Diese sollte aber nur einen geringen Teil der Kosten abdecken. Wenn für die Inanspruchnahme der Rechtsberatung Marktpreise abgerechnet werden, muss die Retainer Fee jedoch auf die Marktpreise angerechnet werden, weil sonst die Fremdvergleichspreise überschritten würden.

332   Die Kosten für die Unterstützung im **Produktionsbereich**[564] können im Verhältnis der **Stückzahlen** oder bei großer Produktvielfalt zur Vermeidung von Verwaltungsaufwand auch nach dem **Umsatz** verteilt werden. Als weitere Verteilungsschlüssel kommen **Maschinenstunden, Materialkosten** oder die **Wertschöpfung** in Betracht. Die jeweiligen Wertschöpfungsbeiträge lassen sich aus den Kosten der Leistungserbringung zuzüglich eines Gewinnzuschlags errechnen (Tz. 3.4.11.5 Abs. 3 S. 2 VGr-Verfahren). **Bau- oder Ingenieurleistungen** dürften häufig eine Einzelabrechnung erfordern. Soweit diese Leistungen aber ständig erbracht werden und im Interesse mehrerer Unternehmen liegen, ist eine Kostenbelastung nach dem Umsatzschlüssel oder nach dem Verhältnis der Bau- und Projektkosten der Leistungsempfänger durchaus denkbar.

333   Die Kosten einer Abteilung, die den gemeinsamen **Einkauf als Dienstleistung** – also nicht als Einkaufskommissionär oder Handelsgesellschaft – durchführt (u. a. Verhandlung mit Lieferanten, Einholung von Angeboten, Koordination der Bestellungen und Lieferungen, Zahlungsabwicklung) können (zuzüglich Gewinnaufschlag) im Verhältnis des **Einkaufspreises** oder Gewichts der eingekauften **Rohstoffe** oder **Waren** verteilt werden. Die Kosten für die eingekauften Rohstoffe oder Waren selbst sind jedoch **ohne** Gewinnaufschlag an die Leistungsempfänger weiterzubelasten (sog. Durchlaufkosten bzw. Pass Through Costs),[565] da hier eine Dienstleistung und kein Handel vorliegt. Wenn der zentrale Einkauf durch eine Handelsgesellschaft erfolgt, die zB Lager- und Marktpreisrisiken usw. übernimmt, dann ist alternativ ein Verkauf der Rohstoffe bzw. Waren auf Basis der Preisvergleichsmethode, der Wiederverkaufspreismethode oder der Kostenaufschlagsmethode

---

[562] Beispiele vgl. oben Rn. 113 Nr. 6.
[563] Zur alternativen Abrechnung gem. Gebührenordnung vgl. oben Rn. 301.
[564] Beispiele für Leistungen im Produktionsbereich vgl. oben Rn. 113 Nr. 7.
[565] Vgl. *OECD* Tz. 2.93 f. OECD-VPL; s. a. unten Rn. 337 u. Kap. O Rn. 251.

denkbar.[566] Sofern der zentrale Einkauf zB von einer Produktionsgesellschaft vorgenommen wird, die diese Rohstoffe oder Waren selbst benötigt, wäre auch der Abschluss eines Poolvertrags möglich, bei dem auch die Kosten der Dienstleistung ohne Gewinnaufschlag zwischen den Poolmitgliedern geteilt werden dürfen.[567]

Für die **Lagerhaltung** kommen entweder Marktpreise von konzernfrem-   **334** den Lagerhaltern oder für die Konzernumlage die proportionale **Lagerfläche** oder der anteilig benötigte Raum (nach Kubikmetern) als Aufteilungsschlüssel in Betracht. Auch die gelagerten Stückzahlen oder der Wert der gelagerten Waren (jeweils Durchschnitt aus Bestand im Jahr) kann ein geeigneter Umlageschlüssel sein. Sofern die Dienstleistungsgesellschaft im Auftrag anderer Konzerngesellschaften **Lagerflächen** oder **Werbeflächen** von Dritten anmietet und diese ohne Risiko anteilig an die Konzerngesellschaften **untervermietet,** sind die Mieten ohne Gewinnaufschlag und die Kosten der Verhandlungs- und Verwaltungsdienstleistungen im Verhältnis der Mieten mit Gewinnaufschlag zu berechnen.[568]

Für **Transportleistungen** kommen primär die Fremdvergleichspreise von   **335** Spediteuren in Betracht. Alternativ kommen oft nur komplizierte Mischschlüssel in Frage, die zB die Transportstrecke, das Volumen, den Wert der Waren, und eventuell das Gewicht, die Auslastung der Transportfahrzeuge und andere Faktoren berücksichtigen. Für die Verwaltung des **Fuhrparks** können die Kosten nach der Anzahl der Fahrzeuge umgelegt werden, wobei für Lastkraftwagen die Anzahl zB mit dem Faktor 1,5 oder 2 zu multiplizieren ist, wenn der durchschnittliche Aufwand entsprechend höher ist als bei Personenkraftwagen.

Die Kosten für **Marketing und Vertrieb**[569] werden idR nach dem Ver-   **336** hältnis der **Umsätze** bemessen. Alternativ könnte hier ein Mischschlüssel in Frage kommen, der die Kosten bspw. zu 50 % nach dem Verhältnis der Umsätze und zu 50 % nach dem Verhältnis der Jahresüberschüsse verteilt. Damit würden bei denjenigen Konzernunternehmen, bei denen die Marketingleistungen entsprechend größere Erfolge bewirken, auch größere Kostenanteile berücksichtigt.

Kosten für **EDV-Leistungen** (auch sog. **IT Services**), wie zB die Ent-   **337** wicklung und Einführung neuer Software können nach der **Zahl der PC-Nutzer** oder Softwarenutzer oder nach EDV-Stunden (tatsächliche Nutzung) aufgeteilt werden. Die Anzahl der PC-Nutzer dürfte am einfachsten zu ermitteln sein, wobei auf den Durchschnitt der Nutzer zu Beginn und Ende des Geschäftsjahres bei jedem Leistungsempfänger abgestellt werden kann. Für gekaufte oder lizenzierte Software bietet sich als Umlageschlüssel die **Anzahl** der erworbenen (gleichartigen) **Softwarepakete** bzw. die Anzahl der **Lizenzen** an.

Im EDV-Bereich werden häufig auch **Fremdleistungen** in Anspruch genommen und Standard- oder Basissoftware von konzernfremden Unternehmen erworben. Wegen der außerordentlichen Höhe dieser Fremdkosten ist es

---

[566] Vgl. *OECD* Tz. 9.156 ff. OECD-VPL.
[567] Vgl. dazu unten, Rn. 401 ff.
[568] Vgl. *OECD* Tz. 7.36 OECD-VPL zu Vermittlungsleistungen.
[569] Leistungen im Marketing- und Vertriebsbereich vgl. oben Rn. 113 Nr. 9.

in diesen Fällen üblich, diese **nicht** in die Bemessungsgrundlage für den Gewinnaufschlag einzubeziehen. Die EDV-Abteilung würde sonst an den zugekauften Softwareprogrammen und an Fremdleistungen ggf. mehr verdienen als an ihrer eigenen Dienstleistung.[570] Außerdem enthalten die Preise für Hard- und Software bereits den Unternehmergewinn des Lieferanten und der Verkauf derselben im Konzern ist nicht die primäre Aufgabe der EDV-Abteilung. Wegen möglicher Umlageschlüssel für **Forschungs- und Entwicklungskosten** verweisen wir auf das nachfolgende Kapitel.[571]

338 Bestimmte Leistungen wie zB die **Nutzungsüberlassung von materiellen oder immateriellen Wirtschaftsgütern,** die Darlehensgewährung, die Übernahme von Bürgschaften oder sonstige Finanzdienstleistungen werden üblicherweise nicht gleichzeitig gegenüber mehreren Leistungsempfängern erbracht, sondern jeweils individuell zwischen zwei Parteien vereinbart. Für solche Leistungen kommt regelmäßig nur die Einzelabrechnung in Betracht, sodass Kostenumlageschlüssel nicht relevant sind.

5. Transferprobleme

339 Probleme können sich ergeben, wenn das Land einer konzernzugehörigen Gesellschaft Konzernumlagen generell oder für bestimmte Leistungen nicht anerkennt. Außerdem ist es denkbar, dass zwar die Umlage als solche anerkennungsfähig ist, jedoch Devisentransferbeschränkungen bestehen. Ferner ist es möglich, dass es die wirtschaftliche Lage einer Konzerngesellschaft nicht erlaubt, Konzernumlagen zu zahlen, weil sonst die Zahlungsunfähigkeit oder der Konkurs drohen.

340 In den genannten Fällen dürfen die anteiligen Kosten der betreffenden Gesellschaften vom Dienstleistungsunternehmen **nicht** auf die **anderen Gesellschaften** entsprechend den gegebenen Umlageschlüsseln mitverteilt werden. Diese Kosten sind vielmehr – soweit möglich – später von der rechtlich oder tatsächlich an der Zahlung verhinderten Gesellschaft zu übernehmen oder von der Muttergesellschaft zu tragen.[572] Soweit Zahlungen wegen rechtlicher oder tatsächlicher Gründe erst in einem späteren Jahr möglich sind, ist eine entsprechende Verzinsung zugunsten des Leistenden zu berücksichtigen, wenn eine entsprechende gesetzliche Vorschrift oder vertragliche Regelung besteht. Konzerngesellschaften, in deren Ländern Konzernumlagen generell nicht anerkannt werden, sollten nicht an einem Konzernumlagevertrag beteiligt werden.

Beispiel: Die inländische Muttergesellschaft M-AG erbringt u. a. Dienstleistungen im Produktionsbereich und im Marketingbereich für Tochtergesellschaften in Belgien, Italien, USA und Brasilien. Die Kosten (einschließlich Gewinnaufschlag) im Zusammenhang mit der Dienstleistungserbringung durch M-AG betragen insgesamt 1 Mio. € und werden auf Basis eines nutzenorientierten Umlageschlüssels an die leistungsempfangenden Tochtergesellschaften ausbelastet. Die brasilianische FinVerw. will ohne Be-

---

[570] Vgl. auch oben Rn. 241; zum ähnlichen Fall des gemeinsamen Einkaufs von Rohstoffen und Waren s. o. zu Rn. 333.

[571] Vgl. Kapitel O Rn. 301 ff.

[572] Ebenso US Regs § 1.482-1(h)(2) Effect of foreign legal restrictions; s. dazu auch *Jacob* IWB F. 3a, Gr. 2, 15.

gründung die Konzernumlagen nicht anerkennen, weshalb die M–AG die auf Brasilien entfallenden Kosten iHv 200 T€ auf die anderen Tochtergesellschaften mitbelastet, zB wie folgt:

Tochter-ges.	Kosten lt. Schlüssel		Kostenumverteilung Brasilien		Belastung der Kosten
	%	€	Anteil	€	€
Belgien	25	250 000	25/80 ▶	+ 62 500	312 500
Italien	15	150 000	15/80 ▶	+ 37 500	187 500
USA	40	400 000	40/80 ▶	+ 100 000	500 000
Brasilien	20	200 000		– 200 000	0
	100	1 000 000		0	1 000 000

Die M-AG begründet die höhere Belastung damit, dass die belasteten Kosten noch unter vergleichbaren Fremdpreisen liegen. In diesem Beispiel besteht das Risiko, dass die ausländischen FinVerw. zutreffend die Auffassung vertreten werden, dass der brasilianische Kostenanteil nicht an die anderen Tochtergesellschaften belastet werden darf, sondern von der M-AG zu tragen ist. Wenn daher vertraglich nur die Kostenbelastung mit einem bestimmten Kostenschlüssel vereinbart wurde, dürfen später keine höheren Kosten in Rechnung gestellt werden, selbst wenn höhere Fremdpreise nachweisbar sind. Der Fall wäre aber anders zu beurteilen, wenn im Umlagevertrag die Belastung feststellbarer Fremdpreise vereinbart worden wäre; dann dürfte nach der hier vertretenen Auffassung eine Belastung bis zur Höhe der Fremdvergleichspreise erfolgen.[573]

6. Günstigere Eigen- oder Fremdleistungen

Für die **Höhe der Konzernumlage** ergibt sich ebenso wie bei der Einzelabrechnung noch eine **Begrenzung** durch Tz. 6.4.1 VGr, wonach der ordentliche Geschäftsleiter des Leistungsempfängers idR dem Leistenden kein Entgelt zugestehen würde, das den **Aufwand** übersteigt, **der bei Erledigung** der fraglichen Aufgaben **durch den eigenen Betrieb** oder durch Vergabe entsprechender Aufträge an **ortsansässige Fremde anfallen würde.** 341

In Tz. 7.35 OECD-VPL wird darauf hingewiesen, dass die Kosten des Leistungsempfängers im Fall der eigenen Durchführung der Leistung einen Hinweis auf die angemessenen Kosten im Fremdvergleich geben können. Die vorstehenden Überlegungen sollen anhand eines Beispiels erläutert werden.

Beispiel: Die belgische B-SA entwickelt für die europäischen Tochtergesellschaften eines US-Pharmakonzerns eine spezielle Software, die im Bereich Logistik, Lagerhaltung und Vertrieb eingesetzt werden kann. Die anfallenden Kosten für diese Leistung werden im Verhältnis des Umsatzes der europäischen Pharma-Unternehmen verrechnet. Auf die deutsche Konzerngesellschaft P-GmbH entfallen 20 % der Gesamtkosten von 5 Mio. €, das sind 1 Million €. Für das Beispiel soll unterstellt werden, dass ein fremdes Softwareunternehmen eine gleichartige Software für nur 4 Mio. € entwickelt hätte, sodass die auf P-GmbH entfallenden Kosten nur 0,8 Mio. € betragen hätten.

Piltz[574] weist zu einem Beispiel mit gleichartiger Problematik zu Recht darauf hin, dass sich hier zwei Grundsätze des deutschen Steuerrechts berühren. Zum einen sind Betriebsausgaben auch dann abzugsfähig, wenn sie nicht zweckmäßig, üblich, notwen-

[573] Vgl. dazu oben Rn. 295 ff.
[574] Vgl. *Piltz* in Schaumburg Verrechnungspreise, 72.

dig oder angemessen waren.[575] Daher wären hier grundsätzlich für P-GmbH 1 Mio. € abzugsfähig, wenn auch die belgische Gesellschaft keine nahe stehende Person gewesen wäre. Hier geht jedoch im Konzern der Grundsatz vor, wonach im Verhältnis zwischen Kapitalgesellschaft und Gesellschafter sowie nahe stehenden Personen kein höheres Entgelt gezahlt werden darf, als es fremde Dritte fordern würden, weil anderenfalls die Differenz als vGA anzusehen ist.

Im Ergebnis kann man der Aussage in Tz. 6.4.1 VGr insofern zustimmen, als das im Wege der Einzelabrechnung oder der Kostenumlage an den Leistenden zu zahlende Entgelt einen etwa üblichen **Fremdpreis** prinzipiell **nicht übersteigen** darf. Auch Tz. 7.34 und 7.35 OECD-VPL gehen davon aus, dass der Dienstleister im Konzern maximal die feststellbaren Marktpreise in Rechnung stellen darf.[576] Allerdings sollte man begründete Ausnahmen anerkennen, so bspw. wenn die geplanten Kosten dem Fremdpreis entsprachen oder unter dem Fremdpreis lagen, jedoch durch unvorhersehbare Umstände eine Überschreitung der budgetierten Kosten eintrat.

342   Sofern die VGr in Tz. 6.4.1 die Obergrenze des Entgelts auch insoweit festlegen wollen, als dieses Entgelt den **Aufwand** übersteigt, der bei der Erledigung der fraglichen Aufgabe durch den **eigenen Betrieb anfallen würde,** kann dieser Regelung ebenfalls **nicht uneingeschränkt** zugestimmt werden. Grundsätzlich ist es eine unternehmerische Entscheidung, ob bestimmte Aufgaben im eigenen Betrieb oder durch eine Konzerngesellschaft oder einen fremden Dritten erledigt werden sollen. Ferner wird die Erbringung einer Leistung durch einen Dritten idR deswegen teurer sein, weil der Dritte auch die damit verbundenen Risiken trägt und diese in den Preis bzw. Gewinnanteil einkalkuliert. Die Meinung der FinVerw. ist v. a. dann abzulehnen, wenn das Unternehmen des Leistungsempfängers für die Erledigung der Aufgabe zusätzliches eigenes Personal einstellen müsste und wenn solches Personal für temporäre Aufgaben nicht zu finden ist oder mit den ständig oder sporadisch anfallenden Arbeiten nicht ausgelastet wäre.

Nur für den Ausnahmefall, dass die betreffende Leistung im Betrieb des Leistungsempfängers ohne zusätzliche Personal- und sonstige Umstrukturierungsmaßnahmen durchgeführt werden könnte und wenn darüber hinaus bei Erbringung der Leistung durch eine nahe stehende Person erhebliche Preisunterschiede feststellbar sind, kann der von der FinVerw. aufgestellte Grundsatz herangezogen werden. Jedoch gilt dies auch dann mit der Einschränkung, dass wirtschaftliche Gründe die Übertragung der Aufgabe an nahe stehende Personen auch zum viel höheren Preis rechtfertigen können (zB zeitlicher Druck, Zuverlässigkeit fehlerfreier Leistungen usw.). Die Beweislast obliegt in diesem Fall der FinVerw., vorausgesetzt, dass der Steuerpflichtige seine Mitwirkungs- und Dokumentationspflichten erfüllt hat.

343   Sofern aber bestimmte **Dienstleistungen** nicht nur temporär, sondern **auf Dauer** benötigt werden, ist auch zu berücksichtigen, ob ein fremder Dritter im Hinblick auf die Kosten eigenes Personal eingestellt hätte. So hat der BFH in einem Urteil die Auffassung vertreten, dass die Belastung von **Managementleistungen** auf Basis **fremdüblicher Stundensätze** eine

---

[575] Vgl. BFH 4.3.86, BStBl. II 1986, 373; *Schmidt/Heinicke* § 4 EStG Rn. 483; ferner oben Rn. 57.
[576] Vgl. auch oben Rn. 178.

vGA darstellen kann, wenn das Personal den Einsatz eines Vollzeit beschäftigten Geschäftsführers erbringt und die Gesamtvergütung die **Bezüge von Geschäftsführern** vergleichbarer Unternehmen **weit übersteigt**.[577] Das BFH-
Urteil ist verständlich, da die Leistungen auf Basis der Marktpreise fremdüblicher Stundensätze zu erheblich höheren Kosten führte, als bei der Einstellung
eigenen Personals. Jedoch dürfte eine Abrechnung der dauerhaft benötigten
Dienstleistungen anhand der **Kostenaufschlagsmethode** – wie dies bei
Konzernumlageverträgen idR der Fall ist – generell zulässig sein.

7. Eintritts- und Austrittszahlungen

Für Poolverträge sieht Tz. 4 VGr–Uml. bei späterem Eintritt von Poolmit- **344**
gliedern unter Umständen **Eintrittszahlungen** und beim Austritt ggf. **Austrittszahlungen** vor. Ähnliche Regelungen finden sich für Umlageverträge in
Tz. 8.31–8.39 OECD-VPL. Ebenso wie für Poolverträge können auch für
Konzernumlageverträge vertragliche Eintritts- und Austrittsregelungen im Einzelfall sinnvoll sein. Bei Dienstleistungen im Forschungsbereich ist eine Eintrittszahlung oft erforderlich, weil die hinzutretende Gesellschaft einen Ausgleich leisten muss für die von den anderen Parteien bisher geleisteten Kosten
für das in Entwicklung befindliche immaterielle Wirtschaftsgut.[578] Umgekehrt
können beim Ausscheiden einer Partei je nach Sachverhalt Austrittsgelder an
diese Partei in Frage kommen, wenn die verbleibenden Parteien die Vorteile aus
dem zu entwickelnden immateriellen Wirtschaftsgut dann allein nutzen können. Anderseits kommen auch Ausgleichszahlungen eines ausscheidenden
Poolmitglieds an den Pool in Frage, wenn bspw. den verbleibenden Poolmitgliedern zusätzliche Belastungen aufgebürdet werden oder wenn der Ausscheidende die bisher gewonnenen Erkenntnisse einer Drittverwertung zuführen
kann und dies bei der Kostenbeteiligung noch nicht berücksichtigt wurde.[579]

Auch im Rahmen von **Konzernumlageverträgen** über **Dienstleistun-** **345**
gen außerhalb des Forschungs- und Entwicklungsbereichs sind Fälle denkbar, in denen solche **Eintritts- oder Austrittszahlungen** wirtschaftlich begründet sein können. Die in Tz. 4.1 und 4.2 VGr–Uml. für **Poolverträge**
vertretene Meinung der FinVerw., wonach für dienstleistungsbezogene Umlageverträge regelmäßig keine Eintrittszahlung in Betracht kommt und Austrittszahlungen nur denkbar sind, wenn durch die bisherigen Dienstleistungen
Wirtschaftsgüter oder Rechte geschaffen wurden, lässt erkennen, dass auch
die FinVerw. Ausnahmen im Einzelfall anerkennt.[580]

Für Konzernumlageverträge gelten diese einschränkenden Regelungen oh- **346**
nehin nicht. Für die wirtschaftliche Rechtfertigung einer Eintrittszahlung

---

[577] Vgl. BFH 5.3.08, DStRE 2008, 692. Im konkreten Fall waren für zwei Geschäftsführer mehr als € 1 Mio. belastet worden, während Gehaltsstudien für einen Geschäftsführer von Unternehmen vergleichbarer Größe eine vergleichbare Vergütung
von durchschnittlich ca. € 220000 p.a. auswiesen.

[578] Zu Eintritts- und Austrittsregeln bei Forschungspoolverträgen Kap. O Rn. 317 ff.

[579] Vgl. *Becker* in Kroppen, Tz. 8.34 OECD-VPL, Rn. 1 ff.; s. ferner Kap. O
Rn. 325.

[580] Zu Eintritts- und Austrittszahlungen bei Poolverträgen für Dienstleistungen vgl.
unten Rn. 432 ff.

oder Austrittszahlung kommt es aber darauf an, dass der Eintretende an einem durch die vorherigen Dienstleistungen geschaffenen und noch vorhandenen (idR verkörperten) Vorteil partizipiert, so zB wenn Gutachten, Projektstudien, Markt- und Produktanalysen oder immaterielle Wirtschaftsgüter (zB Rechte, Know-how oder Software) vorliegen. Ein Austrittsgeld wird dagegen nur gerechtfertigt sein, wenn die vertragliche Kündigungsfrist eingehalten wird und der scheidende Vertragspartner den verbleibenden Vertragsparteien nicht nur – wie die FinVerw. für Poolverträge meint – seine Vermögensrechte überträgt, sondern wenn diese nach dem Ausscheiden eines Partners dadurch tatsächlich einen erhöhten (finanziellen) Nutzen erlangen (unten Beispiel 3).

Beispiel 1: Die französische F-SA, die italienische I-SpA und die deutsche D-GmbH wollen in China ein Joint Venture für die Produktion von Autoreifen gründen. Sie beauftragen eine gemeinsam gegründete französische Servicegesellschaft mit der Vorbereitung von Verträgen und der Erstellung einer Standort- und Marktstudie. Ferner soll die französische Gesellschaft weitere anfallende Koordinierungsarbeiten und Dienstleistungen übernehmen und ggf. Subunternehmer heranziehen. Nach einigen Monaten will sich die spanische S-SA an dem Joint Venture beteiligen.

In diesem Fall ist es angemessen, dass die spanische S-SA an die französische Servicegesellschaft ein entsprechendes Eintrittsgeld leistet, damit eine adäquate Beteiligung an den bereits angefallenen Kosten erfolgt.

Beispiel 2: Angenommen, in dem vorstehend genannten Beispiel will nach einem Jahr die deutsche D-GmbH nicht mehr mitwirken. Fraglich ist, ob in diesem Fall ein Austrittsgeld für die bereits geleistete Kostenbeteiligung verlangt werden kann. Hier werden ohne entsprechende vorherige vertragliche Vereinbarung die anderen Parteien die Auffassung vertreten, dass sich für die D-GmbH lediglich ein allgemeines unternehmerisches Risiko verwirklicht und dass sie die Kostennachteile in Kauf nehmen muss, wenn sie ohne zwingenden Grund ausscheidet. Auch die deutsche Betriebsprüfung wäre gezwungen, diese Auffassung zu akzeptieren. Zur Vermeidung dieses Ergebnisses müssten die Vertragsparteien bereits vorher bei Gründung der französischen Servicegesellschaft möglichst klare Regelungen über den Eintritt neuer und vor allem auch über den Austritt alter Parteien aus dem Vertrag vereinbaren.

Beispiel 3: Die Konzerndienstleistungsgesellschaft K erstellt eine Absatzmarktanalyse für neue medizinische Geräte in west- und osteuropäischen Ländern sowie in Ländern Nordafrikas. Der Konzern stellt bereits medizintechnische Geräte in USA her und hat die Absatzmärkte in Regionen aufgeteilt. Die deutsche Gesellschaft D beliefert Deutschland, Schweiz, Österreich und Osteuropa. Die niederländische Gesellschaft N beliefert die Benelux-Länder, Groß-Britannien und Skandinavien. Die französische Gesellschaft F beliefert Frankreich, Spanien, Italien und Nordafrika. Die Kosten der Marktanalyse werden von D, N und F nach den gegenwärtigen Umsätzen bemessen, weil unterstellt wird, dass auch die neu entwickelten Geräte im gleichen Verhältnis Umsätze generieren werden. Wenn F (bspw. wegen Verkaufs dieser Firma) aus dem Vertrag austritt, dann würde den verbleibenden Vertragspartnern aus der fertigen Studie nur dann ein Vorteil erwachsen, wenn die Studie zum einen auch die von F belieferten Länder begutachtet hat und wenn D und N beabsichtigen, die von F zuvor belieferten Märkte künftig zu beliefern.

8. Form des Konzernumlagevertrags

347 Die Frage der Form von Dienstleistungsverträgen im Allgemeinen wurde oben in diesem Kapitel bereits ausführlich erörtert.[581] Insofern wird zur Ver-

---

[581] Vgl. hierzu Rn. 84–104.

meidung von Wiederholungen auf diese allgemein geltenden Erläuterungen zur Rechtslage ohne und mit DBA verwiesen. Hier werden daher nur die für **Konzernumlageverträge** geltenden Besonderheiten dargestellt. In der Praxis verlangen die deutschen Betriebsprüfer für Konzernumlagen regelmäßig einen **schriftlichen Vertrag,**[582] weil Verträge zwischen nahe stehenden Unternehmen im Voraus klar und eindeutig vereinbart sein müssen (Tz. 1.4.1 VGr). Wie weiter oben bereits erwähnt wurde, stellen die VGr keine für den Steuerpflichtigen verbindliche Regelung dar und stehen offensichtlich auch nicht in Einklang mit den Grundsätzen der Rechtsprechung des **BFH,** der **mündliche oder konkludent abgeschlossene Verträge** auch im Verhältnis zwischen Kapitalgesellschaft und beherrschenden Gesellschaftern **anerkennt.**[583] Da es sich bei Konzernumlageverträgen idR um **Dauerschuldverhältnisse** handelt, sollte gem. der BFH-Rechtsprechung außerdem der Nachweis der vertraglichen Vereinbarung durch langjährige Übung oder durch tatsächliche Durchführung der Verträge möglich sein.[584] Die getroffenen Vereinbarungen werden durch erkennbares **konkludentes Handeln** für Dritte deutlich, verbunden **mit einem handelsüblichen Zahlungsmodus.**

Die Tz. 8.40 ff. OECD-VPL geben Empfehlungen für die Gestaltung und Dokumentation von Umlageverträgen und gehen offensichtlich davon aus, dass grundsätzlich **schriftliche Umlageverträge** abgeschlossen werden, die die Art der Leistungen und der diesbezüglichen Kosten sowie die Methode der Kostenverrechnung möglichst genau beschreiben. Zu beachten ist aber, dass Kapitel VIII der OECD-Verrechnungspreisleitlinien die Schriftform nicht ausdrücklich verlangt, so dass auch andere Nachweise der Leistungsvereinbarung und der Abrechnungsmethoden zulässig sind. Im Übrigen gilt Kapitel VIII der OECD-VPL eher für Verträge nach dem Poolkonzept, sodass die für Poolverträge empfohlenen Regelungen und Formalien nicht auch für andere Formen von Umlageverträgen gelten.   **348**

Selbst wenn kein schriftlicher Vertrag vorliegt, müssen gleichwohl die erbrachten **Leistungen und** das **Entgelt** so **konkretisiert** sein, dass ein außen stehender Dritter eine Prüfung der Angemessenheit vornehmen kann.[585] Sofern ein deutsches Unternehmen im Rahmen eines Konzernumlagevertrags Leistungen an einen Leistungsempfänger in einem **Nicht-DBA-Land** erbringt, gelten die Regelungen der verdeckten Gewinnausschüttung uneingeschränkt. Daher sollte in solchen Fällen zur Vermeidung von Beanstandungen unbedingt auf die Einhaltung der formalen Kriterien der klaren, eindeutigen und rechtswirksamen Vereinbarung im Voraus geachtet werden. Zwar können auch mündliche oder konkludent zustande kommende Verträge (die ggf. erst später schriftlich bestätigt werden), diese Kriterien erfüllen, soweit die tatsächliche Durchführung den Parteiwillen klar erkennen lässt. In vielen Fäl-   **349**

---

[582] Für Kostenumlageverträge nach dem Poolkonzept kann sich die FinVerw. auf Tz. 1.3 und 5.1 VGr-Uml. berufen.

[583] Vgl. BFH 24.1.90, BStBl. II 1990, 645; ferner oben Rn. 84 ff. und unten Rn. 390 f.

[584] Vgl. BFH 24.1.90, BStBl. II 1990, 645; BFH 26.2.92, BFH/NV 1993, 385.

[585] Vgl. *Wilk* EFG 2008, 164; FG Köln 22.8.07, EFG 2008, 161 ff.; dazu ausführlich oben Rn. 86 und 101 ff.; ebenso BFH 11.10.2012, IStR 2013, 109 ff. (Vorinstanz: FG Hamburg 31.10.11, IStR 2012, 190 ff.).

len fällt es den Vertragsparteien aber schwer, eine mündliche Vereinbarung nachzuweisen, insb., wenn die zuständigen Mitarbeiter ausgeschieden sind oder wenn mangels Dokumentation keine Leistungen (mehr) nachweisbar sind.

350 Wenn die Ansässigkeitsstaaten des Leistenden und des Leistungsempfängers ein **DBA** abgeschlossen haben, das eine dem **Art. 9 Abs. 1 OECD-MA** entsprechende Regelung enthält, sind zum Einen – wie im Nicht-DBA-Fall – mündliche und konkludent zustande gekommene Verträge anzuerkennen. Hinzu kommt, dass selbst ohne vorherige Vereinbarung die Zahlung eines angemessenen Entgelts für eine Dienstleistung (auch rückwirkend) zulässig ist, wenn zumindest die vereinbarten Leistungen hinreichend konkretisiert wurden.[586]

9. Inhalt des Konzernumlagevertrags

351 Wie bereits im vorangehenden Abschnitt kommentiert wurde, bestehen keine speziellen Bestimmungen für die Anerkennung einer Konzernumlage, insb. existieren keine steuerlichen Vorschriften über **Form** oder **Inhalt** eines Konzernumlagevertrags.[587] Es gelten daher die allgemeinen Grundsätze, wonach **Vertragsfreiheit** bzgl. Form und Inhalt des Vertrags herrscht, soweit keine zwingenden Vorschriften existieren. Zivilrechtliche Spezialregelungen über Konzernumlageverträge gibt es nicht, sodass insoweit die allgemeinen Vorschriften über Dienstleistungsverträge, Werkverträge und Geschäftsbesorgungsverträge Anwendung finden. Bei der entgeltlichen Überlassung von materiellen Wirtschaftsgütern kommt die Anwendung der Vorschriften über Mietverträge oder Darlehensverträge in Betracht. Steuerlich gelten im Übrigen die im Gesetz verankerten und durch die Rechtsprechung entwickelten allgemeinen Grundsätze für die Anerkennung von Vereinbarungen zwischen der Gesellschaft und ihrem Gesellschafter bzw. nahe stehenden Unternehmen. Aus den genannten Gründen, die ebenfalls im vorangegangenen Abschnitt näher erörtert wurden, muss die FinVerw. daher Konzernumlagen auch **ohne schriftlichen Vertrag** anerkennen. Verrechenbare Kosten müssen von der deutschen FinVerw. selbst ohne Nachweis einer mündlichen Vereinbarung regelmäßig anerkannt werden, wenn entweder ein konkludent zustande gekommener Vertrag vorliegt oder Ansprüche auf Kostenerstattung nach den Grundsätzen der Geschäftsführung ohne Auftrag oder der ungerechtfertigten Bereicherung bestehen.

352 Wenn daher in der nachfolgenden Kommentierung die **Voraussetzungen** des Konzernumlagevertrags erörtert werden, so muss dies dahingehend verstanden werden, dass es sich um **Empfehlungen** handelt und dass in der Praxis die Parteien gut beraten sind, **im Voraus klare, eindeutige** und möglichst **umfassende schriftliche Vereinbarungen** zu treffen, um Diskussionen mit den FinVerw. in unterschiedlichen Ländern zu vermeiden.

---

[586] Vgl. *Wilk* EFG 2008, 164; *Baumhoff/Greinert* IStR 2008, 353 ff.; FG Köln 22.8.07, EFG 2008, S. 163; ebenso BFH 11.10.2012, IStR 2013, 109 ff. (Vorinstanz: FG Hamburg 31.10.11, IStR 2012, 190 ff.); oben Rn. 102 f.

[587] Zu Form und Inhalt eines Poolvertrags vgl. unten Rn. 401 ff. und Kap. O Rn. 251 ff.

Im Einzelnen kommen folgende Vertragsregelungen in Betracht, die im Anschluss näher erläutert werden:

1. Vertragsparteien
2. Allgemeine Vertragserläuterungen
3. Arten der Dienstleistungen
4. Vergütungsregelung und Kostenumlageschlüssel
5. Abrechnungsmodus, Währung, Verzinsung
6. Berücksichtigung von Erträgen
7. Anrechnung eigener Leistungen
8. Eintritts- und Austrittsregelungen
9. Informations- und Prüfungsanspruch
10. Steuern
11. Beginn, Dauer und Kündigung des Vertrags
12. Salvatorische Klauseln
13. Anwendbares Recht
14. Schiedsgerichtsvereinbarung oder Gerichtsstandsklausel

Die unter den oben genannten Buchst. 1, 3, 4 und 11 genannten Regelungen sind für die Anerkennung der Zahlungen aufgrund des schriftlichen (oder nachweisbaren mündlichen) Vertrags zwingend erforderlich, während die übrigen Klauseln für die Praxis generell sehr empfehlenswert sind.[588]

a) Vertragsparteien

Konzernumlageverträge werden im Allgemeinen zwischen **mehreren Be-** **353** **teiligten** abgeschlossen, weil bei nur zwei Beteiligten idR die Einzelabrechnung für die Kostenbelastung für Dienstleistungen oder sonstige Leistungen gewählt wird. Gleichwohl ist es möglich, einen **Konzernumlagevertrag** nur zwischen **zwei Parteien** zu vereinbaren, wenn bspw. die von der einen Partei erbrachten Leistungen für beide Parteien von Nutzen sind und insoweit eine Aufteilung der Kosten erfolgen muss, jedoch keine Einzelabrechnung nach der direkten Methode und auch keine Vereinbarung eines Poolvertrags erwünscht ist.[589] Auch die amerikanischen „Service Regulations" wenden die Regelungen für Kostenumlageverträge an, wenn zwei oder mehr Vertragsbeteiligte vorhanden sind.[590]

Vertragsparteien sind in der Praxis nicht nur **ausländische,** sondern daneben auch **inländische Unternehmen.** Für das Thema Verrechnungspreise ist der Konzernumlagevertrag jedoch nur relevant, wenn die Dienstleistungen grenzüberschreitend erbracht werden und daher der Leistende oder zumindest ein Leistungsempfänger im Ausland ansässig ist. Unabhängig davon kann ein Konzernumlagevertrag auch nur zwischen inländischen Unternehmen abgeschlossen werden und die Verrechnungspreisregelungen können analog angewendet werden, um zB zu ermitteln, ob und in welcher Höhe ggf. eine verdeckte Gewinnausschüttung vorliegt.

---

[588] Das Muster eines Konzernumlagevertrags war in der 2. Aufl. des Handbuchs der Verrechnungspreise in Kap. O Rn. 326 abgedruckt, aber ohne Anlagen. Die Voraussetzungen von Auftragsforschungs- und Poolverträgen im Bereich der Forschung und Entwicklung werden in Kap. O Rn. 181 ff. und O Rn. 251 ff. erörtert.

[589] Zu den möglichen Formen der Kostenverrechnung vgl. oben Rn. 114 ff.

[590] Vgl. US Services Regs. 1–482–9 (b) (7) (ii) (A) (1) zu den Shared Services Agreements.

354 IdR werden Konzernumlageverträge zwischen dem leistenden Konzernunternehmen und mehreren Leistungsempfängern abgeschlossen. Hier ist es fraglich, ob aus formellen Gründen **ein Vertragsdokument** erforderlich ist, das von **sämtlichen Vertragsparteien** unterzeichnet wird **oder** ob es genügt, wenn jeder einzelne Leistungsempfänger einen **inhaltsgleichen Vertrag** mit der Dienstleistungsgesellschaft abschließt. Nach deutschem Zivilrecht sind beide Möglichkeiten gegeben und müssen daher auch steuerlich anerkannt werden. Man kann den Konzernumlagevertrag als Vertragsantrag iSd § 145 BGB seitens der Dienstleistungsgesellschaft gegenüber den Leistungsempfängern ansehen, der nicht unter der Bedingung steht, dass er nur gelten soll, wenn er von allen angenommen wird. Er kommt vielmehr (nur) mit denjenigen Parteien zustande, die den Antrag annehmen. Falls nur der Leistende und der jeweilige Leistungsempfänger den Konzernumlagevertrag unterzeichnen, müssen in allen Verträgen, die der Leistende mit den Leistungsempfängern abschließt – ggf. in einer Anlage – sämtliche andere Parteien des Konzernumlagevertrags genannt werden. Dies ist erforderlich, damit der Leistungsempfänger die Anzahl der Parteien und die sachgerechte Anwendung des Umlageschlüssels überprüfen kann.

355 Wenn der Vertrag **Eintritts- und Austrittsklauseln** enthält, sind die Vertragsparteien zumindest konkludent damit einverstanden, dass **neue Konzerngesellschaften** in den **Konzernumlagevertrag einbezogen** werden können oder andere Vertragspartner als Leistungsempfänger – unter Beachtung von etwaigen Kündigungsfristen – ausscheiden.[591] Man kann aber auch eine ausdrückliche Zustimmung aller Vertragsparteien zur Aufnahme neuer Leistungsempfänger vorsehen (zB unter der Bedingung, dass sie Konzernunternehmen sind), vor allem um sicherzustellen, dass der Leistende bei Aufnahme neuer Vertragspartner zum einen Maßnahmen trifft, um die Leistungsfähigkeit und den Leistungsumfang zu erhalten (zB durch Neueinstellungen) und zum anderen eine Neuberechnung der budgetierten Konzernumlagen vornimmt. Ob der Abschluss mehrerer zweiseitiger Verträge durch den Leistenden mit den Leistungsempfängern auch nach dem Zivilrecht des Landes zulässig ist, das nach dem Vertrag gelten soll, und ob dies darüber hinaus nach dem Steuerrecht der anderen Vertragsparteien akzeptiert wird, würde allerdings im jeweiligen Einzelfall umfangreiche rechtliche Prüfungen erforderlich machen. Aus diesen Gründen empfiehlt es sich in der Praxis generell, solche **Verträge von allen Vertragsparteien** in der erforderlichen Zahl von Dokumenten **unterzeichnen zu lassen.** Dasselbe gilt für spätere Änderungen oder Ergänzungen des Vertrags.

356 Konzerngesellschaften, die in Ländern ansässig sind, die aufgrund steuerlicher Vorschriften oder wegen Devisentransfer-Beschränkungen keine Belastung von Kostenumlagen akzeptieren, sollten nicht Vertragsparteien eines Konzernumlagevertrags werden. Die auf solche Parteien entfallenden Kosten müssten ohnehin an die Muttergesellschaft belastet werden. Ferner muss darauf geachtet werden, dass die Kosten, die auf Leistungen an solche Gesellschaften entfallen, auf keinen Fall an die anderen Konzerngesellschaften im Wege der Umlage belastet werden dürfen.

---

[591] Zur etwaigen Notwendigkeit von Eintritts- oder Austrittszahlungen vgl. oben Rn. 344 ff.

Für Parteien, die sich in einer **Verlust- oder Anlaufphase** befinden, wäre　357
es wirtschaftlich hilfreich und aus Sicht der Muttergesellschaft häufig wünschenswert, wenn diese Parteien keine Kostenumlagen entrichten müssten.
Hier stellt sich die Frage, ob es steuerlich möglich ist, diese Gesellschaften
nicht am Konzernumlagevertrag zu beteiligen. In diesem Kapitel wurde bereits darauf hingewiesen, dass für verrechenbare Leistungen grundsätzlich eine
Verrechnungspflicht besteht.[592] Die praktischen Auswirkungen eines Verstoßes gegen die Verrechnungspflicht sind aus deutscher steuerlicher Sicht
jedoch unterschiedlich, je nachdem, ob der Leistende oder der Leistungsempfänger in Deutschland ansässig ist. Wenn der Leistungsempfänger in Deutschland ansässig ist und für Leistungen einer ausländischen Konzerngesellschaft
kein Entgelt zahlen muss, ergeben sich daraus aus deutscher Sicht keine Konsequenzen. Der etwaige Gewinn wird nicht durch die mögliche Konzernumlage gemindert (bzw. der Verlust wird nicht erhöht), sodass der deutsche
Fiskus dies selbstverständlich akzeptiert. Ist dagegen der Leistende in Deutschland ansässig und der Leistungsempfänger im Ausland, dann sollte auf die Belastung der Konzernumlage grundsätzlich nicht verzichtet werden, da insoweit eine Gewinnkorrektur durch die FinVerw. erfolgen würde.

Beispiel: Die D-GmbH erbringt EDV-Dienstleistungen für ihre europäischen
Tochtergesellschaften. Die französische F-SA befindet sich in einer Verlustphase und
soll möglichst nicht mit den anteiligen Kosten belastet werden, die an die anderen Gesellschaften nach einem Umsatzschlüssel belastet werden. Wenn die D-GmbH von
vornherein auf die Beteiligung der F-SA am Konzernumlagevertrag verzichtet, und die
Kosten selbst trägt, dann würde dies zwar als Nutzungseinlage angesehen, wenn die F-
SA im Inland unbeschränkt steuerpflichtig wäre; da die F-SA jedoch im Ausland ansässig ist, greift § 1 Abs. 1 AStG ein, wonach ungeachtet der Verlustsituation der F-SA
bei der D-GmbH eine Gewinnberichtigung stattfinden muss.

Soweit eine Dienstleistungsgesellschaft **unterschiedliche Leistungen** an　358
verschiedene Gruppen von Konzerngesellschaften erbringt, bspw. an Produktionsgesellschaften einerseits und an Vertriebsgesellschaften andererseits, so
wäre zwar der Abschluss eines einheitlichen Konzernumlagevertrags möglich
und die Kosten der jeweiligen Dienstleistungen könnten über den Umlageschlüssel teils nur den Produktionsgesellschaften und teils nur den Vertriebsgesellschaften oder zT beiden Gesellschaften belastet werden.[593] Jedoch wäre
es in solchen Fällen oft zweckmäßiger, zwei **getrennte Dienstleistungsverträge** zwischen dem leistenden Unternehmen und den Produktionsgesellschaften einerseits und den Vertriebsgesellschaften andererseits abzuschließen.
Der Abschluss von mehreren unterschiedlichen Verträgen kommt auch in Betracht, wenn die Konzernunternehmen in verschiedenen Geschäftszweigen
tätig sind. Ferner sollten gesonderte Vereinbarungen für Forschungs- und
Entwicklungsleistungen einerseits und für Dienstleistungen und sonstige Leistungen andererseits abgeschlossen werden, damit u.a. Diskussionen mit den
Finanzbehörden in den Ansässigkeitsstaaten der Leistungsempfänger bzgl. der
Kostenabgrenzung usw. vermieden werden. Zumindest soll in dem zuletzt
genannten Fall bei Abschluss eines einheitlichen Umlagevertrags eine klare

---

[592] Vgl. oben Rn. 74 ff.
[593] Zu den Umlageschlüsseln vgl. oben Rn. 321 ff.

Trennung der Kosten möglich sein, dh der umzulegende Aufwand und die Aufteilungsschlüssel für beide Leistungsarten sollen für sich geprüft werden können. In jedem Fall muss darauf geachtet werden, dass auch beim Vorhandensein mehrerer Verträge eine eindeutige Zuordnung der direkten und indirekten Kosten erfolgt und dass Doppelbelastungen vermieden werden.

b) Allgemeine Vertragserläuterungen

359 Es entspricht inzwischen internationaler Praxis, bei multinationalen Vertragsabschlüssen in einer Präambel des Vertrags die Vertragsparteien und ihre Rechtsbeziehungen sowie den Zweck des Vertrags darzustellen. Üblicherweise werden in Konzernumlageverträgen nicht nur die Parteien genannt, sondern auch das konzernrechtliche Beteiligungsverhältnis der Parteien zueinander erläutert. Weitere Details betreffend die **Konzern- und Beteiligungsstruktur,** die **Aufgaben und Funktionen der einzelnen Konzerngesellschaften** generell **sowie** den **Fluss der Leistungen** enthält die nach § 90 Abs. 3 AO iVm §§ 1 ff. GAufzV zu erstellende Sachverhaltsdokumentation. In diesem Zusammenhang ist es nicht zwingend aber sinnvoll, die Gründe für den Abschluss des Konzernumlagevertrags darzulegen. Häufig wird erläutert, dass der Leistende über spezielles Know-how und über qualifiziertes Personal für die Erledigung bestimmter Dienstleistungen und sonstiger Leistungen verfügt und die Leistungsempfänger diese Leistungen benötigen und in Anspruch nehmen wollen.

360 In der Präambel des Vertrages sollte bereits klar gestellt werden, dass es sich um einen **Konzernumlagevertrag** nach dem **Leistungsaustauschprinzip** handelt und nicht um einen **Kostenumlagevertrag** nach dem **Poolkonzept.** Diese Klarstellung ist erforderlich, weil beim Konzernumlagevertrag das leistende Unternehmen die betreffenden Dienstleistungen idR nicht selbst benötigt und eine Abrechnung auf Basis der Kostenaufschlagsmethode oder anhand von Marktpreisen vornimmt, während der Leistende im Poolvertrag die Leistungen auch selbst benötigt und die Kosten ohne Gewinnaufschlag auf die Poolmitglieder verteilt.

361 Entgegen einer früher vertretenen Auffassung ist es heute unter Berücksichtigung der Tz. 7.34 OECD-VPL nicht mehr wichtig, dass die Leistungsempfänger weitgehend frei bleiben, ob und in welchem Umfang sie die vereinbarten Leistungen in Anspruch nehmen. Durch den Vertrag darf sich also ein **faktischer Zwang** zur Abnahme der Dienstleistungen ergeben, soweit diese betrieblich veranlasst sind. Aus Gründen der Wirtschaftlichkeit ist es oft erforderlich, dass die Vertragsparteien während der Vertragsdauer so weit wie möglich die Leistungen der Konzern-Dienstleistungsgesellschaft tatsächlich in Anspruch nehmen. Andererseits müssen die Vertragsbeteiligten einen **Anspruch** haben, die Tätigkeit des zentralen Organisationsbereichs und angegliederter Stellen für die ihm zugewiesenen Aufgaben zu nutzen und hierbei Leistungen des zentralen Organisationsbereichs selbst **abzurufen** oder diesem **Aufträge** zu erteilen.

362 Um den Interessen beider Parteien gerecht zu werden, empfiehlt sich die Aufnahme einer Vertragsklausel, wonach der Leistungsempfänger berechtigt ist, die Leistungen auch von anderen Konzerngesellschaften oder von Dritten erbringen zu lassen oder selbst auszuführen, sofern diese **Alternativen** dauerhaft kostengünstiger oder aus zwingenden betrieblichen Gründen – zB zur

Einhaltung von Lieferfristen – erforderlich sind. Eine solche **Öffnungsklausel** sollte normalerweise von den FinVerw. verschiedener Länder als ausreichend anerkannt werden.

c) Arten der Dienstleistungen

Die dem Konzernumlagevertrag unterliegenden Dienstleistungen und 363 sonstigen Leistungen müssen möglichst genau beschrieben werden. Der Umlagevertrag muss ferner die Vorteile und den Nutzen der Leistungen beschreiben, die im Interesse des steuerpflichtigen Unternehmens tatsächlich erbracht werden, und das steuerpflichtige Unternehmen muss die Leistungen tatsächlich oder voraussichtlich nutzen. Für die Vertragsgestaltung ist es daher wichtig, dass die wesentlichen Leistungen, die im Interesse und damit zum Nutzen des Leistungsempfängers erbracht werden, in dem Konzernumlagevertrag aufgeführt werden. Der Vertrag sollte daher **umfassend alle Leistungen beschreiben,** damit die FinVerw. des Leistungsempfängers das Entgelt für die so beschriebene Leistung anerkennt.

Beispiele für **verrechenbare Dienstleistungen** werden oben in diesem 364 Kapitel genannt.[594] Bei umfangreichen Leistungsbündeln werden die Leistungen oft in den **Vertragsanlagen** näher beschrieben, in denen dann auch für jede Dienstleistungsabteilung oder leistende Kostenstelle ein separater Kostenumlageschlüssel benannt wird. Andererseits sollte der Leistungsumfang nicht extrem weit beschrieben werden und keinesfalls ganz selten oder gar nicht erbrachte Leistungen aufführen, denn die FinVerw. könnte die Auffassung vertreten, die vereinbarten Leistungen würden nicht in vollem Umfang in Anspruch genommen, und daher sei eine Kürzung des Entgelts berechtigt.[595]

Der Inhalt der einzelnen Regelungen jedes Vertrags muss unter Berücksichtigung der Besonderheiten des Einzelfalles jeweils sorgfältig aus rechtlicher und steuerlicher Sicht konzipiert werden.

Die Erbringung bestimmter Leistungen kann in manchen Ländern dazu 365 führen, dass eine **Betriebsstätte** angenommen wird. Darüber hinaus besteht die Gefahr, dass einige Länder bei der Erbringung bestimmter Managementleistungen das Vorhandensein des **Orts der Geschäftsleitung** des Leistenden im betreffenden Land annehmen könnten. Um die genannten Risiken zu vermeiden, muss daher auch die Beschreibung der Leistungen bei der Vertragsabfassung in jedem Fall sorgfältig in den Ansässigkeitsstaaten der Vertragspartner geprüft werden.

d) Vergütungsregelung und Kostenschlüssel

Der Vertrag muss klar darauf hinweisen, dass eine **Konzernumlage** nach 366 der **Kostenaufschlagsmethode** unter Anwendung von **Aufteilungsschlüsseln** erfolgt, die dem Anteil entsprechen, zu dem der Leistungsempfänger die Dienstleistungen und sonstigen Leistungen tatsächlich nutzt oder voraussichtlich nutzen wird. Der Hinweis auf die Konzernumlage verdeutlicht, dass für die einzelnen Leistungen keine Einzelabrechnung nach der direkten Methode erfolgt, sondern grundsätzlich eine von den Kosten des Leistenden abhängen-

---

[594] Vgl. hierzu Rn. 113.
[595] Die Leistungsbereitschaft auf Abruf (On Call Services) sollte klar als solche beschrieben werden; vgl. dazu oben Rn. 105 ff.

de Zahlung (die Zahlungsmodalitäten werden im nächsten Abschnitt erläutert). Gleichzeitig muss der Vertrag die betriebs- oder branchenüblichen **Gewinnaufschläge** für derartige Leistungen festlegen.[596] Sofern der Leistende berechtigt sein soll, für bestimmte Leistungen **Fremdpreise** zu belasten, müssen diese Leistungen konkret bezeichnet und die Berechnungsmethode für die Verrechnungspreise dieser Leistungen klar vereinbart werden. Ferner muss sichergestellt sein, dass die direkten und indirekten Kosten der Dienstleistungsabteilung (oder Kostenstelle) für die Erbringung dieser Leistungen getrennt ermittelt werden können und aus der Kostenbasis anderer verrechenbarer Leistungen ausgeschieden werden.

367 Im Vertrag muss für alle verrechenbaren Dienstleistungen ein **verursachungsgerechter und am Nutzen orientierter Kostenschlüssel** vereinbart werden, wie dies oben ausführlich erläutert wurde.[597] Manchmal werden die Dienstleistungen nebst Umlageschlüsseln in ausführlichen Anlagen zum Vertrag beschrieben, um spätere Anpassungen zu erleichtern. In solchen Fällen ist zu beachten, dass etwaige Änderungen nicht nur einseitig mitgeteilt, sondern von den Beteiligten auch schriftlich bestätigt werden. Fast alle Verträge sehen nämlich vor, dass **Änderungen** der **Schriftform** bedürfen, was nach deutschem Recht eine zweiseitige Änderungsvereinbarung mit Unterschriften voraussetzt.[598] Selbst wenn die Vertragsänderungen mündlich zulässig sind,[599] empfehlen sich schriftliche Änderungen, weil dies nicht nur für Beweiszwecke der „Vereinbarung im Voraus" nützlich ist, sondern auch, um den Eindruck zu vermeiden, dass der Leistende mit Einverständnis der Konzernobergesellschaft einseitige Änderungen vornimmt.

368 Damit die in die Konzernumlage einbezogenen Kosten überprüfbar sind, ist es idR erforderlich, als **Anlage** zum Vertrag **oder** als **Dokumentationsunterlage** für die Vertragsparteien eine **Beschreibung der** beim leistenden Unternehmen vorhandenen **Abteilungen bzw. Kostenstellen** anzufertigen. Aus dieser Dokumentation muss ersichtlich werden, welche Leistungen von den einzelnen Kostenstellen erbracht werden, welche direkten Kosten anfallen und welche indirekten Kosten aus anderen Kostenstellen in den Kosten dieser Kostenstelle enthalten sind. In diesem Zusammenhang empfiehlt es sich, bei Einführung des Vertrags oder späterer Änderung des Berechnungsmodus ein **beispielhaftes Berechnungsschema für die Ermittlung der Kostenumlage** zu geben. Wenn der Konzern-Jahresabschluss zB nach IFRS oder US GAAP erstellt wird, empfiehlt sich auch ein Hinweis, dass die Kosten nach den für den Einzelabschluss der leistenden Gesellschaft geltenden Rechnungslegungsgrundsätzen ermittelt werden. Da die tatsächlichen Kosten immer erst am Ende eines Geschäftsjahres vorliegen, genügt es, dass das Berechnungsschema von den budgetierten Kosten der Kostenstelle ausgeht und die aufgrund der Leistungsbeschreibung der Kostenstelle ggf. nicht verrechenbaren Gesellschafterkosten zunächst abzieht.[600] Die verbleibenden Kosten

---

[596] Zur Höhe der Gewinnaufschläge vgl. oben Rn. 231 ff. und 311 ff.

[597] Vgl. Rn. 321 ff.

[598] Übereinstimmender Briefwechsel mit Unterschrift des jeweiligen Vertragspartners genügt (§ 127 BGB).

[599] Vgl. zur einvernehmlichen Vertragsänderung oben Rn. 265.

[600] Zur Abgrenzung der Gesellschafterkosten vgl. oben Rn. 31 ff. u. 77 ff.

sind gem. dem Umlageschlüssel, der für die Leistungen der jeweiligen Kostenstelle definiert wird, nebst vereinbartem Gewinnaufschlag auf die Beteiligten zu verteilen. Nach Ablauf eines Geschäftsjahres sind dann die tatsächlichen Kosten nach dem Berechnungsschema abzurechnen.

Wie bereits oben zu den Verrechnungspreismethoden ausgeführt wurde,[601]   **369**
ist es in der internationalen Praxis inzwischen üblich, **marktgängige Leis-**
tungen unter Berücksichtigung der **Preisvergleichsmethode** abzurechnen.
Dabei kommt für Leistungen, die schwerpunktmäßig für **nur einen Betei-**
ligten erbracht werden, vorzugsweise die **Einzelabrechnung** zur Anwendung. Soweit allerdings solche marktfähigen Leistungen an mehrere Beteiligte
eines Konzernumlagevertrags erbracht werden und für solche Leistungen
bspw. **marktübliche Stundensätze** nachweisbar sind, können solche Leistungen nach Stundensätzen abgerechnet werden, wenn die hierfür erforderlichen Zeitnachweise geführt werden (zB durch Zeitberichte der Mitarbeiter
oder durch Hinweis auf den aus Angeboten ersichtlichen Zeitbedarf externer
Anbieter). Auf die Problematik **überhöhter Gesamtkosten** bei der Kombination hoher (marktüblicher) Stundensätze mit zeitlich umfangreichen Dau-
erleistungen wurde bereits an anderer Stelle hingewiesen.[602]

Für den weit überwiegenden Teil der Leistungen eines Konzernumlagever-   **370**
trags sind jedoch idR keine Fremdpreise vorhanden, sodass die **Kostenauf-**
schlagsmethode Anwendung findet.[603]

e) Abrechnungsmodus, Währung, Verzinsung

Der Vertrag muss ferner festlegen, wie Abrechnung und Zahlungen zu er-   **371**
folgen haben. Es ist üblich, auf Basis von Budgets oder auf der Basis der Vorjahreszahlen **Vorauszahlungen** für das laufende Jahr festzulegen, die monatlich oder vierteljährlich von den Beteiligten geleistet werden. Nach Abschluss
des Geschäftsjahres der leistenden Gesellschaft muss dann eine Abrechnung
auf Basis der **tatsächlichen Kosten** (Istkosten) erfolgen; es werden entsprechende Nachzahlungen oder Erstattungen fällig. Daher ist eine Regelung
erforderlich, die bestimmt, innerhalb welches Zeitraums diese **Endabrech-**
nung und die Zahlung fällig werden sollen. Dabei empfiehlt sich eine Vereinbarung, wonach die Endabrechnung innerhalb eines Monats nach Feststellung der Bilanz zu erstellen ist und die daraus resultierende Endzahlung bzw.
Erstattung innerhalb von bspw. einem Monat nach Erhalt der Endabrechnung
fällig wird. Es dürfte zweckmäßig sein, für den Fall von Erstattungsbeträgen
dem Leistungsempfänger einen ausdrücklichen Anspruch auf Verrechnung
des Erstattungsanspruchs mit der nächsten Zahlung einzuräumen, damit unnötige Zahlungsvorgänge vermieden werden.

Für die Anwendung der Kostenaufschlagsmethode bei der Einzelabrech-   **372**
nung wurde bereits erörtert, dass das steuerpflichtige Unternehmen die Wahl
hat, ob es **Ist-, Normal- oder Plankosten** für die Kalkulation zugrunde
legt.[604] Im Hinblick auf den Fremdvergleichsgrundsatz entspricht die Verein-

---

[601] Vgl. oben Rn. 295 ff.

[602] Vgl. oben Rn. 178 und 314.

[603] Hierzu wird auf die obigen Ausführungen in Rn. 220, Rn. 295 und Rn. 300 ff.
verwiesen.

[604] Vgl. oben Rn. 227 f.

barung eines Entgelts für Dienstleistungen auf Basis der **Plankosten** im Prinzip eher den Vertragskonditionen, die zwischen fremden Dritten vereinbart werden. Im Fall der Vereinbarung von **Istkosten** trägt der Leistende zum einen kein Risiko, da er die volle Kostenerstattung erhält und zum anderen kann er durch zusätzliche Kosten einen höheren Gewinn erzielen. Aufgrund des zuletzt genannten Aspekts ist es zwischen fremden Unternehmen üblich, dass der Leistende eine Kostenschätzung bzw. ein Budget vorlegt, damit der Leistungsempfänger im Voraus den Aufwand kennt und Vergleiche mit den Kosten fremder Anbieter oder mit den Kosten im Fall des Einsatzes eigenen Personals (soweit möglich) vornehmen kann.

373 Damit keine ungeplanten Kosten anfallen und der Auftraggeber die Kosten kontrollieren und seinerseits planen kann, muss es auch zwischen nahe stehenden Personen zulässig sein, auf Basis der **budgetierten Kosten** abzurechnen. Andererseits soll aber auch der Leistungserbringer bei unvorhersehbaren Kostensteigerungen nicht allein das Risiko tragen, insb. wenn es sich um ein sog. Routineunternehmen handelt.[605] Aus diesem Grund sollte es zulässig sein, eine Vereinbarung zu treffen, wonach die Parteien im Fall unvorhersehbarer Kostensteigerungen eine entsprechende Anpassung des Budgets vornehmen werden.

374 Sofern eine Abrechnung auf Basis der budgetierten Kosten mit Anpassung an die **Istkosten** zum Jahresende vereinbart wird, müsste es anerkannt werden, wenn die Parteien zur Vermeidung von Verwaltungsaufwand und den damit verbundenen Zusatzkosten eine **Mindestabweichung vom Budget** von bis zu 3% als Grenze für die Verpflichtung zur Erstellung der Jahresabrechnung vorsehen.

375 Um Missverständnisse zu vermeiden, sollte der Konzernumlagevertrag außerdem festlegen, dass die Zahlungen in der **Währung** des Landes abzurechnen und zu zahlen sind, in dem der Leistende seinen Sitz hat. Selbstverständlich sind auch andere Vereinbarungen möglich.

376 Sofern eine Partei am Fälligkeitstag die Vorauszahlungen oder die in der Endabrechnung ermittelte Zahlung nicht leistet, sollte der Vertrag die **Verzinsung** der entsprechenden Forderungen des Leistungsempfängers vorsehen. Dabei sollte die Fixierung eines festen Zinssatzes vermieden werden, weil sich der Marktzins im Laufe der Jahre ständig verändert. Empfehlenswert ist es, **Verzugszinsen** an die Entwicklung der Kapitalmarktzinsen anzubinden und bspw. „EURIBOR (1-Monatszinsatz) +5%" oder „LIBOR (1-Monatszinssatz) +5%" als Verzugszins anzusetzen. Im Übrigen kann bei Vereinbarung deutschen Rechts auch ausdrücklich auf die Bestimmungen des § 288 Abs. 2 BGB verwiesen werden, wonach der Verzugszinssatz bei Rechtsgeschäften, an denen kein Verbraucher beteiligt ist, acht Prozentpunkte über dem Basiszinssatz (§ 247 BGB) liegt.

f) Berücksichtigung von Erträgen

377 Bei Poolverträgen sind gem. Tz. 2.1 VGr-Uml. die Aufwendungen um **Erträge** (einschließlich der **Zuschüsse** und **Zulagen**), die mit den Aufwendungen in wirtschaftlichem Zusammenhang stehen, zu kürzen. In Tz. 8.17 OECD-VPL wird dagegen keine eindeutige Lösung des Problems vorge-

---

[605] Vgl. Tz. 3.4.10.2 Buchst. a) VGr-Verfahren; ferner oben Rn. 147.

schlagen, sondern empfohlen, Kosteneinsparungen, die sich zB aus staatlichen **Subventionen** oder **steuerlichen Vergünstigungen** ergeben, so zu berücksichtigen, wie dies unabhängige Unternehmen unter vergleichbaren Umständen tun würden. In der Praxis spielen solche Regelungen v. a. bei Konzernumlageverträgen für Forschungs- und Entwicklungsaufwendungen eine Rolle. Dort haben die beteiligten Unternehmen einen Anspruch auf die Nutzung des entwickelten immateriellen Wirtschaftsguts. Wenn allerdings die Forschungsgesellschaft das immaterielle Wirtschaftsgut im Einvernehmen mit den anderen Vertragsbeteiligten an einen fremden Dritten gegen Lizenz zur Nutzung überlässt, so müssen die Lizenzeinnahmen von den umlagefähigen Kosten abgesetzt werden bzw. im Verhältnis des Kostenschlüssels an die Beteiligten weitergeleitet werden.[606]

Im Bereich der Dienstleistungen werden zwar idR keine Wirtschaftsgüter **378** geschaffen, die einem Dritten überlassen werden. Wenn jedoch eine Betriebsabteilung (Kostenstelle) des leistenden Unternehmens entgeltliche Leistungen auch gegenüber Dritten erbringt, dann können die hierdurch verursachten Kosten selbstverständlich nicht den am Konzernumlagevertrag beteiligten Unternehmen belastet werden. Es ist daher logisch, dass die Kosten dieser Kostenstelle entsprechend gekürzt werden müssen. Dabei ist zu beachten, dass die Kosten nicht um die „Erträge" zu kürzen sind, weil der aus den Dienstleistungen gegenüber Dritten erzielte Gewinn bei der Kostenkürzung nicht berücksichtigt werden darf. Dieser Gewinn aus den unabhängig vom Umlagevertrag erbrachten Leistungen steht handelsrechtlich und steuerlich dem Leistenden zu und nicht den anderen Leistungsempfängern, die mit dem leistenden Unternehmen einen Konzernumlagevertrag abgeschlossen haben.[607] **Gekürzt werden** dürfen daher **lediglich die** auf die Leistung an Fremde entfallenden **anteiligen Kosten,** sodass der Gewinn beim leistenden Unternehmen verbleibt. Dieselben Überlegungen gelten, wenn das leistende Unternehmen nicht an Dritte, sondern an eine der am Konzernumlagevertrag beteiligten Parteien Zusatzleistungen erbringt, die im Wege der Einzelabrechnung neben dem Umlagevertrag vergütet werden. Dies gilt ebenso für im Wege der Einzelabrechnung an die Muttergesellschaft oder an nicht am Umlagevertrag beteiligte Konzernunternehmen erbrachte Leistungen. Auch in diesen Fällen der Einzelabrechnung sind die umlagefähigen Kosten um die anteiligen Kosten zu kürzen, die auf die einzeln abgerechneten Leistungen entfielen. Der bei der Einzelabrechnung erzielte **Gewinn verbleibt der leistenden Gesellschaft.**

g) Anrechnung eigener Leistungen

Gem. der früher geltenden Tz. 7.2.1 Nr. 6 VGr waren die vom Leistungs- **379** empfänger getragenen eigenen Kosten für Aufgaben, die Gegenstand des Umlagevertrags waren, nach den gleichen Grundsätzen wie beim Leistenden zu erfassen, in die umzulegenden Kosten aufzunehmen und auf den Umlage-

---

[606] Vgl. dazu Kap. O Rn. 233 f.

[607] Eine andere Beurteilung gilt dagegen für Forschungsgesellschaften, wenn ein immaterielles Wirtschaftsgut, dessen Eigentum bzw. ausschließliches Nutzungsrecht den Beteiligten des Umlagevertrags zusteht, an Dritte in Lizenz vergeben wird. In diesem Fall stehen die vollen Erträge den Eigentümern bzw. Nutzungsberechtigten zu.

betrag anzurechnen. Diese Regelung ging offensichtlich davon aus, dass ein am Umlagevertrag beteiligtes Unternehmen im Einzelfall die im Umlagevertrag vereinbarten Leistungen nicht in Anspruch nimmt – sei es, dass das leistende Unternehmen wegen Personalknappheit die Aufgaben nicht erfüllen kann oder sei es zB dass der Leistungsempfänger die fraglichen Aufgaben kostengünstiger im eigenen Betrieb oder durch ortsansässige Fremde erledigen kann[608] – und dass dem leistenden Unternehmen insoweit Kosten erspart geblieben sind. Der Rechtsgedanke dieser Regelung kann auch auf Konzernumlageverträge Anwendung finden, soweit der Leistende die vereinbarten Leistungen nicht erbracht hat und der Leistungsempfänger deshalb andere Unternehmen oder eigenes Personal einsetzen musste. Die vom Leistungsempfänger in solchen Fällen aufgewandten Kosten sind daher an den Leistenden zu berechnen und von diesem dann in die umlagefähigen Kosten einzubeziehen. Diese Klausel kann **Probleme** aufwerfen, sofern die im Umlagevertrag genannten **Leistungen nicht genau abgegrenzt** sind.

Beispiel: Die belgische B-SA erbringt für ihre europäischen Schwestergesellschaften gem. Dienstleistungsvertrag u. a. Dienstleistungen auf dem Gebiet der „Rechtsberatung, insb. bei der Vertragsgestaltung" sowie auf dem Gebiet der „Internationalen Steuerberatung". Die beiden Definitionen zum Leistungsumfang sind zu weit gefasst und nicht bestimmt genug. Wenn bspw. das deutsche Unternehmen D-GmbH Rechtsberatung in Deutschland in Anspruch nimmt wegen der Mängelansprüche eines Kunden, so könnte man die Auffassung vertreten, dass die Rechtsberatung ebenfalls unter die oben gewählte Definition der „Rechtsberatung, insb. bei der Vertragsgestaltung" fällt, weil die Angabe der Vertragsgestaltung wegen des Wortes „insbesondere" lediglich beispielhaft zu verstehen ist. Ebenso ist die Definition der „Internationalen Steuerberatung" relativ ungenau. Wenn bspw. der deutsche Betriebsprüfer bei der D-GmbH die Höhe der Lieferpreise, die Lizenzgebühren oder die Konzernumlagen beanstandet, dann betrifft die Inanspruchnahme des deutschen Steuerberaters der D-GmbH Fragen, die man sowohl dem nationalen als auch dem internationalen Steuerrecht zuordnen kann. Daher müssten bei konsequenter Anwendung des oben genannten Rechtsgedankens im vorliegenden Fall die jeweils anfallenden nationalen Beratungskosten an die B-SA belastet werden. Da solche Fälle in allen europäischen Ländern vorkommen werden, ergäbe sich hieraus ein erheblicher Verwaltungsaufwand durch die Hin- und Herbelastung von Kosten.

380   Zur Vermeidung solcher Konsequenzen muss deshalb bei der Beschreibung der einzelnen Dienstleistungen im Konzernumlagevertrag darauf geachtet werden, dass möglichst diejenigen Leistungen, die üblicherweise von den Leistungsempfängern selbst oder von Dritten erbracht werden, nicht im Rahmen der Definition der Leistungen enthalten sind.

Beispiel: In dem oben genannten Beispiel wäre es deshalb sinnvoll, die Leistungen wie folgt abzugrenzen: „... die B-SA erbringt Leistungen auf den Gebieten der Rechtsberatung, und zwar für den konzerneinheitlichen Entwurf von Lieferungs- und Leistungsverträgen und sonstigen Verträgen, Unterstützung bei der Anmeldung und Registrierung von Patenten, Unterstützung bei der Abwehr von Produkthaftpflichtansprüchen, Wettbewerbsverletzungsansprüchen und Schadenersatzansprüchen und ähnliche Leistungen. Soweit der Leistungsempfänger die Inanspruchnahme lokaler Berater für erforderlich hält, trägt er diese Kosten selbst. ... Im Rahmen der steuerlichen Beratung wird Unterstützung geleistet bei der steuerlichen Überprüfung von Verträgen

---

[608] Vgl. Tz. 6.4.1 VGr und oben Rn. 72, 341 f.

zwischen Konzerngesellschaften sowie Verträgen mit ausländischen dritten Unternehmen, ferner wird Unterstützung geleistet bei der Planung grenzüberschreitender Sachverhalte und bei der Abwehr von Ansprüchen der lokalen Betriebsprüfung wegen grenzüberschreitender Sachverhalte. Der Leistungsempfänger kann auf eigene Kosten weitere Berater hinzuziehen."

Mit derartigen Klauseln wird der Leistungsumfang eingegrenzt und es wird vermieden, dass es mit der FinVerw. zu Diskussionen darüber kommt, ob bspw. Kosten der lokalen Rechts- oder Steuerberater auf nationalem oder internationalem Gebiet zunächst von der D-GmbH an die B-SA belastet werden müssen, um dann in die Kosten des Umlagevertrags einbezogen zu werden, oder nicht.

h) Eintritts- und Austrittsregelungen

Wie bereits ausführlich erörtert wurde, ist es sinnvoll, Eintritts- und Austrittsregelungen in den Vertrag aufzunehmen und die Berechnungsgrundlagen bzw. -methoden der diesbezüglichen Ausgleichszahlungen vorzusehen. Solche Regelungen sind vor allem dann erforderlich, wenn die Dienstleistungsgesellschaft bestimmte Projekte für mehrere Empfänger durchführt und das Ergebnis des jeweiligen Projekts – zB ein Gutachten – den Parteien zur Verfügung gestellt wird. Wegen weiterer Einzelheiten wird auf den genannten Abschnitt verwiesen.[609] **381**

i) Informations- und Prüfungsanspruch

Aufgrund der gesetzlichen **Dokumentationspflicht** für Verrechnungspreissachverhalte muss der deutsche Teilnehmer eines Konzernumlagevertrags auf Anforderung dem Außenprüfer innerhalb von 60 Tagen die in §§ 1 ff. GAufzV genannten Unterlagen vorlegen. Für außergewöhnliche Geschäftsvorfälle besteht eine verkürzte Vorlagefrist von 30 Tagen (§ 90 Abs. 3 S. 9 AO). Gem. § 5 Nr. 2 GAufzV gehören zu den Aufzeichnungen neben den Vertragsunterlagen u. a. auch alle Regelungen und Unterlagen über die Anwendung des Aufteilungsschlüssels; dazu gehören wohl sämtliche Anweisungen und Berechnungen für die Erfassung, Abgrenzung und Aufteilung der Kosten, sowie die Berechnung der Konzernumlage der Höhe nach (insb. Einzelangaben über die in die Konzernumlage einbezogenen Kosten nach Kostenstellen). Ferner werden Aufzeichnungen über den erwarteten Nutzen für alle Beteiligten verlangt sowie mindestens Unterlagen über Art und Umfang der Rechnungskontrolle, über die Anpassung an veränderte Verhältnisse, über die Zugriffsberechtigung auf die Unterlagen des leistungserbringenden Unternehmens und die über die Zuordnung von Nutzungsrechten.[610] **382**

Da die FinVerw. gem. §§ 4 und 5 Nr. 2 GAufzV derartige Nachweise verlangen darf, muss dem deutschen Teilnehmer am Konzernumlagevertrag auch ein entsprechender **Informationsanspruch** gegenüber dem leistenden Unternehmen zustehen. Ein solcher Anspruch sollte zur Klarstellung **vertraglich** vereinbart werden. Diese Nachweiserfordernisse erleichtern der FinVerw. die Überprüfung, dass die Kosten tatsächlich angefallen sind, die verrechenbaren und nicht verrechenbaren Kosten richtig abgegrenzt wurden und dass der Vertrag wie vereinbart durchgeführt wurde. **383**

---

[609] Vgl. oben Rn. 344 ff.

[610] Die Frage, welche Nachweise die deutsche FinVerw. verlangen kann, wird im Detail im Kap. E „Dokumentation" erörtert.

384   Die Vertragsparteien können vertraglich einen fakultativen Anspruch auf **Überprüfung** der ordnungsgemäßen Durchführung des Konzernumlagevertrags vereinbaren. Dies kann bspw. erforderlich sein, um noch fehlende Nachweise im Rahmen einer Betriebsprüfung zu erbringen. Vor allem kann eine Prüfung durch einen Steuerberater oder Wirtschaftsprüfer auch als Vorsorgemaßnahme zur **Aufdeckung** und Beseitigung bzw. Minimierung **steuerlicher Risiken** oder als Maßnahme zur Vorbereitung der erforderlichen **Dokumentation** des Konzernumlagevertrags sinnvoll sein. Wichtig ist in diesem Zusammenhang, dass hier nicht eine Überprüfung des Jahresabschlusses, sondern eine **Überprüfung der Kostenrechnung** und der vertragsgemäßen **Durchführung des Konzernumlagevertrags** vorzunehmen ist. Dabei sind u. a. folgende Aspekte zu berücksichtigen:

– Beschreibung der Konzernstruktur und der am Konzernumlagevertrag beteiligten Unternehmen
– Beschreibung der in der Dienstleistungsgesellschaft vorhandenen Betriebsabteilungen (Kostenstellen) und Organigramm der Gesellschaft
– Beschreibung der einzelnen Betriebsabteilungen bzw. Kostenstellen, insb. Kennnummer der Kostenstelle, Verantwortlicher der Kostenstelle, Anzahl der Mitarbeiter, budgetierte Gesamtkosten der Kostenstelle und tatsächliche Kosten während des Geschäftsjahres, detaillierte Beschreibung der einzelnen Aufgaben und Funktionen der Kostenstelle, Abgrenzung der mit den Leistungen zusammenhängenden direkten und indirekten Kosten, Anteil der nicht verrechenbaren Kontrollkosten, Umlageschlüssel für die verrechenbaren Kosten, Begründung der Vereinbarkeit des Aufteilungsschlüssels mit dem tatsächlichen oder voraussichtlichen Nutzen
– Ermittlung des voraussichtlichen oder tatsächlichen Nutzens der Leistungsempfänger
– tatsächliche Erbringung der vereinbarten Leistungen, bei Rufbereitschaft tatsächliche Inanspruchnahme während der letzten Jahre
– Änderungen des Leistungsumfangs
– vertragsgemäße Berechnung der Umlagen unter Berücksichtigung der tatsächlichen Kosten und der vereinbarten Kostenschlüssel, Belastung an alle Beteiligten
– Zahlung der berechneten Umlagen durch die Leistungsempfänger, Berücksichtigung des Umlagevertrags in der Buchhaltung des Leistenden bzw. der Leistungsempfänger mit steuerlicher Wirkung; keine Doppelbelastung der Kosten im Rahmen von Einzelabrechnungen.

Dies sind wohl die wesentlichen Aspekte, die geprüft und in der Dokumentation oder ergänzenden Unterlagen erläutert werden sollten, wobei es im Einzelfall noch weitere wichtige Fragen geben kann, die einer Prüfung und Erörterung bedürfen, wie bspw. die Konzernumlage bei der Belastung über eine Zwischenholding, in der die Kosten verschiedener Servicegesellschaften gesammelt werden, um sie dann an die einzelnen Leistungsempfänger weiterzubelasten. Ferner können sich Prüfungsfragen ergeben zu Ein- und Austrittszahlungen, zu Devisentransferbeschränkungen, usw. Entscheidend kommt es darauf an, dass sowohl die quantitative als auch die qualitative Berechtigung und Durchführung des Konzernumlagevertrags überprüft und dokumentiert wird.

j) Steuern

385   In einer weiteren Regelung des Konzernumlagevertrags sollte klargestellt werden, dass die Parteien davon ausgehen, dass sämtliche Ansässigkeitsstaaten der Leistungsempfänger keine **Abzugssteuern** erheben. Dies ist v. a. bei den noch zu erörternden Kostenumlageverträgen für Forschung und Entwicklung wichtig, kann aber auch bei technischen Dienstleistungen eine Rolle spielen. Ferner empfiehlt sich eine Vereinbarung, wonach für den Fall, dass wider Erwarten Quellensteuern einbehalten werden, die zahlende Partei sich verpflichtet, die Steuer zu übernehmen, soweit der Zahlungsempfänger diese Steuer nicht auf seine Ertragsteuern anrechnen und auch keine Erstattung beantragen kann.

In einigen DBA werden Zahlungen für **technische Dienstleistungen** als **386** **Lizenzgebühren** qualifiziert, die den Quellenstaat zum Einbehalt von Quellensteuer berechtigen.[611]

In einer weiteren Bestimmung sollte vereinbart sein, dass der Leistende be- **387** rechtigt ist, die Zahlungen mit **Umsatzsteuer** zu fordern, sofern die Leistungen umsatzsteuerpflichtig sind. Gleichzeitig ist zu regeln, dass die zahlende Partei sich gegenseitig Unterstützung gewähren, damit die gezahlte Umsatzsteuer als Vorsteuer abgezogen oder erstattet werden kann.[612]

Für die Steuerbestimmungen muss praktisch für jedes Land eine entspre- **388** chende Überprüfung stattfinden. Soweit unterschiedliche DBA-Vorschriften vorliegen, sollte es zulässig sein, dass die Steuerregelung für bestimmte Länder abweichend erfolgt, sodass insoweit ausnahmsweise kein einheitlicher Vertragstext gegeben ist. Dabei muss aber sichergestellt werden, dass die Steuerlast auf keinen Fall vom Leistenden und damit nicht indirekt von den anderen Beteiligten zu tragen ist. Selbstverständlich sind die vom Leistenden erzielten Erträge von diesem zu versteuern. Dies kann zur Klarstellung ebenfalls geregelt werden.

k) Beginn, Dauer und Kündigung des Vertrags

Grundsätzlich empfiehlt es sich, den **Beginn des Vertrags** auf den **Be-** **389** **ginn eines Wirtschaftsjahres des Leistenden** festzulegen. Dies erleichtert die Abrechnung und spätere Überprüfung und vermeidet eine unterjährige Abgrenzung der Kosten. Der Vertrag sollte allerdings generell **nicht rück-** **wirkend** in Kraft gesetzt werden, sondern vor oder unmittelbar zu Beginn des Wirtschaftsjahres unterzeichnet werden. So müsste eine Unterzeichnung des Vertrags am 2. Januar oder 10. Januar mit Wirkung für das laufende Jahr wohl anerkannt werden, da nach der Rechtsprechung Ausnahmen vom Rückwirkungsverbot aus Vereinfachungsgründen zugelassen werden, wenn sie ohne steuerliche Auswirkungen bleiben und wenn sie nur eine kurzfristige Rückbeziehung insb. auf den Bilanzstichtag vorsehen.[613] Im Übrigen empfiehlt es sich in der Praxis prinzipiell, keinerlei rückwirkende Vereinbarungen zu treffen.[614]

Davon zu unterscheiden ist der Sachverhalt, wenn eine bereits in der Ver- **390** gangenheit abgeschlossene **mündliche oder konkludente Vereinbarung**

---

[611] So zB in Art. 12 der DBA Deutschlands mit Indien, Indonesien, Jamaika, Pakistan, Simbabwe, Uruguay oder Vietnam.

[612] Vgl. zur Umsatzsteuer bei Konzernumlagen Kap. I.

[613] Vgl. BFH 24.1.79, BStBl. II 1979, 581; *Schmidt/Seeger* § 2 EStG Rn. 45 u. 52.

[614] Eine verdeckte Rückdatierung kann strafrechtliche Folgen haben, vgl. Kap. F Rn. 456 ff.

schriftlich bestätigt wird. In solchen Fällen wird der schriftliche Vertrag mit dem tatsächlichen Datum der Unterschrift unterzeichnet, jedoch erklärt eine Klausel den Vertrag schon für vergangene Zeiträume für wirksam (zB seit 1. 1. des laufenden oder vergangenen Jahres) unter Hinweis auf mündliche oder konkludente Vereinbarungen, wonach der Leistende bestimmte Leistungen gegen Entgelt erbringen sollte. Dabei kann darauf hingewiesen werden, dass bspw. bereits mehrere Monate vor Beginn des Geschäftsjahres in einer Besprechung eine mündliche Vereinbarung zwischen dem Leistenden und den Leistungsempfängern getroffen wurde, eine Vergütung für die vom Leistenden zu erbringenden Dienstleistungen und sonstigen Leistungen im Wege des Konzernumlageverfahrens zu gewähren. Wenn anhand von Besprechungsprotokollen oder Vertragsentwürfen nachgewiesen werden kann, dass die Art der Leistungen und die Kostenschlüssel vor Beginn des Geschäftsjahres bereits weitgehend fixiert waren und wenn dann der endgültige Vertrag erst im Mai oder August des laufenden Jahres unterzeichnet wird, so sollte die FinVerw. diesen Vertrag anerkennen, da er **keine Rückwirkung** vorsieht, sondern nur die bereits getroffenen Vereinbarungen und erbrachten Leistungen schriftlich bestätigt. Eine solche rückwirkende Inkraftsetzung von Verträgen – zumindest in Fällen, in denen eine dem Art. 9 OECD-MA entsprechende Regelung eingreift – wurde von den Finanzgerichten Köln und Hamburg als zulässig erachtet.[615] Diese Auffassung wurde inzwischen vom BFH bestätigt.[616] Ob diese Rechtsauffassung von den FinVerw. in den Ansässigkeitsstaaten der Vertragsparteien geteilt wird, muss jedoch im Einzelfall überprüft werden. Da die protokollarisch oder durch Vertragsentwurf und notfalls durch Zeugenaussagen nachzuweisenden mündlichen Vereinbarungen häufig in Detailfragen vom späteren schriftlichen Vertrag abweichen, kann es auch bei Anerkennung des mündlichen Vertrags zu Diskussionen mit den beteiligten FinVerw. über die Berechtigung und Angemessenheit der Zahlungen kommen.

391   Oben[617] wurde ausgeführt, dass die deutsche FinVerw. grundsätzlich auch **konkludent zu Stande gekommene Verträge** akzeptieren müsste. Dh, selbst wenn ein mündlicher oder schriftlicher Vertrag für ein abgelaufenes Geschäftsjahr nicht vorliegt und vom Steuerpflichtigen Leistungen erbracht oder empfangen wurden, so besteht in diesen Fällen grundsätzlich Entgeltpflicht für die Beteiligten. Wegen der weiteren Einzelheiten wird auf die genannten Abschnitte verwiesen.[618]

392   Die **Dauer** des Vertrags hängt von der Art der zu erbringenden Leistungen ab. Im Normalfall wird es genügen, für den Vertrag eine Anfangsperiode von bspw. 2 oder 3 Jahren vorzusehen und dann eine automatische Verlängerung um jeweils ein Jahr zu regeln, sofern kein Vertragspartner kündigt. Wenn die Dienstleistungsgesellschaft neu errichtet wurde und Anlagevermögen erworben, Geschäftsräume gemietet und Personal angestellt hat, usw., wird es idR

---

[615] Vgl. FG Köln 22.8.07, EFG 2008, 161 ff; FG Hamburg 31.10.11, IStR 2012, 190 ff.; vgl. oben Rn. 101 ff.

[616] Vgl. BFH 11.10.2012, IStR 2013, 109 ff. (Vorinstanz: FG Hamburg 31.10.11, IStR 2012, 190 ff.).

[617] Vgl. dazu Rn. 84 ff. und Rn. 347 ff.

[618] Vgl. oben Rn. 84 ff. und 347 ff.

zulässig sein, im Hinblick auf diese Investitionen eine längere Anfangsperiode zwischen den Vertragspartnern zu vereinbaren. Während dieser Anfangsperiode sollte dann nur ein Kündigungsrecht aus wichtigem Grund eingeräumt werden. Als wichtiger Grund kann nicht nur ein wesentlicher Zahlungsverzug (zB mehr als ein Monatsbeitrag) oder die Insolvenz geregelt werden, sondern auch die Änderung der Beteiligungsverhältnisse (zB wenn mehr als 50 % der Anteile an konzernfremde Gesellschafter übergehen).

Im Übrigen ist es zweckmäßig, dass für die Zeit nach der Anlaufperiode **393** eine **Kündigungsfrist** von mindestens 6 Monaten zum Geschäftsjahresende des Leistenden vereinbart wird, damit rechtzeitig Dispositionen getroffen werden können. Ferner sollte eine Bestimmung getroffen werden, nach der im Falle der Kündigung durch einen Vertragspartner der Konzernumlagevertrag zwischen den übrigen Vertragspartnern fortgesetzt wird.

l) Anwendbares Recht

Aus Gründen der Rechtssicherheit sollte der Vertrag auf jeden Fall regeln, **394** nach welchem Zivilrecht sich seine Durchführung richtet. Im Zweifelsfall sollte das Zivilrecht des Ansässigkeitsstaates des Leistenden vereinbart werden.[619]

m) Schiedsgerichtsvereinbarung, Gerichtsstandsklausel

Für den Fall von Streitigkeiten wegen der Durchführung des Vertrags werden **395** in der internationalen Vertragspraxis heutzutage häufig Schiedsgerichtsvereinbarungen getroffen. Generell ist es jedoch einfacher und ausreichend eine übliche Gerichtsstandsklausel zu vereinbaren, die zB den Firmensitz des Leistenden als Ort des Gerichtsstands vorsieht. Da die Beteiligten idR einem Konzern angehören, dürfte es wegen der einheitlichen Interessenlage nur selten vorkommen, dass bei Streitigkeiten die Vermittlungsbemühungen der Muttergesellschaft erfolglos bleiben. Daher erlangt eine solche Regelung nur ganz selten Bedeutung.

n) Salvatorische Klauseln

Am Schluss des Konzernumlagevertrags sollten die üblichen Bestimmun- **396** gen über die Rechtsfolgen bei Unwirksamkeit und Teilunwirksamkeit des Vertrags getroffen werden. Ferner sollte geregelt werden, dass Änderungen, Ergänzungen usw. der Schriftform bedürfen. Da in Konzernen die Änderung von Verträgen oft ohne rechtzeitige Beachtung der formellen Erfordernisse erfolgt, empfiehlt es sich, **keine** Klausel aufzunehmen, wonach die Änderung der Schriftformklausel ebenfalls der Schriftform bedarf, weil die Parteien dann gehindert wären, sich auf vertragsändernde mündliche Vereinbarungen zu berufen.[620] Im Übrigen ergeben sich keine Besonderheiten gegenüber der üblichen Vertragspraxis.

(einstweilen frei)   **397–400**

---

[619] Wegen weiterer Einzelheiten der Zivilrechtswahl und deren Einfluss auf Dienstleistungsverträge vgl. unten Rn. 511 ff.
[620] Vgl. dazu *Palandt/Ellenberger* § 125 BGB Rn. 19.

VI. Kostenumlageverträge nach dem Poolkonzept

1. Grundlagen

a) Überblick über die Abrechnungsformen

401   Die verschiedenen Möglichkeiten, Dienstleitungen innerhalb eines Konzerns zu verrechnen, wurden in diesem Kapitel bereits ausführlich erörtert.[621] Zusammenfassend dargestellt lassen sich insb. folgende **Abrechnungsformen** unterscheiden:[622]

1. Direkte Einzelabrechnung,[623]
2. Verrechnung von Nebenleistungen im Rahmen eines einheitlichen Verrechungspreises,[624]
3. indirekte Abrechnung[625] über eine Konzernumlage nach dem Leistungsaustauschprinzip,[626]
4. Verrechnung über eine Kostenumlage nach dem Poolkonzept (Gegenstand der nachfolgenden Darstellung),[627]
5. Kostenfinanzierungsverfahren oder Schlüsselumlageverfahren.

Auch die **Rangfolge der Abrechnungsformen,** insb. die grundsätzliche Präferenz der FinVerw. für die Einzelabrechnung wurde ebenfalls schon ausgiebig beschrieben.[628] Die Einzelabrechnung setzt einen Leistungsaustausch voraus, der bei einem Poolvertrag nicht gegeben ist. Jedoch können die Unternehmen eines Konzerns für zahlreiche Leistungen einen Kostenumlagevertrag nach dem Poolprinzip abschließen, sofern die entsprechenden Voraussetzungen dafür vorliegen. Die Kostenumlagen nach dem Poolkonzept werden aus systematischen Gründen in Kapitel O ausführlich behandelt, da Poolverträge in der Praxis häufiger im Forschungsbereich abgeschlossen werden, während für andere Leistungen eher die Konzernumlage mit Gewinnaufschlag bevorzugt wird.[629] Nachfolgende Ausführungen dienen daher insb. der

---

[621] Vgl. Rn. 115 ff.

[622] Vgl. Übersicht unter Rn. 115; vgl. auch *Wellens/Schwemin* DB 2013, 80 ff.

[623] Vgl. oben Rn. 141 ff.; *Baumhoff* IStR 2000, 693, 694 u. Tz. 7.20 f. OECD-VPL.

[624] Vgl. oben Rn. 142, 165.

[625] Vgl. oben Rn. 281 ff. *Baumhoff* IStR 2000, 693, 694 u. Tz. 7.23 f. OECD-VPL.

[626] Zur Abgrenzung von Konzernumlage und Nachfragepool vgl. auch Kap. N Rn. 116, 281 ff. u. Kap. O Rn. 251 ff. Vgl. ferner *Kaminski* in Grotherr, HdB int. Steuerpl., 3. Aufl., S. 700. Nach der alleinigen Mindermeinung von *Böcker* StBP 2008, 8, 11 sind seit der Veröffentlichung der VGr.-Uml. nur noch Poolverträge und keine Umlageverträge nach dem Leistungsaustauschprinzip mehr anzuerkennen.

[627] Von der OECD als „Cost Contribution Agreement" und von der US-FinVerw. als „Cost Sharing Agreement" (für Forschungs- und Entwicklungsleistungen) bzw. als „Shared Services Agreement" (für andere Dienstleistungen) bezeichnet; vgl. auch *Gelin* in Transfer Pricing Manual, S. 242. Leider werden die Begriffe nicht einheitlich verwandt. So spricht das JTPF auch von von einem „Cost Pool" im Zusammenhang mit Dienstleistungsverträgen, vgl. Tz. 11 des Berichts des JTPF vom 7.6.2012; Download des Dokuments JTPF/008/FINAL/2012/EN unter http://ec.europa.eu. Der Cost Pool i. S. d. JTPF ist jedoch gerade kein Pool iSe Innengesellschaft. Vgl. hierzu auch *Wellens/Schwemin* DB 2013, 80 ff.

[628] Vgl. Rn. 115.

[629] Vgl. oben Rn. 115 ff. und 281 ff.

Darstellung der Besonderheiten bei der **Erbringung von Dienstleistungen** im Rahmen eines Poolvertrags. Dass die Bedeutung der Poolverträge im Bereich Dienstleistungen zunimmt, zeigt jedoch der neue Bericht des **JTPF** „Report on Cost Contribution Arrangements on Services not creating Intangible Property (IP)".[630] Als Dienstleistung, aus denen keine immateriellen Wirtschaftsgüter hervorgehen, kommen zB IT, Logistik, Buchhaltung, Verwaltungsaufgaben, Einkauf, Personal, Marketing in Betracht.[631] Die Erbringung von Dienstleistungen in einem Pool findet auch zwischen fremden Dritten statt, so zB im Rahmen von Werbeumlagen zwischen Franchisenehmern.[632]

b) Regelungen bzw. Verwaltungsanweisungen

In Deutschland wurden bislang keine gesetzlichen Regelungen geschaffen, **402** die auf Umlageverträge Bezug nehmen. Es wurden lediglich BMF-Schreiben erlassen, die Schlussfolgerungen aus allgemeinen Grundsätzen ziehen. Die Verwaltungsauffassung in Tz. 7 der VGr von 1983 wurde durch Tz. 7 der **VGr-Uml.** aufgehoben. Die Ausführungen in den VGr-Uml. befassen sich aber nicht mit den Umlageverträgen allgemein, sondern beschränken sich auf den **Kostenumlagevertrag nach dem Poolkonzept** oder kurz **Poolvertrag**.[633] Die VGr-Uml. basieren weitgehend auf den im **Kapitel VIII** der **OECD-Verrechnungspreisleitlinien** (kurz: OECD-VPL) enthaltenen Regelungen zu **Kostenumlageverträgen (Cost Contribution Arrangements).**[634] Kapitel VIII der OECD-VPL befasst sich zwar insb. mit Kostenumlageverträgen nach dem **Poolkonzept,** jedoch sind die Regelungen zu den **Cost Contribution Arrangements** nach den OECD-VPL weiter gefasst als die VGr-Uml. und ziehen u. a. den Ansatz von Marktpreisen in Betracht und schließen damit Gewinnaufschläge nicht explizit aus.[635]

Zurzeit bestehen in Deutschland keine ausdrücklichen **Regelungen** zu **403** den **Konzernumlageverträgen** nach dem Leistungsaustauschprinzip. Dazu sah die deutsche FinVerw. wohl keine Veranlassung, da sie die Abrechnung auf Basis von Konzernumlageverträgen als „pauschale Einzelabrechnung" iSd Tz. 6.4 VGr ansieht, bzw. als Anwendung einer „indirekten Verrechnungspreismethode" *(indirect charge method)* iSd Tz. 7.23–7.25 OECD-VPL, die von den Kostenumlageverträgen iSd VGr-Uml. und des Kapitels VIII OECD-VPL zu unterscheiden ist. Die Kommentierung in diesem Abschnitt behandelt nicht die Konzernumlageverträge (nach dem Leistungsaustauschprinzip),[636] sondern lediglich die **Poolverträge** iSd VGr-Uml.. Die Abgrenzung zwischen Dienstleistungs- und Poolvertrag ist zuweilen nicht einfach vorzunehmen. Der wesentliche Unterschied ist, dass bei einem Poolvertrag Kosten,

---

[630] Vgl. Bericht des JTPF vom 7.6.2012.

[631] Vgl. Tz. 14 Bericht des JTPF vom 7.6.2012. Vgl. ferner Bericht vom 8.3.2012, Download des Dokuments JTPF/006/BACK/2012/EN unter http://ec.europe.eu.

[632] Vgl. *Giesler/Dornbusch* DStR 2008, 1574 f.

[633] Zum Poolvertrag für Forschung und Entwicklung vgl. Kap. O Rn. 251 ff.

[634] Vgl. oben Rn. 119.

[635] Vgl. Tz. 8.1 u. 8.15 OECD-RL; *Gelin* in Green, Transfer Pricing Manual, S. 243.

[636] Vgl. dazu oben Rn. 281 ff.

Risiken und Vorteile geteilt werden und alle Mitglieder des Pools einen
(Geld-)Beitrag erbringen, wohingegen bei einem Dienstleistungsvertrag eine
Leistung erbracht oder eingekauft wird und der Leistungserbringer die Kosten
mit einem Gewinnaufschlag verrechnet und die Risiken trägt.[637]

404   In den **USA** werden Kostenumlageverträge als sog. **Cost Sharing Arrangements (CSA)** im Bereich der gemeinsamen Forschung und Entwicklung
schon seit vielen Jahren anerkannt.[638] Im Prinzip gestatten diese Regelungen
– ebenso wie Poolverträge gem. den VGr-Uml. oder gem. Kapitel VIII
OECD-VPL – dass die Vertragsparteien sich die Forschungs- und Entwicklungskosten im Verhältnis des tatsächlichen oder erwarteten anteiligen Nutzens teilen und dass sie dafür das Nutzungsrecht in den vereinbarten Gebieten
(Staaten) erhalten.[639] Für das Zusammenwirken mehrerer Konzerngesellschaften in anderen Bereichen bestanden lange Zeit keine Regelungen, die dem
Poolkonzept entsprechen. Jedoch enthalten die neuen US Services Regulations umfangreiche Bestimmungen zur sog. „Services Cost Method (SCM)"
[640] und zu sog. **„Shared Services Arrangements (SSAs)"**[641], die es gestatten, Dienstleistungen unter bestimmten Voraussetzungen nur auf Basis der
Kosten (also ohne Gewinnaufschlag) an einen oder mehreren Leistungsempf-
fänger zu verrechnen.[642] Während in Deutschland eine sog. Innengesellschaft
mit Poolmitgliedern konstruiert wird, gestatten die US Regulations den Verzicht auf einen Gewinn auch für Dienstleistungen nach dem Leistungsaustauschprinzip und kommen damit zum gleichen Ergebnis.

c) Qualifikation als Innengesellschaft

405   Ein Poolvertrag wird in Tz. 1.1 VGr-Uml. als ein Vertrag beschrieben, den
international verbundene Unternehmen miteinander vereinbaren, um durch
Zusammenwirken und im gemeinsamen Interesse die Kosten und Risiken für
die Entwicklung, Produktion und die Beschaffung von Wirtschaftsgütern,
Dienstleistungen oder Rechten aufzuteilen.[643] Durch die Teilnahme am Pool
und die Zusammenlegung von Ressourcen soll ein Nutzen für alle Poolmitglieder erzielt werden, der zB in der Ersparnis von Aufwand oder in der Steigerung
der Erlöse liegen kann. Zwischen dem jeweils leistenden Poolmitglied und den
anderen Poolmitgliedern (bzw. dem Pool) findet **kein Leistungsaustausch**
statt (Tz. 1.4 VGr-Uml.).[644] Nach Tz. 1.1 VGr-Uml. bilden die Poolmitglieder
eine **Innengesellschaft** ohne jedoch eine Mitunternehmerschaft oder Betriebsstätte zu begründen.[645] Dementsprechend erbringen die Parteien **gesellschaftsrechtliche Beiträge,** ohne dass ein Leistungsaustausch stattfindet.[646]

---

[637] Vgl. Tz. 12 des Berichts des JTPF vom 7.6.2012.

[638] Vgl. US Regs. § 1.482-7; vgl. hierzu Kap. O Rn. 345 ff. u. *Freytag* IStR 2009,
832.

[639] Vgl. US Regs. § 1.482-7(e).

[640] Vgl. US Regs. § 1.482-9(b).

[641] Vgl. US Regs. § 1.482-9(b)(7).

[642] Vgl. dazu oben Rn. 257 f.

[643] Ähnlich Tz. 8.3 OECD-RL.

[644] Vgl. Rn. 118.

[645] Vgl. *Baumhoff* IStR 2000, 693, 699 sowie Kap. O Rn. 253.

[646] Vgl. *IDW* WPg 1999, 714; *Baumhoff* IStR 2000, 693 f.; *Schoppe/Voltmer-Darman-
yan* BB 2012, 1251.

Andererseits wird in Tz. 8.3 der OECD-RL ausgeführt, dass ein Kostenumlagevertrag eher als vertragliche Vereinbarung denn als eine Gesellschaftsform
anzusehen ist. Unter Berücksichtigung des deutschen Gesellschaftsrechts besteht zwischen den Aussagen in den VGr-Uml. und in den OECD-RL kein
Widerspruch. Denn eine reine Innengesellschaft hat nach herrschender Auffassung kein Gesamthandvermögen; zwischen den Gesellschaftern bestehen
lediglich schuldrechtliche Ausgleichsbeziehungen.[647]

Die umgelegten Aufwendungen sind als **originäre Aufwendungen** der
Poolmitglieder zu behandeln (Tz. 1.4 VGr-Uml.). Wenn daher ein Poolmitglied einen Gegenstand im Interesse des Pools erwirbt, sind die anderen
Poolmitglieder nicht zwingend mitberechtigt am Vermögen des Partners,[648]
haben aber einen **schuldrechtlichen Anspruch** gegen ihn, im Rahmen des
Möglichen so gestellt zu werden, als ob sie gesamthänderisch an dem zum
Gegenstand der Innengesellschaft gehörenden Vermögen des Vertragspartners
beteiligt wären.[649] Daraus ergibt sich eine **Treuhänderstellung** des Tätigen
gegenüber den anderen Innengesellschaftern.[650] Die Innengesellschaft iSd der
VGr-Uml. basiert somit auf einer schuldrechtlichen Vereinbarung iSd der
OECD-RL. So verstanden ist zudem trotz der Einstufung als Gesellschaft
nachvollziehbar, warum nach Tz. 1.1 VGr-Uml. **keine Mitunternehmerschaft** oder **Betriebsstätte** begründet werden soll.[651] Die Einstufung als Innengesellschaft erklärt ferner, warum nach Tz. 2.2 VGr-Uml. ein Gewinnaufschlag steuerlich nicht anerkannt wird. Bei den Zahlungen der Mitglieder
handelt es sich eben nicht um Leistungsentgelte, die grundsätzlich einen Gewinnaufschlag erfordern würden, sondern um **Gesellschafterbeiträge.**[652]

Der Umfang der Gesellschafterbeiträge[653] richtet sich nach einem bestimm- **406**
ten Schlüssel, der den anteiligen Nutzen, den jedes Poolmitglied für sich er-

---

[647] Vgl. *Schücking* in MünchHdb. GesR I, § 3 Rn. 53 ff.; *Palandt/Sprau* § 705 BGB,
Rn. 33; LG Köln NJW-RR 96, 27; aA *Kuckhoff/Schreiber* IStR 2000, 346, 348, die auf
§ 718 Abs. 2 BGB verweisen.

[648] *Palandt/Sprau* § 705 BGB, Rn. 34; BGH NJW 92, 830.

[649] *Palandt/Sprau* § 705 BGB, Rn. 34 mwN.

[650] *Palandt/Sprau* § 705 BGB, Rn. 34 mwN.

[651] Der Pool selbst hat mangels Gewinnerzielungsabsicht und mangels Beteiligung
am allgemeinen wirtschaftlichen Verkehr keinen eigenen Gewerbebetrieb. Durch die
schuldrechtlichen Verpflichtungen zw. den Gesellschaftern wird grds. auch keine stille
Beteiligung o. Ä. eines Gesellschafters am Gewerbebetrieb eines anderen Gesellschafters
begründet. Ein Innengesellschaftsvertrag führt folglich grds. nicht zur Mitunternehmerstellung, wenn keine Beteiligung am Gewinn und an den stillen Reserven des Ge-
werbetriebs des anderen Gesellschafters vorliegt, vgl. BFH 23.4.2009, BStBl. II 2010,
40.

[652] Es ist nicht ausgeschlossen, dass ein Gesellschafter neben seinen Gesellschafterbeiträgen auch Dienstleistungen nach dem Leistungsaustauschprinzip an die Gesellschaft
erbringt. So sieht zB Abschn. 1.6 Abs. 3 S. 1 UStAE für Umsatzsteuerzwecke vor, dass
ein Gesellschafter an die Gesellschaft sowohl Leistungen erbringen kann, die ihren
Grund in einem gesellschaftsrechtlichen Beitragsverhältnis haben, als auch Leistungen,
die auf einem gesonderten schuldrechtlichen Austauschverhältnis beruhen. Dies dürfte
analog für Poolmitglieder gelten, sofern sie Dienstleistungen erbringen, die nicht im
Poolvertrag vereinbart sind.

[653] Zu Gesellschafterbeiträgen in Form von Sachleistungen vgl. Tz. 8.16 OECD-RL
sowie Kap. O Rn. 257 ff.

wartet, widerspiegelt.[654] Da eine Innengesellschaft grundsätzlich kein Gesamthandvermögen hat,[655] muss ein Gesellschafter in **Vorleistung** treten und dieser hat dafür schuldrechtliche Ausgleichsansprüche ggü. den anderen Gesellschaftern. Nach Tz. 8.25 der OECD-RL sollen die Ausgleichszahlungen beim zahlenden Unternehmen als **Kosten** und beim empfangenden Unternehmen als **Kostenerstattungen** behandelt werden. Dabei ist es unerheblich, ob der in Vorleistung tretende Gesellschafter die Dienstleistungen selbst erbringt oder ob er im Rahmen eines Nachfragepools[656] Dienstleistungen o. ä. einkauft. Die anderen Gesellschafter haben im Gegenzug für ihren Gesellschafterbeitrag einen schuldrechtlichen Anspruch auf Teilhabe am Nutzen der Dienstleistung.

Beispiel 1: Die Vertragsparteien A und B bilden einen IT-Nachfragepool. A soll IT-Dienstleistungen einkaufen, von der beide Parteien in gleichem Maße profitieren, da beide jeweils 500 IT-Arbeitsplätze haben, die betreut werden müssen. Aufgrund des Zusammenschlusses kann eine Dienstleistung für 1000 IT-Arbeitsplätze nachgefragt werden, was zu einem insgesamt günstigeren Preis führt. A kann die Dienstleistung für 50 000 € pro Jahr bei C einkaufen. Die Kosten werden im Verhältnis der Nutzung, hier im Verhältnis der Arbeitsplätze, 500 : 500 geteilt. Da A in Vorleistung trat, hat er einen schuldrechtlichen Ausgleichsanspruch ggü. B iHv 25 000 €. B hat im Innenverhältnis gegenüber A einen schuldrechtlichen Anspruch darauf, dass er C anweist, auch seine 500 Arbeitsplätze zu betreuen.

Beispiel 2: Wie im Beispiel 1 schließen sich A und B zu einem IT-Pool zusammen. A soll die IT-Dienstleistungen nicht einkaufen, sondern durch eigenes Personal selbst erbringen. Die Vollkosten des A für die Erbringung der Dienstleistung betragen 50 000 €. Die Kosten werden wieder im Verhältnis der Nutzung Verhältnis der IT-Arbeitsplätze 500 : 500 geteilt. A hat einen schuldrechtlichen Ausgleichsanspruch ggü. B iHv 25 000 €. B hat einen schuldrechtlichen Anspruch gegenüber A darauf, dass seine Arbeitsplätze betreut werden.

407 Die Qualifikation als Gesellschaftsvertrag[657] erleichtert die Abgrenzung des Poolvertrags von anderen Verträgen über Konzernumlagen. Aufgrund des *Numerus Clausus* **der Gesellschaftsformen** können keine neuen Gesellschaftsformen geschaffen werden. Folglich kann eine Pool-Innengesellschaft iSd VGr-Uml. nur dann vorliegen, wenn die Voraussetzungen einer **Innengesellschaft** iSd BGB vorliegen. Liegen also bei einer Umlage von Kosten zwischen mehreren Konzerngesellschaften die Voraussetzungen einer Innengesellschaft vor, dann handelt es sich um einen Umlagevertrag nach dem Poolkonzept. Ist dies nicht der Fall, dann kann nur ein Umlagevertrag nach dem Leistungsaustauschkonzept vorliegen, bei dem eine Leistungsabrechnung durch ein vereinfachtes Verfahren vorgenommen wird.

408 Stellt man die **Voraussetzungen,** die die VGr-Uml. für die Anerkennung eines **Poolvertrages** vorsehen, den Voraussetzungen einer **Gesellschaft bürgerlichen Rechts** gegenüber, so ergibt sich aus der weitgehenden Übereinstimmung der Merkmale, dass ein Poolvertrag idR auch die Voraussetzun-

---

[654] Vgl. Tz. 3.1 VGr-Uml. u. unten Rn. 416 f.
[655] Vgl. *Schücking* in MünchHdb. GesR I, § 3 Rn. 53.
[656] Vgl. Tz. 1.7. VGr-Uml.
[657] Vgl. *Sterzinger* DStR 2009, 1340, 1343.

gen einer GbR iSd § 705 BGB erfüllen dürfte. Die **Merkmale in den VGr-Uml.**, die ausführlich in Kapitel N dargestellt werden,[658] sind daher als Konkretisierung der Voraussetzungen des § 705 BGB anzusehen:

Tz. 1.1. u. 1.3. VGr-Uml.[659]	§ 705 BGB
1. Gemeinsamkeiten	
Zusammenwirken der Konzernunternehmen	Leistung vereinbarter Beiträge
Verfolgung gemeinsamer Interessen	Erreichung eines gemeinsamen Zweckes
Vorteil bei allen Poolmitgliedern	
Hilfsfunktion und nicht Hauptgegenstand des Unternehmens	
Schriftlicher Umlagevertrag	Gesellschaftsvertrag
2. Unterschiede	
Kein Gesamthandsvermögen; nur schuldrechtl. Anspruch gegen Vertragspartner auf Nutzung etc. des zum Gegenstand des Innengesellschaft gehörenden Vermögens	Gesamthandsvermögen
Kein Handeln als Vertreter des Pools	Vertretung der GbR

Die **Leistung vereinbarter Gesellschafterbeiträge** erfolgt durch das **409** Zusammenwirkung der Konzernunternehmen bzw. durch die Verfolgung gemeinsamer Interessen. Der **gemeinsame Zweck,** der erreicht werden soll, führt zu einem **Vorteil bei allen Poolmitgliedern.** Wäre die Leistungserbringung bei einem Gesellschafter der Hauptgegenstand des Unternehmens, dann würde er im Zweifel auch einen anderen Zweck verfolgen, nämlich seine Leistungen mit Gewinnerzielungsabsicht zu vermarkten, mithin wäre nicht die Erreichung eines gemeinsamen Zieles im Vordergrund.

Die VGr-Uml. sehen jedoch im Gegensatz zu den zivilrechtlichen Rege-	**410** lungen einen **schriftlichen Vertrag** vor. Inwieweit diese höheren steuerrechtlichen Anforderungen an einen Poolvertrag gerechtfertigt sind, wird in diesem Kapital noch detaillierter erörtert.[660]

Fehlt eines der genannten Merkmale, die im Folgenden noch genauer	**411** erörtert werden,[661] kann steuerlich kein Pool anerkannt werden. In diesem Fall kann ggf. eine Abrechnung der Leistungen zu Marktpreisen oder im Wege des **Konzernumlageverfahrens mit Gewinnaufschlag** vorgenommen werden.[662] Dabei ist es nach der hier vertretenen Auffassung idR unproblematisch, einen nicht anerkannten Kostenumlagevertrag (Poolvertrag) in

---

[658] Vgl. Kap. O Rn. 257 ff.
[659] Vgl. auch oben Rn. 286.
[660] Vgl. Rn. 421.
[661] Vgl. unten Rn. 414 ff.
[662] Vgl. *Kuckhoff/Schreiber* IStR 2000, 346 ff., 349.

einen Konzernumlagevertrag umzudeuten. Insoweit besteht ein gewisser **Gestaltungsspielraum.** So kann unseres Erachtens im Vertrag klargestellt werden, dass hier kein gemeinsamer Zweck verfolgt wird, sondern dass ein Leistungserbringer verschiedenen Leistungsempfängern gegenübersteht und dass nur die vereinfachte Abrechnung im Rahmen einer Konzernumlage gewollt ist. Dies kann auch schon dadurch geschehen, dass ein Gewinnaufschlag vereinbart wird, der auf eine Konzernumlage nach dem Leistungsaustauschprinzip hindeutet.

Unter Hinweis auf Tz. 9.163 OECD-VPL betont das EU JTPF, dass der Steuerpflichtige grundsätzlich frei entscheiden kann, wie er sein Geschäft betreibt und seine konzerninternen Geschäftsbeziehungen gestaltet.[663] Er hat daher die Wahl, ob er einen Dienstleistungsvertrag mit direkter oder indirekter Kostenverrechnung (also Einzelabrechnung oder Konzernumlage mit Gewinnaufschlag) oder einen Poolvertrag (Kostenumlagevertrag ohne Gewinnaufschlag) vereinbart, sofern die erforderlichen Voraussetzungen vorliegen und der Vertrag der wirtschaftlichen Realität entspricht.[664]

d) Abgrenzung von der Außengesellschaft

412   Nach Tz. 1.1 VGr-Uml. bilden die Poolmitglieder eine **Innengesellschaft** ohne jedoch eine Mitunternehmerschaft oder Betriebsstätte zu begründen.[665] Dabei stellen sich die Fragen, wann zivilrechtlich von einer Innengesellschaft auszugehen ist und ob in keinem Fall eine **Außengesellschaft** vorliegen darf, weil diese dann vermutlich zur Annahme einer Mitunternehmerschaft führen würde. Die Abgrenzung zwischen Innen- und Außengesellschaft wird in der zivilrechtlichen Rechtsprechung und Literatur überwiegend dahingehend vorgenommen, dass eine Außengesellschaft als Gesellschaft am Rechtsverkehr teilnimmt und damit nach außen im Namen der BGB-Gesellschaft in Erscheinung tritt.[666] Der **Parteiwille** soll dabei ausschlaggebend für die Einstufung sein.[667] Als Indiz für das Vorliegen einer Innengesellschaft wird angesehen, dass keine **Vertretungsregelungen** in den Vertrag aufgenommen werden.[668] Wenn daher in Poolverträgen eine entsprechende Reglung fehlt, dürfte eine Innengesellschaft vorliegen. Es besteht jedoch das Risiko, dass durch eine unklare vertragliche Gestaltung eine Außengesellschaft begründet wird.[669]

413   Fraglich ist, wie Tz. 1.7 VGr-Uml. mit der Zivilrechtsprechung zur Innengesellschaft in Einklang gebracht werden kann. Gem. Tz. 1.7 VGr-Uml. kann der Pool auch von einem außerhalb des Pools stehenden (verbundenen) Unternehmen Leistungen beziehen **(Nachfragepool).** Die Leistungen dieses

---

[663] Vgl. Bericht des JTPF vom 7.6.2012, Tz. 16.

[664] Vgl. Bericht des JTPF vom 7.6.2012, Tz. 16.

[665] Vgl. Kap. O Rn. 253.

[666] Vgl. *Schücking* in MünchHdb. GesR I, § 3 Rn. 2 ff. mwN.

[667] Vgl. *Schücking* in MünchHdb. GesR I, § 3 Rn. 4.

[668] Vgl. *Schücking* in MünchHdb. GesR I, § 3 Rn. 2.

[669] Auch in den USA kann ein Cost Sharing Arrangement zB als „Partnership" behandelt und eine Betriebsstätte angenommen werden, wenn die in US Cost Sharing Regs. § 1.482-7 genannten Voraussetzungen nicht erfüllt sind, vgl. *Gelin,* Transfer Pricing Manual, S. 242.

Unternehmens sind zu Fremdpreisen an den Pool zu verrechnen (Tz. 1.7 Satz 2 VGr-Uml.). Wenn aber die Innengesellschaft voraussetzt, dass der Pool nicht nach außen „als Gesellschaft" am Rechtsverkehr teilnimmt,[670] so dass die Rechtsmacht, für die Gesellschaft gem. § 714 BGB zu handeln, ausgeschlossen sein muss, dann wäre der von der FinVerw. als zulässig erachtete Nachfragepool nicht möglich. Für eine Lösung des Problems bieten sich folgende Überlegungen an. Während der Pool als Innengesellschaft nicht am Rechtsverkehr teilnehmen darf, können die **einzelnen Poolmitglieder** für die Erfüllung ihrer eigenen Leistungspflichten auch Lieferungen oder Leistungen von Dritten in Anspruch nehmen.[671] Diese Fremdkosten werden dann zusammen mit den eigenen Kosten an den Pool belastet.

2. Merkmale eines Dienstleistungspools

Die Merkmale eines Kostenumlagevertrages werden zur Vermeidung von **414** Wiederholungen ausführlich in Kapitel O dargestellt.[672] Nachfolgende Darstellung beschreibt insb. die Eigenheiten einzelner Merkmale bei der Erbringung von Dienstleistungen in einem Pool.

a) Verrechenbare Leistungen

Für die Abrechnung im Rahmen eines Pools gilt ebenso wie bei allen an- **415** deren Abrechnungsformen, dass zunächst eine **verrechenbare Leistung** vorliegen muss.[673] Da die Leistungen an den Pool nur eine Hilfsfunktion des Poolmitglieds darstellen, kommen als **nicht** im Rahmen eines Poolvertrags verrechenbare Hauptfunktionen zB die Produktion und/oder der Vertrieb von Waren oder die Erbringung spezieller Dienstleistungen, die das Poolmitglied auch an konzernfremde Unternehmen erbringt, in Frage. Insoweit sind eine genaue Kostenzuordnung und eine Prüfung der Verrechenbarkeit erforderlich. Gerade bei der Erbringung sog. **Management-Dienstleistungen** prüfen die Finanzbehörden sorgfältig, inwieweit diese im gemeinsamen Interesse der Poolmitglieder erbracht werden. Fraglich ist insb., ob die Dienstleistungen den einzelnen Poolmitgliedern nutzen oder ob sie vielmehr der Kontrolle durch die Muttergesellschaft dienen. Die Kosten für die nur im Interesse der Muttergesellschaft[674] erbrachten Leistungen (sog. **shareholder activities**) müssen von den verrechenbaren Kosten abgegrenzt und an die Muttergesellschaft belastet werden.[675] Ferner ist bei der Umlage von Management-Dienstleistungen darauf zu achten, dass mit der Implementierung der Umlage nicht eine Verlagerung des Orts der Geschäftsleitung stattfindet oder

---

[670] *Palandt/Sprau* § 705 BGB, Rn. 33 mwN.

[671] Vgl. oben Rn. 405 f.

[672] Vgl. Kap. O Rn. 251 ff.

[673] Vgl. Rn. 31 ff. sowie insb. 51 ff. u. 74 ff.

[674] Da die Poolmitglieder nach der hier vertretenen Auffassung eine (Innen-) Gesellschaft bürgerlichen Rechts begründen, sind die Poolmitglieder insoweit selbst Gesellschafter der Poolgesellschaft. Die Ausführungen zum Gesellschafteraufwand stellen jedoch nicht auf die Poolgesellschafter ab, sondern auf die Muttergesellschaft der Poolmitglieder.

[675] Vgl. Rn. 51 ff.

eine **Betriebsstätte** begründet wird.[676] Aber auch bei anderen Dienstleistungen, wie zB bei der **Unterstützung bei Jahresabschlussarbeiten** können Gesellschafterleistungen vorliegen, wenn die Unterstützung eher der Vorbereitung des Konzernabschlusses als der Erstellung des Einzelabschlusses dient.

b) Erwarteter Nutzen

416   Die Abrechenbarkeit im Rahmen von Kostenumlageverträgen nach dem Poolkonzept hängt nach Tz. 3.1 VGr-Uml. insb. vom zu **erwartenden Nutzen** ab. Dabei reicht es aus, wenn eine Aussicht auf einen Vorteil besteht, der Erfolg muss nicht zwingend eintreten.[677] Laut **EU JTPF** bedeuten selbst große Unterschiede zwischen tatsächlichen und erwartetem Nutzen nicht automatisch, dass die Vergütung nicht dem Fremdvergleich entsprach.[678] Jedoch können bei einer falschen Bewertung der ursprünglich erwarteten Nutzenanteile im Einzelfall Ausgleichszahlungen gerechtfertigt sein.[679] Da auf den zu erwartenden Nutzen abgestellt wird, dürfen auch Dienstleistungen auf Abruf (sog. „stand-by"-Gebühren) weiterbelastet werden.[680] Die von der deutschen FinVerw. nach Tz. 5.1. VGr-Uml. geforderte schriftliche Abfassung des Kostenumlagevertrages dient wohl auch der Dokumentation des Nutzens.[681]

Ein **erwarteter Nutzen** liegt insb. vor, wenn die Leistungen aus betriebswirtschaftlicher Sicht zu **wirtschaftlichen Vorteilen** führen, so zB zur Ersparnis von Kosten oder zur Steigerung des Ertrags oder Gewinns.[682] Sofern im Umlagevertrag unterschiedliche Leistungen zusammengefasst sind – was bei einem Poolvertrag für Verwaltungsleistungen im Konzern regelmäßig der Fall sein wird – ist der Nutzen für **jede Leistungsart** gesondert zu ermitteln.[683] Der **Nachweis** des Nutzens kann zB durch Prognoserechnungen oder Projektberichte bezüglich der geschätzten Kostenersparnisse oder zusätzlichen Erträge erfolgen.[684] Die FinVerw. erwartet, dass der ordentliche Geschäftsleiter nach einem angemessenen Zeitraum prüft und diesen nicht fortsetzen würde, wenn die Umlage ungünstiger ist, als der Aufwand für den Bezug vergleichbarer Einzelleistungen.[685] Sofern ein Nutzen gegeben ist, können alle Arten von Leistungen Gegenstand eines Kostenumlagevertrages sein.[686] Nach

---

[676] Vgl. *Kaminski* in Grotherr, HdB int. Steuerpl., S. 711.

[677] Vgl. Tz. 8.11 OECD-VPL u. Tz. 3.1 S. 7 VGr-Uml.

[678] Vgl. Bericht des JTPF vom 7.6.2012 Tz. 19 f. u. 41.

[679] Vgl. Bericht des JTPF vom 7.6.2012 Tz. 20.

[680] Vgl. *Kuckhoff/Schreiber* IStR 2000, 346, 350.

[681] Vgl. Rn. 69.

[682] Vgl. Tz. 3.1 S. 2 VGr-Uml. u. Bericht des JTPF vom 7.6.2012 Tz. 29; ähnlich auch IAS 38.17 zum künftigen wirtschaftlichen Nutzen aus einem immateriellen Vermögenswert.

[683] Vgl. Tz. 3.1 S. 4 VGr-Uml.; dort heißt es zwar „für jede Leistung", jedoch ergibt sich aus dem Kontext, dass die unterschiedlichen Arten von Leistungen gemeint sind.

[684] Vgl. *Böcker* StBp 2008, 8, 9.

[685] Vgl. Tz. 3.1 S. 6 VGr-Uml.

[686] Tz. 1.1. VGr-Uml. zählt verschiedene Vertragsgegenstände auf, sieht jedoch auch allgemein „andere Leistungen" als möglichen Vertragsgegenstand vor. S. hierzu auch Kap. O Rn. 257.

einem angemessenen Zeitraum ist zu prüfen, ob der eingetretene Nutzen dem erwarteten Nutzen entspricht und wesentliche Änderungen müssen durch Anpassungen – idR durch Änderung des Umlageschlüssels – berücksichtigt werden.[687] Die bei Poolverträgen typischen Hilfsfunktionen werden nachfolgend noch näher erläutert.[688]

c) Verfolgung gemeinsamer Interessen

Ein gemeinsames Interesse kann nur dann vorliegen, wenn alle Poolmit- **417** glieder in wirtschaftlich gleicher Weise von der im Pool erbrachten Leistung profitieren.[689] Dabei ist **jede Dienstleistung gesondert zu betrachten.** So kann die Erbringung von IT-Dienstleistungen ggf. allen Unternehmen im Rahmen eines Konzerns dienen, sofern sie sich zB auf Office-Programme bezieht, die in allen Gesellschaften gleichermaßen genutzt werden. Office-Anwendungen werden in Holdinggesellschaften ebenso benötigt, wie in Produktionsgesellschaften. Anders verhält es sich hingegen, wenn sich die IT-Dienstleistungen zB auf spezielle CAD-Anwendungen bezieht, die nur produktiv tätige Gesellschaften benutzen. Im letzten Fall haben Holding- und Produktionsgesellschaften kein gemeinsames Interesse. Auch wenn die Holdinggesellschaft indirekt von den IT-Dienstleistungen im Hinblick auf die CAD-Programme profitieren, indem die Tochtergesellschaften bessere Ergebnisse erzielen, so ist das Interesse nicht gemeinsam iSd VGr-Uml.[690] Sofern der Poolvertrag jedoch für die einzelnen Leistungsbereiche nutzungsorientierte Umlageschlüssel für die Leistungsempfänger vorsieht, sollte für die einzelnen Dienstleistungskategorien ein gemeinsames Interesse vorliegen.[691]

d) Hilfsfunktionen der Poolmitglieder

Wie bereits erörtert, soll die Leistungserbringung, die im Pool stattfin- **418** det, **nicht** den **Hauptgegenstand** des jeweils tätigen Unternehmens darstellen, sondern lediglich eine **Hilfsfunktion.** Das Unternehmen, dessen Hauptgegenstand die Erbringung entsprechender Dienstleistungen darstellt, hat im Zweifel ein eigenes Interesse an der Leistungserbringung, ein **gemeinsamer Zweck** wäre nicht gegeben.[692] Dabei ist jeweils eine **Einzelfallprüfung** vorzunehmen, da zB IT-Dienstleistungen bei einem Unternehmen eine Haupttätigkeit darstellen können, bei einem anderen lediglich eine Hilfstätigkeit.[693] Maßgebend ist hierbei u.a. die Frage ob und in welchem Umfang die Leistung auch ggü. Dritten mit Gewinnerzielungsabsicht erbracht wird.[694] In der Praxis muss der Stellenwert der Funktion im Rahmen einer Funktions- und Risikoanalyse ermittelt werden.[695] Für die Qualifikation als Haupt- oder Hilfsfunktion soll die Wesentlichkeit im Leistungserstellungsprozess maßgeb-

---

[687] Vgl. Tz. 3.3 VGr-Uml.

[688] Vgl. unten Rn. 418 ff.

[689] Vgl. Tz. 1.2 VGr-Uml. sowie Kap. O Rn. 259 f.

[690] Zur Unterscheidung zwischen horizontal und vertikal verbundenen Unternehmen siehe Kap. O Rn. 260.

[691] Vgl. unten Rn. 421.

[692] Vgl. oben Rn. 409.

[693] Vgl. Kap. O Rn. 261.

[694] Vgl. Kap. O Rn. 262.

[695] Vgl. hierzu ausführlich Kap. O Rn. 262.

lich sein.[696] Allerdings ist nicht unumstritten, ob die FinVerw. einen Pool nur deshalb nicht anerkennen darf, weil die vom jeweiligen Mitglied übernommene Funktion bei diesem nicht nur eine Hilfsfunktion ist. So kann man in den OECD-RL keine entsprechende Einschränkung finden.[697]

Soweit **Produktionsgesellschaften** einen gemeinsamen Poolvertrag vereinbaren, liegt die Hauptfunktion dieser Gesellschaften idR in der Herstellung von Waren oder unfertigen Erzeugnissen. Als **Hilfsfunktionen** kommen für **Produktionsgesellschaften** v.a. folgende Leistungen und Funktionen in Betracht:

- Forschung und Entwicklung
- Gemeinsamer Einkauf von Roh-, Hilfs- und Betriebsstoffen
- Gemeinsamer Einkauf von Maschinen
- Zentrale Produktionsplanung
- Verwaltungsleistungen (zB Buchhaltung, Mahnwesen, Berichtswesen, Bilanzierung)
- Personal (zB Suche, Ausbildung, Beurteilungs- oder VergütungsRL)
- IT-Dienstleistungen
- Finanzdienstleistungen (zB interner Cash-Pool, Wechselkurssicherung, Verhandlung mit Banken wegen Kreditlinien)
- Management-, Steuer- oder Rechtsberatung
- Technische Unterstützung, Troubleshooting
- Qualitätskontrolle
- Marktforschung (zB Kundenbedürfnisse, Ideen für neue Produkte)
- Lagerhaltung, Logistik

419   Bei **Vertriebsgesellschaften** liegt der Hauptzweck der Geschäftstätigkeit im Vertrieb der Waren an die jeweiligen Abnehmer, die sich auf unterschiedlichen Marktstufen befinden können. Während die Verhandlungen mit den Kunden und der Vertragsabschluss zu den Hauptfunktionen gehören, sollte es zulässig sein, dass alle sonstigen Funktionen, die auch ein „Limited Risk Distributor" nicht übernimmt,[698] in einem Pool erbracht werden. Als typische **Hilfsfunktionen** kommen bei Vertriebsgesellschaften zB in Betracht:

- Lagerhaltung, Logistik (nur, falls Funktion nicht ohnehin beim Hersteller verbleibt)
- Gemeinsamer Einkauf (zB für Büromaterial oder Geschäftsausstattung nicht aber für Handelswaren, deren Einkauf eine Hauptfunktion darstellt)
- Marktforschung
- Marketing
- Personal
- IT-Leistungen
- Finanzdienstleistungen
- Verwaltungsleistungen (zB Buchhaltung, Mahnwesen, Berichtswesen, Bilanzierung)

420   Im Prinzip können auch Gesellschaften mit unterschiedlichen Hauptfunktionen bestimmte Hilfsfunktionen in einem Pool zentralisieren und abrechnen, soweit diese Funktionen von allen benötigt werden. Dafür kommen

---

[696] Vgl. *Kaminski* in Grotherr, HdB int. Steuerpl., S. 697.
[697] Vgl. *Kaminski* in Grotherr, HdB int. Steuerpl., S. 697.
[698] Vgl. dazu unten Rn. 475 (Tabelle) u. 495 ff.

insb. Leistungen in den Bereichen Verwaltung, EDV (IT) oder Marktforschung in Betracht. Da die Leistungen häufig unterschiedliche Bereiche betreffen, ist fraglich, ob die Poolmitglieder damit noch die Voraussetzungen des Poolvertrags erfüllen, nämlich „im gemeinsamen Interesse, in einem längeren Zeitraum, durch Zusammenwirken in einem Pool Leistungen zu erlagen bzw. zu erbringen" (Tz. 1.1 VGr-Uml.). So erbringt bspw. die IT-Abteilung eines Poolmitglieds insgesamt Leistungen, die allen Poolteilnehmern nutzen, jedoch beziehen sich bestimmte Unterstützungsmaßnahmen nur auf Lager- und Logistiksoftware der Hersteller, während andere IT-Leistungen nur den Internet-Auftritt der Vertriebsgesellschaften oder deren Debitoren-Buchhaltung betrifft. Gleichwohl wird man in solchen Fällen das gemeinsame Interesse aller Gesellschaften an IT-Leistungen bejahen können und die Leistungen lassen bei den empfangenden Unternehmen einen Vorteil erwarten, der darin liegt, Aufwand zu ersparen, der durch anderweitigen Einkauf der Leistungen entstanden wäre. Der Tatsache, dass die einzelnen Unternehmen bzw. Unternehmensgruppen in unterschiedlichen Umfang Leistungen empfangen, muss zum Einen durch sachgerechte **Abgrenzung der Kosten** für die jeweiligen Leistungskategorien[699] und zum Anderen durch die nutzenorientierte **Auswahl des Umlageschlüssels** für die jeweiligen Leistungskategorien berücksichtigt werden.[700] Die Rechtslage ist insoweit mit derjenigen vergleichbar, die bei Dienstleistungen im Rahmen von Konzernumlageverträgen besteht, sodass auf die entsprechenden Ausführungen verwiesen werden kann.[701]

e) Schriftform des Kostenumlagevertrages

Die Schriftform soll insb. der Dokumentation der Leistungsbeziehungen **421** dienen.[702] Insb. bei der Erbringung von Dienstleistungen, die oftmals zu einem nicht ohne Weiteres nachweisbaren Nutzen führen, hat die **Dokumentation des Nutzens** einen hohen Stellenwert. Nach der hier vertretenen Auffassung kann ein Pool auch dann anerkannt werden, wenn kein schriftlicher Vertrag vorliegt, die Dokumentation jedoch auf andere Weise sichergestellt ist. Insb. in Fällen, in denen eine **Dokumentation nach § 90 Abs. 3 AO** zu erstellen ist, kann dem Dokumentationserfordernis auch auf andere Weise genüge getan werden.[703] Des Weiteren sind die neuesten Entwicklungen in der finanzgerichtlichen Rechtsprechung zu berücksichtigen, wonach eine Korrektur der Leistungsbeziehungen aufgrund rein formaler Beanstandungen dann nicht in Betracht kommt, wenn eine **Art. 9 OECD-MA** entsprechende Norm einer solchen Korrektur entgegensteht.[704] Um Auseinandersetzungen mit der Fin-Verw. zu vermeiden, ist jedoch weiterhin dringend zu empfehlen, zur Dokumentation der Vertragsbeziehung im Voraus einen schriftlichen Poolvertrag ab-

---

[699] Vgl. Tz. 1.4 dritter Absatz und Tz. 2.1 fünfter Absatz VGr-Uml.

[700] Vgl. Tz. 3.2 VGr-Uml.

[701] Vgl. oben Rn. 281 ff.

[702] Vgl. Tz. 5.1. VGr-Uml.

[703] Die Dokumentationsanforderungen im Zusammenhang mit Poolverträgen werden in Kap. O Rn. 338 ff. ausführlich beschrieben.

[704] Vgl. BFH 11.10.2012, IStR 2013, 109 ff.; FG Köln 22.8.2007, EFG 2008, 161, 162; FG Hamburg 31.10.2011, IStR 2012, 190 sowie Kap. F Rn. 31 ff. mwN.

zuschließen. In den Fällen, in denen kein DBA einschlägig ist, das eine dem Art. 9 OECD-MA entsprechende Klausel enthält, sollte den Anforderungen in der VGr-Uml. in jedem Fall genüge getan werden.[705]

3. Ermittlung der Kostenumlage

a) Qualifikation als Gesellschafterbeiträge

422   Aufgrund der Qualifikation als **Innengesellschaft**[706] haben die Gesellschafter (also die Poolmitglieder) ihre **Gesellschafterbeiträge** zu erbringen. Die Gesellschafterbeiträge werden im Rahmen eines Dienstleistungspools in Form von Dienstleistungen erbracht. Die Bewertung dieser Beiträge erfolgt auf Kostenbasis,[707] das heißt, alle mit der Leistungserbringung entstandenen **direkten und indirekten Kosten** sind die Ausgangsbasis für die Ermittlung der umlagefähigen Beiträge. Die Höhe der zu erbringenden Gesellschafterbeiträge hängt vom Kostenumlageschlüssel ab, der wiederum den Anteil des erwarteten bzw. empfangenen Nutzens der Poolmitglieder reflektiert. Wenn ein Poolmitglied im Laufe einer Periode höhere Beiträge erbracht hat als dies nach dem Kostenverteilungsschlüssel erforderlich ist – zB weil nur ein Poolmitglied die Leistungen erbringt – so müssen diese höheren Beiträge durch Ausgleichszahlungen der anderen Mitglieder ausgeglichen werden. Die Beiträge, die in Form von Dienstleistungen erbracht werden (Personalaufwand usw.), sind grundsätzlich als Betriebsausgaben zu behandeln.[708] Die Ausgleichszahlungen sind bei den zahlenden Gesellschaften als Betriebsausgaben und bei dem Leistenden als Betriebseinnahmen oder Minderung der Betriebsausgaben zu erfassen.[709] Ein Quellensteuerabzug erfolgt nicht.[710]

Sofern neben den Dienstleistungen auch Wirtschaftsgüter übertragen werden, stellt sich die Frage, ob es durch die Übertragung zur Auflösung stiller Reserven kommt. Die Antwort richtet sich nach allgemeinen steuerlichen Grundsätzen: soweit eine Übertragung auf eine andere Personengesellschaft zu Buchwerten möglich ist, kann auch auf den Pool als GbR zu Buchwerten übertragen werden.

b) Ermittlung der Kosten

423   Bevor die Kosten[711] auf andere Poolmitglieder nach einem bestimmten Umlageschlüssel umgelegt werden können, müssen sie zunächst der Höhe nach ermittelt werden.[712] Nach Tz. 2.2.4 VGr werden die Kosten nach den

---

[705] Zur Anerkennung einer rückwirkenden Vereinbarung s. oben Rn. 84, 102 u. 389 f.

[706] Vgl. oben Rn. 405.

[707] Vgl. Tz. 2.1 VGr-Uml.; *Gelin* in Green, Transfer Pricing Manual, S. 249.

[708] Vgl. Tz. 8.23 OECD-RL sowie *Gelin* in Green, Transfer Pricing Manual, S. 253.

[709] Vgl. Tz. 8.25 OECD-RL.

[710] Vgl. Tz. 4.4 VGr-Uml.

[711] Zur Unterscheidung zwischen Kosten und Aufwendungen vgl. *Baumhoff*, 693, 700; *Kuckhoff/Schreiber* IStR 2000, 373, 374; *Kaminski* in Grotherr, HdB int. Steuerpl., S. 714 sowie Kap. O Rn. 284.

[712] Die Ermittlung der umzulegenden Kosten wird ausführlicher in Kap. O Rn. 277 ff. behandelt. Nachfolgend werden nur allgemeine Grundsätze sowie Beson-

Kalkulationsmethoden ermittelt, die der Leistende auch bei seiner Preispolitik gegenüber Fremden zu Grunde legt oder – wenn keine Leistungen gegenüber Fremden erbracht werden – die betriebswirtschaftlichen Grundsätzen entsprechen. Demgemäß sind regelmäßig die tatsächlich entstandenen Kosten entsprechender Leistungen im Konzern auf Vollkostenbasis (direkte und indirekte Kosten) zu erfassen.[713] Dabei ist es möglich, für die Ermittlung der Beiträge die Kosten zunächst nur auf Basis eines Budgets zu ermitteln und am Jahresende einen Soll-/Ist-Ausgleich vorzunehmen oder Anpassungen der Beiträge erst im Folgejahr durchzuführen.[714]

Nach Tz. 2.1 VGr-Uml. ist es zulässig, die Kosten nach den **Rechnungs-**   **424** **legungsvorschriften** des Staates zu ermitteln, in dem das Unternehmen tätig wird, das die Leistung erbringt.[715] Es ist jedoch zu empfehlen, diese Frage ausdrücklich im Poolvertrag zu Regeln und die Anwendung bestimmter Rechnungslegungsvorschriften zu bestimmen.

Sofern die Dienstleistung von einer Abteilung erbracht werden, deren Kos-   **425** ten auf einer **eigenen Kostenstelle** erfasst sind, so bereitet die Ermittlung der durch die Dienstleistung verursachten Kosten idR keine großen Schwierigkeiten, da alle Kosten der Kostenstelle umgelegt werden können. Werden die Kosten jedoch nicht auf eigenen Kostenstellen erfasst, so sind die Kosten nicht so eindeutig abgrenzbar und nachweisbar. In diesem Fall müssen, bevor eine Umlage erfolgen kann, insb. folgende Kosten ausgesondert werden:[716]

– Kosten im Zusammenhang mit sog. **Shareholder Activities:** Diese Kosten müssen ggf. mit Gewinnaufschlag an die Muttergesellschaft weiterbelastet werden, sofern diese nicht selbst die Leistungserbringerin ist.

– Kosten für **eigene Projekte** der leistungserbringenden Gesellschaft, von denen die anderen Poolmitglieder nicht profitieren.

– Kosten für **Sonderprojekte zugunsten einzelner Poolmitglieder:** Diese Kosten bzw. angemessene Verrechnungspreise müssen an den jeweiligen Leistungsempfänger weiterbelastet werden.

– Kosten, die nach einem **anderen Umlageschlüssel** umgelegt werden sollen: Für diese Kosten sind die umlagefähigen Kosten gesondert zu ermit-

---

derheiten bzgl. der umzulegenden Kosten bei der Erbringung von Dienstleistungen erörtert.

[713] Vgl. *Baumhoff* IStR 2000, 693, 701 sowie Rn. 303 ff. und Kap. O Rn. 283. In den USA wurde im viel diskutierten Fall „Xilinx" entschieden, dass die Aufwendungen für Aktienoptionen der Mitarbeiter nicht in die Kostenumlage einzubeziehen sind. Vgl. hierzu auch US Tax Court of Appeals, *Xilinx, Inc. et. al. v. Commissioner,* Nos. 06–74246, 06–74269, 9th Cir. May 27, 2009, Doc 2009–11943, 2009 WTD 100-26; vgl. *Beuchert* IStR 2006, 605; *Horst* TNI 09/2009, 849; *Avi-Yonah* TNI 06/2009, 859; *Young* TNI 06/2009, 707; *Sheppard* TNI 06/2009, 902; *Tremblay* 07/2009, 203 *Stewart* TNI 03/2010, 1107; *Greenwald* TNI 07/2010, 115; *Ditz/Schneider* DB 2011, 779; *Ditz/Schneider* TNI 07/2011, 123.

[714] Vgl. Tz. 35 des Berichts des JTPF vom 7.6.2012; *Kaminski* in Grotherr, HdB int. Steuerpl., S. 718; s. hierzu Kap. O Rn. 287.

[715] Vgl. Tz. 2.1. VGr-Uml. sowie oben Rn. 304 und Kap. O Rn. 288 f.

[716] Ausführlich zur Kostenermittlung, auch unter Beteiligung mehrerer leistungserbringender Unternehmen vgl. Kap. O Rn. 283 ff. Vgl. ferner die „Guidelines on Low Value Adding Intra-Group Services" des JTPF, Tz. 29 ff., Download des Dokuments JTPF/020/REV3/2009/EN unter http://ec.europa.eu möglich.

teln und danach umzulegen. Dadurch kann vermieden werden, dass eine unzulässige Doppelbelastung erfolgt.[717]

426 Die Aussonderung nicht umlagefähiger Kosten muss soweit möglich durch eine **direkte Zuordnung** der Kosten erfolgen. Nicht direkt zuordenbare Personalkosten sind bevorzugt durch **Stundenaufschreibungen** zu verteilen. Werden keine Stundenaufschreibungen geführt, hat nach der hier vertretenen Auffassung eine Ermittlung des anteiligen zeitlichen Aufwands durch eine **sachgerechte Schätzung** der jeweils tätigen Personen oder durch einen pauschalen Schlüssel zu erfolgen.[718] Zur Dokumentation dieser Schätzung sind zumindest vorübergehende **Stundenaufschreibungen für einen repräsentativen Zeitraum oder Fragebögen** zu empfehlen, die von den entsprechenden Personen ausgefüllt werden müssen. Eine solche sachgerechte Schätzung sollte von der FinVerw. insb. dann anerkannt werden, wenn eine andere Aufteilung zu aufwendig und daher unverhältnismäßig wäre.

Beispiel: Drei zum gleichen Konzern gehörende Produktionsgesellschaften A, B und C schließen sich zu einem Kostenpool zusammen. A ist die Konzernmuttergesellschaft und soll Geschäftsführer mit besonderer Erfahrung in der Branche einstellen, die dann allen Gesellschaften beratend zur Seite stehen sollen. Auf der Kostenstellen Geschäftsführung wurden Kosten iHv 1 000 000 € angesammelt. Stundenaufschreibungen wurden nicht getätigt. Eine direkte Zuordnung der Kosten zu einzelnen Tätigkeiten ist nicht möglich. Die Geschäftsführer schätzen, dass sich ihre Arbeitszeit wie folgt aufteilt:
– Geschäftsführung der Gesellschaft A: 50%
– Tätigkeiten im Zusammenhang mit der Gesellschafterstellung: 5%
– Beratung der Gesellschaft B: 15%
– Beratungen, von der alle Produktionsgesellschaften profitieren: 30%
Von den Kosten iHv 1 000 000 € sind zunächst 500 000 € (50%) für die eigene Geschäftsführung der A auszusondern. Diese Kosten sind von der Gesellschaft A zu tragen. Die Tätigkeiten, die auf die Stellung der A als Muttergesellschaft zurückzuführen sind, stellen shareholder activities dar; die entsprechenden Kosten iHv 50 000 € (5%) sind von A als Gesellschafterin zu tragen. Die Kosten für die Beratung der B erfolgen nicht im gemeinsamen Interesse, daher muss A hier als Dienstleisterin einen angemessenen Verrechnungspreis ggü. der B in Rechnung stellen. Die Kosten iHv 150 000 € (15%) können nicht umgelegt werden. Die verbleibenden Kosten iHv 300 000 € (30%) können nach einem Umlageschlüssel auf die Gesellschaften A, B und C verteilt werden. Unterstellt der Umlageschlüssel führt zu einer gleichmäßigen Verteilung der Kosten, bedeutet dies, dass jeweils $1/3$ an B und C weiterbelastet werden können. Das verbleibende Drittel muss A wiederum selbst tragen, da A selbst Poolmitglied ist und von den Leistungen profitiert.

Bei der Ermittlung der Kosten stellt sich die Frage, wie **nicht abzugsfähige Betriebsausgaben,** zB gem. § 4 Abs. 5 EStG, zu behandeln sind. Im Rahmen eines Dienstleistungsvertrages auf Basis der Kostenaufschlagsmethode werden nicht abzugsfähige Betriebsausgaben in der Bemessungsgrundlage für den Gewinnaufschlag berücksichtigt obwohl der Leistungserbringer keinen steuerlich wirksamen Abzug vornehmen kann. Auf Ebene des Leistungsempfängers ist das Entgelt für die Dienstleistung zu berücksichtigen, wie das Entgelt ermittelt wurde, ist unerheblich. Bei einem Pool werden die umgelegten Kosten als eigene originäre Aufwendungen angesehen. Bei demje-

---

[717] Vgl. Tz. 1.5 VGr-Uml. sowie Kap. O Rn. 296.

[718] Die FinVerw. erkennt inzw. die Aufteilung gemischter Aufwendungen im Schätzungswege an (vgl. BMF 6.7.2010, BStBl. I 2010, 614; FinMin. Schleswig-Holstein 1.11.2011, DStR 2011, 314). Dieser Gedanke sollte auch auf den Bereich der nicht umlagefähigen Kosten übertragbar sein.

nigen, der die Kosten umlegt, können insoweit keine nicht abzugsfähigen Ausgaben mehr vorliegen. Derjenige, der die Kosten übernimmt muss nach nationalem Recht prüfen, ob ein Betriebsausgabenabzug in Betracht kommt.[719]

c) Kein Gewinnaufschlag

Bei den Zahlungen der Poolmitglieder handelt es sich um Gesellschafter- **427** beiträge von Gesellschaftern einer Innengesellschaft.[720] Dementsprechend kann bei der Ermittlung der Kosten nach Tz. 2.2 VGr–Uml. **kein Gewinnaufschlag** anerkannt werden.[721] Bei der Ermittlung der Aufwendungen kann nach Tz. 2.1 VGr–Uml. lediglich eine Verzinsung des eingesetzten Eigenkapitals lt. Steuerbilanz nach dem Habenzinssatz für die Währung des Tätigkeitsstaates berücksichtigt werden.[722]

Nach der hier vertretenen Auffassung ist es jedoch zulässig, dass die Vertragsparteien ausdrücklich keinen Poolvertrag abschließen, sondern einen Dienstleistungsvertrag nach dem Leistungsaustauschprinzip, dh, selbst wenn alle Voraussetzungen für die Anerkennung eines Poolvertragsvorliegen, haben die Parteien das Wahlrecht, einen Konzernumlagevertrag mit Gewinnaufschlag zu vereinbaren.

d) Bestimmung eines Umlageschlüssels

Ebenso wie bei einem Konzernumlagevertrag[723] muss ein Poolvertrag den **428** für die einzelnen Leistungen jeweils anzuwendenden Umlageschlüssel enthalten. Nach Tz. 1.1 VGr–Uml. sollen die Kosten mittels eines **nutzenorientierten Umlageschlüssels** auf die Leistung empfangenden Unternehmen aufgeteilt werden.[724] Der Umlageschlüssel kann zB auf die jeweils erzielten Rohgewinne, Umsätze oder Betriebsergebnisse Bezug nehmen oder auf die Zahl der Beschäftigten, das investierte Kapital usw. (Tz. 8.19 OECD-RL). Sofern die Vorteile aus dem Vertrag erst in Zukunft realisiert werden, muss nach Tz. 8.20 OECD-RL eine zukunftsorientierte Betrachtungsweise angewandt werden, da der erwartete Nutzen sich ggf. erst in mehreren Jahren realisiert. Dies trifft aber idR nur für die in Kapitel N erörterten Kostenumlageverträge für Forschungs- und Entwicklungskosten zu. Bei den vor allem im Produktions-, Vertriebs-, oder Verwaltungsbereich erbrachten Leistungen werden die Kosten auf Basis von Umlageschlüsseln abgerechnet, die sich an bestimmten Kennziffern der Abrechnungsperiode orientieren. Für Poolverträge werden in Tz. 3.2 VGr–Uml. als mögliche Verteilungsmaßstäbe die eingesetzten, hergestellten, verkauften oder zu erwartenden Einheiten einer Produktlinie, der Materialaufwand, die Maschinenstunden, die Anzahl der Arbeitnehmer, die Lohnsumme, die Wertschöpfung, das investierte Kapital, der Betriebsgewinn und der Umsatz als Beispiele genannt.[725] Unabhängig da-

---

[719] Vgl. *Bonertz* DStR 2013, 426 ff.

[720] Vgl. oben Rn. 405 f.

[721] Vgl. Kap. O Rn. 297 f.

[722] Vgl. Kap. O Rn. 299 f.

[723] Vgl. Rn. 416 ff.

[724] Vgl. Rn. 416 ff. sowie Kap. O Rn. 301 ff.

[725] Die Anwendungsgebiete der einzelnen Schlüssel sowie weitere mögliche Umlageschlüssel für Konzernumlageverträge werden unter Rn. 321 ff. beschrieben. Die dortigen Ausführungen gelten auch für Poolverträge. Vgl. ferner die „Guidelines on Low

von sollte der Umlageschlüssel nicht deshalb beanstandet werden, weil der tatsächliche Nutzen vom erwarteten abweicht.[726] Jedoch kann in solchen Fällen eine Anpassung für die Folgejahre erforderlich sein.[727]

4. Zuordnung von (immateriellen) Wirtschaftsgütern

429   Sofern aus der Tätigkeit des Pools Wirtschaftsgüter hervorgehen, so stellt sich die Frage, wem diese Wirtschaftsgüter zuzuordnen sind. Diese Frage hat bei sog. Forschungspools eine besondere Bedeutung, weshalb die Frage der Zuordnung der **(immateriellen) Wirtschaftsgüter** im Detail in Kapitel O erörtert wird. [728] Jedoch ist auch im Rahmen von Dienstleistungspools denkbar, dass Wirtschaftsgüter geschaffen werden. So können zB aus Beratungsleistungen verschiedene Erkenntnisse in Form von Marketing- oder Vermarktungs-Know-how o. ä. hervorgehen, die als immaterielle Wirtschaftsgüter anzusehen sind. Andere Beispiele sind die Entwicklung neuer Softwaremodule im Rahmen von IT-Leistungen oder die Entwicklung von Verfahrens-Know-how (für effizientere Produktion) im Rahmen von technischer Unterstützung.

430   Im Hinblick auf die Zuordnung der Wirtschaftsgüter werden unterschiedliche Auffassungen vertreten, die trotz unterschiedlicher Ansätze letztendlich alle zu dem Ergebnis kommen, dass alle Poolmitglieder unmittelbar an den Ergebnissen des Pools beteiligt sind und diese im Rahmen der Geschäftstätigkeit verwerten können.[729] Eine Lizenzgebühr o. ä. an den rechtlichen Inhaber der Wirtschaftsgüter kommt daher nicht in Betracht. ZT wird die Auffassung vertreten, dass die Wirtschaftsgüter **Gesamthandsvermögen** iSd § 718 Abs. 2 BGB darstellen.[730] Diese Auffassung übersieht jedoch, dass eine reine Innengesellschaft nach herrschender Auffassung in der zivilrechtlichen Literatur kein Gesamthandvermögen hat, sondern dass zwischen den Gesellschaftern lediglich schuldrechtliche Ausgleichsbeziehungen bestehen.[731]

431   Andererseits wird vertreten, dass nur ein Poolmitglied Inhaberschaft an den Wirtschaftsgütern erwirbt und dass die anderen Poolmitglieder für ihre Zahlungen für ein bestimmtes Gebiet „lediglich" ein vertragliches und unbeschränktes **Nutzungsrecht** erhalten.[732] Ein vertragliches Nutzungsrecht passt, sofern man es als schuldrechtlichen Ausgleichsanspruch ansieht, zur Qualifikation des Pools als Innengesellschaft, bei der nur schuldrechtliche Ausgleichsansprüche bestehen.[733]

5. Ein- und Austrittzahlungen, Auseinandersetzung

432   Nach Tz. 4.1. VGr-Uml. sind beim **Eintritt neuer Poolmitglieder** bzw. beim Austritt von alten Poolmitgliedern ggf. Ausgleichszahlungen zu leis-

---

Value Adding Services" des TPF, Tz. 47 ff., Download des Dokuments TPF/020/ REV3/2009/EN unter http://ec.europa.eu möglich.
[726] Vgl. Tz. 19 des Berichts des JTPF vom 7.6.2012.
[727] Vgl. Tz. 39–42 des Berichts des JTPF vom 7.6.2012.
[728] Vgl. Kap. O Rn. 311 ff.
[729] Vgl. Kap. O Rn. 311 ff.
[730] Vgl. *Kuckhoff/Schreiber* IStR 2000, 346, 348 sowie Kap. O Rn. 313.
[731] Vgl. oben Rn. 405 sowie *Schücking* in MünchHdb. GesR I, § 3 Rn. 53 ff.
[732] Vgl. insb. Tz. 8.3.–8.4. der OECD-RL sowie Kap. O Rn. 314.
[733] Vgl. oben Rn. 405.

ten.[734] Dies gilt insb. bei **Forschung und Entwicklung im Rahmen eines Pools,** weil das neue Poolmitglied einen Ausgleich leisten muss für die von den anderen Parteien bisher geleisteten Kosten für das in Entwicklung befindliche immaterielle Wirtschaftsgut.[735] Obgleich die FinVerw. in Tz. 4.1 und 4.2 VGr-Uml. für **Poolverträge im Zusammenhang mit Dienstleistungen** eher die Auffassung vertritt, dass in diesen Fällen regelmäßig keine Ausgleichzahlungen in Betracht kommen, ist es auch bei der Erbringung von Dienstleistungen nicht ausgeschlossen, dass aus dieser Tätigkeit immaterielle Wirtschaftsgüter hervorgehen,[736] für die unabhängige Dritte eine Ausgleichszahlung verlangt hätten. Beim Eintritt neuer Gesellschafter in eine GbR sind Ausgleichszahlungen neu eintretender Gesellschafter üblich. Auch bei einer Innengesellschaft ist die Sachlage nicht grundsätzlich anders. Wenn jedoch im Rahmen des Dienstleistungspools keine Wirtschaftsgüter und auch keine Geschäftschancen geschaffen werden, wird man von einer Ausgleichszahlung absehen können.[737] Die Bewertung der Ausgleichszahlungen der Höhe nach hängt vom jeweiligen Nutzen für die einzelnen Poolmitglieder ab.[738] Dabei ist in der Praxis auf die möglichen Erträge bzw. auf die Einsparpotentiale aufgrund der Teilnahme am Pool abzustellen.

Austrittszahlungen an das ausscheidende Unternehmen kommen dann in **433** Betracht, wenn dem Ausscheidenden kein Nutzen verbleibt, zB weil er die bisherigen Arbeiterergebnisse Kraft vertragliche Klausel nicht nutzen darf. Solche Ausgleichszahlungen kommen insbesondere bei Auftragsforschung oder -entwicklung in Betracht.[739] Austrittszahlungen des ausscheidenden Unternehmens an die verbliebenen Poolmitglieder können bei Dienstleistungen dann gerechtfertigt sein, wenn das austretende Mitglied weiterhin einen Nutzen aus den bisherigen Leistungen ziehen kann oder wenn durch den Austritt die anderen Mitglieder unvorhergesehene zusätzliche Lasten zu tragen haben.[740] Die entsprechende Verpflichtung sollte ausdrücklich im Poolvertrag geregelt sein, um spätere Streitigkeiten zu vermeiden. Insb. der Austritt kann mit einem Austritt aus der Gruppe einhergehen, so dass die die entsprechenden Klauseln nicht „nur" einer steuerrechtlichen Prüfung standhalten müssen, sondern ggf. auch einer zivilrechtlichen Prüfung zwischen dann unabhängigen Parteien.

Die **Kündigung eines Poolvertrages** stellt faktisch die Auflösung einer **434** Innengesellschaft dar. Dabei stellt sich die Frage, wie eine Auseinandersetzung zwischen den Poolmitgliedern zu erfolgen hat. Hier ist es denkbar, dass ein Poolmitglied alle anderen Mitglieder wie bei einem Austritt eines einzelnen Poolmitglieds auszahlt. Sofern einige Poolmitglieder den Poolvertrag fortsetzen und die austretenden Poolmitglieder die Wirtschaftsgüter der verbleibenden Poolmitglieder weiter nutzen wollen, ist eine kostenlose Weiternutzung

---

[734] Zu Ein- oder Austrittszahlungen bei Konzernumlageverträgen, s. Rn. 344 ff.

[735] Zu Eintritts- und Austrittszahlungen bei Poolverträgen für Forschung und Entwicklung vgl. Kap. O Rn. 317 ff.

[736] Vgl. oben Rn. 429.

[737] Zur Behandlung von Eintrittszahlungen beim Forschungspool vgl. Kap. O Rn. 317 ff.

[738] Vgl. Kap. O Rn. 321.

[739] Vgl. Bericht des JTPF vom 7.6.2012, Tz. 46; Kap. O Rn. 325 f.

[740] Vgl. Kap. O Rn. 325 f.

zulässig, soweit die (immateriellen) Wirtschaftsgüter (zB Know-how) bereits durch vorherige gemeinsame Aufwendungen entstanden waren. Für die Nutzung erst später entwickelter Wirtschaftsgüter ist eine Lizenzierung denkbar. Anstelle einer Kündigung und Auflösung ist es möglich, die bestehenden Nutzungsrechte „auslaufen" zu lassen und nur auf eine Schaffung neuer Werte zu verzichten. So kann uU eine Aufdeckung stiller Reserven vermieden werden. In diesem Fall ist es anzuraten, eine entsprechende Auflösungsvereinbarung zu treffen.

6. Inhalt eines Poolvertrages

435   Die §§ 705 ff. BGB postulieren keine besonderen Anforderungen an den Inhalt oder an die Form des Gesellschaftsvertrags einer GbR bzw. einer GbR-Innengesellschaft.[741] Sofern keine vertraglichen Regelungen getroffen wurden, gelten die gesetzlichen Bestimmungen. Aus der Vereinbarung muss jedoch hervorgehen, dass es sich um einen Poolvertrag handelt. Darüber hinaus können die Parteien auch vom Gesetz abweichende Vereinbarungen treffen, sofern dieses keine zwingenden Vorschriften enthält. In Tz. 5.1.1 VGr-Uml. sind allerdings neben der Schriftform und umfangreichen Dokumentationsanforderungen zahlreiche inhaltliche **„Mindestanforderungen"** vorgesehen, die ein steuerlich anzuerkennender Kostenumlagevertrag nach Auffassung der FinVerw. erfüllen muss.[742]

1. Benennung der Poolmitglieder und sonstiger nahe stehender Nutznießer;
2. Beschreibung der Leistungen, die Vertragsgegenstand sind;
3. Ermittlung der umzulegenden Aufwendungen, die Methode der Aufwandserfassung und etwaige Abweichungen;
4. Ermittlung des Nutzens, den die jeweiligen Teilnehmer erwarten;
5. Ermittlung des Umlageschlüssels;
6. Beschreibung, wie der Wert der anfänglichen und der späteren Leistungsbeiträge der Poolmitglieder ermittelt und einheitlich auf alle Poolmitglieder verrechnet wird;
7. Art und Umfang der Rechnungskontrolle;
8. Bestimmungen über die Anpassung an veränderte Verhältnisse;
9. Vertragsdauer;
10. Bestimmungen über die Vertragsauflösung sowie ggf. die Voraussetzungen und Folgen des Eintritts neuer Poolmitglieder und des vorzeitigen Austritts bisheriger Poolmitglieder (u. a. Austrittszahlungen);
11. Vereinbarungen über den Zugriff auf die Unterlagen und Aufzeichnungen über den Aufwand und die Leistungen des leistungserbringenden Unternehmens;
12. Zuordnung der Nutzungsrechte aus zentralen Aktivitäten des Pools im Fall der Forschung und Entwicklung.

---

[741] Vgl. oben Rn. 410.

[742] Unter Tz. 8.40 und 8.4 der OECD-RL werden die weitgehend identischen Merkmale aufgezählt, die ein Umlagevertrag nach Auffassung der OECD aufweisen sollte. Die Tz. 8.41 und 8.42 der OECD-RL beschreiben weitere nützliche relevante und nützliche Informationen.

Sofern eines der genannten Merkmale fehlt, wäre es nach der hier vertretenen Auffassung **unverhältnismäßig,** wenn deshalb die Anerkennung des gesamten Vertrages versagt würde. Sofern keine wesentliche Vertragsgrundlage ungeregelt bleibt, ist der Vertrag dennoch anzuerkennen und die Vertragslücken sind durch **Auslegung und dispositives Recht** zu füllen.[743] Auch wenn das Fehlen einer der Voraussetzungen noch nicht zur Nichtanerkennung des Poolvertrages führt, ist es dringend zu empfehlen, den Anforderungen zu genügen.

Nach Auffassung des JTPF sollte der Vertrag die folgenden Voraussetzungen erfüllen:[744]

1. Der Vertrag sollte wirtschaftlich Sinn ergeben. – Der Sinn der Vereinbarung (zB Kosteneinsparungen bei allen Mitgliedern) sollte ggf. in der Präambel dokumentiert werden.

2. Die wirtschaftliche Substanz sollte sich mit den vertraglichen Regelungen decken. – Dies kann eher in der Dokumentation der Verrechnungspreise als im Vertrag selbst nachgewiesen werden.

3. Die Regelungen sollten grds. vor Beginn der Tätigkeit (schriftlich) vereinbart werden. – Nach der hier vertretenen Auffassung ist dies sehr zu empfehlen, jedoch nicht zwingend erforderlich.[745]

4. Die Regelungen sollten fremdvergleichskonform sein und die bekannten Umstände oder die zum Zeitpunkt des Vertragsschlusses vernünftigerweise vorhersehbaren Umstände sollten berücksichtigt werden.

5. Jedes Poolmitglied sollte berechtigte Erwartungen auf einen Nutzen (Vorteil) haben. – Auch die erwarteten Vorteile sollten im Vertrag genannt werden.

6. Der Anteil der Kosten sollte im Verhältnis zum Anteil der zu erwartenden Vorteile stehen. – Die im Vertrag genannten Umlageschlüssel sollten dieser Voraussetzung Rechnung tragen.

7. Die zu erwartenden Vorteile sollten in quantitativer oder qualitativer Form identifizierbar sein. – In einem im Voraus geschlossenen Vertrag ist es nur möglich, die erwarteten Vorteilen zu beschreiben.

8. Die Beiträge der Poolmitglieder können in Geld- oder Sachleistungen bestehen. Aktive Beiträge in Form von Sachleistungen sind keine Voraussetzung der Anerkennung. – Es ist sinnvoll im Vertrag zu benennen, welche Partei aktive Beiträge erbringen und welche Partei „nur" finanzielle Ausgleiche leisten soll.

9. Sofern ein Teil der Dienstleistungen auch von oder an Nichtmitglieder erbracht werden, muss ein fremdvergleichskonformer Preis festgesetzt werden. – Es sollte festgelegt werden, wie die Gewinne des Pools aus den Leistungen an Dritte verteilt werden; idR wird sich eine Verminderung der umzulegenden Kosten ergeben.

10. Sofern Mitglieder dem Pool beitreten oder ihn verlassen, müssen die Anteile fremdvergleichskonform angepasst werden. – Eventuelle Anpassungen der Umlageschlüssel und ggf. anwendbare Ein- und Austrittsklauseln sind zu beachten.

---

[743] Zu Mängeln im Kostenumlagevertrag s. Kap. O Rn. 336 f.
[744] Vgl. Tz. 16 des Berichts des JTPF vom 7.6.2012.
[745] S. Kap. F Rn. 25 ff.

436   Ferner ist es **zu empfehlen,** dass die folgenden Punkte aus der **vertragli-chen Vereinbarung** hervorgehen:

1. Allgemeine Vertragserläuterungen, insb.
    a) Feststellung, dass die Konzernunternehmen zur Verfolgung gemeinsa-mer Interessen in einem Pool zusammenwirken wollen und dass nach dem Parteiwillen kein Dienstleistungsvertrag nach dem Leistungsaus-tauschprinzip vorliegen soll;
    b) Darstellung, dass sich die Tätigkeiten der Poolmitglieder im Pool ledig-lich auf Hilfsfunktionen erstrecken;
    c) Klarstellung, dass die Poolmitglieder nicht im Namen des Pools nach außen auftreten dürfen.[746]
2. Bestimmung der Anwendung der Rechnungslegungsvorschriften des Landes des Leistenden;[747]
3. Eintragung und Aufrechterhaltung der gewerblichen Schutzrechte;
4. Abrechnungsmodus (zB Vorauszahlungen auf Basis von Plankosten und spätere Verrechnung mit einer Abschlusszahlung auf Basis von Istkosten), Währung, Verzinsung bei Verzug
5. Berücksichtigung von Erträgen
6. Anrechnung eigener Leistungen
7. Informations- und Prüfungsanspruch
8. Steuern
9. Salvatorische Klauseln
10. Anwendbares Recht
11. Schiedsgerichtsvereinbarung oder Gerichtsstandsklausel

Die vorgenannten Regelungsinhalte sind weitgehend identisch mit den Regelungen, die auch ein Konzernumlagevertrag enthalten sollte. Da diese in diesem Kapitel schon ausführlich beschrieben wurden,[748] wird hier auf eine weitere Erörterung verzichtet und auf obigen Ausführungen verwiesen.

437–440   *einstweilen frei*

VII. Spezielle Konzerndienstleistungen[749]

1. Routineunternehmen als Dienstleister

441   Am Anfang dieses Kapitels wurde bereits darauf hingewiesen, dass alle Un-ternehmen im Interesse der Erhaltung bzw. Steigerung ihrer Wettbewerbsfä-higkeit gezwungen sind, ständig ein aktives **Supply Chain Management** (auch sog. **Value Chain Management**) zu betreiben und die Lieferungen und Leistungen in der Wertschöpfungskette auf mögliche Kosteneinsparun-gen zu überprüfen, wobei u.a. auch grenzüberschreitende Verlagerungen von

---

[746] Vgl. oben Rn. 412.

[747] Vgl. oben Rn. 423 ff.

[748] Vgl. Rn. 351 ff.

[749] Ein weiterer spezieller Fall der Konzerndienstleistungen liegt bei der „Auftrags-forschung" vor, die aber wegen des Sachzusammenhangs in Kap. O Rn. 181 ff. aus-führlich kommentiert wird. Spezielle Finanzdienstleistungen wie das Global Banking werden in Kap. P „Finanzierungsleistungen" kommentiert.

Funktionen, Risiken und Wirtschaftsgütern in Frage kommen.[750] Im Rahmen der Planung der Konzernstruktur und der Konzernverrechnungspreise ist im Hinblick auf eine geringe Konzernsteuerquote darauf zu achten, dass Unternehmen, die als **Strategieträger** (oder sog. **Entrepreneur**) tätig werden[751] möglichst in Ländern mit niedriger Steuerquote ansässig sind, während Unternehmen, die lediglich **Routinefunktionen** ausüben **(Routineunternehmen),**[752] auch in Ländern mit höherer Steuerquote ansässig sein dürfen. Dies folgt aus der Überlegung, dass **Routineunternehmen** bei üblichem Geschäftsablauf keine Verluste, sondern regelmäßig **geringe, aber relativ stabile Gewinne** erzielen,[753] während einem **Strategieträger** der **Residualgewinn (oder -verlust)** zusteht, der nach Abgeltung von Funktionen anderer nahe stehender Unternehmen verbleibt.[754] Dieser Residualgewinn kann bei einem Entrepreneur, der an den Märkten über Routineunternehmen erfolgreich operiert, den weit überwiegenden Teil des gesamten Konzerngewinns ausmachen.

Ein **Produktionsunternehmen** kann im Konzern als **Entrepreneur** **442** konzipiert werden und die volle Wertschöpfungskette von der Forschung und Entwicklung über die Produktionsplanung und Herstellung der Produkte bis hin zum Marketing und Vertrieb abdecken (sog. **Vollhersteller** bzw. **Eigenproduzent** oder international auch als „**Fully Fledged Manufacturer**" bezeichnet). Alternativ können die Funktionen und Risiken eines Produktionsunternehmens so begrenzt werden, dass es nur als **Routineunternehmen** (zB als Auftrags- oder Lohnfertiger oder als Limited Risk Manufacturer) im Konzern tätig wird. Wenn ein Vollhersteller durch „Abschmelzung" von Funktionen und Risiken in einen Auftrags- oder Lohnfertiger umgewandelt wird, dann handelt es sich regelmäßig um eine Funktionsverlagerung iSd § 1 Abs. 2 FVerlV, die ertragsteuerliche Folgen auslöst.

Im Hinblick auf die zunehmende Globalisierung der Wirtschaft und den steigenden Wettbewerbsdruck findet man heute nur noch selten Unternehmen, die an einem Standort sämtliche Leistungen der Wertschöpfungskette abdecken. Häufig wird bei der Errichtung von **Prinzipalstrukturen** ein Teil der Aktivitäten in Länder mit günstigeren Standortbedingungen verlagert.[755] Dabei müssen im Rahmen der Planung auch die steuerlichen Folgen einer **Funktionsverlagerung** iSd § 1 Abs. 3 S. 9 AStG beachtet werden.[756] Vor der Errichtung einer neuen Produktionsstätte muss in jedem Fall entschieden werden, in welcher **Rechtsform** diese errichtet wird (Betriebstätte, Kapital- oder Personengesellschaft) und ob sie einen möglichst geringen oder hohen **Anteil an der Wertschöpfungskette** und am **Gewinn** haben soll

---

[750] Vgl. zum Supply Chain Management ausführlicher Kap. O Rn. 161 ff.

[751] Zu dieser Qualifikation vgl. Tz. 3.4.10.2 Buchst. b VGr-Verfahren, ferner Kap. O Rn. 75, 82 ff.

[752] Vgl. dazu Tz. 3.4.10.2 Buchst. a VGr-Verfahren, sowie Kap. O Rn. 73 f. u. 80 f.

[753] Vgl. dazu Tz. 3.4.10.2 Buchst. a VGr-Verfahren. Routineunternehmen können uU aber auch **hohe Gewinne** erzielen, vgl. dazu oben Rn. 162 u. 242.

[754] Vgl. Tz. 3.4.10.2 Buchst. b VGr-Verfahren; vgl. ferner Tz. 3.4.10.2 Buchst. c VGr-Verfahren zur Qualifikation von sog. Hybridunternehmen.

[755] Vgl. zu Prinzipalstrukturen Kap. O Rn. 164 ff.

[756] Zur Funktions- und Geschäftsverlagerung vgl. § 1 Abs. 3 S. 9 AStG, §§ 1 ff. FVerlagV sowie in diesem Handbuch Kap. R u. Kap. O Rn. 436 ff.

oder nicht. Wenn die Produktionsstätte wertvolle immaterielle Wirtschaftsgüter des Strategieträgers benötigt, jedoch keine eigene Forschungs- und
Entwicklungstätigkeiten aufnehmen soll, dann können die Rechtsfolgen einer
Funktionsverlagerung vermieden werden, wenn die **neue Produktionsgesellschaft** nur als **Auftrags- oder Lohnfertiger** errichtet wird.[757] Diese
Rechtsfolgen dürften auch für einen sog. **„Limited Risk Manufacturer"**
gelten, weil auch dieser nicht als Strategieträger, sondern als Routineunternehmen tätig wird. Die Errichtung von Produktionsgesellschaften in Gestalt
von Routineunternehmen, die nur begrenzte Funktionen und Risiken wahrnehmen und keine oder nur unwesentliche immaterielle Wirtschaftsgüter besitzen, ist Gegenstand der nachfolgenden Ausführungen.

2. Auftragsfertigung und ähnliche Dienstleistungen

a) Auftragsfertigung und Lohnfertigung

aa) Begriffe und Voraussetzungen

443   Die Begriffe **Auftragsfertigung, Lohnfertigung, Lohnveredelung
oder verlängerte Werkbank** werden in der deutschen Verrechnungspreis-
Literatur häufig synonym verwendet und dienen als Bezeichnung für eine
eingeschränkte Produktionstätigkeit, die als Dienstleistung oder Werkleistung gegenüber einem anderen Unternehmer erbracht wird. Es bestehen aber
Unterschiede zwischen der Definition der **Lohnfertigung** (auch sog. **Lohnveredelung**) einerseits und der **Auftragsfertigung** andererseits, während
der Begriff der verlängerten Werkbank für beide Kategorien verwendet
wird.

Der typische Fall der **Lohnfertigung** bzw. **Lohnveredelung** liegt vor,
wenn der Auftraggeber Material an den Auftragnehmer zur Be- oder Verarbeitung im Rahmen eines Werkvertrags übergibt. Dabei bleibt das Material in
der Verfügungsmacht des Auftraggebers, während es in den Betrieb des Auftragnehmers (Veredelers) verbracht und dort be- oder verarbeitet (veredelt)
wird. Im Anschluss daran gelangt der fertige Gegenstand an den Auftraggeber
zurück. In der internationalen Literatur wird die Lohnveredelung idR als
„Toll Manufacturing"[758] oder „Consignment Arrangement"[759] bezeichnet.
Eine Unterart der Lohnveredelung ist die **funktionsändernde Werkleistung.** Hierbei muss auf Grund eines Werkvertrags ein Gegenstand anderer
Funktion hergestellt werden. Dh, dass durch die Arbeit des Auftragnehmers
ein Gegenstand entsteht, dessen Funktion sich nach der allgemeinen Verkehrsauffassung von derjenigen unterscheidet, die das ausgehändigte Material
besaß bzw. wenn ein Gegenstand anderer Marktgängigkeit entstanden ist.[760]
Zivilrechtlich sind die **Lohnfertigung und funktionsändernde Werkleis-**

---

[757] Zur Vermeidung einer Kompensationszahlung in diesen Fällen vgl. § 2 Abs. 2
S. 1 FVerlV und Tz. 4.1.3, 2.2.3 BMF-Schreiben FVerlag; ebenso Tz. 9.99 OECD-
VPL 2010.

[758] Vgl. zB *Chip* TNI 3.12.2007, 975 ff.; *Andrus/Durst* TNI 18.12.2006, 959 ff.

[759] Vgl. *Reiter* TNI 16.9.2002, 1405 ff., 1406.

[760] Vgl. zur funktionsändernden Werkleistung im Umsatzsteuerrecht EuGH-Urteil
vom 14.5.85 UR 1986, 13; *Weiss* UR 1986, 15; *Gast* NWB 1993, 2179 ff.

tung, die als **Werkverträge** einen **Dienstleistungscharakter** haben,[761] von der **Werklieferung** zu unterscheiden. Eine Werklieferung (§ 651 BGB) liegt vor, wenn der Auftragnehmer im Rahmen der Auftragsabwicklung selbst beschaffte Hauptstoffe verwendet.

Die **Auftragsfertigung** (international sog. **Contract Manufacturing**) **444** unterscheidet sich von der Lohnveredelung dadurch, dass der Auftragsfertiger die **Haupt- und Nebenstoffe** in vollem Umfang oder weit überwiegend selbst beschafft. Nach deutschem Zivilrecht oder Umsatzsteuerrecht handelt es sich dann um eine Lieferung bzw. Werklieferung an den Auftraggeber und nicht um eine Dienstleistung. Für das Gebiet der Verrechnungspreise wird entscheidend darauf abgestellt, dass der **Auftragnehmer** bei der Auftrags- oder Lohnfertigung wesentlich **weniger Funktionen und Risiken** übernimmt als ein Produzent mit eigenständiger Produktion. Daher handelt es sich bei einem Auftragsfertiger um ein **Routineunternehmen,** dem – ebenso wie dem Lohnveredler – regelmäßig auch ein geringerer Gewinn zusteht als dem Vollproduzenten, so dass die Anwendung der **Kostenaufschlagsmethode** befürwortet wird.[762]

Die **Voraussetzungen** für die Annahme einer **Auftrags- oder Lohnfer-** **445** **tigung** werden in den Steuergesetzen und von der deutschen Rechtsprechung nicht definiert (nachfolgend umfasst der Begriff „Auftragsfertigung" auch die **Lohnfertigung** bzw. Lohnveredelung, soweit nicht ausdrücklich differenziert wird). Der BFH[763] hatte zwar 1980 über die angemessene Gewinnmarge eines verbundenen Unternehmens zu entscheiden, das nach heute geläufiger Definition ein Auftragsfertiger für den ausländischen Gesellschafter war, jedoch war damals gerade erst der OECD-Bericht 1979 erschienen und die VGr waren noch nicht entworfen und veröffentlicht. Die Verrechnungspreisliteratur in Deutschland und ebenso die Rechtsprechung konnten daher zu dem Thema Auftragsfertigung noch keine Aussagen treffen.

Die FinVerw. hat in den **VGr 1983** in Textziffer 3.1.3, Beispiel 3 den Fall einer **Lohnfertigung** wie folgt beschrieben: „Ein Unternehmen **lagert** spezielle Teile seiner **Fertigung auf** eine ausländische **Tochtergesellschaft aus.** Die Produktion und der Vertrieb durch die ausländische Gesellschaft erfolgen in enger Anbindung an den Betrieb des inländischen Unternehmens. Die **Produktion** wird **von** der **Muttergesellschaft langfristig abgenommen.** Die Tochtergesellschaft mit ihrer eingeschränkten Produktionsbreite wäre als unabhängiges Unternehmen auf Dauer nicht lebensfähig." Nach Meinung der FinVerw. wäre in diesem Fall die Produktion unter Fremden in Lohnfertigung übertragen worden. Demgemäß kann gem. Tz. 3.1.3, Beispiel 3 VGr der Verrechnungspreis durch die **Kostenaufschlagsmethode** ermittelt werden. In Tz. 3.4.10.2 Buchst. a) VGr-Verfahren wird darauf hingewiesen, dass ein **Lohnfertiger** nur **Routinefunktionen** ausübt und bei üblichem Geschäftsverlauf regelmäßig geringe, aber relativ stabile Gewinne erzielt. Auch die VGr-Funktionsverlagerung befassen sich in Tz. 4.1.2 und 4.1.3 mit der Lohn- und Auftragsfertigung. Die VGr vermeiden allerdings (bewusst oder unbewusst) eine Stellungnahme zu der Frage, ob die Lohn-

---

[761] Zur Abgrenzung vgl. oben Rn. 5f.
[762] Vgl. Tz. 7.40 OECD-VPL; *Raby,* 63f., *Reiter* TNI 16.9.2002, 1405ff.
[763] BFH 16.4.80, BStBl. II 1981, 492f.

oder Auftragsfertigung als ein besonderer Fall der **Lieferung** von Waren **oder** aber als **Dienstleistung** des Auftragsfertigers anzusehen ist. In der Begründung zu § 2 Abs. 2 S. 1 FVerlV wird jedoch vom BMF als Verordnungsgeber darauf hingewiesen, dass gemäß dieser Vorschrift die Zahlung eines Entgelts für die Übernahme der Funktion nicht erforderlich ist, da sich die Vergütung für die „**Leistungen** des übernehmenden Unternehmens in einem **Tätigkeitsentgelt** erschöpft." Damit werden die Aktivitäten der Lohn- oder Auftragsfertiger nicht ausdrücklich als Dienstleistungen bezeichnet, jedoch wird im Ergebnis ein Entgelt wie bei Dienstleistungen akzeptiert. Die Anwendung der Kostenaufschlagsmethode darf aber nicht dazu führen, dass die Kosten für die vom Auftraggeber beigestellten Rohstoffe und Materialien in die Kostenbasis des Lohn- oder Auftragfertigers einfließen.[764] Die Qualifizierung als Lieferung oder Dienstleistung ist in der Praxis zB auch für die Beurteilung der Frage des Bestehens einer Dokumentationspflicht wegen Überschreitens der Grenzen des § 6 Abs. 2 GAufzV von Bedeutung.

446 International werden die Sachverhalte der Auftragsfertigung *(Contract Manufacturing)* und der Lohnfertigung *(Toll Manufacturing)* dem **Dienstleistungsbereich** zugerechnet. In **Tz. 2.47 und 7.40 OECD-VPL** wird die **Auftragsfertigung** ausdrücklich als ein Beispiel genannt,[765] das Konzerndienstleistungen darstellen kann. Nach der dort gegebenen Beschreibung liegt Auftragsfertigung vor, wenn der Auftragnehmer umfangreiche Anweisungen darüber erhält, was er zu produzieren hat, in welcher **Quantität** und in welcher **Qualität** er produzieren soll. Der Auftragsfertiger trägt dabei geringe Risiken und wird außerdem dahingehend abgesichert, dass seine **gesamte Produktion abgenommen** wird, sofern die Qualitätsanforderungen erfüllt sind. Weiterhin ergibt sich aus Tz. 2.47 und 7.40 OECD-VPL, dass in einem solchen Fall die Anwendung der **Kostenaufschlagsmethode** angemessen sein kann.

447 In den USA wurden die steuerlichen Voraussetzungen für das Vorliegen der Auftragsfertigung *(Contract Manufacturing)* u. a. in den Fällen *Bausch & Lomb*[766] sowie *Sundstrand*[767] erörtert. Danach müssen Auftraggeber und Auftragfertiger eine **Abnahmeverpflichtung mit garantiertem Abnahmevolumen und Absatzpreisen** vereinbaren. Eine Grundvoraussetzung für die Anerkennung der Auftragsfertigung sei das Vorhandensein einer Firma, die **kein Risiko** bzgl. **des Verkaufs** der Produkte **und** bzgl. **der Preise** habe. Die bloße Möglichkeit, Teile der Produktion an die Muttergesellschaft oder die Schwestergesellschaften verkaufen zu können, genügt nicht, um eine **Garantie** anzunehmen, die den Auftragsfertiger von den allgemeinen **Marktrisiken** befreit.

448 Aus den VGr, den VGr-Funktionsverlagerung, den OECD-VPL und der amerikanischen Steuerrechtsprechung können für die Anerkennung eines Vertrags über **Auftragsfertigung** demnach grundsätzlich die folgenden allgemeinen **Voraussetzungen** abgeleitet werden:

---

[764] Vgl. Tz. 4.1.3 Abs. 2 VGr-FVerl.

[765] Vgl. Tz. 2.54 OECD-VPL 2010.

[766] *Bausch & Lomb,* Inc. v. Commissioner, 92 TC 525, 611 (1989), affirmed, 933 F2d 1084 (2d Cir. 1991).

[767] *Sundstrand Corp.* V. Commissioner, 96 TC No. 12 (1991); dazu *Fink* Intertax 1991, 311 ff., 313; *Lerner/Lebovitz* Tax Planning International Review 1991, 8 ff.

1. Der **Auftraggeber** muss zumindest Teile seiner **Fertigung** auf eine andere Konzerngesellschaft **übertragen.**
2. Der **Auftraggeber** verfügt als Strategieträger über die Entscheidungskompetenz, welche **Produkte** in welchen **Mengen,** in welcher **Qualität** und an welchen **Standorten** hergestellt werden und in welchen Märkten die Produkte weiter verwendet oder vermarktet werden.
3. Der **Auftraggeber** überlässt die für die Produktion erforderlichen **immateriellen Wirtschaftsgüter** (zB Patente, Gebrauchsmuster, Design, Knowhow) unentgeltlich zur **Nutzung.**[768]
4. Der **Auftraggeber** trägt die wesentlichen **Risiken** (zB Marktrisiko, Lagerrisiko, Wechselkursrisiko), übt die wesentlichen **Funktionen** aus (zB Finanzierung, Forschung und Entwicklung, Vertrieb) und bleibt Eigentümer der wesentlichen **Wirtschaftsgüter** (v. a. Patente, Know-how, Marken).[769]
5. Der **Auftraggeber** übernimmt eine **Abnahmeverpflichtung** mit garantierten **Absatzpreisen.**
6. Der **Verrechnungspreis** für die Produkte wird idR auf Basis der **Kostenaufschlagsmethode** vereinbart. Dabei dürfen die vom Auftraggeber ggf. beigestellten Rohstoffe und Materialien nicht in die Kostenbasis einbezogen werden.
7. Der **Auftragnehmer** wäre mit seiner eingeschränkten Produktionsbreite **als unabhängiges Unternehmen nicht lebensfähig.**

Bei Anwendung der VGr und der OECD-VPL müssen die oben zu 1., 2., 4., 5. und 6. genannten Voraussetzungen grundsätzlich **kumulativ** vorliegen, um eine Auftragsfertigung anzuerkennen. Entscheidend kommt es darauf an, dass der Auftraggeber eine langfristige Abnahmeverpflichtung übernimmt mit garantiertem Absatzvolumen und fixierten Absatzpreisen, die eine Deckung aller Kosten und einen Gewinnaufschlag gewährleisten. Wenn der Auftraggeber damit voll in die Risiken eines Herstellers eintritt und die Funktionen und Risiken des Auftragnehmers deutlich reduziert werden, ist es gerechtfertigt, bevorzugt die **Kostenaufschlagsmethode** anzuwenden.

bb) Funktionen, Risiken und immaterielle Wirtschaftsgüter

Der **Auftraggeber** muss daher soweit wie möglich die **Risiken** bzgl. der   **449** produzierten Waren, so zB das Markt- und Absatzrisiko, das Preisrisiko, das Innovationsrisiko, das Delkredere-Risiko, das Wechselkursrisiko, die Gefahrentragung, die Produkthaftung und die Gewährleistung usw., übernehmen sowie alle mit dem Vertrieb zusammenhängenden **Funktionen** ausüben, wie zB Marketing und Werbung, Logistik, Lagerhaltung, Zahlungsabwicklung usw.[770] Selbstverständlich gibt es graduelle Unterschiede zwischen verschiede-

---

[768] Im Fall eine entgeltlichen Nutzungsüberlassung würden die Kosten im Produktpreis zurückbelastet, dürften aber nicht in die Kostenbasis für den Gewinnaufschlag des Auftragsfertigers einbezogen werden, vgl. Tz. 4.1.3 (Rn. 207) VGr-Funktionsverlagerung.

[769] Generell sollte es genügen, wenn der Strategieträger über die immateriellen Wirtschaftsgüter verfügen kann und diese zB von einem Dritten in Lizenz genommen hat.

[770] *Chip* TNI 9.7.2012, 169 ff. hält die Umqualifizierung eines Produktionstochterunternehmens in einen „virtual contract manufacturer" allein durch Risikoverlagerung im Wege eines „entrepreneur swaps" für möglich.

nen Auftragsfertigungsverhältnissen, wobei sich die Qualifikation des Auftragnehmers mit zunehmender Übernahme von **Funktionen und Risiken** immer mehr einem normalen Hersteller annähert. Damit vergrößert sich dann auch die Kostenbasis sowie der im Rahmen der Kostenaufschlagsmethode anzuwendende Gewinnaufschlag.

450 In der folgenden **Tabelle** werden die wesentlichen Unterschiede der Funktionen und Risiken zwischen dem **Eigenproduzenten** (Vollproduzenten) und dem **Auftragsfertiger** oder **Lohnfertiger** dargestellt:

1. Funktionen	Eigenproduzent	Auftragsfertiger	Lohnfertiger
Design, Forschung und Entwicklung	Ja	Nein	Nein
Produktmanagement, Planung, Herstellung u. Vertrieb	Ja	Nein	Nein
Einkauf Rohstoffe	Ja	Ja	Nein
Fertigung, Qualitätskontrolle	Ja	Im Rahmen des Auftrags	Im Rahmen des Auftrags
Lagerhaltung	Ja	Gering	Gering
Logistik	Ja	Nein	Nein
Marketing und Vertrieb	Ja	Nein	Nein
Verwaltung	Ja	Gering	Gering

2. Risiken	Eigenproduzent	Auftragsfertiger	Lohnfertiger
Forschung und Entwicklung	Ja	Nein	Nein
Markt- und Absatz	Ja	Nein	Nein
Gewährleistung, Produkthaftung	Ja	Nein	Nein
Wechselkurs u. Delkredere	Ja	Nein	Nein
Investitionen	Ja	Gering	Gering
Lager	Ja	Gering	Nein

3. Immaterielle Wirtschaftsgüter	Eigenproduzent	Auftragsfertiger	Lohnfertiger
Patente, Gebrauchsmuster und Design	Ja	Nein	Nein
Know-how	Ja (inkl. Entwicklung)	Nur Fertigung	Nur Fertigung
Marken	Ja	Nein	Nein
Kundenstamm	Ja	Nein	Nein

cc) Kostenbasis und Gewinnaufschlag

Wie oben bereits erörtert wurde,[771] werden bei Anwendung der Kosten- **451** aufschlagsmethode **alle direkten und indirekten Kosten** des Auftrags- oder Lohnfertigers ermittelt und nebst angemessenem Gewinnzuschlag der Kalkulation der Produktpreise zugrunde gelegt.[772] Wenn der Kaufpreis für die vom Auftragsfertiger hergestellten Produkte auf Basis der Kostenauf- schlagsmethode kalkuliert wird, stellt sich die Frage, ob der Auftraggeber auch dann alle Kosten tragen muss, wenn die geplante **Kapazitätsaus- lastung** von zB durchschnittlich 90 % in einem Jahr nicht erreicht wird, sondern nur 60 % beträgt. Sofern der Auftraggeber die Kosten nicht voll übernehmen würde, würde der Auftragsfertiger **Verluste** erleiden.[773] Ande- rerseits kann die Übernahme der Kosten durch den Auftraggeber dazu füh- ren, dass dadurch der Kaufpreis der Produkte deren **Marktpreis über- schreitet.** Im Hinblick auf die Rechtsnatur der Auftragsfertigung und die immanente Funktions- und Risikoverteilung muss man zu dem Ergebnis kommen, dass der Auftraggeber das Kapazitätsrisiko trägt.[774] Dies folgt auch aus der Überlegung, dass ein fremder Auftragsfertiger unter Risikogesichts- punkten entweder nicht seine gesamte Kapazität allein für einen Auftragge- ber bereithalten würde oder aber für die Reservierung der gesamten Kapa- zität eine Verpflichtung des Auftraggebers zur Übernahme der Kosten vereinbaren würde.[775]

Die **Höhe des Gewinnaufschlags** hängt grundsätzlich vom Umfang der **452** übernommenen Funktionen und Risiken sowie von den sonstigen Vertrags- bestimmungen und der Profitabilität der Produkte ab. Im Einzelfall können auch andere Faktoren – so insbesondere **Standortvorteile** – einen Einfluss auf die Höhe des Gewinnaufschlags haben.[776] Die typische **Lohnfertigung** (auch sog. **Lohnveredelung**), bei der der Auftragnehmer kein Material er- wirbt und nur die Be- oder Verarbeitung fremden Materials übernimmt, kommt einer Dienstleistung besonders nahe, sodass die Bandbreite der für solche Dienstleistungen im Konzern üblichen Gewinnaufschläge zu ermitteln ist. Während früher oft ein Gewinnaufschlag zwischen 5 % und 10 % ohne weiteren Nachweis akzeptiert wurde,[777] muss der Steuerpflichtige jedenfalls seit Einführung der Dokumentationspflichten in 2003 entweder aufgrund ei- nes **internen Fremdvergleichs** (zB wenn der Auftraggeber auch Lohn- veredelungsaufträge an konzernfremde Unternehmen vergibt) oder aufgrund eines **externen Fremdvergleichs** mit Hilfe von **Datenbanken** die Ange- messenheit des Kostenaufschlags darlegen.

Bei der **Auftragsfertigung,** die ebenfalls als Dienstleistung qualifiziert wird, kommt der Erwerb des Materials (der Hauptstoffe), der Roh-, Hilfs- und Be-

---

[771] Vgl. oben Rn. 448.

[772] Zur Verwendung von Plankosten oder Standardkosten vgl. Rn. 454; zur Behand- lung von Standortvorteilen vgl. Rn. 459 ff.

[773] Vgl. auch unten Rn. 454 betreffend Sachverhalte bei denen der Auftrags- bzw. Lohnfertiger Verluste erleiden kann.

[774] Vgl. ebenso *Raby*, S. 43.

[775] Vgl. *Raby*, S. 43.

[776] Der Einfluss von Standortfaktoren wird in Rn. 459 ff. erläutert.

[777] Zur Höhe des Gewinnaufschlags bei Dienstleistungen vgl. oben Rn. 231 ff.

triebsstoffe sowie das diesbezügliche Lagerrisiko hinzu,[778] sodass sich die Frage ergibt, ob der Gewinnaufschlag dann eine etwas größere Bandbreite aufweisen kann oder muss, als bei der Lohnveredelung. Tendenziell kann der etwas größere Umfang der Funktionen und Risiken des Auftragsfertigers im Vergleich zum Lohnfertiger eine etwas höhere Marge im Rahmen der Bandbreite rechtfertigen. Da die Kosten der eingekauften Haupt- und Hilfsstoffe bei der Anwendung der Kostenaufschlagsmethode nicht in die Kostenbasis einbezogen werden,[779] führt dies **bei gleicher Marge** zu keinem **höheren Gewinn.**

453   Um den genauen Rahmen der „**Interquartile Range**" branchenüblicher **Gewinnaufschläge, EBIT-Margen** und/oder **Nettoumsatzrenditen** für Lohn- und Auftragsfertiger in dieser Branche zu ermitteln, empfiehlt sich **in jedem Fall** die Durchführung einer **Datenbankrecherche.** Sofern die gefundenen Produzenten aufgrund der Überprüfung der in der Datenbank hinterlegten Tätigkeitsbeschreibung (sog. qualitatives Screening) nicht als Lohn- bzw. Auftragsfertiger identifiziert werden können, ist es im Einzelfall vertretbar, zunächst die Margen von (Voll-)Herstellern zu ermitteln, die über keine wesentlichen immateriellen Wirtschaftsgüter verfügen und keine oder nur geringe Forschungs- und Entwicklungskosten ausweisen, aber dann wegen der geringeren Funktionen und Risiken des Lohn- oder Auftragsfertigers nur die untere Hälfte der Interquartile Range zum Vergleich heranzuziehen. Aus zahlreichen Datenbankrecherchen in der Praxis lässt sich allgemein der Schluss ziehen, dass die Gewinnaufschläge bei der Auftragsfertigung etwas höher liegen, als die Gewinnaufschläge bei Verwaltungsdienstleistungen. Dabei ist zu berücksichtigen, dass ein Auftragsproduzent das **Investitionsrisiko** seiner Fabrik trägt – insb. wenn keine langjährige, unkündbare, sondern nur eine jeweils kurzfristige (zB einjährige) Abnahmegarantie des Auftraggebers vorliegt – und dass schon deshalb **höhere Gewinnaufschläge** bei der Auftragsfertigung gerechtfertigt sind **als bei normalen Dienstleistungsgesellschaften,** deren primäre Kosten sich im Wesentlichen auf Personal- und Raumkosten beschränken. In jedem Fall ist auch zu prüfen, ob und inwieweit der Lohn- oder Auftragsfertiger einen Teil der **Standortvorteile** behalten darf, so dass als Konsequenz bei ihm nicht ein Standardgewinnaufschlag, sondern ein evtl. wesentlich **höherer Gewinnaufschlag** anzusetzen ist.[780]

Für den Fall, dass eine Datenbankrecherche zu keinen verwertbaren Ergebnissen führt, meint *Thier,*[781] man könne die Fremdüblichkeit von Gewinnaufschlägen über die im Kapitalmarkt geforderte **Rendite** für Unternehmen mit gleichem Bonitätsrisiko bestimmen. Laut *Thier* ist die Risikooption eines Auftragsfertigers mit der eines Darlehensgebers vergleichbar. Allerdings müssten zur Ermittlung eines laufzeit- und risikoadjustierten Gewinnaufschlages bzw. der Kapitalmarktrendite folgende Faktoren berücksichtigt werden (a) das während der Vertragslaufzeit in Form von Produktionskapazität (Maschinen und Arbeit) vom Auftragsfertiger bereitgestellte Kapital (die Darlehenssumme), (b) die Vertragslaufzeit (der Darlehenszeitraum) sowie (c) die Wahr-

---

[778] Zur Unterscheidung zwischen Lohnveredelung und Auftragsfertigung wird auf die Ausführungen in Rn. 443 f. am Anfang dieses Abschnitts verwiesen.

[779] Vgl. Tz. 4.1.3 Abs. 2 VGr-FVerl.

[780] Vgl. zu den Auswirkungen von Standortvorteilen unten Rn. 459 ff.

[781] Vgl. IStR 2011, 939 ff.

scheinlichkeit eines Zahlungsausfalls des Auftragsgebers (seine Bonität). Nicht zuletzt aufgrund der in bestimmten Branchen wie zB der Automobilzuliefer-industrie üblichen Vergütungsmodelle für Auftragsfertiger müssen bei dieser Vorgehensweise jedoch eine Vielzahl von Annahmen getroffen werden. Ob damit verlässlichere Ergebnisse erzielbar sind, scheint zweifelhaft. Jedenfalls könnte diese Herangehensweise für den Fall, dass eine Datenbankrecherche nicht zielführend ist, in Erwägung gezogen werden.

Da die Vergütung eines Auftrags- oder Lohnfertigers grundsätzlich auf der **454** Basis der Kostenaufschlagsmethode erfolgt, fallen stetige Gewinne an. Jedoch können in Ausnahmefällen auch **Verluste** anfallen, so zB wenn der Auftragge-ber die Produkte nicht abnimmt, weil diese nicht die vereinbarte **Qualität** aufweisen. Soweit in Tz. 4.1.2 Abs. 2 VGr-FVerl ausgeführt wird, dass ein Lohnfertiger **keine Produktionsrisiken** trägt, wobei als Beispiel auch das **Qualitätsrisiko** genannt wird, kann dies zu Missverständnissen führen. Rich-tig ist, dass der Lohn- oder Auftragsfertiger grundsätzlich kein Qualitätsrisiko übernimmt, soweit er nach den Plänen und Anweisungen des Auftragsgebers produziert und die vom Auftraggeber beigestellten Rohstoffe oder Materialien verwendet bzw. Rohstoffe und Materialien in vereinbarter Qualität zukauft. Sofern der Lohn- oder Auftragsfertiger jedoch – zB durch Fehler seiner Mitar-beiter im Rahmen der Herstellung oder durch Zukauf minderwertiger Roh-stoffe oder Materialien – die Verantwortung für die Qualitätsmängel trägt, dür-fen die Vertragsparteien dieses Risiko dem Auftragnehmer zuweisen. Auch Tz. 7.40 OECD-VPL weist darauf hin, dass die Abnahmeverpflichtung des Auftraggebers nur besteht, wenn die Qualitätsstandards erreicht werden.

Ferner ist es denkbar, dass die Parteien die Produktpreise nicht auf Basis von **Istkosten,** sondern auf Basis von **budgetierten Kosten** oder **Stan-dardkosten** kalkulieren, wobei sie vereinbaren, dass nicht vorhersehbare Kosten, wie zB Erhöhungen der Personal-, Energie- oder Rohstoffkosten zu Lasten des Auftraggebers gehen. Wenn aber zB die nicht ausreichend versi-cherten Waren im Lager des Auftragsfertigers durch Hochwasser zerstört werden, obwohl der Auftragsfertiger eine Versicherung mit einer bestimmten Deckungssumme für bestimmte Risiken (einschließlich Elementarschäden) abschließen sollte, dann muss er diesen Verlust tragen.

Da die Datenbanken für Produzenten und Auftragsfertiger den **Gewinn-** **455** **aufschlag** idR nicht als Kennziffer ausweisen, ist es erforderlich, den **„Mark-up Over Cost (MOC)"** zu ermitteln, indem der operative Gewinn vor Steuern (EBIT) ins Verhältnis zu den operativen Kosten der jeweiligen Unternehmen gesetzt wird.

Beispiel: Das Auftragsfertigungsunternehmen A fertigt im Konzern für das als Prin-zipal agierende Unternehmen P Elektroartikel. Die Abnahmepreise werden so festge-legt, dass A einen Gewinnaufschlag von 6% auf die Kosten erhält. Anhand einer Da-tenbankrecherche können vier Vergleichsunternehmen (B, C, D und E) ermittelt werden, deren GuV vereinfacht folgende Kennzahlen ausweist:

	A	B	C	D	E
Umsatz	106	210	80	150	90
Operative Kosten	−100	−195	−77	−140	−96
Operativer Gewinn	6	15	3	10	4
Mark-up over Cost	6,00%	7,69%	3,90%	7,14%	4,17%

Aus dem Beispiel wird deutlich, dass der im Rahmen der TNMM errechnete MOC im Prinzip einem Gewinnaufschlag bei der Kostenaufschlagsmethode entspricht.

Anhand der so ermittelten Kostenaufschläge von Auftragsfertigern, die in derselben oder einer vergleichbaren Branche tätig sind, könnte daher die **Interquartile Range** von Gewinnaufschlägen für die Kostenaufschlagsmethode ermittelt werden. In diesem Zusammenhang sei aber angemerkt, dass der MOC nach Auffassung der OECD ein „Net Profit Indicator" im Rahmen des Anwendungsbereichs der **TNMM** darstellt.[782] Auch die **US Service Regulations** behandeln den **MOC** – der dort als „Ratio of operating profit to total services cost" bezeichnet wird – als einen **Profit Level Indicator (PLI)** im Rahmen der Comparable Profits Method.[783] Aus diesen Gründen ist es empfehlenswert, dieser internationalen Auffassung zu folgen und die Ermittlung des MOC als Anwendungsfall der TNMM (für USA der CPM) zu qualifizieren. Nach Auffassung der **OECD** kann der Gewinnaufschlag als fester Prozentsatz oder als Bandbreite im Rahmen einer **Safe-harbour-Regelung** für Low Risk Manufacturer festgelegt werden, wobei zu diesem Zweck eine bilaterale Verständigungsvereinbarung empfohlen wird;[784] dies sollte in der Konsequenz auch für Lohn- oder Auftragsfertiger gelten, die idR geringere Funktionen und Risiken übernehmen als ein Limited/Low Risk Manufacturer.

dd) Folgen einer begrenzten Abnahmeverpflichtung

456 Fraglich ist, ob eine Auftragsfertigung auch dann noch vorliegt, wenn sich die **Abnahmeverpflichtung** des Auftraggebers, **nur** auf einen **wesentlichen Teil** von bspw. 80 % **der produzierten Waren** bezieht, während der Auftragsfertiger die restlichen 20 % der hergestellten Waren in seinem Land verkaufen darf.[785] Die **Begrenzung der Abnahmeverpflichtung** sollte nach der hier vertretenen Auffassung für die Annahme einer Auftragsfertigung unproblematisch sein, wenn die garantierte Abnahme ausreicht, dem Auftraggeber eine vollständige Deckung seiner Fixkosten, seiner auf die garantierte Abnahmemenge entfallenden variablen Kosten und den vereinbarten Gewinnaufschlag zu gewährleisten. Unter diesen Bedingungen sind nämlich die Risiken des mit der Fertigung beauftragten Unternehmens in fast gleichem Umfang begrenzt wie bei einer vollständigen Abnahmeverpflichtung.

Die **OECD** schließt nicht per se aus, dass ein **Low Risk Manufacturer** einen Teil seines Umsatzes aus anderen Geschäften als der Auftragsfertigung generiert. Allerdings soll er keine Funktionen in den Bereichen Werbung,

---

[782] Vgl. *OECD,* Transactional Profit Methods, Abschn. 6.A, Tz. 125 und 6.C.3 Tz. 152–155; implizit auch *OECD,* Tz. 2.76 u. 2.92 OECD-VPL 2010; so wohl auch Tz. 3.4.10.3 Buchst. b VGr-Verfahren.

[783] Vgl. US Services Regs. § 1.482-9T (f) (2) (ii).

[784] Vgl. *OECD,* Tz. 7a) und b) Sample Memorandum of Understanding on low risk manufacturing services in Annex I to the Revised Section E on Safe Harbours in Chapter IV of the Transfer Pricing Guidelines vom 16. Mai 2013; allg. zur Neufassung der Safe Harbour Regelungen s. Kap. F Rn. 68; *Reichl/Bredow* DB 2013, 1514 ff.

[785] Der Auftragsfertiger muss dann für die Produkte, die er selbst vertreibt, eine Lizenzgebühr für die Nutzung immaterieller Wirtschaftsgüter zahlen; vgl. Rn. 462 u. 464 Bsp. 2.

Marketing, Vertrieb, Kreditgewährung, Inkasso sowie Gewährleistung in Bezug auf die von ihm hergestellten Produkte ausüben.[786]

Die deutsche **FinVerw.** vertritt in § 2 Abs. 2 S. 1 FVerlV die Auffassung, dass in den Fällen, in denen eine **Funktion verlagert** wird, die dann vom übernehmenden Unternehmen **ausschließlich** gegenüber dem verlagernden Unternehmen für ein Entgelt nach der Kostenaufschlagsmethode erbracht wird, keine wesentlichen immateriellen Wirtschaftsgüter und Vorteile übertragen werden, sodass § 1 Abs. 3 S. 10 erste Alt. AStG anwendbar ist (dh dass nur Einzelverrechnungspreise anzusetzen sind). Aus dem Wort „ausschließlich" ist für den Fall der Verlagerung der Produktion auf einen Lohn- oder Auftragsfertiger zu folgern, dass die ausgelagerte Produktion nur dann als Auftragsfertigung anerkannt werden kann, wenn sich der Auftraggeber u. a. zur **Abnahme aller Produkte** verpflichtet hat. Diese Interpretation wird durch die Ausführungen in den VGr-Funktionsverlagerung bestätigt, wonach der Lohnfertiger keine Produktionsrisiken, zB das Absatzrisiko, trägt[787] und wonach der Beginn eigener Umsätze, die nicht gegenüber dem verlagernden Unternehmen getätigt werden, die Rechtsfolgen des § 2 Abs. 2 S. 2 FVerlV auslöst.[788]

Wenn man diese Auffassung teilt und annimmt, dass die Auftragsfertigung (oder Lohnfertigung) eine Abnahme der Produkte zu 100 % erfordert, dann kann der Auftragnehmer in dem soeben geschilderten Fall (der Abnahme von 80 % der Waren bei voller Kostendeckung) alternativ als **„Limited Risk Manufacturer"** qualifiziert werden.[789] Dies rechtfertigt wiederum, dass die Preise des Auftragnehmers bei einer umfangreichen Abnahmeverpflichtung des Auftraggebers geringer sind als gegenüber Auftraggebern bzw. Abnehmern ohne Abnahmeverpflichtung, wobei auch eine Vereinbarung der Preise nach der Kostenaufschlagsmethode zulässig ist. Auch der BFH[790] hat in dem bereits erwähnten Fall einer Abnahmeverpflichtung für 90 % der gesamten Produktion entschieden, dass der Kunde auf Grund seiner starken Position auf die Preisgestaltung Einfluss nehmen kann und dass der gewissenhafte Geschäftsleiter des liefernden Unternehmens die Preisvorstellungen eines solchen Abnehmers berücksichtigen und auf einen **Teil der Gewinnmarge** bei diesen Erzeugnissen **verzichten** darf. Dies gilt nach dem Urteil des BFH auch dann, wenn es sich bei dem Abnehmer um ein nahe stehendes Unternehmen – im Urteilsfall um die Muttergesellschaft – handelt.

Wenn dagegen die **Abnahmeverpflichtung relativ unbedeutend** ist, **457** weil sie sich zB auf nur 20 % der produzierten Waren bezieht und weil umfangreiche Lieferungen an Dritte oder an den Auftraggeber ohne Abnahmeverpflichtung erforderlich sind, um die Fixkosten und die diesen Lieferungen zurechenbaren variablen Kosten zu decken, dann dürften die Risiken des Auftragnehmers bereits so hoch sein, dass er auch für die den Mindestabnah-

---

[786] Vgl. *OECD,* Tz. 5 (d) und 4 (e) Sample Memorandum of Understanding on low risk manufacturing services in Annex I to the Revised Section E on Safe Harbours in Chapter IV of the Transfer Pricing Guidelines vom 16. Mai 2013.

[787] Tz. 4.1.3 (Rn. 206) iVm Tz. 4.1.2 (Rn. 204) VGr-FVerl.

[788] Vgl. auch Tz. 4.1.4 VGr-FVerl.

[789] Vgl. dazu am Ende dieses Abschnitts Rn. 463 ff.

[790] BFH 16.4.80, BStBl. II 1981, 492.

meverpflichtungen des Auftraggebers unterliegenden Lieferungen **nicht mehr** als „**Auftragsfertiger**" oder als „Limited Risk Manufacturer" angesehen werden kann. Im Hinblick auf die Abnahmeverpflichtung und die im Vergleich zu anderen Kunden höhere Abnahmemenge könnte allerdings dem Auftraggeber ein Mengenrabatt gewährt werden.

458   In der **Literatur zur US-Rechtsprechung** wird offensichtlich die Meinung vertreten, dass die Auftragsfertigung die **Abnahme der gesamten Produktion** verlangt.[791] Um im Verhältnis zum Ausland unnötige Risiken zu vermeiden, sollte sich daher bei Vereinbarung einer Auftragsfertigung die Abnahmeverpflichtung immer auf 100 % einer bestimmten für das Wirtschaftsjahr budgetierten Menge beziehen. Dabei kann das Budget für die der Abnahmeverpflichtung unterliegende Mindestmenge konservativ aufgestellt und darüber hinaus eine Abnahmeverpflichtung für evtl. im Laufe des Wirtschaftsjahres zusätzlich bestellte Mengen vereinbart werden. Bei schlechter Konjunkturlage kann dann auf die Bestellung von Zusatzmengen verzichtet werden, ohne dass die fest vereinbarte Abnahmeverpflichtung für die budgetierten Mengen tangiert wird. In diesem Fall „erhöhen" sich lediglich die Stückpreise, weil bei Abnahme nur der budgetierten Mindestmenge die variablen Kosten zwar geringer sind, jedoch die Fixkosten etwa gleich bleiben, während bei der Abnahme von Zusatzmengen nur noch variable Kosten hinzukommen, sodass sich der Stückpreis im Normalfall verringert. Im Ergebnis trägt in jedem Fall der Auftraggeber bei der Auftragsfertigung das Kostenrisiko.

ee) Standortvorteile

459   Wenn deutsche Unternehmen zur Erhaltung der Wettbewerbsfähigkeit die inländische **Produktion** ganz oder teilweise **ins Ausland verlagern,** um kostengünstiger zu produzieren, dann wird die neue Produktionsgesellschaft regelmäßig nicht als Eigenhersteller, sondern als **Lohn- oder Auftragsfertiger** errichtet, damit die steuerlichen Folgen einer Funktionsverlagerung vermieden bzw. minimiert werden. Der Standort des Lohn- oder Auftragsfertigers soll möglichst umfangreiche **Standortvorteile (*Location savings*)** bieten, so zB in Form niedrigerer Lohn-, Material-, Energie-, Logistik- und Verwaltungskosten. Ferner können sich zusätzliche Vorteile bspw. durch geringere Sozialabgaben und Steuerbelastungen, durch staatliche Subventionen bzw. Investitionshilfen, zinslose Kredite oder Lohnkostenzuschüsse ergeben.

Wenn der Lohn- oder Auftragsfertiger nach der **Kostenaufschlagsmethode** abrechnet und lediglich einen **Standardgewinnzuschlag** auf seine Vollkosten aufschlägt, kommen die Standortvorteile im Ergebnis dem Auftraggeber zugute, da er die Produkte jetzt wesentlich günstiger herstellen lässt und folglich beim Verkauf einen wesentlich höheren Gewinn erzielt. Fraglich ist, ob und inwieweit es unter Beachtung des Fremdvergleichsgrundsatzes zulässig oder geboten ist, die Standortvorteile ganz oder teilweise dem Lohn- oder Auftragsfertiger zuzurechnen. Die Auswirkungen der Standortvorteile auf den Gewinn des Auftraggebers bzw. des Auftragnehmers werden in dem folgenden Beispiel verdeutlicht.

---

[791] Vgl. *Fink* Intertax 1991, 311 ff., 316 unter Nr. 1 der Conclusion. Ob diese Folgerung zwingend ist, kann nicht überprüft werden, weil den oben in Rn. 447 erörterten US-Urteilen gem. deren Sachverhalt gerade keine Abnahmeverpflichtung oder Mindestabnahmeverpflichtung zu Grunde lag.

Beispiel: P stellt Herrenanzüge zu Herstellungskosten iHv € 500 je Stück her und verkauft diese für € 600 je Stück an Kunden. Die Auftragsfertigung identischer Anzüge im Ausland durch das Konzernunternehmen U mit P als Prinzipal wäre zu Herstellungskosten iHv € 250 je Stück möglich. Die unten stehende Tabelle zeigt in Spalte 1, dass die Herstellung im Inland durch P als Eigenproduzent zu einem Gewinn von € 100 je Stück führt (Verkaufspreis € 600 minus Herstellungskosten von € 500). Wenn U als Auftragsfertiger in Alternative 1 einen Standardgewinnaufschlag von zB 10 % auf die Herstellungskosten von € 250 berechnet, dann erwirbt der Prinzipal P die Anzüge für € 275 je Stück (Spalten 2 und 4) und erzielt einen Gewinn in Höhe von € 325 (Spalte 4). Sofern U jedoch einen Gewinnaufschlag berechnet, der 50 % der Standortvorteile entspricht, dann beläuft sich der Verrechnungspreis auf € 375 (Spalten 3 und 5) und P erzielt einen Gewinn in Höhe von € 225 (Spalte 5), der immer noch weit über dem ursprünglichen Gewinn liegt.

	Eigen-produ-zent	Auftragsfertiger		Prinzipal	
		Alt. 1	Alt. 2	Alt. 1	Alt. 2
Materialkosten	200	100	100		
Personalkosten	200	100	100		
Andere Kosten	100	50	50		
Zwischensumme (Herstellungskosten)	500	250	250		
Standardgewinnaufschlag (10 %)		25			
Gewinnaufschlag für Standortvorteile (50 %)			125		
Verrechnungspreis		275	375		
Verkaufspreis	600			600	600
Verrechnungspreis		275	375	−275	−375
Gewinn Prinzipal	100			325	225

Eine Mindermeinung in der Literatur vertritt die Auffassung, dass die Verlagerung der Produktion auf einen Auftrags- oder Lohnfertiger zu einer sog. Funktionsabspaltung führt, bei der keine vollständige Verlagerung der Funktion mit allen Chancen und Risiken einschließlich der immateriellen und materiellen Wirtschaftsgüter erfolgt.[792] Alle wesentlichen Chancen und Risiken, insb. die Entwicklung und der Absatz der Produkte, sowie die immateriellen Wirtschaftsgüter verbleiben bei dem verlagernden Entrepreneur, so dass keine Funktionsverlagerung gegeben ist.[793] Dafür sind dann aber die Verrechnungspreise für die Produkte nach der Kostenaufschlagsmethode mit einem **Standardgewinnaufschlag** anzusetzen und der **Standortvorteil** kommt komplett dem **Entrepreneur** im Inland zugute (ebenso Alternative 1 im obigen Beispiel).[794] Diese Meinung wurde in der Vergangenheit in der

460

---

[792] *Zech* IStR 2011, 133.
[793] *Zech* IStR 2011, 133
[794] *Zech* IStR 2011, 133.

Praxis auch oft von deutschen Betriebsprüfern vertreten, entspricht aber nicht mehr der vom BMF in den VGr-FVerl veröffentlichten differenzierten Auffassung, die nachstehend noch dargestellt wird.

Das FG Münster[795] sah in einem rechtskräftigen Urteil die **hälftige Aufteilung der Standortvorteile** als gerechtfertigt an, auch wenn dies bei den einzelnen Produktgruppen zu einem Gewinnaufschlag von 30–70 % bei dem Auftragsfertiger führte. Auch die herrschende Meinung in der Literatur[796] befürwortet grundsätzlich eine hälftige Aufteilung von Standortvorteilen.

Die deutsche FinVerw. vertritt jetzt in den VGr-FVerl die Auffassung, dass auch im Fall einer **Produktionsverlagerung** auf einen **Lohnfertiger** eine **Funktionsverlagerung** vorliegt; jedoch ist insoweit § 2 Abs. 2 FVerlV zu beachten.[797] Demgemäß wird in diesen Fällen kein Transferpaket mit wesentlichen immateriellen Wirtschaftsgütern und Vorteilen übertragen oder zur Nutzung überlassen, so dass § 1 Abs. 3 S. 10, 1. Alt. AStG anwendbar ist, wonach nur Einzelverrechnungspreise (zB für die Übertragung des Eigentums an Maschinen auf den Auftragsfertiger) anzusetzen sind.[798] Im Hinblick auf Tz. 2.3.2.2, Rn. 93 und Tz. 3.4.3.2, die sich mit der Bestimmung des Gewinnpotenzials einer verlagerten Funktion und dem Einfluss von Standortvorteilen und Synergien befassen, wird von der Literatur gefolgert, dass die **Standortvorteile/–nachteile** und Synergieeffekte auch im Rahmen der Kostenaufschlagsmethode zu berücksichtigen sind, wobei für die **Aufteilung** der **hypothetische Fremdvergleich** iSd § 1 Abs. 3 S. 5–7 AStG heranzuziehen ist. Insoweit sind für die Aufteilung auch die konkreten Verhandlungsalternativen und die jeweilige Verhandlungsstärke der Beteiligten relevant, die sich aus objektiven Umständen ergeben müssen.[799] Folglich ist in jedem **Einzelfall** zu prüfen, inwieweit der Standardgewinnaufschlag im Hinblick auf die Standortvorteile zu erhöhen ist.[800] In diesem Zusammenhang ist zu beachten, dass die weit überwiegende Literatur[801] zu Recht die Auffassung vertritt, dass im Rahmen des hypothetischen Fremdvergleichs der wahrscheinlichste Wert für die Feststellung der Aufteilung der Standortvorteile innerhalb des Einigungsbereichs idR nicht ermittelbar ist und dass es daher im Hinblick auf § 1 Abs. 3 S. 7 AStG regelmäßig sachgerecht sei, von einer hälftigen Aufteilung des Einigungsbereichs – also der Standortvorteile – auszugehen (ebenso Alternative 2 im obigen Beispiel).

461   Die **OECD** weist in Tz. 2.54 und 7.40 **OECD-VPL** darauf hin, dass sämtliche im Zusammenhang mit der Auftragsfertigung beim Auftragsfertiger entstandenen Kosten die Kostenbasis des Gewinnaufschlags bilden. Dies führt bei Anwendung eines Standardgewinnaufschlags dazu, dass ein höherer Gewinn in das Land des Auftraggebers gezogen und dort der Besteuerung un-

---

[795] FG Münster v. 16.3.2006, IStR 2006, 794.

[796] *Ditz* IStR 2011, 126; *Hülshorst/ Mank* in Kroppen Handbuch Internationale Verrechnungspreise, Rz. 255 f., jeweils mwN; auch *Schreiber* in Oesterreicher, Internationale Verrechnungspreise, 322; *Baumhoff/Greinert* IStR 2006, 791.

[797] Vgl. Tz. 4.1.3, Rn. 207 VGr-FVerl.

[798] Vgl. Tz. 2.2.2.1, Rn. 66 f. VGr-FVerl.

[799] Vgl. Tz. 2.3.2.2, Rn. 93 VGr-FVerl.

[800] So auch *Zech* IStR 2011, 134.

[801] *Ditz* IStR 2011, 126; *Hülshorst/ Mank* in Kroppen Handbuch Internationale Verrechnungspreise, Rz. 255 f., jeweils mwN; *Baumhoff/Greinert* IStR 2006, 791

terworfen wird. Jedoch enthält die von der OECD am 16.9.2014 veröffentlichte „Guidance on Transfer Pricing Aspects of Intangibles" (nachfolgend: 2014 Guidance) neben der Neufassung des Kapitels „VI. Besondere Überlegungen für immaterielle Wirtschaftsgüter" der OECD-VPL auch einen Vorschlag zur Ergänzung des Kapitels „I. Der Fremdvergleichsgrundsatz" durch einen neuen Abschnitt „D.6. Location savings and other local market features".[802] In Tz. 1.81 f. Kapitel I OECD-VPL (2014 Guidance) wird darauf hingewiesen, dass die in Kapitel „IX. Verrechnungspreisaspekte bei Umstrukturierungen der Geschäftstätigkeit" zum Thema **Standortvorteile** enthaltenen Aussagen der **Tz. 9.148–9.153 OECD-VPL** auch für andere Fälle gelten sollen. Dabei sind folgende Aspekte für die Aufteilung von Standortvorteilen zu beachten:[803]

– Feststellung, ob Standortvorteile tatsächlich vorliegen;
– Quantifizierung der Vorteile;
– Umfang, zu dem die Standortvorteile bei den Konzerngesellschaften verbleiben oder aber an Kunden oder Lieferanten weitergegeben werden;
– soweit die Vorteile nicht ganz an unabhängige Kunden oder Lieferanten weitergereicht werden, ist zu ermitteln, wie unabhängige Unternehmen unter vergleichbaren Umständen die netto verbliebenen Vorteile aufgeteilt hätten.

Wenn am lokalen Markt verlässliche Vergleichsunternehmen mit Vergleichstransaktionen feststellbar sind, kann der **Vergleichspreis** angesetzt werden.[804] **Andernfalls** sollen die Grundsätze der **Tz. 9.148–9.153 OECD-VPL** angewendet werden.[805] Wenn die ausgelagerte Tätigkeit bspw. starker Konkurrenz unterliegt und das verlagernde Unternehmen die Möglichkeit hat, einen anderen Hersteller mit der Produktion zu beauftragen, dann können die Bedingungen, zu denen ein Dritter bereit wäre, die Auftragsproduktion durchzuführen, ermittelt werden und im Allgemeinen könnte der Auftragsfertiger allenfalls einen geringen Teil der Standortvorteile behalten.[806] In anderen Fällen kann es dagegen sein, dass der Auftraggeber gezwungen ist, einen Teil der Standortvorteile an Kunden weiterzugeben.[807] Für die Aufteilung der restlichen Standortvorteile ist wiederum auf die zur Verfügung stehenden Optionen abzustellen, wobei es im Einzelfall sein kann, dass kein anderer Dienstleister als die ausländische Tochtergesellschaft vorhanden ist, der solche Leistungen mit der erforderlichen Qualität erbringen kann.[808] Ohne es ausdrücklich zu sagen meint die OECD im zuletzt genannten Fall wohl, dass die Tochtergesellschaft dann die restlichen (nicht an den Kunden weitergegebenen) Standortvorteile ganz oder zum überwiegenden Teil für sich beanspruchen darf.

Sofern die im Auftrag tätige Konzerngesellschaft im Rahmen ihrer Dienstleistungen selbst ein wertvolles immaterielles Wirtschaftsgut (zB technisches

---

[802] Alle Änderungen der Kapitel I, II und VI wurden noch nicht formell in die OECD-VPL aufgenommen, da sie unter dem Vorbehalt weiterer Änderungen im Rahmen des „BEPS Project" stehen, vgl. dazu Erläuterungen in Kap. O Rn. 47 ff.

[803] *OECD,* Tz. 1.82 Kapitel I OECD-VPL (2014 Guidance).

[804] *OECD,* Tz. 1.83 Kapitel I OECD-VPL (2014 Guidance).

[805] *OECD,* Tz. 1.84 Kapitel I OECD-VPL (2014 Guidance).

[806] *OECD,* Tz 9.151 OECD-VPL zu dem in Tz. 9.150 dargestellten Beispiel.

[807] *OECD,* Tz 9.152 OECD-VPL.

[808] *OECD,* Tz 9.153 OECD-VPL.

Know-how) entwickelt, ist dieser Umstand nach Meinung der OECD bei der Ermittlung der Vergütung zu berücksichtigen.[809] Fraglich ist allerdings, ob sich diese Grundsätze der Tz. 9.153 OECD-VPL auf einen Lohn-/Auftragsfertiger ohne weiteres übertragen lassen, da der Auftraggeber alle Kosten trägt und sich daher regelmäßig vertraglich (ähnlich wie bei der Auftragsforschung) das Eigentum an eventuell neu geschaffenen immateriellen Wirtschaftsgütern übertragen lässt. Aus den gleichen Gründen erscheint es nur in seltenen Ausnahmesituationen als denkbar, dass der Auftragsfertiger wertvolle eigene immaterielle Wirtschaftsgüter nutzt, die eine Anwendung der Gewinnaufteilungsmethode rechtfertigen könnten, wie dies in Tz 9.153 OECD-VPL für möglich gehalten wird. Ein solcher Ausnahmefall kann bspw. vorliegen, wenn ein Vollproduzent zu einem Auftragsfertiger umfunktioniert wird und er vor dem Abschluss des Auftragsfertigungsvertrags Inhaber wertvoller immaterieller Wirtschaftsgüter (zB Patente, Verfahrens-Know-how) war und diese nicht auf den Auftraggeber überträgt, sondern im Rahmen der Auftragsfertigung weiter nutzt.

Den **US Regulations**[810] zufolge sollen höhere Ergebnisse aufgrund von Standortvorteilen nur dann beim Auftragsfertiger verbleiben, wenn die Standortvorteile auch bei unabhängigen vergleichbaren Unternehmen unter Berücksichtigung der Wettbewerbssituation zu höheren Ergebnissen führen. Gemäß dem in den US Regulations angeführten Beispiel soll das nicht der Fall sein, wenn vergleichbare Funktionen zu ähnlich niedrigen Kosten von fremden Dritten ausgeführt werden. Letztlich ist ausschlaggebend, welche Vertragspartei aufgrund ihrer Verhandlungsposition am Markt die Standortvorteile regelmäßig abschöpfen kann.

Vor der Verlagerung einer Produktion auf eine ausländische Konzerngesellschaft (oder Betriebsstätte), die als Lohn- oder Auftragsfertiger tätig werden soll, müssen auf jeden Fall die lokalen Vorschriften für die Ermittlung fremdvergleichskonformer Preise geprüft werden, insb. ob im jeweiligen Land ein bestimmter Mindestgewinnaufschlag verlangt wird, mit dem auch eine Kompensation für die Standortvorteile erreicht werden soll.

ff) Weitere Aspekte

462   Wenn der Auftraggeber 100% der hergestellten Produkte abnimmt, ist neben dem Auftragsfertigungsvertrag[811] **kein Lizenzvertrag** erforderlich, mit dem der Auftragnehmer etwaige **gewerbliche Schutzrechte** zur **Nutzung** überlässt. Bei der reinen Auftragsfertigung stellt der Unternehmer die Produkte *de facto* nicht auf eigenes Risiko und für eigene Rechnung her, sondern er erhält eine Vergütung für seine Dienstleistung und Ersatz seiner Kosten. Der Auftragnehmer erhält also eine Herstellungsbefugnis, aber keine Lizenz zur Ausübung der gewerblichen Schutzrechte in eigenem Namen.[812] Beim Lizenzvertrag trägt also der Lizenznehmer das wirtschaftliche Risiko, während beim Auftragsfertigungsvertrag das Risiko beim Auftraggeber verbleibt, der idR Inhaber (oder selbst Lizenznehmer) der gewerblichen Schutzrechte ist.

---

[809] *OECD*, Tz 9.154 OECD-VPL.

[810] Vgl. US Regs. § 1.482-1 (d) (4) (ii) (C) und (D).

[811] Das Muster eines Auftragsfertigungsvertrags war in der 2. Aufl. dieses Handbuchs in Kap. O Rn. 355 abgedruckt.

[812] Vgl. *Groß*, Rn. 33; vgl. ferner Kap. O Rn. 489 f.

In der Praxis gibt es Fälle, in denen der **Auftragsfertiger** zwar nicht die produktspezifischen immateriellen Wirtschaftsgüter (insb. Patente, Marken, Gebrauchsmuster und Design) besitzt, jedoch das produktbezogene **Fertigungs-Know-how entwickelt** und optimiert. Die Kosten für die produktionsbezogenen Innovationen werden jedoch vom Auftraggeber über die Vergütung der Produkte (die idR auf Basis der Kostenaufschlagsmethode ermittelt wird) kompensiert. Demgemäß wird der **Auftraggeber** nach dem Auftragsfertigungsvertrag der **Inhaber** des neuen Fertigungs-Know-hows.

Wenn allerdings **keine** vertraglich bindende **Abnahmeverpflichtung** vereinbart wird, sodass der Auftragnehmer das Absatzrisiko trägt, und wenn somit nicht alle Voraussetzungen einer Auftragsfertigung vorliegen, dann muss für die Herstellung und den Vertrieb ein **Lizenzvertrag** abgeschlossen werden. Auch wenn sich die **Abnahmeverpflichtung nicht** auf **100 %** der hergestellten Produkte erstreckt, ist hinsichtlich der nicht zur Auftragsfertigung gehörenden Produkte eine **Herstellungs- und Vertriebslizenz erforderlich,** soweit dem Hersteller Patente, Know-how, Marken oder andere immaterielle Wirtschaftsgüter zur Nutzung überlassen werden. Dies gilt ferner, wenn ein Lohn- oder Auftragsfertiger nach einer Funktionsverlagerung zunächst 100% der gefertigten Produkte an das verlagernde Unternehmen geliefert hat, dann aber beginnt, die Produkte zu Fremdvergleichspreisen auch an andere Abnehmer zu veräußern.[813]

b) Limited Risk Manufacturer

Alternativ zur Lohnveredelung oder Auftragsfertigung können die Parteien **463** einen „**Limited Risk Manufacturer**"-Vertrag abschließen. Dies ist vor allem dann von Interesse, wenn – wie vorstehend erörtert – **keine Abnahmeverpflichtung** bzgl. der gesamten Produktion bestehen soll, sondern **nur** hinsichtlich der jeweils **beauftragten Mengen** und wenn der Hersteller nur beschränkte Funktionen und Risiken übernimmt. Im Hinblick auf die eingeschränkten Risiken und Funktionen handelt es sich um ein **Unternehmen mit Routinefunktionen.**[814]

Die **Rechtsfigur** des **Limited Risk Manufacturer** (auch sog. Low Risk Manufacturer) wird weder gesetzlich noch durch die OECD-Leitlinien oder VGr definiert. In der überarbeiteten Fassung der OECD Leitlinien 2010 vom 16.5.2013[815] finden sich jedoch Hinweise darauf, welche Merkmale nach Ansicht der OECD typisch für einen Limited Risk Manufacturer sind. Neben vielen der nachfolgend aus der Vertragspraxis genannten Merkmale schlägt die OECD vor, dass ein Limited Risk Manufacturer u. a.
- keine Kreditgewährungs- und Inkassofunktionen übernimmt und Gewährleistungsfälle nicht selbst bearbeitet,
- kein Eigentum an fertigen Produkten hat, nachdem sie seine Fabrik verlassen,

---

[813] Vgl. § 2 Abs. 2 FVerlV und die Begründung des BMF zu dieser Regelung.

[814] Vgl. zu dieser Qualifizierung oben Rn. 124, 126; ebenso zum Auftragsfertiger oben Rn. 441, 443.

[815] Vgl. *OECD,* Sample Memorandum of Understanding on low risk manufacturing services in Annex I to the Revised Section E on Safe Harbours in Chapter IV of the Transfer Pricing Guidelines vom 16. Mai 2013.

- keine Transport- oder Beförderungskosten für die fertigen Produkte trägt,
- kein Risiko in Bezug auf Beschädigung oder Untergang der fertigen Produkte übernimmt,
- keine Managementfunktionen, auch nicht in Bezug auf rechtliche Fragen, Buchhaltung oder Personal, ausübt, außer denen, die direkt mit dem Herstellungsprozess zusammenhängen.

In der Vertragspraxis wird ein Herstellungsunternehmen idR dann als Limited Risk Manufacturer qualifiziert, wenn es zB

- nur in geringem Umfang oder keine Forschung und Entwicklung betreibt,
- keine wertvollen immateriellen Wirtschaftsgüter besitzt,
- für den Herstellungsprozess lediglich allgemein zugängliches Know-how verwendet,
- die Fertigung für einen oder mehrere Auftraggeber durchführt,
- kein Marketing und keinen Vertrieb für die hergestellten Produkte übernimmt,
- geringe Risiken trägt, weil die Verträge eine mittelfristige Planung und Mindestauslastung mit Deckung der Fixkosten zulassen.

464   Ein Limited Risk Manufacturer erbringt ähnlich wie ein Auftrags- oder Lohnfertiger quasi eine Dienstleistung, die nach der **Kostenaufschlagsmethode** vergütet werden kann. Bei der Vereinbarung solcher Verträge müssen die Rechte und Pflichten der Parteien so geregelt werden, dass die wesentlichen Funktionen und Risiken für Zwecke der Funktions- und Risikoanalyse erkennbar werden. Ferner sollten auch die von den Vertragsparteien genutzten immateriellen Wirtschaftsgüter erwähnt werden. Nachfolgend werden einige Fälle genannt, in denen ein „Limited Risk Manufacturer"-Vertrag vereinbart werden könnte.

Beispiel 1: Der Verlag X-GmbH verlagert Teile seiner Druckerei in eine Tochtergesellschaft X-S.A. nach Polen und lässt dort Wochenzeitschriften drucken, während Tageszeitungen weiterhin in Deutschland produziert werden. Die X-S.A. soll den Druck der Zeitschriften als Limited Risk Manufacturer nach Vorgabe der Manuskripte und des Layouts durch die X-GmbH vornehmen. Die Preise für den Druck der Zeitschriften werden auf Basis der Kosten vereinbart, wobei je nach Auflage und Layout der jeweiligen Zeitschriften die Standardkosten pro Seite zuzüglich Gewinnaufschlag zugrunde gelegt werden. Die X-S.A. ist berechtigt, auch Druckaufträge für fremde Auftraggeber in Polen zu übernehmen. In diesem Fall ist es vertretbar, die X-S.A. im Vertragsverhältnis zur X-GmbH als Limited Risk Manufacturer zu qualifizieren, soweit die Aufträge durch mittel- bis langfristige Verträge sichergestellt sind. Die Preiskalkulation ist so vorzunehmen, dass der X-S.A. für ihre Routinefunktion ein stetiger zumindest geringer Gewinn verbleibt.[816] Die mit fremden Auftraggebern ausgehandelten Preise wären für einen internen Preisvergleich nur dann geeignet, wenn die Funktionen und Risiken in etwa vergleichbar wären und die Aufträge einen vergleichbaren Umfang bei vergleichbarer Dauer aufweisen würden.

Beispiel 2: Die deutsche Y-AG stellt elektrische Haushaltsgeräte her, die unter der Marke der Y an Groß- und Einzelhändler sowie an Kaufhausketten vertrieben werden. Die ungarische Tochtergesellschaft Y-kft fertigt durchschnittlich 20 000 Waschmaschinen pro Jahr für die Y-AG. Daneben produziert Y-kft unter Nutzung einer von Y-AG

---

[816] Zur Problematik der Aufteilung der Standortvorteile im Fall einer Funktionsverlagerung vgl. FG Münster, 16.3.2006, IStR 2006, 794.

gewährten entgeltlichen Patent- und Know-how-Lizenz leicht modifizierte und technisch einfachere Waschmaschinen, die sie mit etwas anderem Design und unter eigener Marke an Großhändler und Einzelhändler in Osteuropa vertreibt, wobei ebenfalls eine Stückzahl von 20 000 pro Jahr erreicht wird. In diesem Beispiel kann die Preisvergleichsmethode wegen der unterschiedlichen Technologie, Marken und Marktpreise keine Anwendung finden. Wenn man die Auffassung vertritt, dass zwischen Y-AG und Y-kft keine Auftragsfertigung möglich ist, weil die Auftragsfertigung die Abnahme der gesamten Produktion erfordere,[817] dann könnte der Vertrag zwischen Y-AG und Y-kft vorsehen, dass Y-kft die unter der Marke Y für die Y-AG hergestellten Geräte als Limited Risk Manufacturer fertigt und eine Vergütung auf Basis der Kostenaufschlagsmethode erhält. Zwar wäre eine solche Vereinbarung im Hinblick auf den günstigen Steuersatz der Y-kft im Normalfall nicht sinnvoll, jedoch könnte sie erwünscht sein, wenn die Y-AG über hohe Verlustvorträge verfügt und daher einen günstigen Einkaufspreis erzielen soll oder wenn die Y-kft zunächst als Auftragsfertiger der Y-AG errichtet wurde, um eine Besteuerung der Funktionsverlagerung zu vermeiden.

Im voranstehenden Abschnitt wurde bereits erläutert, dass für Auftrags- und Lohnfertiger, aber auch für Limited Risk Manufacturer idR die **Kostenaufschlagsmethode** zur Anwendung kommt. Da der Limited Risk Manufacturer weitgehend einem Auftragsfertiger angenähert ist, jedoch etwas höhere Risiken als dieser trägt, erscheint es als gerechtfertigt, die **Höhe des Gewinnaufschlags** an der **Bandbreite** von Auftragsfertigern zu orientieren und dabei zB einen Wert zwischen Median und oberem Quartil zu wählen. Im Rahmen der Datenbankrecherchen wird es auch in diesen Fällen erforderlich sein, den Gewinnaufschlag als „Mark-up Over Cost (MOC)" zu ermitteln.[818] Ebenso wie ein Auftrags- oder Lohnfertiger kann auch ein Limited Risk Manufacturer in Ausnahmefällen einen **Verlust** erleiden.[819] Nach Auffassung der **OECD** kann der Gewinnaufschlag als fester Prozentsatz oder als Bandbreite im Rahmen einer **Safe-harbour-Regelung** für Low Risk Manufacturer festgelegt werden, wobei zu diesem Zweck eine bilaterale Verständigungsvereinbarung empfohlen wird.[820]

3. Auftragsverpackung, Auftragslagerhaltung

Auftragsverpackung und **Lagerhaltung** werden in vielen Fällen auf **465** eine gesonderte Gesellschaft übertragen, wobei der wirtschaftliche Hintergrund unterschiedlicher Art sein kann. Die Verpackungsaktivitäten können zB in Niedriglohnländer ausgelagert werden, wenn eine automatisierte Verpackung der Produkte nicht möglich ist.[821] Die zentrale Lagerhaltung kann aus logistischen Gründen erforderlich sein, damit die Produkte möglichst zentral in der Nähe eines Verkehrsknotenpunkts (zB Frankfurter Flughafen)

---

[817] Zu den Voraussetzungen der Auftragsfertigung vgl. oben Rn. 443 ff.

[818] Vgl. dazu oben Rn. 306 f., 455.

[819] Vgl. dazu oben Rn. 454.

[820] Vgl. *OECD,* Tz. 7a) und b) Sample Memorandum of Understanding on low risk manufacturing services in Annex I to the Revised Section E on Safe Harbours in Chapter IV of the Transfer Pricing Guidelines vom 16. Mai 2013; allg. zur Neufassung der Safe Harbour Regelungen s. Kap. F Rn. 68; *Reichl/Bredow* DB 2013, 1514 ff.

[821] Die Problematik der Funktionsverlagerung und die Besteuerung des mit dem Transferpaket zusammenhängenden Gewinnpotentials werden in Kapitel R erörtert.

lagern und damit die Waren von dort aus möglichst kurzfristig („just in time") an in- und ausländische Kunden geliefert werden können. In solchen Lagern werden oft die in verschiedenen Ländern Europas hergestellten Waren zum zentralen Versand vorrätig gehalten. Die Verpackungstätigkeit und Lagerhaltung verliert allerdings ihre eigenständige Bedeutung, wenn sie von einer Vertriebsgesellschaft vorgenommen wird. Wenn dagegen die Verpackungs- und Lagergesellschaft keine Vertriebstätigkeit ausübt, dann übernimmt sie als sog. Routineunternehmen idR nur beschränkte Funktionen und Risiken und ihre Tätigkeiten im Konzern können als **Dienstleistungen** qualifiziert werden.

Die Verpackungs- und Lagergesellschaft umfasst idR die folgenden Funktionen:

1. Lagerung der Waren
2. Verpackung der Waren (länderspezifische Verpackungsform, -größe und -aufschrift)
3. Erwerb/Miete von Verpackungsmaschinen und Geschäftsausstattung
4. Erwerb von Verpackungsmaterial
5. Erwerb/Miete von Lagerräumen
6. Beschäftigung von Personal

Darüber hinaus **kann** die Gesellschaft die folgenden Funktionen übernehmen, wobei dies im Rahmen der Kostenerstattung und des Gewinnaufschlags zu berücksichtigen wäre:

7. Qualitätskontrolle
8. Administrative Abwicklung von Transport und Versicherung
9. Übernahme der Transportfunktion
10. Abwicklung der Speditions- und Zollformalitäten
11. Lohnveredelung

Im Normalfall übernimmt die Verpackungs- und Lagergesellschaft grundsätzlich **nicht** die folgenden Funktionen und Risiken:

1. Verkauf und Marketing als Vertriebsgesellschaft (idR auch nicht als Handelsvertreter oder Kommissionär)
2. Gefahrtragung bzgl. der Vorräte (Verfallsdaten, Diebstahl, höhere Gewalt)
3. Gläubigerrisiko (Zahlungsrisiko, Betrug)
4. Währungsrisiko
5. Gewährleistung und Garantie (Ersatz, Reparatur usw.)
6. Produkthaftung
7. Forschung und Entwicklung.

IdR dürfte es möglich sein, zumindest für die **Lagerhaltung** auch einen **Preisvergleich** durch Einholung von Angeboten unabhängiger Lagerhalter durchzuführen. Bei Anwendung der Preisvergleichsmethode besteht jedoch das Risiko, dass die konzerneigene Lagergesellschaft bei rückläufigem Geschäft in die Verlustzone gerät, während ein externer Lagerhalter die Ausfälle durch geringere Inanspruchnahme von Auftraggebern einer Branche durch Zusatzaufträge von Auftraggebern einer anderen Branche kompensieren kann.

Daher sollte die **Kostenaufschlagsmethode** bevorzugt werden. Für die Dienstleistungen der Verpackungs- und Lagergesellschaft ist für die Anwendung der Kostenaufschlagsmethode unter Berücksichtigung des Umfangs der übernommenen Funktionen und Risiken ein angemessener **Gewinnauf-**

schlag oder Mark-up Over Cost (MOC) zu vereinbaren.[822] Auf jeden Fall sollte eine **Datenbankrecherche** durchgeführt werden, um für Zwecke des Fremdvergleichs die „Interquartile Range" der Gewinnaufschläge, EBIT-Margen oder Nettomargen von unabhängigen Verpackungs- oder Lagergesellschaften zu ermitteln.

4. Rechnungserstellung und Factoring

a) Rechnungserstellung

Aus betriebswirtschaftlichen und steuerlichen Gründen wird häufig in ei- **466** nem Niedrigsteuerland eine Konzerngesellschaft für die zentrale **Rechnungserstellung** gegründet, die im Auftrag mehrerer Konzernvertriebsgesellschaften Rechnungen an Kunden fertigt und versendet. Wenn die übernommenen Funktionen und Risiken dieser Rechnungserstellungsgesellschaften (international sog. **Reinvoicing-Company** oder Reinvoicing-Center) nur relativ gering sind, dann werden die entsprechenden Dienstleistungen regelmäßig auf Basis der Kostenaufschlagsmethode vergütet und dürften nur in beschränktem Umfang zu Steuervorteilen führen. Auf jeden Fall müssen die Funktionen der Konzern-Rechnungserstellungsgesellschaft vertraglich genau definiert werden; zu den Aufgaben gehören insb.:

1. Zusammenstellung der für die Rechnungserstellung erforderlichen Informationen
2. Erstellung der Rechnungen und Rechnungskopien
3. Versendung des Rechnungsoriginals an den Kunden und der Kopie an den eigentlichen Rechnungsaussteller
4. Verwaltungsmäßige Abwicklung der Rechnungserstellung

Als weitere Tätigkeiten kommen bspw. in Frage:

5. Vorbereitung von Umsatzsteuervoranmeldungen, zusammenfassenden Meldungen oder Umsatzsteuererstattungsanträgen
6. Ausfüllen von Zollpapieren für Import- oder Exportzwecke
7. Vorbereitung von Meldungen im Außenwirtschaftsverkehr oder Erstellung von Statistiken.

Die folgenden Funktionen können zusätzlich übernommen werden, wobei dann die Grenzen zum noch zu erörternden „unechten Factoring" überschritten werden können:

8. Erstellung von Mahnungen
9. Übernahme des Zahlungseinzugs durch Einziehungsermächtigung.

Die Rechnungserstellungsgesellschaft übernimmt regelmäßig **nicht** das **467** **Delkredere-Risiko** und auch kein etwaiges **Wechselkursrisiko** für die in Rechnung gestellten Forderungen. Ferner werden generell keine sonstigen Funktionen und Risiken übernommen, wie bspw. im Bereich der Produktion oder des Vertriebs. Wegen der geringen Funktionen und Risiken kann eine Rechnungserstellungsgesellschaft nur eine geringere Vergütung für ihre Tätigkeiten erhalten als die weiter unten noch zu erörternde Factoringgesellschaft beim echten Factoring.

---

[822] Vgl. dazu oben Rn. 306f. u. 455.

468   Für die Ermittlung der angemessenen Vergütung einer Rechnungserstellungsgesellschaft kommen v. a. die **Preisvergleichsmethode** und die **Kostenaufschlagsmethode** in Frage. Ein direkter Fremdvergleich mit den Entgelten ortsansässiger „Rechnungsersteller" dürfte kaum möglich sein, weil solche Dienste praktisch nicht angeboten werden; jedoch kommt ein **indirekter Fremdvergleich mit Factoringgesellschaften** in Betracht, die unechtes oder echtes Factoring anbieten. Dabei muss nach dem Grundgedanken der Tz. 2.2.2 VGr der Einfluss der beim Factoring vorhandenen zusätzlichen Risiken, Funktionen und abweichenden Vertragsbestimmungen eliminiert werden, um das angemessene Dienstleistungsentgelt für die Rechnungserstellungsgesellschaft zu ermitteln. In der Praxis dürfte es zwar möglich sein, die abweichenden Faktoren der verglichenen Geschäfte zu ermitteln, jedoch wird es schwierig sein, diesen Faktoren einen bestimmten Wert und einen gewichteten Anteil am Entgelt und damit am Gewinn zuzuordnen. Wenn man unterstellt, dass Factoringgesellschaften beim echten Factoring im Allgemeinen 0,8–2,5 % des Umsatzes[823] – dh der gekauften Forderungen – als Factoringgebühr verlangen, dann dürfte die Gebühr einer Rechnungserstellungsgesellschaft (Handling Fee) wegen der Nichtübernahme des Ausfallrisikos einen wesentlich (um mehr als 50 %) geringeren Prozentsatz des Umsatzes ausmachen, bspw. 0,3–1 % der abgerechneten Forderungen.

469   Bei Anwendung der **Kostenaufschlagsmethode** dürfte die Rechnungserstellungsgesellschaft wegen der limitierten Risiken neben der Kostenerstattung nur einen relativ geringen Gewinnaufschlag erhalten. Es dürfte schwierig sein, im Rahmen einer **Datenbankanalyse** den Kostenaufschlag von Rechnungserstellungsgesellschaften zu ermitteln, da wohl nur sehr wenige unabhängige Gesellschaften solche Funktionen ausüben. Zur Lösung des Problems wäre es einerseits denkbar, die eingeengte Bandbreite der Kostenaufschläge bzw. Margen von **Buchhaltungsgesellschaften** zum Vergleich heranzuziehen, da diese zT ähnliche Tätigkeiten ausüben. Andererseits wäre es möglich, einen zusätzlichen Vergleich vorzunehmen, indem die Kostenaufschläge (Mark-up Over Cost) oder die EBIT- oder Nettomargen von **Factoringgesellschaften** ermittelt werden, wobei dann aber wegen der geringeren Funktionen und Risiken des Rechnungserstellers und wegen der fehlenden Refinanzierungsfunktion eine Orientierung am unteren Ende der Interquartile Range erfolgen sollte. In diesen Fällen wird die deutsche FinVerw. im Hinblick auf Tz. 6.4.1 VGr außerdem bei dem Leistungsempfänger genau prüfen, ob das Entgelt den Aufwand in nennenswertem Umfang übersteigt, der bei Erledigung dieser Aufgaben durch den eigenen Betrieb oder durch Vergabe entsprechender Aufträge an ortsansässige Fremde angefallen wäre.

b) Factoring

470   Zivilrechtlich wird zwischen unechtem und echtem Factoring unterschieden.[824] Beim **unechten Factoring** erwirbt die Factoringgesellschaft **(Factor)** die Forderungen vom Forderungsverkäufer (sog. **Anschlusskunde** oder Fac-

---

[823] Vgl. zB *Mayer* BB Beilage 17 zu Heft 44/1995, 6 sowie Internet-Seite der A. B. S. Global Factoring AG: http://www.abs.global-factoring-ag.com, Glossar unter „Factoringgebühr" und unten Rn. 472.
[824] Vgl. zB *Palandt/Grüneberg* § 398 BGB Rn. 38–40.

toring-Kunde). Das Ausfallrisiko geht aber nicht auf den Factor über, sondern verbleibt beim Anschlusskunden, dem die Forderung bei Uneinbringlichkeit zurückbelastet wird. Im Prinzip handelt es sich um einen **gemischten Vertrag,** bei dem ein **Kreditgeschäft im Vordergrund** steht. Geht man beim unechten Factoring von einem Forderungsverkauf aus (wofür bei einer Offenlegung der Zession einiges spricht), so ergeben sich im Vergleich zur Rechnungserstellungsgesellschaft zwangsläufig die **zusätzlichen Funktionen** der **Finanzierung** für den Anschlusskunden, des **Forderungseinzugs,** der **Überwachung des Zahlungseingangs,** der **Mahnung** und der **Abrechnung** mit dem Anschlusskunden. Ferner wird bei Fremdwährungsforderungen das **Währungsrisiko** übernommen. Im Hinblick auf diese zusätzlichen Funktionen und Risiken liegen die Kosten und der Gewinnaufschlag bei Anwendung der Kostenaufschlagsmethode idR höher als bei einer Rechnungserstellungsgesellschaft, insb. wenn letztere keine Forderungen einzieht und keine Finanzierung der Forderungen übernimmt. Soweit Fremdvergleichspreise von Factoringgesellschaften herangezogen werden, die echtes Factoring betreiben, können diese bei Unternehmen, die nur unechtes Factoring durchführen, nur für einen indirekten Fremdvergleich zu Grunde gelegt werden.

Beim **echten Factoring** scheiden die verkauften Forderungen aus dem **471** Vermögen des Factoring-Kunden aus. Der Factor übernimmt also neben den beim unechten Factoring und den für die Rechnungserstellungsgesellschaft genannten Funktionen und Risiken auch die ständige **Bonitätsprüfung** der Abnehmer (durch Einholung von Auskünften bei Handelsauskunfteien und Banken) und das **Ausfallrisiko.** In den meisten Fällen wird zunächst ein Anteil von 80–90% der Forderungen sofort ausgezahlt; der Rest dient dem Factor als Sicherheitseinbehalt zum Ausgleich von Rabatten, Skonti oder eventuellen Mängeleinreden durch Debitoren. IdR wird für jeden Abnehmer ein Warenkreditlimit festgelegt, für das der Factor das Ausfallrisiko zu 100% übernimmt. Dieses Limit wird laufend überprüft und der Factoring-Kunde erhält Mitteilungen über etwaige Warnsignale, die zu einer Limitreduzierung oder -streichung führen können.[825] Die Übernahme dieser zusätzlichen Tätigkeiten und Risiken gestattet es, bei Anwendung der **Kostenaufschlagsmethode** einen höheren Gewinnaufschlag anzusetzen als beim unechten Factoring oder bei der Tätigkeit einer Rechnungserstellungsgesellschaft. Für Factoringgesellschaften müssten branchenübliche operative Kosten und ebenso branchenübliche Gewinnaufschläge aus veröffentlichten Gewinn- und Verlustrechnungen von Wettbewerbern ersichtlich werden.

Beim echten Factoring liegen allerdings idR **Fremdvergleichspreise 472** vor, weil die Konditionen unabhängiger Factoringgesellschaften am Markt feststellbar sind.[826] Insb. ist es möglich, von verschiedenen **Factoringgesellschaften** Angebote einzuholen, um das Entgelt eines fremden Factors feststellen zu können. Dieses richtet sich u.a. nach der Branche, der Umsatzhöhe, der Zahl der Debitoren, der durchschnittlichen Höhe und dem Zahlungsziel der einzelnen Forderungen, dem erfahrungsgemäßen Ausfallrisiko in

---

[825] Vgl. *Mayer* BB Beilage 17 zu Heft 44/1995, 7.
[826] Auch Tz. 7.39 OECD-VPL befürwortet die Anwendung der Preisvergleichsmethode.

der Vergangenheit, dem Länderrisiko bei Auslandsforderungen usw. Die von den Factoringgesellschaften berechneten Entgelte setzen sich idR aus drei Komponenten zusammen:

– der **Factoring-Gebühr,** durch die die Übernahme des Ausfallrisikos und das Debitorenmanagement vergütet wird (idR **0,8–2,5 %** ab € 5 Mio. Umsatz p. a.),

– den **Limitprüfungsgebühren,** die für die Bonitätsprüfung und die Überwachung der Kunden anfallen (idR € 25–75 je Anfrage),

– dem **Factoring-Zins,** der als banküblicher Zins für die Refinanzierung der bereit gestellten Liquidität belastet wird.

Die **Factoring-Gebühren** beim echten Factoring sind in Deutschland üblicherweise mit wachsendem Umsatz degressiv gestaffelt und liegen für Unternehmen mit niedrigen Umsätzen (ca. 1–5 Millionen € Umsatz) ggf. im oberen Bereich oder über den oben genannten Prozentsätzen und für Unternehmen mit hohen Umsätzen (mehr als € 10 Mio.) im unteren Bereich oder unterhalb der oben genannten Prozentsätze.[827] Soweit eine Konzerngesellschaft Factoring für andere verbundene Unternehmen durchführt, sollten daher zwecks Feststellung der **Fremdvergleichsgebühr** Angebote von **außenstehenden Factoringgesellschaften** im Land des Factors eingeholt werden, wobei die Gesamtsumme der Umsätze und die sonstigen maßgeblichen Daten aller am Factoring beteiligten Anschlusskunden (verbundenen Unternehmen) berücksichtigt werden müssen.

473   Der Vollständigkeit halber sei erwähnt, dass in denjenigen Fällen, in denen das Ausfallwagnis vom Factor nur teilweise übernommen wird, ein so genanntes **gemischtes** echtes und unechtes **Factoring** vorliegt.[828] In Höhe des auf den Käufer übergegangenen Ausfallrisikos liegt dann echtes Factoring vor, während im Übrigen unechtes Factoring gegeben ist. In solchen Fällen muss dann auch das Entgelt des Factors aus steuerlicher Sicht getrennt beurteilt werden, einerseits für die Forderungen mit unechtem Factoring und andererseits für die Forderungen mit echtem Factoring.

5. Vertriebsdienstleistungen

a) Vertriebsmodelle mit Dienstleistungscharakter

474   Die Verrechnungspreismethoden für den Vertrieb von Waren werden in Kapitel M dieses Handbuchs ausführlich erläutert. Internationale Konzerne etablieren für die Vertriebstätigkeit häufig Vertriebsstrukturen, durch die eine konzerneigene Vertriebsgesellschaft oder Betriebsstätte in ihren Funktionen und Risiken einem **Dienstleister** angenähert werden. Solche Gestaltungen spielen eine Rolle bei der Einführung zentralisierter Verrechnungspreissysteme **(Prinzipalstrukturen)** durch die eine zentrale Steuerung des Konzerns durch eine Strategieträgergesellschaft erreicht werden soll.[829] Die weit-

---

[827] Factoring-Gebühren verschiedener Anbieter werden im Internet genannt, vgl. zB www.directfactoring.de; www.abs.global-factoring-ag.com; www.hansekontormaklergesellschaft.de; vgl. ferner zB *Mayer* BB Beilage 17 zu Heft 44/1995, 6 der Sätze von 0,8–2,5 % vom Umsatz nennt.

[828] Vgl. dazu BGH 10.12.81, DB 1982, 412.

[829] Vgl. dazu Kap. O Rn. 164 ff.

gehende Zentralisierung von Funktionen und damit verbundenen Risiken beim **Strategieträger** (auch so genannter **Entrepreneur** oder **Prinzipal**) soll zum einen Kosteneinsparungen bewirken, weil die **Vertriebsgesellschaften** ebenso wie die Hersteller im Konzern oft nur noch als **Routineunternehmen** tätig sind.[830] Zum anderen sind schnellere und straffere Entscheidungswege und die bessere Überwachung der Vertriebsgesellschaften als wirtschaftliche Gründe zu nennen. Häufig werden mit den zentralisierten Vertriebsmodellen **auch steuerliche Zwecke** verfolgt, um durch den Einsatz funktions- und risikoarmer Vertriebsgesellschaften in Ländern mit hoher Steuerbelastung eine Reduzierung des zu versteuernden Gewinns zu erreichen.

Für den Verkauf von Waren kommen unterschiedliche Vertriebsmodelle in **475** Betracht. Im Konzern handelt es sich dabei insb. um folgende Erscheinungsformen:

- Eigenhändler mit Marketing- und Vertriebsfunktion (Marketing and Distribution company)
- Eigenhändler mit Vertriebsfunktion (Distribution company)
- Eigenhändler mit beschränkten Funktionen und Risiken (Low risk distribution company – LRD – bzw. auch sog. stripped buy and sell distributor)
- Kommissionär (§ 84 HGB)
- Handelsvertreter (§ 383 HGB)
- Vertriebsunterstützung (sales support service provider)
- Repräsentanzbüro ohne Vertriebsfunktion (representative office).

Die **Tabellen** auf den beiden nächsten Seiten geben einen Überblick über die **Funktionen** und **Risiken,** die typischerweise in den ersten fünf der oben genannten Vertriebsstrukturen übernommen werden, sowie über die dabei eingesetzten immateriellen Wirtschaftsgüter.[831] Je weniger Funktionen und Risiken und immaterielle Wirtschaftsgüter bei der jeweiligen Vertriebsform vorhanden sind, umso geringer sollte das zurechenbare Gewinnpotential sein. Nach den Tabellen werden die Besonderheiten aller oben genannten Vertriebsstrukturen erläutert.

Tabellen: Funktionen, Risiken und immaterielle Wirtschaftsgüter verschiedener Vertriebsaktivitäten

Anmerkungen: bezogen auf die in den Tabellen jeweils genannten Funktionen, Risiken oder immateriellen Wirtschaftsgüter bedeuten

+	=	vorhanden
(+)	=	in geringem Umfang vorhanden
+/–	=	kann vorhanden sein oder nicht
(+)/–	=	in geringem Umfang oder nicht vorhanden
–	=	nicht vorhanden

---

[830] Zur Unterscheidung zwischen Strategieträgerunternehmen und Routineunternehmen vgl. BMF 12.4.2005, BStBl. I 2005, 570 ff., Tz. 3.4.10.2 Buchst. a) und b) sowie oben Rn. 441 und Kap. O Rn. 73 ff.

[831] Die hier erweiterte tabellarische Darstellung geht auf *Sieker* zurück und findet sich auch bei *Baumhoff/Bodenmüller* in Grotherr, Handbuch int. Steuerplanung, 2003, 560 f.

1. Funktionen	Eigenhändler			Kommis-sionär	Handels-vertreter
	Marketing- und Vertriebsges.	Ver-triebs-ges.	LRD-Gesell-schaft		
Akquisition, Vertragsverhand-lungen	+	+	+	+	+
Auftragsbearbei-tung	+	+	(+)	(+)	(+)
Lagerhaltung, Überprüfung ge-lieferte Waren, Verpackung bei Weiterlieferung	+	+	(+)/–	–	–
Lagerplanung, Warenverteilung, Logistik	+	+	(+)/–	–	–
Preispolitik	+	(+)/–	(+)/–	–	–
Kundendienst	+	+	(+)	(+)/–	(+)/–
Inkasso	+	+	+	+/–	
Marktforschung, Sortimentspolitik	+	(+)/–	–	–	–
Marketing (Strategie)	+	–	–	–	–
Werbung	+	+	+	+	+
Auswahl lokaler Vertriebspartner	+	(+)	–	–	–
Außendienst	+	+	+	+	+
Verwaltung, Buchhaltung	+	+	+	+	+
Kreditoren- u. Debitoren	+	+	+/–	+/–	(+)/–

2. Risiken	Eigenhändler			Kommis-sionär	Handels-vertreter
	Marketing- und Vertriebsges.	Ver-triebs-ges.	LRD-Gesell-schaft		
Investitionen	+	+	+	+/–	+/–
Lager (Vorräte)	+	+	–	–	–
Transport	+	+	(+)/–	–	–
Markt und Absatz	+	+	(+)/–	(+)/–	(+)/–

2. Risiken	Eigenhändler			Kommis-sionär	Handels-vertreter
	Marketing- und Vertriebsges.	Ver- triebs- ges.	LRD- Gesell- schaft		
Delkredere	+	+	+/–	+/–	
Wechselkurs	+	+	–	–	–
Gewährleistung und Produkt- haftung	+	+	(+)/–	–	–

3. Immaterielle Wirtschaftsgüter	Eigenhändler			Kommis-sionär	Handels-vertreter
	Marketing- und Ver- triebsges.	Ver- triebs- ges.	LRD- Gesell- schaft		
Marken	+/–	+/–	+/–	–	–
Vertriebsrechte	+	+	+	+	+
Zulassungsrechte (Arzneimittel)	+	+	+	–	–
Kundenstamm	+	+	+	+/–	–

b) Kommissionär oder Handelsvertreter

aa) Betriebsstättenrisiko

Vor einigen Jahren haben internationale Konzerne Vertriebsgesellschaften **476** im Ausland noch als **Kommissionärs- oder als Handelsvertretergesellschaften** gegründet, um einerseits die Umsätze bei dem Hersteller oder Strategieträger zeigen zu können, während der Kommissionär oder Handelsvertreter lediglich eine Provision erhielt, die ihm erlaubte, seine Kosten zu decken und einen Gewinn zu erzielen. Mit der Kommissionärsstruktur – und erst recht mit der Handelsvertreterstruktur – war jedoch regelmäßig das **Risiko** einer etwaigen **Betriebsstätte** des Strategieträgers im Ansässigkeitsstaat des Kommissionärs oder Handelsvertreters verbunden, weil die Gefahr bestand, dass er als **abhängiger Vertreter** iSd jeweiligen DBAs qualifiziert werden könnte.[832] Zur Vermeidung des Betriebsstättenrisikos werden die Vertriebsgesellschaften im Ausland in den letzten Jahren in vielen Fällen als „Limited Risk Distributor" strukturiert.[833]

Im Zusammenhang mit Kommissionsgesellschaften sind zwei Urteile aus Frankreich und Norwegen zu beachten, nämlich das am 31. März 2010 ergangene Urteil des französischen Obersten Gerichtshofs (Conseil d'État) im Fall Zimmer Ltd. sowie das am 2. Dezember 2011 ergangene Urteil des nor-

---

[832] Vgl. dazu ausführlich *Engler* in der 2. Aufl. des Handbuchs der Verrechnungspreise, Kap. O Rn. 368 ff., 376–378.
[833] Vgl. unten Rn. 487 ff.

wegischen Obersten Gerichts (Noregs Høgsterett) im Fall DELL. Beide Gerichte kamen im jeweiligen Urteil zu dem Schluss, dass die als Kommissionär tätige französische Tochtergesellschaft der englischen Zimmer Ltd. bzw. die norwegische Tochtergesellschaft der US-amerikanischen Dell Computer Inc., die für ihre irische Schwestergesellschaft Dell Products Ltd. als Kommissionär handelte, jeweils **keine Betriebsstätte** begründete, obwohl sie ausschließlich deren Produkte verkaufte.[834] Zur Begründung verwiesen Conseil d'État sowie Noregs Høgsterett auf das jeweils geltende Zivilrecht, wonach ein **Kommissionär** Verträge zwar (im Innenverhältnis) für den Prinzipal schließt, jedoch grundsätzlich **keinen bindenden Vertrag** unmittelbar **zwischen Prinzipal und Kunden bewirkt.** Ausnahmen seien aber denkbar, wenn sich aus dem Vertrag oder anderen Umständen ergibt, dass der Kommissionär eine Bindungswirkung für den Prinzipal herbeiführen kann. Die in den Fällen Zimmer Ltd. und DELL herausgearbeiteten Rechtsgedanken sollten nach der hier vertretenen Meinung auch für Kommissionsstrukturen in Deutschland nach deutschem Recht gelten, so dass ein **Kommissionär im Normalfall keine Betriebsstätte** des Kommittenten begründet. Die deutsche FinVerw. weist jedoch ausdrücklich darauf hin, dass ein Kommissionär oder Agent „unter bestimmten Umständen" für seinen Geschäftsherrn eine Vertreterbetriebsstätte begründen kann.[835]

477   Die Frage des Vorliegens einer Betriebsstätte war auch Gegenstand einer Entscheidung des spanischen Tribunal Supremo in der Rechtssache Roche Vitaminas S.A.,[836] wobei jedoch kein Vertriebs- oder Kommissionsvertrag vorlag. Die spanische Gesellschaft war für die schweizerische Roche Vitamins Europe Ltd. zum einen als **Auftragsfertiger** tätig. Zum anderen sollte sie, **ohne** zum Aushandeln oder Abschluss von Verträgen mit Abnehmern der hergestellten Produkte berechtigt zu sein, den Absatz der schweizerischen Gruppengesellschaft fördern und vermietete an diese ein **Warenlager.** Der spanische Oberste Gerichtshof kam zu dem Schluss, dass die spanische für die schweizerische Gesellschaft eine **Betriebsstätte** in Spanien begründe, weil die schweizerische Gesellschaft aufgrund der Natur ihrer Tätigkeit in die unternehmerischen Tätigkeiten des spanischen Marktes verwickelt sei. Bei der spanischen Gesellschaft handele es sich um einen **abhängigen Vertreter,** weil die schweizerische Gesellschaft bestimme, welche Produkte in welcher Menge hergestellt würden und an wen sie zu welchem Preis zu verkaufen seien. Auf Basis der abgeschlossenen Verträge werde deutlich, dass letztlich die schweizerische Gesellschaft auch über die Produktionsmittel verfüge. Dieses Urteil zeigt das Risiko, dass bei grenzüberschreitenden Vertriebsaktivitäten eine Betriebsstätte bestehen kann, obwohl diese vermieden werden sollte.

Ein weiteres Problem in diesem Zusammenhang ergibt sich aufgrund der Frage, ob die **Umgestaltung** eines **Eigenhändlers** in eine Kommissionsge-

---

[834] Vgl. Conseil d'État 31.3.2010, No. 304 715 unter www.conseil-etat.fr/cde/fr/base-de-jurisprudence/; Noregs Høgsterett 2.12.2011, Rs. HR-2011–2245-A, vgl. *Zielke* IStR–LB 2012, 80.

[835] Vgl. Abschn. 4.2.2 letzter Abs. VGr-FVerl.

[836] Tribunal Supremo Urteil vom 12.1.2012 No. de recurso 1626/2008, http://www.poderjudicial.es/search/indexAN.jsp.

sellschaft zu einer **Funktionsverlagerung** (früher: Übertragung eines Kundenstamms bzw. einer Gewinnchance) führt, die einen Ausgleichsanspruch gegen den Strategieträger rechtfertigt. Ein solcher Ausgleichsanspruch wurde bereits in der 2. Aufl. mit der Begründung verneint, dass die Kommissionärsgesellschaft die Geschäftsbeziehungen zu den bisherigen Kunden weiter aufrecht erhält. Diese Auffassung vertritt auch die FinVerw. in Abschn. 4.2.2 der VGr-Funktionsverlagerung, wenn der Kundenstamm beim Kommissionär (dem vorherigen Eigenhändler) verbleibt. Diese Themen werden im Rahmen des Kapitels Funktionsverlagerung in diesem Handbuch erörtert.[837]

bb) Zivilrechtliche Aspekte

Zwischen nicht nahe stehenden Unternehmen wird als Vergütung regelmäßig eine **Provision** vereinbart, wie dies für den Handelsvertreter in § 87 HGB und für den Kommissionär in § 396 HGB vorgesehen ist. Demgemäß erhält der Handelsvertreter oder Kommissionär eine am Erfolg orientierte Tätigkeitsvergütung, die vom Umsatz und/oder vom erzielten Verkaufsgewinn abhängig ist. Die **Vermittlungsleistung** des Handelsvertreters bzw. die Tätigkeit des Kommissionärs kann als Geschäftsbesorgungsvertrag angesehen werden, sodass die Erörterung in diesem Kommentar konsequent im Rahmen des Abschnitts Dienstleistungen erfolgt. Bevor auf Einzelheiten der steuerlichen Problematik der Verrechnungspreise eingegangen wird, sollen zunächst kurz die zivilrechtlichen Unterschiede zwischen Vertriebsgesellschaft (Eigenhändler), Handelsvertreter und Kommissionär erläutert werden. Die wesentlichen Unterschiede bei den Funktionen und Risiken wurden bereits tabellarisch dargestellt.[838]

    478

Eine normale **Konzern-Vertriebsgesellschaft** (Konzern-Verkaufsgesellschaft) erwirbt die Waren von einer anderen Konzerngesellschaft und **verkauft** diese **in eigenem Namen** und **für eigene Rechnung** an Kunden weiter. Die Vertriebsgesellschaft übernimmt dabei die in dieser Branche üblichen Funktionen und Risiken, wie bspw.:[839]

    479

– Vertragsverhandlungen mit Lieferanten und Kunden
– Überprüfung der gelieferten Ware
– Lagerung der Ware und Verpackung bei Weiterlieferung
– Kreditoren- und Debitorenbuchhaltung
– Überwachung der Zahlungen an Lieferanten und von Kunden
– Beschäftigung von Personal und ggf. Außendienstmitarbeitern
– Marketing und Werbung
– Unterhaltung einer Verkaufsstelle mit entsprechenden Kosten (Büromiete, Betriebs- und Geschäftsausstattung usw.)
– Vertrieb und Logistik
– Lagerrisiko
– Investitionsrisiko
– Delkredere-Risiko
– Währungsrisiko
– Gewährleistungsrisiko
– Markt- und Absatzrisiko (zB Wettbewerb, Kundentreue, Rezession usw.)

---

[837] Vgl. Kap. R; vgl. auch Tz. 9.70-9.73 OECD-VPL.
[838] Vgl. oben Rn. 475.
[839] Vgl. auch die Tabelle oben zu Rn. 475.

480   Eine deutsche Tochtergesellschaft bzw. **Konzerngesellschaft** kann auch
als Handelsvertreter oder Kommissionär für eine Muttergesellschaft bzw.
andere Konzerngesellschaft tätig werden.[840] Entscheidend sind klare zivilrechtliche Vereinbarungen.

Als **Handelsvertreter** wird nach § 84 HGB derjenige angesehen, der als
selbständiger Gewerbetreibender ständig damit betraut ist, für einen anderen
Unternehmer Geschäfte zu vermitteln oder in dessen Namen abzuschließen.
Üblicherweise wird gesagt: „Der Handelsvertreter handelt **in fremdem
Namen für fremde Rechnung**". Der Handelsvertreter vermittelt also Geschäfte zwischen dem von ihm vertretenen Unternehmer und den von ihm
geworbenen Kunden. Der Vertrag über die Ware kommt zwischen dem Unternehmer und dem handelsbereiten Kunden zustande, sofern der Unternehmer dem Geschäft zustimmt. Der Handelsvertreter wird nicht Partei des
zwischen dem Unternehmer und dem jeweiligen Kunden zu Stande kommenden Vertrags. Der Handelsvertreter erhält als Vermittler des Geschäfts
eine **Provision** (§ 87 HGB). Sofern die Höhe der Provision nicht vertraglich
bestimmt ist, ist der übliche Satz als vereinbart anzusehen (§ 87b Abs. 1
HGB). Daneben kann im Einzelfall – bei Übernahme entsprechender Verpflichtungen – ein zusätzlicher Anspruch auf Delkredere-Provision (§ 86b
HGB) oder auf Inkasso-Provision (§ 87 Abs. 4 HGB) bestehen. Den Ersatz
seiner im regelmäßigen Geschäftsbetrieb entstandenen Aufwendungen kann
der Handelsvertreter nur verlangen, wenn dies handelsüblich ist (§ 87d
HGB); dh, im Normalfall deckt der Handelsvertreter mit der **Vermittlungs-
provision** auch seine Kosten ab und nur der **nach Abzug der Kosten** verbleibende Teil der Provision stellt **Gewinn** dar.

481   Als **Kommissionär** wird bezeichnet, wer es gewerbsmäßig übernimmt,
Waren oder Wertpapiere **für Rechnung eines anderen** (des Kommittenten)
in eigenem Namen zu kaufen oder zu verkaufen (§ 383 HGB). Von einer
Vertriebsgesellschaft, die als Vertragshändler tätig wird, unterscheidet sich der
Verkaufskommissionär dadurch, dass der Vertragshändler auf eigene Rechnung handelt, während der Kommissionär auf Rechnung des Geschäftsherrn
(Kommittenten) handelt. Der typische Kommissionär ist idR für eine Vielzahl von Auftraggebern jeweils vorübergehend tätig. Wer vertraglich ständig
nur für einen Auftraggeber Kommissionsgeschäfte ausführt, und zwar zu von
diesem vorgegebenen Preisen und Konditionen, ist nicht als Kommissionär,
sondern als **„Kommissionsagent"** tätig.[841] Solche Fälle sind bei verbundenen Unternehmen idR anzutreffen. Der **Kommissionsagenturvertrag** ist
ein gemischttypischer Vertrag, der je nach Ausgestaltung kommissions-, ge-
schäftsbesorgungs-, dienst- und handelsvertreterrechtliche Elemente aufweisen kann.[842] Im Außenverhältnis liegt eine Kommission iSd § 383 HGB vor;
im Innenverhältnis gelten je nachdem die §§ 675 ff. oder §§ 611 ff. BGB oder
bei größerer Abhängigkeit auch Handelsvertreterrecht (§§ 84 ff. HGB).[843]

---

[840] Vgl. zB BFH 23.10.85, BStBl. II 1986, 195 ff.; 14.9.94, FR 1995, 238 ff. und
Vorinstanz FG Köln 7.7.93, EFG 1994, 138 ff.
[841] Vgl. *Baumbach/Hopt* § 383 HGB, Anm. 3; § 84 HGB, Anm. 19; BGH 20.3.03,
WM 2004, 132, 136.
[842] Vgl. *Baumbach/Hopt* § 383 HGB, Anm. 3.
[843] Vgl. *Baumbach/Hopt* § 383 HGB, Anm. 3.

Diese zivilrechtlichen Aspekte können auch **Auswirkungen** auf die Art und Höhe der **Vergütung** haben. Für den Kommissionsagenten ist im Übrigen § 89b HGB anwendbar.[844]

Der Vertragshändler erwirbt vom Produzenten bzw. Lieferanten das Eigentum an der Ware und verkauft die Ware in eigenem Namen und für eigene Rechnung an seine Kunden weiter, wobei er das Eigentum zunächst erwirbt und dann weiter überträgt. Im Unterschied dazu wird der **Verkaufskommissionär typischerweise** nach dem gesetzlichen Grundmodell **nicht Eigentümer des Kommissionsguts.** Die Ware bleibt vielmehr bis zur Übereignung durch den Kommissionär an den Abnehmer (Kunden) **Eigentum des Kommittenten.** Die Übertragung des Eigentums durch den Kommissionär stellt zivilrechtlich die Verfügung eines Nichtberechtigten mit Einwilligung des Berechtigten (des Kommittenten) gem. § 185 BGB dar.

Entscheidend ist im Ergebnis, dass der Kommissionär typischerweise (nach **482** der handelsrechtlichen Konzeption) lediglich die Funktion hat, Waren in eigenem Namen auf fremde Rechnung zu veräußern. Kundendienst und ähnliche Aufgaben, die mit dem Vertrieb eines Produkts zusammenhängen, passen nicht zu dem handelsrechtlichen Leitbild des Kommissionärs. Wenn daher ein Kommissionär nur für einen einzigen Kommittenten arbeitet und somit als Kommissionsagent anzusehen ist und wenn er darüber hinaus neben dem eigentlichen Verkauf auch Kundendienstfunktionen für den Kommittenten erfüllt, dann rückt seine Qualifikation vom Idealbild des Kommissionärs ab und nähert sich dem Typus des Vertragshändlers. Dies ist v.a. im Rahmen der Funktionsanalyse zu beachten, die für die Höhe der Provision des Kommissionärs maßgebend ist. Zu beachten ist, dass der **Kommissionär neben der Provision** (§ 396 Abs. 1 HGB) auch **Ersatz seiner Aufwendungen** gem. § 670 und 675 BGB verlangen kann, wobei auch Lagerkosten und Transportkosten zu erstatten sind (§ 396 Abs. 2 HGB). Da der Kommissionär demnach **Aufwendungsersatz** für seine mit dem Auftrag zusammenhängenden **direkten Kosten** (neben den bereits genannten Lagerkosten und Beförderungskosten zB auch Reisekosten, Bewirtungskosten) verlangen kann, führt dies im Normalfall zu dem Ergebnis, dass die Provision des Kommissionärs geringer ist als die des Handelsvertreters, weil die Handelsvertreterprovision die Kosten umfassen muss, sofern der gesonderte Aufwendungsersatz nicht vereinbart oder handelsüblich ist. Auch diese Aspekte müssen im Rahmen eines Fremdvergleichs der Provisionssätze berücksichtigt werden. Unabhängig davon, ob für den Vertrag deutsches Handelsrecht oder das Recht eines anderen Staates vereinbart wird, empfiehlt es sich, klare Regelungen drüber zu treffen, welche Kosten unabhängig von der Provision erstattet werden.

Für die **Funktionsanalyse** sind insb. die folgenden Funktionen und Risi- **483** ken des Handelsvertreters bzw. Kommissionärs zu beachten:

– Vertragsverhandlungen mit Kommittenten und Kunden,
– Überprüfung der gelieferten Ware,
– Unterhaltung eines Büros mit entsprechenden Kosten (Büromiete, Betriebs- und Geschäftsausstattung usw.).

Daneben können auch die folgenden Funktionen ausgeübt bzw. Risiken übernommen werden:

---

[844] Vgl. *Baumbach/Hopt* § 89b HGB, Anm. 4.

– Marketing und Werbung,
– Inkasso,
– Delkredere-Risiko.

cc) Verrechnungspreismethoden

484   Sofern nahe stehende Personen im Konzern als Kommissionäre oder Handelsvertreter tätig sind, ist es schwierig, für die Anwendung der **Preisvergleichsmethode branchenübliche Provisionen bzw. Kommissionsgebühren** zwischen fremden Dritten für solche Geschäfte festzustellen, weil in Europa keine Datenbanken vorhanden sind, die entsprechende Provisionssätze für Kommissionäre oder Handelsvertreter ausweisen. Jedoch können sich gewisse Anhaltspunkte aus dem in den USA veröffentlichten **MANA-Report** von 2003 ergeben, in dem für bestimmte Industriezweige und Produktkategorien die **Provisionsgebühren** für Handelsvertreter und Kommissionäre genannt werden.[845] Der MANA-Report weist die Bandbreiten von Kommissionssätzen – jeweils Untergrenze, Obergrenze und Mittelwert – für Vermittlungsleistungen an drei Kategorien von Abnehmern aus, nämlich für Geschäfte mit Endabnehmern (End User), mit Weiterverarbeitern (Original Equipment Manufacturer – OEM) und mit Wiederverkäufern (Distributor).

Da die **Märkte** in den USA und in Westeuropa (zunehmend auch in den EU-Ländern Osteuropas) weitgehend **gleichartig** sind, dürften in vielen Industriezweigen die Bandbreiten der Provisionssätze in ähnlicher Höhe liegen wie im **MANA-Report**. Die Bandbreiten dieser Provisionssätze sind relativ groß da die Handelsvertreter und Kommissionäre in vielen Fällen **zusätzliche Dienstleistungen** wie zB Produkt-Installation, Mitarbeiterschulung, Lagerhaltung, oder das Inkasso für den Prinzipal übernehmen, so dass eine entsprechend **höhere Gesamtvergütung** vereinbart wird.[846] Auch das HGB gestattet zusätzliche Leistungen des Handelsvertreters oder Kommissionärs und sieht zB vor, dass das **Delkredererisiko** übernommen werden kann, wobei regelmäßig eine zusätzliche Provision bzw. eine höhere Gesamtprovision zu zahlen ist (§§ 86b, 394 Abs. 2 S. 2 HGB). Eine solche zusätzliche Provision für das Delkredererisiko könnte sich zB an üblichen Factoring-Gebühren orientieren, wobei jedoch ein Abschlag vorzunehmen ist für die nicht vorhandene Finanzierungsfunktion. Da der Umfang der Zusatzleistungen nicht bekannt ist, sind die im MANA-Report genannten Bandbreiten an Provisionssätzen nur als eingeschränkt vergleichbare Werte anzusehen und es empfiehlt sich eine Verifizierung der Ergebnisse durch Anwendung anderer Methoden.

Da es sich bei Kommissionärs- oder Handelsvertretergesellschaften grundsätzlich um **Routineunternehmen** handelt,[847] liegt es nahe, eine Verrechnungspreismethode anzuwenden, die geringe aber relativ stabile Gewinne ermöglicht. Im Hinblick auf den teilweisen Dienstleistungscharakter der ausgeübten Funktionen von Kommissionären und Handelsvertretern wird von

---

[845] Vgl. MANA Special Report, 2003 Survey of Sales Commissions, erhältlich unter www.manaonline.org/?cat=35.
[846] Vgl. MANA Special Report, 2003, S. 2.
[847] Vgl. oben Rn. 474.

einem beachtlichen Teil der Literatur die Auffassung vertreten, dass u.a. die **Kostenaufschlagsmethode** Anwendung finden kann.[848] *Füger*[849] weist aber darauf hin, dass die Kostenaufschlagsmethode mit fremden Kommissionären oder Handelsvertretern nicht vereinbart wird und dass die Vereinbarung dieser Methode gegen die Unabhängigkeit des Vermittlers sprechen kann, weil damit das typische Vertreterrisiko fehle. Jedoch kann im Hinblick auf den „Dienstleistungscharakter" der Vermittlungstätigkeit auch akzeptiert werden, dass die Unternehmen in Übereinstimmung mit der herrschenden Literaturmeinung eine Vergütung auf Basis der Kostenaufschlagsmethode vereinbaren. Dies gilt insb. auch für den **Kommissionsagenten,** der ständig nur für einen Auftraggeber Geschäfte ausführt.[850] Die Zulässigkeit der Vereinbarung der Kostenaufschlagsmethode muss aber sowohl im Land des Handelsvertreters, Kommissionsagenten oder Kommissionärs als auch im Land des Prinzipals vorab geklärt werden.

Auf jeden Fall sollte zumindest hilfsweise auch die **transaktionsbezogene** **485 Nettomargenmethode** (TNMM) im Rahmen der Planung und der Dokumentation zur Anwendung kommen, damit überprüft werden kann, ob die Kommissions- oder Handelsvertretergesellschaften in der Lage sind, ihre Kosten zu decken und einen angemessenen Gewinn zu erzielen. Bei der Anwendung der TNMM wird regelmäßig der operative Gewinn vor Zinsen und Steuern, also das **EBIT** (Earnings before Interest and Tax)[851] in das Verhältnis zu einer anderen Bilanzkennzahl gesetzt, so zB in das Verhältnis zum Umsatz (Return on Sales – ROS)[852] oder zu den operativen Kosten (Mark-up over Cost – MOC, von der OECD auch als „Cost-based TNMM" bezeichnet)[853] oder zu den Aktiva (Return on Assets – RoA) oder zum Kapital (Return on Capital Employed – ROCE).[854] Da Kommissionäre und Handelsvertreter den Umsatz des vertretenen Unternehmens nur vermitteln, besteht der eigene Umsatz nur in den Provisionseinnahmen, so dass der Return on Sales der untersuchten Kommissions- oder Handelsvertretergesellschaft nur mit dem ROS anderer Kommissionäre bzw. Handelsvertreter verglichen werden kann, nicht aber mit dem ROS von Eigenhändlern.[855]

---

[848] *Kuckhoff/Schreiber* Verrechnungspreise in der Betriebsprüfung, 1997, 87; *Prinz* FR 1996, 479, 484; *Werra* IStR 1995, 461; *Jacobs*, S. 769; *Baumhoff* in Mössner, Rn. 3.266 f.; im Ergebnis ebenso *Isensee* IStR 2001, 693, 696, der den Kostenaufschlag um eine umsatzabhängige Komponente ergänzt, wobei sich der Kostenaufschlag gestaffelt mit zunehmendem Umsatz erhöht.

[849] *Füger* in Grotherr, Handbuch int. Steuerplanung, 2. Aufl., S. 751 ff., 783.

[850] Vgl. zum Kommissionsagenten oben Rn. 481.

[851] Vgl. *OECD,* Transactional Profit Methods, Abschn. 6.B, Tz. 132; *OECD,* Entwurf 2009, Tz. 2.121; nicht definiert in Tz. 2.58, 2.77 ff. OECD-VPL 2010.

[852] Vgl. *OECD,* Transactional Profit Methods, Abschn. 6.C.2, Tz. 150 f.; *OECD,* Entwurf 2009, Tz. 2.131; weniger deutlich jetzt Tz. 2.90 OECD-VPL 2010.

[853] Vgl. *OECD,* Transactional Profit Methods, Abschn. 6.C.3, Tz. 152–160; *OECD,* Entwurf 2009, Tz. 2.133 f.; implizit auch Tz. 2.92 f. OECD-VPL 2010.

[854] Vgl. *OECD,* Transactional Profit Methods, Abschn. 6.C.4, Tz. 166 ff.; *OECD,* Entwurf 2009, Tz. 2.137; Tz. 2.97 f. OECD-VPL 2010.

[855] In einigen Ländern ist es bei Kommissionären aber üblich, die verkauften Produkte unter den Umsatzerlösen und gleichzeitig einen virtuellen Materialaufwand auszuweisen, so dass der Rohgewinn die erhaltene Provision widerspiegelt. Vgl. *Sanches e Silva,* Tax management transfer pricing report, 2007, 352 ff.

486   Für die Anwendung der TNMM kann insb. das **Berry Ratio** nützlich
       sein, um die Vergütung von Zwischenhändlern bzw. Vermittlern (Interme-
       diaries) oder von Dienstleistern (Service Providers) zu prüfen.[856] Das Berry
       Ratio wird definiert als das **Verhältnis des Rohgewinns zu den operati-
       ven Kosten.**[857] Es wird in der Praxis häufig als „Profit Level Indicator" bei
       Anwendung der CPM (in den USA) bzw. der TNMM verwendet, wenn die
       Vertriebsaktivität nur in beschränktem Umfang Funktionen und Risiken um-
       fasst und eher eine Art Dienstleistung für den Hersteller darstellt.[858] Das Berry
       Ratio bietet vor allem den großen Vorteil, dass es sowohl für Eigenhändler als
       auch für Kommissionäre und Handelsvertreter anwendbar ist, so dass es un-
       bedenklich ist, im Rahmen von Datenbankrecherchen zB auch die Daten
       von Großhandelsgesellschaften – die idR ebenfalls nur beschränkte Funktio-
       nen und Risiken übernehmen – für den Vergleich zu berücksichtigen. Dies
       wird anhand des Beispiels in der folgenden Tabelle deutlich.
       Tabelle: Anwendung des **Berry Ratio** für Vergleiche zwischen Vertriebs-
       gesellschaften und Kommissionären oder Handelsvertretern

	Vertriebsgesellschaft	Kommissionär, Handelsvertreter
Verkaufspreis an Dritte	100	100
Umsatz / Provision	100	10
Wareneinsatz	–75	–0
Rohgewinn	25	10
Operative Kosten	–20	–8
Operativer Gewinn (EBIT)	5	2
Operative Marge	5 %	20 %
Berry Ratio	25/20 = **1,25**	10/8 = **1,25**

       Aus der obigen Tabelle wird ebenfalls ersichtlich, dass die operative Marge
       im Verhältnis zum (eigenen) Umsatz nicht für einen Vergleich zwischen Ei-
       genhändlern und Kommissions- oder Handelsvertretergesellschaften geeignet
       ist.

c) Limited Risk Distributor

487   Wie bereits zu Beginn des vorangegangenen Abschnitts erörtert wurde, soll
       die funktions- und risikoarme Vertriebsgesellschaft (sog. **Limited Risk
       Distributor** oder **Low Risk Distributor Company,**[859] nachfolgend auch
       als **LRD-Gesellschaft** bezeichnet) die steuerlichen Probleme vermeiden, die
       im Zusammenhang mit Kommissionärs- oder Handelsvertretergesellschaften
       auftreten können, insb. das Risiko etwaiger Betriebsstätten sowie Umsatzsteu-
       erprobleme usw. Aus den weiter oben abgedruckten Tabellen[860] wird ersicht-

---

[856] Vgl. *OECD, Entwurf 2009*, Tz. 2.140 ff.; Tz. 2.100 ff. OECD-VPL 2010.
[857] Vgl. Tz. 2.100 OECD-VPL 2010; *Raby*, S. 43 f.
[858] *Raby*, S. 43.
[859] Vgl. dazu *Raby*, S. 64 f.; *Khvat/Ross/Nias* TNI 21.4.2008, 247 ff.
[860] Vgl. oben Rn. 475.

lich, welche **Funktionen, Risiken** und **immateriellen Wirtschaftsgüter** bei dem Limited Risk Distributor im Vergleich zu einem Eigenhändler mit bzw. ohne Marketingverantwortung und im Vergleich zu einem Kommissionär oder Handelsvertreter üblicherweise vorhanden sind.

Hinsichtlich der **Funktionen** unterscheidet sich die LRD-Gesellschaft von **488** der mit vollen Funktionen und Risiken ausgestatteten Vertriebsgesellschaft in verschiedener Hinsicht.[861] So betreibt die LRD-Gesellschaft keine Marktforschung sowie keine Sortiments- und Preispolitik. Die Entscheidung, welche Waren im Konzern hergestellt und vertrieben werden und zu welchen Endverkaufspreisen bzw. Großhandelspreisen dies in den einzelnen Ländern geschieht, trifft im Fall vorhandener Prinzipalstrukturen die Strategieträgergesellschaft. Im Folgenden wird davon ausgegangen, dass eine **Prinzipalstruktur** besteht und der Strategieträger insoweit die entsprechenden Funktionen und Risiken für die LRD-Gesellschaft übernimmt. Die Werbung für die Produkte, die Vertragsverhandlung und die Akquisition von Kunden wird von der LRD-Gesellschaft in ungefähr gleichem Umfang übernommen wie von anderen Eigenhändlern. Die Kreditoren- und Debitorenbuchhaltung sowie das Inkasso können im Einzelfall vom Strategieträger übernommen werden, wobei dann zwar eine Inkassovollmacht erteilt wird, jedoch die Einziehung der Forderungen im Namen und für Rechnung der LRD-Gesellschaft erfolgt.

Die LRD-Gesellschaft kann zwar ein eigenes Lager unterhalten, Logistikfunktionen übernehmen und die Waren verteilen, jedoch geschieht dies regelmäßig nur für einen eingeschränkten Zeitraum und für einen Mindestbestand an Waren zur Erfüllung der Lieferbereitschaft. In den meisten Fällen wird die Ware jedoch erst nach Bestellung des Kunden vom Hersteller angefordert und von diesem unmittelbar an den Kunden geliefert, sodass die Lagerhaltung und die damit verbundenen Risiken begrenzt sind. Aus diesem Grund ist auch die Auftragsbearbeitung weitgehend bei dem Strategieträger angesiedelt.

Bzgl. der **Risiken** sollte bei der Vertragsgestaltung sowie der Durchfüh- **489** rung des Vertrags darauf geachtet werden, dass die **LRD-Gesellschaft möglichst wenige Risiken** übernimmt. Soweit ein eigenes Lager vorhanden ist und Transportfunktionen durchgeführt werden, besteht ein eingeschränktes und versicherbares Risiko, zumal im Lager nur ein beschränkter Teil der Ware für kurze Zeit vorhanden ist, während der weit überwiegende Teil der Waren im Streckengeschäft unmittelbar vom Hersteller an den Lieferanten geliefert wird. Im Übrigen sollte die Transportfunktion vom Prinzipal bzw. Hersteller auch bzgl. der Lagerwaren voll oder zumindest bis zur Ablieferung im Lager übernommen werden, um die LRD-Gesellschaft von diesem Risiko zu befreien.

Das Markt- und Absatzrisiko für die Waren wird einerseits durch die bereits erwähnte Bestellung der Waren erst nach dem Vertragsabschluss mit einem Kunden beseitigt bzw. minimiert und andererseits können für die „geringen" Lagermengen diese Risiken durch ein kostenfreies Rückgaberecht der Waren von der Strategieträgergesellschaft bzw. dem Hersteller übernommen werden.

---

[861] Vgl. *Isensee* IStR 2001, 695; *Fiehler* IStR 2007, 466.

Das Delkredererisiko sollte möglichst vom Strategieträger übernommen werden oder die LRD-Gesellschaft sollte dieses Risiko allenfalls zu einem Sockelbetrag übernehmen. Das Wechselkursrisiko trägt idR der Hersteller, der an die LRD-Gesellschaft liefert. Auch wenn die LRD-Gesellschaft nach Zivilrecht die Gewährleistung gegenüber dem Kunden zu übernehmen hat, so kann der Hersteller die LRD-Gesellschaft im Innenverhältnis jedoch von diesem Risiko freistellen und das Gewährleistungs- und Produkthaftungsrisiko allein übernehmen.

490 Im Rahmen von Prinzipalstrukturen sind Vertriebsgesellschaften selten Inhaber der **Marken** oder anderer produktbezogener immaterieller Wirtschaftsgüter. Die **immateriellen Wirtschaftsgüter,** die zur Herstellung der Produkte und zu deren Vertrieb erforderlich sind, **gehören** idR dem **Strategieträger.** Der Strategieträger lässt dabei im Wege der Auftragsforschung die für die Produktion erforderlichen immateriellen Wirtschaftsgüter (wie zB Patente, Gebrauchsmuster, Design, Urheberrechte) erforschen und entwickeln oder er unterhält eigene Forschungs- und Entwicklungsabteilungen. Gleichfalls entwickelt der Strategieträger die Marken durch die eigenen Marketingaktivitäten. Die für die Produktion erforderlichen immateriellen Wirtschaftsgüter werden dann zusammen mit den Marken entweder den Herstellern der Wirtschaftsgüter gegen Lizenzgebühren entgeltlich überlassen oder – soweit es sich bei den Herstellern um Auftragsfertiger oder Lohnfertiger handelt – diesen unentgeltlich beigestellt. Im zuletzt genannten Fall ist es denkbar, dass der Strategieträger die Kosten für die Nutzung der Marken ausnahmsweise an eine Vertriebsgesellschaft bzw. LRD-Gesellschaft gesondert belasten darf, weil der Lohn- oder Auftragsfertiger für deren Nutzung noch kein Entgelt gezahlt hat. Zur Vermeidung unnötiger Diskussionen mit der FinVerw. sollten jedoch die Kosten der Marke vom Strategieträger in den Abgabepreis der Waren an die Vertriebs- bzw. LRD-Gesellschaft einkalkuliert werden. Nur in Ausnahmefällen ist die Vertriebsgesellschaft oder die LRD-Gesellschaft selbst Inhaberin der Marke, so zB wenn diese Marke in ihrem Ansässigkeitsstaat entwickelt wurde bzw. (ggf. aus sprachlichen Gründen) nur dort Verwendung findet. In diesen Ausnahmefällen erwirtschaftet die Vertriebs- bzw. LRD-Gesellschaft den durch die Marke erzielbaren Zusatzerlös und Mehrgewinn.

491 Grundsätzlich erhalten die Vertriebsgesellschaften bzw. Kommissionäre oder Vertreter bei allen Vertriebsstrukturen ein entsprechendes **Vertriebsrecht** für das jeweilige Territorium, das ein oder mehrere Länder oder im Einzelfall auch nur Landesteile umfasst.

Soweit zulassungspflichtige Produkte vertrieben werden (zB Arzneimittel) muss der Hersteller der jeweiligen Vertriebs- bzw. LRD-Gesellschaft auch die **Zulassungsrechte** zur Nutzung überlassen, damit der Vertrieb im Inland genehmigt werden kann.

492 Bei **Kommissionsagenten** und **Handelsvertretern** geht die Rechtsprechung davon aus, dass diese den **Kundenstamm** für den **Prinzipal** erwerben und nicht Eigentümer des Kundenstamms werden. Bei Beendigung der Handelsvertreter- oder Kommissionsagententätigkeit entsteht zwar ein Ausgleichsanspruch nach § 89b HGB, jedoch muss der Kundenstamm nicht übertragen werden, da er bereits dem Prinzipal gehört. Bei einer Konzerngesellschaft, die als **Eigenhändler** tätig wird, entsteht idR ebenfalls ein Ausgleichsanspruch in analoger Anwendung des § 89b HGB, da der Kundenstamm originär beim Hersteller entsteht. Dies gilt jedenfalls dann, wenn der Eigenhändler aufgrund vertraglicher Regelungen so in die Absatzorganisation des Herstellers eingegliedert ist, dass er wirtschaftlich betrachtet in erheblichem Ausmaß Aufgaben übernimmt, die mit denen eines Handelsvertreters vergleichbar sind und der Eigenhändler vertraglich oder faktisch zur Herausgabe der Kundendaten verpflichtet ist.[862] Ob diese Voraussetzungen für die Vertriebs- bzw. LRD-Gesellschaft im Einzelfall erfüllt sind, ist anhand des Vertriebsvertrags zu überprüfen.

Ebenso wie voll ausgestattete Vertriebsgesellschaften verkaufen die LRD- **493** Gesellschaften die Waren im eigenen Namen und auf eigene Rechnung, sodass es sich dabei grundsätzlich um die Lieferung von Waren und somit um Handelstätigkeiten handelt. Allerdings sind die Funktionen und Risiken so eingeschränkt, dass die Tätigkeit der LRD-Gesellschaft eher der eines Handelsvertreters oder Kommissionärs ähnelt, die Vermittlungstätigkeiten erbringen, welche teilweise als Dienstleistungen eingestuft werden.[863] Da die Tätigkeit der **LRD-Gesellschaft** einer **Dienstleistung angenähert** ist, kommen als Verrechnungspreismethoden vorrangig die **Standardmethoden** in Betracht, wenn uneingeschränkt vergleichbare Fremdvergleichswerte gem. § 1 Abs. 3 S. 1 AStG ermittelt werden können. Sofern aber nur eingeschränkt vergleichbare Werte gefunden werden, ist gem. § 1 Abs. 3 S. 2 AStG eine geeignete Verrechnungspreismethode zugrunde zu legen, wobei auch die **gewinnorientierten Methoden** oder – sofern sie im Einzelfall geeigneter sind[864] – andere Methoden anwendbar sind.

Die **Preisvergleichsmethode** dürfte für LRD-Gesellschaft genauso **selten** zur Anwendung kommen wie bei voll ausgestatteten Vertriebsgesellschaften, weil idR kein äußerer Preisvergleich zur Verfügung steht. Ein innerer Preisvergleich wäre nur dann denkbar, wenn der Hersteller (bzw. im Fall der Auftragsfertigung der Strategieträger) die Waren auch an konzernfremde LRD-Gesellschaften auf vergleichbaren Märkten veräußert. Dies dürfte regelmäßig nicht der Fall sein.

Grundsätzlich ist für LRD-Gesellschaften die **Wiederverkaufspreisme- 494 thode** ebenso anwendbar wie für voll ausgestattete Vertriebsgesellschaften. Dabei ist zu beachten, dass die LRD-Gesellschaft im Hinblick auf die in geringerem Umfang übernommenen Funktionen, Risiken und eingesetzten Wirtschaftsgüter einen in der Höhe geringeren marktüblichen Abschlag erhalten muss, als eine voll ausgestattete Vertriebsgesellschaft. Folglich müssten im Prinzip zum Vergleich für die Rohgewinnmargen von LRD-Gesellschaften die (eingeengten) Bandbreiten der Rohgewinnmargen anderer LRD-Gesellschaften oder vergleichbarer Vertriebsstrukturen herangezogen werden. In der Praxis wird dies **häufig** dadurch erreicht, dass man zum Vergleich nur die **Rohgewinnmargen** von **Großhandelsgesellschaften** der gleichen

---

[862] Ständige Rechtsprechung des BGH, die auch vom BFH anerkannt wird, vgl. BGH vom 1.6.1964, BB 1964, 823; BGH vom 17.4.1996, BB 1996, 1459 (mwN); BFH vom 20.8.1986, BFH/NV 1987, 471.

[863] Vgl. *Isensee* IStR 2001, 695; nach Auffassung von *Fiehler* IStR 2007, 466, überwiegen bei der LRD-Gesellschaft die Dienstleistungselemente.

[864] Vgl. Tz. 2.9 OECD-VPL; diese Einschränkung der besseren Eignung ist in § 1 Abs. 3 S. 1 nicht explizit enthalten.

Branche heranzieht, die regelmäßig ebenfalls nur **beschränkte Funktionen und Risiken** übernehmen. Großhändler entwickeln zB in der Pharmabranche keine Marketingaktivitäten, betreiben keine Marktforschung oder nennenswerte Preispolitik und sie haben auch nur geringe Markt- und Absatzrisiken sowie Lagerrisiken, weil sie die nicht veräußerten Produkte idR zum Einkaufspreis zurückgeben können. Ferner übernehmen die Hersteller die Gewährleistungs- und Produkthaftungsrisiken. Wenn daher in einer Branche – ähnlich wie bei Pharmagroßhändlern – der Großhandel wie eine LRD-Gesellschaft nur verminderte Funktionen und Risiken übernimmt und kaum immaterielle Wirtschaftsgüter besitzt, dann ist es gerechtfertigt, die Wiederverkaufspreismethode anzuwenden und die eingeengte Bandbreite der Rohgewinnmargen von Großhändlern zum Vergleich heranzuziehen.

495   Soweit jedoch keine Informationen über die Vergleichsgesellschaften vorliegen und demzufolge nicht beurteilt werden kann, ob solche Vertriebsgesellschaften ähnliche Funktionen und Risiken wie LRD-Gesellschaften übernehmen und nur in geringem Umfang immaterielle Wirtschaftsgüter besitzen, liefert die Wiederverkaufspreismethode allein keine zuverlässigen Daten. Gem. Tz. 3.4.10.2 Buchst. a) VGr-Verfahren wird u. a. für einen **„low risk distributor"** die Auffassung vertreten, dass er nur kommissionärsähnliche Risiken trägt und es sich um ein **Unternehmen mit Routinefunktionen** handelt, das **regelmäßig geringe aber relativ stabile Gewinne** erzielen sollte, während nach Tz. 3.4.10.2 Buchst. b) dem Strategieträger das (restliche) Konzernergebnis zusteht, das nach Abgeltung von Funktionen anderer nahe stehender Unternehmen verbleibt. Insofern empfiehlt es sich zur **Verprobung** der mit der Wiederverkaufspreismethode gefundenen Ergebnisse die **Kostenaufschlagsmethode** oder die **transaktionsbezogene Nettomargenmethode (TNMM)** zusätzlich heranzuziehen.[865] Zwar wird im **Lagebericht** über den Bereich **Forschung und Entwicklung** berichtet (§ 289 Abs. 2 Nr. 3 HGB), jedoch ist zweifelhaft, ob aus diesen Angaben oder anhand der Jahresabschlüsse festgestellt werden kann, ob die Vergleichsgesellschaften über wesentliche materielle und immaterielle Wirtschaftsgüter verfügen.[866] Sofern aber andere Kennziffern der Bilanzen und der Gewinn- und Verlustrechnungen von Vergleichsunternehmen gleichartige Verhältnisse aufweisen, kann daraus geschlossen werden, dass die Vergleichsgesellschaften in ähnlicher Weise strukturiert sind, wie die untersuchte LRD-Gesellschaft. Die Verifizierung der Ergebnisse der Wiederverkaufspreismethode mittels der Kostenaufschlagsmethode oder der TNMM ist auch deshalb sinnvoll, weil die Wiederverkaufspreismethode nur die Angemessenheit der Rohgewinne überprüft und nichts über die operativen Margen bzw. Reingewinne aussagt. Trotz angemessener Rohgewinne ist es möglich, dass die Vertriebsgesellschaft – zB aufgrund zu hoher Kosten – einen Totalverlust erleidet. Nach Ablauf einer branchenüblichen Periode von Anlaufverlusten verlangt die Rechtsprechung des BFH jedoch, dass die Ver-

---

[865] Die TNMM wird in der Praxis häufig verwendet, um die Ergebnisse der angewendeten Hauptmethode zu verifizieren; vgl. dazu oben Rn. 250.

[866] *Fiehler* IStR 2007, 468 meint, dass diese Angaben geeignet seien, Vergleichsgesellschaften zu ermitteln. Lt. *Herzig* DB 2012, 1343 (1346) wird in der Praxis das durch das BilMoG eingeführte Wahlrecht zum Ansatz selbst erstellter immaterieller Vermögensgegenstände gem. § 248 Abs. 2 HGB überwiegend nicht ausgeübt.

triebsgesellschaft innerhalb überschaubarer Zeit einen angemessenen Vertriebs-
gewinn und einen Totalgewinn erwirtschaftet.[867]

Grundsätzlich kommt für die Verprobung zunächst die **Kostenauf-** **496**
schlagsmethode in Betracht, wobei die LRD-Gesellschaft jedoch – anders
als zB ein Auftragsforscher oder Auftragsfertiger – durchaus eigene Risiken,
so insb. das Marktrisiko trägt und daher keine Erstattung sämtlicher Kosten
zuzüglich Gewinnaufschlag erwarten kann, sondern in gewissem Umfang
auch ein Verlustrisiko trägt. Vergleichsdaten für den branchenüblichen Gewinnaufschlag können ermittelt werden, indem der operative Gewinn von
Vergleichsunternehmen ins Verhältnis zu den operativen Kosten gesetzt und
die *Interquartile Range* dieses sog. **Mark-up Over Cost (MOC)** berechnet
wird. Dieser Fremdvergleich wird nach wohl herrschender Auffassung jedoch
nicht als ein Anwendungsfall der Kostenaufschlagsmethode, sondern der
TNMM qualifiziert.[868] Soweit für ein Unternehmen mit Routinefunktionen die Standardmethoden nicht angewendet werden können, darf auf die
TNMM zurückgegriffen werden.[869] Gemäß Tz. 2.3 OECD-VPL ist die
TNMM vor allem dann anwendbar, wenn eine Standardmethode zwar zu Ergebnissen führt, jedoch die TNMM zuverlässigere Ergebnisse liefert.[870] Im
Ergebnis kann die TNMM daher generell zur Verprobung oder unter den
genannten Voraussetzungen auch als primäre Methode angewendet werden.
Nach Auffassung der **OECD** kann der Gewinnaufschlag als fester Prozentsatz
oder als Bandbreite im Rahmen einer **Safe-harbour-Regelung** für Low
Risk Distributors festgelegt werden, wobei zu diesem Zweck eine bilaterale
Verständigungsvereinbarung empfohlen wird.[871]

Für die Anwendung der TNMM auf die LRD-Gesellschaft kommt ferner **497**
eine Vereinbarung bzw. Verprobung in Frage, die einen gewissen **Mindest-**
gewinn in Form einer fremdvergleichskonformen EBIT-Marge, **Umsatz-**
rendite oder auf Basis einer bestimmten **Berry Ratio** gewährleistet.[872] Da
die Kosten der LRD-Gesellschaft nicht exakt planbar sind, ist es erforderlich,
dass der Vertrag von Anfang an entsprechende **Preisanpassungsklauseln**
und Berechnungsmodi enthält, die in zulässiger Weise eine **nachträgliche**
Anpassung der Einkaufspreise zum Ende eines vereinbarten Zeitraums (zB
Quartal oder Wirtschaftsjahr) ermöglichen.[873]

Die deutsche FinVerw. erkennt nachträgliche Preisanpassungen nur unter
engen Voraussetzungen an, und zwar wenn **alle Preisbestimmungsfaktoren**

---

[867] Vgl. BFH 6.4.2005, DStR 2005, 1307; BFH 17.10.2001 BStBl. II 2004, 171
mwN; vgl. dazu oben Rn. 208 sowie Kap. F Rn. 106 ff.

[868] Vgl. oben Rn. 234, 249 u. 307.

[869] Vgl. Tz. 3.4.10.3 Buchst. b) VGr-Verfahren; implizit auch Tz. 2.59 S. 3 u. 4
OECD-VPL.

[870] Vgl. Tz. 2.3 f. OECD-VPL.

[871] Vgl. *OECD*, Tz. 7a) und b) Sample Memorandum of Understanding on low risk
distribution services in Annex I to the Revised Section E on Safe Harbours in Chapter
IV of the Transfer Pricing Guidelines vom 16. Mai 2013. Allgemein zu Safe-harbour
Regelungen vgl. Kap. F Rn. 68.

[872] Vgl. zum Berry Ratio oben Rn. 486 sowie ABC der Verrechnungspreise.

[873] Vgl. zu den Voraussetzungen solcher Ausgleichszahlungen zur Ergebnissteuerung
bei Routineunternehmen *Kaut/Freudenberg/Foth* BB 2007, 1665 ff.; ferner oben
Rn. 273.

im Voraus vereinbart wurden und keiner späteren Einflussnahme eines der Beteiligten unterliegen; dh, die spätere **Preisermittlung muss allein auf** bereits vorher festgelegten **Rechenvorgängen beruhen.**[874] Die FinVerw. schränkt diese Grundsätze aber ein, indem sie weiter ausführt, dass die nachträgliche Preisanpassung auf eine bei Vertragsabschluss vorliegende und festgestellte Ungewissheit über eine oder mehrere Preiskomponenten zurückzuführen sein muss (zB Entwicklung des Referenzzinssatzes oder von bestimmten Rohstoffpreisen), jedoch **nicht** auf das bei einem Beteiligten entstehende **Ergebnis.**[875] Die zuletzt erwähnte Einschränkung widerspricht den in der internationalen Vertragspraxis häufig anzutreffenden Anpassungsklauseln in Verträgen zwischen Unternehmen eines multinationalen Konzerns. Da die VGr-Verfahren nur für die FinVerw. bindend sind, nicht aber für die Gerichte und die Steuerpflichtigen, sollte die allgemeine Vertragspraxis zulässig sein und anerkannt werden, sofern jedenfalls die Berechnungsmethode für die nachträgliche Anpassung der Preise bzw. Margen im Voraus vertraglich genau definiert wird.

Auch das **EU Joint Transfer Pricing Forum** nennt in einer neueren Veröffentlichung bestimmte Voraussetzungen, unter denen eine nachträgliche Preisanpassung ermöglicht und von den Finanzbehörden anerkannt werden soll.[876]

498   Allerdings erscheint es als vertretbar, der LRD-Gesellschaft in gewissem Rahmen ein eigenes **Risiko** zuzuweisen, weil auch zwischen fremden Dritten eine uneingeschränkte Gewinngarantie nicht vereinbart würde. Eine solche Einschränkung könnte bei Anwendung der **Kostenaufschlagsmethode** durch die vertragliche Zugrundelegung von **Plankosten** erfolgen,[877] sodass die LRD-Gesellschaft bei Überschreitung der Plankosten eine Minderung des Einkaufspreises nur nach vorheriger genehmigter (unterjähriger) Änderung des Budgets erhält. Je nachdem, ob die LRD-Gesellschaft die Überschreitung des Budgets zu vertreten hat oder nicht (zB bei unverschuldeter Erhöhung der Büro- oder Lagermiete) könnte gem. Vereinbarung die Anpassung der Einkaufspreise entfallen oder nicht. Soweit die Plankosten in vertretbarer Weise überschritten werden, kann sich demnach im Ausnahmefall auch ein **Verlust** der LRD-Gesellschaft ergeben.

Auch aus anderen Gründen – wie zB in einer **Anlaufphase** mit geringen Umsätzen oder bei Zerstörung der unzureichend versicherten Büroeinrichtungen oder der gelagerten Waren durch höhere Gewalt – ist in Ausnahmefällen der Anfall eines Verlustes möglich.[878] Ferner können auch relativ **hohe Gewinne** erwirtschaftet werden, so zB wenn die Einkaufspreise auf Basis der Wiederverkaufspreismethode mit einer am Fremdvergleich orientieren niedrigen Rohgewinnmarge kalkuliert sind, jedoch die geplanten Umsätze weit überschritten werden, so dass die steigenden Einnahmen die nur unterproportional steigenden variablen Kosten weit überschreiten.

---

[874] Vgl. Tz. 3.4.12.8 VGr-Verfahren; ferner oben Rn. 273.

[875] Vgl. Tz. 3.4.12.8 VGr-Verfahren.

[876] Vgl. EU JTPF „Report on Compensating Adjustments" vom 29.1.2014, Tz. 17; die Voraussetzungen werden oben in Rn. 274 näher erläutert.

[877] Vgl. zum Ansatz von Plankosten oben Rn. 227 f., 303, 372; ähnlich *Fiehler* IStR 2007, 468, die jedoch die Kostenaufschlagsmethode für anwendbar hält.

[878] Vgl. oben Rn. 150.

d) Vertriebsunterstützung (Sales Support)

Der Vertrieb eines Unternehmens kann in einem anderen Land durch eine **499** Betriebstätte oder eine **Tochtergesellschaft** im Wege von **Vertriebsunterstützungsleistungen** (sog. **Sales Support Services**) gefördert werden. Die Betriebstätte bzw. Dienstleistungsgesellschaft **vertreibt** dabei **keine Waren** als Eigenhändler in eigenem Namen und auf eigene Rechnung und sie wird auch nicht als Kommissionär oder Handelsvertreter bei dem Vertrieb tätig. Die Umsätze werden vielmehr von dem Prinzipal – das kann die Herstellergesellschaft oder eine regionale Vertriebsgesellschaft sein – getätigt und die Vertriebsunterstützungsleistungen werden als Dienstleistungen erbracht und idR auf Basis der Kostenaufschlagsmethode abgerechnet.

Soweit das „**Vertriebsbüro**", das solche Unterstützungsleistungen ge- **500** währt, nicht in der Rechtsform einer Kapitalgesellschaft, sondern als **Betriebsstätte** organisiert sein soll, muss es abgegrenzt werden von denjenigen Vertriebsbüros, die als sog. **Repräsentanzbüros (representative office)** lediglich **Hilfstätigkeiten** oder vorbereitende Tätigkeiten ausführen, die unter den „Negativkatalog" des Art. 5 Abs. 4 OECD-MA fallen.

Die Errichtung eines Repräsentanzbüros soll gerade **keine Betriebstätte** iSd Art. 5 Abs. 1 und 2 OECD-MA begründen, damit eine steuerliche Präsenz in dem betreffenden Land vermieden wird. Da im Fall eines Repräsentanzbüros regelmäßig keine grenzüberschreitenden Lieferungs- und Leistungsbeziehungen bestehen, können dabei regelmäßig keine Verrechnungspreisprobleme auftreten. Der Aufwand des Repräsentanzbüros wird in vollem Umfang vom Stammhaus getragen und ist bei diesem steuerlich abzugsfähig.

In vielen Fällen ist es jedoch nicht vermeidbar, dass der Umfang der Tätig- **501** keiten der ausländischen Geschäftsstelle die Grenzen der lediglich **vorbereitenden Tätigkeiten** oder **Hilfstätigkeiten** im Sinne des Negativkatalogs der Art. 5 Abs. 4 OECD-MA **überschreitet.** Dies ist bspw. dann der Fall, wenn das Vertriebsbüro nicht mehr nur allgemeine Informationen über die Produkte gewährt, sondern zB speziell auf die Kundenwünsche zugeschnittene Konstruktions- und Anwendungspläne erstellt.[879] Andererseits kann es erwünscht sein, die Umsätze dem Stammhaus bzw. der Muttergesellschaft zuzuordnen, während die Betriebstätte bzw. die Tochtergesellschaft nicht als Eigenhändler, Handelsvertreter oder Kommissionär in den Absatz der Waren eingeschaltet sein soll. Die **Vertriebsunterstützung** bezieht sich in solchen Fällen auf die Erkundung bzw. Erforschung des Marktes, die Suche von potenziellen Kunden und die Informationen dieser Kunden über die Produkte sowie mögliche Bezugsquellen im Konzern. Gleichzeitig werden Informationen über die potentiellen Kunden und deren Bedarf an das Stammhaus bzw. die Muttergesellschaft weitergeleitet, damit die Vertragsverhandlungen und späteren Lieferungen erfolgen können.

Zur Vermeidung der Zurechnung von Umsätzen bei der Betriebstätte bzw. der Tochtergesellschaft, die die Vertriebsunterstützung leistet, muss vertraglich ein **Dienstleistungsvertrag** abgeschlossen werden, der ausdrücklich die Verhandlung mit Kunden über Geschäftsabschlüsse untersagt und klarstellt, dass die **Betriebstätte bzw. Tochtergesellschaft keine Vollmacht zum Abschluss von Verträgen** hat. In diesem Zusammenhang ist Tz. 33

---

[879] Vgl. Tz. 25 OECD-MK zu Art. 5 OECD-MA.

OECD-MK zu Art. 5 OECD-MA zu beachten, wonach davon auszugehen ist, dass eine Person die Vollmacht zum Abschluss von Verträgen ausübt, wenn sie bevollmächtigt ist, alle Einzelheiten eines Vertrages verbindlich für das Unternehmen auszuhandeln, selbst wenn der Vertrag von einer anderen Person in dem Staat unterzeichnet wird, in dem sich das Unternehmen befindet.

502 Solange die Betriebstätte oder Tochtergesellschaft **keine Vollmacht zum Vertragsabschluss** hat und auch faktisch **keine Vertragsverhandlungen** führt, kann sie im Übrigen umfangreiche Leistungen vor und nach dem Zustandekommen des Vertrags zwischen dem Stammhaus bzw. der Muttergesellschaft und dem Kunden erbringen. So kann zB für das Stammhaus oder die Muttergesellschaft ein Lager für deren Waren unterhalten werden und die Auslieferung der Waren an die Kunden erfolgen. Diese Tätigkeiten allein fallen zwar unter den Negativkatalog des Art. 5 Abs. 4 OECD-MA und würden eine Betriebsstätte vermeiden. Jedoch gehören diese Tätigkeiten zu den Haupttätigkeiten, wenn auch andere Aktivitäten ausgeführt werden, die nicht mehr nur vorbereitender oder hilfsweiser Art sind, sodass insgesamt eine Betriebstätte vorliegt. Als weitere Leistungen kann die Betriebstätte bzw. Tochtergesellschaft, die mit der Vertriebsunterstützung beauftragt ist, neben der Werbung für die Produkte und der Vermittlung des Kontakts zum Stammhaus bzw. zur Muttergesellschaft auch – wie zT bereits erwähnt – Konstruktions- und Anwendungspläne für Produktionsanlagen erstellen, Kapazitäts- und Auslastungsberechnungen für Maschinen vornehmen, bei der Aufstellung von Anlagen und Maschinen mitwirken oder später Kundenbeschwerden oder -informationen über Garantiefälle entgegennehmen und diese an das ausländische Unternehmen weiterleiten.

503 Sofern die Betriebstätte bzw. Tochtergesellschaft auf die Dienstleistungen der Vertriebsunterstützung beschränkt ist, dürfte es idR schwierig sein, für solche Leistungen einen internen oder externen Preisvergleich zu ermitteln. Auch die Anwendung der Wiederverkaufspreismethode scheidet aus, da die Betriebstätte bzw. Tochtergesellschaft keine Warenumsätze tätigt. Folglich kommt als Verrechnungspreismethode für diese Dienstleistung insb. die **Kostenaufschlagsmethode** in Frage. Dabei kann mit Hilfe von Datenbankrecherchen die eingeengte Bandbreite der Kostenaufschläge von Unternehmen ermittelt werden, die zB **Werbe- und Marketingdienstleistungen** erbringen, da es sich insoweit um ähnliche Leistungen wie bei der Vertriebsunterstützung handelt.

Alternativ kommt auch die Anwendung der **TNMM** in Betracht, um der Dienstleistungsgesellschaft für ihre Routinetätigkeit einen angemessenen operativen Gewinn zuzuordnen. Insoweit sollte es möglich sein, die (eingeengte) Bandbreite des Mark-up Over Cost (MOC) von Vergleichsfirmen zu finden, die Dienstleistungen im Marketing- und Werbebereich erbringen.[880]

504 Grundsätzlich ist es zulässig, dass die Betriebstätte oder Tochtergesellschaft neben den Vertriebsunterstützungsleistungen, die sie dem Stammhaus bzw. der Muttergesellschaft gewährt, auch **andere Dienstleistungen** gegenüber dem **Kunden** des Stammhauses bzw. der Muttergesellschaft erbringt und diese in eigenem Namen und auf eigene Rechnung abrechnet. Dies kann zB der

---

[880] Vgl. zur Ermittlung des MOC oben Rn. 248, 307, 455.

Fall sein, wenn der Kunde nach Ablauf der Garantiezeit eine Reparaturleistung benötigt oder wenn er die Demontage einer alten Anlage in Auftrag gibt. Derartige Leistungen hängen erkennbar nicht mehr mit dem früheren Erwerb der Wirtschaftsgüter zusammen, sodass kein Risiko besteht, dass der Betriebstätte bzw. der Tochtergesellschaft auch die Umsätze aus dem Verkauf solcher Anlagen zugerechnet werden. Jedoch empfiehlt es sich, solche Fragen vorab mit den steuerlichen Beratern im jeweiligen Land zu klären.

Fraglich ist, ob die operativen Gewinnmargen, die im zuletzt erörterten Fall aus Leistungen gegenüber Dritten erzielt werden, im Wege des internen Vergleichs auch für die Vertriebsunterstützungsleistungen zu berücksichtigen sind. Dies ist grundsätzlich zu verneinen, da es sich einerseits bei den Aktivitäten der **Vertriebsunterstützung** um **Routinefunktionen** mit geringen Risiken handelt, während andererseits die Dienstleistungen gegenüber Kunden umfangreichere Funktionen (zB Planung, Strategie) und Risiken (Marktrisiko, Auslastungsrisiko, Delkredererisiko usw.) mit sich bringen, sodass unterschiedliche Margen gerechtfertigt werden.

(einstweilen frei)   505–510

VIII. Zivilrechtswahl und Einfluss auf Dienstleistungsverträge

1. Rechtsvorschriften

Das deutsche **Einführungsgesetz zum Bürgerlichen Gesetzbuch** regelt in seinem zweiten Kapitel das sog. „**Internationale Privatrecht**" (IPR). Das IPR bestimmt die maßgebende Privatrechtsordnung bei Sachverhalten mit Auslandsberührung, zB bei ausländischer Staatsangehörigkeit oder ausländischem Wohnsitz eines Beteiligten, bei Vornahme eines Rechtsgeschäfts oder einer unerlaubten Handlung im Ausland usw.   511

Das IPR der Schuldverträge war auf europäischer Ebene seit Beginn der 90er Jahre vereinheitlicht und in Deutschland in den Art. 27–37 EGBGB geregelt. Am 6.6.2008 wurde eine EG-VO über das auf vertragliche Schuldverhältnisse anzuwendende Recht – sog. **Rom I-VO**[881] – verabschiedet, die eine erleichterte Übernahme des einheitlichen Rechts in neue Beitrittsstaaten sowie eine Auslegungskompetenz des EuGH ermöglicht. Die Rom I-VO ist ab dem 17.12.2009 auf alle Verträge anwendbar, die nach diesem Tag geschlossen werden (Art. 28 Rom I-VO), soweit es sich um vertragliche Schuldverhältnisse in Zivil- und Handelssachen handelt, die eine Verbindung zum Recht verschiedener Staaten aufweisen (Art. 1 Abs. 1 Rom I-VO).[882] Die alten kollisionsrechtlichen Art. 27–37 EGBGB gelten für alle vor dem Stichtag abgeschlossenen Verträge fort, sodass für eine längere Übergangszeit beide Systeme nebeneinander bestehen.

---

[881] Vgl. Rom I-VO, ABl. EU 2008, L 177/6; auch in *Palandt/Thorn,* vor Art. 38 EGBGB, Rom I.

[882] Vgl. *Clausnitzer/Woopen* BB 2008, 1798 ff., *Palandt/Thorn,* vor Art. 38 EGBGB, Vorbem. Rom I Rn. 1 und Art. 28 Rom I Rn. 1 f.

a) Altverträge

512 Nach Art. 27 Abs. 1 S. 1 EGBGB ist es im Rahmen des gewohnheitsrechtlich geltenden Grundsatzes der **Parteiautonomie** zulässig, dass die Parteien das für einen Schuldvertrag maßgebende Recht durch **Rechtswahl** selbst bestimmen.[883] Jedoch kann gem. Art. 27 Abs. 3 EGBGB bei einem reinen Inlandsgeschäft die Anwendung zwingender Vorschriften des deutschen Rechts durch Wahl eines ausländischen Rechts nicht ausgeschlossen werden.[884]
Die Parteien können die Rechtswahl für den ganzen Vertrag oder nur für einen Teil treffen (Art. 27 Abs. 1 S. 3 EGBGB). Die Rechtswahl für den Vertrag oder Teilvertrag muss aber ausdrücklich sein oder sich mit hinreichender Sicherheit aus den Bestimmungen des Vertrags oder den Umständen des Falls ergeben (Art. 27 Abs. 1 S. 2 EGBGB).

513 Ferner können die Parteien gem. Art. 27 Abs. 2 EGBGB die **Rechtswahl** auch zu einem **späteren Zeitpunkt** treffen oder eine bereits getroffene Rechtswahl durch eine neue ersetzen. Eine solche **Änderung** kann mit **Wirkung** *ex tunc* **oder** *ex nunc* erfolgen; im Zweifel gilt nach der wohl überwiegenden Literaturmeinung eine **Rückwirkung** auf den Zeitpunkt des Vertragsabschlusses.[885] Dies eröffnet im Einzelfall Gestaltungsmöglichkeiten, wenn der Vertrag zB wegen Verstoßes gegen die vorgeschriebene Form in einem Land nichtig wäre, kann durch die Vereinbarung des Rechts eines anderen Landes die Wirksamkeit des Vertrages herbeigeführt werden.

514 Im Übrigen kann ein wegen Formmangels nichtiger Vertrag durch späteren Abschluss in der vorgeschriebenen oder vereinbarten Form bestätigt werden. Eine solche **Bestätigung** hat als Neuvornahme keine rückwirkende Kraft; das Rechtsgeschäft gilt erst ab dem Zeitpunkt der Bestätigung.[886] Jedoch hat § 141 Abs. 2 BGB zur Folge, dass die Parteien im Zweifel verpflichtet sind, „einander zu gewähren, was sie haben würden, wenn der Vertrag von Anfang an gültig gewesen wäre." Daraus folgt eine **schuldrechtliche Rückbeziehung** der Leistungspflichten,[887] die auch von der FinVerw. akzeptiert werden muss.

515 Art. 28 EGBGB bestimmt, dass ein **Vertrag mangels Rechtswahl dem Recht desjenigen Staates** unterliegt, mit dem er die **engsten Verbindungen** aufweist. Nach Art. 28 Abs. 2 S. 1 EGBGB wird vermutet, dass der Vertrag die engsten Verbindungen mit dem Staat aufweist, in dem die Partei, welche die charakteristische Leistung zu erbringen hat, im Zeitpunkt des Vertragsabschlusses ihren gewöhnlichen Aufenthalt oder wenn es sich um eine Gesellschaft, einen Verein oder eine juristische Person handelt, ihre Hauptverwaltung hat. Ist der Vertrag jedoch in Ausübung einer beruflichen oder gewerblichen Tätigkeit dieser Partei geschlossen worden, so wird vermutet,

---

[883] Vgl. dazu *Palandt/Thorn*, Art. 27 EGBGB, Rn. 1. Welches Recht auf grenzüberschreitende Verträge Anwendung findet, wird durch die neu EG-Verordnung für grenzüberschreitende Verträge (Rom I-VO) mit Wirkung ab 17.12.2009 neu geregelt, vgl. dazu *Clausnitzer/Woopen* BB 2008, 1798 ff.

[884] Vgl. ferner Art. 29 Abs. 1, Art. 30 Abs. 1 und Art. 34 EGBGB.

[885] Vgl. *Palandt/Thorn*, 68. Aufl 2009, Art. 27 EGBGB Rn. 10 mwN, s. auch www.palandt.beck.de PalArch III.

[886] Vgl. *Palandt/Ellenberger* § 141 BGB, Rn. 8.

[887] Vgl. *Palandt/Ellenberger* § 141 BGB, Rn. 8.

dass er die engsten Beziehungen zu dem Staat aufweist, in dem sich deren Hauptniederlassung befindet oder in dem, wenn die Leistung nach dem Vertrag von einer anderen als der Hauptniederlassung zu erbringen ist, sich die andere Niederlassung befindet (Art. 28 Abs. 2 S. 2 EGBGB). Wegen weiterer Einzelheiten sei hier auf die Vorschriften der Art. 3, 11 und 27–34 EGBGB verwiesen.

b) Neuverträge

Weiter oben wurde bereits erläutert, dass für Verträge, die nach dem **516** 17.12.2009 abgeschlossen wurden und die eine Verbindung zum Recht verschiedener Staaten aufweisen, die Regelungen der Rom I-VO gelten. Art. 3 Rom I-VO regelt die **freie Rechtswahl** der Parteien und entspricht weitestgehend den Bestimmungen des Art. 27 EGBGB.[888] Die Parteien können gem. Art. 3 Abs. 1 Rom I-VO ausdrücklich oder konkludent und eindeutig das für ein Schuldverhältnis maßgebende Recht selbst bestimmen, wobei jedoch zwingende Vorschriften Vorrang haben.[889] Die Parteien können nach Art. 3 Abs. 1 S. 3 Rom I-VO eine **Spaltung des Vertragsstatuts** vereinbaren und die Rechtswahl auf einen Teil des Vertrags beschränken oder für verschiedene Teile des Vertrags eine jeweils unterschiedliche Wahl treffen, zB über das formelle Zustandekommen des Vertrags einerseits und über seine materielle Wirksamkeit andererseits.[890] Die Rechtswahl kann gem. Art. 3 Abs. 2 Rom I-VO auch zu einem späteren Zeitpunkt vorgenommen werden oder durch eine neue ersetzt werden.[891]

Art. 4 Rom I-VO bestimmt das anwendbare Recht, wenn die Parteien **517** keine (wirksame) Rechtswahl getroffen haben. Dabei geht Art. 4 Rom I-VO (ähnlich wie bisher Art. 28 EGBGB) vom **Grundsatz der engsten Bindung** aus. Im Interesse der Rechtsklarheit werden dann für bestimmte Vertragstypen Regelanknüpfungen festgelegt, so zB für Dienstleistungen das Recht des Staates, in dem der Dienstleister seinen gewöhnlichen Aufenthalt hat (Art. 4 Abs. 1 Buchst. b Rom I-VO). Vertriebsverträge unterliegen dem Recht des Staates, in dem der Vertriebshändler seinen gewöhnlichen Aufenthalt hat (Art. 4 Abs. 1 Buchst. f Rom I-VO).[892] Es handelt sich jedoch nicht um starre Anknüpfungsregeln, da nach Art. 4 Abs. 3 eine Abweichung gilt, sofern sich aus den Umständen ergibt, dass eine offensichtlich engere Verbindung zum Recht eines anderen Staates besteht.

2. Auswirkungen auf das Steuerrecht

Die FinVerw. ist Teil der sog. „Vollziehenden Gewalt" iSd Art. 20 Abs. 2 **518** GG und ist gem. Art. 20 Abs. 3 GG an Gesetz und Recht gebunden. Damit hat die **FinVerw.** neben den Steuergesetzen u. a. auch die **Bestimmungen des Zivil- und Handelsrechts zu beachten.** Auch aus §§ 39–42 AO ist

---

[888] Vgl. *Palandt/Thorn*, Art. 3 Rom I Rn. 1.

[889] Vgl. Art. 3 Abs. 3 und Art. 9 Rom I-VO.

[890] Vgl. *Palandt/Thorn*, Art. 3 Rom I Rn. 10.

[891] Vgl. *Palandt/Thorn*, Art. 3 Rom I Rn. 11.

[892] Vgl. *Palandt/Thorn*, Art. 4 Rom I Rn. 19 unter Hinweis auf Handelsvertreter und Vertragshändler als Beispiele.

zu folgern, dass die FinVerw. grundsätzlich die zivilrechtlichen Bestimmungen über Rechtsgeschäfte und die sonstigen zivilrechtlichen Vorschriften berücksichtigen muss, soweit keine der in §§ 39–42 AO genannten Ausnahmen vorliegen. Wenn daher die Parteien eines Vertrags die Anwendung ausländischen Rechts vereinbaren, dann muss die deutsche FinVerw. diese Vereinbarung anerkennen, es sei denn, es liegt bspw. ein Missbrauch rechtlicher Gestaltungsmöglichkeiten iSd § 42 AO vor.

519 Allein die **Wahl einer anderen Rechtsordnung** begründet **keinen Missbrauch** rechtlicher Gestaltungsmöglichkeiten. Die Rechtswahl kann erst dann als Missbrauch von Gestaltungsmöglichkeiten qualifiziert werden, wenn die Wahl einer den wirtschaftlichen Vorgängen unangemessenen rechtlichen Gestaltung zum Zwecke der Steuervermeidung dient. Wenn daher an einem Vertrag eine **ausländische Partei** beteiligt ist, kann die Rechtswahl des Rechts, in dem der Vertragspartner seinen Sitz hat, keinen Missbrauchsvorwurf begründen. Dies gilt grundsätzlich auch, wenn die Parteien – zB wegen des Gedankens der Neutralität – die Anwendbarkeit des Rechts eines Drittstaates vereinbaren. Dies folgt aus Art. 21 Rom I-VO, wonach die Anwendung eines nach der Rom I-VO bestimmten Rechts nur versagt werden kann, wenn dies mit der öffentlichen Ordnung („Ordre Public") des Staates des angerufenen Gerichts offensichtlich unvereinbart ist. Die Frage, ob ein Rechtsmissbrauch im Sinne des § 42 AO vorliegt, wenn zwei deutsche Parteien ausländisches Recht für einen gemeinsamen Vertrag vereinbaren, muss im jeweiligen Einzelfall geprüft werden; insb. kann auch hier die ausländische Rechtswahl gerechtfertigt sein, wenn das Geschäft Auslandsberührung hat, bspw. bei Lieferung vom Inland in die ausländische Niederlassung des Vertragspartners oder umgekehrt oder wenn sich der Vertragsgegenstand im Ausland befindet.

520 Bei **Dienstleistungen** im internationalen Konzern und v. a. bei **Konzernumlageverträgen** wird wohl im Normalfall das Zivilrecht desjenigen Staates gewählt, in dem der **Leistende seinen Sitz** hat. Auch wenn keine Rechtswahl getroffen wird, würde sich diese Rechtsfolge – wie oben erörtert wurde – aus Art. 28 Abs. 2 EGBGB bzw. Art. 4 Abs. 1 Buchst. b Rom I-VO ergeben. Damit gelten bei ausländischen Dienstleistungsgesellschaften für die Erbringung der Leistungen regelmäßig die zivilrechtlichen Bestimmungen des Ansässigkeitsstaates des Leistenden. Die Parteien dürfen jedoch auch das Recht des Staates, in dem der Leistungsempfänger seinen gewöhnlichen Aufenthalt[893] hat oder das Recht eines Drittstaats vereinbaren.

521 Wenn nun das **ausländische Zivilrecht** keine bestimmten Vorschriften für den Inhalt und die Durchführung bspw. von Poolverträgen vorsieht, fragt es sich, ob die deutsche FinVerw. auf Grund nationaler deutscher Verwaltungsregelungen einen Vertragsinhalt fordern kann, wie er in Tz. 5 VGr-Uml. vorgegeben ist. Dies gilt grundsätzlich auch, wenn die Parteien – zB wegen des Gedankens der Neutralität – die Anwendbarkeit des Rechts eines Drittstaates vereinbaren. Dies folgt aus Art. 21 Rom I-VO, wonach die Anwendung eines nach der Rom I-VO bestimmten Rechts nur versagt werden kann, wenn dies mit der öffentlichen Ordnung („Ordre Public") des Staats

---

[893] Für Gesellschaften, Vereine oder juristische Personen ist dies der Ort ihrer Hauptverwaltung, vgl. Art. 19 Abs. 1 Rom I-VO.

des angerufenen Gerichts offensichtlich unvereinbar ist. Diese Frage ist – soweit ersichtlich – in der Literatur noch nicht erörtert worden. Natürlich kann man einwenden, dass der Steuerpflichtige und die Gerichte ohnehin nicht an die VGr gebunden sind, weil diese lediglich die Auffassung der FinVerw. widerspiegeln und keinen Gesetzescharakter haben. Allerdings ist die FinVerw. selbst auf Grund des auf Art. 3 Abs. 1 GG beruhenden Grundsatzes der Gleichbehandlung und der daraus resultierenden Selbstbindung der Verwaltung verpflichtet, die VGr einheitlich anzuwenden. Die Frage lautet daher, ob die FinVerw. die in den VGr vorgegebenen strengeren Voraussetzungen für die Anerkennung von Poolverträgen außer Acht lassen muss, wenn die Parteien ausländisches Zivilrecht vereinbart haben und wenn nach diesem Recht **keine oder geringere Anforderungen** für die Gestaltung und Anerkennung eines Poolvertrags bestehen.

Wenn man davon ausgeht, dass die Steuergesetze im Prinzip die Privatautonomie anerkennen und nur in Ausnahmefällen zivilrechtliche Gestaltungsmöglichkeiten außer Acht lassen (bspw. gem. § 42 AO), dann muss man zu dem Ergebnis gelangen, dass die **zivilrechtlichen Vorschriften** für das entsprechende Rechtsverhältnis **maßgeblich** sind und dass die **Steuerverwaltung keine strengeren Anforderungen** an das Rechtsgeschäft stellen darf als das für den Vertrag geltende in- oder ausländische Zivilrecht.   **522**

Problematisch wird es allerdings, wenn unabhängig von den Vorschriften des ausländischen Zivilrechts auch das **ausländische Steuerrecht** bestimmte Voraussetzungen für die Anerkennung des Vertrags aufstellt.[894] Während die deutsche FinVerw. die Wahl des ausländischen Zivilrechts und seine Anwendung kraft Gesetzes akzeptieren muss, besteht grundsätzlich keine Verpflichtung, außerhalb von DBA oder anderen Vereinbarungen mit dem anderen Staat dessen steuerliche Vorschriften anzuerkennen. Dasselbe gilt umgekehrt aus Sicht des ausländischen Staats im Hinblick auf die deutschen Besteuerungsvorschriften und Verwaltungsregelungen. In solchen Fällen können **Konflikte** in der Praxis nur vermieden werden, wenn der Steuerpflichtige und sein Berater sich Kenntnis von den steuerlichen Vorschriften der beteiligten Länder verschaffen und der **Vertrag** dann **so konzipiert wird, dass er möglichst den Steuergesetzen der Rechtsordnungen aller Vertragsparteien und dem gewählten Zivilrecht Rechnung trägt.** Da die Parteien vor allem bei Konzernumlageverträgen und Poolverträgen häufig in vielen unterschiedlichen Ländern ansässig sind, empfiehlt es sich regelmäßig, die steuerlichen Vorschriften **aller** beteiligten Länder mit Hilfe dort ansässiger Berater zu überprüfen und den Vertrag so zu gestalten, dass sein Inhalt und seine Durchführung in allen beteiligten Ländern anerkannt werden kann. In problematischen Fällen sollte mit den Beratern abgestimmt werden, ob zur Risikominimierung ein multilaterales Advance Pricing Agreement beantragt werden soll.   **523**

---

[894] So zB die US Cost Sharing Regs in § 1482-7 (b) u. (k) für Kostenumlageverträge für Forschung und Entwicklung. Zahlreiche Länder haben inzwischen umfangreiche eigene Verrechnungspreisvorschriften geschaffen, die sich zwar an die OECD-VPL anlehnen, aber in Einzelfragen davon abweichen.

Kapitel O: Immaterielle Wirtschaftsgüter

Übersicht

I. Überblick zur Problematik

1   Neben Warenlieferungen, Dienstleistungen und Finanzierungsleistungen im Konzern gehören die Entwicklung immaterieller Wirtschaftsgüter und die Nutzungsüberlassung derselben zu den hauptsächlichen Geschäftsarten, die im Lieferungs- und Leistungsverkehr multinationaler Unternehmen eine bedeutende Rolle spielen. Die Problematik bei den immateriellen Wirtschaftsgütern beginnt bereits mit der Begriffsbestimmung und Klassifizierung der immateriellen Wirtschaftsgüter sowie mit der Abgrenzung von technischen Dienstleistungen und von materiellen Wirtschaftsgütern, wenn diese immaterielle Wirtschaftsgüter umfassen. Ein Unternehmen kann immaterielle Wirtschaftsgüter allein oder gemeinsam mit anderen Konzernunternehmen herstellen oder Auftragsforschung für andere Konzernunternehmen betreiben. In den Fällen der Gemeinschafts- oder Auftragsforschung müssen die Parteien eine angemessene Kostenverteilung vereinbaren und Regelungen über das Eigentum an dem zu entwickelnden Wirtschaftsgut treffen. Die immateriellen Wirtschaftsgüter können ferner einem nahe stehenden Unternehmen durch Lizenzvertrag zur Nutzung überlassen oder an dieses verkauft werden. Für

diese Fälle stellt sich die Frage des angemessenen Verrechnungspreises in Form der Lizenzgebühr oder des Kaufpreises.

Die zunehmende Globalisierung und Verschärfung des Wettbewerbs haben **2** in den letzten zwanzig Jahren in einer ständig wachsenden Anzahl von Fällen zur Verlagerung von immateriellen Wirtschaftsgütern, von Forschungs- und Produktionsstätten, von Vertriebsrechten oder von Dienstleistungen ins Ausland geführt. Die Verlagerung der Geschäftsaktivitäten bspw. in osteuropäische oder asiatische Länder hatte ihre Ursache v. a. in der Nutzung von Standortvorteilen (u. a. niedriges Lohn- und Gehaltsniveau, geringere Energie- und Rohstoffkosten, Investitionszuschüsse), aber auch steuerliche Vorteile (zB geringere Steuerbelastung, Gestaltung von Prinzipalstrukturen) oder die Erschließung neuer Märkte spielten eine Rolle.

Durch das Unternehmensteuerreformgesetz 2008 wurde mit Wirkung ab **3** 1.1.2008 ein neuer Abs. 3 in § 1 AStG eingefügt, der u. a. die Besteuerung der sog. Funktionsverlagerung regelt. Ergänzend wurde am 12.8.2008 vom BMF die Funktionsverlagerungsverordnung FVerlV (mit Rückwirkung ab 1.1.2008) erlassen. Mit seinem Schreiben vom 13.10.2010 hat das BMF die Grundsätze der Verwaltung für die Prüfung der Einkunftsabgrenzung zwischen nahe stehenden Personen in Fällen von grenzüberschreitenden Funktionsverlagerungen näher geregelt (VGr Funktionsverlagerung).[1] Die Übertragung immaterieller Wirtschaftsgüter ist in den Fällen der Funktionsverlagerung oft von großer Bedeutung, da Patente, Know-how, Marken, eingetragene Designs oder andere immaterielle Vermögensgegenstände oft die wesentlichen Werttreiber in der Wertschöpfungskette darstellen. Die Kommentierung der Funktionsverlagerung erfolgt in einem besonderen Kapitel.[2]

Des Weiteren wurde durch das Gesetz zur Umsetzung der AmtshilfeRL so- **4** wie zur Änderung steuerlicher Vorschriften (Amtshilferichtlinie-Umsetzungsgesetz – AmtshilfeRLUmsG) vom 26.6.2013 neben weiteren Änderungen in § 1 AStG ein neuer Abs. 5 betreffend die Einkünfteabgrenzung bzw. Einkünfteaufteilung in Betriebsstättenfällen eingefügt. Ziel dieser Neuregelung ist die Anpassung des nationalen Rechts an den OECD-Betriebsstättenbericht 2010, der die international entwickelten Grundsätze zur Anwendung des international anerkannten Fremdvergleichsgrundsatzes (OECD-Standard) auf die Aufteilung der Gewinne zwischen Betriebsstätte und Unternehmen **(Authorised OECD Approach)** enthält. Demnach sind auch die Innentransaktionen zwischen Betriebsstätte und Stammhaus (sog. **dealings**) auf ihre Fremdüblichkeit unter Anwendung der Verrechnungspreismethoden zu überprüfen. Das BMF will die Einzelheiten hierzu in einer Rechtsverordnung regeln.[3] Immateriellen Wirtschaftsgütern wird dabei nicht nur eine große Bedeutung im Zusammenhang mit der Überprüfung der Fremdüblichkeit einzelner dealings zukommen, sondern auch im Zusammenhang mit deren erstmaligen Zuordnung zu einer Betriebsstätte oder zum Stammhaus. Die mit der Gesetzesänderung einhergehende Aufgabe der sog. „Zentralfunktion des

---

[1] BMF 13.10.2010, BStBl. I 774.

[2] Vgl. dazu die Kommentierung in Kap. R.

[3] Vgl. Entwurf der Verordnung zur Anwendung des Fremdvergleichsgrundsatzes auf Betriebsstätten nach § 1 Abs. 5 AStG (Betriebsstättengewinnaufteilungsverordnung – BsGaV) vom 28.8.2014, BR-Drs. 401/14; dazu ausführlich Kap. L.

Stammhauses" (Tz. 2.4 Betriebsstätten-Verwaltungsgrundätze) eröffnet insofern einen größeren Argumentationsspielraum.

Der **OECD**-Aktionsplan vom 19.7.2013,[4] der sich gegen die Aushöhlung steuerlicher Bemessungsgrundlagen und Gewinnverlagerungen („Base Erosion and Profit Shifting" (BEPS)) richtet und unter Aktionspunkt 8 explizit das Thema „Intangibles" aufgreift, sowie die daraufhin am 16.9.2014 veröffentlichte **Neufassung des Kapitels VI OECD-VPL (2014 Guidance)**[5] sind ebenfalls Reaktionen auf die zunehmende Bedeutung von grenzüberschreitenden Übertragungen oder Überlassungen von immateriellen Wirtschaftsgütern. Die Neufassung des Kapitels VI OECD-VPL (2014 Guidance), welche allerdings unter dem Vorbehalt erneuter Änderungen im Jahr 2015 durch die Arbeiten im Rahmen des OECD-BEPS-Projektes steht,[6] enthält zahlreiche neue Aspekte, die im Rahmen der Vereinbarung, Dokumentation und Prüfung von Verrechnungspreisen in Bezug auf Transaktionen mit immateriellen Wirtschaftsgütern Beachtung finden sollen.[7]

II. Definition und Klassifizierung

1. Immaterielle Wirtschaftsgüter

a) Arten immaterieller Wirtschaftsgüter

5   Die immateriellen Wirtschaftsgüter können unterschieden werden in **ungeschützte** immaterielle Wirtschaftsgüter und gesetzlich besonders **geschützte immaterielle Wirtschaftsgüter;** zu den letzteren gehören insb. die sog. gewerblichen Schutzrechte sowie das Urheberrecht. Unter die Kategorie der **gewerblichen Schutzrechte** fallen alle durch **Eintragung** in ein **Register** besonders geschützten immateriellen Wirtschaftsgüter, wie bspw. **Patente, Marken, eingetragene Designs und Gebrauchsmuster.**[8] Auch das durch § 12 BGB geschützte **Namensrecht** oder durch das Urhebergesetz geschützte **Urheberrecht** können zu den gesetzlich speziell geschützten immateriellen Wirtschaftsgütern gerechnet werden. Dagegen müssen bspw. das **Know-how** ebenso wie nicht besonders geschützte **Betriebsgeheimnisse** (zB Rezepturen oder Kalkulationsgrundlagen) oder auch ein **Kundenstamm** den sog. „ungeschützten" immateriellen Wirtschaftsgütern zugerechnet werden.[9] Allerdings besteht auch für solche Wirtschaftsgüter ein gewisser gesetz-

---

[4] „Action Plan on Base Erosion and Profit Shifting" vom 19.7.2013, abrufbar über die Homepage der OECD unter http://www.oecd.org/tax/beps.htm.

[5] *OECD,* Guidance on Transfer Pricing Aspects of Intangibles, OECD/G20 Base Erosion and Profit Shifting Project, http://www.oecd-ilibrary.org/taxation/guidance-on-transfer-pricing-aspects-of-intangibles_9789264219212-en.

[6] Vgl. *OECD, Executive Summary* im Dokument zur Änderung bzw. Neufassung der Kapitel I, II u. VI OECD-VPL (2014 Guidance).

[7] Vgl. unten Rn. 97 ff. u. 111 ff.

[8] Vgl. dazu unten Rn. 6–18 „Gewerbliche Schutzrechte".

[9] S. unten Rn. 19–23 „Andere immaterielle Wirtschaftsgüter".

licher Schutz gegen Verletzungen durch Wettbewerber, bspw. gem. dem Gesetz gegen unlauteren Wettbewerb (§§ 1, 3 und 17 ff. UWG) oder nach § 823 BGB im Rahmen des Schutzes des eingerichteten und ausgeübten Gewerbebetriebs.[10] Da die gewerblichen Schutzrechte und andere immaterielle Wirtschaftsgüter im Konzern in vielen Fällen zur Nutzung überlassen oder übertragen werden, wird nachfolgend eine kurze Darstellung des wesentlichen Inhalts solcher Rechte gegeben.

aa) Gewerbliche Schutzrechte

Die Bezeichnung **gewerblicher Rechtsschutz** umfasst traditionell alle   6
Gesetze, die dem **Schutz des geistigen Schaffens auf gewerblichem Gebiet** dienen, nämlich das Patent-, Gebrauchsmuster-, Design- (vormals Geschmacksmuster-), Marken- und Wettbewerbsrecht, wobei bei letzterem die Zugehörigkeit umstritten ist.[11]

Das **Patentrecht** schützt ebenso wie das **Gebrauchsmusterrecht** techni-   7
sche neue Erfindungen, jedoch werden an die Erfindungshöhe eines Gebrauchsmusters geringere Anforderungen gestellt als bei einem Patent. Im Unterschied zum Gebrauchsmuster, bei dem nur Erzeugnisse (zB Maschinen, Vorrichtungen, chemische Stoffe) schutzfähig sind, können durch das Patent auch Verfahrenserfindungen (insb. Herstellungs- oder Arbeitsverfahren) geschützt werden.[12] Soweit Patent- und Gebrauchsmusterschutz sich überschneiden, ist eine gleichzeitige Anmeldung als Patent und Gebrauchsmuster möglich. Durch Anmeldung und Eintragung der Erfindung erhält der Erfinder ein **subjektives Recht** an der Erfindungsidee, das ihm die **ausschließliche gewerbliche Verwertung** der Erfindung für bestimmte Zeit sichert und erlaubt, Dritte von der Nutzung dieser Erfindung bzw. einer späteren inhaltsgleichen Erfindung auszuschließen. Einzelheiten sind in den nationalen Gesetzen, insb. im Patentgesetz (PatG), Gebrauchsmustergesetz (GebrMG) und Arbeitnehmererfindungsgesetz, sowie in internationalen Rechtsvorschriften, wie zB im Europäischen Patentübereinkommen (EPÜ), in der Pariser Verbandsübereinkunft (PVÜ) und im Vertrag über die internationale Zusammenarbeit auf dem Gebiet des Patentwesens (Patent Cooperation Treaty – PCT) geregelt.

Zudem ist die Verordnung über die Umsetzung der Verstärkten Zusammenarbeit im Bereich der Schaffung eines einheitlichen Patentschutzes zu beachten, welcher der Rat der Europäischen Union am 17.12.2012 zustimmte.[13] Das neu geregelte **Einheitspatent** wird in allen teilnehmenden Mitgliedstaaten gültig sein und soll zu einer Kostenreduktion führen. Des Weiteren wird es eine einheitliche Gerichtsbarkeit für Patentsachen geben. Auch

---

[10] Vgl. *Palandt/Sprau*, § 823 BGB, Rn. 126 f.

[11] Vgl. *Piper/Ohly/Sosnitza-Ohly*, A. Entwicklung, Rn. 3; *Dreier/Schulze-Dreier*, Einl., Rn. 29.

[12] Vgl. *Benkard/Goebel* Vorbem. GebrMG, Rn. 5a.

[13] Verordnung (EU) Nr. 1257/2012 des Europäischen Parlaments und des Rates vom 17.12.2012 über die Umsetzung der Verstärkten Zusammenarbeit im Bereich der Schaffung eines einheitlichen Patentschutzes, ABl. der EU, 31.12.2012, L 361/1 ff., Inkrafttreten ab dem 1.1.2014 oder ab dem Tag des Inkrafttretens des Übereinkommens über ein einheitliches Patentgericht, je nachdem, welcher der spätere Zeitpunkt ist.

für Gebrauchsmuster ist eine Harmonisierung der Regelungen im EU-Binnenmarkt vorgesehen.[14]

8　　Für die **Registrierung** von Patenten und Gebrauchsmustern in Deutschland ist das *Deutsche Patent- und Markenamt (DPMA)* zuständig. Der Schutz beginnt mit dem auf die Anmeldung folgenden Tag und beträgt für Patente 20 Jahre und für Gebrauchsmuster maximal 10 Jahre.[15] Die Schutzrechte erlöschen jedoch vorher, wenn auf sie verzichtet wird oder die Aufrechterhaltungsgebühren nicht rechtzeitig gezahlt werden.[16] Ferner kann gemäß *EPÜ* beim *Europäischen Patentamt* ein **europäisches Patent** mit Wirkung in allen EU-Mitgliedstaaten (und EFTA-Staaten) beantragt werden.[17] Ein internationaler Patentschutz in den Beitrittsländern des *PCT* kann durch Einreichung der internationalen Patentanmeldung beim vorgeschriebenen Meldeamt iSd Art. 10 PCT beantragt werden.[18] Zusätzlich ist in Zukunft die Registrierung eines europäischen Patents mit einheitlicher Wirkung, des sogenannten **Einheitspatents,** möglich. Es soll mittels eines einzigen Antrags bei dem in München ansässigen Europäischen Patentamt (EPA) erworben werden können.[19]

9　　Das **Patent** gibt dem Inhaber ein **positives Benutzungsrecht.**[20] Er hat allein die Befugnis, die in seinem Patent geschützte Erfindung zu benutzen und zu verwerten (§ 9 S. 1 PatG). Das alleinige Benutzungsrecht kann auf den Erben übergehen (§ 15 Abs. 1 S. 1 PatG), auf andere übertragen werden (§ 15 Abs. 1 S. 2 PatG) sowie zum Gegenstand von Lizenzen gemacht werden (§ 15 Abs. 2 PatG). Dem Patentinhaber steht ferner ein **Ausschließlichkeitsrecht** zu, wonach er Dritten die Benutzung der geschützten Erfindung verbieten kann (§ 9 S. 2 PatG). Insb. kann der Berechtigte aus dem älteren Patent ein Abwehrrecht gegen die Rechte aus einem jüngeren Patent geltend machen. Um die berechtigten Interessen der Allgemeinheit zu schützen, die u. a. in der ungehinderten Herstellung von Arzneimitteln bestehen können, ist allerdings die Möglichkeit der Erteilung von **Zwangslizenzen** (§ 24 Abs. 1 PatG) vorgesehen. Auch die Gesetze in vielen anderen Ländern sehen Zwangslizenzen vor, die vor allem eine Versorgung der Bevölkerung mit neuartigen Medikamenten ermöglichen sollen, die ansonsten wegen zu hoher Kosten nicht verfügbar wären.[21]

Für **Gebrauchsmuster** gelten ähnliche Regelungen wie für Patente, wobei z. T. auch unmittelbar auf das Patentgesetz verwiesen wird (vgl. zB im

---

[14] Vgl. BR-Drs. 36/98, Unterrichtung der Bundesregierung zum „Vorschlag für eine RL des Europäischen Parlaments und des Rates über die Angleichung betreffend den Schutz von Erfindungen durch Gebrauchsmuster, KOM (97) 691 endg.; Ratsdok 5042/98". Der geänderte Richtlinienvorschlag der Kommission wurde bisher nicht verwirklicht; vgl. *Bühring,* § 1 GebrMG, Rn. 20.

[15] Vgl. zur Schutzdauer unten Rn. 478 ff.

[16] Vgl. § 23 GebrMG sowie § 20 PatG mit weiterem Erlöschungsgrund.

[17] Vgl. dazu *Benkard/Ullmann,* Internationaler Teil, PatG Rn. 101 ff.

[18] Vgl. *Benkard/Ullmann,* Internationaler Teil, PatG, Rn. 81 ff.

[19] Vgl. Verordnung (EU) Nr. 1257/2012 des Europäischen Parlaments und des Rates vom 17.12.2012 über die Umsetzung der Verstärkten Zusammenarbeit im Bereich der Schaffung eines einheitlichen Patentschutzes, ABl. der EU, 31.12.2012, L 361/1 ff., Art. 9 Abs. 1 Buchst. a.

[20] Vgl. *Benkard/Scharen,* § 9 PatG, Rn. 5.

[21] Zwangslizenzen entsprechen nicht dem Fremdvergleich; vgl. unten Rn. 564.

Hinblick auf die Möglichkeit der Zwangslizenzierung den Verweis in § 20 GebrMG auf § 24 PatG).

Der Inhaber oder Nutzungsberechtigte einer **Marke** (früher sog. Waren- **10** zeichen) kann mit der Marke gekennzeichnete **Waren** herstellen und in Verkehr bringen und nicht berechtigten Nutzern die Benutzung der Marke verbieten.[22] Die Verwendung einer Marke ist auch für **Dienstleistungen** möglich. Nach § 3 MarkenG können als Marke **alle zur Unterscheidung geeigneten Zeichen,** die sich **graphisch** darstellen lassen (§ 8 Abs. 1 MarkenG) geschützt werden, nämlich

- **Wörter** einschließlich **Personennamen**
- **Abbildungen**
- **Buchstaben**
- **Zahlen**
- **Hörzeichen** (hierfür ist eine graphische Darstellung durch Notenschrift oder durch Sonogramm erforderlich, § 11 MarkenV)
- **Dreidimensionale Gestaltungen** einschl. der Form einer Ware oder ihrer Verpackung
- **Sonstige Aufmachungen** (bisher „Ausstattungen") einschl. Farben und Farbzusammenstellungen.

Neben Marken werden vom Markengesetz auch **geschäftliche Bezeich-** **11** **nungen** und **geographische Herkunftsangaben** geschützt (§ 1 MarkenG). Der **Markenschutz** entsteht nicht nur durch die **Eintragung** der Marken in das vom Deutschen Patentamt geführte **Register,** sondern außerdem auch durch die **Benutzung** des Zeichens **im geschäftlichen Verkehr,** soweit das Zeichen innerhalb der beteiligten Verkehrskreise als Marke **Verkehrsgeltung** erworben hat (§ 4 Nr. 2 MarkenG). Ferner entsteht Markenschutz auch durch die **notorische Bekanntheit** der Marke, die auch ohne inländische Benutzung entstehen kann (§ 4 Nr. 3 MarkenG). Die Marke gewährt ein ausschließliches **Benutzungsrecht** des Inhabers (§ 14 Abs. 1 MarkenG) sowie ein **Ausschließlichkeitsrecht,** das es Dritten verbietet, ohne Zustimmung des Inhabers der Marke identische Zeichen usw. im geschäftlichen Verkehr zu verwenden (§ 14 Abs. 2–4 MarkenG). Ähnliches gilt für den Schutz einer geschäftlichen Bezeichnung (§ 15 MarkenG). Die **Schutzdauer** für die Marke beträgt zunächst 10 Jahre und kann mit Zahlung einer Gebühr um jeweils 10 Jahre verlängert werden (§ 47 MarkenG).[23]

Die Marke wird international grundsätzlich als **Trademark** oder für **12** Dienstleistungen auch als **Service Mark** bezeichnet (als *Registered Trademark* häufig mit dem Zeichen ® versehen). In der Praxis wird idR zwischen drei Typen von Marken unterschieden:[24]

1. der **Unternehmensmarke,** die sich auf das gesamte Unternehmen bezieht,
2. der **Produkt- oder Dienstleistungsmarke,** die für die einzelnen Produkte und Dienstleistungen des Unternehmens verwendet wird,
3. der **Dachmarke,** die sich auf Produktgruppen oder Dienstleistungssegmente bezieht.

---

[22] Vgl. ausführlicher zB *Ingerl/Rohnke,* § 14 MarkenG, Rn. 7 ff.
[23] Vgl. iE unten Rn. 481.
[24] Vgl. IDW S 5, Rn. 56; *Roeder* in Kroppen zu Tz. 6.10 OECD-VPL, Anm. 2.

In einem Unternehmen können alle drei oder nur eine der genannten Arten von Marken verwendet werden.

13   Oft werden die Begriffe **Brand** bzw. **Brand Name** als Synonyme für die Unternehmensmarken verwendet. Jedoch umfassen die Bezeichnungen Brand bzw. Brand Name neben der Marke eine Gruppe von sich ergänzenden immateriellen Wirtschaftsgütern, so zB den Handelsnamen, Formeln, Rezepte, technologisches Expertenwissen.[25] Grundsätzlich dürfte der Begriff Brand (bzw. Brand Name) auch diejenigen Attribute umfassen, die Ursache für eine besondere Wertschätzung darstellen, wie zB konkrete Gütevorstellungen bzgl. der Produktqualität, positives Markenimage (insb. Lebensstil, Luxus-, Exklusivitäts- und Prestigevorstellungen), allgemeine Vorstellungen von Größe, Tradition, Erfolg und Leistungsfähigkeit des Unternehmens.[26]

14   Für die **Registrierung und den Schutz von Marken** gibt es erstens ein nationales Markenverfahren, für das das *Deutsche Patent- und Markenamt (DPMA)* in München zuständig ist.[27] Zweitens kann gem. der Gemeinschaftsmarkenverordnung (GMV) der Schutz der **Gemeinschaftsmarke** für das gesamte Gebiet der Europäischen Gemeinschaft bei dem *Harmonisierungsamt für den Binnenmarkt (HABM)* im spanischen Alicante beantragt werden.[28] Drittens ist für die internationale Registrierung nach dem „Madrider Abkommen über die internationale Registrierung von Marken (Madrider Markenabkommen – MMA)" das sog. *Internationale Büro de*r Weltorganisation für geistiges Eigentum (WIPO/OMPI)[29] in Genf zuständig.[30]

Das **Markengesetz** wird auf deutsche und auf **internationale Registrierungen** von Marken angewendet, soweit die Registrierung durch Vermittlung des Patentamts vorgenommen wird oder deren Schutz sich auf Deutschland erstreckt und keine spezielleren Vorschriften eingreifen (§§ 107 ff. MarkenG). Dagegen gilt für die Gemeinschaftsmarke ein EU-einheitliches Schutzrecht gem. der GMV, unabhängig von eventuellen parallelen nationalen Schutzrechten desselben Inhabers.[31]

15   Das **Designrecht**, welches begrifflich seit dem 1.1.2014 das **Geschmacksmusterrecht** abgelöst hat,[32] regelt den **Schutz** der zwei- oder dreidimensionalen **Erscheinungsform eines Erzeugnisses** oder eines Teils davon (§ 1 DesignG), so zB für Stoffmuster, Schmuckstücke, Porzellan, Haushaltsgeräte, Fahrzeuge usw. Seinem Wesen nach kann das eingetragene Design (vormals

---

[25] Vgl. IFRS 3, Illustrative Examples, IE 21; ein Ansatz als einheitliches immaterielles Wirtschaftsgut „Brand" ist danach zulässig, wenn die zur Gruppe gehörenden immateriellen Wirtschaftsgüter eine ähnliche Lebensdauer haben.

[26] Vgl. zu den Ursachen des guten Rufs der Marke *Ingerl/Rohnke,* § 14 MarkenG, Rn. 1366 f.

[27] Vgl. *Fezer/Bingener.,*Hdb. Markenpraxis I, S. 59 ff.

[28] Vgl. *Fezer/von Kapff,* Hdb. Markenpraxis I, S. 467 ff.

[29] WIPO = World Intellectual Property Organization; OMPI = Organisation Mondiale de la Propriété Intelectuelle.

[30] Vgl. *Fezer/Gaedertz/Grundmann,* Hdb. Markenpraxis I, S. 979 ff. (987).

[31] Vgl. *Ingerl/Rohnke,* Einl. MarkenG, Rn. 27.

[32] Das Geschmacksmustergesetz wurde zum 1.1.2014 in Designgesetz umbenannt und modernisiert, vgl. Gesetz zur Modernisierung des Geschmacksmustergesetzes sowie zur Änderung der Regelungen über die Bekanntmachungen zum Ausstellungsschutz vom 10.10.2013. Zum Gesetzentwurf vgl. BR-Drs. 221/13.

„Geschmacksmuster") Elemente des Markenrechts, Urheberrechts und technischer Schutzrechte enthalten.[33] Dieses gewerbliche Schutzrecht gestattet es dem Designentwerfer, das von ihm entworfene Design[34] beim *Deutschen Patent- und Markenamt* zur Eintragung in das Designregister anzumelden (§ 11 DesignG). Als eingetragenes Design wird ein Design geschützt, das neu ist und Eigenart hat (§ 2 Abs. 1–3 DesignG). Dadurch erwirbt er ein **subjektives Recht** an der gewerblich nutzbaren Formgebung, das als Recht auf das eingetrage Design bezeichnet wird. Das eingetragene Design gewährt dem Inhaber für eine Dauer von maximal 25 Jahren (§ 27 DesignG)[35] die Befugnis, sein Design gewerblich zu verwerten und anderen die Nachbildung oder Verbreitung zu verbieten (§ 38 DesignG). Der Inhaber des eingetragenen Designs kann dieses Recht voll übertragen oder unter Beibehaltung seiner eigenen Rechtsinhaberschaft Nutzungsrechte daran einräumen (§§ 29, 31 DesignG).

Da die im Inland beim DPMA registrierten eingetragenen Designs im Ausland keinen Schutz genießen, sollten Unternehmen bevorzugt die Eintragung eines **Gemeinschaftsgeschmacksmusters** (GGeschmM) [36] gem. der Verordnung über das Gemeinschaftsgeschmacksmuster (GGV) beantragen. Die GGV bietet Schutz mit einheitlicher Wirkung für die gesamte Europäische Gemeinschaft. Der Schutz gilt nicht nur für eingetragene GGeschmM (mit maximal 25 Jahren Schutzdauer), sondern gem. Art. 11 GGV auch für nicht eingetragene GGeschmM, die durch „Offenbarung" der Öffentlichkeit zugänglich gemacht werden (Schutzdauer drei Jahre).[37] Ferner ist eine internationale Registrierung beim „Internationalen Büro" der WIPO in Genf gem. dem Haager Abkommen über die internationale Hinterlegung gewerblicher Muster oder Modelle (Haager Musterabkommen – HMA) möglich.[38] Wie bei einer internationalen Markenregistrierung entsteht dadurch ein Bündel von nationalen Schutzrechten, dh, in Deutschland ist das DesignG anwendbar. **16**

Das **Wettbewerbsrecht** dient dem Schutz der gewerblichen Leistung, **17** die sich in eigenartigen Erzeugnissen, im Ruf des Unternehmens, in geschäftlichen Bezeichnungen und in Geschäftsgeheimnissen objektiviert; es sichert aber auch die laufende gewerbliche Betätigung und Entfaltung des Unternehmers gegen unlautere Wettbewerbshandlungen. Obwohl das Wettbewerbsrecht teilweise dem **gewerblichen Rechtsschutz** zugeordnet wird, gewährt

---

[33] Vgl. *Eichmann/von Falckenstein*, GeschmMG, Allgemeines zum Designrecht, Rn. 9.

[34] Der Begriff „Geschmacksmuster" wurde durch das DesignG mit Wirkung zum 1.1.2014 durch den Begriff „eingetragenes Design" ersetzt; zu der sprachlichen Entwicklung des Begriffs „Geschmacksmuster" und der Nutzung der Begriffe „Muster" und „Modell" siehe BR-Drs. 221/13, S. 28 f. sowie *Eichmann/von Falckenstein,* § 1 GeschmMG, Rn. 5.

[35] Vgl. dazu unten Rn. 480.

[36] Der Begriff „Gemeinschaftsgeschmackmuster" in der GGV kann nur durch die verordnungsgebenden Organe der EU in „eingetragenes Gemeinschaftsdesign" umbenannt werden. Eine entsprechende Änderung soll angeregt werden und eine Umsetzung auf europäischer Ebene erscheint aufgrund der besseren sprachlichen Verständlichkeit des Begriffs „Design" wahrscheinlich; vgl. Gesetzesbegründung in BR-Dr. 221/13, S. 31.

[37] Vgl. *Eichmann/von Falckenstein,* GeschmMG, Gemeinschaftsgeschmacksmuster Rn. 5 ff.

[38] Vgl. *Eichmann/von Falckenstein,* GeschmMG, Internationales Rn. 3 ff.

es **kein** registriertes oder anderweitig definiertes **subjektives Recht**[39] und somit **kein** immaterielles Wirtschaftsgut, sondern stellt lediglich Schutztatbestände zur Verfügung, deren Verletzung zivilrechtliche Ansprüche und strafrechtliche Folgen nach sich zieht. Das Wettbewerbsrecht ist im Gesetz gegen den unlauteren Wettbewerb **(UWG)** geregelt.

18   In diesem Zusammenhang ist noch zu erwähnen, dass das Gesetz gegen Wettbewerbsbeschränkungen **(GWB),** das auch als **„Kartellrecht"** bezeichnet wird, ebenso wie die europäischen Kartellrechtsvorschriften (Art. 101 und 102 AEU-Vertrag), nebst den jeweils dazu ergangenen Verordnungen nicht zum gewerblichen Rechtsschutz gehört. Das nationale und internationale Kartellrecht schützen nicht die gewerbliche Leistung des einzelnen, sondern wurden im öffentlichen Interesse zur Sicherung der Freiheit des Wettbewerbs und zur Erhaltung des Wettbewerbs als Institution erlassen.

bb) Andere immaterielle Wirtschaftsgüter

19   Das **Urheberrecht** ist zwar kein echtes gewerbliches Schutzrecht, weist jedoch viele Parallelen auf. Es schützt eine individuelle **geistige Leistung,** die sich in einem **Werk der Literatur, Wissenschaft** oder **Kunst** widerspiegelt, so zB Musikwerke, Filmwerke (inkl. Negative und Kopien), Filmrechte und Verlagsrechte (inkl. Verlagsarchiv, Verlagsobjekte). Grundsätzlich können auch technische und wissenschaftliche Werke (zB Zeichnungen, Architektenpläne, Gutachten) als Werke persönlicher geistiger Schöpfung geschützt werden; dabei bezieht sich der Schutz aber nur auf die Art und Weise der Darstellung und nicht auf den wissenschaftlichen oder technischen Inhalt (letzterer wäre ggf. durch Patente oder Gebrauchsmuster zu schützen). Der Schutz gilt bis zu 70 Jahren nach dem Tod des Urhebers (§ 64 UrhG).

20   Auch **Computerprogramme** in der Form von **Standard- oder Individualsoftware** werden vom **Urheberrecht** geschützt, wobei die genaue Bestimmung des Schutzgegenstandes umstritten ist.[40] Neben dem Urhebergesetz sind auch die Rechtsvorschriften des Kunsturhebergesetzes sowie des Verlagsgesetzes zu beachten. Ebenso wie die gewerblichen Schutzrechte gewährt auch das Urheberrecht dem Inhaber ein ausschließliches Nutzungsrecht sowie ein Verbotsrecht gegenüber Dritten, denen kein Nutzungsrecht eingeräumt wurde.[41] Urheberrechtsschutz und wettbewerbsrechtlicher Leistungsschutz ergänzen sich. Während das Urheberrecht die Frage entscheidet, ob eine eigenschöpferische Leistung als Werk der Literatur, Wissenschaft oder Kunst schutzfähig ist, bestimmt das Wettbewerbsrecht, ob die Art und Weise ihrer Nachahmung erlaubt ist. In einigen Staaten kann das **Copyright** in spezielle Register eingetragen werden.[42]

21   **Geschäfts- oder Betriebsgeheimnisse** auf technischem Gebiet, einschließlich geheimes **Know-how,** sind nach § 17 UWG geschützt. Geheim ist jede Tatsache des Geschäftsbetriebs, die nicht offenkundig, also Mitbewer-

---

[39] *Piper/Ohly/Sosnitza-Ohly,* D. Das UWG im deutschen Rechtssystem, Rn. 78.

[40] Vgl. *Marly* GRUR 2012, 773 ff.; sowie zuletzt zu der Teilfrage Schutz der Funktionalität eines Computerprogramms EuGH 2.5.2012, GRUR 2012, 814.

[41] Vgl. *Dreier/Schulze-Schulze,* § 11 Rn. 6; *Schricker/Loewenheim,* § 31 UrhG, Rn. 10 f.

[42] So zB in USA, vgl. www.copyright.gov.

bern nur mit Schwierigkeiten zugänglich ist.[43] Besonders umstritten ist die Frage, ob für Know-how eine zeitlich begrenzte Überlassung überhaupt möglich ist.[44] Es ist zwar zulässig, einen Know-how-Lizenzvertrag zeitlich befristet abzuschließen, in der Praxis lässt sich aber häufig eine Weiterbenutzung übermittelter technischer Kenntnisse nicht vermeiden. Folglich entfällt das Vertragsobjekt erst mit Offenkundigwerden des Know-how in diesen Fällen. Im Einzelfall ist daher zu prüfen, inwieweit eine zeitlich begrenzte Überlassung von Know-how sachgerecht erscheint. Der Geheimnischarakter und damit der Schutz enden mit der **Offenkundigkeit** der geheimen Tatsachen, bspw. durch Veröffentlichungen, insb. im Falle der Patentanmeldung oder der Eintragung eines Gebrauchsmusters. Soweit in solchen Fällen das Know-how aufgrund eines Know-how-Lizenzvertrags einem anderen zur Nutzung überlassen wurde, muss der Know-how-Vertrag durch einen Lizenzvertrag über das Patent bzw. das Gebrauchsmuster ersetzt werden.

Neben den soeben etwas näher erläuterten gewerblichen Schutzrechten, **22** dem Urheberrecht und dem Know-how gibt es eine **Vielzahl** weiterer **immaterieller Wirtschaftsgüter.** Das Institut der Wirtschaftsprüfer nennt im neuen Standard IDW S 5 in Anlehnung an internationale Rechnungslegungsvorschriften (insb. IFRS 3) fünf Kategorien von immateriellen Wirtschaftsgütern, nämlich marketingbezogene, kundenorientierte, auf sonstigen vorteilhaften Verträgen basierende, technologiebasierte und kunstbezogene immaterielle Vermögenswerte.[45] Für grenzüberschreitend tätige Konzerne spielen dabei zB der Kundenstamm, Vertriebsrechte, Zulassungsrechte (Arzneimittel), Domain-Namen, Konzessionen, Belieferungsrechte, Wettbewerbsrechte, Güterverkehrsgenehmigungen, Emmissionsberechtigungen, Options- und Vorkaufsrechte eine Rolle.[46]

Die zivilrechtlichen Fragen können im Rahmen dieses Handbuchs nicht **23** vertieft werden. Insoweit wird auf die einschlägige Literatur verwiesen.[47] Soweit erforderlich, werden weitere rechtliche Aspekte der gewerblichen Schutzrechte und der anderen immateriellen Wirtschaftsgüter – bspw. über Schutzdauer, formelle und kartellrechtliche Fragen usw. – im Rahmen der weiteren Erörterungen über die Entwicklung[48] immaterieller Wirtschaftsgüter, die Eigentumsübertragung[49] und die Überlassung zur Nutzung[50] immaterieller Wirtschaftsgüter bzw. gewerblicher Schutzrechte erörtert.

---

[43] Vgl. BGH 12.2.1980, GRUR 1980, 750; *Benkard/Ullmann,* § 15 PatG, Rn. 238.

[44] Vgl. BFH 27.4.1977, BStBl. II 623.

[45] Vgl. IDW S 5, FN-IDW 2011, 467 ff., Tz. 13; zu den Bewertungsfragen vgl. unten Rn. 399 ff.

[46] Vgl. Beispiele bei *Schmidt/Weber-Grellet,* § 5 EStG Rn. 171 ff.; sowie zum Kundenstamm: BFH 26.11.2009, BStBl. II 2010, 609 und bspw. zu der Frage der noch nicht konkretisierten Geschäftsidee als immaterielles Wirtschaftsgut: FG Saarland, 26.6.2008 (rk.) DStRE 2009, 994.

[47] Vgl. zB *Benkard,* PatG/GebrMG; *Bühring,* GebrMG; *Loth,* GebrMG; *v. Gamm,* GeschmMG; *Eichmann/von Falckenstein,* GeschmMG; *Ingerl/Rohnke,* MarkenG; *Fezer,* MarkenG; *Köhler/Bornkamm,* UWG; *Groß,* Der Lizenzvertrag.

[48] Vgl. unten Rn. 181 ff. und Rn. 251 ff.

[49] S. unten Rn. 361 ff.

[50] Vgl. unten Rn. 441 ff.

cc) Tabellarische Übersicht

24 Die auf den folgenden Seiten abgedruckten Tabellen weisen in knapper Form auf die wesentlichen **rechtlichen Aspekte** der **gewerblichen Schutzrechte** sowie der wettbewerbsrechtlich geschützten Rechtspositionen und Erzeugnisse hin, wobei hier **nur nationale Bestimmungen** berücksichtigt werden.[51]

	UrhR	Patent	GebrauchsM
Schutzgegenstand	individuelle geistige Leistung, die sich in einem Werk der Literatur, Wissenschaft und Kunst widerspiegelt – Art und Weise der individuellen Darstellung – Computerprogramme	technische Erfindungen, die neu sind, auf einer erfinderischen Tätigkeit beruhen und gewerblich anwendbar sind	technische Erfindungen, die neu sind, ausgenommen Verfahrenserfindungen; ästhetische Formschöpfungen sind vom Schutz nicht erfasst
Formale Entstehungsvoraussetzungen	keine; Entstehung von selbst mit Schöpfung des Werkes	Eintragung beim Deutschen Patentamt München	Eintragung beim Deutschen Patentamt München
Materielle (= inhaltl.) Voraussetzungen	persönlich geistige Schöpfung mit individueller Eigenart/Prägung	Weltneuheit und Erfindungshöhe. Neu = Erfindung darf vor Anmeldetag nicht der Öffentlichkeit bekannt geworden sein. Erfindungshöhe: richtet sich nach dem Stand der Technik	Erfinderischer Schritt (= Erfindungshöhe ist geringer als beim Patent anzusetzen) und Neuheit. Neu = noch keine druckschriftliche Veröffentlichung
Schutzdauer	bis 70 Jahre nach Tod des Urhebers	20 Jahre maximal	10 Jahre maximal
Maßgebliche zivilrechtliche Ansprüche	§ 97 UrhG: Unterlassung und Schadenersatz, §§ 98 und 99: Überlassung oder Vernichtung, § 101a: Auskunft hinsichtlich Dritter	§ 139 PatG: Unterlassung und Schadenersatz, § 140a: Vernichtung, § 140b: Auskunft hinsichtlich Dritter	§ 24 GebrMG: auf Unterlassung und Schadenersatz, § 24a auf Vernichtung, § 24b auf Auskunft hinsichtlich Dritter
Strafrechtliche Vorschriften	§§ 106 ff. UrhG	§ 142 PatG	§ 25 GebrMG

---

[51] Bzgl. der Rechtsfolgen von EU-Registrierungen und internationalen Registrierungen wird auf die einschlägige Literatur verwiesen, vgl. oben Fn. zu Rn. 7–16.

	Design	Marke	UWG
Schutzge-gen-stand	Schutz der zwei- oder dreidimensiona-len Erscheinungs-form eines Erzeug-nisses oder eines Teils davon	Schutz der Kenn-zeichnungsmittel, die der Unterscheidung von Waren und Dienstleistungen dienen	Lauterer Wettbe-werb; zB Schutz vor Nachahmung, Ver-unglimpfung, Täu-schung, irreführender Werbung
Formale Entstehungs-voraussetzungen	Eintragung beim Deutschen Patentamt München	Eintragung beim Deutschen Patentamt oder durch Verkehrsgeltung oder notorische Bekannt-heit	
Materielle (= inhalt.) Voraussetzungen	Neuheit und Eigen-art. Neu = vor Anmel-detag kein identi-sches Design offen-bart; Eigenart = Gesamt-eindruck unterschei-det sich beim infor-mierten Benutzer von dem Gesamtein-druck anderer De-signs	Verwendung eines graphisch darstellba-ren Kennzeichnung zur Kennzeichnung von Waren oder Dienst-leistungen mit Un-terscheidungskraft (Herkunftsfunktion)	Eigenart: unter wett-bewerbsrechtlichen Gesichtspunkten, unbeschadet der schöpferischen Leis-tung. Entscheidend ist, wie der Wettbe-werber die Leistung eines Mitbewerbers für sich ausnutzt: Ge-samtverhalten!
Schutzdauer	25 Jahre maximal, §§ 27, 28 DesignG	10 Jahre mit unbe-grenzter Verlänge-rungsmöglichkeit, § 47 MarkenG; nicht eingetragene Marke: solange sie benutzt wird	Beachte: kurze Ver-jährung der Ansprü-che gem. § 11 UWG
Maßgebliche zivilrechtli-che Ansprü-che	§§ 42 ff. DesignG: Beseitigung, Unter-lassung und Scha-denersatz sowie Vernichtung und Auskunft	§ 14 MarkenG: Unterlassung und Schadenersatz, § 18: Vernichtung, § 19: Auskunft hin-sichtlich Dritter	§§ 8, 9 UWG: Unterlassung und Schadenersatz
Strafrechtli-che Vor-schriften	§ 51 DesignG	§§ 143 ff. MarkenG	§§ 16 ff. UWG

b) Deutsches Bilanzrecht

Im Hinblick auf das am 29.5.2009 in Kraft getretene **Bilanzrechtsmo-** **25**
dernisierungsgesetzes (BilMoG)[52] muss zwischen der alten und der neuen

---

[52] Vgl. BGBl. I 2009, 1102; zur Gesetzesbegründung der Änderungen BT-Drs. 16/
12 407 Beschlussempfehlung und Bericht des Rechtsausschusses (6. Ausschuss); davor

Rechtslage unterschieden werden. Die früheren Bilanzierungsvorschriften finden gem. Art. 66 Abs. 5 EGHGB idF des BilMoG letztmalig für das vor dem 1.1.2010 beginnende Geschäftsjahr Anwendung, dh für Unternehmen mit einem dem Kalenderjahr entsprechenden Geschäftsjahr letztmalig im Jahr 2009. Folglich gelten die **Neuregelungen** des **BilMoG** für **alle am 1.1.2010 oder später beginnenden Wirtschaftsjahre.** Sie konnten allerdings freiwillig nach Art. 66 Abs. 3 EGHGB idF des BilMoG bereits für nach dem 31.12.2008 beginnende Geschäftjahre angewandt werden, jedoch nur als Gesamtheit. Zur Rechtslage **vor** Inkrafttreten des BilMoG wird auf die Erläuterungen in der 3. Aufl. dieses Handbuchs verwiesen.[53]

aa) HGB-Vorschriften

26   Die immateriellen Vermögensgegenstände werden in der Gliederungsvorschrift für die **Bilanz** in § 266 Abs. 2 HGB als erste Kategorie des Anlagevermögens genannt, neben den Sachanlagen und den Finanzanlagen. Dabei unterscheidet § 266 Abs. 2 HGB **vier Gruppen von immateriellen Vermögensgegenständen,** und zwar

1. selbst geschaffene gewerbliche Schutzrechte und ähnliche Rechte und Werte;
2. entgeltlich erworbene Konzessionen, gewerbliche Schutzrechte und ähnliche Rechte und Werte sowie Lizenzen an solchen Rechten und Werten;
3. Geschäfts- oder Firmenwert;
4. geleistete Anzahlungen.

Aus dem Wortlaut „ähnliche Rechte und Werte" bzw. „ähnlichen Rechten und Werten sowie Lizenzen an solchen Rechten und Werten" wird deutlich, dass § 266 Abs. 2 HGB eine beispielhafte Aufzählung gibt, die beliebig erweiterbar ist, soweit es sich um unkörperliche Werte handelt, die nicht zu den Sachanlagen oder Finanzanlagen oder zum Umlaufvermögen gehören.

27   Seit der Neuregelung durch das BilMoG enthält § 248 Abs. 2 S. 1 HGB für **selbst geschaffene immaterielle Vermögensgegenstände** ein **Aktivierungswahlrecht.**[54] Ein Vermögensgegenstand liegt vor, wenn das selbst geschaffene immaterielle Wirtschaftsgut einzeln verwertbar ist,[55] sei es durch Veräußerung, Verarbeitung, Verbrauch, Nutzungsüberlassung oder anderweitig. Jedoch besteht gem. **§ 248 Abs. 2 S. 2 HGB** für **bestimmte selbst geschaffene Vermögensgegenstände** ein **Aktivierungsverbot;** dabei handelt es sich um „Marken, Drucktitel, Verlagsrechte, Kundenlisten oder vergleichbare immaterielle Vermögensgegenstände des Anlagevermögens." Der Gesetzgeber begründet diese eingeschränkte Beibehaltung des Aktivierungsverbots damit, dass es nicht möglich ist, eine zweifelsfreie Abgrenzung vorzunehmen zwischen den Aufwendungen, die ggf. zu den Herstellungskosten solcher Vermögensgegenstände gehören und den Aufwendungen, die aufwandswirksam dem selbst geschaffenen Geschäfts- oder Firmenwert zuzu-

---

vgl. u. a. Gesetzentwurf der Bundesregierung BT-Drs. 16/10067, Entwurf eines Gesetzes zur Modernisierung des Bilanzrechts (Bilanzrechtsmodernisierungsgesetz – BilMoG) vom 30.7.2008.

[53] Vgl. *Engler* in Vögele Verrechnungspreise, 3. Aufl. 2011, Kap. N Rn. 18–22.

[54] Der Gesetzgeber wollte zunächst eine Aktivierungspflicht einführen, entschied sich dann aber für ein Aktivierungswahlrecht; vgl. BT-Drs. 16/12407 (S. 2, 6 f. u. 85).

[55] Vgl. BR-Drs. 344/08, S. 107.

rechnen sind.[56] So kann zB der Aufwand für Werbemaßnahmen entweder der Marke oder dem Geschäfts- oder Firmenwert zugerechnet werden und das Aktivierungsverbot beuge insoweit einer willkürlichen Praxis vor.[57] Zu beachten ist, dass im Steuerrecht weiterhin gem. § 5 Abs. 2 EStG generell ein **Aktivierungsverbot** für **immaterielle Wirtschaftsgüter** des Anlagevermögens gilt, die **nicht entgeltlich erworben** wurden.

Ergänzend sind v. a. die **Neuregelungen zum Umfang** der dem bilan- **28** ziellen **Aktivierungswahlrecht** unterliegenden **Herstellungskosten** in § 255 Abs. 2a HGB zu beachten. Gem. § 255 Abs. 2 S. 4 HGB dürfen Forschungs- und Vertriebskosten nicht in die Herstellungskosten einbezogen werden. Das **Verbot der Aktivierung** von in der **Forschungsphase angefallenen Aufwendungen** erfordert damit für die Bilanzierung eine **Trennung von Forschungs- und Entwicklungsaufwand,**[58] sofern selbst geschaffene immaterielle Vermögensgegenstände gem. dem in § 248 Abs. 2 S. 1 HGB geregelten Bilanzierungswahlrecht aktiviert werden. Im Fall der Ausübung des Aktivierungswahlrechts stimmt die Bilanzierung mit den Regelungen in IAS 38 überein.[59] Im Ergebnis dürfen also **nur** die in der **Entwicklungsphase angefallenen Aufwendungen aktiviert** werden, vorausgesetzt, dass die Entwicklung zu einem aktivierungsfähigen Vermögensgegenstand geführt hat oder wenn im Zeitpunkt der Aktivierung mit hoher Wahrscheinlichkeit davon ausgegangen wird, dass ein einzeln verwertbarer immaterieller Vermögensgegenstand des Anlagevermögens zur Entstehung gelangt.[60] Im Interesse des Gläubigerschutzes sieht § 268 Abs. 8 HGB eine Ausschüttungssperre in Höhe des aktivierten Betrags vor.

Die Kategorie der **Konzessionen, gewerblichen Schutzrechte und** **29** **ähnlichen Rechte** umfasst insb. Güterverkehrskonzessionen, arzneimittelrechtliche Zulassungen, Betriebskonzessionen, Urheberrechte, Patente, Gebrauchsmuster, eingetragene Designs und Marken. Als ähnliche Rechte und Werte iSd § 266 Abs. 2 HGB kommen insb. Nutzungsrechte, Wettbewerbsverbote, ungeschützte Erfindungen, Know-how, EDV-Software usw. in Betracht.

Eine besondere Stellung nimmt der **Geschäfts- oder Firmenwert** ein, **30** der in § 246 Abs. 1 S. 4 HGB als der Unterschiedsbetrag definiert wird, der angesetzt werden muss, wenn die für die Übernahme eines Unternehmens bewirkte Gegenleistung den Wert der einzelnen Vermögensgegenstände des Unternehmens abzüglich der Schulden im Zeitpunkt der Übernahme übersteigt. Daraus folgt, dass der Geschäfts- oder Firmenwert nach deutschem Handelsrecht nicht selbstständig verkehrs- und bewertungsfähig ist und dass er nur als **Restgröße** iSe Unterschiedsbetrags aus einem Gesamtkaufpreis für ein Unternehmen abzüglich aller einzeln bewertbaren Vermögensgegenstände

---

[56] Vgl. BR-Drs. 344/08, S. 107 sowie BT-Drs. 16/12407, S. 85.

[57] Vgl. BR-Drs. 344/08, S. 107 f.

[58] Vgl. zur Differenzierung zwischen Forschung und Entwicklung unten Rn. 53 ff.

[59] Vgl. zu den Regelungen des IAS 38 unten Rn. 35 ff. u. 57 ff.

[60] Vgl. dazu BR-Drs. 344/08, S. 130 f.; zu weiteren Einzelheiten betr. die Aktivierung immaterieller Vermögensgegenstände nach dem BilMoG vgl. *Wiechers* BBK, Fach 20, 2223 ff.; *Stibi/Fuchs* DB Beilage 1, 2008, 6 ff.; *Laubach/Kraus* DB Beilage 1, 2008, 16 ff.; *Ernst/Seidler* BB 2007, 2258 ff.

und Schulden feststellbar ist.[61] Aus dieser handelsrechtlichen Vorschrift folgt, dass auch steuerlich die **isolierte Übertragung** eines **Geschäftswerts nicht möglich** ist.[62] Wenn ausländische Firmen oder Berater eine solche Übertragung wünschen, muss geprüft werden, welche tatsächlich übertragbaren immateriellen Wirtschaftsgüter hinter diesem „Geschäftswert" stehen, wie bspw. ein Kundenstamm, eine bestimmte Marke, ein Vertriebsrecht, ein Wettbewerbsverbot, das Recht zur Fortführung des Firmennamens oder ähnliche immaterielle Wirtschaftsgüter.

31   Zu beachten ist, dass interne Aufwendungen wie bspw. eigene Entwicklungskosten eines Patents nicht zu einem entgeltlichen Erwerb eines gewerblichen Schutzrechts, sondern zu einer (originären) Herstellung eines selbst geschaffenen gewerblichen Schutzrechts führen. Dies gilt auch dann, wenn in den Herstellungskosten erhebliche Fremdkosten – zB Honorare externer Spezialisten, die Unterstützung bei der Entwicklung eines EDV-Programms geleistet haben – enthalten sind.[63] Die Abgrenzung zwischen **selbst geschaffenen** und **entgeltlich erworbenen** immateriellen Wirtschaftsgütern ist v. a. dann problematisch, wenn mehrere Parteien im Rahmen von Poolverträgen oder bei der gemeinsamen Auftragsforschung Forschungs- und Entwicklungskosten tragen oder bspw. Eintrittszahlungen leisten. Diese Fragen werden in diesem Kapitel in den Rn. 251 ff. und Rn. 181 ff. näher erörtert.

32   Die in § 266 Abs. 2 HGB genannten „**Lizenzen** an solchen Rechten und Werten" werden in der Bilanz nur dann aktiviert, wenn Anschaffungskosten vorliegen und die Grundsätze über die Nichtbilanzierung schwebender Geschäfte keine Anwendung finden. Nach überwiegender Auffassung führen einmalige Nutzungsentgelte nicht zu Anschaffungskosten einer Lizenz, sondern sind als Rechnungsabgrenzungsposten zu aktivieren.[64] Die Aktivierung einer Lizenz käme bspw. beim entgeltlichen Erwerb eines bestehenden Nutzungsrechts in Betracht.

33   Zu den immateriellen Wirtschaftsgütern werden bilanziell auch **geleistete Anzahlungen** gerechnet, wenn das schwebende Geschäft den Erwerb eines immateriellen Wirtschaftsguts zum Inhalt hat. Im Rahmen der Verrechnungspreisproblematik dürften geleistete Anzahlungen nur selten eine Rolle spielen, so zB wenn zwar die Preise der zu liefernden immateriellen Wirtschaftsgüter angemessen sind, jedoch eine hohe branchenunübliche Anzahlung geleistet wird, ohne den Finanzierungseffekt beim Kaufpreis zu berücksichtigen.

---

[61] Vgl. *Förschle/Kroner* in Beck Bil-Komm, § 246 HGB, Rn. 82.

[62] Dies folgt auch aus der BFH-Rspr., zB BFH 16.9.1970, BStBl. II 1971, 175 f., wo der Geschäftswert definiert wird als ein immaterielles Gesamtwirtschaftsgut, das den Inbegriff einer Anzahl von im Einzelnen nicht messbaren Faktoren, wie Kundenkreis, Ruf des Unternehmens, Absatzorganisation usw. bildet und das deshalb auch dann nicht zerlegt werden kann, wenn die den Geschäftswert ergebenden Faktoren im Laufe der Zeit wechseln; der Geschäftswert ist der Ausdruck für die Gewinnchancen eines Unternehmens, soweit sie nicht in einzelnen Wirtschaftsgütern verkörpert sind. Im Urteilsfall ging es ausschließlich um die Übertragung eines Kundenstamms, der als immaterielles Einzelwirtschaftsgut anerkannt wurde sowie bspw. BFH 2.9.2008, BStBl. II 2009, 634 (638).

[63] BFH 14.12.1993, BStBl. II 1994, 922.

[64] Vgl. *Schmidt/Weber-Grellet*, § 5 EStG, Rn. 195 mwN; *Ellrott/Brendt* in Beck Bil-Komm, § 255 HGB, Rn. 325, Stichwort „Lizenz, Know-how".

bb) IDW Standard IDW S 5

Der vom **Institut der Wirtschaftsprüfer (IDW)** im Jahr 2007 veröffent- **34** lichte und zwischenzeitlich um zwei neue Abschnitte ergänzte **IDW Standard: Grundsätze zur Bewertung immaterieller Vermögenswerte (IDW S 5)**[65] definiert den **Begriff** des immateriellen Vermögenswerts wie folgt: „Immaterielle Vermögenswerte iSd IDW Standards sind in Leistungserstellungsprozessen eingesetzte nicht finanzielle wirtschaftliche Güter, deren Substanz nicht körperlich wahrnehmbar ist, sondern bspw. als Recht, Beziehung, Wissen oder Information, Prozess, Verfahren oder Gedanke in Erscheinung tritt" (Abschn. 2.1 IDW S 5). Unklar ist, wieso der IDW S 5 von der Definition in IAS 38.8 abweicht. V. a. sind die vom IDW genannten Beispiele zu allgemein und werden erst durch die immanenten Voraussetzungen des Vermögensgegenstandes eingeengt. Dagegen handelt es sich bei den in IAS 38.9 genannten Beispielen generell um immaterielle Vermögenswerte.[66]

Das IDW geht davon aus, dass der IDW S 5 grundsätzlich für unterschiedliche **Bewertungsanlässe** anwendbar ist, so zB für Zwecke der Kaufpreisfindung beim Verkauf einzelner immaterieller Wirtschaftsgüter[67] oder für die Unternehmenssteuerung ebenso wie für Bewertungen nach nationalen und internationalen **handelsrechtlichen sowie steuerlichen Vorschriften**.[68] Eine Bewertung für steuerliche Zwecke kann u. a. auch in den Fällen einer Funktionsverlagerung erforderlich sein.[69] So verweist zB Tz. 63 der VGr-Funktionsverlagerung[70] bei der Bewertung des zukünftig zu erwartenden Nutzens aus dem Transferpaket im Rahmen der Verrechnungspreisbestimmung explizit auch auf den Bewertungsstandard IDW S 5. Das IDW hat aber Bedenken gegen die generelle Anwendung des IDW S 5 in den Fällen der Funktionsverlagerung.[71]

c) Internationales Bilanzrecht

Verrechnungspreisfragen treten regelmäßig im internationalen Bereich auf, **35** wenn die Vertragsparteien in **verschiedenen Staaten** ansässig sind und ein Staat die Preise für Transaktionen bzgl. immaterieller Wirtschaftsgüter oder für Forschungs- und Entwicklungsleistungen dem Grunde oder der Höhe nach nicht anerkennt. Dabei kann es im Einzelfall auch **unterschiedliche** Auffassungen über die **Definition** der Begriffe der **immateriellen Vermögensgegenstände** bzw. Vermögenswerte und der **immateriellen Wirtschaftsgüter** nach handelsrechtlicher und/oder steuerlicher Rechnungslegung geben. Obwohl das Gebiet der Verrechnungspreise steuerlich dominiert

---

[65] Vgl. *IDW,* IDW S 5, FN 2011, 467 (Rn. 3).

[66] Vgl. zu den Regelungen des IAS 38 unten Rn. 35 ff.

[67] Vgl. dazu ausführlich unten Rn. 361 ff. und 399 ff.

[68] *IDW,* IDW S 5, FN 2011, 467, Rn. 6; zur Bewertung immaterieller Wirtschaftsgüter vgl. unten Rn. 361 ff.

[69] Zur Funktionsverlagerung vgl. § 1 Abs. 3 S. 9 AStG, §§ 1 ff. FVerlV u. Kap. R.

[70] BMF-Schreiben vom 13.10.2010, BStBl. I 774.

[71] Das IDW hat sich diesbezüglich mit Schreiben vom 9.10.2011 an den Bundesminister der Finanzen gewandt (abrufbar über die Seite des IDW – www.idw.de – unter „IDW aktuell") und darauf hingewiesen, dass u. a. der Standard IDW S 5 aufgrund regelmäßiger Diskrepanzen der Bewertungseinheiten bzw. des Bewertungsobjektes **nicht** uneingeschränkt auf die Bewertung von Transferpaketen anzuwenden ist.

wird,[72] bestehen nach deutschem Recht im Hinblick auf den Maßgeblich-keitsgrundsatz grundsätzlich keine Bedenken, die handelsrechtliche Begriffs-bestimmung der immateriellen Vermögensgegenstände auch für Steuerzwecke – also für die Auslegung und Anwendung des Begriffs immaterielle Wirt-schaftsgüter – heranzuziehen.[73] Bei Meinungsstreitigkeiten mit ausländischen Finanzbehörden können **internationale handelsrechtliche Definitionen** in Streitfällen einen Konsens ermöglichen. Dabei ist insb. der vom **„International Accounting Standards Committee"** (IAS C) veröffentlichte „In-ternational Accounting Standard **IAS 38: Intangible Assets**" von Bedeu-tung.[74] Danach gelten (übersetzt) folgende **Definitionen:**

Ein **immaterieller Vermögenswert** ist ein identifizierbarer, nicht mone-tärer Vermögenswert ohne physische Substanz (IAS 38.8).[75]

Ein **Vermögenswert** ist eine Ressource:

a) die aufgrund von Ereignissen der Vergangenheit von einem Unternehmen beherrscht wird; und

b) von der erwartet wird, dass dem Unternehmen durch sie künftiger wirt-schaftlicher Nutzen zufließt (IAS 38.8).

36   Als übliche **Beispiele** werden u. a. Patente, Lizenzen, Urheberrechte und Marken (einschließlich Handelsnamen und Verlagsrechte), Franchise-Rechte, Software, Copyrights, Filmrechte, Kundenstamm, Fischereirechte, Vertriebs-rechte, Vermarktungsrechte sowie Marktkenntnisse und technisches Know-how genannt.[76] Für das Vorliegen eines immateriellen Wirtschaftsguts wird verlangt, dass ein immaterieller Vermögenswert **identifizierbar** ist, der ein-deutig vom Geschäfts- oder Firmenwert unterschieden werden kann, und dass das Unternehmen **Verfügungsmacht** über diese Ressource hat, von der ein **künftiger wirtschaftlicher Nutzen** erwartet wird.[77] Ein immaterieller Vermögenswert ist identifizierbar, wenn er **separierbar** ist, dh wenn er ei-genständig oder zusammen mit anderen Vermögenswerten, Schulden oder Verträgen veräußert, vermietet, getauscht, lizenziert oder übertragen werden kann.[78] Die Identifizierbarkeit ist ferner gegeben, wenn das immaterielle Wirtschaftsgut auf vertraglichen oder gesetzlichen Rechten beruht.[79]

37   Das Unternehmen **beherrscht** den immateriellen Vermögenswert, wenn es sich den künftigen Nutzen, der ihm aus der zu Grunde liegenden Ressour-ce zufließt, verschaffen und den Zugriff Dritter beschränken kann.[80] Der

---

[72] Handelsrechtlich ist die Unangemessenheit der Verrechnungspreise im Konzern zB relevant für den Abhängigkeitsbericht einer Aktiengesellschaft gem. § 312 AktG oder für den Schutz von Minderheitsgesellschaftern oder Gläubigern der benachteilig-ten Gesellschaft (§ 62 AktG, § 9a Abs. 2 GmbHG).

[73] Vgl. zur steuerlichen Begriffsbestimmung nachfolgend Rn. 39 ff.

[74] Der Text IAS 38 ist unter anderem abgedruckt in *IASB*, sog. Rotes Buch der In-ternational Financial Reporting Standards 2013 (2 Bände), Band A.

[75] Die Rn. 3 des IDW S 5 enthält inhaltlich eine ähnliche Definition, die aber an-ders als IAS 38.9 weniger geeignete Bespiele nennt, vgl. oben Rn. 34.

[76] Vgl. IAS 38.9.

[77] Vgl. IAS 38.9–38.17. Eine Gruppe erfahrener Mitarbeiter (zB Forscherteam) er-füllt diese Voraussetzungen nicht; vgl. unten Rn. 52.

[78] Vgl. IAS 38.12 (a).

[79] Vgl. IAS 38.12 (b).

[80] Vgl. IAS 38.13.

künftige wirtschaftliche Nutzen aus einem immateriellen Wirtschaftsgut kann Erlöse aus dem Verkauf von Produkten oder der Erbringung von Dienstleistungen, Kosteneinsparungen oder andere Vorteile umfassen, die sich aus der Nutzung des Wirtschaftsguts ergeben.[81] Eine Gruppe erfahrener **Mitarbeiter** (Assembled Workforce) oder ein **Forschungsteam** (Research Team) erfüllt diese Voraussetzungen nicht, da die Mitarbeiter kündigen können und insoweit **keine Verfügungsmacht** des Unternehmers besteht.[82]

Obwohl die Definition der immateriellen Vermögenswerte in IAS 38.8 **38** und die Beispiele in IAS 38.9 von der Definition in Abschnitt 2.1 IDW S 5 und von den Beispielen des § 266 Abs. 2 HGB abweichen, bestehen inhaltlich keine Differenzen, da die Auslegung im Ergebnis weitestgehend zu einer Deckungsgleichheit der Begriffe führen sollte. V. a. im Hinblick auf das Ziel des deutschen Gesetzgebers, das HGB-Bilanzrecht an die Regeln des internationalen Bilanzrechts anzunähern,[83] sollte in Zweifelsfällen eine Auslegung des Begriffs unter Heranziehung der in den internationalen Bilanzierungs-Standards enthaltenen Regelungen zulässig sein. Eine solche Auslegung dürfte folglich auch Auswirkungen auf die steuerliche Gewinnermittlung haben, soweit für diese nicht ausdrücklich abweichende Bilanzierungs- und Bewertungsvorschriften bestehen.

d) Deutsches Steuerrecht

Wenn immaterielle Wirtschaftsgüter zwischen nahe stehenden Unternehmen zur Nutzung überlassen oder veräußert werden, dann prüfen FinVerw. und Rechtsprechung regelmäßig, ob ein Entgelt gezahlt wird und ob dieses dem Grunde und der Höhe nach dem Fremdvergleich entspricht. Eine wesentliche **Vorraussetzung** für die Anerkennung einer Lizenzgebühr oder eines Kaufpreises dem Grunde nach ist das Vorliegen eines **immateriellen Wirtschaftsgutes,** das zur Nutzung überlassen oder dessen Eigentum übertragen wird. In den Steuergesetzen werden die Begriffe „Wirtschaftsgut" und „immaterielles Wirtschaftsgut" zwar genannt, aber nicht definiert.[84] Im Hinblick auf den Maßgeblichkeitsgrundsatz des § 5 Abs. 1 EStG setzt jedes **Wirtschaftsgut** voraus, dass es auch nach den handelsrechtlichen Grundsätzen ordnungsmäßiger Buchführung auszuweisen ist; daher stimmen laut BFH die Begriffe „Vermögensgegenstand" und „Wirtschaftsgut" inhaltlich überein.[85] Die Begriffe Wirtschaftsgut und Vermögensgegenstand umfassen nicht nur Sa-

---

[81] Vgl. IAS 38.17.

[82] Vgl. unten Rn. 50 u. 52.

[83] Vgl. BR-Drs. 344/08 S. 1, wonach das Ziel des BilMoG darin liegt, „das bewährte HGB-Bilanzrecht zu einer dauerhaften und im Verhältnis zu den internationalen Rechnungslegungsstandards vollwertigen, aber kostengünstigeren und einfacheren Alternative weiter zu entwickeln …" und S. 71, wo es für den handelsrechtlichen Konzernabschluss heißt: „Das Ziel der Modernisierung der handelsrechtlichen Vorschriften zum Konzernabschluss besteht daher vorrangig darin, dessen Vergleichbarkeit mit dem Konzernabschluss nach den IFRS im Wege einer moderaten Modernisierung zu verbessern."

[84] Vgl. zB zum Begriff „Wirtschaftsgut" § 4 Abs. 1 S. 2, 4–8 oder § 6 Abs. 1 Nr. 1, 2 und 2a EStG und zum Begriff „immaterielles Wirtschaftsgut" § 5 Abs. 2 EStG.

[85] Vgl. BFH GrS 7.8.2000, BStBl. II 632 (635); BFH GrS 26.10.1987, BStBl. II 1988, 348.

chen und Rechte iSd BGB, sondern auch tatsächliche Zustände und konkrete Möglichkeiten, dh sämtliche Vorteile für den Betrieb, deren Erlangung sich der Kaufmann etwas kosten lässt.[86] Ein Vermögenswert ist jedoch nur dann ein Wirtschaftsgut (Vermögensgegenstand), wenn es greifbar ist und als Einzelheit ins Gewicht fällt; es muss sich um eine objektiv werthaltige Position handeln.[87]

40   Für die **Abgrenzung** zu den **materiellen Wirtschaftsgütern** muss daher nach dem **Maßgeblichkeitsgrundsatz** auf die **Handelsbilanz** sowie auf die im Ertragsteuerrecht allgemein anerkannten Grundsätze der Rspr. und Literatur Bezug genommen werden. Gem. BFH-Rspr. sind **immaterielle Wirtschaftsgüter** diejenigen Wirtschaftsgüter, die körperlich nicht greifbar sind.[88] Zu den immateriellen Wirtschaftsgütern des Anlagevermögens zählen wie im handelsrechtlichen Bilanzrecht Konzessionen (zB Verkehrskonzessionen, arzneimittelrechtliche Zulassungen), gewerbliche Schutzrechte (zB Patente, Markenrechte bzw. Warenzeichen, Urheber- und Verlagsrechte), ähnliche Rechte (zB Nutzungs-, Belieferungs- und Bezugsrechte), Werte (zB ungeschützte Erfindungen, Geheimverfahren) sowie Lizenzen an solchen Rechten und Werten.[89]

41   Bilden **materielle Gegenstände mit immateriellen Wirtschaftsgütern** eine **Einheit** (zB CD mit Computersoftware), ist auch diese Verbindung grundsätzlich zu den immateriellen Wirtschaftsgütern zu rechnen, soweit der geistige Gehalt im Vordergrund steht.[90] Bei dieser Zuordnung ist auf den Einzelfall abzustellen, insb. auf das Wertverhältnis zwischen dem eigentlichen immateriellen Wert und den Produktionskosten des körperlichen Gegenstands.

42   Durch die bereits erwähnte **Neufassung** des **§ 248 Abs. 2 HGB** besteht in der Handelsbilanz für Geschäftsjahre, die am 1.1.2010 oder später beginnen, ein **Aktivierungswahlrecht** für selbst geschaffene immaterielle Wirtschaftsgüter.[91] **Steuerlich** ergeben sich für die Unternehmen jedoch keine Auswirkungen, da die Regelung des **§ 5 Abs. 2 EStG** unberührt bleibt; dh für die Steuerbilanz besteht **weiterhin** ein **Aktivierungsverbot.** Jedoch sind auf die in der Handelsbilanz aktivierten selbst erstellten immateriellen Vermögensgegenstände passive latente Steuern zu berechnen und in den Folgejahren fortzuschreiben.[92]

43   Die FinVerw. befasst sich mit dem Thema der immateriellen Wirtschaftsgüter v. a. in Tz. 5 VGr, wo die Anwendung des Fremdvergleichsgrundsatzes hinsichtlich der **Nutzungsüberlassung** von Patenten, Know-how oder anderen **immateriellen Wirtschaftsgütern** und der **Auftragsforschung** erläutert wird. Bzgl. des Begriffes des immateriellen Wirtschaftsguts verweist Tz. 5.1.1 VGr lediglich auf Tz. 3.1.2.3 VGr, wo folgende immaterielle Wirt-

---

[86] BFH GrS 7.8.2000, BStBl. II 635 mwN.
[87] BFH GrS 7.8.2000, BStBl. II 635 mwN.
[88] BFH 3.7.1987, BStBl. II 728.
[89] Vgl. auch die beispielhafte Aufzählung in Abschn. 5.5 nebst H 5.5 EStR sowie *Schmidt/Weber-Grellet,* § 5 EStG, Rn. 171 ff.
[90] BFH 18.5.2011, BStBl. II 865. Wenn ein immaterielles Wirtschaftsgut vorliegt, kann das Entgelt für dessen Übertragung entweder als Kaufpreis oder als Lizenzgebühr qualifiziert werden, vgl. OFD München, Vfg. 28.5.1998, DB 1998, 1307 sowie zB für Software unten Rn. 143.
[91] Vgl. dazu oben Rn. 27 f.
[92] *Wiechers* BBK, F. 20, 2230; *Dörfler/Adrian* DB Beilage 1, 2008, 45.

schaftsgüter beispielhaft aufgezählt werden: Gewerbliches Schutzrecht, Geschmacksmusterrecht,[93] Urheberrecht, nicht geschützte Erfindung oder eine
sonstige die Technik bereichernde Leistung, Sortenschutzrecht, Geschäfts-
oder Betriebsgeheimnis, ähnliches Recht oder Wert. Es erfolgt jedoch **keine
Definition des immateriellen Wirtschaftsguts.**

Die FinVerw. misst den **immateriellen Wirtschaftsgütern besondere** **44**
Bedeutung zu, weil ein Unternehmen, das über die zur Durchführung von
Geschäften wesentlichen materiellen und immateriellen Wirtschaftsgüter verfügt, die wesentlichen, für den Unternehmenserfolg entscheidenden Funktionen ausübt und die wesentlichen Risiken übernimmt, als „Entrepreneur"
bzw. „Strategieträger" zu qualifizieren ist, dem regelmäßig das betreffende
Konzernergebnis zukommt, das nach Abgeltung von Routinefunktionen anderer Konzernunternehmen verbleibt (Tz. 3.4.10.2 Buchst. b VGr-Verfahren). Folgerichtig muss die **Verrechnungspreisdokumentation** gem. § 4
Nr. 2b) GAufzV eine **Zusammenstellung (Liste) der wesentlichen immateriellen Wirtschaftsgüter** enthalten, die dem Steuerpflichtigen gehören und die er im Rahmen seiner Geschäftsbeziehungen zu Nahestehenden
nutzt oder zur Nutzung überlässt. In diesem Zusammenhang ist es erforderlich, auch den wirtschaftlichen Eigentümer zu benennen, sofern rechtlicher
und wirtschaftlicher Eigentümer nicht identisch ist. Im Einzelfall werden
immaterielle Wirtschaftsgüter – so zB der Firmenname – vom Gesellschafter
aufgrund seiner Gesellschafterstellung und nicht aufgrund schuldrechtlicher
Geschäftsbeziehungen überlassen.[94]

IdR ist die **Identifizierung** und **Dokumentation** der **immateriellen** **45**
Wirtschaftsgüter unproblematisch, soweit sie vertraglich erworben wurden
oder lizenziert werden. Auch selbst geschaffene immaterielle Wirtschaftsgüter
sind eindeutig identifizierbar, soweit sie als gewerbliche Schutzrechte in ein
Register eingetragen sind (zB Patente, Gebrauchsmuster, eingetragene Designs oder Marken) oder in einem Dokument (zB Buch oder Notenbuch)
oder Daten- bzw. Tonträger (zB CD mit Software oder Musiktiteln) verkörpert sind. Schwierigkeiten bestehen jedoch, wenn es sich um Vorteile oder
Rechte handelt, die nicht auf klar und eindeutig identifizierbare Vermögensgegenstände zurückgeführt werden können, wie zB Vertriebs-Know-how.[95]
Der Erfolg einer Vertriebsgesellschaft kann zwar auch auf solchem Know-
how beruhen, hängt aber auch wesentlich von der Qualität der Produkte, den
Fähigkeiten der Vertriebsmannschaft, der Kundenbetreuung, der Kosteneffizienz und ggf. von der **Sogwirkung** der Marke ab.[96] Probleme der Identifizierung und Dokumentation bestehen ferner, wenn zB technisches Know-
how aus Gründen der Geheimhaltung bewusst nicht als Patent angemeldet
wurde oder wenn Rezepturen für die Herstellung von Arzneimitteln, Ge-
tränken oder Lebensmitteln als Betriebsgeheimnis nicht veröffentlicht werden.
In diesen Fällen kann die FinVerw. nicht erwarten, dass das Unternehmen
Details schriftlich dokumentiert.

---

[93] Das Geschmacksmustergesetz wurde zum 1.1.2014 begrifflich in Designgesetz
umbenannt und modernisiert, vgl. oben Rn. 15 f.
[94] Vgl. Tz. 6.3.2 VGr; betr. Identität mit Marken vgl. unten Rn. 506 f.
[95] Vgl. *Wehnert* IStR 2007, 559.
[96] Ähnlich *Wehnert* IStR 2007, 559; *Jacobs*, S. 1109 u. 1112.

e) OECD-Leitlinien und Entwürfe des Kapitels VI

aa) OECD-Leitlinien 2010

46 Die OECD-Leitlinien unterscheiden in Tz. 6.3 die **gewerblichen immateriellen Wirtschaftsgüter (Commercial Intangibles)** in solche, die für **Marketingzwecke** genutzt werden **(Marketing Intangibles)** und solche, die nicht Marketingzwecken dienen **(Trade Intangibles).** Als Marketing Intangibles werden Produkt- und Dienstleistungsmarken (früher: Warenzeichen) sowie Handelsnamen genannt, die die Vermarktung erleichtern, sowie Kundenlisten, Vertriebswege, einmalige Namen, Symbole oder bildliche Darstellungen usw., die einen bedeutenden Wert für die Vermarktung der Produkte haben (Tz. 6.4 OECD-VPL). Zu den „Trade Intangibles" gehören insbes. immaterielle Wirtschaftsgüter, die auf Forschung und Entwicklung beruhen und die für die Produktion von Wirtschaftsgütern benötigt werden, wie bspw. Patente, Know-how, Gebrauchsmuster oder Entwürfe (Tz. 6.3 und 6.8 OECD-VPL). In Tz. 6.5 OECD-VPL wird darauf hingewiesen, dass bestimmte immaterielle Wirtschaftsgüter, wie bspw. Know-how oder Betriebsgeheimnisse, sowohl für Marketingzwecke als auch für andere Zwecke genutzt werden können, und in Tz. 6.12 OECD-VPL wird erläutert, dass die Unterscheidung zwischen Trade Intangibles und Marketing Intangibles schwierig sein kann, bspw. bei Marken.

Die Einteilung der immateriellen Wirtschaftsgüter in die eine oder andere Kategorie dürfte allerdings weniger entscheidend sein. Wichtiger ist im Ergebnis die Analyse, welche Faktoren den Wert des konkreten immateriellen Wirtschaftsguts beeinflussen und wie hoch daher z.B. der Verkaufspreis oder die Lizenzgebühr anzusetzen ist.[97]

bb) OECD-Entwürfe zur Neufassung des Kapitels VI

47 Im Rahmen des Projekts zur Überarbeitung der OECD-Leitlinien veröffentlichte die OECD am 6.6.2012 zunächst einen **ersten Diskussionsentwurf**[98] **des überarbeiteten Kapitels IV der OECD-Leitlinien** (nachfolgend: 1. Diskussionsentwurf) und am 30.7.2013 einen **überarbeiteten Diskussionsentwurf** zu Verrechnungspreisaspekten immaterieller Wirtschaftsgüter[99] (nachfolgend: 2. Diskussionsentwurf), zu denen der Öffentlichkeit die Möglichkeit eingeräumt wurde, Stellungnahmen abzugeben.[100]

48 Am 16.9.2014 publizierte die OECD die **Neufassung des Kapitels VI OECD-VPL,**[101] die jedoch unter dem Vorbehalt erneuter Änderungen im

---

[97] Vgl. dazu Tz. 6.13 ff. OECD-VPL.

[98] „Discussion Draft – Revision of the Special Considerations for Intangibles in Chapter VI of the OECD-Transfer Pricing Guidelines and Related Provisions", abrufbar über: http://www.oecd.org/tax/transferpricing/.

[99] „Public Consultation – Revised Discussion Draft on Transfer Pricing Aspects of Intangibles" vom 30.7.2013, abrufbar über die Homepage der OECD unter http://www.oecd.org/ctp/transfer-pricing/intangibles-discussion-draft.htm.

[100] Die zahlreichen und umfangreichen Stellungnahmen sind über die Internetseite der OECD abrufbar.

[101] *OECD,* Guidance on Transfer Pricing Aspects of Intangibles, OECD/G20 Base Erosion and Profit Shifting Project; im Internet erhältlich unter: http://dx.doi.org/10.1787/9789264219212-en. Außer der Neufassung des Kapitels VI enthält das Dokument auch Ergänzungen und Änderungen der Kapitel I und II OECD-VPL.

Jahr 2015 durch die Arbeiten im Rahmen des „Base Erosion and Profit Shifting (BEPS)"-Projekts steht.[102] Das neu gefasste Kapitel VI OECD-VPL (nachfolgend: **OECD-VPL Kapitel VI (2014 Guidance)**) ist dabei in die folgenden **vier Abschnitte** gegliedert und enthält ferner einen Anhang mit zahlreichen Beispielen:

A. Identifizierung immaterieller Wirtschaftsgüter;
B. Eigentum an immateriellen Wirtschaftsgütern und Geschäftsvorfälle betreffend die Entwicklung, Verbesserung, Erhaltung, den Schutz und die Ausbeutung immaterieller Wirtschaftsgüter;
C. Geschäftsvorfälle betreffend die Nutzung oder die Übertragung von immateriellen Wirtschaftsgütern;
D. Ergänzende Leitlinien zur Bestimmung fremdüblicher Bedingungen bei Geschäftsvorfällen mit immateriellen Wirtschaftsgütern.

Das neue Kapitel VI der OECD-VPL (2014 Guidance) enthält eine **neue,** **49** **eigene Definition des immateriellen Wirtschaftsguts** für den Bereich der **Verrechnungspreise**.[103] Die Definitionen für bilanzielle, rechtliche und allgemeine steuerliche Zwecke sind für den Bereich der Verrechnungspreise nicht zwingend identisch.[104] Ein immaterielles Wirtschaftsgut ist demnach etwas, das weder ein körperlicher noch ein finanzieller Vermögenswert[105] ist, welches im Rahmen einer wirtschaftlichen Tätigkeit in Besitz genommen oder kontrolliert werden kann und dessen Nutzung oder Übertragung vergütet worden wäre, wenn dieser Geschäftsvorfall zwischen voneinander unabhängigen Parteien unter vergleichbaren Umständen erfolgt wäre.[106] Dabei wird festgehalten, dass eine Bilanzierbarkeit genauso wenig eine Voraussetzung für die Annahme eines immateriellen Wirtschaftsguts darstellt wie auch die Notwendigkeit der isolierten Übertragbarkeit oder des rechtlichen Schutzes.[107] Das Vorliegen einer **Lizenzzahlung** iSd Art. 12 OECD-MA soll nicht für die Beurteilung des Vorliegens eines immateriellen Wirtschaftsguts maßgebend sein.[108]

Im Gegensatz zu Tz. 6.3 OECD-VPL erfolgt nunmehr auch **keine Kategorisierung** der immateriellen Wirtschaftsgüter in *Marketing Intangibles* und *Trade Intangibles* und für die Ermittlung der Fremdvergleichspreise sollen auch keine anderen Kategorien, wie zB „*routine and non-routine intangibles*" oder „*soft and hard intangibles*" relevant sein.[109] Die OECD räumt jedoch ein, dass bestimmte Kategorien von immateriellen Wirtschaftsgütern üblicherweise in Diskussionen im Zusammenhang mit Verrechnungspreisen Verwendung finden. Um Erörterungen in diesem Bereich zu erleichtern, enthält das **Glossar**

---

[102] Vgl. *OECD, Executive Summary* im Dokument zur Änderung bzw. Neufassung der Kapitel I, II und VI OECD-VPL (2014 Guidance).
[103] Vgl. *OECD,* Tz. 6.6 OECD-VPL Kapitel VI (2014 Guidance).
[104] Vgl. *OECD,* Tz. 6.7 f. OECD-VPL Kapitel VI (2014 Guidance).
[105] Vgl. *OECD,* Fußnote 1 zu Tz. 6.6 OECD-VPL Kapitel VI (2014 Guidance) enthält eine Definition des Begriffs „*financial asset*".
[106] Letztgenanntes Kriterium wurde erst im Rahmen des 2. Diskussionsentwurfs aufgenommen.
[107] Vgl. *OECD,* Tz. 6.7 ff. OECD-VPL Kapitel VI (2014 Guidance).
[108] Vgl. *OECD,* Tz. 6.13 OECD-VPL Kapitel VI (2014 Guidance).
[109] Vgl. *OECD,* Tz. 6.15 OECD-VPL Kapitel VI (2014 Guidance).

zu den OECD-Leitlinien daher die Definitionen der Begriffe *„trade intangibles"* und *„marketing intangibles"*, wobei letztere Definition neu gefasst wurde.[110] Demnach wird als **immaterieller Marketingwert** ein **immaterielles Wirtschaftsgut** iSd Tz. 6.6 OECD-VPL Kapitel VI (2014 Guidance) bezeichnet, das im kundenbezogenen Geschäftsverkehr und bei der kommerziellen Ausbeutung eines Produktes oder einer Dienstleistung verwendet wird. Abhängig vom Kontext umfassen immaterielle Marketingwerte zB Marken, Firmennamen, Kundenlisten, Kundenbeziehungen, einen geschützten Markt und Kundendaten, welche im Marketing oder bei Verkauf von Waren oder Dienstleistungen an Kunden Verwendung finden. Weiterhin wurde eine **Definition** der Adjektive *„unique and valuable"* im Zusammenhang mit immateriellen Wirtschaftsgütern aufgenommen.[111] Demnach sind immaterielle Wirtschaftsgüter **einzigartig und wertvoll,** wenn sie (i) nicht vergleichbar sind mit immateriellen Wirtschaftsgütern, welche von Beteiligten in möglicherweise vergleichbaren Geschäftsvorfällen verwendet werden oder verfügbar sind, und (ii) deren Gebrauch im Geschäftsverkehr (zB Produktion, Erbringung von Dienstleistungen, Marketing, Verkauf oder Verwaltung) größere zukünftige wirtschaftliche Vorteile erwarten lässt, als wenn diese nicht vorhanden wären.[112]

50   Neben diesen allgemeinen Erläuterungen erfolgt unter Tz. 6.18 ff. OECD-VPL Kapitel VI (2014 Guidance) eine beispielhafte Aufzählung und Beschreibung von immateriellen Wirtschaftsgütern:

1) Patente;
2) Know-how und Geschäftsgeheimnisse;
3) Marken *(Trademarks, Trade Names and Brands);*
4) Aus Verträgen abgeleitete Rechte und staatliche Lizenzen;
5) Lizenzen und ähnliche Rechte;
6) Geschäftswert *(Goodwill and Ongoing Concern Value).*

Synergieeffekte *(Group synergies)* sowie **marktspezifische Gegebenheiten** *(Market specific characteristics)* sind Faktoren, die im Rahmen der **Vergleichbarkeit** von Transaktionen die Verrechnungspreise beeinflussen;[113] sie können jedoch nicht in Besitz genommen oder kontrolliert werden, so dass sie **keine** immateriellen Wirtschaftsgüter darstellen.[114] Das Vorhandensein einer **Gruppe erfahrener Mitarbeiter** *(Assembled workforce)* wird per se ebenfalls nicht als immaterielles Wirtschaftsgut qualifiziert, kann jedoch den Preis von Dienstleistungen oder die Höhe von Zahlungen in Fällen von Funktionsverlagerungen beeinflussen.[115] Wenn eine langfristige vertragliche Verpflichtung besteht, ein qualifiziertes Team zur Verfügung zu stellen, kann dieser vertragliche Anspruch selbst ein immaterielles Wirtschaftsgut darstellen.[116] Die Entsendung eines erfahrenen Mitarbeiters ist nicht als Übertragung eines immateriellen Wirtschaftsguts anzusehen; jedoch kann dies im Ergebnis zu

---

[110] Vgl. *OECD*, Tz. 6.16 OECD-VPL Kapitel VI (2014 Guidance).
[111] Vgl. *OECD*, Tz. 6.17 OECD-VPL Kapitel VI (2014 Guidance).
[112] Vgl. zur Auslegung des Begriffs „einzigartig" unten Rn. 91 f.
[113] Vgl. zu Synergien Kap. N Rn. 110 f.
[114] Vgl. *OECD*, Tz. 6.30 u. 6.31 OECD-VPL Kapitel VI (2014 Guidance).
[115] Vgl. *OECD*, Tz. 1.93 f. OECD-VPL Kapitel I (2014 Guidance).
[116] Vgl. *OECD*, Tz. 6.25 OECD-VPL Kapitel VI (2014 Guidance).

einer entgeltpflichtigen Übertragung von **Know-how** oder **Betriebsgeheimnissen** führen.[117]

f) US-Regelungen

Außerhalb Europas haben deutsche Unternehmen besonders intensive **51** Geschäftsbeziehungen zu verbundenen Unternehmen in den USA. Daher werden an einigen Stellen dieses Kapitels auch Hinweise zu den US-Verrechnungspreisvorschriften gegeben. Eine **Definition** der immateriellen Wirtschaftsgüter findet sich in § 1.482-4(b) der **US-Regulations,** der frei übersetzt wie folgt lautet:

„(b) *Definition der immateriellen Wirtschaftsgüter.* Für Zwecke des Abschnitts 482 gilt als immaterielles Wirtschaftsgut ein Vermögensgegenstand, der unter eine der folgenden Kategorien fällt und einen erheblichen Wert unabhängig von den Leistungen einer Person hat –
(1) Patente, Erfindungen, Formeln, Verfahren, Entwürfe, Muster (Modelle) oder Know-how;
(2) Urheberrechte und literarische, musikalische oder künstlerische Werke;
(3) Warenzeichen, Handelsbezeichnungen oder Marken;
(4) Franchise-Rechte, Lizenzen oder Vertragsrechte;
(5) Methoden, Programme, Systeme, Verfahrensweisen, Kampagnen, Übersichten, Studien, Vorhersagen, Schätzungen, Kundenlisten oder technische Daten und
(6) andere ähnliche Vermögensgegenstände.
Für Zwecke des Abschnitts 482 wird ein Vermögensgegenstand als ähnlich zu den im Absatz (b) (1) bis (5) dieses Abschnitts genannten Vermögensgegenständen angesehen, sofern sein Wert nicht von körperlichen Merkmalen, sondern von seinem intellektuellen Inhalt oder anderen immateriellen Wirtschaftsgütern abhängt.“

Aus dieser Definition wird deutlich, dass der **Begriff** der **immateriellen** **52** **Wirtschaftsgüter im US-Steuerrecht** relativ **weit gefasst** ist. Hier können sich im internationalen Recht bspw. Meinungsverschiedenheiten ergeben, wenn andere Länder die Übertragung der insb. in Kategorie (4) und (5) genannten Vermögensgegenstände als Dienstleistungen betrachten, wie bspw. die Überlassung von Franchise-Rechten, die Überlassung der Ergebnisse einer Marktstudie oder die Nutzung einer Datenbank. Die Unterschiede bei der Definition der immateriellen Wirtschaftsgüter dürften in Zukunft jedoch keine oder nur noch in seltenen Ausnahmefällen eine Bedeutung haben, da die OECD in OECD-VPL Kapitel VI (2014 Guidance) – wie oben erläutert wurde - eine eigene Definition vorsieht, die über rechtliche und bilanzielle Begriffsbestimmungen hinausgeht.[118]
Die **Final Cost Sharing Regulations (2011)** gehen davon aus, dass auch die Einbringung eines erfahrenen **Forscherteams** (Research Team) in einen Kostenumlagepool als sog. **Platform Contribution** eine Ausgleichszahlung erfordert.[119] Die **Cost Sharing Regulations** qualifizieren das **Forscherteam**

---

[117] Vgl. *OECD,* Tz. 1.96 OECD-VPL Kapitel I (2014 Guidance); vgl. auch unten Rn. 120.
[118] Vgl. OECD, Tz. 6.6 ff. OECD-VPL Kapitel VI (2014 Guidance).
[119] Vgl. US Cost Sharing Regs § 1.482-7(c)(5), Example 2. Die neuen vorläufigen US Cost Sharing Regulations wurden am 31.12.2008 verabschiedet und im Januar 2009 im Federal Register veröffentlicht, vgl. FR Vol. 74, No. 2, 5.1.2009, 340 ff. Bis

jedoch nicht als wertvolles immaterielles Wirtschaftsgut.[120] Nach deutschen und IFRS-Bilanzierungsgrundsätzen erfüllt eine **Assembled Workforce** oder ein **Forscherteam** nicht die Ansatzkriterien für einen immateriellen Vermögenswert, da die Mitarbeiter jederzeit kündigen können und das Unternehmen folglich diesen **„Vermögenswert"** nicht beherrscht und da sie sich als Einzelheit nicht hinreichend greifen und/oder bewerten lassen.[121]

2. Forschung und Entwicklung

a) Handelsrecht

53 Die Definition der Begriffe **Forschung und Entwicklung** ist erforderlich,

– um einerseits den gem. § 248 Abs. 2 iVm § 255 Abs. 2 S. 4 HGB nicht aktivierungsfähigen Aufwand für Forschung von dem jetzt einem Aktivierungswahlrecht unterliegenden Aufwand für Entwicklung zu unterscheiden[122]

– und um andererseits eine Abgrenzung zu ermöglichen zwischen dem Aufwand, der diesen Aktivitäten zurechenbar ist, und anderem Aufwand.

Der zuletzt genannte Fall ist zB relevant, wenn eine Gesellschaft neben Forschungs- und Entwicklungsleistungen auch andere Dienstleistungen an Konzerngesellschaften erbringt (zB technische Dienstleistungen oder Qualitätskontrolle); dann ist die genaue Abgrenzung der Kosten die Voraussetzung für eine verursachungsgerechte Zuordnung und Belastung der Kosten an den jeweiligen Leistungsempfänger. Die Kostenabgrenzung ist auch notwendig, wenn zB mehrere Produktionsgesellschaften im Rahmen eines Konzernumlagevertrags oder Poolvertrags gemeinsam Forschung und Entwicklung betreiben, damit die der Produktion zurechenbaren Kosten nicht in die Umlagen für Forschungs- und Entwicklungskosten einbezogen werden.[123] Eine Kostenabgrenzung ist ferner erforderlich, wenn die FinVerw. prüft, ob es für den Leistungsempfänger günstiger gewesen wäre, bestimmte Forschungs- und Entwicklungsleistungen nicht durch Konzernunternehmen, sondern durch Fremdfirmen ausführen zu lassen.[124]

54 Die **Begriffe Forschung und Entwicklung** wurden im **HGB bisher** (vor 2009) nur in wenigen Vorschriften verwendet, aber **nicht definiert.** In

---

Ende Mai 2010 wurden diese vorläufigen Regelungen noch nicht als „Final Regulations" bestätigt.

[120] Allerdings wird im einführenden Abschn. A zu den Cost Sharing Regs. erläutert, dass unabhängig davon eine „workforce in place" ggf. als immaterielles Wirtschaftsgut i. S. d. Section 936 (h)(3)(B) anzusehen ist.

[121] Vgl. so auch IAS 38.15, ferner IFRS 3, S. 12 f.; *Hommel/Buhleier/Pauly* BB 2007, 374; *Leibfried/Fassnacht* KoR 2007, 52. Auch Tz. B 37 IFRS 3 betont, dass die Belegschaft kein identifizierbarer Vermögenswert ist.

[122] Vgl. dazu oben Rn. 27 f. und nachfolgend Rn. 55.

[123] Zur Abgrenzung der Forschungs- und Entwicklungskosten von den Produktionskosten vgl. unten Rn. 59–62.

[124] Dem Unternehmen ist allerdings ein weiter Ermessensspielraum zuzubilligen und es kann aus übergeordneten Gesichtspunkten temporär auch höhere Kosten in Kauf nehmen, vgl. dazu die allgemein geltenden Erläuterungen in Kap. N Rn. 176 ff.

§ 289 Abs. 2 Nr. 3 HGB wird für den **Lagebericht** einer Kapitalgesellschaft und in § 315 Abs. 2 Nr. 3 HGB für den **Konzernlagebericht** geregelt, dass dieser auf den Bereich der Forschung und Entwicklung eingehen soll. Diese Sollvorschrift wird von der Literatur dahin gehend interpretiert, dass im Regelfall eine Berichtspflicht besteht und nur in Ausnahmefällen eine Berichterstattung unterbleiben kann, zB wenn keine Forschung und Entwicklung betrieben wird und dies branchenüblich ist.[125] Der Zweck des Lageberichts besteht primär darin, den Leser vom Umfang des Forschungs- und Entwicklungsaufwands zu unterrichten, weil dieser das gegenwärtige Ergebnis belastet und die Erträge erst in Zukunft und nicht zwangsläufig anfallen werden.[126] Ferner sind Darlegungen über Forschungs- und Entwicklungsinvestitionen, bestehende Forschungs- und Entwicklungseinrichtungen, über die in diesem Bereich tätigen Mitarbeiter und über die von Dritten oder staatlichen Stellen empfangenen größeren Zuwendungen erforderlich.[127] Die gesetzlich vorgeschriebene **Dokumentation** der Verrechnungspreise muss auf den Inhalt des Lageberichts abgestimmt sein und die grenzüberschreitenden Forschungs- und Entwicklungsprojekte und die dabei verrechneten Entgelte erläutern.

Die **Begriffe Forschung** und **Entwicklung** werden nun in § 255 Abs. 2a　**55** S. 2 und 3 HGB definiert.[128] Ferner ist aus der Regelung zu folgern, ab welchem Zeitpunkt Entwicklungskosten vorliegen – die gem. § 248 Abs. 2 HGB aktiviert werden dürfen – und wie zu verfahren ist, wenn eine Abgrenzung der Forschungs- von der Entwicklungsphase nicht möglich ist.

Der Begriff Forschung wird in § 255 Abs. 2a S. 3 HGB wie folgt definiert: **Forschung** ist die eigenständige und planmäßige Suche nach neuen wissenschaftlichen oder technischen Erkenntnissen oder Erfahrungen allgemeiner Art, über deren technische Verwertbarkeit und wirtschaftliche Erfolgsaussichten grundsätzlich keine Aussagen gemacht werden können.[129] Inhaltlich entspricht diese Definition derjenigen des IAS 38.8, wobei in IAS 38.56 noch Beispiele für Forschungsaktivitäten genannt werden.[130]

Die Definition des Begriffs Entwicklung lautet gem. § 255 Abs. 2a S. 2 HGB: **Entwicklung** ist die Anwendung von Forschungsergebnissen oder von anderem Wissen für die Neuentwicklung von Gütern oder Verfahren oder die Weiterentwicklung von Gütern oder Verfahren mittels wesentlicher Änderungen. Laut der Gesetzesbegründung sind die Begriffe „Güter" und „Verfahren" in weitem Sinne zu verstehen.[131] Der Begriff „Gut" umfasst zB Materialien, Produkte, geschützte Rechte oder auch ungeschütztes Knowhow oder Dienstleistungen. Unter den Begriff „Verfahren" können neben den typischen Produktions- und Herstellungsverfahren auch entwickelte Systeme fallen. Die Definition des Begriffs Entwicklung in § 255 Abs. 2a S. 2

---

[125] *Ellrott* in Beck Bil-Komm. § 289 HGB, Rn. 85 mwN.

[126] *Ellrott* in Beck Bil-Komm. § 289 HGB, Rn. 85.

[127] *Ellrott* in Beck Bil-Komm. § 289 HGB, Rn. 87.

[128] Vgl. BR-Drs. 344/08 S. 6.

[129] Die Gesetzesbegründung verweist auf die gleichartige Definition des Begriffs Grundlagenforschung in § 51 Abs. 1 Nr. 2 Buchst. u, Doppelbuchstabe aa EStG.

[130] Vgl. unten Rn. 58.

[131] Vgl. BR-Drs. 344/08 S. 130.

HGB ist zwar kürzer als die in IAS 38.8 enthaltene Definition.[132] Jedoch enthält IAS 38.8 bereits einige Erläuterungen, die der deutsche Gesetzgeber erst in der Gesetzesbegründung gibt. Weitere Beispiele für Entwicklungsaktivitäten werden in IAS 38.59 genannt.

Auch wenn der Wortlaut der Definitionen für die Begriffe Forschung und Entwicklung in § 255 Abs. 2a HGB sich vom Wortlaut des IAS 38.8 unterscheidet, kann davon ausgegangen werden, dass **inhaltlich keine Unterschiede** bestehen. Daher bestehen keine Bedenken, für die Abgrenzung und Interpretation auch auf die unten erläuterten Grundsätze des IAS 38 zurückzugreifen.

56   Wie bereits erwähnt wurde, hat das **BilMoG** das Aktivierungsverbot für selbst geschaffene immaterielle Wirtschaftsgüter (§ 248 Abs. 2 HGB aF) durch ein **Aktivierungswahlrecht** ersetzt.[133] Jedoch dürfen Forschungskosten (und Vertriebskosten) nicht in die Herstellungskosten einbezogen werden (§ 255 Abs. 2 S. 4 HGB). Der Gesetzgeber begründet das **Aktivierungsverbot für Forschungskosten** – das übrigens dem IAS 38.54 entspricht – damit, dass „die Vermögensgegenstandseigenschaft des Forschungsergebnisses regelmäßig sehr unsicher ist."[134] Damit ist eine strikte **Trennung** zwischen den nicht aktivierungsfähigen und daher als **Aufwand** zu verbuchenden **Forschungskosten** und den dem Aktivierungswahlrecht unterliegenden **Entwicklungskosten** erforderlich. Soweit es möglich ist, den Zeitpunkt des Übergangs von der Forschungsphase zur Entwicklungsphase nachvollziehbar festzustellen, dürfen alle Entwicklungsaufwendungen ab diesem Zeitpunkt aktiviert werden.[135] Grundsätzlich ist der Zeitpunkt des Übergangs vom systematischen Suchen zum Erproben und Testen der gewonnen Erkenntnisse und Fertigkeiten als Übergang von der Forschung zur Entwicklung anzusehen.[136] Kann der **Zeitpunkt des Übergangs** von der Forschungs- zu der Entwicklungsphase **nicht** hinreichend **nachvollziehbar** und plausibel dargelegt werden, sind **alle** angefallenen **Aufwendungen** – dem Vorsichtsprinzip folgend – **aufwandswirksam** zu erfassen.[137] Das Gleiche gilt, wenn die Abgrenzung zwischen Forschungs- und Entwicklungsphase aus anderen Gründen nicht möglich ist (§ 255 Abs. 2a S. 4 HGB).[138]

b) Internationales Bilanzrecht (IAS 38)

57   Eine Definition der Begriffe Forschung und Entwicklung findet sich in der **Stellungnahme „International Accounting Standard 38 – Intangible Assets" (IAS 38)** des **„International Accounting Standards Board"** (IASB)[139] und kann im Hinblick auf ihren internationalen Charakter wohl

---

[132] Vgl. dazu Rn. 59.

[133] Vgl. oben Rn. 27; kritisch hierzu äußernd *Weinand/Wolz* KoR 2010, 130 ff.

[134] Vgl. BR-Drs. 344/08 S. 131.

[135] Vgl. zu der Frage, ob die Entwicklungskosten selbst die Eigenschaften eines Vermögensgegenstands aufweisen müssen *Haaker/Mindermann* PiR 2012, 90 f.

[136] Vgl. BR-Drs. 344/08 S. 130.

[137] Vgl. BR-Drs. 344/08 S. 131.

[138] Vgl. BR-Drs. 344/08 S. 131 f.; ebenso IAS 38.53.

[139] Vgl. *IASB*, International Financial Reporting Standards 2013 (2 Bände), Band A.

auch für die Auslegung des HGB-Bilanzrechts und bilateraler oder multilateraler Steuersachverhalte herangezogen werden. V.a. werden in dieser IASB-Stellungnahme auch Beispiele für bestimmte Aktivitäten des Forschungs- und Entwicklungsbereichs gegeben.

IAS 38.8 definiert die **Forschung** als die eigenständige und planmäßige **58** Suche mit der Aussicht, zu neuen wissenschaftlichen oder technischen Erkenntnissen zu gelangen. Als **Beispiele für Forschungsaktivitäten** werden genannt:

1. Aktivitäten mit dem Ziel der Erlangung neuer Erkenntnisse;
2. die Suche nach sowie die Abschätzung und endgültige Auswahl von Anwendungen für Forschungsergebnisse und anderes Wissen;
3. die Suche nach Alternativen für Materialien, Vorrichtungen, Produkte, Verfahren, Systeme oder Dienstleistungen und
4. die Formulierung, der Entwurf, die Abschätzung und endgültige Auswahl von möglichen Alternativen für neue oder verbesserte Materialien, Vorrichtungen, Produkte, Verfahren, Systeme oder Dienstleistungen.[140]

Die **Entwicklung** wird definiert als die Anwendung von Forschungser- **59** gebnissen oder anderem Wissen auf einen Plan oder Entwurf für die Produktion von neuen oder verbesserten Materialien, Vorrichtungen, Produkten, Verfahren, Systemen oder Dienstleistungen vor dem Beginn der kommerziellen Produktion oder Nutzung (IAS 38.8). Als **Beispiele für Entwicklungsaktivitäten** werden genannt:[141]

1. der Entwurf, die Konstruktion und das Testen von Prototypen und Modellen vor Aufnahme der eigentlichen Produktion oder Nutzung;
2. der Entwurf von Werkzeugen, Spannvorrichtungen, Prägestempeln und Gussformen unter Verwendung neuer Technologien;
3. der Entwurf, die Konstruktion und der Betrieb einer Pilotanlage, die aufgrund ihrer Größe für eine kommerzielle Produktion wirtschaftlich ungeeignet ist, und
4. der Entwurf, die Konstruktion und das Testen einer gewählten Alternative für neue oder verbesserte Materialien, Vorrichtungen, Produkte, Verfahren, Systeme oder Dienstleistungen.

Die Abschnitte IAS 38.51 bis IAS 38.67 befassen sich mit dem **erst- 60 maligen Ansatz und** der **erstmaligen Bewertung** von selbst geschaffenen immateriellen Vermögenswerten. Um zu beurteilen, ob ein selbst geschaffener immaterieller Vermögenswert die Ansatzkriterien erfüllt, muss der Erstellungsprozess des Vermögenswertes in die **Forschungsphase** und die **Entwicklungsphase** unterteilt werden (IAS 38.52).[142] Kann ein Unternehmen die Forschungsphase nicht von der Entwicklungsphase eines internen Projekts zur Schaffung eines immateriellen Vermögenswertes unterscheiden, behandelt das Unternehmen die mit diesem Projekt verbundenen Ausgaben so, als ob sie lediglich in der Forschungsphase angefallen wären (IAS 38.53).[143]

---

[140] Vgl. IAS 38.56.
[141] Vgl. IAS 38.59.
[142] Ebenso BR-Drs. 344/08 S. 130 zu § 255 Abs. 2a HGB nF.
[143] So auch BR-Drs. 344/08 S. 131.

61   Alle in der **Forschungsphase** anfallenden Ausgaben sind als **Aufwand** in
der Periode zu erfassen, in der sie anfallen (IAS 38.54).[144] Ein in der **Entwicklungsphase** entstehender immaterieller Vermögenswert ist nur dann anzusetzen, wenn ein Unternehmen alle weiteren in IAS 38.57 genannten
Nachweise (zum Vorliegen der Ansatzkriterien) erbringen kann:

a) die technische Realisierbarkeit der Fertigstellung des immateriellen Vermögenswertes, damit er zur Nutzung oder zum Verkauf zur Verfügung stehen wird;

b) seine Absicht, den immateriellen Vermögenswert fertig zu stellen, sowie ihn zu nutzen oder zu verkaufen;

c) seine Fähigkeit, den immateriellen Vermögenswert zu nutzen oder zu verkaufen;

d) wie der immaterielle Vermögenswert einen voraussichtlichen künftigen wirtschaftlichen Nutzen erzielen wird. Nachgewiesen werden kann von dem Unternehmen zB
die Existenz eines Marktes für die Produkte des immateriellen Vermögenswertes
oder für den immateriellen Vermögenswert an sich oder, falls er intern genutzt werden soll, der Nutzen des immateriellen Vermögenswertes;

e) die Verfügbarkeit adäquater technischer, finanzieller und sonstiger Ressourcen, um
die Entwicklung abschließen und den immateriellen Vermögenswert nutzen oder
verkaufen zu können;

f) seine Fähigkeit, die dem immateriellen Vermögenswert während seiner Entwicklung
zurechenbaren Ausgaben verlässlich zu bewerten.

62   Unabhängig von der oben dargestellten bilanziellen Erfassung und Abgrenzung der Forschungs- und Entwicklungskosten ist zB für forschende Produktionsunternehmen auch eine exakte **Abgrenzung** – insb. der Entwicklungskosten – **zu den Produktionskosten** erforderlich. Dies gilt v. a. dann, wenn
mehrere Produktionsunternehmen im Rahmen eines Poolvertrags gemeinsame Forschung betreiben und sich die Forschungs- und Entwicklungskosten
nach einem nutzenorientierten Umlageschlüssel teilen. **Anhaltspunkte** für
den **Beginn der Produktionsphase** werden in IAS 38 nicht gegeben; jedoch wurden diese in der vor 1998 geltenden Stellungnahme „IAS 9 Research and Development Costs"[145] genannt, wonach folgende Aktivitäten explizit **nicht (mehr) zum Bereich der Forschung und Entwicklung
gehören:**

1. Technische Folgearbeiten in der ersten Phase der gewerblichen Produktion;
2. Qualitätskontrolle während der gewerblichen Produktion einschließlich routinemäßiger Tests der Produkte;
3. Beseitigung technischer Probleme (Trouble-shooting) in Verbindung mit Unterbrechungen der gewerblichen Produktion;
4. routinemäßige Bemühungen zwecks Verfeinerung oder anderweitiger Verbesserung
der Qualität eines bestehenden Produkts;
5. Übernahme bestehender Fertigungskenntnisse zur Erfüllung bestimmter Bedingungen oder Kundenwünsche als Teil einer gewerblichen Aktivität;
6. saisonbedingte oder andere periodische Änderungen des Designs bestehender Produkte;
7. routinemäßige Entwürfe für Werkzeuge, Vorrichtungen, Muster und Matrizen und

---

[144] Im Ergebnis ebenso § 255 Abs. 2 S. 4 HGB.
[145] „IAS 9 Research and Development Costs" wurde im Jahr 1998 durch „IAS 38
Intangible Assets" ersetzt; vgl. FN 1991, 328, Tz. 9 IAS 9.

8. Aktivitäten – einschließlich Entwürfen und technischer Konstruktion – in Zusammenhang mit der Konstruktion, dem Umzug, der Umorganisation oder dem Beginn von Werkstätten oder Einrichtungen, soweit es sich nicht um spezielle Werkstätten oder Einrichtungen für Forschungs- oder Entwicklungsprojekte handelt.

c) Steuerrecht

Die Begriffe der **Forschung und Entwicklung** werden in den **VGr** im   **63**
Zusammenhang mit der Auftragsforschung erwähnt (Tz. 5.3 VGr), jedoch
nicht definiert. In **Steuergesetzen** findet sich folgende **Definition:**[146]

„Die Wirtschaftsgüter dienen der Forschung oder Entwicklung, wenn sie verwendet
werden
aa) zur Gewinnung von neuen wissenschaftlichen oder technischen Erkenntnissen und
    Erfahrungen allgemeiner Art (Grundlagenforschung) oder
bb) zur Neuentwicklung von Erzeugnissen oder Herstellungsverfahren oder
cc) zur Weiterentwicklung von Erzeugnissen oder Herstellungsverfahren, soweit we-
    sentliche Änderungen dieser Erzeugnisse oder Verfahren entwickelt werden."

Diese Definition zeigt die wesentlichen Merkmale der Begriffe Forschung   **64**
und Entwicklung. Im Übrigen bestehen auch keine Bedenken, auf die oben
erörterten Definitionen des **IAS 38** und auf die Definitionen in § 255
Abs. 2a HGB sowie die Gesetzesbegründung des BilMoG zurückzugreifen.
Jedoch ergibt sich aus steuerlicher Sicht keine Notwendigkeit, die Aufwendungen für Forschung und Entwicklung jeweils abzugrenzen, da das Aktivierungswahlrecht für Entwicklungskosten (§ 248 Abs. 2 HGB) wegen **§ 5
Abs. 2 EStG** steuerlich keine Konsequenzen hat.[147] Wenn daher ein Unternehmen die **Entwicklungskosten** aktiviert, ist darauf zu achten, dass diese
steuerlich zusammen mit den Forschungskosten als **Betriebsausgaben**
zu qualifizieren sind. Insoweit ist die Erstellung einer steuerlichen Überleitungsrechnung vom Jahresüberschuss der Gewinn- und Verlustrechnung zum
steuerlichen Gewinn bzw. die Erstellung einer Steuerbilanz erforderlich. Dies
gilt auch dann, wenn die Entwicklungskosten aktiviert wurden, die bei einem
fremden oder nahe stehenden Unternehmen anfielen und diesem auf Basis
eines Auftragsforschungsvertrages erstattet wurden.

Die **Verrechnungspreisdokumentation** des Steuerpflichtigen muss gem.   **65**
§ 4 Nr. 1d) GAufzV seine Tätigkeitsbereiche beschreiben, wozu auch die
Forschung und Entwicklung gehört. Dabei ist im Hinblick auf die **Funktions- und Risikoanalyse** darzustellen, ob diese Aktivitäten ausschließlich
für eigene Produktionszwecke durchgeführt werden oder ob es sich um Auftragsforschung für einen oder mehrere Auftraggeber[148] oder um Forschung
und Entwicklung im Rahmen eines Poolvertrags[149] handelt. Prinzipiell ist es
denkbar, dass ein Forschungsunternehmen die (Grundlagen-)Forschung für
alle Konzern-Produktionsgesellschaften durchführt, während letztere die Entwicklungsaktivitäten übernehmen. Die **Dokumentation** muss daher sowohl

---

[146] Vgl. § 51 Abs. 1 Nr. 2 Buchst. u, S. 4 EStG; ähnlich frühere Investitionszulagengesetze oder Fördervorschriften.
[147] Vgl. zur Beibehaltung des § 5 Abs. 2 EStG BR-Drs. 344/08 S. 108.
[148] Vgl. dazu Rn. 181 ff.
[149] Vgl. dazu Rn. 251 ff.

den Umfang der Forschungs- und Entwicklungsaktivitäten im Rahmen der Wertschöpfungskette darstellen, ferner die Ergebnisse – also der immateriellen Vermögensgegenstände – als auch die von den beteiligten Unternehmen übernommenen Funktionen und Risiken im Rahmen der Nutzung der immateriellen Vermögensgegenstände und die Verrechnungspreismethoden für die unterschiedlichen Transaktionen.[150] Wenn mehrere Unternehmen im Konzern Forschung und Entwicklung betreiben, ist es ferner erforderlich, zu prüfen, ob und inwieweit aufgrund von (gemeinsamen) Auftragsfoschungsverträgen, Konzernumlageverträgen oder Poolverträgen Grundlagenforschung, Neuentwicklung und Weiterentwicklung usw. durchgeführt werden und welche Vertragsparteien davon jeweils einen Nutzen erwarten.

66 Bevor auf die Unterscheidung zwischen Grundlagenforschung, Neuentwicklung und Weiterentwicklung näher eingegangen wird, soll hier noch erörtert werden, ob die **OECD-VPL** eine Definition der Begriffe der Forschungs- und Entwicklungskosten enthalten. Die OECD-VPL befassen sich in zahlreichen Abschnitten mit den Forschungs- und Entwicklungsaktivitäten der international tätigen Unternehmen, so zB in Tz. 6.76 OECD-VPL Kapitel VI (2014 Guidance) bzgl. der Gestaltungsmöglichkeiten für Forschungs- und Entwicklungstätigkeiten, in Tz. 2.55 OECD-VPL und 7.41 OECD-VPL hinsichtlich der Auftragsforschung als einer Form der konzerninternen Dienstleistung oder in Tz. 8.1 ff. OECD-VPL bzgl. der Kostenumlageverträge für die Erforschung und Entwicklung immaterieller Wirtschaftsgüter.[151] In den **OECD-VPL** findet sich **keine Definition** der **Begriffe Forschung und Entwicklung** und es werden nur an wenigen Stellen Beispiele für solche Aktivitäten genannt, zB in Tz. 8.21 die Entwicklung einer neuen Produktlinie oder eines neuen Verfahrens.[152] Die OECD-VPL beschränken sich aus verständlichen Gründen auf die Definition der verrechnungspreisrelevanten Begriffe – zB die Beschreibung der Verrechnungspreismethoden – weil die Definition anderer Begriffe, wie zB Lizenzgebühren, Dividenden, Forschungs- und Entwicklungskosten usw. den bilateralen Abkommen und dem nationalen Recht der Staaten vorbehalten bleibt.

d) Arten der Forschung und Entwicklung

67 Im Bereich der Forschung und Entwicklung wird üblicherweise unterschieden zwischen der **Grundlagenforschung** und der **angewandten Forschung und Entwicklung,** die auch als **Zweckforschung** bezeichnet wird.[153] Zum Bereich der angewandten Forschung und Entwicklung gehören

---

[150] Zur Dokumentation vgl. Kap. E.

[151] Die F+E-Kostenumlageverträge gehören laut Tz. 8.6 OECD-VPL wohl zu den am häufigsten abgeschlossenen Umlageverträgen. Zur gemeinsamen Auftragsforschung unten Rn. 181 ff. und zu den Poolverträgen (Kostenumlageverträgen) vgl. unten Rn. 251 ff.

[152] Wie auch in den vorangegangenen Entwürfen der OECD zum neuen Kapitel VI v. 6.6.2012 u. v. 30.7.2013 ist auch in der vorläufigen Neufassung des Kapitels VI vom 16.9.2014 keine Definition dieser Begriffe enthalten. Das Augenmerk wird hier vielmehr auf die Ausführung dieser Tätigkeiten und die daraus zu folgernde Zuordnung des immateriellen Wirtschaftsguts gelegt.

[153] Vgl. *Hottmann* StBp 1982, 286 (287); *Niehues* RIW 1988, 810.

die **Neuentwicklung** von Produkten oder Verfahren sowie die **Weiterentwicklung** bereits vorhandener Produkte oder Verfahren.[154] Die **Grundlagenforschung** steht regelmäßig nicht in unmittelbarem Zusammenhang zur bestehenden Produktion oder zur gegenwärtigen Produktpalette, hat also eine allgemeine Zielsetzung, bspw. die Gewinnung neuer Erkenntnisse auf dem Gebiet der Technologie, der Werkstoffkunde und der Technik. Die angewandte Forschung und Entwicklung ist in vollem Umfang auf die Entwicklung neuer Produkte oder Verfahren bzw. die Weiterentwicklung bestehender Produkte oder Verfahren ausgerichtet. Damit besteht ein unmittelbarer Bezug zu einer bestimmten Produktpalette oder zu einem bestimmten Kundenauftrag.[155] *Hottmann* weist darauf hin, dass die Grenzen zwischen Grundlagen- und Zweckforschung ebenso fließend sein können wie innerhalb der Zweckforschung die Grenzen zwischen Neu- und Weiterentwicklung.[156]

Die Unterscheidung zwischen Grundlagenforschung und angewandter For- **68** schung und Entwicklung kann bspw. erforderlich sein im Hinblick auf die Verrechenbarkeit der jeweiligen Kosten im Rahmen von Auftragsforschungs- oder Poolverträgen. Nur wenn **die Ergebnisse der Grundlagenforschung** von **allen Auftraggebern** im Fall gemeinsamer Auftragsforschung oder von allen Mitgliedern eines Poolvertrags **tatsächlich genutzt oder voraussichtlich genutzt werden,** können die Kosten der Grundlagenforschung zusammen mit den Kosten der Zweckforschung an die Auftraggeber bzw. Poolmitglieder belastet werden. Voraussetzung ist daher, dass alle am Kostenumlagevertrag beteiligten Parteien die gleichen oder ähnliche Produkte herstellen. Soweit die immateriellen Wirtschaftsgüter von der Forschungsgesellschaft bzw. den Forschungsgesellschaften im Konzern im Wege der Lizenzierung an andere Konzerngesellschaften oder Dritte genutzt werden, dürfte eine gesonderte Belastung der Grundlagenforschung im Wege von Kostenumlagen neben der Erhebung von Lizenzgebühren nicht in Frage kommen.[157] Wenn in einem Konzern unterschiedliche Produktlinien vorhanden sind, dann muss im Einzelfall geprüft werden, ob die Grundlagenforschung zumindest teilweise für alle Produktlinien nützlich erscheint oder ob sie nur für bestimmte Produktlinien und damit nur für bestimmte Beteiligte des Umlagevertrags von Interesse ist.

Beispiel 1: Die zu einem US-Pharmakonzern gehörende Forschungsgesellschaft US-Corp. betreibt Grundlagenforschung und angewandte Forschung für Herz-Kreislaufpräparate, Magen-Darmpräparate, Rheumapräparate und allgemeine Schmerzmittel. Die Produkte der einzelnen Produktlinien werden jeweils nur an einem Standort

---

[154] Vgl. *Hottmann* StBp 1982, 287; vgl. auch § 51 Abs. 1 Nr. 2 Buchst. u S. 4 Doppelbuchst. bb und cc EStG, der zwischen Grundlagenforschung, Neuentwicklung und Weiterentwicklung unterscheidet; der Text ist oben in Rn. 63 zitiert.

[155] Vgl. *Hottmann* StBp 1982, 287.

[156] *Hottmann* StBp 1982, 287.

[157] Für die Praxis wäre eine solche Gestaltung nicht empfehlenswert, weil sie zu Problemen bzgl. der Abgrenzung der Forschungskosten für Grundlagenforschung von den durch Lizenzen abgegoltenen Forschungskosten für angewandte Forschung sowie nachfolgend auch zu Meinungsverschiedenheiten über die Höhe der Lizenzgebühren führen würde.

in unterschiedlichen Ländern hergestellt. In der Vergangenheit hat sich gezeigt, dass die Grundlagenforschung gewisse Vorteile für alle Arten von Produktlinien mit sich gebracht hat. In diesem Fall ist es unbedenklich, die Kosten der Grundlagenforschung zusammen mit den Kosten der angewandten Forschung und Entwicklung nach einem nutzungsorientierten Schlüssel zu belasten.

Beispiel 2: Die deutsche A-AG produziert weltweit Motoren, unter anderem Benzin- und Dieselmotoren in Belgien, Batteriemotoren in Spanien und mit Gas betriebene Motoren in Großbritannien. Die deutsche D-GmbH betreibt Grundlagen- und Zweckforschung für die Konzernunternehmen. Im Rahmen der Grundlagenforschung wird die Verwendung leichterer Materialien für alle Arten von Motoren erforscht. Ferner wird auf dem Gebiet der Solartechnologie gearbeitet, um diese für die in Spanien gefertigten Batteriemotoren zu nutzen. Weiterhin werden Forschungen durchgeführt auf dem Gebiet der Ersatzbrennstoffe, die an Stelle von Erdgas, Benzin und Dieselöl verwendet werden können.

Beispiel 2 zeigt, dass die Grenzen zwischen Grundlagen- und Zweckforschung in der Tat fließend sind. Die Kosten der Grundlagenforschung für die Verwendung leichterer Materialien betreffen alle produzierenden Gesellschaften und können daher nutzungsorientiert belastet werden, wobei das Verhältnis der Umsätze hier wohl als brauchbarer Maßstab zulässig ist. Die „Grundlagenforschung" auf dem Gebiet der Solarenergie kann auch als Neu- oder Weiterentwicklung der bestehenden Batteriemotoren angesehen werden. Eine Belastung wäre daher nur an die spanische Produktionsgesellschaft zulässig, es sei denn, dass eine Produktion solcher Motoren auch in anderen Ländern geplant ist. Im zuletzt genannten Fall müssten die Kosten der Grundlagenforschung dann an die Produktionsstätten der jeweiligen Länder im Verhältnis des voraussichtlichen Nutzens belastet werden, also nach den geschätzten künftigen Umsätzen oder Stückzahlen. Soweit in dem betreffenden Land noch keine Produktionsstätte besteht, müssten die F+E-Kosten entweder zunächst nur an die spanische Gesellschaft belastet werden, mit der Maßgabe, dass diese später die Lizenzerträge aus der Lizenzvergabe an andere Konzerngesellschaften (oder Dritte) erhält, oder die Forschungsgesellschaft müsste die Kosten selbst tragen und später das immaterielle Wirtschaftsgut nur im Wege der Lizenznutzung überlassen. Die Kosten für die Erforschung neuer Verbrennungskraftstoffe dürften nur an die in Belgien und England ansässigen Gesellschaften belastet werden, sowie an etwaige andere Produktionsstätten, wo die Produktion solcher Motoren geplant ist. Dabei gelten die soeben erörterten Grundsätze entsprechend.

69, 70 *(einstweilen frei)*

III. Einkünftezurechnung bezüglich immaterieller Wirtschaftsgüter

1. Einkünftezurechnung nach VGr-Verfahren

71 Für die Anwendung des Fremdvergleichsgrundsatzes kommt es darauf an, dass für die Festlegung bzw. Überprüfung von Verrechnungspreisen jeweils eine für die zu prüfende Geschäftsbeziehung geeignete Verrechnungspreismethode angewendet wird. In diesem Zusammenhang hat sich in der Praxis die Erkenntnis durchgesetzt, dass ein Unternehmen, das nur wenige Funktionen und Risiken übernimmt und wenig zur Wertschöpfung im Rahmen einer

Geschäftsbeziehung beiträgt, einen geringeren Anteil am Gesamtergebnis erhalten soll, als ein Unternehmen, das mehr Funktionen und Risiken übernimmt und mehr Wirtschaftsgüter – insb. immaterielle Wirtschaftsgüter – einsetzt. Auf Basis der Funktions- und Risikoanalyse werden demgemäß die Funktionen und Risiken der beteiligten Unternehmen sowie die eingesetzten Wirtschaftsgüter festgestellt, um zu analysieren, welches Unternehmen einen höheren **Wertschöpfungsbeitrag** im Rahmen der zu prüfenden Geschäftsbeziehungen leistet. Die deutsche FinVerw. konkretisiert diese Überlegungen in den VGr-Verfahren.[158]

a) Unternehmenscharakterisierung als Basis

aa) Bedeutung von Funktionen, Risiken und Wirtschaftsgütern

Gem. § 4 Nr. 3a GAufzV hat der Steuerpflichtige im Rahmen der Ver- **72** rechnungspreisdokumentation u. a. eine **Funktions- und Risikoanalyse** zu erstellen. Die Durchführung einer **Funktions- und Risikoanalyse** dient jedoch nicht nur der Dokumentation, sondern ist für die Festlegung und Prüfung von Verrechnungspreisen unter verschiedenen Gesichtspunkten **unverzichtbar.** Die deutsche FinVerw. gibt Hinweise, welche Informationen im Rahmen einer solchen Analyse erforderlich sind[159] und verweist ergänzend auf die OECD-Leitlinien.

Die Funktions- und Risikoanalyse dient bei der Anwendung der Kostenaufschlagsmethode, Wiederverkaufspreismethode oder TNMM der **Auswahl** des **untersuchten Unternehmens,** für das sich eine Verrechnungspreismethode am verlässlichsten anwenden lässt und für das die verlässlichsten Vergleichswerte zu finden sind; dh, dass es sich in den meisten Fällen um den Beteiligten mit der weniger komplexen Funktionsanalyse handeln wird (Tz. 3.18 OECD-VPL). Bei der Anwendung einer Methode mit internen Vergleichswerten müssen die internen Vergleichswerte genauso die **fünf Vergleichbarkeitsfaktoren** erfüllen, wie die externen Vergleichswerte.[160] Weiterhin dient die Funktions- und Risikoanalyse bei der Anwendung von zweiseitigen Methoden der Suche und Auswahl an Unternehmen, die in der gleichen Branche tätig sind und im Großen und Ganzen vergleichbare Funktionen ausüben und keine offensichtlich unterschiedlichen ökonomischen Merkmale aufweisen (Tz. 3.42 OECD-VPL). Die Funktions- und Risikoanalyse dient also der Feststellung von **vergleichbaren** (internen) **Geschäftsvorfällen** mit Dritten **und vergleichbaren Unternehmen** mit gleichartigen oder ähnlichen (externen) Geschäftsvorfällen. Dabei werden im Rahmen der Vergleichbarkeitsanalyse nicht nur die Funktionen und Risiken im engeren Sinne, sondern auch der **Einsatz an** materiellen und immateriellen **Wirtschaftsgütern,** sowie andere Faktoren (Vertragsbedingungen, wirtschaftliche Verhältnisse, Geschäftsstrategien usw.) herangezogen.[161] Soweit die zum Vergleich herangezogenen Geschäftsvorfälle vergleichbar sind, müssen ggf. im Rahmen der Anwendung der Verrechnungspreismethoden Anpassun-

---

[158] Vgl. Tz. 3.4.10.2 f. VGr-Verfahren.
[159] *BMF*, Tz. 2.1.3 VGr 1983 u. Tz. 3.4.11.4 VGr-Verfahren.
[160] Vgl. Tz. 3.28 u. 1.38–1.63 OECD-VPL.
[161] Vgl. dazu Tz. 1.33–1.63 OECD-VPL.

gen vorgenommen werden, um die Verlässlichkeit der Vergleichswerte zu erhöhen.[162]

bb) Routineunternehmen mit Routineertrag

73   Ein **Unternehmen mit Routinefunktionen** übt lediglich „Routinefunktionen" aus (bspw. die Erbringung konzerninterner Dienstleistungen, die ohne Weiteres am Markt auch bei Dritten in Auftrag gegeben werden könnten, oder einfache Vertriebsfunktionen) und setzt nur in geringem Umfang Wirtschaftsgüter ein und trägt nur geringe Risiken.[163] Ein solches Unternehmen erzielt nach Meinung der FinVerw. bei üblichem Geschäftsablauf keine Verluste, sondern regelmäßig geringe aber relativ stabile Gewinne.[164] Als Beispiele werden ein sogenannter Lohnfertiger oder ein sogenannter „Low Risk Distributor" genannt, der im Hinblick auf Forderungsausfälle und die Marktentwicklung nur kommissionärsähnliche Risiken trägt.[165]

Im Hinblick auf immaterielle Wirtschaftsgüter werden Unternehmen, die **Auftragsforschung** betreiben, als Unternehmen mit **Routinefunktionen** qualifiziert.[166] Dies folgt aus der Tatsache, dass sich solche Unternehmen lediglich auf die reine Forschungs- und Entwicklungstätigkeit nach Vorgaben des Auftraggebers konzentrieren und vor allem kein Kostenrisiko tragen, wenn sie nach der Kostenaufschlagsmethode vergütet werden und auch kein Forschungs- und Verwertungsrisiko übernehmen, da der Auftraggeber das Risiko nutzloser Forschung und das Risiko der Nichtverwertbarkeit oder mangelnder Rentabilität bezüglich der Verwertung der immateriellen Wirtschaftsgüter trägt. Wegen weiterer Einzelheiten zum Thema Auftragsforschung wird auf Abschnitt V. in diesem Kapitel verwiesen.

74   Bei den **Routineunternehmen** handelt es sich meistens um Unternehmen, deren Tätigkeiten einen **Dienstleistungscharakter** haben. Eine Liste häufiger Konzerndienstleistungen findet sich in Kapitel N, Abschnitt III.[167] Einige spezielle Dienstleistungen, wie zB Tätigkeiten als Auftrags- oder Lohnfertiger, Limited Risk Manufacturer, Auftragsverpackungs- oder Lagerhaltungsgesellschaft, Factoringgesellschaft, Kommissionär oder Handelsvertreter, „Low Risk Distributor" oder „Sales Support Service Provider" werden in Kapitel N in Abschnitt VII. näher erläutert. In den genannten Abschnitten werden auch die Vergütungen für solche Tätigkeiten erörtert.

cc) Strategieträger mit Residualergebnis

75   Die FinVerw. weist darauf hin, dass ein als **Entrepreneur** oder **Strategieträger** bezeichnetes Unternehmen über die zur Durchführung von Geschäften **wesentlichen** materiellen und immateriellen **Wirtschaftsgüter** verfügt, die wesentlichen, für den Unternehmenserfolg entscheidenden **Funktionen** ausübt und die wesentlichen **Risiken** übernimmt.[168] Einem solchen Entre-

---

[162] Vgl. Tz. 3.47–3.54 OECD-VPL; Tz. 3.4.12.7a) und c) VGr-Verfahren.
[163] Vgl. Tz. 3.4.10.2a) VGr-Verfahren.
[164] Vgl. Tz. 3.4.10.2a) VGr-Verfahren. Zu den anwendbaren Verrechnungspreismethoden vgl. unten Rn. 80 f.
[165] Vgl. Tz. 3.4.10.2a) VGr-Verfahren.
[166] Vgl. Tz. 7.41 OECD-VPL.
[167] Vgl. Kap. N Rn 113.
[168] Vgl. Tz. 3.4.10.2b) VGr-Verfahren.

preneur steht regelmäßig – ggf. zusammen mit anderen Unternehmen, die eine Entrepreneur-Funktion ausüben – das betreffende Konzernergebnis zu, das nach Abgeltung von Funktionen anderer nahe stehender Unternehmen verbleibt.[169] Nach Meinung der FinVerw. lässt sich mangels vergleichbarer Unternehmen regelmäßig nicht unter Verwendung von Fremdvergleichsdaten feststellen, ob das von einem **„Entrepreneur" erzielte Ergebnis** dem Fremdvergleich entspricht; das positive oder negative Ergebnis bildet vielmehr eine **Residualgröße.**[170]

dd) Hybridunternehmen mit Planergebnis

Die Literatur[171] bezeichnet als **Hybridunternehmen** (auch sog. **Mittel-**   **76**
unternehmen) die in einer dritten Gruppe von der FinVerw. qualifizierten Unternehmen, die unter Berücksichtigung der von ihnen ausgeübten Funktionen, eingesetzten Wirtschaftsgüter und übernommenen Risiken weder als Unternehmen mit Routinefunktionen noch als Entrepreneure anzusehen sind.[172] Nach Meinung der **FinVerw.** kann ein solches Unternehmen – soweit für seine Geschäftsvorfälle keine Fremdpreise feststellbar sind – seine Verrechnungspreise aufgrund von **Planrechnungen** ermitteln, wobei es den Eintritt der prognostizierten Ergebnisse zu überwachen und ggf. auf Abweichungen zu reagieren hat.[173] Die FinVerw. meint, dass die geschäftsvorfallbezogene Nettomargenmethode in diesem Zusammenhang keine geeignete Methode sei.[174]

b) Anwendung der Verrechnungspreismethoden

Für die Anwendung der Methoden ist vom Steuerpflichtigen die gesetzli-   **77**
che Regelung des § 1 Abs. 3 AStG zu beachten. Soweit die FinVerw. u. a. in den VGr 1983 oder in den VGr-Verfahren Regelungen aufstellt, stellen sie die Interpretation des Fremdvergleichsgrundsatzes durch die FinVerw. dar und sind im Wege der Selbstbindung der Verwaltung von der FinVerw. zu beachten, binden jedoch nicht den Steuerpflichtigen und die Gerichte. Sofern der Steuerpflichtige eine Auffassung vertritt, die von den VGr abweicht, sollte er dies in einer **Anlage zur Steuererklärung oder** in weniger gravierenden Fällen (zB wenn er sich auf eine Gesetzesregelung, auf die OECD-VPL oder auf Rechtsprechung stützen kann) zumindest im Rahmen der **Dokumentation** der Verrechnungspreise gem. § 90 Abs. 3 AO darstellen und erläutern. Der zuletzt genannte Fall liegt bspw. vor, soweit die FinVerw. in den VGr-Verfahren die Anwendbarkeit von gewinnorientierten Verrechnungspreismethoden für bestimmte Fälle einschränken will, obwohl dies nicht im Einklang mit § 1 Abs. 3 AStG steht.

---

[169] Vgl. Tz. 3.4.10.2b) VGr-Verfahren unter Hinweis auf Tz. 1.23 S. 2 und Tz. 1.27 OECD-Leitlinien 1995.

[170] Vgl. Tz. 3.4.10.2b) S. 2 VGr-Verfahren. Zur Anwendbarkeit von Verrechnungspreismethoden vgl. unten Rn. 82 ff.

[171] Vgl. zB *Borstell/Hülster* in diesem Handbuch Kapitel M Rn. 223.

[172] Vgl. Tz. 3.4.10.2c) VGr-Verfahren.

[173] In diesem Zusammenhang verweist Tz. 3.4.10.2c) VGr-Verfahren auch auf Tz. 3.4.12.6a)–c). VGr-Verfahren.

[174] Vgl. Tz. 3.4.10.2c) S. 2 VGr-Verfahren. Zur Kritik s. unten Rn. 93 ff.

78 Gem. Tz. 2.4.1 VGr 1983 bildet die vom Unternehmen durchgeführte Ermittlung der Verrechnungspreise die Grundlage für deren Prüfung; dh, der **Steuerpflichtige** hat die **Wahl,** welche **Verrechnungspreismethode** er anwendet. Bei der Prüfung, ob diese Wahl sachgerecht ist, ist davon auszugehen, dass ein ordentlicher Geschäftsleiter sich an der Methode orientieren wird, die den Verhältnissen am nächsten kommt, unter denen sich auf wirtschaftlich vergleichbaren Märkten Fremdpreise bilden und in Zweifelsfällen sich an der Methode orientieren wird, für die möglichst zuverlässige preisrelevante Daten aus dem tatsächlichen Verhalten der beteiligten nahe stehenden Unternehmen bei Fremdgeschäften zur Verfügung stehen (Tz. 2.4.1 VGr 1983).

79 Die VGr-Verfahren enthalten weitere Hinweise zur Anwendung der Verrechnungspreismethoden. Zunächst wird bestätigt, dass der Steuerpflichtige für die Bildung seiner steuerlichen Verrechnungspreise die sogenannten **Standardmethoden** anwenden kann.[175] Hinsichtlich der Verwendung anderer Methoden werden jedoch **unter Berücksichtigung der Unternehmenscharakterisierung Einschränkungen** bzgl. der Anwendung der Methoden vorgenommen. Diese Beschränkungen werden in den nachfolgenden Erläuterungen kritisch analysiert.

aa) Routineunternehmen

80 Nach Meinung der FinVerw. kann der Steuerpflichtige für die Vereinbarung seiner steuerlichen Verrechnungspreise grundsätzlich die **Standardmethoden** anwenden.[176] Weiterhin führt die FinVerw. in den VGr-Verfahren aus, dass der Steuerpflichtige nur bei Vorliegen bestimmter Voraussetzungen die **geschäftsvorfallbezogene Nettomargenmethode (TNMM)** iSd der OECD-Leitlinien anwenden kann, vorbehaltlich einer Neuregelung der Bestimmungen zur Anwendung von Verrechnungspreismethoden.[177] Da inzwischen die TNMM in der internationalen Praxis allgemein anerkannt ist und der Gesetzgeber aus Anlass der Neuregelung des **§ 1 Abs. 3 AStG** neben den **Standardmethoden** andere „**geeignete Verrechnungspreismethoden**" anerkennt, darf der Steuerpflichtige generell diese Methode anwenden, sofern die in § 1 Abs. 3 S. 2 AStG genannten Voraussetzungen vorliegen.

Nach Meinung der FinVerw. darf auf die **TNMM** nur zurückgegriffen werden, wenn die Standardmethoden wegen des Fehlens oder der Mängel von Fremdvergleichsdaten nicht angewendet werden können.[178] Ferner soll die TNMM nach Auffassung der FinVerw. **nur** auf **Unternehmen mit Routinefunktionen** anwendbar sein.[179] Zur Begründung wird ausgeführt, dass Routineunternehmen nur eine Art von Geschäftsvorfällen abwickeln, sodass ein Vergleich mit Geschäftsvorfällen vergleichbarer Unternehmen möglich sei und dass vergleichbare Unternehmen mit Routinefunktionen zudem vergleichbare geringe Risiken tragen, sodass geschäftsvorfallbezogen ein ausreichender Bezug der Renditekennziffern der Vergleichsunternehmen

---

[175] Vgl. Tz. 3.4.10.3a) VGr-Verfahren.

[176] Vgl. Tz. 3.4.10.3a) VGr-Verfahren.

[177] Vgl. Tz. 3.4.10.3b) VGr-Verfahren.

[178] Vgl. Tz. 3.4.10.3b) Abs. 2 S. 1 VGr-Verfahren unter Hinweis auf Tz. 2.49 OECD-Leitlinien 1995.

[179] Vgl. Tz. 3.4.10.3b) Abs. 2 S. 2 VGr-Verfahren.

zum Ergebnis des geprüften Unternehmens hergestellt werden kann.[180] Die TNMM soll außerdem nur anwendbar sein, wenn der Nachweis der (zumindest eingeschränkten) Vergleichbarkeit der Vergleichsunternehmen geführt werden kann und wenn besondere Gewinne oder Verluste des geprüften Unternehmens, die bei den Renditekennziffern der Vergleichsunternehmen keine Entsprechung finden, berücksichtigt werden.[181]

Soweit die FinVerw. die **Standardmethoden** und die **TNMM** auf **Un-** **81** **ternehmen mit Routinefunktionen** für anwendbar hält, steht dies in Einklang mit § 1 Abs. 3 AStG und ist nicht zu beanstanden. Soweit die FinVerw. die **TNMM** jedoch **nur** auf Unternehmen mit Routinefunktionen für anwendbar hält, ist dieser Auffassung zu widersprechen. Die Gründe für eine Anwendung der TNMM auch für bestimmte Kategorien von Strategieträgern und für Hybridunternehmen werden in den nächsten Abschnitten erläutert.

bb) Strategieträger (Entrepreneure)

Im Hinblick auf die Feststellung der FinVerw., dass für einen **Entrepre-** **82** **neur** mangels vergleichbarer Unternehmen idR keine Fremdvergleichsdaten feststellbar sind und demgemäß die **„Residualgröße"** das Ergebnis bildet, wird faktisch keine bestimmte Methode auf den Strategieträger angewendet, sondern seine Geschäftsbeziehungen mit Routineunternehmen oder mit Hybridunternehmen werden aus Sicht dieser Unternehmen anhand einer geeigneten Verrechnungspreismethode überprüft. Dem Strategieträger gebührt demnach immer der Gewinn oder Verlust, der nach Abzug der Gewinnanteile für Routineunternehmen und Hybridunternehmen verbleibt.[182]

Wenn sich die Standardmethoden nicht oder nicht verlässlich anwenden lassen, kann nach Auffassung der FinVerw. die **Gewinnaufteilungsmethode** (Profit Split Method) zur Anwendung kommen; dies kann bspw. bei der Gewinnabgrenzung von grenzüberschreitenden Geschäftsbeziehungen zwischen **mehreren „Entrepreneuren"** im Konzern der Fall sein.[183]

Sofern die **Strategieträger** im Rahmen ihrer Geschäftätigkeit auch ab- **83** grenzbare **Routinefunktionen** ausüben, können für die betreffenden Teil-Ergebnisse die Standardmethoden und die TNMM angewendet werden.[184] Ferner soll für abgrenzbare „hybride" Funktionen und Risiken eines Entrepreneurs die Feststellung von Verrechnungspreisen aufgrund von Planrechnungen möglich sein.[185]

Diese Auffassung der FinVerw. steht in Einklang mit der in Tz. 3.18 **84** OECD-VPL genannten Regel, wonach für die **Überprüfung** des Geschäftsvorfalls im allgemeinen die Margen bzw. Ergebnisse **desjenigen Unternehmens** untersucht werden, für das sich eine Verrechnungspreismethode am verlässlichsten anwenden lässt und für das die verlässlichsten Vergleichswerte zu finden sind; in den meisten Fällen handelt es sich dabei um den Beteiligten mit der **weniger komplexen Funktionsanalyse.** Letztlich werden die Geschäftsbeziehungen nur aus Sicht des Routineunternehmens (oder Hybridun-

---

[180] Vgl. Tz. 3.4.10.3b) Abs. 2 S. 3 VGr-Verfahren.
[181] Vgl. Tz. 3.4.10.3b) Abs. 2 letzter Satz VGr-Verfahren.
[182] Vgl. Tz. 3.4.10.2b) S. 2 VGr-Verfahren.
[183] Vgl. Tz. 3.4.10.3c) VGr-Verfahren.
[184] Vgl. Tz. 3.4.10.3b) Abs. 5 VGr-Verfahren.
[185] Vgl. Tz. 3.4.10.3b) Abs. 5 VGr-Verfahren.

ternehmens) überprüft und wenn die Margen bzw. Ergebnisse des untersuchten Unternehmens dem Fremdvergleich entsprechen, wird unterstellt, dass auch das Residualergebnis des Entrepreneurs dem Fremdvergleich entsprechen muss. Diese Vorgehensweise wird in der Praxis allgemein angewendet. In diesem Zusammenhang müssen aber folgende Aspekte beachtet werden:

– Erstens muss eine **Funktions- und Risikoanalyse** durchgeführt werden, die **nicht allein** auf die reduzierten Funktionen und Risiken des **Routineunternehmens** abstellt, sondern **auch** die Funktionen und insb. die Risikoverteilung **aus Sicht des Entrepreneurs** berücksichtigt.

– Zweitens erkennt die FinVerw. an, dass für Entrepreneure **regelmäßig** keine Fremdvergleichsdaten vorhanden sind, da sich keine vergleichbaren Unternehmen feststellen lassen; – aus dem Wort „regelmäßig" ist zu folgern, dass **Ausnahmen** denkbar sind.

In Bezug auf den ersten Aspekt kann es sein, dass der Strategieträger sich im Vergleich zu anderen Entrepreneuren evtl. wirtschaftlich nicht fremdvergleichskonform verhält. Die Ermittlung des Gewinns eines Routineunternehmens anhand von Vergleichswerten von Unternehmen mit vergleichbaren oder ähnlichen Routinetätigkeiten und die schematische Zuweisung des Residualgewinns zum Strategieträger ohne Überprüfung der Fremdüblichkeit der vereinbarten Risikoverteilung und der Kostenverursachung können uU zu Ergebnissen führen, die dem Fremdvergleich nicht entsprechen.

Dies sollen folgende Beispiele zeigen:

Beispiel 1: Die deutsche D AG ist Inhaberin zahlreicher gewerblicher Schutzrechte und stellt zum Teil selbst und teilweise durch das nahe stehende asiatische Unternehmen A, das als Auftragsfertiger tätig wird, hochwertige Elektrogeräte für Handwerker und Gärtner her. Die Geräte werden in Deutschland durch die D AG und in einigen europäischen Ländern durch fremde Vertriebsgesellschaften an Baumärkte verkauft, die sie an gewerbliche und private Kunden weiter veräußern. Die D AG zahlt A eine Vergütung gemäß der Kostenaufschlagsmethode auf Basis der Istkosten mit einem Gewinnzuschlag von 8 %, der dem Fremdvergleich entspricht. Nur das Risiko von Mehrkosten für Nachbesserungen infolge von Qualitätsmängeln geht zu Lasten des A. Im Jahr 2012 führt ein mehrere Wochen dauernder Streik der Arbeiter des A zu einem Umsatzeinbruch bei der D AG. Im Jahr 2013 wird die Produktion des A infolge eines Feuerschadens für zwei Monate unterbrochen und führt erneut zu Umsatzverlusten der D AG. Die Versicherung zahlt keine Entschädigung, da der Brand durch (nicht versicherte) grobe Fahrlässigkeit eines Arbeiters des A verursacht worden war.

Wenn die D AG dem A die Kosten nebst Gewinnzuschlag erstattet, wird in der Praxis idR nur überprüft, ob dem A als Routineunternehmen hier für die Jahre 2012 und 2013 vereinbarungsgemäß alle Kosten nebst Gewinnzuschlag erstattet wurden und ob der Gewinnaufschlag innerhalb der eingeengten Bandbreite von Gewinnzuschlägen von unabhängigen Auftragsfertigern in derselben oder gleichartigen Branche liegt. Generell müssten in diesem Zusammenhang auch die in Tz. 1.36–1.63 OECD-VPL genannten Vergleichbarkeitsfaktoren berücksichtigt werden, insbes. wären im hier erörterten Fall die in Tz. 1.45–1.50 OECD-VPL genannten Aspekte der Risikoverteilung zu beachten. In der Praxis lassen sich zwar vergleichbare Unternehmen mit vergleichbaren Geschäftsvorfällen ermitteln, jedoch erkennt selbst die OECD in Tz. 1.54 OECD-VPL, dass die Informationen über die Vertragsbedingungen bei potenziellen Fremdgeschäftsvorfällen entweder eingeschränkt oder gar nicht verfügbar sind, vor allem bei externen Vergleichswerten.

Aus den genannten Gründen wird der Betriebsprüfer der D AG sich im Normalfall darauf beschränken, zu prüfen, ob die Voraussetzungen eines Auftragsfertigungsvertrags vorliegen, ob die Kostenaufschlagsmethode angewendet wird und der Gewinnzuschlag dem Fremdvergleich entspricht. Da A und nicht die D AG die „tested party" iSd Tz. 3.18 OECD-VPL ist, wird oft nicht überprüft, ob insb. die Risikoverteilung aus Sicht des Strategieträgers fremdvergleichskonform geregelt ist. Mit einem fremden Auftragsfertiger hätte die D AG eine – zumindest teilweise – Risikoübernahme durch diesen getroffen, soweit die Risiken in seiner betrieblichen Sphäre liegen. Dieser Grundsatz zur Risikoverteilung findet sich auch in Tz. 1.49 OECD-VPL, wonach zwischen Fremden demjenigen Vertragspartner ein größerer Anteil an denjenigen Risiken zugeordnet wird, auf die er einen größeren Einfluss hat. Im vorliegenden Beispiel hätte daher die D-AG dem Auftragsfertiger A im Jahr 2012 die durch den Streik und im Jahr 2013 die durch das Feuer entstandenen Kosten (nebst Gewinnzuschlag) nicht erstatten dürfen und der Residualgewinn der D-AG wäre folglich höher gewesen.

Beispiel 2: Die deutsche D GmbH ist ein forschendes Pharmaunternehmen mit eigener Produktion. Ein Teil der Forschungsaktivitäten wird im Wege der Auftragsforschung von der Tochtergesellschaft S AG in der Schweiz durchgeführt. Zum Ende des Jahres 2012 haben die Verwaltungsräte (entspricht dt. Vorstand) der S AG als vorheriger Anteilseigner die Aktien der S AG an die D GmbH verkauft. Der zu Beginn des Jahres 2013 abgeschlossene Auftragsforschungsvertrag sieht vor, dass D GmbH die Forschungsziele vorgibt und die Forschungstätigkeiten der S AG überwacht. Ferner erstattet die D GmbH der S AG alle direkten und indirekten Kosten zuzüglich eines Gewinnaufschlags von 9% und D GmbH wird Eigentümer aller Forschungsergebnisse und darf sich weltweit als Inhaber der Patente registrieren lassen. Angenommen, die Verwaltungsräte der S AG statten im Jahr 2013 ihre Büros mit luxuriösen Büromöbeln aus, kaufen Luxusfahrzeuge als Dienstwagen und erhöhen die Gehälter der Forscher um 25%. Im Hinblick auf fehlende Budgetvereinbarungen erstattet die D GmbH sämtliche Kosten zuzüglich eines Gewinnaufschlags von 9%.

Auch in diesem Fall ist das Routineunternehmen die Vertragspartei mit den weniger komplexen Funktionen und Risiken und folglich die „tested party" iSd Tz. 3.18 OECD-VPL. Sofern der Auftragsforschungsvertrag die üblichen Klauseln enthält und der Gewinnaufschlag innerhalb der eingeengten Bandbreite von Aufschlägen vergleichbarer Auftragsforschungsunternehmen liegt, wird idR nicht überprüft, ob die Kosten der S AG exzessiv waren. Richtigerweise müssten aber im Rahmen der Funktions- und Risikoanalyse die Vergleichbarkeitsfaktoren iSd Tz. 1.36 ff. OECD-VPL nicht nur aus Sicht des Routineunternehmens, sondern auch von Seiten des Entrepreneurs überprüft werden. Dabei könnte der Betriebsprüfer der D GmbH zum Ergebnis kommen, dass bei der Auftragsforschung vergleichbarer Unternehmen eine vertragliche Kostenbegrenzung durch Budgets mit Genehmigungserfordernis für höheren Aufwand üblich ist. Eine derartige Begrenzung des Kostenrisikos wäre dann iSd Tz. 1.49 OECD-VPL als fremdüblich zu beachten.

Zu dem oben erwähnten **zweiten Aspekt** des **angeblichen Fehlens von 85 Fremdvergleichsdaten für Entrepreneure** lässt sich mit guten Gründen – in Abweichung von der Auffassung der FinVerw. und der Auffassung vieler Berater – die Meinung vertreten, dass die **Standardmethoden** oder die **TNMM** in vielen Fällen auch **auf Entrepreneure anwendbar** sind. Die Behauptung, dass für Entrepreneure „regelmäßig" keine Fremdvergleichsdaten für einen Fremdvergleich vorhanden sind, weil sich keine vergleichbaren Unternehmen mit vergleichbaren Funktionen und Risiken und vergleichbaren immateriellen Wirtschaftsgütern feststellen lassen,[186] entspricht vielfach nicht der Realität, sondern beruht auf einer von den deutschen (aber auch

---

[186] Vgl. Tz. 3.4.10.2b) S. 2 VGr-Verfahren.

ausländischen) Finanzbehörden und Beratern vorgenommenen **extensiven Auslegung** der **Begriffe „wertvolle, einzigartige Beiträge"**, die zB in Tz. 2.4 und 2.59 OECD-VPL verwendet werden. Die OECD betont in Tz. 2.60 OECD-VPL sehr deutlich, dass es **viele** Fälle gibt, in denen ein am Geschäftsvorfall Beteiligter Beiträge leistet, die nicht einzigartig sind – dh **nicht einzigartige Wirtschaftsgüter verwendet,** wie zB nicht einzigartige Geschäftsverfahren oder nicht einzigartiges Marktwissen. In solchen Fällen kann es laut OECD möglich sein, die Vergleichbarkeitsvoraussetzungen zur Anwendung einer **Standardmethode** oder einer **TNMM** einzuhalten, da zu erwarten ist, dass **auch** die **Vergleichsgrößen** eine vergleichbare Mischung nicht einzigartiger Beiträge zu Grunde legen.[187]

Die OECD-VPL bestätigen damit die Tatsache, dass diejenigen Unternehmen, die in der **gleichen Branche** gleichartige Geschäfte tätigen und zB gleichartige Produkte herstellen und vertreiben, regelmäßig auch vergleichbare Funktionen und Risiken übernehmen und vergleichbare materielle und immaterielle Wirtschaftsgüter einsetzen.

86   Diese Interpretation wird durch die US Regulations bestätigt, da diese zB in den Ausführungen zur **Profit Split Method** zwischen **„routine contributions"** und **„nonroutine contributions"** unterscheiden und dazu Folgendes ausführen:[188]

„Routine contributions are contributions of the same or a similar kind to those made by uncontrolled taxpayers involved in similar business activities for which it is possible to identify market returns. Routine contributions ordinarily include contributions of tangible property, services and intangibles that are generally owned by uncontrolled taxpayers engaged in similar activities"

Auch die US Regulations gehen folglich davon aus, dass die **Nutzung immaterieller Wirtschaftsgüter** einen **gewöhnlichen** – und nicht einen außerordentlichen oder einzigartigen – **Beitrag** eines nahe stehenden Unternehmens darstellt, wenn **auch unabhängige Unternehmen gleichartige Aktivitäten** entfalten.

87   Wenn man daher mit den OECD-VPL und den US-Regulations davon ausgeht, dass für viele Unternehmen und deren Aktivitäten vergleichbare Unternehmen vorhanden sind, die gleichartige oder ähnliche Aktivitäten unter Übernahme ähnlicher Funktionen und Risiken und unter Einsatz ähnlicher materieller und immaterieller Wirtschaftsgüter ausüben, dann muss man die Schlussfolgerung ziehen, dass es neben den Routineunternehmen auch zahlreiche Strategieträger und sehr wahrscheinlich eine weit überwiegende Mehrheit an Hybridunternehmen gibt, auf die diese Voraussetzungen zutreffen. Dagegen spricht nicht die Tatsache, dass fast alle Produkte heute **Markenartikel** sind und dass eine **geschützte Marke per se „einzigartig"** ist. Denn die **Wettbewerber** besitzen **andere „einzigartige" Marken** für **gleichartige oder ähnliche Produkte,** die im Ergebnis Gegenstand gleichartiger oder ähnlicher Transaktionen sind. Wenn zB die Firmen ADIDAS, PUMA und NIKE Sportartikel (Schuhe, Textilien, Sportgeräte usw.) herstellen und verkaufen, dann müssen sie insoweit Aufwendung für Forschung und

---

[187] Vgl. Tz. 2.60 S. 2 OECD-VPL.
[188] Vgl. § 1.482-6 (c)(3)(i) US Regulations idF v. 4.8.2009, FR Vol. 74, No. 148, S. 38844.

Entwicklung, Design, Produktion, Marketing, Vertrieb usw. tragen. Wenn nun die Routinegesellschaften und die Hybridgesellschaften im Konzern jeweils einen angemessenen Gewinnanteil erhalten haben, dann sollte der **Residualgewinn** (oder –verlust) des Entrepreneurs im Verhältnis zum externen Umsatz eine **EBIT-Marge** ausweisen, die im Durchschnitt der Jahre im Rahmen einer Bandbreite von **EBIT-Margen vergleichbarer Strategieträger** liegt, die gleichartige Aktivitäten entfalten. Dabei kann es sein, dass ein Teil oder viele wesentliche Funktionen, wie zB Forschung und Entwicklung, Produktion oder Vertrieb auf Routinegesellschaften ausgelagert werden; gleichwohl übernimmt aber der Entrepreneur diese Kosten und insoweit dürften seine EBIT-Margen im Durchschnitt einer Mehrjahresperiode vergleichbar mit denen anderer Entrepreneure sein, die solche Funktionen und Risiken entweder mit eigenen Aktivitäten übernehmen oder ebenfalls (teilweise) an andere Konzernunternehmen delegieren.

Eine weitere Frage stellt sich, wenn ein Strategieträger sämtliche Funktionen (Forschung und Entwicklung, Produktion, Dienstleistungen, Vertrieb usw.) auf Beteiligungen auslagert und im Ergebnis als „Prinzipal" (oder Holding) nur noch eine koordinierende Funktion durchführt. Dann kann die Frage gestellt werden, ob der Strategieträger im Einzelfall noch in der Lage ist, die Konzernunternehmen zu lenken und zu überwachen und ob diese operativen Unternehmen tatsächlich nur als Routineunternehmen zu qualifizieren sind. Dieses Problem stellt sich vor allem dann, wenn der Entrepreneur nicht selbst über Personal verfügt, das zB in der Lage ist, inhaltliche Vorgaben für die Forschungsgesellschaft zu machen und die Forschungsfortschritte zu überwachen und zu überprüfen.[189]

Während früher vor allem eine forschende Produktionsgesellschaft als Inhaber wertvoller immaterieller Wirtschaftsgüter regelmäßig als Strategieträger **88** qualifiziert wurde, finden sich in den global tätigen Konzernen heute oft **mehrere** Unternehmen, die als **Strategieträger** wesentliche Funktionen und Risiken übernehmen und über erhebliche materielle und immaterielle Wirtschaftsgüter verfügen. Dabei kann es sich sowohl um Produktionsgesellschaften als auch um Vertriebsgesellschaften oder Großhandels- oder Regionalgesellschaften handeln.[190] Auch wenn mehrere Strategieträger im Konzern vorhanden sind, bedeutet dies nicht automatisch, dass die Gewinnaufteilungsmethode (Profit Split Method) anzuwenden ist. Wie erwähnt wurde, soll diese nur herangezogen werden, wenn sich die Standardmethoden nicht oder nicht verlässlich anwenden lassen.[191] Nach den obigen Ausführungen der OECD-VPL und der US Regulations können die Standardmethoden oder die TNMM zuverlässig zur Anwendung kommen, wenn auch unabhängige Unternehmen gleichartige Aktivitäten entfalten. Dies sollte auch von der deutschen FinVerw. anerkannt werden, zumal der Tatsache, dass nur eingeschränkt vergleichbare Fremdvergleichswerte ermittelt werden können, durch die gem. § 1 Abs. 3 S. 3 AStG vorzunehmende Einengung der Bandbreite Rechnung getragen wird.

---

[189] Vgl. dazu unten Rn. 99 ff.

[190] Vgl. *Borstell/Hülster* Kapitel M Rn. 270 ff.

[191] Vgl. Tz. 3.4.10.3. c) S. 1 VGr-Verfahren; im Ergebnis ebenso Tz. 2.3 S. 3 OECD-VPL.

89   Dabei ist zu berücksichtigen, dass zB Vertriebsgesellschaften in bestimmten Ländern als **lokale Strategieträger** oder in bestimmten Regionen als **überregionale Strategieträger** die gesamten Marketing- und Vertriebsaktivitäten einschließlich Marktforschung, Bestimmung der Vertriebsstrategie, Bestimmung des Marktpreises, Schulung der Mitarbeiter, ggf. auch Aufbau und Service für Reparaturen, Maschinen bei Kunden usw. durchführen und dass solche Vertriebsgesellschaften mit ihrem Kundenstamm und ihrem Know-how und den Vertriebswegen wesentliche immaterielle Wirtschaftsgüter besitzen. In solchen Fällen stehen die Vertriebsgesellschaften im Wettbewerb zu vergleichbaren Vertriebsgesellschaften anderer Konzerne oder zu vergleichbaren konzernunabhängigen Vertriebsgesellschaften. Soweit feststellbar ist, dass vergleichbare unabhängige Vertriebsgesellschaften ähnliche Funktionen und Risiken ausüben und ähnliche immaterielle Wirtschaftsgüter nutzen, ist gem. § 1 Abs, 3 S. 1 AStG die Anwendung der Wiederverkaufspreismethode möglich, sofern uneingeschränkt vergleichbare Fremdvergleichswerte ermittelt werden können. Wenn aber nur eingeschränkt vergleichbare Werte feststellbar sind, dann kann gem. § 1 Abs. 3 S. 2 AStG nach Vornahme sachgerechter Anpassungen jede geeignete Verrechnungspreismethode angewendet werden, dh auch die TNMM. Soweit die aus Datenbanken erhältlichen Gewinn- und Verlustrechnungen von Vergleichsunternehmen ähnliche Aufwandspositionen ausweisen wie die des geprüften Unternehmens, spricht dies dafür, dass diese Unternehmen weitgehend in ähnlicher Weise operieren und somit vergleichbare Funktionen, Risiken und Wirtschaftsgüter vorliegen. Wenn man an die **Vergleichbarkeit** von Unternehmen und Geschäftsbeziehungen **zu hohe Anforderungen** stellt, dann sind die **Standardmethoden** im Ergebnis **kaum noch anwendbar,** obwohl diese Methoden nach den Grundsätzen der OECD-VPL und der deutschen VGr generell den Vorrang vor anderen Methoden haben sollen. Die OECD betont, dass es nicht angebracht ist, die TNMM nur anzuwenden, weil Daten zu Fremdgeschäftsvorfällen schwer zu erhalten oder in einer oder mehrerlei Hinsicht unvollständig sind (Tz. 2.5 OECD-VPL).

90   Im Ergebnis ist festzuhalten, dass in einem Konzern **mehrere Entrepreneure** tätig sein können. Dies bedeutet aber nicht automatisch, dass jeder der Strategieträger auch **einzigartige und wertvolle Beiträge** zu den konzerninternen Geschäftsvorfällen liefert, sondern es kann durchaus sein, dass in der Wertschöpfungskette mehrere Strategieträger zwar umfangreiche Funktionen und Risiken übernehmen und eigene wertvolle immaterielle Wirtschaftsgüter einsetzen, dass diese Tätigkeiten aber **nicht** so „einzigartig und wertvoll" sind, dass der Gewinn in der Wertschöpfungskette nur noch anhand der Gewinnaufteilungsmethode ermittelt werden kann.[192] In Tz. 2.109 OECD-VPL werden neben dem Handel mit Finanzinstrumenten (Global Trading) als weitere Anwendungsfälle der Gewinnaufteilungsmethode jene Fälle genannt, in denen **beide Geschäftspartner einzigartige und wertvolle Beiträge zum Geschäftsvorfall** leisten, insb. im Fall des Beitrags „einzigartiger" immaterieller Wirtschaftsgüter.

91   Die Frage, unter welchen Voraussetzungen ein immaterielles Wirtschaftsgut oder sonstiger Beitrag als **„einzigartig"** zu qualifizieren ist, wird nicht näher

---

[192] Vgl. dazu Tz. 2.121 OECD-VPL.

ausgeführt. Als „einzigartig" wird man ein **immaterielles Wirtschaftsgut** sicher dann bezeichnen können, wenn es einen hohen Innovationsgehalt hat und es in einer bestimmten Branche zu einem zumindest vorübergehenden **Wettbewerbsvorsprung** des Nutzers dieses immateriellen Wirtschaftsguts gegenüber den Wettbewerbern kommt. Dies wäre bspw. der Fall, wenn ein Pharmaunternehmen eine Arznei gegen eine bislang unheilbare Krankheit auf den Markt bringt und das Medikament durch ein Patent geschützt ist.

In vielen anderen Bereichen mag die Geschäftsleitung die Auffassung vertreten, dass das jeweilige Unternehmen einzigartige immaterielle Wirtschaftsgüter besitzt, so zB vor allem wenn eine „Sogwirkung" einer Marke vorhanden ist und das Produkt insb. wegen des Images der Marke von Verbrauchern erworben wird (zB Coca-Cola, Rolex-Uhren oder Marlboro Zigaretten). Gleichwohl sind solche Markenprodukte regelmäßig **nicht einzigartig** im engeren Sinne, da sie **substituierbar** sind und im Einzelfall der gewerbliche Verbraucher oder Endverbraucher von Markenprodukten regelmäßig die Wahl hat, andere Produkte mit ähnlichen Eigenschaften zu kaufen (so zB in den Branchen bzw. Sparten Lebensmittel, Textilien, Sportartikel, Elektrogeräte, Mobiltelefone, Kraftfahrzeuge, Möbel, Uhren, Kosmetika usw.).

Soweit bestimmte **Produkte** unterschiedlicher Hersteller für den **gleichen** 92 **Zweck** hergestellt werden – zB Sportschuhe der Firmen ADIDAS, PUMA oder NIKE oder PKWs der Oberklasse von BMW, Daimler oder AUDI – haben solche Produkte selbstverständlich unterschiedliche Eigenschaften, ein unterschiedliches Design und beruhen im Detail auch auf unterschiedlichen Patenten, Gebrauchsmustern, Marken, eingetragenen Designs usw. Jedoch sind solche Produkte im Prinzip **substituierbar** und die Entscheidung für den Erwerb solcher Produkte wird – bezogen auf die jeweilige Zielgruppe der Verbraucher – bspw. nicht durch die Anzahl der genutzten Patente des Herstellers beeinflusst. Stattdessen werden, abhängig von unterschiedlichen Verbrauchergruppen, zB bei Sportschuhen die Trittdämpfung, das Material, das Design sowie das Preis-Leistungsverhältnis oder bei Kraftfahrzeugen die Leistungsfähigkeit und Sparsamkeit des Motors, das Design und das Preis-Leistungsverhältnis entsprechend der subjektiven Einstellung der jeweiligen Verbraucher maßgebend sein. Hinzu kommt in vielen Fällen die Bevorzugung einer bestimmten Marke durch den Erwerber (bei Vorhandensein anderer Marken mit vergleichbarem Image) sowie eine wirksame Werbung, die regelmäßig nicht von der Vertriebsgesellschaft selbst sondern von einer beauftragten Werbegesellschaft entwickelt wird. Soweit in einem Konzern daher Geschäftsbeziehungen zu beurteilen sind, bei denen immaterielle Wirtschaftsgüter zum Einsatz kommen, darf nicht außer Acht gelassen werden, dass – insb. bei Artikeln, die an Endverbraucher veräußert werden – auch Wettbewerber regelmäßig Produkte auf den Markt bringen, die zwar mit anderen Patenten, anderem Know-how, anderem Design und anderen Marken usw. hergestellt und vertrieben werden, jedoch letztlich vergleichbar und für gleiche Zwecke verwendbar und damit für eine Substitution geeignet sind.

Die vorstehend genannten Gründe sprechen dafür, dass in Fällen gleichartiger Aktivitäten von Strategieträgern (zumindest bei kleineren und mittleren Unternehmen, die nur in einer bestimmten Branche bzw. Sparte tätig werden) auch die Standardmethoden und die TNMM anwendbar sind und daher das Ergebnis nicht nur als Residualgewinn oder anhand eines Profit Split ermittelt werden kann. In der Literatur wird zu Recht kritisch angemerkt, dass der Sinn der Aufteilung von Unternehmen in drei Klassen in den VGr-Verfahren wohl vornehmlich darin besteht, die Unternehmen, die mehr als bloße Routinefunktionen ausüben, von der Angemessenheitsdokumentation per datenbankgestützter Nettomargenanalyse abzuhalten.[193]

cc) Hybridunternehmen

93 Wie bereits oben erörtert wurde, verlangt die **FinVerw.** – soweit keine Fremdpreise feststellbar sind – dass ein **Hybridunternehmen** seine Verrechnungspreise aufgrund von **Planrechnungen** ermittelt.[194] Aus dem Vorbehalt der möglichen Feststellung von Fremdpreisen und aus Tz. 3.4.10.3a) VGr-Verfahren wird klar, dass **zunächst** die **Standardmethoden** anwendbar sind. Allerdings darf nach Auffassung der FinVerw. für ein Hybridunternehmen **nicht** die **TNMM** angewendet werden.[195]

Diese Auffassung ist nicht akzeptabel. Sie **widerspricht** den Regelungen des **§ 1 Abs. 3 S. 1 u. 2 AStG** und steht nicht in Einklang mit den **OECD-VPL.**

94 Es gibt kein zivilrechtliches oder steuerliches Gesetz, das für Hybridunternehmen – also Unternehmen, die nicht als Routineunternehmen oder Entrepreneur qualifiziert werden können – vorschreibt, dass eine bestimmte Verrechnungspreismethode **nicht** angewendet werden darf. Insb. sieht **§ 1 Abs. 3 AStG keine Beschränkung** der Anwendung anerkannter Verrechnungspreismethoden **für bestimmte Unternehmenstypen** vor, sondern regelt hinsichtlich der Methoden lediglich den Vorrang der Standardmethoden, wenn uneingeschränkt vergleichbare Fremdvergleichswerte vorliegen und fordert im Übrigen die Anwendung einer geeigneten Methode. Sofern daher nur eingeschränkt vergleichbare Werte ermittelt werden können, kann laut Gesetz – unabhängig von der Charakterisierung des Unternehmens – jede geeignete Verrechnungspreismethode angewendet werden und folglich auch die **TNMM** für Hybridunternehmen. Wie bereits am Schluss des vorhergehenden Abschnitts erwähnt wurde, versucht die FinVerw. zu Unrecht, Unternehmen, die mehr als bloße Routinefunktionen ausüben, von der Angemessenheitsdokumentation per datenbankgestützter Nettomargenanalyse abzuhalten.[196]

95 Als weiteres Argument für eine **Anwendbarkeit der TNMM** auf Hybridunternehmen spricht auch der Hinweis in **§ 1 Abs. 3 GAufzV,** wonach der Steuerpflichtige auch Nettospannen (anhand der TNMM) und Gewinnaufteilungen (Profit Split Methode) aufzuzeichnen und zu beschaffen hat, sofern er sich bei der Preisfestsetzung einer dieser Methoden bedient.[197] Da die GAufzV als Verordnung Gesetzescharakter hat – und damit auch von der FinVerw. zu beachten ist – verdrängt sie (wie § 1 AStG) etwaige abweichende Bestimmungen der VGr-Verfahren, da § 1 Abs. 3 GAufzV in Übereinstimmung mit § 1 Abs. 3 AStG **keine Beschränkungen** der Anwendung von Verrechnungspreismethoden für bestimmte Unternehmenstypen

---

[193] Vgl. *Schreiber* in Kroppen Anm. 158 VerwGr.Verf.

[194] Vgl. Tz. 3.4.10.2c) VGr-Verfahren.

[195] Vgl. Tz. 3.4.10.3b) Abs. 4 VGr-Verfahren.

[196] Vgl. *Schreiber* in Kroppen Anm. 158 VerwGr.Verf.

[197] Vgl. *Schreiber* in Kroppen Anm. 161 VerwGr.Verf.

vorsieht.[198] Ein weiteres Argument ergibt sich aus der Tatsache, dass die Fin-
Verw. einerseits die TNMM für Hybridunternehmen nicht für anwendbar
hält, aber andererseits in der gleichen Regelung drei Sätze weiter ausführt,
dass diese Methode doch anwendbar ist und zwar „allenfalls zur Plausibilisierung, zur Verprobung oder ggf. zur Schätzung".[199]

Schließlich weist auch Tz. 2.60 OECD-VPL darauf hin, dass es **viele** Fälle **96**
gibt, in denen ein am Geschäftsvorfall beteiligtes Unternehmen Beiträge leistet, die nicht „**einzigartig**" sind – dh nicht einzigartige immaterielle Wirtschaftsgüter verwendet wie zB nicht einzigartige Geschäftsverfahren oder
nicht einzigartiges Marktwissen.[200] In solchen Fällen kann es laut OECD-
VPL möglich sein, die Vergleichbarkeitsvoraussetzungen zur Anwendung einer Standardmethode oder der **TNMM** einzuhalten, da zu erwarten ist, dass
auch die Vergleichsgrößen eine **vergleichbare Mischung nicht einzigartiger Beiträge** zugrunde legen.[201] Insoweit wird ergänzend auf die obigen
Ausführungen verwiesen, wonach die Standardmethoden und die TNMM in
vielen Fällen auch für Entrepreneure anwendbar sind.

Aus den genannten Gründen ist es nach der hier vertretenen Auffassung in
Einklang mit § 1 Abs. 3 AStG zulässig, für Hybridunternehmen Vergleichswerte von vergleichbaren Unternehmen in der Branche mit Hilfe der TNMM
zu ermitteln.

2. Einkünftezurechnung nach neuem OECD-Konzept

In Abschnitt II. dieses Kapitels wurde bereits erwähnt, dass die OECD in **97**
den OECD-VPL das *Kapitel VI – Besondere Überlegungen für immaterielle
Wirtschaftsgüter* neu fassen möchte. Zu diesem Zweck veröffentlichte die
OECD im Juni 2012 zunächst einen ersten Diskussionsentwurf (nachfolgend zitiert als: **1. Diskussionsentwurf I**), der nach Berücksichtigung von
Stellungnahmen von Verbänden, Beratungsfirmen, Unternehmen usw. am
30.7.2013 durch einen überarbeiteten sowie erweiterten Entwurf ersetzt wurde
(nachfolgend zitiert als: **2. Diskussionsentwurf I**). Dieser überarbeitete Entwurf wurde erneut zur Diskussion gestellt, bevor am 16.9.2014 eine Neufassung des Kapitels IV OECD-VPL (2014 Guidance) veröffentlicht wurde, die
jedoch unter dem Vorbehalt erneuter Änderungen im Jahr 2015 durch das
„Base Erosion an Profit Shifting (BEPS)"-Projekt steht.[202] Das Kapitel VI der
OECD-VPL (2014 Guidance) enthält unter Abschnitt A eine von rechtlichen
und bilanziellen Definitionen unabhängige eigene Definition der immateriellen Wirtschaftsgüter für Verrechnungspreiszwecke.[203] Abschnitt B befasst sich
unter der Überschrift „**Ownership of Intangibles and Transactions In-**

---

[198] Im Übrigen dürfte eine gesetzliche Beschränkung allenfalls im AStG geregelt
werden und nicht in der GAufzV.

[199] Vgl. Tz. 3.4.10.3b) Abs. 4; *Schreiber* in Kroppen Anm. 161 VerwGr.Verf.

[200] Zur Auslegung des Begriffs „einzigartig" vgl. oben Rn. 91 f.

[201] Vgl. Tz. 2.60 S. 2 OECD-VPL.

[202] Die Fundstellen des 1. und 2. Diskussionsentwurfs werden oben in den Fußno-
ten zu Rn. 47 genannt. Das neue (vorläufige) Kapitel VI nebst Änderungen der Kapitel I und II ist erhältlich unter http://dx.doi.org/10.1787/9789264219212-en.

[203] Vgl. oben Rn. 49 ff.

volving the Development, Enhancement, Maintainance and Protection of Intangibles" mit der Frage, wem letztendlich die Einkünfte aus immateriellen Wirtschaftsgütern innerhalb einer Gruppe von verbundenen Unternehmen zuzuordnen sind.[204] Während der 1. Diskussionsentwurf noch in Tz. 28 eine Definition des Begriffs „intangible related return" enthielt und in den folgenden Ausführungen die **Zuordnung dieser Einkünfte** aus immateriellen Wirtschaftsgütern (nachfolgend abgekürzt „IWG") thematisierte, wurde in den Ausführungen des 2. Diskussionsentwurfs nicht mehr in diesem Maße an der Begrifflichkeit „intangible related return" festgehalten (vgl. Tz. 65 2. Diskussionsentwurf). Der Abschnitt B des Kapitels VI OECD-VPL (2014 Guidance) verfolgt nunmehr den Ansatz, dass nicht allein dem rechtlichen Eigentümer eines IWG das Recht auf die Erträge aus dem IWG zusteht, sondern alle Konzerngesellschaften für ihre ausgeübten Funktionen, verwendeten oder beigesteuerten Wirtschaftsgüter oder getragenen Risiken, die zum Wert des IWG beitragen sollen, entsprechend dem Fremdvergleichsgrundsatz vergütet werden müssen.[205]

Zur Klarstellung sei darauf hingewiesen, dass der hier dargestellte Abschnitt B des Kapitels VI OECD-VPL (2014 Guidance) lediglich der Identifikation der Partei bzw. Parteien dient, der bzw. denen die Einkünfte aus den IWG zugerechnet werden sollen, wobei die Analyse in sechs Prüfungsschritten erfolgt.[206] Die Frage, welche Arten von Geschäftsvorfällen („Transactions") die Übertragung oder Nutzung von IWG zum Gegenstand haben, wird in Abschnitt C des Kapitels VI OECD-VPL (2014 Guidance) erörtert,[207] während die Fremdvergleichsanalyse und die Auswahl sowie Anwendung der Verrechnungspreismethoden in Abschnitt D erläutert werden.[208]

a) Bedeutung von Rechten und Verträgen

98 Für die Frage, **welchem Konzernunternehmen** die **Einkünfte aus einem IWG zuzurechnen** sind, sind zunächst die Vereinbarungen der Parteien sowie eine Funktions- und Risikoanalyse durchzuführen. In diesem Zusammenhang ist insb. das **rechtliche Eigentum** relevant, das durch die **Registrierung von Schutzrechten** oder durch **vertragliche Vereinbarungen** geregelt ist. Kann kein rechtlicher Inhaber identifiziert werden, gilt als Inhaber des IWG derjenige, der die Kontrolle über die Ausbeutung des IWG hat und andere von der Nutzung ausschließen kann.[209] Dabei wurde noch im 1. Diskussionsentwurf der Grundsatz vertreten, dass dem im Rahmen der vorgenommenen Prüfung identifizierten Inhaber der Rechte am IWG auch für steuerliche Zwecke die entsprechenden Einkünfte zuzurechnen sind.[210]

---

[204] Vgl. *OECD*, Tz. 6.32 ff. Kapitel VI OECD-VPL (2014 Guidance).

[205] *OECD*, Tz. 6.32 u. 6.42 ff. Kapitel VI OECD-VPL (2014 Guidance).

[206] Vgl. *OECD*, Tz. 6.34 Kapitel VI OECD-VPL (2014 Guidance).

[207] Vgl. dazu Abschn. IV in diesem Kapitel mit Hinweisen auf das neu gefasste Kapitel VI OECD-VPL (2014 Guidance).

[208] Vgl. dazu die Abschnitte V–IX in diesem Kapitel, jeweils mit Hinweisen auf die Diskussionsentwürfe zu Kapitel VI und Kapitel VI OECD-VPL (2014 Guidance).

[209] Vgl. *OECD*, Tz. 6.40 Kapitel VI (2014 Guidance).

[210] Vgl. *OECD*, Tz. 35 1. Diskussionsentwurf.

Im neu gefassten Kapitel VI wird jetzt ausgeführt, dass die Frage des rechtlichen Eigentums an dem IWG getrennt von der Frage der fremdüblichen Vergütung zu sehen ist und ersteres lediglich einen Anhaltspunkt im Rahmen der Verrechnungspreisanalyse darstellt.[211] Das rechtliche Eigentum selbst gewährt laut den Ausführungen unter Tz. 6.42 ff. OECD-VPL (2014 Guidance) nicht das Recht an dem Gewinn aus der Verwertung des IWG, sondern entscheidend ist die kombinierte Betrachtung des Eigentums und der Funktionen, Risiken und sonstigen Wirtschaftsgüter, die bei der Ausbeutung des IWG im Konzern eine Rolle spielen. Im Ergebnis hängt die Höhe des dem rechtlichen Inhaber zurechenbaren Gewinns von seinen Beiträgen sowie den Beiträgen der übrigen Konzerngesellschaften im Zusammenhang mit dem IWG ab. Letztere müssen für ihre Beiträge und übernommenen Funktionen im Zusammenhang mit dem IWG fremdüblich entschädigt werden. Eine mögliche Folge ist, dass bspw. dem rechtlichen Eigentümer für den Fall fehlender eigener Beiträge, die den Wert des IWG beeinflussen, nur der Anteil am Gewinn aus dem IWG zugerechnet werden kann, der auf die Inhaberschaft als solche entfällt.[212]

b) Einkünftezurechnung anhand übernommener Funktionen und Risiken sowie verwendeter Wirtschaftsgüter

Aus Sicht der OECD führt die Bestimmung des rechtlichen Inhabers eines **99** IWG nicht zwangsläufig dazu, dass diesem auch ein Recht zusteht, die aus der Verwertung des IWG zugeflossenen Erträge ganz oder teilweise zu behalten, da zunächst anderen Gruppenmitgliedern entsprechend deren **übernommenen Funktionen, verwendeten Wirtschaftsgütern** und **getragenen Risiken im Zusammenhang mit der Entwicklung, Verbesserung, Erhaltung, dem Schutz und der Verwertung des IWG** eine fremdübliche Entschädigung zusteht.[213] Dem **rechtlichen Inhaber** steht somit **nur dann der gesamte Ertrag** aus dem IWG zu, wenn er (i) alle „**wichtigen Funktionen**" im Zusammenhang mit der Entwicklung, Verbesserung, Erhaltung und dem Schutz des IWG ausübt und kontrolliert;[214] (ii) die an andere (Konzern-)Gesellschaften ausgelagerten sonstigen Funktionen nicht nur fremdüblich vergütet sondern auch kontrolliert, wobei auch die Kontrollfunktion gegen Vergütung ausgelagert sein kann[215] (iii) alle für die Entwicklung, Verbesserung, Erhaltung und den Schutz des IWG notwendigen Wirtschaftsgüter bereitstellt[216] und (iv) alle Risiken und Kosten im Zusammenhang mit der Entwicklung, Verbesserung, Erhaltung und dem Schutz des IWG trägt.[217] Im Umkehrschluss bedeutet dies, dass die Erträge aus dem immaterillen Wirtschaftsgut auch einem anderen Unternehmen, das nicht rechtlicher Inhaber des immateriellen Wirtschaftsguts ist und das die wesentlichen Funktionen im

---

[211] Vgl. *OECD*, Tz. 6.42 Kapitel VI OECD-VPL (2014 Guidance).
[212] Vgl. *OECD*, Tz. 6.42 letzter Satz Kapitel VI OECD-VPL (2014 Guidance).
[213] Vgl. *OECD*, Tz. 6.47 Kapitel VI OECD-VPL (2014 Guidance).
[214] Vgl. *OECD*, Tz. 6.51 u. 6.53 S. 1 Kapitel VI OECD-VPL (2014 Guidance).
[215] Vgl. *OECD*, Tz. 6.52 f. Kapitel VI OECD-VPL (2014 Guidance).
[216] Vgl. *OECD*, Tz. 6.59 ff. Kapitel VI OECD-VPL (2014 Guidance).
[217] Vgl. *OECD*, Tz. 6.62 ff. Kapitel VI OECD-VPL (2014 Guidance).

oben genannten Sinn ausübt und kontrolliert, ganz oder teilweise zugerechnet werden können.[218] Soweit einem solchen Unternehmen – mit Ausnahme von Funktionsvergütungen anderer Beteiligter – die wesentlichen Erträge zugerechnet werden, handelt es sich aus deutscher Sicht idR um einen **wirtschaftlichen Eigentümer** iSd § 39 AO.

100   In den Stellungnahmen zum 1. Diskussionsentwurf zu Kapitel VI wird zutreffend darauf hingewiesen, dass die OECD im Ergebnis die **Konzeption der „Significant People Function"** aus dem OECD-Betriebsstättenbericht[219] und das in Kapitel IX zu den „Business Restructurings" eingeführte **Prinzip der Risikokontrolle („Control over Risks")** übernimmt. In Tz. 40 des 1. Diskussionsentwurfs zu Kapitel VI wurde verlangt, dass auch im Fall der Auslagerung bestimmter Funktionen auf andere Unternehmen die **wichtigen Funktionen** bzgl. der Entwicklung, Verbesserung, Aufrechterhaltung und des Schutzes des IWG von dem Einkünfteberechtigten durch **eigenes Personal** ausgeübt werden müssen. Das neu gefasste Kapitel VI OECD-VPL (2014 Guidance) gestattet, dass der Inhaber des IWG nicht alle Funktionen durch eigenes Personal ausführen muss, sondern diese auch durch andere ausüben lassen kann, so dass im Ergebnis die Vorteile aus den ausgelagerten Funktionen und dem IWG dem funktionsausübenden Unternehmen zugerechnet werden können.[220] Wenn der rechtliche Inhaber die meisten oder alle wichtigen Funktionen auf andere Konzerngesellschaften überträgt, ist es sehr zweifelhaft, ob ihm ein nennenswerter Anteil am Ertrag aus der Ausbeutung des IWG zugerechnet werden kann.[221] Offensichtlich geht die OECD davon aus, dass die wesentlichen Funktionen die **signifikanten Wertschöpfungsbeiträge** im Konzern schaffen, die auf der Basis der aktiven Entscheidungsgewalt des als Strategieträgers tätigen Unternehmens beruhen.[222]

c) Anwendung der Prinzipien auf bestimmte Sachverhalte

101   Die OECD betont, dass bei einer Geschäftsbeziehung, die die Übertragung oder die Nutzung von immateriellen Wirtschaftsgütern zum Gegenstand hat, **mehr als einer Partei** die **Einkünfte** aus einem bestimmten IWG oder bzgl. mehrerer IWG **zugerechnet werden können.**[223] So kann bspw. bei einer Geschäftsbeziehung bei der eine Partei die Produktentwicklung und Produktion durchführt und die andere Partei die Vertriebs- und Marketingfunktionen übernimmt, eine Aufteilung der Einkünfte aus den IWG zur Folge haben.[224] Die Diskussionsentwürfe erläutern jedoch nicht, wie die Gewinne aufzuteilen sind, wenn zB mehrere Unternehmen an den maßgeblichen Entscheidungen beteiligt sind; diese Aufteilung müsste entsprechend den ausgeübten Funktionen erfolgen und führt zu potenziellen Kon-

---

[218] *OECD*, Tz. 6.54 u. 6.56 S. 5 Kapitel VI OECD-VPL (2014 Guidance).

[219] Vgl. *OECD*, Betriebsstättenbericht Teil I, Tz. 85.

[220] Vgl. *OECD*, Tz. 6.56 S. 5 Kapitel VI OECD-VPL (2014 Guidance).

[221] *OECD*, Tz. 6.57 Kapitel VI OECD-VPL (2014 Guidance).

[222] Vgl. *Rouenhoff* IStR 2012, 656.

[223] Vgl. *OECD*, Tz. 6.56ff. Kapitel VI OECD-VPL (2014 Guidance).

[224] Vgl. *OECD*, Tz. 6.73 u. 6.75 Kapitel VI OECD-VPL (2014 Guidance) und Beispiele 16–18 im Anhang.

flikten in Betriebsprüfungen.[225] Das neu gefasste Kapitel VI OECD-VPL (2014 Guidance) befürwortet die Anwendung von Gewinnaufteilungs- oder Bewertungsmethoden oder sonstigen Methoden.

Soweit ein verbundenes Unternehmen einen **Teil der Funktionen** von **102** einem Unternehmen übernimmt, dem die Einkünfte aus IWG zugerechnet werden, soll es eine **angemessene Vergütung** dafür erhalten.[226] So wird bspw. eine **Patentverwaltungsgesellschaft,** die kein eigenes Forschungspersonal hat und keine Forschungskosten trägt, lediglich als Dienstleistungsgesellschaft qualifiziert, die ein Entgelt für ihre Dienstleistungen verdient, jedoch keine Einkünfte aus den IWG zugerechnet bekommt.[227] Im Rahmen der Übernahme von **Forschungs- und Entwicklungsfunktionen** durch ein verbundenes Unternehmen führt die OECD aus, dass in Abhängigkeit vom Umfang der übernommenen Forschungstätigkeiten und -risiken eine Vergütung anhand der Kostenaufschlagsmethode nicht immer dem Fremdvergleichsgrundsatz genügt.[228] Auch bei der Verwendung des **Firmennamens** ist zu prüfen, ob diese vergütet werden muss, wobei die OECD festhält, dass bei bloßer Verwendung des Namens zur Darstellung der Gruppenzugehörigkeit grundsätzlich keine Zahlung zu leisten ist.[229]

d) Gewinnberichtigungen, Vertragsanerkennung

Wenn ein Unternehmen, dem die Einkünfte aus IWG zugerechnet werden **103** sollen, nicht die entscheidenden Funktionen ausübt bzw. die Durchführung der Funktionen durch beauftragte Unternehmen nicht überwacht oder wenn es die relevanten Risiken und Kosten nicht trägt, dann werden andere **Parteien, die diese Funktionen, Risiken oder Kosten übernehmen,** berechtigt sein, einen **Teil oder** den **gesamten Gewinn aus den IWG** zu erhalten.[230]

Gem. Tz. 1.64 OECD-VPL müssen die Finanzbehörden die von den ver- **104** bundenen Unternehmen durchgeführten **Geschäftsvorfälle** so anerkennen und überprüfen, wie diese von ihnen vertraglich bzw. faktisch gestaltet worden sind; eine **Umqualifizierung** legitimer Geschäftsvorfälle wäre völlig **willkürlich.** Nur in zwei Ausnahmefällen darf die FinVerw. die von einem Steuerpflichtigen gewählte Gestaltung von Geschäftsvorfällen außer Acht lassen, nämlich wenn der wirtschaftliche Gehalt eines Geschäfts nicht mit der äußeren Form übereinstimmt („Substance over Form") oder wenn die im Geschäft getroffenen Vereinbarungen von denjenigen abweichen, die unabhängige Unternehmen in wirtschaftlich vernünftiger Weise getroffen hätten und wenn die tatsächlich gewählte Gestaltung der Steuerverwaltung im Ergebnis die Möglichkeit nimmt, einen Verrechnungspreis zu bestimmen.[231]

(einstweilen frei) **105–110**

---

[225] Vgl. *Eigelshoven/Ebering/Schmidtke* IWB 2012, 490 f. zu den Ausführungen im 1. Diskussionsentwurf.

[226] Vgl. *OECD,* Tz. 6.72 Kapitel VI OECD-VPL (2014 Guidance).

[227] Vgl. *OECD,* Beispiel 1 im Anhang zu Kapitel VI OECD-VPL (2014 Guidance).

[228] Vgl. *OECD,* Tz. 6.76 Kapitel VI OECD-VPL (2014 Guidance).

[229] Vgl. *OECD,* Tz. 6.78 ff. Kapitel VI OECD-VPL (2014 Guidance); vgl. auch unten Rn. 506 ff.

[230] Vgl. *OECD,* Tz. 6.68 Kapitel VI OECD-VPL (2014 Guidance).

[231] Vgl. Tz. 1.65 OECD-VPL und *OECD,* Tz. 6.57 OECD-VPL Kapitel VI (2014 Guidance).

IV. Transaktionen mit immateriellen Wirtschaftsgütern

1. Transaktionsarten in der Neufassung des Kapitels VI OECD-VPL (2014 Guidance)

111   Die **OECD** befasst sich in Abschnitt C des Kapitels VI OECD-VPL (2014 Guidance) mit den verschiedenen Arten von Geschäftsbeziehungen **(Transaktionen)**, bei denen immaterielle Wirtschaftsgüter **(IWG)** zum Einsatz gelangen können. Dabei nennt die OECD insb. **zwei Gruppen** von **Transaktionen:**[232]

- Transaktionen, bei denen IWG selbst unmittelbar übertragen bzw. zur Nutzung überlassen werden,[233]
- Warenlieferungen und Dienstleistungen, bei denen IWG im Wertschöpfungsprozess mittelbar zum Einsatz kommen.[234]

a) Übertragung von Rechten an immateriellen Wirtschaftsgütern

112   Die **erste Gruppe** von Transaktionen betrifft die **Übertragung von Rechten an immateriellen Wirtschaftsgütern,** wobei diese Transaktionen zum Einen **alle Rechte** bezüglich der IWG umfassen können (zB bei einem Verkauf des IWG) **oder** zum Anderen lediglich die Überlassung beschränkter Rechte regeln (zB Lizenzen oder ähnliche beschränkte Rechte zur **Nutzung** von IWG).[235] Die OECD weist darauf hin, dass es entscheidend darauf ankommt, die **Art** der immateriellen Wirtschaftsgüter und Rechte ebenso wie die vereinbarten **Beschränkungen** im Rahmen von Lizenzverträgen (oder ähnlichen Verträgen) zu identifizieren, da diese den Wert der übertragenen Rechte und die Vergleichbarkeit mit anderen Transaktionen beeinflussen.[236] Die Neufassung des Kapitels VI OECD-VPL (2014 Guidance) befasst sich ferner mit der Übertragung einer **Kombination** von immateriellen Wirtschaftsgütern, wobei dies ggf. zu einem höheren Wert führen könne, als wenn die IWG einzeln übertragen würden.[237]

Weiterhin verweist die OECD darauf, dass die Übertragung von IWG auch in **Kombination** mit anderen Wirtschaftsgütern oder Transaktionen erfolgen kann und dass in solchen Situationen der **„Paketvertrag"** aufgeschnürt werden soll, um für die einzelnen Elemente der Transaktion einen Fremdvergleich zu bestimmen.[238] In einigen Situationen seien die Transaktionen jedoch derart miteinander verbunden, dass nur eine Paketbetrachtung sinnvoll ist; dies soll nach Meinung der OECD zB bei Franchiseverträgen der Fall sein.[239] Die Aus-

---

[232] Die Reihenfolge wurde im 2. Diskussionsentwurf geändert.

[233] Vgl. *OECD,* Tz. 6.85 ff. OECD-VPL Kapitel VI (2014 Guidance).

[234] Vgl. *OECD,* Tz. 6.101 ff. OECD-VPL Kapitel VI (2014 Guidance).

[235] Vgl. *OECD,* Tz. 6.85 OECD-VPL Kapitel VI (2014 Guidance).

[236] Vgl. *OECD,* Tz. 6.86 f. OECD-VPL Kapitel VI (2014 Guidance).

[237] Vgl. *OECD,* Tz. 6.89 ff. OECD-VPL Kapitel VI (2014 Guidance).

[238] Vgl. *OECD,* Tz. 6.96 OECD-VPL Kapitel VI (2014 Guidance).

[239] Vgl. *OECD,* Tz. 6.96 f. OECD-VPL Kapitel VI (2014 Guidance); der Hinweis auf Franchiseverträge wird von der Literatur allerdings kritisch gesehen, vgl. *Eigelshofen/ Ebering/Schmidtke* IWB 2012, 492; *Shapiro/Mitra/Henshall/Sierra* TNI 2012, 1247; Erläuterungen zu Franchiseverträgen finden sich unten in Rn. 701 ff. mit Kritik in Rn. 723 f.

führungen der OECD zu den Transaktionsarten erscheinen als wenig konkret. Es wäre hilfreich gewesen, wenn in der Neufassung des Kapitels VI OECD-VPL (2014 Guidance) die beiden genannten Gruppen von Transaktionen wesentlich stärker in einzelne Transaktionsarten gegliedert und kommentiert worden wären, wobei jede Transaktionsart – unabhängig von der noch zu erörternden Frage der anwendbaren Verrechnungspreismethoden – besondere Probleme aufweist, die im Rahmen der Analyse der Geschäftsbeziehungen zu beachten sind.

b) Waren- und Dienstleistungstransaktionen

Für die **zweite Gruppe** von Transaktionen stellt das Kapitel VI der **113** OECD-VPL (2014 Guidance) fest, dass es sich **nicht** um die **Übertragung von immateriellen Wirtschaftsgütern** handelt, sondern dass diese lediglich für die Herstellung und Übertragung eines Produkts oder für die Erbringung einer Dienstleistung genutzt werden. In diesem Zusammenhang sind die IWG zu identifizieren und im Rahmen der Vergleichbarkeitsanalyse zu berücksichtigen.[240] Als Beispiel wird auf den Verkauf eines Pkw durch einen Kfz-Hersteller an nahestehende Vertriebsgesellschaften verwiesen, wobei für die Herstellung des Pkw zahlreiche Patente verwendet wurden, die jedoch nicht an die Vertriebsgesellschaft übertragen werden.[241] Die OECD erörtert in diesem Beispiel allerdings nicht die Nutzung der Produktmarke und der Dachmarke durch die Vertriebsgesellschaft beim Weiterverkauf des Pkw. In diesem Zusammenhang wäre ein Hinweis der OECD sinnvoll gewesen, wonach der Hersteller nicht nur technologische IWG (zB Patente, Gebrauchsmuster, eingetragene Designs, Know-how), sondern idR auch registrierte oder nicht registrierte Marken bereits beim Produktionsprozess nutzt und diese **Nutzung der IWG** grundsätzlich bereits in den Preis des Produkts einkalkuliert, sodass regelmäßig keine gesonderte Vergütung für die Nutzung der Produkt- und Dachmarke bzw. der Vertriebslizenz berechnet werden kann.[242]

Als weiteres Beispiel nennt die OECD im Kapitel VI der OECD-VPL **114** (2014 Guidance) eine **Forschungsgesellschaft,** die wertvolle geologische Kenntnisse und Analysen sowie Forschungssoftware und Know-how besitzt. Wenn diese Gesellschaft ihre Forschungsleistungen an ein nahe stehendes Unternehmen erbringt, dann nutzt sie die IWG für ihre **Dienstleistungen,** jedoch liefert sie dem Auftraggeber nur die Forschungsergebnisse und **überträgt nicht** die für ihre Leistungen genutzten **IWG.**[243] Jedoch kann bei der Erbringung von Dienstleistungen – zum Beispiel bei der Entwicklung von Software – ein immaterielles Wirtschaftsgut entstehen, das neben der Erbringung der Leistungen in weiteren Fällen genutzt und evtl. übertragen wird.[244]

---

[240] Vgl. *OECD*, Tz. 6.101 OECD-VPL Kapitel VI (2014 Guidance).
[241] Vgl. *OECD*, Tz. 6.102 OECD-VPL Kapitel VI (2014 Guidance).
[242] Vgl. dazu die Ausführungen zur Vertriebslizenz, Rn. 491 ff.
[243] Vgl. *OECD*, Tz. 6.103 OECD-VPL Kapitel VI (2014 Guidance).
[244] Vgl. *OECD*, Beispiel 25 im Anhang des OECD-VPL Kapitel VI (2014 Guidance).

2. Übersicht zu den wichtigsten Transaktionen

115 Wie bereits erläutert wurde, enthält die von der OECD veröffentlichte Neufassung des Kapitels VI OECD-VPL (2014 Guidance) keine systematische Beschreibung und Zusammenstellung der wichtigsten Transaktionen, die zwischen verbunden Unternehmen in Bezug auf immaterielle Wirtschaftsgüter
vorkommen. Daher soll nachfolgend eine kurze Übersicht zu den üblichen
Transaktionen in Bezug auf immaterielle Wirtschaftsgüter gegeben werden,
bevor dann die Beschreibung dieser Transaktionen erfolgt. Danach werden in
gesonderten Abschnitten die Verrechnungspreisaspekte der jeweiligen Transaktionen erläutert.

116 Als wichtigste Transaktionen, bei denen immaterielle Wirtschaftsgüter
(IWG) entweder mittelbar verwendet werden oder bei denen die IWG unmittelbar Gegenstand des Geschäfts sind, kommen vor allem in Betracht:

- Lieferung materieller Wirtschaftsgüter, bei deren Herstellung oder Vertrieb
  immaterielle Wirtschaftsgüter eingesetzt werden;
- Dienstleistungen, bei deren Erbringung immaterielle Wirtschaftsgüter ein-
  gesetzt werden;
- Arbeitnehmerüberlassung mit Übertragung immaterieller Wirtschaftsgüter;
- Forschungs- und Entwicklungsaktivitäten;
- Eigentumsübertragung;
- Treuhandgeschäfte;
- Lizenzverträge;
- Nießbrauch und andere Nutzungsüberlassungsverträge;
- Franchiseverträge;
- Funktionsverlagerungen;
- Value chain planning und andere Gestaltungen.

Die nachfolgenden Erläuterungen befassen sich mit allgemeinen Aspekten
der oben genannten Transaktionsarten. Die Verrechnungspreisaspekte derjenigen Transaktionen, bei denen die IWG unmittelbar Geschäftsgegenstand
sind, werden dann in gesonderten größeren Abschnitten von Abschnitt V.–X.
in diesem Kapitel erläutert.

3. Lieferung materieller Wirtschaftsgüter

117 Bei der **Herstellung** von Produkten werden häufig Patente, Gebrauchsmuster, Marken, eingetragene Designs und andere IWG verwendet. Da diese
IWG bereits bei der Herstellung des Produkts verwendet werden und in dem
Produkt enthalten sind (so genannte *Embedded Intangibles*) weist die oben
erörterte Neufassung des Kapitels VI der OECD-VPL (2014 Guidance) zutreffend darauf hin, dass beim Verkauf der Produkte die immateriellen Wirtschaftsgüter nicht unmittelbar Gegenstand des Geschäfts sind, sondern lediglich den Kaufpreis für das Produkt beeinflussen. Die Frage, ob der Hersteller
an eine Vertriebsgesellschaft neben dem Verkaufspreis der Produkte unter bestimmten Voraussetzungen auch Lizenzgebühren für die Nutzung immaterieller Wirtschaftsgüter berechnen kann, hängt vom Einzelfall ab und wird in einem gesonderten Abschnitt ausführlich erörtert. Generell gilt der Grundsatz,
dass der erste Nutzer eines IWG die Kosten für die selbst hergestellten IWG

oder die an einen anderen Rechteinhaber gezahlten Lizenzgebühren in den Preis seiner Lieferungen einkalkuliert und dass keine Lizenzgebühren an weitere Abnehmer in der Lieferkette berechnet werden dürfen.[245]

Bei dem **Vertrieb** der Produkte nutzt die Vertriebsgesellschaft die Marke der Produkte und die vereinbarten Vertriebsrechte sowie ihren Kundenstamm für ihre Marketing- und Vertriebsaktivitäten. Jedoch beschränken sich die Geschäftsbeziehungen zu den Kunden auf den Verkauf der Produkte selbst und der Einsatz der immateriellen Wirtschaftsgüter schlägt sich nur mittelbar im Verkaufspreis für die Produkte nieder.

4. Dienstleistungen

Wenn der Geschäftsgegenstand von multinationalen Unternehmen die **118** Erbringung von **Dienstleistungen** zum Gegenstand hat, werden diese Leistungen idR unter Verwendung einer **Dienstleistungsmarke** erbracht, die oft auch mit dem Firmennamen identisch ist. Darüber hinaus werden oft technisches Know-how oder andere Betriebsgeheimnisse (zB spezielle Verfahren, kostengünstige Einkaufsquellen, Rezepturen) verwendet, um die Dienstleistungen gegenüber anderen Unternehmen oder Endverbrauchern zu erbringen. Soweit eine andere Gesellschaft im Konzern Inhaber der immateriellen Wirtschaftsgüter ist, sind für deren Nutzung angemessene Lizenzgebühren zu vereinbaren.[246] Soweit der Dienstleister kundenspezifische immaterielle Wirtschaftsgüter verwendet (Kundenstamm, Vertriebskanäle, eigenes Marketing-Know-how) wird er regelmäßig die Kosten der „Herstellung" und Erhaltung dieser Wirtschaftsgüter in seine Dienstleistungsvergütung einkalkulieren.

Die Frage, ob außerordentliche Marketinganstrengungen und -aufwendungen eine **Dienstleistung** zugunsten des Inhabers der Marke darstellen und insofern eine Kostenbeteiligung rechtfertigen, ist zu bejahen. Dabei kann die Vergütung der den üblichen Rahmen übersteigenden Marketing- und Werbeaufwendungen durch Belastung dieser Zusatzkosten nebst Gewinnaufschlag nach der Kostenaufschlagsmethode[247] oder durch Reduzierung des Lizenzsatzes für die Nutzung der Marke erfolgen.[248]

Bei **technischen Dienstleistungen** stellt sich häufig auch die Frage, **ob 119** in diesem Zusammenhang auch technisches geheimes **Know-how** an den Empfänger der Dienstleistungen übertragen wird, sodass dafür eine (gesonderte) Vergütung zu zahlen ist. Wenn die Angestellten oder Arbeiter eines Unternehmens Dienstleistungen oder Werkleistungen an ein anderes Unternehmen erbringen, dann nutzen sie ihr eigenes Know-how für diese Leistungen und der Dienstleister schuldet dem Empfänger lediglich die Erbringung der Leistung oder ein bestimmtes Ergebnis, nicht jedoch die Übertragung des Know-how. Die Übertragung des Know-how – genauer gesagt eines Nutzungsrechts an dem Know-how – läge dann vor, wenn der **Empfänger** der

---

[245] Vgl. Rn. 491 ff. zum Thema Vertriebslizenz und zum Prinzip der „Erschöpfung".

[246] Vgl. dazu den Abschnitt zu Lizenzverträgen, Rn. 441 ff.

[247] Vgl. *OECD*, Beispiel 9 im Anhang des OECD-VPL Kapitels VI (2014 Guidance).

[248] Vgl. zu dieser Frage die Ausführungen zu Markenlizenzen, Rn. 591 ff.

Dienstleistungen in die Lage versetzt würde, dieses **Know-how** in Zukunft auch **selbst** in seinem Unternehmen in Produktionsprozessen oder anderen Geschäften zu nutzen.[249]

Soweit Dienstleistungen unter Verwendung von immateriellen Wirtschaftsgütern erbracht werden, werden die Aufwendungen für die Nutzung immaterieller Wirtschaftsgüter in den Dienstleistungsvergütungen bereits berücksichtigt.[250] Sofern im Rahmen von (technischen) Dienstleistungen Knowhow oder andere immaterielle Wirtschaftsgüter für eine bestimmte Dauer zur Nutzung übertragen oder im Ausnahmefall übereignet werden, werden die Verrechnungspreise zu diesen Transaktionen im Rahmen der Abschnitte „Eigentumsübertragung" und „Lizenzvergabe" in diesem Kapitel erläutert.

5. Arbeitnehmerüberlassung

120   Sofern ein Arbeitnehmer im Rahmen einer **Entsendung** bei einem nahe stehenden Unternehmen für einige Zeit tätig wird und wenn das aufnehmende Unternehmen den Arbeitnehmer in seinen Geschäftsbetrieb integriert, weisungsbefugt ist und die Vergütungen für die geleistete Arbeit wirtschaftlich trägt, dann liegt eine **Arbeitnehmerentsendung** iSd VGr-Arbeitnehmerentsendung vor.[251] Soweit ein entsandter Mitarbeiter spezielles **Know-how** besitzt, stellt sich die Frage, **ob** die Nutzung dieses Know-how bei dem aufnehmenden Unternehmen zu einer **Übertragung** des Know-how führt. Soweit dem aufnehmenden Unternehmen durch die **bloße Tätigkeit** der an sie entsandten Experten Kenntnisse und Erfahrungen vermittelt werden, ist dies Bestandteil und Grund der Entsendung und üblicherweise nicht gesondert zu vergüten.[252] Jedoch kann darüberhinaus auch noch ein mit der **Einräumung von Nutzungsrechten** verbundener **konkreter Transfer** von **Know-how** (Pläne, Muster, Verfahren, Formeln, Patente, etc.) stattfinden, der zwischen fremden Dritten gesondert vergütet werden würde.[253]

Werden ganze Abteilungen von Mitarbeitern mit ihren Funktionen, Risiken und ihrem Know-how auf andere nahe stehende Unternehmen übertragen, dann kann es sich um eine **Funktionsverlagerung** iSd § 1 Abs. 3 S. 9 AStG handeln. Die Verrechnungspreise für Funktionsverlagerungen werden in einem eigenen Kapitel erläutert.[254]

6. Forschungs- und Entwicklungsaktivitäten

a) Standort

121   Der technische Fortschritt bringt immer wieder neue Produkte hervor und vorhandene Produkte werden durch vielseitigere, rationeller nutzbare, wirk-

---

[249] Vgl. auch zur Abgrenzung zwischen technischen Dienstleistungen und Lizenzvergabe unten Rn. 144 ff.

[250] Zu den Verrechnungspreisen für Dienstleistungen vgl. Kapitel N in diesem Handbuch.

[251] Vgl. Kapitel Q in diesem Handbuch.

[252] Vgl. Tz. 4.2 Abs. 2 VGr-Arbeitnehmerentsendung.

[253] Vgl. Tz. 4.2 Abs. 3 VGr-Arbeitnehmerentsendung.

[254] Vgl. Kapitel R in diesem Handbuch.

samere, im Design modernere oder in sonstiger Weise bessere Produkte abgelöst, wobei neben oder an Stelle der beispielhaft genannten Kriterien eine Vielzahl weiterer Kriterien eine Rolle spielen. Insb. der international sich verschärfende Wettbewerb zwingt die Unternehmen zur ständigen Produktinnovation und demgemäß zu kontinuierlicher Forschung und Entwicklung. Dabei verkürzen sich auch zunehmend die Dauer der Produktentwicklung sowie die Technologie- und Produktlebenszyklen. Jedes produzierende Unternehmen steht vor der Frage, ob es die Forschung und Entwicklung selbst oder gemeinsam mit anderen Konzernunternehmen vornehmen soll, ob es die immateriellen Wirtschaftsgüter im Wege der Auftragsforschung von anderen Unternehmen entwickeln lässt oder ob es schließlich die von anderen Unternehmen fertig entwickelten immateriellen Wirtschaftsgüter im Wege der Lizenz nutzen oder käuflich erwerben soll. In diesem Zusammenhang müssen sämtliche wirtschaftlichen Vor- und Nachteile abgewogen werden.

Sofern **Eigenforschung oder Gemeinschaftsforschung** mit anderen **122** Unternehmen betrieben werden soll, stellt sich primär die Frage nach dem **Standort** des Forschungsunternehmens. Die Forschung muss in einem Land erfolgen, in dem die **rechtlichen Voraussetzungen** für diese Art der Forschung gegeben sind. So ist bspw. die Genforschung nicht in jedem Land ohne Einschränkungen gestattet. Ferner sind Rechtsvorschriften erforderlich, die den uneingeschränkten **Technologietransfer** sowie den **Patentschutz** gewährleisten. In dem betreffenden Land muss außerdem genügend **qualifiziertes Personal** vorhanden bzw. muss es möglich sein, für ausländische Forscher eine Aufenthaltserlaubnis für längere Zeit zu erhalten. Die **Kosten** für die Forschung und Entwicklung, also insb. die Personalkosten, die Raumkosten bzw. alternativ die Gebäudeabschreibung, die Maschinen- und Einrichtungskosten, die Materialkosten und anteilige Verwaltungskosten müssen so gering sein, dass die immateriellen Wirtschaftsgüter unter wettbewerbsfähigen Bedingungen entwickelt werden können. Des Weiteren müssen ggf. vorhandene nationale Regelungen, die dem deutschen Arbeitnehmererfindergesetz entsprechen, beachtet werden. Neben politisch stabilen Verhältnissen sollten auch die Auswirkungen von Währungsschwankungen, von eventuellen Devisenkontrollen oder Zahlungsbeschränkungen bedacht werden. Häufig ist es auch erforderlich, dass der Forschungsstandort sich in unmittelbarer **Nähe** zu einem **der Produktionsstandorte** befindet, damit Informationsaustausch und Testverfahren möglich sind. Schließlich ist auch die Frage staatlicher **Forschungszuschüsse** sowie steuerlicher **Begünstigungen** (zB Sonder-AfA, geringe Steuersätze, Vermeidung von Quellensteuer) für die Standortwahl von Bedeutung.[255]

Sofern Forschungs- und Entwicklungstätigkeiten von Deutschland in das Ausland verlagert werden sollen, ist des Weiteren zu beachten, ob dies als steuerlich relevante Funktionsverlagerung iSd § 1 Abs. 3 S. 9 AStG iVm § 1 FVerlV zu behandeln ist,[256] oder ob lediglich eine Auftragsforschung oder eine Funktionsverdopplung stattfinden soll, welche steuerlich neutral behandelt werden, wenn keine Funktionsverlagerung nachfolgt.

---

[255] Vgl. hierzu *Hornig* BB 2010, 215, *Lehmann* DStR 2010, 29 sowie *Kachinsky/Medallis/Leibsker* TNI 2009, 123.

[256] Vgl. hierzu auch Tz. 4.3 VGr-Funktionsverlagerung; *Scheunemann/Dennisen* DB 2010, 408.

b) Übersicht zu Formen der Forschung und Entwicklung

123　　Ein Unternehmen kann die bereits oben erwähnten Arten[257] der Forschung und Entwicklung – also die Grundlagenforschung, die angewandte Forschung und Entwicklung und die Zweckforschung – auf unterschiedliche Weise durchführen, nämlich in Form der Eigen-, Auftrags- oder Gemeinschaftsforschung, wobei die beiden zuletzt genannten Formen sich überschneiden können (Auftragsforschung mit mehreren Auftraggebern) und spezielle Unterformen aufweisen (Konzernumlage oder Poolvertrag). Eine nähere Definition erfolgt in den nächsten Abschnitten. Das folgende Schaubild gibt vorab zur ersten Orientierung eine Übersicht.

Übersicht zu Formen der Forschung und Entwicklung

Form der F+E–Aktivitäten	kurze Beschreibung
1. Eigenforschung	1. F+E nur für eigene Nutzung/Verwertung der immateriellen Wirtschaftsgüter, zB für Produktion, Lizenzvergabe oder Verkauf
2. Auftragsforschung	2. F+E nur für Nutzung/Verwertung durch andere Unternehmen
2.1 für einen Auftraggeber	2.1 Auftragnehmer ist Dienstleister; Vergütung idR nach Kostenaufschlagsmethode, ggf. Preisvergleichsmethode; Auftraggeber gilt als Hersteller und wird Eigentümer der immateriellen Wirtschaftsgüter
2.2 für mehrere Auftraggeber (für diese gleichzeitig Gemeinschaftsforschung)	2.2 grds. wie 2.1; Verteilung der Kosten mit Gewinnaufschlag auf die Auftraggeber nach nutzenorientierten Umlageschlüsseln, daher Konzernumlage (s. a. 3.1). Alternativ „Nachfragepool" iSd Tz. 1.7 VGr-Umlageverträge
3. Gemeinschaftsforschung	3. F+E für Nutzung/Verwertung durch eigenes und andere(s) Unternehmen
3.1 Konzernumlage (s. a. 2.2)	3.1 ein oder mehrere Unternehmen forschen für sich und andere nach dem Leistungsaustauschprinzip; daher Umlage der Kosten nach nutzenorientierten Schlüsseln mit Gewinnaufschlag
3.2 Kostenumlage gemäß Poolkonzept	3.2 ein oder mehrere Unternehmen forschen für alle Poolmitglieder im gemeinsamen Interesse; Umlage der Kosten nach nutzenorientierten Schlüsseln ohne Gewinnaufschlag

c) Eigenforschung

124　　Der typische Fall einer Eigenforschung im Konzern liegt vor, wenn eine Produktionsgesellschaft eine **eigene Forschung und Entwicklung** betreibt

---

[257] Vgl. dazu oben Rn. 67 f.

und die daraus resultierenden immateriellen Wirtschaftsgüter für eigene Produktionszwecke einsetzt. Eine Eigenforschung besteht ferner, wenn die Forschungs- und Entwicklungsaktivitäten bspw. durch die Muttergesellschaft selbst oder durch eine (spezielle) Forschungstochtergesellschaft erfolgen und die Forschungsergebnisse an andere Gesellschaften lizenziert werden. In allen Fällen der Eigenforschung wird die forschende Gesellschaft Eigentümerin der entwickelten immateriellen Wirtschaftsgüter und kann diese dann **selbst nutzen oder** in **Lizenz** anderen Unternehmen zur Nutzung überlassen. In jedem Fall ergibt sich für die Forschungsgesellschaft ein erheblicher Finanzierungsbedarf, weil den während der Entwicklungsperiode anfallenden Forschungs- und Entwicklungskosten noch keine Erträge aus dem Verkauf von Produkten oder noch keine Lizenzerträge gegenüberstehen. Eine neu gegründete Forschungsgesellschaft müsste daher mit erheblichem Eigen- oder Fremdkapital ausgestattet werden.[258]

d) Auftragsforschung

aa) Ein Auftraggeber

Aus dem oben genannten Grund der notwendigen Finanzierung der Forschungsgesellschaft wird in solchen Fällen oft die **Auftragsforschung** gewählt, wobei die Forschungsgesellschaft ihre **Kosten zuzüglich Gewinnaufschlag** vom Auftraggeber (zB Mutter- oder Schwestergesellschaft) sofort erstattet erhält, der damit auch die Risiken des Fehlschlagens der Forschungsbemühungen trägt und der auch Eigentümer der entwickelten immateriellen Wirtschaftsgüter wird.[259] Die Auftragsforschung ist ein häufiges Gestaltungselement der sog. **Prinzipal-Strukturen,** bei denen ein Strategieträgerunternehmen (auch Entrepreneur oder Prinzipal genannt)[260] im Rahmen der Wertschöpfungskette die entscheidenden Funktionen und wesentlichen Risiken übernimmt sowie über die wesentlichen materiellen und immateriellen Wirtschaftsgüter verfügt.[261] Wenn ausnahmsweise der Auftragnehmer die **Risiken** des Fehlschlagens der Forschung trägt und Zahlung nur erhält, sofern das geplante Forschungsergebnis erreicht wird, dann kann (im weiteren Sinn) ebenfalls eine Auftragsforschung vorliegen, wobei der (geplante) entgeltliche Erwerb eines (noch zu schaffenden) fertigen immateriellen Wirtschaftsguts durch den Auftraggeber dem Geschäft das Gepräge gibt.[262]

125

bb) Mehrere Auftraggeber

Wenn **mehrere** Konzerngesellschaften gleichartige immaterielle Wirtschaftsgüter benötigen – zB Patente und Know-how im Fall von Produktionsgesellschaften – können sie gemeinsam eine andere nahe stehende Gesellschaft mit Forschungs- und Entwicklungsaktivitäten beauftragen. Sofern die Auftraggeber durch einen Kostenumlagevertrag (Poolvertrag) verbunden sind und es sich bei dem Auftragnehmer um ein außerhalb des Pools stehendes Forschungsunternehmen handelt, liegt ein Fall des sog. **Nachfragepools**

126

---

[258] Zu den Vor- und Nachteilen unterschiedlicher Forschungsformen vgl. Rn. 148 ff.
[259] Zur Auftragsforschung vgl. ausführlich unten Rn. 181 ff.
[260] Vgl. zur Unternehmensqualifikation Tz. 3.4.10.2 VGr-Verfahren.
[261] Vgl. zu den Prinzipal-Strukturen zB *Andrus/Durst* TNI 2006, 959 ff.
[262] Vgl. dazu unten Rn. 189 u. 201.

vor.[263] In diesem Fall besteht im Prinzip kein Unterschied zu dem Fall einer Auftragsforschung durch **einen** Auftraggeber. Der Auftragnehmer erhält für seine Dienstleistung eine Vergütung gem. der Preisvergleichsmethode oder – da nur selten ein Preisvergleich möglich ist – idR gem. der **Kostenaufschlagsmethode.** Abweichend von der Auftragsforschung durch einen Auftraggeber wird die Vergütung von sämtlichen Auftraggebern gezahlt, wobei eine Aufteilung der Kosten nebst Gewinnzuschlag auf der Basis eines nutzungsorientierten Schlüssels erfolgt.[264]

e) Konzernumlagevertrag

127   Bei einem **Konzernumlagevertrag** vereinbaren die Vertragspartner die gemeinsame Forschung und Entwicklung eines immateriellen Wirtschaftsguts, wobei jeder Vertragspartner anteilig Rechte an dem geschaffenen Wirtschaftsgut erhält.[265] Im **Unterschied** zur unmittelbar zuvor erörterten **Auftragsforschung** mit mehreren Auftraggebern bzw. für einen Nachfragepool ist hier auch das **Forschungsunternehmen** selbst an der Nutzung bzw. Verwertung des immateriellen Wirtschaftsguts interessiert und wird **Mitinhaber der Rechte.** Auch mehrere (oder alle) Vertragsparteien können Forschung und Entwicklung mit dem Ziel der gemeinsamen Nutzung der immateriellen Wirtschaftsgüter durchführen. Die Kosten sämtlicher Forschungsaktivitäten werden unter allen Vertragsparteien gemäß den anteiligen voraussichtlichen Vorteilen umgelegt.

Im Unterschied zu dem nachfolgend erwähnten **Kostenumlagevertrag** (sog. **Poolvertrag**), bei dem sich die Poolmitglieder ebenfalls die Kosten im Verhältnis des anteilig erwarteten Nutzens teilen,[266] vereinbaren die Vertragsparteien bei dem **Konzernumlagevertrag nach dem Leistungsaustauschprinzip** zusätzlich eine Vergütung der forschenden Vertragspartner auf Basis der **Kostenaufschlagsmethode.**[267]

128   In der Praxis kann die **Gemeinschaftsforschung** im Konzern demgemäß entweder als **gemeinsame Auftragsforschung**[268] im Rahmen eines **Konzernumlagevertrags** geregelt **oder** auf der Basis eines **Poolvertrags**[269] durchgeführt werden. Der Konzernumlagevertrag wird in diesem Kapitel bei der Auftragsforschung für mehrere Auftraggeber kommentiert,[270] während im Übrigen auf die ausführlichen Ausführungen zum Konzernumlagevertrag für Dienstleistungen in Kapitel N verwiesen wird.[271]

f) Poolvertrag (Kostenumlage)

129   Beim **Kostenumlagevertrag nach dem Poolkonzept** (sog. **Poolvertrag**) vereinbaren mehrere Unternehmen, gemeinsam Forschung und Ent-

---

[263] Vgl. Tz. 1.3 VGr-Umlageverträge sowie vgl. unten Rn. 207, 271 ff.
[264] Weitere Einzelheiten vgl. unten Rn. 207 ff.
[265] Vgl. zum Konzernumlagevertrag unten Rn. 207 ff.
[266] Vgl. dazu unten Rn. 129 f., 251 ff. sowie VGr-Umlageverträge.
[267] Vgl. unten Rn. 208 ff.
[268] Dazu ausführlich Rn. 207 ff.
[269] Vgl. nachfolgend Rn. 129 f. und ausführlich Rn. 251 ff.
[270] Vgl. Rn. 208 ff.
[271] Vgl. Kap. N Rn. 281 ff.

wicklung **zum Nutzen für alle teilnehmenden Unternehmen** zu betreiben. Dabei kann der Poolvertrag sehr unterschiedlich ausgestaltet sein, je nachdem, ob nur eine forschende Konzerngesellschaft vorhanden ist oder ob mehrere oder alle beteiligten Mitglieder selbst Forschung und Entwicklung betreiben und die jeweiligen Forschungsergebnisse den anderen Mitgliedern zur Verfügung stellen. In jedem Fall werden die Forschungs- und Entwicklungskosten sämtlicher Forschungseinheiten im Rahmen eines Poolvertrags nach nutzungsorientierten Schlüsseln auf die Poolmitglieder umgelegt.

Für die anteilige Übernahme der Forschungs- und Entwicklungskosten er- **130** halten alle Mitglieder des Poolvertrags anteilig das Recht, die **Ergebnisse der Forschung und Entwicklung** in einem bestimmten Gebiet (meistens in einem oder mehreren Ländern) zu nutzen und an den Erträgen im Falle der Weitergabe der Forschungsergebnisse an Dritte beteiligt zu werden (Tz. 1.2 und 2.1 VGr-Umlageverträge). Das **Nutzungsrecht** der Mitglieder ist idR territorial begrenzt und der Kostenanteil des jeweiligen Beteiligten bemisst sich entsprechend dem voraussichtlichen anteiligen Nutzen in einem Gebiet im Verhältnis zum Gesamtnutzen aller Mitglieder (Tz. 3.1 VGr-Umlageverträge). Nach herrschender Auffassung handelt es sich bei dem Pool um eine **Innengesellschaft** und idR tritt die jeweilige Forschungsgesellschaft als **Treuhänder** für die Poolmitglieder auf und veranlasst den entsprechenden Patentschutz, Markenschutz usw. Da es sich um selbst geschaffene immaterielle Wirtschaftsgüter der Parteien handelt, darf das Miteigentum steuerlich nicht aktiviert werden, sondern die entsprechenden Kosten führen zu sofort abzugsfähigen Betriebsausgaben (Tz. 1.6 VGr-Umlageverträge). Wie bereits erwähnt wurde, gewährt § 248 Abs. 2 HGB abweichend von den steuerlichen Vorschriften ein Aktivierungswahlrecht für selbst geschaffene immaterielle Vermögensgegenstände in der Handelsbilanz.[272]

Der **Unterschied zur Auftragsforschung** liegt darin, dass der Auftragsforscher die immateriellen Wirtschaftsgüter nicht selbst nutzen muss, sondern diese in Lizenz vergeben kann, während beim Poolvertrag **jedes Poolmitglied** – einschließlich der (des) forschenden Unternehmen(s) – die **Ergebnisse nutzen muss** (Tz. 1.2 VGr-Umlageverträge). Die **Abgrenzung** zum **Konzernumlagevertrag** liegt darin, dass die Konzernumlage auf einem vertraglichen Leistungsaustausch beruht, bei dem die Vertragspartner eine Abrechnung nach der Kostenaufschlagsmethode vereinbaren,[273] während beim **Poolvertrag** die Forschungs- und Entwicklungsleistungen **nur Hilfsfunktionen** der Poolmitglieder darstellen (Tz. 1.1 VGr-Umlageverträge) und ein Gewinnaufschlag nicht anerkannt wird (Tz. 2.2 VGr-Umlageverträge).[274]

---

[272] Vgl. oben Rn. 27 f. u. 56.

[273] Zur Dispositionsfreiheit der Vertragspartner vgl. unten Rn. 155 u. Kap. N Rn. 294.

[274] Der Unterschied des Poolvertrags zum Konzernumlagevertrag nach dem Leistungsaustauschprinzip wird in Kap. N, Rn. 114 ff. dargestellt; der Kostenumlagevertrag (Poolvertrag) für Forschungs- und Entwicklungsleistungen wird in diesem Kapitel unter Rn. 251 ff. ausführlich erläutert.

7. Eigentumsübertragung, Treuhandgeschäfte und Funktionsverlagerung

a) Verkauf immaterieller Wirtschaftsgüter

131 Eine Forschungsgesellschaft kann die **entwickelten immateriellen Wirtschaftsgüter** auch an andere Konzerngesellschaften und ggf. an Dritte **veräußern und übereignen.** Diese Fälle kommen im Konzern vor, wenn zB eine **Prinzipal-Struktur** eingeführt wird, um das Eigentum an den immateriellen Wirtschaftsgütern bei einem **Strategieträger** (Prinzipal) im Konzern zu konzentrieren. Auch nach dem Erwerb neuer Unternehmen kann das Interesse bestehen, die immateriellen Wirtschaftsgüter auf eine konzerneigene **Patentverwertungs- und Patentverwaltungsgesellschaft** zu übertragen, um eine effizientere Nutzung zu gewährleisten. Bei einem Poolvertrag iSd Tz. 1.1 ff. VGr-Umlageverträge ist die beabsichtigte Eigennutzung der zu entwickelnden immateriellen Wirtschaftsgüter durch die Poolmitglieder eine der Voraussetzungen des Poolvertrags, sodass ein Verkauf nur in Ausnahmefällen in Frage kommt, zB wenn die immateriellen Vermögenswerte nicht mehr genutzt werden oder wenn der Pool aufgelöst wird oder wenn im Zuge der Forschungsarbeiten als „Abfallprodukt" zusätzliches Know-how gewonnen wird, das der Pool selbst nicht verwerten kann. Da es sich bei den immateriellen Wirtschaftsgütern idR um Rechte handelt, erfolgt die **Eigentumsübertragung** in diesen Fällen wie bei Forderungen **im Wege der Abtretung** (§§ 413, 398 ff. BGB), wobei für die Übertragung der gewerblichen Schutzrechte gegebenenfalls zusätzliche Sonderregelungen zu beachten sind (zB § 9 S. 2 PatG, § 27 MarkenG).[275] Wie im Fall der Lizenzvergabe haben das **Forschungsunternehmen** bzw. die Parteien des Konzernumlage- oder Poolvertrags auch hier zunächst die Kosten und die Risiken allein getragen und können nur im Fall erfolgreicher Forschung und Entwicklung die Forschungsergebnisse verkaufen. Nur bei entsprechend hohem Wert des immateriellen Wirtschaftsguts, der von dessen Innovationsgehalt, Einmaligkeit, Gewinnpotential usw. abhängt, ist es möglich, einen entsprechend hohen Kaufpreis zu erzielen, der sowohl die Kosten der erfolgreichen als auch der vergeblichen Forschung und Entwicklung abdeckt und darüber hinaus ggf. einen Gewinn abwirft.

132 Gegenüber der Lizenzvergabe hat der Verkauf der immateriellen Wirtschaftsgüter den Vorteil, dass ein schnellerer Kostenrückfluss erreicht wird als bei laufenden Lizenzen, wobei man für einen Vergleich den Barwert der künftigen Lizenzen dem Kaufpreis gegenüberstellen muss. Im Übrigen unterliegen Lizenzen zudem dem Risiko, dass künftige Entwicklungen von Wettbewerbern den Erfolg der Produkte am Markt unvorhersehbar beeinträchtigen können, sodass die geschätzte Zahlung an Lizenzgebühren sich nicht verwirklicht. Natürlich werden solche unvorhersehbaren Risiken in gewissem Maße auch im Rahmen eines Verkaufspreises des immateriellen Wirtschaftsguts berücksichtigt. Der Verkauf eines immateriellen Vermögensgegenstands führt idR zur **Aufdeckung stiller Reserven,** da die Forschungs- und Ent-

---

[275] Zu den rechtlichen und steuerlichen Aspekten der Eigentumsübertragung vgl. im Detail unten die Rn. 361 ff.

wicklungskosten steuerlich nicht aktiviert werden dürfen (§ 5 Abs. 2 EStG).[276] Die Veräußerung und der Erwerb einer Erfindung, einer Anmeldung oder eines Patents sind ebenso wie der Abschluss eines Lizenzvertrags stets **gewagte** (sog. **aleatorische**) **Geschäfte**, bei denen beide Seiten wirtschaftliche Risiken und Chancen eingehen.[277] Die Ermittlung und Vereinbarung der **Höhe des Kaufpreises** ist v. a. bei neu entwickelten immateriellen Wirtschaftsgütern problematisch, weil deren künftige **Ertragskraft** nicht zuverlässig geschätzt werden kann.[278] Die anwendbaren Verrechnungspreismethoden zur Feststellung eines dem Fremdvergleich entsprechenden Kaufpreises werden in Abschnitt VII in diesem Kapitel erörtert.

b) Treuhandgeschäfte

Die Übertragung von Patenten und/oder anderen immateriellen Wirtschaftsgütern auf eine konzerneigene Patentverwertungs- und Patentverwaltungsgesellschaft führt regelmäßig zu einem **Veräußerungsgewinn** und kann damit erhebliche steuerliche Belastungen zur Folge haben. Zur **Vermeidung** der **Gewinnrealisierung** ist ggf. ein **Verwaltungstreuhandvertrag** empfehlenswert. Der Treuhandvertrag muss ausdrücklich darauf hinweisen, dass die Übertragung der rechtlichen Inhaberschaft ausschließlich aus organisatorischen Gründen erfolgt, um sämtliche Patente des Konzerns bei einer Gesellschaft zu konzentrieren. Eine wirtschaftliche Übertragung der Patente erfolgt nicht (§ 39 AO). Gefahr, Nutzen und Lasten aus den Patenten verbleiben deshalb weiterhin bei den jeweiligen Treugebern und werden von diesen – wie bereits in der Vergangenheit – auch in Zukunft getragen. Diese Gestaltung lässt sich auch für gemeinsame Forschung und Entwicklung im Rahmen von Poolverträgen oder Konzernumlageverträgen verwenden, wobei einer der Vertragsbeteiligten für Zwecke der Anmeldung, zentralen Verwaltung und Schutzrechtsdurchsetzung die Schutzrechte als Treuhänder für alle Poolmitglieder bzw. Vertragsparteien des Konzernumlagevertrags in seinem Namen registrieren lässt und verwaltet. Wirtschaftliche Miteigentümer bleiben alle Vertragspartner.

133

Im **Vertrag** über die **Verwaltungstreuhand** (zB für Patente) empfiehlt es sich, die Pflichten des Treuhänders klar zu regeln. Insb. muss der Treuhänder die Treugeber unverzüglich über bevorstehende Streitigkeiten oder Verfahren sowie die Geltendmachung von Ansprüchen Dritter bezüglich der Patente informieren und die Treugeber bei der Rechtsverfolgung, soweit erforderlich, unterstützen. Der Treuhänder ist ferner verpflichtet, die Patente nach schriftlicher Weisung der Treugeber jederzeit auf diese oder auf dritte Personen zu übertragen und alle Erklärungen zu diesem Zweck in der nötigen Form abzugeben. Weiterhin ist der Treuhänder verpflichtet, die Patente aufrechtzuerhalten, soweit keine abweichenden Weisungen vorliegen. Die Treugeber ihrerseits ersetzen dem Treuhänder alle mit der vertragsgemäßen Registrierung und Verwaltung verbundenen Aufwendungen und stellen ihn von Verpflichtungen auch Dritten gegenüber frei. Da es sich insoweit um eine Dienstleis-

134

---

[276] Zum Aktivierungswahlrecht von Entwicklungskosten in der Handelsbilanz vgl. oben Rn. 27 f.

[277] Vgl. *Benkard/Ullmann*, § 15 PatG, Rn. 31.

[278] Vgl. dazu unten Rn. 406 f.

tung des Treuhänders handelt, wird die Vergütung idR anhand der Kostenaufschlagsmethode berechnet.

Ähnliche Wirkungen wie beim Verwaltungstreuhandvertrag lassen sich ggf.
mit einer **Sicherungsübereignung** erreichen, wobei der Sicherungsgeber
nach wie vor als wirtschaftlicher Eigentümer anzusehen ist (§ 39 AO). Als
weitere Gestaltungsmöglichkeit kommt die Vereinbarung eines „Sale and
lease back" in Betracht, wobei ein Veräußerungsgewinn durch den Verkauf
und die anschließende Lizenzierung im Wege des Finanzierungs-Leasing
vermieden werden kann, wenn das wirtschaftliche Eigentum bei dem Verkäufer verbleibt. Eine weitere Gestaltungsmöglichkeit, durch die der Veräußerungsgewinn ggf. erheblich reduziert werden kann, wäre der Verkauf des
immateriellen Wirtschaftsgutes unter **Vorbehaltsnießbrauch.**

c) Funktionsverlagerung

135   Das Eigentum an **immateriellen Wirtschaftsgütern** kann ferner im
Rahmen einer **Funktionsverlagerung** zusammen mit einer Funktion einschließlich der dazugehörigen Chancen und Risiken und ggf. mit anderen
(materiellen) Wirtschaftsgütern übertragen werden.[279] Bewertungsgegenstand
ist dabei primär das **Transferpaket** als Ganzes (§ 1 Abs. 3 S. 9 AStG), während **Einzelverrechnungspreise** nur unter den Voraussetzungen des § 1
Abs. 3 S. 10 AStG anerkannt werden.[280] Auch die grenzüberschreitende
Übertragung von Forschungs- und Entwicklungstätigkeiten kann zu einer
Funktionsverlagerung führen.

Beispiel (vgl. Tz. 4.3 VGr-Funktionsverlagerung): Parallel zur Forschungsabteilung
der P (Inland) wird eine neue Tochtergesellschaft (T), als Forschungsunternehmen
im Ausland gegründet. Das erforderliche Personal, insb. die Forscher, werden von P
zu T versetzt. Die Forschungsaktivitäten von P reduzieren sich fortlaufend (Personalabbau, keine weiteren Geldmittel usw.), während T erfolgreiche Forschung und
Anschlussforschung betreibt (Patente). Eine Funktionsverlagerung liegt vor. Das Transferpaket umfasst zB das Forschungs-Know-how und Kenntnisse über laufende Forschungsprojekte.

136   Das BMF erläutert unter Tz. 2.2.1.1 VGr-Funktionsverlagerung, dass zur
Bestimmung des Verrechnungspreises ebenfalls vorrangig § 1 Abs. 3 S. 1–4
AStG anzuwenden ist und der hypothetische Fremdvergleich (§ 1 Abs. 3
S. 5–8 AStG) – wie in allen Verrechnungspreisfällen – grundsätzlich nur
nachrangig anzuwenden ist. Aufgrund der bereits für einzelne immaterielle
Wirtschaftsgüter vorhandenen, erheblichen Schwierigkeiten bei der Suche
nach Vergleichspreisen, welche verstärkt auftreten, wenn mehrere immaterielle Wirtschaftsgüter und Vorteile zusammen Bestandteile eines Transferpakets
bilden, wird unter Tz. 2.2.1.2 VGr-Funktionsverlagerung die Prognose geäußert, dass im Ergebnis regelmäßig der hypothetische Fremdvergleich anzuwenden sein wird.[281]

---

[279] Vgl. zur Funktionsverlagerung § 1 Abs. 3 S. 9 AStG und §§ 1 ff. FVerlV.

[280] Die Funktionsverlagerung wird in Kapitel R ausführlich dargestellt.

[281] Vgl. hierzu auch das Beispiel 1 in der Anlage zu den VGr-Funktionsverlagerung,
insb. die Abwandlung zu Fall A mit einer beispielhaften Ermittlung eines Lizenzsatzes
für die Nutzungsüberlassung zweier immaterieller Wirtschaftsgüter.

Soweit eine **Einzelbewertung immaterieller Wirtschaftsgüter** in Frage kommt, kann auf die Erläuterungen in Abschnitt VII dieses Kapitels verwiesen werden. Für die Bewertung des **Transferpakets** im Rahmen einer **Funktionsverlagerung** sind die Ausführungen in Kapitel R maßgebend.

8. Lizenzen

a) Nutzungsrecht

Wenn die Forschungsgesellschaft anderen Konzerngesellschaften oder Dritten gegen Zahlung einer **Lizenzgebühr** ein **Nutzungsrecht** an dem entwickelten immateriellen Wirtschaftsgut gewährt, bleibt die Forschungsgesellschaft Eigentümerin des immateriellen Wirtschaftsguts, und das Nutzungsrecht des Lizenznehmers ist idR räumlich und zeitlich beschränkt. Die unterschiedlichen Möglichkeiten der Gestaltung der Lizenzverträge, insb. hinsichtlich des Nutzungsrechts und der Lizenzgebühren, werden ebenso wie die anwendbaren Verrechnungspreismethoden in Abschnitt VIII dieses Kapitels noch ausführlich erörtert. Bei der Lizenzvergabe ist zu beachten, dass der Lizenzgeber die Forschungs- und Entwicklungskosten zunächst aus anderen Einnahmen oder aus Eigenkapital finanzieren muss und dann einen (ungewissen) Rückfluss der Kosten in Form der Lizenzgebühr erhält. **137**

Soweit einem **Produktionsunternehmen** gestattet wird, neben immateriellen Wirtschaftsgütern für **Produktionszwecke** (zB Patente, technisches Know-how) auch immaterielle Wirtschaftsgüter für **Vertriebszwecke** (zB Marken, Vertriebs-Know-how) zu nutzen, empfiehlt es sich, für die immateriellen Wirtschaftsgüter für Vertriebszwecke einen separaten Lizenzvertrag abzuschließen oder im Lizenzvertrag eine **gesonderte Lizenzgebühr** vorzusehen.[282] Dies ist v. a. von Bedeutung, wenn der Patentschutz abläuft, jedoch der Markenschutz andauert. **138**

b) Abgrenzung zwischen Lizenz und Eigentumsübertragung

Wenn immaterielle Wirtschaftsgüter vom Inhaber des Rechts an andere Konzernunternehmen zur Nutzung überlassen werden und entweder keine Verträge vorhanden sind oder die Verträge nicht klar abgefasst sind, können in der Praxis Abgrenzungsprobleme zwischen Lizenzvergabe und Eigentumsübertragung auftauchen. Von der **Lizenzvergabe,** die als **zeitlich begrenzte Nutzungsüberlassung** von Rechten definiert wurde, ist die **endgültige Rechtsübertragung des Eigentums** am immateriellen Wirtschaftsgut abzugrenzen.[283] Werden immaterielle Wirtschaftsgüter zivilrechtlich durch Kaufvertrag übertragen, liegen auch steuerlich Veräußerungsvorgänge vor,[284] die zwischen nahe stehenden Unternehmen auch unter dem Aspekt der Funktionsverlagerung iSd § 1 Abs. 3 S. 9 AStG zu prüfen sind.[285] Der maß- **139**

---

[282] Lohn- oder Auftragsfertiger zahlen jedoch keine Lizenzgebühren, vgl. Kap. N Rn. 462; Vertriebsgesellschaften zahlen idR keine Lizenzgebühren, vgl. unten Rn. 491 ff.

[283] Vgl. BFH 3.7.1987, BStBl. II 728; 7.12.1977, BStBl. II 353; BFH 23.4.2003, BFH/NV 2003, 1311.

[284] Vgl. BFH 27.7.1988, BStBl. II 1989, 101.

[285] Vgl. zur Funktionsverlagerung Kap. R.

gebende Unterschied zwischen Übertragung und Nutzungsüberlassung liegt im Grad der Veränderung der Zuordnung des Gegenstands von der Person des Leistenden auf die Person des Leistungsempfängers.[286] Die Abgrenzung zwischen Nutzungsüberlassung und Veräußerung ist oft schwierig, weil die dem Art. 12 Abs. 2 OECD-MA entsprechenden Regelungen weder eine Definition des „Rechts auf Benutzung" noch einen Verweis auf das Recht des Quellenstaats enthalten.[287]

140 Die Übertragung des Eigentums am immateriellen Wirtschaftsgut erfolgt, wenn der Inhaber seine Rechtsstellung voll aufgibt. Ein Lizenzgeber vergibt dagegen nur einen Teil seines Rechts, nämlich die Befugnis zur Benutzung. Das rechtliche und regelmäßig auch das wirtschaftliche Eigentum verbleiben somit beim Lizenzgeber.[288] Zudem begründet der Lizenzvertrag ein Dauerschuldverhältnis, während der Verkauf zur einmaligen Übereignung eines Gegenstands verpflichtet.[289] Entscheidend ist für die Abgrenzung, wie sich der Parteiwille bei Abschluss des Vertrags dargestellt hat.[290] Nicht zur Abgrenzung geeignet ist hingegen der Zahlungsmodus.

Beispiel 1: Bei einem Lizenzvertrag zwischen einer englischen Muttergesellschaft und einer deutschen Tochter-GmbH wurde Einmalzahlung vereinbart. Die Lizenzgebühr in Form des Einmalbetrags (auch sog. Pauschallizenz) steht der Annahme einer Nutzungsüberlassung nicht entgegen, wenn das Nutzungsrecht räumlich und/oder zeitlich beschränkt ist.

Beispiel 2: Eine französische Muttergesellschaft gestattet ihrer deutschen Tochter-GmbH eine Ratenzahlung des Kaufpreises für ein immaterielles Wirtschaftsgut. Die periodische Zahlung des Kaufpreises spricht nicht gegen einen Kaufvertrag, wenn sich aus dem Vertrag ausdrücklich oder konkludent das weltweite und zeitlich unbeschränkte Verwertungsrecht an dem immateriellen Wirtschaftsgut ergibt.

141 Ein geeignetes Kriterium zur Abgrenzung von Eigentumsübertragung und Nutzungsüberlassung kann auch die **Weiterveräußerbarkeit** sein. ZB ist der Lizenznehmer im Fall einer einfachen Lizenz grundsätzlich nicht berechtigt, die Lizenz zu veräußern oder Unterlizenzen zu vergeben. Vertraglich kann allerdings gestattet sein, dass der Lizenznehmer sein (beschränktes) Nutzungsrecht an einen Unterlizenznehmer zur Nutzung überlassen darf. Bei einer ausschließlichen Lizenz ist die Weiterveräußerbarkeit jedoch kein geeignetes Abgrenzungskriterium, weil diese Lizenz nach herrschender Meinung[291] vererblich und veräußerlich ist, wenn der Vertrag nichts Gegenteiliges besagt oder wenn aus den Umständen sich kein stillschweigender Ausschluss der Übertragbarkeit ergibt. Auch **Vertragsverlängerungsmöglichkeiten** deuten auf einen Lizenzvertrag hin. Verbleibt dem durch Vertrag Berechtigten das Nutzungsrecht endgültig oder kommt ein Rückfall des Rechts kraft Ge-

---

[286] Vgl. *Pöllath/Lohbeck* in *Vogel/Lehner* DBA, Art. 12, Rn. 50.

[287] Vgl. *Pöllath/Lohbeck* in *Vogel/Lehner* DBA, Art. 12, Rn. 51.

[288] Zur Frage, ob ein Lizenznehmer wirtschaftliches Eigentum erwerben kann, vgl. unten Rn. 432 ff.

[289] Vgl. *Groß*, Rn. 36; *Pöllath/Lohbeck* in *Vogel/Lehner* DBA, Art. 12, Rn. 51.

[290] Vgl. BFH 7.12.1977, BStBl. II 353.

[291] Vgl. BGH 17.4.1969, GRUR 1969, 560; *Benkard/Ullmann*, § 15 PatG, Rn. 103 mwN.

setzes oder kraft Vertrags nicht in Betracht, liegt offensichtlich kein zeitlich befristetes Nutzungsrecht vor.[292]

Für die Entscheidung, ob Nutzungsüberlassung oder Eigentumsübertragung **142** anzunehmen sind, kommt es auch auf die **Dauer der Übertragung** und die **Art** des jeweiligen **Wirtschaftsguts** an. Soweit und solange der Verbleib eines in § 21 Abs. 1 Nr. 3 EStG genannten Rechts ungewiss ist, etwa weil das Recht an den Übertragenden zurückfallen kann, liegt eine zeitlich begrenzte Überlassung vor, während ein **Verkauf** voraussetzt, dass das **Recht nicht zeitlich begrenzt überlassen** wird, sondern endgültig beim Berechtigten verbleibt.[293] Jedoch lässt sich aus einer zeitlichen Begrenzung der Schutzdauer aus gewerblichen Schutzrechten nicht zwingend auf eine zeitlich begrenzte Überlassung schließen. Das FG München hat in Bezug auf gewerbliche Schutzrechte ausgeführt, dass die gesetzliche Befristung der Vermögensposition nicht der Annahme einer Vermögensübertragung entgegensteht.[294] Ferner hat der BFH entschieden, dass ein **Alleinvertriebsrecht** nur im Rahmen einer Veräußerung und nicht im Rahmen der Nutzungsüberlassung erworben werden könne.[295] Denn der Erwerber nutze es als eigenes und nicht als fremdes Recht.

Das Abgrenzungsproblem zwischen Lizenzierung und Verkauf ist besonders **143** häufig bei der Überlassung von **Software** anzutreffen.[296] Bei den Verkaufsfällen ist zu unterscheiden zwischen dem Verkauf von Vollrechten oder Teilrechten. Ein **Verkauf** liegt eindeutig vor, wenn das Urheberrecht insgesamt, also das **Vollrecht** durch den Urheber übertragen wird (Tz. 15 OECD-MK zu Art. 12 OECD-MA). Soweit gem. Gesetz oder Vertrag deutsches Recht Anwendung findet, ist dieser Fall ausgeschlossen, weil ein **Urheberrecht** gem. § 29 UrhG nicht übertragen, sondern **nur zur** eingeschränkten oder uneingeschränkten **Nutzung überlassen** werden kann. Wenn nur **Teilrechte** am Urheberrecht übertragen werden, kann es sich je nach Sachverhaltsgestaltung entweder um einen **Verkauf oder** eine **Lizenzierung** handeln.[297] Der Verkauf eines Teilrechts wird idR angenommen, wenn es sich um **Standardsoftware** handelt, die idR auf einem Datenträger (zB CD-ROM) verkörpert ist und gegen Einmalzahlung ohne Beschränkung der Nutzungsdauer erworben wird (Erwerb eines sog. „Copyrighted Article").[298]

Noch in Tz. 6.23 OECD-VPL (2010) wird für den Verkauf – ebenso wie für die Lizenzierung – auf den internen oder externen Preisvergleich verwiesen. Die von der OECD am 16.9.2014 publizierte Neufassung des Kapitels VI OECD-VPL (2014 Guidance) zu Verrechnungspreisaspekten immaterieller Wirtschaftsgüter[299] zeigt jedoch ebenfalls eine Tendenz hin zur Anwen-

---

[292] Vgl. BFH 1.12.1982, BStBl. II 1983, 367; 23.5.1979, BStBl. II 757.

[293] Vgl. BFH 23.4.2003, BFH/NV 2003, 1311 ff.

[294] FG München 24.11.1982, EFG 1983, 353.

[295] BFH 27.7.1988, BStBl. II 1989, 101.

[296] Vgl. dazu *Wassermeyer* in Wassermeyer DBA, Art. 12 MA Rn. 63 ff.; *Pöllath/ Lohbeck* in *Vogel/Lehner* DBA, Art. 12 Rn. 63 f.

[297] Vgl. Tz. 13.1 und 15 f. OECD-MK zu Art. 12 OECD-MA.

[298] Vgl. dazu Rn. 380.

[299] Vgl. *OECD,* Guidance on Transfer Pricing Aspects of Intangibles, OECD/620 Base Erosion and Profit Shifting Project, http://www.oecd-ilibrary.org/taxation/ guidance-on-transfer-pricing-aspects-of-intangibles_9789264219212-en, sowie die vorangegangenen Entwürfe „Public Consultation – Revised Discussion Draft on

dung der Gewinnaufteilungsmethode, nachdem die hohen Anforderungen an die Vergleichbarkeit schwer zu erfüllen sein werden.[300]

c) Abgrenzung zwischen Lizenz und technischen Dienstleistungen

144   Während Art. 12 Abs. 1 OECD-MA den Grundsatz enthält, dass **Lizenzgebühren** ausschließlich in dem Staat besteuert werden, in dem der nutzungsberechtigte Empfänger **(Lizenzgeber)** ansässig ist, weichen viele bilaterale DBA von diesem Grundsatz ab und gewähren dem Quellenstaat (also dem Ansässigkeitsstaat des Lizenznehmers) das Recht zum Einbehalt von **Quellensteuer** auf die Lizenzgebühren.[301] Der Begriff der Lizenzgebühren wird in den DBA regelmäßig definiert und umfasst zB gem. Art. 12 Abs. 2 OECD-MA auch Zahlungen für „die Mitteilung gewerblicher, kaufmännischer oder wissenschaftlicher Erfahrungen", also für sog. **Know-how.** Die **Erbringung von Dienstleistungen** einschließlich technischer Dienstleistungen stellt **keine Überlassung von Know-how** dar, sodass die Vergütung nicht als Lizenzgebühr qualifiziert werden kann.[302] Nur **wenige DBA** erfassen Vergütungen für (bestimmte) **technische Dienstleistungen** unter dem **Begriff der Lizenzgebühr.**[303] Von diesen Ausnahmefällen abgesehen ist daher grundsätzlich eine Unterscheidung zwischen der Überlassung von Knowhow und technischen Dienstleistungen erforderlich, da die Vergütung für die technischen Dienstleistungen nicht als Lizenzgebühr qualifiziert werden kann, sodass keine Quellensteuer erhoben werden darf.[304]

145   Die Abgrenzung der Know-how-Lizenzverträge von Dienstleistungsverträgen erfolgt anhand der **Art der Verwertung des eingesetzten Wissens,** wobei entscheidend ist, ob eine **Eigenverwertung** durch den Leistenden oder eine **Fremdverwertung** durch den Empfänger vorliegt.[305] Sobald Berufserfahrung und Spezialkenntnisse nicht dem Auftraggeber zugänglich ge-

---

Transfer Pricing Aspects of Intangibles" v. 30.7.2013, abrufbar über die Homepage der OECD unter http://www.oecd.org/ctp/transfer-pricing/intangibles-discussion-draft. htm. und der „Discussion Draft – Revision of the Special Considerations for Intangibles in Chapter VI of the OECD-Transfer Pricing Guidelines and Related Provisions", abrufbar über: http://www.oecd.org/tax/transferpricing/; vgl. oben Rn. 47 ff.

[300] Vgl. *OECD,* Tz. 6.107 ff. OECD-VPL Kapitel VI (2014 Guidance) hinsichtlich der Vergleichbarkeitsanalyse, Tz. 6.128 ff. OECD-VPL Kapitel VI (2014 Guidance) hinsichtlich der Wahl der angemessenen Verrechnungspreismethode sowie der explizite Verweis auf die Anwendung der Gewinnaufteilungsmethode in Tz. 6.57 OECD-VPL Kapitel VI (2014 Guidance), welcher allerdings noch unter dem Vorbehalt erneuter Änderungen im Jahr 2015 durch das OECD-BEPS-Projekt steht; vgl. auch *Rouenhoff* IStR 2012, 654 (657).

[301] Vgl. *Pöllath/Lohbeck* in *Vogel/Lehner* DBA, Art. 12 Rn. 29 mit der Übersicht über die Quellensteuersätze für Lizenzgebühren in deutschen DBA.

[302] Vgl. Tz. 11–11.6 OECD-MK zu Art. 12 OECD-MA.

[303] Vgl. zB DBA Australien, Brasilien, Indien, Jamaika, Pakistan, Simbabwe, Uruguay und Vietnam; weitere Einzelheiten vgl. *Pöllath/Lohbeck* in *Vogel/Lehner* DBA, Art. 12 Rn. 83 ff.; *Joos* in Grotherr, 859 ff., 874 ff.

[304] Zur Frage, inwieweit technische Dienstleistungen eine Betriebsstätte begründen können vgl. *Joos* in Grotherr, 859 ff., 861 ff.

[305] Zu den Abgrenzungskriterien und zu Beispielen vgl. Tz. 11.3, 11.4 und 11.6 OECD-MK zu Art. 12 OECD-MA.

macht werden, sondern vom Auftragnehmer im eigenen Tätigkeitsbereich angewandt und dem Auftraggeber in Form von Arbeitsergebnissen zur Verfügung gestellt werden, liegt keine Know-how-Übermittlung, sondern eine technische Dienstleistung vor.[306] Demgemäß liegt eine **Überlassung von Know-how** vor, wenn

– eine Partei sich verpflichtet, ihre besonderen Erfahrungen der anderen Partei mitzuteilen, damit diese sie für ihre eigenen Zwecke verwerten kann,
– derjenige, der das Know-how zur Verfügung stellt, bei der Verwertung des überlassenen Wissens nicht selbst mitzuwirken braucht, und
– derjenige, der das Know-how zur Verfügung stellt, auch nicht für den Erfolg der „Know-how-Nutzung" garantiert.[307]

Die Abgrenzung ist problematisch, wenn **Know-how-Lizenzverträge** **146** zugleich die Erbringung von **technischen Dienstleistungen** oder von Beratungsleistungen beinhalten.[308] Laut OECD ist bei sog. gemischten Verträgen **(Package Contract)** das Gesamtentgelt (bspw. für Know-how und Dienstleistungen) auf die verschiedenen Komponenten aufzuteilen und entsprechend den jeweils anwendbaren Vorschriften zu behandeln.[309] Soweit jedoch ein Teil (zB Dienstleistung) prägend ist, kann das gesamte Entgelt nach den auf diesen Teil anwendbaren Vorschriften behandelt werden. Daher sind zB Dienstleistungen technischer oder beratender Natur (technical services), die durch entsandtes Personal erbracht werden, idR nicht als Bestandteil einer Know-how-Übertragung iSd Art. 12 OECD-MA und der entsprechenden bilateralen DBA-Lizenzartikel zu qualifizieren.

d) Entscheidungskriterien für Auftragsforschung, Kostenumlagen, Konzernumlagen oder Lizenzen

Für Marken und andere **immaterielle Wirtschaftsgüter für Vertriebs-** **147** **zwecke** kommen grundsätzlich nur **Lizenzen** in Frage, weil diese Wirtschaftsgüter regelmäßig nicht auf Forschung und Entwicklung beruhen, sondern ihren Wert durch die Nutzung im Geschäftsverkehr und durch ihre Bekanntheit erlangen. Die damit zusammenhängenden Marketing- und Werbeaufwendungen stellen keine Forschungs- und Entwicklungskosten dar. Nur in Ausnahmefällen kommen Verträge über Kostenumlagen nach dem Poolkonzept oder Konzernumlagen nach dem Leistungsaustauschprinzip für die Entwicklung immaterieller Wirtschaftsgüter in Frage, die Vertriebszwecken dienen.[310]

Wenn Forschung im Konzern betrieben wird mit dem Ziel, **immaterielle** **148** **Wirtschaftsgüter für Produktionszwecke** zu entwickeln, dann stellt sich idR die Frage, ob die Forschungsgesellschaft ihre Kosten im Wege der **Auftragsforschung,** der **Kostenumlage** nach dem Poolkonzept bzw. durch

---

[306] Vgl. BFH 16.12.1970, BStBl. II 1971, 235.
[307] *Fischbach* IWB 2001, 811, 129; *Joos* in Grotherr, 859 ff., 872.
[308] Vgl. Tz. 7.26 OECD-VPL.
[309] Vgl. Tz. 6.18 und 6.19 OECD-VPL (2010) sowie *OECD,* Tz. 6.96 OECD-VPL Kapitel VI (2014 Guidance); ebenso Anm. 11.6 OECD-MK zu Art. 12 OECD-MA; vgl. auch unten Rn. 459, 462 f.
[310] Vgl. dazu unten Rn. 216 ff., wo die Frage erörtert wird, ob Vertriebsgesellschaften Beteiligte eines Konzernumlagevertrags sein können.

Konzernumlage nach dem Leistungsaustauschprinzip oder durch **Lizenzvergabe** der immateriellen Wirtschaftsgüter weiterbelasten sollte. Für die Entscheidung sind v. a. wirtschaftliche, aber auch steuerliche **Vor- und Nachteile** zu berücksichtigen. Des Weiteren ist vorab auch zu prüfen, ob nach den jeweiligen Landesvorschriften die Teilnahme an einem Kostenumlage- oder Konzernumlagevertrag überhaupt rechtlich akzeptiert wird. Folgende Gründe sprechen für die Vereinbarung der **Auftragsforschung** oder eines **Kostenumlage- oder Konzernumlagevertrags:**[311]

149   1. Die Vereinbarung eines Kosten- oder Konzernumlagevertrags stellt sicher, dass sämtliche **Forschungs- und Entwicklungskosten bereits im Jahr der Entstehung** (durch budgetierte Abschlagszahlungen mit eventuellem Spitzenausgleich der tatsächlichen Kosten nach Fertigstellung des Jahresabschlusses) an die Forschungsgesellschaft **zurückfließen.** Dieselbe Überlegung gilt für eine Auftragsforschungsgesellschaft. Damit entfällt die Ungewissheit, ob im Falle der alternativen Vereinbarung von Lizenzgebühren – die erst in Zukunft zu Erlösen führen – sämtliche Kosten gedeckt werden können. Der sofortige Rückfluss der Entwicklungskosten ist häufig unter **Finanzierungsgesichtspunkten** erforderlich, wenn die Muttergesellschaft die Forschungsgesellschaft nicht vorfinanzieren kann und die Forschungsgesellschaft selbst nicht über ausreichende Einnahmen – bspw. Lizenzgebühren aus in früheren Jahren entwickelten immateriellen Wirtschaftsgütern – verfügt, sodass eine Fremdfinanzierung der Forschungskosten erforderlich wäre. Der Vorteil des sofortigen Cashflow vergrößert sich noch dadurch, dass der **Barwert** der sofort vereinnahmten F+E-Kostenerstattung größer ist als bspw. der Barwert einer gleich hohen Summe von Lizenzgebühren, die erst in späteren Jahren zufließen.

> **Beispiel:** Die Forschungs- und Entwicklungskosten eines Forschungsunternehmens belaufen sich für ein bestimmtes Projekt während der 3-jährigen F+E-Periode auf jährlich 5 Mio. €, insgesamt also 15 Mio. €. Wenn die voraussichtlichen Lizenzgebühren in der Verwertungsperiode auf jährlich 2 Mio. € geschätzt werden, benötigt das F+E-Unternehmen bei einem Diskontierungssatz von 8 % bspw. eine Verwertungszeit von vierzehn Jahren, bis der Barwert der Lizenzzahlung (ca. 13 Mio. € bei nachschüssigen laufenden Zahlungen vom 4.–17. Jahr einschließlich) den Barwert der F+E-Kosten (ca. 12,9 Mio. € bei gleichem Diskontierungssatz und zwecks Vergleichbarkeit unterstellter nachschüssiger Zahlung) erreicht. Sofern die Lizenzgebühren jährlich 3 Mio. € erreichen könnten, wäre der Barwert der F+E-Kosten nach etwa einer Verwertungszeit von 7,5 Jahren ausgeglichen. Für die Entscheidung zwischen Kostenumlagen und Lizenzvergabe ist deshalb eine Finanzierungsbetrachtung unter Berücksichtigung der Barwerte der Kostenumlagen einerseits und der geschätzten künftigen Lizenzen andererseits ein ganz entscheidender Faktor.

150   2. Die Kosten- oder Konzernumlage ermöglicht nicht nur großen, sondern auch kleineren Unternehmen – die alleine keine Forschung betreiben könnten – eine Teilnahme an Forschungsprojekten. Die Vertragsparteien zahlen einen am anteiligen (voraussichtlichen) **Nutzen orientierten Kostenanteil** und erhalten dafür ein **Nutzungsrecht** für das **vereinbarte**

---

[311] In diesem Abschnitt gelten die für „Kostenumlagen" getroffenen Aussagen ebenso für „Konzernumlagen"; zur grundsätzlichen Unterscheidung der Begriffe vgl. Kap. N Rn. 114 ff., 281 ff. sowie unten Rn. 251 ff.

Gebiet. Dadurch werden erschwingliche Rechte an Forschungsergebnissen mit überschaubaren Risiken erworben.

3. Der **Kosten- oder Konzernumlagevertrag fördert die Zusammenarbeit im Konzern** und damit auch die Aussicht auf Forschungserfolge, weil er den am Vertrag beteiligten Unternehmen Überwachungs- und Mitspracherechte und damit Einfluss auf die gemeinsamen Forschungsprojekte gewährt. Im Fall der Auftragsforschung besteht eine noch größere Einflussmöglichkeit der (des) Auftraggeber(s) auf das Forschungsunternehmen.

4. Die Kosten- oder Konzernumlage umfasst sowohl erfolgreiche als auch er- **151** folglose Forschungsprojekte, sodass das **Risiko des Fehlschlagens** von Forschungsprojekten auf alle beteiligten Unternehmen (gem. dem potenziellen Nutzen erfolgreicher F+E) **verteilt** wird. Bei der Auftragsforschung kann im Übrigen auch vereinbart werden, dass der Auftragnehmer bei Überschreitung eines budgetierten Betrags das Kostenrisiko übernimmt oder dass er eine erfolgsabhängige Vergütung erhält; solche Vereinbarungen sind aber selten anzutreffen.

5. Ein weiterer Vorteil des Umlagevertrags liegt darin, dass **Diskussionen** mit **152** der FinVerw. **über die Angemessenheit der Lizenzgebühren vermieden** werden. V. a. wenn amerikanische Forschungsgesellschaften beteiligt sind, kann es im Hinblick auf den in Section 482 IRC enthaltenen Grundsatz der ertragsorientierten Betrachtung *(Commensurate with Income)* zu Meinungsverschiedenheiten über die Höhe der Lizenzgebühren des amerikanischen Lizenzgebers kommen. Daneben besteht die Problematik der in den US-Regulations geforderten Anpassung *(Periodic Adjustments)* der Lizenzgebühren.[312]

6. Die **Umlagezahlungen** auf Grund von Poolverträgen oder Konzern- **153** umlageverträgen **unterliegen grundsätzlich nicht der Quellensteuer,**[313] während auf Lizenzgebühren in vielen Ländern eine Quellensteuer erhoben wird, die allerdings, soweit vorhanden, durch DBA reduziert oder gar beseitigt wird.[314] Da die Auftragsforschung als Dienstleistung qualifiziert wird, vermeidet sie ebenfalls das etwaige Quellensteuerproblem. Neben dem Quellensteuervorteil kommen allerdings auch andere Steuervorteile in Betracht, die bei der Entscheidung zwischen Kosten- oder Konzernumlage einerseits und Lizenzvergabe andererseits abgewogen werden müssen und in den folgenden Beispielen erörtert werden.

Beispiel 1: Die Forschungsgesellschaft ist in einem Niedrigsteuerland ansässig und die Lizenznehmer sitzen in Hochsteuerländern. In diesem Fall ist zu berücksichtigen, dass neben dem Barwert der F+E-Kostenumlage oder der alternativen Li-

---

[312] Vgl. US-Regulations § 1.482-4(f)(2).

[313] Vgl. Tz. 4.4 VGr-Umlageverträge. In Kapitel VIII OECD-VPL wird diese Frage nicht ausdrücklich angesprochen; jedoch betont Tz. 8.23 OECD-VPL, dass die Beiträge zu einem Poolvertrag grundsätzlich nicht als Lizenzgebühren anzusehen sind. Allerdings finden sich in einigen DBA spezielle Definitionen, die den in Art. 12 Abs. 2 OECD-MA enthaltenen Begriff der Lizenzgebühren erweitern und dazu u. a. auch Entgelte für die technische Unterstützung oder technische Dienstleistungen rechnen; vgl. oben Rn. 144 ff.

[314] Vgl. zur Anrechnung ausländischer Quellensteuer *Becker/Loose* IStR 2012, 57 ff.

zenzgebühren auch die Barwerte der Steuerbelastung der Einnahmen der Forschungsgesellschaft einerseits und der Steuerentlastung der die Kostenumlagen oder Lizenzen zahlenden Parteien andererseits berücksichtigt werden müssen. Wenn daher im Beispielsfall die Forschungsgesellschaft im Niedrigsteuerland sitzt und die Lizenznehmer im Hochsteuerland, so spricht dies tendenziell für Kostenumlagen, weil diese bei den zahlenden Parteien schneller steuerwirksam werden. Andererseits können bei diesem Sachverhalt Lizenzzahlungen vorteilhafter sein, wenn mit relativ geringen F+E-Kosten gerechnet wird, die innerhalb kurzer Zeit durch Lizenzeinnahmen amortisiert werden. Hier müssen Kostenumlagen und Lizenzgebühren einschließlich der Steuereffekte mit den jeweiligen Barwerten ermittelt werden. Wenn umgekehrt die Forschungsgesellschaft im Hochsteuerland sitzt, während die Lizenznehmer in Niedrigsteuerländern ansässig sind, wäre auf den ersten Blick die Vereinbarung von Lizenzgebühren günstiger, weil die Forschungsgesellschaft den Aufwand zu tragen hat und erst später steuerpflichtige Erträge erzielt; auch dies müsste im Einzelfall genau ermittelt werden.

> **Beispiel 2:** Die Forschungsgesellschaft ist in einem Niedrigsteuerland ansässig und forscht für zwei Produktionsgesellschaften, die über hohe Verlustvorträge verfügen. Unter Berücksichtigung der Verlustvorträge kann es sich je nach der voraussichtlichen Gewinnentwicklung empfehlen, keinen Kostenumlagevertrag, sondern später einen Lizenzvertrag für die fertig entwickelten immateriellen Wirtschaftsgüter abzuschließen, damit der Aufwand bei den Produktionsgesellschaften erst in späteren Jahren anfällt. Dies wäre insb. empfehlenswert, wenn die Verlustvorträge zeitlich befristet sind.

154   7. Der **Teilnehmerkreis** ist **flexibel** und kann durch Aufnahme neuer Vertragsparteien gegen Eintrittszahlungen erweitert oder durch Ausscheiden von Beteiligten gegen etwaige Austrittszahlungen verringert werden.[315]

8. Die fertigen immateriellen Wirtschaftsgüter können gleichwohl in **Lizenz an Dritte** vergeben werden und den Vertragspartnern zusätzliche Einnahmen verschaffen.[316]

155   Die **Entscheidung zwischen Auftragsforschung bzw. Konzernumlage** einerseits **und Kostenumlage (Poolvertrag)** andererseits hängt in den meisten Fällen nur von Gestaltungsmaßnahmen im Konzern ab. Wenn das (die) Forschungsunternehmen in einem Niedrigsteuerland sitzt (sitzen), ist es idR ratsam, einen Auftragsforschungs- oder Konzernumlagevertrag zu vereinbaren, damit über das Kostenaufschlagsverfahren ein Teil des Konzerngewinns bei dem (den) Forschungsunternehmen anfällt. Werden die maßgebenden Forschungsaktivitäten dagegen in einem Hochsteuerland durchgeführt, empfiehlt sich die Vereinbarung eines Poolvertrags (ohne Gewinnaufschlag).

156   Natürlich weisen auch **Lizenzverträge** in mancher Hinsicht Vorteile gegenüber Kosten- oder Konzernumlageverträgen auf, wobei diese **Vorteile** gleichzeitig als Nachteile der Umlageverträge angesehen werden können, sodass auf die separate Darstellung von Nachteilen der Umlageverträge verzichtet werden kann.

1. Bei Lizenzverträgen besteht grundsätzlich **Rechtssicherheit bzgl. des Eigentums** an den gewerblichen Schutzrechten oder anderen immateriel-

---

[315] Vgl. Tz. 4.1 und 4.2 VGr-Umlageverträge sowie Tz. 8.31 ff. OECD-VPL.
[316] Dazu Tz. 1.2 Abs. 3 S. 2 VGr-Umlageverträge.

len Wirtschaftsgütern. Beim Umlagemodell müssen diese Rechte dagegen eindeutig zwischen allen Parteien geregelt werden, um Meinungsverschiedenheiten zu vermeiden. Auch bei der Auftragsforschung mit mehreren Auftraggebern besteht Regelungsbedarf über den Umfang der Nutzungs- und Verwertungsrechte.

2. Der Lizenzvertrag eröffnet dem Lizenzgeber die vollen **Ertragschan-** **157** **cen** bzgl. der entwickelten immateriellen Wirtschaftsgüter, dh die künftigen Lizenzgebühren können – sowohl absolut als auch nach ihrem Barwert – die Forschungs- und Entwicklungskosten bei Weitem übersteigen. Mit diesen Ertragschancen korrespondiert andererseits ein entsprechendes **Kostenrisiko,** falls sich die erhofften Lizenzerträge nicht einstellen. Im Vergleich dazu übernehmen bei dem Umlagevertrag oder der Auftragsforschung die anderen Vertragsparteien vom Forschungsunternehmen Kostenrisiko und Ertragspotential. Der Lizenzvertrag ist daher für den Konzern aus steuerlicher Sicht günstiger, sofern hohe Ertragschancen bestehen und der Lizenzgeber seinen Sitz in einem Niedrigsteuerland hat.

3. Lizenzgebühren berücksichtigen in den meisten Fällen den **tatsächlichen** **158** **Nutzen** des Lizenznehmers, weil sie zB auf Basis des Umsatzes, der Stückzahlen oder einer Ergebniskennzahl berechnet werden, während Kosten- oder Konzernumlagen zwar die tatsächlichen Kosten belasten, jedoch regelmäßig auf Basis des nur geschätzten Nutzens.

4. Lizenzverträge haben gegenüber Umlageverträgen den Vorteil, dass meis- **159** tens nur die tatsächliche **Nutzung** des immateriellen Vermögensgegenstands, die **Angemessenheit der** vereinbarten **Lizenzgebühren** und die vertragsgemäße **Abrechnung** geprüft und ggf. beanstandet werden kann, während bei Umlageverfahren äußerst umfangreiche Dokumentations- und Nachweispflichten bzgl. der angefallenen Kosten und der empfangenen Leistungen bestehen. Weiterhin werden bei Kosten- oder Konzernumlageverfahren häufig die Umlageschlüssel oder mangelnde Ein- oder Austrittszahlungen beanstandet.

Neben den genannten gibt es eine Reihe weiterer Punkte, die die Ent- **160** scheidung für die Auftragsforschung bzw. einen Kosten- oder Konzernumlagevertrag oder einen Lizenzvertrag beeinflussen. So kann es (in Ausnahmefällen) Länder geben, in denen Lizenzzahlungen anerkannt werden, jedoch keine Kosten- oder Konzernumlagen.[317] Die Anrechnung oder Nichtanrechnung staatlicher Zuschüsse auf die Umlage kann eine Rolle spielen. Im Einzelfall müssen daher die alternativen Gestaltungsmöglichkeiten der Auftragsforschung oder der Eigentumsübertragung des immateriellen Wirtschaftsguts in Betracht gezogen werden. Sofern die Forschung und Entwicklung von mehreren Konzerngesellschaften durchgeführt wird, sprechen viele Gründe für den Pool- oder Konzernumlagevertrag, weil die Zusammenarbeit gefördert und gegenseitige Lizenzvergabe vermieden wird. Die weitere Überarbeitung des Kapitels VI der OECD-VPL (2014 Guidance) ist hierbei ebenfalls im Auge zu behalten, da sich diese ausführlich mit der Zurechnung des Einkommens aus immateriellen Wirtschaftsgütern im Rahmen von Forschungs-

---

[317] So ist es zB schwierig, chinesische Unternehmen in Kosten- oder Konzernumlageverträge einzubeziehen.

und Entwicklungstätigkeiten befasst und die darin enthaltenen Ansätze[318] teils sehr kritisch zu sehen sind.

9. Supply Chain Management

a) Definition

161   Multinationale Unternehmen werden durch starken Wettbewerb in globalen Märkten und durch die Erwartungen ihrer Kunden ständig gezwungen, ihre bestehenden Strukturen und Geschäftsprozesse im Konzern zu überprüfen und anzupassen. In den multinationalen Konzernen sind regelmäßig zahlreiche Unternehmen im Rahmen der Lieferkette eines Produktes tätig, angefangen von der Forschungs- und Entwicklungstätigkeit über den Einkauf des Materials, die Produktionsplanung und Herstellung von Produkten, die Logistik, das Marketing und den Vertrieb bis hin zum Kundenservice. Der Ausdruck **Supply Chain Management (SCM)** bezeichnet dabei die unternehmensübergreifende Planung, Koordination und Strukturierung der Aktivitäten aller Unternehmen in der Lieferkette. Da es insoweit auch um die Planung, Steuerung und Kontrolle von unternehmensübergreifenden Wertschöpfungssystemen geht, wird oft synonym auch der Begriff **Value Chain Management (VCM)** oder **Value Chain Planning** benutzt.[319] Das Ziel des SCM liegt demnach in der Steigerung der Effizienz und des Gewinns, zB durch die Senkung von Kosten, die Nutzung von Synergien und in diesem Zusammenhang auch durch die Zentralisierung/Dezentralisierung oder Verlagerung von Funktionen, Risiken, Wirtschaftsgütern oder Dienstleistungen. In fast allen Fällen des SCM spielen **immaterielle Wirtschaftsgüter** eine bedeutende Rolle, da diese im Rahmen der Liefer- bzw. Wertschöpfungskette regelmäßig die **entscheidenden Werttreiber** darstellen.

162   Dabei ist es wichtig, dass für grenzüberschreitende Restrukturierungen auch die **steuerlichen Aspekte** beachtet werden, insb. die eventuelle Auslösung von Ertragsteuern durch Veräußerungsgewinne sowie die Wahl steuerlich vorteilhafter Standorte bei der Errichtung neuer Gesellschaften oder Betriebsstätten. Wenn daher im Rahmen des SCM ein neues oder verändertes Geschäftsmodell eingeführt werden soll, das auch steuerliche Implikationen berücksichtigt, dann wird diese Gestaltung auch als **Tax Efficient Supply**

---

[318] Vgl. *OECD*, Guidance on Transfer Pricing Aspects of Intangibles, OECD/G20 Base Erosion and Profit Shifting Project, http://www.oecd-ilibrary.org/taxation/guidance-on-transfer-pricing-aspects-of-intangibles_9789264219212-en, sowie die vorangegangenen Entwürfe „Public Consultation – Revised Discussion Draft on Transfer Pricing Aspects of Intangibles" v. 30.7.2013, abrufbar über die Homepage der OECD unter http://www.oecd.org/ctp/transfer-pricing/intangibles-discussion-draft.htm. und der „Discussion Draft – Revision of the Special Considerations for Intangibles in Chapter VI of the OECD-Transfer Pricing Guidelines and Related Provisions", abrufbar über: http://www.oecd.org/tax/transferpricing/; vgl. oben Rn. 47 ff.

[319] Die Begriffe SCM und VCM werden im Detail unterschiedlich definiert. Eine zusammenfassende Darstellung findet sich zB in *Kannegiesser,* Value Chain Management in the Chemical Industry, Global Value Chain Planning of Commodities, 2008, 11 ff.

Chain Management (TESCM) bezeichnet.[320] Die Berücksichtigung der steuerlichen Belastung ist im Rahmen des SCM unerlässlich, da bei der Wahl zwischen zwei Standorten möglicherweise der erste Standort günstigere Kosten aufweist als der zweite; gleichwohl ist es möglich, dass der Nettogewinn nach Steuern bei dem zweiten Standort höher liegt. Dies zeigt folgendes vereinfachtes Beispiel.

Beispiel:

1. Produktionskosten		
Kosten pro Stück	Standort 1 geringe Kosten	Standort 2 höhere Kosten
Material	50	50
Eingangslogistik	2	3
Personalkosten	16	21
Ausgangslogistik	2	3
Summe	70	77
2. Nettogewinn		
Verrechnungspreis	100	100
Produktionskosten	−70	−77
Gewinn vor Steuern (EBIT)	30	23
Steuern Standort 1 (40 %)	−12	
Steuern Standort 2 (13 %)		−3
Nettogewinn	18	20

Selbstverständlich wirken sich die unterschiedlichen Steuersätze in dem **163** Beispiel nur deshalb zu Gunsten des Standorts 2 mit den höheren Kosten aus, weil an beiden Standorten sehr hohe EBIT-Margen erzielt werden.[321] In den meisten Branchen werden jedoch wesentlich geringere Margen durch Produktions- oder Vertriebsgesellschaften erzielt, sodass die Standortkosten sowie weitere **operative Kosten** neben anderen wirtschaftlichen Aspekten die **primäre Entscheidungsgrundlage** sind, während die Steuerbelastung nur sekundär von Bedeutung ist.

b) Prinzipal-Strukturen

Eines der wichtigsten Planungsmittel im Rahmen des **TESCM** ist die **164** **Zentralisierung** von Funktionen, die die höchste Wertschöpfung in der Lieferkette und die größten Risiken mit sich bringen, in einer Konzerngesell-

---

[320] Vgl. zB *Webber* TNI 2011, 149 ff.
[321] *Webber* TNI 2011, 149, 154 f. hat dieses Beispiel mit anderen Zahlen dargestellt, die jedoch als realitätsfern erscheinen, da die EBIT-Margen jeweils über 70 % liegen und der Mark-up Over Cost rund 354 % bzw. 245 % erreicht.

schaft, die als **Prinzipal** oder **Entrepreneur** (auch sog. **Strategieträger**[322]) den höchsten Ertrag im Rahmen der Wertschöpfungskette erzielen soll. Bei der Einführung einer Prinzipal-Struktur werden häufig die relevanten Funktionen und Risiken sowie das Eigentum an materiellen und immateriellen Wirtschaftsgütern auf die Prinzipalgesellschaft übertragen. Vor allem das **Eigentum** an wertvollen immateriellen Wirtschaftsgütern wird im Rahmen dieses Modells als der **entscheidende Werttreiber** in der Wertschöpfungskette gesehen und zahlreiche Konzerne haben insb. in den letzten beiden Jahrzehnten zunehmend immaterielle Wirtschaftsgüter von in Hochsteuerländern ansässigen Gesellschaften auf zentrale Forschungs- und IP-Verwaltungsgesellschaften oder (regionale) Prinzipalgesellschaften in Niedrigsteuerländern übertragen (sog. *IP-Migration*).[323] Die anderen Konzerngesellschaften agieren – soweit möglich – als Routineunternehmen mit den notwendigsten Funktionen und einer Reduzierung ihrer Risiken. Die wirtschaftlichen Gründe für die Errichtung einer Prinzipalstruktur beruhen idR auf einer Verbesserung der Effizienz, einer Reduzierung der operativen Kosten und einer vereinfachten zentralen Steuerung und Überwachung der Geschäftsprozesse. Zum Zweck der Gestaltung einer Prinzipalstruktur werden bspw. die folgenden Maßnahmen durchgeführt:

– die Übertragung der **Produktion** in Länder mit niedrigen Kosten, zB durch Verlagerung in asiatische oder osteuropäische Länder;
– die **Reduzierung** von **Funktionen und Risiken** in der **Produktion,** zB durch Umwandlung einer Produktionsgesellschaft in einen Lohn- oder Auftragsfertiger oder Limited Risk Manufacturer;
– die **Reduzierung** von **Risiken** im **Vertrieb,** zB durch Umwandlung einer voll ausgestatteten Vertriebsgesellschaft in eine Kommissionärs-Gesellschaft oder einen Limited Risk Distributor;
– die Übertragung von **immateriellen Wirtschaftsgütern** oder **Forschungs- und Entwicklungsaktivitäten,** zB durch Übertragung immaterieller Wirtschaftsgüter auf den Prinzipal bzw. eine Verwaltungs- und Verwertungsgesellschaft oder durch die Gründung von Forschungs- und Entwicklungsgesellschaften als Auftragsforscher, zB Verlagerung von Softwareentwicklung nach Indien;
– die Vereinbarung von **gemeinsamer Forschung und Entwicklung** im Rahmen von Umlageverträgen.

---

[322] Vgl. oben Rn. 75 u. 82.
[323] Diese Fälle waren der Anlass für die Einführung der Regelungen zur Funktionsverlagerung in § 1 Abs. 3 S. 9 ff. AStG und des Kapitels IX der OECD-VPL.

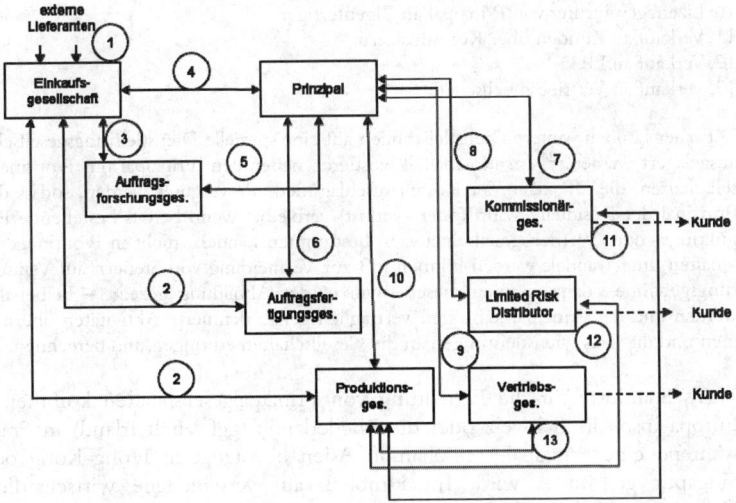

In dem folgenden vereinfachten Beispiel werden die Transaktionen im Rahmen einer denkbaren Prinzipal-Struktur dargestellt.

Beispiel:

Transaktionen:

A. Die **Einkaufsgesellschaft** erwirbt Produkte und Leistungen für andere Konzerngesellschaften und berechnet die Erwerbskosten (ohne Gewinnaufschlag) sowie die Kosten der Einkaufs-Dienstleistung mit Gewinnaufschlag.
1. Externer Einkauf durch Einkaufsgesellschaft
2. Lieferung von Material, Roh-, Hilfs- und Betriebsstoffe, Maschinen, Inventar an Auftragsfertiger, Eigenfertiger
3. Lieferung von Labormaterial, Laboreinrichtungen an Auftragsforscher
4. Lieferung von Inventar (Büroausstattung) an Prinzipal (u. ggf. auch an Vertriebseinheiten)

B. Die **Auftragsforschungsgesellschaft** forscht und entwickelt für den Prinzipal und berechnet für diese Dienstleistung die Kosten zuzüglich Gewinnaufschlag.
5. Forschungs- und Entwicklungstätigkeit sowie Überlassung der Ergebnisse bzw. immateriellen Wirtschaftsgüter an Prinzipal

C. Die **Auftragsfertigungsgesellschaft** produziert nach den Vorgaben des Prinzipals die Waren, für die der Prinzipal eine Abnahmeverpflichtung übernimmt. Der Prinzipal erstattet die Kosten zuzüglich Gewinnaufschlag.
6. Lieferung der Produkte an Prinzipal

D. Der **Prinzipal** verkauft die Waren an die Vertriebseinheiten; Verkaufspreis nach Standardmethode oder TNMM festzusetzen
7. Verkauf an Kunden über Kommissionär
8. Verkauf an LRD
9. Verkauf an Vertriebsgesellschaft

E. Der **Eigenfertiger** (voll ausgestatteter Produzent) erhält vom Prinzipal gegen Zahlung einer Lizenzgebühr Lizenzen (für gewerbliche Schutzrechte, Know-how etc.) und produziert Waren, die er über die Vertriebseinheiten verkauft

10. Lizenzgewährung von Prinzipal an Eigenfertiger
11. Verkauf an Kunden über Kommissionär
12. Verkauf an LRD
13. Verkauf an Vertriebsgesellschaft

Ferner können weitere Dienstleistungen auf eine spezielle Dienstleistungsgesellschaft ausgelagert werden.[324] Im Normalfall existieren neben dem Prinzipal nur Routinegesellschaften, die idR nach der Kostenaufschlagsmethode vergütet werden, sodass dem Prinzipal der Residualgewinn (oder -verlust) verbleibt. Wenn bereits bestehende Produktions- oder Vertriebsgesellschaften in bestimmten Ländern nicht in Routinegesellschaften umgewandelt werden können (zB zur Vermeidung von Steuern auf Veräußerungsgewinne), dann können diese – wie in der Abbildung gezeigt – beibehalten werden und der Prinzipal kann ggf. vertraglich genau definierte Aktivitäten übernehmen und diese als Dienstleistungen an die Gesellschaften erbringen und berechnen.

166 Als Standorte für die Errichtung von Prinzipalgesellschaften kommen in Europa insb. die Schweiz oder die Niederlande (ggf. auch Irland) in Frage, während eine Prinzipalgesellschaft in Asien bevorzugt in Hong-Kong oder Singapur gegründet wird. Im Hinblick auf verschiedene wirtschaftliche Gründe, so zB das Erfordernis der Kundennähe, die Kosten der Logistik, die Höhe der Zölle und Steuern usw. ist es oft erforderlich, dass neben einer Prinzipal-Gesellschaft noch **regionale Entrepreneure** errichtet werden.

167 Die im Rahmen der TESCM errichteten Strukturen und Wertschöpfungsprozesse müssen für die **Anerkennung** aus **steuerlicher Sicht** erstens auf klaren Verträgen beruhen, in denen die Übernahme der Funktionen und Risiken durch die Vertragspartner sowie das Eigentum an materiellen und immateriellen Wirtschaftsgütern eindeutig festgelegt wird. Zweitens müssen diese Verträge tatsächlich so durchgeführt werden, wie dies vereinbart wurde; andernfalls darf die Finanzbehörde den Geschäftsvorfall nach seinem wirtschaftlichen Gehalt beurteilen, wenn dieser von der äußeren Form abweicht.[325] Drittens darf die gewählte Struktur nicht missbräuchlich sein und von denjenigen Gestaltungen abweichen, die zwischen fremden Dritten in wirtschaftlich vernünftiger Weise gewählt worden wären.[326] Allerdings erkennt die OECD an, dass zwischen nahe stehenden Unternehmen durchaus wirtschaftlich sinnvolle Gestaltungen gewählt werden, die zwischen fremden Dritten nicht vereinbart worden wären.[327] Damit die Prinzipal-Struktur anerkannt wird, ist nicht nur das Eigentum an den wertvollen immateriellen Wirtschaftsgütern erforderlich, sondern die Gesellschaft muss auch die Aktivitäten mit hoher Wertschöpfung beeinflussen und zB die Konzernstrategie vorgeben, die Risiken beeinflussen und beherrschen und die erforderlichen Entscheidungen bzgl. der Kapitalausstattung treffen. Zu diesem Zweck muss die Prinzipal-Gesellschaft erfahrenes Personal mit entsprechender Entscheidungs- und Kontrollbefugnis beschäftigen und über das nötige Kapital verfügen, um die Funktionen zu übernehmen, ausgelagerte Funktionen zu kontrollieren, sowie die Risiken und Kosten zu tragen. Insoweit gelten die von der OECD in der Neufassung des Kapitels VI OECD-VPL (2014 Guidance)

---

[324] Vgl. unten Rn. 169 ff.
[325] Vgl. Tz. 1.65 OECD-VPL.
[326] Vgl. Tz. 1.65 S. 6 OECD-VPL.
[327] Vgl. Tz. 1.11 OECD-VPL.

dargestellten generellen Voraussetzungen für die Zurechnung von Einkünften aus immateriellen Wirtschaftsgütern insb. auch für Prinzipalgesellschaften.[328] Ferner ist es erforderlich, dass im Rahmen der Verrechnungspreisdokumentation die Angemessenheit der Verrechnungspreise für die Transaktionen im Rahmen der Wertschöpfungskette in den jeweils betroffenen Ländern dargestellt wird.

Unter dem Gesichtspunkt der Verrechnungspreise sind zum einen die Prei-   **168** se für die Transaktionen festzusetzen bzw. zu überprüfen, die im Rahmen der Einführung einer Prinzipal-Struktur oder einer Veränderung im Rahmen der Lieferkette bzw. Wertschöpfungskette eine Übertragung von Funktionen, Risiken oder Wirtschaftsgütern mit sich bringen. Insoweit ist regelmäßig zu prüfen, ob es sich um die Übertragung **einzelner Wirtschaftsgüter** handelt, sodass ein etwaiger Veräußerungsgewinn zu ermitteln ist, oder ob eine **Funktionsverlagerung** vorliegt, bei der eine Abfindungszahlung für das **Transferpaket** ermittelt werden muss, soweit nicht im Ausnahmefall eine Einzelbewertung zulässig ist. Die Einzelheiten aus Verrechnungspreissicht werden für die Übertragung einzelner immaterieller Wirtschaftsgüter in Abschnitt VII dieses Kapitels erläutert, während die Details bzgl. der Funktionsverlagerung in Kapitel R dargestellt werden. Zum anderen muss geprüft werden, ob auch die laufenden Geschäftsvorfälle im Rahmen der neu geschaffenen Struktur dem Fremdvergleichsgrundsatz entsprechen.

c) Weitere Strukturen

Ergänzend zu den Prinzipal-Strukturen werden häufig auch Funktionen   **169** vom Prinzipal ausgelagert oder die Funktionen mehrerer Konzerngesellschaften in einer gesonderten Konzerngesellschaft zusammengefasst. Zu den wichtigsten dieser Gestaltungsmaßnahmen gehören bspw.
– die Errichtung von speziellen Dienstleistungsgesellschaften im Konzern oder
– die Errichtung spezieller Beschaffungs- und Einkaufsgesellschaften,
– der Verkauf über eine Internet-Gesellschaft (E-Commerce),
– die Errichtung dezentraler bzw. regionaler Prinzipalgesellschaften als Entrepreneure für bestimmte Regionen.

Eine **Dienstleistungsgesellschaft,** die für mehrere oder alle Gesellschaf-   **170** ten im Konzern bestimmte Unterstützungsleistungen durchführt (sog. **Shared Services Provider** oder **Shared Services Center**) wird regelmäßig als Unternehmen mit Routinefunktionen errichtet und erhält daher fast immer eine Vergütung auf Basis der **Kostenaufschlagsmethode.** Bei den Dienstleistungen handelt es sich regelmäßig um solche, die von allen Leistungsempfängern benötigt werden, so zB in den Bereichen Finanzierung, EDV (Information Technology), Marketing, Auswahl und Ausbildung von Personal, Buchhaltung usw. Da alle Leistungsempfänger die Leistungen benötigen, werden die Kosten zusammen mit dem Gewinnaufschlag im Rahmen eines **Konzernumlagevertrags** nach einem nutzenorientierten Kostenschlüssel auf die Empfänger verteilt. Die Verrechnungspreisaspekte werden in Kapitel N in Abschn. V ausführlich dargestellt. Da eine spezielle Dienstleistungsgesellschaft die Dienstleistungen nicht nur als Hilfsfunktion erbringt, ist die Vereinbarung

---

[328] Vgl. oben Rn. 99 f.

eines Kostenumlagevertrags nach dem Poolkonzept – mit der Abrechnung der Kosten ohne Gewinnaufschlag – grundsätzlich nicht möglich.[329]

171   Die Zentralisierung der Beschaffungs- und Einkaufsaktivitäten in einer **Einkaufsgesellschaft** dient dazu, durch den Einkauf von größeren Mengen an Materialien, Roh-, Hilfs- und Betriebsstoffen, halbfertigen Produkten usw. eine größere Verhandlungsmacht gegenüber den Lieferanten zu haben und dadurch bessere Preise und Lieferbedingungen zu verhandeln. Daneben werden auch Personalkosten durch die Zusammenfassung der Einkaufsaktivitäten an einem Standort reduziert. Aus steuerlicher Sicht ist es sinnvoll, eine Einkaufsgesellschaft möglichst in einem Niedrigsteuerland zu errichten. Dabei müssen die Voraussetzungen einer Hinzurechnungsbesteuerung gem. § 8 Abs. 1 Nr. 4 oder 5 AStG vermieden werden. Fraglich ist, ob die Einkaufsgesellschaft eine Vergütung mit einer Rohgewinn- oder EBIT-Marge wie zB ein Großhändler erhalten soll oder ob das Entgelt wie bei einem Einkaufskommissionär in Form eines festen Prozentsatzes vom Wert der eingekauften Stoffe, Materialien usw. vereinbart werden kann. Im Hinblick auf die beschränkten Funktionen und Risiken der Einkaufsgesellschaft wird ihre Aktivität regelmäßig als eine Art Dienstleistung angesehen, sodass nur die Anwendung der **Kostenaufschlagsmethode** in Frage kommt. Soweit der gemeinsame Einkauf als eine Dienstleistung gegenüber den Abnehmern der beschafften Materialien, Stoffe usw. qualifiziert wird, werden die eingekauften Materialien, Roh-, Hilfs- und Betriebsstoffe, Gegenstände der Betriebs- und Geschäftsausstattung usw. zum Einkaufspreis (also ohne Gewinnaufschlag) weiterbelastet und zusätzlich werden die mit der Einkaufsdienstleistung zusammenhängenden Kosten der Einkaufsgesellschaft nebst Gewinnaufschlag regelmäßig im Rahmen eines Konzernumlagevertrags nach einem nutzenorientierten Kostenschlüssel verrechnet. Insoweit wird auf die Darstellung in Kapitel N Abschn. V verwiesen.[330] Im Einzelfall ist aber auch eine Vergütung als **Prozentsatz vom Einkaufswert** der Waren etc., vereinbar, sofern dies anhand eines Fremdvergleichs im Rahmen der Preisvergleichsmethode als angemessen nachgewiesen wird.[331]

172   In vielen Fällen veräußert ein Hersteller seine Produkte an eine spezielle Verkaufsgesellschaft im Konzern, die diese dann über das **Internet** an gewerbliche Kunden oder Endkunden weiterverkauft (**E-Commerce**). Dabei kommt es entscheidend darauf an, dass die E-Commerce-Gesellschaft über eigenes Personal und einen eigenen Server am Standort des Sitzes der Gesellschaft verfügt und dass auch die Geschäftsleitung dieses Unternehmens tatsächlich am Sitzort erfolgt. Ferner muss der Kaufvertrag mit dem Kunden über das Internet zustande kommen, dh, der Kunde gibt ein verbindliches Angebot ab und gibt seine Kreditkartennummer ein, der Server prüft die Kreditkartenverbindung und bestätigt das Zustandekommen des Vertrags und weist den Hersteller an, die Ware unmittelbar an den Kunden zu liefern. Prinzipiell soll diese Gestaltung dazu führen, dass der Umsatz und der Gewinn der E-Commerce-Gesellschaft im Niedrigsteuerland zugerechnet werden. Sofern an der E-Commerce-Gesellschaft unmittelbar oder mittelbar

---

[329] Vgl. zum Kostenumlagevertrag nach dem Poolkonzept Kapitel N Rn. 141 ff.
[330] Vgl. Kap. N Rn. 281 ff.; speziell zur Einkaufsgesellschaft Kap. N Rn. 333.
[331] Vgl. dazu *Möbus/Masorsky/Freudenberg* BB 2012, 931, 937.

deutsche Gesellschafter beteiligt sind, muss zur Vermeidung der Hinzurechnungsbesteuerung eine schädliche Mitwirkung iSd § 8 Abs. 1 Nr. 4 oder 5 AStG vermieden werden. Wenn daher das Marketing und die Werbung sowie die Logistik- und Garantieleistungen vom Hersteller oder vom Prinzipal in der Gruppe zur Verfügung gestellt werden, besteht ein erhebliches Risiko, dass solche Leistungen als schädliche Mitwirkung bei der Vorbereitung und Ausführung der Handelsgeschäfte qualifiziert werden, sodass die Hinzurechnungsbesteuerung eingreift. Sofern die E-Commerce-Gesellschaft nicht zu einem von deutschen Gesellschaften beherrschten Konzern gehört bzw. nicht in einem Niedrigsteuerland ansässig ist, handelt es sich bei den Aktivitäten der E-Commerce-Gesellschaft nach Meinung der FinVerw. (im Land des Herstellers oder Prinzipals) oft nur um Unterstützungsfunktionen. Die Gesellschaft wird dann als Limited Risk Distributor qualifiziert und die Vergütung erfolgt auf Basis der **Kostenaufschlagsmethode.** Sofern die E-Commerce-Gesellschaft auch in anderen Ländern einen Server betreibt, über den sie Verfügungsmacht hat, besteht das Risiko, dass dadurch Betriebsstätten begründet werden, denen die Finanzbehörden in den Betriebsstättenstaaten die Umsätze und Gewinne zurechnen möchten. Die steuerlichen Auswirkungen der E-Commerce-Aktivitäten müssen daher in jedem Fall mit den steuerlichen Beratern in allen beteiligten Staaten vorab geklärt werden. Die Anwendung der Verrechnungspreismethoden auf Limited Risk Distributor wird in Kapitel N in Abschn. VII. 5. c) dargestellt.

Wenn eine Obergesellschaft in einem Hochsteuerland (zB Deutschland, **173** Frankreich oder USA) ansässig ist, wäre es aus steuerlicher Sicht und regelmäßig auch aus Kostengründen nicht sinnvoll, diese Gesellschaft als (alleinige) Prinzipalgesellschaft zu führen. In solchen Fällen ist es daher sinnvoll, gesonderte **regionale Prinzipalgesellschaften** zu errichten, die als regionale Entrepreneure die strategischen Entscheidungen für die in der Region ansässigen operativen Gesellschaften treffen. Abweichend von der traditionellen Prinzipalstruktur kommt es dabei nicht darauf an, dass der Prinzipal als Inhaber wertvoller immaterieller Wirtschaftsgüter oder durch eigene Aktivitäten eine hohe Wertschöpfung generiert. Vielmehr wird der Prinzipal in solchen Fällen als dezentraler bzw. regionaler **Entscheidungsträger und Dienstleister** tätig, der durch seine **strategischen Entscheidungen** die operativen Gesellschaften lenkt und diesen zur eigenen Wertschöpfung verhilft. Der Prinzipal wird dabei in die wesentlichen Entscheidungsprozesse eingebunden und trägt mit seinen Erfahrungen und seinem Know-how zur effizienten Betriebsführung bei. Dabei kann er auch spezielle Funktionen übernehmen, wie bspw. Marktrecherchen, Entwicklung der Marketing- und Preisstrategie usw. Im Idealfall führt und koordiniert ein solcher **„Entscheidungsträger-Prinzipal"** *(Full Services Principal)* die regional tätigen operativen Gesellschaften, die für ihn Routinefunktionen ausüben. Nach Vergütung dieser Routineunternehmen verbleibt der Restgewinn (oder -verlust) dem regionalen Prinzipal. Ob eine rein oder weitgehend entscheidungsorientierte Prinzipalstruktur im Hinblick auf die von der OECD für die Einkünftezurechnung geforderte Ausübung, Kontrolle und Kostentragung hinsichtlich aller „wichtigen Funktionen" von den Finanzbehörden akzeptiert wird,[332] hängt im Ein-

---

[332] Vgl. dazu oben Rn. 99 f.

zelfall sicher von der jeweiligen Vertragsgestaltung und dem Umfang der Aktivitäten des Prinzipals ab. Inwieweit eine derartige Struktur in der Praxis anerkannt wird, muss auf jeden Fall zuvor mit den steuerlichen Beratern der in der Region ansässigen operativen Gesellschaften und der Prinzipalgesellschaft abgestimmt werden.

174–180   *(einstweilen frei)*

V. Auftragsforschung

1. Vertragszweck, Rechtsnatur und Eigentum

181   Die deutsche FinVerw. erkennt in Tz. 5.3 VGr Vereinbarungen über **Auftragsforschung** an, wenn ein Unternehmen im Auftrag eines anderen Unternehmens Forschung und Entwicklung betreibt und die **Ergebnisse** nicht dem forschenden, sondern dem **auftraggebenden Unternehmen zugute kommen.** Die konzerninterne Auftragsforschung setzt also voraus, dass
– der Auftraggeber dem Auftragnehmer einen konkreten Forschungsauftrag erteilt,
– der Auftraggeber das Verwertungsrecht für die Forschungsergebnisse erhält und
– der Auftraggeber dem Auftragnehmer ein angemessenes Leistungsentgelt zahlt, das idR auf Basis der Kostenaufschlagsmethode ermittelt wird.
Wie bereits erörtert wurde,[333] können auch **mehrere Auftraggeber** einen Forschungsauftrag an ein Forschungsunternehmen erteilen.[334]

182   Fraglich ist, ob das Personal des Auftraggebers über das nötige Know-how verfügen muss, um das Forschungsprojekt genau zu definieren, die Projektfinanzierung und den Projektverlauf zu überwachen und die Forschungs- und Entwicklungsergebnisse zu vermarkten. Nach wohl überwiegender Auffassung müssen dem **Auftraggeber** auf jeden Fall alle **wichtigen Entscheidungen über den Inhalt der Forschungs- und Entwicklungstätigkeiten vorbehalten** bleiben.[335] Auch die **OECD** verlangt in der Neufassung des Kapitels VI OECD-VPL (2014 Guidance),[336] dass derjenige, der den Ertrag aus den immateriellen Wirtschaftsgütern beansprucht, alle Risiken und Kosten im Zusammenhang mit der Entwicklung, Verbesserung, Erhaltung, Schutz und der Verwertung des IWG trägt.[337] Weiterhin soll er im Fall der Auslagerung von Funktionen diesbezüglich die Kontrolle ausüben.[338]

Beispiel: Auf Wunsch der US-Muttergesellschaft U-Inc. verkauft die deutsche forschende und produzierende Maschinenbaugesellschaft M-GmbH alle immateriellen Wirtschaftsgüter – Patente, Gebrauchsmuster, Know-how, Marken- und Nutzungsrechte an Maschinensoftware – gegen ein unstreitig angemessenes Entgelt an die

---

[333] Vgl. oben Rn. 123, 126.
[334] Die Ausführungen in den Rn. 181 ff. gelten sinngemäß für die Auftragsforschung mit mehreren Auftraggebern, für die zusätzliche Erläuterungen in Rn. 207 ff. folgen.
[335] Vgl. *Jacobs,* S. 811; *Raby,* S. 67. (Example).
[336] Vgl. zur Neufassung des Kapitels VI OECD-VPL auch oben Rn. 47 ff. und 97 ff.
[337] Vgl. Tz. 6.62 ff. OECD-VPL Kapitel VI (2014 Guidance).
[338] Vgl. Tz. 6.53 ff. u. 6.68 OECD-VPL Kapitel VI (2014 Guidance) sowie oben Rn. 99.

Schwestergesellschaft S-AG in der Schweiz. Die S-AG verfügt als Vertriebsgesellschaft für die Schweiz, Italien und Frankreich über ausreichend Personal und Substanz, aber hat kein Personal, das über Kenntnisse für die Weiterentwicklung und Verwaltung der immateriellen Wirtschaftsgüter verfügt. Für die Verwaltung und Registrierung der Patente und sonstigen Schutzrechte wird eine Anwaltskanzlei beauftragt. Die M-GmbH soll für die Nutzung der zuvor verkauften immateriellen Wirtschaftsgüter Lizenzen zahlen und die weitere Forschung und Entwicklung als „Auftragsforscher" für die S-AG durchführen. Ein Verwaltungsrat (Vorstand) der S-AG stimmt mit der M-GmbH die Forschungsziele für die Forschungs- und Entwicklungsprojekte ab, prüft alle zwei bis drei Monate die Durchführung der Arbeiten und das Einhalten der Budgets und kontrolliert das Erreichen von Zwischenergebnissen (u.a. anhand von Berichten der M-GmbH). Der Betriebsprüfer will unter Berufung auf Tz. 3.1 Abs. 4 VGr-Funktionsverlagerung den Veräußerungsvertrag nach § 1 AStG außer Acht lassen, da die getroffenen Vereinbarungen von denen abweichen, die fremde Dritte in wirtschaftlich vernünftiger Weise getroffen hätten.

Die Auffassung des Betriebsprüfers ist hinsichtlich des Verkaufs der immateriellen Wirtschaftsgüter nicht nachvollziehbar, da es sich bei der S-AG einerseits nicht um eine Briefkastenfirma handelt und da es andererseits für die rechtliche und steuerliche Anerkennung nicht darauf ankommt, ob der Erwerber eines Vermögensgegenstands in der Lage ist, diesen (betriebswirtschaftlich) selbst sinnvoll zu nutzen oder ggf. zu vermieten oder weiterzuverkaufen. Auch der Lizenzvertrag sollte im Beispielsfall anerkannt werden, da für die Verwaltung der Patente und sonstigen immateriellen Wirtschaftsgüter idR kein besonderes Know-how erforderlich ist und die rechtlichen Aspekte ohnehin von Spezialanwälten erledigt werden.[339] Bzgl. des Auftragsforschungsvertrags bestehen zunächst Bedenken, die S-AG als Auftraggeber eines Forschungsprojekts zu qualifizieren, dessen Inhalt sie nicht allein definieren kann. Jedoch trifft die S-AG letztlich die Entscheidungen, trägt alle Risiken und Kosten im Zusammenhang mit der Entwicklung, Verbesserung, Erhaltung und dem Schutz der IWG und kontrolliert die ausgelagerten Funktionen. Daher trifft es entgegen der Auffassung der FinVerw. im obigen Beispiel nicht zu, dass die Funktionsverlagerung nur formal vorgenommen worden sei, ohne dass sich am tatsächlichen Sachverhalt wirtschaftlich etwas geändert habe.

Die entscheidende Veränderung liegt nämlich in der **Übertragung des** **183** **Forschungsrisikos** – also des finanziellen und wirtschaftlichen Risikos von erfolgloser Forschung – **und** des Risikos der wirtschaftlichen **Vermarktung** der Forschungsergebnisse auf den Auftraggeber. Hinsichtlich der Kompetenzen genügt es nach der hier vertretenen Auffassung, dass die Geschäftsführung des Auftraggebers die Entscheidungsbefugnis und die Kontrolle über die **Forschungsziele und die Fortführung oder Einstellung der Auftragsforschung** hat. Darüber hinaus ist es nicht erforderlich, dass der Auftraggeber selbst über Personal verfügt, das die Forschungsprojekte genau definiert und den Projektverlauf ständig überwacht, da auch in anderen Bereichen Dienstleistungsaufträge oder Werkverträge an Dritte vergeben werden, die als Spezialisten selbst die Aufgaben definieren und die Projekte eigenständig bearbeiten, um bestimmte Ziele zu erreichen, so zB Softwareentwickler oder auch

---

[339] Die mögliche Anwendung des § 8 Abs. 1 Nr. 6 Buchst. a) AStG wird hier für Diskussionszwecke außer Acht gelassen.

Ingenieurdienstleister in der Automobilindustrie.[340] Diese Auffassung wird durch **Tz. 7.41 OECD–VPL** bestätigt, dessen S. 2 und 3 übersetzt lauten: „Die tatsächlichen Vereinbarungen können von der bloßen Ausführung eines detailliert beschriebenen Forschungsprogramms, das von der Obergesellschaft vorgegeben wird **bis hin zu Vereinbarungen, nach denen die Forschungsgesellschaft die Freiheit hat, innerhalb weit gesteckter Grenzen tätig zu werden,** eine Vielzahl von Formen annehmen. Im **letzteren Fall,** der idR **Grundlagenforschung** beinhaltet, können zusätzliche Aufgaben, wie die **Identifizierung wirtschaftlich wertvoller Gebiete** und die Einschätzung des Risikos von erfolgloser Forschung, ein kritischer Faktor für die Leistung der Unternehmensgruppe als Ganzes sein."

184 Diese Auffassung spiegelt sich auch in dem im Jahr 2012 ergänzten **Kapitel IX OECD-Leitlinien** wider, wonach derjenige, der die **Kontrolle** über ein **Risiko** ausübt – also die Entscheidung zur Übernahme und Beendigung des Risikos übernimmt und fähig ist, die finanziellen Folgen zu tragen – als derjenige anzusehen ist, dem das **Risiko** und die damit verbundene **Funktion** zuzuordnen ist.[341] Dies gilt auch dann, wenn er einen anderen beauftragt, das Risiko im Tagesgeschäft zu verwalten und zu überwachen.[342] Die OECD geht auch explizit auf das Beispiel der **Auftragsforschung** ein und weist darauf hin, dass der Auftraggeber die wesentlichen Risiken trägt und dass er diese beherrscht, indem er die wichtigen Entscheidungen trifft, nämlich die Beauftragung des Forschers, die Entscheidung über die Art der Forschung und die Forschungsziele und über das Budget.[343] Der Auftraggeber soll ferner in der Lage sein, das Ergebnis der Forschungsaktivitäten zu bewerten.[344]

185 In diesem Zusammenhang war Tz. 40 des von der OECD am 6.6.2012 veröffentlichten 1. Diskussionsentwurfs zur Neufassung des Kapitels VI[345] kritisch zu betrachten, wonach im Zusammenhang mit der Entwicklung eines immateriellen Wirtschaftsguts die Beurteilung der **Zurechnung des Einkommens** aus diesem immateriellen Wirtschaftsgut davon abhängig gemacht wurde, dass die **„wichtigen" Funktionen** durch **eigene Mitarbeiter** ausgeübt werden. Abhängig von den Umständen des Einzelfalls umfassen diese **wesentlichen Funktionen** unter anderem den Entwurf und die Kontrolle betreffend das Forschungs- und Marketingprogramm, Verwaltung und Kontrolle von Budgets, Kontrolle über strategische Entscheidungen des Entwicklungsprogramms für immaterielle Wirtschaftsgüter, wichtige Entscheidungen hinsichtlich des Schutzes und der Verteidigung immaterieller Wirtschaftsgüter und laufende Kontrolle über die Funktionen eingeschalteter Unternehmen, die einen wesentlichen Einfluss auf den Wert des immateriellen Wirtschafts-

---

[340] Vgl. *Ruhkamp* Frankfurter Allgemeine Zeitung (2012) Nr. 292 S. 21, wonach inzwischen in der Automobilindustrie genau so viele externe Ingenieure für Autohersteller arbeiten wie diese in ihren eigenen Forschungsabteilungen fest angestellt haben.

[341] Vgl. Tz. 9.23, 9.29 OECD-VPL.

[342] Vgl. Tz. 9.24 OECD-VPL.

[343] Vgl. Tz. 9.26 OECD-VPL.

[344] Vgl. Tz. 9.26 OECD-VPL.

[345] Vgl. „Discussion Draft – Revision of the Special Considerations for Intangibles in Chapter VI of the OECD-Transfer Pricing Guidelines and Related Provisions", abrufbar über: http://www.oecd.org/tax/transferpricing/; vgl. oben Rn. 47 ff.

guts haben.[346] Die im 1. Diskussionsentwurf enthaltene Fassung hätte zu der Interpretation führen können, dass die Zuordnung vor allem davon abhängig gemacht wird, wer die Funktion tatsächlich ausführt, und nicht wer die Kosten der Entwicklung, das Risiko und die Kontrollfunktion trägt.[347] Ferner wurde zu Recht kritisiert, dass der 1. Diskussionsentwurf zu Streitigkeiten bezüglich der tatsächlichen Ausübung der Kontroll- und Entscheidungsbefugnisse führen kann und dass die Zuordnung der Ertragsberechtigung in Fällen geteilter Kontroll- und Entscheidungsbefugnisse nicht erörtert wird.[348]

Der am 30.7.2013 veröffentlichte zweite Diskussionsentwurf[349] führte daraufhin zwar explizit in Tz. 76 aus, dass es für die Zurechnung des Einkommens nicht notwendig ist, dass der rechtliche Eigentümer des IWG durch seine eigenen Mitarbeiter alle Funktionen im Zusammenhang mit der Entwicklung, Verbesserung, Erhaltung und dem Schutz des IWG wahrnimmt, sondern dass Funktionen unter seiner Kontrolle auch von fremden oder nahe stehenden Unternehmen ausgeführt werden können. Um jedoch den Anspruch auf das Einkommen aus der Verwertung des IWG zu erhalten, wurde in Tz. 80 des 2. Diskussionsentwurfs noch vorausgesetzt, dass der rechtliche Eigentümer zumindest die meisten der „wichtigen Funktionen" im oben genannten Sinne durch eigenen Mitarbeiter ausübt, da andernfalls die Zurechnung eines wesentlichen Teils der Erträge aus dem IWG zweifelhaft sei. Die Neufassung des Kapitels VI der OECD-VPL (2014 Guidance) enthält nun nicht mehr diesen expliziten Hinweis betr. die Ausübung von Funktionen durch eigene Mitarbeiter und weist stattdessen allgemein darauf hin, dass Funktionen ausgelagert werden können und diese fremdüblich vergütet werden müssen.[350]

Die Auftragsforschung kann sich auf die **Grundlagenforschung** oder die **186** angewandte Forschung und Entwicklung in Form der **Neuentwicklung** oder **Weiterentwicklung** beziehen oder auf alle diese Bereiche.[351] Keine Auftragsforschung liegt demnach vor, wenn vorhandenes technologisches Wissen im Rahmen einer Dienstleistung genutzt wird, so zB wenn Ingenieurleistungen oder technische Beratungsleistungen erbracht werden.[352] Wichtig ist, dass das **Forschungsprojekt** – also Ziel, Art und Umfang der Forschungs- und Entwicklungstätigkeit – vertraglich genau definiert ist, insb.

---

[346] Vgl. *OECD*, Tz. 40 S. 5 1. Diskussionsentwurf.

[347] Vgl. hierzu bspw. die Stellungnahme von *Hume* zum Diskussionsentwurf in „The Comments Received with respect to the Discussion Draft Revision of the Special Considerations for Intangibles in Chapter VI of the OECD Transfer Pricing Guidelines and Related Provisions" vom 29.10.2012, S. 140 ff. (141), abrufbar unter: http://www.oecd.org/ctp/transferpricing/Intangibles_Comments.pdf .

[348] Vgl. *Shapiro/Mitra/Henshall/Sierra*, TNI 2012, 1247.

[349] Vgl. „Public Consultation – Revised Discussion Draft on Transfer Pricing Aspects of Intangibles" v. 30.7.2013, abrufbar über die Homepage der OECD unter http://www.oecd.org/ctp/transfer-pricing/intangibles-discussion-draft.htm; vgl. oben Rn. 47 ff. u. 99 ff.

[350] Vgl. *OECD*, Tz. 6.57 OECD-VPL Kapitel VI (2014 Guidance), die insoweit vorläufig sind, vgl. oben Rn. 48.

[351] Zur Definition dieser Begriffe vgl. oben Rn. 53 ff. und 67 f.

[352] Vgl. auch zur Abgrenzung zwischen technischen Dienstleistungen und Knowhow-Übertragung oben Rn. 144 ff.

wenn die Forschungsgesellschaft neben dem Forschungsauftrag entweder eigene Forschung oder weitere Auftragsforschung für andere Unternehmen betreibt oder zB technische Dienstleistungen erbringt, damit die den einzelnen Forschungsprojekten oder sonstigen Leistungen zurechenbaren Kosten im Rahmen der betrieblichen Kostenrechnung genau abgegrenzt werden können.

187 Da dem **Auftraggeber** die Forschungsergebnisse zur alleinigen Verwertung zustehen, stellt sich die Frage, ob ihm auch das **rechtliche und/oder wirtschaftliche Eigentum** an den immateriellen Wirtschaftsgütern zusteht und ob für ihn als Auftraggeber ein aktivierungspflichtiges **entgeltlich erworbenes immaterielles Wirtschaftsgut** vorliegt **oder** ob es sich um ein **selbst geschaffenes** immaterielles Wirtschaftsgut handelt, dessen Forschungskosten nicht aktiviert werden dürfen, während die Entwicklungskosten gem. § 255 Abs. 2a HGB unter bestimmten Voraussetzungen aktiviert werden dürfen, wobei steuerlich ein Aktivierungsverbot besteht (§ 5 Abs. 2 EStG). Ein Teil der Literatur befürwortet den Erwerb eines immateriellen Vermögensgegenstands und damit dessen Aktivierung, während ein anderer Teil davon ausgeht, dass ein selbst geschaffener immaterieller Vermögenswert vorliegt.[353]

188 Die zutreffende Beantwortung der Frage hängt davon ab, ob im Rahmen der Auftragsforschung tatsächlich ein immaterielles Wirtschaftsgut entgeltlich erworben wird. Dies ist idR zu verneinen. Es liegt in der Natur der Forschungs- und Entwicklungsaktivitäten, dass der Auftragnehmer dem Auftraggeber im Normalfall keinen Erfolg versprechen oder garantieren kann. Daher handelt es sich bei der Auftragsforschung nicht um einen Werkvertrag (§ 631 BGB), sondern um einen **Dienstvertrag** (§ 611 BGB) oder um einen Geschäftsbesorgungsvertrag (§ 675 BGB).[354] Wenn demnach der **Auftragsforschung** ein Dienstvertrag oder ein Geschäftsbesorgungsvertrag mit **Dienstleistungscharakter** zu Grunde liegt, dann erhält der Auftragnehmer das Entgelt nur für die Leistung seiner Dienste und als Ersatz der von ihm für den Auftraggeber getätigten Aufwendungen.[355] Daraus folgt, dass bei der Auftragsforschung regelmäßig **kein entgeltlicher Erwerb** immaterieller Wirtschaftsgüter vorliegt, sondern dass es sich um die **eigene Herstellung immaterieller Wirtschaftsgüter** handelt, auch wenn diese aufgrund eines Dienst- oder Geschäftsbesorgungsvertrags bezogen werden. Die **Aufwendungen des Auftraggebers** sind daher – vorbehaltlich der unten erörterten Ausnahmen – nicht zu aktivieren, sondern stellen steuerlich sofort abzugsfähige **Betriebsausgaben** dar. Für dieses Ergebnis spricht auch, dass nach der hier vertretenen Meinung bei einer Auftragsforschung mit mehreren Auftraggebern regelmäßig ein Konzernumlagevertrag vorliegt[356] und dass die FinVerw. für die artverwandten Kostenumlageverträge nach dem Poolkonzept in Tz. 1.6 VGr-Umlageverträge die Ansicht vertritt, dass bei Kostenumlagever-

---

[353] Für Aktivierung: *Hottmann* StBp 1982, 289 f.; dagegen: *Wurm*, 6 und wohl auch *Hoffmann/Lüdenbach*, § 248 Rn. 8; differenzierend: *Jacobs*, 811.

[354] Zur Abgrenzung zwischen Dienstvertrag, Werkvertrag und Geschäftsbesorgungsvertrag vgl. die Ausführungen im Kap. N Rn. 5 und 6.

[355] Vgl. *Palandt/Sprau*, Einf. v. § 675 BGB, Rn. 1 f.; *Palandt/Weidenkaff*, Einf. v. § 611 BGB, Rn. 24.

[356] Vgl. Rn. 207 ff.

trägen die immateriellen Wirtschaftsgüter gem. § 5 Abs. 2 EStG nicht zu aktivieren sind.

Der Bundesgerichtshof hat in einem Urteil ausgeführt, dass Forschungs- **189** und Entwicklungsleistungen Gegenstand eines Dienstvertrags wie auch eines Werkvertrags sein können.[357] Wenn daher der **Auftragnehmer** im **Ausnahmefall explizit** einen **Erfolg zusagt**, stellt sich die Frage, ob die soeben erläuterten Grundsätze ebenfalls anwendbar sind. Dies ist zu verneinen, weil dann ein **Werkvertrag** vorliegt, bei dem die Herbeiführung des vereinbarten gegenständlich fassbaren Arbeitsergebnisses geschuldet wird.[358] Da in solchen Fällen nicht der Auftraggeber sondern das Forschungsunternehmen das volle Risiko übernimmt, liegt **keine Auftragsforschung im steuerlichen Sinn** vor. Folglich ist in den Ausnahmenfällen des Werkvertrags eine **Aktivierung** des erworbenen Wirtschaftsguts vorzunehmen.

Beispiel: Die deutsche Maschinenbaugesellschaft M–GmbH beauftragt die französische Konzerngesellschaft F–SA, eine bestimmte Maschine so weiter zu entwickeln, dass sie mindestens 50 % mehr Produkte in gleicher oder kürzerer Zeit produziert. F–SA garantiert den Erfolg dieses Auftrags und die Parteien vereinbaren, dass F–SA für ihre „Tätigkeit" einen bestimmten Betrag erhält, der aber nur zahlbar wird, wenn der Test des ersten Prototyps erfolgreich durchgeführt wurde. In diesem Fall liegt keine Auftragsforschung, sondern ein Werkvertrag vor. Der Auftraggeber erwirbt in diesem Fall die fertigen immateriellen Wirtschaftsgüter (zB Patente, Gebrauchsmuster oder Know-how), die für die Herstellung der neuartigen Maschinen erforderlich sind.[359]

Diese Ausnahmefälle der Erfolgsvereinbarung sind jedoch zu unterscheiden von den üblichen Qualitätsversprechen oder Gewährleistungszusagen, die bei der Auftragsforschung vereinbart werden. So kann zB zugesagt werden, dass für die Forschungsdienstleistungen nur Personal mit bestimmter Qualifikation und Material bestimmter Qualität zum Einsatz kommen und dass die Forschung nach den Vorgaben des Auftraggebers durchgeführt wird.

Diese Ergebnisse werden durch die OECD-Leitlinien bestätigt. In Tz. 7.41 **190** OECD-VPL wird die **Auftragsforschung** als ein **Beispiel für Konzerndienstleistungen** dargestellt, wobei die Tätigkeit des hochqualifizierten Forschungspersonals oft entscheidend für den Erfolg des Konzerns ist. Die Vereinbarung kann unterschiedliche Formen annehmen und von detailliert vorgeschriebenen Forschungsprogrammen des Auftraggebers bis hin zur Forschung mit gewissen Freiheiten innerhalb breit gesteckter Ziele gehen (Tz. 7.41 OECD-VPL). Im letzteren Fall umfasst die Tätigkeit idR auch Grundlagenforschung und die Identifizierung wirtschaftlich sinnvoller Forschungsgebiete sowie die Einschätzung des Risikos erfolgloser Forschung. Tz. 7.41 OECD-VPL weist ferner darauf hin, dass die Forschungsgesellschaft praktisch selbst keine finanziellen Risiken trägt, weil sie üblicherweise alle Kosten erstattet erhält, unabhängig vom Erfolg der Forschung.[360]

---

[357] Vgl. BGH 16.7.2002, NJW 2002, 3323.
[358] Vgl. *Palandt/Sprau* Einf. v. § 631 BGB, Rn. 8.
[359] Eine solche Vereinbarung wird aus US-Sicht ebenfalls als Verkauf des immateriellen Wirtschaftsguts durch die Forschungsgesellschaft angesehen, die zunächst Eigentümer war; vgl. *Lemein*, S. 15127.
[360] Zur Vergütung des Auftragsforschers vgl. Rn. 193 ff.; zum Vertragsinhalt Rn. 203 ff.

191   Außerdem wird der **Auftraggeber regelmäßig Eigentümer** des aufgrund der Forschung entwickelten **immateriellen Wirtschaftsguts,** und
die Risiken aus der wirtschaftlichen Verwertung dieses Wirtschaftsguts werden nicht von der Forschungsgesellschaft, sondern vom Auftraggeber getragen (Tz. 7.41 OECD-VPL). Die Auftragsforschung kann auch für mehrere
Auftraggeber erfolgen (Tz. 6.3 OECD-VPL (2010) sowie Tz. 6.65 OECD-
VPL Kapitel VI (2014 Guidance), worin die Möglichkeit genannt wird, dass
mehrere Nutzungsberechtigte existieren können). In der Neufassung des Kapitels VI OECD-VPL (2014 Guidance) wird darauf hingewiesen, dass diejenigen Unternehmen, die Funktionen in den Bereichen Forschung, Verbesserung, Verwaltung oder Verteidigung von immateriellen Wirtschaftsgütern
übernehmen, denen aber die Einkünfte aus den immateriellen Wirtschaftsgütern **nicht** zugerechnet werden, für ihre Funktionen eine fremdvergleichskonforme Vergütung erhalten sollen.[361] Im Anhang des OECD-VPL Kapitels VI (2014 Guidance) wird in den Beispielen 15 und 17 für zwei Fälle der
Auftragsforschung das Vorliegen einer Dienstleistung bejaht.[362]

192   Auch die **US-Regulations** qualifizieren die **Auftragsforschung** als
Dienstleistung.[363] Dies gilt – abweichend von der vorstehend erwähnten
deutschen Rechtslage – auch für den Fall der Vereinbarung von bedingten
Vergütungen, die vom Erfolg der Forschungstätigkeit abhängen.[364]

2. Verrechnungspreismethoden

a) Preisvergleichsmethode

193   Die Anwendung der **Preisvergleichsmethode** auf **Forschungs- und
Entwicklungsleistungen** bereitet Schwierigkeiten, weil solche Leistungen
nicht standardisiert sind, sondern stark individuellen Charakter haben. Ein **interner Preisvergleich** wäre möglich, wenn die im Konzern tätige Forschungsgesellschaft zB zwecks Auslastung von Kapazitäten regelmäßig auch
Forschungs- und Entwicklungsaktivitäten für konzernfremde Unternehmen
durchführen würde. In solchen Fällen könnten die Stunden- oder Tagessätze
für das Forschungspersonal (inkl. Overhead-Zuschlag) oder ggf. Preise für
Forschungsprojekte mit vergleichbarem Umfang für den Fremdvergleich herangezogen werden.

Ein **externer Preisvergleich** wäre bspw. zulässig, wenn die Auftragsforschung auf dem gleichen Forschungsgebiet auch durch ein unabhängiges For-
schungsinstitut betrieben wird und wenn hierfür ein Fremdvergleichspreis (zB
durch Einholung von Angeboten für bestimmte Projekte) ermittelt werden
kann.[365] Ferner ist in der Praxis eine Abrechnung auf Basis der Preisvergleichsmethode unter Heranziehung **fremdüblicher Stundensätze** anzutreffen. Dagegen bestehen grundsätzlich keine Bedenken; jedoch sind folgen-

---

[361] Vgl. *OECD,* Tz. 6.72 OECD-VPL Kapitel VI (2014 Guidance).

[362] Vgl. *OECD,* Beispiel 15 und Beispiel 17 im Anhang des OECD-VPL Kapitels VI (2014 Guidance); die Verrechnungspreismethoden für diese Fälle werden unten
in Rn. 199 ff. erläutert.

[363] Vgl. US-Regs § 1.482-9(b)(4)(vi).

[364] Vgl. US-Regs § 1.482-9(i)(5) Examples.

[365] Ebenso *Flick* BB 1973, 286; *Baumhoff* in FWBS, § 1 AStG Anm. 718.3.

de **Einschränkungen zu beachten.** Der Bundesfinanzhof vertritt die Auffassung, dass für Dienstleistungen, die nicht nur temporär, sondern auf Dauer benötigt werden, zu berücksichtigen ist, ob ein fremder Dritter im Hinblick auf die Kosten eigenes Personal eingestellt hätte.[366] Folglich kann die Belastung von Managementleistungen eine verdeckte Gewinnausschüttung darstellen, wenn das Personal den Einsatz eines Vollzeit beschäftigten Geschäftsführers erbringt und die Gesamtbezüge von Geschäftsführern vergleichbarer Unternehmen weit übersteigt.[367] Es ist damit zu rechnen, dass die Grundsätze dieses Urteils auch auf andere Fälle der Verrechnung fremdüblicher Stundensätze Anwendung finden, wenn das Personal des Dienstleisters auf Dauer in nennenswertem Umfang tätig wird. Aus diesen Gründen empfiehlt es sich, bei der Bandbreite fremdüblicher Stundensätze für Auftragsforscher einen Stundensatz zu wählen, der dem forschenden Unternehmen ermöglicht, einen angemessenen Gewinn zu erzielen und der die Gesamtvergütung vergleichbarer Arbeitskräfte aus Sicht des Auftraggebers nicht weit übersteigt. Zur Vermeidung von Beanstandungen sollte im Zweifel die **Kostenaufschlagsmethode** angewendet werden, wenn Forschungsleistungen ständig erbracht werden.

Ein weiteres Problem der Anwendung fremdüblicher Stundensätze kann **194** sich ergeben, wenn die **Forschungsleistungen** zuvor im eigenen Unternehmen durchgeführt wurden und dann an das ausländische Forschungsunternehmen **übertragen** wurden. Sofern die Auftragsforschungsleistungen dann nicht auf Basis der Kostenaufschlagsmethode sondern nach der **Preisvergleichsmethode** abgerechnet werden (also zB mit fremdüblichen Stundensätzen), liegt eine **Funktionsverlagerung** vor, sodass das beauftragte forschende Unternehmen für die Übernahme des mit den Funktionen (und etwaigen Wirtschaftsgütern) verbundenen Gewinnpotenzials eine Entschädigungszahlung leisten muss (§ 2 Abs. 2 FVerlV).

b) Kostenaufschlagsmethode

Wegen des nur selten möglichen Preisvergleichs geht die FinVerw. in **195** Tz. 5.3 VGr davon aus, dass im Fall der Auftragsforschung für die Ermittlung des angemessenen Entgelts „regelmäßig" die **Kostenaufschlagsmethode** anzuwenden ist. Aus dieser Formulierung ist zu folgern, dass in begründeten Ausnahmefällen selbstverständlich auch andere Methoden anwendbar sind.[368] Bei Anwendung der **Kostenaufschlagsmethode** muss die Forschungsgesellschaft neben der Erstattung sämtlicher direkter und indirekter Kosten einen **angemessenen Gewinnaufschlag** erhalten. Auch ein unabhängiges Forschungsunternehmen würde mit Gewinnerzielungsabsicht tätig werden und für die Forschungstätigkeit neben den Kosten einen Gewinnaufschlag kalkulieren.[369] Da die Forschungs- und Entwicklungsleistungen und die damit zusammenhängenden Kosten nur eingeschränkt planbar sind, werden die für be-

---

[366] Vgl. BFH 5.3.2008, DStRE 2008, 692; BFH 24.8.2011, BFH/NV 2012, 271.

[367] Vgl. BFH 5.3.2008, DStRE 2008, 692; BFH 24.8.2011, BFH/NV 2012, 271.

[368] Vgl. hierzu auch *OECD,* Tz. 6.76 iVm 6.72ff. OECD-VPL Kapitel VI (2014 Guidance).

[369] Vgl. Tz. 7.41 OECD-VPL; BFH 18.9.1974, BStBl. II 1975, 124; 18.9.1962, BStBl. III 485.

stimmte Projekte vereinbarten Budgets in der Praxis fortlaufend überwacht und angepasst, sodass im Ergebnis für die Abrechnung regelmäßig die **Ist-kosten** und nicht die Plan- oder Normalkosten zugrunde gelegt werden.[370]

Allerdings muss in diesem Zusammenhang geprüft werden, ob der gebuchte Aufwand Kosten enthält, die ausnahmsweise nicht erstattet werden dürfen. So können zB Kosten angefallen sein, die gem. Vertrag oder gem. den Usancen in der Branche von dem Auftragsforscher zu tragen sind, so zB wenn er die Anweisungen des Auftraggebers nicht eingehalten hat und daraus Zusatzkosten entstanden sind oder wenn er ohne vorherige oder nachträgliche Genehmigung des Auftraggebers die vereinbarten Budgets überschritten hat und dafür das Risiko trägt.[371] Im Extremfall kann dies dazu führen, dass die Auftragsforschungsgesellschaft in einem Jahr mit derartigen Vorkommnissen lediglich die angemessenen und budgetierten Kosten nebst Gewinnaufschlag erstattet erhält und die Summe der nicht erstatteten Kosten den (auf die erstattungsfähigen Kosten anfallenden) Gewinnaufschlag übersteigt, so dass im Ergebnis ein **Verlust** entsteht.

196   Für die Ermittlung der **Höhe des Gewinnaufschlags** kommen der interne oder externe Fremdvergleich in Betracht. Sofern das Konzern-Forschungsunternehmen auch Forschungsaufträge für fremde Dritte durchführt – was selten der Fall sein wird – kann der **betriebsübliche Gewinnaufschlag** zur Anwendung kommen, wenn die Funktionen und Risiken sowie die Vertragsbedingungen bei Forschungsaufträgen von Dritten mit den konzerninternen Forschungsaufträgen vergleichbar sind. Soweit keine betriebsüblichen Gewinnmargen feststellbar sind, muss mit Hilfe von **Datenbankrecherchen** versucht werden, einen möglichst **branchenüblichen Gewinnaufschlag** unabhängiger Forschungsgesellschaften zu ermitteln. Die Auftragsforschung wird idR wie eine Dienstleistung erbracht; daher gelten für die **Ermittlung von Gewinnaufschlägen** die für **Dienstleistungen** dargestellten Grundsätze entsprechend.[372]

Da die Forschungsgebiete unterschiedlicher Forschungsgesellschaften ein breites Spektrum haben, dürften die Fremdvergleichswerte – also die Gewinnaufschläge – idR eingeschränkt vergleichbar sein, sodass die Bandbreite dieser Werte einzuengen ist (§ 1 Abs. 3 S. 3 AStG). Aufgrund von Datenbankrecherchen lassen sich Bandbreiten an Gewinnaufschlägen ermitteln, die häufig zwischen ca. 1,5 % und ca. 12 % liegen, wobei die eingeengten Bandbreiten (sog. **Interquartile Range**)[373] in einigen Branchen im unteren Bereich und in anderen Branchen im oberen Bereich der genannten Werte festgestellt werden können.

197   Dabei ist zu beachten, dass der **Auftraggeber** bei der typischen Auftragsforschung praktisch alle **wesentlichen Risiken** übernimmt, insb. das Risiko erfolgloser Forschung und das Erfolgs- und Verwertungsrisiko bzgl. der etwaigen Forschungs- und Entwicklungsergebnisse. Der Auftragnehmer trägt allerdings das potentielle Insolvenzrisiko des Auftraggebers sowie bei kurz- und mittelfristigen Verträgen die Kostenrisiken für Investitionen und Personal.

---

[370] Vgl. *Kuebart*, S. 162; *Groß/Rohrer*, Rn. 754.
[371] Vgl. dazu die Beispiele oben in Rn. 84.
[372] Vgl. Kap. N Rn. 231 ff. u. 311 ff.
[373] Vgl. dazu Tz. 3.4.12.5 Buchst. d) VGr-Verfahren.

Sofern ein für mehrere Jahre, unkündbarer (bzw. nur aus wichtigem Grund kündbarer) Forschungsauftrag vorliegt, der während der Laufzeit eine Amortisation der Sachinvestitionen ermöglicht, dürfte sich der Gewinnaufschlag wegen der geringen Risiken eher im unteren und mittleren Bereich der Interquartile Range bewegen. Dagegen wäre bei kurzfristigen Forschungsaufträgen, die eine Amortisation der Sachanlagen nur im Falle der (nicht garantierten) Verlängerung oder Erweiterung der Forschungsprojekte ermöglichen, wegen der höheren Risiken ein Gewinnaufschlag im oberen Bereich der jeweiligen Bandbreite angemessen.

Sofern eine Forschungsgesellschaft im Vergleich zu einem vergleichbaren **198** Auftragsforschungsunternehmen **wesentlich mehr Funktionen und/oder limitierte Risiken** übernimmt, ist die Bandbreite eingeschränkt vergleichbarer Gewinnaufschläge nicht mehr anwendbar, weil dann keine typische Auftragsforschung und keine Routinefunktionen vorliegen. Dabei könnte der Forschungsgesellschaft ein **Gewinnanteil** zugeordnet werden, der einerseits ihre **Routinefunktionen** vergütet und andererseits einen **Zusatzgewinn** für etwaige **untypischen Funktionen und Risiken** enthält. Auch **Tz. 2.55 Satz 6 OECD-VPL** betont, dass der **Gewinnaufschlag** berücksichtigen kann, wie **innovativ** und **komplex** die **Forschungsarbeiten** sind. Wenn die Forschungsgesellschaft bspw. mit gefährlichen Chemikalien oder Sprengstoff umgehen muss, so trägt sie atypische Risiken, die zwar durch Weiterbelastung der entsprechenden Versicherungskosten (Versicherbarkeit unterstellt) finanziell auf den Auftraggeber abgewälzt werden können, jedoch gleichwohl einen **Risikozuschlag** bei der Gewinnmarge rechtfertigen. Sofern die Forschungsgesellschaft eine Vergütung nur unter der **Bedingung** der Erzielung **bestimmter Erfolge** erhält, ist ein sehr viel höherer Gewinnzuschlag oder sogar eine partiarische Dienstleistungsvergütung[374] erforderlich. Im zuletzt genannten Fall wird aber idR ein **Werkvertrag** und **keine Auftragsforschung** im Sinn einer funktions- und risikoarmen Routinetätigkeit vorliegen,[375] sodass dann eher auf den Gewinn abzustellen ist, der beim Verkauf derartiger Forschungsergebnisse oder immaterieller Wirtschaftsgüter erzielbar ist.[376]

Ein Verzicht auf den Gewinnaufschlag ist bei der Auftragsforschung nicht **199** möglich.[377] Auch Tz. 2.55 und 7.41 OECD-VPL befürworten bei der Auftragsforschung die Anwendung der **Kostenaufschlagsmethode** und damit einen Gewinnaufschlag des Forschungsunternehmens. Die **OECD** bestätigt in Beispiel 17 im Anhang des OECD-VPL Kapitels VI (2014 Guidance), dass die als Auftragsforscher tätige Konzerngesellschaft eine Vergütung auf Basis der Kostenaufschlagsmethode vereinbaren kann. In Beispiel 15 desselben Dokuments wird dagegen ebenfalls im Fall einer Auftragsforschung eine Dienstleistungsvergütung gefordert, die dem Betrag entspricht, den vergleichbare Forschungsdienstleister erhalten, wobei die Fähigkeiten und Effizienz der erfahrenen Forschungsmitarbeiter im Rahmen der Vergleichbarkeit beachtet werden soll.[378]

---

[374] Zum partiarischen Dienstleistungsvertrag vgl. Kap. N Rn. 242.

[375] S. oben Rn. 189.

[376] Vgl. zur erfolgsabhängigen Vergütung unten Rn. 201.

[377] So schon BFH 18.9.1962, BStBl. III 485; 18.9.1974, BStBl. II 1975, 24.

[378] Vgl. *OECD*, Beispiel 15 im Anhang des OECD-VPL Kapitels VI (2014 Guidance).

Vermutlich will die OECD damit sagen, dass unabhängig davon, ob die Preisvergleichsmethode, die Kostenaufschlagsmethode oder eine andere Methode Anwendung findet, in jedem Fall auch die besonderen **Kenntnisse** des Forscherteams zu berücksichtigen sind. In der Praxis dürften derartige Informationen aber selten verfügbar sein. Darauf kommt es jedoch objektiv gesehen nicht an, da man generell davon ausgehen kann, dass in der jeweiligen Branche in den Forschungs- und Entwicklungsabteilungen generell erfahrene Experten tätig sind, um neue wettbewerbsfähige Produkte, Verfahren usw. zu erforschen und zu entwickeln. Wie oben erwähnt wurde, handelt es sich bei einem Forschungsauftrag mit **mehreren Auftraggebern** faktisch um einen Konzernumlagevertrag. Auch in diesen Fällen muss der beauftragten Forschungsgesellschaft grundsätzlich ein Gewinnaufschlag gewährt werden.[379] In diesem Zusammenhang ist auch das Beispiel 18 zu nennen, worin die OECD weiterhin ausführt, dass sobald neben der Tätigkeit als Auftragsforscher (sog. „Contract Research Organization") weitere Tätigkeiten und Funktionen hinzukommen, eine Vergütung an Hand der Kostenaufschlagsmethode nicht mehr angemessen sei und die Anwendung von Gewinnaufteilungsmethoden, Bewertungsmethoden oder sonstiger Methoden erforderlich sein könne.[380]

200 Die **Auftragsforschung** wird auch im **US-Steuerrecht** als **Dienstleistung** qualifiziert und demgemäß gelten die US-Regulations für Dienstleistungen. So enthalten die „Final services regulations"[381] zahlreiche Vorschriften, die für die Auftragsforschung relevant sind. Soweit mit den Dienstleistungen eine Übertragung immaterieller Wirtschaftsgüter verbunden ist, müssen für die Beurteilung auch die Regelungen für immaterielle Wirtschaftsgüter berücksichtigt werden.[382] Da Forschungs- und Entwicklungstätigkeiten nicht zu den üblichen Unterstützungsleistungen gehören und in vielen Fällen zu wertvollen immateriellen Wirtschaftsgütern führen, darf die Services Cost Method[383] nicht angewendet werden,[384] dh dass der Verrechnungspreis anhand anderer Methoden einschließlich Gewinnelement zu vereinbaren ist. Sofern die Vertragspartner vorab vereinbart haben, dass der Auftraggeber **unabhängig vom Erfolg** unter Anwendung der **Kostenaufschlagsmethode** die Kosten zuzüglich Gewinnaufschlag erstattet und Eigentümer der entwickelten immateriellen Wirtschaftsgüter wird, findet kein Verkauf dieser Wirtschaftsgüter statt, sondern die Vergütung der Forschungs- und Entwicklungsdienstleistungen.[385]

---

[379] Vgl. oben Rn. 126 und ausführlich Rn. 207 ff.; allgemein zur Ermittlung von Gewinnaufschlägen Kap. N Rn. 231 ff. und 306 f.

[380] Vgl. *OECD,* Beispiel 18 Tz. 64 im Anhang des OECD-VPL Kapitels VI (2014 Guidance).

[381] Vgl. *IRS,* Treatment of Services Under Section 482; Allocation of Income and Deductions From Intangible Property; Stewardship Expense; Final Rule, Federal Register/Vol 74, No. 148, August 4, 2009, 38830ff; diese US-Regs vom 4.8.09 sind unter www.treas.gov/press/releases/reports/servicesreg.pdf als pdf-Datei erhältlich. Sie gelten grundsätzlich für Wirtschaftsjahre, die nach dem 31.7.09 beginnen, können auf Wunsch des Steuerpflichtigen aber auch für vorherige Jahre angewendet werden.

[382] Vgl. US-Regs § 1.482-9 (m)(2).

[383] Vgl. US-Regs § 1.482-9 (b) und Kap. N Rn. 256.

[384] Vgl. US-Regs § 1.482-9 (b)(4)(vi).

[385] Vgl. *Lemein,* S. 25 127 und 25 131.

c) Erfolgsabhängige Vergütung

Eine andere Beurteilung kann sich ergeben, wenn die Parteien eine **beding-** **201**
te Zahlungsvereinbarung getroffen haben. Grundsätzlich werden solche
Vereinbarungen anerkannt und die US-Regulations enthalten einige Beispiele,
in denen insb. umsatzabhängige oder kostenbezogene Entgelte vereinbart werden, die **vom Erfolg der Forschungsprojekte abhängig** sind *(Contingent*
payment arrangement).[386] In jedem Fall sind die Risiken der Forschungsgesellschaft einerseits und die Vorteile des Auftraggebers andererseits zu beachten
und entsprechende **Vergütungen** zu zahlen, die **unabhängige Vertrags-**
partner vereinbart hätten. Dabei sind auch die Regeln für die Übertragung
materieller und immaterieller Wirtschaftsgüter zu beachten.[387]

Wenn das Entgelt der Auftragsforschungsgesellschaft von einer Bedingung **202**
– insb. von einem Erfolg – abhängt, ist es jedoch fraglich, ob der Vertrag einerseits nach seinem wirtschaftlichen Gehalt noch als Auftragsforschungsvertrag qualifiziert werden kann und ob andererseits die Auftragsforschungsgesellschaft noch als Unternehmen mit Routinefunktionen anzusehen ist. Das
folgende Beispiel ist verkürzt einem Beispiel aus den US Service Regulations
nachgebildet.[388]

Beispiel 1: Die US-Pharmafirma X vereinbart mit der Konzerngesellschaft Y, dass
X bestimmte Forschungs- und Entwicklungsleistungen für Y erbringt. Im Zeitpunkt
des Vertragsabschlusses ist die Wahrscheinlichkeit, dass neue Produkte entwickelt wer-
den, sehr gering und es ist unsicher, ob es Märkte für etwaige Produkte gibt. Y soll die
Patente oder sonstige Rechte an etwaigen Ergebnissen erhalten. Zahlungen an X sol-
len erst erfolgen, wenn die Aktivitäten zu Umsätzen aus diesbezüglichen Produkten
führen. Dann soll Y an X für einen bestimmten Zeitraum x% von den Umsätzen der
Y mit solchen Produkten zahlen. Nach vier Jahren Forschung wird ein Wirkstoff zum
Patent angemeldet und ab dem sechsten Jahr beginnt Y mit der Vermarktung im Land
A. In den Jahren 6–9 zahlt Y an X die vereinbarte Vergütung.

Der US-Betriebsprüfer prüft die Jahre 6–9 und stellt fest, dass alle formellen Voraussetzungen vorliegen und dass die Firma X finanziell und personell so ausgestattet war,
dass sie das Risiko für die Forschungs- und Entwicklungsleistungen tragen konnte.
Daher sei die vereinbarte bedingte Zahlung mit dem wirtschaftlichen Gehalt der Vereinbarung konsistent. Für die Beurteilung der Angemessenheit der Vergütung müsse
das Risiko, dass X bei erfolgloser Forschung keine Zahlungen für ihre Dienstleistungen
erhält, berücksichtigt werden. Unter Berücksichtigung der Alternativen für die Parteі-
en wird im Hinblick auf X die Möglichkeit der Forschung und Entwicklung in eigener Regie erörtert und die daraus resultierende Lizenzierung der Produkte. Daher
würde der Betriebsprüfer die vereinbarte Vergütung von x% vom Umsatz an den alternativ zu zahlenden Lizenzgebühren messen.

In dem Beispiel vermeiden die US Regulations, die Forschungsleistungen
der Firma X als Auftragsforschung (contract research and development) zu
bezeichnen, obwohl die Aktivitäten der X explizit als Dienstleistungen (services) qualifiziert werden. In der Tat liegt im Hinblick auf die hohen Risiken
keine typische Auftragsforschung vor.[389] Das Beispiel ist realitätsfern und das

---

[386] Vgl. US-Regs § 1.482-9 (i)(5) Examples.
[387] Vgl. US-Regs § 1.482-9 (i) (4).
[388] Vgl. US Service Regs. § 1.482-9 (i) (5) Example 1.
[389] Vgl. oben Rn. 181.

dargestellte Ergebnis fragwürdig, da eine fremde Gesellschaft einen solchen Vertrag wohl nicht abschließen würde. Denn die US Regulations erwähnen selbst, dass eine realistische Alternative für die X die Forschung auf eigenes Risiko und die anschließende Lizenzierung des Forschungsergebnisses wäre. Die US Regulations erörtern aber nicht, dass dann die Firma X als Lizenzgeber darüber hinaus auch in der Lage wäre, das Patent für sich selbst zu registrieren und ggf. in Ländern zu nutzen, für die Y kein Lizenzrecht hat. Dagegen gewährt der im Beispiel genannte Forschungsauftrag keine vorteilhaftere Vergütung als eine vergleichbare Lizenz, aber den Nachteil, dass X nicht Inhaber der Forschungsergebnisse wird. Im Ergebnis wäre es daher richtiger, wenn der Betriebsprüfer im Beispiel der US Regulations zu dem Ergebnis käme, dass nach dem wirtschaftlichen Gehalt der Vereinbarung eine bedingte Lizenzvereinbarung abgeschlossen wurde, bei der jedoch der Lizenzgeber im Fremdvergleich seine Forschungsergebnisse – also Patente und andere immateriellen Wirtschaftsgüter – nur zur Nutzung übertragen und nicht übereignet hätte. Auch die folgende verkürzte Abwandlung des Beispiels ist den US Regulations entnommen.[390]

Beispiel 2: Die Fakten sind die gleichen wie in Beispiels 1, jedoch soll die von Y an X zu zahlende Vergütung im ersten Jahr der Umsatzerzielung fällig werden und die Erstattung aller Forschungs- und Entwicklungskosten zuzüglich eines Gewinnaufschlags umfassen, wobei der Gewinnaufschlag im Rahmen der von unabhängigen Auftragsforschern erzielten Aufschläge liegen soll.

Für dieses Beispiel vertreten die US Regulations zu Recht die Auffassung, dass der Betriebsprüfer die Vereinbarung so nicht akzeptieren wird, sondern im Hinblick auf die Risiken und möglichen Alternativen eine günstigere erfolgsorientierte Vergütung für X festsetzen würde, die als Prozentsatz vom Umsatz zu bemessen ist und sich bspw. an einer erzielbaren Lizenzgebühr orientieren könnte.

Generell sollte daher sorgfältig geprüft werden, ob Vereinbarungen über erfolgsabhängige Vergütungen im Rahmen von „echten" Auftragsforschungsverträgen sinnvoll sind. Wenn die Forschungs- und Entwicklungsrisiken auf die Auftragsforschungsgesellschaft abgewälzt werden, dann handelt es sich regelmäßig nicht mehr um ein Routineunternehmen und die Vergütung kann nicht auf Basis der Kostenaufschlagsmethode erfolgen.

Zulässig wäre es jedoch, wenn der Auftraggeber sich verpflichtet, im Rahmen der Kostenaufschlagsmethode die jährlichen Forschungs- und Entwicklungskosten zu tragen und mit der Auftragsforschungsgesellschaft zusätzlich eine erfolgsabhängige Komponente vereinbart, die sich im Rahmen des Gewinnaufschlags auswirkt. So könnte sich der Aufschlag im Fall eines Misserfolgs oder bei Nichterreichen eines Mindestumsatzes des Auftraggebers nach einem Prozentsatz richten, der im unteren Quartil der eingeengten Bandbreite von vergleichbaren Gewinnaufschlägen liegt, während er bei einem größer als erwarteten Erfolg (zB Überschreiten bestimmter Umsatzgrenzen des Auftraggebers mit diesbezüglichen Produkten) sich nach einem Prozentsatz richten könnte, der im oberen Quartil der eingeengten Bandbreite von vergleichbaren Gewinnaufschlägen liegt.

---

[390] Vgl. US Service Regs. § 1.482-9 (i) (5) Example 3.

3. Vertragsinhalt

Bei der **Gestaltung** des Auftragsforschungsvertrags gelten ähnliche Über- **203** legungen wie bei der im Rahmen der Dienstleistungen in Kapitel N VII.2 diskutierten Auftragsfertigung und dem unten in Rn. 251 ff. erörterten Kostenumlagevertrag nach dem Poolkonzept. Dabei sind insb. folgende Besonderheiten zu beachten und diesbezügliche Regelungen zu treffen:[391]

1. Auftrag des Auftraggebers an den Auftragnehmer, ein bestimmtes Forschungsprojekt (oder mehrere Projekte) durchzuführen; Beschreibung des Ziels und des Umfangs der Forschungstätigkeiten;
2. Überlassung von Know-how und Informationen durch den Auftraggeber;
3. Eigentum und/oder unbeschränktes Nutzungsrecht des Auftraggebers an den Forschungsergebnissen;
4. Informationspflichten des Auftragnehmers über die Durchführung der vereinbarten Forschungsschritte, die Erzielung von Erkenntnissen, Teilergebnissen und (patentreifen) Forschungsergebnissen;
5. Dokumentation der Ergebnisse und Unterstützung der Patentanmeldungen;
6. Vergütungsregelungen (Kostenerstattung) mit Gewinnaufschlag; Istkostenbasis im Rahmen von Budgets; Unabhängigkeit der Vergütung von den Forschungsergebnissen;
7. Haftung und Garantien; Forschungsrisiko des Auftraggebers und Beachtung qualitativer Standards durch den Auftragnehmer.

Sofern die Auftragsforschungsgesellschaft im Ausnahmefall ganz oder teilweise das Forschungs- und Kostenrisiko trägt und dafür eine **erfolgsabhängige Vergütung** erhält,[392] wären entsprechende Vertragsklauseln erforderlich, die von den oben genannten abweichen.

Im Übrigen sind die sonstigen bei Dienstleistungen üblichen Vertragsklauseln über Geheimhaltung, Vertragsdauer, Beilegung von Streitfragen, anwendbares Recht und salvatorische Klauseln zu berücksichtigen. Generell müssen derartige Verträge noch im Entwurfsstadium mit den rechtlichen und steuerlichen Beratern aller vorgesehenen Vertragsparteien abgestimmt werden, damit etwaige Besonderheiten ausländischen Rechts berücksichtigt werden können.

Der **Auftragsforschungsvertrag** muss inhaltlich klar **abgegrenzt** werden **204** von Kostenumlageverträgen (Poolverträgen), Werkverträgen und **anderen Vertragsarten.** Bei einem Kostenumlagevertrag nach dem Poolkonzept kann zwar mindestens ein Poolmitglied mit der Forschung und Entwicklung im Interesse aller Mitglieder „beauftragt" werden, jedoch liegt in solchen Fällen keine Auftragsforschung vor, weil das forschende Unternehmen beim Poolvertrag die Leistung auch selbst für den eigenen Betrieb benötigen muss. Die Poolmitglieder können jedoch auch Leistungen von einem außerhalb des Pools stehenden verbunden Unternehmen beziehen, so zB im Wege der Auftragsforschung; dieses Unternehmen rechnet seine Leistungen zu Fremdpreisen oder anhand der Kostenaufschlagmethode an den Pool ab.[393]

---

[391] Ferner wird auf die Vertragsaspekte des F+E-Konzernumlagevertrags verwiesen, die zT auch bei Auftragsforschungsverträgen mit nur einem Auftraggeber relevant sind, vgl. unten Rn. 215 ff.

[392] Vgl. oben Rn. 201 f.

[393] Vgl. *BMF,* Tz. 1.7 VGr-Umlageverträge.

205 Der Forschungs- und Entwicklungsvertrag kann je nach dem vereinbarten Ziel ein **Dienst- oder Werkvertrag** sein.[394] In der Praxis wird in fast allen Fällen ein Dienstvertrag vereinbart. Es empfiehlt sich daher in der Präambel oder einer Vertragsklausel klar darauf hinzuweisen, dass der Leistende die Auftragsforschung und -entwicklung als **Dienstleistung iSd Tz. 7.41 OECD-VPL** für den Auftraggeber erbringt. Sofern die Forschungsgesellschaft gemäß dem übereinstimmenden Willen beider Parteien **ausnahmsweise** einen **Erfolg** schuldet, sollte dies im Vertrag klar geregelt werden, zumal dies auch einen Einfluss auf die vereinbarte Vergütung hat, die dann regelmäßig nur im Erfolgsfall geschuldet wird und eine hohe Gewinnkomponente im Hinblick auf das übernommene Risiko enthalten sollte.[395]

206 Wenn das Forschungsunternehmen im Konzern für **mehrere Auftraggeber** tätig wird, kann es sich um **gesonderte,** voneinander unabhängige **Forschungsaufträge** handeln **oder** um einen **gemeinsamen Forschungsauftrag.** Im zuerst genannten Fall erfolgt die Abrechnung gesondert gegenüber den jeweiligen Auftraggebern für das vereinbarte Forschungsprojekt. Dabei ist es erforderlich, getrennte Kostenstellen für die einzelnen Forschungsprojekte einzurichten, damit eine exakte Zuordnung der direkten und indirekten Kosten für jedes Projekt möglich und nachweisbar ist. Im zuletzt genannten Fall der Erteilung eines **gemeinsamen Forschungsauftrags** durch mehrere Auftraggeber handelt es sich regelmäßig um einen **Konzernumlagevertrag,** der im folgenden Abschnitt erläutert wird.

4. Mehrere Auftraggeber

a) Qualifikation als Nachfragepool oder Konzernumlage

207 Wenn in einem Konzern **mehrere Auftraggeber** mit einer Forschungsgesellschaft einen Vertrag zur **Auftragsforschung** abschließen möchten, dann kommen grds. **zwei** unterschiedliche **Fälle** in Betracht, nämlich
– ein sog. **Nachfragepool** iSd Tz. 1.7. VGr-Umlageverträge oder
– ein **Konzernumlagevertrag,** bei dem die forschende Gesellschaft ebenfalls einen Nutzen aus den Forschungsergebnissen zieht, aber nach dem **Leistungsaustauschprinzip** anhand der **Kostenaufschlagsmethode** abrechnet.
Bei einem **Nachfragepool** liegt zum einen ein Forschungspool zwischen mehreren Poolmitgliedern vor, auf den die Regelungen der VGr-Umlageverträge anwendbar sind. Zum Anderen beauftragt dieser Forschungspool ein **außerhalb des Pools stehendes** verbundenes **Unternehmen** mit der Erbringung bestimmter Forschungs- und Entwicklungsleistungen (Tz. 1.7. S. 1 VGr-Umlageverträge). Die Leistungen dieses Auftragsforschungsunternehmens sind zu Fremdpreisen oder auf Basis der Kostenaufschlagsmethode zu berechnen (Tz. 1.7 S. 2 u. 3 VGr-Umlageverträge). Dieser Fall wird bei der Kommentierung der **Poolverträge** ausführlich erläutert.[396]

---

[394] Vgl. BGH 16.7.2002, NJW 2002, 3323.
[395] Vgl. oben Rn. 198 u. 201.
[396] Vgl. dazu ausführlich unten Rn. 271 ff.

Der hier zur Diskussion stehende zweite Fall, also der **Konzernumlage-**   **208**
vertrag für Forschungs- und Entwicklungsleistungen, ist weder gesetzlich noch durch Verwaltungsvorschriften geregelt. Grundsätzlich vereinbaren
in diesem Fall international verbundene Unternehmen – wie bei einem Poolvertrag – die gemeinsame Forschung und Entwicklung auf bestimmten Gebieten, wobei zB nur ein Vertragspartner die Forschungs- und Entwicklungsaktivitäten durchführt (alternativ könnten auch mehrere diese Leistungen
erbringen). Die Vertragspartner sind sich jedoch darüber einig, dass die **Kos-**
ten – abweichend von den Regelungen der VGr-Umlagen – nicht ohne,
sondern nach der **Kostenaufschlagsmethode mit Gewinnaufschlag** nach
einem nutzenorientierten Schlüssel umgelegt werden. Für die **Höhe des**
Gewinnaufschlags sind – ebenso wie bei der Auftragsforschung mit einem
Auftraggeber – **Datenbankrecherchen** durchzuführen, um den branchenüblichen Gewinnaufschlag unabhängiger Auftragsforschungsgesellschaften für
gleichartige Forschungstätigkeiten zu ermitteln.[397]

Fraglich ist, ob die Unternehmen eine solche Vereinbarung mit steuerli-   **209**
cher Wirkung treffen können bzw. ob die Finanzbehörden diese anerkennen
müssen. Wenn das forschende Unternehmen im Ausland ansässig ist, könnte
ein deutscher Betriebsprüfer die Auffassung vertreten, dass der Vertrag als
Kostenumlagevertrag iSd VGr-Umlageverträge zu qualifizieren sei und er
könnte dann unter Hinweis auf Tz. 2.2 VGr-Umlagen die Belastung eines
Gewinnaufschlags als unzulässig ansehen und den Gewinn der deutschen Vertragspartei berichtigen. Eine solche Vorgehensweise wäre jedoch aus mehreren Gründen gesetzeswidrig. Zunächst einmal muss die FinVerw. die von den
Steuerpflichtigen abgeschlossenen zivilrechtlich wirksamen Verträge anerkennen, sofern kein Gestaltungsmissbrauch (§ 42 AO) oder andere Gründe vorliegen, die eine Ausnahme rechtfertigen.[398] Im Zivilrecht besteht Vertragsfreiheit, die es den Parteien gestattet, grds. frei zu entscheiden, ob und mit wem
und mit welchem Inhalt ein Vertrag abgeschlossen wird. Die Finanzbehörden
dürfen daher weder auf dem Gebiet der allgemeinen Dienstleistungen[399] noch
auf dem Gebiet der Auftragsforschungsleistungen den Willen der Parteien ersetzen und Verträge umqualifizieren. Im Übrigen ist die Vereinbarung eines
Konzernumlagevertrages für Forschungsleistungen nach dem Leistungsaustauschprinzip sowohl zwischen verbundenen Unternehmen als auch zwischen
fremden Dritten denkbar.

Beispiel: Die drei Kfz-Produzenten A, B und C schließen sich im Konzern zu-
sammen, um Synergien aus ihren Forschungsaktivitäten zu gewinnen. A forscht auf
dem Gebiet umweltfreundlicher Motoren, B auf dem Gebiet des Einsatzes leichterer
Materialien und C auf dem Gebiet der Sicherheitssysteme (wie zB Abstandskontrolle
mit automatischem Bremssystem). Die Kosten werden nach dem voraussichtlichen
Nutzen der Parteien umgelegt. Zusätzlich wird ein Gewinnaufschlag von 8% auf die
Kosten verrechnet.
Wenn die Kosten aller Parteien in einem Jahr gleich hoch sind, gleichen sich die
Gewinnaufschläge im Ergebnis aus. Wenn jedoch bei einer der Parteien zB längerfristig

---

[397] Vgl. oben Rn. 196 f.
[398] Vgl. Kap. N Rn. 284 u. 294.
[399] Vgl. zum Wahlrecht der Unternehmen für Dienstleistungen entweder einen
Konzernumlagevertrag oder einen Poolvertrag abzuschließen Kap. N Rn. 281 ff.

doppelt so hohe Kosten anfallen, als bei den anderen Parteien, dann trägt der Gewinnaufschlag dem Umstand Rechnung, dass diejenige Partei, die den höchsten For-
schungsaufwand hat, implizit auch mehr Funktionen ausübt und mehr Risiken übernimmt (insb. für Forschungseinrichtungen und Personal) als die anderen Parteien,
sodass dafür eine Vergütung gerechtfertigt ist.

210   Im Ergebnis bestehen keine Bedenken, eine gemeinsame **Auftragsforschung mit mehreren Auftraggebern** auf Basis eines **Konzernumlagevertrags** nach dem Leistungsaustauschprinzip zu vereinbaren.[400] Wenn mehrere Auftraggeber einen (oder mehrere) Auftragnehmer mit bestimmten
Forschungsprojekten beauftragen, deren Ergebnisse die Auftraggeber dann
zwar territorial beschränkt, aber jeder für sich nutzen wollen, begründen alle
Parteien, die aus der gemeinsamen Forschung einen Nutzen ziehen und die
Kosten tragen wollen, zivilrechtlich idR eine Gesellschaft bürgerlichen Rechts
in Form einer **Innengesellschaft**.[401] Daher liegt idR keine Außengesellschaft
und damit auch **keine** steuerliche **Mitunternehmerschaft** vor.[402] Für die
Konzernumlageverträge hat der Bundesfinanzhof ausdrücklich anerkannt, dass
diese keine gewerbliche Mitunternehmerschaft begründen.[403] Soweit der
Bundesgerichtshof in einem Urteil ausgeführt hat, dass keine Gesellschaft gegeben ist, wenn der Vertrag zwar bestimmte, teils wechselseitige Verpflichtungen der Parteien zu aufeinander abgestimmten Leistungen begründet, dabei aber jede Partei nur ihre **eigenen Zwecke** verfolgt, handelt es sich um
einen anderen Sachverhalt, dessen Ergebnisse nicht auf den Konzernumlagevertrag übertragbar sind.[404] Denn im Fall eines Konzernumlagevertrags verfolgen die Parteien mit der gemeinsamen Forschung einen **gemeinsamen
Zweck** – nämlich die Erforschung und Entwicklung eines nutzbaren immateriellen Wirtschaftsguts;[405] zusätzlich verfolgt jede Partei mit der beabsichtigten eigenen Verwertung der Forschungsergebnisse im vertraglich vorgesehenen Gebiet auch eigene Zwecke.

b) OECD-Leitlinien und Entwürfe zur Neufassung des Kapitels VI

211   Tz. 7.41 OECD-VPL qualifiziert die **Auftragsforschung** als eine
Dienstleistung der Auftragsforschungsgesellschaft, und in **Tz. 6.3 OECD-
VPL** (2010) wurde ausdrücklich der Fall der **Auftragsforschung für mehrere Nutzungsberechtigte** genannt. Dabei wird dieser Fall von den in Kapitel VIII OECD-VPL erörterten Kostenumlageverträgen abgegrenzt, bei denen die beteiligten Konzernmitglieder ihre Ressourcen und Fähigkeiten
zusammenlegen, um als Poolmitglieder die Kosten und Risiken der Entwick-

---

[400] Vgl. dazu auch Kap. N Rn. 281 ff.

[401] Vgl. ebenso zum Poolvertrag Kap. N Rn. 405 ff.

[402] Eine Mitunternehmerschaft kann aber vorliegen, sofern die Parteien im Vertrag
Regelungen vereinbaren, die eine Außengesellschaft begründen; vgl. dazu Kap. N
Rn. 412 f.

[403] BFH 9.10.1964, BStBl. III 1965, 71. Auch für die Kostenumlageverträge nach
dem Poolkonzept verneint die FinVerw. eine Mitunternehmerschaft (Tz. 1.1 VGr-
Umlageverträge).

[404] BGH 18.10.1976, WM 1976, 1307; *Palandt/Sprau*, § 705 BGB, Rn. 21.

[405] Auch bei einem Poolvertrag liegt ein Zusammenwirken der Beteiligten im gemeinsamen Interesse vor, vgl. Tz. 1.1 VGr-Umlageverträge.

lung von Wirtschaftsgütern zu teilen. In Tz. 8.12 OECD-VPL wird außerdem erläutert, dass die Mitglieder eines **Cost Contribution Arrangements** (der einem Kostenumlagevertrag nach dem Poolkonzept entspricht) eine außenstehende Gesellschaft mit Forschungs- und Entwicklungstätigkeiten beauftragen können, wobei die Forschungsgesellschaft nach allgemeinen Prinzipien vergütet wird. Diese Regelungen bestätigen die oben vertretene Auffassung, dass anstelle eines Nachfragepools auch die Gestaltung einer Auftragsforschung mit mehreren Auftraggebern im Wege des Konzernumlagevertrags anzuerkennen ist.

Auch die am 16.9.2014 von der OECD veröffentlichte **Neufassung des** 212 **Kapitels IV der OECD-VPL (2014 Guidance)** nennt unter Tz. 6.65 u. 6.68 S. 2 sowie Anhang Beispiel 18 ebenfalls die Möglichkeit, dass mehrere Nutzungsberechtigte existieren.[406] Des Weiteren wies die OECD im Vorwort des ersten Diskussionsentwurfs darauf hin, dass die im Zusammenhang mit diesem Projekt notwendige Anpassung des Kapitels VIII im gegenwärtigen Verfahrensstadium noch zurückgestellt wurden, weswegen die weitere Entwicklung im Auge zu behalten ist.

c) Besonderheiten bei US-Vertragspartnern

Eine Besonderheit bei der Auftragsforschung ist bei der Beteiligung von 213 **US-Unternehmen** zu beachten. **Außerhalb** eines anerkannten **Kostenumlagevertrags** für Forschung und Entwicklung **(Cost Sharing Arrangement)**[407] besteht das Risiko, dass bei der Beteiligung von zwei oder mehreren nahe stehenden Personen **nur eine** dieser Personen als **Eigentümer** der entwickelten immateriellen Wirtschaftsgüter angesehen wird, da die US-Steuergesetze primär auf das rechtliche Eigentum abstellen.[408] Das bedeutet, dass bei der **Auftragsforschung** immer nur **ein Eigentümer** und damit nur **ein Auftraggeber** in Frage kommt und dass bei mehreren Auftraggebern entweder nur einer davon als Auftraggeber anerkannt wird **oder** dass sämtliche Voraussetzungen eines **Kostenumlagevertrags (Cost Sharing Agreement)** erfüllt sein müssen.

Gem. den US Regulations von 2009 gilt der **rechtliche Eigentümer** als der Inhaber der immateriellen Wirtschaftsgüter; dabei sind sowohl die gesetzlichen Regelungen, als auch die Eintragung der Rechte in Register und die vertraglichen Vereinbarungen zu berücksichtigen.[409] Soweit das Eigentum nicht gesetzlich oder vertraglich bestimmt ist, wird gem. den US Regulations

---

[406] Vgl. *OECD*, Guidance on Transfer Pricing Aspects of Intangibles, OECD/G20 Base Erosion and Profit Shifting Project, http://www.oecd-ilibrary.org/taxation/guidance-on-transfer-pricing-aspects-of-intangibles_9789264219212-en, sowie die vorangegangenen Entwürfe „Public Consultation – Revised Discussion Draft on Transfer Pricing Aspects of Intangibles" v. 30.7.2013, abrufbar über die Homepage der OECD unter http://www.oecd.org/ctp/transfer-pricing/intangibles-discussion-draft.htm und der „Discussion Draft – Revision of the Special Considerations for Intangibles in Chapter VI of the OECD-Transfer Pricing Guidelines and Related Provisions", abrufbar über: http://www.oecd.org/tax/transferpricing/; vgl. oben Rn. 47 ff.

[407] Vgl. US Cost Sharing Regs § 1.482-7 (b).

[408] Vgl. US Regs § 1.482-4 (f)(3)(i)(A).

[409] Vgl. US Regs § 1.482-4 (f)(3)(i)(A).

derjenige als alleiniger **Eigentümer** angesehen, der die **Kontrolle** über das Wirtschaftsgut ausübt.[410]

214 Hier besteht die **Gefahr,** dass die US-FinVerw. bei erfolgreicher Entwicklung hochwertiger immaterieller Wirtschaftsgüter aus formellen oder anderen Gründen einen nach deutschem Recht zulässigen Auftragsforschungsvertrag mit mehr als einem Auftraggeber, mit anderen Worten einen **Konzernumlagevertrag nach dem Leistungsaustauschprinzip,**[411] **nicht anerkennt** und dann (nur) die amerikanische Konzerngesellschaft als Inhaber des immateriellen Wirtschaftsguts ansieht, weil diese bspw. infolge der Marktgröße der USA den größten Nutzen aller Beteiligten erwartet und deshalb nach dem Umlagevertrag den höchsten Kostenanteil getragen hat und dem gemäß nach Meinung des IRS die Kontrolle über das immaterielle Wirtschaftsgut ausübt. Die Regelung über die alleinige Zuordnung des gemeinsam entwickelten immateriellen Wirtschaftsguts an nur **einen** Beteiligten kann in solchen Fällen nicht hingenommen werden. Wenn nach dem Willen aller Vertragsparteien ein F+E-Konzernumlagevertrag abgeschlossen wurde, müssen die FinVerw. aller Ansässigkeitsstaaten diesen **Vertrag** dem Grunde nach anerkennen und dürfen ihn **nicht einseitig** nach dem nationalen Recht eines Ansässigkeitsstaates **umqualifizieren.** Gegen ein solches Ansinnen der US-Finanzbehörde muss im konkreten Einzelfall ein Verständigungs- und Schiedsverfahren von den Beteiligten eingeleitet werden. Sofern eine Auftragsforschung durch mehrere Unternehmen unter Beteiligung eines US-Unternehmens durchgeführt werden soll, sollte zur Vermeidung von Risiken sichergestellt werden, dass entweder sämtliche Voraussetzungen eines Kostenumlagevertrags (Cost Sharing Agreement) erfüllt sind oder dass vorab ein Advance Pricing Agreement beantragt wird.[412]

d) Vertragsaspekte der F+E-Konzernumlage

215 Wenn mehrere Auftraggeber eines Konzerns mit einer Konzern-Forschungsgesellschaft einen Auftragsforschungsvertrag abschließen, müssen für den Vertragsinhalt die oben in diesem Kapitel in Abschnitt V.3. genannten Regelungen mit gewissen Modifikationen und Ergänzungen beachtet werden. Hier werden nur die wesentlichen Besonderheiten eines F+E-Konzernumlagevertrags erörtert. Im Übrigen wird auf die allgemeinen Ausführungen zum Konzernumlagevertrag für Dienstleistungen[413] und zu den F+E-Kostenumlageverträgen (Poolverträgen)[414] verwiesen.

aa) Vertragsparteien

216 Zunächst sind als **Vertragsparteien** die Auftraggeber einerseits und der Auftragnehmer andererseits zu benennen und es ist klarzustellen, dass die Auftraggeber und der Auftragnehmer nicht nach dem Poolkonzept, sondern

---

[410] Vgl. US Regs § 1.482-4 (f)(3)(i)(A).

[411] Zur Abgrenzung zwischen **Konzern**umlagevertrag nach dem Leistungsaustauschprinzip und **Kosten**umlagevertrag nach dem Poolkonzept vgl. oben Rn. 127–130 sowie Kap. N Rn. 114 ff.

[412] Vgl. dazu Kap. F Rn. 391 ff., 402 ff.

[413] Vgl. Kap. N Rn. 281 ff.

[414] Vgl. unten Rn. 251 ff.

nach dem **Leistungsaustauschprinzip** zusammenwirken.[415] Fraglich ist, ob nur Produktions- oder auch Vertriebs- oder Patentverwertungsgesellschaften Auftraggeber sein können.

Forschungsgesellschaften entwickeln immaterielle Wirtschaftsgüter (insb. Patente, Gebrauchsmuster, eingetragene Designs oder technisches Knowhow) primär für die Herstellung von Produkten, also für **Produktionszwecke.** Solche immateriellen Wirtschaftsgüter können daher nur für **Produktionsunternehmen** von Nutzen sein und nicht für Vertriebsunternehmen. Da die Kosten für immaterielle Wirtschaftsgüter, die der Produktion dienen, vom Hersteller bereits in die Herstellungskosten bzw. in die Verkaufspreise der Produkte einbezogen werden, enthält der Bezugspreis des Vertriebsunternehmens bereits den Anteil für die vom Hersteller getragenen Forschungs- und Entwicklungskosten. Wenn daher ein **Vertriebsunternehmen** sich an einem F+E-Konzernumlagevertrag beteiligen würde, so hätte dies in unzulässiger Weise eine Doppelbelastung mit Forschungs- und Entwicklungskosten zur Folge, nämlich einmal über die Kostenumlage und ein weiteres Mal über den Bezugspreis vom Hersteller.[416]

Im Grunde genommen ist diese Situation vergleichbar mit der Situation, in **217** der ein Hersteller bereits Lizenzen gezahlt hat. Gem. Tz. 5.1.2 VGr darf dann die Vertriebsgesellschaft keine weiteren Lizenzen zahlen. Auch Tz. 3.1.2.3 VGr geht zutreffend davon aus, dass Güter oder Waren, die unter Nutzung eines immateriellen Wirtschaftsguts hergestellt wurden, beim Weiterverkauf keine weitere Lizenzgebühr des Erwerbers rechtfertigen.[417] Die Begründung hierfür kann darin gesehen werden, dass mit der Herstellungslizenz regelmäßig auch die Vertriebslizenz gewährt wird und dass **durch das erste Inverkehrbringen** durch einen Patentinhaber oder Inhaber einer Herstellungslizenz die **Ware patentfrei wird.**[418]

Sofern ein Konzernumlagevertrag für Forschung und Entwicklung bspw. **218** auch den Bereich der „Entwicklung" neuer **Marken** umfasst, könnte ausnahmsweise die Einbeziehung von **Vertriebsunternehmen** in Frage kommen, sofern diese Kosten nachweislich nicht an die Hersteller der Markenprodukte belastet werden und im Warenpreis nicht enthalten sind, sodass eine Doppelbelastung ausgeschlossen ist (Tz. 6.17 OECD-VPL (2010), nun weniger konkret in Tz. 6.101 ff. OECD-VPL Kapitel VI (2014 Guidance)). Es handelt sich bei den Kosten für die „Entwicklung" immaterieller Wirtschaftsgüter für **Vertriebszwecke**[419] idR um Aufwendungen, die normalerweise im

---

[415] Dies schließt nicht aus, dass es Fälle gibt, in denen die Auftraggeber untereinander durch einen Poolvertrag verbunden sind und im Rahmen des Zusammenwirkens auch außenstehende Auftragnehmer im Wege der Auftragsforschung einschalten, vgl. dazu Tz. 1.7 VGr-Umlageverträge und unten Rn. 271 ff.

[416] Eine Ausnahme ist denkbar, wenn die Vertriebsgesellschaft in Zukunft als Hersteller selbst die durch Forschung und Entwicklung entstehenden immateriellen Wirtschaftsgüter produzieren will oder beabsichtigt, diese im Wege der Auftragsfertigung durch Dritte herstellen zulassen.

[417] Vgl. hierzu auch Tz. 6.17 OECD-VPL aF; nun weniger konkret in Tz. 6.101 ff. OECD-VPL Kapitel VI (2014 Guidance).

[418] Vgl. BGH 8.6.1967, GRUR 1967, 676, 679 f.; *Benkard/Ullmann*, § 15 PatG, Rn. 16 ff. u. 69; vgl. dazu unten Rn. 491 ff.

[419] Zur Definition vgl. oben Rn. 46 f.

Wege der Markenlizenz belastet werden. So muss im internationalen Bereich zB überprüft werden, ob ein vorgesehener Markenname für bestimmte Produkte auch in anderen Ländern aus sprachlichen oder rechtlichen Gründen verwendet werden kann. Aus Presseartikeln wurde bekannt, dass die sprachliche Klärung der Verwendbarkeit einer Marke in anderen Märkten sehr wichtig ist, weil die Wortmarke im anderen Land gegebenenfalls unaussprechlich oder wegen Wortgleichheit zB mit Schimpfworten dieser Sprache ausgeschlossen sein kann. Rechtliche Hindernisse können in Form ähnlicher Marken im anderen Land vorliegen.

219   Als Teilnehmer an Konzernumlageverträgen für Forschung und Entwicklung kommen unter bestimmten Voraussetzungen auch zwischengeschaltete **Holding- oder Patentverwertungsgesellschaften** in Frage. Dies setzt aber voraus, dass die Patentverwertungsgesellschaft nicht nur die Forschungs- und Entwicklungskosten anteilig übernimmt, sondern die immateriellen Wirtschaftsgüter durch Vergabe von Lizenzen auch tatsächlich nutzt. In diesem Zusammenhang sind auch die Ausführungen im OECD – VPL Kapitel VI (2014 Guidance) vom 16.9.2014 zu beachten, insb. Beispiel 1, das sich u. a. mit der Zuordnung der Einnahmen aus immateriellen Wirtschaftsgütern bei Patentverwaltungsgesellschaften befasst.[420] Die OECD kommt zutreffend zum Ergebnis, dass die reine **Patentverwaltung** (zB Registrierung und Überwachung von Patenten für den Konzern) lediglich eine **Dienstleistung** darstellt und als solche zu vergüten ist. Im Rahmen der Überarbeitung des 1. Diskussionsentwurfs wurden des Weiteren die Fallstudien in den Beispielen 2 und 3[421] aufgenommen, in denen die Patentverwaltungsgesellschaft nicht nur als Auftraggeber der Forschung tätig wird und die Forschungsergebnisse verwaltet, sondern diese auch verwertet, so zB durch Gewährung von Lizenzen im Konzern.

220   Gem. Tz. 1.2 VGr-Umlageverträge kommen nach Meinung der deutschen FinVerw. Holding- und Patentverwertungsgesellschaften ausdrücklich **nicht** als **Poolmitglieder** in Frage. Die Zulässigkeit dieser Regelung ist im Hinblick auf die Vertragsfreiheit zweifelhaft. Jedenfalls besteht für die **Auftragsforschung** keine derartige Einschränkung durch Gesetz oder Verwaltungsvorschriften. Entscheidend ist, dass die **Kostenbelastung** an den **tatsächlichen Nutzer** der Forschungs- und Entwicklungsergebnisse erfolgt. Dies kann im Fall der Weiterbelastung über eine zwischengeschaltete Holdinggesellschaft ebenso sichergestellt werden, wie bei einer unmittelbaren Belastung. Demnach kann eine Patentverwertungsgesellschaft (oder Holding) auch selbst als Nutzer der immateriellen Wirtschaftsgüter angesehen werden, wenn sie zB die Patente in Lizenz an andere Konzernunternehmen überlässt oder als Prinzipal die Nutzung unentgeltlich einem Lohn- oder Auftragsfertiger gewährt. Nach welchem Schlüssel die Kosten bei Teilnahme einer Patentverwertungsgesellschaft umgelegt werden sollen (zB Lizenzeinnahmen als Umsatz oder Umsatz der Lizenznehmer der Patentverwertungsgesellschaft), scheint jedoch fraglich. Wegen dieses Problems und insb. auch im Lichte der

---

[420] Vgl. *OECD*, Beispiel 1 im Anhang des OECD-VPL Kapitels VI (2014 Guidance).

[421] Vgl. *OECD*, Beispiel 2 und 3 im Anhang des OECD-VPL Kapitels VI (2014 Guidance).

Überarbeitung des Kapitels VI der OECD-Leitlinien, ist mit Meinungsverschiedenheiten der FinVerw. aus den Ansässigkeitsstaaten der Teilnehmer am
Kostenumlagevertrag zu rechnen. Aus diesen Gründen ist es idR **nicht empfehlenswert,** eine Patentverwertungsgesellschaft neben Produktionsgesellschaften in einen Konzern- oder Kostenumlagevertrag einzubeziehen.

bb) Art und Umfang der Forschungstätigkeit

Wenn die Forschungsgesellschaft für unterschiedliche Gruppen von Auf- **221**
traggebern und für unterschiedliche Forschungsprojekte tätig wird – im Prinzip handelt es sich dann um mehrere Konzernumlageverträge für Forschungs-
und Entwicklungsdienstleistungen – müssen die einzelnen **Forschungs- und
Entwicklungsprojekte und -gebiete** nach Art und Umfang genau beschrieben werden, damit die diesbezüglichen direkten und indirekten **Kosten
abgegrenzt** und verursachungsgerecht zugeordnet werden können. Daher
muss aus der Beschreibung der Aktivitäten erkennbar werden, dass es sich tatsächlich um Forschungs- und Entwicklungsaktivitäten handelt und bspw.
nicht um technische Dienstleistungen, die dem Produktionsbereich zurechenbar sind. Insoweit wird auf die ausführlichen Begriffsbestimmungen und
Abgrenzungen oben in Rn. 53–70 „Forschung und Entwicklung" verwiesen.
In dem genannten Abschnitt findet sich auch ein Beispiel (dort Beispiel 2),[422]
das verdeutlicht, dass bei unterschiedlichen Produktlinien der Produktionsgesellschaften sowohl die Kosten der Grundlagenforschung als auch die Kosten
der angewandten Forschung immer nur an diejenigen Produktionsgesellschaften belastet werden können, die aus den jeweiligen Forschungsergebnissen einen Nutzen erwarten. Wie bereits erwähnt wurde, ist dies insb. dann von Bedeutung, wenn die Produktionsgesellschaften im Konzern unterschiedliche
Produkte fertigen und die Forschung gleichwohl in einer Forschungsgesellschaft konzentriert ist. Dann müssen ggf. mehrere Auftragsforschungs- bzw.
Konzernumlageverträge nebeneinander für die unterschiedlichen Produktlinien vereinbart werden und die Kostenstellen der Forschungsgesellschaft müssen die den einzelnen Projekten zurechenbaren Kosten unterscheiden.

cc) Kostenschlüssel

Bei Anwendung der **Kostenaufschlagsmethode** müssen die für die ein- **222**
zelnen Forschungsprojekte ermittelten **Gesamtkosten** um einen angemessenen **Gewinnzuschlag**[423] erhöht und dann auf die Auftraggeber nach einem
vorab vereinbarten **Aufteilungsschlüssel** belastet werden. Für einen Kostenumlagevertrag nach dem Poolkonzept (ohne Gewinnaufschlag) verlangt
Tz. 3.1 VGr-Umlageverträge einen **Aufteilungsschlüssel,** der dem **Anteil**
entspricht, **zu dem das Unternehmen** einen **Nutzen erwartet;** dieser
Anteil ist anhand betriebswirtschaftlicher Grundsätze zu ermitteln. Die VGr
zu Kostenumlageverträgen (Poolverträgen) nennen zwar in Tz. 3.2 VGr-Um-
lagevertrag beispielhaft als Verteilungsmaßstäbe u. a. die eingesetzten, hergestellten, verkauften oder zu erwartenden Einheiten einer Produktlinie, den
Materialaufwand, die Maschinenstunden, die Anzahl der Arbeitnehmer, die
Lohnsumme, die Wertschöpfung, das investierte Kapital, den Betriebsgewinn

---

[422] Vgl. oben Rn. 68.
[423] Zur Anwendung der Kostenaufschlagsmethode und zum Gewinnzuschlag vgl.
oben Rn. 195 ff.

und den Umsatz. Jedoch eignen sich nur wenige der genannten Aufteilungsschlüssel für Forschungspoolverträge oder für die hier erörterten **F+E-Konzernumlageverträge.** So dürfte sich der erwartete Nutzen von Forschungsergebnissen am ehesten aus dem **Verhältnis der geschätzten künftigen anteiligen Umsätze der Vertragsparteien oder des geschätzten Nettobarwerts der künftigen operativen Gewinne** aus den Forschungsprodukten ermitteln lassen.

223   Auch die **OECD-Leitlinien** verlangen für Kostenumlageverträge,[424] dass die multinationalen Unternehmen die Kosten im Verhältnis des erwarteten Nutzens der beteiligten Parteien umlegen, wobei es keine universelle Formel gibt (Tz. 8.19 OECD-VPL). Im Fall von Kostenumlagen könne es angemessen sein, das Verhältnis der **Umsätze,** die jeweils genutzten, produzierten oder verkauften **Stückzahlen,** den **Rohgewinn** oder das jeweilige **Betriebsergebnis,** das **investierte Kapital,** die **Anzahl der Mitarbeiter** usw. heranzuziehen.[425]

224   Die **US-Regulations** verlangen für F+E-Kostenumlageverträge **(Cost Sharing Arrangements)** ebenfalls einen nutzenorientierten Umlageschlüssel. Der voraussichtliche Nutzen kann anhand eines direkten oder eines indirekten Maßstabs ermittelt werden, wobei der zuverlässigste Maßstab gewählt werden soll.[426] Als direkter Maßstab kommen die zusätzlichen **künftigen Erträge** plus die **ersparten Kosten** minus zusätzliche Kosten in Betracht. Als indirekte Maßstäbe für den voraussichtlichen Nutzen werden insb. die **Anzahl** der produzierten oder genutzten **Wirtschaftsgüter** oder das Verhältnis der **Umsätze** oder der **Betriebsgewinne** genannt.[427]

225   Da Forschungsprojekte meistens auf längere Dauer angelegt sind, ist es recht problematisch, die künftigen Umsätze, Gewinne, Stückzahlen oder ähnliche Basiskennzahlen zur Feststellung des anteiligen künftigen Nutzens zu schätzen. Dies gilt für die angewandte Forschung und umso mehr für die Grundlagenforschung. Damit die **Schätzungen** eine hinreichende Aussicht auf Anerkennung durch die FinVerw. haben, müssen demnach **konkrete Planungen** für die Forschungsprojekte und die zu entwickelnden Produkte für die einzelnen Unternehmen bestehen. Dies ist natürlich besonders schwierig, wenn die Forschung nur in einer geringen Zahl von Fällen zum Erfolg führt, wie dies bspw. im Pharmabereich der Fall ist. In solchen Fällen wird daher häufig das **Verhältnis** der **gegenwärtigen Umsätze** als Aufteilungsmaßstab auch für die zukunftsgerichteten Schätzungen verwendet, wenn Anlass zur Annahme besteht, dass das Verhältnis der gegenwärtigen Umsätze auch in Zukunft mit neuen Produkten auf Basis der Forschungsergebnisse von den Beteiligten in etwa zu erzielen ist.

226   Bei einem Konzernumlagevertrag kann sich – ebenso wie bei einem Kostenumlagevertrag – während der Vertragsdauer herausstellen, dass der ge-

---

[424] Der Begriff „Kostenumlageverträge" iSd Kapitels VIII OECD-VPL ist wohl umfassender als der in Deutschland nur für Kostenumlageverträge nach dem Poolkonzept in Tz. 1 ff. VGr-Umlageverträge verwendete Begriff.

[425] Vgl. Tz. 8.19 OECD-VPL.

[426] Vgl. *IRS,* Cost Sharing Regs (2011) § 1.482-7 (e)(2)(i).

[427] Vgl. *IRS,* Cost Sharing Regs (2011) § 1.482-7 (e)(2)(ii) „Indirect bases for measuring anticipated benefits".

schätzte **voraussichtliche Nutzen** der Parteien sich wesentlich **verändert.** Für diesen Fall befürwortet Tz. 3.3 VGr-Umlageverträge eine Anpassung der Umlage durch **Änderung des Kostenschlüssels,** wobei sich bei einer zeitgerechten Überprüfung Anpassungen nur für die Zukunft ergeben sollen. Auch Tz. 8.20 und 8.21 OECD-VPL befürworten die Möglichkeit von Beitragsanpassungen und die Änderung von Aufteilungsschlüsseln, wenn sich die erwarteten Vorteile ändern oder die Vorausplanungen von den tatsächlichen Ergebnissen erheblich abweichen. Zudem sieht Tz. 8.18 OECD-VPL **Ausgleichszahlungen** vor, um so die Beiträge von Vertragspartnern auf ein angemessenes Verhältnis anzupassen. Die Ausgleichszahlung soll steuerlich bei demjenigen, der die Zahlung leistet, als zusätzlicher Aufwand und bei dem Zahlungsempfänger als Kostenerstattung (und deshalb als Kostenreduzierung) behandelt werden (Tz. 8.18 und 8.25 OECD-VPL).

Diese Grundsätze können wegen der gleichartigen Interessenlage auch auf **227** Konzernumlageverträge Anwendung finden. Fraglich ist allerdings, ob und unter welchen Voraussetzungen die deutsche FinVerw. akzeptiert, dass **Ausgleichszahlungen** auch eine Berichtigung der Beiträge **für die Vergangenheit** ermöglichen. Aus deutscher Sicht ist die Anpassung von bereits in der Vergangenheit geleisteten Zahlungen wegen des sog. Nachzahlungsverbots im Normalfall nicht möglich.[428] Auch sog. Steuerklauseln, die eine rückwirkende Anpassung gezahlter Preise im Fall von Beanstandungen ermöglichen sollen, werden grundsätzlich nicht anerkannt. Im Fall der Konzern- und der Kostenumlageverträge für Forschungskosten sollte jedoch eine Ausnahme anerkannt werden, da der anteilige voraussichtliche Nutzen auf Schätzungen der Beteiligten beruht, so dass eine Änderung der Schätzungsgrundlagen auch eine Anpassung der Kostenverteilung erfordert. Unproblematisch dürfte der Fall sein, wenn eine Ausgleichszahlung nur die **Beiträge** eines **laufenden Jahres anpasst** oder noch **vor Bilanzfeststellung** eine Forderung bzw. Verbindlichkeit zwecks Anpassung der Zahlungen des abgelaufenen Jahres gebucht wird.

Für die steuerliche Zulässigkeit der **Ausgleichszahlungen** auch für **ver-** **228** **gangene Jahre** spricht eine Reihe von Argumenten. Zum einen richten sich die Zahlungen nach dem **voraussichtlichen Nutzen** und stehen damit implizit unter dem Vorbehalt einer Änderung der Planungen und der Umlagen aufgrund neuer Erkenntnisse. Um Diskussionen mit den FinVerw. in den Ansässigkeitsstaaten der Vertragsparteien zu vermeiden, sollten jedoch im Vertrag schon bei Vertragsabschluss oder am Beginn des jeweiligen Wirtschaftsjahres ausdrücklich **Regelungen für Anpassungen** von Ausgleichszahlungen und von Konzernumlagen vereinbart werden. Die Risiken und Chancen sind für alle Parteien gleich, weil jede Partei mit einer Ausgleichszahlung bei einer Änderung der Verhältnisse rechnen muss. Diejenige Partei, die eine Ausgleichszahlung zu leisten hat, profitiert andererseits von dem größeren zu erwartenden Nutzen, der im Regelfall einen höheren Mittelrückfluss erwarten lässt, als der Betrag der Ausgleichszahlung ausmacht. Schließlich ist die im Voraus getroffene Vereinbarung von **Ausgleichszahlungen** ein **Fall des Vorteilsausgleichs,** der hier auch ohne Vorliegen der in Tz. 2.3 VGr ge-

---

[428] Vgl. Kap. F Rn. 25–34, wonach eine nachträgliche Preisanpasung aufgrund von bei Vertragsabschluss vereinbarten Anpassungsklauseln aber möglich sein soll.

nannten strengen Voraussetzungen anzuerkennen ist, weil er zum einen nicht im Voraus quantifizierbar ist und weil er andererseits international als in Einklang mit dem Arm's Length-Prinzip stehend anerkannt wird.

Beispiel 1: Die Konzerngesellschaften A-Corp. (Australien), D-GmbH (Deutschland), J-Ltd. (Japan) und U-Inc. (USA) beauftragen die Konzernforschungsgesellschaft H-BV (Niederlande) zur Genforschung zwecks Entwicklung von Arzneimitteln auf dem Gebiet von Erbkrankheiten. Alle Auftraggeber produzieren gleichartige Arzneimittel und vertreiben diese exklusiv in ihren Vertragsgebieten, wobei A-Corp. den australischen und südamerikanischen Markt, D-GmbH den europäischen und afrikanischen Markt, J-Ltd. den asiatischen Markt und U-Inc. den nord- und mittelamerikanischen Markt beliefern. Beim Vertragsabschluss im Jahr 2011 gehen die Parteien davon aus, dass die Umsätze und Erträge mit den sich aus der Forschung ergebenden Produkten für die vier Beteiligten voraussichtlich einen gleichen Umfang haben werden. Daher werden die Forschungsaufwendungen von € 40 Mio. p. a. zu je 25 % von den Auftraggebern getragen. Die Vorausplanungen gehen davon aus, dass erfolgreiche Produkte im Durchschnitt auf jedem Markt einen zusätzlichen operativen Gewinn von jeweils € 80 Mio. p. a. erzielen werden. Der Vertrag sieht die Möglichkeit von Ausgleichszahlungen für den Fall von wesentlichen Planungsänderungen vor und die Vorausplanungen werden jährlich überprüft. Am Ende des Jahres 2013 findet die H-BV ein Mittel zur Bekämpfung einer Erbkrankheit, die vorwiegend in Afrika verbreitet, aber nicht zwingend behandlungsbedürftig ist, sodass kein WHO-Hilfsprogramm und wegen der geringen Kaufkraft in Afrika nur Umsätze der D-GmbH bis zu € 5 Mio. p. a. erwartet werden. Fraglich ist, ob in diesem Fall Ausgleichszahlungen erforderlich sind. Dies ist nicht der Fall, wenn keine wesentliche Abweichung von den Planungen vorliegt, weil zB die ursprünglichen Forschungsarbeiten wie geplant fortschreiten und ab 2014 oder 2015 mit weiteren Produkten gerechnet wird, die auf den jeweiligen Märkten künftig gleich hohe operative Gewinne erwarten lassen. Alternativ könnten aber auch Ausgleichszahlungen zu Lasten der D-GmbH erfolgen, wenn diese in den Folgejahren einen höheren operativen Gewinn erwartet, als die anderen Vertragspartner.

Beispiel 2: Im obigen Beispiel wird im Jahr 2013 festgestellt, dass für eine bestimmte Erbkrankheit, die in Europa um 25 % häufiger vorkommt als in anderen Gebieten, ein Wirkstoff gefunden wurde. Die Parteien rechnen mit Umsätzen der D-GmbH von € 100 Mio. p. a. und für die anderen Gesellschaften von jeweils € 80 Mio. p. a. Die A-Corp., die J-Ltd. und die U-Inc. fordern eine Änderung der Vorausplanungen und des Kostenschlüssels für die Zukunft. Außerdem verlangen sie Ausgleichszahlungen für die Vergangenheit. In diesem Fall kommen Ausgleichszahlungen nach den oben (vor Beispiel 1) erörterten Grundsätzen in Betracht. Allerdings ist eine Änderung des Kostenschlüssels nur gerechtfertigt, wenn sich die Verhältnisse für alle Forschungsprojekte insgesamt wesentlich geändert haben und die geänderte Vorausplanung eine solche Anpassung erfordert.

dd) Eigentums-, Nutzungs- und gewerbliche Schutzrechte

229   Bei der **Gemeinschaftsforschung** im Rahmen eines Konzernumlagevertrags liegt regelmäßig **keine Mitunternehmerschaft** vor.[429] Da die Unternehmen mit der in Auftrag gegebenen Forschung einen gemeinsamen Zweck verfolgen – nämlich die Erlangung verwertbarer immaterieller Wirtschaftsgüter (insb. Know-how oder gewerbliche Schutzrechte) – handelt es sich idR um eine Gesellschaft bürgerlichen Rechts (GbR) in Form einer **Innengesell-**

---

[429] Vgl. oben Rn. 210.

schaft.[430] Die Vertragspartner können dabei nach deutschem Recht vereinbaren, ob sie nach außen „als Gesellschaft" am Rechtsverkehr teilnehmen **(Außengesellschaft)** oder ob sie wie bei einem Poolvertrag nach außen nicht rechtsgeschäftlich mit Wirkung „für die Gesellschaft" handeln, sondern nur im Namen des jeweils Handelnden, der im Innenverhältnis einen schuldrechtlichen Ausgleichsanspruch hat **(Innengesellschaft)**.[431] Zu beachten ist, dass Tz. 1.1 VGr-Umlagen für einen Kostenumlagevertrag nach dem **Poolkonzept** zwingend vom Vorliegen einer **Innengesellschaft** ausgeht, während für den Konzernumlagevertrag nach dem Leistungsaustauschprinzip keine Einschränkungen aus steuerlicher Sicht bestehen. Sofern die Vertragspartner als Außengesellschaft auftreten, werden die für die GbR entwickelten immateriellen Wirtschaftsgüter **Gesamthandsvermögen** der Gesellschafter (§ 718 BGB). Vereinbaren die Unternehmen für ihren gemeinsamen Forschungsauftrag dagegen eine Innengesellschaft, können sie das im gemeinsamen Auftrag geschaffene immaterielle Wirtschaftsgut entweder als **Gesamthandsvermögen** oder alternativ in Form der **Rechtsgemeinschaft** iSd § 741 BGB halten und nach außen im Rahmen dieser Gemeinschaft auftreten.[432]

Da in einem Konzern die gemeinsame Forschung im Wege des Konzernumlagevertrags idR als Innengesellschaft vereinbart wird, werden generell Regelungen getroffen, wonach einem Vertragspartner als **Treuhänder** für alle Mitgesellschafter das **rechtliche „Eigentum"** an den jeweiligen immateriellen Wirtschaftsgütern zusteht, während die anderen Parteien des Konzernumlagevertrags als **Treugeber** das **wirtschaftliche „Eigentum"** und schuldrechtliche **Nutzungsrechte** an den immateriellen Wirtschaftsgütern erlangen.[433] Da es sich bei immateriellen Wirtschaftsgütern aus zivilrechtlicher Sicht nicht um Sachen iSd § 90 BGB, sondern um Rechte (sog. Immaterialgüterrechte) handelt, wird der „Eigentümer" solcher Rechte zutreffend als **Inhaber** bezeichnet. Die **gewerblichen Schutzrechte** (zB Patente, Gebrauchsmuster, Marken, eingetragene Designs) werden normalerweise von dem Treuhänder bei den nationalen oder internationalen Registern angemeldet. Es ist denkbar, dass einige Länder die Vertragsparteien auch als rechtliche Miteigentümer ansehen; damit wären idR steuerlich die gleichen Regeln wie bei dem wirtschaftlichen Eigentum anwendbar. In jedem Fall sollten die Eigentums- und Verwertungsrechte nach dem vereinbarten Zivil- bzw. Gesellschaftsrecht und dem jeweils anwendbaren Steuerrecht vor Vertragsabschluss geklärt werden.

Die am Konzernumlagevertrag beteiligten Unternehmen haben als (wirtschaftliche) Mitinhaber einen **Anspruch auf die Nutzung der** vom Forschungsunternehmen **entwickelten immateriellen Wirtschaftsgüter.** Wegen der gegenseitigen Begrenzung durch die Rechte der Mitinhaber müssen Regelungen über **Art und Umfang der Nutzung** der immateriellen Wirtschaftsgüter getroffen werden, insb. gebietsmäßige Beschränkungen **230**

---

[430] Vgl. *Palandt/Sprau*, § 705 BGB, Rn. 33; s. a. Kap. N Rn. 405 ff.

[431] Vgl. *Palandt/Sprau*, § 705 BGB, Rn. 33.

[432] Vgl. *Palandt/Sprau*, § 705 BGB, Rn. 33; „Miteigentum" gem. § 1008 BGB ist nur bei Sachen möglich, während für gemeinsame Rechte § 741 BGB gilt.

[433] Vgl. Tz. 8.6 OECD-VPL; ferner zum Poolvertrag unten Rn. 311 ff. „Zuordnung von Eigentums- und Nutzungsrechten sowie gewerblichen Schutzrechten".

(Tz. 8.6 OECD-VPL). Auch soweit kein rechtliches oder wirtschaftliches Gesamthandseigentum oder keine Gemeinschaft nach Bruchteilen vorliegt, sondern zB nur ein rechtlicher Inhaber, während den anderen Beteiligten schuldrechtliche Nutzungsrechte zustehen, sind Bestimmungen erforderlich, die den Beteiligten des Konzernumlagevertrags ein ausschließliches Recht über die **unentgeltliche Nutzung** der immateriellen Wirtschaftsgüter für ein **bestimmtes Vertragsgebiet** gewähren. IdR handelt es sich dabei um das Territorium des Ansässigkeitsstaates des jeweiligen Beteiligten zuzüglich etwaiger Gebiete anderer Länder. Die Größe und die Marktverhältnisse der einem Beteiligten zugeordneten Territorien beeinflussen auch seinen voraussichtlichen Nutzen und seinen Kostenbeitrag. Darüber hinaus können für Drittländer, in denen keiner der Beteiligten ansässig ist, bspw. auch nicht ausschließliche Nutzungsrechte erteilt werden. Neben der Art muss auch die Dauer des Nutzungsrechts beschrieben werden. Im Hinblick auf die Kostenumlage muss das Nutzungsrecht zumindest die volle Laufzeit eines etwaigen gewerblichen Schutzrechts umfassen oder in der Dauer unbeschränkt sein. Etwaige Beschränkungen durch das Recht eines Ansässigkeitsstaates müssten überprüft werden. In der Regelung muss außerdem klar zum Ausdruck kommen, dass im Hinblick auf die zu leistenden Kostenumlagen **keine Lizenzgebühren** zu zahlen sind. Dies gilt natürlich nicht, wenn ein **neuer Vertragspartner** in eine Forschungs-GbR aufgenommen wird und auch die bereits vorhandenen fertig entwickelten immateriellen Wirtschaftsgüter nutzen will. In solchen Fällen muss der neu Hinzutretende für diese so genannte **Alttechnologie** Lizenzen an die Forschungs-GbR bzw. an deren Gesellschafter zahlen, wobei laufende Lizenzzahlungen oder eine kapitalisierte Einmalzahlung in Frage kommen. Diese Einmalzahlung wird auch als **Eintrittsgeld *(Buy-in Payment)*** bezeichnet.[434] Für die Beteiligung an den bereits in Entwicklung befindlichen (noch unfertigen) Projekten kommt neben den laufenden Kostenumlagen keine Lizenzgebühr, sondern nur die Zahlung eines Eintrittsgeldes in Betracht.[435]

231   Bei Forschungs- und Entwicklungsverträgen müssen – ebenso wie bei Lizenz- und Know-how-Verträgen – die **kartellrechtlichen Bestimmungen** der Ansässigkeitsstaaten der Vertragsparteien beachtet werden, wobei für europäische Vertragspartner auch die Art. 101 und 106 AEU-Vertrag (ehem. 81 und 86 EG-Vertrag) sowie die dazu ergangenen Verordnungen von Bedeutung sind. Vereinbarungen über gemeinsame Forschung und Entwicklung und gemeinsame Verwertung der dabei erzielten Ergebnisse können unter das **Verbot wettbewerbsbeschränkender Vereinbarungen und Verhaltensweisen** des Art. 101 Abs. 1 AEU-Vertrag (ehem. Art. 81 Abs. 1 EG-Vertrag) fallen, weil die Vertragspartner im gegenseitigen Einvernehmen die Einzelheiten der Herstellung von Erzeugnissen oder der Benutzung von Verfahren oder die Bedingungen für die Verwertung gewerblicher Schutzrechte oder von Know-how festlegen. Da die Zusammenarbeit auf dem Gebiet der Forschung und Entwicklung einschließlich der Verwertung der Ergebnisse jedoch den technischen und wirtschaftlichen Fortschritt fördert, hat die EG-Kommission nach Art. 81 Abs. 3 EG-Vertrag die so genannte **„Technolo-**

---

[434] Vgl. Tz. 8.31 ff. OECD-VPL; dazu unten Rn. 236 ff.
[435] Vgl. dazu unten Rn. 236 ff.

gietransfer-Gruppenfreistellungsverordnung (TT-GVO)" erlassen, die bestimmte Wettbewerbsbeschränkungen zulässt.[436] Bei der Abfassung von Forschungs- und Entwicklungsverträgen sowie Lizenzverträgen sollten daher unbedingt auch die kartellrechtlichen Aspekte geprüft werden.

ee) Lizenzierung und Verkauf

In dem Vertrag muss außerdem geregelt sein, ob und unter welchen Vor-   **232** aussetzungen eine **Lizenzierung** der immateriellen Wirtschaftsgüter an **andere Konzerngesellschaften,** die nicht am Konzernumlagevertrag beteiligt sind, **oder** an unabhängige **Dritte** zulässig ist. Dabei wäre insb. zu regeln, ob die Lizenzvergabe einstimmig oder mit einfacher oder qualifizierter Mehrheit beschlossen werden kann. Die Festlegung der Lizenzgebühr sollte ebenfalls diesem Beschluss vorbehalten bleiben, weil erst nach Vorliegen des immateriellen Wirtschaftsguts und erst bei Kenntnis des vom Lizenznehmer bearbeiteten Marktes und seiner Ertragsaussichten eine angemessene Lizenzgebühr festgelegt werden kann. Der Vertrag sollte weiterhin eine Regelung darüber enthalten, ob einzelne von der Forschungsgesellschaft entwickelte immaterielle Wirtschaftsgüter auch an andere Konzernunternehmen oder an Dritte verkauft werden können. Für diesen Fall empfiehlt es sich aber, das Erfordernis der Einstimmigkeit vertraglich festzulegen. Bei einem **Verkauf** voraussichtlich hoch profitabler immaterieller Wirtschaftsgüter muss selbstverständlich mit einer intensiven Überprüfung der Angemessenheit des Verkaufspreises durch die FinVerw. gerechnet werden. Dies gilt insb. dann, wenn das immaterielle Wirtschaftsgut an eine konzerneigene **Patentverwertungs- und Verwaltungsgesellschaft** in einem Niedrigsteuerland verkauft wird.[437] Für die Erträge aus Lizenzierung oder Verkauf wird auf den nachfolgenden Abschnitt verwiesen.

ff) Subventionen und andere Erträge

Tz. 2.1 VGr-Umlageverträge bestimmt, dass bei Kostenumlageverträgen   **233** (nach dem Poolkonzept) die **umzulegenden Kosten um** diejenigen **Erträge zu kürzen** sind, die der zentrale Organisationsbereich oder die angegliederten Stellen erhalten und die aus Tätigkeiten oder Wirtschaftsgütern stammen, welche Gegenstand des Umlagevertrags sind. Dieser Grundgedanke passt auch auf Konzernumlageverträge. Wenn die Forschungsgesellschaft daher immaterielle Wirtschaftsgüter, deren Eigentum bzw. ausschließliches Nutzungsrecht den Beteiligten des Umlagevertrags zusteht, mit deren Einverständnis an Dritte gegen Lizenz zur Nutzung überlässt, dann sind die Lizenzeinnahmen als Erträge zu berücksichtigen, die von den laufenden Kosten abgezogen werden müssen. Anders als bei Dienstleistungsgesellschaften – bei denen der Gewinnaufschlag für Leistungen an Dritte dem Leistenden zuzurechnen ist – muss die Kürzung bei Forschungsgesellschaften die tatsächlichen **Erträge einschließlich des Gewinns** umfassen, weil dieser Gewinn

---

[436] Verordnung (EG) Nr. 772/2004 der Kommission über die Anwendung von Art. 81 Abs. 3 EG-Vertrags auf Gruppen von Technologietransfer-Vereinbarungen (TT-GVO); ABl. der EU, 27.4.2004, L 123/11 ff.

[437] Zur Frage der Angemessenheit des Verkaufspreises beim Verkauf immaterieller Wirtschaftsgüter vgl. unten Rn. 361 ff., 377 ff.

den Eigentümern bzw. Nutzungsberechtigten des immateriellen Wirtschaftsguts voll zusteht.

234   Als weitere Erträge kommen außer Lizenzen auch die Einnahmen aus so
genannten **Eintrittszahlungen** in Betracht, wenn neue Vertragsparteien in
den Konzernumlagevertrag aufgenommen werden. Diese Zahlungen stehen
den alten Vertragsparteien im Verhältnis ihrer bisherigen Beiträge zu, die auf
dem Maßstab des erwarteten anteiligen Nutzens beruhen. Ferner kann die
Forschungsgesellschaft bspw. Erträge aus dem **Verkauf** von nicht mehr benötigtem **Anlagevermögen** oder von **immateriellen Wirtschaftsgütern** erzielen.

235   Eine streitige Frage ist, ob **staatliche Forschungszuschüsse** (Subventionen) die Konzernumlagen mindern oder aber unberührt lassen. Die deutsche
Literatur ist zutreffend der Auffassung, dass staatliche Subventionen im Hinblick auf die Zielsetzung der Zuschussgewährung, nämlich die Verbesserung
der Standortbedingungen für das forschende Unternehmen, **keine Kürzung
der** zu verteilenden **Kosten um den Zuschuss** rechtfertigen.[438] Die
OECD-Mitgliedstaaten konnten in dieser Frage keine Einigung erzielen, und
Tz. 8.17 OECD-VPL enthält daher nur den unklaren Hinweis, die Mittelzuwendungen sollten so behandelt werden, wie dies auch unabhängige Unternehmen vereinbaren würden. Grundsätzlich empfiehlt sich eine klare Regelung im Auftragsforschungsvertrag.

gg) Eintritts- und Austrittsregelungen

236   Wenn die Vertragsparteien eines Konzernumlagevertrags einen neuen Vertragspartner aufnehmen wollen oder wenn ein bisheriger Vertragspartner
ausscheidet, ist es idR erforderlich, dass das neu eintretende Mitglied ein **Eintrittsgeld** (Buy-in-payment) zahlt bzw. eine ausscheidende Partei ein **Austrittsgeld** (Buy-out-payment) erhält. Entsprechende Regelungen finden sich
in Tz. 4.1 VGr-Umlageverträge für Poolverträge[439] sowie in Tz. 8.31 ff.
OECD-VPL. Solche Eintritts- oder Austrittszahlungen sind nicht in jedem
Fall erforderlich, sondern nur, wenn sich aus dem Eintritt oder Austritt
Nachteile oder Vorteile für die anderen Vertragsbeteiligten ergeben.

237   **Eintrittszahlungen** erscheinen als angemessen, wenn die bisherigen Beteiligten eines Konzernumlagevertrags Zahlungen für bestimmte Forschungsprojekte geleistet haben und wenn das in Entwicklung befindliche Wirtschaftsgut schon einen gewissen Wert hat. Es muss also festgestellt werden, ob
eine Eintrittszahlung **dem Grunde nach** und **der Höhe nach** gerechtfertigt
ist. Eine Eintrittszahlung erscheint prinzipiell als gerechtfertigt, wenn die Forschungstätigkeiten bereits zu neuen technischen, chemischen, oder sonstigen
wissenschaftlichen Kenntnissen geführt haben oder im Zeitpunkt des Eintritts
der neuen Partei derartige neue Erkenntnisse erwarten lassen. Problematischer
sind die Fälle, in denen die Forschungsaktivitäten noch keinerlei weiterführende Kenntnisse oder Ergebnisse erkennen lassen.

Beispiel: Die französische Pharma-Konzern-Forschungsgesellschaft F-SA forscht
aufgrund eines Konzernumlagevertrags für die Produktionsgesellschaften in Frankreich,
Belgien, Großbritannien, Deutschland, Italien und Spanien. Im zweiten Halbjahr 2009

---

[438] Vgl. *Jacobs,* 807; *DIHT* Verrechnungspreise, 1981, 25.
[439] Vgl. dazu unten Rn. 317 ff.

schloss die F-SA mit den Schwestergesellschaften in Frankreich, Großbritannien und Deutschland einen ergänzenden Konzernumlagevertrag über ein Forschungsprojekt zwecks Erforschung und Entwicklung eines Präparats zur Bekämpfung der Demenz (Alzheimersche Krankheit und andere Formen). Ende 2010 tritt die schwedische Konzerngesellschaft dem Konzernumlagevertrag für dieses Projekt bei. Bis zu diesem Zeitpunkt haben die Beteiligten je € 1 Mio. an Umlagen an die F-SA geleistet. Verwertbare Forschungsergebnisse sind noch nicht in Sicht, es liegen lediglich Studien über Erscheinungsformen der Erkrankung, statistische Häufigkeit in verschiedenen Ländern, bisher angewandte Heilverfahren und -erfolge vor. Anfang 2013 entschließen sich die Konzerngesellschaften in Italien und Spanien ebenfalls zum Beitritt zu diesem Forschungsprojekt. Inzwischen liegen die Ergebnisse gentechnischer und pharmakologischer Versuche mit Tieren vor, die teilweise erfolgversprechend sind.

In diesem Fall scheint es im Zeitpunkt des Beitritts der schwedischen Gesellschaft nicht erforderlich, dass diese eine Eintrittszahlung leistet, weil die Forschungsaktivitäten praktisch noch keine neuen Erkenntnisse erbracht haben und insoweit noch kein bewertbarer anteiliger Vorteil auf die schwedische Gesellschaft übergeht. Es erscheint aber auch die Auffassung als vertretbar, dass ein fremder Dritter bereit wäre, sich an den bisherigen Kosten der Auswertung der vorhandenen wissenschaftlichen Erkenntnisse zu beteiligen, weil er im Fall der Eigenforschung diese (vergeblichen) Kosten anfangs ebenfalls aufwenden müsste (so auch Tz. 4.1 VGr-Umlageverträge). Zwischen fremden Dritten wäre dies jedenfalls ein Verhandlungspunkt. Im Zeitpunkt des Beitritts der italienischen und der spanischen Gesellschaften liegen bereits erste Forschungs-Teilergebnisse vor, die zudem eine mögliche Verwertung erwarten lassen. Daher erscheint ein Eintrittsgeld als gerechtfertigt und als notwendig.

Die **Höhe der Eintrittszahlung** richtet sich wegen des Fremdvergleichsgrundsatzes – zumindest in der Theorie – **nicht** nach den bisherigen **F+E-Kosten** der bisherigen Beteiligten, sondern nach dem **Wert des unfertigen immateriellen Wirtschaftsguts** und dem voraussichtlichen **anteiligen Nutzen** der neuen Vertragspartei im Zeitpunkt des Beitritts.[440] Die Bewertung ist naturgemäß äußerst schwierig und weder Tz. 4.1 VGr-Umlageverträge noch Tz. 8.31 ff. OECD-VPL enthalten konkrete Hinweise. Eine Ermittlung des Wertes anhand potenzieller Lizenzerträge ist praktisch ausgeschlossen, weil für unfertige immaterielle Wirtschaftsgüter keine Vergleichslizenzen zur Verfügung stehen. Eine Wertermittlung nach dem voraussichtlichen anteiligen betrieblichen Nutzen des beitretenden Unternehmens ist ebenfalls problematisch, weil die voraussichtlichen Erträge und Kosten nur vage geschätzt werden können, wobei insb. das Risiko besteht, dass im obigen Beispiel andere Wettbewerber schneller ein wirksames Präparat auf den Markt bringen und damit die Schätzungen obsolet werden. Sofern vorab für den Zeitpunkt nach der Fertigstellung ein Wert des immateriellen Wirtschaftsguts ermittelt bzw. geschätzt werden kann,[441] müssten für die Schätzung des Werts des unfertigen immateriellen Wirtschaftsguts noch die voraussichtlichen restlichen Forschungs- und Entwicklungskosten in Abzug gebracht werden.

Als weitere Bewertungsmethode kommt **subsidiär** schließlich noch die Berücksichtigung der bisher aufgewendeten **Forschungs- und Entwicklungskosten** in Betracht, wobei jedoch – je nach Forschungsfortschritt – ein Gewinnzuschlag zu berücksichtigen wäre, weil auch ein fremder Dritter sol-

[margin 238]
[margin 239]

---

[440] Ebenso Tz. 8.32 OECD-VPL.
[441] Vgl. zur Bewertung immaterieller Vermögensgegenstände unten Rn. 375 ff.

che unfertigen Forschungsergebnisse mit Gewinnaufschlag veräußern würde. Die Forschungskosten als Anhaltspunkt wären für bestimmte Forschungsaufgaben eine nachvollziehbare und akzeptable Größe. Jedoch lässt die Höhe der Forschungskosten in den meisten Fällen, wie zB bei der Grundlagenforschung, keinen Schluss zu auf den Wert der unfertigen oder fertigen Forschungsergebnisse. Daher müssen im Einzelfall andere Schätzungsmethoden bevorzugt werden, wenn bspw. die Entwicklung eines hochprofitablen immateriellen Wirtschaftsguts in Aussicht steht und die F+E-Kosten dafür bislang vergleichsweise gering waren.

Beispiel: 2008 vereinbaren vier Konzernunternehmen die Entwicklung einer Computerhardware und Software, die für Multimedia-Zwecke verwendet werden kann. Die Forschungs- und Entwicklungskosten belaufen sich auf jährlich € 1 Mio., wobei jede der Parteien im Hinblick auf den voraussichtlichen Nutzen einen gleichen Anteil von € 250 000 jährlich trägt. Nach fünf Jahren tritt eine fünfte Konzerngesellschaft dem Kostenumlagevertrag bei und die Parteien einigen sich darauf, dass die weiteren F+E-Kosten für die restliche Entwicklungstätigkeit im Hinblick auf den voraussichtlich gleichen Nutzen aller Parteien zu je einem Fünftel getragen werden sollen. Im Zeitpunkt des Beitritts der fünften Konzerngesellschaft beträgt der Wert des unfertigen immateriellen Wirtschaftsguts, dessen Vollendung innerhalb von ein bis zwei Jahren erwartet wird, unstreitig € 50 Mio. Dies ist der Preis, den ein fremder Wettbewerber für das noch unfertige immaterielle Wirtschaftsgut geboten hat. Unter diesen Umständen ist es erforderlich, dass der neue Beteiligte eine Eintrittszahlung iHv € 10 Mio. (ein Fünftel von € 50 Mio.) zahlt, wobei die bisherigen vier Beteiligten jeweils € 2,5 Mio. erhalten. Im Hinblick auf den objektiven Marktwert der immateriellen Wirtschaftsgüter ist es gerechtfertigt, dass die Eintrittszahlung die von den anderen Parteien bisher aufgewendeten F+E-Kosten weit übersteigt.

Es empfiehlt sich in derartigen Fällen zur Verminderung oder ggf. Vermeidung von steuerpflichtigen Erträgen der bisherigen Beteiligten, dass die Eintrittszahlung zunächst in der Form vereinbart wird, dass der neu Hinzutretende für die nächsten zwei oder drei Jahre alle Kosten bis zum Ausgleich der erforderlichen Eintrittszahlung allein trägt und dass nur die zum Ende der Forschungsperiode noch bestehende Restschuld aus der Eintrittszahlung an die anderen Beteiligten ausgezahlt wird. Bei solchen Vereinbarungen wären selbstverständlich Zinseffekte zu berücksichtigen. Es muss allerdings damit gerechnet werden, dass die Finanzbehörden solche Zahlungen auf Seiten der Empfänger als Einnahmen behandeln, während sie auf Seiten des Zahlenden ggf. nicht als sofort abzugsfähige Betriebsausgabe, sondern als aktivierungspflichtiges immaterielles Wirtschaftsgut angesehen werden. Nach der hier vertretenen Meinung sollten allerdings die Eintrittszahlungen ebenso wie die weiteren Kostenumlagen bei dem Beitretenden als abzugsfähige Betriebsausgaben qualifiziert werden. Bei den anderen Vertragsparteien liegt infolge ihrer geringeren Beiträge eine Minderung der Betriebsausgaben vor. Das rechtliche Eigentum an dem eingebrachten Vermögensgegenstand verbleibt bei dem Einbringenden, jedoch erlangen alle Vertragsparteien ein Nutzungsrecht entsprechend ihrem Anteil an den Beiträgen, der sich wiederum nach dem tatsächlichen oder voraussichtlichen anteiligen Nutzen richtet.

240   Wenn die **Bewertung** der **unfertigen** immateriellen Wirtschaftsgüter **besonders schwierig** ist und hohe Summen in Frage stehen, sollte im Einzelfall überlegt werden, ob es nicht besser wäre, auf den Beitritt des Eintrittswilligen zum Konzernumlagevertrag zunächst zu verzichten und statt dessen bis zur fertigen Entwicklung des immateriellen Wirtschaftsguts zu warten und dann mit der interessierten Konzerngesellschaft eine **Lizenz** für die Nutzung des immateriellen Wirtschaftsguts zu vereinbaren.

Wenn ein Beteiligter bei der Begründung des Auftragsforschungsvertrags **241** oder bei seinem späteren Eintritt **Sachleistungen einbringt,** kommen sog. **Ausgleichszahlungen** durch die anderen Vertragsparteien in Betracht.[442]

Beispiel: Die drei Konzerngesellschaften NL-BV, CH-SA und D-GmbH schließen sich zu einer GbR zusammen und vereinbaren die gemeinsame Auftragsforschung mit der japanischen Forschungsgesellschaft J-Ltd. für neuartige Kameras mit automatischer Belichtungs- und Entfernungseinstellung, die auch bei großem Zoom-Bereich verwackelungsfreie und scharfe Bilder liefern soll. Alle Parteien leisten eine Vorauszahlung auf die Konzernumlagen des ersten Jahres iHv € 1 Mio. an die J-Ltd., die das Forschungsprojekt für die drei Auftraggeber durchführen soll. Die NL-BV verfügt außerdem über spezielles Know-how, erste Entwicklungspläne und sonstige immaterielle Wirtschaftsgüter, die für das Forschungsprojekt verwendet werden sollen. Der Wert aller immateriellen Wirtschaftsgüter beträgt unstreitig € 300 000. In diesem Fall ist es angemessen, dass die CH-SA und D-GmbH bereits bei Abschluss des Konzernumlagevertrags je € 300 000 zusätzlich in die GbR einzahlen, damit ein Ausgleich für die Einbringung der immateriellen Wirtschaftsgüter durch NL-BV erfolgt. Alternativ wäre es möglich, dass die CH-SA und die D-GmbH an die NL-BV jeweils € 100 000 zahlen und die NL-BV sich dafür verpflichtet, der GbR das unbeschränkte Nutzungsrecht an den immateriellen Wirtschaftsgütern zu gewähren.

Ein **Austrittsgeld** kommt in Betracht, wenn den verbliebenen Beteiligten **242** beim Ausscheiden einer Partei aus dem Konzernumlagevertrag Vorteile verbleiben.[443] Hier muss man allerdings die Rechtfertigung einer solchen Zahlung dem Grunde nach wesentlich **kritischer überprüfen** als beim Eintritt neuer Parteien. Wenn mehrere Parteien einen gemeinsamen Auftragsforschungsvertrag über ein bestimmtes Forschungsprojekt abgeschlossen haben, sind sie damit gegenseitige Rechte und Verpflichtungen eingegangen, die sie erfüllen müssen und jede der Parteien trägt mit ihrem Kostenanteil ihr eigenes **unternehmerisches Risiko** wie bei einer Eigenforschung. Das Risiko des Fehlschlagens der Forschungsaktivitäten kann daher nicht nach einiger Zeit auf die anderen Parteien abgewälzt werden, indem eine Partei austritt und ein Austrittsgeld verlangt.

Beispiel 1: Die US-Pharmaproduktionsgesellschaft U-Inc., ihre norwegische Muttergesellschaft N-AB, die irische Schwestergesellschaft I-Ltd. und die deutsche Schwestergesellschaft D-GmbH schließen mit der englischen Forschungsgesellschaft UK-Ltd. einen Konzernumlagevertrag, wonach die UK-Ltd. für die vier Auftraggeber die Forschung und Entwicklung für ein Heilmittel gegen Leukämie übernimmt. Alle vier Auftraggeber sind als Produktionsgesellschaften einig, dass sie das Mittel in vorher bestimmten gleich großen und qualitativ vergleichbaren Märkten verwerten werden und dass im Hinblick auf den voraussichtlich gleichen Nutzen die Konzernumlagen in gleicher Höhe verteilt werden. Jede Gesellschaft trägt demgemäß € 2 Mio. jährlich. Nach

---

[442] Vgl. dazu Tz. 8.18 OECD-VPL und Tz. 4.1 Abs. 2 und 2.1 Abs. 3 VGr-Umlageverträge. In Tz. 8.18 OECD-VPL wird zwar der Fall der Sacheinlage nicht ausdrücklich genannt, sondern nur von Beiträgen (contributions) gesprochen, jedoch folgt aus Tz. 8.13 und 8.15, dass unter Beiträgen nicht nur Geldzahlungen, sondern auch Sach- oder Dienstleistungen zu verstehen sind. Zu Ausgleichszahlungen bei Poolverträgen vgl. unten Rn. 317 ff.

[443] Vgl. zu Kostenumlageverträgen Tz. 8.34 OECD-VPL und Tz. 4.2 VGr-Umlageverträge; dazu unten Rn. 251 ff.

5 Jahren entscheidet die U-Inc., dass sie aus dem Vertrag ausscheidet, und sie erhält ein Austrittsgeld iHv € 10 Mio. zzgl. Zinsen. Dieser Betrag basiert auf der gemeinsamen Annahme, dass der Wert des unfertigen immateriellen Wirtschaftsguts bis dahin ungefähr den Entwicklungskosten entspricht. Wenige Monate nach dem Ausscheiden der U-Inc. findet die UK-Ltd. einen Wirkstoff, der die Leukämie wirksam bekämpft und nachhaltige Heilungserfolge verspricht. Die U-Inc. verlangt nunmehr eine Aufstockung des Austrittsgeldes im Hinblick auf den höheren Wert der immateriellen Wirtschaftsgüter. Nach deutschem Recht besteht hierfür keine Rechtsgrundlage, weil sich für die U-Inc. nur das allgemeine Unternehmerrisiko verwirklicht hat. Bereits die Zahlung des Austrittsgeldes in Höhe der früheren Forschungskosten war nur dann gerechtfertigt, wenn eine solche Zahlung bereits vorher im Konzernumlagevertrag eindeutig geregelt war. So erscheint es zB als zulässig, wenn die Parteien für das Ausscheiden einer Partei vereinbaren, dass die ausscheidende Partei ihre Kosten (ohne Zinsen) erstattet bekommt, soweit kein höherer Wert der unfertigen Wirtschaftsgüter vom Ausscheidenden nachgewiesen werden kann. Eine solche Regelung erscheint schon als recht weitgehend, weil der Ausscheidende praktisch beim Vertragsabschluss kein Kostenrisiko eingeht, jedoch die Chancen einer erfolgreichen Entwicklung wahrt. Richtiger wäre es deshalb, im Konzernumlagevertrag wegen des allgemeinen Unternehmerrisikos nur dann ein Austrittsgeld für ausscheidende Parteien vorzusehen, wenn tatsächlich schon ein bewertbares fertiges oder unfertiges Wirtschaftsgut vorhanden ist.

Die US-FinVerw. (IRS) vertrat allerdings zu einem ähnlichen Beispiel in den Proposed Regulations von 1992 die Auffassung, dass die U-Inc. in diesem Fall einen Anspruch auf Anpassung des Austrittsgeldes habe. Diese Meinung widerspricht mitteleuropäischem Rechtsverständnis, weil die U-Inc. in ihrer Entscheidung frei war, ob sie weiterhin die Risiken und Chancen einer erfolgreichen Forschung wahren wollte oder nicht. Dass die weiteren Forschungsbemühungen der UK-Ltd. im obigen Beispiel schließlich erfolgreich waren, kann der U-Inc. nicht zugute kommen. Nur ausnahmsweise könnte die U-Inc. eine Aufstockung des Austrittsgeldes verlangen, nämlich wenn sie über den Stand der Forschung zum Zeitpunkt des Austritts und die etwaigen Erfolgsaussichten nicht informiert worden war oder sie könnte von der Muttergesellschaft eine Entschädigung verlangen, wenn sie auf deren Anweisung den Vertrag kündigte.

Beispiel 2: Angenommen in Beispiel 1 erhielt die U-Inc. die Austrittszahlung, und innerhalb eines Jahres nach dem Ausscheiden der U-Inc. entscheiden die N-AB, die D-GmbH und die I-Ltd., dass das Forschungsprojekt ein Fehlschlag war und dass insoweit der Konzernumlagevertrag beendet wird. In diesem Fall beruhte die Austrittszahlung im Zeitpunkt des Austritts der U-Inc. auf einer falschen Bewertung der unfertigen immateriellen Wirtschaftsgüter und der Erfolgsaussichten des Forschungsprojekts. Geht man davon aus, dass alle Parteien den gleichen Kenntnisstand hatten, also keine Partei getäuscht wurde, dann entsprach die Austrittszahlung im Zeitpunkt des Austritts der U-Inc. den objektiven Einschätzungen der Parteien. Nach deutschem Recht kommt auch hier allenfalls eine Anpassung des Vertrags nach § 313 BGB wegen Störung der Geschäftsgrundlage in Frage.[444] Das Fehlen der Geschäftsgrundlage kommt hier insb. in Betracht, weil alle Parteien sich bei Vertragsschluss über einen für ihre Willensbildung wesentlichen Umstand gemeinsam geirrt haben, wobei ausnahmsweise auch ein gemeinsamer Kalkulationsirrtum beachtlich sein kann.[445] Die Berufung auf die Störung der Geschäftsgrundlage ist aber nicht möglich, soweit sich die Parteien eines Risikos bewusst waren, das sich aus Vertrag, Vertragszweck oder anwendbarem Recht ergibt.[446] Der zuletzt genannte Gesichtspunkt spricht hier dagegen, eine nach-

---

[444] Vgl. *Palandt/Grüneberg*, § 313 BGB, Rn. 1 ff.
[445] Vgl. *Palandt/Grüneberg*, § 313 BGB, Rn. 6 und 39.
[446] Vgl. *Palandt/Grüneberg*, § 313 BGB, Rn. 19 ff.

trägliche Anpassung des Vertrags vorzunehmen, weil der endgültige Erfolg noch un-gewiss war und die Parteien damit rechnen mussten, dass die Forschungsaktivitäten entweder in einem großen oder mittleren Erfolg oder in einem Misserfolg enden konnten. Die Schätzung des Wertes der immateriellen Wirtschaftsgüter im Zeitpunkt des Austritts der U-Inc. kann wegen der mit der Schätzung verbundenen Risiken und Chancen nicht nachträglich angepasst werden.

Anders sieht dies vermutlich der IRS. Zu einem ähnlichen Beispiel vertrat der IRS in den Proposed Regulations von 1992 die Auffassung, dass eine nachträgliche Anpas-sung der Austrittszahlung erforderlich sei. Man muss damit rechnen, dass der IRS diese Meinung nach wie vor vertritt, auch wenn die hier diskutierten Beispiele 1 und 2 in den endgültigen US-Regelungen zu *Cost Sharing Arrangements* vom 22.12.2011 nicht mehr enthalten sind.

Gem. Tz. 8.35 OECD-VPL wird **keine Austrittsabfindung** gezahlt, **243** wenn die **Ergebnisse** der bisherigen Kostenumlageaktivität **wertlos** sind. Ferner kann der Austritt sogar zu einer Reduzierung des Wertes der fortge-führten Forschungsaktivitäten führen, weil für die verbleibenden Beteiligten des Kostenumlagevertrags in Zukunft höhere Kosten und anteilig höhere Ri-siken anfallen als bisher.

Für Konzernumlageverträge kommen – ebenso wie für Poolverträge gem. Tz. 4.2 VGr-Umlageverträge – ggf. auch **Austrittszahlungen** des Ausschei-denden **an die verbliebenen Vertragspartner** in Betracht. Dies ist der Fall, wenn der Ausscheidende aus den bisher erzielten Ergebnissen zusätzliche Vorteile ziehen kann (zB durch Drittverwertung) oder wenn sein Austritt den verbliebenen Parteien zusätzliche Belastungen aufbürdet.

Wenn ein **Konzernumlagevertrag** von allen Vertragsparteien **beendet 244** wird, steht ihnen jeweils der Anteil an den Ergebnissen der F+E-Aktivitäten zu, der den Beiträgen (einschließlich Eintritts- oder Ausgleichszahlungen) ent-spricht, die sie während der Vertragsdauer geleistet haben.[447] Soweit eine Partei zu Gunsten der anderen Partner auf ihren Anteil an den Resultaten verzichtet, kommen Ausgleichszahlungen in Betracht (Tz. 8.39 OECD-VPL).

e) Nachweise und Prüfungen

Für Konzernumlageverträge bestanden in Deutschland bis 2002 keine kon- **245** kreten Vorschriften über die für steuerliche Zwecke zu erstellende Dokumen-tation oder die erforderlichen Nachweise. Erst im Jahr 2003 wurde eine **ge-setzliche Dokumentationspflicht** für Verrechnungspreissachverhalte in § 90 Abs. 3 AO und in der ergänzend dazu erlassenen Rechtsverordnung (GAufzV) eingeführt.[448] Zwar hatte die FinVerw. in Tz. 5.1 VGr-Umlagever-träge umfangreiche Dokumentations- und Nachweisanforderungen aufge-stellt, jedoch gelten diese zum Einen nicht für Konzernumlageverträge nach dem Leistungsaustauschprinzip und zum Anderen entbehrten sie bis Ende 2002 – also vor Inkrafttreten des § 90 Abs. 3 AO – noch einer gesetzlichen Grundlage. Der Steuerpflichtige war und ist allerdings aufgrund seiner allge-meinen Mitwirkungspflicht (§ 90 Abs. 1 AO) und der bei Auslandssachver-halten geltenden sog. **gesteigerten Mitwirkungspflicht**[449] gem. § 90 Abs. 2

---

[447] Vgl. Tz. 4.2 Abs. 4 VGr-Umlageverträge und Tz. 8.39 OECD-VPL, jeweils zum Kostenumlagevertrag.
[448] Siehe dazu Kap. E u. Kap. F Rn. 46.
[449] Vgl. dazu Kap. F Rn. 5 ff.

AO zur Aufklärung des steuerlichen Sachverhalts und zur Beschaffung der erforderlichen Beweismittel verpflichtet.

246   Die FinVerw. interpretiert die gesteigerte Mitwirkungspflicht in der Weise, dass das steuerpflichtige Unternehmen nachprüfbare Unterlagen über die für die Festlegung und jeweilige Anwendung des Aufteilungsschlüssels maßgeblichen Verhältnisse vorzulegen hat. Daher impliziert die gesteigerte Mitwirkungspflicht de facto eine vollständige **Nachweispflicht** bzgl. aller mit der **Konzernumlage** zusammenhängenden Unterlagen, insb. die Verpflichtung zur Vorlage von sämtlichen Anweisungen für Erfassung, Abgrenzung und Aufteilung der Kosten sowie von Buchungsplänen und Berechnungen der Kostenumlage der Höhe nach (insb. von Einzelangaben über die in die Kostenumlage einbezogenen Kosten nach Kostenstellen).[450] Der BFH hat jedoch betont, dass von einer Tochtergesellschaft grundsätzlich nicht verlangt werden kann, dass sie die Kalkulationsgrundlagen ihrer Muttergesellschaft besorgt, weil auch ein konzernfremder Vertragspartner nicht bereit wäre, seine Kalkulation offen zu legen.[451] Wenn aber die Parteien die Kostenaufschlagsmethode vereinbaren, dann liegt es in der Natur dieser Vereinbarung, dass der Leistungsempfänger idR den Nachweis der Kosten verlangen kann.

247   Im Folgenden wird erläutert, welche Informationen im Extremfall angefordert werden könnten, um der erweiterten Mitwirkungspflicht des Steuerpflichtigen Genüge zu leisten. Generell sind dabei immer die Grundsätze der **Verhältnismäßigkeit** und **Zumutbarkeit** zu beachten. Für die gesetzlich vorgeschriebene **Dokumentation** gem. § 90 Abs. 3 AO iVm §§ 1 ff. GAufzV **genügt** es daher, wenn **in entsprechender Anwendung** der für den Poolvertrag geltenden Bestimmungen die in **Tz. 5 VGr-Umlageverträge** genannten **Mindestanforderungen** und Dokumentations- und Nachweiserfordernisse erfüllt werden. In diesem Sinne bildet die folgende **Checkliste** ein geeignetes Instrument zur **internen** Vorbereitung für den Kostennachweis im Fall der Prüfung der Unterlagen der ausländischen F+E-Gesellschaft durch die Finanzbehörden. Diese Prüfliste kann von Unternehmen sinngemäß für die Nachweisvorsorge bzw. zur Vorbereitung einer Dokumentation von Konzernumlageverträgen bei Forschungs- oder Dienstleistungsgesellschaften oder -abteilungen genutzt werden. Selbstverständlich kann eine solche **Prüfliste** nicht alle denkbaren Fälle und Fragen erfassen, sondern **bedarf im Einzelfall der Ergänzung oder Abwandlung** durch den unternehmensinternen Spezialisten oder durch den Berater.

248   **Checkliste für die Prüfung eines F&E-Konzernumlagevertrags:**

1. GuV/Bilanz
   – Erfassung der verrechneten Kosten im Aufwand
   – Ausweis der verrechneten Entgelte im Ertrag
2. Personalunterlagen (Gehaltskosten der Abteilungen, Liste der Mitarbeiter, etc.)
3. Umlagevertrag und Umlagenabrechnung
   – Vertrag mit Nachträgen und Anlagen
   – Soweit nicht im Vertrag bei den Vertragsanlagen enthalten: Dokumentation zur Begründung der Konzernumlagen (Beschreibung der konkreten Leistungen der

---

[450] Vgl. *Dahnke* IStR 1994, 24 mit einem Praxisbeispiel für Kostenumlagen einer Dienstleistungsgesellschaft.
[451] BFH 10.5.2001, BFH/NV 2001, 957 (959).

Kostenstellen bzw. Betriebsabteilungen), zur Begründung des Nutzens der Leistungsempfänger (Notwendigkeit der Leistungen und Vorteile des Leistungsempfängers), zur Begründung des Kostenschlüssels (Umfang des Nutzens im Verhältnis zu anderen Leistungsempfängern, verursachungsgerechte und nutzungsorientierte Kostenverteilung)

– Budgets bzw. Vereinbarungen für Vorauszahlungszwecke (Budgets zumindest im ersten Jahr erforderlich; in Folgejahren können Vorauszahlungen zB auch auf Basis der Vorjahreskosten erfolgen)

– Jährliche Abrechnung der tatsächlichen Kosten (Auflistung der direkten und indirekten Kosten nach Kostenstellen bzw. Abteilungen, zB Personalkosten, Reisekosten, Büromiete, AfA Einrichtung, AfA Laborgeräte, AfA Gebäude, Forschungsmaterial, Kosten erforderlicher Fremdlizenzen, EDV-Kosten, Lagerkosten usw.)

– Verteilung der Gesamtkosten nach vereinbarten Kostenschlüsseln auf die Beteiligten (Berechnungsgrundlagen, Rechnungen an Empfänger)

– Falls vorhanden: Kostenrechnung (Kostenarten, Kostenstellen, Kostenträger), insb. wenn einzelne Forschungsprojekte nur für einen Teil der Leistungsempfänger einen Nutzen erwarten lassen

4. Nachweise der Leistungserbringung und des Nutzens
   – Falls vorhanden: Monats-, Vierteljahres- oder Jahresberichte über konkrete Leistungen und Projekte des leistenden Unternehmens
   – Schriftverkehr, Besuchsberichte, Besprechungsprotokolle, Telefonnotizen betreffend die Projekte
   – Forschungsergebnisse in Berichtsform, Liste der Anmeldungen von Patenten, Gebrauchsmustern, eingetragenen Designs, Urheberrechten usw., Pressenotizen, Beginn der Fertigung neuer Produkte, Verbesserungen oder Neuerungen bei der Herstellung alter Produkte, Budgets für Erträge aus neuen Produkten usw.

Soweit die oben aufgelisteten Unterlagen nicht oder nur unvollständig vorhanden sind, besteht die Gefahr, dass der Betriebsprüfer v. a. bei fehlenden oder bei stark mangelhaften Verträgen (zB fehlender Umlageschlüssel) die formellen Mängel des Nachweises rügt und den Steuerpflichtigen trotz unstreitiger Leistungen und angemessener Entgelte zu Kompromisslösungen drängt.[452] Auch wenn die Kostenumlageabrechnungen fehlen oder nicht vertragskonform durchgeführt wurden (zB Anwendung anderer als der vereinbarten Umlageschlüssel), wird der Betriebsprüfer die Höhe der Kostenumlagen beanstanden.

Wenn die Forschungs- und Entwicklungskosten verschiedener Konzerngesellschaften, die im Konzern (Auftrags-) Forschung betreiben, zunächst an eine gemeinsame Forschungsgesellschaft belastet werden und dann von dieser an alle am Konzernumlagevertrag beteiligten Unternehmen weiterbelastet werden, dann findet eine Konzernumlage über zwei Unternehmensebenen an die Leistungsempfänger statt. In diesem Fall gewinnt der Nachweis der zutreffenden Kostenabgrenzung sowie der nutzenorientierten Umlage noch mehr Bedeutung. Insb. muss fortlaufend dokumentiert werden, welche Forschungs- und Entwicklungsprojekte von den jeweiligen Forschungsgesellschaften durchgeführt werden und welchen anteiligen Nutzen die einzelnen Leistungsempfänger erwarten. **249**

(einstweilen frei) **250**

---

[452] Zur Frage, ob formelle Vertragsmängel eine Gewinnkorrektur rechtfertigen, wenn ein bilaterales DBA eine dem Art. 9 OECD-MA entsprechende Regelung enthält vgl. Kap. F Rn. 29 ff.; Kap. N Rn. 84–104.

VI. Kostenumlageverträge für Forschung und Entwicklung

1. Grundlagen der Kostenumlage

251   Im Zuge einer sukzessiven Überarbeitung der Verwaltungsgrundsätze von 1983 erließ das Bundesministerium der Finanzen am 30.12.1999 die **„Grundsätze für die Prüfung der Einkunftsabgrenzung durch Umlageverträge zwischen international verbundenen Unternehmen"**.[453] Diese Umlageverträge beruhen auf dem Poolgedanken und werden daher auch als **Poolverträge** bezeichnet; sie sind zu **unterscheiden** von den **Konzernumlageverträgen** nach dem Leistungsaustauschprinzip.[454] Bestehende Umlageverträge (nur Poolverträge) waren innerhalb eines Jahres, bis zum 31.12.2000,[455] an die neuen Regelungen anzupassen.

252   Bis zum Erlass der VGr-Umlageverträge wurde die Einkunftsabgrenzung durch Umlageverträge in der aufgehobenen Tz. 7 VGr 1983 geregelt. International verbundene Unternehmen durften demnach ihre Aufwendungen für Forschungs- und Entwicklungskosten oder für verwaltungsbezogene Dienstleistungen durch Umlageverträge verrechnen, wenn
– „das Entgelt für die so verrechneten Überlassungen oder Leistungen nur zusammengefasst bewertet werden konnte"[456] oder
– „die Ermittlung der den einzelnen Leistungen gesondert zuzurechnenden Kosten schwierig"[457] war.

Diese Anwendungsvoraussetzungen, aus denen in der Vergangenheit vereinzelt abgeleitet wurde, dass Kostenumlagen nur subsidiär zur Einzelabrechnung eingesetzt werden können, sind in den VGr-Umlageverträge nicht mehr enthalten. Darin wird vielmehr bestimmt, dass die Einzelabrechnung von Leistungen durch die VGr-Umlageverträge unberührt bleibt, „ohne Rücksicht darauf, ob der Verrechnungspreis mit Hilfe der direkten oder indirekten Methode ermittelt wird".[458] Folglich ist davon auszugehen, dass **Kostenumlagen gleichberechtigt neben der Einzelabrechnung** zur Einkunftsabgrenzung eingesetzt werden können.[459] Ebenso ist es nach hM zulässig, dass ein Forschungsunternehmen Forschungs- und Entwicklungsleistungen für mehrere Leistungsempfänger auf Basis eines Konzernumlagevertrags nach dem Leistungsaustauschprinzip erbringt.[460]

253   Kostenumlageverträge im Sinne der VGr-Umlageverträge sind „Verträge, die international verbundene Unternehmen untereinander abschließen, um im gemeinsamen Interesse, in einem längeren Zeitraum, durch Zusammenwirken in einem Pool Leistungen zu erlangen bzw. zu erbringen".[461]

---

[453] BMF-Schr. v. 30.12.1999, BStBl. I 1999, 1122 ff.; nachfolgend abgekürzt als „VGr-Umlageverträge".
[454] Vgl. zur Unterscheidung Kap. N Rn. 114 ff. u. 281 ff.
[455] Vgl. Tz. 8 VGr-Umlageverträge.
[456] Tz. 7.1.1b) VGr 1983.
[457] Tz. 7.1.1b) VGr 1983.
[458] Tz. 1 VGr-Umlageverträge.
[459] Vgl. dazu *Kuckhoff/Schreiber* IStR 2000, 346 ff.
[460] Vgl. dazu oben Rn. 127, 207 ff. und Kap. N Rn. 281 ff.
[461] Tz. 1.1 VGr-Umlageverträge.

Grundlage für Kostenumlageverträge bildet das sog. **Poolkonzept.** Ein Pool wird demnach begründet, indem sich mehrere Unternehmen zusammenschließen, um **gemeinschaftlich** die Kosten und Risiken für Beschaffung, Forschung und Entwicklung von Wirtschaftsgütern, Leistungen oder Rechten zu tragen. Die Poolmitglieder bilden eine **Innengesellschaft,** ohne eine Mitunternehmerschaft oder Betriebsstätte zu begründen.[462] Dabei entstehende Aufwendungen werden durch einen **nutzenorientierten Umlageschlüssel** auf die Leistung empfangenden Unternehmen aufgeteilt und gelten bei den beteiligten Unternehmen als eigene originäre Aufwendungen.[463] Zwischen den Unternehmen findet **kein direkter schuldrechtlicher Leistungsaustausch** statt, sondern eine gesellschaftsrechtlich bedingte Eigenleistung.[464] Jedoch hat die Innengesellschaft nach hM kein Gesamthandsvermögen; zwischen den Gesellschaftern bestehen lediglich schuldrechtliche Ausgleichspflichten.[465] Da alle beteiligten Unternehmen die möglichen Risiken anteilig tragen, ist es idR nicht zu rechtfertigen, einen Gewinnaufschlag auf den umlagefähigen Betrag anzusetzen.[466]

Im **Kapitel VIII** der **OECD-VPL** werden Kostenumlagen unter der **254** Überschrift **„Cost Contribution Arrangements"** (in der deutschen Literatur teilweise auch als **„Kostenverteilungsverträge"** übersetzt) behandelt.[467] Demzufolge schließen sich bei solchen Verträgen mehrere Konzerngesellschaften zusammen, um gemeinsam materielle oder immaterielle Wirtschaftsgüter zu produzieren oder Dienstleistungen zu erbringen oder zu erwerben.[468] Ein Kostenverteilungsvertrag ist gem. den OECD-VPL weiterhin dadurch gekennzeichnet, dass die beteiligten Parteien die tatsächlichen Kosten und Risiken, die mit der gemeinsamen Tätigkeit verbunden sind, im Verhältnis ihres tatsächlichen oder erwarteten Nutzens tragen.[469] *Kuckhoff/Schreiber* stellen fest, dass den Kostenverteilungsverträgen – sowohl iSd **OECD-VPL** als auch iSd deutschen **VGr-Umlageverträge** – das **Poolkonzept** zu Grunde liegt.[470] Die OECD-VPL bilden folglich für den Steuerpflichtigen eine geeignete Grundlage, die er bei Auslegungsfragen hinsichtlich der Kostenumlage nach dem Poolkonzept heranziehen kann. Die OECD-VPL heben allerdings hervor, dass es eine Vielzahl von möglichen Varianten für Umlageverträge gibt und sie deswegen nur eine „General Guidance"[471] geben können, damit zumindest geprüft werden kann, ob „die zwischen verbundenen Unternehmen festgelegten Bedingungen ... mit dem Fremdvergleichsgrundsatz

---

[462] Vgl. Tz. 1.1 VGr-Umlageverträge; Kap. N Rn. 405 ff.

[463] Vgl. Tz. 1.4 VGr-Umlageverträge.

[464] Vgl. *IDW* WPg 1999, 714; sowie *Baumhoff* IStR 2000, 693 f.

[465] Vgl. Kap. N Rn. 405 ff.

[466] Vgl. Tz. 2.2 VGr-Umlageverträge; sowie *Vögele* DB 2000, 297; vgl. Kap. N Rn. 401 f., 429.

[467] In den USA enthalten die neuen US-Regulations § 1.482-7T „Cost Sharing Arrangements" entsprechende Regelungen für Forschungs- und Entwicklungspools; vgl. dazu unten Rn. 259 f. Ferner finden sich in den US Services Regs. § 1.482-9T (b)(5) neue Regelungen zu „Shared Services Arrangements", vgl. Kap. N Rn. 254 f.

[468] Vgl. Kapitel VIII OECD-VPL.

[469] Vgl. Tz. 8.1 ff. OECD-VPL.

[470] Vgl. *Kuckhoff/Schreiber* IStR 2000, 347 ff.

[471] Tz. 8.1 OECD-VPL.

vereinbar sind".[472] Der Steuerpflichtige muss weiterhin berücksichtigen, dass die OECD-VPL für die inländische FinVerw. nur eine begrenzte Verbindlichkeit haben.[473]

255 Neben der Kostenumlage nach dem Poolkonzept besteht für den Steuerpflichtigen auch die Möglichkeit, Umlagen nach dem sog. **Leistungsaustausch- bzw. Marktkonzept** zur konzerninternen Leistungsverrechnung einzusetzen.[474] Durch diese sog. **Konzernumlagen** (auch sog. Leistungsumlagen) können – wie durch die Kostenumlage – ebenfalls eine **Vielzahl von unterschiedlichen Leistungen** verrechnet werden.[475] Unterschiede zwischen diesen beiden Handlungsalternativen ergeben sich hauptsächlich daraus, dass bei Konzernumlagen die Verrechnung nicht wie beim Poolkonzept auf einer Vereinbarung der Kostenteilung durch gesellschaftsrechtliche Beiträge ohne Leistungsaustausch beruht,[476] sondern auf Basis eines schuldrechtlichen Leistungsaustausches erfolgt. Bei der Konzernumlage nach dem Leistungsaustauschkonzept trägt das Leistung erbringende Unternehmen die Risiken der Leistungserbringung somit allein und ist einem unabhängigen Unternehmen gleichgestellt. Anders als bei der Kostenumlage nach dem Poolkonzept ist deswegen bei der Konzernumlage regelmäßig ein Gewinnaufschlag anzusetzen.[477]

256 Dem Steuerpflichtigen steht es grundsätzlich frei, für seine konzerninterne Leistungsverrechnung die Kostenumlage oder die Konzernumlage (oder eine andere Verrechnungsform) einzusetzen. Für die Anwendung der einen oder anderen Umlagealternative ist allerdings entscheidend, dass die jeweils angewandte Methode **eindeutig im Voraus bestimmt wird** und die jeweils spezifischen **konzeptionellen Anforderungen** erfüllt sind.

Kuckhoff/Schreiber kommen zu der Feststellung, dass bei der FinVerw. nach wie vor eine gewisse „Skepsis" gegenüber Umlageverträgen bestehe.[478] Deswegen müsse der Steuerpflichtige bei der Leistungsverrechnung durch diese indirekten Methoden der Einkunftsabgrenzung verdeutlichen, dass die Verrechnung dem Grunde nach gerechtfertigt ist, keine Doppelverrechnung der Leistungen vorgenommen wird und nationale Steuervergünstigungen nicht ausgenutzt werden.[479] Generelle Zweifel an der Zulässigkeit von Kostenumlageverträgen per se sind nach nunmehr über 15 Jahren seit Veröffentlichung der VGr-Umlageverträge nicht mehr angezeigt.

2. Anwendungsvoraussetzungen der Kostenumlage

a) Leistungsgegenstand der Kostenumlage

257 Gem. Tz. 7 VGr 1983 war der **Anwendungsbereich** von **Umlageverträgen** formal auf die Verrechnung von verwaltungsbezogenen Leistungen

---

[472] Tz. 8.1 OECD-VPL.
[473] Vgl. zB *Eigelshoven* in Vogel/Lehner DBA, Art. 9 Rn. 29 f.
[474] Vgl. Kap. N Rn. 281 ff.
[475] Vgl. *Vögele/Freytag* IWB 2001, Fach 10, Gruppe, 1493 ff.
[476] Vgl. *Baumhoff* in Verrechnung mit Konzernumlagen, 2000, 22.
[477] Vgl. Kap. N Rn. 311 ff.
[478] *Kuckhoff/Schreiber* IStR 2000, 346.
[479] Vgl. *Kuckhoff/Schreiber* IStR 2000, 346.

und Forschungs- und Entwicklungsleistungen begrenzt.[480] In den VGr-Umlageverträge ist eine vergleichbare Einschränkung auf einzelne Leistungen nicht enthalten, so dass grundsätzlich **sämtliche Leistungskategorien** durch eine Kostenumlage verrechnet werden können. In den OECD-VPL wird beispielhaft aufgeführt, dass ein Pool für den Kauf oder das Leasing von Gebäuden oder Maschinen, für Werbekampagnen oder für die Versorgung mit Management- sowie Finanzdienstleistungen gebildet werden kann.[481] Diese nicht abschließende Aufzählung unterstreicht die **breite Einsatzmöglichkeit** von Kostenumlageverträgen.[482]

Da **Kostenumlageverträge nach dem Poolkonzept** zwischen Konzernunternehmen insb. für Forschungs- und Entwicklungsleistungen vereinbart werden, erfolgt die ausführliche Darstellung hier im Kapitel N. Dies bedeutet aber nicht, dass Kostenumlagen nicht auch zur Leistungsverrechnung von **allgemeinen Dienstleistungen,** wie Buchführungsleistungen, zentralem Einkauf, Marketing etc., eingesetzt werden können.[483]

Im internationalen Kontext können sich allerdings in einigen Ländern abweichende Regelungen und Einschränkungen im Anwendungsbereich von Kostenumlageverträgen ergeben. In den USA zB sind für die Vereinbarung von Forschungs- und Entwicklungsleistungen nach dem Poolkonzept die speziellen US-Regulations für „**Cost Sharing Agreements**" zu beachten.[484] Bevor also in einem internationalen Konzern ein Kostenumlagevertrag zur Leistungsverrechnung eingesetzt wird, muss die individuelle Anwendbarkeit dieser Verrechnungsform sowie die detaillierten Voraussetzungen für die steuerliche Anerkennung in den Ländern der involvierten Unternehmen überprüft werden. **258**

b) Gleichgerichtete Interessen zwischen den Poolmitgliedern

Zentrale Voraussetzungen für die betriebliche Leistungsverrechnung durch **259** Kostenumlagen bilden die Verrechenbarkeit der Leistungen dem Grunde nach und das Vorliegen eines gleich gerichteten Interesses zwischen den einzelnen Poolmitgliedern.[485] Die **Verrechenbarkeit dem Grunde nach** liegt regelmäßig vor, wenn die Leistungen beim empfangenden Unternehmen betrieblich veranlasst sind und ausgeschlossen werden kann, dass die Leistungen ausschließlich im Interesse eines Gesellschafters, zB für Kontrollzwecke, erbracht werden.[486] Ein **gleich gerichtetes Interesse** besteht zwischen den Poolmitgliedern, wenn diese die Leistungen des Pools in wirtschaftlich gleicher Weise nutzen, dh wenn sich zB Produktionsunternehmen zu einem Pool zusammenschließen, um gemeinsam ein Patent oder ein verbessertes Produktionsverfahren zu entwickeln.

Beispiel: Ein deutscher Automobilhersteller verfolgt ein einheitliches Plattformkonzept für unterschiedliche Wagentypen, die in verschiedenen Produktionsgesell-

---

[480] Vgl. Tz. 7.1.1a) u. b) VGr 1983.
[481] Vgl. Tz. 8.7 OECD-VPL.
[482] Vgl. ferner Kap. N Rn. 401 ff.
[483] Zum Poolvertrag für Dienstleistungen vgl. Kap. N Rn. 401 ff.
[484] Vgl. US Regs. § 1.482-7; s. dazu die Erläuterungen unten Rn. 345 ff.
[485] Vgl. Tz. 1.2 VGr-Umlageverträge.
[486] Vgl. Tz. 6.3.2 VGr 1983; sowie Kap. N Rn. 31 ff. u. 51 ff.

schaften in Europa gefertigt werden. Die deutsche Muttergesellschaft entwickelt das Patent für die gemeinsame Fahrzeugplattform, nutzt es für die eigene Produktion und stellt es den anderen Produktionsgesellschaften zur Verfügung.

260   Gleich gerichtete Interessen zwischen den Poolmitgliedern können in der Praxis durch eine Funktions- und Risikoanalyse nachgewiesen werden. Diese kann für **horizontal verbundene** Unternehmen idR mit einem geringen betrieblichen Aufwand durchgeführt werden, da es sich bei diesen Unternehmen, zB Produktions- oder Vertriebsunternehmen, regelmäßig um funktionsgleiche Konzerneinheiten handelt.[487] Der Nachweis von gleich gerichteten Interessen gestaltet sich uU umfangreicher, wenn sich Unternehmen zu einer Kostenumlage zusammenschließen, die heterogene Funktionen ausführen oder sich auf unterschiedlichen Stufen der Konzernwertschöpfungskette befinden **(vertikaler Verbund).** Schließen sich zB eine zentrale Managementeinheit, eine Produktionsgesellschaft und unterschiedliche Vertriebsgesellschaften zu einem Pool zusammen, muss gegenüber der Finanzverwaltung widerspruchsfrei dargelegt werden, dass alle an der Kostenumlage beteiligten Unternehmen einen Nutzen aus der Poolteilnahme ziehen und den Leistungsgegenstand der Kostenumlage in wirtschaftlich gleicher Weise nutzen.

Beispiel: Die deutsche Muttergesellschaft will bei einem bereits vorhandenen Softwareprogramm ein konzerneinheitliches Upgrade vornehmen. Die Software besteht aus unterschiedlichen Modulen, zB Buchführung und Lagerhaltung. Eine Konzerngesellschaft, die deutsche T-GmbH, nutzt das Lagerhaltungs-Modul nicht. Für dieses Modul liegt somit kein gleich gerichtetes Interesse vor und es können für dieses spezielle Modul keine anteiligen Kosten an die T-GmbH belastet werden.

c) Hilfsfunktionen der Poolmitglieder

261   Durch Kostenumlageverträge können ausschließlich Leistungen verrechnet werden, die sich auf **Hilfsfunktionen** der Poolmitglieder erstrecken.[488] Aus den VGr-Umlageverträge geht allerdings nicht hervor, durch welche Merkmale sich Hilfsfunktionen auszeichnen. Es müssen folglich Kriterien entwickelt werden, anhand derer das Vorliegen einer Hilfsfunktion festgestellt werden kann. Der **Leistungsgegenstand** der Kostenumlage bietet dafür keinen geeigneten Ansatzpunkt, da bspw. IT- Dienstleistungen bei einem spezialisierten Technologieunternehmen eine Hauptfunktion und bei einem internationalen Industriekonzern eine Hilfsfunktion darstellen können. Weiterhin können Hilfsleistungen sowohl aus Sachleistungen, der Überlassung geistigen Eigentums oder auch aus Dienstleistungen bestehen. Fast alle Leistungen können somit entweder den Charakter von Haupt- oder Hilfsfunktion einnehmen. Die **Art der Leistung** an sich kann also **nicht entscheidend** sein, ob es sich um eine Hilfsfunktion handelt.[489]

262   Zur Differenzierung zwischen Hilfs- und Hauptfunktionen erscheint es sachgerecht, die zu untersuchende Leistung in den Kontext des jeweiligen

---

[487] Vgl. *Vögele* DB 2000, 297.
[488] Vgl. Tz. 1.1 VGr-Umlageverträge.
[489] Vgl. *Vögele/Freytag* RIW 2001, 173 ff.

Unternehmens zu stellen. Beurteilungsmerkmale können dabei der Stellenwert und die Wesentlichkeit der Leistung im Rahmen der gesamten Unternehmenstätigkeit bilden:

– Der **Stellenwert einer Leistung** kann ermittelt werden, indem zB die Kosten der Leistung in Relation zu den bei diesem Unternehmen insgesamt angefallenen Kosten gesetzt werden. Der Stellenwert einer Leistung für ein Unternehmen kann auch daraus abgeleitet werden, in welchem Maße diese Leistung an fremde Dritte abgegeben wird. Nimmt der Anteil dieser Leistung zB einen nicht unerheblichen Anteil am Gesamtumsatz des Unternehmens ein,[490] kann unterstellt werden, dass das Unternehmen mit dieser Leistung eine wesentliche **Gewinnerzielungsabsicht** verfolgt und es sich folglich um eine Hauptfunktion handelt.[491]

– Die **Wesentlichkeit einer Leistung** im Rahmen des Leistungserstellungsprozesses steht in einem kausalen Zusammenhang mit dem Stellenwert der Leistung. Wiederum ist es ein entscheidendes Qualifikationsmerkmal, ob mit der Leistungserbringung eine Gewinnerzielungsabsicht verbunden ist. Anders als beim Stellenwert der Leistung wird bei der Wesentlichkeit allerdings hauptsächlich auf die mit der Leistung verbundene **Wertschöpfung** abgestellt. Diese kann in praxi durch eine Funktions- oder Wertschöpfungsanalyse abgebildet werden. Dabei wird der Produktions- bzw. Leistungserstellungsprozess zunächst in einzelne Segmente zerlegt. Jedem Abschnitt wird dann ein Anteil an der Gesamtwertschöpfung zugeordnet. Bei einem entsprechend geringen Anteil der Leistung an der Gesamtwertschöpfung, muss grundsätzlich von einer Hilfsfunktion ausgegangen werden.

Liegt also hinsichtlich des Stellenwertes oder der Wesentlichkeit einer Leistung eine Hauptfunktion vor, ist die Leistungsverrechnung durch eine Kostenumlage ausgeschlossen.

Bevor die Leistungsverrechnung durch eine Kostenumlage vorgenommen **263** werden kann, müssen somit unterschiedliche Voraussetzungen erfüllt sein, die sich in folgender Abbildung zusammenfassen lassen:[492]

Abbildung: Voraussetzungen für die Leistungsverrechnung durch Kostenumlage

---

[490] Vgl. dazu US Regs. § 1.482-2 (b)(7).
[491] Vgl. dazu Tz. 7.23, OECD-VPL.
[492] Vgl. *Freytag* Indirekte Einkunftsabgrenzung, 210.

3. Poolmitglieder

a) Interessengemeinschaft der Poolmitglieder

264   An einer Kostenumlage können nur Unternehmen teilnehmen, die **gleich gerichtete Interessen** verfolgen bzw. die aus dem Pool hervorgehenden Leistungen in wirtschaftlich gleicher Weise nutzen.[493] Die Poolteilnehmer müssen einen **wechselseitigen Nutzen** daraus ziehen, ihre Ressourcen und Fähigkeiten zusammenzulegen, d. h. sie müssen bspw. durch die gemeinsame Nutzung von Wirtschaftsgütern oder bei der gemeinsamen Beschaffung, Entwicklung oder Herstellung von Wirtschaftsgütern, Dienstleistungen oder Rechten **Synergieeffekte** realisieren. Bloße Auftragnehmer bleiben dadurch außerhalb des Pools, da sie mit ihrer Leistungserbringung idR eine individuelle Gewinnerzielungsabsicht verfolgen.

265   Die Poolmitglieder erbringen die Leistungen primär an den Pool, nutzen diese aber genauso für sich selbst. Organisatorisch bilden sie eine Interessengemeinschaft, die keinem Erwerbszweck nachkommt und **keine Gewinnerzielungsabsicht** verfolgt.[494] Unternehmen, die ausschließlich Leistungen empfangen und selbst außer der Kostenumlage keine Leistungen an den Pool erbringen, können ohne weiteres Poolmitglieder sein.[495] Entscheidend für die qualifizierte Poolmitgliedschaft ist, dass alle Poolteilnehmer für sich selbst Vorteile ziehen, d. h. ihren Anteil an den Ergebnissen der gemeinsamen Tätigkeit nutzen.[496] Dafür ist nicht erforderlich, dass alle **Poolteilnehmer** verbundene Unternehmen sind; genauso können **auch unverbundene Unternehmen** am Pool teilnehmen.[497]

266   Grundsätzlich gelten alle Poolmitglieder als wirtschaftlich gleichberechtigte Partner.[498] Die allgemeinen Rechte und Pflichten sowie die Mitspracherechte der einzelnen Vertragsparteien werden im Kostenumlagevertrag geregelt, wobei eine an der Kostenumlage beteiligte Konzernmuttergesellschaft idR eine entscheidende Rolle innerhalb des Pools einnimmt. Je höher die Ergebnisverantwortung und Profit-Center-Ausrichtung der einzelnen Geschäftsbereiche jedoch ist, desto höher wird das Interesse der zuständigen Geschäftsführer sein, Aufwendungen möglichst verursachungsgerecht zuzuordnen.

b) Sondersituation für Holding- und Patentverwertungsgesellschaften

267   Holding- und Patentverwertungsgesellschaften können gem. Tz. 1.2 Abs. 3 VGr-Umlageverträge nicht zusammen mit Produktionsgesellschaften einen Forschungs- und Entwicklungspool bilden, da diese Unternehmen idR heterogene Interessen verfolgen. Entgegen der Auffassung der deutschen FinVerw. bestehen jedoch keine sachlichen Gründe für eine solche Einschränkung. Die früheren **US-Regulations** zu **Cost Sharing Arrangements** gestatteten bei

---

[493] Tz. 1.2 VGr-Umlageverträge.
[494] Vgl. Tz. 1.1 VGr-Umlageverträge; sowie *Raupach* StuW 1990, 400 f.
[495] Vgl. Tz. 1.4 VGr-Umlageverträge.
[496] Vgl. *Kuckhoff/Schreiber* IStR 2000, 351.
[497] Vgl. Tz. 8.1 u. Tz. 8.8, OECD-VPL.
[498] Vgl. *Baumhoff* IStR 2000, 698; sowie *Menck* IWB Aktuell, Nr. 1/2000, 3.

einem Forschungs- und Entwicklungspool ausdrücklich die Teilnahme von Holding- und Patentverwertungsgesellschaften als Poolmitglieder.[499] Zwar ist eine solche explizite Regelung in den neuen **Cost Sharing Regulations** nicht mehr enthalten,[500] dies lässt aber nicht den Schluss zu, dass sich die Rechtslage dadurch geändert hat, zumal eine Holding- oder Patentverwertungsgesellschaft die entwickelten immateriellen Wirtschaftsgüter durch Vergabe von Lizenzen an andere Konzerngesellschaften oder an Dritte nutzen kann und damit die Vorteile erlangt. Ebenso können gem. den **OECD-VPL** alle die Unternehmen an einem Pool teilnehmen, die „berechtigterweise erwarten können, den ihnen eingeräumten Anspruch unmittelbar oder mittelbar ... zu verwerten oder zu nutzen".[501] In den OECD-VPL wird dabei nicht darauf abgestellt, ob die Poolmitglieder den Leistungsgegenstand der Kostenumlage in wirtschaftlich gleicher Weise nutzen. Es können demzufolge auch Unternehmen am Pool teilnehmen, die nur mittelbar einen Nutzen aus der Poolteilnahme ziehen. Wie erwähnt wurde, kann ein solcher **mittelbarer Nutzen** zB durch Lizenzvergabe (oder evtl. Verkäufe), sei es an verbundene oder unverbundene Unternehmen, entstehen.[502]

Für die Praxis ergeben sich unterschiedliche Möglichkeiten eine zentrale **268** (Verwertungs-)Gesellschaft als Schnittstelle zwischen dem Pool und möglichen Endabnehmern zu etablieren:

– Eine **Holdinggesellschaft** kann zB als Vermittler oder Vorfinanzierer für die Poolmitglieder tätig werden. Sie tritt im Auftrag des Pools nach außen auf und setzt sich für dessen Interessen ein.

– Eine **Patentverwertungsgesellschaft** kann uU die aus einem Forschungs- und Entwicklungspool hervorgegangenen Patente und Lizenzen an andere Unternehmen vergeben. In diesem Fall tritt die Gesellschaft wiederum als Vermittler auf, beschafft aber zusätzlich Dritt-Einnahmen für den Pool.[503] Die Verrechnung dieser Leistungen hängt von der jeweiligen Vertragsgestaltung und den von der Patentverwertungsgesellschaft übernommenen Funktionen und Risiken ab. Die Gesellschaft kann zB ausschließlich auf Provisionsbasis tätig sein oder auch Risiken für fehlgeschlagene Forschung mittragen.

Unabhängig davon ob die Kostenbelastung über eine zwischengeschaltete **269** Holding- oder eine Patentverwertungsgesellschaft vorgenommen wird, bleibt für eine fremdvergleichskonforme Gestaltung **entscheidend,** dass die endgültige **Kostenbelastung an den tatsächlichen Nutzer** der Forschungs- und Entwicklungsergebnisse erfolgt. Dies kann im Fall der Weiterbelastung über eine zwischengeschaltete Holdinggesellschaft ebenso sichergestellt werden wie bei einer unmittelbaren Belastung; mit dem Unterschied, dass bei der mittelbaren Belastung eine Art Durchgriff auf den tatsächlich Nutzenden stattfindet.[504]

---

[499] Vgl. dazu *Engler,* 1. Aufl., 769.

[500] Vgl. US Cost Sharing Regs. § 1.482-7; einige wichtige Aspekte der neuen US-Regs. werden unten zu Rn. 345 ff. erläutert.

[501] Tz. 8.10 OECD-VPL.

[502] Ebenso *Sieker* in *Debatin/Wassermeyer,* Art. 9 OECD-MA Rn. 279a.

[503] Vgl. *Baumhoff* IStR 2000, 698.

[504] Vgl. *Becker* in Kroppen, Handbuch Internationale Verrechnungspreise, Tz. 8.10, Anm. 6.

270　　Der Steuerpflichtige muss bei seiner betrieblichen Steuerplanung berücksichtigen, dass die unterschiedlichen internationalen Regelungen zur Teilnahme an einem Kostenumlagevertrag zwangsläufig zu abweichenden Auffassungen der beteiligten Finanzverwaltungen führen. Um Konflikte zu vermeiden,
erscheint es trotz der dargestellten Einsatzmöglichkeiten **nicht empfehlenswert,** Holding- oder Patentverwertungsgesellschaften neben Produktionsgesellschaften in einen Kostenumlagevertrag für Forschung und Entwicklung
einzubeziehen, außer dies kann im vorhinein mit der Finanzverwaltung abgestimmt werden.[505] Um diesbezüglich unnötiges Konfliktpotenzial mit der Finanzverwaltung zu reduzieren, bieten sich dem Steuerpflichtigen unterschiedliche Möglichkeiten an:

– Die Holding- bzw. Patentverwertungsgesellschaft kann mit dem Pool **Ver-
  wertungsverträge** über die Nachnutzung der Forschungsergebnisse
  schließen.
– Der Pool bleibt nach wie vor bestehen und es wird eine **Ausgliederung**
  der deutschen und möglicherweise weiterer betroffener Unternehmen
  vorgenommen. Die Verrechnung zwischen dem Pool und den ausgeglie-
  derten Konzerneinheiten erfolgt auf schuldrechtlicher Basis.

4. Leistungserbringung durch Nichtpoolmitglieder

a) Nachfragepool

271　　Der Leistungsgegenstand der Kostenumlage kann von unterschiedlichen
Leistungseinheiten erbracht werden. Können alle nachgefragten Leistungen
von Poolmitgliedern bezogen werden, bleibt die Leistungserbringung geschlossen im Pool. Falls aber Leistungen nachgefragt werden, die keines der
Poolmitglieder erbringen kann, muss ein poolexternes Unternehmen einge-
schaltet werden.[506]
　　Die Leistungserbringung durch Nichtpoolmitglieder wird explizit in Tz. 1.7
VGr-Umlageverträge geregelt. Demnach können Leistungen von außerhalb
des Pools stehenden Unternehmen, zB im Wege der **Auftragsforschung,**
nachgefragt werden **(Nachfragepool).** Der auf diese Weise eingeschaltete
Auftragsdienstleister kann entweder ein verbundenes oder unverbundenes
Unternehmen sein. Unter Umständen kann der Sonderfall eintreten, dass ein
Poolmitglied eine Leistung an den Pool erbringt, die nicht durch den Poolvertrag abgedeckt ist und im Zuge der Einzelabrechnung mit Gewinnaufschlag verrechnet wird. In solchen Fällen ist darauf zu achten, dass beide Vorgänge in separaten Verträgen geregelt sind, aus denen die unterschiedliche
Leistungserbringung und die jeweils gesonderten Vergütungen eindeutig hervorgehen. Auf diese Weise können Qualifikationskonflikte vermieden werden.

Beispiel: Mehrere europäische Vertriebsunternehmen eines Konzerns schließen einen Kostenumlagevertrag ab. Leistungsgegenstand der Kostenumlage bilden Buchfüh-

---

[505] *Becker* sieht in dieser Regelung „einen **sachlich nicht gerechtfertigten Rück-
schritt**"; *Becker* in Kroppen, Handbuch Internationale Verrechnungspreise, Tz. 8.10,
Anm. 7.
[506] Vgl. *Vögele/Freytag* RIW 2001, 174.

rungsleistungen, strategische Einkaufsberatung und die zentral organisierte Teilnahme an Verkaufsmessen. Auf Grund einer veränderten Marktlage beschließen die Poolmitglieder, eine Marktanalyse über die zukünftigen Verkaufschancen ihrer Produkte in Auftrag zu geben. Eines der teilnehmenden Unternehmen verfügt über eine Marktforschungsabteilung, die eine solche Marktanalyse durchführen kann. Wenn der Kostenumlagevertrag nicht entsprechend erweitert wird, muss das Gutachten außerhalb des Pools per Einzelabrechnung verrechnet werden, da es ansonsten nicht durch den bestehenden Kostenumlagevertrag abgedeckt ist.

Die Leistungserbringung zwischen dem **poolexternen Auftragsdienst-** **272** **leister** und dem Pool erfolgt auf schuldrechtlicher Basis. Zivilrechtlich wird idR ein Dienst- oder Werkvertrag geschlossen. Die Leistung kann dabei entweder von dem gesamten Pool oder von nur einem Poolmitglied, das diese Leistung dann in den Pool einlegt, nachgefragt werden. Handelt es sich bei dem Auftragsdienstleister um ein **unverbundenes** Unternehmen, ist die Verrechnungspreisbildung unproblematisch, da zwischen den beteiligten Unternehmen ein natürlicher Interessengegensatz besteht. Ist der Auftragsdienstleister hingegen ein **verbundenes** Unternehmen, gilt für die Verrechnung der Leistungen das Arm's-Length-Prinzip, dh es müssen Fremdvergleichspreise angesetzt werden. Dies kann entweder durch die Anwendung der **Preisvergleichsmethode** oder, falls dafür nicht ausreichend Fremdpreise als Vergleichsmaßstäbe existieren oder andere Gründe dagegen sprechen, durch die **Kostenaufschlagsmethode** erfolgen.

Bei der Leistungsverrechnung mit einem nahe stehenden Unternehmen als **273** **Auftragsdienstleister** muss ein angemessener Gewinnaufschlag angesetzt werden. Im Entwurf der VGr-Umlageverträge vom 26. April 1999 war in der Tz. 1.7 ein Gewinnaufschlag von 5 % auf die Aufwendungen vorgesehen, was aber nur implizit im Beispiel von Tz. 1.7 (beim konzernzugehörigen Auftragsdienstleister D) in die Endfassung der VGr-Umlageverträge übernommen wurde.[507] Entsprechend dem Betriebsstättenerlass vom 24.12.1999 könnte man eine Gewinnbandbreite von 5–10 % anführen,[508] wobei diese Größen nur eine erste Orientierung für einen angemessenen Gewinnaufschlag bieten. Für die endgültige Bemessung sind einerseits die vom Auftragsdienstleister tatsächlich übernommenen Funktionen und Risiken zu beachten und andererseits muss eine **Datenbankrecherche** durchgeführt werden, um die (eingeengten) Bandbreiten von Gewinnaufschlägen für Auftragsforschungstätigkeiten (falls möglich in der gleichen Branche) zu ermitteln.[509]

Zur näheren Erläuterung der Verrechnung der Leistungserbringung durch **274** Nichtpoolmitglieder wird in Tz. 1.7 VGr-Umlageverträge folgendes Beispiel gegeben:

Beispiel: Die Gesellschaften der M-Gruppe, A, B, C in verschiedenen Ländern haben bisher Eigenforschung betrieben. Um Dopplungseffekte zu vermeiden, bilden sie einen Forschungspool, bei dem die Forschung ausschließlich bei A angesiedelt wird. Die Aufwendungen von A betragen 126. B übernimmt [poolinterne] Koordinierungsaufgaben, da der Forschungspool außerdem Forschungsleistungen von der konzernzugehörigen Gesellschaft D [poolexterne Auftragsforschung] bezieht. Die Aufwendungen

---

[507] Vgl. Tz. 1.7 VGr-Umlageverträge; sowie *Vögele* DB 2000, 297.

[508] Vgl. Tz. 4.4.4 VGr-Betriebsstätten sowie Kap. N Rn. 239.

[509] Vgl. dazu ausführlich oben Rn. 121 f. und Kap. N Rn. 239 ff.

der Gesellschaft B betragen 6 und von D 60. Die Gesellschaften A, B, C partizipieren zu gleichen Teilen. [Nur der nicht zum Pool gehörende Auftragsdienstleister D erhält in diesem Beispiel einen Gewinnaufschlag iHv 5 %.]

	A	B	C	D	Insgesamt
Aufwand	126	6	–	60	192
Gewinnaufschlag				3	3
insgesamt	126	6	–	63	195
Aufwandsaufteilung	65	65	65	–	195
Erstattung	61	–	–	63	124
Zahlung	–	59	65	–	124

b) Implikationen für die Praxis

275   Bei der Durchführung und Gestaltung von Kostenumlageverträgen muss der Steuerpflichtige beachten, dass reine Auftragsdienstleister keine Poolmitglieder sein dürfen. Dies ergibt sich u. a. aus folgenden Gründen:

– Der Auftragsdienstleister, zB eine reine Forschungsgesellschaft, wird regelmäßig **kein gleich gerichtetes Interesse** mit einem Pool von Produktionsunternehmen, die gemeinsam ein Patent für die Produktion entwickeln wollen, verfolgen.[510]

– Weiterhin spricht gegen eine Poolteilnahme, dass die Leistung des Auftragsdienstleisters bei diesem regelmäßig eine **Hauptfunktion** darstellt. Voraussetzung für eine qualifizierte Poolteilnahme ist aber, dass der Leistungsgegenstand des Pools aus Hilfsfunktionen der Poolmitglieder besteht.[511]

276   Diese Regelungen schränken den Steuerpflichtigen auf der einen Seite ein, eröffnen aber auf der anderen Seite eine **Gestaltungsvariante,** durch die beeinflusst werden kann, ob eine Leistung **mit oder ohne Gewinnaufschlag** verrechnet wird. Übt bspw. eine konzerneigene Buchführungseinheit als Abteilung eines zentralen Forschungsunternehmens eine Hilfsfunktion aus, kann diese Leistung innerhalb eines Pools ohne Gewinnaufschlag verrechnet werden, soweit die übrigen Voraussetzungen zur qualifizierten Poolteilnahme erfüllt sind. Wird diese Buchführungseinheit aber ausgegliedert und bildet dann ein rechtlich unabhängiges Unternehmen, ohne zusätzliche Funktionen an den Markt zu erbringen, stellt diese Leistung eine Hauptfunktion dar, die außerhalb des Pools **mit Gewinnaufschlag** vergütet werden muss.[512]

5. Umlagefähiger Betrag

a) Bestimmung des umlagefähigen Betrages

277   Bevor der umlagefähige Betrag bestimmt werden kann, muss sichergestellt sein, dass alle im Pool erbrachten Leistungen **dem Grunde nach** verrechenbar

---

[510] Vgl. Tz. 1.2 VGr-Umlageverträge.

[511] Vgl. Tz. 1.1 VGr-Umlageverträge.

[512] Vgl. *Kuckhoff/Schreiber* IStR 2000, 347. *Storck* schildert in diesem Zusammenhang die Möglichkeit, dass bestimmte Aktivitäten eines Konzernunternehmens einem anderen Konzernunternehmen zugeordnet werden können. Die Zuordnung setzt aber seiner Meinung nach voraus, dass das Konzernunternehmen wesentliche geschäftsleitende und operative Kontrolle über die zugeordnete Aktivität ausübt. Vgl. *Storck* in Burmester/Endres, 1997, 466.

sind. Dafür müssen die relevanten Leistungen **qualitativ abgegrenzt und dokumentiert** werden.[513] Sofern ein leistendes Poolmitglied auch Leistungen an außerhalb des Pools stehende Konzerngesellschaften erbracht hat, ist es erforderlich, die dafür angefallenen Kosten abzugrenzen und diese von der Verrechnung an die Poolmitglieder auszunehmen. Ist die Verrechenbarkeit dem Grunde nach geklärt, wird der Wert der erbrachten Leistungen **der Höhe nach** bestimmt. Die Summe dieser Beträge bildet den umlagefähigen Betrag, der auf die Poolmitglieder verteilt wird.[514] Die Aussonderung nicht verrechenbarer Kosten gestaltet sich umso umfangreicher, je mehr Unternehmen Leistungen an den Pool erbringen. Zusätzliche Schwierigkeiten entstehen, wenn die leistungserbringenden Einheiten in unterschiedlichen Ländern mit uneinheitlichen Rechnungslegungs- und Kostenrechnungsstandards domizilieren.

In Tz. 2.1. VGr-Umlageverträge ist ein umfassender Katalog enthalten, in **278** dem die **Ermittlung des umlagefähigen Betrages** geregelt wird. Demnach muss der Steuerpflichtige u. a. beachten:

Tz. 2.1 Abs. 1
– Die Aufwendungen sind grundsätzlich nach den Rechnungslegungsvorschriften des Staates zu ermitteln, in dem das Unternehmen, das die Leistungen erbringt, tätig wird.
– Die Nichtabzugsfähigkeit der auf einen inländischen Leistungsempfänger umgelegten Aufwendungen richtet sich nach dem deutschen Steuerrecht; zB nach § 160 AO und § 4 Abs. 5 EStG.[515]
– Die Aufwendungen müssen eindeutig abgegrenzt werden.
– Erbringen mehrere Poolmitglieder die vereinbarte Leistung, so können die Aufwendungen nach den Rechnungslegungsvorschriften eines Staates oder den Grundsätzen, die für die Aufstellung einer konsolidierten Bilanz der Unternehmen gelten, ermittelt werden, soweit dieses Vorgehen von den Finanzverwaltungen der Staaten, in denen die Leistungen erbracht werden, nicht beanstandet wird.

Tz. 2.1 Abs. 2
– Die Aufwendungen sind um Erträge (einschließlich der Zuschüsse und Zulagen), die mit den Aufwendungen in wirtschaftlichem Zusammenhang stehen, zu kürzen. Entsprechendes gilt für steuerliche Sondervergünstigungen, zB Sonderabschreibungen.
– Werden im Rahmen des Umlagevertrages geschaffene immaterielle Wirtschaftsgüter vom Pool lizenziert, mindern die Lizenzeinnahmen den umlagefähigen Betrag.

Tz. 2.1 Abs. 3
– Werden von den Poolmitgliedern einzelne Sachleistungen erbracht, liegt bei Wirtschaftsgütern keine Übertragung, sondern eine Nutzungsüberlassung vor, deren Wert nach den entstandenen Aufwendungen zu bemessen ist. Bei bereits abgeschriebenen materiellen Wirtschaftsgütern ist auf den Verkehrswert im Zeitpunkt der Überlassung und die Restnutzungsdauer abzustellen.

---

[513] Vgl. *Vögele/Freytag* IWB, Fach 10, Gruppe 2, 1499.
[514] Vgl. *Kuckhoff/Schreiber* IStR 2000, 374.
[515] Vgl. dazu Kap. N Rn. 423.

– Bei immateriellen Wirtschaftsgütern ist nicht zu beanstanden, wenn der Aufwand anhand einer angemessenen Lizenzgebühr abzüglich des üblichen Gewinnanteils geschätzt wird.

Tz. 2.1 Abs. 4 und 5

– Bei der Ermittlung der Aufwendungen kann eine Verzinsung des eingesetzten Eigenkapitals lt. Steuerbilanz nach dem Habenzinssatz für die Währung des Tätigkeitsstaates berücksichtigt werden.
– Werden Aufwendungen für unterschiedliche Leistungen nach einem einheitlichen Umlagevertrag abgerechnet, muss der umzulegende Aufwand für jede Leistungskategorie gesondert ermittelt werden.
– Ein Vorteilsausgleich ist weder zwischen einzelnen Leistungskategorien noch mit anderen – außerhalb des Umlageverfahrens stehenden – Leistungen zulässig.

b) Organisatorische Abgrenzung der Kosten

279   Gem. Tz. 1.4 VGr-Umlageverträge setzt die steuerliche Anerkennung der Kostenumlage voraus, dass die verrechneten Leistungen **eindeutig abgrenzbar** und **nachgewiesen** sind. Zudem muss der zuzurechnende Kostenblock leicht auszusondern sein. Dies ist insb. erforderlich, wenn „verschiedene Leistungen in einem einheitlichen Umlagevertrag zusammengefasst sind".[516] In der betrieblichen Praxis ist dies teilweise mit erheblichen Problemen verbunden, denn die Erfassung und Abgrenzung der Kosten ist in der betrieblichen Realität nur dann relativ einfach durchzuführen, wenn die entsprechende Leistung **bei einer Unternehmenseinheit konzentriert** ist, die sich **ausschließlich** mit **dieser Leistung** befasst. Denn nur in diesem Fall prägen die Gesamtkosten der leistenden Gliedgesellschaft die umzulegende Kostenmasse erheblich.

280   Die Abgrenzung der umzulegenden Kosten gestaltet sich schwieriger, wenn Leistung einer **zentralen Abteilung** der Muttergesellschaft oder eines anderen Konzernunternehmens, das neben diesen Leistungen **auch andere Geschäftsaktivitäten** ausübt, zusammengefasst ist. Da die Muttergesellschaft bzw. das andere Konzernunternehmen noch weitere Funktionen erfüllt, muss die betreffende **Abteilung** rechnungstechnisch als **eigene Hauptkostenstelle** bzw. „Profit Center" definiert werden. Die Kostenstellenkosten der betreffenden Leistungseinheit einschließlich der ihr zugeordneten Kosten aus Vorkostenstellen stellen die umzulegende Kostenmasse dar. Soweit eine funktionierende Kostenrechnung in dem betreffenden Unternehmen integriert ist, kann die umzulegende Kostenmasse der Kostenstellenrechnung entnommen werden. In den weiteren Ausführungen wird noch speziell darauf eingegangen, nach welchem Kosten- bzw. Aufwandsbegriff die Kostenmasse zu bestimmen ist.

281   Wenn die im Rahmen der Kostenumlage zu verrechnenden Leistungen einer multinationalen Unternehmung jedoch auf **verschiedene Konzernunternehmen** und/oder auf verschiedene Kostenstellen bzw. Abteilungen verteilt sind, kann die Erfassung und Abgrenzung der umzulegenden Kostenmasse erhebliche Probleme bereiten. Insb. wenn im Konzern kein homogenes Kostenrechnungssystem vorliegt, bereitet die Zusammenführung der unterschiedlichen Kostendaten im Einzelfall große organisatorische Schwie-

---

[516] Tz. 5.1.2 VGr-Umlageverträge.

rigkeiten und Verwaltungsaufwand. Zunächst einmal sind alle Hauptkostenstellen und die dazugehörigen Vorkostenstellen zu erheben, die umzulegende
Leistungen erbringen bzw. die als Vorkostenstellen dazu beitragen, dass betreffenden Leistungen erbracht werden. Im Idealfall kann der jeweilige Aufwand
durch eine detaillierte Betriebsabrechnung der einzelnen Unternehmen erfasst werden. Alle relevanten Kosten sind dann in einem „Kostenpool" zu
sammeln. Die Kostensammlung kann organisatorisch so durchgeführt werden,
dass alle Konzernunternehmen, bei denen umzulegende Kosten anfallen, diese an eine bestimmte Konzerngesellschaft belasten, welche die Kosten auf
einem oder mehreren Konten buchmäßig sammelt. Aber auch die Bildung
eines Kostenpools für die gesamten umzulegenden Kosten kann organisatorisch und abrechnungstechnisch Abwicklungsprobleme bereiten, soweit ein
internationaler Konzern umfangreiche konzerninterne Dienstleistungen auf
verschiedenen Gebieten betreibt. In diesem Fall bietet sich eine getrennte
Erfassung der einzelnen Kosten nach Leistungsgebieten oder einzelnen Projekten an, so dass eine nutzenorientierte Belastung der Kosten an die jeweiligen Beteiligten möglich ist. Alternativ kommt eine Spaltung in mehrere
Kostenpools mit unterschiedlichen Beteiligten in Betracht.

   Eine weitere Möglichkeit ist die Erfassung der Kostenpools entsprechend
den Leistungsgegenständen der Kostenumlage. Bspw. könnte ein Kostenpool
für Grundlagenforschung und ein anderer für Anwendungs- und Optimie-
rungs-F+E gebildet werden. Auf Grund der getrennten Erfassung der einzelnen Kostenpools ist es im zweiten Schritt der Kostenumlage möglich, unterschiedliche Bezugsgrößen je Kostenpool zu wählen. Im Übrigen kann die
Forschungsgesellschaft auch Lizenzen an nicht beteiligte Konzernunternehmen oder an Dritte gewähren, wobei die Lizenzeinnahmen den am Umlagevertrag beteiligten Parteien, denen das betreffende immaterielle Wirtschaftsgut anteilig gehört, zugute kommen müssen.

   Beispiel: Eine französische Muttergesellschaft überträgt die F+E-Tätigkeiten im
   Konzern auf eine deutsche und eine italienische Tochtergesellschaft, die beide zusammen einen Kostenpool bilden. Im Rahmen des Kostenpools haben die deutsche und
   die italienische Gesellschaft ein neues Medikament entwickelt, dessen Herstellung sie
   in Europa und den USA patentieren lassen. Schließlich schließt der Kostenpool mit
   einer amerikanischen Schwestergesellschaft im Konzern einen Lizenzvertrag ab, wonach die amerikanische Schwestergesellschaft berechtigt ist, das neue Produkt in den
   USA zu fertigen und zu vertreiben. In diesem Fall ist eine Kombination von beiden
   Abrechnungskonzepten (Kostenumlagen und Lizenzen) erforderlich, da das Risiko eines späteren Einstiegs in den bestehenden Kostenpool für die Schwestergesellschaft in
   den USA zu groß war, weil in den USA die Bestimmung der Höhe des Eintrittsgeldes
   kurz vor Abschluss der F+E-Tätigkeiten Probleme bereitet hätte.

   Im Rahmen einer Kostenumlage im Bereich **Forschung und Entwick-   282
lung** liegen **Entwicklungsführerschaft und Eigentumsrechte** bei den
Partnern des Kostenpools. Da jedoch eine **Innengesellschaft** vorliegt, die
nicht über Gesamthandsvermögen verfügt, tritt der im Außenverhältnis jeweils Handelnde im Innenverhältnis als **Treuhänder** der Poolmitglieder
auf.[517] Das forschende Poolmitglied wird Inhaber der Rechte und lässt als
Treuhänder der Innengesellschaft zB Patente in seinem Namen registrieren.

---

[517] Vgl. ausführlich Kap. N Rn. 405 ff.

Soweit ein Poolmitglied mit Aufwendungen in Vorleistung tritt, hat es gegenüber den anderen Mitgliedern schuldrechtliche Ausgleichsansprüche.[518] Gelingt die Koordination des Führungsproblems, können die in den einzelnen Gesellschaften vorhandenen Entwicklungspotentiale besser genutzt, die Entwicklungsaktivitäten insgesamt koordiniert und zugunsten der Vertragspartner die Kosten reduziert werden. Jeder Partner hat einen angemessenen Anteil an den Kosten und Risiken und hat dafür Anspruch auf verwertbare Ergebnisse der Forschung und Entwicklung. Bei der Vereinbarung von Lizenzvergütungen liegen die Entwicklungsführerschaft und die Eigentumsrechte einzig beim Lizenzgeber. Der Lizenzgeber trägt das volle Kostenrisiko, aber auch das volle Ertragspotential bei einer Gesellschaft. Allerdings kann eine gegenseitige Lizenzvergabe **(Cross-Licensing)** nur durch einen Kostenumlagevertrag vermieden werden. Im Rahmen der Kostenumlage ist unter den Voraussetzungen der Tz. 4.1 VGr-Umlageverträge ein freier Know-how-Austausch zwischen den Partnern möglich. Unabhängig davon, ob das forschende Poolmitglied gem. § 248 Abs. 2 S. 1 HGB ein Aktivierungswahlrecht bezüglich des selbst geschaffenen immateriellen Vermögensgegenstands ausüben kann, besteht gem. § 5 Abs. 2 EStG ein Aktivierungsverbot. Im Verhältnis zu den anderen Poolmitgliedern liegt eine vertragsgemäße Nutzungsüberlassung vor (Tz. 2.1 VGr-Umlageverträge).

c) Kostenbasis

283   Für die Ermittlung des umlagefähigen Betrages wurde bis zum Erlass der VGr-Umlageverträge in der Tz. 7.1.2 VGr 1983 bestimmt, dass nur die „tatsächlich entstandenen Kosten … nach einer anerkannten Kostenrechnungsmethode auf Vollkostenbasis (direkte und indirekte Kosten) zu erfassen und nach einer anerkannten Rechnungslegungsmethode zu verteilen"[519] sind. In der Literatur wurde vielfach kritisiert, dass damit in den Verwaltungsgrundsätzen auf Kostengrößen abgestellt wird, ohne zu definieren, ob auf Ist-, Soll-, Plankosten oder andere Kostengrößen abgestellt werden soll.[520] In den VGr-Umlageverträge wurde dieses Defizit anscheinend beseitigt, da anstatt der Kosten nun die **tatsächlichen direkten und indirekten Aufwendungen,** die im Zusammenhang mit der Leistung stehen, anzusetzen sind.[521]

284   Betriebswirtschaftlich unterscheiden sich die Begriffe **„Aufwendungen"** und **„Kosten"** erheblich. Aufwendungen sind ein Begriff der Finanzbuchhaltung bzw. des externen Rechnungswesens, während der Begriff Kosten dem internen Rechnungswesen zuzuordnen ist. Die Finanzbuchhaltung und der daraus resultierende Jahresabschluss entspringen in erster Linie der Verpflichtung des Kaufmanns zur systematischen Rechenschaftslegung gegenüber den Kapitalgebern, der Öffentlichkeit und den Finanzbehörden. Aufgabe des internen Rechnungswesens bzw. der Kostenrechnung hingegen ist es, die Geschäftsführer bzw. Entscheidungsträger innerhalb eines Unternehmens mit quantitativen Informationen zu versorgen. Die Kosten- und Leistungsrechnung bildet

---

[518] Vgl. Kap. N Rn. 406.

[519] Tz. 7.1.2 VGr 1983.

[520] Vgl. *Engler,* 1. Aufl., 760 ff.

[521] Vgl. Tz. 2.1 Abs. 1 VGr-Umlageverträge; sowie dazu *Kotschenreuther,* 1. Aufl., 383 ff.

daher eine wichtige Grundlage der innerbetrieblichen Planung, Steuerung, Kontrolle und Preisgestaltung. Folglich **dominiert der Kostenbegriff bei der internen Preisfestsetzung** gegenüber Dritten und gegenüber Konzernunternehmen. Auch unabhängige Dritte versuchen mit Hilfe der Kostenrechnung (Kalkulation) Leitlinien für ihre Preisgestaltung zu entwerfen. Die Ermittlung bzw. Abgrenzung von Aufwendungen hingegen dient allenfalls indirekt der Preisgestaltung, aber primär der Ermittlung der Feststellung des Jahresergebnisses für Ausschüttungs-, Haftungs- und fiskalische Zwecke.

In Tz. 7.1.2 VGr 1983 wurde auf Tz. 2.4.3 VGr 1983 verwiesen, wonach **285** nahe stehende Unternehmen ihre Verrechnungspreise oft aufgrund von allgemeinen **Kosten-, Kalkulations- oder ähnlichen Berechnungsvorgaben** oder zentral gesammelten Daten ermitteln. Bei der Prüfung der Einkunftsabgrenzung kann gem. Tz. 2.4.3 VGr 1983 von solchen Berechnungssystemen ausgegangen werden, wenn sie mit angemessener Genauigkeit zu den Ergebnissen führen, die sich bei einem Verhalten wie unter Fremden ergäben. Nach Tz. 2.2.4 VGr 1983 sind die Kosten nach den Kalkulationsmethoden zu ermitteln, die der Liefernde oder Leistende auch bei seiner **Preispolitik gegenüber Fremden** zu Grunde legt. Soweit keine Lieferungen oder Leistungen gegenüber Fremden erbracht werden, sollten die angewandten Kalkulationsmethoden zumindest den betriebswirtschaftlichen Grundsätzen entsprechen. Sowohl die Ermittlung und Verteilung der Kostenumlage als auch die Kostenaufschlagsmethode sollten sich daher an geschäftsüblichen oder betriebswirtschaftlich sinnvollen Kalkulationsmethoden orientieren. Dabei hat sich die Auswahl der Kalkulationsmethode streng am Fremdvergleich des § 1 AStG zu orientieren, d. h. es sind alle Kalkulationsmethoden anwendbar, die voneinander unabhängige Dritte unter gleichen oder ähnlichen Verhältnissen verwendet hätten, um ihre Preise zu gestalten. Soweit **fremde Dritte** als Entscheidungsgrundlage ihrer **Preisfindung die Kostenträgerrechnung heranziehen,** sollte sich auch die Bestimmung der umzulegenden Kostenmasse der Kostenumlageverträge gem. den VGr-Umlageverträge am Kostenbegriff orientieren.[522]

Zudem gehen die Verwaltungsgrundsätze und die OECD-Berichte nicht **286** auf den **Zeitbezug** der zu verrechnenden Kosten ein. Der ordentliche Geschäftsführer ist daher in seinem Ermessensspielraum nicht eingeschränkt, im Rahmen von „Kalkulationsverfahren oder sonstigen betriebswirtschaftlichen Grundlagen, die im freien Markt die Preisbildung beeinflussen", gem. Tz. 2.1.6.c VGr 1983 zu entscheiden, ob er seine Kostenumlagemasse nach **Ist-, Normal- oder Plankosten** der Forschung ansetzt.[523]

Unter **Ist-Kosten** versteht man zB im F+E-Bereich die mit Ist-Preisen bewerteten Ist-Verbrauchsmengen der Produktionsverfahren im F+E-Bereich. Das exakte Erfassen und Messen der Ist-Verbrauchsmengen und Istpreise bereitet in der Praxis jedoch erhebliche Probleme, insb. wenn die umzulegende Grundlagenforschung und Anwendungs-F+E verschiedenste anlageintensive Projekte erfasst, auf die die gleichen Forschungsabteilungen in unterschiedlichen Zyklen gleichzeitig zugreifen. Wurde bspw. in der umzulegenden Periode gleichartiges Rohmaterial (zB Chemikalien) in verschiedenen Partien zu unter-

---

[522] Vgl. *Baumhoff* IStR 2000, 700; sowie *Kuckhoff/Schreiber* IStR 2000, 348 u. 374 f.
[523] Vgl. Kap. D Rn. 176 u. Kap. N Rn. 227 ff.

schiedlichen Preisen eingelagert, stellt sich das Problem, mit welchem Anschaffungspreis die verbrauchte umlagerelevante Rohmaterialmenge bewertet werden soll. In der Praxis benutzt man daher gerade für die Bewertung von Rohmaterial und Vorräten im F+E-Bereich sog. Sammelbewertungen.[524] Durch Sammelbewertung lassen sich jedoch keine reinen Ist-Kosten abbilden, denn diese Verfahren repräsentieren eindeutig Normalkosten bzw. Plankosten. Auch Abschreibungen auf Gebäude und Anlagen des Forschungsbetriebs und andere Kostenzahlen, die auf die Abgrenzung der Kosten von Ausgaben und Aufwand zurückgehen (zB periodenbezogene Kostenanteile bei Großreparaturen), können nicht als Ist-Kosten bezeichnet werden. Zudem beinhaltet die Ist-Kostenrechnung das Problem, dass die Forschungs- und Entwicklungskosten erst eine gewisse Zeit nach ihrem Anfall ermittelt werden können.

287   Das Verwenden von **Normal- oder Plankosten** ist deshalb unumgänglich, wenn die Forschungsumlage zeitnah, bspw. monatlich oder vierteljährlich, durchgeführt werden soll. Eventuelle Differenzbeträge können dann später, zB zum Zeitpunkt des Abschlusses der **Ist-Kostenrechnung,** ausgeglichen werden. Eine andere Variante legt die Forschungs- und Entwicklungskosten erst bei Abschluss der Jahres-Ist-Kostenrechnung um. Diese Vorgehensweise geht jedoch zu Lasten des Finanzierungseffektes der Kostenumlage. Zur Berechnung der Kostenumlage sind von den insgesamt aufgelaufenen Kosten folgende Beträge abzuziehen:[525]
– Kosten für klar umrissene Einzelaufträge, die direkt abgerechnet werden sollen,
– Erlöse aus dem Verkauf von Anlagevermögen,
– Staatliche Subventionen an das leistende Unternehmen, soweit diese unmittelbar mit dem Leistungsgegenstand der Kostenumlage in Verbindung stehen,
– Lizenzeinkünfte für die Überlassung von Ergebnissen aus der gemeinsamen Pooltätigkeit an fremde Dritte oder an nicht am Pool beteiligte Unternehmenseinheiten.

d) Unterschiedliche nationale Vorschriften

288   Die umzulegenden Aufwendungen sind grundsätzlich nach den **Rechnungslegungsvorschriften** des Staates zu ermitteln, in dem das **leistungserbringende Unternehmen** tätig wird.[526] Dies gilt, solange das Vorgehen der FinVerw. der Staaten, in denen die Leistungen erbracht werden, nicht von der deutschen FinVerw. beanstandet wird. Auf eine **Umrechnung** der ausländischen Ergebnisrechnung kann dann verzichtet werden. Allerdings wird eine solche Umrechnung auch nicht ausgeschlossen. Diese Regelungen laufen somit für den Steuerpflichtigen auf Einzelfallregelungen hinaus, wobei die jeweils damit verbundenen Auswirkungen unterschiedlich sein können.

Beispiel 1: Eine amerikanische Konzerngesellschaft und eine deutsche Konzernschwestergesellschaft erbringen gleichartige Forschungsleistungen, die durch einen Kostenumlagevertrag verrechnet werden. In der umzulegenden Kostenmasse befinden sich auch Abschreibungen für komplizierte medizintechnische Anlagen, die beide

---

[524] Vgl. Kap. D Rn. 176.
[525] Vgl. Tz. 118, OECD-Bericht 1979; sowie *Engler,* 1. Aufl., 775 f.
[526] Vgl. Tz. 2.1 Abs. 1 VGr-Umlageverträge.

Konzerngesellschaften unabhängig voneinander für den Poolzweck einsetzen. Nun kann der Fall eintreten, dass die amerikanischen Finanzbehörden von einer Abschreibungsdauer von 5 Jahren in ihren nationalen Steuerbestimmungen ausgehen, während die deutschen Finanzbehörden 7 Jahre für derartige Wirtschaftsgüter ansetzen. Für den Steuerpflichtigen stellt sich dadurch die Frage, ob er die jährlichen Abschreibungen einheitlich auf einer Grundlage (deutsch oder amerikanisch) oder uneinheitlich auf beiden Grundlagen ansetzen soll.

Beispiel 2: Die Fragestellung im obigen Beispiel wird noch komplizierter, wenn beide Konzerngesellschaften in ihren Kostenrechnungen aus betriebswirtschaftlichen Überlegungen heraus eine Nutzungsdauer von 3 Jahren für das entsprechende Wirtschaftsgut angesetzt haben. Dies hätte zur Folge, dass die Kostenumlage in den ersten 3 Jahren einen noch höheren Betrag aufweist.

Gem. den VGr-Umlageverträge muss der Steuerpflichtige für die konzern-interne Leistungsverrechnung nicht per se eine Umrechnung ausländischer Ergebnisrechnungen anfertigen.[527] Folglich erscheint es unter pragmatischen Gesichtspunkten als sachgerecht, dass in Beispiel 1 die unterschiedlichen nationalen Gewinnermittlungsvorschriften für die Ermittlung der Abschreibungsdauer und der umlagefähigen Kosten zu Grunde gelegt werden. **289**

Im Beispiel 2 könnte die FinVerw. uU zu dem Ergebnis kommen, dass die im Rahmen der internen Kostenrechnung ermittelten Beträge nicht in dieser Höhe in den umlagefähigen Betrag eingehen dürfen. Um diesbezüglich Konflikte mit der Finanzverwaltung zu vermeiden, empfiehlt es sich für den Steuerpflichtigen, einen möglichen Ansatz von Kostengrößen im Vorfeld durch eine verbindliche Auskunft o. ä. abzuklären.

In Tz. 7.4.1 VGr 1983 war zusätzlich der Hinweis enthalten, dass „auf die Vorlage von nur im Ausland befindlichen Unterlagen für die Berechnung der Umlage verzichtet werden kann, soweit das steuerpflichtige Unternehmen eine von einem deutschen Wirtschaftsprüfer oder Steuerberater geprüfte ... Umlagenberechnung vorlegt".[528] Diese Vereinfachung ist in den VGr-Umlageverträge nicht mehr enthalten und unter Berücksichtigung der gesetzlichen Dokumentationspflichten gem. § 90 Abs. 3 AO (iVm §§ 1 ff. GAufzV) stellt sich zusätzlich die Frage, ob ein solcher Nachweis überhaupt ausreichend wäre. Sollte der Steuerpflichtige dennoch auf eine entsprechende Bestätigung eines Wirtschaftsprüfers oder Steuerberaters zurückgreifen, steht einer Vorlage dieser Unterlagen gegenüber der inländischen Finanzverwaltung nichts entgegen. Auf diese Weise kann der Steuerpflichtige dazu beitragen, die Transparenz der Leistungsverrechnung zu erhöhen und eine möglicherweise vorhandene Skepsis der FinVerw. abzubauen. Die Möglichkeit zur Vorlage einer von einem Wirtschaftsprüfer o. ä. bestätigten Kostenaufstellung ist in der Praxis auch eine interessante Alternative, um zB bei einer inländischen Konzerngesellschaft angefallene Kosten gegenüber der ausländischen Finanzverwaltung zu dokumentieren.

Auch ertragsteuerlich nach § 4 Abs. 5 EStG **nicht abziehbare Betriebsausgaben** können Teil der umgelegten Aufwendungen sein.[529] Da es sich bei den umgelegten Aufwendungen um eigene, originäre Aufwendungen **290**

---

[527] Vgl. Tz. 2.1 VGr-Umlageverträge.
[528] Tz. 7.4.1 VGr-Umlageverträge.
[529] Vgl. *Bonertz* DStR 2013, 428.

der Mitglieder des Pools handelt,[530] richtet sich auch die Nichtabzugsfähigkeit der auf inländische Poolmitglieder umgelegten Aufwendungen nach dem deutschen Steuerrecht. Somit sind auch die im Rahmen der Poolumlage auf das inländische Unternehmen umgelegten, nicht abziehbaren Betriebsausgaben bei der Einkommensermittlung zu korrigieren.[531] Umgekehrt mindern die von inländischen Unternehmen im Rahmen der Poolumlage weiterbelasteten nicht abziehbaren Betriebsausgaben die eigenen nicht abziehbaren Betriebsausgaben.[532] Die Identifizierung entsprechender Kosten wird in der betrieblichen Praxis nur mit einem hohen Detaillierungsgrad in der Dokumentation der umlagefähigen Kosten möglich sein. Teilnehmer einer Kostenumlage sollten im Vorfeld solche steuersystematischen Abweichungen bei der Abzugsfähigkeit identifizieren. Auf diese Weise könnten dann zB eigene Kontenrahmen definiert werden.

e) Sachleistungen

291   Mitglieder einer Kostenumlage können ihre Beiträge an den Pool auch in Form von Sachleistungen erbringen. Die Wirtschaftsgüter werden in diesen Fällen nicht an den Pool übertragen, sondern es erfolgt eine **Nutzungsüberlassung.**[533] Obwohl dies hauptsächlich bei F+E-Pools vorkommen wird, können Sacheinlagen auch bei reinen Dienstleistungspools erfolgen, zB wenn ein Poolmitglied Gebäude, EDV-Anlagen, spezielle Druckmaschinen o. ä. dem Pool zur Nutzung überlässt.

Wie die **Bewertung** der Sachleistungen **der Höhe nach** vorzunehmen ist, wird in den VGr-Umlageverträge nicht abschließend geregelt. Grundsätzlich richtet sich der Wert der überlassenen Wirtschaftsgüter nach den entstandenen Aufwendungen. Bei Sachleistungen, die das einbringende Poolmitglied selbst von fremden Dritten bezogen hat und ohne eigene Nutzung direkt in den Pool einbringt, ist der Wertansatz somit verhältnismäßig unproblematisch. In diesen Fällen kann auf einen objektivierten Marktpreis zurückgegriffen werden. Bewertungsprobleme ergeben sich allerdings, wenn das Wirtschaftsgut selbst erstellt worden und bereits abgeschrieben ist oder gleichzeitig teilweise vom Pool und teilweise vom einbringenden Poolmitglied außerhalb des Pools genutzt wird.

292   Erbringt ein Poolteilnehmer eine Sachleistung an den Pool, die das Unternehmen auch außerhalb des Pools für seine eigentliche Geschäftstätigkeit nutzt, liegt eine sog. **gemischte Nutzung** vor. Dies ergibt sich hauptsächlich bei Gegenständen des Anlagevermögens, zB wenn ein Poolmitglied ein Gebäude oder eine Forschungseinrichtung dem Pool zur Nutzung überlässt, die Einrichtung aber partiell noch selbst nutzt. In einem solchen Fall kann nicht der volle Wert der Sachleistung an den Pool belastet werden. Vielmehr ist es erforderlich, nach anerkannten Buchführungs- und Rechnungslegungsvorschriften eine anteilige Verrechnung der Aufwendungen, zB Zinsaufwand, Gebäude AfA etc., vorzunehmen.[534]

---

[530] Vgl. Tz. 1.4 VGr-Umlageverträge.

[531] Vgl. *Bonertz* DStR 2013, 429; *Kaminski* in Strunk/Kaminski/Köhler, AStG/DBA, Tz. 1219 zu § 1 AStG.

[532] Vgl. *Bonertz* DStR 2013, 429.

[533] Vgl. Tz. 2.1 VGr-Umlageverträge.

[534] Vgl. Tz. 8.16, OECD-VPL.

Bei Sachleistungen, die aus **bereits abgeschriebenen Wirtschaftsgütern**   293
bestehen, muss auf den Verkehrswert zum Zeitpunkt der Überlassung abgestellt werden.[535] *Kuckhoff/Schreiber* beurteilen diese Regelung jedoch kritisch,
da eine solche Vorgehensweise die Aufdeckung und Versteuerung vorhandener stiller Reserven einschließlich der Vornahme von Abschreibungen entsprechend der Restnutzungsdauer beim Eigentümer voraussetzt.[536] Legt man
diesen Sachverhalt anhand des Fremdvergleichsgrundsatzes aus, müsste die
Überlassung eines bereits abgeschriebenen Wirtschaftsguts dann den umlagefähigen Betrag erhöhen, wenn ein ordentlicher und gewissenhafter Geschäftsleiter in einer vergleichbaren Situation ebenfalls ein Entgelt ansetzen würde.
Ein ordentlicher und gewissenhafter Geschäftsführer wird dabei idR außer
Acht lassen, ob das Wirtschaftsgut bereits abgeschrieben ist oder nicht, sondern auf die Marktverhältnisse abstellen. Es erscheint somit sachgerecht, immer dann bei einer Überlassung bereits abgeschriebener Wirtschaftsgüter den
umlagefähigen Betrag zu erhöhen, wenn ein ordentlicher und gewissenhafter
Geschäftsführer dies ebenfalls tun würde.

Gehen Sachleistungen an den Pool aus Wirtschaftsgütern hervor, die das   294
leistende Unternehmen auch an fremde Dritte erbringt, bestehen theoretisch
zunächst zwei unterschiedliche Ansätze, einen angemessenen Wertansatz zu
bestimmen:
– Zum einen kann auf den sog. **Marktpreis** abgestellt werden, dh es wird
  auf den Preis zurückgegriffen, zu dem das Unternehmen die Sachleistung
  am Markt abgibt bzw. abgeben könnte.
– Zum anderen können zur Wertbestimmung die sog. **Selbstkosten** herangezogen werden, zu denen das Unternehmen die Leistung herstellt.
Bei einem Ansatz zu Marktpreisen wird neben den Kostenelementen
auch ein **Gewinnaufschlag** angesetzt. Die Verrechnung verhält sich somit
vergleichbar zum Preisfindungsprozess zwischen fremden Dritten. Durch
den Ansatz eines Gewinnaufschlags wird fingiert, dass das leistungserbringende Unternehmen quasi wie ein Auftragsdienstleister Leistungen an den
Pool erbringt. *Becker* widerspricht dem Ansatz zu Marktpreisen bei der Leistungsverrechnung durch Kostenumlage, da das Poolkonzept eine Auslagerung der eigenen Leistungserbringung darstellt.[537] Folglich muss, so *Becker,*
die Leistung der Poolteilnehmer an den Pool so behandelt werden, als ob
sie im eigenen Unternehmen für die eigene Leistungserbringung erbracht
worden wäre.[538] Er kommt zu dem Schluss, dass kein Leistungsaustausch
stattfinde und es sich um einen **innerbetrieblichen Vorgang** handele, der
zu **Selbstkosten** zu verrechnen sei.[539] *Sieker* vertritt im Gegensatz dazu die
Auffassung, dass „im Falle einer vergleichbaren Kostenbeitragsvereinbarung
zwischen fremden Dritten der Teilnehmer, der seinen Beitrag nicht in Geld,
sondern in Form von Lieferungen oder Leistungen erbringt, eine Bewertung zu Marktpreisen verlangen wird bzw. die übrigen Teilnehmer eine
Bewertung nur zu Marktpreisen und nicht zu (höheren) Kosten akzeptieren

---

[535] Vgl. Tz. 2.1 VGr-Umlageverträge.
[536] Vgl. *Kuckhoff/Schreiber* IStR 2000, 374.
[537] Vgl. *Becker* in Handbuch Internationale Verrechnungspreise, Tz. 8.14.
[538] Vgl. *Becker* in Handbuch Internationale Verrechnungspreise, Tz. 8.14.
[539] Vgl. *Becker* in Handbuch Internationale Verrechnungspreise, Tz. 8.14.

werden".[540] Diese konträren Auffassungen verdeutlichen die möglichen Diskussionspunkte, die sich zwischen Steuerpflichtigen und Finanzverwaltung ergeben können.

295   Bei der Frage nach dem Ansatz von selbst erstellten materiellen oder immateriellen Wirtschaftsgütern zu Selbstkosten oder Marktpreisen sollte unbedingt auf den **Fremdvergleichsgrundsatz und die Regelungen im Kostenumlagevertrag** abgestellt werden. Bei Sacheinlagen, die im Zusammenhang mit unterschiedlichen Wissensständen der einzelnen Poolmitglieder stehen, zB der Überlassung eines Patents, sind diese Unterschiede idR im Rahmen von Ausgleichs- bzw. Eintrittszahlungen bei Poolgründung bzw. -eintritten auszugleichen,[541] sodass für den weiteren Verlauf der Kostenumlage ein Ansatz zu Selbstkosten sachgerecht erscheint. Denkbar ist aber auch, dass bei Poolgründung bzw. -eintritt keine einmalige Zahlung für entsprechende Wertunterschiede vereinbart wurde, sondern die Poolmitglieder sich darauf geeinigt haben, für bestimmte Sachleinlagen auf den jeweils aktuellen Marktpreis abzustellen. Dieses Vorgehen hätte den Vorteil, dass das Bewertungsproblem sich bei Eintritts- oder Ausgleichszahlung reduziert. Bei einem solchen Vorgehen ist uU hinsichtlich des markt- bzw. branchenüblichen Gewinnaufschlags ein Abzug vorzunehmen, da bei der Leistungserbringung an den Pool geringere Risiken und Aufwendungen anfallen können. Letztendlich könnte sich auf diese Weise ein Preis zwischen Markt- und Selbstkostenpreis als fremdvergleichskonform erweisen.

f) Ausschluss von Doppelverrechnung

296   Bei der Einkunftsabgrenzung durch einen Kostenumlagevertrag nach dem Poolkonzept muss beachtet werden, dass die verrechneten Leistungen nicht noch einmal auf andere Weise an andere Konzerneinheiten weiterbelastet werden. An sich erscheint diese Regelung zum „Ausschluss von Doppelverrechnung"[542] eindeutig und selbstverständlich; in der Praxis kann dies aber mit erheblichen Problemen verbunden sein. Aus Sicht einer Management-Holding mit unterschiedlichen Abteilungen bspw. muss bei den entstehenden Kosten zunächst danach differenziert werden, ob diese verrechenbar oder nicht verrechenbar sind.[543] Die verrechenbaren Kosten können dann zB im Zuge der Einzelabrechnung, über Lieferpreise oder durch Kostenumlage weiterbelastet werden. Entscheidend ist die genaue Abgrenzung und Differenzierung der Leistungen und der dazugehörigen weiterbelastbaren Kosten, damit eine Doppelverrechnung ausgeschlossen wird. Es ist somit für den Steuerpflichtigen empfehlenswert, die einzelnen Leistungsströme innerhalb des Konzerns voneinander abzugrenzen und eine detaillierte Dokumentation vorzunehmen.

6. Gewinnaufschlag

a) Kein Gewinnaufschlag auf den umlagefähigen Betrag

297   Bei der Leistungsverrechnung durch Kostenumlagen ist gem. Tz. 2.2 VGr-Umlageverträge „ein Gewinnaufschlag auf die umzulegenden Aufwendungen

---

[540] *Sieker* in Debatin/Wassermeyer, MA Art. 9 Rn. 283.
[541] Vgl. *Becker* in Handbuch Internationale Verrechnungspreise, Tz. 8.14.
[542] Tz. 1.5 VGr-Umlageverträge.
[543] Vgl. Kap. N Rn. 31 ff., 51 ff. u. 74 ff.

... steuerlich nicht anzuerkennen".[544] Bereits in der Tz. 7.1.6 VGr 1983 vertrat die Finanzverwaltung die Meinung, dass bei der Leistungsverrechnung durch Umlagen der Ansatz eines Gewinnaufschlags nicht zulässig sei. Dennoch bildete die Frage nach der Zulässigkeit eines Gewinnaufschlags bei Umlageverträgen den Ausgangspunkt für eine kontrovers geführte Literaturdiskussion.[545] Dabei wurde an dieser Stelle am deutlichsten herausgearbeitet, dass Umlageverträge sowohl nach dem Poolkonzept als auch nach dem Leistungsaustauschkonzept ausgestaltet sein können.[546] Nach hM konnte beim Leistungsaustauschkonzept ein Gewinnaufschlag angesetzt werden,[547] beim Poolkonzept hingegen wurde dies weitestgehend für unzulässig erachtet.[548]

Bei der Kostenumlage nach dem Poolkonzept handelt es sich nicht um einen schuldrechtlichen Leistungsaustausch, sondern um eine gesellschaftsrechtlich bzw. innerbetrieblich bedingte Eigenleistung.[549] Die Poolmitglieder tragen dabei kein individuelles unternehmerisches Risiko, sie verfolgen vielmehr einen gemeinsamen Zweck. Der Ansatz einer Risikoprämie in Form eines Gewinnaufschlags erscheint somit nicht sachgerecht. **298**

Das Verbot zum Ansatz eines Gewinnaufschlags unterstreicht die eigentliche Intention eines Pools, denn dieser wird gegründet, um durch die Bündelung von Ressourcen Kosteneinsparungen und Risikoteilung zu erreichen und nicht um durch die Leistungserbringung an den Pool Gewinne zu erzielen.[550]

Nach der hier vertretenen Auffassung besteht im Übrigen ein Wahlrecht, anstelle des Poolvertrags einen Konzernumlagevertrag nach dem Leistungsaustauschprinzip zu vereinbaren.[551]

b) Eigenkapitalverzinsung

Trotz des Verbots einen Gewinnaufschlag auf den umlagefähigen Betrag **299** anzusetzen,[552] bieten sich dennoch Möglichkeiten und wohl auch Notwendigkeiten, bestimmte Gewinnkomponenten mit in die Kostenumlage einzubeziehen. Gem. Tz. 2.1 Abs. 4 VGr-Umlageverträge besteht bspw. ein **Wahlrecht,** bei der Ermittlung der Aufwendungen eine **Verzinsung des eingesetzten Eigenkapitals** anzusetzen. Demnach kann ein Aufschlag auf das eingesetzte Eigenkapital „laut Steuerbilanz nach dem Habenzinssatz für die Währung des Tätigkeitsstaates berücksichtigt werden".[553] Betriebswirtschaftlich und steuerlich erscheint dieses Vorgehen sachgerecht, wobei allerdings im deutschen Steuerrecht die Einschränkung gilt, dass nur Fremdkapitalzinsen als Betriebsausgaben anerkannt werden.[554]

---

[544] Tz. 2.2 VGr-Umlageverträge.
[545] Vgl. u.a. *Stock/Kaminski* IStR 1998, 9; *Sieker* in Debatin/Wassermeyer, MA Art. 9, Rn. 281; sowie *Kuckhoff/Schreiber* IStR 1998, 3.
[546] Vgl. zB *Stock/Kaminski* IStR 1998, 7 ff.; sowie *Scheffler* ZfbF 1991, 484 ff.
[547] Vgl. Kap. N Rn. 311 ff.
[548] Vgl. Kap. N Rn. 427 f.
[549] Vgl. *IDW* WPg 1999, 714.
[550] Vgl. *Kuckhoff/Schreiber* IStR 2000, 375 f.
[551] Vgl. Kap. N Rn. 284 u. 294 zur identischen Rechtslage bei Dienstleistungen.
[552] Vgl. Tz. 2.2 VGr-Umlageverträge.
[553] Tz. 2.1 VGr-Umlageverträge.
[554] Vgl. *Kaminski* IWB 2000, Fach 3, Gruppe 2, 902.

Die deutsche FinVerw. sieht die Verzinsung des eingesetzten Kapitals offensichtlich als eine Entschädigung für entgehende anderweitige Einnahmen an.[555] *Becker* hält die Versteuerung des Zinsertrags für fragwürdig, da die Leistungen im Pool generell zu Selbstkosten abgerechnet werden.[556] Gleichwohl wird eine Versteuerung des in Rechnung gestellten Zinses nicht zu vermeiden sein.

300   Gem. Tz. 2.1 VGr-Umlageverträge soll für die Verzinsung des eingesetzten Eigenkapitals lt. Steuerbilanz auf den **Habenzinssatz** für die **Währung des Tätigkeitsstaates** abgestellt werden. Dies erscheint problematisch und nicht sachgerecht. Es entspricht vielmehr der ständigen BFH-Rspr., wenn sich der Darlehensnehmer und der Darlehensgeber „im Zweifel die Spanne zwischen banküblichen Haben- und Sollzinsen teilen".[557]

7. Umlageschlüssel

a) Ermittlung

301   Die im Rahmen der Kostenumlage entstehenden Aufwendungen werden von allen Poolmitgliedern anteilig getragen. Die Verrechnung des umlagefähigen Betrages erfolgt über einen **nutzenorientierten Umlageschlüssel,**[558] d. h. der Anteil der Poolmitglieder am erwarteten Gesamtgewinn des Pools determiniert den Umlageschlüssel.

Der zu **erwartende Nutzen** ist anhand betriebswirtschaftlicher Grundsätze und unter Berücksichtigung aller Umstände und Entwicklungen zu bestimmen, die vernünftigerweise im Zeitpunkt des Vertragsabschlusses vorhersehbar sind.[559] Auf welche Art und Weise und in welcher Einheit der erwartete Nutzen bestimmt wird, bleibt dem Einzelfall vorbehalten. Er kann bspw. aus Ersparnis von Aufwand oder Steigerung der Erlöse hervorgehen[560] und durch „Problemanalysen, Projektberichte, Zielvorgaben und ähnliche Unterlagen"[561] dargelegt werden. Dies erfolgt in der Praxis regelmäßig durch eine sog. **Nutzenanalyse.**[562]

302   Weder aus der ständigen Rechtsprechung noch aus den VGr-Umlageverträge gehen konkrete Vorgaben oder Präferenzen hinsichtlich eines bestimmten Umlageschlüssels hervor. Für den Steuerpflichtigen ergibt sich diesbezüglich somit eine grundsätzliche Wahlfreiheit. In Tz. 8.19 OECD-VPL wird exemplarisch dargestellt, dass der erwartete Nutzen und der daraus hervorgehende Umlageschlüssel sowohl direkt und als auch indirekt bestimmt werden können:

– Bei einem **direkten** Vorgehen werden die von den Poolteilnehmern erwarteten Gewinnzuwächse oder Kosteneinsparungen bestimmt. Aus diesen

---

[555] Vgl. *Becker* in Handbuch Int. Verrechnungspreise, VGrUml., Tz. 2.1 Rn. 1.

[556] Kritisch dazu vgl. *Becker* in Handbuch Int. Verrechnungspreise, VGrUml., Tz. 2.2 Rn. 3.

[557] Vgl. *Baumhoff* IStR 2000, 693, 702 unter Hinweis auf BFH-Urteil v. 19.1.1994, BStBl. II 1994, 725.

[558] Vgl. Tz. 3.1 VGr-Umlageverträge.

[559] Vgl. Tz. 3.1 VGr-Umlageverträge.

[560] Vgl. Tz. 1.1 VGr-Umlageverträge.

[561] Tz. 5.1.3 VGr-Umlageverträge.

[562] Vgl. *Vögele/Scholz* IStR 2000, 155 ff.

Einzelprognosen wird der erwartete Gesamtnutzen aggregiert und folglich der Umlageschlüssel abgeleitet.[563]

– Bei der **indirekten** Bestimmung des Umlageschlüssels wird nicht unmittelbar auf eine abstrakte Nutzengröße abgestellt, sondern auf konkrete Schlüsselgrößen zurückgegriffen, die eine indirekte Aussage über den erwarteten Nutzen treffen. Mögliche Schlüsselgrößen bilden „u. a. die eingesetzten, hergestellten, verkauften oder zu erwartenden Einheiten einer Produktlinie, der Materialaufwand, die Maschinenstunden, die Anzahl der Arbeitnehmer, die Lohnsumme, die Wertschöpfung, das investierte Kapital, der Betriebsgewinn und der Umsatz".[564] Voraussetzung für den in der Praxis weit verbreiteten Einsatz solcher Größen als Umlageschlüssel ist, dass eine eindeutige Korrelation zwischen der gewählten Schlüsselgröße und dem erwarteten Nutzen besteht.

Beispiel 1: Die deutsche M-AG und deren Tochterunternehmen, die belgische B- **303** SA und die englische UK-Ltd., schließen einen Kostenumlagevertrag, um gemeinsam ein neues Pflanzenschutzmittel zu entwickeln. Durch den Kostenumlagevertrag erhält jedes der beteiligten Unternehmen das Recht, das entwickelte Pflanzenschutzmittel für seinen heimischen Markt herzustellen und dort zu verkaufen. Der umlagefähige Betrag wird in diesem Fall auf der Grundlage der erwarteten Erträge aus dem Verkauf des neuen Pflanzenschutzmittels zwischen den beteiligten Unternehmen verteilt.

Beispiel 2: Die deutsche M-AG und deren Tochterunternehmen, die spanische T-SA und die US-amerikanische US-Inc., schließen einen Kostenumlagevertrag, um jeweils identischen Produktionsprozesse zu optimieren und dadurch Kosteneinsparungen in der Produktion iHv 10 zu realisieren. Die Kosten für die Entwicklung des innovativen Produktionsverfahrens werden anhand der erwarteten individuellen Kosteneinsparung der beteiligten Unternehmen aufgeteilt.

Bei der internationalen Gestaltung von Kostenumlageverträgen muss der **304** Steuerpflichtige beachten, dass für die Vergütung kein Prozent-Anteil vom Umsatz oder eine ähnliche pauschale Kennzahl festgelegt wird. Wegen der einfachen Anwendung dieser sog. **Cost Funding Arrangements**[565] bzw. **Fixed Key Methods** werden in der internationalen Praxis in seltenen Fällen Management-Verträge auf diese Weise gestaltet. Aus deutscher Sicht ist davon aber abzuraten, da eine solche Verrechnung idR von der deutschen Betriebsprüfung steuerlich nicht anerkannt wird.[566] Fremde Dritte würden sich auf solche Vereinbarungen nur unter ganz bestimmten Bedingungen einlassen, so wenn die verwendete Bezugsgröße den Auftragnehmer im Durchschnitt für seine Kosten entschädigt und ihm einen angemessenen Gewinn gewährt. Sollten bei bestehenden Kostenumlageverträgen entsprechende Umlageschlüssel angewandt werden, empfiehlt es sich, diese entsprechend den Vorgaben der VGr-Umlageverträge anzupassen oder Unterlagen, zB eine Werthaltigkeitsanalyse, zu erstellen, die belegen, dass die verrechneten Beträge und die Werthaltigkeit der empfangenen Leistungen übereinstimmen.

---

[563] Alternativ kann auch der aus dem Leistungsgegenstand des Pools hervorgehende Gesamtnutzen geschätzt werden. Dieser wird dann den einzelnen Poolmitgliedern zugeordnet. Vgl. Tz. 8.19, OECD-VPL.

[564] Tz. 3.2 VGr-Umlageverträge.

[565] Vgl. Kap. N Rn. 114 f. u. 120 f.; sowie *Kuckhoff/Schreiber* IStR 2000, 378.

[566] Vgl. *Jacobs* 1049.

Beispiel 3: Eine englische Konzernmuttergesellschaft, die UK-Ltd., erbringt strategische Dienstleistungen, zB Marktanalysen, Einkauf und Produktentwicklung, an ihre europäischen Tochtervertriebsgesellschaften, die deutsche T-GmbH und die spanische E-SA. Die Verrechnung der Leistungen erfolgt auf der Basis eines Cost Funding Arrangements, d. h. die beiden Tochtergesellschaften zahlen jeweils 5 % ihres Umsatzes als „Management Fee" an die UK-Ltd. In diesem Fall besteht ein hohes Risiko, dass die Leistungsempfänger jeweils Beträge zahlen, die die Kosten der Leistungen weit übersteigen.

305   Von **Cost Funding Arrangements** zu unterscheiden sind Kostenumlageverträge, bei denen die Umsätze als Verteilungsschlüssel herangezogen werden. Dies ist grundsätzlich möglich und bringt den Vorteil mit sich, dass der Umsatz mit Dritten eine einfach nachweisbare und objektive Größe ist.[567]

Beispiel 4: Drei Produktionsgesellschaften, die deutsche M-AG, die spanische T-SA und die englische UK-Ltd., haben einen Kostenumlagevertrag abgeschlossen, um ihren Einkauf zu zentralisieren. Die M-AG richtet dafür eine Abteilung zur strategischen Einkaufsplanung ein, die weltweit nach den günstigsten Rohstoffen sucht und Rahmenverträge für den Einkauf abschließt. Die Produktionsgesellschaften können dann selbstständig aufgrund dieser Rahmenverträge Rohstoffe einkaufen, wobei hier unterstellt wird, dass aufgrund identischer Produktionsverfahren die Rohstoffe in gleichen Relationen für die jeweilige Produktion benötigt werden. Der Umsatz der M-AG beträgt € 20 Mio., der Umsatz der T-SA € 20 Mio. und der Umsatz der UK-Ltd. beträgt € 10 Mio. Als Umlageschlüssel wird das Verhältnis 2:2:1 angenommen.

306   Kann durch eine einzelne Schlüsselgröße keine verursachungsgerechte Allokation des umlagefähigen Betrages erfolgen, zB weil in einem Kostenumlagevertrag mehrere Leistungsgegenstände geregelt sind, ist auch der betriebliche Einsatz von sog. **Mischschlüsseln** möglich. In diesen Fällen werden die umzulegenden Aufwendungen durch eine Kombination von unterschiedlichen Schlüsselgrößen auf die Poolmitglieder umgelegt. Eine genaue Abgrenzung der Leistungen und Aufwendungen ist hierbei dringend erforderlich.

Beispiel 5: Ein europäischer Konzern hat in Belgien ein zentrales Shared Service Center eingerichtet, das Buchführungsarbeiten, Mitarbeiterschulung und zentralen Einkauf übernimmt. Der umlagefähige Betrag wird zu ²/₃ anhand der Umsätze und zu ¹/₃ anhand der Mitarbeiterzahl der beteiligten Unternehmen umgelegt.

307   In der Praxis kommt es bei der Überprüfung von Umlageschlüsseln in der Betriebsprüfung regelmäßig zu Auseinandersetzungen zwischen Steuerpflichtigen und Finanzverwaltung. Für den Steuerpflichtigen erscheint es ratsam, an dieser Stelle der Empfehlung der OECD zu folgen und durch Informationsaustausch zwischen den Vertragsstaaten, Verständigungsverfahren oder bilaterale oder multilaterale APAs eine Akzeptanz des Umlageschlüssels bei den beteiligten Finanzbehörden anzustreben.[568]

b) Überprüfung und Anpassung

308   Ein einmal festgelegter Umlageschlüssel muss vom Steuerpflichtigen in regelmäßigen Abständen daraufhin untersucht werden, inwieweit erwarteter

---

[567] Vgl. *Kaminski* IWB 2000, Fach 3, Gruppe 2, 907.
[568] Vgl. Tz. 8.22 OECD-VPL.

und tatsächlicher Nutzen übereinstimmen. Der **Zeitpunkt der Über-prüfung** ergibt sich aus dem Grad der Ungewissheit, der mit dem Poolgegenstand verbunden ist. Es ist empfehlenswert, im Poolvertrag Überprüfungszeiträume festzulegen, wobei das nicht nur auf zeitliche Intervalle, zB alle 2–3 Jahre, begrenzt sein sollte, sondern sich auch auf den Poolgegenstand beziehen und sich somit zB an einzelnen Projektphasen orientieren kann. Zur Minimierung von Risiken ist es jedoch ratsam, im Vertrag zumindest eine jährliche Überprüfung des voraussichtlichen Nutzens der Poolmitglieder und eine evtl. erforderliche Anpassung des Umlageschlüssels für das Folgejahr zu vereinbaren.

Werden bei der Überprüfung des Umlageschlüssels **Abweichungen zu** **309** **den Vorausplanungen** festgestellt, sind entsprechende Anpassungen vorzunehmen. Dies ist idR immer dann notwendig, wenn neue Mitglieder in den Pool eintreten bzw. alte ausscheiden. **Anpassungen** können weiterhin sachgerecht sein, wenn sich unerwartet die Tätigkeiten und Funktionen der Poolmitglieder geändert haben. In Tz. 3.3 VGr-Umlageverträge wird hervorgehoben, dass sich bei einer zeitgerechten Überprüfung Anpassungen nur für die Zukunft ergeben. Dieser Auffassung kann nur bedingt gefolgt werden. Wie unter fremden Dritten üblich wird der Poolvertrag grundsätzlich im Voraus, *ex ante,* geschlossen. Dabei müssen entsprechende Prognosen über den erwarteten Nutzen, der sich aus dem Poolgegenstand ergeben soll, getroffen werden. Da **Prognosen** immer mit **Unsicherheiten** behaftet sind, werden exakte Übereinstimmungen der getroffenen Annahmen und der tatsächlichen Entwicklung eher die Ausnahme bilden. Es ist also davon auszugehen, dass Abweichungen zwischen erwartetem und tatsächlichem Nutzen nachträglich festgestellt werden.

Die Frage ist, ab welchem Grad der Abweichung eine nachträgliche An- **310** passung vorgenommen wird bzw. ob dies überhaupt geschehen kann.[569] Schließen fremde Dritte einen vergleichbaren Vertrag miteinander ab und prognostizieren zu Ungunsten einer der Vertragsparteien eine nicht eintreffende Entwicklung, würde ein Vertrag im Nachhinein regelmäßig nicht angepasst. In einem solchen Fall wäre es unter fremden Dritten allerdings denkbar, dass die Vertragspartner eine Anpassungsklausel vereinbaren, wonach der entstandene Nachteil eines Vertragspartners durch eine Ausgleichszahlung beseitigt wird, sofern sich innerhalb von zwei Jahren herausstellt, dass der geschätzte anteilige Nutzen und damit auch die Zahlungen aufgrund nachträglicher Erkenntnisse um mehr als 20% von dem ursprünglich geschätzten anteiligen Nutzen abweichen.[570]

8. Zuordnung von Eigentums- und Nutzungsrechten sowie gewerblichen Schutzrechten

Teilen die an einer Gemeinschaftsforschung beteiligten Unternehmen die **311** Kosten durch Umlagevertrag untereinander auf, so werden auch das Risiko und die Finanzierung der F+E-Kosten auf die Teilnehmer der Gemein-

---

[569] Vgl. dazu zB US Cost Sharing Regs. § 1.482-7 (f)(3 u. § 1.482-7(i)(2).
[570] Vgl. zu evtl. nachträglichen Anpassungen durch den IRS gem. US Cost Sharing Regs. § 1.482-7(i)(2)(ii).

schaftsforschung verteilt. Wirtschaftlich sind alle Teilnehmer des Umlagesystems unmittelbar an den Ergebnissen der Gemeinschaftsforschung beteiligt und können die Erfindung im Rahmen ihrer Geschäftstätigkeit verwerten.

312 Für die Zuordnung der **Eigentumsrechte bzw. Inhaberrechte**[571] an den entwickelten immateriellen Wirtschaftsgütern auf die Teilnehmer ergeben sich aufgrund der Rechtsform des Pools als **Innengesellschaft** in der Praxis unterschiedliche Probleme.[572]

313 Man könnte die Auffassung vertreten, dass alle Poolmitglieder rechtlich Gesamthandseigentum gem. § 718 BGB an den Forschungsergebnissen – vor allem an den immateriellen Wirtschaftsgütern – des Pools erwerben oder dass sie als Gemeinschaft iSd § 741 BGB Mitinhaber der Rechte werden.[573] Eine Aktivierung des anteiligen immateriellen Wirtschaftsguts ist steuerlich nicht möglich, weil es von den Beteiligten im Wege des Kostenumlagevertrags selbst hergestellt wurde (§ 5 Abs. 2 EStG).[574]

314 Im Hinblick auf das Vorliegen einer **Innengesellschaft** ist jedoch die Meinung vorzugswürdig, wonach das jeweilige forschende Unternehmen das rechtliche Alleineigentum oder treuhänderisches Eigentum an den immateriellen Wirtschaftsgütern erwirbt, während die anderen Beteiligten des Poolvertrags für ihre Zahlungen das schuldrechtlich vereinbarte unbeschränkte **Nutzungsrecht** für ein bestimmtes Territorium erhalten.[575] Diese Rechtsauffassung trägt der Tatsache Rechnung, dass die Poolmitglieder regelmäßig solche Eigentums- und Nutzungsregelungen vereinbaren. Für ein deutsches Forschungsunternehmen gelten in diesen Fällen ebenfalls das handelsrechtliche Aktivierungswahlrecht und das steuerliche Aktivierungsverbot für selbst hergestellte immaterielle Wirtschaftsgüter. Für einen inländischen nutzungsberechtigten Teilnehmer erlangt die Frage einer etwaigen Aktivierung keine Bedeutung.

315 Durch die zivilrechtliche Ausgestaltung des Pools als **Innengesellschaft** können in der Praxis unterschiedliche Gestaltungsprobleme entstehen. Gehen aus dem Leistungsgegenstand des Pools bspw. immaterielle Wirtschaftsgüter hervor, stehen die Nutzungsrechte daran nicht einem Unternehmen allein, sondern allen Poolmitgliedern anteilig zu. Wie bereits erwähnt wurde, besteht bei der Innengesellschaft jedoch kein Gesamthandseigentum, so dass das forschende Unternehmen Inhaber der fertig gestellten immateriellen Wirtschaftsgüter wird und diese im Innenverhältnis als Treuhänder für die anderen Poolmitglieder verwaltet.[576] Dadurch ergeben sich unterschiedliche Detailfragen, insb. hinsichtlich der Bilanzierung des Forschungsaufwands und entstan-

---

[571] Die zivilrechtliche Unterscheidung zwischen Eigentümer und Inhaber wird in Kap. O Rn. 361 erläutert.

[572] Vgl. zur Qualifikation des Pools als Innengesellschaft Kap. N Rn. 405 ff.

[573] Vgl. dazu oben Rn. 229 u. Kap. N Rn. 405 f.; Miteigentum iSd § 1008 BGB scheidet aus, da dieses nur für Sachen und nicht für Immaterialgüterrechte bestehen kann.

[574] Handelsrechtlich besteht gem. § 248 Abs. 2 HGB nF für alle ab dem 1.1.2009 beginnenden Wirtschaftsjahre jedoch ein Aktivierungswahlrecht (das nur Entwicklungskosten umfasst), während steuerlich nach wie vor das Aktivierungsverbot besteht; vgl. dazu oben Rn. 24 f.

[575] Vgl. Kap. N Rn. 405 f.

[576] Vgl. oben Rn. 282.

dener Vermögensgegenstände und der steuerlichen Behandlung möglicherweise erhobener Quellensteuern.[577] Die VGr-Umlageverträge lassen weitestgehend offen, wie in diesen Fällen zu verfahren ist.[578] Auch die allgemeinen steuerrechtlichen Vorschriften bieten nur wenig Auslegungshilfe, da in diesen idR von einem alleinigen Eigentümer ausgegangen wird.

Bei der oben genannten Konstellation handelt die Forschungsgesellschaft **316** als sog. **Fronting-Corporation**.[579] Eine solche Gesellschaft, die im Regelfall ein rechtlich selbstständiges Unternehmen innerhalb oder außerhalb des Pools ist, agiert als rechtlicher Eigentümer der im Pool geschaffenen Rechte. Hingegen stehen das wirtschaftliche Eigentum bzw. die schuldrechtlichen Nutzungsrechte am Leistungsgegenstand des Pools allen Poolmitgliedern zu.

Durch diese gedankliche Trennung von rechtlichem und wirtschaftlichem Eigentum können die Anwendungsschwierigkeiten, die sich aus dem Poolkonzept ergeben, in Übereinstimmung mit dem Arm's-Length-Prinzip gelöst werden, da auf diese Weise Aktivierung und Anrechnung erhobener Quellensteuern zentral von der Fronting-Corporation übernommen werden können. Dieser praxisorientierte Lösungsansatz ist allerdings mit Unsicherheiten hinsichtlich der Anerkennung durch die FinVerw. behaftet. Es empfiehlt sich, eine Fronting-Corporation nur dann als steuerliches Gestaltungsinstrument einzusetzen, wenn dies durch eine enge Zusammenarbeit mit den zuständigen Finanzbehörden abgesichert werden kann. Die vertragliche Integration einer solchen Fronting-Corporation in einen Pool orientiert sich regelmäßig an Treuhandvereinbarungen.

9. Eintritt, Austritt, Beendigung und Systemumstellung

Die VGr-Umlageverträge enthalten Regelungen für „Sonderfälle"[580] wie **317** späterer **Eintritt** und früherer **Austritt** von Poolmitgliedern sowie für die vorzeitige **Beendigung** und **Systemumstellung** der Kostenumlage. Diese Bestimmungen der VGr-Umlageverträge sind für die praktische Anwendung von Kostenumlageverträgen erforderlich, insb. da sich **Umstrukturierungen** bei global agierenden Konzernen auch unmittelbar auf den Teilnehmerkreis von Poolverträgen auswirken.[581]

a) Späterer Eintritt

Unternehmen, die zu einem späteren Zeitpunkt dem Poolvertrag beitreten **318** und die damit Gesellschafter der Innengesellschaft werden und sich künftig an der laufenden Kostenumlage beteiligen, müssen eine **Eintrittszahlung** an den Pool leisten, wenn die bisherigen Poolmitglieder dem Eintretenden materielle oder immaterielle Ergebnisse überlassen.[582] Die Höhe dieser Zahlungen be-

---

[577] Vgl. *Vögele/Freytag* IStR 2000, 249 ff.
[578] Vgl. u. a. Tz. 4.4 VGr-Umlageverträge.
[579] Vgl. *Vögele/Freytag* IStR 2000, 250 f.; sowie *Becker* in Handbuch Internationale Verrechnungspreise, Tz. 8.4.
[580] Tz. 4 VGr-Umlageverträge.
[581] Vgl. *Vögele* DB 2000, 297.
[582] Vgl. Tz. 4.1 VGr-Umlageverträge.

stimmt sich nach den Grundsätzen des Fremdvergleichs. Durch die Eintrittszahlung treten die Mitglieder des bestehenden Pools Anteile ihrer Rechte und Ansprüche an den bisherigen Ergebnissen des Pools an das neue Poolmitglied ab. Für sie stellt die Eintrittszahlung einen Ertrag aus der anteiligen Veräußerung der bisher erzielten Ergebnisse dar.[583] Für das neu eintretende Poolmitglied handelt es sich hierbei um einen aktivierungspflichtigen Vorgang.[584]

Eintrittszahlungen können dabei auch in Form von Sachleistungen oder der Nutzungsüberlassung von Know-how oder vergleichbaren immateriellen Wirtschaftsgütern geleistet werden.

319 Liegen aus dem Verlauf der Kostenumlage erste Resultate vor, zB angefangene Arbeiten oder Kenntnisse, muss eine **Eintrittszahlung** geleistet werden. Entsprechende Zahlungen können uU auch dann sachgerecht sein, wenn der Pool bislang ausschließlich fehlgeschlagene Forschung vorzuweisen hat. Dieser Sonderfall kann aber nur eintreten, wenn ein ordentlicher und gewissenhafter Geschäftsführer für die damit verbundenen Erkenntnisse ebenfalls ein Entgelt gefordert bzw. entrichtet hätte, zB wenn noch nicht allgemein bekannt ist, dass eine bestimmte Forschung gescheitert ist und andere Unternehmen noch weiter in diese Richtung forschen.[585]

320 Zusätzlich zu den Eintrittszahlungen kann es bei der Gründung oder beim Eintritt eines neuen Poolmitglieds auch erforderlich sein, Ausgleichzahlungen zwischen den Poolmitgliedern anzusetzen. Diese **Balancing Payments** gleichen unterschiedliche Wissensstände innerhalb des Pools aus, zB hinsichtlich eines Forschungsgegenstandes oder eines Produktionsprozesses. Verfügt das eintretende Unternehmen über einen annähernd gleichen Wissensstand wie die bisherigen Poolmitglieder, wird ein Ausgleich regelmäßig nicht geboten sein. Hat das neue Poolmitglied einen höheren Wissensstand als die bisherigen Poolmitglieder, muss für die Überlassung des Know-how eine Zahlung vom Pool an dieses Unternehmen erfolgen. Ausgleichszahlungen nehmen dabei idR den Charakter von einmaligen Zahlungen ein, wobei sie uU auch mit laufenden Poolbeiträgen verrechnet werden können.[586] Kriterium für die Erhebung von Eintritts- oder Ausgleichszahlungen ist, ob ein ordentlicher und gewissenhafter Geschäftsführer für den mit dem Eintritt in den Pool oder mit der Gründung des Pools verbundenen jeweiligen Erkenntniszuwachs ebenfalls ein Entgelt gefordert oder entrichtet hätte.

321 Die Bewertung der Eintritts- und Ausgleichszahlungen **der Höhe nach,** insb. bei immateriellen Ergebnissen des Pools, kann nur auf den Einzelfall bezogen durchgeführt werden. Die bereits angefallenen Kosten bieten dabei einen ersten Anhaltspunkt, um die Höhe der Eintrittszahlung zu bestimmen. Sie sind aber vornehmlich vergangenheitsorientiert und sagen deswegen idR wenig über den eigentlichen Wert des Poolgegenstands aus. In der Praxis wird auf die bislang angefallenen Kosten als Hilfsmaßstab abgestellt, um die Plausibilität von Eintrittszahlungen zu überprüfen.[587] Entscheidend bleibt aber

---

[583] Vgl. *Baumhoff* IStR 2000, 731; sowie dazu *Becker* in Handbuch Internationale Verrechnungspreise, Tz. 8.33.
[584] Vgl. Tz. 4.1 VGr-Umlageverträge.
[585] Vgl. *Vögele/Freytag* IStR 2000, 252.
[586] Vgl. *Vögele/Freytag* IStR 2000, 252.
[587] Vgl. *Vögele* DB 2000, 297 f.

der **subjektive Nutzen,** den sich das neue Mitglied an der Teilnahme am Pool verspricht. Dieser richtet sich nach dem aktuellen Stand der Forschungsergebnisse und den damit verbundenen zukünftigen Ertrags- bzw. Einsparungspotentialen. Wenn der Pool bspw. schon über fertige immaterielle Wirtschaftsgüter verfügt, kann die Eintrittszahlung neuer Poolmitglieder für die Nutzung dieser immateriellen Wirtschaftsgüter auf Basis einer Kapitalisierung ersparter Lizenzzahlungen erfolgen.[588]

Bei einem Pool, der ausschließlich laufende Dienstleistungen, zB Buchführung oder **Cash Management,** als Poolgegenstand hat, ist es idR nicht gerechtfertigt, Eintrittszahlungen anzusetzen. Ausnahmen können sich ergeben, wenn Investitionen o. ä. notwendig waren, um die Voraussetzungen (zB Infrastruktur) zu schaffen, damit die Dienstleistungen erbracht werden können oder ein neues Poolmitglied auf andere Weise ad hoc von Ergebnissen der zurückliegenden Leistungstätigkeit des Pools profitiert.[589]   **322**

Beispiel 1: Die französische F-SA, die italienische I-SpA und die deutsche D-GmbH wollen in China ein Joint Venture für die Produktion von Autoreifen gründen. Sie beauftragen eine gemeinsam gegründete französische Servicegesellschaft mit der Vorbereitung von Verträgen und der Erstellung einer Standort- und Marktstudie. Ferner soll die französische Gesellschaft weitere anfallende Koordinierungsarbeiten und Dienstleistungen übernehmen und ggf. Subunternehmer heranziehen. Nach einigen Monaten will sich die spanische S-SA an dem Joint Venture beteiligen.

In diesem Fall ist es angemessen, dass die spanische S-SA an die französische Servicegesellschaft ein entsprechendes Eintrittsgeld leistet, damit eine adäquate Beteiligung an den bereits angefallenen Kosten erfolgt. Alternativ könnte die spanische S-SA die Ausgleichszahlungen auch uU direkt mit den Pool-Mitgliedern verrechnen.

Beispiel 2: Zu dem Sachverhalt aus Beispiel 1 kommt hinzu, dass die Unternehmen einen zweiten Kostenumlagevertrag abgeschlossen haben. Darin ist geregelt, dass die italienische I-SpA die mit dem Joint Venture verbundenen Buchführungsarbeiten übernimmt. Für diesen Fall ist es nicht angemessen, dass die spanische S-SA hinsichtlich des neuen Kostenumlagevertrages eine Eintrittszahlung leistet, soweit es nicht zu Anschaffungen von Software o. ä. kommt.

Becker fingiert hinsichtlich der steuerlichen Behandlung von Eintrittszahlungen, dass das neu eintretende Poolmitglied seit Beginn an Teilnehmer der Kostenumlage war und die bis dahin angefallenen und verrechneten Kosten nach dem neuen Umlageschlüssel rückwirkend neu verteilt werden. Die Zahlungen stellen dann, so *Becker,* keinen Erwerb von Wirtschaftsgütern dar, sondern eine zurückversetzte Beteiligung an dem bestehenden Kostenumlagevertrag.[590] Bei den „alten" Poolmitgliedern wirkt sich dies als Minderung der geleisteten Kostenbeiträge und bei dem neu eintretenden Poolmitglied als sofort abzugsfähige Betriebsausgabe aus. Dieser Ansatz führt regelmäßig zu bilanziellen Periodenabgrenzungsproblemen und ist daher in der Praxis nur bedingt anwendbar.   **323**

---

[588] Vgl. zu dieser Methode auch US Cost Sharing Regs. § 1.482-7T (g)(4)(i)(C). Diese Methode wird u. a. auch beim Verkauf immaterieller Wirtschaftsgüter angewendet, vgl. unten Rn. 311, 320.

[589] Vgl. *Runge* in Crezelius/Raupach, 1996, 303.

[590] Vgl. *Becker* in Handbuch Internationale Verrechnungspreise, Tz. 8.33, Anm. 2.

324   Eine andere Form des späteren Eintritts in einen Poolvertrag kann im Rahmen einer Post Merger Integration erforderlich sein. Wurde zB von einem Konzern, der ein Kostenumlagesystem hat, ein Unternehmen erworben, das vorher nicht Teilnehmer einer Kostenumlage war, muss hier uU eine Integration herbeigeführt werden. Zentraler Ausgangspunkt ist die Bewertung der jeweils vorhandenen immateriellen Wirtschaftsgüter und die beabsichtigte zukünftige Nutzung. Grundsätzlich muss hier nach dem Fremdvergleichsgrundsatz verfahren werden und es muss aus Sicht des neu erworbenen Unternehmens und aus Sicht der bestehenden Kostenumlageteilnehmer evaluiert werden, ob Eintritts- oder Ausgleichszahlungen zu entrichten sind. Dies hängt im Wesentlichen von dem unterschiedlichen „Know-how" der beteiligten Unternehmen ab. So ist zB zu prüfen, ob ein Produktionsunternehmen mit spezifischem Know-how erworben wurde, welches dann von den anderen Poolmitgliedern in der gesamten Unternehmensgruppe genutzt werden kann. Für den betrieblichen Steuerplaner ist es ratsam, sich über entsprechende Auswirkungen bereits während der Due Diligence ein Bild zu verschaffen.

b) Früherer Austritt

325   Vergleichbar zum späteren Eintritt eines Poolmitglieds können auch Zahlungen angesetzt werden, wenn ein Unternehmen vorzeitig aus dem Kostenumlagevertrag austritt. Austrittszahlungen können – abhängig von den Umständen des Einzelfalls – sowohl von den verbleibenden Poolmitgliedern an das austretende Unternehmen, als auch umgekehrt vom austretenden Poolmitglied an den Pool geleistet werden. Der Ansatz von **Austrittszahlungen** an die verbleibenden Poolmitglieder ist idR dann sachgerecht, wenn
– ein Unternehmen aus dem Pool austritt und dennoch, zB durch Drittverwertung, zusätzliche Vorteile aus dem Pool zieht oder
– durch den Austritt den verbleibenden Poolmitgliedern zusätzliche Belastungen aufgebürdet werden.[591]
Eine Austrittszahlung an das austretende Poolmitglied wird erforderlich, falls die verbleibenden Mitglieder zusätzliche Vorteile erlangen, zB durch zusätzlichen Nutzen in den ehemaligen Vertragsgebieten des austretenden Mitglieds.
Ausgleichszahlungen stellen beim Empfänger der Zahlungen einen Ertrag (häufig als Veräußerungsgewinn) dar. Dieser fällt entweder einmalig an oder es kommt zu laufenden Erträgen in Form von Nutzungsgebühren.[592] Der Zahlungsstrom verläuft idR entgegengesetzt zu der Richtung, in der Vermögensrechte, Ergebnisse der Pooltätigkeit o. ä. übertragen werden.

326   Sind die Austrittszahlungen dem Grunde nach gerechtfertigt, ergeben sich vergleichbare **Bewertungsprobleme** wie für Eintrittszahlungen. Um zu einer sachgerechten Bewertung zu gelangen, empfiehlt es sich für den Steuerpflichtigen, eine detaillierte Analyse und Dokumentation der Werthaltigkeit der Vermögensgegenstände (bzw. der Nutzungsrechte an den von einem Poolmitglied treuhänderisch gehaltenen Vermögensgegenständen) des Pools, des erwarteten Nutzens für seine Mitglieder und möglicherweise entstehender Kosten vorzunehmen. Weiterhin muss eine Anpassung des zu erwartenden Nutzens und des daraus resultierenden Umlageschlüssels erfolgen.

---

[591] Vgl. Tz. 4.2 VGr-Umlageverträge.
[592] *Baumhoff* IStR 2000, 732.

c) Beendigung und Systemumstellung

Bei der **Beendigung** eines Poolvertrages oder bei der **Umstellung** auf ei- 327
nen Lizenzvertrag steht jedem Beteiligten ein Anteil an den Ergebnissen des
Pools zu, der den Beiträgen entspricht, die während der Vertragslaufzeit in
Form von Beitrags-, Eintritts- oder Ausgleichszahlungen an den Pool geleistet
wurden.[593] Sind im Verlauf des Pools immaterielle Wirtschaftsgüter erworben
oder geschaffen worden, müssen diese gem. den Regelungen im Kostenumlagevertrag bestimmten Unternehmen zugeordnet werden. In der Praxis empfiehlt es sich, die aus dem Pool hervorgehenden Vermögensgegenstände zB an
eine zentrale Konzerneinheit zu veräußern und die fremdvergleichskonforme
Vergütung unter den Poolmitgliedern aufzuteilen. Auf diese Weise können
Zuordnungsprobleme zwischen den Poolmitgliedern vermieden werden. Dabei muss berücksichtigt werden, dass für eine angemessene Zeit die bisherigen
Poolmitglieder das erworbene Know-how und die geschaffenen immateriellen Wirtschaftsgüter nutzen können.[594]

10. Form des Kostenumlagevertrages

a) Formale Anforderungen

Kostenumlageverträge müssen gem. Tz. 1.3 VGr-Umlageverträge „nach 328
Handelsbrauch im Vorhinein schriftlich abgeschlossen werden". Die VGr-
Umlageverträge gehen dabei in ihren Anforderungen weiter als die nach wie
vor gültigen VGr 1983, denn gem. Tz. 1.4.1 VGr 1983 ist es ausreichend,
wenn konzerninternen Transaktionen **im Voraus getroffene klare und
eindeutige Vereinbarungen** zu Grunde liegen. Demnach ist es nicht zwingend erforderlich, dass diese Vereinbarungen in einem schriftlichen Vertrag
fixiert werden. *Wassermeyer* stellt ebenfalls fest, dass es kein BFH-Urteil gibt,
in dem für Kostenumlageverträge oder andere konzerninterne Leistungsaustauschbeziehungen der Abschluss eines schriftlichen Vertrages gefordert wurde.[595] Mangelt es an einem schriftlichen Vertrag, kann sich die FinVerw. nicht
ohne Weiteres auf den Standpunkt zurückziehen, es sei kein gültiger Kostenumlagevertrag abgeschlossen worden. *Wassermeyer* kommt daher zu dem Ergebnis, dass für den Steuerpflichtigen auch andere Möglichkeiten bestehen,
den Abschluss eines Kostenumlagevertrags nachzuweisen, zB durch rechtlich
verbindliche Briefwechsel oder indem „ein Steuerberater als Zeuge aussagt, er
sei dabei gewesen, als ein bestimmter Vertrag mündlich abgeschlossen worden
sei".[596] Dennoch, so *Baumhoff,* komme es für den Steuerpflichtigen regelmäßig zu einer „faktischen Verpflichtung"[597] zur Einhaltung der Schriftform,
denn nur auf diese Weise könnten die getroffenen Vereinbarungen unmissverständlich dargestellt werden. Nach einem neueren BFH-Urteil rechtfertigt
allein das Fehlen einer schriftlichen Vereinbarung keine Gewinnberichtigung

---

[593] Vgl. Tz. 4.3 VGr-Umlageverträge.
[594] Vgl. Tz. 4.3 VGr-Umlageverträge.
[595] Vgl. *Wassermeyer* in Raupach, 1999, 98.
[596] *Wassermeyer* in Raupach, 1999, 98; vgl. dazu *Baumhoff* in Verrechnung mit Kon-
zerumlagen, 2000, 15 f.
[597] *Baumhoff* in Verrechnung mit Konzernumlagen, 2000, 15.

nach nationalen Vorschriften, wenn eine dem Art. 9 OECD-MA entsprechende DBA-Regelung eingreift.[598] Gleichwohl ist jedem Steuerpflichtigen
zu empfehlen, einen schriftlichen Vertrag abzuschließen, um unnötige Auseinandersetzungen mit der FinVerw. im In- und Ausland zu vermeiden.

329   Grundsätzlich gilt für Kostenumlagen in Deutschland der **Grundsatz der
Vertragsfreiheit,** dh es existieren keine konkreten inhaltlichen Anforderungen an Kostenumlageverträge.[599] Die FinVerw. stellt ihrerseits allerdings gewisse inhaltliche und formale „Mindestanforderungen", die ein steuerlich anzuerkennender Kostenumlagevertrag erfüllen muss. Gem. Tz. 5.1.1 VGr-Umlageverträge muss er folgende Punkte beinhalten (Nr. 13 u. 14 vom Verfasser
ergänzt):

1. Benennung der Poolmitglieder und der sonstigen nahe stehenden Nutznießer;
2. Genaue Beschreibung der Leistungen, die Vertragsgegenstand sind;
3. Ermittlung der umzulegenden Aufwendungen, die Methode der Aufwandserfassung und etwaige Abweichungen;
4. Gebietsvorbehalte und Ermittlung des Nutzens, den die jeweiligen Teilnehmer erwarten;
5. Ermittlung des Umlageschlüssels;
6. Beschreibung, wie der Wert der anfänglichen und der späteren Leistungsbeiträge der Poolmitglieder ermittelt und einheitlich auf alle Poolmitglieder verrechnet wird;
7. Art und Umfang der Rechnungskontrolle (zB bei Vorkasse; Zeitpunkt);
8. Bestimmungen über die Anpassung an veränderte Verhältnisse;
9. Vertragsdauer;
10. Bestimmungen über Vertragsauflösung sowie ggf. die Voraussetzungen
    und Folgen des Eintritts neuer Poolmitglieder und des vorzeitigen Aus-
    tritts bisheriger Poolmitglieder;
11. Vereinbarungen über den Zugriff auf die Unterlagen und Aufzeichnun-
    gen über den Aufwand und die Leistungen des leistungserbringenden
    Unternehmens;
12. Zuordnung der Eigentums- und Nutzungsrechte aus zentralen Aktivitä-
    ten des Pools im Fall der Forschung und Entwicklung;
13. Eintragung und Aufrechterhaltung der gewerblichen Schutzrechte;
14. Erträge aus der etwaigen Lizenzierung an Dritte.

330   Zusätzlich bestehen gem. VGr-Umlageverträge spezielle Anforderungen an
die Dokumentation von Kostenumlageverträgen. Ausgangspunkt dafür bildet
die Tz. 5.1.2 VGr-Umlageverträge, in der festgestellt wird, dass „die Leistungen, die den Poolmitgliedern erbracht werden, und die damit im Zusammenhang stehenden Aufwendungen nachprüfbar dokumentiert sein"[600] müssen. Mit der Einführung des § 90 Abs. 3 AO wurde die Rechtsgrundlage für
die **Verpflichtung zur Dokumentation** von Verrechnungspreisen geschaffen.[601] Der Steuerpflichtige ist nun nicht mehr nur angehalten, der FinVerw.
vorhandenes Dokumentationsmaterial auszuhändigen, sondern er ist darüber

---

[598] Vgl. dazu ausführlich unten Rn. 338 u. Kap. F Rn. 31 ff.
[599] Vgl. *Engler,* 1. Aufl., 676 f.
[600] Tz. 5.1.2 VGr-Umlageverträge.
[601] Vgl. Kap. E „Dokumentation".

hinaus verpflichtet, Aufzeichnungen über die wirtschaftlichen und rechtlichen Grundlagen und die Fremdvergleichskonformität konzerninterner Vereinbarungen anzufertigen.

b) Dokumentation in der betrieblichen Praxis

Gem. § 90 Abs. 3 AO besteht eine rechtliche Verpflichtung zur Anferti- **331** gung von Dokumentationsmaterial (s. o.). Soweit auch zwischen fremden Dritten üblicherweise ein Nachweis über die Kosten und der Schlüsselungsdaten angefordert würde, sind diese Unterlagen auch den Poolmitgliedern vorzulegen. Normalerweise wird daher das Unternehmen, bei dem die Kosten entstehen, einen geeigneten Nachweis erbringen müssen. Dasselbe gilt für die Kriterien der Schlüsselung.

Im internationalen Kontext kann sich zusätzlich aus einzelnen nationalen Rechtsnormen die Notwendigkeit zur Dokumentation ergeben.[602] Weiterhin erscheint es für den Steuerpflichtigen regelmäßig aus betrieblichen Gründen notwendig, eine ausführliche Dokumentation der konzerninternen Leistungsverrechnung vorzunehmen. Nur auf diese Weise ist er in der Lage, eine **effiziente Steuerung und Kontrolle der konzerninternen Leistungsbeziehungen** zu erreichen. Es erscheint sachgerecht, die in den VGr-Umlageverträgen enthaltenen Anforderungen an die Dokumentation als Katalog dessen anzusehen, was bei der Dokumentation berücksichtigt werden kann. Dies darf aber nicht dahin gehend missverstanden werden, dass sämtliche in den VGr-Umlageverträge enthaltenen Punkte erfüllt sein müssen, da der **Grundsatz der Zumutbarkeit und** der **Grundsatz der Verhältnismäßigkeit** auf jeden Fall gewahrt bleiben müssen.[603] Es bleibt dem Steuerpflichtigen überlassen, eine selektive Dokumentation vorzunehmen. Ziel für ihn sollte es dabei sein, eine möglichst hohe Transparenz des Sachverhalts herzustellen. Der Umfang der Dokumentation variiert dementsprechend mit der Komplexität des Leistungsaustauschs.

Die **Dokumentation** des zu **erwartenden Nutzens** gem. Tz. 5.1.3 VGr- **332** Umlageverträge bildet unter betriebswirtschaftlichen Aspekten einen der Kernpunkte der Kostenumlage, da aus dieser Analyse der Umlageschlüssel abgeleitet wird. Um gegenüber der Betriebsprüfung mögliche Abweichungen zwischen erwartetem und tatsächlichem Nutzen rechtfertigen zu können, empfiehlt es sich für den Steuerpflichtigen, eine detaillierte Dokumentation über die Herleitung des Umlageschlüssels anzufertigen. Darin sollte eindeutig dargestellt werden, dass es sich bei dieser Ermittlung um eine *ex ante*-Betrachtung gehandelt hat. Alle Ereignisse, die zu wesentlichen Abweichungen geführt haben, sollten möglichst ausführlich und zeitnah abgebildet werden.

Wöhrle/Schelle/Gross werten die hohen formalen Anforderungen an Kos- **333** tenumlagen als „ein perfektes System der Verhinderung von Umlageverträgen".[604] *Kuckhoff/Schreiber* gehen jedoch davon aus, dass es bei der praktischen Ausgestaltung der Dokumentation zu einem „vernünftigen Miteinander"[605] zwischen dem Steuerpflichtigen und den Finanzbehörden kommen wird.

---

[602] Vgl. *Werra* IStR 1995, 514 ff.

[603] Vgl. *Becker* in Handbuch Internationale Verrechnungspreise, Tz. 8.40, Anm. 2.

[604] *Wöhrle/Schelle/Gross* AStG, § 1/VG, Anm. 149.

[605] *Kuckhoff/Schreiber* IStR 2000, 382.

334   Das EU Joint Transfer Pricing Forum äußert sich im Zusammenhang mit Kostenumlagen, welche keine immateriellen Vermögenswerte hervorbringen, auch zu der Überprüfung des zu erwartenden Nutzens.[606] Nutzen in diesem Zusammenhang meint die Steigerung des wirtschaftlichen Wertes oder des Verkehrswertes, wie zB Kosteneinsparungen oder Ertrags- bzw. Gewinnsteigerungen. Auch eine angemessene Darlegung, dass Erträge, bzw. Gewinne konstant gehalten werden können, bzw. ein Verlust(-anstieg) vermieden werden kann, darf als erwarteter Nutzen betrachtet werden.[607]

Der Beitrag eines Teilnehmers sollte übereinstimmen mit dem erwarteten Nutzen zB aus größenbedingten Vorteilen oder dem Teilen von Risiken und Kenntnissen. Auch sollte gewährleistet sein, dass der Teilnehmer die Leistungen entweder vergüten oder alternativ selbst erbringen würde.[608]

In den meisten Fällen wird der erwartete Nutzen des jeweiligen Teilnehmers sich aus einer adäquaten Darstellung des Gesamtnutzens und der Angemessenheit des gewählten Allokationsschlüssels ergeben. In Fällen, in denen der Nutzen für den einzelnen weniger deutlich ist, wird hingegen eine stärkere Fokussierung auf die Blickweise des individuellen Teilnehmers erforderlich sein.[609]

Die Bewertung des erwarteten Nutzens kann dabei direkt erfolgen, zB durch Schätzung des zusätzlich erwarteten Ertrages oder der erwarteten Kosteneinsparungen, oder indirekt durch Verwendung indirekter Kennziffern wie Umsatz, Mitarbeiterzahl, Bruttogewinne, etc.[610]

335   Der Abgleich des erwarteten Nutzens mit dem tatsächlich später eingetretenen Ergebnis der Kostenumlage wird regelmäßig zu Diskussionen mit den beteiligten Finanzverwaltungen führen. Abweichungen zwischen Plan- und Ist-Werten insbesondere innerhalb bestimmter Toleranzbereiche müssten regelmäßig gegenüber der Finanzverwaltung darstellbar sein. Auch größere Abweichungen bedeuten nicht automatisch, dass die Prognose fremdunüblich war. Insofern sollte die Verwendung späteren, besseren Wissens vermieden werden.[611] Es empfiehlt sich in solchen Fällen jedoch eine ausführliche Dokumentation und Begründung des erwarteten Nutzens und etwaiger späterer Abweichungen. Denn letztendlich ist die Nutzenanalyse ein Teil der Dokumentation und erläutert, warum die Konzerngesellschaften sich an einer Kostenumlage beteiligen und welche Vorteile sie erwarten. Die Finanzverwaltung darf dabei die Teilnahme an der Kostenumlage per se nicht in Frage stellen – dies liegt in der Entscheidungsautonomie der beteiligten Unternehmen.

---

[606] Vgl. EU Joint Transfer Pricing Forum, Report on Cost Contribution Arrangements on Services not creating Intangible Property (IP), Brussels, June 2012, Tz. 28 ff.

[607] Vgl. EU Joint Transfer Pricing Forum, Report on Cost Contribution Arrangements on Services not creating Intangible Property (IP), Brussels, June 2012, Tz. 29.

[608] Vgl. EU Joint Transfer Pricing Forum, Report on Cost Contribution Arrangements on Services not creating Intangible Property (IP), Brussels, June 2012, Tz. 30.

[609] Vgl. EU Joint Transfer Pricing Forum, Report on Cost Contribution Arrangements on Services not creating Intangible Property (IP), Brussels, June 2012, Tz. 31.

[610] Vgl. EU Joint Transfer Pricing Forum, Report on Cost Contribution Arrangements on Services not creating Intangible Property (IP), Brussels, June 2012, Tz. 31.

[611] Vgl. EU Joint Transfer Pricing Forum, Report on Cost Contribution Arrangements on Services not creating Intangible Property (IP), Brussels, June 2012, Tz. 19.

11. Mängel im Kostenumlagevertrag

Mängel in Kostenumlageverträgen können gem. den VGr-Umlageverträge **336** entweder auf unzureichende Dokumentation oder auf nicht fremdvergleichskonforme Vertragsgestaltung zurückzuführen sein.[612] Eine materiell **mangelhafte Vertragsgestaltung** liegt zB vor, wenn die Beitragszahlungen an den Pool nicht mit dem anteiligen erwarteten Nutzen übereinstimmen.

In den OECD-VPL wird in diesem Zusammenhang die Möglichkeit aufgezeigt, dass zwischen den beteiligten Unternehmen **Ausgleichszahlungen** vorgenommen werden können, um bestehende Ungleichgewichte zu bereinigen. Diese **Balancing Payments**[613] stellen gem. OECD-VPL bei dem zahlenden Poolmitglied sofort abzugsfähige Betriebsausgaben dar und gelten bei den empfangenden Poolmitgliedern als Ertrag in der Form einer Aufwandsminderung. Um auszuschließen, dass die Ausgleichszahlungen als Lizenz- oder Know-how Gebühren qualifiziert werden, empfiehlt es sich für den Steuerpflichtigen, diesen Vorgang ausführlich zu dokumentieren. Die Anwendbarkeit von Ausgleichszahlungen zum nachträglichen Ausgleich von Leistungsungleichgewichten bei Kostenumlagen ist gem. deutschem Steuerrecht allerdings kritisch zu beurteilen und wird nur in enger Zusammenarbeit mit der Finanzverwaltung praktikabel sein.[614] Grundsätzlich eröffnet sich dadurch jedoch eine interessante Gestaltungsalternative, durch die Mängel in Kostenumlagen abgestellt werden können.

Sollte die FinVerw. zu dem Schluss kommen, dass die Kostenumlage „gra- **337** vierende Mängel"[615] enthält, ist sie dazu angehalten, die geleisteten Beitragszahlungen zu berichtigen. Gem. Tz. 6 VGr-Umlageverträge iVm § 162 AO ist sie in einem solchen Fall berechtigt, einen Korrekturbetrag anzusetzen, „für den eine gewisse Wahrscheinlichkeit spricht",[616] und so eine teilweise oder vollständige Versagung des Betriebsausgabenabzugs herbeizuführen. Fraglich ist dabei allerdings, ab wann ein „gravierender" iSd Tz. 6 VGr-Umlageverträge Mangel vorliegt. In den OECD-VPL wird in diesem Zusammenhang auf den **Grundsatz der Verhältnismäßigkeit** abgestellt und der Finanzverwaltung empfohlen, von geringfügigen bzw. marginalen Berichtigungen Abstand zu nehmen.[617]

12. Dokumentation der Kostenumlagen

a) Dokumentationspflichten

Die GAufzV bestimmt die Art, den Inhalt und den Umfang der vom Steu- **338** erpflichtigen zu erstellenden Aufzeichnungen iSd § 90 Abs. 3 AO. Die VGr-Verfahren regeln darüber hinaus die Verfahrensgrundsätze zur Prüfung der Einkunftsabgrenzung zwischen international verbundenen Unternehmen

---

[612] Vgl. Tz. 6 VGr-Umlageverträge.
[613] Tz. 8.18 u. Tz. 8.25, OECD-VPL.
[614] Vgl. *Kuckhoff/Schreiber* IStR 2000, 379; vgl. ferner oben Rn. 310.
[615] Tz. 6 VGr-Umlageverträge.
[616] Tz. 6 VGr-Umlageverträge.
[617] Tz. 8.27, OECD-VPL.

bzw. nahestehenden Personen mit grenzüberschreitenden Geschäftsbeziehungen.[618] Der Anwendungsbereich dieser Vorschriften umfasst neben der schuldrechtlichen Einkunftsabgrenzung zB durch transaktionsbezogene Standardmethoden auch die indirekte Einkunftsabgrenzung durch Kostenumlageverträge auf gesellschaftsrechtlicher Basis.[619] Eine Konkretisierung des erforderlichen Inhalts der **Aufzeichnungen** für Kostenumlagen erfolgt in **§ 5 Nr. 2 GAufzV,**[620] der folgende Dokumente nennt: „**Verträge,** gegebenenfalls in Verbindung mit **Anhängen, Anlagen und Zusatzvereinbarungen, Unterlagen** über die **Anwendung des Aufteilungsschlüssels** und über den **erwarteten Nutzen** für alle Beteiligten sowie mindestens Unterlagen über Art und Umfang der Rechnungskontrolle, über die Anpassung an veränderte Verhältnisse, über die Zugriffsberechtigung auf die Unterlagen des leistungserbringenden Unternehmens, über die Zuordnung von Nutzungsrechten."

Da der BFH in seinem Urteil vom 11.10.2012 bestätigt hat, dass eine bilaterale DBA-Bestimmung, die dem Art. 9 Abs. 2 OECD-MA entspricht, eine Sperrwirkung gegenüber formalen Anforderungen des nationalen Rechts entfaltet und dass demgemäß die Formalanforderungen einer verdeckten Gewinnausschüttung unbeachtlich sind, sofern jedenfalls die Angemessenheit der vereinbarten Preise vorliegt,[621] stellt sich die Frage, inwieweit das Erfordernis von schriftlichen Verträgen und sonstigen Unterlagen in VGr-Umlageverträge noch haltbar ist. In der Literatur wird die Auffassung vertreten, dass im Hinblick auf das genannte BFH-Urteil zur Sperrwirkung des Art. 9 Abs. 2 OECD-MA die Tz. 1.3 und z.T. auch 5.1, 5.2 u. 6. der VGr-Umlageverträge „hinfällig" seien.[622] Sofern man dieser Auffassung folgt, gilt dies aber nicht für Geschäftsbeziehungen mit Konzernunternehmen, die in einem „Nicht-DBA-Staat" ansässig sind. Ohne DBA ist nach der BFH-Rspr. zur vGA iSd § 8 Abs. 3 KStG im Verhältnis zum Gesellschafter eine klare (schriftliche) Vereinbarung im Voraus erforderlich. Im Übrigen gelten mit oder ohne DBA generell § 90 Abs. 3 AO iVm §§ 1 ff. GAufzV, die ähnlich wie VGr-Umlageverträge eine Aufzeichnungspflicht für Dokumentationszwecke begründen, wobei der Abschluss eines Umlagevertrags gem. § 3 Abs. 2 GAufzV als außergewöhnlicher Geschäftsvorfall eine zeitnahe Dokumentation erfordert. Diese gilt als zeitnah erstellt, wenn sie innerhalb von sechs Monaten nach Ablauf des Wirtschaftsjahres gefertigt wird, in dem sich der Geschäftsvorfall (hier der Beginn der Durchführung des Umlagevertrags) ereignet hat. Die Nichterfüllung der Dokumentationspflichten oder eine zu späte Vorlage einer Dokumentation lösen die Folgen des § 162 Abs. 3 und 4 AO aus.[623]

339   Gem. VGr-Verfahren handelt es sich bei **Kostenumlageverträgen** idR um **Dauersachverhalte.**[624] Gem. § 3 Abs. 2 GAufzV wird der **Abschluss**

---

[618] Vgl. § 1 Abs. 1 GAufzV, Tz. 1 VGr-Verfahren.

[619] Vgl. Tz. 3.4.5 VGr-Verfahren.

[620] Vgl. *Freytag,* Indirekte Einkunftsabgrenzung, 2004, S. 80.

[621] Vgl. BFH 11.10.12, IStR 2013, 109 ff.; dazu ausführlich Kap. F Rn. 31 ff.

[622] Vgl. *Schnorberger/Becker* IStR 2013, S. 113

[623] Vgl. dazu Kap. E. Dokumentation der Verrechnungspreise.

[624] Vgl. Tz. 3.4.8.3 VGr-Verfahren.

eines **Umlagevertrags** als ein „außergewöhnlicher Geschäftsvorfall" qualifiziert.[625] Daher muss gem. § 3 Abs. 1 GAufzV eine zeitnahe Dokumentation im engen zeitlichen Zusammenhang mit dem Geschäftsvorfall gefertigt werden, wobei es jedoch genügt, wenn sie innerhalb von sechs Monaten nach Ablauf des Wirtschaftsjahres erstellt wird, in dem sich der Geschäftsvorfall ereignet hat.

Aus dem Gesetzeswortlaut ist zu folgern, dass die spätere **Änderung** von Umlageverträgen nicht als außergewöhnlicher Geschäftsvorfall erfasst wird. Bei einem Hinzutreten eines neuen Poolmitglieds ist folglich für die bisherigen Poolmitglieder davon auszugehen, dass sie dies als „normalen" Geschäftsvorfall dokumentieren müssen, während für das neue Poolmitglied ein außergewöhnlicher Geschäftsvorfall vorliegt, der zeitnah zu dokumentieren ist.

Sofern keine zeitnahe Aufzeichnung erfolgt, drohen dem Steuerpflichtigen **340** die Rechtsfolgen des § 162 Abs. 3 AO und Zuschläge gem. § 162 Abs. 4 AO. Ein **Verstoß** gegen die Verpflichtung zur **zeitnahen Erstellung** der Aufzeichnung löst für sich genommen jedoch keinen Zuschlag iSd § 162 Abs. 4 AO aus, sondern nur die verspätete Vorlage der Aufzeichnungen, wenn die Frist von 30 Tagen[626] nach Aufforderung zur Vorlage abgelaufen ist.[627] Die FinVerw. darf verspätet erstellte oder vorgelegte Aufzeichnungen nicht als unverwertbar verwerfen und muss den Steuerpflichtigen im Fall einer unverwertbaren Dokumentation auffordern, eine Nachbesserung vorzunehmen.[628] Wenn daher eine verwertbare Aufzeichnung – wenn auch verspätet – erstellt und vorgelegt wird, dann können lediglich die Zuschläge iSd § 162 Abs. 4 S. 3 AO festgesetzt werden.

b) Sachverhalts- und Angemessenheitsdokumentation

Regelungsschwerpunkte der GAufzV und der VGr-Verfahren sind zum einen **341** die **Sachverhalts-** und zum anderen die **Angemessenheitsdokumentation** von grenzüberschreitenden Geschäftsvorfällen zwischen international verbundenen Unternehmen. Diese Zweiteilung gilt grundsätzlich auch für die **Dokumentation von Kostenumlagen.**

Für die **Sachverhaltsdokumentation** hat der Steuerpflichtige Aufzeichnungen über Art, Inhalt und Umfang seiner grenzüberschreitenden Geschäftsbeziehungen zu Nahestehenden sowie über die wirtschaftlichen und rechtlichen Rahmenbedingungen zu erstellen (§ 1 Abs. 2 GAufzV iVm § 90 Abs. 3 S. 1 AO).[629] Für Kostenumlagen folgt daraus, dass dargelegt werden muss, wie die konzernintern gezahlten Poolbeiträge und ggf. Ein- oder Austrittszahlungen zustande gekommen sind, inwieweit nahestehende Personen auf den umlagefähigen Betrag Einfluss ausgeübt haben, welche Funktionen und Risiken von welchen Poolmitgliedern und ggf. poolexternen Unternehmen übernommen wurden, welche Wirtschaftsgüter eingesetzt wurden, wie kalkuliert wurde und welche Fremdvergleiche durchgeführt wurden.

---

[625] § 3 Abs. 2 GAufzV wurde mit Wirkung zum 18.8.2007 neu gefasst und erfasste zuvor den Abschluss von Umlageverträgen nicht als außergewöhnlichen Geschäftsvorfall.

[626] Vgl. § 90 Abs. 3 S. 9 AO.

[627] Ebenso *Wassermeyer* in FWB, § 1 AStG, Rn. 823.9.

[628] Vgl. Tz. 3.4.19 Abs. c) VGr-Verfahren.

[629] Vgl. auch Tz. 3.4.11.1 VGr-Verfahren.

342 Gem. § 5 Nr. 2 GAufzV sind mindestens folgende Aufzeichnungen erforderlich:
– Verträge, ggf. iVm Anhängen, Anlagen und Zusatzvereinbarungen,
– Unterlagen über die Anwendung des Aufteilungsschlüssels und über den erwarteten Nutzen für alle Beteiligten,
– Unterlagen über Art und Umfang der Rechnungskontrolle, über die Anpassung an geänderte Verhältnisse, über die Zugriffsberechtigung auf die Unterlagen des leistungserbringenden Unternehmens und
– Unterlagen über die Zuordnung von Nutzungsrechten.

Ferner sind für **Forschungs- und Entwicklungspools** folgende Informationen von Bedeutung:[630]
– Funktionen: zB Grundlagenforschung, Produktentwicklung, Produktdesign, Patententwicklung, Lizenzierung an Dritte
– Risiken: zB fehlgeschlagene Forschung, Substitutionsrisiko, Marktrisiko, Patentrisiko, Ausscheiden von qualifizierten Mitarbeitern
– Eingesetzte Wirtschaftsgüter: zB Patente, Know-how, Gebrauchsmuster.

343 Die **Angemessenheitsdokumentation** umfasst die wirtschaftlichen und rechtlichen Grundlagen, aus denen sich ergibt, dass der Steuerpflichtige den Grundsatz des Fremdverhaltens bei der Abgrenzung der Einkünfte beachtet hat (§ 1 Abs. 3 GAufzV iVm § 90 Abs. 3 S. 2 AO). Der Steuerpflichtige muss die Angemessenheit der konzerninternen Einkunftsabgrenzung anhand von betriebsexternen und/oder betriebsinternen Fremdvergleichsdaten dokumentieren.[631] Weiterhin kann die Angemessenheitsdokumentation durch innerbetriebliche Daten, zB über Absatzzahlen, Stückzahlen, Kosten und Kostenzuordnung erstellt werden.[632] Fraglich ist, ob und wie bei Kostenumlagen eine Angemessenheitsdokumentation anhand von Vergleichsdaten aus Geschäftsvorfällen zwischen voneinander unabhängigen Geschäftspartnern (betriebsexterner Fremdvergleich) oder zwischen dem Steuerpflichtigen bzw. Nahestehenden und fremden Dritten (betriebsinterner Fremdvergleich) erfolgen kann. Bei der Kostenumlage wird ein **betriebsexterner Fremdvergleich,** d. h. ein Vergleich der im Kostenumlagevertrag geschlossenen Vereinbarungen mit dem, was fremde Dritte vereinbart haben, idR mangels entsprechender Informationen nicht möglich sein. Auch ein **betriebsinterner Fremdvergleich,** dh ein Vergleich von Vereinbarungen der Poolmitglieder mit fremden Dritten, wird bei Kostenumlagen die Ausnahme bilden. Ein betriebsinterner Fremdvergleich könnte dann erfolgen, wenn auch konzernfremde Unternehmen an einem Poolvertrag beteiligt sind.

344 Bei Kostenumlageverträgen sind idR keine Datenbankanalysen möglich, da keine Ermittlung von Ertragskennzahlen o. ä. erforderlich ist.[633] Mangels betriebsexterner und betriebsinterner Vergleichsmöglichkeiten ist bei der Dokumentation von Kostenumlagen primär auf die **Vereinbarungen** und die **innerbetrieblichen Daten** der Poolmitglieder abzustellen, so zB auf

---

[630] Vgl. Tz. 3.4.II.4a) VGr-Verfahren, dazu auch Tz. 3.1.1 VGr-Umlageverträge.
[631] Vgl. Tz. 3.4.12.1 VGr-Verfahren.
[632] Vgl. Tz. 3.4.12.2 VGr-Verfahren.
[633] Eine statistische Analyse könnte uU sachgerecht sein, um ein Marktpotential für ein im Rahmen einer Kostenumlage verrechnetes Forschungsprojekt zu dokumentieren.

– die Kostenrechnung, die eine eindeutige Abgrenzung der Forschungs- und Entwicklungskosten von anderen Kosten des oder der Leistenden gewährleisten muss,
– Budgets bzgl. der voraussichtlichen Dauer und der Gesamtkosten der Forschungs- und Entwicklungsprojekte,
– Planungsdaten oder andere Unterlagen, die der Ermittlung des anteiligen Nutzens aller Poolmitglieder und der Festlegung des Umlageschlüssels dienten,
– den Nachweis, dass die entwickelten immateriellen Wirtschaftsgüter von den Poolmitgliedern tatsächlich genutzt werden und dass der anteilige Nutzen dem Verhältnis der zuvor getragenen Kostenanteile entspricht,
– die Vertragsbedingungen, die eine Anpassung des Umlageschlüssels bei einer Änderung der Verhältnisse gestatten,
– die Vertragsregelungen, die bei einem Eintritt eines neuen Poolmitglieds gelten sollen, insb. bzgl. der erforderlichen Eintrittszahlung,
– die Bedingungen, die bei einem Austritt eines Poolmitglieds gelten sollen, insb. hinsichtlich der Ermittlung einer etwaigen Austrittszahlung,
– die Regelungen, die für den Fall etwaiger Lizenzierung immaterieller Wirtschaftsgüter an Nicht-Poolmitglieder gelten sollen, insb. bzgl. der Aufteilung der Erträge,
– die Angemessenheit von Entgelten an nahe stehende Unternehmen, die als Nicht-Poolmitglieder an den Pool Waren lieferten, Dienste leisteten oder Wirtschaftsgüter zur Nutzung überließen.
– Verträge, ggf. iVm Anhängen, Anlagen und Zusatzvereinbarungen,
– Unterlagen über die Anwendung des Aufteilungsschlüssels und über den erwarteten Nutzen für alle Beteiligten.

13. Cost Sharing Arrangements in den USA

a) Überblick

Mit Datum vom 16. Dezember 2011 haben das US Department of Treasury und das IRS die Regulations zu Section 482 bzgl. **Cost Sharing Arrangements (CSA)** weiter überarbeitet und mit § 1.482-7die finalen CSA Regulations[634] veröffentlicht, welche die Temporary Regulations[635] vom 5.1.2009 ersetzen. Die finalen CSA Regulations folgen im Wesentlichen den Temporary Regulations und beinhalten insb. die Methoden zur Bestimmung und zur Verteilung des zu versteuernden Einkommens sowie die Dokumentationsanforderungen bei CSA. **345**

Änderungen im Vergleich zu den Temporary Regulations ergeben sich überwiegend betreffend der Anwendung der Income Method als bevorzugte

---

[634] Vgl. Federal Register, Vol. 76, No. 246, December 22, 2011, Rules and Regulations, 26 CFR Parts 1, 301, and 602, Section 482: Methods to determine taxable income in connection with a cost sharing arrangement; final rule; nachfolgend: Finale CSA Regulations und/oder § 1.482-7.
[635] Vgl. Federal Register, Vol. 74, No. 2, January 5, 2009, Rules and Regulations, 26 CFR Parts 1, 301, and 602, Section 482: Methods to determine taxable income in connection with a cost sharing arrangement; final rule.

Methode zur Bewertung von Ausgleichszahlungen und durch zusätzliche Beispiele.

Nachfolgend werden ausgewählte Regelungsbereiche der finalen CSA Regulations dargestellt.

§ 1.482-7 regelt die indirekte Einkunftsabgrenzung durch Kostenumlageverträge, bei denen die Vertragspartner gemeinsam die Forschung und Entwicklung immaterieller Wirtschaftsgüter betreiben. Hiervon abzugrenzen sind andere Vereinbarungen über die gemeinsame Entwicklung von immateriellen Wirtschaftsgütern. Denn insb. aufgrund der Möglichkeit der spezifischen Kosten- und Risiken-Allokation zwischen den Teilnehmern eines CSA ist dieser Typus schwer mit anderen Vereinbarungen zu vergleichen. Auf eine Erweiterung des Anwendungsbereiches für CSA wurde in § 1.482-7 ausdrücklich verzichtet. Es wird vielmehr darauf hingewiesen, dass bei der Entwicklung immaterieller Wirtschaftsgüter außerhalb von CSAs andere vertragliche Vereinbarungen als die spezifischen Regelungen innerhalb von § 1.482-7 anzuwenden sind. Unbeschadet davon können die Regelungen zu CSA jedoch für Auslegungszwecke herangezogen werden.

346 Sämtliche im Rahmen eines CSAs geleisteten Zahlungen oder andersartige werthaltige Beiträge müssen nach einer in § 1.482-7 geregelten Methode und nach den darin aufgestellten Grundsätzen ermittelt werden. Dies gilt für:

- **Cost Sharing Transactions (CST)** – hierunter fallen grundsätzlich sämtliche **Leistungen bzw. Zahlungen** zwischen den CSA-Teilnehmern während der **laufenden Entwicklung** des immateriellen Wirtschaftsgutes und

- **Platform Contributions Transactions (PCT)** – hierbei handelt es sich um **Ausgleichszahlungen** (früher sog. „Buy-In-Payments") für neue CSA-Teilnehmer sowie um Zahlungen von CSA-Teilnehmern für Vorteile (insb. immaterielle Wirtschaftsgüter), die ein anderer CSA-Teilnehmer vor oder während der Vertragslaufzeit außerhalb des CSAs auf eigenes Risiko und eigene Kosten geschaffen hat und nun in das CSA einbringt. Der weit überwiegende Teil der CSA-Neuregelungen befasst sich mit den PCTs und deren Bewertung.

CSTs und PCTs bilden die zentralen Transaktionen für Zahlungsvorgänge im Rahmen eines CSA. Die weiteren Regelungen in § 1.482-7 befassen sich neben formalen Voraussetzungen für die Durchführung eines CSA insb. mit Regelungen, wie diese Zahlungen unter Fremdvergleichsgesichtspunkten zu bemessen sind.

b) Kostenumlagen und Ausgleichszahlungen

347 Im Abschnitt § 1.482-7b) US-Regs. werden die grundsätzlichen Voraussetzungen und Erfordernisse von CSAs geregelt. Demnach ist ein **CSA** eine Vereinbarung, nach dem die verbundenen Unternehmen die **Kosten und Risiken für die Entwicklung immaterieller Wirtschaftsgüter** entsprechend ihres individuell **erwarteten Nutzens (Reasonably Anticipated Benefit, „RAB")** teilen.[636] Hervorzuheben ist dabei, dass zwischen den CSA-Teilnehmern sog. **„divisionale Interessen"** vorliegen müssen, dh dass

---

[636] Vgl. US Cost Sharing Regs. § 1.482-7(b).

eine klare Abgrenzung erfolgen muss, wie die (markt-)fertigen Ergebnisse des CSA verwenden werden sollen.[637] Im einfachsten Fall folgt daraus, dass zB für die Nutzung eines gemeinsam entwickelten Patentes zwischen den CSA-Teilnehmern eine geografische Aufteilung aller Länder weltweit erfolgen soll. Es kann laut § 1.482-7b) (4) (iii) US-Regs. aber auch eine Abgrenzung der einzelnen Interessen der CSA-Teilnehmer anhand anderer Kriterien, zB nach den unterschiedlichen Anwendungsgebieten des immateriellen Wirtschaftsgutes (zB Patent, das einerseits für Pkw-Motoren und andererseits für Lkw-Motoren nützlich ist) vorgenommen werden. Dafür müssen zunächst sämtliche möglichen Nutzungen bzw. Verwertungen des CSA-Gegenstands identifiziert werden. Jedem CSA-Teilnehmer wird dann eine exklusive und unbegrenzte spezifische Nutzungsmöglichkeit eingeräumt. Der Steuerpflichtige kann noch weitere Kriterien für die Abgrenzung der Einzelinteressen heranziehen. Diese müssen eindeutig, widerspruchsfrei und konsistent zwischen den CSA-Teilnehmern angewandt werden. Insofern ergibt sich aus der Möglichkeit, die Interessen der CSA-Teilnehmer mit individuellen Kriterien abzugrenzen, ein bestimmtes Maß an Flexibilität. Sollten sich in dem wirtschaftlichen Umfeld der CSA-Teilnehmer jedoch Veränderungen ergeben, zB dass ein teilnehmendes Produktionsunternehmen nicht wie beabsichtigt eine geografischen Region beliefern kann (zB bei Kapazitätsauslastung), muss zwischen den CSA Teilnehmern ein Ausgleich geschaffen werden. Dies könnte uU zu einer zeitlich begrenzten Lizenz führen.

Als **Platform Contribution Transactions ("PCT")** gelten sämtliche   **348** Ressourcen, Fähigkeiten, Rechte o. Ä., welche einem Teilnehmer des CSA zuzurechnen sind und im Rahmen des CSA zum Vorteil aller genutzt werden.[638] Ein solcher Fall liegt zB vor, wenn immaterielle Wirtschaftsgüter von einem Unternehmen vor oder während des CSA unabhängig – dh auf eigene Kosten und Risiken – entwickelt oder erworben wurden und diese nun in das CSA zum gemeinsamen Nutzen eingebracht werden. Als bewertungsfähiger Vorteil werden außerdem auch andere Ressourcen erfasst, so zB die Einbringung eines erfahrenen Forschungsteams oder unfertige Forschungsergebnisse.[639] Für die Bestimmung des Wertes einer PCT wird zunächst (widerlegbar) unterstellt, dass dieser Vorteil im CSA exklusiv genutzt wird und es wird auf den wirtschaftlichen Wert abgestellt. Für selbst erstellte immaterielle Wirtschaftsgüter als PCT folgt daraus, dass diese nicht ohne Weiteres auf Basis ihrer Entwicklungskosten bewertet werden können. Wird zB ein selbsterstelltes Computerprogramm an fremde Dritte lizenziert und soll dieses Programm nun als PCT in ein CSA eingebracht werden, ist ebenfalls eine Lizenzgebühr anzusetzen.

Beispiel: Die verbundenen Unternehmen P und S haben ein CSA zur Weiterentwicklung eines bereits von P eigenständig entwickelten Softwareprogramms „ABC 1.0" zur Version „ABC 2.0" vereinbart. Die Version „ABC 1.0" gilt als PCT die gem. § 1.482-4 zu bewerten ist. [640]

---

[637] Vgl. US Cost Sharing Regs. § 1.482-7(b)(4).

[638] Vgl. US Cost Sharing Regs § 1.482-7(c).

[639] Dies ist aus deutscher Sicht kritisch zu sehen, da es sich nicht um einen beherrschbaren immateriellen Vermögensgegenstand handelt; vgl. dazu oben Rn. 41.

[640] Vgl. § 1.482-7c (5).

c) Bestimmung der Entwicklungskosten

349   Die Bestimmung der Forschungs- und Entwicklungskosten **(Intangible Development Costs, „IDC")** richtet sich nach den jeweils ausgeführten Forschungs- und Entwicklungsaktivitäten **(Intangible Development Activity, „IDA")**.[641] Als IDA gelten alle Aktivitäten, die zur beabsichtigten Entwicklung des CSA-Gegenstands beitragen. Eine bloße Aufstellung sämtlicher geplanter IDAs zu Anfang eines CSAs ist idR nicht ausreichend, weil sich die Erfordernisse im Lauf eines CSAs ändern können. Es gilt also zunächst die zu erwartenden IDCs zu bestimmen und dann im Laufe eines CSAs die tatsächlich verursachten Kosten nachzuhalten. Sollten zwischen den Plan- und Ist-Kosten Abweichungen auftreten, empfiehlt es sich für den Steuerpflichtigen, diese zu dokumentieren. Dies gilt insbesondere wenn zB zusätzliche Kosten aufgrund fehlgeleiteter IDAs angefallen sind.

Grundsätzlich sind zunächst sämtliche von den CSA-Teilnehmern im Zusammenhang mit der Entwicklung des immateriellen Wirtschaftsgutes entstehenden Kosten sowie die Werte möglicher Einbringungen oder Überlassungen von Ressourcen etc. zu bestimmen. Dies ist ein Schlüsselbereich für den sachgerechten Einsatz eines CSA in der Praxis. Der Steuerpflichtige muss die IDC besonders ausführlich dokumentieren und auf kritische Auseinandersetzungen mit der Finanzverwaltung vorbereitet sein. Unverzichtbar sind dafür – zB im Rahmen der Entwicklung eines Patents im Pharmabereich – Unterlagen bzgl. des Projektes, der Durchführung des Projektes, dh welche Forschungseinrichtungen genutzt werden, welches Personal beteiligt ist etc. Für die Ermittlung der Personalkosten, sind im Rahmen des CSA auch die Kosten für Aktienoptionen des Personals der Forschungs- und Entwicklungsabteilung einzubeziehen. Schwierigkeiten können bei der Berücksichtigung nicht direkt zuordenbarer (Gemein-)Kosten auftreten, deren Berechnung besondere Sorgfalt erfordert.

d) Anteiliger Nutzen der Teilnehmer

350   Die Bestimmung des von jedem CSA-Teilnehmer erwarteten Anteils am Gesamtnutzen **(Reasonably Anticipated Benefits, „RAB")** des CSA ist ein weiteres Kernstück der Regelungen, denn es entscheidet unmittelbar über die **Aufteilung** der umzulegenden **Kosten**.[642] Wichtig für die Ermittlung der anteiligen **Vorteile** der CSA-Teilnehmer ist, dass diese widerspruchsfrei und konsistent erfolgt. Kann der aus dem CSA hervorgehende Nutzen nicht direkt – zB anhand der erwarteten zusätzlichen Umsätze oder Kosteneinsparungen – ermittelt werden, können indirekte Maßstäbe herangezogen werden. Beispiele dafür sind die jeweils genutzten, hergestellten oder verkauften Einheiten, die mit dem CSA-Gegenstand in Zusammenhang stehen. Es kann aber auch auf die erwarteten Erträge der CSA-Teilnehmer abgestellt werden. Für den Steuerpflichtigen gilt es, die jeweils sachgerechten Kriterien zu identifizieren, denn hieraus können sich wesentliche Unterschiede bei der Kostenallokation ergeben. Erwarten zB alle CSA-Teilnehmer eine Umsatzsteigerung iHv jeweils 20%, muss das nicht bedeuten, dass alle auch eine Steigerung der Gewinne um

---

[641] Vgl. US Cost Sharing Regs § 1.482-7(d).
[642] Vgl. US Cost Sharing Regs § 1.482-7(e).

20% erwarten (zB wegen unterschiedlicher Kostenstrukturen). Nur durch eine ausführliche und individuelle Begründung des jeweils erwarteten Nutzens und der daraus folgenden Kostenverteilung können Auseinandersetzungen mit den beteiligten Finanzverwaltungen vermieden werden.

e) Änderungen der Beteiligung an einem CSA

Unter den Regelungen zur Änderung der Beteiligung an einem CSA ist in **351** erster Linie der **Ein- oder Austritt von Teilnehmern** des CSA zu verstehen. Weiterhin muss aber auch eine **Anpassung der getroffenen CSA-Vereinbarungen** vorgenommen werden, wenn sich die Anteile der Teilnehmer verändern.[643] Auslöser dafür kann sein, dass ein CSA-Teilnehmer seine bisher entstandenen „Interests" (denn es müssen noch keine konkreten Rechte entstanden sein) auf ein anderes verbundenes Unternehmen (teilweise) überträgt. IdR dürfte es sich um Anwartschafts- oder Nutzungsrechte an in Entwicklung befindlichen immateriellen Wirtschaftsgütern handeln, die Ausgleichszahlungen erfordern, wenn zB ein neuer CSA-Teilnehmer hinzukommt. Auslöser für eine Anpassung kann aber auch sein, dass sich der **erwartete Nutzen** der Teilnehmer **ändert,** weil sich zB die ursprünglichen Erwartungen bezüglich der Umsätze oder Produktionskapazitäten verändert haben. An diesem Punkt wird deutlich, dass ein CSA kein statischer Kontrakt ist. Der Steuerpflichtige muss die **Entwicklung** innerhalb des CSAs **dokumentieren** und ggf. bzgl. der Kostenaufteilung im Laufe eines CSAs **Anpassungen** vornehmen.

f) Methoden der Bewertung von Ausgleichszahlungen

Für die **Bewertung von PCTs** können verschiedene Methoden einge- **352** setzt werden, wobei der Steuerpflichtige die beste Methode anzuwenden hat.[644] Im Vorfeld zur Wahl der sachgerechten Methode müssen unterschiedliche Kriterien abgeprüft werden. Insbesondere muss sichergestellt sein, dass die ausgewählte Methode nicht im Widerspruch zu den vertraglich vereinbarten Regelungen des CSA steht, wie zB der Aufteilung der Kosten und Risiken unter den Teilnehmern. Ausgangspunkt bildet zunächst das sog. Investor-Modell: Der Steuerpflichtige muss die über die CSA-Laufzeit zu erwartenden Risiken den vernünftigerweise zu erwartenden Verpflichtungen und Vorteilen gegenüberstellen. Dann muss dargestellt werden, dass der Barwert der von jedem Teilnehmer eingebrachten Gegenstände und Leistungen (zB PCT, laufende Kosten) kleiner ist als der Barwert der erwarteten Vorteile aus der CSA-Teilnahme. Anders ausgedrückt muss nachgewiesen werden, dass mit der Teilnahme am CSA mindestens so viele Vorteile wie Nachteile verbunden sind und die eingegangenen Risiken damit abgedeckt sind. Diese an sich so einfache Bedingung kann in Abhängigkeit vom CSA-Gegenstand jedoch Probleme bereiten, zB im Fall der Grundlagenforschung von der keine genau bestimmbaren Erträge erwartet werden.

Weiterhin muss dargestellt werden, dass es keine „realistischen Alternativen" zur Teilnahme an dem CSA gab, dh der Steuerpflichtige muss im Rah-

---

[643] Vgl. US Cost Sharing Regs. § 1.482-7(f).
[644] Vgl. US Cost Sharing Regs § 1.482-7(g)(1), (2).

men einer „Best Method Selection" dokumentieren, warum zB für die Entwicklung eines Patentes das CSA gegenüber anderen möglichen Alternativen vorteilhaft ist.[645]

Unter Berücksichtigung dieser Rahmenbedingungen kann zwischen **unterschiedlichen Methoden** für die Bemessung von PCTs ausgewählt werden; **exemplarisch** werden hier die folgenden dargestellt:

aa) Comparable Uncontrolled Transaction Method (CUT)

353   In Anlehnung an § 1.482-4(c) und § 1.482-9(c) werden bei der **CUT** für die Bemessung der PCT-Zahlungen Transaktionen mit Fremdunternehmen oder zwischen Fremdunternehmen zum Vergleich herangezogen.[646] Voraussetzung für die Anwendung der CUT ist, dass der Steuerpflichtige zB eine vergleichbare Vereinbarung mit einem nicht verbundenen Unternehmen eingegangen ist oder dass weitgehend vergleichbare CSA zwischen fremden Unternehmen ermittelt werden können. Diese Transaktionen müssen dann bzgl. der vertraglichen Vereinbarungen, dh Zuordnung der Risiken, RABs, Vertragsdauer, Risiko- und Gewinnpotentials vergleichbar sein. In der Praxis wird die CUT bei CSAs eher selten zum Einsatz kommen, da es an solchen Vergleichstransaktionen idR mangelt.

bb) Income Method

354   Bei der **Income Method** wird der Wert für eine PCT mit der Berechnung im Rahmen der „Best Realistic Alternative" verglichen.[647] Es wird auf die Kalkulation zurückgegriffen, die bei Eintritt bzw. Gründung des CSAs aufgestellt werden muss. Dabei wird ein Vergleich angestellt, ob es für den Steuerpflichtigen vorteilhaft ist an dem CSA teilzunehmen („Cost Sharing Alternative") oder den CSA-Gegenstand eigenständig zu entwickeln bzw. entwickeln zu lassen und dann an die CSA-Teilnehmer zu lizenzieren („Licensing Alternative"). In Zusammenhang mit der Bestimmung der PCT-Zahlung führt dies dazu, dass der Barwert der PCT dem der „Best Realistic Alternative" entspricht. Die „Best Realistic Alternative" zu CSA bzgl. der Entwicklung von immateriellen Wirtschaftsgütern ist idR ein Lizenzvertrag (ggfs. auch Auftragsforschung mit anschließender Lizenzierung bei mehreren Teilnehmern). Im Ergebnis führt die Anwendung der Income Method für die Wertbestimmung von PCTs regelmäßig zu einer **Barwertberechnung eines Lizenzmodells.**

355   Die Income Method kann idR nur eingesetzt werden, wenn nur **ein** CSA-Teilnehmer Nicht-Routine-Funktionen im Rahmen des CSA erbringt.[648] Ansonsten ist auf eine andere Methode, wie zB die Residual Profit Split Method (siehe cc. unten) zurückzugreifen. Grundsätzlich stellt sich die Frage, ob durch den Vergleich mit dem Lizenzmodell die spezifische Risikoaufteilung

---

[645] Weiterhin zu beachten ist: eine mögliche Aggregation von mehreren PCTs; Diskontsätze; Zuverlässigkeit von Finanzplänen; Einhaltung von Buchhaltungsgrundsätzen (dies ist von besonderem Interesse, wenn die CSA-Teilnehmer unterschiedliche lokale GAAP anwenden); Bewertung zukünftiger PCTs; Bestimmung der Arm's-Length-Range für PCTs; Bemessung der PCTs auf Vor-Steuer-Basis.

[646] Vgl. US Cost Sharing Regs § 1.482-7(g)(3).

[647] Vgl. US Cost Sharing Regs § 1.482-7(g)(4).

[648] Vgl. US Cost Sharing Regs § 1.482-7 (g)(4)(D).

zwischen den CSA-Teilnehmern ausreichend berücksichtigt wird. Ein CSA muss nicht immer zu einem marktfähigen Produkt führen und es stellt sich die Frage wie dieser Unsicherheitsfaktor bei der Modellberechnung berücksichtigt werden soll. Sicherlich bietet der anzuwendende Diskontierungsfaktor einen Ansatzpunkt, aber letztendlich müssen hier vom Steuerpflichtigen Annahmen getroffen werden. Da die Finanzverwaltung die Sachverhalte routinemäßig mit einer mehrjährigen zeitlichen Verzögerung prüft, liegen dann uU bereits Erkenntnisse über Erfolg oder Misserfolg des CSA-Gegenstands vor. Trotz des Grundsatzes der ex ante-Betrachtung können sich daher an diesem Punkt Auseinandersetzungen mit der Finanzverwaltung ergeben.

Insgesamt ist zu beobachten, dass der IRS der Income Method bei der Bestimmung von PCT-Zahlungen einen zunehmend höheren Stellenwert beimisst. Dies verdeutlicht sich auch in den Final Regulations durch eine gestiegene Anzahl Erläuterungen, Klarstellungen und Beispielen.[649]

cc) Residual Profit Split Method

Bei Anwendung der **Residual Profit Split Method (RPSM)** wird der **356** Wert, der einer PCT zuzuordnen ist, mit dem Gesamtwert aller Beiträge der CSA-Teilnehmer unter Berücksichtigung des Gesamt-Gewinns oder -Verlustes des CSA verglichen.[650]

Die Wertermittlung erfolgt schrittweise: Der Barwert der zukünftig erwarteten „non-routine" Erträge bestimmt sich aus dem Barwert aller zukünftigen Erträge abzüglich der Erträge für die Routine-Erträge und abzüglich der Kosten die zB bei Eintritt bzw. Gründung des CSA entstehen.[651] Der verbleibende positive oder negative Residualbetrag wird den CSA-Teilnehmern nach Maßgabe ihrer jeweiligen PCTs zugeordnet. Die RPSM kann idR nicht eingesetzt werden, wenn nur ein CSA-Teilnehmer wesentliche Non-Routine Beiträge leistet.

g) Weitere Regelungen

Weiterhin werden in § 1.482-7 die Form der Zahlung der CSTs geregelt **357** sowie die Rechtsfolge einer Korrektur von CSA durch die US-amerikanischen Steuerbehörden beschrieben und es werden Definitionen der verwendeten Fachbegriffe sowie administrative Anforderungen an das CSA dargestellt. Besonders hervorzuheben sind die Regelungen zu den „Periodic Adjustments". Demnach kann die US-FinVerw. unter bestimmten Voraussetzungen für alle offenen Veranlagungszeiträume des CSA die Einkünfte korrigieren. Als Beurteilungsmaßstab dafür wird der Barwert des erzielten Gewinns ins Verhältnis zu dem Barwert des Anteils am CSA gesetzt. Liegt der daraus hervorgehende Quotient nicht innerhalb einer bestimmten Bandbreite, liegt die Voraussetzung für eine Einkünfte-Korrektur vor. Kommt der Steuerpflichtige seinen Dokumentationspflichten nicht ausreichend nach, kann die Toleranzbandbreite noch weiter eingeschränkt werden.[652]

---

[649] Vgl. *Rasch/Jann/Meyer-Krahmer* IWB 2/2013, S. 65.
[650] Vgl. US Cost Sharing Regs § 1.482-7(g)(7).
[651] Vgl. *Rasch/Mank* IStR 2006, 646.
[652] Vgl. US Cost Sharing Regs § 1.482-7 (i) (6) (i).

358   Bei der Beurteilung von CSA unterscheidet der IRS zwischen „Qualified –"
und „Non-Qualifed CSA". Grundsätzlich gelten für NQCSA die § 1.482-
4/-9 wohin gegen für die QCSA die § 1.482-7 gelten. Der Steuerpflichtige
muss die Teilnahme an einem QCSA in der Steuererklärung und in der in
diesem Zusammenhang erforderlichen Dokumentation zB in „Form 5471"
angeben. Die Abgrenzung zwischen QCSA und NQCSA erfolgt nach unterschiedlichen Kriterien, zB ob die divisional interest rule erfüllt ist – dies ist
erforderlich bei QCSA. Durch die formal ausreichend dokumentierte Teilnahme an einem QCSA hat der Steuerpflichtige ein höheres Maß an Sicherheit bei IRS Audits insbesondere bei der Überprüfung der umgelegten Kosten und der Zuordnung von IP. So hat der IRS zB bei einem NQCSA die
Möglichkeit, Abweichungen bei den reasonably anticipated benefits („RAB")
durch Anpassungen bis hin zu Annahmen von Lizenzgebühren zu sanktionie-
ren. Bei QCSA hingegen würde es in einem solchen Fall regelmäßig nur zu
Anpassungen der Kostenallokation kommen.

  Die nun gültigen CSA Regs erwecken insbesondere durch die verstärkte
Anwendung der Income Method den Eindruck, dass der Transfer von IP aus
den USA erschwert werden soll, bzw. die Bewertung von im Rahmen von
CSA in den USA erschaffenem IP einen hohen Stellenwert einnehmen soll.

359, 360   *(einstweilen frei)*

VII. Eigentumsübertragung

1. Rechtliche Aspekte

361   Im Zivilrecht wird zwischen den Begriffen **Eigentümer** und **Inhaber** unterschieden. Gem. § 903 BGB kann **Eigentum** nur an beweglichen und unbeweglichen **Sachen** iSd § 90 BGB bestehen.[653] Bei immateriellen Vermögensgegenständen handelt es sich in den meisten Fällen – insb. bei den
gewerblichen Schutzrechten – um **Rechte** und derjenige, dem die Rechte
zustehen, wird als **Inhaber** bzw. **Rechtsinhaber** bezeichnet (zB § 9 PatG,
§ 7 MarkenG, § 11 GebrMG, § 8 DesignG). Für die Übertragung des Eigentums an beweglichen Sachen ist ein schuldrechtliches Verpflichtungsgeschäft
(zB Kauf-, Werk- oder Schenkungsvertrag oder gesellschaftsrechtliche Verpflichtung zu einer Einlage) nicht zwingend erforderlich; es genügt die Einigung über den Eigentumsübergang und die Übergabe der Sache (§ 929
BGB).[654] Für die Übertragung von Rechten – insb. von gewerblichen Schutzrechten – finden gem. § 413 BGB die Vorschriften über die Übertragung von
Forderungen entsprechende Anwendung, soweit keine speziellen Regelungen
bestehen. Insoweit werden Rechte grds. durch Abtretung (§ 398 BGB) übertragen (Verfügungsgeschäft), wobei jedoch idR ein schuldrechtliches Kausal-
geschäft (zB ein Kaufvertrag) zugrunde liegt.[655] § 413 BGB wird zum Teil

---

[653] Vgl. *Palandt/Ellenberger,* Überbl. v. § 90 BGB Rn. 3 zur Unterscheidung von beweglichen und unbeweglichen Sachen.

[654] Für die Übertragung von Grundstücken sind insb. die §§ 873, 925 BGB zu beachten.

[655] Vgl. *Palandt/Grüneberg,* § 398 BGB Rn. 2.

durch Sondervorschriften ergänzt (zB § 15 PatG, § 8 Abs. 4 GebrMG, § 29 DesignG, § 27 MarkenG).

Die Steuergesetze unterscheiden nicht zwischen den Begriffen Eigentümer und Inhaber, sondern erfassen als **wirtschaftlichen Eigentümer** iSd § 39 AO **auch** den **Inhaber** von immateriellen Wirtschaftsgütern.[656] Da das vorliegende Buch vor allem steuerliche Aspekte erläutert, werden die Begriffe Eigentümer und Inhaber zum Teil synonym verwendet.

Wenn ein Unternehmen immaterielle Wirtschaftsgüter selbst geschaffen **362** oder erworben hat, dann wird es diese idR für eigene Produktions- und Vertriebszwecke nutzen oder diese Vermögensgegenstände an andere Konzernunternehmen gegen Lizenzgebühren zur Nutzung überlassen. Da der **Verkauf** immaterieller Wirtschaftsgüter innerhalb eines Konzerns regelmäßig zu **steuerpflichtigen Veräußerungsgewinnen** führt, kommt ein solcher Verkauf mit Eigentumsübertragung regelmäßig nur in Betracht, wenn v. a. **wirtschaftliche Gründe** dafür sprechen. Dies ist bspw. der Fall, wenn eine Produktionsgesellschaft in einem Land wegen mangelnder Rentabilität geschlossen wird und deren immaterielle Wirtschaftsgüter auf eine andere Konzerngesellschaft übertragen werden müssen **(Funktionsverlagerung)**. Auch die Einführung einer **Prinzipal-Struktur** im Konzern bringt regelmäßig die Übertragung immaterieller Wirtschaftsgüter ins Ausland (IP-Migration) gegen Entgelt mit sich, wobei idR auch die mit dem immateriellen Wirtschaftsgut zusammenhängenden Funktionen, Chancen und Risiken übergehen, sodass Ausgleichszahlungen im Rahmen einer Funktionsverlagerung erforderlich sind.[657] Ferner kann nach dem Kauf einer Beteiligungsgesellschaft der Erwerb der immateriellen Wirtschaftsgüter dieser Beteiligungsgesellschaft durch eine sog. **Patentverwertungs- und Verwaltungsgesellschaft** in Frage kommen, die aufgrund der Konzernpolitik alle immateriellen Wirtschaftsgüter im Konzern als Eigentümerin hält, überwacht, verteidigt und Nutzungsrechte daran an die anderen Konzerngesellschaften gewährt. Beim Erwerb von neuen Gesellschaften, die immaterielle Wirtschaftsgüter besitzen, sollte bereits vor dem Beteiligungserwerb geprüft und ggf. mit dem Verkäufer vereinbart werden, ob nicht vorab eine gesonderte Vereinbarung über den Erwerb der immateriellen Wirtschaftsgüter durch eine Patent-Verwertungsgesellschaft in einem Niedrigsteuerland in Frage kommt, damit die ansonsten erforderliche spätere Veräußerung innerhalb des Konzerns keine Diskussionen über den wirtschaftlichen Grund und die Höhe des Kaufpreises auslöst. Wie bereits erwähnt wurde, wird der Auftraggeber in Fällen der **Auftragsforschung** grundsätzlich originärer Eigentümer der immateriellen Wirtschaftsgüter, sodass **keine Eigentumsübertragung** stattfindet.[658]

Des Weiteren ist grundsätzlich auch die Möglichkeit einer „unbewussten" Übertragung eines immateriellen Wirtschaftsguts zu beachten, worauf in diesem Kontext nur kurz hingewiesen werden soll. So konnte im Rahmen einer grenzüberschreitenden Umstrukturierung die FinVerw. bislang die Auffassung

---

[656] Auch im Bilanzrecht wird ein Rechtsinhaber als Eigentümer bezeichnet, vgl. z. B. § 246 Abs. 1 HGB.

[657] Vgl. zu Prinzipal-Strukturen oben Rn. 164 ff. u. zur Funktionsverlagerung Kap. R.

[658] Vgl. oben Rn. 188 sowie Ausnahme in Rn. 189.

vertreten, dass zB im Rahmen einer Verschmelzung einer inländischen Kapitalgesellschaft auf ihre ausländische Muttergesellschaft trotz Beibehaltung
der bisherigen Tätigkeit in einer verbleibenden inländischen Betriebsstätte
der Geschäfts- oder Firmenwert oder auch ein Kundenstamm aufgrund der
„Zentralfunktion des Stammhauses" (Tz. 2.4 Betriebsstätten-Verwaltungsgrundätze) auf das ausländische Stammhaus übergeht.[659] Nachdem für diese
Zentralfunktionsdoktrin allerdings keine gesetzliche Grundlage besteht, sollte
diese Ansicht spätestens seit der Einführung des sog. „Authorized OECD
Approach" (AOA)[660] obsolet sein.[661] Durch Anwendung des AOA ist demgegenüber wiederum die Möglichkeit für die FinVerw. eröffnet, einen Transfer
eines immateriellen Wirtschaftsguts vom Stammhaus an die Betriebsstätte zu
begründen.

363   Vor dem beabsichtigten Verkauf eines immateriellen Wirtschaftsguts muss
im Einzelfall geprüft werden, ob und in welchem Umfang eine solche **Übertragung rechtlich zulässig** ist und ob nach dem jeweils anwendbaren
Recht bestimmte Formvorschriften, kartellrechtliche oder sonstige Bestimmungen zu beachten sind. Nach deutschem Recht ist es bspw. nicht möglich,
einen **Geschäfts- oder Firmenwert** als **Einzelwirtschaftsgut** zu verkaufen.[662] Auch der **isolierte Erwerb einer Firma,** also des Firmennamens iSd
§ 17 Abs. 1 HGB, ist unzulässig, weil nach § 23 HGB die Firma nicht ohne
das Handelsgeschäft, für welches sie geführt wird, übertragen werden kann.[663]
Da in vielen Fällen Firma und **Marke** identisch sind, dürfte diese Regelung
an Bedeutung verloren haben, weil die Marke ohne den Geschäftsbetrieb
übertragen werden kann (§ 27 MarkenG). Ein **Kundenstamm** oder auch
„Know-how im Hinblick auf die Lieferanten" kommt ebenfalls als Gegenstand eines selbständigen Übertragungsvorgangs in Betracht, sofern es sich
nicht um den Geschäftswert handelt.[664]

Ferner ist ein **Urheberrecht** zwar vererblich (§ 28 Abs. 1 UrhG) und
kann auch in Erfüllung eines Testaments oder an Miterben im Wege der Erb-
auseinandersetzung übertragen werden, jedoch ist es im Übrigen **nicht
übertragbar** (§ 29 UrhG). Der Urheber (bzw. sein Erbe als Rechtsnachfolger) kann einem anderen ein einfaches oder ausschließliches Nutzungsrecht

---

[659] Die pauschale Zuordnung von immateriellen Wirtschaftsgütern über die sog.
„Zentralfunktion des Stammhauses" ohne Prüfung der tatsächlichen Funktionen stand
sowohl zur herrschenden Meinung in der Literatur als auch zur Rechtsprechung im
Widerspruch: vgl. *Kessler/Jehl* IWB 2007, 833 (838) mit weiteren Nachweisen.

[660] Vgl. bspw. *OECD,* „2010 Report on the Attribution of Profits to Permanent Establishments" vom 22.7.2010, sowie die Umsetzung des AOA in nationales Recht
durch Ergänzung des Abs. 5 des § 1 AStG durch Art. 6 des Gesetzes zur Umsetzung
der AmtshilfeRL sowie zur Änderung steuerlicher Vorschriften (Amtshilferichtlinie-
Umsetzungsgesetz – AmtshilfeRLUmsG) vom 26.6.2013, BGBl. I 1809.

[661] Vgl. *Baldamus* IStR 2012, 317 (321).

[662] Vgl. oben Rn. 30 f.; sowie bspw. BFH 2.9.2008, BStBl. II 2009, 634 (638).

[663] Nach der Rechtsprechung genügt es, wenn der „Unternehmenskern" übertragen
wird, vgl. BGH 22.11.1990, GRUR 1991, 393 ff. (394); BGH 5.5.1977, BB 1977,
1015.

[664] BFH 26.11.2009, BStBl. II 2010, 609 ff. (Tz. 21); zur umsatzsteuerlichen Behandlung vgl. EuGH 22.10.2009, BStBl. II 2011, 559 sowie BMF 8.6.2011, BStBl. I
582.

einräumen (§ 31 UrhG). Vom Urheberrecht zu unterscheiden ist aber das dem Urheber zustehende Recht, sein **Werk** in körperlicher Form **zu verwerten,** insb. **durch Vervielfältigung, Verbreitung und Ausstellung.** Das Verbreitungsrecht ist das Recht, das Original oder Vervielfältigungsstücke des Werkes der Öffentlichkeit anzubieten oder – bspw. im Wege der Veräußerung – in Verkehr zu bringen (§ 17 UrhG). Das bedeutet, dass nur das auf dem Urheberrecht beruhende Produkt verkauft werden kann, nicht aber das Urheberrecht selbst.

Nach dem Markengesetz ist eine **Spaltung der Marke** möglich, dh, das **364** durch die Eintragung, die Benutzung oder die notorische Bekanntheit einer Marke begründete Recht kann nicht nur für alle, sondern auch nur für einen Teil der Waren oder Dienstleistungen, für die die Marke Schutz genießt, auf andere übertragen werden oder übergehen (§§ 27, 28, 46 MarkenG). Der damit zulässige **Teil-Verkauf der Marke** eröffnet sowohl zwischen unverbundenen Unternehmen als auch im Konzern Gestaltungsmöglichkeiten.

Beispiel: Der deutsche Mode-Konzern M-AG verkauft erfolgreich Bekleidung und andere Modeartikel im In- und Ausland. Die M-AG erwirbt 25 % Anteile an dem schweizerischen Uhrenhersteller U-AG aus einer Kapitalerhöhung der U-AG und gewährt dafür im Wege der Sacheinlage das Nutzungsrecht, die bekannte Marke der M-AG für bestimmte Waren, nämlich die Produktion von Uhren zu verwenden. Der Vorteil dieser Gestaltung liegt zum einen darin, dass für beide Vertragspartner keine Liquidität für den Erwerb der Anteile und den Erwerb der Marke erforderlich ist. Zum anderen erzielt die M-AG aufgrund ihrer Beteiligung in Zukunft steuerfreie Schachteldividenden (Steuerbelastung der Dividenden wegen § 8b Abs. 5 KStG effektiv nur ca. 0,8 %), während sie bei alternativer Lizenzierung der Marke steuerpflichtige Lizenzerträge erzielen würde. Die M-AG realisiert zwar im Normalfall einen Veräußerungsgewinn (weil die selbst geschaffene Marke nicht bilanziert ist), jedoch dürfte dieser relativ gering ausfallen, da der Erfolg der Marke im Uhren-Bereich ungewiss ist und daher der Wert der Beteiligung dieses Risiko berücksichtigt.

Wie bereits weiter oben ausgeführt wurde, erfolgt die **Veräußerung im- 365 materieller Wirtschaftsgüter** wie bei Forderungen **im Wege der Abtretung** (§§ 413, 398 ff. BGB).[665] Damit wird der Erwerber materieller Inhaber des immateriellen Wirtschaftsguts und hat demgemäß auch Anspruch auf die Übertragung der etwa bestellten gewerblichen Schutzrechte. Diese Übertragung erfolgt nicht automatisch, vielmehr muss beim Patentamt ein **Antrag auf Eintragung des Rechtsübergangs** gestellt werden. Hierfür ist bspw. bei Marken dem Patentamt gegenüber der Übergang des durch die Eintragung der Marke begründeten Rechts nachzuweisen (§ 27 Abs. 3 MarkenG). Bis zur Änderung im Register wird vermutet, dass das durch die Eintragung einer Marke begründete Recht dem im Register als Inhaber Eingetragenen zusteht (§ 28 Abs. 1 MarkenG).

Ein weiterer wichtiger Rechtsaspekt bei der Übertragung immaterieller **366** Wirtschaftsgüter ist die Einhaltung der vertraglichen oder gesetzlichen **Kündigungsfrist** gegenüber einem etwaigen Lizenznehmer. Im Einzelfall ist das Kündigungsrecht gegenüber Lizenznehmern vertraglich für die Dauer des Bestehens des Schutzrechts sogar ausgeschlossen. Dies verhindert allerdings normalerweise nicht die Übertragung des immateriellen Wirtschaftsguts von

---

[665] Vgl. oben Rn. 131.

einem Eigentümer auf den anderen (§ 398 BGB), es sei denn, dass die Abtretung durch Vereinbarung mit dem Lizenznehmer ausgeschlossen ist (§ 399 BGB). Wenn also die Abtretung zulässig ist, dann tritt der neue Eigentümer des immateriellen Wirtschaftsguts an die Stelle des bisherigen Eigentümers, und der Lizenzvertrag wird vom neuen Eigentümer mit dem bisherigen Lizenznehmer fortgesetzt.

367   Bei der Veräußerung immaterieller Wirtschaftsgüter müssen auch **kartellrechtliche Aspekte** beachtet werden, insb. wenn im Zusammenhang mit dem veräußerten immateriellen Wirtschaftsgut Lizenzverträge bestehen, die Vertriebsbeschränkungen, Preisbindungen, Bindung an Lieferbestimmungen, Exportverbote oder andere Regelungen enthalten, die den **Wettbewerb beeinflussen** könnten.[666] Ferner kann allein der Erwerb einer bekannten Marke zur Verstärkung einer **marktbeherrschenden Position** führen.[667] Wegen weiterer kartellrechtlicher Einzelheiten sei hier auf die Ausführungen von *Groß*[668] verwiesen.

368   Wie bei allen Verträgen zwischen nahe stehenden Unternehmen müssen auch die Bestimmungen im **Kaufvertrag** über immaterielle Wirtschaftsgüter wie zwischen fremden Dritten getroffen werden, damit er auch steuerlich anerkannt werden kann. Das bedeutet, dass die Rechte und Pflichten der Vertragsparteien in einem möglichst klaren und umfassenden Vertrag zu regeln sind, weil dies nicht nur aus formellen Gründen und zwecks Vermeidung einer „verdeckten Gewinnausschüttung" erforderlich ist, sondern weil auch aus den Nebenregelungen Faktoren ersichtlich sind, die die Parteien bei der **Kaufpreisvereinbarung** zu Grunde gelegt haben. Für den **Vertragsinhalt** kommen insb. folgende Regelungspunkte in Betracht:

1. Vertragsparteien (Verkäufer, Käufer)
2. Vertragsgegenstand (Patent, Gebrauchsmuster, Know-how, Marke, Teil-Recht an Marke, eingetragenes Design, Kundenstamm) und Status der Eintragung (Registrierung, Anmeldung, Widersprüche etc.); Nebenrechte, wie zB Geschäftsbezeichnung
3. Bei Teil-Rechten der Umfang der Übertragung (zB Beschränkung auf bestimmte Verfahren, Waren oder Dienstleistungen, ggf. Vertragsgebiet)
4. Übergabe von Unterlagen (zB Anmeldeunterlagen, Marktstudien) sowie weitere Leistungen (zB Produktinformationen, Produktionseinweisung) und Mitwirkungspflichten des Verkäufers (zB bei der Umschreibung beim Patentamt oder bei der Beendigung oder Übertragung von Lizenzverträgen)
5. Freiheit von Rechten Dritter (zB keine Kennzeichenkollisionen, keine Sicherungsrechte), Gewährleistungsvorschriften
6. Stichtag für Rechtsübergang und Kostentragung
7. Kaufpreis (zB fixer oder variabler umsatzabhängiger Kaufpreis) zuzüglich etwaiger Umsatzsteuer, Fälligkeit, Ratenzahlungen, Verzugszinsen
8. Rechtsstreitigkeiten (Überleitung anhängiger Verfahren und Unterstützung)
9. Wettbewerbsverbot des Verkäufers
10. Vorbehaltsklausel für kartellrechtliche Freigabe
11. Gerichtsstand und Rechtswahl
12. Salvatorische Klauseln.

---

[666] Vgl. oben Rn. 231.
[667] KG Berlin 23.5.1991, WuW 1991, 907.
[668] Vgl. *Groß*, Rn. 537 ff.

2. Bestimmung des Bewertungsobjekts

Beim Verkauf immaterieller Wirtschaftsgüter ergeben sich zahlreiche steuer- **369** liche Probleme. Wenn **einzelne immaterielle Wirtschaftsgüter** (zusammen mit gewerblichen Schutzrechten) übertragen werden, stellt sich bereits die Frage, nach welcher Methode der **angemessene Verkaufspreis** ermittelt werden kann. Jedoch liegt oft kein isolierter Verkauf eines einzelnen immateriellen Wirtschaftsguts vor, sondern die Übertragung erfolgt **gemeinsam mit anderen Vermögensgegenständen** zB im Rahmen einer Betriebs- oder Teilbetriebsübertragung oder im Zuge der Gründung einer Konzerngesellschaft oder im Zusammenhang mit einer Funktionsverlagerung. Selbst wenn man für die Betriebs- oder Teilbetriebsübertragung den Unternehmenswert oder für die Funktionsverlagerung das Gewinnpotential des gesamten Transferpakets ermitteln muss, ist es aus Sicht des Erwerbers der immateriellen und materiellen Wirtschaftsgüter idR erforderlich, den Erwerbspreis auf einzelne Vermögensgegenstände zu verteilen, um diese mit den **Anschaffungskosten** zu **aktivieren** und über die Restnutzungsdauer abzuschreiben. Folglich ist in den genannten Fällen regelmäßig eine **Einzelbewertung** der übernommenen immateriellen und materiellen Wirtschaftsgüter erforderlich.[669]

Auch in anderen Fällen kann eine **kombinierte Veräußerung** immate- **370** rieller Wirtschaftsgüter zusammen mit materiellen oder anderen immateriellen Wirtschaftsgütern oder mit Dienstleistungen vorliegen, sodass insoweit eine Bestimmung der einzelnen Bewertungsobjekte – also der Einzelwirtschaftsgüter – erfolgen muss. Nach der Identifizierung der Bewertungsobjekte ist deren Marktwert zu ermitteln, um dann zu prüfen, ob der Kaufpreis bzw. der Gesamtkaufpreis als angemessener **Verrechnungspreis der einzelnen Wirtschaftsgüter** anzuerkennen ist.[670]

Wenn ein immaterielles Wirtschaftsgut veräußert wird und zuvor beste- **371** hende Lizenzverträge gegenüber Lizenznehmern gekündigt wurden, muss überprüft werden, ob eine **„Übertragung des Marktes"** oder eine **Funktionsverlagerung** auf den neuen Inhaber der immateriellen Wirtschaftsgüter stattgefunden hat und ob dies eine **Abfindungszahlung** an den bisherigen Lizenznehmer erfordert.[671]

Materielle Wirtschaftsgüter, die mit immateriellen Wirtschaftsgütern eine **372** **Einheit** bilden, können den immateriellen Wirtschaftsgütern zugerechnet werden, wenn der geistige Gehalt im Vordergrund steht.[672] Wenn aber **Waren** unter Nutzung eines immateriellen Wirtschaftsguts hergestellt werden, so liegt im Erwerb und dem anschließenden Gebrauch oder Verbrauch der Waren idR keine Nutzung des immateriellen Wirtschaftsguts, sodass vom Erwerber auch **keine Lizenzgebühr** geschuldet wird (Tz. 3.1.2.3 und 5.1.2 VGr). Das bedeutet gleichzeitig, dass die **Lieferung von Waren,** die unter Nutzung immaterieller Wirtschaftsgüter hergestellt wurden, generell **nicht als** gleichzeitiger **Verkauf der immateriellen Wirtschaftsgüter anzusehen** ist. Die Nutzung

---

[669] Vgl. auch VGr-Funktionsverlagerung, Anlage, Beispiel 1, Abwandlung zu Fall A.

[670] Vgl. auch Tz. 3.11 und 7.3 OECD-VPL sowie Tz. 6.18 OECD-VPL (2010) und Tz. 6.96 OECD-VPL Kapitel VI (2014 Guidance).

[671] Vgl. unten Rn. 436 und Kap. R zur Funktionsverlagerung.

[672] BFH 18.5.2011, BStBl. II 865; vgl. auch oben Rn. 39 ff. „Steuerrecht".

der immateriellen Wirtschaftsgüter für die Herstellung der materiellen Wirtschaftsgüter ist grundsätzlich bereits im Preis der Waren enthalten.[673] Ebenso
wird bei der Erbringung einer technischen Dienstleistung mit eigenem Know-
how regelmäßig kein Know-how übertragen,[674] es sei denn, dass das Know-
how so zur Verfügung gestellt wird, dass es der Empfänger zukünftig auch ohne
Mitwirkung des Übertragenden für eigene Zwecke verwerten kann.[675]

373   Die am 16.9.2014 von der OECD veröffentlichte **Neufassung** des Kapitels VI der OECD-VPL **(2014 Guidance)**[676] befasst sich ebenfalls unter
Tz. 6.89 ff. mit der Übertragung von **Kombinationen von immateriellen
Wirtschaftsgütern** bzw. der Übertragung immaterieller Wirtschaftsgüter in
Kombination mit anderen Geschäftsvorfällen. Hierbei wird u. a. festgehalten,
dass unter Umständen die Gesamtheit der übertragenen immateriellen Wirtschaftsgüter einen größeren Wert haben kann als die jeweils für sich betrachteten immateriellen Wirtschaftsgüter und dies bei der vorzunehmenden Verrechnungspreisanalyse berücksichtigt werden muss (vgl. Beispiel in Tz. 6.91
OECD-VPL Kapitel VI (2014 Guidance), wonach die mit einem Medikament in Verbindung stehenden Rechte wie Patente, Marktzulassung und
Marke in Kombination einen höheren Wert haben, als wenn diese einzeln
übertragen werden). Diese Ausführungen sind insgesamt sehr allgemein
gehalten und bedürfte teilweise[677] noch einer Überarbeitung.

374   Die gleichen Prinzipien gelten nach den „Final Regulations" in den **USA**
für sog. „eingebettete immaterielle Wirtschaftsgüter" **(embedded intan-
gible).**[678] An gleicher Stelle vertritt der IRS in den **Final Regulations** allerdings auch die Auffassung, dass im Falle der Übertragung eines immateriellen
Wirtschaftsguts, die über den Rahmen eines Weiterverkaufs desselben im
Rahmen materieller Wirtschaftsgüter hinaus geht, eine gesonderte Vergütung
erforderlich sein kann. Dies soll bspw. für den Fall gelten, dass eine Maschine
das Recht zur Ausbeutung eines Herstellungsprozesses mit dieser Maschine
beinhaltet. Diese Auffassung dürfte im Ausnahmefall zutreffend sein, soweit
der Preis der Maschine nicht bereits eine Einmalzahlung für die Übertragung
des Know-how beinhaltet. Im Normalfall wird jedoch mit dem Erwerb einer
Maschine auch das erforderliche Herstellungs-Know-how erworben; dieses ist
im Kaufpreis enthalten.

---

[673] Vgl. dazu ausführlich unten Rn. 491 ff. hinsichtlich der Frage der sog. „Erschöpfung".

[674] Vgl. oben Rn. 144 f.

[675] Vgl. oben Rn. 145.

[676] Vgl. *OECD*, Guidance on Transfer Pricing Aspects of Intangibles, OECD/G20
Base Erosion and Profit Shifting Project, http://www.oecd-ilibrary.org/taxation/
guidance-on-transfer-pricing-aspects-of-intangibles_9789264219212-en, sowie die
vorangegangenen Entwürfe „Public Consultation – Revised Discussion Draft on
Transfer Pricing Aspects of Intangibles" vom 30.7.2013, abrufbar über die Homepage
der OECD unter http://www.oecd.org/ctp/transfer-pricing/intangibles-discussion-
draft.htm. und der „Discussion Draft – Revision of the Special Considerations for Intangibles in Chapter VI of the OECD-Transfer Pricing Guidelines and Related Provisions", abrufbar über: http://www.oecd.org/tax/transferpricing/; vgl. oben Rn. 47 ff.

[677] Vgl. ebenso schon *Eigelshoven/Ebering/Schmidtke* NWB 2012, 487 (492) zum 1.
Diskussionsentwurf.

[678] Vgl. § 1.482-2 (d).

3. Preiseinflussfaktoren

Die **Höhe des Kaufpreises für das immaterielle Wirtschaftsgut** ist **375** selbstverständlich von sehr unterschiedlichen Faktoren abhängig, die sowohl bei der Fremdvergleichspreismethode als auch bei Anwendung der anderen Methoden zu berücksichtigen sind. Dabei sind vielfach auch Kriterien zu beachten, die bei der Bewertung von Lizenzen eine Rolle spielen.[679] Der **Kaufpreis** wird insb. durch **folgende Faktoren beeinflusst:**

1. Gewinnpotential des Erwerbers bezüglich des immateriellen Wirtschaftsguts (unter Berücksichtigung erforderlicher Investitionen)
2. Veräußerungsgewinn des Verkäufers und Gewinnpotential bei alternativer Verwertung bzw. Verwendung
3. Art des immateriellen Wirtschaftsguts
4. Schutz durch gewerbliche Schutzrechte und Dauer der Schutzrechte
5. Ausschließlichkeit bei gewerblichen Schutzrechten für Produktionszwecke
6. Einzigartigkeit oder Innovationsgehalt bei Patenten, Gebrauchsmustern
7. Aktualität und Anpassungsfähigkeit bei eingetragenen Designs
8. Bekanntheitsgrad, Image, Stabilität und Anpassungsfähigkeit bei Marken
9. Verhältnisse des Marktes (insb. Marktanteil, konkurrierende Produkte)
10. Potential für internationale Ausdehnung, Diversifikation und Merchandising
11. Kosten alternativer Eigenforschung, Lizenzname oder Schadensersatz bei Nutzung des immateriellen Wirtschaftsguts (zB Patents) ohne Erwerb desselben (bzw. ohne Lizenzierung)
12. Belastung des immateriellen Wirtschaftsguts mit Lizenzen zu Gunsten Dritter und ggf. Kündbarkeit solcher Verträge
13. Verhandlungsmacht des Verkäufers und des Käufers
14. Substituierbarkeit des immateriellen Wirtschaftsguts
15. Einzelveräußerung oder Verkauf mit anderem Betriebsvermögen.

Wenn der Verkaufspreis eines immateriellen Wirtschaftsguts im Rahmen **376** einer Betriebsprüfung beanstandet wird, kommt es darauf an, v. a. die **Unterschiede** zwischen den beiden verglichenen Geschäften anhand der oben genannten und weiterer Kriterien hervorzuheben, während im Falle der Verteidigung eines Verkaufspreises unter Hinweis auf einen Fremdpreis gerade diejenigen Aspekte zu betonen sind, die die **Gemeinsamkeiten** zwischen beiden Geschäften unterstreichen.

4. Verrechnungspreismethoden

Bevor auf die einzelnen in Betracht kommenden Verrechnungspreismetho- **377** den eingegangen wird, ist vorab kurz auf die letzten Entwicklungen im Zusammenhang mit dem von der OECD in 2010 angestoßenen Projekt bzgl. der Berücksichtigung von immateriellen Wirtschaftsgütern bei der Festlegung von Verrechnungspreisen hinzuweisen.

---

[679] Vgl. hierzu die unten in Rn. 533 ff. dargestellten „Bewertungs- und Einflussfaktoren" für Lizenzverträge, die auch beim Verkauf immaterieller Wirtschaftsgüter maßgeblich sein können, soweit diese Faktoren die Preisfindung beeinflussen.

Die am 16.9.2014 von der OECD veröffentlichte Neufassung des Kapitels VI der OECD-VPL (2014 Guidance)[680] befasst sich in Abschnitt D über insgesamt fast 30 Seiten hinweg ausführlich mit der Frage nach der Bestimmung fremdüblicher Bedingungen bei immateriellen Wirtschaftsgütern, wobei einige Passagen unter dem Vorbehalt neuerer Änderungen in 2015 stehen. Nach einer kurzen Darstellung der allgemein anzuwendenden Grundsätze im Zusammenhang mit Transaktionen betreffend immaterielle Wirtschaftsgüter zu Beginn (Abschnitt D.1, Tz. 6.107–6.111) geht die Neufassung des Kapitels IV der OECD-VPL (2014 Guidance) sodann äußerst detailliert auf die Anforderungen an eine Vergleichbarkeitsanalyse und auf die Wahl der am besten geeigneten Verrechnungspreismethode im Zusammenhang mit der Übertragung immaterieller Wirtschaftsgüter (Abschnitt D.2, Tz. 6.112–6.177), auf die Bestimmung eines fremdüblichen Preises in Fällen, in denen zum Zeitpunkt der Transaktion eine Bewertung höchst zweifelhaft ist (Abschnitt D.3, Tz. 6.178–6.185) und schließlich auf die Anforderungen an eine Vergleichbarkeitsanalyse und auf die Bestimmung eines fremdüblichen Preises im Zusammenhang mit der Nutzung immaterieller Wirtschaftsgüter im Rahmen eines Verkaufs von Waren oder dem Erbringen von Dienstleistungen (Abschnitt D.4, Tz. 6.186–6.202) ein.

378 Die OECD betont im Rahmen der Ausführungen zu der Vergleichbarkeitsanalyse, dass die alternativen Handlungsmöglichkeiten **beider** Transaktionspartner zu beachten sind („options realistically available").[681] So soll unter Umständen eine Transaktion unter Verweis auf Tz. 1.65 OECD-VPL nicht anerkannt und neu qualifiziert werden können, wenn bei der Prüfung der realistischen Alternativen der Vertragsparteien die Preisuntergrenze der Übertragenden über der Preisobergrenze des Übernehmenden liegt.[682]

Sollte der Ansatz der zweiseitigen Betrachtungsweise von der OECD weiter beibehalten werden, so ist dies bei der Wahl der geeigneten Verrechnungspreismethode zu berücksichtigen,[683] wobei zB die zukünftige Anwendbarkeit der Preisvergleichsmethode unter Beibehaltung dieser von der OECD

---

[680] Vgl. *OECD,* Guidance on Transfer Pricing Aspects of Intangibles, OECD/G20 Base Erosion and Profit Shifting Project, http://www.oecd-ilibrary.org/taxation/guidance-on-transfer-pricing-aspects-of-intangibles_9789264219212-en, sowie die vorangegangenen Entwürfe „Public Consultation – Revised Discussion Draft on Transfer Pricing Aspects of Intangibles" vom 30.7.2013, abrufbar über die Homepage der OECD unter http://www.oecd.org/ctp/transfer-pricing/intangibles-discussion-draft.htm. und der „Discussion Draft – Revision of the Special Considerations for Intangibles in Chapter VI of the OECD-Transfer Pricing Guidelines and Related Provisions", abrufbar über: http://www.oecd.org/tax/transferpricing/; allgemein zum ersten OECD Diskussionsentwurf vom 6.6.2012: *Durst* TNI 2012, 447 ff.; *Eigelshofen/Ebering/Schmidtke* IWB 2012, 487 ff.; *Henshall/Smith* Transfer Pricing International Journal, Vol. 13 (13 TPTP 4, 06/12/2012); *Roeder* ISR 2012, 70 ff.; *Rouenhoff* IStR 2012, 654 ff.; *Shapiro/Mitra/Henshall/Sierra* TNI 2012, 1245 ff.; *Wittendorff* TNI 2012, 935 ff.

[681] Vgl. *OECD,* Tz. 6.108 OECD-VPL Kapitel VI (2014 Guidance).

[682] Vgl. *OECD,* Tz. 6.111 OECD-VPL Kapitel VI (2014 Guidance) sowie die Ausführungen von *Eigelshoven/Ebering/Schmidtke* NWB 2012, 487 (492) und *Rouenhoff* IStR 2012, 654 (657) zum 1. Diskussionsentwurf (dort Tz. 83).

[683] Im Zusammenhang mit der Übertragung von immateriellen Wirtschaftsgütern hält die OECD unter Tz. 6.133 OECD-VPL Kapitel VI (2014 Guidance), dass grundsätzlich jede der fünf in Kapitel II der OECD-Leitlinien genannten Verrechnungspreismethoden herangezogen werden kann.

vertretenen Ansicht äußert fraglich erscheint.[684] Demzufolge ist bei der Anwendung der nachfolgend dargestellten Verrechnungspreismethoden die weitere Entwicklung des neuen Kapitels VI der OECD-Leitlinien zu beachten.

a) Standardmethoden

Beim **Verkauf eines immateriellen Wirtschaftsguts** wird regelmäßig – **379** wie erwähnt – das gewerbliche Schutzrecht mit übertragen. Man spricht deshalb vereinfachend oft vom Verkauf eines Patents, einer Marke usw. Da es sich in diesen Fällen um die endgültige Übertragung des rechtlichen und wirtschaftlichen Eigentums am immateriellen Wirtschaftsgut handelt, ist im Einzelfall zu prüfen, welche Verrechnungspreismethode für die Ermittlung des angemessenen Verrechnungspreises am ehesten geeignet ist. Die **VGr** enthalten **keine** speziellen **Regelungen** für den **Verkauf** immaterieller Wirtschaftsgüter. Insb. befassen sich die Regelungen in Tz. 5 VGr nur mit der Nutzungsüberlassung und der Auftragsforschung, während die in Tz. 3 VGr enthaltenen Bestimmungen über Warenlieferungen erkennbar nur materielle Wirtschaftsgüter betreffen.

Gem. § 1 Abs. 3 S. 1 AStG sind für die Beurteilung der Angemessenheit **380** der Preise für Geschäftsbeziehungen zwischen nahe stehenden Unternehmen bevorzugt die **Standardmethoden** zu beachten. Die Anwendung der sog. **inneren Preisvergleichsmethode** scheidet bei Verkäufen immaterieller Wirtschaftsgüter regelmäßig aus, weil das Eigentum an einem bestimmten immateriellen Wirtschaftsgut generell nur ein einziges Mal veräußert werden kann. Als Ausnahme ist der Verkauf von Computerprogrammen erwähnenswert, die zwar idR als immaterielle Wirtschaftsgüter verkauft und als solche vom Erwerber aktiviert werden, bei denen jedoch das Urheberrecht beim Verkäufer verbleibt.[685] Der Verkauf bzw. die zeitlich unbeschränkte „Lizenzierung" von **Standardsoftware** wird von Literatur, Rspr. und der OECD mit dem Verkauf von urheberrechtlich geschützten Büchern oder Musik-CDs gleichgestellt. Das heißt, dass die zeitlich unbegrenzte „Lizenz" für Standardsoftware idR wie der Kauf einer urheberrechtlich geschützten Ware (sog. **Copyrighted Article**) zu beurteilen ist.[686] Im Übrigen ist ein innerer Preisvergleich dann denkbar, wenn der Verkäufer ein **gleichartiges** anderes **Wirtschaftsgut** bereits an Dritte als Einzelwirtschaftsgut oder zusammen mit anderen Wirtschaftsgütern im Rahmen eines Unternehmensverkaufs veräußert hat.[687] Ein solcher Fall dürfte äußerst selten anzutreffen sein.

---

[684] Vgl. auch *Rouenhoff* IStR 2012, 654 (657).

[685] Zur Frage, ob und unter welchen Voraussetzungen es sich beim Softwareerwerb um einen Kauf- oder Lizenzvertrag handelt, vgl. *Zahrnt* BB 1996, 443 ff. mwN; Tz. 12.–17. OECD-MK zu Art. 12 OECD-MA.

[686] Vgl. Tz. 14 OECD-MK zu Art. 12 OECD-MA, wonach das Entgelt für die Nutzung der Software zum persönlichen oder betrieblichen Gebrauch des Erwerbers nicht als Lizenzgebühr zu qualifizieren ist; vgl. ferner BGH 4.11.1987, NJW 1988, 406; OLG Frankfurt 25.6.1996, NJW-RR 1997, 494; ebenso zum Umsatzsteuerrecht BFH 13.3.1997, BStBl. II 372; kritisch zur unterschiedlichen Behandlung von Individual- und Standardsoftware *Malinski* in Grotherr, Handbuch der internationalen Steuerplanung, 1411 ff., 1420.

[687] Vgl. Tz. 6.23 S. 1 OECD-VPL (2010), wohingegen Tz. 6.144 OECD-VPL Kapitel VI (2014 Guidance) nunmehr lediglich den Kauf eines IWG von einem Dritten

Beispiel: Die S-GmbH stellt Spirituosen nach eigenen Geheimrezepten und unter eigenen Marken in Deutschland her. Die S-GmbH will sich auf bestimmte Produkte konzentrieren und die immateriellen Wirtschaftsgüter für andere Produkte verkaufen. Eine englische fremde Gesellschaft hat von der S-GmbH im Jahr 2013 die Geheimrezepte und die Marke für die Herstellung und den Vertrieb eines Kornbranntweins erworben. Im Jahr 2014 will die S-GmbH an ihre italienische Schwestergesellschaft eine andere Marke nebst Geheimrezepten zur Herstellung von Magenbitter veräußern. Sofern sich feststellen lässt, dass die Marken nebst Geheimrezepturen ungefähr gleichwertig sind (zB wegen ähnlicher Märkte und Umsätze, gleichartiger Gewinnspannen und Gewinnerwartungen usw.), könnte der Preis für den Verkauf an die Schwestergesellschaft an dem Preis orientiert werden, den die außenstehende englische Gesellschaft für die gleichartigen immateriellen Wirtschaftsgüter gezahlt hatte.

381 Auch ein **äußerer Preisvergleich** wird nur selten in Frage kommen, weil (erfolgreiche) immaterielle Wirtschaftsgüter im Normalfall selbst genutzt oder lizenziert aber nur selten an konzernfremde Unternehmen verkauft werden und weil schon deshalb der zwischen oder mit fremden Dritten vereinbarte Verkaufspreis für gleichartige Wirtschaftsgüter praktisch nie feststellbar sein wird. Ferner sind Patente, Marken, Urheberrechte oder andere immaterielle Wirtschaftsgüter idR nur vergleichbar, wenn sie in der gleichen Branche und auf vergleichbaren Märkten für vergleichbare Produkte oder Verfahren verwendet werden und ein ähnliches Gewinnpotential haben.[688] Wie hoch die **Anforderungen** an die **Vergleichbarkeit** zu stellen sind, ist aufgrund der zuvor unter Rn. 377f. dargestellten Entwicklungen fraglich. Erwecken die Ausführungen unter Tz. 1.36, 1.39 ff. OECD-VPL den Anschein, dass hinsichtlich der Vergleichbarkeit nicht zu hohe Anforderungen gestellt werden sollten, so deuten die Ausführungen unter Tz. 6.115 ff. sowie Tz. 6.142 ff. der Neufassung des Kapitels VI der OECD-Leitlinien (2014 Guidance) darauf hin, dass zukünftig höhere Anforderungen an die Vergleichbarkeit zu stellen sind.[689] Hinzu kommt, dass der Verkäufer geschützter oder ungeschützter, aber geheimer immaterieller Wirtschaftsgüter sich immer in einer Monopolsituation befindet und dass daher selten objektive Kriterien für den Kaufpreis vergleichbarer Wirtschaftsgüter vorhanden sind. Ein äußerer Preisvergleich wäre im Einzelfall bspw. dann denkbar, wenn das veräußernde Unternehmen das gewerbliche Schutzrecht kurz vorher von einem unabhängigen Dritten gekauft hat, sodass dieser Kaufpreis dann als Fremdvergleichspreis herangezogen werden kann.

---

und den anschließenden Verkauf an ein verbundenes Unternehmen als Beispiel für die Anwendung der Preisvergleichsmethode nennt.

[688] Diese in US-Reg. § 1.482-4 (c)(2)(iii)(B)(1) enthaltene Bestimmung dürfte als allgemeiner Grundsatz auch für die Anwendung der Preisvergleichsmethode in anderen Ländern gelten.

[689] Für die Vergleichbarkeitsanalyse hinsichtlich immaterieller Wirtschaftsgüter führt die OECD in der Neufassung des Kapitels VI der OECD-VPL (2014 Guidance) die folgenden Kriterien auf: Exklusivität (Tz. 6.115), Umfang und Dauer des rechtlichen Schutzes (Tz. 6.116), Geographischer Geltungsbereich (Tz. 6.117), Lebensdauer (Tz. 6.118f.), Entwicklungsstand (Tz. 6.120f.), Rechte an Weiterentwicklung (Tz. 6.122f.), zu erwartender zukünftiger Vorteil (Tz. 6.124) sowie die vorhandenen Risiken (Tz. 6.125); vgl. zum 1. Diskussionsentwurf *Eigelshoven/Ebering/Schmidtke* NWB 2012, 487 (493) und *Rouenhoff* IStR 2012, 654 (657).

Beim **Kauf eines Unternehmens(teils)** kann im Einzelfall die **Marke** den 382
wesentlichen Wert des Unternehmens darstellen,[690] sodass man nach Aufteilung
des Kaufpreises auf die materiellen Wirtschaftsgüter den Preis für die Marke als
Restwert erhält. Ähnliche Überlegungen lassen sich auch für Patente oder andere immaterielle Wirtschaftsgüter anstellen. Etwas problematischer liegt der Fall,
wenn beim Unternehmenskauf neben materiellen auch mehrere immaterielle
Wirtschaftsgüter (zB Patente, Marken, Know-how, Kundenstamm, Wettbewerbsverbot und Geschäftswert) übertragen werden, weil dann nach Bewertung
der materiellen Wirtschaftsgüter der Restkaufpreis auf die verschiedenen immateriellen Wirtschaftsgüter aufgeteilt werden muss, wobei erhebliche Unsicherheitsfaktoren bestehen, die eine präzise Bewertung nicht ermöglichen.[691]

Aus **Veröffentlichungen** in der **Presse** oder im **Internet** lassen sich 383
ebenfalls nur in Ausnahmefällen Informationen für einen **äußeren Preisvergleich** von immateriellen Wirtschaftsgütern herleiten. ZB werden in den
USA von Unternehmen, die auf die Bewertung immaterieller Wirtschaftsgüter spezialisiert sind, auf Internetseiten, sowie in Wirtschaftsmagazinen regelmäßig die aktuellen Werte der weltweit bekanntesten **Marken (Brands)**
veröffentlicht.[692] Nach einer Erhebung des Marktforschungsunternehmens
Millward Brown in **2013** blieb Apple das dritte Jahr in Folge die weltweit wert-
vollste Marke mit einem geschätzten Wert in Höhe von 185,075 Mrd. US-$.
Es folgen Google mit einem Wert in Höhe von 113,669 Mrd. US-$ und
IBM mit einem Wert in Höhe von 112,536 Mrd. US-$. Wertvollste deutsche
Marken sind demnach SAP (34,365 Mrd. US-$), BMW (24,015 Mrd. US-$)
und die Deutsche Telekom (23,893 Mrd. US-$). Laut der Rangliste von *In-
terbrand* aus dem Jahr **2012** hatte hingegen die Marke *Coca-Cola* den höchsten
Wert mit 77,839 Mrd. US-$, gefolgt von Apple mit 76,568 Mrd. US-$ und
IBM mit 75,532 Mrd. US-$. Hat der „Brand Value" im Jahr **2012** laut der
Studie von *Millward Brown* aus dem selben Jahr gegenüber 2011 bei beinahe
der Hälfte der „Top 100" Marken noch an Wert verloren, so wurde in 2013
trotz schwieriger wirtschaftlicher Bedingungen insgesamt ein Wertzuwachs
bei den „Top 100" Marken in Höhe von 7% festgestellt.[693]

Die Bewertung beruht grundsätzlich auf **ertragswertorientierten Methoden,** bei denen versucht wird, den der Marke isoliert zurechenbaren Nettobarwert zu ermitteln.[694] Solche Methoden werden durch **IDW S 5** auch

---

[690] So zB BGH 7.7.1992, GRUR 1992, 877,„Warenzeichenerwerb".

[691] *Rohnke* DB 1992, 1941, Abschnitt II.1.; *Smith/Parr,* 123 ff. weisen für börsennotierte Unternehmen auf die Möglichkeit hin, vom investierten Kapital der Unternehmen (= Börsenwert zuzüglich langfristige Verbindlichkeiten) das bilanzierte Eigenkapital sowie das Anlage- und Umlaufvermögen abzuziehen; die Residualgröße soll den
Wert aller immateriellen Wirtschaftsgüter darstellen.

[692] Vgl. zB Interbrand, Best Global Brands 2012 Rankings, im Internet erhältlich
unter www.interbrand.com sowie die Rangliste „BRANDZ™ Top 100 Most Valuable
Global Brands 2013" des Marktforschungsinstituts *Millward Brown*, im Internet erhältlich unter www.millwardbrown.com/BrandZ.

[693] Vgl. „BRANDZ™ Top 100 Most Valuable Global Brands 2013" des Marktforschungsinstituts *Millward Brown,* im Internet erhältlich unter www.millwardbrown.
com/BrandZ.

[694] Zur Bewertungsmethode von Interbrand vgl. Erläuterungen im Report 2012,
der auf der zuvor genannten Internetadresse erhältlich ist.

für die **steuerliche Bewertung** immaterieller Wirtschaftsgüter in Deutschland von zunehmender Bedeutung sein.[695] Für den hier diskutierten äußeren Preisvergleich können diese Veröffentlichungen daher nur im Einzelfall nützlich sein, wenn eine in dieser Untersuchung genannte Marke oder – was ebenfalls sehr selten sein dürfte – eine Marke von annähernd großem Bekanntheitsgrad veräußert wird. Da in solchen Fällen aber der verglichene Preis auf einer ertragswertorientierten Methode beruht, wäre es konsequent, den Fremdvergleich auf Basis dieser Methode vorzunehmen.

384   Die **Wiederverkaufspreismethode** dürfte ebenfalls nur selten zur Anwendung kommen, weil im Konzern normalerweise nicht mit immateriellen Wirtschaftsgütern gehandelt wird. Ausnahmen sind bspw. bei selbst entwickelter Standardsoftware denkbar, die an eine Konzern-Patentverwertungsgesellschaft veräußert wird, die ihrerseits die Software an Dritte lizenziert oder im Ausnahmefall auch veräußert. Aus dem Veräußerungspreis ließe sich dann nach der Wiederverkaufspreismethode der angemessene Einkaufspreis der Patentverwertungsgesellschaft ermitteln. Die OECD lehnt in ihrer Neufassung des Kapitels VI der OECD-VPL (2014 Guidance) die Anwendbarkeit der Wiederverkaufspreismethode als geeignete Verrechnungspreismethode im Zusammenhang mit der Übertragung eines immateriellen Wirtschaftsguts ab.[696]

385   Die **Kostenaufschlagsmethode** kann für die Festsetzung oder Überprüfung des Verrechnungspreises beim Verkauf immaterieller Wirtschaftsgüter aus den bisher erörterten Gründen ebenfalls nur selten angewendet werden. Bei der Kommentierung der Bewertungsmethoden des IDW S 5 wird näher erläutert, wieso ein kostenorientierter Bewertungsansatz regelmäßig keine geeigneten Werte liefert.[697] Auch die OECD vertritt in ihrer Neufassung des Kapitels VI OECD-VPL (2014 Guidance) die Auffassung, dass kostenorientierte Bewertungsmethoden grundsätzlich vermieden werden sollen.[698] In diesem Zusammenhang ist darauf hinzuweisen, dass bei der sog. **Auftragsforschung** zwar die Kostenaufschlagsmethode angewendet wird,[699] dass es sich dabei aber nicht um einen Fall des Verkaufs immaterieller Wirtschaftsgüter handelt, sondern um die Erbringung von Dienstleistungen,[700] für die idR die Kostenaufschlagsmethode maßgebend ist.

b) Gewinnorientierte Methoden

386   Aus den oben genannten Gründen finden die Standardmethoden beim Verkauf immaterieller Wirtschaftsgüter nur selten Anwendung. Daher ist zu prüfen, ob unter **Anwendung anderer geeigneter Verrechnungspreismethoden** – gegebenenfalls nach Vornahme sachgerechter Anpassungen – eingeschränkt vergleichbare Fremdvergleichswerte iSd § 1 Abs. 3 Satz 2 AStG ermittelt werden können. Dabei kommt zunächst die Anwendung der ge-

---

[695] Vgl. dazu unten Rn. 399 ff.

[696] Vgl. *OECD*, Tz. 6.138 OECD-VPL Kapitel VI (2014 Guidance).

[697] Vgl. unten Rn. 404 f.

[698] Vgl. *OECD*, 6.139 OECD-VPL Kapitel VI (2014 Guidance). Nur in Ausnahmefällen sind gem. Tz. 6.140 OECD-VPL Kapitel VI (2014 Guidance) die Reproduktionskosten zu beachten.

[699] Vgl. ausführlich oben Rn. 195–199.

[700] S. oben Rn. 181–191.

winnorientierten Methoden in Betracht, also die geschäftsfallbezogene Nettomargenmethode **(TNMM)** und die Gewinnaufteilungsmethode **(Profit Split Method).**[701] In ihrer Neufassung des Kapitels VI der OECD-VPL (2014 Guidance) gibt die OECD der Preisvergleichsmethode und der Gewinnaufteilungsmethode den Vorzug und nennt ferner allgemeine Bewertungsmethoden als nützliche Maßnahmen.[702]

In diesem Zusammenhang ist zu beachten, dass ertragsorientierte Aspekte **387** auch im Rahmen „anderer Methoden" eine Rolle spielen. Da für die Ermittlung des Verrechnungspreises für die Fälle der Übertragung immaterieller Wirtschaftsgüter keine speziellen Regelungen bestehen, sollte es zulässig sein, als **„andere geeignete Verrechnungspreismethode"** auf die Grundsätze zurückzugreifen, die für die **Bewertung nach handelsrechtlichen Grundsätzen ordnungsmäßiger Buchführung** (zB für die Ermittlung der Anschaffungskosten im Rahmen eines Unternehmenszusammenschlusses) **oder** nach allgemeinen **steuerlichen Grundsätzen** für die Ermittlung des Teilwerts oder des gemeinen Werts angewendet werden.[703] Die Heranziehung dieser Methoden kann v. a. mit europarechtlichen Erwägungen gerechtfertigt werden, da für die grenzüberschreitende Übertragung immaterieller Wirtschaftsgüter (auch auf nahe stehende Unternehmen) keine ungünstigeren Bedingungen gelten dürfen, als bei vergleichbaren Inlandssachverhalten.

Nur wenn es nicht möglich ist, aufgrund einer geeigneten Verrechnungs- **388** preismethode zumindest eingeschränkt vergleichbare Fremdvergleichswerte festzustellen, hat der Steuerpflichtige für seine Einkünfteermittlung einen **hypothetischen Fremdvergleich** durchzuführen (§ 1 Abs. 3 Satz 5 AStG). Dazu muss er aufgrund einer Funktionsanalyse und innerbetrieblicher Planrechnungen den Mindestpreis des Leistenden und den Höchstpreis des Leistungsempfängers ermitteln, wobei der Einigungsbereich von den jeweiligen Gewinnerwartungen (Gewinnpotenzialen) bestimmt wird (§ 1 Abs. 3 S. 6 AStG). Obwohl der hypothetische Fremdvergleich gem. Gesetz nur subsidiär anwendbar ist, sollte es im Hinblick auf Tz. 2.4.2. VGr zulässig und im Hinblick auf die Neufassung des Kapitels VI der OECD-VPL (2014 Guidance)[704] auch empfehlenswert sein, diesen im Rahmen der Anwendung gewinnorientierter oder anderer geeigneter Methoden bereits zu berücksichtigen.

Die OECD-Leitlinien erläutern, dass zu untersuchen ist, ob bei der Preis- **389** gestaltung bei Geschäften mit immateriellen Wirtschaftsgütern, deren Wertansatz einen hohen Unsicherheitsgrad aufweist, unabhängige Unternehmen die Preise auf der Grundlage bestimmter **Prognoserechnungen** ermittelt hätten (Tz. 6.32 OECD-VPL (2010), Tz. 6.179 OECD-VPL Kapitel VI (2014 Guidance)) und ob sie unter vergleichbaren Verhältnissen eine **Preis-**

---

[701] Die US-Regulations gehen davon aus, dass nur vier Methoden für die Prüfung der Übertragung immaterieller Wirtschaftsgüter in Frage kommen: die **Comparable Uncontrolled Transaction Method (CUT),** die **Comparable Profits Method (CPM),** die **Profit Split Method** und jede unspezifizierte Methode, vgl. *Lemein,* S. 25 115 ff.

[702] Vgl. *OECD,* Tz. 6.145 ff. OECD-VPL Kapitel VI (2014 Guidance); *Rouenhoff* IStR 2012, 654 (658).

[703] Vgl. dazu unten Rn. 393 ff., 399 ff.; so auch die *OECD* in 6.150 ff. OECD-VPL Kapitel VI (2014 Guidance), s. oben Rn. 377.

[704] S. oben Rn. 377.

gleitklausel vereinbart hätten (Tz. 6.34 OECD-VPL (2010), Tz. 6.184 OECD-VPL Kapitel VI (2014 Guidance)). Wenn unabhängige Unternehmen solche Prognoserechnungen erstellt und Vereinbarungen zum Schutz vor dem Risiko einer unsicheren Werteinschätzung getroffen hätten, so wird dies auch von verbundenen Unternehmen erwartet.[705] Ob bei einer isolierten Übertragung eines immateriellen Wirtschaftsguts die Regelung des § 1 Abs. 3 S. 11 und 12 AStG zur Preisanpassungsklausel ebenfalls anwendbar ist, ist unklar. Im Rahmen der Übertragung eines immateriellen Wirtschaftsguts empfiehlt es sich, diese Regelung zu berücksichtigen.[706]

390   Wenn einzelne oder mehrere **immaterielle Wirtschaftsgüter** im Konzern **verkauft** werden, dann kommt grundsätzlich eine unmittelbare Anwendung der **transaktionsbezogenen Nettomargenmethode (TNMM)** nicht in Frage, weil dann die Gewinnspanne aus dem Veräußerungsgeschäft mit den Bandbreiten der Gewinnspannen verglichen werden müsste, die der Verkäufer mit konzernfremden Unternehmen erwirtschaftet hat oder die zwischen anderen Unternehmen aus dem Verkauf gleichartiger Wirtschaftsgüter erzielt werden. Da solche Geschäftsvorfälle jedoch relativ selten stattfinden und da die Gewinnspannen regelmäßig nicht feststellbar sind, kann die Nettomargenmethode in dieser Form – abgesehen von Ausnahmefällen – nicht angewendet werden. Denkbar ist jedoch eine **indirekte Ermittlung** des Wertes des immateriellen Wirtschaftsguts mit Hilfe der Nettomargenmethode.

Beispiel: Die deutsche Kaffeerösterei X-GmbH verkauft Kaffee unter der bekannten Marke X und Kaffeemaschinen unter der Marke Y. Die bisher von einem fremden Unternehmen hergestellten Kaffeemaschinen sollen künftig von der polnischen Tochtergesellschaft P-S. A. hergestellt werden.[707] Die P-S. A. erwirbt von dem Hersteller der Kaffeemaschinen die Patente nebst Know-how und von der X-GmbH die Marke Y. Die X-GmbH ist aufgrund einer Spartenrechnung in der Lage, den operativen Gewinn des Geschäftsbereichs „Vertrieb von Kaffeemaschinen" gesondert festzustellen.[708] Unterstellt, dass es ferner möglich ist, die Bandbreite der operativen Gewinnmargen von Vertriebsgesellschaften (oder anderen Sparten) zu ermitteln, die Kaffeemaschinen oder Haushaltsgeräte ohne Markennamen (No-Name-Produkte) vertreiben, dann könnte durch Vergleich der operativen Margen festgestellt werden, welcher zusätzliche Margenanteil bzw. Gewinn bei X-GmbH auf die Marke entfällt. Der Barwert dieses zusätzlichen Gewinnpotenzials würde dann dem Wert der Marke Y entsprechen. Jedoch müssen für die Ermittlung des Kaufpreises noch die bisher von X-GmbH getragenen und künftig von P-S. A. zu leistenden Werbeaufwendungen und sonstigen für

---

[705] Vgl. *OECD*, Tz. 6.178 ff. OECD-VPL Kapitel VI (2014 Guidance), welche unter dem Vorbehalt weiterer Änderungen durch das OECD-BEPS-Projekt in 2015 stehen.

[706] Vgl. *Pohl* IStR 2010, 690, der u. a. unter Berufung auf die Gesetzesbegründung in BT-Drs. 16/4841 S. 86 f. das „und" bei „in den Fällen der S. 5 und 9" in § 1 Abs. 3 S. 11 AStG als „und/oder" versteht und zu einer Anwendung der Preisanpassungsregelungen außerhalb von Funktionsverlagerungen gelangt sowie *Roeder* ISR 2012, 70 (73), der die Vermutung äußert, dass die FinVerw. in Zukunft die gesetzliche Preisanpassungsklausel auch für andere Geschäftsvorfälle mit immateriellen Wirtschaftsgütern anwenden wird.

[707] Für dieses Beispiel wird bewusst außer Acht gelassen, dass es sich bei der Übertragung der Marke mit der Vertriebsfunktion um eine Funktionsverlagerung iSd § 1 Abs. 3 S. 9 AStG handelt.

[708] Vgl. zur Anwendung der TNMM auf Sparten Tz. 3.4.10.3 Buchst. b), dritter Absatz VGr-Verfahren.

den Werterhalt der Marke erforderlichen Aufwendungen kapitalisiert und in Abzug gebracht werden.

Bei der später folgenden Erörterung anderer Verrechnungspreismethoden wird deutlich werden, dass für die bilanzielle und steuerliche Bewertung immaterieller Wirtschaftsgüter auch nach allgemeinen Grundsätzen ähnliche ertragswertorientierte Überlegungen angestellt werden.[709] Im ersten Diskussionsentwurf der OECD zum neuen Kapitel VI der OECD-Leitlinien wurde die Anwendbarkeit der TNMM nicht diskutiert.[710] In der Neufassung des Kapitels VI der OECD-VPL (2014 Guidance) äußert sich die OECD in Tz. 6.138 dahingehend, dass die TNMM im Allgemeinen keine zuverlässige Methode sei, um ein immaterielles Wirtschaftsgut direkt zu bewerten. Unter Umständen könne aus Sicht der OECD die TNMM jedoch zur indirekten Ermittlung des Wertes des immateriellen Wirtschaftsguts herangezogen werden.

Bei der **Gewinnaufteilungsmethode (Profit Split Method)** wird im **391** Normalfall die Aufteilung eines Gesamtgewinns überprüft, den mehrere Konzernunternehmen auf mehreren Wertschöpfungsstufen erzielen. Daher kann diese Methode nicht angewendet werden, wenn bei der Übertragung eines immateriellen Wirtschaftsguts an andere Konzernunternehmen nur der dieser Transaktion zugrunde liegende Verkaufspreis oder Einlagewert der Gegenstand der Überprüfung ist.

Jedoch kann der Wert eines Patents oder einer Marke auch in der Weise ermittelt werden, dass der **Gewinn** des untersuchten Unternehmens **aufgeteilt** werden in **Routinegewinne** – die den Routinefunktionen zugeordnet werden, für die nur geringe Risiken getragen und keine wertvollen immateriellen Wirtschaftsgüter verwendet werden – und in **Residualgewinne,** die denjenigen Funktionen zugerechnet werden, die das Unternehmen als Entrepreneur (auch sog. Prinzipal oder Strategieträger) ausübt und für die es nennenswerte Risiken übernimmt und für die es das zu bewertende wertvolle immaterielle Wirtschaftsgut besitzt.[711] Um den Wert des verwendeten immateriellen Wirtschaftsguts festzustellen, ist sodann ein Vergleich des Barwerts der Residualgewinne inklusive Wirtschaftsgut mit dem Barwert an Gewinnen ohne derartiges Wirtschaftsgut vorzunehmen.[712]

Beispiel: Das Konzernunternehmen A ist Inhaber einer bekannten Marke und zahlreicher eingetragener Designs für die Herstellung besonders modischer Textilien. Der Ertragswert des Unternehmens beläuft sich auf der Basis einer durchschnittlichen EBIT-Marge von 10 % auf insgesamt € 100 Mio. Die unabhängigen Unternehmen V, W, X, Y und Z stellen Textilien her, die als „No-Name"-Produkte bzw. unter dem „Private Label" der Abnehmer (zB Kaufhaus-Ketten) verkauft werden und keinen Designschutz haben. Die eingeengte Bandbreite der durchschnittlichen EBIT-Margen dieser Unternehmen liegt zwischen 3 % und 7 % mit einem Median von 5 %. Aus der Differenz der EBIT-Margen kann zulässigerweise gefolgert werden, dass die höhere

---

[709] Vgl. unten Rn. 406 ff.

[710] Vgl. hierzu *Wittendorf* TNI 2012, 935 (950).

[711] Vgl. Tz. 3.4.10.3 Buchst. c) und 3.4.10.2 Buchst. b) VGr-Verfahren zur betr. Anwendung der Gewinnaufteilungsmethode und Definition des Entrepreneur gem. Auffassung der FinVerw.

[712] Auch die in IDW S 5 im Rahmen der kapitalwertorientierten Verfahren dargestellte „Residualwertmethode" basiert auf einer Art Profit Split, Rn. 417 ff.

EBIT-Marge des Unternehmens A allein auf der Verwendung der Marke und der eingetragenen Designs beruht. Wendet man nun die niedrigere EBIT-Marge für die Bar-
wertermittlung bei A an und kommt man zu einem Ertragswert des Unternehmens
iHv zB € 50 Mio., so kann die Differenz des Unternehmenswerts der Marke und den
eingetragenen Designs zugerechnet werden.[713]

392   Wegen weiterer Möglichkeiten der Anwendung der gewinnorientierten
Methoden wird auf die einschlägigen Kommentierungen verwiesen.[714] Die
OECD gibt in ihrer Neufassung des Kapitels VI der OECD-VPL (2014 Guidance)[715] grundsätzlich der Preisvergleichsmethode und der Gewinnaufteilungsmethode den Vorzug[716] und verweist im Übrigen auch auf die Anwendbarkeit anderer Bewertungsmodelle, wobei insb. Bewertungen anhand von
Barwerten künftiger Erträge oder Cash Flows in Frage kommen.[717] Auch die
im nachfolgenden Abschnitt kommentierten Bewertungsmethoden des IDW
S 5 enthalten u. a. vier ertragswertorientierte Methoden,[718] die man als modifizierte Anwendungsfälle der TNMM oder der Profit Split Methode ansehen
kann und die ferner Bewertungsmethoden umfassen, die auf Prognosen von
Erträgen oder Cash Flows beruhen.

c) Andere Methoden und Bewertungsmethoden des IDW S 5

aa) Existenz anderer Methoden

393   Die vorhergehenden Erörterungen haben gezeigt, dass die Anwendung der
Standardmethoden und der gewinnorientierten Verrechnungspreismethoden
bzgl. der Ermittlung des Fremdvergleichspreises für die Eigentumsübertragung immaterieller Wirtschaftsgüter auf erhebliche Probleme stößt.[719] Daher
ist zu prüfen, ob noch eine **andere „geeignete Verrechnungspreismethode"** iSd § 1 Abs. 3 S. 2 AStG existiert, die angewendet werden kann.
Gem. Tz. 2.9 OECD-VPL steht es den multinationalen Konzernen frei, auch
solche Methoden anzuwenden, die nicht in den OECD-Leitlinien behandelt
werden, sofern diese Methoden in Übereinstimmung mit diesen Leitlinien
dem Fremdvergleichsgrundsatz genügen. Auch die deutsche FinVerw. erkennt
an, dass die Unternehmen andere sachgerechte Methoden anwenden dürfen.[720] Erst wenn keine geeignete Methode zur Verfügung steht, müsste gem.
§ 1 Abs. 3 S. 5 AStG ein hypothetischer Fremdvergleich durchgeführt werden.

394   Als andere geeignete Methoden für die Bewertung immaterieller Wirtschaftsgüter kommen v. a. diejenigen in Betracht, die zwischen unabhängigen

---

[713] Ein ähnlicher Ansatz findet sich in IDW S 5, Rn. 32; vgl. dazu unten Rn. 417 ff.

[714] Vgl. Kap. H Rn. 117 ff. und unten Rn. 641; *Dürrfeld/Wingendorf* IStR 2005,
464; *Finsterwalder* IStR 2006, 355 ff., 358.

[715] S. oben Rn. 377.

[716] Vgl. *OECD*, Tz. 6.142 f., 6.145 ff. OECD-VPL Kapitel VI (2014 Guidance).

[717] Vgl. *OECD*, Tz. 6.150 ff. OECD-VPL Kapitel VI (2014 Guidance); hierzu
Eigelshofen/Ebering/Schmidtke IWB 2012, 487 (494 ff.); *Henshall/Smith* Transfer Pricing
International Journal, Vol. 13 (13 TPTP 4, 06/12/2012); *Roeder* ISR 2012, 70 (72 f.);
Rouenhoff IStR 2012, 654 (658); *Shapiro/Mitra/Henshall/Sierra* TNI 2012, 1245 (1248 f.).

[718] Vgl. unten Rn. 400 f. und 406 ff.

[719] Ebenso *Wehnert* IStR 2007, 560.

[720] Dies wurde bereits in Tz. 2.4.2–2.4.6 VGr zum Ausdruck gebracht.

Unternehmen für vergleichbare Geschäfte verwendet werden. Solche Methoden werden regelmäßig von der Rechtsprechung übernommen und in Streitfällen (zB in Schadensersatzprozessen) weiter entwickelt. Die Literatur zum gewerblichen Rechtsschutz nennt eine Reihe von Methoden, die bis 2007 vorherrschend waren.

Das Erfordernis der Bewertung immaterieller Wirtschaftsgüter stellt sich aber auch, wenn diese im Inland als Einzelwirtschaftsgut oder im Rahmen eines Unternehmenszusammenschlusses entweder für Bilanzzwecke mit dem **beizulegenden Zeitwert (Fair Value)** oder für Steuerzwecke mit dem **Teilwert** (ggf. mit dem **gemeinen Wert**) anzusetzen sind. Allerdings bestehen keine expliziten bilanziellen oder steuerlichen Vorschriften für die anzuwendende Bewertungsmethode. Jedoch hat das Institut der Wirtschaftsprüfer in Anlehnung an internationale Rechnungslegungsvorschriften umfangreiche Standards entwickelt, die für die Bewertung und Bilanzierung heranzuziehen sind und insoweit auch zu steuerlicher Anerkennung gelangen werden.[721] Die **Einzelbewertung** immaterieller Wirtschaftsgüter darf in vielen Fällen auch im Rahmen einer **Funktionsverlagerung** an Stelle der Bewertung des Transferpakets erfolgen und gewinnt somit in der Praxis erheblich an Bedeutung.[722]

bb) Methoden in der Praxis bis 2007

Bis 2007 wurden in der handelsrechtlichen und steuerlichen Literatur und **395** Rechtsprechung sowie in der Praxis unterschiedliche Methoden entwickelt und diskutiert, die der Bewertung immaterieller Vermögensgegenstände dienten.[723]

Für **Patente,** geheimes technisches **Know-how, Gebrauchsmuster, eingetragene Designs** und andere produktionsbezogene immaterielle Wirtschaftsgüter wurde der Wert oft in Anlehnung an die „Richtlinien für die Vergütung von Arbeitnehmererfindungen im privaten Dienst" ermittelt, die den Erfindungswert einer betrieblich genutzten Erfindung anhand folgender Methoden bestimmen:[724]

– **Ermittlung des Wertes nach der Lizenzanalogie:**

Bei dieser Methode (sog. Lizenzgebührenvergleich) wird für die Ermittlung des Wertes des immateriellen Wirtschaftsgutes ein Lizenzsatz zu Grunde gelegt, der für vergleichbare Fälle bei freien Erfindungen in der Praxis üblich ist.

– **Ermittlung des Wertes nach dem erfassbaren betrieblichen Nutzen:**

In diesem Fall wird der erfassbare betriebliche Nutzen bestimmt anhand der durch den Einsatz der Erfindung verursachten Differenz zwischen Ertrag und Kosten.

---

[721] Vgl. unten Rn. 399 ff.

[722] Vgl. dazu unten Rn. 436 ff. und Kap. R.

[723] Vgl. dazu *Rohnke* DB 1992, 1942; *Stein/Ortmann* BB 1996, 787; FG Düsseldorf 9.5.2000, EFG 2000, 1177 ff.; *Engler* in Handbuch der Verrechnungspreise, 2. Aufl. Kap. P., Rn. 259 ff.; *Wurzer/Hundertmark,* Grundsätze ordnungsgemäßer Patentbewertung, PAS 1070, Februar 2007.

[724] RL für die Vergütung von Arbeitnehmererfindungen im privaten Dienst, vom 20.7.1959, abgedruckt in Münchener Vertragshandbuch, Band 3, Wirtschaftsrecht II, 6. Aufl., 738 ff.

– Schätzung des Erfindungswertes:

Soweit die vorgeschlagenen Methoden zur Ermittlung des Wertes versagen, weil keine ähnlichen Fälle vorliegen oder weil ein Nutzen nicht erfasst werden kann, soll der Erfindungswert geschätzt werden. Dabei kann von dem Preis ausgegangen werden, den der Betrieb hätte aufwenden müssen, wenn er die Erfindung von einem freien Erfinder hätte erwerben wollen.

396 Für **Marken** kamen lediglich die ersten beiden der oben genannten Bewertungsmethoden in Frage.[725] Als zusätzliches Problem war bei Marken schon immer zu beachten, dass sowohl der Inhaber der Marke als Lizenzgeber, als auch der Lizenznehmer durch Werbeaufwendungen usw. zur Entwicklung und zum Erhalt der Marke beitragen. Insoweit ist zu prüfen, inwieweit die Aufwendungen des Lizenznehmers die Höhe der Lizenzgebühr und die Höhe des Wertes der Marke beeinflussen.

397 Als weitere Methode für die Wertermittlung wird in der Literatur die **Mehrgewinnermittlung** genannt.[726] Dabei wird auf die Preisunterschiede abgestellt, die in dem jeweiligen Produktsegment die mit der Marke versehenen Produkte gegenüber gegnerischen Wettbewerbsprodukten erzielen können.[727] Diese Mehrgewinne sind über die Nutzungsdauer zu kapitalisieren. Prinzipiell wird diese Methode auch in dem noch zu erörternden IDW S 5 berücksichtigt. In einer früheren Veröffentlichung hatte *Rohnke* die „Mehrgewinnermittlung" in der Weise beschrieben, dass dabei nach Abzug der üblichen Eigenkapitalrendite für materielle Wirtschaftsgüter der Mehrgewinn auf die immateriellen Wirtschaftsgüter entfallen soll.[728] Ein Beispiel der Berechnungsmethode wird von *McClure* anhand der Daten des börsennotierten Unternehmens Intel, Inc. wie folgt dargestellt:[729]

Beispiel:
– Schritt 1: Ermittlung der durchschnittlichen Erträge vor Steuern für die letzten drei Jahre (zB 2006, 2007 und 2008). Für Intel sind das $ 8 Mrd.
– Schritt 2: Feststellung des bilanziellen Durchschnittswerts der materiellen Wirtschaftsgüter der letzten drei Jahre; das Ergebnis liegt bei $ 34,7 Mrd.
– Schritt 3: Berechnung des Return on Assets (RoA) anhand der Division der Erträge durch die materiellen Wirtschaftsgüter; im Beispiel sind das 23 %.
– Schritt 4: Ermittlung des durchschnittlichen RoA der Branche im gleichen Zeitraum; für die Halbleiter-Branche sind das rund 13 %.
– Schritt 5: Berechnung des Mehrgewinns beim RoA durch Multiplikation des Werts der materiellen Wirtschaftsgüter (hier $ 34,7 Mrd.) mit dem branchenüblichen RoA (hier 13 %) und Kürzung der in Schritt 1 genannten Erträge von $ 8 Mrd. um diesen Routinegewinn. Im Beispiel verbleiben $ 3,5 Mrd. ($ 8 Mrd. – $ 4,5 Mrd. = $ 3,5 Mrd.). Dieser Schritt zeigt den Mehrgewinn von Intel, Inc. im Vergleich zu anderen Halbleiterherstellern.
– Schritt 6: Ermittlung des durchschnittlichen Steuersatzes der letzten drei Jahre (für Intel 28 %) und Multiplikation mit dem Mehrgewinn; anschließend Kürzung des Mehrgewinns um die darauf entfallende Steuer. Im Beispiel sind das $ 3.5 Mrd. –

---

[725] Vgl. *Engler* in Handbuch der Verrechnungspreise, 2. Aufl., Kap. P Rn. 261 ff.
[726] Vgl. *Ingerl/Rohnke,* vor §§ 27–31 MarkenG, Rn. 4.
[727] Vgl. *Ingerl/Rohnke,* vor §§ 27–31 MarkenG, Rn. 4.
[728] Vgl. *Rohnke* DB 1992, 1943.
[729] Vgl. *McClure,* 2010, http://www.investopedia.com/articles/03/010603.asp.

$ 1 Mrd. = $ 2,5 Mrd. Das Ergebnis zeigt den auf immaterielle Wirtschaftsgüter entfallenden Mehrgewinn nach Steuern.

– Schritt 7: Ermittlung des Nettobarwerts des Mehrgewinns (Diskontierung mit unternehmensspezifischer Risikoprämie); bei einem als angemessen unterstellten Diskontierungssatz von 10 % ergibt sich hier ein Wert von $ 25 Mrd.

Für **börsennotierte Unternehmen** wurde als weitere Bewertungsmethode **398** für die dem Unternehmen gehörenden immateriellen Wirtschaftsgüter oft die **„Market-to-book Method"** zur Diskussion gestellt. Dabei wird der Buchwert des Unternehmens von seinem Marktwert (Börsenwert) subtrahiert und die Differenz den nicht bilanzierten immateriellen Wirtschaftsgütern zugewiesen. Diese Methode wird idR jedoch kritisch beurteilt, da die Bewertung wegen der starken Schwankungen des Börsenwerts erheblichen Unsicherheiten unterliegt.

cc) Übersicht zu den Methoden des IDW S 5

Am 12.7.2007 verabschiedete der Fachausschuss für Unternehmensbewer- **399** tung und Betriebswirtschaft (FAUB) den „IDW Standard: **Grundsätze zur Bewertung immaterieller Vermögenswerte (IDW S 5)**", der am 19.9.2007 durch den Hauptfachausschuss (HFA) billigend zur Kenntnis genommen wurde und zwischenzeitlich auch um zwei weitere Abschnitte ergänzt wurde.[730] Der IDW S 5 bestimmt (nach dem Vorbild des IFRS 3) die Methoden für die Bewertung von immateriellen Vermögenswerten und wird über die Grundsätze ordnungsmäßiger Bilanzierung und über das Maßgeblichkeitsprinzip auch **Einfluss** auf die **steuerliche Bewertung** und **Gewinnermittlung** haben. Das IDW nennt in Rn. 4 und 6 IDW S 5 die Bewertungsanlässe und weist in Rn. 6 IDW S 5 darauf hin, dass Bewertungen im Rahmen der externen Berichterstattungen nach nationalen und internationalen, handelsrechtlichen oder steuerrechtlichen Vorschriften durchzuführen sind. Ferner wird in Rn. 7–11 betont, dass der Wirtschaftsprüfer in seiner Funktion als Berater an diesen Standard gebunden ist, wobei er dann jedoch in Teilbereichen von der Tätigkeit des unabhängigen Sachverständigen abweichen kann.

Da die **FinVerw.** bislang keine eigenständigen Grundsätze zur Bewertung **400** immaterieller Vermögensgegenstände aufgestellt hat, geht die Literatur davon aus, dass der IDW S 5 auch für die steuerliche Bewertung geeignet ist und insoweit von Bedeutung sein wird, zumal die „Grundsätze ordnungsmäßiger Unternehmensbewertung" des IDW S 1 bereits für steuerliche Bewertungszwecke durch die Finanzgerichte akzeptiert wurden.[731] Die VGr-Funktionsverlagerung vom 13.10.2010 verweisen sogar explizit auf die Methoden des IDW S 5 (vgl. bspw. Tz. 2.2.1.2, Rn. 63). Zu beachten ist, dass die **Einzelbewertung** für immaterielle Vermögensgegenstände nicht nur für die Übertragung eines einzelnen Wirtschaftsguts gilt, sondern auch im Rahmen der **Funktionsverlagerung** erheblich an Bedeutung gewinnt, da der Steuerpflichtige im Fall der Übertragung und der genauen Bezeichnung zumindest eines wesentlichen Wirtschaftsguts an Stelle der Bewertung des Transferpakets

---

[730] IDW S 5, FN 2011, 467 ff.
[731] *Kohl/Schilling* StuB 2007, 541 f. unter Hinweis auf Hess. FG 15.5.2001, EFG 2001, 1163 ff., Nieders. FG 11.4.2000, DStRE 2001, 24 ff.

alle Bestandteile des Transferpakets mit den Einzelverrechnungspreisen bewerten darf.[732]

Der IDW S 5 nennt **drei Bewertungsverfahren:**[733]
- das marktpreisorientierte Verfahren (Market Approach),
- das kapitalwertorientierte Verfahren (Income Approach) und
- das kostenorientierte Verfahren (Cost Approach).

401 Innerhalb dieser Verfahren stehen **jeweils weitere Bewertungsmethoden** zur Verfügung, die der IDW S 5 in einer Tabelle wie folgt darstellt:[734]

Verfahren	Marktpreisorientiertes Verfahren	Kapitalwertorientiertes Verfahren	Kostenorientiertes Verfahren
Methoden	Marktpreise auf aktivem Markt	Methoden der unmittelbaren Cash Flow-Prognose	Reproduktionskostenmethode
	Analogiemethode	Methoden der Lizenzpreisanalogie	Wiederbeschaffungskostenmethode
		Residualwertmethode	
		Mehrgewinnmethode	

Diese Methoden werden nachfolgend in der gebotenen Kürze erörtert. Wegen der Einzelheiten wird dabei auf IDW S 5 und die einschlägige Fachliteratur verwiesen.

dd) Marktpreisorientiertes Verfahren

402 Im Rahmen des marktpreisorientierten Verfahrens differenziert der IDW S 5 zwischen der Ermittlung der **„Marktpreise auf aktivem Markt"** und der **„Analogiemethode".**[735] Ein **aktiver Markt** für die zu beurteilenden immateriellen Wirtschaftsgüter oder hinreichend vergleichbare Vermögenswerte liegt nur vor, wenn die folgenden Voraussetzungen kumulativ vorliegen:[736]
- die auf dem Markt gehandelten **Güter** sind **homogen,**
- vertragswillige Käufer und Verkäufer können gefunden werden,
- Preise sind öffentlich bekannt.

Da immaterielle Vermögenswerte regelmäßig nicht auf aktiven Märkten gehandelt werden, findet diese Methode nur in seltenen Ausnahmefällen An-

---

[732] Vgl. unten Rn. 436 ff. und Kap. R.
[733] IDW S 5, FN 2011, 467 ff., Rn. 18 ff.
[734] Vgl. IDW S 5, FN 2011, 467 ff., Rn. 18.
[735] IDW S 5, FN 2011, 467 ff., Rn. 19 ff.
[736] IDW S 5, FN 2011, 467 ff., Rn. 20.

wendung. Wenn diese Methode im Einzelfall anwendbar wäre, dann lägen im Übrigen auch die Voraussetzungen für die **Preisvergleichsmethode** iSd § 1 AStG vor, sodass ein Rückgriff auf IDW S 5 nicht erforderlich wäre bzw. zu identischen Ergebnissen führen würde.

Bei der **Analogiemethode** werden im Idealfall zeitnahe Preise von Trans-   **403** aktionen vergleichbarer immaterieller Vermögenswerte herangezogen.[737] Adäquate Daten aus etwaigen Vergleichstransaktionen sind jedoch nur selten ermittelbar. Die Wertermittlung nach der Analogiemethode ist bspw. möglich, wenn für bestimmte immaterielle Wirtschaftsgüter **einschlägige Multiplikatoren bzw. Kennziffern** anwendbar sind.[738] So werden in der Praxis zB Kundenstämme in der Telekommunikationsbranche, in der vertragliche Kundenbeziehungen mit mehrjährigen Laufzeiten üblich sind, anhand der konkreten Kundenzahl mit Multiplikatoren bewertet.[739] Die Analogiemethode kann im Übrigen als ein **Anwendungsfall** des **externen Preisvergleichs** angesehen werden, der ebenfalls die Berücksichtigung der Preise gleichartiger Wirtschaftsgüter zulässt. Der Anwendungsbereich der marktpreisorientierten Verfahren ist nach der hier vertretenen Auffassung mit dem Anwendungsbereich der Preisvergleichsmethode kongruent, soweit es sich um die Bewertung immaterieller Vermögensgegenstände handelt. Daher sollten aus bilanzieller und steuerlicher Sicht keine unterschiedlichen Auffassungen bei der Anwendung dieser Methoden auftreten.

ee) Kostenorientiertes Verfahren

Im Rahmen der kostenorientierten Bewertung kommen grundsätzlich   **404** zwei Methoden in Frage, nämlich die **Reproduktionskostenmethode** und die **Wiederbeschaffungskostenmethode.**[740]

Während die **Reproduktionskostenmethode** im Zuge der Bewertung auf die **Kosten** abstellt, die notwendig sind, um ein **exaktes Duplikat** des Vermögenswerts herzustellen, bezieht sich die **Wiederbeschaffungskostenmethode** auf diejenigen Kosten, welche für die Herstellung bzw. Schaffung eines **„nutzenäquivalenten Vermögenswerts"** veranschlagt werden müssten. Diese beiden Methoden können nicht als Anwendungsfall der Kostenaufschlagsmethode (oder einer anderen Standardmethode) oder einer gewinnorientierten Verrechnungspreismethode qualifiziert werden. Es handelt sich prinzipiell um eine andere „geeignete Methode", die gem. § 1 Abs. 3 S. 2 AStG und Tz. 2.4.3-2.4.5 VGr grundsätzlich zulässig sein sollte, sofern sie zu zuverlässigen Ergebnissen führt.

Sofern man die Kosten unter Rückgriff auf **frühere Herstellungs- oder**   **405** **Anschaffungskosten** ermitteln würde, wäre eine solche Vorgehensweise jedoch bedenklich, weil der Wert vieler immaterieller Wirtschaftsgüter idR nicht anhand früherer Forschungs- und Entwicklungskosten bestimmt werden kann.[741] Bspw. können sehr wertvolle Patente unter Umständen mit geringen F+E-Kosten entwickelt werden, während für weniger wertvolle Patente uU sehr aufwändige und kostenintensive Forschung und Entwicklung

---

[737] IDW S 5 FN 2011, 467 ff., Rn. 21.
[738] *Kohl/Schilling* StuB 2007, 541 (542) mwN; *Hommel/Buhleier/Pauly* BB 2007, 372.
[739] *Kohl/Schilling* StuB 2007, 541 (543).
[740] IDW S 5 FN 2011, 467 ff., Rn. 48 f.
[741] Ebenso *OECD,* Tz. 6.139 OECD-VPL Kapitel VI (2014 Guidance).

erforderlich sein kann. Aber auch wenn man auf die jetzt erforderlichen Kosten für die Wiederherstellung der immateriellen Wirtschaftsgüter abstellt und wenn diese annähernd ermittelbar wären, bestehen Bedenken, weil damit die zukünftigen Nutzenbeiträge aus dem herzustellenden immateriellen Vermögenswert nicht ausreichend berücksichtigt werden.[742] Das IDW erachtet das **kostenorientierte Verfahren** gegenüber den marktpreisorientierten und kapitalwertorientierten Verfahren **als nachrangig.**[743]

ff) Kapitalwertorientiertes Verfahren

406 Wegen der eingeschränkten Anwendbarkeit des marktpreisorientierten Verfahrens und der oben erörterten Schwächen des kostenorientierten Verfahrens kommt den kapitalwertorientierten Verfahren die größte Bedeutung zu. Bei den **kapitalwertorientierten Verfahren** werden folgende **Methoden** unterschieden:

– Methode der unmittelbaren Cashflow-Prognose,
– Methode der Lizenzpreisanalogie **(Relief-from-royalty Method),**
– Mehrgewinnmethode **(Incremental Cash Flow Method),**
– Residualwertmethode **(Multi-Period Excess Earnings Method).**

Alle kapitalwertorientierten Verfahren basieren auf der Berücksichtigung der Ertragskraft der zu beurteilenden immateriellen Vermögenswerte. Der **Wert eines Vermögenswerts** ergibt sich aus der **Summe der Barwerte** der **künftig erzielbaren Cashflows** zum Bewertungsstichtag, die aus der Nutzung des immateriellen Vermögenswerts während der erwarteten wirtschaftlichen Nutzungsdauer und ggf. aus der Veräußerung generiert werden.[744] In dieser Hinsicht besteht das Problem, den spezifischen Cashflow zu isolieren, der dem zu bewertenden Vermögenswert zuzurechnen ist. Dabei handelt es sich um den „Mehrwert" gegenüber denjenigen Cashflows, die ohne diesen spezifischen Vermögenswert realisiert werden könnten.[745]

Im Hinblick auf die Methodik der Verrechnungspreise kann man die Residualwertmethode des IDW S 5 als einen Anwendungsfall der Gewinnaufteilungsmethode *(Profit Split)* und die unmittelbare Cashflow Prognose als einen Anwendungsfall der transaktionsbezogenen Nettomargenmethode ansehen, während die anderen kapitalwertorientierten Methoden (Lizenzpreisanalogie und Mehrgewinnmethode) eher als andere „geeignete Methoden" zu qualifizieren sind.

407 Für den Planungszeitraum der Cashflows ist auf die **wirtschaftliche Nutzungsdauer** bzw. die verbleibende Restnutzungsdauer des immateriellen Vermögenswerts abzustellen.[746] Diese Nutzungsdauer ist regelmäßig zeitlich begrenzt, sodass die Berücksichtigung einer ewigen Rente grundsätzlich nicht in Betracht kommt.[747] Die **Nutzungsdauer eines Patents** ist zB von der verbleibenden rechtlichen Patentlaufzeit, von dem Technologielebenszyklus und von dem Produktlebenszyklus der mittels der Technologie hergestell-

---

[742] *Kohl/Schilling* StuB 2007, 543; *Hommel/Buhleier/Pauly* BB, 2007, 373; *Moser/Goddar* FinanzBetrieb 2007, 594 (597).
[743] Vgl. IDW S 5, Rn. 68; ebenso HFA 16, Tz. 20.
[744] Vgl. IDW S 5, Rn. 23.
[745] Vgl. IDW S 5, Rn. 24.
[746] Vgl. IDW S 5, Rn. 25.
[747] Vgl. IDW S 5, Rn. 25.

ten Produkte abhängig.[748] Wegen des technologischen Fortschritts und damit verbundener kürzerer Technologielebenszyklen werden **Patente** nach der Statistik des Deutschen Patent- und Markenamts **durchschnittlich ca. 14 Jahre** aufrechterhalten und dann aus Kostengründen nicht mehr verlängert.[749] Diese statistische **Aufrechterhaltungsdauer** kann als Maßstab für die Bestimmung der **maximal üblichen Restnutzungsdauer** eines Patents im Zeitraum der Patentbewertung dienen.[750]

Auch für die Bewertung anderer immaterieller Vermögensgegenstände ist **408** auf die **wirtschaftliche Restnutzungsdauer** abzustellen. Obwohl der rechtliche Schutz von **Marken** alle zehn Jahre verlängert werden kann (§ 47 Abs. 1, 2 MarkenG),[751] besteht insb. bei **Produktmarken** idR eine zeitlich **begrenzte Nutzungsdauer,** die dem Produktlebenszyklus entspricht.[752] Für **Unternehmens- oder Dachmarken** ist das Ende der Nutzungsdauer dagegen nicht verlässlich zu bestimmen.[753] Gleichwohl darf keine unbestimmte Nutzungsdauer unterstellt werden, wenn Hinweise auf eine begrenzte Nutzungsdauer in dem jeweiligen Marktsegment vorliegen, zB aufgrund der Wettbewerbssituation oder der Dominanz weniger starker Marken oder auch der fehlenden Markenrelevanz.[754] Für die Ermittlung der Restnutzungsdauer immaterieller Vermögenswerte können statistische Analysen dienen; so kann zB mit Hilfe der sog. *Iowa Curves* auf Basis der historischen Zu- und Abgangsdaten die Lebensdauer eines Kundenstamms bestimmt werden.[755]

Im Rahmen des kapitalwertorientierten Verfahrens werden zum einen die **409** Zahlungsüberschüsse **(Cashflows)** anhand der noch zu erörternden Methoden ermittelt und sodann mit einem **risikoäquivalenten Zinssatz** diskontiert (Risikozuschlagsmethode).[756] Als Basis dienen in der Praxis die gewogenen durchschnittlichen Kapitalkosten des Unternehmens *(Weighted Average Cost of Capital, WACC).*[757] Die vermögenswertspezifischen **Eigenkapitalkosten** setzen sich in Anlehnung an das *Capital Asset Pricing Model (CAPM)* aus einem risikolosen Basiszinssatz und dem vermögenswertspezifischen Risikozuschlag zusammen.[758] Der **Basiszinssatz** sollte aus den periodenspezifischen Zerobondrenditen der aktuellen Zinsstrukturkurve abgeleitet werden (zB umgerechnete Renditen von Bundesanleihen), die hinsichtlich ihrer Laufzeit äquivalent zur Nutzungsdauer des Bewertungsobjekts sind.[759] Der vermögenswertspezifische **Risikozuschlag** ist an dem Risikoprofil des Vermögenswerts zu orientieren. Da Betafaktoren der *Peer Group* nur selten für

---

[748] Vgl. *Moser/Goddar* Finanz Betrieb 2007, 594 (601).

[749] Auf diese statistischen Daten verweisen *Moser/Goddar* Finanz Betrieb 2007, 594 (601).

[750] Vgl. *Moser/Goddar* Finanz Betrieb 2007, 594 (601).

[751] Dies gilt auch für die Gemeinschaftsmarke gem. Art. 46 S. 1 u. 2 GMV.

[752] Vgl. IDW S 5, Rn. 72.

[753] Vgl. IDW S 5, Rn. 73.

[754] Vgl. IDW S 5, Rn. 73.

[755] Vgl. *Beyer* in *Ballwieser/Beyer/Zelger,* S. 177 ff.

[756] Vgl. IDW S 5, Rn. 27 und 41.

[757] Vgl. zu den Einzelheiten der Ermittlung des kapitalmarktinduzierten WACC z. B. *Kohl/Schilling* StuB 2007, 541; *Beyer/Mackenstedt* WPg 2008, 34.

[758] Vgl. IDW S 5, Rn. 43.

[759] Vgl. IDW S 5, Rn. 43.

einzelne Vermögensgegenstände feststellbar sind, müssen für die Gewinnung des Betafaktors ganze Unternehmen in die *Peer Group* einbezogen werden, die gleichwertige Vermögenswerte bei der Leistungserstellung oder zur Positionierung auf dem Absatzmarkt einsetzen.[760] Auch für die Ermittlung der Fremdkapitalkosten (nach Steuern) ist die Laufzeitäquivalenz sowie die Risikoäquivalenz mit dem zu bewertenden Vermögenswert zu beachten; im Übrigen verweist IDW S 5 auf die Grundsätze zur Durchführung von Unternehmensbewertungen in IDW S 1.[761]

410   Bei der **Methode der unmittelbaren Cashflow-Prognose** werden dem Vermögenswert **direkt zurechenbare Cashflows** mit dem dem Vermögenswert spezifischen risikoadjustierten Kapitalisierungszinssatz diskontiert. Wesentliche Voraussetzung hierbei ist, dass für den immateriellen Vermögenswert direkt zurechenbare Cashflows ermittelbar sind.[762]

Dies ist bspw. möglich, wenn die mit einer Marke oder einem Patent verbundenen **Zahlungsströme** aufgrund bestehender Lizenzverträge **isoliert erwirtschaftet** werden.[763] Wenn der Eigentümer den immateriellen Vermögensgegenstand auch oder ausschließlich für eigene Zwecke verwendet, ist die Methode der unmittelbaren Cashflow-Prognose nicht anwendbar.

411   Die **Methode der Lizenzpreisanalogie** unterstellt, dass das Unternehmen nicht Eigentümer des immateriellen Vermögensgegenstandes ist und diesen von einem fremden Dritten in Lizenz nehmen würde. Sodann wird ermittelt, welche Lizenzzahlungen zu leisten wären, die jedoch wegen der Inhaberschaft des immateriellen Vermögenswerts erspart bleiben.[764] Der Wert des immateriellen Vermögensgegenstands entspricht der Summe der diskontierten (fiktiven) Lizenzzahlungen.[765] Die fiktiven **Lizenzzahlungen** werden anhand von marktüblichen Lizenzraten gem. dem Fremdvergleichsgrundsatz (at arm's length) **für vergleichbare Vermögenswerte** abgeleitet, die sich bspw. auf Umsatzerlöse beziehen.[766]

412   Für die Identifizierung vergleichbarer Lizenzraten kann für Technologie (Patente, Gebrauchsmuster, technisches Know-how), Software und Marken idR auf **Datenbanken** spezialisierter Unternehmen (zB **RoyaltySource** oder **RoyaltyStat**) zurückgegriffen werden.[767] Für Franchiserechte sind einige umfangreiche Veröffentlichungen von Verbänden vorhanden, aus denen sich die üblichen laufenden Franchisegebühren und „Upfront"-Zahlungen ermitteln lassen.[768] Jedoch sollte es zulässig sein, auch aus anderen Quellen erhältliche Li-

---

[760] Vgl. IDW S 5, Rn. 43; *Beyer/Mackenstedt* WPg 2008, 34 weisen in Fn. 53 darauf hin, dass die Bandbreite für die Risikoprämie gem. empirischen Analysen in Industriestaaten meistens zwischen 4 % und 6 % liegt.

[761] Vgl. IDW S 5, Rn. 44; zur neuen Fassung des IDW S 1 vgl. FN 2008, 271 ff.

[762] Vgl. IDW S 5, Rn. 30.

[763] Vgl. *Castedello/Klingbeil/Schröder* WPg 2006, 1032.

[764] Vgl. IDW S 5, Rn. 31.

[765] Vgl. IDW S 5, Rn. 32; ein Berechnungsbeispiel für Marken zeigen zB *Kohl/Schilling* StuB 2007, 541 (546 f.); ein Beispiel für Technologie erläutert *Beyer* in *Ballwieser/Beyer/Zelger*, S. 184 f.

[766] Vgl. IDW S 5, Rn. 32.

[767] Vgl. *Kohl/Schilling* StuB 2007, 541; *Beyer* in *Ballwieser/Beyer/Zelger*, S. 169 f.; vgl. unten Rn. 565 ff.

[768] Vgl. zB Franchisehelp; dazu unten Rn. 711.

zenzsätze für die Methode der Lizenzpreisanalogie heranzuziehen, soweit diese den Anforderungen des IDW S 5 entsprechen und sich auf vergleichbare Vermögenswerte beziehen, die regelmäßig zwischen sachverständigen, vertragswilligen und unabhängigen Geschäftspartnern lizenziert werden.[769] In der Fachliteratur und in der Rechtsprechung finden sich zahlreiche Hinweise zur Angemessenheit von Lizenzgebühren auch für solche immaterielle Vermögensgegenstände, deren Lizenzsätze nicht in Datenbanken verfügbar sind, so zB für eingetragene Designs oder kunstbezogene Urheberrechte.[770] ZB haben *Groß/Rohrer* auf mehr als 200 Seiten umfangreiche Berechnungsmodelle und Erfahrungswerte aus Deutschland, Japan und den USA zusammengetragen und einige der dargestellten Tabellen mit Lizenzsätzen sind ebenso sehr (oder wenig) aussagekräftig, wie die Lizenzsätze, die anhand von Datenbankrecherchen ermittelt werden können.[771] Die Problematik der Ermittlung von Vergleichslizenzgebühren wird in diesem Kapitel in den Rn. 541–664. ausführlich erörtert, sodass auf die dortige Kommentierung verwiesen werden kann.

Soweit es nicht möglich ist, Lizenzgebühren für vergleichbare immaterielle Vermögensgegenstände festzustellen – so zB für Kundenstämme oder für geheime Lebensmittel-Rezepturen – scheidet die Anwendung der Methode der Lizenzpreisanalogie aus.

Im Rahmen der **Mehrgewinnmethode** *(Incrimental Cashflow Method)* **413** werden die zukünftig erwarteten **Cashflows** aus dem Unternehmen **einschließlich** dem zu bewertenden **immateriellen Vermögenswert** mit den entsprechenden Cashflows aus einem fiktiven Vergleichsunternehmen **ausschließlich** des entsprechenden Vermögenswerts verglichen.[772] Die Differenz in den Cashflows pro Periode zwischen den beiden Unternehmen zeigt den zusätzlichen Cashflow *(Incrimental Cashflow)*, der auf den zu bewertenden immateriellen Vermögenswert zurückzuführen ist.[773]

Diese Methode kann bspw. bei der Verwendung von **Marken** angewendet werden, wenn ein Unternehmen bekannte Markenprodukte herstellt, während Vergleichsunternehmen nur No-Name-Produkte oder Produkte mit weniger wertvollen Marken herstellen und vertreiben.[774] Die Anwendung setzt voraus, dass die zukünftigen Cashflows des fiktiven Vergleichsunternehmens ohne den zu bewertenden immateriellen Vermögenswert verlässlich geschätzt werden können.[775] Im Unterschied zu **Produktmarken** ist die Mehrgewinnmethode für **Dach- und Unternehmensmarken** nur eingeschränkt verwendbar, da feststellbare Preisabstände idR nicht eindeutig auf die Dach- oder Unternehmensmarke bezogen werden können.[776]

Weiter oben wurde eine **Beispielsrechnung** von *McClure* dargestellt, der anhand der Daten der börsennotierten Firma Intel, Inc. aufzeigt, wie für ei-

---

[769] Vgl. IDW S 5, Rn. 32 letzter Satz.

[770] Vgl. dazu unten Rn. 598–602.

[771] Vgl. *Groß/Rohrer,* S. 83 bis 289.

[772] Vgl. IDW S 5, Rn. 33.

[773] Vgl. IDW S 5, Rn. 35.

[774] Vgl. IDW S 5, Rn. 60 f.; oben Beispiel in Rn. 391; ein einfaches Beispiel zur Bewertung einer Marke erläutert *Beyer* in *Ballwieser/Beyer/Zelger,* S. 186 f.

[775] Vgl. IDW S 5, Rn. 36.

[776] Vgl. IDW S 5, Rn. 62; zur Definition der Unternehmens-, Produkt- und Dachmarken vgl. oben Rn. 12.

nen Marktführer in einer Branche der auf die immateriellen Wirtschaftsgüter entfallende **Mehrgewinn** vor und nach Steuern ermittelt werden kann.[777] *McClure* verwendet im Beispiel zwar Daten der Vergangenheit; jedoch dürfte es ohne Probleme möglich sein, die Berechnung auch gut mit künftig erwarteten budgetierten Daten durchzuführen.

414 Für die Bewertung von **Technologien**[778] (insb. Patente, Gebrauchsmuster, technisches Know-how) ist die **Mehrgewinnmethode** anwendbar, wenn **Unternehmen** existieren, die bis auf den Einsatz des Bewertungsobjekts leistungswirtschaftlich identisch oder **zumindest vergleichbar** sind.[779] Zusätzliche Wertbeiträge können sich insb. durch Kostenersparnisse oder technologiebasierte Effizienzsteigerungen ergeben oder – ähnlich wie bei Marken – aufgrund eines erzielbaren Preispremiums aufgrund der Produktdifferenzierung.[780] Bzgl. der Fälle der Kostenersparnisse und Effizienzsteigerungen dürfte die Mehrgewinnmethode idR ohne Schwierigkeiten anwendbar sein.[781] Probleme ergeben sich jedoch, wenn die **Cashflows** von Vergleichsunternehmen herangezogen werden. Sofern ein Unternehmen zB patentfähiges oder nicht patentfähiges geheimes technisches **Know-how** für die Herstellung von Produkten (zB Maschinen) nutzt, dann lassen sich entweder wegen der Individualität des geheimen Know-hows keine Vergleichsprodukte bzw. Vergleichsunternehmen ermitteln oder die Wettbewerber nutzen ähnliches geheimes Know-how, sodass beide Unternehmen einen Mehrgewinn aus dem Know-how erwirtschaften, der jedoch keinen Rückschluss auf den Gewinn ohne Know-how zulässt. Da auch eine verlässliche Ermittlung der Preis- oder Mengenprämie häufig nicht möglich sein wird, werden in der Praxis vielfach andere Bewertungsmethoden, zB die Methode der Lizenzpreisanalogie, angewendet.[782]

Bei der Nutzung von Patenten sind Fälle denkbar, in denen durch ein neues Patent die Herstellung bestimmter Produkte zB kostengünstiger oder in besserer Qualität möglich ist, als auf der Basis eines abgelaufenen Patents eines Wettbewerbers. Wenn in solchen Fällen keine sonstigen immateriellen Wirtschaftsgüter (insb. Marken) genutzt werden, kommt die Anwendung der Mehrgewinnmethode in Frage. Meistens werden Patente jedoch von solchen Unternehmen entwickelt und genutzt, die auch eine starke Unternehmens- oder Dachmarke haben und die für neue Produkte regelmäßig auch eine (neue) Produktmarke einsetzen. Insoweit kann dann nicht mehr zweifelsfrei ermittelt werden, in welcher Höhe der etwaige **Mehrgewinn** auf das **Patent einerseits und die Marke andererseits** entfällt.

415 Die Anwendung der Mehrgewinnmethode kann ferner Probleme bereiten, wenn die Plandaten und damit auch die **Cashflows** durch unterschiedliche externe Faktoren, wie zB staatliche oder institutionelle Preisregulierung oder

---

[777] Vgl. *McClure,* 2010, http://www.investopedia.com/articles/03/010603 asp. u. oben Beispiel in Rn. 397.

[778] Zur Definition des Begriffs Technologie vgl. IDW S 5 Rn. 109 sowie unten Rn. 423 ff.

[779] Vgl. IDW S 5 Rn. 122 sowie unten Rn. 423 ff.; *Beyer* in Ballwieser/Beyer/Zelger, S. 171.

[780] Vgl. *Beyer* in Ballwieser/Beyer/Zelger, S. 171.

[781] Vgl. dazu Berechnungsbeispiel von *Moser/Goddar* FinanzBetrieb 2007, 655 ff.

[782] Vgl. IDW S 5 Rn. 123 sowie unten Rn. 423 ff.

starke Wechselkursschwankungen beeinflusst werden. In solchen Fällen sind die Auswirkungen der entsprechenden Einflussfaktoren durch anerkannte mathematische und statistische Verfahren zu berücksichtigen.

Beispiel 1: Die Pharmafirma A erforscht und entwickelt Originalprodukte und bringt ein neues patentiertes Arzneimittel auf den Markt, das für die Chemotherapie bei Krebspatienten anwendbar ist und deutlich weniger Nebenwirkungen und eine wesentlich bessere Verträglichkeit aufweist als bisherige Produkte, deren Patentschutz abgelaufen ist. Da das neue Mittel aber dreimal so teuer ist wie alte Originalpräparate oder Generika, verschreiben die Ärzte es grundsätzlich nur für Privatpatienten, da die gesetzlichen Krankenkassen die Kosten nicht übernehmen. Der Umsatz des neuen patentierten Produkts erreicht nur 20% des inländischen Gesamtmarkts.

In diesem Fall muss bei der Bewertung davon ausgegangen werden, dass im Inland auch in Zukunft eine Preisregulierung besteht, die den Erfolg des patentierten Arzneimittels beschränkt. Sofern die Firma A in Beispiel 1 das Produkt auch im Ausland über Pharmagroßhändler vertreibt, gelten für die Ermittlung der Cashflows entsprechende Überlegungen, wobei dann auch stark schwankende Wechselkurse, andere Marktverhältnisse (Unterschiede der Preisregulierung), unterschiedliche Kostenstrukturen usw. zu beachten sind.

Beispiel 2: Angenommen, bei gleichem Sachverhalt wie in Beispiel 1 wurde das Patent bereits weltweit für die Firma A geschützt, jedoch erfolgte die Zulassung des Präparats bisher nur auf dem deutschen Markt. Die in der europäischen Gemeinschaft und in USA beantragten arzneimittelrechtlichen Zulassungen der ausländischen Konzernvertriebsgesellschaften wurden noch nicht erteilt. Die Firma A soll das Patent auf Wunsch der englischen Muttergesellschaft auf die neue zentrale Konzernforschungsgesellschaft in Zug (Schweiz) übertragen.

Unterstellt man, dass in Beispiel 2 keine Funktionsverlagerung, sondern nur die Übertragung eines Patents vorliegt oder aber die Einzelbewertung gem. § 1 Abs. 3 S. 10, 2. Halbsatz AStG zulässig ist,[783] dann müssten für die Anwendung der Mehrgewinnmethode „die zukünftigen Cashflows des fiktiven Vergleichsunternehmens ohne den zu bewertenden Vermögenswert verlässlich ermittelt werden können".[784] Im Beispiel 2 könnten zwar die Cashflows der Firma A für das Inland relativ verlässlich ermittelt werden, jedoch stehen für das Ausland mangels Zulassung der Produkte noch keine Ist-Zahlen und folglich nur schwer verifizierbare Planzahlen zur Verfügung. Inwieweit diese Plandaten verlässlich sind, kann erst in Zukunft beurteilt werden. Gleichwohl dürfte in einem solchen Fall kaum eine andere geeignete Methode für die Bewertung des immateriellen Wirtschaftsguts und der erforderlichen Ausgleichszahlung zur Verfügung stehen; insb. würden sich auch bei der Anwendung anderer Methoden gleichartige Bewertungsunsicherheiten ergeben. Die Unsicherheiten bzgl. der Cashflows, der Kosten und der Nutzungsdauer, die bei Technologien im frühen Stadium vorhanden sind, sind im risikoadjustierten Kapitalisierungszinssatz zu berücksichtigen.[785]

---

[783] Vgl. dazu unten Rn. 438.
[784] Vgl. IDW S 5, Tz. 36.
[785] *Beyer* in Ballwieser/Beyer/Zelger, S. 173.

416   Zur Vermeidung oder Verminderung etwaiger Steuerrisiken können die Vertragsparteien in derartigen Fällen **Preisanpassungsklauseln** vereinbaren, die innerhalb eines überschaubaren Zeitraums von zB fünf Jahren nach der Übertragung des Patents eine Anpassung des Kaufpreises in Abhängigkeit von den erzielten und im Anpassungszeitpunkt erwarteten künftigen Cashflows gestattet. Die Vertragsparteien müssen im Zusammenhang mit der Übertragung wesentlicher immaterieller Wirtschaftsgüter damit rechnen, dass der Betriebsprüfer die Bewertung des immateriellen Wirtschaftsguts nach der Mehrgewinnmethode (auch wenn keine Funktionsverlagerung vorliegt) als einen Anwendungsfall des hypothetischen Fremdvergleichs iSd § 1 Abs. 3 S. 5 AStG ansieht und folglich Preisanpassungsklauseln gem. § 1 Abs. 3 S. 11 AStG verlangt. Sofern keine Anpassungsregelung vereinbart wurde, kann das Finanzamt bei erheblichen Abweichungen innerhalb von 10 Jahren nach Geschäftsabschluss Anpassungen vornehmen (§ 1 Abs. 3 S. 12 AStG).

Nach der hier vertretenen Auffassung sind die Vertragsparteien jedoch – auch wenn es sich um nahe stehende Unternehmen handelt – grundsätzlich **nicht verpflichtet,** bei der Vereinbarung von Kaufpreisen (bzw. Ausgleichszahlungen) für immaterielle Wirtschaftsgüter eine **Preisanpassungsklausel zu vereinbaren, sofern** ein Wirtschaftsprüfer (oder eine Wirtschaftsprüfungsgesellschaft) den **Wert nach** den Grundsätzen des **IDW S 5 objektiv ermittelt** hat. Dies folgt aus der Überlegung, dass alle Risiken der künftigen Cashflows in dem risikoangepassten Kapitalisierungszinssatz berücksichtigt werden. Insoweit ergibt sich für beide Vertragsparteien ein ausgewogenes Chancen- und Risikoverhältnis, wie es auch bei Geschäftsbeziehungen zwischen fremden Dritten akzeptiert wird.[786] Gegen eine etwaige Gewinnberichtigung nach § 1 AStG wegen Fehlens einer Preisanpassungsklausel sollte daher Einspruch eingelegt und – falls möglich – die Einleitung eines Verständigungs- und/oder Schiedsverfahrens beantragt werden.[787]

417   Bei Anwendung der **Residualwertmethode** *(Multi-Period Excess Earnings Method)* erfolgt die Bewertung des immateriellen Vermögenswerts über die Barwertberechnung der unmittelbar aus dem **Bewertungsobjekt künftig fließenden Cashflows.**[788] Dabei wird berücksichtigt, dass die immateriellen Vermögenswerte regelmäßig erst im Verbund mit anderen immateriellen sowie materiellen Vermögenswerten Nettozahlungsüberschüsse erwirtschaften.[789] Ausgangsgröße bei der Bewertung eines immateriellen Vermögenswerts anhand der Residualwertmethode sind die periodischen Einzahlungsüberschüsse, die für die Gesamtheit von Vermögenswerten zukünftig voraussichtlich erwirtschaftet werden.[790] Die Residualwertmethode unterstellt, dass die das Bewertungsobjekt unterstützenden Vermögenswerte nicht im Eigentum des bilanzierenden Unternehmens stehen, sondern von einem fremden Dritten gemietet bzw. geleast werden müssen.[791] Diese aufgrund der Unterstützung entstehenden fiktiven periodischen Nutzungsentgelte (sog. *Contributary Asset*

---

[786] Vgl. hierzu auch *Greinert* Ubg 2010, 101 (107).
[787] Vgl. Kap. F Rn. 231 ff.
[788] Vgl. IDW S 5, Rn. 37.
[789] Vgl. IDW S 5, Rn. 37.
[790] Vgl. *Kohl/Schilling* StuB 2007, 547.
[791] Vgl. IDW S 5, Rn. 37.

Charges) werden nach den Regeln der Lizenzpreisanalogie ermittelt.[792] Dabei sind sowohl der Wertverzehr *(Return of Asset)* als auch eine angemessene Rendite auf das investierte Kapital *(Return on Asset)* zu erfassen.[793] Zu beachten ist, dass die fiktiven Nutzungsentgelte nicht bereits in der Unternehmensplanung enthalten sind, um Doppelerfassungen zu vermeiden.[794] Dies gilt insb. für Wirtschaftsgüter mit ähnlichen ökonomischen Effekten wie zB Marken und Kundenstämme.[795]

Von den *Cashflows* und den fiktiven Nutzungsentgelten werden dann noch **418** die Ertragsteuern abgezogen; die verbleibende Überschussgröße ist dann mit dem vermögenswertspezifischen Kapitalisierungszinssatz auf den Bewertungsstichtag zu diskontieren.[796] Wenn ein Unternehmen über **mehrere immaterielle Wirtschaftsgüter** verfügt, ist die Residualwertmethode auf diejenigen immateriellen Vermögenswerte anzuwenden, die den größten Einfluss auf die *Cashflows* des Unternehmens haben, sodass die Vermögenswerte, für die Nutzungsentgelte abzuziehen sind, tatsächlich nur unterstützend sind.[797] Die Residualwertmethode kann unter den genannten Voraussetzungen je nach Lage des Sachverhalts grundsätzlich zur Bewertung verschiedenartiger immaterieller Vermögensgegenstände dienen, so zB für Technologie,[798] Marken, Urheberrechte, Kundenstämme[799] usw.

gg) Marken

Der IDW S 5 fasst nicht nur die allgemeinen Grundsätze zur Bewertung von **419** immateriellen Vermögenswerten zusammen, sondern stellt in Abschnitt 5 die **Besonderheiten** bei der Bewertung von **Marken** dar.[800] Zunächst werden die Unterschiede zwischen der **Unternehmensmarke,** der **Produkt- oder Dienstleistungsmarke** und der **Dachmarke** erläutert.[801] Danach erfolgt der Hinweis, dass bei der Bewertung die rechtliche und die wirtschaftliche Dimension der Marke zu beachten ist.[802] Der rechtliche Schutzumfang kann Auswirkungen auf den finanziellen Wert haben.[803] So kann der Schutz von eingetragenen Marken durch rechtzeitige Zahlung der Registergebühren immer wieder um jeweils 10 Jahre verlängert werden.[804] Unabhängig von einer Registereintragung genießt die notorisch bekannte Marke ebenfalls rechtlichen Schutz.[805] Die Marke kann rechtlich umfassend geschützt sein, während ihr wirtschaftlicher Wert quasi Null ist, da die Marke noch nicht am Markt eingeführt ist.[806]

---

[792] Vgl. IDW S 5, Rn. 37.
[793] Vgl. IDW S 5, Rn. 38.
[794] Vgl. IDW S 5, Rn. 38.
[795] Vgl. *Beyer* in Ballwieser/Beyer/Zelger, S. 172.
[796] Vgl. IDW S 5, Rn. 39.
[797] Vgl. IDW S 5, Rn. 40.
[798] Vgl. IDW S 5, Rn. 129.
[799] Vgl. Beispiele bei *Kohl/Schilling* StuB 2007, 547 f. und *Beyer* in Ballwieser/Beyer/Zelger, S. 187.
[800] Vgl. IDW S 5, Rn. 55 ff.
[801] Zur Definition dieser Markenkategorien vgl. oben Rn. 12.
[802] Vgl. IDW S 5, Rn. 57.
[803] Vgl. IDW S 5, Rn. 58.
[804] Vgl. oben Rn. 11 und unten Rn. 481.
[805] Vgl. unten Rn. 481.
[806] Vgl. IDW S 5, Rn. 57.

Umgekehrt kann der rechtliche Schutz mangelhaft sein, während der wirtschaftliche Wert aufgrund der großen Markenbekanntheit als hoch einzustufen ist.[807]

420   Für die Bewertung bevorzugt der IDW S 5 das **kapitalwertorientierte Verfahren,** dessen vier Methoden[808] grundsätzlich alle in Betracht kommen.[809] Die zentrale Aufgabe besteht in der Abgrenzung der Umsätze, die durch das Vorhandensein der Marke beeinflusst sind.[810] Die Abgrenzung ist relativ eindeutig bei Produktmarken, wird jedoch schwierig, wenn auch Dachmarken und Unternehmensmarken für die Entscheidung der Konsumenten relevant sind.[811] Insoweit können verhaltenswissenschaftliche Untersuchungen eine Grundlage bieten.[812]

Die bereits oben erörterte **Mehrgewinnmethode** ist die zu bevorzugende Methode für Produktmarken.[813] Sie kann aber für Dach- und Unternehmensmarken nur eingeschränkt Verwendung finden, da feststellbare Preisabstände nicht auf diese Marken bezogen werden können.[814] Bei der Anwendung der **Lizenzpreisanalogie** muss die angemessene Lizenzrate aus öffentlich verfügbaren Lizenzraten für vergleichbare Marken abgeleitet werden, wobei diese Datenquellen jedoch Unsicherheiten aufweisen.[815] Die Bewertung wird durch weitere Faktoren der Vergleichslizenzen beeinflusst, so zB die Fragen, wer bei vergleichbaren Lizenzen die Aufwendungen für die Markenpflege trägt, ob nach Abzug der Lizenzgebühr noch ein Gewinn verbleibt, welche Markenstärke vorliegt usw.[816] Für die Kapitalisierung der erwarteten Cashflows ist es unzulässig, generell von einer unbegrenzten Nutzungsdauer der Marke auszugehen; dies gilt insb. für Produktmarken, bei denen zB die Produktlebenszyklen und die Erfahrungen der Vergangenheit zu berücksichtigen sind.[817] Bei der Bewertung sind ferner markenspezifische Risiken zu beachten, so zB ein unzureichender Rechtsschutz in einem Land.[818] Die Ergebnisse der Bewertung müssen auf Plausibilität überprüft werden, so zB durch Vergleich des Werts der Marke mit dem Gesamtwert des Unternehmens und im Verhältnis zum Wert anderer immaterieller Wirtschaftsgüter des Unternehmens, sowie durch die Verwendung mehrerer Bewertungsmethoden usw.[819] Wegen der weiteren Einzelheiten wird auf den IDW S 5 verwiesen.

hh) Kundenorientierte immaterielle Werte

421   Der Fachausschuss für Unternehmensbewertung und Betriebswirtschaft (FAUB) hat am 25.5.2010 den neuen Abschnitt 6 „Besonderheiten bei der

---

[807] Vgl. IDW S 5, Rn. 57.
[808] Vgl. zum kapitalwertorientierten Verfahren und seinen Methoden oben Rn. 401 u. 406 ff.
[809] Vgl. IDW S 5, Rn. 59.
[810] Vgl. IDW S 5, Rn. 60.
[811] Vgl. IDW S 5, Rn. 60.
[812] Vgl. IDW S 5, Rn. 60.
[813] Vgl. IDW S 5, Rn. 61.
[814] Vgl. IDW S 5, Rn. 62.
[815] Vgl. IDW S 5, Rn. 63; zu diesen Unsicherheiten vgl. unten Rn. 538.
[816] Vgl. IDW S 5, Rn. 64 ff.
[817] Vgl. IDW S 5, Rn. 71 f.
[818] Vgl. IDW S 5, Rn. 74 ff.
[819] Vgl. IDW S 5, Rn. 77 ff.

Bewertung von kundenorientierten immateriellen Werten" verabschiedet, welcher am 23.6.2010 durch den Hauptfachausschuss billigend zur Kenntnis genommen wurde.[820] Zunächst werden in Abschnitt 6 die Unterschiede zwischen **Kundenliste, Auftragsbestand** und der nicht auf bestehenden Verträgen bestehenden **Kundenbeziehung** erläutert.[821] Unter bestimmten Voraussetzungen kommt anstelle einer Einzelbewertung, welche grundsätzlich zu erfolgen hat, ein Gruppen- bzw. Portfolioansatz für die Bewertung in Betracht.[822]

Kundenlisten werden regelmäßig mit dem marktpreisorientierten oder kos- **422** tenorientierten Verfahren bewertet.[823] Die Bewertung von Auftragsbeständen sowie Kundenbeziehungen erfolgt grundsätzlich nach kapitalwertorientierten Verfahren, wobei die Residualwertmethode regelmäßig als die praktikabelste Methode in Frage kommt.[824] Dabei ist sicherzustellen, dass nur Zahlungsüberschüsse mit bestehenden Kunden einbezogen werden, nicht jedoch die Planung für Geschäft mit Neukunden.[825] Für die Bestimmung der Nutzungsdauer kundenorientierter immaterieller Werte sind unterschiedliche Faktoren zu berücksichtigen, wobei u. a. historische Daten einen Ausgangspunkt für eine statistische Analyse bieten.[826] Die Annahme einer unbegrenzten Laufzeit ist dabei nicht sachgerecht.[827] Eine Plausibilisierung der geplanten kundenbezogenen Ergebnisse kann zB durch den Vergleich mit Margen von direkten Wettbewerbern erfolgen.[828] Das Bewertungsergebnis muss in einem angemessenen Verhältnis zum Gesamtwert des Unternehmens sowie zu seinen anderen immateriellen Werten stehen.[829]

ii) Technologien

Der Standard IDW S 5 wurde in 2011 noch um einen weiteren Ab- **423** schnitt 7 hinsichtlich der **Besonderheiten bei der Bewertung von Technologien** ergänzt.[830] Der Standard legt fest, was aus rechtlicher, technischer und betriebswirtschaftlicher Sicht die wesentlichen Einflussfaktoren eines Patentwerts sind und dokumentiert zugleich die seit vielen Jahren gelebte Praxis bei der Bewertung von Patenten und Technologien.[831] Zunächst wird der Begriff der **Technologie** definiert, wonach Technologie allgemein als Menge aller zur Verfügung stehender Kenntnisse und Verfahren bezeichnet werden kann, die in den Wertschöpfungsprozess von Gütern und Dienstleistungen

---

[820] Vgl. *IDW,* IDW S 5, FN 2011, 467 ff.

[821] Vgl. IDW S 5, Rn. 82 ff. Der in der Praxis häufig verwendete Begriff „Kundenstamm" dürfte idR alle vom IDW genannten Begriffe umfassen.

[822] Vgl. IDW S 5, Rn. 90 ff.

[823] Vgl. IDW S 5, Rn. 94.

[824] Vgl. IDW S 5, Rn. 95.

[825] Vgl. IDW S 5, Rn. 96 f.

[826] Vgl. IDW S 5, Rn. 98 ff.

[827] Vgl. IDW S 5, Rn. 99.

[828] Vgl. IDW S 5, Rn. 108; hier kommt uE ein Fremdvergleich der EBIT-Margen nach der TNMM in Betracht, ähnlich wie bei der Überprüfung der Angemessenheit von Lizenzgebühren, vgl. unten Rn. 635 ff.

[829] Vgl. IDW S 5 Rn. 106 ff.

[830] Der neue Abschnitt 7 wurde vom FAUB am 23.5.2011 verabschiedet und am 10.6.2011 vom Hauptfachausschuss billigend zu Kenntnis genommen.

[831] *Menninger* GRUR-Prax 2012, 328905.

eingehen.[832] Hierzu zählen Innovationen und technische Erfindungen ebenso wie Betriebsgeheimnisse, technische Prozesse, Rezepturen, Datensammlungen und Computersoftware.[833] Eine Voraussetzung für das Vorliegen einer Technologie iSd IDW S 5 ist dabei die Möglichkeit, die Technologie an Dritte übertragen zu können.[834]

Für die Bewertung bevorzugt der IDW S 5 das **kapitalwertorientierte Verfahren,** dessen vier Methoden[835] grundsätzlich alle in Betracht kommen.[836] Bei entsprechender Datenlage wird die Mehrgewinnmethode bevorzugt,[837] ansonsten kann auch die Lizenzpreisanalogie angewendet werden.[838] Für die Bestimmung der Nutzungsdauer der Technologie, also der Periode, in der durch die Verwertung der Technologie ein wirtschaftlicher Nutzen wahrscheinlich ist, sind rechtliche und technologische Aspekte zu würdigen.[839] Die rechtlichen Aspekte umfassen sowohl gesetzliche[840] als auch vertragliche Regelungen zum Schutz der Technologie.[841] Unter technologischer Nutzungsdauer ist dabei derjenige Zeitraum zu verstehen, innerhalb dessen die betrachtete Technologie noch nicht durch eine neue, qualitativ überlegene Technologie abgelöst worden ist.[842] Daher ist aufgrund des technologischen Fortschritts grundsätzlich von einer begrenzten technologischen Nutzungsdauer auszugehen.[843]

424   Wegen weiterer Einzelheiten zur Bewertung immaterieller Wirtschaftsgüter wird auf die einschlägigen Kommentare und Veröffentlichungen verwiesen.[844] In diesem Zusammenhang ist anzumerken, dass in der **internationalen Literatur** die wesentlichen der in IDW S 5 beschriebenen Methoden schon seit einigen Jahren für die Bewertung immaterieller Wirtschaftsgüter diskutiert werden.[845] Dabei ist zu beachten, dass im Hinblick auf die zunehmende Annäherung der IFRS, der US-GAAP und anderer Rechnungslegungs- und Bewertungsvorschriften auch ein entsprechender Einfluss auf die Akzeptanz dieser Methoden durch die Finanzbehörden zu erwarten

---

[832] Vgl. IDW S 5 Rn. 109 ff.

[833] Vgl. IDW S 5 Rn. 109.

[834] Vgl. IDW S 5 Rn. 110.

[835] Vgl. zu dem kapitalwertorientierten Verfahren und seinen Methoden oben Rn. 400 f. u. 406 ff.

[836] Vgl. IDW S 5, Rn. 119.

[837] Vgl. IDW S 5, Rn. 122 ff.

[838] Vgl. IDW S 5, Rn. 123 ff.

[839] Vgl. IDW S 5, Rn. 133.

[840] Vgl. § 16 Abs. 1 PatG, wonach ein Patent maximal 20 Jahre wirkt.

[841] Vgl. IDW S 5, Rn. 134.

[842] Vgl. IDW S 5, Rn. 135.

[843] Vgl. IDW S 5, Rn. 135.

[844] Als neuere Aufsätze sind insbes. zu beachten: *Menninger* GRUR-Prax 2012, 328905; *Greinert* Ubg 2010, 101.*Kohl/Schilling* StuB 2007, 541 (allgemein zu IDW S 5); *Beyer/Mackenstedt* WPg 2008, 338 (allgemein zu IDW S 5); *Castedello/Schmusch* WPg 2008, 351 (zu Marken); *Hommel/Buhleier/Pauly* BB 2007, 371 (zu Marken); *Moser/Goddar* FinanzBetrieb 2007, 594 (I), 655 (II) (zu Patenten); *Beyer* in Ballwieser/Beyer/Zelger, 184 (Technologie, Marke, Kundenbeziehungen); *Leibfried/Fassnacht* KoR 2007, 48 (Wettbewerbsrecht, Kundenstamm, Verlagsrechte); *Lüdenbach/Prusaczyk* KoR 2004, 204 (Kundenbeziehungen); im Übrigen vgl. Kap. H in diesem Handbuch.

[845] Vgl. zB *Smith/Parr*, S. 163 ff.; *Battersby/Grimes*, S. 3 ff.

ist[846] und inzwischen auch durch die Bezugnahme auf den IDW Standard IDW S 5 in den VGr-Funktionsverlagerung bereits zum Ausdruck gebracht wurde.[847]

5. Absetzungen für Abnutzung

Der Käufer hat die Anschaffungskosten des entgeltlich erworbenen imma- **425** teriellen Wirtschaftsguts zu aktivieren (§ 253 Abs. 1 S. 1 HGB, § 5 Abs. 2 EStG) und über die voraussichtliche Nutzungsdauer abzuschreiben (§ 253 Abs. 3 HGB, § 7 Abs. 1 EStG). Die Rspr. und die FinVerw. gehen bei erworbenen **Patenten und Erfindungen** für die Bemessung der Absetzungen für Abnutzung grundsätzlich von einer Nutzungsdauer von **acht Jahren** aus, soweit nicht die vertraglichen Vereinbarungen über die Nutzung der Patente oder Erfindungen oder andere Umstände die Annahme einer längeren oder kürzeren Nutzungsdauer geboten erscheinen lassen.[848] Eine längere Nutzungsdauer ist danach anzunehmen, wenn die Beteiligten bei ihren Vereinbarungen über die Nutzung des Patents oder der Erfindung von einer mehr als achtjährigen Nutzungsdauer ausgehen.[849] In der Literatur wird hingegen von einer **Nutzungsdauer** von **drei bis fünf**[850] oder **bis zu acht Jahren**[851] ausgegangen. Zutreffend dürfte es sein, bei Patenten oder geheimen Erfindungen einschließlich Know-how generell eine **maximale wirtschaftliche Nutzungsdauer** von **acht Jahren** anzunehmen oder die **vereinbarte Restnutzungsdauer** zu berücksichtigen, wenn diese kürzer ist. Selbst wenn man berücksichtigt, dass die maximale Laufzeit eines neuen Patents bis zu 20 Jahren betragen kann,[852] so stimmt die rechtliche Rest-Patentlaufzeit beim Erwerb meistens nicht mit der von den Parteien bei der Bewertung zu Grunde gelegten wirtschaftlichen Nutzungsdauer überein. Selbst bei neuen Patenten beträgt die durchschnittliche Aufrechterhaltungsdauer nur 14 Jahre.[853] Bei der Bewertung unter Ertragsgesichtspunkten muss daher idR ein beachtlicher **Risikoabschlag** vorgenommen werden, der insb. der Tatsache Rechnung trägt, dass die Veräußerung eines Patents (oder einer Patentanmeldung) ein sog. Wagnisgeschäft darstellt, weil das Patent während der Schutzfrist durch neuere Entwicklungen wertlos werden kann.[854] Der Risikoabschlag dient also der

---

[846] Auch die US-Finanzbehörden betonen, dass die DCF-Methode eine von vielen Möglichkeiten für die Bewertung immaterieller Vermögensgegenstände ist; vgl. US Services Regs, Explanation of Provisions, B.2., F. R. 2006, 44 477, rechte Spalte.

[847] Vgl. bspw. Tz. 2.2.1.2 VGr-Funktionsverlagerung.

[848] BFH 5.6.1970, BStBl. II 594; BMF 18.7.1977, BB 1977, 1028; OFD Frankfurt a. M. Vfg. 8.1.2001, EStK § 7 Fach 1 Karte 6.

[849] BMF 18.7.1977, BB 1977, 1028.

[850] *Hoyos/Schramm/Ring* in Beck Bil-Kom., § 253 HGB Rn. 382; *Hermann/Heuer/Raupach-Nolde*, § 7 EStG, Anm. 600; *Brösel/Olbrich* in Küting/Pfitzer/Weber, § 253 HGB, Rn. 78 idR bis zu fünf Jahre, darüber nur in begründeten Fällen.

[851] *Schmidt/Kulosa*, § 7 EStG, Rn. 107.

[852] Zu den Schutzfristen gewerblicher Schutzrechte vgl. unten Rn. 474 ff.

[853] Vgl. oben Rn. 407.

[854] So ließ auch die FinVerw. vor einigen Jahren in Abschn. 64 Abs. 2 VStR für die Bewertung von Erfindungen und Urheberrechten wegen der Unsicherheitsfaktoren einen Risikoabschlag von 50 % zu.

Korrektur des über die Restlaufzeit des Patents ermittelten Barwerts unter Beachtung der geschätzten wirtschaftlichen Nutzungsdauer.

426   Nach herrschender Auffassung sind diejenigen immateriellen Wirtschaftsgüter, bei denen mit immer neuen Verlängerungen auf unbegrenzte Zeit zu rechnen ist, nicht abnutzbar, so bspw. Verkehrs- und Transportkonzessionen.[855] Auch für eine Vertragsarztzulassung, die unter bestimmten Umständen als eigenständiges immaterielles Wirtschaftsgut konkretisiert werden kann,[856] hält die FinVerw. fest, dass eine Abschreibung nicht in Betracht komme, da Vertragsarztzulassungen generell zeitlich unbegrenzt erteilt werden.[857] Ein **Internet-Domain-Name** ist nach Meinung des BFH idR nicht abnutzbar, da seine Nutzbarkeit weder unter rechtlichen noch unter wirtschaftlichen Gesichtspunkten zeitlich begrenzt ist.[858] Im Urteilsfall war der Bekanntheitsgrad des Domain-Namens jedenfalls von werterhaltenden Maßnahmen unabhängig, weil er einen allgemein bekannten Fluss bzw. eine allgemein bekannte Region bezeichnete (sog. **Generic Domain**). Der BFH ließ aber ausdrücklich offen, ob ein Domain-Name dann wirtschaftlich abnutzbar ist, wenn er aus einem Schutzrecht wie zB einer Marke abgeleitet ist (sog. **Qualified Domain**).[859] Tatsächlich muss in dem zuletzt genannten Fall – ebenso wie bei einer Marke – von einer Abnutzbarkeit ausgegangen werden.

427   Für **Marken** hat der BFH inzwischen zu der in der Vorauflage noch dargestellten Ansicht eine **Rechtsprechungsänderung** vollzogen.[860] Noch in einem Beschluss[861] zur Einheitsbewertung hat der BFH entgegen der in der Vorinstanz vom FG Bremen[862] vertretenen Meinung die Auffassung vertreten, dass entgeltlich erworbene Warenzeichen, die auf Dauer betrieblich genutzt werden, keinem Wertverzehr unterliegen. Die FinVerw. ist dieser zwischenzeitlich überholten Meinung des BFH aus ertragsteuerlicher Sicht nicht gefolgt, sondern qualifiziert eine Marke als abnutzbares Wirtschaftsgut, selbst wenn ihr Bekanntheitsgrad laufend durch Werbemaßnahmen gesichert wird.[863] In Anlehnung an die für den Geschäfts- oder Firmenwert geltende Regelung des § 7 Abs. 1 S. 3 EStG soll eine **Nutzungsdauer** von **15 Jahren** gelten, sofern der Steuerpflichtige keine kürzere Nutzungsdauer nachweist. Das FG Düsseldorf[864] folgte der Meinung des BMF, dass es sich bei **Marken** um wirtschaftlich **abnutzbare Wirtschaftsgüter** handelt, jedoch sei die betriebsgewöhnliche **Nutzungsdauer** von erworbenen Marken nicht in Anlehnung an die auf Geschäfts- und Firmenwerte beschränkte Regelungen des

---

[855] Vgl. zB BFH 22.1.1992, BStBl. II 529; 18.12.1970, BStBl. II 1971, 237; BMF 12.3.1996, BStBl. I 372 (Teilwertabschreibungen sind allerdings zulässig); *Schmidt/Kulosa*, § 7 EStG, Rn. 29 f. mwN; *Hoyos/Schramm/Ring* in Beck Bil-Komm, § 253 HGB, Rn. 384.

[856] Vgl. BFH 9.8.2011, BStBl. II 875 ff., Tz. 25.

[857] Vgl. OFD Münster, Kurzinfo ESt Nr. 35/2011 vom 14.12.2011, StUB 2012, 198.

[858] Vgl. BFH 19.10.2006, BStBl. II 2007, 301, 303.

[859] Vgl. BFH 19.10.2006, BStBl. II 2007, 304.

[860] Vgl. BFH 2.3.2011, BFH/NV 2011, 1147.

[861] BFH 4.9.1996, BStBl. II 586.

[862] FG Bremen 3.11.1995, EFG 1996, 207 f.

[863] BMF 12.7.1999, BStBl. I 686.

[864] FG Düsseldorf 9.5.2000, EFG 2000, 1177 ff.

§ 7 Abs. 1 S. 3 EStG, sondern durch Schätzung im **Einzelfall** zu ermitteln. In diesem Zusammenhang sollten auch die Erläuterungen des **IDW S 5** beachtet werden, wonach zB für die Nutzungsdauer von Produktmarken u. a. auf die Produktlebenszyklen und die Erfahrungen der Vergangenheit abzustellen ist.[865] Diese Problematik erlangt nicht nur Bedeutung beim Kauf einzelner Marken, sondern auch beim Unternehmenskauf,[866] wenn das zu erwerbende Unternehmen über wertvolle Marken verfügt, die im Gesamtkaufpreis enthalten sind und nach dem Anteilskauf im Wege von Gestaltungsmaßnahmen übertragen und als abschreibungsfähige Wirtschaftsgüter aktiviert werden sollen. Mit Urteil vom 2.3.2011 hat sich der **BFH** nunmehr von seiner ursprünglichen Rechtsansicht abgewendet. Unter Anlehnung an die zuvor dargestellten Ansichten des BMF sowie des FG Düsseldorf vertritt der BFH nun ebenfalls die Meinung, dass eine Marke unter wirtschaftlichen Gesichtspunkten nur zeitlich begrenzt genutzt werden kann und deshalb dem Grunde nach ein **abnutzbares Wirtschaftsgut** ist, und zwar **auch dann, wenn ihr Bekanntheitsgrad laufend durch Werbemaßnahmen gesichert wird.**[867]

Der Auffassung des BFH zur Einheitsbewertung, wonach Marken nicht **428** abnutzbar sein sollen, wurde bereits in der Vorauflage nicht gefolgt. Eine **entgeltlich erworbene Marke** ist unstreitig als immaterielles Wirtschaftsgut mit den Anschaffungskosten **zu aktivieren.** Aus der Tatsache, dass der Schutz der Marke nach Ablauf der zehnjährigen Schutzfrist turnusmäßig verlängert werden kann, folgerte der BFH zu Unrecht, dass kein wirtschaftlicher oder zeitlicher Verbrauch der Marke eintrete und dass die Werbeaufwendungen nicht der Schaffung oder der Werterhaltung der Marke, sondern nur der Förderung des Umsatzes dienen. Die nunmehr aufgegebene BFH-Rechtsprechung stand nicht im Einklang mit der Gesetzesbegründung zur **Einführung der Abschreibungsregelungen für den Geschäfts- oder Firmenwert,** wobei diese Begründung im Ergebnis auch für firmenwertähnliche Wirtschaftsgüter – zumindest aber für Marken – zutrifft. Aus dem Bericht des Rechtsausschusses ergibt sich, dass für die Neuregelung unter anderem die Überlegung maßgebend war, dass der erworbene Geschäfts- oder Firmenwert sich im Laufe der Zeit verflüchtigt und somit ein abnutzbares Wirtschaftsgut ist.[868] Wenn der Geschäfts- oder Firmenwert des Unternehmens nach dem Erwerb tatsächlich nicht absinkt und unverändert bleibt, dann ist laut dem Bericht davon auszugehen, dass **an die Stelle des erworbenen Geschäfts- oder Firmenwerts,** der sich verflüchtigt hat, **ein neuer selbstgeschaffener Geschäfts- oder Firmenwert getreten** ist.[869]

Im Übrigen können der Wertverzehr von Marken und die daraus folgende Abschreibungsfähigkeit auch nicht unter Hinweis auf die BFH-Rspr. zu behördlichen **Verkehrsgenehmigungen** verneint werden. Die FinVerw. hat

---

[865] Vgl. IDW S 5, Rn. 71 f. und oben Rn. 420.

[866] Zur Bewertung von Marken (Warenzeichen) beim Unternehmenskauf vgl. *Rohnke* DB 1992, 1941; ferner oben Rn. 419 f.

[867] Vgl. BFH 2.3.2011, BFH/NV 2011, 1147 Tz. 63.

[868] Vgl. *Biener/Berneke/Niggemann,* 117 f.

[869] Vgl. *Biener/Berneke/Niggemann,* 118.

darauf hingewiesen, dass die Unzulässigkeit der AfA bei Verkehrsgenehmigungen auf der **tatsächlichen Nichtabnutzbarkeit** dieser Wirtschaftsgüter beruhe.[870]

429　Obwohl für Marken aus rechtlicher Sicht eine unbegrenzte Schutz- und Nutzungsdauer möglich ist,[871] unterliegt die **Marke** einem **wirtschaftlichen Wertverzehr,** wenn sie nicht gepflegt und benutzt wird.[872] Wenn der Erwerber einer Marke diese nicht für seine Produkte nutzt und keine Werbung betreibt, vermindert sich der Wert der Marke ständig. Dagegen wird durch laufende **Benutzung** und durch Markt- und Produktanalysen sowie **Werbemaßnahmen** usw. der **Markenwert erhalten oder** er kann sogar **gesteigert** werden. Die dem Absatz der Markenprodukte dienenden Kosten der Werbung sind abzugsfähige Betriebsausgaben; wirtschaftlich gesehen handelt es dabei auch um eine Art „Erhaltungskosten" für die Marke.[873] Im Prinzip besteht kein wesentlicher Unterschied zur Anschaffung eines langlebigen materiellen Wirtschaftsguts, so zB einer Immobilie, weil auch eine Immobilie einem wirtschaftlichen Wertverzehr unterliegt, wobei durch Wert erhaltende Maßnahmen eine fast unbegrenzte Nutzungsdauer möglich ist. Unter Beachtung der erörterten Argumente sollte es daher zulässig sein, Absetzungen für Abnutzung auf die Anschaffungskosten für entgeltlich erworbene Marken vorzunehmen und die nachträglichen Aufwendungen für den Erhalt der Marke als sofort abzugsfähige Betriebsausgaben zu behandeln, weil diese nicht aktivierungsfähig sind. Für die Nutzungsdauer und die diesbezüglichen Absetzungen für Abnutzung sollte im Hinblick auf die unterschiedliche wirtschaftliche Nutzungsdauer von **Unternehmensmarken, Dachmarken** und **Produktmarken** differenziert werden. So ist es denkbar, dass nach dem Erwerb einer Unternehmensmarke oder einer Dachmarke ähnlich wie für den Geschäfts- oder Firmenwert eine Nutzungsdauer von 15 Jahren angesetzt wird, während für Produktmarken eine kürzere Nutzungsdauer bestimmt wird. Damit wird der oft begrenzten Nutzungsdauer von Produktmarken Rechnung getragen, die häufig dem (technischen) Produktlebenszyklus der Produkte entspricht.[874] Unter diesem Gesichtspunkt erscheint es als vertretbar, für gekaufte **Produktmarken** ebenso wie bei Patenten oder Erfindungen eine wirtschaftliche Nutzungsdauer von **drei bis fünf** Jahren,[875] **maximal** aber **acht Jahren** zu unterstellen.[876]

---

[870] Vgl. BMF 20.11.1986, BStBl. I 532 f.

[871] Vgl. unten Rn. 481.

[872] Im Ergebnis ebenso FG Düsseldorf 9.5.2000, EFG 2000, 1177 ff. mwN; FG Bremen 3.11.1995, EFG 1996, 207 f. sowie nun auch BFH 2.3.2011, BFH/NV 2011, 1147; *Stein/Ortmann* BB 1996, 787, 790, die sich unter anderem auf das Vorsichtsprinzip nach § 252 Abs. 1 Nr. 4 HGB stützen.

[873] Fraglich ist, ob die werterhaltenden Maßnahmen wie Markt- und Produktanalysen sowie die Werbung nur „originäre" Kosten verursachen oder ob damit die erworbene Marke durch eine nach und nach selbst geschaffene eigene Marke ersetzt wird. Diese Problematik stellt sich übrigens ähnlich auch für die Lizenzzahlungen für Marken; vgl. dazu unten Rn. 431 u. 509.

[874] Vgl. zur Nutzungsdauer von Marken IDW S 5, Rn. 72.

[875] So zB *Stein/Ortmann* BB 1996, 787, 792.

[876] In diesem Zusammenhang ist anzumerken, dass der BFH in einem Urteil zur bewertungsrechtlichen Frage der Kapitalisierung von Warenzeichen für deren Verwer-

Auch für andere gewerbliche Schutzrechte sind AfA auf die Anschaffungs- **430** kosten unter Berücksichtigung der voraussichtlichen wirtschaftlichen Nutzungsdauer vorzunehmen. Bei einem **Gebrauchsmuster** beträgt die rechtliche Schutzdauer zunächst fünf Jahre und kann dann durch Zahlung von Verlängerungsgebühren auf maximal zehn Jahre verlängert werden. Da schon die rechtliche Schutzfrist nur eine Dauer von 25% bis 50% der Schutzfrist eines Patents beträgt, sollte auch die wirtschaftliche Nutzungsdauer entsprechend geringer sein.

Für das **eingetragene Design** (vormals **Geschmacksmuster**) beläuft sich die maximale Schutzdauer auf 25 Jahre.[877] Auch insoweit dürfte bei eingetragenen Designs die wirtschaftliche Nutzungsdauer wesentlich unter der maximalen Schutzdauer liegen. Dies beruht auf der Tatsache, dass insb. die modischen Trends und auch die technischen Ansprüche an die Erscheinungsformen von Erzeugnissen (bspw. Aerodynamik, Material, Gewicht, Lebensdauer) ständigem Wechsel unterliegen und weil die maximale Schutzdauer davon abhängt, ob nach Ablauf von jeweils fünf Jahren die Aufrechterhaltungsgebühr rechtzeitig gezahlt wird (§ 28 DesignG).

Sofern eine Konzerngesellschaft im Ausland den Erwerb eine Marke plant **431** und im betreffenden Land keine AfA zulässig ist, sollte das Unternehmen den **Erwerb von Marken** vermeiden und als Alternative eine ausschließliche und zeitlich unbeschränkte Lizenz erwerben. Als weitere Gestaltungsmöglichkeit kommt in Betracht, mit dem Inhaber der Marke eine Abrede über einen langfristigen ausschließlichen Lizenzvertrag über 20 Jahre mit einem Optionsrecht des Lizenznehmers zum Kauf der Marke nach Ablauf der Lizenzdauer zu treffen. Damit kann der künftige Erwerber während der Lizenzperiode die Lizenzzahlungen als Aufwand absetzen. Für den bei der Optionsausübung zu zahlenden Kaufpreis könnte vereinbart werden, dass dieser dem Wert der Marke im Zeitpunkt der Einräumung (oder der Ausübung) der Option entspricht, abzüglich der während der Lizenzdauer vom Lizenznehmer aufgewendeten Kosten zur Erhaltung und Stärkung der Marke. Im Ergebnis kann dies dazu führen, dass der Erwerber nur noch einen relativ geringen Kaufpreis aufwenden muss. Damit die Annahme des etwaigen wirtschaftlichen Eigentums beim Lizenznehmer (Optionsberechtigten) vermieden wird, sollte der Lizenzgeber als Inhaber der Marken registriert bleiben und gegebenenfalls für ein bestimmtes Territorium bis zum Optionszeitpunkt das alleinige Markenrecht behalten und nutzen. Außerdem sollte der Lizenzgeber ein Kündigungsrecht bzgl. des gesamten Vertrags haben, falls bestimmte wichtige Gründe vorliegen, so bspw. wenn gegen den Lizenznehmer das Vergleichs- oder Konkursverfahren eröffnet wird oder wenn er nicht mehr demselben Konzern angehört.

Im Zusammenhang mit der Abschreibung (gekaufter) immaterieller Wirt- **432** schaftsgüter stellt sich auch die Frage, **ob bei langfristigen Lizenzverträgen** über immaterielle Wirtschaftsgüter das **wirtschaftliche Eigentum auf den Lizenznehmer übergehen kann** (ähnlich wie bei Leasingverträgen über materielle Wirtschaftsgüter). Soweit ersichtlich, wurde dieses Problem bislang nicht erörtert.

---

tungsaussichten eine Nutzungsdauer von nur 3 Jahren annahm; BFH 13.2.1970, BStBl. II 369.

[877] Zum Begriff des Designs vgl. oben Rn. 15 ff.

Beispiel: Die deutsche D-GmbH erhält von ihrer ausländischen Muttergesellschaft eine über die gesamte Patentschutzdauer laufende weltweite exklusive Lizenz für die Herstellung und den Vertrieb von Leichtmetall-Fahrrädern. Die D-GmbH soll eine Nettoumsatz-Lizenz von 4% zahlen, mindestens aber € 40 000 p. a. in den ersten zehn Jahren. Fraglich ist, ob die D-GmbH das wirtschaftliche Eigentum am Patent erworben hat. Dies ist aus den nachfolgend erörterten Gründen nicht der Fall.

433   Wenn ein **exklusiver Lizenzvertrag** sich über die **maximale Schutzdauer** des gewerblichen Schutzrechts erstreckt und eine Einmallizenzgebühr oder eine hohe Mindestlizenzgebühr gezahlt wird, könnte man auf den ersten Blick die Meinung vertreten, dass der Lizenznehmer „wirtschaftlicher Eigentümer" des Schutzrechts wird. Bei Lizenzverträgen über gewerbliche Schutzrechte bestehen jedoch Unterschiede zu Leasingverträgen über materielle Wirtschaftsgüter, die den **Übergang des wirtschaftlichen Eigentums** grundsätzlich **ausschließen.** Nach herrschender Auffassung gilt als wirtschaftlicher Eigentümer derjenige, der – ohne das rechtliche Eigentum zu haben – die **tatsächliche Sachherrschaft** über einen Vermögensgegenstand in der Weise ausübt, dass dadurch der nach bürgerlichem Recht Berechtigte wirtschaftlich auf Dauer von der Einwirkung ausgeschlossen ist.[878] Diese Voraussetzungen liegen vor, wenn der zivilrechtliche Eigentümer keinen oder einen praktisch bedeutungslosen Herausgabeanspruch gegenüber dem wirtschaftlichen Eigentümer hat oder den Vermögensgegenstand an diesen herausgeben müsste.[879]

434   Ein **Lizenznehmer** hat generell **keine** so starke **Rechtsposition,** dass man ihn als wirtschaftlichen Eigentümer ansehen könnte. Im Vergleich zum Leasingnehmer eines materiellen Wirtschaftsguts ist die tatsächliche Sachherrschaft eines Lizenznehmers über das immaterielle Wirtschaftsgut sehr viel schwächer. Das gewerbliche Schutzrecht ist auf den Namen des Rechtsinhabers eingetragen und er kann dieses theoretisch jederzeit löschen lassen oder dafür weitere Lizenzen vergeben, auch wenn dies im Verhältnis zum Lizenznehmer vertragswidrig wäre. Dagegen hat der Lizenznehmer nur ein vertragliches unbeschränktes Nutzungsrecht und bei exklusiver Lizenz normalerweise auch das Recht, Unterlizenzen zu vergeben; er hat jedoch keine Verfügungsmacht über das eingetragene Schutzrecht und kann dieses insb. nicht an Dritte verkaufen.

435   Eine Ausnahme von den oben erörterten Grundsätzen kann aber vorliegen, wenn dem Lizenznehmer im Einzelfall ein **Optionsrecht** zum **Erwerb** des gewerblichen Schutzrechts oder sonstigen immateriellen Wirtschaftsguts eingeräumt wurde. Dies könnte in dem oben genannten Beispiel der Fall sein, wenn das Optionsrecht nach zehn Jahren zu einem bereits vereinbarten relativ günstigen Preis ausgeübt werden kann, die Mindestlizenzgebühren zusammen mit dem Optionskaufpreis dem Wert des immateriellen Wirtschaftsguts entsprechen und wenn das Schutzrecht vertraglich nicht ohne Zustimmung des Lizenznehmers gelöscht oder abgetreten werden kann.

---

[878] Vgl. zB § 39 Abs. 2 Nr. 1 AO; BFH 27.9.1988, DB 1989, 410; 26.1.1978, BStBl. II 280; *Förschle/Kroner* in Beck Bil-Komm, § 246 HGB, Rn. 6.

[879] BFH 26.1.1970, BStBl. II 264; *Förschle/Kroner* in Beck Bil-Komm, § 246 HGB, Rn. 6.

6. Eigentumsübertragung mit Funktionsverlagerung

Wenn eine deutsche Konzerngesellschaft ein bisher von ihr genutztes im- **436** materielles Wirtschaftsgut an eine ausländische Konzerngesellschaft verkauft und in diesem Zusammenhang auch Funktionen und Risiken übergehen, dann kann damit eine **Funktionsverlagerung** isd § 1 Abs. 3 S. 9 AStG vorliegen, die grds. eine Abfindungszahlung für das Transferpaket erfordert,[880] soweit keine Einzelbewertung zulässig ist.[881]

Beispiel: Die französische Gesellschaft F-SA erwirbt alle Anteile der deutschen D-GmbH. Die D-GmbH verfügt über mehrere Patentlizenzen zur Herstellung von Spezialmaschinen, die sie an Kunden in ganz Europa liefert. Die F-SA kauft alle Patentlizenzen von der D-GmbH und lizenziert der D-GmbH diese Patente für die Produktion sowie für den Vertrieb in Deutschland und Osteuropa. In Spanien errichtet die F-SA eine Tochtergesellschaft mit einer neuen Produktionsstätte, die die Spezialmaschinen für den westeuropäischen Markt (außer Deutschland) herstellt. Damit ist die D-GmbH nicht mehr berechtigt, die Produkte wie bisher auch in anderen Ländern Westeuropas zu vertreiben. Der deutsche Betriebsprüfer erkennt die von der D-GmbH zu zahlenden Lizenzgebühren als angemessen an, vertritt aber die Auffassung, dass an Stelle des Kaufpreises für die Patente eine Abfindung oder Entschädigung für das Transferpaket im Hinblick auf die Überlassung der Patente und des übrigen westeuropäischen Marktes bzw. Kundenstamms nebst Vertriebsrechten und Funktionen erforderlich gewesen wäre. Mangels einer solchen Zahlung liege eine verdeckte Gewinnausschüttung vor, deren Höhe er anhand des Barwerts der geschätzten entgehenden künftigen Gewinne ermittelt. – In der Tat würde der Verkäufer eines Patents bei den Verhandlungen über den Verkaufspreis nicht nur berücksichtigen, welchen Wert dieses Wirtschaftsgut an den noch nicht bearbeiteten Märkten hat, sondern gerade auch, welcher Wert sich durch die Nutzung auf den bereits eroberten Märkten ergibt. Dabei ist es im Ergebnis oft gleichgültig, ob man unter Berücksichtigung der Tatsache der Überlassung der Märkte hier eine Funktionsverlagerung isd § 1 Abs. 3 S. 9 AStG annimmt und folglich die dadurch gegebenen höheren Gewinnchancen des Erwerbers in die Preisfindung für das Transferpaket einbezieht oder ob man dem Veräußerer für die Überlassung weiterer damit zusammenhängender immaterieller Wirtschaftsgüter, wie zB der Markt- bzw. Geschäftschancen oder des Kundenstamms (für bereits bearbeitete Märkte) eine zusätzliche Vergütung einräumt. Im Hinblick auf die nachfolgend erörterten „Öffnungsklauseln" sollte im vorliegenden Beispiel auch eine Einzelbewertung der übertragenen Vermögenswerte zulässig sein. Zwischen verbundenen Unternehmen müssen jedenfalls die Überlegungen und Berechnungen für die Kaufpreisermittlung nachvollziehbar dokumentiert werden, weil insoweit eine Nachweisvorsorge im Rahmen der Aufklärungs- und Mitwirkungspflichten besteht.[882]

In den letzten beiden Jahrzehnten haben vor allem US-Konzerne ihre **437** deutschen (und auch andere europäische) Tochtergesellschaften veranlasst, immaterielle Wirtschaftsgüter gegen Entgelt auf andere Konzerngesellschaften in Niedrigsteuerländern (zB in der Schweiz, in Irland oder Hongkong) zu übertragen (sog. IP-Migration), wobei die übernehmenden Gesellschaften als neue strategische Inhaber und Verwalter aller immateriellen Wirtschaftsgüter des Konzerns oder eines Teilkonzerns fungieren. Soweit in den Jahren vor

---

[880] Vgl. dazu ausführlich Kap. R; s. a. Tz. 9.80 ff. u. 9.93 ff. OECD-VPL.

[881] Vgl. § 1 Abs. 3 S. 10 AStG und unten Rn. 437 f.

[882] S. Kap. F Rn. 5 ff. „Erhöhte Mitwirkungspflichten bei Auslandssachverhalten".

Einführung der Regelungen zur Funktionsverlagerung grenzüberschreitende „Restrukturierungen" stattfanden, war zu prüfen, ob materielle und/oder immaterielle Wirtschaftsgüter ins Ausland übertragen wurden. Für diese Wirtschaftsgüter mussten dann im Wege der **Einzelbewertung** die fremdvergleichskonformen Verrechnungspreise ermittelt werden. Nach dem Willen des Gesetzgebers sollten die im Jahr 2008 eingeführten Regelungen zur **Funktionsverlagerung** eine Rechtsgrundlage schaffen, um die Besteuerung der in Deutschland geschaffenen Werte sicherzustellen, wenn immaterielle Wirtschaftsgüter und Vorteile ins Ausland verlagert werden.[883] Wenn eine Funktion einschließlich der dazugehörigen Chancen und Risiken und der mit übertragenen oder überlassenen Wirtschaftsgüter und sonstigen Vorteile ins Ausland verlagert wird (Funktionsverlagerung), soll auf der Grundlage der Funktion als Ganzes (Transferpaket) auf Basis des hypothetischen Fremdvergleichs eine **Bewertung des Transferpakets** erfolgen.[884] Eine **Einzelbewertung** war nach der ursprünglichen Gesetzesfassung nur in zwei **Ausnahmefällen** zulässig, die auch heute noch gelten aber durch einen dritten Fall ergänzt wurden.

Eine Einzelbewertung wird anerkannt, wenn der Steuerpflichtige glaubhaft macht, dass keine wesentlichen immateriellen Wirtschaftsgüter und Vorteile mit der Funktion übergegangen sind oder zur Nutzung überlassen wurden oder dass das Gesamtergebnis der Einzelpreisbestimmungen – gemessen an der Preisbestimmung für das Transferpaket als Ganzes – dem Fremdvergleichsgrundsatz entspricht.[885] Diese bisherigen Ausnahmen wurden generell als unzureichend erachtet.

438 Im März 2010 wurde in § 1 Abs. 3 S. 10, 2. Halbsatz AStG eine **weitere Ausnahme** von der **Transferpaketbewertung** aufgenommen, die rückwirkend für Veranlagungszeiträume ab 2008 gilt.[886] Die Neuregelung soll eine Bewertung der übergehenden materiellen und immateriellen Wirtschaftsgüter ermöglichen, ohne dass es einer aufwändigen Bewertung des Transferpakets bedarf.[887] Die Einzelbewertung ist zulässig, wenn der Steuerpflichtige **zumindest ein wesentliches immaterielles Wirtschaftsgut** genau bezeichnet und **alle Bestandteile des Transferpakets** mit den **Einzelverrechnungspreisen** bewertet. Zukünftig hat der Steuerpflichtige faktisch ein **Wahlrecht** auf die Transferpaketbetrachtung zu verzichten, wenn er glaubhaft machen kann, dass zumindest ein wesentliches immaterielles Wirtschaftsgut Gegenstand der Funktionsverlagerung ist.[888]

Die Neuregelung entschärft die Regelungen zur Funktionsverlagerung und führt weitgehend zu der Rechtslage, die vor Einführung der Funktionsverlagerungsbesteuerung bestand. In vielen Fällen wird es wieder möglich sein, für einzelne Wirtschaftsgüter fremdvergleichsübliche Verrechnungspreise zu ermitteln. Im Fall einer Funktionsverlagerung ist folglich die Bewertung des

---

[883] Vgl. BT-Drs. 16/4841, S. 84.
[884] Vgl. § 1 Abs. 3 S. 5 u. 9 AStG.
[885] Vgl. § 1 Abs. 3 S. 10 AStG.
[886] Vgl. § 21 Abs. 16 AStG.
[887] Vgl. Finanzausschuss in BT-Drs. 17/939, S. 10 u. 21.
[888] Vgl. *Menninger/Wellen* DB 2012, 10 mit einem Fallbeispiel einer Transferpaketbewertung und einer Einzelbewertung.

Transferpakets nur noch dann zwingend erforderlich, wenn der Steuerpflichtige nicht glaubhaft machen kann, dass entweder keine wesentlichen immateriellen Wirtschaftsgüter und Vorteile mit der Funktion übergegangen sind oder in denen der Steuerpflichtige nicht glaubhaft machen kann, dass wesentliche immateriellen Wirtschaftsgüter und Vorteile mit der Funktion übergegangen sind.

Durch die neue Öffnungsklausel des § 1 Abs. 3 S. 10, 2. Halbsatz AStG **439** gewinnt die oben erörterte **Einzelbewertung** immaterieller Wirtschaftsgüter auf der Basis des **IDW S 5** in der Praxis erheblich an **Bedeutung.** In allen Fällen, in denen bisher der Tatbestand der Funktionsverlagerung erfüllt war oder in Zukunft erfüllt sein wird, ist somit zu prüfen, ob eine Einzelbewertung der übertragenen materiellen und immateriellen Wirtschaftsgüter günstiger ist. Sofern auf die günstigeren Einzelwerte zurückgegriffen werden soll, muss glaubhaft gemacht werden, dass keine wesentlichen immateriellen Wirtschaftsgüter oder zumindest ein wesentliches konkret bezeichnetes Wirtschaftsgut übergegangen ist. Es empfiehlt sich, die Glaubhaftmachung gegenüber der FinVerw. so früh wie möglich zur Kenntnis zugeben. Dies sollte sowohl in einer Anlage zur Steuererklärung als auch in der Dokumentation der Verrechnungspreise iSd § 90 Abs. 3 AO erfolgen. Dabei ist zu beachten, dass eine Funktionsverlagerung generell als außerordentlicher Geschäftsvorfall zu qualifizieren ist, der zeitnah und daher spätestens innerhalb von sechs Monaten nach Ende des Wirtschaftsjahres zu dokumentieren ist.[889]

(einstweilen frei)					**440**

VIII. Lizenzverträge

1. Rechtsnatur und Vertragsinhalt

Der **Lizenzvertrag** wird zwar in einigen Rechtsvorschriften genannt (zB in **441** § 15 Abs. 1 PatG, § 31 DesignG, § 30 MarkenG), jedoch werden **Rechtsnatur und Inhalt** des Lizenzvertrages ebenso wenig definiert wie die verschiedenen Arten von Lizenzverträgen. Die herrschende Meinung sieht den Lizenzvertrag als gegenseitigen **Vertrag eigener Art** an.[890] Obwohl der Inhalt von Lizenzverträgen sehr unterschiedlich sein kann, liegen die **wesentlichen Merkmale** darin, dass der **Lizenzgeber als rechtlicher und wirtschaftlicher Inhaber des Lizenzgegenstandes dem Lizenznehmer gegen Entgelt gestattet, ein bestimmtes immaterielles Wirtschaftsgut** (oder mehrere immaterielle Wirtschaftsgüter) **zu nutzen.**[891] **Rechtlicher Inhaber**[892] ist, wer kraft Ein-

---

[889] Vgl. § 90 Abs. 3 S. 3 AO iVm § 3 Abs. 1 und 2 GAufzV.

[890] Vgl. zB BGH 3.11.1988, GRUR 1989, 68; EuGH 23.04.2009, RIW 2009, 864; *Busse/Hacker,* PatG § 15 Rn. 56; *Groß,* Rn. 19, jeweils mwN.

[891] Vgl. zB *Groß,* Rn. 13; *Benkard/Ullmann;* § 15 PatG, Rn. 58. *Hauck* in F/L/B, PatG § 15 Rn. 34 definiert auch die unentgeltliche Einräumung einer Benutzungsbefugnis im Rahmen eines Lizenzvertrags.

[892] Zur zivilrechtlichen Unterscheidung zwischen dem Eigentümer (an Sachen) und dem Inhaber (von Rechten) bzw. zwischen Eigentum und Inhaberschaft vgl. oben Rn. 361.

tragung in einem Register oder durch den Schutz vollstreckbarer Gesetze das ausschließliche Recht besitzt, das immaterielle Wirtschaftsgut zu nutzen und gleichzeitig andere daran zu hindern, das immaterielle Wirtschaftsgut zu nutzen.[893] **Wirtschaftlicher Eigentümer**[894] ist gem. deutschem Steuerrecht derjenige, der iSd § 39 Abs. 2 Nr. 1 AO die tatsächliche Herrschaft über ein Wirtschaftsgut in der Weise ausübt, dass er den rechtlichen Inhaber im Regelfall für die gewöhnliche Nutzungsdauer von der Einwirkung auf das Wirtschaftsgut wirtschaftlich ausschließen kann.

442   Die **OECD** definiert das wirtschaftliche Eigentum viel breiter, indem sie demjenigen die wirtschaftliche Inhaberschaft an einem immateriellen Wirtschaftsgut zurechnet, der letztlich die Kosten getragen hat und korrespondierende Chancen und Risiken wahrnimmt.[895] Die **OECD** konkretisierte ihr Verständnis von der wirtschaftlichen Inhaberschaft am 6.6.2012 und am 30.7.2013 in Diskussionspapieren und bestätigte es in der Neufassung des Kapitels VI OECD-VPL am 16.9.2014. Demnach werden die Erträge aus immateriellen Wirtschaftsgütern demjenigen zugerechnet, der als **rechtlicher oder wirtschaftlicher Eigentümer die wichtigen Funktionen** für die **Entwicklung, Verbesserung, Erhaltung, Verwertung und den Schutz des immateriellen Wirtschaftsguts ausführt und kontrolliert, Wirtschaftsgüter und Finanzierungsmittel einsetzt sowie die wichtigen Risiken der Entwicklung und Überalterung, der Rechtsverstöße und der (Produkt-)Haftung trägt und kontrolliert.**[896]

443   In der Literatur ist ein heftiger Streit entbrannt, ob die OECD mit der Definition der wirtschaftlichen Inhaberschaft nicht schon zu weit gegangen ist, oder ob die OECD mit einer sehr zurückhaltenden Position eine Chance verpasst hätte, Steuergestaltungen zu vermeiden. Zum einen wird kritisiert, dass die OECD die Ausübung von Funktionen zur Entwicklung lizenzfähiger Güter als Routinefunktion qualifiziert, während die Ausübung von Überwachungs-, und Kontrollfunktionen sowie die Risikotragung schon dazu berechtigen sollen, sich als wirtschaftlicher Inhaber die Residualgewinne aneignen zu können. Dadurch würde ein beliebtes Steuerschlupfloch offen gelassen.[897] Anderen dagegen geht es bereits zu weit, dass schuldrechtliche Beziehungen und die Investitionen eines Kapitalgebers nicht mehr ausreichen sollen, um alleiniger wirtschaftlicher Inhaber der immateriellen Wirtschaftsgüter zu werden. Die Übernahme von Kontrollfunktionen würde nach neuer OECD-Lesart schon ausreichen, um wirtschaftlicher Mitinhaber des immateriellen Wirtschaftsgutes zu werden, was zu schwierigen Gewinnabgrenzungen zwischen den Mitinhabern führen könnte.[898]

---

[893] *OECD,* Guidance on Transfer Pricing Aspects of Intangibles (nachfolgend: OECD-VPL Kapitel VI 2014 Guidance), Tz. 6.37 f.

[894] Im Steuer- und Bilanzrecht umfasst der Begriff Eigentümer auch einen Inhaber von Rechten, vgl. oben Rn. 361. Daher werden in diesem Kapitel O die Begriffe Eigentümer und Inhaber bzw. Eigentum und Inhaberschaft synonym verwendet.

[895] Vgl. *Rouenhoff* IStR 2012, 22. Er definiert daher den Begriff des funktionellen Inhabers für die Sichtweise der OECD.

[896] *OECD,* Tz. 6.32 OECD-VPL Kapitel VI (2014 Guidance); s. a. oben Rn. 97 ff.

[897] *Durst* Tax Notes International 2012, 447 ff.

[898] *Shapiro/Mitra/Henshall/Sierra* Tax Notes International 2012, 1245 ff.

Die in einem Lizenzvertrag vereinbarte Nutzungsüberlassung umfasst regel- **444** mäßig einen bestimmten **Zeitraum** oder erfolgt für unbegrenzte Zeit mit Kündigungsmöglichkeit, so dass grundsätzlich ein **Dauerschuldverhältnis** vorliegt. Bei dem immateriellen Wirtschaftsgut kann es sich um gewerbliche Schutzrechte, nämlich Patente, Gebrauchsmuster, eingetragene Designs, Marken oder um andere durch Sonderregelungen geschützte immaterielle Wirtschaftsgüter wie bspw. das Urheber-, Verlags-, (landwirtschaftliches) Sortenschutz- oder Namensrecht handeln oder aber um nicht gesondert geschützte immaterielle Wirtschaftsgüter wie zB technisches, kaufmännisches oder betriebswirtschaftliches Geheimwissen, also Know-how.[899] Diese immateriellen Wirtschaftsgüter können für Produktionszwecke, Marketingzwecke oder andere Zwecke zur Nutzung überlassen werden. Die **Lizenz** kann als obligatorisches Nutzungsrecht auch Gegenstand einer **Sacheinlage** sein, wenn dieses Nutzungsrecht zB gegen Gewährung von Aktien in eine AG eingelegt wird.[900]

Sowohl der Lizenzgeber als auch der Lizenznehmer übernehmen bei ei- **445** nem Lizenzvertrag hohe **Risiken,** da der Erfolg von sehr vielen nicht beeinflussbaren und ebenso von beeinflussbaren Faktoren abhängt.[901] Daher handelt es sich bei dem Lizenzvertrag um ein sog. **aleatorisches** (gewagtes) **Geschäft.**[902] Grundsätzlich besteht für den Abschluss von Lizenzverträgen **Vertragsfreiheit,** so dass die Vertragsparteien für die Lizenz bestimmte inhaltliche **Beschränkungen** vereinbaren können, die räumlicher, zeitlicher, sachlicher oder persönlicher Art sein können. Allerdings dürfen diese Beschränkungen nur im Rahmen der geltenden Gesetze erfolgen; dh. insb. formelle und kartellrechtliche Aspekte auf nationaler und internationaler Ebene müssen beachtet werden.

Lizenzverträge zwischen verbundenen Unternehmen auf nationaler Ebe- **446** ne müssen im Hinblick auf den allgemeinen Grundsatz der Tz. 1.4.1 VGr im Voraus getroffene **klare und eindeutige Regelungen** bzgl. des Vertragsgegenstands, der Rechte und Pflichten der Parteien, der Höhe der Lizenzgebühr usw. wie zwischen fremden Dritten enthalten, damit sie auch steuerlich anerkannt werden.[903] Damit muss eine Lizenzvereinbarung inhaltlich bestimmte Mindestanforderungen erfüllen (die formellen Anforderungen werden sogleich im folgenden Unterabschnitt erläutert). Die Art des zur Nutzung überlassenen Wirtschaftsguts sowie die sonstigen im Lizenzvertrag geregelten Rechte und Pflichten sind maßgebend für die Höhe der Lizenzgebühr, die der steuerlichen Überprüfung unterliegt.[904] Daher ist auch auf internationaler Ebene der Abschluss eines schriftlichen Lizenzvertrages zwischen verbundenen Unternehmen generell sehr empfehlenswert. Für den **Vertragsinhalt** kommen insb. folgende Regelungspunkte in Betracht:[905]

---

[899] Vgl. zu diesen Begriffen oben Rn. 5 ff. „Gewerbliche Schutzrechte" und Rn. 19 ff. „Andere immaterielle Wirtschaftsgüter".

[900] Vgl. BGH 15.5.2000, GmbHR 2000, 870.

[901] Vgl. zu den Bewertungs- und Einflussfaktoren unten Rn. 537 f.

[902] Vgl. *Hacker*/Busse, PatG § 15 Rn. 57.

[903] Dazu ausführlich Kap. F Rn. 25 ff.

[904] Siehe dazu unten Rn. 533 ff. zu den „Bewertungs- und Einflussfaktoren".

[905] Vgl. ferner zB *Schultz/Süchting* in Münchener Vertragshandbuch, Band 3, Wirtschaftsrecht II, 6. Aufl., Vertragsmuster VIII.1 und 2.; *Groß,* Anhang I, 509 ff.; *Lutz/ Broderick* RIW 1989, 278 ff.

1. Präambel (zB Erläuterungen zur Funktion der Parteien im Konzern und zum Vertragszweck)
2. Vertragsparteien: Lizenzgeber, Lizenznehmer
3. Vertragsgegenstand, Vertragsgebiet
   - Patent, Gebrauchsmuster, eingetragenes Design, Marke, Know-how oder Urheberrecht (Vermeidung von Globalvereinbarungen)[906]
   - Status der Eintragung, Anmeldung, Widersprüche etc.
   - zeitliche, sachliche oder persönliche Beschränkungen[907]
   - räumliche Beschränkungen (Vertragsgebiet)
   - Nebenrechte, wie zB Nutzung von Geschäftsbezeichnung
   - evtl. Recht für Gewährung von Unterlizenzen
4. Bei Teil-Rechten Umfang der Lizenzierung, zB Beschränkung auf bestimmte Verfahren, Waren oder Dienstleistungen
5. Nebenpflichten des Lizenzgebers
   - Übergabe von Unterlagen (zB Marktstudien, Produktinformationen, Rezepturen) und Produktionseinweisung
   - Mitwirkungspflichten (zB Beendigung von Lizenzverträgen mit Dritten)
   - laufende technische Unterstützung
   - Unterstützung bei Werbemaßnahmen
   - Verteidigung des Schutzrechts gegenüber Verletzern
6. Qualitätskontrolle: Festlegung von Qualitätskriterien und Einzelheiten der Überprüfung durch den Lizenzgeber
7. Lizenzgebühr
   - zB Nettoumsatz-, Stück- oder Pauschallizenz, Mindestlizenz, degressive oder progressive Staffelung, gewinnabhängige Lizenz[908]
   - evtl. Umsatzsteuer, Quellensteuer
   - Abrechnung, Fälligkeit, Verzugszinsen
   - Einsichts- und Überprüfungsrecht des Lizenznehmers (zB durch Steuerberater, Wirtschaftsprüfer)
   - Gesonderte Vergütung für Einzellizenzen und Dienstleistungen[909]
8. Nebenpflichten des Lizenznehmers
   - Lizenzhinweis gegenüber Dritten
   - Ausübungspflicht (zB für bestimmte Schutzrechte und Produkte)
   - Abstimmung von Werbemaßnahmen
   - Gewährung von Rücklizenzen bei Fortentwicklung
   - bestimmte Vertriebsgestaltung
9. Gewährleistung
   - des Lizenzgebers: Bestand der Rechte, Freiheit von Rechten Dritter
   - beider Parteien: Haftung bei Nichterfüllung von Nebenleistungen etc.
10. Produkthaftung: Haftung des Lizenznehmers als Hersteller und evtl. Rückgriff auf den Lizenzgeber
11. Kosten für Aufrechterhaltung der Schutzrechte durch Lizenzgeber
12. Klagerecht/-pflicht bei Schutzrechtsverletzungen; Informations- und Mitwirkungspflichten; Kostenbelastung
13. Wettbewerbsverbot des Lizenzgebers: betroffene Produkte
14. Stichtag für Lizenzbeginn, Vertragsdauer und Kündigung
15. Folgen der Vertragsbeendigung: zB Aufbrauchfrist, Rückübertragung von Unterlagen, Wettbewerbsverbot und Geheimhaltungspflichten
16. Vorbehaltsklausel für kartellrechtliche Freigabe

---

[906] S. unten Rn. 458 ff. „Globallizenzen und Einzellizenzen".
[907] Vgl. unten Rn. 455 ff. „Arten des Lizenzvertrages".
[908] Vgl. unten Rn. 518 ff. „Arten von Lizenzgebühren".
[909] Siehe unten Rn. 458 ff. „Globallizenzen und Einzellizenzen".

17. Rechtswahl und Gerichtsstand
18. Schriftformklausel, salvatorische Klauseln.

2. Formelle und kartellrechtliche Anforderungen

Die deutsche FinVerw. verlangt für den normalen Lieferungs- und Leis- **447**
tungsverkehr zwischen nahe stehenden Unternehmen, dass die gleichen
formellen Anforderungen wie bei Geschäften zwischen Fremden beachtet
werden (Tz. 1.4.1 VGr). Diese Grundsätze gelten auch für die Nutzungsüberlassung von immateriellen Wirtschaftsgütern und daher verlangt die Fin-
Verw. regelmäßig das Vorliegen von im Voraus abgeschlossenen **schriftlichen
Verträgen.** Für den Abschluss von Lizenzverträgen existiert jedoch **kein gesetzliches Schriftformerfordernis.**[910] Soweit die deutsche FinVerw. für die
Anerkennung von Entgelten im Konzern generell schriftliche Verträge verlangt, selbst wenn die Schriftform nicht gesetzlich vorgeschrieben ist, fehlt
eine entsprechende Rechtsgrundlage.[911] Das bedeutet, dass ein Lizenzvertrag,
der zwischen Personen geschlossen wird, die sich in verschiedenen Staaten
befinden, formgültig ist, wenn er entweder die Formerfordernisse des Rechts,
das auf seinen Gegenstand bildende Rechtsverhältnis anzuwenden ist (zB des
vertraglich vereinbarten anwendbaren Rechts) oder des Rechts eines dieser
Staaten erfüllt (Art. 11 Abs. 2 EGBGB). Wenn der Lizenzvertrag demnach
nicht dem Recht eines Staates unterstellt wird, das bestimmte Formerfordernisse vorsieht, dann gilt für eine deutsche Gesellschaft als Lizenzgeber oder
Lizenznehmer gesetzlich die Formfreiheit des Vertrags. Ohne schriftlichen
Vertrag wird es dem Steuerpflichtigen allerdings idR schwer fallen, im Rahmen seiner Mitwirkungspflichten den genauen Vertragsinhalt darzulegen.

Darüber hinaus haben die Finanzgerichte und der BFH im Hinblick auf
den Wortlaut des **Art. 9 OECD-MA** deutliche **Schranken für formelle
Beanstandungen** gesetzt. Wenn demnach verbundene Unternehmen in
Staaten ansässig sind, die ein **DBA** abgeschlossen haben, das eine dem **Art. 9
OECD-MA** entsprechende Regelung enthält, dann dürfen Vereinbarungen
bzw. Zahlungen zwischen diesen Unternehmen nicht allein wegen des Fehlens eines schriftlichen Vertrags oder wegen anderer formeller Mängel beanstandet werden, da eine **Gewinnberichtigung** gem. den Regelungen des
nationalen Rechts im Hinblick auf die dem Art. 9 OECD-MA entsprechende DBA-Regelung nur zulässig ist, soweit die vereinbarten **Preise** – also
bspw. Lizenzzahlungen – **nicht dem Fremdvergleich** entsprechen.[912] Daher kommt es entscheidend darauf an, dass die eine Vertragspartei tatsächlich
eine Lieferung, Leistung oder Nutzungsüberlassung usw. erbracht hat und
dass die andere Partei ein dem Fremdvergleich entsprechendes Entgelt gezahlt
hat.

---

[910] Bis 1998 mussten kartellrechtlich relevante Verträge gem. § 34 GWB aF schriftlich abgeschlossen werden.
[911] Vgl. Kap. N Rn. 84 ff., 96 ff., 347 ff.; Kap. F Rn. 25 ff.
[912] Vgl. BFH 11.10.2012, IStR 2013, 109 ff.; FG Köln 22.8.2007, EFG 2008, 161;
FG Hamburg 31.10.2011, IStR 2012, 190. Dies bedeutet allerdings im Umkehrschluss, dass bei Staaten mit abkommenslosem Zustand (zB Brasilien) solche formalen
Beanstandungen zur außerbilanziellen Hinzurechnung der Lizenzgebühr führen können; vgl. auch Kap. F Rn. 24 ff.

448   In der Praxis werden aber – auch im Konzern – alle Lizenzverträge ohnehin schriftlich abgeschlossen, weil sowohl der Lizenzgeber als auch der Lizenznehmer den Schutz ihrer jeweiligen Rechte sicherstellen und die Höhe des Lizenzsatzes sowie anderer wichtiger Details festlegen wollen. Verträge fehlen im Einzelfall dann, wenn zB eine neue Produktionsgesellschaft die immateriellen Wirtschaftsgüter nutzt, jedoch die Muttergesellschaft als Eigentümerin der Rechte noch keine Lizenzgebühren belasten will, um die Anlaufverluste gering zu halten. Dies führt idR zu Gewinnberichtigungen.[913] Im Übrigen enthalten Lizenzverträge idR jedoch vertragliche **Formvorschriften und unterliegen kartellrechtlichen oder zeitlichen Beschränkungen**, die eingehalten werden müssen, damit der Vertrag wirksam ist. Die **Nichtigkeit des Lizenzvertrages** kann insb. vorliegen, wenn er
  – **gegen** die **guten Sitten** iSd § 138 BGB[914] verstößt oder
  – **nicht** in der gesetzlich **vorgeschriebenen**[915] **oder** vertraglich **vereinbarten Form** abgeschlossen bzw. geändert wurde (§§ 125–127 BGB) oder
  – wirksam nach §§ 119, 120 BGB angefochten wurde (§ 142 Abs. 1 BGB) oder
  – gegen ein **gesetzliches Verbot** verstößt, bspw. nach nationalem Wettbewerbsrecht (insb. §§ 20 Diskriminierungsverbot, 21 Boykottverbot GWB) oder gem. EU-Kartellrecht (Art. 101 AEUV, ehem. Art. 81 EGV, 106 AEUV, ehem. Art. 86 EGV).

449   Nur ein zivilrechtlich **wirksamer Vertrag** wird von der FinVerw. steuerlich anerkannt und rechtfertigt dem Grunde nach die Zahlung einer Lizenzgebühr. Dh, wenn der gesamte **Lizenzvertrag nichtig** ist, dann werden die Lizenzzahlungen an Mutter- oder Schwestergesellschaften von den Finanzbehörden als **verdeckte Gewinnausschüttungen** beurteilt. Dieser Meinung kann aber nicht uneingeschränkt gefolgt werden, weil trotz Nichtigkeit des Vertrags eine rückwirkende Leistungspflicht eintreten kann oder **gesetzliche Ausgleichsansprüche** bestehen können, die eine Zahlungsverpflichtung zur Folge haben. Nachfolgend werden die Einzelheiten solcher Ansprüche dargestellt.

450   So hat bspw. die Nichteinhaltung der vereinbarten Form nicht in jedem Fall die **Nichtigkeit des Vertrags** nach § 125 BGB zur Folge. Soll die Formabrede lediglich der Beweissicherung oder Klarstellung dienen, ist das Rechtsgeschäft auch bei Nichteinhaltung der Form wirksam.[916] Ferner ist es möglich, dass die Vertragsparteien einen wegen Formmangels nichtigen Vertrag später in der vorgeschriebenen Form abschließen.[917] Gem. § 141 Abs. 2 BGB hat diese **Bestätigung** des nichtigen Vertrags zur Folge, dass die Parteien im Zweifel verpflichtet sind, „einander zu gewähren, was sie haben wür-

---

[913] Zur Vermeidung kann eine gestaffelte Lizenz vereinbart werden, vgl. unten Rn. 521 f.

[914] *Groß*, Rn. 51; nicht nur zu hohe, sondern auch zu niedrige Lizenzgebühren können wegen auffälligen Missverhältnisses von Leistung und Gegenleistung sittenwidrig sein, vgl. BGH 1.12.1988, GRUR 1989, 198 ff.

[915] Für Lizenzverträge, die bis zum 31.12.98 geschlossen wurden, galt die Schriftform des § 34 GWB aF; sie können aber formlos wirksam neu abgeschlossen werden, vgl. *Mes*, § 15 PatG, Rn. 82 f.

[916] Vgl. *Palandt/Ellenberger* § 125 BGB, Rn. 17.

[917] Vgl. *Palandt/Ellenberger*, § 141 BGB, Rn. 4.

den, wenn der Vertrag von Anfang an gültig gewesen wäre". Zwar hat die Bestätigung als Neuvornahme keine rückwirkende Kraft und gilt erst ab dem Zeitpunkt der Bestätigung, jedoch folgt aus § 141 Abs. 2 BGB eine schuldrechtliche Rückbeziehung der Leistungspflichten.[918] Die deutschen Finanzbehörden müssen diese Rechtsfolgen respektieren und dürfen folglich aus der Nichtbeachtung der vereinbarten Schriftform keine Gewinnberechtigungen herleiten, wenn die Parteien zB eine Erhöhung der Lizenzgebühren vereinbaren und durchführen, jedoch eine unterzeichnete Vertragsergänzung erst später vornehmen.

Wenn eine **Marke wegen Nichtigkeit** im Register **gelöscht** wird, dann gelten zwar die Wirkungen der Eintragung als von Anfang an nicht eingetreten (§ 52 Abs. 2 MarkenG, Art. 54 Abs. 2 GMV). Bei **erfüllten** Verträgen wird die Rückwirkung jedoch im Interesse des Rechtsfriedens ausgeschlossen und **nur in Billigkeitsfällen** kann eine **Rückerstattung geleisteter Zahlungen** verlangt werden (§ 52 Abs. 3 Nr. 2 MarkenG, Art. 54 Abs. 3 Buchst. b GMV), so zB wenn der Markeninhaber die Löschungsreife kannte[919] oder wenn Dritte die lizenzierte Marke im Hinblick auf die Löschungsreife nicht mehr respektiert haben.[920] Auch diese markenrechtlichen Regelungen sind von den Finanzbehörden zu akzeptieren.

Außerdem ist zu prüfen, ob womöglich nur eine **Teilnichtigkeit** des Vertrags vorliegt. Während Sittenwidrigkeit, Missachtung von Formvorschriften und auf unmögliche Leistung gerichtete Verträge generell Gesamtnichtigkeit des Vertrages zur Folge haben, führen **Verstöße** gegen **kartellrechtliche Verbote** nicht automatisch zur Unwirksamkeit des gesamten Vertrags, sondern häufig ergibt sich nur eine Teilnichtigkeit. Dies wird im Rahmen der nachfolgenden Beispiele erläutert. **451**

Beispiel 1: Die US-Pharma-Firma U-Corp. bringt als erste ein wirksames Präparat auf den Markt, mit dem die Immunschwächekrankheit AIDS in mehr als 90 % der Fälle geheilt werden kann. Die deutsche Pharma-Produktionstochter T-GmbH erwirbt das Patent für den deutschen Markt und zahlt der US-Muttergesellschaft im Hinblick auf das Monopol eine laufende Lizenzgebühr von 60 % vom Umsatz, die sich nach 10 Jahren auf 15 % vom Umsatz verringern soll. Die Planung der T-GmbH zeigt, dass sie innerhalb der ersten 10 Jahre Verluste mit dem Produkt erwirtschaften wird und dass erst nach der Verminderung des Lizenzsatzes ein angemessener Gewinn erwirtschaftet werden kann.

In diesem Fall ist es denkbar, dass nach Überprüfung der näheren Umstände die Ausnutzung der Monopolstellung und die Vereinbarung der extrem hohen Lizenzgebühr als sittenwidrig iSd § 138 BGB angesehen werden.[921] Das Rechtsgeschäft wäre dann nichtig und die T-GmbH würde deshalb überhaupt keine – auch keine angemes-

---

[918] Vgl. *Palandt/Ellenberger*, § 141 BGB, Rn. 8.

[919] Vgl. *Ingerl/Rohnke* § 52 MarkenG, Rn. 18.

[920] Ströbele/*Hacker* § 52 MarkenG Rn. 24 ff. verweisen auf **Schadensersatzansprüche** des Lizenznehmers nach §§ 823, 826 BGB, wenn der Lizenzgeber ein aussichtsloses Löschungsverfahren bewusst verschleppt hat. Auch die Rückforderung von für die Zukunft gezahlten Lizenzgebühren nach Kündigung bzw. Wegfall des Lizenzvertrags wg. Löschung der lizenzierten Marke ist möglich gem. § 812 Abs. 1 S. 2, 1. Alt. BGB (**Bereicherungsansprüche** im Hinblick auf den Wegfall des Rechtsgrundes).

[921] Außerdem müsste geprüft werden, ob eine missbräuchliche Ausnutzung einer beherrschenden Stellung auf dem EU-Markt iSd Art. 106 AEUV (ehem. Art. 86 EGV) vorliegt.

sene – Lizenzgebühr schulden. Die Gefahr, dass sich die FinVerw. oder gar ein nahe stehendes Unternehmen auf Nichtigkeit wegen Sittenwidrigkeit bzw. Wucher beruft, ist aber nur in Extremfällen denkbar. Viel eher ist mit solchen Beanstandungen im Konzern zu rechnen, wenn ein außenstehender Minderheitsgesellschafter zivilrechtlich gegen derartige Vereinbarungen vorgeht und obsiegt und dies dann den Finanzbehörden bekannt wird.

Beispiel 2: Die deutsche D-AG gewährt der belgischen Schwestergesellschaft B-NV eine zunächst auf 10 Jahre befristete Patentlizenz zur Produktion und zum Vertrieb von Autoradios in den Benelux-Staaten und Frankreich. Die Lizenzgebühr beträgt 4 % vom Nettoumsatz. Der B-NV werden die Herstellung und die aktive Vertriebspolitik, insb. die Werbung in Vertragsgebieten anderer Lizenznehmer, nicht gestattet. Im Patentvertrag verpflichtet sich die B-NV ferner, keine Unterlizenzen zu erteilen und die gleichen Preise gegenüber Großhändlern und Handelsketten zu verlangen, wie sie die D-AG für die von ihr produzierten Autoradios von deutschen und anderen europäischen Großhändlern und Handelsketten verlangt. Außerdem dürfen die Produkte der B-NV nicht an die deutsche Handelskette C verkauft werden, die die Produkte in Frankreich absetzen will.

Während Art. 101 Abs. 1 AEUV (ehem. Art. 81 Abs. 1 EGV) bestimmte Vereinbarungen verbietet, die geeignet sind, den Wettbewerb innerhalb des EU-Marktes zu beschränken, gestattet die auf Art. 101 Abs. 3 AEUV (ehem. Art. 81 Abs. 3 EGV) beruhende sog. „Gruppenfreistellungsverordnung für Technologietransfer-Vereinbarungen (TT-GVO)"[922] bestimmte Absprachen, sofern die Vertragsparteien (auch verbundene Unternehmen) die in Art. 3 TT-GVO genannten Marktanteilsschwellen[923] nicht überschreiten. So ist im Fallbeispiel die gebietliche Beschränkung zulässig, ebenso das Verbot Unterlizenzen zu erteilen.[924] Dagegen sind die Beschränkungen hinsichtlich der Preise und das Verbot Abnehmer C zu beliefern, unzulässig.[925] Die verbotenen Vereinbarungen sind wegen Verstoßes gegen Artikel 101 nichtig (Art. 101 Abs. 2 AEUV). Damit ist allerdings nicht der gesamte Vertrag unwirksam, sondern nur die unzulässigen Vertragsklauseln, es sei denn, dass die unwirksame Regelung für den ganzen Vertrag von solcher Bedeutung ist, dass dieser ohne sie in seiner Grundlage völlig verändert würde.[926] Im Beispielsfall sind daher die angemessenen Lizenzgebühren trotz Teilnichtigkeit des Vertrages zu zahlen und auch steuerlich anzuerkennen.

452   In diesem Zusammenhang ist noch darauf hinzuweisen, dass nach der EuGH-Rspr. die Verbotsvorschriften des Art. 101 Abs. 1 AEUV (ehem.

---

[922] Die „Verordnung (EG) Nr. 772/2004 der Kommission vom 27.4.2004 über die Anwendung von Art. 101 Abs. 3 AEUV auf Gruppen von **Technologietransfer-Vereinbarungen**" (TT-GVO) ist abgedruckt in ABl. der EU, 27.4.2004, L 123/11 ff.; ferner die „Leitlinien zur Anwendung von Art. 101 AEUV auf **Technologietransfer-Vereinbarungen**" in ABl. der EU, 27.4.2004, C 101/ 2 ff.

[923] Vgl. Art. 3 Abs. 1 und 2 TT-GVO: Für konkurrierende Unternehmen darf der gemeinsame Marktanteil auf dem relevanten Technologie- und Produktmarkt 20 % nicht überschreiten. Für nicht konkurrierende Unternehmen darf der individuelle Marktanteil auf dem relevanten Technologie- und Produktmarkt 30 % nicht überschreiten.

[924] Vgl. Art. 4 Abs. 1 Buchst c), i) und Abs. 2 Buchst i) und ii) TT-GVO.

[925] Vgl. Art. 4 Abs. 1 Buchst. a) und c) und Abs. 2 Buchst. a) und b) TT-GVO.

[926] Abweichend von der allgemeinen Auslegungsregel des § 139 BGB, der im Regelfall Nichtigkeit des Gesamtvertrags und im Ausnahmefall Teilnichtigkeit vorsieht, geht die h. M. bei Lizenzverträgen dahin, diese möglichst aufrechtzuerhalten und die Unwirksamkeit wegen kartellrechtlicher Verstöße auf die unzulässigen Klauseln zu beschränken, vgl. zB BGH 18.3.1955, BGHZ 17, 41; 30.5.1978, BB 1978, 1740; *Groß*, Rn. 53 und 541 mwN.

Art. 81 Abs. 1 EGV) nicht anwendbar sind, wenn die **Tochtergesellschaft** ihr Vorgehen auf dem Markt nicht wirklich autonom bestimmen kann, weil sie mit der **Muttergesellschaft** eine **wirtschaftliche Einheit** bildet.[927] Art. 101 Abs. 1 AEUV (ehem. Art. 81 Abs. 1 EGV) soll also nur die Beziehungen zwischen wirtschaftlichen Einheiten betreffen, die zueinander in Wettbewerb treten können, und nicht Vereinbarungen oder abgestimmte Verhaltensweisen von Konzernunternehmen, die eine wirtschaftliche Einheit bilden.[928] Aus dieser **wettbewerbsrechtlichen Fiktion** der wirtschaftlichen **Einheit zwischen Mutter- und Tochtergesellschaft** kann man allerdings **steuerlich keine Schlüsse** ziehen, weil man sonst zu dem Ergebnis kommen müsste, dass wegen der (unterstellten) fehlenden Autonomie der Tochtergesellschaft generell keine unabhängigen Entscheidungen des ordentlichen Geschäftsführers der Tochtergesellschaft möglich sind und dass folglich alle Verrechnungspreise von der Muttergesellschaft bestimmt werden.

Zu beachten ist, dass seit der Schuldrechtsreform ein Vertrag, der auf eine **453** unmögliche Leistung gerichtet ist, wirksam ist.

Beispiel: Ein Lizenzgeber vereinbart mit dem Lizenznehmer einen Lizenzvertrag über ein angemeldetes, aber noch nicht registriertes Patent. Der Lizenznehmer hat eine Pauschallizenz gezahlt und will die Produktion aufnehmen. Das Patentamt teilt dem Lizenzgeber mit, dass die Erfindung nicht patentfähig ist. Der Vertrag hat eine unmögliche Leistung zum Gegenstand, so dass ein Leistungshindernis vorliegt (§ 311a Abs. 1 BGB), das den Gläubiger berechtigt, Schadensersatz oder Ersatz seiner Aufwendungen zu verlangen, sofern der Schuldner das Leistungshindernis kannte oder seine Unkenntnis zu vertreten hat (§ 311a Abs. 2 BGB). Soweit es sich bei der nicht patentfähigen Technologie jedoch um ein geheimes technisches Know-how handelt, kommt eine Auslegung des Vertrags dahingehend in Betracht, dass die Parteien ihn als Know-how-Vertrag aufrecht erhalten wollen, soweit die vereinbarte Lizenzgebühr auch für die Überlassung des Know-how dem Fremdvergleich entspricht.[929]

Mit der **Nichtigkeit** einer Lizenzvereinbarung fehlt von Anfang an die **454** vertragliche Grundlage für die Nutzungsüberlassung des immateriellen Wirtschaftsguts und für die Zahlung der Lizenzgebühr. Wenn auf den nichtigen Lizenzvertrag deutsches Recht Anwendung findet, haben die Parteien bereicherungsrechtliche Rückgewähransprüche nach §§ 812ff. BGB (Ansprüche aus ungerechtfertigter Bereicherung).[930]

Allerdings kann unter Umständen die in der Vergangenheit gewährte Nutzung des immateriellen Wirtschaftsguts nicht mehr herausgegeben werden. Für diesen Fall sieht § 818 Abs. 2 BGB vor, dass der Empfänger den Wert des „Erlangten" zu ersetzen hat. Demnach hat der Lizenzgeber für die gewährte Nutzung der immateriellen Wirtschaftsgüter einen **gesetzlichen Anspruch auf Wertersatz** in Geld. Zu ersetzen ist der gemeine Wert, dh der objektive Verkehrswert, den die Leistung nach ihrer tatsächlichen Beschaffenheit hat, nicht aber das besondere Interesse eines Beteiligten und nicht der aufgrund

---

[927] EuGH 12.1.1995, DB 1995, 313; 14.7.1972, EuGHE 1972, 619 Rn. 134.

[928] EuGH 12.1.1995, DB 1995, 313 mwN.

[929] Zu weiteren rechtlichen Aspekten, insb. auch bei nachträglich unwirksamen Patenten oder bei Wegfall der Geschäftsgrundlage usw., vgl. *Groß*, Rn. 65 und 85–86.

[930] BGH 4.5.2000, DB 2000, 2595 ff.; vgl. ferner zu Spezialregelungen oben Rn. 450.

der persönlichen Leistung des Bereicherten erzielte Gewinn.[931] Für den Ersatz der Nutzungen immaterieller Wirtschaftsgüter ist nach der Rspr. des Bundesgerichtshofs die angemessene und übliche Lizenzgebühr zu ersetzen, wobei die Wertberechnung im Wege der **Lizenzanalogie** (wie bei Schadensersatzansprüchen nach §§ 823 ff. BGB) erfolgt.[932]

Beispiel: Eine britische Konzerngesellschaft gewährt Patent-Lizenzen an ausländische Schwesterunternehmen, unter anderem an die deutsche D-GmbH. Unterstellt, der Vertrag ist wegen unbewussten Verstoßes gegen Art. 101 AEUV (ehem. Art. 81 EGV) nichtig und deutsches Zivilrecht wäre anwendbar,[933] dann wird der deutsche Außenprüfer die Lizenzgebühren wegen fehlender Vertragsgrundlage beanstanden. Diesem Einwand kann entgegengehalten werden, dass die D-GmbH gem. §§ 812, 818 Abs. 2 BGB gleichwohl eine angemessene Lizenzgebühr schuldet und dass folglich keine verdeckte Gewinnausschüttung vorliegt, soweit die vertraglich vereinbarten Lizenzgebühren die Grenze der Angemessenheit nicht überschritten.[934]

3. Arten des Lizenzvertrages

455   Es gibt viele Arten von Lizenzverträgen und man kann diese nach unterschiedlichen Kriterien klassifizieren. Am häufigsten ist eine Unterteilung und Benennung der Verträge nach der **Art der** überlassenen **immateriellen Wirtschaftsgüter oder** nach den vereinbarten räumlichen, zeitlichen, sachlichen oder persönlichen **Beschränkungen.**

456   Bei der Differenzierung der Lizenzverträge im Hinblick auf die lizenzierten immateriellen Wirtschaftsgüter (Patente, Know-how, Gebrauchsmuster, eingetragene Designs, Marken, Urheberrechte usw.) werden bspw. bei einer **Patentlizenz** Patente iSd Patentgesetzes, bei einer **Markenlizenz** Marken iSd Markengesetzes oder bei einer **Know-how-Lizenz** Betriebsgeheimnisse und technisches Geheimwissen zur Nutzung überlassen. Auf die **Bezeichnung** der Verträge kommt es allerdings **nicht entscheidend** an. Sowohl rechtlich als auch steuerlich ist vielmehr entscheidend, welche immateriellen Wirtschaftsgüter tatsächlich aufgrund des Vertrages genutzt werden. Vertragslücken werden im Wege der Auslegung geschlossen.[935] Ein **Patentlizenzvertrag** für die Herstellung bestimmter Markenwaren umfasst bspw. – auch ohne ausdrückliche Erwähnung der Nutzungsüberlassung der Marke – das Recht zur Produktion dieser Waren mit der aufgedruckten Marke, so dass gleichzeitig

---

[931] *Palandt/Sprau,* § 818 BGB, Rn. 19; ebenso kann von einem Verletzer des Schutzrechts nur Wertersatz durch Zahlung einer angemessenen Lizenz verlangt werden, nicht aber die Herausgabe des Verletzergewinns, BGH 24.11.1981, DB 1982, 1006; ferner unten Rn. 464 f. Etwas anderes gilt, wenn Schadensersatz durch Herausgabe des Verletzergewinns geltend gemacht wird, bei dessen Bestimmung der Verletzer übrigens nicht geltend machen kann, dieser beruhe teilweise auf besonderen eigenen Vertriebsleistungen, vgl. BGH 2.11.2000, NJW 2001, 2173 ff.

[932] BGH 18.2.1992, NJW-RR 1992, 872; BGH 4.5.2000, DB 2000, 2595 ff.; BGH 26.6.2003, GRUR 2003, 897.

[933] Nach deutschem Recht besteht für Verträge grundsätzlich freie Rechtswahl; vgl. dazu Rom I-VO sowie ausführlich Kap. N Rn. 516 ff.

[934] Vgl. BFH 11.10.2012, IStR 2013, 109 ff.; FG Köln 22.8.2007, EFG 2008, 161; FG Hamburg 31.10.2011, IStR 2012, 190.

[935] Vgl. §§ 133, 157, 242 BGB.

auch eine **Markenlizenz** vorliegt. Patentlizenzverträge beinhalten häufig neben der Nutzungsüberlassung der registrierten Patente auch die Überlassung von geheimem Know-how, das für die Produktion erforderlich ist. Insoweit handelt es sich nicht um einen reinen Patentlizenzvertrag, sondern um einen gemischten **Patent- und Know-how-Lizenzvertrag.** Diese Beispiele ließen sich weiter fortsetzen. Für die Praxis empfiehlt sich in jedem Fall, klare und umfassende Verträge zu vereinbaren und eindeutige Definitionen in den Vertrag aufzunehmen, um Zweifel auszuschließen.[936]

Bei räumlichen oder zeitlichen Beschränkungen spricht man von **Gebiets-** **457** **lizenzen** bzw. **Zeitlizenzen.** Sachliche Beschränkungen unterscheiden nach der Nutzungsart, bspw. zwischen **Herstellungs-, Vertriebs- und Gebrauchslizenzen.** Bei persönlichen Beschränkungen wird auf den Umfang des Nutzungsrechts des Lizenznehmers im Verhältnis zum Lizenzgeber und zu Dritten abgestellt und zwischen **ausschließlicher Lizenz, alleiniger Lizenz** und **einfacher Lizenz** (auch sog. gewöhnlicher Lizenz) differenziert.[937] Hier kann auch eine Unterscheidung nach der Person des Berechtigten getroffen werden, wobei v.a. die **persönliche Lizenz,** die **Betriebslizenz** und die **Konzernlizenz** zu nennen sind.[938] Ein Lizenzvertrag enthält in der Praxis oft mehrere Beschränkungen, so zB eine **beschränkte Exklusivlizenz,** durch die der Lizenznehmer das ausschließliche Nutzungsrecht nur für einen bestimmten Anwendungsbereich der geschützten Erfindungen und nur für bestimmte Staaten erwirbt, während im Übrigen die Rechte beim Lizenzgeber verbleiben. Sowohl die Art des immateriellen Wirtschaftsguts als auch der Vertragstyp sowie weitere noch zu erörternde Einflussfaktoren bestimmten die Höhe der Lizenzgebühren, die im Konzern wiederum der steuerlichen Überprüfung unterliegen. Aus diesen Gründen werden nachfolgend die wichtigsten **Lizenztypen** ausführlich dargestellt.

a) Globallizenzen und Einzellizenzen

In der Praxis kommt es häufig vor, dass **gemischte Lizenzverträge** abge- **458** schlossen werden, die sich auf **mehrere immaterielle Wirtschaftsgüter** gleichzeitig beziehen. Wenn der Lizenzvertrag keine gesonderten Lizenzsätze für die einzelnen zur Nutzung überlassenen immateriellen Wirtschaftsgüter ausweist, sondern nur eine einheitliche Lizenzgebühr, dann spricht man vom Vorliegen einer **Globallizenz.** In diesen Fällen ist es schwieriger als bei Einzellizenzen, die Angemessenheit der Lizenzgebühren zu überprüfen. Die deutsche FinVerw. steht den Globallizenzen deshalb kritisch gegenüber. Sofern von einem Lizenznehmer **mehrere immaterielle Wirtschaftsgüter** genutzt werden, können diese grundsätzlich nur dann zusammengefasst werden, wenn sie technisch und wirtschaftlich eine **Einheit** bilden (Tz. 5.2.1 VGr). *Becker*[939] vertritt zutreffend die Auffassung, dass dieser Grundsatz nicht dazu führen dürfe, die Lizenzgebühr für jedes einzelne Wirtschaftsgut nur getrennt und gesondert zu berechnen, sondern dass für Leistungsbündel auch ein **Gesamtentgelt zulässig** sein muss. Entgegen der Meinung der FinVerw.

---

[936] S. auch unten Rn. 458 ff. „Globallizenzen und Einzellizenzen".
[937] Vgl. *Groß*, Rn. 36 ff.
[938] *Groß*, Rn. 40 ff.
[939] *Becker/Kroppen*, § 1 AStG zu Tz. 5.2.1 VGr.

muss eine Zusammenfassung von immateriellen Wirtschaftsgütern zu einem Leistungsbündel nicht nur bei „technischer und wirtschaftlicher Einheit" zulässig sein, sondern auch dann, wenn es aus irgendeinem Grund als Einheit erscheint, zB wenn ein Patent, ein eingetragenes Design und eine Marke für die Herstellung und den Vertrieb bestimmter Produkte lizenziert werden. Zur Klarstellung sei bereits an dieser Stelle angemerkt, dass das Plädoyer für die Anerkennung der Globallizenzen keineswegs als Empfehlung für die bevorzugte Verwendung von Globallizenzen missverstanden werden darf.

Beispiel: Die ausländische Gesellschaft M-S. A. gewährt ihrer deutschen Tochtergesellschaft T-GmbH gegen Zahlung einer Lizenzgebühr von 5,5% vom Nettoumsatz folgende Lizenzen:

1. unterschiedliche Patente nebst geheimem Know-how in ausschließlicher Lizenz für die Produktion und den Vertrieb von Kühlschränken, Gefrierschränken und Kühl-/Gefrierkombinationen in Deutschland
2. unterschiedliche Patente nebst geheimem Know-how in nicht ausschließlicher Lizenz für die Produktion und den Vertrieb von Waschmaschinen und anderen Haushaltsgeräten in Deutschland und Europa
3. in Deutschland und Europa bekannte und weniger bekannte registrierte Marken der M-S. A. für die Herstellung und den Vertrieb der Geräte.

In diesem Fall liegt eine Globallizenz (mit einem einheitlichen Lizenzsatz von 5,5%) vor, die nicht erkennen lässt, welcher Lizenzsatz im Einzelnen für die jeweils zur Nutzung überlassenen immateriellen Wirtschaftsgüter angemessen wäre.

459 Trotz der in Tz. 5.2.1 VGr enthaltenen Vorbehalte muss die deutsche Fin-Verw. grundsätzlich auch **Globallizenzen** steuerlich anerkennen, wenn diese insgesamt als angemessen erscheinen. Zum einen besteht zivilrechtliche **Vertragsfreiheit;** die Parteien können nach deutschem oder ausländischem Recht die Gestaltung frei wählen und folglich rechtswirksam Globallizenzen vereinbaren. Diese Auffassung wird offensichtlich auch in Tz. 6.18 OECD-VPL vertreten, wo darauf hingewiesen wird, dass ein Unternehmen in einem Vertrag über ein Leistungspaket **(Package Deal)** eine Lizenz für alle immateriellen Wirtschaftsgüter gewähren kann, die es besitzt, und dass dieser Vertrag über ein Leistungspaket dann für Steuerzwecke aufgeschnürt werden muss, um die Angemessenheit der Verrechnungspreise für die zur Nutzung überlassenen immateriellen Wirtschaftsgüter zu beurteilen. Entscheidend für die steuerliche Abzugsfähigkeit als Betriebsausgabe ist nur die **betriebliche Veranlassung,** wobei es nicht darauf ankommt, ob mehrere überlassene immaterielle Wirtschaftsgüter technisch und wirtschaftlich eine Einheit bilden oder nicht.[940] Ferner wurde das in der Entwurfsfassung der VGr vorgesehene Verbot der globalen Verrechnung nicht in die Endfassung der VGr übernommen, was ebenfalls für die Zulässigkeit eines Gesamtentgelts spricht.[941]

460 Ein weiteres Argument für die **steuerliche Anerkennung** von **Globallizenzen** lässt sich aus Tz. 11.6 des OECD-Kommentars zu Art. 12 OECD-MA herleiten, wo die Zahlung von Globalentgelten anerkannt wird, wenn bspw. für die Überlassung von Know-how und die Erbringung von technischen Dienstleistungen, Garantieleistungen usw. ein Gesamtbetrag gezahlt wird. Diese Globalvergütung muss dann im allgemeinen auf Grund des Vertragsinhalts

---

[940] *Becker/Kroppen,* § 1 AStG zu Tz. 5.2.1 VGr.
[941] *Becker/Kroppen,* § 1 AStG zu Tz. 5.2.1 VGr.

oder durch einen sonstigen angemessenen Schlüssel nach den verschiedenen Leistungen, die der Vertrag vorsieht, aufgegliedert und **jeder Teilbetrag** entsprechend seiner Art steuerlich beurteilt werden. Etwaige Quellensteuern können dann nur von dem anteiligen Lizenzentgelt und nicht auf das Entgelt für technische oder sonstige Dienstleistungen erhoben werden.[942]

Neben der bereits zitierten Tz. 6.18 sehen auch die Tz. 3.9–3.12 und **461** Tz. 6.17 **OECD-VPL** (2010) und Tz. 6.96 OECD-VPL Kapitel VI (2014 Guidance) Gesamtentgelte für sog. genannte Verträge über Leistungspakete **(Package Deals)** als zulässig an, wobei auch hier die Forderung erhoben wird, das Entgelt für die Bestimmung der Angemessenheit einzelner Leistungen in bestimmten Fällen aufzuteilen. Die **US-Regulations** verlangen grundsätzlich eine Aufteilung des Entgelts, soweit neben der Nutzungsüberlassung immaterieller Wirtschaftsgüter auch Dienstleistungen erbracht werden, es sei denn, dass diese Dienstleistungen von untergeordneter Bedeutung sind, wie bspw. die Einweisung anlässlich des Beginns der Nutzung.[943]

An dieser Stelle ist noch kurz anzumerken, dass für **technische Dienst-** **462** **leistungen** im Rahmen eines „**Lizenzvertrags**" auch aus deutscher Sicht (in Übereinstimmung mit den oben erwähnten US-Regulations) geprüft werden muss, ob es sich um eine unbedeutende Nebenleistung (zB Einweisung des Lizenznehmers in das Produktionsverfahren) oder um eine Leistung mit eigenem Gewicht handelt, wie zB die laufende beratende oder technische Unterstützung.[944] Im zuerst genannten Fall ist es nicht zu beanstanden, wenn keine separate Berechnung der Leistungen erfolgt, sondern diese von der Lizenzgebühr umfasst werden. Dagegen müssen die **eigenständigen Nebenleistungen gesondert** in **Rechnung** gestellt werden; für die Überprüfung der Verrechnungspreise kommt daher die Anwendung anderer Methoden in Betracht. Insoweit gelten die in diesem Handbuch für Dienstleistungen dargestellten Grundsätze.[945]

In der Praxis sollte beim Abschluss von Lizenzverträgen grundsätzlich dar- **463** auf geachtet werden, dass
– für laufende **Dienstleistungen** (zB Technical Support, Trouble-shooting) **separate Verträge** oder **getrennte Entgelte** vereinbart werden und
– für die Nutzungsüberlassung verschiedener immaterieller Wirtschaftsgüter **keine Globallizenzen, sondern Einzellizenzen** vorgesehen werden, soweit kein innerer Sachzusammenhang besteht, der für die Festsetzung eines gemeinsamen Lizenzsatzes für mehrere immaterielle Wirtschaftsgüter spricht.

Eine weitgehende Trennung der Entgelte vermeidet die Probleme der Auf- **464** teilung des Gesamtentgelts und damit auch diesbezügliche Diskussionen mit den FinVerw. in den beteiligten Ländern. Ferner ist die **Aufspaltung** einer Lizenzvereinbarung in **Einzellizenzen** mit jeweils gesonderter Lizenzgebühr für die einzelnen immateriellen Wirtschaftsgüter meistens **vorteilhaft** gegen-

---

[942] In einigen DBA werden allerdings Quellensteuern auf technische Dienstleistungen zugelassen, vgl. oben Rn. 144.
[943] US-Regulations § 1.482-9(m)(2).
[944] *Pöllath* in Vogel/Lehner, Art. 12 DBA, Rn. 74; BFH 27.4.1977, BStBl. II 1977, 623; vgl. auch oben Rn. 144 f.
[945] Vgl. Kap. N Rn. 141 ff.

über einer pauschalen Globallizenzgebühr. Dabei können die separaten Lizenzgebühren gleichwohl in einem einzigen Vertrag in gesonderten Klauseln geregelt werden. Die Einzellizenzen ermöglichen die **Vereinbarung unterschiedlicher Lizenzsätze** für verschiedene immaterielle Wirtschaftsgüter und können daher leichter mit branchenüblichen Sätzen verglichen und gerechtfertigt werden.[946] Außerdem setzt sich die Globallizenz aus der **Summe** der Teil-Lizenzgebühren für die **Einzellizenzen** zusammen und erscheint damit auf den ersten Blick oft als relativ hoch, so dass von Anfang an mit einer größeren Skepsis der FinVerw. zu rechnen ist. Schließlich ist jede sinnvolle Aufteilung in Einzellizenzen auch rechtlich von Vorteil, weil dies v. a. spätere **Vertragsänderungen** beim Wegfall oder Hinzutreten immaterieller Wirtschaftsgüter **erleichtert.**

465   Es besteht jedoch keine Verpflichtung zur Ersetzung von Globallizenzen durch Einzellizenzen und im **Einzelfall** kann eine **Globallizenz** für das Unternehmen auch von **Vorteil** sein.

> **Beispiel:** Die US-Muttergesellschaft lässt durch ihre deutsche Tochtergesellschaft T Computerhardware herstellen und in Europa vertreiben. Die T zahlt für die Nutzung der Marke, der Patente und des Produktions-Know-how eine Globallizenz auf Basis des Umsatzes von 6 %. Wenn aus Sicht der deutschen Finanzbehörden Umsatzlizenzen für die Markennutzung iHv 2 % und für die Nutzung der Patente und des Know-how iHv 4 % akzeptabel wären, während die US-Finanzbehörden Umsatzlizenzen für die Marke iHv 3 % und für die Patente und das Know-how iHv 3 % anerkennen würden, dann würde die Globallizenz eine denkbare Beanstandung und ein mögliches Verständigungsverfahren zwischen den Finanzbehörden über die angemessene Höhe der Einzellizenzen vermeiden, weil im Ergebnis die Summe der Lizenzgebühren zu einem für beide Staaten akzeptablen Ergebnis führt. Aus Vereinfachungsgründen wurde in diesem Beispiel auf die Berücksichtigung von Bandbreiten verzichtet.

466   Soweit von einem Strategieträger zB mehrere immaterielle Wirtschaftsgüter an ein sonst voll ausgestattetes Produktionsunternehmen lizenziert werden, sollte im Lizenzvertrag zumindest unterschieden werden zwischen der Lizenzgebühr für **immaterielle Wirtschaftsgüter, die Produktionszwecken dienen** (zB für Patente, Gebrauchsmuster, eingetragene Designs, Urheberrechte und/oder für die Produktion erforderliches technisches Know-how) und der Lizenzgebühr für **immaterielle Wirtschaftsgüter, die Marketingzwecken dienen** (zB Marken, Vertriebs-Know-how, arzneimittelrechtliche Zulassungen), damit die Höhe der vom Produktionsunternehmen zu zahlenden Lizenzgebühren für beide Kategorien anhand von Datenbankanalysen getrennt festgesetzt bzw. überprüft werden kann.[947] Darüber hinaus kann es im Einzelfall empfehlenswert sein, separate Lizenzgebühren für die zur Nutzung überlassenen immateriellen Wirtschaftsgüter (Patente, Marken, Know-how usw.) getrennt nach unterschiedlichen **Produktlinien** (zB mit Anwendung gemischter Patent- und Know-how-Lizenz) oder nach anderen

---

[946] Vgl. zur kumulativen Nutzung immaterieller Wirtschaftsgüter auch unten Rn. 607 f.

[947] Auch die OECD-Leitlinie (2010) unterschied in Kapitel VI, Tz. 6.3 ff. zwischen „Immateriellen Marketingwerten" und „Betrieblichen immateriellen Werten". Diese Differenzierung wird jedoch in den neuen OECD-VPL Kapitel VI (2014 Guidance), Tz. 6.15 ausdrücklich aufgegeben.

wirtschaftlichen oder rechtlichen Gesichtspunkten zu vereinbaren. Wenn also mehrere Patente zusammen mit Produktions-Know-how für die Herstellung eines bestimmten Produkts oder für alle Erzeugnisse einer Produktlinie benötigt werden, ist es sinnvoll, für die Nutzung dieser immateriellen Wirtschaftsgüter eine eigene Lizenzgebühr (zB vom Nettoumsatz dieser Produkte) festzulegen, die von den Lizenzsätzen für andere Produktlinien abweichen kann.

Beispiel 1: Eine ausländische Muttergesellschaft gewährt ihrer deutschen Tochtergesellschaft die Nutzung unterschiedlicher immaterieller Wirtschaftsgüter für Produktions- und Vertriebszwecke für 2 Produktlinien. Für den Lizenzvertrag bestehen zB folgende Möglichkeiten:
– eine laufende Lizenzgebühr für Patente und Produktions-Know-how für jede Produktlinie, wobei unterschiedliche Lizenzsätze denkbar sind, wenn die hierfür genutzten Patente nebst Know-how einen unterschiedlichen Wert haben, insbesondere wenn im Hinblick auf die Gewinnerwartungen der beiden Produktlinien nennenswerte Unterschiede bestehen;
– in gleicher Weise laufende Lizenzgebühren für das eingetragene Design, das für die jeweilige Erscheinungsform bestimmter Produkte benötigt wird;
– eine weitere laufende Gebühr für die Nutzung der Marken, wobei bei unterschiedlichem Bekanntheitsgrad der Marken (und dadurch bedingten Abweichungen der Gewinnspannen) wiederum unterschiedliche Lizenzsätze möglich sind.
Für die Festsetzung der Höhe der Lizenzgebühr ist eine der in den nachfolgenden Abschnitten erörterten Verrechnungspreismethoden anzuwenden.

Beispiel 2: Die schweizerische S-AG berechnet ihrer deutschen Tochtergesellschaft T-GmbH eine Lizenzgebühr iHv 5 % vom Nettoumsatz für die Nutzung von Patenten, Know-how und Marken zur Produktion von Gasmessgeräten. Der S-Konzern ist Marktführer für solche Geräte in Deutschland und Europa und die Markengeräte werden von qualitätsbewussten Abnehmern bevorzugt erworben. Die S-AG kündigt fristgemäß zum Jahresende 2012 den Globallizenzvertrag und bietet der T-GmbH eine Verlängerung zu folgenden geänderten Bedingungen an:
a) Für vergleichbare Patente nebst Know-how zahlen Wettbewerber an fremde Lizenzgeber Lizenzen von 2–8 % vom Nettoumsatz mit einer Interquartile Range von 3–5 % und einem Median von 4 % vom Nettoumsatz. Die T-GmbH soll 6 % Nettoumsatzlizenz zahlen. Die S-AG begründet dies mit ihrer führenden Position am Markt und den nachhaltigen Gewinnen der T-GmbH, die vor Lizenzgebühren und Steuern ca. 1 Mio. € erreichen bei einem Umsatz von ca. 5 Mio. €.
b) Für die Herstellung und den Vertrieb der Produkte unter der Marke soll eine Lizenzgebühr von 2 % vom Nettoumsatz gezahlt werden. Für vergleichbare Marken werden in der Branche 0,5–4 % vom Nettoumsatz gezahlt, während die Interquartile Range mit 1–3 % festgestellt wird.
Haben diese Änderungen Aussicht auf Anerkennung in einer Außenprüfung?
Für die unter a) angesprochenen Patente nebst Know-how will die S-AG den oberen Wert der Interquartile Range um 20 % überschreiten (6 % statt 5 %). Die führende Position am Markt genügt dafür nicht. Wenn die S-AG aber nachweist, dass die Gewinne der deutschen (oder europäischen) Konkurrenten der T-GmbH vor Lizenzen und Steuern um ca. 20 % niedriger liegen, sollte eine höhere Lizenzgebühr anerkannt werden. Auf Basis dieser Begründung liegen dann aber – wegen der höheren Ertragschancen der T-GmbH – keine uneingeschränkt vergleichbaren Werte iSd § 1 Abs. 3 S. 1 AStG vor, sondern eingeschränkt vergleichbare Werte, deren Bandbreite einzuengen ist (§ 1 Abs. 3 S. 2 und 3 AStG). Dieses Ergebnis ist im Hinblick auf innovative Patente und Produkte unbefriedigend, v. a. wenn man auch die gem. § 1 Abs. 3 S. 4 AStG vorgesehene Berichtigung auf den Median (hier 4 %) berücksichtigt. In solchen

Fällen müssen § 1 Abs. 3 S. 1–4 AStG im Wege **teleologischer Reduktion** dahingehend ausgelegt werden, dass eine Einengung der Bandbreite vergleichbarer Fremdvergleichswerte nicht zulässig ist, wenn der Steuerpflichtige nachweist, dass sein Verrechnungspreis (bzw. seine Marge etc.) zwar außerhalb der eingeengten Bandbreite, aber innerhalb der vollen Bandbreite von Vergleichswerten liegt und dass im Hinblick auf die ausgeübten Funktionen, die eingesetzten Wirtschaftsgüter und die übernommenen Chancen und Risiken des eigenen Unternehmens und der Vergleichsunternehmen eine Festsetzung des Verrechnungspreises am oberen (oder unteren) Rand der Bandbreite gerechtfertigt ist. Ferner kann im obigen Beispiel eine Patent-Lizenz von 6% mit Hilfe der **„Knoppe-Formel"** gerechtfertigt werden, die von Betriebsprüfern nicht offiziell anerkannt, aber für Verprobungszwecke – v. a. zu Ungunsten der Steuerpflichtigen – gern herangezogen wird.[948] Danach ermittelt sich folgender Lizenzsatz:

$$\frac{€\ 1\,000\,000\ (Gewinn)\ \times\ 1}{€\ 5\,000\,000\ (Nettoumsatz)\ \times\ 3} = 6{,}66\%$$

Für die im Sachverhalt zu b) beschriebene Nutzung der Marke ist eine Lizenzgebühr dem Grunde nach gerechtfertigt, weil die Markengeräte laut Sachverhalt von qualitätsbewussten Abnehmern bevorzugt erworben werden. Gegen die vorgeschlagene Lizenzgebühr von 2% bestehen daher keine Bedenken, zumal die Markenprodukte einen großen Marktanteil haben (S-Konzern Marktführer in Deutschland) und der Lizenzsatz im Rahmen der Interquartile Range liegt.

b) Räumliche Beschränkungen (Gebietslizenzen)

467 Im Rahmen der Vertragsfreiheit und der geltenden Gesetze haben Lizenzgeber und -nehmer grundsätzlich die Möglichkeit, die Lizenz für die Nutzung eines immateriellen Wirtschaftsguts auf das **Gebiet eines Staates oder einen Landesteils** zu begrenzen **(Gebietslizenz);**[949] der Lizenzgeber behält sich damit die uneingeschränkte Vergabe vergleichbarer Lizenzen außerhalb der Vertragsgebiete vor. Sofern sich eine Lizenz auf ein gewerbliches Schutzrecht bezieht und **keine Absprache** über den **räumlichen Geltungsbereich** der Lizenz getroffen wurde, deckt sich der territoriale Geltungsbereich der Lizenz mit dem **Geltungsbereich des Schutzrechts.**[950] Das bedeutet, dass die Nutzungsüberlassung für ein deutsches Patent sich im Zweifel auf Deutschland bezieht. Die Gebietslizenz verbietet demnach dem Lizenznehmer Nutzungshandlungen in anderen Gebieten vorzunehmen, in denen der Lizenzgeber parallele Schutzrechte besitzt. Grundsätzlich darf der Lizenznehmer jedoch Exporte in schutzrechtsfreie Länder vornehmen, sofern der Lizenzvertrag dies nicht untersagt.[951] In diesem Zusammenhang ist Art. 101 AEUV (ehem. Art. 81 EGV) zu beachten, der wettbewerbsbeschränkende Vereinbarungen in der Europäischen Union grundsätzlich untersagt, Ausnahmen jedoch gem. der Technologietransfer-Gruppenfreistellungsverordnung (TT-GVO) zulässt.[952]

468 Der vertraglich vereinbarte **räumliche Geltungsbereich** der Lizenz ist auch für das **Steuerrecht** von entscheidender Bedeutung. Soweit sich ein Li-

---

[948] Zur Knoppe-Formel vgl. ausführlich unten Rn. 627 ff.

[949] Vgl. zB § 15 Abs. 2 S. 1 PatG; Art. 73 EPÜ für europäische Patente; § 30 Abs. 1 MarkenG; Art. 22 GMVo für Gemeinschaftsmarken; § 32 UrhG.

[950] Vgl. *Groß*, Rn. 182.

[951] Vgl. *Groß*, Rn. 187.

[952] Vgl. *Groß*, Rn. 582 ff. zur TT-GVO. Wegen weiterer Einzelheiten vgl. oben Rn. 428 ff.

zenzvertrag auf ein gewerbliches Schutzrecht bezieht, erkennt die FinVerw. die Zahlung von Lizenzgebühren grundsätzlich nur an, wenn das **gewerbliche Schutzrecht** im jeweiligen **Vertragsgebiet** durch **Eintragung** in ein **Register** seinen Schutz entfaltet. Die Lizenzgebühr für ein in Deutschland genutztes **Patent** ist daher nur zu zahlen, wenn und solange dieses beim *Deutschen Patentamt,* beim *Europäischen Patentamt* oder beim *Internationalen Büro* registriert ist. Man wird allerdings **nach Erlöschen** des Patents oder eines anderen gewerblichen Schutzrechts für eine **Übergangszeit** die Zahlung einer geringeren Lizenzgebühr dann für zulässig erachten müssen, wenn das immaterielle Wirtschaftsgut jedenfalls noch als geheimes Know-how angesehen werden kann, das im Vertragsgebiet eine Lizenzgebühr rechtfertigt.[953] Dies ist der Fall, wenn ein potentieller Wettbewerber nach Auslaufen des Patents zunächst noch eine gewisse Zeit benötigt, um ein eigenes Fertigungs-Know-how zu entwickeln, bevor er mit der eigentlichen Produktion beginnen kann.

Für **Marken** wird in § 30 MarkenG eine Lizenz nicht nur im Fall der Eintra-**469** gung, sondern auch für die Fälle des Markenschutzes iSd § 4 MarkenG aufgrund der tatsächlichen Benutzung oder der notorischen Bekanntheit der Marke anerkannt. Demnach ist die **Eintragung** der Marke **keine Voraussetzung** mehr für die steuerliche Anerkennung der Lizenzgebühren. Da für das **nicht registrierte Gemeinschaftsgeschmacksmuster,**[954] das durch Offenbarung der Öffentlichkeit zugänglich gemacht wird, gem. Art. 11 GGV eine **Schutzdauer von drei Jahren** besteht,[955] muss auch insoweit eine Lizenzgebühr für diesen Zeitraum ohne Registrierung des Schutzrechts anerkannt werden.

Grundsätzlich begründen die nur im **Ausland** erteilten Schutzrechte kei-**470** nen Schutz im Inland, mit Ausnahme der vom *Europäischen Patent- und Markenamt* oder vom *Internationalen Büro* aufgrund europäischer oder internationaler Vorschriften registrierten Schutzrechte.[956] *Böcker*[957] vertritt daher die Auffassung, dass dem gem. die Herstellung von Produkten im Inland, für die bspw. nur in den USA ein Patent besteht, nicht zu Patentverletzungen führen kann und demzufolge im Inland nicht lizenzfähig ist. Diese Auffassung trifft zwar bzgl. der Patentlizenz zu, jedoch ist dann zu prüfen, ob – wie meistens üblich – neben dem im Vertragsgebiet nicht geschützten Patent auch noch geheimes für die Herstellung erforderliches **Know-how** zur Nutzung übertragen wurde; in diesem Fall muss zumindest für die Überlassung des mit der Patentnutzung verbundenen Know-how eine Lizenzgebühr anerkannt werden, die allerdings eine geringere Höhe erreichen kann.

Ähnliche Überlegungen gelten, wenn zusammen mit der **Patentlizenz 471** auch das Recht zur Nutzung einer **Marke** übertragen wird, die Patente und

---

[953] Vgl. *Benkard/Ullmann,* § 15 PatG, Rn. 205.

[954] Das deutsche GeschmG wurde am 1.1.2014 in DesignG umbenannt und modernisiert, vgl. dazu oben Rn. 15 ff. Der Begriff „Gemeinschaftsgeschmackmuster" in der GGV kann nur durch die verordnungsgebenden Organe der EU in „eingetragenes Gemeinschaftsdesign" umbenannt werden. Eine entsprechende Änderung soll angeregt werden und eine Umsetzung auf europäischer Ebene erscheint aufgrund der besseren sprachlichen Verständlichkeit des Begriffs „Design" wahrscheinlich; vgl. Gesetzesbegründung in BR-Dr. 221/13, S. 31.

[955] Vgl. *Eichmann/v. Falckenstein* GeschmMG, § 27 Rn. 5.

[956] Zur europäischen und internationalen Registrierung vgl. oben Rn. 8–16.

[957] *Böcker* StBp 1991, 73 ff., 76.

Marken jedoch im betreffenden Gebiet nicht geschützt sind. Wie bereits erwähnt wurde, besteht der Markenschutz nicht nur nach Eintragung einer Marke in das vom **Deutschen Patentamt** oder vom **Europäischen Markenamt** geführte Register, sondern auch, wenn das Zeichen durch seine Benutzung im geschäftlichen Verkehr innerhalb beteiligter Verkehrskreise als Marke Verkehrsgeltung erworben hat oder wenn eine notorische Bekanntheit der Marke vorliegt (§ 4 MarkenG). Nach § 30 MarkenG kann deshalb für die Nutzung der **nicht eingetragenen Marke** eine **Lizenzgebühr** gezahlt werden, während für das nicht eingetragene Patent grundsätzlich keine Lizenzgebühr anzuerkennen ist; jedoch kann für das mit dem Patent evtl. zusammenhängende geheime Know-how eine Lizenzgebühr gerechtfertigt sein.

472　　Auch bei **Arzneimittelzulassungen** handelt es sich regelmäßig um Gebietslizenzen. Dabei gewährt der Inhaber der immateriellen Wirtschaftsgüter, dem die Rechte an den Patenten oder bei nicht (mehr) patentfähigen Wirkstoffen die Rechte am Know-how und den geheimen Zulassungsunterlagen gehören, Lizenzen zur Nutzung dieser Rechte in bestimmten Vertragsgebieten. Der Lizenznehmer kann dann mit Hilfe dieser Rechte und Unterlagen bei der zuständigen Behörde den Antrag auf Zulassung des Arzneimittels zur Herstellung und/oder zum Vertrieb stellen. Der pharmazeutische Unternehmer, der die Zulassung zum Vertrieb in einem EU-Land stellt, muss nicht gleichzeitig der Hersteller der Produkte sein.

Für Gebietslizenzen, die für **Know-how** erteilt werden, müssen lediglich die rechtlichen Zulässigkeitsvoraussetzungen – v. a. des Kartellrechts – erfüllt sein, damit diese auch steuerlich anerkannt werden.

473　　Der räumliche Geltungsbereich der Lizenz ist nicht nur für die Frage maßgeblich, ob die Lizenz dem Grunde nach gerechtfertigt ist, sondern kann auch die **Höhe** der Lizenzgebühr beeinflussen.

Beispiel: Die französische Muttergesellschaft M-SA räumt ihrer deutschen Tochtergesellschaft D-GmbH eine Patentlizenz für die Herstellung und den Vertrieb von neuartigen Puls- und Blutdruckmessgeräten ein. Sofern das Patent bspw. in Europa, USA, Kanada und Japan registriert ist, dürfte die Lizenzgebühr unterschiedlich sein, je nachdem, ob sich der Lizenzvertrag auf das Gebiet Deutschlands, Europas oder weltweit erstreckt und je nachdem, welche Marktchancen und sonstigen Einfluss- und Bewertungsfaktoren für das Vertragsgebiet vorliegen. Allerdings muss der Lizenzsatz nicht unbedingt abweichen. Entscheidend ist, ob ein fremder Dritter bereit wäre, für ein weiteres Lizenzgebiet und den damit gewonnenen Absatzmarkt höhere Lizenzsätze zu zahlen. Dabei ist zu bedenken, dass mit dem zusätzlichen Umsatz auch gleichzeitig die Lizenzgebühren in absoluter Höhe steigen (sofern wie üblich Umsatz- oder Stücklizenzen vereinbart sind), so dass der Lizenzgeber auch ohne Erhöhung der Lizenzgebühr insgesamt höhere Lizenzeinnahmen erzielt. Letztlich würden die Vertragsparteien auch berücksichtigen, welche zusätzlichen Kosten und Erträge eine Erweiterung des Lizenzgebiets mit sich bringen würde. So kann die Erweiterung des Lizenzgebiets für den Hersteller (Lizenznehmer) zu einer kostengünstigeren Massenfertigung mit höheren Gewinnmargen führen, so dass ein höherer Lizenzsatz des Lizenzgebers gerechtfertigt ist.

c) Zeitliche Beschränkungen (Zeitlizenzen)

474　　Die **Dauer der Lizenz** bestimmt sich nach den getroffenen **Vereinbarungen.** Unabhängig von der gesetzlich vorgesehenen Dauer des gewerblichen Schutzrechts können die Parteien eine **Zeitlizenz** vorsehen, die sich auf einen bestimmten Zeitraum während der gesetzlichen Laufzeit des gewerblichen Schutzrechts beschränkt. Nach Ablauf der vereinbarten Lizenzzeit ist es dem Lizenznehmer – vorbehaltlich einer im Einzelfall zuzubilligenden Aufbrauchsfrist – verboten, den Schutzrechtsgegenstand weiterhin herzustellen oder zu vertreiben.[958] Erst nach Ablauf der gesetzlich gewährten maximalen Schutzfrist kann der frühere Lizenznehmer der Zeitlizenz, ebenso wie jeder andere, die Produktion und den Vertrieb wieder aufnehmen.

Sofern die Parteien **keine Vereinbarung** über die **Laufzeit** des Lizenz- **475** vertrags getroffen haben, gilt der **Lizenzvertrag im Zweifel** für die **Dauer des gewerblichen Schutzrechts** als abgeschlossen.[959] Der Lizenzvertrag endet mit dem Ablauf der Vertragszeit oder mangels Vereinbarung im Zweifel mit dem Erlöschen des Patents oder anderen gewerblichen Schutzrechts. Jedoch endet der Patentvertrag dann nicht mit dem Erlöschen des Patents, wenn der Lizenznehmer durch die Überlassung von geheimen Erfahrungen (Know-how), die Wettbewerbern nicht bekannt waren, auch über das Erlöschen des Patents hinaus Vorteile hat.[960] V. a. bei **gemischten Patentlizenz und Know-how-Vereinbarungen** ist es denkbar, dass nach Ablauf der Patentschutzfrist noch geheimes Know-how überlassen wird, das nicht mit der Patentschrift im Zusammenhang steht und folglich nicht offenkundig ist. Für solche Fälle sollte im Vertrag geregelt werden, dass die Parteien verpflichtet sind, den Vertrag insoweit fortzusetzen, wobei dann grundsätzlich eine niedrigere Lizenzgebühr für das Know-how zu zahlen ist. Alternativ könnte vereinbart werden, dass einerseits für die Patente eine Lizenzgebühr zu zahlen ist, solange sie genutzt werden und der Schutz besteht und dass andererseits für das Know-how die Lizenzgebühr zu zahlen ist, solange es genutzt wird und nicht offenkundig ist. In diesem Fall müssen die Lizenzgebühren aufgespalten werden, mit der Folge, dass für die Lizenzgebühren eine unterschiedliche Höhe und Laufzeit denkbar ist.

Auf jeden Fall müssen die rechtlichen Schranken der Technologietransfer- **476** Gruppenfreistellungsverordnung (TT-GVO) beachtet werden. Danach wird die **Gruppenfreistellung** nur für die **Dauer des technologischen Schutzrechts** gewährt, jedoch können die Parteien ausnahmsweise vereinbaren, die Lizenzgebührenpflicht über die Schutzfrist der lizenzierten Schutzrechte hinaus auszudehnen.[961] Ein solcher Ausnahmefall ist denkbar, soweit dies infolge einer Zahlungserleichterung erfolgt (zB bei Vereinbarung eines Festbetrags und der Erstreckung desselben über einen bestimmten Zeitraum oder bei Vereinbarung einer umsatzabhängigen Lizenzgebühr, wenn die vom Lizenzgeber zunächst geforderte Gebühr ermäßigt wird, um eine **zu hohe Belastung des Lizenznehmers** am Beginn der Lizenzerteilung zu **vermeiden,** die Dauer der Lizenzgebührenverpflichtung aber demgemäß verlängert wird). Grundsätzlich müssen solche rechtlich zulässigen Vereinbarungen auch für die Besteuerung anerkannt werden.

In der **Praxis** ist die soeben erörterte **zeitliche Beschränkung** des Li- **477** zenzvertrags oder aber die Vereinbarung einer bestimmten Laufzeit mit Ver-

---

[958] Vgl. dazu *Hacker*/Busse, PatG § 15 Rn. 112.

[959] Vgl. *Groß*, Rn. 477; *Hacker*/Busse, PatG § 15 Rn. 98.

[960] EuGH 12.5.1989 GRUR Int. 1990, 458, 459; *Hauck* in F/L/B, § 15 PatG Rn. 71.

[961] Vgl. Abschn. III.2.4, Rn. 54 f. der Leitlinien zur TT-GVO, ABl. der EU, 27.4.2004, C 101/ 2 ff., 29.

längerungsoption grundsätzlich **empfehlenswert.** Dabei müssen die gesetzlichen **maximalen Schutzfristen** für die gewerblichen Schutzrechte in Deutschland und im Ausland berücksichtigt werden. Der Vorteil einer Zeitlizenz mit eventueller Verlängerungsoption liegt darin, dass die Parteien zum einen ausreichenden Schutz des Lizenznehmers für seine Investitionen durch eine gewisse Mindestlaufzeit erreichen und zum anderen im Hinblick auf die zunehmende technische Entwicklung keine Verträge für obsolet gewordene Schutzrechte fortführen bzw. aufheben müssen. Im Übrigen gestatten flexible Lizenzverträge die Anpassung der Lizenzgebühren je nach Erfolg des lizenzierten Schutzrechts.

478   Der **Patentschutz** für **Patente,** die beim *Deutschen Patentamt* oder dem *Europäischen Patentamt* beantragt werden, beträgt **20 Jahre** ab dem Zeitpunkt der Anmeldung (§ 16 PatG und Art. 63 Abs. 1 EPÜ).[962] Vom Zeitpunkt der Anmeldung des Patents bis zu dessen Erteilung und Bekanntgabe vergehen oft ein bis drei Jahre, was immer wieder bemängelt wird. Der Patentschutz beginnt erst mit der Bekanntgabe über die Offenlegung der Anmeldung (§§ 33 Abs. 1, 32 Abs. 5 PatG). Voraussetzung für die Erhaltung des Schutzrechts ist jedoch die rechtzeitige Zahlung der Jahresgebühr ab dem dritten Jahr (§ 17 PatG). Das Patent erlischt, wenn die Jahresgebühr nicht rechtzeitig gezahlt wird (§ 20 Abs. 1 Nr. 3 PatG). Für die steuerliche Anerkennung der Lizenzzahlung ist grundsätzlich die Fortdauer des Patentschutzes erforderlich.

479   Für **Gebrauchsmuster** beträgt der Schutz zunächst drei Jahre, wobei durch Zahlung der Aufrechterhaltungsgebühren eine Verlängerung der Schutzfrist um insgesamt sieben Jahre beantragt werden kann, sodass sich eine maximale Schutzdauer von **zehn Jahren** ergibt (§ 23 GebrMG).[963] Die Fin-Verw. erkennt deshalb Lizenzgebühren für Gebrauchsmuster nur an, sofern auch die entsprechende Fortdauer der Schutzrechte nachgewiesen wird.

480   Für das **eingetragene Design** besteht eine Schutzdauer von maximal **25 Jahren** (§ 27 Abs. 2 DesignG). Die Aufrechterhaltung des Schutzes über die gesamte Zeit hängt jedoch davon ab, dass nach Ablauf von jeweils fünf Jahren rechtzeitig die Aufrechterhaltungsgebühr gezahlt wird (§ 28 DesignG).[964] Die FinVerw. prüft auch bei Lizenzverträgen über eingetragene Designs, ob der entsprechende Schutz noch vorhanden ist und ob demgemäß die Lizenzgebühr anerkannt werden kann.

481   Der Schutz eingetragener **Marken** beträgt zunächst zehn Jahre und kann mit Zahlung einer Verlängerungsgebühr um jeweils weitere zehn Jahre verlängert werden (§ 47 MarkenG). Auch die Schutzdauer der Gemeinschaftsmarke beträgt zunächst zehn Jahre ab Anmeldung und kann auf Antrag gebührenpflichtig um jeweils weitere zehn Jahre verlängert werden.[965] Damit kann praktisch ein **zeitlich unbegrenzter Markenschutz** erreicht werden. Auch in diesen Fällen lassen sich die Betriebsprüfer – ähnlich wie beim Ge-

---

[962] Vgl. zu Details der Registrierung oben Rn. 8.

[963] Vgl. oben Rn. 8.

[964] Zur Schutzdauer und Verlängerung bei Gemeinschaftsgeschmacksmustern vgl. Art. 12, 13 GGV; der Begriff Gemeinschaftsgeschmacksmuster wurde in §§ 62 ff. DesignG beibehalten; weitere Einzelheiten s. oben Rn. 16.

[965] Vgl. Art. 46, 47 GMV, oben Rn. 11 f. und *Ingerl/Rohnke*, § 47 MarkenG, Rn. 3.

brauchsmuster – die Zahlung der Verlängerungsgebühren nachweisen, um die Lizenzgebühren anzuerkennen.[966] Diese zum ehemaligen Warenzeichengesetz vertretene Rechtsauffassung dürfte allerdings für das Markengesetz keine Geltung mehr haben, weil § 30 MarkenG die Erteilung von Lizenzen nicht nur für **eingetragene Marken,** sondern auch für solche Marken anerkennt, die durch **Benutzung** bereits **Verkehrsgeltung** erlangt haben oder die durch **notorische Bekanntheit** Schutz genießen.[967] Daher müssen Lizenzgebühren auch dann anerkannt werden, wenn die Eintragung der Marke mangels Zahlung der Verlängerungsgebühr gelöscht wird, jedoch ein Schutz durch weitere Benutzung oder notorische Bekanntheit der Marke fortbesteht. Selbstverständlich liegt es im Interesse der Inhaber solcher Marken, dass diese möglichst sowohl in Deutschland als auch international angemeldet und eingetragen werden und dass der Schutz durch Aufrechterhaltung der Eintragung gesichert bleibt, um eine günstigere Rechtsposition auch gegenüber Dritten zu erlangen und zu wahren.

Das **Urheberrecht** begrenzt den Schutz der individuellen geistigen Leis- **482** tung, die sich in einem Werk der Literatur, Wissenschaft oder Kunst widerspiegelt, sowie Computerprogramme oder die Art und Weise einer individuellen Darstellung auf eine Dauer bis zu **70 Jahren** nach dem Tod des Urhebers (§ 64 UrhG). Urheberrechtsschutz und wettbewerbsrechtlicher Leistungsschutz ergänzen sich. Während das Urheberrecht die Frage entscheidet, ob eine eigenschöpferische Leistung als Werk der Literatur, Wissenschaft oder Kunst schutzfähig ist, bestimmt das Wettbewerbsrecht, ob die Art und Weise ihrer Nachahmung erlaubt ist.

Für **Know-how** gibt es – abgesehen vom wettbewerbsrechtlichen Schutz **483** gem. §§ 17 ff. UWG – keinen speziellen Schutz und damit auch keine gesetzliche zeitliche Befristung für Know-how-Verträge. Für Know-how wird die Lizenzzahlung jedoch dadurch beschränkt, dass die Zahlung jedenfalls ab dem Zeitpunkt entfällt, in dem das Know-how **offenkundig** und damit Dritten zugänglich geworden ist.[968] Dies ergibt sich idR auch aus dem Know-how-Lizenzvertrag.

Die Zulässigkeit der zeitlich unbegrenzten Lizenzzahlungen für geheimes Know-how lässt sich auch aus dem oben zitierten Urteil des Europäischen Gerichtshofs[969] ableiten, wonach nach dem Erlöschen des Patents – also auch nach mehr als 20 Jahren – eine Fortgeltung des Vertrags möglich ist, soweit der Lizenznehmer durch die Überlassung von **geheimen Verfahren** noch Vorteile hat. Für die Verlängerung des Vertrags und der Lizenzzahlungen empfiehlt es sich daher, Aufzeichnungen über das überlassene geheime **Know-how** aufzubewahren und Änderungs- oder Zusatzvereinbarungen über alle späteren Änderungen und Ergänzungen zu treffen, damit eine Chance besteht, dass die Zahlungen für das ggf. später hinzugetretene Know-how auch weiterhin anerkannt werden.

---

[966] Vgl. *Böcker* StBp 1991, 77.

[967] Vgl. zur Entstehung des Markenschutzes *Ingerl/Rohnke,* § 4 MarkenG, Rn. 1 ff.; *Ströbele/Hacker,* § 4 MarkenG, Rn. 1 ff.

[968] Vgl. BGH 18.3.1955, BGHZ 17, 41, 53; *Hacker/Busse* § 15 PatG, Rn. 100 mwN; ebenso Abschn. III.2.4, Rn. 54 der Leitlinien zur TT-GVO.

[969] Vgl. EuGH 12.5.1989, GRUR Int. 1990, 458, 459.

484   Für die **steuerliche Anerkennung** der Lizenzgebühr muss der **Lizenz-vertrag** noch **zeitliche Geltung** haben. Ein Lizenzvertrag endet mit dem Ablauf der Vertragszeit, spätestens jedoch mit dem Erlöschen des Patents.[970] Damit entfällt die Zahlungsverpflichtung, ohne dass es einer Kündigung bedarf. Es wurde bereits erörtert, dass ein gemischter Lizenzvertrag dann nicht mit dem Erlöschen des Patents endet, wenn der Lizenznehmer durch die Überlassung von nicht offenkundigem Know-how auch über das Erlöschen des Patents hinaus Vorteile hat.[971] Wenn vertraglich nur Patente, Gebrauchsmuster oder Designs **ohne** zusätzliches geheimes **Know-how** lizenziert wurden, gelten diese Überlegungen entsprechend. Dabei kann in der Praxis davon ausgegangen werden, dass üblicherweise noch ein Wettbewerbsvorsprung vor anderen Interessenten gegeben ist, die für die Nutzung der Erfindung zunächst eine gewisse Anlaufzeit benötigen. Man kann daher unterstellen, dass das **gewerbliche Schutzrecht** (die Erfindung) nach Ablauf der Schutzfrist für eine Übergangsfrist **als „Know-how"** weiterhin **fortbesteht** und dem Lizenznehmer überlassen wird, sodass die Fortzahlung einer verminderten Lizenzgebühr gerechtfertigt ist. Dabei sollte im Zweifel eine Auslauffrist von drei Jahren anerkannt werden. Es kann allerdings nicht ausgeschlossen werden, dass die Finanzbehörden und die Gerichte sowohl in Deutschland als auch in anderen Ländern dieser Auffassung nicht folgen. Soweit aber **neben** den veröffentlichten ausgelaufenen **Patenten** weiteres geheimes **Know-how** überlassen wurde, können zumindest für dieses nicht offenkundige Know-how weiterhin Lizenzgebühren nach den oben erörterten Grundsätzen des Europäischen Gerichtshofs gezahlt werden.[972]

485   Bei einem Bündel von lizenzierten Patenten endet der Vertrag erst dann, wenn das zuletzt bestehende, auch während der Dauer des Lizenzvertrages hinzugekommene, Lizenzschutzrecht erloschen oder das letzte mitgeteilte Know-how offenkundig geworden ist. In der Praxis sind derartige **Längstlaufklauseln** durchaus üblich.[973] In diesen Fällen der (partiellen) Fortdauer des Vertrages muss allerdings die **Lizenzgebühr** im Hinblick auf die inzwischen erloschenen Patente **reduziert** werden. Durch eine Kombination von alten mit neuen Patenten in einem Vertrag kann also der maximale Zeitraum[974] für Lizenzzahlungen für ein bestimmtes Patent nicht verlängert werden, weil auf das **einzelne Patent** abgestellt wird. Auch wenn der Lizenzgeber dem Lizenznehmer vertragsgemäß neue patentierte oder nicht patentierte Verbesserungen überlässt, darf eine automatische **Verlängerung** der ursprünglichen Vertragsdauer **nicht** zu einer **Überschreitung der Freistellungszeiträume** für Exklusivitäts- oder Gebietsabreden führen.[975]

486   Ein **Lizenzvertrag** kann bereits **vor Beginn der Schutzdauer** abgeschlossen werden, bspw. im Hinblick auf ein angemeldetes Patent.[976] Auch

---

[970] *Hacker*/Busse § 15 PatG, Rn. 98.

[971] Vgl. *Hauck* in F/L/B, § 15 PatG, Rn. 71.

[972] Vgl. EuGH 12.5.1989, GRUR Int. 1990, 458, 459.

[973] Vgl. *Groß,* Rn. 477; *Hauck* in F/L/B, § 15 PatG, Rn. 76.

[974] Vgl. oben Rn. 474 ff.

[975] Vgl. oben Rn. 451, 476, 483; vgl. auch Abschn. III.2.4, Rn. 54 der Leitlinien zur TT-GVO.

[976] *Hacker*/Busse § 15 PatG, Rn. 65.

zwischen unabhängigen Dritten wäre eine solche Vereinbarung denkbar, wenn der Lizenznehmer sich einen Wettbewerbsvorsprung vor anderen Interessenten sichern möchte. In solchen Fällen muss grundsätzlich auch zwischen verbundenen Unternehmen eine Lizenzzahlung anerkannt werden, weil dies auch zwischen fremden Dritten vereinbart würde und der Lizenzgeber nur unter diesen Voraussetzungen bereit ist, die technischen Unterlagen bereits zu übergeben. Etwaige Einmalzahlungen oder Vorauszahlungen auf laufende Lizenzgebühren würden zwischen fremden Unternehmen aber nur unter der Bedingung vereinbart, dass das Patent tatsächlich eingetragen wird und den erwarteten Schutz gewährt.

Die Vertragsparteien sollten ferner Regelungen vereinbaren, die eingreifen, **487** sofern das beantragte Patent wider Erwarten **nicht eingetragen** wird. So könnte die nicht patentierbare technische Erfindung ggf. als Gebrauchsmuster eintragungsfähig und lizenzierbar sein oder als geheimes technisches Knowhow eine Lizenzgebühr rechtfertigen. Insoweit könnten alternative Lizenzvereinbarungen getroffen werden, die ersatzweise gelten.

Bei der Herstellung von Markenartikeln werden neben Patenten, Ge- **488** brauchsmustern oder Designs regelmäßig auch **Marken** zur Nutzung überlassen. In solchen Fällen ist die Tatsache zu beachten, dass mit zunehmender Bekanntheit und Verbreitung eines Markenprodukts der Wert der Marke ständig steigt, während gleichzeitig der Wert der Patente wegen der ablaufenden Patentlaufzeiten geringer wird. Dies könnte zu dem Ergebnis führen, dass die Lizenzgebühr für die Überlassung der Marke erhöht werden müsste, während die Lizenzgebühr für die Patentnutzung zu vermindern wäre. In der Praxis werden aber die Lizenzgebühren fast immer für die gesamte Laufzeit fixiert.[977] Da die Lizenzgebühr jedoch regelmäßig an den Umsatz gekoppelt ist, erhöht sich die Lizenzzahlung mit dem steigenden Umsatz, so dass insoweit auch der Markeninhaber zusätzliche Vorteile erlangt.

d) Sachliche Beschränkungen

aa) Herstellungslizenz

Im Rahmen der allgemeinen Vertragsfreiheit ist es grundsätzlich zulässig, **489** die Lizenz auf **einzelne Benutzungsarten** zu beschränken und bspw. für Patente nur eine Herstellungs-, Vertriebs- oder Gebrauchslizenz zu erteilen.[978] Eine **Herstellungslizenz** gewährt dem Lizenznehmer das Recht, den Gegenstand selbst zu produzieren. Von Ausnahmefällen abgesehen, umfasst die Herstellungslizenz – auch wenn dies vertraglich nicht ausdrücklich erwähnt wird – auch die **Vertriebslizenz,** also das Recht des Herstellers, die produzierten Waren in Verkehr zu bringen und zu gebrauchen.[979] Eine **reine Herstellungslizenz** kann bspw. vorliegen, wenn der Lizenznehmer nur für den eigenen Verbrauch produziert oder zur ausschließlichen Lieferung an den Lizenzgeber verpflichtet ist.[980] *Groß* weist zu Recht darauf hin, dass die Herstellungslizenz vom **Lohnfertigungsvertrag (Auftragsfertigungsvertrag)**

---

[977] Vgl. auch unten Rn. 518 ff.
[978] Vgl. *Mes*, § 15 PatG, Rn. 46; *Hauck* in F/L/B, § 15 PatG, Rn. 37.
[979] *Groß*, Rn. 26 u. 33 mwN.
[980] *Groß*, Rn. 33.

abzugrenzen ist, wobei dies v. a. kartellrechtlich von Bedeutung sein kann.[981] Bei der **Lohn- oder Auftragsfertigung** benötigt der Unternehmer **keine Lizenz,** sondern nur eine **Herstellungsbefugnis.** Dies folgt aus der Tatsache, dass der Unternehmer beim Lohnfertigungsvertrag keinen Anspruch auf die Gestattung einer eigenen Fertigung hat; er stellt die Produkte lediglich für den Auftraggeber her.[982] Der Lohn- bzw. Auftragsfertiger trägt nicht das wirtschaftliche Risiko und gilt nicht als Hersteller, während beim Lizenzvertrag der Lizenznehmer das wirtschaftliche Risiko trägt und Hersteller der Produkte ist.

490   Dies ist auch steuerlich relevant, weil die FinVerw. das Fehlen eines Lizenzvertrages im Rahmen eines Auftragsfertigungsverhältnisses nicht beanstanden kann. Allerdings muss bei **grenzüberschreitender Lohn- oder Auftragsfertigung** immer geprüft werden, ob diese **Rechtsauffassung** auch im jeweils **anderen Staat** Gültigkeit hat. Sofern ein anderer Staat (aus Sicht des Auftraggebers) die Belastung einer Lizenzgebühr im Rahmen eines Auftragsfertigungsverhältnisses verlangen sollte, hätte dies im Ergebnis nur geringfügige Auswirkungen, weil bei Anwendung der Kostenaufschlagsmethode die Lizenzgebühr praktisch an den Auftraggeber wieder zurückbelastet wird; allerdings würde der auf die Gesamtkosten und damit auch auf die Lizenzgebühren zu berechnende Gewinnaufschlag zu einer Erhöhung der Marge des Auftragsfertigers führen. Falls die Kostenaufschlagsmethode keine Anwendung finden sollte, wären die Lizenzgebühren in den Herstellungskosten der Produkte enthalten und würden demnach den Warenpreis beeinflussen.

bb) Vertriebslizenz

491   Für die Beantwortung der Frage, ob eine **Vertriebslizenz** belastet werden darf, ist sowohl zwischen fremden Dritten als auch zwischen Konzernunternehmen v. a. die Problematik der **Erschöpfung** von entscheidender Bedeutung. Weiter oben wurde bereits erwähnt, dass die **Herstellungslizenz** regelmäßig auch die **Vertriebslizenz umfasst,** also das Recht, die hergestellten Produkte in Verkehr zu bringen. Bei einer **reinen Vertriebslizenz** (auch sog. Verkaufs- oder Handelslizenz) erfolgt die Herstellung durch den Lizenzgeber (oder einen von ihm eingeschalteten Auftragsfertiger), während der Lizenznehmer die Ware im eigenen Namen ab Lager des Lizenzgebers in einem vereinbarten Absatzgebiet verkauft.[983]

492   Eine **Vertriebslizenz** ist jedoch nicht erforderlich und eine **Lizenzgebühr** ist folglich **unzulässig** und wird **steuerlich nicht anerkannt,** wenn die Ware durch das erste **Inverkehrbringen** durch den Patentinhaber oder einen Inhaber der Herstellungslizenz schon **patentfrei** geworden ist.[984] Dieser Vorgang wird auch als **Erschöpfung** oder **Konsumtion** (Verbrauch) des Patents bezeichnet.[985] Die Frage der Erschöpfung stellt sich allerdings nicht nur im Hinblick auf die für die Herstellung der Produkte verwendeten **Patente,** sondern auch bzgl. anderer gewerblicher Schutzrechte, insb. der für die Produkte verwendeten **Gebrauchsmuster, Marken** und **eingetragenen**

---

[981] Vgl. *Groß*, Rn. 33.

[982] Vgl. *Groß*, Rn. 33; zur Auftragsfertigung Kap. N Rn. 443 ff.

[983] *Groß*, Rn. 27.

[984] *Hauck* in F/L/B, § 15 PatG, Rn. 45 *Groß*, Rn. 29.

[985] Busse/*Keukenschrijver*, § 9 PatG, Rn. 142 ff.

Designs.[986] Der Grundsatz der Erschöpfung findet auch auf das Verbreitungsrecht von **urheberrechtlich geschützten Werken** Anwendung.[987] Der EuGH hat bestätigt, dass der Grundsatz der Erschöpfung auch für den Weiterverkauf eines urheberrechtlich und markenrechtlich geschützten gebrauchten Computerprogramms gilt.[988]

Das **Prinzip der Erschöpfung** beruht v. a. auf zwei Erwägungen. Zum einen hat der **Inhaber** des Patents (oder anderer gewerblicher Schutzrechte) die Möglichkeit, bereits bei der **ersten Nutzung** oder Verbreitungshandlung seine **Zustimmung** von der Zahlung einer **Lizenzgebühr** abhängig zu machen. Eine spätere Nutzung der geschützten Produkte oder Werke soll grundsätzlich frei sein. Zum anderen darf die weitere Verbreitung rechtmäßig veräußerter Produkte und Werke im Interesse des klaren und übersichtlichen Rechtsverkehrs nicht durch weitere Zustimmungsrechte des Rechtsinhabers erschwert werden, weil dadurch der freie Warenverkehr in unerträglicher Weise behindert wäre.[989] Durch die Erschöpfung soll es Inhabern von Schutzrechten insb. versagt werden, nationale Märkte abzuschotten und dadurch die Beibehaltung von Preisunterschieden zu fördern; Ziel ist daher, das **Funktionieren des Binnenmarktes** zu schützen.[990]

Als „**Inverkehrbringen**" ist **jede Handlung** anzusehen, durch die die **Ware mit Zustimmung**[991] **des Berechtigten** aus der internen Betriebssphäre **in die allgemeine Öffentlichkeit des Handelsverkehrs gelangt,** so zB durch Angebot zum Erwerb (sog. Feilhalten), durch Veräußerung, Vermietung oder unentgeltliche Übertragung.[992] Das bedeutet, dass durch die Übertragung einer mit Patenten hergestellten Ware auf den Händler diese im Normalfall patentfrei wird und eine Verletzung des Schutzrechtes durch den Händler dann nicht mehr möglich ist. Entscheidend für die rechtliche und steuerliche Anerkennung einer Vertriebslizenz und einer hierfür vereinbarten Lizenzgebühr ist also die Frage, ob die Ware durch den Patentinhaber oder den Inhaber der Herstellungslizenz schon in Verkehr gebracht und damit patentfrei wurde oder nicht. Nur wenn die **Waren noch nicht in Verkehr gebracht** wurden, **darf** eine **Lizenzgebühr** vereinbart und **gezahlt werden.** **493**

Aufgrund des Markengesetzes kann es **Abweichungen** zwischen dem **patent- und** dem **markenrechtlichen** Bereich der **Erschöpfung** geben. Gem. § 24 MarkenG gilt die Erschöpfung nur für Waren,[993] die unter ihrer **494**

---

[986] Vgl. zB §§ 24 MarkenG, 48 DesignG.

[987] Vgl. § 17 Abs. 2 UrhG; dazu z. B. *Loewenheim* in Schricker, § 17 UrhG, Rn. 42 ff.

[988] Vgl. EuGH 3.7.2012, GRUR 2012, 904 ff.; *Senftleben* NJW 2012, 2924; unten Rn. 499.

[989] Vgl. BGH 4.5.2000, GRUR 2001, 53 f.

[990] Vgl. *Eichmann/von Falckenstein* GeschmMG, § 48 Rn. 2; EuGH 4.11.1997, GRUR Int 1998, 140 Tz. 37.

[991] Vgl. EuGH 20.11.2001, WRP 2002, 65 ff. zur Frage unter welchen Voraussetzungen eine konkludente Zustimmung vorliegen kann.

[992] Vgl. Ströbele/*Hacker,* MarkenG § 14, Rn. 146; Schricker/*Löwenheim,* § 17 UrhG, Rn. 14.

[993] Erschöpfung kann nur für Waren, nicht für Dienstleistungen in Frage kommen, weil eine Weiterveräußerung der Dienstleistungen des Berechtigten durch einen Drit-

Marke mit Zustimmung des Markeninhabers „im Inland, in einem der übrigen Mitgliedstaaten der EU oder in einem anderen Vertragsstaat des Abkommens über den Europäischen Wirtschaftsraum (EWR) in den Verkehr gebracht worden sind". Die Regelung des § 24 MarkenG kennt also nur eine europaweite Erschöpfung.[994] Aus dieser Regelung folgt, dass der deutsche Importeur, der Markenartikel von einem Hersteller aus Drittländern bezieht, bzgl. der Marken eine Vertriebslizenz des Markeninhabers benötigt, soweit er diese Produkte nicht vom Hersteller selbst erwirbt (und damit implizit eine Vertriebserlaubnis besitzt).

Beispiel (Fall des OLG München):[995] Ein Fahrradhändler bot in Deutschland Fahrräder und Fahrradrahmen einer amerikanischen Herbstellerin unter deren Marke an, die auch in Deutschland geschützt ist. Während dies früher im Hinblick auf den Grundsatz der weltweiten Erschöpfung kein Problem war, kann sich der Fahrradhändler unter der Geltung des § 24 MarkenG nicht mehr darauf berufen, dass diese Artikel bereits von der Markeninhaberin oder mit ihrer Zustimmung in den USA in Verkehr gebracht worden waren.

495   Die Erschöpfung tritt nur ein hinsichtlich derjenigen markenrechtlichen **Benutzungsformen,** die für die **Weiterveräußerung** der Ware erforderlich sind, insb. das Anbieten, das Inverkehrbringen und der Besitz zu diesem Zweck, die Einfuhr oder Ausfuhr (soweit es sich nicht um eine Außengrenze von EU und EWR[996] handelt), sowie – bzgl. des konkreten Produkts – die Benutzung auf Geschäftspapieren und in der Werbung.[997] Auch das Kennzeichnungsrecht bzgl. der Ware bzw. der Verpackung unterliegt der europarechtlichen Erschöpfung.[998] Trotz des vorherigen Inverkehrbringens der Waren tritt die Erschöpfung nicht ein, wenn sich der Inhaber der Marke (oder der geschäftlichen Bezeichnung) der Benutzung derselben im Zusammenhang mit dem weiteren Vertrieb aus berechtigten Gründen widersetzt, insbes. wenn der Zustand der Waren nach ihrem Inverkehrbringen verändert oder verschlechtert ist (§ 24 Abs. 2 MarkenG).[999] Der Grundsatz der gemeinschaftsweiten Erschöpfung gilt gem. § 17 II UrhG auch für urheberrechtlich geschützte Werke.[1000]

496   Streitig ist, ob die Übertragung von Waren eines **Herstellers** an **Vertriebsgesellschaften desselben Konzerns** als **Inverkehrbringen** der Waren beurteilt werden kann oder ob dieses erst dann stattfindet, wenn die Waren den Konzern verlassen. Die deutsche **FinVerw.** geht offenbar davon aus,

---

ten nicht in Betracht kommt, dh Dienstleistungen können nicht „in Verkehr gebracht" werden; jedoch kann Erschöpfung hinsichtlich solcher Waren eintreten, in denen sich eine Dienstleistung verkörpert (zB Marktforschungsstudie) vgl. *Ingerl/Rohnke,* § 24 MarkenG, Rn. 14.

[994] BFH 17.10.1999, BFH/NV 2000, 613; BGH 14.12.1995, NJW 1996, 994.

[995] OLG München 12.10.1995, GRUR 1996, 137.

[996] Der EWR umfasst außer EU-Mitgliedstaaten auch Island, Liechtenstein und Norwegen.

[997] *Ingerl/Rohnke,* § 24 MarkenG, Rn. 50.

[998] *Ingerl/Rohnke,* § 24 MarkenG, Rn. 53 mwN.

[999] Vgl. dazu *Ingerl/Rohnke,* § 24 MarkenG, Rn. 55 ff.; diese Fälle dürften bei nahe stehenden Unternehmen kaum vorkommen.

[1000] Vgl. dazu *Loewenheim* in Schricker, § 17 UrhG, Rn. 42 ff.

dass das erste Inverkehrbringen von Waren **im Konzern** bereits zur **Erschöpfung** des gewerblichen Schutzrechts führt. Dies folgt aus Tz. 3.1.2.3 VGr, wo bestimmt wird, dass Güter oder Waren, die unter Nutzung eines immateriellen Wirtschaftsguts hergestellt wurden und anschließend von einem Erwerber im Konzern gebraucht oder verbraucht werden, **keine Lizenzgebühr** des Erwerbers rechtfertigen.[1001] Eine Lizenzgebühr könne allerdings dann anerkannt werden, wenn der Erwerber auf andere Weise als durch den Gebrauch der Güter oder Waren ein weitergehendes immaterielles Wirtschaftsgut nutzt (zB ein Patent), die Güter oder Waren für ein patentrechtlich geschütztes Verfahren einsetzt oder aus ihnen ein anderes geschütztes Wirtschaftsgut herstellt. Allerdings darf in diesen Fällen die Überlassung der immateriellen Wirtschaftsgüter nicht bereits durch den Preis der Güter oder Waren mit abgegolten sein. Dabei ist gem. Tz. 3.1.2.3 VGr ein Ausgleich von Vor- und Nachteilen bei der Überlassung und bei der Verrechnung der späteren Nutzung anzuerkennen. Die Auffassung der FinVerw. aus den nachfolgend erörterten Gründen nicht haltbar.

Nach ganz herrschender Meinung in Rspr.[1002] und Literatur[1003] kann die **497** **Übertragung von Waren zwischen Konzerngesellschaften** noch **nicht** als „**Inverkehrbringen**" betrachtet werden, wenn die belieferte Konzerngesellschaft ggü. der Lieferantin weisungsgebunden ist iSv § 18 AktG;[1004] dh, dass „**Erschöpfung**" erst dann eintritt, wenn die Ware in den **freien Handelsverkehr** gebracht wurde, also wenn sie den **Konzern verlassen** hat. Bei rein konzerninternen Vorgängen, wie zB bei einer Lieferung eines Herstellers an ein Konzern-Vertriebsunternehmen befinden sich die **Waren noch nicht im freien Warenverkehr,** dessen Schutz die europäischen oder die nationalen Vorschriften bezwecken.[1005] In Bezug auf das Inverkehrbringen wird der Konzern grundsätzlich als einheitliches Unternehmen behandelt, wobei die konzerninterne Übertragung von Waren nicht als Inverkehrbringen angesehen wird, weil die tatsächliche **Verfügungsmacht** aufgrund der Konzernverflechtung sowohl des Veräußerers als auch des Empfängers letztlich unverändert **bei derselben Konzernspitze** geblieben ist, so zB bei der Übergabe von der herstellenden Muttergesellschaft an eine mehrheitlich beherrschte Vertriebsgesellschaft oder bei Veräußerungen zwischen Schwestergesellschaften.[1006] Eine rein konzerninterne Veräußerung wird daher trotz der rechtli-

---

[1001] Ebenso *Dahnke* IStR 1993, 167.

[1002] Vgl. zB BGH 27.4.2006, WRP 2006, 1233ff.; BGH 6.5.1981, GRUR 1982, 100ff., 102; BGH 21.3.1985, GRUR 1985, 924f., 925; OLG Stuttgart 13.10.1997, GRURInt 1998, 806f., 807; OLG Karlsruhe 26.8.1998, GRUR 1999, 343ff.; OLG Hamburg 25.4.1985, GRUR 1985, 923.

[1003] *Sack* GRURInt 2000, 610ff., 611, 615; *Busse/Keukenschrijver,* § 9 PatG, Rn. 147 mwN; *Mes,* § 9 PatG, Rn. 45; *Fezer,* § 24 MarkenG, Rn. 28; *Ingerl/Rohnke,* § 24 MarkenG, Rn. 22; *Schricker/Loewenheim,* § 17 UrhG, Rn. 16; *Ströbele/Hacker,* § 24 MarkenG, Rn 27; *Becker/Kroppen* in Handbuch Internationale Verrechnungspreise zu Tz. 5.1.2 VGr; differenzierend *Leßmann* GRUR 2000, 741ff., 748ff.

[1004] Vgl. BGH 15.2.2007, GRUR 2007, 882; *Ströbele/Hacker,* § 24 MarkenG, Rn 24.

[1005] So zB *Sack* GRUR 1999, 193ff., 197f. unter Hinweis auf Art. 30, 36 EVG bzw. die Art. 11, 13 und 65 II EWRA.

[1006] Vgl. zB *Ingerl/Rohnke,* § 14 MarkenG, Rn. 235.

chen Selbstständigkeit der Konzernunternehmen wie ein **innerbetrieblicher Vorgang** gewertet und führt daher **nicht** zur **Erschöpfung.**[1007] Folglich hat zB der Inhaber eines Patents und/oder einer Marke in solchen Fällen ein **Wahlrecht,** ob er den **Lizenzvertrag** mit der **Hersteller- oder Vertriebsgesellschaft** im Konzern schließen möchte. Dagegen stellen Veräußerungen eines Konzernunternehmens an ein **nicht beherrschtes Beteiligungsunternehmen** oder ein Gemeinschaftsunternehmen mit 50 : 50-Beteiligung eines konzernfremden Dritten ein Inverkehrbringen dar.[1008] In den zuletzt genannten Fällen muss die Lizenzgebühr mit der Herstellergesellschaft vereinbart werden.

498   Für die Frage der Erschöpfung muss man allerdings im Hinblick auf die Rspr. differenzieren. Beliefert bspw. die Produktionsgesellschaft eines Konzerns ausschließlich konzernangehörige Firmen, **ohne** dabei **in Wettbewerb mit außenstehenden Unternehmen zu treten,** so bringt sie die von ihr an die Konzerngesellschaften gelieferten Waren nicht in den Verkehr, sondern es handelt sich **wettbewerbsrechtlich** nur um eine rein **interne Warenbewegung.**[1009] Dies gilt jedoch nicht, wenn die Produktionsgesellschaft bei ihren Lieferungen an Konzerngesellschaften in Wettbewerb mit konzernfremden Anbietern steht[1010] oder wenn die Ware auch auf dem für Dritte zugänglichen allgemeinen Markt angeboten wird.[1011] Ein solcher Fall liegt zB vor, wenn ein Konzernunternehmen sich auf dem allgemein für Dritte zugänglichen Markt eindeckt, den eine Schwestergesellschaft beliefert.[1012]

Beispiel: Die niederländische N-BV hat der spanischen Konzerngesellschaft E-SA eine nicht ausschließliche Lizenz für Patente und Know-how zur Herstellung und zum weltweiten Vertrieb von Spezialmaschinen gewährt. Die E-SA ist ferner berechtigt, die registrierte und geschützte Marke an den Maschinen anzubringen. Die N-BV hat einen solchen Lizenzvertrag ferner mit der konzernfremden US-Gesellschaft U-Inc. abgeschlossen, die die Maschinen unter einer eigenen Marke vertreibt. Die E-SA liefert die Maschinen an verschiedene europäische Konzernvertriebsgesellschaften, u. a. an die deutsche D-GmbH. Die Vertriebsgesellschaften sind berechtigt, die Maschinen auch von der U-Inc. zu erwerben und das europäische Markenzeichen anzubringen. Die N-BV verlangt von der D-GmbH die Zahlung einer Lizenz für die Nutzung der Marke, unter der die Maschinen vermarktet werden. Die N-BV ist eingetragene Inhaberin der Marke und belastet eine Lizenz für die Nutzung der Marke in Europa an alle Vertriebsgesellschaften sowie an die E-SA, soweit diese Verkäufe an konzernfremde Abnehmer vornimmt. Der deutsche Betriebsprüfer beanstandet die Zahlung der Markenlizenz durch die D-GmbH.

Im vorliegenden Beispiel kann die Lieferung der E-SA an die D-GmbH nicht als rein konzerninterne Warenbewegung qualifiziert werden, weil die E-SA in Wettbewerb zur konzernfremden U-Inc. steht und die Maschinen folglich trotz konzerninterner Lieferung in Verkehr gebracht wurden. Die Zahlung der Markenlizenz durch D-GmbH war daher unzulässig. Die N-BV muss künftig die Markenlizenzgebühr (eben-

---

[1007] OLG Stuttgart 13.10.1997, GRUR Int 1998, 806 f., 807.

[1008] *Ingerl/Rohnke,* § 14 MarkenG, Rn. 235.

[1009] BGH 16.4.1969, GRUR 1969, 479, 480.

[1010] BGH 31.1.1958, GRUR 1958, 544; OLG Köln 28.10.1998, GRUR 1999, 346 ff., 347.

[1011] BGH 20.2.1986, GRUR 1986, 668 und BGH 6.5.1981, GRUR 1982, 100.

[1012] Vgl. BGH 20.2.1986, GRUR Int 1986, 724; *Benkard/Scharen,* § 9 PatG, Rn. 17.

so wie schon die Patent- und Know-how-Lizenzgebühr) für die von E-SA hergestellten und in Verkehr gebrachten Maschinen an die E-SA belasten. Soweit die D-GmbH dagegen Maschinen von der konzernfremden U-Inc. erworben, die Marke angebracht und diese dann veräußert hat, kann die N-BV die Zahlung einer Markenlizenz verlangen. In diesem Fall ist zwar Erschöpfung hinsichtlich der von der Herstellerfirma genutzten Patente und des Know-how eingetreten, nicht jedoch für die Marke, weil die U-Inc. die Produkte nicht unter der in Europa genutzten Marke in Verkehr gebracht hat.

Wie bereits erwähnt wurde, setzt die **Erschöpfung** von gewerblichen **499** Schutzrechten oder Urheberrechten voraus, dass die Ware von dem **Rechtsinhaber selbst oder mit seiner Zustimmung** in den Verkehr gebracht wurde. Fehlt es bei konzerninternen Veräußerungen bereits an dem Inverkehrbringen, kommt es auf die Zustimmung des Rechtsinhabers nicht mehr an.[1013] Wenn aber ausnahmsweise das Inverkehrbringen bei konzerninternen Warenbewegungen vorliegt, dann setzt die **Erschöpfung** des gewerblichen Schutzrechts oder Urheberrechts zusätzlich voraus, dass die Ware **mit** dem **Willen** des Rechtsinhabers in die Verfügungsgewalt eines anderen gelangt ist.[1014] Der Inhaber der Schutzrechte ist im Hinblick auf den konzerninternen Vertrieb ebenso wie bei einem konzernexternen Vertrieb berechtigt, die **Vertriebsrechte** für die Produkte räumlich, zeitlich, sachlich oder mengenmäßig zu **beschränken.**[1015] Durch den Verkauf eines Produkts an einen konzernfremden Erwerber wird dieses jedoch in Verkehr gebracht und damit tritt die Erschöpfung des Verbreitungsrechts für dieses Produkt ein.

Der EuGH hat in seinem Urteil vom 3.7.2012 entschieden, unter welchen Voraussetzungen das Verbreitungsrecht bezüglich „gebrauchter" Softwareprogramme erschöpft ist.[1016] Der EuGH hat bestätigt, dass das Verbreitungsrecht des Urheberrechtsinhabers mit dem Erstverkauf einer körperlichen oder nichtkörperlichen Kopie seines Computerprogramms in der EU durch ihn oder mit seiner Zustimmung erschöpft ist.[1017] Dabei steht die Veräußerung eines Computerprogramms auf CD-ROM oder DVD einer Veräußerung durch Herunterladen[1018] gleich und die Erschöpfung erstreckt sich auch auf die Kopien, die durch einen Wartungsvertrag repariert, verändert, ergänzt oder aktualisiert wurden.[1019] Wenn der Erwerber die heruntergeladene Kopie weiterverkauft, muss er sie auf seinem Computer unbrauchbar machen, um nicht das ausschließliche Recht des Urhebers auf Vervielfältigung zu verlet-

---

[1013] *Leßmann* GRUR 2000, 741 ff., 749.

[1014] Vgl. EuGH 20.11.2001, WRP 2002, 65 ff; *Leßmann* GRUR 2000, 741 ff., 743, 749; *Sack* GRUR 1999, 193 ff., 204 weist aber darauf hin, dass die Zustimmung nur nach § 24 MarkenG, Art. 7 MarkenRL und Art. 13 GemeinschaftsmarkenVO erforderlich ist, nicht jedoch nach Art. 36, 42 AEUV und Art. 65 II EWRA für grenzüberschreitenden Warenverkehr.

[1015] Vgl. *Leßmann* GRUR 2000, 741 ff., 743, 749.

[1016] Vgl. EuGH 3.7.2012, GRUR 2012, 904 ff.

[1017] Da die Nutzung des Computerprogramms ohne zeitliche Beschränkung vereinbart wurde, konnte die Vereinbarung als Verkauf der Programmkopie qualifiziert werden, selbst wenn der Vertrag als Lizenzvertrag bezeichnet wurde, vgl. EuGH 3.7.2012, GRUR 2012, 905.

[1018] Vgl. EuGH 3.7.2012, GRUR 2012, 906.

[1019] Vgl. EuGH 3.7.2012, GRUR 2012, 907.

zen. Dabei wendete der EuGH eine funktionelle Betrachtungsweise an, wonach es unerheblich ist, ob der Zweiterwerber einer im Internet herunterladbaren Programmkopie die ursprünglich erstellte Programmkopie erhält oder eine neue Kopie nach dem Löschen der Kopie des Ersterwerbers herunterlädt; demnach betrifft die Erschöpfungswirkung beim Inverkehrbringen die durch dieses Werkexemplar vermittelte Nutzungsmöglichkeit.[1020] Solange der Kreis der Nutzer nicht ausgeweitet wird, es also nicht zu einer Verdoppelung oder Aufspaltung von Nutzungsmöglichkeiten kommt, greift laut EuGH der Erschöpfungsgrundsatz ein. Wenn daher der Ersterwerber das Programm für eine bestimmte Anzahl von Nutzern in seinem Unternehmen erwirbt, darf er nicht die für seinen Bedarf übersteigende Zahl von Nutzern erworbene „Lizenz" aufspalten und das Recht zur Nutzung des Programms nur für eine von ihm bestimmte Nutzerzahl weiterverkaufen.[1021] Die **Erschöpfung** des Patent- oder Markenrechts reicht nur so weit wie die von der **Lizenzerteilung gedeckte Nutzungshandlung.**[1022] Dieses Problem stellt sich v. a. dann, wenn der Hersteller aufgrund seiner Herstellungslizenz nur in einem bestimmten Land die Produktion und den Vertrieb der Waren vornehmen darf, während andere Konzernunternehmen das Vertriebsrecht für andere Territorien erhalten.

Beispiel: Die französische Pharma-Konzerngesellschaft F-SA hat weltweit den markenrechtlichen Schutz, ein bestimmtes patentfreies Schmerzmittel unter der Marke „Dolo-Stop" herzustellen und zu vertreiben. Das betreffende Medikament wird unter Nutzung des Know-how der F-SA von der irischen Konzern-Schwestergesellschaft I-Ltd. hergestellt, die jedoch kein Auftragsfertiger ist. Die irische Gesellschaft darf nur an europäische Konzernvertriebsgesellschaften liefern und hat selbst nur eine Arzneimittelzulassung für Herstellung und Vertrieb in Irland. Die I-Ltd. zahlt an F-SA Lizenzgebühren für die Zulassungsunterlagen und für die Marke für die in Irland getätigten Umsätze mit irischen Abnehmern. Wenn in diesem Fall die deutsche Konzern-Vertriebsgesellschaft D-GmbH einen Teil der von der irischen Gesellschaft hergestellten Tabletten erwirbt und aufgrund der behördlichen Arzneimittelzulassung in Deutschland die Vertriebslizenz ausübt, dann muss es zulässig sein, dass die D-GmbH an die F-SA eine Lizenzgebühr für die Marke und die überlassenen Zulassungsunterlagen (Produktidee, Know-how, klinische Studien) zahlt, weil hier der irische Hersteller insoweit keine Zulassung für den Vertrieb in Deutschland besitzt und an F-SA keine Lizenzgebühren für die Zulassungsunterlagen und die Nutzung der Marke in Deutschland zahlt. Wegen der nur konzerninternen Warenbewegung liegt auch kein Inverkehrbringen der Arzneimittel und damit auch keine Erschöpfung vor.

500　　Die **OECD-Leitlinie** geht ebenfalls davon aus, dass die Vergütung für die Nutzung immaterieller Wirtschaftsgüter idR im Warenpreis enthalten ist, auch wenn zB ein Unternehmen an ein anderes halbfertige Produkte verkauft und gleichzeitig seine Erfahrungen für den weiteren Produktionsablauf zur Verfügung stellt (Tz. 6.17 OECD-VPL 2010; ähnlich Tz. 6.102 OECD-VPL, 2014 Guidance). Die OECD-Leitlinie weist aber in Tz. 6.17 ferner darauf hin, dass kein genereller Grundsatz besteht, wonach Lizenzzahlungen neben

---

[1020] Vgl. *Senftleben* NJW 2012, 2924 ff.

[1021] Vgl. EuGH 3.7.2012, GRUR 2012, 908.

[1022] Vgl. BGH 21.3.1985, GRUR 1985, 924 ff., 925; *Leßmann* GRUR 2000, 741 ff., 743 f., 748 f.

der Lieferung von Waren oder unfertigen Erzeugnissen ausgeschlossen sind, sondern dass es im Einzelfall **entscheidend** darauf ankommt, dass **keine Doppelbelastung** für die immateriellen Wirtschaftsgüter erfolgt. Für die Vertragspraxis empfiehlt es sich aus Vereinfachungsgründen und zur Vermeidung unnötiger Diskussionen mit den beteiligten FinVerw., möglichst keine Lizenzen an Vertriebsgesellschaften zu belasten, wenn die Nutzung immaterieller Wirtschaftsgüter im Warenpreis des Herstellers einkalkuliert werden kann.

Auch die Literatur zu den **US-Verrechnungspreisen** geht davon aus, dass **501** bei der Übertragung materieller Wirtschaftsgüter, die mit Hilfe immaterieller Wirtschaftsgüter (Patente, Marken) hergestellt und vertrieben werden, grundsätzlich ein einheitlicher Preis zu berechnen ist, mit dem die Nutzung der immateriellen Wirtschaftsgüter (sog. **embedded intangibles**) bereits abgegolten wird.[1023] Es sollte jedoch zulässig – wenn auch unüblich – sein, dass ein Hersteller an eine Vertriebsgesellschaft im Konzern neben dem Preis für eine Lieferung auch eine gesonderte Vertriebslizenz berechnet, sofern der Lieferpreis den Wert des immateriellen Wirtschaftsguts nachweislich noch nicht berücksichtigt.

Beispiel: Die D-GmbH stellt Küchenmaschinen her, wobei sie selbstgeschaffene Patente und Know-how verwendet. Die Herstellungskosten ohne Berücksichtigung der immateriellen Wirtschaftsgüter betragen € 50, während der Wert der verwendeten immateriellen Wirtschaftsgüter umgerechnet € 5 pro Stück beträgt. Der Konzernverrechnungspreis beläuft sich einschließlich eines angemessenen Unternehmergewinns von 20% auf Gesamtkosten von insgesamt € 66. Diesen Preis würde die D-GmbH fremden Vertriebsgesellschaften im Ausland belasten. Grundsätzlich wäre es nach der oben erörterten Literaturmeinung zulässig, dass die D-GmbH an Konzern-Vertriebsgesellschaften für die Waren einen Verrechnungspreis inklusive Gewinnzuschlag iHv € 60 berechnet und zusätzlich € 6 für die Nutzung der immateriellen Wirtschaftsgüter. Dies erscheint zwar ungewöhnlich, sollte aber im Hinblick auf den entsprechenden Gesamt-Fremdvergleichspreis anerkannt werden, wenn noch keine Erschöpfung vorliegt.

Wenn mit dem Verkauf eines Vermögensgegenstands weitere Rechte über- **502** tragen werden, die nicht im Zusammenhang mit dem Wiederverkauf dieses Gegenstands stehen, kann es erforderlich sein, eine gesonderte Vergütung für die Nutzung dieser Rechte zu vereinbaren. Ein solcher Fall liegt bspw. vor, wenn eine Maschine verkauft wird und dem Erwerber außerdem gestattet wird, gegen Zahlung einer Lizenzgebühr ein geheimes **Verfahrens-Know-how** für die Herstellung bestimmter Produkte zu nutzen.[1024] Grundsätzlich sollte es im genannten Fall aber zulässig sein, dass die Vertragsparteien anstelle einer laufenden Lizenzgebühr eine **Einmallizenzgebühr** für die Überlassung des Verfahrens-Know-how vereinbaren. Diese Einmallizenz könnte wiederum im Kaufpreis der Maschine einkalkuliert werden. In jedem Fall sollte der Vertrag dann ausdrücklich bestimmen, dass der Kaufpreis auch die Lizenz für die unbegrenzte Nutzung des Verfahrens-Know-how umfasst.

Diese Fälle sind zu unterscheiden von denjenigen Fällen, in denen zB **Maschinen einschließlich** der für das Funktionieren der Maschinen erforderli-

---

[1023] Vgl. US Regs § 1.482-3(f).
[1024] Dieses Beispiel findet sich in den US Regs § 1.482-3(f).

chen integrierten **Steuerungssoftware** verkauft werden. In den zuletzt genannten Fällen werden etwaige Patente, Marken und Urheberrechte an der Software grundsätzlich vom Hersteller der Maschine genutzt und im Verkaufspreis einkalkuliert. Da weiter oben die Auffassung vertreten wurde, dass bei Lieferungen im Konzern noch keine Erschöpfung eintritt, wäre es alternativ zulässig, dass der Inhaber der jeweiligen Schutzrechte die Lizenzgebühr an die Konzerngesellschaft belastet, die die Maschinen weiterverkauft oder für eigene Produktionszwecke nutzt.[1025]

503   Die **Ausfuhr-** und die **Einfuhrlizenz** sind besondere Arten der **Vertriebslizenz**. Eine Einfuhrlizenz ist prinzipiell erforderlich, wenn im Inland ein Schutzrecht für das Importgut besteht.[1026] Veräußerung und Versendung von Waren vom Ausland in das Inland stellen seitens des Veräußerers ein **Inverkehrbringen im Inland** dar, sobald die Ware im Inland in die Verfügungsgewalt des Importeurs gelangt. Dies soll auch dann gelten, wenn die Ware nicht im Inland verbleibt, sondern in ein drittes Land wieder ausgeführt werden soll.[1027] Eine Ausfuhrlizenz ist notwendig, wenn im Ausland, in das exportiert werden soll, ein Schutzrecht vorliegt.[1028] Das bedeutet, dass der Hersteller auch ohne Ausfuhrlizenz des Lizenzgebers grundsätzlich die Waren in solche Länder exportieren darf, in denen kein Schutzrecht besteht. Eine Beschränkung dieses Rechts ist jedenfalls für Lieferungen in das EU-Ausland nur zulässig, soweit im Ausland einem anderen das Schutzrecht gewährt wurde.[1029]

504   Wenn allerdings eine ausdrückliche **Beschränkung** des **Vertriebsrechts** auf das Inland besteht – bspw. weil der Lizenzgeber sich das Vertriebsrecht für das Ausland vorbehalten hat – dann darf der Lizenznehmer keine Ausfuhren vornehmen. Eine gleichwohl erfolgte Lieferung an ausländische Abnehmer würde eine Schutzrechtsverletzung darstellen, die Schadensersatzansprüche zur Folge hat.[1030] Steuerlich stellt sich für Ausfuhr- und Einfuhrlizenzen als Arten der Vertriebslizenz ebenfalls primär die Frage, ob für die Ausübung dieser Lizenzen eine Lizenzgebühr gefordert werden kann oder ob das gewerbliche Schutzrecht (zB Patent) bereits durch das „Inverkehrbringen" der Waren erschöpft ist. Ferner sollte bei der Vertragsabfassung darauf geachtet werden, dass die Vertriebsrechte sich (falls gewünscht) auch auf das Ausland erstrecken, damit eine etwaige Lizenzgebühr auch insoweit vertraglich abgesichert ist. Im Übrigen gilt die oben gegebene Empfehlung, dass der Warenpreis die Nutzung immaterieller Wirtschaftsgüter beinhalten sollte, soweit dies möglich ist.

cc) Gebrauchslizenz

505   Eine **Gebrauchslizenz** gestattet dem „Lizenznehmer" lediglich die Nutzung der miet- oder pachtweise überlassenen patentgeschützten Vorrichtung.[1031] Wenn ein Unternehmer eine Maschine zu Eigentum erworben hat,

---

[1025] Wie oben in Rn. 500 erwähnt wurde, muss eine Doppelbelastung vermieden werden.
[1026] Vgl. *Groß*, Rn. 30.
[1027] OLG Hamburg 25.10.1990, GRUR Int. 1991, 301.
[1028] *Groß*, Rn. 30.
[1029] Vgl. insoweit Art. 1 Abs. 1 Nr. 4 und Nr. 5 TT-GVO.
[1030] Zu weiteren Einzelheiten der Ausfuhr- und Einfuhrlizenz vgl. *Groß*, Rn. 30–33.
[1031] *Benkard/Ullmann*, § 15 PatG, Rn. 69; *Groß*, Rn. 34.

dann darf er sie in beliebiger Weise benutzen und die Berechnung einer Gebrauchslizenz ist nicht zulässig. Möglich ist aber zB die Vereinbarung eines **Verfahrenspatents,** das der Lizenzgeber dem Lizenznehmer neben der Veräußerung einer Maschine oder Vorrichtung überträgt, um ein geschütztes Verfahren mit Hilfe der Maschine bzw. Vorrichtung anzuwenden.[1032] Die mit Hilfe des Verfahrenspatents hergestellten Erzeugnisse wiederum werden mit ihrer Veräußerung patentfrei und rechtfertigen keine Lizenzzahlungen seitens des Abnehmers dieser Erzeugnisse.

dd) Marken- oder Namenslizenz

Handelsrechtlich ist es zulässig, dass der Firmennamen als **Firmenlizenz,** 506 **Markenlizenz** oder in Kombination als Marken- und Firmenlizenz in Lizenz gegeben werden kann.[1033] Aus steuerlicher Sicht darf gem. Tz. 6.3.2 VGr für das Recht, den **Firmennamen** zu führen, **kein Entgelt** berechnet werden. Daher war es früher umstritten, ob die Belastung von Lizenzgebühren zulässig ist, wenn die **Firmennamen** der Mutter- und Tochtergesellschaft **identisch mit der Marke** für Produkte oder Dienstleistungen sind.[1034]

Der BFH[1035] hat diese Frage inzwischen geklärt und unterscheidet zwischen 507 der **nicht entgeltfähigen** Überlassung des Rechts, den **Konzernnamen** in der Firma zu führen und der **entgeltfähigen Nutzungsüberlassung einer Marke** für die Vermarktung von Produkten und Dienstleistungen.[1036] Der Firmenname als besondere Bezeichnung eines Geschäftsbetriebs einerseits und die Marke als Produkte oder Leistungen identifizierende Kennzeichnungen andererseits sind strikt auseinander zu halten, da sie verschiedene Inhalte haben, unabhängig voneinander verwertbar und mit entsprechenden Schutzrechten ausgestattet sind.[1037] Voraussetzung für die Entgeltfähigkeit ist aber, dass der Lizenzgeber die Schaffung des Markenwerts verursacht hat.[1038] Der BFH betont, dass sich die Werthaltigkeit der überlassenen Marke nicht erst durch die tatsächliche Absatzsteigerung, sondern schon durch die **Eignung** ergibt, zur **Absatzförderung** beizutragen.[1039] Diese Auffassung steht in Einklang mit dem Grundsatz des ordentlichen und gewissenhaften Geschäftsführers, dem bei der Gestaltung der Geschäftsbeziehungen ein Ermessensspielraum zusteht.[1040]

Wenn daher **Marken** zur Nutzung für die **Kennzeichnung von Waren** 508 **oder Dienstleistungen** an andere Konzernunternehmen überlassen werden,

---

[1032] Vgl. oben Rn. 502.

[1033] Vgl. zB *Dahnke* IStR 1993, 271 f.; *Köhler* DStR 1996, 510 ff., 513.

[1034] Vgl. dazu zB *Dahnke* IStR 1993, 271 f.; *Engler* in Handbuch der Verrechnungspreise, 1. Aufl. 1997, Kap. L Rn. 243 ff.; das FG Freiburg 21.12.1960, EFG 1962, 315 vertrat die Meinung, dass das Recht, den Firmennamen zu führen, auch das Recht umfasst die namensgleiche Konzernmarke zu nutzen.

[1035] BFH 9.8.2000, BStBl. II 2001, 140 ff.

[1036] Ebenso schon *Engler* in Handbuch der Verrechnungspreise, 1. Aufl. 1997, Kap. L Rn. 244; *Baumhoff* IStR 1999, 533 f.

[1037] BFH 9.8.2000, BStBl. II 2001, 140 ff., 141.

[1038] BFH 9.8.2000, BStBl. II 2001, 140 ff., 142.

[1039] BFH 9.8.2000, BStBl. II 2001, 140 ff., 142 ebenso FG Münster 14.2.2014, IStR 2014, 489 ff., Revision anhängig unter Az. I R 22/14.

[1040] *Borstell/Wehnert* IStR 2001, 127 f., 128; vgl. auch Kap. C Rn. 43 f., 56 f. u. 63.

besteht grundsätzlich nicht nur das Recht, sondern nach dem Fremdvergleichsgrundsatz auch die **Pflicht,** eine Lizenzgebühr für die Nutzung der
Marke zu verlangen, weil auch von einem fremden Dritten ein Nutzungsent-
gelt verlangt würde,[1041] unabhängig davon, ob die Marken mit dem Firmennamen eines nahe stehenden Unternehmens identisch sind oder nicht. Dies
gilt jedenfalls dann, wenn die Marke entweder **Schutz** durch **Eintragung** in
einem Register genießt oder wenn die Marke in den beteiligten Verkehrs-
kreisen überwiegend bekannt ist, so dass mit dem Namen die Produkte assoziiert werden können und die Marke „**Verkehrsgeltung** erworben hat" (§ 4
Nr. 2 MarkenG). In diesen Fällen kann nämlich idR davon ausgegangen werden, dass die Marke geeignet ist, zur Absatzförderung beizutragen. Auch
wenn eine Marke im Inland bisher noch nicht gebraucht wurde, jedoch ein
Schutz der Marke durch sog. **notorische Bekanntheit** (§ 4 Nr. 3 MarkenG)
gegeben ist, muss schon ab Einführung der Produkte auf dem Markt die Belastung einer Lizenzgebühr anerkannt werden.

509   Der BFH vertritt die Auffassung, dass eine Markenlizenzgebühr in vollem
Umfang verrechenbar ist, wenn sich die Marke in den Verbraucherkreisen so
durchgesetzt hat, dass der Marke ein eigenständiger Wert zukommt und der
Firmenname dahinter zurücktritt bzw. in ihr aufgeht.[1042] Bis zu diesem Zeitpunkt soll nur ein geringeres Entgelt gerechtfertigt sein.[1043] Fraglich ist daher,
ob und in welcher Höhe Lizenzgebühren steuerlich für die Überlassung von
Marken anerkannt werden, die auf dem Inlandsmarkt bisher **nicht bekannt**
oder völlig neu sind. Im Fall einer **Eintragung** im Markenregister muss
eine entsprechende vertraglich vereinbarte Lizenzgebühr dem Grunde nach
anerkannt werden; dies gilt bereits ab dem Zeitpunkt des Eintragungsantrags.
Der Höhe nach sind die Lizenzsätze für solche neuen Marken im Rahmen
der üblichen Lizenzsätze festzusetzen. Dabei ist zu beachten, dass die Vereinbarung von Umsatzlizenzen mit üblichen Lizenzsätzen bei neuen Marken
wegen anfangs geringer Umsätze idR ohnehin nicht zu hohen Lizenzzahlungen führt. Wenn allerdings der **Lizenznehmer** die gesamten **Kosten der**
Werbung trägt und der Fremdvergleich zum Ergebnis führt, dass eine Teilung der Kosten der Werbung zwischen Hersteller- und Vertriebsgesellschaft
üblich ist, dann ist es gerechtfertigt die Höhe der Lizenzgebühr zwischen dem
unteren Wert der Interquartile Range und dem Median festzusetzen. Sofern
eine völlig **neue Marke** in Deutschland eingeführt wird, die **keinen Schutz**
nach § 4 Nr. 1–3 MarkenG genießt, besteht das Risiko, dass die deutsche
FinVerw. die Belastung einer Lizenzgebühr nicht nur der Höhe nach, sondern
auch dem Grunde nach ablehnt. Es empfiehlt sich daher unbedingt, den
Schutz der Marke durch Eintragung im Markenregister herbeizuführen.

510   Auch für Markenlizenzen gelten natürlich die in Tz. 3.1.2.3 und 5.1.2 VGr
angesprochenen allgemeinen Einschränkungen, wonach eine Lizenzgebühr
unzulässig ist, soweit das Entgelt für die Nutzung der immateriellen Wirtschaftsgüter bereits im Preis der Lieferungen oder Leistungen enthalten ist.[1044]
Lizenzgebühren für Marken werden daher v. a. an Produktionsgesellschaften

---

[1041] Ebenso BFH 9.8.2000, BStBl. II 2001, 140.

[1042] BFH, 9.8.2000, BStBl. II 2001, 140.

[1043] Vgl. *Jacobs,* 822; *Dahnke* IStR 1993, 271 f.

[1044] Vgl. die Ausführungen zur „Erschöpfung" oben in Rn. 491 ff. „Vertriebslizenz".

im Konzern belastet. Da konzerninterne Warenbewegungen idR aber nicht als Inverkehrbringen der Waren qualifiziert werden kann, ist es im Konzern aber auch möglich, dass der Inhaber der Marke den Lizenzvertrag für die Nutzung der Marke nicht mit dem Hersteller, sondern mit den Vertriebsgesellschaften abschließt.[1045]

e) Persönliche Beschränkungen

Zunächst ist zu unterscheiden zwischen **ausschließlicher, alleiniger und** **511** **einfacher Lizenz.** Die Möglichkeit der Vereinbarung einer **ausschließlichen Lizenz** (international sog. **Exclusive License**) wird in einzelnen gesetzlichen Vorschriften ausdrücklich erwähnt, so bspw. in § 15 Abs. 2 S. 1 PatG, § 30 Abs. 1 MarkenG, § 31 Abs. 1 DesignG und § 31 Abs. 1 UrhG. Die ausschließliche Lizenz gewährt dem Lizenznehmer ein gegen jedermann wirkendes Ausschlussrecht, also das alleinige Recht zur Verwertung der Erfindung als auch die Befugnis, selbständig die Rechte aus dem gewerblichen Schutzrecht geltend zu machen, aber nur soweit das ihm eingeräumte Nutzungsrecht reicht.[1046] Die ausschließliche Lizenz kann so weit gehen, dass der Lizenznehmer zB die Gesamtheit der aus dem Patent fließenden Nutzungsrechte umfassend und unbeschränkt zur alleinigen Ausbeutung unter Ausschluss Dritter innehat; in diesem Fall verbleibt dem Lizenzgeber nur noch das seines Nutzungsrechts entkleidete formale Patentrecht.[1047]

Wenn bei einem ausschließlichen Lizenzvertrag eine Umsatz- oder Stücklizenz vereinbart wird, besteht idR eine **Ausübungspflicht** des Lizenznehmers;[1048] das Problem der Nichtausübung dürfte aber bei Verträgen zwischen Konzernunternehmen keine Bedeutung erlangen.

Die Lizenzierung muss von der **Veräußerung** des immateriellen Wirtschaftsguts abgegrenzt werden. Letztere liegt vor, wenn die unbeschränkte dingliche Verfügungsmacht über das immaterielle Wirtschaftsgut auf den Erwerber übergeht.[1049]

Die ausschließliche Lizenz kann allerdings **räumlich, zeitlich oder sach-** **512** **lich beschränkt** sein, wobei sie für den Lizenznehmer jedoch ein Alleinrecht für einen bestimmten räumlichen, zeitlichen oder sachlichen Bereich einräumt.[1050]

Beispiel: Ein Lizenzgeber erteilt einem Lizenznehmer eine ausschließliche Lizenz mit der räumlichen Beschränkung auf das Gebiet der Bundesrepublik Deutschland. Zeitlich kann diese ausschließliche Lizenz bspw. auf zehn Jahre befristet werden. Sachlich kann die Lizenz sich auf die ausschließliche Produktion bestimmter Produkte beziehen.

[1045] Vgl. oben Rn. 496 ff.

[1046] *Hauck* in F/L/B, § 15 PatG, Rn. 39; *Groß*, Rn. 36; zu möglichen Einschränkungen der ausschließlichen Lizenz vgl. unten Rn. 512 und oben Rn. 467 ff., 474 ff., 489.

[1047] So *Groß*, Rn. 36; *Hacker*/Busse, § 15 PatG, Rn. 58.

[1048] Vgl. *Mes*, § 15 PatG, Rn. 56 mwN.

[1049] Vgl. *Hacker*/Busse, § 15 PatG, Rn. 18; vgl. ferner oben Rn. 361 ff. „Eigentumsübertragung".

[1050] *Hauck* in F/L/B, § 15 PatG, Rn. 37; zu den kartellrechtlichen Aspekten solcher Beschränkungen vgl. oben Rn. 447 f., 451 f.

513   Der Inhaber einer ausschließlichen Lizenz darf **Unterlizenzen** erteilen, sofern dies vertraglich nicht ausdrücklich ausgeschlossen ist. Soweit die ausschließliche Lizenz räumlichen, zeitlichen oder sachlichen Beschränkungen unterliegt, ist selbstverständlich auch die Vergabe von Unterlizenzen nur im Rahmen dieser Schranken möglich.[1051]

514   Die **alleinige Lizenz** (sog. *Sole License*) ist von der ausschließlichen Lizenz insoweit zu unterscheiden, als der Lizenznehmer **einziger Lizenznehmer** für ein gewisses Gebiet wird, dass aber der **Lizenzgeber selbst** sich ein eigenes **Nutzungsrecht vorbehält**.[1052] In der Praxis kommt es immer wieder vor, dass deutsche Vertragspartner den Unterschied zwischen *Sole License* und *Exclusive License* nicht kennen und deshalb später mit Konkurrenzprodukten des Lizenzgebers im Vertragsgebiet konfrontiert werden. Auch soweit eine als „ausschließliche Lizenz" bezeichnete Vereinbarung vorliegt, handelt es sich bei entsprechendem Vorbehalt eigener Nutzungsrechte durch den Lizenzgeber nur um eine alleinige Lizenz für den Lizenznehmer im vereinbarten Gebiet.

515   Von einer **einfachen Lizenz** (oder gewöhnlichen Lizenz) spricht man, wenn der Lizenzgeber berechtigt ist, im vereinbarten Gebiet des Lizenznehmers das immaterielle Wirtschaftsgut selbst zu nutzen oder weiteren Personen Lizenzen zu erteilen. In solchen Fällen kommt der Lizenz keine Ausschließlichkeitswirkung zu, dh die einfache Lizenz gewährt dem Lizenznehmer nur ein obligatorisches Nutzungsrecht und es bestehen nur schuldrechtliche Beziehungen zwischen den Parteien.[1053] Der Lizenznehmer einer einfachen Lizenz kann nicht selbstständig gegen Dritte vorgehen; er hat insb. keine Unterlassungs- oder Schadensersatzansprüche gegen Patentverletzer und bedarf deshalb der Mitwirkung des Patentinhabers. Dies gilt entsprechend für Lizenzverträge über andere gewerbliche Schutzrechte. Die einfache Lizenz ist grundsätzlich nicht übertragbar und der Lizenznehmer darf keine Unterlizenzen erteilen.

516   Es ist davon auszugehen, dass die **Lizenzgebühren** für eine **ausschließliche Lizenz** höher liegen als bei einer **alleinigen Lizenz** und diese wiederum höher als bei einer **einfachen Lizenz**. Dies folgt aus der Tatsache, dass bei der alleinigen Lizenz der Lizenzgeber selbst zum Lizenznehmer in Konkurrenz treten kann und dass bei der einfachen Lizenz nicht nur der Lizenzgeber, sondern auch andere Lizenznehmer mit gleichen Produkten am Markt auftreten können. Diese Aspekte werden auch bei dem noch zu erörternden steuerlichen Fremdvergleich hinsichtlich der Höhe der Lizenzgebühren relevant.[1054]

Beispiel: Die US-Firma U-Inc. gewährt ihrer deutschen Tochtergesellschaft T-GmbH für Deutschland eine ausschließliche Herstellungs- und Vertriebslizenz für spezielle Präparate der künstlichen Ernährung von Kranken. Die Lizenzgebühr beträgt 4 % vom Umsatz für die Nutzung des Know-how und 1 % vom Umsatz für die Nutzung der Marken. Wenn die U-Inc. fremden Herstellern in Frankreich und in den Niederlanden nur eine einfache Lizenz gewährt und die Lizenzgebühr für das Know-

---

[1051] Vgl. *Hacker*/Busse, § 15 PatG, Rn. 77.
[1052] Vgl. *Groß*, Rn. 38; *Böcker* StBp 1991, 74.
[1053] Vgl. *Groß*, Rn. 39; *Mes*, § 15 PatG, Rn. 42.
[1054] Vgl. unten Rn. 541 ff.

how nur 3 % beträgt und wegen Nichtnutzung der Marken keine Markenlizenz gezahlt wird, dann können diese von den konzernfremden Firmen gezahlten Lizenzen nicht im Wege des internen Fremdvergleichs herangezogen werden, weil der Vertragsinhalt zu stark abweicht.

Besondere Erscheinungsformen von Lizenzverträgen, die meistens unter **517** eine der bisher erörterten Lizenzarten fallen, stellen auf die **Person** des durch den Vertrag **Berechtigten** ab. Eine **persönliche Lizenz** ist an die Person des Lizenznehmers – und nicht an das von ihm betriebene Unternehmen – gebunden.[1055] Hierbei kann es sich bspw. um eine Know-how-Lizenz für den Inhaber eines Zulieferbetriebs handeln, wenn vermieden werden soll, dass das Know-how im Fall des Verkaufs des Betriebs auf Dritte übergeht. Eine **Betriebslizenz** liegt bspw. vor, wenn die Lizenz für die Produktion in einem **bestimmten Betrieb** erteilt wurde.[1056] Diese Lizenz ist an den Betrieb gebunden und kann nur mit ihm übertragen werden. Eine **Konzernlizenz** umfasst auf der Seite des Lizenznehmers alle oder bestimmte mit ihm verbundenen Konzerngesellschaften, so dass die Vergabe von Unterlizenzen entbehrlich wird.[1057]

4. Arten von Lizenzgebühren

Durch den Lizenzvertrag wird der Lizenznehmer verpflichtet, die verein- **518** barte Lizenzgebühr zu zahlen. Sofern im Vertrag keine Lizenzzahlung geregelt ist, wird gem. §§ 315, 316 BGB eine angemessene Gebühr geschuldet,[1058] sofern nicht ausnahmsweise die Zahlung – ausdrücklich oder aus den Vertragsumständen ersichtlich – ausgeschlossen wurde. Aufgrund der Vertragsfreiheit haben sich sehr unterschiedliche Formen von Lizenzzahlungen entwickelt. Die folgenden **Vergütungsformen** kommen am häufigsten vor:
– laufende Umsatzlizenzen
– laufende Stücklizenzen
– progressive oder degressive Umsatz- oder Stücklizenzen
– Vorauszahlungen mit Anrechnung auf laufende Lizenzen
– Vorabzahlung als Mindestlizenz (ohne Anrechnung auf laufende Lizenz)
– Höchstlizenz (bei Umsatz- oder Stücklizenzen)
– Einmallizenzgebühr oder laufende Pauschalgebühr *(lump sum payment)*
– Grundlizenzgebühr
– gewinnabhängige oder kostenabhängige Lizenzen
– kombinierte Umsatzlizenz mit Beteiligung am operativen Gewinn oder am Gewinn vor Ertragsteuern
– Rücklizenzen (Cross-Licensing) von Zusatzerfindungen und technischem Know-how des Lizenznehmers usw.[1059]

Die Vereinbarung einer **Umsatzlizenz** ist in der internationalen Vertrags- **519** praxis in der weit überwiegenden Zahl aller Fälle zu beobachten.[1060] Dabei

---

[1055] *Groß*, Rn. 40.
[1056] *Groß*, Rn. 41.
[1057] *Groß*, Rn. 42.
[1058] BGH 3.6.1958, GRUR 1958, 564.
[1059] Vgl. z.B. *Groß*, Rn. 171 ff., 543 ff.; *Mes*, § 15 PatG Rn. 55 ff.; *Battersby/Grimes*, S. 2.
[1060] Vgl. *Groß*, Rn. 103; *Henn*, Rn. 253 ff.; *Battersby/Grimes*, S. 2 f.

berechnet sich die Lizenzgebühr nach einem bestimmten Prozentsatz des Umsatzes. Wichtig ist, dass der Begriff Umsatz vertraglich exakt definiert wird, damit unterschiedliche Interpretationen vermieden werden. Meistens wird der **Nettoumsatz,** dh der Nettoverkaufspreis der Waren (alternativ zB: Preis ab Werk, Listenpreis, Einzelhandelspreis) ohne Umsatzsteuer abzüglich Skonti und Retouren vereinbart. Ferner ist es sinnvoll, auch die Verpackungs- und Frachtkosten, Zölle sowie andere Nebenkosten von der Bemessungs- grundlage in Abzug zu bringen, jedoch nur, soweit diese Kosten in den Rechnungen gesondert ausgewiesen werden, sodass eine Ermittlung dieser Kosten leicht möglich ist. Die Umsatzlizenz hat ebenso wie die Stücklizenz bspw. gegenüber der Pauschallizenz den Vorteil, dass sie den tatsächlichen **Nutzen des Lizenznehmers** in Betracht zieht. Weitere Ausführungen, insb. zur Angemessenheit und Höhe der Umsatzlizenz, folgen in einem ge- sonderten Abschnitt.

520 Bei der Vereinbarung von **Stücklizenzen** muss der Lizenznehmer für je- des hergestellte oder vertriebene Produkt eine bestimmte Summe zahlen. An- stelle der Anzahl der Produkte kann auch ein anderer Maßstab vereinbart werden, bspw. Gewicht, Volumen, hergestellte Quadratmeter der Waren oder die Nutzungsintensität der zur Produktion verwendeten Maschine (Maschi- nenlaufzeit). Gegenüber der Umsatzlizenz hat die Stücklizenz den Nachteil, dass Preiserhöhungen des Lizenznehmers dem Lizenzgeber nicht zugute kommen. Allerdings könnte dieser Nachteil ganz oder teilweise kompensiert werden, indem die Parteien bei längerer Laufzeit vereinbaren, dass die im Erstjahr festgelegte Lizenz pro Stück sich am Anfang jedes neuen Jahres au- tomatisch um einen bestimmten Betrag oder Prozentsatz erhöht.

521 Umsatz- oder Stücklizenzen können auch **progressiv oder degressiv ge- staffelt** vereinbart werden. So wäre es zB möglich, die Lizenz zunächst bis zu einem bestimmten Jahresumsatz bzw. bis zu einer bestimmten Stückzahl pro- gressiv zu staffeln und ab Überschreiten einer bestimmten Größe dann eine degressive Staffel anzuwenden. Dies erleichtert es dem Lizenznehmer, zu- nächst bei niedrigen Umsätzen oder Stückzahlen seine Kosten zu decken und Gewinn zu erwirtschaften und berücksichtigt andererseits die Tatsache, dass besonders hohe Umsätze oder Stückzahlen nicht mehr vorwiegend auf dem Wert des verwendeten immateriellen Wirtschaftsguts beruhen, sondern auf den Vertriebsanstrengungen des Lizenznehmers.[1061] Vor Vertragsabschluss muss bei jeglicher Art von Lizenzvereinbarung geprüft werden, ob diese auch im anderen Staat steuerlich anerkannt wird.

Beispiel: Ein Lizenzgeber vereinbart mit einem Lizenznehmer für die Nutzung ei- nes Patents folgende Lizenzgebühren vom Nettoumsatz:
– bis 2 Mio. € Nettoumsatz: 2%
– für den übersteigenden Umsatz bis 10 Mio. € Nettoumsatz: 3%
– für den übersteigenden Umsatz bis 20 Mio. € Nettoumsatz: 4%
– für den übersteigenden Umsatz bis 30 Mio. € Nettoumsatz: 5%
– für den übersteigenden Umsatz bis 40 Mio. € Nettoumsatz: 6%
– für den übersteigenden Umsatz bis 50 Mio. € Nettoumsatz: 5%
– für den übersteigenden Nettoumsatz: 4%.

[1061] Ebenso für degressive Staffelung *Groß,* Rn. 109; vgl. auch *Henn,* Rn. 259; *Groß/ Rohrer,* Rn. 16.

Für einen Umsatz von zB 25 Mio. € wären demgemäß Lizenzgebühren in Höhe von 930 000 € zu zahlen, dh der Lizenzsatz würde im Durchschnitt bei 3,72 % liegen. Bei 50 Mio. € würde der durchschnittliche Lizenzsatz 4,56 % erreichen und bei der Festlegung der Lizenzsätze sollte geprüft werden, ob dieser Satz noch innerhalb der *Interquartile Range* von fremdüblichen Lizenzsätzen liegt.

In der Praxis dürfte es nur selten vorkommen, dass die **Lizenzgebühr** nach **522** Überschreiten eines bestimmten Grenzwertes degressiv **gestaffelt** wird. Häufiger ist dagegen der Fall anzutreffen, dass **progressive Lizenzsätze** vereinbart werden, die ab einem bestimmten Grenzwert nicht weiter steigen. Sofern die FinVerw. sich darauf berufen würde, dass eine progressive oder degressive Staffelung der Lizenzsätze üblich sei, müsste sie nachweisen, dass dies jedenfalls für die entsprechende Branche zutrifft und dass nur selten andere Vereinbarungen getroffen werden. Aber auch dann müssen Abweichungen anerkannt werden, wenn diese im Ergebnis zu einer angemessenen Lizenzzahlung führen.

Die Vertragsparteien können für die vereinbarte Umsatz- oder Stücklizenz **523** unabhängig vom Erfolg des Lizenznehmers auch eine **Mindestlizenz** vereinbaren.[1062] Der Lizenzgeber stellt damit sicher, dass der Lizenznehmer sich ernsthaft um die Nutzung der immateriellen Wirtschaftsgüter bemüht. Zwischen fremden Dritten kann ein Lizenzgeber eine Mindestlizenz v. a. dann durchsetzen, wenn er mehrere Lizenznehmer zur Auswahl hat. Zwar werden im Konzern idR keine Lizenzen an außenstehende Dritte gewährt, jedoch muss die Vereinbarung einer angemessenen Mindestlizenz auch in diesen Fällen anerkannt werden, weil nach dem Fremdvergleichsgrundsatz gerade die zwischen fremden Vertragspartnern üblichen Bedingungen zu berücksichtigen sind. Oft wird die Mindestlizenz auf die laufenden Umsatz- oder Stücklizenzen angerechnet. Die Garantie einer bestimmten Mindestproduktion oder eines bestimmten Mindestverkaufs kann dahingehend ausgelegt werden, dass die vorgesehene Umsatz- oder Stücklizenz insoweit als Mindestlizenz zu zahlen ist.[1063]

Für die Parteien wirkt die **Mindestlizenz** ähnlich wie eine **Ausübungs-** **524** **verpflichtung,** dh, der Lizenznehmer muss einen gewissen Mindestumsatz oder bestimmte Mindeststückzahlen erreichen, damit er die Lizenzgebühren durch Nutzung des immateriellen Wirtschaftsguts erwirtschaftet. Soweit aber keine ausdrückliche Ausübungspflicht vereinbart wird, ist es zweifelhaft, ob man aus der Vereinbarung der Mindestlizenz bereits eine Ausübungsverpflichtung ableiten kann[1064] oder ob der Lizenznehmer berechtigt ist, das Patent bspw. nicht zu nutzen, sondern als **Sperrpatent** zu behandeln. Hier muss der Vertrag im Einzelfall unter Berücksichtigung aller Umstände ausgelegt werden. Wenn die Mindestlizenz auf die laufenden Lizenzen angerechnet werden sollen, spricht dies für eine Ausübungsverpflichtung. Dagegen wird man bei einer einfachen Lizenz oder bei Kenntnis des Lizenzgebers, von der Absicht des Lizenznehmers das Patent notfalls als Sperrpatent zu nutzen, keine Ausübungsverpflichtung ableiten können.[1065]

[1062] Vgl. dazu *Henn*, Rn. 260 ff.

[1063] So *Groß*, Rn. 120 unter Berufung auf RG 25.4.1936, Mitt. 1936, 233; dagegen unklar BGH 11.10.1977, GRUR 1978, 166.

[1064] So *Groß*, Rn. 120.

[1065] *Groß*, Rn. 120, meint hingegen, dass auch bei einer einfachen Lizenz idR eine Ausübungsverpflichtung bestehe.

525   Die Vereinbarung einer **Höchstlizenz** dürfte in der Praxis selten vorkommen. Lediglich die als Prozentsatz vom Umsatz, vom Gewinn oder anderen Parametern abhängigen **Lizenzsätze** sind in gewisser Weise begrenzt, wobei jedoch der absolute Betrag der Lizenzzahlung mit höherem Umsatz usw. proportional (oder degressiv oder progressiv) zunimmt. In diesem Zusammenhang ist auch die so genannte **Meistbegünstigungsklausel** zu nennen, die im Ergebnis ebenfalls als eine Art Höchstlizenz bezeichnet werden kann. Der Grundsatz der Meistbegünstigung verlangt, dass die Lizenznehmer unter gleichen Voraussetzungen gleich behandelt werden,[1066] so dass der Lizenznehmer eine Herabsetzung der Lizenzgebühr verlangen kann, wenn der Lizenzgeber mit einem neuen Lizenznehmer in einem anderen Vertragsgebiet einen geringeren Lizenzsatz vereinbart hat. Für Lizenzverträge zwischen verbundenen Unternehmen wäre eine solche Klausel grundsätzlich empfehlenswert.

Beispiel: Die schweizerische Z-AG gewährt ihrer deutschen Tochtergesellschaft T-GmbH eine Patentlizenz. Im Vertrag wird folgende Meistbegünstigungsklausel vorgesehen:

„Wenn der Lizenzgeber einem anderen Konzernunternehmen oder einem Dritten eine Lizenz über die diesem Vertrag unterliegenden immateriellen Wirtschaftsgüter gewährt und hierfür günstigere Bedingungen vereinbart, als mit dem Lizenznehmer im vorliegenden Vertrag vereinbart wurden, dann ist der Lizenznehmer berechtigt, die Anwendung dieser günstigeren Bedingungen auch für den vorliegenden Vertrag zu verlangen. "

526   Die Meistbegünstigungsklausel bezieht sich im Zweifel aber nur auf die im Lizenzvertrag geregelten Bedingungen für bereits **vereinbarte Territorien.** Dh, wenn einem anderen Lizenznehmer ein Produktions- oder Vertriebsrecht für andere Länder gewährt wird, so kann sich der bisherige Lizenznehmer nicht auf diese Klausel berufen und ebenfalls Produktions- oder Vertriebsrechte in den anderen Ländern fordern.[1067] Zur Vermeidung von Meinungsverschiedenheiten – auch mit den Finanzbehörden – sollte eine klarstellende Regelung in den Vertrag aufgenommen werden.

527   In einigen Branchen werden für bestimmte Produkte **Pauschallizenzen** vereinbart, die unabhängig vom Umsatz oder von Produktionszahlen als fester Betrag einmalig (auch sog. **Einmalzahlung**) oder für eine bestimmte Dauer gezahlt werden. In der Praxis erfolgen solche Zahlungen bspw. für die Lizenzierung von Standardsoftware oder für die Übertragung von Know-how im Rahmen von Franchiseverträgen.[1068] Ein anderer Anwendungsfall liegt vor, wenn so genannte **Vorrats- oder Sperrpatente** zu dem Zweck erworben werden, andere Wettbewerber von der Herstellung gleichartiger Produkte abzuhalten. Die deutsche FinVerw. erkennt die dem Fremdvergleich entsprechende Zahlung für den wirtschaftlichen Nutzen aus Vorrats- und Sperrpatenten ausdrücklich an (Tz. 5.1.1 VGr).

528   Manchmal wird neben Umsatz- oder Stücklizenzen vom Lizenzgeber eine pauschale **Grundlizenzgebühr** (auch sog. Abschlussgebühr oder Vorwegvergütung etc.) verlangt. Dabei kann es sich um eine Vergütung für die Überlas-

---

[1066] Vgl. dazu *Henn,* Rn. 441 ff.

[1067] Ebenso zB für das US-Recht *Mannington Mills, Inc. v. Congoleum Industries, Inc., 197 U. P. Q. 145 (D. N. J. 1977).*

[1068] Zu Franchiseverträgen vgl. Rn. 701 ff.

sung von Unterlagen oder Know-how handeln oder um eine Zahlung für die Bereitschaft zum Vertragsabschluss.[1069] Bei verbundenen Unternehmen ist es zwar zulässig, für die Überlassung von Know-how – bspw. auch neben laufenden Lizenzen für die Überlassung von Patenten oder Marken – eine Grundlizenzgebühr zu vereinbaren, jedoch sollte eine Zahlung für die „Bereitschaft zum Vertragsabschluss" auf jeden Fall vermieden werden, weil diese Bereitschaft selbst keinen Vermögenswert darstellt und daher die Anerkennung durch die FinVerw. wohl versagt wird. Sofern Pauschal- oder Grundlizenzen auf laufende Lizenzen angerechnet werden, handelt es sich gleichzeitig um Mindestlizenzen.

Gewinn- oder kostenabhängige Lizenzen dürften in der Praxis zwi- **529** schen nicht verbundenen Unternehmen nur selten vorkommen. Zum einen möchte der Lizenznehmer dem Lizenzgeber verständlicherweise nicht seine Betriebsgeheimnisse und insb. die gesamte Kalkulation offen legen. Zum anderen müsste der Lizenzgeber bei nur eingeschränkten Informationsrechten ein besonderes Vertrauensverhältnis zum Lizenzgeber haben, was aber nur zwischen verbundenen Unternehmen denkbar ist. Im Übrigen müssten regelmäßig Anpassungsrechnungen zum buchmäßigen Gewinn bzw. den gebuchten Kosten vorgenommen werden, um außergewöhnliche Faktoren auszuschließen. Gleichwohl kann es sinnvoll sein, eine Lizenz in gewissem Umfang gewinnabhängig zu gestalten. Dies wird weiter unten bei den Erläuterungen zur Höhe der Lizenzgebühr beschrieben.[1070] In der Praxis werden im Rahmen von **Franchiseverträgen** in manchen Branchen **Umsatzlizenzen kombiniert mit** einer prozentualen **Beteiligung am operativen Gewinn.**[1071]

In vielen Fällen verpflichten sich Lizenzgeber und/oder -nehmer, dem an- **530** deren Vertragspartner gefundene Verbesserungen der lizenzierten immateriellen Wirtschaftsgüter zur Verfügung zu stellen. Kartellrechtlich ist dies idR nur dann unbedenklich, wenn der Verpflichtung des Lizenznehmers eine gleichartige Verpflichtung des Lizenzgebers gegenübersteht (§ 19 Abs. 4 Nr. 3 GWB). Diese gegenseitige Lizenzierung (auch sog. **Rücklizenz** oder **Cross-Licensing**) kann wegen Gegenseitigkeit der Verpflichtung ohne zusätzliche Lizenzgebühren vereinbart werden. Auch eine Entgeltzahlung liegt im Bereich der Möglichkeiten.

Im Hinblick auf die allgemeine **Vertragsfreiheit** können in Deutschland **531** **alle Arten** der oben dargestellten **Lizenzen** vereinbart werden. Wichtig ist, dass die Lizenzvereinbarung zivil- und kartellrechtlich und die Lizenzgebühr dem Grunde und der Höhe nach steuerlich in den Ansässigkeitsstaaten beider Lizenzvertragsparteien anerkannt werden. Soweit ausländische Staaten – insb. Entwicklungsländer – Lizenzzahlungen nicht zulassen, erfolgt zwar wegen der unentgeltlichen Nutzungsüberlassung idR eine Gewinnberichtigung nach § 1 AStG; die deutsche Steuer auf diese Einkünfte kann aber nach § 34c Abs. 5 EStG erlassen werden.[1072] Im Übrigen wird in der Praxis häufig ein interner Vorteilsausgleich anerkannt.

[1069] Vgl. *Groß*, Rn. 114.
[1070] Vgl. unten Rn. 618 ff. „Gewinnorientierte Methoden".
[1071] Vgl. unten Rn. 714.
[1072] Vgl. Vfg. OFD Koblenz 10.8.1995, StEK § 1 AStG Nr. 7.

Beispiel: Die deutsche Muttergesellschaft M-AG gewährte im Jahr 1995 ihrer brasilianischen Tochtergesellschaft B-SA eine Patentlizenz für die Fertigung von Kühlschränken und vereinbarte eine Lizenzgebühr iHv 3% vom Nettoumsatz. Da Brasilien diese Lizenz damals nicht anerkannte, war es denkbar, dass die M-AG zur Vermeidung von Gewinnberichtigungen in Deutschland eine äquivalente Zahlung vereinbarte, bspw. durch Bezug der Waren zu günstigen Einkaufspreisen zwecks Weiterveräußerung.

532   In steuerlicher Hinsicht fordert die deutsche FinVerw. gem. Tz. 5.1.1 VGr, dass für die Nutzungsüberlassung eines immateriellen Wirtschaftsguts der **Fremdpreis** anzusetzen ist. Die Ermittlung des Fremdpreises muss durch Ansatz von Nutzungsentgelten aufgrund einer sachgerechten Bemessungsgrundlage erfolgen (Tz. 5.2.2 VGr), wobei beispielhaft Umsatzlizenz, Mengenlizenz und Einmalbetrag (auch sog. Pauschallizenz) genannt werden. Bevor weitere Einzelheiten der Bemessung der Lizenzgebühren erörtert werden, sollen zunächst noch die Einfluss- bzw. Bewertungsfaktoren dargestellt werden, die die Höhe der Lizenzgebühren beeinflussen.

5. Bewertungs- und Einflussfaktoren

533   Für den Lizenzgeber und den Lizenznehmer sind fast ausschließlich **wirtschaftliche Erwägungen** dafür maßgebend, ob und unter welchen Voraussetzungen ein Lizenzvertrag zustande kommt. Aus der **Sicht des Lizenzgebers** müssen für die Festsetzung der Lizenzgebühren unter wirtschaftlichen Gesichtspunkten zunächst einmal die **Investitionskosten** und die **laufenden Kosten** einer Lizenzierung durch die Lizenzgebühr gedeckt werden. Dazu gehören bspw. Reisekosten, Prüfungs- und Überwachungskosten, Kosten im Zusammenhang mit der Übermittlung von Handbüchern, Zeichnungen, Blaupausen und anderen Schriftstücken, Beratungskosten, Herstellungskosten der Lizenzprodukte (inkl. zB AfA auf Maschinen, Kosten für Roh-, Hilfs- und Betriebsstoffe und Verwaltungskosten), sowie die Kosten eventueller technischer Assistenzleistungen, soweit letztere nur in der Anfangsphase erbracht werden, wie bspw. Kosten der Installation von Maschinen und Einweisung des Personals des Lizenznehmers.[1073]

534   Die **Forschungs- und Entwicklungskosten** für die Erfindung spielen bei der Festsetzung der Lizenzgebühr idR nur eine untergeordnete Rolle. Die Höhe der Forschungs- und Entwicklungskosten kann nämlich im Verhältnis zum Wert des geschaffenen immateriellen Wirtschaftsgutes sehr gering, aber auch sehr hoch sein. Gleichwohl wird der Lizenzgeber natürlich versuchen, seine Forschungs- und Entwicklungskosten über die Lizenzgebühren abzudecken. Dabei wird der Lizenzgeber auch Barwertaspekte berücksichtigen. Die absolute Untergrenze der Lizenzgebühr des Lizenzgebers liegt demnach bei einer Gebühr, die die **laufenden Kosten deckt** und zumindest einen Teil der Forschungs- und Entwicklungskosten wieder einbringt. Darüber hinaus wird der Lizenzgeber versuchen, einen **Ausgleich für sämtliche Forschungs- und Entwicklungskosten** zu erlangen und möglichst auch noch einen **Gewinn** zu erwirtschaften. Bei der Höhe des Gewinnanteils ori-

---

[1073] Laufende technische Dienstleistungen sind nicht im Rahmen von Lizenzgebühren, sondern gesondert als Dienstleistungen abzurechnen; vgl. oben Rn. 462 ff.

entiert sich der Lizenzgeber v. a. an den Marktchancen des Produktes und den voraussichtlichen Gewinnen des Lizenznehmers sowie an den möglichen Erträgen einer alternativen Vermarktung des immateriellen Wirtschaftsguts. Weitere Faktoren, die aus der Sicht des Lizenzgebers für die Höhe der Lizenzgebühren zu berücksichtigen sind, werden weiter unten aufgeführt.

Aus der **Sicht des Lizenznehmers** spielt für die Höhe der Lizenzgebühr **535** v. a. eine Rolle, welche **Kosten und Gewinnauswirkungen** die **nächstbeste Alternative** zur Folge hätte (Tz. 6.14 OECD-VPL 2010 und Tz. 6.109 OECD-VPL Kapitel VI, 2014 Guidance). Als derartige Alternativen kommen bei Produktionslizenzen insb. in Betracht:

– Lizenznahme eines vergleichbaren immateriellen Wirtschaftsguts von einem anderen Lizenzgeber
– eigene Forschung und Entwicklung oder Auftragsforschung
– Nutzung des immateriellen Wirtschaftsguts ohne Vertrag mit dem Risiko eines Rechtsstreits
– Produktion ohne Nutzung des immateriellen Wirtschaftsguts (zB unter Nutzung älterer, nicht mehr geschützter Patente)
– Herstellung anderer Produkte, dh, Vermeidung der ursprünglich beabsichtigten Produktion.

Soweit dem potentiellen Lizenznehmer ernsthafte Alternativen zu geringen Kosten bei gleichen Erfolgsaussichten zur Verfügung stehen, wird er im Normalfall nicht bereit sein, eine hohe Lizenzgebühr zu zahlen. Wenn die Produkte jedoch nur unter Nutzung der Patente oder sonstigen Schutzrechte hergestellt werden können oder wenn der Vertrieb nur unter Nutzung bestimmter Marken Erfolg verspricht, wird der Lizenznehmer bereit sein, bei positiver Gewinnerwartung auch eine hohe Lizenzgebühr für die Überlassung der immateriellen Wirtschaftsgüter zu zahlen.

Im Ergebnis handelt es sich bei den oben erörterten Aspekten für die Fest- **536** legung der Lizenzgebühr durch den Lizenzgeber und den Lizenznehmer v. a. um Ertrags- und Kostengesichtspunkte. Alle Faktoren, die die Höhe der Lizenzgebühren beeinflussen, sollten anlässlich des Vertragsabschlusses in einer gesonderten Notiz zusammengefasst und dokumentiert werden, damit sie in einer späteren Betriebsprüfung für die **Rechtfertigung der Angemessenheit der Lizenzgebühr** dienen können.[1074]

Im Detail werden die Vertragsparteien die je nach Sachverhalt relevanten **537** und wichtigsten der folgenden **Bewertungs- und Einflussfaktoren** berücksichtigen, wobei auch andere, hier nicht genannte Umstände von Bedeutung sein können:

1. Art des immateriellen Wirtschaftsguts
   – Patent, Gebrauchsmuster
   – Marke
   – Design (vor dem 1.1.2014 sog. Geschmacksmuster)
   – Urheberrecht, Computerprogramm
   – Know-how und andere Fertigungs-, Vertriebs- und Betriebsgeheimnisse
   – Andere immaterielle Wirtschaftsgüter (zB Konzessionen, Arzneimittelzulassungen)
2. Vorteile, Chancen, Risiken und Kosten des Lizenznehmers
   – Fertigungsreife und Fertigungsrisiken

[1074] Zum Erfordernis der Dokumentation vgl. Kap. E Rn. 113.

– Kapitalbedarf für erforderliche Investitionen
– Anlaufkosten und Markterschließungskosten
– Nutzen und Ertragschancen für den Lizenznehmer (Barwert zusätzlicher Umsätze abzüglich zusätzlicher Kosten und Lizenzgebühren für die Lizenzprodukte)
– Vertriebsnetz und Kundenstamm
– Synergieeffekte bei der Produktion und/oder beim Vertrieb, insbesondere wenn im Rahmen einer Globallizenz mehrere immaterielle Wirtschaftsgüter überlassen werden.
– Kundendienst, Gewährleistung
– Weiterentwicklung und Zusammenarbeit mit dem Lizenzgeber
– Kündigungsmöglichkeiten
– Auswertung und Untervergabe von Lizenzen
– Ausübungspflichten
– Anspruch auf Überlassung von Fortentwicklungen
– Verpflichtung zur Gewährung eigener Fortentwicklungen bzw. eigenen Know-how

3. Vorteile, Chancen, Risiken und Kosten des Lizenzgebers
– Forschungs- und Entwicklungskosten
– Kosten der Registrierung und Aufrechterhaltung technologischer Schutzrechte (Patente, Gebrauchsmuster), Urheberrechte oder Designs
– Kosten der Entwicklung und Aufrechterhaltung der Marken (insb. Werbung, Registrierung)
– Ertragschancen für den Lizenzgeber (Barwert der erwarteten Lizenzeinnahmen nach Abzug der Kosten)
– Mindestlizenzgebühr
– Erträge bei alternativer Lizenzvergabe oder Eigennutzung
– Technische Unterstützung und Einweisung des Lizenznehmers
– Wirtschaftliche und technische Zuverlässigkeit des Lizenznehmers
– Gewährleistung

4. Umfang der Lizenz
– Einfache, alleinige oder ausschließliche Lizenz
– Gebietlich, sachlich und/oder zeitlich beschränkte Lizenz
– Produktionslizenz
– Vertriebslizenz
– Unterlizenzberechtigung

5. Marktsituation und Chancen/Risiken der Produkte
– Industriezweig, Branche
– Marktpotenzial, Markvolumen, Marktwachstum
– Geplante Stückzahl und voraussichtlicher Marktanteil
– Innovationsgehalt des immateriellen Wirtschaftsguts
– Qualität und Vorteile der Produkte im Vergleich zu Wettbewerbsprodukten
– Technologielebenszyklus und Produktlebenszyklus
– Anteil des immateriellen Wirtschaftsguts am Produkt oder an Produktkomponente
– Stärke der Wettbewerber
– Kapazität und Lieferfähigkeit
– Aufnahmefähigkeit und Preissituation des Marktes
– Gefahren technischer Überholung und andere Risiken
– Bonität und Marktposition der Vertragspartner
– Exportbeschränkungen

6. Sonstige Faktoren
– Steuerliche Aspekte im Land des Lizenzgebers und des Lizenznehmers
– Beginn und Wirksamkeit der Lizenz
– Schutzwirkung durch Eintragung und verbleibende Laufzeit
– Voraussichtliche Nutzungsdauer des immateriellen Wirtschaftsguts

- Absehbarer Wertverlust während der Lizenzdauer
- Kosten der Eintragung, Aufrechterhaltung und Rechtsverteidigung
- Risiko von Zwangslizenzen
- Rechnungslegung, Büchereinsicht
- Lieferverträge und sonstige Zusammenarbeit.

Bei den oben genannten Faktoren handelt es sich nur um eine nicht ab- **538** schließende Aufzählung von variablen Sachverhalts- und Vertragsaspekten, die alle einen Einfluss auf die Festlegung der Lizenzgebühr haben können.[1075] Für die Beurteilung der **Angemessenheit** von Lizenzsätzen **genügt** es idR jedoch, wenn die **Hauptfaktoren** der verglichenen Lizenzverträge übereinstimmen; dazu gehören die **Art des immateriellen Wirtschaftsguts**, die **Branche** des Lizenznehmers und die **Ertragserwartungen** des Lizenznehmers, die insb. durch die Höhe des Lizenzsatzes reflektiert werden.[1076]

Auch die **OECD-Leitlinie** nennt eine Reihe von Aspekten, die die Höhe **539** der Lizenzvergütung beeinflussen und in der obigen Aufzählung bereits berücksichtigt sind, so vor allem die Exklusivität, das Entwicklungsstadium, der rechtliche Schutz, die Nutzungsdauer, das Vertragsgebiet, die Zurechnung der Rechte an Verbesserungen und die erwarteten künftigen Vorteile.[1077] Zu dem zuletzt erwähnten Aspekt der **erwarteten Vorteile** weist die OECD darauf hin, dass Produkte oder Leistungen, die auf **immateriellen Wirtschaftsgütern mit hohem Gewinnpotential** beruhen, wahrscheinlich **nicht vergleichbar** sind mit solchen Produkten oder Leistungen, die auf **immateriellen Wirtschaftsgütern** beruhen, die nur ein **durchschnittliches Gewinnpotential** in dem Industriezweig ermöglichen. Schon die hier vorgenommene begrenzte Aufzählung möglicher Einflussfaktoren lässt erkennen, dass es problematisch ist, einzelne Lizenzverträge hinsichtlich der Art der Lizenzen, der Art der überlassenen immateriellen Wirtschaftsgüter, der Marktsituation, der Rechte und Pflichten der Vertragsparteien usw. zu vergleichen, selbst wenn man nur die genannten Faktoren berücksichtigt. Hinzu kommt, dass die OECD generell Anpassungen empfiehlt, um eine Vergleichbarkeit der Transaktionen herzustellen.[1078] Aus den genannten Gründen ist der Vergleich der Höhe von Lizenzgebühren unterschiedlicher Lizenzverträge unter Berücksichtigung sämtlicher Einflussfaktoren eine schwierige und äußerst aufwändige Aufgabe ist.[1079]

Die in der Neufassung des Kapitels VI OECD-VPL (2014 Guidance) ge- **540** nannten Anforderungen[1080] der OECD zur Nutzung von Datenbanken und zum Erfordernis der **Vergleichbarkeit** könnte von den Finanzbehörden als Freibrief für **hohe Anforderungen** an die Vergleichbarkeit verstanden werden. Bisher gehen die **OECD-VPL** 2010 aber grundsätzlich davon aus, dass ein externer Fremdvergleich unter Berücksichtigung von **vergleichbaren Geschäften** zwischen unabhängigen Unternehmen in **derselben Branche** möglich ist (Tz. 6.23 S. 2 OECD-VPL 2010). Generell sollte es im Interesse

---

[1075] Eine Aufzählung weiterer Bewertungsfaktoren gibt *Groß*, Rn. 99.
[1076] Vgl. unten Rn. 543, 565 f., 569.
[1077] OECD-VPL (2010), Tz. 6.20 ff. u. Tz. 6.114 ff. OECD-VPL Kapitel VI (2014 Guidance).
[1078] Vgl. *OECD*, Tz. 6.126 f. OECD-VPL Kapitel VI (2014 Guidance).
[1079] Vgl. *Groß*, Rn. 100 mwN.
[1080] Vgl. *OECD*, Tz. 6.127 OECD-VPL Kapitel VI (2014 Guidance).

der Unternehmen und der Finanzbehörden liegen, dass die Überprüfung des Fremdvergleichs bei Lizenzgebühren auch in Zukunft weiterhin anhand von Datenbankrecherchen[1081] möglich ist und nicht in (fast) jedem Fall eine komplizierte und kostspielige Gewinnteilungsanalyse erforderlich wird. Die Durchführung von **Datenbankrecherchen** stellt insb. für kleine und mittlere Unternehmen und für deren Berater oft das einzig sinnvolle und zumutbare Verfahren zur Überprüfung der Vergleichbarkeit dar, da es mit relativ überschaubarem Aufwand und angemessenen Kosten durchgeführt werden kann. Dagegen erfordert die Anwendung der alternativ möglichen **Gewinnaufteilungsmethode** *(Profit Split)* idR einen wesentlich höheren Berater- und Kostenaufwand und die Ergebnisse basieren nicht nur auf Fakten, sondern auch auf Annahmen, statistischen Methoden und Theorien (zB der Spieltheorie von Shapley) und dürften folglich ebenso eingeschränkt vergleichbar sein, wie die Ergebnisse des äußere Preisvergleichs anhand von Datenbankrecherchen.

Im Übrigen sollen gewinnorientierte Methoden grds. nur dann angewendet werden, wenn sie sich in konkreten Situation als geeigneter erweisen, als die Standardmethoden (Tz. 2.4 OECD-VPL); dabei ist zu beachten, dass eine Gewinnaufteilung – wie oben erwähnt – ebensowenig mathematisch zuverlässige Ergebnisse liefert wie ein äußerer Preisvergleich anhand von Datenbanken. In diesem Zusammenhang muss ferner berücksichtigt werden, dass die Festlegung und Prüfung der Verrechnungspreise **keine exakte Wissenschaft** ist (Tz. 1.13 und 3.55 OECD-VPL) und dass bei Vergleichen immer **nur erhebliche Unterschiede** zwischen den verglichenen Geschäften und Unternehmen **zu berücksichtigen sind** (Tz. 2.2 OECD-VPL). Aus den genannten Gründen sollten die Anforderungen für die Vergleichbarkeit im Rahmen von Datenbankrecherchen nicht so hoch sein, dass derartige Vergleiche nicht mehr möglich sind.

Beispiel 1: Die deutsche Konzerngesellschaft K-GmbH produziert (unter eigener Marke) aufgrund einer Patentlizenz ihrer japanischen Muttergesellschaft Telefax-Geräte und zahlt eine Lizenzgebühr von 4 % vom Nettoumsatz. Der Betriebsprüfer meint, dass alle anderen deutschen Hersteller, die Telekommunikations- oder andere Bürogeräte unter ausländischer Lizenz produzieren, nur 2–3 % Lizenzgebühren zahlen; dies sei auf Grund der beim BZSt geführten Lizenzkartei und anhand der eingeengten Bandbreite von Vergleichslizenzen der Datenbank RoyaltySource verifizierbar. – Unabhängig von den allgemeinen Bedenken, die gegen die Lizenzkartei bestehen,[1082] müssten für einen eingeschränkten Vergleich die wichtigsten der oben genannten Faktoren sowie etwaige andere wesentliche Umstände, die die Höhe der Lizenzgebühr beeinflusst haben, mit denjenigen Bewertungs- und Einflussfaktoren verglichen werden, die den angeführten Vergleichslizenzen zu Grunde liegen. Hier werden Lizenzgebühren für Patente gezahlt, die für die Herstellung von Geräten in der Telekommunikationsbranche genutzt werden. Grundsätzlich müssten daher die vereinbarten Lizenzsätze im Rahmen der eingeengten Bandbreite von Vergleichslizenzen liegen, die anhand der Datenbank RoyaltySource feststellbar sind. Wenn aber die K-GmbH nachweist, dass sie mit dem Patent zB günstiger produzieren oder ein innovativeres, vielseitigeres Gerät herstellen kann als die Wettbewerber oder wenn sie kostenfrei technische Unterstützung erhält und daher ein höheres Gewinnpotenzial als die Wettbewerber aufweist, dann können solche Abweichungen durchaus unterschiedliche Lizenzgebühren rechtfertigen.

[1081] Vgl. dazu unten Rn. 557 ff.
[1082] Vgl. dazu unten Rn. 554 f.

Beispiel 2: Wenn die K-GmbH alternativ zum obigen Beispiel einen Lizenzsatz von 3 % für die Patente zahlt, dann sollten grds. keine weiteren Untersuchungen von Einfluss- und Bewertungsfaktoren erforderlich sein, sondern es müsste genügen, dass die zum Vergleich herangezogenen Lizenzsätze für gleichartige immaterielle Wirtschaftsgüter – hier Technologie – für die Herstellung von Produkten in der gleichen oder einer ähnlichen Branche verwendet werden. Da die Lizenz im (eingeengten) Rahmen von Vergleichslizenzen liegt, impliziert dies auch eine vergleichbare branchenübliche Gewinnerwartung der Vertragsparteien. Nur wenn konkrete Anhaltspunkte dafür vorliegen würden, dass die operative Gewinnmarge (EBIT-Marge) des Lizenznehmers (nach Lizenzzahlung) nennenswert unter oder über den Ergebnissen anderer Hersteller vergleichbarer Produkte liegen würde, könnten weitere Untersuchungen erfolgen, um zu prüfen, ob für die lizenzierten Patente auch andere Bewertungs- und Einflussfaktoren vergleichbar sind und ob im Fall der mangelnden Vergleichbarkeit eine Anpassung der Lizenzsätze erforderlich ist.

6. Angemessenheit der Lizenzgebühr

Die Frage der steuerlichen Angemessenheit der Lizenzgebühr kann nur **541** unter Beachtung rechtlicher und wirtschaftlicher Gesichtspunkte beantwortet werden. Dabei muss immer zuerst geprüft werden, ob eine Lizenzgebühr **dem Grunde nach** gerechtfertigt ist, bevor die Frage gestellt werden kann, ob sie auch **der Höhe nach** angemessen ist. Dh, im Fall einer unwirksamen Lizenzvereinbarung wird die vertraglich vereinbarte Lizenzgebühr idR nicht geschuldet, selbst wenn sie der Höhe nach angemessen ist. Allerdings wäre dann zu prüfen, ob im Fall der Nichtigkeit der vertraglichen Vereinbarung eine gesetzliche Grundlage für die Zahlung einer Lizenzgebühr in üblicher Höhe besteht (insb. §§ 812 ff. BGB).[1083]

In **rechtlicher Hinsicht** muss also v. a. geprüft werden,　　　　　**542**
– ob der Lizenzgeber rechtlicher und wirtschaftlicher Inhaber des Lizenzgegenstandes ist[1084]
– ob der Lizenzgegenstand in sachlicher, örtlicher und zeitlicher Hinsicht dem Lizenznehmer tatsächlich zur Verfügung steht[1085]
– ob der Vertrag nicht wegen Verstoßes gegen formelle Bestimmungen oder gegen Kartellrecht nichtig ist[1086]
– ob bei fehlender oder unwirksamer Lizenzvereinbarung eine gesetzliche oder sonstige Rechtsgrundlage für die Lizenzgebühr besteht.[1087]

Wenn die Voraussetzungen für die Zahlung einer Lizenzgebühr dem **543** Grunde nach vorliegen, dann stellt sich die Frage nach der Höhe der Lizenzgebühr. Die Überprüfung der **Angemessenheit der Lizenzgebühr** spielt im Steuerrecht eine ganz entscheidende Rolle, weil der Lizenznehmer praktisch in allen Ländern nur angemessene Lizenzgebühren als Betriebsausgaben abziehen darf. Für die Einkunftsabgrenzung sind hier die DBA-Regelungen zu beachten, die den Art. 12 Abs. 4 und Art. 9 Abs. 1 OECD-MA entsprechen, sowie die nationalen Berichtigungsvorschriften. In Deutschland

---

[1083] Vgl. oben Rn. 449–454.
[1084] Vgl. oben Rn. 441.
[1085] S. oben Rn. 455 ff. „Arten des Lizenzvertrages".
[1086] Vgl. oben Rn. 447 ff. „Formelle und kartellrechtliche Anforderungen".
[1087] Vgl. Rn. 449 f., 454; BGH 4.5.2000, DB 2000, 2595 ff.

wird der überhöhte Teil der Lizenzgebühren beim Lizenznehmer als ver-
deckte Gewinnausschüttung an die Muttergesellschaft behandelt.[1088] Für den
Fremdvergleich und die Beurteilung der Angemessenheit müssen v. a. die
oben erwähnten **Haupt-, Bewertungs- und Einflussfaktoren** berücksichtigt werden, also die **Art des immateriellen Wirtschaftsguts,** die
Branche, in der der Lizenznehmer tätig ist und die im **Lizenzsatz** zum
Ausdruck kommenden **Ertragserwartungen** des Lizenznehmers.[1089] Bei der
Vereinbarung des Lizenzsatzes gehen Lizenzgeber und Lizenznehmer von –
ggf. unterschiedlichen – Erwartungen bezüglich der Gewinne aus, die der
Lizenznehmer mit den unter Nutzung der Lizenz hergestellten Produkten
oder erbrachten Leistungen erzielen kann.[1090] Daher orientiert sich die
Höhe des Lizenzsatzes einer Umsatzlizenz im Ergebnis an den potenziellen
Gewinnen des Lizenznehmers, an denen der Lizenzgeber partizipieren möchte.[1091] Die zahlreichen anderen bereits genannten wirtschaftlichen Bewer-
tungs- und Einflussfaktoren[1092] spielen dagegen für die Beurteilung idR eine
untergeordnete Rolle.

544   Im Folgenden sollen die **Methoden** dargestellt werden, die von der
OECD und von der deutschen **FinVerw.** zur Bestimmung angemessener **Lizenzgebühren** bevorzugt werden. Der Schwerpunkt liegt dabei auf der
Preisvergleichsmethode für den Fall, dass vergleichbare Transaktionen von
oder mit fremden Dritten identifiziert werden können, und auf der Gewinnaufteilungsmethode bzw. Bewertungsmethoden, falls zuverlässige vergleichbare Transaktionen fehlen.[1093]

In der Praxis wird am häufigsten die **Preisvergleichsmethode** angewendet, wie die Umfrage der Wirtschaftsprüfungsgesellschaft **Ernst & Young**
aus dem Jahre 2010 bei 877 multi-nationalen Konzernen in 25 Staaten zeigt.
In 43 % aller Transaktionen mit immateriellen Wirtschaftsgütern wurde unter
den Befragten diese Methode angewandt.[1094] Daher wird diese Methode im
Folgenden sehr umfangreich beschrieben.

Es mehren sich jedoch die Anzeichen, dass sowohl die deutsche FinVerw.
als auch die **OECD** die Vergleichbarkeitskriterien in Zukunft strenger handhaben wollen. Dies würde die Anwendung der externen Preisvergleichsmethode und aller anderen einseitigen Methoden in den meisten Fällen unmöglich machen und zur Anwendung der Gewinnaufteilungsmethode (Profit
Split Method) oder von Bewertungsmethoden wie der Discounted Cash

---

[1088] Dies gilt auch bei Zahlungen an eine Konzern-Schwestergesellschaft, vgl.
Kap. A Rn. 86 f. „Dreiecksverhältnis". Die überhöhte Lizenzzahlung einer inländischen Konzernmuttergesellschaft an ihre ausländische Tochter- oder Einzelgesellschaft
wäre als verdeckte Einlage zu qualifizieren.

[1089] Vgl. unten Rn. 569.

[1090] Vgl. auch unten Rn. 627 ff. zu sog. Daumenregeln für die Gewinnaufteilung
sowie Rn. 634 mit empirischen Untersuchungen zum Verhältnis der Lizenzzahlungen
zum Gewinn der Lizenznehmer in verschiedenen Branchen.

[1091] Vgl. unten Rn. 661 ff. zur Ermittlung von Lizenzsätzen anhand der DCF-
Methode.

[1092] Vgl. oben Rn. 533 ff. „Bewertungs- und Einflussfaktoren".

[1093] *OECD,* Tz. 6.142 OECD-VPL Kapitel VI (2014 Guidance).

[1094] *Ernst & Young,* 2010 Global Transfer Pricing Survey, 13, unter http://www.ey.
com abrufbar.

Flow-Method führen.[1095] Aufgrund der steigenden Bedeutung dieser Methoden werden sie im Unterabschnitt e) ausführlich erläutert.

a) Preisvergleichsmethode – innerer Preisvergleich

Gem. § 1 Abs. 3 S. 1 AStG ist der Verrechnungspreis für eine Geschäftsbeziehung bevorzugt nach der **Preisvergleichsmethode,** der Wiederverkaufspreismethode oder der Kostenaufschlagsmethode zu bestimmen, wenn Fremdvergleichswerte ermittelt werden können, die nach Vornahme sachgerechter Anpassungen im Hinblick auf die ausgeübten Funktionen, die eingesetzten Wirtschaftsgüter und die übernommenen Chancen und Risiken für diese Methode uneingeschränkt vergleichbar sind. Für die Festsetzung oder Prüfung der Höhe von **Lizenzgebühren** liefert der **innere Preisvergleich** (Tz. 2.2.2 Buchst. b VGr), sofern dieser möglich ist, regelmäßig die zuverlässigsten Ergebnisse. Dabei ist zu prüfen, ob das nahe stehende Unternehmen dieselbe Lizenz – zB ein Patent für unterschiedliche Gebiete – oder eine vergleichbare Lizenz – so zB zwei vergleichbar bekannte Marken für Modeartikel – an unabhängige dritte Unternehmen vergeben hat. Solche Fälle sind in der Praxis sehr selten. Auch in diesen Fällen muss beachtet werden, ob ggf. abweichende Bewertungs- und Einflussfaktoren vorliegen (u. a. Größe und Art der Märkte), die eine unterschiedliche Höhe des Lizenzsatzes rechtfertigen.   **545**

Beispiel: Die deutsche S-AG gewährt ihrer irischen Tochtergesellschaft I-Ltd. eine exklusive Patentlizenz über die Patentdauer von 20 Jahren zu Herstellung und Vertrieb von Solaranlagen in Europa und erhält eine Lizenzgebühr iHv 4 % vom Nettoumsatz. Die S-AG gewährt außerdem einer unabhängigen US-Gesellschaft U-Inc. dieselbe Lizenz mit gleicher Laufzeit und ebenfalls mit einem Lizenzsatz von 4 % für das Gebiet Nordamerikas. Der einzige Unterschied besteht zunächst in dem unterschiedlichen Lizenzgebiet. Für die Frage, ob die an die U-Inc. gewährte Lizenz als innerer Fremdvergleich berücksichtigt werden kann, kommt es darauf an, ob die beiden Märkte Europa und Nordamerika vergleichbar sind, wobei auch die Wettbewerbssituation und die Chancen der Produkte eine Rolle spielen. Sofern keine nennenswerten Unterschiede bestehen, ist der innere Preisvergleich zulässig.

Wenn Lizenzverträge mit Konzernunternehmen und mit außenstehenden Unternehmen abgeschlossen wurden, die dieselben oder gleichartige immaterielle Wirtschaftsgüter betreffen, dann ist bei Vertragsabweichungen zu prüfen, ob ein **indirekter Preisvergleich** in Frage kommt. Soweit der Einfluss der abweichenden Faktoren eliminiert werden kann, sind Anpassungsrechnungen durchzuführen, um die Lizenzzahlungen vergleichbar zu machen.[1096]   **546**

Beispiel: Wenn im obigen Beispiel die S-AG ihrer irischen Tochter I-Ltd. eine nicht-ausschließliche Patentlizenz über die Dauer von nur 10 Jahren für Europa gewährt, dann müsste man prüfen, welchen Lizenzsatz die S-AG mit der fremden U-Inc.

[1095] *OECD,* Tz. 6.143 ff. OECD-VPL Kapitel VI (2014 Guidance) sowie *Eigelshoven, Ebering, Schmidtke* IWB 2012, 494 f.

[1096] Vgl. Tz. 3.4.12.7 Buchst. a) dritter Spiegelstrich und Buchst. c) zweiter und dritter Spiegelstrich.

für eine nicht-ausschließliche Patentlizenz für 10 Jahre für den Markt in Nordamerika vereinbart hätte. Hier können sich Abweichungen wegen der Nicht-Ausschließlichkeit und der kürzeren Laufzeit ergeben, die dann auch beim inneren Preisvergleich zu beachten sind. Sofern sich bspw. aus Unterlagen zu den Vertragsverhandlungen mit U-Inc. ergibt, dass diese bereit war, für eine exklusive und auf die Dauer des Schutzrechts laufende Lizenz 1 % mehr zu zahlen, dann wäre es zulässig, dass S-AG mit der I-Ltd. nur 3 statt 4 % Lizenzgebühren vereinbart.

547 Als problematisch erscheint die Anwendung des **Preisvergleichs,** wenn der Gegenstand des Lizenzvertrags ungeschütztes **Know-how** betrifft. Der **innere** Preisvergleich scheitert meist an der Tatsache, dass ein Unternehmen sein geheimes Know-how nur selten an ein anderes Unternehmen außerhalb des Konzerns transferieren wird, da der Wert von ungeschütztem Know-how gerade in der Geheimhaltung besteht. Jedoch kann v. a. in Fällen einer Gebietslizenz (wie im obigen Beispiel) der geheime Charakter gewahrt bleiben, sodass dann ein **innerer Preisvergleich** grundsätzlich **möglich** ist.

Da das Know-how nur dann lizenzfähig ist, wenn es **nicht offenkundig** ist, könnte man die Auffassung vertreten, dass vergleichbares „geheimes Know-how" von anderen Unternehmen nicht bekannt sein kann und folglich ein äußerer Preisvergleich ausscheidet. Jedoch wird bei dem äußeren Preisvergleich von Lizenzgebühren für Know-how zunächst auf die **Vergleichbarkeit der Produkte** abgestellt, die unter Nutzung eines (vergleichbaren) Know-hows hergestellt werden. Anschließend wird von der Vergleichbarkeit der Produkte auf die Vergleichbarkeit des Know-how und die Höhe der Lizenzgebühr geschlossen.

548 Fraglich ist, ob die FinVerw. den **inneren Preisvergleich** auch dann anerkennen muss, wenn nur **eine** einzige **Vergleichstransaktion** zur Verfügung steht und diese nur zu vergleichsweise geringen Lizenzeinkünften führt.

Beispiel: Die französische Modeagentur F-SA gewährt an deutsche, italienische und US-amerikanische Konzerngesellschaften eine Lizenz zur Nutzung der bekannten Marke „Darling" für die Herstellung und den Vertrieb von modischer Kleidung in den jeweiligen Staaten. Die F-SA gewährt eine solche Lizenz ebenso an eine in England ansässige konzernfremde Gesellschaft. Alle Lizenznehmer zahlen eine Lizenzgebühr iHv 6 % vom Nettoumsatz. Die Lizenzeinnahmen von den Konzerngesellschaften erreichen insges. 4,9 Mio. €, die Lizenzeinnahmen von der konzernfremden englischen Gesellschaft nur 0,1 Mio. €. Der deutsche Betriebsprüfer möchte unter Berufung auf den Median der Interquartile Range von Vergleichslizenzsätzen nur einen Lizenzsatz iHv 4 % anerkennen und meint, der interne Preisvergleich sei nicht möglich, weil die Lizenzzahlungen von fremden Dritten hier nur einen Anteil von 2 % der gesamten Lizenzgebühren ausmachen.

Zweifel an der ausreichenden Vergleichbarkeit könnten insoweit bestehen, als zB der **BFH** in einem Urteil die Auffassung vertreten hat, dass die Ermittlung des Fremdvergleichspreises **nicht** auf die **Wiederverkaufspreismethode** gestützt werden könne, wenn **nur** auf die Einkäufe von **drei unverbundenen Produzenten** zurückgegriffen werden kann, die entsprechenden Einkäufe sich nicht auf alle Streitjahre erstrecken und die Einkünfte **nur** zu höchstens **5 % des Gesamtumsatzes** der Vertriebsgesellschaft führen.[1097]

[1097] Vgl. BFH 17.10.2001, IStR 2001, 745.

Aus der Begründung des zitierten Urteils muss jedoch gefolgert werden, dass sich diese Rechtsauffassung **nicht** entsprechend auf den **internen Preisvergleich** übertragen lässt. Der BFH folgerte zum Einen, dass das unterschiedliche Einkaufsvolumen zur Unvergleichbarkeit der Rohgewinnmargen führe, da ein gedachter Großhändler sich bei Zukäufen, an denen er ein spezielles Interesse habe, sich auch mit geringeren Rohgewinnmargen zufrieden gebe.[1098] Diese Überlegung greift für den internen Preisvergleich der Lizenzsätze nicht ein, weil der Lizenzgeber im Fall der Gewährung zusätzlicher Lizenzen an Dritte generell versuchen wird, mit dem weiteren Lizenznehmer mindestens gleich hohe Lizenzgebühren zu vereinbaren, da einerseits der bereits bestehende Lizenzvertrag eine üblicherweise vereinbarte Meistbegünstigungsklausel[1099] enthält oder andererseits das Risiko besteht, dass der bisherige (alleinige) Lizenznehmer wegen möglicher Konkurrenzprodukte seinerseits (auch ohne Meistbegünstigungsklausel) ebenfalls niedrigere Lizenzsätze verlangt. Zum Anderen meinte der BFH, dass eine höhere Abnahme den Einkäufer in die Lage versetze, höhere Preisnachlässe vom Produzenten zu fordern, was ebenfalls die Vergleichbarkeit ausschließe.[1100] Auch dieses Argument lässt sich nicht auf den internen Preisvergleich von Lizenzgebühren übertragen. Zwar ist es denkbar, Lizenzsätze degressiv oder progressiv zu staffeln,[1101] jedoch werden solche Vereinbarungen in der Praxis nur in Ausnahmefällen getroffen, da der absolute Betrag der Lizenzgebühren bei Umsatzlizenzen ohnehin mit der Höhe des Umsatzes steigt (oder fällt). Insofern kann ein Lizenznehmer keine Herabsetzung der Lizenzgebühr bei größeren Produktionsmengen verlangen, da sich der Lizenzgeber oft in einer Monopolsituation befindet und bei besonders erfolgreichen Lizenzprodukten eher an einer Erhöhung der Lizenzgebühr interessiert sein wird. Zusammenfassend ist daher festzustellen, dass generell eine **einzige Fremdlizenz** für den **internen Preisvergleich** der Lizenzsätze **ausreicht.**[1102] Auch Tz. 6.23 OECD-VPL 2010 und Tz. 6.143 OECD-VPL Kapitel VI (2014 Guidance) lassen den internen Preisvergleich ohne Einschränkungen zu.

b) Preisvergleichsmethode – äußerer Preisvergleich

In einem vorangegangenen Abschnitt wurde bereits erläutert, dass beim **549** Verkauf immaterieller Wirtschaftsgüter die Überprüfung der Angemessenheit des Kaufpreises problematisch ist, weil die Standardmethoden wegen des stark individuellen Charakters der immateriellen Wirtschaftsgüter kaum anwendbar sind.[1103] Auch bei **Lizenzverträgen** über immaterielle Wirtschaftsgüter bestehen diese Schwierigkeiten, obwohl die Lizenzierung in der Praxis häufiger vorkommt als der Verkauf. Für die Anwendung der **Preisvergleichsmethode** sind nach allgemeinen Grundsätzen der **äußere und der innere Preisvergleich** vorzunehmen (Tz. 2.2.2 VGr). Wie im vorigen Ab-

---

[1098] Vgl. BFH 17.10.2001, IStR 2001, 749.
[1099] Vgl. dazu oben Rn. 525.
[1100] Vgl. BFH 17.10.2001, IStR 2001, 749.
[1101] Vgl. dazu oben Rn. 521 f.
[1102] Vgl. auch *Schreiber* in Kroppen, zu Tz. 3.4.12.2 VGr-Verfahren, Anm. 200, der bei uneingeschränkter Vergleichbarkeit ebenfalls einen einzigen Vergleichswert für ausreichend erachtet.
[1103] Vgl. oben Rn. 379 ff.

schnitt erläutert wurde, findet der innere Preisvergleich bei Lizenzverträgen nur sehr selten Anwendung. Die Anwendung des **äußeren Preisvergleichs** zur Überprüfung von Lizenzsätzen – insb. bei der Anwendung von **Datenbanken**[1104] – liefert meistens eine **Bandbreite** eingeschränkt vergleichbarer Lizenzsätze, für die eine „Interquartile Range" zu ermitteln ist. Dabei muss man den ordentlichen Geschäftsleitern sowohl auf Seite des Lizenzgebers als auch auf Seite des Lizenznehmers zugestehen, dass sie die eingeengte Spanne der Lizenzgebührensätze ausnutzen dürfen.[1105]

550 Die FinVerw. geht in Tz. 5.1.1 VGr davon aus, dass bei der Nutzungsüberlassung von immateriellen Wirtschaftsgütern der **Fremdpreis** anzusetzen ist. Als Fremdpreise sollen nach Tz. 5.2.2 VGr grundsätzlich **Nutzungsentgelte aufgrund einer sachgerechten Bemessungsgrundlage** (zB Umsatz, Menge, Einmalbetrag) verrechnet werden. Auf die Branchenüblichkeit der Bemessungsgrundlage kommt es dabei nicht an.[1106] Dh, dass bspw. die Vereinbarung einer Stücklizenz oder einer nach Maschinenlaufzeiten bemessenen Lizenz akzeptiert werden muss, auch wenn in der Branche üblicherweise der Nettoumsatz als Bemessungsgrundlage vereinbart wird. Der Fremdvergleichspreis ist auch dann anzusetzen, wenn das empfangende Unternehmen das immaterielle Wirtschaftsgut nicht nutzt, aber einen wirtschaftlichen Nutzen daraus erzielt oder voraussichtlich erzielen wird (Tz. 5.1.1 VGr). Als Beispiel wird die Sperrwirkung bei **Vorrats- oder Sperrpatenten** genannt; das sind Patente, die erworben werden, um sie entweder erst später zu nutzen oder die nicht für eigene Produktionszwecke, sondern nur zur Verhinderung der Herstellung von Konkurrenzprodukten dienen.

551 Der **äußere Preisvergleich** setzt voraus, dass für den Vergleich nur Lizenzverträge herangezogen werden, deren **wesentliche** Bewertungs- und Einflussfaktoren übereinstimmen.[1107] Dazu ist zum einen erforderlich, dass es sich um **gleichartige immaterieller Wirtschaftsgüter** handelt und zum anderen, dass die Vergleichslizenzen in der **gleichen oder einer ähnlichen Branche** gezahlt werden. Zwar spielen zum Teil auch die anderen bereits erörterten Bewertungs- und Einflussfaktoren[1108] eine Rolle; diese sind jedoch idR bereits in der Bandbreite von Vergleichslizenzsätzen für gleichartige Wirtschaftsgüter der gleichen oder ähnlichen Branche berücksichtigt. Sowohl die Art der immateriellen Wirtschaftsgüter als auch die Branche haben einen ganz entscheidenden Einfluss auf die Ertragskraft der mit dem immateriellen Wirtschaftsgut hergestellten und vertriebenen Produkte.

552 So ist es zB möglich, die Lizenzsätze für geschützte Patente oder Gebrauchsmuster von Reifenherstellern mit den Lizenzgebühren von Kfz-Zulieferbetrieben aus **anderen Bereichen** der **gleichen Branche** (bspw. Hersteller von Autositzen, Lenkrädern, Scheinwerfern) zu vergleichen, nicht aber mit den Lizenzsätzen von Druckmaschinenherstellern. Letztere könnten wiederum mit Lizenzsätzen von Maschinenbauunternehmen verglichen werden.

[1104] Vgl. dazu unten Rn. 557 ff.

[1105] Vgl. § 1 Abs. 3 S. 3 und 4 AStG, wonach eine Berichtigung nur erfolgt, wenn der Lizenzsatz außerhalb der eingeengten Bandbreite liegt.

[1106] *FWB/Becker/Günkel/Wurm*, § 1 AStG zu Tz. 5.2.2 VGr.

[1107] Vgl. zu den hauptsächlichen Bewertungs- und Einflussfaktoren Rn. 538.

[1108] Vgl. oben Rn. 537 f.

Auch Lizenzgebühren für patentfähiges (aber nicht zum Patent angemeldetes) geheimes Know-how können mit Patent- und Gebrauchsmusterlizenzen verglichen werden, ebenso in der Regel auch mit Lizenzen für nicht patentfähiges geheimes technisches Know-how, wobei im letzteren Fall idR aber Abschläge zu Patentlizenzen erforderlich sind.

Innerhalb der gleichen Branche kann ein innovatives Patent die Ertragskraft der Produkte und des Unternehmens wesentlich beeinflussen (zB in der Maschinenbau- oder Softwareindustrie), während bei relativ homogenen und kompatiblen Produkten oft das Image der Marke oder das Design (zB in der Kfz- oder Bekleidungsindustrie) einen wesentlichen Einfluss auf die Umsätze und Gewinne hat. Generell können daher die Lizenzsätze für Patente, Gebrauchsmuster oder technisches Know-how nicht mit Lizenzgebühren verglichen werden, die zB für Marken, Design oder Urheberrechte gezahlt werden, selbst wenn diese in derselben oder einer ähnlichen Branche benutzt werden.

aa) Lizenzkartei

Für den **äußeren Preisvergleich** verweisen die Betriebsprüfer nicht mehr **553** so oft wie früher, aber noch in Einzelfällen auf die vom **Bundeszentralamt für Steuern** (BZSt) gesammelten „verkehrsüblichen Vergütungsspannen für die Überlassung immaterieller Wirtschaftsgüter", die in Fachkreisen sog. **Lizenzkartei** (Tz. 5.2.2 VGr). Die Sammlung der Daten beruht zum einen auf Lizenzverträgen, die zusammen mit Anträgen auf Herabsetzung (Vermeidung) von Kapitalertragsteuer auf Lizenzgebühren eingereicht werden. Zum anderen werden die Daten durch die Außenprüfer des BZSt gesammelt, die in größeren Unternehmen regelmäßig die Verrechnungspreise überprüfen. Ferner sind die Finanzämter verpflichtet, dem BZSt die mit ausländischen Partnern geschlossenen Lizenzverträge zuzuleiten, die ihnen im Rahmen des „Geschäftsverkehrs" mit den Steuerpflichtigen bekannt werden.[1109] Schließlich soll ein Teil der Daten auf einer Sammlung von Lizenzsätzen für Arbeitnehmererfindungen beruhen. Der BFH hat die Sammlung der Daten in der Lizenzkartei ausdrücklich für zulässig erklärt,[1110] jedoch auch auf die Schranken hingewiesen, die bei der Sammlung und Verwendung **anonymisierter Daten** zu beachten sind.[1111]

Sofern die Lizenzsätze eines Unternehmens nach den Feststellungen des **554** Betriebsprüfers sich im Rahmen der Spannweite der Lizenzsätze halten, die in der Lizenzkartei für eine vergleichbare Lizenz ausgewiesen werden, muss der Betriebsprüfer die Höhe des Lizenzsatzes anerkennen, auch wenn er im Spitzenbereich der Lizenzsätze liegt. Dem Kaufmann muss zugestanden werden, die verhältnismäßig breite Spanne der Lizenzgebührensätze ausnutzen zu dürfen.[1112] Die Datensammlung der Lizenzkartei hat allerdings folgende erhebliche **Nachteile** und ist deshalb für einen Preisvergleich zumindest aus der Sicht des Unternehmens und seines Beraters praktisch nicht verwendbar:
1. Die Lizenzkartei ist wegen des Steuergeheimnisses nicht öffentlich zugänglich. Das steuerpflichtige Unternehmen und sein Berater wissen daher

---

[1109] Vgl. FinMin Schleswig-Holstein 3.5.1995, StEK § 88a AO, Nr. 1.

[1110] BFH 27.10.1993, BStBl. 1994, 210 ff.; aufgrund des Urteils wurde im Übrigen zur gesetzlichen Absicherung die Vorschrift des § 88a AO in das Gesetz aufgenommen.

[1111] BFH 17.10.2001, DB 2001, 2474 ff., 2476; vgl. Kap. F Rn. 195 f.

[1112] *Böcker* StBp 1991, 80.

nicht, ob die wesentlichen Bewertungs- und Einflussfaktoren einen Vergleich zulassen, dh, ob die Verträge sich auf vergleichbare Transaktionen bezüglicher vergleichbarer Produkte oder zumindest ähnlicher Produkte in derselben oder vergleichbaren Branche beziehen und ob ein vergleichbares Gewinnpotential der lizenzbehafteten Produkte vorliegt. Solange die Fin-Verw. die Einzelheiten der verglichenen Verträge nicht offen legt, ist ein äußerer Preisvergleich nicht möglich.

2. Zum anderen enthält die Lizenzkartei wohl Daten aus Verträgen älteren und jüngeren Datums, wobei nicht angemessen berücksichtigt wird, dass in allen Branchen der technische Fortschritt qualitativ höherwertige Produkte hervorbringt, für die höhere Forschungsaufwendungen anfallen. Bei Anwendung der Lizenzkartei ist wohl nicht gewährleistet, dass Verträge, die zB älter als 20 Jahre sind, außer Acht bleiben und nur neuere Verträge berücksichtigt werden.

3. Sofern in den Verträgen Globallizenzen für die Überlassung verschiedener immaterieller Wirtschaftsgüter vereinbart sind, ist nicht klar, inwieweit die FinVerw. solche Verträge berücksichtigt und nach welchen Maßstäben sie derartige Lizenzgebühren aufteilt.

4. Die von einem Mitarbeiter des BZSt in einer Fachzeitschrift veröffentlichten Lizenzsätze[1113] beruhen nach inoffiziellen Informationen, die in öffentlichen Seminarveranstaltungen von Vertretern des BZSt gegeben wurden, u. a. auf einer Sammlung von Lizenzsätzen für Arbeitnehmer-Erfindungen, die wiederum einen erheblichen Anteil an der Lizenzkartei darstellt. Diese Sätze erscheinen durchweg als relativ gering, wenn man sie mit Lizenzsätzen vergleicht, die zwischen fremden Dritten vertraglich oder in Gerichtsprozessen festgesetzt werden.[1114]

5. Soweit die Lizenzkartei (unter anderem gesondert gesammelte) Lizenzsätze enthält, die aus Lizenzverträgen zwischen verbundenen Unternehmen stammen,[1115] dürfen diese Daten aus Konzernen von Konkurrenten für den Fremdvergleich nicht herangezogen werden, weil es sich dabei gerade nicht um Vereinbarungen zwischen „voneinander unabhängigen Dritten" iSd Tz. 2.2.2 Buchst. a VGr handelt.

6. Die Vertragspartner kennen beim Abschluss von Lizenzverträgen idR nicht die in der Lizenzkartei vorhandenen Vergleichswerte, zumal diese nicht veröffentlicht werden. Sie können sich daher nur an Lizenzgebühren orientieren, die in allgemein zugänglichen Datenbanken veröffentlicht werden. Im Übrigen sollen die Unternehmen die Lizenzgebühr unter Berücksichtigung der künftigen Ertragspotentiale der mit Hilfe der lizenzierten immateriellen Wirtschaftsgüter hergestellten Produkte oder erbrachten Leistungen vereinbaren.

7. Die Lizenzkartei berücksichtigt nicht in ausreichendem Maße, dass in anderen Ländern ggf. höhere Lizenzsätze üblich sind und dass die beiden Vertragsparteien und ihre Berater versuchen müssen, einen „Kompromiss"

[1113] *Böcker* StBp 1991, 73 ff.
[1114] Vgl. unten Rn. 574 ff.
[1115] Die Lizenzkartei enthält nur Lizenzsätze aus Verträgen zwischen unabhängigen Unternehmen, jedoch werden zu Vergleichszwecken gesondert Lizenzen zwischen verbundenen Unternehmen erfasst.

zu finden, der eine Chance hat, von den Finanzbehörden beider Länder anerkannt zu werden. Die deutsche FinVerw. ist nur in APA-Verfahren bereit, im Voraus verbindliche Zusagen zur Höhe von Lizenzsätzen zu geben.[1116]

8. Der Gesetzgeber hat durch § 88a AO eine gesetzliche Grundlage für die Lizenzkartei und ähnliche Datensammlungen geschaffen. Unabhängig davon können aber im Einzelfall Bedenken gegen die Weitergabe dieser Daten bestehen, wenn dadurch eine Identifizierung der Vergleichsbetriebe möglich ist.[1117] Der BFH hat ausdrücklich darauf hingewiesen, dass die FinVerw. sich zwar auf anonymisierte Daten aus Datenbanken stützen darf, nicht jedoch auf anonymisierte Daten aus Steuerakten, weil diese von Steuerpflichtigen im Finanzgerichtsprozess eingesehen werden könnten, wodurch das Steuergeheimnis verletzt würde.[1118]

Wegen der oben genannten Nachteile der **Lizenzkartei** ist diese für die FinVerw. **nur sehr eingeschränkt für einen Fremdvergleich nützlich** und kann darüber hinaus auch nur für eine Überprüfung von Lizenzverträgen im Nachhinein herangezogen werden. Wenn die FinVerw. zB unter Berufung auf die Lizenzkartei Vergleichslizenzsätze heranzieht, müssen auch die wesentlichen Faktoren der Lizenzverträge vergleichbar sein, um einen Lizenzvergleich anzustellen. In der Praxis ist das Bundeszentralamt für Steuern jedoch nicht bereit, die der Lizenzkartei zu Grunde liegenden Verträge in konkreten Fällen in neutralisierter Fassung zum Vergleich vorzulegen, so dass die von der FinVerw. behaupteten Lizenzsätze vom Steuerpflichtigen und seinem Berater nicht nachgeprüft werden können.[1119]   **555**

In Tz. 3.36 OECD-VPL wird darüber hinaus die Nutzung nicht offen gelegter Informationsquellen durch eine Finanzbehörde als unbillig bezeichnet, „es sei denn, die Steuerverwaltung könnte, innerhalb der Grenzen ihrer inländischen Vertraulichkeitserfordernisse, dem Steuerpflichtigen diese Daten offenlegen, so dass der Steuerpflichtige die Möglichkeit besitzt, seinen Standpunkt zu verteidigen und eine wirksame Kontrolle durch die Gerichte sicherzustellen." Steuerpflichtige sollten bei grenzüberschreitenden Leistungsbeziehungen die FinVerw. auf diese Leitlinie der OECD hinweisen. Wenn dagegen Unternehmen ihre Lizenzgebühren vereinbaren und einen **äußeren Preisvergleich** suchen, dann kommen regelmäßig nur die nachfolgend dargestellten **Möglichkeiten** in Betracht.   **556**

bb) Datenbanken und andere Quellen für Vergleichsdaten

Zunächst ist ein Fremdvergleich denkbar, wenn die **Vertragsparteien** (zufällig) die **Lizenzgebühren** für die Überlassung gleichartiger immaterieller Wirtschaftsgüter **zwischen fremden Dritten kennen;** dies dürfte nur in Ausnahmefällen vorkommen (bspw. nach Wechsel eines leitenden Angestellten). Soweit keine konkreten Lizenzverträge über vergleichbare immaterielle Wirtschaftsgüter vorliegen, müssen die Parteien versuchen, die Lizenzgebühr an **branchenüblichen Lizenzsätzen** zu orientieren. Für die Ermittlung   **557**

[1116] Vgl. dazu Kap. F Rn. 344 ff., 402 ff.
[1117] Vgl. dazu ausführlich mit Beispiel Kap. F Rn. 188 ff. „Auskunftsverbote".
[1118] BFH 17.10.2001, DB 2001, 2474, 2477; vgl. auch Kap. F Rn. 195 f.
[1119] Vgl. dazu Rn. 537 ff. sowie Kap. F Rn. 195 f.

branchenüblicher Lizenzsätze kommen vor allem folgende Quellen in Betracht:

– Informationen, die von staatlichen Stellen, Verbänden oder unabhängigen Personen insb. für wissenschaftliche oder statistische Untersuchungen gesammelt werden

– Veröffentlichungen in Rechtsprechung, Fachliteratur, Presseartikeln bzw. im Internet

– Datenbanken von gewerblichen Betreibern (zB AUS Consultants,[1120] RoyaltySource, RoyaltyStat), von Börsenaufsichtsgremien (insb. die amerikanische Börsenaufsicht **„Security Exchange Commission – SEC"**) oder staatlichen Stellen.

558   Von staatlicher Seite liegen soweit ersichtlich (außer der Lizenzkartei) die zu § 11 des Gesetzes über Arbeitnehmererfindungen erlassenen **RL für die Vergütung von Arbeitnehmererfindungen im privaten Dienst** vor, die dazu dienen sollen, die angemessene Vergütung zu ermitteln, die dem Arbeitnehmer für unbeschränkt oder beschränkt in Anspruch genommene Diensterfindungen und technische Verbesserungsvorschläge zusteht.[1121]

559   Bevor sich die Anwendung der unten beschriebenen Datenbanken Ende der 1990er Jahre durchsetzte, wurden v. a. die Urteile der **Rechtsprechung** sowie die in der **Literatur** in den Jahren 1991 und 1995 veröffentlichten Aufsätze von *Böcker*[1122] und *Groß*[1123] als Quellen für die Festsetzung von Verrechnungspreisen in Deutschland genutzt. In geeigneten Fällen orientiert sich die Praxis auch heute noch an den vorhandenen Urteilen oder Literaturveröffentlichungen, wobei auf diesem Gebiet einige neue Monographien vorliegen.[1124]

In den meisten Fällen werden zurzeit die Datenbanken **RoyaltyStat** oder **RoyaltySource** angewendet, um die Lizenzsätze auf Basis der **Preisvergleichsmethode** festzusetzen oder zu verteidigen. Zur Verprobung der aufgrund der Preisvergleichsmethode gefundenen Ergebnisse (sog. *„Sanity Check"*) wird auf Basis der **TNMM** häufig überprüft, ob der Lizenznehmer mit Lizenzprodukten operative Margen erzielt, die in der Bandbreite von Gewinnmargen liegen, die von Unternehmen erwirtschaftet werden, die gleichartige immaterielle Wirtschaftsgüter nutzen. Für die Anwendung gewinnorientierter Methoden kommen idR die Datenbanken Amadeus, Orbis (oder andere) zum Einsatz, wenn zB die operative Marge bzw. die Umsatzrendite *(Return on Sales)* für eine Gesellschaft festgestellt werden soll, die bestimmte immaterielle Wirtschaftsgüter nutzt.

In diesem Zusammenhang ist darauf hinzuweisen, dass in den meisten Datenbanken auch oder gar ausschließlich **ausländische Vergleichsdaten** verfügbar sind. Dies stellt jedoch idR kein Problem für die Verwendung dieser Daten zu Vergleichszwecken dar, soweit die Märkte vergleichbar sind.[1125]

[1120] Vgl. www.bvdep.com betr. die Datenbanken Orbis, Amadeus, Markus u. a.

[1121] Richtlinien für die Vergütung von Arbeitnehmererfindungen im privaten Dienst, v. 20.7.1959, idF v. 1./9.9.1983, abgedruckt in Münchener Vertragshandbuch, Band 3, Wirtschaftsrecht II, 6. Aufl., 738 ff.

[1122] Vgl. *Böcker* StBp 1991, 82 f.

[1123] Vgl. *Groß* BB 1995, 885 ff.

[1124] Vgl. zB *Groß/Rohrer* Lizenzgebühren.

[1125] Ebenso *Schreiber* in Kroppen, zu Tz. 3.4.12.2 VGr-Verfahren, Anm. 201 mwN.

Eine Vergleichbarkeit der Märkte ist ohne Zweifel für die westeuropäischen Länder sowie USA und Kanada gegeben. Auch die Daten von denjenigen osteuropäischen Ländern, die der Europäischen Union angehören und den Euro eingeführt haben, können grundsätzlich zu Vergleichszwecken herangezogen werden. Im Übrigen wird man im Einzelfall entscheiden müssen, ob gute Gründe für eine Erweiterung der Datenbankrecherche auf andere Märkte vorliegen.

Obwohl in der Praxis in der weit überwiegenden Zahl der Fälle **Daten-** **560** **banken** für die Festsetzung und Verteidigung von Lizenzsätzen Anwendung finden, werden auch in dieser Auflage zu den verschiedenen Arten von immateriellen Wirtschaftsgütern die Lizenzsätze beschrieben, die in **Urteilen** der Gerichte und in der **Literatur** genannt werden, wobei aber für deren Nutzung zu Vergleichszwecken die nachfolgend erörterten Einschränkungen zu beachten sind. Die in der deutschen Literatur und Rechtsprechung genannten Lizenzsätze beruhen ebenso wie die Lizenzsätze der Datenbanken von RoyaltyStat und RoyaltySource im Ergebnis auf einer Sammlung von Einzelverträgen. Es ist zunächst kein Grund ersichtlich, warum die Datenbank-Informationen bezüglich der Lizenzhöhe einzelner Verträge zuverlässiger sein sollen, als die aus deutschen Quellen (Rechtsprechung und Literatur) erhältlichen Daten. In diesem Zusammenhang besteht jedoch das Problem, dass gem. dem Fremdvergleichsgrundsatz **keine Verträge** für den Vergleich benutzt werden dürfen, die **zwischen nahe stehenden Unternehmen** abgeschlossen wurden. Insoweit kann nicht ausgeschlossen werden, dass in deutschen Veröffentlichungen oder Statistiken – vermutlich in geringer Zahl – auch solche Verträge erfasst sind. Dieses Problem besteht zwar auch bezüglich der in US-Datenbanken enthaltenen Verträgen, jedoch sind dort die Vertragspartner genannt und anhand anderer Datenbanken lässt sich leicht feststellen, ob es sich dabei um nahe stehende Personen iSd § 1 AStG handelt.

Dabei muss aber zwischen den Quellen der Rechtsprechung und der Lite- **561** ratur differenziert werden. Zum Einen werden Rechtsstreitigkeiten idR nicht zwischen nahe stehenden Unternehmen geführt und zum Anderen beruhen die **durch Urteil festgesetzten Lizenzsätze** immer auf der neutralen Entscheidung der Richter und können daher **nicht durch das Nahestehen der Parteien beeinflusst** sein. Folglich besteht das **Problem** der Verwendung von Verträgen, die ggf. zwischen nahe stehenden Personen geschlossen wurden, lediglich für die in der **Literatur** veröffentlichten Lizenzsätze.

Fraglich ist, ob man die in der **Literatur** genannten Lizenzsätze im Hinblick auf die Einengung der Bandbreite durch die Interquartile Range[1126] gleichwohl nutzen kann. Sofern nämlich die Lizenzsätze in die eine oder andere Richtung durch das Nahestehen der Vertragsparteien beeinflusst wären, dann würden solche Werte, die „außerordentlich hoch oder niedrig" sind, durch die Anwendung der Interquartile Range ohnehin eliminiert. Eine solche Sicht der Dinge wäre zwar pragmatisch vertretbar, sie stünde jedoch im Widerspruch zum Fremdvergleichsgrundsatz, der auch international absolute, uneingeschränkte Anwendung findet. Unabhängig davon werden in der Literatur idR nur Bandbreiten von Lizenzsätzen ohne Angabe der Anzahl von

---

[1126] Zum Erfordernis der Einengung der Bandbreite vgl. § 1 Abs. 3 S. 3 AStG und zu den dafür verwendbaren Verfahren vgl. Tz. 3.4.12.5 VGr-Verfahren.

Verträgen (oder Einzellizenzsätze ohne Bandbreite) genannt, so dass die Anwendung der Interquartile Range regelmäßig nicht möglich ist.

Aus den oben genannten Gründen können aus Literaturquellen grds. nur
solche Lizenzsätze zum Vergleich herangezogen werden, bei denen aus dem
Vertrag erkennbar wird, dass es sich **nicht** um **nahe stehende Unternehmen** handelt. Eine derartige Information kann aus den in Deutschland
vorhandenen Literaturquellen idR nicht entnommen werden. Auch *Roeder*
weist zutreffend darauf hin, dass sich in der Literatur zumeist nur aggregierte
Branchendaten finden, denen die OECD nur den Wert einer **Orientierungshilfe** beimisst.[1127]

562   Die **Rechtsprechung** befasst sich mit der Höhe von Lizenzsätzen meistens
in **Schadensersatzprozessen,** in denen der Inhaber eines gewerblichen
Schutzrechts oder sonstigen geschützten Rechts Ansprüche auf Schadensersatz in Form einer angemessenen Lizenz gegen den unberechtigten Benutzer
geltend macht. Nach ständiger Rspr.[1128] kann der Geschädigte im Fall der
Verletzung eines **gewerblichen Schutzrechts** seinen Schadensersatzanspruch nach **drei Berechnungsarten** ermitteln, nämlich
– den ihm **unmittelbar entstandenen Schaden** einschließlich des entgangenen Gewinns
– nach Maßgabe einer **angemessenen fiktiven Lizenzgebühr (Lizenzanalogie)**
– den aus der Verletzungshandlung durch den **Verletzer gezogenen Gewinn.**[1129]

Durch das „Gesetz zur Verbesserung der Durchsetzung von Rechten des
geistigen Eigentums"[1130] vom 7.7.2008 wurden zum Zweck der Vereinheitlichung des Schutzes des geistigen Eigentums im EU-Binnenmarkt[1131] zahlreiche Gesetze neu gefasst und ergänzt. Unter anderem wurden die Vorschriften
zu Unterlassungs- und Schadensersatzansprüchen inhaltlich weitgehend vereinheitlicht;[1132] ferner wurden Auskunfts-, Rückruf-, Vernichtungsansprüche
usw. gesetzlich geregelt.

Durch die Neufassung der gesetzlichen Schadensersatzansprüche soll nach
dem Willen des deutschen Gesetzgebers weder die bisherige Rechtsprechung
zu den drei Arten der Schadensberechnung geändert, noch eine konkrete Berechnungsmethode für den Verletzergewinn oder die Höhe der Lizenzgebühr
vorgegeben werden.[1133] Da der Schadensersatzanspruch gem. der EU-RL
eine Abschreckungswirkung haben soll, wird in der Literatur gefordert, die

---

[1127] Vgl. *Roeder* in Kroppen zu Tz. 6.23 OECD-VPL 2010 Anm. 3.

[1128] Vgl. zB BGH 12.1.1966, GRUR 1966, 375 ff.; BGH 25.5.1993, GRUR 1993,
397, 398 mwN.

[1129] Vgl. *Mes*, § 139 PatG, Rn. 120 ff.; Busse/*Keukenschrijver*, § 139 PatG, Rn. 121;
Fezer, § 14 MarkenG, Rn. 1024ff.; *Bühring*, § 24 GebrMG, Rn. 36 ff.; *Eichmann/
v. Falckenstein* GeschmMG, § 42 Rn. 16 ff.; Schricker/*Wild* § 97 UrhG, Rn. 145 ff.

[1130] Vgl. BGBl 2008 I, 1191 ff.; gem. Art. 10 des Gesetzes traten die Gesetzesänderungen grundsätzlich am 1.9.2008 in Kraft.

[1131] Vgl. Richtlinie 2004/48/EG vom 29.4.2004, Amtsblatt vom 2.6.2004, L 195/
16 ff. Tz. (1) ff.

[1132] Vgl. z.B. § 139 PatG, 24 GebrMG, § 14 MarkenG, § 42 GeschmMG, § 97
UrhG, § 37 SortenschutzG.

[1133] Vgl. *Tetzner* GRUR 2009, 8 mwN.

gesetzlichen Schadensersatzansprüche bei Verletzung gewerblicher Schutzrechte richtlinienkonform auszulegen und generell einen Verletzerzuschlag
zur üblichen Lizenzgebühr festzusetzen.[1134]

Der Verletzte hat ein **Wahlrecht,** welche Berechnung er seinem Anspruch **563**
zu Grunde legen will. Die hier interessierende Geltendmachung des Schadens
im Wege der **Lizenzanalogie** beruht auf dem Gedanken, dem Verletzten
einen Ausgleich dafür zu geben, dass der Verletzer durch die unerlaubte
Benutzung des Schutzrechts einen geldwerten Vermögensvorteil erlangt
hat, den er üblicherweise nur gegen Zahlung einer Lizenzgebühr erlangt haben könnte.[1135] Dem Anspruch steht nicht entgegen, dass der Schutzrechts-
inhaber ggf. nicht bereit oder rechtlich (zB wegen anderer exklusiver Lizenzgewährung) nicht in der Lage gewesen wäre, eine vertragliche Lizenz zu
erteilen.[1136] Für die **Höhe der Lizenzgebühr** ist darauf abzustellen, was
vernünftige Vertragsparteien bei Berücksichtigung aller objektiven lizenz-
relevanten Umstände des Einzelfalls vereinbart hätten;[1137] dabei müssen alle wertbestimmenden Faktoren einbezogen werden, die auch bei freier
Lizenzverhandlung auf die Höhe der Vergütung Einfluss nehmen.[1138] Eine
branchenübliche Umsatzrendite kann zu berücksichtigen sein.[1139] Die Kos-
ten- und Gewinnsituation des Lizenzverletzers ist für die Lizenzanalogie unerheblich.[1140] Auf die **angemessene Lizenz** wird bei dem Schadensersatz
nach der Lizenzanalogie **kein Verletzerzuschlag** erhoben;[1141] dh, der Verletzer soll nicht besser und nicht schlechter als ein vertraglicher Lizenznehmer
gestellt werden.[1142]

Ob diese Rechtsprechung im Hinblick auf die oben erwähnte **Neufassung** der **gesetzlichen Schadensersatzansprüche** und deren richtlinien-
konforme Auslegung aufrechterhalten wird, bleibt abzuwarten.[1143] Jedenfalls
bestehen keine Bedenken, für den Fremdvergleich die Lizenzsätze von Urteilen heranzuziehen, die von der Rechtsprechung im Wege der Lizenzanalogie
auf Basis des bis zum 31.8.2008 geltenden Rechts ermittelt wurden. Bei Ur-

---

[1134] Vgl. *Tetzner* GRUR 2009, 9.

[1135] BGH 25.5.1993, GRUR 1993, 397, 398.

[1136] BGH 12.1.1966, GRUR 1966, 375 ff., 377.

[1137] BGH 30.5.1995, GRUR 1995, 578 ff.; BGH 12.1.1966, GRUR 1966, 375 ff.

[1138] BGH 25.5.1993, GRUR 1993, 897 ff., 898; vgl. dazu oben Rn. 533 ff. sowie
Mes, § 139 PatG, Rn. 128; *Bühring,* § 24 GebrMG, Rn. 40 f.

[1139] Vgl. *Bühring,* § 24 GebrMG, Rn. 41; BGH, 29.7.2009 GRUR 2010, 239.

[1140] Vgl. *Mes,* § 139 PatG, Rn. 139.

[1141] BGH 24.11.1981, GRUR 1982, 286 ff., 289; anders aber bei Urheberrechtsverletzungen, vgl. D/K/M/*Meckel,* § 97 UrhG., Rn. 77. Demnach macht die Rechtsprechung eine Ausnahme für Ansprüche, die von Verwertungsgesellschaften geltend gemacht werden, wenn diese einen umfangreichen und kostspieligen Verwaltungsapparat
unterhalten müssen, um den Urheberrechtsverletzungen nachgehen zu können. Hier
wird ein hundertprozentiger Aufschlag berechnet. Der BGH hat dies bislang ausschließlich für die GEMA anerkannt und betont den Ausnahmecharakter dieser
Rechtsprechung. BGH, 10.3.1972, GRUR 1973, 379.

[1142] Durch Irreführung des Verkehrs kann ein sog. Marktverwirrungs- und Diskredi-
tierungsschaden entstanden sein (zB wegen schlechter Qualität der Verletzerware,
Entwertung der Marke), für den neben der Lizenz Ersatz verlangt werden kann, vgl.
Fezer, § 14 MarkenG, Rn. 1026; BGH 12.2.1987, GRUR 1987, 364 ff.

[1143] Vgl. oben Rn. 562 am Ende.

teilen, die das neue Recht anwenden, ist zu prüfen, ob das Gericht einen Verletzerzuschlag berücksichtigt hat; falls dies der Fall ist, kann der Lizenzsatz nur dann als Referenz für den Fremdvergleich dienen, wenn die Höhe des Basislizenzsatzes ohne Verletzerzuschlag explizit genannt wird.

Schadensersatzerhöhend wirken sich die sog. aufgelaufenen Zinsen aus: Die Zinshöhe liegt mind. 3,5 % über dem jeweiligen Basiszinssatz der EZB. Die Zinshöhe kann auch höher sein, nämlich 5–8 % über dem Basiszinssatz.[1144] Im Übrigen kann im Rahmen der wertbeeinflussenden Faktoren lizenzerhöhend berücksichtigt werden, dass zum einen der Schutzrechtsverletzer nicht dem Risiko eines ordentlichen Lizenznehmers ausgesetzt ist, dass das Schutzrecht evtl. widerrufen oder für nichtig erklärt wird und dass zum anderen der Verletzte keine Möglichkeit hat, die Richtigkeit der Angaben des Verletzers durch einen Wirtschaftsprüfer überprüfen zu lassen.[1145]

564   Da bei der Schadensermittlung nach der Lizenzanalogie dem gemäß die **angemessene** und **marktübliche Lizenzgebühr** angesetzt wird, können die Lizenzsätze, die vor den **Gerichten** in den Fällen von Verletzungen gewerblicher Schutzrechte festgesetzt werden, auch für den **äußeren Fremdvergleich** bei Verrechnungspreisfällen herangezogen werden. Wie bereits erwähnt wurde, kann der durch Urteil festgesetzte Lizenzsatz ohne Bedenken für den Fremdvergleich verwendet werden, da die Gerichte die Entscheidung treffen und insoweit keine Vereinbarung zwischen nahe stehenden Personen vorliegt, selbst wenn die streitenden Parteien ausnahmsweise nahe stehend wären.

Dies gilt jedoch nicht, wenn zB in Entwicklungsländern Gerichte aus öffentlichem Interesse Pharmaunternehmen zu **Zwangslizenzen** verurteilen, um die Produktion kostengünstiger Medikamente zum Zweck der Heilung bzw. Eindämmung von Krankheiten zu begünstigen.[1146] Die Lizenzsätze für Zwangslizenzen können nicht für den Fremdvergleich herangezogen werden, da die Festlegung einer fremdüblichen Lizenzgebühr bei solchen Urteilen nicht im Vordergrund steht. So hat zB das indische Patentgericht die deutsche Bayer AG verurteilt, einem fremden indischen Arzneimittelhersteller zu ermöglichen, das Produkt Nexavar, das zur Behandlung von schweren Fällen von Nieren- und Leberkrebs eingesetzt wird, acht Jahre vor Ablauf des Patentschutzes (der für Nexavar in Indien und anderen Ländern erst 2020 endet) nachzuahmen und in Indien zu einem deutlich niedrigeren Preis zu vertreiben; statt US-$ 5700 je Patient und Monat soll die Therapie nur US-$ 178 kosten und davon soll Bayer eine **Lizenzgebühr** in Höhe von **6 %** erhalten, die weit unter den branchenüblichen Sätzen für patentgeschützte Arzneimittel liegt.[1147]

565   Bei einigen der veröffentlichten Urteile und bei fast allen Veröffentlichungen der Literatur bestehen allerdings gewisse Unsicherheiten im Hinblick auf die Vergleichbarkeit der Lizenzsätze, weil insb. aus den Literaturquellen nur in

---

[1144] *Mes,* § 139 PatG, Rn. 142.

[1145] LG Düsseldorf 20.5.1999, GRUR 2000, 309 ff., 311 nimmt für die beiden Aspekte einen Zuschlag von je 0,5 % zur Grundlizenz vor (insgesamt daher 6 % statt 5 %). Siehe auch *Mes,* § 139 PatG, Rn. 141.

[1146] Zwangslizenzen können v. a. für Patente u. Gebrauchsmuster festgelegt werden, vgl. oben Rn. 9.

[1147] Vgl. Pressemitteilung in FAZ v. 14.3.2012, S. 11.

beschränktem Umfang die Bewertungs- und Einflussfaktoren erkennbar werden, die für die Festsetzung der Höhe der Lizenzsätze berücksichtigt wurden. Auf jeden Fall müssen zumindest die **wesentlichen** der oben genannten **Bewertungs- und Einflussfaktoren**[1148] der Verträge übereinstimmen, damit ein Vergleich der Lizenzsätze möglich ist. Zu ihnen gehören die **Art des immateriellen Wirtschaftsguts** und die **Branche** sowie die im **Lizenzsatz** zum Ausdruck kommenden **Ertragserwartungen** des Lizenznehmers, um die Bandbreite der eingeschränkt vergleichbaren Fremdvergleichswerte iSd § 1 Abs. 3 S. 2 und 3 AStG zu ermitteln.[1149] Wie bereits erwähnt wurde, orientieren sich die in einer bestimmten Branche vereinbarten Lizenzsätze im Ergebnis an den vom Lizenzgeber und vom Lizenznehmer erwarteten Gewinnen des Lizenznehmers aus den Lizenzprodukten und/oder an den branchenüblichen Gewinnen von Unternehmen, die in derselben oder einer ähnlichen Branche vergleichbare oder ähnliche Produkte herstellen.[1150] Damit werden über den Vergleich der vom Lizenznehmer im Konzern gezahlten Lizenzsätze mit den branchenüblichen Lizenzsätzen mittelbar auch die Ertragserwartungen des Lizenznehmers verifiziert.

Umfangreiche Informationen für den externen Preisvergleich liefern die nachfolgend erörterten Datenbanken, die eine sinnvolle Auswertung der in **Lizenzverträgen** enthaltenen Daten für Verrechnungspreiszwecke ermöglichen. Für die Ermittlung von Lizenzsätzen kommen v. a. die Datenbanken **Royalty-Source** und **RoyaltyStat** in Frage.[1151] Beide Datenbanken beziehen ihre Daten fast ausschließlich von den bei der SEC gesammelten Lizenzverträgen.

Eine gewerbliche Firma in den USA **(FranchiseHelp)** gewährt auf ihrer Internetseite gegen Entgelt den Zugang zu umfangreichen Informationen bezüglich der Entgelte bzw. Lizenzgebühren, die von Franchisegebern mit Franchisenehmern in verschiedenen Branchen vereinbart werden. Die Besonderheiten bei **Franchiseverträgen** werden in einem gesonderten Abschnitt erörtert.[1152]

Die Datenbank **RoyaltySource** liefert zum einen Lizenzsätze für die Nutzung von *„Technology"*, dh für Patente, Know-how, Software, Design und ähnliche für Produktionszwecke genutzte immaterielle Wirtschaftsgüter. Zum anderen können Lizenzsätze für *„Trademarks"*, also für Marken, Logos, Dienstleistungsmarken und ähnliche für Vertriebszwecke verwendete immaterielle Wirtschaftsgüter gesucht werden. Sowohl für „Technology" als auch für „Trademarks" kann die Suche auf konkrete und ähnliche Branchen beschränkt werden. Der Vorteil dieser Datenbank liegt in der vergleichsweise einfachen Zurverfügungstellung und Auswahl der Daten, sowie in der transparenten und günstigen Preisgestaltung. Der (nur unbedeutende) Nachteil ist jedoch darin zu sehen, dass der Inhalt der Lizenzverträge nur verkürzt beschrieben wird; so werden insb. folgende Informationen genannt:
– Vertragsparteien,

566

[1148] S. oben Rn. 533 ff., insb. Rn. 538 f.
[1149] Vgl. oben Rn. 538.
[1150] Vgl. oben Rn. 543.
[1151] Für die Anwendung gewinnorientierter Methoden stehen andere Datenbanken zur Verfügung, so zB Amadeus, Orbis, Markus.
[1152] Vgl. dazu ausführlich unten Rn. 701 ff.

Engler/Gotsis 1847

– Art des immateriellen Wirtschaftsguts und Beschreibung, wofür bzw. in welcher Branche es genutzt wird,
– Exklusive oder nicht exklusive Überlassung,
– Höhe der Lizenzgebühren, zB Einmalzahlungen, feste Lizenzsätze, Mindest- oder Höchstlizenzsätze usw.

Ferner ist es anhand der Firmennamen und mit Hilfe der Datenbanken Orbis, Amadeus oder Hoppenstedt möglich, festzustellen, ob die Vertragspartner ggf. nahe stehende Unternehmen sind, so dass der entsprechende Vertrag aus dem Vergleich ausgesondert werden kann.

567   Die Datenbank **RoyaltyStat** liefert ebenfalls eine Zusammenfassung über die wesentlichen Vertragsinhalte für produktionsbezogene oder vertriebsbezogene immaterielle Wirtschaftsgüter. Darüber hinaus können – wie oben erwähnt wurde – die bei der SEC eingereichten rund 4000 **Verträge** im vollen Wortlaut abgerufen und gespeichert oder ausgedruckt werden. Der Vorteil eines intensiven Vergleichs der Verträge liegt in der besseren Vergleichbarkeit der Bewertungs- und Einflussfaktoren, die für die Vereinbarung der Lizenzsätze vermutlich eine Rolle spielten. Der Nachteil liegt jedoch in dem zusätzlichen administrativen und finanziellen Aufwand, wenn zB 50 Verträge mit durchschnittlich 20 Seiten gelesen werden müssen um etwaige weitere Details der Vergleichbarkeit aufzufinden. In vielen Fällen ist es fraglich, ob der zusätzliche Aufwand noch in angemessenem Verhältnis zu dem vermeintlich zusätzlichen Nutzen steht. Da die wesentlichen Bewertungs- und Einflussfaktoren auch in der verkürzten Beschreibung der Verträge genannt werden, reicht deren Kenntnis idR aus, um zu entscheiden, ob es sich um eine gleichartige oder ähnliche Transaktion handelt. Soweit aus den vollständigen Verträgen weitere Faktoren erkennbar sind, dürfte es nur in seltenen Ausnahmefällen erforderlich sein, deren etwaigen Einfluss auf die Höhe der Lizenzgebühren zu ermitteln.

Die Datenbank RoyaltyStat ermöglicht es, zunächst die Vergleichslizenzen in einer bestimmten Branche zu ermitteln, wobei die Klassifizierung anhand der Wirtschaftszweige (SIC-Codes) erfolgt. Weiterhin kann die Art des immateriellen Wirtschaftsguts bzw. des Lizenzvertrags (zB „trademark", „patent" oder „franchise") als Suchkriterium eingegeben werden. Ebenso wie bei RoyaltySource werden dann die als Suchergebnis gelieferten Kurzbeschreibungen der Lizenzverträge analysiert. Zusätzlich können dann die einzelnen Verträge in vollem Umfang aus der Datenbank kopiert und im Hinblick auf ihre Bewertungs- und Einflusskriterien sowie ihre Vergleichbarkeit untersucht werden.

568   Bei der Anwendung der Datenbanken RoyaltySource oder RoyaltyStat weisen die einzelnen Verträge **oft** eine **Mindestlizenzgebühr** bzw. **Vorab-Lizenzzahlung** und teilweise auch gestaffelte Lizenzgebühren auf. Daher ist es in einigen Fällen schwierig, eine Bandbreite von hinreichend eingeschränkt vergleichbaren Werten zu ermitteln, die dem Fremdvergleich entspricht. Wenn die Mindestlizenzgebühr sehr hoch ist (zB über 1 Mio. US-$) und nicht auf die laufenden Lizenzgebühren angerechnet wird, kommt ein Ausschluss von der Reihe von Vergleichsverträgen in Frage, da die laufende Umsatzlizenz dann von den Vertragsparteien evtl. bewusst niedriger angesetzt wurde.[1153] Sofern

---

[1153] Zur möglichen Berechnung des Einflusses einer Vorab-Lizenzzahlung auf die laufenden Lizenzgebühren vgl. unten Rn. 663 im Beispiel Tabelle 5 im Vergleich zur Tabelle 4.

die gefundenen Ergebnisse keine eindeutige Bandbreite von Lizenzsätzen liefern, empfiehlt es sich, im Rahmen eines „**Sanity Check**"[1154] die Gewinnsituation der beteiligten Parteien anhand der TNNM oder der Gewinnaufteilungsmethode *(Profit Split)* zu verifizieren.

Die nachstehend genannten Faktoren haben auf die Höhe der vereinbarten **569** Lizenzgebühren zwar den größten Einfluss, jedoch können im Hinblick auf die in den **Datenbanken** idR nur beschränkt verfügbaren Informationen **nur** die **beiden ersten Faktoren als Hauptfaktoren** für die Auswahl von Vergleichsverträgen herangezogen werden:

– die **Art des immateriellen Wirtschaftsguts** (zB Patent, Know-how, Marke oder Urheberrecht)
– die **Branche,** in der der Lizenznehmer tätig ist
– der Innovationsgrad der Technologie oder die Bekanntheit der Marke
– gebietliche, zeitliche oder sachliche Beschränkungen (insb. die vereinbarte oder nicht gewährte Exklusivität)
– **die Ertragschancen des Lizenznehmers.**

Da alle Faktoren im Ergebnis zusammen wirken und damit letztlich die Ertragschancen der vom Lizenznehmer hergestellten bzw. vertriebenen Produkte beeinflussen, verdient der zuletzt genannte Faktor im Prinzip besondere Beachtung.[1155] Da die Ertragserwartungen des Lizenznehmers aus den ermittelbaren Vergleichsverträgen jedoch nicht erkennbar werden (sich aber idR in der Höhe des Lizenzsatzes widerspiegeln), kann man in der **Praxis** oft nur aus der **Art des immateriellen Wirtschaftsguts** und der **Branche** (sowie ggf. aus der vorhandenen Exklusivität) Rückschlüsse auf die Vergleichbarkeit der Verträge und der vereinbarten Lizenzsätze ziehen. Auch in der US-Literatur wird darauf hingewiesen, dass für einen Vergleich der Lizenzgebühren grundsätzlich auf die Lizenzsätze für immaterielle Wirtschaftsgüter in der gleichen Kategorie und Branche abgestellt wird, wobei andere Faktoren, wie zB Investitionsrisiken, Gewinnaussichten, Marktgröße, Wachstumspotential ignoriert werden.[1156] Wenn allerdings Lizenzsätze vereinbart werden, die außerhalb der eingeengten Bandbreite branchenüblicher Lizenzsätze für die Nutzung von Technologie (zB Patente, Know-how) oder Marken liegen und die Lizenzzahlungen den operativen Gewinn des Lizenznehmers erheblich mindern, dann sollten zur Verifizierung der Lizenzsätze auch gewinnorientierte Methoden angewendet werden.

Da die Festlegung der Lizenzgebühr zwischen unabhängigen Unterneh- **570** men ganz entscheidend von den oben erwähnten Hauptfaktoren und den Ertragserwartungen der Parteien abhängt – wobei letztere regelmäßig nicht unmittelbar bekannt sind – dürfte die Beachtung weiterer Faktoren mit mehr oder weniger sinnvollen Anpassungsrechnungen nur der Herstellung einer Scheingenauigkeit dienen. Ohne Zweifel haben auch die Dauer des Lizenz-

---

[1154] Zur Durchführung des Sanity Check vgl. *OECD,* Transactional Profit Methods, Abschn. 2. B.1 und 2. B.2, Rn. 29 ff.; ohne ersichtlichen Grund weniger deutlich in Tz. 2.11 u. 3.58 f. OECD-VPL 2010.

[1155] Aus Tz. 6.20 S. 2 OECD-VPL 2010 und Tz. 6.124 OECD-VPL Kapitel VI (2014 Guidance) ist zu folgern, dass auch die OECD den erwarteten Vorteilen die größte Bedeutung beimisst.

[1156] Vgl. *Battersby/Grimes,* S. 6 f.

vertrags, die gewährte oder nicht zugestandene Exklusivität oder das Vertragsgebiet einen Einfluss auf die Höhe der Lizenzgebühr. Die Quantifizierung solcher Einflüsse liegt jedoch – sofern keine statistischen Daten vorliegen – im Bereich der Vermutung. Wenn daher eine Finanzbehörde einen Lizenzsatz wegen angeblicher Unterschiede der vergleichbaren Verträge beanstandet, sollte dies nicht akzeptiert werden, insbesondere wenn die Anwendung anderer Methoden (u. a. Gewinnaufteilungsmethode) ebenfalls schwierig und angreifbar ist. Es empfiehlt sich dann idR ein Verständigungsverfahren und (sofern möglich) Schiedsverfahren zu beantragen.

In diesem Zusammenhang ist darauf hinzuweisen, dass von einem Steuerpflichtigen zwar die Erfüllung seiner Mitwirkungspflichten und die Heranziehung von Beratern mit Zugang zu öffentlich verfügbaren Datenbanken verlangt werden kann; jedoch ist insoweit der Grundsatz der **Verhältnismäßigkeit** und der **Zumutbarkeit** zu beachten.[1157] So betont die OECD-VPL, dass die Verrechnungspreisgestaltung keine exakte Wissenschaft ist, sondern Urteilsvermögen abverlangt (Tz. 1.13 und 3.55 OECD-VPL) und dass bei Vergleichen **nur erhebliche Unterschiede** zwischen den verglichenen Geschäften berücksichtigt werden dürfen (Tz. 1.36 OECD-VPL).

571 Es lässt sich also gar nicht vermeiden, dass die aus Datenbanken gewonnenen Lizenzsätze zwischen fremden Dritten nur eingeschränkt vergleichbar mit den Lizenzgebühren zwischen verbundenen Unternehmen sein können. Die **OECD** fordert die FinVerw. jedoch auf, solche potenziell vergleichbaren **Lizenzsätze nur dann abzulehnen, wenn** das immaterielle Wirtschaftsgut klar und eindeutig identifiziert werden kann und **aufgrund** seiner **Einzigartigkeit** und **Werthaltigkeit kein vergleichbares Wirtschaftsgut gefunden** werden kann.[1158] Die OECD nennt beispielhaft einige Vergleichbarkeitskriterien, die bei der Anwendung der Preisvergleichsmethode berücksichtigt werden sollen und weist im Übrigen darauf hin, dass dem Gewinnpotential der Produkte, die auf dem immateriellen Wirtschaftsgut basieren, eine entscheidende Bedeutung zukommt; u. a. werden folgende Vergleichbarkeitskriterien genannt:[1159]
– Exklusivlizenz
– Ausmaß und Dauer des rechtlichen Schutzes
– Räumlicher Geltungsbereich
– Nutzungsdauer
– Entwicklungsstufe
– Rechte auf Weiterentwicklungen, Überarbeitungen und Aktualisierungen
– Zukünftige Gewinnerwartungen
– Vergleichbares Entwicklungsrisiko
– Vergleichbares Überalterungsrisiko
– Vergleichbares Risiko an Rechtsverstößen
– Vergleichbares Produkthaftungsrisiko.

572 Die Anwendung des äußeren Preisvergleichs mit Hilfe von Datenbanken und anderer hier beschriebener Quellen dürfte bei solch umfangreichen Ver-

---

[1157] Vgl. Kap. F Rn. 13 f.
[1158] *OECD,* Tz. 6.192 OECD-VPL Kapitel VI (2014 Guidance). Kritisch zur Frage, unter welchen Voraussetzungen ein immaterielles Wirtschaftsgut „einzigartig" sein kann vgl. oben Rn. 90 ff., 96.
[1159] *OECD,* Tz. 6.115–6.125 OECD-VPL Kapitel VI (2014 Guidance).

gleichbarkeitskriterien (sehr) leicht angreifbar sein. Es ist daher zu erwarten, dass die jeweiligen Finanzbehörden sowohl im Land des Lizenzgebers als auch im Land des Lizenznehmers äußere Preisvergleiche bei immateriellen Wirtschaftsgütern immer häufiger beanstanden werden, wenn ihnen die Ergebnisse dieser Preisvergleiche nicht genehm erscheinen. Dies dürfte für alle Arten von immateriellen Wirtschaftsgütern gelten, seien es Patente, Gebrauchsmuster und Verfahrens-Know-how auf der einen Seite oder Marken, Merchandising- und Vertriebs-Know-how auf der anderen Seite, oder auch Urheberrechte, eingetragene Designs und andere Schutzrechte.

An anderer Stelle wurde bereits darauf hingewiesen, dass **Datenbankrecherchen** für den **äußeren Preisvergleich** zwar nur **eingeschränkt vergleichbare Werte** liefern können, dass aber die Durchführung von Datenbankrecherchen insb. für kleine und mittlere Unternehmen und für deren Berater oft das einzig sinnvolle Verfahren zur Überprüfung der Vergleichbarkeit darstellt, da es mit relativ überschaubarem Aufwand und angemessenen Kosten im Rahmen der Zumutbarkeit durchgeführt werden kann.[1160] Dagegen erfordert die Anwendung der in der Literatur und in der Praxis oft als Alternative genannten **Gewinnaufteilungsmethode** *(Profit Split)* einen wesentlich höheren Berater- und Kostenaufwand und die Ergebnisse basieren idR nicht nur auf Fakten, sondern auch auf Annahmen, statistischen Methoden und Theorien (zB der Spieltheorie von Shapley) und dürften folglich **ebenso eingeschränkt vergleichbar** sein, wie die Ergebnisse des äußeren Preisvergleichs anhand von Datenbankrecherchen. Daher wird im Folgenden dargestellt, ob und inwieweit Lizenzsätze, die aus Rechtsprechung, Literatur, Datenbanken oder anderen Quellen erhältlich sind, für einen **äußeren Preisvergleich** herangezogen werden können. Im Hinblick auf die wesentlichen Vergleichbarkeitskriterien werden die veröffentlichten Daten getrennt für unterschiedliche Arten von immateriellen Wirtschaftsgütern und (soweit vorhanden) für unterschiedliche Branchen erläutert. Vorab sei bereits darauf hingewiesen, dass die in der Rechtsprechung und Literatur genannten Lizenzsätze regelmäßig nur erste Anhaltspunkte liefern können und dass es grundsätzlich erforderlich sein wird, die Lizenzsätze anhand von Datenbankrecherchen zu verifizieren. Die Ergebnisse dürften vor allem für immaterielle Wirtschaftsgüter mit in der Branche durchschnittlichem oder begrenztem Gewinnpotenzial relevant sein, während für immaterielle Wirtschaftsgüter mit besonders hohem Gewinnpotential ggf. andere Methoden (so insb. die Gewinnaufteilungsmethode) zu zuverlässigeren Ergebnissen führen.

cc) Patente, Gebrauchsmuster und Verfahrens-Know-how

Für die Ermittlung von Lizenzgebühren für Patente, Gebrauchsmuster und technisches Verfahrens-Know-how wurde früher die oben erwähnte **Arbeitnehmer-ErfinderRL** angewendet. Einzelheiten dieser RL und ihrer Methoden sowie ihrer eingeschränkten Anwendbarkeit wurden in den Vorauflagen dieses Handbuchs dargestellt.[1161]

Bei Patentverletzungen ergibt sich aus den in Deutschland veröffentlichten **Urteilen** eine relativ große Spannweite von Lizenzsätzen. Der Bundesge-

573

[1160] Vgl. oben Rn. 540.
[1161] Vgl. zB *Engler* in Handbuch der Verrechnungspreise, 2. Aufl. 2004, Kap. P Rn. 376 ff.

richtshof hat in neueren Urteilen betont, dass für die **Bemessung der Lizenzgebühr** grundsätzlich die besonderen **Umstände des Einzelfalls** maßgebend sind und dass die sich aus Nr. 10 der „RL für die Vergütung von Arbeitnehmererfindungen im privaten Dienst" ergebenden Rahmensätze nur unter Vorbehalt herangezogen werden können, weil sich die durchschnittlichen Lizenzsätze für patentierte Erfindungen im Laufe der Jahre in vielen Branchen deutlich geändert haben können.[1162] Der BGH wies in diesem Urteil auch darauf hin, dass eine nicht repräsentative Veröffentlichung von Lizenzsätzen ebenfalls keine gesicherte Grundlage für die Ermittlung der in Betracht kommenden Lizenzsätze liefern kann. Neben den zivilrechtlichen Urteilen zu Schadensersatzansprüchen liegen auch einige Urteile des BFH und der Finanzgerichte vor, aus denen Lizenzgebühren erkennbar werden, die auf Vereinbarungen zwischen voneinander unabhängigen Unternehmen beruhen. Von der **Rechtsprechung** sind in **Einzelfällen** zB folgende Nettoumsatz-Lizenzsätze festgesetzt bzw. erwähnt worden:[1163]

574 **(1)** *Patente*

– 12,5% wegen Patent- und Gebrauchsmusterverletzung durch „sklavische Nachahmung" von Rolex-Uhren[1164]
– 4% wegen Patent- und Gebrauchsmusterverletzung wegen des Nachbaus einer „Steuereinrichtung für einen Differentialzylinder" bei der Herstellung hydraulischer Teleskopzylinder (bei einem Rahmen von 0,3–10% im Maschinenbau mit Schwergewicht zwischen 3 und 5%)[1165]
– 8% für eine Patentverletzung betreffend Stapelvorrichtungen zum Einbau in sog. Mogul-Anlagen (bei einem üblichen Satz von 5% im Maschinenbau, der bei Verwendung in größeren Anlagen bis zum Doppelten erhöht werden kann)[1166]
– 8% wegen Patentverletzung im Pharmabereich[1167]
– 8% wegen Patentverletzung für ein chemisches Verfahren[1168]
– 6% wegen Patentverletzung für Bäckerei-Spezialmaschine[1169]

[1162] BGH 30.5.1995, GRUR 1995, 578 (dieselbe Sache war schon vor erneuter Zurückverweisung beim BGH anhängig, BGH 18.2.1992, NJW-RR 1992, 872).

[1163] Zahlreiche weitere Lizenzsätze aus der Rspr. finden sich bei *Hellebrand/Kaube/von Falckenstein* 1 ff.

[1164] OLG Köln 16.3.1990, GRUR 1991, 60, als Vorinstanz des Urteils BGH 17.6.1992, BB 1992, 1885 (Tchibo/Rolex II); der Lizenzsatz war laut BGH zwar nicht unangemessen, jedoch wurde an das OLG zurückverwiesen, um den Einfluss einer Rufbeeinträchtigung durch Duldung anderer Plagiate festzustellen.

[1165] OLG Karlsruhe 28.4.1993 (n. v.), als Vorinstanz zu BGH 30.5.1995, GRUR 1995, 578, der die Sache zurückverwies, um die Lizenzgebühr mit Hilfe eines Sachverständigen zu überprüfen.

[1166] OLG Düsseldorf 16.1.1992 (n. v.), als Vorinstanz zu BGH 25.5.1993 GRUR 1993, 897; der BGH verwies das Verfahren zurück, um zu prüfen, ob der vom Sachverständigen festgestellte Höchstsatz anwendbar sein kann.

[1167] BGH 6.3.1980, DB 1980, 2505 unter Hinweis darauf, dass das Berufungsgericht die Lizenzhöhe frei würdigt und die Revision diese Entscheidung nur eingeschränkt überprüfen kann (insoweit nicht abgedruckt) und dass kein „Verletzerzuschlag" zum angemessenen Lizenzsatz verlangt werden kann.

[1168] BGH 15.6.1967, GRUR 1967, 655 ff.

[1169] LG Düsseldorf 20.5.1999, GRUR 2000, 309 ff.; das LG Düsseldorf gewährte eine Grundlizenz von 5% (Rahmen lt. Sachverständiger 3–10%) sowie einen Zuschlag

- 6% für Patente in Maschinenindustrie und Kunststofferzeugung (vertraglich vereinbart)[1170]
- 4% wegen Patent für Skibindungs-Fersenabstützvorrichtung[1171]
- 4% vertragliche Patentlizenz für Herstellung und Vertrieb von elektrischen Isolierstoffen[1172]
- 7,5% vertragliche Patentlizenz für Herstellung von Arzneimitteln[1173]
- 6% vertragliche Patent- und Know-how-Lizenz für Herstellung von Blutserum-Produkten[1174]
- 10% vertragliche Patentlizenz für Herstellung von Maschinen, Ersatzteilen und Zubehör[1175]

(2) Gebrauchsmuster[1176]　　　　　　　　　　　　　　　　575

- 2% bei GebrM-Verletzung für Pizza-Schachtel[1177]
- 5% für Winkelprofil im Baubereich[1178]
- 4–10% für Sondervorrichtungsbau[1179]
- 5–10% bei Spezialvorrichtungen[1180]
- 27,5% für Steine aus Feuerfestmaterial[1181]

(3) Verfahrens-Know-how　　　　　　　　　　　　　　　576

- 6% vertragliche Know-how-Lizenzgebühr vom Nettoverkaufserlös für Herstellungsmethode, die kürzeren Arbeitsablauf bietet als die üblichen und bekannten Methoden[1182]
- 2% vertragliche Know-how-Lizenz für technische Erfahrungen.[1183]

Diese Beispiele aus der Rechtsprechung zeigen, dass die **Urteile** sehr stark　577 auf den **Einzelfall** abstellen und daher als Grundlage für einen **äußeren Fremdvergleich** nur bei gleichartigen oder ähnlichen Sachverhalten dienen können. Immerhin lässt sich aus den Urteilen ableiten, dass in der Praxis von

---

von 0,5% für fehlende Risiken sowie 0,5% Zuschlag für fehlende Prüfungsmöglichkeit.

[1170] OLG Stuttgart 12.11.1990, WuW/E 1993, 870.

[1171] BGH 24.11.1981, NJW 1982, 1151 ff.; der BGH bestätigte eine übliche Lizenzspanne von 2–6% und einen Mittelwert von ca. 4–5%.

[1172] BFH 23.3.1960, BStBl. III 1960, 282; laut Sachverhalt entfielen 2/5 der 10% Lizenzgebühr auf das Patent.

[1173] BFH 24.6.1970, BStBl. II 1970, 802 ff.

[1174] LG Düsseldorf 10.1.1999, GRUR Int. 1999, 772 ff.; von insgesamt 6% Lizenzgebühr sollten 3% für die Patente und 3% für das Know-how sein.

[1175] BGH 2.12.1997, GRUR 1998, 561 ff.

[1176] *Loth*, § 24 GebrMG, Rn. 56 weist darauf hin, dass bei Gebrauchsmustern grundsätzlich keine geringeren Lizenzsätze als bei Patenten gelten. *Bühring*, § 24 GebrMG, Rn. 36 bestätigt, dass für die Schadensberechnung die gleichen Grundsätze wie im Patentrecht gelten und dass es keinen Abschlag allein wegen der Ungeprüftheit des Schutzrechtes gibt. BGH, 17.4.1997, GRUR 1997, 741.

[1177] LG Düsseldorf 23.4.1996, E 1996, 41 f.

[1178] LG Düsseldorf 23.4.1996, E 1996, 69.

[1179] LG Düsseldorf 4.11.1997, E 1997, 75, 79.

[1180] OLG Düsseldorf 9.5.1996, MittdtschPatAnw 1998, 27 ff., 29.

[1181] LG Düsseldorf 4.11.1997, E 1997, 104 ff., 106 f.

[1182] BFH 13.2.1970, BStBl. II 1970, 369 ff., 373.

[1183] BFH 2.5.1958, BStBl. III 1958, 343 ff.; von 4% entfielen 2% auf technische Erfahrungen.

Sachverständigen und Gerichten durchaus realistische Lizenzsätze festgesetzt werden und dass die von den Finanzbeamten in Betriebsprüfungen unter Berufung auf die Lizenzkartei genannten – oft sehr niedrigen – Lizenzsätze unbedingt überprüft werden sollten (zB mit Hilfe der oben genannten Datenbanken von *RoyaltyStat* oder *RoyaltySource* oder durch sachverständige Berater).

578   In der **deutschen Literatur** finden sich zahlreiche Hinweise zur Höhe von „üblichen Lizenzgebühren" in Kommentaren, Monographien und Aufsätzen, die aber alle betonen, dass sich der **Lizenzsatz immer nach der Lage des Einzelfalls** richtet. Für **Patente** werden für die verschiedenen Branchen sehr unterschiedliche Lizenzsätze genannt, die auch innerhalb der Branche eine breite Spanne ausweisen.[1184]

Bis zum Erscheinen der zweiten Auflage dieses Handbuchs der Verrechnungspreise lagen v. a. folgende Veröffentlichungen vor, die **ausführliche Informationen** zur **Höhe von Lizenzgebühren** gaben: Der bereits erwähnte Artikel von *Böcker*[1185] sowie darauf aufbauend drei erweiterte und aktuellere Übersichten von *Groß*.[1186] Die Daten von *Böcker* beruhen zT auf älteren Veröffentlichungen und zT auf „patentrechtlichen Arbeitskreisen",[1187] wobei vermutet wird, dass diese Lizenzsätze mit denen der Lizenzkartei des Bundesamts für Finanzen übereinstimmen. *Groß* hat diese Daten von *Böcker* in seinem ersten Aufsatz übernommen, besonders gekennzeichnet und um die ihm bekannt gewordenen Lizenzsätze ergänzt. Inzwischen haben *Groß/Rohrer* diese Tabelle erweitert und zusammen mit zusätzlichen Listen von anderen Autoren in einer rund 600 Seiten umfassenden Monographie abgedruckt.[1188] Die von *Böcker* und *Groß* veröffentlichten Lizenzsätze wurden in der 2. Aufl. dieses Handbuchs in einer verkürzten Tabelle zusammengefasst. Wegen der umfangreichen Neuerscheinungen wäre eine erhebliche Erweiterung der Tabelle erforderlich, die jedoch aus Platzgründen in diesem Handbuch nicht möglich ist, so dass insoweit auf die genannte Literatur verwiesen wird.

Die in der Literatur genannten Lizenzsätze lassen im Übrigen nicht erkennen, ob sie alle auf Verträgen beruhen, die zwischen fremden Dritten abgeschlossen wurden. Wegen dieser Unsicherheit gewähren die Lizenzsätze nur **vage Anhaltspunkte für** einen **äußeren Preisvergleich.** Ein wirklicher Fremdvergleich ist dagegen erst möglich, wenn die **im Einzelfall** vorliegenden Lizenzsätze nachweisbar auf Verträgen zwischen nicht verbundenen Unternehmen beruhen und wenn die wesentlichen Bewertungs- und Einflussfaktoren mit denjenigen der Vergleichslizenzverträge verglichen werden können.

579   In der **internationalen Literatur** ist zum einen auf die schon etwas ältere Veröffentlichung von *McGavock*[1189] hinzuweisen, der in den **USA** eine Befragung über Lizenzsätze in verschiedenen Branchen durchführte. Zum anderen

---

[1184] *Groß/Rohrer,* insb. Rn. 151 ff.; *Groß,* Rn. 103 ff. mwN; aus der älteren Literatur zB *Knoppe,* 100 mwN.

[1185] *Böcker* StBp 1991, 73 ff.

[1186] *Groß* BB 1995, 885 ff.; *Groß* BB 1998, 1321 ff.; *Groß* BB Beilage 10 zu Heft 48/2000, Supplement Computer Praxis & Recht, 24 f.

[1187] Vgl. *Böcker* StBp 1991, 73, 79 mwN.

[1188] Vgl. *Groß/Rohrer,* Rn. 151 ff., S. 97–168; ferner wird u. a. eine Liste von US-Lizenzgebühren von *Smith/Parr* dargestellt, Rn. 170, S. 178–191.

[1189] *McGavock,* Tax Management, Transfer Pricing, Special Report No. 3, v. 6.1.1993.

hat zB *Anson*[1190] dargestellt, welche Faktoren aus US-steuerlicher Sicht für die Bemessung von Lizenzgebühren zu beachten sind und wie Lizenzsätze ermittelt werden können. Im Übrigen haben in den letzten Jahren verschiedene Autoren umfangreiche Beispiele aus der US-Vertragspraxis in mehreren **Monographien** dargestellt und zusammengefasst.[1191]

Die bereits erwähnte Veröffentlichung von *McGavock* zeigt nicht nur die Li- **580** zenzspanne für einen bestimmten Industriezweig, sondern auch eine Untergliederung der Lizenzsätze in kleinere Gruppen, damit deutlich wird, welche Lizenzsätze innerhalb der Spannen am häufigsten vereinbart werden.[1192] *McGavock* unterscheidet außerdem in zwei gesonderten Tabellen zwischen Lizenzgebühren, die die Befragten in USA als Lizenzgeber erhalten *(Licensing-out Royalty Rates)* und Lizenzgebühren, die die Betroffenen als Lizenznehmer zahlen *(Licensing-in Royalty Rates)*. Er stellt fest, dass die Lizenzsätze bei den **Lizenzeinnahmen höher** liegen als bei den Lizenzausgaben und meint, dass dies nicht bedeuten könne, dass in der Summe die Lizenzgeber höhere Einnahmen hätten als die Lizenznehmer an Ausgaben, sondern dass dies auf Zufälligkeiten der Gruppe der 118 antwortenden Firmen beruhe, die nicht repräsentativ sei.[1193]

Obwohl *McGavock* auch die Bedeutung von 14 Faktoren für die Festset- **581** zung der Lizenzsätze untersuchte und dabei feststellte, dass das Vorliegen eines inländischen (USA) oder ausländischen Lizenzpartners nur von geringerer Bedeutung für die Festsetzung der Lizenzsätze sei,[1194] hat er die nahe liegende Vermutung nicht überprüft, ob der Unterschied der Lizenzsätze bei den Lizenzeinnahmen und -ausgaben womöglich darin liegen könnte, dass die US-Unternehmen wegen der steuerlichen Verrechnungspreisregelungen und möglichen Strafzuschläge vorsorglich höhere Sätze belasten, während ihnen vom Ausland niedrigere Lizenzen in Rechnung gestellt werden. Auch wenn die Veröffentlichung von *McGavock* schon 1993 erfolgte und in den USA die Bußgelder für Verrechnungspreisberichtigungen gem. Section 6662 IRC erst 1996 eingeführt wurden,[1195] so gab es doch bereits seit 1986 den sog. *„Commensurate With Income Standard"*, wonach sich die Vergütung für immaterielle Wirtschaftsgüter an dem mit Hilfe dieses Wirtschaftsguts erzielbaren Einkommen orientieren soll.[1196] Hinzu kommt, dass die US-FinVerw. die Verrechnungspreise schon in den 80er Jahren wesentlich intensiver prüfte als die Finanzbehörden in anderen Ländern. Inzwischen haben sich die Lizenzsätze in Europa jedoch weitgehend angeglichen, wie aus den nachfolgenden Erläu-

---

[1190] *Anson,* 14 ff.

[1191] Vgl. zB *Parr,* Royalty Rates for Technology, 4. Aufl., 2009; *Parr,* Royalty Rates for Pharmaceuticals & Biotech, 7. Aufl., 2010 und Royalty Rates for Trademarks & Copyrights, 4. Aufl., 2009; *Battersby/Grimes,* Licensing Royalty Rates 2009; *Bond,* Bond's Franchise Guide 2010; vgl. ferner die bei *Groß/Rohrer* in Rn. 170 genannten Lizenzsätze von *Smith/Parr.*

[1192] Vgl. *McGavock,* Tax Management, Transfer Pricing, Special Report No. 3, v. 6.1.1993, 3.

[1193] *McGavock,* Tax Management, Transfer Pricing, Special Report No. 3, v. 6.1.1993, 5.

[1194] *McGavock,* Tax Management, Transfer Pricing, Special Report No. 3, v. 6.1.1993, 5 f.

[1195] Vgl. *Diessner* in der 2. Aufl. dieses Handbuchs, Kap. T Rn. 1 ff.

[1196] Vgl. *Diessner* in der 2. Aufl. dieses Handbuchs, Kap. S Rn. 5 und 116.

terungen erkennbar sein wird. Nachfolgend sind die Ergebnisse der **Lizenz-sätze** dargestellt, die von **US-Lizenzgebern** belastet werden.

582 **Tabelle 1:** Von US-Lizenzgebern vereinnahmte Lizenzen[1197]

Industriezweig	Lizenzsatz-Gruppen						
	0–2%	2–5%	5–10%	10–15%	15–20%	20–25%	über 25%
Luftfahrt		40%	50%	5%			
Automobil	35%	45%	20%				
Chemie	18%	57,4%	23,9%	0,5%			0,1%
Computer	42,5%	57,5%					
Elektronik		50%	45%	5%			
Energie		50%	15%	10%		25%	
Lebens- u. Nah-rungsmittel	12,5%	62,5%	25%				
Medizintechnik u. -ausstattung	10%	10%	80%				
Pharmazie	1,3%	20,7%	67%	8,7%	1,3%	0,7%	0,3%
Telekommuni-kation				100%			

583 Auch in Ergänzung zu Tabelle 1 enthält Tabelle 2 eine Zusammenstellung der von *Parr*[1198] beschriebenen Fälle einschließlich der ebenfalls von *Parr* ver-öffentlichten Sammlung von Lizenzvereinbarungen für die Bereiche Pharma-zie und Biotechnologie.[1199] Ebenso wie bei *McGavock* ist die Zahl der Fälle pro Industriezweig relativ gering, so dass keine zwingenden Schlüsse für den angemessenen Lizenzrahmen möglich sind. Ein großer Teil weist außerdem zusätzliche Mindestlizenzzahlungen, Festbeträge oder nur Einmalzahlungen oder vom Umsatz unabhängige Stücklizenzen auf, so dass ein Prozentsatz nicht ermittelt werden kann. Die Tabelle enthält nur die Fälle, in denen vor-wiegend ein Prozentsatz vom Umsatz angegeben wurde.

584 **Tabelle 2:** US-Lizenzen für Technologie[1200] und Pharmazie[1201]

Industriezweig	Lizenzsatz-Gruppen						
	0–2%	2,1–5%	5,1–10%	10,1–15%	15,1–20%	20,1–25%	über 25%
Luftfahrt	50%		50%				
Automobil	80%		20%				
Chemie			100%				
Computerhardware	33%	33%				17%	17%

[1197] *McGavock,* Tax Management, Transfer Pricing, Special Report No. 3, v. 6.1.1993, 3.

[1198] *Parr,* Royalty Rates for Technology, 4. Aufl. 2009, hat die Lizenzsätze für ab September 1990 bekannt gewordene Fälle gesammelt.

[1199] *Parr,* Royalty Rates for Pharmaceuticals and Biotechnology, 5. Aufl. 2002 (Li-zenzsätze auch abgedruckt in *Groß/Rohrer,* Rn. 175).

[1200] *Parr,* Royalty Rates for Technology, 15 ff.

[1201] *Parr,* Royalty Rates for Pharmaceuticals and Biotechnology, bei *Groß/Rohrer* Rn. 175.

Industriezweig	Lizenzsatz-Gruppen						
	0–2%	2,1–5%	5,1–10%	10,1–15%	15,1–20%	20,1–25%	über 25%
Elektronik	10%	52%	31%	7%			
Energie/Elektro		60%		20%			20%
Lebensmittel	100%						
Medizin	3%	41%	35%	17%	4%		
Unterhaltungselektronik			50%			17%	33%
Halbleiter	23%	62%	15%				
Glas		50%	50%				
Mechanik	12%	50%	38%				
Bau			100%				
Bodenschätze		50%		50%			
Abfall/Recycling	12%	50%	38%				
Foto			50%	50%			
Internet		33%	34%				33%
Haushalt	20%	40%	40%				
Sport	50%		50%				
Spielzeug			33%	67%			
Pharmazie und Biotechnologie	12%	3,6%	33%	12%	1%	3%	3%

Vergleicht man für einige Branchen die Lizenzsätze der deutschen und der **585**
US-amerikanischen Untersuchungen aus früheren Jahren, so stellt man zT
noch erhebliche Unterschiede fest:
1. Für die Herstellung von Kraftfahrzeugen und Kfz-Teilen werden für
Deutschland Lizenzsätze in einer Spanne zwischen 0,5% und 5% des Umsatzes genannt.[1202] Die US-Studie von *McGavock* zeigt, dass die Lizenzsätze
im Schwerpunkt ebenfalls zwischen 2% und 5% liegen (rund 45% der Fälle), aber in 20% der Fälle auch Lizenzen zwischen 5 und 10% vereinnahmt
werden. Auch die Veröffentlichung von *Parr* zeigt, dass in seiner Erhebung
20% der Lizenzen im Automobilbereich zwischen 5 und 10% lagen, allerdings 80% im Bereich bis 2%.
2. Für die **Chemieindustrie** werden in den deutschen Untersuchungen Span- **586**
nen zwischen 0,5% und 10% angegeben,[1203] wobei aber Lizenzsätze unter
2% nur für Verfahrensverbesserungen oder Rohstoffe gezahlt werden. Die
Umfrage von *McGavock* weist die Mehrheit der Lizenzsätze im Bereich von
2–5% aus, rund 18% der Lizenzsätze liegen niedriger und ein nicht unerheblicher Anteil von 23,9% der Fälle weisen 5–10% Lizenzgebühren auf. Nur in
Ausnahmefällen liegen die Lizenzsätze über 10%. Neuere Veröffentlichungen von *Porter/Weinstein* kommen zu ähnlichen Ergebnissen.[1204]
3. Im Bereich der **Elektronik** sind in Deutschland Lizenzsätze in einer Band- **587**
breite zwischen 1 und 11% üblich, wobei der Schwerpunkt zwischen 2%

[1202] Vgl. *Groß/Rohrer*, Rn. 151; *Henn*, S. 135 nennt 5% für die Automobilindustrie,
während *Hellebrand/Himmelmann* eher Lizenzsätze im Bereich zwischen 0,5% und 3%
nennen, die aber insb. Vergütungen für Arbeitnehmererfindungen betreffen, zitiert von
Groß/Rohrer, Rn. 162).
[1203] Vgl. *Groß/Rohrer*, Rn. 151–160; *Hellebrand/Himmelmann*, zitiert von *Groß/
Rohrer*, Rn. 162).
[1204] Vgl. *Groß/Rohrer*, Rn. 178.

und 5% liegt.[1205] Die Untersuchung von *McGavock* zeigt dagegen, dass 45% der Lizenzverträge Lizenzsätze von 5–10% vorsehen und 5% der Verträge sogar Lizenzen zwischen 10 und 15%. Auch *Parr* verdeutlicht, dass zwar 52% der Lizenzen im Bereich bis 5% liegen, dass aber 31% in einer Spanne von 5–10% liegen und 7% in einer Spanne von 10–15% festgesetzt wurden.

588   4. Für die **pharmazeutische Industrie** weist der Vergleich der Veröffentlichungen für Deutschland und USA keine wesentlichen Unterschiede hinsichtlich der Bandbreiten der Lizenzsätze auf. So dürfte der Schwerpunkt der Lizenzsätze in beiden Ländern bei 5–10% liegen, wobei in mehr als 10% der Fälle auch Lizenzsätze von über 10% vereinbart werden. Nach der Untersuchung von *McGavock* liegen die Lizenzsätze in 20,7% der Fälle in einer Bandbreite von 2–5%, in 67% der Fälle beträgt die Spanne 5–10%, in 8,7% der Fälle zwischen 10 und 15% und in 2,3% der Fälle noch mehr. Ebenso weist die Veröffentlichung von *Parr* für Pharma- und Biotechnologie in rund 70% der Fälle Lizenzen zwischen 2% und 10% sowie in jeweils 8% der Fälle Lizenzen unter 2% bzw. zwischen 10 und 15% aus, während in 5% der Fälle auch Lizenzen über 15% gezahlt werden. Bei Lizenzzahlungen in der pharmazeutischen Industrie ist zu beachten, dass die Lizenzverträge oft schon während der Forschungs- und Entwicklungsphase geschlossen werden und dass die Höhe der Einmalzahlungen, Meilensteinzahlungen und Umsatzlizenz sich nach den Kosten und Ertragserwartungen der Produkte richtet.[1206]

589   Auch wenn weder die deutsche noch die US-amerikanische Untersuchung repräsentativ sind, so handelt es sich doch nach aller Wahrscheinlichkeit **nicht nur** um **Zufallsergebnisse,** wenn der Vergleich in fast allen Bereichen **in früheren Jahren** eine Tendenz zu **höheren Lizenzsätzen in den USA** auswies. Dies kann zum einen darauf beruhen, dass die amerikanischen Patente aufgrund der führenden Stellung der US-Industrie in vielen Bereichen wertvoller sind als die von deutschen Firmen in Lizenz gegebenen Patente. Eine ähnliche Situation besteht bei Marken, die sich wegen der frühzeitigen Globalisierung der US-Firmen wesentlich stärker entwickeln konnten als deutsche Marken, die sich nach dem zweiten Weltkrieg erst wieder neu etablieren mussten und erst später eine internationale Bedeutung erlangten. Zum anderen ergab sich aus den US-Steuergesetzen durch den „Commensurate With Income Standard" und durch die Bußgeldandrohungen im Fall von Verrechnungspreisberichtigungen wegen Nichtanwendung der „Best Method" für die US-Firmen ein sehr starker Zwang zur Festsetzung angemessener Lizenzsätze bei der Vergabe von Lizenzen.

590   Da **auch in Europa** die **Verrechnungspreise** seit einigen Jahren **verstärkt** durch die Finanzbehörden **geprüft** werden und in den meisten Ländern **Dokumentationsvorschriften** eingeführt wurden, hat sich die Sorgfalt der Unternehmen und ihrer Berater im Hinblick auf die Vereinbarung von Lizenzsätzen im Konzern verbessert. **Heute** werden idR intensive **(Datenbank-)Recherchen**[1207] und/oder Planrechnungen[1208] durchgeführt, um ei-

---

[1205] Vgl. *Groß/Rohrer,* Rn. 151–160.
[1206] Vgl. *Groß/Rohrer,* Rn. 175 und 178.
[1207] Vgl. oben Rn. 565 ff.
[1208] Zu Planrechnungen auf Basis der DCF-Methode vgl. unten Rn. 661 ff.

nen angemessenen Lizenzsatz zu ermitteln. Die zunehmende Verflechtung der Märkte und der erleichterte Zugang zu Informationen tragen ebenfalls dazu bei, die Vergütungen einander anzunähern. Im Ergebnis **stimmen** daher die **Bandbreiten** der veröffentlichten bzw. feststellbaren Lizenzsätze in **USA und Europa** weitgehend **überein.**

dd) Marken, Merchandising und Vertriebs-Know-how

Die Überlassung von **Marken** für die Produktion und den Vertrieb von **591** Markenprodukten oder für die Erbringung von Dienstleistungen spielt in Konzernen eine große Rolle. Marken werden aber auch zwischen nicht verbundenen Unternehmen zur Nutzung überlassen, v. a. im Rahmen von Merchandising- oder Franchiseverträgen. Bevor auf diese speziellen Formen der Markenüberlassung eingegangen wird, sollen zunächst die aus der Rspr. und Literatur für bestimmte Produktgruppen bekannt gewordenen Lizenzsätze für die Nutzung von Marken dargestellt werden. Aus der **Rechtsprechung** sind zB die nachfolgenden Fälle zu nennen, wobei die zivilrechtlichen Urteile die vom Gericht festgesetzten Lizenzsätze gem. der Lizenzanalogie[1209] in Schadensersatzprozessen betreffen, während die in den BFH-Urteilen genannten Lizenzsätze jeweils Vereinbarungen zwischen Dritten betrafen, die nicht Streitgegenstand waren.

Marken und Handelsnamen **592**
- 1 % bei Verletzung eines Warenzeichens[1210]
- 4 % bei Nutzung des Warenzeichens eines Softwarehauses[1211]
- 10 % bei Plagiat (Rolex)[1212]
- 4 % vertragliche Markenlizenz für Textilienvertrieb[1213]
- 6 % vertragliche gemischte Markenlizenz incl. Techniken und Forschungsergebnisse[1214]
- 2 % vertragliche Markenlizenz[1215]
- 1,5 % für Vertrieb von Markenprodukten[1216]
- 2 % für Nutzung einer Marke nicht für Waren oder Dienstleistungen, sondern als Firmenkennzeichen.[1217]

[1209] Vgl. oben Rn. 562–564.
[1210] BGH 12.1.1966, GRUR 1966, 375 ff.; von dem Zeichen „Meßmer im Nu" wurde der Zeichenbestandteil „im Nu" von einem anderen Teehersteller für seine Produkte benutzt.
[1211] OLG Düsseldorf 12.1.1994, CR 1994, 400.
[1212] BGH 17.6.1992, GRUR 1993, 55 ff., 58; laut BGH Normalbereich bis 10 %, bei Beeinträchtigung des Prestigewerts auch 12,5–20 %.
[1213] BFH 27.7.1988, BFH/NV 1989, 393 ff.
[1214] BFH 23.3.1960, BStBl. III 1960, 282 ff.; wegen der gemischten Lizenz nur eingeschränkt aussagefähig.
[1215] BFH 2.5.1958, BStBl. III 1958, 343 ff.; von 4 % entfielen 2 % auf Marke (Warenzeichen).
[1216] BFH 9.8.2000, BStBl. 2001, 140 ff.; in dem Urteil befürwortete der BFH die Berechnung einer Markenlizenz bei Identität von Marke und Konzernnamen, vgl. dazu Rn. 506 ff.; der Rechtsstreit wurde aber an das FG zurückverwiesen, wobei auch die Lizenzhöhe zu überprüfen ist.
[1217] Vgl. LG Mannheim, 24.3.2009, Juris Datenbank 2 O 62/08; in dem Urteil hält das LG für Marken Lizenzen zwischen 1–5 % für typisch und bei nur firmenmäßigem Gebrauch eher 1–3 %.

Das erste der genannten Urteile dürfte unter Berücksichtigung der inzwischen in der Vertragspraxis für Marken gezahlten höheren Lizenzen nicht repräsentativ sein, zumal es nur um einen Zeichenbestandteil ging, der allein keine Marke darstellen würde. In **vielen Fällen** ist die **Marke wertvoller als** das für die Herstellung der Produkte verwendete **Patent;**[1218] dies rechtfertigt dann entsprechend hohe Markenlizenzen. Die früher von der **Rechtsprechung** vereinzelt vertretene Meinung, dass bei der Verletzung von Zeichen- und Namensrechten die angemessene Lizenzgebühr „im Einklang mit der Verkehrsübung" im Allgemeinen niedriger zu bemessen sei als bei einem Eingriff in Patent- oder Urheberrechte,[1219] wird von der Literatur zu Recht als nicht mehr aktuell kritisiert.[1220]

593 Die **Literatur** nennt für Marken idR **Lizenzgebührensätze zwischen 1 % und 5 %** vom Umsatz **und höher** für sehr bekannte Marken mit überragender Bedeutung für die Absatzchancen wie zB für bestimmte Merchandisingartikel.[1221] Zum Teil wird für angemessene Lizenzgebühren für die Nutzung fremder Marken auch eine **Spanne von 1–10 % des Nettoumsatzes** genannt, wobei im Fall besonders renommierter Marken auch höhere Lizenzsätze in Betracht kommen.[1222] Diese sehr weite Spanne dürfte allerdings die unten angesprochenen Markenlizenzen bei Merchandisingverträgen umfassen.

Im Einzelfall kann ein Lizenzsatz iHv **0,5 % oder auch wesentlich niedriger** in Frage kommen, so zB wenn die Umsatzrendite in einer bestimmten **Branche** im Durchschnitt der Jahre nur 1–3 % beträgt und daher keine höheren Lizenzzahlungen zulässt. Der äußere Preisvergleich für Markenlizenzgebühren liefert ebenso wie für Patentlizenzgebühren regelmäßig nur eingeschränkt vergleichbare Werte (iSd § 1 Abs. 3 S. 2 AStG), weil für die Vergleichbarkeit idR nur die wichtigsten der Bewertungs- und Einflussfaktoren (v. a. die Art des immateriellen Wirtschaftsguts und die Branche des Lizenznehmers) bekannt sind, während andere Faktoren aus den Vergleichsdaten nicht erkennbar werden. So können zB Unterschiede bei der Vergabe der gleichen Markenlizenz allein dadurch gerechtfertigt sein, dass in einem Fall der Lizenznehmer die **Kosten der Werbung** voll trägt, während im anderen Fall der Lizenzgeber die Kosten der Werbung bezuschusst oder insgesamt übernimmt.

594 Beim **Merchandising** wird die Markenlizenz idR an unabhängige **branchenfremde** Unternehmen vergeben, so wenn die Marke eines Modeherstellers (zB „HUGO BOSS") für die Parfümproduktion lizenziert wird oder wenn ein Getränkehersteller genehmigt, dass gegen Lizenzzahlung die Markennamen „Coca Cola" oder „Coke" auf Kleidungsstücke aufgedruckt wer-

---

[1218] Vgl. zum Wert bekannter Marken oben Rn. 383.

[1219] So LG Düsseldorf 25.4.1989, MittdtschPatAnw 1989, 221 unter Hinweis auf BGH 12.1.1966, GRUR 1966, 375 (s. o.).

[1220] Vgl. *Ingerl/Rohnke,* Vor §§ 14–19 MarkenG, Rn. 116; *Fezer,* § 14 MarkenG, Rn. 1028; *Harte/Bavendamm,* 117.

[1221] *Ingerl/Rohnke,* Vor §§ 14–19 MarkenG, Rn. 116; *Fezer,* § 14 MarkenG, Rn. 1030; *Ströbele/Hacker* § 14 Rn. 491; ebenso FG Münster 14.2.2014, IStR 2014, 489 ff., Revision anhängig.

[1222] Vgl. *Harte-Bavendamm,* 117; ferner die bei *Groß/Rohrer* Rn. 177 abgedruckte sehr umfangreiche Tabelle für „Trademark License Royalties" von *Battersby/Grimes,* wobei dort vermutlich auch Merchandising-Lizenzgebühren erfasst sind, die im Einzelfall 12 oder 15 % erreichen können, vgl. unten Rn. 595.

den dürfen. Anders als beim Franchising, bei dem neben der Überlassung des Nutzungsrechts der Marke regelmäßig noch weitere Leistungen vom Franchisegeber zu erbringen sind, umfasst das Entgelt beim Merchandising meistens nur die Markennutzung, sodass ein zwischen Fremden vereinbarter isolierter Lizenzsatz für die Marke vorliegt. Laut *Schertz* beträgt die Lizenzgebühr bei **Standard-Merchandising-Verträgen** rund **7–15 %** der Händlerabgabepreise; dabei werden oft Garantiesummen (also Mindestlizenzen) vereinbart, die unabhängig vom Erfolg der Artikel sind.[1223] Diese Angaben von *Schertz* dürften weitgehend zutreffen, wenn man sie mit den unten in der Tabelle genannten Lizenzsätzen für Merchandisingverträge in den USA vergleicht. Die relativ hohen Lizenzsätze sind durch die Tatsache erklärlich, dass für das Merchandising ohnehin nur sehr bekannte Marken in Frage kommen. Diese Lizenzsätze liegen erheblich über den von der deutschen FinVerw. im Rahmen von Betriebsprüfungen üblicherweise anerkannten Marken-Lizenzsätzen von 1–3 %, wobei Lizenzsätze im oberen Bereich und in Ausnahmefällen auch darüber von deutschen Betriebsprüfern nur für sehr bekannte Marken mit überdurchschnittlich profitablen Produkten akzeptiert werden.

Aus der internationalen Literatur sind v. a. die Veröffentlichungen von   **595** *Parr*[1224] und *Battersby/Grimes*[1225] zu nennen, die umfangreiche Darstellungen von Markenlizenzen enthalten. Die von den Autoren genannten Lizenzsätze weisen unterschiedliche Bandbreiten auf, je nachdem, für welche Kategorien von Produkten oder Dienstleistungen die Marken verwendet werden und v. a. aus welchen Bereichen die Marken stammen. Im Wesentlichen ergeben sich **Bandbreiten der Lizenzsätze** von **4–15 %**, wobei im Einzelfall Abweichungen nach unten oder oben vorkommen. Die nachfolgende **Tabelle** enthält Lizenzsätze für Marken, die aus der Veröffentlichung von *Parr* stammen und fast ausschließlich Merchandising-Fälle betreffen.[1226]

Tabelle: Marken-Lizenzgebühren insb. für Merchandising (USA)

Branche	Lizenzsätze %
Kleidung	2–10
– bekannte Marken	2–7
– Nutzung von Filmfiguren (Disney)	10
Kunst	3–15
– Textilmuster	3
– Bilder für Vorlage	10–15
Sport	5–30
– Baseball	8,5
– Ironman	5
– Olympische Spiele (Salt Lake City)	15–30

[1223] *Schertz,* Rn. 403.

[1224] *Parr,* „Royalty Rates for Trademarks & Copyrights", 4. Aufl., 2009; *Parr,* „Royalty Rates for Licensing Intellectual Property", 2007.

[1225] *Battersby/Grimes,* „Licensing Royalty Rates" (Trademark Licence Royalties), 2009; die Liste mit den Lizenzsätzen der Auflage von 2006 ist auf rund 100 Seiten abgedruckt bei *Groß/Rohrer,* Rn. 177.

[1226] *Parr,* „Royalty Rates for Trademarks & Copyrights", 4. Aufl., 2009, 2 ff. Die Aufstellung enthält hier nur die Prozentzahlen ohne die oft vorkommende Mindestlizenz oder Einmallizenzzahlung zum Vertragsbeginn.

Branche	Lizenzsätze %
– Rose Bowl	10
Lebensmittel	2,5–5
Elektronik	2
Möbel	7–10
Pharmazie	5
Restaurant	4
Spielzeug	1–10
– Flugzeugmodelle	1–10
– Kfz-Modelle (GM, Chrysler)	4–6
– Barbie	7
– Simpsons	8
– Big Bird	10
– Disney	10
– Disney (Ausnahme: Lion King)	12
Universitätsnamen	6–8

596   Aus der oben stehenden Tabelle wird ersichtlich, dass die Lizenzgebühren für Marken im Rahmen des Merchandisings eine beachtliche Höhe erreichen können. Allerdings ist zu beachten, dass die Marke beim **Merchandising** idR für **branchenfremde Produkte** in Lizenz überlassen wird. Diese branchenfremden Produkte profitieren von dem Image der Marke und den durch sie vermittelten besonderen Güte- und Wertvorstellungen.[1227] Zu einem solchen Image gehören Attribute wie zB Luxus, Prestige, Zuverlässigkeit, Professionalität und Qualität oder Eigenschaften wie chic, sportlich, jung, dynamisch, erfolgreich usw.[1228] Da der Inhaber der Marke deren Image idR durch langjährige Werbung mit hohen Kosten geschaffen hat, ist er bestrebt, über die Merchandisinglizenz einen möglichst großen Teil der Kosten zu decken. Der Lizenznehmer wiederum ist daran interessiert, dass seine Produkte aufgrund der Bekanntheit der Marke sofort erfolgreich am Markt platziert werden können und er ist bereit, für diesen Vorteil eine entsprechend hohe Lizenzgebühr zu bezahlen. Da aber die Nutzung der Marke durch andere Unternehmen – insb. für branchenfremde Produkte – die Gefahr mit sich bringt, dass bei mangelnder Qualität etc. das Image der Marke beeinträchtigt wird (sog. „Verwässerung"), kann davon ausgegangen werden, dass vom Markeninhaber in den Fällen des Merchandising wohl ein Risikozuschlag von schätzungsweise 50–100 % auf die Markenlizenzgebühr erhoben wird im Vergleich zur Lizenzgebühr, die gefordert würde, wenn der Lizenznehmer die gleichen Produkte herstellte wie der Lizenzgeber.

597   In Einzelfällen können auch die beim **Franchising**[1229] vereinbarten **Lizenzsätze für Marken** als Fremdvergleich herangezogen werden, insb. wenn die zur Nutzung überlassenen immateriellen Wirtschaftsgüter und die Rechte und Pflichten im Lizenzvertrag mit den Regelungen des Franchisevertrags vergleichbar sind. Allerdings wird das meist als „Franchisegebühr" bezeichnete Entgelt idR für ein Bündel von Leistungen gezahlt und ist insofern mit einer **Globallizenz** vergleichbar. Daher sollte die für den Fremdver-

---

[1227] *Schertz*, Rn. 217.
[1228] *Schertz*, Rn. 217.
[1229] Zum Franchising vgl. ausführlich unten Rn. 701 ff.

gleich geeignete Franchisegebühr im Fall eines Vergleichs möglichst aufgespalten werden, bspw. in eine einmalige (oder laufende) Lizenzgebühr für
die Überlassung von **Know-how,** in eine laufende Gebühr für die Nutzung
der **Marke** und in ein Entgelt für die zu erbringenden **Dienstleistungen.** Im
Hinblick auf die sehr differenzierten Arten von Franchise-Verträgen liegen
die Entgelte meistens zwischen 1 und 11% vom Umsatz des Lizenznehmers,
wobei oft zusätzlich noch eine Eintrittsgebühr gezahlt wird.[1230]

ee) Urheberrechte, Computerprogramme

Urheberrechte spielen v. a. in den Verlags-, Musik-, Film- und Software- **598**
branchen eine Rolle. In den drei zuerst genannten Branchen ist der Urheber
regelmäßig eine natürliche Person, so dass sich das Thema der Verrechnungspreise nur als Folge der Übertragung der Nutzungsrechte auf ein Unternehmen
stellt, das diese Rechte grenzüberschreitend nahe stehenden Gesellschaften
oder Betriebstätten überlässt. Die Grundsätze über die Schadensberechnung
im Wege der Lizenzanalogie[1231] sind auch im Urheberrecht anwendbar.[1232]
Dabei gehen die Gerichte, soweit vorhanden, von den in der Branche geltenden Honorarordnungen, Tarifen, Regelwerken, Verbandsempfehlungen usw.
aus.[1233] Aus diesem Grund werden für Urheberrechtsverletzungen häufig feste
Beträge gefordert, so zB ein Betrag von damals DM 2900 (rund € 1480) pro
in einen Bildband übernommenes Foto.[1234] Soweit für die Verletzung von
Urheberrechten umsatzbezogene Lizenzen verlangt werden, sind aus der
Rechtsprechung folgende Beispiele zu nennen:

Urheberrecht und wettbewerbsrechtlicher Leistungsschutz
– 10% wegen Nachahmung einer Modeschöpfung[1235]
– 8% für ein urheberrechtlich geschütztes Verlagsobjekt[1236]
– 30 bis 50% des Ladenverkaufspreises für Raubkopien von Videofilmen.[1237]
– neben Herausgabe des Verletzergewinns für Plagiate von Damenunterwä-
  sche zusätzlich 1% für Abbildung des Original-Büstenhalters auf der Verpackung.[1238]

In der **Literatur** wird als angemessene Urheberentschädigung häufig eine **599**
Lizenz von 10% der Endverkaufspreise genannt.[1239] Buchautoren erhalten
idR 10% des Ladenpreises, in Ausnahmefällen auch bis zu 15%.[1240] Der Ver-

---

[1230] Vgl. ausführlich unten Rn. 710ff. „Höhe der Franchise-Gebühr"; BGH
5.4.1995, GRUR 1995, 605 erkannte zB 6% für die Nutzung des Marken- und Han-
delsnamens zu.

[1231] Dazu oben Rn. 562–564.

[1232] BGH 22.3.1990, GRUR 1990, 1008 ff.; auch bei der Geltendmachung des konkreten Schadens kann dieser im Urheberrecht auf Basis einer fiktiven Lizenzgebühr
geschätzt und um einen Verletzerzuschlag von 100% erhöht werden, vgl. BGH
16.11.1989, GRUR 1990, 353 ff.; D/K/M/*Meckel,* § 97 UrhG, Rn. 77 mwN.

[1233] Vgl. D/K/M/*Meckel,* § 97 UrhG, Rn. 76 mwN.

[1234] OLG Hamburg 27.7.1989, GRUR 1990, 36 f.

[1235] BGH 23.5.1991, GRUR 1991, 914 ff.

[1236] BGH 3.11.1988, NJW 1989, 456.

[1237] BGH 16.11.1989, GRUR 1990, 353 ff. (an Berufungsgericht zurückverwiesen).

[1238] OLG Hamburg 27.8.2008, GRUR-RR 2009, 136 ff.

[1239] *Schricker* GRUR 2002, 737 ff., 739 mwN (teilweise kritisch).

[1240] *Schricker* GRUR 2002, 737 ff., 739, 741 f.

lag gewährt dem Buchhändler idR einen Rabatt von 33 ^{1}/$_{3}$%, seltener bis zu 50%.[1241] Inwieweit diese Prozentsätze für Verrechnungspreise zwischen nahe stehenden Unternehmen eines Verlags von Bedeutung sein können, müsste im Einzelfall geprüft werden.

600 Eine sehr große Spannweite weisen die Lizenzsätze bei **Software-Lizenzverträgen** auf. In der Praxis erhält der Softwarehersteller von der Vertriebsgesellschaft häufig einmalige Lizenzgebühren von **10–75%** des Lizenzumsatzes mit dem Endnutzer.[1242] Für **betriebliche Software** schließt die Vertriebsgesellschaft mit dem Endkunden oft einen zusätzlichen Software-Wartungsvertrag ab, der für eine zusätzliche jährliche „Lizenzgebühr" neben Dienstleistungen (zB Hotline-Unterstützung) auch die Überlassung von Software-Updates vorsieht. Je nachdem, wie intensiv die Vertriebsgesellschaft bei der Durchführung des Wartungsvertrags mitwirkt, hat sie häufig einen Anteil von rund **20–50%** der mit dem Endkunden vereinbarten „Lizenzgebühren" an den Softwarehersteller abzugeben.

601 Die bereits erwähnte Veröffentlichung von *Parr* zu Technologie-Lizenzgebühren in den USA enthält auch einige Fälle zu Lizenzzahlungen für **Computersoftware**.[1243] Allerdings werden in den meisten Fällen nur feste Beträge oder neben Prozentsätzen auch pauschale Summen oder zusätzlich die Gewährung von Unternehmensbeteiligungen genannt, so dass diese Fälle für Vergleichszwecke nicht aussagekräftig sind. Folgende von *Parr* berichteten Fälle sind erwähnenswert:

– 15% für Erlöse aus Softwareverkäufen zuzüglich 10% für Wartungsumsätze[1244]
– 30% für Erlöse aus Softwareverkäufen[1245]
– 50% für Erlöse aus Softwareverkäufen.[1246]

ff) Designs

602 Für **Designs** (vor dem 1.1.2014 sog. **Geschmacksmuster**)[1247] konnten keine Urteile festgestellt werden, aus denen die Höhe fremdüblicher Lizenzgebühren zu ersehen war.[1248] Allerdings hat die Rechtsprechung in Urteilen zu § 1 UWG Schadensersatzansprüche nach der Lizenzanalogie auch bei Fällen wettbewerbswidriger Nachahmung von Modeschöpfungen anerkannt,

---

[1241] *Schricker* GRUR 2002, 737 ff., 741 f.

[1242] Vgl. *Groß* BB 1995, 885, 888; *Groß*, Rn. 103. *Zahrnt* BB 1996, 443, weist aber zutreffend darauf hin, dass es sich bei Software-Überlassungsverträgen idR um Kaufverträge und nicht um Lizenzverträge handelt. Folglich ist die einmalige „Lizenzgebühr" vom (Netto-)Wiederverkaufspreis praktisch der Anteil des Herstellers am Verkaufserlös, mit dem er seine Kosten deckt und einen Gewinn erwirtschaftet.

[1243] *Parr* Royalty Rates for Technology, 66 ff.

[1244] *Parr* Royalty Rates for Technology, 69.

[1245] *Parr* Royalty Rates for Technology, 80 f.

[1246] *Parr* Royalty Rates for Technology, 81.

[1247] Vgl. dazu oben Rn. 15, 24.

[1248] Bei der Geschmacksmusterverletzung im Urteil BGH 3.7.1974, GRUR 1975, 85 ff. war u. a. streitig, ob eine Lizenz von 3–5% in der Möbelbranche üblich ist, so dass der Fall an das OLG München zurückverwiesen wurde. In dem Urteil BGH 2.11.2000, BGH/NJW 2001, 2173 ff. wurde zB der Verletzergewinn zugesprochen, so dass es auf die Lizenzanalogie nicht ankam.

wobei sich die Lizenzsätze auf 8–10% beliefen.[1249] Für den Fall „sklavischer Nachahmung" einer Wandsteckdose hat der BGH auch ohne Vorliegen eines gewerblichen Schutzrechts wegen wettbewerbswidrigen Verhaltens eine Lizenz von 2,5% vom Nettoverkaufserlös unter Anwendung der Grundsätze der Lizenzanalogie anerkannt.[1250] Laut **Literatur** liegt für Designs (Geschmacksmuster) der übliche Rahmen der Lizenzsätze **zwischen 1% und 10%,** wobei ohne Vorliegen besonderer Umstände **5%** einen interessengerechten Orientierungswert bilden soll, während 10% als sehr hoch gelte.[1251] Höhere Sätze können nur bei außergewöhnlicher Verkaufsbedeutung des Designs in Frage kommen, zB im Bereich des Merchandisings.[1252]

gg) Andere Schutzrechte

Andere Schutzrechte, wie zB das Halbleiterschutzrecht[1253] oder das Sorten- **603** schutzrecht[1254] spielen für Lizenzverträge zwischen verbundenen Unternehmen nur selten eine Rolle und werden daher nicht kommentiert.

hh) Direkter und indirekter Vergleich

Sofern für einen Lizenzvertrag über ein immaterielles Wirtschaftsgut ein **604** **äußerer Preisvergleich** möglich erscheint, wird es sich nur in seltenen Ausnahmefällen um einen **direkten Preisvergleich** iSd Tz. 2.2.2, S. 3 VGr handeln, weil idR nur ungleichartige Verträge mit abweichenden Bewertungs- und Einflussfaktoren vorliegen. Daher kann regelmäßig nur ein **indirekter Preisvergleich** iSd Tz. 2.2.2, S. 4 VGr durchgeführt werden. In welchem Maße die abweichenden Faktoren einen indirekten Preisvergleich noch zulassen (oder aber ausschließen), und inwieweit dies eine Umrechnung des Lizenzsatzes des verglichenen Geschäfts erfordert, muss in jedem Einzelfall überprüft werden. Hier können nur beispielhaft einige Fälle genannt werden, in denen ein indirekter Preisvergleich möglich oder ausgeschlossen ist:

Beispiele für einen **denkbaren indirekten Preisvergleich:**
– zwischen ausschließlichen und nicht ausschließlichen Lizenzen
– zwischen Gebietslizenzen wenig unterschiedlicher Vertragsgebiete
– zwischen unterschiedlichen Zeitlizenzen
– zwischen Bruttoumsatz- und Nettoumsatzlizenzen
– zwischen globaler Patent- und Know-how-Lizenz und Einzellizenzen
– zwischen Patentlizenzen mit beantragtem und schon laufendem Patentschutz
– zwischen Patentlizenz und Gebrauchsmusterlizenz bei ähnlicher Technologie
– zwischen Markenlizenzen für registrierte und nicht registrierte Marken.

Beispiele für einen normalerweise **nicht möglichen indirekten Preisvergleich:**
– zwischen Patentlizenz für innovatives, gewinnträchtiges Produkt und Patentlizenz für Standardprodukt mit normalen Gewinnaussichten
– zwischen Patentlizenz und Know-how-Lizenz

[1249] Vgl. zB jeweils 10% BGH 23.5.1991, GRUR 1991, 914 ff. (s. oben zum UrheberR); BGH 22.4.1993, GRUR 1993, 757 ff.; 8% im Fall OLG Hamburg 27.8.2008, GRUR RR 2009, 136 ff.

[1250] BGH 8.10.1971, NJW 1972, 102.

[1251] Vgl. *Eichmann/v. Falckenstein* GeschmMG, § 31 Rn. 17.

[1252] *Eichmann/v. Falckenstein* GeschmMG, § 31 Rn. 17.

[1253] Vgl. dazu *Nirk/Ullmann,* 183 ff.

[1254] Vgl. *Nirk/Ullmann,* 187 ff.

– zwischen Markenlizenzen für bekannte Marke und kaum bekannte Marke
– zwischen Patentlizenz an Produktionsgesellschaft und Patentlizenz an Forschungsgesellschaft mit Rücklizenzvereinbarung.

605   Der Verband deutscher Maschinen- und Anlagebau e. V. (VDMA) hat in einer Umfrage 1996 zB ermittelt, dass für **ausschließliche** (auch sog. **exklusive) Patentlizenzen** der Lizenzsatz bei einem Mittelwert von **3–5 %** des Nettoverkaufspreises der Produkte liegt, während für **nicht ausschließliche Patentlizenzen** ein Mittelwert von **3 %** des Nettoverkaufspreises als Lizenzsatz vereinbart wird.[1255] Sofern daher unterschiedliche Bewertungs- und Einflussfaktoren vorliegen, die auf die Höhe der zu vergleichenden Lizenzsätze einen **bedeutenden Einfluss** haben, müssen – soweit möglich – **Anpassungsrechnungen** erfolgen, um die Vergleichbarkeit der Lizenzsätze herzustellen. Wie bereits erwähnt wurde, weisen die deutschen Literaturquellen zwar die Art der immateriellen Wirtschaftsgüter, die Lizenzsätze und die Branche bezüglich der zugrunde liegenden Verträge aus, jedoch fehlen oft Angaben zum Territorium, zur etwaigen Exklusivität, zur Dauer der Lizenz und zu anderen Einflussfaktoren.[1256] Daher sind idR keine Anpassungsrechnungen möglich und mangels Angabe der Vertragsparteien ist auch nicht überprüfbar, ob der Vertrag zwischen nahe stehenden Personen geschlossen wurde. Die erforderlichen Angaben sind teilweise in den internationalen Literaturquellen vorhanden sowie in den oben dargestellten Datenbanken, so dass im Zweifel diese Quellen für den Fremdvergleich heranzuziehen sind.

606   **Anpassungsrechnungen** für den Vergleich von Lizenzgebühren sind zB auch erforderlich, wenn der Lizenznehmer und die Vergleichsunternehmen ihre Lizenzprodukte an Abnehmer auf **verschiedenen Marktstufen** verkaufen oder wenn **unterschiedliche Lieferbedingungen** den Preis beeinflussen.

Beispiel 1: Ein Hersteller zahlt 2009 an die Muttergesellschaft eine Patent- und Markenlizenz iHv insg. 5 % vom Nettoumsatz, dh vom Verkaufspreis an fremde Vertriebsgesellschaften. Ab dem Jahr 2010 verkauft der Hersteller die Produkte auch über das Internet direkt an Endverbraucher. Der Verkaufspreise pro Produkt liegt um 100 % über dem Verkaufspreis, der an die Vertriebsgesellschaften berechnet wird. In solchen Fällen des Direktvertriebs ist es üblich, dass der Lizenzsatz für den Direktvertrieb niedriger angesetzt wird oder nur auf Basis des Lizenzsatzes vereinbart wird, der beim Vertrieb über den Handel anfällt.[1257]

Beispiel 2: Der Hersteller hat von der Muttergesellschaft eine Patentlizenz und liefert a) in das Land des Abnehmers, wobei der Preis die Transportkosten beinhaltet, b) nur bis zum inländischen Verschiffungshafen mit der Incoterm F. O. B., wobei der Lieferpreis nur die Fracht bis zum Hafen enthält oder c) ab Werk. Auch in diesem Fall können erhebliche Preisunterschiede auftreten und es ist darauf zu achten, dass die Lizenzgebühr nur vom Nettoumsatz ohne Transportkosten berechnet wird, weil andernfalls eine Anpassungsrechnung erforderlich wird.[1258]

[1255] Vgl. *Groß / Rohrer,* Rn. 161.
[1256] Vgl. oben Rn. 565, 593.
[1257] Vgl. *Battersby / Grimes,* S. 9.
[1258] Vgl. *Battersby / Grimes,* S. 8 f., die darauf hinweisen, dass in der Praxis auch unterschiedliche Lizenzsätze vereinbart werden.

ii) Kumulative Nutzung immaterieller Wirtschaftsgüter

Wenn **mehrere immaterielle Wirtschaftsgüter** für die Herstellung und **607** Vermarktung eines Produkts verwendet werden, – so zB für ein Haushaltsgerät ein Patent für die Technik, das Design und eine Marke für das Qualitätsimage und die Werbung – dann stellt sich die Frage, ob die umsatzabhängigen Lizenzgebühren jeweils in voller Höhe im Rahmen der Bandbreiten feststellbarer Lizenzsätze für Patente, Design und Marken festgesetzt werden dürfen bzw. müssen oder ob ggf. eine Reduzierung der Lizenzsätze zulässig bzw. erforderlich ist.[1259] Eine vergleichbare Frage stellt sich, wenn zB für die Herstellung großer Maschinen (zB Druckmaschinen, Getränkeabfüllanlagen) eine Vielzahl von Patenten für die Herstellung einzelner Maschinenteile oder Komponenten verwendet wird. In dem zuletzt genannten Fall ist es logisch, dass die vereinbarte Lizenzgebühr nicht anhand des Werts der gesamten Maschine, sondern nur auf Basis des anteiligen Werts der jeweiligen **Maschinenteile** bzw. **Komponenten** berechnet wird, für deren Herstellung das jeweilige Patent genutzt wurde. Wenn dagegen für die Produktion eines Maschinenteils (zB für den Antriebsmotor) mehrere Patente gleichzeitig genutzt werden, dann stellt sich für dieses sog. Patentportfolio wieder die im ersten Fall aufgeworfene Frage.[1260]

Grundsätzlich wird ein **Lizenznehmer** darauf achten, ob ihm nach Zahlung der Lizenzgebühren noch ein **branchenüblicher Gewinn verbleibt**.[1261] Sofern dies nicht der Fall ist, wird er versuchen, mit dem Lizenzgeber bzw. den Lizenzgebern eine Reduzierung der Lizenzsätze zu vereinbaren. So soll es zB in der Spielzeugindustrie üblich sein, dass das Unternehmen, dem die Erfinder- bzw. Designrechte gehören, eine Kürzung des üblichen 5%-Lizenzsatzes akzeptiert, wenn das Produkt in Verbindung mit einer Marken- bzw. Namenslizenz von einer berühmten Persönlichkeit (zB Schauspieler, Sportler, Model) oder aus der Unterhaltungsindustrie (zB Namen von Walt Disney Figuren) vertrieben wird.[1262]

Aus den genannten Gründen kommt es darauf an, ob in der jeweiligen **608** Branche die kumulierte Nutzung mehrerer immaterieller Wirtschaftsgüter für die Herstellung einzelner Produkte im Normalfall üblich ist oder nicht. Bspw. nutzen die Hersteller von elektrischen Haushaltsgeräten idR sowohl Patente oder geheimes technisches Know-how als auch Design und Marken für die Produktion der jeweiligen Gerätetypen. Folglich sollte die kumulative Nutzung der immateriellen Wirtschaftsgüter bereits in der Bandbreite von Lizenzsätzen der jeweiligen Branche enthalten sein, so dass grundsätzlich weder eine Orientierung der Lizenzsätze am unteren Rand der Bandbreite von Vergleichssätzen erforderlich ist, noch eine Reduzierung des Lizenzsatzes auf einen Wert außerhalb der Bandbreite in Frage kommt.

Jedoch sind Ausnahmefälle denkbar, insb. wenn die kumulierten Lizenzzahlungen zu Dauerverlusten führen würden, so dass eine Reduzierung der Lizenzsätze von beiden Parteien als wirtschaftlich sinnvoll erachtet wird. In

---

[1259] Vgl. auch oben Rn. 458 ff. zur Frage, ob die Zusammenfassung von Einzellizenzen zu einer Globallizenz zulässig ist.

[1260] Zur Bewertung von Patentportfolios vgl. *Moser/Goddar* FB 2007, 602 ff.

[1261] Vgl. unten Rn. 618 ff.

[1262] *Battersby/Grimes,* Licensing Royalty Rates, 2009 Edition, S. 11.

solchen Fällen ist es generell erforderlich, für die Festsetzung und Überprüfung der Lizenzsätze nicht den **äußeren Preisvergleich** sondern **gewinnorientierte Methoden** anzuwenden.[1263]

jj) Auslandsaspekte

609 Der **äußere Preisvergleich** erfordert die Beachtung der in **anderen Ländern üblichen Lizenzsätze,** weil sowohl der Ansässigkeitsstaat des Lizenzgebers als auch derjenige des Lizenznehmers die Angemessenheit der Lizenzzahlungen überprüfen. Bei stark abweichenden Spannen von Lizenzgebühren zwischen den Ländern von Lizenzgeber und -nehmer ist zu untersuchen, ob eine Gebühr festgesetzt werden kann, die noch im Rahmen der Bandbreiten von Lizenzgebühren in beiden Ländern liegt. Generell ist es ratsam, den aufgrund eines externen Preisvergleichs in einer Datenbank gefundenen und für den Vertrag vorgesehenen **Lizenzsatz** mit Hilfe einer **gewinnorientierten Methode** zu **verproben** (sog. **Sanity Check**).[1264] In den USA ist die Prüfung aller für immaterielle Wirtschaftsgüter anwendbaren Methoden zwingend erforderlich, da der Steuerpflichtige die zuverlässigste Methode (Best Method) anwenden muss. Sofern im Einzelfall nennenswerte Risiken verbleiben, sollte – sofern möglich – versucht werden, im Wege eines **bilateralen Advance Pricing Agreements**[1265] eine verbindliche Vorabauskunft von den beteiligten Finanzbehörden zu erlangen.

610 In einigen Ländern bestehen gesetzliche Beschränkungen gegenüber Lizenzzahlungen. So dürfen bspw. die in einigen **Entwicklungsländern** ansässigen Unternehmen grundsätzlich **keine Lizenzen** zahlen. Andererseits sind diese Gesellschaften insb. auf die technische Unterstützung und damit auf den Technologieverkehr durch ihre Muttergesellschaften angewiesen.

Die deutsche FinVerw. will die Wettbewerbsposition deutscher Unternehmen in solchen Fällen nicht durch eine Doppelbesteuerung gefährden. Sie vertritt deshalb die Auffassung, dass wegen der unentgeltlichen Nutzungsüberlassung der immateriellen Wirtschaftsgüter zwar eine Gewinnberichtigung nach § 1 AStG vorzunehmen ist; jedoch kann die deutsche Steuer gem. § 34c EStG erlassen werden, wenn dies aus volkswirtschaftlichen Gründen zweckmäßig ist.[1266]

c) Wiederverkaufspreismethode

611 Die **Wiederverkaufspreismethode** findet v. a. Anwendung, wenn im Konzern Handelswaren über Vertriebsgesellschaften weiterveräußert werden.[1267] Allerdings kann in Ausnahmefällen die Wiederverkaufspreismethode auch dann herangezogen werden, wenn **immaterielle Wirtschaftsgüter** wie zB Patente, Know-how, Marken oder Urheberrechte an ein verbundenes Unternehmen lizenziert werden, und zwar wenn der Konzern-Lizenznehmer das immaterielle Wirtschaftsgut seinerseits im Wege der **Unterlizenz** einem

---

[1263] Vgl. unten Rn. 618 ff.
[1264] Vgl. unten Rn. 635 u. 644.
[1265] Zu den Advance Pricing Agreements vgl. Kap. F Rn. 402 ff.
[1266] OFD Koblenz 10.8.1995, StEK § 1 AStG Nr. 7; vgl. auch *Jacob* IWB F. 3a G. 2, 15 mwN.
[1267] Vgl. Tz. 2.2.3 u. 3.1.3 Bsp. 1 VGr; Tz. 2.21 ff. OECD-VPL 2010.

unabhängigen Dritten zur Nutzung überlässt.[1268] Solche Fallgestaltungen sind typisch für Konzerne mit Lizenzverwertungsgesellschaften, in denen die Patente und das Know-how aller Unternehmen der Gruppe für Zwecke der Verwertung zusammengefasst werden. Da solche Lizenzverwertungsgesellschaften aber vielfach auch als interne Drehscheibe für den Technologietransfer dienen, ist darauf zu achten, dass die für die Wiederverkaufspreismethode herangezogenen Absatzpreise bzw. Unterlizenzgebühren aus Geschäften mit unabhängigen Dritten stammen.

Entsprechend den allgemeinen Grundsätzen der Wiederverkaufspreis- **612** thode ist von der Unterlizenz, die die Lizenzverwertungsgesellschaft an einen unabhängigen Dritten vergibt, eine angemessene Spanne abzuziehen, woraus sich die Arm's Length-Lizenzgebühr für die Nutzungsüberlassung im Konzern ergibt. Die Spanne, die die Lizenzverwertungsgesellschaft aufschlägt, wird in aller Regel einen Selbstkostenanteil und einen Gewinnanteil enthalten. Die Arm's Length-Lizenzgebühr berechnet sich somit nach folgendem Schema:

Unterlizenzgebühr an unabhängigen Dritten
– vergleichbare Gewinnmarge
– vergleichbare Selbstkosten

= Arm's Length-Lizenzgebühr

Wird unterstellt, dass die Lizenzverwertungsgesellschaft das Nutzungsrecht an den immateriellen Wirtschaftsgütern unverändert weiter überträgt, setzen sich die Selbstkosten im Wesentlichen aus den anteiligen Verwaltungs- und Vertriebskosten zusammen.

Da die **Verwertungsgesellschaft** im Konzern durch die Vermittlung der **613** immateriellen Wirtschaftsgüter eine Art „**Dienstleistung**" erbringt, könnte man die ihr im Rahmen der Wiederverkaufspreismethode zuzurechnende Gewinnmarge – falls keine Vergleichsmargen vorhanden sind – anhand der Kostenaufschlagsmethode ermitteln.[1269] Dh, die von der Patentverwertungsgesellschaft vereinnahmten Unterlizenzgebühren können zB um die Kosten und einen Gewinnaufschlag von 5–10% (auf Basis eigener Kosten) gekürzt werden, um die angemessene Lizenz des Hauptlizenzgebers festzustellen.

d) Kostenaufschlagsmethode

Die **Kostenaufschlagsmethode** kann im Rahmen der Lizenzierung im- **614** materieller Wirtschaftsgüter nur zu befriedigenden Ergebnissen führen, wenn zwischen den **Kosten** für die Erforschung und Entwicklung der Technologie und dem **Wert** der Technologie am freien Markt ein direkter Zusammenhang besteht. Ein solcher direkter Zusammenhang wird aber sowohl von der OECD-Leitlinie[1270] als auch von der herrschenden Literaturmeinung[1271]

[1268] Vgl. Tz. 6.23 S. 5 OECD-VPL 2010 sowie Tz. 6.195 OECD-VPL Kapitel VI (2014 Guidance).

[1269] Ebenso *Baumhoff* in Wassermeyer/Baumhoff, § 1 AStG, Rn. 713.

[1270] Vgl. Tz. 6.27 OECD-VPL 2010; ebenso *OECD,* Tz. 6.139 OECD-VPL Kapitel VI (2014 Guidance).

[1271] Vgl. zB *Baumhoff* in Wassermeyer/Baumhoff, § 1 AStG, Rn. 714; *Kumpf* Verrechnungspreise, 304; *Roeder* in Kroppen, Tz. 6.27 OECD-VPL 2010, Anm. 1 mwN; *Smith/Parr,* Valuation, S. 369.

verneint.[1272] Angesichts der erheblichen Unsicherheitsfaktoren in der Forschung und Entwicklung kann der Wert der Technologie einerseits bei erfolgreichen Forschungsprojekten die Kosten weit übersteigen, andererseits bei weniger erfolgreichen oder erfolglosen Forschungsprojekten erheblich unter den Kosten liegen. Hinzu kommt, dass die Kosten von erfolgreichen Forschungsprojekten regelmäßig die der erfolglosen Projekte mit einschließen.

Der **Wert von technologischem Wissen** wird weniger vom Faktor Kosten als **von anderen Faktoren bestimmt,** die sich beziehen auf [1273]
- die Art der Technologie selbst (Neuigkeitswert, technologischer Stand, Bedarf an Weiterentwicklung)
- die Marktsituation (Grad der Monopolstellung, Vorhandensein von Konkurrenz- oder Umgehungstechnologien) und
- den individuellen Nutzen, den der jeweilige potentielle Technologienehmer aus der Technologie ziehen kann.

Keiner dieser Faktoren steht aber in einer festen Beziehung zu den Kosten für die Erforschung und Entwicklung der Technologie, so dass die **Kostenaufschlagsmethode** für die Festsetzung von **Lizenzgebühren** grundsätzlich **keine Anwendung** finden kann.

615 Wegen der o. g. Bedenken gegen die Kostenaufschlagsmethode sowie der im speziellen Fall des Technologietransfers regelmäßig fehlenden Beziehung zwischen den Kosten und dem Wert der Leistung kann die **Kostenaufschlagsmethode** nur in **Ausnahmefällen** auf Technologie-Transferleistungen angewendet werden. Ein Teil der älteren Literatur meint, dass bei fehlenden Voraussetzungen für die Anwendung der Preisvergleichsmethode oder der Wiederverkaufspreismethode die Kostenaufschlagsmethode als „ultima ratio" der Ermittlung von Technologie-Verrechnungspreisen angesehen werden kann.[1274]

Auch die **FinVerw.** betont in Tz. 5.2.4 S. 1 VGr, dass die Kostenaufschlagsmethode bei einer Einzelabrechnung in Ausnahmefällen in Betracht kommt. Jedoch wird nicht erklärt, welche Fälle damit gemeint sind. In Tz. 5.2.4 S. 2 VGr wird ferner ausgeführt, dass die Kosten als Schätzungsanhalt bei der Verprobung von Lizenzgebühren dienen können. Dies ist insofern akzeptabel, als der Lizenzgeber regelmäßig versuchen wird, seine Kosten zu decken und einen Gewinn zu erzielen.[1275] Jedoch müssen bei dieser Verprobung gleichzeitig auch die Aspekte des Lizenznehmers sowie die sonstigen Bewertungs- und Einflussfaktoren berücksichtigt werden.[1276]

Die **OECD-Leitlinie** erwähnt ebenfalls, dass bei der Ermittlung des Arm's-Length-Entgelts auch die Kosten für die Entwicklung oder Aufrechterhaltung des immateriellen Wirtschaftsguts beachtet werden können. Allerdings wird

---

[1272] Auch IDW S 5 gibt bei der Bewertung immaterieller Vermögenswerte den marktpreisorientierten und kapitalwertorientierten Verfahren den Vorzug vor den kostenorientierten Verfahren; vgl. oben Rn. 401, 405.

[1273] Vgl. dazu oben Rn. 404 ff. und 533.

[1274] So generell *W/S/G,* § 1 AStG, Anm. 48s; für Dienstleistungen auch *Baumhoff,* 1986, 211.

[1275] Vgl. oben Rn. 533 f.

[1276] S. oben Rn. 535 ff.

ausdrücklich gesagt, dass keine notwendige Beziehung zwischen diesen Kosten und dem Wert der immateriellen Wirtschaftsgüter besteht.[1277]

Wenn die Kostenaufschlagsmethode im Ausnahmefall für die Lizenzierung **616** angewendet wird, ist entsprechend der zu den Verrechnungspreismethoden dargestellten Vorgehensweise das Problem der **Ermittlung der Selbstkosten und** der Bestimmung eines **angemessenen Gewinnaufschlags** zu lösen. Die **Höhe des Kostenaufschlags** müsste primär an den Gewinnaufschlägen orientiert werden, die unabhängige Forschungsunternehmen für Forschungsaufträge in dieser Branche vereinbaren. Dabei sollte allerdings auf Forschungsunternehmen abgestellt werden, die zumindest teilweise ein Kostenrisiko für vergebliche Forschung tragen. Allerdings dürften erhebliche Schwierigkeiten bestehen, solche Unternehmen im Rahmen einer Datenbankrecherche zu identifizieren. Alternativ kommt daher in Frage, die Gewinnmargen „normaler" Auftragsforscher um einen Risikozuschlag zu erhöhen. Insoweit wären Datenbankrecherchen zur Ermittlung der (eingeengten) Bandbreite von Gewinnaufschlägen durchzuführen.[1278] Im Übrigen sind unter anderem der Innovationsgehalt des immateriellen Wirtschaftsguts sowie der vom Lizenznehmer erzielbare Gewinn zu berücksichtigten, um die Höhe des Kostenaufschlags möglichst angemessen festzulegen.

Prinzipiell ist es richtig, dass unter fremden Dritten aus der Sicht des Li- **617** zenznehmers der **Forschungs- und Entwicklungsaufwand** des Lizenzgebers nicht über die Höhe der **Lizenzen** entscheidet. Wenn allerdings ein oder mehrere Unternehmen eine Zusammenarbeit mit einer Forschungsgesellschaft vereinbaren würden, könnte diese Sichtweise nur bei einer kurzfristigen und auf Einzelprodukte bzw. -entwicklungen bezogenen Betrachtungsweise gelten. Dagegen wäre der ordentliche Geschäftsführer eines Forschungsunternehmens, das nicht als „Auftragsforschungsunternehmen", sondern als Auftragnehmer auf Lizenzbasis arbeitet, bei einer vertraglich vereinbarten **langfristigen Forschung** – zB für ganze Produktlinien eines Konzerns – immer darauf bedacht, mit den **Lizenzeinnahmen** sowohl seine **Forschungs- und Entwicklungskosten** zu **decken** als **auch** einen angemessenen **Gewinn** zu erwirtschaften. Gleichermaßen würde der Auftraggeber bzw. Lizenznehmer seinerseits unter langfristigen Aspekten – ebenso wie bei alternativer eigener Forschung und Entwicklung – zumindest eine Kostendeckung und einen angemessenen Gewinn des Forschungsunternehmens akzeptieren. In solchen Ausnahmefällen ist daher die Vereinbarung einer kostenorientierten Lizenz zwischen unabhängigen Unternehmen denkbar und sollte folglich auch zwischen nahe stehenden Unternehmen zulässig sein.

e) Gewinnorientierte Methoden

aa) Bedeutung für Lizenzverträge

Die deutsche FinVerw. hat erkannt, dass die Ermittlung angemessener Li- **618** zenzgebühren anhand der Standardmethoden schwierig sein kann. Gem. Tz. 5.2.3 VGr soll im **Fall unzureichender Ergebnisse der Preisvergleichsmethode** bei der Prüfung davon ausgegangen werden, „dass eine

---

[1277] Tz. 6.27 OECD-VPL 2010; ebenso *OECD*, Tz. 6.139 OECD-VPL Kapitel VI (2014 Guidance).
[1278] Vgl. oben Rn. 196 u. Kap. N Rn. 233 f.

Lizenzgebühr von dem ordentlichen Geschäftsführer eines Lizenznehmers regelmäßig nur bis zu der Höhe gezahlt wird, bei der für ihn ein **angemessener Betriebsgewinn** aus dem lizenzierten Produkt **verbleibt.** Der ordentliche Geschäftsführer wird diese Entscheidung idR aufgrund einer **Analyse über die Aufwendungen und Erträge** treffen, die durch die Übernahme der immateriellen Wirtschaftsgüter zu erwarten sind."

619   Auch die **OECD-VPL** 2010 betont, dass bei einer Beurteilung konzerninterner Geschäfte mit immateriellen Wirtschaftsgütern einige besondere Faktoren berücksichtigt werden sollten, so insb. auch die **erwarteten Vorteile** aus den immateriellen Vermögenswerten, die möglicherweise durch eine **Kapitalwertberechnung** bestimmt werden (Tz. 6.20 OECD-VPL 2010). Wenn hinsichtlich der Wertermittlung im Zeitpunkt des Geschäftsabschlusses **hohe Unsicherheit** besteht, sollten Maßnahmen ergriffen werden, die auch unabhängige Unternehmen beschreiten würden (Tz. 6.28 OECD-VPL 2010). Eine Möglichkeit, dieser Unsicherheit zu begegnen, besteht darin, die **voraussichtlichen Vorteile** bei der **Preisfestsetzung zu berücksichtigen,** soweit diese Erwartungen als zuverlässig genug erachtet werden (Tz. 6.29 OECD-VPL 2010). In Fallen größerer Unsicherheit besteht die Möglichkeit, Verträge nur mit **kurzer Laufzeit** oder mit **Preisanpassungsklauseln** abzuschließen (Tz. 6.30 und 6.34 OECD-VPL 2010).

620   In der Neufassung des Kapitels VI der OECD-VPL (2014 Guidance) wird bestätigt, dass die Preisvergleichsmethode und die Gewinnaufteilungsmethode (Profit Split Method) sowie Bewertungsmethoden (Valuation Techniques) diejenigen Methoden sind, die sehr wahrscheinlich für die Übertragung oder Nutzungsüberlassung von immateriellen Wirtschaftsgütern anwendbar sind.[1279] Im Hinblick auf die hohen Anforderungen der Vergleichsanalyse[1280] besteht jedoch die Gefahr, dass die Finanzbehörden einzelner Länder die Anwendung der Preisvergleichsmethode nach Belieben ablehnen und die Anwendung der Gewinnaufteilungsmethode fordern.[1281]

Aus den vorstehenden Ausführungen ist zu folgern, dass die OECD-VPL für die Festsetzung von **Lizenzgebühren** eine **ertragswertorientierte Betrachtung** eindeutig befürwortet und dass dieser Standpunkt durch die Neufassung des Kapitels VI bestätigt wird. Dies steht aber nicht im Widerspruch zu den allgemeinen Feststellungen der **OECD-VPL,** wonach der **traditionellen Methode** der **Vorzug** gebührt, wenn diese und eine **gewinnorientierte Methode gleichermaßen zuverlässig** angewendet werden können.[1282] Denn in Tz. 6.13 OECD-VPL 2010 wird ausgeführt, dass die in den Kapiteln I bis III enthaltenen Leitlinien auch für die Ermittlung von Verrechnungspreisen für immaterielle Wirtschaftsgüter gelten. Auch Tz. 6.145 OECD-VPL Kapitel VI (2014 Guidance) betont, dass die **Gewinnaufteilungsmethode** angewendet werden kann, sofern es nicht möglich ist, zuverlässige Daten von Vergleichstransaktionen zu ermitteln; dies bestätigt den **Vorrang der Preisvergleichsmethode** bei gleichermaßen zuverlässigen Daten. Wenn daher für die Festsetzung oder Überprüfung einer Lizenzge-

---

[1279] Vgl. *OECD,* Tz. 6.142 OECD-VPL Kapitel VI (2014 Guidance).
[1280] Vgl. *OECD,* Tz. 6.113–6.127 OECD-VPL Kapitel VI (2014 Guidance).
[1281] Vgl. oben Rn 539.
[1282] Vgl. Tz. 2.3 OECD-VPL.

bühr ein **interner Preisvergleich** (zB bei Lizenzierung auch an konzernfremdes Unternehmen) oder anhand von Datenbankrecherchen ein zuverlässiger **externer Preisvergleich** möglich ist, stellt sich die Frage der Anwendung einer gewinnorientierten Methode nicht. Gleichwohl ist es jedoch zulässig, wenn der Steuerpflichtige in diesen Fällen zur **Verprobung** eine gewinnorientierte Methode anwendet (sog. **Sanity Check**).[1283]

Obwohl die **gewinnorientierten Methoden** gem. der vor 2010 gelten- **621** den Fassung der OECD-VPL nur subsidiär Anwendung finden sollten, wurden diese **in der Praxis häufiger** für den Fremdvergleich **verwendet** als ursprünglich erwartet. Eine Arbeitsgruppe der OECD befasste sich daher intensiv mit verschiedenen Fragen der **Anwendung der gewinnorientierten Methoden** und die **OECD** veröffentlichte am 25.1.2008 ein **Diskussionspapier** mit der Bitte um Stellungnahmen.[1284] Insoweit erörterte die OECD folgende Themen in Bezug auf die gewinnorientierten Methoden:
– Subsidiäre Anwendung,
– Anwendung als Zweitmethode zur Verprobung,
– Zugang zu erforderlichen Informationen,
– Verwendung für einzigartige Transaktionen,
– Vergleichserfordernisse bei der TNMM,
– Auswahl des Gewinnindikators bei der TNMM,
– Ermittlung des Gesamtgewinns bei der Gewinnaufteilung,
– Zuverlässigkeit der Beitragsanalyse und Restgewinnanalyse bei der Gewinnaufteilung,
– Durchführung der Gewinnaufteilung,
– Andere Methoden.

Im September 2009 hat die *OECD* die Ergebnisse der Diskussionsvorschläge in einem Entwurf für die Neufassung der Kapitel I–III der OECD-VPL zusammengefasst und im Juli **2010** wurde die gesamte **OECD-VPL** mit den **neu gefassten Kapiteln I bis III und** dem neuen **Kapitel IX** veröffentlicht.

Zur **Rangfolge** zwischen Standardmethoden und gewinnorientierten Me- **622** thodenbestimmt Tz. 2.2. OECD-VPL, dass generell die **geeignetste Methode** (most appropriate method) Anwendung finden soll. Sofern eine **Standardmethode** zu gleichermaßen zuverlässigen Ergebnissen führt, wie eine gewinnorientierte Methode, ist der Standardmethode der Vorzug zu geben (Tz. 2.3 OECD-VPL). Damit wird den **gewinnorientierten Methoden** ein **größerer Anwendungsspielraum** gewährt, weil sie anwendbar sind, **wenn** sie **zuverlässigere Ergebnisse** als die Standardmethoden liefern, während sie nach den OECD-Leitlinien von 1995 nur subsidiär anwendbar waren, insb. wenn keine Daten verfügbar waren oder die Qualität der verfügbaren Daten nicht genügte, um eine Standardmethode anzuwenden (Tz. 2.49 OECD-VPL von 1995).

Wie bereits oben erwähnt wurde, besteht die Gefahr, dass durch zu hohe Anforderungen an die Vergleichbarkeitskriterien die Anwendung des äußeren Preisvergleichs – vor allem der Vergleich von Lizenzsätzen anhand von Da-

---

[1283] Vgl. zum Sanity Check unten Rn. 636.
[1284] *OECD*, Transactional Profit Methods, Discussion Paper for Public Comment, 25 January 2008; im Internet unter http://www.oecd.org/CTP/TP abrufbar.

tenbankrecherchen – zunehmend beanstandet wird.[1285] Jedoch wurde ebenfalls darauf hingewiesen, dass eine Gewinnaufteilung für immaterielle Wirtschaftsgüter mit durchschnittlichem (oder geringem) Gewinnpotential generell aufwändiger ist und keine zuverlässigeren Ergebnisse liefert und daher
idR nur bei immateriellen Wirtschaftsgütern mit besonders hohem Gewinnpotenzial angewendet werden sollte.[1286]

623   Auch in den **USA** wurde die Problematik der Anwendbarkeit der Standardmethoden bei der Nutzungsüberlassung immaterieller Wirtschaftsgüter
früh erkannt und deshalb eine gewinnorientierte Festsetzung der Lizenzgebühren befürwortet.[1287] So wurde 1986 vom US-Gesetzgeber der **Commensurate With Income Standard** in Section 482 IRC eingefügt. Danach
muss die Lizenzgebühr an dem Einkommen orientiert werden, das der Lizenznehmer mit den immateriellen Wirtschaftsgütern voraussichtlich erzielen
wird. Diese Regelung und das damals zur Vorbereitung der RL erarbeitete
„White Paper" sowie die Entwürfe für die neuen RL wurden in der Literatur[1288] stark kritisiert, v.a. weil in der gewinnorientierten Betrachtung eine
Abkehr vom Arm's Length-Prinzip gesehen und eine nachträgliche, einkommensbezogene Korrektur von Lizenzvereinbarungen unter Zugrundelegung
sehr hoher Lizenzsätze **(Super Royalty)** befürchtet wurde.

Trotz der Kritik wurden im Jahr 1994 die Final Regulations in Kraft gesetzt, in denen die US-FinVerw. für die Überprüfung von Lizenzgebühren
neben der Preisvergleichsmethode (für Transaktionen mit immateriellen
Wirtschaftsgütern als **„Comparable Uncontrolled Transaction (CUT)
Method"** bezeichnet) auch die Gewinnvergleichsmethode **(Comparable
Profit Method),**[1289] die Gewinnaufteilungsmethode **(Profit Split)**[1290] und
andere Methoden zulässt. Für den Fremdvergleich wird bei der Anwendung
der **CUT Method** verlangt, dass die immateriellen Wirtschaftsgüter für ähnliche Produkte oder Verfahren in der gleichen allgemeinen Branche oder in
einem vergleichbaren Markt verwendet werden und ein ähnliches Gewinnpotenzial haben. Das Gewinnpotenzial kann am zuverlässigsten anhand des Nettobarwerts der Erträge ermittelt werden, die durch die Nutzung oder die
Übertragung bzw. Lizenzierung erzielt werden können.[1291] Durch die Bedingung des ähnlichen Gewinnpotenzials findet der *Commensurate With Income*

[1285] Vgl. oben Rn. 540 u. 572.

[1286] Vgl. oben Rn. 540 u. 572.

[1287] Auch bei der US-FinVerw. (IRS) gab es Tendenzen, ähnliche „Daumenregeln"
wie die Knoppe-Formel anzuwenden; so argumentierte der IRS zB im Fall *Ciba-Geigy
Corp.*, 85 T.C.No.11 (1985), dass der Lizenznehmer 75% des Nettogewinns vor Li-
zenzabzug erhalten müsse. Die US-Gerichte berücksichtigten ab 1985 zunehmend
auch gewinnorientierte Aspekte bei ihren Entscheidungen, vgl. zB *Eli Lilly & Co. v
Commissioner*, 84 TC 996 (1985), teils bestätigt durch den Seventh Circuit Court of
Appeals, 856 F2d 855 (7th Cir. 1988).

[1288] Vgl. zB *Becker* IWB F. 10, G.2, 951 ff. mwN; *Jacob* IWB F. 8, G. 2, 479 ff.; *Portner* IWB F. 10, G. 2, 863 ff.; *Caldenwood* Intertax, 1989, 93 ff.; *Penney*, 44 ff.

[1289] Vgl. Kap. D Rn. 371 ff., sowie *Diessner* in 2. Aufl. dieses Handbuchs Kap. S
Rn. 131 ff. „Gewinnvergleichsmethode – Comparable Profit Method (§ 1.482-5)".

[1290] Vgl. Kap. D Rn. 450 ff., sowie *Diessner* in 2. Aufl., Kap. S Rn. 151 ff. „Gewinnaufteilungsmethoden – Profit Split (§ 1.482-6)".

[1291] Vgl. US Regs. § 1.482-4(c)(2)(iii)(B)(1)(ii).

Standard auch im Rahmen der CUT Method Berücksichtigung.[1292] Die Erfordernisse der jährlichen Überprüfung der Lizenzgebühr und der periodischen Anpassungen sollen dem Grundsatz des *Commensurate With Income* Rechnung tragen und zugleich die Unternehmen vor nachträglichen nennenswerten Gewinnberichtigungen bewahren.[1293]

Aus den obigen Ausführungen zu den **deutschen VGr** und zur **OECD- 624 VPL** wird deutlich, dass für die Festsetzung und Überprüfung von Lizenzgebühren **bevorzugt** eine **Standardmethode** und v.a. die Preisvergleichsmethode anzuwenden ist. Wenn jedoch keine Vergleichsdaten ermittelt werden können, kommt idR die Anwendung einer gewinnorientierten Methode in Betracht. Während eine pauschale Gewinnaufteilung – zB aufgrund von „Daumenregeln" oder „Erfahrungssätzen"[1294] – abzulehnen ist, erscheint eine **am Betriebsgewinn** des Lizenznehmers **orientierte Lizenzgebühr,** wie sie in Tz. 5.2.3 VGr und in den oben erwähnten Abschnitten der OECD-VPL gefordert wird, als **wirtschaftlich sinnvoll,** weil auch fremde Dritte solche Überlegungen anstellen würden. So würde ein Lizenznehmer nicht bereit sein, über die gesamte voraussichtliche Laufzeit eine Lizenzgebühr zu zahlen, deren Nettobarwert höher liegen würde, als der Nettobarwert der erwarteten Erträge, die er mit den Lizenzprodukten voraussichtlich erwirtschaften kann.[1295] Ebenso würde der Lizenzgeber keine Lizenzgebühr vereinbaren, deren Nettobarwert unter dem Wert liegt, den er als nächstbeste Alternative erzielen kann.[1296]

Wie bereits erwähnt wurde,[1297] kann die Lizenzgebühr auch gewinnabhängig ausgestaltet werden und dem Lizenzgeber zB eine Beteiligung an dem durch die Nutzung des Schutzrechts erzielten operativen Gewinn oder am Gewinn vor Lizenzgebühren und Steuern gewähren (sog. **partiarischer Lizenzvertrag**). In einigen Branchen ist eine solche Tendenz v.a. bei Franchise-Verträgen zu beobachten.[1298] Diese gewinnorientierte Betrachtung entspricht auch den neueren Entwicklungen in anderen Staaten. Die Notwendigkeit zur Anwendung gewinnorientierter Methoden besteht vor allem dann, wenn die oben beschriebenen Standardmethoden mangels ermittelbarer Werte keinen Fremdvergleich ermöglichen.

Grundsätzlich sollte bereits beim **Abschluss eines Lizenzvertrags** im 625 Konzern überlegt werden, ob es nicht möglich ist, von Anfang an eine **progressiv mit dem Umsatz** (oder mit den Stückzahlen) **steigende Lizenzgebühr**[1299] **oder** eine **am Gewinn orientierte Lizenzgebühr** zu vereinbaren.[1300] Daraus können sich bei vernünftiger Gestaltung im Einzelfall

---

[1292] Vgl. *Lemein*, S. 116.

[1293] S. nähere Erläuterungen unten in Rn. 665ff. und *Diessner* in der 2. Aufl. dieses Handbuchs, Kap. S Rn. 116ff. „Periodische Anpassungen".

[1294] Vgl. dazu unten Rn. 628ff.

[1295] Vgl. *Heimert* in Green, Transfer Pricing Manual, 230.

[1296] Vgl. *Heimert* in Green, Transfer Pricing Manual, 230.

[1297] Vgl. oben Rn. 529.

[1298] Vgl. unten Rn. 714.

[1299] Vgl. dazu oben das Beispiel in Rn. 521 und das Beispiel Nr. 33 in *OECD*, OECD-VPL Kapitel VI (2014 Guidance), Annex, Tz. 120ff.

[1300] Diese Überlegungen gelten nicht nur für reine Lizenz- sondern auch für Franchise-Verträge, vgl. dazu unten Rn. 714 mit empirischen Daten aus der Hotelbranche.

wirtschaftliche und steuerliche Vorteile ergeben, wie sie im unten stehenden Beispiel dargestellt sind. Hinzu kommt, dass zB in Fällen der Funktionsverlagerung die gem. § 1 Abs. 3 S. 11 AStG vorgeschriebenen Anpassungsklauseln als vorhanden angesehen werden, wenn umsatz- und/oder gewinnabhängige Lizenzgebühren vereinbart sind (§ 9 FVerlV). Bei Verträgen mit US-Partnern unterstützt eine solche Regelung außerdem die Anerkennung der Lizenzgebühr in den USA unter dem Gesichtspunkt, dass die Vergütung gem. Sec. 482 IRC einkommensbezogen ist.[1301]

Beispiel: Die US-Muttergesellschaft gewährt der deutschen Tochtergesellschaft eine Patent- und Know-how-Lizenz für Herstellung und Vertrieb von Sportartikeln und gestattet hierfür auch die Nutzung der bekannten Marke. An Stelle einer pauschalen Lizenzgebühr vom Nettoumsatz iHv 4% für die Patente nebst Know-how sowie 2% für die Marke vereinbaren die Parteien, dass in gewinnlosen Jahren oder Verlustjahren keine Lizenzgebühr gezahlt wird, während als Ausgleich dafür in Jahren mit sehr hohen Gewinnen entsprechend höhere Lizenzsätze vom Nettoumsatz als normal üblich gezahlt werden. Hierfür bietet sich eine progressiv gestaffelte Nettoumsatzlizenz an, deren Lizenzsatz vom Betriebsgewinn abhängig ist. Die Regelung wird wie folgt getroffen:

Operativer Gewinn in Prozent vom Umsatz vor Lizenzgebühr	Lizenzsatz für Patente u. Know-how	Lizenzsatz für Marke
≤ 1,5%	0%	0%
> 1,5%–5%	1%	0,5%
> 5%–10%	2%	1%
> 10%–15%	3%	1,5%
> 15%–20%	4%	2%
> 20%–25%	5%	2,5%
> 25%	6%	3%

Der Unterschied zwischen der Lizenzgebühr, die sich bei Anwendung der Tabelle auf einer Stufe ergibt und der Lizenzgebühr, die sich berechnen würde, wenn die vorhergehende Gewinnstufe nicht überschritten wäre, wird nur insoweit geschuldet, als er aus der Hälfte des die Wertgrenze übersteigenden Betrags gedeckt werden kann.

626   Die **Vorteile** einer solchen **gewinnorientierten Regelung** liegen auf der Hand. V.a. in der Anlaufphase mit Verlusten oder geringen operativen Gewinnen (vor Lizenzzahlungen) wäre die Zahlung einer „pauschalen" Umsatzlizenzgebühr für den Lizenznehmer im Konzern eine Liquiditätsbelastung, die hier vermieden wird. Ferner würde eine Lizenzzahlung in Verlustjahren im Konzern beim Lizenzgeber zu einer ertragsteuerlichen Belastung führen, obwohl der Lizenznehmer die Zahlung im Verlustjahr nicht steuerwirksam geltend machen könnte (wenn zB kein Verlustrücktrag sondern nur ein Verlustvortrag möglich ist). Die nicht anfallenden oder niedrigen Lizenzgebühren in gewinnschwachen Jahren werden durch höhere Lizenzgebühren in gewinnstarken Jahren im Idealfall ausgeglichen. Auch hier ergeben sich im Hinblick auf die Liquidität und wegen der höheren Belastung der Erträge mit Lizenzausgaben beim Lizenznehmer steuerliche Vorteile. Allerdings müsste man

---

[1301] *Heimert* in Green, Transfer Pricing Manual, 231, meint, dass sogar progressive Umsatzlizenzen für die Einhaltung des „commensurate with income standard" sprechen.

in der Praxis die im Beispiel genannten Regelungen noch verfeinern, um eine ausgewogene Vereinbarung zu erhalten. Wegen des Wegfalls der Lizenzen bei Gewinnlosigkeit muss bspw. im Interesse des Lizenzgebers vertraglich eine Ausübungsverpflichtung für das Patent vorgesehen werden sowie ein Kündigungsrecht oder eine Mindestlizenz, falls der Lizenznehmer zB nach 18 Monaten noch keine operativen Gewinne erwirtschaftet.

bb) Knoppe-Formel und andere Pauschalregeln

Sofern die Vertragsparteien die üblichen Umsatzlizenzen vereinbaren, besteht die Gefahr, dass die Steuerverwaltungen – besonders in Hochsteuerländern – Zahlungen inländischer Lizenznehmer an ausländische verbundene Unternehmen dann als zu hoch beanstanden, wenn der **Lizenznehmer Verluste** (oder nur **geringe Gewinne**) ausweist. Dem ist jedoch entgegenzuhalten, dass die Verluste des Lizenznehmers nicht automatisch auf unangemessenen Lizenzgebühren beruhen müssen. Vielmehr muss im Detail überprüft werden, worauf die Verlustsituation zurückzuführen ist. So können bspw. im Hinblick auf Investitionen und hohe Abschreibungen für neue Produktionsanlagen oder wegen Forderungsausfällen **Sondereinflüsse** vorliegen, die zu den Verlusten führten. Selbst wenn beim Aufwand keine Sondereinflüsse feststellbar sind und die Verluste maßgeblich durch die Zahlung der Lizenzgebühren verursacht wurden, besteht zwar Anlass zur näheren Überprüfung, ob unangemessene Lizenzsätze vereinbart wurden, jedoch können die Verluste auch auf noch ungenügenden Umsätzen in der Anlaufphase oder auf anderen Ursachen beruhen.   **627**

Die oben erwähnte Regelung der Tz. 5.2.3 VGr befürwortet im Ergebnis eine **gewinnorientierte Methode** zur **Feststellung der angemessenen Lizenzgebühr.** In der Praxis bemühen sich die Betriebsprüfer oft nicht um die Überprüfung des inneren oder äußeren Preisvergleichs, sondern berufen sich nur auf die „niedrigeren Lizenzsätze aus der Lizenzkartei" und beanstanden dann unmittelbar die Gewinnsituation des Lizenznehmers. Dabei führen die Betriebsprüfer idR jedoch keine Funktions- und Risikoanalyse der beteiligten Unternehmen durch und vergleichen auch nur selten die Renditekennzahlen mit denen anderer Unternehmen, die ähnliche Produkte herstellen und vertreiben, sondern wenden meistens als „Daumenregel" die sog. **„Knoppe-Formel"** an, wonach der **Lizenzgeber** für sämtliche zur Herstellung eines Produkts überlassenen immateriellen Wirtschaftsgüter einen Anteil von **maximal 25–33,3 % des kalkulierten Gewinns** aus diesem Produkt erhalten soll.[1302] Folglich verbleiben dem **Lizenznehmer** rund **66,7–75 % der Gewinne** aus den Produkten, die er mit Hilfe der vom Lizenzgeber überlassenen immateriellen Wirtschaftsgüter hergestellt und/oder vertrieben hat.   **628**

Beispiel: Eine deutsche Konzerngesellschaft erwartet aus dem Einsatz einer Patent- und Know-how-Lizenz einen jährlichen Umsatz von 50 Mio. € und einen jährlichen Gewinn (vor Lizenzgebühren) iHv 6 Mio. €. Unter Berücksichtigung der „Knoppe-Formel" würde sich ein Gewinnanteil für den Lizenzgeber iHv 1,5–2 Mio. € ergeben (= 25–33,3 % von 6 Mio. €). Bezogen auf den Umsatz errechnet sich eine maximale Lizenzgebühr von 3–4 %.

[1302] *Knoppe,* 102; *Knoppe* BB 1967, 1117; die Ausführungen von *Knoppe* werden allerdings oft nicht richtig zitiert, weil er ausdrücklich auf etwaige Abweichungen hinweist. Ebenso wie Knoppe auch *Neubauer* JbFSt 1974/75, 281.

629   Zur Vermeidung „ungerechtfertigter Ergebnisse" wird von den Betriebsprüfern meistens auf den Rohgewinn vor Lizenzzahlungen, Verwaltungskosten und Vertriebskosten abgestellt. Wenn von dieser Bemessungsgrundlage die
Lizenzgebühr von höchstens ⅓ abgezogen wird, muss der verbleibende Restgewinn von ⅔ auch nach Abzug der Verwaltungs- und Vertriebskosten vor
Steuern immer noch angemessen sein.

630   Die **Knoppe-Formel** wird in der Literatur abgelehnt, weil sie willkürlich
und wirtschaftlich nicht zu rechtfertigen sei.[1303] Tatsächlich spricht eine Reihe
von Gründen gegen die pauschale Anwendung der Knoppe-Formel. Zunächst ist zu beachten, dass Knoppe selbst keine uneingeschränkte Anwendung dieser Formel befürwortet. Zur Brauchbarkeit von Rahmensätzen sagt
Knoppe, dass „in der Mehrzahl aller Fälle der **Rahmensatz** tatsächlich nur einen **völlig unverbindlichen** und recht **vagen Anhaltspunkt** für die **Angemessenheit der Lizenzgebühr** im konkreten Fall bietet … je nach Wert
der Lizenz kann der als angemessen anzusehende Prozentsatz **nicht unerheblich nach unten oder oben abweichen.**"[1304] Sodann bemerkt er, dass sich
die Höhe der Lizenz nach rein wirtschaftlichen Gesichtspunkten richte und
dass in der allgemeinen Bewertungspraxis die Lizenzgebühr durchweg dann
als angemessen angesehen werde, wenn dem Lizenzgeber 25–33⅓ vom vorkalkulierten Gewinn als Lizenzgebühr überlassen wird. Aus einer Vielzahl von
Einzelfällen sei ihm bekannt, dass dieser Rahmensatz zwischen fremden Li-
zenzpartnern als Richtschnur für die Ermittlung einer angemessenen Lizenzgebühr diene. Dann betont er ausdrücklich: „Aber auch hier können sich naturgemäß **größere Abweichungen nach oben oder unten** ergeben".[1305]

631   Abgesehen von den genannten Einschränkungen ist bspw. unbekannt, wie
viele „Einzelfälle" untersucht wurden, um welche Arten von Lizenzen bzw. Lizenzverträgen es sich handelte und auf welcher Basis die Lizenzen berechnet
wurden. Diese **Erfahrungswerte** wurden außerdem in den 70er Jahren gesammelt, sodass es nahe liegt, dass sie **nicht mehr zeitgemäß** sind, v. a. wenn
man die deutlich veränderten Strukturen der Wirtschaft berücksichtigt, wie zB
die zunehmende Unternehmenskonzentration, die Globalisierung, den technischen Fortschritt mit höheren Forschungs- und Entwicklungskosten, den höheren Innovationsgehalt der Patente oder kürzere Produktlebenszyklen.

632   Auch die von *Knoppe* angegebene **Spanne von 25–33,3 % des Gewinns**
für den Lizenzgeber ist **viel zu eng** und entspricht nicht den am Markt gegebenen Realitäten, insb. der Tatsache, dass die Bandbreite unter Einbeziehung unterschiedlicher Branchen wesentlich größer ist.[1306] Selbst wenn in einer Branche (oder evtl. auch in mehreren Branchen) die Anwendung einer
25%-Regel feststellbar ist,[1307] so lassen sich derartige Regeln jedoch nicht auf

---

[1303] *Baumhoff* in FWB § 1 AStG, Rn. 715.1 f.; *Baumhoff* in Mössner u. a., Rn. 3.298;
Jacobs, S. 818 f.; *Schreiber* in Kroppen, Handbuch I, FVerlV, Anm. 141 aE; ablehnend
auch FG Münster 14.2.2014, IStR 2014, 489 ff.

[1304] *Knoppe*, 101.

[1305] *Knoppe*, 102.

[1306] Vgl. *Goldscheider/Jarosz/Mulhern*, les Nouvelles, 2002, 132 f., die in einer empirischen Untersuchung für USA sehr weite Bandbreiten festgestellt haben; dazu unten
Rn. 634.

[1307] Laut *Moser/Goddar* FB 2007, 606 wird eine solche Regel in Bereichen des Ma-
schinenbaus angewendet.

andere Branchen übertragen. Ferner lässt die Knoppe-Formel – insb. bei innovativen Patenten oder bei berühmten Marken – den **Wert der Lizenz** und dessen Einfluss auf die Gewinnverteilung außer acht. Ein fremdes Unternehmen würde als Lizenznehmer sicherlich auf den größten Teil seiner EBIT-Marge verzichten, wenn es Coca-Cola, Marlboro oder Rolex-Uhren produzieren und (oder) vertreiben dürfte und dadurch einen höheren absoluten Gewinn nach Lizenzgebühren erzielen würde, als mit ähnlichen „No-name-Produkten". Dagegen erfordern Lizenzen für die Herstellung wenig innovativer oder kaum bekannter Produkte wesentlich größere Marktanstrengungen des Lizenznehmers und er würde deshalb den weit überwiegenden Gewinn von bspw. 80% oder mehr für sich beanspruchen.

Schließlich ist der jährliche **pauschale Ansatz von 25–33,3%** des Betriebsergebnisses insofern **nicht sachgerecht,** als sich verschiedene – teilweise nicht vorhersehbare und nicht beeinflussbare – Faktoren auf das Unternehmensergebnis auswirken können. Die Kostensituation kann in einzelnen Jahren dazu führen, dass die **Rendite sinkt** oder sogar **Verluste entstehen** und dass die vertraglich vereinbarte Lizenzgebühr in Höhe eines festen Lizenzsatzes dann den nach der Knoppe-Formel als richtig angesehenen Gewinnanteil des Lizenzgebers von 25–33,3% weit übersteigt. Knoppe klärt nicht, wie die Unternehmen das **Problem schwankender Gewinne** oder **Verluste** lösen sollen, ob also die Ergebnisse im Durchschnitt der Jahre oder das jeweilige Jahresergebnis maßgebend sein sollen und ob der Vertrag nachträgliche Korrekturen der Lizenzgebühren zum Jahresende vorsehen soll.

633

Beispiel: Die deutsche Tochtergesellschaft T-GmbH erhält von ihrer US-Muttergesellschaft eine Patent- und Markenlizenz für Herstellung und Vertrieb von Klimageräten in Europa. Die voraussichtliche Umsatzrendite der T-GmbH soll 20% p. a. betragen. Damit ist nach der Knoppe-Formel die Vereinbarung eines Lizenzsatzes von maximal 6,6% vom Umsatz möglich (von 100 Umsatz würden 20 Gewinn anfallen und davon dürften maximal 33%, also 6,6 als Lizenzgebühr gezahlt werden). Wenn aus irgendwelchen Gründen die Umsatzrendite auf 10% sinkt, wäre nach der Formel nur noch eine Lizenzgebühr von 3,3% zulässig und bei Gewinnausfall oder Verlusten könnte überhaupt keine Lizenzgebühr mehr gezahlt werden.

Das Beispiel zeigt deutlich, dass die Knoppe-Formel tatsächlich zu willkürlichen Ergebnissen führt. Die Gewinnsituation der Unternehmen ist nicht immer gleichbleibend und es kann nicht richtig sein, einen Lizenznehmer, der immaterielle Wirtschaftsgüter eines anderen Unternehmens nutzt, von der Zahlung von Lizenzgebühren ohne Kompensation freizustellen, nur weil er vorübergehend Verluste erwirtschaftet und demselben Konzern wie der Lizenzgeber angehört.

Wenn für alle Jahre ein gleichbleibender Lizenzsatz vom Umsatz vereinbart werden soll, ist es erforderlich, auf die **erwarteten operativen Gewinnmargen** des **Lizenznehmers** aus den Lizenzprodukten während der vertraglich festgelegten oder voraussichtlichen **Nutzungsdauer** der Lizenz für das immaterielle Wirtschaftsgut abzustellen.

Beispiel: Die Vertragsparteien möchten eine Lizenzgebühr auf Basis von 25% des erwarteten durchschnittlichen operativen Gewinns des Lizenznehmers (vor Abzug der Lizenzgebühr) fixieren. Angenommen, diese Marge des Lizenznehmers wird – bspw.

anhand von Erfahrungswerten gleichartiger Lizenzen oder auf Basis von Budgets – voraussichtlich 16% vom Umsatz erreichen, dann beläuft sich der Lizenzsatz auf 4% vom Umsatz.

Zulässig wäre zB auch eine Vereinbarung, wonach der Lizenznehmer während einer **Anlaufphase** von bspw. 3 Jahren keine Lizenzgebühren zahlt und dafür mit Beginn des vierten Jahres entsprechend höhere Gebühren, die dann innerhalb weiterer drei oder sechs Jahre einen Ausgleich für die Vorjahre gewähren sollen.

634 Auch in **anderen Ländern** werden zT **Pauschalregeln** aufgestellt, die ähnlich wie die Knoppe-Formel den Gewinn zwischen Lizenznehmer und Lizenzgeber aufteilen wollen. So berichtet bspw. die **US-Literatur** von „best rules of thumb", wobei insb. eine **25%-Daumenregel** genannt wird.[1308] Nach dieser Regel soll die Lizenzgebühr für den Lizenzgeber einen Anteil iHv 25% des operativen Gewinns[1309] bzw. des „Brutto-Gewinns"[1310] des Lizenznehmers aus den Lizenzprodukten vor Ertragsteuern und Lizenzgebühren betragen. Diese Daumenregel wird von der überwiegenden Literatur abgelehnt, da sie zu starr ist und viele Faktoren unberücksichtigt lässt, die für eine angemessene Gewinnaufteilung berücksichtigt werden müssen,[1311] insb. werden die Unterschiede sowohl der immateriellen Wirtschaftsgüter als auch der jeweiligen Risikofaktoren und der Kosten für die Vermarktung der Produkte ignoriert.[1312] *Goldscheider/Jarosz/Mulhern* haben die in 15 verschiedenen Industriezweigen über etwa 10 Jahre gezahlten durchschnittlichen Lizenzgebührensätze, erzielten operativen Gewinne von Lizenznehmern und das Verhältnis der Lizenzgebühren zu den Gewinnen der Lizenznehmer ermittelt und festgestellt, dass grds. große Unterschiede zwischen den Branchen bestehen, wobei die gezahlten Lizenzgebühren in einer gesamten Bandbreite von etwa 8–80% der operativen Gewinne der Lizenznehmer lagen, jedoch für die **Mehrheit der Branchen** eine Bandbreite von etwa **21–40% der operativen Gewinne** erreichten.[1313] Der **Median** der **Lizenzzahlungen im Verhältnis zum Umsatz** lag bei **26,7%** und unterstützt damit nach Meinung der Verfasser die 25%-Regel, wobei ihre Anwendung jedoch in Verbindung mit anderen Methoden verifiziert werden sollte.[1314]

[1308] Vgl. *Smith/Parr,* Valuation of Intellectual Property and Intangible Assets, 3rd edition, 2000, S. 366f.; *Battersby/Grimes,* Licensing Royalty Rates, 2009 Edition, S. 5; *Parr,* „Royalty Rates for Licensing Intellectual Property", 2007, 31ff.; *Goldscheider/ Jarosz/Mulhern,* les Nouvelles, 2002, 123ff.; vgl. auch die Auffassung des IRS in den oben zu Rn. 623 genannten US-Prozessen.

[1309] Vgl. *Goldscheider/Jarosz/Mulhern,* les Nouvelles, 2002, 125f.

[1310] Als Bruttogewinn wird dabei der operative Gewinn vor Vertriebs- und Verwaltungskosten verstanden, wobei diese Definition ebenso wie die Daumenregel insges. von *Smith/Parr,* Valuation of Intellectual Property and Intangible Assets, 3rd edition, 2000, S. 366f. und *Battersby/Grimes,* Licensing Royalty Rates, 2009 Edition, S. 5 kritisiert wird.

[1311] Vgl. *Smith/Parr,* Valuation of Intellectual Property and Intangible Assets, 3rd edition, 2000, S. 368, sowie mit einem Bsp. auf S. 378f., das die Nachteile der 25%-Regel aufzeigt.

[1312] *Battersby/Grimes,* Licensing Royalty Rates, 2009 Edition, S. 5.

[1313] Vgl. *Goldscheider/Jarosz/Mulhern,* les Nouvelles, 2002, 132f.

[1314] Vgl. *Goldscheider/Jarosz/Mulhern,* les Nouvelles, 2002, 133 u. Tabelle 6 auf S. 129.

In Tz. 2.10 **OECD-VPL** Kapitel VI (2014 Guidance) wird die Anwendung von Daumenregeln für die Bestimmung von Lizenzgebühren ausdrücklich abgelehnt. Insbesondere sind Daumenregeln nicht geeignet, eine umfassende Vergleichsanalyse gemäß den Kapiteln I–III der OECD-VPL zu ersetzen.

cc) Transaktionsbezogene Nettomargenmethode (TNMM)

Die Voraussetzungen und die Regelungen für die Anwendung der **635** TNMM werden in Tz. 2.58 ff. OECD-VPL 2010 dargestellt. Zwar wird die TNMM in § 1 Abs. 3 AStG nicht ausdrücklich genannt, jedoch bestehen keine Zweifel, dass die **TNMM** im deutschen Steuerrecht subsidiär zu den Standard-Methoden als eine **„geeignete Verrechnungspreismethode"** iSd **§ 1 Abs. 3 S. 2 AStG** anerkannt ist. Soweit die deutsche FinVerw. den Anwendungsbereich der TNMM auf **Routineunternehmen** beschränken will,[1315] kann dieser Auffassung nicht gefolgt werden. Zum einen enthält § 1 Abs. 3 AStG keine derartige Einschränkung und zum anderen fordert auch die OECD lediglich die Anwendung der geeignetsten Methode.[1316] Dabei haben die Standardmethoden Vorrang, wenn sie zu besseren oder gleichermaßen zuverlässigen Ergebnissen führen, während die **gewinnorientierten Methoden nur** dann zu bevorzugen sind, **wenn** sie **zuverlässigere Ergebnisse** als die Standardmethoden liefern.[1317]

Die **TNMM** kann folglich **Anwendung** finden, wenn   **636**
– keine **uneingeschränkt** vergleichbaren Fremdvergleichswerte vorliegen (da für diese gem. § 1 Abs. 3 Satz 1 AStG die Standardmethoden Vorrang haben) und
– keine **eingeschränkt** vergleichbaren Fremdvergleichswerte vorliegen, bei denen die Standardmethoden und die gewinnorientierten Methoden zu gleichermaßen zuverlässigen Ergebnissen führen (da in solchen Fällen die Standardmethoden zu bevorzugen sind; dies folgt aus der kombinierten Anwendung von § 1 Abs. 3 S. 2 AStG und Tz. 2.3 OECD-VPL) und
– die **gewinnorientierten Methoden zuverlässigere Ergebnisse** als die Standardmethoden liefern (dies folgt aus Tz. 2.3 OECD-VPL und im Umkehrschluss aus den obigen Voraussetzungen, sowie für andere Methoden aus Tz. 2.6–2.10 OECD-VPL 2010 und Tz. 3.4.10.1 VGr-Verfahren).

In der Praxis wird die **TNMM** im Übrigen sehr oft für eine **Verprobung der Ergebnisse der Standardmethoden** verwendet (sog. **„Sanity Check")**.[1318] Der Steuerpflichtige ist zu einer solchen Verprobung nicht verpflichtet.[1319] Bei der Festsetzung oder Überprüfung von Lizenzgebühren erscheint eine Verprobung v. a. dann als ratsam, wenn die Bandbreite der ermittelten Lizenzsätze sehr groß erscheint oder wenn zweifelhaft ist, ob die Lizenzzahlungen dem Lizenznehmer ermöglichen, mit den Lizenzprodukten einen angemessenen Gewinn zu erzielen. Sofern in der Wertschöpfungskette

---

[1315] Vgl. Tz. 3.4.10.3 Buchst. b VGr-Verfahren.

[1316] Vgl. dazu ausführlich Kap. N Rn. 150 ff.; Tz. 2.2 OECD-VPL.

[1317] Vgl. Tz. 2.3 f. OECD-VPL.

[1318] Vgl. zu Beispielen *OECD,* Transactional Profit Methods, Abschn. 2.3.1, Rn. 30; weniger deutlich in Tz. 2.3 f., 3.58 OECD-VPL.

[1319] Vgl. Tz. 3.4.10.1 Abs. 2 und 3.4.18.2 Buchst. a) und b) VGr-Verfahren; Tz. 2.11 OECD-VPL 2010.

jedoch **mehrere** wertvolle **immaterielle Wirtschaftsgüter** von unterschiedlichen Unternehmen genutzt werden, sollte geprüft werden, ob die **Gewinnaufteilungsmethode (Profit Split)**[1320] oder die **DCF-Methode**[1321] für den Sanity Check in Frage kommen oder sogar als Primärmethoden zuverlässigere Ergebnisse liefern.

637   Bei der Anwendung der **TNMM** wird der **Lizenzsatz indirekt ermittelt,** indem geprüft wird, wie hoch die Lizenzgebühren sein dürfen, damit dem Lizenznehmer eine operative Gewinnmarge (EBIT im Verhältnis zum Nettoumsatz)[1322] – nach Lizenzzahlung – verbleibt, die denjenigen Gewinnmargen entspricht, die vergleichbare Unternehmen erzielen, die gleichartige immaterielle Wirtschaftsgüter nutzen.[1323] Wie bei der Anwendung des äußeren Preisvergleichs dürfen auch bei der TNMM die Anforderungen an die Vergleichbarkeit nicht überzogen werden. So sollte es genügen, dass die Vergleichsfirmen in der gleichen Branche vergleichbare Produkte herstellen und/oder vermarkten. Damit wird gleichzeitig unterstellt, dass die Unternehmen auch ähnliche Funktionen und Risiken übernehmen sowie ähnliche immaterielle Wirtschaftsgüter nutzen. Insoweit ist es grundsätzlich unerheblich, ob die Vergleichsunternehmen die von ihnen genutzten immateriellen Wirtschaftsgüter als Eigentümer selbst entwickelt haben oder ob sie diese als Lizenznehmer verwenden, denn der finanzielle Aufwand für die Eigenforschung oder die Lizenzierung sollte im Durchschnitt der Fälle etwa gleich hoch sein.[1324] Allerdings besteht das Problem, dass für den Fremdvergleich nur die Daten solcher Unternehmen in Frage kommen, die entweder nur **relativ homogene Produkte** herstellen (zB Pharmazeutika) **oder** die zwar über unterschiedliche Sparten verfügen, jedoch ihre **Finanzdaten** auch **getrennt nach Segmenten** veröffentlichen.[1325] Die zuletzt genannten Fälle liegen eher selten vor. Für die zuerst erwähnten Fälle der **Unternehmen** mit gleichartiger **homogener Produktpalette** gelingt es idR, in **Datenbanken** entsprechende **Vergleichsdaten** zu finden. Sofern das zu prüfende bzw. zu beratende Unternehmen seinerseits unterschiedliche Geschäftssegmente (Sparten) unterhält, kann für dieses Unternehmen eine entsprechende Aufteilung der Finanzdaten vorgenommen werden, um dann für das betreffende **Segment** die Vergleichsdaten im Rahmen der Datenbankrecherche zu ermitteln.[1326]

638   Wenn die Bandbreite der operativen Margen vergleichbarer Firmen mit Vergleichsprodukten ermittelt werden können, dann wäre es möglich, den Lizenzsatz des zu beratenden Konzernunternehmens festzusetzen oder im

---

[1320] Vgl. unten Rn. 641 ff.

[1321] Vgl. unten Rn. 661 ff.

[1322] Bei der TNMM wird die „Net Profit Margin" bevorzugt anhand des EBIT ermittelt, vgl. *OECD,* Transactional Profit Methods, Abschn. 6. B, Tz. 127 ff., 132; Tz. 2.77–2.85 OECD-VPL 2010.

[1323] *Heimert* in Green, Transfer Pricing Manual, 234 f.

[1324] Dagegen ist *Llinares* International Tax Review, N. 24, 37, der Auffassung, dass für die Anwendung der TNMM idR nur Vergleichsfirmen in Frage kommen, die lediglich Routinefunktionen ausüben und folglich nicht forschen und keine immateriellen Wirtschaftsgüter besitzen.

[1325] Vgl. zu ähnlichen Bedenken auch *Smith/Parr,* Valuation, S. 401; *Llinares* International Tax Review, No. 24, 36 f.; *OECD,* Tz. 3.37 OECD-VPL.

[1326] Vgl. zur Segmentierung Tz. 2.92, 2.103, 3.9–3.12 u. 3.37 OECD-VPL 2010.

Rahmen einer Verrechnungspreisdokumentation oder Betriebsprüfung zu verifizieren.[1327]

Beispiel: Die neue türkische Konzerngesellschaft T soll Kfz-Reifen für die deutsche Konzerngesellschaft D und für den eigenen Markt sowie südosteuropäische Abnehmer produzieren. Die T wird dafür die Patente und technisches Know-how sowie die Marke der D nutzen. Die T soll eine Lizenzgebühr iHv 3% für die Nutzung der Technologie (Patente nebst Know-how) und 2% für die Nutzung der Marke zahlen. Eine Datenbankrecherche zwecks Ermittlung des externen Preisvergleichs führt zu dem Ergebnis, dass solche Lizenzsätze in der Reifenindustrie ausschließlich zwischen nahe stehenden Unternehmen vereinbart werden, sodass diese Daten nicht verwertbar sind. Eine Erweiterung der Datenbankrecherche auf die Kfz-Zulieferbranche führt zu dem Ergebnis, dass die Interquartile Range für die Technologie Lizenzsätze zwischen 1,5% und 5,5% ausweist mit einem Median von 3,2% und dass für Marken die Interquartile Range der Lizenzsätze zwischen 1,5% und 3,5% liegt mit einem Median von 2,2%. Die Datenbankrecherchen gestatten den Schluss, dass die vertraglich vorgesehenen Lizenzsätze dem Fremdvergleich entsprechen.

Wegen der Ausweitung der Datenbankrecherche auf Unternehmen, die zwar keine gleichartigen Produkte herstellen, jedoch im weiteren Sinn der gleichen Branche angehören und im sog. OEM-Geschäft gleichartigen Abnehmern gegenüberstehen, soll zur **Verprobung** eine Datenbankrecherche anhand der **TNMM** vorgenommen werden. Diese Datenbankrecherche führt zu dem Ergebnis, dass unabhängige Kfz-Zulieferer operative Margen (EBIT dividiert durch Nettoumsatz) im Rahmen der Interquartile Range zwischen 1,2% und 8,4% erzielen. Wenn daher die T im Durchschnitt der Jahre eine operative Marge vor Abzug von Lizenzgebühren iHv 8% geplant hat, dann erscheint es als zulässig, die beabsichtigten Lizenzgebühren iHv 3% für die Technologie und iHv 2% für die Marke zu vereinbaren, da die verbleibende operative Marge iHv ca. 3% im Rahmen der mit Hilfe der TNMM festgestellten Interquartile Range operativer Gewinnmargen von Kfz-Zulieferern liegt.

Im Einzelfall kann die **TNMM** auch verwendet werden, um die mögliche **639** **Lizenzgebühr anhand** des unterschiedlichen **Gewinnpotenzials von Markenprodukten** und „No-Name-Produkten" zu ermitteln.[1328] So können zB die mit Markenprodukten einerseits und mit „No-Name-Produkten" andererseits erzielbaren operativen Margen verglichen werden und die Differenz müsste dem Lizenzsatz entsprechen, der für die Nutzung der Marke zu zahlen ist.[1329] Allerdings dürfte es schwierig sein, Unternehmen und deren Finanzdaten zu finden, die ausschließlich gleichartige No-Name-Produkte herstellen. Dies ist zwar im Bereich der Pharmazie theoretisch in Bezug auf Generika-Hersteller denkbar. Jedoch ist ein solcher Vergleich gerade in der Pharmabranche nicht sinnvoll möglich, weil die Preise und Margen der Hersteller durch staatliche Regelungen und durch Krankenkassen-Verträge beeinflusst werden.

In der Praxis (insb. wenn US-Firmen beteiligt sind) erfolgt in vielen Fällen **640** nicht die oben beschriebene Ableitung fester Lizenzsätze auf Basis der TNMM (bzw. auf Basis der CPM in den USA). Vielmehr werden **variable Lizenzsätze auf Basis der operativen Margen** vereinbart.

[1327] Vgl. auch *Heimert* in Green, Transfer Pricing Manual, 234 f.

[1328] Ein ähnlicher Ansatz wird auch für die Bewertung immaterieller Wirtschaftsgüter angewendet, wo jedoch die unterschiedlichen Cashflows verglichen werden; vgl. oben Rn. 390.

[1329] *Smith/Parr*, Valuation, S. 401 weisen auf diese Möglichkeit hin.

Beispiel: Die US-Muttergesellschaft U-Inc. gründet die deutsche Tochtergesellschaft T-GmbH als sog. „Limited Risk Manufacturer" und „Limited Risk Distributor." Die T-GmbH erhält eine Patent- und Markenlizenz für Herstellung und Vertrieb von Bügelautomaten und Staubsaugern in Deutschland. Aufgrund von Benchmarkanalysen wird ermittelt, dass bei vergleichbaren Firmen, die als Unternehmen mit Routinefunktionen einzustufen sind, die Interquartile Range operativer Margen zwischen 2,8 % und 5,5 % liegt mit einem Median von 3,5 %. Die U-Inc. und die T-GmbH vereinbaren, dass der T-GmbH wegen ihrer beschränkten Funktionen und Risiken eine operative Marge iHv 3,5 % garantiert wird. Sofern der Gewinn vor Lizenzgebühr über dieser Marge liegt, ist die T-GmbH verpflichtet, eine Lizenzgebühr in Höhe der Differenz an die U-Inc. zu zahlen. Wenn der Gewinn der T-GmbH dagegen unter der Zielmarge von 3,5 % liegt, erhält sie von der U-Inc. einen Marketingzuschuss.

Gewinnabhängige Lizenzgebühren werden in der Praxis zwischen unabhängigen Unternehmen zwar (noch) selten vereinbart, sind jedoch zivilrechtlich zulässig und müssen daher auch zwischen nahe stehenden Unternehmen anerkannt werden.[1330] Im vorstehenden Beispiel kommt es entscheidend darauf an, dass die Funktions- und Risikoanalyse der T-GmbH den Nachweis erbringt, dass es sich um ein Routineunternehmen mit geringen Funktionen und Risiken handelt. Gelingt dieser Nachweis, bestehen gegen die Vereinbarung der variablen Lizenz keine Bedenken.

dd) Gewinnaufteilungsmethode (Profit Split)

641   Die **Gewinnaufteilungsmethode** (international sog. *Profit Split Method*) wird in Tz. 2.108-2.145 OECD-VPL 2010 beschrieben. Ebenso wie die TNMM wird auch die Gewinnaufteilungsmethode in § 1 Abs. 3 AStG nicht ausdrücklich erwähnt. Jedoch handelt es sich insoweit ebenfalls um eine **„geeignete Verrechnungspreismethode" iSd § 1 Abs. 3 S. 2 AStG,** die auch von der deutschen FinVerw. anerkannt wird. Nach Auffassung der Finanzbehörden kann die geschäftsvorfallbezogene Gewinnaufteilungsmethode jedoch nur herangezogen werden, wenn sich die Standardmethoden nicht oder nicht verlässlich anwenden lassen.[1331] Dies kann bspw. bei der Gewinnabgrenzung von grenzüberschreitenden Geschäftsbeziehungen zwischen mehreren Konzernunternehmen mit „Entrepreneur"-Funktion der Fall sein, die gemeinsam an der Anbahnung, Abwicklung und an dem Abschluss beteiligt sind, ohne dass Einzelbeiträge abgegrenzt werden können (zB *Global Trading*).[1332]

642   Obwohl oft nur von „der Gewinnaufteilungsmethode" (bzw. der Profit Split Method) die Rede ist,[1333] handelt es sich im Prinzip um **mehrere Gewinnaufteilungsmethoden.** Die OECD betont, dass es für die **Gewinnaufteilung** zahlreiche Ansätze gibt (Tz. 2.118 OECD-VPL 2010) und nennt beispielhaft die folgenden Methoden:
– die **Beitragsanalyse (Contribution Analysis,** Tz. 2.119 OECD-VPL 2010),
– die **Restgewinnanalyse (Residual Analysis,** Tz. 2.121 OECD-VPL 2010),
– der **hypothetische Fremdvergleich (Replication of the outcomes of bargaining,** Tz. 2.122 OECD-VPL 2010),

---

[1330] Vgl. oben Rn. 625 mit einem anderen Beispiel gewinnabhängiger Lizenzgebühren.
[1331] Vgl. Tz. 3.4.10.3 Buchst. c) VGr-Verfahren.
[1332] Vgl. Tz. 3.4.10.3 Buchst. c) S. 2 VGr-Verfahren; ebenso *OECD,* Transactional Profit Methods, Abschn. 8.B, Tz. 215.
[1333] Vgl. zB Tz. 3.4.10.3 VGr-Verfahren u. Tz. 2.108 OECD-VPL 2010.

– die **Methode der vergleichbaren Gewinnaufteilung** bzw. **Vergleichs-gewinnanalyse (Comparable Profit Split Method,** Tz. 2.133 OECD-VPL 2010),

– die **Analyse der abgezinsten Cashflows (Split on Basis of Discounted Cashflow),** wobei diese als eigenständige Methode oder im Rahmen anderer Methoden Anwendung finden kann (Tz. 2.123 OECD-VPL 2010),

– die **Methode des eingesetzten Kapitals (Split Based on Capital Employed,** Tz. 2.145 OECD-VPL 2010).

Die OECD-VPL enthält v. a. zu den **beiden wichtigsten Methoden,** nämlich zur **Beitragsanalyse** und zur **Restgewinnanalyse** (auch sog. Methode der Restgewinnaufteilung bzw. Residualgewinnmethode) umfangreiche Erläuterungen. Der deutsche Gesetzgeber kodifiziert lediglich den **hypothetischen Fremdvergleich** gem. § 1 Abs. 3 S. 5 ff. AStG. Dagegen bevorzugen die US-Regulations die **Restgewinnanalyse** und die so genannte **Vergleichsgewinnanalyse (Comparable Profit Split Analysis).**[1334]

Nachfolgend wird zunächst das Verhältnis der Gewinnaufteilungsmethoden zu anderen Verrechnungspreismethoden erörtert. Danach werden die Vor- und Nachteile der Gewinnaufteilungsmethoden dargestellt und abschließend die Anwendung der Methoden in Bezug auf immaterielle Wirtschaftsgüter bzw. Lizenzverträge erläutert.

Die **OECD** vertritt seit 2010 die Auffassung, dass **gewinnorientierten 643 Methoden** gegenüber den Standardmethoden der **Vorzug** zu geben ist, wenn ihre Anwendung sich als geeigneter erweist.[1335] Ebenso wie die deutsche FinVerw. weist die OECD darauf hin, dass Transaktionen mit sehr engen wechselseitigen Beziehungen, wie zB beim Global Trading, eine gesonderte Bewertung der einzelnen Transaktionen verhindern.[1336] Ferner wird die Gewinnaufteilungsmethode befürwortet, wenn wertvolle einzigartige Wertschöpfungsbeiträge (zB immaterielle Wirtschaftsgüter) von jeder Partei im Konzern beigesteuert werden, sodass die Verwendung einer „einseitigen Methode" *(One-sided Method)* nicht angemessen wäre. In diesem Zusammenhang werden die **Standardmethoden** ebenso wie die **transaktionsbezogene Nettomargenmethode** als **einseitige Methoden** qualifiziert,[1337] da nur die Preise oder Margen einer nahe stehenden Partei mit Preisen, Margen oder Kennzahlen anderer Transaktionen mit oder zwischen fremden Dritten verglichen werden. Dagegen wird die **Gewinnaufteilungsmethode** als **zwei- oder mehrseitige Methode** beurteilt,[1338] weil insoweit die Finanzdaten aller an der Wertschöpfungskette innerhalb des Konzerns beteiligten Unternehmen für die Beurteilung erforderlich sind.

[1334] Vgl. US-Regs. § 1.482-6; s. a. Kap. D Rn. 460 ff. (dort als Vergleichsgewinnaufteilungsmethode bezeichnet); dazu *Engler* in der 3. Aufl. dieses Handbuchs, Kap. N Rn. 549 ff.

[1335] Vgl. *OECD,* Tz. 2.4 f. OECD-VPL.

[1336] Vgl. Tz. 3.4.10.3 Buchst. c) VGr-Verfahren; *OECD,* Tz. 2.109 OECD-VPL 2010; *OECD,* PE Report, Part III, C-3.

[1337] Vgl. *OECD,* Tz. 2.59 u. 2.63 OECD-VPL 2010.

[1338] Vgl. *OECD,* Tz. 2.109 OECD-VPL 2010.

Ebenso wie die TNMM kann auch die **Gewinnaufteilungsmethode zur Verprobung** der Ergebnisse der Standardmethoden oder der TNMM genutzt werden **(Sanity Check).**[1339] Wie bereits oben bezüglich der Anwendung der TNMM im Fall der Verprobung erläutert wurde, ist der Steuerpflichtige zu einer solchen Verprobung nicht verpflichtet und die FinVerw. darf diese Methode nicht an die Stelle der vom Steuerpflichtigen gewählten Primärmethode setzen.[1340]

644 In ihrem Diskussionspapier „Transactional Profit Methods" gab die OECD noch Hinweise, unter welchen Bedingungen jeweils die Restgewinnanalyse oder die Beitragsanalyse als vorzugswürdig erscheint.[1341] In der Neufassung des Kapitels II der OECD-VPL wird nunmehr betont, dass es für die **Auswahl** einer der **Gewinnaufteilungsmethoden keine Rangfolge** gibt, sondern die Wahl der geeignetsten Methode von den Umständen des Einzelfalls abhängen soll.[1342]

Die **Restgewinnanalyse** dürfte idR anwendbar sein, wenn eine oder mehrere Parteien Funktionen und Risiken übernehmen sowie Wirtschaftsgüter nutzen, für deren Vergütung die Anwendung einer Standardmethode oder der TNMM nicht möglich ist.[1343] In diesen Fällen kann zunächst der Gewinn für die Routinefunktionen („benchmarkable functions") zB mit Hilfe von Datenbankrecherchen unter Anwendung der Kostenaufschlagsmethode oder der TNMM ermittelt und zugeordnet werden und der aufzuteilende Restgewinn (oder Verlust) kann dadurch leichter bestimmt werden als bei der Beitragsanalyse.[1344] Der typische Anwendungsfall ist gegeben, wenn die Parteien unterschiedliche Routinefunktionen ausüben, aber alle Beteiligten auch wertvolle immaterielle Wirtschaftsgüte nutzen und/oder erhebliche nicht vergleichbare Risiken tragen.

Wenn es nicht möglich ist, vorab Vergütungen für etwaige Routinefunktionen zu ermitteln, erscheint die Anwendung der **Beitragsanalyse** zweckmäßiger als die Restgewinnanalyse. Die Beitragsanalyse kann u. a. durchgeführt werden, wenn Daten aus einem direkten Drittvergleich für die Gewinnaufteilung verwendbar sind.[1345]

645 Die OECD sieht die **Stärke der Gewinnaufteilungsmethode** darin, dass sie eine Lösung für Fälle ermöglicht, in denen keine zuverlässigen Vergleichsdaten vorhanden sind, insbesondere wenn sehr wertvolle unvergleichliche oder hoch spezialisierte immaterielle Wirtschaftsgüter von jeder Partei genutzt werden, die an der Wertschöpfungskette beteiligt ist. Da die Gewinnaufteilungsmethode sich **nicht** auf direkt **vergleichbare** oder ähnliche **Transaktionen** stützt, kann sie auch verwendet werden, wenn derartige Transaktionen zwischen nicht nahe stehenden Personen nicht existieren.[1346]

[1339] Vgl. *OECD,* Tz. 2.11 u. 3.58 OECD-VPL 2010.

[1340] Vgl. *OECD,* Transactional Profit Methods, Abschn. 2.B.1., Rn. 29, Abschn. 2.C., Rn. 42 mit Entwurf der Tz. 1.69b und 1.69f OECD-VPL; in Tz. 2.11 OECD-VPL 2010 wird eine solche Beschränkung der FinVerw. nicht mehr erwähnt.

[1341] Vgl. *OECD,* Transactional Profit Methods, Abschnitt 8.A Tz. 209, 212 u. 213.

[1342] Vgl. *OECD,* Tz. 2.115 OECD-VPL 2010.

[1343] Vgl. Kap. D Rn. 510 ff.

[1344] Vgl. dazu das Beispiel unten in Rn. 649.

[1345] Vgl. Tz. 2.119 OECD-VPL 2010; dazu unten Rn 647.

[1346] Vgl. *OECD,* Tz. 2.109, 2.112 OECD-VPL 2010.

Eine weitere Stärke der Gewinnaufteilungsmethode wird darin gesehen, dass die Gefahr geringer ist, einer der beteiligten Parteien einen extremen und unwahrscheinlichen Gewinn zuzuordnen, da beide Parteien der Transaktion beurteilt werden; dieser Aspekt erlangt insbesondere Bedeutung, wenn immaterielle Wirtschaftsgüter für Transaktionen genutzt werden.[1347]

Ein sehr beachtlicher **Vorteil** der Gewinnaufteilungsmethode ist darin zu sehen, dass idR eine **Doppelbesteuerung vermieden wird,** weil bei dieser „zweiseitigen Methode" nur die Gewinne aus der Wertschöpfungskette zwischen den beteiligten Parteien aufgeteilt werden.[1348] Dies setzt jedoch voraus, dass die beteiligten Staaten die Anwendung der Gewinnaufteilungsmethode und den von den Unternehmen gewählten Aufteilungsschlüssel anerkennen.[1349]

Die OECD erkennt, dass die **Gewinnaufteilungsmethode auch Schwä-** **646** **chen** in sich birgt. So kann es zum einen schwierig sein, ausreichende Informationen von nahe stehenden Unternehmen aus dem Ausland zu erlangen.[1350] Dabei ist zu bedenken, dass zwischen unabhängigen Unternehmen die Gewinnaufteilungsmethode im Normalfall nicht angewendet wird. Ein weiteres Problem ergibt sich aus der Schwierigkeit, den **gesamten Gewinn** und die **gesamten Kosten** in der Wertschöpfungskette zu ermitteln, da die **Buchführungs- und Bilanzierungsgrundsätze** sowie die **Währungen** der beteiligten Staaten **unterschiedlich** sein können. In dieser Hinsicht wäre es idR sinnvoll, die für Konsolidierungszwecke einheitlich nach IFRS oder US-GAAP erstellten Abschlüsse bzw. Überleitungsrechnungen zu verwenden.

Ausgangspunkt der **Beitragsanalyse** ist der von den Unternehmen in der **647** Wertschöpfungskette erzielte gemeinsame Gewinn, der in dem Verhältnis aufzuteilen ist, wie dies unabhängige Unternehmen aus einem vergleichbaren Geschäftsvorfall erwarten würden.[1351] Die Analyse wird dabei möglichst durch externe Marktdaten ergänzt, die zeigen, wie unabhängige Unternehmen die Gewinne aufgeteilt hätten.[1352] Eine solche Gewinnaufteilung dürfte ferner möglich sein, wenn zB beide Parteien auch Routinefunktionen ausüben. Sofern keine externen Daten für die Aufteilung verfügbar sind, muss der verhältnismäßige Wert der übernommenen Funktionen und Risiken und der eingesetzten Wirtschaftsgüter berücksichtigt werden.[1353] Als **Aufteilungsschlüssel** für den **gemeinsamen Gewinn** *(Combined Profit)* kommen dann zB das Verhältnis der Werte bestimmter Wirtschaftsgüter der beteiligten Parteien (insb. immaterielle Wirtschaftsgüter, Anlagevermögen oder eingesetztes Kapital) oder das Verhältnis bestimmter Kostenarten (insb. Forschungs- und Entwicklungskosten, Planungskosten oder Marketingkosten) in Betracht.[1354] Die Beitragsanalyse wird vor allem von Finanzdienstleistern und von Telekommunikationsunternehmen angewendet, weil dort Transaktionen vorherrschen, bei denen komplexe Geschäftsbeziehungen sowie nennenswer-

---

[1347] Vgl. *OECD,* Tz. 2.113 OECD-VPL 2010.
[1348] Vgl. *Rädler* DB 1995, 110; *Portner* IStR 1995, 357.
[1349] Vgl. *Baumhoff* in Mössner, Rn. 3.227.
[1350] Tz. 2.114 OECD-VPL 2010.
[1351] Vgl. Tz. 2.119 S. 1, 2.124 OECD-VPL 2010.
[1352] Vgl. Tz. 2.119 S 2 OECD-VPL 2010.
[1353] Vgl. *OECD,* Tz. 2.119 S. 3 OECD-VPL 2010.
[1354] Vgl. *OECD,* Tz. 2.134 ff. OECD-VPL 2010.

te Risiken für die Vertragsparteien bestehen.[1355] Wegen der weiteren Einzelheiten bezüglich der Anwendung der Beitragsanalyse wird auf Tz. 2.119 f. und 2.132–2.145 OECD-VPL 2010 verwiesen.[1356]

648   Bei der **Restgewinnanalyse** wird der in der Wertschöpfungskette von den Konzernunternehmen erwirtschaftete gemeinsame **Gewinn in zwei Stufen aufgeteilt.**[1357] Auf einer **ersten Stufe** der Gewinnzuordnung wird den Parteien zunächst ein ausreichender Gewinn zugeordnet, um ihnen eine für die Art des jeweils getätigten Geschäftes angemessene **Mindestrendite für Routinefunktionen** und damit zusammenhängende Risiken zukommen zu lassen. Dabei richtet sich die Mindestrendite nach den am Markt beobachtbaren Erträgen, die von unabhängigen Unternehmen für gleichartige Routinefunktionen erzielt werden. Für die Ermittlung dieser Mindestrendite wird häufig die Kostenaufschlagsmethode oder die TNMM mit einem kostenorientierten Gewinnindikator *(Profit Level Indicator)* angewendet. Dabei bleibt regelmäßig derjenige Ertrag unberücksichtigt, den einzigartige und wertvolle Beiträge, insbesondere (immaterielle) Wirtschaftsgüter erzielen.

Der verbleibende **Restgewinn (oder Verlust)** wird sodann auf einer **zweiten Stufe** den Parteien aufgrund einer Untersuchung der Gegebenheiten und Umstände zugeordnet, die aufzeigen, wie unabhängige Unternehmen diesen Rest aufgeteilt hätten. Insoweit wird auf die oben zur Beitragsanalyse dargestellten **Aufteilungsschlüssel** verwiesen.[1358] Wegen der weiteren Einzelheiten der Restgewinnanalyse wird auf Tz. 2.121–2.145 OECD-VPL 2010 und die Erläuterungen in Kapitel D in diesem Handbuch verwiesen,[1359] sowie auf das nachstehende Beispiel aus dem Diskussionspapier der OECD zu den gewinnorientierten Methoden.

649   Die **OECD** stellt in ihren Leitlinien anhand eines Beispiels dar, wie ein **Profit Split** durchgeführt werden kann und erläutert die Anwendung unterschiedlicher Aufteilungsmethoden.[1360] Dabei wird betont, dass grds. einer **Aufteilung** des **operativen Gewinns** (idR des *EBIT*) erfolgt.[1361] Die Aufteilung des operativen Gewinns gewährleistet, dass sowohl die Erträge als auch die Aufwendungen des multinationalen Konzerns sachgerecht dem jeweiligen verbundenen Unternehmen zugeordnet werden.[1362] Im Einzelfall kann es aber auch zweckmäßig sein, eine Aufteilung des **Bruttogewinns** *(Gross Profit)*[1363] vorzunehmen. Sofern die Gewinnaufteilung im Einzelfall auf Basis des Bruttogewinns erfolgt, müssen davon diejenigen Aufwendungen abgezogen werden, die dem jeweiligen Unternehmen erwachsen sind oder die-

---

[1355] Vgl. *Vögele* in Green, Transfer Pricing Manual, S. 58 u. 63 ff.

[1356] Vgl. Tz. 2.119 f., 2.124 ff. OECD-VPL 2010.

[1357] Vgl. *OECD*, Tz. 2.121 OECD-VPL 2010; US-Regs. § 1.482–6 (c) (3) (i).

[1358] Vgl. *OECD*, Tz. 2.134 ff. OECD-VPL 2010.

[1359] Vgl. Kap. D Rn. 510 ff.

[1360] Vgl. *OECD*, Annex III zu Kapitel II OECD-VPL.

[1361] Vgl. Tz. 2.131 S. 1 OECD-VPL 2010.

[1362] Vgl. Tz. 2.131 S. 2 OECD-VPL 2010.

[1363] Die OECD verwendet den Begriff Bruttogewinn (Gross Profit) nicht nur für den Rohgewinn einer Vertriebsgesellschaft, sondern auch für Produktionsgesellschaften, wobei im zuletzt genannten Fall der Bruttogewinn grundsätzlich durch Abzug der Herstellungskosten vom Umsatz ermittelt wird; vgl. Definition im Glossar der OECD-VPL und Tz. 2.131 OECD-VPL 2010.

sem zugeordnet werden können. Dabei ist sicherzustellen, dass die Aufteilung der Bruttogewinne und der Aufwendungen den Funktionen und Risiken der Unternehmen entsprechen.[1364]

Beispiel: Die Konzernunternehmen A und B sind in unterschiedlichen Ländern ansässig und stellen gleiche Produkte her. Sie haben beide Forschungskosten für immaterielle Wirtschaftsgüter (IWG), die sie sich gegenseitig zur Nutzung überlassen. Es wird unterstellt, dass der Nutzungswert der überlassenen IWG dem Verhältnis der von A und B aufgewendeten Kosten für diese entspricht. A und B verkaufen ihre Produkte nur an konzernfremde Firmen. Ferner wird unterstellt, dass die Residualwertmethode die zuverlässigste Methode ist, dass für die Herstellungsaktivitäten anhand von Benchmarkanalysen nach der Kostenaufschlagsmethode vorab eine Rendite iHv 10% der Herstellungskosten zurechenbar ist und dass der Restgewinn im Verhältnis der Kosten für die IWG aufzuteilen ist. Die folgende Tabelle zeigt zunächst die wichtigsten Kennzahlen vor Durchführung der Gewinnaufteilung.

	A	B	A + B (Summen)
Umsatz	100	300	400
Herstellungskosten	−60	−170	−230
Bruttogewinn	40	130	170
Andere operative Kosten	− 2	− 4	− 6
Kosten für IWG	−30	− 40	− 70
Operativer Gewinn vor Overhead	8	86	94
Overheadkosten	− 3	− 6	− 9
Operativer Gewinn	5	80	85

Schritt 1: Ermittlung des Herstellungserlöses und -gewinns nach der Kostenaufschlagsmethode auf Basis der Benchmarkanalyse:

A: 60 + (60 * 10%) = 66   → Vorabgewinn für Produktion von A =   6
B: 170 + (170 * 10%) = 187   → Vorabgewinn für Produktion von B =   17
Summe Vorabgewinne (6 + 17)   23

Schritt 2: Ermittlung des aufzuteilenden Restgewinns:
a) Aufteilung auf Basis des operativen Gewinns
Gemeinsamer operativer Gewinn   85
abzüglich bereits zugewiesener Vorabgewinn   −23
Residualgewinn (aufzuteilen im Verhältnis der Kosten für IWG)   62
Residualgewinn für A: 62 * 30/70 = 26,57
Residualgewinn für B: 62 * 40/70 = 35,43
Anteiliger Gesamtgewinn für A: 6 (Vorabgew.) + 26,57 (Residualgew.) = **32,57**
Anteiliger Gesamtgewinn für B: 17 (Vorabgew.) + 35,43 (Residualgew.) = **52,43**
Summe   **85,00**

b) Alternative Aufteilung auf Basis des operativen Gewinns vor Overheadkosten (mit der Unterstellung, dass diese nicht mit den untersuchten Transaktionen in Zusammenhang stehen)
Gemeinsamer operativer Gewinn vor Overheadkosten   94
abzüglich bereits zugewiesener Vorabgewinn   −23
Residualgewinn (aufzuteilen im Verhältnis der Kosten für IWG)   71
Residualgewinn für A: 71 * 30/70 = 30,43
Residualgewinn für B: 71 * 40/70 = 40,57
Anteiliger Gesamtgewinn für A: 6 (Vorabgew.) + 30,43 (Residualgew.) = **33,43**
Anteiliger Gesamtgewinn für B: 17 (Vorabgew.) + 40,57 (Residualgew.) = **51,57**
Summe   **85,00**

[1364] Vgl. Tz. 2.131 OECD-VPL 2010.

650   Da in dem Beispiel die beiden Unternehmen A und B sich gegenseitig immaterielle Wirtschaftsgüter zur Nutzung überlassen, liegt ein Fall des **Cross-Licensing** vor.[1365] Dabei wird für die Nutzung der immateriellen Wirtschaftsgüter **keine feste Lizenzgebühr** gezahlt, sondern der Restgewinn wird im Verhältnis der für die immateriellen Wirtschaftsgüter im betreffenden Jahr aufgewendeten Kosten aufgeteilt. Unklar ist, ob diese Aufteilung des Restgewinns als **variable Lizenzgebühr** im Rahmen eines „Cross-Licensing"-Vertrags zu qualifizieren ist. Falls die Ansässigkeitsstaaten der Vertragsparteien den Residualgewinn jeweils als Lizenzgebühr im Sinne ihres nationalen Rechts und iSd anwendbaren DBA-Regelung beurteilen, können sie nach ihrem Recht Quellensteuer auf die Residualgewinne erheben, soweit das jeweilige bilaterale DBA keine Freistellung oder Reduzierung der Quellensteuer vorsieht.

Die OECD erläutert auch nicht explizit, ob es sich bei den im Beispiel genannten „Kosten für die immateriellen Wirtschaftsgüter" lediglich um die Verwaltungskosten und etwaige Registergebühren handelt oder auch um die Forschungs- und Entwicklungskosten des laufenden Jahres.[1366]

651   Der **hypothetische Fremdvergleich** ist in § 1 Abs. 3 S. 5–8 AStG geregelt und wird insb. von der deutschen FinVerw. nicht nur für die Fälle der Funktionsverlagerung propagiert.[1367] Er ist in allen Verrechnungspreisfällen grundsätzlich nur nachrangig anzuwenden, dh, wenn weder eingeschränkt noch uneingeschränkt vergleichbare Fremdvergleichswerte feststellbar sind und demnach keine Standardmethode oder gewinnorientierte Methode anwendbar ist (§ 1 Abs. 3 S. 5 AStG) Doch ist es nach Auffassung der FinVerw. bereits für einzelne immaterielle Wirtschaftsgüter mit erheblichen Schwierigkeiten verbunden, Vergleichspreise zu finden, insbesondere wenn sie einzigartig und hochwertig sind.[1368] In solchen Fällen ist die Preisbestimmung anhand des hypothetischen Fremdvergleiches vorzunehmen.

Für die Verrechnungspreisbestimmung in diesen Fällen ist insbesondere der **zukünftig** zu erwartende **finanzielle Nutzen** aus dem betreffenden immateriellen Wirtschaftsgut maßgebend, der sich aufgrund einer betriebswirtschaftlichen **Bewertung** nach einem **kapitalwertorientierten Verfahren** ergibt, das national (zB IDW S 1 oder IDW S 5) oder international (zB ISO 10668) anerkannt ist.[1369]

652   Der hypothetische Fremdvergleich unterscheidet sich von der oben erwähnten Restgewinnanalyse vor allem durch die **Simulation** imaginärer **Verhandlungen** zwischen Lizenzgeber und Lizenznehmer, bei denen ausgehend von den Gewinnpotenzialen aus der Nutzung des immateriellen Wirtschaftsgutes der Lizenzgeber einen **Mindestpreis** und der Lizenznehmer einen **Höchstpreis** setzt. Unterstellt man vollkommene Information der

---

[1365] Vgl. zum Cross-Licensing *Heimert* in Green, Transfer Pricing Manual S. 232 f.

[1366] Vgl. *OECD*, Annex III zu Kapitel II OECD-VPL.

[1367] Der hypothetische Fremdvergleich wird vom *BMF* in Tz. 61 ff. VGr-Funktionsverlagerung erläutert und soll lt. Tz. 62 auch für andere Transaktionen mit hochwertigen und einzigartigen immateriellen Wirtschaftsgütern Anwendung finden.

[1368] Vgl. *BMF* Tz. 62 S. 3 u. 4 VGr-Funktionsverlagerung. Kritisch zur Frage, unter welchen Voraussetzungen ein immaterielles Wirtschaftsgut „einzigartig" sein kann, vgl. oben Rn 90 ff., 96.

[1369] Vgl. *BMF* Tz. 63 VGr-Funktionsverlagerung.

Vertragsparteien, die Abwesenheit von Standortvorteilen, Synergieeffekten und Steuersatzdifferenzen, wäre das Ergebnis dieser imaginären Verhandlungen identisch mit dem Resultat der Restgewinnanalyse. Falls Lizenzgeber und Lizenznehmer aber in unterschiedlichen Staaten ansässig sind, werden sie zu unterschiedlichen Vorstellungen vom Gewinnpotenzial des immateriellen Wirtschaftsgutes gelangen, so dass es zu einem **Einigungsbereich** für die angemessene Lizenzgebühr kommt. Wird kein anderer Wert innerhalb des Einigungsbereichs plausibel gemacht, ist gem. § 1 Abs. 3 S. 7 AStG der **Mittelwert** des Einigungsbereichs zwischen Mindestpreis und Höchstpreis zugrunde zu legen.[1370]

Beispiel: Die Konzernunternehmen A und B sind in unterschiedlichen Ländern ansässig. Unternehmen A kann mit Hilfe eines immateriellen Wirtschaftsgutes (IWG) in den vier folgenden Wirtschaftsjahren den unten angegebenen Reingewinn nach Steuern erzielen. Alternativ könnte das Unternehmen A auf die Nutzung des immateriellen Wirtschaftsgutes verzichten und in den betreffenden Wirtschaftsjahren den unten angegebenen Reingewinn nach Steuern ohne IWG erwirtschaften. In diesem Fall könnte das Unternehmen A dem inaktiven Unternehmen B das IWG überlassen, das mit diesem immateriellen Wirtschaftsgut aufgrund von Standortvorteilen den unten angegebenen Reingewinn nach Steuern erzielen könnte. Um das Gesamtergebnis des Konzerns zu erhöhen, soll das Unternehmen A das IWG an das Unternehmen B entweder verkaufen oder in Lizenz überlassen. Die folgende Tabelle zeigt zunächst die wichtigsten Kennzahlen vor und nach Überlassung des IWG (alle Beträge in T€):

Unternehmen A	01	02	03	04	Summe
Reingewinn mit IWG	100	200	300	305	905
Reingewinn ohne IWG	10	95	190	190	485
Differenz (= auf IWG entfallender Gewinn)	90	105	110	115	420
Unternehmen B	**01**	**02**	**03**	**04**	**Summe**
Umsatz ohne IWG	0	0	0	0	0
Reingewinn ohne IWG	0	0	0	0	0
Umsatz mit IWG	755	905	1130	1210	4000
Reingewinn mit IWG	100	120	150	160	530

Ein ordentlicher und gewissenhafter Geschäftsführer stellt sich nun die Frage, wie hoch der angemessene Verkaufspreis für das Unternehmen A bzw. der Kaufpreis für das Unternehmen B bezüglich des IWG sein müsste. Alternativ ist zu prüfen, wie hoch beispw. die umsatzabhängige Lizenzgebühr sein müsste, falls das IWG nicht veräußert, sondern lizenziert werden soll. Unter der Annahme eines Kapitalisierungszinssatzes von 10% (inklusive Risikozuschlag) und einer Nutzungsdauer von vier Jahren ergibt sich für den Fall des Verkaufs des IWG folgende Berechnung:

Mindestpreis des Lizenzgebers A:
$(100-10)/1,1 + (200-95)/1,1^2 + (300-190)/1,1^3 + (305-190)/1,1^4 = 329,7$
Höchstpreis des Lizenznehmers B:
$100/1,1 + 120/1,1^2 + 150/1,1^3 + 160/1,1^4 = 412,1$
Einigungsbereich: 329,7 bis 412,1
Vermutung gem. Gesetz und FinVerw.: Mittelwert $(329,7 + 412,1)/2 = 370,9$

[1370] Näheres zum hypothetischen Fremdvergleich in Kap. R Rn. 454 ff.

Da der Verkäufer das auf den Gegenwartswert diskontierte Gewinnpotenzial in Höhe von 329,7 verliert, muss er zumindest diesen Verlust kompensiert bekommen. Da der Erwerber das auf den Gegenwartswert diskontierte Gewinnpotenzial von 412,1 erhält, wird er maximal bereit sein, dieses gesamte Gewinnpotenzial zu bezahlen. Wenn beide Vertragsparteien keine andere Verteilung glaubhaft machen, so ist gem. Gesetz und FinVerw. der **Mittelwert** von **370,9** als fremdvergleichskonformer Preis für die Übertragung des IWG anzusehen.[1371]

Wenn das IWG alternativ nicht veräußert, sondern lizenziert werden soll, kann uE nicht der jährliche Mittelwert aus verloren gegangenem Gewinnpotenzial des Lizenzgebers und neu geschaffenem Gewinnpotenzial des Lizenznehmers ins Verhältnis zum erwarteten Umsatz des Lizenznehmers in dem jeweiligen Jahr gesetzt werden, um eine jährliche umsatzabhängige Lizenzgebühr zu errechnen. Der hypothetische Fremdvergleich würde vielmehr berücksichtigen, dass der Lizenznehmer nur ein beschränktes Nutzungsrecht erlangt, während ein Käufer darüber hinaus über das IWG verfügen und es zB für andere Gebiete in Lizenz geben oder weiterverkaufen könnte. Der Lizenzgeber und der Lizenznehmer würden zum Einen die Ertragserwartungen des Lizenznehmers berücksichtigen und zum Anderen den Anteil am Gewinn des Lizenznehmers, den ein Lizenzgeber in der Branche üblicherweise erhält.[1372] Unterstellt man für das Beispiel, dass dem Lizenznehmer 70% seines Gewinns verbleiben sollen, während der Lizenzgeber 30% erhalten soll, dann wäre hier als Ergebnis des hypothetischen Frendvergleichs – abweichend vom Verkaufsfall – nicht der Mittelwert des o.g. Einigungsbereichs, sondern eine Lizenz von ca. 30% vom Gewinn anzusetzen,[1373] also über die gesamte vierjährige Nutzungsdauer ein Betrag in Höhe von rund T€ 160 (= ca. 30% von T€ 530). Bezogen auf den Gesamtumsatz berechnet sich der jährliche Lizenzsatz daher mit 4% (= T€ 160 / T€ 4000).

Diese Überlegungen sind auch zu beachten, wenn – wie in der Praxis oft vorkommend – eine US-Muttergesellschaft im Wege der **„IP-Migration"** die IWG von nahe stehenden Tochtergesellschaften auf andere Tochtergesellschaften übertragen lässt und dafür ein „Kaufpreis" in Form einer Lizenzgebühr ermittelt wird. In solchen Fällen muss genau geprüft werden, ob das IWG als **Vollrecht übertragen** und somit verkauft wird (die „Lizenzgebühren" müssen dann einem angemessenen Kaufpreis entsprechen und die Lizenzzahlungen sind eher als Ratenzahlungen des Kaufpreises zu qualifizieren) **oder** ob es sich nur um die zB zeitlich und/oder räumlich **beschränkte Übertragung von Nutzungsrechten** handelt, so dass ein Lizenzvertrag vorliegt, dessen Lizenzgebühren mit fremdvergleichskonformen Lizenzzahlungen zu vergleichen sind.

653   Es ist noch unklar, ob sich die deutsche FinVerw. mit ihren Vorstellungen vom hypothetischen Fremdvergleich in der internationalen Steuerpraxis durchsetzen kann. Das Risiko, dass eine nach dem hypothetischen Fremdvergleich ermittelte Lizenzgebühr von der ausländischen FinVerw. beanstandet werden könnte, ist umso höher, je stärker die Steuersatzdifferenzen zwischen den beteiligten Ländern sind. Es ist zumindest wahrscheinlich, dass viele Staa-

---

[1371] Allgemein zu den Methoden der Bewertung im Fall der Übertragung von IWG vgl. oben Rn. 399 ff.

[1372] Vgl. dazu *Goldscheider/Jarosz/Mulhern,* les Nouvelles, 2002, 132 f. u. oben Rn. 634.

[1373] Wie oben zu Rn. 633 f. ausgeführt wurde, orientieren sich Lizenzgeber und Lizenznehmer grds. am erzielbaren operativen Gewinn des Lizenznehmers; jedoch dürfte es in Fällen des hypothetischen Fremdvergleichs auch zulässig sein, eine Orientierung am erzielbaren Reingewinn vorzunehmen.

ten Widerstände dagegen entwickeln, dass der deutsche Fiskus versucht, steuerliche Vorteile im Ausland der deutschen steuerlichen Bemessungsgrundlage zugrunde zu legen.

Andererseits scheint es der deutschen FinVerw. gelungen zu sein, auf der Ebene der **OECD** diese Prinzipien in den RL, Kommentaren und Arbeitspapieren verankert zu haben. Im zweiten Diskussionsentwurf der OECD zu den geplanten Änderungen des Kapitels VI der OECD-Leitlinien wurde eindeutig Stellung bezogen. So wurde die Verhandlungslösung zwischen zwei Vertragsparteien als realistische verfügbare Option bezeichnet, bei der nicht davon ausgegangen werden könne, dass eine Vertragspartei der anderen die Bedingungen aufzwingen könne. [1374]

Auch wurde explizit anerkannt, dass in Situationen, in denen vergleichbare Transaktionen nicht identifiziert werden können, der Preis für die Nutzung immaterieller Wirtschaftsgüter auch von lokalen **Standortvorteilen** und **Marktunterschieden** beeinflusst werde.[1375]

Am deutlichsten hat sich die deutsche FinVerw. vermutlich mit ihren Vorstellungen bei der **Berücksichtigung ausländischer Steuersätze** durchgesetzt. So heißt es in dem Diskussionspapier der OECD, dass bei Bewertungsfragen nicht nur die steuerliche Belastung der Gewinne bei der einen Vertragspartei zu berücksichtigen sei, sondern dass zwischen fremden Dritten auch die steuerliche Belastung der jeweils anderen Vertragspartei eine Rolle bei der Bestimmung von Marktpreisen spielen würde.[1376] Trotz aller Unsicherheiten ist daher zu erwarten, dass sich der hypothetische Fremdvergleich als eine der gewinnorientierten Methoden durchsetzen wird.

In der Praxis wird im Rahmen der Beitragsanalyse oft auch die in **654** Tz. 2.133 OECD-VPL 2010 genannte **Methode der vergleichbaren Gewinnaufteilung** (sog. Vergleichsgewinnanalyse bzw. **Comparable Profit Split Method**) angewendet Bei der Vergleichsgewinnmethode wird der in der Wertschöpfungskette erzielte gemeinsame Gewinn auf die Beteiligten in der Weise aufgeteilt, dass ihnen der **Gewinnanteil** auf Basis von Daten zugeordnet wird, die bei **Vergleichstransaktionen** zwischen unabhängigen Unternehmen festgestellt werden können.[1377] Allerdings dürfte es oft schwierig sein, einerseits unabhängige Unternehmen zu finden, die vergleichbare Geschäfte abwickeln und falls solche Geschäftsbeziehungen vorliegen, andererseits Zugang zu den Informationen solcher Geschäftsbeziehungen zu erhalten. Solche Transaktionen können bspw. bei Joint Venture-Vereinbarungen vorkommen. Die Vergleichstransaktionen **müssen** eine **Gewinnaufteilung erkennen lassen** und bestimmte Vergleichbarkeitskriterien erfüllen.

Die **US Regulations**[1378] nennen drei **Hauptvoraussetzungen** für die **655** Anwendung der *Comparable Profit Split Method:*

[1374] Vgl. *OECD*, Tz. 6.108–6.110 OECD-VPL Kapitel VI (2014 Guidance).

[1375] Vgl. *OECD*, Tz. 6.198 OECD-VPL Kapitel VI (2014 Guidance).

[1376] Vgl. *OECD*, Tz. 6.154, 6.175 OECD-VPL Kapitel VI (2014 Guidance), Annex, Beispiel 30, Tz. 105.

[1377] Vgl. Tz. 2.133 OECD-VPL 2010; *Llinares,* Intellectual Property, No. 24, 38; *Vögele/Witt/Harshbarger,* Intellectual Property, No. 32, 42 f.; *Vögele* in Green, Transfer Pricing Manual, 59 ff.

[1378] Vgl. US-Regs § 1.482-6(c)(2).

– **Vergleichsbedingungen,** die ähnlich sind, wie bei der Anwendung der **Comparable Profit Method** (also der US-Methode, die der TNMM ähnlich ist),

– **Vergleichbarkeit** der **Vertragsbedingungen** der verglichenen Transaktionen und

– für eine verlässliche Anwendung der Methode müssen die **Gesamtgewinne** der verglichenen Transaktionen (als Prozentsatz im Verhältnis zur Gesamtbilanzsumme) der nahe stehenden Unternehmen **keine wesentlichen Unterschiede** zu den entsprechenden Kennziffern der fremden Vergleichsunternehmen aufweisen.[1379]

Die oben zur CPM genannten wesentlichen Vergleichsfaktoren umfassen insb. die Geschäftsbranche, die Absatzmärkte der Produkte bzw. Dienstleistungen, die Zusammensetzung der Aktiva (betr. materielle und immaterielle Wirtschaftsgüter und kurzfristiges Betriebskapital), den Umfang der Geschäftstätigkeiten sowie die Bedeutung der Transaktion innerhalb der Wertschöpfungskette.[1380]

656   Da die deutsche FinVerw. die **Comparable Profit Method (CPM)** ablehnt,[1381] stellt sich die Frage, ob sie die von der OECD und von den US-Steuerbehörden anerkannte **Vergleichsgewinnanalyse (Comparable Profit Split Method)** akzeptieren kann bzw. muss. Zum einen wurde schon mehrfach wurde betont, dass die vom Bundesministerium der Finanzen veröffentlichten VGr nur für die deutsche FinVerw. selbst verbindlich sind, nicht aber für die Gerichte und für die Steuerpflichtigen. Zum anderen sprechen eine **Reihe von Gründen für** die **Anerkennung der Comparable Profit Split Method** als eine zulässige Gewinnaufteilungsmethode nach deutschem Steuerrecht.

Erstens weist *Schreiber* zutreffend darauf hin, dass die **OECD** die **CPM** nicht ablehnt, sondern explizit **anerkennt,** wenn bei ihrer Anwendung die in der OECD-Leitlinie aufgestellten Erfordernisse befolgt werden.[1382] Zweitens ergibt sich aus den in der vorherigen Randnummer genannten Voraussetzungen für die Anwendung der Comparable Profit Split Method, dass sie einen **transaktionsbezogenen Ansatz** verfolgt, indem die auf die Transaktionen entfallenden Gewinnanteile ermittelt werden sollen. Insoweit erfolgt die Anwendung der CPM hier in vergleichbarer Weise wie die Anwendung der von der OECD anerkannten TNMM. Drittens weist die **OECD** ausdrücklich auf die Existenz unterschiedlicher Gewinnaufteilungsmethoden hin (Tz. 2.118 OECD-VPL 2010) und erörtert in Tz. 2.133 OECD-VPL 2010 auch die zulässige Methode der vergleichbaren Gewinnaufteilung, während sie **nur eine Methode ablehnt,** nämlich die **„globale formelhafte Gewinnaufteilung".**[1383] Viertens kann die deutsche FinVerw. keine Methode ablehnen, die gem. Kapitel II der OECD-VPL und nach dem Recht anderer Staaten zuläs-

---

[1379] Vgl. US-Regs § 1.482-6(c)(2)(ii)(B)(1).

[1380] Vgl. US-Regs § 1.482-5(c)(2)(i).

[1381] Vgl. Tz. 3.4.10.3, Buchst. d) VGr-Verfahren.

[1382] Vgl. *Schreiber* in Kroppen, Bd. I, VGr-Verfahren, Rn. 162 unter Hinweis auf Tz. 2.56 OECD-VPL 2010, die lautet: „In particular, so-called ,comparable profit methods' or ,modified cost plus/resale minus methods' are acceptable only to the extent that they are consistent with these Guidelines."

[1383] Vgl. Tz. 1.16, 1.21 ff. OECD-VPL.

sig ist und anerkannt wird; vielmehr muss sie prüfen, ob diese Methode zu einem dem Fremdvergleich entsprechenden Ergebnis führt. In diesem Zusammenhang gibt es nach deutschem Recht keinen „Numerus Clausus" der Methoden, sondern gem. § 1 Abs. 3 AStG sind die Standardmethoden und subsidiär „andere geeignete Methoden" anwendbar, wobei sich aus der Gesetzesbegründung ergibt, dass das deutsche Recht den Anforderungen der OECD-Leitlinien und dem Fremdvergleichsgrundsatz Rechnung tragen will.

Die **Vergleichsgewinnanalyse** wird bevorzugt angewendet, wenn für Li-   657
zenzverträge innerhalb des Konzerns **keine ausreichend vergleichbaren Lizenzsätze** von Verträgen zwischen unabhängigen Unternehmen feststellbar sind, sodass die Preisvergleichsmethode nicht zuverlässig anwendbar ist. In diesem Zusammenhang kann die Methode der Vergleichsgewinnaufteilung auf die **Barwerte** der operativen **Gewinne** des **Lizenzgebers** und des **Lizenznehmers** gestützt werden, um den anteiligen Vergleichsgewinn zu ermitteln.[1384]

Die Gewinne vergleichbarer Unternehmen (zB Lizenzgeber und Lizenznehmer der gleichen Branche) werden dann verglichen mit den budgetierten Gewinnen der überprüften Unternehmen (ebenfalls Lizenzgeber und Lizenznehmer) um den angemessenen auf dem Fremdvergleich beruhenden Gewinnanteil bzw. Lizenzsatz zu bestimmen.[1385] Der **Hauptvorteil** dieser Methode liegt darin, dass sie selbst dann anwendbar ist, wenn **nur** die **Daten einer Partei** bekannt sind, so zB des Lizenznehmers; in diesem Fall würde unterstellt, dass der Gewinn des Lizenzgebers in den Lizenzeinnahmen liegt, ohne zusätzliche Kosten.[1386] Die Vergleichsgewinnmethode kann sowohl Anwendung finden, wenn der Lizenznehmer nur ein immaterielles Wirtschaftsgut – zB ein Patent oder eine Marke – oder eine Kombination solcher Wirtschaftsgüter nutzt. Daher ist diese Methode insbesondere für die pharmazeutische Industrie anwendbar.[1387]

Wenn die in Lizenz hergestellten Produkte ein **sehr hohes oder sehr**   658
niedriges Gewinnpotenzial haben, soll gem. den US-Vorschriften die **Vergleichsgewinnanalyse** gegenüber der Preisvergleichsmethode (CUT Method) bevorzugt werden, da letztere im Hinblick auf das außergewöhnliche Gewinnpotenzial wahrscheinlich nicht zu zuverlässigen Ergebnissen führt.[1388] Ferner soll die Vergleichsgewinnanalyse gegenüber der Restgewinnanalyse präferiert werden, da die erstere auch auf die Gewinnverteilung vergleichbarer Transaktionen abstellt und daher zuverlässiger sei, sofern die Gewinnanteile für vergleichbare Drittlizenzen innerhalb der eingeengten Bandbreite liegen und nicht systematisch dem gesamten Einkommen zuzuordnen sind.[1389]

Die in Tz. 2.123 OECD-VPL 2010 erwähnte **Analyse der abgezinsten**   659
Cashflows (auch sog. *Discounted Cashflow Methode* oder kurz: DCF-Metho-

---

[1384] Vgl. *Vögele/Harshberger/Mert-Beydilli,* ITR, Intellectual Property, No. 24, 22 ff.; *Vögele* in *Green,* Transfer Pricing Manual, 60.

[1385] Vgl. *Llinares,* Intellectual Property, No. 24, 39.

[1386] Vgl. *Llinares,* Intellectual Property, No. 24, 39.

[1387] Vgl. *Llinares,* Intellectual Property, No. 24, 39; *Vögele/Witt/Harshbarger,* Intellectual Property, No. 32, 43.

[1388] Vgl. US Regs. § 1.482-4 (c)(4), Example 2.

[1389] Vgl. *Vögele* in Green, Transfer Pricing Manual, 61 f.

de) spielt für die **Bewertung immaterieller Wirtschaftsgüter** eine große Rolle.[1390] Diese Methode ist aber auch für die Festsetzung und Überprüfung der Höhe von **Lizenzgebühren** geeignet. Da die DCF-Methode in der Literatur oft nicht im Rahmen der Gewinnaufteilungsmethoden erörtert wird, erfolgt die Kommentierung gesondert im nächsten Abschnitt.

660   Die in Tz. 2.145 OECD-VPL 2010 genannte **Methode des eingesetzten Kapitals** teilt den Gewinn in der Weise auf, dass jedes in der Wertschöpfungskette involvierte Unternehmen dieselbe Rendite aus dem bei diesem Geschäft eingesetzten Kapital erzielt. Diese Methode unterstellt, dass das von jeder Partei eingesetzte Kapital mit einem ähnlichen Risiko behaftet ist und die Geschäftspartner daher auf dem freien Markt ähnliche Renditen erwirtschaften würden.[1391] Diese Annahme ist jedoch mit großen Unsicherheiten behaftet, da sie ggf. maßgebliche Aspekte außer Acht lässt, die bei einer Funktionsanalyse deutlich würden und bei einer Gewinnaufteilung berücksichtigt werden sollten.[1392]

Die Anwendung der Gewinnaufteilungsmethode in ihren verschiedenen Erscheinungsformen wird – auch bezüglich des Hauptanwendungsgebiets der immateriellen Wirtschaftsgüter – in den Kapiteln D und H in diesem Handbuch erläutert. Allerdings sind in der Praxis oft komplizierte Berechnungen und Untersuchungen erforderlich.

ee) Discounted Cashflow Methode

661   Die *Discounted Cashflow Methode* (DCF-Methode) kann für verschiedene Zwecke eingesetzt werden. Sie findet sowohl für die Fälle der Unternehmensbewertung als auch für die **Bewertung immaterieller Wirtschaftsgüter** Anwendung.[1393] Im zuletzt genannten Fall wird der Wert des immateriellen Wirtschaftsguts ermittelt anhand des Barwerts des Unternehmens mit dem immateriellen Wirtschaftsgut einerseits und ohne das immaterielle Wirtschaftsgut andererseits.[1394] Die DCF-Methode kann ferner für die Ermittlung des Gewinnpotenzials für ein Transferpaket im Rahmen der Funktionsverlagerung angewendet werden.[1395] Darüber hinaus kann die **DCF-Methode** auch zur **Ermittlung von Lizenzsätzen** eingesetzt werden.[1396] Auch in diesem Fall ist der Ausgangspunkt der Überlegungen der nach der DCF-Methode ermittelte **Barwert** der Erträge des Unternehmens **ohne** das immaterielle Wirtschaftsgut und **mit** dem immateriellen Wirtschaftsgut. Wenn dann die abgezinsten Erträge des immateriellen Wirtschaftsguts in das Verhältnis zu den Umsätzen des Unternehmens gesetzt werden, erhält man einen Indikator für den Lizenzsatz.[1397] Die **OECD** hat die Anwendung der **Discounted Cashflow Methode** entweder im Zuge der oben erörterten Rest-

---

[1390] Vgl. dazu ausführlich oben Rn. 406 ff.
[1391] Vgl. Tz. 2.145 S. 2 OECD-VPL 2010.
[1392] Vgl. Tz. 2.145 S. 3 und 4 OECD-VPL 2010.
[1393] Vgl. zur Unternehmensbewertung IDW S 1 sowie zur Bewertung immaterieller Wirtschaftsgüter IDW S 5 und oben Rn. 401, 406 ff.
[1394] Vgl. oben Rn. 406 ff.
[1395] Vgl. § 1 Abs. 4 FVerlV und die Erläuterungen in Kap. R Rn. 584 ff. in diesem Handbuch.
[1396] Vgl. dazu *Smith/Parr,* 370 ff.
[1397] Vgl. dazu *Smith/Parr,* 371.

gewinnaufteilung oder **als eigenständige Gewinnaufteilungsmethode** explizit **anerkannt** (Tz. 2.123 S. 1 OECD-VPL 2010).

Die **OECD** hat ausdrücklich bestätigt, dass multinationale Unternehmen **662** gem. Tz. 2.9 OECD-VPL die Freiheit haben, auch **sonstige Methoden** anzuwenden, die nicht in der OECD-VPL erörtert werden, jedoch die Voraussetzungen des Fremdvergleichs erfüllen. Neben anderen Methoden wird dabei auch die **Discounted Cashflow Method** genannt.[1398] Die OECD vertritt aber die Auffassung, dass eine andere Methode nicht anstelle der von der OECD akzeptierten Methoden verwendet werden sollte, sofern die akzeptierten Methoden für den betreffenden Fall eine geeignetere Lösung liefern.[1399]

Da die DCF-Methode eine gut verständliche und relativ einfache Konzep- **663** tion aufweist, ist sie nicht nur für große, sondern auch für kleinere und mittlere Unternehmen anwendbar, ebenso für einzelne Unternehmenssparten oder Produktlinien großer Unternehmen.[1400] Dabei ist es generell nicht erforderlich, eine Wirtschaftsprüfungsgesellschaft mit der Bewertung zu beauftragen, sondern die Finanzabteilungen oder die steuerlichen Berater der jeweiligen Unternehmen können diese Berechnungen auf Basis der Budgetdaten vornehmen. Um die **Ableitung** der Bandbreite denkbarer **Lizenzsätze** aus den mit Hilfe der DCF-Methode ermittelten Unternehmenswerten verständlich zu machen, wird nachfolgend ein einfaches aber **umfangreiches Beispiel** dargestellt, das weitgehend (aber auf das Wesentliche verkürzt) einem Beispiel von *Smith/Parr* nachgebildet ist.[1401] Das Beispiel wird mehrfach modifiziert, um zB die Auswirkungen unterschiedlicher Lizenzsätze oder von Vorab-Lizenzzahlungen darzustellen. Die Änderungen werden in der jeweils nächsten Tabelle durch Tönung hervorgehoben, um den Vergleich zu erleichtern. Ferner wurde das Beispiel um Überlegungen für nahe stehende Unternehmen ergänzt.

Beispiel: Die deutsche Konzerngesellschaft D-GmbH stellt einfache Waren her und erwartet lediglich geringes Umsatzwachstum von 5 % p. a. Für die Jahre 2014–2018 wird zunächst die unten in Tabelle 1 dargestellte DCF-Analyse nebst Budget aufgestellt. Für die Ermittlung des Barwerts der Cashflows wird ein Diskontierungsfaktor von 15 % angenommen, so dass sich ein Unternehmenswert iHv 18,8 Mio. € errechnet.

Tabelle 1: DCF-Analyse für D-GmbH (in T€)

Jahr		2014 0,5	2015 1,5	2016 2,5	2017 3,5	2018 ff. 4,5
Umsätze Waren	100 %	100 000	105 000	110 250	115 763	121 551
Herstellungskosten	68 %	68 000	71 400	74 970	78 719	82 654
AfA		2 632	2 763	2 901	3 046	3 199
Bruttogewinn	29,4 %	29 368	30 837	32 379	33 998	35 698
Vertriebs- und Verwaltungskosten	24,0 %	24 000	25 200	26 460	27 738	29 172
Operativer Gewinn	5,4 %	5 368	5 637	5 919	6 215	6 525
Ertragsteuer (45 %)		2 416	2 537	2 664	2 797	2 936

[1398] Vgl. Tz. 2.123 OECD-VPL 2010.
[1399] Vgl. Tz. 2.9 OECD-VPL 2010.
[1400] Vgl. *Smith/Parr,* 371 f.
[1401] Vgl. dazu *Smith/Parr,* 371 ff.

Jahr		2014 0,5	2015 1,5	2016 2,5	2017 3,5	2018 ff. 4,5
Nettogewinn	3 %	2 952	3 100	3 255	3 418	3 589
zuzüglich AfA		2 632	2 763	2 901	3 046	3 199
Brutto-Cashflow	5,6 %	5 584	5 863	6 156	6 464	6 788
abzüglich:						
Einlagen		1 000	1 000	1 050	103	1 158
Kapitalrückzahlung		2 632	2 632	2 763	2 901	3 046
Netto-Cashflow	2,0 %	1 952	2 231	2 343	3 460	2 584
Diskontierungs-		0,9325048	0,8108737	0,7051076	0,613137	4,4430221
zins 15 %						
Barwert p. a.		1 821	1 809	1 652	2 122	11 480
Barwert insges.		**18 884**				

Die D-GmbH möchte durch die Herstellung von Spezialprodukten zusätzliches Wachstum generieren. Die Produktionskosten der Spezialprodukte werden auf 45 % geschätzt, so dass ein Bruttogewinn von 55 % verbleibt. Aus Tabelle 2 wird ersichtlich, dass im Laufe der Jahre die kombinierte Bruttogewinnspanne aller Produkte von ca. 30 % auf 38 % steigt. Der gesamte operative Gewinn erhöht sich von ca. 6 % auf etwa 14 %. Der größere Netto-Cashflow hat eine Erhöhung des Unternehmensbarwerts auf ca. 40,2 Mio. € zur Folge. Aus Vereinfachungsgründen wurde der gleiche Diskontierungssatz verwendet, obwohl wegen der Zunahme der operativen Risiken eher ein höherer Satz gerechtfertigt wäre.[1402]

In diesem Zusammenhang ist für alle Berechnungen zu bedenken, dass generell nicht nur die budgetierten Umsätze und Kosten, sondern auch der gewählte Diskontierungssatz nebst Risikozuschlag einen bedeutenden Einfluss auf die Höhe des Unternehmenswerts und damit wiederum auf die Höhe der Bandbreite möglicher Lizenzzahlungen hat. Insoweit besteht zwar ein gewisser unternehmerischer Ermessensspielraum; jedoch besteht bei Geschäftsbeziehungen zwischen nahe stehenden Unternehmen für Steuerzwecke das Erfordernis, die betriebswirtschaftlichen Entscheidungsgrundlagen zu dokumentieren.

Tabelle 2: DCF-Analyse für D-GmbH mit zusätzlichen Spezialprodukten (in T€)

Jahr		2014 0,5	2015 1,5	2016 2,5	2017 3,5	2018 ff. 4,5
Umsätze Waren	100 %	100 000	105 000	110 250	115 763	121 551
Umsätze Spezial-	100 %	1 000	5 000	20 000	45 000	60 000
produkte						
Summe Umsätze		101 000	110 000	130 250	160 763	181 551
Herstellungskosten	68 %	68 000	71 400	74 970	78 719	82 654
HK Spezialprodukte	45 %	450	2 250	9 000	20 250	27 000
AfA		2 632	2 813	3 051	3 446	3 699
Bruttogewinn	29,9 %	29 918	33 537	43 229	58 348	68 197
Vertriebs- und Ver-	24,2 %	24 240	26 400	31 260	38 583	43 572
waltungskosten						
Operativer Gewinn	5,7 %	5 678	7 137	11 969	19 765	24 625
Steuerrückstellungen		2 555	3 212	5 386	8 894	11 081

[1402] Vgl. ebenso *Smith/Parr*, S. 378.

Jahr		2014 0,5	2015 1,5	2016 2,5	2017 3,5	2018 ff. 4,5
Nettogewinn	3,1%	3123	3925	6583	10871	13544
zuzüglich AfA		2632	2813	3051	3446	3699
Brutto-Cashflow	5,8%	5755	6738	9634	14317	17243
abzüglich:						
Einlagen		1200	1800	4050	6103	4158
Kapitalrückzahlung		2632	2632	4763	7901	5046
Netto-Cashflow	1,9%	1923	2306	821	313	8039
Diskontierungs-		0,932505	0,810874	0,705108	0,613137	4,443022
zins 15%						
Barwert p. a.		1793	1870	579	192	35717
Barwert insges.		**40151**				

Die geplante Produktion der Spezialprodukte erfordert die Nutzung eines Patents, das für das US-Konzernunternehmen U-Inc. registriert ist. Die D-GmbH möchte mit der U-Inc. einen Lizenzvertrag abschließen. Zunächst wird überlegt, der U-Inc. gem. der sog. 25%-Regel[1403] einen Anteil iHv 25% vom Bruttogewinn zu gewähren. Aus den in Tabelle 3 wird jedoch ersichtlich, dass dadurch der Barwert des Unternehmens auf ca. 15,6 Mio. € sinkt und damit sogar unter dem ursprünglichen Barwert vor Aufnahme der Spezialproduktion liegen würde. Das Beispiel zeigt somit anschaulich, dass Daumenregeln keine geeignete Entscheidungsgrundlage bieten.[1404]

Tabelle 3: DCF-Analyse für D-GmbH mit zusätzlichen Spezialprodukten unter Berücksichtigung einer Lizenzzahlung gem. der 25%-Regel (in T€)

Jahr		2014 0,5	2015 1,5	2016 2,5	2017 3,5	2018 ff. 4,5
Umsätze Waren	100%	100000	105000	110250	115763	121551
Umsätze Spezial- produkte	100%	1000	5000	20000	45000	60000
Summe Umsätze		101000	110000	130250	160763	181551
Herstellungskosten	68%	68000	71400	74970	78719	82654
HK Spezialprodukte	45%	450	2250	9000	20250	27000
AfA		2632	2813	3051	3446	3699
Bruttogewinn	29,9%	29918	33537	43229	58348	68197
Vertriebs- und Ver- waltungskosten	24,2%	24240	26400	31260	38583	43572
Lizenzgebühr iHv 25% des Bruttoge- winns der Spezial- produkte		138	688	2750	6188	8250
Operativer Gewinn	5,5%	5541	6450	9219	13578	16375
Steuerrückstellungen		2493	2902	4149	6110	7369
Nettogewinn	3,0%	3047	3547	5070	7468	9006
zuzüglich AfA		2632	2813	3051	3446	3699

[1403] Vgl. zur 25%-Regel oben Rn. 632 ff.
[1404] Vgl. *Smith/Parr*, S. 378.

Jahr		2014 0,5	2015 1,5	2016 2,5	2017 3,5	2018 ff. 4,5
Brutto-Cashflow	5,7%	5 679	6 360	8 121	10 914	12 705
abzüglich:						
Einlagen		1 200	1 800	4 050	6 103	4 158
Kapitalrückzahlung		2 632	3 632	4 763	7 901	5 046
Netto-Cashflow	1,8%	1 847	928	(692)	(3 090)	3 501
Diskontierungs- zins 15%		0,932505	0,810874	0,705108	0,613137	4,443022
Barwert p. a.		1 723	753	(488)	(1 895)	15 556
Barwert insges.	**15 649**					

Zur Ermittlung der Obergrenze einer denkbaren Lizenzgebühr muss folglich ein Lizenzsatz angesetzt werden, der dem Lizenznehmer mindestens den ursprünglichen Unternehmenswert garantiert, der sich ohne die Lizenzierung errechnete. Zu diesem Zweck wird in Tabelle 4 ein fester Lizenzsatz iHv 11,873% eingestellt, der als maximal denkbarer Lizenzsatz den ursprünglichen Unternehmenswert nicht schmälert.[1405] In der Bandbreite von 0–11,873% liegt somit der Einigungsbereich für den zu vereinbarenden Lizenzsatz. Da der gefundene Einigungsbereich hier nicht auf Fremdvergleichswerten, die durch außerordentliche Faktoren beeinflusst sein könnten, beruht, ist es grundsätzlich **nicht** erforderlich, unter Beachtung des Gedankens der Interquartile Range eine eingeengte Bandbreite der Lizenzsätze von bspw. 3–9% zu ermitteln. Obwohl dem gemäß in der Theorie die volle Bandbreite des Einigungsbereichs zur Verfügung steht, sollte der **Lizenzsatz** zur Vermeidung von Beanstandungen in der **Nähe des Mittelwerts von ca. 6%** festgesetzt werden.

Tabelle 4: DCF-Analyse für D-GmbH mit zusätzlichen Spezialprodukten unter Berücksichtigung einer Lizenzzahlung iHv 11,873% (in T€)

Jahr		2014 0,5	2015 1,5	2016 2,5	2017 3,5	2018 ff. 4,5
Umsätze Waren	100%	100 000	105 000	110 250	115 763	121 551
Umsätze Spezial- produkte	100%	1 000	5 000	20 000	45 000	60 000
Summe Umsätze		101 000	110 000	130 250	160 763	181 551
Herstellungskosten	68%	68 000	71 400	74 970	78 719	82 654
HK Spezialprodukte	45%	450	2 250	9 000	20 250	27 000
AfA		2 632	2 813	3 051	3 446	3 699
Bruttogewinn	29,9%	29 918	33 537	43 229	58 348	68 197
Vertriebs- und Verwaltungskosten	24,2%	24 240	26 400	31 260	38 583	43 572
Lizenz iHv 11,873%		119	594	2 375	5 343	7 124
Operativer Gewinn	5,6%	5 559	6 543	9 595	14 422	17 502
Steuerrückstellungen		2 502	2 945	4 318	6 490	7 876
Nettogewinn	3,1%	3 058	3 599	5 277	7 932	9 626
zuzüglich AfA		2 632	2 813	3 051	3 446	3 699

[1405] Vgl. *Smith/Parr*, S. 380.

Jahr		2014 0,5	2015 1,5	2016 2,5	2017 3,5	2018 ff. 4,5
Brutto–Cashflow abzüglich:	5,7%	5 690	6 412	8 328	11 378	13 325
Einlagen		1 200	1 800	4 050	6 103	4 158
Kapitalrückzahlung		2 632	3 632	4 763	7 901	5 046
Netto–Cashflow	1,9%	1 858	980	(485)	(2 626)	4 121
Diskontierungs- zins 15%		0,932505	0,810874	0,705108	0,613137	4,443022
Barwert p. a.		1 732	795	(342)	(1 610)	18 309
Barwert insges.		**18 884**				

Alternativ zu der oben erörterten laufenden Lizenzzahlung vereinbaren die Parteien häufig eine **Vorab-Lizenzzahlung.** Auf Basis der DCF-Methode ist es möglich, auch für diese Modelle unter Berücksichtigung der Vorab-Lizenzzahlung die laufenden Lizenzgebühren so zu berechnen, dass sie auf keinen Fall die Obergrenze überschreiten, die zu einer Minderung des Unternehmensbarwerts vor Lizenzierung führen würde.[1406] In Tabelle 5 wird bspw. eine Vorab-Lizenzzahlung von 2,5 Mio. € angesetzt und errechnet, dass die laufende Lizenzgebühr dann eine Obergrenze von 11,128% nicht überschreiten darf. Auch in dieser Alternative umfasst der theoretische Einigungsbereich die volle Bandbreite, die hier zwischen 0% und 11,1% liegt. Aus den oben erörterten Gründen wäre es wiederum empfehlenswert, eine Orientierung in der Nähe des Mittelwerts vorzunehmen, so dass sich eine laufende **Lizenzgebühr iHv ca. 5,5%** ergibt.

Tabelle 5: DCF-Analyse für D-GmbH mit zusätzlichen Spezialprodukten unter Berücksichtigung einer Vorab-Lizenzzahlung von 2,5 Mio. € und einer laufenden Lizenzzahlung iHv 11,128% (in T€)

Jahr		2010 0,5	2011 1,5	2012 2,5	2013 3,5	2014 ff. 4,5
Umsätze Waren	100%	100 000	105 000	110 250	115 763	121 551
Umsätze Spezial- produkte	100%	1 000	5 000	20 000	45 000	60 000
Summe Umsätze		101 000	110 000	130 250	160 763	181 551
Herstellungskosten	68%	68 000	71 400	74 970	78 719	82 654
HK Spezialprodukte	45%	450	2 250	9 000	20 250	27 000
AfA		2 632	2 813	3 051	3 446	3 699
Bruttogewinn	29,9%	29 918	33 537	43 229	58 348	68 197
Vertriebs- und Ver- waltungskosten	24,2%	24 240	26 400	31 260	38 583	43 572
Vorab-Lizenzzahlung		2 500				
Lizenz iHv 11,128%		111	556	2 226	5 008	7 677
Operativer Gewinn	3,1%	3 067	6 581	9 743	14 757	17 948
Steuerrückstellungen		1 380	2 961	4 385	6 641	8 077
Nettogewinn	1,7%	1 687	3 620	5 277	8 116	9 871
zuzüglich AfA		2 632	2 813	3 051	3 446	3 699

[1406] Vgl. *Smith/Parr,* S. 380 ff.

Jahr		2010 0,5	2011 1,5	2012 2,5	2013 3,5	2014 ff. 4,5
Brutto-Cashflow abzüglich:	4,3 %	4319	6432	8410	11563	13571
Einlagen		1200	1800	4050	6103	4158
Kapitalrückzahlung		2632	3632	4763	7901	5046
Netto-Cashflow	0,5 %	487	1000	(403)	(2441)	4367
Diskontierungs- zins 15 %		0,932505	0,810874	0,705108	0,613137	4,443022
Barwert p. a.		454	811	(284)	(1497)	19401
Barwert insges.		**18884**				

664   Zusammenfassend bestätigt das oben erläuterte Beispiel, dass die **DCF-Methode** für die **Ermittlung** möglicher **Lizenzsätze gut geeignet** ist. Auch die OECD hebt die DCF-Methode unter allen Bewertungsmethoden besonders hervor und bezeichnet sie als besonders nützliches Instrument, wenn verlässliche Preisvergleiche nicht verfügbar sind.[1407] Einer der Vorteile ist die vielfältige Variierbarkeit. So ist es möglich, auch Vorab-Lizenzzahlungen in die Berechnungen einzubeziehen und deren Einfluss auf die Höhe der laufenden Lizenzzahlungen zu ermitteln. Außerdem kann die DCF-Methode nicht nur aus Sicht des Lizenznehmers, sondern auch aus Sicht des Lizenzgebers ein nützliches Bewertungsinstrument darstellen. Die OECD betrachtet es als in der Regel erforderlich, dass beide Vertragsparteien separate DCF-Analysen erstellen und sich aus den zwei Perspektiven ein Intervall von zwei Barwerten ergibt, innerhalb dessen die fremdvergleichskonforme Lizenzgebühr hergeleitet werden muss. Die Parallelen zum hypothetischen Fremdvergleich sind hier unverkennbar. Ferner kann die DCF-Methode auch für noch sehr neue Technologien Anwendung finden, indem unterschiedliche Berechnungen für optimistische Erwartungen, realistische Erwartungen und pessimistische *(Worst Case)* Szenarien angestellt werden.[1408]

Gleichwohl nennt die OECD auch Nachteile von Bewertungsmethoden, wie der DCF-Methode, gegenüber den anderen gewinnorientierten Methoden. Der Unterschied der DCF-Methode liege vor allem in der Verwendung handelsrechtlich ermittelter Daten. Aufgrund des kaufmännischen Vorsichtsprinzips würde daher oft sehr vorsichtig bewertet, was aus Sicht der Verrechnungspreise zu nicht fremdvergleichskonformen Ergebnissen führen könnte.[1409] In der Verwendung handelsrechtlicher Ansätze kann man aber auch einen Vorteil sehen, da es die Glaubwürdigkeit gegenüber der FinVerw. erhöht, wenn nicht eigens für steuerliche Gewinnabgrenzungszwecke erstellte Planrechnungen zur Ermittlung von Lizenzgebühren vorgelegt werden, sondern Kalkulationen, die auch für handelsrechtliche Zwecke angewendet werden.

[1407] Vgl. *OECD*, Tz. 6.153 OECD-VPL Kapitel VI (2014 Guidance).

[1408] Vgl. *Smith/Parr*, S. 383. Solche Sensitivitätsanalysen sind auch geeignet, die vielfältigen Annahmen besser gegenüber der FinVerw. zu verteidigen. Siehe dazu auch *OECD*, Tz. 6.157 OECD-VPL Kapitel VI (2014 Guidance).

[1409] Vgl. *OECD*, Tz. 6.152 OECD-VPL Kapitel VI (2014 Guidance).

7. Anpassung der Lizenzgebühren

Wie bereits erwähnt wurde, haben die USA im Jahr 1986 für die Beurtei- **665**
lung der Verrechnungspreise für immaterielle Wirtschaftsgüter die Commen-
surate-With-Income-Bestimmung eingeführt. Nach diesem Grundsatz muss
das Entgelt aus der Verwertung eines immateriellen Wirtschaftsguts sowohl
bei der Veräußerung als auch bei der Lizenzierung nach den Erträgen des
Erwerbers oder Lizenznehmers bemessen werden. Diese als **Super Royalty**
bekannt gewordene Regelung erwartet von dem Übertragenden, dass er
Klauseln vereinbart, die es ihm gestatten, den Verkaufspreis oder die Lizenzgebühr in Verträgen mit mehr als einem Jahr Laufzeit **im Nachhinein** ertragsorientiert **anzupassen.**[1410] Wenn erhebliche Abweichungen gegenüber
den Ertragserwartungen im Zeitpunkt der Übertragung des Wirtschaftsguts
eintreten, muss das Entgelt angepasst werden. Soweit der Steuerpflichtige diese **periodischen Anpassungen** *(Periodic Adjustments)* nicht vornimmt, kann
der IRS die Gewinne entsprechend berichtigen.[1411]

In Deutschland gilt der zivilrechtliche Grundsatz, dass die Parteien an **Ver-** **666**
träge gebunden sind („pacta sunt servanda"), sofern keine vertraglichen
Vorbehalte vereinbart wurden oder ausnahmsweise ein Festhalten am Vertrag
nach Treu und Glauben nicht mehr zumutbar ist, insb. wegen Wegfalls der
Geschäftsgrundlage. Bei Kaufverträgen und Lizenzverträgen über immaterielle Wirtschaftsgüter wird der Wert des übertragenen Wirtschaftsguts von den
Parteien im Zeitpunkt der Übertragung (also „ex ante") ermittelt. Eine spätere Anpassung wird allenfalls bei Dauerschuldverhältnissen, aber nur selten in
Lizenzverträgen vertraglich vereinbart.[1412]

Im Übrigen darf nach deutschem Zivil- und Steuerrecht **keine „ex-** **667**
post"-Betrachtung durchgeführt werden, dh, die Lizenzsätze dürfen nicht
im Hinblick auf unerwartet gute oder schlechte Ergebnisse im Nachhinein
von der FinVerw. beanstandet werden, wenn Anpassungen vertraglich nicht
ausdrücklich vorgesehen sind. Entscheidend kommt es vielmehr auf die von
den Parteien im Zeitpunkt des Vertragsabschlusses erwarteten Erträge an, die
zB anhand von Budgets und Umsatzschätzungen belegt werden können. Die
OECD erkennt an, dass die Steuerpflichtigen bei der Anwendung der Gewinnaufteilungsmethode auf die künftig erwarteten Cash Flows und Vorteile
abstellen.[1413] In Fällen großer **Unsicherheit** empfiehlt die OECD die Verwendung von nur **kurzfristigen Verträgen** oder von **Preisanpassungs-**
klauseln, zB die Vereinbarung progressiver Lizenzsätze.[1414]

Im Übrigen nimmt der Lizenzgeber an einem unerwartet großen Erfolg **668**
eines Produkts schon mit „normalen" meist umsatzabhängigen Lizenzgebühren teil. Wenn ein Produkt vom Lizenznehmer in seinem Lizenzgebiet mit

---

[1410] Vgl. zB *Jacob* IWB, F. 8, G. 2, 479 ff.; *Portner* IWB, F. 10, G. 2, 863 ff.; *Becker* in
Maguire/Theisen, 55.

[1411] Vgl. die ausführliche Darstellung in der 2. Aufl. dieses Handbuchs in Kap. S
Rn. 116 ff.

[1412] *Becker* in Maguire/Theisen, 55 weist darauf hin, dass in Deutschland in der Praxis Klauseln, die eine Anpassung der Lizenzgebühr gestatten, sehr selten sind.

[1413] Vgl. *OECD,* Tz. 6.146, Tz. 6.150 ff. OECD-VPL Kapitel VI (2014 Guidance).

[1414] Vgl. *OECD,* Tz. 6.180 OECD-VPL Kapitel VI (2014 Guidance).

erheblichem Erfolg vermarktet wird, erhält der Lizenzgeber bei der Umsatzlizenz mit dem steigenden Umsatz auch bei gleichbleibendem Lizenzsatz höhere Gebühren. In diesem Zusammenhang muss auch berücksichtigt werden, dass der Lizenznehmer durch seine Marketingaktivitäten den Erfolg der Produkte und die Bekanntheit der Marke fördert und damit auch den Wert der Marke stärkt und daher umgekehrt eher eine Reduzierung der Lizenzgebühr in Frage käme.[1415]

> **Beispiel:** Die US-Muttergesellschaft U-Inc. gewährt ihrer deutschen Tochtergesellschaft T-GmbH Lizenzen zur Herstellung von Sportartikeln. Die T-GmbH zahlt Patent- und Know-how-Lizenzgebühren iHv 4% vom Nettoumsatz und Marken-Lizenzgebühren iHv 1% vom Umsatz. Die Vertragsparteien gehen bei ihrer Vereinbarung davon aus, dass T-GmbH einen Nettoumsatz von 10 Mio. € und einen Gewinn von 1,5 Mio. € vor Lizenzgebühren und Ertragsteuern erzielen wird, so dass die Lizenzgebühren insgesamt 500 T€ p. a. betragen würden. Wenn nun die T-GmbH nach 3 Jahren wider Erwarten einen nachhaltigen Umsatz von 20 Mio. € und einen Gewinn von 5 Mio. € erzielt, nimmt die U-Inc. zwar nicht an der Steigerung der Umsatzrendite der T-GmbH teil, jedoch erhöhen sich die Lizenzgebühren bei gleichem Lizenzsatz absolut gesehen um 100% auf 1 Mio. €. Ob der Erfolg der Produkte auf der stärker gewordenen Marke und/oder den Marketinganstrengungen der T-GmbH beruht, kann in solchen Fällen nicht genau ermittelt werden.

669   Das obige Beispiel verdeutlicht, dass der **Lizenzgeber auch** bei einer **umsatzbezogenen Lizenzgebühr** an den **Erfolgen** des Lizenznehmers **teilnimmt.** Daher ist es nicht nachvollziehbar, dass Section 482 IRC und die **US-FinVerw.** fordern, die **Lizenzgebühren** müssten immer im Einklang mit den Erträgen des Lizenznehmers aus der Verwertung des immateriellen Wirtschaftsguts stehen und bei Abweichungen von den erwarteten Erträgen **periodisch angepasst** werden. Andererseits lassen gewinnorientierte Lizenzgebühren – wie oben dargestellt[1416] – wesentlich flexiblere Lösungen zu. Allerdings verlangt auch § 1 Abs. 3 S. 11 f. AStG die Vereinbarung von **Anpassungsklauseln** in Verträgen, so insb. wenn immaterielle Wirtschaftsgüter im Rahmen einer **Funktionsverlagerung** übertragen werden und unabhängige Dritte wegen der Unsicherheiten im Zeitpunkt des Vertragsabschlusses sachgerechte Anpassungsregelungen vereinbaren würden. Anderenfalls ist noch innerhalb der ersten zehn Jahre nach Geschäftsabschluss eine Gewinnberichtigung nach § 1 AStG vorgesehen, wenn eine erhebliche Abweichung von der geplanten Gewinnentwicklung eintritt.

670   Unabhängig davon empfiehlt es sich, in der Praxis bei **Lizenzverträgen** mit einer Laufzeit von mehr als 3 Jahren eine **Anpassungsklausel** aufzunehmen, wonach bei einem Überschreiten oder Unterschreiten der erwarteten Ergebnisse des Lizenznehmers eine Änderung der vereinbarten Lizenzsätze erfolgt. Dabei muss aber im Hinblick auf das Erfordernis der im Voraus klaren und eindeutigen Regelung entweder bereits eine **Formel oder Lizenzgebührenstaffel** festgelegt werden – wie im Beispiel gewinnorientierter Lizenzen des zuvor erörterten Abschnitts – **oder** die Vertragsparteien müssen für den Eintritt bestimmter Bedingungen (zB Über- oder Unterschreiten be-

---

[1415] So zB OECD-VPL 2010 Tz. 6.38 am Ende; auch OECD-VPL Kapitel VI (2014 Guidance) Tz. 6.75; vgl. ferner oben das Beispiel in Rn. 521.
[1416] Vgl. oben Rn. 618.

stimmter Umsatz- und Ertragskennziffern) ein **Kündigungsrecht** erhalten, damit sie mit dem Ziel der Neuverhandlung eine Kündigung des bestehenden Vertrags vornehmen können.

8. Lizenzgebühren in der Rezession

Im vorherigen Kapitel wurde bereits erörtert, dass eine **Rezession** oder **671** **Wirtschaftskrise** bei fast allen multinationalen Konzernen erhebliche Gewinnminderungen oder Verluste verursacht, die entsprechende Anpassungsmaßnahmen bezüglich der Verrechnungspreise rechtfertigen können.[1417] In diesem Abschnitt wird diskutiert, ob auch Anpassungen für **Lizenzgebühren** erforderlich sind und welche Gestaltungsmöglichkeiten bestehen.

Obwohl die weit überwiegende Zahl der **Lizenzverträge** in der Praxis **langfristig** oder mit automatischer Verlängerungsklausel abgeschlossen werden und insofern die Notwendigkeit einer Vertragsänderung eher gegeben sein kann als bei kurzfristigen Verträgen, stellt sich aus verschiedenen Gründen die Frage, ob für Lizenzverträge überhaupt Anpassungen nötig und zulässig sind. Erstens handelt es sich bei Lizenzverträgen – wie bereits erwähnt wurde – um sog. **aleatorische Geschäfte** (gewagte Geschäfte),[1418] sodass die Vertragsparteien die Vertragsrisiken und Chancen bereits im Zeitpunkt des Vertragsabschlusses umfassend abwägen und berücksichtigen müssen. Insoweit sollten sie nicht nur die Möglichkeiten eines Erfolgs oder Misserfolgs der Lizenzprodukte, sondern auch den Eintritt einer Rezession bzw. Krise in ihre Kalkulation und Vertragsgestaltung einbeziehen. Zweitens wird ein gut beratener Lizenzgeber oder Lizenznehmer darauf achten, dass der Lizenzvertrag von Anfang an **flexible Regelungen** enthält, die beim Eintritt bestimmter Bedingungen automatisch zu einer Anpassung der Lizenzgebühr führen. Auch in Tz. 6.30 ff. OECD-VPL 2010 und Tz. 6.180 OECD-VPL Kapitel VI (2014 Guidance) wird darauf hingewiesen, dass verbundene Unternehmen den Unsicherheitsfaktoren in gleicher Weise Rechnung tragen sollen, wie unabhängige Unternehmen. Denkbar sind zB progressive Umsatz- oder Stücklizenzen oder gewinnabhängige Lizenzen oder eine Lizenzgebühr auf Basis von Prognoserechnungen.[1419] Alternativ sollten zumindest für den Fall eines Umsatz- oder Ergebniseinbruchs von mehr als 20% kurzfristige Kündigungsfristen (mit der Möglichkeit neuer Vereinbarungen) oder vertragliche Verhandlungspflichten (ohne Kündigung) im Vertrag vorgesehen sein.[1420] Drittens führen **Umsatzrückgänge** auch bei den typischerweise vereinbarten umsatzabhängigen Lizenzen zu einer **Minderung der Lizenzgebühr** ohne dass eine Verringerung des Lizenzsatzes vereinbart werden muss. So hat zB ein Umsatzrückgang von 50% auch eine Halbierung der Lizenzzahlungen zur Folge.

Beispiel: Die Produktionsgesellschaft P zahlt an die Muttergesellschaft M eine Patentlizenzgebühr iHv 5% vom Umsatz. Der Umsatz mit Produkten, die unter Nut-

---

[1417] Vgl. Kap. N Rn. 263 ff. zu den wichtigsten zivilrechtlichen und steuerlichen Aspekten von Anpassungsmöglichkeiten betr. Preise und Margen für Dienstleistungen.

[1418] Vgl. Busse/*Hacker,* § 15 PatG, Rn. 57; oben Rn. 445.

[1419] Vgl. Tz. 6.29 bis 6.34 OECD-VPL 2010 und Tz. 6.179 bis 6.184 OECD-VPL Kapitel VI (2014 Guidance).

[1420] Bei Anwendung deutschen Rechts ist auch ohne solche Klauseln idR eine Vertragsänderung gem. § 311 Abs. 1 BGB zulässig, vgl. Kap. N Rn. 265 f.

zung des Patents hergestellt werden, sinkt im Jahr 2009 auf € 10 Mio. gegenüber € 20 Mio. im Vorjahr. Damit verringert sich die Lizenzgebühr von € 1 Mio. auf € 500 000.

672   Obwohl die oben genannten Argumente eher gegen die Notwendigkeit von Anpassungen der zwischen verbundenen Unternehmen vereinbarten Lizenzsätze in einer Rezession oder Wirtschaftskrise sprechen, bestehen aber auch gute Gründe, die unter bestimmten Voraussetzungen eine Anpassung erfordern. Zunächst einmal ist zu berücksichtigen, dass in Zeiten der Rezession bzw. Wirtschaftskrise in Folge geringerer Umsätze auch die **Werte vieler immaterieller Vermögensgegenstände sinken.**[1421] So hat sich zB der „Brand Value" im Rezessionsjahr 2009 gegenüber 2008 für die **Marken** Nokia und Porsche um jeweils 20%, für die Marken BMW bzw. Mercedes Benz um 15% bzw. 14% und für Siemens um 8% verringert.[1422] Im Zusammenhang mit der Eigentumsübertragung wurde bereits erörtert, dass für die Bewertung immaterieller Wirtschaftsgüter bevorzugt die kapitalwertorientierten Methoden, insb. Cashflow-Methoden zur Anwendung kommen.[1423] Auch *Taylor/Smith* weisen darauf hin, dass die Discounted Cash Flow Method die am häufigsten verwendete Methode für die Bewertung immaterieller Wirtschaftsgüter sei.[1424] Der Barwert der immateriellen Vermögensgegenstände sinkt zum Einen wegen der geringeren Umsätze und zum Anderen wegen der höheren Diskontierungszinssätze, die aufgrund zunehmender Risiken steigen.[1425] Zwar haben die Zentralbanken die Leitzinsen wie zB EURIBOR oder LIBOR seit Herbst 2008 ständig gesenkt, jedoch haben sich gleichzeitig die Risikoprämien überproportional erhöht.[1426]

Fraglich ist, ob die vereinbarten Lizenzsätze herabgesetzt werden müssen, wenn die Barwerte der immateriellen Wirtschaftsgüter gesunken sind. *Taylor/Smith* betonen, dass dies vom Einzelfall abhängt und dass die in der Praxis durchgeführten Analysen oft für eine Reduzierung der Lizenzsätze sprachen.[1427] Tatsächlich ist eine differenzierte Beurteilung im Hinblick auf den Einzelfall erforderlich.

673   Soweit der Lizenzvertrag bereits Lizenzsätze vorsieht, die progressiv mit dem Umsatz steigen (also bei fallendem Umsatz wieder sinken) oder die gewinnabhängig sind, wird eine Anpassung idR nicht erforderlich sein. Sofern jedoch feste umsatzabhängige Lizenzsätze oder degressiv gestaffelte Lizenzsätze vereinbart sind und der Lizenznehmer Verluste erwirtschaftet, kommen **vertragliche Anpassungsmaßnahmen** in Betracht.[1428] Ebenso wie für Dienstleistungsverträge sollten auch unterjährige Änderungsvereinbarungen

---

[1421] Vgl. *Taylor/Smith,* Transfer Pricing in a Recession, BNA 04/09, 55.

[1422] Vgl. *Millward Brown Optimor,* BRANDZ™ Top 100, Most Valuable Global Brands 2009; im Internet erhältlich unter http://www.brandz.com; die Studie erschien im Frühjahr 2009 und wies für rund die Hälfte der Top 100 Brands einen gesunkenen Wert aus.

[1423] Vgl. oben Rn. 401, 406 ff.

[1424] Vgl. *Taylor/Smith,* Transfer Pricing in a Recession, BNA 04/09, 56.

[1425] Vgl. *Taylor/Smith,* Transfer Pricing in a Recession, BNA 04/09, 56.

[1426] Vgl. *Clarke,* Transfer Pricing in a Recession, BNA 04/09, 52 f.

[1427] Vgl. *Taylor/Smith,* Transfer Pricing in a Recession, BNA 04/09, 56.

[1428] Zu den zivilrechtlichen Voraussetzungen vgl. Kap. N Rn. 264.

anerkannt werden.[1429] Zunächst kommt die Festsetzung eines **geringeren Lizenzsatzes** in Betracht, der am **unteren Ende der Interquartile Range** der Vergleichslizenzverträge orientiert werden kann. Diese Maßnahme dürfte idR aber keine nennenswerten Auswirkungen haben, da zB der Rückgang einer Umsatzrendite (**vor** Lizenzzahlung) von 10% auf 0% bei einer Reduzierung der Lizenzgebühr von 5% auf 3% gleichwohl zu einem Verlust führt. Auch die **Durchführung neuer Benchmarkanalysen** zur Ermittlung etwaiger geringerer Lizenzsätze während einer Rezessionsphase ist – anders als Gewinnaufschlagsanalysen für Dienstleistungen[1430] – wenig erfolgsversprechend, da es schwierig sein dürfte, genügend Vergleichsverträge zu finden, die während einer Rezessionsphase abgeschlossen wurden.

Am ehesten kommt daher ein **Vorteilsausgleich** in Frage, wobei Lizenz- **674** geber und Lizenznehmer vorübergehend eine Herabsetzung der Lizenzgebühr auf 0% vereinbaren (sog. *Royalty Holiday*), bis der Lizenznehmer wieder eine bestimmte Umsatzrendite (**vor** Lizenzaufwand) erreicht. Ab diesem Zeitpunkt werden dann zB um 1–2% erhöhte Lizenzgebühren gezahlt, bis der Barwert der ausgesetzten Lizenzzahlungen ausgeglichen ist. Alternativ kommt die **Umstellung** der bisherigen umsatzabhängigen Lizenzvereinbarung auf eine **gewinnabhängige Lizenzgebühr** in Frage. So wurde weiter oben ausführlich dargelegt, dass die Festsetzung einer Lizenzgebühr auf Basis einer **Discounted Cashflow Analyse** aus betriebswirtschaftlicher und steuerlicher Sicht sinnvoll und anzuerkennen ist.[1431] Auf Basis einer solchen Analyse kann dann für die Zukunft eine flexible, vom operativen Gewinn abhängige Lizenzgebühr vereinbart werden.[1432]

Da es sich bei einem **produzierenden Lizenznehmer** häufig um ein als **Strategieträger** zu qualifizierendes Unternehmen handelt (daneben kann auch der Lizenzgeber als Inhaber der immateriellen Wirtschaftsgüter als Strategieträger in Frage kommen), kommt auch die Anpassung der vertraglich vereinbarten Verrechnungspreise in der Wertschöpfungskette auf Basis der **Gewinnaufteilungsmethode** *(Profit Split)* in Betracht. Aufgrund des Profit Split kann dann auch eine Beteiligung des Lizenznehmers an den Verlusten erfolgen.

Eine **rückwirkende Anpassung** der Lizenzgebühr am Jahresende ist **675** grundsätzlich nicht möglich, es sei denn, die Parteien hätten seit Vertragsschluss bzw. am Jahresanfang eine **Klausel** vereinbart, die eine am operativen Gewinn oder sonstigen Kennzahlen orientierte Lizenzgebühr fixiert. Wie bereits im Rahmen der Erläuterungen zu Dienstleistungsverträgen ausgeführt wurde, [1433] steht die deutsche FinVerw. solchen am Ergebnis orientierten sog. „**Year End Adjustment**" Klauseln kritisch gegenüber. Daher empfiehlt es sich, besser eine gewinnorientierte prozentuale Lizenzgebühr zu vereinbaren.[1434]

Ferner ist es möglich, durch die **Übertragung** von **Funktionen, Risiken** **676** und **immateriellen Wirtschaftsgütern** grundsätzliche Änderungen in der

---

[1429] Vgl. Kap. N Rn. 265.
[1430] Vgl. Kap. N Rn. 270.
[1431] Vgl. oben Rn. 661 ff.
[1432] Vgl. oben Rn. 663.
[1433] Vgl. Kap. N Rn. 273.
[1434] Vgl. oben Beispiele in Rn. 521 und 625.

Wertschöpfungskette vorzunehmen. Da für die Bewertung immaterieller Wirtschaftsgüter idR kapitalwertorientierte Methoden angewendet werden,[1435] erleichtert der infolge der Rezession gegebene geringere Barwert eine solche **Umstrukturierung.** Jedoch müssen in solchen Fällen bevorzugt betriebswirtschaftliche Aspekte beachtet werden und im Übrigen sind die steuerliche Auswirkungen einer idR vorliegenden **Funktionsverlagerung** sowie sonstige Steuerfolgen zu berücksichtigen.[1436]

9. Quellensteuer

677   Für den Fall dass der Empfänger von Lizenzgebühren im Ausland ansässig ist, ist zu prüfen, ob der ausländische Lizenzgeber in Deutschland beschränkt steuerpflichtig ist. Die Besteuerung von Lizenzeinkünften im Rahmen der beschränkten Steuerpflicht des ausländischen Lizenzgebers ergibt sich in der Regel nach § 1 Abs. 4 EStG für natürliche Personen bzw. nach § 2 Nr. 1 KStG für juristische Personen iVm § 49 Abs. 1 Nr. 2a) EStG, soweit sie inländische Einkünfte in Form von Lizenzeinnahmen aus der Bundesrepublik Deutschland beziehen.

Die von deutschen Unternehmen an ausländische Lizenzgeber zu zahlenden Lizenzgebühren unterliegen seit 2009 grundsätzlich einer **Quellensteuer** von **15 %** plus Solidaritätszuschlag von 5,5 % (§ 50a Abs. 2 EStG). Dies gilt uneingeschränkt für Lizenzzahlungen an Lizenzgeber, die in einem Land ansässig sind, mit dem Deutschland kein DBA abgeschlossen hat (zB Brasilien).

Die Steuer auf Einkünfte aus den Lizenzeinnahmen des beschränkt Steuerpflichtigen wird durch **Steuerabzug** von den Einkünften erhoben (§ 50a Abs. 1 Nr. 3 EStG). Dazu führt der Schuldner der Lizenzvergütung (Lizenznehmer) für Rechnung des Gläubigers (Lizenzgebers) die Steuer ab (§ 50a Abs. 5 EStG). Die Steuerzahlung hat abgeltende Wirkung (§ 50 Abs. 2 S. 1 EStG i. V.m § 50a Abs. 1 Nr. 3 EStG bzw. für juristische Personen § 32 Abs. 1 Nr. 2 KStG). Das bedeutet, dass die im Abzugsverfahren erhobene Steuer endgültig ist, wodurch die Abgabe einer Steuererklärung insoweit entfällt.

Soweit **Doppelbesteuerungsabkommen (DBA)** bestehen und soweit die **europäische Zins- und LizenzgebührenRL** anwendbar ist und darüber hinaus die Substanzerfordernisse erfüllt werden, die der deutsche Gesetzgeber von einem Lizenzgeber für die Inanspruchnahme von Vergünstigungen eines DBA voraussetzt, wird das Recht zum Abzug der Quellensteuer dem Grunde oder der Höhe nach beschränkt.

678   Die meisten deutschen **DBA**[1437] enthalten inhaltsgleiche oder ähnliche Regelungen wie **Art. 12 OECD-MA,** der das Besteuerungsrecht für Lizenzgebühren regelt. Art. 12 Abs. 1 OECD-MA enthält den Grundsatz, dass Lizenzgebühren ausschließlich in dem Staat besteuert werden, in dem der nutzungsberechtigte Empfänger (Lizenzgeber) ansässig ist (Tz. 3 MA-Kommentar zu Art. 12 OECD-MA). Ausnahmen gelten jedoch für solche Lizenzgebühren, die aus einem dritten Staat stammen oder die einer Betriebsstätte

---

[1435] Vgl. oben Rn. 401, 406 ff.
[1436] Vgl. ebenso bei Dienstleistungen Kap. N Rn. 275 f.
[1437] Vgl. die Listen bei *Pöllath* in Vogel/Lehner DBA, Art. 12, Rn. 29, 79, 95.

zuzurechnen sind, welche ein Unternehmen eines Vertragsstaates im anderen Vertragsstaat hat (Art. 12 Abs. 3 OECD-MA und Tz. 20 MA-Kommentar zu Art. 12 OECD-MA). Ob die Lizenzgebühren zu den Unternehmensgewinnen einer Betriebsstätte gehören, ist im Einzelfall zu prüfen.

Abweichend vom OECD-MA lässt jedoch **Art. 12 Abs. 2 UN-MA** die **679** Erhebung von **Quellensteuer** zu, wobei den Vertragsstaaten überlassen wird, einen Quellensteuersatz auszuhandeln. Eine solche beschränkte Quellenbesteuerung sehen die deutschen DBA mit fast allen Entwicklungsländern aber nur mit wenigen Industriestaaten vor.[1438] Im Folgenden werden beispielhaft einige Quellensteuersätze für Lizenzgebühren aus den jeweiligen **DBA** aufgeführt:[1439]

DBA	Quellensteuersatz (Ausnahmesätze in Klammern)	Artikel
Argentinien	15%	12 Abs. 1, 2
Australien	10%	12 Abs. 1
China	10% (7%)	12 Abs. 1, 2; Prot. Nr. 5
Indien	10%	12 Abs. 1, 2
Japan	10%	12 Abs. 1, 2
Malaysia	7%	12 Abs. 1, 2
Mexiko	10%	12 Abs. 1, 2
Russland	0%	12 Abs. 1
Singapur	8%	12 Abs. 1, 2
Südafrika	0%	Art. 9 Abs. 1
Thailand	5% (15%)	12 Abs. 1, 2
Türkei	10%	12 Abs. 1, 2
Vietnam	10%	12 Abs. 1

Sowohl aus einem DBA als auch aus der Umsetzung der **Zins- und Li-** **680** **zenzgebührenRL** ergeben sich Quellensteuerbegrenzungen, wobei die jeweils **günstigere Regelung des DBA oder** der in nationales Recht umgesetzten **EU-RL** anzuwenden ist, wenn die zusätzlichen Voraussetzungen (zB Mindestbeteiligung, Mindesthaltedauer) erfüllt sind.[1440] Die am 3.6.2003 vom Rat der Europäischen Union erlassene „RL über eine gemeinsame Steuerregelung für Zahlungen von Zinsen und Lizenzgebühren zwischen verbundenen Unternehmen verschiedener Mitgliedstaaten" (2003/49/EG) regelt die steuerrechtliche Behandlung von Zinsen und Lizenzgebühren zwischen verbundenen Unternehmen, die in verschiedenen EU-Mitgliedstaaten ansässig sind.

[1438] Vgl. *Pöllath* in Vogel/Lehner DBA, Art. 12, Rn. 16 und Übersicht in Rn. 29.
[1439] Die DBA von EU-Staaten werden nicht erwähnt, da in der Praxis eine Entlastung bereits gem. § 50g EStG erfolgt.
[1440] Vgl. *Pfaff* in Pfaff/Osterrieth, Lizenzverträge, Rn. 595 ff.

681   Zur Umsetzung der RL in nationales Recht wurde das Einkommensteuergesetz um **§ 50g EStG** erweitert. Neben in der EU körperschaftsteuerpflichtigen Gesellschaften können auch in der EU befindliche Betriebsstätten der in der RL aufgelisteten Gesellschaften sowie in der Schweiz ansässige körperschaftsteuerpflichtige Gesellschaften nach § 50g Abs. 6 S. 1 EStG von der **Quellensteuerreduktion auf 0 %** profitieren. Zwischen Lizenzgeber und Lizenznehmer muss jedoch eine unmittelbare **Mindestkapitalbeteiligung von 25 %** bestehen. Damit werden Mutter-/Tochterverhältnisse, bzw. Schwesterverhältnisse erfasst. Zahlungen einer Enkelgesellschaft an die Muttergesellschaft fallen jedoch nicht unter die europäische LizenzgebührenRL.

682   Die Kürzung oder gar Vermeidung der Quellenbesteuerung ist grundsätzlich dadurch zu realisieren, dass die Quellensteuer einerseits entsprechend der nationalen Regelungen erhoben und dem Zahlungsempfänger später auf Antrag erstattet wird (**Erstattungsverfahren** nach § 50d Abs. 1 EStG). Andererseits kann die FinVerw. des Quellenstaates entsprechend dem DBA von vornherein die Erhebung eines ermäßigten Steuerbetrags gestatten oder gegebenenfalls auf den Abzug vollständig verzichten (**Freistellungsverfahren** nach § 50d Abs. 2 EStG).

683   In Deutschland wird **auf Antrag** das **Freistellungsverfahren** angewendet. Hat das Bundeszentralamt für Steuern aufgrund eines Antrags das Vorliegen der entsprechenden Befreiungsvoraussetzungen wie etwa die Ansässigkeit des Vergütungsgläubigers in einem DBA-Staat/EU-Staat als Voraussetzung der Abkommensberechtigung bzw. der Quellensteuerermäßigung nach § 50g EStG geprüft und eine **Freistellungsbescheinigung** erteilt, kann der Vergütungsschuldner nach § 50d Abs. 2 EStG über das Freistellungsverfahren unmittelbar einen ermäßigten Quellensteuerabzug vornehmen bzw. den Steuerabzug völlig unterlassen. Wenn keine Freistellungsbescheinigung vorliegt, muss der deutsche Lizenznehmer von den Lizenzgebühren die Quellensteuer iHv zzt. 15 % einbehalten (§ 50a Abs. 1 Nr. 3 u. Abs. 2 EStG) und der Lizenzgeber muss die (teilweise) Erstattung gem. § 50d Abs. 1 EStG beantragen, wobei ebenfalls ein Freistellungsbescheid erforderlich ist.

684   Die völlige oder teilweise Entlastung von der Quellensteuer nach dem jeweiligen DBA oder der europäischen Zins- und LizenzgebührenRL wird jedoch **nicht** gewährt, soweit Personen an der lizenzgebenden Gesellschaft im Ausland beteiligt sind, denen die Erstattung oder Freistellung nicht zustände, wenn sie die Lizenzeinkünfte unmittelbar erzielten, und die ausländische lizenzgebende Gesellschaft darüber hinaus **keinen angemessen eingerichteten Geschäftsbetrieb** nachweisen kann.[1441] § 50d Abs. 3 EStG ist vom deutschen Gesetzgeber als zusätzliche Hürde für die Quellensteuerreduktion eingeführt worden, um zu vermeiden, dass eine **substanzlose Gesellschaft** als Lizenzgeber in einem Staat gegründet wird, in dem die Vergünstigungen von DBA oder europäischer LizenzgebührenRL genutzt werden können.

685   Wenn Lizenzgebühren an eine Betriebsstätte oder Personengesellschaft gezahlt werden, ist im Einzelfall zu prüfen, ob die Lizenzgebühren überhaupt zu den Unternehmensgewinnen der Betriebsstätte oder der Personengesellschaft gehören. Nach Meinung des BFH zählen Lizenzen nach Art. 12 Abs. 3 DBA

[1441] Die Voraussetzungen, bei deren Vorliegen eine Steuerermäßigung zu versagen ist, werden in § 50d Abs. 3 EStG im Detail aufgeführt.

Schweiz/Deutschland nur insoweit zu den Unternehmensgewinnen einer schweizerischen Personengesellschaft, als die Rechte oder die Vermögenswerte, für die die Lizenzen gezahlt werden, tatsächlich zu der schweizerischen Betriebsstätte gehören.[1442] Lizenzen, die der schweizerischen Betriebsstätte eines unbeschränkt Steuerpflichtigen aus Drittstaaten zufließen, können daher als andere Einkünfte iSd Art. 21 DBA Schweiz/Deutschland qualifiziert werden, wenn die ihnen zu Grunde liegenden **Vermögenswerte nicht** iSd Art. 12 Abs. 3 DBA Schweiz/Deutschland zu der **schweizerischen Betriebsstätte** gehören. Dies hat dann zur Folge, dass insoweit keine Gewinne iSd Art. 7 DBA Schweiz/Deutschland vorliegen, die gem. Art. 24 Abs. 1 Nr. 1 Buchst. a) erster Halbsatz DBA Schweiz/Deutschland (in der im Streitjahr 1977 geltenden Fassung) bei einer in Deutschland ansässigen Person von der Bemessungsgrundlage der deutschen Steuer ausgenommen werden; mit anderen Worten: die Lizenzgebühren unterliegen der deutschen Besteuerung.

In diesem Zusammenhang ist die in den Abkommen geregelte **Definition** **686** der **Lizenzgebühren** von Bedeutung, die in Art. 12 Abs. 2 OECD-MA[1443] wie folgt lautet:

„Der in diesem Artikel verwendete Ausdruck Lizenzgebühren bedeutet Vergütungen jeder Art, die für die Benutzung oder für das Recht auf Benutzung von Urheberrechten an literarischen, künstlerischen oder wissenschaftlichen Werken, einschließlich kinematographischer Filme, von Patenten, Marken, Mustern oder Modellen, Plänen, geheimer Formeln oder Verfahren oder für die Benutzung oder das Recht auf Benutzung gewerblicher, kaufmännischer oder wissenschaftlicher Ausrüstungen oder für die Mitteilung gewerblicher, kaufmännischer oder wissenschaftlicher Erfahrungen gezahlt werden".

Keine Lizenzgebühr iSd DBA liegt vor, wenn es sich um **Ratenzah-** **687** **lungen eines Kaufvertrags** handelt (Tz. 16 MA-Kommentar zu Art. 12 OECD-MA betreffend Softwareüberlassung) oder soweit die „Lizenzgebühr" zB auch Vergütungen für Kundendienst-, Garantie- oder Beratungsleistungen oder für technische Hilfeleistungen enthält und es sich dabei nicht nur um unwesentliche **Nebenleistungen** handelt (Tz. 11.4 MA-Kommentar zu Art. 12 OECD-MA). An anderer Stelle wurde bereits erläutert, dass **Globalvergütungen** für Zwecke der Verrechnungspreisprüfungen **aufzuteilen** sind;[1444] dies gilt auch für die Bestimmung der Bemessungsgrundlage für die Quellensteuer.

Das Problem der Quellensteuer kann v. a. bei der „Lizenzierung" von **688** Software zu Meinungsverschiedenheiten führen. Nach Auffassung der deutschen FinVerw. handelt es sich bei dem Entgelt für die „Nutzungsüberlassung" von **Standardsoftware** idR **nicht** um **Lizenzgebühren** iSd Art. 12 Abs. 2 OECD-MA, **sondern** um eine **Kaufpreiszahlung** für den Erwerb eines immateriellen Wirtschaftsguts. Mit dieser Begründung verweigert die deutsche Betriebsprüfung regelmäßig die Anrechnung der (angeblich) zu Unrecht erhobenen ausländischen Quellensteuer auf die deutsche Körperschaftsteuer (bzw. auf die Einkommensteuer bei Personengesellschaften).

[1442] BFH 30.8.1995, BStBl. II 1996, 563 ff.
[1443] Inhaltlich im Wesentlichen übereinstimmend Art. 12 Abs. 3 UN-MA.
[1444] Vgl. oben Rn. 458 ff. „Globallizenzen und Einzellizenzen".

689   Für eine sachgerechte Lösung des Problems ist unter Heranziehung der Tz. 12–17 MA-Kommentar zu Art. 12 OECD-MA zu differenzieren. Wenn das **„Vollrecht"**, also das Urheberrecht insgesamt übertragen wird, liegt ein Kaufvertrag vor, so dass keine „Lizenzgebühr" gezahlt wird, die eine Quellensteuer rechtfertigen könnte (Tz. 15 MA-Kommentar zu Art. 12 OECD-MA). Dieser Fall ist in Deutschland ausgeschlossen, weil das Urheberrecht gem. § 29 UrhG nicht veräußert, sondern nur zur Nutzung überlassen werden kann. Wenn nur **Teilrechte** am Urheberrecht übertragen werden, kann es sich entweder um einen Verkauf oder um eine Lizenzierung handeln (Tz. 12–15 MA-Kommentar zu Art. 12 OECD-MA). Die Überlassung von **Software** an einen Kunden, der diese privat oder in seinem Unternehmen **selbst nutzt,** ist regelmäßig als **Verkauf** zu qualifizieren, so dass keine Lizenzgebühr vorliegt und damit auch keine Quellensteuer zulässig ist (Tz. 14 MA-Kommentar zu Art. 12 OECD-MA). In solchen Fällen wird – wie bei einem Buch – nur ein urheberrechtlich geschütztes Exemplar (sog. **Copyrighted Article**) veräußert, aber nicht das Urheberrecht selbst, so dass der Erwerber nicht berechtigt ist, Kopien zu fertigen und diese zu veräußern. Wenn die Software jedoch an eine nahe stehende oder fremde **Vertriebsgesellschaft** geliefert wird mit dem **Recht,** diese zu **vervielfältigen** und zu vertreiben, handelt es sich regelmäßig um die Erteilung einer **Lizenz,** weil insoweit eine Nutzung des Urheberrechts erfolgt (Tz. 13.1 MA-Kommentar zu Art. 12 OECD-MA). Insoweit ist die Zahlung von der Vertriebsgesellschaft an den Inhaber des Urheberrechts (Software-Entwicklungsgesellschaft) als eine Lizenzzahlung zu qualifizieren, die die Erhebung von Quellensteuern rechtfertigt.

690   Auch die **Höhe zulässiger Lizenzgebühren** im Rahmen von **Verrechnungspreisen** spielt für die Frage der Quellensteuer eine Rolle. Art. 12 OECD-MA findet gem. Art. 12 Abs. 4 OECD-MA nur Anwendung, soweit die **Lizenzgebühr** den Betrag nicht übersteigt, den **unabhängige Dritte** miteinander vereinbart hätten. Dem gemäß unterliegt nur der angemessene Teil der Lizenzgebühr dem Art. 12 OECD-MA, während der übersteigende Betrag nach dem Recht der Vertragsstaaten und unter Berücksichtigung der anderen Bestimmungen des Abkommens besteuert werden kann. Aus deutscher Sicht kann dem gemäß der Mehrbetrag als verdeckte Gewinnausschüttung behandelt werden.[1445] Bei Unstimmigkeiten der beteiligten Staaten über die Behandlung des überhöhten Betrags müsste ein Verständigungsverfahren eingeleitet werden (Tz. 26 MA-Kommentar zu Art. 12 OECD-MA).

691   Falls die Fallkonstellation eintritt, dass der Lizenzgeber in Deutschland ansässig ist, während der Lizenznehmer im **DBA-Ausland** seinen Sitz hat, bestehen prinzipiell gleichartige steuerliche Fragestellungen zur Quellensteuer, wie sie bereits oben erwähnt wurden. Zu prüfen ist insbesondere, welche etwaigen formellen Voraussetzungen für die Freistellung von ausländischem Quellensteuerabzug oder für die (teilweise oder volle) Erstattung ggf. einbehaltener Quellensteuer zu beachten sind. Ergänzend zu den obigen Regelungen haben für den Fall, dass zwischen Deutschland und dem betreffenden ausländischen Staat **kein DBA** besteht, deutsche Unternehmen die Möglich-

---

[1445] Vgl. *Pöllath* in Vogel/Lehner DBA Art. 12, Rn. 108 unter Hinweis auf Art. 11, Rn. 130 f.

keit, die im Ausland vom Lizenznehmer bereits abgezogene und nicht erstattungsfähige Quellensteuer auf die deutsche Steuer anzurechnen oder alternativ als Werbungskosten bzw. Betriebsausgaben abzuziehen. Grundlage der Anrechnung bildet bei einkommensteuerpflichtigen Personen § 34c EStG bzw. bei körperschaftsteuerpflichtigen Personen § 26 KStG. Danach können festgesetzte und bezahlte ausländische Steuern auf Einkünfte aus einem ausländischen Staat bis zur Höhe der auf diese Einkünfte anfallenden deutschen Steuer angerechnet werden. Hierzu hat der steuerpflichtige Lizenzgeber den Nachweis über die Höhe der ausländischen Einkünfte und über die Festsetzung und Zahlung der ausländischen Steuern durch Vorlage entsprechender Urkunden zu führen (zum Beispiel Steuerbescheid, Quittung über die Zahlung).[1446]

(einstweilen frei)												692–700

IX. Franchiseverträge

1. Definition und Rechtsnatur

Für sog. Franchiseverträge fehlen ebenso wie für Lizenzverträge spezielle **701** Regelungen im Zivilrecht und eine gesetzliche **Definition.** International findet sich eine Art Legal-Definition der Begriffe „Franchise" und „Franchise-Vereinbarung" in Art. 1 Abs. 3, Buchstaben A und B der Verordnung der EG-Kommission zur „Gruppenfreistellung von Franchise-Vereinbarungen", die wie folgt lautet:[1447]

„**Franchise**" ist eine Gesamtheit von Rechten an gewerblichem oder geistigem Eigentum wie Warenzeichen, Handelsnamen, Ladenschilder, Gebrauchsmuster, Geschmacksmuster, Urheberrechte, Know-how oder Patente, die zum Zwecke des Weiterverkaufs von Waren oder der Erbringung von Dienstleistungen an Endverbraucher genutzt wird.

„**Franchise-Vereinbarungen**" sind Vereinbarungen, in denen ein Unternehmen, der Franchise-Geber, einem anderen Unternehmen, dem Franchise-Nehmer, gegen unmittelbare oder mittelbare finanzielle Vergütung gestattet, eine Franchise zum Zwe-

---

[1446] *Pfaff* in Pfaff/Osterrieth, Lizenzverträge, Rn. 606.
[1447] Vgl. Gruppenfreistellungsverordnung für Franchise-Verträge der EG-Kommission Nr. 4087/88 vom 30.11.1988 (Franchise-GVO), Amtsblatt EG Nr. L 359/46 vom 28.12.1988. Die bis zum 31.12.1999 geltende Franchise-GVO wurde durch die Gruppenfreistellungsverordnung „Vertikale Vereinbarungen und aufeinander abgestimmte Verhaltensweisen" (Vertikal-GVO) ersetzt (Nr. 2790/99 vom 22.12.1999, Amtsblatt EG Nr. L 336/21 vom 29.12.1999). Zwar enthält die als „Schirmgruppenfreistellungsverordnung" branchen- bzw. sektorübergreifend geltende und für alle Arten von Vertriebsverträgen in Kraft getretene Vertikal-GVO keine Legal-Definitionen der einzelnen Begriffe mehr, allerdings lassen die Ausführungen der begleitend veröffentlichten Leitlinien zur Vertikal-GVO (Amtsblatt EG Nr. C 291/1 vom 13.10.2000) auf keine Abweichung vom bisherigen Begriffsverständnis schließen, vgl. auch *Heil/Wagner,* Tz. 2; *Münchener Vertragshandbuch,* Band 3, Wirtschaftsrecht II, 6. Aufl. 2009, Anm. zu den Vertragsmustern III.1 u. 2 sowie *Martinek/Pour Rafsendjani,* Tz. 13.(8); *Münchener Vertragshandbuch,* Band 4, Wirtschaftsrecht III, 6. Aufl. 2007, Anmerkungen zum Vertragsmuster III.4.

cke der Vermarktung bestimmter Waren und/oder Dienstleistungen zu nutzen. Sie müssen den folgenden Gegenstand enthalten:

– die Benutzung eines gemeinsamen Namens oder Zeichens sowie die einheitliche Aufmachung der vertraglich bezeichneten Geschäftslokale und/oder Transportmittel;
– die Mitteilung von Know-how durch Franchise-Geber an den Franchise-Nehmer;
– eine fortlaufende kommerzielle oder technische Unterstützung des Franchise-Nehmers durch den Franchise-Geber während der Laufzeit der Vereinbarung.

702   Eine ebenso umfangreiche Definition, die auf das Leistungsprogramm des Franchise-Gebers und die Spezifikation des Franchise-Pakets abstellt, wird vom Deutschen Franchise-Verband e. V. gegeben[1448] (wobei die dort gegebene Definition durch einen ebenfalls vom DFV ausgearbeiteten Merkmalskatalog ergänzt wird):

„**Franchising** ist ein Vertriebssystem, durch das Waren und/oder Dienstleistungen und/oder Technologien vermarktet werden. Es gründet sich auf eine enge und fortlaufende Zusammenarbeit rechtlich und finanziell selbständiger und unabhängiger Unternehmen, den Franchise-Geber und seine Franchise-Nehmer. Der Franchise-Geber gewährt seinen Franchise-Nehmern das Recht und legt ihnen gleichzeitig die Verpflichtung auf, ein Geschäft entsprechend seinem Konzept zu betreiben. Dieses Recht berechtigt und verpflichtet den Franchise-Nehmer, gegen ein direktes oder indirektes Entgelt im Rahmen und für die Dauer eines schriftlichen, zu diesem Zweck zwischen den Parteien abgeschlossenen Franchise-Vertrags bei laufender technischer und betriebswirtschaftlicher Unterstützung durch den Franchise-Geber, den Systemnamen und/oder das Warenzeichen und/oder die Dienstleistungsmarke und/oder andere gewerbliche Schutz- oder Urheberrechte sowie das Know-how, die wirtschaftlichen und technischen Methoden und das Geschäftssystem des Franchise-Gebers zu nutzen.

Know-how bedeutet ein Paket von nichtpatentierten praktischen Kenntnissen, die auf Erfahrungen des Franchise-Gebers und Erprobungen durch diesen beruhen und die geheim, wesentlich und identifiziert sind. **Geheim** bedeutet, dass das Know-how in seiner Substanz, seiner Struktur oder der genauen Zusammensetzung seiner Teile nicht allgemein bekannt oder nicht leicht zugänglich ist; der Begriff ist nicht in dem engen Sinne zu verstehen, dass jeder einzelne Teil des Know-hows außerhalb des Geschäfts des Franchise-Gebers völlig unbekannt oder unerhältlich sein müsste. **Wesentlich** bedeutet, dass das Know-how Kenntnisse umfasst, die für den Franchise-Nehmer zum Zwecke der Verwendung des Verkaufs- oder des Weiterverkaufs der Vertragswaren oder -dienstleistungen unerlässlich sind. Das Know-how muss für den Franchise-Nehmer unerlässlich sein; dies trifft zu, wenn es bei Abschluss der Vereinbarung geeignet ist, die Wettbewerbsstellung des Franchise-Nehmers insbesondere dadurch zu verbessern, dass es dessen Leistungsfähigkeit steigert und ihm das Eindringen in einen neuen Markt erleichtert. **Identifiziert** bedeutet, dass das Know-how ausführlich genug beschrieben sein muss um prüfen zu können, ob es die Merkmale des Geheimnisses und der Wesentlichkeit erfüllt; die Beschreibung des Know-hows kann entweder in der Franchise-Vereinbarung oder in einem besonderen Schriftstück niedergelegt oder in jeder anderen geeigneten Form vorgenommen werden."

703   Schon aufgrund der Definitionen ist zu erkennen, dass es sich bei dem Franchise-Vertrag um einen **gemischten Vertrag eigener Art** mit lizenz-

---

[1448] Vgl. Ethikkodex für Mitglieder, assoziierte Mitglieder und assoziierte Experten des Deutschen Franchise-Verbandes e. V. vom 16. Mai 2008, abrufbar unter: http://www.franchiseverband.com/fileadmin/dfv-files/Dateien_Dokumente/Services_Download/ Ethikkodex.pdf.

vertraglichen, geschäftsbesorgungsvertraglichen, mietvertraglichen, finanzierungsvertraglichen und liefervertraglichen Elementen handelt, wobei unterschiedliche Schwerpunkte bestehen können.[1449] Je nach Vertragsschwerpunkt wird idR zwischen **Vertriebs-, Dienstleistungs- und Herstellungsfranchising** unterschieden.[1450] Beim Vertriebsfranchising verkauft der Franchise-Nehmer Waren unter einer bestimmten Marke und nach einem speziellen System des Franchise-Gebers. Die Marke und das System des Franchise-Gebers stehen auch für das Dienstleistungs-Franchising bezüglich einer bestimmten Art von Dienstleistungen im Vordergrund. Beim Herstellungs- oder Produktions-Franchising stellt der Franchise-Nehmer die Waren nach den Vorgaben und unter der Marke des Franchise-Gebers selbst her.

Als gemischter Vertrag bzw. **Typenkombinationsvertrag** enthält der **704** Franchise-Vertrag insb. Absatzförderungspflichten bzgl. bestimmter Produkte des Franchise-Gebers, verbunden mit Berichts- und Informationspflichten und der Weisungsgebundenheit des Franchise-Nehmers. Allerdings handelt der Franchise-Nehmer im eigenen Namen und auf eigene Rechnung, wobei dies im Hinblick auf die Absatzförderungspflichten gleichzeitig eine Geschäftsbesorgung für den Franchise-Geber darstellt. Zu den Hauptpflichten des Franchise-Gebers gehören zum einen dienstvertragliche Verpflichtungen insoweit, als er dem Franchise-Nehmer und seinem Personal durch Beratung, Betreuung und Schulung Unterstützung leistet. Ein ganz **wesentliches Element** des Franchise-Vertrages ist die **Überlassung von gewerblichen Schutzrechten,** insb. von **Marken und/oder** von nicht durch gewerbliche Schutzrechte gedecktem **Know-how** in den Bereichen Marketing, Technik und/oder Betriebswirtschaft. Soweit im Rahmen des Franchisings neben Marken auch **Patente, Gebrauchs- und Geschmacksmuster** lizenziert werden, sind die lizenzvertraglichen Elemente noch stärker ausgeprägt. Der Franchise-Vertrag sieht regelmäßig nicht nur die Überlassung von Nutzungsrechten, sondern auch Benutzungspflichten bzgl. der Marken und der anderen eventuell überlassenen immateriellen Wirtschaftsgüter vor.

Im Übrigen wird zum möglichen **Inhalt** von **Franchise-Verträgen** auf die einschlägige Literatur[1451] und die Musterverträge in Vertragshandbüchern[1452] verwiesen.

Die meisten Franchise-Verträge enthalten **Wettbewerbsbeschränkungen 705** iSd §§ 20, 21 GWB, dh Wettbewerbsbeschränkungen bezüglich des lizenzierten Know-how. Da auf Franchise-Verträge im Hinblick auf die langfristigen

---

[1449] Vgl. zur Rechtsnatur des Franchise-Vertrages sowie zu dem Versuch einer Differenzierung nach einzelnen Franchise-Typen, insb. *Martinek,* 146 ff. u. 184 ff. mwN; *Rauser/Bräutigam* DStR 1996, 587 ff.

[1450] Vgl. *Rauser/Bräutigam* DStR 1996, 587 unter Hinweis auf EuGH 28.1.1986, WM 1986, 1295 – „Pronuptia de Paris".

[1451] Vgl. zB *Martinek* Franchising; *Skaupy* Franchising; *Flohr* Franchise-Vertrag; *Metzlaff* Praxishandbuch Franchising; *Giesler/Nauschütt* Franchiserecht; *Nebel/Schulz/Flohr* Das Franchise-System; *Martinek/Semler/Habermeier/Flohr* Handbuch des Vertriebsrechts.

[1452] So zB Muster eines Franchise-Vertrags Restaurant/Fachgeschäft in *Münchener Vertragshandbuch,* Band 3, Wirtschaftsrecht II, 6. Aufl. 2009; oder auch Muster eines International Master Franchise Agreements in *Münchener Vertragshandbuch,* Band 4, Wirtschaftsrecht III, 6. Aufl. 2007.

Bezugsverpflichtungen des Franchise-Nehmers das **Abzahlungsgesetz** anwendbar ist,[1453] versuchen einzelne Franchise-Geber den Vertrag als reinen Lizenzvertrag zu vereinbaren. Die deutschen Zivilgerichte stellen jedoch auf den wesentlichen Inhalt des Vertrages und nicht auf die Bezeichnung ab, so dass im Einzelfall auch solche „Lizenzverträge", die in Wahrheit Elemente des Franchise-Vertrages beinhalten, **wie Franchise-Verträge** behandelt werden.[1454]

2. Überprüfung im Verrechnungspreisverkehr

706   Während es im Jahre 1990 erst rund 10 000 Franchise-Betriebe in Deutschland gab, waren es 2001 bereits 37 800. Im Jahr 2013 gewährten die rund 994 Franchisegeber den 76 500 Franchisenehmern Franchisesysteme in den Branchen Dienstleistungen (45 %), Handel (25 %), Handwerk (12 %) sowie Hotel/Gastronomie (18 %).[1455] Franchise-Verträge werden üblicherweise zwischen fremden Dritten abgeschlossen, sind aber auch zwischen Unternehmen eines Konzerns denkbar. Soweit ein Franchise-System zwischen verbundenen **Unternehmen** vereinbart wird, sind alle nationalen Korrekturvorschriften anwendbar; die Lieferpreise, etwaige Dienstleistungsentgelte und die Lizenzgebühren müssen dem Arm's Length-Grundsatz entsprechen.

707   In der weit überwiegenden Zahl der Fälle sind die **Franchise-Geber nicht kapitalmäßig** an den **Unternehmen der Franchise-Nehmer beteiligt,** so dass die Korrekturvorschriften der verdeckten Gewinnausschüttung oder der verdeckten Einlage nicht zur Anwendung kommen, selbst wenn die vom Franchise-Nehmer zu zahlenden Lieferpreise für die Waren oder Lizenzgebühren für die Überlassung der immateriellen Wirtschaftsgüter im Einzelfall als überhöht erscheinen.[1456] In einigen Branchen ist es jedoch üblich, dass der Franchise-Geber das Franchise-Konzept sowohl an fremde Unternehmen als auch an Konzerngesellschaften als Franchise-Nehmer überlässt, so zB im Hotelgewerbe oder im Einzelhandel.

708   In der Praxis können bspw. mehrstufige **Konzern-Franchise-Strukturen** (Master-Franchise-Geber, Master-Franchise-Nehmer, Sub-Franchise-Nehmer) als Instrument einer vertriebsorientierten Internationalisierungsstrategie beobachtet werden. In diesen Fällen wird ein lokal bzw. in ausgewählten regionalen Märkten bereits erfolgreiches Geschäftskonzept, das zunächst durch eigene **Tochtergesellschaften** als Master-Franchise-Nehmer und Sub-Franchise-Nehmer betrieben wird, in neuen Märkte – häufig in den aufstrebenden Märkten Asiens oder Südamerikas – eingeführt. Zum Einstieg in eine neue Region wird jedoch nicht eigene Groß- und Einzelhandelsstruktur aufgebaut, sondern die Kooperation mit etablierten lokalen Vertriebspartnern gesucht, die über die entscheidende Kenntnis ihrer Märkte verfügen eine gewisse Marktdurchdringung durch eigene Vertriebsstrukturen bereits erreicht

---

[1453] Vgl. BGH 3.11.1988, GRUR 1989, 68.

[1454] Vgl. zB OLG Frankfurt am Main 14.3.1991, BB 1991, 2111 ff.

[1455] DFV Pressemitteilung, 19. März 2014.

[1456] Ein solcher Fall lag offensichtlich dem Urteil des Hessischen Finanzgerichts, EFG 1989, 572 ff. zu Grunde, wo es aber um die Frage ging, ob der Kläger, der die Waren wegen der hohen Erwerbs- und Verkaufspreise nicht absetzen konnte, den Verlust als solchen aus gewerblicher Tätigkeit steuerlich geltend machen konnte.

haben. Vertraglich tritt dabei der Anbieter des Geschäftskonzepts als Master-Franchise-Geber und der externe Partner als Master-Franchise-Nehmer mit eigener Einzel-Franchise-Nehmer-Struktur auf. Sofern dem externen Partner eine erfolgreiche Etablierung des Geschäftskonzepts gelingt oder sofern der Master-Franchise-Geber bestimmtes Zielmarkt-Know-how erlangt hat, kommt es häufig zu einem Übernahmeangebot des Master-Franchise-Gebers an die Anteilseigner des lokalen Master-Franchise-Nehmers und dessen anschließende Konzerneingliederung. In der Folge stellen sich aus der Verrechnungspreissicht die regelmäßigen Fragen der fremdübliche Vergütung für Warenlieferungen (sofern nicht im Aufgabenbereich der einzelnen Sub-Franchise-Nehmer bzw. nicht Komponente des Franchise-Geschäftskonzepts), fremdübliche Höhe der Franchise-Vergütung oder Zuordnung der Strategieträgerschaft für den regionalen Markt zwischen Master-Franchise-Geber und Master-Franchise-Nehmer einschließlich evtl. Verluste.[1457]

Im Übrigen kann gem. § 1 AStG bei **grenzüberschreitenden Franchi-** **709** **se-Verträgen** eine **Verrechnungspreiskorrektur** sogar dann erfolgen, wenn die Vertragsparteien **keine gesellschaftlichen Beziehungen** haben. Gem. § 1 Abs. 2 Nr. 3 AStG gilt nämlich eine **Person einem anderen** **Steuerpflichtigen** auch dann als **nahe stehend,** wenn „die Person oder der Steuerpflichtige im Stande ist, bei der Vereinbarung der Bedingungen einer Geschäftsbeziehung auf den Steuerpflichtigen oder die Person einen außerhalb dieser Geschäftsbeziehung begründeten Einfluss auszuüben oder **wenn** **einer von ihnen ein eigenes Interesse an der Erzielung der Einkünfte** **des anderen hat".** Diese Voraussetzungen können im Einzelfall für Franchise-Vereinbarungen vorliegen, wenn der Franchise-Geber eine am Umsatz des Franchise-Nehmers orientierte „Franchise-Gebühr" bzw. Lizenzgebühr erhält und/oder Zulieferungen vornimmt und somit ein eigenes Interesse an der Erzielung der Einkünfte des Franchise-Nehmers hat. Franchise-Gebühren und andere Entgelte können daher von der FinVerw. nicht nur bei Geschäftsbeziehungen innerhalb eines Konzerns, sondern bei grenzüberschreitenden Verträgen auch bei Geschäftsbeziehungen zwischen „nahe stehenden Personen" iSd § 1 AStG auf Angemessenheit überprüft werden. Unter diesen Voraussetzungen sind bei der **Prüfung von Geschäftsbeziehungen von nicht** **verbundenen Unternehmen** auch die sog. **VGr anwendbar.**[1458] Dabei sind aber die Abgrenzungsklauseln der **DBA** zu beachten.[1459]

Beispiel 1: Der in einem **Nicht-DBA-Land** ansässige Franchise-Geber (FG) verlangt von einem deutschen Franchise-Nehmer (FN) eine Franchise-Gebühr von 10% vom Umsatz. Ferner beliefert FG den FN aufgrund eines langfristigen Liefervertrages mit Rohstoffen. Die deutsche Betriebsprüfung stellt fest, dass in vergleichbaren Franchise-Verträgen nur eine Franchise-Gebühr von 6–8% vom Umsatz gezahlt wird und dass die Preise der gelieferten Rohstoffe in vergleichbaren Fällen um 15% niedriger liegen. Unter diesen Voraussetzungen kann die deutsche FinVerw. eine Berichtigung der Gewinne nach § 1 AStG vornehmen. Obwohl dieses Ergebnis als unbefriedigend

---

[1457] Vgl. in diesem Zusammenhang auch die Fallstudie ‚Markenfranchise im Konzern – Strategieträgerschaft und Verlustzuordnung' sowie anschließende Aussprache in *Schreiber* JbFSt 2012/2013, S. 889 ff.

[1458] So ausdrücklich Tz. 1.0.2 der Grundsätze zur Anwendung des Außensteuergesetzes vom 14.5.2004, BStBl. I Sondernummer I/2004, S. 3 ff.

[1459] Vgl. Tz. 1.0.2 der Grundsätze zur Anwendung des AStG und Tz. 1.2 VGr.

erscheint, weil FN für seine geschäftliche Unerfahrenheit praktisch doppelt benachteiligt wird – einmal durch überhöhte Preise des FG und zum anderen durch zusätzliche Steuerzahlungen – steht es in Einklang mit dem geltenden Recht.

Beispiel 2: Der Sachverhalt sei der gleiche wie in Beispiel 1, jedoch ist FG eine niederländische Kapitalgesellschaft, die kapitalmäßig nicht an FN (ebenfalls Kapitalgesellschaft) beteiligt ist. Auch in diesem Fall liegen die Voraussetzungen für eine Gewinnkorrektur nach § 1 AStG vor. Jedoch beruft sich FN darauf, dass Art. 9 DBA NL/D die Berichtigung von Einkünften nach nationalem Recht nur zulässt, wenn zwischen den Gesellschaften ein Beteiligungsverhältnis besteht oder wenn beide Gesellschaften zu einem Konzern gehören. Die deutsche FinVerw. vertritt in derartigen Fällen die Auffassung, dass § 1 AStG auch in den Fällen einer Interessenverflechtung anwendbar sei, die in den Abgrenzungsklauseln der DBA nicht genannt sind, weil es dem Sinn und Zweck der DBA nicht entspreche, Berichtigungen von Einkünften, die sachlich geboten seien, für bestimmte Fälle zu verbieten (Tz. 1.2.1 VGr). Dem ist jedoch entgegenzuhalten, dass Tz. 1 S. 1 OECD-MK zu Art. 9 OECD-MA im Hinblick auf die Überschrift des Art. 9 „Verbundene Unternehmen" eine gesellschaftsrechtliche Verbundenheit voraussetzt und damit eine Gewinnberichtigung nach staatlichem Recht einschränkt.[1460] Diese Auffassung ist zutreffend, weil DBA als Spezialgesetze dem innerstaatlichen Recht vorgehen und die Beschränkung der nationalen Gewinnberichtigungen auf die Fälle grenzüberschreitender Geschäftsbeziehungen zwischen verbundenen Gesellschaften nicht erweitert werden darf auf Geschäftsbeziehungen zwischen nicht verbundenen Gesellschaften.

Beispiel 3: Die US-Firma U-Corp. schließt Verträge mit deutschen Franchise-Nehmern über die Eröffnung von so genannten Fitnessstudios nach dem von ihr entwickelten Konzept unter Lizenzierung der Marke „Perfect Body". Die Einstiegsgebühr beträgt 30 000 € und die Franchise-Gebühr 10 % vom Umsatz. Wenn in Deutschland die Franchise-Gebühr für gleichartige Studios mit gleichartigen Leistungen bei Konkurrenten nur 5 % vom Umsatz beträgt, könnte die deutsche FinVerw. die Franchise-Gebühr der U-Corp. unter Berufung auf § 1 AStG beanstanden.

Fraglich ist, ob auch in diesem Fall – wie in Beispiel 2 – eine Gewinnkorrektur im Hinblick auf Art. 9 DBA USA/D ausgeschlossen wird. Art. 9 DBA USA/D lässt nämlich eine Gewinnkorrektur unter anderem zu, wenn „ein Unternehmen eines Vertragsstaates unmittelbar oder mittelbar an der Geschäftsleitung, der Kontrolle oder dem Kapital eines Unternehmens des anderen Vertragsstaates beteiligt ist".

Da ein Franchise-Geber typischerweise nicht am Kapital des Franchise-Nehmers beteiligt ist, liegt es nahe, zu prüfen, ob der Franchise-Geber durch den Vertrag an der „Kontrolle" des Franchise-Nehmers beteiligt ist. Dies mag für manche Franchise-Verträge zwar wirtschaftlich zutreffen, jedoch ist der Begriff „Kontrolle" dahingehend auszulegen, dass es sich um eine **Kontrolle iSd des Gesellschaftsrechts** handeln muss.[1461] Da zwischen Franchise-Geber und Franchise-Nehmer im Beispielsfall keine gesellschaftsrechtlichen Beziehungen bestehen, findet Art. 9 DBA USA/D keine Anwendung. Folglich kann – aus den gleichen Gründen wie in Beispiel 2 dargestellt – auch keine Gewinnberichtigung nach nationalem Recht (also hier nach § 1 AStG) erfolgen.

3. Höhe der Franchise-Gebühr

710   Wie bereits erwähnt wurde, gibt es unterschiedliche Franchise-Typen, wobei v. a. die Differenzierung nach dem Gegenstand des Franchise in Produk-

---

[1460] Vgl. *Eigelshoven* in Vogel/Lehner DBA, Art. 9, Rn. 33 u. 38 mwN.

[1461] Vgl. *Eigelshoven* in Vogel/Lehner DBA, Art. 9, Rn. 37 f.

tions-, Vertriebs- und Dienstleistungs-Franchise wichtig ist. Beim **Vertriebs-und Dienstleistungs-Franchise** werden vor allem **Marken und Know-how** überlassen und kommerzielle Unterstützung des Franchise-Nehmers gewährt. Beim **Produktions-Franchise** kommen meistens noch **Patente und** technisches **Produktions-Know-how** sowie technische Unterstützung während der Laufzeit des Vertrags hinzu. Insofern müssen beim Vergleich von Gebühren aufgrund der Franchise-Paket-Überlassung sowohl die einzelnen Franchise-Typen unterschieden als auch die Charakteristika und Haupt- und Nebenpflichten der jeweils verglichenen Verträge überprüft werden, sofern ein Fremdvergleich der Franchise-Vergütungen vorgenommen wird.

Im Rahmen eines **Produktions-Franchise** könnten die für Produktions-Lizenzverträge üblichen Lizenzsätze für die Überlassung von Patenten, Gebrauchs- oder Geschmacksmustern oder Marken zum Vergleich herangezogen werden. Dabei wäre zu beachten, inwieweit die Franchise-Gebühr höher liegen kann, weil sie auch das Entgelt für technische Dienstleistungen und Vertriebs-Know-how umfasst. Beim **Dienstleistungs- und Vertriebs-Franchise** stehen die Überlassung der Marken und des Know-how im Vordergrund, es ergeben sich jedoch insb. beim Vertriebs-Franchise zusätzlich Bezugsverpflichtungen des Franchise-Nehmers. Diese Bezugspflichten führen dazu, dass dem Franchise-Geber durch den ausschließlichen Bezug von Waren und Geschäftsausstattungen durch den Franchise-Nehmer zusätzliche Gewinne über die Bezugspreise zufließen. Der Rahmen der Franchise-Gebühren dürfte daher im Allgemeinen beim Vertriebs-Franchise niedrigere Gebührensätze ausweisen als beim Produktions-Franchise.

Die **Vergütung** des Franchise-Gebers durch den Franchise-Nehmer für **711** die Überlassung des Franchise-Pakets und die Erbringung sonstiger in Rahmen des Franchise-Vertrags vereinbarter Leistungen besteht idR aus **mehreren Komponenten:** neben der üblicherweise anfallenden Eintrittsgebühr (auch Einmallizenz, Startgeld, Autorisierungsgebühr bzw. im angelsächsischen Raum auch *Franchise Fee* oder *Entrance Fee* genannt) und der regelmäßig erhobenen laufenden Franchise-Gebühr (bzw. *Royalty*), sind die Franchise-Nehmer desweiteren häufig zur Abführung einer regelmäßigen Werbe-Gebühr (bzw. *Advertising Fee*) verpflichtet.[1462]

Zur Überprüfung der Fremdüblichkeit von Vergütungsgestaltungen kann auf den **externen Preisvergleich** zurückgegriffen werden. Die **Datenbank FranchiseHelp** erlaubt eine differenzierte Recherche und den Abruf von einzelnen, weitgehend vollständigen Franchise-Verträgen – einschließlich der Information über die einzelnen Vergütungskomponenten.[1463] Für die isolierte Ermittlung von Markenlizenzen kommt im Übrigen die Anwendung der bereits erwähnten Datenbanken RoyaltySource oder RoyaltyStat in Betracht.[1464]

Im Folgenden werden mit der einmaligen Eintrittsgebühr, der laufenden Franchise-Gebühr und der regelmäßigen Werbegebühr die wesentlichen Bestandteile der Franchise-Paket-Vergütung einschließlich der im Rahmen einer

---

[1462] Vgl. zB *Flohr* Franchise-Vertrag, S. 170f; vgl. auch *Blair/Lafontaine* The Economics of Franchising, Cambridge 2005, S. 56.

[1463] Vgl. www.Franchisehelp.com.

[1464] Vgl. oben Rn. 557ff.

US-Erhebung ermittelten auf einzelne Wirtschaftzweige verteilten Werte kurz erläutert.

712   Der Franchise-Nehmer muss idR eine **Eintrittsgebühr** zahlen, wofür er das Recht erwirbt, die Geschäftsidee in der Praxis auf eigenes Risiko zu realisieren und dafür anfängliche Unterstützungsleistungen zu erhalten. Diese Unterstützungsleistungen umfassen bspw. Standortanalysen, Hilfe bei der Aufbereitung von Finanzierungsunterlagen, Schulungen und Überlassung von Handbüchern usw. Für die Festsetzung der Höhe der Eintrittsgebühr spielen vor allem folgende Faktoren eine Rolle:

- Investitionsvolumen, Jahresumsatz und Einkommenserwartung des Lizenznehmers
- Startgelder ähnlicher Franchise-Systeme
- der Bekanntheitsgrad des Systems und sein Image
- das der Gebühr gegenüberstehende Leistungspaket.

Mit der Eintrittsgebühr will der Franchise-Geber insb. seine Vorlaufaufwendungen ausgleichen, die er bei der Entwicklung des Franchise-Konzepts hatte und die ihm mit der Unterstützung des neuen Franchise-Nehmers als Anfangsaufwendungen entstehen. In manchen Fällen verzichtet der Franchise-Geber auf die Einmallizenz, wenn mit dem Abschluss des Vertrags die Verpflichtung zur Übernahme bestimmter Ausrüstungsgegenstände für die Einrichtung des neuen Betriebes verbunden ist, insb., wenn der Franchise-Geber mit der Marge aus der Lieferung auch seine Entwicklungskosten für das Konzept ganz oder teilweise abdecken kann.

713   **Tabelle:** Verteilung von Eintrittsgebühren[1465]

Eintrittsgebühr-Gruppen (in 1.000 USD)							
Industriezweig	0–10	11–20	21–30	31–40	41–50	über 50	Gesamt
Bau	4	18	12	4			38
Immobilienverwaltung	8	13	6		1		28
Instandhaltung, Reinigung	25	35	16		4	3	83
Einrichtung, Dekoration	3	7	9	1	3		23
Fast Food	18	110	73	14	7	3	225
Restaurants	1	12	23	22	8	3	69
Lebensmitteleinzelhandel	2	13	24	2			41
sonst. Einzelhandel	6	35	56	14	7	1	119
Automobil	10	17	36	4	2	1	70
Vermietung	3	6	5	1		2	17
Hotellerie	1		4	9	2		16
Gesundheit	3	9	9		1		22

[1465] Vgl. *Blair/Lafontaine* The Economics of Franchising, Cambridge 2005, S. 60. *Blair/Lafontaine* stützen sich auf Daten von *International Franchise Association Educational Foundation* and *Frandata Corp.* The Profile of Franchising Volumes I, II and III, Washington, DC 1998–2001. Zwar existiert bereits eine Neuauflage der Studie aus dem Jahr 2006, diese weist jedoch nicht die Vergütungsverteilungen je Branche aus, wie im Rahmen der Tabellen dieses Abschnitts benötigt.

Eintrittsgebühr-Gruppen (in 1.000 USD) Industriezweig	0–10	11–20	21–30	31–40	41–50	über 50	Gesamt
Reisen, Freizeit		4	7	3	1	1	16
Kosmetik, Pflege	2	14	4			1	21
Personaldienstleistungen	12	30	16	4	3		65
Bildung	6	8	10	5	5		34
Unternehmensdienstleistungen	21	27	25	12	3	5	93
Gesamt	125	358	335	95	47	20	980

Der Rahmen der **Franchise-Gebühren** wird üblicherweise ein bestimm- **714** ter Anteil vom Umsatz des Franchise-Nehmers an den Franchise-Geber zB monatlich abgegeben. Der Anteil variiert zwischen den einzelnen Gewerbezweigen. In einigen Branchen werden auch **Umsatzlizenzen** erhoben, **die mit gewinnabhängigen Lizenzen kombiniert** sind.

So werden zB in Betriebsführungs- bzw. Franchiseverträgen in der **Hotelbranche** mit konzernfremden und konzerneigenen Hotelgesellschaften **neben Umsatzlizenzen** für die Überlassung der Marke, für Managementleistungen und für Marketingunterstützung (insgesamt idR rund 4% Lizenzgebühr) auch sog. **Incentive Management Fees** in Höhe von 6–12% vom **operativen Gewinn** vereinbart.[1466] Durch den internen Fremdvergleich mit fremden Franchisenehmern wird die Anerkennung solcher Verträge sehr erleichtert.

Tabelle: Verteilung von laufenden Franchise-Gebühren[1467]   **715**

Franchise-Gebühr-Gruppen (in %) Industriezweig	0	0,1–2,0	2,1–4,0	4,1–6,0	6,1–8,0	8,1–10	über 10
Bau	1		6	26	4	1	0
Immobilienverwaltung	1		1	17	8	1	
Instandhaltung, Reinigung	9		7	34	16	13	4
Einrichtung, Dekoration	2	3	8	10			
Fast Food	6	2	52	151	13		1
Restaurants		1	42	25	1		
Lebensmitteleinzelhandel	5	1	7	22	5	1	
sonst. Einzelhandel	15	3	31	66	4		
Automobil	5	2	9	35	19		
Vermietung	1	2	8	5			
Hotellerie			6	10			

[1466] Weiterhin können Gebühren für die Teilnahme an Reservierungssystemen usw. anfallen, vgl. dazu Hotel Franchise White Paper, General Hotel Information 2007, S. 8, abrufbar unter: http://www.franchisehelp.com/files/General%20Information.pdf.

[1467] Vgl. *Blair/Lafontaine* The Economics of Franchising, Cambridge 2005, S. 66; *Battersby/Grimes* Licensing Royalty Rates, 2005 Edition, S. 203 f.

Franchise-Gebühr-Gruppen (in %) Industriezweig	0	0,1–2,0	2,1–4,0	4,1–6,0	6,1–8,0	8,1–10	über 10
Gesundheit	3		3	9	6	1	
Reisen, Freizeit	1	1	1	7	6		
Kosmetik, Pflege	3	1	5	12			
Personaldienstleistungen	7	2	8	28	13	3	4
Bildung	3	1		6	11	8	5
Unternehmensdienstleistungen	11	2	8	39	17	13	3
Gesamt	72	20	196	505	128	42	17

716   Zusätzlich zur Eintrittsgebühr und zur laufenden Franchise-Gebühr sehen zahlreiche Franchise-Verträge die Zahlung einer regelmäßigen **Werbegebühr** vor, um zur Finanzierung überregionaler Marketingmaßnahmen des Franchise-Gebers beizutragen. Auch diese Gebühren werden häufig als Umsatzanteile bemessen und fallen gleichermaßen im Vergleich der einzelnen Wirtschaftszweige unterschiedlich hoch aus.

717   **Tabelle:** Verteilung von laufenden Werbegebühren[1468]

Werbegebühr-Gruppen (in %) Industriezweig	0	0,1–1,0	1,1–2,0	2,1–3,0	3,1–4,0	4,1–5,0	über 5
Bau	14	6	12	6			
Immobilienverwaltung	6	7	8	6	1		
Instandhaltung, Reinigung	45	15	16	3	2		2
Einrichtung, Dekoration	7	6	7	1	1	1	
Fast Food	17	47	63	41	36	18	3
Restaurants	7	20	16	18	6	2	
Lebensmitteleinzelhandel	14	13	11	2	1		
sonst. Einzelhandel	37	36	29	10	4	2	1
Automobil	17	13	8	10	4	9	9
Vermietung	5	1	4	6	1		
Hotellerie		1	5	6	4		
Gesundheit	6	5	3		2	1	5
Reisen, Freizeit	6	4	2	2	2		
Kosmetik, Pflege	8	1	3	3	1	5	
Personaldienstleistungen	20	14	16	6	4	3	2
Bildung	13	4	10	5		2	
Unternehmensdienstleistungen	41	26	17	8		1	
Gesamt	263	219	230	133	69	44	22

[1468] Vgl. *Blair/Lafontaine* The Economics of Franchising, Cambridge 2005, S. 73.

In **besonderen Fällen** wird auch auf die Erhebung der einzelnen Vergü-　**718**
tungsbestandteile verzichtet. Die Eintrittsgebühr unterbleibt bspw. bei Fran-
chise-Systemen in der Markteintrittsphase bei ggf. vorhandenen etablierten
Konkurrenz-Systemen, da sich in diesen Fällen die Eignung des System-
Konzepts unter den neuen Bedingungen noch zu bewähren hat und insofern
die Voraussetzung für die Berechnung der Eintrittsgebühr als Kompensation
des Franchise-Gebers für erfolgte Systemerprobung mit Folge eines geringeren Misserfolgsrisikos des Franchise-Nehmers nicht ausreichend erfüllt ist.
Eine laufende Franchise-Gebühr wird dann nicht erhoben, wenn eine laufende Bezugsverpflichtung für Waren vereinbart ist, wobei dann in der Marge
des Warenpreises idR auch die Franchise-Gebühr für die Überlassung immaterieller Wirtschaftsgüter enthalten ist. Auf eine laufende Werbegebühr wird
naturgemäß verzichtet, wenn der Franchise-Geber zB aufgrund der regional
unterschiedlichen erforderlichen Marketing-Maßnahmen keine solchen zentralen Leistungen anbietet und die zugrunde liegende Franchise-Vereinbarung
lediglich jeweils regionale Werbemaßnahmen in bestimmter Form und Höhe
vorsieht. Auch diese Aspekte müssen im Rahmen einer etwaigen Verrechnungspreisprüfung beachtet werden.

Soweit mit Hilfe der Preisvergleichsmethode keine uneingeschränkt oder　**719**
eingeschränkt vergleichbaren Werte ermittelbar sind, kommt im Hinblick auf
das Bündel der vom Franchisegeber gewährten Leistungen und Nutzungen
idR die Anwendung der **Gewinnaufteilungsmethode** in Betracht. Dabei
dürfte oft die Restgewinnanalyse eine Rolle spielen, da der Franchisegeber
mit der Marke und den Betriebsgeheimnissen (zB nicht-technisches Know-
how, Rezepturen) wertvolle immaterielle Wirtschaftsgüter besitzt, während
der Franchisenehmer sich einen Kundenstamm schafft, so dass beide Vertragspartner die ihnen gehörenden bedeutenden immateriellen Wirtschaftsgüter
für ihre Geschäftsbeziehungen nutzen. Soweit beide Parteien darüber hinaus
auch Routinefunktionen ausüben, kann dafür vorab eine Vergütung für diese
Funktionen auf Basis der Kostenaufschlagsmethode oder der TNMM zugeordnet werden.[1469]

4. Klassifizierung der Franchise-Gebühr

Franchise-Gebühren – sei es in Form von einmaligen Eintrittszahlungen　**720**
oder regelmäßigen Franchise-Zahlungen – werden wie bereits erwähnt für
ein Franchise-Paket geleistet, das dem Franchise-Nehmer ein **integriertes
und nicht ohne Weiteres separierbares Bündel von Vorteilen** bietet.
Diese Vorteile können einerseits den Charakter einer Nutzungsüberlassung
von immateriellen Wirtschaftsgütern und andererseits den Charakter einer
Dienstleistungserbringung haben; des Weiteren sind Finanzierungs- bzw. Lie-
ferkomponenten denkbar. Die Vorteile können im Einzelnen in den folgenden Bereichen bestehen:[1470]

– Der Franchise-Nehmer erhält ein Nutzungsrecht an Marken, Patenten,
　Designs und weiteren registrierten immateriellen Wirtschaftsgütern des
　Franchise-Gebers; durch die andauernde Forschungs- und Entwicklungstä-

---

[1469] Vgl. oben Rn. 635 ff. mit Beispiel in Rn. 638 u. 640.
[1470] Vgl. auch oben Rn. 701 ff.

tigkeit des Franchise-Gebers kann der Franchise-Nehmer stets auf den aktuellen Bestand der technologie- und marketingorientierten immateriellen Wirtschaftsgüter des Franchise-Systems zugreifen.

– Der Franchise-Nehmer bekommt den Zugang zu einem im Markt etablierten Geschäftskonzept, insb. auch zum Know-how und Erfahrungswissen hinsichtlich der praktischen Umsetzung des Geschäftskonzepts.

– Der Franchise-Nehmer ist durch den Einsatz eines als erfolgreich bewährten Geschäftskonzepts einem geringeren Marktrisiko ausgesetzt.

– Der Franchise-Nehmer kommt in den Genuss von Netzwerkvorteilen, welche aus dem regelmäßigen Erfahrungsaustausch innerhalb des gesamten Vertragssystems resultieren (Best-Practice-Gedanke, bspw. produktivitätssteigernde Verbesserungen in der Herstellung, absatzsteigernde Vertriebsmaßnahmen, lokal erprobte neue Logistikkonzepte).

– Der Franchise-Nehmer profitiert von zentraler Erbringung von Marketing-, Beschaffungs-, Schulungs- und weiteren Unterstützungsleistungen (etwa in Bereichen IT, HR, Finanzen, Recht) und kann den eigenen Aufwand in diesen Bereichen senken bzw. an den Größenvorteilen des Systems partizipieren.

721 Aus der steuerlichen Sicht stellt sich die Frage der Klassifizierung der Franchise-Gebühr, die für unterschiedliche Franchise-Systeme auch zwischen fremden Dritten in verschiedener Weise vereinbart wird. Diese Frage ist insb. deswegen relevant, weil sowohl das materielle Steuerrecht als auch das Abkommensrecht an die Behandlung von Vergütungen für **Dienstleistungen** und für die **Nutzungsüberlassung von immateriellen Wirtschaftsgütern** teilw. **unterschiedliche Rechtsfolgen** knüpft.

So unterwirft § 50a Abs. 1 Nr. 3 und Abs. 2 EStG die Zahlung von **Lizenzgebühren** an einen im Ausland ansässigen beschränkt steuerpflichtigen Inhaber der zur Nutzung an einen inländischen Lizenznehmer überlassenen Rechte grds. einer **Quellenbesteuerung.** Ferner verlangt § 8 Nr. 1 Buchst. f GewStG eine anteilige **gewerbesteuerliche Hinzurechnung** von Lizenzgebühren, die ein Steuerpflichtiger als Betriebsausgaben berücksichtigt hat. In Art. 12 regelt das OECD-MA das Besteuerungsrecht für Lizenzgebühren, wobei das OECD-MA – abweichend vom UN-MA – keine Einbehaltung von Quellensteuer im Quellenstaat vorsieht. Einige von Deutschland mit (ehemaligen) Entwicklungsländern abgeschlossene DBA gestatten einen Quellensteuerabzug in Höhe eines bestimmten Prozentsatzes.[1471] Dienstleistungsvergütungen werden als Unternehmensgewinne grundsätzlich dem Art. 7 OECD-MA zugeordnet und unterliegen nicht der Quellenbesteuerung.[1472]

An den genannten Gründen wäre es **nicht sachgerecht,** die Rechtsfolgen der Zahlung von Lizenzgebühren auf die **gesamte Franchise-Gebühr** anzuwenden. Vielmehr ist es erforderlich, die **Bemessungsgrundlagen** für die Ermittlung der Quellensteuer oder der gewerbesteuerlichen Hinzurechnung zu **begrenzen.** So sieht etwa die FinVerw. vor, gemischte Verträge – explizit auch Franchise-Verträge – über mehrere Leistungskomponenten getrennt zu beurteilen und das Entgelt (erforderlichenfalls durch Schätzung) den einzel-

---

[1471] Vgl. oben Rn. 677.

[1472] Vgl. zu Ausnahmen in einigen DBA für „technische Dienstleistungen" oben Rn. 144.

nen Komponenten zuzuordnen.[1473] Sofern bei gemischten Verträgen das Vertragsverhältnis ein einheitliches und unteilbares Ganzes darstellt, scheidet nach Ansicht der FinVerw. die Aufteilung aus und die Behandlung des Gesamtvertrags soll sich nach der Leistung richten, die dem Vertrag das Gepräge gibt.[1474] Einen ähnlichen Gedanken verfolgt die OECD im Kommentar zum MA, nämlich primär eine Zuordnung nach Teilleistungen (ggf. nach angemessenem Schlüssel) bzw. im Zweifelsfall nach dem Gepräge der Hauptleistung.[1475]

Die oben behandelte Frage der Ermittlung der Bemessungsgrundlage − **722** etwa für die Zwecke der Quellensteuer − bezieht sich auf die steuerlichen Folgen für eine bereits vollzogenes Geschäft und dessen Vergütung. Dieser Vorgang ist jedoch **sachlogisch,** steuersystematisch und zeitlich **hinter** den aus der **Verrechnungspreissicht** relevanten Vorgang der Ermittlung und Festsetzung der Vergütung (als Verrechnungspreisbestimmung) an sich einzuordnen. Insofern ist es verwunderlich, wenn die FinVerw. bzw. die OECD als internationaler Standardsetzer hier nicht differenzieren. Wie bereits oben für den Fall von Globallizenzverträgen und Package Deals[1476] ausgeführt wurde, sind die VGr (in Tz. 5.2.1) sehr restriktiv im Hinblick auf gemischte Verträge, indem sie zur Rechtfertigung einer zusammengefassten Vergütung fordern, dass technisch und wirtschaftlich eine Einheit vorliegen müsse. Die OECD ist in Tz. 6.17 und 6.18 sowie in Tz. 3.9, 3.11 und 3.12 OECD-RL 2010[1477] weniger eindeutig, erhebt jedoch für bestimmte Fälle ebenfalls die Forderung zum Aufteilen des Entgelts in einzelne Leistungskomponenten. Insbesondere ist mit Blick auf Anwendung für **Franchise-Verträge** der Verweis in Tz. 6.18 OECD-RL 2010 auf OECD-MA Komm. Tz. 11.6 zu Art. 12 zu kritisieren, der nach der hier vertretenen Auffassung systematisch nicht richtig ist, da eine einheitliche Franchisegebühr idR nur zum Teil für die Nutzung von immateriellen Wirtschaftsgütern gezahlt wird.

Im Zuge der Überarbeitung des Kapitels VI hat sich die OECD im ersten **723** **Diskussionsentwurf vom 6. Juni 2012** auch zum Thema der Zusammenfassung der Vergütungskomponenten für einzelne immaterielle Wirtschaftsgüter und Dienstleistungen geäußert und dabei auch das auch das **Beispiel** von **Franchise-Verträgen** herangezogen. Dem ersten Diskussionsentwurf folgte im Kontext der BEPS-Initiative der OECD[1478] ein **2. Diskussionsentwurf vom 30. Juli 2013,** der jedoch zur Problematik der Zusammenfassung der Vergütungskomponenten gegenüber dem ersten Entwurf inhaltlich unverändert geblieben ist.[1479] Beide Diskussionsentwürfe enthalten Widersprüche und sind nicht geeignet, zur Klärung der Probleme beizutragen. Auf der einen Seite soll eine für Verrechnungspreiszwecke zusammenfassende Beurteilung von eng miteinander verbundenen (closely intertwined) Geschäftsbeziehungen durchaus angemessen sein − etwa im Fall von Software-Transaktionen.

[1473] Vgl. BMF vom 2.7.2012, BStBl. I 2012, 654, Tz. 6.

[1474] Vgl. BMF vom 2.7.2012, BStBl. I 2012, 654, Tz. 7.

[1475] Vgl. OECD-MA Komm. Tz. 11.6 zu Art. 12.

[1476] Vgl. oben Rn. 458 ff.

[1477] Im Wesentlichen unverändert gegenüber Tz. 1.42–1.44 OECD-RL 1995.

[1478] Vgl. OECD Action Plan on Base Erosion and Profit Shifting (BEPS), 19. Juli 2013, abrufbar unter: http://www.oecd.org/ctp/BEPSActionPlan.pdf.

[1479] Vgl. OECD 2. Diskussionsentwurf Kap. VI, Tz. 116 ff., abrufbar unter: http://www.oecd.org/ctp/transfer-pricing/revised-discussion-draft-intangibles.pdf.

Gleichwohl soll es gerade im Fall von Franchise-Vereinbarungen (bspw. Business Franchise Agreements) für Verrechnungspreiszwecke erforderlich sein, das Franchise-Paket in einzelne Leistungskomponenten zu untergliedern.[1480] Diese Ansicht ist paradox, da im Geschäftsverkehr unter fremden Dritten für Franchise-Verträge die Vergütung für empfangene Vorteile in vielen Fällen in Form einer einheitlichen Franchise-Gebühr vereinbart wird.[1481] Die Neufassung des Kapitels VI OECD-VPL (2014 Guidance) enthält diesen Widerspruch nicht mehr und erkennt auch die Fremdüblichkeit der Vereinbarung von einheitlichen Franchise-Gebühren sowie die Führung des Fremdvergleichs ausgehend von einer einheitlichen Vergütung an.[1482]

724   Nach der hier vertretenen Auffassung ist es daher zulässig, den Fremdvergleich für eine **Franchise-Gebühr** als Vergütung für die zugrundeliegende Geschäftsbeziehung zunächst **einheitlich zu ermitteln** bzw. auf dieser Basis zu führen. Unabhängig davon darf das Entgelt für andre Steuerzwecke, so zB für Fragen der **Quellensteuern** (auch im Hinblick auf die DBA-Qualifikation) oder für gewerbesteuerliche Hinzurechnungen aufgeteilt werden, so dass **lediglich auf einen Teil** der Franchise-Gebühr Abzugssteuern erhoben werden oder gewerbesteuerliche Hinzurechnungen gerechtfertigt sind. Für die Ermittlung der jeweiligen Bemessungsgrundlage hat die Praxis Instrumente wie die Wertschöpfungsbeitragsanalyse entwickelt, die gerade bei eng miteinander verbundenen Wertschöpfungsfaktoren, die jeweiligen Leistungsbeiträge identifizieren kann und gleichwohl eine – nicht sachgerechte – künstliche Segregation des Franchise-Pakets vermeidet.

725–730   *(einstweilen frei)*

[1480] Vgl. OECD 2. Diskussionsentwurf Kap. VI OECD-VPL, Tz. 118.

[1481] Ebenso kritisch *Shapiro/Mitra/Henshall/Sierra* TNI 2012, 1245 und *Eigelshoven/Ebering/Schmidtke* NWB 2012, 487.

[1482] Vgl. Tz. 6.97 OECD-VPL (2014 Guidance).

Kapitel P: Finanzierungsleistungen im Konzern

Übersicht

I. Einleitung

1 Konzerninterne Finanzierungen sind Finanzierungen einzelner Konzerngesellschaften durch intern vorhandene Finanzmittel des Konzerns.

Vereinbarungen über Finanzierungsleistungen innerhalb einer Konzerngruppe sind mittlerweile ebenso in das **Blickfeld der Finanzbehörden** gerückt wie die klassischen Bereiche des Liefer- und Leistungsverkehrs, der Bereitstellung von Dienstleistungen und der gemeinschaftlichen Nutzung von immateriellen Wirtschaftsgütern.

Letzteres liegt daran, dass grenzüberschreitende konzerninterne Finanzierungstransaktionen zwischen verbundenen Unternehmen der Verpflichtung unterliegen, **Aufzeichnungen nach § 90 Abs. 3 AO** zu erstellen. Für grenzüberschreitende Finanzierungsbeziehungen gilt damit ebenfalls die Pflicht zum Nachweis der Fremdüblichkeit der vereinbarten Preise.

Dieser Drittvergleich ist bei Finanzierungstransaktionen im Hinblick auf die einzelnen Geschäftsbedingungen für die Finanzierungsleistung zu führen. Wesentliche Aspekte sind hierbei zB **Zinsen, Gebühren und sonstige Konditionen,** zu denen fremde Dritte ebenfalls vergleichbare Geschäftsbeziehungen eingegangen wären.

Hierbei müssen konzerninterne Finanzbeziehungen von dem Bereich der **Global Tradings** unterschieden werden. Der ebenfalls an Bedeutung gewinnende Bereich des Global Tradings bezieht sich speziell auf grenzüberschreitende Geschäftsbeziehungen im Bankensektor. Thema der folgenden Ausführungen sind ausschließlich konzerninterne Finanzbeziehungen im Nicht-Banken Sektor.

Für das Spezialgebiet konzerninterner Finanzbeziehungen gibt es nur einen sehr **begrenzten spezifischen regulatorischen Rahmen.** Während das Thema des Global Trading spezielle Aufmerksamkeit bekommen hat, welche sich u. a. in der Veröffentlichung des Diskussionspapiers der OECD zur steuerlichen Behandlung von Global Trading niedergeschlagen hat,[1] gibt es ansonsten keine regulatorischen Vorgaben, wie aus Verrechnungspreissicht mit konzerninternen Finanzbeziehungen umzugehen ist.

In den **OECD-RL** selbst finden sich nur wenige Hinweise auf die Behandlung von konzerninternen Finanzbeziehungen und -dienstleistungen. Solche Finanzbeziehungen werden unter Kapitel 7 als konzerninterne Dienstleistungen subsumiert, ohne dass auf den Spezialfall gesondert eingegangen wird. Es wird lediglich darauf hingewiesen, dass für den Bereich der Finanzdienstleistungen besondere Vergütungsformen wie zB Zinsen anzuwenden sind.

2 Auch in den **deutschen Verrechnungspreisregelungen** finden sich wenige spezielle Ausführungen zur Behandlung von Finanzbeziehungen. Weder

---

[1] Vgl. *OECD,* The Taxation of Global Trading of Financial Instruments, 1998.

in den aktuellen gesetzlichen Regelungen des § 90 Abs. 3 AO und der Gewinnabgrenzungsaufzeichnungsverordnung, noch in den VGr für die Prüfung der Einkunftsabgrenzung zwischen nahe stehenden Personen mit grenzüberschreitenden Geschäftsbeziehungen (VGr-Verfahren) vom 12.4.2005[2] sowie der inzwischen sehr ausführlichen Regelung des § 1 AStG finden Finanzbeziehungen explizit Erwähnung. Im Schreiben des BMF vom 23.2.1983[3] wird unter Absatz 4 auf konzerninterne Darlehen und Garantien eingegangen. Allerdings wird auch hier keinerlei Hinweis gegeben, welche Erwartungen bezüglich eines angemessenen Fremdvergleichs im Falle von Finanztransaktionen bestehen. Lediglich im BMF Schreiben vom 29.3.2011,[4] das die Verwaltungsanweisung bezüglich der Anwendung des § 1 AStG bei Teilwertabschreibungen und anderen Wertminderungen auf Darlehen an verbundene Unternehmen im Ausland erläutert, wird auf die Angemessenheit der Verzinsung konzerninterner Darlehen eingegangen.

1. Formen der Fremdfinanzierung

Innerhalb von Konzernen können verschiedene Formen von Finanzie- **3**
rungstransaktionen unterschieden werden. Zu den Wichtigsten zählen:
- Darlehens- und Kreditbeziehungen
- Factoring (Forderungsankauf)
- Darlehenszusagen
- Bürgschaften und Patronatserklärungen
- Hedging (Absicherungsgeschäfte)
- Währungsrisikoabsicherung

Die genannten Kategorien von Finanzierungsleistungen lassen sich in weitere Unterkategorien differenzieren. Die folgenden Beschreibungen geben einen ersten Überblick über die Funktions- und Wirkungsweise der einzelnen Finanzierungsinstrumente. In späteren Kapiteln wird auf ausgewählte Finanzierungsleistungen im Detail eingegangen.

a) Darlehens- und Kreditbeziehungen

Darlehen sind traditionell die am häufigsten vorkommende Finanzierungs- **4**
form zwischen verbundenen Unternehmen. Der Kapitalbedarf internationaler Konzerne und ihrer Tochtergesellschaften kann dabei durch Darlehen von der Muttergesellschaft oder Darlehen anderer Konzerngesellschaften wie zB auch reiner Konzernfinanzgesellschaften gedeckt werden. Aus Verrechnungspreissicht ist die Art des von verbundenen Unternehmen bereitgestellten Darlehens von großer Bedeutung. So lassen sich Darlehen v. a. im Hinblick auf ihre

---

[2] BMF 12.4.2005, Grundsätze für die Prüfung der Einkunftsabgrenzung zwischen nahestehenden Personen mit grenzüberschreitenden Geschäftsbeziehungen in Bezug auf Ermittlungs- und Mitwirkungspflichten, Berichtigungen sowie auf Verständigungs- und EU-Schiedsverfahren.

[3] BMF 23.2.1983, Grundsätze für die Prüfung der Einkunftsabgrenzung bei international verbundenen Unternehmen.

[4] BMF 29.3.2011, Anwendung des § 1 AStG auf Fälle von Teilwertabschreibungen und anderen Wertminderungen auf Darlehen an verbundene ausländische Unternehmen.

Laufzeit klassifizieren. Die Laufzeit hat neben dem inhärenten Risiko den größten Einfluss auf den zu ermittelnden, fremdvergleichskonformen Zinssatz. Bei der Darlehens- und Kreditvergabe zwischen verbundenen Unternehmen lassen sich die folgenden Finanzierungsformen unterscheiden:
- Darlehen
- Waren und Lieferantenkredite
- Kontokorrentähnliche Verrechnungskonten
- Cash Pooling

5   Langfristige sowie mittelfristige Darlehen sind auch zwischen verbundenen Unternehmen die klassische Form der **längerfristigen Finanzierung.** Typischerweise stellt eine Mutter- oder Finanzgesellschaft anderen Konzerngesellschaften finanzielle Mittel zur Verfügung, die diese für die Dauer einer vereinbarten Laufzeit nutzen können. Im Gegensatz zum Darlehen wird unter einem Kredit zumeist eine Verbindlichkeit verstanden, die nicht nur bei Fälligkeit getilgt, sondern während der Laufzeit unter Umständen auch erhöht werden kann. Kurzfristige Darlehen dienen der kurzfristigen Kapitalüberlassung an Konzerntochtergesellschaften und sind in der Regel Darlehen mit einer Laufzeit von unter einem Jahr.

6   **Waren- und Lieferantenkredite** sind solche Kredite, die ein Lieferant seinen Kunden durch Gewährung eines Zahlungsziels einräumt. Der Lieferantenkredit ist eine übliche Form der Finanzierung des Warenumschlags und wird meist ein bis drei Monate gewährt. Zahlt der Kunde vor Ablauf des Zahlungsziels, so kann er ein nach Zeitspannen gestaffeltes Skonto abziehen. Zur Kreditsicherung des Lieferantenkredits wird vom Gläubiger meist der Eigentumsvorbehalt gewählt. Somit hat der Waren- und Lieferantenkredit den Charakter eines kurzfristigen Darlehens.

Allerdings ist es unter fremden Dritten üblich, bei Lieferantenkrediten und Waren innerhalb üblicher Zahlungsziele keine Zinsen zu berechnen. Der Kreditgeber eröffnet dem Kreditnehmer die Möglichkeit der Inanspruchnahme eines Skontos, wenn er innerhalb einer zuvor festgesetzten Frist den fälligen Kreditbetrag begleicht. Somit stellt eigentlich nur die Skontofrist einen kurzfristigen, unentgeltlichen Lieferantenkredit dar.

7   **Kontokorrentähnliche Verrechnungskonten** bieten den Konzerngesellschaften die Möglichkeit, bei Mutter- oder Finanzgesellschaften kurzfristig Zugang zu Liquidität zu erhalten. Ähnlich einem Kontokorrentkonto bei der Bank sind die von Konzerngesellschaften berechneten Zinssätze für die Vergabe eines Kontokorrentkredites zumeist an den tagesaktuellen Interbankenzinsen orientiert. Die kreditnehmende Gesellschaft kann im Gegensatz zu einem kurzfristigen Darlehen die Kreditverbindlichkeit zumeist täglich tilgen.

8   Eine Weiterentwicklung kontokorrentähnlicher Finanzbeziehungen stellt das Cash Pooling dar. **Cash Pooling** ist ein verbreitetes Finanzierungskonzept, bei dem kurzfristige Liquiditätsüberschüsse bzw. Liquiditätsbedarf der Konzernunternehmen zentral disponiert werden. Durch das zentrale „Disponieren" verringert sich die Anzahl benötigter Bankkonten für das Unternehmen, da im Idealfall nur wenige oder nur ein sog. Masterkonteninhaber existiert, der mit einer einzigen externen Bank den Cash Pool verwaltet. Dadurch entstehen Synergieeffekte, die für den Konzern durch die Einsparung von Verwaltungskosten und Zinszahlungen generiert werden.

b) Factoring (Forderungsankauf)

Factoring stellt im Allgemeinen den **Verkauf von kurzfristigen Forde-** 9
rungen zur Erzielung einer besseren Liquiditätsausstattung dar. Generell ist
Factoring eine Form der Zwischenfinanzierung. Andererseits kann Factoring
aber auch der Inanspruchnahme von Inkassodienstleistungen sowie der Reallokation von Ausfallrisiken dienen. Man unterscheidet beim Factoring zwischen **echtem Factoring und unechtem Factoring.** Eine spezielle Form
der Forderungsabtretung ist die **Forfaitierung.** Aus Fremdvergleichssicht ist
beim Factoring zu berücksichtigen, dass der Erwerber zumindest Verwaltungskosten und Refinanzierung, sehr häufig beim echten Factoring aber
auch Ausfallrisiken übernimmt.

c) Darlehenszusagen

Eine weitere Möglichkeit der Finanzierung innerhalb von Konzerngesell- 10
schaften ist die **Bereitstellung von Kreditrahmen.** Mit Hilfe dieses Instruments eröffnen Konzernfinanzgesellschaften operativen Tochtergesellschaften über einen gewissen Zeitraum den Zugang zu einem bestimmten
Darlehensvolumen, welches diese bei Bedarf in Anspruch nehmen können.
Da die Möglichkeit zur Inanspruchnahme eine Option darstellt, für die ein
fremder Dritter eine angemessene Vergütung in Form sogenannter Bereitstellungsgebühren verlangen würde, muss aus Verrechnungspreissicht auch bei
verbundenen Unternehmen eine angemessene Gebühr an die bereitstellende
Gesellschaft gezahlt werden.

d) Bürgschaften und Garantien

Eine Garantie ist die **Übernahme der Zahlungsverantwortung** für 11
Schulden oder andere Verpflichtungen, für den Fall, dass der Schuldner selbst
seinen Verpflichtungen nicht mehr nachkommen kann. In der Regel wird
von einem Garantiegeber eine solche Sicherungsstellung für einen potentiellen Schuldner ausgestellt, damit dieser von einer dritten Partei ein Darlehen
aufnehmen kann.

Im Rahmen konzerninterner Geschäftsbeziehungen wird es meist so sein,
dass die Konzernmutter oder eine andere finanzstarke Konzerngesellschaft für
andere Konzergesellschaften Garantien bereitstellen, wenn diese von fremden
Dritten Finanzmittel aufnehmen wollen. Derartige Garantien dienen der
Verbesserung von Zinskonditionen oder ermöglichen den **Zugang zu**
bestimmten Kapitalmärkten. Teilweise dienen Garantien aber auch dazu,
„Glaubwürdigkeitssignale" dafür an den Kapitalmarkt zu geben, dass sich stets
der Gesamtkonzern für die vereinbarungsgerechte Erfüllung aller Verpflichtungen einsetzt (Signalling). Dies dürfte insbesondere dann in Betracht kommen, wenn solche Garantien von der Konzernmutter erteilt werden.

e) Hedging (Absicherungsgeschäfte)

aa) Allgemeine Absicherungsgeschäfte

Absicherungsgeschäfte dienen vornehmlich der **Absicherung** eines Un- 12
ternehmens gegen eine Vielzahl potentieller **finanzieller Risiken.** Solche
Absicherungsgeschäfte durch die Mutter- oder Finanzgesellschaften für Transaktionen der Tochtergesellschaften würden ansonsten von fremden Dritten

eingekauft und sind daher auch gegenüber der Konzerngesellschaft im Regelfall als entgeltpflichtige Dienstleistung anzusehen. Gewöhnlich wird eine Mutter- oder Finanzgesellschaft mit Absicherungsgeschäften eine Vielzahl von Tochterunternehmen gegen identische Risiken absichern, so dass der gemeinschaftlich erzielte Vorteil auf die Gruppengesellschaften verteilt werden kann. Die Verteilung hat sich dann an dem Ausmaß des Risikos jeder Gruppengesellschaft zu orientieren.

Typischerweise dienen zur Absicherung Finanzinstrumente wie Swaps, Forwards, Futures, Optionen, Termingeschäfte, Securities Lending und Repurchase Agreements.

bb) Währungsrisikoabsicherung

13   Die **Absicherung von Währungsrisiken** stellt eine Unterkategorie der Absicherungsgeschäfte des vorherigen Absatzes dar. Da Währungsabsicherungsgeschäfte aber eine sehr große Rolle in vielen Industriezweigen spielen, werden sie im Folgenden separat aufgeführt.

Aus Verrechnungspreissicht sind zwei Arten von Währungsrisiken relevant:
- das Risiko, dass der Nennwert der Währung, in der der Verrechnungspreis notiert ist, im Wert schwankt, und
- das Risiko der Schwankung der Währung zwischen dem Zeitpunkt der Rechnungsstellung und dem Zeitpunkt der tatsächlichen Lieferung, welches eine der beiden Parteien trägt.

Diese Risiken können durch unternehmensinterne Kurssicherungsmaßnahmen stark reduziert werden, indem zukünftige Devisenforderungen einer Konzerngesellschaft mit zukünftigen Verbindlichkeiten einer anderen Konzerngesellschaft in der gleichen Währung abgesichert werden. Bleibt dabei ein Betrag übrig, so kann dieser auch durch ein konzernexternes Devisenmarktgeschäft abgesichert werden. Bewährte Absicherungsgeschäfte sind zB Devisentermingeschäfte oder Devisenoptionsgeschäfte.

2. Verrechenbarkeit dem Grunde und der Höhe nach

14   Im Rahmen des unternehmerischen Handelns liegt es im Ermessen des Unternehmens, inwieweit es zur Finanzierung seiner Tochtergesellschaften Eigen- und/oder Fremdkapital einsetzt.[5] Diese sog. **Finanzierungsfreiheit** ist durch die Rechtsprechung des BFH wiederholt bestätigt worden.[6]

Die steuerliche Behandlung der konzerninternen Kapitalüberlassung kann wesentlich davon abhängen, ob diese im Rahmen einer gesellschaftsvertraglichen Vereinbarung stattfindet oder ob es sich um eine rechtsgeschäftliche (schuldrechtliche) Finanzierung im Sinne einer Geschäftsbeziehung zwischen nahestehenden Personen handelt.[7] Die konkrete Abgrenzung beider Arten der Kapitalüberlassung bereitet in der Praxis gelegentlich Schwierigkeiten, wie etwa die Problematik der steuerlichen Behandlung hybrider Finanzie-

---

[5] Vgl. *Naumann* in Piltz/Schaumburg, Internationale Unternehmensfinanzierung, 2006, S. 4.

[6] Vgl. u. a. BFH 5.2.1992, BStBl. II 1992, 532; BFH 8.12.1997, BStBl. II 1998, 193.

[7] § 1 Abs. 1 iVm § 1 Abs. 5 AStG.

rungsinstrumente zeigt.[8] Diese Problematik soll jedoch im Rahmen des vorliegenden Kapitels nicht näher ausgeführt werden.

Für gesellschaftsvertragliche Vereinbarungen sind Korrekturmöglichkeiten des § 1 AStG nicht gegeben. Vergütungen für eine gesellschaftsvertraglich bedingte Kapitalüberlassung, wie etwa Dividendenzahlungen, sind nicht als Aufwand von der steuerlichen Bemessungsgrundlage abzugsfähig.

Vergütungen einer rechtsgeschäftlichen (schuldrechtlichen) Finanzierung im Sinne einer Geschäftsbeziehung zwischen nahestehenden Personen, wie etwa die Überlassung eines Darlehens, unterliegen dagegen dem Fremdvergleichsgrundsatz nach § 1 AStG. Selbst wenn aber die zugrunde liegende Leistung als „Geschäftsbeziehung" zu qualifizieren ist und der Fremdvergleichsgrundsatz nach § 1 AStG anzuwenden ist, folgt hieraus noch nicht per se, dass fremde Dritte im Rahmen dieser Geschäftsbeziehung ein Entgelt vereinbart hätten.

Vielmehr ist bei der Durchführung des Fremdvergleichs in einem *ersten* **15** *Schritt* zu prüfen, ob die zugrunde liegende Geschäftsbeziehung im überwiegenden Interesse des Leistungsempfängers erfolgt, sodass fremde Dritte dem Grunde nach überhaupt ein Entgelt vereinbart hätten. Nur dann, wenn Verrechenbarkeit dem Grunde nach zu bejahen ist, wird im *zweiten Schritt* bei der Durchführung des Fremdvergleichs die Frage nach der fremdüblichen Höhe der Gegenleistung relevant.[9]

Für die Prüfung der *Verrechenbarkeit dem Grunde nach* (erster Schritt) ist das **16** Kriterium der (überwiegenden) **betrieblichen Veranlassung** (§ 4 Abs. 4 EStG) von besonderer Bedeutung. Hierbei geht es darum, in wessen überwiegend betrieblichen Interesse eine Leistung erbracht wird. Liegt dieses nämlich nicht beim Leistungsempfänger, sondern beim Leistenden, so wird unter fremdüblichen Bedingungen für eine derartige Leistung keine Gegenleistung vereinbart werden. Gleiches gilt, wenn die betriebliche Veranlassung einer bestimmten Leistung beim Leistungsempfänger zwar gegeben sein mag (zumindest zu einem gewissen Grade), die erbrachte Leistung aber nicht konkret abgrenzbar, messbar und bewertbar ist;[10] in diesen Fällen kann der Leistende den Leistungsempfänger häufig auch nicht vom Bezug der Leistung ausschließen, weil auch andere (zB Konzern-)Interessen im Vordergrund stehen.

In der Praxis dürften hiervon beispielsweise solche Fälle betroffen sein, in **17** denen eine Konzernmutter eine bestimmte Leistung erbringt, um den **Konzernzusammenhalt** zu sichern und ihr Beteiligungsportfolio zu fördern. Im Bereich der Finanztransaktionen besonders häufig vorkommende Beispiele sind die sog. Kontroll- bzw. Konzernleitungsaktivitäten, aber auch Leistungen wie weiche Patronatserklärungen und ggfs. sogar echte Garantieerklärungen, sofern diese in erster Linie dazu dienen, den Konzernzusammenhalt zu fördern. Der Konzernzusammenhalt könnte beispielsweise im Vordergrund stehen, wenn eine solche Garantie nicht auf konkret abgrenzbare Verpflichtungen oder einen einzelnen Begünstigten begrenzt wird, sondern betraglich

---

[8] Vgl. etwa *Herzig* IStR 16/2000, S. 482 ff.; *Briesemeister,* Hybride Finanzinstrumente im Ertragsteuerrecht.

[9] Vgl. auch den Aufbau von Tz. 6 in BMF 23.2.1983, BStBl. I 1983, 218.

[10] Vgl. BMF 23.2.1983, BStBl. I 1983, 218, Tz. 6.2.2.

und im Hinblick auf den Begünstigtenkreis so unbestimmt ist, dass vergleichbare Garantien zwischen fremden Dritten auch nicht beobachtbar sind.

In jüngster Zeit kommen gesamtschuldnerische Haftungen der Konzernmutter mit bestimmten (oder gar allen) operativen Konzerngesellschaften als Sicherheitengestellung gegenüber Banken oder Bankenkonsortien für Konzernfinanzierungen immer häufiger vor. Solche gesamtschuldnerische Haftungen traten insbesondere während der Finanzkrise ab Ende 2008 vermehrt auf. Es stellt sich die Frage, ob den mithaftenden operativen Gesellschaften für die zur Verfügung gestellten Sicherheiten in einer fremdüblichen Situation eine Vergütung zustünde. Dies wäre zB dann der Fall, wenn die operativen Konzerngesellschaften keinen Vorteil aus den von ihnen hinterlegten Sicherheiten in Form von beispielsweise günstigeren Zinskonditionen erhalten würden.

18   Nur dann, wenn Verrechenbarkeit dem Grunde nach gegeben ist, stellt sich im zweiten Schritt die Frage nach der *fremdüblichen Form und Höhe der Gegenleistung*. Auf dieser Ebene des Fremdvergleichs sind die Überlegungen zur Anwendung der traditionellen Verrechnungspreismethoden (zB direkter Fremdvergleich für bestimmte Zinssätze, Verwendung empirischer Daten oder kostenbasierte Ansätze) oder aber von sonstigen betriebswirtschaftlichen Ansätzen anzustellen (zB im Wege einer synthetischen „Rekonstruktion" eines Zinssatzes oder Preises durch Bewertung verschiedener inhärenter Einzelbestandteile, oder durch Verwendung von Ansätzen aus der Finanzierungstheorie).

3. Besonderheiten von Finanztransaktionen für Zwecke des Fremdvergleichs

19   Märkte für Finanzierungsinstrumente sind in besonders hohem Maße durch **unvollständige** und vor allem **asymmetrische Informationsverteilung** geprägt. Zwischen den Marktteilnehmern besteht sowohl im Vorhinein als auch nach Abschluss von Geschäften asymmetrische Informationsverteilung bezüglich des Risikos, das mit einem solchen Geschäft verbunden ist. Beispielhaft sei hier das tatsächliche Ausfallrisiko zu nennen, das von einem Darlehens- oder Garantienehmer ausgeht und über welches dieser regelmäßig bessere Informationen besitzt als der potentielle Darlehens- oder Garantiegeber.

20   Durch eine asymmetrische Informationsverteilung vor oder nach Abschluss von Geschäften können **Moral Hazard** Probleme auftreten und es kann zu **Adverser Selektion** kommen. Solche Mechanismen behindern auf freien Märkten in der Regel das Zustandekommen von Vertrags- und Tauschbeziehungen zwischen fremden Dritten. Marktteilnehmer, die sich unkalkulierbaren Risiken gegenübersehen, werden bestimmte Geschäfte aufgrund dessen möglicherweise nicht abschließen, obwohl diese durchaus für beide Seiten hätten vorteilhaft sein können, wenn keine Probleme auf Grund von Informationsasymmetrien bestanden hätten.

Auf Märkten haben sich Mechanismen entwickelt, derartige Probleme zu lösen. Beispielsweise haben sich Institutionen (wie etwa Rating-Agenturen) herausgebildet, die die Kreditwürdigkeit von potentiellen Darlehensnehmern prüfen und somit Informationsasymmetrien reduzieren. Fremde Dritte sind in der Regel bereit, derartige kostenpflichtige Dienstleistungen in Anspruch zu nehmen zur Verminderung von Informationsasymmetrien und zur verbesserten Einschätzung von Risiken. Die entsprechenden Kosten sind regelmäßig in den Preisen für Finanzdienstleistungen zwischen fremden Dritten enthalten.

Marktpreise wie sie zwischen fremden Dritten vereinbart werden, enthal- **21** ten insofern Aufwendungen zur Verringerung von Informationsasymmetrien und zur besseren Einschätzung der in den Geschäften inhärenten Risiken.

Derartige Informationsprobleme wird es im Konzernverbund in der überwiegenden Zahl der Fälle nicht geben. Eine **Konzernmutter** wird weitgehend **vollständige Informationen** darüber besitzen, welches Ausfallrisiko von einer bestimmten Tochtergesellschaft ausgeht. Zudem ist sie sogar in der Lage, durch ihr eigenes Handeln Risiken der Tochtergesellschaften zu erhöhen oder zu verringern. Ein konzerninterner Darlehens- oder Garantiegeber wird sich somit bei der Darlehens- oder Kreditvergabe nicht den gleichen Problemen gegenübersehen wie etwa eine externe Bank.

Diese Unterschiede können das Führen eines Fremdvergleichs erschweren, **22** da diese Faktoren **Einfluss auf den Preisbildungsprozess** haben. In der Praxis führen diese Unterschiede in der Regel sogar dazu, dass ein direkter Fremdvergleich mit Zinsen, Provisionen oder anderen Vergütungen, die mit fremden Dritten tatsächlich vereinbart wurden (zB Avalprovisionen an Banken, Bankzinsen), unmöglich ist; Avalprovisionen an Banken oder Bankzinsen sind daher häufig a priori nicht mit Vergütungen zwischen nahestehenden Personen vergleichbar.[11]

Selbst wenn derartige Fremdgrößen als Grundlage für den Fremdvergleich herangezogen werden, müssten sie ökonomisch um diese Unterschiede adjustiert werden. Im Rahmen dieser Adjustierungen müssten dann zB aus den Fremdpreisen diejenigen Bestandteile eliminiert werden, die zur Deckung der inhärenten Risiken aus den Informationsasymmetrien „eingepreist" sind.

Diese – empirisch und methodisch äußerst problematischen – Adjustierun- **23** gen könnten ökonomisch mit dem Argument vermieden werden, dass als Maßstab für den Fremdvergleich stets diejenigen Verhältnisse zugrunde zu legen sind, die zwischen fremden Dritten vorherrschen. Damit müssten also für Geschäftsbeziehungen zwischen nahestehenden Personen die gleichen **Informationsasymmetrien** unterstellt werden, wie sie auch zwischen fremden Dritten bestehen; folglich könnten die zwischen Dritten beobachteten Marktpreise (zB Bankzinsen) auch für Fremdvergleichszwecke herangezogen werden.

Dieser ökonomisch sinnvollen Überlegung hat der Gesetzgeber selbst jedoch **24** mit seiner Neuregelung in § 1 Abs. 1 S. 2 AStG die gesetzliche Grundlage entzogen. Nach dieser Regelung ist „für die Anwendung des Fremdvergleichsgrundsatzes (…) davon auszugehen, dass die voneinander unabhängigen Dritten alle wesentlichen Umstände der Geschäftsbeziehung kennen". Insbesondere im Bereich derjenigen Finanztransaktionen, bei denen der Leistende ein Ausfallrisiko eingeht, zählt die Kenntnis über ebendieses Ausfallrisiko zweifelsohne zu den „wesentlichen Umständen der Geschäftsbeziehung". Mit dem gesetzlichen Postulat, dass der Leistende diese Kenntnis hat, stellt der Gesetzgeber zwischen den Geschäftspartnern die vollständige Informationssymmetrie

---

[11] Vgl. auch *Kaminski* in Strunk/Kaminski/Köhler, § 1 AStG, Rn. 456; *Baumhoff* in Flick/Wassermeyer/Baumhoff, § 1 AStG, Rn. 767.

„künstlich" her. Man muss sich die zwischen fremden Dritten in der Realität völlig alltäglichen Informationsunterschiede nach dieser Regelung „wegdenken". Der Zustand der **Informationssymmetrie** bildet hiernach den Maßstab für den Fremdvergleich. Der Fremdvergleichsgrundsatz wird damit zum einen „verkünstlicht"; zum anderen wird ihm in zahlreichen Fällen durch den Gesetzgeber selbst die empirische Grundlage entzogen.

II. Darlehensbeziehungen zwischen Konzerngesellschaften

1. Definition von Darlehensbeziehungen

25   Im Allgemeinen werden Darlehen nach den Kriterien Laufzeit und Verzinsung unterschieden. Hinsichtlich der Laufzeiten hat sich in der Praxis folgende Definition für Darlehen durchgesetzt:[12]
– 0–1 Jahr Laufzeit: kurzfristige Darlehen
– 1–5 Jahre Laufzeit: mittelfristige Darlehen
– über 5 Jahre: langfristige Darlehen
Die Laufzeit ist auch ein maßgeblicher Faktor bei der Bestimmung der Verzinsung des Darlehens. Zwischen Darlehensgeber und Darlehensnehmer gibt es eine Vielzahl möglicher Optionen, die Höhe der Zinszahlung festzulegen. Um letztendlich die verschiedenen Vergütungsformen der unterschiedlichen Darlehen vergleichen zu können, muss die sogenannte *effektive Verzinsung* berechnet werden.

26   Aus Fremdvergleichssicht ist von besonderer Bedeutung, ob ein Darlehen einer variablen oder einer fixen Vergütungsform unterliegt. Im Folgenden wird darauf eingegangen, welche Faktoren entscheidend sind bei der Bildung einer angemessenen Zinshöhe in Abhängigkeit davon, ob die Vergütung fixiert oder variabel ist.

a) Festverzinsliche Darlehen

27   Im Falle der **Festverzinsung** vereinbaren die Vertragsparteien für die gesamte Darlehenslaufzeit einen fixierten Zinssatz, der nach Vertragsschluss nicht mehr durch äußere Einflüsse veränderlich ist. Die Höhe des Zinssatzes richtet sich in diesem Fall nach den folgenden Faktoren:
a) dem momentan am Kapitalmarkt herrschenden Zinssatz für nahezu risikofreie Anlagen. Dieser bildet die Basis der Überlegungen beider Seiten zur Höhe des fixierten Zinssatzes.
b) der Einschätzung des Darlehensgebers über das Ausfallrisiko des Darlehens bzw. das Rating des Darlehensnehmers. Je höher das Ausfallrisiko bzw. je schlechter das Rating, desto höher muss der Zinssatz sein, um den Darlehensgeber für sein größeres Risiko zu kompensieren. Der Darlehensgeber erhält also eine Art Prämie für das Risiko, das er eingeht.
c) den Erwartungen der beiden Vertragsparteien über das zukünftige Zinsniveau. Erwarten die beiden Parteien während der Vertragslaufzeit ein fallendes bzw. steigendes Zinsniveau, wird der gewählte Zinssatz eher niedri-

---

[12] Vgl. *Coenenberger,* Jahresabschluss und Jahresabschlussanalyse, 335.

ger bzw. höher ausfallen, als der zum Vertragsabschluss am Kapitalmarkt herrschende Zinssatz inklusive Risikoprämie.

Die Aufwendungen, die mit der Abwicklung des Darlehens verbunden 28 sind, können entweder als Disagio gleich am Anfang vom Darlehensgeber einbehalten werden, oder aber es wird ein weiterer Aufschlag auf den Zinssatz gefordert, der die administrativen Kosten abdeckt.

b) Variabel verzinsliche Darlehen

Im Fall der variablen Verzinsung ist die Höhe des Zinssatzes im Zeitablauf 29 nicht konstant. Sie richtet sich vielmehr nach einer äußeren Kennzahl, zB einem Kapitalmarktzinssatz. Da diese Zinssätze im Zeitablauf volatil schwebend sind, spricht man auch von **Floatern.**

Als Basis für die Festlegung der Zinszahlungen bieten sich Interbankenzins- 30 sätze an. Die zwei gängigsten Interbankenzinssätze v. a. im Europäischen Währungsraum sind der **Euribor** und der **Libor.** Euribor und Libor sind Termingeldzinssätze mit einer Laufzeit von einem Tag bis zu einem Jahr, die als Durchschnitt aus dem Angebot vieler Großbanken täglich kalkuliert werden. Während der Euribor allerdings nur Termingeldzinsen für den Euro angibt, werden beim Libor auch Zinssätze für neun weitere Währungen angegeben. Beide Zinssätze bilden die Erwartungen der Marktteilnehmer über die zukünftige Entwicklung der Zinssätze in der jeweiligen Währung ab.

Da Euribor und Libor im Interbankenverkehr verwendet werden, beinhalten sie praktisch keinen Risikoaufschlag. Daher muss bei der Vergabe von Darlehen mit variabler Verzinsung, ebenso wie bei fixer Verzinsung, eine Risikoprämie für das Ausfallrisiko auf die gewählte Basis aufgeschlagen werden. Diese Prämie richtet sich analog zur Vorgehensweise bei fixer Verzinsung nach dem Rating des Darlehensschuldners bzw. nach dessen tatsächlicher Risikolage.

Ebenfalls analog zum Vorgehen bei festverzinslichen Darlehen können die administrativen Aufwendungen des Darlehensgebers mittels eines Disagios oder eines weiteren Aufschlags auf den Zinssatz gedeckt werden.

2. Methodenwahl

Grundsätzlich ist wie für alle konzerninternen Transaktionen auch für kon- 31 zerninterne Finanzbeziehungen die **Preisvergleichsmethode** als die bevorzugte Verrechnungspreismethode anzusehen.

Hierbei kommt zum einen der **innere Preisvergleich** in Frage. Dies wird 32 v. a. in den Fällen zum Tragen kommen, in denen konzerninterne Darlehen direkt über Darlehen durch fremde dritte Banken rückfinanziert werden. Jedoch können auch andere, vergleichbare Darlehen von externen Darlehensgebern an Konzerngesellschaften Anhaltspunkte für einen fremdüblichen Zinssatz bieten.

Ebenso kann die **externe Preisvergleichsmethode** zur Anwendung 33 kommen. Hierbei kann jedoch die Ermittlung geeigneter Fremdvergleichsdaten schwierig sein. Die Vielzahl potentieller Finanztransaktionen zwischen fremden Dritten kann es notwendig machen, Anpassungsrechnungen vorzunehmen, um tatsächliche Vergleichbarkeit mit den konzerninternen Finanztransaktionen zu erreichen. In den nachfolgenden Abschnitten wird dies im Detail beschrieben.

34   In den Fällen, in denen die mangelnde Verfügbarkeit von vergleichbaren Transaktionen die Anwendbarkeit der Preisvergleichsmethode nicht oder nur schwer möglich macht und auch Anpassungsrechnungen nicht zielführend sind, kann für Finanztransaktionen auch die **Kostenaufschlagsmethode** zur Anwendung kommen. Diese wird jedoch eher bei Transaktionen mit **Dienstleistungscharakter** geeignet sein. Im Falle der Gewährung von langfristigen Darlehen hat sich in der Praxis die Anwendung der Preisvergleichsmethode bewährt, wenngleich diese aufgrund der gesetzlichen Annahme der Informationssymmetrie (§ 1 Abs. 1 S. 2 AStG) zunehmend problematisch ist.[13]

3. Theoretische Aspekte des Fremdvergleiches

35   Bei der Identifikation von vergleichbaren Transaktionen sowohl für die interne und externe Preisvergleichsmethode als auch für die Kostenaufschlagsmethode ist im Falle von Darlehensbeziehungen auf die **Vergleichsfaktoren** abzustellen. Hierbei handelt es sich um solche Faktoren, die auch zwischen fremden Dritten die Höhe von Zinssätzen beeinflussen. Zum Führen eines Fremdvergleiches anhand der Preisvergleichsmethode wird es daher notwendig sein, dass die potentiellen Vergleichstransaktionen und die unternehmensinterne Transaktion bezüglich der im Nachfolgenden beschriebenen Faktoren weitgehend vergleichbar sind.

36   Die Frage, ob und inwieweit die **Höhe der Darlehenssumme** zwischen Fremden Dritten die Höhe des Zinssatzes beeinflusst, lässt sich pauschal nicht beantworten. Es könnte vermutet werden, dass mit steigender Darlehenssumme auch die Höhe des Zinssatzes steigt. In der Praxis ist diese Fragestellung insbesondere bei Anwendung des externen Preisvergleichs relevant, wenn externe Vergleichsdarlehen als Vergleichsgrößen herangezogen werden und die hier beobachteten Darlehensbeträge höher oder niedriger als beim Konzerndarlehen sind. Im Einzelfall muss diese Frage empirisch und/oder denklogisch beantwortet werden: auf empirischer Basis könnte *zum einen* untersucht werden, inwieweit bei ansonsten als vergleichbar erachteten Vergleichsdarlehen ein stochastischer Zusammenhang zwischen Darlehenssumme und Zinshöhe besteht. Ist eine entsprechende Korrelation beider Faktoren bei den Vergleichstransaktionen nicht nachweisbar, oder ist sogar nachweisbar, dass eine entsprechende Korrelation nicht besteht, so spricht dies dafür, dass die Darlehenssumme die Zinshöhe nicht beeinflusst.

37   *Zum anderen* kann diese Frage im Einzelfall auch konzeptionell beantwortet werden: die Bereitstellung höherer Darlehenssummen würde Fremde Dritte in erster Linie dann zu höheren Zinsen veranlassen, wenn mit der Erhöhung der Darlehenssumme auch die Risiken des Darlehensgebers steigen. Entscheidend ist also die Beurteilung des Ausfallrisikos. Hierbei muss sichergestellt werden, dass sich das Bonitätsrisiko des Darlehensnehmers durch die Vergabe des Konzerndarlehens nicht weiter verschlechtert. Hat beispielsweise der Darlehensnehmer vor Vergabe des Konzerndarlehens ein Rating A, und würde sich dieses Rating aufgrund des zusätzlichen Darlehens sowie der hierdurch ausgelösten Erhöhung des Verschuldungsgrades auf Rating B reduzieren, so muss für die Zinsbestimmung das Rating B herangezogen werden.

---

[13] Vgl. Rn. 24.

Würde das Rating A zu Grunde gelegt und der hierfür relevante Vergleichs-
zins bestimmt, so müsste der Darlehensgeber durch einen weiteren Zinszuschlag berücksichtigen, dass durch die Darlehensvergabe eine Bonitätsver-
schlechterung und damit eine Risikoerhöhung eintritt.

In der Praxis dürfte diese Anpassungsnotwendigkeit in der Regel nicht bestehen, wenn derjenige Zins für die Darlehensvergabe herangezogen wird,
der die Bonität des Darlehensnehmers unter Berücksichtigung des Darlehens
selbst reflektiert. Wird also für Fremdvergleichszwecke die Bonität bzw. das
Rating des Konzernunternehmens bestimmt, und wird hierbei das Konzerndarlehen berücksichtigt, so können alle Vergleichstransaktionen, bei denen
der Schuldner dasselbe Rating hat, als Fremdvergleichsgrößen akzeptiert werden (zumindest bzgl. der Darlehenshöhe). Die für diese Vergleichstransaktionen festgestellten Zinssätze können dann als durchaus vergleichbar erachtet
werden, selbst wenn die Darlehensbeträge signifikant vom jeweiligen Konzerndarlehen abweichen. **38**

Zeitpunkt der Kreditgewährung: Die Zinsniveaus an Kapitalmärkten **39**
schwanken im Zeitverlauf und durchlaufen regelmäßig Hoch- und Niedrig-
zinsphasen. Diese Schwankungen werden durch eine Vielzahl globaler und
lokaler Wirtschaftsentwicklungen bestimmt. Derartige wirtschaftliche Faktoren schlagen sich in der Regel in den durch weltweite Zentralbanken bestimmten Referenzzinssätzen nieder. Solche Referenzzinssätze beeinflussen
bei Erhöhung oder Senkung in der Folge auch die Höhe der hiervon abhän-
genden Marktzinssätze.

Daher ist bei einem Fremdvergleich immer auf den relevanten Zeitpunkt
abzustellen. Dies ist bei festverzinslichen Darlehen in der Regel der Tag der
Darlehensgewährung oder, um kurzfristige Schwankungen nicht überzuge-
wichten, der Durchschnitt von einigen der Darlehensgewährung vorausgegangenen Tagen.

Im Fall variabler Verzinsungen entsteht aus diesem Kriterium die Notwendigkeit, konzerninterne Zinssätze regelmäßig an die Marktentwicklung anzupassen.

Laufzeit: Der Zeitraum, für den ein Darlehen gewährt wird, ist eine wei- **40**
tere Einflussgröße auf fremdübliche Zinssätze. In der Regel wird dabei eine
längere Laufzeit zu höheren Zinssätzen führen. Dies reflektiert die mit längerer Laufzeit zunehmende Bedeutung des Ausfallrisikos und der zunehmenden
Unsicherheit bzgl. der Entwicklung der Kreditwürdigkeit des Darlehensnehmers. Allerdings reflektieren Zinssätze auch immer die Erwartung der zukünftigen Zinsentwicklung. Je nach Erwartung der Marktteilnehmer kann der
Zusammenhang zwischen Laufzeit und Zinshöhe aufgehoben werden oder
sich sogar umkehren.[14] Bei der Prüfung der Fremdüblichkeit konzerninterner
Zinssätze muss daher immer auch das Marktumfeld zum Gewährungszeitpunkt berücksichtigt werden.

Hierbei muss bei konzerninternen Darlehen geprüft werden, welches wirtschaftlich gesehen der relevante Gewährungszeitraum ist. Werden zB Darlehensverträge mit Gültigkeit für ein Jahr geschlossen, die regelmäßig automatisch verlängert werden, muss davon ausgegangen werden, dass hier
wirtschaftlich eine längere als eine einjährige Kreditgewährung beabsichtigt

---

[14] Vgl. *Jarchow,* Theorie und Politik des Geldes I, 189.

war. Auch die Verwendung des gewährten Darlehens kann Hinweise auf die wirtschaftlich beabsichtigte Laufzeit geben. Werden Mittel zB für Akquisitionen oder langfristige Investitionen verwendet, ist nicht von einer kurzfristigen Rückzahlung auszugehen.

41   **Kreditausfallrisiko:** Das Risiko, dass ein Kredit ganz oder teilweise nicht zurückgezahlt wird, ist zwischen fremden Dritten eine der wichtigsten Einflussgrößen auf die Zinshöhe. Wie bereits oben dargelegt, werden Marktzinssätze immer eine risikofreie Komponente enthalten, die der Vergütung des Kapitals dient und einen Risikoaufschlag, durch den der Darlehensgeber für das mit der Darlehensvergabe eingegangene Risiko vergütet wird. Je höher das eingegangene Risiko, umso höher muss der im Zins enthaltene Risikozuschlag sein. Daher wird mit steigendem Ausfallrisiko eines Kredites auch der Zins für diesen steigen.

42   **Vertragsbedingungen:** Die vertraglichen Rahmenbedingungen von Darlehensbeziehungen können aufgrund der Vielzahl von Ausgestaltungsmöglichkeiten bei derartigen Transaktionen recht unterschiedlich ausfallen. Dies kann sich auf die Art der Gewährung des Darlehens, Rückzahlungsmodalitäten oder Vereinbarungen über Zinszahlungen beziehen. Bei der Auswahl von Vergleichstransaktionen ist auf die Vergleichbarkeit der Faktoren abzustellen, welche die Höhe der Zinsen beeinflussen können.

Ist dies nicht möglich, sind angemessene Anpassungen vorzunehmen, um eine entsprechende Vergleichbarkeit herzustellen.

43   **Beispiel 1:** Die schwedische Konzernmutter A gewährt ihrer Tochtergesellschaft B in Deutschland am 1.12.2010 ein Darlehen. Es wird ein jährlicher Zinssatz von 4% vereinbart gültig ab dem 1. Januar 2011. Es wird vertraglich vereinbart, dass Zinszahlungen halbjährlich erfolgen sollen.

44   **Beispiel 2:** Die deutsche Tochtergesellschaft aus Beispiel 1 hat vertraglich bestimmt, das Darlehen, welches für fünf Jahre gewährt wurde, jederzeit zurückzuzahlen zu können, ohne dass ihr hierdurch Kosten entstehen.

45   In beiden Beispielen wurden vertraglich Bedingungen vereinbart, die das Auffinden einer **vollständig vergleichbaren Transaktion** zwischen fremden Dritten erschweren. Zwischen solchen fremden Dritten wird es zunächst selten solche **zinsfreien Phasen** geben, wie sie in Beispiel 1 für den Dezember 2010 gewährt wird. Zudem beziehen sich Zinshöhen in der Regel auf **jährliche Zinszahlungen.** Können keine Vergleichstransaktionen mit halbjährlichen Zinsterminen gefunden werden, erfordert dies eine Anpassungsrechnung. Im obigen Beispiel stellt die halbjährliche Zahlung einen zinslosen Kredit von B an A dar in Höhe der Hälfte der jährlichen Zinszahlung. In einem solchen Fall müssen Anpassungsrechnungen an Fremddaten durchgeführt werden.

Im zweiten Fall wird von gängigen fremdüblichen vertraglichen Vereinbarungen abgewichen, da für den Fall einer vorgezogenen Rückzahlung des Kredits keine **Vorfälligkeitsentschädigung** vorgesehen ist. In diesem Fall müssen die längere Laufzeit und die jederzeitige Kündbarkeit gegeneinander abgewogen werden, um die angemessene „wirtschaftliche" Laufzeit für den Fremdvergleich zu finden. Alternativ kann auch auf die vertraglich vereinbarte Laufzeit abgestellt werden und im Falle einer tatsächlichen frühzeitigeren

Kündigung dann eine Anpassung in Höhe einer angemessenen Vorfälligkeits-entschädigung vorgenommen werden.

4. Praktische Aspekte des Fremdvergleichs

a) Schwierigkeiten der Datenermittlung

Finanzmärkte stellen eine Vielzahl öffentlich zugänglicher Daten bereit. **46** Diese werden zB von öffentlichen Institutionen oder Banken veröffentlicht. Ebenso werden Daten in aggregierter und kumulierter Form von Daten-bankbetreibern wie *Bloomberg,*[15] *Thomson Reuters EIKON*[16] und *LoanConnector/Deal Scan von Thomson Reuters*[17] oder auch Landes- und Zentralbanken bereitgestellt. Aufgrund der Datenlage ist die Anwendung der Preisver-gleichsmethode bei Finanztransaktionen vergleichsweise einfacher als bei an-deren Transaktionstypen.

Allerdings ergeben sich bei der Suche nach adäquaten Fremdvergleichs-transaktionen im Detail Schwierigkeiten, die eine direkte Anwendung der Preisvergleichsmethode erschweren können. Diese Schwierigkeiten liegen zum einen in der durch den Gesetzgeber verursachten Problematik der durch die Annahme der Informationssymmetrie (§ 1 Abs. 1 S. 2 AStG) herbeige-führten „Verkünstlichung" des Fremdvergleichsgrundsatzes.[18] Abgesehen hiervon dürften die ökonomischen Voraussetzungen für den **internen Preis-vergleich** vor allem dann gegeben sein, wenn Kredite von Dritten zum Zweck der Weitergabe im Konzern erhoben und direkt ohne weitere Auf-wendungen an eine Konzerngesellschaft weitergegeben werden. Die Verrech-nung des externen Refinanzierungszinssatzes wird gestützt durch das Urteil des BFH vom 28.2.1990,[19] in welchem ausdrücklich die Weitergabe des Soll-zinses zuzüglich eines angemessenen Aufschlags in den Fällen empfohlen wird, in denen die konzerninterne Darlehensvergabe durch Fremdkapital fi-nanziert wird.

Die Anwendungsvoraussetzungen hierfür sind jedoch sehr eng: der Refinan- **47** zierungszins des darlehensgebenden Konzernunternehmens kann nur dann für die konzerninterne Darlehensvergabe relevant sein, wenn der Refinanzie-rungszinssatz als interner Fremdvergleichspreis anzusehen ist. Dies ist jedoch nur dann der Fall, wenn die refinanzierende externe Bank das Darlehen zu den-selben Konditionen auch unmittelbar an das darlehensnehmende Konzernun-ternehmen vergeben hätte. Aus Sicht der externen Bank wäre dies jedoch nur dann denkbar, wenn die unmittelbare Darlehensvergabe an das darlehensneh-mende Konzernunternehmen mit demselben Risiko verbunden wäre, wie die Darlehensvergabe an das „durchleitende" Konzernunternehmen. Im Regelfall

---

[15] *Bloomberg* bietet eine Datenbank mit aktuellen und historischen Finanzmarktdaten sowie internationale Nachrichtenmeldungen.

[16] Thomson Reuters EIKON bietet eine Handelsplattform sowie eine Datenbank mit aktuellen Finanzmarktdaten, u. a. zu Aktien, Anleihen, Wechselkursen und Roh-stoffen.

[17] *LoanConnector/DealScan* ist eine Datenbank über weltweite Zahlungs- und Ver-tragskonditionen von Anleihen und Darlehen und enthält etwa 220.000 Einträge.

[18] Vgl. Rn. 19–24.

[19] BFH 28.2.1990, BStBl. II 1990, 649.

wird dies nur in den Ausnahmefällen des reinen Durchleitungsdarlehens erfüllt sein, bei dem die Weitergabe der aufgenommenen Darlehensmittel an die darlehensnehmende Konzerngesellschaft im vorhinein mit der Bank vereinbart wird, und hierdurch für die Bank keine zusätzlichen Risiken entstehen. Verbindet aber die Bank die „durchleitende" Konzerngesellschaft beispielsweise mit einer anderen Bonität und damit einem anderen Risiko als die darlehensnehmende Konzerngesellschaft, so übt die „durchleitende" Konzerngesellschaft mit der Aufnahme und Weitergabe des Darlehens eine Risikotransformation aus. Der Zinssatz des Refinanzierungsdarlehens ist dann nicht mehr ohne weiteres fremdvergleichsrelevant. Im Rahmen des Fremdvergleichs muss dann für das konzerninterne Darlehen die für das darlehensnehmende Konzernunternehmen relevante Bonität zugrunde gelegt werden.

48   Gleiches gilt, wenn die „durchleitende" Konzerngesellschaft weitere Transformationsfunktionen ausübt, wenn also beispielsweise die Vereinbarungen mit der refinanzierenden Bank hinsichtlich Laufzeit, Währung, Rückzahlung oder Kündbarkeit von denjenigen abweichen, die bei Weitergabe an das darlehensnehmende Konzernunternehmen vereinbart werden. Im Ergebnis kann also eine Durchleitung des Refinanzierungszinses nicht einfach nur damit begründet werden, dass sich das darlehensgebende Konzernunternehmen extern refinanziert. Der echte Durchleitungscharakter muss ebenso gegeben sein; Transformationsfunktionen beim durchleitenden Konzernunternehmen dürfen dann nicht vorliegen.

49   Die Anwendung der **externen Preisvergleichsmethode** basierend auf einzelnen direkt vergleichbaren Transaktionen wird im Regelfall so gut wie unmöglich sein. Zum einen ist die Darlehensvergabe zwischen unabhängigen Unternehmen, welche keine Banken sind, selten und zum zweiten werden die entsprechenden Vereinbarungen in den wenigsten Fällen öffentlich gemacht.

Als Alternative bieten sich Darlehen durch Banken an fremde Dritte an. Allerdings ist die Vergabe durch Banken in wesentlichen Aspekten nicht vergleichbar mit der Darlehensvergabe zwischen Nicht-Banken. Zur Geeignetheit von Bankenzinssätzen wird im nachfolgenden Abschnitt Stellung genommen.

50   Daher wird zum Auffinden fremdüblicher Verzinsungen in der Praxis häufig auf **kumulierte Daten** zurückgegriffen, wie sie für Finanzmärkte vielfältig bereitgestellt werden. Solche Daten werden zB von der Deutschen Bundesbank und der Europäischen Zentralbank veröffentlicht. Dabei werden durchschnittlich vereinbarte Zinssätze für bestimmte Zeiträume und Darlehensarten angegeben.

Darüber hinaus gibt es öffentlich zugängliche Daten wie Anleiheverzinsungen für unterschiedlichste Anleihetypen, sogenannte Credit Default Swaps und Währungsgeschäfte. Solche Daten ermöglichen die Auswahl von kumulierten Datensätzen, die eine größtmögliche Vergleichbarkeit mir der konzerninternen Transaktion aufweisen.

51   Allerdings wird auch hierbei ein direkter Fremdvergleich nicht immer möglich sein. Es kann dann bei Abweichen einzelner Sachverhalte durch **Anpassungsrechnungen** Vergleichbarkeit hergestellt werden. Allerdings wird es auch Fälle geben, in denen aufgrund besonderer Umstände wie einer sehr hohen Risikobewertung oder der gesetzlich unterstellten Informationssymmetrie keine Transaktionen am Markt gefunden werden können, die ausreichend vergleichbar sind, um für Anpassungsrechnungen geeignet zu sein.

In diesen Fällen bieten sich für den Bereich der Finanztransaktionen sogenannte **synthetische Ansätze** an. Für solche synthetischen Ansätze wird der
konzerninterne Verrechnungspreis in verschiedene Elemente aufgeteilt, die
dann einzeln auf ihre Fremdüblichkeit überprüft werden können.

Beispiel 3: Die Konzernholding F in Italien stellt den Konzerngesellschaften D in   **52**
Deutschland und S in Schweden jeweils einen jederzeit abrufbaren Kreditrahmen von
€ 2 Mio. bereit. Zinszahlungen erfolgen nur für tatsächlich in Anspruch genommenes
Kapital. Hierfür wird pauschal ein Zinssatz von 5 % verrechnet.

Obwohl auch zwischen fremden Dritten die Bereitstellung von Kapital üb-   **53**
lich ist und hierfür in der Regel eine sog. **Bereitstellungsgebühr** verrechnet
wird, sind öffentlich zugängliche Daten zu Bereitstellungsgebühren nur begrenzt verfügbar.

Im Rahmen eines „synthetischen" Fremdvergleichs ist daher die Vergütung
in verschiedene Einzelelemente aufzuteilen. Diese können dann einzeln auf
ihre Fremdüblichkeit hin geprüft werden. Dieser Ansatz wird auch in den
häufig anzutreffenden Fällen mit umfangreichen administrativen Tätigkeiten
des Darlehensgebers anzuwenden sein. Derartige Tätigkeiten sind bei der
überwiegenden Zahl der Fremdvergleiche in reinen Kapital- und Risikover-
gütungen nicht enthalten.

Die angemessene Gesamtvergütung ergibt sich dann aus der Summe der
Kapitalverzinsung, der Bereitstellungsgebühr und der „Bearbeitungsgebühr",
die jeweils isoliert ermittelt werden können.

b) Geeignetheit von Bankzinsen

Auf den ersten Blick scheint das Führen des Fremdvergleiches für die Ge-   **54**
währung von Darlehen einfach zu sein. Die Zinssätze externer Banken bei
der Gewährung vergleichbarer Darlehen könnten als Basis zur Anwendung
der Preisvergleichsmethode dienen. Dieser Ansatz ist jedoch kritisch, weil die
Kreditvergabe durch Banken wirtschaftlich nicht mit der Kreditvergabe durch
Nicht-Banken vergleichbar ist.[20]
Finanzinstitute sind durch die aufgrund von **Basel II bzw. III**[21] begründeten Vorschriften dazu verpflichtet, in festgelegter Höhe Rücklagen pro ausge-
gebenem Darlehen zu halten. Hierdurch entstehen Banken Kosten, die diese
in die Verzinsung einpreisen werden. Da Nicht-Banken bei Kreditvergabe
nicht den Vorschriften nach Basel II bzw. III unterliegen, ist ihre Situation
nicht mit der von Finanzinstituten vergleichbar und der von ihnen verrechnete Zins sollte nicht die Kosten für solche Kapitalrücklagen enthalten.

Weiterhin bestehen zwischen externen Darlehensgebern und -empfängern   **55**
Informationsasymmetrien. Dies wurde bereits in Rn. 19–24 ausführlich
analysiert. Die Bank hat unvollkommene Informationen über das Ausfallrisiko, sowie über das zukünftige Verhalten des Schuldners.

Derartige Asymmetrien bezüglich der verfügbaren Information bestehen
nicht im Konzernverbund, da die Konzernmutter nicht nur die derzeitige
und zukünftige Situation fast vollständig einschätzen, sondern diese auch ak-

---

[20] Vgl. auch *Kaminski* in Strunk/Kaminski/Köhler, § 1 AStG, Rn. 456; *Baumhoff* in
Flick/Wassermeyer/Baumhoff, § 1 AStG, Rn. 767.
[21] Vgl. http://www.bis.org/publ/bcbsca.htm bzw. http://www.bis.org/bcbs/basel3.
htm aufgerufen am 29.4.2013.

tiv beeinflussen kann. Obwohl Banken durchaus die Möglichkeit haben, diese Informationsasymmetrien zu verringern, indem sie zB Finanzdaten und Bonitätsbewertungen verlangen, wird die Situation einer externen Bank nie mit der eines konzerninternen Kreditgebers bzgl. der verfügbaren Risikoeinschätzung vergleichbar sein. Da Banken diese Unsicherheiten ebenfalls in den Zins einpreisen, ist dies ein weiterer Faktor, der die Geeignetheit von Bankenzinsen für Zwecke des Fremdvergleichs einschränkt. Dies wird noch dadurch verstärkt, dass aufgrund der gesetzlichen Annahme der Informationssymmetrie eine Adjustierung um die hiermit verbundenen innewohnenden Risiken zwingend notwendig wird.

c) Der Mittelwert-Ansatz

56   Gemäß BFH-Rechtsprechung[22] können angemessene konzerninterne Zinssätze festgesetzt werden, indem ein Mittelwert aus banküblichen Soll- und Habenzinsen ermittelt wird.

Genauer hat der **BFH in seinem Urteil vom 28.2.1990**[23] entschieden, dass hinsichtlich der Zinsfestsetzung im Konzern grundsätzlich eine **Bandbreite von banküblichen Soll- und Habenzinsen** besteht. Der BFH unterscheidet hierbei, ob und inwieweit die Darlehens*gewährende* Gesellschaft durch Fremdkapital finanziert ist.

(1) Ist sie durch Fremdkapital finanziert, sind die zu zahlenden Sollzinsen zzgl. eines angemessenen Gewinnaufschlags als angemessene Zinsen zu betrachten. Ferner findet dieses Szenario laut BFH nur für den Fall Anwendung, dass die darlehensgewährende Gesellschaft bankübliche Geschäfte betreibt.

(2) Findet jedoch keine Fremdfinanzierung der darlehensgewährenden Gesellschaft statt, ist ein angemessener Zins innerhalb der Bandbreite von banküblichen Soll- und Habenzinsen festzusetzen.

57   Zur Identifizierung eines bestimmten Punktes in der Bandbreite ist es gemäß BFH-Urteil vom 28.2.1990 nicht zu beanstanden, wenn als Anhaltspunkt für die Schätzung von dem Erfahrungssatz ausgegangen wird, dass sich Darlehensgeber und -nehmer die ermittelte bankübliche Marge zwischen Soll- und Habenzinsen teilen würden. In diesem Fall tendiert der BFH mithin zu einer „Benefit-basierten" Form der Gewinnaufteilung, die sich aus einem pauschalen Verhandlungsszenario ergeben mag. Der BFH zielt damit nicht – wie beabsichtigt – auf eine Bandbreite, sondern einen pauschalen Einigungsbereich ab, was methodisch fragwürdig ist. Terminologisch repräsentiert eine „Bandbreite" die Streuung der Zinssätze, die bei gleichermaßen vergleichbaren Vergleichstransaktionen beobachtet werden können. Die in der Bandbreite abgebildeten Geschäftsbeziehungen sollten daher identisch bzw. vergleichbar sein. Soll- und Habenzinssatz repräsentieren aber jeweils unterschiedliche Geschäftsbeziehungen, da die potentielle Geldanlage des Darlehensgebers nicht mit der Geldaufnahme des Darlehensnehmers gleichgesetzt werden kann. Der Unterschied zwischen diesen Zinssätzen ergibt damit keine Bandbreite, sondern eine einfache Differenz. Infolgedessen kann auch nicht jeder innerhalb dieser Spanne lie-

---

[22] Vgl. etwa BFH 28.2.1990, BStBl. II 1990, 649 sowie BFH 19.1.1994, BStBl. II 1994, 725.
[23] Vgl. BFH 28.2.1990, BStBl. II 1990, 649.

gende Wert als fremdvergleichskonform angesehen werden kann. Die sog. Mittelwertbetrachtung ist damit abzulehnen.[24]

Der Sollzins kann höchstens aus Sicht des kreditnehmenden Konzernunternehmens als Zins-Obergrenze angesehen werden; der Habenzins dagegen aus Sicht des kreditgebenden Konzernunternehmens als Untergrenze. Eine Mittelwertbetrachtung im Sinne des hypothetischen Fremdvergleichs wäre in diesem Zusammenhang jedoch in hohem Maße untypisch. **58**

Es stellt sich zusätzlich die Frage, wie eine geeignete Datengrundlage zur Anwendung der sog. **„Mittelwertmethode"** beschaffen sein sollte. Hierzu wird in der Regel auf Daten der Deutschen Bundesbank zurückgegriffen. Die Deutsche Bundesbank sammelt und publiziert regelmäßig Daten zur Höhe von Haben- und Sollzinsen. Für die Erhebung werden seit 1967 Soll- und Habenzinsen von ausgewählten Kreditinstituten in Deutschland mit der inländischen Nichtbankenkundschaft innerhalb eines zweiwöchigen Berichtszeitraums für standardisierte Einlagen- und Kreditprodukte erfasst. Allerdings muss darauf hingewiesen werden, dass die Erhebung dieser Daten von der Bundesbank im Juni 2003 eingestellt wurde. Seit Januar 2003 wird die EWU-Zinsstatistik monatlich von sämtlichen Zentralbanken im Euro-Währungsraum auf der Basis der Verordnung der Europäischen Zentralbank erhoben. Eingeschränkt vergleichbare Daten, jedoch in sehr viel geringerem Umfang, werden für die Folgeperioden von der Europäischen Zentralbank für Deutschland erhoben und veröffentlicht.[25] Allerdings ist die Vergleichbarkeit der Zinsstatistik durch **Unterschiede in der Erhebungsmethodik** stark eingeschränkt und somit kaum noch mit den Soll- und Habenzinssätzen vergleichbar, auf die das BFH-Urteil von 1990 Bezug nimmt. **59**

Es muss zudem kritisch hinterfragt werden, ob die Anwendung des BFH-Urteils unter Verwendung dieser Daten tatsächlich zu überzeugenden fremdüblichen Ergebnissen führt. Die erhobenen Daten beziehen sich auf Geschäfte zwischen Banken und Nicht-Banken. Daher gelten hier analog alle im vorangegangenen Abschnitt zur Vergleichbarkeit von Bankzinsen vorgebrachten Argumente. Darüber hinaus erlauben die Daten keinerlei Differenzierung des Risikos und nur eine sehr eingeschränkte Berücksichtigung von Laufzeiten, da hierzu keine Informationen zur Verfügung gestellt werden. Daher kann die Vergleichbarkeit der Daten mit konzerninternen Transaktionen in Bezug auf die beiden wichtigsten Einflussfaktoren für die Zinshöhe nicht beurteilt werden. **60**

Somit ist diese Datenbasis zur Angemessenheitsprüfung für grenzüberschreitende Transaktionen nicht geeignet. Der im vorgenannten BFH-Urteil skizzierte Mittelwert-Ansatz ist mithin für Zwecke des Fremdvergleichs abzulehnen.

5. Möglichkeiten des Fremdvergleichs in der Praxis

Aufgrund der zuvor geschilderten inhaltlichen und praktischen Probleme anderer Ansätze wird in der Praxis häufig eine Vorgehensweise verwandt, bei **61**

---

[24] *Gosch* in Gosch, KStG § 8, Rn. 693.

[25] *Deutsche Bundesbank,* Die neue EWU-Zinsstatistik – Methodik zur Erhebung des deutschen Beitrags, Monatsbericht Jan. 2004.

der zur Indentifizierung von Fremdvergleichsdaten für Darlehensbeziehungen auf Anleiheverzinsungen bzw. -renditen zurückgegriffen wird.

Anleihen werden von verschiedensten Institutionen wie Staaten und Unternehmen zum Zwecke der langfristigen Finanzaufnahme am Geldmarkt herausgegeben. Sie unterscheiden sich hinsichtlich **Laufzeit, Währung und Zinshöhe.** Der Erwerber einer Anleihe erhält das Recht auf eine Verzinsung. Dabei können festverzinsliche Anleihen oder sogenannte „Floater" mit variablen, nach vorher definierten Regeln schwankenden Zinssätzen unterschieden werden.

Der Emittent einer Anleihe wird dabei im Regelfall mit einem bestimmten Kreditrating an die Öffentlichkeit treten, das den Investoren eine Einschätzung des mit der Anleihe verknüpften Ausfallrisikos ermöglicht.

62   Informationen über Verzinsungen von Anleihen sind für Einzelwerte frei verfügbar und werden von Agenturen wie zB Bloomberg oder Thomson Reuters in aggregierter Form bereitgestellt.

Solche Anleihedaten sind dazu geeignet, kumulierte Daten zu liefern, welche nach den wichtigsten Faktoren vergleichbar mit konzerninternen Transaktionen sind, ohne dass die für Bankdaten typischen Probleme auftreten.

Ein auf Anleihen basierender Fremdvergleich erfolgt in zwei Stufen:

1) **Risikoermittlung:** Im ersten Schritt wird das relevante Kreditrisiko für die konzerninterne Darlehensvergabe ermittelt.

2) **Ermittlung eines fremdüblichen Zinssatzes:** Im zweiten Schritt wird die im ersten Schritt bestimmte Risikokategorie unter Berücksichtigung anderer zinsrelevanter Faktoren mit einem fremdüblichen Zinssatz verknüpft.

Beide Schritte werden im Folgenden ausführlich dargestellt. Dabei wird für den zweiten Schritt eine weitere, alternative Vorgehensweise vorgestellt. Diese beruht auf den mit Bonitätsbewertungen verbundenen Ausfallrisiken.

a) Schritt 1: Risikoermittlung

aa) Definition Rating

63   Ein Kreditrating ist die **Bewertung der allgemeinen Kreditwürdigkeit** eines Schuldners oder der Kreditwürdigkeit eines Schuldners im Hinblick auf bestimmte Schuldtitel oder andere finanzielle Verbindlichkeiten basierend auf relevanten Risikofaktoren.

Ratings sind hauptsächlich eine Beurteilung der Fähigkeit eines Kreditnehmers, zukünftig seinen Zahlungsverpflichtungen (Kapitaldienst) pünktlich nachzukommen (Bonität). Der Begriff Rating im Sinne eines Bonitätsratings bezeichnet ein standardisiertes, objektives, aktuelles und skaliertes Urteil über die zukünftige Zahlungsfähigkeit eines Wirtschaftssubjektes.

64   In der Praxis wird zwischen **internen und externen Ratings** unterschieden.

Ein **internes** Rating wird im Regelfall von Banken bei der Bewertung des Kreditrisikos eines Unternehmens angewandt, während ein externes Rating durch eine Ratingagentur durchgeführt wird und nicht auf die Kreditbonität beschränkt ist. Auch manche Beratungsfirmen bieten die Erstellung von externen Ratings an.

Externe Ratings werden im Regelfall von Unternehmen in Auftrag gegeben, um die Zugangsvoraussetzungen für eine Platzierung von Anleihen und

Wertpapieren am Kapitalmarkt zu erhalten. Außerdem ist nach Einführung von Basel II[26] die Bonität eines jeden Kreditnehmers an Hand eines Ratings bewertet, welches dann für die Banken ausschlaggebend für die Eigenkapitalunterlegung von Kreditengagements sein wird. Die Kreditinstitute passen die Kreditkonditionen dann an die individuell ermittelten Risiken an. Je schlechter die ermittelte Risikoklasse, desto wahrscheinlicher ist es, dass ein Unternehmen seinen Verpflichtungen nicht nachkommt, woraufhin die Banken den Risikoaufschlag auf den Kreditzins für gewährtes Fremdkapital erhöhen.

bb) Formen der Ermittlung von Ratings

Nach dem Basel II Ansatz gibt es zwei Rating-Konzepte, um die Kapital- **65** anforderungen für Kreditrisiken zu ermitteln: den Ansatz mittels externen Ratings von **Ratingagenturen** (wie zB Standard & Poor's, Moody's oder Fitch) sowie auch von Unternehmensberatungen sowie den auf internen Ratings basierenden Ansatz (IRB-Ansatz). Die internen Ratings werden zumeist von den jeweiligen Banken im Rahmen der Kreditwürdigkeitsanalyse von Schuldnern durchgeführt. Beide Ratingverfahren haben als gemeinsames Ziel, die Schulddienstfähigkeit aufgrund von Risikoklassen zu bewerten.

Interne Ratings liefern im Allgemeinen über die Ermittlung einer Ausfall- **66** wahrscheinlichkeit eine Grundlage für die Gestaltung eines Kreditvertrages wie auch für die Entscheidung über eventuelle weitere Maßnahmen (Linienkürzung/-erweiterung, Sicherheitenbestellung, Kreditkündigung etc.). Wegen der Struktur eines Kreditvertrages ist eine Information über die Ausfallwahrscheinlichkeit ein wesentlicher Beitrag zur Bestimmung der erwarteten Rückzahlung eines Kreditgebers.

Bei den internen Ansätzen (IRB Ansatz) wird zwischen dem IRB-Basisansatz *(Foundation Approach)* und dem IRB-fortgeschrittenen-Ansatz *(Advanced Approach)* unterschieden. Bei ersterem Ansatz wird nur die Ausfallwahrscheinlichkeit selbst geschätzt. Bei dem zweiten werden neben der Ausfallwahrscheinlichkeit auch die Verlusthöhe bei Ausfall (Ausfallrate), die Forderungsbeträge bei Ausfall sowie die effektive Restlaufzeit einbezogen.[27]

Die im Laufe einer Kreditbeziehung zwischen Kreditnehmer und Bank erworbenen Informationen gehen unmittelbar in das Ratingurteil der Bank ein. Interne Ratings sind daher als private Informationen zu werten. Im Regelfall informieren Banken ihre Kunden nicht über ihre internen Ratings und die impliziten Ausfallwahrscheinlichkeiten.

Im Unterschied zu den internen Ratings werden die externen Ratings von **67** bankenunabhängigen Agenturen erstellt und den Marktteilnehmern bekanntgemacht. Externe Ratings haben den Zweck der öffentlichen Information, für ihre Erstellung haben die bewerteten Unternehmen im Regelfall die Ratinggesellschaften bezahlt. Bonitätsratings von externen Ratingagenturen sind das wesentliche Kriterium zur Definition von Margenaufschlägen für Kapitalmarktprodukte und somit notwendige Hürde auf dem Weg zu alternativen Finanzierungsmöglichkeiten.

---

[26] *Basel Capital Accord* regelt die Eigenmittelunterlegung des Kreditrisikos.

[27] *Assef/Morris,* Transfer Pricing Implications of the Basel II Capital Accord, Journal of Derivatives and Financial Instruments (IBFD), July/August 2005.

Der Nutzen externer Ratings ist vielfältiger Natur. Zum einen ist seit dem Jahr 2000 die Platzierung einer Anleihe am Kapitalmarkt ohne Rating nicht mehr möglich. Zusätzlich dient es vornehmlich als Signalwirkung an externe Banken und kann so die Aufnahme von Fremdkapital zu günstigeren Konditionen ermöglichen.

cc) Ratingstufen für Unternehmen

68 Die von den drei international führenden Ratingagenturen Standard & Poor's,[28] Moody's[29] und Fitch[30] verwendeten Klassifizierungen werden im Folgenden dargestellt. Mit dieser Klassifizierung werden Aussagen von Ratingstufen für Anlageempfehlungen auf Aussagen zu Bonität und Kreditwürdigkeit eines Unternehmens übertragen:

	S&P	Moody's	Fitch	Interpretation
	AAA	Aaa	AAA	**Ausgezeichnet:** Außergewöhnlich gute Bonität, beste Qualität, praktisch kein Ausfallrisiko
	AA+	Aa1	AA+	**Sehr gut:** Sehr gute Bonität und hohe
	AA	Aa2	AA	Zahlungswahrscheinlichkeit, geringes Ausfallrisiko
	AA-	Aa3	AA-	
Investment Grade	A+	A1	A+	**Gut:** Angemessene Deckung von Zins und Tilgung
	A	A2	A	
	A-	A3	A-	
	BBB+	Baa1	BBB+	**Befriedigend:** Angemessene Deckung von Zinsen und
	BBB	Baa2	BBB	Tilgung, jedoch mangelnder Schutz gegen wirtschaftliche
	BBB-	Baa3	BBB-	Veränderung
	BB+	Ba1	BB+	**Ausreichend:** Erfüllung der Verpflichtungen wahrscheinlich, spekulative Anlage, fortwährende Unsicherheit, mäßige
	BB	Ba2	BB	Deckung von Zinsen und Tilgung auch in gutem
	BB-	Ba3	BB-	wirtschaftlichem Umfeld
	B+	B1	B+	**Mangelhaft:** Sehr spekulativ, hoch riskante Veranlagung,
	B	B2	B	geringe Bonität, hohes Zahlungsausfallrisiko
	B-	B3	B-	
Speculative Grade	CCC+	Caa1	CCC+	**Ungenügend:** Niedrigste Qualität, geringster Anlegerschutz
	CCC	Caa2	CCC	
	CCC-	Caa3	CCC-	
	CC	Ca	CC	**Zahlungsstörung vor Zahlungsunfähigkeit:**
	CC	C	C	Unmittelbar vor Zahlungsverzug oder Zahlungsunfähigkeit
	DDD	SD	D	**Zahlungsunfähig:** Insolvent bzw. sonstige
	DD	D		Marktverletzungen des Schuldners
	D			

Der Tabelle ist zu entnehmen, dass trotz der unterschiedlichen Rating-Symbole, Verfahren und Systeme der Agenturen die Aussagekraft der mit dem Rating verbundenen Risikobeurteilung vergleichbar ist.

---

[28] Standard & Poor's (www.standardandpoors.com).
[29] Moody's Investors Service (www.moodys.com).
[30] FitchRatings (www.fitchratings.com).

dd) Einzelrating vs. Konzernrating

Multinationale Konzerne bestehen zumeist aus einer Vielzahl unterschied- **69** licher Gesellschaften. Ratingagenturen wie Standard & Poor's, Moody's und Fitch bewerten zumeist den Gesamtkonzern und erstellen somit ein sog. **Konzernrating**. Ein Rating der Kreditwürdigkeit der einzelnen Tochtergesellschaften (im Folgenden Einzelrating) liegt für gewöhnlich nicht vor, kann jedoch zumindest theoretisch ermittelt werden.

Aus Fremdvergleichssicht ist fraglich, ob das Konzernrating oder das **Einzelrating** maßgeblich für die Bestimmung fremdvergleichskonformer Zinssätze für Darlehen zwischen verbundenen Unternehmen ist. Im Folgenden sollen die Argumente für beide Sichtweisen dargestellt werden.

Zunächst erscheint auf den ersten Blick die Verwendung eines Einzelratings intuitiv angemessen zu sein. Hierfür sprechen die folgenden Gründe:

Eine fremdvergleichskonforme Vergütung sollte auf den jeweiligen Risiken, denen das Unternehmen ausgesetzt ist, und auf den ausgeübten Funktionen beruhen.

Nach *van den Breggen* (2006) sind folgende vier Kriterien bei der Beurtei- **70** lung, ob und zu welchen Konditionen ein Darlehen bereitgestellt wird, entscheidend:

– **Finanzielles Risiko.** Um das finanzielle Risiko, welches durch die Darlehensvergabe an den potentiellen Darlehensgeber entstünde, angemessen beurteilen zu können, muss die finanzielle Lage des Schuldners an Hand der Bilanz und der Gewinn- und Verlustrechnung bewertet werden.

– **Kreditrisiko.** Bei der Bewertung des Kreditrisikos spielen die Verfügbarkeit von Garantien, die Verwendung des Darlehens sowie die Laufzeit des Darlehens eine entscheidende Rolle.

– **Marktrisiko.** Der Darlehensgeber beobachtet das Umfeld und die Marktentwicklung des Geschäftsfeldes, in dem sich der Kreditnehmer bewegt.

– **Strukturelles Risiko.** Zur Beurteilung des strukturellen Risikos werden die von den Ratingagenturen dem Kreditnehmer zuerkannten Eigenschaften gewichtet.

Für *van den Breggen* sind speziell die Betrachtung des Marktumfeldes, also die Lokalität des betrachteten Kreditnehmers, sowie die Industrie, in der der Kreditnehmer tätig ist, Gründe dafür, dass die Zinsentscheidung und damit die geeignete zu bestimmende Risikoprämie auf dem Rating der einzelnen Tochtergesellschaft basieren sollte und nicht auf dem Rating des Gesamtkonzerns.[31]

Zudem ist es in der Praxis durchaus üblich, dass das Konzernrating von dem Rating der Einzelgesellschaft abweicht. Falls das Konzernrating besser ist als das des Kreditnehmers, würde demnach ein Zinssatz als fremdvergleichskonform ermittelt, der in Wirklichkeit unter fremden Dritten dem Kreditnehmer nicht in der Höhe gewährt werden würde. Das Einzelunternehmen profitiert so von dem guten Rating der Gruppe.

Wenn im Gegensatz der Kreditnehmer ein besseres Einzelrating erzielt als das Konzernrating, würde er bei Heranziehung des Konzernratings zur Bestimmung des angemessenen Fremdvergleichszinses benachteiligt werden.

---

[31] *Van den Breggen,* Intercompany Loans: Observations from a Transfer Pricing Perspective, ITPJ 06.2006, 295–299.

Eine Kapitalaufnahme bei einer lokalen Bank hätte ihm unter diesen Umständen bessere Zinskonditionen eingebracht.

71 Diese Gründe sprechen für die **Verwendung von Einzelratings** bei Darlehen an Konzerngesellschaften. Im ersten Schritt sind die obigen Betrachtungen zunächst auch sinnvoll. Allerdings gibt es eine Reihe von Gründen, die dafür sprechen, dass sich das Ausfallrisiko, welches bei einem Darlehen an eine Tochtergesellschaft zu Grunde gelegt wird, im Einzelfall am Bonitätsrating des Gesamtkonzerns orientieren könnte.

(1) Zumutbarkeit

72 Ein wichtiges Argument aus deutscher Sicht resultiert aus § 1 Abs. 3 S. 2 GAufzV.[32] Darin wird definiert, dass der Steuerpflichtige für seine Aufzeichnungen entsprechend der von ihm gewählten Methode Vergleichsdaten heranziehen soll, die mit **zumutbarem Aufwand** aus ihm frei zugänglichen Quellen beschafft werden können.

Konzernratings sind in vielen Fällen verfügbar und auch öffentlich zugänglich. Auch in den Fällen, in denen ein derartiges Konzernrating nicht verfügbar ist, kann die Erstellung eines solchen, zumindest über eine interne Software, als zumutbar betrachtet werden.

Einzelratings einzelner Konzerngesellschaften sind dagegen in den wenigsten Konzernen vorhanden. Die Zumutbarkeit der Beschaffung der Daten in Form von Einzelratings ist zweifelhaft. Neben dem nicht-monetären Aufwand ist dies auch mit erheblichen Kosten verbunden, die insbesondere bei großen, multinationalen Konzernen mit etlichen Gruppengesellschaften in mehreren Ländern die Grenze der Zumutbarkeit übersteigen dürften.

Darüber hinaus unterliegt die Bonität von Gruppengesellschaften einem konstanten Wandel, und es müsste ein **Monitoring System** eingerichtet werden, welches zumindest jährlich zu einer Neubewertung der Konzerngesellschaften führt.

(2) Funktionen und Risiken

73 Auch aus ökonomischer Sicht gibt es Gründe, die für die Verwendung des Konzernratings anstelle des Einzelratings sprechen. So hängen die Marktsituation und auch die Rentabilität einer einzelnen Konzerngesellschaft maßgeblich von der Zugehörigkeit zu einer Konzerngruppe und damit auch von den Entscheidungen der Anteilseigner ab.

74 **Marktentwicklungen** und **Marktrisiken** haben unbestritten einen entscheidenden Anteil an der zukünftigen Rentabilität eines Unternehmens. Allerdings hängen gerade die Marktrisiken, denen ein Unternehmen ausgesetzt ist, von der **Verteilung von Funktionen und Risiken** in einem Konzern ab. Besteht beispielsweise der Geschäftszweck einer Tochtergesellschaft innerhalb des Konzerns darin, stark risikobehaftete Geschäfte durchzuführen, wird ein ggfs. schlechtes Rating direkt aus den Risiken und Funktionen resultieren, die der Tochtergesellschaft im Konzern zugewiesen wurden. Im Gegensatz hierzu kann eine sehr gute Rentabilität daraus resultieren, dass eine Ge-

---

[32] Verordnung zu Art, Inhalt und Umfang von Aufzeichnungen iSd § 90 Abs. 3 der Abgabenordnung (Gewinnabgrenzungsaufzeichnungsverordnung – GAufzV) v. 13.11.2003 (BGBl. I S. 2296).

sellschaft innerhalb der Gruppe sehr niedrige Risiken trägt oder aber sehr rentable Geschäftsbereiche zugewiesen bekommt.

Weiterhin muss diskutiert werden, ob ein Einzelrating einer bestimmten Gruppengesellschaft nicht auch von den ihr zugehörigen Tochtergesellschaften abhängt. Dann müsste zum Zwecke des Einzelratings dieser bestimmten Gruppengesellschaft eine **Konsolidierung** mit allen ihren Tochtergesellschaften durchgeführt werden. Hierdurch würden die Marktrisiken sehr unterschiedlicher Ländern berücksichtigt.

Ebenso wie die getragenen Risiken werden auch die Faktoren **Anlage-** **75** **vermögen**, **Rentabilität** und relevante **Finanzkennzahlen** maßgeblich durch Entscheidungen der Anteilseigner beeinflusst. Die Anteilseigner haben generell die Möglichkeit, die Finanzausstattung einer Tochtergesellschaft jederzeit zu beeinflussen, wenn es den Zielen des Gesamtkonzerns dient.

Im Ergebnis ist festzuhalten, dass im Falle einer Verwendung von Einzelratings zwar versucht wird, eine fremdübliche Risikoeinschätzung zugrunde zu legen. Da aber dieses zugrunde gelegte Risiko per Definition gesellschaftsrechtlich induziert wird (zB durch Gesellschaftszweck, Kapitalausstattung, Ausschüttungspolitik), basiert ein so konstruierter Fremdvergleich auf gesellschaftsrechtlich determinierten und damit eben nicht fremdvergleichbaren Grundlagen. Methodisch ist diese Vorgehensweise problematisch.

Diese Möglichkeiten der Beeinflussung der betreffenden Einzelgesellschaft **76** durch den Konzern haben entscheidenden Einfluss auf die Art der Vertragsgestaltung zwischen einem potentiellen externen Fremdkapitalgeber und einem Darlehensnehmer innerhalb eines Konzerns. Um der Gefahr der Änderung der Finanzierungsstruktur des Kreditnehmers durch die Anteilseigner und damit dem veränderten Kreditausfallrisiko zu entgehen, werden die externen Kapitalgeber sehr wahrscheinlich Sicherheiten zB in Form einer Garantie der Muttergesellschaft verlangen, um ihre Forderungen abzusichern. Damit würde der Kredit nur noch bei einer vollständigen Insolvenz der Konzerngesellschaft ausfallen, weil der Garantiegeber sich verpflichtet, die Verbindlichkeiten des Kreditnehmers zu bedienen, falls der Kreditnehmer insolvent wird.

Insbesondere dann, wenn die jeweilige Geschäftsbeziehung stark durch den Konzernzusammenhalt bedingt ist oder wenn die jeweilige Konzerngesellschaft für den gesamten Konzern eine so zentrale Bedeutung hat, dass im Falle von drohenden Darlehensausfällen bei dieser Gesellschaft immer der Gesamtkonzern einspringen würde, um das Darlehen zu bedienen und eine drohende Insolvenz abzuwenden, kann die Verwendung des Konzernratings naheliegender sein als des Einzelratings.

Nahmhafte Rating Agenturen berücksichtigen die Auswirkung des Konzernzusammenhalts in Form des sogenannten „Implicit Group Support" bzw. auch „Halo Effekt" genannt.[33] Dabei wird berücksichtigt, dass das Rating einer Gruppengesellschaft – je nach strategischer Bedeutung im Konzern – von der Bonität der Gruppe beeinflusst werden kann. Wenn man vom Regelfall ausgeht, dass das Konzernrating besser als das Einzelrating der Gruppengesellschaft ist, wird dieser Gesellschaft – in Abhängigkeit von verschiedenen von den Rating Agenturen definierten Faktoren – ein besseres Rating als ihr Einzelrating

---

[33] Vgl. beispielhaft die Standard & Poor's Publikation „General Criteria: Group Rating Methodology", 7.5.2013.

zugeordnet.[34] Das so modifizierte Rating der Gruppengesellschaft kann bestimmt werden, indem ihr Einzelrating heraufgestuft („notching up") oder das Konzernrating herabgestuft („notching down") wird. Der Einfluss der Konzernzugehörigkeit wurde zum Beispiel ausführlich im prominenten GE Capital Canada Fall behandelt, wie zB im Urteil des Tax Court of Canada[35] erläutert wird. Dabei wurde das Einzelrating der kanadischen Gruppengesellschaft auf Basis ihrer Konzernzugehörigkeit und ihrer Bedeutung im Konzern um einige „Notches" (allerdings nicht bis hin zum Konzernrating) heraufgestuft.

ee) Besicherte und unbesicherte Darlehen

77   Unter Fremdvergleichsaspekten spielt die Frage der **Besicherung eines Darlehens oder Kredites** eine entscheidende Rolle bei der Entscheidung über den angemessenen Zins, denn unbesicherte Darlehen haben ein höheres Ausfallrisiko.

Wie in den vorherigen Abschnitten dargelegt, richtet sich die angemessene Verzinsung für Fremdkapital hauptsächlich nach der Laufzeit und dem Ausfallrisiko. Da eine Besicherung das Ausfallrisiko verringert, wird auch die zu erwartende Risikoprämie und somit der Zins geringer ausfallen.

Die führenden Ratingagenturen berücksichtigen diesen Umstand bei ihren Bewertungsmethoden. Sie haben Kriterien eingeführt, die ein **Rating eines Kredites oder eines Darlehens abweichend** von dem eigentlichen Rating des Kreditnehmers erlauben.

78   Für den Fall von gut besicherten Darlehen oder Krediten führt Standard & Poor's drei Kriterien an. Diese sind essentiell bei der Entscheidung, ob das Rating für einen besicherten Kredit oder ein Darlehen besser bewertet wird als das Unternehmensrating des Kreditnehmers:[36]

1. **Ökonomische Kriterien.** Von entscheidender Bedeutung ist, ob das Darlehen im Insolvenzfall des Kreditnehmers vollständig samt vereinbarter Verzinsung an den Gläubiger zurückgezahlt werden kann. Dies ist besonders dann der Fall, wenn der Wert der Besicherung die Summe des besicherten Darlehens übersteigt.
2. **Zeit bis zur vollständigen Rückzahlung.** Für das Rating ausschlaggebend ist auch im Insolvenzfall des Kreditnehmers, wie zeitnah der Gläubiger sein Kapital zurückerhält. Dies liegt zum einen an der Art des bereitgestellten Fremdkapitals, zum anderen auch an dem rechtlichen Umfeld des Garantiegebers. Das rechtliche Umfeld beeinflusst maßgeblich, wie schnell der Gläubiger auf die Garantie zugreifen kann.
3. **Gewichtung.** Ein Kreditgeber sollte seine Präferenzen verschieden gewichten. So sollte er bei sehr gut bewerteten Unternehmensratings des Kreditnehmers umso mehr auf die Rückzahlungszeit im Insolvenzfall achten und diese bewerten, während bei eher schlechteren Unternehmensratings die Vollständigkeit der Rückzahlung des Darlehens inklusive Verzinsung einen höheren Stellenwert hat.

---

[34] Wenn das Einzelrating einer Gruppengesellschaft besser als das Konzernrating ist, kann das schlechtere Konzernrating auf Basis des Konzernzusammenhalts analog eine negative Auswirkung auf das Rating der Gesellschaft haben.

[35] General Electric Capital Canada Inc. v. The Queen, 2009 TCC 563 (4.12.2009); vgl. Homepage des Tax Court of Canada, http://www.tcc-cci.gc.ca/.

[36] Standard & Poor's, Corporate Ratings Criteria.

Unter Berücksichtigung der zuvor genannten Kriterien sieht Standard & Poor's die Möglichkeit vor, dass sehr gut besicherte Darlehen bis zu vier Ratingstufen höher als das Unternehmensrating des Kreditnehmers bewertet werden.

Allerdings ist auch das gegenteilige Szenario möglich. Unbesicherte Darlehen oder anderes Fremdkapital, welches im Insolvenzfall nachrangig bedient wird (zB aufgrund einer Rangrücktrittserklärung) oder im Insolvenzfall mit hoher Wahrscheinlichkeit nur in Höhe der Insolvenzquote zurückbezahlt wird, kann von den Ratingagenturen schlechter als das Unternehmensrating des Kreditnehmers bewertet werden. Standard & Poor's führen drei Hauptgründe an, in denen **unbesicherte Darlehen schlechter bewertet** werden können als das Unternehmensrating des Kreditnehmers.[37]

79

1. **Vertragliche Nachrangigkeit.** Das einer Gesellschaft zur Verfügung gestellte Fremdkapital ist per Vertragsklausel anderem Fremdkapital nachgeordnet und demnach werden andere Gläubiger im Insolvenzfall eher bedient **(Rangrücktrittsklausel).**

2. **Anderes Fremdkapital ist besichert.** Fremdkapital von anderen Kapitalgebern des Kreditnehmers ist vertraglich über Garantien oder andere Sicherheiten besichert, so dass das Darlehen im Insolvenzfall erst nachrangig gegenüber den besicherten Darlehen bedient würde.

3. **Muttergesellschaft nimmt Kapital auf.** Eine Mutter- oder Finanzgesellschaft einer Gruppe nimmt auf dem Kapitalmarkt Fremdkapital auf. Der Konzern hat zudem mehrere operative Tochterunternehmen. Im Fall der Insolvenz der gesamten Konzerngruppe haben eventuelle Gläubiger der Tochtergesellschaften vorrangig Zugriff auf Vermögensbestände der Tochtergesellschaften, während die Gläubiger der Mutter- oder Finanzgesellschaft nur auf die darüber hinaus verbliebenden Vermögenswerte zugreifen können.

Der Umstand, dass Ratings von Darlehen möglicherweise anders bewertet werden als das jeweilige Konzernrating, kann eine entscheidende Rolle bei der Bestimmung fremdvergleichskonformer Zinssätze für unternehmensinterne Darlehen spielen.

Unabhängig davon, ob von einem Einzelrating oder einem Konzernrating ausgegangen wird, kann es in besonderen Fällen gerechtfertigt sein, das betroffene Darlehen mit einer besseren oder einer schlechteren Risikoeinstufung zu versehen. Da innerhalb von Konzernen sehr häufig unbesicherte Darlehen auftreten, wird die **Herabsetzung eines Ratings für Verrechnungspreiszwecke** eher eine größere Praxisrelevanz haben.

In seinem Schreiben vom 29.3.2011 definiert das BMF Situationen, in denen ein Darlehen eines beherrschenden Gesellschafters an seine Kapitalgesellschaft verzinst werden kann.[38] Auch wenn sich das BMF Schreiben in erster Linie mit dem Thema der Teilwertabschreibungen auf Darlehen nach § 1 AStG auseinander setzt, gibt das Schreiben wertvolle Einsichten bzgl. der seitens des BMF vertretene Qualifikation der angemessenen Verzinsung von bestimmten konzerninternen Darlehen.

---

[37] Standard & Poor's, Corporate Ratings Criteria.
[38] BMF 29.3.2011, BStBl. I 2011, 277.

Im BMF Schreiben wird die Höhe der Verzinsung im Wesentlichen an das Vorhandensein von Sicherheiten geknüpft. Drei Fälle von angemessener Verzinsung werden wie folgt definiert:[39]

a) Darlehensgewährung unter Vereinbarung von tatsächlichen Sicherheiten, wobei die Höhe des Zinssatzes diese Sicherheiten berücksichtigt.

b) Darlehensgewährung ohne Vereinbarung von tatsächlichen Sicherheiten, wobei der Zinssatz einen angemessenen Risikozuschlag für das Fehlen von Sicherheiten beinhaltet.

c) Darlehensgewährung ohne Vereinbarung von tatsächlichen Sicherheiten, wobei der Zinssatz keinen angemessenen Risikozuschlag für das Fehlen von Sicherheiten beinhaltet. In diesem Fall wird davon ausgegangen, dass der Konzernrückhalt als eine angemessene Sicherheit anzuerkennen ist. Dabei ist von einem bestehenden Rückhalt im Konzern dann auszugehen, wenn der beherrschende Gesellschafter die Zahlungsfähigkeit der Kapitalgesellschaft im Außenverhältnis tatsächlich sicherstellt bzw. solange die Tochtergesellschaft ihre Verpflichtungen im Außenverhältnis erfüllt.[40]

Vom Wortlaut des BMF Schreibens kann davon ausgegangen werden, dass ein Darlehen des beherrschenden Gesellschafters an eine Tochtergesellschaft gemäß einer der oben dargestellten drei Optionen gewährt werden kann. Dabei ist die letzte Option (c) nur dann möglich, solange vom Konzernrückhalt ausgegangen werden kann.

ff) Zusammenfassung

80   Im Falle der Bestimmung fremdvergleichskonformer Zinssätze über einen anleihebasierten Ansatz muss im ersten Schritt eine Bewertung des Risikoprofils des vergebenen Darlehens ermittelt werden.

Hierbei kommt ein theoretisches Einzelrating einer Gruppengesellschaft oder die Verwendung des Konzernratings in Frage. Für beide Wege gibt es sinnvolle Argumente, die nach den Verhältnissen des Einzelfalles abzuwägen sind.

Allerdings kann das Konzernrating auch lediglich als Basis benutzt werden. In Abhängigkeit von der Struktur des Darlehens und besonderen Umständen kann eine Hoch- oder Herabstufung im Vergleich zum Konzernrating vorgenommen werden.

b) Schritt 2a: Durchführung des Fremdvergleichs

aa) Zusammenhang zwischen Bonität und Zinshöhe

81   Wie dargestellt ist die Risikobewertung eines Kreditnehmers eine der Hauptentscheidungsgrundlagen für die Ermittlung der **Höhe der Verzinsung** für bereitgestelltes Kapital von Banken oder anderen Kapitalgebern. Die Höhe der vom Kapitalgeber verlangten Zinsen für einen Kredit oder ein Darlehen hängen maßgeblich von der Wahrscheinlichkeit ab, mit der der Ka-

---

[39] Vgl. Randnummer 8, BMF 29.3.2011, Anwendung des § 1 AStG auf Fälle von Teilwertabschreibungen und anderen Wertminderungen auf Darlehen an verbundene ausländische Unternehmen.

[40] Vgl. Randnummer 11, BMF 29.3.2011, Anwendung des § 1 AStG auf Fälle von Teilwertabschreibungen und anderen Wertminderungen auf Darlehen an verbundene ausländische Unternehmen.

pitalgeber sein Kapital inklusive der Verzinsung in Zukunft zurückerhalten wird.

Die **Ausfallwahrscheinlichkeit** bestimmt demnach die Höhe des Risikoaufschlags, der in dem Zinssatz enthalten ist.

Bonitätsratings von Unternehmen sind demnach von essentieller Bedeutung bei der Bestimmung fremdvergleichskonformer Zinssätze für Darlehen über externe Preisvergleiche, da die Zinshöhe vom entsprechenden Rating stark beeinflusst wird. Da auch Banken oder fremde Dritte bei der Bereitstellung von Fremdkapital an einen Kreditnehmer dessen Rating und damit die Wahrscheinlichkeit betrachten, mit der sie ihren pekuniären Einsatz zurückerhalten, muss auch bei der Bestimmung externer Preisvergleiche in Form von Marktzinsen das Rating des Kreditnehmers zu Grunde gelegt werden, um den angemessenen Risikoaufschlag zu bestimmen.

bb) Ermittlung des fremdüblichen Zinssatzes

Verwendung von Zinsstrukturkurven: der fremdübliche Marktzinssatz zum **82** Zeitpunkt des Abschlusses des Darlehensvertrags wird mit Hilfe des Ratings ermittelt. Hierzu werden die **durchschnittlichen Renditen des Anleihenmarktes** für Anleihen mit vergleichbarer Währung, Laufzeit und Risikoklasse analysiert.

Der Grund für diese Vorgehensweise liegt darin, dass ein fremder Dritter an Stelle eines konzerninternen Darlehensgebers einen Zinssatz gewählt hätte unter Beachtung der Verzinsung, die er für Investitionen mit vergleichbaren Risiken und Laufzeiten am Markt hätte erzielen können.

Würde ein Darlehensgeber in den Anleihemarkt investieren, könnte er einen Ertrag, entsprechend der **Effektivverzinsung im Anleihemarkt** zum Zeitpunkt des Vertragsabschlusses, erwirtschaften. Dies kann demnach die Basis für die Bestimmung eines marktüblichen Zinssatzes zu diesem Zeitpunkt bilden.

Beispiel 4: Die Konzernmutter X in Deutschland gewährt ihrer Tochtergesellschaft Y in Frankreich ein Darlehen über € 5 Mio. für eine Laufzeit von 5 Jahren. Sowohl das Rating der Gruppe als auch das Rating von Y sind mit AA sehr gut. Eine Analyse der Anleiheverzinsung für den Gewährungszeitpunkt hat folgende Tabelle ergeben.[41]

	1 Jahr	*3 Jahre*	*5 Jahre*
AA	*0,5336*	*0,7848*	*1,3391*
BB	*1,6872*	*2,3781*	*3,0579*

In diesem Beispiel wäre bei Abwesenheit von Faktoren, die weitere Anpassungen notwendig machen würden, ein Zinssatz von von 1,3391% als fremdüblich anzusehen.

Sofern weder Konzern- noch Einzelratings zur Verfügung stehen, muss die **83** **Bandbreite über mehrere Ratingstufen** betrachtet werden und es muss anhand **qualitativer** Argumente ein Punkt in der Bandbreite identifiziert werden. Um kurzfristige Einflüsse, die sich auf einzelne Datensätze auswirken können, möglichst zu eliminieren, sollten **Jahresdurchschnitte** oder je nach

---

[41] Die beispielhaften Zahlen beruhen auf dem Monatsdurchschnitt von März 2014. Quelle: Thomson Reuters EIKON Datenbank.

Fall **Monatsdurchschnitte** oder sogar **Mehrjahreswerte/-durchschnitte** zu Grunde gelegt werden.

Für den europäischen Anleihemarkt stehen aggregierte Daten von Bloomberg, aber auch von anderen Agenturen wie Reuters nur für eine begrenzte Anzahl von Ratingklassen zur Verfügung. In der Regel sind für Ratingklassen oberhalb von AA und unterhalb von BB nicht ausreichend Daten vorhanden, die ein Aggregieren erlauben. Falls erforderlich können solche Daten durch statistische Methoden, wie zB Regressionsanalysen, durch Erhebung von vergleichbaren Einzelwerten oder wie unten dargestellt durch synthetische Ansätze erschlossen werden.

Die Verwendung von Zinsstrukturkurven stellt eine pragmatische und in der Praxis häufig angewendete Methode dar. Sie wird jedoch nicht in allen Ländern gleichermaßen – zumindest ohne weitere Verprobungsanalysen – anerkannt.

Falls der aggregierte Ansatz nicht ausreichend ist, kann stattdessen oder zusätzlich eine Vergleichsstudie auf Basis von vergleichbaren Einzeltransaktionen erstellt werden. Anstelle von aggregierten Daten kann in den Datenbanken (zB Bloomberg, Thomson Reuters EIKON oder LoanConnector/DealScan) auf Basis des Ratings und weiterer Darlehenskonditionen nach vergleichbaren Darlehen bzw. Anleihen gesucht werden. Werden mehrere (eingeschränkt) vergleichbare Transaktionen gefunden, wird im Anschluss eine (interquartile) Bandbreite von fremdüblichen Renditen bzw. Zinssätzen ermittelt.

Die genaue Auswahl der relevanten Daten wird von den Bedingungen des Einzelfalles abhängen und ggf. Anpassungsrechnungen erfordern,[42] wenn zB keine vergleichbaren Transaktionen mit der verwendeten Zinsart (variabel oder fest verzinslich) oder in der verwendeten Währung vorliegen.

c) Schritt 2b: Synthetischer Ansatz mittels Ausfallrisiken

84   In einigen Fällen wird die Anwendung des Anleiheansatzes nicht möglich sein. Dies ist zB bei sehr guten oder sehr schlechten Ratings, für die im Regelfall keine Vergleichsdaten verfügbar sind, der Fall.

In diesen Fällen kann auf einen synthetischen Ansatz zurückgegriffen werden, bei dem die beiden **Elemente des Zinssatzes,** risikofreie Vergütung und Risikozuschlag, einzeln auf ihre Fremdüblichkeit hin überprüft werden und dann zur Ermittlung eines fremdüblichen Zinssatzes zusammengefügt werden.

85   Als risikofreien Zins bieten sich für kurzfristige Darlehen stellvertretend Referenzzinssätze wie **EURIBOR** oder **LIBOR** an.

Die Ermittlung des Risikoaufschlags kann basierend auf **Ausfallrisiken von Darlehen** ermittelt werden. Diese werden von verschiedenen Ratingagenturen für alle Ratingklassen in aggregierter Form ermittelt. Diese Ausfallrisiken geben an, zu welchem Anteil in der Vergangenheit Kredite und Darlehen mit bestimmten Ratings ausgefallen sind. Im Einzelfall können diese empirisch anhand der sog. *Credit Default Swaps* ermittelt werden. Hieraus lassen sich Prognosen für zukünftige Ausfallwahrscheinlichkeiten ableiten,

---

[42] Anpassungsrechnungen können zB innerhalb der Datenbanken (Swap Manager in Bloomberg oder Swap Pricer in Thomson Reuters EIKON) oder mittels finanzmathematischer Modelle (zB Zinsparitätentheorie) vorgenommen werden.

wobei hier in der Regel Anpassungsrechnungen durchgeführt werden müssen, da viele Unsicherheiten mangels Informationen bei den Credit Default Swaps eingepreist werden, die bei konzerninternen Darlehen in der Regel nicht in diesem Ausmaß bestehen.

Dieser Ansatz kann auch zum Nachweis der Fremdüblichkeit variabler Verzinsungen gut geeignet sein.

6. Fremdwährungsdarlehen

Darlehen können in praktisch allen weltweit existierenden Währungen **86** zwischen verbundenen Unternehmen vergeben werden. In diesem Zusammenhang stellt sich zudem die Frage nach dem angemessenen Zins bezogen auf die Währung, in der das Darlehen notiert ist.

Gemäß den VGr von 1983,[43] Tz. 4.2.3 soll der Steuerpflichtige als angemessene Zinssätze für die Darlehen die **Zinssätze des Währungsraumes** zu Grunde legen, in dessen Währung das Darlehen notiert ist. Allerdings nur dann, wenn auch fremde Dritte den Kredit unter vergleichbaren Umständen in der entsprechenden Landeswährung vereinbart hätten. Bei der Bestimmung des angemessenen Zinssatzes sind ebenfalls Währungssicherungsmaßnahmen mit einzubeziehen.

Allerdings sieht Tz. 4.2.4 des Weiteren vor, dass dem Kredit oder Darlehen ein vereinbarter Zinssatz eines anderen Währungsraumes zu Grunde liegen kann, falls diese Zinsen günstiger für den Steuerpflichtigen sind. Ein Zinssatz wird wohl aus Sicht der deutschen FinVerw. als günstiger für den Steuerpflichtigen angesehen, wenn die Zinsbelastung des Steuerpflichtigen im Inland durch die Wahl eines günstigen Zinssatzes sinkt oder im Fall einer Darlehensvergabe der inländischen Gesellschaft die inländischen Zinserträge gesteigert werden können.

Somit muss bei der Analyse der angemessenen Zinssätze für Fremdwäh- **87** rungsdarlehen drei verschiedene Einflussfaktoren unterschieden werden, die maßgeblich die Zinshöhe beeinflussen:
– Zulässige Währungen
– Zinssatz des maßgeblichen Währungsraumes
– Währungssicherungsinstrumente

a) Zulässige Währungen

Tz. 4.2.3 S. 1 der VGr besagt, dass der Zinssatz des Währungsraumes an- **88** gewendet werden soll, in dem der Kredit vergeben wurde, wenn auch fremde Dritte den Kredit in dieser Währung vereinbart hätten. Dieser Satz macht damit deutlich, dass keine Einschränkung hinsichtlich der angewendeten Zinssätze besteht, solange es im Einzelfall nicht ausgeschlossen erscheint, dass fremde Dritte unter vergleichbaren Umständen den gleichen Zinssatz gewählt hätten.

Auf der anderen Seite wird in der Praxis im Regelfall nicht nachweisbar sein, welchen Zinssatz ein fremder Dritter unter vergleichbaren Umständen gewählt hätte. Die Auswahl der Währung, in der ein Kredit zwischen ver-

---

[43] BMF 23.2.1983, BStBl. I 1983, 218.

bundenen Unternehmen vergeben wird, hängt im Allgemeinen entscheidend von der gegebenen Marktsituation ab, in der sich ein Unternehmen zum Zeitpunkt der Gewährung befindet.

89   Grundsätzlich jedoch besteht bei der Auswahl der Währung, in der ein unternehmensinterner Kredit vergeben wird, Gestaltungsfreiheit. Somit obliegt es den beiden ordentlichen Geschäftsführern, eine geeignete Kreditwährung zu bestimmen. Es liegt nahe, in der Praxis eine der beiden Inlandswährungen bei der Kreditvergabe zu verwenden. Diese kämen dabei gleichberechtigt in Frage. Allerdings kann auch jede andere Währung in Betracht gezogen werden, wenn sie durch den Geschäftsbetrieb begründet erscheint. Diese Begründetheit kann zB dadurch zustande kommen, dass in gewissen Industriezweigen eine bestimmte Währung als Standard genutzt wird (zB USD) oder weil Unternehmen in bestimmten Ländern sehr starken wirtschaftlichen Schwankungen und hohen Inflationsgefahren ausgesetzt sind, so dass im Allgemeinen eine gängige Drittwährung als Transaktionsmedium gewählt wird.

Auch kontokorrentähnliche Verrechnungskonten dürfen grundsätzlich in jeder Währung geführt werden, in der Geschäftstätigkeiten des jeweiligen Unternehmens getätigt werden. Solche Geschäfte eines Unternehmens, die im Regelfall über kontokorrentähnliche Verrechnungskonten geführt werden, sind vornehmlich tägliche Geschäftsvorfälle wie Forderungen aus Verbindlichkeiten aus Lieferungen und Leistungen, Löhne, Sozialabgaben, Steuern, Mieten und andere, kurzfristig und dauerhaft wiederkehrende Betriebsausgaben.

b) Währungszinssatz

90   Die im vorherigen Abschnitt erwähnte Tz. 4.2.3 der VGr besagt, dass bei Krediten in ausländischer Währung grundsätzlich die Zinssätze im Währungsgebiet der ausländischen Währung für die Darlehen heranzuziehen sind. Diese Empfehlung wird allerdings durch den zweiten Halbsatz eingeschränkt, der besagt, dass ersteres nur dann gilt, wenn auch fremde Dritte den Kredit unter vergleichbaren Umständen in dieser Währung vereinbart hätten. Tz. 4.2.4 geht inhaltlich sogar noch weiter und besagt, dass in dem Fall, dass der Kreditnehmer den Kredit in einer Währung eines Geld- oder Kapitalmarktes mit für ihn günstigeren Zinskonditionen hätte aufnehmen können, diese Zinsen mit heranzuziehen sind.

Der Steuerpflichtige kann den Kredit auch in jeder anderen Währung als dem der beiden Inlandswährungen aufnehmen. Folglich besteht theoretisch die Möglichkeit, dass der Kredit zu jedem anderen Zinssatz, der weltweit gehandelt wird, verzinst wird und die Zinshöhe damit trotzdem aus steuerlicher Sicht akzeptabel ist.

Diese Forderung impliziert, dass dem Steuerpflichtigen zum Zeitpunkt der Kreditgewährung alle Zinssätze aus allen möglichen Währungsgebieten bekannt sein müssten, um dann zu entscheiden, welches der für ihn günstigste Zins ist.

In der Praxis ist dieses Postulat vor allem auch aufgrund seiner allgemeinen Ausgestaltung abzulehnen. Insbesondere die Bezugnahme auf den „günstigeren" Zinssatz erscheint fragwürdig, weil dann aus Sicht eines inländischen Darlehensgebers stets extrem volatile Währungen zugrunde gelegt werden müssten, da diese in der Regel sehr hohe Nominalverzinsungen bieten, im Vergleich aber mit einem signifikanten Währungsrisiko verbunden sind. Auch geht dieses Postulat nach dem „günstigsten Zins" deutlich über Vergleichsmöglichkeiten hinaus, die fremde Dritte am Markt haben.

c) Wechselkurssicherungsmaßnahmen

Wechselkurssicherungsmaßnahmen dienen der **Absicherung von Fremd-**   91
währungsgeschäften. Bei unternehmensinternen Krediten oder Darlehenstransaktionen wird versucht, das Risiko abzusichern, das bei Transaktionen mit verschiedenen Währungen entsteht. Da Wechselkurse im Zeitablauf bekanntlich erheblich schwanken können, werden von den Unternehmen zumeist Absicherungsgeschäfte getätigt, die diese Preisschwankungen zum Zeitpunkt der Fälligkeit möglichst ausgleichen sollen. Diese Form des Absicherungsgeschäfts muss unter Fremdvergleichsaspekten vergütet werden und sollte somit Bestandteil der Verzinsung sein.

Allerdings ist ein Unternehmen nicht gezwungen, Absicherungsgeschäfte für seine Fremdwährungsgeschäfte zu tätigen. Die Frage der Risikobereitschaft liegt im Ermessen des ordentlichen Geschäftsführers, der nicht a priori risikoavers eingestellt sein muss.

Folglich kann aus Fremdvergleichsgesichtspunkten nicht zwangsläufig angeführt werden, dass der Kreditnehmer grundsätzlich allein die Absicherungskosten zu tragen hat. Eine Verteilung der genauen Kosten im Einzelfall wird aber auch von einer Auswertung der jeweilig ausgeübten Funktionen und Risiken abhängen.

Im Rahmen der Absicherungsmaßnahmen für Fremdwährungsrisiken sind vielfältige Methoden der Absicherung zu unterscheiden (zB Devisenforwards und -futures, Währungsswaps, Devisenoptionen etc.). Die Auswahl hängt teilweise von der globalen Verfügbarkeit der Absicherungsmaßnahme als auch von der Fristigkeit der Fremdwährung ab. Zudem haben einzelne Absicherungsmaßnahmen verschiedene Anwendbarkeiten und Restriktionen.

III. Garantien und Patronatserklärungen

1. Ökonomischer Gehalt von Garantien

Eine Garantie ist allgemein gesehen die **Übernahme der Zahlungsver-**   92
antwortung für Schulden oder andere Verpflichtungen, für den Fall, dass die Partei, die eigentlich diese Schulden zu bedienen hat, nicht mehr in der Lage ist, dies (fristgerecht) zu tun. Durch die Bereitstellung einer Garantie erklärt sich der Garantiegeber bereit, im Falle des Ausfalls des Schuldners dessen Verbindlichkeiten zu bezahlen. Aus Sicht des Darlehensgebers stellt die Garantie eines Dritten eine entscheidende Veränderung (idR Verringerung) des Ausfallrisikos dar. Während im Fall ohne eine Garantie der Darlehensgeber das Ausfallrisiko allein zu tragen hat, wird bei Hinzunahme einer Garantie dieses Ausfallrisiko auf den Garantiegeber transferiert. Zwischen fremden Dritten erhöht das Vorhandensein einer Garantie die Wahrscheinlichkeit, dass der Darlehensgeber seine gewährten Kredite zurückerhalten wird.

Unter dem Oberbegriff der Garantie sind **Bürgschaften** und **Patronats-erklärungen** zu verstehen. Dabei wird unterschieden zwischen sog. weichen Patronatserklärungen, in denen die Muttergesellschaft lediglich mitteilt, dass sie von der Kreditaufnahme durch die Tochtergesellschaft Kenntnis genommen habe oder mit der Kreditaufnahme einverstanden sei, und sog. harten Patronatserklärungen, in denen die Muttergesellschaft sich ausdrücklich dazu verpflichtet, dafür Sorge zu tragen, dass die Tochtergesellschaft während der Laufzeit des Kredits in der Weise geleitet und finanziell ausgestattet wird, dass diese ihren Verbindlichkeiten stets fristgerecht nachkommen kann. Weiche Patronatserklärungen verfügen insofern im Gegensatz zu harten Patronatser-klärungen nicht über einen rechtsgeschäftlichen Charakter.

Garantien haben ökonomisch gesehen unterschiedliche Aspekte, die bei der Charakterisierung der Transaktion sowie bei der Wahl der anzuwenden-den Verrechnungspreismethode berücksichtigt werden müssen. Dies resultiert daraus, dass der Vergabe von Garantien sowohl zwischen verbundenen als auch unverbundenen Unternehmen unterschiedliche Motivationen und Nut-zenerwartungen zu Grunde liegen. Dies gilt für alle drei involvierten Partei-en: Garantiegeber, Garantienehmer und Darlehensgeber.

93   Die Bereitstellung von Garantien hat zunächst **Charakteristika von Fi-nanztransaktionen,** da sie gewisse Ähnlichkeiten mit der Vergabe von Dar-lehen ausweist. Wie oben gezeigt, beinhalten Zinszahlungen zwischen frem-den Dritten einen Risikozuschlag und eine Vergütung für die Überlassung des Kapitals. Die Garantie hat das Ziel, das Risiko für den Darlehensgeber zu verringern und einen meist signifikanten Teil des Risikos auf den Garantiege-ber zu transferieren. Die Garantiegebühr dient somit als Entschädigung für die teilweise Übernahme des Ausfallrisikos. Der Vorteil des Darlehensneh-mers liegt hierbei in der Verringerung des Zinssatzes um die Risikokompo-nente.

94   Weiterhin kann die Bereitstellung von **Garantien als konzerninterne Dienstleistung** interpretiert werden. Hierauf nimmt auch Tz. 4.4.2 der VGr von 1983 Bezug. Würde nämlich eine Konzerngesellschaft ohne Bürgschaft keine Kredite bzw. Fremdfinanzierung erhalten, so diente die Bürgschaft nicht dazu, der Tochtergesellschaft Zinsvorteile zu verschaffen. Viel eher wird Finanzierungsfähigkeit dem Grunde nach geschaffen. Die Dienstleistung des Bürgen besteht dann darin, den empfangenden Gesellschaften Zugang zu Märkten und Produkten zu verschaffen, den diese gegebenenfalls ansonsten nicht gehabt hätten.

95   Zur Klärung der Frage, wie eine spezielle Garantie im Einzelnen zu cha-rakterisieren ist, muss daher zwischen Konzerngesellschaften unterschieden werden, die aufgrund ihrer Risikostruktur auch **ohne die Garantie von fremden Dritten Finanzmittel hätten aufnehmen können** und solchen, die **ohne eine Garantie am Markt von fremden Dritten keine Finan-zierung erhalten hätten.**

Im ersten Fall führt die Vergabe der Garantie regelmäßig zum Erhalt **bes-serer Zinskonditionen** bei der Darlehensaufnahme. Hierdurch hat die Kon-zerngesellschaft geringere Zinsaufwendungen und realisiert einen Vorteil in Höhe der eingesparten Kosten für die Aufnahme von Finanzmitteln.

Im zweiten Fall besteht der Vorteil der Konzerngesellschaft in der grund-sätzlichen **Möglichkeit der Kreditaufnahme.** Die Garantie ermöglicht der

Konzerngesellschaft dem Grunde nach überhaupt erst die notwendige Finanzierung ihres operativen Geschäftes.

Diese Unterscheidung wird auch in den VGr unter Tz. 4 getroffen. Garantien werden hier unter Tz. 4 zu Zinsen und ähnlichen Vergütungen als Finanztransaktionen interpretiert. Dabei ist nach Tz. 4.4.2 eine Provision anzusetzen, sofern eine solche auch zwischen fremden Dritten vereinbart worden wäre. Dies ist dann anzunehmen, wenn die Bereitstellung der Garantie dem Begünstigten einen Vorteil erbringt wie die Einsparung eigener Finanzierungskosten oder den Zugang zu bestimmten Kapitalmärkten. Hinweise zur möglichen Ermittlung einer fremdüblichen Garantiegebühr werden jedoch auch hier nicht gegeben. **96**

Eine weitere Ausprägung der Garantieverhältnisse im Konzern trat insbesondere in der Finanzkrise ab Ende 2008 vermehrt auf. Wegen des weit verbreiteten Misstrauens der Banken bzgl. der Zahlungsfähigkeit der Unternehmen am Markt hatten in der Finanzkrise selbst viele Konzernmuttergesellschaften Schwierigkeiten, Fremdkapital zu erhalten. Bankenkonsortien tendierten daher bei einer Darlehensvergabe an den Konzern vermehrt dazu, das Risiko des Ausfalls durch sogenannte **gesamtschuldnerische Garantien** zu reduzieren. Bei gesamtschuldnerischen Garantien verpflichten sich nahezu alle Gesellschaften im Konzern (sowohl Mutter- als auch Tochtergesellschaften auf allen Ebenen) im Falle des Ausfalls einer Konzerngesellschaft, für sie einzutreten. Häufig werden als Sicherheiten Beteiligungen und Vermögenswerte verpfändet.

2. Verrechenbarkeit von Garantiegebühren dem Grunde nach

Wie in Rn. 14 ff. ausgeführt, ist bei der Anwendung des Fremdvergleichsgrundsatzes in einem ersten Schritt zu prüfen, ob fremde Dritte eine vergleichbare Garantie überhaupt erteilt bzw. ob sie hierfür dem Grunde nach eine separate Vergütung vereinbart hätten. In diesem Zusammenhang war es in der Vergangenheit bereits fraglich, ob Garantievergaben als Geschäftsbeziehung nach § 1 Abs. 4 AStG aF anzusehen waren. Der BFH hatte in diesem Zusammenhang beispielsweise entschieden, dass Patronatserklärungen einer Konzernmutter nicht als Geschäftsbeziehungen iSd § 1 AStG anzusehen sind, wenn ihr Hauptzweck darin besteht, der begünstigten nahe stehenden Person die Erfüllung ihres Gesellschaftszweckes zu ermöglichen.[44] Insbesondere das Kriterium der gesellschaftsrechtlichen Veranlassung war in der begrifflichen Abgrenzung der Geschäftsbeziehung von besonderer Bedeutung. Auf diese Entwicklung wurde nicht nur mit einem Nichtanwendungserlass,[45] sondern auch mit einer Neufassung des Begriffs der Geschäftsbeziehung reagiert. **97**

Nach der ab dem Veranlagungszeitraum 2003 geltenden Neufassung des heutigen § 1 Abs. 4 AStG ist eine Geschäftsbeziehung „… jede den Einkünften zugrunde liegende schuldrechtliche Beziehung, die keine gesellschaftsver- **98**

---

[44] Vgl. BFH 29.11.2000, DStR 2001, 738 ff.; vgl. auch FG Hamburg 13.3.2007, EFG 2007, 1314 ff.; FG Münster 24.8.2006, EFG 2007, 92; FG Düsseldorf 19.2.2008, IStR 2008, 449 (Rev. BFH 29.4.2009 I R 26/08 für erledigt erklärt).

[45] Vgl. BMF 17.10.2002, DStR 2002, 2079.

tragliche Vereinbarung ist …". Nach der Intention dieser Neuregelung soll es für die Beurteilung, ob eine Geschäftsbeziehung vorliegt, gerade nicht auf die gesellschaftsrechtliche Veranlassung ankommen, sondern alleine darauf, ob die causa des Verfügungsgeschäfts, d. h. das zugrunde liegende Verpflichtungsgeschäft im Gesellschaftsvertrag geregelt ist oder nicht. Dies ergibt sich unmittelbar aus der Gesetzesbegründung des StVergAbG:[46]

„Die Änderung stellt klar, dass eine nach den Grundsätzen des Fremdvergleichs zu würdigende Geschäftsbeziehung […] immer dann anzunehmen ist, wenn es sich um eine auf schuldrechtlichen Vereinbarungen beruhende Beziehung handelt. Für das Bestehen einer Geschäftsbeziehung als solcher hat es keine Bedeutung, ob sie betrieblich oder gesellschaftsrechtlich veranlasst ist, ob und inwieweit ihr also betriebliche oder gesellschaftliche Interessen zugrunde liegen. Deshalb gehören zB verbindliche Kreditgarantien, zinslose oder zinsgünstige Darlehen sowie die unentgeltliche oder teilentgeltliche Gewährung anderer Leistungen zu den „Geschäftsbeziehungen" unabhängig davon, ob sie fehlendes Eigenkapital der Tochtergesellschaft ersetzen oder die wirtschaftliche Betätigung dieser Gesellschaft stärken sollen"

99 Die Gewährung selbst einer eigenkapitalersetzenden Kreditgarantie dürfte somit nach dem Wortlaut der Gesetzesbegründung grundsätzlich als Geschäftsbeziehung zu beurteilen sein. Erforderlich ist aber in jedem Fall ein eigenständiges Leistungsverhältnis zwischen Gesellschafter und Gesellschaft.[47] Im Hinblick auf die vorliegende Frage der Bürgschaftsübernahme ist demnach zu unterscheiden, ob bzw. wie die Rechtsbeziehung zwischen dem Garantiegeber sowie den begünstigten nahe stehenden Personen geregelt ist.

100 Die wohl hM in der Literatur geht auch in Konstellationen, in denen Patronatserklärungen, Garantieerklärungen oder Bürgschaften zu Gunsten ausländischer Tochter- bzw. sonstiger Konzerngesellschaften abgegeben werden, davon aus, dass insoweit eine Geschäftsbeziehung vorliegt.[48] Zwar kommt eine Bürgschaft durch Abschluss des Bürgschaftsvertrags zwischen dem Gläubiger und dem Bürgen, nicht aber durch einen Vertrag zwischen Hauptschuldner und Bürgen zustande.[49] In aller Regel besteht allerdings auch zwischen dem Hauptschuldner und dem Bürgen ein Rechtsverhältnis: Dies kann entweder ein Auftrag, ein Geschäftsbesorgungsvertrag (zB Avalkreditvertrag) oder aber uU auch – als gesetzliches Schuldverhältnis – eine Geschäftsführung ohne Auftrag (GoA iSd § 677 BGB)[50] sein.

Auch wenn eine Garantie, Patronatserklärung oder Bürgschaft sonach ausschließlich der finanzierenden Bank (und nicht der Konzerngesellschaft) gegenüber abgegeben wird, so lässt sich hierdurch regelmäßig eine schuldrechtliche Beziehung zwischen dem Garantiegeber oder Bürgen und der finanzierten Konzerngesellschaft nicht ausschließen.

---

[46] BT-Drs. 15/119, S. 53.

[47] Vgl. *Wassermeyer* in Flick/Wassermeyer/Baumhoff, § 1 AStG, Rn. 911; *Haun/Reiser* in Wöhrle/Schelle/Gross, § 1 AStG, Rn. 227; *Günkel/Lieber* IStR 2004, 229.

[48] Vgl. *Kaminski* in Strunk/Kaminski/Köhler, § 1, Rn. 694; *Menck* in Blümich, § 1 AStG, Rn. 37; ähnlich Wöhrle/Schelle/Gross, § 1, Rn. 222; wohl auch *Wassermeyer* in F/W/B, § 1 AStG Rn. 917.

[49] Vgl. nur *Habersack* in Münchner Kommentar, § 770 BGB, Rn. 4.

[50] Vgl. hierzu zB BGH 16.3.2000, NJW 2000, 1643.

Selbst wenn jedoch vor diesem Hintergrund im Einzelfall bejaht werden muss, dass eine Garantievergabe als Geschäftsbeziehung iSv § 1 Abs. 4 AStG nF anzusehen ist, steht damit noch nicht fest, ob und in welcher Höhe hierfür ein Entgelt zu verrechnen ist. Wie bereits in Rn. 16 ff. erläutert, entscheidet sich die Frage der Verrechenbarkeit dem Grunde nach aus deutscher steuerlicher Sicht in erster Linie nach dem Veranlassungsprinzip iSv § 4 Abs. 4 EStG,[51] danach hätte eine Verrechnung nicht zu erfolgen, wenn die Garantievergabe primär durch den Betrieb des Garantiegebers veranlasst wäre.

Dieser Fall könnte beispielsweise gegeben sein, wenn die Garantie durch **101** die Konzernmutter ausgereicht wird, und dies in erster Linie deshalb erfolgt, um dem „Misstrauen" externer Darlehensgeber gegen den Konzernverbund zu begegnen. Der Hintergrund dieser Überlegung besteht darin, dass externe Kapitalgeber bei der Kreditvergabe an ein Konzernunternehmen damit rechnen müssen, dass die Konzernmutter ihre gesellschaftsrechtliche Stellung zum Nachteil externer Geldgeber nutzt („Moral Hazard"). Dies könnte beispielsweise dadurch erfolgen, dass nach Vergabe des Darlehens die Vermögens- und Finanzausstattung der jeweiligen Konzerngesellschaft verändert und so das individuelle Ausfallrisiko auf diese Konzerngesellschaft bezogen verschlechtert wird. Die Garantie stellt dann ökonomisch betrachtet lediglich eine glaubwürdige Form der „Selbstbindung" der Konzernmutter dar, mit der sie das aus dem Konzernverbund induzierte Misstrauen beseitigen will. Die Garantievergabe könnte dann ihre betriebliche Veranlassung bei der Konzernmutter haben, da sie lediglich einen Nachteil aus dem Konzernzusammenhalt ausgleicht; die Garantienehmerin würde diese Leistung also als „unabhängiges Unternehmen nach ihren eigenen Verhältnissen nicht in Anspruch nehmen".[52] Verrechenbarkeit dem Grunde nach wäre dann nicht gegeben.

Wie bereits in Rn. 15 ff. erläutert, indizieren auch besondere Garantiebe- **102** dingungen, die unter fremden Dritten als unüblich anzusehen sind, dass die Garantievergabe eher aus dem Gesellschaftsverhältnis heraus zu beurteilen ist. Dies dürfte umso eher der Fall sein, je größer der Kreis der begünstigten Personen ist und je weniger die Garantie betraglich, zeitlich oder sachlich begrenzt ist. In diesen Fällen sind die mit der erteilten Garantie verbundenen Risiken häufig weder eindeutig abgrenzbar noch messbar, sodass dann auch eine Verrechenbarkeit dem Grunde nach abzulehnen ist.[53]

Auf der anderen Seite dürfte jedoch in den Fällen, in denen die o. g. Ver- **103** anlassungen aus dem Konzernverhältnis nicht gegeben sind, und zugleich den begünstigten nahe stehenden Personen ein unmittelbarer Vorteil entsteht, eine Verrechenbarkeit dem Grunde nach gegeben sein. Diese Vorteile können bei Konzerngesellschaften, die eigenständige Finanzierungsmöglichkeiten haben und nicht durch „Moral Hazard" Phänomene behindert sind, in verbesserten Zinskonditionen bestehen. Die Konzernmutter verbessert dann mit der Garantievergabe die Bonität der nahe stehenden Person am Kapitalmarkt.

---

[51] Vgl. BMF 23.2.1983, BStBl. I 1983, 218, Tz. 1.4.1; *Jacobs,* Internationale Unternehmensbesteuerung, 5. Aufl., S. 909; *Kaminski* in Strunk/Kaminski/Köhler, § 1 AStG, Rn. 133; Flick/Wassermeyer/Baumhoff, § 1 AStG, Rn. 634.

[52] So wörtlich BMF 23.2.1983, BStBl. I 1983, 218, Tz. 6.2.2.

[53] Vgl. BMF 23.2.1983, BStBl. I 1983, 218, Tz. 6.2.2.

Hat die begünstigte Konzerngesellschaft aber – zB mangels eigener Bonität – ohne die Garantie der Konzernmutter gar keine Finanzierungsmöglichkeiten, so wird ihr durch die Garantie der Konzernmutter der Zugang zu externen Finanzierungsmöglichkeiten eröffnet. Auch hierin ist ein vergütungsfähiger Vorteil zu sehen.

Was die oben dargestellten gesamtschuldnerischen Garantien betrifft, kann es durch die Hinterlegung von Sicherheiten durch nahezu alle Konzerngesellschaften oftmals zu einer Überbesicherung des aufgenommenen Fremdkapitals kommen. Während diese Überbesicherung einen zusätzlichen Nutzen für die Darlehensgeber (Banken) darstellt, indem sie ihnen den Durchgriff auf die Beteiligungen und Vermögenswerte erleichtert, stellt sich die Frage der Vergütung dieser Garantie dem Grunde nach. Im Einzelfall wird es darauf ankommen, inwieweit die Sicherheitengeber von der Darlehensgewährung bzw. die Garantienehmer von der Garantie profitieren und, ob daher ggf. eine Art des fremdüblichen Vorteilsausgleichs[54] vorliegt, welcher eine Verrechenbarkeit dem Grunde nach ausschließen würde.[55]

3. Angemessenheit einer Garantiegebühr der Höhe nach

104   Die Bestimmung einer fremdüblichen Garantiegebühr muss sich in erster Linie danach richten, welchen ökonomischen Hintergrund die jeweilige Garantie hat. In erster Linie ist hierbei danach zu unterscheiden, welchen Vorteil die Garantie bei der begünstigten nahe stehenden Person auslöst. Wie oben stehend erläutert, kann dieser Vorteil zum einen in der Verbesserung der Zinskonditionen der Begünstigten liegen; seitens des Garantienehmers sind dann geringere Zinskosten die Folge. Zum anderen kann dieser Vorteil aber auch darin bestehen, dass die begünstigte nahe stehende Person ohne die Garantie überhaupt keine externen Finanzierungsmöglichkeiten hätte; die Garantie eröffnet dem Garantienehmer dann erst den Zugang zu externen Finanzmitteln.

a) Nutzenbasierter Ansatz für die Verschaffung von Zinsvorteilen

aa) Anwendung

105   Bei der Anwendung dieses Ansatzes zur Ermittlung einer fremdüblichen Garantiegebühr steht der **Nutzen der Tochtergesellschaft** im Vordergrund. Dabei wird darauf abgestellt, dass die Tochtergesellschaft basierend auf der Garantie verbesserte Finanzierungskonditionen erhält.

Hierbei werden aus Sicht der abgesicherten Gesellschaft zwei Zustände unterschieden:

a) Bonität ohne Erhalt der Garantie

b) Bonität des Garantiegebers

In der Regel ist dabei die Bonität des Garantiegebers besser als die der abgesicherten Gesellschaft. Die konkrete Ermittlung der hieraus resultierenden Garantiegebühr erfolgt aus der **Betrachtung unterschiedlicher (Anleihe-) Verzinsungen** für die beiden Bonitäten.

---

[54] Vgl. BMF 23.2.1983, BStBl. I 1983, 218, Tz. 2.3.
[55] Vgl. *Sabel/Knebel/Schmidt* IStR 2012, 42.

Der **Unterschied zwischen den beiden ermittelten Zinssätzen** für   **106**
das Rating des Garantienehmers und das Rating des Garantiegebers reflektiert
das unterschiedliche Risiko, welches mit der Gewährung eines Darlehens an
die beiden Gesellschaften verbunden ist. Die **Differenz zwischen den beiden Zinssätzen** entspricht auch dem maximalen Nutzen, den der Garantienehmer auf Basis der Garantie realisiert, da diese Differenz dem Zinsvorteil
entspricht.

Folgendes Schaubild verdeutlicht den dargestellten Zusammenhang:

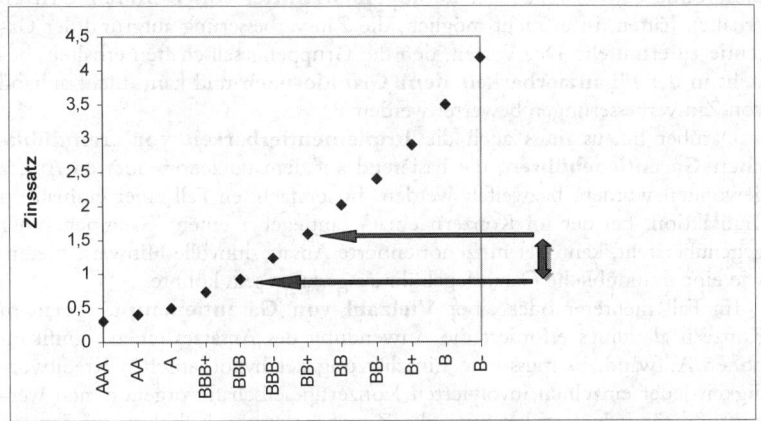

Da die ermittelte Differenz zwischen den Zinssätzen mit und ohne Garantie dem Nutzen der empfangenden Gesellschaft entspricht, kann diese Differenz als eine **fremdübliche Garantiegebühr** betrachtet werden.

Allerdings stellt die Differenz der Zinszahlungen dabei einen maximalen
Wert dar, bei dem der vollständige Nutzen der Garantie dem Garantiegeber
zugewiesen würde.

Zwischen fremden Dritten würde der **erwirtschaftete Vorteil jedoch**   **107**
aufgeteilt werden. Eine fremdübliche Garantiegebühr wird daher innerhalb
der **Bandbreite zwischen Null und der maximalen Differenz** zwischen
den beiden Zinssätzen liegen.

Beispiel 5: Die deutsche Tochtergesellschaft D möchte von einer externen Bank
ein Darlehen in Höhe von 5 Mio. EUR für ein Jahr aufnehmen. Die deutsche Gesellschaft hat ein Rating von BBB. Die externe Bank würde der Gesellschaft das Darlehen
zu einem Zinssatz von 4,5 % gewähren. Die Konzernmutter F in Frankreich hat selbst
ein sehr gutes Rating, das dem Konzernrating entspricht: F ist mit dem Rating A bewertet. F könnte ein vergleichbares Darlehen am Markt zu einem Zinssatz von 3,2 %
bekommen. F gewährt nun eine Garantie für D. Hierdurch wird es D ermöglicht zu
einem Zinssatz von 3,2 % das Darlehen aufzunehmen. D spart somit Finanzierungskosten von 1,3 % der Darlehenssumme. Die theoretische Obergrenze für eine fremdübliche Gebühr von D an F für die Gewährung der Garantie beträgt 1,3 %.

bb) Probleme des nutzenbasierten Ansatzes

Der nutzenorientierte Ansatz hat einige inhärente Probleme, die das Füh-   **108**
ren des Fremdvergleichs für Garantiegebühren nicht in allen Fällen möglich
macht.

Zunächst ist der Ansatz überhaupt nur in den Fällen anwendbar, in denen eine Gruppengesellschaft ohne eine Garantie überhaupt ein Darlehen von einem externen Darlehensgeber erhalten hätte. Die **Gruppengesellschaft muss eine eigenständige Kreditwürdigkeit besitzen,** die sich in einer bestimmten Bonität und folglich in einem bestimmten Zinssatz niederschlägt, den die Gruppengesellschaft ohne Garantie an Dritte für Finanzmittel zu zahlen hätte.

In Fällen von Gruppengesellschaften mit derart schlechter Bonität, dass diese ohne eine Garantie gar **keine Finanzmittel von fremden Dritten** erhalten hätten, ist es nicht möglich, die Zinsverbesserung aufgrund der Garantie zu ermitteln. Der Vorteil, den die Gruppengesellschaften erhalten, besteht in der **Finanzierbarkeit dem Grunde nach** und kann nicht anhand von Zinsverbesserungen bewertet werden.

109   Darüber hinaus muss auch die **Implementierbarkeit von fremdüblichen Garantiegebühren,** die basierend auf dem nutzenorientierten Ansatz gewonnen wurden, bezweifelt werden. Im einfachsten Fall einer einmaligen Transaktion, bei der im Konzern ein Garantiegeber einem Garantienehmer gegenübersteht, kann der nutzenorientierte Ansatz sinnvolle Hinweise bieten, wie eine fremdübliche Garantiegebühr ausgestaltet sein könnte.

Im Fall mehrerer oder einer **Vielzahl von Garantienempfängern** im Konzern allerdings erfordert die Anwendung des Ansatzes einen signifikant hohen Aufwand. Es muss eine Einschätzung der hypothetischen Kreditwürdigkeit jeder einzelnen involvierten Konzerngesellschaft vorgenommen werden und für jede einzelne muss die Zinsverbesserung kalkuliert werden. In der Konsequenz muss für jede Konzerngesellschaft ein anderer Verrechnungspreis als fremdüblich angesehen werden. Der Aufwand für die Ermittlung dieser Verrechnungspreise, der Implementierung sowie der Überwachung und Anpassung dürfte in der Praxis häufig unzumutbar hoch sein.

b) Kostenbasierter Ansatz für die Vermittlung von Marktzugang

110   Die Garantiegebühr kann auch unter Verwendung der Kostenaufschlagsmethode ermittelt werden. Die Verrechnung nach Maßgabe der Kostenaufschlagsmethode bietet sich vor allem dann an, wenn die Garantievergabe als **konzerninterne Dienstleistung** anzusehen ist. Hierbei erbringt der Garantiegeber wie bereits oben beschrieben eine Dienstleistung in der Art, dass er Zugang zu Kapitalmärkten ermöglicht.

aa) Theoretischer Hintergrund

111   Die Anwendung der **Kostenaufschlagsmethode** erfordert im ersten Schritt eine eindeutige Bestimmung der Elemente, die in der **Kostenbasis** zu berücksichtigen sind. Im zweiten Schritt ist zu prüfen, ob und in welcher Höhe im vorliegenden Fall ein **Aufschlag** angemessen ist.

Grundsätzlich fallen bei der Garantievergabe zwei Arten von Kosten an.

Dies sind zunächst einmal die **administrativen Kosten,** die im Zusammenhang mit der Bereitstellung der Garantie anfallen.

112   Das zweite Kostenelement sind die Kosten, die in Zukunft vernünftigerweise als Folge der Garantievergabe auftreten werden. Der Garantiegeber muss in Zukunft mit Kosten rechnen für den Fall, dass der Schuldner seinen

Verpflichtungen nicht nachkommt. Wenn es zum **Kreditausfall** (und Forderungsverlust) kommt, muss der Garantiegeber für die geschuldete Summe in kompletter Höhe zuzüglich der aufgelaufenen Zinsen aufkommen.

Hier wäre es aber nicht angemessen, die in Folge dieses Ereignisses auftretenden Kosten vollständig als Teil der Kostenbasis zu betrachten. Dies liegt darin begründet, dass der **Ausfall eines Kredites** nicht mit Sicherheit, sondern lediglich **mit einer gewissen Wahrscheinlichkeit** eintritt. Dieses Ausfallrisiko und die resultierenden Kosten müssen bei der Bestimmung der Kostenbasis für eine fremdübliche Garantiegebühr berücksichtigt werden. Ein fremder Dritter, der eine Garantie vergibt, würde seine Kalkulation auf das durchschnittlich zu erwartende Ausfallrisiko von Unternehmen, die dem Schuldner vergleichbar sind, aufbauen.

Hierbei werden die durchschnittlich in Zukunft zu erwartenden Kosten **113** und nicht die tatsächlich angefallenen Kosten berücksichtigt. Das Konzept von **erwartetem Nutzen oder Kosten in Abhängigkeit von bestimmten Eintrittswahrscheinlichkeiten** ist eine gängige und anerkannte ökonomische Theorie.[56] Dies kommt vor allem bei der Analyse von solchen Marksituationen zur Anwendung, die durch Risiko und Unsicherheit bezüglich des Ergebnisses einer Transaktion geprägt sind. Dies trifft für die Bereitstellung von Garantien zu.

Diese Erwartungswerte berechnen sich gängigerweise aus der Eintrittswahrscheinlichkeit eines bestimmten Ereignisses und dem Nutzen oder den Kosten, die bei Eintritt des Ereignisses entstehen. Das Ergebnis stellt dann Nutzen oder Kosten dar, die auf Dauer und im Durchschnitt zu erwarten sind.

Im Falle der Garantievergabe stellt sich die Situation wie folgt dar: **114**

Ereignis:	**Kreditausfall**
Eintrittswahrscheinlichkeit:	**Ausfallrisiko** × Verlustquote[57]
Kosten bei Eintritt:	**Garantierte Kreditsumme**

Somit berechnen sich die im Durchschnitt aus der Garantievergabe zu erwartenden Kosten für einen Zeitraum X durch:

Ausfallrisiko (für die Zeitperiode X) × Verlustquote × Garantierte 115 Kreditsumme

Beispiel 6: Die deutsche Tochtergesellschaft D nimmt bei einer externen Bank ein Darlehen in Höhe von 1 Mio. EUR für ein Jahr auf und erhält dabei eine Garantie durch eine konzerninterne Finanzgesellschaft in Irland. Das Ausfallrisiko des Kredites beträgt 0,1 %, die Verlustquote beträgt 30 %. Aus Sicht der irischen Finanzgesellschaft sind somit aus der Bereitstellung der Garantie in Zukunft im Durchschnitt Kosten von 300 EUR zu erwarten.

---

[56] *Morgenstern/Neumann* in Neumann/Morgenstern, „Theory of Games and Economic Behavior", Princeton 1953.

[57] Die Verlustquote („Loss Given Default") bezeichnet den prozentualen Anteil des Verlusts der Kreditsumme, welcher bei einem Zahlungsausfall erwartet wird. Die Verlustquote kann entweder anhand von Modellen wie zB Moody's LossCalc™ oder statistischen Erhebungen der gängigen Rating-Agenturen (Moody's, Standard & Poor's oder Fitch) ermittelt werden.

bb) Kostenbasierte Bestimmung des Entgelts

116   Die Anwendung dieses Ansatzes erfordert zur Ermittlung der Kostenbasis folglich die **Kredithöhe** und das **Ausfallrisiko**. Während die Kredithöhe regelmäßig bekannt sein wird, ist die Ermittlung des angemessenen Ausfallrisikos schwieriger.

Das Ausfallrisiko beinhaltet eine **Prognose für die Zukunft** und wird daher nie vollständig genau sein können. Es kann weiterhin nur auf den Informationen beruhen, die zum Zeitpunkt der Garantie- und Kreditvergabe bekannt waren.

Eine **Schätzung von zukünftigen Ausfallrisiken** wird von **Rating Agenturen** wie Standard and Poor's, Moody's und Fitch basierend auf den Ausfallrisiken vorangegangener Jahre bereitgestellt. Dabei werden von den Agenturen bestimmte Ratings mit bestimmten Ausfallrisiken in den letzten Jahren verknüpft.[58] Hierauf beruhend können Prognosen darüber erstellt werden, welche Ausfallrisiken bei Unternehmen mit bestimmten Ratings zu erwarten sind. Derartige Ausfallrisiken werden in der Regel als Prozentpunkte für einen Zeitraum von einem Jahr angegeben.

Bei der Bestimmung des Ratings stellt sich erneut die Frage, ob im konzerninternen Bereich das Einzelrating einer Konzerngesellschaft einen adäquaten Maßstab darstellt. Obwohl derartige Einzelratings von Konzerngesellschaften in der Regel nicht vorhanden sind, ist es, wie bereits beschrieben, zumindest theoretisch möglich, ein solches Einzelrating basierend auf Finanzkennzahlen zu ermitteln.

Alternativ könnte auch im Fall der Garantie das Konzernrating eine angemessene Basis bilden, um das Ausfallrisiko zu ermitteln. Hierfür sprechen auch die in den Ausführungen zum Moral Hazard gemachten Aussagen.

Darüber hinaus gibt es weitere Gründe dafür, dass das **Konzernrating** in besserer Weise das tatsächlich von der Konzernmutter im Rahmen der konzerninternen Garantie getragene Risiko reflektiert.

Das Rating einer Gruppe reflektiert das **durchschnittliche Risiko der Gesellschaften,** die der Gruppe angehören. Ein Konzern setzt sich aus Gesellschaften mit unterschiedlichen Risikoprofilen zusammen, die vergleichbar einem Portfolio das Gesamtrisiko bestimmen. Das Rating einer gesamten Unternehmensgruppe wird auch durch die Reputation dieser Gruppe an den Kapitalmärkten determiniert. Kommt es zum Kreditausfall bei einer einzelnen Konzerngesellschaft oder gar zu deren Insolvenz, so wird dies in der Regel bereits einen negativen Einfluss auf das Rating des Gesamtkonzerns haben. Eine Herabstufung des Konzernratings kann aber nicht nur dazu führen, dass der gesamte Konzern sich am Kapitalmarkt zu höheren Kosten refinanzieren muss, sondern im äußersten Fall die Liquiditätsversorgung des gesamten Konzerns gefährden. Um solche negativen Einflüsse auf den gesamten Konzernzusammenhang zu vermeiden, besteht also aus Konzernsicht stets ein Anreiz dafür, Insolvenzen und Ausfälle einzelner Kredite zu verhindern, und sei es durch Zuführung zusätzlichen Eigenkapitals oder von Konzerndarlehen. Erst dann, wenn hierfür die finanziellen Möglichkeiten der gesamten Unternehmensgruppe nicht mehr ausreichen, wird in der Regel eine (partiel-

---

[58] Fitch Ratings Corporate Finance 2003 Transition and Default Study; Standard & Poor's, Corporate Default in 2003 Recede From Recent Highs, S. 6.

le) Insolvenz bzw. ein Darlehensausfall eintreten. Da sich die finanziellen Möglichkeiten der gesamten Unternehmensgruppe aber im Rating des Gesamtkonzerns widerspiegeln, ist somit auch das Konzernrating im Regelfall ein besserer Indikator für das Ausfallrisiko eines Darlehens oder einer Bürgschaft, als das Einzelrating einer einzelnen Konzerngesellschaft.

Zur Ermittlung der Kostenbasis kann damit im Regelfall das Rating **117** bzw. die Bonitätsbeurteilung des gesamten Konzerns zugrunde gelegt werden, um die jeweilige Ausfallwahrscheinlichkeit und damit auch die zukünftig zu erwartenden Kosten des Garantiegebers zu identifizieren. In Einzelfällen dürfte das Einzelrating der abgesicherten nahestehenden Person aussagefähiger sein.

Wird auf dieser Grundlage die Kostenbasis ermittelt, die aus Sicht des Ga- **118** rantiegebers zu berücksichtigen ist, so stellt sich im nächsten Schritt die Frage, inwieweit diese Kostenbasis um einen **Gewinnzuschlag** zu erhöhen ist. Ein solcher Gewinnzuschlag wäre nur dann angemessen, wenn dem Garantiegeber für bestimmte wertbildende Kosten ein Gewinnelement als „Wertschöpfungsprämie" zugebilligt werden müsste, weil er ansonsten keinerlei Chancen auf die Erzielung eines über seine Kosten hinausgehenden Gewinns hätte. Im hier vorliegenden Fall hat der Garantiegeber aber per se die Chance, tatsächlich einen Gewinn zu erzielen, wenn die Garantiegebühr ex post betrachtet höher als der tatsächlich eingetretene Forderungsausfall ist, sowie das Risiko, im umgekehrten Fall einen Verlust zu erleiden. Die Gewinn- bzw. Verlusterzielungsmöglichkeit ergibt sich mithin aus der Geschäftsbeziehung selbst, sodass ein zusätzlicher Gewinnzuschlag im Regelfall nicht adäquat sein dürfte.

(einstweilen frei) **119–124**

IV. Cash Pooling

1. Definitionen

Cash Pooling wird definiert als ein Verfahren, das einem Konzern helfen **125** soll, durch eine meist automatisierte Konzentration der Liquidität auf sog. Masterkonten – mit möglichst geringem Aufwand und unter kalkulierbaren Transferkosten – das Zinsergebnis zu verbessern.[59] Daneben ermöglicht das Cash Pooling dem Konzern eine bessere Übersicht über die im Konzern vorhandene Liquidität zu erlangen und diese effektiv einzusetzen. Ein Cash Pool kann als eine Alternative zur Liquiditätshaltung auf einem Kontokorrent-Bankkonto angesehen werden.

Zu den Vorteilen des Cash-Poolings zählen u. a.
- Verbesserung der Effizienz des Liquiditätsmanagements des Konzerns
- Erzielen von Größenvorteilen (economies of scale) (Erreichen zB von Mengen- und Verbundvorteilen durch bessere Verhandlungsposition)
- Verringerung von Gebühren an externe Banken (Synergiegewinn)
- Besseres Management der Volatilität der Liquiditätsreserven des Konzerns auf Tages-, Monats- oder Jahresbasis

---

[59] Vgl. *Rieder* in Polster-Grüll u. a., Cash Pooling, S. 46.

– Maximierung der Zinserträge beziehungsweise Reduzierung der Zinsaufwendung durch den täglichen Ausgleich der Salden der einzelnen Konten innerhalb des Cash Pools (Koordinationsgewinn)

126   Beim Cash Pooling wird grundsätzlich zwischen dem **effektiven Cash Pooling** (auch physisches Cash Pooling oder Cash Concentration) und dem **Notional Cash Pooling** (auch virtuelles Cash Pooling oder Zinskompensationsverfahren) unterschieden.

Beim *effektiven* Cash Pooling werden die Salden der jeweiligen Bankkonten der einzelnen an dem Cash Pool beteiligten Konzernunternehmen auf ein Masterkonto übertragen. Dieses Masterkonto wird in der Praxis zumeist von der Muttergesellschaft des Konzerns oder einer Finanzierungsgesellschaft gehalten. In der Praxis bieten Kreditinstitute zumeist Cash-Pooling Systeme an, bei denen die Cash Pool Teilnehmerkonten zu einem vertraglich fixierten Zeitpunkt automatisch wieder vollständig ausgeglichen werden (sogenanntes „Zero Balancing") oder aber nur bis zu vereinbarten Sockelbeträgen ausgeglichen werden (sogenanntes „Target Balancing") Dieses Ausgleichen kann jeweils werktäglich erfolgen oder zu bestimmten, vorher festgelegten regelmäßigen Zeitpunkten. In internationalen Konzernen wird häufig die werktägliche Methode des Zero Balancing angewandt.[60]

Beim *Notional Cash Pooling* erfolgt keine echte Übertragung der Banksalden der einzelnen Konzerngesellschaften auf das Masterkonto. Die Salden werden ausschließlich rechnerisch auf einem virtuellen Masterkonto zusammengeführt. Auf diesem virtuellen Masterkonto errechnet sich dann ein Saldo, welcher die Grundlage für die Verzinsung mit den Soll- und Habenzinsen der Bank ist, die den Cash Pool betreibt.

2. Angemesssene Vergütung im Rahmen des Cash Pools

a) Fremdübliche Zinssätze

127   Um dem Fremdvergleichsgrundsatz zu genügen, sollten die in einem Cash Pool verwendeten Soll- und Habenzinssätze die Cash Pool Mietglieder nicht schlechter stellen als wenn sie ihren Anlage- oder Ausleihungsbedarf durch fremden Dritte (zB Banken) bedienen würden. Bei der Überprüfung bzw. Ermittlung fremdüblicher Soll- und Habenzinssätze sind insbesondere folgende Faktoren von Bedeutung: das Ausfallrisiko der Cash Pool Teilnehmer und des Cash Pool Betreibers, die Währung und die Laufzeit.

Auf das Ausfallrisiko kommt es im Wesentlichen bei der Bestimmung des Sollzinssatzes an. Grundsätzlich kann bei der Ermittlung des Sollzinssatzes auf das Einzelrating, das verbesserte Einzelrating (unter Berücksichtigung der Gruppenzugehörigkeit bzw. des Konzernrückhalts) oder auf das Konzernrating abgestellt werden. Durch die Tatsache, dass mehrere Gruppengesellschaften am Cash Pooling partizipieren, erscheint es sinnvoll, das Konzernrating der Sollzinsbestimmung zugrunde zu legen. Die Berücksichtigung von (verbesserten) Einzelratings pro Cash Pool Mitglied wäre bei einer großen Anzahl von Cash Pool Mitgliedern eine in die Praxis sehr schwer umzusetzende und häufig eine unzumutbare Aufgabe.

---

[60] *Waldens*, Grenzüberschreitendes Cash Pooling im Spannungsfeld sich ändernder Rahmenbedingungen – eine ertragssteuerliche Analyse, IStR 14/2003, S. 497 ff.

Die Habenzinssätze orientieren sich an fremdüblichen Marktzinsen für vergleichbare kurzfristige Liquiditätsanlage wie zB täglich verfügbare Kontokorrent-Bankkonten. In der Regel kommt bei der Liquiditätsanlage dem Ausfallrisiko eine geringe Bedeutung zu, da das Ausfallrisiko durch die kurze Fristigkeit, die große Anzahl der Teilnehmer und die Konzentration der Liquidität eher gering einzuschätzen ist.

Durch das seit der Finanzkrise am Markt herrschende Niedrigzinsniveau werden bereits seit einigen Jahren sehr niedrige Cash Pool Habenzinssätze angewandt. Obwohl diese regelmäßig den Marktzinsätzen entsprechen, werden sie erfahrungsgemäß in Betriebsprüfungen häufig aufgegriffen. Mangels sonstiger vergleichbarer Alternativen der Liquiditätsanlage sollten die dem Fremdvergleichsgrundsatz entsprechenden Habenzinsen nicht beanstandet werden.

Die Laufzeit bei Cash Pooling Transaktionen ist per Definition kurzfristig, **128** so dass sich Marktvergleichswerte mit entsprechender Laufzeit für die Ermittlung der fremdüblichen Zinsen eignen. Manchmal werden allerdings erhebliche Liquiditätsbestände über einen längeren Zeitraum auf niedrig verzinsten Cash Pool Konten gehalten („Sockelbeträge"). Dieses Verhalten wird häufig von der FinVerw. mit der Argumentation kritisiert, dass ein ordentlicher und gewissenhafter Geschäftsleiter die Liquidität mittel- bis langfristig zu einem höheren Zinssatz anlegen würde. In solchen Fällen werden die Sockelbeträge in eine längerfristige Einlage umqualifiziert, so dass ein höherer Zinssatz Anwendung findet. Allerdings muss bei höheren und längerfristigen Cash Pool Beständen nicht zwingend von einem unangemessenen Verhalten ausgegangen werden. Unternehmen halten häufig Liquidität vor, wenn sie größere finanzintensive Vorhaben wie Investitionen oder Akquisitionen planen, deren genauer Zeitpunkt noch nicht abschließend feststeht, oder wenn es zu Verzögerungen bei der Realisierung der Vorhaben kommt. Insofern muss der Hintergrund der Liquiditätshaltung sorgfältig geprüft werden, bevor ein Rückschluss über die Angemessenheit der Verzinsung der Cash Pool Einlagen getroffen werden kann.

b) Allokation des Cash-Pool Benefits

Wie bereits erwähnt, birgt die Implementierung eines Cash Pools für den **129** Konzern sowie für die Cash Pool Mitglieder diverse Vorteile. Diese Vorteile (der sogenannte „Cash Pool Benefit") entstehen im Wesentlichen durch die Bündelung der Liquiditätsnachfrage und -überschüsse verschiedener Konzerngesellschaften. Zum einen können dadurch bessere Konditionen mit Cash Pool betreibenden Banken ausgehandelt werden. Zum anderen kann die Marge zwischen Soll- und Habenzinsen, die in der Abwesenheit des Cash Pools durch fremde Dritte Kreditinstitute vereinnahmt würde, im Konzern „internalisiert" werden („Netting Benefit"). Diese Marge entsteht im Cash Pool, wenn der im Rahmen des Cash Pools intern verwendete Habenzins vom Sollzins abweicht und wenn es zu einer konzerninternen Verrechnung der Soll- und Habenbeiträge kommt.

Die so in einem Cash Pool generierten Vorteile sollten in angemessener Weise zwischen den Cash-Pool-Teilnehmern und dem Cash Pool Betreiber aufgeteilt werden. Die allgemeinen Grundsätze der OECD-VerrechnungRL können auf Cash Pooling übertragen werden: Die Vergütung der Cash-Pool-

Mitglieder und des Cash Pool Betreibers soll an den ausgeübten Funktionen, übernommenen Risiken und eingesetzten Wirtschaftsgütern bemessen werden.

130   Wenn die ausgeübten Funktionen, übernommenen Risiken und eingesetzten Wirtschaftsgüter des Cash Pool Betreibers denen der fremden Kreditinstitute (zB Banken) gleichen, erscheint es allerdings angemessen, dass der Cash Pool Betreiber den Netting Benefit einbehält. Hierbei kommt es insbesondere darauf an, ob der Cash Pool Betreiber unternehmerisch tätig wird, dh Ausfallrisiken übernimmt, mit entsprechendem Kapital ausgestattet ist und Finanzierungs-Know-how einsetzt, um den Gewinn zu maximieren.[61]

Wenn im Gegensatz dazu ein Cash Pool Betreiber nur eine eher koordinierende Funktion ausübt und keine wesentlichen Risiken trägt, sollte er eine Vergütung für seine Routineleistung erhalten. Für diesen Zweck eignete sich regelmäßig die Kostenaufschlagsmethode.

Die Verteilung der Cash Pool Vorteile rückt in den letzten Jahren immer mehr in den Fokus der FinVerw. in verschiedenen Ländern. Das Thema wird in VGr behandelt (zB: in Österreich[62]) und ist Gegenstand von Rechtsstreitigkeit gewesen. Beispielsweise wird in dem in der Zwischenzeit häufig zitierten norwegischen *ConocoPhillips*-Urteil argumentiert, dass fremdübliche Soll- und Habenzinsen keinen angemessenen Vergleichsmasstab für Cash Pool Zinsen darstellen, da Cash Pool Transaktionen nicht unter fremden Dritten vorkommen.[63] Es wird die Meinung vertreten, dass die durch die Liquiditätsbündelung erzielten Vorteile vielmehr unter den Cash-Pool-Mitgliedern und dem Cash-Pool-Betreiber nach der relativen Verhandlungsmacht der jeweiligen Gesellschaft aufgeteilt werden sollten, was wiederum aus praktischer Sicht eher kritisch zu sehen ist, da es hierfür keinen objektiven Maßstab gibt. In der Mehrzahl der Praxisfälle werden die Cash-Pool-Vorteile daher aufgrund der eher koordinierenden Rolle des Cash-Pool-Betreibers an die Cash-Pool-Mitglieder weitergereicht.

---

[61] Vgl. auch *Scholz/Kaiser* IStR 2013, 54.

[62] Die österreichischen VGr („VerrechnungspreisRL 2010") thematisieren die Aufteilung der Synergieeffekte aus dem Cash Management, GZ BMF-010221/2522-IV/4/2010 vom 28. Oktober 2010.

[63] Vgl. auch *Andresen/Pearson-Woodd/Jørgensen* International Transfer Pricing Journal, Nov./Dez. 2010, 461–466.

Kapitel Q:
Grenzüberschreitende Arbeitnehmerentsendungen bei international verbundenen Gesellschaften

Übersicht

I. Problemstellung

1   Durch das Wachstum der internationalen Handelsbeziehungen und die verstärkte Globalisierung der Märkte nimmt die Anzahl der Arbeitnehmer, die für einen befristeten Zeitraum von oder nach Deutschland entsandt werden, ständig zu, wobei insb. Standorte wie China und Indien, aber auch Osteuropa, Lateinamerika und nunmehr Afrika, weiter an Bedeutung gewinnen.

2   Die **Gründe** für eine Arbeitnehmerentsendung sind **vielschichtig.** Es werden Schlüsselpositionen vor Ort mit qualifizierten Managern der jeweiligen Muttergesellschaft besetzt, um dort die Interessen der Muttergesellschaft zu wahren und somit für eine einheitliche Unternehmenspolitik zu sorgen. Neben der Besetzung von Schlüsselpositionen kann der Know-how-Transfer oder Austausch zwischen den Gesellschaften, die Sammlung von Auslandserfahrungen oder die Karriereplanung eines einzelnen Arbeitnehmers entscheidend sein. Darüber hinaus kann auch ein Leistungsaustausch zwischen den Gesellschaften, wie zB im Rahmen einer Dienstleistung, in Frage kommen. Das **Interesse an der Entsendung** eines Arbeitnehmers kann **von der entsendenden oder der aufnehmenden Gesellschaft** ausgehen.

    Ein internationaler Arbeitnehmereinsatz ist vielfach mit **erheblichen finanziellen** und familiären **Belastungen** des einzelnen Arbeitnehmers verbunden. Gerade wenn die Entsendung dann noch aus betrieblichen Gründen an weniger attraktive Standorte erfolgt, werden dem Arbeitnehmer häufig Zulagen gewährt, um neben einem Anreiz zur Mobilität auch einen Ausgleich für finanzielle Belastungen zu erreichen.

3   Die Frage der Zuordnung von Aufwendungen und Erträgen zwischen international verbundenen Unternehmen wird regelmäßig im Rahmen von Betriebsprüfungen durch die deutsche FinVerw. überprüft. Es wird untersucht, inwieweit die **Zuordnung der Entsendungskosten** dem Grunde und der Höhe nach und daraus resultierend der Betriebsausgabenabzug der (ggf. weiter) anfallenden Personalkosten im Inland bei Entsendungsfällen vom Ausland nach Deutschland und von Deutschland ins Ausland gerechtfertigt ist.

4   In den sog. **„Verwaltungsgrundsätzen – Arbeitnehmerentsendung"** vom **9.11.2001**[1] hat sich das BMF der Problematik angenommen und eine für die FinVerw. bindende Richtlinie zur Prüfung der Angemessenheit der

---

[1] BMF 9.11.2001 („Verwaltungsgrundsätze – Arbeitnehmerentsendung"), BStBl. I 2001, 796 (im Folgenden: VGr-Arbeitnehmerentsendung).

Aufwandsaufteilung in Fällen grenzüberschreitender Personalentsendungen zwischen verbundenen Unternehmen herausgegeben.

Der Anspruch des BMF-Schreibens ist, den für die allgemeine Verrech-   **5** nungspreisgestaltung maßgebenden Fremdvergleichsgrundsatz (Arm's Length Principle) auch für die Prüfung der **Aufteilung des Personalaufwands** bei einer konzerninternen Arbeitnehmerentsendung zu Grunde zu legen.

Das BMF-Schreiben **verfehlt** allerdings **seinen Anspruch** in den Fällen, in denen **umfängliche Geschäftsbeziehungen** zwischen dem entsendenden und dem aufnehmenden Unternehmen **bestehen,** zB Warenlieferungen an eine Vertriebsgesellschaft, die einen Expatriate aufnimmt. Hier wird die Frage der Angemessenheit der Aufteilung des Entsendungsaufwands überlagert von der vorrangigen Prüfung, ob die Verrechnungspreise für die Lieferung der Waren nach der Wiederverkaufspreismethode oder der geschäftsvorfallbezogenen Nettomargenmethode angemessen sind. Diese Prüfung berücksichtigt nämlich als Teil der durch die Rohgewinnmarge zu deckenden Betriebsausgaben auch die Entsendungskosten, so dass eine **erneute und isolierte Prüfung der Aufteilung der Entsendungsaufwendungen überflüssig und unangemessen** ist. Dies wird in dem BMF-Schreiben nur unter der Überschrift „Vorteilsausgleich" schwer erkennbar erwähnt und unter die restriktiven Voraussetzungen des Vorteilsausgleichs[2] gestellt, so dass in der Praxis die Gefahr besteht, dass die Vorschrift entweder nicht beachtet oder für nicht anwendbar gehalten wird.[3]

Die **Aufteilung des Entsendungsaufwands** dem Grunde nach soll nach   **6** Auffassung der FinVerw. im BMF-Schreiben vom 9.11.2001 **gemäß dem betrieblichen Interesse** der an der Entsendung beteiligten Unternehmen erfolgen. Dies wird aus dem in § 4 Abs. 4 EStG verankerten Veranlassungsprinzip abgeleitet. Insofern knüpft die dem BMF-Schreiben zu Grunde liegende Zielsetzung an die Leitgedanken sowohl der Verwaltungspraxis[4] als auch der Rechtsprechung[5] sowie der hM im Schrifttum an, die hinsichtlich des Aufwands der Arbeitnehmerentsendung ebenfalls auf das betriebliche Interesse der beteiligten Unternehmen abstellen.[6]

Die Prüfung der Einkunftsabgrenzung zwischen den Gesellschaften und   **7** damit ggf. verbundenen Gewinnberichtigungen haben jedoch auch Folgen für die steuerliche Beurteilung der Zuordnung des **Besteuerungsrechts für die Einkünfte aus nichtselbstständiger Tätigkeit** des Arbeitnehmers und stehen somit in einem direkten Zusammenhang. Aus diesem Grund soll im weiterem Verlauf des Kapitels neben der Problematik der Einkunftsabgrenzung zwischen den Gesellschaften und den Auswirkungen auf Unternehmensebene auch die Steuerberechtigung des jeweiligen Staates am Arbeitslohn des entsandten Arbeitnehmers dargestellt werden. Auf etwaige sozialversicherungsrechtliche Konsequenzen wird hier nicht näher eingegangen.

(einstweilen frei)   **8–10**

---

[2] Vgl. Kap. C Rn. 91 ff.

[3] Vgl. Tz. 4.3 VGr-Arbeitnehmerentsendung.

[4] Vgl. beispielhaft zur Sichtweise der FinVerw. *Kuckhoff/Schreiber* Verrechnungspreise, Rn. 219–235.

[5] Vgl. BFH 11.4.1984, BStBl. II 1984, 535.

[6] Vgl. *Kratzenberg* StBp 1989, 205; *Dahnke* IStR 1992, 99.

II. Einkunftsabgrenzung

1. Grundsätzliche Überlegungen

11   Im Rahmen eines internationalen Arbeitnehmereinsatzes ist neben der Zuordnung des Besteuerungsrechts für die Einkünfte auf Arbeitnehmerebene[7] die Einkunftsabgrenzung bzw. Zuordnung des Lohnaufwands für den entsandten Arbeitnehmer auf Unternehmensebene und sich daraus möglicherweise ergebende Verpflichtungen zu klären.

12   Um die steuerrechtlichen Risiken zu minimieren und mögliche Gewinnverlagerungen, zB verdeckte Gewinnausschüttungen bei einer aufnehmenden Gesellschaft in Deutschland, zu vermeiden, sollten folgende Überlegungen[8] angestellt werden:
– Welches Unternehmen kann nach den jeweiligen Vorschriften des Heimat-oder Gastlandes den **Betriebsausgabenabzug** für die Entsendekosten geltend machen?
– Besteht für das jeweilige Unternehmen eine Verpflichtung zur **Weiterbelastung** der Entsendekosten bzw. muss die Zuordnung zu einer Betriebsstätte vorgenommen werden?
– Wird durch die Arbeitnehmerentsendung eine **„ungewollte" Betriebsstätte** begründet?
– Besteht für die Gesellschaft im Heimat- oder Gastland eine **Lohnsteuereinbehaltungsverpflichtung** für den Arbeitslohn des Arbeitnehmers?
Die FinVerw. legt hierbei das Augenmerk vor allem auf die Zuordnung des Entsendungsaufwandes. Dem Grunde nach wird untersucht, **in wessen Interesse der Arbeitnehmer tätig wird.** Hinsichtlich der Höhe ist entscheidend, ob ein ordentlicher und gewissenhafter Geschäftsleiter willens wäre, für einen vergleichbaren Arbeitnehmer Aufwendungen **in gleicher Höhe zu tragen.**

2. Verwaltungsgrundsätze – Arbeitnehmerentsendung

13   Die VGr-Arbeitnehmerentsendung[9] betrachten die Aufteilung des Aufwands für die Entsendung eines Arbeitnehmers immer aus der Sicht, das Besteuerungssubstrat in Deutschland möglichst hoch zu halten, und sind dazu auch bereit, **systematisch sich widersprechende Positionen im Inbound- und im Outboundfall** einzunehmen. Im Folgenden werden daher die Ausführungen der VGr-Arbeitnehmerentsendung wiedergegeben, wobei immer beachtet werden muss, dass zB die Argumentation der deutschen FinVerw. im Inboundfall die Position der ausländischen FinVerw. im Outboundfall darstellen dürfte.

---

[7] Vgl. unten Rn. 51 ff.
[8] Vgl. *Zehetmair* IStR 1998, 257 ff.
[9] BMF 9.11.2001 („Verwaltungsgrundsätze – Arbeitnehmerentsendung"), BStBl. I 2001, 796.

a) Entsendung und wirtschaftlicher Arbeitgeber

Eine Arbeitnehmerentsendung iSd VGr-Arbeitnehmerentsendung liegt vor, **14** wenn der Arbeitnehmer im Unternehmensverbund auf befristete Zeit entsandt wird und das aufnehmende Unternehmen mit dem Arbeitnehmer entweder eine arbeitsrechtliche Vereinbarung abgeschlossen hat oder als **wirtschaftlicher Arbeitgeber** anzusehen ist. Letzteres nimmt die FinVerw. an, wenn das aufnehmende Unternehmen den Arbeitnehmer in seinen Geschäftsbetrieb integriert, was nach einem BMF-Schreiben vom 14.9.2006 regelmäßig in Entsendungsfällen von mehr als drei Monaten vermutet wird,[10] ihm gegenüber weisungsbefugt ist und die Personalaufwendungen wirtschaftlich trägt.[11] Der Arbeitnehmerbegriff des Entsendungsschreibens **stimmt** also **nicht mit** dem **arbeitsrechtlichen Arbeitnehmerbegriff überein.**

Weiterhin vertritt die FinVerw. die Auffassung, dass ein aufnehmendes Unternehmen auch dann wirtschaftlicher Arbeitgeber sein soll, wenn der Arbeitnehmer für kürzere Zeiträume als drei Monate tätig wird, sich dies aber dauerhaft wiederholt (sog. **Rotationsfälle**).[12] Unklar bleibt, in welchen Fällen eine dauerhafte Wiederholung der Einsatztätigkeit anzunehmen ist.

b) Entsendungsaufwand

Die der Entsendung zuzuordnenden und somit von der Einkunftsabgren- **15** zung erfassten Personalaufwendungen werden durch die FinVerw. in dem BMF-Schreiben **umfassend** gedeutet und beinhalten weit mehr Aufwandspositionen als das Grundgehalt des Arbeitnehmers. Gegenstand der Gewinnkorrektur sind **alle direkten und indirekten Aufwendungen,** die im wirtschaftlichen Zusammenhang mit der Entsendung stehen, wobei es für die Beurteilung des Betriebsausgabenabzugs aus deutscher Sicht nicht entscheidend ist, inwieweit die Kosten beim Arbeitnehmer als steuerpflichtiger Arbeitslohn zu qualifizieren sind.[13]

Als **Kosten der Arbeitnehmerentsendung** sind demnach **u. a. mit einzubeziehen:**

– Vergütung (Festgehalt, Jahressonderzahlungen, variable Bezüge)
– Sachbezüge (zB Firmenwagen, Wohnung im Gastland, Nutzung firmeneigener Möbel)
– Schulgeld für den Besuch der Kinder an internationalen Schulen
– Auslandszulagen (Lebenshaltungskostenzuschuss, Erschwerniszulage)
– Zinsfreie bzw. verbilligte Arbeitgeberdarlehen
– Aktienoptionen, Kosten für sonstige Arbeitnehmerbeteiligungsmodelle
– Reisekosten
– Kosten für Familienheimfahrten

---

[10] Vgl. Tz. 4.3.3.2 BMF 14.9.2006 („Steuerliche Behandlung des Arbeitslohns nach den DBA"), BStBl. I 2006, 532 hinsichtlich der Vereinfachungsregelung zur widerlegbaren Anscheinsvermutung, dass bei einer Entsendung von nicht mehr als drei Monaten das aufnehmende Unternehmen mangels Einbindung des Arbeitnehmers nicht als wirtschaftlicher Arbeitgeber anzusehen ist.

[11] Vgl. Tz. 2.2 VGr-Arbeitnehmerentsendung.

[12] Vgl. Tz. 2.2 VGr-Arbeitnehmerentsendung.

[13] Vgl. Tz. 2.3 VGr-Arbeitnehmerentsendung.

- Umzugskosten einschließlich Kosten des Transports für Haushaltsgüter
- Bekleidungszuschuss (je nach Klimabedingung)
- Fremdwährungsausgleich
- Sozialversicherungsbeiträge im Heimat- und/oder Gastland
- Kosten für die betriebliche Altersvorsorge (zB Zuführungen zu Pensionsrückstellungen, Einzahlungen in Pensionsfonds)
- Sonstige Versicherungsleistungen zur Absicherung von Risiken
- Trennungsentschädigung, sofern die Familie im Heimatland bleibt
- Ausgleichzahlung für den Verlust bei Aufgabe der Berufstätigkeit des Ehegatten
- Kaufkraftausgleich
- Übernahme eines Anteils an der Steuerbelastung des Arbeitnehmers im Rahmen von Steuerausgleichs- bzw. -schutzprogrammen
- Kosten für Sprachunterricht und sonstige ergänzende kulturelle Trainingsmaßnahmen
- Kosten für die Beantragung von Genehmigungen (insb. Aufenthalts- und Arbeitserlaubnis)
- Kosten für Mitgliedschaften bzw. Berufsorganisationen.

16 **Gewinnzuschläge** sind nur im Rahmen eines Leistungsaustauschs, zB bei Dienstleistungen, zu berücksichtigen und somit hier beim Lohnaufwand für den Arbeitgeber aufgrund des Veranlassungsprinzips **nicht zulässig.** Die FinVerw. begründet dies damit, dass die Lohnaufwendungen **originären Aufwand des jeweiligen wirtschaftlichen Arbeitgebers darstellen.**[14] Da durch die Personalüberlassung kein Leistungsaustausch begründet wird, erscheint diese Rechtsauffassung der FinVerw. sachgerecht.[15] Aus Verrechnungspreissicht ist in diesem Zusammenhang insb. die Abgrenzung der Personalgestellung vom Bereich der Dienstleistungen zu begrüßen, denn letztere werden zwischen verbundenen Unternehmen im Regelfall anhand der Kostenaufschlagsmethode, dh mit Gewinnzuschlag, abzurechnen sein.[16]

c) Betriebliches Interesse

17 Als Kriterien zur Abgrenzung der Interessenverteilung werden maßgeblich die Art der Tätigkeit des Arbeitnehmers sowie die Höhe des Gesamtaufwands herangezogen.[17]

18 Ausgangspunkt für die Untersuchung des **(inländischen) entsendenden Unternehmens ("Outbound-Fall")** ist die Vermutung, dass der Arbeitnehmer ausschließlich im Interesse und für Rechnung des aufnehmenden Unternehmens tätig wird. In dem Schreiben wird zwar anerkannt, dass die Tätigkeit des Arbeitnehmers auch durch das betriebliche Interesse des entsendenden Unternehmens veranlasst sein kann, der (anteilige) Betriebsausgabenabzug in Deutschland soll jedoch ausdrücklich nur anerkannt werden, wenn das entsendende (inländische) Unternehmen sein wirtschaftliches Interesse an der Entsendung nachweist.[18]

---

[14] Vgl. Tz. 2.3 VGr-Arbeitnehmerentsendung.
[15] Vgl. *Kratzenberg* StBp 1989, 207.
[16] Vgl. Tz. 3.2.3.2. BMF 23.2.1983 („„Verwaltungsgrundsätze"), BStBl. I 1983, 218.
[17] Vgl. *Kuckhoff/Schreiber* IWB F. 3 Gr. 1, 1859.
[18] Vgl. Tz. 3.1.1 VGr-Arbeitnehmerentsendung.

Im umgekehrten Fall der Prüfung eines **inländischen aufnehmenden** 19
Unternehmens ("Inbound-Fall") stellt die FinVerw. dagegen die Vermutung auf, dass ein ordentlicher und gewissenhafter Geschäftsleiter (nur) bereit
wäre, die Aufwendungen zu tragen, die er auch für die Beschäftigung eines
lokalen Arbeitnehmers mit vergleichbaren Funktionen und Aufgaben aufbringen würde. Die Anerkennung des Mehraufwands ist an den Nachweis des
betrieblichen Interesses des inländischen aufnehmenden Unternehmens gebunden.

Die systematisch nicht erklärbare, **sich widersprechende Argumenta-**
tion der Finanzverwaltung im Inbound- und im Outboundfall ist offenkundig und Ausdruck fiskalpolitischer Interessen.

Soweit eine betriebliche Veranlassung durch das untersuchte inländische
Unternehmen nicht gegeben ist, ist nach den VGr-Arbeitnehmerentsendung
anzunehmen, dass die Entsendung durch das Gesellschaftsverhältnis (mit-)
veranlasst ist. Die Beweislast hinsichtlich der (Mit-)Veranlassung durch das
Gesellschaftsverhältnis liegt bei der FinVerw.[19]

Zur Ermittlung einer angemessenen Aufwandszuordnung hat die FinVerw. 20
folgende Preisvergleichsmethoden zur Verfügung:[20]
– Der **betriebsinterne Fremdvergleich** untersucht, welchen Aufwand das
  aufnehmende Unternehmen für vergleichbare, nicht entsandte Arbeitnehmer trägt.
– Der **betriebsexterne Fremdvergleich** untersucht, welchen Aufwand unabhängige Unternehmen, die unter vergleichbaren Bedingungen in demselben Staat wie das aufnehmende Unternehmen tätig sind, für vergleichbare Arbeitnehmer tragen.

Zur **Abgrenzung der Veranlassung** sehen die VGr-Arbeitnehmer- 21
entsendung außerdem einen **hypothetischen Fremdvergleich** vor.[21] Dabei
ist zu prüfen, ob ein ordentlicher und gewissenhafter Geschäftsleiter eines unabhängigen Unternehmens bei gleichen Geschäftsbedingungen den (zusätzlichen) Aufwand für die entsandten Arbeitnehmer alleine getragen oder eine
Kostenbeteiligung des entsendenden Unternehmens gefordert hätte.

Für Zwecke der Anwendung des hypothetischen Fremdvergleichs ist der 22
Bezug auf **Indizien für die Bestimmung der Interessenlage** erforderlich,
wie bspw. die Art der ausgeübten Funktion, die Verfügbarkeit gleichwertiger Arbeitnehmer auf dem lokalen Arbeitsmarkt, Ausgangspunkt der Initiative für die Entsendung, der Zusammenhang zwischen Mehraufwand für den
Arbeitnehmer und dessen Beitrag zum wirtschaftlichen Erfolg des Unternehmens.[22]

Sofern hinreichend verlässliche Vergleichsdaten verfügbar sind, bevorzugt 23
die FinVerw. den Nachweis der – entweder betrieblichen oder gesellschafts-

---

[19] Vgl. *Kuckhoff/Schreiber* IWB F. 3 Gr. 1, 1860.
[20] Vgl. Tz. 3.2 VGr-Arbeitnehmerentsendung.
[21] Dieser hypothetische Fremdvergleich ist nicht identisch, aber gedanklich verwandt, mit dem hypothetischen Fremdvergleich, der zeitlich weit nach den 2001 erlassenen VGr-Arbeitnehmerentsendung durch die Unternehmensteuerreform 2008 generell für bestimmte Fälle der Verrechnungspreisermittlung eingeführt wurde. Vgl. dazu
§ 1 Abs. 3 S. 5 und 9 AStG und Kap. R Rn. 454 ff.
[22] Vgl. Tz. 3.3 VGr-Arbeitnehmerentsendung.

rechtlichen – Veranlassung nach Maßgabe der **Preisvergleichsmethode.** Sie liefert dann, wenn sich also vergleichbare Arbeitnehmer finden, regelmäßig genauere Ergebnisse als der hypothetische Fremdvergleich.[23]

24   Es scheint aber durchaus **fraglich, ob die Preisvergleichsmethode alleine geeignet** ist, das Kernproblem der Aufwandszuordnung, nämlich die Zuordnung von Mehraufwendungen, zu lösen. Im Regelfall, und dies stellt das Kernproblem dar, werden Zusatzzahlungen als Anreiz an den entsandten Arbeitnehmer geleistet, die in dem ortsüblichen Gehaltsniveau nicht reflektiert sein können. Gleichwohl können diese Aufwendungen aber im Interesse des aufnehmenden Unternehmens liegen. Wendet die FinVerw. die Preisvergleichsmethodik an und nutzt sie dabei die lokalen Lohnkosten als Indiz für die Üblichkeit der Lohnaufwendungen des entsandten Arbeitnehmers, so können die Zusatzaufwendungen nur durch Rückgriff auf den hypothetischen Fremdvergleich gerechtfertigt werden.

d) Typisierte Fallgestaltungen

25   In den VGr-Arbeitnehmerentsendung erläutert die FinVerw. die Bestimmung der Interessenlage beispielhaft an folgenden Konstellationen:[24]
– Expertenentsendung
– Rotationsverfahren
– Entsendung zu Ausbildungs- oder Fortbildungszwecken.

Werden im Unternehmensverbund Arbeitnehmer entsendet, deren besonderes **Expertenwissen** beim empfangenden Unternehmen gefragt ist, um einzelne Projekte bewältigen zu können, so spricht diese Konstellation für eine betriebliche Veranlassung der Entsendung und Übernahme der dadurch verursachten Aufwendungen durch das empfangende Unternehmen.

26   Das **Rotationsverfahren** ist häufig in zentral geführten Konzernen anzutreffen. Es ist dadurch gekennzeichnet, dass bspw. Schlüsselpositionen in den Tochtergesellschaften zur Durchsetzung einer einheitlichen Unternehmenspolitik regelmäßig durch Personal der Konzernzentrale besetzt werden. In diesen Fällen nimmt die deutsche FinVerw. eine Mitveranlassung durch die (ausländische) Zentrale an. Die Mehraufwendungen sind dementsprechend vom entsendenden Unternehmen zu tragen.

Der Mischfall, nämlich die **Entsendung von Experten im Rahmen eines Rotationssystems,** ist nach Auffassung der FinVerw. entsprechend der Grundsätze zum Rotationssystem zu behandeln, dh es ist eine Mitveranlassung durch das entsendende Unternehmen anzunehmen. Diese Anscheinsvermutung ist sicher als pauschale Aussage nicht angemessen, von fiskalpolitischen Interessen bestimmt und kann nur im Einzelfall zutreffen. Vielmehr steht hier regelmäßig das Expertenwissen und damit das betriebliche Interesse des aufnehmenden Unternehmens im Vordergrund. Daran ändert nichts, dass die Arbeitnehmer von Zeit zu Zeit oder regelmäßig wechseln. Dies gilt umso mehr, wenn die Rotation nicht in kurzen Zeitabständen, sondern eher in mehrjährigem Rhythmus erfolgt.

---

[23] Vgl. *Kuckhoff/Schreiber* IWB F. 3 Gr. 1, 1860.
[24] Vgl. Tz. 3.4 VGr-Arbeitnehmerentsendung.

Der im Rahmen von Entsendungen zu **Ausbildungs- oder Fortbil-** 27
dungszwecken anfallende Mehraufwand ist nach Ansicht der Finanzverwaltung durch das entsendende Unternehmen zu tragen. Schwierig kann hier die Feststellung des lokalen Lohnkostenniveaus für vergleichbare Arbeitnehmer sein. Problematisch scheint, nach welcher Maßgabe der Ausbildungsstand bzw. die damit zusammenhängenden Einsatzmöglichkeiten des betreffenden Arbeitnehmers mit dem des lokalen Personals verglichen werden können.

e) Angemessenheit des Entsendungsaufwands

Bei der Überprüfung der steuerlichen Behandlung des Lohnaufwands sind 28
folgende Sachverhaltsgestaltungen denkbar:
1. Der entsandte Arbeitnehmer erhält einen Arbeitslohn, der der Höhe nach dem **Arbeitslohn anderer Arbeitnehmer entspricht,** die eine gleichwertige Tätigkeit im Gastunternehmen verrichten.
2. Der entsandte Arbeitnehmer erhält einen Arbeitslohn, der **höher als der Arbeitslohn anderer Arbeitnehmer** ist, die eine gleichwertige Tätigkeit im Gastunternehmen verrichten.
Die Voraussetzungen der steuerlichen Abzugsfähigkeit gem. § 4 Abs. 4 EStG sind im ersten Fall unstrittig erfüllt.

Im zweiten Fall, so wohl der Ansatz der FinVerw., wird anhand der Preis- 29
vergleichsmethode das **lokale Lohnkostenniveau** für vergleichbare Arbeitnehmer als Indiz für die **Grenze der gesellschaftsrechtlichen Veranlassung** ermittelt. Hinsichtlich der typischerweise im Rahmen der Entsendung anfallenden Mehraufwendungen, wie bspw. entsendungsbedingte Zulagen, die regelmäßig nicht in den Lohnkosten vergleichbaren inländischen Personals reflektiert sein können, ist es am Steuerpflichtigen, im Einzelfall nachzuweisen, warum man unter den gegebenen Bedingungen willens ist, für das empfangene Personal höhere Aufwendungen zu tragen.

Es scheint für den Steuerpflichtigen geboten, diesen Nachweis nach Maßgabe des hypothetischen Fremdvergleichs zu führen, indem anhand der Fähigkeiten und Kenntnisse des betreffenden Arbeitnehmers einerseits und der **(Nicht-)Verfügbarkeit von entsprechendem Personal auf dem lokalen Arbeitsmarkt** andererseits die betriebliche Notwendigkeit der Entsendung und somit der Übernahme auch des Mehraufwands nachgewiesen und damit gerechtfertigt wird. Ggf. hat der Arbeitnehmer im Heimatland konzernspezifisches Wissen erworben, sich ein konzerninternes Netzwerk aufgebaut, kennt aufgrund seiner Nationalität und Erfahrungen im Heimatland die dort landesspezifischen Einzelheiten, die ein Arbeitnehmer im Gastland dem Grunde nach in dieser Form nicht erworben haben kann. Um gleichwertige Positionen mit in Deutschland angeworbenen Arbeitnehmern besetzen zu können, kann es vielfach geboten sein, zunächst entsprechende Qualifikationsmaßnahmen für diese Arbeitnehmer durchzuführen. Die zusätzlichen Fortbildungskosten sind jedoch dann bei dem Vergleich der Entsendekosten mit einzubeziehen.

f) Einheitlicher Aufteilungsmaßstab

Zwecks Vereinfachung der Ermittlung in der Betriebsprüfungspraxis kann 30
im Zuge einer **typisierenden Betrachtung** bei gemischt veranlasster Tätig-

keit für die Entsendung im Prüfungszeitraum uU ein einheitlicher Aufteilungsmaßstab angewendet werden.[25] Auf Antrag des Steuerpflichtigen kann dieser ggf. **auch für die Zukunft** Geltung erlangen, muss in seiner Angemessenheit jedoch regelmäßig auf sich ändernde wirtschaftliche Verhältnisse hin überprüft und entsprechend angepasst werden.

31   Die Vereinfachungsregelung des einheitlichen Aufteilungsmaßstabs ersetzt die in den ersten Entwürfen des BMF-Schreibens vorgesehene Nichtaufgriffsgrenze. Danach sollte eine Aufwandsverteilung von 80:20 zwischen aufnehmendem und entsendendem Unternehmen ohne weitere Prüfung anerkannt werden.

g) Steuerliche Folgen unangemessener Aufwandsabgrenzung

32   Als Folge einer nicht veranlassungsgerechten Aufwandszuordnung sollen die Einkünfte nach den VGr-Arbeitnehmerentsendung „nach den maßgeblichen Vorschriften" berichtigt werden. Welche dies im Detail sind, bleibt unklar.[26] In Betracht kommen zum einen die allgemeinen **Einkunftsabgrenzungsnormen,** dh die Grundsätze zur verdeckten Gewinnausschüttung nach § 8 Abs. 3 S. 2 KStG, der verdeckten Einlage nach § 4 Abs. 1 und 5 EStG, § 6 Abs. 1 Nr. 5 EStG und § 8 Abs. 1 KStG sowie des § 1 AStG.

33   Die VGr-Arbeitnehmerentsendung scheinen aber zum anderen für die Beurteilung der Angemessenheit der Aufwandsaufteilung auch die allgemeine Definition des Betriebsausgabenabzugsbegriffs (§ 4 Abs. 4 EStG) heranziehen zu wollen.[27] Der **Betriebsausgabenabzugsbegriff** ist aber nicht geeignet, die Angemessenheit der Aufwandszuordnung in Fällen der konzerninternen Personalentsendung festzulegen, da er lediglich einen wirtschaftlichen Zusammenhang mit dem Betrieb und keine Angemessenheit voraussetzt.

h) Vorteilsausgleich

34   Die Einkunftsabgrenzung für Gehaltsaufwendungen entsandter Arbeitnehmer und die Einkunftsabgrenzung für **Leistungsbeziehungen** zwischen verbundenen Unternehmen können in engem Zusammenhang stehen.

Eine verdeckte Gewinnausschüttung liegt vor, wenn ein Unternehmen bei Anwendung der Sorgfalt eines ordentlichen und gewissenhaften Geschäftsleiters die Vermögensminderung oder verhinderte Vermögensmehrung unter sonst gleichen Umständen auch gegenüber einem Nichtgesellschafter hingenommen hätte.

35   Die **Finanzverwaltung** löst die Konkurrenzbeziehung, wenn zwischen zwei verbundenen Unternehmen **sowohl Arbeitnehmer entsandt werden als auch Leistungsbeziehungen (zB Warenlieferungen) bestehen,** über das Institut des **Vorteilsausgleichs.**[28] Wenn die verbundenen Unternehmen die Gehaltsaufwendungen für entsandte Arbeitnehmer bei der Verrechnungspreisbildung, zB für den konzerninternen Warenverkehr, berücksichtigen,

---

[25] Vgl. Tz. 3.5 VGr-Arbeitnehmerentsendung.

[26] Vgl. *Kroppen/Rasch/Roeder* IWB F. 3 Gr. 1, 1825.

[27] Dazu auch kritisch: *Kroppen/Rasch/Roeder* IWB F. 3 Gr. 1, 1825.

[28] Vgl. dazu Tz. 2.3 VGr und Kap. C Rn. 91 ff. Zur Kritik an dieser Vorgehensweise vgl. oben Rn. 5.

muss für die Anerkennung durch die FinVerw.[29] der **innere Zusammenhang** der Transaktionen (Personalentsendung und zB Warenlieferungen) nachgewiesen werden. Die Vorteile und Nachteile müssen der Höhe nach genau bestimmbar sein und der Nachweis einer vorherigen Vereinbarung der Vorteilsverrechnung zwischen den Gesellschaften muss erfolgen.[30]

Die deutsche **Finanzverwaltung unterscheidet** vor dem Hintergrund **36** der Transaktionsbezogenheit von Verrechnungspreisen in diesem Zusammenhang folgende Fälle:

– Die (zusätzlichen) Arbeitnehmeraufwendungen sind direkt einer bestimmten Transaktion zuzuordnen (zB: Der entsandte Arbeitnehmer arbeitet in der Marketingabteilung einer inländischen Vertriebsgesellschaft).

– Die (zusätzlichen) Arbeitnehmeraufwendungen sind indirekt auf verschiedene Transaktionen zu verteilen, weil die Aufwendungen in Zusammenhang mit mehreren Transaktionen stehen (zB: Der entsandte Arbeitnehmer arbeitet im Bereich der allgemeinen Verwaltung).

– Zwischen den an der Arbeitnehmerentsendung beteiligten Gesellschaften bestehen keine weiteren Leistungsbeziehungen.

Soweit eine **direkte Zurechnung** der (zusätzlichen) Aufwendungen für **37** die Arbeitnehmerentsendung zu bestimmten Geschäftsvorfällen möglich ist, fordert die FinVerw. unter Bezugnahme auf Textziffer 2.3.2 der VGr

– den inneren Zusammenhang zwischen den Transaktionen,

– die Quantifizierbarkeit der Vor- und Nachteile und

– die vorherige Vereinbarung der Vorteilsverrechnung.

Diese Vorgehensweise ist **systematisch falsch,** da idR gar kein Fall eines **38** Vorteilsausgleichs vorliegt[31] und stellt Bedingungen auf, die **sowohl unnötig als auch ungerechtfertigt** sind. Für den in der Praxis bedeutsamen Fall, dass eine Muttergesellschaft einer internationalen Unternehmensgruppe leitende Angestellte in eine für einen bestimmten Markt verantwortliche **Vertriebsgesellschaft** entsendet, um dort Führungsfunktionen zu übernehmen, muss für eine Angemessenheit der Gewinnabgrenzung zwischen den verbundenen Unternehmen ausreichen, dass die Vertriebsgesellschaft auf der Grundlage der Wiederverkaufspreismethode oder transaktionsbezogenen Nettomargenmethode einen angemessenen Gewinn erzielen kann. Wenn dies der Fall ist, kann und **darf keine weitere Korrektur** nach den Vorstellungen der VGr-Arbeitnehmerentsendung mehr **erfolgen,** unabhängig davon, ob eine direkte Zuordnung der Personalaufwendungen zu einzelnen Transaktionen festzustellen ist, **da** ein isoliert betrachtet ggf. überhöhter Aufwand für einen entsandten Arbeitnehmer ja **bereits im Warenverrechnungspreis** über eine relativ höhere Bruttomarge (Gross Margin – Wiederverkaufspreismethode) **„eingepreist"** ist bzw. durch relativ zu niedrige Verrechnungspreise im Rahmen der transaktionsbezogenen Nettomargenmethode zu einem dadurch

---

[29] Vgl. BFH 8.6.1977 BStBl. II 1977, 704, 1.8.1984 BStBl. II 1985, 18; 8.11.1989 BStBl. II 1990, 244.

[30] Vgl. Tz. 2.3 VGr.

[31] Zu den Bedingungen eines Vorteilsausgleichs vgl. insb. Kap. C Rn. 91 ff. Insb. werden häufig die Arbeitnehmer von einem anderen Konzernunternehmen entsandt worden sein als von dem Konzernunternehmen, von dem das deutsche Unternehmen zB die Waren bezieht.

wieder angemessenen Nettogewinn (operating margin) geführt hat. Gleiches gilt natürlich, wenn eine derartige Berücksichtigung von Entsendungskosten in anderen Verrechnungspreismethoden erfolgt ist. Diese Vorgehensweise wird in dem BMF-Schreiben allerdings nur unter der Überschrift „Vorteilsausgleich" schwer erkennbar erwähnt, sodass in der Praxis die Gefahr besteht, dass die Vorschrift entweder nicht beachtet oder für nicht anwendbar gehalten wird.[32]

39   Aus praktischen Gesichtspunkten ist zu fordern, dass die FinVerw. das von den beteiligten Parteien im Vorfeld eines Wirtschaftjahres gemeinsam verabschiedete und für die Verrechnungspreisgestaltung unerlässliche **Budget für die steuerliche Anerkennung des Vorteilsausgleichs anerkennt.** Die gegenseitige Vereinbarung des Budgets, zB als Grundlage für eine Wiederverkaufspreismethode, ist dazu geeignet, die Voraussetzungen des Vorteilsausgleichs zu erfüllen.[33] Offensichtlich spielt es dann aus Sicht des ordentlichen und gewissenhaften Geschäftsleiters einer inländischen Vertriebstochtergesellschaft auch keine Rolle, ob Arbeitnehmerentsendungen und Warenlieferungen alle gegenüber dem gleichen Konzernunternehmen im Ausland erfolgen oder ob im Ausland **verschiedene Konzernunternehmen an Entsendungen und Warenlieferungen beteiligt** sind (sog. **„Vorteilsausgleich im Konzern").**[34] Weitergehende Anforderungen an die Anerkennung des Vorteilsausgleichs gehen an der Praxis vorbei und belegen die Wirtschaft mit zusätzlichen ungerechtfertigten Nachweispflichten.

Soweit das gemeinsam vereinbarte Budget als Grundlage des Vorteilsausgleiches anerkannt wird, sind auch Kosten für entsandte Arbeitnehmer, die **nicht direkt einer Transaktion** zuzurechnen sind (zB für einen Geschäftsführer), anzuerkennen, da sie ebenfalls als Personalkosten in dem Budget der Vertriebsgesellschaft oder des Lohnfertigers enthalten sind und damit im Verrechnungspreis berücksichtigt sind.

40   Nicht von dem Vorteilsausgleichsgedanken zu erfassen ist selbstverständlich der Fall, dass zwischen den an der Entsendung beteiligten Parteien **keine** weiteren **Leistungsaustauschbeziehungen** bestehen. Praktisch bedeutsam ist insb. die Entsendung von Arbeitnehmern einer ausländischen Konzernzentrale an Handelshäuser im Inland, die autark, ohne weitere Leistungsbeziehungen zur Konzernzentrale, auf dem lokalen Markt Handelsgeschäfte betreiben. Mangels entsprechender gruppeninterner Transaktionen kommt ein Vorteilsausgleich hier nicht in Betracht. Die Regelungen zur Einkunftsabgrenzung bei Arbeitnehmerentsendungen gewinnen demnach für diese Fälle eine weiter gehende Bedeutung.

i) Dokumentation

41   Die VGr-Arbeitnehmerentsendung fordern vom Steuerpflichtigen eine **umfassende Dokumentation** der wirtschaftlichen Gegebenheiten der Arbeitnehmerentsendung. Die umfängliche, beispielhafte Aufzählung umfasst u. a.

– Entsendevertrag,

---

[32] Vgl. Tz. 4.3 VGr-Arbeitnehmerentsendung.
[33] Vgl. zu den Voraussetzungen des Vorteilsausgleichs Kap. C Rn. 91 ff.
[34] Vgl. dazu Kap. C Rn. 134 ff.

– Tätigkeitsbeschreibung,
– Untersuchungen über Vergleichsgehälter im lokalen Arbeitsmarkt,
– Kosten/Nutzen-Analyse bezüglich Lohnaufwand und Erfolgsbeitrag.[35]

Nachdem die **Rechtsgrundlage** für diese Dokumentationserfordernisse nach **42** dem BFH-Urteil vom 17.10.2001[36] zunächst fraglich erschien, ergibt sie sich nunmehr wohl aus **§ 90 Abs. 3 S. 1 und 2 AO.** Die zu dieser Vorschrift ergangene Gewinnabgrenzungsaufzeichnungsverordnung stellt jedenfalls in ihrem **§ 1 Abs. 1 S. 3 GAufzV** fest, dass sich die Aufzeichnungspflicht „auch auf Geschäftsbeziehungen [bezieht], die keinen Leistungsaustausch zum Gegenstand haben, wie Vereinbarungen über Arbeitnehmerentsendungen …".

§ 90 Abs. 3 AO und die GAufzV lösen dabei die rechtliche und tatsächliche Unmöglichkeit einer inländischen Tochtergesellschaft, Unterlagen von der ausländischen Konzernmutter zu beschaffen, entgegen der BFH-Rechtsprechung[37] zu Lasten des deutschen Steuerpflichtigen.

Der von den VGr-Arbeitnehmerentsendung den Steuerpflichtigen auferlegte **43** Umfang der Dokumentation jeder einzelnen Arbeitnehmerentsendung belastet die Steuerpflichtigen in einem Maße, das mit dem Regelungszweck der Verwaltungsanweisung nicht zu vereinbaren ist. Will der Steuerpflichtige aber die durch die Entsendung entstehenden zusätzlichen Kosten insb. im Rahmen des hypothetischen Fremdvergleichs rechtfertigen, scheint der entsprechende Aufwand nicht vermeidbar.

j) Begründung einer „ungewollten Betriebsstätte"

Eine Betriebsstätte ist nach § 12 AO jede feste Geschäftseinrichtung oder **44** Anlage, die der Tätigkeit des Unternehmens dient; nach § 13 AO ist zu prüfen, ob ein ständiger Vertreter besteht. Liegt eine Betriebsstätte oder ein ständiger Vertreter nach innerstaatlichem Recht vor, ist nach den Doppelbesteuerungsabkommen (DBA) zu untersuchen, welchem Staat das Besteuerungsrecht für die Einkünfte zusteht.

Gem. Art. 5 OECD-MA begründet ein Vertreter insb. dann eine Betriebs- **45** stätte, wenn er Abschlussvollmacht hat. Ein entsandter Arbeitnehmer gilt als **ständiger Vertreter**, wenn er für das ausländische Unternehmen in Deutschland tätig wird, die Vollmacht besitzt, im Namen des ausländischen Unternehmens Verträge abzuschließen, und diese Vollmacht gewöhnlich auch ausübt. Wichtig ist für die Praxis, dass diese Bedingung auch erfüllt ist, wenn der Arbeitnehmer zwar keine rechtliche, aber nach den Gesamtumständen die **faktische Vollmacht** hat, das ausländische Unternehmen zu binden und dies auch in der Praxis tut (sog. factual closing authority). Es darf sich aber bei der Tätigkeit des Vertreters nicht lediglich um sog. Vorbereitungs- und Hilfstätigkeiten gem. Art. 5 OECD-MA handeln.

Bei Entsendungen ist daher sicherzustellen, dass durch die Aktivitäten der nach Deutschland entsandten Arbeitnehmer **keine „ungewollte" Betriebs-stätte** der ausländischen Gesellschaft in Deutschland **begründet wird.** Dies

---

[35] Vgl. Tz. 5 VGr-Arbeitnehmerentsendung.
[36] Vgl. BFH 17.10.2001 BStBl. II 2004, 171.
[37] Vgl. BFH 10.5.2001, IStR 2001, 474.

gilt in noch größerem Umfang für Entsendungen von Arbeitnehmer ins Ausland, da gerade Schwellenländer, aber auch BRICS wie Indien, oder auch europäische Staaten, insb. Italien, deutlich geringere Aufgriffsgrenzen für Vertreterbetriebsstätten haben als Deutschland.

46–50   *(einstweilen frei)*

III. Besteuerungsrecht für die Einkünfte auf Arbeitnehmerebene

1. Steuerlicher Wohnsitz des Arbeitnehmers

a) Inbound

51   Bei der Entsendung eines Arbeitnehmers aus dem Ausland nach Deutschland ist für die steuerliche Beurteilung entscheidend, ob der Arbeitnehmer der **beschränkten oder unbeschränkten Steuerpflicht** im Inland unterliegt. Es ist daher zu ermitteln, ob der Arbeitnehmer einen Wohnsitz (§ 8 AO) oder gewöhnlichen Aufenthalt (§ 9 AO) in Deutschland begründet hat und grundsätzlich der unbeschränkten Steuerpflicht nach nationalem Recht unterliegt. Bei unbeschränkter Steuerpflicht unterliegt das weltweit erzielte Einkommen der deutschen Besteuerung, ohne Rücksicht darauf, ob diese Einkünfte im Inland oder Ausland erzielt werden, jedoch vorbehaltlich der vorrangigen Regelungen der DBA. Bei beschränkter Steuerpflicht unterliegen nur die deutschen Quelleneinkünfte der Besteuerung in Deutschland, ebenfalls vorbehaltlich der vorrangigen Regelungen der DBA.

52   Ein steuerlicher **Wohnsitz** nach § 8 AO setzt voraus, dass dem Arbeitnehmer eine Wohnung ständig zur Verfügung steht und diese für die Lebensbedürfnisse entsprechend geeignet ist. Dabei ist es unerheblich, ob zB der Arbeitnehmer selbst eine Wohnung anmietet, das Unternehmen diese Anmietung vornimmt, der Arbeitnehmer in einer Dienstwohnung des Unternehmens wohnt oder er vorübergehend in ein Hotel bis zum endgültigen Umzug in eine entsprechende Wohnung zieht. Weiterhin muss eine Benutzungs- und Beibehaltungsabsicht bestehen. Allein auf den Willen des Arbeitnehmers ist nicht abzustellen, sondern es kommt auf die tatsächlichen Verhältnisse an.[38] Die Anmeldung allein beim Einwohnermeldeamt hat keine steuerliche Wirkung; sie kann aber Indizwirkung haben.[39] Auch soweit eine Entsendung vorzeitig abgebrochen wird und sich der Arbeitnehmer aufgrund der vorzeitigen Rückkehr in das Heimatland nicht mehr als sechs Monate in Deutschland aufgehalten hat, liegt ein steuerlicher Wohnsitz vor, wenn von Beginn an ein längerer Aufenthalt geplant war und die Absicht zur Beibehaltung einer Wohnung dargelegt werden kann. Der Arbeitnehmer unterliegt vom Tag seiner Ankunft in Deutschland grundsätzlich mit seinem Weltein-

---

[38] Vgl. BFH 10.11.1978, BStBl. II 1979, 335, vgl. FG Hessen 8.3.2012 – 3 K 3210/09, nach diesem Urteil kommt es zur Bestimmung des inländischen Wohnsitzes maßgeblich auf den objektiven Zustand des Innehabens einer Wohnung und der Umstände an; ein entgegenstehender subjektiver Wille des Steuerpflichtigen ist unbeachtlich.

[39] Vgl. BFH 14.11.1969, BStBl. II 1970, 153.

kommen nach nationalem Recht der deutschen Besteuerung, vorbehaltlich der vorrangigen Regelungen der DBA.

Sofern kein Wohnsitz im Inland begründet wird, ist § 9 AO zu überprü- **53** fen. Gem. § 9 AO hat eine natürliche Person einen **gewöhnlichen Aufenthalt** dort, wo diese sich unter Umständen aufhält, die erkennen lassen, dass an diesem Ort nicht nur vorübergehend verweilt wird. Bei einem zusammenhängenden Zeitraum von mehr als sechs Monaten liegt die unwiderlegbare Vermutung eines gewöhnlichen Aufenthaltes vor, wobei kurzfristige Unterbrechungen im Aufenthaltszeitraum wie Familienheimfahrten, Urlaub, Dienstreisen etc. unbeachtlich sind.[40]

b) Outbound

Wird bei einer Entsendung von Deutschland in das Ausland für den Ent- **54** sendezeitraum das bisher selbst genutzte Haus durch den Arbeitnehmer vermietet, so dass eine Benutzungsmöglichkeit ausgeschlossen ist, oder wird der abgeschlossene Mietvertrag für eine Wohnung gekündigt, diese vollständig geräumt und die Möbel in das Ausland mitgenommen bzw. eingelagert, liegt in Deutschland eine **Wohnsitzaufgabe** vor. Die Person unterliegt ab diesem Zeitpunkt lediglich mit den deutschen Quelleneinkünften der beschränkten Steuerpflicht, vorbehaltlich der vorrangigen Regelungen der DBA.

Die **Finanzverwaltung** geht davon aus, dass der Wohnsitz aufgegeben **55** wird, wenn eine Mietwohnung oder eine eigene Wohnung für mehr als sechs Monate weitervermietet wird. Eine Vermietung bis zu sechs Monaten (kurzfristige Vermietung)[41] führt noch nicht zur Aufgabe des Wohnsitzes, wenn die Wohnung nach der Rückkehr aus dem Ausland wieder genutzt wird.[42] Ein inländischer Wohnsitz ist jedoch dann nicht gegeben, wenn eine Wohnung nur zu kurzfristigen Aufenthalten, Urlaubszwecken oder anderen familiären Zwecken von der im Ausland lebenden Familie genutzt wird und diese Wohnung sich nicht für ein längeres Wohnen eignet.[43]

Geht ein Arbeitnehmer, der keinen Wohnsitz, sondern lediglich einen **ge-** **56** **wöhnlichen Aufenthalt** im Inland hat, für längere Zeit ins Ausland, so wird dadurch der bisherige gewöhnliche Aufenthalt im Inland noch nicht beendet, da der gewöhnliche Aufenthalt nicht die ständige Anwesenheit im Inland erfordert. Die unbeschränkte Steuerpflicht besteht somit weiter. Ein Auslandsaufenthalt von mehr als sechs Monaten begründet jedoch die Vermutung, dass kein gewöhnlicher Aufenthalt im Inland mehr besteht – es sei denn, dass besondere Umstände darauf schließen lassen, dass die Beziehungen zum Inland nicht gelockert worden sind.

---

[40] Zum gewöhnlichen Aufenthalt kraft Aufenthaltsdauer vgl. BFH 22.6.2011, I R 26/10.

[41] Hinsichtlich der Nichtanerkennung von Vermietungsverlusten bei kurzfristiger Vermietung vgl. BFH 9.7.2002, BStBl. II 2003, 695.

[42] Vgl. AEAO zu § 8.

[43] Vgl. BFH 14.10.2011, III B 202/10, BFH NV 2012, 226 zur Frage der steuerlichen Voraussetzungen für einen Kindergeldanspruch in Deutschland.

c) Arten der Steuerpflicht

57   Folgende Personengruppen sind in Bezug auf unbeschränkte bzw. beschränkte Steuerpflicht nach nationalem Gesetz grundsätzlich zu **unterscheiden:**

– Personen, die ihren Wohnsitz oder gewöhnlichen Aufenthalt in Deutschland haben (s. oben).

– Personen mit Staatsangehörigkeit eines EU- oder EWR-Staates (Liechtenstein, Island, Norwegen) ohne Wohnsitz oder gewöhnlichen Aufenthalt in Deutschland. Diese Personen können die unbeschränkte Steuerpflicht nach § 1 Abs. 3 EStG beantragen, wenn ihre Einkünfte im Kalenderjahr mindestens zu 90% der deutschen Einkommensteuer unterliegen oder die nicht der deutschen Einkommensteuer unterliegenden Einkünfte nicht den Grundfreibetrag nach § 32a Abs. 1 S. 2 Nr. 1 EStG[44] übersteigen. Dieser Betrag ist zu kürzen, soweit es nach den Verhältnissen im Wohnsitzstaat notwendig und angemessen ist.[45] Nach § 1a Abs. 1 iVm § 26 Abs. 1 S. 1 EStG gilt bei Anwendung der Zusammenveranlagung von Ehegatten, auch soweit keine Ansässigkeit in Deutschland vorliegt, der Splitting-Tarif.[46] Darüber hinaus werden bei Vorliegen der genannten Voraussetzungen sonstige Familienvergünstigungen gewährt,[47] wobei dann der Grundfreibetrag in Höhe von derzeit € 8354[48] zu verdoppeln ist. Die ausländischen Einkünfte sind gem. § 1 Abs. 3 S. 5 EStG durch eine Bescheinigung der zuständigen ausländischen Steuerbehörde nachzuweisen.[49]

---

[44] Durch das Jahressteuergesetz 2008 erfolgte zunächst eine Erhöhung des Betrages von € 6136 p. a. auf € 7664 p. a. Mit dem Gesetz zur Sicherung von Beschäftigung und Stabilität in Deutschland (Konjunkturpaket II) erfolgte rückwirkend die Erhöhung des Grundfreibetrages zum 1.1.2009 um € 170 für den Veranlagungszeitraum 2009. Für 2010–2012 betrug der Grundfreibetrag € 8004.

[45] Vgl. Erlass FM Schleswig-Holstein 7.7.2010 bei Ansässigkeit von Personen in Staaten mit verschiedener Ländergruppeneinteilung, vgl. BMF 4.10.2011 zur Ländergruppeneinteilung.

[46] Vgl. Erlass FM Nordrhein-Westfalen 26.1.2012 – S 2104 – 5 – VB 5 zu der zweistufigen Prüfung der Voraussetzungen für die Anwendung der Steuerklasse 3.

[47] In diesem Zusammenhang wird auf die Entscheidung des Europäischen Gerichtshofs vom 25.1.2007 (C 329/05) in der Rechtssache Meindl hingewiesen. Mit dieser wurde entschieden, dass die Niederlassungsfreiheit es verbietet, dass einem gebietsansässigen Steuerpflichtigen von dem Staat, in dem er wohnt, die Zusammenveranlagung zur Einkommensteuer mit seinem Ehegatten, von dem er nicht getrennt lebt und der in einem anderen Mitgliedstaat wohnt, mit der Begründung versagt wird, dieser habe in dem anderen Mitgliedstaat sowohl mehr als 10% der gemeinsamen Einkünfte als auch mehr als 24 000 DM erzielt, wenn die Einkünfte, die der Ehegatte in dem anderen Mitgliedstaat erzielt, dort nicht der Einkommensteuer unterliegen. Dieses Urteil wurde mit Einfügung von § 1 Abs. 3 S. 4 EStG umgesetzt.

[48] Bis Veranlagungszeitraum 2013 betrug der Grundfreibetrag € 8130.

[49] Vgl. BMF 31.12.1996, BStBl I 1996, 1505, zur Übergangsregelung der zehn im Jahr 2004 der EU beigetretenen Staaten bis 31.12.2006, vgl. Bayerisches Landesamt für Steuern, Verfügung 2.9.2005 – S 2102 – 2 St32 M / S 2102 – 1 ST St33 N –, DB 2005, 2207. Gem. BFH 8.9.2010, I R 80/09 ist auch dann die erforderliche Bescheinigung vorzulegen, wenn keine Einkünfte im Ausland erzielt werden (sog. Nullbescheinigung), wobei die Verwendung eines bestimmten Vordrucks nicht vorgeschrieben wird.

Nach der ab 2008 gültigen Gesetzesfassung gilt § 1a Abs. 1 Nr. 2 EStG für unbeschränkt Steuerpflichtige, deren Ehegatten nicht unbeschränkt steuerpflichtig sind, aber EU/EWR-Bürger sind, ohne dass in der Person des unbeschränkt Steuerpflichtigen die weiteren Voraussetzungen des § 1 Abs. 3 S. 2–4 EStG erfüllt sein müssen. Seit der Neufassung des § 1a Abs. 1 EStG 2002 durch das JStG 2008 können somit unbeschränkt Steuerpflichtige mit Staatsangehörigkeit der EU/EWR die Zusammenveranlagung mit ihrem im EU/EWR-Ausland lebenden Ehegatten auch dann beanspruchen, wenn die gemeinsamen Einkünfte der Ehegatten zu weniger als 90 vH der deutschen Einkommensteuer unterliegen oder die ausländischen Einkünfte der Ehegatten den doppelten Grundfreibetrag übersteigen.[50] Da auf die Staatsangehörigkeit des Steuerpflichtigen abgestellt wird, erfüllt zB ein niederländischer Staatsangehöriger mit Wohnsitz in der Schweiz die Voraussetzungen des § 1a EStG und kann ggf. Unterhaltsleistungen an den geschiedenen Ehegatten in den Niederlanden ansetzen.[51] Für die nicht der deutschen Besteuerung unterliegenden Einkünfte ist gem. § 32b Abs. 1 Nr. 5 EStG der Progressionsvorbehalt anzuwenden.

– Personen ohne Staatsangehörigkeit eines EU- oder EWR-Staates und ohne Wohnsitz oder gewöhnlichen Aufenthalt in Deutschland, wenn ihre Einkünfte im Kalenderjahr mindestens zu 90 % der deutschen Einkommensteuer unterliegen oder deren nicht der deutschen Einkommensteuer unterliegenden Einkünfte nicht den Grundfreibetrag nach § 32a Abs. 1 S. 2 Nr. 1 EStG übersteigen. Diese Personen können auf Antrag als unbeschränkt Steuerpflichtige behandelt werden (§ 1 Abs. 3 EStG). Der Splitting-Tarif und etwaige Familienvergünstigungen werden für diesen Personenkreis jedoch ausgeschlossen. Dieser Betrag ist zu kürzen, soweit es nach den Verhältnissen im Wohnsitzstaat des Steuerpflichtigen notwendig und angemessen ist.[52]

– Personen ohne Staatsangehörigkeit eines EU- oder EWR-Staates, die keinen Wohnsitz oder gewöhnlichen Aufenthalt in Deutschland haben und deren Einkünfte zu weniger als 90 % der deutschen Einkommensteuer unterliegen oder deren nicht der deutschen Einkommensteuer unterliegende Einkünfte den Grundfreibetrag nach § 32a Abs. 1 S. 2 Nr. 1 EStG übersteigen, werden wie bisher als beschränkt steuerpflichtige Personen behandelt.

– Arbeitnehmer mit Staatsangehörigkeit eines EU- oder EWR-Staates ohne Wohnsitz oder gewöhnlichen Aufenthalt in Deutschland können nach § 50 Abs. 2 S. 2 Nr. 4 S. 7 EStG eine Veranlagung zur Einkommensteuer beim Betriebsstättenfinanzamt des Arbeitgebers beantragen. Auch hier kommt der Progressionsvorbehalt für die ausländischen Einkünfte gem. § 32b Abs. 1 Nr. 5 EStG zur Anwendung.

Auf die darüber hinaus bestehenden Regelungen im Rahmen der erweitert unbeschränkten und erweitert beschränkten Steuerpflicht wird hier nicht näher eingegangen.

---

[50] Vgl. BFH 8.9.2010, I R 28/10.
[51] Vgl. auch *Heinicke* Schmidt, EStG, 2014, § 1a EStG Rz. 11, BMF 16.9.2013, BStBl. I 2013, 1325 zu Ehegattensplitting trotz Wohnsitz in der Schweiz.
[52] Vgl. Erlass FM Nordrhein-Westfahlen 26.1.2012 – S 2104 – 5 – VB5.

2. Anwendung von Doppelbesteuerungsabkommen (DBA)

58   Im Folgenden werden nur die steuerlichen Konsequenzen für Arbeitnehmer bei der Entsendung aus DBA-Ländern in DBA-Länder dargestellt.[53] Auf
Besonderheiten bei Entsendungen in Nicht-DBA-Länder, insb. bei Anwendbarkeit des Auslandstätigkeitserlasses (ATE),[54] und deren steuerliche Konsequenzen wird hier nicht eingegangen. Auch wird hier lediglich der Vollständigkeit halber auf die besonderen Regelungen bei Grenzgängern oder
leitenden Angestellten bzw. Geschäftsführern/Vorständen im Rahmen einiger
DBA hingewiesen, die jedoch ebenfalls nicht Bestandteil der folgenden Ausführungen sind.

a) Grundsätzliche Regelungen

59   Gem. § 2 AO haben völkerrechtliche Vereinbarungen **Vorrang** vor den
nationalen Steuergesetzen. Die mit Deutschland abgeschlossenen DBA
schränken die innerstaatlichen Regelungen der Steuergesetze ein (Schrankenrecht), soweit der Gesetzgeber nicht ausnahmsweise etwas anderes bestimmt.[55]
Im Folgenden wird auf die allgemeinen Regelungen des OECD-Musterabkommen (OECD-MA) näher eingegangen.

60   Art. 1 OECD-MA regelt den persönlichen Geltungsbereich. Das Abkommen gilt somit für Personen, die in einem Vertragsstaat oder in beiden Vertragsstaaten ansässig sind. Art. 2 OECD-MA regelt den sachlichen Geltungsbereich und legt fest, auf welche Steuern der beiden Vertragsstaaten die
Abkommensregeln anzuwenden sind. Soweit eine natürliche Person zu einer
Steuer herangezogen wird, ist zunächst zu klären, ob für diese Steuerart **Ab-
kommensschutz** gewährt wird. Als Beispiel dieser Problematik des fehlenden Abkommensschutzes wird hier auf die Einkommensteuern der amerikanischen Einzelstaaten[56] hingewiesen. Eine in Deutschland ansässige Person
kann aufgrund des fehlenden Abkommensschutzes keine Steuererleichterung
für gezahlte Steuern erfahren, die von den einzelnen Bundesstaaten in den
USA erhoben werden können. Nur nach innerstaatlicher Steuergesetzgebung
kann eine etwaige Doppelbesteuerung durch eine entsprechende Maßnahme
(vgl. zB § 34c Abs. 3 EStG) vermieden werden.

b) Doppelansässigkeit

61   Bei Beibehaltung eines steuerlichen Wohnsitzes im Heimatland nach den
dortigen nationalen Steuergesetzen und der Begründung eines weiteren
Wohnsitzes im Tätigkeitsstaat durch die Entsendung in das Ausland kann ein
Doppelwohnsitz für den Arbeitnehmer entstehen. Es kann sich eine Überschneidung deutscher und etwaiger ausländischer Steueransprüche ergeben,

---

[53] Zum aktuellen Stand der DBA am 1.1.2014 vgl. BMF 22.1.2014 (GZ IV B2 –
S 1301/07/10017-05).

[54] Vgl. EuGH 28.3.2013, C-544/11 zur möglichen Europarechtswidrigkeit des
ATE.

[55] Vgl. Rn. 92 zu § 50d Abs. 8 EStG.

[56] Vgl. *Endres/Jacob/Gohr/Klein* DBA Deutschland/USA, Art. 2 Tz. 6, vgl. Kurzinformation betr. Steuerliche Behandlung der in USA erhobenen Staaten- und Gemeindesteuern, FM Schleswig-Holstein 9.6.2011.

dh da das innerstaatliche Recht der jeweiligen Vertragsstaaten die unbeschränkte Steuerpflicht zumeist an einen Wohnsitz anknüpft, kann eine unbeschränkte Steuerpflicht in beiden Vertragsstaaten vorliegen.

Haben beide Vertragsstaaten nach innerstaatlichem Recht das weltweite **62**
Besteuerungsrecht, ist zur Vermeidung einer etwaigen Doppelbesteuerung
die Klärung des vorrangigen Wohnsitzstaates und somit die Ansässigkeit nach
dem DBA zu bestimmen, wonach einem Staat die vorrangige Ansässigkeit
einzuräumen ist und der andere Staat dann lediglich das Besteuerungsrecht
auf die in diesem Staat erzielten Quelleneinkünfte hat.[57]

Nach dem Katalog des **Art. 4 OECD-MA** gilt eine natürliche Person in **63**
dem Staat als ansässig, in dem diese über eine ständige Wohnstätte verfügt.
Verfügt die Person in beiden Staaten über eine **ständige Wohnstätte,** so bestimmt das OECD-MA, dass derjenige Staat als Ansässigkeitsstaat für Ab-
kommenszwecke gilt, zu dem die natürliche Person die engeren persönlichen
(zB Familie, Freunde) und wirtschaftlichen Beziehungen (zB Vermögen) hat.

Für eine nicht verheiratete Person kann die Ermittlung des **Mittelpunktes** **64**
der Lebensinteressen schwierig sein und das soziale Umfeld ist in diesem
Fall näher zu untersuchen. Falls der Mittelpunkt der Lebensinteressen nicht
feststellbar ist, entscheidet letztendlich die **Staatsangehörigkeit.**[58] Bei Zuer-
kennung des Vorranges als Wohnsitzstaat wird dieser Staat nach dem DBA für
den Steuerpflichtigen zum alleinigen Wohnsitzstaat, dh das Abkommen ist so
anzuwenden, wie es für jede andere in diesem Staat ansässige Person gilt.

Die deutsche unbeschränkte Steuerpflicht besteht auch dann, wenn der **65**
Steuerpflichtige je eine Wohnung bzw. einen gewöhnlichen Aufenthalt im
Inland und im Ausland hat, aber nach den anzuwendenden DBA im ausländischen Vertragsstaat ansässig ist;[59] das Welteinkommensprinzip wird jedoch
durch die Anwendung des DBA durchbrochen. Die Wohnsitzbestimmung hat
nur Bedeutung für die Zuteilung des Besteuerungsrechts nach DBA.[60]
Deutschland hat danach lediglich das Besteuerungsrecht auf deutsche Quelleneinkünfte, zB auf das Einkommen für die physisch in Deutschland ausgeübte Tätigkeit, soweit nur lediglich eine Bedingung der 183-Tage-Klausel
(vgl. unten) nicht erfüllt ist. Weiterhin entfällt systematisch der Progressionsvorbehalt für das ausländische Einkommen, da der andere Staat als Wohnsitzstaat nach DBA anzusehen ist und nur der Wohnsitzstaat das Recht auf die
Anwendung des Progressionsvorbehalts gem. Art. 23 A OECD-MA hat. Jedoch wird hier auf die Rspr. aus 2001[61] hingewiesen, nach der die Anwendung des Progressionsvorbehaltes gleichwohl in Deutschland zulässig ist. Danach kann das Gehalt, das auf die im Heimatland oder in Drittländern

---

[57] Zur sog. Tie-breaker-Rule vgl. *Wassermeyer/Kaeser in* Debatin/Wassermeyer,
DBA, Art. 4 MA, Rz. 51 ff.

[58] Hat die Person die Staatsangehörigkeit beider Staaten oder keine Staatsangehörigkeit dieser Staaten, ist ein Verständigungsverfahren zu beantragen.

[59] Vgl. AEAO zu Vor §§ 8, 9 AO.

[60] Vgl. BFH 13.10.1965 BStBl. III 1965, 738 und 4.6.1975 BStBl. II 1975, 708.

[61] Vgl. BFH 19.12.2001, DB 2002, 874, lt. Urteil bedarf es nicht einer ausdrücklichen Gestattung der Einbeziehung in den Progressionsvorbehalt im DBA, da für die
Einbeziehung nicht das DBA sondern § 32b EStG konstitutiv ist. Diese Einbeziehung
darf auch erfolgen, wenn nach dem DBA aufgrund einer entsprechenden Zuteilungs-
norm die Einkünfte im Wohnsitzstaat freigestellt sind.

ausgeübte Tätigkeit entfällt, zur Ermittlung des Steuersatzes im Rahmen der Einkommensteuerveranlagung herangezogen werden, und zwar unabhängig davon, ob Deutschland als Ansässigkeitsstaat anzusehen ist oder nicht. Die Höhe der Einkünfte, die dem Progressionsvorbehalt unterliegen, ist nach deutschem Steuerrecht zu ermitteln.[62] Die steuerfreien ausländischen Einkünfte aus nichtselbstständiger Tätigkeit sind als Überschuss der Einnahmen über die Werbungskosten zu berechnen.[63] Da nicht alle DBA, die Deutschland mit den jeweiligen Vertragsstaaten abgeschlossen hat, dem OECD-MA entsprechen, kann es je nach Entsendeland zu **abweichenden Ergebnissen** kommen.[64]

3. Entsendung eines Arbeitnehmers nach Deutschland

a) Lebensmittelpunkt im Heimatland

66   Gem. Art. 15 Abs. 1 OECD-MA wird das Besteuerungsrecht für Einkünfte aus nichtselbstständiger Arbeit grundsätzlich dem Staat zugeordnet, in dem der Steuerpflichtige ansässig ist (Heimatland), es sei denn, die Tätigkeit wird in dem anderen Staat physisch ausgeübt (Deutschland).

67   Als Ausnahme von diesem Tätigkeitsortprinzip können nach Art. 15 Abs. 2 OECD-MA Vergütungen, die eine im Heimatland ansässige Person für eine in Deutschland ausgeübte nichtselbstständige Arbeit bezieht, **nur im Heimatland besteuert** werden, **wenn** die folgenden drei Voraussetzungen **zusammen** erfüllt sind:

– Der Empfänger der Vergütungen hält sich in Deutschland insgesamt nicht länger als 183 Tage innerhalb eines Zeitraums von zwölf Monaten, der während des betreffenden Steuerjahres beginnt oder endet,[65] auf.[66]

– Die Vergütungen werden von einem Arbeitgeber oder für einen Arbeitgeber gezahlt, der nicht im Tätigkeitsstaat (Deutschland) ansässig ist.[67]

– Die Vergütungen werden nicht von einer Betriebsstätte oder einer festen Einrichtung getragen, die der Arbeitgeber im Tätigkeitsstaat (Deutschland) hat.

---

[62] Vgl. BFH 22.5.1991, BStBl. II 1992, 94, BFH 20.8.2008, DB 2008, 2626.

[63] Vgl. BFH 17.12.2003, BStBl. II 2005, 96. Im Zuge der Gesetzesänderungen durch das Jahressteuergesetz 2007 beinhaltet § 32b Abs. 2 Nr. 2b EStG eine Regelung, mit der sichergestellt wird, dass eine doppelte Berücksichtigung des Arbeitnehmer-Pauschbetrags bei den in- und ausländischen Einkünften unterbleibt und somit eine diesbezügliche Rechtsprechung des BFH revidiert wurde.

[64] Vgl. zB Art. 4 Abs. 2 DBA Japan/Deutschland oder Art. 4 Abs. 3 DBA Schweiz/Deutschland.

[65] Die Abkommensmuster 1963 und 1977 beinhalteten den Zeitraum von 183 Tagen „während des betreffenden Steuerjahres". Um Möglichkeiten der Steuerumgehung auszuschalten, wurde diese Formulierung geändert, vgl. Debatin/Wassermeyer, DBA Art. 15 OECD-MA, MK 4.

[66] Nach einigen DBA ist jedoch die Dauer der Ausübung der nichtselbstständigen Tätigkeit maßgebend (zB Belgien, Dänemark).

[67] Nach einigen DBA ist weitere Voraussetzung, dass der Arbeitgeber im selben Staat wie der Arbeitnehmer ansässig ist (zB Norwegen).

Die einzelnen Voraussetzungen der sog. 183-Tage-Klausel sollen nachfolgend näher untersucht werden.

aa) 183-Tage-Klausel

Für die **Ermittlung** der 183 Tage gelten folgende Voraussetzungen:[68]   **68**
– Die Dauer des Aufenthaltes und nicht die Dauer der Tätigkeit im jeweiligen Vertragsstaat ist maßgeblich.[69]
– Mehrere Aufenthalte sind im Kalender- bzw. Steuerjahr zusammenzurechnen.
– Jedes Steuer- bzw. Kalenderjahr des Tätigkeitsstaates ist gesondert zu überprüfen.[70]
– Bei einem vom Kalenderjahr abweichenden Steuerjahr ist das Steuerjahr des Tätigkeitsstaats maßgeblich (zB Steuerjahr für Indien: 1. April bis 31. März).
– Einige DBA stellen wie das OECD-MA auf einen Zeitraum von zwölf Monaten ab (zB Großbritannien,[71] Norwegen, Russland, Kanada).

Hält sich eine Person länger als 183 Tage innerhalb eines Zeitraums von   **69** zwölf Monaten, der während des betreffenden Steuerjahres beginnt oder endet, in Deutschland auf, ist die erste Voraussetzung bereits nicht erfüllt und das Besteuerungsrecht für das anteilige Gehalt für physisch ausgeübte Tätigkeit geht auf Deutschland über. In diesem Fall ist es unerheblich, welche Gesellschaft das Gehalt wirtschaftlich trägt.

Das Besteuerungsrecht für Einkünfte aus nichtselbstständiger Arbeit fällt jedoch wieder vom Tätigkeitsstaat an den Wohnsitzstaat zurück, wenn die Aufenthaltstage der natürlichen Person im Tätigkeitsstaat maximal 183 Tage in einem Zeitraum von zwölf Monaten betragen und die weiteren Voraussetzungen kumulativ erfüllt sind (siehe unten). Dabei war bisher bei der Ermittlung der 183-Tage jeder beliebige 12-Monats-Zeitraum in Betracht zu zie-

---

[68] Vgl. Tz. 34 ff., BMF 14.9.2006 („Steuerliche Behandlung des Arbeitslohns nach den DBA"), BStBl. I 2006, 532, vgl. Tz. 4.2 ff. Entwurf des BMF Stand 8.11.2013.

[69] Vgl. BFH 23.2.2005, IStR 2005, 489 hinsichtlich der Einbeziehung von verbrachter Urlaubszeit in Portugal unter der 183-Tage-Klausel im DBA Portugal/Deutschland, BFH 12.10.2011, I R 15/11 in BFH NV 2012,640 hinsichtlich der Verständigungsvereinbarung mit Frankreich zur 183-Tage-Klausel (Art. 13. Abs. 4).

[70] Vgl. zur Auslegung des Begriffs „vorübergehend" gem. Art. 10 DBA Niederlande/Deutschland, wonach trotz Nichterfüllung der Frist von 183 Tagen innerhalb eines Kalenderjahres das Besteuerungsrecht zum Tätigkeitsstaat wechseln soll, wenn sich aus dem Gesamtcharakter des Aufenthaltes ergibt, dass ein dauernder Aufenthalt im anderen Vertragsstaat begründet worden ist. Vgl. *Mick* in Debatin/Wassermeyer, Doppelbesteuerung, Niederlande Art. 10 Rz. 29 und die Verständigungsvereinbarung der deutschen und niederländischen Finanzverwaltung, wonach dem Tatbestandsmerkmal „vorübergehend" keine eigenständige Bedeutung beizumessen ist, *Förster* IStR 1995, Beihefter 9, 3. Zwischen der Bundesrepublik Deutschland und den Niederlanden wurde am 12.4.2012 nach langjährigen Verhandlungen ein neues DBA unterzeichnet. Das Abkommen ist zum 1.1.2014 in Kraft getreten.

[71] Das DBA aus 1964 (Revisionsprotokoll vom 23.3.1970) stellte bei der Beurteilung der 183-Tage-Klausel auf das Steuerjahr des jeweils anderen Staates ab. Das ab dem VZ 2011 geltende neue DBA legt nun ebenfalls den Zwölfmonatszeitraum zugrunde, so dass es auf die abweichenden Steuerjahre von Großbritannien und Deutschland nicht mehr ankommt.

hen, ohne dass es auf den Wechsel der Ansässigkeit gem. Art. 4 OECD-MA ankam.[72]

Am 17.7.2008 hat der Rat der OECD die Neufassung des OECD-MA und den dazugehörigen MK verabschiedet. Die neue Kommentierung stellt nunmehr darauf ab, dass Tage, an denen ein Arbeitnehmer am Arbeitsort ansässig ist, bei der Berechnung der 183-Tage nicht zu berücksichtigen sind.

Dieses Ergebnis wird damit begründet, dass Art. 15 Abs. 2 OECD-MA im Kontext des ersten Teils von Abs. 2 zu interpretieren ist. Aus dem Wortlaut „Vergütungen, die eine in einem Vertragsstaat ansässige Person für eine im anderen Vertragsstaat ausgeübte unselbstständige Arbeit bezieht", wird hergeleitet, dass die Bestimmung keine Anwendung auf eine Person findet, die in demselben Staat ansässig ist und arbeitet.

Auch soll sich die Formulierung „hält sich auf" in Abs. 2 Buchst. a OECD-MA auf den Empfänger von Vergütungen aus nichtselbstständiger Arbeit beziehen. Eine Person kann – so die Kommentierung – aber während der Zeit, in der sie im Tätigkeitsstaat ansässig ist, nicht als Empfänger von Vergütungen, die eine in einem anderen Vertragsstaat ansässige Person für eine im anderen Vertragsstaat ausgeübte nichtselbstständige Arbeit bezieht, betrachtet werden.[73]

Fraglich ist ferner, ob die Revision der Kommentierung des Art. 15 Abs. 2 OECD-MA von den Finanzverwaltungen der OECD-Mitgliedstaaten befolgt wird, da es sich hierbei lediglich um eine Empfehlung handelt, deren Befolgung rechtlich nicht verpflichtend ist. Sollte dies nicht der Fall sein, kann es zu Fällen der Doppelbesteuerung kommen.[74]

70   Wird bei Weiterbelastung der gesamten Lohnaufwendungen an das deutsche Gastunternehmen von der FinVerw. nicht der volle **Betriebsausgabenabzug** als zulässig beurteilt, da der Arbeitnehmer zB zusätzlich im Interesse der Muttergesellschaft in Deutschland tätig ist, unterliegt das Gehalt trotzdem einschließlich des nicht abzugsfähigen Lohnbestandteils als Arbeitslohn der Besteuerung im Rahmen der Einkünfte aus nichtselbstständiger Tätigkeit gem. § 19 EStG, da die Tätigkeit physisch in Deutschland ausgeübt wird[75] (vgl. auch Rn. 73 ff.).

bb) Arbeitgeber

71   Soweit der Arbeitnehmer sich nicht mehr als 183 Tage innerhalb eines Zeitraums von zwölf Monaten, der während des betreffenden Steuerjahres

---

[72] Gem. Tz. 36, BMF 14.9.2006 („Steuerliche Behandlung des Arbeitslohns nach den DBA"), BStBl. I 2006, 532, sind gerade die zu berücksichtigenden Tage im Tätigkeitstaat ohne Beachtung der Ansässigkeit zusammenzurechnen. Eine Überarbeitung dieses BMF-Schreibens ist erfolgt und liegt im Entwurf Stand 8.11.2013 vor. Unter 4.2.1 des Entwurfs ist seit der Aktualisierung des OECD-MA bei der Ermittlung der Aufenthalts-/Ausübungstage ein Wechsel der Ansässigkeit innerhalb der vorgenannten Bezugszeiträume zu beachten. Tage, an denen der Steuerpflichtige im Tätigkeitstaat ansässig ist, sind bei der Berechnung der 183 Tage nicht zu berücksichtigen.

[73] Vgl. Art. 15 OECD-MA, MK 5.1.

[74] Vgl. *Schubert/Pavlovits* IStR 2009, 416 f. zu den Praxisproblemen auf Grund der unterschiedlichen Auffassungen.

[75] Vgl. Tz. 4.4 VGr-Arbeitnehmerentsendung.

beginnt oder endet, in Deutschland aufhält, ist fraglich, wer im vorliegenden Fall als Arbeitgeber iSd 183-Tage-Klausel zu betrachten ist. Der Begriff des Arbeitgebers ist im OECD-MA nicht definiert.[76] Nach herrschender BFH-Rspr.[77] ist Arbeitgeber iSd DBA derjenige Unternehmer, der die **Vergütungen** für die ihm geleistete Arbeit **wirtschaftlich trägt,** wobei eine Auszahlung der Vergütungen direkt an den Arbeitnehmer erfolgen oder das andere Unternehmen für diese Arbeitsvergütungen in Vorlage treten kann. Ferner muss der Arbeitnehmer dem aufnehmenden Unternehmen seine Arbeitsleistung schulden, unter dessen Leitung tätig werden und dessen Weisungen unterworfen sein. Auf den zivilrechtlichen Arbeitgeber kommt es hier nicht an.[78]

Bei Entsendungen zu Tochter- bzw. Beteiligungsgesellschaften sind zumeist **72** die Arbeitnehmer in die Organisation vor Ort eingegliedert und die Vergütungen werden von diesen Gesellschaften wirtschaftlich aufgrund einer Weiterbelastung der Gehaltskosten durch die Muttergesellschaft getragen. In diesem Fall wird die aufnehmende Gesellschaft als sog. „wirtschaftlicher Arbeitgeber"[79] angesehen, soweit nach dem Gesamtbild der Verhältnisse insb. das aufnehmende Unternehmen die Verantwortung und das Risiko für die durch die Tätigkeit des Arbeitnehmers erzielten Ergebnisse trägt und der Arbeitnehmer den Weisungen des aufnehmenden Unternehmens unterworfen ist.[80] Darüber hinaus darf es sich bei der Tätigkeit des Arbeitnehmers nicht um Funktionen und Tätigkeiten für die Muttergesellschaft handeln (zB Kontrollfunktion des Gesellschafters). Das Weiterbestehen des formellen Arbeitsvertrages aus arbeitsrechtlicher Sicht im Heimatland ist hierbei unbeachtlich. Zur Bestimmung des wirtschaftlichen Arbeitgebers sind demnach folgende Kriterien zu berücksichtigen:[81]

— Wer entscheidet über die Höhe der Vergütung?
— Welchen Zeitraum umfasst das Tätigwerden im aufnehmenden Unternehmen?
— Wer entscheidet über Art und Umfang der täglichen Arbeit?
— Wer stellt die Arbeitsmittel?
— In wessen Räumlichkeiten wird die Tätigkeit erbracht?
— Wer trägt das Risiko für eine Lohnfortzahlung zB bei Krankheit?
— Wer entscheidet über die Urlaubsgewährung?

---

[76] S. auch die Veröffentlichung des überarbeiteten Entwurfs zur OECD-Kommentierung vom 12.3.2007 zur Interpretation des Arbeitgebers, TPA Centre for Tax Policy and Administration.

[77] Vgl. BFH 21.8.1985 BStBl. II 1986, 4; 29.1.1986 BStBl. II 1986, 442; BFH 24.3.1999 BStBl. II 2000, 41.

[78] Vgl. BFH 23.2.2005 BFH/NV 2005, 1192, nach diesem Urteil ist eine förmliche Änderung des Dienstvertrages ebenso wenig erforderlich wie der Abschluss eines zusätzlichen Arbeitsvertrags zwischen dem Arbeitnehmer und der aufnehmenden Gesellschaft oder eine im Vorhinein getroffene Verrechnungsabrede zwischen den betroffenen Gesellschaften.

[79] Vgl. Tz. 2.1. VGr-Arbeitnehmerentsendung.

[80] Vgl. Tz. 68 BMF 14.9.2006 („Steuerliche Behandlung des Arbeitslohns nach den DBA"), BStBl. I 2006, 532, vgl. Tz. 4.3.3.1 Entwurf des BMF Stand 8.11.2013.

[81] Vgl. Tz. 69 BMF 14.9.2006 („Steuerliche Behandlung des Arbeitslohns nach den DBA"), BStBl. I 2006, 532, vgl. Tz. 4.3.3.1 Entwurf des BMF Stand 8.11.2013.

– Wer hat das Recht der Entscheidung über die Auflösung des Beschäftigungsverhältnisses?

Diese Kriterien gelten auch im Bereich der Entsendung von Arbeitnehmern innerhalb eines Konzerns und greifen ein, wenn ein Arbeitnehmer bei einem konzernangehörigen Unternehmen (entsendendes Unternehmen) angestellt ist und abwechselnd sowohl für dieses als auch für ein weiteres Konzernunternehmen (aufnehmendes Unternehmen) arbeitet, wobei das aufnehmende Unternehmen dem entsendenden Unternehmen den von diesem gezahlten Arbeitslohn anteilig ersetzt. Ggf. sind beide Unternehmen abkommensrechtlich „Arbeitgeber" des betreffenden Arbeitnehmers.[82]

Bei einer **Entsendung von nicht mehr als drei Monaten** gilt die widerlegbare Vermutung, dass das aufnehmende Unternehmen mangels Einbindung des Arbeitnehmers nicht als wirtschaftlicher Arbeitgeber anzusehen ist.[83]

cc) Weiterbelastung des Gehalts nach Deutschland

73 Wird das Gehalt von dem ausländischen Unternehmen **direkt** an die aufnehmende deutsche Gesellschaft **weiterbelastet oder hätte das Gehalt nach dem Fremdvergleich weiterbelastet werden müssen,**[84] unterliegt der Arbeitnehmer mit seinen deutschen Quelleneinkünften der deutschen Besteuerung. Da der Arbeitnehmer nach DBA als nicht in Deutschland ansässig gilt, unterliegt er nur mit seinem anteiligen Gehalt auf physisch in Deutschland ausgeübte Tätigkeit der Besteuerung.

74 Wird jedoch der **Betriebsausgabenabzug** in Deutschland **versagt,** weil der Arbeitnehmer im ausschließlichen Interesse der Muttergesellschaft tätig wird, werden die Ergebnisse des Unternehmens in Deutschland nicht gemindert und, soweit der Arbeitnehmer sich nicht mehr als 183 Tage innerhalb eines Zeitraums von zwölf Monaten, der während des betreffenden Steuerjahres beginnt oder endet, in Deutschland aufgehalten hat, verbleibt die Zuordnung des Besteuerungsrechts für die Einnahmen des Arbeitnehmers beim Heimatland.[85]

75 Sollte lediglich **ein Teil der Lohnaufwendungen** aufgrund besonderer Interessenlage der Unternehmen **nicht als Betriebsausgaben** beim Unternehmen in Deutschland abzugsfähig sein, unterliegt dennoch der Arbeitnehmer grundsätzlich mit der vollen Vergütung für die physisch in Deutschland ausgeübte Tätigkeit der deutschen Besteuerung. Soweit sich jedoch die physische Tätigkeit des Arbeitnehmers genau der Interessenlage von ausländischem und deutschem Unternehmen zuordnen lässt, dh die physische Tätigkeit für das Gastunternehmen wird in Deutschland geleistet, die Tätigkeit für die

---

[82] Vgl. BFH NV 2005, 730 ff. zum DBA Spanien/Deutschland.

[83] Vgl. Tz. 74 BMF 14.9.2006 („Steuerliche Behandlung des Arbeitslohns nach den DBA"), BStBl. I 2006, 532, vgl. Tz. 4.3.3.2 Entwurf des BMF Stand 8.11.2013.

[84] Vgl. Tz. 70 BMF 14.9.2006 („Steuerliche Behandlung des Arbeitslohns nach den Doppelbesteuerungsabkommen"), BStBl. I 2006, 532 , vgl. Tz. 4.3.3.1. Entwurf des BMF Stand 8.11.2013.

[85] Vgl. *Neyer* BB 2006, 918 ff., lt. Fall 2 war die Übernahme der Lohnkosten durch die deutsche Muttergesellschaft als verdeckte Einlage in die französische Tochtergesellschaft zu beurteilen und der Tätigkeitsstaat Deutschland durfte mangels der Überschreitung der 183 Tage im Kalenderjahr nicht besteuern.

Muttergesellschaft wird physisch im Heimatland ausgeübt, ist das Besteuerungsrecht für das Gehalt im Kalenderjahr entsprechend aufzuteilen.[86]

Der Arbeitnehmer ist bei Vorliegen des Lebensmittelpunktes **im Heimat-** **76** **land** zwar bei Bestehen eines Wohnsitzes im Inland in Deutschland nach nationalem Recht **unbeschränkt steuerpflichtig,** das Welteinkommensprinzip wird durch die Anwendung des DBA jedoch durchbrochen. Für das anteilige Gehalt für ausgeübte Tätigkeit im Rahmen von zB Auslandsdienstreisen hat Deutschland kein Besteuerungsrecht. Der Progressionsvorbehalt findet nach innerstaatlichen Recht auf die ausländischen Einkünfte Anwendung (vgl. auch Rn. 65).

Soweit eine **Dienstleistung** zwischen den Gesellschaften erbracht wird, **77** liegt keine Eingliederung in die Organisation vor Ort in Deutschland vor und eine direkte Weiterbelastung des Gehalts darf dann nicht erfolgen. Das Gehalt ist lediglich Preisbestandteil[87] eines Lieferungs- oder Leistungsvertrages zwischen den beteiligten Gesellschaften; die **deutsche Gesellschaft** ist **nicht** als **wirtschaftlicher Arbeitgeber** anzusehen.[88] Die natürliche Person unterliegt mit den Einnahmen für in Deutschland physisch ausgeübte nichtselbstständige Tätigkeit in Deutschland nicht der deutschen Besteuerung, soweit sie sich nicht länger als 183 Tage innerhalb eines Zeitraums von zwölf Monaten, der während des betreffenden Steuerjahres beginnt oder endet, in Deutschland aufhält. Der Abschluss eines Dienstleistungsvertrags und die Interessenlage der Gesellschaften haben somit für den Arbeitnehmer auch direkte steuerliche Konsequenzen.

dd) Exkurs: Arbeitnehmerüberlassung

Nach § 1 Abs. 1 AÜG benötigt ein Arbeitgeber, der Arbeitnehmer ge- **78** werbsmäßig an Dritte verleiht, eine Erlaubnis in Deutschland. Eine Lizenz ist jedoch nicht erforderlich, soweit zB der Befreiungstatbestand von § 1 Abs. 3 Nr. 2 AÜG vorliegt. Danach kommt das AÜG nicht zur Anwendung, wenn die beteiligten Gesellschaften verbundene Unternehmen oder Konzerngesellschaften sind. Innerhalb dieser Befreiungsvorschrift können Arbeitnehmer vorübergehend für die Implementierung von Projekten, zur Koordination und für Kontrollaufgaben oder auch bei Arbeitnehmermangel eingesetzt werden. Als Voraussetzung gilt somit die von vorneherein **zeitliche Befristung** der Tätigkeit.

---

[86] Vgl. Tz. 75 BMF 14.9.2006 („Steuerliche Behandlung des Arbeitslohns nach den Doppelbesteuerungsabkommen"), BStBl. I 2006, 532. Sollte ein Arbeitnehmer eine Vergütung erhalten, die höher ist, als sie ein anderer Arbeitnehmer unter gleichen Bedingungen für diese Tätigkeit in diesem Staat erhalten hätte, stellt der übersteigende Betrag keine Erstattung von Arbeitslohn dar, sondern ist Ausfluss des Verhältnisses der beiden verbundenen Unternehmen zueinander. Das Besteuerungsrecht steht insoweit dem Ansässigkeitsstaat des Arbeitnehmers zu, vgl. Tz. 4.3.3.3 Entwurf des BMF Stand 8.11.2013.

[87] Vgl. Tz. 66 BMF 14.9.2006 („Steuerliche Behandlung des Arbeitslohns nach den Doppelbesteuerungsabkommen"), BStBl. I 2006, 532, vgl. Tz. 4.3.3.1 Entwurf des BMF Stand 8.11.2013.

[88] Vgl. Tz. 66 BMF 14.9.2006 („Steuerliche Behandlung des Arbeitslohns nach den Doppelbesteuerungsabkommen"), BStBl. I 2006, 532., vgl. Tz. 4.3.3.1 Entwurf des BMF Stand 8.11.2013.

79 Bei Personalentsendungen **innerhalb des Konzerns** ist daher grundsätzlich ein **Arbeitnehmerverleih auszuschließen,** da ein Verleiher gewerbsmäßig mit einer Gewinnerzielungsabsicht tätig ist und die Vergütung unabhängig vom konkreten Lohnaufwand dem Entleiher marktgerecht in Rechnung gestellt wird. Bei Personalentsendungen im Konzern und ihrer buchhalterischen Belastung sind aber Gewinnzuschläge gerade nicht zulässig.[89]

80 Soweit es in den jeweiligen **DBA** keine ausdrücklichen Regelungen zu Leiharbeitnehmern gibt (siehe zB DBA mit Frankreich,[90] Schweden und Österreich), ist gem. den Ausführungen des Art. 15 OECD-MA mangels abkommensrechtlicher Definition des Arbeitgeberbegriffs derjenige als Arbeitgeber einzustufen, der ein Recht auf das Arbeitsergebnis hat und die damit zusammenhängende Verantwortlichkeit und Risiken trägt.[91] Fehlen ausdrückliche Regelungen in den DBA, kann es diesbezügliche Protokollregelungen zu den DBA geben.[92]

ee) Zuordnung des Gehalts zu einer deutschen Betriebsstätte

81 Nach OECD-MA soll der Tätigkeitsstaat das Besteuerungsrecht bereits vom ersten Tag an ausüben können, wenn die Gehaltskosten der nach Deutschland entsandten Arbeitnehmer zu Lasten einer in Deutschland befindlichen Betriebsstätte des ausländischen Unternehmens verbucht werden. Die Vergütung wird **wirtschaftlich zu Lasten einer Betriebsstätte** getragen, indem die ausgeübte Tätigkeit in dem jeweiligen Umfang der Betriebsstätte zugeordnet wird, wodurch die wirtschaftliche Belastung hervorgerufen wird. Es wird nicht vorausgesetzt, dass eine konkrete Belastung durchgeführt wird, dh dies ist unabhängig von einer buchhalterischen Belastung. Allein entscheidend ist hier vielmehr der wirtschaftliche Zusammenhang zwischen der Vergütung und der Tätigkeit für die Betriebsstätte. Die Vergütung wird auch dann von der Betriebsstätte getragen, wenn diese von einem anderen Unternehmensteil der Gesellschaft ausgezahlt wird und keine interne Verrechnung erfolgt; es ist somit unerheblich, wo die Auszahlungs- oder Abrechnungsstelle ist.[93]

82 Die Begründung einer **„ungewollten Betriebsstätte"** des Heimatunternehmens im Gastland hat direkte steuerliche Auswirkungen auf den Arbeit-

---

[89] Vgl. Rn. 16.

[90] Zur Vermeidung einer zeitweiligen Doppelbelastung kann aus Billigkeitsgründen entsprechend der Regelung des § 39a Abs. 1 S. 1 Nr. 5c EStG das Vierfache der voraussichtlich abzuführenden französischen Abzugsteuer als Freibetrag auf der Lohnsteuerkarte (jetzt: Lohnsteuerabzugsmerkmale vgl. § 39 EStG neu gef. mWv 1.1.2012 durch Gesetz vom 7.12.2011) bei entsprechenden Nachweis eingetragen werden, vgl. OFD Koblenz 14.10.2005 S 1301 A – Frank – ST 333 3/St 32 2.

[91] Vgl. *Wassermeyer/Schwenke* in Debatin/Wassermeyer, Doppelbesteuerung, Art. 15 MA, Rz. 118. Gem. Tz. 82 BMF 14.9.2006 („Steuerliche Behandlung des Arbeitslohns nach den Doppelbesteuerungsabkommen"), BStBl. I 2006, 532, übt bei einer grenzüberschreitenden Arbeitnehmerüberlassung der Entleiher grundsätzlich die wesentlichen Arbeitgeberfunktionen aus und ist dementsprechend der Entleiher als Arbeitgeber iSd DBA anzusehen. Vgl. Tz. 4.3.4.1 Entwurf des BMF Stand 8.11.2013 zu den einzelnen Prüfungskriterien mit Beispielen.

[92] Vgl. Tz. 4.3.4.2 Entwurf des BMF Stand 8.11.2013 zu den besonderen Regelungen in einzelnen DBA.

[93] Vgl. BFH 28.1.2004, BFH/NV 2004, 1075.

nehmer. Da hier nicht die buchungsmäßige Zuordnung der Gehaltskosten entscheidend ist, sondern die wirtschaftlichen Gegebenheiten, kann die nachträgliche Feststellung der Begründung einer Betriebsstätte des Arbeitgebers im Gastland und der korrekten Zuordnung der Personalkosten den Wechsel der Zuordnung des Besteuerungsrechtes der Einkünfte des Arbeitnehmers zum anderen Staat zur Folge haben. Dies kann zu zusätzlichen Problemen des Arbeitnehmers bei bereits bestandskräftigen Steuerfestsetzungen im Heimatland führen, bis hin zu einer tatsächlichen doppelten Besteuerung wegen Eintritts der Festsetzungsverjährung.

b) Lebensmittelpunkt in Deutschland oder Wohnsitzaufgabe im Heimatland

Soweit sich der Mittelpunkt der Lebensinteressen in Deutschland befindet **83** oder der steuerliche Wohnsitz im Heimatland aufgegeben wird, hat Deutschland das **Besteuerungsrecht auf das weltweite Einkommen** von Beginn des Zuzugs und Begründung des Wohnsitzes durch den Arbeitnehmer. In diesem Fall ist es unerheblich, wie lange der Arbeitnehmer sich innerhalb eines Zeitraums von zwölf Monaten, der während des betreffenden Steuerjahres beginnt oder endet, in Deutschland aufhält oder ob das Gastunternehmen bzw. die inländische Betriebsstätte des ausländischen Unternehmens wirtschaftlich das Gehalt trägt.

Beispiel: Ein Arbeitnehmer einer niederländischen Kapitalgesellschaft wird am 1. September eines Kalenderjahres für drei Jahre nach Deutschland entsandt. Der Wohnsitz in den Niederlanden wird beibehalten. Der Arbeitnehmer zieht mit seiner Familie nach Deutschland und begründet dort auch einen steuerlichen Wohnsitz. Der niederländische Arbeitgeber trägt wirtschaftlich das Gehalt.

Die 183-Tage-Klausel kommt nicht zur Anwendung, da aufgrund der engeren persönlichen Beziehungen zu Deutschland der Mittelpunkt der Lebensinteressen dort angenommen werden kann. Da Deutschland als vorrangiger Wohnsitzstaat anzusehen ist und die Tätigkeit in Deutschland ausgeübt wird, hat Deutschland als Wohnsitz- und Tätigkeitsstaat das Besteuerungsrecht für die Einnahmen aus nichtselbstständiger Tätigkeit.

Wird der Arbeitnehmer jedoch zu einer deutschen Betriebsstätte der niederländischen Kapitalgesellschaft entsandt und die Personalkosten ordnungsgemäß durch den niederländischen Arbeitgeber der deutschen Betriebsstätte zugeordnet, kann der Arbeitnehmer für anteiligen Arbeitslohn für physisch in den Niederlanden ausgeübte Tätigkeit aufgrund einer Dienstreise während der Entsendung die Steuerbefreiung in Deutschland beantragen, da eine Betriebsstätte nicht Arbeitgeberin iSd DBA sein kann.[94]

4. Entsendung eines Arbeitnehmers ins Ausland

a) Lebensmittelpunkt in Deutschland

Bei Beibehaltung des Wohnsitzes in Deutschland und (nach innerstaatli- **84** chem Recht) Begründung eines Wohnsitzes im Tätigkeitsstaat entsteht ein **Doppelwohnsitz,** wodurch beide Staaten nach dem jeweiligen innerstaatlichen Recht, soweit dieses an einen Wohnsitz anknüpft, grundsätzlich das weltweite Besteuerungsrecht für die Einkünfte des Arbeitnehmers haben. Im

---

[94] Vgl. BFH 29.1.1986, BStBl. II 1986, 442; 29.1.1986, BStBl. II 1986, 513.

zweiten Schritt ist die Ansässigkeit nach dem DBA zu bestimmen. Bei einer kurzfristigen Entsendung durch die deutsche Gesellschaft kann dabei wohl unterstellt werden, dass der Mittelpunkt der Lebensinteressen weiterhin in Deutschland verbleibt.

aa) Grundsätzliche Regelung nach Doppelbesteuerungsabkommen

85   Gem. **Art. 15 OECD-MA** ist wiederum die Zuordnung des Besteuerungsrechts für die Einnahmen aus nichtselbstständiger Tätigkeit zu überprüfen. Wird das **Gehalt** direkt **an** die **ausländische Gesellschaft weiterbelastet** und diese als wirtschaftlicher Arbeitgeber angesehen, geht unabhängig vom tatsächlichen Aufenthalt, dh auch wenn die 183 Tage innerhalb eines Zeitraums von zwölf Monaten, der während des betreffenden Steuerjahres beginnt oder endet, nicht überschritten werden, das Besteuerungsrecht für die Vergütungen auf diesen Staat über. Der anteilige Arbeitslohn für physisch ausgeübte Tätigkeit in diesem Staat kann grundsätzlich von der deutschen Besteuerung freigestellt werden. Im Rahmen der Einkommensteuerveranlagung unterliegen diese Einnahmen jedoch dem Progressionsvorbehalt, dh für die Berechnung des persönlichen Steuersatzes auf das in Deutschland zu versteuernde Einkommen werden die steuerfreien Einnahmen mit einbezogen. Reist der Arbeitnehmer während der Entsendung für geschäftliche Zwecke nach Deutschland (und/oder Drittstaaten), unterliegt der anteilige Arbeitslohn für diese physisch ausgeübten Tätigkeiten der inländischen Besteuerung, da Deutschland der Wohnsitzstaat iSd DBA ist.

86   Wird der Arbeitnehmer jedoch im Interesse der deutschen Gesellschaft im Ausland tätig und **belastet** die **deutsche Gesellschaft** daher die **Personalkosten nicht** an die ausländische Gesellschaft weiter, geht das Besteuerungsrecht nur auf den ausländischen Staat über, wenn der Arbeitnehmer sich länger als 183 Tage innerhalb eines Zeitraums von zwölf Monaten, der während des betreffenden Steuerjahres beginnt oder endet, im Tätigkeitsstaat aufhält. Werden die 183 Tage nicht überschritten, verbleibt das volle Besteuerungsrecht bei Deutschland.

87   Liegt die Interessenlage der Entsendung bei beiden Gesellschaften und wird der **Betriebsausgabenabzug** auf beide Gesellschaften **verteilt,** ist das Besteuerungsrecht beiden Staaten aufgrund der physischen Tätigkeit anteilig zuzuordnen. Um hier eine genaue Zuordnung des Besteuerungsrechtes für die Einkünfte vornehmen zu können, bietet sich der Abschluss separater Arbeitsverträge mit den jeweiligen Unternehmen für den Arbeitnehmer an.

88   **Separate Arbeitsverträge** sollten folgende Voraussetzungen erfüllen:
   - in vorneherein schriftlich abgeschlossene Verträge mit den jeweiligen Gesellschaften
   - tatsächliche Ausübung der Tätigkeit im Ausland
   - Nachweis der Anzahl der Arbeitstage für die verrichtete Tätigkeit für den ausländischen Arbeitgeber im Tätigkeitsstaat
   - entsprechendes Verhältnis des Arbeitslohns zur ausgeübten Tätigkeit im jeweiligen Land, es sei denn, dass Abweichungen aufgrund Wichtigkeit und Art der Funktion etc. wirtschaftlich begründet werden können
   - das gezahlte Gehalt muss der jeweilige Arbeitgeber im Ausland wirtschaftlich tragen und darf nicht an die deutsche Gesellschaft belastet werden.

Da diese Vorgehensweise zu einem erhöhten administrativen Arbeitsaufwand führt, sollte idR die Anzahl der Verträge auf die Länder beschränkt werden, in denen eine wesentliche Tätigkeit verrichtet wird.

bb) Rückfallklauseln in Doppelbesteuerungsabkommen

Soweit das Besteuerungsrecht dem ausländischen Staat zugeordnet wird, **89** jedoch die ausländische FinVerw. die Bezüge nicht der Besteuerung unterwirft, gilt grundsätzlich das **Verbot der virtuellen Doppelbesteuerung.**[95]

Es gibt jedoch in einigen DBA Bestimmungen, mit denen verhindert wer- **90** den soll, dass sog. „weiße Einkünfte" entstehen,[96] dh in beiden Staaten die Einkünfte unbesteuert bleiben. Es handelt sich hierbei um sog. Subject-to-tax- oder **Rückfallklauseln.** Nach dem BFH-Urteil vom 17.12.2003[97] hatte sich die Anwendung der Rückfallklauseln in der Praxis grundlegend geändert und die Subject-to-tax-Klausel der DBA kam nur noch bei bestimmten DBA zur Anwendung.[98] In diesen Fällen hatte der Steuerpflichtige im Rahmen seiner erhöhten Mitwirkungspflicht gem. § 90 AO nachzuweisen, dass seine Einkünfte im Ausland der Besteuerung unterworfen wurden. Mit Urteil vom 17.10.2007[99] hält der BFH jedoch nicht mehr an seinem Urteil vom 17.12.2003 fest und ist zu seinem ursprünglichen Abkommensverständnis zurückgekehrt. Mit Schreiben vom 20.6.2013 hat der BMF u. a. zur Anwendung von Rückfallklauseln und Remittance-base-Klauseln,[100] die vorrangig vor den nationalen Klauseln anzuwenden sind, unter Berücksichtigung dieses Urteils Stellung genommen. Eine Besteuerung in dem Vertragstaat liegt dann vor, wenn diese Einkünfte in die steuerliche Bemessungsgrundlage einbezogen werden. Dies gilt auch, sofern eine Besteuerung aufgrund der Nutzung von Freibeträgen, bei Verlustausgleich etc. unterbleibt.[101] Eine Nichtbesteuerung liegt jedoch dann vor, soweit der Staat, dem das Besteuerungsrecht zugeordnet wurde, nach nationalem Recht nicht besteuern kann, insb. bei Nicht-Steuerbarkeit oder bei sachlicher oder persönlicher Steuerbefreiung des Steuerpflichtigen. Auch ist der Verzicht auf das Besteuerungsrecht durch den Vertragstaat schädlich, so dass hier sogar gegenüber der vergleichbaren nationalen Rechtslage nach § 50d Abs. 8 EStG eine Verschärfung vorliegt.[102]

---

[95] Vgl. BFH 20.10.1982, BStBl. II 1983, 402. Der Ansässigkeitsstaat muss auch dann eine Doppelbesteuerung vermeiden, wenn feststeht, dass der Quellenstaat effektiv nicht besteuert hat und demgemäß eine Doppelbesteuerung gar nicht droht. Vgl. *Wassermeyer* in Debatin/Wassermeyer, Doppelbesteuerung Vor Art. 1 Rz. 4.

[96] Vgl. *Strauß* in Debatin/Wassermeyer, Doppelbesteuerung, Indien Art. 23 Rz. 126: Im Zusatzprotokoll (Absatz 6 zu Art. 23) ist ausdrücklich geregelt, dass Deutschland auch dann kein Besteuerungsrecht hat, wenn Indien die Einkünfte tatsächlich nicht besteuert. Zu § 50d Abs. 8 EStG ab Veranlagungszeitraum 2004 s. Rn. 92 ff.

[97] BStBl. II 2004, 260.

[98] Vgl. OFD Düsseldorf 18.7.2005 – S 1301 A – ST 12S 1301 – 287 – 12 – K, OFD Frankfurt/M. 19.7.2006 – S 1301 A – 55 – St. 58 – und BMF 14.9.2006 Tz. 9–9.2 („Steuerliche Behandlung des Arbeitslohns nach den Doppelbesteuerungsabkommen"), BStBl. I 2006, 532, die zwischenzeitlich mit Schreiben des BMF vom 20.6.2013, Tz. 5 aufgehoben wurden.

[99] BStBl. II 2008, 953.

[100] Vgl. Rn. 91–94.

[101] Vgl. BMF 20.6.2013 Tz 2.3.a).

[102] Vgl. BMF 20.6.2013 Tz 2.3.b).

cc) „Remittance-base"-Klausel – (Überweisungsklausel)

91   Nach innerstaatlichem Recht einiger Staaten (zB Großbritannien, Irland, Israel, Jamaica, Malaysia, Singapur, Trinidad und Tobago sowie Zypern) hängt die Steuerpflicht für Einkünfte aus nichtselbstständiger Arbeit davon ab, ob die Einkünfte in die jeweiligen Staaten überwiesen oder dort bezogen worden sind.[103] Dadurch soll sichergestellt werden, dass eine im Abkommen vorgesehene Entlastung von Quellensteuer im Ursprungsland sich nur auf die im Wohnsitzstaat tatsächlich besteuerten Einkünfte erstreckt und eine Nichtbesteuerung von Einkünften („weiße Einkünfte") ausgeschlossen wird.[104] Nach zB Art. 24 DBA Großbritannien/Deutschland können in **Großbritannien** ansässige Personen für Einkünfte aus Deutschland die im Abkommen vorgesehene Befreiung von der deutschen Steuer nicht beanspruchen, wenn die Einkünfte nicht nach Großbritannien überwiesen oder dort empfangen worden sind. Wenn Großbritannien das Besteuerungsrecht aufgrund innerstaatlichen Rechts nicht ausüben kann, fällt das Besteuerungsrecht wieder an Deutschland zurück. Auch in diesen Fällen setzt die Steuerfreistellung den Nachweis der Besteuerung durch den ausländischen Tätigkeitsstaat voraus.[105]

dd) Nationale Subject-to-tax-Klausel gem. § 50d Abs. 8 EStG – Besteuerungsvorbehalt

92   Durch das StÄndG 2003 wurde mit Wirkung ab dem Veranlagungszeitraum 2004 eine nationale Rückfallklausel eingeführt. Bei Einkünften aus nichtselbstständiger Arbeit, die nach einem DBA in einem ausländischen Staat besteuert werden können, wird eine Steuerfreistellung unter Progressionsvorbehalt nur gewährt, wenn der **unbeschränkt** Steuerpflichtige durch Vorlage des Steuerbescheides der ausländischen Behörde sowie eines Zahlungsbelegs nachweist, dass die in dem ausländischen Staat festgesetzten Steuern entrichtet wurden oder dieser Staat auf sein Besteuerungsrecht verzichtet hat. Die Nachweispflicht besteht für das Veranlagungsverfahren und nicht für das Lohnsteuerverfahren.[106] Die Vorschrift soll verhindern, dass Einkünfte deshalb nicht besteuert werden, weil der Steuerpflichtige die Einkünfte im Tätigkeitsstaat nicht erklärt und dieser Staat seinen Steueranspruch nicht mehr durchsetzen kann, wenn er nachträglich von Sachverhalten erfährt.[107] Diese Regelung gilt nur bei Anwendung von DBA und nicht beim ATE.

93   Die geforderte Nachweiserbringung erweist sich in der Praxis als äußerst kompliziert und ist sowohl für den Arbeitnehmer als auch den Arbeitgeber sehr zeitaufwändig, da Abweichungen der Besteuerungsgrundlage nach deutschem und ausländischem Recht glaubhaft gemacht werden müssen. Bis auf Weiteres gibt es aus Vereinfachungsgründen für die Freistellung eine Bagatell-

---

[103] Vgl. *Beckmann* in Debatin/Wassermeyer, Doppelbesteuerung, Großbritannien Art. 24 Rz. 4 ff.; vgl. Tz. 159 BMF 14.9.2006 („Steuerliche Behandlung des Arbeitslohns nach den Doppelbesteuerungsabkommen"), BStBl. I 2006, 532.

[104] BFH 22.2.2006 zu Art. 14 DBA Singapur, vgl. *Dörrfuß* in Debatin/Wassermeyer, Doppelbesteuerung, Singapur Art. 22 Rz. 2, 6.

[105] Vgl. BFH 29.11.2000, BStBl. II 2001, 195 und BMF 20.6.2013 Tz 3.

[106] Vgl. BMF 21.7.2005, IV B1–2 – 2411 – 02/05 – („Merkblatt zur Steuerfreistellung ausländischer Einkünfte gem. § 50d Abs. 8 EStG") zu den Einzelheiten über den Nachweis über die Festsetzung und Entrichtung der Steuern.

[107] Vgl. BT-Drs. 15/1562, S. 39 f.

grenze, soweit der nach deutschem Steuerrecht ermittelte Arbeitslohn nicht mehr als € 10 000 p. a. beträgt.[108] Da die deutsche Einkommensteuer unter Einbeziehung der ausländischen Einkünfte festzusetzen ist und vielfach zu diesem Zeitpunkt noch kein Nachweis erbracht werden kann, kommt es in diesen Fällen zu einer zeitweisen Doppelbelastung, was einem Steuerpflichtigen nicht zugemutet werden kann. In diesem Fall sollte ein Antrag auf vorläufige Festsetzung nach § 165 AO oder im Rahmen eines Rechtsbehelfs die Aussetzung der Vollziehung des Einkommensteuerbescheides nach § 361 AO beantragt werden.

Da durch die Einführung des § 50d Abs. 8 EStG der Steuergesetzgeber die bestehenden völkerrechtlichen Verpflichtungen aus den DBA bewusst unbeachtet lässt (sog. Treaty Override),[109] hat der BFH mit einem am 9.5.2012 veröffentlichten Beschluss vom 10.1.2012 dem Bundesverfassungsgericht die Frage vorgelegt, ob diese Regelung gegen Verfassungsrecht verstößt,[110] da das Gesetz sich im Ergebnis einseitig über die völkerrechtlich vereinbarte Freistellung von Arbeitslöhnen hinwegsetzt[111] und darüber hinaus Arbeitnehmer gegenüber einem Steuerpflichtigen mit anderen Einkünften benachteiligt werden.

ee) Vermeidung „weißer Einkünfte" nach § 50d Abs. 9 EStG[112]

Die Regelung des § 50d Abs. 9 EStG soll eine weitere vermeintliche Be- **94** steuerungslücke schließen, um sog. weiße Einkünfte zu vermeiden.[113] Einkünfte, die bei unbeschränkt Steuerpflichtigen nach einem anzuwendenden DBA von der deutschen Besteuerung ausgenommen sind, werden ungeachtet des DBA in bestimmten Fällen dennoch nicht von der Besteuerung freigestellt, wenn die Einkünfte in dem anderen Staat nicht der Besteuerung unterliegen.[114] Sind Einkünfte eines unbeschränkt Steuerpflichtigen nach einem DBA von der Bemessungsgrundlage der deutschen Steuer auszunehmen, so wird nach dieser Vorschrift die Freistellung der Einkünfte ungeachtet des Abkommens nicht gewährt, wenn der andere Staat die Bestimmungen des Abkommens so anwendet, dass die Einkünfte in diesem Staat von der Besteuerung auszunehmen sind oder nur zu einem durch das Abkommen begrenzten Steuersatz besteuert werden können. Die Vorschrift erfasst Fälle, in denen Einkünfte nicht oder zu gering besteuert werden, weil die Vertragsstaaten entweder von unterschiedlichen Sachverhalten ausgehen oder das Abkommen

---

[108] Vgl. 4.2. BMF 21.7.2005, IV B1–2 – 2411 – 02/05 – („Merkblatt zur Steuerfreistellung ausländischer Einkünfte gem. § 50d Abs. 8 EStG") zu den Einzelheiten über den Nachweis über die Festsetzung und Entrichtung der Steuern.

[109] Vgl. *Korts* Stbg 2013, 345 zur Definition des Treaty Override.

[110] Az: I R 66/09.

[111] Vgl. BFH, Pressemitteilung Nr. 30/12, 9.5.2012.

[112] Lt. BFH 19.5.2010 ist es ernstlich zweifelhaft, ob § 50d Abs. 9 S. 1 Nr. 1 EStG mit dem Grundgesetz vereinbar ist.

[113] Gem. § 52 Abs. 59a S. 6 EStG ist § 50d Abs. 9 S. 1 Nr. 1 EStG für alle Veranlagungszeiträume anzuwenden, soweit Steuerbescheide noch nicht bestandskräftig sind. Gem. § 52 Abs. 1 S. 1 EStG ist § 50d Abs. 9 S. 1 Nr. 2 EStG ab Veranlagungszeitraum 2007 anzuwenden.

[114] Vgl. LfSt Bayern, 17.11.2008, S 1300.1.1 – 2/4 St 32/St33 hinsichtlich der Anwendung des § 50d Abs. 9 S. 1 Nr. 2 EStG auf die Bezüge der im Inland unbeschränkt steuerpflichtigen Piloten und Flugbegleiter britischer und irischer Fluggesellschaften.

unterschiedlich auslegen, zB weil sie ein unterschiedliches Verständnis von Abkommensbegriffen haben.[115] Dies gilt in den Fällen des § 50d Abs. 9 S. 1 Nr. 1 EStG, wenn der andere Staat die Bestimmungen des DBA so anwendet, dass die Einkünfte in diesem Staat von der Besteuerung auszunehmen sind, weil der andere Vertragsstaat eine andere Abkommensauslegung vornimmt, oder nach § 50d Abs. 9 S. 1 Nr. 2 EStG die Einkünfte in dem anderen Staat nur deshalb nicht steuerpflichtig sind, weil sie von einer Person bezogen werden, die in diesem Staat nicht aufgrund des Wohnsitzes oder ständigen Aufenthalts oder eines ähnlichen Merkmals unbeschränkt steuerpflichtig ist. Stellt der Quellenstaat bestimmte Einkünfte unabhängig von der Steuerpflicht der Person frei, findet diese Regelung keine Anwendung. Die Anwendung der vorrangigen Vorschrift des § 50d Abs. 8 EStG wird jedoch nicht durch § 50d Abs. 9 EStG verdrängt.[116] Gem. § 50d Abs. 9 S. 3 EStG bleiben abkommensrechtliche Klauseln, die die Freistellungsmethode einschränken, ebenfalls unberührt.[117]

b) Lebensmittelpunkt im Tätigkeitsstaat

95   Auch wenn ein Arbeitnehmer seinen Wohnsitz in Deutschland nicht aufgibt, kann für den Fall, dass er nicht verheiratet ist, folglich keine Familie in Deutschland bleibt, argumentiert werden, dass sich zumindest die **engeren persönlichen Beziehungen** im Tätigkeitsstaat befinden, sofern er nicht zB Vermögen in Deutschland hat, weiterhin regelmäßig soziale Kontakte in Deutschland pflegt und die Entsendung nur für eine sehr kurzfristige Dauer geplant ist.

96   Liegt der Mittelpunkt der Lebensinteressen im Tätigkeitsstaat, wird der **Tätigkeitsstaat** als vorrangiger **Wohnsitzstaat** angesehen und die 183-Tage-Klausel kommt nicht zum Tragen. Das Besteuerungsrecht für physische Tätigkeit wird vom ersten Tag an dem Tätigkeitsstaat zugeordnet.

97   Sofern der Arbeitnehmer **im Interesse der aufnehmenden Gesellschaft** im Gastland tätig wird, liegt eine Verpflichtung der Weiterbelastung der Kosten an die Gesellschaft im Gastland vor. Wird der Arbeitnehmer während seiner Entsendung für geschäftliche Besprechungen zeitweise wiederum in Deutschland physisch tätig und trägt die ausländische Gesellschaft die Gehaltskosten für die Geschäftsreise nach Deutschland, da der Zweck der Besprechung dem wirtschaftlichen Erfolg der Unternehmung im Gastland zuzuordnen ist, hat Deutschland das Besteuerungsrecht auf das Einkommen für

---

[115] Vgl. *Gosch* Kirchhof, EStG, § 50d Rz. 67.

[116] Vgl. BFH 5.3.2008, I R 54, 55/07 zu Art. 16 DBA Belgien, Belgien gewährt zur Erhöhung der Attraktivität des Standorts bestimmte Steuerbegünstigungen, die einen klaren Steuerverzicht Belgiens darstellen. Gem. BFH liegen keine abweichenden Auslegungen von Bestimmungen des DBA vor, die eine Besteuerung in Deutschland nach § 50d Abs. 9 EStG rechtfertigen. Lt. BFH vom 11.1.2012, I R 27/11 darf in Irland unbesteuerter Arbeitslohn eines Piloten in Deutschland nicht nachversteuert werden. Vgl. BMF 5.12.2012 zur Besteuerung von in Deutschland ansässigen Flugpersonal britischer und irischer Fluggesellschaften.

[117] Vgl. Tz. 2.4. Entwurf des BMF Stand 8.11.2013. Danach sind die Regelungen des § 50d Abs. 8 und Abs. 9 EStG insoweit nebeneinander anzuwenden; nach § 52 Abs. 59a S. 9 EStG idF des AmtshilfeRLUmsG vom 26.6.2013 gilt dies für alle offenen Fälle.

die physisch ausgeübte Tätigkeit in Deutschland erst bei Überschreiten der 183 Tage innerhalb eines Zeitraums von zwölf Monaten, der während des betreffenden Steuerjahres beginnt oder endet.

Soweit keine Wohnsitzaufgabe in Deutschland erfolgt ist, gilt der Arbeit- **98** nehmer aber, auch wenn der Lebensmittelpunkt im Tätigkeitsstaat liegt, nach nationalem Recht weiterhin als unbeschränkt steuerpflichtig. Die Steuerpflicht wird nur durch die Anwendung des DBA begrenzt. Lediglich der Gehaltsbestandteil, der auf physische Tätigkeit in Deutschland entfällt, unterliegt in diesem Fall der deutschen Besteuerung, sofern der Arbeitnehmer sich länger als 183 Tage in Deutschland innerhalb eines Zeitraums von zwölf Monaten, der während des betreffenden Steuerjahres beginnt oder endet, aufhält oder das Gehalt von der deutschen Gesellschaft wirtschaftlich getragen wird oder hätte getragen werden müssen.

c) Wohnsitzaufgabe in Deutschland

Soweit der Arbeitnehmer seinen Wohnsitz in Deutschland aufgibt und sei- **99** nen Wohnsitz ausschließlich im Tätigkeitsstaat unterhält, unterliegt er lediglich der **beschränkten Steuerpflicht** mit deutschen Quelleneinkünften.

Sofern der Arbeitnehmer **im Interesse der aufnehmenden Gesell-** **100** **schaft** im Gastland tätig wird, liegt wiederum eine Verpflichtung der Weiterbelastung der Kosten an die Gesellschaft im Gastland vor. Wird der Arbeitnehmer während seiner Entsendung für geschäftliche Besprechungen zeitweise in Deutschland physisch tätig und belastet die ausländische Gesellschaft die Gehaltskosten für die Geschäftsreise nach Deutschland an die deutsche Gesellschaft zurück, da der Zweck der Besprechung dem wirtschaftlichen Erfolg der deutschen Unternehmung zuzuordnen ist, hat Deutschland das Besteuerungsrecht auf das Einkommen für die physisch in Deutschland ausgeübte Tätigkeit als deutsche Quelleneinkünfte im Rahmen der beschränkten Steuerpflicht.

5. Exkurs: Steuerliche Beurteilung einzelner Vergütungsbestandteile im Rahmen des Entsendungsaufwands (hier: Aktienoptionen)[118]

a) Grundsätzliches

Zu den Einnahmen aus nichtselbstständiger Tätigkeit gehören nach § 19 **101** Abs. 1 S. 1 Nr. 1 iVm § 8 Abs. 1 EStG alle Güter, die in Geld oder Geldeswert bestehen und die dem Arbeitnehmer aus dem Dienstverhältnis für die Zurverfügungstellung seiner individuellen Arbeitskraft zufließen. Vorteile werden für eine Beschäftigung gewährt, wenn sie durch das individuelle Dienstverhältnis des Arbeitnehmers veranlasst sind, dh der Vorteil wird mit Rücksicht auf das Dienstverhältnis eingeräumt und erweist sich im weitesten Sinne als Gegenleistung für das Zurverfügungstellen der individuellen Arbeitskraft des Arbeitnehmers.[119] Der geldwerte Vorteil aus der unentgeltlichen

---

[118] Vgl. Rn. 15, vgl. BFH vom 25.8.2010, I R 103/09 zum Personalaufwand beim Unternehmen bei der Gewährung von Aktienoptionen.
[119] Vgl. BFH 20.5.2010, VI R 12/08, BFHE 230, 136, BStBl II 2010, 1069, mwN.

oder verbilligten Überlassung von Aktien an den Arbeitnehmer ist somit regelmäßig durch das Dienstverhältnis veranlasst und deshalb steuerpflichtiger Arbeitslohn.[120] Bei der Überlassung von Optionsrechten wird dem Arbeitnehmer das Recht eingeräumt, zu einem späteren Zeitpunkt diese Option auszuüben, dh Aktien zu einem zuvor bestimmten Kaufpreis zu erwerben. Bei der Optionseinräumung ist zunächst lediglich von einer Gewinnchance auszugehen ist, so dass steuerpflichtiger Arbeitslohn erst bei der Optionsausübung vorliegt.[121]

Der geldwerte Vorteil fließt im Zeitpunkt des Aktienerwerbs zu. Dieser Zuflusszeitpunkt ist der Tag der Erfüllung des Anspruchs des Arbeitnehmers auf Verschaffung der wirtschaftlichen Verfügungsmacht über die Aktien. Dem Zufluss steht es nicht entgegen, wenn der Arbeitnehmer aufgrund einer Sperrfrist bzw. Haltefrist die Aktien für eine bestimmte Zeit nicht veräußern kann. Der Arbeitnehmer ist rechtlich und wirtschaftlich bereits von dem Augenblick an Inhaber der Aktie, in dem sie auf ihn übertragen oder auf seinen Namen im Depot einer Bank hinterlegt wird.[122] Als Zuflusszeitpunkt gem. § 11 Abs. 1 S. 1 EStG gilt somit regelmäßig der Tag der Einbuchung der Aktien in das Depot des Arbeitnehmers.[123] Der Zuflusszeitpunkt wird durch Veräußerungsverbote des Arbeitgebers oder Sperrfristen zur Inanspruchnahme von Steuervergünstigungen nicht berührt.[124]

Die Aktienüberlassung ist als Sachbezug mit dem üblichen Endpreis am Abgabeort anzusetzen (§ 8 Abs. 2 S. 1 EStG). Dies ist in der Regel der Börsenkurs am Erwerbstag, ggf. auch der gemeine Wert.

Die steuerliche Behandlung von Aktienoptionen richtet sich danach, inwieweit bei der Gewährung von Aktienoptionsrechten handelbare oder nicht handelbare Aktienoptionsrechte vorliegen.

b) Handelbare Optionsrechte

102 Ein Aktienoptionsrecht ist handelbar, wenn es an einer Wertpapierbörse gehandelt wird. Handelbare Optionsrechte werden regelmäßig für Verdienste des Arbeitnehmers in der Vergangenheit gewährt und vergüten somit die erbrachten Leistungen der Vergangenheit.

---

[120] Gem. BFH 30.6.2011, IV R 80/10, scheidet das Vorliegen von Arbeitslohn aus, wenn der Vorteil aufgrund von anderen Sonderrechtsbeziehungen zwischen Arbeitnehmer und Arbeitgeber gewährt wird.

[121] Sowohl bei handelbaren (aber nicht börsennotierten) als auch bei nicht handelbaren Aktienoptionsrechten führt erst die Umwandlung des Rechts in Aktien zum Zufluss eines geldwerten Vorteils, vgl. BFH 20.11.2008 – IV R 25/05.

[122] Vgl. BFH 11.2.2010 IV R 47/08, BFH/NV 2010, 1094, BFH 30.9.2008 – IV R 67/05.

[123] Vgl. BFH 20.11.2008, BStBl. II 2009, 382, zu der sog. Exercise-Sell-Variante vgl. Tz. 5.5.5 Entwurf des BMF Stand 8.11.2013.

[124] Nach dem Urteil des BFH 30.8.2008, IV R 67/05, hindert eine obligatorische Veräußerungssperre den Erwerber nicht, Aktien zu veräußern, da nach § 68 AktG aufgrund des geltendes Grundsatzes der freien Übertragbarkeit einer Aktie jede Einschränkung, die über eine schuldrechtliche Wirkung hinausgeht, grundsätzlich unwirksam ist. Gem. BFH 30.6.2011, VI R 37/09, liegt ein Zufluss nicht vor, solange dem Arbeitnehmer eine Verfügung über die Aktien rechtlich unmöglich ist.

c) Nicht handelbare Optionsrechte

In der Gewährung von nicht handelbaren Optionsrechten auf den späteren **103** Erwerb von Aktien zu einem bestimmten Übernahmepreis ist zunächst nur die Einräumung einer Chance zu sehen und ein geldwerter Vorteil fließt erst dann zu, wenn die Option ausgeübt wird und der Kurswert der Aktien den Übernahmepreis übersteigt. Grundsätzlich stellt die Gewährung eines nicht handelbaren Optionsrecht eine Vergütung für den Zeitraum der Gewährung und der erstmalig tatsächlich möglichen Ausübung des Optionsrechts (sog. Vesting = Eintritt der Unentziehbarkeit des Optionsrechts) dar und ist somit eine zukunfts- und zeitraumbezogene Vergütung.

Die nachfolgenden Ausführungen gelten sowohl für nicht handelbare als auch für außerhalb einer Wertpapierbörse gehandelte Aktienoptionsrechte. Bei diesen Aktienoptionsrechten wird davon ausgegangen, dass mit der Einräumung der Option lediglich eine steuerlich unerhebliche Chance erlangt wird. Der geldwerte Vorteil aus dem für den Aktienerwerb gewährten Preisnachlass wird erst auf Grund der Ausübung der Option erzielt.

d) Höhe des geldwerten Vorteils aus der Optionsausübung

Steuerpflichtiger Arbeitslohn ist die Differenz zwischen dem Kurswert der **104** Aktien am Überlassungstag und dem Übernahmepreis des Arbeitnehmers. Für steuerpflichtige geldwerte Vorteile aus der Ausübung von Optionsrechten kommt die Tarifbegünstigung nach § 34 EStG in Betracht, sofern eine Vergütung für mehrjährige Tätigkeit vorliegt.[125]

e) Zuweisung des Besteuerungsrechts nach DBA

Bei einer Auslandstätigkeit ist für die Zuweisung des Besteuerungsrechts **105** nach DBA der Zeitraum zwischen Gewährung und dem Zeitpunkt der erstmalig möglichen Ausübung des Optionsrechts zeitanteilig dem jeweiligen Besteuerungsstaat zuzuordnen und der geldwerte Vorteil entsprechend aufzuteilen. Der Zuflusszeitpunkt und der Zeitraum für die Zuordnung des Besteuerungsrechts weichen voneinander ab.

aa) Inbound – Beispiel

Der im DBA-Ausland ansässige Arbeitnehmer wird von seinem Arbeitge- **106** ber für eine befristete Beschäftigung für drei Jahre zum 1.1.2010 nach Deutschland entsandt und begründet seinen ausschließlichen Wohnsitz in Deutschland durch Zuzug am 1.1.2010. Am 1.7.2009 hat ihm sein Arbeitgeber Optionsrechte für den verbilligten Erwerb von 1000 Aktien (Kurswert je Aktie 10 zum Einräumungszeitpunkt = zu zahlender Optionspreis) eingeräumt. Das Optionsrecht kann zum 31.12.2011 erstmalig ausgeübt werden. Der Arbeitnehmer, der seit Beginn seiner Entsendung ausschließlich physisch in Deutschland tätig war, übt am 31.12.2012[126] sein Optionsrecht für die

---

[125] Vgl. BFH 19.12.2006, IV R 136/01 und BFH 18.12.2007, IV R 62/05, vgl. Tz. 5.5.5.1 Entwurf des BMF Stand 8.11.2013.

[126] Läge der Ausübungszeitpunkt nach Wohnsitzaufgabe in Deutschland und Rückkehr in das Heimatland, wäre der anteilige Arbeitslohn in Deutschland im Rahmen der beschränkten Steuerpflicht zu berücksichtigen. Hätte der Arbeitnehmer während sei-

1000 Aktien aus. Zum Ausübungszeitpunkt beträgt der Kurswert je Aktie 15. Der geldwerte Vorteil zum Ausübungszeitpunkt beträgt somit 5000.

Für die Zuweisung des Besteuerungsrechts ist auf den Zeitraum der Gewährung und erstmalig möglicher Ausübbarkeit der Optionen abzustellen:

Beginn der Entsendung: 1.1.2010
Gewährung der Optionen: 1.7.2009
Tätigkeit in Deutschland: 1.1.2010–31.12.2012
Erstmalig mögliche Ausübbarkeit der Optionen: 31.12.2011

Der Zuflusszeitpunkt ist für die Zuordnung der Einnahmen nicht entscheidend, sondern Deutschland hat nur das Besteuerungsrecht auf den Anteil des geldwerten Vorteils, der zeitanteilig auf die in Deutschland ausgeübte Tätigkeit bis zur erstmalig möglichen Ausübbarkeit der Optionen entfällt. Der Zuordnungszeitraum beträgt insgesamt 30 Monate, wobei dann anteilig 24 Monate dieses Zeitraums = 4000 dem deutschen Besteuerungsrecht unterliegen. Der Anteil von 1000 ist in Deutschland unter dem Progressionsvorbehalt freizustellen.[127]

bb) Outbound – Beispiel

107 Der in Deutschland ansässige Arbeitnehmer wird von seinem Arbeitgeber für eine befristete Beschäftigung für drei Jahre zum 1.1.2010 in ein DBA-Land entsandt und begründet seinen ausschließlichen Wohnsitz in diesem DBA-Land durch Zuzug am 1.1.2010. Am 1.7.2009 hat ihm sein Arbeitgeber Optionsrechte für den verbilligten Erwerb von 1000 Aktien (Kurswert je Aktie 10 zum Einräumungszeitpunkt = zu zahlender Optionspreis) eingeräumt. Das Optionsrecht kann zum 31.12.2011 erstmalig ausgeübt werden. Der Arbeitnehmer, der seit Beginn seiner Entsendung ausschließlich physisch im DBA-Land tätig war, übt am 31.12.2012 sein Optionsrecht für die 1000 Aktien aus. Zum Ausübungszeitpunkt beträgt der Kurswert je Aktie 15. Der geldwerte Vorteil zum Ausübungszeitpunkt beträgt somit 5000.

108 Für die Zuweisung des Besteuerungsrechts ist auf den Zeitraum der Gewährung und erstmalig möglicher Ausübbarkeit der Optionen abzustellen:

Beginn der Entsendung: 1.1.2010
Gewährung der Optionen: 1.7.2009
Tätigkeit im DBA-Land: 1.1.2010–31.12.2012
Erstmalig mögliche Ausübbarkeit der Optionen: 31.12.2011

Der Zuflusszeitpunkt ist für die Zuordnung der Einnahmen nicht entscheidend, sondern Deutschland hat nur das Besteuerungsrecht auf den Anteil des geldwerten Vorteils, der zeitanteilig auf die in Deutschland ausgeübte Tätigkeit bis zur erstmalig möglichen Ausübbarkeit der Optionen entfällt. Der Zuordnungszeitraum beträgt insgesamt 30 Monate, wobei dann anteilig 6 Monate dieses Zeitraums = 1000 dem deutschen Besteuerungsrecht im Rahmen der beschränkten Steuerpflicht unterliegen.[128]

---

ner Entsendung nicht ausschließlich seine Tätigkeit in Deutschland physisch ausgeübt, wäre ein diesbezüglicher Anteil aus der beschränkten Steuerpflicht auszuschließen, vgl. FG Baden-Württemberg 25.10.01, 14 K 21/97, EFG 2002, 125, wonach Weihnachtsgeld eines in Deutschland lebenden Grenzgängers nach Umzug nach Frankreich nicht der beschränkten Steuerpflicht unterliegt.

[127] Vgl. Rn. 92 zur nationalen Rückfallklausel.
[128] Vgl. *Haiß* in H/H/R EStG/KStG § 49 Tz. 746.

IV. Lohnsteuereinbehalt auf Ebene der Gesellschaft

1. Inbound

a) Grundsätzliche Verpflichtungen

Gem. § 38 Abs. 1 S. 1 EStG wird bei Einkünften aus nichtselbstständiger **109** Arbeit die Einkommensteuer durch Abzug vom Arbeitslohn (Lohnsteuer) erhoben, soweit der Arbeitslohn von einem Arbeitgeber gezahlt wird, der im Inland seinen Wohnsitz, seinen gewöhnlichen Aufenthalt, seine Geschäftsleitung, seinen Sitz, eine Betriebsstätte oder einen ständigen Vertreter hat **(inländischer Arbeitgeber)** oder einem Dritten (Entleiher) Arbeitnehmer gewerbsmäßig zur Arbeitsleistung im Inland überlässt, ohne inländischer Arbeitgeber zu sein (ausländischer Verleiher). Inländischer Arbeitgeber ist somit auch ein im Ausland ansässiger Arbeitgeber, der im Inland eine Betriebsstätte oder einen ständigen Vertreter hat.[129] Wird durch die Entsendung eines Arbeitnehmers eine feste Geschäftseinrichtung nach § 12 AO begründet, liegt demgemäß eine **lohnsteuerliche Betriebsstätte** in Deutschland vor, auch soweit evtl. die zusätzlichen Voraussetzungen von Art. 5 OECD-MA nicht erfüllt sein sollten.

Das deutsche Einkommensteuerrecht enthält keine Begriffsbestimmung des **110** Arbeitgebers. Im Umkehrschluss zur Definition des Arbeitnehmerbegriffs gem. § 1 Abs. 2 LStDV gilt derjenige als Arbeitgeber, dem der Arbeitnehmer seine Arbeitsleistung schuldet, unter dessen Leitung er tätig ist und dessen Weisungen im geschäftlichen Organismus er zu folgen hat.

b) Wirtschaftlicher Arbeitgeber

Durch das Steueränderungsgesetz 2003 wurden die Lohnsteuerabzugsver- **111** pflichtungen erheblich erweitert.[130] Zum einen wurde eine neue Lohnsteuerabzugsverpflichtung im Rahmen von Arbeitnehmerentsendungen geschaffen, zum anderen wurden die Lohnsteuerabzugsverpflichtungen für Lohnzahlungen von dritter Seite ausgeweitet. Seit dem Veranlagungszeitraum 2004 gilt bei Arbeitnehmerentsendungen gem. § 38 Abs. 1 S. 2 EStG auch das in Deutschland ansässige aufnehmende Unternehmen, das den Arbeitslohn für die ihm geleistete Arbeit wirtschaftlich trägt, als inländischer Arbeitgeber iSv § 38 Abs. 1 S. 1 EStG (wirtschaftlicher Arbeitgeber). In diesem Zusammenhang ist es gleichgültig, ob der Arbeitslohn im Namen und für eigene Rechnung des aufnehmenden Unternehmens gezahlt wird. Somit wurde der lohnsteuerliche Arbeitgeberbegriff an den abkommensrechtlichen Arbeitgeberbegriff angeglichen, was dazu führt, dass die in dem BFH-Urteil vom 24.3.1999[131] vertrete-

---

[129] Vgl. H 38.3 LStR 2014, BFH 5.10.977, BStBl. II 1978, 205.

[130] Gem. des Vorschlags des Bundesrates zum Steueränderungsgesetz 2003 (BT-Drs. 15/1945) sollte mit dieser Verpflichtung zum Lohnsteuerabzug die Durchsetzung von Steueransprüchen in den Fällen gesichert werden, in denen international tätige Unternehmen Arbeitnehmer in ihre inländischen Tochtergesellschaften oder Betriebsstätten entsenden und das aufnehmende inländische Unternehmen die Arbeitslöhne wirtschaftlich trägt.

[131] Vgl. BFH 24.3.1999, BStBl II 2000, 41.

nen Rechtsgrundsätze seit dem 1.1.2004[132] überholt sind. In solchen Konstellationen wurde häufig vom Lohnsteuerabzug abgesehen und die Geltendmachung der bestehenden Steueransprüche war dem Veranlagungsverfahren vorbehalten. Dies führte dazu, dass in der Besteuerungspraxis die Einkommensteuer nur mit erheblicher Verzögerung, vielfach sogar überhaupt nicht, festgesetzt bzw. durchgesetzt wurde, weil der betreffende Arbeitnehmer zu diesem Zeitpunkt oftmals bereits in sein Heimatland zurückgekehrt war.

Vor diesem Hintergrund wurde es für nicht hinnehmbar erachtet, dass der in Deutschland ansässige Arbeitgeber den Arbeitslohn wirtschaftlich zahlt und auch steuermindernd als Betriebsausgabe verbucht, obgleich eine Besteuerung auf Seiten des Arbeitnehmers unterbleibt. Diese Regelungslücke sollte mit § 38 Abs. 1 S. 2 EStG geschlossen werden. Der Arbeitgeber soll dann zur Einbehaltung und Abführung von Lohnsteuer für den zu ihm entsandten Arbeitnehmer verpflichtet sein, wenn er die entsprechenden Lohn- und Gehaltszahlungen tatsächlich als Betriebsausgaben ansetzt.

112   In der Literatur wird die Auffassung vertreten, dass die deutsche Gesellschaft nur zum Lohnsteuerabzug hinsichtlich des weiterbelasteten Arbeitslohns verpflichtet ist. Wird ein Teil des Arbeitslohns nicht an die deutsche Gesellschaft weiterbelastet, bestehe für diesen Teil auch keine Lohnsteuereinbehaltungsverpflichtung.[133] Das BMF[134] geht hingegen bereits dann von einem wirtschaftlichen Arbeitgeber und somit von einer Lohnsteuereinbehaltungsverpflichtung aus, wenn das aufnehmende Unternehmen die Lohnaufwendungen nach dem Fremdvergleich gem. der VGr-Arbeitnehmerentsendung hätte tragen müssen. Die Lohnsteuer entsteht bereits im Zeitpunkt der Arbeitslohnzahlung an den Arbeitnehmer, wenn das inländische Unternehmen auf Grund der Vereinbarung mit dem ausländischen Unternehmen mit einer Weiterbelastung rechnen müsse; ab diesem Zeitpunkt ist die Lohnsteuer vom inländischen Unternehmen zu erheben.[135]

Da es sich bei den VGr-Arbeitnehmerentsendung um Regelungen zur Gewinnkorrektur handelt, ist erst die Frage zu stellen, wer die Aufwendungen wirtschaftlich getragen hat bzw. bei einem entsprechenden überwiegenden Interesse (des aufnehmenden inländischen oder des entsendenden ausländischen Unternehmens) an der Arbeitnehmerentsendung hätte tragen müssen. Bei dieser Gewinnkorrekturnorm kommt es nicht nur auf die Sicht des Arbeitgebers, sondern letztlich darauf an, wie die FinVerw. den entsprechenden Sachverhalt beurteilt. Dies ist für den inländischen wirtschaftlichen Arbeitgeber nicht ohne Weiteres ersichtlich und führt dementsprechend zu einer Rechtsunsicherheit bzw. zu einem Haftungsrisiko. Schließlich wird eine abschließende Entscheidung darüber, wer die Aufwendungen der Arbeitnehmerentsendung hätte tragen müssen, erst im Rahmen von Außenprüfungen getroffen.

---

[132] Vgl. BMF 27.1.2004, BStBl I 2004, 173.

[133] Vgl. *Niermann/Plenker* DB 2003, 2724, *Schmidt* IStR 2004, 374.

[134] Vgl. Tz. 70 BMF 14.9.2006 („Steuerliche Behandlung des Arbeitslohns nach den Doppelbesteuerungsabkommen"), BStBl. I 2006, 532, vgl. Tz. 4.3.3.1 Entwurf des BMF Stand 8.11.2013.

[135] Vgl. R 38.3. Abs. 5 S. 4 LStR 2013.

c) Lohnzahlungen von dritter Seite

Der Lohnsteuer unterliegt gem. § 38 Abs. 1 S. 3 EStG auch der im Rah-   **113** men des Dienstverhältnisses von einem Dritten gewährte Arbeitslohn, wenn der Arbeitgeber weiß oder erkennen kann, dass derartige Vergütungen erbracht werden; dies ist insb. anzunehmen, wenn Arbeitgeber und Dritter verbundene Unternehmen iSv § 15 des Aktiengesetzes sind.

Die dem Arbeitgeber bei der Lohnzahlung durch Dritte auferlegte Lohnsteuerabzugspflicht erfordert, dass dieser seine Arbeitnehmer auf ihre gesetzliche Verpflichtung (§ 38 Abs. 4 S. 3 EStG) hinweist, ihm am Ende des jeweiligen Lohnzahlungszeitraums die von einem Dritten gewährten Bezüge anzugeben.[136] Kommt der Arbeitnehmer seiner Angabepflicht nicht nach und kann der Arbeitgeber bei gebotener Sorgfalt aus seiner Mitwirkung an der Lohnzahlung des Dritten oder aus der Unternehmensverbundenheit mit dem Dritten erkennen, dass der Arbeitnehmer zu Unrecht keine Angaben macht oder seine Angaben unzutreffend sind, hat der Arbeitgeber die ihm bekannten Tatsachen zur Lohnzahlung von dritter Seite dem Betriebsstättenfinanzamt anzuzeigen (§ 38 Abs. 4 S. 3 2. Halbsatz EStG). Die Anzeige hat unverzüglich zu erfolgen.

Aus dem Gesetz ergibt sich nicht, ob die Regelungen des § 38 Abs. 1 S. 3 EStG hinsichtlich des Lohnsteuereinbehalts auch in Bezug auf wirtschaftliche Arbeitgeber anzuwenden sind. Bei Zahlungen, die von dem entsendenden (zivilrechtlichen) Arbeitgeber geleistet werden, und nicht dem inländischen Unternehmen weiterbelastet werden (bzw. weiterbelastet werden müssten), ergibt sich keine Lohnsteuereinbehaltungsverpflichtung[137] auf Grund von Zahlungen von dritter Seite.[138]

d) Lohnsteuereinbehalt bei beschränkt Steuerpflichtigen

Sofern ein entsandter Arbeitnehmer in Deutschland keinen Wohnsitz be-   **114** gründet, werden aufgrund einer fehlenden Meldepflicht keine elektronischen Lohnsteuerabzugsmerkmale zur Verfügung gestellt. In diesem Fall ist eine Lohnsteuerabzugsbescheinigung beim zuständigen Betriebsstättenfinanzamt des deutschen (wirtschaftlichen) Arbeitgebers gem. § 39 Abs. 3 S. 1 EStG[139] zu beantragen, um einen korrekten Lohnsteuerabzug mit der für den Arbeitnehmer grundsätzlich geltenden Steuerklasse 1/0 zu gewährleisten. Bei Nichtvorlage dieser Bescheinigung hat ansonsten der Lohnsteuerabzug mit

---

[136] Vgl. R 38.4. Abs. 2 S. 3 LStR 2013.

[137] Vgl. *Schmidt* IStR 2004, 374 mit dem Hinweis, dass die Finanzverwaltung regelmäßig davon ausgehe, dass ein Arbeitnehmer seine Arbeit auch für das entsendende Unternehmen leistet.

[138] *Plenker* DB 2004, 897 vertritt die Auffassung, dass das entsendende Unternehmen als Dritter iSv § 38 Abs. 1 S. 3 EStG zu betrachten ist. In dem dort genannten Beispiel wurde die Vergütung für die Tätigkeit des empfangenden Unternehmens mit der Auslösung einer Lohnsteuereinbehaltungsverpflichtung geleistet, diese Vergütung wurde jedoch nicht an das empfangende Unternehmen weiterbelastet.

[139] Vgl. § 52b Abs. 3 S. 1 EStG für den Übergangszeitraum bis 1.1.2013. Die Frist zur Antragstellung war gem. § 39d EStG, der durch das BeitrRLUmsG aufgehoben wurde, bis zum Ablauf eines Kalenderjahres. Gem. § 39a Abs. 4 S. 2 EStG ist die Antragstellung weiterhin bis zum Jahresende möglich.

der unvorteilhaften Lohnsteuerklasse 6 zu erfolgen. Führt der Arbeitgeber den Lohnsteuerabzug trotz Nichtvorlage der Bescheinigung mit Steuerklasse 1/0 durch, kann er auch nach Ablauf des Kalenderjahres grundsätzlich in Haftung genommen werden. Diese Regelung wurde durch den BFH bestätigt.[140] Im Rahmen der monatlichen Gehaltsabrechnungen[141] ist lediglich das anteilige Gehalt zu berücksichtigen, welches der Arbeitnehmer für seine physische Tätigkeit in Deutschland erhält.[142]

e) Lohnsteuereinbehalt bei Tax Equalization

115   Vielfach haben multinationale Unternehmen Steuerausgleichs- bzw. -schutzRL für ihre Arbeitnehmer vereinbart, damit diese bezüglich etwaiger höherer Steuerlast im Gastland nicht zusätzlichen finanziellen Belastungen unterliegen. Es werden grundsätzlich zwei Steuererstattungsmethoden unterschieden. Die sog. **Tax Equalization (Steuerausgleich)** und die sog. **Tax Protection (Schutz gegen höhere Steuerbelastung).** Da die Tax Equalization die von den multinationalen Großunternehmen meistgenutzte Methode ist, werden nachfolgend die Auswirkungen eines Steuerausgleichs im deutschen Lohnsteuerbereich näher erläutert.

116   Bei der Tax Equalization soll ein entsandter Arbeitnehmer steuerlich nicht schlechter, aber auch nicht besser gestellt werden, als wenn er seine Tätigkeit ausschließlich in seinem Heimatland ausüben würde.

117   Dies bedeutet, dass der Arbeitnehmer unabhängig von der tatsächlichen Steuerlast im Gastland **das gleiche Nettoeinkommen nach Steuern (ohne entsendebedingte Zulagen)** hat, als wäre er im Heimatland geblieben.[143] Um dies zu erreichen, wird vom monatlichen Grundgehalt sowie eventueller Bonuszahlungen oder sonstiger geldwerter Vorteile, zB der unentgeltlichen Privatnutzung eines Firmenwagens, eine **hypothetische Steuerschuld** ermittelt. Bei der hypothetischen Steuerberechnung werden das Arbeitseinkommen und geschätzte persönliche Einkünfte sowie alle Abzüge und Verluste (je nach interner RL des Arbeitgebers) berücksichtigt, als wäre der Arbeitnehmer weiterhin im Heimatland ansässig und tätig.

118   Während der Auslandstätigkeit des Arbeitnehmers wird also zur Ermittlung des vereinbarten Nettogehaltes während der Entsendung die hypothetische Steuer berechnet und von seiner Bruttovergütung abgezogen, dh die hypothetische Steuer stellt lediglich die Basis für die Bestimmung der Höhe der Nettovergütung dar. Die tatsächlich anfallende ausländische Steuer im Gastland wird im Gegenzug vom Arbeitgeber übernommen. Sowohl die hypothetische Steuer (als Negativbetrag,[144] da diese nach deutschen Grundsätzen eine tatsächliche Gehaltskürzung des Arbeitnehmers darstellt) als auch die tat-

---

[140] Vgl. BFH 12.1.2001, DB 2001, 1343.

[141] Vgl. BFH 10.3.2004, BFH/NV 2004, 1239.

[142] Bei der Lohnabrechnung des beschränkt steuerpflichtigen Arbeitnehmers ist bei Fortbestand des Dienstverhältnisses die Monatstabelle anzuwenden. Vgl. R 39b.5 Abs. 2 S. 3 LStR 2013.

[143] Vgl. *Wassermeyer/Schwenke* in Debatin/Wassermeyer MA Art 15 Tz. 56f zur Nettolohnvereinbarung und Wirkungsweise der Hypotax.

[144] Vgl. Tz. 5 OFD Verfügung Berlin 27.6.2006 (Az.: III A – S. 2367 – 1/ 2006).

sächliche Steuerlast im Gastland sind Bestandteil der Entsendekosten des Arbeitnehmers.[145]

Nach Ablauf des Jahres wird dann eine endgültige hypothetische Steuerbe- **119** rechnung (je nach interner RL des Arbeitgebers) durchgeführt. Falls während des Jahres zu wenig oder zu viel hypothetische Steuer berücksichtigt wurde, erhalten die Arbeitnehmer entweder eine Erstattung oder schulden ggf. dem Arbeitgeber die Differenz, die dann eine negative Einnahme des Arbeitnehmers darstellt.[146] Je nach RL der Arbeitgeber wird vielfach eine derartige Berechnung nicht durchgeführt, es verbleibt dann bei der monatlich (bereits teilweise pauschalisierten) berücksichtigten hypothetischen Steuer.

Diese Art des Steuerausgleichs **stellt** bei nach Deutschland entsandten Ar- **120** beitnehmern aufgrund des garantierten fest vereinbarten Nettogehaltes steuerlich eine **Nettogehaltsvereinbarung dar.** Bei einer Nettogehaltsvereinbarung stellen die vom Arbeitgeber übernommenen Steuerabzugsbeträge für den Arbeitnehmer zusätzlich zu seinem Nettogehalt (nach Berücksichtigung der hypothetischen Steuer als Negativbetrag) Arbeitslohn und damit steuerpflichtige Einnahmen dar.[147] Steuerpflichtiger Bruttoarbeitslohn ist somit die Summe aus gezahltem Nettogehalt (nach Abzug der hypothetischen Steuer) und der vom Arbeitgeber übernommenen Steuerbeträge einschließlich der etwaigen Übernahme von Arbeitnehmerbeiträgen zur in- oder ausländischen Sozialversicherung, sonstiger Zulagen und geldwerter Vorteile.

Liegt nach Auffassung der Finanzbehörden eine nicht zutreffende Ein- **121** kunftsabgrenzung vor und wird der Lohnaufwand nur teilweise zum Betriebsausgabenabzug zugelassen, schließt dies nach Meinung der Finanzbehörden die anteilige vom Arbeitgeber übernommene Lohnsteuer auf das Nettogehalt mit ein, was zu einer erheblichen zusätzlichen Belastung für die Unternehmen in Deutschland führt. Die ertragsteuerliche Behandlung beim Arbeitgeber und beim Arbeitnehmer fällt auseinander.

2. Outbound

Wird bei der Entsendung eines Arbeitnehmers von Deutschland ins Aus- **122** land bei **Beibehaltung** des **vorrangigen Wohnsitzes** in **Deutschland** das Gehalt direkt an die ausländische Gesellschaft weiterbelastet und wird diese als wirtschaftlicher Arbeitgeber angesehen, wird unabhängig vom tatsächlichen Aufenthalt, dh auch wenn der Arbeitnehmer sich nicht länger als 183 Tage innerhalb eines Zeitraums von zwölf Monaten, der während des betreffenden Steuerjahres beginnt oder endet, im DBA-Ausland aufhält, das Besteuerungsrecht für die Vergütungen dem DBA-Ausland zugeordnet. Gem. § 39 Abs. 4 Nr. 5 EStG[148] kann[149] ein Antrag auf **Freistellung** des anteiligen Arbeitsloh-

---

[145] Vgl. Tz. 5.5.9. Entwurf des BMF Stand 8.11.2013 zur Hypo-Tax.

[146] Vgl. *Wassermeyer/Schwenke* in Debatin/Wassermeyer MA Art 15 Tz. 56f ebenda.

[147] Vgl. BFH 22.6.1990, BFH NV 1991, 156.

[148] Gem. § 52 Abs. 51b EStG ist jedoch § 39b Abs. 6 EStG weiterhin anzuwenden, bis das BMF den Zeitpunkt des erstmaligen automatisierten Abrufs der Lohnsteuerabzugsmerkmale nach § 39 Abs. 4 Nr. 5 EStG mitgeteilt hat (§ 52 Abs. 50g EStG).

[149] Ein Arbeitgeber kann sich auch ohne Freistellungsbescheinigung auf die Steuerfreiheit bei Vorliegen der Voraussetzungen der DBA-Regelungen berufen. Vgl. BFH 10.5.1989, BStBl. II 1989, 755.

nes **vom Lohnsteuerabzug** beim zuständigen Betriebsstättenfinanzamt gestellt werden.[150] In diesem Zusammenhang ist zwischen antragsgebundenen[151] Steuerbefreiungen und Steuerbefreiungen, die nicht an einen Antrag gebunden sind, zu unterscheiden. Im Rahmen der laufenden deutschen Gehaltsabrechnungen darf bei einer Tätigkeit in einem antragsgebundenen Land erst dann eine Steuerfreistellung erfolgen, wenn eine entsprechende Freistellungsbescheinigung des Betriebsstättenfinanzamts vorliegt. Die Freistellungsbescheinigung ist als Beleg zum Lohnkonto des Arbeitnehmers aufzubewahren (§ 4 Abs. 1 Nr. 3 LStDV iVm § 39b Abs. 6 S. 2 EStG). Die Freistellungsbescheinigung schließt lediglich eine etwaige Haftung des Arbeitgebers aus. Das Wohnsitzfinanzamt ist im Veranlagungsverfahren nicht an die Freistellungsbescheinigung gebunden. Darüber hinaus sind bestimmte Aufzeichnungspflichten (§ 4 Abs. 2 Nr. 5 LStDV) im Rahmen der Lohnabrechnungen zu erfüllen. Der Arbeitgeber darf für Arbeitnehmer, die von der Besteuerung freizustellende Gehälter erhalten, keinen Lohnsteuer-Jahresausgleich durchführen (§ 42b Abs. 1 Nr. 6 EStG).

Das Wohnsitzfinanzamt wird mittels Kontrollmitteilungen über freizustellende Gehälter informiert, da auf Grund der Gehaltsfreistellung eine Pflichtveranlagung zur Einkommensteuer durchzuführen ist (§ 46 Abs. 2 Nr. 1 EStG).

Im Rahmen der Einkommensteuerveranlagung unterliegen diese freizustellenden Einkünfte dem Progressionsvorbehalt, dh die Höhe der Steuer auf die in Deutschland steuerpflichtigen Einkünfte wird beeinflusst, indem diese Einkünfte bei der Ermittlung des anzuwendenden Steuersatzes hinzugerechnet werden. Diese Hinzurechnung führt zu einem Steuersatz, der höher ist als der Steuersatz, der sich normalerweise nach der Einkommensteuertabelle ergeben würde.

123   Soweit der Arbeitnehmer während des Entsendezeitraums in das Ausland für geschäftliche Zwecke nach Deutschland reist, unterliegt der entsprechende Gehaltsanteil der inländischen Besteuerung. Sollte der Arbeitsvertrag mit der deutschen Gesellschaft ruhend gestellt worden sein und die Gehaltszahlungen in vollem Umfang von der aufnehmenden Gesellschaft, mit der ein Arbeitsvertrag während der Entsendung geschlossen wurde, wirtschaftlich getragen werden, liegt weder nach § 38 Abs. 1 S. 2 EStG noch nach § 38 Abs. 1 S. 3 EStG eine Lohnsteuereinbehaltungsverpflichtung für diesen anteiligen Arbeitslohn vor.

124   Wenn sich der **Lebensmittelpunkt im Tätigkeitsstaat** befindet, kommt die 183-Tage-Klausel gleichfalls nicht zum Tragen. Das Besteuerungsrecht für Arbeitslohn für physische Tätigkeit im Ausland wird vom ersten Tag an dem

---

[150] Vgl. R 39b.10 LStR 2013.

[151] Vgl. H 39b.10 LStR 2014: Antragsabhängige Steuerbefreiung nach DBA. Der Lohnsteuerabzug darf dann nur unterbleiben, wenn das Betriebsstättenfinanzamt bescheinigt, dass der Arbeitslohn nicht der deutschen Lohnsteuer unterliegt, BFH 10.5.1989, BStBl. II 1989, 755. S. DBA Frankreich (Art. 25b), Italien (Art. 29), Norwegen (Art. 28), Österreich (Art. 27), Polen (Art. 29), Schweden (Art. 44), USA (Art. 29). Vgl. BMF 25.6.2012, danach darf ein Arbeitgeber ohne eine Freistellungsbescheinigung des Betriebsstättenfinanzamts nicht vom Steuereinbehalt absehen (zur Erhebung der Lohnsteuer für Erfindervergütungen im Rahmen der beschränkten Steuerpflicht im Zusammenhang mit dem DBA USA/Deutschland).

Ausland zugeordnet. Wird der Arbeitnehmer weiterhin geschäftlich in Deutschland tätig und trägt die ausländische Gesellschaft die Gehaltskosten für die Reisetätigkeit nach Deutschland, hat Deutschland lediglich das Besteuerungsrecht auf das Einkommen für die physisch in Deutschland ausgeübte Tätigkeit bei Überschreiten der 183 Tage innerhalb eines Zeitraums von zwölf Monaten, der während des betreffenden Steuerjahres beginnt oder endet. Lediglich der Gehaltsbestandteil, der auf physische Tätigkeit in Deutschland entfällt und der von der deutschen Gesellschaft wirtschaftlich getragen wird oder getragen werden müsste, unterliegt der inländischen Besteuerung.[152]

Wird der **Wohnsitz in Deutschland aufgegeben,** kann das auf das Ausland entfallende Gehalt ohne Einbehalt von Steuerabzugsbeträgen in Deutschland ausgezahlt werden. Ein Antrag auf Erteilung einer **Bescheinigung** über die Freistellung des Arbeitslohns vom Steuerabzug aufgrund eines Abkommens zur Vermeidung der Doppelbesteuerung ist **nicht notwendig,** da dieser nur für unbeschränkt steuerpflichtige Arbeitnehmer zu stellen ist.[153] In diesem Zusammenhang wird jedoch auf § 39d Abs. 3 S. 4 EStG[154] iVm § 39b Abs. 6 EStG hingewiesen.[155]

---

[152] Zu einer etwaigen Lohnsteuereinbehaltungsverpflichtung für den anteiligen Arbeitslohn s. Rn. 123.

[153] Vgl. *Trzaskalik* in Kirchhoff/Söhn/Mellinghoff EStG zur Bedeutung der Freistellungsbescheinigung nach einem DBA.

[154] Vgl. *Stache* in Bordewin/Brandt EStG, § 39d EStG Rz. 40, ein Lohnsteuerabzug darf nur unterbleiben, wenn bei einem antragsgebundenen DBA eine Freistellungsbescheinigung des Betriebsstättenfinanzamts vorliegt.

[155] Gem. § 52 Abs. 51b EStG ist jedoch § 39b Abs. 6 EStG weiterhin anzuwenden, bis das BMF den Zeitpunkt des erstmaligen Abrufs der Lohnsteuerabzugsmerkmale nach § 39 Abs. 4 Nr. 5 EStG mitgeteilt hat (§ 52 Abs. 50g EStG), § 39d EStG wurde mWv 1.1.2012 aufgehoben, da ab 2012 eine Neustrukturierung erfolgen sollte. Die Regelungen in R 39d LStR 2011 sind weiter anzuwenden.

Kapitel R: Funktions- und Geschäftsverlagerung

Übersicht

I. Grundlagen

1. Ursachen von Funktionsverlagerungen

1   Jedes Unternehmen muss sich ständig an die sich ändernden Anforderungen der Märkte anpassen. Strategisch geht es dabei darum, fortwährend neu zu entscheiden, auf welchen Märkten das Unternehmen präsent sein will, welche Rollen von den jeweiligen oder neuen Standorten innerhalb des Leistungserstellungsprozesses übernommen werden sollen oder werden können, und wo die **Entscheidungskompetenz für** die verschiedenen **unternehmerischen Prozesse** angesiedelt werden soll.[1] Zu diesem Zweck gestalten

---

[1] Vgl. *Borstell/Jamin* in Kessler/Kröner/Köhler, Konzernsteuerrecht, 2008, § 8 Rn. 251.

internationale Konzerne ihre Aktivitäten und Abläufe laufend neu. Dies erfolgt insb. durch die Errichtung, Aufstockung, Verlagerung, Abschmelzung und Schließung von mehr oder weniger umfangreichen Aktivitäten. Die häufigsten Fälle betreffen die Funktionen Forschung und Entwicklung, Einkauf, Produktion, Vertrieb, Koordination und Kontrolle (Management), Finanzierung sowie konzerninterne Dienstleistungen.[2]

Im Zuge der zunehmenden Globalisierung unternehmerischer Aktivitäten **2** haben sich diese Anpassungsabläufe beschleunigt und zusätzlich noch verstärkt, nicht zuletzt als Reaktion auf die Finanzkrise seit 2008.

Die individuellen Gründe für Funktionsverlagerungen mögen sehr unterschiedlich sein, können aber **vier Hauptbeweggründen** zugeordnet werden:
– Verbesserung der Wettbewerbsposition,
– Optimierung der Wertschöpfungsprozesse,
– Kostenreduzierung und
– Rechtssystem und Steuerbelastung als Standortfaktor.

a) Verbesserung der Wettbewerbsposition

Wichtigstes Ziel von Funktionsverlagerungen ist die Verbesserung der **3** Wettbewerbsfähigkeit. Besondere Bedeutung hat dafür
– die **Vermeidung von Zoll- und nicht-tarifären Handelshemmnissen,** die sich insb. aus dem Bestehen großer Handels- und Zollunionen ergeben, zB der EU, NAFTA, Mercosur oder ASEAN, und
– die Forderung wichtiger Kunden nach **örtlicher Präsenz** des Anbieters (zB, aber bei weitem nicht nur im Bereich der Automobilindustrie für deren Zulieferer).

b) Optimierung der Wertschöpfungsprozesse

Zunehmende Bedeutung für die Vornahme von Funktionsverlagerungen **4** hat zudem die Optimierung der Wertschöpfungsprozesse im Konzern, nicht zuletzt ausgelöst durch die Erfahrungen mit operativen Strukturmängeln während der Finanzkrise 2008/09 und der Notwendigkeit, verfügbare Finanzmittel zu erhöhen („cash is king"):
– **Realisierung von Kostendegressionseffekten (Economies of Scale)** durch Zusammenlegung von Funktionen an wenigen Standorten, zB die Bündelung von Produktionsaktivitäten,
– **Senkung von Logistikkosten** durch Optimierung der Güterströme und die damit einhergehende Reduzierung der Kosten für Transport, Lagerhaltung und Umschlag,
– **Verbesserung des Informationsflusses und neue Steuerungsmöglichkeiten** durch neue Softwarelösungen zur Produktions- und Ressour-

---

[2] Vgl. auch die ähnliche Aufzählung von Funktionen in Rn. 15 VGr-FV: Als Funktionen kommen in Betracht: Geschäftstätigkeiten, die zur Geschäftsleitung, Forschung und Entwicklung, Materialbeschaffung, Lagerhaltung, Produktion, Verpackung, Vertrieb, Montage, Bearbeitung oder Veredelung von Produkten, Qualitätskontrolle, Finanzierung, Transport, Organisation, Verwaltung, Marketing, Kundendienst usw. gehören.

censteuerung sowie weiterentwickelte Verfahren zur Warenverfolgung (wie zB RFID[3]). Konzerninterne Dienstleistungen können zudem nunmehr mit Hilfe **moderner IT-Lösungen** weitgehend ortsungebunden erbracht werden und sind aufgrund dessen zunehmend Gegenstand konzerninterner Funktionsverlagerungen.

c) Kostenreduzierung

5   Funktionsverlagerungen werden nach wie vor auch wesentlich durch das Bestreben zur Kostenreduzierung vorgenommen:

- Kostensenkungen für den Konzern durch die Verlagerung einer Funktion von einem Land in ein anderes hinsichtlich **Lohn- und Lohnnebenkosten** (einschließlich arbeitgeberfinanzierter Abgaben wie Lohnsummensteuern etc.) oder Kosten in anderen Bereichen,
- Kostensenkungen für einzelne Konzernunternehmen durch **Outsourcing** auf spezialisierte Konzerneinheiten und Bezug der jeweiligen Leistung auf Abruf, verstärkt in der Regel durch eine erhöhte Kostentransparenz, ein verstärktes Kostenbewusstsein und eine bessere Kostenkontrolle,[4]
- **Optimierung von Managementfunktionen** durch Wegfall überflüssiger Managementprozesse und Zusammenfassung von Entscheidungsschnittstellen.[5]

d) Rechtssystem und Steuerbelastung als Standortfaktor

6   Eines der Ziele einer Funktionsverlagerung kann es für Konzerne sein, im Ausland günstigere rechtliche Rahmenbedingungen für ihre wirtschaftliche Tätigkeit zu nutzen, zB

- **Arbeitsrecht** (zB angemessene oder keine Mitbestimmung, Kündigungsrecht),
- **Steuerrecht** (niedrigere Ertrag-, Verkehr- oder Substanzsteuerbelastung),[6]
- **Kapitalmarktrecht** (einfacherer Zugang zu Kapital- und Geldmärkten, fehlende Devisenkontrollen, Fungibilität der Währung),
- **Umweltrecht** (geringere Umweltschutz-, Kontroll- und/oder Sicherheitsauflagen)
- effizientes Rechts- und **Gerichtssystem,**
- **politische Stabilität** eines Landes und die Berechenbarkeit politischer Entscheidungen.

2. Wirkung auf die konzerninternen Leistungsströme

7   Zu unterscheiden sind die steuerlichen Folgen einer Funktionsverlagerung als solcher (Verlagerung an sich) und ihre Wirkung auf das System der laufenden Verrechnungspreise nach der Reorganisation.[7]

---

[3] RFID = Radio Frequency Identification (Produktidentifikation durch Chips).

[4] Vgl. *Eisele*, Funktionsverlagerung, 2003, 58 f.

[5] Vgl. *Eisele*, Funktionsverlagerung, 2003, 57 f.

[6] Vgl. auch zur steuerlichen Anerkennung dieser Zielsetzung Tz. 9.181 f. OECD-RL 2010.

[7] Vgl. auch Rn. 11 VGr-FV.

Sind Standortentscheidungen zu Funktionen innerhalb eines Konzerns ge- **8** troffen, so erwachsen hieraus in der Regel (neue oder veränderte) Leistungsbeziehungen zwischen den gebildeten oder veränderten Unternehmenseinheiten. Aus steuerlicher Sicht besteht nun die Notwendigkeit, ein **System laufender Verrechnungspreise** zu schaffen bzw. ein bestehendes Verrechnungspreissystem angemessen zu verändern, das die neuen oder veränderten konzerninternen Leistungsströme erfasst und dabei den Anforderungen des Fremdvergleichsgrundsatzes genügt.[8] Hierzu müssen im Rahmen einer Funktions- und Risikoanalyse die folgenden wesentlichen Elemente beachtet werden:[9]

– **Verteilung der betrieblichen Aufgaben (Funktionen):** Es ist zu analysieren, welche Einheiten des Konzerns nun welche Aufgaben im Rahmen der unternehmensübergreifenden Wertschöpfungskette übernehmen.
– **Verteilung der sich ergebenden Chancen und der eingegangenen Risiken:** Mit der Erfüllung jeder Aufgabe sind gleichermaßen Chancen wie Risiken verbunden. Durch die Funktionsverlagerung haben sich die Aufgaben und damit die Chancen- und Risikoprofile der beteiligten Konzerngesellschaften verändert und müssen entsprechen angepasst werden.
– **Verteilung der Wirtschaftsgüter:** Zur Erfüllung der übernommenen Aufgaben sind materielle und immaterielle Wirtschaftsgüter notwendig. Deren Zuordnung ist idR durch die Funktionsverlagerung verändert worden und ihr Beitrag zur Wertschöpfungskette muss entsprechend unter den veränderten Bedingungen neu bewertet werden.

Aus der Funktions- und Risiko- bzw. der Wertschöpfungsanalyse leitet sich **9** für jede Konzerneinheit ein fremdvergleichskonformes Einkommensniveau unter einem bestehenden Verrechnungspreissystem ab. Nimmt der Konzern nun im Rahmen einer Restrukturierung Veränderungen an der Verteilung von Aufgaben, Chancen, Risiken und/oder Wirtschaftsgütern vor, so hat dies unmittelbare **Auswirkungen auf das Verrechnungspreissystem** des Konzerns. Das gilt insb. dann, wenn Gegenstand der Neuausrichtung eine oder mehrere Funktionen sind. Eine Neuordnung von Funktionen geht oftmals mit einer maßgeblichen Änderung der Unternehmens- oder Konzernstrategie einher. In Folge einer Funktionsverlagerung ist folglich das Verrechnungspreissystem neu auszurichten und eventuell sogar grundsätzlich neu zu konzipieren. In der Regel hat dies auch eine nachhaltige Wirkung auf die Einkommensverteilung zwischen den betroffenen Unternehmen.

Im Mittelpunkt dieses Kapitels stehen allerdings nicht die Verhältnisse und **10** das Verrechnungspreissystem nach einer Funktionsverlagerung, dessen Aufbau unter den neuen Rahmenbedingungen allgemeinen Verrechnungspreisgrundsätzen folgt,[10] sondern die **Steuerfolgen der Umstrukturierung selbst.**

Aus dem Vorstehenden wird ersichtlich, dass beides, Funktionsverlagerung **11** selbst und daraus entstehendes neues Verrechnungspreissystem, **nicht unabhängig voneinander** beurteilt werden kann. Legt man die Bewertungskonzeption des § 1 Abs. 3 S. 6 AStG[11] zu Grunde, nach der die Ausgleichszah-

---

[8] Vgl. dazu Tz. 9.123 ff. OECD-RL 2010 und Kap. M Rn. 220 ff.
[9] Zu Einzelheiten der Funktions- und Risikoanalyse oder einer Wertschöpfungsanalyse vgl. Kap. M Rn. 137 ff.
[10] Vgl. dazu Kap. M Rn. 220 ff.
[11] Vgl. im Detail Rn. 461 ff.

lung für eine übergehende Funktion an der Differenz zwischen den Gewinn-potenzialen vor und nach der Reorganisation für beide beteiligten Unter-nehmen zu bemessen ist, so wird deutlich, dass die Frage nach dem Wert der Funktion (sofern zuvor eine Funktionsverlagerung dem Grunde nach identi-fiziert wurde) ohne konkrete Kenntnis des nach der Restrukturierung anzu-wendenden Verrechnungspreissystems nicht beantwortet werden kann. Denn das zukünftige Mehr oder Weniger an Gewinnpotenzial hängt davon ab, wie und zu welchen Bedingungen die Unternehmenseinheit zukünftig in Leis-tungsbeziehungen mit anderen Konzerneinheiten tritt und aus diesen Leis-tungsbeziehungen ein Einkommen generiert. **Späteres Verrechnungspreis-sytem und** seine Vergütungsbestandteile sowie **Wert des Transferpakets** stehen in einem **wechselseitigen Abhängigkeitsverhältnis,** die **wie kor-respondierende Röhren** voneinander abhängen.

12   Bei der Frage nach dem **Zeitpunkt der Anpassung des Verrech-nungspreissystems** an die neue Konzernstruktur sind wirtschaftliche Maß-stäbe zugrunde zu legen. Da eine Funktionsverlagerung als einheitlicher Ge-schäftsvorfall anzusehen ist, muss das Verrechnungspreissystem eines Konzerns erst dann angepasst werden, **wenn** die Funktionsverlagerung wirtschaftlich **insgesamt realisiert** worden ist.[12]

3. Begriff der Funktion

13   Die Diskussion um eine sachgerechte Besteuerung von Funktionsverlage-rungen neigt dazu, sich mit den Rechtsfolgen von Funktionsverlagerungen, zB der Bewertung der Funktion als Ganzes, zu beschäftigen, bevor im ersten Schritt geklärt wird, ob überhaupt eine Funktion vorliegt, bzw. feststeht, was unter dem **unbestimmten Rechtsbegriff** der „Funktion" zu verstehen ist.[13] Denn nur wenn ein betriebliches Aufgabengebiet als Funktion im Rechtssin-ne anzusehen ist, kann eine Funktionsverlagerung mit ihren Rechtfolgen ein-treten.

a) Definitionsversuche in der betriebswirtschaftlichen Literatur

14   Die allgemeine betriebswirtschaftliche und insb. auch die organisationsthe-oretische Literatur hat bisher **keine einheitliche Definition** der Funktion hervorgebracht.

Zusammenfassend gesehen wird jedoch in der Regel im Rahmen der Ana-lyse und Synthese betrieblicher Aufgaben die Summe sämtlicher zu verrichten-den Tätigkeiten sowie der eingesetzten Mittel und der daraus resultierenden Chancen und Risiken nach bestimmten Kriterien jenen Einheiten zugeordnet, die die Aufgaben zur Erreichung der jeweiligen Unternehmens(ober)ziele aus-führen.[14] Problemtisch im Hinblick auf das Ziel einer gleichmäßigen steuerli-chen Erfassung ist jedoch, dass diese Kriterien unterschiedlich dimensioniert

---

[12] Vgl. dazu unten Rn. 431 f.

[13] Vgl. dazu ausführlich *Borstell/Schäperclaus* IStR 2008, 275; *Brüninghaus/Boden-müller* DStR 2009, 1285; auch *Wolter/Pitzal* IStR 2008, 793.

[14] Vgl. ähnlich *Bodenmüller,* Steuerplanung, 2004, 7 f.; *Borstell/Schäperclaus* IStR 2008, 275 f.

werden können.[15] Eine umfassende Definition könnte folglich nur so lauten, dass es sich bei einer Funktion um eine **Teilmenge betrieblicher Aufgaben** handelt **(Aufgabenbündel),** welche nach bestimmten Kriterien aus der Gesamtmenge aller Aufgaben gebildet wurde, der Wertschöpfung des Unternehmens dient und einer ausführenden Einheit zugeordnet ist.[16]

Diese Definition ist jedoch für Zwecke der Besteuerung **lediglich einge-** **15** **schränkt geeignet.** Es werden zwar Erkenntnisse über die Struktur der leistungserbringenden Einheit ermöglicht, die jedoch ebenfalls unterschiedlich umfassend sein können. Folglich kann diese Definition keine objektivierbare und damit iSv Tatbestandsvoraussetzungen geeignete Ermittlung einer Bemessungsgrundlage gewährleisten, da sie nahezu unbegrenzt flexibel bei der Identifizierung einer Funktion gehandhabt werden kann. Dieser Funktionsbegriff kann folglich für Zwecke des § 1 Abs. 3 AStG nicht sachgerecht sein.[17]

b) Definition anhand des nationalen und internationalen Gebrauchs

Ein weiterer Ansatzpunkt, den Begriff der Funktion zu bestimmen, kann **16** dessen Gebrauch im nationalen und internationalen steuerlichen Kontext sein. Schon die nationalen VGr[18] und auch die VGr-Verfahren[19] enthalten Zusammenstellungen von betrieblichen Tätigkeitsbereichen, die die FinVerw. als Funktionen ansieht.[20] Als aktuellste Quelle kommen nach den **VGr-FV**[21] als Funktionen die Geschäftsleitung, Forschung und Entwicklung, Materialbeschaffung, Lagerhaltung, Produktion, Verpackung, Vertrieb, Montage, Bearbeitung oder Veredelung von Produkten, Qualitätskontrolle, Finanzierung, Transport, Organisation, Verwaltung, Marketing, Kundendienst usw. in Betracht.[22]

Die **OECD-RL** wiederum beinhalten im Rahmen der Beschreibung der „Functional Analysis"[23] einen **Katalog von** zwölf bzw. dreizehn **Funktionen,** die jedoch gegenseitig nicht frei von Überschneidungen sind.[24]

Obwohl die Katalogisierung und Kategorisierung von unternehmerischen **17** Tätigkeitsfeldern einen Ausgangspunkt für die Bestimmung des Begriffs der Funktion darstellen kann, können derartige exemplarische Aufzählungen sicher nicht Grundlage der steuerlichen Begriffsfindung und damit letztlich der

---

[15] Vgl. für eine umfassende Zusammenstellung der in der Organisationstheorie entwickelten Kriterien *Eisele,* Funktionsverlagerung, 2003, 12 ff.

[16] Vgl. *Ditz* in Wassermeyer/Andresen/Ditz, Betriebsstätten-Handbuch, 2006, Rn. 4.2.; *Wassermeyer/Baumhoff/Greinert* in Flick/Wassermeyer/Baumhoff, AStG, Vorabkommentierung § 1 Abs. 3 AStG Rn. V 69; *Kraft* in Kraft, AStG, § 1 Rn. 360.

[17] Vgl. *Borstell/Schäperclaus* IStR 2008, 275, 276.

[18] BMF 23.2.1983, BStBl. I 1983, 218, Tz. 2.1.3.

[19] BMF 12.4.2005, BStBl. I 2005, 570, Tz. 3.4.11.4.

[20] Vgl. *Eisele,* Funktionsverlagerung, 2003, 11 mwN; *Ditz* in Wassermeyer/Andresen/Ditz, Betriebsstätten-Handbuch, 2006, Rn. 4.2; *Kraft* in Kraft, AStG, § 1 Rn. 360.

[21] BMF 13.10.2010, BStBl. I, 774.

[22] Vgl. Rn. 15 VGr-FV.

[23] Tz. 1.42–1.51 OECD-RL 2010.

[24] Vgl. Tz. 1.43 OECD-RL 2010. Dieser Katalog enthält: design, manufacturing, assembling, research and development, servicing, purchasing, distribution, marketing, advertising, transportation, financing and management. Weiterhin kommen in Tz. 7.2 OECD-RL 2010 „management, coordination and control functions" zur Sprache.

Besteuerung iSe Tatbestandsmäßigkeit der Besteuerung sein. Um das Ziel einer gleichmäßigen steuerlichen Erfassung von komplexen Sachverhalten wie Funktionsverlagerungen zu erreichen, bedarf es abstrakter Abgrenzungsmerkmale, eine beispielhafte Auflistung möglicher Anwendungsfälle einer Regelung ist nicht ausreichend.[25]

c) Der Funktionsbegriff iSd § 1 Abs. 3 S. 9 AStG, § 1 Abs. 1 FVerlV

18　　Des Weiteren können sowohl der Gesetzestext selbst, einschließlich seiner Begründung, als auch die Funktionsverlagerungsverordnung[26] Hinweise auf das Verständnis des Begriffs der Funktion durch den Gesetzgeber und das BMF geben.

19　　§ 1 Abs. 3 S. 9 AStG regelt zwar die Rechtsfolgen einer Funktionsverlagerung und enthält eine tautologische Bestimmung des Begriffs „Funktionsverlagerung", enthält aber keine Definition des zugrunde liegenden Begriffs der Funktion selbst.[27]

20　　Offensichtlich hat jedoch der Verordnungsgeber diese Unzulänglichkeit erkannt und in § 1 FVerlV, der die Überschrift „Begriffsbestimmungen" trägt, in Abs. 1 S. 1 eine Funktion zunächst wie folgt bestimmt:

> *„Eine Funktion ist eine Geschäftätigkeit, die aus einer Zusammenfassung gleichartiger betrieblicher Aufgaben besteht, die von bestimmten Stellen oder Abteilungen eines Unternehmens erledigt werden."*

21　　Diese Begriffsbeschreibung des § 1 Abs. 1 S. 1 FVerlV ist so umfassend, dass sie alleine nicht als Definition im eigentlichen Sinne verstanden werden kann, da sie keine Abgrenzung steuerbarer von nicht-steuerbaren Sachverhalten zulässt, da **jegliche betriebliche Tätigkeit** als Zusammenfassung von Aufgaben gelten kann.[28] Aufgrund der weit reichenden steuerlichen Konsequenzen, die eine Funktionsverlagerung mit sich bringen kann, fehlt es der Begriffsbestimmung des S. 1 folglich an der Tatbestandsmäßigkeit der Besteuerung. Sie ist als Definition im steuerlichen Sinne nicht tragbar.[29]

22　　Der Verordnungsgeber hat aber dem § 1 Abs. 1 S. 1 FVerlV einen S. 2 hinzugefügt, der sich auch bereits inhaltlich identisch in der Begründung zu § 1 Abs. 3 S. 9 AStG findet:

> *„Sie [die Funktion] ist ein organischer Teil eines Unternehmens, ohne dass ein Teilbetrieb im steuerlichen Sinn vorliegen muss."*[30]

---

[25] Vgl. *Borstell/Schäperclaus* IStR 2008, 275, 276.

[26] Verordnung zur Anwendung des Fremdvergleichsgrundsatzes nach § 1 Abs. 1 des Außensteuergesetzes in Fällen von grenzüberschreitenden Funktionsverlagerungen (Funktionsverlagerungsverordnung – „FVerlV") vom 12. August 2008.

[27] Vgl. unten Rn. 294 ff.

[28] So auch *Brüninghaus/Bodenmüller* DStR 2009, 1285, 1286; *Blumers* in Herzig u. a., Unternehmensteuerreform, 2008, Rn. 478; *Günter* WPg 2007, 1082, 1083.

[29] Vgl. *Borstell/Schäperclaus* IStR 2008, 275, 277; *Brüninghaus/Bodenmüller* DStR 2009, 1285 f.; *Schreiber* in Kroppen, Handbuch Internationale Verrechnungspreise Bd. I, FVerlV, Rn. 41 ff.

[30] Vgl. auch Gesetzesbegründung zum Unternehmensteuerreformgesetz 2008, BR-Drs. 220/07, 144.

Es kann davon ausgegangen werden, dass das Attribut „organisch" nicht **23** zufällig in der FVerlV (und in der Gesetzesbegründung) verwendet wurde. Der Begriff des **„organischen Unternehmensteils"** steht in der steuerrechtlichen Literatur und Rechtsprechung regelmäßig mit Themen der Übertragung von Unternehmen als Ganzes oder von Teilbetrieben in Verbindung. Insofern kann angenommen werden, dass dieses Attribut zeigen soll, dass eine Funktion eine geschlossene Einheit mit beträchtlicher Bedeutung für das Gesamtunternehmen darstellt.[31] Dies wiederum erzeugt eine Nähe der Begriffe Funktion und Teilbetrieb.

Die ausdrückliche Bestimmung, dass **kein Teilbetrieb** vorliegen muss, hat ihre Ursache wohl darin, dass Ausweichstrategien seitens des Steuerpflichtigen vermieden werden sollen,[32] da einkommensteuerlich nur dann von dem Übergang eines Teilbetriebs auszugehen ist, wenn alle wesentlichen Betriebsgrundlagen den Besitzer wechseln. Die FinVerw. befürchtet das Zurückbehalten einzelner wesentlicher Betriebsgrundlagen im Inland, was beim Abstellen auf den Teilbetriebsbegriff die Anwendung der Vorschriften zur Funktionsverlagerung vermeiden könnte. Hierbei sei insb. auf das Beispiel der Betriebsgrundstücke im produzierenden Gewerbe verwiesen, die regelmäßig zu den wesentlichen Betriebsgrundlagen zählen und bei einer Funktionsverlagerung ins Ausland nicht mit übertragen werden können.[33]

Fraglich ist, ob die Ergänzung der Begriffsbestimmung des S. 1 um das **24** Merkmal „organischer Teil eines Unternehmens" ausreicht, um in § 1 Abs. 1 FVerlV eine Definition des Begriffs Funktion zu sehen, die klar und eindeutig genug ist, um die Tatbestandsmäßigkeit der Besteuerung sicherzustellen.[34] Zweifel bestehen insb., da **§ 1 Abs. 1 FVerlV** nur darauf abstellt, wie sich ein Tätigkeitsbereich in der Sphäre des abgebenden Unternehmens darstellt („organischer Teil, aber nicht notwendig ein Teilbetrieb"). Sie **berücksichtigt nicht die Perspektive des aufnehmenden Unternehmens.** Für dieses ist aber nicht wesentlich, ob der Tätigkeitsbereich beim abgebenden Unternehmen einen organischen Teil des Unternehmens gebildet hat, sondern ob es mit dem neuen Tätigkeitsbereich eine marktgängige Leistung erzielen kann. Ansonsten mangelt es unter fremden Dritten an dem Willen, die Funktionsverlagerung vorzunehmen und dafür ein Entgelt zu entrichten. Insoweit unterscheiden sich die Kriterien für die Anerkennung einer Funktion aus Sicht des abgebenden und des aufnehmenden Unternehmens.

Im Folgenden sollen daher Anforderungen an eine steuerlich tragbare **25** Definition der Funktion aufgestellt werden, bevor untersucht wird, inwieweit die 2010 erlassenen VGr-FV[35] dem Rechnung getragen haben.

---

[31] Kritisch zur Aussagekraft dieses Definitionselements *Brüninghaus/Bodenmüller* DStR 2009, 1285, 1286.

[32] Vgl. Gesetzesbegründung zu § 1 Abs. 3 S. 9 AStG, Unternehmensteuerreformgesetz 2008, BR-Drs. 220/07, 144.

[33] Vgl. *Serg*, Optimierung, 2006, 165.

[34] Vgl. auch *Brüninghaus/Bodenmüller* DStR 2009, 1285, 1286.

[35] Grundsätze für die Prüfung der Einkunftsabgrenzung zwischen nahe stehenden Personen in Fällen von grenzüberschreitenden Funktionsverlagerungen (Verwaltungsgrundsätze Funktionsverlagerung) („VGr-FV") vom 13. Oktober 2010, BStBl. I, 774.

d) Anforderungen an eine steuerlich tragbare Definition

26   Zunächst muss die Definition dem Grundsatz des Fremdvergleichs standhalten und dem Regelungszweck des § 1 AStG entsprechen. Ausgegangen wird hierbei von der gesetzgeberischen Begriffsbestimmung, dass eine Funktion im Sinne des Außensteuerrechts auf Seiten des abgebenden Unternehmens einen **Unternehmensteil** darstellen muss.[36]

27   Der Begriff „organischer Teil eines Unternehmens" beschreibt zunächst jedoch nur einen Teil eines Unternehmens als Organisationseinheit. Mit diesem organischen Unternehmensteil sind jedoch auch (materielle und immaterielle) Wirtschaftsgüter, die für eine zielorientierte Bearbeitung seiner Aufgaben notwendig sind, sowie die mit diesen Wirtschaftsgütern und Aufgaben übergehenden Chancen und Risiken verbunden.[37]

28   Um der Fremdvergleichskonformität des § 1 Abs. 3 AStG zu genügen, der ja unterstellt, dass die fremden Dritten in der konkreten Transaktion neben dem Wert der Einzelwirtschaftsgüter ein goodwillähnliches Kaufpreiselement vereinbaren würden,[38] muss die Abgrenzung einer Funktion zu Transaktionsgegenständen führen, die auch fremde Dritte mit solchen Goodwillelementen handeln würden. Die **Kriterien,** was als Funktion anzusehen ist, **weichen** aber **für abgebendes und für aufnehmendes Unternehmen voneinander ab.**

29   Aus Sicht des **abgebenden Unternehmens** würde insb. ein Unternehmensteil, der auch dem steuerlichen Teilbetriebsbegriff genügt, als Merkmal für das Vorliegen einer Funktion ausreichen. Die Definition des steuerlichen Teilbetriebs soll somit auch ungeachtet der Bedenken des Gesetzgebers als Ausgangspunkt für die nachfolgenden Ausführungen dienen, die Definitionselemente sollen jedoch aus Sicht des aufnehmenden Unternehmens entsprechend modifiziert und unter Berücksichtigung des Konzepts der Zahlungsmittel generierenden Einheit (Cash Generating Unit – nachfolgend „CGU" genannt) der International Financial Reporting Standards (IFRS) ergänzt werden.[39]

30   Die Definition des **Teilbetriebs** enthält u.a. die folgenden Definitionselemente:
– Organisch geschlossener Unternehmensteil
– Eigenständige Lebensfähigkeit
– Gewisse Selbständigkeit.

31   Für die Anforderung an eine Definition der Funktion ist der **Übergang der wesentlichen Betriebsgrundlagen** als Kriterium **verzichtbar.** Wie gezeigt wird, ergibt sich die Zuordnung von Wirtschaftsgütern zu einer Funktion bereits aus dem Zusammenspiel der Definitionselemente der gewissen Selbständigkeit und der eigenständigen Lebensfähigkeit. Welche Wirtschaftsgüter für eine Funktion wesentlich sind, ist anhand ihrer Notwendigkeit für die Erfüllung des Aufgabenbündels zu beurteilen.

---

[36] Gl. A. *Kahle* DK 2007, 647, 648; *Frotscher* FR 2008, 49, 52 (betrieblicher Teilorganismus).

[37] Vgl. *Brüninghaus/Bodenmüller* DStR 2009, S. 1285. Anders wohl *Blumers,* der den Funktionsbegriff mit dem einer betrieblichen Aufgabe gleichsetzt, vgl. *Blumers* in Herzig u.a., Unternehmensteuerreform, 2008, Rn. 478 ff.

[38] Vgl. unten Rn. 198 f.

[39] Vgl. *Borstell/Schäperclaus* IStR 2008, 275, 279.

aa) Die Funktion als organisch geschlossener Unternehmensteil

Das Definitionselement des organisch geschlossenen Teils des Gesamtbe- **32**
triebs ist in der deutschen Rechtsprechung zum Teilbetrieb von untergeordneter Bedeutung, da dieses Kriterium dort inhaltlich vage und folglich zur
Abgrenzung des Begriffs von geringer Bedeutung ist.[40]

Die Vorstellung eines organisch **geschlossenen Unternehmensteils** imp- **33**
liziert die Vorstellung eines Unternehmens als Organismus, welcher sich aus
verschiedenen „funktionalen" Einheiten zusammensetzt. Die Teile sind zu einem gewissen Grad innerhalb einer Unternehmung abgrenzbar und haben
innerhalb des Unternehmens so viel Bedeutung, dass sie dort als abgrenzbare
Tätigkeitsgebiete erkennbar sind. Eine Funktion kann jedoch nur dann Gegenstand gesonderter außensteuerlicher Regelungen sein, wenn sie auch für
einen fremden Dritten strukturell als solche erkennbar ist und bei beiden
Transaktionspartnern einen nicht bedeutungslosen Wertschöpfungsbeitrag erzielt bzw. zukünftig erzielen kann.

Um das Definitionsmerkmal **„organisch"** für eine Funktion zu erfüllen, **34**
müssen wiederum folgende Bedingungen bei der Wahl der zugehörigen Auf-
gabenbereiche und notwendigen Wirtschaftsgüter beachtet werden:
– Der innere wirtschaftliche Zusammenhang der Tätigkeiten muss für einen
unabhängigen Dritten erkennbar sein.
– Die Aufgaben müssen sich im selben wirtschaftlichen Kontext wiederholen
und beschränken sich nicht auf eine einmalige Erledigung.
– Der Funktion kann kein Aufgabenfeld entzogen werden, ohne dass sich ihr
Charakter und ihr Wertschöpfungspotenzial in bedeutsamem Umfang ändert.[41]

bb) Lebensfähigkeit und Selbständigkeit der Funktion

Im Rahmen der Teilbetriebsdefinition überschneiden sich die Definitions- **35**
elemente der „eigenständigen Lebensfähigkeit" und der „gewissen Selbständigkeit" zum Teil.[42] Aufgrund dessen erscheint auch eine zusammengefasste
Betrachtung für die Definition der Funktion möglich.

Nach der grundsätzlichen Auffassung des BFH muss der betreffende Unternehmensteil (Teilbetrieb) seiner Natur nach eine eigenständige betriebliche
Tätigkeit (eigenständige Lebensfähigkeit) bzw. alle betrieblichen Funktionen
selbst ausüben können.[43]

Für die Abgrenzung von Funktionsverlagerungen geht dies zu weit, da es **36**
für eine Funktion im außensteuerlichen Sinne lediglich notwendig ist, dass
das übergehende Aufgabenbündel zusammen mit den für diese Aufgaben
notwendigen Wirtschaftsgütern dem funktionsaufnehmenden Unternehmen
ermöglicht, auf einem Markt erwerbswirtschaftlich tätig zu werden. Im Gegensatz zum Teilbetriebsverständnis ist es nunmehr für das **funktionsaufnehmende Unternehmen** nicht notwendig, die übergehende Funktion als
eigenen Betrieb fortführen zu können, sondern nur, mit der übergehenden
Funktion eine **marktgängige Leistung ausführen zu können**.

---

[40] Vgl. *Wälzholz*, Teilbetriebsbegriff, 1999, 64.
[41] Vgl. *Borstell/Schäperclaus* IStR 2008, 275, 280.
[42] Vgl. *Wälzholz*, Teilbetriebsbegriff, 1999, 66.
[43] Vgl. BFH 18.6.1996, BStBl. II 1998, 735; BFH 10.3.1998, BFH/NV 1998, 1209.

37   In diesem Zusammenhang ist es von Bedeutung, ob überhaupt ein Markt für die Leistung existiert, sie tatsächlich an einem Markt angeboten wird und ob sie nach der Übertragung nur gegenüber Konzernunternehmen erbracht wird (zB im Rahmen von „Outsourcing"). Eine (Dienst-)Leistung stellt **keine Funktion** dar, **wenn sie lediglich gegenüber** einem Unternehmen des **eigenen Konzerns erbracht werden kann,** da das die Leistung ausführende Unternehmen dann keine Leistung erbringt, die marktgängig ist.[44]

38   Das Definitionselement der **„gewissen Selbständigkeit"** wird durch den BFH in seiner ständigen Rechtsprechung zur Identifikation eines Teilbetriebs genutzt, wobei dieser Ausdruck jedoch nicht konkret definiert, sondern kasuistisch konkretisiert wird. Indizien für das Vorliegen eines Teilbetriebs sind u. a. eine räumliche Trennung vom Hauptbetrieb, ein eigener Wirkungskreis des Teilbetriebs, eine gesonderte Buchführung, eigenes Personal, eine eigene Verwaltung, eigenes Anlagevermögen, eine ungleichartige betriebliche Tätigkeit, ein eigener Kundenstamm und eine Gestaltung der internen Organisation, welche dem Teilbetrieb die notwendige Eigenständigkeit ermöglichen würde.[45] Letztlich entscheidet jedoch in jedem Fall das Gesamtbild der Umstände, welches zu einer unterschiedlichen Gewichtung der gegebenen Indizien führt.[46]

39   Diese Indizien sind allerdings nicht für das Definitionselement der „gewissen Selbständigkeit"[47] einer Funktion anwendbar, da ihre Anwendung teils gegen den Fremdvergleichsgrundsatz verstoßen würde und sie teils auch schon in den anderen beiden zuvor genannten Definitionselementen berücksichtigt sind. Es ist vielmehr von Bedeutung, dass der Funktion bereits beim funktionsabgebenden Unternehmen **Werttreiber** zugeordnet werden können, die sich **beim funktionsaufnehmenden Unternehmen** nachfolgend **in Marktchancen manifestieren.** Ein solcher Werttreiber ist ein materielles oder immaterielles Wirtschaftsgut, dessen bilanzielle Erfassung jedoch nicht entscheidend ist. Folglich kann es keine Funktion ohne „eigenes Anlagevermögen" geben. Dieses ist einer Funktion zuzuordnen, wenn es der Erfüllung des in Frage stehenden Aufgabenbündels der Funktion dient.[48]

40   Von den oben genannten Indizien der „gewissen Selbständigkeit" ist lediglich die **Ausstattung** einer Funktion **mit eigenem Personal** zu fordern. Auch wenn die Mitarbeiter arbeitsrechtlich ggf. nicht zusammen mit ihrem Aufgabenbereich übergehen, so sind sie als Aufgabenträger dennoch unzertrennlich mit der Funktion auf Seiten des abgebenden Unternehmens verbunden. Als eigenes Personal der Funktion sind diejenigen Mitarbeiter anzusehen, die innerhalb der Aufbauorganisation des Unternehmens mit den Aufgaben betraut sind, die zu einer Funktion zusammengefasst werden. Hinzu kommt, dass das Personal des abgebenden Unternehmens, insb. das in ihm „gebundene" Spezialwissen, einen wesentlichen Werttreiber darstellt. Ist den zur Übertragung vorgesehenen Aufgaben keine Organisationseinheit beim

---

[44] Vgl. *Kuckhoff/Schreiber,* IStR 1999, 321, 327; *Borstell/Schäperclaus,* IStR 2008, 275, 280; vgl. auch § 2 Abs. 2 FVerlV.

[45] Vgl. BFH 16.11.2005, BFH/NV 2006, 532.

[46] Vgl. BFH 15.3.1984, BStBl. II 1984, 486; BFH 29.4.1993, BFH/NV 1994, 694.

[47] Vgl. dazu auch *Brüninghaus/Bodenmüller* DStR 2009, 1285, 1286.

[48] Vgl. *Borstell/Schäperclaus* IStR 2008, 275, 282.

funktionsabgebenden Unternehmen zuzuordnen, so würde ein potenzieller Erwerber nicht davon ausgehen, dass der Werttreiber „Know-how" in maßgeblichen Umfang vorhanden ist und somit ein zur Realisierung der Marktchance notwendiges Wirtschaftsgut fehlt.

cc) Zahlungsmittel generierende Einheit als Abgrenzungshilfe

Durch die Anwendung des modifizierten Indizienkatalogs des BFHs zur **41** „gewissen Selbständigkeit" kann nicht ausgeschlossen werden, dass **sehr kleine Einheiten,** die fremde Dritte nicht als Funktion behandeln würden, als solche identifiziert werden könnten. Um eine solche Problematik zu vermeiden, können ergänzend Elemente aus dem Konzept der **Zahlungsmittel generierenden Einheit (cash generating unit – CGU) der IFRS** herangezogen werden, um nur solche Aufgabenbündel als steuerlich beachtliche Funktionen zu identifizieren, die von fremden Dritten auch als solche angesehen würden.[49]

Generell geschieht die Bildung einer CGU unabhängig von der Existenz **42** selbständiger Rechtseinheiten und kann zudem auch eine Vielzahl dieser Einheiten in unterschiedlichen Ländern umfassen. Da aber lediglich Funktionen auf der Ebene von Rechtseinheiten Gegenstand des § 1 Abs. 3 S. 9 AStG sein können, muss die Betrachtung von CGUs entsprechend eingegrenzt werden.[50] Eine CGU wird generell definiert als „die **kleinste identifizierbare Gruppe von Vermögenswerten, die Mittelzuflüsse erzeugt,** die weitestgehend unabhängig von den Mittelzuflüssen anderer Vermögenswerte oder anderer Gruppen von Vermögenswerten sind".[51] Von Relevanz für die Identifikation einer Funktion im steuerlichen Sinne sind v. a. die Vorgehensweisen bei der Zusammenfassung von Vermögenswerten zu einer CGU und bei der Verteilung eines erworbenen Geschäfts- und Firmenwerts auf die CGUs.

Für die Identifizierung einer Funktion kann zum einen aus der Betrach- **43** tung der CGU abgeleitet werden, dass aus der Sicht des funktionsabgebenden Unternehmens eine outputorientierte Analyse verlangt werden muss. Der Umfang der Unternehmenseinheit und somit auch der zu bestimmenden Funktion hängt wesentlich von ihrem Potenzial ab, Übergewinne an einem Markt erzielen zu können.[52] Dies steht im Einklang mit der bereits beschriebenen **Lebensfähigkeit auf Seiten des funktionsaufnehmenden Unternehmens.** Zum anderen kann aus der Betrachtung der CGU abgeleitet werden, dass die Managemententscheidung über die interne Steuerung der wesentlichen Werttreiber eine starke Signalwirkung besitzt. Für interne Berichtszwecke gebildete Unternehmenseinheiten (Segmente oder CGUs) besitzen für ein potenziell funktionsaufnehmendes Unternehmen **eher ein Goodwillelement** und ein **potenzieller Käufer** würde für diese Unternehmenseinheit eher ein **Gesamtgeschäft vereinbaren.**[53]

---

[49] Vgl. hierzu ausführlich *Serg*, Optimierung, 2006, 203 ff., der das Gedankengebäude der CGU aber vornehmlich zur Bewertung einer Funktion und nicht zu deren Identifizierung nutzt. Ebenso *Günter* WPg 2007, 1082, 1088; *Borstell/Schäperclaus* IStR 2008, 275, 282.

[50] Vgl. *Borstell/Schäperclaus* IStR 2008, 275, 282.

[51] IAS 36.6.

[52] *Blumers* BB 2007, 1757, 1761 spricht davon, dass Funktionen „nur solche im Rahmen der Wertschöpfung [seien] und nicht auch reine Verwaltungsaufgaben".

[53] Vgl. *Borstell/Schäperclaus* IStR 2008, 275, 283.

Letztlich fügt sich das **Konzept der CGU** in das Konzept ein, dass lediglich dann eine Funktion vorliegen kann, wenn sie für einen fremden Dritten als **abgrenzbare selbstständige Unternehmenseinheit** erkennbar ist.

dd) Ergebnis

44   Aufbauend auf dem Teilbetriebsbegriff zuzüglich der beschriebenen Modifikationen und Erweiterungen ergibt sich folgender **Funktionsbegriff,** der den Anforderungen des Fremdvergleichs standhält und die Zwecke des § 1 Abs. 3 AStG erfüllt:

„Eine Funktion ist die Zusammenfassung betrieblicher Aufgaben, der Wirtschaftsgüter, die zu ihrer Erfüllung notwendig sind, sowie der mit beidem zusammenhängenden Chancen und Risiken zu einem organischen Unternehmensteil. Dieser Unternehmensteil bildet eine abgrenzbare, selbständige Einheit, die im Kontext eines aufnehmenden Unternehmens potentiell lebensfähig und in der Lage ist, nachhaltig Zahlungsmittelströme zu generieren."[54]

45   Eine **Abgrenzung** des hier entwickelten Funktionsbegriffs **gegenüber dem Teilbetriebsbegriff** kann folgender Tabelle entnommen werden.[55]

Teilbetrieb	Funktion
Organisch geschlossener Unternehmensteil	Organischer Unternehmensteil • Innerer Zusammenhang der zusammengefassten Aufgabenfelder erkennbar • Aufgaben auf Wiederholung angelegt • Aufgaben notwendig für den Charakter und das Wertschöpfungspotenzial der Funktion
Eigenständige Lebensfähigkeit	Lebensfähigkeit • Sicht des funktionsaufnehmenden Unternehmens • Möglichkeit, mit Hilfe des Aufgabenbündels marktgängige Leistungen zu erstellen
Gewisse Selbständigkeit • räumliche Trennung vom Hauptbetrieb • eigener Wirkungskreis • gesonderte Buchführung • eigenes Personal • eigene Verwaltung • eigenes Anlagevermögen • ungleichartige betriebliche Tätigkeit • eigener Kundenstamm • eigenständige interne Organisation	Abgrenzbarkeit/Selbständigkeit • Sicht des funktionsabgebenden Unternehmens (Management Approach) • eigenes (insb. immaterielles) Anlagevermögen (sowohl bilanziell erfasst als auch nicht bilanziert) • eigenes Personal (organisatorisch zusammengefasst) • Möglichkeit der Generierung weitestgehend unabhängiger Cashflows iSd IAS 36

---

[54] *Borstell/Schäperclaus* IStR 2008, 275, 283.
[55] Tabelle aus *Borstell/Schäperclaus* IStR 2008, 275, 283.

e) Funktionsbegriff der VGr-FV

Zunächst beschäftigen sich die VGr-FV mit der Definition der Funktion **46** und wiederholen in Rn. 14 VGr-FV in einer gegenüber der FVerlV sprachlich verbesserten und erweiterten Fassung, dass eine „Funktion … eine Geschäftstätigkeit [ist], die aus einer Zusammenfassung gleichartiger betrieblicher Aufgaben besteht, die von Personal in bestimmten Stellen oder Abteilungen eines Unternehmens erledigt werden." Damit wird gegenüber der FVerlV auf die **handelnden Personen als Träger der Funktion** abgestellt, was Parallelen zum Ansatz der „significant people functions" der OECD[56] im Bereich der Betriebsstättengewinnabgrenzung erkennen lässt. Dies erscheint sachgerecht, stellt aber in der praktischen Bedeutung in der Regel nur eine Klarstellung dar, da es **nie zweifelhaft** war, dass die Funktionen regelmäßig von handelnden Personen ausgeübt werden. Es kann bezweifelt werden, dass durch die neue Wortwahl beabsichtigt ist, bestimmte Anwendungsbereiche des E-Commerce ausdrücklich aus der Definition des Funktionsbegriffs und damit aus dem Anwendungsbereich der Funktionsverlagerung auszuschließen.

Weiter erläutert Rn. 14 VGr-FV, dass eine Funktion ein organischer Teil **47** eines Unternehmens sei, ohne dass ein Teilbetrieb im steuerlichen Sinne vorliegen müsse. Dieser bekannten Regelung aus der FVerlV wird dann aber hinzugefügt: „Einzelne Funktionen sind das Ergebnis der Aufgabenteilung innerhalb eines Unternehmens. Die jeweiligen Aufgaben müssen **nicht sämtliche, für die Wertschöpfung wichtigen Elemente umfassen.**"[57] Die FinVerw. postuliert hier im Erlasswege, dass für das Vorliegen einer Funktion nicht alle wertschöpfungsbestimmenden Einzelaufgaben übertragen werden müssen, um die Definition der Funktion zu erfüllen. Dem kann in dieser Form nicht zugestimmt werden. Vielmehr müssen gerade alle für die Wertschöpfung wesentlichen („wichtigen") Elemente einer Funktion übertragen werden, damit eine Funktion vorliegen kann. Anders kann dies für nicht wesentliche Elemente und Tätigkeitsschritte gesehen werden. Die Verwaltungsauffassung ist der **systematisch nicht akzeptable Versuch, die Definition der Funktion aufzuweichen** und auszuweiten, um „sicherzustellen", dass eine Funktion und eine Funktionsverlagerung auch dann noch vorliegt, wenn die Funktion in ihrer Substanz durch Fehlen prägender Elemente inhaltlich bereits ausgehöhlt und in ihrer Mindestsubstanz bereits unterschritten ist.

Die VGr-FV wenden sich dann der Frage zu, was unter einem **organi-** **48** **schen Teil eines Unternehmens** zu verstehen ist und wie dieser Rechtsbegriff auf der Grundlage der Definitionsansätze in der Wissenschaft und vor dem Hintergrund der Kritik im Schrifttum auszulegen sein soll.[58]

Nach Rn. 18 VGr-FV ist eine „Funktion … ein organischer Teil eines Unternehmens, wenn sie sich entweder beim verlagernden oder beim übernehmenden Unternehmen als eine zweckgerichtete, abgrenzbare Tätigkeit unter Nutzung von bestimmten Wirtschaftsgütern, insb. immateriellen Wirtschaftsgütern, und Vorteilen zur Erwirtschaftung von Ergebnisbeiträgen darstellt. Aus betriebswirtschaftlicher Sicht reicht es aus, dass die betroffenen

---

[56] Vgl. OECD, 2010 Report on the Attribution of Profits to Permanent Establishments; Fundstelle: http://www.oecd.org/ctp/transfer-pricing/45689524.pdf.
[57] Rn. 14 S. 3 und 4 VGr-FV.
[58] Vgl. zuvor Rn. 18 ff.

Teilaufgaben einen inneren wirtschaftlichen und organisatorischen Zusammenhang erkennen lassen, dh dass für die fragliche Geschäftstätigkeit (Funktion) im Falle der Verlagerung für die beteiligten Unternehmen **konkrete Zahlungsflüsse** bzw. **sachgerecht abgrenzbare Gewinnauswirkungen festgestellt werden können.** Dies bedeutet, dass eine Funktion über eine gewisse betriebswirtschaftliche Eigenständigkeit verfügen muss, die es insb. erlaubt, ihr bestimmte Erträge und Aufwendungen sowie bestimmte Chancen und Risiken zuzuordnen."

Damit übernimmt die FinVerw. im Wesentlichen die im Schrifttum angemahnte Notwendigkeit, dass eine Funktion eine betriebswirtschaftlich abgrenzbare, selbständige Einheit in einem Unternehmen darstellen muss, die im Kontext eines aufnehmenden Unternehmens potentiell in der Lage ist, nachhaltig Zahlungsmittelströme zu generieren. Damit werden auch den Mängeln des Funktionsbegriffs in § 1 Abs. 3 S. 9 AStG und § 1 FVerlV weitgehend Rechnung getragen, weil **damit sichergestellt wird, dass nicht „alles" eine Funktion** und damit eine Funktionsverlagerung **darstellt.** Diese Klarstellung ist **zu begrüßen.** Allerdings ist zu beachten, dass es sich gerade nicht um eine gesetzliche Regelung, sondern nur um eine nicht justiziable Selbstbindung der FinVerw. handelt.

4. Begriff der Verlagerung

a) Verlagerung

aa) Auslegung am Gesetzeswortlaut

49   **§ 1 Abs. 3 S. 9 AStG** verfügt, dass immer dann bestimmte Rechtsfolgen eintreten, wenn eine Funktion einschließlich der dazugehörigen Chancen und Risiken und der mit übertragenen oder überlassenen Wirtschaftgüter und sonstigen Vorteile verlagert wird. **§ 1 Abs. 2 S. 1 FVerlV** bestimmt, dass eine Funktionsverlagerung vorliegt, wenn ein Unternehmen einem anderen Unternehmen Wirtschaftsgüter und sonstige Vorteile sowie die damit verbundenen Chancen und Risiken überträgt oder zur Nutzung überlässt und dadurch die Ausübung der betreffenden Funktion durch das verlagernde Unternehmen eingeschränkt wird.

Keine der beiden Vorschriften enthält eine Bestimmung des Begriffs „Verlagerung" an sich. Dies erscheint vordergründig zunächst auch nicht notwendig. Bei genauerer Analyse ist allerdings der **Begriff der „Verlagerung"** sehr wohl **auslegungsbedürftig.**

50   Bereits die gesetzgeberische Definition der Funktionsverlagerung in § 1 Abs. 2 FVerlV macht deutlich, dass es sich begrifflich bei einer Funktionsverlagerung um das **„Wegnehmen"** einer Funktion beim verlagernden Unternehmen **und** das **„Zuführen"** dieser Funktion bei dem übernehmenden Unternehmen handelt.[59] Fraglich ist dabei, was unter „Wegnehmen" bzw. „Zuführen" zu verstehen ist, nach welchen Maßstäben diese beiden Vorgänge zu bemessen sind und welcher von ihnen für das Vorliegen einer Funktionsverlagerung im Gesetzessinne ausschlaggebend ist. Kernfrage dazu ist, ob eine

---

[59] Vgl. auch *Borstell* IStR 2009, 329.

Verlagerung iSv § 1 Abs. 3 S. 9 AStG einem „**produktbezogenen**" oder einem „**aufgabenbezogenen**" **Verlagerungsbegriff** folgt.[60]

Beispiel 1: Modelltausch   51
Der Automobilkonzern A produziert derzeit sein Modell M1 in seinem deutschen Stammwerk und das Modell M2 in seinem Werk in der Tschechischen Republik. Aufgrund von Marktbeobachtungen kommt der Konzern zu dem Schluss, dass es aus vielerlei (nicht steuerlichen) Gründen günstiger wäre, das Modell M2 in Zukunft im deutschen Stammwerk und das Modell M1 im tschechischen Werk zu fertigen. Das Volumen und die Profitabilität der Modelle M1 und M2 seien identisch.

Beispiel 2: Variantentausch   52
Der Automobilkonzern A produziert derzeit sein Modell M3 in allen Ausstattungsvarianten sowohl in seinem deutschen Stammwerk als auch in seinem Werk in Russland. Aufgrund von Marktbeobachtungen stellt der Konzern fest, dass in Russland insb. Fahrzeuge mit bestimmten hochwertigen Ausstattungen nachgefragt werden, in Deutschland dagegen eher Pkws mit Standardausstattung. Logistisch, zoll- und produktionstechnisch ist es sinnvoll, die Produktion von High End-Modellen insgesamt in Russland zu konzentrieren und alle Standardmodelle ausschließlich nur noch in Deutschland zu fertigen.

Beispiel 3: Flexible Produktionssteuerung[61]   53
Ein Chemiekonzern C produziert an verschiedenen Standorten, so auch in Deutschland, Farben für industrielle Abnehmer. Technisch ist es möglich, je nach Nachfrage im Rahmen einer flexiblen Produktionssteuerung bestimmte Farben in dem einen oder anderen Land herzustellen, um Transportkosten zu minimieren. Die Auslastung der Werke bleibt identisch, die produzierten Produkte (Farben) wechseln je nach Nachfrage und Steuerung.

Beispiel 4: Call Center   54
Der Call Center Anbieter C betreibt Call Centers u. a. für einen global agierenden Autovermieter. Eines der Center ist in Deutschland angesiedelt, weitere in Südafrika, Indien und Brasilien. Je nach Uhrzeit und Häufigkeit der Anrufe stellt der zentrale Telefonserver einkommende Gespräche an das Call Center weiter, wo die Wartezeit für den Anrufer am geringsten sein wird.

Bespiel 5: Mirror Server   55
Das Internetunternehmen I betreibt eine wichtige Internet-Suchmaschine. Dafür bedient es sich verschiedenster Server, die auf der ganzen Welt platziert sind, so auch in Deutschland. Je nach Anzahl der Anfragen leitet der Router die Anfragen an einen Server weltweit weiter, der freie Kapazitäten hat und die Kundenanfrage bearbeitet.

Beispiel 6: Modellpalettenerweiterung   56
Autokonzern A beabsichtigt, in Kürze seine Modellpalette zu erweitern und das Modell M4 auf den Markt zu bringen. M4 wird ein neuartiges Hybrid-Fahrzeug sein, dessen Hauptabsatzmarkt nach Marktprognosen Westeuropa sein wird. Daher beschließt A, den M4 in Deutschland in seinem Stammwerk zu produzieren und dafür

---

[60] Vgl. dazu auch mit ähnlicher Terminologie *Brüninghaus/Bodenmüller* DStR 2009, S. 1285, 1288 f. und unten Rn. 67 ff. und Rn. 298 ff. Die FinVerw. spricht insoweit, inhaltlich aber identisch, von „tätigkeitsbezogen" bzw. „objektbezogen".
[61] Vgl. dazu aber Rn. 59 VGr-FV und unten Rn. 68 und 420.

das Modell M2 aus dem deutschen Stammwerk in die Slowakische Republik zu verlagern. Es wird erwartet, dass das deutsche Werk zu Beginn erkennbar Investitionen tragen muss, dafür aber fest in der Zukunftstechnologie verankert sein wird.

57   **Beispiel 7:** Erweiterungsverlagerung
Der Zulieferer Z fertigt an seinem Stammsitz zwei Zulieferteile ausschließlich und auch die Hälfte des Volumens eines weiteren Zulieferteils. Das Unternehmen wächst erkennbar. Aufgrund der Lage des Stammwerks innerhalb einer Großstadt besteht keine Möglichkeit, das Stammwerk örtlich zu erweitern. Z beschließt daher, betriebswirtschaftlich sinnvoll, die Teilproduktion des dritten Zulieferteils in das Werk Slowenien zu verlagern, in dem bereits die andere Hälfte des Volumens dieses Teils produziert wird. Damit werden Kostendegressionseffekte erzielt. Aufgrund des starken Wachstums ist das Stammwerk innerhalb kurzer Zeit wieder mit der Produktion der beiden anderen Zulieferteile voll ausgelastet.

58   **Beispiel 8:** Strategische Neuausrichtung der Tätigkeitsfelder
Der Mischkonzern M glaubt, aufgrund starker Konkurrenz von Billigprodukten seine Konzernstrategie radikal ändern zu müssen. Das Geschäftsfeld Süßwarenherstellung soll in Deutschland aufgegeben und die Produkte in Zukunft in Osteuropa hergestellt werden. Dagegen wächst das Geschäft von M mit Parfümerieartikeln nach wie vor stark. Aus verschiedenen Gründen, u. a. aus arbeitsrechtlichen Erwägungen, beschließt M, am alten Ort der Süßwarenproduktion in Zukunft Hautcremes und Parfüms herstellen zu lassen. Alle Produktionsmitarbeiter behalten ihren Arbeitsplatz. Der Umsatz und Gewinn in Deutschland steigt.

59   In jedem der zuvor dargestellten Beispiele kommt zwar etwas im Ausland an, wird also ein Teil der in Deutschland bestehenden Produktion oder des Dienstleistungsumfangs ins Ausland verlagert („Zuführen"), in keinem der Fälle wird aber in Deutschland der Bestand an Produktions- oder Dienstleistungskapazität verringert (**kein „Wegnehmen"**).

60   Gleichwohl könnte unterstellt werden, dass nach **§ 1 Abs. 3 S. 9 AStG** eine Funktion verlagert wird, da eine Funktion (zB in Beispiel 1 die Produktion von Modell M1) vom deutschen Stammhaus ins Ausland (zB in Beispiel 1 in die Tschechische Republik) verlagert wird. Die **Substitution** dieses „Wegnehmens" durch die Zuführung (zB in Beispiel 1 durch die Produktion des Modells M2) wird zumindest von § 1 Abs. 3 S. 9 AStG bei enger Auslegung **nicht angesprochen** oder im Sinne des Steuerpflichtigen Rechtsfolgen vermeidend berücksichtigt.

61   **§ 1 Abs. 2 S. 1 FVerlV** verlangt allerdings für das Vorliegen einer Funktionsverlagerung, dass eine Funktionsverlagerung vorliegt, wenn ein Unternehmen einem anderen Unternehmen eine Funktion überträgt oder zur Nutzung überlässt „und dadurch die Ausübung der betreffenden Funktion durch das verlagernde Unternehmen eingeschränkt wird". Diese Bestimmung ist leider nicht eindeutig. Fraglich ist, wie der Begriffsteil „der betreffenden Funktion" auszulegen ist. Zum einen kann man ihn so verstehen, dass nur dann, wenn die betreffende Produktion als Produktionskapazität eingeschränkt wird, eine Funktionsverlagerung vorliegt (**aufgabenbezogener Verlagerungsbegriff**). Das wäre in den vorangegangenen Beispielen nicht der Fall. Zum anderen kann man die Vorschrift dahingehend auslegen, dass immer dann, wenn die Produktion des betreffenden einzelnen Produkts eingeschränkt wird, eine Funktionsverlagerung vorliegt (**produktbezogener**

Verlagerungsbegriff).[62] Dies wäre in den vorangegangenen Beispielen der Fall.

Die Frage, ob für die Anwendung der §§ 1 Abs. 3 S. 9 AStG, 1 Abs. 2 S. 1 **62** FVerlV ein aufgabenbezogener oder ein produktbezogener Verlagerungsbegriff zugrunde zulegen ist, entscheidet sich zunächst nach dem **mutmaßlichen Willen des Gesetzgebers.** Ein Kernelement der Unternehmenssteuerreform 2008 war die **Sicherung des deutschen Steuersubstrats.**[63] Die Gesetzesbegründung führt dazu weiter aus, dass die Regelungen zu Funktionsverlagerungen dazu beitragen sollen, dass die Besteuerung in Deutschland geschaffener Werte sichergestellt wird, wenn immaterielle Wirtschaftsgüter und Vorteile ins Ausland verlagert werden.[64] Es ist also zu untersuchen, ob zB durch den Tausch der Produkte M1 gegen M2 in Deutschland Steuersubstrat verloren geht. Leider enthalten weder Außensteuergesetz noch Verordnung eine klare Aussage, nach welchem Maßstab eine Einschränkung der Funktion bzw. ein Verlust an Steuersubstrat in Deutschland festgestellt werden soll.[65] Der mutmaßliche Wille des Gesetzgebers muss also durch Auslegung ermittelt werden.

Vordergründig könnte aus der Zielsetzung der Unternehmenssteuerreform, **63** der Sicherung des deutschen Steuersubstrats, geschlossen werden, dass es dem Zweck von § 1 Abs. 3 AStG entsprechen würde, eine Funktionsverlagerung nur dann, aber auch immer dann anzunehmen, **wenn sich das erwartete steuerliche Einkommen in Deutschland vermindert,** unabhängig davon, ob sich der Umsatz, die Mitarbeiterzahl oder andere Kriterien in Deutschland verändern.[66]

Dem kann nicht so sein, im Wesentlichen aus zwei Gründen: Zum einen beeinflussen eine Vielzahl von Faktoren das steuerliche Einkommen, die keinerlei Bezug zur Frage der Funktionsverlagerung haben. So könnte eine Erhöhung der steuerlichen Absetzbarkeit von Abschreibungen in Deutschland (zB zur Stützung der Konjunktur) die Profitabilität einer weiter bestehenden Produktion zunächst vermindern, obwohl weder eine Verlagerung erfolgt ist noch deutsches Steuersubstrat verloren gegangen ist. Durch Konjunkturfördermaßnahmen würde eine Nicht-Funktionsverlagerung zur Funktionsverlagerung, ein nicht vermittelbares Ergebnis.[67]

---

[62] So aber *Zech* IStR 2009, 418, 420 f.

[63] Vgl. Gesetzesbegründung zu § 1 AStG, Unternehmensteuerreformgesetz 2008, BR-Drs. 220/07, 141.

[64] Vgl. Gesetzesbegründung zu § 1 AStG, Unternehmensteuerreformgesetz 2008, BR-Drs. 220/07, 141.

[65] Vgl. *Borstell* IStR 2009, 329, 333.

[66] Vgl. ähnlich zu Funktionsverdoppelungen *Borstell* IStR 2009, 329, 333.

[67] Selbstverständlich führt eine erhöhte Abschreibung in den ersten Jahren zu einem Umkehreffekt in späteren Jahren, da die Abschreibung auf die Anschaffungskosten der Abschreibungsobjekte beschränkt ist. Wenn man jedoch § 1 Abs. 6 S. 1 FVerlV betrachtet, nach dem eine Funktionsverdoppelung zu einer Funktionsverlagerung umqualifiziert wird, wenn innerhalb von fünf Jahren eine Einschränkung der Funktion in Deutschland erfolgt und dies – entgegen der hier vertretenen Auffassung – am steuerlichen Einkommen gemessen werden soll, so ist erkennbar, dass die Vorschriften zur Funktionsverlagerung für die Frage, ob eine solche überhaupt vorliegt, gerade nicht auf eine Totalperiodenbetrachtung abstellen.

64   Zum anderen spricht die Begründung des Unternehmensteuerreformgesetzes nicht vom steuerlichen Einkommen oder ähnlichen gewinnabhängigen Größen, sondern von Steuersubstrat, also gewissermaßen dem wirtschaftlichen Nährboden späteren steuerlichen Einkommens. Gewinnabhängige Maßstäbe werden gerade nicht angesprochen. Vielmehr stellen der Gesetz- und der Verordnungsgeber in den Begründungen auf den **Erhalt der wirtschaftlichen Substanz** in Deutschland ab, die an betriebswirtschaftlichen Kennzahlen zu messen ist und nicht an Gewinngrößen. Daher ist für die Frage, ob Steuersubstrat aus Deutschland verlagert wurde, **auf betriebswirtschaftliche Maßstäbe** wie Produktionsvolumen (Umsatzerlöse, Stückzahlen) oder Mitarbeiterzahl **abzustellen,** nicht dagegen auf die Frage, ob in einem Betriebsprüfungszeitraum die Bruttomarge oder andere Gewinngrößen in der deutschen Produktion gesunken sind.[68]

Ebenso folgt daraus dann, dass das **Gesetz einem aufgaben- und nicht einem produktbezogenen Verlagerungsbegriff folgt** und daher in allen o. g. Beispielen keine Funktionsverlagerung iSd § 1 Abs. 3 S. 9 AStG vorliegt. Die davon abweichende Auffassung der FinVerw. ist systematisch nicht richtig und von reinem fiskalistischen Interesse geprägt.[69]

65   Ein **produktbezogener Verlagerungsbegriff** würde auch zu wirtschaftlich nicht zu rechtfertigenden Ergebnissen führen, die wirtschaftliche Handlungsfähigkeit der Unternehmen massiv beeinträchtigen und unüberschaubare und nicht bewältigbare Nachweispflichten für Unternehmen nach sich ziehen. Folgt man nämlich einem produktbezogenen Verlagerungsbegriff, führt dies zwangsläufig zu einer **Atomisierung der Produktbetrachtung.** Im Beispiel 1 (Tausch Produktion von Modell M1 gegen Modell M2) kann das Unternehmen sicher den unterstellten Verlagerungsvorgang rechnerisch noch nachvollziehen. Betrachtet man aber die folgenden Beispiele (Tausch hochwertige Modelle gegen Standardausstattung, flexible Produktionssteuerung, Call Center und Mirror Server), so wird mit jedem Beispiel die Feststellung der Verlagerungen zunehmend schwerer, aufwändiger und unzumutbarer. Wenn einem Unternehmen aber nicht mehr zugestanden wird, seine Produktion adäquat zu steuern, Call Center flexibel einzusetzen oder Server miteinander zu vernetzen, ist die Grenze, bei der das **Steuerrecht Unternehmenstätigkeit erdrosselt,** überschritten. Hinzu kommen Nachweisprobleme: Wie soll Unternehmen oder Betriebsprüfer die ständige Raus- und Reinverlagerung von Funktionen, zB im Beispiel „Call Center" oder „Mirror Server" realistisch und mit vertretbarem Aufwand für das Unternehmen überhaupt erfassen – und wofür, wenn das Produktionsvolumen in Deutschland unverändert bleibt?

66   Ein produktbezogener Verlagerungsbegriff entspricht daher weder der gesetzlichen Zielsetzung noch ist er betriebswirtschaftlich zu rechtfertigen. Ganz im Gegenteil, er würde zur Annahme und Erfassung einer Vielzahl von atomisierten Mikroverlagerungen führen, was weder dem Gesetzeszweck entspricht noch mit vertretbarem Aufwand überhaupt zu bewältigen ist. Daher kann **nur ein aufgabenbezogener Verlagerungsbegriff angemessen** sein. Nach diesem liegen dann auch in den Beispielen 6–8 (Modellpaletten-

---

[68] Vgl. ähnlich zu Funktionsverdoppelungen *Borstell* IStR 2009, 329, 333, 335 f.
[69] Zur abweichenden Auffassung der FinVerw. vgl. im Folgenden Rn. 67 ff.

erweiterung, Erweiterungsverlagerung, strategische Neuausrichtung der Tätigkeitsfelder) in angemessener Gesetzesauslegung keine Funktionsverlagerungen iSd § 1 Abs. 3 S. 9 AStG vor.

bb) Auffassung der VGr-FV

Die **Kernaussage** der VGr-FV findet sich in Rn. 16, wonach „… die be-　**67** treffende Funktion … **tätigkeitsbezogen und objektbezogen** zu definieren [ist]. … Eine Funktion kann insoweit zB die Produktion eines bestimmten Produkts oder einer bestimmten Produktgruppe, der Vertrieb eines bestimmten Produkts, einer bestimmten Produktgruppe oder eine bestimmte Geschäftstätigkeit für eine bestimmte Region sein."[70] Und nach Rn. 23 VGr-FV wird dann noch festgestellt, dass das „Tatbestandsmerkmal der „Einstellung" oder „Einschränkung" der Funktion … auch Fälle der **Substitution** einer Funktion durch eine andere [**erfasst**]."[71]

Leider vertritt die FinVerw. in den VGr-FV damit eine Auffassung zum Begriff der Verlagerung, der **diametral der hier vertretenen Auslegung des Gesetzeswortlauts und der Intention des Gesetzes widerspricht,**[72] zu für die betroffenen Unternehmen praktisch nicht zu lösenden und unzumutbaren Nachweisproblemen führt[73] und eine Vielzahl von Auseinandersetzungen in Betriebsprüfungen herbeiführt, die zum größten Teil nur über den Weg der Verständigungs- oder, soweit anwendbar, Schiedsverfahren zu lösen sind. Die FinVerw. schadet damit dem Wirtschaftsstandort Deutschland, da insb. ausländische Investoren nicht bereit sind, unter solchen Vorzeichen in Deutschland Funktionen mit Substanz anzusiedeln.

Bestärkt wird die falsche und gesetzeswidrige Auslegung des Begriffs der Verlagerung durch die Beispiele, die in den VGr-FV aufgeführt werden. So ist das Beispiel in Rn. 23 VGr-FV ausdrücklich so aufgebaut, dass das inländische Unternehmen nach der **Substitution** ein besseres, einen höheren Umsatz generierendes Produkt herstellt als vor der Umstellung, und ausdrücklich festgestellt wird, dass es sich trotz (Über)Substitution dem Grunde nach um eine steuerpflichtige Funktionsverlagerung handelt. Dies steht offensichtlich nicht im Einklang mit dem Verhalten fremder Dritter und zeigt die **rein fiskalistische Motivation der Gesetzesauslegung** durch die FinVerw.

Geht man über die einzelne Substitution hinaus zu den Fällen, wo in kurzer　**68** Zeit ständig Produkte oder Produktlinien zwischen Werken verlagert werden, um die Produktion zu optimieren, so enthält Rn. 59 VGr-FV die überraschende Regelung, dass für sog. **Verbundproduktion** die Folgen der Funktionsverlagerungsvorschriften, wie sie § 1 Abs. 3 S. 9 AStG festlegt, nicht gelten sollen.[74] Das muss neben der Produktion dann natürlich auch für vergleichbare Fälle wie denen der **Call Center** oder **Mirror-Server** etc. gelten.[75] Diese

---

[70] Hervorhebungen durch den Verf. mit Ausnahme des Wortes „und", das auch in den VGr-FV als einziges Wort des gesamten laufenden Textes fett gesetzt ist, um die Auffassung der FinVerw. zu betonen.

[71] Hervorhebungen durch den Verf.

[72] Zu Einzelheiten vgl. oben Rn. 49 ff., insb. 62 ff.

[73] Zu Einzelheiten vgl. oben Rn. 65.

[74] Vgl. dazu oben Rn. 53 und unten Rn. 420.

[75] Vgl. dazu oben Rn. 54 und 55.

Ausnahmeregelung der VGr-FV ist aus praktischer Sicht sehr zu begrüßen. Die Tatsache, dass sie unter § 1 Abs. 7 S. 2 2. HS FVerlV, also unter der Auffangvorschrift für die Ausnahmefälle, in denen fremde Dritte eine Funktionsverlagerung doch nicht als solche behandeln würden, subsumiert wird, kann dahingehend gedeutet werden, dass die FinVerw. durchaus erkennt, dass ein produktbezogener Verlagerungsbegriff praktisch nicht handhabbar und systematisch unangebracht ist.[76]

Dagegen sind andere Auffassungen der FinVerw. eher technischer Natur und können in weiten Teilen als vertretbar angesehen werden:

– Nach Rn. 23 VGr-VF können ein **Personalabbau** und/oder der Wegfall einzelner Debitoren ein Anhaltspunkt für eine mögliche Verlagerung einer Funktion darstellen;

– Nach Rn. 24 VGr-FV kommt es nicht darauf an, ob das übernehmende Unternehmen mit den übertragenen oder zur Nutzung überlassenen Wirtschaftsgütern und Vorteilen die Funktion **in gleicher Weise** wie das verlagernde Unternehmen **ausübt.** Dies ist folgerichtig, da ja das aufnehmende Unternehmen häufig Funktionen ergänzen wird, um Synergieeffekte zu erzielen, was seinerseits in die Bewertung eingeht.[77]

– Nach Rn. 19 und 22 VGr-FV liegt eine Funktionsverlagerung nur vor, wenn die Funktion, die bisher von dem verlagernden Unternehmen ausgeübt worden ist, durch die Verlagerung **eingeschränkt** wird.[78]

b) Abgrenzung zur Verdoppelung

69   Neben der Frage, ob der Begriff der Verlagerung produkt- oder aufgabenbezogen auszulegen ist,[79] besteht Anlass, den Begriff der (Funktions-) Verlagerung bereits begrifflich von dem der (Funktions-)Verdoppelung abzugrenzen, da **§ 1 Abs. 6 FVerlV** eine eigene Vorschrift zu Funktionsverdoppelungen enthält, die gesetzestechnisch als Ausnahmetatbestand zu Funktionsverlagerungen gestaltet ist, also die Funktionsverdoppelung grundsätzlich als **Unterfall der Funktionsverlagerung** behandelt.[80] Es stellt sich die Frage, ob dies begrifflich überhaupt möglich ist.[81]

70   Die gesetzgeberische Definition der Funktionsverlagerung in § 1 Abs. 2 FVerlV macht bereits deutlich, dass es sich begrifflich bei einer Funktionsverlagerung um das „Wegnehmen" einer Funktion beim verlagernden Unternehmen und das „Zuführen" dieser Funktion bei dem übernehmenden Unternehmen handelt. Im Gegensatz dazu liegt schon rein sprachlich bei der **Verdoppelung** einer Funktion gerade **kein „Wegnehmen"** einer Funktion bei einem übertragenden Unternehmen vor, **sondern** dessen Beibehaltung und der **zusätzliche Aufbau** dieser Funktionalität bei einem weiteren Un-

---

[76] Vgl. dazu Rn. 59 VGr-FV und oben Rn. 53 und unten Rn. 420.

[77] Vgl. dazu unten Rn. 471 f.

[78] Vgl. dazu im Folgenden Rn. 69 ff. und 321 ff. zu Funktionsverdoppelungen, Rn. 408 ff. zu weiteren Fällen des Nicht-Vorliegens von Funktionsverlagerungen und Rn. 345 ff. zur Auslegung des Begriffs Einschränkung.

[79] Vgl. zuvor Rn. 49 ff.

[80] Vgl. dazu iE *Borstell* IStR 2009, 329, 330 und Rn. 42 ff. VGr-FV.

[81] Zur Diskussion der Einordnung der Funktionsverdoppelung vgl. *Schreiber* in Kroppen, Handbuch Internationale Verrechnungspreise Bd. I, FVerlV, Rn. 83 ff.

ternehmen. Schon aus dieser Sicht ist es nicht möglich, Funktionsverdoppelungen als Unterfall der Funktionsverlagerung zu behandeln.[82]

Abgeleitet aus der eindeutigen Begrifflichkeit ist es daher systematisch zwingend, Funktionsverdoppelungen als **komplementären, anderen Sachverhalt** und jedenfalls nicht als Unterfall der Funktionsverlagerung zu behandeln. Folgerichtig hätte die FVerlV Funktionsverlagerungen und Funktionsverdoppelungen gleichwertig nebeneinander regeln müssen. Dies hätte offensichtlich nicht ausgeschlossen, in die Verordnung Regelungen für den praktisch durchaus relevanten Sachverhalt aufzunehmen, dass sich aufgrund fortentwickelnder Sachverhalte Funktionsverdoppelungen in Funktionsverlagerungen oder Funktionsverlagerungen in Funktionsverdoppelungen entwickeln können.[83]   **71**

Zusammenfassend ist festzuhalten, dass es für die Behandlung von Funktionsverdoppelungen als **Unterfall der Funktionsverlagerung** durch die Funktionsverlagerungsverordnung **keine systematische Rechtfertigung** gibt. Dies scheitert schon, unabhängig von anderen Gründen,[84] an der eindeutigen Begrifflichkeit.[85]   **72**

5. Formen der Funktionsverlagerung

Bevor an späterer Stelle im Einzelnen auf die steuerliche Relevanz von einzelnen Erscheinungsformen von Funktionsverlagerungen eingegangen wird,[86] soll im Folgenden zunächst dargestellt werden, welche **Erscheinungsformen** von funktionsverlagerungsähnlichen Vorgängen **in der Praxis vorkommen** und welche aus systematischer (nicht: steuergesetzlicher) Sicht überhaupt bzw. nicht als Funktionsverlagerung qualifiziert werden können. Danach sind die Erscheinungsformen von Funktionsverlagerungen **von organisationsrechtlichen Maßnahmen abzugrenzen.** Funktionsverdoppelungen stellen systematisch keinen Unterfall von Funktionsverlagerungen dar,[87] sodass eine Abgrenzung im Rahmen der Darstellung typischer Funktionsverlagerungssachverhalte insoweit nicht vorzunehmen ist.[88]   **73**

a) Erscheinungsformen

Wesentliche Erscheinungsformen der Funktionsverlagerung sind die Übertragung, die Überlassung sowie die Abschmelzung und Aufstockung von Funktionen.[89]   **74**

---

[82] Vgl. dazu iE unten Rn. 325 ff. und *Borstell* IStR 2009, 329; auch *Baumhoff/Ditz/Greinert* DStR 2007, 1649, 1650; *Wassermeyer/Baumhoff/Greinert* in Flick/Wassermeyer/Baumhoff, AStG, Vorabkommentierung § 1 Abs. 3 AStG Rn. V 73; *Frischmuth* IWB, Fach 3 Gruppe 1, 2253; *Welling/Tiemann* FR 2008, 68, 70; *Schwenke* in StBJb 2007/08, 141 ff.; unentschieden: *Blümich/Menck* EStG/KStG/GewStG, § 1 AStG Rz. 118; aA Rn. 42 ff. VGr-FV.

[83] Vgl. dazu iE unten Rn. 328 und *Borstell* IStR 2009, 329, 330.

[84] Vgl. unten Rn. 321 ff.

[85] Vgl. *Borstell* IStR 2009, 329 f.; *Schwenke* StBJb 2007/08, 141 ff.

[86] Vgl. iE dazu unten Rn. 908 ff.

[87] Vgl. oben Rn. 69 ff. und unten Rn. 321 ff.

[88] Vgl. aber ausführlich zur steuergesetzlichen Regelung von Funktionsverdoppelungen und der Vorschrift des § 1 Abs. 6 FVerlV unten Rn. 321 ff.

[89] Die VGr-FV erläutern die verschiedenen Erscheinungsformen von Funktionsverlagerungen nicht systematisch, sondern wählen den Weg der exemplarischen Aufzäh-

aa) Übertragung von Funktionen (Funktionsausgliederung)

75   Eine Funktionsausgliederung liegt vor, wenn eine Funktion mit dem ihr zuzuordnenden Gewinnpotenzial ins Ausland verlagert und gleichzeitig die Funktion im Inland aufgegeben wird.[90] Die Funktion geht vollständig von dem verlagernden auf das übernehmende Unternehmen über.[91] Der Verlagerungsvorgang beinhaltet regelmäßig den Übergang der für die Funktion notwendigen als auch anderer materieller und immaterieller Wirtschaftsgüter. Anschließend ist es daher dem verlagernden Unternehmen nicht mehr möglich, die Funktion selbst auszuüben.[92]

bb) Überlassung von Funktionen (Funktionsabspaltung)

76   Bei der Funktionsabspaltung wird lediglich **ein Teil der** vom übertragenden Unternehmen wahrgenommenen **Funktion,** der jedoch einen eigenständigen Aufgabenbereich bildet, einer verbundenen Gesellschaft **überlassen.** Häufig werden solche Vorgänge als **„Outsourcing"** bezeichnet (zB Shared Service Center), sie umfassen jedoch auch die Überlassung bestimmter Produktionsschritte (zB Galvanisieren) oder marktnahe Tätigkeiten (zB Marktforschung als Dienstleistung für eine Vertriebsgesellschaft). Das übertragende Unternehmen behält somit einen, in der Regel sogar den wesentlichen Teil der Funktion bei sowie auch die damit verbundenen immateriellen Wirtschaftsgüter, Vorteile, Chancen und Risiken, und bleibt Teil der Liefer- und Leistungskette. Die empfangende Gesellschaft erhält das auf schuldrechtlicher Basis eingeräumte Recht zur (meist zeitlich begrenzten) Ausübung der jeweiligen Funktion ggü. dem übertragenden Unternehmen (zB als verlängerte Werkbank) oder auch zur Fruchtziehung aus einem (zeitlich begrenzt) überlassenen Markt (zB als Handelsvertreter). Dies geschieht regelmäßig gegen ein wiederkehrendes Entgelt.[93]

77   Von der Funktionsabspaltung **abzugrenzen** ist die **Übertragung einer Funktion als Ganzes auf Zeit,** also die Übertragung der ganzen Funktion für einen bestimmten, befristeten Zeitraum. Gem. § 1 Abs. 2 S. 2 FVerlV ist es für die Annahme einer Funktionsverlagerung ausreichend, wenn eine Funktion (als Ganzes) lediglich für eine zeitlich begrenzte Dauer auf die übernehmende Gesellschaft übertragen wird.[94] Diese Abgrenzung in temporärer Hinsicht betrifft die vollständige Verlagerung einer Funktion und der

---

lung. Nach Rn. 21 VGr-FV sind typische Beispiele die Beendigung der Tätigkeit eines Eigenproduzenten, die Umstellung eines Eigenproduzenten zum Lohnfertiger, die Auslagerung der Produktion auf einen Lohnfertiger, die Umstellung eines Lohnfertigers zum Eigenproduzenten, die Beendigung der Tätigkeit eines Eigenhändlers, die Umstellung eines Eigenhändlers zum Kommissionär und die Umstellung eines Kommissionärs zum Eigenhändler. Daher werden die dort angesprochenen Einzelsachverhalte bei der Kommentierung der Anwendungsfälle von Funktionsverlagerungen unten unter Rn. 908 ff. besprochen.

[90] Vgl. *Borstell/Jamin* in Kessler/Kröner/Köhler, Konzernsteuerrecht, 2008, § 8 Rn. 351; *Wassermeyer/Baumhoff/Greinert* in Flick/Wassermeyer/Baumhoff, Vorabkommentierung § 1 Abs. 3 AStG Rn. V 72.

[91] Vgl. *Borstell* in StBJb 2001/02, 220; *Kraft* in Kraft, AStG, § 1 Rn. 384.

[92] Vgl. *Borstell/Jamin* in Kessler/Kröner/Köhler, Konzernsteuerrecht, 2008, § 8 Rn. 351.

[93] Vgl. *Borstell* StBJb 2001/02, 220; *Kraft* in Kraft, AStG, § 1 Rn. 386.

[94] Vgl. auch Rn. 25 VGr-FV.

mit ihr verbundenen Chancen und Risiken. Eine Funktionsabspaltung zeichnet sich jedoch nicht allein durch eine zeitlich häufig gegebene, aber nicht zwingende Limitierung aus, sondern insb. dadurch, dass der (wirtschaftliche) Inhaber der Funktion nicht wechselt.

cc) Abschmelzung und Aufstockung von Funktionen

Im Gegensatz zu der Übertragung von vollständigen oder Abspaltung von 78 Teilen einer Funktion kann das Funktions- und Risikoprofil auch durch Abschmelzung oder Aufstockung verändert werden.

Ein **Abschmelzen** einer Funktion liegt vor, wenn ein Unternehmen auf 79 schuldrechtlicher Basis Risiken und Verantwortlichkeiten an ein verbundenes Unternehmen abgibt und danach ein geringeres Funktionsprofil hat.[95] Im Extremfall wird die Funktionsstärke des abgebenden Unternehmens auf einen Dienstleistungscharakter reduziert. So kann bspw. eine Vertriebsgesellschaft, die als funktionsstarker Eigenhändler (full fledged distributor) agiert, Teile ihrer Funktionen und der von ihr getragenen **Risiken auf schuldrechtlicher Grundlage** an ein anderes Konzernunternehmen **abgeben,** zB das Lagerhaltungs-, Währungs- und Delkredererisiko. Durch diese Umstrukturierung des Funktions- und Risikoprofils wird die Vollvertriebsgesellschaft auf einen so genannten Limited Risk Distributor abgeschmolzen. Entsprechend sinkt im Regelfall ihr Gewinnniveau. Es liegt aber keine Funktionsausgliederung vor, da die Vertriebsgesellschaft nach wie vor als Eigenhändler in eigenem Namen und auf eigene Rechnung ihr Geschäft betreibt, nur mit einem anderen, niedrigeren Risikoprofil.

Umgekehrt gestaltet sich der Fall der **Funktionsaufstockung.** Dabei wird 80 auf schuldrechtlicher Basis ein Unternehmen funktional aufgestockt, indem es zB **vorher** von ihm **nicht wahrgenommene Risiken übernimmt.**

b) Abgrenzung zu organisationsrechtlichen Maßnahmen

Die Verlagerung von Funktionen kann sowohl als **Leistungsaustausch** auf 81 schuldrechtlicher Basis als auch als **organisationsrechtliche Maßnahme** auf gesellschaftsrechtlicher Grundlage gestaltet werden. Dabei ist die Unternehmung in der Wahl und Gestaltung der rechtlichen Struktur grundsätzlich frei.

Diese **Organisations- und Dispositionsfreiheit** des Unternehmens ist 82 auch im Steuerrecht zu respektieren.[96] Organisationsrechtliche Grenzen der Gestaltungsfreiheit finden sich im Organisationsrecht des jeweilig einschlägigen Gesellschaftsrechts und in den Gestaltungsmissbrauchsvorschriften der AO.[97] Aus den sich ergebenden konzerninternen Geschäftsvorfällen darf die FinVerw. lediglich die angemessenen steuerrechtlichen Konsequenzen ziehen. Steuerlich muss daher zwischen schuldrechtlichen Geschäftsbeziehungen und rein gesellschaftsrechtlich veranlassten, organisatorischen Maßnahmen unterschieden werden.

Die Normen der Gewinnabgrenzungsregelungen Nahestehender, im Speziellen des § 1 AStG, sollen „bei einem grenzüberschreitenden Leistungsaustausch zwischen nahe stehenden Personen, dessen Bedingungen einem Fremdvergleich nicht standhalten, den steuerlichen Ansatz eines angemesse-

---

[95] Vgl. *Borstell* StBJb 2001/02, 220 f.; *Kraft* in Kraft, AStG, § 1 Rn. 385.
[96] Vgl. BFH 18.12.1996, BFHE 182, 190.
[97] Vgl. § 42 AO und unten Rn. 151 ff.

nen Entgelts"[98] ermöglichen. Der Rechtsprechung des BFH folgend zielt § 1 AStG nicht darauf ab, „diejenigen Vorgänge [zu] erfassen, die nicht als Leistungsaustausch zu qualifizieren, sondern [...] im Gesellschaftsverhältnis veranlasst sind".[99] Vielmehr ist wesentlicher Anknüpfungspunkt des § 1 AStG das Vorhandensein „einer Geschäftsbeziehung zum Ausland".[100]

84 Zur Frage, ob eine **Geschäftsbeziehung** vorliegt, erging am 29.11.2000 ein Urteil des BFH.[101] In dem dem **Urteil des BFH vom 29.11.2000** zugrunde liegenden Sachverhalt wurde das Vorliegen einer Geschäftsbeziehung für den Fall der Garantieerklärung einer deutschen Konzern-Obergesellschaft zu Gunsten einer verbundenen ausländischen Finanzierungsgesellschaft verneint. Allerdings konnte im Streitfall das Vorliegen einer Geschäftsbeziehung nicht iSv § 1 Abs. 4 AStG aF[102] beurteilt werden, da dieser erst für Zeiträume nach den Streitjahren in Kraft trat.

85 Der Senat kam im entschiedenen Fall zu dem Schluss, dass die gewährte **Bürgschaft** eine funktionsgerechte Kapitalausstattung der Tochtergesellschaft ersetzt und somit eine Übernahme der ihr zugedachten Funktion als Konzernfinanzierungsgesellschaft überhaupt erst ermöglicht. Demnach liege keine dem Sinn und Zweck des § 1 AStG entsprechende (schuldrechtliche) Geschäftsbeziehung vor. Nach Ansicht des BFH sollte die Rechtsfolge des § 1 AStG nur dann ausgelöst werden, wenn die Patronats- oder Garantieerklärung im Rahmen einer Geschäftsbeziehung abgegeben werde. Eine (schuldrechtliche) Geschäftsbeziehung sei steuerlich nicht anzunehmen, wenn nur in der „Eigenschaft als Gesellschafter" gehandelt werde und damit ein Verhalten Gegenstand sei, „das allein in der Nahestehensbeziehung begründet ist" oder dadurch erst ein Nahestehen begründet werde.[103] Dies liege bei der Gewährung von Eigenkapital, welches zu einer wesentlichen Beteiligung des Steuerpflichtigen an einer Gesellschaft führt oder diese Beteiligung erhöht, vor.

86 Das folgende **BMF-Schreiben vom 17.10.2002,**[104] ein Nichtanwendungserlass, weist die Auslegung des BFH zurück und weitet den Begriff „Geschäftsbeziehung" aus. Eine „Geschäftsbeziehung" zwischen einem Steuerpflichtigen und einer ihm nahe stehenden Person ist nach Auffassung des BMF grundsätzlich anzunehmen, wenn es sich um **eine auf schuldrechtlichen Vereinbarungen beruhende Beziehung** handelt. Von der schuldrechtlichen Geschäftsbeziehung **abzugrenzen** ist aber die **gesellschaftsrechtliche Beziehung.** Eine gesellschaftsrechtliche Beziehung liegt nur vor, wenn durch sie das Nahestehen erst begründet wird.[105] Deshalb ist die Ge-

---

[98] BFH 29.11.2000, BStBl. II 2002, 720 ff.

[99] BFH 29.11.2000, BStBl. II 2002, 720 ff.

[100] Vgl. § 1 Abs. 1 S. 1 iVm Abs. 4 AStG.

[101] BFH 29.11.2000, BStBl. II 2002, 720 ff. Vgl. auch analog BFH 29.4.2009, I R 26/08, BFH/NV 2009, 1648 und BFH 29.4.2009, I R 88/08, NWB DokID EAAAD-26573. Beide betreffen Zeiträume vor VZ 2003 und sind somit für die Beurteilung des BMF-Schreibens vom 17.10.2002 hinsichtlich der Interpretation des Begriffs „Geschäftsbeziehung" nach neuerem Recht ab VZ 2003 nicht einschlägig.

[102] § 1 Abs. 4 AStG idF des Gesetzes v. 16.5.2003, BGBl. I 2003, 660.

[103] Vgl. BFH 29.11.2000, BStBl. II 2002, 720 ff.

[104] BMF-Schreiben 17.10.2002, Auslegung des Begriffs „Geschäftsbeziehung", IV B 4 – S 1341 – 14/02, BStBl. I 2002, 1025.

[105] Vgl. BFH 30.5.1990, BStBl. II 1990, 875.

währung von Eigenkapital, die zu einer wesentlichen Beteiligung des Steuerpflichtigen an einer Gesellschaft führt oder diese erhöht, keine „Geschäftsbeziehung". § 1 Abs. 1 AStG setzt damit voraus, dass **neben der Beteiligung ein eigenständiges Leistungsverhältnis** zwischen Gesellschafter und Gesellschaft **besteht.** Geschäftsbeziehungen sind hiernach Beziehungen auf schuldrechtlicher Grundlage, die bei dem Steuerpflichtigen oder bei der nahe stehenden Person einen Teil einer der in § 1 Abs. 4 AStG[106] bezeichneten Tätigkeiten bilden.

Nach Auffassung des BMF[107] **kommt** es **nicht darauf an, ob** eine Geschäftsbeziehung **betrieblich oder gesellschaftsrechtlich veranlasst** ist, welche betrieblichen oder gesellschaftlichen Interessen ihr also zugrunde liegen. Schuldrechtliche Beziehungen des wesentlich beteiligten Gesellschafters zu der Gesellschaft verlieren deshalb ihre Eigenschaft als „Geschäftsbeziehungen" auch nicht, wenn sie betriebswirtschaftlich einen eigenkapitalersetzenden Zweck haben. **87**

Entscheidet sich deshalb eine inländische Muttergesellschaft dafür, ihre ausländische Tochtergesellschaft nicht hinreichend mit Eigenkapital auszustatten und sie als Ausgleich für fehlende Eigenmittel auf schuldrechtlicher Basis durch Übernahme entsprechender Garantien oder durch Überlassung von Fremdkapital zu stützen, handelt es sich nach Auffassung des BMF[108] bei den Leistungen der Muttergesellschaft um solche aufgrund von **Geschäftsbeziehungen** iSd § 1 AStG, die **nun nach den Grundsätzen des Fremdvergleichs zu würdigen** sind. Im Rahmen dieser Würdigung – und erst in diesem Schritt – ist zu prüfen, ob und inwieweit die Leistungen der Obergesellschaft gesellschaftsrechtlich veranlasst sind. **88**

Mit Einführung des § 1 Abs. 4 AStG aF enthielt das Gesetz mit Wirkung von VZ 1992 an erstmals eine eigenständige Definition der Geschäftsbeziehung, welche in § 1 Abs. 5 AStG aF (ab dem VZ 2008) durch die Unternehmensteuerreform fortgeführt wurde.[109] Diese wurde ab VZ 2013, nunmehr wieder als **§ 1 Abs. 4 AStG nF,**[110] sprachlich verändert, um die sogenannten „anzunehmenden schuldrechtlichen Beziehungen" für Zwecke der Gewinnabgrenzung von Stammhaus und Betriebsstätte mit unter dem Begriff „Geschäftsbeziehung" erfassen zu können,[111] wobei sich inhaltlich für die Geschäftsbeziehung zwischen zwei rechtlich selbständigen Unternehmen keine Veränderung ergeben hat. **89**

Danach sind – dem zuvor zitierten BMF-Schreiben vom 17.10.2002 folgend[112] – grundsätzlich auch solche schuldrechtlichen Vereinbarungen vom

---

[106] § 1 Abs. 4 AStG idF des Gesetzes v. 26.6.2013, BGBl. I, 1809, bzw. § 1 Abs. 5 AStG idF des Gesetzes vom 14.8.2007, BGBl. I, 1912 (Unternehmensteuerreformgesetz 2008).

[107] BMF-Schreiben 17.10.2002, Auslegung des Begriffs „Geschäftsbeziehung", IV B 4 – S 1341 – 14/02, BStBl. I 2002, 1025.

[108] BMF-Schreiben 17.10.2002, Auslegung des Begriffs „Geschäftsbeziehung", IV B 4 – S 1341 – 14/02, BStBl. I 2002, 1025.

[109] Vgl. dazu insb. auch iE A Rn. 163 ff.

[110] § 1 Abs. 4 AStG idF des Gesetzes v. 26.6.2013, BGBl. I, 1809.

[111] Vgl. dazu iE L Rn. 80.

[112] BMF-Schreiben 17.10.2002, Auslegung des Begriffs „Geschäftsbeziehung", IV B 4 – S 1341 – 14/02, BStBl. I 2002, 1025.

Anwendungsbereich des § 1 AStG erfasst, die zwar gesellschaftsrechtlich veranlasst sind, aber nicht nur eine wesentliche Beteiligung des Steuerpflichtigen an einer Gesellschaft begründen oder diese erhöhen, sondern denen neben einer bereits bestehenden wesentlichen Beteiligung **ein eigenständiges Leistungsverhältnis** zwischen Gesellschafter und Gesellschaft **zugrunde liegt.**

90 Das bedeutet, dass nach Auffassung der FinVerw. die Verlagerung von Funktionen nur dann nicht von § 1 AStG erfasst wird, wenn durch die Funktionsverlagerung in Form einer Einlage erst die wesentliche Beteiligung an dem aufnehmenden Unternehmen begründet wird. Dagegen werden **Funktionsverlagerungen** immer dann **von § 1 AStG erfasst, wenn bereits** eine **wesentliche Beteiligung** des verlagernden Unternehmens oder einer ihm nahestehenden Person an dem aufnehmenden Unternehmen **besteht.** Die „zusätzliche" Funktionsverlagerung wird danach immer als Geschäftsbeziehung iSv § 1 Abs. 4 AStG angesehen, unabhängig davon, ob die übernehmende Gesellschaft erst durch diese Funktionsverlagerung in die Lage versetzt wird, ihren Geschäftszweck zu erfüllen.[113]

91–100 *(einstweilen frei)*

II. Bedeutung des zivilrechtlichen Rahmens für die steuerliche Behandlung von Funktionsverlagerungen

1. Verhältnis des Steuerrechts zur zivilrechtlichen Beurteilung

101 Bestehen auf Seiten eines Unternehmens wegen einer unentgeltlichen oder zu gering vergüteten Funktionsverlagerung **zivilrechtliche Entschädigungsansprüche,** so sind diese gem. des Maßgeblichkeitsgrundsatzes in der Handels- und in der Steuerbilanz gewinnerhöhend **zu aktivieren.**[114] Die zivilrechtliche Beurteilung ist in diesem Fall somit maßgeblich für die Annahme eines steuerrechtlichen Tatbestandes.

102 Es kann jedoch nicht im Umkehrschluss angenommen werden, dass die **Verneinung zivilrechtlicher Ansprüche** auch die Annahme steuerlicher Gewinnkorrekturen ausschließt.[115] Mittels der Einkunftsabgrenzungsregelungen soll der Gewinn erfasst werden, den die Gesellschaft hätte erzielen können, wenn keine Gewinnverlagerungen auf den Gesellschafter oder ein nahe stehendes Unternehmen vorgenommen worden wären.[116]

103 Die steuerliche Beurteilung, ob sich die zu versteuernden Einkünfte der Gesellschaft durch die Verlagerungsvorgänge gemindert haben, erfolgt nach dem **Fremdvergleichsgrundsatz,**[117] wobei auf den Maßstab des ordentlichen und gewissenhaften Geschäftsleiters zurückgegriffen wird.[118] Allerdings

---

[113] Vgl. *Borstell/Jamin* in Kessler/Kröner/Köhler, Konzernsteuerrecht, 2008, § 8 Rn. 367.

[114] Vgl. *Kuckhoff/Schreiber* IStR 1999, 321, 323.

[115] Vgl. *Kuckhoff/Schreiber* IStR 1999, 321, 323.

[116] Vgl. *Borstell/Jamin* in Kessler/Kröner/Köhler, Konzernsteuerrecht, 2008, § 8 Rn. 334.

[117] Vgl. *Kuckhoff/Schreiber* IStR 1999, 321, 324; *Borstell/Jamin* in Kessler/Kröner/Köhler, Konzernsteuerrecht, 2008, § 8 Rn. 334. Vgl. dazu auch Kap. C Rn. 1 ff.

[118] Vgl. *Wassermeyer* GmbHR 1993, 329, 331. Vgl. dazu auch Kap. C Rn. 41 ff.

sollte unter dem Fremdvergleichsgrundsatz ein ordentlicher und gewissenhafter Geschäftsleiter die ihm **zustehenden Ansprüche** im Falle einer Änderung seiner Geschäftsbeziehungen **zivilrechtlich regeln.** Wenn er dies nicht tut, sind ggf. Einkünftekorrekturen geboten. Regelt er aber alle seine potenziellen Ansprüche fremdvergleichskonform, können **uE keine weiteren Ansprüche** konstruiert werden. Dies soll an den folgenden Beispielen verdeutlicht werden.

Schließen zwei unabhängige Unternehmen einen zeitlich begrenzten Vertriebsvertrag über fünf Jahre ab und erfolgt die Leistungsabrechnung während dieser Zeit zu angemessenen Bedingungen, hätte das Vertriebsunternehmen nach vertragsgemäßer Beendigung des Vertragsverhältnisses keinen Anspruch auf eine Ausgleichzahlung. Gegebenenfalls ist in diesem Fall ein potenzieller Anspruch aus § 89b HGB analog zu prüfen. Nichts anderes kann uE für den Fall gelten, dass zwei Konzernunternehmen ein ähnliches Vertragsverhältnis eingehen. Wird in Abwandlung zu diesem Beispiel der Vertrag zwischen den Dritten vorzeitig gekündigt, kann sich für das Vertriebsunternehmen neben dem Anspruch aus § 89b HGB analog ein Anspruch aus dem Vertrag gegen den Lieferanten ergeben. Diesen Anspruch werden ordentliche und gewissenhafte Kaufleute **vertraglich regeln.** Wenn sie dies (fremdvergleichskonform) tun, kann es darüber hinaus keinen weiteren Anspruch des Vertriebsunternehmens geben. Wiederum ist unter dem Fremdvergleichsgrundsatz **unverständlich, warum** im Fall von **konzerninternen** Unternehmen hier ein **weiterer Anspruch** anzunehmen sein soll, **wenn fremdübliche vertragliche Abreden vorliegen.** **104**

Ein anderes Ergebnis ergibt sich, wenn das Verhältnis gesetzlicher Entschädigungsnormen zum Fremdvergleichsgrundsatz untersucht wird. Gesetzliche Normen wie **§ 89b HGB**[119] haben das Ziel, der schützenswerten Partei einen **Mindestschutz** zukommen zu lassen, haben aber **nicht das Ziel,** den **Fremdvergleichsmaßstab** iSd § 1 AStG **zu bestimmen.** Demnach können fremdvergleichskonforme vertragliche Ausgleichsansprüche höher sein als § 89b HGB. Im Verhältnis bspw. zum Ausgleichsanspruch nach § 89b HGB ist das Konzept des allgemeinen Fremdvergleichsmaßstabs bei Marktübertragungen weiter als die zivilrechtliche Norm. Grundsätzlich kann festgehalten werden, dass steuerlich nach dem Fremdvergleichsgrundsatz ein entgeltpflichtiger Übertragungsvorgang eines Marktes immer dann vorliegt, wenn auch ein Entschädigungsanspruch nach § 89b HGB im Fall eines Eigenhändlers zu bejahen ist. Umgekehrt mag jedoch nach dem Fremdvergleichsmaßstab auch dann eine entgeltpflichtige Marktübertragung vorliegen, wenn § 89b HGB keine Anwendung findet. **105**

Zudem stellen die beiden Rechtsgrundlagen auf **unterschiedliche Bemessungsgrundlagen** ab, was regelmäßig zu unterschiedlichen Ergebnissen hinsichtlich der Höhe des Ausgleichsanspruchs führen wird. Während § 89b HGB als Grundlage maximal eine Jahresprovision als Durchschnitt der letzten fünf Jahre heranzieht, basiert die Entschädigung nach dem Fremdvergleichsgrundsatz regelmäßig auf dem übertragenen zukünftigen Ertragspotenzial in Form eines kapitalisierten Zukunftsertragswertes.[120] Naturgemäß kann also **106**

---

[119] Vgl. dazu auch unten Rn. 118 ff. und unten Rn. 992 ff.
[120] Vgl. dazu auch unten Rn. 131 ff. und unten Rn. 997 ff.

wegen der unterschiedlichen Bemessungsgrundlagen nicht allgemein abgeleitet werden, welche der beiden Rechtsgrundlagen zu einem höheren Ausgleich führen wird. Vielmehr hängt das Ergebnis davon ab, wie das Verhältnis der fiktiven Handelsvertreter-Provision des abgefundenen Eigenhändlers zu seinem daraus erzielten bzw. dem von ihm für die Zukunft zu erwartenden Gewinn ist.

107   Unseres Erachtens stellt der zivilrechtliche Anspruch nach § 89b HGB hinsichtlich der Höhe des Ausgleichsanspruchs eine **Sondervorschrift mit Vorrang** vor dem allgemeinen Fremdvergleichsgrundsatz dar, wenn beide Vorschriften anwendbar sind. Dann stellt § 89b HGB steuerlich die **Untergrenze** für einen Entschädigungsanspruch dar, auch wenn der Wert nach Fremdvergleichmaßstab niedriger wäre. Ergibt sich aus dem allgemeinen Fremdvergleichsmaßstab jedoch ein höherer Entschädigungsanspruch als nach § 89b HGB, ist dieser Fremdvergleichswert für das Steuerrecht maßgebend, auch wenn er zivilrechtlich nicht durchzusetzen ist.

108   Findet § 89b HGB aufgrund fehlender Tatbestandsvoraussetzungen **keine** (analoge) **Anwendung,** werden bei einer Marktübertragung die einhergehenden Geschäftschancen allein nach dem steuerlichen Fremdvergleichsgrundsatz zu prüfen sein.

109, 110   *(einstweilen frei)*

2. Bedeutung zivilrechtlicher Entschädigungsansprüche

111   Im Rahmen von Funktionsverlagerungen können für eine der beteiligten Parteien zivilrechtliche Entschädigungs- oder Ausgleichsansprüche entstehen. Es kann sich dabei um **vertragliche und/oder gesetzliche** Entschädigungs- und Ausgleichsansprüche handeln, die von dem betreffenden Konzernunternehmen geltend zu machen sind. Werden solche bestehende Ansprüche nicht kompensiert, kann dieses zu einer Einkünftekorrektur führen.

112   Die Funktionsverlagerungsverordnung regelt derartige Ansprüche in § 8 **FVerlV.** Danach können zivilrechtliche Ausgleichsansprüche einer Funktionsverlagerung zugrunde gelegt werden, „wenn der Steuerpflichtige glaubhaft macht, dass … Dritte unter ähnlichen Umständen in vergleichbarer Art und Weise verfahren wären. Der Steuerpflichtige muss zusätzlich glaubhaft machen, dass keine wesentlichen immateriellen Wirtschaftsgüter und Vorteile übertragen oder zur Nutzung überlassen worden sind, es sei denn, die Übertragung oder Überlassung ist zwingende Folge" derartiger Ansprüche.

113   Die Formulierung in § 8 **FVerlV,** insb. § 8 S. 2 FVerlV, macht deutlich, dass der Gesetzgeber **zivilrechtliche Ansprüche** als Bewertungsgrundlage einer Funktionsverlagerung **nicht als vorrangig** gegenüber der zuvor in der FVerlV geregelten Transferpaketbetrachtung mit einer Gesamtbewertung der Gewinnpotenziale **ansieht.** Dies ist **in keiner Weise gerechtfertigt.** Unseres Erachtens verkennt und verletzt diese (fiskalisch getriebene) Regelung den Grundsatz des Fremdverhaltens, der immerhin Grundlage aller Überlegungen im Bereich der steuerlichen Beurteilung konzerninterner Leistungsbeziehungen sein soll. Treten zwei unabhängige Dritte in Geschäftsbeziehungen zueinander, werden sie diese im Regelfall (schriftlich) vertraglich regeln. Dabei werden beide Parteien entsprechend ihrer Verhandlungsmacht ihre schutz-

würdigen Interessen in das Vertragswerk einbringen. Sollte im Einzelfall die Gefahr bestehen, dass eine Vertragspartei aufgrund ihrer Verhandlungsmacht übervorteilt wird, hat der Gesetzgeber idR gesetzliche Vorschriften geschaffen, um die Interessen der vermeintlich unterlegenen Partei zu schützen. Als Beispiel hierfür kann der weiter unten diskutierte § 89b HGB angesehen werden. Mit anderen Worten, es kann unterstellt werden, dass zwei unabhängige Dritte ihre gegenseitigen Ansprüche im Rahmen eines Vertragswerks abschließend regeln.

Sind im konzerninternen Bereich abgeschlossene Verträge als fremdvergleichskonform anzusehen, besteht deshalb uE **kein Raum, über die in den Verträgen geregelten gegenseitigen Ansprüche hinaus noch weitere zu konstruieren.** Das heißt auch, dass, wenn es zwischen fremden Dritten unüblich ist, im Falle einer Änderung der Geschäftsbeziehungen, zB im Rahmen einer Funktionsverlagerung, über vertragliche Ausgleichsansprüche hinaus Kompensationszahlungen zu fordern oder zu leisten, für den konzerninternen Fall nichts anderes gelten kann. Deshalb ist die **Prüfung zivilrechtlicher Ansprüche keineswegs subsidiär** zu den Ansprüchen unter dem Fremdvergleichsgrundsatz. Vielmehr stellen fremdvergleichskonform geregelte zivilrechtliche Ansprüche unter dem Fremdvergleichsgrundsatz abschließend dar, was die Parteien voneinander fordern können. **114**

Es sei an dieser Stelle nur darauf hingewiesen, dass auch bzgl. der Beurteilung vertraglicher Regelungen die **steuerlichen Beweislastregeln** gelten, dh der Steuerpflichtige muss nach § 90 Abs. 3 AO begründen, warum er der Auffasung ist, dass er sich entsprechend des Fremdvergleichsgrundsatzes verhalten hat. Die FinVerw. trifft dann die Beweislast zu belegen, warum getroffene Regelungen nicht dem Fremdvergleichsgrundsatz entsprechen.

Im Folgenden sollen die verschiedenen zivilrechtlichen Ansprüche dargestellt werden.

a) Vertragliche Entschädigungsansprüche

Vertragliche Ansprüche können sich **115**
– aus vertraglich geregelten Ausgleichsansprüchen oder
– aus einer Verletzung vertraglicher Pflichten
ergeben.

Die erste Konstellation betrifft bspw. die bereits im Vorfeld vereinbarte **Vertragsstrafe** für den Fall der **vorzeitigen Beendigung** eines Vertragsverhältnisses. Dabei kann bspw. auch die Vergütung für die Übertragung immaterieller Wirtschaftsgüter wie des Kundenstamms vertraglich geregelt sein. Sollte unter dem Fremdvergleichsgrundsatz hierfür Regelungsbedarf bestehen, werden derartige vertragliche Regelungen auch getroffen werden. **Fremdvergleichskonform geregelte Vertragsstrafen** sind auch steuerlich anzuerkennen und **lassen für weitergehende Einkünftekorrekturen keinen Raum.** Liegen derartige Regelungen hingegen nicht vor, obwohl dies als fremdvergleichskonform anzusehen wäre, kann eine Einkünftekorrektur aufgrund des Fehlens dieser Regelungen angemessen sein.

Entschädigungsansprüche können aber auch durch die **pflichtwidrige Verletzung** eines Schuldverhältnisses entstehen. Anders als bei der Vertragsstrafe reicht hier nicht der Eintritt einer Bedingung zur Begründung eines **116**

Anspruches aus, sondern es ist das Vorliegen aller Tatbestandsmerkmale des § 280 Abs. 1 BGB erforderlich. Für einen Anspruch aus § 280 Abs. 1 BGB muss ein Schuldverhältnis bestehen und eine Partei ihre daraus obliegenden Pflichten verletzt haben. Erfasst werden nicht nur die Haupt-, sondern auch die Nebenpflichten des Vertragsverhältnisses. Eine Pflichtverletzung ist **jedes dem Schuldverhältnis zuwiderlaufende Verhalten einer Partei.** Auf Schuldnerseite liegt sie vor, wenn nicht, nicht rechtzeitig oder nicht vertragsgemäß geleistet wird.[121] Weiter muss durch die Pflichtverletzung ein Schaden entstanden sein. Der Gläubiger trägt hinsichtlich der Pflichtverletzung des Schuldners, die Schadensentstehung und dem Ursachenzusammenhang zwischen Pflichtverletzung und Schaden die Beweislast.[122] Der Schuldner muss hingegen das Nichtvertretenmüssen der Pflichtverletzung beweisen, § 280 Abs. 1 S. 2 BGB. Liegen die Voraussetzungen vor, begründen sie auf Seiten des Geschädigten einen Schadensersatzanspruch, der sich auf alle unmittelbaren und mittelbaren Nachteile des schädigenden Verhaltens erstreckt.[123]

b) Gesetzliche Treuepflichten

117 Treuepflichten ergeben sich zB für den **Geschäftsführer** einer GmbH aus **§ 43 Abs. 1 GmbHG** und seinem Anstellungsvertrag. Gemäß der Vorschrift ist er verpflichtet, die Interessen der Gesellschaft durch die Einhaltung der Sorgfalt eines ordentlichen und gewissenhaften Geschäftsleiters zu wahren. Verletzt er diese Pflichten, haftet er aus § 43 GmbHG und dem Verhältnis zum Anstellungsvertrag gegenüber der Gesellschaft für die dadurch entstandenen Schäden. Geschützt werden dadurch (konzernfremde) Minderheitsgesellschafter und Gläubiger, die nicht durch die Konzerninteressen benachteiligt werden dürfen.[124] Der Geschäftsführer muss allein das **Wohl der Gesellschaft** und nicht das anderer oder den eigenen Nutzen wahren.[125] Er ist also angehalten, allein im Interesse der von ihm geführten Gesellschaft zu handeln und sich nicht von Konzerninteressen leiten zu lassen, sofern dieses zu einer Benachteiligung der Minderheitsgesellschafter führen würde. Damit ist ausgeschlossen, dass er Chancen alleine zugunsten eines beherrschenden Gesellschafters wahrnimmt.[126] Im Regelfall laufen diese Vorschriften aber im Konzernfall leer, da zumeist nur ein Gesellschafter vorhanden ist, der die Entscheidungen des Geschäftsführers überwachen kann.

c) Handelsvertreterausgleichsanspruch[127]

118 In **§ 89b HGB** wird geregelt, unter welchen Voraussetzungen ein Handelsvertreter nach Beendigung des Vertragsverhältnisses durch den Prinzipal einen Ausgleichsanspruch hat. Ein solcher soll dann bestehen, wenn der

---

[121] Vgl. *Palandt/Heinrichs* § 280 BGB, Rn. 12.

[122] Vgl. *Palandt/Heinrichs* § 280 BGB, Rn. 34.

[123] Vgl. *Palandt/Heinrichs* § 280 BGB, Rn. 32.

[124] Vgl. *Borstell* StBJb 2001/02, 212.

[125] Vgl. *Wassermeyer* GmbHR 1993, 329, 330; BGH v. 12.6.1989, NJW-RR 1989, 1255.

[126] Vgl. *Wassermeyer* GmbHR 1993, 329, 330.

[127] Vgl. dazu auch unten Rn. 970 ff. und 1029 ff. zur Verlagerung von Vertriebsfunktionen.

Handelsvertreter während des Vertragsverhältnisses den Kundenstamm wesentlich erweitert oder neue Kunden geworben hat und der Handelsvertreter durch die Beendigung des Vertragsverhältnisses Provisionsansprüche verliert, die er bei der Fortführung erlangt hätte, und die Zahlung eines Ausgleichs nicht unbillig ist.

Der **Eigenhändler** in der Form eines **Vertragshändlers** ist hinsichtlich **119** des von ihm getragenen Risikos und der Abhängigkeit gegenüber dem liefernden Unternehmer wirtschaftlich häufig mit einem Handelsvertreter vergleichbar.[128] Vor diesem Hintergrund wird § 89b HGB dann auch analog bei einem Eigenhändler angewendet.

Überlässt der Eigenhändler dem Prinzipal seine Kundenbeziehungen, so ist **120** bei der Bemessung eines fremdvergleichsüblichen Entgelts ein möglicher Anspruch gem. § 89b HGB **analog zu berücksichtigen.** Wird ein bestehender Ausgleichsanspruch hingegen nicht berücksichtigt, kann dies zu einer Einkünftekorrektur führen.[129]

aa) Ausgleichsanspruch dem Grunde nach

Folgt man dem Wortlaut des § 89b HGB, bezieht sich diese Vorschrift auf **121** die Überlassung von Kunden bzw. Märkten und beschränkt Ausgleichsansprüche auf den Handelsvertreter. Jedoch lässt der BGH in ständiger Rechtsprechung die **analoge Anwendung** des § 89b HGB auf Ausgleichsansprüche des Eigenhändlers zu, wenn zusätzlich folgende **Voraussetzungen** erfüllt sind:[130]
– Der Eigenhändler muss fest in das Vertriebsnetz des Herstellers oder Lieferanten eingebunden sein und dessen Weisungsrecht unterliegen.
– Der Eigenhändler muss vertraglich verpflichtet sein, die von ihm geworbenen Neukunden bei Vertragsende dem liefernden Unternehmer zu benennen.

Die **Einbindung** des Eigenhändlers **in das Vertriebsnetz** wird dabei **122** insb. nach den folgenden vertraglichen Vereinbarungen und tatsächlichen Gegebenheiten beurteilt:
– Zuweisung eines bestimmten Vertriebsgebietes
– Vertragliche Verpflichtung für den Eigenhändler, die Vermarktung der Produkte des liefernden Unternehmers „aktiv" zu betreiben
– Mindestabnahmeverpflichtungen für den Eigenhändler
– Verpflichtung zur Zusammenarbeit mit dem Personal des liefernden Unternehmers
– Wettbewerbsbeschränkung für den Eigenhändler, zB Verbot des Vertriebs anderer Produkte als derer des liefernden Unternehmers
– Übernahme von Garantieverpflichtungen durch den liefernden Unternehmer.

---

[128] Vgl. *Borstell/Jamin* in Kessler/Kröner/Köhler, Konzernsteuerrecht, 2008, § 8 Rn. 306 und im Folgenden Rn. 121 ff. Dem folgt auch Rn. 213 VGr-FV. IE vgl. dazu unten Rn. 992 ff.

[129] Vgl. *Baumhoff/Bodenmüller* in Grotherr, Handbuch der internationalen Steuerplanung, 2003, 373.

[130] Vgl. BGH 14.4.1983, NJW 1983, 2877; BGH 11.2.1977, NJW 1977, 896; auch BFH 20.8.1986, BFH/NV 1987, 471, BGH 13.6.2007, NJW-RR 2007, 1327; vgl. *Borstell* StBJb 2001/02, 213 f.; *Thume* BB 1998, 1425, 1431.

123 Das Merkmal der **Überlassung von Neukunden** durch den Eigenhändler an den liefernden Unternehmer bei Vertragsende ist nach der Rechtsprechung des BGH bereits schon dann erfüllt, wenn der Eigenhändler dem liefernden Unternehmer bei Vertragsende die Namen und Adressen der von ihm geworbenen Neukunden überlässt, damit der liefernde Unternehmer den Kundenstamm des Eigenhändlers sofort für sich verwenden kann.[131]

124 Demgegenüber hat das **FG Rheinland-Pfalz** mit dem rechtskräftigen Urteil vom 9.10.1989[132] die **analoge Anwendung** von § 89b HGB im Konzern **abgelehnt,** da für das Konzernvertriebsunternehmen im Gegensatz zum unverbundenen Eigenhändler kein schutzwürdiges Interesse vorliege und ein Konzernvertriebsunternehmen die Änderung der Aufgabenverteilung im Konzern hinnehmen müsse. Interessanterweise betraf die Entscheidung einen Outbound-Fall, also den Fall, bei dem ein deutsches Mutterunternehmen Rückstellungen nach § 89b HGB für Ausgleichsansprüche seiner ausländischen Tochterunternehmen ansetzen wollte. Das FG stützte sich jedoch bei seiner Entscheidung auf das BGH-Urteil vom 16.2.1961,[133] welches aber vom BGH selbst mit dem Urteil vom 11.2.1977[134] dahingehend aufgehoben wurde, dass die analoge Anwendung von § 89b HGB nicht von einem Schutzbedürfnis des Eigenhändlers abhängt. Auch wenn die Nichtzulassungsbeschwerde gegen das Urteil des FG Rheinland-Pfalz vom BFH verworfen wurde,[135] erscheint die Entscheidung des FG aufgrund der Änderungen der BGH-Rechtsprechung nicht mehr über den Einzelfall hinaus anwendbar.

125 Der § 89b HGB ist also uE auch innerhalb eines Konzerns analog auf Eigenhändler anwendbar.[136] **In der Praxis** ist ein Ausgleichsanspruch der Tochter- gegenüber der Muttergesellschaft jedoch **häufig zu verneinen,** da im Konzern zumeist das Ziel verfolgt wird, eine Handelsvertretergesellschaft mit sehr eingeschränkter Funktionalität zu schaffen.[137] Folglich wird die Tochtergesellschaft häufig lediglich den Kundenstamm der Muttergesellschaft bearbeiten, ohne selbst Neukunden zu werben bzw. über Neukunden zu verfügen, die ihr wirtschaftlich zuzurechnen sind.[138] Für funktionsschwache Eigenhändler **(Limited Risk Distributors)** des Konzerns gilt dies in gleicher Weise.

126 Sollte der Eigenhändler nach Vertragsbeendigung seine **Kundenkartei einem Dritten überlassen,** erlischt sein Ausgleichsanspruch analog § 89b HGB nicht, wenn er dem liefernden Unternehmen zuvor die Kundendaten bekannt gegeben hat. Die Überlassung der Kundenkartei an einen Dritten kann sich jedoch auf die Höhe des Anspruchs auswirken. Voraussetzung hierfür ist, dass aufgrund der Nutzung der Kundendatei durch den Dritten

---

[131] Vgl. BGH 14.4.1983, NJW 1983, 2877.

[132] FG Rheinland-Pfalz 9.10.1989, EFG 1990, 296.

[133] BGH 16.2.1961, NJW 1962, 662.

[134] BGH 11.2.1977, NJW 1977, 896.

[135] BFH 8.10.1990 (n. v.).

[136] Gl. A. *Borstell* StBJb 2001/02, 213 f.; *Kuckhoff/Schreiber* IStR 1999, 355; aA wohl *Baumhoff* in Flick/Wassermeyer/Baumhoff, § 1 AStG Rn. 616.

[137] Vgl. *Borstell/Jamin* in Kessler/Kröner/Köhler, Konzernsteuerrecht, 2008, § 8 Rn. 307.

[138] Vgl. *Borstell* StBJb 2001/02, 214.

die Vorteile des liefernden Unternehmens oder die Nachteile des Vertragshändlers gem. § 89b Abs. 1 S. 1 HGB vermutlich geringer ausfallen werden.[139]

Der Ausgleichsanspruch kann gem. § 89b Abs. 4 HGB **nicht im Voraus** **127** **ausgeschlossen** werden. Dies gilt auch für die analoge Anwendung bei Vertragshändlern.[140] Zudem ist der Anspruch binnen eines Jahres geltend zu machen.

Des Weiteren ist erforderlich, dass die Geschäftsbeziehung zwischen Unternehmer und Handelsvertreter **deutschem Recht unterliegt.**[141] Zwar **128** gibt es in anderen EU-Mitgliedstaaten vergleichbare Regelungen,[142] jedoch ist die Möglichkeit, diese analog anzuwenden, fraglich, da neben einem abweichenden Gesetzeswortlaut auch Unterschiede bei den Methoden der Rechtsanwendung bestehen.[143]

Fraglich ist, ob sich der Ausgleichsanspruch durch die **Vereinbarung aus-** **129** **ländischen Rechts,** das einen derartigen Anspruch nicht kennt, vermeiden lässt. Mit dieser Fragestellung, hatte sich der EuGH in seiner Entscheidung vom 9.11.2000 (Ingmar GB)[144] in Bezug auf einen **Handelsvertreter** auseinandergesetzt. In dieser Entscheidung stellte der EuGH fest, dass der Ausgleichsanspruch, der auf Art. 17 und 18 der Handelsvertreter-RL (RL 86/653/EWG) beruht, international zwingend sei, wenn der Sachverhalt einen starken Gemeinschaftsbezug aufweist. Deswegen sei es nicht möglich, etwaige Ausgleichsansprüche im Rahmen der Handelsvertretungsvereinbarung durch die vertragliche Vereinbarung eines ausschließlich ausländischen Gerichtsstands zu umgehen, wenn dessen Recht entsprechende Ansprüche des Handelsvertreters nicht kennt.[145]

Zu beachten ist, dass sich die Entscheidung des EuGH (C-381/98) dabei **130** im Wesentlichen auf die Handelsvertreter-RL stützt. Die Entscheidung kann jedoch nicht auf Vertragshändler – auch **nicht analog** – **übertragen werden.**[146] Der § 89b HGB ist nach hM selbst auch keine zwingende Vorschrift iSv Art. 34 EGBGB.[147] Deswegen kann das Entstehen eines Ausgleichsanspruchs vermieden werden, wenn das **Vertragshändlerverhältnis** einem ausländischen Recht unterworfen wird und dieses Recht einen entsprechenden Ausgleich nicht kennt.[148]

---

[139] Vgl. BGH 28.6.2006, BB 2006, 1648.

[140] Vgl. *Baumbach/Hopt,* § 89b HGB, Rn. 70.

[141] Vgl. *Borstell/Jamin* in Kessler/Kröner/Köhler, Konzernsteuerrecht, 2008, § 8 Rn. 303.

[142] Am 18.12.1986 hat der Rat der EG (der heutige Rat der EU) die RL zur Koordinierung der Rechtsvorschriften der Mitgliedstaaten betreffend die selbständigen Handelsvertreter beschlossen. Die EU-Mitgliedstaaten hatten entsprechende Vorschriften vor dem 1.1.1990 zu erlassen.

[143] Vgl. *Käbisch* IStR 2001, 325, 326.

[144] EuGH 9.11.2000, C-381/98, EGHE 2000, 9305.

[145] EuGH 9.11.2000, C-381/98, EGHE 2000, 9305; so auch OLG München 17.5.2006, WM 2006, 1556.

[146] Vgl. *Kindler* in Ebenroth/Boujong/Joost/Strohn, § 92c HGB, Anh. Rn. 44, 49.

[147] S. nur mwN *Kindler* in Ebenroth/Boujong/Joost/Strohn, § 92c HGB, Anh. Rn. 13.

[148] Vgl. *Kindler* in Ebenroth/Boujong/Joost/Strohn, § 92c HGB, Anh. Rn. 13.

bb) Ausgleichsanspruch der Höhe nach

131 Nach § 89b Abs. 2 HGB beläuft sich der Ausgleichsanspruch für die Tätigkeit des Handelsvertreters höchstens **auf eine** nach dem Durchschnitt der letzten fünf Jahre berechneten **Jahresvergütung bzw. Jahresprovision.** Sollte das Vertragsverhältnis kürzer sein, ist der Durchschnitt während der Dauer der Tätigkeit maßgebend.

132 Bei der **Berechnung** des Ausgleichsanspruchs eines Eigenhändlers sind wichtige **Besonderheiten** gegenüber dem Handelsvertreter **zu berücksichtigen.** Dem Handelsvertreter steht für abgeschlossene Geschäfte eine Provision zu, die sich meist prozentual vom Umsatz errechnet. Im Gegensatz zum Handelsvertreter erwirbt der Eigenhändler Ware vom liefernden Unternehmer und verkauft sie auf eigene Rechnung und auf eigenes Risiko an seine Abnehmer. Die Provision des funktionsschwächeren Handelsvertreters ist also nicht betragsgleich mit dem Rohgewinn des funktionsstärkeren Eigenhändlers.

133 Bevor der Ausgleich nach den Bestimmungen des § 89b Abs. 2 HGB berechnet wird, muss daher aus der GuV des Eigenhändlers hergeleitet werden, **welche Provision er als Handelsvertreter fiktiv erzielt hätte.**[149] Bei der Umrechnung der Vergütung des Eigenhändlers in die eines Handelsvertreters sind insb. die Personalstrukturen (zB kein Lagerpersonal, weniger Buchhaltungspersonal, da keine Forderungen überwacht werden müssen), Abschreibung auf Warenbestände, Lagerkosten (Miete bzw. Abschreibung des Lagergebäudes, Gemeinkosten), Finanzierungskosten für Lagerbestand, Warenversicherungen, Transportkosten sowie Währungsgewinne/-verluste zu berücksichtigen. Aus dem so ermittelten fiktiven Jahresüberschuss des Handelsvertreters ist dann unter Berücksichtigung der verbliebenen Erträge und Aufwendungen eine fiktive Bruttoprovision eines Handelsvertreters zu ermitteln.

cc) Verhältnis des allgemeinen Fremdvergleichsgrundsatzes zu § 89b HGB[150]

134 Das Konzept des allgemeinen Fremdvergleichsmaßstabes iSv § 1 AStG bei Marktübertragungen ist hinsichtlich des Anwendungsbereichs **weiter als** das des Ausgleichsanspruchs nach § **89b HGB.**[151] Bei Absatzmärkten liegt immer eine nach dem allgemeinen Fremdvergleichsmaßstab entgeltpflichtige Marktübertragung vor, wenn auch § 89b HGB einschlägig ist.[152]

135 Allerdings **unterscheiden sich** die beiden Rechtsgrundlagen **hinsichtlich der Höhe** des angemessenen Ausgleichs.[153] Während der allgemeine Fremdvergleichsmaßstab regelmäßig auf das übertragene zukünftige Ertragspotenzial in Form eines kapitalisierten Zukunftsertragswertes abstellt, legt § 89b HGB die Entschädigung auf der Grundlage maximal einer Jahresprovision als Durchschnitt der letzten fünf Jahre fest. Je nachdem, wie das Verhältnis von fiktiver Bruttoprovision des abgefundenen Eigenhändlers zu seinem daraus

---

[149] Ebenso *Kuckhoff/Schreiber* IStR 1999, 321, 325 mit Hinweis auf die einschlägige BGH-Rechtsprechung.

[150] Vgl. auch oben Rn. 105 ff.

[151] Vgl. *Borstell* StBJb 2001/02, 219.

[152] Vgl. *Borstell* StBJb 2001/02, 219.

[153] Vgl. *Borstell* StBJb 2001/02, 219.

erzielten Gewinn bzw. dem von ihm für die Zukunft erwarteten Gewinn ist, kann die eine oder die andere Rechtsgrundlage einen höheren Ausgleichsanspruch ergeben.

Unseres Erachtens stellt **§ 89b HGB**, wenn er auf einen Sachverhalt an- **136** wendbar ist, hinsichtlich der Höhe des Ausgleichsanspruchs eine **Sondervorschrift mit Vorrang** vor dem allgemeinen Fremdvergleichsgrundsatz dar.[154] Demzufolge stellt auch der Ausgleichanspruch nach § 89b HGB die **Untergrenze** dessen dar, was einem abgefundenen Eigenhändler mindestens als Ausgleich zusteht, wenn beide Rechtsvorschriften Anwendung finden. Ist der Ausgleich nach dem allgemeinen Fremdvergleichsmaßstab höher als der Anspruch nach § 89b HGB, ist die Entschädigung nach dem allgemeinen Fremdvergleichsmaßstab vorzunehmen, da dann davon auszugehen ist, dass neben den durch den Ausgleich nach § 89b HGB abzugeltenden Ansprüchen noch weitere Ansprüche unter dem Fremdvergleichsgrundsatz bestehen.[155]

(einstweilen frei) **137–140**

3. Fehlende Fremdvergleichskonformität vertraglicher Abreden

Es war und ist Ausfluss der Fremdvergleichsgrundsatzes des § 1 Abs. 1 S. 1 **141** AStG, dass vertragliche Abreden der betroffenen verbundenen Unternehmen dem Fremdvergleichsmaßstab entsprechen müssen.

Funktionsverlagerungen betreffen idR Umstrukturierungen bestehender **142** organisatorischer Abläufe in Unternehmensgruppen. Hierbei erhalten einzelne rechtliche Einheiten einer Unternehmensgruppe häufig ein neues bzw. geändertes Funktions- und Risikoprofil. Aufgrund dessen sind in den meisten Fällen solcher Umstrukturierungen bestehende Verträge zwischen rechtlichen Einheiten der Unternehmensgruppe zu ändern oder zu kündigen. Die **Änderung oder Kündigung** solcher **Verträge** muss **fremdvergleichskonform** erfolgen, dh die Kündigungs- und Änderungsklauseln müssen dem entsprechen, was fremde Dritte miteinander vereinbart hätten. Als diesbezüglich in der Praxis besonders anfällig haben sich Klauseln hinsichtlich der Vertragslaufzeit, der Kündigungsfristen und des Investitionsschutzes erwiesen.

a) Vertragslaufzeit

Bei Klauseln, welche die Vertragslaufzeit betreffen, ist darauf zu achten, **143** dass die vertraglich geregelten Laufzeiten in einem angemessenen Rahmen liegen. Das heißt, dass die Vertragslaufzeit nicht derart kurz oder lang sein darf, dass dadurch das Geschäft wirtschaftlich nicht mehr profitabel ist und ein unabhängiger Dritter deswegen davon abgesehen hätte. Die Vertragslaufzeit muss in einem **angemessenen Verhältnis zu** dem **unternehmerischen** und wirtschaftlichen Aufwand und **Risiko** stehen. Sie muss somit in einem für das Geschäft üblichen Rahmen liegen und aus unternehmerischer Sicht sinnvoll sein.

Pauschale Aussagen über fremdvergleichskonforme Vertragslaufzeiten lassen **144** sich nicht treffen. Die Vertragslaufzeit ist vielmehr im Kontext mit den Kün-

---

[154] Vgl. *Borstell* StBJb 2001/02, 219.
[155] Vgl. *Borstell* StBJb 2001/02, 219 f. Vgl. dazu auch unten Rn. 1002 ff.

digungsvorschriften und vertraglichen Abreden zum Investitionsschutz zu betrachten.

b) Kündigungsfristen

145   Bei Kündigungsfristen gilt, dass diese ihren **Schutzzweck nicht verlieren** dürfen. Der Schutzzweck von Kündigungsfristen ist, dass die Parteien vor einem sofortigen bzw. zu kurzfristigen Wegfall der Geschäftsbeziehung bewahrt werden. Die durch eine Kündigung entstehenden Nachteile und Veränderungen sollen absehbar und die Planungssicherheit zumindest in einem bestimmten Maß gewährleistet sein. Die betroffene Partei soll im Falle einer Kündigung noch in der Lage sein, sich auf die zukünftige Veränderung einzustellen. Sind die Kündigungsfristen eines Vertrages zu kurz oder bestehen gar keine, so stellt dies für die Parteien ein erhebliches unternehmerisches Risiko dar. Ein unabhängiger Dritter würde dann entweder ein solches Vertragsverhältnis nicht eingehen, so dass keine fremdvergleichskonforme Abrede vorläge, oder er würde sich das dem Vertrag immanente Risiko durch entsprechende Vergütungsregelungen entgelten lassen.

c) Investitionsschutzklauseln

146   Auch sog. Investitionsschutzklauseln müssen fremdüblich sein. Derartige Klauseln betreffen Investitionsaufwendungen, die durch ein Vertragsverhältnis für eine der Parteien verursacht werden und nicht Gegenstand der zu erbringenden Leistung sind. Die Klausel soll die investierende Partei hinsichtlich der Kosten für den Fall absichern, dass sich die zu tätigenden **Investitionen nicht amortisieren.** Eine Investitionsschutzklausel regelt, dass sich der von der Investition profitierende Geschäftspartner an den Investitionskosten des investierenden Geschäftspartners beteiligt, wenn das Vertragsverhältnis vorzeitig beendet wird. Liegt eine solche Klausel nicht vor, würde ein ordentlicher und gewissenhafter Geschäftsleiter von einer derartigen Investition absehen bzw. ein solches Vertragsverhältnis nicht eingehen.

147   So sollte bspw. ein **Lohnfertigungsvertrag,** der von dem Lohnfertiger erhebliche Investitionen in Anlagen erfordert, vorsehen, dass im Falle der Kündigung des Lohnfertigungsverhältnisses durch den Fertigungsprinzipal der Lohnfertiger Anspruch auf Erstattung der noch nicht amortisierten Investitionskosten hat. Bei einer Produktionsgesellschaft können zudem in diesem Zusammenhang mögliche **Schließungskosten** eine erhebliche Rolle spielen.

148–150   *(einstweilen frei)*

III. Allgemeinsteuerliche Risiken bei Funktionsverlagerungen

1. Missbrauchstatbestand nach § 42 AO

151   Durch das Jahressteuergesetz 2008 wurde § 42 AO neu gefasst und erweitert. Die Vorschrift enthält nun in ihrem zweiten Absatz eine **Definition des Missbrauchsbegriffs.** Danach liegt ein Missbrauch vor, „wenn eine unangemessene rechtliche Gestaltung gewählt wird, die beim Steuerpflichtigen oder einem Dritten im Vergleich zu einer angemessenen Gestaltung zu einem gesetzlich nicht vorgesehenen Steuervorteil führt. Dies gilt nicht, wenn der Steuerpflichtige für die gewählte Gestaltung außersteuerliche Gründe nachweist, die nach dem Gesamtbild der Verhältnisse beachtlich sind". Da bei diesem Definitionsversuch offen bleibt, was angemessen bzw. unangemessen ist und wann ein gesetzlich nicht vorgesehener Steuervorteil vorliegt, ist er für die **praktische Handhabung nur bedingt hilfreich.** Der Ansatz des Gesetzgebers geht wohl dahin, dass durch die Gegenüberstellung der Angemessenheit und der Unangemessenheit das Vorliegen eines nicht vorgesehenen Steuervorteils definiert wird.

Nach der **BFH-Rechtsprechung** zum früheren Recht liegt Missbrauch **152** vor, wenn eine Gestaltung gewählt worden ist, die gemessen an dem erstrebten Ziel unangemessen ist, der Steuerminderung dienen soll und durch wirtschaftliche und sonst beachtliche nicht steuerliche Gründe nicht zu rechtfertigen ist.[156] **Nicht ausreichend** ist hingegen, dass bei der Gestaltung ein ungewöhnlicher Weg gewählt worden ist.[157] Ein Abstellen auf die **Ungewöhnlichkeit** rechtlicher Gestaltung war zwar zunächst vom Gesetzgeber geplant, wurde jedoch zugunsten des Kriteriums der Angemessenheit verworfen.[158] Dem Steuerpflichtigen soll dadurch die Möglichkeit gegeben werden, für eine als unangemessen eingestufte steuerliche Gestaltung außersteuerliche Gründe nachzuweisen und dadurch den Missbrauchsvorwurf zu entkräften.[159]

Bei grenzüberschreitenden Sachverhalten ist die Angemessenheitsdefinition **153** des **EuGH** zu beachten. Der Finanzausschuss bezieht sich in seinem Bericht ausdrücklich auf die Cadbury Schweppes-Entscheidung,[160] die in der Neufassung des § 42 AO umzusetzen sei.[161] Der EuGH nimmt eine Unangemessenheit einer Gestaltung dann an, wenn eine steuerliche Gestaltung ein **künstliches Konstrukt** ist und allein den Zweck verfolgt, die Besteuerung im Inland zu vermeiden.[162]

Dass der **Gesetzgeber** nunmehr nur auf die **Angemessenheit** abstellt, **154** kommt dem Steuerpflichtigen bei der Verteidigung von Funktionsverlagerungen entgegen. Da die Gründe für Funktionsverlagerungen vielschichtig sind, ermöglicht das dem Steuerpflichtigen, der sich einem Missbrauchsvorwurf ausgesetzt sieht, die außersteuerlichen Argumente anzuführen und damit die steuerliche Gestaltung eines Verlagerungsvorganges zu verteidigen.

Grundsätzlich löst eine **Funktionsverlagerung nicht** den Tatbestand des **155** **§ 42 AO** aus. Dennoch besteht wegen des vagen, von der Rechtsprechung weiterzuentwickelnden Missbrauchbegriffs ein Risiko, im Rahmen einer Funktionsverlagerung den Tatbestand des § 42 AO zu erfüllen. Im Regelfall sollten aber beträchtliche außersteuerliche Gründe für eine Funktionsverlagerung vorliegen, so dass § 42 AO regelmäßig ins Leere laufen dürfte.

---

[156] Vgl. *Brockmeyer* in Klein, § 42 AO, Rn. 12; *Kraft* in Kraft, AStG, § 7 Rn. 50 mwN.

[157] Vgl. *Brockmeyer* in Klein, § 42 AO, Rn. 12.

[158] Bericht des Finanzausschusses BT-Drs. 16/7039, 6.

[159] Bericht des Finanzausschusses BT-Drs. 16/7039, 6.

[160] EuGH 12.9.2006, EGHE 2006, 8031.

[161] Bericht des Finanzausschusses BT-Drs. 16/7039, 2.

[162] EuGH 12.9.2006, EGHE 2006, 8031; EuGH 12.12.2002, EGHE 2002, 11779 (Lankhorst-Hohorst GmbH).

2. Steuerstrafrecht[163]

156   Auch bei Funktionsverlagerungen besteht die Möglichkeit, dass die Festsetzung **unangemessener Verrechnungspreise** und eine diese berücksichtigende Steuererklärung steuerstrafrechtliche Folgen hat.

Der objektive Tatbestand der Steuerhinterziehung gem. § 370 Abs. 1 AO liegt u. a. dann vor, wenn der Steuerpflichtige **unrichtige oder unvollständige Angaben** über steuerlich erhebliche Tatsachen macht und die Steuer dadurch verkürzt wird. Eine Verkürzung ist gegeben, wenn die Steuer nicht in voller Höhe oder nicht rechtzeitig festgesetzt wird, § 370 Abs. 4 S. 1 AO.

157   Bei Verrechnungspreisen kommt als Tatverhalten insb. in Betracht, dass gegenüber den Finanzbehörden durch die Berücksichtigung unangemessener Verrechnungspreise über steuerlich erhebliche Tatsachen unrichtige oder unvollständige Angaben gemacht werden.[164] Die **Vereinbarung** nicht angemessener Verrechnungspreise ist **für sich genommen** noch **keine Steuerhinterziehung**.[165] Der dadurch erzielte Gewinn ist jedoch entsprechend zu berichtigen. Wenn aber ein solcher rechtlich relevanter Sachverhalt **nicht aufgedeckt** wird, die FinVerw. aufgrund dessen keine Möglichkeit hat, die Einkünfte entsprechend zu korrigieren und dadurch eine höhere Steuerbelastung vermieden wird, kommt eine **Steuerhinterziehung** in Betracht.[166]

158   Bekundungen in **Steuererklärungen** erfolgen meist in Gestalt quantifizierter Beträge. Dieses Zahlenwerk ist regelmäßig das Resultat einer steuerlichen Beurteilung, denn die Angabe von Zahlen in der Steuererklärung erfolgt, nachdem Tatsachen rechtlich eingeordnet wurden und zwischen rechtlich erheblichen und unerheblichen Tatsachen unterschieden wurde.[167] Grundsätzlich führen unrichtige oder unvollständige Rechtsauffassungen allein nicht zu einer Strafbarkeit gem. § 370 Abs. 1 AO.[168] Dieser Umstand wirft die Frage auf, ob unrichtige Tatsachen oder eine irrige Rechtsauffassung für eine unrichtige Steuererklärung ursächlich sind. Der **BGH** nimmt zu Lasten des Steuerpflichtigen eine **ergänzende Offenbarungspflicht** für diejenigen Sachverhaltselemente an, deren rechtliche Behandlung objektiv zweifelhaft ist und bei denen der Steuerpflichtige mit seiner Rechtsauffassung von der Rechtsprechung, den RL der FinVerw. oder der regelmäßigen Veranlagungspraxis abweicht.[169]

159   Das Gesetz fordert, dass zugrunde liegende **Tatsachen vollständig mitgeteilt** werden oder aber zumindest auf die **abweichende Rechtsansicht**

---

[163] Vgl. dazu allgemein zur steuerstrafrechtlichen Relevanz von Verrechnungspreisen Kap. K Rn. 1 ff.

[164] Vgl. § 370 Abs. 1 Nr. 1, 1. Alt. AO.

[165] Vgl. *Schaumburg* in Leitner/Dannecker, Finanzstrafrecht, 177, 181.

[166] Vgl. Kap. K Rn. 21, 27, 57 ff. und *Schaumburg* in Leitner/Dannecker, Finanzstrafrecht, 177, 181; *Schauf* in Kohlmann, § 370 AO, Rn. 1595.

[167] Vgl. BGH 10.11.1999, NStZ 2000, 203.

[168] Vgl. Kap. K Rn. 23 ff. und *Schaumburg* in Leitner/Dannecker, Finanzstrafrecht, 177, 184.

[169] BGH 10.11.1999, NStZ 2000, 203.

hingewiesen wird. Der FinVerw. soll es möglich sein, die abweichende Rechtsaufassung zu erkennen und die Verrechnungspreise nach § 1 AStG, nach den Grundsätzen der verdeckten Gewinnausschüttung oder verdeckten Einlage zu korrigieren und dann die Steuer richtig festzusetzen. Kommt der Steuerpflichtige dieser **Verpflichtung zur Offenlegung** nicht nach, liegt demnach eine unrichtige oder unvollständige Erklärung vor.[170] Allerdings ist nach überwiegender Ansicht in der Literatur der Tatbestand des § 370 AO schon dann nicht mehr gegeben, wenn eine **vertretbare Rechtsauffassung** unaufgedeckt der Steuererklärung zugrunde gelegt wird.[171]

Bei Verrechnungspreisen stellt sich jedoch das besondere Problem, dass **es 160 keinen „richtigen" Verrechnungspreis gibt,** sondern lediglich einen Rahmen vertretbarer Preise innerhalb einer Bandbreite. Ein Verrechnungspreis kann daher nur dann unrichtig sein, wenn er außerhalb dieser Bandbreite liegt.[172] Für Funktionsverlagerungen gilt Entsprechendes im Hinblick auf den Einigungsbereich.

Für eine Strafbarkeit ist weiter **Vorsatz,** dass heißt das Wissen und Wollen 161 der Tatbestandsmerkmale, **erforderlich.** Der Steuerpflichtige muss bei einer „Parallelwertung in der Laiensphäre" die Vorstellung haben, dass ein Steueranspruch gegen ihn besteht, auf den er mit Vermeidungsabsicht einwirkt.[173] Der Steuerpflichtige muss zudem das Vorliegen unangemessener Verrechnungspreise für ernstlich möglich halten.[174] Bei Verrechnungspreisen besteht hinsichtlich des Vorsatzes die Besonderheit, dass die **Ermittlung und Bestimmung** des Verrechnungspreises eine **Wertungsfrage** ist, wodurch die Feststellung vorsätzlichen Handels erschwert wird.[175] Der Nachweis des Vorsatzes wird also erst dann möglich, wenn eine deutliche Abweichung von der Bandbreite vorliegt oder wenn vorliegende Vergleichsdaten im Hinblick auf eine Steuerentlastung außer Acht gelassen worden sind.[176]

Steuerstrafrechtliche Konsequenzen sollten daher uE immer **dann 162 ausgeschlossen** sein, wenn der Steuerpflichtige eine unter dem Fremdvergleichsgrundsatz vertretbare Position eingenommen hat und diese im gebotenen Maße (§ 90 Abs. 3 AO) auch begründet. Eine womöglich später erfolgende abweichende Auffassung der FinVerw. kann in solchen Fällen keine steuerstrafrechtlichen Konsequenzen nach sich ziehen.

(einstweilen frei)   **163–170**

IV. Besteuerung von Funktionsverlagerungen ab VZ 2008

Durch die Unternehmenssteuerreform 2008 erfuhr mit Wirkung ab VZ **171** 2008 **§ 1 AStG umfassende Änderungen.** Mit Wirkung ab VZ 2013

---

[170] Vgl. *Kiesel/Theissen* IStR 2006, 284, 285.
[171] Vgl. Kap. K Rn. 55 ff. und *Schauf* in Kohlmann, § 370 AO, 236 mwN.
[172] Vgl. Kap. K Rn. 27 ff., 55 ff. und *Rödl* in Wabnitz/Janovsky, 19. Kapitel, Rn. 119.
[173] Vgl. Kap. K Rn. 23 ff. und *Joecks* in Franzen/Gast/Joecks, § 370 AO, Rn. 235.
[174] Vgl. Kap. K Rn. 23 ff. und *Sidhu/Schemmel* BB 2005, 2549, 2551.
[175] Vgl. Kap. K Rn. 27 ff. und *Schaumburg* in Leitner/Dannecker, Finanzstrafrecht, 177, 185.
[176] Vgl. Kap. K Rn. 57 ff. und *Sidhu/Schemmel* BB 2005, 2549, 2551 f.

wurden dann nochmals wesentliche Änderungen im Zusammenhang mit Betriebsstätten und ihrer Gewinnabgrenzung, mit Personengesellschaften und bei der Ermächtigungsnorm vorgenommen.

In § 1 Abs. 1 AStG wurden ab VZ 2008 die **allgemeingültigen Regelungen zu Verrechnungspreisen** neu gefasst: So wurde in § 1 Abs. 1 S. 1 AStG der Fremdvergleichsgrundsatz präzisiert und das bisher lediglich in den VGr 1983 genannte Abstellen auf den ordentlichen und gewissenhaften Geschäftsleiter in § 1 Abs. 1 S. 3 AStG in das Gesetz aufgenommen.[177] Im gleichen Satz findet sich zudem die Annahme, dass voneinander unabhängige Dritte alle wesentlichen Umstände einer Geschäftsbeziehung, auch die der Gegenseite, kennen (sog. Informations-Symmetrie).[178]

Ab VZ 2013 erfassen die Verrechnungspreisregeln ausdrücklich über den neu eingefügten § 1 Abs. 1 S. 2 AStG auch Personengesellschaften und Mitunternehmerschaften.

172   **Vollständig neu** ins Gesetz eingefügt wurde ab VZ 2008 § 1 Abs. 3 AStG. In dessen ersten acht Sätzen wird zunächst die Anwendung des Fremdvergleichsgrundsatzes präzisiert. Darin ist erstmals gesetzlich geregelt, wie, je nach Verfügbarkeit von Fremdvergleichswerten, Verrechnungspreise festzulegen sind. Die Regelung bestimmt, **welche Methoden vorrangig** anzuwenden sind und wie sich ergebende Bandbreiten einzuengen sind. In § 1 Abs. 3 S. 5 AStG wird zudem erstmals das Institut des **hypothetischen Fremdvergleichs** eingeführt, der dann anzuwenden ist, wenn weder uneingeschränkt noch eingeschränkt vergleichbare Fremdvergleichsdaten vorliegen. Des Weiteren werden Vorgaben gemacht, wie zu verfahren ist, wenn der von dem Steuerpflichtigen ermittelte Wert außerhalb der zutreffenden Bandbreite liegt.

173   In den folgenden S. 9 und 10 findet sich die Kodifizierung der steuerlichen Behandlung von **Funktionsverlagerungen,** wobei § 1 Abs. 3 S. 9 AStG in 2010 sprachlich nochmals präzisiert wurde und § 1 Abs. 3 S. 10 AStG in 2010 rückwirkend ab VZ 2008 eine weitere sog. Escape-Klausel angefügt wurde, sowie in den S. 11 und 12 Regelungen zu **Preisanpassungsklauseln.**

174   Von VZ 2008 bis VZ 2012 enthielt der Abs. 3 in S. 13 eine **Ermächtigung** zu Gunsten des Finanzministeriums, in einer Rechtsverordnung Einzelheiten zur Anwendung des Fremdvergleichsgrundsatzes zu regeln. Diese Ermächtigung war die gesetzliche Grundlage für die Funktionsverlagerungsverordnung vom 12.8.2008.[179] Mit Wirkung vom VZ 2013 wurde die Ermächtigungsnorm neu gefasst, erweitert und in einen neuen § 1 Abs. 6 AStG überführt.

Ebenso wurde mit Wirkung vom VZ 2013 an in einem neuen § 1 Abs. 5 AStG der **Authorised OECD Approach (AOA),** also die Gewinnabgrenzung für Betriebsstätten nach dem neuen Muster der OECD in Art. 7 Abs. 2

---

[177] Vgl. dazu Kap. C Rn. 41 ff.

[178] Vgl. dazu Rn. 439 ff.

[179] Verordnung zur Anwendung des Fremdvergleichsgrundsatzes nach § 1 Abs. 1 des AStG in Fällen von grenzüberschreitenden Funktionsverlagerungen (Funktionsverlagerungsverordnung – FVerlV) vom 12.8.2008, BR-Drs. 352/08.

OECD-MK 2010[180] in deutsches Recht umgesetzt und dazu die Definition der **Geschäftsbeziehung** in § 1 Abs. 4 AStG angepasst.[181]

Für die steuerliche Beurteilung von Funktionsverlagerungen nach § 1   **175** Abs. 3 S. 9 AStG sind insb. die neu eingeführten allgemeinen Verrechnungspreisvorschriften zur sog. Kenntnis der Gegenseite (§ 1 Abs. 1 S. 3 AStG), zum hypothetischen Fremdvergleich (§ 1 Abs. 3 S. 5 AStG), zur Ermittlung des Einigungsbereichs (§ 1 Abs. 3 S. 6 AStG) und zur Anpassungsklausel (§ 1 Abs. 3 S. 11 und 12 AStG) von zentraler Bedeutung.

1. Anwendungszeitpunkt

a) Gesetzliche Regelung zu Funktionsverlagerungen

§ 1 Abs. 3 AStG findet gem. § 21 Abs. 16 AStG erstmals für den **Veranla**   **176** **gungszeitraum 2008** Anwendung.[182]

Die Vorschriften der FVerlV treten gem. § 13 FVerlV rückwirkend zum 1.1.2008 in Kraft und sind gem. § 12 FVerlV auf alle Funktionsverlagerungen anzuwenden, die in einem Wirtschaftsjahr abgeschlossen werden, welches Gegenstand des VZ 2008 ist.[183]

aa) Kalendergleiches Wirtschaftsjahr

Für Steuerpflichtige, deren Wirtschaftsjahr dem Kalenderjahr gleicht, be   **177** deutet dies, dass eine Funktionsverlagerung dann die Rechtsfolge des § 1 Abs. 3 S. 9 ff. AStG auslöst, wenn sie **im Kalenderjahr 2008** oder in Folgejahren erfolgt.

bb) Abweichendes Wirtschaftsjahr 2007/2008

Für einen Steuerpflichtigen, dessen Wirtschaftsjahr vom Kalenderjahr ab   **178** weicht, bedeutet dies, dass eine Funktionsverlagerung die Rechtsfolge des § 1 Abs. 3 AStG auslöst, wenn sie **innerhalb eines in 2008 endenden Wirtschaftsjahres** erfolgt ist.

In solchen Fällen findet die neue Rechtsvorschrift auf Sachverhalte Anwendung, die ggf. vor dem Kalenderjahr 2008 verwirklicht worden sind. In einer Entscheidung aus dem Jahr 1986 hat das BVerfG bei periodenbezogenen Steuern den Tatbestand, der zur Entstehung der Steuerschuld führt, erst **am Ende eines Veranlagungszeitraumes als abgeschlossen** angesehen.[184] Vor dem Hintergrund dieser Entscheidung sind sämtliche Funktionsverlagerungen in abweichenden Wirtschaftsjahren 2007/2008 dem VZ 2008 zuzuordnen und verfassungskonform unter § 1 Abs. 3 S. 9 und 10 AStG zu subsumieren.[185]

---

[180] Vgl. dazu insb. Kap. L Rn. 70 ff.

[181] Vgl. dazu insb. Kap. L Rn. 78 ff.

[182] Dies gilt gleichermaßen für die Änderung des § 1 Abs. 3 S. 9 und 10 AStG, die im Jahr 2010 rückwirkend bis einschließlich VZ 2008 erfolgte, wobei die Änderungen des S. 9 klarstellender Natur waren und in S. 10 die sog. dritte Escape-Klausel aufgenommen wurde. Zu Letzterer vgl. auch unten Rn. 671 ff.

[183] Vgl. Begründung zu § 12 FVerlV.

[184] Vgl. BVerfG 14.5.1986, 2 BvL 2/83, BVerfGE 72, 200, unter Gründe D. II. und iE unter Rn. 793 ff.

[185] Vgl. *Andresen/Schoppe* IStR 2009, 600, 601.

cc) Erstrecken einer Funktionsverlagerung über den Anwendungszeitpunkt

179   Zu klären ist, ob Funktionsverlagerungen, die sich in ihrem Zeitablauf **über den Anwendungszeitpunkt** des § 21 Abs. 16 AStG **erstrecken,** von den Vorschriften des § 1 Abs. 3 S. 9 ff. AStG erfasst werden.

Funktionsverlagerungen ziehen sich in der praktischen Umsetzung regelmäßig über einen längeren Zeitraum hin. Nach § 1 Abs. 2 S. 3 FVerlV sind Geschäftsvorfälle, die innerhalb von fünf Wirtschaftsjahren verwirklicht werden, als einheitliche Funktionsverlagerung zusammenzufassen.[186] Damit können die Verschriften bereits Funktionsverlagerungen erfassen, die zwar erst im VZ 2008 abgeschlossen bzw. ausgelöst werden, deren erster Geschäftsvorfall aber **bis zu fünf Jahre vor dem Veranlagungszeitraum 2008** liegt.[187]

180   Es fragt sich daher zum einen, **wann** eine **Funktionsverlagerung** als **abgeschlossen** anzusehen ist, wann also der Tatbestand des Gesetzes verwirklicht ist. Denn nur, wenn die Funktionsverlagerung im oder nach dem VZ 2008 abgeschlossen wurde, können die Rechtsfolgen des § 1 Abs. 3 AStG Anwendung finden. Analog zu den Überlegungen bei Funktionsverdoppelungen zur Festlegung des Zeitpunkts der Aufnahme der verdoppelten Funktion[188] erscheint es als systematisch wie praktisch zwingend, den Abschluss einer Funktionsverlagerung mit dem Zeitpunkt gleichzusetzen, in dem das aufnehmende Unternehmen die **Fähigkeit** erhalten hat, **die übertragene oder überlassene Funktion auszuüben,** auch wenn diese gegebenenfalls noch nicht voll ausgebildet und personell oder technisch noch im Auf-/Ausbau ist.[189]

181   Zum anderen fragt sich, wie mit dem Sachverhalt umzugehen ist, wenn der Steuerpflichtige **Geschäftsvorfälle in VZ vor 2008** verwirklicht hat, die als **Vorstufen einer Funktionsverlagerung** iSd § 1 Abs. 3 S. 9 und 10 AStG gewertet werden können, der Tatbestand der ab VZ 2008 geltenden Funktionsverlagerungsvorschriften durch tatbestandsverwirklichende Kumulation von Geschäftsvorfällen aber erst in VZ 2008 oder später erfüllt wurde. Die einzelnen Geschäftsvorfälle vor dem VZ 2008 haben dann nach der damaligen Gesetzeslage unter Umständen (nur) die Tatbestandsvoraussetzungen der verdeckten Gewinnausschüttung erfüllt. Zusammen mit weiteren Geschäftsvorfällen in VZ ab 2008 erfüllen sie dann später die Voraussetzungen einer Funktionsverlagerung, wodurch die Geschäftsvorfälle aus VZ vor 2008 durch § 1 Abs. 2 S. 3 FVerlV **rückwirkend den Rechtsfolgen** des § 1 Abs. 3 S. 9 und 10 AStG **ausgesetzt** werden (**„Nachholeffekt"**).[190] Angesichts der Tatsache, dass die Begründung zu § 1 Abs. 1 S. 1 FVerlV[191] als Zweck der Verordnung die Vermeidung einer ausufernden Anwendung des

---

[186] Vgl. dazu iE unten Rn. 431 f.

[187] Vgl. zur Verfassungsmäßigkeit dieser Vorschrift oben Rn. 178. Sich für eine Anwendung vor dem VZ 2008 aussprechend *Zech* IStR 2009, 418, 420.

[188] Vgl. unten Rn. 338 ff. und *Borstell* IStR 2009, 329, 331.

[189] Wohl ähnlich, aber weniger klar: Rn. 26 VGr-FV im 2. Absatz des Beispiels.

[190] Vgl. Rn. 103 S. 3 VGr-FV, die § 4 Abs. 3 FVerlV ausdrücklich auch auf § 1 Abs. 2 S. 3 FVerlV erstreckt sehen will.

[191] Vgl. BR-Drs. 352/08 v. 4.7.2008, 10.

§ 1 Abs. 3 S. 9 und 10 AStG hervorhebt und § 12 FVerlV deren Anwendung erstmals für den VZ 2008 vorsieht, bestehen Zweifel, dass der Gesetzgeber Geschäftsvorfälle unter § 1 Abs. 3 AStG besteuern kann, die in VZ vor 2008 bereits verwirklicht und besteuert worden sind, jedoch später zu einem Bestandteil einer Funktionsverlagerung werden, die sich zeitlich über VZ vor und ab 2008 erstreckt.[192]

b) Anwendung der neuen Vorschriften für Funktionsverlagerungen auf Zeiträume vor 2008[193]

Nach § 21 Abs. 16 AStG sind die Vorschriften, die durch das Unterneh- **182** menssteuerreformgesetz geändert wurden, erst ab dem Veranlagungszeitraum 2008 anzuwenden.

Dem scheint zunächst auch die FinVerw. in den VGr-FV uneingeschränkt zu folgen, wenn Rn. 180 VGr-FV feststellt, dass für Zeiträume vor dem VZ 2008 die folgenden Vorschriften **nicht anwendbar** sein sollen:
- § 1 Abs. 1 S. 2 AStG (Informationstransparenz, dh die Annnahme, „dass die voneinander unabhängigen Dritten alle wesentlichen Umstände der Geschäftsbeziehung kennen"),
- § 1 Abs. 3 S. 7 AStG (Mittelwert im Einigungsbereich),
- § 1 Abs. 3 S. 9 AStG (regelmäßige Transferpaketberechnung),
- § 1 Abs. 3 S. 11 und 12 AStG (gesetzliche Fiktion einer Preisanpassungsklausel).

In den folgenden Rn. 181 ff. VGr-FV wird allerdings klar, dass die zuvor **183** genannten Rückwirkungsverbote nur eng umgrenzte Ausnahmen von der Grundauffassung der **FinVerw.** darstellen, dass die Gesetzesänderungen vor allem **klarstellende und präzisierende Wirkung** haben sollen, soweit die neuen Regelungen (so auch zu Funktionsverlagerungen) Ausfluss des seit jeher geltenden Fremdvergleichsgrundsatzes seien und nunmehr lediglich eine ausdrückliche Regelung dieses Grundsatzes im Gesetz erfolgt sei. Damit wird die **eindeutige gesetzliche Regelung** des § 21 Abs. 16 AStG **fast vollständig ausgehöhlt** und selbst die in Rn. 180 VGr-FV genannten **Rückwirkungsverbote** in den folgenden Rn. der VGr-FV **faktisch vollständig zurückgenommen.** Nur in Fällen, in denen keinerlei Argumente für eine rückwirkende Anwendung ersichtlich sind, insb. zur Informationssymmetrie, die dem Fremdvergleichprinzip vollständig widerspricht, bleibt es bei dem Rückwirkungsverbot.

Obwohl daher formal die Regelungen zu Verrechnungspreisen allgemein **184** und speziell zu Funktionsverlagerungen erst ab VZ 2008 anwendbar sind, will die FinVerw. wesentliche Teile der neuen Vorschriften auch auf Veranlagungszeiträume vor 2008 anwenden,[194] insb. die Regelungen
- zum doppelten ordentlichen und gewissenhaften Geschäftsleiter[195]
- zur ertragswertorientierten Gesamtbetrachtung/Transferpaketrechnung[196]

---

[192] Vgl. *Andresen/Schoppe* IStR 2009, 600, 601.
[193] Vgl. dazu iE unten Rn. 781 ff.
[194] Vgl. Rn. 182 ff. VGr-FV.
[195] Vgl. Rn. 182 f. VGr-FV.
[196] Vgl. Rn. 184 ff. VGr-FV und iE unten Rn. 789, 791.

– zum (Mittel)Wert im Einigungsbereich[197]
– zur Preisanpassungsklausel über den Rückgriff auf § 313 BGB (Wegfall der Geschäftsgrundlage)[198] und
– zur Ausschöpfung des Schätzungsrahmens nach § 162 Abs. 3 S. 3 AO.[199]

c) Gesetzesänderungen in 2010 und 2013

185   Gem. § 21 Abs. 16 AStG ist die in 2010 neu hinzugefügte sog. dritte **Escape-Klausel** des § 1 Abs. 3 S. 10 AStG rückwirkend ab **VZ 2008** anwendbar.

Die in 2013 neu gefassten bzw. geänderten Vorschriften zu **Geschäftsbeziehungen** (§ 1 Abs. 4 AStG), zu **Betriebsstätten** und ihrer Gewinnabgrenzung (§ 1 Abs. 5 AStG), zum Einbezug von **Personengesellschaften** in die Regelungen über Verrechnungspreise (§ 1 Abs. 1 S. 2 AStG) sowie die umgegliederte und veränderte **Ermächtigungsnorm** (§ 1 Abs. 6 AStG) sind gem. § 21 Abs. 20 AStG ab **VZ 2013** bzw. ab dem Wirtschaftsjahr anzuwenden, das nach dem 31.12.2012 beginnt.

2. Gesetzliche Regelungen

186   Die Besteuerung von sog. Funktionsverlagerungen ist im Wesentlichen in **§ 1 Abs. 3 S. 9–12 AStG** gesetzlich geregelt. Auf Grundlage einer Ermächtigungsnorm in § 1 Abs. 3 S. 13 AStG aF (heute: § 1 Abs. 6 AStG) hat das BMF dazu mit Datum vom 12. August 2008 die sog. **Funktionsverlagerungsverordnung**[200] erlassen. Diese Rechtsquellen bilden den Kern der gesetzlichen Neuregelungen zu Funktionsverlagerungen.

Die FinVerw. hat ihre Verwaltungsauffassung zu Funktionsverlagerungen in einem 81 Seiten umfassenden BMF-Schreiben vom 13. Oktober 2010 „Grundsätze für die Prüfung der Einkunftsabgrenzung zwischen nahe stehenden Personen in Fällen grenzüberschreitender Funktionsverlagerungen **(Verwaltungsgrundsätze Funktionsverlagerung)** veröffentlicht.[201]

a) § 1 Abs. 3 Satz 9 ff. AStG

187   Zunächst unternimmt der Gesetzgeber in § 1 Abs. 3 S. 9 1. HS AStG den **Versuch,** die **Funktionsverlagerung zu definieren.** Danach ist eine Funktionsverlagerung die Verlagerung einer Funktion einschließlich der dazugehörigen Chancen und Risiken und der mit übertragenen oder überlassenen Wirtschaftsgüter und sonstigen Vorteile.[202]

---

[197] Vgl. Rn. 189 f. VGr-FV und iE unten Rn. 786 ff., 791.

[198] Vgl. Rn. 191 ff. VGr-FV und iE unten Rn. 790 f.

[199] Vgl. Rn. 198 ff. VGr-FV.

[200] BGBl. 2008 I, 1680. Vgl. ausführlich unten Rn. 191 ff.

[201] BStBl. I 2010, 774; im Folgenden zitiert als „VGr-FV".

[202] Leider erschöpft sich dieser Versuch einer Definition in einer tautologischen Begriffsumschreibung, weswegen zur Konkretisierung ein Rückgriff auf die Gesetzesbegründung und die FVerlV notwendig ist. Vgl. zum Begriff der Funktion und der Verlagerung insb. oben Rn. 13 ff. und unten Rn. 294 ff. Zu den einzelnen Tatbestandsmerkmalen vgl. unten Rn. 291 ff. und *Brüninghaus/Bodenmüller* DStR 2009, 1285.

Gem. § 1 Abs. 3 S. 9 2. HS AStG hat der Steuerpflichtige bei Anwendung **188** des hypothetischen Fremdvergleichs[203] den Einigungsbereich auf der Grundlage einer Verlagerung der **Funktion als Ganzes (Transferpaket)** unter Berücksichtigung funktions- und risikoadäquater Kapitalisierungszinssätze zu bestimmen.[204]

Anstelle einer solchen Gesamtbewertung kann eine **Bestimmung von** **189** **Einzelpreisen** (Einzelbewertung) für die betroffenen Wirtschaftsgüter durchgeführt werden, wenn die Voraussetzungen der sog. **Escape-Klauseln** des § 1 Abs. 3 S. 10 AStG vorliegen.[205] Diese finden Anwendung, wenn der Steuerpflichtige glaubhaft macht, dass keine wesentlichen immateriellen Wirtschaftsgüter und Vorteile mit der Funktion übergangen sind oder zur Nutzung überlassen wurden (§ 1 Abs. 3 S. 10, 1. HS 1. Alt. AStG), wenn das Gesamtergebnis der Einzelpreisbestimmungen, gemessen an den Bestimmungen für das Transferpaket als Ganzes, dem Fremdvergleichsgrundsatz entspricht (§ 1 Abs. 3 S. 10, 1. HS 2. Alt. AStG), oder wenn der Steuerpflichtige glaubhaft macht, dass zumindest ein wesentliches, genau bezeichnetes immaterielles Wirtschaftsgut Gegenstand der Funktionsverlagerung ist (§ 1 Abs. 3 S. 10, 2. HS AStG).[206]

Gem. § 1 Abs. 3 S. 11 AStG ist widerlegbar zu vermuten, dass zwischen **190** Unternehmen im Zeitpunkt des Geschäftsabschlusses Unsicherheiten über die zukünftige Entwicklung der Gewinne und damit über die Preisvereinbarung bestanden haben, soweit im Zusammenhang mit der Funktionsverlagerung wesentliche immaterielle Wirtschaftsgüter und Vorteile übertragen oder überlassen wurden, die fremde Dritte veranlasst hätten, **Preisanpassungsregelungen** zu vereinbaren, durch die Abweichungen von der ursprünglich erwarteten Gewinnentwicklung korrigiert würden. Besteht eine solche Klausel nicht, trifft den Steuerpflichtigen die Darlegungslast, dass fremde Dritte eine vergleichbare Anpassungsklausel nicht geschlossen hätten. Kommt es bei unwiderlegtem Fehlen einer Anpassungsklausel zu einer erheblichen Abweichung der tatsächlichen späteren von der erwarteten Gewinnentwicklung, kann die FinVerw. nach § 1 Abs. 3 S. 12 AStG innerhalb eines Zeitraums von 10 Jahren einmalig den ursprünglichen Verrechnungspreis korrigieren.[207]

b) Funktionsverlagerungsverordnung (FVerlV)

Das BMF wurde durch **§ 1 Abs. 3 S. 13 AStG aF** (heute: § 1 Abs. 6 **191** AStG) ermächtigt, eine Rechtsverordnung zu den Einzelheiten hinsichtlich der Anwendung des Fremdvergleichsgrundsatzes zu erlassen, durch die eine einheitliche Rechtsanwendung und die Übereinstimmung mit den interna-

---

[203] Zur möglichen und zulässigen, wenn auch seltenen Anwendung anderer Verrechnungspreismethoden als des hypothetischen Fremdvergleichs bei Funktionsverlagerungen unten Rn. 450 ff.

[204] Vgl. § 1 Abs. 3 S. 9 iVm S. 6 AStG und unten Rn. 458 ff.

[205] Vgl. iE unten Rn. 661 ff.

[206] Die sog. dritte Escape-Klausel des § 1 Abs. 3 S. 10, 2. HS AStG wurde 2010 rückwirkend ab VZ 2008 in das AStG eingefügt. Vgl. dazu oben Rn. 173, 185 und unten Rn. 671 ff.

[207] Vgl. unten Rn. 681 ff.

tionalen Grundsätzen zur Einkunftsabgrenzung sichergestellt werden soll. Auf Grundlage dieser Ermächtigung erließ das BMF mit Zustimmung des Bundesrates die „Verordnung zur Anwendung des Fremdvergleichsgrundsatzes nach § 1 Abs. 1 des AStG in Fällen grenzüberschreitender Funktionsverlagerungen (Funktionsverlagerungsverordnung – „FVerlV") vom 12.8.2008.[208]

192   Es bestehen jedoch **Zweifel an der Verfassungsmäßigkeit** der Verordnung. Grund hierfür ist zum einen, dass der Verordnungsgeber die ihm durch § 1 Abs. 3 S. 13 AStG aF tatsächlich eingeräumte Kompetenz überschreitet. Per Gesetz kann die Exekutive ermächtigt werden, Rechtsverordnungen zu erlassen. Dabei muss gem. Art. 80 Abs. 1 S. 2 GG Inhalt, Zweck und Ausmaß der Ermächtigung im Gesetz bestimmt werden. Dabei ist ausreichend, dass sich die Bestimmtheit durch Auslegung ermitteln lässt.[209]

193   Durch § 1 Abs. 3 S. 13 AStG aF wurde das BMF ermächtigt, zur Anwendung des Fremdvergleichsgrundsatzes eine Rechtsverordnung zu erlassen, durch die eine einheitliche Rechtsanwendung und die Übereinstimmung mit internationalen Grundsätzen gewährleistet. Der Verordnungsgeber durfte demnach den Begriff der Funktionsverlagerung konkretisieren, jedoch **nicht auf Sachverhalte erstrecken,** die von dem formalen Wortlaut des Gesetzes nicht erfasst sind.[210] Die FVerlV regelt jedoch nicht nur Einzelheiten zur Anwendung der § 1 Abs. 3 S. 1–12 AStG, sondern geht über den Inhalt des Gesetzestextes hinaus. So trifft die Verordnung auch Regelungen zur **Funktionsverdoppelung,** die nicht Gegenstand der gesetzlichen Regelung ist, da lediglich die Funktionsverlagerung kodifiziert wird. Damit entspricht die FVerlV nicht den Bestimmtheitsanforderungen des Art. 80 Abs. 1 GG, so dass erhebliche Bedenken gegen die Verfassungsmäßigkeit der FVerlV bestehen.[211]

194   Gegen die Verfassungsmäßigkeit der FVerlV spricht auch, dass ihre **Vorschriften nicht internationalen Konsens widerspiegeln** und somit die Verordnung der Ermächtigungsgrundlage widerspricht. Insb. stehen die Vorschriften der Verordnung zunächst im Widerspruch zu den OECD-RL. Insb. entsprechen die deutschen Regelungen zur Funktionsverlagerung und die dazu ergangenen Regelungen in der FVerlV in ihrer Kompromisslosigkeit eindeutig nicht dem Gedankengut und den umsichtigen Lösungsansätzen des Kapitels IX OECD-RL 2010 zu Business Restructurings.[212] Dem internationalen Recht ist ebenfalls die Fiktion der umfassenden Kenntnis aller wesentlichen Umstände auch der Gegenseite fremd. Die Ausführungen der FVerlV gehen somit über das internationale Regelwerk hinaus, so dass hier ein Dissens besteht.[213]

195   Nach zumindest weit verbreiteter Auffassung lässt sich damit der gesetzliche Rahmen des § 1 Abs. 3 AStG nicht mit internationalen Regelungen und

---

[208] BGBl. 2008 I, S. 1680.

[209] BVerfGE 8, 274 (307); BVerfGE 85, 97 (105); BVerwGE 89, 121 (131).

[210] Vgl. *Jahndorf* FR 2008, 101, 106; *Schreiber* in Kroppen, Handbuch Internationale Verrechnungspreise Bd. I, FVerlV, Rn. 284.

[211] Vgl. iE unten Rn. 329 ff.

[212] Vgl. Kap. B Rn. 174 ff. und unten Rn. 839 ff.

[213] Vgl. *Wassermeyer/Baumhoff/Greinert* in Flick/Wassermeyer/Baumhoff, Vorabkommentierung § 1 Abs. 3 AStG Rn. V 9.

Grundsätzen vereinbaren.[214] Die Regelungen zum Transferpaket sind jedenfalls international nicht gebräuchlich und haben **kein Gegenüber in einem ausländischen Recht.**[215] Deswegen kann jene Forderung der Ermächtigungsgrundlage in § 1 Abs. 3 S. 13 AStG aF, nach der die Rechtsanwendung der Regeln im Einklang mit internationalen Grundsätzen stehen soll, in Bezug auf Funktionsverlagerungen und insb. auf das Transferpaket nicht erreicht werden.[216] Die Funktionsverlagerungsverordnung ist damit **latent verfassungswidrig.**

Bestätigt wird dies implizit durch den Gesetzgeber selbst durch die **Neuformulierung, Erweiterung und Umgliederung der Ermächtigungsnorm** ab VZ 2013.

Die neu gefasste Ermächtigungsnorm findet sich zum einen nun in einem   **196** **neuen § 1 Abs. 6 AStG** und wird damit vom Kontext der Funktionsverlagerung getrennt. Daraus könnte man folgern, dass der Verordnungsgeber versucht, rückwirkend, aber unwirksam den Mangel zu beheben, dass die alte Ermächtigungsnorm in § 1 Abs. 3 S. 13 aF nicht zuließ, in der Funktionsverlagerungsverordnung auch Funktionsverdoppelungen zu regeln.[217] Allerdings kann die Umgliederung auch damit zusammenhängen, dass das BMF plant, weitere Verordnungen zu erlassen, zB zur Betriebsstättengewinnabgrenzung und allgemein zum Fremdvergleichsgrundsatz, die offensichtlich in Abs. 3 nicht angemessen angeordnet wären. Insoweit mag die Umgliederung per se kein Eingeständnis der Mängel der Vorgängerregelung sein, jedoch wurde auch der Wortlauf der Ermächtigungsnorm geändert.

So wird nun in § 1 Abs. 6 AStG das Bundesministerium der Finanzen „er-   **197** mächtigt, mit Zustimmung des Bundesrates durch Rechtsverordnung Einzelheiten des Fremdvergleichsgrundsatzes iSd Abs. 1, 3 und 5 und Einzelheiten zu dessen einheitlicher Anwendung zu regeln sowie Grundsätze zur Bestimmung des Dotationskapitals … festzulegen." Vergleicht man alten und **neuen Wortlaut,** so wird deutlich, dass die Vorgabe des alten Wortlauts, dass die Rechtsverordnung „die **Übereinstimmung mit den internationalen Grundsätzen** zur Einkunftsabgrenzung sicherstellen" sollte (§ 1 Abs. 3 S. 13 AStG aF), **entfallen** ist. Daran mangelt es den deutschen Vorschriften zur Funktionsverlagerung und der Verordnung nach der herrschenden Meinung im Schrifttum.[218] Daher will sich der Verordnungsgeber nicht mehr an diese Vorgabe gebunden sehen.

Das bedeutet, dass der Verordnungsgeber die Mängel der alten Ermächtigungsgrundlage – den Einbezug der Funktionsverdoppelung über den Ermächtigungswortlaut hinaus und die fehlende Übereinstimmung mit interna-

---

[214] Vgl. dazu zB *Welling/Tiemann* FR 2008, 68, 70. Vgl. dazu insb. auch die implizit deutlich erkennbare ablehnende Haltung der OECD gegenüber den deutschen Regelungen in Kapitel IX OECD-RL 2010 und unten Rn. 839 ff. und Kap. B Rn. 174 ff.

[215] Vgl. unten Rn. 864 ff.

[216] Vgl. *Wassermeyer/Baumhoff/Greinert* in Flick/Wassermeyer/Baumhoff, Vorabkommentierung § 1 Abs. 3 AStG Rn. V 105 f.

[217] Vgl. zuvor Rn. 193 und unten Rn. 329 ff.

[218] Vgl. dazu zB *Welling/Tiemann* FR 2008, 68, 70. Vgl. dazu insb. auch die implizit deutlich erkennbare ablehnende Haltung der OECD gegenüber den deutschen Regelungen in Kapitel IX OECD-RL 2010 und unten Rn. 839 ff. und Kap. B Rn. 174 ff.

tionalen Grundsätzen – beseitigt hat und damit zugleich eingesteht, dass **die FVerlV nicht auf verfassungsgemäßem Grund** steht.

c) Zielsetzung: Goodwillrealisierung außerhalb der Übertragung von Betrieben und Teilbetrieben (§ 1 Abs. 1 S. 2 FVerlV)

198   Zweck der Neuregelungen zur Funktionsverlagerung ist die Erfassung und Besteuerung eines **Goodwills** bei der Verlagerung von Funktionen ins Ausland auch in den Fällen, in denen **kein Betrieb oder Teilbetrieb** Gegenstand der Verlagerung ist. Gem. § 1 Abs. 1 S. 2 FVerlV ist für das Vorliegen einer Funktion gerade nicht erforderlich, dass ein Teilbetrieb im steuerlichen Sinn vorliegt.

199   Goodwill umfasst in diesem Sinne auch die zukünftigen Geschäftschancen, die sich noch nicht konkretisiert haben. Dadurch wird auch das **im Ausland liegende zukünftige Gewinnpotenzial** bereits vorab bei Vornahme der Funktionsverlagerung in Deutschland besteuert. Eine derartige Besteuerung unter Berücksichtigung von zukünftigem, ausländischem Gewinnpotenzial ist **international unüblich.**[219] Der Gesetzgeber ignoriert dabei die international gängige Praxis, bei der bei der Übertragung von Einzelwirtschaftsgütern nur die stillen Reserven versteuert werden, die den einzelnen übertragenen Wirtschaftsgütern zugeordnet werden können, und eine Gesamtbewertung unter Berücksichtigung eines Goodwills nur dann erfolgt, wenn eine einem Teilbetrieb vergleichbare Geschäftseinheit übertragen wird.[220] Die deutsche Praxis weicht mit der de facto ausnahmelosen Anordnung der Gesamtbewertung hiervon ab, was zunehmend Doppelbesteuerungen und Verständigungsverfahren auslöst.[221]

d) Verhältnis zu anderen innerstaatlichen Vorschriften

200   Seit VZ 2008 stellt § 1 Abs. 1 S. 4 AStG allgemein für Verrechnungspreise fest, dass für den Fall, dass die Rechtsfolgen des § 1 AStG über die der weiterhin vorrangig anzuwendenden Einkünftekorrekturvorschriften (zB § 8 Abs. 3 KStG für die verdeckte Gewinnausschüttung, für die verdeckte Einlage, § 4 Abs. 1 EStG für Entnahmen und Einlagen) hinausgehen, die **weitergehenden Berichtigungen** nach § 1 AStG neben den Rechtfolgen der anderen Vorschriften **durchzuführen** sind, also nicht etwa das Vorliegen zB einer verdeckten Gewinnausschüttung mit geringeren Rechtsfolgen die Anwendung des § 1 AStG mit weitergehenden Rechtsfolgen ausschließt.[222]

201   Die VGr-FV stellen nun ausdrücklich fest, dass diese Vorschrift **auch für Funktionsverlagerungen** gelten soll.[223] Dies ist tatsächlich nur klarstellend, da es sich schon aus der Gesetzessystematik ergibt, da § 1 Abs. 1 AStG Regeln enthält, die für alle Verrechnungspreissachverhalte und so auch für Funktionsverlagerungen gelten.

---

[219] Vgl. *Welling/Tiemann* FR 2008, 68, 69; *Hey* BB 2007, 1303, 1308; *Wassermeyer/Baumhoff/Greinert* in Flick/Wassermeyer/Baumhoff, Vorabkommentierung § 1 Abs. 3 AStG Rn. V 60; ausführlich unten Rn. 836 ff.

[220] Vgl. unten Rn. 846 ff.

[221] Vgl. *Welling/Tiemann* FR 2008, 68, 69.

[222] Vgl. dazu iE Kap. A Rn. 352 ff.

[223] Vgl. insb. Rn. 8 VGr-FV.

Konkret bedeutet dies, dass für den Fall, dass der Korrekturbetrag nach den Regeln der verdeckten Gewinnausschüttung 80 und nach § 1 Abs. 3 AStG 100 betragen würde, dann die 80 den Rechtsfolgen einer verdeckten Gewinnausschüttung unterworfen würden (u. a. zB Einbehalt von Kapitalertragsteuer) und die zusätzlichen 20 die Rechtsfolgen einer Hinzurechnung nach § 1 AStG auslösen würden (zB kein Einbehalt von Kapitalertragsteuer).

Der Tatbestand ist **praktisch von großer Bedeutung,** da nur durch die **202** Vorschrift des § 1 Abs. 1 S. 4 AStG ermöglicht wird, dass die weitergehenden Rechtsfolgen der Funktionsverlagerungsvorschriften (Goodwillrealisierung auf Gesamtbewertungsbasis – § 1 Abs. 3 S. 9 ff. AStG) über den häufig ebenso erfüllten Tatbestand der verdeckten Gewinnausschüttung/verdeckten Einlage hinaus (nur Einzelbewertung einzelner übertragener Wirtschaftsgüter – keine Goodwillrealisierung) angewandt werden kann.

e) Verhältnis zu Art. 9 OECD-MA

Rn. 9 und 10 VGr-FV beschäftigen sich mit dem Verhältnis des § 1 Abs. 3 **203** AStG zu den einschlägigen Vorschriften der DBA, insb. zu Art. 9 zu verbundenen Unternehmen und (spätestens seit der analogen Anwendung der Verrechnungspreisvorschriften im Authorised OECD Approach für Betriebsstätten[224]) auch zu Art. 7 OECD-MA.[225]

Die VGr-FV beschränken sich dabei in Rn. 9 allerdings im Wesentlichen zunächst auf die zutreffende und unbestrittene Feststellung, dass die DBA die **Besteuerungsrechte Deutschlands begrenzen** und den Rahmen definieren, innerhalb dessen Deutschland Besteuerungsrechte ausüben kann. Sie fahren fort, dass die Auslegung des Inhalts des Fremdvergleichsgrundsatzes – sowohl für die DBA als auch für § 1 AStG – regelmäßig dem OECD-MK zu Art. 9 und Art. 7 folgen würden, maW, dass insoweit Deckungsgleichheit zwischen der Anwendung von Abkommens- und nationalem Recht herrsche.

Das **unerwähnte Problem** liegt aber in der Frage, ob nicht Art. 9 OECD-MA als Vorschrift, die zulässt, die Höhe eines Verrechnungspreises nach Maßgabe des Fremdvergleichsgrundsatzes zu korrigieren, auch zulässt, die **Geschäftsbeziehung in ihrer Substanz umzuqualifizieren,** also insb. statt von der Übertragung einzelner Wirtschaftsgüter zu Einzelpreisen nun von der Übertragung eines Quasi-Betriebs auf der Grundlage einer Gesamtbewertung mit Goodwillrealisierung auszugehen.

Soweit die DBA dies für zulässig erachten wollen, haben sie dies gesondert **204** geregelt, zB für die Umqualifizierung von Zinsen in verdeckte Gewinnausschüttungen in Art. 11 Abs. 6 OECD-MA. Demnach **lässt** nach der hier vertretenen Auffassung **Art. 9 nicht zu, Verrechnungspreise für die Übertragung einzelner Wirtschaftgüter in Quasi-Betriebsübertragungen mit goodwillrealisierender Gesamtbewertung umzuqualifizieren.** Insb. der zuvor besprochene § 1 Abs. 1 S. 4 AStG,[226] nach dem nach

---

[224] Vgl. Kap. L Rn. 70 ff.
[225] Vgl. dazu iE Kap. A Rn. 406 ff.
[226] Vgl. zuvor Rn. 200 ff.

nationalem Recht immer die weitergehende Rechtsfolge aus parallel zueinander anwendbaren Einkünftekorrekturvorschriften anwendbar sein soll, erscheint mit Art. 9 OECD-MA nicht vereinbar.

205   Daran ändert auch nichts, dass Rn. 10 VGr-FV exemplarisch einzelne Quellen in den OECD-RL 2010 auflistet, die für die Auslegung des nationalen Rechts **„von Bedeutung sind"**, so die Überlegungen zu immateriellen Wirtschaftsgütern (Kapitel VI, insb. Tz. 6.13 ff. OECD-RL 2010), die Aussagen zur Zusammenfassung mehrerer Geschäftsvorfälle (Tz. 3.9 bis 3.12 OECD-RL 2010, u. a. zur möglichen Bildung von Transferpaketen – „package deal") und die Aussagen der OECD zu „Business Restructurings" in Kapitel IX, insb. in Tz. 9.48 ff. OECD-RL 2010 (Teil II „Arm's length compensation for the restructuring itself"). Für den Steuerpflichtigen wesentlich ist in diesem Zusammenhang, dass sich die FinVerw. nicht dazu durchringen kann, sich dann auch eindeutig zu den Ausführungen in den OECD-Quellen zu bekennen, sondern nur davon spricht, dass sie „von Bedeutung sind". Auf der einen Seite sollen sie die Übereinstimmung nationalen Rechts mit Art. 9 OECD-MA stützen (vgl. zuvor zu Rn. 9 VGr-FV), andererseits sollen sie die FinVerw. aber nicht binden.

f) Anerkennung unternehmerischer Dispositionsfreiheit (§ 4 Abs. 1 FVerlV)

206   Die Neuregelung der Besteuerung von Funktionsverlagerungen greift nicht in die unternehmerische Dispositionsfreiheit ein, eine Funktionsverlagerung vorzunehmen oder nicht, sie schafft allerdings in Abhängigkeit von den unternehmerischen Entscheidungen neue Besteuerungstatbestände.

207   Auf der Ebene unterhalb der Dispositionsfreiheit hinsichtlich der Vornahme einer Funktionsverlagerung als solcher erkennt § 4 Abs. 1 FVerlV ausdrücklich eine **Dispositionsfreiheit hinsichtlich der einzelnen Bestandteile des Transferpakets** an.[227] Danach hat ein Unternehmen bei einer Funktionsverlagerung hinsichtlich der rechtlichen und strukturellen Gestaltung der Einzelelemente einer Funktionsverlagerung Entscheidungsfreiheit. Die Vorschrift berücksichtigt und erkennt an, dass für die einzelnen Teile des Transferpakets unterschiedliche unternehmerische Vereinbarungen getroffen werden und folgerichtig für Übertragungen, die Nutzungsüberlassung von Wirtschaftsgütern oder für die Erbringung von Dienstleistungen gesonderte Verträge geschlossen werden. Die Vorschrift sieht dann vor, dass für sämtliche Positionen des Transferpakets Einzelverrechnungspreise unter Berücksichtigung der jeweiligen Gewinnpotenziale anzusetzen sind, die aber in ihrer Summe dem Gesamtwert des Transferpakets entsprechen müssen.

208   Dem **folgen auch** in vollem Umfang **die VGr-FV.** Nach Rn. 145 VGr-FV können Unternehmen frei entscheiden, ob und in welchem Umfang sie Funktionen ausüben, Risiken und Gewinnchancen übernehmen und welche Ressourcen sie dafür einsetzen wollen. Die **unternehmerische Dispositionsfreiheit** umfasst dabei auch Entscheidungen darüber, ob Funktionen selbst wahrgenommen, bei einem anderen (Konzern-)Unternehmen kon-

---

[227] Vgl. aber zum unvollständigen Wortlaut des § 4 Abs. 1 FVerlV unten Rn. 213.

zentriert, auf mehrere Unternehmen aufgeteilt werden oder ein Subunternehmer damit beauftragt wird, und ob anlässlich einer Funktionsverlagerung Wirtschaftsgüter übertragen oder zur Nutzung überlassen werden.[228]

Die FinVerw. hat diese Entscheidungen bei der Anwendung des Fremdvergleichsgrundsatzes **regelmäßig anzuerkennen,** da sie im Regelfall auf wirtschaftlichen Gründen beruhen.[229] Allerdings ist dringend, gerade für den Fall von Funktionsverlagerungen als komplexem Bündeln von Geschäftsvorfällen, zu empfehlen, aus Nachweisgründen die Ausübung der Dispositionsfreiheit in Form von klaren und eindeutigen (möglichst schriftlichen) **Verträgen** festzuhalten[230] und die Funktionsverlagerung und die einzelnen Geschäftsvorfälle entsprechend zu **dokumentieren.**[231]

Die unternehmerische Dispositionsfreiheit hindert andererseits die Finanz- **209** behörde nicht daran, dem Fremdvergleichsgrundsatz entsprechende **steuerliche Konsequenzen** aus der Ausübung dieser Freiheit zu ziehen.[232] Daraufhinzuweisen ist, dass für die steuerliche Behandlung die allgemeinen Besteuerungsregeln **auf die einzelnen Sachverhalte** angewandt werden, die im Rahmen einer ganzheitlichen Funktionsverlagerung gesondert verwirklicht werden, zB für Zwecke der Kapitalertragsteuer (§§ 43 ff. EStG), des Steuerabzugs bei beschränkt Steuerpflichtigen (§ 50a EStG) oder der Umsatzsteuer, unabhängig davon, ob die einzelnen Sachverhalte nach § 4 Abs. 1 FVerlV gesondert ausgewiesen oder vertraglich geregelt sind, oder ob zB für ein Transferpaket eine einheitliche Lizenz angesetzt wird.[233]

g) Im Zweifel aber Nutzungsüberlassung (§ 4 Abs. 2 FVerlV)

Bestehen hinsichtlich einzelner Bestandteile oder des gesamten Transferpa- **210** kets Zweifel darüber, ob eine Übertragung oder eine Nutzungsüberlassung vereinbart wurde oder vereinbart werden sollte, so kann der Steuerpflichtige gem. § 4 Abs. 2 FVerlV beantragen, dass eine Nutzungsüberlassung angenommen wird.

Die Vorschrift des § 4 Abs. 2 FVerlV ändert nichts am Grundtatbestand, **211** dass nach § 1 Abs. 3 S. 9 AStG, § 1 Abs. 2 S. 2 FVerlV auch (zeitweise) Überlassungen von Funktionen Funktionsverlagerungen darstellen.[234] Der Steuerpflichtige hat aber in Fällen, in denen **Zweifel hinsichtlich der richtigen Auslegung von Verträgen** bestehen oder in denen konkrete Anhaltspunkte für den Parteienwillen fehlen, de facto ein Wahlrecht, ob er eine Nutzungsüberlassung geltend machen möchte und in Folge dessen für die Überlassung

---

[228] Vgl. Rn. 145 und auch Rn. 97 VGr-FV.

[229] Vgl. Rn. 145 und auch Rn. 97 VGr-FV.

[230] Vgl. Rn. 97 VGr-FV. Die FinVerw. erwartet dabei auch, dass diese Verträge im Vorhinein abgeschlossen werden sollen, was aus Nachweissicht ideal, aber nicht rechtlich erforderlich und häufig praktisch nicht durchführbar ist. Allerdings sollten die Verträge zumindest zeitnah erstellt werden, vgl. dazu aber BFH-Urteil vom 11.10.2012, I R 75/11, DStR 2013, 25, nach dem der Fremdvergleichsgrundsatz des Art. 9 DBA-NL den formalen nationalen Vorgaben Deutschlands zum Abschluss eines (Kostenumlage)Vertrags im Vorhinein vorgeht.

[231] Zu den Dokumentationsverpflichtungen vgl. unten Rn. 741 ff.

[232] Vgl. Rn. 145 VGr-FV.

[233] Vgl. auch Rn. 176 VGr-FV.

[234] Vgl. dazu unten Rn. 423 ff.

laufende Entgelte vereinnahmt, oder ob er eine Übertragung bevorzugt, durch die ggf. umfangreiche, steuerpflichtige stille Reserven aufgedeckt und bei ihm sofort besteuert werden.

212   Zu diesem Schluss kommt auch die Auslegung der FinVerw. in den VGr-FV.[235] Wurden im Rahmen einer Funktionsverlagerung keine schriftlichen Vereinbarungen getroffen, soll anhand der Gesamtumstände geprüft werden, ob und inwieweit bezogen auf die einzelnen Wirtschaftsgüter eine endgültige Übertragung oder eine zeitlich befristete Nutzungsüberlassung derselben vorliegt. Dafür ist der **erkennbare Wille der Beteiligten** im Zeitpunkt der Funktionsverlagerung von wesentlicher Bedeutung,[236] soweit dieser eindeutig festgestellt werden kann. Zum Nachweis können zB zeitnah erstellte Buchhaltungsunterlagen dienen.[237]

Kann der Willen der Parteien nicht zweifelsfrei festgestellt werden, sind der **tatsächliche Ablauf und die Handhabung** durch die Beteiligten maßgeblich.[238]

Gibt auch die tatsächliche Handhabung keinen Aufschluss, so ist mit Verweis auf § 4 Abs. 2 FVerlV **im Zweifel** – im Einverständnis mit dem Steuerpflichtigen – eine **Nutzungsüberlassung** einzelner Wirtschaftsgüter und Vorteile des Transferpakets anzunehmen und nicht von einer Übertragung auszugehen.[239]

213   Betrachtet man den Wortlaut des § 4 Abs. 2 FVerlV isoliert, irritiert, warum die Vorschrift nur auf Zweifelsfälle beschränkt und **nicht als generelles Wahlrecht** ausgestaltet ist, man also glaubt, gewissermaßen Zweifel kreieren zu müssen, um in den Genuss des Schutzes des Wahlrechts zur Überlassung nach § 4 Abs. 2 FVerlV zu kommen. Die Lösung ergibt sich aus dem **unvollständigen Wortlaut des § 4 Abs. 1 FVerlV.** § 4 Abs. 1 FVerlV spricht seinen (auch) gewollten Inhalt, die steuerlich zu respektierende unternehmerische Dispositionsfreiheit,[240] zwischen Übertragung oder Überlassung wählen zu können, nicht an, sondern verordnet lediglich, dass sich die Werte der Einzelvereinbarungen zum Gesamtwert des Transferpakets aufsummieren müssen. Wenn man aber den Wortlaut des § 4 Abs. 1 FVerlV dahingehend erweitert, wie dies die Begründung der Verordnung[241] und die Auslegung der Vorschrift durch die Rn. 145 und auch 97 VGr-FV nahelegen, dass er die unternehmerische Dispositionsfreiheit zwischen Übertragung oder Überlassung enthält, so wird die Vorschrift des **§ 4 Abs. 2 FVerlV** auf eine **Auffangvorschrift** für die Fälle reduziert, wo die Parteien ihren dispositiven Willen nicht klar oder zumindest ergründbar ausgedrückt haben.

214   Die Vorschrift des § 4 Abs. 2 FVerlV ist **sehr zu begrüßen,** da sie in Zweifelsfällen vermeidet, dass es zwangsweise zu einer Sofortversteuerung aller stillen Reserven und des mit der Funktion verbundenen Goodwills kommt, was für die betroffenen Unternehmen erhebliche Liquiditätsproble-

---

[235] Vgl. Rn. 100 ff. VGr-FV.
[236] Vgl. auch BFH 7.12.1977, BStBl. 1978 II, 355.
[237] Vgl. Rn. 100 VGr-FV.
[238] Vgl. Rn. 101 VGr-FV.
[239] Vgl. Rn. 102 VGr-FV.
[240] Vgl. dazu oben Rn. 206 ff.
[241] Vgl. Begründung zu § 4 Abs. 1 FVerlV, BR–Drs. 352/08, 19.

me hervorrufen würde.[242] Die Vorschrift vermeidet damit bittere Auseinandersetzungen zwischen Unternehmen und FinVerw.

h) Funktionsverlagerung vom Ausland ins Inland

Die Diskussion zu den Regelungen des § 1 Abs. 3 AStG zur Funktionsver- **215** lagerung betreffen überwiegend Funktionsverlagerungen vom Inland ins Ausland (Outbound-Fälle). Grund hierfür ist, dass die deutschen Vorschriften zur Funktionsverlagerung darauf ausgerichtet sind zu verhindern, dass das bisher in Deutschland vorhandene Steuersubstrat verringert wird. Es stellt sich bei Betrachtung der nunmehr eingefügten Regelungen zur Funktionsverlagerung aber die Frage, inwieweit auch Verlagerungen vom Ausland in das Inland **(Inbound-Fälle)** von diesen erfasst und **ob** sie **spiegelbildlich behandelt** werden.

Betrachtet man die **Regierungsbegründung** zu § 1 AStG,[243] so zeigt **216** sich, dass der Gesetzgeber die Absicht ausdrückt, beide Fallvarianten **(Inbound- und Outbound-Fälle) nach denselben Grundsätzen** zu behandeln. Laut der Gesetzesbegründung gilt der Fremdvergleichsgrundsatz „aufgrund der DBA grundsätzlich in gleicher Weise für Funktionsverlagerungen ins Ausland („Outbound-Fall") wie für Funktionsverlagerungen ins Inland („Inbound-Fall")."[244] Allerdings bestätigt die Begründung auch, dass **für** die **Umsetzung dieser Symmetrie** gar **keine gesetzliche Grundlage geschaffen wurde,** weil sie für Outbound- und Inbound-Fälle auf verschiedene, nicht deckungsgleiche gesetzliche Grundlagen gestützt werden muss. § 1 AStG lässt nur Berichtigungen zu, wenn die Einkünfte im Inland fremdvergleichswidrig gemindert wurden. Berichtigungen zugunsten des Steuerpflichtigen, die im Inbound-Fall die Regel sind, können nicht nach § 1 AStG erfolgen, sondern **nur nach anderen Rechtsnormen,** wie zB der der verdeckten Gewinnausschüttung.[245] Nur wenn die Voraussetzungen einer der anderen Korrekturnormen erfüllt sind, können Funktionsverlagerungen ins Inland zur Aktivierung immaterieller Wirtschaftsgüter (zB eines Geschäftswertes) führen, mit der Folge, dass es anschließend zu einer erfolgswirksamen Abschreibung kommen kann.[246]

Auch die **VGr-FV** bestätigen, dass die VGr auch für Funktionsverlagerun- **217** gen in das Inland gelten sollen.[247] Auffallend an dieser an sich positiven Aussage ist nur, dass bei einem Gesamtumfang der VGr-FV von über 80 Seiten den Inbound-Fällen nur eine Zeile gewidmet wird und die wesentlichen und im Folgenden zu besprechenden Probleme von Inbound-Fällen[248] in den VGr-FV überhaupt nicht behandelt werden.

Bei der Behandlung von Verlagerungen ins Inland stellt sich zunächst die **218** Frage, **wann § 1 Abs. 3 AStG überhaupt angewandt** werden kann, denn der Wortlaut des § 1 Abs. 3 S. 1 AStG beschränkt die Anwendung des Absat-

---

[242] Vgl. Begründung zu § 4 Abs. 2 FVerlV, BR-Drs. 352/08, 20.

[243] Vgl. Begründung zu § 1 AStG, BT-Drucksache 16/4841, 84.

[244] Begründung zu § 1 Abs. 3 S. 9 AStG, BT-Drucksache 16/4841, 86.

[245] Vgl. Begründung zu § 1 Abs. 3 S. 9 AStG, BT-Drucksache 16/4841, 86.

[246] Vgl. Begründung zu § 1 Abs. 3 S. 9 AStG, BT-Drucksache 16/4841, 86.

[247] Vgl. Rn. 3 VGr-FV.

[248] Vgl. dazu die folgenden Rn. 222 ff.

zes auf Geschäftsbeziehungen iSd § 1 Abs. 1 AStG und ist daher nur dann anwendbar, wenn § 1 Abs. 1 AStG Anwendung findet. Nicht anwendbar sind die Vorschriften zu Funktionsverlagerungen deshalb dann, wenn andere Korrekturnormen (zB verdeckte Gewinnausschüttung, Entnahme, Einlage) vorrangig anwendbar sind.[249]

219   Die **FinVerw.** vertrat bereits vor der Kodifizierung des § 1 Abs. 1 S. 4 AStG die Auffassung, dass die geltenden Einkünftekorrekturnormen (verdeckte Gewinnausschüttung, verdeckte Einlage, Entnahme, Einlage) vorrangig anzuwenden sind. Die Rechtsfolgen dieser Korrekturvorschriften sind zu ermitteln und anschließend ist dann die **ergänzende Anwendung des § 1 Abs. 1 AStG** zu prüfen, bei der eine Anwendung des § 1 Abs. 3 AStG erstmals relevant würde.

220   Gehen die Rechtsfolgen des § 1 Abs. 1 bzw. Abs. 3 AStG über die der anderen Korrekturvorschriften hinaus, so erfolgt eine Korrektur zunächst nach den Maßstäben der anderen Korrekturvorschrift und dann anschließend zusätzlich mittels des Fremdvergleichsgrundsatzes hinsichtlich des weitergehenden Korrekturbetrags.[250] Die FinVerw. geht bei dieser Vorgehensweise zurecht davon aus, dass der für verdeckte Gewinnausschüttungen geltende Fremdvergleichspreis (Stichwort: Einzelbewertung der übertragenen Wirtschaftsgüter bei Funktionsverlagerungen) von dem des § 1 Abs. 3 AStG abweichen wird (Stichwort: Gesamtbewertung eines Transferpakets bei Funktionsverlagerungen).

221   Die Regelung des § 1 Abs. 3 AStG iVm § 1 Abs. 1 AStG ist insgesamt pro-fiskalisch und sichert der FinVerw. eine maximale Korrektur zu ihren Gunsten, da sie **Einkünftekorrekturen nur zu Lasten des Steuerpflichtigen** bzw. zugunsten des deutschen Steueraufkommens zulassen.[251]

222   Die sich daraus ergebende Problematik soll im Folgenden anhand verschiedener Fallvarianten dargestellt werden.

– **Eine ausländische Muttergesellschaft** verlagert eine Funktion **unentgeltlich auf** eine **inländische Tochtergesellschaft:**
    Werden bei dieser Verlagerung Wirtschaftsgüter auf die Tochtergesellschaft übertragen, so empfängt diese eine verdeckte Einlage. Der heranzuziehende Wertmaßstab ist der Teilwert, wobei § 1 Abs. 3 AStG einschließlich der Transferpaketbetrachtung nicht anwendbar ist. Handelt es sich bei der verlagerten Funktion um einen Betrieb oder Teilbetrieb, kommt eine verdeckte Einlage des Geschäftswerts in Betracht.[252] Hingegen können nicht einlagefähige Vorteile und Dienstleistungen weder aktiviert noch anderweitig als Aufwand einkünftemindernd berücksichtigt werden, da § 1 Abs. 1 AStG lediglich das Einkommen erhöhende Korrekturen vorsieht, also solche, die zu Lasten des Steuerpflichtigen gehen. Im vorliegenden Fall ist es aber zu keiner Einkommensminderung gekommen.

---

[249] Vgl. *Wassermeyer/Baumhoff/Greinert* in Flick/Wassermeyer/Baumhoff, § 1 AStG, V15. Vgl. dazu auch Rn. 200 ff.

[250] Vgl. auch oben Rn. 201 f.

[251] Vgl. *Wassermeyer/Baumhoff/Greinert* in Flick/Wassermeyer/Baumhoff, § 1 AStG, V12; *Kaminski* in Strunk/Kaminski/Köhler § 1 AStG Rn. 11.

[252] Vgl. BFH 25.10.1995, BFH/NV 1996, 124; BFH 20.8.1986, BStBl. II 1987, 455.

– **Eine ausländische Muttergesellschaft** verlagert eine Funktion **teilent-** 223
   geltlich auf eine **inländische Tochtergesellschaft:**
   Werden bei der Verlagerung Wirtschaftsgüter lediglich teilentgeltlich auf
   die Tochtergesellschaft übertragen, so empfängt diese eine verdeckte Einlage. In dieser Konstellation erfolgt die Korrektur entsprechend den Vorschriften zu der verdeckten Einlage. Für eine Anwendung des § 1 Abs. 3
   AStG und einer Korrektur gem. § 1 Abs. 1 AStG besteht hingegen kein
   Raum, da sich die Einkünfte der inländischen Tochtergesellschaft nicht
   gemindert haben. Hinsichtlich Betrieben, Teilbetrieben, sonstigen Vorteilen und Dienstleistungen gilt das zuvor Gesagte.[253]

– **Eine ausländische Muttergesellschaft** verlagert eine Funktion **zu ei-** 224
   nem überhöhten Entgelt auf eine **inländische Tochtergesellschaft:**
   Es handelt sich dabei um eine verdeckte Gewinnausschüttung der inländischen Tochtergesellschaft an die ausländische Muttergesellschaft. Durch die
   verdeckte Gewinnausschüttung an die Muttergesellschaft reduziert die
   Tochtergesellschaft ihre inländischen, steuerbaren Einkünfte. Die FinVerw.
   würde daher zunächst eine Korrektur nach den Grundsätzen der verdeckten Gewinnausschüttung (Einzelfremdvergleichswerte der übertragenen
   Wirtschaftsgüter) und anschließend eine Korrektur nach § 1 Abs. 1 und 3
   AStG entsprechend des Werts des Transferpakets prüfen und ergänzend
   durchführen.

– **Eine ausländische Tochtergesellschaft** verlagert eine Funktion **unent-** 225
   geltlich oder teilentgeltlich auf eine **inländische Muttergesellschaft:**
   Die Muttergesellschaft empfängt eine verdeckte Gewinnausschüttung, die
   einerseits zu 5 % steuerpflichtig ist und andererseits zur Aktivierung der erhaltenen Wirtschaftsgüter mit dem bzw. der Erhöhung ihrer Buchwerte auf
   den gemeinen Wert führt. Es liegt jedoch mangels Einkunftsminderung bei
   der inländischen Muttergesellschaft kein Fall des § 1 Abs. 1 AStG vor, sodass der Wert des Transferpakets auch hier nicht als Korrekturmaßstab herangezogen werden kann.

– **Eine ausländische Tochtergesellschaft** verlagert eine Funktion **zu ei-** 226
   nem überhöhten Entgelt auf eine **inländische Muttergesellschaft:**
   Das geleistete Entgelt ist anteilig eine gewährte verdeckte Einlage, so dass
   eine Korrektur nach deren Grundsätzen zu prüfen und durchzuführen ist.
   Die Korrektur hätte dabei geringere Rechtsfolgen (Teilwert der übertragenen Einzelwirtschaftsgüter) als eine Korrektur gem. § 1 Abs. 1 und 3
   AStG (Gesamtwert des Transferpakets). Da hier eine Minderung der inländischen Einkünfte (die Differenz zwischen Gesamtwert und Teilwert)
   vorliegt, kann § 1 Abs. 1 AStG angewendet werden. Die FinVerw. wird
   daher in einem zweiten Schritt eine Korrektur nach § 1 Abs. 1 und 3
   AStG unter Heranziehung des Transferpaketpreises als Korrekturmaßstab
   durchführen.

   Die Herangehensweise des Gesetzgebers ist nicht kongruent. Da Korrektu- 227
   ren gem. § 1 Abs. 1 AStG stets zu Lasten des Steuerpflichtigen erfolgen,
   kommt es entgegen der Willensbekundung in der Gesetzesbegründung gerade nicht zu einer spiegelbildlichen, sondern zu einer **Ungleichbehandlung
   von Inbound- und Outboundfällen.**

---

[253] Vgl. zuvor Rn. 222.

228   Daneben bestehen auch aus **europarechtlicher Sicht Bedenken,** denn durch die mögliche zweistufige Korrektur allein zu Lasten des Steuerpflichtigen werden grenzüberschreitende Sachverhalte gegenüber reinen Inlandsfällen schlechter gestellt. Es stellt sich daher auch hier die Frage, inwieweit durch den neu gefassten § 1 AStG die Grundfreiheiten des EG-Vertrages[254] verletzt werden und die Regelung europarechtlich haltbar ist.[255]

Neben der Frage, wann die von der Gesetzesbegründung und den VGr-FV postulierte Spiegelbildlichkeit überhaupt gesetzestechnisch greifen kann, ergeben sich bei der Anwendung der Funktionsverlagerungsregeln zahlreiche **praktische Fragen.**

229   Die Funktionsverlagerungsvorschriften des § 1 Abs. 3 S. 9 AStG behandeln jede Funktionsverlagerung als eine quasi-Teilbetriebsveräußerung und erwarten im Outbound-Fall von einem ausländischen, die Funktion aufnehmenden Unternehmen, dass dieses die **Einzelwirtschaftsgüter und** den **Goodwill der Funktion** wie beim Unternehmenskauf **aktiviert** und abschreibt. Soweit also im Inboundfall eine Anwendung des § 1 Abs. 1 und 3 AStG zum Zuge kommt,[256] müsste Deutschland ebenso verfahren. Das Gesetz enthält keine sicher erkennbare Bestimmung, dass die Vorschrift auch für den Inbound-Fall gelten soll, enthält aber gleichzeitig auch keine Regelung, die die Funktionsverlagerungsvorschriften auf den Outbound-Fall beschränken. Daher stützt sich die spiegelbildliche Behandlung auf die insoweit eindeutige Gesetzesbegründung[257] und die nicht justiziablen VGr-FV.

Sicher kann die steuerliche Behandlung in Deutschland bei einer im Ausland ausgelösten Funktionsverlagerung **nicht von der steuerlichen Behandlung in diesem Ausland abhängen.** Dafür gibt es keine Rechtsgrundlage. Demnach ist auch eine Annahme einer Einlage und ggf. eine Aktivierung empfangener Wirtschaftsgüter und eines Goodwills anzuerkennen, wenn im Ausland keine dem deutschen Recht vergleichbare Regelung besteht, was der Regelfall ist, dh das Ausland die (aus deutscher Sicht) Funktionsverlagerung nicht oder nicht als solche besteuert. Gleichzeitig beweist dies, dass die Behauptung der FinVerw., dass die deutschen Funktionsverlagerungsregeln internationalem Konsens entsprechen, falsch ist.

3. EU-Widrigkeit des § 1 Abs. 3 AStG

a) Fremdvergleich und Europarechtstauglichkeit

230   In der Gesetzesbegründung zu § 1 Abs. 3 AStG wird vom Gesetzgeber die Auffassung vertreten, dass die hierin geregelte Besteuerung der Verlagerung immaterieller Wirtschaftsgüter und von Funktionsverlagerungen **in Übereinstimmung mit dem „Fremdvergleichsgrundsatz (OECD)"** stehe.[258] Des Weiteren wird dargelegt, dass die Bestimmung von Verrechnungspreisen

---

[254] Heute: AEUV.

[255] Vgl. *Kaminski* in Strunk/Kaminski/Köhler, § 1 AStG Rn. 11 und im Folgenden Rn. 230 ff.

[256] Vgl. dazu zuvor Rn. 222 ff.

[257] Vgl. oben Rn. 216.

[258] Vgl. Begründung zu § 1 Abs. 3 S. 9 AStG, BT-Drucksache 16/4841, 84.

in solchen Fällen auf Basis des Ertragswertverfahrens ebenfalls internationalen Grundsätzen entspräche und dass diesen Grundsätzen „auch die EU-Mitgliedstaaten" folgen.[259] Hierdurch soll offensichtlich der Eindruck erweckt werden, die deutschen Neuregelungen zu Funktionsverlagerungen seien zum einen international kompatibel und zum anderen europatauglich.

Noch deutlicher wird der Gesetzgeber in der Begründung zur FVerlV, in **231** der explizit geäußert wird, dass eine Prüfung erfolgt sei, ob die Rechtsverordnung mit Europarecht vereinbar sei. Das Ergebnis dieser Prüfung sei, dass insofern keine rechtlichen Zweifel bestehen. Begründet wird dies damit, dass „die Rechtsverordnung den Fremdvergleichsgrundsatz lediglich – ausgehend von den neuen gesetzlichen Regelungen des § 1 Abs. 3 AStG – weiter"[260] präzisiere. Da der Fremdvergleichsgrundsatz aber europarechtlich nicht zu beanstanden sei, sondern vielmehr sowohl in § 1 AStG als auch in den von Deutschland abgeschlossenen **DBA** – und insb. in den mit EU-Staaten abgeschlossenen DBA – enthalten sei, entsprächen sowohl die damit verfolgten Ziele als auch die Wirkungsweise den Zielen und Anforderungen des europäischen Binnenmarktes, insb. denen der Art. 26 und 114 AEUV.[261]

Diese **Darstellung** ist unseres Erachtens **vollkommen unzutreffend.** Für **232** die europarechtliche Beurteilung kommt es nicht darauf an, ob der Fremdvergleichsgrundsatz auch in bilateralen Abkommen zwischen der Bundesrepublik Deutschland und anderen EU-Staaten geregelt ist. **Ein fremdvergleichskonformer Verrechnungspreis kann trotzdem europarechtlich diskriminierend sein,** wenn für vergleichbare Sachverhalte im Inlandsfall geringere steuerliche Konsequenzen als im grenzüberschreitenden Fall gelten. Aus europarechtlicher Sicht ist also **zu beurteilen, ob durch die gesetzlichen Regelungen in Deutschland** für den Steuerpflichtigen **eine diskriminierende Wirkung** eintritt und damit eine der Grundfreiheiten des EG-Vertrags[262] verletzt wird. Die hier einschlägigen Grundfreiheiten sind die Niederlassungsfreiheit (Art. 49 AEUV) und die Kapitalverkehrsfreiheit (Art. 63 AEUV).[263] Verletzt werden diese Grundfreiheiten v. a. dann, wenn ein grenzüberschreitender Sachverhalt im Vergleich mit einem rein inländischen Sachverhalt zu anderen, dh nachteiligen und somit diskriminierenden Konsequenzen führt, es sei denn, einer der einschlägigen unter dem EU-Recht eingeräumten Rechtfertigungsgründe für eine Ungleichbehandlung liegt vor.[264]

§ 1 Abs. 3 AStG ist – wie der gesamte § 1 AStG – **lediglich** bei **grenz-** **233** **überschreitenden** Sachverhalten anwendbar. Allein daraus ergibt sich schon ein erster Anscheinsverdacht, dass eine EU-Widrigkeit vorliegen könnte.

Im Folgenden soll zunächst geprüft werden, ob durch § 1 Abs. 3 AStG eine die o. g. Grundfreiheiten verletzende Ungleichbehandlung zwischen grenzüberschreitenden und rein inländischen Sachverhalten besteht. Im An-

---

[259] Vgl. Begründung zu § 1 Abs. 3 S. 9 AStG, BT-Drucksache 16/4841, 85.

[260] BR-Drs. 352/08, 10.

[261] Vertrag über die Arbeitsweise der Europäischen Union in seiner durch den Vertrag von Lisssabon geänderten Fassung, s. Gesetz vom 8.10.2008, BGBl. II, 1038.

[262] Heute: AEUV.

[263] Vgl. *Rolf* IStR 2009, 152; *Kraft* in Kraft, AStG, § 1 Rn. 525 ff.

[264] Gl. A. und mwN zur Diskussion der Europatauglichkeit des § 1 Abs. 3 AStG *Kraft* in Kraft, AStG, § 1 Rn. 50 ff.

schluss wird analysiert, ob eine vorliegende Ungleichbehandlung unter Umständen durch einen Rechtfertigungsgrund gerechtfertigt ist. Dabei wird für die sog. Preisanpassungsklausel des § 1 Abs. 3 S. 11 und 12 AStG eine separate Betrachtung durchgeführt.

b) § 1 Abs. 3 S. 9 AStG

aa) EU-Widrigkeit

234   Schon vor Einführung des § 1 Abs. 3 AStG wurde in der Literatur eine intensive Diskussion darüber geführt, ob § 1 AStG (in seinen verschiedenen Ausgestaltungen) im Einklang mit dem Europarecht steht. Die herrschende Meinung in dieser Frage hat die **Zweifelhaftigkeit** der Europatauglichkeit des § 1 AStG dabei **stets bejaht.**[265] So kommt *Schaumburg* nach unserer Auffassung zutreffend zu dem Ergebnis, dass im Fall von konzerninternen Nutzungsüberlassungen „die grenzüberschreitende Tätigkeit im Vergleich zu einem rein inländischen Sachverhalt steuerlich benachteiligt"[266] ist, wodurch ein Verstoß gegen die Niederlassungsfreiheit (Art. 43 EG)[267] und die Kapitalverkehrsfreiheit (Art. 46 EG)[268] gegeben sei, ohne dass hierfür Rechtfertigungsgründe erkennbar seien. Auch für *Wassermeyer* steht § 1 AStG nicht im Einklang mit dem EG-Vertrag.[269] Der **BFH** hat bislang ebenfalls keinen Zweifel daran gelassen, dass er die Europatauglichkeit des § 1 AStG für **zumindest ernstlich zweifelhaft** hält.[270] Dieser Rechtsauffassung ist zu folgen.

235   Die Verlagerung einer durch ein Unternehmen ausgeübten Funktion in ein der gleichen Unternehmensgruppe zugehöriges und damit gesellschaftsrechtlich verbundenes Unternehmen richtet sich **innerhalb Deutschlands** nach den durch die Rechtsprechung entwickelten Grundsätzen zur **Geschäftschancenlehre.**[271] Diese löst regelmäßig die Besteuerungsfolgen für die stillen Reserven aus, die in den der Funktion zuzurechnenden und übertragenen Einzelwirtschaftsgütern enthalten sind. Besteuerungsgegenstand sind alle materiellen sowie immateriellen Wirtschaftsgüter einschließlich eines diesen Einzelwirtschaftsgütern individuell zuzurechnenden Geschäfts- oder Firmenwerts und eventueller konkreter Geschäftschancen, die sämtlich mit dem Teilwert zu bewerten sind.

236   Abweichend von dieser steuerrechtlichen Beurteilung eines rein nationalen Sachverhalts bzw. einer innerstaatlichen Funktionsverlagerung sieht **§ 1 Abs. 3 S. 9 AStG ausschließlich** für die **grenzüberschreitende Verlagerung** einer Funktion die Bewertung eines **Transferpaketes** vor.

Dieses beinhaltet zum einen neben den materiellen und immateriellen Wirtschaftsgütern auch sonstige Vorteile in Form von bspw. Synergieeffekten

---

[265] Vgl. für viele *Kraft* in Kraft, AStG, § 1 Rn. 50 ff.; *Wassermeyer/Baumhoff/Greinert* in Flick/Wassermeyer/Baumhoff, Vorabkommentierung, § 1 AStG, V106. Vgl. auch A Rn. 262 ff.

[266] *Schaumburg* DK 2006, 495, 499.

[267] Heute: Art. 49 AEUV.

[268] Heute: Art. 63 AEUV.

[269] Heute: AEUV.

[270] Vgl. BFH 29.11.2000, BStBl. II 2002, 720, BFH 21.6.2001, DStR 2001, 1290.

[271] Vgl. BFH 16.12.1998, I R 96/95; BFH 30.8.1995, I R 155/94; BFH 11.6.1996, I R 97/95, BFH 12.6.1997, I R 14/96; BFH 7.8.2002, I R 64/01; Kammergericht 11.5.2000 – 2 U 4203/99. Vgl. auch unten Rn. 813 ff.

und Standortvorteilen, die ihren Anknüpfungspunkt allein in den im Ausland vorherrschenden wirtschaftlichen Begebenheiten haben.

Die Bewertung soll zum anderen anhand eines beidseitigen **Ertragswert-** **237** **verfahrens** erfolgen (hypothetischer Fremdvergleich), das gerade auch einen **funktionsübergreifenden Goodwill mit erfassen soll,** da die Funktion als Ganzes wie ein quasi-Teilbetrieb behandelt und bewertet wird, woraus sich zumeist ein **höherer Wert** ergeben wird als die Summe der Teilwerte aller materiellen und immateriellen Wirtschaftsgüter, die der verlagerten Funktion zuzurechnen sind.[272]

Hinsichtlich den in § 1 Abs. 3 AStG geregelten Funktionsverlagerungen **238** soll dies anhand eines Beispiels erläutert werden:

> **Beispiel:** Die deutsche M GmbH ist ein Produktionsunternehmen, das 100% der Anteile an der deutschen T GmbH hält. T GmbH ist ebenfalls ein Produktionsunternehmen, das ähnliche Produkte wie M GmbH fertigt. Beide Unternehmen sind sog. Entrepreneure im Sinne der Tz. 3.4.10.2b) VGr-Verfahren. Im Zuge einer Unternehmensumstrukturierung übernimmt M GmbH sämtliche Chancen, Risiken sowie die immateriellen Wirtschaftsgüter und Vorteile aus der Produktionstätigkeit der T GmbH, die danach lediglich als Auftragsfertiger für die M GmbH fungiert (Funktionsabschmelzung). Die verlagerten Funktionen und Risiken erfüllen nicht die Voraussetzungen eines Teilbetriebs, da bspw. wesentliche Betriebsgrundlagen wie die Betriebsgrundstücke der T GmbH nicht Gegenstand der Verlagerung sind.
>
> Im Vergleichsfall soll die Muttergesellschaft M eine in Frankreich ansässige M SA sein.
>
> Im Inlandsfall sind in dem vorliegenden Fall sämtliche übertragenen Wirtschaftsgüter einzeln mit ihrem gemeinen Wert zu bewerten (§ 8 Abs. 3 S. 2 KStG). Die Bewertung erfolgt ausschließlich aus Sicht des abgebenden Unternehmens, dh hier der T GmbH. Eine Gesamtbewertung unter Zugrundelegung der Ertragsaussichten der aufnehmenden M GmbH hat nicht zu erfolgen.
>
> Im grenzüberschreitenden Fall hingegen ist entsprechend den Grundsätzen des § 1 Abs. 3 AStG eine Gesamtbetrachtung des von der T GmbH auf die M SA übertragenen Transferpakets durchzuführen und der Einigungsbereich aus Sicht des abgebenden (Untergrenze) und des aufnehmenden (Obergrenze) Unternehmens zu ermitteln. Der zutreffende Verrechnungspreis ist dann der Mittelwert zwischen der Ober- und der Untergrenze des Einigungsbereichs, soweit der Steuerpflichtige keinen anderen Wert glaubhaft macht. Im Ergebnis führt dieser Ansatz dazu, dass die Ertragserwartungen des aufnehmenden Unternehmens inklusive der Funktion zuzurechnenden Firmenwerts (im Regelfall hälftig) der Besteuerung im Inland unterworfen werden.

Es ist offensichtlich, dass der grenzüberschreitende Fall schärfer besteuert wird als der Inlandsfall. Hierdurch liegt europarechtlich zunächst einmal eindeutig eine **Verletzung der** Grundfreiheiten der Art. 46 AEUV **(Niederlassungsfreiheit) und** 63 AEUV **(Kapitalverkehrsfreiheit)** und damit eine Diskriminierung des grenzüberschreitenden Falls vor.[273]

---

[272] Vgl. *Oestreicher/Hundeshagen* DB 2008, 1637, 1693.

[273] Der anders lautenden Rechtsauffassung von *Jahndorf* (FR 2008, 101, 110) ist unseres Erachtens nicht zu folgen. *Jahndorf* vergleicht lediglich, ob eine inländische Funktionsverlagerung überhaupt besteuert wird und verkennt dabei, dass für die europarechtliche Prüfung entscheidend ist, ob der grenzüberschreitende Fall gegenüber dem Inlandsfall in diskriminierender Weise schlechter gestellt wird. Dies ist u. E. hier der Fall; vgl. auch *Rolf* IStR 2009, 152 ff.; *Kraft* in Kraft, AStG, § 1 Rn. 525 ff.; *Wassermeyer/Baumhoff/Greinert* in Flick/Wassermeyer/Baumhoff, Vorabkommentierung, § 1 AStG, V106.

239   Das o. g. Beispiel ist keineswegs willkürlich gewählt. Nichts anderes würde sich bei anderen Sachverhaltskonstellationen ergeben. Läge etwa eine Funktionsverlagerung einer deutschen GmbH in ihre Tochtergesellschaft vor, so wäre im Inlandsfall (deutsche Tochtergesellschaft) eine Behandlung entlang den Grundsätzen zur verdeckten Einlage und damit eine Bewertung der übertragenen Einzelwirtschaftgüter mit dem Teilwert vorzunehmen. Im grenzüberschreitenden Fall (ausländische Tochtergesellschaft) hingegen ist erneut die Transferpaketbewertung unter Berücksichtigung der Ertragsaussichten des ausländischen Unternehmens vorzunehmen, was wiederum zu einer **diskriminierenden Schlechterstellung des grenzüberschreitenden Sachverhalts** im Vergleich zum Inlandsfall führt.

240   Auch wenn die Vergleichspaare mit **Personengesellschaften** gebildet werden,[274] kommt die europarechtliche Prüfung zum gleichen Ergebnis.

bb) Rechtfertigung

241   Unter bestimmten, sehr restriktiven Bedingungen wird nach EU-Recht eine Ungleichbehandlung von grenzüberschreitenden und Inlandssachverhalten zugelassen.

242   Gem. Art. 52 Abs. 1 AEUV sind Rechts- und Verwaltungsvorschriften eines Mitgliedstaates, die eine Sonderregelung für Ausländer vorsehen, trotz Beeinträchtigung der Niederlassungsfreiheit des Art. 49 AEUV dann zulässig, wenn sie aus **Gründen der öffentlichen Ordnung,** Sicherheit oder Gesundheit notwendig sind. Die Maßnahmen müssen aber geeignet sein, das verfolgte Ziel zu erreichen und dürfen nicht über das hinausgehen, was zur Erreichung des Ziels erforderlich ist.[275] Dabei ist diese gemeinschaftsrechtliche **Verhältnismäßigkeitsprüfung** nicht analog zur deutschen Grundrechtsprüfung am Maßstab eines „absoluten" Schutzziels vorzunehmen, sondern vielmehr „relativ" als Abwägung gegenüber alternativ möglichen Maßnahmen.[276]

243   Aus der Neuregelung des § 1 Abs. 3 AStG werden von der Bundesregierung mittelfristig erhebliche Mehreinnahmen gegenüber der bisherigen Regelung erwartet. Es erfolgt daher eine offensichtliche finanzielle und bürokratische Mehrbelastung derjenigen Unternehmen, die eine grenzüberschreitende – im Gegensatz zu einer innerstaatlichen – Funktionsverlagerung durchführen. Dies betrifft unmittelbar den Anwendungsbereich des Art. 49 AEUV (Niederlassungsfreiheit) und **bedarf einer anerkannten Rechtfertigung** sowie einer Verhältnismäßigkeit,[277] um nicht als der gemeinschaftsrechtlich geschützten Niederlassungsfreiheit entgegenstehend eingestuft zu werden.

244   Die Bundesregierung führt in der Begründung ihres Gesetzesentwurfs zur Unternehmensteuerreform 2008 aus, dass die Regelung des § 1 Abs. 3 S. 9 AStG **missbräuchlichen steuerlichen Gestaltungen** durch Konkretisierung des international anerkannten Fremdvergleichsgrundsatzes vorbeugen soll.[278]

---

[274] Vgl. § 1 Abs. 1 S. 2 AStG iVm § 1 Abs. 3 S. 9 ff. AStG.

[275] Vgl. bspw. EuGH 9.3.1999, Rs. C-212/97 (Centros); EuGH 12.12.2002, Rs. C-324/00 (Lankhorst-Hohorst).

[276] Vgl. *Danwitz* EWS 2003, 393, 396, 399.

[277] Vgl. bspw. EuGH 21.1.2010, Rs. C-311-08 (SGI), IStR 2010, 144.

[278] Vgl. Begründung zum Entwurf eines Unternehmenssteuerreformgesetzes 2008, Allgemeiner Teil, Funktionsverlagerungen, BT-Drucksache 16/4841, 35.

Dies kann aber nur nachgewiesen und damit anerkannt werden, wenn die **245** Maßnahmen nicht nur pauschal daran anknüpfen, dass eine Transaktion einen Auslandsbezug hat, sondern sich konkret auf **rein künstliche, jeder wirtschaftlichen Realität bare Gestaltungen** beziehen, die darauf ausgerichtet sind, die Rechtsvorschriften des betreffenden Mitgliedstaats und insb. die Besteuerung zu umgehen, die normalerweise für Gewinne aus Tätigkeiten im Inland anfällt.[279]

§ 1 Abs. 3 S. 9 AStG bleibt also europarechtswidrig und darf nicht ange- **246** wandt werden, wenn es sich auf der Grundlage objektiver und von dritter Seite nachprüfbarer Anhaltspunkte erweist, dass die beherrschte Gesellschaft, ungeachtet des Vorhandenseins von Motiven steuerlicher Art, tatsächlich in dem betreffenden Mitgliedsstaat ansässig ist und dort tatsächlichen wirtschaftlichen Tätigkeiten nachgeht.[280] Wird eine Funktionsverlagerung vorgenommen, um eine **wirtschaftliche Tätigkeit** in einem anderen Mitgliedstaat **aufzunehmen oder zu erweitern,** kann demnach keine missbräuchliche Gestaltung vorliegen und § 1 Abs. 3 S. 9 AStG ist europarechtswidrig.

Der Weiteren ist nach der Rechtsprechung des EuGH ein Grundfreiheits- **247** verstoß gerechtfertigt, um **eine ausgewogene Aufteilung der Besteuerungsbefugnisse** zwischen den Mitgliedstaaten sicherzustellen, dh, das Recht der Mitgliedstaaten zu gewährleisten, ihre Steuerzuständigkeit auszuüben und die **in ihrem Staatsgebiet erwirtschafteten Gewinne** einer Besteuerung zu unterwerfen.[281] Dies gilt auch für den Fall, dass diese Besteuerung unterschiedliche Regelungen für nationale und internationale Sachverhalte vorsieht.

Die Europarechtswidrigkeit der Regelung des § 1 Abs. 3 S. 9 AStG wird **248** aber nicht durch die Besteuerung einer Funktionsverlagerung als solcher ausgelöst (dem Grunde nach), denn diese wird auch im rein nationalen Sachverhalt besteuert. Vielmehr steht die **Besteuerung der Höhe nach (Transferpaket** mit Gesamtbewertung statt Einzelwirtschaftsgüter zum Teilwert) in Frage. Die Transferpaketbewertung erfasst nicht die in Deutschland in der Vergangenheit oder im laufenden Wirtschaftsjahr erwirtschafteten Gewinne, sondern die **zukünftigen Ertragsaussichten,** die mit der verlagerten Funktion **im Ausland** in Zukunft voraussichtlich erzielt werden können.

Da folglich **keine Besteuerung erzielter Gewinne** erfolgt, kann diese **249** Regelung auch nicht in den Schutzbereich der Besteuerungshoheit für **im Inland** erwirtschaftete Gewinne einbezogen werden, auch wenn dies die Gesetzesbegründung zu § 1 Abs. 3 AStG zu vermitteln versucht, wenn dort ausgeführt wird, dass es als nicht gerechtfertigt angesehen werden kann, „wenn immaterielle Wirtschaftsgüter und Vorteile, die mit Hilfe deutscher Infrastruktur erstellt wurden, ohne angemessene Besteuerung des inländischen Wertschöpfungsbeitrags im Ausland genutzt werden".[282] Denn die Tatsache, dass von Lizenznehmern angemessene Lizenzgebühren für die zukünftige Nutzung deutscher Technologie zu entrichten sind, ist nicht umstritten, stellt jedoch eine Besteuerung auf der Grundlage einer Einzelwirtschaftsgutbetrachtung dar, die § 1 Abs. 3 S. 9 AStG gerade aushebeln will. Daher kann

---

[279] Vgl. EuGH 12.9.2006, Rs. C-196/04 (Cadbury Schweppes).
[280] Vgl. EuGH 12.9.2006, Rs. C-196/04 (Cadbury Schweppes).
[281] Vgl. EuGH 18.7.2007, Rs. C-231/05 (Oy AA).
[282] BT-Drucksache 16/4841, 84.

die Regelung des § 1 Abs. 3 S. 9 AStG europarechtlich nicht damit gerechtfertigt werden, dass mit ihr nur die Befugnis Deutschlands gewahrt werden soll, in Deutschland erzielte Gewinne auch besteuern zu können.[283]

250   Die sog. **Escape-Klauseln des § 1 Abs. 3 S. 10 AStG** beinhalten die Möglichkeit, die Verlagerung einer Funktion unter bestimmten Umständen auf der Basis von Einzelverrechnungspreisen vorzunehmen, zB wenn nachweislich keine wesentlichen immateriellen Wirtschaftsgüter und Vorteile mit der Funktion übergegangen sind.[284] In den Fällen, in denen eine Verrechnungspreisermittlung für eine Funktionsverlagerung auf der Grundlage der Summe der Verrechnungspreise für die einzelnen betroffenen Wirtschaftsgüter und Vorteile anzuerkennen ist, sind trotzdem sowohl der Einigungsbereich als auch der Wert für das Transferpaket als Ganzes zu ermitteln, da alle Escape-Klauseln direkt oder indirekt erfordern nachzuweisen, dass die Summe der Einzelverrechnungspreise im Einigungsbereich liegt und insgesamt dem Fremdvergleichsgrundsatz entspricht oder der Wert eines immateriellen Wirtschaftsguts gemessen am Gesamtwert des Transferpakets wesentlich bzw. nicht wesentlich ist.[285]

251   Da dieser Nachweis dem betroffenen Steuerpflichtigen umfangreiche zusätzliche Mitwirkungspflichten und damit Kosten auferlegt, um die Anwendung einer beschränkenden und nicht iSd Allgemeininteresses zu rechtfertigenden steuerlichen Maßnahme zu vermeiden, ist auch die Escape-Klausel **nicht geeignet,** die **Europarechtskonformität** der Regelungen zur Funktionsverlagerung im Konzern **zu erreichen.**

252   Diese Einschätzung ist selbst dann aufrecht zu erhalten, wenn tatsächlich eine Besteuerung anhand der (sachgerecht angepassten) Einzelpreise erfolgt. Denn zum einen dürften diese aufgrund des anzuwendenden Fremdvergleichspreises für die entscheidenden immateriellen Wirtschaftsgüter (Ertragsbewertung) über dem Teilwert liegen und zum anderen erfährt der international tätige Unternehmer eine Schlechterstellung aufgrund der erweiterten Mitwirkungspflichten. Selbst wenn die steuerliche Mehrbelastung gegenüber dem Teilwert bspw. durch die Wahrung der gerechten Aufteilung des Besteuerungssubstrats zwischen den Mitgliedstaaten gerechtfertigt sein sollte, so entspricht die Notwendigkeit der Anfertigung einer gesonderten Dokumentation keinesfalls dem Grundsatz der Verhältnismäßigkeit.[286]

253   Folglich sind nicht nur die **Vorschriften zur Funktionsverlagerung** als solche **nicht mit** dem europarechtlichen Grundsatz der **Niederlassungsfreiheit vereinbar.**[287] Auch die sog. Escape-Klauseln bieten keine gemeinschaftsrechtskonforme Möglichkeit, die Transferpaket-Besteuerung kostenneutral zu vermeiden.

c) Anpassungsregelung des § 1 Abs. 3 S. 11 und 12 AStG

aa) EU-Widrigkeit

254   § 1 Abs. 3 S. 11 AStG sieht sowohl für den Fall der Ermittlung eines Entgelts für grenzüberschreitende Geschäftsvorfälle nach dem hypothetischen

---

[283] So auch *Frotscher* FR 2008, 49, 57.
[284] Vgl. iE dazu unten Rn. 661 ff.
[285] Vgl. iE dazu unten Rn. 661 ff.
[286] Vgl. *Hornig,* Praxis Internationale Steuerberatung 2008, 45.
[287] Vgl. *Rolf* IStR 2009, 152, 155.

Fremdvergleich allgemein als auch für Funktionsverlagerungen bei Vorliegen bestimmter Gewinnentwicklungen nachträgliche Möglichkeiten der Preisanpassung durch die FinVerw. vor. Dabei sind Anpassungen vorzunehmen, wenn wesentliche immaterielle Wirtschaftsgüter und Vorteile Gegenstand einer Geschäftsbeziehung sind und die tatsächliche spätere Gewinnentwicklung erheblich von der Gewinnentwicklung abweicht, die der Verrechnungspreisbestimmung zugrunde lag, und keine sachgerechte Preisanpassungsklausel vereinbart wurde. Tritt eine relevante Abweichung zwischen erwarteten und tatsächlichen Gewinnen ein, so kann eine Berichtigung auf Basis nachträglich verfügbarer Daten noch innerhalb von zehn Jahren einmalig rückwirkend vorgenommen werden.[288]

Für rein **nationale Sachverhalte** sind dem deutschen Steuerrecht solche **255** nachträglichen Preisanpassungsklauseln völlig fremd. Im Gegenteil, der Teilwert wird als ein objektiver Wert definiert, der endgültig von der Marktlage am Bilanzstichtag bestimmt wird.[289]

Eine nachträgliche Erhöhung des vereinbarten und im Zeitpunkt der Trans- **256** aktion dem Fremdvergleichsgrundsatz entsprechenden, konzerninternen Verrechnungspreises stellt erneut eine **Benachteiligung der grenzüberschreitenden Geschäftstätigkeit** im Vergleich zu einem vergleichbaren nationalen Sachverhalt dar, die dem Postulat der Niederlassungsfreiheit zuwider läuft.

bb) Rechtfertigung

Analog zu den Regelungen zur Funktionsverlagerung ist auch hier zu un- **257** tersuchen, ob die Wahrung der ausgewogenen **Aufteilung der Besteuerungsbefugnis** zwischen den Mitgliedstaaten die Diskriminirung rechtfertigen könnte.

Nach § 1 Abs. 3 S. 9, 11 und 12 AStG sollen jedoch wiederum zukünftige **258** Gewinne zur Besteuerung herangezogen werden. Die Ermittlung des nachträglichen Korrekturbetrags **bezieht sich** ausschließlich **auf die spätere – und damit im Ausland erfolgende – Gewinnentwicklung.** Es wird also wiederum nicht versucht, eine Besteuerung von in Deutschland generierten Gewinnen angemessen aufzuteilen, sondern es wird vielmehr auf ausländische Gewinne späterer Jahre und damit das **Steuersubstrat anderer Mitgliedstaaten** abgestellt und zugegriffen. Die Kohärenz der Steuersysteme kann daher die diskriminierende Wirkung der Vorschriften zur Anpassungsklausel gerade nicht rechtfertigen.

Die Regelungen zur Preisanpassung lassen zu, dass der Steuerpflichtige **259** widerlegt, dass zum Zeitpunkt des Geschäftsabschlusses Unsicherheiten im Hinblick auf die Preisvereinbarung bestanden und unabhängige Dritte eine sachgerechte Anpassungsregelung vereinbart hätten. Dies legt nahe zu untersuchen, ob die diskriminierende Wirkung der Regelungen zur Preisanpassungsklausel durch die **Missbrauchsbekämpfung** gerechtfertigt werden kann. Das Gesetz fordert widerlegbar, dass die Vertragsparteien eine Anpassungsregel vereinbaren, sodass man zunächst in sehr wohlwollender Auslegung zu dem Schluss kommen könnte, dass die Möglichkeit der Widerlegung die EU-Widrigkeit der Anpassungsregelung heilen würde.

---

[288] Vgl. dazu iE unten Rn. 681 ff.
[289] Vgl. BFH 31.1.1991, IV R 31/90; EStH 6.7.

260   Dies scheitert jedoch an der gesetzlich verfügten **Beweislastumkehr** und
der **Unverhältnismäßigkeit,** von dem Steuerpflichtigen zu erwarten, in jedem Fall die Notwendigkeit einer Anpassungsklausel zu widerlegen. Auch
betrifft die vorliegende Missbrauchsbekämpfungsvorschrift keinesfalls nur
steuerlich getriebene Gestaltungen, sondern vielmehr auch unternehmerisches Handeln, das im Zeitpunkt seiner Ausübung keineswegs zu beanstanden
war.[290] Damit sind die Rahmenbedingungen zur Rechtfertigung der Preisanpassungsklausel durch das Argument der Missbrauchsbekämpfung ebenfalls
nicht gegeben. Die vorliegenden Bestimmungen sind folglich als der Niederlassungsfreiheit und damit **dem Europarecht entgegenstehend** einzustufen.

d) Zusammenfassung

261   Zusammenfassend kann festgestellt werden, dass die Neuregelungen zu
Funktionsverlagerungen in § 1 Abs. 3 AStG – wie der gesamte § 1 AStG –
nicht im Einklang mit dem Gemeinschaftsrecht stehen.

262   **Grenzüberschreitende Sachverhalte** werden im Vergleich zu rein innerstaatlichen Funktionsverlagerungen **eindeutig schlechter behandelt,** da
nach den Neuregelungen des § 1 Abs. 3 AStG im grenzüberschreitenden Fall
immer eine Transferpaketbetrachtung, dh eine Gesamtbewertung nach dem
Ertragswertverfahren zu erfolgen hat, die zu einem Wertansatz führt, der auch
die zukünftigen Ertragsaussichten des ausländischen aufnehmenden Unternehmens umfasst. Im innerstaatlichen Fall wird hingegen immer – bis auf den
in der Praxis nicht relevanten Ausnahmefall des Vorliegens der Voraussetzungen einer Betriebs- oder Teilbetriebsverlagerung – eine Einzelwirtschaftsgut-
bewertung auf Basis des Teilwerts oder des gemeinen Werts erfolgen. Zudem
wird dem Steuerpflichtigen im grenzüberschreitenden Fall noch eine erhebliche zusätzliche Dokumentationsverpflichtung aufgebürdet.

263   **Rechtfertigungsgründe** für diese diskriminierende Ungleichbehandlung
sind **nicht erkennbar.**

264–290   *(einstweilen frei)*

4. Besteuerung von Funktionsverlagerungen dem Grunde nach

291   Bevor zu einem späteren Zeitpunkt auf die Besteuerung von Funktionsverlagerungen der Höhe nach einzugehen ist,[291] muss zunächst festgestellt werden, wann eine Funktionsverlagerung überhaupt dem Grunde nach einen
Steuertatbestand erfüllt.

a) Tatbestandsmerkmale

§ 1 Abs. 3 S. 9 AStG lautet:
*„Wird eine Funktion einschließlich der dazugehörigen Chancen und Risiken und der mit
übertragenen oder überlassenen Wirtschaftsgüter und sonstigen Vorteile verlagert (Funktionsverla-
gerung) und ist auf die verlagerte Funktion Satz 5 anzuwenden, weil für das Transferpaket als
Ganzes keine zumindest eingeschränkt vergleichbare Fremdvergleichswerte vorliegen, hat der
Steuerpflichtige den Einigungsbereich auf der Grundlage des Transferpakets zu bestimmen.“*

---

[290] AA *Schwenke* StBJb 2007/08, 149.
[291] Vgl. unten Rn. 438 ff.

Entscheidend für die Frage, wann überhaupt eine Funktionsverlagerung im   292
steuerlichen Sinne vorliegt, sind die **Tatbestandsmerkmale**
– Funktion,
– Verlagerung (Einschränkung),
– Chancen und Risiken, sowie
– Wirtschaftsgüter und sonstige Vorteile,
die im Folgenden zu untersuchen sind.

Der Gesetzgeber regelt nur Bruchstücke dieser Tatbestandsmerkmale einer   293
Funktionsverlagerung dem Grunde nach im Gesetz selbst (insb. in § 1 Abs. 3
S. 9 AStG), während er in weiten Teilen die Ausführungsregelungen zum
Tatbestand der Funktionsverlagerung mittels Ermächtigungsgrundlage dem
BMF überlässt.

aa) Funktion (§ 1 Abs. 1 FVerlV)[292]

Der Begriff der Funktion wird im AStG selbst nicht definiert. § 1 Abs. 1   294
FVerlV bestimmt den Begriff der Funktion wie folgt:

„Eine Funktion ist eine Geschäftstätigkeit, die aus einer Zusammenfassung gleichartiger betrieblicher Aufgaben besteht, die von bestimmten Stellen oder Abteilungen eines Unternehmens erledigt werden. Sie ist ein organischer Teil eines Unternehmens, ohne dass ein Teilbetrieb im steuerlichen Sinn vorliegen muss."

Der Begründung zu § 1 Abs. 1 FVerlV ist zu entnehmen, dass der Verordnungsgeber einem **umfassenden Begriff** dessen folgt, was er unter einer Funktion versteht.[293]

Zugleich will er eine **ausufernde Auslegung** dieses weiten Begriffs **ver-**   295
meiden und verweist dazu exemplarisch auf Einzelregelungen innerhalb der Verordnung, bspw. auf die zur **Funktionsverdoppelung.** Dies ist zumindest verwirrend, wenn nicht unsystematisch, da das vermeintliche Problem des Verordnungsgebers hinsichtlich der von ihm ausdrücklich angesprochenen Funktionsverdoppelung nichts mit der Weite des Funktionsbegriffs in § 1 Abs. 1 FVerlV zu tun hat, sondern mit der Tatsache, dass er in § 1 Abs. 2 FVerlV Funktionsverdoppelungen fälschlicherweise als Unterfall der dort geregelten Funktionsverlagerungen behandelt.[294]

Der zweite Satz des § 1 Abs. 1 FVerlV, dass eine Funktion ein **organischer**   296
Teil eines Unternehmens sein muss, ohne die Voraussetzungen eines Teilbetriebs im steuerlichen Sinn erfüllen zu müssen, findet sich schon in der Gesetzesbegründung zu § 1 Abs. 3 S. 9 AStG.[295] Der Verordnungsgeber möchte dadurch verdeutlichen, „dass eine Funktion aus betriebswirtschaftlicher Sicht die Zusammenfassung gleichartiger betrieblicher Aufgaben darstellt, die Gegenstand eines einheitlichen Verlagerungsvorgangs sein können und deren Gewinnauswirkungen für die beteiligten Unternehmen sachgerecht abgrenzbar sind."[296]

---

[292] Vgl. dazu ausführlich oben Rn. 13 ff.
[293] Vgl. dazu ausführlich und kritisch oben Rn. 18 ff.
[294] Vgl. dazu iE oben Rn. 69 ff. und unten Rn. 321 ff.
[295] Vgl. BT-Drucksache 16/4841, 86. Vgl. auch Rn. 14 VGr-FV und oben Rn. 46 ff.
[296] Vgl. Begründung zu § 1 Abs. 1 S. 2 FVerlV.

297 Verlangt wird eine **Eigenständigkeit der Funktion,** die jedoch nicht so weit reichend sein muss, dass sie einem steuerlichen Teilbetrieb entspricht.[297] Bei einem solchen Teilbetrieb handelt es sich um einen organisch geschlossenen Teil eines Gesamtbetriebs, der für sich genommen lebensfähig ist.[298] Bei der Funktion kommt es hingegen nur darauf an, dass ihr **Aufwendungen und Erträge zugeordnet** werden können.[299]

bb) Verlagerung (§ 1 Abs. 3 S. 9 AStG, § 1 Abs. 2 FVerlV)[300]

298 Der Gesetzgeber bemüht sich in § 1 Abs. 3 S. 9 AStG die Funktionsverlagerung zu definieren, indem er bestimmt, dass es sich um eine Verlagerung der Funktion einschließlich der dazugehörigen Chancen und Risiken und der damit übertragenen oder überlassenen Wirtschaftsgüter oder sonstigen Vorteile handelt. Diese Definition geht leider nicht wesentlich über den Begriff selbst hinaus und wirkt tautologisch.

299 Eine Präzisierung erfährt der Begriff durch § 1 Abs. 2 FVerlV. Demnach liegt eine Funktionsverlagerung vor,

> *„wenn ein Unternehmen (verlagerndes Unternehmen) einem anderen, nahe stehenden Unternehmen (übernehmendes Unternehmen) Wirtschaftsgüter und sonstige Vorteile sowie die damit verbundenen Chancen und Risiken überträgt oder zur Nutzung überlässt, damit das übernehmende Unternehmen eine Funktion ausüben kann, die bisher von dem verlagernden Unternehmen ausgeübt worden ist, und dadurch die Ausübung der betreffenden Funktion durch das verlagernde Unternehmen eingeschränkt wird. "*

300 **Wesentliche Merkmale** sind demnach, dass das verlagernde Unternehmen das übernehmende Unternehmen in die Lage versetzt, die Funktion **auszuüben und** dabei die eigene Ausübung der Funktion entsprechend **einschränkt.**

Demnach handelt es sich bei **Funktionsverdoppelungen** oder anderen Neuaufnahmen von Tätigkeiten **(„Greenfield Investments")** nicht um Funktionsverlagerungen, da die Funktion des ursprünglichen Funktionsinhabers nicht eingeschränkt wird.[301]

Durch die Verlagerung der Funktion soll das übernehmende Unternehmen neue Chancen und Risiken erhalten und damit sein Gewinnpotenzial erhöhen. Dabei soll es gem. § 1 Abs. 2 S. 2 FVerlV genügen, wenn die Übernahme lediglich zeitweise erfolgt.[302]

(1) Aufgaben- und produktbezogene Definition

301 Die gesetzgeberische Definition der Funktionsverlagerung in § 1 Abs. 2 FVerlV macht deutlich, dass es sich begrifflich bei einer Funktionsverlagerung um das **„Wegnehmen"** einer Funktion beim verlagernden Unternehmen **und** das **„Zuführen"** dieser Funktion bei dem übernehmenden Unternehmen handelt.[303] Zunächst erscheint dies eindeutig und nicht auslegungsbe-

---

[297] Vgl. dazu Rn. 14 VGr-FV und iE oben Rn. 35 ff.

[298] Vgl. *Wacker* in Schmidt, EStG, 2014, § 16 Rn. 143.

[299] Vgl. Begründung zu § 1 Abs. 1 S. 2 FVerlV und oben Rn. 41 ff.

[300] Vgl. dazu ausführlich oben Rn. 49 ff.

[301] Vgl. Rn. 42, 50 und 57 VGr-FV und unten Rn. 321 ff.

[302] Vgl. auch unten Rn. 423 ff.

[303] Vgl. auch *Borstell* IStR 2009, 329, 330.

dürftig. Bei näherer Untersuchung ist aber fraglich, was unter „Wegnehmen" bzw. „Zuführen" zu verstehen ist. Kernfrage dazu ist, ob eine Verlagerung iSv § 1 Abs. 3 S. 9 AStG einem **„produktbezogenen"** oder einem **„aufgabenbezogenen" Verlagerungsbegriff** folgt.[304] Wird zB die Fertigung eines konkreten Produkts vom Inland ins Ausland verlagert, aber umgehend durch die Fertigung eines anderen Produkts kompensiert, liegt bei produktbezogener Betrachtung eine Funktionsverlagerung vor, bei aufgabenbezogener Sicht jedoch nicht, da die Produktion im Inland weiterhin in vollem Umfang fortbesteht.

Bei Würdigung aller Umstände[305] führt ein produktbezogener Verlage- **302** rungsbegriff zur Annahme und Erfassung einer Vielzahl von atomisierten Mikroverlagerungen, was weder dem Gesetzeszweck entspricht noch mit vertretbarem Aufwand überhaupt zu erfassen und zu bewältigen ist. Daher kann uE **nur ein aufgabenbezogener Verlagerungsbegriff angemessen** sein. Leider folgt die **FinVerw.** dieser Auffassung nicht.[306] Nach Rn. 16 VGr-FV sieht sie es als notwendig an, die betreffende Funktion anhand der verwendeten Wirtschaftsgüter (insb. der immateriellen Wirtschaftsgüter) und Vorteile sowie der mit der bestimmten Geschäftstätigkeit konkret verbundenen Chancen und Risiken **tätigkeitsbezogen** *und* **objektbezogen** zu definieren. Dabei handelt es sich bei „tätigkeits- und objektbezogen" um Synonyme zu den hier verwendeten Begriffen **„aufgaben- und produktbezogen".** Nach Auslegung der FinVerw. soll sich dieses Verständnis aus § 1 Abs. 2 S. 1 FVerlV für die Verlagerung von Funktionen und aus §§ 3 und 4 Abs. 1 FVerlV für deren Bewertung ergeben. Eine Funktion könne insoweit zB die Produktion eines bestimmten Produkts oder einer bestimmten Produktgruppe, der Vertrieb eines bestimmten Produkts, einer bestimmten Produktgruppe oder eine bestimmte Geschäftstätigkeit für eine bestimmte Region sein.[307]

(2) Substitution (Ersatzinvestition)

Leider wird diese **unverhältnismäßige Auffassung noch** dadurch **ver- 303 stärkt,** dass die FinVerw. ausdrücklich feststellt, dass aus ihrer Sicht selbst dann eine Funktionsverlagerung vorliegt, wenn innerhalb einer weiter bestehenden Produktion ein Produkt zukünftig durch ein anderes ersetzt wird, also **bei unverändertem Tätigkeitsumfang nur andere Produkte** an einem deutschen Standort hergestellt werden. Ersatzinvestitionen (Substitutionen) sollen also als doppelte Funktionsverlagerungen („rein und raus") gewertet werden.[308]

So verfügt Rn. 23 VGr-FV, dass sich nach Auffassung der FinVerw. das Tatbestandsmerkmal der „Einstellung" oder „Einschränkung" auch auf **Fälle der Substitution** einer Funktion durch eine andere bezieht. In dem in der Rn. 23 VGr-FV enthaltenen Beispiel produziert und vertreibt eine Mutterge-

---

[304] Vgl. dazu ausführlich oben Rn. 49 ff. und *Brüninghaus/Bodenmüller* DStR 2009, 1285, 1286 f., die mit gleichem Ergebnis von gegenständlicher und aufgaben- oder prozessorientierter Abgrenzung sprechen.

[305] Vgl. dazu ausführlich mit Nachweisen oben Rn. 49 ff.

[306] Vgl. Rn. 16 VGr-FV, ausführlich mit weiteren Nachweisen oben Rn. 67 f. und *Brüninghaus/Bodenmüller* DStR 2009, 1285, 1286 f., *Frischmuth,* Köln 2010, 86 f.

[307] Vgl. Rn. 16 VGr-FV.

[308] Vgl. *Frischmuth,* Köln 2010, 73 ff. Vgl. aber Rn. 59 VGr-FV und unten Rn. 419 f.

sellschaft (M) in Zukunft das von ihr entwickelte Nachfolgeprodukt B und erzielt damit sogar bei unverändertem Personaleinsatz einen höheren Umsatz als mit dem Vorgängerprodukt A. Das Tatbestandsmerkmal der Funktionseinstellung iSd § 1 Abs. 2 FVerlV sei erfüllt, da die konkrete Funktion „Produktion und Vertrieb von Produkt A" im Inland entfalle. Unerheblich sei, dass M keinen Personalabbau vornehme und mit Produkt B sogar einen höheren Umsatz erziele.

304   Nur in den Fällen eines **technisch oder wirtschaftlich veralteten Produkts,** also eines solchen, aus dem Deutschland sowieso kein zukünftiges Gewinnpotential mehr ziehen kann, soll es nach Rn. 119 VGr-FV nicht zu beanstanden sein, wenn unter kumulativ vorliegenden Voraussetzungen für das verlagernde Unternehmen die Bewertung des Transferpakets in einem Mindestpreis von Null enden würde:
– Das Produkt wird wegen eines Nachfolgeprodukts auf den bisher hauptsächlich belieferten Märkten nicht mehr abgesetzt.
– Die Verlagerung war erforderlich, um die Produktion eines direkten Nachfolgeprodukts mit höherer Gewinnerwartung im Inland aufnehmen zu können.
– Die für die verlagerte Produktion notwendigen immateriellen Wirtschaftsgüter, einschließlich des Prozess-Know-hows, werden nicht veräußert, sondern lizenziert.

Die Auslegung der FinVerw. **behindert** die notwendige Freiheit der **Wirtschaft,** ihr wirtschaftliches Geschehen den Veränderungen der Märkte anzupassen, in nicht hinnehmbarem Maße. Das Ergebnis ist, gemessen am Gesetzeszweck, der Sicherung des deutschen Steuersubstrats,[309] **unnötig und unverhältnismäßig.**

(3) Nur aufgabenbezogene Definition angemessen

305   Der **Auffassung der FinVerw.** kann **in keiner Weise gefolgt werden.**[310] Ein produktbezogener Verlagerungsbegriff führt zu einer Vielzahl von Mikroverlagerungen, die ein Steuerpflichtiger oft schon tatsächlich gar nicht erfassen und dokumentieren kann, und schon gar nicht mit vertretbarem Aufwand. Er schädigt die Wettbewerbsfähigkeit des Wirtschaftsstandorts Deutschland und führt bereits jetzt zu unentwegten Auseinandersetzungen in Betriebsprüfungen.

Verstärkt wird diese **unverhältnismäßige Auffassung** noch dadurch, dass die FinVerw. ausdrücklich feststellt, dass aus ihrer Sicht selbst dann eine Funktionsverlagerung vorliegt, wenn zwar zukünftig ein Produkt an einem anderen Ort produziert wird, dies jedoch vollumfänglich durch die Produktion eines anderen Produkts substituiert wird.

Das Gesetz und die FVerlV geben keinen Anhalt dafür, dass ein produktbezogener Verlagerungsbegriff oder gar ein Substitutionsverbot zwingend oder notwendig wäre, den Gesetzeszweck zu erfüllen, sodass die Auffassung der FinVerw. zu Lasten der deutschen Wirtschaft als rein fiskalisch motiviert erscheint.[311] Dem Gesetzeszweck **angemessen,** der Wahrung des deutschen

---

[309] Vgl. iE dazu oben Rn. 62 ff. und unten Rn. 351 ff.
[310] Vgl. dazu ausführlich oben Rn. 67 ff.
[311] Vgl. dazu ausführlich oben Rn. 67 ff.

Steuersubstrats,[312] wäre **alleine ein aufgaben- oder tätigkeitsbezogener Verlagerungsbegriff.**

cc) Chancen und Risiken (§ 1 Abs. 3 Satz 9 AStG)

Nach § 1 Abs. 3 S. 9 AStG liegt eine Funktionsverlagerung vor, wenn **306** „eine Funktion einschließlich der dazugehörigen Chancen und Risiken ..." verlagert wird. Daraus ergibt sich, dass Chancen und Risiken etwas anderes sind als die Funktion und daher die Verlagerung von Chancen und Risiken ein **eigenständiges Tatbestandsmerkmal** für das Vorliegen einer Funktionsverlagerung darstellt. Da aber jeder betrieblichen Tätigkeit Chancen und Risiken innewohnen, müssen die gesondert davon erwähnten Chancen und Risiken des § 1 Abs. 3 S. 9 AStG andere, zusätzliche Chancen und Risiken sein.

Typische, routinemäßig mit jeder betrieblichen Betätigung verbundene **307** Chancen und Risiken sind insb. Folgen der besonders guten oder schlechten Ausübung einer Funktion. Sie führen insb. zu Kostenabweichungen, können aber zB auch Haftpflichtaufwendungen umfassen. Derartige **„funktionale"** **Chancen und Risiken** gehen immer mit einer Funktion über, sind von dieser nicht trennbar und können nicht das sein, was § 1 Abs. 3 S. 9 AStG als gesondertes Tatbestandsmerkmal aufführt.[313] Vergütet werden derartige „funktionale" Chancen und Risiken einer Funktion auf der Basis der Vergütung einer Routinefunktion, etwa nach der Kostenaufschlagsmethode oder der TNMM.

Im Gegensatz zu routinemäßigen „funktionalen" Chancen und Risiken **308** umfassen **„unternehmerische" Chancen und Risiken** die Risiken, die über das hinausgehen, was routinemäßig mit einer geschäftlichen Tätigkeit an Chancen und Risiken verbunden ist, und sich im Residualgewinn des Unternehmers niederschlagen. „Unternehmerische" Chancen und Risiken ergeben sich also aus der (Mit-)Verantwortung für den Gesamtwertschöpfungsprozess und beschränken sich folglich auf die wesentlich die Gesamtwertschöpfung eines Unternehmens prägenden Funktionen.[314]

Da § 1 Abs. 3 S. 9 AStG als Tatbestandsmerkmal nicht auf die funktionalen **309** Chancen und Risiken abstellen kann, liegt also eine Funktionsverlagerung iSd Gesetzes nur vor, wenn unternehmerische Chancen und Risiken neben den Funktionen übertragen werden. Daraus ergibt sich aber auch, dass die Verlagerung von **Routinefunktionen,** denen per definitione nur funktionalen Chancen und Risiken innewohnen, **nie eine Funktionsverlagerung** iSv § 1 Abs. 3 S. 9 AStG darstellen kann.[315] § 2 Abs. 2 S. 1 FVerlV ist insoweit überflüssig.

dd) Wirtschaftsgüter und sonstige Vorteile (§ 1 Abs. 3 Satz 9 AStG)

§ 1 Abs. 3 S. 9 AStG setzt für das Vorliegen einer Funktionsverlagerung **310** weiter voraus, dass „eine Funktion einschließlich ... der mit übertragenen oder überlassenen Wirtschaftsgüter und sonstigen Vorteile" verlagert wird. § 1 Abs. 2 FVerlV formuliert das **Tatbestandsmerkmal** noch deutlicher:

---

[312] Vgl. iE dazu oben Rn. 62 ff.

[313] Vgl. auch *Brüninghaus/Bodenmüller* DStR 2009, 1285, 1287.

[314] Vgl. auch *Brüninghaus/Bodenmüller* DStR 2009, 1285, 1287.

[315] Vgl. auch *Brüninghaus/Bodenmüller* DStR 2009, 1285, 1287.

„Eine Funktionsverlagerung … liegt … vor, wenn ein Unternehmen … einem anderen … Unternehmen … Wirtschaftsgüter und sonstige Vorteile überträgt oder zur Nutzung überlässt …".

311   Auch wenn aus der gesetzlichen Formulierung letztlich nicht ganz eindeutig hervorgeht, ob eine Funktionsverlagerung auch ohne die Übertragung oder Überlassung von Wirtschaftsgütern und sonstigen Vorteilen vorliegen kann, ist der sie erläuternde Wortlaut der **FVerlV eindeutig:** Ohne die Übertragung oder Überlassung von Wirtschaftsgütern und sonstigen Vorteilen stellt eine Verlagerung von Funktionen keine Funktionsverlagerung im Gesetzessinne dar, selbst wenn unternehmerische Chancen und Risiken verlagert werden.[316]

312   Während der Begriff des Wirtschaftsguts durch die Rechtsprechung weitgehend geklärt ist, ist der in Gesetz und Verordnung verwendete **Begriff der „sonstigen Vorteile"** bisher rechtlich nicht bestimmt und damit unklar.[317] Da es sich bei den sonstigen Vorteilen nicht um die unternehmerischen Chancen oder um Wirtschaftsgüter handeln kann, die ja vom Gesetz getrennt als Tatbestandsvoraussetzungen genannt werden, zugleich aber Ziel der Funktionsverlagerung ist, dass das aufnehmende Unternehmen in Zukunft die übergehende Funktion ausüben kann, muss es sich bei den sonstigen Vorteilen um wirtschaftsgutnahe, ausreichend konkretisierte Vorteile handeln, die schon einen isoliert bewertbaren Teil des Geschäftswerts darstellen, aber noch nicht zu einem eigenen Wirtschaftsgut erstarkt sind.[318] Zu denken ist dabei insb. an einzelne Kundenaufträge, eingearbeitetes Personal oder Lieferantenbeziehungen.[319] Damit dürfte der Begriff „sonstige Vorteile" der **konkreten Geschäftschance** iSd BFH-Rechtsprechung[320] zumindest sehr nahe kommen.[321]

313   § 1 Abs. 3 S. 9 AStG fordert, dass „Wirtschaftsgüter und sonstige Vorteile" übertragen oder überlassen werden. Aus der Verbindung **„und"** könnte gefolgert werden, dass nur, wenn beide Merkmale in jedem Einzelfall erfüllt sind, eine Funktionsverlagerung iSd Gesetzes vorliegt. Wenngleich diese eng am Wortlaut orientierte Auslegung des Gesetzes- und Verordnungstextes etwas zu weit zu gehen scheint, sollte doch zumindest daraus geschlossen werden können, dass eine Funktionsverlagerung iSd Gesetzes nur dann ausgelöst wird, wenn die Übertragung oder Überlassung sonstiger Vorteile im Zusammenhang mit der Übertragung oder Überlassung von Wirtschaftsgütern erfolgt.[322]

b) Umfassender gesetzlicher Regelungsumfang

314   Der gesetzliche Regelungsumfang zur Funktionsverlagerung ist mangels einer klaren gesetzlichen Definition des Begriffs „Funktion"[323] sehr weit rei-

---

[316] Vgl. auch *Brüninghaus/Bodenmüller* DStR 2009, 1285, 1288.
[317] Vgl. auch *Brüninghaus/Bodenmüller* DStR 2009, 1285, 1288.
[318] Vgl. auch *Brüninghaus/Bodenmüller* DStR 2009, 1285, 1288; *Oesterreicher* Ubg 2009, 80.
[319] Vgl. auch *Brüninghaus/Bodenmüller* DStR 2009, 1285, 1288.
[320] Vgl. dazu unten Rn. 813 ff.
[321] Vgl. auch *Brüninghaus/Bodenmüller* DStR 2009, 1285, 1288; *Baumhoff/Ditz/Greinert* DStR 2008, 1945.
[322] Vgl. auch *Brüninghaus/Bodenmüller* DStR 2009, 1285, 1288.
[323] Vgl. iE oben Rn. 13 ff. und Rn. 294 ff.

chend und umfassend. Dies ist aber vom Gesetz- und Verordnungsgeber gewollt. So spricht die Begründung zu § 1 Abs. 1 FVerlV ausdrücklich von einer **umfassenden Definition** des Begriffs „Funktion", der Ausgangspunkt für die Besteuerung von Funktionsverlagerungen sei.[324]

Dies bedeutet insb. auch, dass die Vorschrift des § 1 Abs. 3 S. 9 AStG **jede**   **315** **Form der Verlagerung** steuerlich erfasst, unabhängig davon, ob es sich
- zivilrechtlich um eine Übertragung oder Überlassung einzelner Elemente der Funktionsverlagerung (§ 4 Abs. 1 FVerlV) oder der ganzen Funktion handelt oder
- ob es sich um eine zeitlich unbegrenzte oder zeitlich begrenzte Verlagerung handelt (§ 1 Abs. 2 S. 2 FVerlV).

Unterschiedlich ist **nur** der **Eintritt der Rechtsfolgen.** Bei einer Über-   **316** tragung erfolgt eine sofortige Aufdeckung aller stillen Reserven sowie eine Besteuerung des Goodwills, bei einer Überlassung erfolgt die Besteuerung des rechnerisch auf Barwertbasis identischen Betrags gestreckt über den Zeitablauf der im Wege der Überlassung erfolgenden Verlagerung im Gesetzessinne.

Nach der Begründung zur FVerlV werden, um einen ausufernden Anwen-   **317** dungsbereich zu vermeiden, über **Einzelregelungen** bestimmte Sachverhalte praktisch wieder aus dem Anwendungsbereich von § 1 Abs. 3 S. 9 AStG, § 1 Abs. 1 FVerlV **ausgeschlossen.**[325]

Systematisch geht also das Gesetz so vor, dass es zunächst einen maximalen   **318** Anwendungsbereich von Funktionsverlagerungen definiert und dann einzelne Ausnahmen zulässt. Dies ist leider **in verschiedener Weise misslungen.** Nicht systematisch begründbar ist, dass auch **Funktionsverdoppelungen** in diese Vorgehensweise mit einbezogen werden, da sie keinen Unterfall, sondern einen zu Funktionsverlagerungen komplementären Sachverhalt darstellen.[326] Und gerade hinsichtlich der **Funktionsabspaltungen,** also der Übertragung einzelner Teilprozesse auf Dienstleister wie zB Lohnfertiger („Outsourcing"), die systematisch mangels Übertragung unternehmerischer Chancen und Risiken gar keine Funktionsverlagerung darstellen,[327] greift dann auch noch die Ausnahmeregelung des § 2 Abs. 2 S. 1 FVerlV erkennbar und wesentlich zu kurz und musste im Erlasswege „repariert" werden.[328]

Der Gesetzgeber versucht möglichst viele Sachverhalte als Funktionsverla-   **319** gerung zu erfassen und der Besteuerung zugänglich zu machen. Der weiten Fassung liegt wohl eine **generelle Verdachtsannahme** zu Grunde, dass jeder Tatbestand mit Auslandbezug, der mit einer Gewinnminderung auf deutscher Seite in einem Zusammenhang stehen könnte, wohl eine Funktionsverlagerung darstellen müsse. Man kommt nicht umhin zu vermuten, dass der Gesetzgeber von der Wirkung (sinkendes Gewinnniveau) auf die vermeintliche Ursache (Funktionsverlagerung) schließt und nicht etwa zunächst Tatbestände feststellt (verwirklichte Funktionsverlagerung) und an diese Rechtsfolgen knüpft. Diese Vermutung wird auch dadurch bestätigt, dass die

---

[324] Vgl. Begründung zu § 1 Abs. 1 FVerlV.

[325] Vgl. Begründung zu § 1 Abs. 1 FVerlV und unten ausführlich Rn. 320 ff.

[326] Vgl. dazu ausführlich oben Rn. 69 ff. und im folgenden Rn. 321 ff.

[327] Vgl. dazu *Brüninghaus/Bodenmüller* DStR 2009, 1285, 1287, zuvor Rn. 309 und ausführlich im Folgenden Rn. 385 ff.

[328] Vgl. Rn. 66 f. VGr-FV und unten Rn. 385 ff.

Eingrenzung des Tatbestands eben nicht durch eine klare Definition, sondern lediglich durch eine Negativabgrenzung innerhalb der FVerlV erfolgt.

5. Negativabgrenzung der Funktionsverlagerung

320 Die Eingrenzung des Anwendungsbereichs der Funktionsverlagerung erfolgt in der FVerlV im Wesentlichen durch das Ausschlussprinzip. Der Verordnungsgeber beschreibt innerhalb der FVerlV verschiedene Tatbestände, bei deren Vorliegen eine Funktionsverlagerung nicht oder nur unter Bedingung angenommen werden kann. Dies betrifft insb.

– Funktionsverdoppelungen (§ 1 Abs. 6 FVerlV),
– Funktionsabspaltungen („Outsourcing")(§ 2 Abs. 2 FVerlV) und
– weitere Einzelfälle, insb. solche, in denen fremde Dritte typischerweise keine Übertragung oder Überlassung einer Funktion gesehen hätten (§ 1 Abs. 7 FVerlV).

a) Funktionsverdoppelung

321 Von der Funktionsverlagerung ist die Funktionsverdoppelung abzugrenzen.[329] Die Funktionsverdoppelung ist **im Gesetzestext des § 1 Abs. 3 AStG** selbst **nicht erwähnt,** sondern wird lediglich in § 1 Abs. 6 FVerlV genannt und definiert. Liegt sie vor, soll ausnahmsweise keine Funktionsverlagerung vorliegen und die Regelungen zum Transferpaket keine Anwendung finden. Der wesentliche Unterschied zur Funktionsverlagerung ist, dass es bei der Verdoppelung zu keiner Einschränkung der Funktion auf Seiten des übertragenden Unternehmens kommt. Scheitert sie hingegen wegen einer Reduzierung der fraglichen Funktion bei dem (dann übertragenden) Unternehmen, so wird zu diesem Zeitpunkt[330] das Vorliegen einer Funktionsverlagerung und deren Rechtsfolgen angenommen.

322 Die Vorgehensweise des Gesetz- und Verordnungsgebers ist **systematisch falsch,** da bereits begrifflich unzutreffend, als Folge davon **gesetzestechnisch verfehlt** und latent verfassungswidrig.

aa) Verordnungswortlaut

323 § 1 Abs. 6 FVerlV lautet:

„Eine Funktionsverlagerung im Sinne des Absatzes 2 liegt nicht vor, wenn es trotz Vorliegens der übrigen Voraussetzungen des Absatzes 2 Satz 1 innerhalb von fünf Jahren nach Aufnahme der Funktion durch das nahe stehende Unternehmen zu keiner Einschränkung der Ausübung der betreffenden Funktion durch das in Absatz 2 Satz 1 zuerst genannte Unternehmens kommt (Funktionsverdoppelung). Kommt es innerhalb dieser Frist zu einer solchen Einschränkung, liegt zum Zeitpunkt, in dem die Einschränkung eintritt, insgesamt eine einheitliche Funktionsverlagerung vor, es sei denn, der Steuerpflichtige macht glaubhaft, dass diese Einschränkung nicht in unmittelbarem wirtschaftlichen Zusammenhang mit der Funktionsverdoppelung steht."

324 Mit der Vorschrift des § 1 Abs. 6 FVerlV versucht der Gesetzgeber, im **Stile einer Missbrauchsvorschrift** den Unter- und Ausnahmefall ‚Funktions-

---

[329] Vgl. *Schwenke* StBJb 2007/08, 141ff, *Borstell* IStR 2009, 329ff.
[330] Vgl. § 1 Abs. 6 S. 2 FVerlV und Rn. 45 VGr-FV.

verdoppelung' vom Hauptsachverhalt ‚Funktionsverlagerung' abzugrenzen, Maßstäbe dafür zu definieren und das Vorgehen für den Fall festzuschreiben, dass ein Steuerpflichtiger die gesetzlichen Vorgaben für eine Funktionsverdoppelung nicht erfüllt und doch nachträglich eine Funktionsverlagerung iSd Gesetzes anzunehmen ist.

bb) Begrifflich keine Funktionsverlagerung

Die gesetzgeberische Definition der Funktionsverlagerung in § 1 Abs. 2 **325** FVerlV[331] macht bereits deutlich, dass es sich begrifflich bei einer Funktionsverlagerung um das „Wegnehmen" einer Funktion beim verlagernden Unternehmen und das „Zuführen" dieser Funktion bei dem übernehmenden Unternehmen handelt. Im Gegensatz dazu liegt schon rein sprachlich bei der Verdoppelung einer Funktion gerade **kein „Wegnehmen" einer Funktion** bei einem übertragenden Unternehmen vor, sondern dessen Beibehaltung und der zusätzliche Aufbau dieser Funktionalität bei einem weiteren Unternehmen. Schon aus dieser Sicht ist es nicht möglich, Funktionsverdoppelungen als Unterfall der Funktionsverlagerung zu behandeln.[332]

Es ist daher inhaltlich wie gesetzestechnisch verfehlt, Funktionsverdoppe- **326** lungen als Unterfall der Funktionsverlagerung zu behandeln.[333]

cc) Trotzdem Behandlung als Unterfall der Funktionsverlagerung durch § 1 Abs. 6 FVerlV

Auf den ersten Blick kann § 1 Abs. 6 FVerlV als nur negativ formulierte **327** Abgrenzung der Funktionsverdoppelung von der Funktionsverlagerung erscheinen. Insoweit könnte sie lediglich klarstellen.[334] Leider ist die Vorschrift des § 1 Abs. 6 FVerlV aber bei näherem Hinsehen unzweifelhaft als **Ausnahme zu den Funktionsverlagerungsvorschriften** ausgestaltet. Eindeutig erkennbar wird dies daran, dass § 1 Abs. 6 S. 1 FVerlV verlangt, dass für das Vorliegen der Ausnahmevorschriften für Funktionsverdoppelungen zunächst die Voraussetzungen einer Funktionsverlagerung vorliegen müssen, bevor dann im Ausnahmeweg unter bestimmten Voraussetzungen bestimmte Sachverhalte nicht von der Vorschrift erfasst werden.[335]

Systematisch werden damit Funktionsverdoppelungen in der Verordnung **328** nicht als komplementärer, anderer Sachverhalt, sondern als Unterfall der Funktionsverlagerung behandelt. Angemessen wäre hingegen eine Verordnungsregelung gewesen, in der Funktionsverlagerungen und Funktions-

---

[331] Vgl. dazu auch oben Rn. 49 ff. und 298 ff.

[332] Vgl. *Borstell* IStR 2009, 329 und oben Rn. 49 ff. und 298 ff.; auch *Baumhoff/ Ditz/Greinert* DStR 2007, 1649, 1650; *Wassermeyer/Baumhoff/Greinert* in Flick/ Wassermeyer/Baumhoff, AStG, Vorabkommentierung § 1 Abs. 3 AStG Rn. V 73; *Frischmuth* IWB, Fach 3 Gruppe 1, 2253; *Welling/Tiemann* FR 2008, 68, 70; *Schwenke* StBJb 2007/08, 141 ff.; *Blümich/Pohl*, EStG/KStG/GewStG, § 1 AStG Rz. 138.

[333] Vgl. iE *Borstell* IStR 2009, 329 f.; *Schwenke* StBJb 2007/08, 141 ff.; und oben Rn. 69 ff.

[334] Vgl. auch *Borstell* IStR 2009, 329, 330.

[335] Ebenso ordnet § 1 Abs. 2 S. 1 FVerlV für Funktionsverlagerungen „vorbehaltlich der Abs. 6 und 7" eine bestimmte steuerliche Behandlung an, woraus sich ebenfalls eine Unterordnung von Funktionsverdoppelungen unter Funktionsverlagerungen ergibt, da § 1 Abs. 6 FVerlV die Ausnahmevorschrift zu Funktionsverdoppelungen enthält.

verdoppelungen gleichwertig nebeneinander stehen. Dies hätte nicht ausgeschlossen, in die Verordnung Regelungen für den praktisch durchaus relevanten Sachverhalt aufzunehmen, dass sich aufgrund fortentwickelnder Sachverhalte Funktionsverdoppelungen in Funktionsverlagerungen oder Funktionsverlagerungen in Funktionsverdoppelungen entwickeln können.[336]

dd) Fehlende Ermächtigungsgrundlage für § 1 Abs. 6 FVerlV

329   Es bestehen **erhebliche Zweifel,** ob der Verordnungsgeber überhaupt befugt war, eine Rechtsverordnung zu erlassen, die die im Gesetz nicht angesprochene Funktionsverdoppelung definiert und weiter bestimmt, dass diese wie eine Funktionsverlagerung zu behandeln ist. Die Zweifel sind in der Ermächtigungsvorschrift begründet, die im Zeitpunkt der Verabschiedung der FVerlV in 2008 gültig war, dem damaligen § 1 Abs. 3 S. 13 AStG. Dieser Mangel wird auch nicht dadurch geheilt, sondern verstärkt, dass der Gesetzgeber, möglicherweise im Wissen um den Mangel, mit Wirkung ab VZ 2013 die alte Ermächtigungsnorm des § 1 Abs. 3 S. 13 AStG erweitert und in § 1 Abs. 6 AStG neu gefasst hat.[337]

330   Der Inhalt, Umfang und die Art der **Verordnungsermächtigung** wird gem. Art. 80 Abs. 1 S. 2 GG vom parlamentarischen Gesetzgeber bestimmt. In § 1 Abs. 3 S. 13 AStG aF wurde der Inhalt, die Art und der Umfang der Ermächtigung festgelegt. Die Ermächtigung beschränkte sich danach auf die Bestimmung der Einzelheiten des Fremdvergleichsgrundsatzes „im Sinne des Abs. 1 und der S. 1–12". Die Verordnungskompetenz erstreckte sich also alleine auf Funktionsverlagerungen, wie es sich nach dem Wortlaut aus § 1 Abs. 3 S. 9 AStG ergibt.[338]

331   Der Verordnungsgeber durfte demnach den Begriff der Funktionsverlagerung konkretisieren, jedoch nicht auf Sachverhalte erstrecken, die von dem formalen Wortlaut des Gesetzes nicht erfasst sind. Er durfte somit nicht die Entscheidung des Gesetzgebers abändern oder gar korrigieren.[339] Dieses war aber der Fall, wenn der Verordnungsgeber Regelungen zur Funktionsverdoppelung in die Verordnung aufnahm, da die Funktionsverdoppelung im Gesetzeswortlaut nicht genannt wird. Der **Verordnungsgeber überschritt** daher **die ihm** vom Gesetzgeber **eingeräumte Kompetenz.** Der diesbezüglich von der FinVerw. gerne zitierte Bericht des Finanzausschusses des Deutschen Bundestages,[340] dass die Bundesregierung Funktionsverdoppelungen nach denselben Grundsätzen wie Funktionsverlagerungen behandeln und dies in der Rechtsverordnung zum Ausdruck bringen werde, stellt zunächst selbst klar, dass Funktionsverdoppelungen kein Unterfall der Funktionsverlagerungen sind, weil ansonsten diese Willenserklärung überhaupt nicht nötig wäre. Die beabsichtigte Erweiterung des Gesetzesinhalts auf Funktionsverdoppelungen durch den Finanzausschuss entbehrte aber der gesetzlichen Legitimation,[341] da das eigenmächtige Erweitern der Gesetzesnorm (§ 1 Abs. 3 S. 9

---

[336] Vgl. auch *Borstell* IStR 2009, 329, 330.
[337] Vgl. iE oben Rn. 191 ff.
[338] Vgl. *Schwenke* StBJb 2007/2008, 143.
[339] Vgl. *Jahndorf* FR 2008, 101, 106; *Schwenke* StBJb 2007/2008, 137, 143.
[340] Vgl. Bericht des Finanzausschusses, BT-Drs. 16/5491 vom 24.5.2007, 11.
[341] Vgl. *Frischmuth* IWB, F. 3 Gr. 1, 2253, 2257.

AStG) durch die Bundesregierung oder den Finanzausschuss des Bundestages ohne Zustimmung des Bundestagsplenums **verfassungswidrig** war.

Die Regelungen zur Funktionsverdoppelung in § 1 Abs. 6 FVerlV können **332** auch nicht über § 1 Abs. 3 S. 13 AStG aF als Ermächtigungsgrundlage „direkt" auf § 1 Abs. 1 AStG gestützt werden, da der Verordnungsgeber selbst Funktionsverdoppelungen als Unterfall der Funktionsverlagerung behandelt, also hinsichtlich des Ermächtigungsspielraums an den Wortlaut des § 1 Abs. 3 S. 9 AStG als lex specialis gegenüber § 1 Abs. 1 AStG gebunden ist.

ee) Tatbestandsmerkmale (§ 1 Abs. 6 FVerlV)

Der Verordnungsgeber behandelt, wie bereits dargelegt,[342] Funktionsver- **333** doppelungen als Unterfall der Funktionsverlagerung und legt in § 1 Abs. 6 FVerlV fest, in welchen Ausnahmefällen er Funktionsverdoppelungen nicht als Funktionsverlagerungen behandeln will. Er stellt bei der Beurteilung, ob eine Funktionsverdoppelung oder eine Funktionsverlagerung vorliegt, auf einen fünfjährigen Zeitraum ab. Kommt es innerhalb dieses Zeitraums zu einer Einschränkung des Funktionsprofils beim übertragenden Unternehmen, ist die Funktionsverdoppelung „gescheitert" und wird zu diesem Zeitpunkt[343] als Funktionsverlagerung mit deren Rechtsfolgen behandelt, es sei denn, es liegen neue Ereignisse nach dem Verdoppelungszeitpunkt vor, die zeigen, dass die Einschränkung nicht in unmittelbarem wirtschaftlichen Zusammenhang mit der Funktionsverdoppelung steht.

Wesentliche Tatbestandsmerkmale des § 1 Abs. 6 FVerlV sind dem- **334** nach:
– Vorliegen der übrigen Voraussetzungen für eine Funktionsverlagerung;
– Keine Einschränkung der Ausübung der betreffenden Funktion beim verdoppelnden Unternehmen innerhalb von fünf Jahren nach Aufnahme der Funktion durch das nahe stehende Unternehmen;
– Für den Fall der Einschränkung: Exkulpation durch Nachweis des Eintritts neuer Ereignisse nach der Funktionsverdoppelung, die zeigen, dass die Einschränkung nicht durch die Funktionsverdoppelung verursacht wurde.

ff) Notwendiges Vorliegen der Voraussetzungen für eine Funktionsverlagerung

Nach § 1 Abs. 6 S. 1 FVerlV kommt die Ausnahmeregelung für Funk- **335** tionsverdoppelungen nur dann zur Anwendung, wenn die übrigen Voraussetzungen für die Annahme einer Funktionsverlagerung erfüllt sind. Es handelt sich hierbei insb. um die Verlagerung einer Funktion iSd Gesetzes, die Übertragung oder Überlassung der mit der Funktion verbundenen Wirtschaftsgüter und sonstigen Vorteile sowie der mit der Funktion verbundenen Chancen und Risiken.[344]

gg) Innerhalb von 5 Jahren nach Aufnahme der Funktion

Dieses auf den ersten Blick klare und leicht bestimmbare Tatbestands- **336** merkmal führt in der Praxis zu erheblichen Schwierigkeiten.

---

[342] Vgl. zuvor Rn. 327 ff.
[343] Vgl. auch Rn. 45 VGr-FV.
[344] Vgl. § 1 Abs. 2 S. 1 FVerlV. Zu den Tatbestandsmerkmalen ausführlich oben Rn. 291 ff.

337   Fünf Jahre

Die Frist selbst von fünf Jahren ist als solche klar und eindeutig. Da nicht von Wirtschaftsjahren gesprochen wird und dies auch dem Sinn und Zweck der Vorschrift zuwider laufen würde, sind darunter fünf **Kalenderjahre** zu verstehen. Die Frist von fünf Jahren ist sicher ein Zeitraum, der angesichts der Entwicklung der Weltwirtschaft als lang zu beurteilen ist. Dennoch erscheint er als Kompromiss vernünftig und tragbar.[345]

338   Aufnahme

Erhebliche Schwierigkeiten bereitet jedoch, was unter dem Begriff der Aufnahme einer Funktion zu verstehen ist.[346]

339   Beispiel: Der Anlagenbauer A fertigt Turbinen verschiedener Dimensionierung, T1 bis T3. Er beabsichtigt nun, neben der Produktion im inländischen Stammhaus eine weitere Produktion im Wesentlichen gleichartiger Turbinen in Russland aufzubauen. Nach vorbereitenden Tätigkeiten im Jahr 01, dem Erwerb des Betriebsgeländes und der Errichtung der Fertigungshallen im Jahr 02 und der Installierung des entsprechenden Maschinenparks zu Beginn des Jahres 03 verschifft er noch im Jahr 03 zu Trainingszwecken eine funktionsfähige Turbine nach Russland, damit das dortige Personal diese auseinanderbauen und anschließend beim Zusammenbau die entsprechenden Montageabläufe erlernen kann. Im Jahr 04 beginnt er sukzessive mit dem Aufbau der eigenständigen Produktion in Russland, wobei er in abnehmendem Maße die komplexesten Teile der Aggregate nach wie vor dem neuen russischen Werk zuliefert. Die Fakturierung erfolgt aber noch über Deutschland. Im Jahr 05 fertigt das russische Werk erstmals Maschinen, aber noch mit deutscher Komponentenunterstützung, die es nunmehr aber selbst an Endabnehmer fakturiert. Im Jahr 06 ist das russische Werk dann in der Lage, in vollem Umfang eine Lizenzfertigung durchzuführen und ohne substantielle Unterstützung Deutschlands Abnehmer selbst zu beliefern.

340   *(einstweilen frei)*

341   Das Merkmal der Aufnahme bestimmt, wann die 5-Jahresperiode zu laufen beginnt, in der es zu keiner Einschränkung der Funktion in Deutschland kommen darf. Verordnung wie auch VGr-FV geben dafür leider keinen Anhaltspunkt. Systematisch macht es nur Sinn, die Aufnahme einer Funktion mit der **Fähigkeit** gleichzusetzen, **eine Funktion auszuüben,** auch wenn diese gegebenenfalls noch nicht voll ausgebildet und personell oder technisch noch im Aufbau/Ausbau ist. Demnach hat der Fristlauf im gegebenen Beispiel im Jahr 03 mit Abschluss der technischen Einweisung des Personals begonnen.[347]

342   Anwendungszeitpunkt

Funktionsverlagerungen und Funktionsverdoppelungen ziehen sich regelmäßig über einen längeren Zeitraum hin. Nach § 21 Abs. 16 AStG sind die Vorschriften zur Funktionsverlagerung und Funktionsverdoppelung ab dem VZ 2008 anzuwenden.[348] Unklar ist, was mit Funktionsverdoppelungen (und -verlagerungen) geschieht, die sich in ihrem Zeitablauf **über den Anwendungszeitpunkt erstrecken.** Verordnung und VGr-FV enthalten auch dazu keine Aussage.

---

[345] Ähnlich *Kraft* in Kraft, AStG, § 1 Rn. 390.

[346] Vgl. auch iE *Borstell* IStR 2009, 329, 331.

[347] Vgl. auch *Borstell* IStR 2009, 329, 331 und oben Rn. 179 ff.

[348] Vgl. dazu oben iE Rn. 176 ff.

Als die einzige systematisch wie praktisch machbare Lösung erscheint, **343**
wiederum auf das unbestimmte Merkmal der Aufnahme der Funktion abzustellen. Demnach müsste für Funktionsverdoppelungen der 5-Jahreszeitraum
dann zu laufen beginnen, wenn die verdoppelte Funktion **bei kalenderglei-
chem Wirtschaftsjahr nach dem 31.12.**2007 (entsprechend früher bei
abweichendem Wirtschaftsjahr) **aufgenommen** wurde, auch wenn der Prozess der Funktionsverdoppelung sich über den Anwendungszeitpunkt des Gesetzes erstreckt hat.[349]

Bei Funktionsverdoppelungen, bei denen die Funktion **vor dem Anwen-** **344**
dungszeitpunkt des Gesetzes aufgenommen wurde, kommen offensichtlich
die Vorschriften zur Funktionsverdoppelung (und Funktionsverlagerung)
überhaupt nicht zur Anwendung, auch wenn sich der finale Aufbau/Ausbau
der Funktion nach ihrer Aufnahme noch über Jahre hinaus erstreckt.[350]

**hh) Keine Einschränkung der Funktion in Deutschland –
Bagatellfälle**

§ 1 Abs. 6 FVerlV bestimmt, dass eine Funktionsverlagerung dann nicht **345**
vorliegt, wenn es innerhalb von 5 Jahren nach Aufnahme der Funktion zu
keiner Einschränkung der Ausübung der betreffenden Funktion beim
Stammunternehmen kommt.[351] Diese Vorschrift ist **klar und eindeutig,**
aber in ihrer Absolutheit (**„Fallbeil-Effekt"**) auch problematisch.

Auch der Gesetzgeber hat wohl gesehen, dass selbst geringfügigste oder nur **346**
sehr kurzzeitige Veränderungen der Beschäftigungslage in Deutschland (**Bagatellfälle**) innerhalb eines 5-Jahreszeitraumes eine Funktionsverdoppelung
zu einer Funktionsverlagerung machen würden. Die Begründung zu § 1
Abs. 6 FVerlV führt daher aus, dass bei einer „lediglich … **geringfügigen
oder zeitlich begrenzten Einschränkung** der betreffenden Funktion"
weiterhin von einer Funktionsverdoppelung ausgegangen werden kann. Näheres solle im BMF-Schreiben zur Funktionsverlagerung, auch anhand von
Beispielen, herausgearbeitet werden.[352]

Es ist zu begrüßen, dass der Gesetzgeber den absoluten Maßstab „keine **347**
Einschränkung" relativiert und damit der Anwendbarkeit und den praktischen Bedürfnissen der Wirtschaft Rechnung trägt. Leider steht aber die Begründung der Vorschrift genau wie die VGr-FV in klarem Widerspruch zum
eindeutigen Verordnungstext. Begründungen wie VGr-FV sind **nicht justi-
ziabel,** so dass sich ein Steuerpflichtiger nicht auf den relativierten Anwendungsbereich der Vorschrift berufen kann. Daher bleibt der Gesetzgeber weiterhin aufgerufen, die Verordnung selbst entsprechend zu ändern.[353]

Außerdem lässt die Verordnungsbegründung offen, was unter dem Relati- **348**
vierungsmerkmal **„geringfügig"** zu verstehen ist.[354] Nicht wesentlich anders
stellt sich der Sachverhalt bei dem zweiten Relativierungsmerkmal **„zeitlich**

---

[349] Vgl. auch *Borstell* IStR 2009, S. 329, 331 und oben Rn. 179 ff.
[350] Vgl. auch *Borstell* IStR 2009, 329, 331.
[351] Vgl. auch Rn. 42 f. VGr-FV.
[352] Vgl. Begründung zu § 1 Abs. 6 FVerlV, Rn. 42 ff. VGr-FV und im Folgenden
Rn. 350 ff.
[353] Vgl. auch *Borstell* IStR 2009, 329, 331 f.
[354] Vgl. zu der Auffassung der VGr-FV im Folgenden Rn. 355 ff.

begrenzt" dar. Sicher kann sich eine Einschränkung der Funktion in Deutschland nicht fast über den gesamten Funktionszeitraum der (zB) neuen Produktion im Ausland erstrecken, jedoch ist auch hier zu erwarten, dass mangels gesetzlicher Grundlage Betriebsprüfer „zeitlich begrenzt" eher in Tagen als in Jahren messen werden. Zu beachten ist, dass **beide Relativierungsmerkmale nur jeweils einzeln** und keinesfalls beide zusammen kumulativ erfüllt sein müssen.[355]

349   Ein weiterer Aspekt hinsichtlich des Nicht-Vorliegens einer Einschränkung ist, dass die Vorschriften zur Funktionsverdoppelung in § 1 Abs. 6 FVerlV von der Vorstellung geprägt sind, dass im (verdoppelnden) Ausland genau das Gleiche geschieht und produziert wird wie im (weiter bestehenden) Deutschland. Dies ist aber aus der Natur der Sache heraus vielfach weder rechtlich möglich noch technisch sinnvoll. Insb. dürfen länderspezifische **technische Modifikationen** (Beachtung anderer Normen im Ausland) sowie **laufende** technische **Weiterentwicklungen und Updates** (Produktion einer wegen Sicherheitsstandards bereits leicht modifizierten Version eines Produktes im neuen ausländischen Werk) nicht zur Annahme einer Produktionsverlagerung führen, soweit die Produktion im inländischen Stammwerk weiter besteht (aufgabenbezogener Verlagerungsbegriff[356]).[357]

ii) Maßstab für das Feststellen einer Einschränkung – Bagatellfälle

350   **§ 1 Abs. 6 FVerlV** enthält **keine Angabe** dazu, nach **welchem Maßstab** eine Einschränkung der Funktion in Deutschland festgestellt werden soll.

351   Vordergründig könnte aus der Zielsetzung der Unternehmensteuerreform 2008, der **Sicherung des deutschen Steuersubstrats,**[358] geschlossen werden, dass es dem Zweck von § 1 Abs. 3 AStG entsprechen würde, eine Funktionsverlagerung nur dann, aber auch immer dann anzunehmen, wenn sich das erwartete steuerliche Einkommen in Deutschland vermindert und gleichzeitig eine Verdoppelung stattfindet, unabhängig davon, ob sich der Umsatz, die Mitarbeiterzahl oder andere Kriterien in Deutschland verändern.

352   Dem kann nicht so sein, im Wesentlichen aus zwei Gründen:[359] Zum einen beeinflussen eine Vielzahl von Faktoren das steuerliche Einkommen, die keinerlei Bedeutung für die Beurteilung einer Funktionsverdoppelung haben. So könnte eine Erhöhung der steuerlichen Absetzbarkeit von Abschreibungen in Deutschland (zB zur Stützung der Konjunktur) eine Funktionsverdoppelung zu einer Funktionsverlagerung werden lassen, da die erhöhten Abschreibungen das deutsche steuerliche Einkommen zunächst vermindern würden.[360] Zum anderen spricht die Begründung des UStRG 2008[361] nicht vom

---

[355] Vgl. auch *Borstell* IStR 2009, 329, 331 f.

[356] Vgl. oben Rn. 49 ff. und 301 ff. und *Brüninghaus/Bodenmüller* DStR 2009, 1285, 1288 f.

[357] Vgl. auch *Borstell* IStR 2009, 329, 332.

[358] Vgl. Gesetzesbegründung zu § 1 AStG, Unternehmensteuerreformgesetz 2008, BR-Drs. 220/07, 141.

[359] Vgl. auch *Borstell* IStR 2009, 329, 333.

[360] Vgl. dazu iE oben Rn. 63.

[361] Vgl. Gesetzesbegründung zu § 1 AStG, Unternehmensteuerreformgesetz 2008, BR-Drs. 220/07, 141.

steuerlichen Einkommen oder ähnlichen gewinnabhängigen Größen, sondern von Steuersubstrat, also gewissermaßen dem **wirtschaftlichen Nährboden späteren steuerlichen Einkommens.**[362]

Auch die Begründung zu § 1 Abs. 6 FVerlV spricht stets nur davon, dass es **353** zu keiner Einschränkung der Funktion des bisher tätigen Unternehmens kommen soll. Gewinnabhängige Maßstäbe werden gerade nicht angesprochen. Insb. spricht die Begründung auch nicht die Profitabilität des deutschen Unternehmens über den 5-Jahreszeitraum an. Demnach kann der in Deutschland mit der deutschen Produktion **erzielte Gewinn kein Kriterium** sein.[363] Vielmehr stellen der Gesetz- und der Verordnungsgeber in den Begründungen auf den Erhalt der wirtschaftlichen Substanz in Deutschland ab, die **an betriebswirtschaftlichen Kennzahlen zu messen** ist. Daher sind für den Nachweis einer Funktionsverdoppelung Maßstäbe wie Produktionsvolumen (Umsatzerlöse, Stückzahlen) oder Mitarbeiterzahl ausschlaggebend, nicht dagegen die Frage, ob in einem Betriebsprüfungszeitraum die Bruttomarge oder andere Gewinngrößen in der deutschen Produktion gesunken sind.[364]

Die Einschränkung oder Nicht-Einschränkung einer Funktion ist also an **354** dem mit ihr erzielten Umsatz, der Mitarbeiterzahl, Stückzahlen produzierter Einheiten und ähnlichen Faktoren festzumachen. Demnach wird es bedeutend sein, für jedes einzelne Produkt über den 5-Jahreszeitraum **relevante betriebswirtschaftliche Kriterien** festzuhalten, wie sich Maschinenstunden, geleistete Dienstleistungsstunden, produzierte Stückzahlen, bearbeitete Vorgänge oder ähnliche, qualitativ aussagekräftige Kriterien entwickelt haben. Letztlich kann aber nur im Einzelfall beurteilt werden, welche betriebswirtschaftlichen Kriterien am besten die Einschränkung oder Nicht-Einschränkung einer Funktion beim ursprünglichen Funktionsinhaber messen.[365]

Die **VGr-FV** knüpfen die Frage, ob eine Einschränkung der Funktion in **355** Deutschland vorliegt, **ausschließlich an die Umsatzentwicklung**[366] in Deutschland an und verbinden dies mit einer ebenfalls am Umsatz bemessenen Bagatellregelung. Im Gegensatz zur Begründung zur FVerlV trennen die VGr-FV also nicht zwischen einer „geringfügigen oder zeitlich begrenzten" Einschränkung, sondern subsumieren beides unter den Maßstab des Umsatzes.

Eine Einschränkung ist nach Rn. 49 VGr-FV erheblich und damit nicht **356** mehr geringfügig, wenn der Umsatz aus der Funktion, den das ursprünglich tätige Unternehmen im letzten vollen Wirtschaftsjahr vor der Funktionsänderung erzielt hat, innerhalb des Fünfjahreszeitraums iSd § 1 Abs. 6 FVerlV **in einem Wirtschaftsjahr um mehr als € 1 000 000 absinkt.** Dazu nennen die VGr-FV ein Beispiel, in dem ein deutsches Unternehmen U parallel zu seiner Produktion bei seiner Tochtergesellschaft T in den USA eine weitere identische Produktion aufbaut, mit der folgenden wirtschaftlichen Umsatzentwicklung:

---

[362] Vgl. auch *Borstell* IStR 2009, 329, 333.
[363] Vgl. auch *Borstell* IStR 2009, 329, 335.
[364] Vgl. auch *Borstell* IStR 2009, 329, 333.
[365] Vgl. auch *Borstell* IStR 2009, 329, 335.
[366] Vgl. Rn. 43 und 49 VGr-FV.

Jahr	Gesamtumsatz	Umsatz U	Umsatz T	Export in die USA
01	10 000 000 €	10 000 000 €	0 €	200 000 €
02	12 000 000 €	12 000 000 €	0 €	1 000 000 €
03	14 000 000 €	14 000 000 €	0 €	3 000 000 €
04	15 000 000 €	14 000 000 €	1 000 000 €	3 000 000 €
05	16 000 000 €	12 000 000 €	4 000 000 €	0 €

Das Absinken des Umsatzes von P im Jahr 05 stellt nach Rn. 49 VGr-FV eine erhebliche Einschränkung dar: Der Umsatz ist gegenüber dem Umsatz des Jahres 03 um mehr als 1 000 000 € zurückgegangen. Der Umsatzrückgang beruht – mangels anderer Angaben im Sachverhalt – unmittelbar auf der Produktions- und Vertriebstätigkeit von T in den USA. Es kommt in diesem Zusammenhang nicht darauf an, ob im Inland Produktionsanlagen stillgelegt wurden oder Personal abgebaut wurde. Unerheblich ist auch, ob der Umsatz in den folgenden Jahren wieder steigt. U bleibt es unbenommen, andere Gründe für den Umsatzrückgang glaubhaft zu machen.[367]

357   Das Abstellen auf den Umsatz als alleiniges Kriterium und die Bagatellregelung von € 1 Mio. Umsatz vermeiden sicher allfällige Diskussionen mit Betriebsprüfungen, was im Sinne der FVerlV „keine" Einschränkung bzw. im Sinne der Begründung zur FVerlV eine „geringfügige oder zeitlich begrenzte" Einschränkung einer Funktion darstellt.

358   Es ist aber nicht zu verkennen, dass eine derartig **typisierende Regelung** zugleich ungerecht ist und im Einzelfall zu betriebswirtschaftlich **nicht angemessenen Ergebnissen** führt. Je nach Größe eines Unternehmens und einer Funktion und der ungelösten Grundsatzfrage, was eigentlich eine Funktion ist,[368] können € 1 Mio. eine Bagatellfluktuation darstellen oder einen erheblichen wirtschaftlichen Unterschied beschreiben. Problematisch ist dies insb., da der Steuerpflichtige sich schwer gegen eine solche „holzschnittartige" Auslegung des Verordnungstextes durch die FinVerw. wehren kann, da sie eine begünstigende Verwaltungsvorschrift gegen den Verordnungswortlaut darstellt.

359   Gesetzgeber und FinVerw. bleiben **aufgerufen,** hier nachzubessern und insb. eine Verordnungsregelung zu schaffen, die **neben absoluten auch einen relativen Maßstab,** zB ein Absinken des Umsatzes im Durchschnitt von drei Jahren um 10 % enthält.

jj) Einschränkung nicht durch Funktionsverdoppelung verursacht

360   § 1 Abs. 6 S. 2 FVerlV bestimmt, dass selbst für den Fall, dass eine Einschränkung der Funktion beim inländischen Funktionsinhaber erfolgt, trotzdem von einer Funktionsverdoppelung auszugehen ist, wenn der Steuerpflichtige glaubhaft macht, dass diese Einschränkung nicht im unmittelbaren wirtschaftlichen Zusammenhang mit der Funktionsverdoppelung steht, also insb. **nach dem Verdoppelungszeitpunkt neue Ereignisse** eingetreten sind, die zur Einschränkung der Funktion beim ursprünglichen Funktionsinhaber geführt haben, ohne einen Bezug zur Funktionsverdoppelung zu haben.[369]

---

[367] Vgl. Rn. 49 VGr-FV.
[368] Vgl. dazu oben Rn. 13 ff.
[369] Vgl. auch Rn. 47 VGr-FV zur Unmittelbarkeit des Zusammenhangs. Die maßgeblichen Bezugsgrößen, auf die sich die Kausalität bezieht, sollen danach die wegfal-

Hiervon sollten insb. Fälle **höherer Gewalt,** kriegerische oder terro-   **361**
ristische Ereignisse sowie **massive Veränderungen des Marktumfelds** erfasst werden.[370] Diese Vorschrift ist zu begrüßen, da sie zumindest extreme
Situationen wie einen „11. September", Produktionsstillstände beim ursprünglichen Funktionsinhaber aufgrund von Streiks, Naturkatastrophen oder
anderen Fälle höherer Gewalt von der Behandlung als Funktionsverlagerung ausnimmt. Ebenso müssen die Auswirkungen der gegenwärtigen **Fi-
nanz- und Wirtschaftskrise** auf bereits erfolgte Funktionsverdoppelungen
als Anwendungsfall der Ausnahmevorschrift von § 1 Abs. 6 Satz 2 FVerlV gelten.[371]

Die **Auffassung der FinVerw.** zum unmittelbaren wirtschaftlichen Zu-   **362**
sammenhang und zu Anwendungsfällen der Verschonensvorschrift (Rn. 46
und 47 VGr-FV) scheint sich **im Wesentlichen** mit der hier vertretenen
Auffassung **zu decken.** Es bleibt aber abzuwarten, was insb. Betriebsprüfungen in Zukunft im Einzelfall als tatsächliche Umstände anerkennen werden,
die die Nicht-Annahme einer Funktionsverlagerung erlauben.

Ebenso erscheinen die Anforderungen an die **Glaubhaftmachung** durch
den Steuerpflichtigen eine normale Erwartungshaltung wiederzuspiegeln. Sie
fordern in Rn. 40 VGr-FV, dass der Steuerpflichtige alle tatsächlichen, objektiven Umstände darlegt, die den Rückschluss zulassen, dass kein unmittelbarer
wirtschaftlicher Zusammenhang zwischen der (späteren) Einschränkung der
betreffenden Funktion des ursprünglich tätigen Unternehmens und der Aufnahme dieser Funktion durch das andere Unternehmen gegeben ist.

kk) Steuerliche Folgen anerkannter Funktionsverdoppelungen

Hinsichtlich der steuerlichen Folgen anerkannter Funktionsverdoppelun-   **363**
gen ist zwischen der laufenden Verrechnungspreisfestsetzung und dem Verdoppelungsvorgang selbst zu unterscheiden.

Laufende Verrechnungspreisfestsetzung   **364**
§ 1 Abs. 6 FVerlV bestimmt lediglich, wann keine Funktionsverlagerung,
sondern im Ausnahmefall eine Funktionsverdoppelung vorliegt. Die steuerliche Behandlung einer steuerlich anerkannten Funktionsverdoppelung wird
(zu Recht) nicht gesondert geregelt und richtet sich demnach **nach den allgemeinen Verrechnungspreisvorschriften,** nach denen insb. für sämtliche
zum Zwecke der Funktionsverdoppelung übertragenen oder zur Nutzung
überlassenen Wirtschaftsgüter und Vorteile und für alle in diesem Zusammenhang erbrachten Dienstleistungen angemessene Verrechnungspreise anzusetzen sind. Es bedeutet **insb.,** dass regelmäßig für das Produktions-Know-how,
überlassene Patente oder für Markenrechte entsprechende fremdvergleichskonforme **Lizenzgebühren zu entrichten** sind. Dies war nie und ist auch
nicht strittig.[372]

---

lenden Umsätze des verlagernden Unternehmens und die aufgrund des Vorgangs entstehenden Umsätze des übernehmenden Unternehmens sein.

[370] Ähnlich wohl Rn. 46 VGr-FV im Beispiel, das einen „Markteinbruch in Europa" als Grund für eine unschädliche Funktioneinschränkung nennt.

[371] Vgl. auch *Borstell* IStR 2009, 329, 332.

[372] Vgl. für viele: *Frischmuth* IWB, Fach 3 Gruppe 1, 2253, 2254 f.; ebenso *Borstell*
IStR 2009, 329, 332 f. sowie Rn. 44 S. 1 VGr-FV.

365 Kein Ansatz eines Transferpakets

Der wesentliche sachliche Unterschied zur steuerlichen Behandlung von Funktionsverlagerungen liegt darin, dass in den Fällen der Funktionsverdoppelung nach der Begründung zu § 1 Abs. 6 FVerlV davon ausgegangen wird, dass die Summe der Einzelverrechnungspreise für die übertragenen bzw. zur Nutzung überlassenen Wirtschaftsgüter und Vorteile und der erbrachten Dienstleistungen dem Preis für das Transferpaket (und damit dem angemessenen Verrechnungspreis) entspricht.[373] Konkret bedeutet das insb., dass für den Fall der Funktionsverdoppelung davon ausgegangen wird, dass neben den genannten Einzelverrechnungspreisen **kein weiteres Goodwill-Element** zu entgelten und folglich auch **keine Bewertung eines Transferpakets** nach den Vorschriften des § 1 Abs. 3 S. 9 AStG vorzunehmen ist.

366 Dies soll nach der Verordnungsbegründung darauf beruhen, dass aufgrund der fehlenden Einschränkung der Funktionsausübung beim schon bisher tätigen Unternehmen immaterielle Wirtschaftsgüter allenfalls zur Nutzung überlassen werden und bestimmte, wichtige immaterielle Wirtschaftsgüter nicht Gegenstand des Vorgangs sind, zB der Kundenstamm oder Teile davon.[374] Der Verordnungsgeber knüpft also in seiner Begründung den Nichtansatz eines Goodwill-Elements an den **fehlenden Einbezug goodwillprägender immaterieller Wirtschaftsgüter** in den Verdoppelungsvorgang.

367 Übertragen auf den typischen Fall des **eigenverantwortlichen Lizenzfertigers,** der neben dem Stammwerk aufgebaut wird, bedeutet dies, dass der Verordnungsgeber davon ausgeht, dass in die Lizenzvereinbarungen zwischen dem Stammwerk und dem Lizenzfertiger goodwillähnliche Vergütungselemente aufzunehmen sind, soweit der Lizenzfertiger den Kundenstamm des Stammwerkes nutzen darf. Dies ist systematisch nicht zu beanstanden, dürfte aber in der Praxis zu nicht unerheblichen Schwierigkeiten führen, da in vielen Fällen (zB für die Automobilzulieferindustrie) ein nur begrenzter Abnehmerkreis (die Automobilindustrie) besteht, der allgemein bekannt ist, so dass dies zu anhaltenden Diskussionen darüber führen wird, ob und unter welchen Voraussetzungen überhaupt ein werthaltiger Kundenstamm des ursprünglich tätigen Unternehmens vorliegt.[375]

ll) Dokumentation

368 § 1 Abs. 6 FVerlV enthält **keine besonderen Vorschriften** zur Dokumentation einer Funktionsverdoppelung. Die Begründung zur Verordnung verweist lediglich darauf, dass für den Fall, dass eine Funktionsverdoppelung außerordentliche Geschäftsvorfälle umfasst, zB wesentliche Funktions- und Risikoänderungen im Konzern, die generell bestehenden Verpflichtungen zur zeitnahen Erstellung von Aufzeichnungen nach § 3 GAufzV und § 90 Abs. 3 S. 3 und 9 AO eintreten.

369 Ungeachtet dieser Vorschriften werden jedoch Steuerpflichtige bestrebt und gut beraten sein, aus eigenem Interesse im Rahmen der laufenden Dokumentation ihre Geschäftsvorfälle als **Abwehrmaßnahme gegen die Annahme einer Funktionsverlagerung** zu dokumentieren und nachzuwei-

---

[373] Vgl. Begründung zu § 1 Abs. 6 FVerlV und Rn. 44 S. 2 VGr-FV.
[374] Vgl. Begründung zu § 1 Abs. 6 FVerlV und Rn. 44 S. 3 VGr-FV.
[375] Vgl. auch *Borstell* IStR 2009, 329, 332 f.

sen, dass es sich bei den bei ihnen vorliegenden Sachverhalten um Funktionsverdoppelungen und nicht um Funktionsverlagerungen handelt.

Grundsätzlich sollte eine Dokumentation einer Funktionsverdoppelung **370** weitgehend den **Standards „normaler" Dokumentationen folgen**[376] und selbstverständlich mit bestehenden „laufenden" Dokumentationen abgestimmt und die **relevanten Teile** aus diesen **übernommen** werden.[377]

So sollte auch eine „Verteidigungsdokumentation Funktionsverdoppelung" **371** mit den in „normalen" Verrechnungspreisdokumentationen üblichen **Industrieanalysen und Unternehmensanalysen** beginnen, wobei diese Teile selbstverständlich aus bereits bestehenden Verrechnungspreisdokumentationen übernommen werden können und aus Gründen einer einheitlichen Darstellung auch übernommen werden sollten. Benötigt werden diese Teile, da nur aus der Industrieanalyse oder der Unternehmensanalyse abgeleitet werden kann, warum zB ein Unternehmen zu Beginn einer Funktionsverdoppelung eine geringfügige oder zeitlich begrenzte Einschränkung seiner deutschen Produktionskapazitäten hinnehmen muss (heftiger Wettbewerb in der Branche, relativ schwache Stellung gegenüber der Peer Group etc.) oder welche Einschränkungen der deutschen Produktionskapazitäten nicht im unmittelbaren wirtschaftlichen Zusammenhang mit der Funktionsverdoppelung stehen (Ölpreisschock, Credit Crunch, etc.).[378]

Die **Funktionsanalyse** beschreibt, wie Funktionen und Risiken im Kon **372** zern vor und nach Aufnahme der weiteren Produktion im Ausland verteilt waren. Dies dient u. a. dazu nachzuweisen, dass zB kein Lohnfertigungsverhältnis vorliegt und wie der zeitliche Ablauf des Aufbaus der Funktionsverdoppelung von statten ging und wann die Funktion iSd FVerlV aufgenommen wurde. Zudem sollte hier beschrieben werden, aus welchen Gründen die Funktion an dem ausländischen Standort verdoppelt wurde, zB weil dies aus Sicht eines Automobilzulieferers bei JIS/JIT-Produktion und der örtlichen Nähe zum Automobilhersteller notwendig war, weil das Stammwerk aufgrund seiner Lage nicht mehr erweitert werden konnte oder weil eine Erweiterung einer bestehenden Anlage in Deutschland aufgrund von umweltschutzrechtlichen Vorschriften nicht mehr genehmigungsfähig war.[379]

Soweit **Wertschöpfungsanalysen** genutzt werden, beschreiben diese, wie **373** vor und nach der Funktionsverdoppelung die Wertschöpfung für das entsprechende Produkt im Konzern erstellt wird und welchen Wertschöpfungsbeitrag die einzelnen Unternehmen dazu liefern.[380]

Für die zuvor als verdoppelt identifizierten Produkte ist in der Folge zu **374** analysieren, ob die Restrukturierungsmaßnahme als Funktionsverlagerung oder als Funktionsverdoppelung zu qualifizieren ist und für letzteres der Nachweis zu führen. Dabei ist insb. nachzuweisen, dass die **Funktion** in Deutschland innerhalb des Zeitraums von 5 Jahren nach Aufnahme der Funktion im Ausland **nicht reduziert wurde** und für den Fall, dass es zu einer

---

[376] Zu einer möglichen Gliederung einer Dokumentation einer Funktionsverdoppelung vgl. *Borstell* IStR 2009, 329, 334 f.
[377] Vgl. auch *Borstell* IStR 2009, 329, 334 f.
[378] Vgl. auch *Borstell* IStR 2009, 329, 335.
[379] Vgl. auch *Borstell* IStR 2009, 329, 335.
[380] Vgl. auch *Borstell* IStR 2009, 329, 335.

Einschränkung gekommen ist, die Gründe für eine geringfügige oder zeitliche begrenzte Einschränkung (Bagatellfälle)[381] oder für Ursachen, die nicht im unmittelbaren wirtschaftlichen Zusammenhang mit der Funktionsverdoppelung stehen, über den 5-Jahreszeitraum nachzuweisen.[382]

mm) Steuerliche Folgen verunglückter Funktionsverdoppelungen

375   Für den Fall, dass es innerhalb der Frist von 5 Jahren zu einer Einschränkung der Funktion beim bisher schon tätigen Unternehmen kommt, regelt § 1 Abs. 6 S. 2 FVerlV, dass zum Zeitpunkt, in dem die Einschränkung eintritt, insgesamt eine **einheitliche Funktionsverlagerung** vorliegt, es sei denn, der Steuerpflichtige macht glaubhaft, dass diese Einschränkung nicht im unmittelbaren wirtschaftlichen Zusammenhang mit der Funktionsverdoppelung steht. Gleichzeitig werden die Aufzeichnungspflichten für außergewöhnliche Geschäftsvorfälle nach § 3 GAufzV begründet.

376   Wesentlich für das Verständnis der Steuerfolgen einer verunglückten Funktionsverdoppelung ist der Teil der Vorschrift „liegt zum Zeitpunkt, in dem die Einschränkung eintritt, insgesamt eine Funktionsverlagerung vor". Der **Wortlaut** ist in verschiedener Weise **unbestimmt und auslegungsbedürftig,** um systematisch nicht akzeptable Steuerfolgen zu vermeiden.[383]

377   **Funktionsverlagerung – Übergang eines Transferpakets**
Eindeutig ergibt sich aus § 1 Abs. 6 S. 2 FVerlV, dass nunmehr nachträglich eine Funktionsverlagerung anstatt einer zunächst angenommenen und steuerlich so behandelten Funktionsverdoppelung vorliegen soll. Dies bedeutet insb., dass der **Wert der** übergegangenen oder überlassenen **Funktion als Gesamtheit** nach den Regeln, die für Funktionsverlagerungen gelten, also insb. auf der Grundlage einer Bewertung eines Transferpakets, bestimmt werden muss. Unklar sind aber der Maßstab für die Feststellung einer Einschränkung,[384] das Zeitelement und der Umfang des übergegangenen Transferpakets.[385]

378   Die angesprochene Problematik soll an folgendem Beispiel erläutert werden.

Beispiel: Das Maschinenbauunternehmen M baut neben seiner Produktion in Deutschland eine Produktion im Ausland auf und erzielt dabei über die Jahre folgende Umsatzerlöse:

Jahr	Deutschland	Ausland
01	100	–
02	100	20
03	100	40
04	80	70
05	80	100
06	80	120
07	80	100
08	80	100
09	40	140

---

[381] Vgl. aber die insoweit restriktivere Auffassung der FinVerw. in Rn. 49 VGr-FV, die nur darauf abstellt, ob der Umsatz in einem Wirtschaftsjahr innerhalb des 5-Jahreszeitraums um mehr als € 1 Mio. beim ursprünglich die Funktion ausübenden Unternehmen gesunken ist. Vgl. dazu auch oben Rn. 355 ff.

[382] Vgl. auch *Borstell* IStR 2009, 329, 335.

[383] Vgl. auch *Borstell* IStR 2009, 329, 333 f.

[384] Vgl. dazu oben Rn. 350 ff.

[385] Vgl. auch *Borstell* IStR 2009, 329, 333 f.

Bewertungs- und Veranlagungszeitpunkt   379

§ 1 Abs. 6 S. 2 FVerlV spricht davon, dass eine Funktionsverlagerung zu dem Zeitpunkt vorliegt, **in dem die Einschränkung eintritt,** also in dem Zeitpunkt, in dem das zu einer Funktionsverlagerung noch fehlende Tatbestandsmerkmal der Funktionseinschränkung beim ursprünglichen Funktionsinhaber eintritt.[386] Demnach ist im Beispielfall die Einschränkung im Jahr 04 eingetreten, was innerhalb der 5-Jahresfrist liegt, da die Funktion im Ausland offensichtlich im Jahr 02 aufgenommen[387] worden ist.

Die Verordnung **stellt** für die Feststellung einer schädlichen Einschränkung   380
beim ursprünglichen Funktionsinhaber ausdrücklich **nur auf die Absenkung in Deutschland ab,** unabhängig davon, wie sich die Produktion im Ausland entwickelt. Daher führt auch die Erhöhung der Produktion im Jahr 05 und 06 im Ausland auf 100 bzw. 120 zu keiner Neubewertung eines Transferpakets, da in Deutschland keine weitere Absenkung eingetreten ist.[388]

Die Vorschrift **erfasst jede einzelne Absenkung** („liegt zum Zeitpunkt,   381
in dem die Einschränkung eintritt, insgesamt eine Funktionsverlagerung vor"). Insb. enthält die Verordnung wie auch die VGr-FV keine wirtschaftlich sinnvolle Durchschnittsbetrachtung über mehrere Jahre. Der Wortlaut der FVerlV würde sogar zulassen, eine Funktionsverlagerung anzunehmen, wenn nur an einem Tag eines Jahres eine Absenkung vorliegt, die schon am Folgetag wieder aufgeholt ist. Dies kann nicht Sinn und Zweck der Verordnung sein.[389] Dies scheint die FinVerw. ebenso zu sehen, da die **VGr-FV** ausschließlich auf die **Absenkung des Jahresumsatzes** abstellt.[390] Die FinVerw. bleibt aber aufgerufen, diese nicht-justiziable begünstigende Regelung in den VGr-FV durch eine entsprechende Verordnungsregelung zu ersetzen, auf die sich ein Steuerpflichtiger vor Gericht berufen kann.

Im Beispielsfall liegt offensichtlich im Jahr 09 eine weitere Absenkung des   382
inländischen Produktionsniveaus vor. Hätte es die Absenkung im Jahr 04 nicht gegeben, wäre dies unbeachtlich gewesen, da der 5-Jahreszeitraum für den Nachweis einer Funktionsverdoppelung bereits abgelaufen wäre. Dies ist hier nicht der Fall, da im Jahr 09 die Regeln für die in 04 eingetretene Funktionsverlagerung gelten. Da die Funktionsverlagerung für das Jahr 04 begründet wird, befindet sich das Unternehmen im Jahr 09 noch innerhalb der 10-Jahresperiode des § 1 Abs. 3 S. 12 AStG, nach der ggf. eine Anpassung des Verrechnungspreises aus dem Jahr 04 erfolgen kann, soweit die tatsächliche Gewinnentwicklung im Jahr 09 iSv § 1 Abs. 3 S. 11 AStG erheblich von der erwarteten Gewinnentwicklung bei der Bewertung im Jahr 04 abweicht.[391]

Diese Auslegung der Verordnung erscheint zunächst aus dem Wortlaut   383
eindeutig und systematisch nicht angreifbar. Probleme bereitet aber, dass § 1 Abs. 6 S. 2 FVerlV davon spricht, dass beim Eintritt von Einschränkungen **„insgesamt"** eine einheitliche Funktionsverlagerung anzunehmen ist. Dies

---

[386] Vgl. auch Rn. 45 VGr-FV.
[387] Zum Merkmal der Aufnahme vgl. oben Rn. 338 ff.
[388] Vgl. auch *Borstell* IStR 2009, 329, 333.
[389] Vgl. auch *Borstell* IStR 2009, 329, 333 f. Vgl. dazu oben Rn. 348.
[390] Vgl. Rn. 49 VGr-FV.
[391] Vgl. auch *Borstell* IStR 2009, 329, 334.

könnte dahin missgedeutet werden, dass „schon immer" von einer Funktionsverlagerung seit dem Jahr 01 auszugehen ist. Eine solche Auslegung (mit der rückwirkenden Bewertung auf ein gedachtes Szenario im Jahr 01 aus der Sicht des Jahres 04 mit einer entsprechenden Änderung der steuerlichen Veranlagungen für die Jahre 01 bis 03 im Jahr 04) erscheint jedoch systematisch, administrativ und vor dem Hintergrund des Gesetzeszweckes, dem Schutz des deutschen Steuersubstrates, das erst im Jahr 04 vermindert wird, als unangemessen.[392] Dem folgt auch die Fin.Verw, wenn Rn. 45 VGr-FV feststellt, dass es sich **nicht um eine „rückwirkende" Funktionsverlagerung handele,** auch wenn bereits vorher abgeschlossene Geschäftsvorfälle, die ursprünglich eine Funktionsverdoppelung beinhalteten, wegen des wirtschaftlichen Zusammenhangs nun von der Funktionsverlagerung mit erfasst würden.

Nach den Vorschriften des § 1 Abs. 3 S. 9 AStG ist eine Bewertung des Transferpakets für die nunmehr angenommene Funktionsverlagerung vorzunehmen,[393] nach der bereits dargelegten Auffassung im Jahr 04 (oder praktisch wohl erst im Jahr 05 nach Feststehen der Absenkung für das Jahr 04) für den Verlagerungsvorgang des Jahres 04.

Fraglich ist, **welchen Umfang das übergehende Transferpaket hat.** § 1 Abs. 6 Satz 2 FVerlV bestimmt, dass es im Zeitpunkt der Einschränkung „insgesamt" zu einer einheitlichen Funktionsverlagerung kommt. Fraglich kann in diesem Zusammenhang wiederum sein, worauf sich das Tatbestandsmerkmal **„insgesamt"** beziehen soll.[394]

384   Systematisch angemessen ist, dass sich das Tatbestandmerkmal „insgesamt" darauf bezieht, dass nunmehr **alle bisher einzeln betrachteten Wirtschaftsgüter,** die übergegangen oder überlassen worden sind, **in ein Gesamttransferpaket** mit Goodwill ähnlichen Elementen **einzubeziehen** sind. Es wird eine erstmalige Funktionsverlagerung im Jahr 04 angenommen. Folglich ist eine Bewertung nach den Vorschriften für Transferpakete aus Sicht des 31.12.04 für die Zukunft vorzunehmen, da erst mit Ablauf des Jahres 04 feststeht, dass der Jahresumsatz (Rn. 49 VGr-FV) für das Jahr 04 abgesunken ist und insoweit erst dann das Tatbestandsmerkmal der Einschränkung erfüllt ist (§ 3 Abs. 1 GAufzV, Rn. 45 VGr-FV). Genauso folgerichtig ist dann, dass für die Bewertung das bereits im Ausland befindliche Funktionsvolumen von 40 aus dem Jahr 03 als „Sockel" betrachtet wird und nicht in die Bewertung einzubeziehen ist. Für das mit diesem Sockel verbundene Gewinnpotenzial ergeben sich aus der erstmaligen Funktionsverlagerung im Jahr 04 keine rückwirkenden steuerlichen Folgen. Das Tatbestandsmerkmal „insgesamt" ist also insb. nicht dahingehend auszulegen, dass eine Funktionsverlagerung „von Anfang an" und i. d. S. „insgesamt" aus Sicht des Jahres 01 vorzunehmen ist, bei dem für die Ermittlung des Gewinnpotenzials und des Einigungsbereiches dann das Ausland auf einem vorhandenen Funktionsvolumen von Null aufsetzen würde.[395]

Nach Rn. 103 VGr-FV sind die Verrechnungspreise für die zuletzt verwirklichten Geschäftsvorfälle dem Fremdvergleichsgrundsatz entsprechend so

---

[392] Vgl. auch *Borstell* IStR 2009, 329, 334.
[393] Vgl. auch *Borstell* IStR 2009, 329, 334.
[394] Vgl. auch *Borstell* IStR 2009, 329, 334.
[395] Vgl. auch *Borstell* IStR 2009, 329, 334; gl. A.: Rn. 45 VGr-FV.

anzusetzen, dass sie zusammen mit den zuerst verwirklichten Geschäftsvorfällen in der Summe dem Wert des Transferpakets entsprechen (§ 3 FVerlV). Ob dadurch allerdings internationale Doppelbesteuerungskonflikte vermieden werden können, darf bezweifelt werden.

b) Funktionsabspaltung (§ 2 Abs. 2 Satz 1 FVerlV)

Eine Funktionsabspaltung liegt vor, wenn (nur) ein Teil der vom übertra- **385** genden Unternehmen wahrgenommenen Funktion, der jedoch einen eigenständigen Aufgabenbereich bildet, auf eine verbundene Gesellschaft übertragen bzw. dieser überlassen wird.[396] Demnach wird zunächst zu prüfen sein, ob in Fällen der Funktionsabspaltung

– **überhaupt eine Funktion** im Rechtssinne[397] Gegenstand der Übertragung ist. Dies wird häufig nicht der Fall sein, da nur ein Teil einer Funktion übertragen wird.

– Zudem werden regelmäßig nur funktionale und gerade **keine unternehmerischen Chancen und Risiken** übertragen, sodass selbst dann, wenn eine Funktion im Rechtssinne vorliegt, das Tatbestandsmerkmal für Funktionsverlagerungen, der Übertragung oder die Überlassung von (unternehmerischen) Chancen und Risiken, nicht erfüllt wird.[398] Im Grund ist daher § 2 Abs. 2 S. 1 FVerlV überflüssig, da der „Ausnahme"-Tatbestand des § 2 Abs. 2 S. 1 FVerlV bereits von § 1 Abs. 3 S. 9 AStG über dessen Tatbestandsvoraussetzungen geregelt wird.

aa) Tatbestandsmerkmale

Soweit also die Verlagerung einer Funktion im Rechtssinne überhaupt vor- **386** liegt,[399] stellen nach § 1 Abs. 3 S. 9 AStG grundsätzlich auch Funktionsabspaltungen Funktionsverlagerungen iSd Gesetzes dar. Unter bestimmten Voraussetzungen behandelt § 2 Abs. 2 S. 1 FVerlV Funktionsabspaltungen aber **ausnahmsweise nicht als Funktionsverlagerung.** Wenn

– das übernehmende Unternehmen die übergehende Funktion **ausschließlich gegenüber dem verlagernden Unternehmen** erbringt und

– das Entgelt, das für die Ausübung dieser Funktion und Erbringung der entsprechenden Leistung vergütet wird, nach der **Kostenaufschlagsmethode** ermittelt wird,

vermutet § 2 Abs. 2 S. 1 FVerlV als Ausnahme, dass davon ausgegangen werden darf, dass in diesen Fällen keine wesentlichen immateriellen Wirtschaftsgüter und Vorteile und damit auch **kein Transferpaket übergehen,** folglich ein Fall des § 1 Abs. 3 S. 10 1. Alt. AStG und damit keine gesamtzubewertende Funktionsverlagerung vorliegt.[400]

Typischerweise handelt es sich um die Fälle, bei denen **Routinefunktio- 387 nen** verlagert werden und die im Allgemeinen als **Outsourcing** bezeichnet werden. Die laufende Vergütung entspricht dann einem bloßen Tätigkeitsentgelt. Bei einem solchen Vorgang werden regelmäßig keine immateriellen

---

[396] Vgl. oben Rn. 76 f.
[397] Vgl. oben Rn. 13 ff.; *Borstell/Schäperclaus* IStR 2008, 275.
[398] Vgl. oben Rn. 306 ff. und *Brüninghaus/Bodenmüller* DStR 2009, 1285, 1287.
[399] Vgl. oben Rn. 13 ff. und 294 ff.
[400] Vgl. auch Rn. 66 VGr-FV.

Wirtschaftsgüter oder Vorteile (wie zB Patente oder Know-how) übertragen. Dem entsprechend erhält die empfangende Gesellschaft lediglich geringe Chancen und Risiken.[401]

bb) Bei Kostenaufschlagsmethode

388   Grundsätzlich ist die **Ausnahmevorschrift** in § 2 Abs. 2 S. 1 FVerlV **zu begrüßen.** Jedoch stellt der Verordnungsgeber allein auf die Ermittlung der Vergütung mittels der Kostenaufschlagsmethode ab. Daraus ergeben sich zwei **Zweifelsfragen:**
- Gilt dies für jegliche Ausprägung der **Kostenaufschlagsmethode** und auch bei hochwertigen Dienstleistungen **mit hohen Aufschlagssätzen?**
- Wie sind Routinefunktionen zu behandeln, die funktional typischen Anwendungsfällen der Kostenaufschlagsmethode entsprechen, zB Routine-Dienstleistungen, die zu Fremdvergleichspreisen abgerechnet werden; oder Vertriebsgesellschaften mit eingeschränktem Funktions- und Risikoprofil (sog. **„Limited Risk Distributors"**), bei denen die Verrechnungspreise aber nach der transaktionsbezogenen Nettomargen-Methode **(TNMM)** ermittelt werden?[402]

389   Die Verordnung und ihre Begründung enthalten keine Einschränkung hinsichtlich der Frage, welche Ausprägungen der Kostenaufschlagsmethode zur Anwendung kommen dürfen. Demnach muss es insb. zulässig sein, dass **nicht nur tatsächliche Vollkosten, sondern zB auch Plan- oder Standardkostenansätze**[403] qualifizierende Grundlage für die Anwendung der Ausnahmeregelung des § 2 Abs. 2 S. 1 FVerlV sind, insb., aber nicht nur, wenn eine bestimmte Ausprägung der Kostenaufschlagsmethode in einem Unternehmen oder im Konzern üblich ist und ggf. sogar gegenüber Dritten angewandt wird.

Zudem verlangt es eine praxisgerechte Auslegung iSd Regelungsziels des § 2 Abs. 2 S. 1 FVerlV, dass auch auf der Grundlage einer Kostenaufschlagskalkulation ermittelte **Standard-, Stück- oder Festpreise,** zB für Zulieferteile oder Routine-Dienstleistungen, vom Regelungsinhalt der Ausnahmevorschrift erfasst werden.

390   § 2 Abs. 2 S. 1 FVerlV fordert lediglich, dass „das Entgelt ... nach der Kostenaufschlagsmethode zu ermitteln ist ..." Der **Verordnungswortlaut** selbst **begrenzt** die Anwendung der **Ausnahmevorschrift nicht auf Routinefunktionen.** Vielmehr schließt die Verordnung aus der Anwendung der Kostenaufschlagsmethode darauf, dass folglich kein Transferpaket, das mit wesentlichen immateriellen Wirtschaftsgütern und Vorteilen übergeht, zu bewerten und zu besteuern sei. Dies würde den Schluss zulassen, dass demnach zB auch hochwertige Dienstleistungen (im FuE-Bereich, Managementleistungen) von der Ausnahmevorschrift begünstigt wären.

391   Die Begründung zu § 2 Abs. 2 S. 1 FVerlV wie auch Rn. 66 VGr-FV schränken den Wortlaut der Verordnung allerdings darauf ein, dass die Kos-

---

[401] Vgl. Rn. 66 VGr-FV, oben Rn. 306 ff. und *Brüninghaus/Bodenmüller* DStR 2009, 1285, 1287.

[402] Vgl. dazu unten Rn. 394 ff.

[403] Zu den möglichen Ausprägungen der Kostenaufschlagmethode vgl. Kap. D Rn. 259 ff.

tenaufschlagsmethode „**vor allem**" dann anzuwenden sei, wenn es sich iSd VGr-Verfahren um Unternehmen mit Routinefunktionen handele, die nur geringe Risiken tragen. In diesen Fällen erschöpfe sich die laufende Vergütung des Leistenden in einer bloßen Tätigkeitsvergütung. Dies schließt aber nach wie vor nicht aus, dass für Fälle der Nicht-Routinefunktionen bei zulässiger Anwendung der Kostenaufschlagsmethode die Ausnahmevorschrift anwendbar ist, da die Begründung und die VGr-FV von „**vor allem**" spricht, also keine abschließende Regelung trifft.

Trotzdem ist wohl für die **Anwendung** der Ausnahmevorschrift **auf** **392** **hochwertige Dienstleistungen** und vergleichbare Sachverhalte **Vorsicht geboten.** Der Verordnungswortlaut iVm der dazu ergangenen Begründung ist misslungen, da unentschlossen und nicht eindeutig. Zunächst könnte es plausibel erscheinen, dass der Verordnungsgeber nur die Verlagerung von Routinefunktionen aus dem Anwendungsbereich der Besteuerung von Funktionsverlagerungen ausnehmen wollte. Nachdem nun aber die FinVerw. in Rn. 66 VGr-FV auch nur davon spricht, dass § 2 Abs. 2 S. 1 FVerlV „vor allem" Routineunternehmen erfasse, muss sie sich vorhalten lassen, dass sie gewissermaßen die Chance hat verstreichen lassen, den **unentschlossenen Verordnungs- und Begründungswortlaut** einzuengen, womit folglich bestätigt ist, dass auch die Erbringung hochwertiger Dienstleistungen mit hohen Aufschlagsätzen ebenfalls von § 2 Abs. 2 S. 1 FVerlV erfasst wäre. Gleichzeitig beschränkt die Erweiterungsvorschrift der Rn. 67 VGr-FV aber Provisionsfälle auf „das niedrige Risiko berücksichtigende" Provisionen,[404] was wieder eindeutig dafür spricht, dass die FinVerw. nur Routinefunktionen im Anwendungsbereich von § 2 Abs. 2 S. 1 FVerlV sieht. Gerade deshalb bleibt der Verordnungsgeber aufgerufen, die von ihm gewollte Auslegung auch in der Verordnung zum Ausdruck zu bringen.

Folgende **Anwendungsfälle** sollten exemplarisch unter den Anwendungs- **393** bereich der Ausnahme-Klausel des § 2 Abs. 2 S. 1 FVerlV fallen:
- Verlagerung von **Lohn- und Auftragsfertigungsleistungen** auf ein ausländisches Unternehmen, das diese Leistungen ausschließlich gegenüber dem verlagernden Unternehmen erbringt und diese mittels Kostenaufschlagsmethode verrechnet. Hierbei dürfte es sich um den Kern-Anwendungsbereich der Ausnahmeregel in § 2 Abs. 2 S. 1 FVerlV handeln.[405]
- Verlagerung sonstiger **konzerninterner Dienstleistungen** (zB Auftragsforschung, administrative Dienstleistungen usw.) auf ein ausländisches Unternehmen, das diese Leistungen ausschließlich gegenüber dem verlagernden Unternehmen erbringt. Bei konzerninternen Dienstleistungen handelt es sich nach den VGr-Verfahren um Routinefunktionen,[406] die regelmäßig nach der Kostenaufschlagsmethode vergütet werden, da meist kein Marktpreis als Vergleichspreis zur Verfügung steht.[407] Auch insoweit ist der Kern-Anwendungsbereich der Ausnahmeregel in § 2 Abs. 2 S. 1 FVerlV angesprochen.

---

[404] Vgl. dazu unten Rn. 398, 401.
[405] Vgl. *Kraft* in Kraft, AStG, § 1 Rn. 386; Rn. 66 VGr-FV.
[406] Vgl. Tz. 3.4.10.2a) VGr-Verfahren.
[407] Vgl. Tz. 3.2.3.1f) VGr-Verfahren und Rn. 66 VGr-FV.

cc) Routinefunktionen nach anderen Verrechnungspreismethoden

394   Der Wortlaut des § 2 Abs. 2 S. 1 FVerlV verlangt, dass das Entgelt einer Routinefunktion nach der Kostenaufschlagsmethode bemessen werden muss, um in den Genuss der Ausnahmeregelung zu gelangen. Fraglich ist daher, wie andere Routinefunktionen zu behandeln sind, die funktional typischen Anwendungsfällen der Kostenaufschlagsmethode entsprechen, zB **Limited Risk Distributors,** bei denen die Verrechnungspreise nach der **transaktionsbezogenen Nettomargen-Methode (TNMM)** ermittelt werden.

395   Unseres Erachtens darf **§ 2 Abs. 2 S. 1 FVerlV nicht** so verstanden werden, dass der dort geregelte Fall den Anwendungsbereich von § 1 Abs. 3 S. 10 1. Alternative AStG **abschließend** beschreibt.[408] Vielmehr handelt es sich um einen besonders deutlichen Fall, in dem eine weitere Glaubhaftmachung des Umstands entfallen kann, dass keine wesentlichen immateriellen Wirtschaftsgüter verlagert werden. Es ist daher im Weiteren der Frage nachzugehen, wie der über diesen Fall hinausgehende Anwendungsbereich der Ausnahmeregel abgegrenzt werden kann.

396   Wirtschaftliche Folge der Anwendung der Kostenaufschlagsmethode ist, dass der Leistungserbringer nicht an den unternehmerischen Chancen und Risiken beteiligt ist und – bei idealtypischer Anwendung – der Auftraggeber von Standortvorteilen[409] und Synergieeffekten (mit) profitiert. Dies gilt nach der Begründung zur FVerlV vor allem für **Unternehmen mit Routinefunktionen.** Für die Definition eines Routineunternehmens verweist die Begründung auf Tz. 3.4.10.2 der VGr-Verfahren. Danach ist ein Routineunternehmen ein Unternehmen, das lediglich Routinefunktionen ausübt, in geringem Umfang (immaterielle) Wirtschaftsgüter einsetzt und nur geringe Risiken im Zusammenhang mit den Funktionen trägt.

397   Die **wirtschaftlichen Folgen der transaktionsbezogenen Nettomargen-Methode (TNMM)** sind mit denen der Kostenaufschlagsmethode weitgehend vergleichbar. Beide Methoden stellen sicher, dass der Leistungserbringer einen fremdüblichen Funktionsgewinn erzielt, hingegen nicht an den unternehmerischen Chancen und Risiken des Wertschöpfungsprozesses partizipiert. Von ihrem wirtschaftlichen Inhalt und ihrer Wirkung entspricht daher die Verrechnungspreisfestsetzung nach TNMM weitgehend der nach der Kostenaufschlagsmethode. Folglich erscheint es angemessen, dass auch Funktionsabspaltungen, bei denen anschließend die Verrechnungspreise nach der TNMM ermittelt werden, unter die Ausnahmevorschrift des § 2 Abs. 2 S. 1 FVerlV fallen sollten.[410]

398   Für folgende typische Sachverhalte **sollte in praxisorientierter Auslegung** die Ausnahmevorschrift des § 2 Abs. 2 S. 1 FVerlV ebenfalls **anwendbar sein,** da bei der Verlagerung derartiger Routinefunktionen kein Ge-

---

[408] Vgl. *Brüninghaus/Bodenmüller* DStR 2009, 1285, 1287. Vgl. auch unten Rn. 401 f.

[409] Für eine hälftige Teilung der Kostenersparnis durch den Standortvorteil vgl. FG Münster, 16.3.2006, EFG 2006, 1562. Dazu kritisch: *Baumhoff/Greinert* IStR 2006, 789.

[410] Vgl. *Brüninghaus/Bodenmüller* DStR 2009, 1285, 1287. Vgl. auch unten Rn. 401 f.

winnpotenzial übertragen und somit keine Gesamtbewertung notwendig wird.[411]

– Verlagerung von **Routine-Vertriebsleistungen,** die mittels TNMM (oder Kostenaufschlagsmethode, Berry Ratio) vergütet werden.[412] In Tz. 3.4.10.2 VGr-Verfahren wird als Beispiel für Routineunternehmen der sog. „Low Risk Distributor" aufgeführt, der im Hinblick auf Forderungsausfälle und die Marktentwicklung nur kommissionärsähnliche Risiken trägt. Implizit stufen die VGr-Verfahren damit auch Kommissionärstätigkeiten als Routinefunktionen ein. Entsprechendes müsste für Handelsvertretertätigkeiten gelten. Zudem erfolgt in diesen Fällen typischerweise keine Übertragung oder Nutzungsüberlassung von wesentlichen immateriellen Wirtschaftsgütern. Die für die Vertriebsaktivitäten wesentlichen immateriellen Wirtschaftsgüter Kundenstamm bzw. Absatzmarkt werden einem Routine-Vertriebsunternehmen vielmehr in aller Regel für die Dauer der Vertriebstätigkeit unentgeltlich beigestellt.[413] Demnach werden in den genannten Fällen idR auch die Voraussetzungen der Escape-Klausel des § 1 Abs. 3 S. 10 1. Alt. AStG erfüllt sein.[414]

– Verlagerung von **Routine-Einkaufsleistungen,** die mittels der TNMM **399** (oder Kostenaufschlagsmethode) vergütet werden. Abgesehen von der Einkaufstätigkeit als Eigenhändler erbringen Einkaufskommissionär, Einkaufsagent oder Einkaufs-Dienstleister typischerweise Routinefunktionen und werden mittels TNMM (oder Kostenaufschlagsmethode) vergütet, so dass die o. g. Ausführungen zu Routine-Vertriebstätigkeiten entsprechend gelten.[415]

– Verlagerung von **Routine-Finanzierungsleistungen,** die mittels TNMM **400** (oder Kostenaufschlagsmethode) vergütet werden. Finanzierungsleistungen können entweder als Kapitalvermittlung oder im eigenen Namen strukturiert werden. Die Vergütung der Finanzierungsleistungen erfolgt typischerweise in Form einer Provision bzw. des Zinsspreads. Soweit die Finanzierungsleistungen als Routinefunktionen anzusehen sind, kann die Höhe der Vergütung aber auch mittels der TNMM (oder Kostenaufschlagsmethode) ermittelt werden; Chancen und Risiken aus potenziellen Zinsschwankungen hat das übernehmende Unternehmen in diesen Fällen nicht inne. Entsprechend der o. g. Argumentation fällt auch die Verlagerung von Routine-Finanzierungsleistungen nicht unter den Tatbestand der Funktionsverlagerung und erfüllt zudem die Voraussetzungen der ersten Escape-Klausel.

dd) Auffassung der Finanzverwaltung

Der hier vertretenen Auffassung **folgt** mittlerweile **für bestimmte An- 401 wendungsfälle auch die FinVerw.** Nach **Rn. 67 VGr-FV** werden Fälle

---

[411] Vgl. *Brandenberg* BB 2008, 865; *Baumhoff/Ditz/Greinert* DStR 2008, 1950. Vgl. auch unten Rn. 401 f.

[412] Vgl. *Brüninghaus/Bodenmüller* DStR 2009, 1285, 1289; *Bernhardt/van der Ham/ Kluge* IStR 2008, 7.

[413] Vgl. *Bodenmüller*, Steuerplanung bei Funktionsverlagerungen ins Ausland, 2004, 273 ff.

[414] Vgl. *Brüninghaus/Bodenmüller* DStR 2009, 1285, 1289. Vgl. auch unten Rn. 401 f.

[415] Vgl. *Brüninghaus/Bodenmüller* DStR 2009, 1285, 1289.

der Funktionsabspaltung auch dann nicht als Funktionsverlagerungen behandelt, „wenn ein übernehmendes Unternehmen … zulässigerweise eine auf den Kosten basierende, geschäftsvorfallbezogene Nettomargenmethode anwendet oder wenn ein solches Unternehmen eine das niedrige Risiko berücksichtigende Provision erhält."

Damit erfasst die Erweiterungsvorschrift der Rn. 67 VGr-FV **Handelsvertrter, Kommissionäre, Einkaufsagenten** und ähnliche Funktionsinhaber, die ein begrenztes Funktions- und niedriges Risikoprofil haben, das sich in einer entsprechend **niedrig bemessenen Provision** widerspiegelt. Dem ist zuzustimmen und die Erweiterung zu begrüßen. Zudem ist aus der Vorschrift klar zu erkennen, dass es sich hier um Fälle von Routineunternehmen handeln soll.

Schwieriger gestaltet sich die Beurteilung der zweiten Erweiterung. Der einengende Begriff der „**auf den Kosten basierenden**", geschäftsvorfallbezogenen **Nettomargenmethode** ist gesetzlich nicht definiert und als Begriff auch im Schrifttum nicht bekannt. Durch Auslegung kann man unterstellen, dass damit die Varianten der TNMM gemeint sind, bei der in der angelsächsischen Terminologie zB „Mark-up on Total Cost" oder „Berry Ratio" als Profit Level Indicator verwandt werden. Aber bereits bei „Return on Capital Employed" oder bei „Return on Net Assets" etc. als Profit Level Indicator, wenn auch inhaltlich vollständig vergleichbar, liegt am Wortlaut orientiert keine kostenbasierte Bepreisung mehr vor, was insb. für **Lohnfertiger und Lohnveredler** entscheidende Bedeutung hat.

402   Fraglich, ob kostenbasiert, sind dann die Anwendungsfälle der TNMM, die den typischen Fall des **Limited Risk Distributors** betreffen, bei denen die Nettomarge anhand von Datenbankanalysen bestimmt wird, wobei sich am unteren Rand von Datenbankanalysen für Vertriebsgesellschaften orientiert wird. Dabei besteht zwischen einem Limited Risk Distributor und einem Kommissionär/Handelsvertreter in der heutigen Konzernwelt funktional und risikomäßig kein Unterschied und auch „das niedrige Risiko berücksichtigende Provisionen" sind nicht per se kostenbasiert. Insoweit ist die Entscheidung der FinVerw., die Erweiterung von § 2 Abs. 2 S. 1 FVerlV durch Rn. 67 VGr-FV nicht grundsätzlich auf die Anwendung der TNMM auszudehnen, wirtschaftlich nicht verständlich und inhaltlich nicht gerechtfertigt.

Ob es beabsichtigt ist, den typischen Limited Risk Distributor aus dem Anwendungsbereich der Rn. 67 VGr-FV und damit des § 2 Abs. 2 S. 1 FVerlV auszunehmen, kann aber dahingestellt bleiben. Letztlich ist dies aus systematischer Sicht nicht bedeutsam, da es sich bei Limited Risk Distributors unzweifelhaft um Unternehmen mit **Routinefunktionen** handelt, die also gerade keine unternehmerischen Chancen und Risiken tragen und daher bereits aus diesem Grund **nicht unter die Funktionsverlagerungsvorschrift** des § 1 Abs. 3 S. 9 AStG **fallen,** die die Übertragung unternehmerischer Chancen und Risiken als Tatbestandsvoraussetzung hat.[416]

ee) Ausschließlich gegenüber dem übertragenden Unternehmen

403   § 2 Abs. 2 S. 1 FVerlV verlangt, dass das übernehmende Unternehmen die übergehende Funktion anschließend ausschließlich gegenüber dem übertra-

---

[416] Vgl. dazu oben Rn. 306 ff., 385.

genden Unternehmen erbringt. Zu unterscheiden sind hier zwei **Zweifelsfälle:**

– **Ausweitung der Funktion auf andere Abnehmer:** Ein deutsches Unternehmen spaltet die Fertigung von Automobilteilen auf einen ausländischen Lohnfertiger ab. Dieser Lohnfertiger beliefert das verlagernde deutsche Unternehmen in Zukunft auf der Grundlage der Kostenaufschlagsmethode. Zusätzlich erhält das ausländische Unternehmen das Recht, andere Konzerngesellschaften auf eigenes Risiko und eigene Rechnung mit gleichen Automobilteilen zu Marktpreisen zu beliefern, die das Entgelt nach der Kostenaufschlagsmethode überschreiten.

– Soweit der ausländische Lohnfertiger das abspaltende deutsche Unter **404** nehmen auf der Grundlage der Kostenaufschlagsmethode[417] mit Automobilteilen beliefert, liegen die Voraussetzungen des § 2 Abs. 2 Satz 1 FVerlV insoweit weiter vor.[418]

– Soweit das ausländische Unternehmen auf eigenes Risiko und eigene Rechnung tätig wird, liegt eine **Funktionsverlagerung durch Ausweitung der Funktion** vor, **soweit** diese Produktion vorher von einem deutschen Unternehmen wahrgenommen wurde, ggf. dem deutschen abspaltenden Unternehmen (§ 2 Abs. 2 S. 2 FVerlV), und die dafür verrechneten Preise über den Preisen liegen, die das ausländische Unternehmen gegenüber dem deutschen abspaltenden Unternehmen nach der Kostenaufschlagsmethode abrechnet.[419]

– Soweit die Produktion keines verbundenen deutschen Unternehmens eingeschränkt wird, das ausländische Unternehmen aber immaterielle Wirtschaftsgüter eines deutschen verbundenen Unternehmens für seine Tätigkeit auf eigene Rechnung und auf eigenes Risiko nutzt, muss es eine fremdvergleichsübliche Lizenzgebühr für die Nutzung dieses Wissens an das betreffende deutsche Unternehmen entrichten. Es liegt ein Fall der **Funktionsverdoppelung** bzw. ein Greenfield Investment vor.

– **Beteiligung an einem Shared Service Center:** Ein deutsches wie auch **405** andere verbundene Unternehmen im Ausland spalten die Erbringung von Routine-Dienstleistungen in eine gemeinsame ausländische Dienstleistungsgesellschaft ab. Diese erbringt in der Folge ihre Dienstleistungen auf der Grundlage der Kostenaufschlagsmethode sowohl gegenüber dem verlagernden deutschen Unternehmen als auch gegenüber den anderen Konzerngesellschaften im Ausland (Shared Service Center).

– Soweit das Shared Service Center **lediglich** die Routinetätigkeiten ver **406** schiedener Konzerngesellschaften **bündelt,** dh ein jedes Unternehmen seine Routine-Dienstleistungen an das Shared Service Center überträgt und die Routine-Dienstleistungen der ausländischen Konzerngesellschaften folglich zuvor nicht von dem deutschen Unternehmen für die anderen Konzerngesellschaften erbracht wurden, ist das Merkmal der **Ausschließlichkeit iSd § 2 Abs. 2 S. 1 FVerlV erfüllt,** da das Shared Service Center hinsichtlich der aus Deutschland übertragenen Tätigkei

---

[417] Vgl. zur Methodenwahl und ihren Ausprägungen oben Rn. 389.
[418] So auch Rn. 68 1. Spiegelstrich VGr-FV.
[419] So auch Rn. 68 2. Spiegelstrich VGr-FV. Vgl. dazu im Folgenden Rn. 407.

ten weiterhin ausschließlich für das abspaltende deutsche Unternehmen tätig wird.[420]

– Soweit in der Folge das Shared Service Center seine Dienstleistungen an das deutsche abspaltende Unternehmen auf der Grundlage der Kostenaufschlagsmethode erbringt, sind die Voraussetzungen des § 2 Abs. 2 S. 1 FVerlV nach wie vor erfüllt.[421] Das deutsche Unternehmen sollte sogar aller Voraussicht nach von Skaleneffekten profitieren, die sich regelmäßig in der Kostenaufschlagsmethode niederschlagen.

ff) Folgen einer Funktionsverlagerung durch Ausweitung

407   Soweit ein ausländisches Unternehmen nach einer Funktionsabspaltung auf eigenes Risiko und eigene Rechnung tätig wird und dabei Preise gegenüber anderen Konzernunternehmen abrechnet, die über denen liegen, die es gegenüber dem deutschen abspaltenden Unternehmen auf der Grundlage der Kostenaufschlagsmethode ermittelt, liegt eine **Funktionsverlagerung durch Ausweitung der Funktion** vor (§ 2 Abs. 2 S. 2 FVerlV).[422]

In diesem Fall ist im Zeitpunkt der erstmaligen Erbringung solcher höher abgerechneten Leistungen gegenüber den anderen Unternehmen

– im Hinblick auf die Umsätze mit diesen Unternehmen für bisher unentgeltlich vom verlagernden Unternehmen für die Leistungserbringung zur Verfügung gestellte Wirtschaftsgüter und Vorteile ein Entgelt zu verrechnen, zB Lizenzen für überlassene immaterielle Wirtschaftsgüter; und

– ein Transferpaket zu bestimmen, das die übertragenen Wirtschaftsgüter, Chancen und Risiken sowie sonstigen Vorteile umfasst, soweit hierfür im Einzelfall die Voraussetzungen gegeben sind, zB wenn ein bisheriger Lohnfertiger zum Eigenfertiger wird.[423]

c) Weitere Fälle der Nicht-Vorlage von Funktionsverlagerungen (§ 1 Abs. 7 FVerlV)

408   Nach § 1 Abs. 7 FVerlV liegen Funktionsverlagerungen ebenfalls nicht vor, wenn, ggf. unter bestimmten Einschränkungen,

– ausschließlich Wirtschaftsgüter veräußert oder zur Nutzung überlassen werden,

– nur Dienstleistungen erbracht werden,

– Personal im Konzern entsandt wird oder

– fremde Dritte den Vorgang nicht als Funktionsverlagerung ansehen würden.

aa) Reine Übertragung oder Überlassung von Wirtschaftsgütern, reine Dienstleistung (§ 1 Abs. 7 S. 1 FVerlV)

409   Soweit ausschließlich Wirtschaftsgüter übertragen oder überlassen oder ausschließlich Dienstleistungen erbracht werden, liegt **tatbestandlich schon keine Funktionsverlagerung** vor, da nach der hier vertretenen Auffassung

---

[420] Vgl. *Brüninghaus/Bodenmüller* DStR 2009, 1285, 1289. So auch Rn. 66 f. VGr-FV.

[421] Vgl. zuvor Rn. 388 ff.

[422] Vgl. zuvor Rn. 404.

[423] Vgl. § 2 Abs. 2 S. 2 FVerlV sowie Rn. 68 2. Spiegelstrich, 208 VGr-FV.

keine unternehmerischen Chancen und Risiken übertragen werden.[424] Insoweit ist § 1 Abs. 7 FVerlV nur **klarstellend,** aber zu begrüßen.

Ebenso unbestritten ist, dass Wirtschaftsgüter und Dienstleistungen Teil einer Funktionsverlagerung sein können und in diesem Fall Teil des Transferpakets werden.[425] Auch insoweit stellt § 1 Abs. 7 FVerlV lediglich klar. Nach der Verordnungsbegründung dient die Vorschrift dazu, solche anderen Geschäftsvorfälle von Funktionsverlagerungen abzugrenzen, um eine zu weit gehende Erfassung von Geschäftsvorfällen als Funktionsverlagerungen zu vermeiden.[426] Dies ist systematisch überflüssig, aber aus Sicht der Praxis zu begrüßen.

§ 1 Abs. 7 S. 1 FVerlV legt fest, dass eine Funktionsverlagerung nicht vor- **410** liegt, wenn nur Wirtschaftsgüter übertragen oder überlassen oder Dienstleistungen erbracht werden, es sei denn, die Geschäftsvorfälle sind Teil einer Funktionsverlagerung. Wichtig ist dabei zunächst, dass § 1 Abs. 7 S. 1 FVerlV **unabhängig von der Verrechnungspreismethode,** die zur Anwendung kommt, anwendbar ist, also insb. auch dann, wenn die Unternehmensgruppe für die Geschäftsvorfälle nicht die Kostenaufschlagsmethode anwendet (§ 2 Abs. 2 S. 1 FVerlV), sondern sich bei der Ermittlung der Verrechnungspreise zB auf die Preisvergleichsmethode stützt.

Zu begrüßen ist die eigentlich selbstverständliche Feststellung der Fin- **411** Verw., dass Geschäftsvorfälle, die **lediglich in rein zeitlichem,** aber in keinem wirtschaftlichen **Zusammenhang** mit einer Funktionsverlagerung stehen, nicht von den Vorschriften zur Funktionsverlagerung erfasst, „infiziert", werden.[427]

bb) Personalentsendung (§ 1 Abs. 7 S. 2 FVerlV)

Eine Funktionsverlagerung liegt gem. § 1 Abs. 7 S. 2 FVerlV nicht vor, **412** wenn Personal im Konzern entsandt wird, ohne dass eine Funktion mit übergeht. Grundsätzlich stellt also eine Personalentsendung im Konzern keine Funktionsverlagerung iSd § 1 Abs. 2 FVerlV dar.[428]

Zunächst stellt sich die Frage, wann eine Personalentsendung iSv § 1 **413** Abs. 7 S. 2 FVerlV vorliegt. Dies wird durch die FVerlV selbst nicht bestimmt, jedoch greift die Begründung zu § 1 Abs. 7 S. 2 FVerlV auf die **Definition der VGr-Arbeitnehmerentsendung** zurück. Danach liegt eine Personalentsendung vor, „wenn ein Arbeitnehmer mit seinem bisherigen Arbeitgeber (entsendendes Unternehmen) vereinbart, für eine befristete Zeit bei einem verbundenen Unternehmen (aufnehmendes Unternehmen) tätig zu werden und das aufnehmende Unternehmen entweder eine arbeitsrechtliche Vereinbarung mit dem Arbeitnehmer abschließt oder als wirtschaftlicher Arbeitgeber anzusehen ist."[429]

Im Einklang mit den VGr-Arbeitnehmerentsendung stellt die Begründung **414** zu § 1 Abs. 7 S. 2 FVerlV klar, dass weder Personalentsendung noch Funk-

---

[424] Vgl. oben Rn. 306 ff.; *Brüninghaus/Bodenmüller* DStR 2009, 1285, 1287; *Kraft* in Kraft, AStG, § 1 Rn. 380. Ebenso, aber ohne Begründung, Rn. 51 VGr-FV.

[425] So auch Rn. 51 VGr-FV.

[426] Vgl. Begründung zu § 1 Abs. 7 FVerlV.

[427] Vgl. Rn. 53 VGr-FV.

[428] Vgl. auch Rn. 54 VGr-FV.

[429] Tz. 2.1 VGr-Arbeitnehmerentsendung.

tionsverlagerung vorliegt, wenn von dem das Personal stellenden Unternehmen **tatsächlich eine Dienstleistung** für das andere Unternehmen geschuldet und erbracht wird. Daher ist stets zu prüfen, ob es sich bei einer möglichen Personalentsendung nicht tatsächlich und vorrangig um eine reine Dienstleistung aufgrund einer **Dienstleistungsvereinbarung** handelt.

415   Die Begründung zu § 1 Abs. 7 S. 2 FVerlV und ihr folgend Rn. 56 VGr-FV machen von der Ausnahme „Personalentsendung" eine **Rückausnahme.** So soll eine Funktionsverlagerung auch im Fall einer Personalentsendung dann vorliegen, wenn das entsandte **Personal seinen bisherigen Zuständigkeitsbereich** aus dem entsendenden Unternehmen **mitnimmt** und nach der Entsendung im aufnehmenden Unternehmen die gleiche Tätigkeit ausübt und in Folge dessen Wirtschaftsgüter und Vorteile übertragen und zur Nutzung überlassen werden bzw. Chancen und Risiken übergehen. Die Ausnahme soll demnach dann gelten, wenn mit der Personalentsendung eine Funktion mit allen zusätzlich erforderlichen Tatbestandsmerkmalen übergeht.

416   Zweifelsohne bedarf es einer **Abgrenzung, wann „nur" eine Entsendung** und wann eine Funktionsverlagerung vorliegt. Dabei sind mehrere Fragen im Zusammenhang mit den Tatbestandsvoraussetzungen einer Funktionsverlagerung zu lösen, insb.,
– Was stellt Wissen dar, das eine Funktionsverlagerung auslösen kann?
– Was wird eingeschränkt, wenn Mitarbeiter zeitlich begrenzt entsendet werden?

Entsandte **Mitarbeiter** werden **regelmäßig in vergleichbaren** Positionen und **Tätigkeitsbereichen** eingesetzt wie zuvor bei dem entsendenden Unternehmen. Dabei werden insb. bei Expertenentsendungen dem aufnehmenden Unternehmen regelmäßig auch Kenntnisse und Erfahrungen übermittelt.[430] Einen Transfer dieser Kenntnisse und Erfahrungen scheint die Begründung zur § 1 Abs. 7 S. 2 FVerlV jedoch für die Annahme einer Funktionsverlagerung genügen zu lassen. Als Folge läge jedoch bei jeder Personalentsendung eine Funktionsverlagerung vor. Jedoch lässt sich anhand der Formulierung der Begründung erkennen, dass dieses nicht kategorisch gelten soll („Funktionsverlagerung kann (…) vorliegen").

417   Eine mögliche Hilfe zur Abgrenzung stellen die VGr-Arbeitnehmerentsendung dar. Diese differenzieren zwischen **Kenntnissen und Erfahrungen,** die durch die bloße Tätigkeit vermittelt werden, und dem **konkreten Transfer von Know-how.** Während der beiläufige Kenntnisübergang Teil und Grund der Personalentsendung ist und nur funktionale Chancen und Risiken überträgt,[431] geht der konkrete Wissenstransfer darüber hinaus und würde entsprechend gesondert vergütet werden,[432] da er zur Übertragung unternehmerischer Chancen und Risiken zumindest geeignet ist.[433] Für die hier vorzunehmende Abgrenzung sollte Gleiches gelten. Es ist anzunehmen, dass der Verordnungsgeber sich mit seiner unscharfen Formulierung auf solche Fälle beziehen möchte, in denen geschlossene Einheiten bzw. Expertenteams entsendet werden und in einem umfangreichen Ausmaß Know-how in das

---

[430] Vgl. Tz. 4.2 VGr-Arbeitnehmerentsendung.
[431] Vgl. oben Rn. 306 ff. und *Brüninghaus/Bodenmüller* DStR 2009, 1285, 1287.
[432] Vgl. Tz. 4.2 VGr-Arbeitnehmerentsendung.
[433] Vgl. oben Rn. 306 ff. und *Brüninghaus/Bodenmüller* DStR 2009, 1285, 1287.

aufnehmende nahe stehende Unternehmen einbringen. Derartige Konstellationen würden über den allgemeinen Transfer von Erfahrungen und Kenntnissen hinausgehen und die Anwendung der Regelungen zum Transferpaket zumindest möglich erscheinen lassen.

Leicht vergessen wird dabei allerdings, dass durch die zeitlich begrenzte Entsendung (nicht: dauerhafte Versetzung!) auch die **Funktion** beim entsendenden Unternehmen **eingeschränkt werden muss.** Inwieweit diese Voraussetzungen bei Entsendungen wirklich erfüllt sind, muss sicher im Einzelfall geprüft werden. Ist wirklich einmal eine ganze Abteilung betroffen, die geschlossen entsandt (nicht: dauerhaft versetzt!) wird, ist dies systematisch vorstellbar, im typischen Fall, dass einzelne, wenige Mitarbeiter zeitlich begrenzt entsandt werden, um begrenzt vor Ort Hilfe zu leisten, erscheint es dagegen schwer vorstellbar, dass das Merkmal der Einschränkung der Funktion beim entsendenden Unternehmen erfüllt sein soll. So ist nicht vorstellbar, wie die Entsendung einiger weniger Ingenieure und Techniker für wenige Monate zur Unterstützung einer im Ausland neu anlaufenden Produktion die Produktionsfunktion im entsendenden Stammhaus einschränken soll. Insoweit erscheint die diesbezügliche Annahme in Rn. 56 und im ersten Beispiel in Rn. 55 VGr-FV als überaus gewagt bzw. rein ergebnisorientiert.

Anzuerkennen ist die dispositive Entscheidung der FinVerw., dass für den **418** Fall, dass die Voraussetzungen für eine Funktionsverlagerung erfüllt sind, die Regelungen zu dieser, insb. in den **VGr-FV**, denen in **den VGr-Arbeitnehmerentsendung vorgehen** sollen.[434]

Die Begründung zu § 1 Abs. 7 S. 2 FVerlV enthält auch für den Fall, dass keine Personalentsendung, sondern eine **Dienstleistung** vorliegt, ebenfalls einen Verweis darauf, dass eine Funktionsverlagerung vorliegen kann, wenn im Rahmen einer Dienstleistung unternehmerische Chancen und Risiken übergehen.

cc) Keine Funktionsverlagerung unter Dritten (§ 1 Abs. 7 S. 2 FVerlV)

Ebenfalls nicht als Funktionsverlagerung zu behandeln sind nach § 1 Abs. 7 **419** S. 2 FVerlV solche Fälle, die von unabhängigen Dritten nicht als Erwerb oder Veräußerung einer Funktion angesehen würden. Diese Fälle umfassen gem. der Begründung zu § 1 Abs. 7 S. 2 FVerlV zum einen die sog. Bagatellfälle, als auch solche Vorgänge, die formal zwar den Tatbestand einer Funktionsverlagerung erfüllen, aber entsprechend dem Fremdvergleichsgrundsatz tatsächlich anders abgewickelt werden.

Bei **Bagatellfällen** handelt es sich um Vorgänge, die im Fremdvergleich nicht als Veräußerung oder Erwerb einer Funktion anzusehen sind. Exemplarisch nennt der Verordnungsgeber in der Begründung Verlagerungen, die so geringfügig sind, dass sie keine relevante Gewinnauswirkung haben. Rn. 58 VGr-FV konkretisiert die Begründung dahingehend, dass es sich um **geringfügige oder zeitlich begrenzte Verlagerungen** handeln kann, zB
– Bagatellfälle mit Umsatzeinbußen von weniger als 1 000 000 €; oder
– um die Übertragung eines einzelnen Auftrags. In diesem Fall ist aber natürlich die Überlassung des Auftrags selbst wieder fremdüblich zu vergüten

---

[434] Vgl. Rn. 56 S. 3 VGr-FV.

(Rn. 58 VGr-FV), was wohl zu einer Preissetzung führen dürfte, die dem Vorgehen bei einer Funktionsverlagerung nicht unähnlich ist (Einigungsbereich).

Von großer Bedeutung ist die von der deutschen Industrie durchgesetzte und in der Begründung zur FVerlV noch gar nicht angesprochene Ausnahme, die **zentrale Steuerung von weltweit verbundenen Produktionsstandorten** (sog. **Verbundproduktion**) nicht als Funktionsverlagerung anzusehen. Bestimmte Industrien können und müssen aus wirtschaftlichen Erwägungen, zB wegen Zollgrenzen, Produkte je nach Nachfrage an verschiedenen Orten flexibel produzieren oder Modellvarianten je nach Nachfrage örtlich in unterschiedlichen Stückzahlen herstellen. Zugleich hat sich die FinVerw. auf die wirtschaftlich unvertretbare Auslegung des Gesetzeswortlauts versteift, wonach eine Verlagerung produktbezogen zu interpretieren ist.[435] Soweit nun ein Konzern die Produktion eines Produkts oder einer Modellvariante an einem Standort reduziert und durch die Aufnahme eines anderen Produkts oder einer anderen Modellvariante kompensiert, löst er nach Auffassung der FinVerw. jeweils zwei Funktionsverlagerungen aus, bei Unternehmen, die ständig eine Verbundproduktion optimieren müssen, werden also ständig Funktionsverlagerungen mit entsprechenden Steuerfolgen ausgelöst, obwohl die Produktion als Funktion unverändert weiterbesteht.[436]

420 Dem **trägt** jetzt **Rn. 59 VGr-FV** in soweit **Rechnung,** als sie in Durchbrechung der Verwaltungsauffassung in Rn. 16 VGr-FV praktisch bedeutsam, systematisch aber wenig überzeugend postuliert, dass auch „Vorgänge, die formal den Tatbestand einer Funktionsverlagerung erfüllen, aber entsprechend dem Fremdvergleichsgrundsatz tatsächlich so abgewickelt werden, dass sie nach allgemeiner Verkehrsanschauung nicht als Funktionsverlagerung anzusehen sind, … aus dem Anwendungsbereich der Transferpaketbetrachtung ausgenommen" werden. Als Beispiel wird dann eine Muttergesellschaft genannt, die zentral die Produktion steuert, die weltweit in verschiedenen Produktionsstätten auf gleicher technologischer Grundlage bei verschiedenen rechtlich selbständigen Tochtergesellschaften stattfindet. Diese zentrale Produktionssteuerungs-Dienstleistung wird den Tochtergesellschaften, die die Enrepreneure sind, nach der Kostenaufschlagsmethode belastet. Die von allen Konzerngesellschaften akquirierten Aufträge werden je nach logistischen Gegebenheiten und der aktuellen Produktionsauslastung der Produktionsstätten an die Tochtergesellschaften vergeben. Hierdurch wird eine optimale Gesamtauslastung aller Produktionsstätten erreicht, auch wenn es im Einzelfall zu temporären Produktionseinschränkungen kommt, die die Bagatellgrenze der Rn. 49 VGr-FV[437] überschreiten.[438] Nach der wirtschaftlich sinnvollen Lösung[439] und dem Zugeständnis der FinVerw. liegt in der **zentralen, optimierten Steuerung der Produktion** und der damit verbundenen Zuteilung der eingehenden Aufträge **keine Verlagerung einer Funktion,** soweit insgesamt alle Teilnehmer in einem überschaubaren Zeitraum davon profitieren, dh eine annä-

---

[435] Vgl. oben Rn. 49 ff. und 301 ff. sowie Rn. 16 VGr-FV.
[436] Vgl. oben Rn. 49 ff. und 301 ff. sowie Rn. 16 VGr-FV.
[437] Vgl. dazu zuvor Rn. 350 ff.
[438] Vgl. Rn. 59 VGr-FV.
[439] Vgl. oben Rn. 49 ff. und 301 ff.

herende Gleichverteilung der Produktionsauslastung gewährleistet wird (Substitutionseffekt).[440] Werden einzelne Teilnehmer dagegen nicht angemessen durch die Zentralsteuerung begünstigt, ist, wenn es sich um einen deutschen Produktionsstandort handelt, zu prüfen, ob für die Benachteiligung im Fremdvergleich eine Ausgleichszahlung zu erwarten wäre, dh, ob bei aufgabenbezogener Auslegung des Verlagerungsbegriffs eine Funktionsverlagerung vorliegen würde, da die Tätigkeit, zB Produktion, eingeschränkt worden ist.

Als weitere Beispiele für Fälle, die zwar formal den Tatbestand einer **421** Funktionsverlagerung erfüllen, aber tatsächlich fremdvergleichskonform anders behandelt werden, nennt der Verordnungsgeber in der Begründung die **fristgerechte Kündigung von Verträgen** und das **Auslaufen einer Vertragsbeziehung.** Die Begründung verweist allerdings in diesem Zusammenhang auf § 8 FVerlV, der Regelungen zu Schadenersatz-, Entschädigungs- und Ausgleichsansprüchen auf gesetzlicher und vertraglicher Basis enthält.[441] Offensichtlich soll darauf hingewiesen werden, dass derartige Ansprüche stets zu beachten sind.

6. Funktionsverlagerung im Zeitablauf

Die FVerlV kennt verschiedene Zeitpunkte und Zeitrahmen, von denen an **422** eine Funktionsverlagerung angenommen wird bzw. angenommen werden kann. Zudem erstreckt sich eine Funktionsverlagerung in der Praxis über einen längeren Zeitraum, der häufig mehrere Veranlagungszeiträume berührt.

a) Nur zeitweise Übernahme der Funktion

Weder der Gesetzestext des § 1 Abs. 3 S. 9 AStG noch die FVerlV legen **423** einen Mindestzeitrahmen für die Annahme einer Funktionsverlagerung fest. Dieses ist anzuerkennen, da der Tatbestand der Funktionsverlagerung **von einem Mindestzeitraum** grundsätzlich **unabhängig** ist. Es wird allein auf die tatsächliche Übertragung oder Überlassung einer Funktion und der mit dieser verbundenen Chancen und Risiken abgestellt, so dass die zeitliche Komponente für das Vorliegen des Tatbestandes keine Rolle spielt.

Die **Funktionsverlagerungsverordnung** trifft lediglich eine klarstellende **424** Regelung hierzu. Hinsichtlich des Zeitrahmens reicht es gem. § 1 Abs. 2 S. 2 FVerlV aus, dass eine Funktion **nur zeitweise übertragen** wird.[442] Damit macht der Verordnungsgeber deutlich, dass auch die Fälle als Funktionsverlagerung erfasst werden, in denen das verlagernde Unternehmen von vornherein nur für einen zeitlich begrenzten Zeitraum eine Funktionsverlagerung plant und durchführt.

Die FinVerw. folgt dieser Auffassung in Rn. 25 VGr-FV und nennt als Beispiele für eine zeitweise Funktionsverlagerung zB die **zeitweise Übertragung** des **Vertriebsrechts** für einzelne Produkte, Märkte oder Kunden oder die **befristete Versetzung** einzelner Mitarbeiter mit ihrem Aufgabenbereich.[443]

---

[440] Vgl. oben Rn. 49 ff. und 301 ff., insb. 305 ff.

[441] Vgl. auch Rn. 60 VGr-FV und oben Rn. 111 ff.

[442] Vgl. auch Rn. 25 VGr-FV.

[443] Zur Funktionsverlagerung durch Mitarbeiterentsendung, also nicht durch Versetzung, vgl. aber oben Rn. 412 ff. und Rn. 54 ff. VGr-FV.

425 Die **zeitlich begrenzte Überlassung** einer Funktion steht der **zeitlich begrenzten Übertragung** einer Funktion gleich,[444] soweit die Voraussetzungen einer Funktionsverlagerung gegeben sind und insb. entsprechendes Gewinnpotenzial übertragen wird. Daher spricht auch § 1 Abs. 2 S. 2 FVerlV neutral davon, dass eine Funktion zeitlich begrenzt von einem Unternehmen übernommen wird. Abzugrenzen hiervon ist für den Fall der Übertragung wie der Überlassung der Vorgang, dass, zeitlich begrenzt oder zeitlich nicht begrenzt, Funktionen übertragen oder überlassen werden, bei denen mangels Übertragung unternehmerischer Chancen und Risiken kein Gewinnpotenzial übergeht und die daher nicht als Funktionsverlagerungen anzusehen sind (Outsourcing, andere Routinefunktionen).[445] Die zeitliche Dimension spielt dafür, wenn überhaupt, nur eine untergeordnete Rolle.

426–430 *(einstweilen frei)*

b) Zusammenfassung mehrerer Einzelakte innerhalb von 5 Jahren zu einer Funktionsverlagerung

431 Funktionsverlagerungen erstrecken sich häufig über mehrere Jahre und setzen sich aus einer Vielzahl von Einzelvorgängen zusammen, die jeder für sich betrachtet keine Funktionsverlagerung darstellen. Nach § 1 Abs. 2 S. 3 FVerlV sollen für die Beurteilung, ob eine Funktionsverlagerung vorliegt, immer die einzelnen **Geschäftsvorfälle der letzten fünf Jahre** in ihrem Zusammenspiel betrachtet werden.[446] Zeigt sich dabei, dass Geschäftsvorfälle, die für sich genommen keine Funktionsverlagerung darstellen, in Verbindung mit vorherigen Geschäftsvorfällen den Tatbestand der Funktionsverlagerung erfüllen, so ist **ab dem Zeitpunkt des letzten hierzu erforderlichen Geschäftsvorfalls** eine einheitliche Funktionsverlagerung anzunehmen.[447]

Die Funktionsverlagerung wird somit **nicht rückwirkend** angenommen, weswegen nicht auf den ersten der Geschäftsvorfälle abgestellt wird. Die Konsequenzen der Funktionsverlagerung finden daher erst in dem VZ Anwendung, in dem der letzte dazu benötigte Geschäftsvorfall das Gesamtbild der Umstände so verdichtet hat, dass der Tatbestand des Gesetzes erfüllt ist und die Funktionsverlagerung durch Kumulation von einzelnen Geschäftsvorfällen ausgelöst wurde.[448]

Dieser Zeitpunkt ist zudem maßgeblich für die **Aufzeichnungspflicht** außergewöhnlicher Geschäftsvorfälle gem. § 3 GAufzV.

432 Während die **FinVerw.** dies für den Fall, dass eine Funktionsverlagerung **nachträglich erkannt** wird, **eindeutig** genauso sieht,[449] scheint Ihre Auffassung für den Fall, dass ein Steuerpflichtiger **von vornherein** eine Funktionsverlagerung plant, **nicht in gleichem Maße eindeutig.** Nach Rn. 26 VGr-FV hat er dann „von vornherein" die Verrechnungspreise für alle betroffenen Geschäftsvorfälle „unter diesem Gesichtspunkt" festzusetzen. Dies könnte bedeuten, dass die Funktionsverlagerung vom ersten Geschäftsvorfall an ange-

---

[444] Vgl. dazu oben Rn. 314 ff.
[445] Vgl. oben Rn. 306 ff.
[446] Vgl. auch Rn. 26 VGr-FV.
[447] Vgl. dazu iE oben Rn. 179 ff.
[448] Vgl. dazu iE oben Rn. 179 ff.
[449] Vgl. Rn. 27 VGr-FV und im Folgenden Rn. 433 ff.

nommen werden soll, selbst wenn die Vielzahl der Geschäftsvorfälle, die erst zusammen eine Funktionsverlagerung ergeben, noch gar nicht stattgefunden haben und damit der Tatbestand des Gesetzes bzw. der FVerlV noch gar nicht erfüllt ist (und vielleicht nie erfüllt wird). Das danach in Rn. 26 VGr-FV folgende Beispiel stützt dann allerdings die hier vertretene Auslegung, dass die **Funktionsverlagerung erst dann** eintritt, **wenn der letzte Geschäftsvorfall erfolgt** ist, der dann die nötige Verdichtung herbeiführt, die den gesetzlichen Tatbestand erfüllt und die Rechtsfolgen einer Funktionsverlagerung auslöst. Rn. 26 VGr-FV sollte insoweit klargestellt werden, da der Wortlaut auch gegen § 1 Abs. 2 S. 3 FVerlV verstoßen dürfte.

c) Nachträgliches Erkennen einer Funktionsverlagerung

Funktionsverlagerungen sind **nicht immer** anhand des ersten Geschäfts- **433** vorfalls **als solche zu erkennen.** Die FVerlV beschreibt Sachverhalte, in denen erst zu einem späteren Zeitpunkt einzelne oder mehrere Geschäftsvorfälle zu einer Funktionsverlagerung erstarken und dann als solche identifiziert werden, ohne dass das von vornherein geplant oder erkennbar war.

Allgemein treten die steuerlichen Folgen einer Funktionsverlagerung erst dann und zu dem Zeitpunkt ein, in dem der **gesetzliche Tatbestand verwirklicht ist.**[450] Zudem **muss** die Funktionsverlagerung **erkannt worden sein,** dh der Steuerpflichtige muss wahrgenommen haben, dass eine Kumulation von Geschäftsvorfällen diesen in ihrer Gesamtheit den Charakter einer Funktionsverlagerung verleiht. Erst zu diesem Zeitpunkt liegt eine Funktionsverlagerung vor. Insoweit, aber auch nur insoweit kann das Erkennen und die Verwirklichung des Tatbestands auch ein rückwirkendes Element haben, wenn der Steuerpflichtige zB bei der Aufstellung des Jahresabschlusses für das Jahr 01 in 02 erkennt, dass er in 01 eine Funktionsverlagerung verwirklicht hat. Diese ist dann in 01 verwirklicht und in 01 zu besteuern.

Nach Rn. 27 VGr-FV ist bei der Annahme eines einheitlichen, sich über mehrere Wirtschaftsjahre erstreckenden Vorgangs **auf objektive Kriterien abzustellen,** dagegen nicht auf die Absicht der beteiligten Steuerpflichtigen. Dem ist zuzustimmen.

aa) Verunglückte Funktionsverdoppelung

Die FVerlV widmet sich in § 1 Abs. 6 S. 2 FVerlV dem praktisch wichtigen **434** Einzelfall eines späteren und nicht im Vorhinein geplanten Eintritts der Voraussetzungen einer Funktionsverlagerung, der sog. **verunglückten Funktionsverdoppelung.**[451]

Soweit es innerhalb eines Zeitraums von fünf Jahren nach Aufnahme der Funktionsverdoppelung zu einer Einschränkung der entsprechenden inländischen Betätigung des Unternehmens kommt, so wird insoweit von diesem Zeitpunkt an insgesamt eine einheitliche Funktionsverlagerung angenommen, wenn nicht wiederum bestimmte Exkulpationstatbestände greifen.[452]

Auf diesen Fall der verunglückten Funktionsverdoppelung gem. § 1 Abs. 6 **435** S. 2 FVerlV und einer daher nachträglich erkannten Funktionsverlagerung

---

[450] Vgl. § 1 Abs. 2 S. 3 FVerlV und Rn. 26 f. VGr-FV.
[451] Vgl. dazu iE oben Rn. 375 ff. und *Borstell* IStR 2009, 329, 333.
[452] Vgl. auch Rn. 45 VGr-FV und iE oben Rn. 375 ff.

bezieht sich die Regelung des § 4 Abs. 3 FVerlV. Danach sind die Verrechnungspreise für die Geschäftsvorfälle, die die Annahme einer Funktionsverlagerung als Ganzes ausgelöst haben, fremdvergleichsüblich so anzusetzen, dass diese zusammen mit den ursprünglich bestimmten Verrechnungspreisen für die früheren, noch „unschädlichen" Geschäftsvorfälle in der Summe dem **Wert des Transferpakets** als Ganzes **im Zeitpunkt** des Eintritts **der Funktionsverlagerung** entsprechen (**„Nachholeffekt"**).[453]

436   Grund für diese Handhabung ist, dass die zuvor regelmäßig für Geschäftsvorfälle aus früheren VZ festgelegten Verrechnungspreise nicht mehr geändert werden müssen oder wegen Ablaufs der Festsetzungsverjährung auch gar nicht mehr geändert werden können. Der Verordnungsgeber befürchtet zu Recht, so die Begründung, und ihr folgend die FinVerw., dass es bei einer erneuten rückwirkenden Bestimmung der Verrechnungspreise für Geschäftsvorfälle aus früheren VZ zu einer Doppelbesteuerung kommen kann, da dann häufig schon in dem anderen Staat eine Ertragsbesteuerung durchgeführt wurde und ggf. sogar schon dort eine Festsetzungsverjährung eingetreten ist.[454]

bb) Funktionsausweitung

437   Eine zweite pratisch wichtige Fallkonstellation wird in § 2 Abs. 2 S. 2 FVerlV geregelt.[455] Hier wird zunächst bzgl. **Unternehmen mit Routinefunktionen,** die allein für das verlagernde Unternehmen tätig sind und ihre Leistung mittels der Kostenaufschlagsmethode abrechnen, als Ausnahmeregelung auf die Anwendung der Vorschriften zur Funktionsverlagerung verzichtet, da in diesen Fällen insb. keine wesentlichen immateriellen Wirtschaftsgüter übergehen und daher § 1 Abs. 3 S. 10 1. HS 1. Alt. AStG Anwendung findet.[456] Ab dem Zeitpunkt aber, ab dem das übernehmende Unternehmen **auch gegenüber anderen Unternehmen Leistungen erbringt,** dabei die schon bisher unentgeltlich überlassenen immateriellen Wirtschaftsgüter des verlagernden Unternehmens nutzt und Preise in Rechnung stellt, die höher sind als diejenigen, die nach der Kostenaufschlagsmethode ermittelt worden sind oder gem. des Fremdvergleichsgrundsatzes höher anzusetzen sind, ist die Überlassung der bisher unentgeltlich zur Verfügung gestellten immateriellen Wirtschaftsgüter und Vorteile nach den Regeln für Transferpakete iSv § 3 FVerlV zu bewerten (**„Nachholeffekt"**) und die Überlassung als Funktionsverlagerung zu behandeln.[457]

7. Besteuerung von Funktionsverlagerungen der Höhe nach

438   Neben den Vorschriften, die in § 1 Abs. 3 S. 9 ff. AStG spezifisch Funktionsverlagerungen betreffen, haben insb. zwei gesetzliche Regelungen, die allgemein für Verrechnungspreise gelten, wesentliche Bedeutung für die Besteuerung von Funktionsverlagerungen der Höhe nach, die vollständige Kenntnis der Gegenseite und die Wahl der Verrechnungspreismethode.

---

[453] Vgl. auch Rn. 103 VGr-FV.
[454] Vgl. Begründung zu § 4 Abs. 3 FVerlV und Rn. 103 VGr-FV.
[455] Vgl. dazu iE oben Rn. 404, 407.
[456] Vgl. oben Rn. 385 ff.
[457] Vgl. dazu iE oben Rn. 375 ff., 434 ff.

a) Kenntnis der Gegenseite (§ 1 Abs. 1 S. 3 AStG)

Durch das UStRG 2008[458] wurde mit der Frage, welche Kenntnis eine Sei-   **439**
te von den Verhältnissen der anderen Seite hat, eine der prägenden Anwen-
dungsbedingungen des Fremdvergleichsgrundsatzes in ihr Gegenteil verkehrt.
Die Regelung gilt allgemein für Verrechnungspreise, wirkt aber insb. auf den
hypothetischen Fremdvergleich und damit auf Funktionsverlagerungen. Die
Änderung erscheint so **massiv und unnötig,** dass es fraglich ist, ob unter
dieser Voraussetzung die Funktionsverlagerungsvorschriften überhaupt noch
dem Fremdvergleichsgrundsatz entsprechen.

Bis zur Unternehmensteuerreform 2008 wurde in Anlehnung an die BFH-
Rechtsprechung[459] bei der Anwendung des Fremdvergleichsgrundsatzes angenommen, dass sich zwei ordentliche und gewissenhaft handelnde Geschäftsleiter gegenüberstehen, die jeder für sich die volle Sachverhaltskenntnis
ihrer jeweiligen Seite haben (**„Informationsasymmetrie"**) und aus dieser
fremdvergleichstypischen „einseitigen" Sicht die Interessen ihres Unternehmens vertreten.[460]

In § 1 Abs. 1 S. 3 AStG heißt es nun, dass für die Anwendung des Fremdver-   **440**
gleichsgrundsatzes davon auszugehen sei, dass die voneinander unabhängigen
Dritten alle wesentlichen Umstände der Geschäftsbeziehung kennen und
nach den Grundsätzen ordentlicher und gewissenhafter Geschäftsleiter handeln. Der Gesetzgeber geht somit immer von einer **vollständigen Transparenz der gegenseitigen Umstände** für alle am Geschäftsvorfall beteiligten
Parteien aus. Das bedeutet insb., dass der Gesetzgeber unterstellt, dass der Geschäftsleiter eines Unternehmens vollständig und gewissermaßen in Echtzeit
alle Sachverhaltsinformationen hat, die auch die Gegenseite besitzt, und alle
Überlegungen kennt, die sein Gegenüber anstellt, zB bei Funktionsverlagerungen Planrechnungen, Geschäftsstrategien oder „Schmerzgrenzen". Daher
wird auch von der Annahme einer Informationstransparenz oder von **Informationssymmetrie** gesprochen. Des Weiteren räumt das Gesetz den Betroffenen keine Möglichkeit ein, den Nachweis zu führen, dass eine solche
Kenntnis nicht vorlag oder vorliegen konnte.

Ziel dieser Regelung ist, so die Gesetzesbegründung, willkürliche Ergebnisse zu vermeiden. Es sollen dadurch Verrechnungspreise, die möglicherweise unter irregulären Umständen zustande gekommen sein könnten, wie mangelhafter Information oder Qualifikation der handelnden Personen, nicht
berücksichtigt werden.[461]

Rn. 149 VGr-FV bestärkt, wenig überraschend, diese **irrige Auffassung**   **441**
des Fremdvergleichsverhaltens. So müsse insb. zur Durchführung des
hypothetischen Fremdvergleichs, der regelmäßig im Zusammenhang mit
Funktionsverlagerungen mit wesentlichen immateriellen Wirtschaftsgütern
anzuwenden sein werde, Informationstransparenz unterstellt werden. Dazu
beruft sich die FinVerw. auf Tz. 9.81, 9.85 OECD-RL 2010. Verkannt wird

---

[458] Im UStRG 2008 § 1 Abs. 1 S. 2 AStG, ab VZ 2013 jetzt § 1 Abs. 1 S. 3 AStG;
vgl. dazu oben Rn. 171.

[459] Vgl. zB BFH 17.5.1995, BStBl. II 1996, 204.

[460] Vgl. zum doppelten ordentlichen und gewissenhaften Geschäftsleiter Kap. C
Rn. 41 ff.

[461] Vgl. BT-Drs. 16/4841, 85.

nur, dass die zur Argumentationshilfe bemühte „zweiseitige Betrachtung" der OECD das Prinzip des doppelten und ordentlichen Geschäftsleiters beschreibt und die Notwendigkeit, die Transaktion aus der Sicht beider beteiligter Unternehmen zu beurteilen. An keiner Stelle jedoch deutet die OECD auch nur an, dass sie von dem von jeher geltenden Fremdvergleichsverhalten im realen Wirtschaftsleben abweichen will, das gerade darin besteht, dass man unter fremden Dritten der anderen Partei gerade nicht seine eigenen Überlegungen und Positionen offenlegt.

Weiter argumentiert Rn. 149 VGr-FV, dass ohne die gesetzliche Fiktion des § 1 Abs. 1 S. 3 AStG der Verhandlungsspielraum, der sich aus den jeweiligen Gewinnerwartungen ergibt, in vielen Fällen nicht festgestellt werden könnte. Dies ist falsch. Wenn es richtig wäre, dass fehlende Informationstransparenz nicht zulassen würde, Verhandlungsspielräume zu finden und einen Preis miteinander zu verhandeln, gäbe es kein Wirtschaftsleben.

Die FinVerw. setzt den doppelten ordentlichen und gewissenhaften Geschäftsleiter mit Informationstransparenz gleich. Beide haben aber nichts miteinander zu tun. Jeder Geschäftsleiter kann natürlich (und fremdvergleichskonform) die Interessen seines Unternehmens vertreten, ohne dafür die Details von Strategie und Verhandlungspositionen der Gegenseite kennen zu müssen. Dies ist der Normalfall im Wirtschaftsleben und dies sollte anerkannt werden.

442 Eine umfassende Kenntnis der Gegenseite besteht zwischen unabhängigen Dritten regelmäßig nicht.[462] Eine solche Informationssymmetrie zu unterstellen, verbessert daher nicht die Qualität des Fremdvergleichs, sondern wendet sich vom Fremdvergleichsmaßstab ab. § 1 Abs. 1 S. 3 AStG als Anwendungsbedingung für Satz 1 führt dazu, dass § 1 Abs. 1 S. 1 AStG keinen Fremdvergleichsmaßstab mehr kodifiziert, sondern eine Bestimmung eines Verrechnungspreises sui generis nach den Vorschriften des Gesetzes. § 1 Abs. 1 S. 3 AStG opfert den Fremdvergleichsgrundsatz, vermeintlich, um willkürliche Ergebnisse zu verhindern, wahrscheinlicher aus rein fiskalischem Interesse.

443 Die Kenntnis aller Umstände ist für die jeweilige Partei in der Praxis auch sekundär, da sie für eine erfolgreiche Geschäftsbeziehung meist nicht notwendig ist. Primär geht es für die Parteien um die Frage, ob sie selbst einen angemessenen Vorteil erhalten werden und ob die gegenüberstehende Partei nicht einen besonderen Vorteil erhält, an dem sie nicht partizipiert.[463] Werden also Preise unter Annahme einer fiktiven, vollständigen Kenntnis festgesetzt, so besteht die Gefahr, dass es sich bei diesen gerade nicht um Fremdvergleichspreise handelt.[464] Denn fremdübliche Verrechnungspreise entstehen regelmäßig in einem von Wettbewerb geprägten Umfeld, in dem keine vollständigen Informationen vorhanden sind.[465]

---

[462] Vgl. *Wassermeyer/Baumhoff/Greinert* in Flick/Wassermeyer/Baumhoff, Vorabkommentierung § 1 Abs. 3 AStG Rn. V 8; *Kaminski* in Strunk/Kaminski/Köhler, AStG/DBA, § 1 AStG nF Rn. 6; *Kraft* in Kraft, AStG, § 1 Rn. 125.

[463] Vgl. *Kaminski* in Strunk/Kaminski/Köhler, AStG/DBA, § 1 AStG nF Rn. 6.

[464] Vgl. *Kroppen/Rasch/Eigelshoven* IWB, Fach 3 Gruppe 1, 2201, 2227; *Kraft* in Kraft, AStG, § 1 Rn. 127.

[465] Vgl. *Wassermeyer/Baumhoff/Greinert* in Flick/Wassermeyer/Baumhoff, Vorabkommentierung § 1 Abs. 3 AStG Rn. V 8.

Zudem stehen auch Konzerngesellschaften nicht alle Informationen frei **444** zur Verfügung. So hat eine Tochtergesellschaft keine rechtlichen Möglichkeiten, gegen den Willen der Konzernmutter Unterlagen und Informationen zu verlangen.[466] Diese Ansicht entspricht Tz. 5.11 **OECD-RL 2010,** in der ebenfalls festgestellt wird, dass es gerade für Tochterunternehmen mangels beherrschenden Einflusses schwierig sein dürfte, auf sämtliche Informationen betreffend der Konzernmutter zuzugreifen. Zudem soll gem. Tz. 5.10 OECD-RL 2010 die FinVerw. vom Steuerpflichtigen auch nur die Herausgabe solcher Unterlagen verlangen, deren Beschaffung angemessen ist, dh die rechtmäßig und unter angemessenem Aufwand erlangt werden können. Auf internationaler Ebene wird demnach von unabhängigen Dritten lediglich die Kenntnis aller allgemein bzw. individuell mit zumutbarem Aufwand zugänglichen Informationen verlangt.[467]

Die Annahme vollständiger Kenntnis der Gegenseite steht zudem im **445** Gegensatz zu dem internationalen Fremdvergleichsgrundsatz des **Art. 9 OECD-MA** und zu den von Deutschland geschlossenen DBA sowie zur **EU-Schiedskonvention.**[468]

b) Anwendung der Verrechnungspreismethoden

Besondere Bedeutung für die Beurteilung von Funktionsverlagerungen **446** kommt auch den allgemeinen Vorschriften zur **Anwendung der Verrechnungspreismethoden**[469] zu, insb. der Regelung über den sog. hypothetischen Fremdvergleich in § 1 Abs. 3 S. 5–7 AStG.

Ein Fremdvergleich kann gem. § 1 Abs. 3 S. 1–8 AStG auf Grundlage von **447** Vergleichswerten angestellt werden, wobei zu unterscheiden ist, ob die Vergleichswerte uneingeschränkt oder lediglich eingeschränkt vergleichbar sind. Der Gesetzgeber lässt offen, wann ein Vergleichswert eingeschränkt bzw. uneingeschränkt vergleichbar ist.

Eine Definition findet sich in den VGr-Verfahren. Danach sind Geschäftsbeziehungen **uneingeschränkt vergleichbar,**[470] wenn
– die Geschäftsbedingungen identisch sind, oder
– Unterschiede bei den Geschäftsbedingungen keine wesentlichen Auswirkungen auf die Preisgestaltung haben, oder
– Unterschiede in den Geschäftsbedingungen (zB unterschiedliche Zahlungsziele) durch hinreichend genaue Anpassungen beseitigt worden sind, und
– die ermittelten Daten qualitativ zuverlässig sind.[471]

Diese Definition ist wegen der verwendeten unbestimmten Begriffe ("keine wesentlichen Auswirkungen", "hinreichend genau") nur bedingt aussagekräftig.[472]

---

[466] Vgl. aber Tz. 3.3.3. VGr-Verfahren.
[467] Vgl. *Wassermeyer* DB 2007, 535, 536; *Kraft* in Kraft, AStG, § 1 Rn. 128.
[468] Vgl. *Wassermeyer* DB 2007, 535, 536; *Kraft* in Kraft, AStG, § 1 Rn. 128.
[469] Vgl. dazu Kap. A Rn. 222 ff.
[470] Vgl. dazu Kap. A Rn. 224 ff.
[471] Vgl. Tz. 3.4.12.7a) VGr-Verfahren.
[472] Vgl. *Wassermeyer/Baumhoff/Greinert* in Flick/Wassermeyer/Baumhoff, Vorabkommentierung § 1 Abs. 3 AStG Rn. V 27; *Kraft* in Kraft, AStG, § 1 Rn. 250.

448 **Eingeschränkte Vergleichbarkeit**[473] ist jedenfalls gegeben, wenn Abweichungen bei den Geschäftsbedingungen bestehen, die nicht so erheblich sind, dass die Fremdvergleichsdaten unvergleichbar werden.[474]

449 Liegen hingegen keine uneingeschränkt oder eingeschränkt vergleichbaren Fremdvergleichswerte vor, ist ein **hypothetischer Fremdvergleich** vorzunehmen.

Je nachdem, welche dieser Konstellationen vorliegt, können unterschiedliche Verrechnungspreismethoden zur Anwendung kommen.

aa) Uneingeschränkt vergleichbare und eingeschränkt vergleichbare Fremdvergleichswerte

450 Zunächst erscheint es überraschend, dass für Funktionsverlagerungen uneingeschränkt oder zumindest eingeschränkt vergleichbare Fremdvergleichswerte vorliegen könnten. Dies ist sicher seltener, aber durchaus nicht ausgeschlossen. Deshalb ist auch zu begrüßen, dass Rn. 61 und 64 VGr-FV dies ausdrücklich bestätigen. **Uneingeschränkt vergleichbare** Fremdvergleichswerte kommen in der Praxis insb. dann vor, wenn ein **innerer Preisvergleich** vorgenommen werden kann.

Beispiel: Ein Unternehmen erwirbt von einem Dritten eine Forschungseinrichtung einschließlich immaterieller Wirtschaftsgüter. Unmittelbar nach dem Erwerb werden die immateriellen Wirtschaftsgüter auf eine Tochtergesellschaft verlagert. Hier erscheint ein innerer Preisvergleich zumindest möglich.

451 Generell gilt, dass bei der Ermittlung von uneingeschränkt vergleichbaren Fremdvergleichswerten die ausgeübten Funktionen, die eingesetzten Wirtschaftsgüter und die übernommenen Risiken zu berücksichtigen sind. Bei Vorliegen uneingeschränkt vergleichbarer Werte sind gem. § 1 Abs. 3 S. 1 AStG die Standardmethoden, namentlich die Preisvergleichsmethode, die Wiederverkaufspreismethode und die Kostenaufschlagsmethode anzuwenden. Wird mittels einer dieser Methoden eine Bandbreite von Vergleichswerten ermittelt, kann auf **jeden Wert innerhalb der vollen Bandbreite** abgestellt werden.[475] Dem Steuerpflichtigen steht es also frei, den für ihn günstigsten Wert zu wählen, soweit ihm zB aus mehreren Vorgängen mit fremden Dritten mehrere uneingeschränkt vergleichbare Fremdvergleichspreise vorliegen.

452 Liegen hingegen nur **eingeschränkt vergleichbare** Werte vor, sind gem. § 1 Abs. 3 S. 2 AStG diese nach sachgerechter Anpassung der Anwendung einer geeigneten Verrechnungspreismethode zugrunde zu legen. Eine sich aus eingeschränkt vergleichbaren Werten ergebende **Bandbreite** ist gem. § 1 Abs. 3 S. 3 AStG weiter **einzuengen.** Wie diese Einengung gerade im Fall von Funktionsverlagerungen erfolgen sollte, ist gesetzlich nicht geregelt.[476] Die Anwendung der Interquartils-Bandbreite aus Tz. 3.4.12.5d) VGr-Verfahren erscheint zwar theoretisch auch hier als der richtige Weg,[477] ist jedoch

---

[473] Vgl. dazu Kap. A Rn. 225 ff.

[474] Vgl. Tz. 3.4.12.7b), c) VGr-Verfahren.

[475] Vgl. *Wassermeyer/Baumhoff/Greinert* in Flick/Wassermeyer/Baumhoff, Vorabkommentierung § 1 Abs. 3 AStG Rn. V 37.

[476] Vgl. *Kraft* in Kraft, AStG, § 1 Rn. 274.

[477] Für eine vorrangige Einengung durch die Verwendung verschiedener Verrechnungspreismethoden sowie durch Plausibilitätsüberlegungen vgl. *Kraft* in Kraft,

praktisch nicht relevant, da kaum eine ausreichend große Anzahl von eingeschränkt vergleichbaren Funktionsverlagerungsvorgängen vorliegen und als
solche anerkannt werden dürfte, die dann mit mathematischen Verfahren eingegrenzt werden könnte.[478]

Für den Fall, dass der vom Steuerpflichtigen bestimmte Verrechnungspreis   453
für die Verlagerung einer Funktion außerhalb der Bandbreite liegt, die aus
uneingeschränkt oder aus eingeschränkt vergleichbaren Werten mit folgender
Einengung ermittelt wurde, wird gem. § 1 Abs. 3 S. 4 AStG eine **Korrektur
auf den Median** vorgenommen.

**bb) Hypothetischer Fremdvergleich (§ 1 Abs. 3 S. 9 iVm S. 5
AStG und § 2 Abs. 1 FVerlV)**

Ungleich wichtiger für die Praxis der Besteuerung von Funktionsverlage-   454
rungen als Fremdvergleichpreise auf der Grundlage uneingeschränkt oder
eingeschränkt vergleichbarer Fremdvergleichswerte ist der sog. hypothetische
Fremdvergleich gem. **§ 1 Abs. 3 S. 5 AStG.** Er ist unzweifelhaft der **Stan-
dardanwendungsfall** für die Ermittlung des Verrechnungspreises **für den
Wert einer verlagerten Funktion.**[479]

Auch wenn § 1 Abs. 3 S. 5 AStG im Gesetz systematisch unter den allgemeinen Verrechnungspreisvorschriften und vor den Bestimmungen zu Funktionsverlagerungen im Speziellen (§ 1 Abs. 3 S. 9 AStG) steht, ist nicht zu
verkennen, dass die Vorschrift trotz durchaus gegebener weiterer Anwendungsbereiche (insb. für Lizenztransaktionen) primär für die Preisermittlung
bei Funktionsverlagerungen geschaffen wurde.

Dabei können im hypothetischen Fremdvergleich, wie Rn. 65 VGr-FV
zurecht erwähnt, **Elemente eines tatsächlichen Fremdverhaltens** zu berücksichtigen sein. Das gilt zB, wenn ein internes Berechnungs- bzw. Kalkulationsschema in vergleichbaren Situationen vom Steuerpflichtigen sowohl
gegenüber verbundenen als auch gegenüber nicht verbundenen Unternehmen für Funktionsverlagerungen (bzw. für die Nutzungsüberlassung von immateriellen Wirtschaftsgütern) verwendet wird, zB ein am erwarteten Ertrag
des Lizenznehmers anknüpfendes Lizenzsystem, das betriebswirtschaftlichen
Grundsätzen genügt.

Beim hypothetischen Fremdvergleich handelt es sich um die **Simulation**   455
eines Preisbildungsprozesses nach den besonderen Regeln des § 1 Abs. 3
S. 5 AStG zwischen zwei voneinander rechtlich unabhängigen Geschäftspartnern, der in die Festlegung eines Einigungsbereiches mündet.[480]

§ 1 Abs. 3 S. 5 AStG verweist auf § 1 Abs. 1 S. 3 AStG, so dass bei dem   456
hypothetischen Fremdvergleich das **Verhalten zweier ordentlicher und
gewissenhafter Geschäftsleiter** zum Tragen kommt. Dabei stehen sich
zwei Parteien gegenüber, die bestrebt sind, das für sie jeweils optimale Ergebnis zu erreichen. Der ordentliche und gewissenhafte Geschäftsleiter wird sei-

---

AStG, § 1 Rn. 275 ff. Ähnlich für Zwecke der Verplausibilisierung: Rn. 64 S. 3 VGr-
FV.

[478] AA aufgrund fehlender Eignung: *Wassermeyer/Baumhoff/Greinert* in Flick/
Wassermeyer/Baumhoff, Vorabkommentierung § 1 Abs. 3 AStG Rn. V 41 f.; *Wassermeyer* DB 2007, 535, 537.

[479] Gl. A. Rn. 63 VGr-FV.

[480] Vgl. dazu iE im Folgenden Rn. 458 ff.

nesgleichen gegenübergestellt und somit gewissermaßen verdoppelt (Grundsatz des doppelten ordentlichen Geschäftsleiters).[481]

Dabei ist gem. § 1 Abs. 1 S. 3 AStG aber davon auszugehen, dass die beiden ordentlichen und gewissenhaften Geschäftsleiter in **Kenntnis aller wesentlichen Umstände** der Geschäftsbeziehung handeln. Das bedeutet insb., dass der eine Geschäftsleiter nicht nur die eigenen, sondern gewissermaßen in Echtzeit auch alle Erwägungen des anderen Geschäftsleiters kennt.

457   Diese Annahme einer vollen Informationssymmetrie des Gesetzgebers geht an der Realität unter fremden Dritten vorbei, **widerspricht dem Fremdvergleichspostulat** und führt dazu, dass die Vorschriften zum hypothetischen Fremdvergleich nicht dem Fremdvergleichsgrundsatz entsprechen.[482] Zwischen fremden Dritten wird es zu einer vollständigen Informationslage über die jeweils gegenüberstehende Partei gerade nicht kommen. Fremde Dritte werden eine solche Informationstransparenz in aller Regel sogar zu verhindern suchen, um ihre Verhandlungsposition nicht zu schwächen. Dennoch verlangt der Gesetzgeber, dass die Parteien auf Grundlage solcher Kenntnis und ihrer gegenseitigen Preisvorstellung einen Einigungsbereich bestimmen und einen Preis innerhalb dieses Einigungsbereichs vereinbaren.[483]

c) Transferpaket (§ 1 Abs. 3 S. 9 AStG, § 1 Abs. 3 FVerlV)

458   § 1 Abs. 3 S. 9 AStG prägt den neuen gesetzlichen Terminus „Transferpaket", definiert ihn jedoch nicht, sondern spricht nur davon, dass das Transferpaket **als Ganzes** zu betrachten ist und der Steuerpflichtige den Einigungsbereich auf der Grundlage des Transferpakets **zu bestimmen** hat. Demnach ist aus der originären gesetzlichen Vorschrift zu entnehmen, dass es sich offensichtlich um ein Bewertungsobjekt handeln muss, das in seiner Gesamtheit als Ganzes bewertet werden soll.

§ 1 Abs. 3 FVerlV enthält dann eine inhaltliche **Definition** des Transferpakets, wonach das Transferpaket aus einer Funktion und den mit der Funktion zusammenhängenden Chancen und Risiken sowie den Wirtschaftsgütern und Vorteilen, die das verlagernde Unternehmen dem übernehmenden Unternehmen zusammen mit der Funktion überträgt oder zur Nutzung überlässt, besteht.[484]

459   Dabei kommt es gem. § 1 Abs. 1 S. 2 FVerlV nicht darauf an, ob es sich bei der verlagerten Funktion um einen vollständigen Betrieb oder Teilbetrieb im steuerlichen Sinn handelt. Erforderlich ist lediglich, dass es sich um einen **organischen Teil eines Unternehmens** handelt, der für sich lebensfähig ist.[485]

Wichtig ist, worauf Rn. 28 VGr-FV hinweist, dass das verlagerte Transferpaket mit seinen Bestandteilen vor Verlagerung rechtlich oder wirtschaftlich **dem verlagernden Unternehmen zuzuordnen** gewesen war. Als Kriterien für

---

[481] Vgl. dazu Kap. C Rn. 81 ff.

[482] Vgl. oben Rn. 442.

[483] Ähnlich auch: *Wassermeyer/Baumhoff/Greinert* in Flick/Wassermeyer/Baumhoff, Vorabkommentierung § 1 Abs. 3 AStG Rn. V 54.

[484] Vgl. auch Rn. 28 VGr-FV.

[485] Vgl. dazu Rn. 13 ff. und 294 ff.; zur Diskussion des Transferpakets vgl. u. a. *Kraft* in Kraft, AStG, § 1 Rn. 400 ff.; *Blumers* BB 2007, 1757, 1759.

die Zuordnung soll zB gelten, dass das verlagernde Unternehmen im Hinblick auf das verlagerte Gewinnpotenzial Kosten getragen hat, für die es keine fremdübliche Vergütung erhalten hat und dass es vor der Verlagerung über alle oder zumindest die wesentlichen Wirtschaftsgüter und das Personal verfügt hat, um das Gewinnpotenzial bei Beibehaltung der Funktion selbst realisieren zu können. Diese Abgrenzung und die Beispiele sind sicher vertretbar, allerdings muss das Transferpaket und jedes seiner Bestandteile dem verlagernden Unternehmen im Gegensatz zu Rn. 28 VGr-FV **immer wirtschaftlich zuzuordnen** sein. Offensichtlich reicht das rechtliche Eigentum („oder") nicht aus, wenn es vom wirtschaftlichen Eigentum abweicht (§ 39 AO).

Durch die Betrachtung der Funktion als Ganzes und der entsprechenden **460** Anwendung des Transferpakets sollen auch **nicht konkretisierte Geschäftschancen erfasst** werden. Der Gesetzgeber geht davon aus, dass der Wert der Summe der einzelnen Wirtschaftsgüter und Vorteile bei einer Einzelpreisbestimmung niedriger ist und somit nicht dem Wert der Funktion als Ganzes entspricht.[486] Denn nur, wenn die mit der Funktion übergehenden Chancen und Risiken in ihrer Gesamtheit betrachtet werden, könnten die darin enthaltenden Vorteile vollständig berücksichtigt werden. Ziel des Gesetzgebers ist es somit, alle stillen Reserven und mithin den **Goodwill der Funktionsverlagerung** zu erfassen.[487]

Auch ein **im Ausland liegendes Gewinnpotenzial** wird dadurch zumindest teilweise der deutschen Besteuerung unterworfen, da für die Funktionsverlagerung i. d. R. der Mittelwert des Einigungsbereichs anzusetzen ist. Diese Regelung ist sehr bedenklich und birgt ein hohes Konfliktpotenzial. Der deutsche Fiskus besteuert die zukünftigen, von dem übernehmenden Unternehmen im Ausland erwirtschafteten Gewinne zumindest teilweise (in der Praxis oft hälftig) mit. Die ausländischen FinVerw. müssen dieser Handhabung nicht folgen, sodass Doppelbesteuerungen und anschließende Verständigungsverfahren die Folge sind.[488]

d) Ermittlung des Einigungsbereichs (§ 1 Abs. 3 S. 6 AStG, § 7 FVerlV)[489]

Die Ermittlung des Einigungsbereichs ist gesetzlich in § 1 Abs. 3 S. 6 AStG **461** geregelt. Daneben enthält § 7 FVerlV weitergehende Regelungen zur Bestimmung des Einigungsbereichs und unterscheidet neben der Sicht des abgebenden und des aufnehmenden Unternehmens auch zwischen Unternehmen, die aus der zu verlagernden Funktion Gewinne erwarten (§ 7 Abs. 1 FVerlV), solchen, die die verlagerte Funktion zukünftig nicht (mehr) betriebswirtschaftlich sinnvoll ausüben können (§ 7 Abs. 2 FVerlV) und Unternehmen, die aus der verlagerten Funktion bei Fortführung Verluste erwarten (§ 7 Abs. 3 FVerlV).[490]

Nach § 1 Abs. 3 S. 6 AStG hat der Steuerpflichtige auf der Grundlage einer Funktionsanalyse und innerbetrieblicher Planrechnungen den **Mindest-**

---

[486] Vgl. BT-Drs 16/4814, 86.
[487] Vgl. dazu Rn. 198 f.
[488] Vgl. dazu Rn. 199.
[489] Vgl. dazu insb. auch unten Rn. 474 ff.
[490] Vgl. iE dazu unten Rn. 515 ff.

preis des Leistenden und den **Höchstpreis des Leistungsempfängers** zu ermitteln. Der Einigungsbereich wird dabei von den Gewinnerwartungen, die der Gesetzgeber mit den Gewinnpotenzialen gleichsetzt, bestimmt.

462   Aus der systematischen Stellung im Gesetz heraus und aus dem Regelungsumfang des § 1 Abs. 3 S. 6 AStG ergibt sich, dass diese Vorschrift allgemein für jeden Verrechnungspreissachverhalt gilt, bei dem keine uneingeschränkt oder eingeschränkt vergleichbaren Fremdvergleichswerte vorliegen. Nichtsdestotrotz **zielt** die Vorschrift **auf** die Preisfestsetzung bei **Funktionsverlagerungen oder verwandten Sachverhalten** wie die Überführung wesentlicher immaterieller Wirtschaftsgüter.

463   Die fortlaufende Notwendigkeit, Einigungsbereiche bei der Durchführung von hypothetischen Fremdvergleichen bei Funktionsverlagerungen zu ermitteln, ist fragwürdig, da sie in einer erkennbaren Anzahl von Fällen unverhältnismäßig erscheint. Grund hierfür ist, dass es für die betroffenen Unternehmen einen **erheblichen Aufwand** darstellt, die wirtschaftlichen Perspektiven der Unternehmen rechnerisch im Rahmen von vollumfänglichen **Unternehmensbewertungen** zu bestimmen.[491] Dies gilt insb., wenn Reorganisationen vorliegen, die nicht auf erhebliche Synergien oder Kosteneinsparungen ausgerichtet sind, sondern andere Gründe haben.

aa) Gewinnerwartungen – Gewinnpotenziale[492]

464   Die Gewinnerwartung, von § 1 Abs. 3 S. 6 AStG als Gewinnpotenzial „definiert", soll nach § 1 Abs. 4 FVerlV aus dem kapitalisierten Wert der aus der verlagerten Funktion zu erwartenden Reingewinne nach Steuern (Barwert) ermittelt werden, auf die ein ordentlicher und gewissenhafter Geschäftsleiter iSd § 1 Abs. 1 S. 3 AStG aus der Sicht des verlagernden bzw. des aufnehmenden Unternehmens nicht unentgeltlich verzichten bzw. die er vergüten würde (§ 1 Abs. 4 FVerlV).

Der Begriff Gewinnpotenzial ist dabei zunächst von dem Begriff der **Geschäftschance zu unterscheiden:**[493] Während eine Geschäftschance selbst ein Wirtschaftsgut ist oder dazu geeignet ist, sich zu einem Wirtschaftsgut zu entwickeln, bezeichnet der Begriff „Gewinnpotenzial" die Gewinnerwartungen, die mit anderen übertragenen oder überlassenen Wirtschaftsgütern verknüpft sind, bzw. nach Rn. 37 VGr-FV in den Fällen des hypothetischen Fremdvergleichs die jeweiligen Gewinnerwartungen als Ausgangspunkt für die Ermittlung des Werts für ein Transferpaket (oder auch eines einzelnen Wirtschaftsguts).

465   Zu ermitteln sind die Gewinnpotenziale **„aus der verlagerten Funktion".** Dies bedeutet insb., dass der Gesetzgeber grundsätzlich davon ausgeht, dass für die Funktion eine segmentierte Zukunftsertragserwartungsanalyse erstellt wird, aus Sicht des abgebenden und des aufnehmenden Unternehmens. Dies wird auch als **direkte Methode** bezeichnet.[494] Alternativ kann der Steuerpflichtige aber auch den Verlust bzw. den Zugewinn an Gewinnpotenzial nach der sog. **indirekten Methode** ermitteln, bei der für das verlagern-

---

[491] Vgl. *Wassermeyer/Baumhoff/Greinert* in Flick/Wassermeyer/Baumhoff, Vorabkommentierung § 1 Abs. 3 AStG Rn. V 58; *Kraft* in Kraft, AStG, § 1 Rn. 301.

[492] Vgl. dazu insb. unten Rn. 601 ff.

[493] Vgl. dazu auch unten Rn. 813 ff.

[494] Vgl. auch Rn. 31 VGr-FV und unten Rn. 473, 578 ff.

de und für das übernehmende Unternehmen eine Unternehmensbewertung jeweils vor und nach Funktionsverlagerung vorgenommen wird und die ermittelten Delta das Gewinnpotenzial der Funktion aus Sicht des abgebenden bzw. des aufnehmenden Unternehmens beschreiben und so den Einigungsbereich determinieren.[495]

§ 1 Abs. 4 FVerlV stellt als Maßgröße für das Gewinnpotenzial auf den **er-** **466** **wartenden Reingewinn nach Steuern (Barwert)** ab. Dies ist für die Verrechnungspreispraxis **unüblich.** Zumindest ist aber zu fordern, dass von Unternehmen auch andere Bewertungsmethoden, die zB auf Vorsteuerergebnissen **(Ertragswertverfahren)** oder Cash Flow **(Discounted Cash Flow – DCF)** basieren, zulässig sind, vor allem, wenn derartige Methoden standardmäßig von den Unternehmen intern oder sogar auch extern gegenüber fremden Dritten angewandt werden.[496] Es ist erfreulich, dass die FinVerw. mittlerweile in Rn. 88 VGr-FV das Discounted Cash Flow-Verfahren als Bewertungsmethode anerkennt.

Die vorgeschriebene, formelmäßig festgelegte Bestimmung des Einigungs- **467** bereichs in § 1 Abs. 3 S. 6 AStG **verstößt** nicht nur **gegen den Ansatz der OECD,** die das Fremdvergleichsprinzip in den Vordergrund stellt und jeden Einzelfall individuell beurteilen will,[497] sondern des Weiteren auch gegen das internationale Prinzip der Quellenbesteuerung, da u. a. auch ausländische Gewinnpotenziale in dessen Ermittlung einbezogen werden.[498] Dies ist insofern problematisch, als diese zukünftig im Ausland erzielten Gewinnpotenziale ohne die Funktionsverlagerung überhaupt nie zu einem in Deutschland steuerpflichtigen Sachverhalt geworden wären, also nicht in den Bereich der deutschen Steuerjurisdiktion fallen und folglich nicht durch die deutschen Finanzbehörden beansprucht werden können.[499]

Zur Ermittlung des Gewinnpotenzials sind diejenigen Unterlagen heranzu- **468** ziehen, die zur betriebswirtschaftlichen Beurteilung der Funktionsverlagerung verwendet wurden und Grundlage für die Entscheidung waren, die Funktionsverlagerung vorzunehmen.[500] Zu beachten ist dabei, dass es für derartige **Unterlagen keinen gesetzlich geregelten Maßstab** gibt.[501] Deshalb variieren Art, Inhalt und Umfang in der Praxis stark und dementsprechend unterschiedlich sind die Aussagekraft und die Nachvollziehbarkeit dieser Unterlagen.

Dies erkennt auch die FinVerw. an, wenn sie an verschiedenen Stellen in den VGr-FV darauf hinweist, aus welchen **verschiedenen Quellen** Unterlagen für die Beurteilung der Funktionsverlagerung und die Berechnung der Gewinnpotenziale entnommen sein können, so zB Sparten-/Segmentrechnungen, Kosten- und Leistungsrechnungen, Buchungskreise, Profitcenterrechnungen, oder Finanzierungsunterlagen zur Vorlage bei Kreditinstituten (Rn. 166 VGr-FV), soweit die jeweiligen Unterlagen **plausibel** sind (Rn. 86 VGr-FV).

---

[495] Vgl. Rn. 32 VGr-FV und unten Rn. 473, 580 ff.

[496] Vgl. auch unten Rn. 582 ff.

[497] Vgl. auch Tz. 9.65 ff. OECD-RL 2010 und unten Rn. 846 ff.

[498] Vgl. dazu oben Rn. 199.

[499] Siehe weitergehend auch Rn. 472, den Wirkungen auf die EU-Widrigkeit neu § 1 Abs. 3 AStG in Rn. 248, 258 und *Hey* BB 2007, 1303, 1308.

[500] Vgl. Begründung zu § 1 Abs. 4 FVerlV.

[501] Vgl. dazu auch Rn. 86 und 167 VGr-FV.

Um die Unterlagen für die **Dokumentation** des Gewinnpotenzials nutzen zu können, sollte der Steuerpflichtige diese Unterlagen in einer Art und Weise erstellen, die es ihm ermöglicht, auch nach einem längeren Zeitraum die Entscheidung nachvollziehbar darzulegen und sie in einer Betriebsprüfung verteidigen zu können.

469   Die Ermittlung des Gewinnpotenzials erfolgt nach § 1 Abs. 1 S. 3 AStG unter der Annahme der jeweiligen Kenntnis der Gegenseite.[502] Gem. § 3 FVerlV sollen dabei sämtliche Standortvor- oder -nachteile wie auch Synergieeffekte in die Betrachtung einbezogen werden.[503] Die Gewinnerwartungen sind dann mittels eines angemessenen Kapitalisierungszinssatzes (§ 5 FVerlV) über einen **grundsätzlich unbegrenzten Kapitalisierungszeitraum** (§ 6 FVerlV) zu diskontieren. Von dieser Handhabung soll nur dann abgewichen werden, wenn der Steuerpflichtige Gründe glaubhaft macht, die für die Annahme eines begrenzten Kapitalisierungszeitraums sprechen, zB, dass die Funktion nur einen bestimmten Zeitraum ausgeführt wird oder aber getätigte Investitionen im Laufe der Zeit ihren Wert verlieren und derart hinter die Leistungen des übernehmenden Standortes zurücktreten, dass sie nach dem Kapitalisierungszeitraum keinen maßgeblichen Einfluss auf die Ausübung der Funktion mehr haben.[504]

bb) Funktionsanalyse und Planrechnungen

470   Zur Ermittlung des Gewinnpotenzials muss der Steuerpflichtige nach § 1 Abs. 3 S. 6 AStG in allen Fällen, in denen der hypothetische Fremdvergleich zum Einsatz kommt, eine Funktionsanalyse und innerbetriebliche Planrechnungen durchführen. Diese haben sowohl den Status quo vor als auch nach der Funktionsverlagerung zu ermitteln und so **Aufschluss über die Veränderungen durch die Funktionsverlagerung** zu geben.[505]

cc) Standortvorteile, Synergien, Schließungskosten

471   Gem. § 3 Abs. 2 FVerlV sind bei der Ermittlung der Gewinnpotenziale die jeweiligen Standortvor- und -nachteile der einzelnen Länder sowie die Synergieeffekte und ggf. auftretende Schließungskosten zu berücksichtigen.

Dies erfolgt bis auf die **Schließungskosten,** die **individuell** ermittelt werden, im Rahmen der Ermittlung der zukünftigen Gewinnpotenziale, in denen sich **Standortfaktoren und Synergieeffekte,** zB niedrigere Lohnniveaus oder bessere Einkaufskonditionen durch eine Vergrößerung der Produktion, **immanent** niederschlagen.

Während Schließungskosten nur **beim abgebenden Unternehmen** auftreten sollten, werden Standortvor- und -nachteile zwar schwerpunktmäßig, aber nicht zwangsläufig nur **beim aufnehmenden Unternehmen** zu berücksichtigen sein. Synergien treten idealtypisch beim aufnehmenden Unternehmen auf, können aber auch als Wegfall von bestehenden Synergieeffekten als zusätzlicher Aufwand beim abgebenden Unternehmen zu berücksichtigen sein, zB, wenn dieses eine verkleinerte Produktion weiterbetreibt und aufgrund der Größendegression Einkaufsnachteile erleidet.[506]

---

[502] Vgl. dazu iE Rn. 439 ff.
[503] Vgl. dazu im Folgenden Rn. 471 f.
[504] Vgl. dazu iE Rn. 610 ff.
[505] Vgl. auch Rn. 83 VGr-FV.
[506] Vgl. dazu iE unten Rn. 475, 480, 486. Dazu iE auch Rn. 949 ff.

Nach Rn. 93 VGr-FV sind **Beispiele für** mögliche **Standortvorteile oder -nachteile** des übernehmenden Unternehmens Unterschiede bei Lohn- oder Materialkosten, Finanzierungskonditionen, die Qualität der Infrastruktur oder die Zuverlässigkeit und Qualifizierung des Personals und der Materiallieferungen, sowie Steuerbelastungsunterschiede und Investitionshilfen.

Das Erfordernis, Standortvor- und -nachteile sowie Synergieeffekte in die **472** Ermittlung der Gewinnpotenziale einzubeziehen, hat in der Praxis weit reichende Folgen, denn ein Standortvorteil oder Synergieeffekt im Ausland, der zuerst einmal Gegenstand der ausländischen Besteuerung ist, wird dadurch ebenfalls in Deutschland besteuert. Durch das **Einbeziehen auch ausländischen Gewinnpotenzials** in die Funktionsanalysen und in Planrechnungen stellt sich ein Besitzanspruch der deutschen Finanzbehörden auf jegliche „in Deutschland getätigte Investitionen und die daraus resultierenden Immaterialpositionen"[507] ein. Dies bedeutet u. a., dass nicht nur inländische, bereits entstandene stille Reserven realisiert, sondern dass ebenfalls erst im Ausland entstehende zukünftige Gewinne (Gewinnpotenziale), zB auch aus im Ausland steuerfinanzierten Infrastrukturmaßnahmen, **bereits vorab in Deutschland besteuert** werden sollen.[508]

Dies führt, nicht nur im Zusammenhang mit Funktionsverlagerungen, sondern auch allgemein bei der Verrechnungspreisbildung, mittlerweile bei zahlreichen Ländern, vor allem bei den BRICS-Staaten, und hier **insb.** bei **China, zu massivem Widerstand,** da gerade China fordert, dass seine Standortvorteile (sog. location specific advantages: location savings und market premiums) im chinesischen (Quellen)Besteuerungsrecht verbleiben. Diese Forderung ist **Teil des** von der UNO in **2013** verabschiedeten **„UN Practical Manual on Transfer Pricing for Developing Countries"** geworden.[509]

dd) Zwei bzw. vier Unternehmensbewertungen (§ 3 Abs. 2 S. 1 FVerlV)

Die Bewertung des Transferpakets erfolgt auf Grundlage des erwarteten **473** Gewinnpotenzials der beteiligten Unternehmen. Zur Bemessung des Gewinnpotenzials ist nach Ansicht des Gesetzgebers eine **Betrachtung beider Unternehmen** vor und nach der Funktionsverlagerung notwendig.

Die Gewinnpotenziale sind gem. § 3 Abs. 2 S. 1 FVerlV unter Berücksichtigung aller Umstände auf der Grundlage einer Funktionsanalyse vor und nach der Funktionsverlagerung unter Berücksichtigung tatsächlich bestehender Handlungsmöglichkeiten zu ermitteln. Die Funktion ist daher sowohl für das abgebende Unternehmen als auch für das aufnehmende Unternehmen vor und nach der Funktionsverlagerung jeweils für sich zu bewerten.

Ist eine Bewertung der übertragenen Funktion an sich möglich, kommt es mithin zu zwei Bewertungen (**„direkte Methode"**). Lässt sich aber der Wert der übertragenen Funktion nur aus einem „Vorher-Nachher-Vergleich" jeweils der beiden Unternehmen ableiten, werden vier Bewertungen erfor-

---

[507] Vgl. *Rödder* ZHR 2007, 380, 402.
[508] Gl. A. *Hey* BB 2007, 1303, 1308; *Wassermeyer/Baumhoff/Greinert* in Flick/Wassermeyer/Baumhoff, Vorabkommentierung § 1 Abs. 3 AStG Rn. V 60; *Kraft* in Kraft, AStG, § 1 Rn. 330.
[509] Vgl. dazu iE Kap. B Rn. 272 ff.

derlich (**„indirekte Methode"**).[510] Dem Steuerpflichtigen wird somit ein
erheblicher Verwaltungsaufwand aufgebürdet.[511]

ee) Preisuntergrenze (§ 7 Abs. 1–3 FVerlV)

474   § 7 Abs. 1–3 FVerlV führt im Einzelnen aus, was § 1 Abs. 3 S. 6 AStG unter dem **„Mindestpreis des Leistenden"** versteht.

Die erste Fallgruppe des § 7 Abs. 1 FVerlV bezieht sich auf verlagernde
Unternehmen, die aus der Funktion **Gewinne erwarten,** falls sie sie selbst
weiterführen würden.[512] Bei diesen wird für die Ermittlung der Preisuntergrenze auf die Entschädigung für die **Minderung bzw.** den vollständigen
Wegfall des Gewinnpotenzials abgestellt. Bei dem die Funktion abgebenden Unternehmen sind daher die zu erwartenden Reingewinne sowohl bei
Beibehaltung als auch bei Abgabe der Funktion zu vergleichen und die Differenz entweder nach der direkten oder nach der indirekten Methode[513] zu
bestimmen. Der sich dabei ergebende Mindergewinn ist mittels eines angemessenen Zinssatzes zu kapitalisieren. Der ermittelte Barwert stellt das Gewinnpotenzial dar und soll (zzgl. der ggf. anfallenden Schließungskosten)
auch der Preis sein, den der Verkäufer mindestens verlangen würde, da davon ausgegangen wird, dass voneinander unabhängige Dritte einen Ausgleich
für die Abgabe einer gewinnträchtigen Funktion und der damit verbundenen Gewinnpotenziale vereinbaren würden. Diese **Mindestpreisvorstellung**
ist die **Preisuntergrenze des leistenden Unternehmens** (§ 7 Abs. 1
FVerlV).[514]

475   Die Ausgleichszahlung würde auch etwaige **Schließungskosten** berücksichtigen, denn nur wenn sämtliche durch die Funktionsverlagerung entstehenden Einbußen kompensiert werden, würde ein ordentlicher und gewissenhafter Geschäftsleiter die Verlagerung als betriebswirtschaftlich sinnvoll
ansehen.[515] Zu beachten ist dabei, dass sich die Schließungskosten natürlich
nicht in den zukünftigen Gewinnpotenzialen niederschlagen und sich daher
nicht in den von § 1 Abs. 3 S. 6 AStG geforderten Planungsrechnungen zumindest immanent widerspiegeln. Schließungskosten müssen also unabhängig
vom zukünftigen Gewinnpotenzial individuell für das abgebende Unternehmen ermittelt werden.

Nach Auffassung der FinVerw. in Rn. 118 VGr-FV ist zudem neben dem
zukünftigen Gewinnpotenzial und den Schließungskosten für die Berechnung
des Mindestpreises des verlagernden Unternehmens auch noch dessen **Steuerbelastung aus der Funktionsverlagerung selbst,** dh die Ertragsteuerbelastung aus § 1 Abs. 3 S. 9 AStG (**„exit tax"**), zu berücksichtigen. Dies
entspricht nicht der Gesetzesvorgabe, da es sich offensichtlich nicht um ein

---

[510] Vgl. dazu auch oben Rn. 465 und unten Rn. 578 ff.

[511] Vgl. zur Dokumentation von Funktionsverlagerungen unten Rn. 741 ff.; *Schreiber*
in Kroppen, Handbuch internationale Verrechnungspreise Bd. I, § 3 Abs. 2 FVerlV,
Anm. 135.

[512] Zu den Liquidationsfällen und den Fällen der Übertragung einer Verlustfunktion
vgl. unten Rn. 515 ff.

[513] Vgl. dazu auch oben Rn. 465 und unten Rn. 578 ff.

[514] Vgl. Rn. 116 VGr-FV.

[515] Vgl. Rn. 116 VGr-FV. Zu Schließungskosten im Zusammenhang mit Liquidationsfällen und Übertragungen von Verlustfunktionen vgl. unten Rn. 522, 526.

zukünftiges Gewinnpotenzial handelt, und ist daher abzulehnen.[516] Zudem führt die Einbeziehung in vielen Fällen dazu, dass die Mindestpreisvorstellung des abgebenden Unternehmens nach Einbezug der Exit Tax die Höchstpreisvorstellung des aufnehmenden Unternehmens überschreitet und damit der Einigungsbereich, der vor Einbeziehen der Steuerbelastung gegeben war, nunmehr nicht mehr existiert.[517]

Ein ordentlicher und gewissenhafter Geschäftsleiter würde **tatsächlich 476 verfügbare Handlungsalternativen** bei der Bewertung der Preisuntergrenze berücksichtigen.[518] Grundsätzlich wird ein ordentlicher und gewissenhafter Geschäftsleiter prüfen, welche Auszahlungen er aus den verschiedenen, verfügbaren Handlungsalternativen zu erwarten hat und sich dann für die Option mit der für ihn günstigsten Auszahlung entscheiden. Diese Auszahlung definiert grds. seine Erwartungen an eine Entschädigung für die Verlagerung der Funktion. Dies muss aber nicht die Bewertung des Gewinnpotentials der Fortführung der bisherigen Geschäftstätigkeit sein.

Hierbei ist auch die Frage zu berücksichtigen, ob eine solche **hypotheti- 477 sche Fortführung** der Funktion dem abgebenden Unternehmen **überhaupt** als **Handlungsalternative** für die Zukunft zur Verfügung gestanden hätte, bzw. ob sie dies zu gleichen Gewinnerwartungen wie in der Vergangenheit getan hätte. Aufgrund einer Vielzahl von Gründen, wie zB der fristgerechten Kündigung konzerninterner Verträge, Veränderungen des regulatorischen Umfeldes, Veränderungen von Absatzmärkten und der Wettbewerbssituation in der Industrie, ist es möglich, dass die Handlungsalternative der Fortführung der bisherigen Geschäftstätigkeit mit unverändertem Gewinnpotenzial gar nicht mehr zur Verfügung steht.

Sobald die Alternative der Fortführung der vorhandenen Funktion in unver- 478 änderter Funktionalität zu einem gleichbleibenden Gewinnerwartungsniveau nicht mehr vorhanden ist, wird sich die Preiserwartung eines ordentlichen und gewissenhaften Geschäftsleiters an der Auszahlung seiner **nächstbesten alternativen Handlungsoption** bemessen. Hieraus ist die Preisuntergrenze für die Verlagerung der Funktion abzuleiten. Diese wird idR niedriger sein als der Barwert der Fortführung der bisherigen Geschäftstätigkeit, da anzunehmen ist, dass im Falle der Verfügbarkeit einer Option, die zu einer höheren Auszahlung geführt hätte als die bisherige Geschäftstätigkeit, ein ordentlicher und gewissenhafter Geschäftsleiter diese bereits in der Vergangenheit gewählt hätte.

Zur Ermittlung der Preisuntergrenze ist somit zu prüfen, ob dem abgeben- 479 den Unternehmen die Fortführung der bisherigen Geschäftstätigkeit mit unverändertem Gewinnpotential überhaupt möglich ist und welche alternativen Handlungsoptionen dem abgebenden Unternehmen anstelle der Verlagerung zur Verfügung stehen. Die **beste der tatsächlich verfügbaren Handlungsoptionen** definiert dann die Preiserwartung des abgebenden Unternehmens und somit die Preisuntergrenze.

ff) Preisobergrenze (§ 7 Abs. 4 FVerlV)

§ 7 Abs. 4 FVerlV führt aus, was § 1 Abs. 3 S. 6 AStG unter dem 480 **„Höchstpreis des Leistungsempfängers"** versteht.

---

[516] Vgl. unten Rn. 647ff
[517] Vgl. unten Rn. 551f.
[518] Vgl. auch § 7 Abs. 1 S. 2 FVerlV und Rn. 96, 117 VGr-FV.

Es fällt allerdings auf, dass die Vorgaben der Verordnung bei weitem weniger umfangreich sind als die korrespondierenden Vorschriften zum Mindestpreis des Leistenden. So erwähnen sie nicht einmal die Synergieeffekte und Standortvor-/-nachteile, die nach § 3 Abs. 2 S. 1 FVerlV eine so große Bedeutung für die Bewertung des Transferpakets haben und maßgeblich den Höchstpreis des Leistungsempfängers beeinflussen. Diese geringere Beachtung ist im Zweck des Gesetzes begründet, das das aus Deutschland abwandernde Gewinnpotenzial besteuern und dafür eine Mindestbesteuerungsgrundlage festschreiben will.

481   Gem. § 7 Abs. 4 FVerlV ist bei dem aufnehmenden Unternehmen das Gewinnpotenzial (einschließlich Standortvor- oder -nachteilen und Synergien) für die Höchstpreisvorstellung des Verkäufers maßgeblich.[519] Auch bei diesem wird in gleicher Weise eine Prognoserechnung zur Ermittlung des zu erwartenden **Mehrgewinns** durchgeführt und dieser mittels eines angemessenen Zinssatzes kapitalisiert. Das sich dabei ergebende Gewinnpotenzial ist die **Höchstpreisvorstellung des aufnehmenden Unternehmens,** dh die **Preisobergrenze** (§ 7 Abs. 4 FVerlV).

Rn. 125 VGr-FV enthält eine Regelung, die eine korrespondierende Vorschrift zu oder, je nach Wertung, einen nicht vermeidbaren **Reflex** darauf enthält, dass in Rn. 118 VGr-FV gefordert wird, die Steuerbelastung auf die Funktionsverlagerung selbst, also die Exit Tax, als Teil des Mindestpreises des abgebenden Unternehmens zu verstehen. Folgerichtig sind nach Rn. 125 VGr-FV dann auch für die Berechnung des Höchstpreises des übernehmenden Unternehmens die **steuerlichen Auswirkungen** der Aufwendungen **für den Erwerb** von Bestandteilen **des Transferpakets** der verlagerten Funktion durch das aufnehmende Unternehmen (preiserhöhend) zu berücksichtigen. Dies sind insb. steuerlich wirksame Abschreibungen auf erworbene Wirtschaftsgüter, international meist als **Tax Amortisation Benefit („TAB")** bezeichnet.

482   Neben der grundsätzlichen Kritik an der Einbeziehung der Steuerfolgen des § 1 Abs. 3 S. 9 AStG in den Einigungsbereich,[520] hier auf der Seite des aufnehmenden Unternehmens als Tax Amortisation Benefit, führt die Einbeziehung beider Effekte in vielen Fällen dazu, dass die Höchstpreisvorstellung des aufnehmenden Unternehmens nach Einbezug der Exit Tax und des TAB die Mindestpreisvorstellung des abgebenden Unternehmens nicht mehr erreicht und damit der **Einigungsbereich,** der vor Einbeziehen der Steuerbelastung auf die Funktionsverlagerung selbst (Exit Tax und TAB) gegeben war, nunmehr **nicht mehr existiert.**[521]

483   Aus Sicht des übernehmenden Unternehmens sind bei der Ermittlung der Preisobergrenze, ebenso wie bei der Definition der Preisuntergrenze, die **tatsächlich verfügbaren Handlungsalternativen** zu berücksichtigen.[522] Ein ordentlicher und gewissenhafter Geschäftsleiter würde seine Zahlungsbereit-

---

[519] Vgl. auch Rn. 124 VGr-FV.
[520] Vgl. dazu zuvor Rn. 475 und unten Rn. 647 ff.
[521] Vgl. unten Rn. 551 ff.
[522] Vgl. Rn. 96 und 126 VGr-FV sowie *Kraft* in Kraft, AStG, § 1 Rn. 325: *Schreiber* in Kroppen, Handbuch internationale Verrechnungspreise Bd. I, § 7 Abs. 4 FVerlV, Anm. 165.

schaft für die Übernahme der zu vergütenden Funktion von den anderen, ihm zur Verfügung stehenden Optionen abhängig machen. Hierbei sind die Kosten solcher alternativen Handlungsoptionen zu berücksichtigen.

Dem übernehmenden Unternehmen bieten sich idR in Ergänzung zu der **484** möglichen Übernahme der Funktion **alternative Möglichkeiten,** die entsprechende Geschäftätigkeit aufzunehmen. Das übernehmende Unternehmen könnte das Geschäft **selbst aufbauen** und zB notwendiges Know-how selbst entwickeln. Diese Option wird dann wahrscheinlich sein, wenn das übernehmende Unternehmen bereits in anderen Bereichen und Industrien vergleichbare Funktionen ausübt und hieraus die Möglichkeit zu einem kostengünstigeren Aufbau der zu übernehmenden bzw. aufzubauenden Funktion realisieren kann. Weiterhin könnten **von Dritten** notwendige Ressourcen ganz oder teilweise **erworben** werden. Zudem könnte das übernehmende Unternehmen auch **auf die Übernahme** vollständig **verzichten** und in anderen Geschäftsfeldern tätig werden.

Die Zahlungsbereitschaft des übernehmenden Unternehmens und somit **485** die Preisobergrenze ergibt sich daher aus der erwarteten Auszahlung der **besten zur Verfügung stehenden Alternative.** Ist es dem übernehmenden Unternehmen möglich, die Funktion anderweitig kostengünstiger zu erwerben oder selbst aufzubauen, wird hierdurch die Zahlungsbereitschaft eines ordentlichen und gewissenhaften Geschäftsleiters bestimmt und somit auch die Preisobergrenze des Einigungsbereichs zwischen abgebenden und übernehmenden Unternehmen.

Die Preisober- und -untergrenze erfassen bereits alle Synergievorteile, **486** Standortvor- und -nachteile. Die Preisobergrenze umfasst vorteilhafte **Synergieeffekte,** die bspw. durch die Zusammenlegung und Bündelung mehrerer Funktionen im aufnehmenden Unternehmen entstehen werden. Die Preisobergrenze erfasst weiterhin sämtliche **Standortvorteile,** die bspw. durch günstigere Kostenstrukturen und Steuern entstehen. Durch die Berücksichtigung im Ausland bestehender Vorteile in der Preisobergrenze partizipiert grds. das abgebende Unternehmen, dem Gedanken der Neuregelung folgend hieran (in der Praxis oft hälftig[523]). Dies ist nach allgemeinen Bewertungsgrundsätzen nur schwer verständlich, da hierdurch nicht nur entgangenes (deutsches) Steuersubstrat in die Vergütung eingeht, sondern auch zusätzliche, allein im Ausland bestehende Vorteile[524] und wird daher gerade in letzter Zeit **von vielen ausländischen Staaten,** vor allem von China, **in Frage gestellt.**[525]

gg) Berücksichtigung tatsächlich bestehender Handlungsmöglichkeiten (§ 3 Abs. 2 S. 1, § 7 Abs. 1 S. 2, § 7 Abs. 4 S. 2 FVerlV)

Wie zuvor gezeigt, sind bei der Bestimmung der Preisuntergrenze und der **487** Preisobergrenze die tatsächlich verfügbaren Handlungsalternativen **von abgebendem und übernehmendem Unternehmen** zu berücksichtigen.[526]

---

[523] Vgl. FG Münster, 16.3.2006, EFG 2006, 1562.
[524] Vgl. dazu Rn. 472.
[525] Vgl. dazu Rn. 472 und Kap. B Rn. 272ff., insb. Kap. B Rn. 288.
[526] Vgl. dazu Rn. 474ff. und 480ff.

Aufgrund dieser Ober- und Untergrenze ergibt sich eine Verhandlungs-bandbreite – der Einigungsbereich –, wie sie zwischen zwei ordentlichen und gewissenhaften Geschäftsleitern als Grundlage einer Verhandlung dienen würde.

488   Die FVerlV weist uE **zu Recht** darauf hin, dass bei der Bewertung des Transferpakets[527] und bei der Ermittlung des Einigungsbereichs[528] die tatsächlich bestehenden Handlungsalternativen der Beteiligten **zu berücksichtigen** sind.[529] Dies berücksichtigt den Umstand, dass die jeweiligen ordentlichen und gewissenhaften Geschäftsleiter die in der jeweiligen Situation tatsächlich bestehenden Handlungsalternativen analysieren und die jeweils vorteilhafteste Handlungsalternative der Ermittlung ihrer Preisgrenzen zugrunde legen würden.[530]

489   Dabei spielt die Theorie des **doppelten ordentlichen und gewissenhaften Geschäftsleiters** bei der Anwendung des hypothetischen Fremdvergleichs eine Schlüsselrolle.[531] Denn diese Fiktion soll die erforderliche Unabhängigkeit und Objektivität bei der Bewertung gewährleisten.[532]

490   Der betriebswirtschaftliche Hintergrund des Bewertungskalküls des doppelten ordentlichen und gewissenhaften Geschäftsleiters ist der **betriebswirtschaftlichen Entscheidungstheorie** zuzurechnen. Die Betriebswirtschaftslehre diskutiert Handlungsalternativen insb. im Kontext der (strategischen) Planung, deren Ablauf häufig in den **folgenden Schritten** beschrieben wird:

491   – Zunächst sind **Ziele** des Unternehmens zu definieren **oder Probleme** zu identifizieren.

– Im nächsten Schritt sind **Handlungsalternativen** zu identifizieren und/oder zu entwickeln, die geeignet scheinen, die Ziele zu erreichen oder Probleme zu lösen. Die Gewinnung von Handlungsalternativen kann auf einem „Absuchen" der Realität oder auf kreativen Prozessen zur „Erfindung" neuer Handlungsalternativen beruhen.

– Anschließend sind die **Auswirkungen** der Handlungsalternativen in Anbetracht der erwarteten Umweltzustände zu prognostizieren. Bei finanzieller Zielsetzung umfasst dieser Planungsschritt die Prognose von Gewinnen und/oder Zahlungsüberschüssen in Abhängigkeit von bestimmten, nicht beeinflussbaren Entwicklungen (zB Konjunkturentwicklung) sowie der betreffenden Eintrittswahrscheinlichkeiten.

– Ausgehend davon kann die **Bewertung** der Handlungsalternativen erfolgen, auf deren Grundlage die beste Handlungsalternative ausgewählt werden kann. Bei finanzieller Zielsetzung kann die Bewertung der Handlungsalternativen bspw. mittels ihrer Erwartungsbarwerte erfolgen.

492   **Auf** das Entscheidungsproblem im Falle einer **Funktionsverlagerung** lassen sich diese Grundzüge wie folgt **anwenden:**

---

[527] Vgl. § 3 Abs. 2 FVerlV.

[528] Vgl. § 3 Abs. 1 S. 2 und Abs. 4 S. 2 FVerlV.

[529] So auch Rn. 13 und 96 VGr-FV.

[530] So auch Rn. 96 VGr-FV.

[531] Vgl. *Baumhoff* in Flick/Wassermeyer/Baumhoff, Außensteuerrecht, § 1 AStG, Rn. 146; *Kraft* in Kraft, AStG, § 1 Rn. 293. Vgl. dazu auch Kap. C Rn. 81 ff.

[532] Vgl. *Baumhoff/Bodenmüller* in Grotherr, Handbuch der internationalen Steuerplanung, 2003, 350.

– Hat ein Unternehmen die Möglichkeit, eine Funktion gegen (ein noch zu bestimmendes) Entgelt zu verlagern bzw. zu übernehmen, wird es sich zunächst die Frage nach den **verfügbaren Handlungsalternativen** stellen. Aufgrund des weitreichenden Charakters der betreffenden Entscheidungssituation wird davon ausgegangen, dass nur eine der Handlungsalternativen realisiert werden kann.

– Wird die Funktionsverlagerung umgesetzt, ist dies betriebswirtschaftlich nur dann zu rechtfertigen, wenn sich **keine der verfügbaren Handlungsalternativen besser darstellt** als die Funktionsverlagerung. Dies ist dann der Fall, wenn das Entgelt für die Funktionsverlagerung so bestimmt wird, dass die Umsetzung der Funktionsverlagerung mindestens so vorteilhaft ist wie die beste der übrigen Handlungsalternativen.

– Werden aus **Vereinfachungsgründen nur finanzielle Ziele** berücksichtigt, so muss das Entgelt für die Funktionsverlagerung so bemessen werden, dass der (Erwartungs-)Barwert der Handlungsalternative Funktionsverlagerung mindestens dem (Erwartungs-)Barwert der besten der ansonsten verfügbaren Handlungsalternativen entspricht. Die Bewertung einer Handlungsalternative mit dem Wert der nächstbesten Handlungsalternative stellt letztlich eine Bewertung zu Opportunitätskosten dar.

Bei der Bewertung von Funktionsverlagerungen wird im Allgemeinen von **493** folgendem **„Regel-Szenario"** ausgegangen:

– Das **verlagernde Unternehmen** übt die zu verlagernde Funktion aus und könnte sie grds. auch weiter ausüben. Es bestehen also die **Handlungsalternativen** „Funktion gegen Entgelt verlagern" und **„Funktion weiter ausüben"**. Der Mindestpreis für die Funktionsverlagerung ist dann so zu bestimmen, dass das verlagernde Unternehmen bei dieser Handlungsalternative zumindest nicht schlechter gestellt ist als bei Fortführung der Funktion. Der Mindestpreis bestimmt sich demnach als Differenz zwischen dem Gewinnpotenzial bei Weiterausübung und bei Verlagerung der Funktion.[533]

– Das **übernehmende Unternehmen** übt die zu übernehmende Funktion **494** bislang nicht aus und kann diese (nur) vom verlagernden Unternehmen übernehmen. Seine **Handlungsalternativen** bestehen in „Funktion gegen Entgelt übernehmen" sowie **„Funktion nicht ausüben"**. Der Höchstpreis für die übernommene Funktion ist so zu bestimmen, dass das übernehmende Unternehmen zumindest nicht schlechter gestellt ist als bei Nichtausübung der Funktion. Der Höchstpreis bestimmt sich als Differenz zwischen dem Gewinnpotenzial ohne und mit Ausübung der übernommenen Funktion.[534]

Bedeutsam ist insoweit, dass sich die Alternativen zur Durchführung der **495** Funktionsverlagerung auf Seiten des verlagernden Unternehmens **nicht auf** die **Fortführung** der Funktion **und** auf Seiten des übernehmenden Unternehmens nicht auf die **Nichtausübung** der Funktion **beschränken** müssen.

Vielmehr können sich verschiedene Abweichungen bzw. Erweiterungen **496** des o. g. „Regel-Szenarios" ergeben. Dabei ist allerdings zu beachten, dass

---

[533] Vgl. *Jenzen* NWB 2007, 9425.
[534] Vgl. *Jenzen* NWB 2007, 9425.

nicht jede denkbare Handlungsalternative zu berücksichtigen ist, sondern ein **gewisser Grad der Konkretisierung** zu fordern ist.[535]

– Für das **verlagernde Unternehmen** könnten **Handlungsalternativen** bestehen, **die günstiger sind** als die im „Regel-Szenario" unterstellte Weiterführung der Funktion. Solche Handlungsalternativen würden seinen Mindestpreis gegenüber dem „Regel-Szenario" erhöhen.[536]

So könnte bspw. in Verlustfällen die **Einstellung der Funktion** (unter Berücksichtigung der Liquidationskosten) günstiger sein, was auch von der FVerlV anerkannt wird.[537]

Sofern **bei Weiterführung** der Funktion **Investitionen und Optimierungsmaßnahmen** in technischer und wirtschaftlicher Hinsicht erforderlich sind, sind diese bei der Bewertung dieser Handlungsalternative zu berücksichtigen.

Eine potenziell zu berücksichtigende Handlungsalternative könnte auch die **Vertragsbeendigung** einschließlich der Durchsetzung gesetzlicher oder vertraglicher Ausgleichsansprüche darstellen. In diesem Kontext ist auch § 8 FVerlV konzeptionell einzuordnen.[538]

Eine **Veräußerung** der Funktion an fremde Dritte wird hingegen regelmäßig **keine tatsächlich bestehende Handlungsalternative** sein, weil ansonsten der hypothetische Fremdvergleich nicht zur Anwendung käme.

497 – Für das verlagernde Unternehmen könnte die Handlungsalternative der **Fortführung** der Funktion zwar vorteilhaft, aber **faktisch nicht möglich** sein. Dies könnte bspw. der Fall sein, wenn wichtige Kunden verlangen, künftig von einem anderen Standort bedient zu werden, zB im Automobilbau. Es könnten auch wichtige Lizenzverträge auslaufen, ohne deren Verlängerung die Funktion nicht weiter ausgeübt werden kann. Eine Vielzahl weiterer Faktoren (zB sich veränderndes regulatorisches Umfeld, Veränderungen auf den Beschaffungs- und Absatzmärkten) kann dazu führen, dass die Fortführung der Funktion in ihrer bisherigen Form am bisherigen Standort keine tatsächlich bestehende Handlungsalternative darstellt.

498 – Für das **übernehmende Unternehmen** werden nur im **Ausnahmefall** Handlungsalternativen bestehen, die seinen **Höchstpreis** gegenüber dem „Regel-Szenario" **erhöhen.** Dies gilt umso mehr, als bereits im „Regel-Szenario" alle Standortvorteile und Synergieeffekte in der Sphäre des übernehmenden Unternehmens zu berücksichtigen sind.[539]

499 – Für das übernehmende Unternehmen sind hingegen Handlungsalternativen denkbar, die seinen **Höchstpreis** gegenüber dem „Regel-Szenario" **reduzieren.**[540] Angebote zur Übernahme einer vergleichbaren Funktion von fremden Dritten werden hierbei jedoch keine Rolle spielen, da in diesem – seltenen – Fall der hypothetische Fremdvergleich nicht zur Anwendung käme.

---

[535] Vgl. *Freudenberg/Peters* BB 2008, 1430.
[536] Vgl. auch Rn. 96 VGr-FV.
[537] Vgl. § 7 Abs. 3 FVerlV.
[538] Vgl. dazu oben Rn. 111 ff.
[539] Vgl. § 2 Abs. 2 S. 1 FVerlV.
[540] Vgl. auch Rn. 96 VGr-FV.

In vielen praktischen Fällen ist es jedoch möglich, eine **Funktion neu aufzubauen,** indem bspw. der benötigte Kundenstamm selbst geschaffen wird oder benötigte immaterielle Wirtschaftsgüter selbst entwickelt werden. Sofern diese Alternative tatsächlich existiert, wird das übernehmende Unternehmen diese bei der Ermittlung seiner Preisgrenze berücksichtigen (unter Berücksichtigung der Anlaufkosten und der Anlaufphase).

Berücksichtigt man diese potenziellen Erweiterungen des „Regel-Szena-   **500** rios", sind die **Preisgrenzen** des verlagernden und des übernehmenden Unternehmens nicht generell als Differenz zwischen jeweils dem Gewinnpotenzial *vor* und *nach* der Funktionsverlagerung zu bestimmen, sondern vielmehr jeweils als **Differenz zwischen** dem **Gewinnpotenzial** *nach* **Funktionsverlagerung und** der **jeweils besten verfügbaren Handlungsalternative.**

Ein im betriebswirtschaftlichen Sinne ordentlicher und gewissenhafter Ge-   **501** schäftsleiter wird die in der konkreten Entscheidungssituation bestehenden Handlungsalternativen identifizieren, bewerten und die für das von ihm geleitete Unternehmen vorteilhafteste Handlungsalternative wählen.[541] Bei der **Bewertung** der verfügbaren Handlungsalternativen kann er grds. einwertig vorgehen und die aus seiner Sicht wahrscheinlichste zukünftige Entwicklung zugrunde legen.[542] Alternativ kann er auch jede einzelne Handlungsalternative auf Basis verschiedener Szenarien („best case", „normal case", „worst case"), der Entwicklung des wirtschaftlichen Umfelds und deren jeweiliger Eintrittswahrscheinlichkeit bewerten.

Die Vorteilhaftigkeit der tatsächlich verfügbaren Handlungsalternativen   **502** wird der ordentliche Geschäftsleiter bspw. mittels **Ertrags- oder Discounted Cash Flow-Verfahren** bewerten.

Eine generelle Pflicht zur **detaillierten Analyse** und Dokumentation   **503** **sämtlicher** bestehender **Handlungsalternativen** besteht nicht und wäre auch systematisch inkongruent zu dem „most appropriate method"-Ansatz der OECD[543] und der Freiheit zur Wahl *einer* angemessenen Verrechnungspreismethode bei beschränkter Vergleichbarkeit von Fremdvergleichsdaten in § 1 Abs. 3 S. 2 AStG.[544] OECD und Deutschland folgen gerade nicht der US-„best method"-Rule.[545] In einer Vielzahl praktischer Fälle wird es zudem vergleichsweise offensichtlich sein, ob mehrere Handlungsalternativen bestehen und welche ggf. die vorteilhafteste ist.

Sicher wird in den Fällen, in denen sich entweder der Steuerpflichtige oder   **504** die FinVerw. darauf beruft, dass bestehende Handlungsalternativen den Einigungsbereich bestimmen, eine entsprechende Analyse von der betreffenden Partei beizubringen sein.[546] Diesbezüglich ist die Beweislastfrage entscheidend. Unseres Erachtens werden die **vorhandenen Handlungsalternativen abschließend vom Steuerpflichtigen festgelegt** und dokumentiert. Nur in offensichtlichen Fällen des Missbrauchs oder im Fall der Verletzung beste-

---

[541] Vgl. *Baumhoff/Bodenmüller* in Grotherr, Handbuch der internationalen Steuerplanung, 2003, 370.
[542] Vgl. *Helbling,* Unternehmensbewertung und Steuern, 94.
[543] Vgl. Kap. B Rn. 76 und Tz. 2.1 ff., insb. 2.2 OECD-RL 2010.
[544] Vgl. Kap. A Rn. 222 ff.
[545] Vgl. Kap. B Rn. 76 ff. und Tz. 2.1 ff., insb. 2.8 und 2.11 ff. OECD-RL 2010.
[546] Vgl. ebenso Rn. 96 letzter Satz VGr-FV.

hender Denkgesetze kann uE die FinVerw. im Rahmen einer Betriebsprüfung andere als die vom Steuerpflichtigen definierten Handlungsalternativen berücksichtigen. Hierbei trägt die **FinVerw.** für das Vorliegen der entsprechenden Voraussetzungen die volle **Beweislast.**

505 Die o.g. Überlegungen sollen anhand des folgenden **Beispiels** veranschaulicht werden:[547]

– Neben der Übertragung einer Funktion gegen ein noch zu bestimmendes Entgelt habe das verlagernde Unternehmen die Wahl zwischen Einstellung (Alt. 1) und Fortführung (Alt. 2) der Funktion. Alt. 2 sei die vorteilhaftere der beiden Handlungsalternativen. Die Preisgrenze des verlagernden Unternehmens bestimmt sich somit auf Basis von Alt. 2. Die Preisgrenze des verlagernden Unternehmens ist so zu bestimmen, dass das verlagernde Unternehmen *nach* Funktionsverlagerung und unter Berücksichtigung des vereinnahmten Entgelts mindestens so gut gestellt ist wie unter Alt. 2.

506 – Neben der Übernahme einer Funktion gegen ein noch zu bestimmendes Entgelt habe das übernehmende Unternehmen die Möglichkeit, diese auch in Zukunft nicht auszuüben (Alt. 1), die Funktion von Grund auf selbst aufzubauen und die erforderlichen immateriellen Werte selbst zu entwickeln (Alt. 2) oder die zur Ausübung der Funktion erforderlichen Ressourcen von fremden Dritten zu erwerben (Alt. 3). Unter Berücksichtigung der unterschiedlich langen Anlaufphasen sei Alt. 2 die vorteilhafteste der verfügbaren Handlungsalternativen. Die Preisgrenze des übernehmenden Unternehmens ist so zu bestimmen, dass das übernehmende Unternehmen *nach* Funktionsverlagerung und unter Berücksichtigung des vereinbarten Entgelts mindestens so gut gestellt ist wie unter Alt. 2.

507

Grafisch kann die jeweilige Entscheidungssituation der ordentlichen Geschäftsleiter des verlagernden und des übernehmenden Unternehmens wie folgt veranschaulicht werden:

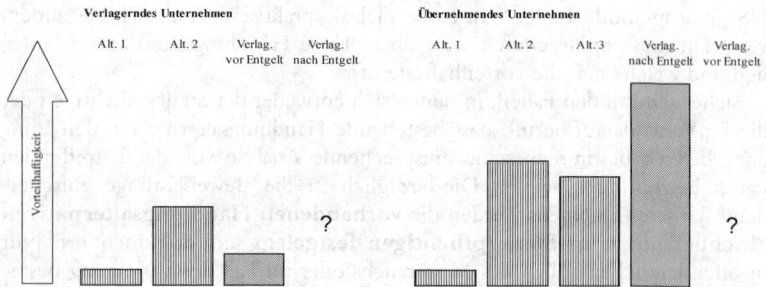

508 Die Vorteilhaftigkeit der Verlagerungsalternative ist zunächst unbestimmt, da sie von dem noch zu bestimmenden Entgelt abhängig ist. Es kann zunächst lediglich die Vorteilhaftigkeit der Verlagerungsalternative *vor* Entrichtung des zwischen verlagerndem und übernehmendem Unternehmen zu vereinbarenden Entgelts bestimmt werden. Die Preisgrenzen des verlagernden

---

[547] Vgl. *Freudenberg/Peters* BB 2008, 1427 ff.

und des übernehmenden Unternehmens sind anschließend so zu bestimmen, dass die Verlagerungsalternative nach Berücksichtigung dieses Entgelts jeweils so vorteilhaft ist wie die beste jeweils verfügbare Handlungsalternative. Im Vergleich zu einer unentgeltlichen Funktionsverlagerung erhöht ein positives Entgelt die Vorteilhaftigkeit der Verlagerungsalternative beim verlagernden Unternehmen und mindert die Vorteilhaftigkeit beim übernehmenden Unternehmen:

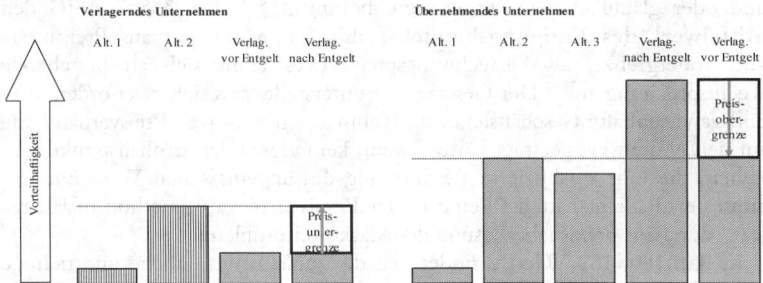

Die im obigen Schaubild jeweils durch die Länge der Pfeile symbolisierte   **509** Preisuntergrenze des verlagernden Unternehmens und die Preisobergrenze des übernehmenden Unternehmens spannen den Einigungsbereich auf, innerhalb dessen das zu vereinbarende Entgelt zu bestimmen ist.

(einstweilen frei)   **510**

e) Preisfestsetzung im Einigungsbereich (§ 1 Abs. 3 S. 7 AStG)

Gem. § 1 Abs. 3 S. 7 AStG soll beim hypothetischen Fremdvergleich in-   **511** nerhalb des Einigungsbereichs der Wert angesetzt werden, für den die höchste Wahrscheinlichkeit spricht. Dabei obliegt es dem Steuerpflichtigen, diesen Wert darzulegen. Wenn es ihm nicht gelingt, einen Preis als denjenigen mit der höchsten Wahrscheinlichkeit zu bestimmen, wird per Gesetz der Mittelwert zwischen Preisunter- und -obergrenze als Verrechnungspreis bestimmt.

Gesetzlich nicht festgelegt ist, wie der **Wert mit der höchsten Wahr-**   **512** **scheinlichkeit** ermittelt und nachgewiesen werden soll.[548] Ausschlaggebende Kriterien werden insb. die realistisch für jede Partei **bestehenden Alternativen** sein,[549] die direkt die Verhandlungsstärke der Parteien beeinflusst.[550] So wird ein Produzent, der „händeringend" einen Lohnfertiger in einem Niedriglohnland als Alternative zur Weiterführung seiner verlustträchtigen Fertigung in Deutschland sucht, weit mehr auf die Preisvorstellungen des aufnehmenden Unternehmens eingehen müssen als der inländische Produzent eines reifen Produkts, an dem ein ausländischer Lizenzproduzent Interesse hat, da dieser in seinem Markt noch Potenzial sieht, während der inländische Produzent bereits das Folgemodell zur Marktreife entwickelt hat.

---

[548] Ähnlich *Wassermeyer/Baumhoff/Greinert* in Flick/Wassermeyer/Baumhoff, Vorabkommentierung § 1 Abs. 3 AStG Rn. V 61.

[549] Vgl. Tz. 9.59 ff. OECD–RL 2010 und oben Rn. 487 ff.

[550] Vgl. auch Rn. 128 VGr-FV.

513   Unabdingbar wird für den Nachweis des Punktes mit der höchsten Wahrscheinlichkeit eine ausführliche Darlegung im Rahmen der gesetzlich vorgeschriebenen **Dokumentation der Funktionsverlagerung** sein.[551] Wichtige Nachweise werden neben der Darlegung der Marktposition und der Alternativen die entsprechenden Funktionsanalysen, Prognoserechnungen, innerbetrieblichen Planungsunterlagen und die Entscheidungen der damit befassten Gremien (Vorstandsprotokolle etc.) sein.

514   Kann kein Wert als Punkt der höchsten Wahrscheinlichkeit bestimmt und/oder glaubhaft gemacht werden, bestimmt § 1 Abs. 3 S. 7 AStG den **Mittelwert des Einigungsbereichs,** also den Mittelwert aus Preisunter- und -obergrenze, als Verrechnungspreis. Dies lehnt sich an bestehende Rechtsprechung an.[552] Der Gesetzgeber unterstellt, dass sich zwei ordentliche und gewissenhafte Geschäftsleiter im Rahmen einer fiktiven Preisverhandlung auf den Mittelwert geeinigt hätten, wenn keinerlei andere Anhaltspunkte bestehen, die eine qualifizierte Bestimmung des angemessenen Verrechnungspreises ermöglicht hätten,[553] eine in der Praxis sicher als „method of last resort" durchaus praxisnahe Lösung des Marktpreisproblems.

In Rn. 180, 189 VGr-FV findet sich die zunächst erfreuliche und richtige Feststellung, dass die ausdrückliche gesetzliche Regelung, dass mangels Glaubhaftmachung eines anderen Werts der Mittelwert des Einigungsbereichs als Verrechnungspreis gilt, erst für VZ ab 2008 gilt. Diese Aussage verliert aber ihren vermeintlichen Wert, wenn sie im Zusammenspiel mit den Rn. 181 und 190 VGr-FV gesehen wird, denn nach Rn. 190 VGr-FV ist für **Veranlagungszeiträume vor 2008** „von dem **Erfahrungssatz** auszugehen, dass sich fremde Dritte **auf einen mittleren Wert** einigen". Dies gelte insb., wenn auf beiden Seiten ein gleichermaßen hohes Interesse am Zustandekommen des Geschäftes und gleichermaßen starke Verhandlungspositionen bestehen und wenn keine konkreten Anhaltspunkte für einen bestimmten Wert innerhalb des Einigungsbereiches erkennbar seien.[554] Als Ergebnis kann daher festgestellt und in der Praxis der Betriebsprüfung durchgehend beobachtet werden, dass die FinVerw. immer zumindest die Hälfte des Einigungsbereichs als deutsches Steuersubstrat betrachtet, auch für Veranlagungszeiträume vor 2008.

f) Nicht fortführbare und Verlustfunktionen

515   § 7 FVerlV regelt im Verordnungswege Fragen zur Bestimmung des Einigungsbereichs. Dabei enthält die FVerlV neben Regelungen zur Übertragung von profitablen Funktionen (§ 7 Abs. 1 FVerlV)[555] auch Regelungen zur Ermittlung des Einigungsbereichs in Fällen, in denen die verlagerte Funktion vom derzeitigen Funktionsinhaber zukünftig nicht mehr betriebswirtschaftlich sinnvoll ausgeübt werden kann und eingestellt werden muss (§ 7 Abs. 2

---

[551] Vgl. Rn. 128 VGr-FV und iE dazu unten Rn. 741 ff.

[552] Vgl. BFH 19.1.1994, BStBl. II 1994, 725; BFH 28.2.1990, BStBl. II 1990, 649; FG Münster 16.3.2006, EFG 2006, 1562.

[553] Vgl. Begründung zu § 1 Abs. 3 S. 7 AStG; *Wassermeyer/Baumhoff/Greinert* in Flick/Wassermeyer/Baumhoff, Vorabkommentierung § 1 Abs. 3 AStG Rn. V 62.

[554] Vgl. Rn. 190 VGr-FV.

[555] Vgl. oben Rn. 461 ff.

FVerlV) oder wo der derzeitige Funktionsinhaber aus der verlagerten Funktion in Zukunft Verluste erwartet (§ 7 Abs. 3 FVerlV).[556]

Anlass einer Verlagerung von Funktionen in das Ausland sind häufig aus **516** nachteiligen inländischen Kostensituationen entstehende **dauerhafte Verluste** eines Unternehmens. In vielen Fällen ist es nur möglich, eine Funktion gewinnbringend innerhalb eines Konzerns fortzuführen, wenn zukünftig von Standortvorteilen im Ausland profitiert werden kann.

Selbst im Falle des Bestehens einer gewinnbringenden Funktion zwingen oft rechtliche oder wirtschaftliche Gründe zu einer Verlagerung. Insb. kann in der Praxis häufig das auch in der Begründung zur FVerlV erwähnte,[557] durch das Verlangen wichtiger ausländischer Kunden bedingte Einrichten von Produktionsstätten in der Nähe ihrer Abnehmer als einzige und **faktisch erzwungene Möglichkeit** zur Aufrechterhaltung der Geschäftsbeziehung und kausale Ursache der Funktionsverlagerung beobachtet werden.[558]

Sowohl bei Vorliegen einer Verlustfunktion als auch bei der erzwungenen **517** Funktionsverlagerung ist das vom AStG unterstellte Regelszenario, dass eine **Handlungsalternative „Fortführung der Geschäftätigkeit"**[559] existiert, offensichtlich **nicht mehr gegeben.** Hieraus kann aber nicht gefolgert werden, dass eine Funktionsverlagerung ohne Zahlung einer Entschädigung angemessen und somit steuerlich akzeptabel sei. Vielmehr muss der Mindestpreis des abgebenden Unternehmens eine angemessene Vergütung für die Übertragung bzw. Überlassung der materiellen und immateriellen Wirtschaftsgüter berücksichtigen. Des Weiteren ist im Rahmen des hypothetischen Fremdvergleichs aus Sicht des aufnehmenden Unternehmens zu prüfen, ob zukünftig Gewinne zu erwarten sind, die nach Maßgabe des Fremdvergleichsgrundsatzes die Zahlung einer zusätzlichen Entschädigung rechtfertigen.

aa) Preisbestimmung aus Sicht des abgebenden Unternehmens

Im Zuge des hypothetischen Fremdvergleichs ist aus Sicht eines abgeben- **518** den, **Gewinne erwartenden Unternehmens** im Normalfall als Mindestpreis der entgangene Gewinn aus der Funktion zzgl. der Schließungskosten zu ermitteln.[560] Ein solcher Mindestpreis basiert auf der Vorstellung, dass die Handlungsalternative „Fortführung der Funktion" auch tatsächlich existiert und, verglichen mit der Handlungsalternative „Übertragung der Funktion", die aus Sicht des übertragenden Unternehmens nächst günstigere Handlungsalternative darstellt. Der demnach definierte Mindestpreis stellt sicher, dass der ordentliche und gewissenhafte Geschäftsleiter nicht schlechter gestellt wird als bei einer Fortführung der Funktion.

Bei einem **Verlustunternehmen sowie bei Unternehmen, die nicht 519 in der Lage sind, die Funktion fortzuführen,** sieht der Verordnungsgeber abweichende Regelungen vor. Diese berücksichtigen die Forderung des Gesetzgebers, bei der Festlegung der Untergrenze des Einigungsbereichs, also der Mindestkaufpreisforderung, auch Handlungsalternativen zu berücksichti-

---

[556] Vgl. dazu auch *Bodenmüller/Hülster* IStR 2010, 650 ff. und unten Rn. 957 ff.
[557] Vgl. Begründung zu § 7 Abs. 2 FVerlV.
[558] Vgl. Rn. 120 VGr-FV.
[559] Vgl. dazu oben Rn. 493.
[560] Vgl. oben Rn. 474 ff.

gen. Existiert die Handlungsalternative der Fortführung einer Funktion gar nicht – sei es, weil dauerhaft Verluste erwartet werden oder weil rechtliche, tatsächliche oder wirtschaftliche Gründe die Fortführung der Funktion unmöglich machen –, kann diese Handlungsalternative auch nicht den Einigungsbereich des abgebenden Unternehmens begrenzen. Vielmehr ist zu untersuchen, welche weiteren Handlungsalternativen im Falle der erzwungenen Funktionsverlagerung und im Falle der Übertragung einer Verlustfunktion bestehen.

bb) Erzwungene Funktionsverlagerung[561]

520 § 7 Abs. 2 FVerlV ordnet an, dass in den Fällen, in denen das verlagernde Unternehmen nicht mehr in der Lage ist, die Funktion auszuüben, der Mindestpreis des verlagernden Unternehmens der **Liquidationswert** sei. Daraus könnte vordergründig geschlossen werden, dass der Verordnungsgeber für den Fall der erzwungenen Funktionsverlagerung von der Liquidation des Unternehmens ausgeht. Dem ist aber nicht der Fall, wie sich eindeutig schon aus der Begründung zu § 7 Abs. 2 FVerlV ergibt. Danach entspricht der Mindestpreis des verlagernden Unternehmens regelmäßig dem Liquidationswert **der übergehenden Wirtschaftsgüter.** Und Rn. 120 VGr-FV spricht von dem „Liquidationswert der nicht mehr benötigten Wirtschaftsgüter". Damit ist klargestellt, dass die Bezeichnung Liquidation sich nicht auf das verlagernde Unternehmen, sondern nur auf die Funktion bezieht, die eingestellt und abgewickelt wird.

521 Im Regelfall dürfte die **Einstellung und Abwicklung** der nicht fortführbaren Funktion die **günstigste Handlungsalternative** zur Funktionsübertragung darstellen. Folgerichtig soll nach dem Willen des Gesetzgebers bei der erzwungenen Funktionsverlagerung der **Liquidationswert** der Funktion dem **Mindestpreis für die Funktionsverlagerung** entsprechen.[562] Dadurch, dass § 7 Abs. 2 FVerlV im Zusammenhang mit der Einstellung und Abwicklung einer Funktion vom Liquidationswert spricht, wird erkennbar, dass der Verordnungsgeber, dem systematischen Grundverständnis der Funktionsverlagerungsregelungen folgend, der Funktion eine quasi-Betriebseigenschaft zugesteht und ihre Einstellung und Abwicklung **wie die Liquidation eines Unternehmens behandelt.** Da also ein Going Concern „Funktion" liquidiert wird, kann **keine Unternehmensbewertung mit Goodwillelement mehr** vorliegen, sondern die relevanten Wirtschaftsgüter sind isoliert einzeln zu Zerschlagungswerten zu bewerten. Der Liquidationswert entspricht demnach der Summe der Einzelwerte der materiellen und immateriellen Wirtschaftsgüter, die bei der Einstellung und Abwicklung der Funktion vom abgebenden Unternehmen erzielt werden können.[563]

522 In der Begründung zu § 7 Abs. 2 FVerlV wird ausgeführt, dass der Liquidationswert **Schließungskosten** beinhalte und entsprechend auch negativ sein könnte.[564] Zu den Schließungskosten sind insb. Sozialplankosten, Abbruchkosten, Umweltkosten, Kosten aufgrund laufender Verträge, Schadensersatzansprüche, sowie aus einer Systemumstellung resultierende IT-Kosten zu

---

[561] Vgl. dazu auch *Bodenmüller/Hülster* IStR 2010, 650 ff. und unten Rn. 954 ff.

[562] Vgl. § 7 Abs. 2 FVerlV.

[563] Vgl. dazu auch *Bodenmüller/Hülster* IStR 2010, 654.

[564] So auch Rn. 120 VGr-FV.

zählen.[565] Ferner sind die **Ertragsteuern** abzuziehen, die auf den Liquidationswert entfallen.

cc) Verlustfunktionen[566]

Für den Fall einer Verlustfunktion enthält § 7 Abs. 3 FVerlV spezielle Regelungen. Wie bei der erzwungenen Funktionsverlagerung ist auch aus Sicht des Unternehmens mit Verlustfunktion die **Fortführung** der Funktion regelmäßig **keine sinnvolle Handlungsalternative.** Auch bei Unternehmen mit Verlustfunktionen ist demnach zu untersuchen, ob eine vorteilhaftere Handlungsalternative besteht.

523

Unverständlich ist, warum in § 7 Abs. 3 FVerlV eine **Bezugnahme zum Liquidationswert fehlt.** Wie bei der erzwungenen Funktionsverlagerung ist auch bei der Funktionsverlagerung wegen auch zukünftig erwarteter Dauerverluste regelmäßig zu prüfen, ob nicht der Liquidationswert den Mindestpreis aus Sicht des abgebenden Unternehmens darstellt. Die Fortführung der (verlustbringenden) Funktion stellt die günstigere Handlungsalternative nur dar, wenn die Einstellung und Abwicklung der Funktion unter Berücksichtigung der anfallenden Schließungskosten zu einem noch höheren Verlust führen würde. Wiewohl das Gesetz in § 7 Abs. 3 FVerlV von Schließungskosten spricht, wäre unter dem hypothetischen Fremdvergleich vielmehr der Liquidationswert unter Abzug der Schließungskosten der zutreffende Begriff.

524

Bei der Bewertung der zukünftigen Verlustsituation gelten die allgemeinen Bewertungsgrundsätze. Im Falle einer Verlustfunktion kommt darüber hinaus der Frage Bedeutung zu, inwieweit es dem Geschäftsleiter möglich ist, eine Ergebnisverbesserung herbeizuführen. Ist dieser Fall gegeben, sind die **zu erwartenden Ergebnisverbesserungen** unter Berücksichtigung der Optimierungskosten in die Berechnung der Verlusterwartung mit einzubeziehen.

525

Nach dem Wortlaut des § 7 Abs. 3 S. 1 FVerlV begrenzen die **Schließungskosten** (bzw. – wie oben erläutert – der Liquidationswert unter Abzug der Schließungskosten) oder die Verlusterwartungen selbst den Einigungsbereich. Maßgeblich sei jeweils der „niedrigere absolute Betrag".[567] Dies kann jedoch nicht dahingehend verstanden werden, dass entweder die Schließungskosten oder die Verlusterwartungen die Preisuntergrenze, also die Mindestforderung des Unternehmens mit Verlustfunktion, darstellen. Eine entsprechende absolute Bestimmung der Preisuntergrenze führt nicht zu zutreffenden Ergebnissen im hypothetischen Fremdvergleich. Die gesetzliche Regelung ist vielmehr dahingehend zu verstehen, dass ein **Vergleich von Schließungskosten und Verlusterwartungen** notwendig ist, um die **günstigste Handlungsalternative** des abgebenden Unternehmens zu ermitteln. Insoweit wirken sich Schließungskosten und Verlusterwartungen nur mittelbar auf die Höhe des Mindestpreises aus. Eine Ermittlung des Mindestpreises im Rahmen des hypothetischen Fremdvergleiches erfordert in einem nächsten Schritt, die finanziellen Konsequenzen der günstigsten Alternative **mit den finanziellen Konsequenzen der Übertragung** zu **vergleichen.** Die folgenden Beispiele illustrieren diesen Zusammenhang:

526

---

[565] Vgl. *Freudenberg/Peters* BB 2008, 1424.
[566] Vgl. dazu auch *Bodenmüller/Hülster* IStR 2010, 654f. und unten Rn. 954ff.
[567] Vgl. auch Rn. 121 VGr-FV.

527   **Beispiel 1:** Im Falle der Einstellung und Abwicklung der Funktion fallen Kosten iHv € 3 Mio. an. Die Aufwendungen betreffen Abfindungen für Mitarbeiter, die auch im Falle der Übertragung der Produktion an ein ausländisches Konzernunternehmen nicht weiterbeschäftigt werden könnten. Eine Fortführung des Betriebs würde zu nachhaltigen Verlusten iHv insgesamt € 5 Mio. führen.

528   **Lösung:** Aus Sicht des Geschäftsführers des Unternehmens mit Verlustfunktion ist die Schließung der Produktion im Vergleich zur Produktionsübertragung die günstigere Handlungsalternative. Schließungskosten fallen iHv € 3 Mio. unabhängig davon an, ob die Funktion übertragen wird oder nicht. Das Verlustunternehmen ist bei der Übertragung der Produktion deshalb nicht schlechter gestellt als bei der Schließungsalternative. Der unabhängige Geschäftsführer ist indifferent zwischen einer Einstellung und Abwicklung der Produktion und der Funktionsübertragung. Folglich würde die Preisuntergrenze des abgebenden Unternehmens 0 betragen.

529   **Beispiel 2:** Wie Beispiel 1, die Fortführung der Funktion würde jedoch zu nachhaltigen Verlusten iHv insgesamt € 2 Mio. führen.

530   **Lösung:** Aus Sicht des Unternehmens mit Verlustfunktion ist die Fortführung der Produktion die günstigste Handlungsalternative, weil die anfallenden Schließungskosten im Falle der Übertragung höher sind als die erwarteten Verluste bei der Fortführung. Der unabhängige Geschäftsführer würde einer Schließung mit Schließungskosten iHv € 3 Mio. nur dann zustimmen, wenn er eine Ausgleichszahlung von € 1 Mio. erhalten würde. Die Preisuntergrenze des Verlustunternehmens für die Übertragung der Produktion beträgt folglich € 1 Mio.

531   Bei der **Verlagerung von Verlustfunktionen** kann es auch zu einem teilweisen Verzicht auf eine oder sogar zu einer **umgekehrten Ausgleichszahlung** kommen.[568] Eine umgekehrte Ausgleichszahlung liegt vor, wenn das abgebende Unternehmen eine Zahlung an das aufnehmende Unternehmen leistet. Dies wird in § 7 Abs. 3 S. 2 FVerlV und ihr folgend Rn. 122 VGr-FV klargestellt. Voraussetzung ist demnach, dass die Übertragung der Funktion beim Verlustunternehmen zur Minderung von Schließungskosten führt.
Rn. 122 VGr-FV unterscheidet dabei zwei Fälle:
– Zum einen könne ein Entgelt vereinbart werden, das die ggf. **anfallenden Schließungskosten nur teilweise ausgleicht,** weil der Vorteil des übernehmenden Unternehmens geringer ist als die Schließungskosten des verlagernden Unternehmens. Aus Sicht des verlagernden Unternehmens werde durch das Entgelt dann zumindest teilweise ein Ausgleich für die Schließungskosten erreicht.
– Zum anderen könne das verlagernde Unternehmen auf ein Entgelt verzichten und sogar darüber hinaus **dem übernehmenden Unternehmen eine Ausgleichszahlung** für die Übernahme der Verlustquelle zahlen, soweit durch die Funktionsverlagerung Schließungskosten für das verlagernde Unternehmen vermieden werden, die die Ausgleichszahlung an das übernehmende Unternehmen übersteigen (Tz. 9.96 f. OECD-RL 2010).[569]

532   **Beispiel 3:** Wie Beispiel 1, die erwarteten Schließungskosten reduzieren sich im Falle der Übertragung jedoch auf € 1 Mio., weil Mitarbeiter vom aufnehmenden Unternehmen übernommen werden.

---

[568] Vgl. dazu auch unten Rn. 957 ff. Ebenso *Bodenmüller/Hülster* IStR 2010, 656.
[569] Vgl. Rn. 122 VGr-FV.

Lösung: Die Schließungskosten bei Übertragung sind niedriger als die Verluster- **533** wartungen bei Fortführung der Funktion. Maßgebliche Handlungsalternative ist deshalb die zu einer Minderung der Schließungskosten iHv € 2 Mio. führende Übertragung. Das Unternehmen mit Verlustfunktion ist deshalb bereit, eine (umgekehrte) Ausgleichszahlung von maximal € 2 Mio. an das übernehmende Unternehmen zu leisten, wenn es zu einer Übertragung der Funktion kommt. Bei Zahlung dieses Betrages ist das abgebende Unternehmen finanziell gleichgestellt zur optimalen eigenen, selbst kontrollierbaren Handlungsalternative der Einstellung und Abwicklung der Funktion.

Nach der Begründung zu § 7 Abs. 3 S. 2 FVerlV und Rn. 123 VGr-FV **534** müssen die **Schließungskosten** einschließlich der Ausgleichszahlung an das abgebende Unternehmen aber immer noch **kleiner** sein **als** die **erwarteten Verluste aus einer** verlustträchtig weitergeführten **Funktion,** weil sonst die Handlungsalternative der inländischen Fortführung des Geschäftsbetriebes aus Sicht des Unternehmens mit Verlustfunktion sinnvoller wäre und damit eine Funktionsverlagerung aus Sicht des abgebenden Unternehmens nicht in Betracht käme.

Beispiel 4: Wie Beispiel 2, die erwarteten Schließungskosten reduzieren sich je- **535** doch im Falle der Übertragung auf € 1 Mio., weil Mitarbeiter vom aufnehmenden Unternehmen übernommen werden.

Lösung: Die Schließungskosten bei Einstellung und Abwicklung sind in diesem **536** Beispiel höher als die Verlusterwartungen bei Fortführung der Funktion. Für Zwecke der Bestimmung der Preisuntergrenze ist deshalb die Fortführung der Funktion die maßgebliche Handlungsalternative zur Funktionsverlagerung. Die Übertragung führt zu einer Minderung der Schließungskosten iHv € 2 Mio. Anders als in Beispiel 3 ist das übertragende Unternehmen aber nur bereit, maximal € 1 Mio. zu bezahlen, um die Funktion zu übertragen. Bei Zahlung dieses Betrages ist das abgebende Unternehmen immer noch finanziell gleichgestellt zur Handlungsalternative der Fortführung der Funktion. Die reduzierten Schließungskosten iHv € 1 Mio. sowie die maximale Ausgleichszahlung iHv ebenfalls € 1 Mio. entsprechen den erwarteten Verlusten bei Fortführung der Funktion iHv € 2 Mio.

Ob und ggf. in welcher Höhe das abgebende Unternehmen tatsächlich **537** eine Ausgleichszahlung leistet, hängt maßgeblich von den Ertragserwartungen des aufnehmenden Unternehmens ab. Dies ist Gegenstand des nachfolgenden Abschnitts.

dd) Perspektive des aufnehmenden Unternehmens (§ 7 Abs. 5 FVerlV)

Bei der Bestimmung der **Preisobergrenze** des Einigungsbereichs existie- **538** ren weder im Falle der erzwungenen Funktionsverlagerung noch bei der Übertragung von Verlustfunktionen Besonderheiten. Mangels abweichender gesetzlicher Regelung ist im Rahmen des hypothetischen Fremdvergleichs auf Basis der Gewinnerwartungen des aufnehmenden Unternehmens die Preisobergrenze zu ermitteln, in die maßgeblich auch die ausländischen Standortvorteile und mögliche Synergieeffekte einfließen.[570]

Auch bei Verlustfunktionen oder vom bisherigen Funktionsinhaber nicht **539** fortführbaren Funktionen kann regelmäßig davon ausgegangen werden, dass

---

[570] Vgl. § 1 Abs. 3 S. 7 AStG.

das **aufnehmende Unternehmen mit ihnen einen Gewinn erzielen kann.** Andernfalls würde der Konzern keine Entscheidung zur Fortführung der Funktion treffen, sondern diese vollständig einstellen. In vielen Fällen ermöglichen erst ausländische Standortvorteile die Fortführung der Funktion. § 7 Abs. 5 FVerlV stellt nochmals klar, dass auch in Fällen der Übertragung einer nicht fortführbaren oder einer Verlustfunktion eine Entschädigungszahlung zu verrechnen sein kann.[571] Dies ist über den hypothetischen Fremdvergleich und die Bestimmung des Verrechnungspreises im Einigungsbereich zu prüfen. Diese Vorschrift ist sicher richtig, jedoch eigentlich überflüssig, da sich dieses Vorgehen bereits aus den allgemeinen Vorschriften zum hypothetischen Fremdvergleich, zum Einigungsbereich und zur Festlegung des Verrechnungspreises in diesem ergibt. § 7 Abs. 5 FVerlV will betonen, dass auch bei der Übertragung einer nicht fortführbaren oder einer Verlustfunktion **nicht** etwa **eine einseitige Betrachtung aus Sicht des abgebenden Unternehmens** vorherrschend ist,[572] wie dies vor dem VZ 2008 zutreffend war.

540   **Beispiel 5:** Wie Beispiel 1, aufgrund niedrigerer Lohnkosten kann das aufnehmende Unternehmen mit Gewinnen iHv € 6 Mio. rechnen. Weitere Handlungsalternativen außer der Nichtausübung der Funktion sollen für das aufnehmende Unternehmen nicht bestehen.

541   **Lösung:** Die Preisuntergrenze des abgebenden Unternehmens ist 0 (zur Begründung siehe Beispiel 1). Wenn unterstellt werden kann, dass für das aufnehmende Unternehmen keine günstigeren Handlungsalternativen bestehen, ist die Preisobergrenze des aufnehmenden Unternehmens € 6 Mio. Soweit die Parteien nicht einen bestimmten Verrechnungspreis mit der höchsten Wahrscheinlichkeit ermitteln und glaubhaft machen können, entspricht nach der gesetzlichen Vermutung die Ausgleichszahlung dem Mittelwert iHv € 3 Mio.

542   Gem. § 1 Abs. 3 S. 7 AStG gilt die Vermutung, dass der angemessene Verrechnungspreis in der Mitte des Einigungsbereichs liegt. In Verlustfällen sowie bei der erzwungenen Funktionsverlagerung wird es jedoch häufiger möglich sein, Gründe darzulegen, dass eine **Ausgleichszahlung unterhalb der Mitte des Einigungsbereichs** angemessen erscheint. Auch in der Gesetzesbegründung zu § 7 Abs. 5 FVerlV heißt es, dass „die jeweiligen Verhandlungspositionen aber von derartigen Situationen geprägt sein können".

543–550   *(einstweilen frei)*

g) Fehlender Einigungsbereich

551   Zwischen der Preisunter- und –obergrenze liegt der **Einigungsbereich,** auf den sich nach Auffassung der FinVerw. zwei voneinander unabhängige Dritte einigen würden.

Liegt hingegen die Preisvorstellung des abgebenden Unternehmens oberhalb der Preisvorstellung des aufnehmenden Unternehmens, so entfällt die Möglichkeit eines Geschäftsabschlusses, da nach den Vorgaben des deutschen Steuerrechts **kein Einigungsbereich** besteht und eine Partei das Geschäft zu Konditionen abschließen müsste, die ein ordentlicher und gewissenhafter Geschäftsleiter nicht annehmen würde.

---

[571] Vgl. Rn. 127 VGr-FV.
[572] Vgl. Rn. 127 VGr-FV.

Trotzdem sind in der wirtschaftlichen Realität immer wieder Fälle zu beobachten, in denen bei fehlendem Einigungsbereich trotzdem eine Funktionsverlagerung vorgenommen wird. Dies hat insb. zwei Ursachen:
- Zum einen sind die schematischen Vorstellungen und Berechnungsmodi
  des Gesetzgebers in § 1 Abs. 3 S. 5, 6 und 9 AStG **keinesfalls der einzig
  richtige Maßstab** für ein betriebswirtschaftlich sinnvolles Verhalten zweier
  realer Geschäftsleiter, vor allem, wenn man zB die fremdvergleichswidrige
  Annahme der Informationstransparenz oder den faktisch unterstellten unendlichen Kapitalisierungszeitraum betrachtet.[573]
- Zum anderen werden häufig **erst durch** die Berücksichtigung der **Exit
  Tax und** des **Tax Amortization Benefits** zuvor vorhandene Einigungsbereiche „umgekehrt", sodass sich nach Einbeziehen dieser Steuerwirkungen kein Einigungsbereich mehr ergibt. Ursächlich dafür ist, dass die Exit
  Tax vollumfänglich im Zeitpunkt der Verlagerung anfällt, während der
  korrespondierende Gegeneffekt aus dem Tax Amortization Benefit nur
  zeitlich gestreckt über einen unendlichen Kapitalisierungszeitraum seine
  Gegenwirkung entfaltet. Dies zeigt wiederum, dass die Funktionsverlagerungsvorschriften investitionsfeindlich sind.[574]

Weder Gesetz noch Verordnung oder VGr-FV nehmen explizit zum Phä- **552**
nomen fehlender Einigungsbereiche Stellung, insb. zur Frage der steuerlichen
Folgen, falls trotz fehlendem steuerlichen Einigungsbereichs das Unternehmen die Funktionsverlagerung dennoch durchführt. Dabei ist es von der
OECD anerkannt, dass im Konzern Strukturen gewählt und Geschäftsvorfälle durchgeführt werden, die unter fremden Dritten nicht vorkämen, zB
Limited Risk Distributors, die deshalb aber nicht als nicht fremdvergleichskonform zu qualifizieren sind.[575]

Rn. 95 **VGr-FV** enthält allerdings unter der Überschrift „**Unterneh-
mensstrategisch motivierte Funktionsverlagerungen**" eine etwas kryp-
tische Aussage ohne Rechtsfolgenregelung, die sich auch auf Fälle fehlenden
Einigungsbereichs beziehen könnte. Soweit der Funktionsverlagerung danach
unternehmensstrategische und weniger ertragsorientierte Überlegungen zugrunde lägen, seien trotzdem in jedem Fall die Ertragsauswirkungen (zB
Cashflow Auswirkungen) zu ermitteln und die wirtschaftlichen Folgen der
unternehmensstrategischen Entscheidung unter Anwendung des Fremdvergleichsgrundsatzes zu bewerten, um sachgerechte Verrechnungspreise bestimmen zu können. Die Rechtsfolge, die sich aus dieser Aussage ergeben soll,
bleibt, wie gesagt, unklar.[576]

h) Korrektur von Verrechnungspreisen bei abweichender Festsetzung in der Betriebsprüfung (§ 1 Abs. 3 S. 8 AStG)

Wird in der Betriebsprüfung festgestellt, dass der von dem Steuerpflichti- **553**
gen angenommene Einigungsbereich unzutreffend ist, so kann eine Korrektur
durch die Finanzbehörde vorgenommen werden. Ein unzutreffender Einigungsbereich kann vorliegen, wenn aus Sicht der Betriebsprüfung entweder

---

[573] Vgl. dazu oben Rn. 439 ff. und unten Rn. 610 ff.
[574] Vgl. dazu oben Rn. 475, 481, 647 ff.
[575] Vgl. Tz. 1.11 OECD-RL 2010 und B Rn. 57.
[576] Vgl. Rn. 95 VGr-FV.

die Preisobergrenze, die Preisuntergrenze oder beide Preisgrenzen des Einigungsbereichs unzutreffend sind.

554   Zunächst stellt sich die Frage, wann Preisgrenzen und die ihnen zugrunde liegenden Funktionsanalysen und Planrechnungen als **unzutreffend** angesehen werden können. Die Beweislast dafür liegt jedenfalls bei der Betriebsprüfung.

555   Eine **Funktionsanalyse** führt in vielen Fällen zu Meinungsverschiedenheiten zwischen der Betriebsprüfung und dem Steuerpflichtigen, vor allem, wenn die Betriebsprüfung unzulässigerweise, oft implizit, mit der besseren Kenntnis der Vergangenheit argumentiert. Differenzen sind daher alltäglich und können nicht zwangsläufig zu einer Kategorisierung des Einigungsbereichs als „unzutreffend" führen. Hierfür bedarf es zumindest solch erheblicher Abweichungen, dass die Ermittlung des Verrechnungspreises durch den Steuerpflichtigen grundsätzlich auf eine andere Weise hätte erfolgen müssen. Dies könnte bspw. dann der Fall sein, wenn die Charakterisierung eines der Unternehmen in der zugrunde liegenden Dokumentation für die Ermittlung des Verrechnungspreises, objektiv gesehen, durch den Steuerpflichtigen falsch durchgeführt wurde.[577]

556   Eine Eigenschaft **innerbetrieblicher Planrechnungen** ist es, wie bei jeglicher Planung, dass sie mehr oder weniger von den späteren Ist-Werten abweichen. Sie sind bestmögliche Prognosen der Zukunft. Daraus folgt, dass Planrechnungen nur dann unzutreffend sein können, wenn sie nicht einmal plausibel sind. Gemäß der bisherigen Rechtsprechung zu diesem Thema[578] lägen unplausible Plan-Werte allenfalls dann vor, wenn in erheblichem Maße gegen Denkgesetze verstoßen wurde.[579]

557   Hat die Betriebsprüfung den Nachweis geführt, dass der Einigungsbereich des Steuerpflichtigen unangemessen war, hat sie den Einigungsbereich neu zu ermitteln. § 1 Abs. 3 S. 8 AStG bestimmt jedoch hinsichtlich der Rechtsfolge, dass auf eine **Einkünfteberichtigung verzichtet** werden kann, wenn der vom Steuerpflichtigen zugrunde gelegte Wert innerhalb des anderen Einigungsbereichs liegt, also der ursprüngliche Verrechnungspreis des Steuerpflichtigen auch innerhalb des durch die Betriebsprüfung neu ermittelten („anderen") Einigungsbereichs liegt.

Beispiel: Der Steuerpflichtige S hat ursprünglich einen Einigungsbereich von +50 bis +200 für die von ihm abgegebene Funktion ermittelt und fremdvergleichskonform einen Verrechnungspreis von +150 angesetzt. Der Betriebsprüfung gelingt der Nachweis, dass der Einigungsbereich angemessen +120 bis +250 hätte betragen müssen. Da der ursprüngliche Verrechnungspreis von +150 jedoch noch im neuen „anderen" Einigungsbereich der Betriebsprüfung liegt, kann auf eine Berichtigung des Verrechnungspreises verzichtet werden, auch wenn der wahrscheinlichste Punkt aus Sicht der Betriebsprüfung bei +200 gelegen hätte.
Hätte die Betriebsprüfung einen neuen „anderen" Einigungsbereich von +175 bis +225 ermittelt, hätte eine Korrektur des ursprünglichen Verrechnungspreises in jedem Fall erfolgen müssen, da der ursprüngliche Verrechnungspreis von +150 außerhalb des neuen „anderen" Einigungsbereichs der Betriebsprüfung gelegen hätte.

---

[577] Vgl. *Wassermeyer/Baumhoff/Greinert* in Flick/Wassermeyer/Baumhoff, Vorabkommentierung § 1 Abs. 3 AStG Rn. V 66.

[578] Vgl. FG Nds. 11.4.2000, EFG 2001, 157 mwN.

[579] Vgl. *Wassermeyer/Baumhoff/Greinert* in Flick/Wassermeyer/Baumhoff, Vorabkommentierung § 1 Abs. 3 AStG Rn. V 67.

Der Gesetzestext gibt keine weiteren Hinweise, wann die FinVerw. an- **558**
gehalten ist, von der **Option für eine Korrektur („kann")** Gebrauch zu
machen. Ein Hinweis findet sich allerdings in der Gesetzesbegründung. Danach soll die FinVerw. grundsätzlich eine Korrektur des Verrechnungspreises
vornehmen, wenn der **Steuerpflichtige** seiner Einkünfteermittlung den
Mittelwert eines unzutreffenden Einigungsbereichs **zugrunde gelegt**
hat,[580] also nicht spezifiziert einen bestimmten Preis innerhalb des Einigungsbereichs als den Preis mit der höchsten Wahrscheinlichkeit gewählt und begründet hat. Allerdings wird der FinVerw. auch in diesem Fall ausdrücklich
das **Ermessen** eingeräumt, dennoch keine Berichtigung vorzunehmen, wenn
dieser ursprüngliche Mittelwert ebenfalls in dem von der Finanzbehörde
nunmehr zutreffend ermittelten Einigungsbereich liegt.[581]

Gesetzesbegründung und VGr-FV geben **zum Teil voneinander abwei-** **559**
chende Gründe dafür an, wann auf einen Anpassung verzichtet werden
kann. So ist bei der Ermessensausübung für eine Korrektur bspw. darauf
abzustellen, ob eine erhebliche Abweichung zwischen dem vorherigen Verrechnungspreis des Steuerpflichtigen und dem eigentlich aus Sicht der Betriebsprüfung anzusetzenden Wert vorliege,[582] ob dem Steuerpflichtigen die
Fehlerhaftigkeit der Ermittlung des Einigungsbereichs bekannt war oder bekannt sein musste (zB wegen einer entsprechenden Beanstandung bei einer
vorhergehenden Prüfung)[583] und ob durch die Berichtigung ein Verständi-
gungs- oder Schiedsverfahren ausgelöst werde. Wenn dies der Fall sein sollte,
soll zudem die Erfolgsaussicht eines solchen Verfahrens berücksichtigt werden
und für diese Einschätzung auf die Erfahrungen des Bundeszentralamts für
Steuern zurückgegriffen werden.[584]

Irritierend ist, dass die Gesetzesbegründung und Rn. 130 VGr-FV immer **560**
von dem Fall sprechen, in dem der Steuerpflichtige den Mittelwert eines Einigungsbereichs angesetzt hat. Es fragt sich, wie die Fälle zu behandeln sind,
in denen der Steuerpflichtige angemessen **einen anderen als den Mittel-**
wert als Verrechnungspreis **ermittelt, begründet und angesetzt hat.** § 1
Abs. 3 S. 8 AStG kennt diese Unterscheidung nicht. Zu vermuten ist, dass die
Gesetzesbegründung nicht rechtzeitig der Formulierung des § 1 Abs. 3 S. 7
und 8 AStG angepasst wurde, als im Laufe des Gesetzgebungsverfahrens der
Wortlaut des § 1 Abs. 3 S. 7 AStG geändert wurde. So ging der Referentenentwurf vom 5.2.2007 noch davon aus, dass grundsätzlich der Mittelwert des
Einigungsbereichs als Verrechnungspreis anzusetzen ist und nur in begründeten Ausnahmefällen ein anderer Wert im Einigungsbereich. Letztlich bleibt
aber diese Frage offen.

Eine weitere wichtige Frage ist, ob § 1 Abs. 3 S. 8 AStG zulässt, einen **ur-** **561**
sprünglichen Verrechnungspreis nach unten zu korrigieren, falls ein
neuer „anderer" Einigungsbereich zu ermitteln ist, der unterhalb des ur-

---

[580] Vgl. auch Rn. 130 VGr-FV.

[581] Vgl. Begründung zu § 1 Abs. 3 S. 8 AStG, BT-Drucksache 16/4841, 86, und
Rn. 130 VGr-FV.

[582] Vgl. Begründung zu § 1 Abs. 3 S. 8 AStG, BT-Drucksache 16/4841, 86, und
Rn. 130 VGr-FV.

[583] Vgl. auch Rn. 130 VGr-FV.

[584] Vgl. Begründung zu § 1 Abs. 3 S. 8 AStG, BT-Drucksache 16/4841, 86.

sprünglichen Einigungsbereichs des Steuerpflichtigen liegt. Nach § 1 Abs. 3
S. 8 AStG ist – der Argumentation im umgekehrten Fall folgend – ein neuer
Einigungsbereich zu ermitteln. Nach dem Wortlaut des § 1 Abs. 3 S. 8 AStG
hat die FinVerw. ein Ermessen („kann"), den Verrechnungspreis nicht herabzusetzen.

562   Unabhängig von der praktischen Feststellung, dass kaum zu erwarten wäre,
dass die Betriebsprüfung einen Verrechnungspreis ermäßigt, wenn dies nicht
gesetzlich zwingend ist, **widerspricht es § 1 Abs. 1 S. 1 AStG, den Verrechnungspreis herabzusetzen,** da § 1 Abs. 3 AStG lediglich Ausfüh-
rungsbestimmungen zur Fremdvergleichsermittlung bei Funktionsverlagerungen enthält, die vorherrschende Rechtsfolgenvorschrift des § 1 Abs. 1 S. 1
AStG jedoch fordert, dass Einkünfte eines Steuerpflichtigen gemindert worden sein müssen. Im hier diskutierten Fall ist dies aber gerade nicht der Fall.
Vielmehr wurde hier in der Vergangenheit ein zu hoher Verrechnungspreis
angesetzt.

563   Systematisch ist dieses **Ergebnis unbefriedigend.** Die Regelungen zur
Funktionsverlagerung sollen nach der Gesetzesbegründung zu § 1 Abs. 3 S. 9
AStG ausdrücklich für den Outbound- und den Inboundfall, also spiegelbildlich, gelten. Aber auch in diesem Zusammenhang, der sicher mit der Korrektur zu Gunsten oder zu Lasten des Steuerpflichtigen nur bedingt vergleichbar
ist, wird darauf hingewiesen, dass § 1 Abs. 1 AStG nur Korrekturen zu Lasten
des Steuerpflichtigen zulässt, während Korrekturen zugunsten des Steuerpflichtigen auf andere Rechtsgrundlagen (zB die verdeckte Gewinnausschüttung) gestützt werden müssen.[585]

564   Nicht weiter hilft auch Art. 9 OECD-MA, da dieser zwar Korrekturen in
beide Richtungen zulässt, jedenfalls nicht nur Korrekturen zu Lasten des
Steuerpflichtigen, aber nur Schrankenrecht setzt. So wird auch eine Korrektur eines Verrechnungspreises für Funktionsverlagerungen nach unten bei
abweichendem Einigungsbereich auf **Gesetzesvorschriften außerhalb des
§ 1 AStG** gestützt werden müssen, zB verdeckte Gewinnausschüttungen
oder verdeckte Einlagen, wobei hier fraglich sein dürfte, ob alle Elemente einer Funktionsverlagerung einlagefähig sind.[586] In der Praxis empfiehlt sich
daher, entsprechende **Preisanpassungsklauseln vertraglich vorzusehen,**
die eine Korrektur des Verrechnungspreises nach unten ermöglichen.

565–570   *(einstweilen frei)*

8. Bewertung der verlagerten Funktion

571   Der folgende Abschnitt behandelt die Bestimmung der Verrechnungspreise
für Funktionsverlagerungen. Hierbei gelten grundsätzlich die gleichen
Grundsätze wie bei der Verrechnungspreisbestimmung für alle anderen Geschäftsbeziehungen. Liegen uneingeschränkt oder eingeschränkt vergleichbare
Fremdvergleichswerte vor, ist auch für Funktionsverlagerungen der Verrechnungspreis nach § 1 Abs. 3 S. 1–4 AStG zu ermitteln. Liegen keine Fremdvergleichswerte vor, ist der hypothetische Fremdvergleich nach § 1 Abs. 3

---

[585] Vgl. Begründung zu § 1 Abs. 3 S. 9 AStG und Rn. 215 ff.
[586] Vgl. dazu iE Rn. 215 ff.

S. 5–7 AStG anzuwenden. Wird der hypothetische Fremdvergleich angewandt, liegt eine Funktionsverlagerung iSv § 1 Abs. 3 S. 9 AStG vor, da die Anwendung des hypothetischen Fremdvergleichs Tatbestandsmerkmal für § 1 Abs. 3 S. 9 AStG ist, sodass grundsätzlich eine beidseitige ertragswertorientierte Gesamtbewertung der übertragenen Funktionen, Wirtschaftsgüter und Vorteile, also des Transferpakets, durchzuführen ist.[587]

a) Bewertung nach § 1 Abs. 3 S. 1–4 AStG

In der Praxis dominiert bei Funktionsverlagerungen die Verrechnungspreisermittlung unter dem hypothetischen Fremdvergleich, da in vielen bzw. den meisten Fällen von Funktionsverlagerungen keine (uneingeschränkt oder eingeschränkt) vergleichbaren **Fremdvergleichswerte** vorliegen werden. Denkbar ist eine Verrechnungspreisbestimmung **nach § 1 Abs. 3 S. 1–4 AStG** aber bspw. bei Funktionsverlagerungen, die sich zeitnah an Vertragsbeendigungen oder -abschlüsse mit fremden Dritten oder an Unternehmensakquisitionen anschließen.   **572**

Vertragsbeendigungen mit fremden Dritten können Fälle sein, in denen Unternehmen bspw. die Geschäftsbeziehungen im Vertriebsbereich zu fremden Dritten Distributoren oder Agenten beenden und dabei Ausgleichzahlungen für übernommene Kunden oder geleistete Markterschließungskosten leisten. Im Produktionsbereich können dies Fälle sein, in denen die Beziehungen zu fremden dritten Herstellern beendet werden und dabei eine Abgeltung für übernommenes Produktions-Knowhow oder geleistete Investitionen erfolgt. **Vertragsabschlüsse** betreffen Fälle, bei denen das Unternehmen mit fremden Dritten im Vertriebs-, Dienstleistungs- oder Produktionsbereich Verträge abschließt und die Dritten bereit sind, eine Eintrittszahlung zu leisten. Die erfolgten Zahlungen können dann als Ausgangspunkt für die Ermittlung eines Verrechnungspreises für die Funktionsverlagerung unter der Preisvergleichsmethode dienen und nach sachgerechten Anpassungen zu einem angemessenen Verrechnungspreis führen. Diese Fälle werden aber selten anzufinden sein.   **573**

Häufiger können in der Praxis Fälle beobachtet werden, bei denen **Funktionsverlagerungen Unternehmensakquisitionen folgen.** Dies sind Fälle, in denen der Steuerpflichtige zunächst ein Unternehmen kauft und dasselbe anschließend in seine Organisation integriert. Im Rahmen der Integration werden dann häufig Funktionen oder immaterielle Wirtschaftsgüter im Konzern übertragen. Fraglich ist dann unter dem Fremdvergleichsgrundsatz, ob aus dem Kaufpreis des Unternehmens Werte für die übertragenen Wirtschaftsgüter abgeleitet werden können. Hierfür spricht, dass die Unternehmensakquisition zwischen zwei fremden Dritten stattgefunden hat und die Preisfindung somit per se dem Fremdvergleich standhält. Allerdings können die Umstände einer Unternehmensakquisition dazu führen, dass der letztlich gezahlte Kaufpreis mehr oder weniger stark vom objektiven Wert des erworbenen Unternehmens abweicht. Dies gilt bspw. in Fällen, bei denen der Akquisition ein kompetitives Bieterverfahren vorausgegangen ist und der Erwerber letztlich deutlich mehr bezahlt, als das Unternehmen tatsächlich wert ist.   **574**

---

[587] Auf die drei Escape-Klauseln des § 1 Abs. 3 S. 10 AStG sei hingewiesen. Vgl. dazu unten Rn. 661 ff.

Gründe hierfür können zum Beispiel darin liegen, dass der Erwerber den Kauf durch einen anderen Bieter „um jeden Preis" verhindern wollte. Umgekehrt sind auch Fälle zu beobachten, in denen Verkäufer so unter Druck stehen, dass sie ein Unternehmen deutlich unter Wert veräußern.

575   Folgt einer Akquisition im Rahmen der Integration eine Funktionsverlagerung, stellt sich die Frage, ob und wie aus dem Kaufpreis für das Unternehmen fremdübliche Werte für die übertragenen Funktionen und Wirtschaftsgüter abzuleiten sind. Wurde die Akquisition in der Form eines Kaufs der Einzelwirtschaftsgüter (**„asset deal"**) durchgeführt, sind die dabei bestimmten Werte für Zwecke der Preisfindung bei der folgenden Funktionsverlagerung in jedem Fall **indikativ zu berücksichtigen.** Asset deals finden aber in der Praxis eher selten statt. Meistens werden Unternehmensakquisitionen in der Form eines Anteilskaufs (**„share deal"**) durchgeführt, bei denen eine unmittelbare fremdvergleichskonforme Zuordnung des Gesamtkaufpreises auf einzelne Wirtschaftsgüter nicht möglich ist, da keine Informationen dazu vorliegen, wie der Verkäufer einzelne Wirtschaftsgüter bewertet. Auf der Käuferseite wird nach der Akquisition in der Regel eine **Kaufpreisallokation** („Purchase Price Allocation"; „PPA") für bilanzielle Zwecke zum Ausweis des erworbenen Unternehmens im Konzernabschluss durchgeführt. Die Bewertungen von Wirtschaftsgütern im Rahmen einer Kaufpreisallokation taugen aber nur bedingt dazu, hieraus fremdübliche Preise abzuleiten, da bei der Wertfindung bilanzpolitische Aspekte im Vordergrund stehen. Durch sachgerechte Anpassungen der durch eine PPA bestimmten Werte können aber fremdübliche Preise für Funktionsverlagerungen bestimmt werden.

576   Sowohl im Fall des Asset Deals als auch im Fall des Share Deals liegt die Schwierigkeit bei den erforderlichen Anpassungsrechnungen vor allem darin, den **Geschäfts- oder Firmenwert** („Goodwill") **sachgerecht auf** die Bestandteile der Funktionsverlagerung bzw. **die Wirtschaftsgüter aufzuteilen,** die Gegenstand der Funktionsverlagerung sind. Der Goodwill hat als Residualgröße von Kaufpreis abzüglich dem beizulegenden Wert der Einzelwirtschaftsgüter häufig einen erheblichen Anteil am Gesamtkaufpreis und kann deshalb bei der Preisfindung für eine Funktionsverlagerung nicht ignoriert werden. Die Zuordnung von Teilen des Goodwills auf Einzelwirtschaftsgüter erfordert aber eine detaillierte Analyse und eine sorgfältige Dokumentation, da sie den Prüfungsschwerpunkt in einer späteren Betriebsprüfung darstellen wird.

577   In der Praxis sind aber uneingeschränkt oder eingeschränkt vergleichbare **Fremdvergleichswerte eher selten** vorhanden, sodass im Ergebnis der hypothetische Fremdvergleich bei Funktionsverlagerungen (nahezu) immer zur Anwendung kommt. Damit ist § 1 Abs. 3 S. 9 AStG anzuwenden und eine Transferpaketbetrachtung durchzuführen. Der angemessene Verrechnungspreis für das Transferpaket ist im Wege einer **beidseitigen ertragswertorientierten Gesamtbewertung** durchzuführen.

b) Bewertungsmethoden und -verfahren

578   Die oben beschriebene Systematik des hypothetischen Fremdvergleichs[588] erfordert aufgrund der notwendigen Ermittlung eines Einigungsbereichs aus

---

[588] Vgl. oben Rn. 454 ff.

Mindest- und Höchstpreis (§ 1 Abs. 3 S. 6 AStG) zumindest zwei Bewertungen, nämlich eine aus Sicht des Leistenden und eine aus Sicht des Leistungsempfängers. Dieser Ansatz zur Wertermittlung einer Funktionsverlagerung soll als **direkter Ansatz** bezeichnet werden.[589] Der direkte Ansatz setzt voraus, dass der verlagerten Funktion unmittelbar und eindeutig entsprechende Erträge und Aufwendungen zugeordnet werden können. Dies wird in einigen Fällen in der Praxis möglich sein, bspw. bei der vollständigen Verlagerung der Produktion eines bestimmten Produkts oder einer bestimmten Produktlinie.

In vielen Fällen – wenn nicht **in der Mehrzahl der Fälle** – wird dies   **579** aufgrund der atomisierten Funktionsdefinition der deutschen FinVerw. aber **nicht möglich** sein. Diesbezüglich ist zum Beispiel an die Verlagerung einzelner Arbeitsschritte in der Produktion oder an die Verlagerung von Verantwortlichkeiten und Risiken zu denken. In diesen Fällen liegen meist keine unmittelbar den verlagerten Funktionen zuzuordnenden Erträge und Aufwendungen vor. Vielmehr kann in diesen Fällen meist nur anhand des Funktions- und Risikoprofils der beteiligten Parteien vor und nach der Verlagerung bestimmt werden, welche fremdvergleichskonformen Vergütungen sie erhalten sollten. Dies erfolgt idR über die Bestimmung fremdvergleichskonformer Verrechnungspreise der Parteien vor und nach der Verlagerung.

In diesen Fällen – die uE den Regelfall darstellen – ist die Bewertung ei-   **580** ner Funktionsverlagerung nur anhand der sog. **indirekten Methode**[590] möglich. Dabei entsprechen Mindest- und Höchstpreis des Einigungsbereichs den Differenzen der Unternehmenswerte von übertragendem und aufnehmendem Unternehmen vor und nach der Verlagerung. Damit sind in diesem Regelfall vier Bewertungen erforderlich, die unter Beachtung der obigen Ausführungen zu den Handlungsalternativen[591] durchzuführen sind.[592]

Der **Gesetz- und Verordnungsgeber** wird hinsichtlich der Bewertungen   **581** der Funktionsverlagerung **nicht konkret.** Zwar enthält die FVerlV diverse bewertungsrelevante Vorschriften, allerdings sind diese wegen ihrer zu allgemeinen Ausführungen für den Steuerpflichtigen wenig hilfreich. Die VGr-FV regeln Fragen der Bewertung in Rn. 82–130 sowie in den als Anhang zu den VGr-FV angefügten Beispielen 1 und 2, in denen grundsätzlich auf die bestehenden Grundsätze zur Bewertung des IDW verwiesen oder referenziert wird.[593] Einschlägig sind in diesem Zusammenhang die IDW Gutachten S 1 und S 5.

In den folgenden Abschnitten wird die Vorgehensweise zur Bewertung ei-   **582** ner Funktionsverlagerung erläutert. Grundsätzlich ist bei Funktionsverlagerungen eine **beidseitige ertragswertorientierte Gesamtbewertung für ein Transferpaket als Ganzes** zu bestimmen. Ausgangspunkt hierfür sind die der Funktion zuzuordnenden Gewinnpotenziale.[594] Zulässig sind dabei

---

[589] Vgl. oben Rn. 242 ff. und 465, 473.

[590] Vgl. Rn. 32 VGr-FV.

[591] Vgl. oben Rn. 487 ff.

[592] Vgl. *Kraft* in Kraft, AStG, § 1 Rn. 411 mwN und oben Rn. 242 ff. und 465, 743.

[593] Gleicher Auffassung *Kraft* in Kraft, AStG, § 1 Rn. 410.

[594] Vgl. § 3 Abs. 1 FVerlV und oben Rn. 464 ff.

alle kapitalwertorientierten Bewertungsverfahren, nach denen ein Barwert aufgrund des Reingewinns nach Steuern[595] ermittelt werden kann. Insoweit ist auf die in den IDW Grundsätzen, und hier insb. IDW S 1 und IDW S 5 zu verweisen. Der Wert einer Funktion soll demnach aus den zukünftig erzielbaren Einnahmeüberschüssen abgeleitet werden.[596]

583   Je nach Fallgestaltung wird dabei eher einem Verfahren gemäß IDW S 1 oder IDW S 5 der Vorzug zu geben sein. Verfahren nach **IDW S 5** sind dann einschlägig, wenn bei der Funktionsverlagerung vor allem immaterielle Wirtschaftsgüter verlagert werden, während Verfahren nach **IDW S 1** eher dann zur Anwendung kommen, wenn ganze Betriebe oder Teile von Betrieben verlagert werden, oder wenn die Funktionsverlagerung nur nach der indirekten Methode über einen Gesamtunternehmenswertvergleich vor und nach der Verlagerung bewertet werden kann.[597]

584   Grundsätzlich sind **sowohl Discounted Cash-Flow-Verfahren wie Ertragswertverfahren zulässig.** Beide Verfahren beruhen auf derselben konzeptionellen Grundlage und führen deshalb bei gleichen Bewertungsannahmen bzw. -vereinfachungen auch zu gleichen Ergebnissen.[598]

Mit dem in § 1 Abs. 4 FVerlV verwandten Begriff **„Barwert"** macht der Verordnungsgeber deutlich, dass unter den verschiedenen Verfahren der Unternehmensbewertung die sog. Barwertverfahren bevorzugt werden. Der Gesetzgeber lässt jedoch grds. **offen, welches der Barwertverfahren** er bevorzugt.[599] Als Verfahren zur Bewertung des Gewinnpotenzials eines Transferpaketes kommen demnach **prinzipiell alle Barwertverfahren** in Betracht, die in IDW S 1 und IDW S 5 genannt sind,[600] dh insb. sowohl Nettokapitalisierungsverfahren (Ertragswertverfahren und Flow-to-Equity-Verfahren) als auch Bruttokapitalisierungsverfahren (Flow-to-Entity-Verfahren/WACC-Ansatz und Adjusted Present Value (APV)-Ansatz).[601] Die genannten Barwertverfahren sind nachfolgend als Übersicht dargestellt:

---

[595] Vgl. § 1 Abs. 4 FVerlV.

[596] Vgl. Rn. 87 VGr-FV.

[597] Vgl. Rn. 89 VGr-FV.

[598] Vgl. Rn. 88 VGr-FV und oben Rn. 466.

[599] AA *Kraft* in Kraft, AStG, § 1 Rn. 410 mwN, der sich aufgrund der explizit genannten (Rein-)Gewinne nach Steuern für ein Ertragswertverfahren und gegen die Abstellung auf Zahlungsströme ausspricht.

[600] Vgl. Rn. 87 VGr-FV.

[601] Die Begründung zur FVerlV führt an einer weiteren Stelle die Anerkennung interner betriebswirtschaftlicher Verfahren auf: Entscheidend für die Anerkennung ist demnach, ob die internen betriebswirtschaftlichen Bewertungsgrundsätze und -methoden einheitlich auf die beteiligten Unternehmen angewandt werden und die Ergebnisse nicht im erkennbaren Widerspruch zum Fremdvergleichsgrundsatz stehen (vgl. Begründung zu § 1 Abs. 4 FVerlV). Dennoch bleibt ein gewisses Spannungsfeld zum eigentlichen Verordnungstext bestehen, der den Reingewinn nach Steuern als entscheidendes Bewertungskriterium aufstellt (vgl. § 1 Abs. 4 FVerlV).

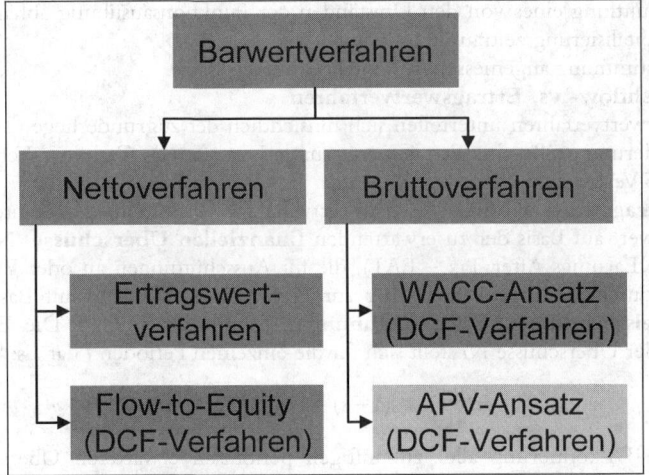

Abbildung 1: Barwertverfahren der Unternehmensbewertung

Der Wert eines Unternehmens entspricht dem **Marktwert des Eigenka-** 585
pitals, der sich durch Diskontierung der betrachteten Basisgröße auf den
Bewertungszeitpunkt (Barwert bzw. Gegenwartswert) ergibt. Die Berechnung
des Barwertes BW einer Investition erfolgt bei unendlicher Kapitalisierungsdauer gem. der Formel

$$BW = \sum_{t=1}^{T} \frac{Z_t}{(1+r)^t} + \frac{Z_T}{r \times (1+r)^T}$$

(Barwertformel). Hierbei sind die betrachtete Zahlungsgröße[602] durch Z,
der Diskontierungssatz durch r und das Ende der Detailplanungsphase durch
T gekennzeichnet. Aus der Darstellung ist ersichtlich, dass die Ermittlung des
Gewinnpotenzials einer Funktionsverlagerung bzw. die Bewertung eines Unternehmens **drei grundlegende Fragestellungen** beinhaltet:[603]
– Wahl einer Bewertungsmethode sowie Prognose[604] und Isolierung der
  (funktionsbezogenen) Gewinnerwartungen bzw. Cashflows der beteiligten
  Unternehmen,

---

[602] Liegt ein DCF-Verfahren zugrunde, wird als Zahlungsgröße der betrachtete
Cashflow eingesetzt. Wird dagegen ein Ertragswertverfahren verwendet, so ist die entsprechende Gewinngröße einzusetzen.

[603] Vgl. § 3 Abs. 2 FVerlV; Rn. 84 VGr-FV.

[604] Bewertungstechnisch entspricht die Zeitperiode, für welche die in die Bewertung
einfließenden Zahlungsströme prognostiziert werden müssen, dem Kapitalisierungszeitraum. Insbesondere bei Bewertungen mit unendlichem Zeithorizont werden hierbei standardmäßig zwei Phasen unterschieden: Die erste Phase (Detailplanungsphase)
umfasst einen Zeitraum von drei bis fünf Jahren, für den auf Basis von Gewinn- und
Verlustrechnungen oder Kapitalflussrechnungen (Cashflow-Statements) detaillierte
Planrechnungen erstellt werden. Im Gegensatz hierzu wird der Wertbeitrag der darauf
folgenden Phase durch lineare Fortschreibung, dh nach dem Konzept der ewigen
Rente, ermittelt. Vgl. IDW S 1 idF 2008, Tz. 5.3.

– Ermittlung eines von den Umständen der Funktionsausübung abhängigen Kapitalisierungszeitraumes, sowie

– Bestimmung angemessener Kapitalisierungszinssätze.

586   **Cashflow- vs. Ertragswertverfahren**

Barwertverfahren unterteilen sich hinsichtlich der zugrunde liegenden Kapitalisierungsgröße in Ertragswert- und Discounted Cashflow-Verfahren (DCF-Verfahren).

587   **Ertragswertverfahren.** Ertragswertverfahren ermitteln den Unternehmenswert auf Basis der zu erwartenden **finanziellen Überschüsse** (Net Income, Earnings After Tax – EAT), die für Ausschüttungen an oder Entnahmen durch die Eigenkapitalgeber zur Verfügung stehen und auf Basis von **handelsrechtlichen Erfolgsrechnungen** ermittelt werden.[605] Die Ermittlung der Überschüsse NI stellt sich für die einzelnen Perioden t dar als:[606]

$$NI_t = EBIT_t \times (1-s) - r_{FK} \times FK_{t-1} \times (1-s)$$

Die Diskontierung aller zukünftigen periodisch erwarteten Überschüsse NI_t auf den Bewertungszeitpunkt anhand o.g. Barwertformel ergibt den Unternehmenswert.

588   **DCF-Verfahren.** Im Unterschied zu Ertragswertverfahren orientieren sich DCF-Verfahren nicht an bilanziellen Größen, sondern an den **„tatsächlichen" Zahlungsströmen** in Form der zu erwartenden Cashflows der betrachteten Perioden. Cashflows und Erträge unterscheiden sich u.a. hinsichtlich der Berücksichtigung nicht-zahlungswirksamer Größen wie Abschreibungen oder Rückstellungen. Innerhalb der DCF-Verfahren sind mit dem DCF-to-Equity- und dem DCF-to-Entity-Ansatz grundlegend zwei Verfahren mit jeweils unterschiedlichen Erfolgsgrößen zu unterscheiden.

589   Beim **DCF-to-Equity-Verfahren** wird analog zum Ertragswertverfahren der Marktwert des Eigenkapitals direkt ermittelt. Dies geschieht, indem nur diejenigen Cashflows berücksichtigt werden, die den Eigenkapitalgebern zustehen (Flow-to-Equity – FtE, dh Nettokapitalisierung). Im Gegensatz hierzu wird beim **DCF-to-Entity-Ansatz** der Wert des Eigenkapitals indirekt ermittelt, indem zunächst der Marktwert des Gesamtkapitals bestimmt wird (Bruttokapitalisierung) und hiervon dann der Marktwert des Fremdkapitals abgezogen wird. Basis der Wertbestimmung des Gesamtkapitals bilden entsprechend sämtliche den Gesamtkapitalgebern zustehenden Cashflows.

590   Im Rahmen des DCF-to-Entity-Ansatzes wird der **operative Free Cashflow** mit den gewichteten durchschnittlichen Kapitalkosten (WACC) diskontiert.[607] Der operative Free Cashflow entspricht dem Einzahlungsüberschuss aus dem operativen Bereich unter der Annahme vollständiger Eigenfinanzierung. Die steuerliche Abzugsfähigkeit von Vergütungen für Fremdkapital wird im Rahmen des Free Cashflow-Ansatzes in die Berechnung des WACC (Diskontierungssatz) und damit in den Nenner der Barwertformel ein-

---

[605] Vgl. IDW S 1 idF 2008, Tz. 7.2.1.

[606] IE bedeuten s Steuersatz, r Zinssatz sowie FK Fremdkapital. Die dargestellte Rechnung entspricht einer Versteuerung des um den Nettozinsaufwand verminderten EBITs.

[607] Vgl. zur Ermittlung des Diskontierungssatzes bei Anwendung von WACC unten Rn. 638 ff.

bezogen. Um vor diesem Hintergrund eine „doppelte" steuerliche Berücksichtigung der Fremdkapitalkosten zu vermeiden, werden der Berechnung des Free Cashflows adaptierte – dh unter der fiktiven Annahme vollständiger Eigenkapitalfinanzierung berechnete – Steuern zugrunde gelegt.[608]

Die **Berechnung des operativen Free Cashflows** erfolgt retrograd gem. **591** folgendem Schema:[609]

Operatives Ergebnis vor Zinsen und Steuern	(EBIT)
– Adaptierte Steuern auf EBIT	
= Operatives Ergebnis vor Zinsen und nach adaptierten Steuern	(NOPLAT)[610]
+ Abschreibungen (- Zuschreibungen)	
+ Erhöhungen (- Verminderungen) der Rückstellungen	
– Investitionen (+ Desinvestitionen) in das Anlagevermögen	
– Investitionen (+ Desinvestitionen) in das Umlaufvermögen	(Working Capital)
= **operativer Free Cashflow**	**(oFCF)**

Der **Flow-to-Equity** lässt sich gem. folgendem Schema auf Basis des operativen Free Cashflows ermitteln: **592**

operativer Free Cashflow	(oFCF)
– Fremdkapitalzinsen	
+ Unternehmenssteuerersparnis auf Fremdkapitalzinsen	
– Tilgung (+ Aufnahme) von verzinslichem Fremdkapital	
= **Flow-to-Equity**	**(FtE)**

Theoretisch führen alle genannten Bewertungsverfahren zu identischen Ergebnissen. In der Bewertungspraxis finden sich jedoch meist Abweichungen, **593** die aus **verschiedenen Finanzierungsprämissen** resultieren. Nettoverfahren sind dahingehend zu bewerten, dass sie einfacher anzuwenden und intuitiver zu verstehen sind, gleichzeitig jedoch eine explizitere Planung der Cashflows aus der Fremdfinanzierung voraussetzen. **Tendenziell** sind **Bruttoverfahren** als **genauer** einzustufen, da eine separate Bewertung des Fremdkapitals erfolgt.

(einstweilen frei) **594–600**

---

[608] Alternativ ließe sich der Total Cashflow (Summe aus Free Cashflow und Unternehmenssteuerersparnis wegen Abzugsfähigkeit der Fremdkapitalzinsen) mit einem WACC auf Basis der nominalen Fremdkapitalkosten diskontieren. Vgl. *Peemöller,* 2012, 368 f. und *Matschke/Brösel,* 2013, 712 f.

[609] Auf direktem Weg lässt sich der Free Cashflow ermitteln aus der Summe von operativem Cashflow (Delta von betrieblichen Ein- und Auszahlungen abzügl. adaptierter Steuern) und investivem Cashflow (Saldo aus Auszahlungen für Investitionen und Einzahlungen aus Desinvestitionen abzügl. Erhöhung/zuzügl. Verringerung des Zahlungsmittelbestandes).

[610] Net Operating Profit Less Adjusted Taxes.

c) Gesamtbewertung

601   Die Bewertung ist für das Transferpaket als Ganzes, also für die Funktion und die mit dieser Funktion zusammenhängenden Chancen und Risiken sowie die Wirtschaftsgüter und Vorteile,[611] die Gegenstand der Funktionsverlagerung sind, durchzuführen. Im Rahmen der Bewertung ist dann sowohl für das übertragende Unternehmen als auch für das aufnehmende Unternehmen eine Barwertberechnung der entsprechenden Gewinnpotenziale[612] zu ermitteln.

Die **wesentlichen Parameter** der Bewertung sind:[613]
– die Reingewinne nach Steuern, die aus der verlagerten Funktion zu erwarten sind, also die der übertragenen Funktion aus Sicht der beiden beteiligten Unternehmen zuzurechnenden Zahlungsströme;
– der Kapitalisierungszeitraum, der in Abhängigkeit von den konkreten Umständen der Funktionsausübung zu bestimmen ist;
– sowie die angemessenen Kapitalisierungszinssätze, mit denen die jeweils mit der Funktion zusammenhängenden Chancen und Risiken angemessen berücksichtigt werden und die Reingewinne nach Steuern abgezinst werden.

Im Folgenden soll die Herleitung dieser drei entscheidenden Parameter im Detail untersucht werden.

aa) Berechnung von Einnahmen und Ausgaben – „Reingewinn nach Steuern"

602   Die größte **Herausforderung** besteht in der Praxis für Unternehmen darin, den übertragenen Funktionen **konkrete Einnahmen und Ausgaben zuzuordnen.** Dies ist lediglich dann eher unproblematisch, wenn eine Funktion vollständig übertragen wird, die einem klar identifizierbaren und abgrenzbaren betrieblichen Teil des Unternehmens repräsentiert. Darunter fallen in der Regel Schließungen von Aktivitäten. Dieser Fall wird aber in der Praxis eher selten sein. Zudem wendet die FinVerw. eine ausgesprochen **kleinteilige Funktionsdefinition** an, sodass die Wahrscheinlichkeit sehr groß ist, dass eine konkrete Zuordnung von Einnahmen und Ausgaben auf Funktionsebene (insb. bis zum Reingewinn nach Steuern) nicht ohne weiteres möglich ist bzw. sich nicht aus im Unternehmen vorhandenen Daten ableiten lässt. Dies begründet sich dadurch, dass der **weitaus überwiegende** Teil der Funktionsverlagerungen in der Praxis **Abschmelzungsfälle** betrifft, bei denen die Aktivitäten nach der Verlagerung nicht eingestellt werden, sondern mit einem veränderten Funktions- und Risikoprofil fortgeführt werden. Hier ist eine genaue Zuordnung von Einnahmen und Ausgaben in der Praxis ohne weiteres schlicht nicht möglich.

603   Die **FinVerw.** geht diesbezüglich von der **irrigen Annahme** aus, dass dem Unternehmen Unterlagen auch in Form von Finanzdaten vorliegen müssen, die als Grundlage für die Verlagerungsentscheidung gedient haben.[614] Derartige Unterlagen, insb. betriebswirtschaftliche Vorteilhaftigkeitsberechnungen, werden zwar tatsächlich in der Regel von Unternehmen erstellt, erfüllen aber selten bis nie die von der FinVerw. erwarteten steuerlichen Anforderungen. Dies liegt vor allem daran, dass Unternehmen **Verlagerungsentscheidungen aus**

---

[611] Vgl. § 1 Abs. 3 FVerlV.
[612] Vgl. § 3 Abs. 1 FVerlV.
[613] Vgl. Rn. 84 VGr-FV.
[614] Vgl. § 3 Abs. 2 S. 2 FVerlV; Rn. 90 VGr-FV.

Gruppen- bzw. Konzernsicht und nicht aus Sicht von einzelnen, an der Verlagerung beteiligten legalen Einheiten **treffen.** Dabei wird bspw. ermittelt, welche betriebswirtschaftlichen Vorteile sich für einen Konzern einstellen, wenn er die Produktion von A nach B verlagert oder den Einkauf des Konzerns zentralisiert. Es wird aber nicht ermittelt, wie sich die Vorteile auf verschiedene rechtliche Einheiten herunter brechen oder ob ein Gesamtvorteil für den Konzern gegebenenfalls ein Nachteil für die eine rechtliche Einheit und ein (umso größerer) Vorteil für die andere rechtliche Einheit ist. Werden solche im Unternehmen tatsächlich vorhandenen Unterlagen in der Praxis der Betriebsprüfung vorgelegt, ist häufig der Vorwurf zu hören, dass die Unterlagen unverwertbar sind, weil sie keine Aussagen zu einzelnen rechtlichen Einheiten beinhalten oder ermöglichen. Steuerpflichtige müssen sich deshalb bewusst machen, dass die **Besteuerung** schlussendlich **auf Ebene einzelner rechtlicher Einheiten** stattfindet und somit auch Bewertungen von Funktionsverlagerungen für die jeweils beteiligten Konzernunternehmen und nicht nur aus Gruppensicht durchzuführen sind. Diese **Unterlagen** sind in der Regel ausschließlich **für steuerliche Zwecke zu erstellen,** um den Anforderungen gem. Rn. 90 VGr-FV zu genügen, dh Einnahmen, Ausgaben, Annahmen, detaillierte Prognoserechnungen, etc. enthalten.

Auf Basis der Gewinnpotenziale, die der verlagerten Funktion aus Sicht des **604** verlagernden und des aufnehmenden Unternehmens zuzurechnen sind, ergibt sich letztlich durch die beidseitige ertragswertorientierte Gesamtbewertung der sogenannte **Einigungsbereich,** in dem der angemessene Wert des Transferpakets liegt.[615] Hierbei stellen die Unter- und Obergrenze des Einigungsbereichs die Grenzpreise aus Sicht des übertragenden (Mindestpreis/Untergrenze) sowie des aufnehmenden (Höchstpreis/Obergrenze) Unternehmens dar.[616]

Die Bestimmung des Wertes einer Funktion erfolgt in dem Regelfall, in **605** dem eine direkte Bewertung einer Funktionsverlagerung nicht möglich ist, indirekt anhand einer **Gesamtbewertung der beteiligten Unternehmen.** Der Einigungsbereich ergibt sich dabei aus den jeweiligen **Unternehmenswertdifferenzen** von abgebendem bzw. aufnehmendem Unternehmen vor und nach der Funktionsverlagerung. Im Sinne der geforderten Fremdvergleichskonformität beruht die Wertbestimmung des Transferpakets auf den jeweiligen funktionsbezogenen Gewinnerwartungen (Gewinnpotenzialen) der beteiligten Unternehmen.[617] Das Gewinnpotenzial entspricht hierbei dem **Barwert** der unternehmensindividuellen **Reingewinne nach Steuern,** die zum Zeitpunkt der Verlagerung aus der Ausübung der Funktion erwartet werden können und der Funktion zuzuordnen sind.[618]

Die FVerlV lässt eine exakte Definition des **Begriffs „Reingewinn"** offen.[619] Die VGr-FV[620] definieren Reingewinn als Überschuss der Nettoein- **606**

---

[615] Vgl. Rn. 91 VGr-FV und oben Rn. 461 ff.

[616] Vgl. oben Rn. 474 ff.

[617] Vgl. § 1 Abs. 3 S. 6 AStG und oben Rn. 464 ff.

[618] Vgl. § 3 Abs. 1 und § 1 Abs. 4 FVerlV; Rn. 31 VGr-FV; und oben Rn. 464 ff. und 584 ff.

[619] Zur Diskussion der maßgebenden Überschussgröße zur Bewertung von Transferpaketen im Rahmen von Funktionsverlagerungen vgl. *Greinert* DB 2009, 755.

[620] Vgl. Rn. 31 VGr-FV.

nahmen über die Nettoausgaben inklusive der Fremdkapitalkosten und der Steuern, wobei Steuern die Ertragsteuern des Unternehmens sind und hierbei die Steuern des Gesellschafters nicht enthalten sind. Bei Personenunternehmen kann typisierend von den Ertragsteuern ausgegangen werden, die angefallen wären, wenn die Personengesellschaft eine Kapitalgesellschaft wäre.[621]

607   Die Betrachtung des Reingewinns nach Steuern macht die Anforderungen an die **Zuordenbarkeit** von Erträgen und Aufwendungen zu einzelnen Funktionen noch komplexer, da nun der übertragenen Funktion auch noch **Finanzierungskosten und Steuern** zuzuordnen sind. In Anbetracht der atomisierten Funktionsdefinition der deutschen FinVerw. ist dies in der Praxis in den wenigsten Fällen exakt möglich. Vielmehr sind hier meist **typisierende Annahmen** zu treffen, die selbstredend – wie alle andere Annahmen auch – Gegenstand der Diskussionen mit der Betriebsprüfung sind. Die FinVerw. verspricht sich hiervon offensichtlich auch etwaige Synergien im Finanzierungsbereich oder eine niedrigere Steuerbelastung beim aufnehmenden Unternehmen in die Transferpaketbetrachtung mitaufzunehmen und damit (zumindest teilweise) im Inland zu besteuern. Für den Steuerpflichtigen bedeutet diese Anforderung allerdings eine erhebliche Zunahme der Komplexität.

608   Bei der Berücksichtigung von Steuern sind die **steuerlichen Konsequenzen einer Funktionsverlagerung selbst** entgegen der hier vertretenen Auffassung,[622] aber nach Auffassung der FinVerw. bei dem verlagernden und übernehmenden Unternehmen mit zu berücksichtigen. Für das verlagernde Unternehmen ist dies die Steuer auf den Veräußerungsgewinn oder -verlust, der durch die Verlagerung realisiert wird. Beim aufnehmenden Unternehmen ist dies die zukünftige Steuerersparnis (oder bei einem negativen Wert der Verlagerung: die Steuerzahlung) aus der steuerwirksamen Amortisierung des Transferpakets.[623]

Die Anforderung, dass für die verlagerte Funktion auch **abgestimmte Plan-Bilanzen** vorliegen müssen, führt ebenfalls zu erheblichen praktischen Schwierigkeiten.[624] Wie oben ausgeführt, ist schon die Erstellung von Erfolgsrechnungen für viele Funktionsverlagerungen für Steuerpflichtige schwierig und oft sogar unmöglich. Hierfür zusätzlich noch Bilanzen aufzustellen, ist in den meisten Fällen aber schlicht nicht machbar. In der Praxis wird durch Betriebsprüfungen verhältnismäßig selten nach Planbilanzen gefragt. Sollte dies aber geschehen und der Steuerpflichtige keine Aufzeichnungen vorlegen können, setzt er sich dem Risiko einer Schätzung wegen Verletzung der Mitwirkungspflichten („Unverwertbarkeit der Dokumentation") aus.

609   Da im Falle der **indirekten Bewertung** einer Funktionsverlagerung insgesamt vier Bewertungen durchzuführen sind – abgebendes Unternehmen vor und nach der Verlagerung sowie aufnehmendes Unternehmen vor und nach der Verlagerung –, müssen ebenfalls auch vier Zahlungsströme ermittelt werden. Bei **direkter Bewertung** der jeweiligen Funktionsverlagerung

---

[621] Vgl. Rn. 33–35 VGr-FV.
[622] Vgl. oben Rn. 475, 481 sowie unten Rn. 647 ff.
[623] Vgl. Rn. 33 VGr-FV.
[624] Vgl. Rn. 31 VGr-FV.

reduziert sich die Zahl der Bewertungen auf zwei, sodass nur noch die jeweiligen funktionsbezogenen Zahlungsströme aus Sicht des abgebenden sowie des aufnehmenden Unternehmens ermittelt und diskontiert werden müssen.

bb) Kapitalisierungszeitraum (§ 6 FVerlV)

Von grundlegender Bedeutung für die Bewertung des zu übertragenden **610** Transferpakets ist die Bestimmung des zugrunde zu legenden Bewertungshorizontes bzw. Kapitalisierungszeitraums. Der angemessene Kapitalisierungszeitraum bestimmt die Zeitperiode, über die in die Bewertung einfließende Zahlungsströme prognostiziert werden müssen. Im Rahmen der Standards für Unternehmensbewertungen wird dabei **häufig** von einem unbegrenzten Kapitalisierungszeitraum bei der Bewertung von Unternehmen ausgegangen (sog. **„Going Concern"-Annahme**). Seitens der FinVerw. besteht ebenfalls die Grundannahme eines unbegrenzten Kapitalisierungszeitraumes, dass – falls keine Gründe für einen kürzeren Kapitalisierungszeitraum glaubhaft gemacht werden können bzw. falls solche Gründe nicht ersichtlich sind – „... ein unbegrenzter Kapitalisierungszeitraum zugrunde zu legen" ist.[625]

Ein unbegrenzter Kapitalisierungszeitraum soll laut VGr-FV[626] regelmäßig **611** dann zugrunde zu legen sein, wenn es sich bei der verlagerten Funktion um einen ganzen Betrieb bzw. Teilbetrieb oder wenigstens um eine wirtschaftlich eigenständig lebensfähige Einheit handelt. Je weiter die verlagerte Funktion unterhalb der **Schwelle eines Teilbetriebs** angesiedelt ist, desto eher hat der Steuerpflichtige die Möglichkeit, einen begrenzten Kapitalisierungszeitraum glaubhaft zu machen. Wie sich das Verhältnis zwischen „je weiter" und „desto eher" bestimmt, lässt die FinVerw. offen. Zugleich wird aber die Länge des Kapitalisierungszeitraums zum wesentlichen Prüfungsschwerpunkt erklärt, da der Kapitalisierungszeitraum einen erheblichen Einfluss auf den ermittelten Wert einer verlagerten Funktion hat. Die für die Betriebsprüfungspraxis notwendigen objektiven Anwendungskriterien werden also gerade in einem so wesentlichen Punkt nicht geklärt.

Als **Anhaltspunkte** für die Bestimmung der Dauer des Kapitalisierungs- **612** zeitraums werden zB der Produktlebenszyklus, die Dauer eines Patentschutzes oder die garantierte Dauer der Funktionsausübung genannt.[627] Als Indiz für einen langen Nutzungs- und damit Kapitalisierungszeitraum werden insb. Aufwendungen für den Erhalt bzw. Ersatz übertragener immaterieller Wirtschaftsgüter im Rahmen der Ermittlung der Gewinnerwartungen beim übernehmenden Unternehmen genannt.[628]

Die **Feststellungslast für** einen anders bestimmten, von den Umständen der Funktionsausübung abhängigen – dh **endlichen** – **Bewertungshorizont** liegt somit beim **Steuerpflichtigen,** oder, wie es die VGr-FV formulieren[629] „bei dem, der sich darauf beruft". Aufgrund der enormen Auswirkungen auf den ermittelten Wert eines Unternehmens bzw. einer Funktionsverlagerung sollte der adäquaten Bestimmung und Dokumentation des Kapitalisierungs-

---

[625] Vgl. § 6 FVerlV; Rn. 109 VGr-FV.
[626] Vgl. Rn. 109 VGr-FV.
[627] Vgl. Rn. 110 VGr-FV.
[628] Vgl. Rn. 111 VGr-FV.
[629] Vgl. Rn. 110 VGr-FV.

zeitraumes in der Bewertungspraxis hinreichend Aufmerksamkeit gewidmet werden.

613   Die Anwendung eines unbegrenzten Kapitalisierungszeitraums entspricht der vollständigen Auflösung und Besteuerung stiller Reserven. Diese dürfte nur vor dem Hintergrund der Veräußerung einer wirtschaftlich selbständig lebensfähigen Funktion iSe **Betriebs oder Teilbetriebs** gem. EStG angemessen sein. Handelt es sich jedoch nicht um einen solchen selbständigen Bereich und sind der **Funktion** keine eigenen geschäftswertbildenden Faktoren zuzuordnen, so ist unter ökonomischen Gesichtspunkten regelmäßig von einer begrenzten Kapitalisierungsdauer auszugehen.[630] Diese Sichtweise kommt auch in Kapitel IX der OECD-RL 2010 zum Ausdruck, wo ausdrücklich betont wird, dass bei der Ermittlung des Gewinn- bzw. Verlustpotenzials nicht ohne weiteres auf einen unendlichen (Bewertungs-)Zeitraum abzustellen ist.[631]

Es ist weiterhin für das übertragende und das übernehmende Unternehmen von einem **einheitlichen Kapitalisierungszeitraum** auszugehen, es sei denn, es kann nachgewiesen werden, dass unterschiedliche Zeiträume sachgerecht sind.[632] In der Praxis finden in der Regel einheitliche Kapitalisierungszeiträume Anwendung.

614   Wird ein **endlicher Kapitalisierungszeitraum** unterstellt, ist bei Verlagerungen gegen eine laufende Vergütung (**„Lizenzierungsfälle"**) zu prüfen, ob und in welcher Form die betreffenden immateriellen **Wirtschaftsgüter nach dem Ende des Kapitalisierungszeitraums weiter verwendet** werden. Erfolgt hier auch weiterhin eine Nutzung derselben durch das übernehmende Unternehmen ist unter dem Fremdvergleichsgrundsatz zu prüfen ob, und wenn ja, in welcher Höhe weiterhin Lizenzen festzusetzen sind. Bei Funktionsverlagerungen gegen Festpreis (**„Übertragungsfälle"**) wird hinsichtlich der fortgeführten Nutzung der immateriellen Wirtschaftsgüter ebenso vorzugehen sein. Zudem ist noch zu prüfen, ob eine Preisanpassung gem. § 1 Abs. 3 S. 11 und 12 AStG sachgerecht ist.

615   Bei der Bewertungsmethodik der unendlichen Kapitalisierung der Gewinnerwartungen beider Unternehmen werden die **Gewinnbeiträge des ausländischen Unternehmens** teilweise, dh in der Regel hälftig, im Inland der Steuerpflicht unterworfen. Eine derartige Einbeziehung ausländischer Gewinnbeiträge scheint hinsichtlich der Abgrenzung der internationalen Besteuerungsansprüche ernstlich zweifelhaft.[633] Die FinVerw. sieht dies aber durch die international akzeptierte Theorie des doppelten ordentlichen und gewissenhaften Geschäftsleiters gedeckt und fühlt sich diesbezüglich durch die entsprechenden Ausführungen in Kapitel IX der OECD-RL 2010 bestätigt.

616   Eine Spezifizierung des Bewertungshorizonts einer Funktionsverlagerung kann nur **aus der** zugrunde liegenden **Funktion selbst** abgeleitet werden. Mögliche Anknüpfungspunkte hinsichtlich der Bestimmung des Kapitalisierungszeitraumes sind im Folgenden aufgeführt:

---

[630] Vgl. *Oestreicher/Hundeshagen* DB 2008, 1693.

[631] Vgl. OECD-RL 2010, Tz. 9.64.

[632] Vgl. Rn. 112 VGr-FV.

[633] Vgl. dazu Rn. 467, 472 und den Wirkungen auf die EU-Widrigkeit von § 1 Abs. 3 AStG in Rn. 248, 258; vgl. auch *Hey* BB 2007, 1303, 1308, *Oestreicher/Hundeshagen* DB 2008, 1637.

Zeitliche Begrenzung der Funktionsausübung.[634] Die Bestimmung   **617**
der zeitlichen Begrenzung einer Funktionsausübung setzt eine genaue Abgrenzung der verlagerten Funktion voraus. Insb. kann das Auslaufen von Patenten oder Lizenzen, Genehmigungen oder sonstigen Rechten oder ein Produktzyklus wie in der Automobilindustrie als Hinweise für eine zeitliche Begrenzung der Funktionsausübung verstanden werden.[635]

Zunehmender Wertbeitrag des übernehmenden Unternehmens.[636]   **618**
Von einer endlichen Nutzbarkeit von verlagerten Wirtschaftsgütern und Geschäftschancen kann insb. in den Fällen ausgegangen werden, in denen mit der Zeit die ursprünglichen Investitionen und Vorleistungen des verlagernden Unternehmens an Wert verlieren und die eigenen Investitionen des übernehmenden Unternehmens für die Ausübung der Funktion immer mehr an Bedeutung gewinnen. So kann, auch wenn sich der Wert eines immateriellen Wirtschaftsgutes im Zeitverlauf nicht verändert, häufig von einer endlichen Nutzungsdauer hinsichtlich des übernommenen immateriellen Wirtschaftsgutes ausgegangen werden. Dies ist dann der Fall, wenn der erworbene Wert über die Zeit durch selbst geschaffenen Wert (dh durch Wertbeitrag des aufnehmenden Unternehmens) ersetzt wird.

Als Referenz hinsichtlich adäquater Kapitalisierungsdauern können im vor-   **619**
liegenden Kontext die nachfolgenden **Beispiele** dienen, die sich auf Abschreibungsperioden immaterieller Wirtschaftsgüter beziehen:
– Marken und Produkt-/Handelsnamen: 15 Jahre (BMF v. 20.11.1986, BStBl. I 1986, 532)[637]
– Kundenstamm: Endliche Nutzungsdauer (≤ 15 Jahre) (zB BFH v. 28.5.1998, IV R 48/97, BStBl. II 1998, 775)
– Domainname: Zumeist unendliche Nutzungsdauer bei *Generic Domains*[638] (zB BFH v. 19.10.2006, III R 6/05, BStBl. II 2007, 301); hingegen zumeist endliche Nutzungsdauer bei *Qualified Domains* (zB *Wübbelsmann,* DStR 2005, 39 ff.)
– Geschäfts- oder Firmenwert: 15 Jahre (§ 7 Abs. 1 S. 3 EStG) bzw. 4 Jahre mit Wahlrecht zur „tatsächlichen" Nutzungsdauer (§ 255 Abs. 4 HGB).

Entstehen völlig neuer Funktionen. Aufgrund von Veränderungen äu-   **620**
ßerer Einflussfaktoren können im Zeitverlauf völlig neue Funktionen entstehen, sodass gleichzeitig die Ausübung der ursprünglich verlagerten Funktion reduziert oder eingestellt wird. Dies hat zur Folge, dass sich die Werte der zugrunde liegenden Wirtschaftsgüter und Geschäftschancen im Zeitverlauf verflüchtigen. Ein solcher Fall kann möglicherweise aus dem Wandel der wirtschaftlichen Verhältnisse, aus Begrenzungen von Produktlebenszyklen aufgrund technischer Entwicklungen, aus Produktinnovationen von Wettbe-

---

[634] Vgl. Begründung zu § 3 Abs. 2 S. 3 FVerlV.

[635] Ähnlich mwN *Kraft* in Kraft, AStG, § 1 Rn. 420.

[636] Vgl. Begründung zu § 3 Abs. 2 S. 3 FVerlV.

[637] Allein bei Unternehmens- und Dachmarken kann eine unbegrenzte Nutzungsdauer unter Umständen sachgerecht erscheinen (vgl. IDW S 5, Tz. 5.3).

[638] Sog. *Generic Domains* sind Internetadressen, die sich bspw. auf Produktgruppen oder Dienstleistungen beziehen, die aber im Gegensatz zu sog. *Qualified Domains* keinen direkten Bezug zu einem Firmen- oder Handelsnamen aufweisen.

werbern oder aus dem Wandel der Lebens- und Verbrauchsgewohnheiten, des Bedarfs und des Geschmacks resultieren.

cc) Kapitalisierungszinssatz (§ 5 FVerlV)

621   Zur Bestimmung des angemessenen Kapitalisierungszinssatzes soll von einem im abgebenden bzw. aufnehmenden Land jeweils üblichen Zins für eine „quasi-risikolose" Investition **(Basiszins)**[639] ausgegangen werden, auf welche funktions- und risikoadäquate Zuschläge vorzunehmen sind.[640] Als quasi-risikolose Vergleichsinvestition werden **öffentliche Anleihen** genannt, wobei deren Laufzeit der voraussichtlichen Dauer der Funktionsausübung bzw. der Nutzungsdauer der wesentlichen immateriellen Wirtschaftsgüter entsprechen soll.

622   Die funktions- und risikoadäquaten **Zuschläge** auf den Basiszins werden grds. anhand von vergleichbaren Renditeerwartungen (dh marktüblichen **Renditen, die für** die Ausübung **vergleichbarer Funktionen** erzielt werden) ermittelt. Lassen sich solche Vergleichsrenditen nicht in ausreichendem Maß beobachten, ist der funktions- und risikoadäquate Zuschlag aus den Gewinnerwartungen des Gesamtunternehmens bzw. der übrigen Geschäftstätigkeit abzuleiten. Ferner ist zu berücksichtigen, dass die Renditeerwartung im Falle einer höheren Fremdkapitalfinanzierung aufgrund des höheren Risikos regelmäßig steigt.[641]

Im Folgenden sollen diese Grundsätze im Detail erläutert werden.

Rechtliche Regelung

623   Der Einigungsbereich bei der Bewertung einer Funktionsverlagerung auf Grundlage einer Verlagerung der Funktion als Ganzes ist gem. § 1 Abs. 3 S. 5 und 9 AStG mittels **funktions- und risikoadäquater Kapitalisierungszinssätze** zu bestimmen. Die FVerlV präzisiert diese Aussage dahingehend, dass die Bestimmung des jeweils angemessenen Kapitalisierungszinssatzes unter Berücksichtigung der Steuerbelastung vom Zins für eine risikolose Investition auszugehen hat, auf den ein funktions- und risikoadäquater Zuschlag vorzunehmen ist.[642] Durch dieses Vorgehen soll sichergestellt werden, dass eine zutreffende **„Mindestrendite"** erreicht wird, sodass sowohl das verlagernde als auch das aufnehmende Unternehmen durch den Vorgang nicht schlechter gestellt werden.[643] **Offen** bleibt jedoch, **auf welche Weise** und unter welchen Prämissen die jeweiligen Bestandteile des Kapitalisierungszinssatzes im Einzelnen **zu ermitteln** sind. In jedem Fall bildet der Kapitalisierungszinssatz einen wesentlichen Einflussfaktor auf den ermittelten Wert, sodass dessen Höhe entsprechend genau hergeleitet und begründet werden muss. Dies gilt insb. bei langen Kapitalisierungszeiträumen, da sich die Diskontierungsrate naturgemäß stärker auf den Terminal Value als auf den Barwert der Detailplanungsphase auswirkt.

624   Aufgrund des signifikanten Einflusses der Kapitalisierungszinssätze auf die Bewertungsergebnisse und damit auf die Besteuerung ist es umso bedauerli-

---

[639] Vgl. IDW S 1 idF 2008, Tz. 116.
[640] Vgl. § 5 FVerlV; Rn. 106–107 VGr-FV.
[641] Vgl. Rn. 94 VGr-FV.
[642] Vgl. § 5 S. 1 FVerlV.
[643] Vgl. Begründung zu § 3 Abs. 2 S. 3 FVerlV.

cher, dass auch die **VGr-FV hier weitgehend unscharf bleiben.** Begründet durch die atomisierte Funktionsdefinition der deutschen FinVerw. ist die **Bestimmung funktions- und risikoadäquater Zinssätze** eine große **Herausforderung** für den Steuerpflichtigen. Üblicherweise liegen in Unternehmen nur Zins- oder (Ziel-)Renditesätze vor, die die Vorstellungen für Rentabilitätsbetrachtungen bei Investitionen oder Akquisitionen reflektieren. Hierzu zählt bspw. der Unternehmens-WACC,[644] der in vielen Unternehmen für diese Zwecke ermittelt wird. Diese Zinssätze liegen aber meist nur für das Gesamtunternehmen vor und sind für Zwecke der Funktionsverlagerungsbewertung häufig nur bedingt verwertbar, weil diese hinsichtlich der betroffenen Länder bzw. Funktionen nicht spezifisch genug sind.

Im Ergebnis müssen die in die Bewertung einfließenden Zinssätze deshalb **625** individuell funktions- und landesspezifisch ermittelt werden. Zur Ermittlung des **risikolosen Basiszinses** ist eine risikolose Alternativinvestition heranzuziehen, deren Laufzeit dem Kapitalisierungszeitraum[645] entspricht. Beruht die Bewertung auf der Annahme eines unbegrenzten Kapitalisierungszeitraums, so ist eine risikolose Investition mit möglichst langer Laufzeit zugrunde zu legen.[646] Gemäß der Begründung zur FVerlV hat die Bestimmung des risikolosen Basiszinses aufgrund unterschiedlicher länderspezifischer Risikoprofile **jeweils separat für** den Markt des **verlagernden und** des **übernehmenden Unternehmens** zu erfolgen.[647]

Die **funktions- und risikoadäquaten Zuschläge** dienen der Einbezie- **626** hung der Chancen und Risiken, die mit der verlagerten Funktion im Vergleich zu einer risikolosen Investition einhergehen. Entsprechend fordert der Verordnungsgeber in der Begründung zur FVerlV, dass sich die Risikozuschläge an den **Renditen** zu orientieren haben, die bei der Ausübung **vergleichbarer Funktionen** erzielt werden.[648]

Der Zuschlag ist so zu bemessen, dass er sowohl für das übernehmende als **627** auch für das verlagernde Unternehmen die in vergleichbaren Fällen **jeweils unternehmensübliche Risikobeurteilung** berücksichtigt.[649] Insb. in den Fällen, in denen die übertragene Funktion keine wirtschaftlich selbständig lebensfähige Einheit darstellt, gestaltet sich die Bestimmung angemessener Kapitalisierungszinssätze in der Praxis schwierig. Können keine hinreichend vergleichbaren Renditeerwartungen ermittelt werden, so ist vom Gesamtunternehmen auszugehen und der verlagerten Funktion ein angemessener Anteil am Gesamtgewinn zuzuordnen, der als Zuschlag auf eine risikolose Investition darzustellen ist.[650]

Hierbei kann es sich anbieten, über **Zu- oder Abschläge auf** die vorgenannten **unternehmensintern vorhandenen Zinssätze** zu adäquaten Zinssätzen zu kommen. Zuschläge sollen sich dabei grundsätzlich an markt-

---

[644] WACC = Weighted Average Cost of Capital.

[645] Vgl. Rn. 110 VGr-FV.

[646] Vgl. Begründung zu § 5 S. 2 FVerlV; Rn. 105 VGr-FV.

[647] Vgl. Begründung zu § 5 S. 1 FVerlV.

[648] Anleger sind annahmegemäß risikoavers, wobei das Risiko mit der Schwankungsbreite des zu erwartenden Cashflows steigt. Die Übernahme eines solchen Risikos wird mittels einer sog. Risikoprämie auf den Basiszinssatz vergütet.

[649] Vgl. § 5 S. 3 FVerlV.

[650] Vgl. Begründung zu § 5 S. 1 FVerlV.

üblichen Renditen für vergleichbare Funktionen orientieren. Dabei soll eine Risikobeurteilung angenommen werden, die sich aus der übrigen Geschäftstätigkeit des jeweiligen Konzerns ergibt.[651] Dies wird aber in jedem Fall eine sorgfältige Analyse und eine sorgfältige Dokumentation erfordern.

628   Alternativ können Steuerpflichtige auch in Betracht ziehen, **entsprechend den in VGr-FV enthaltenen Regelungen zu Schätzungsfällen** zu verfahren. Danach[652] kann der Basiszinssatz anhand einer „quasi-risikolosen" Geldanlage auf Basis eines inländischen Zinssatzes für eine möglichst laufzeitäquivalente **Rendite öffentlicher Anleihen** mit ausgezeichneter Bonität ermittelt werden, bspw. anhand der Zinsstrukturkurve der Deutschen Bundesbank. Der **Risikozuschlag** kann dann mit **50%** des inländischen Basiszinssatzes, **mindestens jedoch mit 3 Prozentpunkten,** angenommen werden. Durch diesen Zuschlag sind alle Risiken (zB Währungsrisiken, Wachstumsrisiken) abgegolten. Die so bestimmten Zinssätze sind dann noch um die nominellen Steuersätze auf Unternehmensgewinne zu verringern. Im Einzelfall kann die für Schätzungsfälle vorgesehene Vorgehensweise zwar mit weniger Aufwand möglich sein, aber selten zu angemessenen Ergebnissen führen.

629   Die Ermittlung des Barwerts der Reingewinne des verlagernden Unternehmens nach Funktionsverlagerung soll auf Basis entsprechend geringerer Kapitalisierungszinssätze erfolgen, da der Gewinn im Inland durch das **neue Risikoprofil** deutlich geringeren Schwankungen ausgesetzt ist. Auch wenn die funktionsbezogenen Risikoprofile beider Unternehmensbestandteile vergleichbar sind und sich hieraus durch die Funktionsverlagerung keine wesentlichen Änderungen ergeben, sind eventuell vorhandene Differenzen im **länderspezifischen Risiko** zu berücksichtigen, da in Folge der Verlagerung Unternehmensteile in anderen Staaten zu bewerten sind. Hierbei soll der landesspezifisch ermittelte Kapitalisierungszinssatz sicherstellen, dass dem übernehmenden Unternehmen ein funktions- und risikoadäquater Mindestgewinn verbleibt.[653]

630   Im Ergebnis sind somit, aufgrund von Veränderungen des Risikoprofils vor und nach der Funktionsverlagerung, Szenarien denkbar, bei denen **bis zu vier unterschiedliche Kapitalisierungszinssätze** zur Anwendung kommen. Solche Veränderungen des Risikoprofils liegen immer dann vor, wenn zwischen verlagerten und nicht verlagerten Funktionen ein **Risikoverbund** besteht bzw. bestand. Ein Beispiel wäre etwa der durch eine Funktionsverlagerung ins Ausland bewirkte Wandel eines inländischen voll ausgestatteten Fertigungsunternehmens (Fully Fledged Manufacturer) zu einem reinen Auftragsfertiger oder Lohnveredler (Contract oder Toll Manufacturer) mit ungleich geringerem Risiko.

Ermittlung der Kapitalisierungszinssätze

631   Wenn die für die Bewertung anzuwendenden Kapitalisierungszinssätze für die betreffende Funktionsverlagerung **analytisch herzuleiten sind,** sind die folgenden Überlegungen zu beachten:

Da sich die Eigenkapitalkosten eines Unternehmens nicht direkt beobachten lassen, werden (funktions- und risikoadäquate) Diskontierungsfak-

---

[651] Vgl. Rn. 106 VGr-FV.
[652] Vgl. Rn. 170 VGr-FV.
[653] Vgl. Rn. 107 VGr-FV.

toren in der Praxis auf Basis von **Kapitalmarktmodellen** berechnet. Zu beachten ist hierbei der Zusammenhang zwischen der Wahl des Bewertungsmodells und dem zu verwendenden Zinssatz: Liegt ein Nettoverfahren zugrunde, das lediglich die Zahlungsströme an die **Eigenkapitalgeber** berücksichtigt (Ertragswertverfahren; DCF-to-Equity-Verfahren), so werden die Eigenkapitalkosten als Kapitalisierungszins eingesetzt. Diese werden idR anhand des Capital Asset Pricing Models (CAPM) ermittelt. Beim bruttobasierten DCF-to-Entity-Verfahren werden hingegen die **Gesamtkapitalkosten** als Diskontierungsfaktor verwendet. Diese setzen sich zusammen aus den Renditeforderungen von Eigen- und Fremdkapitalgebern, die anhand der Anteile von Eigen- und Fremdkapital am Marktwert des Gesamtkapitals gewogen werden. Als Modell dient hier der sog. WACC-Ansatz (Weighted Average Cost of Capital). Da die Eigenkapitalkosten auch in den WACC einfließen, sind sowohl für die Netto- als auch für die Bruttomethode die Eigenkapitalkosten zu bestimmen. Zur Anwendung der Bruttomethode müssen jedoch zusätzlich die Fremdkapitalkosten und die Kapitalstruktur ermittelt werden.

Eigenkapitalkosten (CAPM)

Eigenkapitalkosten repräsentieren die **Eigenkapitalrendite** einer zur In- **632** vestition in das zu bewertende Unternehmen **adäquaten Alternativanlage**.[654] Die Renditen von funktions- und risikoadäquaten Alternativanlagen sind Kapitalmarktrenditen von Unternehmensbeteiligungen (Aktien bzw. Aktienportfolios) zu entnehmen. Um die Eigenkapitalrendite r_{EK} auf ihre Bestandteile (dh risikofreier Basiszinssatz r_f plus Risikoprämie) herunterzubrechen, wird standardmäßig das CAPM herangezogen. Die Risikoprämie ergibt sich dabei aus dem Produkt von Marktrisikoprämie MRP und unternehmensspezifischem Betafaktor β, sodass sich die Eigenkapitalrendite darstellt als $r_{EK} = r_f + MRP \times \beta$.

Als Vergleichspunkt für den **Basiszinssatz** wird üblicherweise der landes- **633** übliche Zinssatz einer (quasi) risikofreien, fristadäquaten Kapitalmarktanlage verwendet, wobei die am Bewertungsstichtag beobachtbare Rendite maßgeblich ist. Somit sind vergangenheitsbezogene Durchschnittswerte oder pauschalierende Angaben aus der Literatur nur sehr begrenzt verwendbar.[655] In der Praxis wird häufig die Zinsstruktur **langfristiger, festverzinslicher Anleihen der öffentlichen Hand** als Referenz herangezogen.

Ausgangspunkt für die Ermittlung der **Marktrisikoprämie** bildet ein **634** perfekt diversifiziertes Marktportfolio, dessen systematisches Risiko durch die Marktrisikoprämie MRP vergütet wird. Diese errechnet sich aus der Differenz von Erwartungswert der Rendite des Marktportfolios $E(r_M)$ und risikofreier Rendite r_f dh $MRP = E(r_M) - r_f$. In der Bewertungspraxis werden zur Ermittlung der Marktrisikoprämie **Aktienindizes** (in Deutschland bspw. DAX, MDAX oder CDAX) **gegen die Rendite langfristiger Staatsanleihen gespiegelt.** Die Bestimmung des zeitlichen Horizonts erfolgt im Spannungsfeld von Glättungseffekt (bei Verwendung eines längeren Zeithorizontes) und Gegenwartsbezug (bei Verwendung eines kürzeren Zeithorizontes).

---

[654] Vgl. IDW S 1 idF 2008, Tz. 7.2.4.1.
[655] Vgl. IDW S 1 idF 2008, Tz. 7.2.4.1.

635   Der **Betafaktor** misst das systematische Risiko eines Wertpapiers über Korrelation der Einzelrendite des Wertpapiers r_j mit der Marktentwicklung:

$$\beta = \frac{Cov\ (r_j, r_M)}{Var\ (r_M)}.$$

Ein Betafaktor größer eins bedeutet somit, dass die beobachtete Einzelrendite stärker schwankt als die Marktrendite. Entsprechend gilt umgekehrt für einen Betafaktor kleiner 1, dass die Einzelrenditen weniger stark schwanken als die Marktrendite. $\beta = 0$ entspricht einer fixen Rendite, dh einer risikolosen Anlage. Das mit dem Betafaktor erfasste **systematische Risiko** beinhaltet neben dem **Geschäftsrisiko** auch das vom Verschuldungsgrad abhängige **Kapitalstrukturrisiko.**

636   Idealerweise verfügen die zum Vergleich herangezogenen Unternehmen über eine mit dem zu bewertenden Unternehmen vergleichbare Kapitalstruktur, sodass eine direkte Übertragung des Betafaktors erfolgen kann. Ist diese Voraussetzung nicht erfüllt, wird der Betafaktor in der Bewertungspraxis durch sog. **Delevern und Relevern** an die Kapitalstruktur des zu bewertenden Unternehmens angepasst. Dies hat mitunter erheblichen Einfluss auf den Diskontierungssatz einer Unternehmensbewertung. So beläuft sich die Risikoprämie bei einem unlevered Beta von 0,6, einem effektiven Steuersatz von 28,6 % und einer Marktrisikoprämie von 5,5 % je nach Verschuldungsgrad auf bspw. 3,8 % (FK/EK = 0,25) oder 6,33 % (FK/EK = 1,5). Ausgangspunkt bildet der Betafaktor des verschuldeten Unternehmens (levered Beta) β_v, wobei sich der Zusammenhang zwischen levered und unlevered Beta unter Berücksichtigung des tatsächlichen Steuersatzes s in der Form

$$\beta_v = \beta_u \times \left[1 + (1 - s) \times \frac{FK}{EK} \right]$$

dargestellt.[656]

637   Das levered Beta wird in der Praxis bei **börsennotierten Unternehmen** per Regression aus den historischen Renditen des Wertpapiers bzw. des Marktportfolios ermittelt. Auch hier hat das Zeitintervall erheblichen Einfluss auf die Aussagefähigkeit der Daten, da ein längeres Zeitintervall zwar technisch zu einer aussagefähigeren Regression führt (zunehmende Verfügbarkeit von Datenpunkten), gleichzeitig jedoch die Aktualität der Daten abnimmt. Bei **nicht börsennotierten Unternehmen** werden die Betafaktoren einer Peer Group herangezogen. Eine solche Peer-Group wird aus börsennotierten Unternehmen gebildet, die hinsichtlich des zu bewertenden Unternehmens als vergleichbar angesehen werden. Als relevante Vergleichbarkeitsfaktoren sind in diesem Zusammenhang insb. Merkmale wie Branche, Wachstumsent-

---

[656] IE bedeuten FK Fremdkapital und EK Eigenkapital. Es werden die Betas der (verschuldeten) Vergleichsunternehmen zunächst delevered, dh um den Anteil des vom Verschuldungsgrad abhängigen Betas bereinigt. Im Anschluss daran wird der gemittelte Wert der unlevered Betas der Vergleichsunternehmen wiederum an den Verschuldungsgrad des zu bewertenden Unternehmens angepasst (Relevern). Der Prozess des Deleverns und Releverns erfolgt mittels der Marktwerte von Fremd- und Eigenkapital, wobei das hiermit einhergehende Zirkularitätsproblem bspw. durch Vorgabe einer Zielkapitalstruktur gelöst werden kann (vgl. bspw. *Matschke/Brösel*, 2013, 706 f.).

wicklung, Risikostruktur, Produktportfolio, Kundenstruktur und Wettbewerbsposition einzustufen.[657]

Gesamtkapitalkosten (WACC)

Die gewichteten Kapitalkosten (WACC) eines Unternehmens ergeben sich **638** unter Berücksichtigung der steuerlichen Abzugsfähigkeit von Fremdkapitalvergütungen („Tax Shield") aus den nach den Marktwerten von Eigen- und Fremdkapital **gewichteten Finanzierungskosten für Eigen- bzw. Fremdkapital** gem. der Formel

$$WACC = r_{EK} \frac{EK}{EK + FK} + r_{FK} \times (1 - s) \times \frac{FK}{EK + FK}.$$[658]

Für die Bestimmung des WACC müssen demnach neben den Eigen- auch **639** die Fremdkapitalkosten sowie die Kapitalstruktur des zu bewertenden Unternehmens ermittelt werden. Die **Eigenkapitalkosten** r_{EK} werden anhand eines gesonderten Modells (s. CAPM) ermittelt und fließen als gegebene Größe in den WACC ein. Hinsichtlich der **Fremdkapitalkosten** r_{FK} müsste genau genommen zwischen den tatsächlich vereinbarten Kapitalkosten bisheriger Darlehen und den Kosten für die Finanzierung zusätzlichen Fremdkapitals (bspw. zur Finanzierung der zu bewertenden Funktionsverlagerung) unterschieden werden. Vergleichspunkte sind in diesem Fall die Zinssätze, die aktuell am Markt für Fremdkapital mit vergleichbarem Risiko gezahlt werden.

In der Praxis erfolgt die Bestimmung der Fremdkapitalkosten jedoch **640** **häufig** per **Rückgriff auf den** durch das Unternehmen **aktuell zu zahlenden Durchschnittszins.** Durch einfache Fortschreibung der aktuellen Kosten besteht dabei implizit die Annahme von in der Zukunft konstanten Fremdkapitalkosten. Sind Fremdkapitalkosten steuerlich abzugsfähig, wird dies bei der Berechnung des WACC berücksichtigt. Die Bestimmung der Kapitalstruktur erfolgt durch Ermittlung der Marktwerte von Eigen- und Fremdkapital.

Anpassung des Diskontierungsfaktors bei speziellem Risikoprofil

Bei speziellen Risikoprofilen des verlagernden oder aufnehmenden Unter- **641** nehmens kann eine Anpassung des Diskontierungsfaktors hinsichtlich einer sachgemäßen Bewertung geboten sein. Dies ist insb. dann zu prüfen, wenn vertragliche Beschränkungen des wirtschaftlichen Risikos bestehen, ein Unternehmen eine vergleichsweise geringe Größe aufweist oder wenn signifikante Risiken in Verbindung mit immateriellen Wirtschaftsgütern auf andere Unternehmenseinheiten übertragen werden.

Limited Risk Entities – LREs. Das Vorliegen eines „garantierten Ge- **642** winns" eines Unternehmens bietet einen möglichen Ausgangspunkt für eine von dem CAPM-Ansatz abweichende Ermittlung der Kapitalkosten. Da das einzige Risiko einer solchen LRE im Zahlungsausfall des Prinzipals besteht, bieten **Credit Default Swaps (CDS)** hierbei einen möglichen Bewertungsansatz. Der Preis eines CDS kann als Kompensation interpretiert werden, die

---

[657] Vgl. *Kruschwitz/Löffler* WPg 2008, 808.

[658] In Folge der Zinsschranke (§ 4h EStG) ist die steuerliche Abzugsfähigkeit von Fremdkapital-Vergütungen in Deutschland in bestimmten Fällen nicht mehr bzw. nur noch begrenzt möglich, so dass der Tax Shield-Effekt entsprechend zu unspezifisch ist.

ein Investor für das (reine) Risiko der Insolvenz eines Referenzunternehmens verlangt. Dabei zahlt der Käufer eines CDS eine Gebühr an den Verkäufer, der hierfür das Risiko eines Zahlungsausfalls übernimmt, indem er für den Fall der Zahlungsunfähigkeit des Emittenten Nennwert und Zinsen eines zugrunde gelegten Referenzbonds zahlt. Da dieses Risiko der Zahlungsunfähigkeit des Prinzipals das einzige Risiko einer LRE ist, lässt sich so ermitteln, welche **zusätzliche Verzinsung über dem risikolosen Zins** auf das investierte Kapital einer LRE anzusetzen ist, um Marktkonformität zu erreichen. In der Praxis zeigen sich bei der Ermittlung des Risikozuschlags über CDS ceteris paribus deutlich geringere Diskontierungsraten als bei Unternehmen, die Marktrisiken tragen.

643 **Size Premiums.** Es existieren empirische Belege dafür, dass für **kleinere Unternehmen höhere Eigenkapitalkosten** anzusetzen sind. Bei Verwendung des CAPM auf Grundlage von Kapitalmarktdaten, wie oben dargestellt,[659] wird somit die reale (geforderte) Eigenkapitalverzinsung umso mehr unterschätzt, je kleiner das betrachtete Unternehmen ist. Mögliche Gründe hierfür sind geringere Liquidität kleinerer Unternehmen, erhöhte Anfälligkeit gegenüber externen Ereignissen oder auch eine geringere Produktdiversifikation. Sollen derartige Argumente in der Argumentation für oder wider eine Größenprämie einfließen, so ist im Einzelfall zu prüfen, inwiefern die Risiken als unsystematisch und damit diversifizierbar oder systematisch einzustufen sind. In der Praxis können Size Premiums mit Hilfe von Regressionen berücksichtigt werden.

644 **Bewertung risikoreicher immaterieller Wirtschaftsgüter.** Geht ein Großteil des übertragenen Gewinnpotenzials maßgeblich auf risikoreiche immaterielle Wirtschaftsgüter zurück (bspw. Übertragung von Kundenstamm oder Marke ohne damit einhergehende Übertragung signifikanter betrieblicher Funktionen), so werden solche Risiken bei der Verwendung von „Unternehmens-Betafaktoren" nicht adäquat berücksichtigt. Liegt eine derartige Konstellation vor, so ist der Einsatz höherer, spezifisch an das Risiko des immateriellen Wirtschaftsguts angepasster Diskontierungsfaktoren zielführend.[660]

dd) Berücksichtigung von Ertragsteuern

Ermittlung des Reingewinns – Unternehmenssteuern

645 Welche Steuern bei der Ermittlung des Reingewinns zu berücksichtigen sind, wird seitens des Gesetzes bzw. der Verordnung nicht präzisiert. Da Informationen bzgl. des Wohnsitzes der Anteilseigner idR nicht vorliegen, gestaltet sich die Berücksichtigung persönlicher Steuern auf Ebene der Anteilseigner als problematisch. Auch unter der gesetzlich geforderten Perspektive eines ordentlichen und gewissenhaften Geschäftsleiters, dessen Zielgröße die Maximierung des Unternehmensgewinns ist, scheint die **Einbeziehung persönlicher Steuern nicht zwingend,** da die ultimativen Anteilseigner im Rahmen einer Funktionsverlagerung unverändert bleiben. Dies folgt aus der Überlegung, dass die persönliche Ertragsteuerbelastung der Nettozuflüsse aus dem zu bewertenden Unternehmen der persönlichen Ertragsteuerbelas-

---

[659] Vgl. oben Rn. 632 ff.
[660] Vgl. zum Konzept eines „vermögenswert-spezifischen Risikozuschlags" IDW S 5, Tz. 3.2.3.

tung der Alternativinvestition in ein Aktienportfolio entspricht.[661] Die Fin-
Verw. weist zutreffenderweise lediglich daraufhin, dass bei Berücksichtigung
der persönlichen Steuern der Anteilseigner eine konsistente Behandlung bei
den Kapitalisierungszinssätzen erforderlich ist.[662] Bei Personengesellschaften
sind die Ertragsteuern der Gesellschafter zu berücksichtigen. Diese können
allerdings typisierend in Höhe der Ertragsteuern angesetzt werden, die entstanden wären, wenn statt Personenunternehmen Kapitalgesellschaften an der
Funktionsverlagerung beteiligt gewesen wären.[663]

Auch aus Gründen der Praktikabilität ist somit das international gebräuch- **646**
liche Verfahren der **alleinigen Einbeziehung von Steuern auf Unternehmensebene** wie KSt, GewSt und SolZ zu empfehlen. Die zugrunde gelegten Ertragsteuersätze werden aus Gründen der naturgemäß beschränkten
Verfügbarkeit von Informationen über die zukünftige Steuergesetzgebung
idR als konstant angenommen.

Verlagerungskosten und Veräußerungsgewinn – Exit Tax und Tax Amortisation Benefit

Die Verlagerung einer Funktion geht aufseiten des veräußernden Unter- **647**
nehmens idR mit Kosten einher, zu denen neben Schließungskosten auch
durch den Veräußerungsgewinn anfallende Steuern gehören können. Unter
der Perspektive des ordentlichen und gewissenhaften Geschäftsleiters könnte
man annehmen, dass das **veräußernde Unternehmen** einen **Aufschlag in
Höhe der Steuerlast auf den Barwert** des Reingewinns erheben würde.
Verrechnungspreistechnisch hätte dies zur Folge, dass sich die Preisuntergrenze um den resultierenden Steuereffekt nach oben verschieben würde.

Auch aufseiten des **erwerbenden Unternehmens** sind korrespondierende
ertragsteuerliche Effekte möglich, soweit für den Käufer die Möglichkeit einer (teilweisen) steuerlichen **Aktivierung und Abschreibung** des Kaufpreises besteht. Unter der Prämisse der beidseitigen Akzeptanz der Funktionsbewertung von in- und ausländischer FinVerw. könnte dann der in Deutschland
versteuerte Goodwill somit zu einem Steuervorteil (Tax Amortization Benefit
– TAB) für das übernehmende Unternehmen führen. Wiederum unter der
Prämisse des ordentlichen und gewissenhaften Geschäftsleiters würde dies aus
Sicht des übernehmenden Unternehmens zu einer Erhöhung der Zahlungsbereitschaft iHd generierten Steuervorteils und damit zu einer **Erhöhung
des Einigungsbereichs** führen.

Die Berücksichtigung des Goodwills sowohl auf Käufer- und Verkäufersei- **648**
te würde somit aufgrund der Mittelwertregelung ceteris paribus zu einer **Erhöhung des Verrechnungspreises** um den „steuerlichen Wert" des Goodwills führen.

Nach Auffassung der FinVerw. in Rn. 118 VGr-FV ist – dieser Logik folgend – neben dem zukünftigen Gewinnpotenzial und den Schließungskosten
für die Berechnung des Mindestpreises des verlagernden Unternehmens auch
noch dessen **Steuerbelastung aus der Funktionsverlagerung selbst,** dh
die Ertragsteuerbelastung aus § 1 Abs. 3 S. 9 AStG **(„exit tax"),** zu berücksichtigen. Dies **entspricht** aber **nicht der Gesetzesvorgabe,** da es sich of-

---

[661] Vgl. IDW S 1 idF 2008, Tz. 45; Rn. 34 VGr-FV.
[662] Rn. 36, 108 VGr-FV.
[663] Vgl. Rn. 34 VGr-FV.

fensichtlich **nicht um ein zukünftiges Gewinnpotenzial handelt.** Die Einbeziehung in die Bewertung der Preisuntergrenze des übertragenden Unternehmens ist daher abzulehnen.[664] Folgerichtig sind dann auch auf der Seite des aufnehmenden Unternehmens die steuerlich wirksamen Abschreibungen auf die „erworbenen" Wirtschaftsgüter (Tax Amortisation Benefit – „TAB") nicht anzusetzen.[665]

Inwiefern die genannten ertragsteuerlichen Aspekte bzgl. des Veräußerungsgewinns in der Praxis Eingang in die Bewertung finden und welche Auffassung sich insb. zum Ansatz oder Nicht-Ansatz von Exit Tax und Tax Amortization Benefit durchsetzt, lässt sich nach aktuellem Stand nicht abschätzen. Nach der hier vertretenen Auffassung **deckt der Gesetzeswortlaut** des § 1 Abs. 3 S. 9 AStG **die Auslegung der Rn. 118, 125 VGr-FV nicht.**

649–660   *(einstweilen frei)*

9. Escape-/Öffnungs-Klauseln – Einzelverrechnungspreise (§ 1 Abs. 3 S. 10 AStG)

a) Gesetzliche Regelungen

661   Während die Anwendung der Gesamtbewertung eines Transferpakets der Standard sein soll, kann hiervon in drei Fällen gem. § 1 Abs. 3 S. 10 AStG abgewichen werden und eine Einzelverrechnungspreisbestimmung für alle von der Funktionsverlagerung betroffenen Bestandteile des Transferpakets vorgenommen werden. Die drei sogenannten Escape-Klauseln kommen zur Anwendung, wenn der Steuerpflichtige u. a. glaubhaft macht, dass

– mit der Funktion **keine wesentlichen immateriellen Wirtschaftsgüter und Vorteile** übergegangen oder zur Nutzung überlassen wurden (§ 1 Abs. 3 S. 10 HS 1, 1. Alt. AStG)
  oder

– das **Gesamtergebnis der Einzelpreisbestimmung** gemessen an der Preisbestimmung für das Transferpaket als Ganzes dem Fremdvergleichsgrundsatz entspricht (§ 1 Abs. 3 S. 10 HS 1, 2. Alt. AStG)
  oder

– **ein wesentliches immaterielles Wirtschaftsgut** Gegenstand der Funktionsverlagerung ist und dieses **genau bezeichnet** wird (§ 1 Abs. 3 S. 10 HS 2 AStG).

662   Der Zweck der gesetzlichen Öffnungs-Klauseln ist nicht, eine Besteuerung etwaig im Rahmen einer Funktionsverlagerung übergehender stiller Reserven zu vermeiden. Vielmehr erlauben die Öffnungs-Klauseln es dem Steuerpflichtigen allenfalls, **Erleichterungen bei der Bewertung** der Funktionsverlagerung in Anspruch zu nehmen. Wie die folgenden Ausführungen zeigen, läuft allerdings auch dieses vermeintliche Bestreben des Gesetzgebers weitgehend ins Leere. Aus praktischer Sicht lässt sich deshalb schlussfolgern, dass die Öffnungs-Klauseln **keine Rolle spielen** und jedenfalls keine nennenswerte Erleichterung für den Steuerpflichtigen darstellen.

663   Die **vermeintlichen Erleichterungen** aus den Öffnungsklauseln bestehen für den Steuerpflichtigen darin, dass er bei einer Funktionsverlagerung

---

[664] Vgl. auch oben Rn. 475, 481.
[665] Vgl. auch oben Rn. 475, 481; aA Rn. 125 VGR-FV.

bei der Bewertung von der Transferpaketbetrachtung absehen kann und stattdessen **Einzelverrechnungpreise für die** von der Funktionsverlagerung betroffenen **Bestandteile des Transferpakets** entsprechend den allgemeinen
Regelungen (§ 1 Abs. 3 S. 1–8 AStG) bestimmen darf.[666]

Die allgemeinen Regelungen des § 1 Abs. 3 S. 1–8 AStG behandeln die
verschiedenen in Deutschland zulässigen Verrechnungspreismethoden, die in
Abhängigkeit von der Verfügbarkeit sowie der Qualität von Vergleichsdaten
zur Anwendung kommen. Würden also für die Bestandteile des Transferpakets mindestens eingeschränkt vergleichbare Vergleichsdaten vorliegen, könnte der Steuerpflichtige die Verrechnungspreise für dieselben tatsächlich nach
den **klassischen Verrechnungspreismethoden** bestimmen und insofern
tatsächliche eine Erleichterung sowohl bezüglich des administrativen Aufwands (Bewertung) als mutmaßlich bei der Höhe des Verrechnungspreises erfahren. Dieser Fall wird aber bei Funktionsverlagerungen **im Regelfall nicht
auftreten,** da dieselben nur in seltenen Fällen zwischen oder mit Dritten beobachtbar sind.

Im **Regelfall** beinhalten Funktionsverlagerungen vielmehr die Übertra- **664**
gung oder Überlassung von hochwertigen und einzigartigen immateriellen
Wirtschaftsgütern und Vorteilen, für der deutsche Gesetzgeber in Ermangelung von Vergleichsdaten die Anwendung des **hypothetischen Fremdvergleichs**[667] vorsieht. Zu dessen Durchführung wiederum ist der zukünftig zu
erwartende finanzielle Nutzen aus dem betreffenden immateriellen Wirtschaftsgut maßgebend, der sich aufgrund einer betriebswirtschaftlichen Bewertung nach einem kapitalwertorientierten Verfahren (zB IDW S 5 bzw.
ISO 10668 für Marken) ergibt.[668] Die Anwendung des hypothetischen
Fremdvergleichs erfordert wieder Bewertungen jeweils aus Sicht des Veräußerers und des Erwerbers. Öffnungsklauseln, die also statt eines hypothetischen
Fremdvergleichs für das Transferpaket den **hypothetischen Fremdvergleich für** dessen **Bestandteile** erlauben – und dies wird der Regelfall
sein –, können schon vom Ansatz her nicht überzeugen. Sie schaffen nicht
weniger Komplexität, sondern **mehr Aufwand.**

b) 1. Öffnungsklausel – keine wesentlichen immateriellen Wirtschaftsgüter und Vorteile

Der Gesetzestext lässt bei der **ersten Alternative** offen, wann ein immate- **665**
rielles Wirtschaftsgut bzw. ein Vorteil wesentlich iSd Vorschrift ist. Gem. § 1
Abs. 5 FVerlV sind **Wirtschaftsgüter wesentlich,** wenn sie für die verlagerte Funktion erforderlich sind und ihr Fremdvergleichspreis insgesamt[669]
mehr als 25 % der gesamten Summe aller Einzelpreise der Bestandteile des
Transferpakets ausmacht (Bagatellgrenze).[670] Der Verordnungsgeber legt somit
einen **qualitativen und** einen **quantitativen Bewertungsmaßstab** nebeneinander an, sodass beide Voraussetzungen kumulativ erfüllt sein müssen.[671]

---

[666] Vgl. Rn. 69 VGr-FV.
[667] Vgl. Rn. 62 ff. VGr-FV. Vgl. dazu oben Rn. 454 ff. und auch Rn. 572 ff.
[668] Vgl. Rn. 69 VGr-FV.
[669] Vgl. Rn. 80 VGr-FV, wonach „insgesamt" dahingehend auszulegen ist, dass der
Wert mehrerer Wirtschaftsgüter zusammen zu rechnen ist.
[670] Vgl. Rn. 71 VGr-FV.
[671] Vgl. Rn. 38 VGr-FV.

Anwendungsfälle, in denen keine wesentlichen immateriellen Wirtschaftsgüter übertragen werden, sind zumeist bei der **Übertragung von Hilfsfunktionen** wie zB EDV, Personalverwaltung, Buchführung und ähnlichen Dienstleistungen zu finden. Gerade bei diesen Verlagerungen bestehen allerdings schon Zweifel, ob sie tatsächlich überhaupt unter § 1 Abs. 3 S. 9 AStG fallen, da hier keine unternehmerischen Chancen und Risiken übertragen werden. Zudem werden einige/viele der hier angesprochenen Fälle unter § 2 Abs. 2 FVerlV zu subsumieren sein und damit ebenfalls nicht als Funktionsverlagerung iSv § 1 Abs. 3 S. 9 AStG zu behandeln sein. Folglich ist die **praktische Relevanz** dieser Alternative als **gering** anzusehen.[672]

666   Eine Tatsache ist **glaubhaft gemacht,** wenn eine überwiegende Wahrscheinlichkeit für diese spricht. Der Steuerpflichtige kann sich dazu verschiedener Beweismittel bedienen (zB Urkunden, Zeugenbeweis). Ebenso bleibt ihm unbenommen, eine eidesstattliche Versicherung über die Richtigkeit der Tatsachen abzugeben, wobei die Formvorschriften des § 95 AO zu beachten sind.[673] Der Steuerpflichtige hat darzulegen, dass für die behauptete Tatsache eine **überwiegende Wahrscheinlichkeit gegeben** ist. Die behauptete Tatsache ist nur zugrunde zu legen, wenn ihr Bestehen wahrscheinlicher ist als ihr Nichtbestehen, ansonsten ist die Behauptung schon begrifflich nicht „glaubhaft" gemacht.[674]

667   Zur Ermittlung und Überprüfung der Angaben sollen die **Unterlagen** herangezogen werden, die für die Entscheidung der Durchführung der Verlagerung maßgeblich waren.[675] **In der Praxis** gestaltet sich die Verfügbarkeit und Auswertung dieser Unterlagen als **schwierig.** Zum einen besteht kein einheitlicher Aufzeichnungsmaßstab, der eine für jedermann nachvollziehbare Dokumentation garantiert, zum anderen beurteilen Unternehmen Verlagerungsentscheidungen idR nur auf Gruppen-/Geschäftsbereichsebene, aber nicht auf Ebene der einzelnen Gruppenunternehmen.

668   Nach den VGr-FV[676] ist für die Führung des quantitativen Nachweises der Wesentlichkeit **keine „präzise Wertberechnung"** für das Transferpaket erforderlich. Offensichtlich sollte auch hierdurch eine Erleichterung für den Steuerpflichtigen geschaffen werden. Die **Formulierung** ist aber **denkbar unglücklich,** da völlig unklar ist, was denn eine „nicht präzise Wertermittlung" sein soll und wie diese im Kontext der Glaubhaftmachung durch den Steuerpflichtigen zu sehen ist. Gerade in den letztlich relevanten Grenzfällen ist Streit mit der FinVerw. kaum zu vermeiden. In der Praxis ist (auch) deshalb die Anwendung der **1. Öffnungsklausel extrem selten zu beobachten.**

c) 2. Öffnungsklausel – Summe der Einzelverrechnungspreise entspricht Transferpaket

669   Nach § 1 Abs. 3 S. 10 HS 1, 2. Alt. AStG kann auf eine Gesamtbewertung des Transferpakets verzichtet und der Funktionsverlagerung die Verrech-

---

[672] Vgl. *Wassermeyer/Baumhoff/Greinert* in Flick/Wassermeyer/Baumhoff, Vorabkommentierung § 1 Abs. 3 AStG, Rn. V 89.

[673] Vgl. *Wassermeyer/Baumhoff/Greinert* in Flick/Wassermeyer/Baumhoff, Vorabkommentierung § 1 Abs. 3 AStG, Rn. V 90.

[674] Vgl. Rn. 40 VGr-FV.

[675] Vgl. Begründung zu § 1 Abs. 5 FVerlV.

[676] Vgl. Rn. 71 VGr-FV.

nungspreise der Einzelwirtschaftsgüter zugrunde gelegt werden, wenn das **Gesamtergebnis der Einzelpreisbestimmungen,** gemessen an der Preisbestimmung für das Transferpaket als Ganzes, dem Fremdvergleichsgrundsatz entspricht (§ 1 Abs. 3 S. 10 HS 1, 2. Alt. AStG).

Hinsichtlich dieser **zweiten Alternative** ist demnach die Verrechnungspreisermittlung für die einzelnen Wirtschaftsgüter gem. § 2 Abs. 3 FVerlV mit der Gesamtbewertung des Transferpakets zu verproben. Dafür sind der Einigungsbereich auf Grundlage der jeweiligen Gewinnpotenziale sowie der Wert des gesamten Transferpakets nach § 1 Abs. 3 S. 5 und 9 AStG zu ermitteln. Die **Summe der Einzelverrechnungspreise darf nur dann** angesetzt werden, wenn sie innerhalb des Einigungsbereichs der Gesamtbewertung des Transferpakets liegt und der Steuerpflichtige glaubhaft macht, dass die Summe der isoliert ermittelten Einzelverrechnungspreise fremdvergleichskonform ist. Bei der Glaubhaftmachung soll der Steuerpflichtige darlegen, dass eine etwaige Differenz zwischen der Summe der Einzelverrechnungspreise und dem Verrechungspreis für das Transferpaket nach dem Fremdvergleichsgrundsatz begründet ist.[677]

Der **Zweck dieser Öffnungsklausel erschließt sich nicht.** Sie erwartet von dem Steuerpflichtigen, dass er zum einen sämtliche Einzelverrechnungspreise der Wirtschaftsgüter ermittelt und zum anderen eine Transferpaketbewertung nach hypothetischem Fremdvergleich „präzise"[678] durchführt, also doppelte Arbeit leistet, [679] um zum gleichen Ergebnis zu kommen.

Die Klausel kann allenfalls Sinn machen, um einen bestimmten Punkt, der **670** mutmaßlich unter dem Mittelwert, aber im Einigungsbereich liegt, glaubhaft zu machen.[680] Hierzu hätte es aber keiner Escape-Klausel gebraucht, da der Steuerpflichtige gem. § 1 Abs. 3 S. 7 AStG immer die Möglichkeit hat, einen anderen Wert als den Mittelwert anzusetzen, wenn er diesen glaubhaft macht. Die sog. **Escape-Klausel** ist deshalb **entbehrlich.**[681]

d) 3. Öffnungsklausel – mindestens ein wesentliches immaterielles Wirtschaftsgut

Die dritte Escape-Klausel wurde in 2010 mit Wirkung ab VZ 2008 einge- **671** führt und sollte den befürchteten nachteiligen Auswirkungen der Regelungen zu den Funktionsverlagerungen auf den Forschungs- und Entwicklungsstandort Deutschland Rechnung tragen. Dies soll laut Regierungsbegründung dadurch geschehen,

> „dass unter bestimmten Voraussetzungen für alle einzelnen Wirtschaftsgüter, Vorteile und Leistungen, die eine Funktionsverlagerung beinhaltet, jeweils Einzelverrechnungspreise nach den allgemeinen Grundsätzen des § 1 Abs. 3 S. 1–8 AStG vom Steuerpflichtigen angesetzt werden können, ohne dass es einer Bewertung auf der Grundlage des Transferpakets, die vielfach für aufwendig und ungewohnt gehalten wird, bedarf."[682]

---

[677] Vgl. Begründung zu § 2 Abs. 3 S. 2 FVerlV.

[678] Vgl. Rn. 72 VGr FV.

[679] Gl. A.: *Wassermeyer/Baumhoff/Greinert* in Flick/Wassermeyer/Baumhoff, Vorabkommentierung § 1 Abs. 3 AStG, Rn. V 89.

[680] Vgl. Rn. 72 VGr FV.

[681] Ähnlich im Bezug auf die praktische Relevanz der 2. Alternative *Kraft* in Kraft, AStG, § 1 Rn. 445 mwN; aA *Schwenke* in StBJb 2007/08, 146.

[682] Begründung zu § 1 Abs. 3 S. 10 HS 2 AStG.

Voraussetzung dafür ist,

„dass der Steuerpflichtige die von der Funktionsverlagerung betroffenen, wesentlichen immateriellen Wirtschaftsgüter [. . .] genau bezeichnet. "[683]

672   Die 3. Escape-Klausel regelt, dass der Steuerpflichtige glaubhaft machen muss, „dass zumindest **ein** wesentliches immaterielles Wirtschaftsgut Gegenstand der Funktionsverlagerung ist". Was genau **ein „wesentliches" immaterielles Wirtschaftsgut** ist, regelt das Gesetz aber nicht.[684] Gemäß der Auslegung zur 1. Escape-Klausel, liegt ein wesentliches immaterielles Wirtschaftsgut dann vor, wenn es (i) für die verlagerte Funktion erforderlich ist und (ii) sein Fremdvergleichspreis insgesamt mehr als 25 % der Summe der Einzelpreise aller Wirtschaftsgüter und Vorteile des Transferpakets beträgt (§ 1 Abs. 5 FVerlV). Eine **Zusammenrechnung mehrerer immaterieller Wirtschaftsgüter,** die jedes für sich nicht mehr als 25 % des Werts repräsentieren, aber in Summe diese Grenze überschreiten, ist **nicht zulässig,** es sei denn, dies ist in Anwendung anerkannter betriebswirtschaftlicher Methoden sachgerecht, wenn miteinander eng verbundene immaterielle Wirtschaftsgüter fremdvergleichskonform zusammen betrachtet und bewertet werden.[685]

Dies würde in der Praxis bedeuten, dass zur Anwendung der 3. Escape-Klausel zunächst eine **Einzelbewertung des betreffenden immateriellen Wirtschaftsguts** erforderlich wäre. Der sich daraus ergebende Wert müsste dann **dem Wert des Transferpakets als Ganzes gegenübergestellt werden,** um den Nachweis zu erbringen, dass der Wert des betreffenden immateriellen Wirtschaftsguts mehr als 25 % des Gesamtwerts des Transferpakets beträgt und das immaterielle Wirtschaftsgut somit „wesentlich" ist.

673   Sowohl bei der Bewertung des einzelnen immateriellen Wirtschaftsguts (Ausnahme: der Wert lässt sich nach § 1 Abs. 3 S. 1–4 AStG bestimmen) als auch in jedem Fall bei der Bewertung des Transferpakets sind die Regelungen des hypothetischen Fremdvergleichs (§ 1 Abs. 3 S. 5 AStG) anzuwenden. Eine **praktische Erleichterung** aufgrund der neuen Escape-Klausel ist deshalb **nicht zu erkennen.**

674   Daneben setzt die Anwendung der 3. Escape-Klausel voraus, dass der Steuerpflichtige dieses eine immaterielle Wirtschaftsgut **genau bezeichnet.** Unseres Erachtens ist die vom Gesetzgeber auch in der Regierungsbegründung betonte Notwendigkeit der genauen Bezeichnung vom Steuerpflichtigen nur zu erfüllen, wenn es sich um **eindeutig identifizierbare, dh urheberrechtlich geschützte** immaterielle Wirtschaftsgüter handelt (Patente, Schutzrechte, Marken). In der Praxis sind diese aber mit Ausnahme von Marken im Regelfall keine wesentlichen immateriellen Wirtschaftsgüter im Sinne der 3. Escape-Klausel.

Vielmehr sind **häufig gerade nicht geschützte immaterielle Wirtschaftsgüter** wie Know-how oder ausgebildete Arbeitnehmerschaft („Workforce") Gegenstand von Funktionsverlagerungen. Hier dürfte die Anwendung der 3. Escape-Klausel schon daran scheitern, dass eine **genaue Bezeichnung** der immateriellen Wirtschaftsgüter **nicht möglich** ist.

---

[683] Vgl. Begründung zu § 1 Abs. 3 S. 10 HS 2 AStG.

[684] Vgl. dazu insb. *Frischmuth* IWB 2010, 432 ff.; *Peter/Wehnert/Koch/Peter* IStR 2011, 180 ff.

[685] Vgl. Rn. 80, 81 VGr FV.

Hinsichtlich der genauen Bezeichnung verweisen die VGr-FV auf die ebenfalls völlig realitätsfernen **Aufzeichnungspflichten** bezüglich immaterieller Wirtschaftsgüter, die sich aus § 90 Abs. 3 AO iVm der GAufzV ergeben, wonach immaterielle Wirtschaftsgüter vollständig und genau bezeichnet werden müssen. Der Sinn und Zweck dieser Aufzeichnungspflicht bleibt nach wie vor unklar, da die **reine Auflistung** der immateriellen Wirtschaftsgüter für die FinVerw. **keinerlei Erkenntnisgewinn** hinsichtlich der von ihr zu untersuchenden Verrechnungspreisgestaltung bringt. Gemäß den **VGr-FV**[686] gilt ein immaterielles Wirtschaftsgut als **genau bezeichnet,** wenn es aufgrund der Angaben des Steuerpflichtigen so **eindeutig identifiziert** werden kann, dass entweder ausreichende Vergleichswerte ermittelt werden können (§ 1 Abs. 3 S. 1–4 AStG) oder eine sachgerechte Preisbestimmung nach dem hypothetischen Fremdvergleich (§ 1 Abs. 3 S. 5–7 AStG) möglich ist. Offensichtlich vermengt die FinVerw. hierbei Fragen der Bezeichnung von Wirtschaftsgütern mit der Preisfindung, was in vielen Fällen ins Leere laufen dürfte, da für letzteres die Zuordnung geeigneter Finanzströme erforderlich ist, die sich in der Praxis auch für qualitativ genau bezeichnete immaterielle Wirtschaftsgüter schwierig gestalten dürfte.

Geht man davon aus, dass die beiden o. g. Voraussetzungen zur Anwen- **675** dung der 3. Escape-Klausel erfüllt werden können, stellt sich die Frage, welche Auswirkungen dies für den Steuerpflichtigen hat. Die Klausel regelt nämlich nicht, dass bei Vorliegen der o. g. Voraussetzungen nur das eine identifizierte wesentliche immaterielle Wirtschaftsgut Gegenstand der Besteuerung ist. Vielmehr ist die **Rechtsfolge** der Anwendung **der 3. Escape-Klausel,** dass „Einzelverrechnungspreise für die Bestandteile des Transferpakets anzuerkennen sind" (§ 1 Abs. 3 S. 10 HS 2 AStG). Hierbei stellen sich die Fragen, (i) wie diese Einzelverrechnungspreise zu ermitteln sind und (ii) was Bestandteile des Transferpakets sind.

Die **Ermittlung der Einzelverrechnungspreise** soll gemäß der Regie- **676** rungsbegründung nach § 1 Abs. 3 S. 1–8 AStG erfolgen. Dies bedeutet, dass, solange keine uneingeschränkt oder eingeschränkt vergleichbaren Fremdvergleichspreise nach den Standardmethoden ermittelt werden können, wohl immer der hypothetische Fremdvergleich des § 1 Abs. 3 S. 5 AStG zur Anwendung kommt. Da dies dann für jedes einzelne Bestandteil des Transferpakets durchzuführen ist, dürfte sich für die Steuerpflichtigen ein erheblicher Bewertungsaufwand ergeben, soweit fremdvergleichskonforme Einzelverrechnungspreise nicht nach den Standardmethoden ermittelt werden können.

Was **Bestandteile des Transferpakets** sind, regelt § 1 Abs. 3 FVerlV. Da- **677** nach besteht ein Transferpaket „aus einer Funktion und den mit dieser Funktion zusammenhängenden Chancen und Risiken sowie den Wirtschaftsgütern und Vorteilen, die das verlagernde Unternehmen dem übernehmenden Unternehmen zusammen mit der Funktion überträgt oder zur Nutzung überlässt, und den in diesem Zusammenhang erbrachten Dienstleistungen". **Für jedes dieser Bestandteile** müsste der Steuerpflichtige nach der 3. Escape-Klausel **Einzelverrechnungspreise** ermitteln. In allen Fällen, in denen diese Einzelverrechnungspreise nicht nach den Standardmethoden (§ 1 Abs. 3 S. 1–4 AStG) ermittelt werden können, wäre zudem wieder der hypothetische

---

[686] Vgl. Rn. 78 VGr FV.

Fremdvergleich anzuwenden. Hierbei ist nicht zu erkennen, worin (i) die administrative Erleichterung für den Steuerpflichtigen bestehen soll, da er eine Vielzahl von Bewertungen durchführen muss und (ii) warum sich hieraus ggf. ein niedrigerer Wert als bei Anwendung der Generalnorm der Transferpaketbewertung ergeben soll, da letztlich alle Bestandteile des Transferpakets (einschl. Vorteile und Gewinnpotenziale, dh geschäftswertbildende Faktoren[687] (§ 1 Abs. 3 S. 6 AStG)) zu berücksichtigen sind.

Die Neuregelung führt deshalb unseres Erachtens **nicht zu Erleichterungen** für den Steuerpflichtigen. Zudem ist nicht ersichtlich, wie die Neuregelung dazu beitragen kann, den Forschungs- und Entwicklungsstandort Deutschland zu stärken.[688]

e) Praxisrelevanz – Wertung

678   **Alle drei Escape-Klauseln** des § 1 Abs. 3 S. 10 AStG sind für die Praxis von **ausgesprochen eingeschränkter Bedeutung,** da sie letztlich nur in Ausnahmefällen relevant sein können. Zu beachten ist zudem, dass die Möglichkeit, nach § 1 Abs. 3 S. 10 AStG auf die Transferpaketbetrachtung zu verzichten, nichts daran ändert, dass der Tatbestand einer Funktionsverlagerung erfüllt ist.[689] Insofern sind vom Steuerpflichtigen selbst bei Anwendbarkeit der Escape-Klauseln weiterhin die Aufzeichnungspflichten[690] zu beachten, dh es sind die Unterlagen vorzulegen, aus denen sich quantifiziert die wirtschaftlichen Gründe für die Funktionsverlagerung, insb. die konkreten Vor- bzw. Nachteile ergeben, sowohl für den Gesamtkonzern als auch für die betroffenen verbundenen Unternehmen.[691] Insofern erscheint es in diesem Kontext schon fast **unzutreffend, überhaupt von „Öffnungsklauseln" zu sprechen.**

679, 680   *(einstweilen frei)*

10. Anpassungsklausel (§ 1 Abs. 3 S. 11 und 12 AStG)

a) Gesetzliche Regelung

681   Der durch die Unternehmenssteuerreform 2008 eingefügte[692] § 1 Abs. 3 S. 11 AStG enthält **erstmals in deutschem Recht** eine Preisanpassungsklausel:

„Sind in den Fällen der Sätze 5 [Anwendung des hypothetischen Fremdvergleichs] und 9 [Funktionsverlagerungen] wesentliche immaterielle Wirtschaftsgüter und Vorteile Gegenstand der Geschäftsbeziehung und weicht die tatsächliche spätere Gewinnentwicklung erheblich von der Gewinnentwicklung ab, die der Verrechnungspreisbestimmung zu Grunde lag, so ist widerlegbar zu vermuten, dass zum Zeitpunkt des Geschäftsabschlusses Unsicherheiten im Hinblick auf

---

[687] Vgl. Rn. 76 VGr FV.

[688] Vgl. dazu insb. *Frischmuth* IWB 2010, 432 ff; *Peter/Wehnert/Koch/Peter* IStR 2011, 180 ff.

[689] Vgl. Rn. 70 VGr FV.

[690] Vgl. Rn. 155 ff. VGr FV.

[691] Vgl. auch Tz. 9.57, 9.81, 9.178 OECD-RL 2010.

[692] Zur Anwendbarkeit der Vorschrift in VZ vor 2008 vgl. Rn. 182 ff., 790, 803 ff.; zur Bedeutung des dafür bedeutsamen § 313 BGB *Feißel/Gorn* BB 2009, 1138, 1140.

die Preisvereinbarung bestanden und unabhängige Dritte eine Anpassungsregelung vereinbart hätten."

Der Gesetzgeber geht davon aus, dass gerade bei der Übertragung immate-   **682** rieller Wirtschaftsgüter, zB auch im Fall von Funktionsverlagerungen, eine **erhebliche Unsicherheit** hinsichtlich der **zukünftigen Gewinnerwartungen** besteht.[693] Die USA kennen bereits seit Mitte der 90er Jahre eine in etwa vergleichbare Anpassungsklausel bei der Übertragung oder Überlassung immaterieller Wirtschaftsgüter, den sog. „commensurate with income"-Standard.[694]

Das neue deutsche Recht ist bezogen auf den Fall der Funktionsverlage-   **683** rung geprägt durch die **Tatbestandsmerkmale**
– Vorliegen einer Funktionsverlagerung
– Übertragung wesentlicher immaterieller Wirtschaftsgüter und Vorteile
– Erhebliche Abweichung der späteren von der ursprünglich erwarteten Gewinnentwicklung
und die **gesetzlichen Vermutungen**
– Vereinbarung einer Anpassungsklausel unter fremden Dritten
– Widerlegbarkeit dieser Vermutung.

Systematisch ist dabei nach dem Gesetzeswortlaut nicht etwa, wie es der   **684** Systematik der Verrechnungspreisfestsetzung entsprechen würde, im Zeitpunkt der Funktionsverlagerung zu prüfen, ob fremde Dritte eine Anpassungsklausel vereinbart hätten, sondern es wird **von der späteren** erheblichen **Abweichung** der tatsächlichen von den ursprünglich erwarteten Gewinnen darauf **zurück geschlossen,** dass im Zeitpunkt der Funktionsverlagerung offensichtlich Unsicherheiten bestanden haben müssen, die, so die gesetzliche Vermutung, fremde Dritte dazu veranlasst hätten, eine Preisanpassungsklausel zu vereinbaren. Dies gilt auch dann, wenn die späteren Abweichungen nichts mit Prognoseunsicherheiten oder -fehlern zu tun haben, sondern zB mit Marktveränderungen zusammenhängen, die unter fremden Dritten nicht zur Vereinbarung von Anpassungsregelungen geführt hätten.

b) Widerlegbare Vermutung für Preisanpassungsklausel

aa) Widerlegbare Vermutung

Liegen die Voraussetzungen für die gesetzliche Erwartung einer Anpas-   **685** sungsklausel nach § 1 Abs. 3 S. 11 AStG vor, so wird **widerlegbar vermutet,** dass zum Zeitpunkt des Geschäftsabschlusses Unsicherheiten im Hinblick auf die Preisvereinbarung bestanden haben. Aufgrund dessen hätten nach Auffassung des Gesetzgebers unabhängige Dritte eine sachgerechte Preisanpassungsklausel vereinbart, welche nachträgliche Preiskorrekturen ermöglicht hätte. Der Gesetzgeber geht dabei davon aus, dass entsprechende Anpassungsklauseln zwischen fremden, voneinander unabhängigen Dritten üblich sind.[695] Worauf er diese Vermutung stützt, ist nicht zu erkennen.

Es bleibt dem **Steuerpflichtigen unbenommen nachzuweisen,** dass   **686** fremde Dritte unter den gegebenen Umständen im Zeitpunkt der Funktions-

---

[693] Vgl. auch Rn. 135 VGr-FV.
[694] Vgl. Sec. 1.482 – 4 (f)(2)(i) US Regs.
[695] Vgl. Rn. 135 VGr-FV.

verlagerung keine Preisanpassungsklausel vereinbart hätten. In welcher Form dieser Nachweis zu erbringen ist, lassen Gesetz- und Verordnungsgeber offen. Nach den VGr-FV kann der Steuerpflichtige zur Widerlegung der gesetzlichen Vermutung zB vortragen, dass zum Zeitpunkt der Verlagerung keine Unsicherheiten bestanden haben, weil das verlagernde Unternehmen über Jahre **vor der Verlagerung stabile Ergebnisse** erzielt habe oder die tatsächliche Gewinnentwicklung durch unvorhersehbare Ereignisse beeinflusst worden seien, die auch fremde Dritte nicht hätten vorsehen können.[696] Zieht man die Betriebsprüfungssituation späterer Jahre und die bis dahin gegebene erhebliche Abweichung der eingetretenen von den erwarteten Gewinnen in Betracht, wird jedes noch so substantiierte Vorbringen des Steuerpflichtigen von einer Betriebsprüfung mit, vorsichtig ausgedrückt, höchster Skepsis beurteilt werden. Aus dieser Defensivsituation heraus **zwingt** § 1 Abs. 3 S. 11 AStG die Steuerpflichtigen **faktisch, bei Funktionsverlagerungen immer** eine **Anpassungsklausel** zu vereinbaren, wenn sie nicht zu einem späteren Zeitpunkt vor kaum überwindbaren Nachweisproblemen stehen wollen.

Zudem sprechen praktische Überlegungen für den Abschluß **einer vertraglichen Preisanpassungsklausel.** Wie weiter unten zu zeigen ist,[697] erlaubt § 1 Abs. 1 AStG selbst bei einer erheblichen Abweichung nach unten iSv § 10 FVerlV nicht, den Verrechnungspreis rückwirkend herabzusetzen. Vermieden werden kann diese „Falle" nur durch den Abschluss einer fremdvergleichskonformen Anpassungsklausel. Diese darf, da fremde Dritte sich auch so verhalten würden, so ausgestaltet sein, dass sie Anpassungen **nach oben und nach unten** zulässt.

bb) Formen der Preisanpassungsklausel

687   Weder § 1 Abs. 3 S. 11 AStG noch § 9 FVerlV enthalten selbst eine konkrete Regelung, welche Anforderungen an eine Preisanpassungsklausel gestellt werden und wann eine solche Klausel von der FinVerw. anzuerkennen ist. § 1 Abs. 3 S. 11 AStG spricht lediglich davon, dass die Preisanpassungsklausel „**sachgerecht**" sein müsse, § 9 FVerlV äußert sich gar nicht dazu.

688   Nach der Begründung zu § 9 FVerlV sind Gesetz und Verordnung dahingehend auszulegen, dass die vom Steuerpflichtigen vereinbarte Anpassungsregelung **fremdüblich** und vertraglich vereinbart sein muss. Dem ist grds. zuzustimmen, wenn man fremdüblich mit sachgerecht iSd § 1 Abs. 3 S. 11 AStG gleichsetzen will. Es verbleibt aber die gesetzlich nicht geklärte und entscheidende Frage, was unter fremdüblich zu verstehen ist.

(1) Fremdüblichkeit

689   Den einzigen Hinweis, was der Verordnungsgeber unter einem fremdüblichen Verhalten versteht, gibt die Begründung zu § 9 FVerlV, die davon spricht, dass „im Einzelfall vereinbarte, **kürzere Fristen [als zehn Jahre]** für Preisanpassungsklauseln ... **anzuerkennen** sind, wenn sie dem Fremdvergleich entsprechen."[698] Dies ist eine wichtige und begrüßenswerte Aussage, da sie insb. bestätigt, dass Preisanpassungsklauseln gerade **nicht auf zehn Jahre abgeschlossen werden müssen,** also nicht an den Zeitraum gekop-

---

[696] Vgl. Rn. 141 VGr-FV.
[697] Vgl. unten Rn. 722 f. und bereits zuvor Rn. 561 ff.
[698] Vgl. auch Rn. 137 S. 4 VGr-FV.

pelt sind, in dem die FinVerw. nach § 1 Abs. 3 S. 12 AStG ggf. den Verrechnungspreis für eine Funktionsverlagerung nachträglich anpassen kann.[699]

Betrachtet man, wann und unter welchen Umständen **empirisch** Preisan-   690
passungsklauseln unter fremden Dritten Anwendung finden, so liegen derzeit
noch keine gefestigten Erkenntnisse über Preisanpassungsklauseln bei Funktionsverlagerungen vor. Auch wird der faktische gesetzliche Zwang zur Vereinbarung solcher Klauseln auch in Zukunft keinen Beleg dafür bieten, dass
ein solches Verhalten fremdüblich ist.

Preisanpassungsklauseln kommen zwischen fremden Dritten heute bei der   691
Übernahme v. a. eigentümergeführter **Unternehmen** vor, deren Besitzer
zum einen Informationsvorteile über den wahren Wert des Unternehmens
besitzen und deren Mitarbeit zum anderen bei der Integration in das übernehmende Unternehmen erforderlich ist.[700] Diese Faktoren prägen auch die
Gestaltung von Preisanpassungsklauseln, die zwischen fremden Dritten beobachtbar sind.

Die folgende Tabelle gibt einen Überblick über die wichtigsten Ausprä-   692
gungsmerkmale von Preisanpassungsklauseln zwischen fremden Dritten.[701]

Indikator	Ausprägung
Zeitraum	Inter-quartils Bandbreite liegt zwischen 1–3 Jahren
Bemessungsgrundlage für die Preisanpassung	Ca. 32 % Cash flows, 32 % Umsatz, 12 % Nicht-finanzielle Indikatoren; 10 % Vor-Steuer Einkommen
Zahlungsform	Ca. 39 % Cash, 29 % Anteile des übernehmenden Unternehmens, 26 % Kombination beider Formen
Messung der Indikatoren	77 % einmal im Jahr, 11 % seltener als einmal, aber häufiger als alle 5 Jahre, ca. 10 % halb- oder vierteljährlich
Höhe der vereinbarten Preisanpassung	Inter-quartils Bandbreite beträgt 16–46 % des Transaktionsvolumens.

Die wichtigste Erkenntnis aus Verrechnungspreissicht ist sicher, dass **frem-**   693
de Dritte idR einen **Anpassungszeitraum von ein bis drei Jahren** wählen, sodass dieser Zeitraum auch für Anpassungsklauseln iSd § 1 Abs. 3 S. 11
AStG als fremdüblich anzusehen ist.

(2) Gewinn- und umsatzabhängige Lizenzgebühren (§ 9 FVerlV)

Nach § 9 FVerlV liegt eine **befreiende Anpassungsregelung** des Steuer-   694
pflichtigen von den Rechtsfolgen des § 1 Abs. 3 S. 11 und 12 AStG auch

---

[699] Vgl. unten Rn. 715 ff.

[700] Vgl. *Cain/Denis/Denis,* Earnouts: A Study of Financial Contracting in Acquisition Agreements; Journal of Accounting and Economics, 2011, 152 f.; *Scholz* IStR 2007, 521.

[701] S. *Cain/Denis/Denis,* Earnouts: A Study of Financial Contracting in Acquisition Agreements; Journal of Accounting and Economics, 2011, 155 f.

dann vor, wenn im Hinblick auf wesentliche immaterielle Wirtschaftsgüter und Vorteile **Lizenzvereinbarungen** getroffen werden, die entweder vom **Umsatz oder Gewinn** des Lizenznehmers **abhängig** sind oder für die Höhe der Lizenz Umsatz oder Gewinn des Lizenznehmers berücksichtigen.[702] Damit beinhaltet § 9 FVerlV eine **wichtige Klarstellung** und eröffnet, durch die Verordnung abgesichert, für die Praxis die Möglichkeit, gewinn- oder umsatzabhängige Lizenzen als Anpassungsregelungen zu nutzen. Dies ist praxisnah und zu begrüßen.

695 Die Begründung zu § 9 FVerlV stellt zutreffend fest, dass alle Vereinbarungen zu Anpassungsklauseln und so auch gewinn- oder umsatzabhängige Lizenzen **zu fremdvergleichskonformen Bedingungen** vereinbart sein müssen.[703] Nicht festgelegt ist allerdings, wann derartige Lizenzen als fremdüblich angesehen werden. Da es sich um Lizenzen handelt, können sie sich offensichtlich nur auf konkrete immaterielle Wirtschaftsgüter beziehen und nicht etwa einen allgemeinen Goodwill abgelten.

696 Obwohl in der Verordnung nicht ausdrücklich geregelt und obwohl § 9 FVerlV vordergründig lediglich Anpassungsklauseln auf der Grundlage von gewinn- oder umsatzabhängigen Lizenzgebühren zum Inhalt hat, muss diese Vorschrift auch auf die **Übertragung von** Märkten oder anderen **Funktionen gegen** ein **laufendes Entgelt** anwendbar sein. Der vorab kapitalisiert zu versteuernde Wert des Transferpakets (Verrechnungspreis) ist dann null und die entsprechende laufende Markt- oder sonstige Funktionsübertragungszahlung die gewinn- oder umsatzabhängige Lizenzgebühr iSd § 9 FVerlV.[704] Ob dies dann seitens der FinVerw. doch als Ratenzahlung auf ein sofort zu versteuerndes Transferpaket angesehen wird, bleibt abzuwarten.

c) Korrektur bei fehlender Preisanpassungsklausel

697 Für den Fall, dass verbundene Unternehmen keine Preisanpassungsklausel vereinbart haben, regelt § 1 Abs. 3 S. 12 AStG die Rechtsfolge:

> *„Wurde eine solche Regelung nicht vereinbart und tritt innerhalb der ersten zehn Jahre nach Geschäftsabschluss eine erhebliche Abweichung im Sinne des Satzes 11 ein, ist für eine deshalb vorzunehmende Berichtigung nach Absatz 1 Satz 1 einmalig ein angemessener Anpassungsbetrag auf den ursprünglichen Verrechnungspreis der Besteuerung des Wirtschaftsjahres zu Grunde zu legen, das dem Jahr folgt, in dem die Abweichung eingetreten ist.“*

aa) Voraussetzungen

698 § 1 Abs. 3 S. 12 im Zusammenspiel mit S. 11 AStG fordert die Erfüllung der folgenden **Voraussetzungen** für die Vornahme einer Verrechnungspreiskorrektur:
- Vorliegen einer Funktionsverlagerung[705]
- Fehlende Vereinbarung einer oder Vereinbarung einer nicht fremdvergleichskonformen Preisanpassungsklausel[706]

---

[702] Vgl. ebenso Rn. 136 S. 3, Rn. 137 S. 3 VGr-FV.

[703] Vgl. auch Rn. 137 VGr-FV.

[704] Zudem sollte bei diesem Sachverhalt für den Steuerpflichtigen alternativ die Möglichkeit bestehen, von der Option des § 4 Abs. 2 FVerlV zur Marktüberlassung Gebrauch zu machen. Vgl. dazu oben Rn. 210 ff.

[705] Vgl. dazu oben Rn. 291 ff.

[706] Vgl. dazu zuvor Rn. 681 ff.

– Übertragung wesentlicher immaterieller Wirtschaftsgüter und Vorteile
– Erhebliche Abweichung der späteren von der ursprünglich erwarteten Gewinnentwicklung.

§ 1 Abs. 3 S. 11 und 12 AStG gelten folglich für alle Steuerpflichtigen, die eine Funktionsverlagerung oder einen anderen Geschäftsvorfall durchführen, bei dem **wesentliche immaterielle Wirtschaftsgüter und Vorteile** Gegenstand sind, die nach dem hypothetischen Fremdvergleich bewertet werden und die dabei **einen Festpreis ohne fremdübliche Preisanpassungsklausel** vereinbaren.

(1) Übertragung wesentlicher immaterieller Wirtschaftsgüter oder Vorteile (§ 1 Abs. 5 FVerlV)

Eine Korrektur des ursprünglichen Verrechnungspreises erfordert nach § 1 **699** Abs. 3 S. 11 AStG, dass im Zusammenhang mit der Funktionsverlagerung **wesentliche immaterielle Wirtschaftsgüter oder Vorteile** übergegangen sind. Nur dann gilt die gesetzliche Vermutung, dass fremde Dritte bei Begründung der Funktionsverlagerung eine Anpassungsklausel vereinbart hätten.

§ 1 Abs. 5 FVerlV enthält die Antwort des Verordnungsgebers auf die **700** Frage, wann immaterielle Wirtschaftsgüter oder Vorteile **wesentlich** sein sollen. Sie müssen

– für die verlagerte Funktion **erforderlich** sein **(qualitativer Maßstab) und**
– ihr Fremdvergleichspreis muss insgesamt **mehr als 25 % der Summe der Einzelpreise** aller Wirtschaftsgüter und Vorteile des Transferpakets betragen **(quantitativer Maßstab).** Dies muss unter Berücksichtigung der Unterlagen, die der Bewertung der Funktionsverlagerung zugrunde gelegen haben, glaubhaft sein.

Qualitativer wie quantitativer Maßstab **müssen kumulativ erfüllt sein,** **701** damit die immateriellen Wirtschaftsgüter und Vorteile als wesentlich iSd Verordnung anzusehen sind und zu einer Anpassung des ursprünglichen Verrechnungspreises führen können.

Zu bedauern ist, dass der Verordnungsgeber den **quantitativen Maßstab** **702** als **absolute Regel** eingeführt hat und keine Möglichkeit eröffnet hat, auch bei einem höheren relativen Anteil der immateriellen Wirtschaftsgüter und Vorteile an den gesamten Einzelwerten der übertragenen Wirtschaftsgüter den Nachweis zu führen, dass jene doch nicht wesentlich iSd § 1 Abs. 3 S. 11 AStG sind. Dies gilt umso mehr, als der Verordnungsgeber in der Begründung zu § 1 Abs. 5 FVerlV den quantitativen Maßstab wörtlich als Bagatellgrenze bezeichnet, was hinsichtlich eines relativen Anteils von 25 % verwundert und Zweifel daran aufkommen lässt, warum geringfügig über 25 % liegende Beträge nicht noch unwesentlich sein können, wenn ein relativer Anteil von 25 % noch einen Bagatellfall darstellt.

Zudem hätte es dem Fremdvergleichsgedanken entsprochen, den **Nach-** **703** **weis der Nicht-Wesentlichkeit** auf jede angemessene Weise führen zu dürfen und dies nicht ausschließlich an die systematisch zweifelhafte Aussagekraft der Einzelwerte der einzelnen übertragenen Wirtschaftsgüter zu knüpfen, da auch die Einzelwerte der einzelnen Wirtschaftsgüter durch ihre Zugehörigkeit zum Transferpaket beeinflusst werden, unabhängig von der Existenz eines goodwillähnlichen Elements im Gesamtwert des Transferpakets.

704   Bedauerlich ist zudem, dass die Ermittlung der Wesentlichkeit nach § 1 Abs. 5 FVerlV nicht nur eine Bewertung des Transferpakets als Ganzes für die Funktionsverlagerung verlangt, sondern auch eine **Bewertung aller Einzelwirtschaftsgüter** des Transferpakets, um die Über- oder Unterschreitung des relativen Grenzbetrags von 25 % feststellen zu können. § 1 Abs. 3 S. 11 AStG iVm § 1 Abs. 5 FVerlV bürdet damit dem Steuerpflichtigen einen **praktisch unvertretbaren und unverhältnismäßig hohen Dokumentationsaufwand** auf. Die Vorschriften verstoßen gegen das Übermaßverbot und sind dringend an die Machbarkeit in der Praxis anzupassen, zumindest, indem sie zulassen, in jeder geeigneten Form nachzuweisen, dass die übertragenen immateriellen Wirtschaftsgüter und Vorteile nicht wesentlich iSd § 1 Abs. 3 S. 11 AStG sind.

(2) Erhebliche Abweichung (§ 10 FVerlV)

705   Das Tatbestandsmerkmal einer „**erheblichen Abweichung**" der tatsächlichen von der erwarteten Gewinnentwicklung ist in § 1 Abs. 3 S. 11 und 12 AStG als Voraussetzung für die widerlegbare Vermutung der Vereinbarung einer Preisanpassungsklausel und für die Möglichkeit der Vornahme einer Korrektur des ursprünglichen Verrechnungspreises durch die FinVerw. enthalten. Näheres dazu regelt § 10 FVerlV.

706   Nach **§ 10 S. 1 FVerlV** soll eine erhebliche Abweichung vorliegen, wenn der unter Zugrundelegung der tatsächlichen Gewinnentwicklung zutreffende Verrechnungspreis **außerhalb des ursprünglichen Einigungsbereichs** liegt. Damit soll nach der Begründung zu § 10 FVerlV erreicht werden, dass die Anpassungsregelung nur in Ausnahmefällen zur Anwendung kommt, um so weit wie möglich Planbarkeit und Vorhersehbarkeit für Unternehmen und Finanzbehörden sicherzustellen.[707]

707   Diese Zielsetzung ist zu begrüßen, wobei **systematisch angemessen** „der zutreffende Verrechnungspreis" des § 10 S. 1 FVerlV ein nach den Regeln des § 1 Abs. 3 S. 7 AStG ermittelter **Preis mit der höchsten Wahrscheinlichkeit** innerhalb des neuen Einigungsbereichs sein muss. Aus dem Wortlaut der §§ 10 und 11 FVerlV ergibt sich diese Form der Ermittlung nicht durchgehend. Nur für den Fall, dass es zu einer Abweichung nach oben kommt (§ 10 S. 2 FVerlV), soll dies nach der Begründung zu § 11 FVerlV gelten,[708] jedoch nicht für den Fall der Abweichung nach unten (§ 10 S. 3 FVerlV), bei der auf den Mittelwert abgestellt werden soll.[709]

Bemerkenswert ist, dass nach den VGr-FV ein **neuer Einigungsbereich auch** dadurch vorliegen kann, **wenn** nach Auffassung der FinVerw. der tatsächliche Nutzungszeitraum der übertragenen immateriellen Wirtschaftsgüter und Vorteile vom im Übertragungszeitpunkt angenommenen **Kapitalisierungszeitraum abweicht**.[710] Damit sprechen die VGr-FV eines der wichtigsten Prüfungsfelder bei Außenprüfungen im Bereich Funktionsverlagerungen an, den Kapitalisierungszeitraum. Trifft der Steuerpflichtige diesbezüglich im Übertragungszeitpunkt Annahmen, die zu (deutlich) kürzeren Nutzungs-

---

[707] Vgl. Begründung zu § 10 S. 1 FVerlV.
[708] Vgl. Begründung zu § 11 FVerlV. Siehe dazu auch im Folgenden Rn. 708 ff.
[709] Vgl. dazu auch im Folgenden Rn. 711 ff.
[710] Vgl. Rn. 138 VGr FV.

dauern führen, können hieraus erhebliche Bewertungsunterschiede resultieren.

§ 10 S. 2 FVerlV regelt den Fall, dass die ursprünglichen **Gewinnerwar-** 708
tungen tatsächlich erheblich übertroffen wurden. Der typische Anwendungsfall für diese Vorschrift aus Sicht der deutschen FinVerw. ist der **Outbound-Fall,** dh der Fall, in dem ein inländisches Unternehmen das verlagernde Unternehmen war und ursprünglich „zu wenig erhalten hat". Der neue Einigungsbereich soll nach § 10 S. 2 FVerlV durch den ursprünglichen Mindestpreis und den neu ermittelten Höchstpreis des übernehmenden Unternehmens begrenzt sein.

Der Verordnungsgeber begründet die Tatsache, dass **am ursprünglichen** 709
Mindestpreis auch für den veränderten Einigungsbereich **festgehalten wird,** damit, dass bei diesem nach der Funktionsverlagerung insoweit keine Veränderung eingetreten sei,[711] sondern sich die Untergrenze unverändert aus den Erkenntnissen des ursprünglichen Veranlagungszeitraums ergebe. Diese Auffassung **vermag nicht ganz zu überzeugen.** In Funktionsverlagerungsfällen werden sowohl aus Sicht des übertragenden als auch aus Sicht des übernehmenden Unternehmens Annahmen über gesamtwirtschaftliche Entwicklungen getroffen, die sich zwar im Detail, aber idR nicht grundlegend voneinander unterscheiden, soweit in beiden Unternehmen ordentliche und gewissenhafte Geschäftsleiter tätig sind, die zudem noch gem. § 1 Abs. 1 S. 3 AStG über alle Informationen der Gegenseite verfügen. Derartige Faktoren betreffen generelle makroökonomische Trends wie Wachstumserwartungen in bestimmten Märkten, Rohstoffpreisentwicklungen, Lohnkostenentwicklungen, etc. Sollten sich in der Realität die Geschäfte und damit (hoffentlich auch) die Gewinne deutlich besser entwickeln als im Übertragungszeitpunkt angenommen, so ist nicht ersichtlich, wieso sich dies nicht auch auf den Mindestpreis auswirken sollte. Letztlich ist **aber** die getroffene gesetzliche Regelung im Fall der tatsächlich besseren als ursprünglich angenommenen Entwicklung **für den Steuerpflichtigen vorteilhaft,** weil so der ursprünglich bestimmte (niedrigere) Mindestpreis weiterhin Anwendung findet.

Problematischer für den Steuerpflichtigen ist die Auffassung des Ver- 710
ordnungsgebers und der darauf beruhenden VGr-FV zur Bestimmung des **neuen Höchstpreises des übernehmenden Unternehmens.** Dieser ist gem. Rn. 139 VGr-FV „anhand der tatsächlich erzielten Gewinne neu zu berechnen, da insoweit erhebliche Abweichungen eingetreten sind. Für die Berechnung sind die Gewinnerwartungen des übernehmenden Unternehmens hinsichtlich der zukünftigen Jahre des Kapitalisierungszeitraums **auf der Grundlage der Gewinnentwicklung in den bereits abgelaufenen Jahren hochzurechnen.**"[712] Die große Unsicherheit besteht für den Steuerpflichtigen darin, wie die FinVerw. die Hochrechnung für den Rest des Kapitalisierungszeitraums vornimmt, wie an folgendem Beispiel[713] erläutert werden soll:

---

[711] Vgl. Begründung zu § 10 S. 2 FVerlV; dem folgend Rn. 139 VGr-FV.

[712] Rn. 139 VGr-FV; Hervorhebungen durch den Verfasser.

[713] Ebenso *Schreiber* in Kroppen/Schreiber/Roeder, Funktionsverlagerung, Köln 2012.

	01	02	03	04	05	06	07	08	09
Prognose	50	60	70	80	90	100	110	120	130
Realität	50	65	80	100	200	?	?	?	?

Fraglich ist nun, wie der Betriebsprüfer die Gewinne für die Jahre 06 bis 09 schätzt. Folgende Alternativen sind denkbar:
– er übernimmt die Gewinne aus der ursprünglichen Prognoserechnung (100, 110, 120, 130);
– er übernimmt die Wachstumsraten aus der ursprünglichen Prognose und wendet diese auf den Gewinn von 05 für die Zukunft an (gerundet: 222, 244, 266, 288);
– Er schreibt die absolute Gewinnveränderung von 04 auf 05 (200 – 100 = 100) fort (300, 400, 500, 600);
– Er schreibt die relative Gewinnveränderung von 04 auf 05 (+100 %) fort (400, 800, 1600, 3200).

Dieses Beispiel macht den **möglichen Spielraum des Betriebsprüfers** aus dem Wortlaut der VGr-FV plastisch deutlich, da sie nicht festlegen, wie das Merkmal „auf der Grundlage der Gewinnentwicklung in den bereits abgelaufenen Jahren" konkret auszufüllen ist, sondern dies dem Ermessen des Betriebsprüfers überlassen.

711   § 10 S. 3 FVerlV regelt den Fall, dass die ursprünglichen **Gewinnerwartungen tatsächlich erheblich untererfüllt** wurden. Nach § 10 S. 3 FVerlV liegt eine erhebliche Abweichung auch dann vor, wenn der neu ermittelte Höchstpreis niedriger ist als der ursprüngliche Mindestpreis des verlagernden Unternehmens. Dieses sind die Fälle, in denen sich die tatsächliche Gewinnentwicklung des übernehmenden Unternehmens entgegen den Erwartungen so ungünstig entwickelt, dass der ursprüngliche Mindestpreis des verlagernden Unternehmens höher ist als der neue Höchstpreis des übernehmenden Unternehmens. Der typische Anwendungsfall für diese Vorschrift aus Sicht der deutschen FinVerw. ist der **Inbound-Fall,** dh der Fall, in dem ein ausländisches Unternehmen das verlagernde Unternehmen war und ursprünglich beim aufnehmenden deutschen Unternehmen eine zu hohe Funktionsverlagerung empfangen und die entsprechenden Wirtschaftsgüter und ggf. ein Goodwill aktiviert und abgeschrieben wurden.

712   Wie im Fall des § 10 Abs. 2 FVerlV bleibt der **ursprüngliche Mindestpreis unverändert,** da er wiederum von den unveränderten Erwartungen des ursprünglichen Veranlagungszeitraums geprägt ist.[714]

713   Nicht akzeptabel ist, dass § 11 FVerlV vorsieht, dass der **neue „richtige" Verrechnungspreis** der **Mittelwert** zwischen dem neuen Höchstpreis des übernehmenden Unternehmens und dem ursprünglichen Mindestpreis des verlagernden Unternehmens sein soll. Bei allem Verständnis dafür, dass der Verordnungsgeber hier einen wahrscheinlichsten Punkt in einem negativen, also nicht bestehenden Einigungsbereich zu bestimmen hat, kann jedoch nicht pauschal unterstellt werden, dass ein solcher Mittelwert fremdvergleichskonform ist. Vielmehr wäre nach den Regeln des § 1 Abs. 3 S. 7 AStG dem Gesetz folgend ein wahrscheinlichster Verrechnungspreis zu ermitteln. So steht die Verordnungsregel zumindest systematisch im Widerspruch zum Gesetz.

---

[714] Vgl. zuvor Rn. 709.

Wesentlich ist zudem, dass § 10 S. 3 FVerlV nur definiert, wann auch nega- **714** tive Abweichungen von der Gewinnerwartung erheblich iSd Gesetzes sind. **Ob** dann eine **Anpassung überhaupt** erfolgen kann, richtet sich nach § 1 Abs. 3 S. 12 iVm **§ 1 Abs. 1 AStG.**[715]

bb) Einmalige Anpassung innerhalb von zehn Jahren nach Geschäftsabschluss

Liegen die Voraussetzungen vor, kann nach dem Wortlaut des § 1 Abs. 3 **715** S. 12 AStG **innerhalb der ersten zehn Jahre nach Geschäftsabschluss einmalig** ein angemessener Anpassungsbetrag auf den ursprünglichen Verrechnungspreis der Besteuerung unterworfen werden.

Die Bezeichnung „**Geschäftsabschluss**" ist weder im Gesetz noch in der **716** Verordnung definiert und unglücklich. Offensichtlich kann es sich hierbei nicht um den Zeitpunkt der Unterzeichnung der Intercompany-Verträge für die neue Geschäftsstruktur oder einer Geschäftsführungssitzung handeln, auf der eine Funktionsverlagerung beschlossen wurde, sondern nur auf den tatsächlichen Zeitpunkt der Verwirklichung, des Eintritts einer Funktionsverlagerung (**„Effective Date"**).

Da das Gesetz keine andere Bestimmung enthält, handelt es sich bei dem **717** Zeitraum von **zehn Jahren** allgemeinen Grundsätzen folgend um zehn Kalenderjahre.

Das Gesetz sieht vor, dass innerhalb des Zeitraums von zehn Jahren nach **718** Verwirklichung der Funktionsverlagerung **lediglich einmalig** der ursprüngliche Verrechnungspreis korrigiert und der Besteuerung zugrunde gelegt werden kann. Fraglich könnte allerdings sein, wie die scheinbar eindeutige Formulierung „einmalig" zu verstehen ist, wenn es innerhalb des 10-Jahreszeitraums zu mehreren erheblichen Abweichungen kommt. Für ein Wahlrecht der FinVerw., aus mehreren vorhandenen erheblichen Abweichungen nach qualitativen oder quantitativen Kriterien eine Auswahl vornehmen zu können („die höchste" oder „die, in der kein Verlustvortrag vorhanden ist"), gibt es keine Rechtsgrundlage, sodass allein auf die zeitliche Reihenfolge abzustellen ist. **Maßgeblich** ist also immer nur **die erste erhebliche Abweichung** iSd § 10 FVerlV.[716] Daraus folgt, dass jede zeitlich später gelegene, weitere erhebliche Abweichung nicht mehr die Rechtsfolgen des § 1 Abs. 3 S. 12 AStG auslösen kann, aber auch, dass eine zeitlich später gelegene weitere, entgegengesetzte erhebliche Abweichung die erste Abweichung nicht mehr kompensieren kann. Es bleibt somit bei der Korrektur der ersten erheblichen Abweichung.

Die Anpassung ist gem. § 1 Abs. 3 S. 12 AStG **in dem Wirtschaftsjahr** **719** der Besteuerung zugrunde zu legen, das **dem Jahr folgt, in dem** die **Abweichung** eingetreten ist.

Diese Regelung **vermeidet** zum einen nachteilige **Zinseffekte** für den Steuerpflichtigen. Damit wird insb. auch vermieden, dass der Versuch, den Verrechnungspreis rückwirkend im VZ der Funktionsverlagerung anzupassen, am Eintritt der **Festsetzungsverjährung** scheitert.

---

[715] Vgl. dazu unten Rn. 722 f.
[716] Vgl. *Kraft* in Kraft, AStG, § 1 Rn. 462 ff. mwN auch zur Anpassung durch den Steuerpflichtigen zur Vermeidung einer späteren Anpassung durch das Finanzamt.

Diese aus deutscher Sicht nachvollziehbare Herangehensweise ist **international** sicherlich **bedenklich.** Immerhin löst jede Korrektur aufgrund von § 1
Abs. 3 S. 12 AStG eine Doppelbesteuerung aus, die der Steuerpflichtige bei
Vorliegen eines DBA grundsätzlich mit dem anderen Staat über ein Verständigungsverfahren beseitigen lassen kann. Inwieweit der andere Staat aber bereit
ist, über eine Einkommenskorrektur in einem Jahr zu verhandeln, das mutmaßlich Jahre nach dem eigentlichen steuerlichen Ereignis, nämlich der Funktionsverlagerung, stattfindet, bleibt abzuwarten. Dies gilt umso mehr, als in dem anderen Staat die dortige Festsetzungsverjährung schon lange eingetreten sein
kann, was sogar der Regelfall sein dürfte. In Anbetracht der generell beobachtbaren Zurückhaltung vieler ausländischer Staaten hinsichtlich der Zulassung zu
Verständigungsverfahren sollte dem Steuerpflichtigen bewusst sein, dass hier ein
erhebliches Risiko einer definitiven Doppelbesteuerung besteht. Dies ist
ein Grund mehr bei Funktionsverlagerungen tunlichst zu vermeiden, dass § 1
Abs. 3 S. 11 und 12 AStG überhaupt zur Anwendung kommen kann, sei es über
die Durchführung einer Funktionsverlagerung gegen eine umsatz- oder gewinnabhängige Lizenz oder über die vertragliche Vereinbarung einer fremdüblichen Preisanpassungsregelung bei Funktionsverlagerungen gegen Festpreis.[717]

cc) Angemessene Anpassung (§ 11 FVerlV)

720   Liegen die Voraussetzungen vor, ist gem. § 1 Abs. 3 S. 12 AStG ein angemessener Anpassungsbetrag der Besteuerung zugrunde zu legen. **§ 11
FVerlV** bestimmt, was unter einer angemessenen Anpassung zu verstehen ist.

721   Der Verordnungsgeber unterscheidet dabei die in § 10 S. 2 und 3 FVerlV
beschriebenen Fälle. Liegt der neu ermittelte Verrechnungspreis, der die gegenüber der Erwartung tatsächlich **positivere Gewinnentwicklung** widerspiegelt (§ 10 S. 2 FVerlV),[718] außerhalb des ursprünglichen Einigungsbereichs, so ist die Anpassung angemessen, wenn sie der Differenz zwischen
dem ursprünglichen und dem neu ermittelten Verrechnungspreis entspricht.

Ist der neue Höchstpreis niedriger als der Mindestpreis des ursprünglichen
Einigungsbereichs (§ 10 S. 3 FVerlV),[719] ist also die **Gewinnentwicklung
negativer** als ursprünglich erwartet, so gilt die Differenz zwischen dem ur-
sprünglichen Verrechnungspreis und dem Mittelwert zwischen dem neuen
Höchstpreis des übernehmenden Unternehmens und dem ursprünglichen
Mindestpreis des verlagernden Unternehmens als angemessene Anpassung.[720]

dd) Keine Anpassung zugunsten des Steuerpflichtigen

722   § 10 FVerlV regelt, **wann eine Abweichung erheblich** iSd § 1 Abs. 3
S. 12 AStG ist und damit eine Korrektur des ursprünglichen Verrechnungspreises überhaupt auslösen kann. § 11 FVerlV regelt, welcher Differenzbetrag
im Falle einer Korrektur des ursprünglichen Verrechnungspreises als **angemessene Anpassung** iSd § 1 Abs. 3 S. 12 AStG gilt.

723   §§ 10 und 11 FVerlV sind über § 1 Abs. 3 S. 13 AStG **technische Aus-
führungsbestimmungen,** die eigentliche Steuerpflicht selbst begründet sich
aber aus § 1 Abs. 1 und 3 AStG. **§ 1 Abs. 1 AStG** lässt aber **nur Korrektu-**

---

[717] Vgl. dazu oben Rn. 686, 694 ff.
[718] Vgl. oben Rn. 708 ff.
[719] Vgl. oben Rn. 711 ff.
[720] Vgl. zur Kritik daran oben Rn. 713.

ren zulasten des Steuerpflichtigen zu, während Korrekturen zugunsten des Steuerpflichtigen auf andere Rechtsgrundlagen (zB die vGA) gestützt werden müssen.[721] Nicht weiter hilft auch Art. 9 OECD-MA, da dieser zwar Korrekturen in beide Richtungen zulässt, jedenfalls nicht nur Korrekturen zulasten des Steuerpflichtigen, aber nur Schrankenrecht setzt. So wird auch eine Korrektur eines Verrechnungspreises nach unten bei erheblicher Abweichung nach unten (§ 10 S. 3, § 11 FVerlV) auf Gesetzesvorschriften außerhalb des § 1 AStG gestützt werden müssen, zB **verdeckte Gewinnausschüttungen oder verdeckte Einlagen,** wobei hier fraglich sein dürfte, ob alle Elemente einer Funktionsverlagerung einlagefähig sind.[722]

11. Bilanzsteuerrechtliche Folgen einer Funktionsverlagerung

Liegt eine Funktionsverlagerung nach § 1 Abs. 3 S. 9 AStG vor, stellt sich **724** für die Praxis zwangsläufig die Frage, wie diese buchhalterisch zu erfassen ist. Hiermit befasst sich die deutsche FinVerw. trotz der Fülle der zu den Funktionsverlagerungen ergangenen Regelungen **lediglich in zwei Randnummern der VGr-FV.**[723] Dies liegt offensichtlich daran, dass sie bei Funktionsverlagerungen eher den Fall der Verlagerung ins Ausland im Auge hat, auch wenn sämtliche Regelungen richtigerweise auch für den Fall der Verlagerung ins Inland gelten.[724]

Bei einer **Verlagerung ins Ausland** sind beim **verlagernden Unter-** **725** **nehmen** im Inland die im Rahmen der Funktionsverlagerung übertragenen **Wirtschaftsgüter aus der Bilanz auszubuchen.** Dies erscheint zunächst weniger komplex, ist es in der Praxis jedoch nicht, da ein Transferpaket eben kein klar umrissener Teilbetrieb ist, sodass erhebliche Unsicherheiten bestehen, was nun Teil und was nicht Teil des Transferpakets ist. Allerdings sind die bilanziellen Folgen auf Seiten des übertragenden deutschen Unternehmens häufig von geringerer Relevanz, da die meisten Funktionsverlagerungen eher bislang nicht bilanzierte (vor allem immaterielle) Wirtschaftsgüter oder den Geschäftswert betreffen.

Beim aufnehmenden **ausländischen Unternehmen** ist **ausländisches** **726** **Bilanzsteuerrecht** anzuwenden.[725] Die Aufteilung des Transferpakets für die Bilanzierung im Ausland ist analog einer Kaufpreisaufteilung („Purchase Price Allocation") auf die einzelnen übertragenen Wirtschaftsgüter vorzunehmen. Die Bilanzierung bzw. Bilanzierungsfähigkeit der einzelnen Wirtschaftsgüter in der Bilanz des aufnehmenden Unternehmens richtet sich nach dem Recht des Staates des übernehmenden Unternehmens.[726] Die FinVerw. unterstellt dabei, dass die Vereinbarungen zwischen den beiden beteiligten Unternehmen bereits aufgeteilte Werte für die einzelnen Wirtschaftsgüter, die dem Fremdvergleich entsprechen, enthalten.[727] Da die Bewertungen von Funktionsverlagerungen überwiegend ertragswertorientiert erfolgen, ist also **für**

---

[721] Vgl. Begründung zu § 1 Abs. 3 S. 9 AStG.
[722] Vgl. hierzu auch die Erläuterungen unter Rn. 215 ff.
[723] Vgl. Rn. 172–173 VGr-FV.
[724] Vgl. Rn. 3 VGr-FV.
[725] Vgl. Rn. 172 VGr-FV.
[726] Vgl. Rn. 172 VGr-FV
[727] Vgl. Rn. 172 VGr-FV.

Bilanzierungszwecke zusätzlich eine Kaufpreisaufteilung durchzuführen, die den angemessenen Verrechnungspreis für die Funktionsverlagerung, also für das Transferpaket, auf die einzelnen Wirtschaftsgüter überleitet.

727   Für die Praxis bedeutend ist, dass eine beim übertragenden deutschen Unternehmens steuerbare und steuerpflichtige Funktionsverlagerung **keinesfalls** bedeutet, dass eine **korrespondierende Behandlung im Ausland** erfolgt. Erlaubt das Steuerrecht des Staats des aufnehmenden Unternehmens einen Betriebsausgabenabzug (teilweise) nicht, sei es, da zu aktivierende Wirtschaftsgüter steuerlich nicht abschreibbar sind oder weil durch die Verlagerung ausgelöste Zahlungen steuerlich nicht abziehbar sind, tritt bei gleichzeitiger Vollbesteuerung in Deutschland insoweit eine **definitive Doppelbesteuerung** ein, die nicht über ein Verständigungsverfahren beseitigt werden kann, da sie auf dem jeweils nationalen Steuerrecht beruht und deshalb keine abkommenswidrige Besteuerung darstellt.

728   Für den Fall, dass ein Konzern Funktionen **nach Deutschland verlagert,** ist eine Aufteilung des Transferpakets analog einer Kaufpreisaufteilung („Purchase Price Allocation") auf die einzelnen übertragenen Wirtschaftsgüter vorzunehmen. Es gelten die **Regelungen des deutschen Bilanzsteuerrechts.** Liegt der Wert des Transferpakets über dem Wert der übertragenen Einzelwirtschaftsgüter, kann die Differenz als Geschäftswert zu erfassen sein.[728]

729   Wird eine Funktionsverlagerung als **Überlassung gegen ein laufendes Entgelt** ausgestaltet, spielen bilanzsteuerrechtliche Fragen eine untergeordnete Rolle. Auch in diesem Fall muss allerdings nach dem Recht der beiden beteiligten Staaten **für Zwecke anderer Steuerarten,** wie bspw. Kapitalertragsteuern, Umsatzsteuern oder Quellensteuern festgestellt werden, wofür die laufende Vergütung eigentlich entrichtet wird, sodass auch hier eine **Aufteilung der laufenden Gesamtvergütung** notwendig ist. Ein Wirtschaftsgut „Transferpaket" ist jedenfalls sowohl im inländischen als auch im ausländischen Recht gänzlich unbekannt.

730–740   *(einstweilen frei)*

12. Mitwirkungs- und Aufzeichnungspflichten

a) Gesetzliche Grundlagen

741   Gem. **§ 90 Abs. 3 AO**[729] haben Steuerpflichtige bei Auslandssachverhalten über die Art und den Inhalt ihrer Geschäftsbeziehungen mit nahe stehenden Personen Aufzeichnungen zu erstellen.[730] Bei Verstoß gegen die Aufzeichnungspflichten drohen somit die einschlägigen Sanktionsmöglichkeiten.[731] Die Einzelheiten der Aufzeichnungspflichten regeln die VGr-Verfahren.[732] Hieraus folgt das Erfordernis, in schriftlicher bzw. elektronischer Form folgendes darzustellen:

---

[728] Vgl. Rn. 173 VGr-FV.

[729] Vgl. Rn. 150 VGr-FV. Zu den Dokumentationspflichten vgl. iE Kap. E Rn. 60 ff., insb. Kap. E Rn. 75 ff.

[730] Die Aufzeichnungspflichten wurden durch die Gewinnabgrenzungsaufzeichnungsverordnung („GAufzV") vom 13. November 2003 (BGBl. I 2003, 2296) weitergehend konkretisiert.

[731] Vgl. § 162 Abs. 3 und 4 AO.

[732] Vgl. insb. Tz. 3 VGr-Verfahren.

– Für die **Sachverhaltsdokumentation** hat der Steuerpflichtige Aufzeich-   **742**
nungen über Art, Inhalt und Umfang seiner Geschäftsbeziehungen zu nahe
stehenden Personen sowie über die wirtschaftlichen und rechtlichen Rahmenbedingungen zu erstellen (§ 1 Abs. 2 GAufzV).

– Die **Angemessenheitsdokumentation** soll das „ernsthafte Bemühen"   **743**
des Steuerpflichtigen belegen, steuerlich angemessene Verrechnungspreise
zu vereinbaren (§ 1 Abs. 1 S. 2 GAufzV).

Es sei darauf hingewiesen, dass sich die Aufzeichnungspflicht auf die
Funktionsverlagerung an sich sowie selbstverständlich auch auf die **Verrechnungspreise** für den Liefer- und Leistungsverkehr **vor und nach der
Funktionsverlagerung** erstrecken. Da sich durch die Funktionsverlagerung
die wirtschaftlichen Verhältnisse der Parteien ändern, ist dies in der Dokumentation und hier sowohl in der Sachverhalts- wie auch in der Angemessenheitsdokumentation entsprechend zu reflektieren.[733]

Funktionsverlagerungen stellen regelmäßig gem. § 90 Abs. 3 S. 3 AO iVm   **744**
§ 3 Abs. 2 GAufzV **außergewöhnliche Geschäftsvorfälle**[734] dar. Dies gilt
nach Ansicht der FinVerw. auch für Funktionsverdoppelungen nach § 1
Abs. 6 FVerlV.[735] Eine Dokumentation ist deshalb innerhalb von sechs Monaten nach Ablauf des Wirtschaftsjahres, in dem sich die Verlagerung ereignet
hat, zu erstellen.[736]

Nach den **VGr-Verfahren**[737] findet die Verlagerung in dem Wirtschaftsjahr statt, in dem das Verpflichtungsgeschäft abgeschlossen, also die „Vereinbarung" über die Verlagerung getroffen wurde. Demnach wäre die Dokumentation bereits innerhalb von **sechs Monaten nach Ablauf des
Wirtschaftsjahres der Entscheidungsfindung** zu erstellen, selbst wenn
die Funktionsverlagerung sich über einen längeren Zeitraum danach, der im
Einzelfall mehrere VZ umfassen kann, erstreckt. Der Gesetzeswortlaut ergibt jedoch keine Anhaltspunkte für diese Interpretation durch die Fin-
Verw.[738] In den **VGr-FV**[739] nimmt die FinVerw. im Widerspruch zu den
VGr-Verfahren die Position ein, dass sich die Funktionsverlagerung in dem
Wirtschaftsjahr ereignet hat, in dem der Tatbestand gem. § 1 Abs. 2 FVerlV
vollständig verwirklicht wurde. Diese Auffassung deckt sich auch mit der
Gesetzesbegründung zu § 1 Abs. 2 FVerlV.[740] Damit kann unseres Erachtens
nur das **Wirtschaftsjahr** gemeint sein, **in dem die Funktionsverlagerung abgeschlossen ist,** bei einer über mehrere Jahre sich erstreckenden
Funktionsverlagerung also das letzte Jahr. Dennoch verbleibt der Widerspruch zwischen den VGr-FV und den VGr-Verfahren. Es wäre sehr wünschenswert, wenn die FinVerw. diesen Widerspruch auflösen und die Formulierung in den VGr-Verfahren derjeningen in den VGr-FV anpassen
würde.

---

[733] Vgl. Rn. 175 VGr-FV.
[734] Vgl. Rn. 155 VGr-FV.
[735] Vgl. Rn. 158 VGr-FV.
[736] Vgl. § 3 Abs. 1 GAufzV.
[737] Vgl. Tz. 3.4.8.2 VGr-Verfahren.
[738] Vgl. *Freudenberg/Peters* BB 2008, 1429.
[739] Vgl. Rn. 156 VGr-FV.
[740] Vgl. Begründung zu § 1 Abs. 2 S. 3 FVerlV.

745   In vielerlei Hinsicht ist eine **zeitnahe Erstellung** der Verrechnungspreisdokumentation ohnehin **empfehlenswert.** Beim hypothetischen Fremdvergleich erfolgt die Festlegung der Verrechnungspreise auf Basis von Plandaten[741] zum Zeitpunkt der Funktionsverlagerung. Eine **rückwirkende
Aufzeichnung** derartiger Plandaten sowie der dann herrschenden Planprä-
missen ist **weder sinnvoll noch überzeugend** und dürfte auch nur mit erhöhtem Aufwand erreichbar sein. Ebenso sind gerade die Einzelheiten der
funktionalen Änderungen als Teile der Sachverhaltsdokumentation leichter
zeitnah zu dokumentieren, da entsprechende Informationsquellen, insb. Personen, besser bzw. überhaupt verfügbar sind.

746   Der Dokumentation ist darüber hinaus ein hohes Gewicht beizumessen,
soweit in den Vorschriften zur Funktionsverlagerung der Steuerpflichtige eine
besondere Darlegungslast trägt.[742] Dies ist zB dann der Fall, wenn gem.
§ 1 Abs. 3 S. 7 AStG vom Mittelwert des Einigungsbereichs abgewichen
werden soll, wenn ein bestimmter, von den Umständen der Funktionsausübung abhängiger Kapitalisierungszeitraum unterstellt werden soll[743] oder
wenn gesetzliche oder vertragliche Schadensersatz- oder Ausgleichsansprüche
iSd § 8 S. 1 FVerlV Berücksichtigung finden sollen.

b) Vollständige Transparenz

747   Gem. § 1 Abs. 1 S. 3 AStG ist für die Anwendung des Fremdvergleichsgrundsatzes zu unterstellen, dass das übernehmende und das verlagernde Unternehmen alle „wesentlichen Umstände der Geschäftsbeziehung" kennen.
Dies impliziert, dass sowohl das die Funktion aufnehmende als auch das abgebende Unternehmen vollständige Kenntnis über die Verhältnisse des jeweiligen Transaktionspartners haben. *Kroppen* führt dazu kritisch aus, dass ein
fremder dritter Erwerber nicht bereit sein würde, Informationen bezüglich seiner maximalen Kaufpreisforderung dem abgebenden Unternehmen
offen zu legen.[744] Diese Vorschrift steht außerdem im Widerspruch zu
Art. 9 OECD-MA sowie zur EU-Schiedskonvention.[745] Die deutsche Fin-
Verw. sieht sich allerdings im Einklang mit den OECD-RL 2010, da dort[746]
ebenfalls von einer beidseitigen Betrachtung ausgegangen wird.[747]

748   Für Funktionsverlagerungen hat die Frage der vollständigen Transparenz
besonders hohe Relevanz. Um den Vorgaben des § 1 Abs. 1 S. 3 AStG zu
entsprechen, müssen deshalb sämtliche Unterlagen des ausländischen an der
Funktionsverlagerung beteiligten Unternehmens vorgelegt werden.

c) Beschaffung von Informationen aus dem Ausland

749   Im „Inbound-Fall" kann sich die zusätzliche Schwierigkeit ergeben, dass
bestimmte Unterlagen **faktisch nicht beschafft werden können,** da diese
sich im Besitz von (nahe stehenden) Personen im Ausland befinden, die zu

---

[741] Vgl. ausführlich Tz. 3.4.12.2 VGr-Verfahren.
[742] Vgl. kritisch *Kroppen/Rasch/Eigelshoven* IWB 2007, Gruppe 1 Fach 3, 2216 f.
[743] Vgl. § 6 FVerlV.
[744] Vgl. *Kroppen/Rasch/Eigelshoven* IWB 2007, Gruppe 1 Fach 3, 2215.
[745] Vgl. *Wassermeyer* DB 2007, 535, 536.
[746] Vgl. Tz. 9.81, 9.85, OECD-RL 2010.
[747] Vgl. Rn. 149 VGr-FV.

einer Offenlegung nicht bereit sind und zu dieser auch nicht gezwungen werden können. In diesem Fall ist auch nach Ansicht der FinVerw.[748] nicht von einer Verletzung der Aufklärungs- bzw. Nachweisbeschaffungspflichten des Steuerpflichtigen auszugehen, wenn weder rechtliche noch tatsächliche Möglichkeiten bestehen bzw. nicht zumutbar sind, die Dokumente zu beschaffen.

Des Weiteren darf auch kein Verstoß gegen die **Beweisvorsorge** gegeben sein. Ein solcher Verstoß liegt nach Auffassung der FinVerw. insb. dann vor, wenn ein ordentlicher Geschäftsleiter sich das Recht auf die Vorlage der Unterlagen vertraglich gesichert hätte.[749] Der Nachweis der faktischen Unmöglichkeit der Beschaffung der Dokumente kann durch den entsprechenden Schriftverkehr glaubhaft gemacht werden.

In diesem Zusammenhang ist auch die Verschärfung der Sanktionsmöglichkeiten gem. § 162 Abs. 3 S. 3 AO[750] zu beachten. Nach dieser Vorschrift soll auch eine **Schätzung zu Lasten des Steuerpflichtigen** möglich sein, wenn die ausländische nahe stehende Person ihre Mitwirkungspflicht nicht erfüllt, obwohl der inländische Steuerpflichtige verwertbare Verrechnungspreisdokumentationen vorgelegt hat.[751] Zwar ist mehr als fraglich, ob diese Vorschrift überhaupt Sanktionen auslösen kann,[752] in der Praxis ist jedoch ein zunehmender Druck seitens der Betriebsprüfungen festzustellen, auch Unterlagen der ausländischen Beteiligten offen zu legen bzw. die Nichtoffenlegung gegen den inländischen Steuerpflichtigen zu verwenden. Zudem unterstreicht die FinVerw. in den VGr-FV den zeitlichen Anwendungsbereich der Vorschrift für alle Funktionsverlagerungen, die sich nach dem 31.12.2007 ereignet haben.[753] Im Rahmen der Verhältnismäßigkeit sollten deshalb Unterlagen auch aus dem Ausland, insb. für die Dokumentation der tatsächlichen Durchführung der Funktionsverlagerung sowie für die Bewertung beschafft und Teil der inländischen Aufzeichnung für Zwecke des § 90 Abs. 3 AO sein.   **750**

d) Risikomanagement/Bedeutung der Dokumentation

Für den Steuerpflichtigen ist es nach Vorgenanntem wichtig, Funktionsverlagerungen rechtzeitig zu erkennen und die zutreffenden steuerlichen Konsequenzen zu ziehen. Insoweit ist die steuerlich zutreffende Erfassung von Funktionsverlagerungen für viele Unternehmen ein wichtiger Teil des steuerlichen Risikomanagements.   **751**

In der Praxis sind dabei regelmäßig zwei Problemkreise zu beobachten:
– Funktionsverlagerungen **entwickeln sich** häufig **„schleichend"** über mehrere Veranlagungszeiträume. Um die Anbahnung einer sich „schleichend" entwickelnden Funktionsverlagerung frühzeitig zu erkennen, soll-   **752**

---

[748] Vgl. Tz. 3.3.2b) VGr-Verfahren und Rn. 198 VGr-FV.

[749] Vgl. Tz. 3.3.3 VGr-Verfahren.

[750] Vgl. Rn. 199 VGr-FV. Vgl. dazu auch unten Rn. 774 ff.

[751] Vgl. *Kroppen/Rasch/Eigelshoven* IWB 2007, Gruppe 1 Fach 3, 2215.

[752] *Baumhoff/Ditz/Greinert* DStR 2007, 1467, vertreten die Ansicht, dass die Vorschrift nicht anwendbar sei, da ausländische Gesellschaften keine Mitwirkungspflichten im Inland hätten und folglich die Tatbestandsmerkmale des § 162 Abs. 3 S. 3 AO nicht erfüllt sein könnten.

[753] Vgl. Rn. 200 VGr-FV.

ten Anhaltspunkte für das Vorliegen einer Funktionsverlagerung bei international operierenden Unternehmen regelmäßig analysiert werden. Eine derartige Risikoanalyse sollte auch **auf Kennzahlen** der wichtigsten Konzernunternehmen, wie zB der Entwicklung der Mitarbeiterzahlen bzw. des Lohnaufwandes, der Verringerung von Umsatzerlösen oder Gewinnen, gestiegene Aufwendungen für konzerninterne Dienstleistungen, gestiegene Aufwendungen für Reisen zu verbundenen Unternehmen oder der Erlöse aus der Übertragung bzw. Überlassung von Wirtschaftsgütern **gestützt werden.** Ähnliche Kriterien legt auch die FinVerw. an, um eine Funktionsverlagerung dem Grunde nach zu identifizieren.[754]

753 – Entscheidungen zu Funktionsverlagerungen werden in der Praxis häufig immer noch ohne frühzeitige Einschaltung der im Unternehmen steuerlich Verantwortlichen getroffen. Steuerliche Gesichtspunkte bei einer Funktionsverlagerung werden deshalb nicht immer angemessen berücksichtigt. Wesentliches Instrument des Risikomanagements ist deshalb die Einführung einer konzernweit verbindlichen **Richtlinie für Funktionsverlagerungen.** Die Richtlinie ist als Praxisleitfaden auszugestalten, der die betroffenen Unternehmensbereiche bei der Planung und der möglichst zeitnah durchgeführten Dokumentation der Funktionsverlagerung unterstützt. Um dieses Ziel zu erreichen, sollte die Richtlinie die wichtigsten Typen der Funktionsverlagerungen definieren und für jeden Typ Vorgaben zur Ermittlung der Ausgleichszahlung und deren Dokumentation machen. Desweiteren haben Unternehmen bestimmter Branchen, zB Automobilzulieferer, die häufig mit Funktionsverlagerungen konfrontiert sind, **interne Ablauforganisationskonzepte für Funktionsverlagerungen** aus Management- und Ingenieurssicht, in die die frühzeitige Kontaktaufnahme zur Steuerabteilung als Muss-Schritt verankert werden sollte.

754 Es ist jedoch darauf hinzuweisen, dass eine Richtlinie immer nur eine grobe Richtschnur bieten kann und insb. das Ziel hat, für die steuerlichen Konsequenzen der Funktionsverlagerung zu sensibilisieren und die Steuerabteilung rechtzeitig einzubinden.

Die Dokumentation von Funktionsverlagerungen ist **regelmäßig deutlich komplexer als bei laufenden Verrechnungspreisen.** Deshalb fällt bei Funktionsverlagerungen der Grad der Standardisierung des Dokumentationsprozesses entsprechend geringer aus. Andererseits muss im Unternehmen das Verständnis für die steuerlichen Implikationen von Funktionsverlagerungen unbedingt vorhanden sein. In Anbetracht der signifikanten steuerlichen Folgen einer Funktionsverlagerung kann sich durchaus auch eine betriebswirtschaftliche Optimierung bei einer Nachsteuerbetrachtung als nicht lohnenswert darstellen.

e) Inhalt der Dokumentation/Checkliste der Dokumentationsbestandteile

755 Funktionsverlagerungen sind mit an Sicherheit grenzender Wahrscheinlichkeit Gegenstand einer steuerlichen Außenprüfung. Inländische Steuerpflichtige haben dabei der zusätzlichen Herausforderung zu begegnen, dass Außenprüfungen in der Regel viele Jahre nach der Funktionsverlagerung

---

[754] Vgl. Rn. 160 VGr-FV.

stattfinden. **Die FinVerw. hat** dadurch bei Prüfung einer Funktionsverlagerung häufig den **Vorteil,** dass sie die Ergebnisse derselben über einige Jahre im „Ist" verfolgen kann und **der Steuerpflichtige** gleichzeitig den **Nachteil,** dass über die Dokumentation hinausgehende Informationen, die von der Außenprüfung angefordert werden aufgrund der verstrichenen Zeit nur schwerlich zu beschaffen sind. Zwar sind Funktionsverlagerungen als außergewöhnliche Geschäftsvorfälle zeitnah aufzuzeichnen. Die Praxis lehrt aber, dass eine Dokumentation nicht das Ende, sondern in der Regel der Anfang der Sachverhaltsermittlung und -würdigung durch die FinVerw. ist. Steuerpflichtige, die diese Problematik vermeiden wollen, sollten vor Durchführung der Funktionsverlagerung die **Beantragung eines Vorabverständigungsverfahrens** (Advance Pricing Agreement – „APA") **in Betracht ziehen.**[755] Dies wird aber in den meisten Fällen aus unterschiedlichen Gründen[756] keine Option für den Steuerpflichtigen sein.

Die Praxis zeigt, dass insb. folgende Aspekte **Prüfungsschwerpunkte bei 756 Außenprüfungen** sind. Steuerpflichtige sind deshalb gut beraten, diese Punkte hinreichend in ihrer Dokumentation abzubilden:[757]
– Funktionsverlagerung **dem Grunde nach**
  o Detaillierte qualitative Darlegung der Funktions- und Risikoänderungen
  o Verträge über die Funktionsverlagerung[758]
  o Darlegung der betriebswirtschaftlichen Grundlagen der Funktionsverlagerung (so. „Business Case") und zwar aus Konzernsicht wie auch aus individueller Sicht der beteiligten Unternehmen
– Funktionsverlagerung **der Höhe nach**
  o Verrechnungspreisanalyse, aus der sich die Angemessenheit des gewählten Verrechnungspreises für die Funktionsverlagerung ergibt; dies wird im Regelfall eine Bewertung und deren wesentliche Parameter sein (Planungsrechnungen von übertragendem und übernehmendem Unternehmen mit allen Planannahmen; Kapitalisierungszeitraum; Kapitalisierungszinssätze)
  o Verrechnungspreisdokumentation, aus der sich die Angemessenheit der Verrechnungspreise vor und nach der Verlagerung ergibt.

Hinsichtlich der Funktionsverlagerung dem Grunde nach sollten Steuerpflichtige möglichst viele **praktische Beispiele über durchgeführte Änderungen** unternehmerischer Prozesse insb. für das erste Jahr nach der Umstellung dokumentieren.

Auch der **Abschluss schuldrechtlicher Verträge** über die Verlagerung ist dringend anzuraten, um zu vermeiden, dass den Steuerpflichtigen nach den allgemeinen Grundsätzen des § 90 Abs. 2 AO eine erhöhte Darlegungslast hinsichtlich der Umstände und der genau zwischen den Parteien vereinbarten Elemente der Funktionsverlagerung trifft.

---

[755] Vgl. zu APAs iE Kap. F Rn. 402 ff.

[756] Bspw.: Staat des aufnehmenden Unternehmens ist kein DBA-Staat; Offenlegungspflichten für den Staat des aufnehmenden Unternehmens (etwa hinsichtlich der Besteuerung); Dauer eines APA-Verfahrens; etc.

[757] Vgl. Rn. 157 VGr-FV.

[758] Vgl. Rn. 151 VGr-FV.

757 Die **typische Gliederung einer Dokumentation** der Funktionsverlagerung könnte wie folgt aussehen:[759]

I. Einleitung

II. Industrieanalyse

III. Unternehmensanalyse

IV. Funktionsanalyse
  i. Ursprüngliches Funktions- und Risikoprofil des deutschen Unternehmens
    a. Megaprozesse/Funktionen (F&E, Herstellung, Vertrieb, Marketing, etc.)
    b. Risiken
    c. Immaterielle Wirtschaftsgüter
    d. Unternehmenscharakterisierung
  ii. Restrukturierungsmaßnahme
    a. Hintergrund der Maßnahme
    b. Strategische Überlegungen
    c. Wirtschaftliche Erfolgsfaktoren
    d. Zeitlicher Ablauf und Zeitpunkt der Übertragung/Überlassung der Funktion
  iii. Funktions- und Risikoprofil des deutschen und des ausländischen Unternehmens nach erfolgter Funktionsverlagerung
    a. Megaprozesse/Funktionen (F&E, Herstellung, Vertrieb, Marketing, etc.)
    b. Risiken
    c. Immaterielle Wirtschaftsgüter
    d. Unternehmenscharakterisierungen

V. Wertschöpfungsketten
  i. Vor Funktionsverlagerung: Darstellung nach Produktkategorien/Maschinentypen etc.
  ii. Nach Funktionsverlagerung: Darstellung nach Produktkategorien/Maschinentypen etc.

VI. Transaktionsanalyse
  i. Transaktionspartner (aufnehmendes und verlagerndes Unternehmen)
  ii. Bestandteile des Transferpakets
    a. Materielle und immaterielle Wirtschaftsgüter
    b. Sonstige Vorteile, Chancen und Risiken
    c. Dienstleistungen
    d. Personalentsendungen
  iii. Übertragung oder Überlassung der Funktion
  iv. Vertragliche Grundlagen

VII. Steuerliche Funktionsverlagerung
  i. Gesetzliche Grundlagen der Funktionsverlagerung
    a. Definition
    b. Anwendungsbereich/Zeitpunkt
    c. Rechtsfolgen
  ii. Gesetzliche Ausnahmetatbestände der Funktionsverlagerung
    a. Funktionsverdoppelung
    b. Übertragung/Überlassung einer Routinefunktion
    c. Übertragung/Überlassung von Wirtschaftsgütern oder Erbringen von Dienstleistungen
    d. Personalentsendung/Bagatellfälle
  iii. Analyse der Restrukturierungsmaßnahmen
    a. Zeitliche Anwendung (neues Recht/altes Recht)
    b. Zeitpunkt der Übertragung/Überlassung der Funktion

---

[759] Vgl. ähnlich zur Dokumentation von Funktionsverdoppelungen *Borstell* IStR 2009, 329, 334 f.

Die Kapitel I–VI bilden die **Sachverhaltsdokumentation,** die unbedingt **758** durch möglichst viele praktische Beispiele unterfüttert werden sollte. Diese Beispiele sollten vom Steuerpflichtigen zeitnah in Vorbereitung der zweifellos kommenden Außenprüfung gesammelt und abgelegt werden.

Kernstück der steuerlichen Analyse ist Kapitel VII. In diesem Kapitel wird geprüft, ob **überhaupt** eine **steuerlich relevante Funktionsverlagerung** vorliegt. In einem ersten Schritt geschieht dies auf Basis der Definition der Funktionsverlagerung gem. § 1 Abs. 2 FVerlV. Im Anschluss ist zu prüfen, ob die Ausnahmetatbestände gem. Kapitel VII.ii. erfüllt sind.

Im Rahmen des nachfolgenden Kapitels VIII. ist im Falle der steuerlich re- **759** levanten Funktionsverlagerung die Höhe der Ausgleichszahlung zu ermitteln. Kapitel VIII. bildet die **Angemessenheitsdokumentation.**

Die Kapitel VIII.i. bis VIII.iii. dienen der Prüfung, ob trotz Vorliegens ei- **760** ner steuerlich relevanten Funktionsverlagerung von der Anwendung des hypothetischen Fremdvergleichs abgesehen werden kann. In vielen Fällen wird jedoch der hypothetische Fremdvergleich gem. Kapitel VIII.iv. erforderlich sein. Die Bewertungen aus Sicht des verlagernden und des aufnehmenden Unternehmens führen zur Ermittlung des angemessenen Verrechnungspreises für die Funktionsverlagerung. Der sorgfältigen Herleitung und Dokumentation der Planungsannahmen ist besonderes Augenmerk zu schenken, weil im Rahmen der Betriebsprüfung neben dem Kapitalisierungszeitraum und dem Kapitalisierungszinssatz die unvermeidlichen Abweichungen zur tatsächlichen Entwicklung das größte Konfliktpotential mit der FinVerw. bergen.

761   Die **Folgen der Verletzung der Mitwirkungs- und Aufzeichnungspflichten** sind vor allem die Schätzungsbefugnis der FinVerw. nach § 162 Abs. 1–3 AO sowie die Festsetzung von Zuschlägen nach § 162 Abs. 4 AO.

762–774   *(einstweilen frei)*

13. Schätzung angemessener Vergütungen durch die Finanzverwaltung

775   Verletzt der Steuerpflichtige seine Mitwirkungspflichten nach § 90 Abs. 1–3 AO, kann die Finanzbehörde die Besteuerungsgrundlagen **schätzen** sowie **Strafzuschläge** festsetzen. In Funktionsverlagerungsfällen bedeutet dies regelmäßig eine Schätzung des Verrechnungspreises für das Transferpaket als Ganzes. Hierbei kann die FinVerw. den Schätzungsrahmen voll zu Lasten des Steuerpflichtigen ausnutzen, wenn der Steuerpflichtige seine Mitwirkungspflichten verletzt hat.[760]

Die **Anforderungen** an eine den Besonderheiten des Einzelfalls gerecht werdende Bewertung sind in den Fällen der Schätzung durch die FinVerw. **deutlich geringer** als in Fällen der Bewertung durch den Steuerpflichtigen.

776   Die FinVerw. hat auch **im Schätzungsfall** zunächst zu prüfen, ob für die Ermittlung des angemessenen Verrechnungspreises für die Funktionsverlagerung uneingeschränkt oder eingeschränkt vergleichbare Fremdvergleichswerte vorliegen. Ist dies nicht der Fall, ist der hypothetische Fremdvergleich anzuwenden. Bei der Schätzung sind die **vorhandenen Unterlagen des Unternehmens zu berücksichtigen.**[761]

Zur Ermittlung des Mindestpreises beim übertragenden Unternehmen sind die Gewinnerwartungen auf Grundlage der in den vergangenen Wirtschaftsjahren aus der verlagerten Funktion **erzielten Umsätze** abzuleiten.[762]

Hinsichtlich der Bestimmung des mit der Funktion übertragenen Gewinnpotenzials aus Sicht des aufnehmenden Unternehmens kann von den Vergangenheitswerten beim übertragenden Unternehmen ausgegangen werden, die durch gewinnwirksame Umstände, wie bspw. **Standortvorteile und Synergieeffekte beim übernehmenden Unternehmen** anzupassen sind.[763]

777   Des Weiteren kann der **Kapitalisierungszinssatz** in Schätzungsfällen ermittelt werden, indem auf den risikolosen **Basiszinssatz** ein **Zuschlag iHv 50%** des Basiszinssatzes, mindestens 3 Prozentpunkte erhoben wird. Die Summe aus Basiszinssatz und Risikozuschlag ist um die Steuern zu kürzen.[764]

Hinsichtlich des Gewinnpotenzials sowie des anzuwendenden Zinssatzes können **andere Werte** angesetzt werden, **wenn der Steuerpflichtige diese nachweist.**[765]

---

[760] § 162 Abs. 3 AO; Rn. 161 VGr FV.
[761] Vgl. Rn. 162 VGr-FV.
[762] Vgl. Rn. 167 VGr-FV.
[763] Vgl. Rn. 168 VGr-FV.
[764] Vgl. Rn. 170 VGr-FV.
[765] Vgl. Rn. 163 VGr-FV.

Im Schätzungsfall geht aber grds. die FinVerw. von einem **unbegrenzten Kapitalisierungszeitraum**[766] aus, sofern keine Gründe für einen begrenzten Kapitalisierungszeitraum ersichtlich sind.

Im Ergebnis dürfte die **Schätzung** für den Steuerpflichtigen **deutlich ungünstiger** sein, als wenn er die Funktionsverlagerung selbst bewertet hätte. Insofern sind Steuerpflichtige angehalten, den Schätzungsfall **in jedem Fall zu vermeiden.** Für Zwecke einer Risikoanalyse bietet es sich für den Steuerpflichtigen ggf. aber an, eine Funktionsverlagerung nach den o.g. Grundsätzen zu bewerten und Abweichungen von eigenen Bewertungen zu ermitteln.

(einstweilen frei)   **778–780**

V. Besteuerung von Funktionsverlagerungen bis VZ 2007

1. Rückwirkung des § 1 Abs. 1 und 3 AStG in die Zeit vor VZ 2008

a) Allgemein

Nach § 21 Abs. 16 AStG sind die Vorschriften, die durch das Unterneh- **781** mensteuerreformgesetz 2008 geändert wurden, **erst ab dem Veranlagungszeitraum 2008 anzuwenden.** Dementsprechend könnte man die Auffassung vertreten, dass die Regelungen des § 1 Abs. 3 AStG, der FVerlV und der VGr-FV für Funktionsverlagerungen vor dem VZ 2008 nicht gelten.

Dieser Auffassung **folgt die FinVerw. nicht.** Vielmehr werden lediglich vier der in 2008 eingeführten Regelungen als nicht vor dem VZ 2008 anwendbar betrachtet:[767]

– Informationstransparenz im Sinne von der Kenntnis der wesentlichen Umstände der Geschäftsbeziehung auch der Gegenseite (§ 1 Abs. 1 S. 2 AStG)
– Mittelwert im Einigungsbereich (§ 1 Abs. 3 S. 7 AStG)
– Regelmäßige Transferpaketbewertung (1 Abs. 3 S. 9 AStG)
– Gesetzliche Fiktion einer Preisanpassungsklausel (§ 1 Abs. 3 S. 11 und 12 AStG).

Alle anderen Gesetzesänderungen per VZ 2008 haben auch laut der **Gesetzesbegründung** zu § 1 AStG vor allem **klarstellende und präzisierende Wirkung.**[768] Die klarstellende Wirkung der Neuregelungen begründet der Gesetzgeber damit, dass die Neuregelungen lediglich besagen, dass Verlagerungen von immateriellen Wirtschaftsgütern und Funktionsverlagerungen nach dem Fremdvergleichsgrundsatz zu besteuern sind und der Fremdvergleichsgrundsatz in Deutschland schon lange geltendes Recht ist.[769] Dies wirft zwangsläufig die Frage auf, ob und inwieweit die seit VZ 2008 kodifizierten Regelungen eine Rückwirkung auf frühere VZ entfalten bzw. für VZ bis 2007 angewendet werden können.

---

[766] Vgl. Rn. 171 VGr-FV.
[767] Vgl. Rn. 180 VGr-FV.
[768] Gesetzesbegründung zu § 1 AStG, BR-Drs. 220/07, S. 144; vgl. auch Rn. 181 VGr-FV. Vgl. auch oben Rn. 176 ff.
[769] Vgl. Rn. 181 VGr-FV.

782 Es ist zutreffend, wenn der Gesetzgeber feststellt, dass der Fremdvergleichsgrundsatz in Deutschland schon lange vor dem VZ 2008 geltendes Recht war und bspw. in der Einkünftekorrekturnorm des § 1 AStG aF oder in Art. 9 OECD-MA entsprechenden Artikeln deutscher DBA enthalten ist. Allerdings **gehen uE die per VZ 2008 vorgenommenen Änderungen** in § 1 AStG **weit über „Klarstellungen" bzw. „Präzisierungen" hinaus.** Insoweit ist deshalb genau **zu prüfen, inwieweit** der Gesetzgeber mit den Neuregelungen in § 1 Abs. 1 und Abs. 3 AStG tatsächlich auch vor dem VZ 2008 geltendes Recht lediglich gesetzlich explizit kodifiziert hat, oder inwieweit **echte konstitutive Neuregelungen** Einzug in das Gesetz gehalten haben. Nur soweit tatsächlich rein klarstellende Regelungen in § 1 Abs. 1 und Abs. 3 AStG aufgenommen wurden, können diese auch rechtliche Wirkung für VZ vor 2008 entfalten. Regelungen, die hingegen das bis VZ 2007 geltende Recht erweitern oder neu auslegen, können uE nicht für VZ bis 2007 angewandt werden.

783 Im folgenden Kapitel sollen deshalb zunächst die Regelungen in § 1 Abs. 1 und Abs. 3 AStG aufgeführt werden, die uE Erweiterungen oder Neuinterpretationen des Fremdvergleichsgrundsatzes darstellen, bevor auf die konkrete Rechtslage bis VZ 2007 eingegangen wird. Abschließend erfolgt eine detaillierte rechtliche Prüfung der Rückwirkung des § 1 Abs. 3 AStG nF.

b) Echte Neuregelungen in § 1 Abs. 1 und Abs. 3 AStG

784 Die nachfolgenden Regelungen in § 1 Abs. 1 und Abs. 3 AStG nF stellen unseres Erachtens **Erweiterungen bzw. Neuinterpretationen** des bis zum VZ 2007 geltenden Rechts bzgl. der Anwendung des Fremdvergleichsgrundsatzes auf Funktionsverlagerungen dar:

785 • **Postulat der vollständigen gegenseitigen Information (§ 1 Abs. 1 S. 3 AStG)**[770]
Unseres Erachtens ist es ein fundamentales Kennzeichen des Verhaltens zweier unabhängiger Transaktionspartner, und damit ein fundamentales **Kennzeichen des Fremdvergleichsgrundsatzes** an sich, dass zwischen den Parteien **Informationsasymmetrie** besteht. Dies hat weitreichende Auswirkungen für die Anwendung des Fremdvergleichsgrundsatzes auf Funktionsverlagerungen vor dem VZ 2008. Kennen nämlich die Parteien die Position der jeweils anderen Partei nicht, **kann eine Wertermittlung unter Anwendung des hypothetischen Fremdvergleichs** (§ 1 Abs. 3 S. 5 AStG nF) mit der Ermittlung eines Einigungsbereichs (§ 1 Abs. 3 S. 6 AStG nF) **nicht erfolgen.** Dies ergibt sich daraus, dass der Leistende den Höchstpreis des Leistungsempfängers und der Leistungsempfänger den Mindestpreis des Leistenden nicht ermitteln kann. Folglich kann eine Funktionsverlagerung vor VZ 2008 nicht unter Anwendung der in § 1 Abs. 3 S. 5 und 6 AStG geregelten Systematik erfolgen. Vielmehr ist uE für Funktionsverlagerungen **bis VZ 2007 weiter** – und auch im Einklang mit dem Sinn und Zweck des Fremdvergleichsgrundsatzes – von einer **Informationsasymmetrie** zwischen den Parteien auszugehen. Dies führt zwangsläufig dazu, dass der angemessene Verrechnungspreis für eine Funk-

---

[770] Vgl. auch Rn. 180 VGr-FV, aber auch die Regelung in Rn. 182 f. VGr-FV zum ordentlichen und gewissenhaften Geschäftsleiter, die das Rückwirkungsverbot der Rn. 180 VGr-FV auszuhöhlen scheint. Vgl. dazu auch oben Rn. 439 ff.

tionsverlagerung bis VZ 2007 lediglich aus Sicht des inländischen Steuerpflichtigen (im Inbound- wie im Outbound-Fall) zu ermitteln ist.

- **Einigungsbereich (§ 1 Abs. 3 S. 6 AStG)**[771]   **786**
  Der Begriff des Einigungsbereichs wurde vom Gesetzgeber neu in § 1 Abs. 3 AStG nF eingeführt. Ein „Einigungsbereich" war **bis zum VZ 2007** hinsichtlich der Anwendung des Fremdvergleichsgrundsatzes **gänzlich unbekannt.** Auch auf internationaler Ebene sind der Begriff sowie die Anwendung desselben durch den deutschen Gesetzgeber in keinster Weise bekannt. Als verwandter Begriff könnte der schon immer im Zusammenhang mit dem Fremdvergleichsgrundsatz angewandte Begriff der „Bandbreite" betrachtet werden. Allerdings ist **ein Einigungsbereich keine Bandbreite.** Auch der deutsche Gesetzgeber trennt beide Begriffe ausdrücklich voneinander, indem er einerseits bei der Anwendung der traditionellen Standardmethoden sowie der Anwendung einer geeigneten Verrechnungspreismethode von Bandbreiten (§ 1 Abs. 3 S. 1–4 AStG) und bei Anwendung des hypothetischen Fremdvergleichs von Einigungsbereich spricht.

  Im **Unterschied** zu einer **Bandbreite,** die sich immer aus mehreren nach   **787**
  einer anerkannten Methode ermittelten Fremdpreisen ergibt und innerhalb derer jeder vom Steuerpflichtigen angewandte Verrechnungspreis als fremdvergleichskonform einzustufen ist, besteht ein Einigungsbereich lediglich aus zwei Werten, nämlich dem Mindest- und dem Höchstpreis, die beide Grenzpreise der Parteien darstellen.

  Für **VZ bis 2007** kann aber die Verrechnungspreisermittlung **mit Hilfe ei-** **788**
  nes Einigungsbereichs nicht erfolgen, nicht zuletzt schon deswegen, weil – wie zuvor dargestellt – das Postulat der vollständigen Information (§ 1 Abs. 1 S. 3 AStG) vor VZ 2008 nicht anwendbar ist und mithin die Parteien die Wertvorstellungen der jeweils anderen Partei nicht kennen können.

- **Transferpaket (§ 1 Abs. 3 S. 9 AStG)**[772]   **789**
  Ab VZ 2008 ist eine Funktionsverlagerung auf Grundlage einer Verlagerung der Funktion als Ganzes zu bewerten. Dies ist uE ebenfalls eine neue Regelung, da auch der **Begriff** des Transferpakets **vor VZ 2008** sowohl in Deutschland als auch auf internationaler Ebene im Zusammenhang mit der Besteuerung von Funktionsverlagerungen gänzlich **unbekannt** war. Für Funktionsverlagerungen vor VZ 2008 kann deshalb auch diese Regelung keine Rechtswirkung entfalten. Vielmehr hat für VZ bis 2007 eine Wertermittlung im Zusammenhang mit einer Funktionsverlagerung nach dem Grundsatz der Einzelbewertung zu erfolgen.

- **§ Preisanpassungsklausel (§ 1 Abs. 3 S. 11 und 12 AStG)**[773]   **790**
  Auch die Regelungen zur rückwirkenden Preisanpassung sind uE **keine klarstellenden Regelungen** bereits vor dem VZ 2008 anwendbarer

---

[771] Vgl. auch Rn. 180, aber gerade auch Rn. 190 VGr-FV, die die Mittelwertvermutung auch auf die VZ vor 2008 erstrecken will. Vgl. dazu auch oben Rn. 461 ff. und Rn. 791 f.

[772] Vgl. Rn. 180 VGr-FV, aber auch die Rn. 184 ff. VGr-FV, die das Rückwirkungsverbot der Rn. 180 VGr-FV faktisch wieder aufheben. Vgl. dazu auch oben Rn. 458 ff. und unten Rn. 791 f.

[773] Vgl. Rn. 180 VGr-FV, aber auch Rn. 191 ff. VGr-FV, die über das Institut des § 313 BGB das Rückwirkungsverbot der Rn. 180 VGr-FV faktisch wieder aufheben. Vgl. dazu auch oben Rn. 681 ff. und unten Rn. 791 f. und iE Rn. 803 ff.

Grundsätze. Es gab keine vergleichbare Regelung im deutschen Steuerrecht und die deutsche FinVerw. hat jahrelang die vergleichbaren US-Vorschriften des „commensurate with income"-Standards abgelehnt. Sollten also Steuerpflichtige bei Funktionsverlagerungen vor VZ 2008 keine Preisanpassungsklauseln vorgesehen haben, kann die FinVerw. Einkünftekorrekturen nicht darauf begründen, dass aus ex post-Sicht eine andere Entwicklung eingetreten ist als zum Zeitpunkt der Funktionsverlagerung angenommen und fremde Dritte aufgrund der dem Geschäft immanenten Unsicherheiten eine Preisanpassungsklausel vereinbart hätten. Vielmehr gilt es hier weiterhin, die Angemessenheit der Preisfindung allein aus Sicht der zum Zeitpunkt der Funktionsverlagerung vernünftigerweise zu treffenden Erwartungen vorzunehmen.

791   Die **FinVerw.** sieht dies anders und versucht auch für **VZ vor 2008** bei Funktionsverlagerungen zu einem **weitgehend gleichen Ergebnis wie ab 2008** zu gelangen.

– Hierzu versucht sie zunächst, die Zulässigkeit einer beidseitigen Betrachtung mit **Informationssymmetrie** über das Prinzip des ordentlichen und gewissenhaften Geschäftsleiters zu begründen.[774]

– Sodann verweist sie darauf, dass auch vor dem VZ 2008 eine Funktionsverlagerung für Zwecke der Preisbestimmung als einheitlicher Vorgang betrachtet worden sei, wobei das Entgelt über die Gewinnpotenziale in Form einer **ertragswertorientierten Gesamtbewertung** ermittelt worden sei.[775] Da der Steuerpflichtige keine Kenntnis der wesentlichen Umstände der Geschäftsbeziehung iSv § 1 Abs. 1 S. 3 AStG haben muss, dennoch aber eine beidseitige Bewertung durchzuführen ist, hält die FinVerw. es für sachgerecht, wenn für Bewertungszwecke die Gewinnpotenziale des abgebenden Unternehmens auf Basis der tatsächlichen Verhältnisse vor der Verlagerung und die des aufnehmenden Unternehmens auf Basis der tatsächlichen Verhältnisse nach der Verlagerung angesetzt werden.[776]

– Den angemessenen Verrechnungspreis würden fremde Dritte dann aufgrund von Erfahrungssätzen als **Mittelwert** zwischen den beiden Werten bestimmen.[777]

– Hinsichtlich einer **Preisanpassungsklausel** gilt zwar, dass die gesetzliche Fiktion derselben konstitutiv ist.[778] Die FinVerw. versucht aber, das gleiche Ergebnis unter Verweis auf § 313 BGB („Störung der Geschäftsgrundlage") zu erreichen.

Im Ergebnis wären damit die **Regelungen** zu den Funktionsverlagerungen **vollumfänglich auf VZ vor 2008 anzuwenden.**

792   Wir halten diese Auffassung der FinVerw. für nicht haltbar. Vielmehr haben unseres Erachtens die **wesentlichen und entscheidenden Regelungen** in § 1 Abs. 1 und Abs. 3 AStG nF zu Funktionsverlagerungen eben keinen klarstellenden oder präzisierenden Charakter, sondern stellen **echte**

---

[774] Vgl. Rn. 182 und 183 VGr-FV.

[775] Vgl. Rn. 184 VGr-FV.

[776] Vgl. Rn. 186 VGr FV.

[777] Vgl. Rn. 190 VGr-FV.

[778] Vgl. Rn. 192 VGr-FV.

konstitutive Neuregelungen dar.[779] Für die Betriebsprüfungspraxis ist allerdings problematisch, dass die oben skizzierte und in den Rn. 181–197 VGrFV niedergelegte Auffassung für die FinVerw. bindend ist. In Betriebsprüfungen für VZ vor 2008 sind deshalb Streitigkeiten mit der FinVerw. laufende Praxis, die ggf. auch vor Gericht zu klären sein werden. Hier räumen wir dem Steuerpflichtigen sehr gute Erfolgschancen ein, wie selbst Vertreter der FinVerw. eingestehen.[780]

c) Echte und unechte Rückwirkungen

Nach Auffassung des BVerfG entfaltet ein belastendes Gesetz nur dann **793** **echte Rückwirkung,** wenn es **nachträglich ändernd in bereits abgeschlossene Tatbestände** eingreift.[781] Maßstab für das Vorliegen echter Rückwirkungen im Steuerrecht ist demnach das Vorliegen eines abgeschlossenen Tatbestandes sowie eine durch das neue oder geänderte Gesetz herbeigeführte ungünstigere Besteuerung dieses Tatbestandes.[782] Diese Art der Rückwirkung einer Rechtsnorm ist nach Auffassung des BVerfG grundsätzlich **unzulässig.**[783]

Diese aus dem Rechtsstaatsprinzip in Art. 20 Abs. 3 GG abgeleitete **794** Rechtsauffassung wird jedoch vom BVerfG selbst durchbrochen, wenn bestimmte **Ausnahmetatbestände** erfüllt sind. Dazu gehören zwingende Gründe des Gemeinwohls,[784] ein für den Steuerpflichtigen nur geringer Schaden[785] oder eine unklare oder verworrene Gesetzesregelung im Zeitpunkt der Verwirklichung des Sachverhalts, aufgrund derer der Steuerpflichtige bei seinen Dispositionen von einer baldigen Neuregelung ausgehen musste.

Dabei stellt das BVerfG regelmäßig auf den **Tag des Gesetzesbeschlusses 795** **durch den Bundestag** als maßgeblichen Zeitpunkt für den Wegfall des schutzwürdigen Vertrauens des Bürgers ab.[786] **Ausnahmsweise** ist nach Ansicht des BVerfG allerdings dann bereits auf den Zeitpunkt der **Gesetzesankündigung** abzustellen, wenn dies zur Vermeidung eines so genannten Ankündigungseffektes notwendig ist. Dies soll es dem Staat ermöglichen, die Ausnutzung von Gesetzeslücken schnell zu schließen, ohne dass Steuerpflichtige den Zeitraum bis zur Verabschiedung des Gesetzes weiterhin für unerwünschte Dispositionen nutzen können.[787, 788]

---

[779] Vgl. dazu einschränkend *Schreiber* in Kroppen, Handbuch Internationale Verrechnungspreise Bd. I, FVerlV, Anm. 247 ff.

[780] Vgl. *Schreiber* in Kroppen/Schreiber/Roeder, Funktionsverlagerung, 2012, Rn. 40.8 (S. 129).

[781] Vgl. BVerfG 31.5.1960 – 2 BvL 4/59, BVerfGE 11, 139, unter Gründe I.

[782] Vgl. *Riechelmann,* Struktur des verfassungsrechtlichen Bestandschutzes, 2006, 23; ähnlich *Kraft* in Kraft, AStG, § 1 Rn. 510 mwN.

[783] Vgl. *Andresen/Schoppe* IStR 2009, 600, 602.

[784] Vgl. BVerfG 19.12.1961, 2 BvL 6/59, BVerfGE 13, 261, unter Gründe B. III.

[785] Vgl. BVerfG 23.3.1971, 2 BvL 2/66, 2 BvR 168, 196, 197, 210, 472/66, BVerfGE 30, 367, unter Gründe B. II.

[786] Vgl. BVerfG 19.12.1961 – 2 BvL 6/59, BVerfGE 13, 261, unter Gründe B. III.; bestätigend vgl. BVerfG 14.5.1986 – 2 BvL 2/83, BVerfGE 72, 200, unter Gründe C. II.

[787] Vgl. BVerfG 3.12.1997 – 2 BvR 882/97, BVerfGE 97, 67, unter Gründe C. II.

[788] Vgl. *Andresen/Schoppe* IStR 2009, 600, 602.

796   Das BVerfG spricht von **unechter Rückwirkung** einer Rechtsnorm, wenn diese auf **gegenwärtige, noch nicht abgeschlossene Sachverhalte** und Rechtsbeziehungen für die Zukunft einwirkt und damit zugleich die betroffene Rechtsposition nachträglich entwertet. Nach Ansicht des BVerfG ist eine Rechtsnorm mit unechter Rückwirkung verfassungsrechtlich grundsätzlich zulässig.[789]

797   **Einheitliche Funktionsverlagerungen** sind dadurch gekennzeichnet, dass einzelne Geschäftsvorfälle in mehr als einem von fünf aufeinander folgenden VZ in ihrer Summe als eine einheitliche Funktionsverlagerung zu werten sind. Vor diesem Hintergrund stellt sich die Frage, ob Geschäftsvorfälle in VZ ab 2008 zeitlich davor liegende Geschäftsvorfälle infizieren können, mit der Folge, dass sie Bestandteil einer später vollendeten Funktionsverlagerung werden.

798   Eine **ähnliche Problematik** weist **§ 17 Abs. 1 S. 1 EStG** auf, dessen maßgeblicher Schwellenwert für die Höhe einer über einen längeren Zeitraum gehaltenen Beteiligung im Laufe der Jahre durch den Gesetzgeber von mehr als 25 % auf 1 % gesenkt worden ist.[790] Im Unterschied zu § 1 Abs. 3 S. 9 und 10 AStG enthält der Wortlaut des § 17 Abs. 1 S. 1 EStG jedoch bereits eine Rückwirkung, da er auf die letzten fünf Jahre vor der Veräußerung von Anteilen abstellt, so dass Veräußerungen von Anteilen vor Inkrafttreten der geänderten Vorschrift mit dem Ziel, unter die Beteiligungsgrenze zu kommen, die die Besteuerung eines Veräußerungsgewinns oder -verlustes auslöst, nicht die gewünschte Wirkung erzielen, wenn und soweit sie nicht vor dem Fünfjahreszeitraum, dh nicht im Hinblick auf die Gesetzesänderung, erfolgt sind. Der BFH[791] sah in der Absenkung der maßgeblichen Beteiligungsgrenze keine echte Rückwirkung, sondern eine zulässige unechte Rückwirkung und hielt sie deshalb für verfassungsrechtlich unbedenklich.[792]

799   Das **BVerfG** hat hierzu aber entschieden,[793] dass eine Berücksichtigung von Tatbestandsmerkmalen über den fraglichen VZ hinaus eine **echte Rückwirkung** der dahinter stehenden Rechtsnorm bedeutet. Damit sollte unseres Erachtens auch die fortgesetzte Anwendbarkeit des § 1 Abs. 3 S. 9 und 10 AStG nicht möglich sein, da der Steuerpflichtige bis zur Verwirklichung derjenigen Geschäftsvorfälle in oder nach dem VZ 2008, die die Besteuerung als einheitliche Funktionsverlagerung auslösen, keine Dispositionsfreiheit mehr hatte, soweit Tatbestände schon verwirklicht waren.

800   Weiterhin dürfte die Anwendung dieser Vorschrift auf **Geschäftsvorfälle vor dem VZ 2008 verfassungsrechtlich** vor allem deshalb **problematisch** sein, weil ihr – anders als § 17 Abs. 1 S. 1 EStG oder anderen gesetzlichen Vorschriften mit Haltefristen – kein Hinweis auf eine zeitliche Erstreckung in

---

[789] Vgl. *Andresen/Schoppe* IStR 2009, 600, 602; ähnlich *Kraft* in Kraft, AStG, § 1 Rn. 510 mwN.

[790] Vgl. *Weber-Grellet* in Schmidt, EStG, 2014, § 17 Rz. 33 ff.

[791] Vgl. BFH 1.3.2005, VIII R 92/03, BStBl. II 2005, 398 (Verfassungsbeschwerde eingelegt 2 BvR 753/05); 10.8.2005, VIII R 22/05, BStBl. II 2005, 436 (Verfassungsbeschwerde eingelegt 2 BvR 748/05).

[792] Vgl. *Andresen/Schoppe* IStR 2009, 600, 602.

[793] BVerfG Beschluss vom 7.7.2010, 2 BvR 748/05, 2 BvR 753/05 und 2 BvR 1738/05.

die Vergangenheit zu entnehmen ist. Die Ermächtigung in § 1 Abs. 3 S. 13 AStG geht nicht so weit, dass über die Ausweitung der Definition der Funktionsverlagerung in der FVerlV **Sachverhalte der Vergangenheit unter eine später geschaffene gesetzliche Vorschrift subsumiert** werden können, zumal deren erstmalige Anwendung klar für VZ ab dem Jahr 2008 vorgesehen ist.[794] Die erweiterte Anwendung der Regelungen über die VGr-FV ist erst recht unzulässig, zumal diese noch nicht einmal Gesetzeskraft haben.

In diesem Zusammenhang ist hervorzuheben, dass der BFH in seiner Entscheidung I R 28/07 vom 27.8.2008 u.a. die Anwendung von geänderten Rechtsnormen auf Sachverhalte, die vor Inkrafttreten der Gesetzesänderung verwirklicht worden sind, eine Absage erteilt hat (sog. **klarstellende Gesetzgebungsmaßnahmen**).[795] Dies gilt selbst dann, wenn in der einschlägigen Gesetzesbegründung die Änderung einer Rechtsnorm als „klarstellende Maßnahme" bezeichnet wird, aber gleichzeitig der Zeitpunkt der erstmaligen Anwendung klar bezeichnet ist und nicht in der Vergangenheit liegt.[796] Insofern ist die Argumentation des Gesetzgebers, die Neuregelung des § 1 Abs. 3 AStG enthalte eine Präzisierung des Fremdvergleichsgrundsatzes, nicht nur deshalb nicht auf verdeckte Gewinnausschüttungen mit Funktionsverlagerungscharakter vor dem 1.1.2008 anzuwenden, weil die verdeckte Gewinnausschüttung eine andere Rechtsnorm ist, sondern auch deshalb nicht, weil die Klarstellung des Gesetzgebers in der Gesetzesbegründung zu § 1 Abs. 3 AStG nach Auffassung des BFH für die Vergangenheit keine Bedeutung entfaltet.[797] Zudem sei auf die obigen Ausführungen verwiesen, wonach § 1 Abs. 1 und 3 AStG nF in wesentlichen Teilen eben nicht nur klarstellend sind.[798]

Die Fünfjahresfrist ist daher erst auf Einzel-Geschäftsvorfälle anzuwenden, **802** die im oder nach dem VZ 2008 verwirklicht worden sind und die in Summe als Funktionsverlagerung qualifizieren.[799]

d) Rückwirkende Anwendung der Preisanpassungsklausel

Mit § 1 Abs. 3 S. 11 und 12 AStG hat der Gesetzgeber eine Vorschrift ge- **803** schaffen, die darauf abzielt, die ursprüngliche Verrechnungspreisbildung anhand der tatsächlich in späteren Jahren erzielten Ergebnisse über zehn Jahre zu überprüfen und ggf. zu korrigieren. Die FinVerw. könnte nun versucht sein, diese Vorschrift zu Lasten der Steuerpflichtigen auch auf **Geschäftsbeziehungen** iSd § 1 Abs. 3 Satz 5 und Satz 9 AStG anzuwenden, die **vor dem VZ 2008** verwirklicht wurden.[800]

Die Preisanpassung nach § 1 Abs. 3 S. 11 AStG setzt im Wesentlichen ent- **804** weder eine Geschäftsbeziehung, für die ein hypothetischer Fremdvergleich durchzuführen ist, oder eine Funktionsverlagerung voraus, bei der wesentliche immaterielle Wirtschafsgüter und Vorteile Gegenstand der Geschäftsbe-

---

[794] Vgl. *Andresen/Schoppe* IStR 2009, 600, 602.

[795] Vgl. BFH 27.8.2008, I R 27/08, BFH/NV 2009, 123.

[796] Vgl. BFH 27.8.2008, I R 27/08, BFH/NV 2009, 123 unter II. 1.c).

[797] Vgl. *Andresen/Schoppe* IStR 2009, 600, 603.

[798] Vgl. oben Rn. 781 ff.

[799] Vgl. *Andresen/Schoppe* IStR 2009, 600, 603.

[800] Vgl. *Andresen/Schoppe* IStR 2009, 600, 603.

ziehung sind und bei der die tatsächliche spätere Gewinnentwicklung erheblich von der Gewinnentwicklung abweicht, die der Verrechnungspreisbestimmung zugrunde lag. Durch die Vereinbarung einer sachgerechten Anpassungsregelung iSd § 1 Abs. 3 S. 11 AStG lässt sich die Anwendung des § 1 Abs. 3 S. 12 AStG jedoch vermeiden.[801]

805   Die gesetzliche Fiktion in § 1 Abs. 3 S. 12 AStG lässt die **nachträgliche Vereinbarung einer Preisanpassungsklausel** mit heilender Wirkung **nicht zu.** Der Gesetzestext geht davon aus, dass in den erfassten Fällen widerlegbar zu vermuten sei, „dass zum Zeitpunkt des Geschäftsabschlusses Unsicherheiten im Hinblick auf die Preisvereinbarung bestanden und unabhängige Dritte eine sachgerechte Anpassungsregelung vereinbart hätten" (§ 1 Abs. 3 S. 11 AStG). Die zeitliche Bestimmung „zum Zeitpunkt des Geschäftsabschlusses" bezieht sich nicht nur auf die bestehenden Unsicherheiten, sondern, aufgrund der „und"-Verknüpfung, auch auf den Zeitpunkt des Abschlusses einer Preisanpassungsklausel. § 1 Abs. 3 S. 12 AStG bestimmt weiter: „Wurde eine solche Regelung nicht vereinbart ..." Dies legt eine inhaltliche Verknüpfung iSe „solchen Preisanpassungsklausel zum Zeitpunkt des Geschäftsabschlusses" nahe. Ferner indiziert das Eingangswort „wurde" eine zeitliche Abfolge und unterstützt damit diese Auslegungsalternative.[802]

806   Wenn der Abschluss einer Preisanpassungsklausel nachträglich nicht mehr möglich ist, hat der Steuerpflichtige keine Möglichkeit, auf die Gesetzesänderung zu reagieren, indem er die fehlende Gestaltung nachholt, die bei Funktionsverlagerungen nach dem Tag der Gesetzesankündigung mit heilender Wirkung möglich war. Folglich ist eine **echte Rückwirkung gegeben,** die dazu führt, dass § 1 Abs. 3 S. 12 AStG auf Funktionsverlagerungen, die vor dem Tag der Gesetzesankündigung abgeschlossen worden sind, keine Anwendung finden kann.[803] Den Versuch der FinVerw., dieses Ergebnis über den **Verweis auf § 313 BGB** zu umgehen,[804] **entbehrt jeglicher Substanz.** § 313 BGB spielt in der wirtschaftlichen Praxis keine Rolle, da sich Geschäftspartner nur in absoluten Ausnahmefällen auf diese Vorschrift berufen.

2. Besteuerung auf der Grundlage des zuvor geltenden Rechts

807   Unseres Erachtens sind **Funktionsverlagerungen vor VZ 2008 ausschließlich nach** dem Fremdvergleichsgrundsatz in der bis dahin geltenden Form, **§ 1 AStG aF,** zu behandeln.

Dies bedeutet insb., dass eine **Bewertung** einer Funktionsverlagerung im Einklang mit der BFH Rechtsprechung[805] **lediglich aus Sicht des abgebenden Unternehmers** zu erfolgen hat, also zB ohne Berücksichtigung etwaiger nur beim aufnehmenden Unternehmen vorliegender Synergien. Zudem hat die Bewertung unter Anwendung des Grundsatzes der **Einzelbewertung** zu erfolgen, was aber nicht zwangsläufig ausschließt, dass Funktionsverlagerungen auch vor dem VZ 2008 nach Grundsätzen der Unter-

---

[801] Vgl. *Andresen/Schoppe* IStR 2009, 600, 603. Vgl. dazu auch oben Rn. 681 ff.
[802] Vgl. *Andresen/Schoppe* IStR 2009, 600, 603.
[803] Vgl. *Andresen/Schoppe* IStR 2009, 600, 603 f.
[804] Vgl. Rn. 191–197 VGr-FV.
[805] Vgl. BFH v. 10.5.2001, I S 3/01, DB 2001, 1180.

nehmensbewertung (IDW S 1 oder IDW S 5) bewertet wurden. Die von den VGr-FV[806] geforderte zwingenden ertragswertorientierte Gesamtbewertung steht aber nicht im Einklang mit der bis VZ 2008 gültigen Rechtslage.[807]

a) Übertragung von einzelnen Wirtschaftsgütern

Hinsichtlich des § 1 AStG aF ist bei der Bewertung von Funktionsverlage- **808** rungen der Grundsatz der Einzelbewertung anzuwenden, so dass im Ausland auftretende **Synergieeffekte und Standortvorteile** bei der Bewertung der Funktion **nicht berücksichtigt** werden. Denn nach der wirtschaftsgutbezogenen Sicht sind auftretende Synergieeffekte und Standortvorteile nicht in den stillen Reserven der Wirtschaftsgüter abgebildet.[808] Die hier anzuwendende Einzelbewertung schließt eine Besteuerung von übergehenden Gewinnpotenzialen aus, soweit diese nicht schon beim übertragenden Unternehmen vorhanden sind, wobei **ausländisches Gewinnpotenzial von der Besteuerung ausgeschlossen** ist. Im deutschen Steuerrecht ist der Grundsatz der Einzelbewertung in § 6 Abs. 1 EStG geregelt.

Ziel der Anwendung der Einzelbewertung ist der Schutz der Überbewer- **809** tung, die Verhinderung der Verrechnung von Wertminderungen verschiedener Wirtschaftsgüter sowie die Einhaltung des Realisations- und Imparitätsprinzips des § 252 Abs. 1 HGB, um den niedrigeren mehrerer am Markt verfügbarer Wertansätze auszuweisen. Hierdurch wird eine **Erfassung nicht verwirklichter Gewinne vermieden**. Die Bewertung einer Übertragung von Wirtschaftsgütern erfolgt unabhängig von der Übertragung einer Funktion. Hierbei ist eine Entgeltbestimmung zu treffen, die die einzelnen Vermögenswerte der übergehenden Wirtschaftsgüter widerspiegelt, wobei **Synergieeffekte und Vorteile nicht zu erfassen** sind, die sich **aus einer Gesamtbetrachtung** von Wirtschaftsgütern innerhalb **einer** übergehenden **Funktion** ergeben würden. Ebenso sind unternehmensweite Verbundeffekte, die sich aus der grenzüberschreitenden Übertragung von Wirtschaftsgütern ergeben könnten, nicht zu berücksichtigen, da ein solcher Beurteilungsmaßstab mit dem Grundsatz der Einzelbewertung iSd § 6 Abs. 1 EStG unvereinbar ist.

Jedoch ist im Rahmen des § 1 Abs. 1 AStG aF eine einzelproduktbezogene **810** Gruppenbetrachtung anzuerkennen, soweit eine Verrechnung einzelner Wirtschaftsgüter als nicht möglich erscheint. So erkennt die FinVerw. an dieser Stelle eine **Gruppenbewertung** unter der Voraussetzung an, dass die übertragenen Wirtschaftsgüter einheitlich zu betrachten sind. Eine solche im Rahmen der Bewertung herangezogene Einheit steht der Einzelbewertung des § 6 Abs. 1 EStG nicht entgegen.

b) Übertragung von Betrieben und Teilbetrieben

Der Begriff des Teilbetriebs ist im EStG nicht definiert. Nach den Grundsät- **811** zen höchstrichterlicher Rechtsprechung ist ein **Teilbetrieb** „ein organisatorisch geschlossener und mit einer gewissen Selbstständigkeit ausgestatteter Teil des Gesamtbetriebes, der für sich betrachtet alle Merkmale eines Betriebes im Sinne des Einkommensteuergesetzes aufweist und als solcher lebensfähig

---

[806] Vgl. Rn. 184 VGr-FV.
[807] Vgl. BFH v. 15.9.2004, BStBl. II 2005, 868.
[808] Vgl. *Baumhoff/Ditz/Greinert* DStR 2007, 1651.

ist."[809] Eine solche Selbständigkeit liegt vor, soweit eine Gruppe von Wirtschaftsgütern in einem Betrieb einer Tätigkeit dient, die sich von den übrigen Tätigkeiten abgrenzt.[810] Somit setzt ein Teilbetrieb an dieser Stelle voraus, dass der zu übertragende Teil nicht in einem bloßen Teil eines Betriebes und sonst gleich gerichteten Interessen steht. Das Unternehmen muss also mindestens zwei Teilbetriebe haben, wobei innerbetriebliche Organisationseinheiten, die nicht selbst am Markt tätig werden, keine Teilbetriebe darstellen.

In Abgrenzung zu der Übertragung eines Teilbetriebs liegt die Übertragung eines **Betriebs** vor, sobald das gesamte Betriebsvermögen vom Zeitpunkt der Veräußerung an aufhört, der unternehmerischen Tätigkeit des Übertragenden zu dienen. Vor diesem Hintergrund liegt eine Übertragung eines Betriebes im Rahmen der Verlagerung einer einzelnen Funktion in der Regel nicht vor.

812   Das **Gewinnpotenzial** eines Betriebs oder Teilbetriebs wird durch den **Firmenwert** abgebildet, da dieser den Mehrwert darstellt, der sich aus der Differenz zu dem Substanzwert der einzelnen Wirtschaftsgüter abzüglich entstandener Schulden ergibt. Beim Substanzwert handelt es sich um den Gebrauchswert, der sich anhand des Wiederbeschaffungswertes der Wirtschaftsgüter ergibt. Der Substanzwert stellt also denjenigen Preis dar, der bei einer Übertragung des einzelnen Wirtschaftsguts aufgewendet werden müsste. Dieser Wert stellt einschließlich eines Gewinnaufschlags in der Praxis regelmäßig die Untergrenze dessen dar, was potenzielle Verkäufer als Preisuntergrenze bereit sind zu akzeptieren. Ableitend hieraus enthält demnach der Firmenwert das Gewinnpotenzial.

c) Übertragung konkreter Geschäftschancen

813   Bei der Reorganisation von betrieblichen Organisationseinheiten werden neben materiellen und immateriellen Wirtschaftsgütern häufig sogenannte Geschäftschancen übertragen.

814   Der **Begriff „Geschäftschance"** beschreibt die Möglichkeit der Gewinnerzielung, die sich aus einem in der Zukunft zu tätigenden, bereits konkreten Geschäft ergibt. Die Geschäftschance ist **strikt von dem Begriff „Gewinnpotenzial" zu trennen,** da sie selbst ein Wirtschaftsgut ist oder geeignet ist, sich zu einem Wirtschaftsgut zu entwickeln, während das Gewinnpotenzial die Gewinnerwartungen als Ausgangspunkt für Bewertung eines Wirtschaftsgutes oder Transferpakets bezeichnet.[811] Bei einer grenzüberschreitenden Übertragung ist die Geschäftschance nach dem Konzept des doppelten ordentlichen Geschäftsleiters entsprechend zu bewerten, dh unter der Annahme einer Transaktion zwischen dem ordentlichen Geschäftsleiter der übertragenden und dem ordentlichen Geschäftsleiter einer fiktiv unabhängigen übernehmenden Gesellschaft, wobei aber nicht davon auszugehen ist, dass vollständige Information iSv § 1 Abs. 1 S. 3 AStG besteht.

815   Das Vorliegen einer Geschäftschance setzt einen **ausreichenden Grad der Konkretisiertheit** voraus, wobei auf einen kausalen Zusammenhang mit

---

[809] R 16 (3) S. 1 EStR 2012. Zur Abgrenzung von einer Funktion iSv § 1 Abs. 3 S. 9 AStG vgl. oben Rn. 18 ff., 294 ff.

[810] Vgl. *Weier* DStR 2008, 1002.

[811] Vgl. Rn. 37 VGr-FV.

einem oder mehreren Geschäften abzustellen ist.[812] Demnach sind an dieser Stelle die Voraussetzungen für eine konkrete Geschäftschance zu prüfen, um eine fremdvergleichskonforme Verrechnung durchführen zu können.

Zu prüfen ist, ob bei gleichem Risiko und gleichem Mitteleinsatz der In- **816** haber der Geschäftschance einen wesentlich höheren Gewinn erzielen kann als ein Geschäftspartner, der diese Geschäftschance nicht besitzt. Ein ordentlicher und gewissenhafter Geschäftsleiter wird seine Bereitschaft zur Zahlung eines Entgeltes an den Erhalt eines wirtschaftlichen Nutzens knüpfen, um hierdurch eine Obergrenze zu bestimmen. Strittig ist hierbei, in welchen Fällen von einer **hinreichenden Konkretisierung** auszugehen ist, um die Verrechnung der übergehenden Geschäftschancen als fremdvergleichskonform zu qualifizieren. Entscheidendes Prüfungskriterium stellt die **Möglichkeit einer risikolosen Gewinnerreichung** dar, sodass im Umkehrschluss das Vorliegen eines erheblichen Verlustrisikos zu dem Nichtvorliegen einer verrechenbaren Geschäftschance führt.[813]

Eine konkrete Geschäftschance setzt zudem die Bewertung und **Bewert-** **817** **barkeit** eines durch die übergehende Geschäftschance resultierenden Vorteils voraus.[814] Lediglich in diesem Fall kann von einer Vereinbarung eines Entgelts für die Übertragung einer Geschäftschance zwischen zwei ordentlichen und gewissenhaften Geschäftsleitern ausgegangen werden. Da die Übertragung eines Wirtschaftsguts kein Tatbestandsmerkmal des § 1 AStG aF darstellt, ist die zu konkretisierende Geschäftschance unabhängig vom Vorliegen eines Wirtschaftsgutes. Vielmehr ist auf das Verhalten des doppelten ordentlichen und gewissenhaften Geschäftsleiters abzustellen.[815]

Ebenso deuten **in der Vergangenheit getätigte zielgerichtete Auf-** **818** **wendungen** auf eine konkrete Geschäftschance hin, auf deren Erstattung ein ordentlicher und gewissenhafter Geschäftsleiter nicht ohne Grund verzichten würde. Ist ein ordentlicher und gewissenhafter Geschäftsleiter eines übernehmenden Unternehmens demnach bereit, für die Übertragung der Geschäftsmöglichkeit ein Entgelt zu leisten, so liegt eine ausreichende Konkretisierung der Geschäftschance vor. Ebenfalls ist für den Fall, dass das übertragende Unternehmen bereits vor der Übertragung die Geschäftschance für andere Geschäftsvorfälle genutzt hat oder die **Nutzung rechtlich abgesichert** hat (zB durch ein Markenrecht), davon auszugehen, dass eine konkrete Geschäftschance besteht.[816]

Das **Vorliegen eines Wirtschaftsguts** und dessen Bewertbarkeit führt demnach zu einem **hinreichenden Grad der Konkretisierung** einer Geschäftschance, wogegen im Falle einer **fehlenden Bewertbarkeit** einer Geschäftsmöglichkeit **keine konkrete Geschäftschance** und folglich auch kein Wirtschaftsgut vorliegt.[817]

---

[812] Vgl. *Serg*, Optimierung der Konzernsteuerquote durch internationale Funktionsverlagerungen, 186.

[813] Vgl. *Bodenmüller*, Steuerplanung bei Funktionsverlagerungen ins Ausland, 2004, 306.

[814] Vgl. *Borstell* StBJb 2001/02, 206 f.

[815] Vgl. *Borstell* StBJb 2001/02, 208.

[816] Vgl. *Brockhagen*, Verrechnungspreise bei Funktionsverlagerung, 39.

[817] Vgl. *Jahndorf* FR 2008, 101.

819 Dies gilt insb., wenn eine Geschäftschance **vor** dem Zeitpunkt **der Verlagerung** im betrieblichen Prozess **ungenutzt** blieb, da zB ein Markt von dem Unternehmen überhaupt nicht bearbeitet wurde. In diesem Fall kann sich eine Geschäftschance offensichtlich noch nicht hinreichend konkretisiert haben. Ein ordentlicher und gewissenhafter Geschäftsleiter wäre hier nicht bereit, ein Entgelt zu vereinbaren, da sich **Chancen und Risiken** aus diesem Geschäft **ausgleichen**.[818] Verbleibt bei einem übergehenden Geschäft ein Verlustrisiko, scheidet die Qualifikation einer konkreten Geschäftschance ebenfalls aus.

d) Geschäftschancenlehre und Goodwillrealisierung

820 Eine **Funktionsverlagerung** bringt **regelmäßig** die **Verlagerung von Geschäftschancen** mit sich.[819] Nach der so genannten Geschäftschancenlehre des BFH kann eine verdeckte Gewinnausschüttung iSd § 8 Abs. 3 S. 2 KStG vorliegen, wenn eine Geschäftschance von einer KapGes an ihren Gesellschafter oder eine diesem nahe stehende Person gegen ein unangemessen geringes oder kein Entgelt überlassen wird. Der **BFH** hat den **Begriff der Geschäftschance bislang nicht definiert,** vielmehr wurde im Rahmen von Einzelfallentscheidungen geprüft, ob eine solche vorliegt.[820]

821 In seinen Entscheidungen unterscheidet der BFH zwischen **singulären und unternehmerischen Geschäftschancen.**[821] Singuläre Geschäftschancen kommen bei Sachverhalten in Betracht, in denen ein einzelnes, bestimmtes Geschäft zu einem unangemessenen niedrigen oder keinem Entgelt von einer KapGes. auf deren Gesellschafter oder einer diesem nahe stehenden Person übertragen wurde. Bei unternehmerischen Geschäftschancen wird auf potenzielle Gewinne abgestellt, die durch die Ausübung von betrieblichen Funktionen entstehen können.[822] Im Gegensatz zu unternehmerischen werden singuläre Geschäftschancen in der Literatur selten problematisiert.[823] In der Regel fließen Geschäftschancen als wertbildende Faktoren in den Geschäftswert eines Unternehmens ein.[824]

822 Geschäftswert bzw. **Goodwill** ist der Mehrwert eines Unternehmens, der über den bilanziellen Buchwert der materiellen und immateriellen Wirtschaftsgüter abzüglich der Schulden hinausgeht. Ein steuerlicher bzw. handelsrechtlicher Ansatz des Goodwills kommt nur in Betracht, wenn sich der für ein Unternehmen zu zahlende Aufpreis nicht auf materielle oder immaterielle Wirtschaftsgüter erstreckt, sondern auf Goodwill bildende Faktoren, wie zB den Kundenstamm oder Firmennamen. Ein Goodwill wird realisiert,

---

[818] Vgl. *Baumhoff/Bodenmüller* in Grotherr, Handbuch der internationalen Steuerplanung, 2011, 583.

[819] Vgl. *Ditz* DStR 2006, 1625.

[820] Vgl. u.a. BFH 30.8.1995, BFHE 178, 371; BFH 9.7.2003, BFH/NV 2003, 1666.

[821] Vgl. *Bodenmüller,* Steuerplanung, 2004, 292; *Baumhoff/Bodenmüller* in Grotherr, Handbuch der internationalen Steuerplanung, 2011, 582 f.

[822] Vgl. *Baumhoff/Bodenmüller* in Grotherr, Handbuch der internationalen Steuerplanung, 2011, 583.

[823] Vgl. *Ditz* DStR 2006, 1625, 1631.

[824] Vgl. *Baumhoff/Bodenmüller* in Grotherr, Handbuch der internationalen Steuerplanung, 2011, 581.

wenn Wirtschaftsgüter eine „geschlossene organisatorische Einheit" bilden, welche einen Wert hat, der den Buchwert der Wirtschaftsgüter überschreitet. Weiterhin ist eine Realisierung des Geschäftswerts nach ständiger Rechtsprechung des BFH nur möglich, wenn der Geschäftswert zusammen mit einem lebensfähigen Unternehmen oder Teil eines Unternehmens auf einen Erwerber übergeht.[825]

Mit § 1 AStG nF und der FVerlV wurde durch den Gesetzgeber der Begriff **„Gewinnpotenzial"** eingeführt, der über den Anwendungsbereich der Geschäftschancenlehre des BFH hinausgeht.[826]　**823**

Die nun gesetzlich kodifizierte Idealkonkurrenz von § 1 AStG zu den anderen Einkünftekorrekturnormen sowie das Abstellen auf das Gewinnpotenzial im Zusammenspiel mit der im Regelfall anzuwendenden Gesamtbewertung führt bei **Funktionsverlagerungen** aus Deutschland heraus praktisch in jedem Fall zu einer **(Teil-)Besteuerung des Goodwills** durch den deutschen Fiskus. Diese deutliche Verschärfung der deutschen Rechtslage ab VZ 2008 hat zu einer erheblichen Zunahme von Streitigkeiten zwischen Steuerpflichtigen und FinVerw. geführt. Da die FinVerw. diese Regelungen extensiv auslegt und anwendet, hat sich die **Zahl der Doppelbesteuerungsfälle erheblich erhöht,** was zu einer klaren Zunahme von Verfahren zur Beseitigung der Doppelbesteuerung nach DBA oder EU-Schiedskonvention führt.

e) Keine Goodwillrealisierung

Bis zum VZ 2007 war eine **Zuordnung eines Anteils am Firmenwert** **824** **zu** der entsprechenden **Funktion nicht möglich.** Daher war hier zu prüfen, inwieweit Werte über die Summe einzelner Wirtschaftsgüter hinaus zu erfassen sind.

Der Firmenwert kann, in Abgrenzung zu anderen Vermögensgegenstän- **825** den, nicht gesondert übertragen werden. Vielmehr kann dieser Wert **lediglich zusammen mit** dem **Unternehmen** genutzt bzw. ggf. **übertragen** werden. Demnach sind bei einer Funktionsverlagerung alle Wirtschaftsgüter zu vergüten, die der Ausübung der übergehenden Funktion dienen. Hierbei können auch Vorteile übertragen werden, die ein dem Geschäftswert ähnelndes immaterielles Wirtschaftsgut darstellen und als solches Gegenstand einer Verrechnungspreisbildung sein können.

Der Geschäftswert selbst ist immer an das Bestehen eines Betriebs oder **826** Teilbetriebs geknüpft und daher immer anhand der mit dem Unternehmen verbundenen Vorteile zu bestimmen.[827] Das **Vorliegen eines Betriebs oder Teilbetriebes** ist demnach **Voraussetzung für** die **Verrechnung** eines übergehenden **Geschäftswertes,** der die nicht konkretisierten Geschäftschancen eines Unternehmens darstellt, die nicht in den übergehenden Wirtschaftsgütern enthalten sind.[828]

---

[825] Vgl. *Baumhoff/Bodenmüller* in Grotherr, Handbuch der internationalen Steuerplanung, 2011, 581; BFH 27.3.1996, BStBl. II 1996, 576; BFH 20.8.1986, BStBl. II 1987, 455.

[826] Vgl. hierzu im Detail Rn. 464 ff.

[827] Vgl. *Bodenmüller*, Steuerplanung, 2004, 236.

[828] Vgl. Rn. 811 ff.

Zusammenfassend kann festgestellt werden, dass der Umfang der zu verrechnenden Entgelte von der Art der übertragenen Wirtschaftsgüter abhängig ist. Für VZ **bis 2007** ist **nur** im Falle der Übertragung eines **Betriebes oder Teilbetriebes** eine **Verrechnung** eines **Geschäftswerts** über die Ansätze der übertragenden Einzelwirtschaftsgüter hinaus möglich.

827–835 *(einstweilen frei)*

VI. Internationale Regelungen zu Funktionsverlagerungen

1. Einleitung

836   Nach Auffassung der deutschen **FinVerw. orientieren sich** die Regelungen des § 1 Abs. 3 AStG **am internationalen Standard.** Dementsprechend heißt es in der Begründung zur FVerlV, dass die Gesetzesänderungen des § 1 AStG „klare Regeln zur Anwendung des Fremdvergleichsgrundsatzes vorgeben, die sich an den international üblichen Maßstäben ausrichten und im internationalen Vergleich für Deutschland wettbewerbsneutral sind. Diese Regeln helfen, Streitigkeiten über den steuerlich maßgeblichen Verrechnungspreis, insb. internationale Besteuerungskonflikte mit anderen Staaten, zu vermeiden. ... Wenn sich die Steuerpflichtigen an die gesetzlichen Vorgaben halten und ihre Einkünfte in den beteiligten Staaten in gleicher Weise erklären, werden die Ergebnisse international auf Akzeptanz stoßen, weil sie dem Fremdvergleichsgrundsatz entsprechen."[829]

837   **Fraglich** ist, **ob** tatsächlich **international übliche Maßstäbe** zur Behandlung von Funktionsverlagerungen, die mit den deutschen Regelungen vergleichbar sind, **existieren.**

Seit dem 22. Juli 2010 enthalten die **OECD-RL 2010** das **Kapitel IX,** das Verrechnungspreisaspekte bei Umstrukturierungen der Geschäftstätigkeit regelt. Wie jede Regelung der OECD ist auch Kapitel IX ein **internationaler Minimalkompromiss,** der die Interessen der OECD-Mitgliedsstaaten widerspiegelt. Diese sind nicht notwendigerweise gleichgerichtet. Verschiedene Staaten setzen verschiedene Schwerpunkte, die letztlich alle in einer Regelung wiedergefunden werden wollen. Zudem haben OECD-Regelungen naturgemäß nicht den Anspruch, detaillierte Regelungen zur unmittelbaren rechtlichen Umsetzung zu schaffen, sondern repräsentieren eher – wie der Name schon sagt – Richtlinie, denen die Mitgliedsstaaten folgen (sollen). Demgemäß erlauben OECD-Regelungen den Mitgliedsstaaten in ihrem lokalen Recht Regelungen zu adaptieren, zu interpretieren, zu vertiefen oder zu verallgemeinern.

Ohne die Ergebnisse der folgenden Ausführungen vorwegnehmen zu wollen, kann vorab schon festgehalten werden, dass die **deutschen Regelungen** zu Funktionsverlagerungen **in ihrer Tiefe weit über** die Regelungen in **Kapitel IX hinausgehen.** Dabei stehen die deutschen Regelungen aber nie im expliziten Widerspruch zu den Regelungen der OECD.[830] Vielmehr hat

---

[829] Vgl. BR–Drs. 352/08, 15, Begründung zur FVerlV, Allgemeiner Teil.

[830] AA vgl. *Baumhoff/Puls* IStR 2009, 73, 79 f.

Deutschland bei der Schaffung gesetzlicher Regelungen[831] sowie beim Erlass der VGr-FV den **Interpretationsspielraum des Formelkompromisses der OECD extensiv ausgenutzt** und sieht sich als FinVerw. im Einklang mit Kapitel IX OECD-RL 2010 und damit den internationalen Standards, was nicht zuletzt durch vielfältige Verweise auf die OECD-RL 2010 in den VGr-FV untermauert wird.

Andererseits geht **Kapitel IX** das Thema Umstrukturierungen der Geschäftstätigkeit **deutlich breiter** an **als die deutschen Regelungen,** indem neben dem eigentlichen Bereich der Funktionsverlagerung zusätzlich Fragen der angemessenen Risikoallokation im Konzern, der Verrechnungspreisbildung nach Umstrukturierung sowie der Anerkennung von Umstrukturierungen diskutiert werden. Der deutsche Fiskus kann also behaupten, **nicht direkt im Gegensatz zu dem Minimalkompromiss der OECD zu stehen.**

Dass die deutschen Regelungen **dagegen keinesfalls** der Gesetzgebung in vergleichbaren Industriestaaten, also **der gelebten internationalen Praxis,** auch nur in etwa **entsprechen,** wird im folgenden Verlauf der Untersuchung dargestellt.[832]

Der erste Teil dieses Kapitels befasst sich mit Kapitel IX der **OECD-RL** 838 **2010** und deren Vergleich mit den deutschen Regelungen zu Funktionsverlagerungen.

Anschließend werden die Regelungen zu Funktionsverlagerungen in **ausgesuchten Ländern** beleuchtet und den deutschen Regelungen gegenübergestellt. Ziel dieser Untersuchung ist, Anhaltspunkte dafür zu finden, ob und inwieweit die deutschen Regelungen international üblichen Maßstäben entsprechen. Insb. soll festgestellt werden, ob die Regelungen des § 1 Abs. 3 AStG dazu geeignet sind, Besteuerungskonflikte mit anderen Ländern zu vermeiden.

2. OECD-RL 2010 Kapitel IX „Business Restructurings"

Die OECD, die sich seit 2005 mit dem Thema „business restructurings" 839 beschäftigt, hat am 22. Juli 2010 ein international abgestimmtes Dokument zur Behandlung von grenzüberschreitenden Restrukturierungen und Funktionsverlagerungen als **Kapitel IX der überarbeiteten OECD-RL 2010** veröffentlicht.[833] Im Vergleich zu dem bereits am 19.9.2008 veröffentlichten Diskussionsentwurf[834] weist das Kapitel IX der OECD-RL 2010 einige Kürzungen und Änderungen auf. So wurden bspw. Aspekte, die die Berücksichtigung von Synergien bei Umstrukturierungen betreffen, abgeschwächt bzw. gestrichen. Inhaltliche Aussagen der einzelnen Kapitel entsprechen jedoch im Wesentlichen dem Entwurf aus 2008.[835]

Die OECD subsumiert unter den **Begriff „business restructuring"** (der 840 hier mit „Funktionsverlagerung" gleichgesetzt werden soll) jede grenzüber-

---

[831] § 1 Abs. 3 S. 9–12 AStG, FVerlV.

[832] Vgl. unten Rn. 839 ff.

[833] Report on the Transfer Pricing Aspects of Business Restructurings: Chapter IX of the Transfer Pricing Guidelines, 22 July 2010, www.oecd.org.

[834] Transfer Pricing Guidelines Discussion Draft for Public Comment – 19 September 2008 to 19 February 2009, www.oecd.org.

[835] Vgl. *Freudenberg/Ludwig* BB 2011, 215 ff.

schreitende Umverteilung von Funktionen, Risiken und/oder Wirtschaftsgütern durch einen Konzern. Die deutsche Definition der Funktionsverlagerung beinhaltet zudem noch sonstige Vorteile, was aber nicht als substantieller Unterschied zu den OECD Regelungen gesehen wird. Beispielhaft werden in Kapitel IX Abschmelzungen von Eigenhändlern zu Low Risk Distributoren oder Kommissionären, von Eigenproduzenten zu Auftrags- oder Lohnfertigern, wie auch Rationalisierungs-, Spezialisierungs- oder Despezialisierungsbestrebungen und die Übertragung einzelner immaterieller Wirtschaftsgüter als Anwendungsfälle von Business Restructurings genannt.[836] Ähnliche Beispiele finden sich auch in den VGr-FV.[837]

841 Die OECD behandelt in Kapitel IX OECD-RL 2010 **vier Themenschwerpunkte:**[838] (1) die Zuordnung von Risiken im Konzern, (2) die fremdübliche Vergütung für eine Funktionsverlagerung selbst, (3) die fremdübliche Vergütung der Geschäftsbeziehungen, die sich nach der Funktionsverlagerung ergeben, sowie (4) die Umdeutung bzw. Anerkennung der Geschäftsbeziehungen, die eine Funktionsverlagerung ergeben.

 Die deutschen Regelungen sprechen im Kontext von Funktionsverlagerungen nur den zweiten und teilweise den dritten Themenschwerpunkt von Kapitel IX an.

a) Zuordnung von Risiken im Konzern[839]

842 Im ersten Teil des Kapitels IX beschäftigt sich die OECD mit der Zuordnung von Risiken im Konzern.[840] Dieses Thema ist im Grunde **nicht spezifisch für Funktionsverlagerungen** und wird daher in den deutschen Regelungen zu Funktionsverlagerungen nicht gesondert angesprochen. Die Risikoverteilung zwischen einzelnen Unternehmensteilen hat einen entscheidenden Einfluss auf die spätere Gewinnverteilung.

 Die OECD stellt in Kapitel IX klar, dass sie die **vertraglich vereinbarte Risikoverteilung** im Konzern – und damit auch im Fall einer Funktionsverlagerung – anerkennt, soweit diese auch **dem wirtschaftlichen Gehalt**[841] der zugrunde liegenden Geschäftsbeziehungen **entspricht und fremdvergleichskonform ist.**[842] Mithin muss die vertragliche Risikoverteilung die tatsächlichen Geschäftsbeziehungen widerspiegeln, vertragliche Regelungen können dagegen keine Risikoverteilungen begründen, wenn diese nicht den tatsächlichen Umständen entsprechen.[843] Ist bspw. das Währungsrisiko in einer Geschäftsbeziehung zwischen Produzent und Vertriebseinheit der Vertriebseinheit zugewiesen, darf de facto der Verrechnungspreis nicht regelmäßig um Währungsschwankungen angepasst werden und so die Vertriebseinheit von derartigen Risiken freigestellt werden.[844]

---

[836] Vgl. Rn. 9.48 ff. OECD-RL 2010; *Freudenberg/Ludwig* BB 2011, 215 f.

[837] Vgl. zB Rn. 214 VGr-FV zu Abschmelzungen von Eigenhändlern.

[838] Vgl. dazu auch ausführlich B Rn. 174 ff.

[839] Vgl. dazu auch ausführlich B Rn. 178 ff.

[840] Vgl. Rn. 9.10 ff. OECD-RL 2010.

[841] Vgl. Rn. 184 VGr-FV.

[842] Vgl. Rn. 9.13 ff. OECD-RL 2010.

[843] Vgl. Rn. 9.13 und 944 ff. OECD-RL 2010.

[844] Vgl. ähnlich Rn. 9.16 OECD-RL 2010.

Nach Ansicht der OECD lässt sich die Übernahme von Risiken insb. an   **843**
der Möglichkeit der **Risikokontrolle** festmachen, **dh** der **Entscheidungs-kompetenz,** ein Risiko einzugehen, es zu steuern und auch Entscheidungen darüber zu treffen, ob und wie das Risiko verwaltet wird.[845]

Ein weiteres wichtiges Kriterium, das bei der Feststellung hilfreich sein kann, ist die **finanzielle Fähigkeit, das Risiko zu tragen.**[846] In diesem Fall ist von besonderer Bedeutung, ob das Unternehmen, welches im Zeitpunkt des Risikoübergangs das besagte Risiko übernimmt, überhaupt die finanzielle Fähigkeit besitzt, das Risiko zu tragen. Sollte dies nicht der Fall sein oder ist fraglich, ob das übernehmende Unternehmen die finanziellen Risiken tragen kann, so kann dies zur Folge haben, dass die Risikoaufteilung nicht dem Fremdvergleichsgrundsatz entspricht.[847]

Eine **Risikoverteilung, wie** sie sich unmittelbar auch **bei fremden**   **844**
Dritten beobachten lässt, ist hierbei **nicht gefordert,** da die OECD anerkennt, dass es zwischen verbundenen Unternehmen Strukturen in **Geschäftsbeziehungen geben kann, die zwischen fremden Dritten** kaum oder gar **nicht anzutreffen sind.**[848] Wichtiger ist die Einordnung des Risikos im Gesamtzusammenhang der wirtschaftlichen Tätigkeit im Einzelfall, wie auch dessen Relevanz für die Geschäftspartner vor und nach Funktionsverlagerung (Beispiel: Bestandsrisiko im Vertriebsbereich). Ein Risiko kann in verschiedenen Industrien wie auch unterschiedlichen Geschäftsmodellen eine unterschiedliche Relevanz haben, was Generalaussagen kaum zulässt.

Eine **gewählte Risikoverteilung** ist zusammenfassend als **fremdüblich**   **845**
anzuerkennen, wenn das Unternehmen, dem das Risiko zugewiesen wird,
– einen bedeutenden Anteil an der Kontrolle des Risikos hat, dh über Personen verfügt, die befugt sind, über die Übernahme des Risikos zu entscheiden, das Risiko tatsächlich beaufsichtigen und verwalten bzw. bei extern ausgelagerten Aufsichts- und Verwaltungsaufgaben die Ergebnisse der eingeschalteten Leistungsanbieter beurteilen,
– finanziell fähig ist, das Risiko zu tragen bzw. sich vor den Folgen des Eintritts abzusichern,
– die mit der Verwaltung und Absicherung des Risikos verbundenen Kosten trägt,
– die Aufwendungen trägt, die aus dem Eintritt des Risikos resultieren, und
– hierfür durch einen höheren erwarteten Ertrag entgolten wird.[849]

Bei der Beurteilung, ob ein **Risiko wirtschaftlich erheblich** ist und daher von fremden Dritten berücksichtigt würde, gilt es zu prüfen, ob das Risiko **mit wesentlichem Gewinnpotenzial behaftet** ist und ob eine Neuverteilung dieses Risikos zu einer wesentlichen Neuverteilung des Gewinnpotenzials führt. Eine steuerlich beachtliche Verschiebung eines Gewinnpotenzials wird folglich nur vorliegen, wenn ein Risiko übertragen wird, das unter fremden Dritten als wirtschaftlich erheblich eingestuft wird.[850]

---

[845] Vgl. Rn. 9.22 ff. OECD-RL 2010.
[846] Vgl. Rn. 9.29 ff. OECD-RL 2010.
[847] Vgl. Rn. 9.29 ff. OECD-RL 2010.
[848] Vgl. Rn. 9.33 ff. OECD-RL 2010.
[849] Vgl. Rn. 9.39 ff. OECD-RL 2010.
[850] Vgl. Rn. 9.41 ff. OECD-RL 2010.

b) Fremdübliche Vergütung der Funktionsverlagerung[851]

846 Ausgehend von einer eingehenden Analyse der Umstände[852] der Funktionsverlagerung, insb. der Gründe,[853] die zu ihr geführt haben, und der Gestaltung der Geschäftsbeziehungen vor und nach der Verlagerung,[854] stellt die OECD auf eine **Betrachtung des Einzelfalls unter Fremdvergleichsaspekten** ab.

Dazu verwendet die OECD für die Bewertung der Verlagerung selbst einen **hypothetischen Fremdvergleich,** bei dem aber im Gegensatz zur deutschen Regelung kein bestimmtes, fast schon formelhaftes Vorgehen vorgeschrieben ist, sondern der auf eine **individuelle Analyse** nach den Maßstäben des Fremdvergleichs abstellt.[855] Hierbei sind alle Optionen in die Betrachtung einzubeziehen, die die beteiligten Unternehmen alternativ zu der getätigten Verlagerung hatten.[856] Insb. ist unabdingbar eine Identifizierung der zwischen den beteiligten Unternehmen stattfindenden Geschäftsvorfälle vorzunehmen.[857] IdR werden dabei alle Funktionen, Wirtschaftsgüter und Risiken vor und nach der Verlagerung analysiert und im Hinblick auf die Rechte und Pflichten des umstrukturierten Konzernunternehmens bewertet. Die **deutschen Regelungen gehen** zwar **über die Regelungen der OECD hinaus,** stehen aber nicht im Widerspruch zu ihnen, soweit die OECD ebenfalls eine beidseitige Betrachtung bei Funktionsverlagerungen vornimmt, dh die Preisfindung aus Verkäufer- und Erwerbersicht grundsätzlich bejaht. Dies war für die deutsche FinVerw. wichtig, da hierauf die gesamte Logik der Bewertung von Funktionsverlagerungen gem. § 1 Abs. 3 S. 5 und 6 AStG fußt, unabhängig davon, dass die OECD selbstverständlich nicht das fremdvergleichswidrige Institut der Informationssymmetrie (§ 1 Abs. 1 S. 3 AStG) kennt.

847 Regelmäßig wird eine Funktionsverlagerung von einer Verlagerung von Gewinnpotenzial begleitet. Die OECD schreibt der Übertragung eines bloßen **Gewinnpotenzials keinen Entgeltanspruch per se** zu.[858] Vielmehr sei der Entgeltanspruch verknüpft mit der Übertragung von etwas Werthaltigem, wie bspw. von gewissen Rechten oder Vermögensgegenständen, die Gegenstand der Verlagerung sind. Insofern, so die OECD, fließt nur das einem Recht oder einem Vermögensgegenstand anhängige Gewinnpotenzial in die Bewertung desselben ein. Die deutschen Regelungen sehen sich mit dieser Sichtweise im Einklang, da sie auch nur von Gewinnpotenzialen sprechen, die mit der verlagerten Funktion verbunden sind. Das Gewinnpotenzial an sich ist kein Wirtschaftsgut und deshalb auch nicht entgeltfähig.[859]

848 Die OECD erkennt ebenso die Notwendigkeit an, den Übergang von einer grundsätzlich höher vergüteten, aber risikoreichen Funktion zu einer risi-

---

[851] Vgl. dazu auch ausführlich Kap. B Rn. 189 ff.
[852] Vgl. Rn. 9.50 ff. OECD-RL 2010.
[853] Vgl. Rn. 9.57 f. OECD-RL 2010.
[854] Vgl. Rn. 9.53 ff. OECD-RL 2010.
[855] Vgl. Rn. 9.50 ff. OECD-RL 2010.
[856] Vgl. Rn. 9.59 ff. OECD-RL 2010.
[857] Vgl. Rn. 9.53 ff. OECD-RL 2010.
[858] Vgl. Rn. 9.65 ff. OECD-RL 2010.
[859] Vgl. § 1 Abs. 3 FVerlV, Rn. 30 VGr-FV.

koärmeren, aber mit stabiler Gewinnerwartung ausgestatteten Funktion (**„Abschmelzung"**) zu analysieren.[860] Eine Grundaussage, ob, und wenn ja, wann eine solche Verlagerung zu vergüten sei, trifft die OECD nicht. Dies sei von den genauen Gegebenheiten des Einzelfalls abhängig, wobei hier der historischen Geschäftsentwicklung wie auch den Erwartungen für die künftige Entwicklung eine erhebliche Bedeutung beigemessen wird. Die deutschen Regelungen unterstellen dagegen, dass bei jeder Abschmelzung, die zu einer Reduzierung des Gewinnniveaus in Deutschland führt, eine Vergütung zu zahlen ist. Sie gehen damit erkennbar und stringent über die OECD-RL 2010 hinaus.

Generell stellt die OECD bei den diskutierten Bewertungsfragen Prinzipalmodelle in den Mittelpunkt. Hierbei werden in erster Linie Aussagen zu den relevanten Bewertungsfaktoren für materielle und immaterielle Vermögensgegenstände getroffen.[861] Dennoch erkennt die OECD an, dass ein „Business Restructuring" auch mit der Übertragung einer Geschäftsaktivität verbunden sein kann, der ein geschäftswertähnlicher **„Goodwill"** zugeordnet werden kann, nämlich, wenn es sich um die Übertragung eines **„ongoing concern"** (nach den Maßstäben des deutschen Steuerrecht eines Betriebs/Teilbetriebs) handelt, der wiederum als ein Bündel von Vermögensgegenständen und Verbindlichkeiten sowie den dazu gehörigen Risiken definiert wird.[862] Um eine hierin enthaltene Goodwill-Komponente zu erfassen, will die OECD Bewertungsmethoden, wie bei Unternehmenskäufen üblich, heranziehen, ohne jedoch auf einzelne Bewertungskriterien oder -verfahren näher einzugehen. Die deutschen Regelungen gehen diesbezüglich weiter, ohne aber im Widerspruch zur OECD zu stehen. Zum einen wird die **Funktion mit dem „ongoing concern"** der OECD **gleichgesetzt** und dann über die Transferpaketbetrachtung quasi immer auch ein Teil des „Goodwills" Gegenstand der Funktionsverlagerung sein. Zum anderen wird die deutsche FinVerw. in ihren Verwaltungsanweisungen deutlich konkreter hinsichtlich der Bewertungsmethoden.   849

Was eine mögliche Entschädigung der übertragenden Unternehmenseinheit insb. auch im Zusammenhang mit der **Beendigung oder Umstellung von Verträgen** betrifft, so sieht die OECD hier keinen Anspruch per se, sondern fordert wiederum eine eingehende Analyse des Sachverhalts und der Umstände zum Zeitpunkt der Umstellung.[863] Dies beinhaltet auch die Frage, ob die vertragliche Vereinbarung eine Entschädigungsklausel vorsieht und ob diese fremdüblich ist. Wiederum greifen die deutschen Regelungen die OECD Regelungen auf,[864] gehen aber weiter in die Tiefe[865] und legen damit die Anforderungen an den Steuerpflichtigen höher als die OECD.   850

Ähnlich den deutschen Regelungen erkennt die OECD an, dass es Fälle geben kann, in denen bei der Übertragung einer **verlustträchtigen Funk-**   851

---

[860] Vgl. Rn. 9.70 OECD-RL 2010.
[861] Vgl. Rn. 9.93 ff. OECD-RL 2010.
[862] Vgl. Rn. 9.93 ff. OECD-RL 2010.
[863] Vgl. Rn. 9.100 ff. OECD-RL 2010.
[864] Vgl. § 8 FVerlV.
[865] Vgl. Rn. 131–134 VGr-FV.

tion eine Ausgleichszahlung an die übernehmende Gesellschaft zu leisten ist.[866]

852   In den von der OECD als **„Outsourcing"** betitelten Fällen, in denen bspw. einzelne Produktionsschritte auf einen Lohnfertiger ausgelagert werden, spricht sich die OECD ähnlich wie der deutsche Gesetzgeber dafür aus, dass Ausgleichszahlungen an die übertragende Unternehmenseinheit regelmäßig nicht fremdüblich sind, wenn die erwarteten Vorteile aus einem günstigeren Einkauf der Produkte verglichen zur Eigenproduktion die Umstrukturierungskosten übersteigen.[867]

c) Fremdübliche Vergütung der Geschäftsbeziehungen, die sich im Anschluss an die Funktionsverlagerung ergeben[868]

853   Kerninteresse der OECD ist eine **einheitliche Anwendung** des Fremdvergleichsgrundsatzes iSd OECD-RL 2010 sowohl für Geschäftsbeziehungen, die aus Funktionsverlagerungen entstanden sind, wie auch für solche, die von Beginn an in dieser Weise strukturiert wurden, zu erreichen.[869]

854   Der Grund, warum die OECD diesen Themenkomplex aufgreift, liegt vor allem in den Fällen, in denen die Geschäftätigkeit der übertragenden Unternehmenseinheit im Zeitraum vor Funktionsverlagerung (zB als Eigenhändler) Nachwirkungen auf den Zeitraum nach Funktionsverlagerung hat, in dem die Unternehmenseinheit in einem anderen Funktionsprofil (zB als Low Risk Distributor) agiert.[870] Hier führt die OECD beispielhaft Marketing- und Werbeaktionen, aber auch ein Forderungsausfallrisiko auf und fordert eine klare Abgrenzung, welchem Profil diese Auswirkungen zuzuordnen sind. Zu denken wäre hier an eine Einbeziehung in die Vergütung für die Verlagerung als solche oder in die Vergütung der laufenden Geschäftsbeziehungen.

855   Zum anderen betont die OECD, dass bei der **Auswahl der Verrechnungspreismethode** eine Funktions- und Risikoanalyse der übertragenden wie der übernehmenden Unternehmenseinheit erforderlich ist, um die Verteilung der relevanten Funktionen und insb. Risiken nach der Funktionsverlagerung zu bestätigen.[871] Die Auswahl der Methoden für wiederkehrende Geschäftsbeziehungen folgt der generellen Methodenhierarchie der OECD.

856   Laut OECD ist es den an einer Funktionsverlagerung beteiligten Unternehmenseinheiten freigestellt, eine für die Verlagerung selbst fällige Vergütung als **Einmalzahlung oder** im Rahmen der Verrechnung **über** einen entsprechend **adjustierten Verrechnungspreis** zu gestalten.[872] Insofern können Verrechnungspreise für laufende Geschäftsbeziehungen durch entsprechende Berücksichtigung eines Entgeltanteils für die Verlagerung an sich von fremdüblichen und ggf. sogar am Markt beobachtbaren Preisen abweichen. Natürlich muss die Ermittlung der jeweiligen Beträge zur Prüfung durch die FinVerw. nachvollziehbar sein. Die deutschen Regelungen betonen

---

[866] Vgl. Rn. 9.96 ff. OECD-RL 2010.
[867] Vgl. Rn. 9.99 OECD-RL 2010.
[868] Vgl. dazu auch ausführlich Kap. B Rn. 203 ff.
[869] Vgl. Rn. 9.123 ff. OECD-RL 2010.
[870] Vgl. Rn. 9.130 OECD-RL 2010.
[871] Vgl. Rn. 9.133 ff. OECD-RL 2010.
[872] Vgl. Rn. 9.139 ff. OECD-RL 2010.

ebenfalls, dass im Rahmen von Funktionsverlagerungen auch die Angemessenheit der Verrechnungspreise von und nach der Verlagerung sowie der Verlagerung selbst zu prüfen sind.[873] Auch lassen die deutschen Regelungen die Vergütung einer Funktionsverlagerung gegen einen Festpreis oder eine umsatz- bzw. gewinnabhängige Lizenz zu.[874] In der Praxis werden Funktionsverlagerungen analog zu den OECD Regelungen auch in Deutschland durch Anpassungen der laufenden Verrechnungspreise vergütet und von der deutschen FinVerw. anerkannt. Dennoch wäre eine diesbezügliche klarstellende Regelung in Deutschland wünschenswert, da der in § 9 FVerlV enthaltene Begriff „Lizenz" rechtlich zu sehr vorgeprägt ist und bei einer Funktionsverlagerung zwar auch, aber nicht nur immaterielle Wirtschaftsgüter vergütet werden.

Oftmals liegen die Gründe für eine Funktionsverlagerung in der Erzielung **857** von Kostenvorteilen, bspw. durch eine kostengünstigere Produktion im Ausland. Inwieweit **Standortvorteile** in solchen Fällen in die Vergütung laufender Geschäftsbeziehungen zu einem Auftragsfertiger einbezogen werden, will die OECD von den der übertragenden Unternehmenseinheit zur Verfügung stehenden Handlungsalternativen abhängig machen.[875] Je wettbewerbsintensiver der Markt für die ausgelagerte Funktion ist, dh je mehr potentielle Alternativen die übertragende Unternehmenseinheit hat, so die OECD, umso eher wird sie in der Lage sein, den Standortvorteil für sich zu vereinnahmen. Dies sieht der deutsche Gesetzgeber grundsätzlich genauso.[876] In der Betriebsprüfungspraxis ist aber das klare Bestreben zu beobachten, dass die inländische übertragende Unternehmenseinheit grundsätzlich immer die antizipierten Standortvorteile des ausländischen Unternehmens vereinnahmen oder zumindest an ihnen partizipieren soll. Das FG Münster[877] hat hierzu in einem rechtskräftigen Urteil entschieden, dass in einem Auftragsfertigerfall gegen eine hälftige Teilung der Standortvorteile keine Bedenken bestehen. Die deutsche FinVerw. folgt dieser Rechtsauffassung in ihrer pauschalen Form ausdrücklich nicht. Die Diskussion um die Behandlung von Standortvorteilen wird in der Zukunft insb. gegenüber Schwellenländern an Brisanz gewinnen, die sich dem Thema im Rahmen des **UN Practical Manual 2013** im Detail gewidmet haben.[878]

(einstweilen frei)   **858, 859**

d) Anerkennung von Geschäftsbeziehungen[879]

Zum Abschluss des Kapitels IX beschäftigt sich die OECD mit miss- **860** bräuchlichen Strukturen bzw. der Frage, unter welchen Bedingungen Finanzbehörden vom Steuerpflichtigen **durchgeführte Geschäftsbeziehungen** bei der Besteuerung ignorieren oder **umqualifizieren können**.[880] Mit dieser Frage setzen sich die deutschen Regelungen zu Funktionsverlagerungen nur

---

[873] Vgl. Rn. 174 VGr-FV.
[874] Umkehrschluss aus § 9 FVerlV.
[875] Vgl. Rn. 9.148 ff. OECD-RL 2010.
[876] Vgl. Rn. 93 VGr-FV.
[877] FG Münster v. 16.3.2006, EFG 2006, 1562
[878] Vgl. dazu ausführlich B Rn. 288.
[879] Vgl. dazu auch ausführlich B Rn. 209 f.
[880] Vgl. Rn. 9.161 ff. OECD-RL 2010.

rudimentär auseinander, da hierfür in Deutschland andere Rechtsnormen wie
bspw. § 42 AO einschlägig sind. Die deutsche FinVerw. greift den Punkt lediglich in Rn. 148 VGr-FV auf und verweist dort auf die OECD-RL. In der
Praxis spielt die Nichtanerkennung von Geschäftsbeziehungen aufgrund eines
Verstoßes gegen § 42 AO nur eine untergeordnete Rolle, nicht zuletzt deshalb, weil die Beweislast für das vermeintlich missbräuchliche Verhalten vollumfänglich bei der FinVerw. liegt. Diesen Nachweis tatsächlich zu führen,
dürfte aber außerhalb von „künstlichen" Strukturen sehr schwer fallen.

861   Die OECD misst der Überprüfung des tatsächlichen Verhaltens der an einer Funktionsverlagerung beteiligten Unternehmenseinheiten eine große Bedeutung zu. Aber **nur in außergewöhnlichen Fällen** und bei erheblichen
Abweichungen soll es der jeweiligen FinVerw. erlaubt sein, die vereinbarten
Geschäftsbedingungen umzuqualifizieren und entsprechende Anpassungen
vorzunehmen.[881] Zudem stellt die OECD klar, dass allein die Tatsache, dass
mit der Umstrukturierung auch ein **Steuervorteil erzielt** werden soll, nicht
geschlossen werden kann, dass die Umstrukturierung missbräuchlich ist und
umqualifiziert werden kann.[882]

862, 863   *(einstweilen frei)*

3. Regelungen zu Funktionsverlagerungen im internationalen Vergleich[883]

864   Für Zwecke der Erhebung der Behandlung von Funktionsverlagerungen
auf internationaler Ebene wurde eine Befragung durchgeführt, die einerseits
Länder, aus denen gewöhnlich Funktionen in das Ausland **verlagert** werden **(Länderkategorie 1),** und andererseits **typische Empfängerländer**
solcher Funktionsverlagerungen **(Länderkategorie 2)** erfasste. Zweck der
Befragung war, zu ermitteln, in welchem Maße die deutschen Regelungen zu
Funktionsverlagerungen im Einklang mit ausländischem Recht stehen bzw.
Ähnlichkeiten oder Abweichungen beobachtbar sind. Im Folgenden sollen
die Ergebnisse dieser Befragung dargestellt werden.

a) Länderkategorie 1 (Frankreich, Großbritannien, Japan, USA)

aa) Inhalt der Befragung

865   Die Befragung umfasste folgende **Fragestellungen:**
– Gibt es spezielle Regelungen zu Funktionsverlagerungen?
– Welche Geschäftsvorfälle (zB Übertragung von immateriellen Wirtschaftsgütern, Übertragung eines selbständigen Betriebs(teils), Übertragung einzelner Funktionen) lösen steuerliche Folgen für das abgebende Unternehmen aus?
– Wofür ist eine Entschädigung zu zahlen (zB einzelne Wirtschaftsgüter, einzelne Funktionen, Goodwill/Geschäftschancen/Gewinnpotenzial)?
– Wie wird die Entschädigungshöhe quantifiziert? Werden bestimmte Bewertungsmethoden angewandt?

---

[881] Vgl. Rn. 9.168 ff. OECD-RL 2010.
[882] Vgl. Rn. 9.181 OECD-RL 2010.
[883] Vgl. zu der folgenden Untersuchung: *Wehnert/Sano* IStR 2010, 53 ff.

– Ist die Entschädigung wie nach den deutschen Regelungen aus der Sicht des abgebenden und des übernehmenden Unternehmens zu quantifizieren?
– Können Finanzbehörden rechtmäßig oder gewohnheitsmäßig nachträgliche Preisanpassungen vornehmen? Unter welchen Voraussetzungen sind solche Preisanpassungen möglich?

bb) Auswertung der Ergebnisse

Frankreich   866

Verlagerungsvorgänge unterliegen dem in den französischen Verrechnungspreisvorschriften kodifizierten Fremdvergleichsgrundsatz. **Mangels Spezialvorschriften** bestimmt sich die steuerliche Behandlung von Funktionsverlagerungen aus dem Vorgehen der Finanzbehörden sowie der Rechtsprechung. Steuerpflichtige Verlagerungsvorgänge liegen bei der Übertragung von materiellen und immateriellen Wirtschaftsgütern sowie bei der Übertragung einer Geschäftstätigkeit, dh Übertragung eines Bündels von Wirtschaftsgütern (einschließlich Vertragsrechte, Arbeitskräfte, Goodwill) und Verbindlichkeiten (einschließlich Risiken), die mit der Ausübung der Tätigkeit verbunden sind, vor.

Für die **Bewertung immaterieller Wirtschaftsgüter** werden von den 867 französischen Finanzbehörden die Regelungen der OECD-RL zur Übertragung immaterieller Wirtschaftsgüter[884] herangezogen. Die Bewertung im Falle der Übertragung einer Geschäftstätigkeit einschließlich der damit verbundenen immateriellen Wirtschaftsgüter und des Goodwills erfolgt gewöhnlich unter Anwendung der Discounted Cash Flow-Methode. Der Bewertungsansatz der französischen Finanzbehörden kann hierbei auf eine Ermittlung der verloren gegangenen Gewinnchance ausgerichtet sein. Die Bewertung erfolgt ausschließlich unter Betrachtung der Situation des übertragenden Unternehmens. Einschlägige Regelungen zu nachträglichen Preisanpassungen liegen nicht vor. Wenn überhaupt, können nachträgliche Preisanpassungen spätestens drei Jahre nach dem entsprechenden Veranlagungsjahr vorgenommen werden.

Großbritannien   868

Die britischen Steuergesetze enthalten **keine spezifischen Regelungen** zur Behandlung von Funktionsverlagerungen. Die steuerliche Beurteilung von Funktionsverlagerungen erfolgt auf der Grundlage der allgemeinen gesetzlichen Vorschriften sowie der Rechtsprechung. Übertragungen materieller und immaterieller Wirtschaftsgüter einschließlich Goodwill unterliegen grundsätzlich der Besteuerung. Das Gleiche gilt für Übertragungen selbständiger Betriebe bzw. Betriebsteile. Übertragungen einzelner Funktionen würden nur dann besteuert werden, wenn sie als Übertragung eines selbständigen Betriebs oder Betriebsteils zu qualifizieren wären. Je nach den Gegebenheiten erfolgt hierbei die Besteuerung entweder nach den einkommensteuerlichen oder nach den kapitalsteuerlichen Vorschriften.[885]

---

[884] Vgl. Rn. 6.20-6.35 OECD-RL 2010.

[885] Für Unternehmen, die ihren Geschäftsbetrieb vor 2002 aufgenommen haben, gelten bei Veräußerungen von Wirtschaftsgütern und Betrieben bzw. Betriebsteilen grundsätzlich die Kapitalsteuerregelungen. Für alle anderen Unternehmen gelten die

869   Als Vergütung ist grundsätzlich, entsprechend den Verrechnungspreisvorschriften und anderen gesetzlichen Regelungen, der Marktwert anzusetzen. Spezifische **Bewertungsmethoden** sind **nicht vorgeschrieben.** Je nach dem Wirtschaftsgut, das zu bewerten ist, könnten Methoden wie zB die Discounted Cash Flow-Methode oder die Methode der Lizenzpreisanalogie zur Anwendung kommen. Die Bewertung unterliegt weder dem Erfordernis des hypothetischen Fremdvergleichs noch wird Informationstransparenz angenommen. Die Angemessenheit der Bewertung ist daher nur aus Sicht des übertragenden Unternehmens nachzuweisen. Gesetzliche Regelungen zu nachträglichen Preisanpassungen liegen nicht vor. Die Praxis der britischen Finanzbehörden ist, Preisanpassungen in der Regel nur zukunftsbezogen vorzunehmen.

870   **Japan**

Mangels lokaler Spezialvorschriften zu Funktionsverlagerungen orientieren sich die japanischen Finanzbehörden bei der Prüfung von Verlagerungsvorgängen an den OECD-RL. Demnach löst eine Funktionsverlagerung grundsätzlich nur dann eine Vergütungs- und somit Steuerpflicht aus, wenn materielle und immaterielle Wirtschaftsgüter übertragen werden. Verlagerungen einzelner Funktionen oder die Übertragung von Gewinnchancen oder Gewinnpotenzial sind daher normalerweise nicht vergütungs- und steuerpflichtig.

871   Die **Bewertung der übertragenen Wirtschaftsgüter** erfolgt nach Maßgabe der japanischen gesetzlichen Vorschriften. Die Bewertung erfolgt grundsätzlich nur aus der Sicht des übertragenden Unternehmens. Allerdings könnten die japanischen Finanzbehörden die Ertragssituation des übernehmenden Unternehmens nach der Übertragung bei der Überprüfung der Vergütung für die übertragenen Wirtschaftsgüter berücksichtigen. Nachträgliche Preisanpassungen durch die Finanzbehörden sind weder nach gesetzlichen Vorschriften möglich noch werden sie in der Praxis vorgenommen.

872   **USA**

Auf Funktionsverlagerungen bezogene **spezifische Regelungen liegen nicht vor.** Die US-Verrechnungspreisvorschriften beinhalten jedoch Regelungen im Zusammenhang mit dem Transfer von materiellen und immateriellen Wirtschaftsgütern, beweglichem Vermögen und Dienstleistungen in das Ausland. Diese Regelungen sind in erster Linie darauf ausgerichtet, den Transfer von **immateriellen Wirtschaftsgütern** zu besteuern. Verlagerungen von Funktionen als solchen (Herstellung, Vertrieb oder Dienstleistungen) unterliegen nicht der Besteuerung. Besteuert werden grundsätzlich nur die materiellen und immateriellen Wirtschaftsgüter, die zusammen mit diesen Funktionen übergehen. Die Definition von immateriellen Wirtschaftsgütern im Sinne dieser Regelungen ist weitreichend und umfasst zB auch Lieferantenverträge und ähnliche Beziehungen, jedoch keinen Goodwill.

873   Für die Verrechnungspreisfestsetzung können grundsätzlich alle in den US-Verrechnungspreisvorschriften vorgesehenen Methoden angewendet werden. Für die **Bewertung immaterieller Wirtschaftsgüter** wird von den US-Finanzbehörden gewöhnlich die Discounted Cash Flow-Methode herangezo-

---

Einkommensteuerregelungen, soweit Wirtschaftgüter betroffen sind, die bilanziert sind oder nach den Rechnungslegungsvorschriften aktivierungsfähig wären.

gen. In der Praxis ist es üblich, dass die US-Finanzbehörden bei der Überprüfung der Verrechnungspreise die Ergebnisse des übertragenden Unternehmens vor und nach dem Transfer sowie die Ergebnisse des übernehmenden Unternehmens untersuchen.

Bei der Übertragung immaterieller Wirtschaftsgüter werden unter dem   874
sog. „**Commensurate-with-income Standard**"[886] nachträgliche Preisanpassungen vorgenommen und die Vergütungen auf der Grundlage der tatsächlich erzielten Gewinne berichtigt. Nachträgliche Preisanpassungen unterliegen grundsätzlich keiner zeitlichen Einschränkung. In der Praxis haben die US-Finanzbehörden jedoch generell nur ein Zeitfenster von fünf Jahren, um solche Preisanpassungen vorzunehmen.

cc) Zwischenergebnis

Die folgende Tabelle fasst die Ergebnisse der Länderbefragung zusammen: 875

	Frankreich	Großbritannien	Japan	USA
Spezialvorschriften zu Funktionsverlagerungen vorhanden?	nein	nein	nein	nein
Steuerpflichtige Verlagerungsvorgänge	Übertragung materieller und immaterieller Wirtschaftsgüter/ Übertragung einer Geschäftstätigkeit	Übertragung materieller und immaterieller Wirtschaftsgüter/ Übertragung eines selbständigen Betriebs(teils)	Übertragung materieller und immaterieller Wirtschaftsgüter	Übertragung materieller und immaterieller Wirtschaftsgüter
Entschädigung für	Wirtschaftsgüter einschließlich Goodwill/ ggf. Gewinnchance	Wirtschaftsgüter einschließlich Goodwill	Wirtschaftsgüter, jedoch kein Goodwill	Wirtschaftsgüter, jedoch kein Goodwill
Bewertungsmethode	gewöhnlich Discounted Cash Flow	gem. lokalen gesetzlichen Vorschriften	gem. lokalen gesetzlichen Vorschriften	gewöhnlich Discounted Cash Flow
Bewertung auch aus Sicht des übernehmenden Unternehmens	nein	nein	nein	nein
Nachträgliche Preisanpassungen	grundsätzlich keine	grundsätzlich keine	nein	ja

---

[886] Der Commensurate-with-income Standard, der beim Transfer immaterieller Wirtschaftsgüter zur Anwendung kommt, sieht periodische Anpassungen vor, wenn die tatsächlichen, den immateriellen Wirtschaftsgütern zuzuordnenden Ergebnisse unter 80 % oder über 120 % der projizierten Ergebnisse liegen.

876 Zusammenfassend ist festzuhalten, dass mangels lokaler Spezialvorschriften die steuerliche Behandlung von Funktionsverlagerungen in den untersuchten Staaten grundsätzlich auf der Basis der allgemeinen gesetzlichen Vorschriften bzw. der OECD-RL erfolgt. Steuerpflichtige Vorgänge werden **regelmäßig nur dann** angenommen, **wenn materielle oder immaterielle Wirtschaftsgüter** (unter Umständen auch der damit verknüpfte Goodwill) übertragen werden. Verlagerungen einzelner Funktionen ohne die gleichzeitige Übertragung von Wirtschaftsgütern sind im Allgemeinen nicht vergütungs- und steuerpflichtig. Die Bewertung der übertragenen Wirtschaftsgüter erfolgt regelmäßig **aus Sicht des übertragenden Unternehmens.** Die Ertragssituation des übernehmenden Unternehmens nach der Übertragung wird teilweise von den Finanzbehörden bei der Angemessenheitsprüfung berücksichtigt. Mit Ausnahme der USA sind **nachträgliche Preisanpassungen weder gesetzlich vorgesehen noch üblich.**

b) Länderkategorie 2 (Belgien, China, Indien, Irland, Schweiz, Spanien, Ungarn)

aa) Inhalt der Befragung

877 Die Befragung umfasste folgende **Fragestellungen:**
– Würden die Finanzbehörden den nach den deutschen Regelungen ermittelten und vom empfangenden Unternehmen gezahlten Verrechnungspreis akzeptieren oder besteht das Risiko, dass die Ermittlung des Verrechnungspreises in vollem Umfang oder teilweise hinterfragt wird?
– Wie wird der Verrechnungspreis, der für die Übertragung eines Transferpakets vom empfangenden Unternehmen gezahlt wird, für steuerliche Zwecke behandelt?
– Falls die Zahlung aktiviert werden muss, hat dann eine Zuordnung auf einzelne Wirtschaftsgüter zu erfolgen?
– Wie wird der Restbetrag, der nicht den einzelnen Wirtschaftsgütern zugeordnet werden kann, behandelt?
– Wie ist die Behandlung, wenn eine Funktionsverlagerung keine Übertragung von Wirtschaftsgütern beinhaltet?
– Welche steuerlichen Folgen ergeben sich, wenn im Falle einer Überlassung eines Transferpakets der Verrechnungspreis in Form von wiederkehrenden Zahlungen, wie zB Lizenzzahlungen, geleistet wird?

bb) Auswertung der Ergebnisse

878 **Belgien**
Mangels gesetzlicher Regelungen zur steuerlichen Behandlung konzerninterner Verrechnungspreise wenden die belgischen Finanzbehörden lokale Verwaltungsrichtlinien zur Prüfung von Verrechnungspreisen an. In Bezug auf die steuerliche Behandlung von Funktionsverlagerungen liegen keine konkreten Verwaltungsanweisungen vor. In einem Schreiben der FinVerw. vom 14. November 2006 erfolgte lediglich ein Hinweis, dass im Rahmen von Betriebsprüfungen Funktionsverlagerungssachverhalte schwerpunktmäßig geprüft werden sollen. Da aus belgischer Sicht grundsätzlich nur die Übertragung materieller und immaterieller Wirtschaftsgüter einen steuerpflichtigen Vorgang darstellt, könnte im Inbound-Fall verschiedenen einkommensteuer-

lichen Regelungen entsprechend der **Steuerabzug** für den Teil der Vergütung für das Transferpaket, der auf übertragene **Funktionen und Risiken** entfällt, **versagt werden.** Auch entspricht die in den deutschen Regelungen vorgesehene Bewertung, die aus Sicht des übertragenden und des übernehmenden Unternehmens vorgenommen werden soll, nicht der üblichen Bewertungspraxis in Belgien und ist insofern als strittiger Punkt anzusehen.

Wird von einer belgischen Gesellschaft ein Kaufpreis für ein Transferpaket   879
gezahlt, ist der Gesamtbetrag grundsätzlich **einzelnen Wirtschaftsgütern zuzuordnen.** Unter bestimmten Voraussetzungen können Wirtschaftsgüter jedoch auch zusammengefasst bewertet werden. Die Abschreibung der aktivierten Wirtschaftsgüter ist steuerlich abzugsfähig, wenn nachgewiesen werden kann, dass die vorgenommene **Abschreibung** dem **tatsächlichen Wertverfall** des Wirtschaftsguts entspricht. Der Teil der Zahlung, der nicht einzelnen Wirtschaftsgütern zugeordnet werden kann, könnte bis zu einem gewissen Grad als Goodwill aktiviert und über seine Nutzungsdauer linear abgeschrieben werden.

Wiederkehrende Zahlungen, die für die Nutzung von Wirtschaftsgü-   880
tern geleistet werden, sind steuerlich abzugsfähig, wenn deren Angemessenheit nachgewiesen werden kann.

China   881

Die chinesischen Steuergesetze enthalten den Fremdvergleichsgrundsatz für Transaktionen zwischen verbundenen Unternehmen, jedoch liegen keine Spezialvorschriften zu Funktionsverlagerungen vor. Aus den derzeitig vorliegenden Regelungen in China **lassen sich keine konkreten Aussagen** zur Akzeptanz eines vom empfangenden chinesischen Unternehmen gezahlten Verrechnungspreises, der nach den deutschen Regelungen ermittelt wurde, **ableiten.** Zu erwarten ist jedoch, dass Verrechnungspreiszahlungen im Rahmen von Funktionsverlagerungen, die an ein deutsches abgebendes Unternehmen geleistet werden, einer **eingehenden Überprüfung** durch die chinesischen Finanzbehörden unterzogen werden.

Im Falle einer Übertragung muss der gezahlte Verrechnungspreis **einzel-**   882
nen Wirtschaftsgütern zugeordnet werden. Diese sind dann zu aktivieren und können abgeschrieben werden. Die Abschreibungsdauer für immaterielle Wirtschaftsgüter darf hierbei zehn Jahre nicht unterschreiten. Die steuerliche Abzugsfähigkeit der Abschreibungen wird versagt, wenn die Wirtschaftsgüter für die Ausübung der Geschäftätigkeiten als unerheblich angesehen werden. Auch ist der Teil der Zahlung, der **nicht konkreten** materiellen und immateriellen **Wirtschaftsgütern zugeordnet** werden kann, **steuerlich nicht abzugsfähig.**

Nutzungsvergütungen sind steuerlich abzugsfähig, wenn sie sich auf   883
konkrete Wirtschaftsgüter beziehen, im Voraus der Höhe nach festgelegt sind und auf der Grundlage eines fremdvergleichskonformen Vertrags gezahlt werden, der von den chinesischen Finanzbehörden genehmigt und ordnungsgemäß eingetragen wurde.

Indien   884

Die indischen Verrechnungspreisvorschriften enthalten keine Spezialregelungen zu Funktionsverlagerungen. Unter Anwendung des Fremdvergleichsgrundsatzes setzen Steuerpflichtige üblicherweise die Marktwerte der übertragenen Wirtschaftsgüter an, um den Fremdvergleichscharakter solcher

Transaktionen nachzuweisen. Im Hinblick auf einen an ein deutsches abgebendes Unternehmen gezahlten Verrechnungspreis könnten die indischen Finanzbehörden **ggf. nur den** niedrigsten Preis, dh den **Mindestpreis des Einigungsbereichs** anerkennen. Die indische aufnehmende Gesellschaft müsste dann die Angemessenheit eines höheren Verrechnungspreises nachweisen.

885   Im Falle einer Übertragung sind die Marktwerte der übertragenen Wirtschaftsgüter zu ermitteln. Die Wirtschaftsgüter mit Ausnahme des Goodwills sind unter Beachtung der indischen Bilanzierungsgrundsätze zu aktivieren und können abgeschrieben werden. Der Teil der Kaufpreiszahlung, der nicht einzelnen Wirtschaftsgütern zugeordnet werden kann, wird als Zahlung für **Goodwill** qualifiziert und ist **steuerlich nicht abzugsfähig.**

886   Bei **Nutzungsvergütungen** besteht die Möglichkeit, dass Zahlungen, die nicht einzelnen Wirtschaftsgütern zugeordnet werden können, als zur Erhaltung des Geschäftsbetriebs erforderliche Betriebsausgaben anerkannt werden.

887   **Irland**

Mangels formaler Verrechnungspreisvorschriften[887] wenden die irischen Finanzbehörden die OECD-RL für die Prüfung von Verrechnungspreisen an. Sofern die Verrechnungspreiszahlung dem Grunde nach steuerlich abzugsfähig ist, wird deren Angemessenheit **der Höhe nach** anerkannt, wenn die Ermittlung des Verrechnungspreises **entsprechend den OECD-RL** erfolgt und mit einer angemessenen Dokumentation nachgewiesen wird.

888   Bei einer Kaufpreiszahlung ist der Gesamtbetrag den übertragenen Wirtschaftsgütern zuzuordnen. Nach den irischen Vorschriften sind grundsätzlich nur Maschinen und Fabrikanlagen (linear über 8 Jahre), gewerblich genutzte Gebäude (linear über 25 Jahre) und Patente (linear über 17 Jahre oder über die Laufzeit, sofern diese kürzer ist) abschreibbar. Das Entgelt für den Erwerb von gewerblichem Know-how kann im Jahr der Zahlung als Betriebsausgabe geltend gemacht werden. Der Restbetrag, der nicht einzelnen Wirtschaftsgütern zugeordnet werden kann, wird als Zahlung für **Goodwill** qualifiziert, der **nicht abschreibbar** ist.

889   Wiederkehrende Zahlungen in Form von **Nutzungsvergütungen** für Wirtschaftsgüter sind grundsätzlich steuerlich abzugsfähig. Die Abzugsfähigkeit von Lizenzgebühren für Patente unterliegt jedoch gewissen Restriktionen.

890   **Schweiz**

Für die Schweiz wird ein hohes Risiko gesehen, dass die Finanzbehörden eine Zahlung für **verlagertes Gewinnpotenzial nicht anerkennen.** In den Fällen, bei denen echte immaterielle Wirtschaftsgüter (solche, die für Marketingzwecke genutzt werden, und solche, die für Produktionszwecke genutzt werden) übertragen werden, würden die schweizerischen Finanzbehörden einen Verrechnungspreis anerkennen, der nach Fremdvergleichsgrundsätzen ermittelt wurde.

891   Soweit Wirtschaftsgüter gegen eine Kaufpreiszahlung übertragen werden, sind deren Marktwerte einzeln zu ermitteln, zu aktivieren und können steuerwirksam abgeschrieben werden. Der Teil der Zahlung, der **nicht einzel-**

---

[887] Auch die in 2010 eingeführten Verrechnungspreisvorschriften enthalten keine speziellen Regelungen zu Funktionsverlagerungen.

nen **Wirtschaftsgütern zugeordnet** werden kann, ist steuerlich **nicht abzugsfähig.**

Nutzungsvergütungen sind steuerlich abzugsfähig, wenn sie fremdver-   892
gleichskonform sind und in Bezug auf konkrete Wirtschaftsgüter geleistet
werden.

Spanien   893

Für Spanien ist davon auszugehen, dass die deutschen Regelungen zu
Funktionsverlagerungen bei den Finanzbehörden **Anerkennung finden.** Ein
Diskussionspunkt könnte sein, dass die deutschen Regelungen bei der Er-
mittlung der Gewinnpotenziale auf die Reingewinne nach Steuern abstellen.
In Spanien wird gewöhnlich auf den Gewinn vor Steuern abgestellt.

Wird ein **Kaufpreis** gezahlt, ist dieser aktivierungspflichtig, **kann** jedoch   894
als Vergütung an ein verbundenes Unternehmen **nicht abgeschrieben werden.** Mangels Abschreibungsmöglichkeiten ist eine Aufteilung des Kaufpreises auf einzelne Wirtschaftsgüter entbehrlich. Der Bilanzausweis kann über
den Posten Goodwill, der als Auffangposten dient, erfolgen.

Vergütungen für die Nutzung von Wirtschaftsgütern sind – deren An-   895
gemessenheit vorausgesetzt – steuerlich abzugsfähig.

Ungarn

Mangels hinreichender Erfahrungswerte ist die Haltung der ungarischen   896
Finanzbehörden **schwer vorherzusehen.** Grundsätzlich wird jedoch davon
ausgegangen, dass bei Vorliegen einer angemessenen Dokumentation, die
insb. den wirtschaftlichen Vorteil für das aufnehmende ungarische Unternehmen belegt, die Verrechnungspreiszahlung von den ungarischen Finanzbehörden anerkannt wird.

Die gezahlten Verrechnungspreise sind **grundsätzlich steuerlich ab-**   897
zugsfähig. Bei einer Kaufpreiszahlung erfolgt der Steuerabzug zeitanteilig,
entweder bei Aktivierung einzelner Wirtschaftsgüter über die Abschreibung
oder – soweit keine Aktivierung vorgenommen wird, wie etwa beim Restbetrag, der den Wirtschaftsgütern nicht zugeordnet werden kann – über eine
Verteilung des Steuerabzugs auf mehrere Jahre.

Auch bei **Nutzungsvergütungen** wird der Steuerabzug gewährt, soweit   898
sie der Höhe nach angemessen sind.

cc) Zwischenergebnis

Die folgende Tabelle fasst die Ergebnisse der Länderbefragung zusammen: 899

	Belgien	China	Indien	Irland	Schweiz	Spanien	Ungarn
Anerken-nung des Verrech-nungspreises wahrschein-lich?	ggf. keine Anerken-nung einer Zahlung für übertragene Funktionen u. Risiken; duale Be-wertung strittig	viel-leicht	ggf. nur nied-rigster Preis	ja, sofern Verrech-nungs-preis OECD-konform	ggf. keine Anerken-nung ei-ner Zah-lung für übertra-genes Gewinn-potential	ja	ja

	Belgien	China	Indien	Irland	Schweiz	Spanien	Ungarn
Aufteilung des Kaufpreises auf einzelne WG	grundsätzlich ja	ja	ja	ja	ja	nein	ja
Abschreibung WG/ Zeitanteiliger Steuerabzug	ja, wenn tatsächlicher Wertverfall	grundsätzlich ja	ja	eingeschränkt ja	ja	nein	ja
Steuerabzug des nicht einzelnen WG zuordenbaren Betrags	in gewissem Umfang	nein	nein	nein	nein	nein	ja
Steuerabzug der Vergütung für Nutzungsüberlassung	ja, wenn Vergütung auf Wirtschaftsgüter bezogen	ja, wenn Vergütung auf Wirtschaftsgüter bezogen	ja, wenn Vergütung auf Wirtschaftsgüter bezogen	ja, wenn Vergütung auf Wirtschaftsgüter bezogen	ja, wenn Vergütung auf Wirtschaftsgüter bezogen	ja, wenn Vergütung auf Wirtschaftsgüter bezogen	ja

900　　Die deutschen Regelungen zu Funktionsverlagerungen haben **im Ausland kein Pendant** und werden daher auf der Empfängerseite nach den allgemeinen Vorschriften für die Behandlung erworbener Geschäftseinheiten oder einzelner Wirtschaftsgüter behandelt. Dabei scheint eine Aufteilung des Kaufpreises auf einzelne Wirtschaftsgüter beim Empfänger zwingend erforderlich zu sein. Der Steuerabzug wird regelmäßig im Wege der Abschreibung der Wirtschaftsgüter nach den allg. üblichen Vorschriften gewährt. Ggf. bestehen aber **entweder gar keine oder nur eingeschränkte Abschreibungsmöglichkeiten.** Der nicht einzelnen Wirtschaftsgütern zuordenbare Teil des Kaufpreises ist von den befragten Ländern nur in Ungarn und ggf. in Belgien abzugsfähig. Nutzungsvergütungen, die in Bezug auf konkrete Wirtschaftsgüter gezahlt werden, sind grds. steuerlich abzugsfähig.

4. Zusammenfassendes Ergebnis

901　　In der generellen Behandlung von Funktionsverlagerungen weist Kapitel IX der **OECD-RL 2010** durchaus Parallelen zu den deutschen gesetzlichen Regelungen auf. In einzelnen Bereichen, v. a. bei der Beurteilung und Bewertung der Vergütung für die Funktionsverlagerung selbst, gehen die deutschen Regelungen über die OECD-Bestimmungen hinaus und legen sie extensiv aus ohne mit diesen formal in Widerspruch zu stehen. Auf der anderen Seite geht Kapitel IX OECD-RL 2010 das Thema Funktionsverlagerungen breiter an und regelt auch Bereiche, die sich so nicht in den deutschen Regelungen wiederfinden.

902　　Den deutschen Regelungen **vergleichbare Regelungen** zu Funktionsverlagerungen existieren **in anderen Ländern nicht.** Mangels Spezialvorschriften wird dort auf die allgemeinen lokalen gesetzlichen Vorschriften bzw. die OECD-RL zurückgegriffen, um Fälle von Funktionsverlagerungen steuerlich zu beurteilen. Demzufolge fällt die steuerliche Behandlung von Funktionsverlagerungen von Land zu Land unterschiedlich aus.

Wenn auch nicht im Wege des Konzepts eines Transferpakets, scheint der **903** Ansatz einer Vergütung für übertragenes **Gewinnpotenzial** (Goodwill) auch in anderen Ländern möglich zu sein, in der Regel aber **nur, wenn** eine Geschäftseinheit, die einem **Betrieb oder Teilbetrieb** entspricht, übertragen wird. Der Steuerabzug **(Abschreibung)** bei Übertragungen gegen Festpreis wird jedoch auf Ebene der Empfängerländer **schwierig, wenn überhaupt sicher zu stellen sein.** Nur Kaufpreiszahlungen, die einzelnen materiellen und immateriellen Wirtschaftsgütern zugeordnet werden können, sind grds. zeitanteilig über die Abschreibung der Wirtschaftsgüter steuerlich abzugsfähig.

Vergütungen für Funktionsverlagerungen, die in laufender Form, sei es **904** eine **Lizenz** oder über Verrechnungspreisanpassungen, erfolgen, sind **mit deutlich größerer Wahrscheinlichkeit steuerlich abziehbar,** können aber wieder andere steuerliche Fragen (Quellensteuern; indirekte Steuern) aufwerfen.

Für die betroffenen Unternehmen kann aus Funktionsverlagerungen ein **905** **sehr erhebliches Problem** der internationalen **Doppelbesteuerung** auftreten, da die steuerliche Nichtabziehbarkeit der Vergütung für übertragenes Gewinnpotenzial als solche nicht zu einer Doppelbesteuerung führt, die unter Art. 25 OECD-MA durch ein Verständigungsverfahren gelöst werden kann, selbst wenn zwischen Deutschland und dem Empfängerland Einigkeit über die Qualifikation der Vergütung und deren angemessene Höhe besteht. Die Nichtabziehbarkeit ist „nur" eine Folge des nationalen Steuerrechts im Empfängerland.

Dies ist allerdings kein auf Funktionsverlagerungsfälle beschränktes Son- **906** derproblem, was das nicht zufriedenstellende Ergebnis nicht besser macht. Übertragungen von Betrieben oder Betriebsteilen (einschließlich Goodwill) sind von dieser Problematik genauso betroffen. Das Gleiche gilt für Übertragungen einzelner immaterieller Wirtschaftsgüter. Ggf. wird auch hier der Steuerabzug gänzlich oder teilweise versagt, da aufgrund lokaler Regelungen entweder gar keine oder nur eingeschränkte Abschreibungsmöglichkeiten dieser Wirtschaftsgüter bestehen. Unter diesen Umständen ist die **Übertragung gegen laufende Vergütung ggü. der gegen Festpreis** offensichtlich die bessere Gestaltung, um eine zeitnahe steuerliche Abzugsfähigkeit der Zahlungen bei der empfangenden Gesellschaft sicherzustellen.

Die deutschen Regelungen zu Funktionsverlagerungen haben kein ver- **907** gleichbares Pendant im Ausland. **Auseinandersetzungen** über die Höhe des steuerlich maßgeblichen Verrechnungspreises sind **vorherbestimmt.** Die OECD trifft zu den Bewertungsmethoden einer Funktionsverlagerung keine konkreten Aussagen. Vielmehr beschränkt sie sich auf die allgemeine Aussage, dass für die Ermittlung der Höhe des Verrechnungspreises für Funktionsverlagerungen der Grundsatz des Fremdvergleichs unter Beachtung der Gegebenheiten des Einzelfalls anzuwenden sei. Die Auslegung des Fremdvergleichsgrundsatzes wird dann, wie bei anderen Verrechnungspreissachverhalten, den nationalen Interpretationsspielräumen überlassen sein. Die Erwartungen der deutschen FinVerw., dass die Regelungen als Mittel zur **Vermeidung internationaler Besteuerungskonflikte** dienen werden, sind **zweifellos unrealistisch.**

VII. Anwendungsfälle von Funktionsverlagerungen

908   Bis zum VZ 2007 wurde regelmäßig, betriebswirtschaftlich und rechtlich geprägt, zwischen Übertragung, Überlassung und Abschmelzung von Funktionen unterschieden.[888] Grob klassifiziert konnte die **Übertragung und Abschmelzung** von Funktionen zu einer Besteuerung bestimmter Wirtschaftsgüter im Zeitpunkt der Funktionsverlagerung führen, während dies im Fall der **Überlassung** grds. nicht der Fall war, da hier ein laufendes Entgelt vereinbart war.[889]

909   Der von § 1 Abs. 3 S. 9 AStG gewählte Ansatz unterscheidet sich grds. von der bis VZ 2007 gängigen Unterscheidung von Funktionsverlagerungen. Die betriebswirtschaftlich-rechtlich geprägte Unterscheidung von Funktionsverlagerungen in Übertragungen, Überlassungen und Abschmelzungen[890] ist ab VZ 2008 für die steuerliche Behandlung von Funktionsverlagerungen nicht mehr relevant. **§ 1 Abs. 3 S. 9 AStG** sieht grds. **jegliche Form** der Funktionsverlagerung als steuerlich relevanten Sachverhalt im Zeitpunkt der Funktionsverlagerung an.[891] Der Begriff der Überlassung wird in § 1 Abs. 3 S. 9 AStG vom Sachverhalt der Übertragung mit **erfasst.** Daher umfasst im Folgenden der Begriff der Übertragung auch den Sachverhalt der Überlassung. Von dieser Grundregel eröffnet nur

910   – § 2 Abs. 2 FVerlV eine Ausnahme für die Übertragung von **Routinefunktionen,** soweit unter weiteren Bedingungen die Vergütung der Leistung auf der Grundlage der Kostenaufschlagsmethode erfolgt, der wohl vergleichbare Vergütungsergebnisse nach anderen Methoden gleichgestellt werden,[892] und

911   – § 4 Abs. 2 FVerlV eine Option, die Funktionsverlagerung **als Nutzungsüberlassung** zu **behandeln,** wodurch das Funktionsverlagerungsentgelt über den Zeitraum der Nutzungsüberlassung laufend entrichtet und dann die Einmalbesteuerung im Zeitpunkt der Funktionsverlagerung vermieden werden kann.[893] § 4 Abs. 2 FVerlV eröffnet demnach nicht wie § 2 Abs. 2 FVerlV für bestimmte Routinefunktionen eine Ausnahme von der Grundregel der Besteuerung an sich, sondern lediglich eine vom Gesetzgeber beabsichtigte faktische Möglichkeit der Streckung der fälligen Steuer.

Der Steuerpflichtige hat unter § 1 Abs. 3 S. 9 AStG damit **faktisch ein Wahlrecht, ob** eine Funktionsverlagerung wie eine **Übertragung** und des-

---

[888] Vgl. oben zur betriebswirtschaftlichen und mit § 1 Abs. 3 S. 9 AStG nicht deckungsgleichen Unterscheidung von Formen der Funktionsverlagerungen Rn. 73 ff.

[889] Vgl. zur Rechtslage vor VZ 2008 oben Rn. 781 ff.

[890] Vgl. oben zur betriebswirtschaftlichen und mit § 1 Abs. 3 S. 9 AStG nicht deckungsgleichen Unterscheidung von Formen der Funktionsverlagerungen Rn. 73 ff.

[891] Vgl. oben Rn. 314 ff.

[892] Vgl. oben Rn. 385 ff.

[893] Vgl. oben Rn. 210 ff.

halb gegen einen Festpreis **oder** wie eine **Überlassung** und deshalb gegen eine gewinn- oder umsatzabhängige Lizenz (und eine Vergütung iRd normalen Verrechnungspreisfestsetzung) durchführen will. Die sich aus dieser Qualifikation ergebenden rechtlichen Fragen sind für Zwecke der steuerlichen Behandlung der Funktionsverlagerung unerheblich. Wie oben dargestellt, wird es für den Steuerpflichtigen in den meisten Fällen empfehlenswert sein, die Funktionsverlagerung gegen ein laufendes Entgelt abzuwickeln.[894]

In Rn. 201–222 VGr-FV stellt die FinVerw. **„Besondere Aspekte be-**   912 **stimmter Funktionsverlagerungen"** mit ihren jeweiligen steuerlichen Konsequenzen dar. Hierbei werden im internationalen Kontext gebräuchliche **Unternehmenscharakterisierungen** definiert, die nachfolgend kurz für den Produktions- bzw. Vertriebsbereich graphisch dargestellt werden.

Produktion	Funktionen, Risiken, Wirtschaftsgüter	
Eigenproduzent	**Auftragsfertiger**	**Lohnfertiger**
• Produktion (mit vollen Risiken)	• Produktion (ohne Produktionsrisiken)	- *wie Auftragsfertiger*
• Vermarktung	• Keine eigenen Marktchancen	• Zusätzliche Bereitstellung der Rohstoffe und Materialien durch Prinzipal
	• Keine eigene Produktentwicklung	
	• Keine Entscheidungskompetenz im Hinblick auf Produktion und Vertrieb	

Vertrieb	Funktionen, Risiken, Wirtschaftsgüter	
Eigenhändler	**Vertragshändler**	**Kommissionär Agent**
• Vermarktung mit vollen Entscheidungskompetenzen, Risiken und wesentlichen Betriebsgrundlagen (z.B. Kundenstamm)	- *wie Eigenhändler*	- nicht näher spezifiziert -
	• Eingliederung in die Absatzfunktion des Hersteller	
	• Kein eigener Kundenstamm	
	• Einbindung in Preisbindung und Werbemaßnahmen	

Der Schwerpunkt der Beispiele liegt auf der Beurteilung der **Funktions-**   913 **verlagerung dem Grunde nach.** So wird im Wesentlichen der Frage nachgegangen, ob die Transferpaketbetrachtung Anwendung findet oder aber ob einer der Ausnahmetatbestände des § 2 Abs. 2 FVerlV greift. Die folgende Tabelle gibt eine Übersicht über die aufgegriffenen Beispielsfälle.

Betriebliche Funktion	Abgebendes Unternehmen (vor Transfer)	Abgebendes Unternehmen (nach Transfer)	Aufnehmendes Unternehmen (nach Verlagerung)	Bewertung
Produktion	Eigenproduzent	Keine Funktion	Eigenproduzent	Transferpaketbetrachtung
Produktion	Eigenproduzent	Auftragsfertiger	Eigenproduzent (Prinzipal)	Transferpaketbetrachtung

---

[894] Vgl. oben Rn. 210 ff., 681 ff.

Betriebliche Funktion	Abgebendes Unternehmen (vor Transfer)	Abgebendes Unternehmen (nach Transfer)	Aufnehmendes Unternehmen (nach Verlagerung)	Bewertung
Produktion	Eigenproduzent	Eigenproduzent (Prinzipal)	Auftragsfertiger	§ 2 (2) FVerlV (**keine** Transferpaketbetrachtung)
Vertrieb	Eigenhändler	Keine Funktion	Eigenhändler	Transferpaketbetrachtung
Vertrieb	Eigenhändler	Kommissionär	Eigenhändler (Prinzipal)	Funktionsänderung durch fremdübliche Vertragsänderung ist an sich keine Funktionsverlagerung
Forschung	Eigenforschung	Eigenforschung (Prinzipal)	Auftragsforschung	§ 2 (2) FVerlV (**keine** Transferpaketbetrachtung)
Forschung	Eigenforschung	Auftragsforschung	Eigenforschung (Prinzipal)	Transferpaketbetrachtung
Dienstleistungen	Interne (Routine)Dienstleistung	Keine Funktion	Leistungserbringung an abgebendes Unternehmen	§ 2 (2) FVerlV (**keine** Transferpaketbetrachtung)
Dienstleistungen	Externe Dienstleistung (auch gegenüber anderen Konzernunternehmen)	Keine Funktion	Externe Dienstleistung (auch gegenüber anderen Konzernunternehmen)	Transferpaketbetrachtung, es sei denn, kein Übergang wesentlicher immaterieller WG
Einkauf	Einkauf (eigenständig)	Keine Funktion	Zentrale Einkaufsfunktion	§ 2 (2) FVerlV; Transferpaketbetrachtung in Ausnahmefällen

914   Neben einigen Standardfällen von Funktionsverlagerungen setzen die VGr-FV zutreffenderweise in den Beispielen konsequent die Vorgabe des § 2 Abs. 2 FVerlV um, dass Verlagerungen auf „im Auftrag" tätige Unternehmen wie bspw. Auftragsforscher, Auftragsfertiger oder sonstige interne Dienstleister, von der Transferpaketbetrachtung **ausgenommen** werden, wenn und soweit in diesen Fällen keine wesentlichen immateriellen Wirtschaftsgüter verlagert werden.[895]

915   Von Bedeutung dürfte zudem die in den Beispielsfällen erwähnte Auffassung der FinVerw. sein, dass als **Eigenhändler** ausgestaltete Vertriebsgesellschaften auch unabhängig von den Lieferverträgen mit den Produktionsunternehmen in der Lage wären, ihr Unternehmen aufgrund gewachsener Strukturen (zB Kundenstamm) fortzuführen. Dies könnte für die Steuer-

---

[895] Vgl. oben Rn. 385 ff.

pflichtigen die Möglichkeit einschränken, negative Folgen von Funktionsverlagerungen durch (auch fremdübliche) Kündigung von Vertriebsverträgen seitens der Produktionsgesellschaft zu vermeiden.[896]

Hinsichtlich der Frage der Funktionsverlagerung bei **Umstellung eines**   916
Eigenhändlers zum Kommissionär oder Agenten führt das BMF[897] anhand eines Beispiels aus, dass bei einer solchen Umstellung eine Funktionsverlagerung anzunehmen ist, wenn die Kundenbuchhaltung und die Lagerhaltung (und damit das **Forderungsausfall- und Lagerhaltungsrisiko**) auf ein verbundenes Unternehmen übertragen werden, da nach Auffassung des BMF in diesem konkreten Fall Wirtschaftsgüter übertragen werden und die Geschäftstätigkeit des abgebenden Unternehmens eingeschränkt wird. Im Gegensatz hierzu soll eine solche Funktionsverlagerung mangels Übertragung von Wirtschaftsgütern nicht vorliegen, wenn lediglich das Forderungsausfallrisiko auf Basis vertraglicher Gestaltungen auf ein anderes Konzernunternehmen übertragen wird.

Im Folgenden sollen die Rechtsfolgen des § 1 Abs. 3 S. 9 AStG für verschiedene Anwendungsfälle aus den Bereichen Produktion, Vertrieb, Forschung und Entwicklung, Beschaffung und Einkauf, Verwaltung und Finanzierung dargestellt werden.

1. Verlagerung der Produktionsfunktion

Oftmals werden Veränderungen und Verlagerungen von Funktionen im   917
Bereich der Produktion durchgeführt. Verglichen mit dem Aufbau von zB Vertriebstätigkeiten im internationalen Markt ist der Aufbau einer Produktion regelmäßig mit weitaus höheren Anstrengungen und Kosten verbunden. Dies liegt v. a. an den notwendigen Investitionen für die Errichtung der Produktionsstätten, deren Ausstattung mit notwendigen Maschinen sowie der Beschaffung des für die Produktion nötigen Produkt- und Prozess-Know-hows.

Die **Attraktivität eines Produktionsstandortes** und der Umfang der in   918
einem Staat ausgeführten Produktionsfunktion werden **von verschiedenen Faktoren beeinflusst.** Beispielhaft zu nennen sind hier u. a. das (Aus-)Bildungsniveau der Arbeitskräfte, die Lohn- und Lohnnebenkosten, die Nähe zu Konsumenten sowie Zulieferern, die Vermeidung von Zollschranken, die vorhandene Infrastruktur, die Effizienz der öffentlichen Hand, die politische Stabilität, rechtliche Anforderungen hinsichtlich „local content" und nicht zuletzt die Steuerbelastung.[898]

Durch die Öffnung Osteuropas und die Eintritte osteuropäischer Länder in   919
die Europäische Union hat der Produktionsstandort Deutschland teilweise an Attraktivität verloren. Dies ergibt sich v. a. aus dem Umstand, dass Unternehmen für **attraktive Produktionsstandorte mit niedrigem Lohnniveau,** oftmals verbunden mit einem niedrigeren Steuerniveau, mit auf ausländische Investoren zugeschnittenen Zugangserleichterungen und einem guten Ausbildungsniveau, gerade nicht mehr auf die relative Nähe zum Sitz des

---

[896] Vgl. dazu unten Rn. 970 ff.
[897] Vgl. Rn. 214–215 VGr-FV.
[898] Vgl. oben Rn. 1 ff.

Konzerns und dessen Kunden verzichten müssen.[899] Daneben erfordert eine strukturierte Expansion in den geographisch weit entfernten primären Wachstumsmärkten in Asien, Lateinamerika oder auch Afrika von deutschen Unternehmen früher oder später die Errichtung lokaler Produktionsstätten.

Für die **steuerliche Beurteilung,** ob eine Funktionsverlagerung vorliegt, wird es dabei immer darauf ankommen, mit welchem **Funktions- und Risikoprofil** die **neue Produktionsstätte** im Ausland ausgestattet wird (Eigenproduzent vs. Auftrags- bzw. Lohnfertiger) und inwieweit durch die neue Produktionsstätte die Tätigkeiten der inländischen Produktion eingeschränkt werden (Frage der Funktionsverdoppelung[900]).

a) Verlagerung auf einen Eigenproduzenten

920   Ein **Eigenproduzent** liegt immer dann vor, wenn „das Unternehmen die Produktionsfunktionen (zB Fertigung, Produktentwicklung, Produktauswahl, Einkauf, Lagerhaltung, Forschung und Entwicklung usw.) sowie die Vermarktungsfunktionen (zB Werbung, Vertrieb usw.) ausübt und über die entsprechenden Entscheidungskompetenzen verfügt. Der Eigenproduzent ist regelmäßig im Besitz der wesentlichen Betriebsgrundlagen (materielle und insb. immaterielle Wirtschaftsgüter) und trägt die mit der Ausübung der Funktionen verbundenen Chancen und Risiken (zB Marktrisiko, Qualitätsrisiko, Absatzrisiko usw.)".[901]

921   Eine Verlagerung **auf einen Eigenproduzenten** erfolgt durch Übertragung einer Produktion auf eine **ausländische volloperative** verbundene **Gesellschaft,** welche wiederum die von ihr produzierten Waren mit allen Chancen und Risiken und im Besitz der wesentlichen materiellen und immateriellen Wirtschaftsgüter **eigenständig vermarkten** kann. Idealtypisch ist hierunter der Fall zu verstehen, bei dem ein **inländisches Unternehmen** seine Produktionstätigkeit **vollständig einstellt** und stattdessen in einer ausländischen Konzerngesellschaft aufnimmt und dabei sämtliche materiellen und immateriellen Wirtschaftsgüter vom Inland ins Ausland überträgt. Dass in einer solchen Konstellation eine Funktionsverlagerung und damit ein steuerlich relevanter Entstrickungsbestand zu sehen ist, ist unstreitig.

Dieser idealtypische Fall wird in der Praxis in der weitaus überwiegenden Zahl der Fälle aber nicht gegeben sein. Vielmehr werden in der Praxis womöglich **nur bestimmte Teile der Produktion** verlagert, etwa die Herstellung von älteren Produkten, und im Ausland durch eine Konzergesellschaft als Eigenproduzent weiter geführt.

922   Auch für den Fall, dass gleichzeitig die nun im Inland verfügbare Kapazität für neue Produkte genutzt wird **(Substitution),** unterstellt die FinVerw. dennoch eine Funktionsverlagerung, da sie einem produktbezogenen und nicht einem aufgabenbezogenen Verlagerungsbegriff folgt.[902]

Einzig im Fall der **Funktionsverdoppelung** nach § 1 Abs. 6 FVerlV oder im in der Praxis eher selten anzutreffenden Fall des tatsächlichen Drittvergleichs[903]

[899] Vgl. auch *Borstell/Jamin* in Kessler/Kröner/Köhler, Konzernsteuerrecht, 2008, § 8 Rn. 252.

[900] Vgl. § 1 Abs. 6 FVerlV und oben Rn. 321ff.

[901] Rn. 201 VGr-FV.

[902] Vgl. Rn. 16 VGr-FV und oben Rn. 49ff. und 301f.

[903] Vgl. § 1 Abs. 7 FVerlV.

kann eine Funktionsverlagerungsbesteuerung vermieden werden. Auch im Fall der Funktionsverdoppelung müssen aber übertragene oder überlassene Wirtschaftsgüter nach dem Fremdvergleichsgrundsatz für die Einzelwirtschaftsgüter abgerechnet werden.[904]

Die Verlagerung auf den Eigenfertiger umfasst auch den in der Praxis im **923** Zusammenhang mit **Prinzipalstrukturen** häufigen Fall, bei dem das verlagernde Unternehmen als Eigenproduzent tätig war und von dem im Zuge der Funktionsverlagerung die Vermarktungsfunktionen und die Produktionsrisiken auf ein nahe stehendes Unternehmen übertragen werden. Nach der Verlagerung ist das verlagernde Unternehmen als Auftragsfertiger oder Lohnfertiger für das aufnehmende Unternehmen tätig. In diesen Fällen besteht das Transferpaket regelmäßig aus den Wirtschaftsgütern, die der bisherige Eigenproduzent als Lohnfertiger nicht mehr selbständig nutzt, zB aus dem eigenständigen Marktzugang, dem Kundenstamm, der Vertriebsorganisation, dem Produkt-Know-how und anderen immateriellen Wirtschaftsgütern und Vorteilen. Mit der Vermarktungsfunktion und den wesentlichen Produktionsrisiken (einschließlich der Forschung und Entwicklung) gehen die damit verbundenen unternehmerischen Chancen und Risiken auf das übernehmende Unternehmen, den Prinzipal, über.[905]

Aus steuerlicher Perspektive unterscheidet das Einkommensteuerrecht in **924** § 16 EStG hinsichtlich der Rechtsfolgen danach, ob ein **(Gesamt-)Betrieb/ Teilbetrieb** oder ein **unselbstständiger Betriebsteil** veräußert wird. Nur im Fall der Veräußerung von Betrieben/Teilbetrieben kommt es zu einer Realisierung und Versteuerung des mit dem Betrieb/Teilbetrieb zusammenhängenden Goodwills.

Vor Einführung des § 1 Abs. 3 AStG, also in **Veranlagungszeiträumen bis** **925** **2007,** entstanden oftmals Spannungen bei der steuerlichen Beurteilung der Übertragung unselbstständiger Betriebsteile, da das alte Recht für die Bewertung unselbstständiger Betriebsteile die Einzelbewertung der übergegangenen Wirtschaftsgüter vorsah und ein Goodwill lediglich dann vergütet werden konnte, wenn Teile von ihm hinreichend konkretisiert und folglich einzeln bewertbar waren. Dies implizierte, dass solche Teile des Goodwills zu einem immateriellen Wirtschaftsgut erstarkt waren (konkrete Geschäftschance).[906]

Eine solche Differenzierung nimmt **§ 1 Abs. 3 S. 9 AStG** nicht mehr **926** vor. Mit Einführung des § 1 Abs. 3 AStG hat eine Bewertung bei Funktionsverlagerungen **unabhängig vom** Vorliegen eines **(Teil-)Betriebs** (§ 1 Abs. 1 S. 2 FVerlV) auf der Basis des Transferpakets immer nach den Maßstäben der Gesamtbewertung unter Einbeziehung eines Goodwillelements zu erfolgen,[907] soweit keiner der gesetzlichen Ausnahmetatbestände greift.

Gleiches gilt grds. auch für die **zeitlich begrenzte Übertragung eines** **927** **Produktionsrechts** (§ 1 Abs. 2 S. 2 FVerlV). Es treten die gleichen Rechtsfolgen nach § 1 Abs. 3 S. 9 AStG ein, nur dass bei der Bewertung des Transferpakets auf den Zeitraum der vertraglichen Überlassung abzustellen ist (§ 6 FVerlV).

---

[904] Vgl. oben Rn. 363 ff.
[905] Vgl. Rn. 203 VGr-FV.
[906] Vgl. oben Rn. 813 ff.
[907] Vgl. oben Rn. 198 f.

928   Wie in allen anderen Fällen der Funktionsverlagerung hat der Steuer-pflichtige auch bei der Übertragung von Produktionsrechten faktisch die Möglichkeit, ggf. durch Antrag, die Funktionsverlagerung **steuerlich als Nutzungsüberlassung** auszugestalten und so die Einmalbesteuerung im Zeitpunkt der Vornahme der Funktionsverlagerung zu vermeiden (§ 4 Abs. 2 FVerlV). Dafür ist es erforderlich, die Produktionsübertragung/-über-lassung (ob zeitlich begrenzt oder grds. zeitlich unbegrenzt) so gegen ein wiederkehrendes Entgelt auszugestalten, dass kein Ratenkauf vorliegt, dh die wiederkehrenden Zahlungen sollten umsatz- oder gewinnabhängig ausge-staltet sein.[908]

929   Folgende **Einzelpunkte** sind im Zusammenhang mit Produktionsverlage-rungen auf einen Eigenproduzenten beachtenswert:

– Idealtypisch ist der beizumessende Wert gem. § 1 Abs. 3 S. 1 AStG anhand der Preisvergleichs-, Wiederverkaufspreis- oder Kostenaufschlagsmethode zu ermitteln, soweit Fremdvergleichwerte ermittelt werden können, die ggf. nach Anpassungsrechnungen uneingeschränkt vergleichbar sind. Aller-dings dürfte die Ermittlung eines derartigen **Fremdvergleichspreises** in der Praxis nur in Ausnahmefällen möglich sein, da sich die Produktionen verschiedener Unternehmen und ihrer Standortfaktoren in der Regel kaum vergleichen lassen. Gleiches gilt für die Anwendung einer geeigneten Verrechnungspreismethode bei Vorliegen eingeschränkt vergleichbarer Fremdvergleichspreise nach § 1 Abs. 3 S. 2 AStG.[909]

930   – Falls keine uneingeschränkt oder eingeschränkt vergleichbaren Fremdver-gleichswerte nachzuweisen sind, fordert § 1 Abs. 3 S. 5 AStG die Durch-führung eines sog. **hypothetischen Fremdvergleichs,** der den Eini-gungsbereich auf der Grundlage der Bewertung der Funktion als Ganzes aus Sicht sowohl des Käufers als auch des Verkäufers unter Berücksichti-gung funktions- und risikoadäquater Kapitalisierungszinssätze ermittelt. Die Anwendung des § 1 Abs. 3 S. 5 AStG ist auch Tatbestandsmerkmal für § 1 Abs. 3 S. 9 AStG. Die Ermittlung des Einigungsbereichs ist gesetzlich in § 1 Abs. 3 S. 6 AStG verankert. Danach hat der Steuerpflichtige auf Grundlage einer Funktionsanalyse und innerbetrieblicher Planrechnungen den Mindestpreis des Leistenden und den Höchstpreis des Leistungsemp-fängers zu ermitteln. Der Einigungsbereich wird von den Gewinnerwar-tungen, für die der Gesetzgeber synonym auch die Bezeichnung Gewinn-potenziale verwendet, bestimmt. Innerhalb des Einigungsbereichs ist der Wert als Verrechnungspreis zu Grunde zu legen, der dem Fremdvergleichs-grundsatz mit der höchsten Wahrscheinlichkeit entspricht. Wird kein sol-cher Wert glaubhaft gemacht, ist gem. § 1 Abs. 3 S. 7 AStG der Mittelwert des Einigungsbereichs als Verrechnungspreis anzusetzen.[910]

931   – Beim **funktionsabgebenden Unternehmen** sind die **zu erwartenden Gewinnpotenziale** sowohl bei Beibehaltung als auch bei Abgabe der Funktion zu vergleichen sowie deren Differenz zu bestimmen. Relevante Faktoren bei der Bemessung eines angemessenen Entgelts sind u. a.:

---

[908] Vgl. dazu oben Rn. 210 ff., 694 ff. und unter Rn. 979.

[909] Vgl. Rn. 62–64 VGr-FV und oben Rn. 450 ff.

[910] Vgl. iE zum hypothetischen Fremdvergleich und der Ermittlung des Einigungs-bereichs oben Rn. 461 ff., 511 ff.

- Die Restdauer von übergegangenen Vertragsverhältnissen (zB mit Zulieferern)
- Der Grad der Absicherung übergegangener Rechtspositionen (zB Mindestbestellmengen von Abnehmern)
- Bereits getätigte, aber noch nicht amortisierte Investitionen (zB Kosten für Forschung und Entwicklung)
- Der **Substanzwert der Produktionsanlagen** dürfte in der Praxis, unab- **932** hängig von einem niedrigeren Ertragswert, generell die Preisuntergrenze darstellen, da dies der Preis ist, den das noch funktionsausübende Unternehmen bei Aufgabe der Funktion für die Veräußerung der Produktionsanlagen erzielen kann.[911] Allerdings wird auch ein Substanzwert um **Schließungskosten** (Sozialpläne etc.) zu reduzieren sein, bevor die Preisuntergrenze ermittelt ist.[912]
- Bei der **funktionsaufnehmenden Gesellschaft** ist das Gewinnpotenzial **933** für die Höchstpreisvorstellung des Käufers maßgeblich. Gem. § 3 FVerlV sind dabei sämtliche **Standortvor- und -nachteile sowie Synergieeffekte** in die Ermittlung der Preisobergrenze einzubeziehen.[913]
- Immaterielle Wirtschaftsgüter, welche die Produktionsgesellschaft für die Ausübung der übernommenen Produktion vom Rechteinhaber im Konzern zur Nutzung überlassen bekommt – die also nicht mit übertragen werden –, sind im Rahmen des Fremdvergleichsmaßstabs mit einem Entgelt, zB durch eine **laufende Lizenzzahlung,** zu vergüten.

b) Verlagerung einzelner Produktionsschritte

Häufig übernehmen verbundene ausländische Gesellschaften lediglich ein- **934** zelne Produktionsschritte des inländischen Produktionsunternehmens und werden dabei als **Auftragsfertiger** (contract manufacturer), **Lohnfertiger** (consignment manufacturer) oder **Lohnveredler** (toll manufacturer; sog. verlängerte Werkbank) tätig. Während der Auftragsfertiger eigene Maschinen einsetzt, die erforderlichen Rohstoffe selbst beschafft und Eigentümer der produzierten Waren wird, setzt der Lohnfertiger typisierend zwar ebenfalls eigene Maschinen ein, jedoch werden regelmäßig zumindest Teile der Rohstoffe und Halbfertigprodukte durch den Auftraggeber beigestellt, der dann auch Eigentümer der produzierten Waren ist. Der Lohnveredler hingegen produziert typisierend mit vom Auftraggeber beigestellten Maschinen und Rohstoffen, sodass er nicht Eigentümer der hergestellten Produkte wird und ein reiner Dienstleister des Produktionsprinzipals ist. In allen drei Fällen überlässt der Produktionsprinzipal den Dienstleistern die notwendigen immateriellen Wirtschaftsgüter unentgeltlich im Wege der Beistellung.[914]

Die drei Formen zeichnen sich insb. durch eine unterschiedliche Einbindung in den Produktionsprozess aus. Auch wenn in Einzelfällen die Grenzen

---

[911] Vgl. *Borstell* StBJb 2001/02, 232; *Baumhoff* in Flick/Wassermeyer/Baumhoff, § 1 AStG Rn. 593; *Kuckhoff/Schreiber* IStR 1999, 321, 326.

[912] Vgl. auch oben Rn. 474 ff. und zum analogen Fall der Liquidation § 7 Abs. 2 FVerlV und unten Rn. 520 ff.

[913] Vgl. oben Rn. 480 ff. und zum analogen Fall der Liquidation § 7 Abs. 2 FVerlV und unten Rn. 520 ff.

[914] Vgl. Rn. 205, 206 VGr-FV und Kap. M Rn. 178 ff.

fließend sein mögen, ist jedoch allen gemeinsam, dass sie **kein erkennbares Absatzrisiko** tragen, da regelmäßig der Produktionsprinzipal Abnahmegarantien abgibt und das Marktrisiko trägt. Zudem haben sie ein stark vermindertes Lagerrisiko, führen idR keine eigenständige Produktforschung und -entwicklung aus, und sind folglich nicht Inhaber produktbezogener immaterieller Wirtschaftsgüter.[915]

935　Da die hergestellten Produkte vollständig vom inländischen Produzenten abgenommen werden, stehen die verbundenen ausländischen Auftragnehmer in einem starken **Abhängigkeitsverhältnis** zu ihrem jeweiligen Auftraggeber. Die verbundene ausländische Produktionsgesellschaft besitzt aufgrund fehlender eigener Vertriebstätigkeit keine vom inländischen Alleinabnehmer unabhängige Marktposition und ist aufgrund dessen auch nicht in der Lage, eigene unternehmerische Gewinnchancen zu realisieren.[916]

936　Da die verbundenen ausländischen Produktionsgesellschaften vergleichsweise untergeordnete Produktionsschritte für den inländischen Produzenten übernehmen, werden sie dafür als Dienstleister **regelmäßig** auf der Grundlage der **Kostenaufschlagsmethode** mit einem moderaten Gewinnaufschlag entgolten. In der Praxis ist in diesen Fällen die zugrunde zu legende **Kostenbasis** häufig der wesentliche **Streitpunkt** mit der FinVerw. Die FinVerw. bezieht hier häufig auch bei Auftragsfertigern die von ihr in Rn. 207 VGr-FV niedergelegte Position, dass die **Materialkosten nicht** in die Bemessungsgrundlage des Kostenaufschlags einfließen dürfen, da dem Auftragsfertiger insoweit kein Wertschöpfungsbeitrag zukomme. Dieser Auffassung ist **bei Auftragsfertigern,** die zivilrechtlich Eigentum an den Gütern des Wareneinsatzes (Rohstoffe, Materialien) erwerben und diese auch häufig zumindest zum Teil selbst beschaffen, **nicht zu folgen.** Der Auftragsfertiger trägt insoweit Risiken (Lagerhaltung, Untergang, Verderb), die sich in einem Gewinnaufschlag niederschlagen müssen. Lediglich dann, wenn die zivilrechtlichen Abreden sämtliche dieser Risiken dem Produktionsprinzipal zuweisen, kann von diesem Grundsatz abgewichen werden.

　In allen drei o. g. Konstellationen bleibt der bisherige Produktionsrechteinhaber unverändert und erlaubt lediglich, ggf. zeitlich begrenzt, einer verbundenen ausländischen Produktionsgesellschaft bestimmte Produktionsschritte für ihn gegen Entgelt auszuführen. Dies bedeutet jedoch auch, dass **Verluste** aus Produkten, die über kein Gewinnpotenzial (mehr) verfügen, **vom inländischen Alleinabnehmer zu tragen** sind.[917]

937　§ 1 Abs. 3 S. 9 AStG und § 1 Abs. 2 S. 1 FVerlV erfordern für das Vorliegen einer Funktionsverlagerung, dass eine Funktion einschließlich der dazugehörigen Chancen und Risiken verlagert wird. Aus der Analyse der Tatbestandsmerkmale des § 1 Abs. 3 S. 9 AStG ergibt sich, dass es sich dabei um unternehmerische Chancen und Risiken handeln muss, die Vergütung also über eine bloße Tätigkeitsvergütung mit Gewinnaufschlag hinausgehen muss.[918]

---

[915] Vgl. *Borstell/Jamin* in Kessler/Kröner/Köhler, Konzernsteuerrecht, 2008, § 8 Rn. 427.

[916] Vgl. *Kuckhoff/Schreiber* IStR 1999, 321; ähnlich *Kraft* in Kraft, AStG, § 1 Rn. 387.

[917] Vgl. *Kuckhoff/Schreiber* IStR 1999, 321.

[918] Vgl. oben Rn. 306 ff.

Demnach liegt in Fällen der Verlagerung einzelner Produktionsschritte auf ausländische Produktionsdienstleister (**„Outsourcing"**) schon tatbestandlich nach § 1 Abs. 3 S. 9 AStG **gar keine Funktionsverlagerung** vor, da bei diesem Vorgang nur funktionale Routine-Gewinnchancen übertragen werden.

Liegt aber doch eine Funktionsverlagerung vor, kommt es trotzdem in den **938** folgenden Fällen **nicht zu** einer Besteuerung der Funktionsabspaltung als **Funktionsverlagerung:**
– Soweit insb. die Lohnveredlung als (reine) **Dienstleistung** bewertet wird, würde nach § 1 Abs. 7 S. 1 FVerlV keine Funktionsverlagerung vorliegen.[919] Denn § 1 Abs. 7 FVerlV legt fest, dass eine Funktionsverlagerung nicht vorliegt, wenn nur Dienstleistungen erbracht werden, es sei denn, die Geschäftsvorfälle sind Teil einer Funktionsverlagerung. Nach internationalem Verständnis, zB nach Tz. 7.40 OECD-RL 2010, handelt es sich bei Lohnfertigung um eine Dienstleistung. Wichtig ist dabei auch, dass § 1 Abs. 7 FVerlV, anders als § 2 Abs. 2 FVerlV, unabhängig von der Verrechnungspreismethode, die zur Anwendung kommt, anwendbar ist, also insb. auch dann, wenn die Unternehmensgruppe nicht die Kostenaufschlagsmethode anwendet, sondern sich bei der Ermittlung der Verrechnungspreise zB auf die Perisvergleichsmethode oder die hier wohl einschlägige kostenbasierte transaktionsbezogene Nettomargenmethode (TNMM) stützt.[920]
Irritierend ist allerdings der zweite Teil der Vorschrift „es sei denn, die Ge- **939** schäftsvorfälle sind Teil einer Funktionsverlagerung". Problematisch daran ist, dass § 1 Abs. 3 S. 9 AStG jegliche Verlagerung als steuerlich relevante Funktionsverlagerung ansieht, auch die Überlassung einzelner Produktionsschritte, es sei denn, man sieht das Tatbestandsmerkmal der „Chancen und Risiken"[921] als nicht erfüllt an. Also handelt es sich auch bei der Verlagerung von einzelnen Produktionsschritten immer um Funktionsverlagerungen und § 1 Abs. 7 FVerlV würde nie zur Anwendung kommen. Das ist offensichtlich, auch nach der Begründung zu § 1 Abs. 7 FVerlV, nicht so gewollt. Es wäre sehr zu begrüßen, wenn der Wortlaut der Verordnung entsprechend klargestellt würde.
– Soweit Auftragsfertiger, Lohnfertiger oder Lohnveredler ihre Leistungen **940** ausschließlich gegenüber dem Produktionsprinzipal auf der Grundlage der **Kostenaufschlagsmethode** abrechnen, werden die Transaktionen durch § 2 Abs. 2 S. 1 FVerlV von den Rechtsfolgen des § 1 Abs. 3 S. 9 AStG befreit.[922]
Hat der Steuerpflichtige (Teile) der Produktion auf einen Auftragsfertiger, Lohnfertiger oder Lohnveredler verlagert, ist in den **Folgejahren** darauf zu achten, dass nicht doch eine Funktionsverlagerung ausgelöst wird. Dies kann

---

[919] Vgl. *Kraft* in Kraft, AStG, § 1 Rn. 380, 386 f. und oben Rn. 409 ff.
[920] Vgl. zur insoweit praxisnahen weiten Interpretation des § 2 Abs. 2 FVerlV durch die FinVerw. Rn. 67 VGr-FV und oben Rn. 394 ff.
[921] Vgl. zuvor Rn. 937 und oben Rn. 306 ff.
[922] Vgl. dazu iE oben Rn. 394 ff., hinsichtlich der insoweit praxisnahen weiten Interpretation des § 2 Abs. 2 FVerlV durch die FinVerw. Rn. 67 VGr-FV und oben Rn. 401 f.

vor allem dadurch geschehen, dass die Voraussetzung des § 2 Abs. 2 FVerlV nicht mehr (vollständig) erfüllt wird, da. zB die ausländische (Routine-)**Produktionsgesellschaft** beginnt, **eigenständig im Markt tätig** zu werden, wobei „Markt" in diesem Zusammenhang sowohl externe Kunden als auch andere Konzernunternehmen sein können, soweit diese zu höheren Preisen beliefert werden, als sich nach der Kostenaufschlagsmethode ergeben würde.[923] Insoweit liegt dann eine Funktionsverlagerung (Einschränkung der Vertriebsfunktion[924]) vor. In der Praxis ist deshalb unbedingt darauf zu achten, dass Auftragsfertiger, die durch Verlagerungsvorgänge aus dem Inland entstanden sind, ihre Produktion, soweit sie aus der Verlagerung stammt, vollumfänglich an das verlagernde Unternehmen liefern und auch andere Konzernunternehmen (und erst recht fremde Dritte) keinesfalls zu Preisen beliefern, die höher als diejenigen sind, die sie gegenüber dem ursprünglich verlagernden Unternehmen nach der Kostenaufschlagsmethode abrechnen.[925]

c) Weitere wichtige Einzelfragen

941   Im Zusammenhang mit der Verlagerung einer vollständigen Produktion oder einzelner Produktionsschritte auf ausländische verbundene Eigenproduzenten oder Lohnfertiger stellt sich in unterschiedlicher Intensität die Frage nach der steuerlichen Bedeutung
– des Auslaufens oder der Kündigung von Produktionsverträgen
– von Standortvorteilen ausländischer Produktionsgesellschaften
– von Stilllegungskosten beim inländischen Stammwerk und
– der Übertragung von Verlustproduktionen.

aa) Auslaufen und Kündigung von Produktionsverträgen

942   Zweifelsohne kann nach Auslaufen von Fertigungsverträgen bzw. nach deren ordentlicher, **fremdvergleichskonformer Kündigung** die entsprechende Produktion **ohne Entgelt verlagert werden,** wenn die Vertragslaufzeit, die Kündigungsfristen und die anderen Vertragsbestandteile dem Fremdvergleichsmaßstab entsprechen. Dies wird auch ausdrücklich von der Begründung zu § 1 Abs. 7 S. 2 FVerlV bestätigt. Es liegt dann zwar eine Funktionsverlagerung vor, aber fremde Dritte werten diesen Vorgang nicht als Veräußerung oder Erwerb einer Funktion.[926] Fraglich ist jedoch, wann in der Praxis Produktionsverträge auslaufen oder gekündigt werden und auf welche Sachverhalte die Überlegungen Anwendung finden können.

943   Ein **Eigenproduzent** hat ein **originäres Recht** (erworben), die von ihm produzierten Güter selbst zu vermarkten. Weder das Recht zu produzieren, noch das Recht die Produkte zu vertreiben, kann ihm vertraglich entzogen werden.[927]

---

[923] Vgl. Rn. 208 VGr-FV.
[924] Vgl. Rn. 209 VGr-FV.
[925] Vgl. Rn. 208–209 VGr-FV.
[926] Vgl. oben Rn. 421.
[927] Vgl. *Borstell* StBJb 2001/02, 235; teilweise ähnlich *Baumhoff* in Flick/Wassermeyer/Baumhoff, § 1 AStG Rn. 598.

Liegt der Fall eines **kündbaren Produktionsrechts** vor, so handelt es **944** sich um die **Überlassung** eines Produktionsrechts und nicht um eine Übertragung einer Produktion.[928] Der bekannteste Fall ist der des **Lizenzfertigers.** Zu unterscheiden sind dabei die beiden folgenden Konstellationen:

– Überlässt ein deutsches Produktionsunternehmen einem **ausländischen** **945** verbundenen Unternehmen das Recht, als Eigenproduzent bestimmte Produkte (ggf. für einen bestimmten Zeitraum) in Lizenz herzustellen, so wird dieser Vorgang nach § 1 Abs. 3 S. 9 AStG als Funktionsverlagerung behandelt, wenn keine Funktionsverdoppelung vorliegt,[929] auch wenn die Funktion nur zeitweise überlassen wird (§ 1 Abs. 2 S. 2 FVerlV).[930] Liegt eine zeitliche Begrenzung vor, so wird in diesem Fall allerdings unzweifelhaft nur ein Kapitalisierungszeitraum anzusetzen sein, der dem Zeitraum der Überlassung entspricht (§ 6 FVerlV).[931]

– Wird im umgekehrten Fall eines **inländischen** Produktionsunternehmens **946** bzw. Lizenzfertigers nach Auslaufen bzw. nach ordentlicher, fremdvergleichskonformer Kündigung des Fertigungs- bzw. Lizenzvertrags die Produktion (wieder) ins Ausland verlagert, handelt es sich nicht um eine Übertragung einer Geschäftschance oder eine Funktionsverlagerung, da es mit Beendigung der Überlassung des Produktionsrechts oder der Fertigungslizenz zum Verlust der Geschäftschance beim bisherigen temporären inländischen Produktionsrechteinhabers kommt.[932]

In anderen Fällen werden Fertigungsverträge zumeist mit Produktionsun- **947** ternehmen geschlossen, die mit ihren Tätigkeiten nur eingeschränkt Funktionen und Risiken übernehmen, also **Auftragsfertiger, Lohnfertiger und Lohnveredler.** Bei Beendigung eines solchen Fertigungsvertrags und einer darauf folgenden Verlagerung der Produktionsschritte vom In- ins Ausland kann keine Übertragung von Geschäftschancen erfolgen, da diese Unternehmen kein eigenes unternehmerisches Gewinnpotenzial aus ihrer Produktionstätigkeit entwickeln konnten.[933] In diesen Fällen werden auch dann keine inländischen Gewinnchancen verlagert, wenn sich ein solcher Vorgang zwischen ausländischen Tochtergesellschaften eines im Inland ansässigen internationalen Konzerns vollzieht.[934]

Für den Fall einer **vorzeitigen Auflösung seines Produktionsvertrags** **948** oder den Fall von Verstößen gegen den Fremdvergleichsgrundsatz aufgrund nicht angemessener Kündigungsfristen oder unzureichender Investitionsschutzklauseln hat das bisherige Produktionsunternehmen Anspruch auf Zahlung eines angemessenen Ausgleichs.[935]

---

[928] Vgl. *Borstell* StBJb 2001/02, 234.

[929] Vgl. oben Rn. 321 ff.

[930] Vgl. oben Rn. 423 ff.

[931] Vgl. oben Rn. 610 ff.

[932] Vgl. *Borstell/Jamin* in Kessler/Kröner/Köhler, Konzernsteuerrecht, 2008, § 8 Rn. 442; auch § 1 Abs. 7 S. 2 FVerlV und oben Rn. 421.

[933] Vgl. oben Rn. 306 ff.

[934] Vgl. *Borstell/Jamin* in Kessler/Kröner/Köhler, Konzernsteuerrecht, 2008, § 8 Rn. 441.

[935] Vgl. *Borstell* StBJb 2001/02, 235; gl. A. *Baumhoff* in Flick/Wassermeyer/Baumhoff, § 1 AStG Rn. 598.

bb) Standortvorteile der ausländischen Produktionsgesellschaft

949   Produktionsverlagerungen erfolgen häufig, um Standortvorteile einer Produktion im Ausland, wie zB niedrigere Löhne, staatliche Subventionen, Steuerfreiheiten oder besondere Abschreibungsmöglichkeiten zu nutzen. Fraglich ist, welchen Niederschlag diese Vorteile im Verrechnungspreissinn haben:
– Für Verlagerungen auf **ausländische Eigenfertiger** stellt sich die Frage, wie die Standortvorteile bei einer ggf. anfallenden Entschädigung für das abgebende Unternehmen zu berücksichtigen sind.
– Für Verlagerungen auf **ausländische Auftragsfertiger, Lohnfertiger und Lohnveredler** stellt sich die Frage, welche Kosten und wie dabei die Standortvorteile in die Kostenbemessungsgrundlage eingehen.

950   Fremde Dritte werden Vorteile ihrer Seite immer nur dann in Verhandlungen über einen Verrechnungspreis einbringen und damit ein Stück ihres zukünftigen Gewinnpotenzials abgeben, wenn sie aus wirtschaftlicher Sicht keine andere Wahl haben, dh ihre Verhandlungsposition schlecht ist. Demnach ist es grds. – abgesehen von Ausnahmesituationen – **unter fremden Dritten unüblich,** derartige **Standortvorteile bei der Preisfindung zu berücksichtigen.**[936] Daran ändert auch die Tatsache nichts, dass § 1 Abs. 3 S. 5–7 und 9 AStG einen hypothetischen Fremdvergleich etabliert haben, der letztlich diese Realität nicht abbildet (Beweislast des Steuerpflichtigen, Mittelwertvermutung) und zudem durch die Annahme einer vollen Informationstransparenz in § 1 Abs. 1 S. 3 AStG Elemente berücksichtigt, die den Fremdvergleichgrundsatz ad absurdum führen. Die Fremdvergleichswidrigkeit der Vorschriften macht es insb. zwingend, dass die gesetzlichen Vorgaben zur Funktionsverlagerung zumindest nicht analog auf Sachverhalte angewendet werden, bei denen andere Marktpreisprobleme zu lösen sind, zB im Rahmen der Gestaltung laufender Verrechnungspreise.

951   Bei Übertragung auf einen **ausländischen Eigenfertiger** schreibt § 1 Abs. 3 AStG bzw. § 3 Abs. 2 S. 1 FVerlV vor, dass **Standortvorteile** bei der **Ermittlung des Gewinnpotenzials** (im Regelfall der funktionsaufnehmenden Gesellschaft) **zu berücksichtigen** sind.[937] Dies ist zunächst systematisch nicht zu beanstanden, wesentlich ist der nächste Schritt, in dem nach § 1 Abs. 3 S. 7 AStG innerhalb des Einigungsbereichs der Preis mit der höchsten Wahrscheinlichkeit zu bestimmen, glaubhaft zu machen und zu dokumentieren ist. Dabei ist der Nachweis zu führen, dass fremde Dritte auch unter den gegebenen Rahmenbedingungen der betrachteten Funktionsverlagerung den Preis für die Funktion so angesetzt hätten. Dafür hat der Steuerpflichtige nach der Gesetzeslage die Beweislast. Ansonsten ist gem. § 1 Abs. 3 S. 7 AStG der Mittelwert des Einigungsbereichs anzusetzen, womit die Standortvorteile geteilt würden.[938]

---

[936] Vgl. *Borstell* StBJb 2001/02, 234; ähnlich: *Kraft* in Kraft, AStG, § 1 Rn. 369 mwN; *Kuckhoff/Schreiber* IStR 1999, 321, 329.

[937] Vgl. oben Rn. 474 ff.

[938] Vgl. oben Rn. 511 ff.; *Borstell/Jamin* in Kessler/Kröner/Köhler, Konzernsteuerrecht, 2008, § 8 Rn. 436. Vgl. zu den insb. von China eingenommenen gegenteiligen Position oben Rn. 486 und Kap. B Rn. 288.

Bei Übertragung auf einen **ausländischen Auftragsfertiger, Lohnferti-** 952
ger oder Lohnveredler, der die Verrechnungspreise nach der Kostenaufschlagsmethode bestimmt, ist bei Erfüllung weiterer Voraussetzungen **§ 1
Abs. 3 S. 9 AStG** aufgrund der Vorschrift des § 2 Abs. 2 FVerlV auf den
Verlagerungsvorgang **regelmäßig nicht anzuwenden.**[939] Hinsichtlich der
Festsetzung der laufenden Verrechnungspreise ist der Verrechnungspreis,
wenn die Preisvergleichsmethode nicht anwendbar ist, nach der **Kostenaufschlagsmethode** zu bestimmen, entweder nach § 1 Abs. 3 S. 1 oder S. 2
AStG, je nachdem, ob uneingeschränkt oder nur eingeschränkt vergleichbare
Fremdvergleichswerte für den Gewinnaufschlag auf eine bestimmte Kosten-
basis verfügbar sind. Dies dürfte im Regelfall gelingen. Für die **Definition
der Kostenbasis** werden fremde Dritte ihre Vorteile immer nur dann in
Verhandlungen über einen Verrechnungspreis einbringen, wenn sie aus wirtschaftlicher Sicht keine andere Wahl haben, dh ihre Verhandlungsposition
schlecht ist. Demnach werden sie grds. **nicht bereit sein, ihre niedrigeren
Standortkosten zur Grundlage der** Verrechnungspreisbildung nach der
Kostenaufschlagsmethode zu machen, sondern entweder die deutschen
Kosten oder jedenfalls ihre lokalen Kosten mit erheblichen Zuschlägen, die
ihren Standortvorteil widerspiegeln, zugrunde legen wollen.[940]

Wesentlich wird also sein, welche **Verhandlungsposition** die Auftragsfer- 953
tiger, Lohnfertiger oder Lohnveredler haben, ob sie von den Aufträgen des
deutschen Produktionsprinzipals abhängen oder ob dieser vielmehr auf die
Verfügbarkeit billigerer Produktionsressourcen angewiesen ist. In der Praxis
wird die **FinVerw.** regelmäßig die Position beziehen, dass die Verhandlungsmacht der ausländischen Auftragsfertiger, Lohnfertiger oder Lohnveredler
schwächer als die des inländischen Produktionsprinzipals ist. In der **wirtschaftlichen Realität** vieler (inländischer verlagernder) Unternehmen wird
dies gerade nicht zutreffend sein, da der Kostendruck sie letztlich zu Verlagerungen zwingt und dies den aufnehmenden Unternehmen gem. § 1 Abs. 1
S. 3 AStG auch bekannt ist. Es zeigt sich in der Praxis ebenso, dass unabhängige Produktionsunternehmen in Niedrigkostenstandorten meist auch in der
Lage sind, wenigstens einen Teil der Standortvorteile bei sich zu belassen.
Vielen Praktikern werden in diesem Zusammenhang die Ergebnisse von Datenbankrecherchen für Auftrags- oder Lohnfertiger in Ländern wie zB **Indien** bekannt sein, die nicht selten in Gewinnaufschlägen zwischen 20% und
30% enden. Zudem sei auf die von **China** im **UN Practical Manual 2013**
vehement vertretene Auffassung verwiesen, dass sog. location specific advantages, insb. location savings, keinesfalls ohne Grund dem Produktionsprinzipal
zugerechnet werden können.[941] Auch sei an dieser Stelle nochmals an das
rechtskräftige Urteil des FG Münster erinnert, in dem eine hälftige Teilung

---

[939] Vgl. oben Rn. 385 ff. Zu der insb. von China vehement vertretenen Position,
dass sog. location specific advantages, insb. location savings, keinesfalls ohne Grund
dem Produktionsprinzipal zugerechnet werden können vgl. oben Rn. 486 und Kap. B
Rn. 288. Zudem werden bei Verlagerungen auf Auftragsfertiger, Lohnfertiger und
Lohnveredler keine unternehmerischen Gewinnchancen übertragen, sodass per se bereits keine Funktionsverlagerung vorliegt. Vgl. dazu oben Rn. 306 ff.

[940] Vgl. *Borstell* StBJb 2001/02, 234; ähnlich: *Kuckhoff/Schreiber* IStR 1999, 321, 329;
für eine bis zu hälftige Teilung vgl. FG Münster 16.3.2006, EFG 2006, 1562.

[941] Vgl. oben Rn. 486 und Kap. B Rn. 288.

von Standortvorteilen als steuerlich akzeptabel betrachtet wird.[942] Die Vorschriften des § 1 Abs. 3 S. 7 AStG und zB § 3 Abs. 2 S. 1, § 7 FVerlV, die auf eine **Teilung der Standortvorteile** bei Funktionsverlagerungen zielen, sind jedenfalls **nicht einschlägig,** da es sich hier um die Festsetzung laufender Verrechnungspreise im Anschluss an eine Funktionsverlagerung und nicht um den Verlagerungsvorgang selbst handelt. Dennoch geht die Fin-Verw. davon aus, dass im Fall von ausländischen Auftragsfertigern, Lohnfertigern oder Lohnveredlern der überwiegende (wenn nicht gar der vollständige) Anteil der Standortvorteile dem inländischen Prinzipal zufließt. Hiervon abweichende Regelungen bedürfen deshalb einer besonders sorgfältigen Dokumentation.

cc) Schließungs- und Stilllegungskosten

954   Die Übertragungen von (Teil-)Betrieben und einzelner Produktionsschritte haben für das übertragende Unternehmen häufig erhebliche Stilllegungs- oder Schließungskosten zur Folge. Diese können sich u. a. aus den **Kosten** weiterlaufender Mietverträge, Mitarbeiterabfindungen, nicht amortisierter Investitionen sowie den Aufwendungen für die Stilllegung der bisherigen Fertigungsstätte, bspw. durch Abriss, Verschrottung, Entsorgung oder Reinigung zusammensetzen. Schließungskosten fallen idR nur dann an, wenn der verlagerte (Teil) der Produktion tatsächlich eingestellt wird. Werden die durch die Verlagerung frei werdenden Kapazitäten durch neue Aktivitäten wieder aufgefüllt (Substitution), werden kaum Schließungskosten entstehen.

955   Bei der Verlagerung einer inländischen Produktion auf einen **ausländischen Eigenproduzenten** ist zum einen zu prüfen, ob **zivilrechtliche Ansprüche** gegen das übernehmende Unternehmen bestehen. Dies wird aber eher selten der Fall sein.[943] Zum anderen sind nach § 7 Abs. 1 S. 1 FVerlV Schließungskosten in die Ermittlung des **Mindestpreises des abgebenden Unternehmens** mit einzubeziehen. Sie erhöhen den Mindestpreis.[944] Allerdings sind nach § 7 Abs. 1 S. 2 FVerlV auch die tatsächlich bestehenden Handlungsalternativen des verlagernden Unternehmens im fiktiven Fall seiner Konzernunabhängigkeit zu berücksichtigen.[945] Nach den Mechanismen des § 1 Abs. 3 S. 5–7 und 9 AStG werden damit tendenziell Schließungskosten zwischen abgebendem und aufnehmendem Unternehmen geteilt, wenn kein anderer Nachweis durch den Steuerpflichtigen geführt werden kann.

956   Bei der Übertragung einer Produktion oder einzelner Produktionsschritte auf einen **Auftragsfertiger, Lohnfertiger oder Lohnveredler** können dem aufnehmenden ausländischen Produktionsunternehmen, da es sich bei ihm um einen Dienstleister handelt, **im Regelfall keine Stilllegungs- oder Schließungskosten zugeordnet** werden. Diese verbleiben dann im inländischen (Prinzipal)Unternehmen.

---

[942] FG Münster v. 16.3.2006, EFG 2006, 1562.

[943] Vgl. *Borstell/Jamin* in Kessler/Kröner/Köhler, Konzernsteuerrecht, 2008, § 8 Rn. 431 f. und oben Rn. 942 ff.

[944] Vgl. oben Rn. 474 ff.

[945] Vgl. oben Rn. 487 ff.

dd) Übertragung einer Verlustproduktion

Die gängige Bezeichnung „Verlustproduktion" bezieht sich in aller Regel **957** auf Sachverhalte, bei denen es unter den gegebenen Standortbedingungen im Inland nicht mehr möglich ist, ein Produkt zu einem Preis zu produzieren, der einen integrierten Gewinn über die gesamte Wertschöpfungskette des Konzerns erlaubt. Die Produktion wird daher ins Ausland verlagert. Es kann aber auch um Fälle gehen, in denen durch die Verlagerung ins Ausland nur Verluste vermindert werden, im Ausland also auch Produktionsverluste auftreten, das Produkt aber weiter produziert werden muss, zB, weil es ein wichtiges Komplementärprodukt zu profitablen Geschäftsaktivitäten ist.

Systematisch macht es für die Vorgehensweise des § 1 Abs. 3 S. 9 AStG **958** **keinen Unterschied, ob** eine **profitable oder** eine **verlustträchtige Produktion** ins Ausland übertragen wird.

Die **unterschiedliche Profitabilität wirkt** sich nach § 1 Abs. 3 S. 6 **959** AStG, § 7 FVerlV über das erwartete **Gewinnpotenzial** auf den Mindestpreis des abgebenden Unternehmens und damit auf die Untergrenze des Einigungsbereichs aus. Das Gewinnpotenzial des abgebenden Unternehmens ist dabei negativ.

Entscheidend sind in der Folge die Fragen,
– ob fremde Dritte für die Übernahme von Verlustproduktionen überhaupt bereit sind, eine Vergütung zu bezahlen,
– ob das übernehmende Unternehmen nicht seinerseits eine Entschädigung für die Übernahme einer Verlustproduktion verlangen wird und
– wie § 1 Abs. 3 S. 7 AStG diese Frage löst.

Unter **fremden Dritten** ist es entscheidend, welche der Parteien welche **960** **Marktstellung und Verhandlungsposition** hat. Ist das inländische Unternehmen vor seinem Markthintergrund in der Lage, auf die Produktion des verlustträchtigen Produkts ganz zu verzichten, wird es keinesfalls eine Vergütung an die verbundene ausländische Gesellschaft zahlen. Andererseits wird die funktionsaufnehmende Gesellschaft nicht bereit sein, ihren Standortvorteil ganz oder zu einem erheblichen Teil durch Zahlung einer Vergütung an das inländische Unternehmen diesem weiterzugeben, wenn sie auch andere Optionen für Produktionsaufträge hat. Soweit also die Marktposition und Verhandlungsstärke der Parteien ausgewogen ist, wird im **häufigsten Fall keine Vergütung** erfolgen, da gerade das inländische Unternehmen es ansonsten vorziehen dürfte, die Produktion zu schließen.[946]

Liegen jedoch **extreme Marktverhältnisse** vor, zB weil das funktionsab- **961** gebende Unternehmen unbedingt auf die Herstellung des defizitären Produkts als Komplementärprodukt angewiesen ist oder im entgegengesetzten Fall die funktionsaufnehmende Gesellschaft erhebliche ungenutzte Überkapazitäten hat, kann es auch unter fremden Dritten zu anderen Ergebnissen kommen.[947] Sollte das funktionsabgebende Unternehmen wiederum unter einem wirtschaftlichen Zwang stehen, seine Produktion aus Profitabilitäts-

---

[946] Vgl. *Borstell* StBJb 2001/02, 234; ähnliche Überlegungen finden sich bei *Kuckhoff/Schreiber* IStR 1999, 321, 329, die zum Ansatz des Mittelwerts zwischen Preisober- und -untergrenze tendieren.
[947] Vgl. *Borstell* StBJb 2001/02, 234; im Ergebnis zu einem ähnlichen Ergebnis gelangend *Baumhoff* in Flick/Wassermeyer/Baumhoff, § 1 AStG Rn. 599.

gründen ins Ausland zu verlagern, hätte die funktionsaufnehmende Gesellschaft die stärkere Verhandlungsposition und könnte eine Goodwillabgeltung ausschließen.

962 Gleiche Überlegungen gelten ebenfalls für den Fall, dass ein Unternehmen befürchtet, aufgrund **sich ändernder Marktumstände in Zukunft** mit der heimischen Produktion, zB aufgrund von Kostengründen, keinen Gewinn mehr erwirtschaften zu können und daher die Produktion ins Ausland übertragen möchte. Sein zukünftiges Gewinnpotenzial wäre dann ebenfalls negativ.[948]

Diffizil wird diese Diskussion, wenn es sich um Fälle handelt, in denen die Produktion im Inland aus wirtschaftlichen, tatsächlichen oder auch rechtlichen Gründen nicht oder **nicht mehr profitabel** möglich ist, das verlagernde Unternehmen **aber** zweifellos über **werthaltige immaterielle Wirtschaftsgüter** verfügt, die für ein übernehmendes Unternehmen werthaltig sind.

963 Beispielhaft seien hier einerseits **energieintensive Industrien,** wie bspw. die Aluminiumindustrie genannt. Die Herstellung von Aluminium ist in Deutschland aufgrund der im internationalen Vergleich extrem hohen Energiekosten nicht mehr rentabel möglich. Aluminium herstellende Unternehmen haben deshalb die Wahl, ihre Tätigkeit einzustellen oder ihre Produktion in Staaten zu verlagern, in denen die Energiekosten niedriger sind. In dieser Konstellation wissen sowohl übertragendes als auch übernehmendes Unternehmen um die wirtschaftlichen Rahmenbedingungen und die Gewinnpotenziale des anderen. Hier ist durchaus vorstellbar, dass das übernehmende Unternehmen bereit ist, für die ihm eingeräumte Gewinnerzielungsmöglichkeit einen Preis zu bezahlen, so es (nur) dadurch in den Besitz der notwendigen immateriellen Wirtschaftsgüter kommen kann.

Ähnliches gilt für die deutsche **Atomkraftindustrie,** die per Gesetz gezwungen wird, ihre Tätigkeit im Inland einzustellen und als Reaktion ggf. ihre Herstellung ins europäische Ausland verlagert. Auch hier ist denkbar, dass ein übernehmendes Unternehmen bereit ist, eine Vergütung für die übertragene Produktion zu entrichten.

964 Offensichtlich kommt der sorgfältigen **Dokumentation** aller Umstände und Erwägungen der Verhandlungsparteien entscheidende Bedeutung zu.

965 Auf der Grundlage des allgemeinen Fremdvergleichsmaßstabs ergeben sich also Situationen, in denen es **unter fremden Dritten zu keiner Entgeltlichkeit** kommt. Es handelt sich aber dabei nicht um Durchbrechungen des Fremdvergleichsmaßstabs, sondern um Fallgestaltungen, bei denen sich dieses Ergebnis systemkonform aus den Rahmenbedingungen der Transaktion ergibt.

966 Grundsätzlich folgt § 1 Abs. 3 S. 6 und 7 AStG und § 7 FVerlV systematisch diesem Vorgehen, wenn man von allgemeinen Kritikpunkten, wie der fremdvergleichswidrigen Unterstellung der Informationssymmetrie[949] absieht.

967 Zusätzlich enthält **§ 7 FVerlV** mehrere **wichtige Klarstellungen.**
 – Nach § 7 Abs. 2 FVerlV soll der **Mindestpreis** des abgebenden Unternehmens der **Liquidationswert** sein, wenn das verlagernde Unternehmen

---

[948] Vgl. *Borstell* StBJb 2001/02, 234; *Baumhoff* in Flick/Wassermeyer/Baumhoff, § 1 AStG Rn. 596.
[949] Vgl. oben Rn. 439 ff.

aus rechtlichen, tatsächlichen oder wirtschaftlichen Gründen nicht mehr dazu in der Lage ist, die Funktion mit eigenen Mitteln selbst auszuüben. Da der Liquidationswert auch die Schließungskosten berücksichtigen muss, kann der Mindestpreis auch negativ sein. Der Übergang von einer Gewinnpotenzialbetrachtung zu einem Substanzwert (Liquidationswert) dürfte in der Praxis für den Fall der erzwungenen Einstellung („Liquidation") einer Funktion fremdvergleichskonform sein und betont, dass die Funktionsverlagerung auf dem Grundsatz des Going concern aufbaut und daher diese Vorschrift keine systemwidrige Durchbrechung der Vorgehensweise des § 1 Abs. 3 S. 6 AStG darstellt.[950]

– § 7 Abs. 3 FVerlV betrifft direkt die Übertragung von **dauerhaft verlust-** **968** **trächtigen Funktionen.** Nach ihr wird dabei die Mindestpreisvorstellung der abgebenden Partei durch den **niedrigeren,** für das abgebende Unternehmen günstigeren **absoluten Wert von zukünftigem Verlustpotenzial oder Schließungskosten** bestimmt. Nach dieser Vorschrift entspricht es dann, und das ist eine überaus wichtige und begrüßenswerte Klarstellung, dem Verhalten eines ordentlichen und gewissenhaften Geschäftsleiters, wenn dieser entweder

ein Entgelt für die Funktionsverlagerung vereinbart, das **nur einen Teil der Schließungskosten deckt,** oder sogar

eine **Ausgleichszahlung** für die zu übernehmenden Verlustquellen **an das übernehmende Unternehmen** leistet.[951]

– Da § 7 Abs. 2 und 3 FVerlV lediglich den Mindestpreis des abgebenden **969** Unternehmens behandeln und damit die Untergrenze des Einigungsbereichs bestimmt wird, regelt **§ 7 Abs. 5 FVerlV,** dass „auch in den Fällen der Abs. 2 und 3, in denen der Mindestpreis des verlagernden Unternehmens bei Null oder darunter liegt, ... nach dem Fremdvergleichsgrundsatz zu prüfen ist, ob ein unabhängiger Dritter nach § 1 Abs. 3 S. 9 in Verbindung mit § 1 Abs. 3 S. 7 des Außensteuergesetzes bereit wäre, einen Preis für die Übernahme der Funktion zu bezahlen." Wie oben anhand der Beispiele zur Aluminium- oder Atomkraftindustrie dargestellt, kann dies tatsächlich gegeben sein. Der Preis, den das übernehmende Unternehmen ggf. bereit ist zu zahlen, entspricht dann dem Höchstpreis bzw. der Obergrenze im Einigungsbereich. Fraglich ist dann, in welche Höhe der angemessene **Verrechnungspreis im Einigungsbereich** bestimmt wird. Es wird dann **im Einzelfall zu entscheiden** und auch zu dokumentieren sein, ob dies der Mittelwert oder ein anderer, niedrigerer Wert ist.

2. Verlagerung der Vertriebsfunktion

Auch auf der Vertriebsseite versuchen international tätige Unternehmen, **970** ihre **Vertriebsstrukturen zu konzentrieren und zu verschlanken.** Häufig werden dazu zentrale Vertriebsgesellschaften, auch in niedrig besteuerten Gebieten, errichtet und die bestehenden Landesvertriebsgesellschaften in sog. Limited Risk Distributors, Kommissionäre oder Handelsvertreter umgewandelt.

---

[950] Vgl. Rn. 120 VGr-FV und oben Rn. 520 ff.
[951] Vgl. dazu oben Rn. 523 ff.

971   Den ordentlichen und gewissenhaften Geschäftsleitern der beteiligten Konzernunternehmen steht selbstverständlich im Rahmen ihrer **Organisationsfreiheit** das Recht zu, die Vertriebsstruktur für ihren Konzern nach betriebswirtschaftlich sinnvollen Maßstäben neu zu ordnen.

972   Ein **Absatzmarkt** stellt die Summe der Absatzmöglichkeiten bestimmter Produkte und Dienstleistungen in einem bestimmten geografisch abgegrenzten Gebiet dar, der sich in der Vergangenheit konkretisiert hat und auf zukünftige Geschäftsabschlüsse mit hinreichender Sicherheit vertrauen lässt.[952]

973   Werden **bisher unbearbeitete Märkte („Greenfield Investment")** übertragen, liegt noch keine hinreichend konkretisierte Geschäftschance vor, die schuldrechtlich übertragen werden könnte. Daher ergeben sich keine ertragsteuerlichen Konsequenzen.

974   Wird jedoch ein **bereits bearbeiteter Markt** neu strukturiert, so ist zu unterscheiden zwischen
   – Übertragungen auf einen Eigenhändler, bei denen die Bearbeitung eines Marktes (ggf. zeitlich begrenzt) vollständig einem anderen verbundenen Unternehmen übertragen wird, und
   – der Überlassung von partiellen Marktbearbeitungsrechten an einen Kommissionär oder Handelsvertreter, die das Recht erhalten, zeitlich begrenzt Vermittlungsleistungen für Rechnung des Prinzipals vorzunehmen und dafür eine Provision erhalten, wobei der Prinzipal Inhaber der eigentlichen Marktrechte bleibt.[953] Analog gilt dies auch für funktionsschwache Vertriebsgesellschaften, sog. Limited Risk Distributors, die von ihrer wirtschaftlichen Substanz her einem Kommissionär oder Handelsvertreter ähneln, im Unterschied zu diesen aber Eigentum an den gehandelten Produkten erwerben.

a) Übertragung von Absatzmärkten auf Eigenhändler

975   Wird eine bestehende Vertriebsfunktion eines inländischen Unternehmens für ein bestimmtes ausländisches Gebiet auf ein ausländisches Unternehmen übertragen, das als Eigenhändler auftritt, und verliert folglich das inländische Unternehmen das Recht, in diesem Gebiet seine Produkte zu vertreiben, so handelt es sich um eine Funktionsverlagerung in der Form der **Übertragung eines Absatzmarktes**.[954] „Ein Unternehmen ist ein typischer Eigenhändler, wenn es die Vermarktungsfunktionen (zB Werbung, Vertrieb usw.) ausübt und über die entsprechenden Entscheidungskompetenzen verfügt und wenn ihm auch die für die Tätigkeit eines Eigenhändlers wesentlichen Betriebsgrundlagen (zB Kundenstamm) und die Chancen und Risiken (zB Lagerrisiko) zuzurechnen sind."[955]

Für die Entschädigung der Übertragung von Absatzmärkten auf Eigenhändler bestehen zwei grds. **parallel zueinander anwendbare rechtliche Vorschriften,**
   – der Fremdvergleichmaßstab nach § 1 AStG und

---

[952] Vgl. *Isensee* IStR 1999, 527 f.
[953] Vgl. *Borstell* StBJb 2001/02, 220 ff.
[954] Vgl. Rn. 211 VGr-FV.
[955] Rn. 210 VGr-FV.

– die analoge Anwendung des Ausgleichsanspruchs eines Handelsvertreters nach § 89b HGB.

aa) Fremdvergleichsmaßstab – Rechtslage bis VZ 2007[956]

Vor Einführung der gesetzlichen Regelungen zu Funktionsverlagerungen **976** in § 1 Abs. 3 AStG führte die Übertragung eines Absatzmarktes nur dann zu steuerlichen Konsequenzen, wenn entweder ein (Teil-)Betrieb oder eine „konkret bewertbare Geschäftschance" übertragen wurde.[957] Zudem musste das erwerbende Unternehmen u. a. in der Lage sein, die Geschäftschance auch personell, finanziell und organisatorisch zu nutzen.[958]

Der **BFH** hat zur Übertragung von Absatzmärkten außerhalb des Ausgleichsanspruchs von § 89b HGB nur in **zwei Urteilen vom 20.8.1986**[959] Stellung genommen. Darin hat er für die Übertragung eines Absatzmarktes im Konzern das notwendige Maß der Konkretisiertheit mit dem Bestand eines immateriellen **Wirtschaftsguts „Kundenstamm"** (bzw. „Markt und Kundenstamm") gleichgesetzt. Der erkennende Senat ging davon aus, dass ein Kundenstamm, obwohl an sich ein Bestandteil des umfassenden Geschäftswerts, dennoch für sich ein immaterielles firmenwertähnliches Einzelwirtschaftsgut darstellen kann, wenn er selbstständig übertragen wird.[960]

bb) Fremdvergleichsmaßstab – Neuregelung ab VZ 2008

Durch § 1 Abs. 3 S. 9 AStG wird eine Steuerpflicht bei der Verlagerung **977** von Vertriebsfunktionen auch dann angenommen, wenn kein konkret bewertbares immaterielles Wirtschaftsgut in Form von Kundenstämmen oder konkreten Geschäftschancen existiert, die mit der Übertragung eines Absatzmarktes zusammenhängen. § 1 Abs. 3 S. 9 AStG differenziert zudem nicht danach, ob die übertragene Vertriebsfunktion einen (Teil-)Betrieb darstellt oder nicht. Mit Einführung des § 1 Abs. 3 S. 9 AStG hat eine Bewertung bei Funktionsverlagerungen **unabhängig vom** Vorliegen eines **(Teil-)Betriebs oder konkretisierter Geschäftschancen** auf der Basis des Transferpakets immer nach den Maßstäben der Gesamtbewertung unter Einbeziehung eines Goodwillelements zu erfolgen.[961]

Gleiches gilt grds. auch für die **zeitlich begrenzte Übertragung eines** **978** **Vertriebsrechts** (§ 1 Abs. 2 S. 2 FVerlV). Es treten die gleichen Rechtsfolgen nach § 1 Abs. 3 S. 9 AStG ein, nur dass die Bewertung des Transferpakets nur auf den Zeitraum der vertraglichen Übertragung abzustellen ist (§ 6 FVerlV).

Wie in allen anderen Fällen der Funktionsverlagerung hat der Steuerpflich- **979** tige auch bei der Übertragung von Absatzmärkten die Möglichkeit, die Funktionsverlagerung **steuerlich gegen eine laufende Vergütung** auszugestalten und so die Einmalbesteuerung im Zeitpunkt der Vornahme der

---

[956] Vgl. dazu iE oben Rn. 781 ff.

[957] Vgl. BFH 16.9.1970, BStBl. II 1971, 175; BFH 17.3.1977, BStBl. II, 595; FG Berlin 22.5.1989, EFG 1990, 264. Dazu auch oben Rn. 813 ff.

[958] Vgl. *Kuckhoff/Schreiber* IStR 1999, 325 f.

[959] BFH 20.8.1986, BFH-NV 1987, 468 und BFH 20.8.1986, BFH-NV 1987, 471.

[960] Vgl. BFH 20.8.1986, BFH-NV 1987, 468. Zum abweichenden Ergebnis der zweiten Entscheidung wegen der sog. Sogwirkung der Marke vgl. unten Rn. 986.

[961] Vgl. oben Rn. 314 ff. und 458 ff.

Funktionsverlagerung bei einer Verlagerung gegen Festpreis zu vermeiden (§ 4 Abs. 2 FVerlV). Wie auch schon zu den Verlagerungen der Produktion ausgeführt, ist bei einer **Verlagerung gegen ein wiederkehrendes Entgelt** darauf zu achten, dass die wiederkehrenden Zahlungen umsatz- oder gewinnabhängig und damit betraglich unsicher sind, um zu vermeiden, dass die Gestaltung als Funktionsverlagerung gegen Festpreis in Form eines Ratenkaufs angesehen wird. Einen Ratenkauf könnte insb. dann unterstellt werden, wenn die wiederkehrenden Entgelte in ihrer absoluten Höhe vertraglich fixiert werden.[962]

980　Folgende **Einzelpunkte** sind im Zusammenhang mit Übertragungen von Absatzmärkten auf einen Eigenhändler zu beachten:

981　– Idealtypisch ist der beizumessende Wert gem. § 1 Abs. 3 S. 1 AStG anhand der Preisvergleichs-, Wiederverkaufspreis- oder Kostenaufschlagsmethode zu ermitteln, soweit Fremdvergleichswerte ermittelt werden können, die ggf. nach Anpassungsrechnungen uneingeschränkt vergleichbar sind. Während die Voraussetzungen dafür im Falle der Produktionsverlagerung[963] selten erfüllt sein werden, sind Übertragungen im Vertriebsbereich mit oder zwischen fremden Dritten nicht selten. Deshalb können **Fremdvergleichspreise** ermittelbar sein, in vielen Fällen sogar als innerer Preisvergleich, wenn das Unternehmen auch fremde Dritte Eigenhändler abfindet.[964] Dagegen ist die Anwendung einer geeigneten Verrechnungspreismethode bei Vorliegen eingeschränkt vergleichbarer Fremdvergleichspreise nach § 1 Abs. 3 S. 2 AStG auch für Vertriebsverlagerungen untypisch.

982　– Nur wenn keine uneingeschränkt oder eingeschränkt vergleichbaren Fremdvergleichswerte nachzuweisen sind, liegt tatbestandlich eine Funktionsverlagerung nach § 1 Abs. 3 S. 9 AStG vor. § 1 Abs. 3 S. 5 AStG fordert dann die Durchführung des sog. **hypothetischen Fremdvergleichs,** der den Einigungsbereich auf der Grundlage der Bewertung der Funktion als Ganzes aus Sicht sowohl des aufnehmenden als auch des abgebenden Unternehmens unter Berücksichtigung funktions- und risikoadäquater Kapitalisierungszinssätze ermittelt. Innerhalb des Einigungsbereichs ist der Wert als angemessener Verrechnungspreis zugrunde zu legen, der dem Fremdvergleichsgrundsatz mit der höchsten Wahrscheinlichkeit entspricht. Wird kein solcher Wert glaubhaft gemacht, ist gem. § 1 Abs. 3 S. 7 AStG der Mittelwert des Einigungsbereichs als Verrechnungspreis anzusetzen.[965]

983　– Beim funktionsabgebenden Unternehmen sind die zu erwartenden Gewinnpotenziale sowohl bei Beibehaltung als auch bei Abgabe der Funktion zu vergleichen sowie deren Differenz zu bestimmen, wobei **Schließungskosten** mit zu berücksichtigen sind. Schließungskosten sind allerdings bei Restrukturierungen im Vertriebsbereich idR von geringerer Relevanz als im Produktionsbereich. In den VGr-FV[966] wird darauf hingewiesen, dass

---

[962] Vgl. dazu iE oben Rn. 210 ff., 694 ff., 928.

[963] Vgl. oben Rn. 929.

[964] Vgl. zB unten Rn. 1001.

[965] Vgl. iE zum hypothetischen Fremdvergleich und der Ermittlung des Einigungsbereichs oben Rn. 454 ff. und 461 ff.

[966] Vgl. Rn. 212 VGr-FV.

ein Eigenhändler in vielen Fällen seine Vertriebsfunktion auch unabhängig von der Produktionsgesellschaft durchführen kann, da er über notwendige Betriebsgrundlagen, wie bspw. den Kundenstamm verfügt. Dies ist bei der Ermittlung des Mindestpreises zu berücksichtigen und kann bspw. auch die Form einer Entschädigung für ein Wettbewerbsverbot haben. In der Praxis spielt gerade dieser Punkt in Betriebprüfungen über Umstrukturierungen im Vertriebsbereich eine erhebliche Rolle. Steuerpflichtigen ist deshalb anzuraten, diesen Punkt bei der Bewertung der Funktionsverlagerung zu berücksichtigen und zugrunde gelegte Annahmen sorgfältig zu dokumentieren. Bei der funktionsaufnehmenden Gesellschaft sind bei der Bestimmung des Gewinnpotenzials gem. § 3 FVerlV auch sämtliche **Standortvor- und -nachteile sowie Synergieeffekte** in die Ermittlung einzubeziehen.[967]

cc) Unter fremden Dritten nicht entgeltpflichtige Vorgänge

Unter fremden Dritten gibt es Sachverhaltskonstellationen, in denen diese **984** nicht bereit sind, einen Ausgleich für die Übertragung einer Vertriebsfunktion zu zahlen.[968] Dies gilt insb. dann, wenn die Übertragung eines Marktes von einer Tochtergesellschaft auf eine Muttergesellschaft erfolgt und der Muttergesellschaft durch die Übertragung kein Vermögenswert zufließt, den sie nicht vorher bereits besessen hat.[969]

Demnach muss bei den folgenden typischen Sachverhalten die **fremdver-** **985** **gleichskonforme Lösung** darüber gefunden werden, dass
– keine Vertriebsfunktion übergeht, zB weil das Vertriebsunternehmen gar nicht wirtschaftlicher Inhaber des Vertriebsrechts ist,
– der Wert der übergehenden Vertriebsfunktion für das aufnehmende Unternehmen Null ist oder
– bei der Preisfestsetzung im Einigungsbereich sich der Verrechnungspreis als Null ergeben würde.

(1) „Sogwirkung" der Marke

Stellt die Muttergesellschaft einen bekannten Markenartikel her, beruht **986** die Kundenbindung auf der Bedeutung der im Eigentum der Muttergesellschaft stehenden Marke und der Qualität des Markenartikels. Die Kundenbeziehung zur Vertriebstochtergesellschaft ist sekundär, da die Kunden aus ihrer Sicht **nur** eine **Kundenbeziehung zur Muttergesellschaft** haben und die Vertriebstochtergesellschaft als reinen Vertriebsdienstleister wahrnehmen. Wird nun der Absatzmarkt von der Tochtergesellschaft auf die Muttergesellschaft übertragen, erhält die Muttergesellschaft nichts, was ihr nicht schon faktisch aufgrund der für den Verkauf ursächlichen Marke wirtschaftlich gehören würde, da die Kunden an der Marke und nicht an der Vertriebsgesellschaft „hängen". Wirtschaftlicher Inhaber des Vertriebsrechts ist vor und nach der Funktionsverlagerung die Muttergesellschaft. Ein frem-

---

[967] Vgl. iE zur Berücksichtigung von Schließungskosten, Standortvorteilen und Synergieeffekten oben Rn. 471 f., 474 ff. und 480 ff.
[968] Vgl. *Borstell/Jamin* in Kessler/Kröner/Köhler, Konzernsteuerrecht, 2008, § 8 Rn. 395.
[969] Vgl. BFH 20.8.1986, BFH/NV 1987, 471; *Borstell* StBJb 2001/02, 228 ff.

der Dritter würde für die Übertragung eines solchen Absatzmarktes kein Entgelt entrichten.[970]

(2) Monopolstellung

987   Die Monopolstellung eines Anbieters führt dazu, dass Kunden das Produkt, wie zB Ersatzteile für konzerntypische Produkte, nur bei ihm beziehen können. Daher ist aus Sicht des Fremdvergleichsmaßstabs davon auszugehen, dass ein **Monopolist** einer für ihn tätigen Vertriebsgesellschaft keine Entschädigung für den Entzug ihres Marktes zahlen würde, da auch hier die **Kundenbeziehung nicht** auf der Geschäftsbeziehung des Kunden **zur Vertriebsgesellschaft** beruht.[971] Seine Stellung ist insoweit noch wesentlich stärker als die „Sogwirkung" von Marken. Wirtschaftlicher Inhaber des Vertriebsrechts ist vor und nach der Funktionsverlagerung die Muttergesellschaft, sodass die Vertriebsgesellschaft keinen Vergütungsanspruch haben kann.

(3) Abnehmer im Konzern

988   Für den Fall, dass ein Konzernunternehmen nur Abnehmer im Konzern hat, liegt im Regelfall eine Sachverhaltsgestaltung vor, die starke Analogien zur „Sogwirkung" der Marke hat. Abnehmende Konzerngesellschaften sind an der Belieferung mit den Produkten oder Dienstleistungen durch das Produktions- oder ein Prinzipalunternehmen innerhalb des Unternehmenskreises interessiert, je nach Strategieträgerschaft. Über die Belieferung entscheidet nicht die insoweit unbedeutende Konzernvertriebsgesellschaft, sondern letztlich die Konzernmuttergesellschaft, ggf. noch Produktions- oder Prinzipalgesellschaften, je nachdem, wem Produktionsrechte und Strategieträgerschaft zuzuordnen sind. Aus diesem Grund besitzen auch **konzerninterne „Kundenstämme" keinen Wert,** für den fremde Dritte zahlen würden, durch ihre Übertragung durch die ausscheidende Vertriebsgesellschaft fließen der Muttergesellschaft keine Vermögenswerte zu, die sie nicht schon hätte.[972]

(4) Vom Produzenten geschaffener Kundenstamm

989   Wenn der Kundenstamm nachweislich vom Produzenten selbst geschaffen wurde und die Vertriebstochtergesellschaft nichts oder nur unwesentlich zur Wertsteigerung des Kundenstamms beigetragen hat, würden fremde Dritte bei der Übertragung des Marktes von der Vertriebstochtergesellschaft auf die produzierende Muttergesellschaft keine Entgeltpflicht sehen.[973] Im Rahmen des § 1 Abs. 3 AStG ist die Vertriebsgesellschaft **nicht wirtschaftlicher Inhaber des Vertriebsrechts** oder der Wert eines ihr doch zuzurechnenden Vertriebsrechts ist für das aufnehmende Produktionsunternehmen Null. Von

---

[970] Vgl. BFH 20.8.1986, BFH/NV 1987, 471; *Borstell* StBJb 2001/02, 229; *Baumhoff* in Flick/Wassermeyer/Baumhoff, § 1 AStG Rn. 618.1; *Kuckhoff/Schreiber* IStR 1999, 353, 355.

[971] Vgl. *Borstell* StBJb 2001/02, 229; *Baumhoff* in Flick/Wassermeyer/Baumhoff, § 1 AStG Rn. 618.2.

[972] Vgl. *Borstell* StBJb 2001/02, 229; wohl ebenso *Baumhoff* in Flick/Wassermeyer/Baumhoff, § 1 AStG Rn. 618.3; *Kuckhoff/Schreiber* IStR 1999, 353, 355; BFH v. 20.8.1986, BFH NV 1987, 468.

[973] Vgl. *Borstell* StBJb 2001/02, 229; *Baumhoff* in Flick/Wassermeyer/Baumhoff, § 1 AStG Rn. 618.4; *Kuckhoff/Schreiber* IStR 1999, 353, 355.

dieser Konstellation kann bspw. in echten Vertragshändlerstrukturen ausgegangen werden.[974]

Ist die Vertriebstochtergesellschaft eine Vertriebsgesellschaft, deren Kundenstamm vollständig vom Produzenten der von ihr vertriebenen Produkte geschaffen wurde, so ist sie ein **Vertriebs-Dienstleister,** der idR eine Vergütung auf Basis der transaktionsbezogenen Nettomargenmethode erhält, bei der die voraussichtlichen operativen Kosten mit einem Gewinnaufschlag entgolten werden **(Berry Ratio),** sehr ähnlich der Kostenaufschlagsmethode. Die Muttergesellschaft trägt dabei wirtschaftlich über den Verrechnungspreis alle Marketingaufwendungen und auch Markterschließungskosten. Folglich führt zwar die Vertriebstochtergesellschaft die Marketingaktivitäten nach außen aus, trägt jedoch wirtschaftlich nicht die Risiken für ein eventuelles Fehlschlagen dieser Maßnahmen. Es kann somit wirtschaftlich davon ausgegangen werden, dass die Muttergesellschaft den Kundenstamm selbst geschaffen hat.[975] **990**

(5) Konzerninterne Konkurrenz

Stehen miteinander verbundene Unternehmen in einem Markt in direkter Konkurrenz und gelingt es einem dieser Unternehmen ohne den Einfluss einer beide Unternehmen beherrschenden Gesellschaft, den Markt zu erobern, kann **kein entgeltpflichtiger Vorgang** angenommen werden. Dies liegt darin begründet, dass auch ein fremder Dritter in einer solchen Situation keinen Anspruch auf eine Entschädigung hätte, da der Verlust aus einer Wettbewerbssituation entstanden ist.[976] **991**

dd) Analoge Anwendung von § 89b HGB[977]

(1) Voraussetzungen

Ein zivilrechtlicher Ausgleichsanspruch gem. § 89b HGB ist zunächst nur auf Handelsvertreter beschränkt und dem Bereich der Marktüberlassung zuzurechnen. Soweit jedoch deutsches Recht Anwendung findet,[978] steht nach der Rspr. des BGH auch einem **Eigenhändler** in analoger Anwendung des § 89b HGB grds. ein Ausgleichsanspruch gegen den liefernden Unternehmer zu, soweit **zusätzlich folgende Voraussetzungen** erfüllt sind:[979] **992**
– Der Eigenhändler muss fest in das Vertriebsnetz des Herstellers eingebunden sein und seinem Weisungsrecht unterliegen.
– Der Eigenhändler muss vertraglich verpflichtet sein, die von ihm geworbenen Neukunden bei Vertragsende dem liefernden Unternehmer zu benennen.

---

[974] Vgl. Rn. 213 VGr-FV.
[975] Vgl. *Borstell* StBJb 2001/02, 230; ähnlich *Baumhoff* in Flick/Wassermeyer/ Baumhoff, § 1 AStG Rn. 618.5.
[976] Vgl. *Baumhoff* in Flick/Wassermeyer/Baumhoff, § 1 AStG Rn. 618.6.
[977] Vgl. dazu auch oben Rn. 118 ff.
[978] Zur Anwendbarkeit bei der Vereinbarung ausländischen Rechts vgl. oben Rn. 129 f.
[979] Vgl. BGH 14.4.1983, NJW 1983, 2877; BGH 11.2.1977, NJW 1977, 896; BFH 20.8.1986, BFH/NV 1987, 471; *Borstell* StBJb 2001/02, 213 f.; *Thume* BB 1998, 1425, 1431.

993   Die **Einbindung des Eigenhändlers in das Vertriebsnetz** wird dabei insb. nach den folgenden vertraglichen Abmachungen und tatsächlichen Gegebenheiten beurteilt:
- Zuweisung eines bestimmten Vertriebsgebietes
- vertragliche Verpflichtung für den Eigenhändler, die Vermarktung der Produkte des liefernden Unternehmers „aktiv" zu betreiben
- Mindestabnahmeverpflichtungen des Eigenhändlers
- vertragliche Wettbewerbsbeschränkungen für den Eigenhändler, zB Verbot des Vertriebs anderer Produkte als der des liefernden Unternehmers
- Verpflichtung zur Zusammenarbeit mit dem Personal des liefernden Unternehmers
- Übernahme von Garantieverpflichtungen durch den liefernden Unternehmer.

994   Das Merkmal der **Überlassung der Neukunden** durch den Eigenhändler an den liefernden Unternehmer bei Vertragsende ist nach der Rspr. des BGH im Regelfall bereits dann erfüllt, wenn der Eigenhändler dem liefernden Unternehmer bei Vertragsende die Namen und Adressen der von ihm geworbenen Neukunden überlässt,[980] damit der liefernde Unternehmer den Kundenstamm des Eigenhändlers ohne Unterbrechung für sich nutzbar machen kann. In der Realität heutiger Konzernstrukturen erfolgt diese Überlassung der Kundendaten allerdings bereits in aller Regel fortlaufend während der Vertragslaufzeit.

995   Demgegenüber hat das **FG Rheinland-Pfalz** mit dem rechtskräftigen Urteil vom **9.10.1989**[981] die analoge Anwendung von § 89b HGB im Konzern in einem Outbound Fall, dh eine deutsche Muttergesellschaft wollte Rückstellungen für drohende Zahlungen aus § 89b HGB steuerlich wirksam bilden, abgelehnt, da für das Konzernvertriebsunternehmen im Gegensatz zum unverbundenen Eigenhändler kein schutzwürdiges Interesse vorliege und ein Konzernvertriebsunternehmen die Änderung der Aufgabenverteilung im Konzern hinnehmen müsse. Das FG stützte sich jedoch bei seiner Entscheidung auf das BGH-Urteil vom 16.2.1961,[982] das aber vom BGH selbst mit dem Urteil vom 11.2.1977[983] dahingehend aufgehoben wurde, dass die analoge Anwendung von § 89b HGB nicht von einem Schutzbedürfnis des Eigenhändlers abhängt. Auch wenn die Nichtzulassungsbeschwerde gegen das Urteil des FG Rheinland-Pfalz vom BFH verworfen wurde,[984] erscheint die Entscheidung des FG aufgrund der Änderung der BGH-Rspr. als nicht mehr über den Einzelfall hinaus anwendbar.

996   § 89b HGB ist also **auch innerhalb eines Konzerns analog** auf Eigenhändler **anwendbar.**[985]

(2) Höhe des Ausgleichsanspruchs

997   § 89b HGB regelt den Ausgleichsanspruch eines Handelsvertreters, dem als solchem für abgeschlossene Geschäfte eine Provision zusteht, die meist in ei-

---

[980] Vgl. BGH 14.4.1983, NJW 1983, 2877.
[981] FG Rheinland-Pfalz 9.10.1989, EFG 1990, 296.
[982] BGH 16.2.1961, NJW 1962, 662.
[983] BGH 11.2.1977, NJW 1977, 896.
[984] Vgl. BFH Beschl. v. 8.10.1990 (n. v.).
[985] Gl. A. *Borstell* StBJb 2001/02, 213 f.; *Kuckhoff/Schreiber* IStR 1999, 355; aA wohl *Baumhoff* in Flick/Wassermeyer/Baumhoff, § 1 AStG Rn. 616.

nem Prozentsatz vom Umsatz bemessen wird. Der Eigenhändler erwirbt dagegen die Ware vom liefernden Unternehmer und verkauft sie auf eigene Rechnung und auf eigenes Risiko an seine Abnehmer. Die Provision des (funktionsärmeren) Handelsvertreters ist also nicht betragsmäßig gleich dem Rohgewinn des (funktionsreicheren) Eigenhändlers.

Vor Berechnung des Ausgleichs nach den Vorgaben des § 89b Abs. 2 HGB **998** (Durchschnitt der Jahresprovision der letzten fünf Jahre) muss also zunächst aus den Gewinn- und Verlustrechnungen des Eigenhändlers abgeleitet werden, welche Provision er als Handelsvertreter fiktiv erzielt hätte.[986]

Bei der **Umrechnung des Jahresüberschusses des Eigenhändlers in** **999** **den eines Handelsvertreters** sind insb. folgende Punkte zu berücksichtigen, die Funktionen und Risiken des Eigenhändlers betreffen, die ein Handelsvertreter nicht trägt:[987]

– andere Personalstruktur (kein Lagerpersonal, weniger Buchhaltungspersonal)
– Abschreibungen auf Warenbestand
– Lagerkosten (Miete bzw. Abschreibung des Gebäudes, Gemeinkosten)
– Finanzierungskosten für Lagerbestand
– Warenversicherungen
– ggf. Transportkosten
– ggf. Währungsgewinne/-verluste.

Aus dem fiktiven Jahresüberschuss des Handelsvertreters ist dann unter Be- **1000** rücksichtigung der verbliebenen Erträge und Aufwendungen eine **fiktive Bruttoprovision** eines Handelsvertreters **zu ermitteln.**

In der **Automobilbranche** existiert dafür die in der Praxis weithin aner- **1001** kannte sog. **Münchner Formel** für die Abfindung gekündigter Vertragshändler:[988]

		DM
Händlerverkaufspreis		1 000
./. Netto-Werksabgabepreis		– 700
+ Rabatte/Bonus		100
Zwischensumme		400
./. Abschlag		
Abzug für verwaltende Tätigkeiten	30 %	– 120
./. Abschlag		
Nichtstammkunden 70–40 %		
Stammkunden 30–60 %	60 %	168
× Prognosezeitraum (Jahre)	5	840
./. Abschlag		
Sogwirkung Marke	25 %	210
Summe		630
Barwert	88,32 %	**556**

---

[986] Ebenso *Kuckhoff/Schreiber* IStR 1999, 325 mit Hinweis auf die einschlägige BGH-Rspr.

[987] Vgl. auch *Borstell* StBJb 2001/02, 215; *Kuckhoff/Schreiber* IStR 1999, 325.

[988] Vgl. *Kainz/Lieber/Puszkajler* BB 1999, 434 ff.; BGH 5.6.1996, BB 1996, 1683 (Volvo); BGH 5.6.1996, BB 1996, 2265 (Fiat/Lancia).

ee) Verhältnis des Fremdvergleichsmaßstabs zu § 89b HGB

1002   Das Konzept des **allgemeinen Fremdvergleichsmaßstabes** iSv § 1 AStG bei Marktübertragungen und Funktionsverlagerungen ist hinsichtlich des **Anwendungsbereichs weiter als** das des **Ausgleichsanspruchs nach § 89b HGB,**[989] auch bei analoger Anwendung auf Übertragungen von Vertriebsfunktionen bei Eigenhändlern.

1003   Bei Absatzmärkten liegt immer eine nach dem allgemeinen Fremdvergleichsmaßstab entgeltpflichtige Übertragung einer Vertriebsfunktion/eines Absatzmarktes vor, wenn auch § 89b HGB einschlägig ist.[990] Allerdings **unterscheiden sich** die beiden Rechtsgrundlagen hinsichtlich der **Höhe des** angemessenen **Ausgleichs.**[991] Während die Vorschriften zur Funktionsverlagerung regelmäßig auf die kapitalisierte Differenz zukünftiger Gewinnpotenziale abstellen, legt § 89b HGB die Entschädigung auf der Grundlage maximal einer Jahresprovision als Durchschnitt der letzten fünf Jahre fest. Je nachdem, wie das Verhältnis von fiktiver Bruttoprovision des abgefundenen Eigenhändlers zu seinem daraus erzielten Gewinn bzw. dem von ihm für die Zukunft erwarteten Gewinn ist, kann die eine oder die andere Rechtsgrundlage einen höheren Ausgleichsanspruch ergeben.

1004   UE stellt § 89b HGB, wenn er auf einen Sachverhalt anwendbar ist, hinsichtlich der Höhe des Ausgleichsanspruchs eine **Sondervorschrift mit Vorrang** vor dem allgemeinen Fremdvergleichsmaßstab und den Vorschriften zur Funktionsverlagerung dar. Demzufolge stellt auch der Ausgleichsanspruch nach § 89b HGB die **Untergrenze** dessen dar, was einem abgefundenen Eigenhändler mindestens als Ausgleich zusteht, wenn beide Rechtsvorschriften Anwendung finden. Ist der Ausgleich nach dem allgemeinen Fremdvergleichsmaßstab höher als der Anspruch nach § 89b HGB, ist die Entschädigung nach dem allgemeinen Fremdvergleichsmaßstab vorzunehmen.[992]

1005   Diese Auffassung vertritt im Ergebnis auch **§ 8 FVerlV,** nach dem gesetzliche (oder vertragliche) Schadenersatz-, Entschädigungs- und Ausgleichsansprüche[993] der Besteuerung einer Funktionsverlagerung zugrunde gelegt werden können, wenn der Steuerpflichtige glaubhaft macht, dass auch fremde Dritte dies getan hätten und zusätzlich glaubhaft gemacht wird, dass keine wesentlichen immateriellen Wirtschaftsgüter und Vorteile übertragen oder überlassen worden sind, es sei denn, eine solche Übertragung oder Überlassung ist zwingende Folge des Ausschlusses der Ansprüche des übertragenden Unternehmens.[994] § 8 FVerlV soll nach seiner Begründung sicherstellen, dass der allgemeine Fremdvergleichsmaßstab **nicht durch** geringere gesetzliche oder **fremdunübliche vertragliche Entschädigungsansprüche ausgehöhlt** werden kann. Demnach sieht auch § 8 FVerlV den Ausgleichsanspruch

---

[989] Vgl. *Borstell* StBJb 2001/02, 219.

[990] Vgl. *Borstell* StBJb 2001/02, 219.

[991] Vgl. *Borstell* StBJb 2001/02, 219. Vgl. dazu auch zuvor Rn. 997 ff.

[992] Vgl. *Borstell* StBJb 2001/02, 219 f.

[993] Vgl. zu Beispielen Rn. 132 VGr-FV.

[994] § 8 FVerlV ist hinsichtlich der Behandlung gesetzlicher Ansprüche anzuerkennen, nicht jedoch hinsichtlich der dort auch angesprochenen vertraglich vereinbarten Ansprüche, da diese, soweit fremdvergleichskonform vereinbart, den Fremdvergleichsmaßstab selbst darstellen und nicht nur eine Untergrenze einer Fremdvergleichsüberlegung. Vgl. dazu oben Rn. 111 ff.

nach § 89b HGB als Preisuntergrenze an, da sich fremde Dritte auf diese Vorschrift berufen würden, wenn der Anspruch nach § 1 Abs. 3 S. 9 AStG niedriger wäre.

Die FinVerw. geht davon aus, dass neben Ansprüchen aus § 89b HGB aber auch zwischen fremden Dritten **weitere „Ansprüche** aus einem vertraglichen oder tatsächlichen Ausschluss von bestehenden Handlungsalternativen für eines der beteiligten Unternehmen"[995] denkbar sind. Welcherlei Ansprüche dies sein können, wird aber nicht erwähnt. In der Praxis werden Abfindungen für ausscheidende Vertriebspartner, wenn überhaupt, dann auf Basis von § 89b HGB entrichtet, solange keine eindeutig indentifizierbaren immateriellen Wirtschaftsgüter vom abgefundenen Vertriebsunternehmen übergehen. Insoweit fällt es schwer, sich hier weitere Ansprüche vorzustellen. Deshalb ist es auch zu begrüßen, dass die FinVerw. bei entsprechender Glaubhaftmachung durch den Steuerpflichtigen die Festsetzung des angemessenen Verrechnungspreises in Höhe (höchstens) der Schadenersatz-, Entschädigungs- oder sonstigen Ausgleichsansprüche steuerlich anerkennt.[996]

b) Überlassung von Absatzmärkten

Unter einer Überlassung von Absatzmärkten versteht man die **Übertragung partieller Marktbearbeitungsrechte** auf einen Kommissionär oder Handelsvertreter, die das Recht erhalten, zeitlich begrenzt Vermittlungsleistungen für Rechnung des Prinzipals vorzunehmen und dafür eine Provision erhalten, wobei der Prinzipal Inhaber der eigentlichen Marktrechte bleibt.[997] Analog gilt dies auch für funktionsschwache Limited Risk Distributors, die von ihrer wirtschaftlichen Substanz her einem Kommissionär oder Handelsvertreter ähneln. **1006**

Für die Entschädigung bei der Überlassung von Absatzmärkten auf Kommissionäre oder Handelsvertreter sind zwei grds. **parallel zueinander anwendbare rechtliche Vorschriften** zu beachten, **1007**
– der Fremdvergleichsmaßstab nach § 1 AStG und
– der Ausgleichsanspruch des Handelsvertreters nach § 89b HGB, der auch für den Kommissionär bzw. Limited Risk Distributor analog anwendbar ist.

aa) Begründung von Marktüberlassungen

(1) Fremdvergleichsverhalten

Im Gegensatz zur Marktübertragung, bei der das gesamte zukünftige Gewinnpotenzial abgegeben wird, wird bei der Marktüberlassung dieses Potenzial **lediglich temporär** nicht vom Eigentümer des Marktes selbst genutzt, sondern einem anderen Konzernunternehmen zur Nutzung überlassen. **1008**

Demnach ist **aus betriebswirtschaftlicher Sicht** in der meist zeitlich begrenzten Marktüberlassung **kein Marktübertragungsvorgang** iSe entgeltpflichtigen Übertragung zu sehen, soweit der Funktionsausübende dem Funktionsinhaber, also dem Eigentümer des Marktes, während der Marktüberlassung ein angemessenes Entgelt (Marktüberlassungsgebühr) zahlt, da **1009**

---

[995] Vgl. Rn. 133 VGr-FV.
[996] Vgl. Rn. 134 VGr-FV.
[997] Vgl. *Borstell* StBJb 2001/02, 220 ff.

der Prinzipal (Funktionsinhaber) Eigentümer der eigentlichen Marktrechte bleibt.[998]

(2) Neuregelung durch § 1 Abs. 3 S. 9 AStG

1010 Bis zum VZ 2007 wurde regelmäßig, betriebswirtschaftlich und rechtlich geprägt, zwischen Übertragung, Überlassung und Abschmelzung von Funktionen unterschieden.[999] Diese Unterscheidung ist ab VZ 2008 aufgrund § 1 Abs. 3 S. 9 AStG nicht mehr prägend für die steuerliche Behandlung von Funktionsverlagerungsvorgängen.

1011 § 1 Abs. 3 S. 9 AStG sieht grds. jegliche Form der Funktionsverlagerung als steuerlich relevanten Sachverhalt im Zeitpunkt der Funktionsverlagerung an. Der Begriff der **Überlassung** wird steuerlich **vom** Sachverhalt der **Funktionsverlagerung mit erfasst.** Jegliche, auch nur zeitlich begrenzte Überlassung eines Absatzmarktes erfüllt die Voraussetzungen der Besteuerung als Funktionsverlagerung nach § 1 Abs. 3 S. 9 AStG.

1012 § 1 Abs. 3 S. 9 AStG und § 1 Abs. 2 S. 1 FVerlV erfordern für das Vorliegen einer Funktionsverlagerung, dass eine Funktion einschließlich der dazugehörigen Chancen und Risiken verlagert wird. Aus der Analyse der Tatbestandsmerkmale des § 1 Abs. 3 S. 9 AStG ergibt sich, dass es sich dabei um unternehmerische Chancen und Risiken handeln muss, die Vergütung also über eine bloße Routinetätigkeitsvergütung mit Gewinnaufschlag hinausgehen muss.[1000] Demnach liegt in Fällen der Verlagerung von partiellen Marktbearbeitungsrechten auf Vertriebsdienstleister wie Kommissionäre, Handelsvertreter oder Limited Risk Distributors (**„Outsourcing"**) schon nach § 1 Abs. 3 S. 9 AStG tatbestandlich **gar keine Funktionsverlagerung** vor, da bei diesem Vorgang nur funktionale Routine-Gewinnchancen übertragen werden.

(3) Ausnahme für Unternehmen mit Routinefunktionen?

1013 Liegt aber doch eine Funktionsverlagerung vor, eröffnet trotzdem § 2 Abs. 2 FVerlV eine wichtige **Ausnahme** von der Anwendung des § 1 Abs. 3 S. 9 AStG für die Übertragung von **Routinefunktionen.**[1001]

1014 Allerdings stellt die Verordnung die Ausnahmevorschrift unter die Bedingung, dass die Vergütung für die Leistung zu Recht auf der Grundlage der **Kostenaufschlagsmethode**[1002] ermittelt wird und ist klar geprägt vom den Gedanken an verlängerte Werkbänke und vergleichbare Lohnveredler.[1003] Systematisch ist diese **Begrenzung** der Ausnahmevorschrift **nicht gerechtfertigt.** Limited Risk Distributors, Kommissionäre und Handelsvertreter bemes-

---

[998] Vgl. *Borstell* StBJb 2001/02, 225.

[999] Vgl. oben zur betriebswirtschaftlichen und mit § 1 Abs. 3 S. 9 AStG nicht deckungsgleichen Unterscheidung von Formen der Funktionsverlagerungen Rn. 73 ff.

[1000] Vgl. oben Rn. 306 ff.

[1001] Vgl. oben Rn. 385 ff.

[1002] Unter die Kostenaufschlagsmethode ist hierbei auch die kostenbasierte TNMM zu subsummieren. Vgl. Rn. 67 VGr-FV.

[1003] Vgl. oben Rn. 394 ff. zur Anwendung der Vorschrift bei der Übertragung einzelner Produktionsschritte und Rn. 385 ff. zu den Voraussetzungen der Anwendung von § 2 Abs. 2 FVerlV.

sen ihre Vergütung typischerweise nach der transaktionsbezogenen Nettomargenmethode bzw. der Preisvergleichsmethode (Provisionen). Allerdings
unterscheidet sich weder ihr Gewinnniveau noch die Substanz ihrer wirtschaftlichen Tätigkeit erkennbar von dem eines Vertriebsdienstleisters.

Vielmehr stellen funktional derartige Vertriebseinheiten **Vertriebsdienst-** **1015**
leister dar, die de facto nach einer Kostenaufschlagsmethode entgolten werden, selbst wenn die Festsetzung des Aufschlags einen Umsatzbezug aufweist.
Insb. werden hier keine unternehmerischen Chancen und Risiken übertragen
und die Vergütung entspricht einer bloßen „Tätigkeitsvergütung mit Gewinnaufschlag".[1004] Aus diesem Grund ist es international durchaus üblich und anerkannt, dass in den Fällen, in denen Limited Risk Distributors, Kommissionäre und Handelsvertreter sehr geringe Risiken haben, diese auf der
Grundlage der **Kostenaufschlagsmethode** mit einem Aufschlag entgolten
werden (sog. **Berry Ratio**), der zu einem niedrigeren Gewinn führt als ein
Entgelt, das in einem Prozentsatz vom Umsatz bemessen wird. Viele Unternehmen zögern allerdings, diese Vorgehensweise für funktional begrenzte
Vertriebseinheiten konsequent umzusetzen, da sie die fehlende Akzeptanz des
Vorgehens in vielen Ländern und die Annahme von zusätzlichen **Betriebs-**
stätten fürchten, gerade im Fall von Limited Risk Distributors, die per se
sonst keine Vertreterbetriebsstätten auslösen.[1005]

Unseres Erachtens darf **§ 2 Abs. 2 S. 1 FVerlV nicht** so verstanden werden, dass der dort geregelte Fall den Anwendungsbereich von § 1 Abs. 3
S. 10 1. Alternative AStG **abschließend** beschreibt. Vielmehr handelt es sich
bei der Anwendung der Kostenaufschlagsmethode auf eine (Vertriebs)Dienst-
leistung um einen besonders deutlichen Fall, in dem eine weitere Glaubhaftmachung des Umstands entfallen kann, dass keine wesentlichen immateriellen
Wirtschaftsgüter verlagert werden.[1006]

Daher ist es zu begrüßen, dass mittlerweile auch die **FinVerw.** der hier
vertretenen Auffassung **für bestimmte weitere Anwendungsfälle folgt**.[1007]
Nach Rn. 67 VGr-FV werden Fälle der Funktionsabspaltung auch dann nicht
als Funktionsverlagerungen behandelt, „wenn ein übernehmendes Unternehmen ... zulässigerweise eine auf den Kosten basierende, geschäftsvorfallbezogene Nettomargenmethode anwendet oder wenn ein solches Unternehmen eine das niedrige Risiko berücksichtigende Provision erhält."

Damit erfasst die Erweiterungsvorschrift der Rn. 67 VGr-FV **Handelsver-**
treter, Kommissionäre, Einkaufsagenten und ähnliche Funktionsinhaber,
die ein begrenztes Funktions- und niedriges Risikoprofil haben, das sich in
einer entsprechend **niedrig bemessenen Provision** widerspiegelt. Dem ist
zuzustimmen und die Erweiterung zu begrüßen.

Fraglich ist aber, ob der typische Fall des **Limited Risk Distributors,** bei **1016**
dem die Nettomarge anhand von Datenbankanalysen bestimmt wird, wobei
sich am unteren Rand von Datenbankanalysen für Vertriebsgesellschaften orientiert wird, eine „auf den Kosten basierende, geschäftsvorfallbezogene Nettomargenmethode" darstellt. Zwischen einem Limited Risk Distributor und

---

[1004] Vgl. *Brüninghaus/Bodenmüller* DStR 2009, 1285, 1287.
[1005] Vgl. auch unten Rn. 1022 ff.
[1006] Vgl. ausführlich oben Rn. 395 ff.
[1007] Vgl. auch oben Rn. 401 ff.

einem Kommissionär/Handelsvertreter besteht in der heutigen Konzernwelt funktional und risikomäßig kein Unterschied. Insoweit ist die Entscheidung der FinVerw., die Erweiterung von § 2 Abs. 2 S. 1 FVerlV durch Rn. 67 VGr-FV nicht grundsätzlich auf die Anwendung der TNMM auszudehnen, wirtschaftlich nicht verständlich und inhaltlich nicht gerechtfertigt.[1008]

1017   Ob es beabsichtigt ist, den typischen Limited Risk Distributor aus dem Anwendungsbereich der Rn. 67 VGr-FV und damit des § 2 Abs. 2 S. 1 FVerlV auszunehmen, kann aber dahingestellt bleiben. Letztlich ist dies aus systematischer Sicht nicht bedeutsam, da es sich bei Limited Risk Distributors unzweifelhaft um Unternehmen mit **Routinefunktionen** handelt, die also gerade keine unternehmerischen Chancen und Risiken tragen und daher bereits aus diesem Grund **nicht unter die Funktionsverlagerungsvorschrift** des § 1 Abs. 3 S. 9 AStG **fallen,** die die Übertragung unternehmerischer Chancen und Risiken als Tatbestandsvoraussetzung hat.[1009]

Die Vorschrift des § 1 Abs. 7 FVerlV, nach der Verlagerungen **reiner Dienstleistungen** keine Funktionsverlagerungen darstellen,[1010] wäre dann anwendbar, wenn sich die zuvor vertretene Auffassung durchsetzt, dass funktionsschwache Vertriebstätigkeiten Dienstleistungen für einen Prinzipal darstellen. Da die Vorschrift aber weiter voraussetzt, dass die Dienstleistung nicht Teil einer Funktionsverlagerung sein darf, erscheint ihre Anwendbarkeit als fraglich.

(4) Behandlung als Nutzungsüberlassung

1018   Wie in allen anderen Fällen der Funktionsverlagerung hat der Steuerpflichtige auch bei der Überlassung von Absatzmärkten die Möglichkeit, die Funktionsverlagerung gegen ein laufendes Entgelt auszugestalten und so die Einmalbesteuerung im Zeitpunkt der Vornahme der Funktionsverlagerung zu vermeiden (§ 4 Abs. 1 und 2 FVerlV).[1011] Hierbei ist darauf zu achten, dass das **wiederkehrende Entgelt umsatz- oder gewinnabhängig** ausgestaltet wird, um zu vermeiden, dass die Gestaltung in einen Ratenkauf und damit eine unmittelbar zu versteuernde Funktionsverlagerung gegen Festpreis umqualifiziert wird.

1019   Auf diese Weise wird de facto wieder das wirtschaftliche Ergebnis erzielt **wie vor** Einführung des § 1 Abs. 3 S. 9 AStG ab **VZ 2008,** bei der Marktüberlassungen immer nur zu einer laufenden Vergütung des überlassenden Unternehmens führten.

bb) Laufende Verrechnungspreisfestsetzung

1020   Kommissionäre und Handelsvertreter erhalten als laufende Vergütung für ihre Vertriebstätigkeit ihrem Funktionsprofil angemessene **Provisionen,** der Limited Risk Distributor über die Gestaltung der Einkaufspreise eine angemessene **Nettomarge** (im Regelfall: operating margin).

1021   Daneben kann der Funktionsinhaber dem Prinzipal gegenüber auch (zusätzlich) verpflichtet sein, für die (ggf. temporäre) Überlassung der Marktbe-

---

[1008] Vgl. oben Rn. 402.

[1009] Vgl. *Brüninghaus/Bodenmüller* DStR 2009, 1285, 1287 und oben Rn. 306 ff., 402.

[1010] Vgl. oben Rn. 409 ff.

[1011] Vgl. dazu oben Rn. 210 ff.

arbeitungsrechte eine Gebühr zu entrichten, die wirtschaftlich eine **Lizenz für das Nutzungsrecht** an dem entsprechenden Markt darstellt. Diese Lizenz wird meist als ein prozentualer Anteil an den zukünftigen Ertragserwartungen, ggf. mit einem festen prozentualen Mindestbetrag zugunsten des Marktinhabers, bemessen. Die Lizenz kann umsatz- oder gewinnabhängig sein.

cc) Vertreterbetriebsstätte

Mit der Umwandlung in einen **Handelsvertreter** geht ein erkennbares **1022** Risiko der Begründung einer Vertreterbetriebsstätte einher. Ist die Begründung einer ausländischen Betriebsstätte nicht gewünscht, was häufig der Fall sein dürfte, ist bei der Gestaltung der Handelsvertreterstruktur besondere Sorgfalt angezeigt. Es ist insb. zu entscheiden, ob die Handelsvertreter-Tochtergesellschaft lediglich als **Vermittlungsagent** tätig werden soll **oder** mit **Abschlussvollmacht** ausgestattet wird. Des Weiteren stellt sich die Frage, inwieweit die Handelsvertretertätigkeit auf typische Funktionen beschränkt werden soll oder zusätzliche Aufgaben übernommen werden sollen. Bei der Beurteilung **typischer Handelsvertreteraktivitäten** ist zudem zu prüfen, welche Funktionen in den jeweiligen Industriezweigen als typisch anzusehen sind. Diese typischen Funktionen stellen sich regelmäßig von Branche zu Branche anders dar. Letztlich ist natürlich auch die steuerrechtliche Situation in dem Land, in dem die Tochtergesellschaft ihre Handelsvertretertätigkeit ausüben wird, gesondert zu prüfen.

Liegt eine Vertreterbetriebsstätte vor, ist „der Gewinn einer Vertreterbetriebsstätte (beschränkte Steuerpflicht des Geschäftsherrn) unabhängig von dem Gewinn des Vertreters (unbeschränkte Steuerpflicht) eigenständig zu ermitteln (vgl. Teil I Tz. 227–247 OECD Betriebsstättenbericht).“[1012]

Im Rahmen einer Funktionsabschmelzung eines Eigenhändlers auf einen **1023** **Kommissionär** besteht ebenfalls das Risiko, dass eine Vertreterbetriebsstätte entsteht. Nach den existierenden DBA wird für ein Vorliegen einer Vertreterbetriebsstätte das Vorliegen eines **abhängigen Vertreters** mit einer dazugehörigen Vollmacht, Kraft deren im Namen des Geschäftsherrn Verträge abgeschlossen werden dürfen, vorausgesetzt. Dabei reicht die Möglichkeit, dass ein Vertreter seinen Geschäftsherrn tatsächlich binden kann, für das Vorliegen einer Vertretungsvollmacht aus (faktische Abschlussvollmacht).[1013]

Es ist jedoch davon auszugehen, dass die Anwendung dieser Vorschriften **1024** auf Kommissionäre nicht mit dem Wortlaut und der historischen Entwicklung der betroffenen Tz. 32.1 OECD-MK zu Art. 5 OECD-MA in Einklang steht.[1014] Tz. 32.1 OECD-MK besagt u.a.: „[...] der Absatz ist ebenso auf einen Vertreter anzuwenden, der Verträge mit rechtsbindender Wirkung für das Unternehmen abschließt, [...]“. Dies impliziert grds., dass der Vertreter den Geschäftsherrn **rechtsverbindlich binden können** muss.

Ein Kommissionär ist hierzu nach eindeutiger gesetzlicher Regelung nicht **1025** in der Lage, sondern er bindet sich ganz im Gegenteil hierzu selbst (**„im eigenen Namen“**). Die Situation lässt sich durch den Umstand verdeutlichen,

---

[1012] Vgl. Rn. 215 VGr-FV.
[1013] Vgl. Tz. 32.1 OECD-MK zu Art. 5 OECD-MA.
[1014] Vgl. *Kroppen/Rasch/Eigelshoven* IWB, Fach 3 Gruppe 1, 2201, 2224.

dass nach einhelliger Auffassung der Kunde eines Kommissionärs keinen Direktanspruch gegen den Geschäftsherrn hat und diesen nicht auf Vertragserfüllung verklagen kann. Aus der fehlenden Rechtsverbindlichkeit der Verträge mit einem Kommissionär für den Geschäftsherrn ergibt sich folglich, dass Tz. 32.1 OECD-MK nicht erfüllt sein und somit durch einen Kommissionär **keine Betriebsstätte begründet werden kann.**[1015] In gleicher Weise hat das oberste Gericht in Frankreich im „Zimmer-Fall" entschieden,[1016] ebenso letztinstanzlich ein oberstes Gericht in Norwegen im sog. „Dell-Fall".[1017]

1026   Tz. 33 OECD-MK ist im vorliegenden Fall ebenfalls nicht anwendbar, da dort lediglich der Fall der **Anscheinsvollmacht** beschrieben wird.[1018]

dd) Beendigung von Marktüberlassungen
(1) Fremdvergleichsmaßstab

1027   **Aus betriebswirtschaftlicher Sicht** folgt aus den beschriebenen wirtschaftlichen und Eigentumsverhältnissen, dass nach Ablauf des Vertrages aus dem allgemeinen Fremdvergleichsgrundsatz **kein Ausgleichsanspruch** des vorübergehend Funktionsausübenden gegenüber dem Funktionsinhaber entsteht. Der Markt fällt nach Ablauf des Vertragszeitraums wieder an den Eigentümer zur Nutzung zurück.[1019]

1028   Hinsichtlich der Behandlung der Beendigung einer Marktüberlassung auf der Grundlage des **§ 1 Abs. 3 S. 9 AStG** gelten die Vorschriften und Fragestellungen zur

– grds. Erfassung als Fall der Funktionsverlagerung,
– Behandlung als Unternehmen mit Routinefunktion und
– Option zur Besteuerung als Nutzungsüberlassung

entsprechend **spiegelbildlich,**[1020] wobei zusätzlich Fragen der gesetzlichen Grundlagen, zB für die Möglichkeit des Ansatzes von Transferpaketen nach deutschem Recht und des Vorrangs anderer Einkommenskorrekturvorschriften gegenüber § 1 Abs. 3 AStG, zu beachten und zu klären sind.[1021]

(2) § 89b HGB

1029   Während jede Art der Marktübertragung und -überlassung zwischen verbundenen Unternehmen dem allgemeinen Fremdvergleichsmaßstab unterliegt, ist für den Fall der Beendigung der **Marktüberlassung zusätzlich** die zivilrechtliche Vorschrift des **§ 89b HGB** zum Ausgleichsanspruch des Handelsvertreters parallel zu beachten.[1022]

1030   Sie wird hier als **vorrangige Sondervorschrift** vor dem allgemeinen Fremdvergleichsmaßstab verstanden. Die Anwendungsbereiche beider Vor-

---

[1015] Vgl. *Kroppen/Rasch/Eigelshoven* IWB, Fach 3 Gruppe 1, 2201, 2224.

[1016] Vgl. Conseil d'Etat, U. v. 31.3.2010.

[1017] Vgl. Norwegian Supreme Court: Dell Products v. Staten v/Skatt øst, Case HR-2011–02245-A, U. v. 2.12.2011; zuvor noch aA Oslo District Court, U. v. 16.12.2009.

[1018] Vgl. *Kroppen/Rasch/Eigelshoven* IWB, Fach 3 Gruppe 1, 2201, 2225.

[1019] Vgl. *Borstell* StBJb 2001/02, 226 und oben Rn. 1009. Vgl. auch § 1 Abs. 7 Satz 2 FVerlV und dazu Rn. 421.

[1020] Vgl. oben Rn. 1008 ff.

[1021] Vgl. zur vergleichbaren Fragestellung bei der Verlagerung von Funktionen vom Ausland ins Inland oben Rn. 215 ff.

[1022] Vgl. auch oben Rn. 118 ff., 992 ff.

schriften überschneiden sich, sind aber nicht deckungsgleich und schließen einander nicht aus.[1023]

Handelsvertreter ist gem. § 84 HGB, wer selbstständig damit betraut ist, **1031** für einen anderen Unternehmer Geschäfte zu vermitteln oder in dessen Namen abzuschließen. Daraus folgt, dass der Handelsvertreter damit beauftragt ist, in fremdem Namen und für fremde Rechnung tätig zu werden. Aus dieser Position heraus schafft ein Handelsvertreter regelmäßig neue Kundenbeziehungen, aus denen er Ansprüche auf Provisionszahlungen erwirbt. Sofern der Handelsvertreter diese Kundenbeziehungen und damit ein konkretisiertes Gewinnpotenzial bei Beendigung der Vertragsbeziehungen durch den Prinzipal verliert und diesem überlassen muss, hat er Anspruch auf Zahlung eines Ausgleichs.

Der Ausgleichsanspruch des Handelsvertreters ist in § 89b Abs. 1 und 3 **1032** HGB geregelt, der folgende **Voraussetzungen** beinhaltet:[1024]
– Vertraglich oder gesetzlich gilt deutsches Recht.[1025]
– Der Handelsvertreter hat während der Vertragslaufzeit neue Kunden geworben oder bestehende Kundenbeziehungen wesentlich erweitert.
– Der Unternehmer zieht nach Vertragsbeendigung aus der Erweiterung des Kundenstamms erhebliche Vorteile, dem Handelsvertreter entgeht aber aufgrund des Vertragsendes seine Provision.
– Die Handelsvertretung wird durch Kündigung des Unternehmers (Prinzipals) beendigt.
– Die Zahlung eines Ausgleichs entspricht unter Berücksichtigung aller Umstände der Billigkeit.

Der Ausgleichsanspruch kann nicht im Vorhinein ausgeschlossen und **1033** muss innerhalb eines Jahres nach Beendigung des Vertragsverhältnisses geltend gemacht werden (§ 89b Abs. 4 HGB). Der Ausgleich beträgt höchstens **eine Jahresprovision,** berechnet als Durchschnitt der letzten fünf Jahre, bei kürzerer Vertragsdauer als Durchschnitt dieser Zeit (§ 89b Abs. 2 HGB).

Soweit ein **verbundenes Unternehmen** den Vertrieb von Gütern und **1034** Waren als Handelsvertreter betreibt, deutsches Recht anwendbar ist und der Konzern entscheidet, die Funktion einem anderen Unternehmen zu übertragen, ist auch innerhalb des Konzerns die Anwendbarkeit von § 89b HGB zu prüfen. Auch wenn ein solcher Anspruch dem Grunde nach besteht, scheitern in der Praxis Ausgleichsansprüche nach § 89b HGB aber oft daran, dass das Handelsvertreter-Konzernunternehmen nur eine sehr eingeschränkte Funktion hat und neue Kunden nicht von ihm, sondern von der Muttergesellschaft geworben werden, der Handelsvertreter-Gesellschaft also nur die Funktion eines Vertriebs-Dienstleisters zukommt.[1026]

[1023] Vgl. *Borstell* StBJb 2001/02, 219; gl. A. wohl *Kuckhoff/Schreiber* IStR 1999, 321, 355; vgl. auch oben Rn. 134 ff., 1002 ff.

[1024] Vgl. auch oben Rn. 118 ff., 922 ff.

[1025] Zur Anwendbarkeit bei der Vereinbarung ausländischen Rechts vgl. oben Rn. 129 f.

[1026] Vgl. *Borstell* StBJb 2001/02, 214; vgl. auch oben Rn. 990 zu Fällen, in denen fremde Dritte eine entgeltpflichtige Übertragung ablehnen würden.

1035   Im Falle von **Kommissionären und Limited Risk Distributors** ist die Vorschrift des § 89b HGB analog anwendbar.[1027]

c) Abschmelzen von Vertriebsfunktionen

1036   Im Rahmen der Umstrukturierung von Konzernen werden oftmals deren Vertriebsstrukturen zentralisiert und verschlankt. Hierbei werden insb.
– Vertriebsgesellschaften zu Limited Risk Distributoren abgeschmolzen oder
– Vertriebsgesellschaften in Kommissionäre umgewandelt.[1028]

1037   Eine Umwandlung eines Eigenhändlers in einen Handelsvertreter ist eher selten, da das damit einhergehende Betriebsstättenrisiko idR vermieden werden soll.[1029]

1038   Zunächst kann bei der Abschmelzung von Funktionen beim Übergang vom Eigenhändler auf einen Limited Risk Distributor **keine Übertragung** eines immateriellen Wirtschaftsguts **„Kundenstamm"** vorliegen, da auch ein Limited Risk Distributor ein Eigenhändler ist, wenn auch mit erheblich verringerten Funktionen, sodass die rechtliche Inhaberschaft am Kundenstamm unverändert bleibt.[1030] Zum gleichen Ergebnis kommt man bei der Umwandlung eines Eigenhändlers in einen Kommissionär. Auch der Kommissionär handelt in eigenem Namen und bedient seine bestehenden Kunden weiter, sodass kein Übergang des Kundenstamms vom Eigenhändler auf den Prinzipal des Kommissionärs erfolgt.[1031]

1039   Aus gleichem Grund ist auch **kein Ausgleichsanspruch nach § 89b HGB** zu entgelten. Dies kann erst bei Beendigung des Kommissionärsverhältnisses oder des Limited Risk Distributorships der Fall sein.[1032]

1040   Typisch für Abschmelzungsvorgänge ist, dass im Zuge der Abschmelzung nicht nur Funktionen, sondern auch Risiken von der Eigenhändler-Vertriebsgesellschaft auf andere Konzernunternehmen, im Regelfall auf den dabei entstehenden Vertriebsprinzipal, übertragen werden, was insgesamt meist zu einem **verminderten Gewinn des Limited Risk Distributors bzw. des Kommissionärs** führt. Zu prüfen ist, ob das typische Absinken des Gewinnniveaus nach dem Abschmelzen von Funktionen und Risiken einen Ausgleichsanspruch nach dem allgemeinen Fremdvergleichsmaßstab und nach § 1 Abs. 3 S. 9 AStG auslöst.[1033]

1041   Sicher spricht manches dafür, dass auch unter Dritten ein ordentlicher und gewissenhafter Geschäftsleiter einer Vertriebsgesellschaft es nicht hinnehmen würde, dass sein erwartetes Gewinnniveau abgesenkt wird, ohne dass seine Gesellschaft hierfür einen Ausgleich erhält. Durchzusetzen und fremdver-

---

[1027] Vgl. oben Rn. 922 ff.

[1028] Vgl. oben Rn. 970 ff.

[1029] Vgl. *Borstell* StBJb 2001/02, 220 f. und oben Rn. 1022 ff.

[1030] Vgl. *Borstell* StBJb 2001/02, 227.

[1031] Vgl. *Borstell* StBJb 2001/02, 227; *Kuckhoff/Schreiber* IStR 1999, 356; *Baumhoff* in Flick/Wassermeyer/Baumhoff, § 1 AStG Rn. 616.

[1032] Vgl. *Borstell* StBJb 2001/02, 227; *Kuckhoff/Schreiber* IStR 1999, 356; *Burkert* in Kleineidam, Unternehmenspolitik, 517 ff.; *Kaminski* in Kleineidam, Unternehmenspolitik, 671 f.; *Kroppen* IWB, Fach 3 Gruppe 2, 747 f.; BGH 5.6.1996, DB 1996, 2330.

[1033] Vgl. *Borstell* StBJb 2001/02, 227; *Kuckhoff/Schreiber* IStR 1999, 353, 356; *Sieker* ITPJ 1998, 19, 21 f.; *Kroppen* IWB, Fach 3 Gruppe 2, 745 f.; *Baumhoff* in Flick/Wassermeyer/Baumhoff, § 1 AStG Rn. 615.

gleichsrelevant ist diese Annahme aber nur, soweit die Vertriebsgesellschaft eine **gesicherte Rechtsposition** innehat.

Dieser Vorstellung folgt auch die FVerlV. **§ 8 FVerlV** soll dabei nach seiner **1042** Begründung sicherstellen, dass der allgemeine Fremdvergleichsmaßstab nicht durch geringere gesetzliche oder nicht fremdvergleichskonforme vertragliche Entschädigungsansprüche ausgehöhlt werden kann. § 8 FVerlV bestimmt daher, dass gesetzliche (oder vertragliche) Schadenersatz-, Entschädigungs- und Ausgleichsansprüche (nur dann) der Besteuerung einer Funktionsverlagerung zugrunde gelegt werden können, wenn der Steuerpflichtige glaubhaft macht, dass auch fremde Dritte die gesetzliche oder vertragliche Entschädigungsregelung ihren Vereinbarungen zugrunde gelegt hätten. Die Begründung zu § 8 FVerlV lässt klar erkennen, dass der Verordnungsgeber mit § 8 FVerlV **insb. die Fälle der Abschmelzung von Funktionen erfassen will.**

In der Begründung zu § 8 S. 1 FVerlV legt der Verordnungsgeber fest, dass **1043** der Steuerpflichtige glaubhaft machen muss, dass voneinander unabhängige Dritte unter vergleichbaren Umständen in vergleichbarer Art und Weise verfahren wären und dass die funktionsabgebende Vertriebsgesellschaft keinen Anspruch auf ein Entgelt hat, bzw. ihr lediglich ein gesetzlicher Anspruch auf Schadenersatz oder ein Anspruch auf einen sonstigen Ausgleich zustünde. Möchte der Steuerpflichtige die **Begrenzung auf einen Schadenersatz-, Entschädigungs- oder sonstigen Ausgleichsanspruch** erreichen, muss er gem. Begründung zu § 8 S. 2 FVerlV zudem glaubhaft machen, dass im Rahmen der Funktionsverlagerung keine wesentlichen immateriellen Wirtschaftsgüter und Vorteile übertragen oder zur Nutzung überlassen worden sind, es sei denn, dass dies eine zwingende Folge **fremdüblichen, vertragsgemäßen Verhaltens** sei.

In der Praxis stellen daher auch bei Abschmelzungen von Vertriebsfunktio- **1044** nen **gesetzliche Ansprüche** die **Untergrenze** für Entschädigungszahlungen dar, da sich fremde Dritte nur auf solche gesetzlichen Rechte berufen werden, wenn diese Ansprüche höher als der Anspruch nach § 1 Abs. 3 S. 9 AStG sind. Soweit **vertragliche Abreden** als fremdvergleichskonform einzustufen sind, stellen sie den **fremdüblichen Ausgleichsanspruch** dar. Für einen höheren Wert nach § 1 Abs. 3 S. 9 AStG bleibt kein Raum.[1034]

Im Rahmen der **laufenden Verrechnungspreisfestsetzung** nach Funk- **1045** tionsabschmelzung ist zu prüfen, ob das gesenkte Gewinnniveau den geänderten Aufgabenbereich und die geminderten Risiken angemessen widerspiegelt.[1035]

3. Verlagerung der Forschungs- und Entwicklungsfunktion

Häufig werden Forschungs- und Entwicklungsfunktionen (FuE) im Zu- **1046** sammenhang mit der Optimierung konzerninterner Prozesse neu strukturiert und bei in- oder ausländischen Konzerngesellschaften zusammengefasst. Bei der Errichtung von Prinzipalmodellen werden regelmäßig die Forschungs- und Entwicklungsfunktionen für die Schaffung und Anreicherung der pro-

---

[1034] Vgl. dazu iE oben Rn. 111 ff.

[1035] Vgl. *Borstell/Jamin* in Kessler/Kröner/Köhler, Konzernsteuerrecht, 2008, § 8 Rn. 385.

duktspezifischen oder prozessorientierten immateriellen Wirtschaftsgüter bei der ausländischen Prinzipalgesellschaft gebündelt.

1047   Für die steuerliche Behandlung der Übertragung oder Überlassung von Forschungs- und Entwicklungsfunktionen ist maßgeblich, ob die FuE-Gesellschaft

– auf eigenes Risiko forscht (**„Eigenforscher und Eigenentwickler"**) oder

– als **Auftragsentwickler oder -forscher** für eine andere Konzerngesellschaft tätig wird,

– projektbezogen eine Mischform aus beidem vorliegt, oder

– das Unternehmen Mitglied eines echten Forschungspools ist.[1036]

1048   **Grundsätzlich** sind bei der Übertragung von Forschungs- und Entwicklungsfunktionen die **gleichen steuerlichen Folgen** zu beachten wie im Fall der Übertragung von Produktionsfunktionen auf Eigenproduzenten bzw. einzelner Produktionsschritte auf Auftragsfertiger, Lohnfertiger oder Lohnveredler.[1037] Dagegen ergeben sich zur Behandlung der Übertragung von Vertriebsfunktionen gewisse Unterschiede aus der Tatsache, dass dort neben dem allgemeinen Fremdvergleichsgrundsatz und § 1 Abs. 3 S. 9 AStG auch **§ 89b HGB** einschlägig ist, der auf die Übertragung von Forschungs- und Entwicklungsfunktionen **keine Anwendung** findet.[1038]

Im Kontext von Funktionsverlagerungen im Forschungs- und Entwicklungsbereich ist auf die **Aufzeichnungspflicht** gem. § 5 Nr. 6 GAufzV hinzuweisen,[1039] wonach der Steuerpflichtige Aufzeichnungen über **Forschungsvorhaben und laufende Forschungstätigkeiten** zu erstellen hat, die im Zusammenhang mit einer Funktionsänderung stehen können und in den drei Jahren vor Durchführung der Funktionsänderung stattfanden oder abgeschlossen worden sind.[1040] Aufzuzeichnen sind der Gegenstand der Forschungen und die insgesamt zuzuordnenden Kosten. Die Aufzeichnungen sind insb. für die quantitative Beurteilung der Funktionsänderung relevant. Die FinVerw. möchte hiermit auch die Forschungsvorhaben bewertungsseitig erfassen, die jüngeren Datums oder ggf. nur angeforscht und noch nicht fertiggestellt sind. Diesbezüglich stellt sich immer die Frage, **ob bereits immaterielle Wirtschaftsgüter vorhanden** sind, die bereits ertragsorientiert bewertet werden können oder ob eine kostenmäßige Bewertung angemessen ist, da die Forschung noch nicht in hinreichend konkretisierbare Ergebnisse gemündet hat. Zusätzlich sollen hierdurch Gestaltungen identifiziert werden können, bei denen Forschungsaktivitäten, die zeitlich kurz vor dem Abschluss stehen, ins (oft steuerbegünstigte) Ausland verlagert werden, um die aus der Forschung resultierenden Erträge dort anfallen zu lassen.

a) Übertragung auf Eigenforscher oder Eigenentwickler

1049   § 1 Abs. 3 S. 9 AStG sieht grds. jegliche Form der Funktionsverlagerung als steuerlich relevanten Sachverhalt im Zeitpunkt der Funktionsverlagerung

---

[1036] Vgl. Rn. 216 VGr-FV.
[1037] Vgl. oben Rn. 920 ff. und 934 ff.
[1038] Vgl. oben Rn. 992 ff.
[1039] Vgl. Rn. 217 VGr-FV.
[1040] Vgl. § 5 Nr. 6 GAufzV.

an. Dies gilt auch für die Übertragung von Forschungs- und Entwicklungsfunktionen, für die idealtypisch und vorrangig der beizumessende Wert gem. § 1 Abs. 3 S. 1 AStG anhand der Preisvergleichsmethode zu ermitteln wäre. Allerdings dürfte die Ermittlung eines derartigen **Fremdvergleichspreises** in der Praxis nicht gelingen, es sei denn, eine Forschungs- oder Entwicklungseinheit ist erst kurz vor der Funktionsverlagerung von Dritten erworben worden.

In der Praxis kommt deshalb bei der Verlagerung von Forschungs- und **1050** Entwicklungsfunktionen de facto immer der hypothetische Fremdvergleich nach § 1 Abs. 3 S. 5 AStG zur Anwendung.[1041] Die dafür in § 1 Abs. 3 S. 6 AStG vorgeschriebenen **Bewertungen** der zukünftigen Gewinnpotenziale beim abgebenden und beim aufnehmenden Unternehmen gestalten sich gerade für **Forschungsabteilungen** als **überdurchschnittlich schwierig,** zB wenn das Marktpotenzial von teilentwickelten pharmazeutischen Wirkstoffen, der Wert von Grundlagenforschung oder Synergieeffekte auf der Seite des aufnehmenden Unternehmens abzuschätzen sind. Dagegen ist die Bewertung von **Entwicklungsfunktionen,** die idR anwendungsorientiert tätig sind, **relativ weniger schwierig.** In jedem Fall kann davon ausgegangen werden, dass zumindest bei der Verlagerung von Forschungsfunktionen auf einen Eigenforscher wesentliche immaterielle Wirtschaftsgüter übergehen.

Ein weiteres für die Übertragung von Forschungs- und Entwicklungsfunk- **1051** tionen typisches und virulentes Problem ist die steuerliche Behandlung des sog. **Alt-Knowhows.** In vielen Fällen soll nur die Entwicklung eines Folgeprodukts ins Ausland verlagert werden, für dessen Entwicklung jedoch das Wissen aus dem bisherigen Produkt notwendig ist. Zu denken ist hier zB an jede Fortentwicklung im Fahrzeugbau, die natürlich auf die bisher bereits bewährte Technologie aufbaut. Das Gewinnpotenzial des neuen Produktes ist, wie zuvor dargestellt, nach den Regeln des § 1 Abs. 3 S. 9 AStG zu entgelten. Für das Alt-Know-how wird regelmäßig eine Lizenz vereinbart, die einen über den Zeitraum der noch erwarteten Werthaltigkeit des Alt-Knowhows festen oder fallenden Lizenzsatz hat. Derartige Lizenzen könne dann auch als **Anpassungsklausel** iSv § 9 FVerlV iVm § 1 Abs. 3 S. 11 und 12 AStG qualifizieren.[1042]

Wie in allen Fällen der Funktionsverlagerung eröffnet § 4 Abs. 2 FVerlV **1052** die gerade für die Verlagerung von Forschungs- und Entwicklungsfunktionen wichtige Option, die Funktionsverlagerung als **Nutzungsüberlassung** zu behandeln, wodurch das Funktionsverlagerungsentgelt über den Zeitraum der Nutzungsüberlassung laufend entrichtet und dann die Einmalbesteuerung im Zeitpunkt der Funktionsverlagerung vermieden werden kann.[1043]

b) Übertragung auf Auftragsforscher oder Auftragsentwickler

In der Praxis werden oftmals Forschungs- und Entwicklungsfunktionen auf **1053** ausländische Konzerntochtergesellschaften verlagert, die dann für das inländische Konzernunternehmen als Auftragsforscher oder -entwickler tätig werden.

[1041] Vgl. oben Rn. 454 ff.
[1042] Vgl. dazu iE oben Rn. 681 ff.
[1043] Vgl. oben Rn. 210 ff.

1054　§ 1 Abs. 3 S. 9 AStG und § 1 Abs. 2 S. 1 FVerlV erfordern für das Vorliegen einer Funktionsverlagerung, dass eine Funktion **einschließlich der dazugehörigen Chancen und Risiken** verlagert wird. Aus der Analyse der Tatbestandsmerkmale des § 1 Abs. 3 S. 9 AStG ergibt sich, dass es sich dabei um unternehmerische Chancen und Risiken handeln muss, die Vergütung also über eine bloße Routinetätigkeitsvergütung mit Gewinnaufschlag hinausgehen muss.[1044] Demnach liegt in Fällen der Verlagerung von Forschungs- und insb. Entwicklungstätigkeiten auf Auftragsforscher und insb. Auftragsentwickler (**„Outsourcing"**) nach § 1 Abs. 3 S. 9 AStG schon tatbestandlich **gar keine Funktionsverlagerung** vor, da bei diesem Vorgang nur funktionale Routine-Gewinnchancen auf Dienstleister übertragen werden.

1055　Liegt aber doch eine Funktionsverlagerung vor, eröffnet trotzdem § 2 Abs. 2 FVerlV eine wichtige **Ausnahme** von der Anwendung des § 1 Abs. 3 S. 9 AStG für die Übertragung von **Routinefunktionen.**[1045] Da die verbundenen ausländischen Forschungs- und Entwicklungsgesellschaften zumindest kein Marktrisiko für den Erfolg ihrer Tätigkeit tragen, werden sie als Dienstleister **regelmäßig** auf der Grundlage der **Kostenaufschlagsmethode** vergütet. Der bisherige Rechteinhaber bleibt unverändert und stellt dem Auftragsforscher oder -entwickler die erforderlichen immateriellen Wirtschaftsgüter unentgeltlich bei, sodass regelmäßig keine wesentlichen immateriellen Wirtschaftsgüter übergehen. Soweit Auftragsforscher oder -entwickler ihre Leistungen **ausschließlich** gegenüber dem Forschungs- oder Entwicklungsprinzipal auf der Grundlage der Kostenaufschlagsmethode erbringen, werden die Transaktionen durch § 2 Abs. 2 S. 1 FVerlV von den Rechtsfolgen des § 1 Abs. 3 S. 9 AStG befreit.

Alternativ zu § 2 Abs. 2 FVerlV kann das Nichtvorliegen einer Funktionsverlagerung bei der Verlagerung auf einen Auftragsforscher oder -entwickler in der Praxis **häufig auch über § 1 Abs. 7 FVerlV** begründet werden, sei es, dass **lediglich Dienstleistungen** ohne wesentliche immaterielle Wirtschaftsgüter verlagert werden oder sei es, dass fremde Dritte den Vorgang nicht als Verlagerung behandelt hätten.[1046] Gerade im Bereich der Auftragsforschung und -entwicklung finden sich in der Praxis in vielen Branchen, insb. in der Automobil- oder Pharmaindustrie, Beispiele für Auftragsforschungs- oder -entwicklungsverhältnisse mit fremden Dritten („innerer Preisvergleich"), die für Fremdvergleichszwecke (wenigstens unterstützend) verwendet werden können.

4. Verlagerung der Beschaffungsfunktion

1056　In der Praxis ist zunehmend zu beobachten, dass international tätige Unternehmen die Einkaufs- und Beschaffungsfunktion neu strukturieren. Im Regelfall werden dabei die Einkaufsaktivitäten des Unternehmens nach geografischen (global, regional, etc.) oder inhaltlichen (zB Rohstoffe, Energie, Dienstleistungen, etc.) Kriterien zentralisiert. Betriebswirtschaftlich werden

---

[1044] Vgl. oben Rn. 306 ff.
[1045] Vgl. oben Rn. 385 ff.
[1046] Vgl. oben Rn. 409 ff. und 419 ff.

diese Umstrukturierungen mit **Kostensenkungen oder Synergien** begründet.

Ziel solcher Umstrukturierungen ist es,   **1057**
- möglichst **hohe Rabatte** bzw. bessere Einkaufpreise bei Lieferanten durch die Bündelung des konzernweiten Einkaufs zu erzielen,
- die **Anzahl der Lieferanten** zu optimieren,
- den Bestand des sogenannten „**working capitals**" im Unternehmen zu optimieren, und
- letztlich häufig auch, durch Ansiedlung der Einkaufsgesellschaft in einem Land mit geringer Steuerbelastung die o. g. Vorteile einer **niedrigeren Besteuerung** zu unterwerfen. Die Einkaufsfunktion bietet sich dafür insb. deswegen an, da sie im Gegensatz zu Produktions-, Vertriebs-, Forschungs- und Entwicklungsfunktionen relativ fungibel ist, einen relativ geringeren Personalbedarf hat und gleichzeitig die erzielbaren Kostenersparnisse erheblich sind.

Die **Kernfrage** für die steuerliche Behandlung der Übertragung der Be-   **1058**
schaffungs- oder Einkaufsfunktion ist, ob die Einkaufsgesellschaft
- als **Dienstleister** für die Konzerngesellschaften auftritt, die ihr Einkaufsvolumen zur Bündelung zur Verfügung stellen, mit der Folge, dass sie als Dienstleister grds. auf der Basis der **Kostenaufschlagsmethode** (oder der TNMM) entgolten wird und der zusätzliche Gewinn aus der Erzielung der o. g. Vorteile bei den abgebenden Konzernunternehmen entsteht, oder
- als auf **eigenes Risiko tätige** Einkaufsgesellschaft von unternehmerischem Charakter anzusehen ist, mit der Folge, dass sie Anspruch auf den oder zumindest einen erheblichen Teil des **Residualgewinns** aus den o. g. Vorteilen hat.

Daneben kann in vielen Fällen der Schaffung einer Einkaufs- und Beschaf-   **1059**
fungsfunktion fraglich sein, ob eine Funktionsverlagerung tatbestandlich überhaupt vorliegt, da häufig durch die Umstrukturierung etwas „**Neues**", vorher so im Unternehmen **noch nicht Vorhandenes geschaffen wird.** Es stellt sich also die Frage, **ob** gem. § 1 Abs. 2 FVerlV **überhaupt eine Funktion** verlagert wird, „**die bisher** vom verlagernden Unternehmen **ausgeübt worden ist,** und dadurch die Ausübung der betreffenden Funktion durch das verlagernde Unternehmen eingeschränkt wird."[1047] Die Antwort auf diese Frage wird in vielen Fällen vom Einzelsachverhalt abhängen. Entscheidend wird dafür sein, ob tatsächlich eine Funktion übertragen wird, dh zunächst vom verlagernden und dann vom aufnehmenden Unternehmen ausgeübt wird. In vielen Fällen liegt nach der Verlagerung eine gänzlich neue Ablauforganisation vor, bei der auch die einzelnen Arbeitsschritte und Vorgehensweisen gegenüber der alten Struktur neu sind. Aufgrund der atomisierten Verlegungsdefinition der deutschen FinVerw.[1048] steht aber zu erwarten, dass zumindest die FinVerw. auch in solchen Konstellationen eine Funktionsverlagerung iSv § 1 Abs. 3 S. 9 AStG annehmen wird.

Die funktionale Ausgestaltung der Einkaufs- und Beschaffungsfunktion   **1060**
nach der Verlagerung umfasst in der Praxis das gesamte **Spektrum möglicher Funktionsprofile.** Die Einkaufs- und Beschaffungsfunktion kann da-

---

[1047] § 1 Abs. 2 S. 1 FVerlV.
[1048] Vgl. Rn. 14–16 VGr-FV und oben Rn. 49 ff. und 298 ff.

nach in der Form eines reinen Dienstleisters, der lediglich Bestellungen bündelt, in der eines Einkaufsagenten oder -kommissionärs oder in der Form einer Gesellschaft, die auf eigenes Risiko Eigentum an den bezogenen Waren erwirbt, ausgestaltet sein. Die Vergütung der Einkaufsfunktion wird typisiert im Fall des Dienstleisters kostenbasiert (auf Basis seiner originären Kosten), im Fall des Agenten oder Kommissionärs als Provision (in Prozent vom Einkaufswert) und im Fall der Eigentum erwerbenden Gesellschaft über eine Marge auf den Verrechnungspreis erfolgen.

1061   Die Verlagerung einer Einkaufsfunktion auf eine ausländische Einkaufsgesellschaft kann demnach zu verschiedenen Rechtsfolgen führen:

– Soweit die Verlagerung auf eine in eigenem Namen und auf **eigenes Risiko tätige Einkaufsgesellschaft** erfolgt, die eine Vergütung über die Marge beim Verrechnungspreis erzielt (also ein unternehmerisches Residualgewinnpotenzial hat), treten den allgemeinen Regeln für die Verlagerung von Funktionen folgend die Rechtsfolgen nach **§ 1 Abs. 3 S. 9 AStG** ein,[1049] wobei zu beachten ist, dass bei der abgebenden Konzerngesellschaft kein Gewinnpotenzial entfallen kann, da sie die Mengenrabatte selbst gar nicht hätte erzielen können,

– Bei der Verlagerung auf einen **Einkaufsagenten oder -kommissionär** kann schon **strittig** sein, **ob** die Aktivität noch eine mit **unternehmerischen Charakter oder** schon eine (Routine-)**Dienstleistung** iSv § 1 Abs. 7 FVerlV ist, bei der per Drittvergleich dargelegt werden kann, dass auch fremde Dritte den Vorgang nicht als Funktionsverlagerung behandeln würden.

1062   – Soweit die Verlagerung auf einen **Einkaufsdienstleister** erfolgt, der regelmäßig nach der Kostenaufschlagsmethode (oder TNMM) entgolten wird, sollte die Verlagerung auf eine solche Gesellschaft in aller Regel durch die Ausnahmevorschriften des **§ 2 Abs. 2 S. 1 FVerlV**[1050] oder des **§ 1 Abs. 7 FVerlV** von den Rechtsfolgen des § 1 Abs. 3 Satz 9 AStG befreit sein.[1051] Probleme ergeben sich aber ggf. daraus, dass die Einkaufsgesellschaft **nicht nur für das eine** deutsche, Einkaufsvolumen abgebende **Konzernunternehmen tätig** werden wird.[1052]

5. Verlagerung sonstiger Funktionen

1063   Während bei der Verlagerung von Märkten und der Verlagerung von Produktionen primäre Funktionen entlang der Wertschöpfungskette übertragen werden, können innerhalb eines Konzerns auch **unterstützende Funktionen** verlagert werden. Diese Funktionen sind regelmäßig untergeordnet an der Wertschöpfung des Konzerns beteiligt. In der Praxis werden häufig zwei Arten von zentralen Einheiten eingerichtet:

[1049] Vgl. Rn. 222 VGr-FV und oben Rn. 438 ff. Natürlich besteht auch hier die Möglichkeit, die sofortige Besteuerung des Transferpakets als Ganzes durch Gestaltung und Ausübung der Option nach § 4 Abs. 1 und 2 FVerlV in eine laufende Besteuerung zu wandeln; vgl. dazu oben Rn. 210 ff.

[1050] Vgl. Rn. 221 VGr-FV.

[1051] Vgl. oben Rn. 385 ff. und 409 ff.

[1052] Vgl. dazu oben Rn. 403 ff.

– **Konzerndienstleistungsgesellschaften** als
  • Zentrale Koordinations- oder Stabsstellen für Konzerndienstleistungen, die durch ihre Planung, Koordination und Kontrolle lokale Gesellschaften in verschiedenen Staaten unterstützen, oder
  • Shared Service Centres zur Bündelung und effizienten Abarbeitung administrativer Prozesse aller Art, und
– **Finanzierungsgesellschaften,** einschließlich Cash Pools, die durch ihre Position innerhalb des Konzerns und am Markt Zahlungsströme optimieren,[1053]

soweit die jeweilige Funktion nicht die Haupttätigkeit des Konzerns darstellt, zB Cash Pools bei Banken.

§ 1 Abs. 3 S. 9 AStG und § 1 Abs. 2 S. 1 FVerlV erfordern für das Vorlie-   **1064** gen einer Funktionsverlagerung, dass eine Funktion einschließlich der dazugehörigen Chancen und Risiken verlagert wird. Aus der Analyse der Tatbestandsmerkmale des § 1 Abs. 3 S. 9 AStG ergibt sich, dass es sich dabei um **unternehmerische Chancen und Risiken** handeln muss, die Vergütung also über eine bloße Tätigkeitsvergütung mit Gewinnaufschlag hinausgehen muss.[1054] Demnach liegt in Fällen der Verlagerung von unterstützenden Konzerndienstleistungs- oder -finanzierungstätigkeiten auf Konzern(finanz)dienstleister der klassische Fall des Outsourcing vor, der schon nach § 1 Abs. 3 S. 9 AStG **gar keine Funktionsverlagerung** darstellt, da bei diesem Vorgang nur funktionale Routine-Gewinnchancen auf Dienstleister übertragen werden.

Liegt aber doch eine Funktionsverlagerung vor, eröffnet, wie in allen ande-   **1065** ren Fällen der Funktionsverlagerung,
– **§ 1 Abs. 7 FVerlV** bei reinen **Dienstleistungen** oder über den Drittvergleich und **§ 2 Abs. 2 FVerlV** bei Anwendung der **Kostenaufschlagsmethode** unter weiteren Voraussetzungen die Möglichkeit, nicht von § 1 Abs. 3 S. 9 AStG erfasst zu werden,[1055] und
– **§ 4 Abs. 2 FVerlV** die Möglichkeit, die Funktionsverlagerung als Nutzungsüberlassung mit laufender Versteuerung eines **laufenden Nutzungsüberlassungsentgelts** zu behandeln und so die Sofortbesteuerung zu vermeiden.[1056]

a) Konzerndienstleistungen

In der **früheren Rechtslage** bis zur Einführung des § 1 Abs. 3 S. 9 AStG   **1066** galt, dass eine Übertragung derartiger Hilfsfunktionen unter fremden Dritten nicht entgeltpflichtig ist, da die Chance, mit dieser Tätigkeit Gewinn zu erzielen (der Gewinnaufschlag unter der Kostenaufschlagsmethode), erst durch den Übertragungsvorgang durch den bisherigen Funktionseigentümer geschaffen wurde. Diese Geschäftschance bestand also zuvor als selbstständige Funktion nicht und konnte daher auch noch nicht zu einem verkehrsfähigen

---

[1053] Vgl. *Borstell* StBJb 2001/02, 235.
[1054] Vgl. oben Rn. 306 ff.
[1055] Vgl. dazu oben Rn. 409 ff. und Rn. 385 ff. und im Folgenden Rn. 1069 ff.
[1056] Vgl. dazu oben Rn. 210 ff.

immateriellen Wirtschaftsgut „konkret bewertbare Geschäftschance" erstarkt sein.[1057]

1067 Bei der Verlagerung konzerninterner Dienstleistungen nach **ab VZ 2008** geltendem Recht, insb. allgemeiner administrativer Aufgaben sowie von Stabsfunktionen zur operativen Unterstützung des Managements, auf eine zentrale Einheit (**„Shared Service Center"**) oder andere Konzerndienstleistungsgesellschaften, handelt es sich aus Sicht des Konzerns um eine **Verlagerung von Hilfsfunktionen** und nicht um die Verlagerung wesentlich wertbestimmender Funktionen im Gesamtwertschöpfungsprozess des Konzerns. Typischerweise gehen daher **keine wesentlichen immateriellen Wirtschaftsgüter** oder unternehmerische Chancen und Risiken über. Letzteres führt nach der hier vertretenen Auffassung dazu, dass mangels Übergang von unternehmerischen Chancen und Risiken schon vom Grundsatz her überhaupt **keine Funktionsverlagerung** vorliegt.[1058] Die **FinVerw.** kommt diesbezüglich **zum gleichen Ergebnis,**[1059] sieht als Begründung dafür allerdings, dass bei der Verlagerung von Dienstleistungen in der Regel die erste Escape-Klausel des § 1 Abs. 3 S. 10 AStG erfüllt sein sollte. Damit bejaht die FinVerw. grundsätzlich das Vorliegen einer Funktionsverlagerung,[1060] erkennt aber an, dass eine Transferpaketbesteuerung mangels Übertragung eines wesentlichen immateriellen Wirtschaftsguts unterbleibt.

1068 Soweit aber doch davon ausgegangen wird, dass auch auf die Verlagerung von Konzerndienstleistungsfunktionen § 1 Abs. 3 S. 9 AStG grds. anwendbar ist, enthält die FVerlV zwei Vorschriften, die dazu führen bzw. führen können, dass ein Verlagerungsvorgang nicht als steuerlich relevante Funktionsverlagerung angesehen wird.

1069 **§ 1 Abs. 7 FVerlV** legt fest, dass eine Funktionsverlagerung nicht vorliegt, wenn nur Dienstleistungen erbracht werden, es sei denn, die Geschäftsvorfälle sind Teil einer Funktionsverlagerung. Der erste Teil der Vorschrift erfasst zunächst klar und eindeutig die Erbringung von Konzerndienstleistungen durch ein Shared Service Center oder eine andere Konzerndienstleistungsgesellschaft und nimmt sie vom Anwendungsbereich des § 1 Abs. 3 S. 9 AStG aus.

Wichtig ist dabei auch, dass § 1 Abs. 7 FVerlV **unabhängig von der Verrechnungspreismethode,** die zur Anwendung kommt, anwendbar ist, also insb. auch dann, wenn die Unternehmensgruppe nicht die Kostenaufschlagsmethode anwendet, sondern sich bei der Ermittlung der Verrechnungspreise zB auf die Preisvergleichsmethode oder die transaktionsbezogene Nettomargenmethode (TNMM) stützt.[1061]

1070 Je nach Wahl der Verrechnungspreismethode ergibt sich eine bestimmte (fremdübliche) **Teilung der Standortvorteile** der Dienstleistungsgesellschaft. Gerade bei der Errichtung von Shared Service Centern ist aber die Er-

---

[1057] Vgl. *Borstell* StBJb 2001/02, 235 f. Zu Problemkreisen der laufenden Verrechnungspreisfestsetzung nach Errichtung einer zentralen Dienstleistungseinheit vgl. *Kuckhoff/Schreiber* IStR 1999, 353, 357.

[1058] Vgl. oben Rn. 306 ff.

[1059] Vgl. Rn. 220 VGr-FV.

[1060] Vgl. Rn. 218 VGr-FV.

[1061] Vgl. oben Rn. 394 ff.

zielung von Kosten- und Effizienzvorteilen der unternehmerische Haupttreiber für die Verlagerung. Bei einer Abrechnung über die **Kostenaufschlagsmethode** und damit einer Anwendung des § 2 Abs. 2 FVerlV werden die Standortvorteile vollumfänglich an das verlagernde Unternehmen weitergegeben. Dies kann in vielen Fällen zum einen nicht gewünscht und zum anderen aus Sicht des Staates des aufnehmenden Unternehmens vor dem Hintergrund der Ausführungen im UN Practical Manual 2013[1062] als nicht fremdvergleichskonform angesehen werden.

Irritierend ist allerdings der zweite Teil der Vorschrift „**es sei denn,** die Geschäftsvorfälle sind **Teil einer Funktionsverlagerung**". Leicht verständlich ist, dass für den Fall „normaler" Funktionsverlagerungen auch Dienstleistungselemente, die Teil des Transferpakets sind, nicht durch § 1 Abs. 7 FVerlV aus dem Anwendungsbereich von § 1 Abs. 3 S. 9 AStG ausgeschlossen werden sollen.

Problematisch ist im Falle der Verlagerung von Konzerndienstleistungsfunktionen aber, dass § 1 Abs. 3 S. 9 AStG gerade eben jegliche **Verlagerung, auch von Hilfsfunktionen,** als steuerlich **relevante Funktionsverlagerung** ansieht und davon Ausnahmen macht. Also handelt es sich auch bei der Verlagerung von Konzerndienstleistungen immer um Funktionsverlagerungen und § 1 Abs. 7 FVerlV würde nie zur Anwendung kommen. Das ist offensichtlich, auch nach der Begründung zu § 1 Abs. 7 FVerlV, nicht so gewollt. Es wäre sehr zu begrüßen, wenn der Wortlaut der Verordnung entsprechend klargestellt würde.

Neben § 1 Abs. 7 FVerlV ermöglicht auch **§ 2 Abs. 2 FVerlV** bei Anwendung der Kostenaufschlagsmethode unter weiteren Voraussetzungen, dass ein Verlagerungsvorgang nicht von § 1 Abs. 3 S. 9 AStG erfasst wird.[1063] Die offenen Anwendungsfragen bei Anwendung auf Konzerndienstleistungsgesellschaften konzentrieren sich insb. auf zwei Fragenkomplexe: **1071**

– Anwendung der **Kostenaufschlagsmethode:** **1072**
- Gilt § 2 Abs. 2 S. 1 FVerlV für jegliche Ausprägung der Kostenaufschlagsmethode und nicht nur bei Routinedienstleistungen, sondern auch bei hochwertigen Dienstleistungen mit hohen Aufschlagssätzen?[1064]
- Wie sind Routinefunktionen zu behandeln, die funktional typischen Anwendungsfällen der Kostenaufschlagsmethode entsprechen, zB Routine-Dienstleistungen, die aber zu Fremdvergleichspreisen oder nach der TNMM abgerechnet werden?[1065]

– Erbringung **ausschließlich gegenüber dem verlagernden Unternehmen:** § 2 Abs. 2 S. 1 FVerlV verlangt, dass das übernehmende Unternehmen die übergehende Funktion ausschließlich gegenüber dem verlagernden Unternehmen erbringt. Hieraus ergeben sich Zweifelsfälle. Konzerndienstleistungsgesellschaften werden ihre (Routine-)Dienstleistungen in aller Regel sowohl gegenüber dem verlagernden deutschen Unternehmen als auch gegenüber anderen Konzerngesellschaften im Ausland erbringen (Shared Service Center). Soweit das Shared Service Center le- **1073**

[1062] Vgl. iE B Rn. 288.
[1063] Vgl. dazu oben Rn. 385 ff.
[1064] Vgl. dazu oben Rn. 388 ff.
[1065] Vgl. dazu oben Rn. 394 ff.

diglich die Routinetätigkeiten verschiedener Konzerngesellschaften bündelt, dh ein jedes Unternehmen seine Routine-Dienstleistungen an das Shared Service Center überträgt und diese folglich zuvor nicht von dem deutschen Unternehmen für die anderen Konzerngesellschaften ausgeübt wurden, ist uE das **Merkmal der Ausschließlichkeit** iSd § 2 Abs. 2 Satz 1 FVerlV **erfüllt,** da das Shared Service Center hinsichtlich der aus Deutschland übertragenen Tätigkeiten weiterhin ausschließlich für das übertragende deutsche Unternehmen tätig wird.[1066] Demnach kann die Errichtung eines Shared Services Centers dann nicht zu den Rechtsfolgen des § 1 Abs. 3 S. 9 AStG führen.

b) Finanzierungsfunktionen

1074   Die Verlagerung einer Finanzierungsfunktion kann v. a. folgende unterschiedliche Formen annehmen:
- **Finanzierungsgesellschaften,** die an einem oder mehreren Standorten die Kapitalbeschaffung innerhalb des Konzerns optimieren sollen.
- **Treasury Center,** mittels derer die Liquidität im Konzern (insb. durch Netting und Cash Pooling) gesteuert werden soll.
- **Factoring-Gesellschaften,** die Forderungen von Konzerngesellschaften ankaufen und auch Fakturierung, Debitorenbuchhaltung, Mahnwesen und Inkasso übernehmen.

1075   Bei der Verlagerung der genannten konzerninternen Finanzierungsaufgaben und Finanzierungsdienstleistungen auf verbundene ausländische Finanzierungsgesellschaften, Treasury Center oder Factoring-Gesellschaften handelt es sich um eine **Verlagerung von Hilfsfunktionen,** wenn das funktionsabgebende Unternehmen nicht einer Bank, einer Versicherung oder einem anderen Finanzdienstleister entspricht.

1076   In der **früheren Rechtslage** vor Einführung des § 1 Abs. 3 AStG nF galt, dass die Übertragung derartiger Funktionen unter fremden Dritten nicht entgeltpflichtig war, da die Chance, mit dieser Tätigkeit Gewinn zu erzielen (den Gewinnaufschlag unter der typischerweise angewandten Kostenaufschlagsmethode), erst durch den Übertragungsvorgang durch den bisherigen Funktionseigentümer geschaffen wurde, also vorher als selbstständige Funktion überhaupt nicht bestand und daher auch nicht zu einem verkehrsfähigen immateriellen Wirtschaftsgut „konkret bewertbare Geschäftschance" erstarkt sein konnte.[1067]

1077   Soweit es sich bei den verlagerten Finanzierungsdienstleistungen um Hilfsfunktionen ohne wesentlich wertbestimmenden Charakter für die Gesamtwertschöpfung des Konzerns handelt, gehen typischerweise auch **keine wesentlichen immateriellen Wirtschaftsgüter** oder unternehmerischen Chancen und Risiken über. Letzteres führt nach der hier vertretenen Auffassung dazu, dass mangels Übergang von unternehmerischen Chancen und Risiken schon vom Grundsatz her tatbestandlich überhaupt **keine Funktionsverlagerung** iSv § 1 Abs. 3 S. 9 AStG vorliegt.[1068]

[1066] Vgl. Rn. 219 VGr-FV und oben Rn. 405 f.

[1067] Vgl. *Borstell* StBJb 2001/02, 236 f.; *Kuckhoff/Schreiber* IStR 1999, 353, 358 und allgemein oben Rn. 813 ff.

[1068] Vgl. oben Rn. 306 ff.

Soweit aber doch davon ausgegangen wird, dass auch auf die Verlagerung **1078** von Konzerndienstleistungsfunktionen § 1 Abs. 3 S. 9 AStG grds. anwendbar ist,[1069] enthält die FVerlV zwei Vorschriften, die dazu führen bzw. führen können, dass ein Verlagerungsvorgang nicht als steuerlich relevante Funktionsverlagerung angesehen wird. Für die Anwendung dieser Vorschriften wird im Folgenden zwischen

– **verwaltenden Dienstleistungen** im Rahmen von Finanzierungsdienstleistungen (zB Inkasso von Forderungen) und
– der eigentlichen **Erbringung von Finanzierungsleistungen** (zB Kapitalbeschaffung und dessen Weiterreichung)

unterschieden, unabhängig davon, dass in beiden Fällen aus Konzernsicht eine Hilfsfunktion und keine Haupttätigkeit der Unternehmensgruppe vorliegt.

§ 1 Abs. 7 FVerlV legt fest, dass eine Funktionsverlagerung nicht vorliegt, **1079** wenn nur Dienstleistungen erbracht werden oder wenn auch fremde Dritte den Vorgang nicht als Funktionsverlagerung behandelt hätten, es sei denn, die Geschäftsvorfälle sind Teil einer Funktionsverlagerung.[1070] Der Wortlaut dieser Vorschrift („wenn nur Dienstleistungen erbracht werden") ist so allgemein gefasst, dass er nicht nur auf administrative Konzerndienstleistungen, sondern auf **alle Arten von Dienstleistungen** anwendbar ist, insb. auch auf Finanzierungsdienstleistungen, unabhängig davon, ob es sich dabei um verwaltende Dienstleistungen (zB Inkasso von Forderungen) oder die eigentliche **Erbringung von Finanzierungsleistungen** (zB Factoring) handelt, immer vorausgesetzt, dass es sich aus Konzernsicht um eine Hilfsfunktion und nicht um einen Teil der Haupttätigkeit der Unternehmensgruppe handelt.

Wichtig ist, dass § 1 Abs. 7 FVerlV **unabhängig von der Verrech-** **1080** **nungspreismethode,** die zur Anwendung kommt, anwendbar ist, also insb. auch dann, wenn die Unternehmensgruppe nicht die Kostenaufschlagsmethode anwendet.[1071]

Neben § 1 Abs. 7 FVerlV ermöglicht auch **§ 2 Abs. 2 FVerlV** bei An- **1081** wendung der **Kostenaufschlagsmethode** unter weiteren Voraussetzungen, dass ein Verlagerungsvorgang nicht von § 1 Abs. 3 S. 9 AStG erfasst wird.[1072] Im Zusammenhang mit Finanzierungsdienstleistungen können hierunter sicher die regelmäßig nach der Kostenaufschlagsmethode abgerechneten **verwaltungslastigen Dienstleistungen** erfasst werden.

Die Vergütung der **Finanzierungsleistungen selbst** (zB Kapitalbeschaf- **1082** fung und dessen Weiterreichung) erfolgt zwar typischerweise in Form einer **Provision** bzw. eines **Zinsspreads.** Soweit die Finanzierungsleistungen von ihrer spezifischen Ausgestaltung her als Routinefunktionen anzusehen sind, könnte die Höhe der Vergütung auch mittels der **Kostenaufschlagsmetho-de** ermittelt werden; Chancen und Risiken aus potenziellen Zinsschwankungen hat das übernehmende Unternehmen in diesen Fällen nicht inne. Daher

---

[1069] Vgl. Rn. 218 VGr-FV.

[1070] Vgl. zu den Anwendungsbeschränkungen und -problemen zuvor unter Konzerndienstleistungen Rn. 1069 f. und iE oben Rn. 409 ff.

[1071] Vgl. oben Rn. 410.

[1072] Vgl. zu den Voraussetzungen und Anwendungsproblemen dieser Vorschrift zuvor unter Konzerndienstleistungen Rn. 1071 ff. und iE Rn. 385 ff.

ist uE bei Anwendung der Kostenaufschlagmethode auf diese Fälle auch die Ausnahmevorschrift des § 2 Abs. 2 S. 1 FVerlV anwendbar. Zudem ist durch Rn. 67 VGr-FV die Ausnahmevorschrift des § 2 Abs. 2 FVerlV auch auf Fälle erweitert worden, in denen „ein übernehmendes Unternehmen … zulässigerweise eine auf den Kosten basierende, geschäftsvorfallbezogene Nettomargenmethode anwendet oder wenn ein solches Unternehmen eine das niedrige Risiko berücksichtigende Provision erhält."[1073] Demnach könnte auch bei Zahlung einer **Provision oder** eines **Zinsspreads** unter Umständen die Ausnahmevorschrift des § 2 Abs. 2 FVerlV in der erweiternden Auslegung der Rn. 67 VGr-FV erfüllt sein.

Alternativ kann auch bei Konzernfinanzierungsleistungen die erste **Escape Klausel** des § 1 Abs. 3 S. 10 AStG angeführt werden, nach der die Annahme einer Transferpaketbesteuerung unterbleiben kann, wenn keine wesentlichen immateriellen Wirtschaftsgüter Gegenstand der Funktionsverlagerung sind.

[1073] Vgl. oben Rn. 401 f.

Kapitel S: Wertorientierte Unternehmensführung und Verrechnungspreise – eine fallbeispielbezogene Analyse

Übersicht

I. Der Zusammenhang zwischen den Verrechnungspreisen und einer wertorientierten Unternehmensführung

1. Einführung

1   Der **Fremdvergleichsgrundsatz als zentrales Leitprinzip** für die Festlegung von Verrechnungspreisen verlangt, dass unternehmensinterne Leistungen so bepreist werden, wie sie unter fremden Dritten am Markt bepreist

werden würden. Dieser Anspruch entspricht dem internationalen Verrechnungspreisstandard, wie er von der OECD vorgegeben wird. Die gängigen Transferpreismethoden sowie die OECD-VPL über ihre Anwendbarkeit dienen dem Ziel, den Fremdvergleich von Verrechnungspreisen, die dem Fremdvergleichsgrundsatz gerecht werden, in der Praxis zu ermöglichen.[1]

Die Einigung auf den Fremdvergleichsgrundsatz als Leitprinzip für die **2** Festlegung von Verrechnungspreisen ist in erster Linie auf seine attraktiven normativen Eigenschaften zurückzuführen. Er entspricht dem vorherrschenden Verständnis von **Fairness im transnationalen Steuerausgleich** insofern als er den steuerlichen Anspruch eines Nationalstaates gegenüber einem international tätigen Unternehmen an dem Gewinn orientiert, der im Land angefallen wäre, wenn die Gesamtheit der unternehmerischen Tätigkeiten unter fremden Dritten stattgefunden hätte. Er verhindert somit, dass Unternehmen durch eine gezielte Manipulation von unternehmensinternen Transaktionen Gewinne in für sie vorteilhafte Jurisdiktionen verlagern.

Die betroffenen Unternehmen profitieren von dieser internationalen Verständigung aber nicht nur durch die erhöhte Planungs- und Steuersicherheit **3** und den reduzierten Verwaltungsaufwand. Vielmehr bildet der Fremdvergleichsgrundsatz eine **Brücke zwischen der Verrechnungspreisanalyse und einer wertorientierten Unternehmensführung.** Dies liegt darin begründet, dass sich die Preisfestsetzung für Transaktionen zwischen fremden Dritten immer auch an dem **Wertbeitrag** der zu erbringenden Leistung bemisst.

Die Verrechnungspreisanalyse ist somit kein notwendiges Übel, welches **4** rein der Einhaltung internationaler Steuervorschriften gewidmet ist, sondern ein **integrierter Bestandteil einer wertorientierten Unternehmensführung.** Der integrative Ansatz, der in der Regel die zu bepreisende Leistung im Kontext der **gesamten Wertschöpfungskette** kritisch und analytisch stringent auf ihren Wertbeitrag hin untersucht, liefert häufig wichtige Erkenntnisse für die wertorientierte Unternehmensführung. So ermöglicht er im konkreten Einzelfall eine Identifikation und Analyse der wichtigsten Werttreiber sowie ihrer Interdependenzen mit anderen unternehmensinternen Leistungen.

Im Umkehrschluss können wertorientierte Restrukturierungsprozesse **5** durch ihren Einfluss auf die Verrechnungspreise einen erheblichen Steuereffekt haben. Dieser mögliche Steuereffekt steigt mit der Werthaltigkeit der betroffenen unternehmerischen Leistungen. Eine **frühzeitige Einbeziehung von Verrechnungspreisanalysen in wertorientierte Restrukturierungsprozesse** kann somit einen wertvollen Beitrag zu einer Reduzierung der effektiven Steuerlast von international tätigen Unternehmen leisten.

In dem vorliegenden Kapitel sollen zunächst einige einleitende Erörterun- **6** gen zu dem Zusammenhang zwischen Verrechnungspreisgestaltung und wertorientierter Unternehmensführung dargelegt werden. Dabei wird zunächst kurz aufgezeigt, inwiefern die Verrechnungspreise durch den Wertbeitrag der untersuchten Leistung bestimmt werden. Diese scheinbar triviale Erkenntnis ist für die unternehmerische Praxis von großer Bedeutung, ver-

---

[1] Vgl. *Vögele/Schetter,* Der Zusammenhang zwischen den Verrechnungspreisen und einer wertorientierten Unternehmensführung, Controlling 11/2009.

deutlicht sie doch den Zusammenhang zwischen wertorientierter Unternehmensführung und den Verrechnungspreisen. Im Anschluss daran wird unter Bezugnahme auf das Beispiel der Residualgewinnmethode erörtert, welcher Erkenntnisgewinn für die wertorientierte Unternehmensführung aus der Verrechnungspreisanalyse gezogen werden kann.

7   In den folgenden Teilen dieses Kapitels wird anhand einer Auswahl an Fallbeispielen aufgezeigt, wie sich die zuvor hergeleiteten Zusammenhänge auf die unternehmerische Praxis auswirken können.

2. Der Wertbeitrag als Einflussfaktor der Verrechnungspreise

8   Die Verrechnungspreise für unternehmensinterne Leistungen bemessen sich maßgeblich an deren Wertbeitrag. Dieser Zusammenhang ist eine mittelbare Folge des Fremdvergleichsgrundsatzes: Die Verrechnungspreise orientieren sich an den fremdvergleichsüblichen Preisen, die wiederum durch den Wertbeitrag der betroffenen Leistungen für die beteiligten Parteien beeinflusst werden.

a) Der Wertbeitrag als Triebkraft der Transaktionspreise

9   Die **Generierung von Werten** im weiteren Sinne ist **Ziel jedes unternehmerischen Handelns.** Dabei orientiert sich die Frage, was unter „Werten" zu verstehen ist, an den geltenden Normen. Gemäß dem sog. Stakeholder Value Ansatz wird unternehmerisches Handeln bspw. daran gemessen, inwiefern es den Bedürfnissen aller Anspruchsgruppen im sozioökonomischen Umfeld gerecht wird. Zu diesen Anspruchsgruppen werden sowohl interne, wie bspw. die Mitarbeiter oder die Eigentümer, als auch externe Gruppen, wie bspw. die Lieferanten oder die Gesellschaft, gezählt.

10   Aus steuerlicher Sicht dienen Verrechnungspreisanalysen schlussendlich immer einer fremdvergleichsüblichen unternehmensinternen Zuteilung von Gewinnen auf die verschiedenen Jurisdiktionen. Dementsprechend steht der Profitbeitrag im Fokus derartiger Analysen. Für die Zwecke der vorliegenden Arbeit soll der **Wertbegriff** daher enger gefasst und auf den mittelbaren und unmittelbaren **Profitbeitrag einer Leistung** reduziert werden.

11   Dieser enger gefasste Wertbegriff kann weitestgehend unabhängig von den geltenden Normen zum Zielkanon unternehmerischen Handelns gezählt werden, denn erst der Profit ermöglicht eine angemessene Vergütung des eingesetzten Kapitals der Anteilseigner.

12   Das Profitstreben der Unternehmen am Markt führt schließlich dazu, dass der **Marktpreis maßgeblich durch den Wertbeitrag der gehandelten Leistung beeinflusst wird.** Dies gilt sowohl in Märkten mit vielen Marktteilnehmern als auch für die gesonderte Betrachtung einzelner Transaktionen.[2]

---

[2] In perfekt kompetitiven Märkten sind alle Akteure Preisnehmer. Die Preise werden dabei so gebildet, dass alle Märkte geräumt werden. Mit anderen Worten, der Preisbildungmechanismus garantiert, dass alle Unternehmen, die zum Marktpreis anbieten wollen (dh, die einen Profit aus einer Transaktion zu diesem Preis erzielen könnten) anbieten können und alle Konsumenten, die zum Marktpreis nachfragen wollen (dh

b) Der Wertbeitrag als Triebkraft der Verrechnungspreise

Der Zusammenhang zwischen dem Wertbeitrag einer transferierten Leis-   **13**
tung und deren Vergütung schlägt sich auch auf die anzusetzenden Verrechnungspreise nieder. Dies ist, wie bereits erwähnt, zwangsläufig der Fall, wenn
die Verrechnungspreise dem Fremdvergleichsgrundsatz genügen sollen. Wie
im Folgenden kurz exemplarisch dargelegt wird, führt die Anwendung der
gängigsten Transferpreismethoden im Regelfall auch tatsächlich dazu, dass
sich der Transferpreis einer Leistung an deren Wertbeitrag bemisst.

aa) Standardmethoden

Zu den Standardmethoden zur Festlegung der Verrechnungspreise werden   **14**
gemäß OECD die Preisvergleichsmethode (Comparable Uncontrolled Price –
CUP), die Wiederverkaufspreismethode (Resale Price – RP) und die Kostenaufschlagsmethode (Cost Plus – C⁺) gezählt.

Sofern deren Anwendung sinnvoll möglich ist, sind die Standardmethoden   **15**
den alternativen Transferpreismethoden vorzuziehen. Dies ist in der Regel für
sog. **Routinefunktionen** der Fall, dh für Leistungen, für deren Erbringung
per definitionem keine besonderen Kenntnisse und kein Einsatz besonderer
Ressourcen, wie insbesondere Geistiges Eigentum, erforderlich sind und die
somit leicht kopiert und/oder ausgelagert werden können. Derartige Leistungen sind für eine wertorientierte Unternehmensführung grundsätzlich von
nachrangiger Bedeutung, sie sind aber elementarer **Bestandteil einer ganz-
heitlichen Unternehmensanalyse** und die Festlegung einer angemessenen
Vergütung der Routinefunktionen ist idR ein notwendiger Zwischenschritt
bei der Analyse des Wertbeitrags der zentralen unternehmerischen Tätigkeiten.

Bei Anwendung der Standardmethoden werden die Verrechnungspreise   **16**
unter direkter Bezugnahme auf am Markt beobachtbare Daten ermittelt.
Demzufolge werden sie in dem Maße durch den Wertbeitrag der zu bepreis-
senden Leistung bestimmt wie die zugrunde liegenden Vergleichsdaten. Davon kann auf Basis der oben dargelegten Überlegungen sowohl für die beobachteten Marktpreise (Preisvergleichsmethode) als auch für am Markt
beobachtete Handelsspannen (Wiederverkaufspreismethode) und Kostenaufschläge (Kostenaufschlagsmethode) ausgegangen werden.

bb) Alternative Verrechnungspreismethoden

Für die Zwecke einer wertorientierten Unternehmensführung sind die al-   **17**
ternativen Verrechnungspreismethoden und dabei insbesondere die Gewinnaufteilungsmethoden (Profit Split – PS) von größerer Bedeutung. Auf die
wichtigsten werttreibenden unternehmerischen Aktivitäten können die Standardmethoden aufgrund mangelnder Vergleichbarkeit der am Markt beobachtbaren Transaktionen idR nicht angewendet werden. In diesem Fall
kommen die alternativen Verrechnungspreismethoden zur Anwendung, die
neben den Gewinnaufteilungsmethoden die sog. Nettomargenmethode umfassen.

---

für die der Wertbeitrag des transferierten Gutes – in diesem Fall gemessen als „Nutzen" – höher ist als der Preis), nachfragen können. Der Marktpreis wird folglich durch
den Wertbeitrag der jeweiligen Transaktionen für die verschiedenen Akteure am Markt
bestimmt.

18   Bei der **Nettomargenmethode** werden Leistungserbringern fremdvergleichsübliche Nettomargen zugewiesen. Sie basiert auf dem Grundgedanken,
dass Unternehmen derselben Branchen im langfristigen Durchschnitt gleiche
Gewinne erzielen. Bei deren Anwendung werden folglich den Erbringern
konzerninterner Leistungen direkt fremdvergleichsübliche Gewinnmargen
zugewiesen.

19   Die **Gewinnaufteilungsmethoden** werden u. a. in die **Residualmetho-
de** und die **Globale Gewinnaufteilungsmethode** unterteilt.[3] Ziel der Gewinnaufteilungsmethoden ist es, die Verrechungspreise so zu bestimmen, dass
die verschiedenen Unternehmenseinheiten einen angemessenen Anteil am
Konzerngewinn erhalten. Gegenstand derartiger Verrechnungspreisanalysen
ist somit jeweils der Gewinn des Konzerns oder einer Konzerneinheit. Dabei
wird die Angemessenheit des Gewinnanteils einer Konzerneinheit idR direkt
an deren Gewinnbeitrag bemessen. Dementsprechend ergibt sich auch bei
Anwendung der Gewinnaufteilungsmethoden eine Wechselwirkung zwischen
wertorientierter Unternehmensführung und den Verrechnungspreisen.

20   In der Praxis erfordert die Anwendung der Gewinnaufteilungsmethoden
idR die Simulation von Verhandlungen zwischen zwei oder mehreren Partei-
en. Derartige Verhandlungsanalysen kommen insbesondere dann zur Anwendung, wenn durch das Zusammenwirken mehrerer Parteien ein Mehrwert
generiert wird, dh wenn die beteiligten Parteien gemeinschaftlich einen höheren Gewinn erzielen könnten als jede für sich. In einem solchen Fall kann
bei der Aufteilung des Gewinns nicht ausschließlich auf das Gewinnpotential
der Parteien im hypothetischen Alleinstellungsfall abgestellt werden. Auch
Analysen des Verhandlungsprozesses stellen in der Regel auf den Wertbeitrag
der erbrachten Leistung ab. Stellvertretend soll hier kurz auf die sogenannte
Shapley Value Analyse abgestellt werden.

21   Gemäß der **Shapley Value Analyse** wird der gemeinschaftlich generierte
Mehrwert so aufgeteilt, **dass jede Partei ihren durchschnittlichen marginalen Beitrag zu allen denkbaren Koalitionen erhält.**[4] Mit anderen
Worten: Aus der Menge der beteiligten Parteien werden alle denkbaren Koalitionen gebildet. Für jede Partei werden dann alle Koalitionen betrachtet, an
denen sie beteiligt ist, und für jede einzelne evaluiert, wie sehr der gesamte
Koalitionsgewinn sinkt, wenn die untersuchte Partei die Koalition verlässt.
Sie erhält dann Anspruch auf den Durchschnitt dieser marginalen Beiträge
und ihr Anteil am Gesamtgewinn wird somit direkt auf den Wertbeitrag der
erbrachten Leistung abgestellt.

---

[3] Vgl. Kap. H Rn. 146 ff.
[4] Vgl. Kap. H Rn. 157 ff.

Verrechnungspreis-methode		Verbindendes Element zwischen Wertbeitrag und Verrechnungspreis
Preisvergleichsmethode	$\Rightarrow$	Marktpreis der Transaktion
Wiederverkaufspreismethode	$\Rightarrow$	Fremdvergleichsübliche Handelsspanne
Kostenaufschlagsmethode	$\Rightarrow$	Fremdvergleichsüblicher Kostenaufschlag
Nettomargenmethode	$\Rightarrow$	Fremdvergleichsüblicher Gewinn
Gewinnaufteilungsmethode	$\Rightarrow$	Gewinnbeitragsanalyse; Verhandlungsanalyse

Abb. 1: Das verbindende Element zwischen Wertbeitrag einer Leistung und deren Verrechnungspreis

Abbildung 1 gibt für die gängigsten Verrechnungspreismethoden einen zu- **22** sammenfassenden Überblick über den Zusammenhang zwischen dem Wertbeitrag der untersuchten Leistung und dem veranschlagten Verrechungspreis.

Die Verrechnungspreise sind dementsprechend stark abhängig vom Wert- **23** beitrag der betroffenen Leistung. Für die unternehmerische Praxis folgt daraus, dass eine wertorientierte Unternehmensführung die Verrechnungspreise und somit mittelbar die effektive Steuerquote je nach Einzelfall erheblich beeinflussen kann. Es empfiehlt sich daher, derartige Restrukturierungsprozesse schon frühzeitig mit adäquaten Verrechnungspreisanalysen zu verknüpfen. Dem Unternehmen entstehen dadurch im Regelfall keine zusätzlichen Kosten, denn derartige Restrukturierungen erfordern in den meisten Fällen ohnehin eine Revision der Verrechnungspreisanalysen und -dokumentationen. Durch die frühzeitige Einbindung der Verrechnungspreisanalyse anstelle der in der Praxis üblichen nachgelagerten Analyse eröffnet sich dem Unternehmen jedoch häufig erheblicher steuerlicher Gestaltungsspielraum.

Die Verrechnungspreisanalyse wird aber nicht nur durch die wertorientier- **24** te Unternehmensführung beeinflusst, sondern sie kann bei sorgfältiger Anwendung auch wichtige Erkenntnisse beitragen. Im folgenden Abschnitt wird anhand des Beispiels der Residualgewinnmethode dargelegt, wie die Verrechnungspreisanalyse als Instrument einer wertorientierten Unternehmensführung dienen kann.

3. Die Verrechnungspreismethoden als Instrument der wertorientierten Unternehmensführung

a) Grundsätzliche Überlegungen

Der Kanon der **Analysemethoden,** der Verrechnungspreisexperten heute **25** zur Verfügung steht, ist das **Ergebnis einer langjährigen internationalen**

Zusammenarbeit von Wirtschaftsexperten aus Wissenschaft, öffentlichen Institutionen und der Praxis. Sie spiegeln den aktuellen Stand an für die Verrechnungspreisanalyse hilfreichem Methodenwissen wider. Gleichzeitig sind sie auf die Anwendung in der Praxis zugeschnitten.

26 Die unternehmensintern erbrachten Leistungen sind so zu bepreisen, dass dies dem Fremdvergleichsgrundsatz genügt, dh dass unabhängige Unternehmen am Markt unter gleichen Voraussetzungen denselben Preis vereinbart hätten. Dementsprechend **decken Verrechnungspreisanalysen systematisch das Gewinnpotential der einzelnen im Unternehmen erbrachten Leistungen auf.** Dabei setzen sie die untersuchten Leistungen jeweils in den Kontext ihrer späteren Verwendung.

27 Die verlässliche **Analyse der Werthaltigkeit einzelner Aktivitäten ist** in international tätigen Unternehmen, häufig eine äußerst **komplexe Aufgabe,** die höchste analytische Anforderungen stellt. Die immer stärkere Verzahnung verschiedener Wertschöpfungsstufen erschwert deren Aufgliederung. Diese Interdependenzen wurden in den letzten Jahren durch unterschiedlichste Erneuerungen wie bspw. die Förderung des unternehmensweiten Wissensaustauschs oder das Just-in-Time Management noch verstärkt. Daher bedarf diese Analyse in der unternehmerischen Praxis häufig klarer Analysestrukturen und Expertise in deren Anwendung. **Die Verrechnungspreisanalysen können diese Anforderungen bei professioneller Durchführung erfüllen.** Dennoch wird das sich daraus ergebende Potential der Verrechnungspreisanalysen für die wertorientierte Unternehmensführung häufig verkannt.

28 Die Vorteile, welche sich aus einer stringenten Analyse des Gewinnpotentials der verschiedenen unternehmerischen Leistungen ergeben, liegen auf der Hand: Einerseits hilft sie, die **wichtigsten Werttreiber des Unternehmens zu identifizieren** und auf ihre Wirksamkeit hin zu untersuchen. Andererseits erlaubt der konsequente Vergleich mit marktüblichen Preisen aber auch die Value Chains auf Netzwerke zu optimieren und Best Practices festzustellen und anderen Konzerneinheiten zugänglich zu machen.

b) Die Residualgewinnmethode als Instrument der wertorientierten Unternehmensführung

29 Die Residualgewinnmethode ist geeignet, die **umfassendsten Erkenntnisse über die Gewinnpotentiale der verschiedenen unternehmerischen Aktivitäten** zu liefern. Darüber hinaus bezieht sie in der praktischen Anwendung einige oder alle der anderen Methoden mit ein. An dieser Stelle soll daher gesondert auf diese Methode eingegangen werden.[5]

30 Die Residualgewinnmethode kommt in der Regel dann zum Einsatz, wenn eine intern erbrachte unternehmerische Leistung nicht direkt bepreist werden kann. In diesem Fall wird der Gesamtgewinn des untersuchten Konzerns bzw. der Konzerneinheit auf alle beitragenden Leistungen aufgeteilt. Der zu bepreisenden internen Leistung wird dann der Restgewinn nach erfolgter Vergütung aller anderer Leistungen zugesprochen.

31 Ausgangspunkt einer Verrechnungspreisstudie gemäß der Residualgewinnmethode ist eine fundierte **Funktions- und Risikenanalyse** des untersuchten Konzerns bzw. der untersuchten Konzerneinheit. Derartige Analysen

---

[5] Vgl. Kap. H Rn. 146 ff.

haben zum Ziel, die Wertschöpfungsketten systematisch in sogenannte Routine- und Nicht-Routine-Elemente aufzuteilen. Sie sind somit zwar ursprünglich auf die Bedürfnisse der anschließenden Verrechnungspreisanalyse zugeschnitten, aber sie geben gleichsam eine Systematik vor, welche einen **Einstieg in die gerade bei international tätigen Konglomeraten schwierige Aufgabe der Zerteilung der Wertschöpfungsnetzwerke in ihre Elemente ermöglicht.** Darüber hinaus werden die identifizierten Elemente gleichzeitig hinsichtlich ihrer Werthaltigkeit grob unterteilt und somit die wichtigsten Werttreiber identifiziert. Welche Aktivitäten und Vermögensgegenstände zu diesen zentralen Werttreibern zu zählen sind, muss im konkreten Einzelfall auf Basis ökonomischer Argumentationen neu herausgearbeitet werden. Die Funktions- und Risikenanalyse als Teil der Verrechnungspreisstudien ist somit in der Lage, industrie- und unternehmensspezifischen Charakteristika Rechnung zu tragen.

Daran anschließend werden die identifizierten Routine-Leistungen mittels **32** der zuvor erwähnten Standardmethoden bepreist. Durch die Bezugnahme auf am Markt beobachtetes Verhalten werden dabei die **internen Routine-Leistungen automatisch gebenchmarkt und somit Outsourcing-Potentiale aufgedeckt.**

Schlussendlich werden die identifizierten **Nicht-Routine-Elemente** mit- **33** tels einer Wertbeitragsanalyse und einer Verhandlungsanalyse unter Bezugnahme auf Erkenntnisse aus der unternehmerischen Praxis und der ökonomischen Theorie nach und nach bepreist. Jede Leistung wird dabei im Kontext des Wertschöpfungsnetzwerkes **kritisch auf ihren Beitrag zum Gesamtgewinn hin untersucht.**

Bei der Durchführung dieser Analysen wird jeweils auf eine hypothetische **34** Unabhängigkeit der beteiligten Konzerneinheiten abgestellt. Jede **Konzerneinheit wird folglich auf ihre alleinige Überlebensfähigkeit am Markt hin kritisch untersucht und Quersubventionen im Konzern aufgedeckt.** Als Ergebnis der Residualgewinnmethode wird somit das untersuchte Wertschöpfungsnetzwerk systematisch in seine Bestandteile zerlegt und unter Berücksichtigung des Fremdvergleichs sowie der Wechselwirkungen zwischen den verschiedenen Elementen mögliche Ineffizienzen auf der Ebene einzelner Leistungen aufgedeckt. Darüber hinaus wurden die wichtigsten Werttreiber identifiziert und deren aktuelle Performance in Form ihres Gewinnanspruchs ermittelt.

Für die unternehmerische Praxis ergibt sich daraus eine **wechselseitige** **35** **Abhängigkeit zwischen den Verrechnungspreisen und der wertorientierten Unternehmensführung,** die im Idealfall selbstverstärkend wirkt und zu einer gesteigerten Profitabilität bei reduzierter effektiver Steuerquote führt.

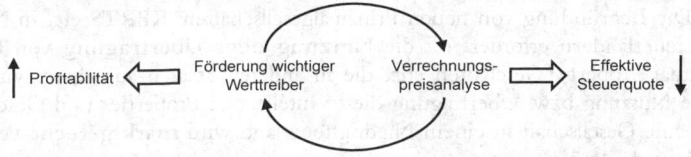

Abb. 2: Die Wechselwirkung zwischen Verrechnungspreisanpassungen und der wertorientierten Unternehmensführung

Eine fundierte Verrechnungspreisanalyse ermöglicht es, die wichtigsten Werttreiber entlang der Wertschöpfungskette eines Unternehmens zu identifizieren und auf ihre Bedeutung, auf die damit verbundenen Risiken sowie ihre Wechselwirkung mit anderen unternehmerischen Aktivitäten hin zu untersuchen. Dadurch kann eine gezielte Förderung der wichtigen Werttreiber und eine Optimierung der Wertschöpfungsketten und **Netzwerke** erreicht werden. Diese Maßnahme führt ceteris paribus zu einer **gesteigerten Profitabilität** des Gesamtunternehmens, die wiederum eine Aktualisierung der Verrechnungspreisanalyse und idR eine Anpassung der Verrechnungspreise in Gang setzt. Bei einer sorgfältigen Planung können die Wert steigernden Maßnahmen so implementiert werden, dass die zusätzlichen Gewinne in einem Niedrigsteuerland anfallen und somit zu einer **Reduktion der effektiven Steuerquote** beitragen. Werden im Rahmen der Aktualisierung der Verrechnungspreisanalyse zusätzliche Erkenntnisse über die wichtigsten Werttreiber gefunden, so kann die ursprüngliche Verrechnungspreisanalyse einen selbstverstärkenden Prozess initiieren.

4. Base Erosion and Profit Shifting – BEPS

36　　Am Zeitpunkt des Redaktionsschlusses war es nicht eindeutig, welche Auswirkungen sich aus den laufenden Vorschlägen und Diskussionen für die nationale Gesetzgebung und OECD ergeben. Allerdings kann mit einer gewissen Wahrscheinlichkeit davon ausgegangen werden, dass folgende Kriterien an Bedeutung gewinnen werden:

a) Gewinne erfordern eine **Geschäftstätigkeit** in Form von **Funktionsausübung und Risikoübernahme.**

b) Funktionsausübung und Risikoübernahme erfordern den Einsatz des für die jeweilige **Tätigkeit erforderlichen Personals** (People)

c) Risikoübernahme erfordert den **Einsatz finanzieller Mittel** (Funding)

d) **Funding** erfordert die Anknüpfung an das für die jeweilige **Tätigkeit erforderliche Personal.**

Mit einer gewissen Wahrscheinlichkeit werden daher **Prinzipalgesellschaften und KERTs,** welche hohe Gewinne erzielen, **nicht mehr ohne qualifiziertes Personal in Niedrigsteuerländern** besteuert werden können.

Allerdings bestehen diverse hoch profitable Geschäftsbereiche, welche relativ wenig qualifiziertes Personal, aber hohen Kapitaleinsatz erfordern. Soweit die Qualifikation und die Tätigkeit des eingesetzten Personals ausreichen, um hohe Kapitalmengen anzuziehen **(Attraktion),** sollten auch in Zukunft solche Prinzipalgesellschaften in Niedrigsteuerländern steuereffizient möglich sein.

Die Begründung von neuen Prinzipalgesellschaften, KERTS etc. in Niedrigsteuerländern erfordert oft die **Nutzung oder Übertragung** von Intellectual Property, Geschäften etc., die in anderen Staaten aufgebaut wurden. Die Nutzung bzw. Übertragung dieser Intellectual Properties und Geschäfte an eine Gesellschaft in einem Niedrigsteuerland wird **marktgerecht vergütet** werden müssen.

Die nachfolgenden Fälle sollten alle (mit Ausnahme des Falles IV.1., der in Zukunft mehr Exitbesteuerung auslösen dürfte) **weiterhin machbar** sein.

5. Schlussfolgerungen für die unternehmerische Praxis

In der unternehmerischen Praxis werden Transferpreisstudien häufig aus- **37**
schließlich der Compliance mit Rechtsvorschriften respektive der steuerlichen
Gestaltung zugeordnet. Umgekehrt bewegen sich Verrechnungspreisexperten
häufig in der Gedankenwelt ihrer Rechtsvorschriften und ökonomischen
Analysemodelle. Dabei wird das Potential, welches sich aus der Verbindung
der wertorientierten Unternehmensführung mit der Verrechnungspreisanalyse
ergibt, häufig übersehen.

Dabei reichen die Vorteile, welche aus dieser Verbindung gezogen werden **38**
können, in beide Richtungen. Wie in den vorhergehenden Abschnitten dargelegt, **kann die Verrechnungspreisanalyse wichtige Erkenntnisse für
die wertorientierte Unternehmensführung liefern:** Diese können von
der Identifizierung der wichtigsten Werttreiber bis hin zur Bestimmung des
Gewinnpotentials aller Wert schöpfenden Aktivitäten und Vermögensgegenstände reichen. Diese Erkenntnisse ermöglichen eine gezielte Steigerung der
Profitabilität mittels zB einer gezielten Ausgliederung unprofitabler Aktivitäten nach einer Stärkung der wichtigsten unternehmerischen Aktivitäten.

Umgekehrt kann die **effektive Steuerquote erheblich beeinflusst wer-** **39**
den, wenn Verrechnungspreisüberlegungen frühzeitig in wertorien-
tierte Restrukturierungsmaßnahmen mit einbezogen werden. So
können bspw. durch die Bündelung von Geistigem Eigentum und den damit
verbundenen Aktivitäten in so genannten IP-Centern nicht nur erhebliche
Synergieeffekte, sondern auch erhebliche Steuerersparnisse erzielt werden.
Ebenso können Post-Merger Integrationsmaßnahmen bei richtigem Design
zu erheblichen Steuerersparnissen führen. In der praktischen Anwendung
wird dabei insbesondere darauf zu achten sein, dass die **wesentlichen Wert-**
beiträge im Sinne der „People Functions" oder der „Key Entrepre-
neurial Risk Taker" aus Niedrigsteuerländern kommen.

In den folgenden Abschnitten soll Anhand einer Auswahl an anonymisier- **40**
ten realen Praxisbeispielen aufgezeigt werden, wie durch die gezielte Verknüpfung der Verrechnungspreisanalyse mit einer wertorientierten Unternehmensführung die Profitabilität erheblich gesteigert und die effektive
Steuerquote gesenkt werden kann. Dabei werden einige Beispiele das Haupt-
augenmerk auf den Einfluss wertorientierter Restrukturierungsmaßnahmen
auf die effektive Steuerquote legen und andere auf den möglichen Erkenntnisgewinn, der aus einer Verrechnungspreisanalyse für die wertorientierte
Unternehmensführung gewonnen werden kann.

II. Intellectual Property in der
Verrechnungspreisimplementierung

**1. Die Bündelung der Marketingaktivitäten eines
Konsumgüterherstellers in einem „Brand Management Center"**

In diesem Fallbeispiel wollte ein Konsumgüterhersteller seine Marketingaktivitäten **41**
in einem „Brand Management Center" [BMC] bündeln. Diese Restrukturierungs-

maßnahmen waren in erster Linie strategisch motiviert: Durch die lokale Bündelung von Marketingexperten aus verschiedenen Unternehmensbereichen sollte ein Kompetenzzentrum errichtet werden, welches durch eine verbesserte Qualität zu Umsatzsteigerungen führen sollte. Durch eine frühzeitige Einbindung von Verrechnungspreisexperten ist es gelungen, die Restrukturierungsmaßnahmen so auszugestalten, dass Veräußerungsgewinnbesteuerungen („exit taxation") reduziert und nach Abschluss einer Übergangsperiode erhebliche Steuereinsparungen erzielt werden konnten.[6]

Der Fall wurde in den Jahren 2009 und 2010 geplant und im Jahre 2011 erfolgreich implementiert. Er wurde von allen Finanzbehörden akzeptiert.

a) Hintergrund zum Fallbeispiel

42   Die hier beschriebene Bündelung von Marketingaktivitäten war Teil einer groß angelegten **Restrukturierungsinitiative eines Konsumgüterherstellers,** die u. a. auch die Zusammenlegung von Produktionsstätten und Forschungs- und Entwicklungsaktivitäten umfasste.

43   Dieser Konsumgüterhersteller produziert eine große Bandbreite an Konsumgütern und vertreibt diese unter **unterschiedlichen Markennamen** mit teilweise divergierenden regionalen Schwerpunkten. Der Zusammenschluss der verschiedenen Marken in einem Konzern war historisch gewachsen und teilweise durch Unternehmenszusammenschlüsse und Akquisitionen begünstigt. Darüber hinaus erforderten lokale Besonderheit eigenständige Marketingaktivitäten der Vertriebseinheiten. Als Folge dieser Entwicklungen bestand das konzernweite Marketing aus einer Vielfalt an Aktivitäten, die sowohl nach regionalen als auch nach Marken-Gesichtspunkten weit gestreut waren.

44   Die Konzernführung erhoffte sich durch eine systematische Analyse dieser Aktivitäten und eine gezielte Bündelung ausgewählter Aktivitäten erhebliche Synergieeffekte sowohl auf der Kosten- als auch auf der Umsatzseite. Durch die Einrichtung eines **„Kompetenzzentrums Marketing"** sollte ein Ideen- und Gedankenaustausch zwischen Marketingexperten initiiert werden, der mittelfristig zu einer gesteigerten Kreativität und einem besseren Austausch von „best practices" führen sollte. Darüber hinaus sollten mittels einer besseren Koordination lokaler Aktivitäten sowie der Ausnutzung von Skaleneffekten und der Vermeidung von Doppelarbeiten Kosteneinsparungen erzielt werden. Schlussendlich erhoffte man sich durch die Bündelung von Kompetenz ein effizienteres Vorgehen im Falle von Markenrechtsverletzungen.

b) Grundlegende Überlegungen aus Sicht der Verrechnungspreise

45   Für den betrachteten Konsumgüterhersteller kann das Marketing als eine der wichtigsten unternehmerischen Aktivitäten angesehen werden, auf das entsprechend ein erheblicher Anteil am Konzerngewinn entfällt. Aus Verrechnungspreissicht leitet sich dieser Anspruch aus dem Wertbeitrag der erbrachten Leistungen ab. Die einzelnen Marketingmaßnahmen haben aber nicht nur einen ad-hoc Effekt, sondern durch das kontinuierliche Zusammenwirken der verschiedenen Marketingmaßnahmen werden eine Reputa-

---

[6] Vgl. *Vögele/Fügemann/Harshbarger,* Migration to brand managemt centre can work, ITR no. 46, 12/2008.

tion und ein Markenname aufgebaut, die bspw. die Zahlungsbereitschaft und die Kundenbindung bestehender Kunden erhöhen oder die Erschließung neuer Kundengruppen ermöglichen.

In der Verrechnungspreisanalyse wird diesem Umstand in der Regel dadurch **46** Rechnung getragen, dass **Marketingaktivitäten zu Geistigem Eigentum führen,** für dessen Nutzung der Eigentümer eine Lizenzgebühr erheben kann. Dementsprechend werden nicht die Marketingaktivitäten direkt vergütet sondern mittels einer Vergütung des Geistigen Eigentums in Form von bspw. Markennamen oder Reputation, welches durch sie entsteht. Dadurch wird mittelbar auch der Qualität der Marketingaktivitäten Rechnung getragen, denn je effektiver die Maßnahmen desto stärker der Einfluss auf bspw. den Markennamen und desto höher die Vergütung mittels der Lizenzgebühr.

Schwierigkeiten können sich in der praktischen Anwendung hinsichtlich **47** des **Empfängers der Lizenzgebühr** ergeben: Anspruchsberechtigt ist der Eigentümer des untersuchten Geistigen Eigentums bzw. der Nutzungsrechte daran. Das Nutzungsrecht am Eigentum wird entweder durch die Erbringung der erforderlichen Marketingaktivitäten oder durch eine angemessene Bezahlung geschaffen. Dabei sind für das **wirtschaftliche Eigentum** nicht die (kapitalisierten) Kosten der Marketingaktivitäten maßgeblich, sondern deren Wertbeitrag. Dieser Wertbeitrag kann in der praktischen Anwendung bspw. mit Hilfe wissenschaftlicher Umfragetechniken ermittelt werden.

Abstrahiert man vom **käuflichen Erwerb** des Geistigen Eigentums oder **48** seiner **Nutzungsrechte,** dann können folglich die Erbringer aktueller und vergangener Marketingaktivitäten Anspruch auf einen Teil der **Lizenzgebühren** erheben. Der Anspruch der Erbringer vergangener Marketingleistungen kann aus folgender Überlegung abgeleitet werden: Selbst wenn alle Marketingaktivitäten eingestellt werden, so wird der Wert der Marke nur langsam zurückgehen und so kann folglich auch in Zukunft noch eine Lizenzgebühr für die Benutzung des Markennamens erhoben werden. In Einzelfällen kann bei sehr gut verankerten Marken sogar ein Basiswert dauerhaft erhalten bleiben.

Bei der Verlagerung von Marketingaktivitäten muss daher beachtet werden, **49** wie sich dies auf die **Entgeltansprüche der verschiedenen Konzerneinheiten** auswirkt. Das abgebende Unternehmen kann noch solange Anspruch auf eine Vergütung erheben, bis sein Anteil am Nutzungsrecht des Geistigen Eigentums vollständig abgeschrieben ist, es sei denn, es wird für den Verkauf oder die Lizenzierung dieses Nutzungsrechts angemessen vergütet. Darüber hinaus kann es für den Fall, dass der Personaltransfer mit der Verlagerung von Knowhow einhergeht, unter Umständen eine Vergütung hierfür verlangen.

Aus den vorangehenden Überlegungen wird ersichtlich, dass in der Praxis **50** häufig verschiedene Parteien an den Nutzungsrechten eines bestimmten Geistigen Eigentums beteiligt sind. Zur Abgrenzung der verschiedenen Bestandteile dieser **Nutzungsrechte** müssen daher häufig **derivative Rechte** gebildet werden, deren Abgrenzung sich an den Ansprüchen der verschiedenen Parteien orientiert.

c) Analytischer Rahmen

Für die verrechnungspreistechnische Analyse einer Verlagerung von Mar- **51** ketingmaßnahmen empfiehlt sich ein Analyserahmen, welcher eine **systema-**

tische Unterteilung der **Nutzungsrechte** am betroffenen **Geistigen Eigentum** erlaubt. Dabei hat sich in der Praxis eine **Unterteilung der Nutzungsrechte** in folgende Gruppen als praktikabel und gleichzeitig hinreichend stringent erwiesen:

Basiswert: Dieser Wert existiert bei besonders stark verankerten Marken. Er wird nur sehr langsam über jahrelanges erfolgreiches Marketing und eine dauerhaft gute Reputation aufgebaut und wird auch bei vollständiger Einstellung jeglicher Marketingaktivität nur sehr langsam oder gar nicht abgeschrieben.

Dynamischer Wert: Dieser Wert wird durch die aktuellen Marketingmaßnahmen fortlaufend generiert und gepflegt. Im Gegensatz zum Basiswert kann dieser Wert zügig aufgebaut werden. Er wird umgekehrt aber auch sehr schnell abgeschrieben, wenn bspw. die erforderlichen Wert erhaltenden Marketingmaßnahmen eingestellt werden oder negative Ereignisse auftreten.

Synergiewert: Dieser Wert wird erst durch die Bündelung von Marketingaktivitäten in dem Marketing-Center generiert. Davon abgesehen ist er dem Charakter nach identisch mit dem Dynamischen Wert.

Für diese Gruppen können in der Praxis derivative Nutzungsrechte vereinbart werden.

Abb. 3: Die systematische Unterteilung Geistigen Eigentums

52   Bei der Verlagerung der Marketingmaßnahmen und des damit verbundenen Geistigen Eigentums gilt, dass grundsätzlich alle drei oben beschriebenen Wertgruppen am Brand Management Center angesiedelt werden können, sofern der vorherige Nutzungsberechtigte (ökonomischer Eigentümer) angemessen vergütet wird und dabei die relevanten **Aufbau- und Abschreibungsperioden** beachtet werden. Dementsprechend können die Nutzungsrechte am bestehenden Geistigen Eigentum entweder sofort oder graduell eingeräumt werden.

aa) Sofortige Verlagerung des Geistigen Eigentums

53   Bei der Analyse einer sofortigen vollständigen Einräumung der Nutzungsrechte steht die **Bewertung des Geistigen Eigentums** im Vordergrund. Dabei sollte die Bewertung **aus Sicht des Veräußeres und aus Sicht des Käufers** vorgenommen werden. Der Wert aus Sicht des Käufers entspricht seiner maximalen Zahlungsbereitschaft: Der Erwerb des Geistigen Eigentums ist für den Käufer genau dann rational, wenn der Preis den für ihn geltenden Wert des Geistigen Eigentums nicht übersteigt. Umgekehrt wird der Veräußerer mindestens einen Preis verlangen, der dem Wert des Geistigen Eigentums für ihn entspricht.

Aus diesen grundlegenden Erkenntnissen ergeben sich drei mögliche Szenarien für die sofortige vollständige Einräumung der Nutzungsrechte am Geistigen Eigentum: **54**

I) Wenn der **Wert des Veräußerers den Wert des Käufers übersteigt,** so kann kein Preis definiert werden, dem unter fremden Dritten beide beteiligten Parteien zustimmen würden.

II) Wenn der **Wert des Veräußerers dem Wert des Käufers gleich ist,** dann entspricht dieser Wert dem Transaktionspreis unter fremden Dritten.

III) Für den in der Praxis interessantesten Fall, dass der **Wert des Veräußerers kleiner ist als der Wert des Käufers,** ergibt sich ein Kontinuum an Preisen, auf welche sich fremde Dritte verständigen könnten. Der endgültige Preis innerhalb dieser Bandbreite wird durch Verhandlung zwischen dem Veräußerer und dem Käufer bestimmt.

Bei einem derartigen Verkauf von Geistigem Eigentum ist zu beachten, dass in der Regel eine Exit-Besteuerung auf den Veräußerungsgewinn anfällt.

bb) Graduelle Nutzung des Geistigen Eigentums

Als Alternative bietet sich eine graduelle Einräumung von Nutzungsrechten an Geistigen Eigentum an. In diesem Fall werden **Aktivitäten, die zum Erhalt respektive Aufbau des Geistigen Eigentums erforderlich sind, verlagert.** Dies führt dazu, dass das Geistige Eigentum graduell vom früheren Erbringer der verlagerten Aktivitäten auf den neuen übergeht. Abbildung 4 gibt einen Überblick über die diesem Transfer zugrunde liegende ökonomische Logik.   **55**

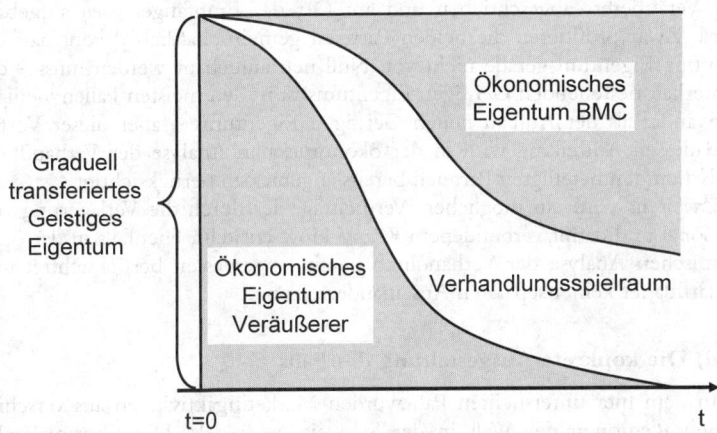

Abb. 4: Der graduelle Transfer Geistigen Eigentums

Zum Zeitpunkt t=0 werden die entsprechenden Aktivitäten und das Gewinnpotential ins Brand Management Center (BMC) verlagert. Durch diese   **56**

Verlagerung geht das ökonomische Eigentum an dem zu verlagernden Geistigen Eigentum graduell auf das BMC über. **Die Geschwindigkeit dieses Übertrags ist Verhandlungssache:**

- Das BMC wird zu jedem Zeitpunkt mindestens einen Anteil am Gesamtwert beanspruchen, der demjenigen Wert entspricht, den das BMC seit dem Übertragungszeitpunkt bis zu diesem Zeitpunkt in einem hypothetischen Alleinstellungsfall hätte aufbauen können. Dieser Wert entspricht im Regelfall demjenigen Geistigen Eigentum, welches durch ein externes Marketing-Team in einem ceteris paribus Fall neu aufgebaut werden könnte.

- Der Veräußerer des Geistigen Eigentums wird zu jedem Zeitpunkt mindestens einen Anteil am Gesamtwert beanspruchen, der demjenigen Wert entspricht, der übrig bleiben würde, wenn alle Wert erhaltenden oder – aufbauenden Aktivitäten ab dem Zeitpunkt t=0 im Alleinstellungsfall unverändert fortgesetzt werden würden.

57   Diese beiden Werte zeichnen sich dadurch aus, dass sie von der jeweils betroffenen Partei in einem **hypothetischen Fall** realisiert werden könnten. Sie geben eine Bandbreite vor, innerhalb derer sich unabhängige Dritte auf die Geschwindigkeit des Übertrags des Geistigen Eigentums verständigen würden. Dabei erfolgt diese Verständigung im Rahmen eines **Verhandlungsprozesses,** dessen Verlauf unter anderem durch die Handlungsalternativen der beteiligten Parteien sowie durch deren Wertbeitrag bestimmt wird.

58   In der praktischen Anwendung ist der **graduelle Transfer der Nutzungsrechte einer sofortigen Verlagerung in der Regel vorzuziehen.** Diese Erkenntnis stützt sich im Wesentlichen auf die folgenden beiden Überlegungen: Erstens fällt bei einem graduellen Transfer und gleichzeitiger Nutzung im Regelfall **keine Exit Besteuerung** an. Dies liegt darin begründet, dass keine Verlagerung im eigentlichen Sinne vorliegt. Der Ausgangspunkt der ökonomischen Analyse ist vielmehr, dass das Geistige Eigentum am Ort des Veräußerers abgeschrieben und am Ort des Empfängers *neu* aufgebaut wird. Zwar profitieren die beiden Parteien gemeinschaftlich davon, dass das Geistige Eigentum gerade nicht von Null neu aufgebaut werden muss – der Unterhalt bestehenden Geistigen Eigentums ist in den meisten Fällen weniger aufwändig als der Aufbau neuen Geistigen Eigentums – aber dieser Vorteil und dessen Aufteilung wird in der ökonomischen Analyse der Verhandlung zwischen den beteiligten Parteien bereits angemessen berücksichtigt.

59   Zweitens wird ein möglicher Wertbeitrag, der durch die Verlagerung von Personal und damit verbundenem Know-How entsteht, ebenfalls in der ökonomischen Analyse der Verhandlung bereits angemessen berücksichtigt und bedarf daher keiner separaten Auseinandersetzung.

d) Die konkrete Ausgestaltung des Falls

60   In dem hier untersuchten Fall wurden Marketingaktivitäten aus verschiedenen Regionen der Welt in der Schweiz gebündelt. Die **ökonomische Analyse** der Übergangsperiode sowie der Struktur nach Abschluss des Restrukturierungsprozesses war aufgrund eines Zusammenwirkens verschiedener Effekte äußerst **komplex:**

- Die Zentralisierung betraf verschiedene Konzernmarken

- Die Marketingmaßnahmen waren für die einzelnen Marken bereits vorher teilweise zentralisiert und teilweise auf die verschiedenen Verkaufsländer aufgeteilt
- Eine Verlagerung aller Marketingaktivitäten war aus strategischen und praktischen Gründen nicht möglich
- Der Wert und die lokale Verankerung der Marken war zum Teil für die verschiedenen Regionen sehr unterschiedlich
- Für bestimmte Marken musste in ausgewählten Regionen von einem erheblichen Basiswert ausgegangen werden
- Die lokalen Marketingaktivitäten hatten grenzüberschreitende positive externe Effekte
- Durch die Bündelung verschiedener Aktivitäten konnten erhebliche Synergieeffekte erzielt werden
- Grundsätzliche Schwierigkeiten bei der Bewertung und Abgrenzung der Nutzungsrechte von Geistigem Eigentum

In der praktischen Umsetzung wurde dieser Komplexität durch eine **Systematisierung der Analyse** begegnet.

aa) Strukturierung der ökonomischen Analyse

In einem ersten Schritt der ökonomischen Analyse wurde das untersuchte **61** **Geistige Eigentum bewertet.** Dazu wurde es zunächst in die verschiedenen Konzernmarken und nach regionalen Gesichtspunkten unterteilt. Diese Unterteilung erleichtert eine spätere Bewertung erheblich, denn der Wert der Marketingmaßnahmen bemisst sich schlussendlich immer beim Empfänger.

Die **Konzernmarken** waren sowohl in der Wahrnehmung der Kunden als **62** auch in der bisherigen unternehmensinternen Steuerung weitestgehend unabhängig voneinander und konnten daher **getrennt behandelt** werden.

Eine **Unterteilung nach regionalen Gesichtspunkten** ist in den meis- **63** ten Fällen sinnvoll, da einzelne Marken in unterschiedlichen Märkten sehr unterschiedlich verankert sein können.

Die Bewertung der verschiedenen Marken in den einzelnen Regionen **64** wurde im vorliegenden Fall mittels so genannter **„Willingness to Pay"** Analysen vorgenommen, dh es wurde bestimmt, wie sehr sich die Zahlungsbereitschaft der Kunden zwischen einem Markenprodukt und einem gleichen Produkt ohne Marke unterscheidet.[7, 8] In der praktischen Anwendung erweist

---

[7] Eine derartige Willingness to Pay Analyse vernachlässigt die Möglichkeit des Produzenten, die abgesetzte Menge an Stelle des Preises oder beides zu erhöhen. Dessen ungeachtet liefert sie in der Praxis in der Regel verlässlichere Erkenntnisse als eine detailliertere direkte Bewertung dies könnte, da sie sich auf vergleichsweise wenige Analyseelemente und dazu erforderliche Annahmen stützt. Für eine direkte Bewertung auf Basis der optimalen Strategie des Produzenten wären bspw. weitergehende Erkenntnisse über seine Produktionsmöglichkeiten sowie über die Preiselastizität der Nachfrage erforderlich. Vgl. *Vögele/Sedlmayer,* Willingness to Pay: How the Microeconomic Toolbox Applies to Brand Valuation, ITR 12/2007.

[8] Eine in der Praxis häufig verwendete Alternative zu derartigen Willingness to Pay Analysen bildet die sogenannten Residualgewinnanalyse. Bei Anwendung dieser Methode wird der Wert des Geistigen Eigentums als Barwert des ihm zustehenden Residualgewinns ermittelt, dh desjenigen Gewinns, der übrig bleibt, nachdem alle anderen werthaltigen Leistungen und Wirtschaftsgüter angemessen vergütet wurden. Vgl. *Vögele/Harshbarger/Witt,* IP Valuation puts new theories into practice, ITR no. 32, 12/2007.

sich eine detaillierte Bewertung aller Konzernmarken in allen relevanten Märkten häufig als zu aufwendig. Daher wird üblicherweise mit einer fundierten Bewertung der Marken in ausgewählten Kernmärkten begonnen und die gewonnenen Erkenntnisse auf Basis vereinfachter Analysen extrapoliert und soweit nötig angepasst.

65 In einem nächsten Schritt wurde analysiert, inwiefern das Nutzungsrecht am Geistigen Eigentum an das BMC verlagert werden konnte. Dazu wurden zunächst die ermittelten Markenwerte in die jeweiligen **Basiswerte** und die **Dynamischen Werte unterteilt.** Diese Unterteilung erfolgte ebenfalls marktorientiert; der Anteil des Basiswertes am Gesamtwert ist abhängig vom Wettbewerbsumfeld und von der Verankerung der Marke in den Köpfen der Menschen.[9]

66 Diese Unterteilung erlaubte es, das Potential für einen graduellen Transfer des Geistigen Eigentums abzuschätzen. Dazu wurden zusätzlich auf Basis der vorgenommenen Marktanalysen die relevanten **Abschreibungs- und Aufbauperioden** ermittelt.

67 Für eine Umsetzung des graduellen Transfers mussten jedoch zunächst die verschiedenen Werte auf ihren Ursprung hin untersucht werden, dh es wurde analysiert, **in welchen Aktivitäten** der Vergangenheit und der Gegenwart **diese Werte gründen.** Dabei wurde unterstellt, dass sich grenzüberschreitende positive externe Effekte wechselseitig ausgleichen. Diese Unterstellung lässt sich in vielen Fällen plausibel begründen und führt zu einer erheblichen Erleichterung der Analyse in der praktischen Anwendung.

68 Die Analyse dieser Aktivitäten erlaubt es einerseits, die **wirtschaftlichen Eigentümer** bzw. **Nutzungsberechtigten** der verschiedenen bestehenden Elemente zu bestimmen (unter Berücksichtigung möglicher Zahlungsströme) und andererseits besonders werthaltige Aktivitäten zu identifizieren. Diese bieten einen großen **Hebel für die graduelle Verlagerung** des betroffenen Geistigen Eigentums sowie häufig auch für die spätere **Gewinnung von Synergien** im BMC. Durch eine Verlagerung dieser Aktivitäten an das BMC wurde der graduelle Transfer des dazugehörigen Geistigen Eigentums an das BMC initiiert.

69 Für die Festlegung eines Transferpfades innerhalb der durch die ermittelten Abschreibungs- und Aufbauperioden vorgegebenen Bandbreite wurde eine **Analyse der Verhandlung** zwischen dem BMC und dem vorherigen Eigentümer vorgenommen. Dazu wurde auf **spieltheoretische Modelle** und die im Laufe des Projektes gewonnenen Erkenntnisse abgestellt.

70 Auf Basis der Analyse der verschiedenen Aktivitäten der Vergangenheit und der Gegenwart sowie deren Einflusses auf den Wert des untersuchten Geistigen Eigentums konnte schließlich eine Grundlage für die **Bewertung**

---

[9] Eine besonders ausgeprägte Verankerung eines Markennamens kann u. a. darauf zurückzuführen sein, dass der Markenname in den täglichen Sprachgebrauch übernommen wurde. Dies trifft im deutschen Markt bspw. auf die Marken „Tempo" oder „Tesa" zu, die in weiten Teilen Deutschlands stellvertretend für ein Papiertaschentuch respektive einen Klebefilm stehen. Der Übergang in den Sprachgebrauch würde üblicherweise einen vergleichsweise hohen Basiswert im deutschen Markt begründen, lässt jedoch keine Schlussfolgerung auf die Höhe des Basiswertes in anderen Märkten zu. Die entsprechenden Analysen sind folglich immer marktorientiert vorzunehmen.

der **Synergiegewinne** geschaffen werden: Diese Synergiegewinne ergeben sich aus der Differenz der Entwicklung des Markenwertes für den Fall der Einführung des BMCs und für den Fall der Beibehaltung der vorgefundenen Struktur.

bb) Implementierung, Ergebnisse und Schlussfolgerungen

Im vorliegenden Fall resultierte die Umsetzung dieses Projektes in der Ein- 71 führung eines **Brand Management Centers in der Schweiz.** Das **BMC** übernahm die Gesamtverantwortung für das konzernweite Marketing. An ihm wurden Marketingspezialisten der verschiedenen Konzernmarken und aus verschiedenen Regionen zusammengezogen und um extern neu eingestellt Experten ergänzt.

Bei der Auswahl der zu verlagernden Aktivitäten/des zu verlagernden Per- 72 sonals leisteten die im Verlauf der Transferpreisanalyse gewonnenen Erkenntnisse über die Werthaltigkeit der verschiedenen Aktivitäten wertvolle Dienste. Durch die Verlagerung verschiedener Aktivitäten konnte ein Großteil der bestehenden **Dynamischen Werte graduell und ohne Exit-Besteuerung verlagert** werden. Die Konzernleitung entschied sich zur Vereinfachung der späteren Handhabung darüber hinaus, die ermittelten Basiswerte teilweise durch Verkäufe an das BMC zu übertragen.

Für die Bereitstellung seines Geistigen Eigentums an die Vertriebsgesell- 73 schaften konnte und kann das BMC eine **Lizenzgebühr erheben,** die auf Basis der ermittelten Werte berechnet wurde. Die Bezahlung dieser Lizenzgebühren kann durch die Vertriebsgesellschaften steuerlich geltend gemacht werden. Sie führen im Laufe der Zeit zu hohen Gewinnen des BMC, welche in der Schweiz versteuert werden.

Die graduelle Verlagerung erfolgte überwiegend durch eine Verlagerung 74 von Personal. Dies führte dazu, dass die lokalen Gesellschaften während der **Übergangsperiode** einen relativ hohen **Anteil der Nutzungsrechte am Geistigen Eigentum** für sich beanspruchen konnten und zusätzlich einen **Anteil an den zukünftigen Synergiegewinnen.** Die jährlichen Steuerersparnisse stellten sich folglich nur schrittweise ein. Dessen ungeachtet waren sie bereits in frühen Jahren erheblich.

Der eigentliche Wert dieses Projektes liegt aber in den **Synergiegewin-** 75 **nen,** welche sich aus der Bündelung von Kompetenzen am BMC ergaben. Dank des Ideen- und Gedankenaustausches zwischen den Experten und der systematischen Umsetzung von **„Best Practices"** konnte die Wirksamkeit des Marketings erheblich erhöht werden. Dies umso mehr als Kosteneinsparungen durch bspw. die **Vermeidung von Doppelarbeiten** nicht realisiert, sondern die frei gewordenen Ressourcen in neue Projekte investiert wurden.

Im vorliegenden Fall wurde eine strategisch motivierte Restrukturierung 76 von wichtigen Wertreibern frühzeitig mit einer Transferpreisanalyse verknüpft. Dank der im Rahmen der Transferpreisanalyse gewonnenen Erkenntnisse konnte das neu eingeführte **Brand Management Center aus betriebswirtschaftlicher und aus steuerlicher Sicht sehr effizient** ausgestaltet werden. Darüber hinaus konnte die Einführung auf Basis der ökonomischen Begebenheiten so gestaltet werden, dass **Exit Taxation zu weiten Teilen vermieden** wurde und die nachfolgenden Lizenzgebühren heute einer niedrigen Besteuerung unterliegen.

Aus heutiger Sicht sollte diese Gestaltung auch im Rahmen der kommenden Vorschriften von BEPS weiterhin machbar sein.

2. Bewertung von Markenrechten in Lateinamerika Telekommunikation

77   Ein europäischer Telekommunikationskonzern hat im Laufe vieler Jahre mehrere lateinamerikanische Telekommunikationsunternehmen erworben. Die Staaten oder staatsnahe Unternehmen behielten jedoch Minderheitsrechte. Der europäische Telekommunikationskonzern hat seinen Markennamen für die Services der Kabel-, Broadband-, Mobiltelefon- und Unterhaltungsprogramme genutzt. Der Markenname wurde im Laufe der Jahre in weiten Teilen der Bevölkerung unattraktiv und wenig populär. Die Minderheitsaktionäre nutzten diese Gelegenheit, die Zahlung von Markenrechtslizenzen nach Europa abzulehnen und begründeten das mit dem Argument, diese Markenrechte seien wertlos.

In derselben Periode litt die europäische Muttergesellschaft unter Verlusten und unter geringen Zahlungsüberschüssen, während die lateinamerikanischen Tochtergesellschaften hohe Liquiditätsüberschüsse erzielten. Die lateinamerikanischen Tochtergesellschaften mussten hohe Steuern zahlen und erhebliche Beträge an die Minderheitsgesellschafter ausschütten.

a) Ziele

78   Das Projekt hatte folgende Ziele
- Berechnung einer angemessenen Vergütung für die Vorteile, welche die lateinamerikanischen Unternehmen aus der Marke ziehen;
- Berechnung einer angemessenen Ausschüttung liquider Mittel an die Beteiligten;
- Steueroptimierung unter Berücksichtigung der Interessen der Minderheitsgesellschafter.

Der wichtigste und schwierigste Teil dieser Aufgaben bestand in der Ermittlung des Markenwertes. Der Wert der Marke wurde als Schlüssel zur Lösung dieser Herausforderungen angesehen.

Am sichersten kann eine Marke durch eine **Konsumentenbefragung** ermittelt werden.[10] Aus Kostengründen konnte die Konsumentenbefragung nicht in allen Ländern durchgeführt werden. Die Befragung wurde daher in dem Land durchgeführt, in dem die Bevölkerung die Marke am meisten kritisierte, wo die Regierung die Lizenzzahlung ins Ausland am meisten ablehnte und wo die staatsnahen Minderheitsgesellschafter die Lizenzzahlungen am nachdrücklichsten ablehnten.

b) Markenbewertung

79   **Marken** informieren die Konsumenten über ihre Eigenschaften und erhöhen die **gefühlte Qualität der Produkte.** Dieses Bereitstellen der gefühlten Qualität ist an den Eigentümer der Marke angemessen zu bezahlen. Marken sollen letztlich eine **höhere Nachfrage** erzeugen, indem das Markenrecht

---

[10] Kap. H Rn. 272–274.

der lokalen Gesellschaft die Möglichkeit gibt, den Gewinn zu erhöhen indem entweder die **Preise** im Vergleich zu nicht geschützten Produkten erhöht werden oder deren **Menge.**[11]

Bei der Ermittlung des **zusätzlichen Preises** oder der **zusätzlichen Menge** ist darauf zu achten, dass **Preis- und Mengenprämien** des untersuchten Produktes nicht im Vergleich mit anderen Markenprodukten von Wettbewerbern ermittelt werden, weil auch diese eine mehr oder weniger etablierte Marke nutzen. Jeder Vergleich mit Produkten von Wettbewerbern führt zu einer **Unterbewertung der Marke** in Höhe des Markenwertes des Wettbewerbers. Ein solcher Vergleich würde nur den **Wertunterschied** zwischen beiden Marken errechnen, nicht aber den Wert, welcher der Lizenzgebühr zu Grunde zu legen ist.

Es wurde daher ein **Fragebogen** erarbeitet, welcher die Konsumenten fragte, wie viel sie für die Produkte zweier Marken bezahlen würden; eine dieser Marken war eine fiktive Marke, zu der die Konsumenten keine Beziehung hatten. Der europäischen Marke wurde also eine fiktive Marke gegenübergestellt. Zum Vergleich wurden den Konsumenten zwei stilisierte Telefonkarten gezeigt, die sich nur in Bezug auf das Logo und den Markennamen unterschieden.[12]

Die **demographischen Daten** des Landes wurden ermittelt, die Quoten für die einzelnen Bevölkerungsgruppen, getrennt nach **Geschlecht, Alter, Beruf, Region** etc. Die Befragung wurde dann auf öffentlichen Plätzen in persönlichen Gesprächen durchgeführt. Lokale Mitarbeiter einer dort ansässigen Marketingfirma führten die Befragungen unter unserer Aufsicht durch, um objektive Ergebnisse zu erzielen.

Im Rahmen einer **mikroökonomischen Analyse** ermöglichten die gewonnenen Daten die Berechnung des **Aufschlags,** den das lokale Telekommunikationsunternehmen durch die europäische Marke erzielte.

c) Berechnung der Lizenzgebühr

Mehrere Parteien haben im Laufe der Zeit zur Entwicklung der Marke 80 beigetragen. Der Eigentümer der Marke hat daher **nur insoweit** einen Anspruch auf Lizenzgebühr als er zu dem Wert der Marke beigetragen hat. Nach der Bestimmung des Markenwertes ist daher zu ermitteln, wie viel die einzelnen **wirtschaftlichen Eigentümer (Nutzungsberechtigten)** des Markenrechts zu dessen Schaffung beigetragen haben. Da die **lokalen Telekommunikationsgesellschaften** seit einigen Jahren diesen Markennamen in ihrer Region nutzen, haben sie im Laufe der Zeit auch zu ihrer Bedeutung und ihrem Wert in ihrer Region beigetragen. Andererseits hat auch die **europäische Gesellschaft** dadurch beigetragen, dass sie einzelne Marketingmaßnahmen durchführte und Marketingunterstützung gewährte. Außerdem hat sie der lokalen Gesellschaft eine **globale Marke** zur Verfügung gestellt, die es ihr aufgrund ihres **weltweiten Bekanntheitsgrades** erlaubte, diese schnell auf dem lokalen Markt zu etablieren.

Es kann lange dauern, eine Marke fest in einem Land zu entwickeln. Diese 81 Werte können zahlenmäßig nicht direkt ermittelt werden. Allerdings können

---

[11] Kap. H Rn. 158, 159.
[12] Vgl. Kap. H Rn. 216–219, 9. Fallstudie.

die **Meinungen von Experten** im Rahmen eines **Expert Survey** erfragt werden.[13]

Im Rahmen des Expert Surveys wurde erfragt, wie hoch erstens die **relativen Beiträge der Parteien** waren und zweitens wie lange der **Gestation Lag** ist und wie die **Abschreibungen** der Beiträge der einzelnen Parteien verlaufen. Die verschiedenen Beiträge und Zeitverläufe wurden durch die Experten unterschiedlich gewichtet.

Im folgenden Schritt wurden die **absoluten und relativen Beiträge** im Zeitablauf nach Intervallen klassifiziert. Im Rahmen einer mikroökonomischen Analyse wurden danach die **relativen Beiträge jeder Partei** zum Markenwert errechnet und daraus die Lizenzgebühr abgeleitet.

d) Ergebnis

Die Analyse ergab einen signifikanten Wert der Marke und eine **sich relativ vermindernde Lizenzgebühr.** Trotz des nicht unproblematischen Ansehens der Marke resultierte daraus eine wesentliche Lizenzgebühr.

Die **Quellensteuern** in den Ursprungsländern reduzierten den Vorteil, wogen aber nicht den Körperschaftsteuer- und Liquiditätsvorteil auf.

Die Lizenzgebühren sind fair, erheblich und angemessen. Auf Grund des konservativen Vorgehens, den echten Daten aus der wirklichen Welt und wegen des überzeugenden mikroökonomischen Modells akzeptierten sowohl das lokale Management als auch die Minderheitsgesellschafter und die Finanzbehörden dieses steuerlich nicht unproblematischen Staates die Lizenzgebühr in der berechneten Höhe.

Mit Hilfe von **Anpassungsrechnungen** an die lokalen Besonderheiten wurde das System auf die **anderen lateinamerikanischen** und später auf einige **asiatische Staaten** übertragen und auch dort mit einer Ausnahme von allen **Behörden voll akzeptiert.**

Die Liquidität ist dort, wohin sie gehört und die Steuern wurden reduziert.

3. Berechnung von Lizenzgebühren für Markenrechte – Ölkonzern

a) Außenprüfung

82   Die Außenprüfung prüfte die Lizenzzahlungen eines der drei großen Ölkonzerne an den schweizerischen Eigentümer des Markenrechts, welcher das **weltweite Branding des Ölkonzerns** durchführt. Sie unterstellte, dass die Autofahrer nur wegen der Marke eines großen Ölkonzerns keinen Cent mehr ausgeben. Ihre Untersuchungen ergaben, dass die Autofahrer nur wegen des Standorts der Tankstelle, des Angebots an Waren, der Freundlichkeit des Personals und wegen des möglichst niedrigen Benzinpreises an einer bestimmten Tankstelle tanken. Folgerichtig kam die FinVerw. zum Ergebnis, die an die Schweiz gezahlten Markenrechtslizenzgebühren seien **steuerlich nicht abzugsfähig.** Sie stützte sich auf ein umfassendes Gutachten, das in Ihrem Auftrag erstellt worden war.

---

[13] Kap. G Rn. 81–93 und Kap. H Rn. 265, 266.

b) Markenbewertung

Das Gegenteil kann am einfachsten dadurch bewiesen werden, dass man die Autofahrer fragt, ob und gegebenenfalls wie viel sie wegen der **Marke zusätzlich zahlen** und ob sie **mehr Benzin an der Markentankstelle tanken** als an einer neuen Tankstelle ohne Marke.[14]

Die Befragung erfolgte an mehreren Tankstellen der Ölgesellschaft an mehreren Orten. Die Autofahrer wurden mit der **hypothetischen Alternative** einer neuen unbekannten Marke konfrontiert, wobei alle anderen Umstände (Standort, Warenangebot, Servicefreundlichkeit etc.) unverändert blieben. Die Autofahrer wurden auch gefragt, **wie oft sie** dort tanken, **wie viel mal mehr** als bei vergleichbaren Tankstellen ohne Marke und **wie viel Liter** sie durchschnittlich tanken.

Zahlreiche Aspekte müssen berücksichtigt werden, um Standortunterschiede auszuräumen, einschließlich der Uhrzeiten, an denen getankt wird (wegen Staus und Umwegen), und insbesondere der Charakteristika der Einkaufsmöglichkeiten. Eine ausreichende **Anzahl** von Antworten und relevante **demographische Faktoren,** wie Geschlecht, Alter, Beruf, etc. sind Grundbedingung für die Werthaltigkeit der Befragung.

Die Befragung führte zum Ergebnis, dass das Markenrecht überraschenderweise für eine starke Minderheit der Autofahrer sehr wichtig ist und dass neue Benzinmarken erhebliche Preisnachlässe gewähren müssen, damit die Autofahrer bei ihnen tanken. Das Verhalten der Minderheit der Autofahrer wirkt sich auf den Durchschnitt und den Median aus. Die Autofahrer waren bereit, im Median ca. vier Cent mehr für dieses Markenbenzin zu bezahlen, und sie tankten im Median ca. 1% mehr Benzin als bei einer neuen Marke.

c) Berechnung der Lizenzgebühr

Danach muss festgestellt werden, wie viel dieses hohen Mehrgewinns durch **technische Additive** verursacht werden. Dieser Wert kann nur durch **Expertenbefragungen** ermittelt werden.[15] Das Ergebnis ist vom Mehrgewinn abzuziehen und führt zum **Residualgewinn,** der nur noch auf das Markenrecht zurückzuführen ist.

Abschließend ist zu ermitteln, wie viel von diesem **Restgewinn** auf das zentrale Marketing der Schweiz entfällt und wie viel auf den lokalen Aufbau der Marke, z.B. durch lokale Werbung, auf die Freundlichkeit des Personals etc. Auch diese **Aufteilung** kann nur durch **Expertenbefragungen** erfolgen.

d) Ergebnis

Als Ergebnis erhält man die Lizenzgebühr, die an die schweizerische Brandmanagementgesellschaft zu zahlen ist. Das Ergebnis dieser Studie war aufgrund der nicht angreifbaren Methodik überzeugend und konnte von den Betriebsprüfern nicht widerlegt werden.

---

[14] Kap. H Rn. 272–274.
[15] Kap. G Rn. 81–93.

4. Berechnung von Lizenzgebühren für
Technisches Know-how BRIC

a) Übertragung von Know-how

84   Ein europäischer Konzern hat eine sehr große Gesellschaft in einem
BRIC-Land erworben. Nach dem Kauf wurden Manager und Techniker der
Muttergesellschaft zusammen mit zahlreichen externen Unternehmensberatern in die neu erworbenen Einheiten entsendet. Unter anderem führten sie
neue Managementmethoden ein und übertrugen **technisches Know-
how.** Die Ergebnisse der erworbenen Gesellschaft verbesserten sich nach einer kurzen Einführungsphase wesentlich. Die Muttergesellschaft versuchte
danach, die lokalen Einheiten mit den angefallenen **Kosten** zu belasten; allerdings akzeptierten die **Steuerbehörden des BRIC-Landes** nicht die
Kosten dieses Integrationsteams. Andererseits forderten die **Finanzbehörden
der Muttergesellschaft** die Belastung dieser Kosten. Es ergab sich daraus die
Gefahr einer **Doppelbesteuerung.**

b) Bewertung des Know-how

Zweifelsfrei war **technisches und Management Know-how zur Nutzung** übertragen worden. Diese Knowhow-Arten haben zu einem **Mehrgewinn** geführt. Auf dieser Grundlage wurden Lizenzgebühren für die übertragenen Knowhows bestimmt.

Als erstes wurden die **Arten des übertragenen Know-hows ermittelt,
definiert und abgegrenzt.** Dieser Schritt erforderte zahlreiche formale
Maßnahmen einschließlich **Definitionen, Gutachten, Stempel und Unterschrift.**

Dann wurde der **Mehrwert** aus diesem Know-how errechnet. Die Errechnung nutzte im ersten Schritt die Schätzungen der externen Unternehmensberater als Grundlage. Im Rahmen eines **residualen Profit Splits**
wurden danach die Gewinne der **vergleichbaren Konzerne** in diesem
BRIC-Staat ermittelt und daraus ein **Return on Assets (ROA)** berechnet.[16]
Dieser ROA beinhaltet nicht nur deren Routinegewinne, sondern auch die
in diesem Staat üblichen **Non-Routinegewinne vergleichbarer Unternehmen.** Mit Hilfe des ROAs konnten die in diesem Staat ohne ausländische
Hilfe erzielbaren Margen ermittelt werden. Diese Ergebnisse wurden vom
Gewinn des untersuchten Tochterkonzerns abgezogen. Die dadurch ermittelte **Residuale** wurde anhand von **Expertenbefragungen** auf die **einzelnen
Arten des Knowhows und Wissens** aufgeteilt. Die Expertenbefragungen
erforderten eine **relevante Auswahl der Experten** und eine **adäquate
Umfragetechnik.**

85   Im letzten Schritt wurden die residualen Mehrergebnisse auf der Grundlage
der **Beiträge der Parteien („wirtschaftliches Eigentum")** aufgeteilt.[17] Es
wurde mit Hilfe von **Expertenbefragungen** ermittelt, wie viel die **lokalen
Einheiten** selbst zu der lokalen Weiterentwicklung des Knowhows beigetragen haben. Dieser Teil war erheblich. Aus der **Aufteilung der Ergebnisse**

---

[16] Kap. H Rn. 146–156.
[17] Kap. G Rn. 81–93.

zwischen den Parteien wurden **prozentuale Lizenzgebühren errechnet** und von der Muttergesellschaft in Rechnung gestellt.

Auf Grund von diversen Problemen war es zusätzlich notwendig, **Schwellen** festzulegen, ab denen die Lizenzgebühren zu zahlen sind und außerdem **Grenzen,** bis zu denen diese zu zahlen sind. Diese Eingrenzung erforderte die Belastung von **risikoadäquaten Zinsen.**

c) Berechnung der Lizenzgebühr

Zahlreiche Aufgaben waren zu lösen. Zu diesen gehörten
- Die Definition und Isolierung der einzelnen Arten Knowhow;
- Die **Abgrenzung des lokalen Knowhows** von dem der Muttergesellschaft; beide wurden kontinuierlich weiterentwickelt;
- Die Auswahl der **Key Performance Indicators** für die einzelnen Elemente;
- Die Daten für die Ermittlung der Mehrgewinne pro Knowhow;
- Die haltbare Auswahl der Experten;
- Die Erarbeitung und Durchführung der Umfragen.

d) Ergebnis

Letztlich führen die Lizenzgebühren zu einer fairen Aufteilung der Mehrergebnisse zwischen den beitragenden Parteien. Sie sind überzeugend, fair und einfach in der Anwendung.

Der Prozess erforderte viel Detailarbeit, war zeitweise mühsam, aber letztlich von Erfolg gekrönt.

III. Optimierung des Einkaufs[18]

1. Zentralisierung des Einkaufs über ein niederländisches Procurementcenter

Der vorliegenden Fall befasst sich mit einem bekannten deutschen Mittelständler, **86** *dessen Einkaufsstruktur mit erheblichen Steuerrisiken verbunden war: Der betroffene Einkauf wurde in der Ausgangslage von deutschen Einkäufern teilweise in China abgewickelt. Die Umstände deuteten auf die Existenz zweier Betriebsstätten in China hin, waren in dieser Hinsicht jedoch nicht eindeutig. Der Konzern erklärte keine Betriebsstätten und fürchtete daher eine Doppelbesteuerung.*

Durch die Einführung eines zentralisierten Procurementcenters in den Niederlanden konnten nicht nur diese Steuerrisiken beseitigt, sondern die effektive Steuerquote gesenkt und Synergiegewinne realisiert werden.[19]

Der Fall wurde im Jahre 2004 implementiert und wurde von allen Finanzbehörden vollumfänglich akzeptiert.

---

[18] Die meisten der nachfolgenden Fälle sind weitgehend mit denen in der 3. Auflage dieses Werkes identisch. Wir danken der damaligen Ko-Autorin Chunyu Zhang für ihre damaligen Texte.

[19] Vgl. *Vögele* BNA International, volume 8, number 7, 07/2007, 13 f.

a) Hintergrund zum Fallbeispiel

87   Der hier betrachtete mittelständische deutsche Konzern vertreibt in einem seiner Geschäftsbereiche Produkte, die größtenteils von fremden Herstellern in China produziert werden. In der Vergangenheit wurden diese Produkte von **mehreren deutschen Einkäufern direkt in China gekauft.** Die Einkäufer hielten sich im Regelfall jeweils mehr als 183 Tage in Räumen von zwei fremden Einkaufsdienstleistern in China auf. Zu ihren Tätigkeiten zählte nicht nur der reine Einkauf, sondern darüber hinaus die Sortimentsgestaltung und -planung für den Geschäftsbereich sowie die Produktgestaltung.

Neben dem direkten Einkauf in China bestanden zusätzliche Einkaufsaktivitäten in Osteuropa und in Ostasien. Darüber hinaus wurde der Einkauf teilweise indirekt über ausgewählte europäische Großhändler abgewickelt.

Insbesondere aus dem direkten Einkauf der Waren in China und dem Vertrieb in Deutschland und in Europa entstand in den vergangenen Jahren ein **außerordentlich hoher Gewinn.** Dieser wurde größtenteils in Deutschland versteuert.

Die Sachverhaltslage bezüglich des Einkaufs deutete auf die Existenz zweier **steuerlicher Betriebsstätten in China** hin, sie war in dieser Hinsicht jedoch nicht eindeutig. Dessen ungeachtet wurde aufgrund der mangelnden Information auf Ebene des deutschen Finanzbereichs in China keine Betriebsstätte erklärt. Dementsprechend erfolgten auch keine Steuererklärungen in China.

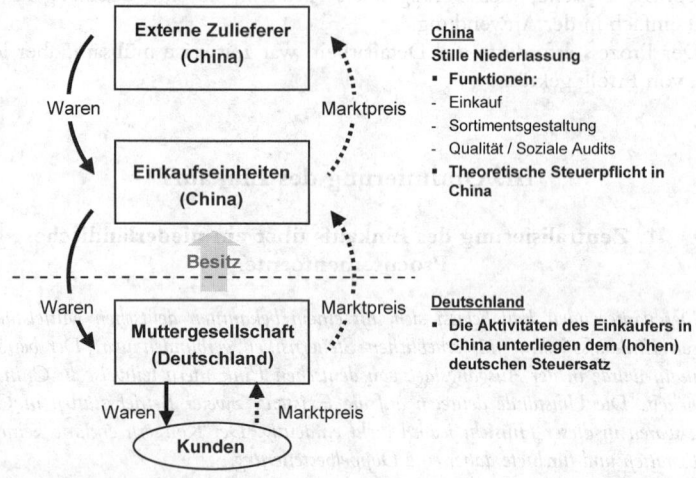

Abb. 5: Ausgangsstruktur
Quelle: eigene Darstellung

b) Herausforderungen und Ziele

88   Die bisherige Vorgehensweise des Konzerns in diesem Geschäftsbereich barg **erhebliche Steuerrisiken:** Es bestand die Gefahr, dass die chinesischen Finanzbehörden die Auffassung vertreten würden, dass die Einkaufsaktivitäten im Rahmen von chinesischen Betriebsstätten in China zu versteuern seien.

Eine solche Argumentation hätte eine Doppelbesteuerung der entsprechenden Aktivitäten zur Folge gehabt. In Anbetracht dieser Risiken wurde ein Verrechnungspreisprojekt ins Leben gerufen, dessen primäres Ziel in der Vermeidung der Doppelbesteuerung bestand. Darüber hinaus sollte dieses Projekt aber auch der Steueroptimierung dieses Geschäftsbereichs und der Realisierung von Größenvorteilen in Form von Effizienzsteigerungen und Kosteneinsparungen dienen.

Die wesentlichen Herausforderungen des Falles bestanden darin, die sehr erfolgreiche Einkaufsmannschaft zu überzeugen, ihre Tätigkeit zu **systematisieren** und in einem anderen Land Europas zu **zentralisieren**.

Steuerlich war insbesondere eine **Exit-Besteuerung** in Deutschland zu vermeiden. Problembereiche bestanden in der Übertragung des Kundenstamms und anderer Marketing-Intangibles. Eine Exit-Besteuerung drohte aufgrund der sehr hohen in Deutschland versteuerten Gewinne der Vergangenheit. Des Weiteren sollten **passive Einkünfte vermieden** werden, die in Deutschland wieder hinzuzurechnen gewesen wären. Eine potentielle Exit-Besteuerungsproblematik in China wurde von Seiten des Konzerns nicht gesehen und diesbezüglich ein sogenannter **Praktikeransatz** vertreten.

c) Struktur des Geschäftsbereiches nach Restrukturierung

Bei der Planung war insbesondere abzuwägen, in welchem europäischen **89** Staat das neue globale Procurementcenter errichtet werde sollte. Deutschland schied von vornherein aus, weil eine Trennung zwischen dem Stammgeschäft und dem Einkaufsbereich aus verschiedensten Gründen angestrebt wurde. In die engere Wahl kamen aus betriebswirtschaftlichen Überlegungen Österreich, die Schweiz und die Niederlande, weil der Konzern schon vor der Restrukturierung in allen drei Staaten signifikant präsent gewesen war. Die Wahl fiel schließlich auf die **Niederlande,** insbesondere weil ein erheblicher Teil der Waren aus China über den **Hafen Rotterdam** nach Europa importiert wurde. Die Ansiedlung in Rotterdam ermöglichte es der neuen Einkaufsgesellschaft somit auch gleichzeitig, die Verzollung und Logistik besser zu überwachen.

Mit der Etablierung eines globalen **Procurementcenters** in den Niederlanden wurde das folgende Geschäftsmodell eingeführt: Das niederländische Procurementcenter importiert Waren aus Fernost und aus Europa zu Einkaufspreisen und verkauft die Waren weiter an die europäischen Vertriebsgesellschaften. Es beschäftigt dazu niederländische Mitarbeiter und teilweise auch deutsche Mitarbeiter mit niederländischen Arbeitsverträgen; die Geschäftsführung wird von einem Niederländer ausgeübt.

Die Transferpreise zwischen dem Procurementcenter und den euro- **90** päischen Vertriebsgesellschaften wurden unter Anwendung der **Wiederverkaufspreismethode** festgelegt. Die **Margen für die Wiederverkaufspreismethode** wurden mit Hilfe von **Fremdvergleichsanalysen** ermittelt. Die Einkaufspreise sind naturgemäß angemessen, weil sie von fremden Dritten in Rechnung gestellt werden. Die **Differenz (Residuale)** stellt die Marge des niederländischen Procurementcenters dar.

Im Gegenzug für die Geschäftschancen, die dem niederländischen Procurementcenter dank der Ausübung dieser Einkaufstätigkeiten entstehen, zahlt die niederländische Gesellschaft eine **Leasingrate** an die deutsche Muttergesellschaft. Diese Leasingrate wurde im Rahmen eines **Leasingvertrages** für die Laufzeit von fünf Jahren fest vereinbart. Sie basiert auf den Gewinnen, die durch die Tätigkeiten den Kundenstamm und Marketing Intangibles entstehen, welche zuvor der deutschen Hauptniederlassung zuzuordnen waren, und sind dementsprechend relativ niedrig. Der Wert der Nutzungsrechte, die durch die deutsche Tätigkeit entstand, wurde wie im vorigen Beispiel errechnet (Fall II.). Der Differenzwert, welcher den chinesischen nicht erklärten Betriebsstätten zuzurechnen gewesen wäre, bildet eine **verdeckte Einlage** und wird daher in den Niederlanden **nicht besteuert.**

91 Eine besondere Herausforderung bildete in diesem Zusammenhang die Tatsache, dass die niederländischen Finanzbehörden für solche Fälle seit längerer Zeit kein sogenanntes **„Informal Capital Ruling" (Ruling über verdeckte Einlagen)** mehr erteilt hatten. Nach intensiven Verhandlungen und auf Basis einer detaillierten **Wertschöpfungs-** und **Fremdvergleichsanalyse** erklärte sich jedoch der niederländische Fiskus bereit, für diesen Fall das erste „Informal Capital Ruling", sie ist mit der Bewertung von Transferpaketen kompatibel, seit mehr als zwei Jahren zu gewähren.

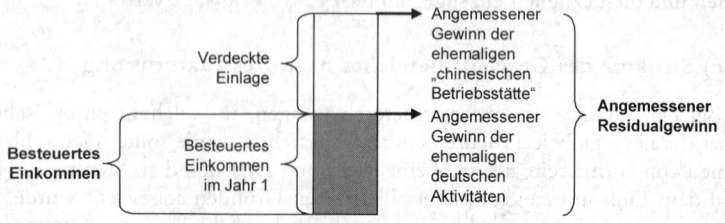

Abb. 6: Darstellung der Zusammensetzung einer verdeckten Kapitaleinlage
Quelle: eigene Darstellung

Abb. 7: Struktur nach Restrukturierung
Quelle: eigene Darstellung

Nach der Umstrukturierung liegen in Deutschland keine **Passiven Einkünfte** vor, da der Einkauf von fremden Dritten erfolgt und daran keine deutschen Mitarbeiter mitwirken.

d) Ergebnis und Schlussfolgerungen

Das vorliegende Fallbeispiel verdeutlicht den engen Zusammenhang zwischen Verrechnungspreisen und einer wertorientierte Unternehmensführung. Die hier vorgenommenen Restrukturierungsmaßnahmen hatten einen erheblichen Steuereffekt: Die Steuerbelastung des hochprofitablen Geschäftsbereiches sank infolge der Restrukturierung erheblich. Der **effektive Steuersatz in den Niederlanden** liegt nach Verlagerung **unter 10 %**, dies bedeutet eine Reduzierung um mehr als 30 Prozentpunkte gegenüber dem deutschen Steuersatz vor Verlagerung. **92**

Die nachhaltige Ansiedelung eines hohen Gewinnanteils in den Niederlanden war der Logik der Transferpreisfestsetzung folgend jedoch nur möglich, weil **von der Restrukturierung die wesentlichen Werttreiber betroffen** waren und das steuerlich motivierte Projekt somit große Bedeutung für die wertorientierte Unternehmensführung hatte. Die Globalisierung und Zentralisierung des Einkaufs über ein **niederländisches Procurementcenter** führte gleichzeitig zu einer wesentlichen Ergebnisverbesserung des Geschäftsbereiches: Dank der Einführung des Procurementcenters konnten Größenvorteile realisiert werden, die sowohl zu Umsatzsteigerungen als auch zu Kosteneinsparungen führten.

Gleichzeitig wurden die steuerlichen Risiken wesentlich reduziert, weil in China dank der Restrukturierung keine steuerliche Betriebsstätte mehr besteht: Nach dem **DBA mit China** wird eine **reine Einkaufstätigkeit** ohne weitergehende Tätigkeiten (ohne Sortimentsgestaltung) nicht als Betriebsstätte qualifiziert. Darüber hinaus wurde die neue Struktur mit den niederländischen und den deutschen Finanzbehörden erörtert und von diesen auf Basis der fundierten Transferpreisanalysen akzeptiert. Im Übrigen sind in Deutschland zu niedrige Leasingzahlungen **nicht einlagefähig** und es ist zweifelhaft, ob § 1 AStG für diesen Fall damals anwendbar gewesen wäre. **93**

Aufgrund der signifikanten Funktion in den Niederlanden sollte diese Gestaltung auch im künftigen BEPS-Umfeld weiterbestehen können. Die Bewertungen wären auch weiterhin kompatibel mit denen von Intellectual Property und von Transfer Paketen. China würde aber heute eine solche Gestaltung wohl nicht mehr akzeptieren.

2. Zentralisierung des Einkaufs über ein schweizerisches Procurementcenter (europäische Muttergesellschaft)

Im vorliegenden Fallbeispiel entschied sich ein großer europäischer Einzelhandelskonzern für die Einführung eines Procurementcenters in der Schweiz. Die Planung wurde insbesondere durch den tiefgreifenden Umbau der Informationstechnologie und den grundlegenden Wandel in der Erkennung und Berücksichtigung der Kundenwünsche ausgelöst, in Verbindung mit der völligen Neugestaltung der Supply Chains. An diesem Procurementcenter wurden wesentliche Nicht-Routine Aktivitäten angesiedelt, **94** *dank derer nach erfolgter Restrukturierung eine excellente Wertschöpfung und ein hohes zu versteuerndes Einkommen in der Schweiz anfiel. Mit dieser Restrukturierung wurden gleichsam erhebliche Schwächen des vorherigen Transferpreissystems, das den Nicht-Routine Aktivitäten nicht angemessen Rechnung getragen hatte, beseitigt. Die Restrukturierung führte somit nicht nur zu einer Reduktion der effektiven Steuerquote, sondern auch zu einer erhöhten Steuersicherheit. Darüber hinaus konnte dank der fundierten Analyse der konzernintern erbrachten Leistungen die Gewinnabgrenzung zwischen den einzelnen Konzerneinheiten verbessert und somit die Motivation der Mitarbeiter gesteigert werden.[20] Der Fall wurde in den Jahren 2006 bis 2008 geplant und danach implementiert. Aus dieser Restrukturierung ergaben sich außergewöhnliche Umsatz- und Gewinnerhöhungen und ein relativ niedriger effektiver Konzernsteuersatz.*

a) Hintergrund zum Fallbeispiel

95   Ein **europäischer Einzelhandelskonzern,** der seine Produkte ausschließlich unter seinem Markennamen verkauft, besitzt Filialen in Europa und Nordamerika. Ursprünglich stellte der Konzern seine Produkte selbst her. Die Fertigung war jedoch bereits lange vor Projektbeginn auf externe Anbieter ausgelagert worden, die zu über 90 % in China und Thailand ansässig sind. Der Einkauf wurde über Einkäufer in China und Thailand abgewickelt, die sowohl für den Einkauf selbst, als auch für die Produktionsüberwachung einschließlich des Social Audits verantwortlich waren. Sie arbeiteten in Einkaufskapitalgesellschaften, die in der Vergangenheit nur im Rahmen eines Aufschlags auf die Kosten („Rep Office") besteuert worden waren, für die jedoch für die Folgejahre mit einer normalen Besteuerung gerechnet wurde.

Die Transferpreisanalyse zeigte, dass der **Geschäftserfolg des Einzelhandelskonzerns** neben dem guten Preis-/Leistungsverhältnis, das zu einem überwiegenden Teil auf die Einkaufsaktivitäten zurückzuführen ist, und dem Marketing, für das insbesondere die Vertriebsgesellschaften verantwortlich sind, primär auf das **Design,** die Sortimentsgestaltung und die Produktqualität zurückzuführen ist. Für letztere war in der Vergangenheit insbesondere der betriebliche Hauptsitz in einem europäischen Land außerhalb Deutschlands zuständig gewesen.

96   In dem Transferpreissystem vor Restrukturierung fiel der größte Teil des hohen Gewinnes in den **Vertriebsgesellschaften** an, auf die die **Residuale** entfiel: Auf den **Einkauf** entfiel ebenso eine geringe **Routine Vergütung** wie auf das Design, die Sortimentsgestaltung und die Produktentwicklung. Die hohen ungerechtfertigten Gewinne der Vertriebsgesellschaften – insbesondere der deutschen – unterlagen den (hohen) Steuersätzen der jeweiligen Länder.

---

[20] Vgl. *Vögele,* Series on tax effective supply chain management, BNA International, 2007, www.bnai.com.

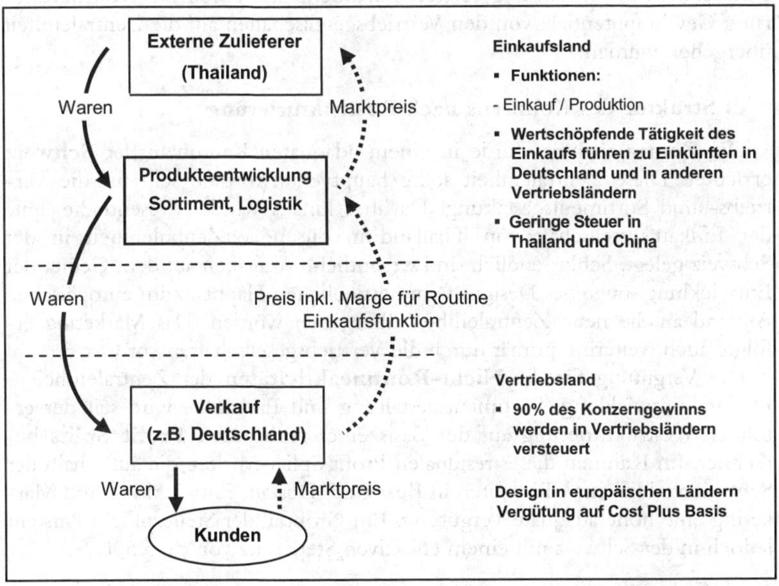

Abb. 8: Ausgangsstruktur
Quelle: eigene Darstellung

b) Herausforderungen und Ziele

Eine **tiefgreifende Transferpreisanalyse** sollte die wesentlichen Wert- **97** treiber des Geschäftes aufzeigen und auf ihre relativen Wertbeiträge hin untersuchen. Sie sollte der optimalen Ausgestaltung einer neu zu gründenden Zentraleinheit dienen, deren Ziel es war, die internen Konzernstrukturen sowohl aus Unternehmenssteuerungssicht als auch aus Transferpreissicht auf das stetige hohe Wachstum der Vergangenheit und der Zukunft abzustimmen. Im Rahmen der Transferpreisanalyse sollte evaluiert werden, inwiefern die Geschäftsentwicklung, das Design, die Sortimentsgestaltung, der Einkauf, oder die Produktionsüberwachung zentralisiert werden konnten.

Es war angestrebt, durch die **neue Zentraleinheit** potentielle Größenvorteile besser auszunutzen und durch die verbesserte Kostenstruktur zu einer langfristigen Sicherung des Preis-/Leistungsverhältnisses beizutragen. Darüber hinaus sollten nach erfolgter Restrukturierung die Transferpreise den Wertbeitrag der einzelnen Leistungen angemessener widerspiegeln. Dies war wichtig für die Steuersicherheit, die Unternehmenssteuerungssicht und auch für die Motivation der Mitarbeiter. Schließlich sollte eine Ansiedlung der Zentraleinheit in einer steuereffizienten Umgebung zu einer Senkung des sehr hohen **effektiven Steuersatzes** beitragen.

Neben der Planung und Implementierung eines neuen Verrechnungspreissystems bildete im vorliegenden Fall die **Vermeidung der Exit-Besteuerung** in den Vertriebsländern eine besondere Herausforderung. Dieses Problem war von hoher Bedeutung, da befürchtet wurde, dass Staaten wie

Deutschland die Auffassung vertreten würden, dass durch die Restrukturierung Gewinnpotentiale von den Vertriebsgesellschaften auf die Zentraleinheit übergehen würden.

c) Struktur des Konzerns nach Restrukturierung

98   Die **Zentraleinheit** wurde in einem adäquaten Kanton in der **Schweiz** errichtet. Diese Zentraleinheit sollte hauptverantwortlich sein für die Vertriebs- und Sortimentsgestaltung. Darüber hinaus wurden wesentliche Teile der Einkaufsgesellschaft von Thailand in die neue Zentraleinheit in der Schweiz gelegt. Schlussendlich sind wesentliche Aufgaben auf dem Gebiet der Entwicklung sowie des Designs vom betrieblichen Hauptsitz im europäischen Ausland an die neue Zentraleinheit übergeben worden. Das Marketing erfolgte auch weiterhin primär durch die Vertriebsgesellschaften vor Ort.

Die Vergütung für die **Nicht-Routineaktivitäten** der Zentraleinheit – Design, Entwicklung, Sortimentsgestaltung und Einkauf – wird seit der erfolgten Restrukturierung auf der Basis eines **residualen Profit Splits** berechnet. Im Rahmen dieses residualen Profit Splits erhalten die außerhalb der Schweiz verbliebenen Einheiten in Bezug auf Design, Entwicklung und Marketing eine hohe adäquate Vergütung. Ein Großteil der Steuerpflicht entsteht jedoch in der Schweiz mit einem effektiven Steuersatz von ca. 5,5 %.

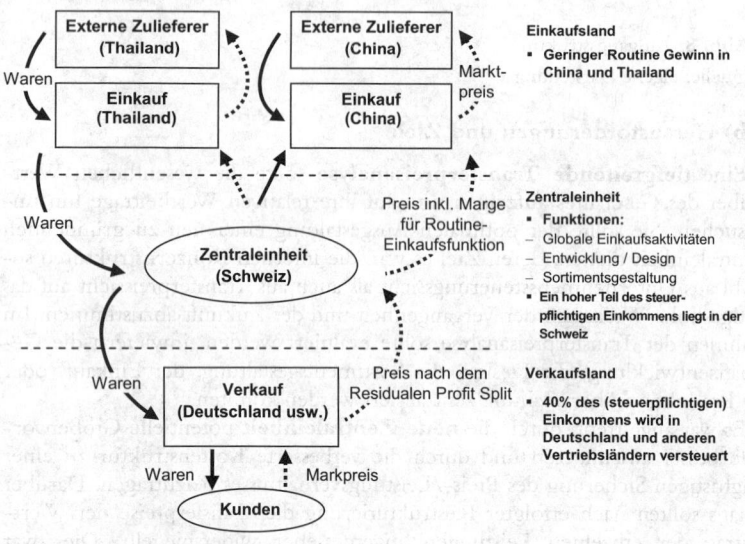

Abb. 9: Zukünftige Struktur
Quelle: eigene Darstellung

99   Gegenüber den für die Vertriebsgesellschaften zuständigen Steuerbehörden konnte der Nachweis erbracht werden, dass die hohen Gewinne der Vertriebsgesellschaften in der Vergangenheit in unsachgemäßen Transferpreisen gründeten. Dementsprechend ging trotz der deutlich niedrigeren Vertriebsgewinne nach Restrukturierung kein Gewinnpotential von den Vertriebsgesellschaften auf die Zentraleinheit über. Durch diesen Nachweis konnten Exit-Besteuerungen weitestgehend vermieden werden. Die entsprechenden Analysen wurden durch **unilaterale Advanced Pricing Agreements** (verbindliche Auskünfte) abgesichert.

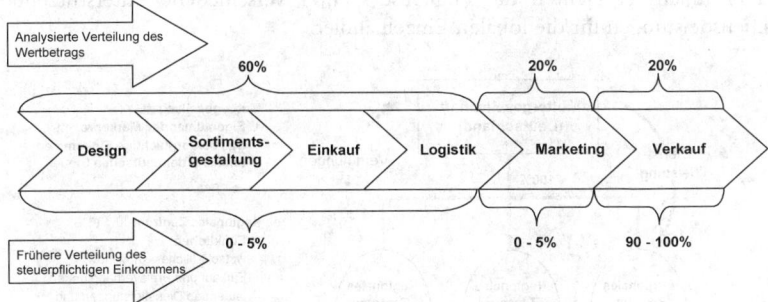

Frühere Verteilung des steuerpflichtigen Einkommens entsprach nicht der tatsächlichen Wertschöpfung

Abb. 10: Analyse der Wertschöpfungsbeiträge einzelner Konzerneinheiten

Quelle: eigene Darstellung

3. Zentralisierung des Einkaufs über ein schweizerisches Procurementcenter (deutsche Muttergesellschaft)

Im vorliegenden Fallbeispiel wurden die europäischen Einkaufstätigkeiten eines deut- **100** *schen Einzelhändlers in einem Procurementcenter zentralisiert. Den Anstoß zu dieser Restrukturierung hat eine fundierte Verrechnungspreisanalyse gegeben, im Zuge derer die Bedeutung des Einkaufs und der damit verbundenen Sortimentsplanung und -gestaltung sowie die Ineffizienzen der vorherigen Struktur aufgezeigt wurden.*

Die Restrukturierung resultierte sowohl kosten- als auch umsatzseitig in der Realisierung von erheblichen Synergiegewinnen. Gleichzeitig konnte die effektive Steuerquote dank einer steuereffizienten Ausgestaltung des neuen Systems erheblich reduziert und eine Exit-Besteuerung sowie die Annahme passiver Einkünfte vermieden werden.[21]

a) Hintergrund zum Fallbeispiel

Bei dem hier betrachteten Konzern handelt es sich um einen **deutschen** **101** **Einzelhandelskonzern** mit europäischem Schwerpunkt. Er verfügt traditionell sowohl über selbst betriebene Filialen als auch über Franchisefilialen. Diesen Einzelhandelsgeschäften wurden einerseits die Dachmarke des Konzerns und andererseits das Sortiment zur Verfügung gestellt.

Historisch gewachsen erfolgten der Einkauf sowie die Sortimentsplanung und -gestaltung über lokale Service Center in den einzelnen europäischen Märkten. Diese Service Center wurden im Konzernsprachgebrauch als **Franchise Center** bezeichnet. Die verschiedenen Franchise Center agierten weitestgehend unabhängig voneinander: Sie planten und gestalteten das Sorti-

---

[21] Vgl. *Vögele*, Series on tax effective supply chain management, BNA International, 2007, www.bnai.com.

ment für den lokalen Markt, verhandelten eigenständig mit nationalen und internationalen Lieferanten und kauften die Waren für die angeschlossenen eigenen oder fremden Geschäfte. Dies führte zu erheblichen Sortiments- und Preisunterschieden zwischen den verschiedenen europäischen Märkten. Darüber hinaus erbrachten die Franchise Center verschiedene unterstützende Dienstleistungen für die lokalen Einzelhändler.

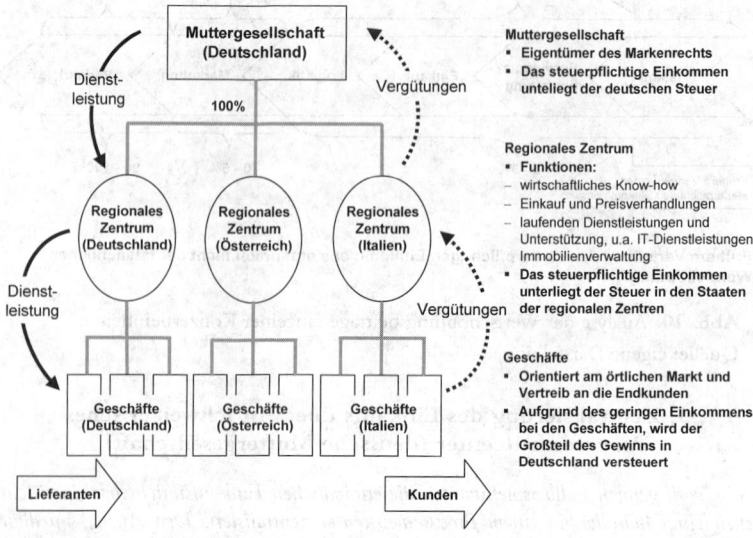

Abb. 11: Ausgangsstruktur
Quelle: eigene Darstellung

Im Rahmen einer **Verrechnungspreisanalyse** mit dem Ziel der Bestimmung einer angemessenen Vergütung für die Bereitstellung der Dachmarke durch die deutsche Muttergesellschaft wurde das Geschäftsmodell auf seine **wichtigsten Werttreiber** hin untersucht. Schnell kristallisierte sich heraus, welche wichtige Bedeutung der Einkauf für den Konzern hatte. Dabei bemisst sich diese Bedeutung nicht nur an den erzielten Einkaufskonditionen, sondern auch sehr stark an der strategischen Sortimentsplanung und -gestaltung. Diese stand nicht zuletzt auch über ihren Einfluss auf das Image und die Reputation des Einzelhändlers in enger Wechselwirkung mit der Dachmarke. Die Quantifizierung der verschiedenen Wertbeiträge in den einzelnen Märkten zeigte deutlich Effizienzpotentiale, welche sich bei einer besseren Koordination des Einkaufs und der Sortimentsgestaltung ergeben würden.

102   Die Geschäftsleitung nahm diese Analysen zum Anlass, eine Restrukturierung der **Franchise Center** eingehender zu prüfen. Diese Franchise Center waren lokale Tochtergesellschaften, die für ihr jeweiliges Land bzw. ihre Region den Einkauf, die Sortimentsgestaltung und die strategische Finanzierung planten und dabei voneinander völlig unabhängig agierten. So verhandelten sie bspw. unabhängig von den anderen Franchise Centern mit nationalen und internationalen Lieferanten über den Einkauf der Waren für die angeschlosse-

nen eigenen und fremden Geschäfte und kauften diese schließlich zu unterschiedlichen Preisen.

Der **deutsche Markt** spielt eine **führende Rolle** im Vertrieb. Der größte **103** Teil des Einkommens unterlag der hohen Besteuerung in Deutschland. Ausländische Verluste konnten in Deutschland nicht genutzt werden. Dies führte zu einem extrem hohen effektiven Steuersatz des Konzerns.

b) Herausforderungen und Ziele

Hauptziel der Restrukturierung war die **Verbesserung der Einkaufs-** **104** **struktur.** Durch diese Restrukturierung sollte das bestehende Potential zur Realisierung von Größenvorteilen im Einkauf besser ausgenutzt und somit ein Beitrag zur nachhaltigen Verbesserung der Einkaufskonditionen geleistet werden. Darüber hinaus sollten bestehende Ineffizienzen in der internen Organisation des Einkaufs abgebaut werden und die Restrukturierung somit zu einer weiteren Kostenreduktion führen.

Darüber hinaus sollte eine verbesserte Abstimmung der Sortimentsgestal- **105** tung zu einer einheitlicheren **Corporate Identity** in Europa beitragen. Dessen ungeachtet sollten lokale Besonderheiten in den Kundenwünschen weiterhin angemessen berücksichtigt werden.

Die Zentralisierung sollte außerdem eine **Expansion in neue Märkte** **106** wie insbesondere Osteuropa erleichtern: Die bestehende Struktur hat eine Expansion in neue Märkte insofern erschwert als sie entweder die Gründung neuer Franchise Center oder die Beauftragung bestehender lokaler Franchise Center mit überregionalen Aufgaben erforderte. Für ein europaweit zentralisiertes Procurementcenter würde eine Ausdehnung der Aktivitäten in zusätzliche Märkte eine weitaus geringere Umstellung erfordern.

Schlussendlich sollte die Restrukturierung zu einer **Verbesserung der ef-** **107** **fektiven Steuerquote** beitragen. In der alten Struktur unterlag ein großer Teil des Einkommens der Besteuerung in Deutschland, das den Kernmarkt des Geschäftes bildet. Zusätzlich fielen im Ausland Verluste an, die nur teilweise und zu einem niedrigen Steuersatz geltend gemacht werden konnten. Dies führte zu einem hohen effektiven Steuersatz des Konzerns. Die Restrukturierung sollte einerseits helfen, steuerlich nicht sofort nutzbare Verluste in Zukunft zu vermeiden und andererseits dazu beitragen, dass ein größerer Teil des Gewinns einer niedrigen Besteuerung unterliegt.

c) Implementierung der neuen Struktur

Aus betrieblichen und steuerlichen Gründen sollte die Sourcinggesellschaft **108** räumlich und organisatorisch von den bestehenden Konzerneinheiten getrennt werden. Dazu wurden in einem ersten Schritt mögliche Standorte und Strukturen evaluiert. Nach eingängiger Prüfung der verfügbaren Optionen wurde schließlich beschlossen, ein **europäisches Procurementcenter** in der Schweiz zu errichten.

Dieses Procurementcenter wurde mit den konzernweiten Koordinations- **109** und Einkaufsaktivitäten sowie der Sortimentsplanung und -gestaltung betraut. Seine Zuständigkeiten umfassten unter anderem die strategische Finanzierung, die Sortimentsplanung und -gestaltung, die Verhandlung mit Lieferanten und die Gewährleistung von Mindestabnahmegarantien gegenüber den

Lieferanten sowie die Übernahme damit verbundener Risiken. Die vom Procurementcenter eingekauften Waren wurden den lokalen Franchise Centern zur Verfügung gestellt. Diese Franchise Center fungierten als eine Art „Clearing House" und erbrachten auch weiterhin verschiedene unterstützende Dienstleistungen für die lokalen Einzelhändler. Sie bestanden dementsprechend mit einem reduzierten Funktionsprofil fort.

110   Durch die Zentralisierung reduzierte sich der Personalaufwand des Einkaufs und der Sortimentsgestaltung erheblich: Es wurden konzernweit ausgewählte Experten am Procurementcenter zusammengezogen und vereinzelt um externe Experten ergänzt. Die damit einhergehende **Bündelung von** relevanter **Expertise** am Procurementcenter führte zu einer Optimierung der Beobachtung und Analyse von Markttrends und der Sortimentsgestaltung. Darüber hinaus konnten dank der verbesserten Informationsbasis und der gestärkten Verhandlungsposition gegenüber den Lieferanten erhebliche Einsparungen im Einkauf erzielt werden. Darüber hinaus konnte frei gewordenes Personal mit neuen Wert bringenden Aufgaben betraut werden. Zusammengenommen führten diese Effekte zu einer erheblichen Steigerung der Profitabilität des Konzerns.

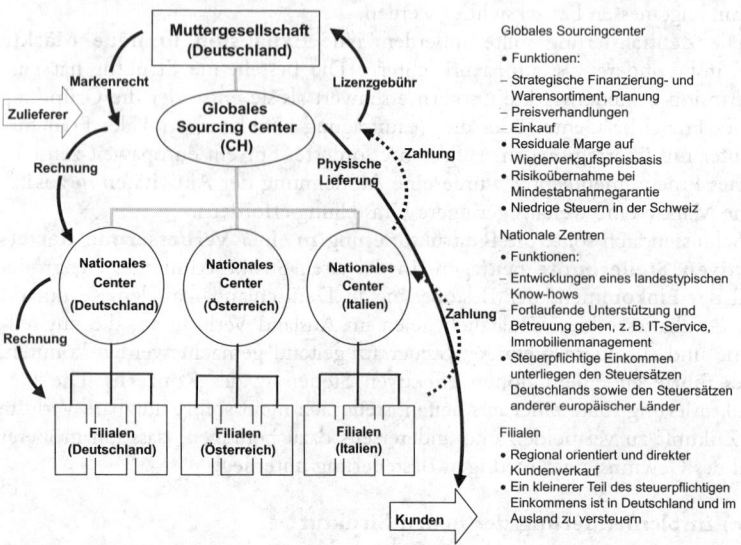

Abb. 12: Implementierte Lösung

Quelle: eigene Darstellung

111   Das Procurementcenter erhielt im Gegenzug für die erbrachten Dienstleistungen einen wesentlichen Anteil am Residualgewinn (neben der Marke).[22] Dieser errechnet sich als die Differenz zwischen dem Wareneinkaufspreis von fremden Dritten und dem Verrechnungspreis der Waren, der den nationalen Franchise Centern in Rechnung gestellt wird. Dieser Verrechnungspreis wird

---

[22] Der (niedrige) Anteil der Marke am Residualgewinn ist auf Basis einer Inkrementalanalyse (Value-In-Use) berechnet und abgesichert worden.

auf der Basis der **Wiederverkaufspreismethode** berechnet. Die Margen ergeben sich im Regelfall im Fremdvergleich mit den Preisen, die den unabhängigen Franchisenehmern in Rechnung gestellt werden, und nach **Abzug einer angemessenen Marge** für das lokale Franchise Center. Die **Margen für das Franchise Center** können anhand von **Datenbankanalysen** bestimmt werden. Nach Abzug aller **Kosten** verbleiben dem Procurementcenter somit bei guter Geschäftsentwicklung relativ hohe Gewinne. Umgekehrt hat es allerdings bei schwieriger Wirtschaftslage auch einen wesentlichen Teil des Konzernverlustes zu tragen.

Da keine steuerlich ungenutzten Verluste entstehen und weil das Procure- **112** mentcenter im gewählten Schweizer Kanton einem effektiven Steuersatz von nur 5,5 % unterliegt, führte die Einführung des Procurementcenter darüber hinaus zu einer erheblichen **Reduktion der effektiven Steuerquote.** Dies umso mehr, als in dem neuen Verrechnungspreissystem mit der Vergütung der lokalen Gesellschaften mittels der Wiederverkaufspreismethode Verluste einzelner Gesellschaften bei gleichzeitig hohen Gewinnen des Gesamtkonzerns nur noch in seltenen Fällen entstehen können.

Eine besondere Herausforderung bildete die **Vermeidung von Exit-** **113** **Besteuerungen.** Dies konnte durch eine sorgfältige Analyse der Wertschöpfungsbeiträge und Gewinnpotentiale vermieden werden. Für die meisten Länder konnte nachgewiesen werden, dass diese in Summe von der Verlagerung profitierten und somit die im Land verbliebenen Geschäftschancen im Zuge der Verlagerung sogar erheblich stiegen. Eine Ausnahme bildete Deutschland: Hier konnte lediglich von einem leichten Anstieg der inländischen Geschäftschancen ausgegangen werden. Dementsprechend wurde auf einen hypothetischen Fremdvergleich abgestellt, dh es wurde auf der Basis der Transferpaketberechnung analysiert, auf welche Vergütung sich fremde Dritte bei einer Verhandlung über den verlagerten Einkauf verständigen würden, gegeben des zukünftigen Gewinnpotentials beider Parteien mit und ohne Transaktion sowie der weiteren Begleitumstände der Transaktion. Im Zuge dieser Analyse konnte der Nachweis erbracht werden, dass fremde Dritte in einer vergleichbaren Situation die verlagerten Geschäftschancen nur mit einem relativ niedrigen Betrag vergüten würden. Aufgrund der außerordentlichen Strukturierung des Falls wurde dieses Ergebnis im Voraus mit den Finanzbehörden erörtert und abgestimmt.

d) Ergebnis und Schlussfolgerungen

Im vorliegenden Fall gab eine **Transferpreisanalyse den Anstoß für** **114** **eine konzernweite Restrukturierung** des Einkaufs und der damit verbundenen Sortimentsplanung und -gestaltung. Im Zuge dieser Restrukturierung wurde ein Procurementcenter in der Schweiz eingeführt und das Transferpreissystem auf die neue Konzernstruktur angepasst. Dank dieser Restrukturierung konnten erhebliche **Größenvorteile** im Einkauf realisiert werden. Darüber hinaus führte die Bündelung entsprechender Expertise zu einer Optimierung der Sortimentsgestaltung unter Berücksichtigung der Konzerninteressen sowie lokaler Besonderheiten.

Durch die Ansiedelung des Procurementcenters in der Schweiz sowie die Umstellung des Transferpreissystems konnte die effektive Steuerquote darüber hinaus erheblich gesenkt werden. Dessen ungeachtet senkten die europaweit abgestimmten **Margen der Wiederverkaufspreismethode** die zuvor bestehenden Verrechnungspreisrisiken wesentlich.

Das System wurde von allen Fisci voll umfänglich akzeptiert.

IV. Optimierung der Fertigung

1. Restrukturierung des europäischen Teils eines anglo-amerikanischen Konzerns unter besonderer Berücksichtigung der Zentralisierung der Fertigung in Irland

In diesem Fallbeispiel wurde durch die Zentralisierungen der Fertigung und der Logistik die europäische Supply Chain eines anglo-amerikanischen Konzerns erheblich vereinfacht. Das Projekt wurde von der Steuerabteilung des Konzerns angestoßen, mit dem Ziel, die sehr hohe effektive Steuerquote im europäischen Geschäft zu senken. Dies erforderte die Erarbeitung eines neuen Verrechnungspreissystems auf Basis einer Analyse und einer anschließenden Restrukturierung der wichtigsten Werttreiber im Geschäftsmodell. Die ursprünglich steuerlich motivierten wertorientierten Restrukturierungen führten zur wesentlichen Verbesserung der Organisation und Senkung der Fertigungskosten und schließlich auch zu erheblichen Umsatz- und Ertragssteigerungen.[23]

a) Hintergrund zum Fallbeispiel

115   Der hier betrachtete anglo-amerikanische Konzern hatte sein europäisches Geschäft sowohl durch generisches Wachstum als auch durch zahlreiche Unternehmenszukäufe sehr stark ausgebaut. Bedingt durch die historische Entwicklung des Konzerns und zur besseren **Marktdurchdringung** wurden die Produkte von mehreren europäischen Gesellschaften unter verschiedenen Markennamen vertrieben. Darüber hinaus wurden die Produkte an einer Vielzahl von Fertigungsstandorten, die über mehrere Länder verteilt waren, hergestellt. In einzelnen europäischen Staaten bestand sogar eine Vielzahl verschiedener Fertigungs- und Vertriebsgesellschaften, die unabhängig voneinander ihre Produkte herstellten, den Markt erschlossen und ihre Produkte vertrieben.

Der Konzern war trotz dieser sehr starken Diversifizierung am Markt erfolgreich. Sein **effektiver Steuersatz** in Europa betrug allerdings mehr als 50%.

---

[23] Vgl. *Vögele,* Series on tax effective supply chain management, BNA International, 2007, www.bnai.com.

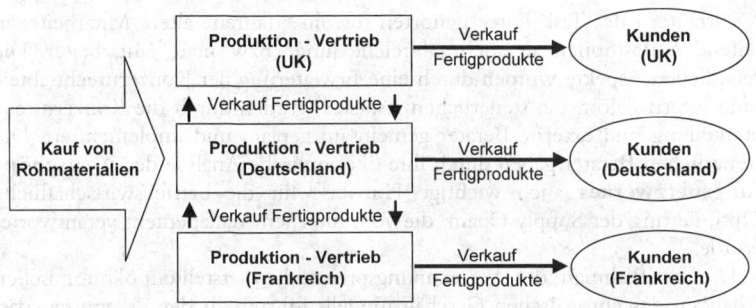

Produktion – Vertrieb (Deutschland und andere Vertriebsländer in Europa)

Funktionen:	**Risiken:**
• Einkauf von Rohmaterial und Zwischenprodukten	• Kapitalrisiko
• Herstellung von Produkten	• Preisrisiko (kurz- und langfristig)/ Währungsrisiko
• Auftragsbearbeitung	• Volumenrisiko (kurz- und langfristig)
• Besitz von Geistigem Eigentum	• Inventarrisiko (Rohmaterial und Fertigprodukte)
• Extensive Marktentwicklung	• Außenstände (Währungsrisiko, Gläubigerrisiko)
• Auswahl lokaler Großhändler	• Gewährleistung/Haftpflicht
• Preispolitik	• Geistiges Eigentum
• Verpackung	
• Logistik	

Abb. 13: Ursprüngliche Struktur
Quelle: eigene Darstellung

b) Herausforderungen und Ziele

Auslöser des Projektes war die hohe Ertragssteuerbelastung in Europa. Ziel **116** war es, eine Struktur zu implementieren, mit deren Hilfe der **effektive Steuersatz** in Europa von über 50 % auf ca. 20 % **reduziert** werden konnte. Steuereffekte dieser Größenordnung konnten nachhaltig nur durch eine Änderung des Verrechnungspreissystems erreicht werden.

Die Geschäftsleitung erhoffte sich von der erforderlichen detaillierten **117** Transferpreisanalyse jedoch auch wichtige Erkenntnisse bezüglich **wertorientierter Optimierungsmöglichkeiten der europäischen Supply Chain.** Ökonomisch sinnvolle Zentralisierungen der Produktions- oder Vertriebsaktivitäten sollten zu kosten- und umsatzseitigen Synergien führen.

Derartige Restrukturierungen sind mit zahlreichen Herausforderungen **118** verbunden. Sowohl betriebswirtschaftliche als auch steuerrechtliche und soziale Aspekte, die größtenteils interdependent waren, mussten in die Analysen mit einbezogen werden. Aus steuerlicher Sicht sollten insbesondere die **Exit-Besteuerungen** und die **Subpart-F-Besteuerung** in den USA vermieden werden.

Das Projekt sollte im Sinne einer **Risikominimierung zunächst nur für 119 Europa** in Angriff genommen und nach Einholung mehrerer **unilateraler Advanced Pricing Agreements** (auch in Deutschland) implementiert werden. Es sollte jedoch so ausgestaltet werden, dass es einen späteren Roll-out in Amerika und Asien erlauben würde.

c) Implementierung der neuen Struktur

Der Konzern begegnete der Komplexität der Aufgabenstellung mit der Bil- **120** dung einer **Task Force** mit mehreren großen Untergruppierungen. Zu den

Mitarbeitern der Task Force gehörten sowohl erfahrene ältere Mitarbeiter in leitenden Positionen als auch zahlreiche junge bzw. neue Mitarbeiter. Die rechtlichen Aspekte wurden durch eine Erweiterung der Konzernrechtsabteilung intern gelöst, die steuerlichen Aspekte wurden durch die Konzernsteuerabteilung und externe Berater gemeinsam geplant und implementiert. Die steuerlichen Berater gaben durch ihre ökonomische Analyse des **Wertschöpfungsnetzwerkes** auch wichtige Hinweise für die betriebswirtschaftliche Optimierung der Supply Chain, die vom internen Management verantwortet wurde.

121   Die im Rahmen der Verrechnungspreisstudien erstellten ökonomischen Analysen des europäischen Geschäftsmodells führten zu der Erkenntnis, dass eine **Zentralisierung der Fertigung** in einem Niedrigsteuerland aus betriebswirtschaftlicher und aus steuerlicher Sicht die beste Lösung war: Einerseits zeigte sich, dass die Fertigung und die damit verbundenen Aktivitäten das größte Synergiepotential aufwiesen, andererseits war eine Bündelung der Fertigung am besten geeignet, eine Subpart-F-Besteuerung in den USA zu vermeiden. Nach Verhandlungen mit mehreren Staaten erfolgte durch **Irland** das beste Angebot, das sich damals nicht nur durch eine niedrige Steuerquote, sondern auch durch die Gewährung von Subventionen, eine gute Infrastruktur und ein moderates Lohnniveau auszeichnete.

Im Zuge der Zentralisierung wurden die meisten Fabriken in Europa, im Nahen Osten und Afrika geschlossen und deren Produktion von pharmazeutischen Wirkstoffen nach Irland verlagert. Einzelne Formulierungen werden jedoch durch unabhängige Dritte im Rahmen eines **Lohnfertigungssystems** hergestellt. Neben der Produktion der Wirkstoffe wurde die Verpackung zentralisiert, jedoch nicht in Irland, sondern in einem kontinentaleuropäischen Land. Seit der Restrukturierung tragen die Vertriebseinheiten weniger Risiken als zuvor und nehmen weniger Funktionen wahr.

122   Die **Exit-Besteuerung** konnte durch eine sophistische **Gestaltung, Kombination** und **Verlagerung** des Geistigen Eigentums, verbunden mit Fremdvergleichsmargenanalysen und **Profit-Split-Analysen** gelöst werden. Die zentrale Verpackungs- und Logistikeinheit erhält ihre Vergütung auf der Basis eines relativ großzügigen **Kostenaufschlagssystems.** Die einzelnen Vertriebsgesellschaften erhalten **Wiederverkaufspreismargen,** die irische Gesellschaft zahlt an die **Patent- und Markenrechtseigentümer** eine **angemessene Lizenzgebühr,** der (hohe) **Residualgewinn** fällt in Irland an und unterliegt dort einer sehr niedrigen effektiven Besteuerung. Aufgrund der aktiven Einkünfte in Irland entsteht in den USA **keine Subpart-F-Besteuerung.**

123   Die nachfolgenden Betriebsprüfungen akzeptierten das System in allen europäischen Ländern vollumfänglich. Dies ist im Wesentlichen darauf zurückzuführen, dass die irische Gesellschaft der eindeutige **Prinzipal** für Europa, den Mittleren Osten und Afrika ist, der nicht nur die Produkte selbst herstellt, sondern auch die Verpackung und die Logistik in einem **Auftragsverhältnis** vergibt und einzelne Funktionen des zentralen Vertriebs übernommen hat. Da die Vertriebsgesellschaften der einzelnen europäischen Länder Wiederverkaufspreismargen erhalten, die im Regelfall auf der Basis von **transaktionsbezogenen Nettomargenanalysen** im Fremdvergleich ermittelt wurden, bietet sich für die Finanzbehörden der einzelnen Länder kein Angriffspunkt.

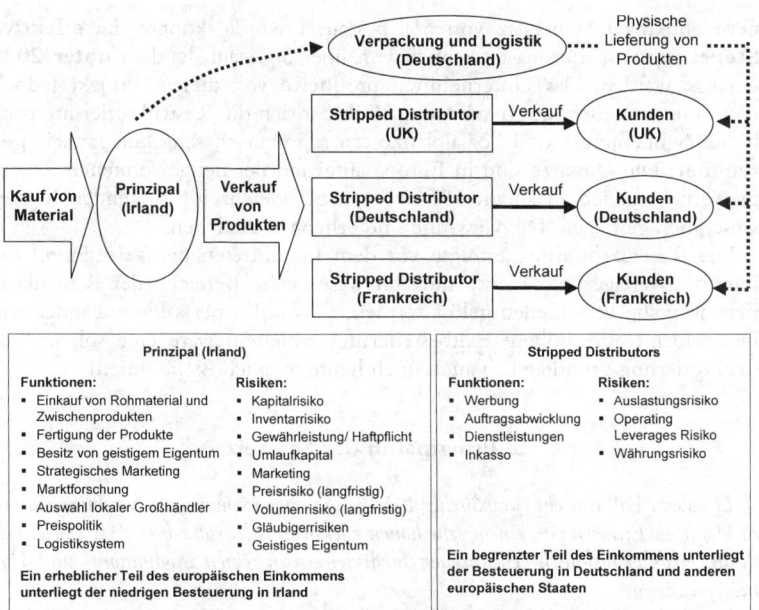

Abb. 14: Die Implementierte Struktur; Prinzipalstruktur für Fertigung und Vertrieb
Quelle: eigene Darstellung

Das Restrukturierungsprojekt wurde wie ursprünglich geplant, in einem **124** ersten Schritt für Europa in Angriff genommen und nach Einholung mehrerer unilateraler **Advanced Pricing Agreements** (auch in Deutschland) implementiert. Dieser Prozess dauerte insgesamt vier Jahre. Die relativ lange Projektdauer war von vornherein bewusst eingeplant worden, um die rechtlichen Probleme in Bezug auf das **Eigentum an Patenten** und **Markenrechten** lösen und die Advanced Pricing Agreements einholen zu können.

Nach der erfolgreichen Implementierung in Europa erfolgte ein vergleichbarer Roll-out in Asien/Pazifik und schließlich Amerika.

d) Ergebnis und Schlussfolgerungen

Im vorliegenden Fallbeispiel wurde ein Verrechnungspreisprojekt in Angriff **125** genommen, mit dem Ziel, die sehr hohe effektive Steuerquote des betroffenen Konzerns in Europa erheblich zu senken. Diese Senkung war nachhaltig nur bei einer Neugestaltung des Verrechnungspreissystems möglich. Die damit einhergehenden Restrukturierungen sollten aber nicht nur einer Steueroptimierung gewidmet sein. Vielmehr sollten die erforderlichen ökonomischen Transferpreisanalysen wichtige Erkenntnisse für die wertorientierte Unternehmensführung liefern und die Restrukturierungen so ausgestaltet werden, dass die Effizienz des europäischen Geschäfts gesteigert werden würde.

Durch die Restrukturierung des europäischen Geschäftes und die damit einhergehende Bündelung des residualen Gewinns in Irland, der dort mit einem effektiven Steuersatz von 5% besteuert wurde, konnte die **effektive Steuerquote** in Europa tatsächlich von über 50% auf deutlich **unter 20%** gesenkt werden. Das Unternehmen profitierte von diesem Projekt jedoch nicht nur steuerlich; **auch wirtschaftlich** hat sich die Restrukturierung trotz hoher Schließungs- und Sozialplankosten schon nach sehr kurzer Zeit **gerechnet:** Die Umsätze sind in Europa aufgrund der neugewonnenen Synergien im Vergleich zu anderen Konzernen bei gleichzeitig sinkenden Kosten wesentlich gestiegen. Die Gewinne sind erheblich gestiegen.

Die Restrukturierung erfolgte vor dem Inkrafttreten der Verordnung zur Funktionsverlagerung. Heute müssten wesentliche Bereiche der Restrukturierung völlig verschieden gelöst werden. Obwohl – per saldo – Länder wie Deutschland eine höhere Exitbesteuerung erhielten, wäre eine solche Restrukturierung grundsätzlich auch noch heute möglich (siehe unten).

2. Prinzipal in der Schweiz

In diesem Fall war ein europäischer Konzern in einem schwierigen Marktumfeld mit rückläufigen Erträgen von einem sehr hohen effektiven Steuersatz betroffen. Gleichzeitig litt er unter historisch gewachsenen Ineffizienzen in seinen Produktions- und Vertriebsprozessen.

Durch die Umstellung auf eine Prinzipalstruktur, bei der die wesentlichen Funktionen und Risiken in einer Prinzipalgesellschaft, dem Key Entrepreneurial Risk Taker (KERT), gebündelt wurden, fiel nach Restrukturierung ein erheblicher Teil des Gewinns am Sitz des Prinzipals in der Schweiz an. Mit der Einführung des Prinzipals wurde der gesamte Fertigungsprozess innerhalb des Konzerns auf eine Auftrags- oder Lohnfertigungsstruktur umgestellt. Mit dieser Restrukturierung des Geschäftes konnte gleichzeitig eine klarere Trennung der Produktions- von den Vertriebsprozessen erreicht werden.[24]

a) Hintergrund zum Fallbeispiel

126   In der Ausgangslage fertigte und vertrieb der hier betrachtete europäische Konzern eine Vielzahl an Produkten in Europa und weltweit. Die **Konzernstruktur** war historisch bedingt äußerst **komplex:** Durch den Zukauf verschiedener Unternehmen und Fusionen mit anderen Unternehmen entstanden zahlreiche Tochtergesellschaften insbesondere in Europa, die teils unabhängig forschten und entwickelten, produzierten und vertrieben. Die Koexistenz verschiedener Produktentwicklungs-, Fertigungs- und Vertriebsprozesse führte zu Ineffizienzen in den Geschäftsabläufen. Gleichzeitig sank aufgrund verschiedener gesamtwirtschaftlicher Entwicklungen die Profitabilität der gesamten Branche im Zeitverlauf erheblich. Durch die diffuse Struktur des Konzerns war dieser von dem Ertragsrückgang besonders betroffen. Darüber hinaus resultierte die komplexe Konzernstruktur bei den niedrigen Gesamtgewinnen in einem effektiven **Konzernsteuersatz** von mehr als 100%. Dieser extrem hohe Konzernsteuersatz war insbesondere auf die **Nichtverwendungsfähigkeit** von **Verlusten** einzelner Tochtergesellschaften durch

---

[24] Vgl. *Vögele,* Series on tax effective supply chain management, BNA International, 2007, www.bnai.com.

andere Konzerngesellschaften zurückzuführen und wurde zusätzlich durch die hohe Besteuerung einzelner Tochtergesellschaften in Europa verstärkt.

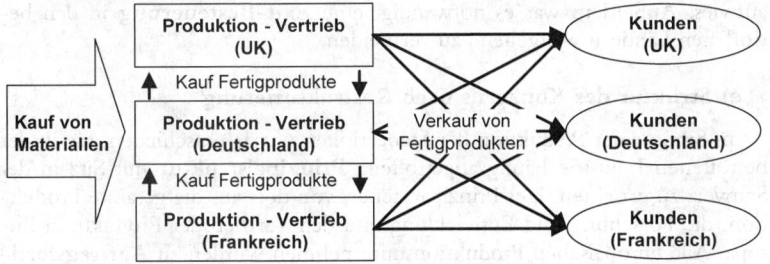

Produktions- / Vertriebsgesellschaften (Deutschland und andere europäische Staaten)

Funktionen:	Risiken:
• Einkauf von Rohmaterial und Zwischenprodukten	• Kapitalrisiko
• Herstellung von Produkten	• Umlaufvermögen
• Auftragsbearbeitung	• Preisrisiko (kurz- und langfristig)/ Währungsrisiko
• Besitz von Geistigem Eigentum, F&E	• Volumenänderung / Operating Leverage (kurz- und langfristig)
• Marktentwicklung	• Inventarrisiko (Rohmaterial und Fertigprodukte)
• Auswahl lokaler Vertriebspartner	• Gläubigerrisiko (Wechselkurse, Ausfall)
• Verpackung	• Gewährleistung / Haftpflicht
• Logistik	• Geistiges Eigentum
	• Marketing

Der Großteil des Einkommens der Produktions- / Vertriebsgesellschaften unterlag der hohen Besteuerung in den verschiedenen europäischen Staaten; Verluste konnten nicht von anderen Staaten genutzt werden.

Abb. 15: Früheres Geschäftsmodell

Quelle: eigene Darstellung

b) Herausforderungen und Ziele

Ausgelöst wurde das Projekt durch den sehr hohen effektiven Steuersatz **127** des Konzerns, der auch von Investoren kritisch beurteilt wurde. Ursprüngliches Ziel der Restrukturierung war dementsprechend die **Senkung des effektiven Steuersatzes.** Im Laufe der Projektplanung wurden jedoch weitergehende Ziele in Bezug auf die Realisierung von kostenseitigen **Synergien** und in Bezug auf **Umsatzerhöhungen** hinzugefügt. Der enge Zusammenhang aus wertorientierter Unternehmensführung und Transferpreisen sollte in diesem Fallbeispiel ausgenutzt werden, um durch eine Verknüpfung von steuerlich wünschenswerten mit betriebswirtschaftlich notwendigen Restrukturierungen anfallende Projekt- und Restrukturierungskosten zu minimieren.

Bei diesem Projekt stellte die **Aufarbeitung der Ausgangsstruktur** und **128** der damit verbundenen Fakten eine große praktische Herausforderung dar. Unter anderem musste herausgearbeitet werden, wer welche Produkte unter Ausnutzung welcher Vermögensgegenstände und auf welcher Vertragsbasis produziert und vertreibt und wer welche Rechte besitzt. Aufgrund der Resistenz einer großen Anzahl von Mitarbeitern waren diese Erhebungen nur in einem wesentlichen Teilbereich des Konzerns möglich. Für diesen wesentlichen Geschäftsbereich musste danach ein System geschaffen werden, das es erlaubte, die bestehenden Synergiepotentiale optimal zu nutzen, die Kosten zu senken und die Steuern zu reduzieren. Aufgrund der Risikoaversion der Geschäftsleitung war es dabei erforderlich, eine steuerliche Struktur zu schaffen, die möglichst wenige Risiken barg und eine möglichst große Konsistenz aufwies. Außerdem war es notwendig, eine **Exit-Besteuerung** in den betroffenen Ländern weitgehend zu vermeiden.

c) Struktur des Konzerns nach Restrukturierung

129   Im Sinne einer Reduktion der Steuerrisiken wurde entschieden, die in der betroffenen Industrie häufig angetroffene **Prinzipalstruktur** mit Sitz in der Schweiz zu errichten. Der Prinzipal steuert von dort aus die gesamte Produktion, die Forschung und Entwicklung und den Vertrieb der Produkte in Europa. Alle europäischen Produktionsunternehmen wurden zu **Auftragsfertigern** bzw. **Lohnfertigern** reduziert. Die Forschung und Entwicklung wurde zentralisiert und als **Auftragsforschung** und **Auftragsentwicklung** organisiert. Die Vertriebsgesellschaften erhielten reduzierte Vertriebsfunktionen und -risiken. Eine Exit-Besteuerung konnte durch eine sorgfältige Analyse der Rechte an dem Geistigen Eigentum einerseits und des Wertes der Funktionen und Risiken andererseits vermieden werden. Formale Anträge auf **verbindliche Auskünfte**/unilaterale **Advanced Pricing Agreements** wurden nicht beantragt, die lokalen Finanzbehörden wurden jedoch größtenteils **vorab informiert** und deren **Einverständnis** eingeholt.

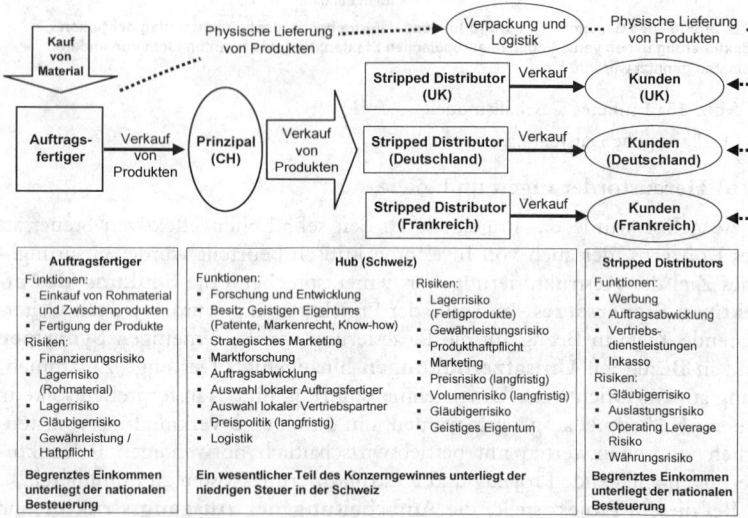

Abb. 16: Die Implementierte Lösung: Illustration der Prinzipal-Struktur mit Auftragsfertiger

Quelle: eigene Darstellung

d) Ergebnis und Schlussfolgerungen

130   Der Konzern konnte durch die Restrukturierung seines größten Geschäftsbereiches eine wesentliche Umsatzerhöhung und Kostensenkung erzielen. Das Unternehmen wurde **entgegen der Marktentwicklung** in wenigen Jahren hochprofitabel. Der **effektive Steuersatz** konnte ganz erheblich gesenkt werden und liegt heute nahe **20 %**. In keinem der betroffenen europäischen Staaten fiel eine Exit-Besteuerung an. Das neue **Verrechnungspreissystem** wurde zudem in allen betroffenen Ländern dem Grunde nach anerkannt und führte nur in zwei europäischen Staaten (nicht in Deutschland) zu Einzelproblemen in Randbereichen. Die Einzelprobleme waren schon zu Beginn der Planung vorhersehbar, aber dennoch aufgrund der vorgefundenen ökonomischen Rahmenbedingungen nicht vermeidbar.

Darüber hinaus reduzierte das neue System die Verrechnungspreis-Streitig-   **131**
keiten des Konzerns mit den lokalen Finanzbehörden ganz erheblich.

V. Optimierung des europäischen Vertriebs eines asiatischen Konzerns

Das vorliegende Fallbeispiel befasst sich mit dem europäischen Vertrieb eines asiatischen Herstellers von Verbraucherelektronik. In der Ausgangslage war dieser Vertrieb dezentral organisiert: Voneinander unabhängige, funktionsstarke Vertriebsgesellschaften waren für die jeweiligen lokalen Märkte verantwortlich. Die Vertriebsfunktion war für den Geschäftserfolg von herausragender Bedeutung. Die Geschäftsleitung war daher bemüht, bestehende Ineffizienzen zu beseitigen und durch eine teilweise Zentralisierung des Vertriebs Synergiepotentiale zu heben und die Erschließung neuer Märkte zu erleichtern.

Die große Werthaltigkeit des Vertriebs hatte auch Auswirkungen auf das Transferpreissystem des Konzerns. Die Restrukturierung des europäischen Vertriebs sollte dementsprechend auch genutzt werden, um die Steuereffizienz und die Steuersicherheit des europäischen Geschäfts zu erhöhen.[25]

1. Hintergrund zum Fallbeispiel

Der hier betrachtete asiatische Konzern entwickelt, produziert und ver-   **132**
treibt eine breite Palette von Verbraucherelektronik und ähnlichen Produkten. Zu Beginn des Projektes erfolgte der Vertrieb durch ein globales Verkaufsnetz. Im europäischen Markt nutzte die Gruppe ein **nach Ländern segmentiertes Geschäftsmodell.** Mit Hilfe einer großen Anzahl von Tochtergesellschaften wurden die Produkte auf den lokalen Märkten vertrieben. In den großen europäischen Staaten bestanden jeweils mehrere Vertriebsgesellschaften, die für die unterschiedlichen Geschäftsbereiche zuständig waren. Diese Vertriebstochtergesellschaften übten die wesentlichen Vertriebsfunktionen eigenständig aus und waren für Verkäufe, das Marketing und begleitende Vertriebstätigkeiten in ihrem jeweiligen lokalen Markt und für den entsprechenden Geschäftsbereich vollumfänglich verantwortlich. Dementsprechend trugen sie alle mit diesen Vertriebsfunktionen in Verbindung stehenden Risiken.

---

[25] Vgl. *Vögele,* Series on tax effective supply chain management, BNA International, 2007, www.bnai.com.

133   Die Produkte bezogen sie größtenteils von verbundenen **Auftragsfertigungsunternehmen,** die jedoch auf Rechnung des asiatischen Mutterhauses arbeiteten. Da die Produktionsseite für das hier betrachtete Fallbeispiel von nachrangiger Bedeutung ist, wird im Folgenden nicht näher auf sie eingegangen.

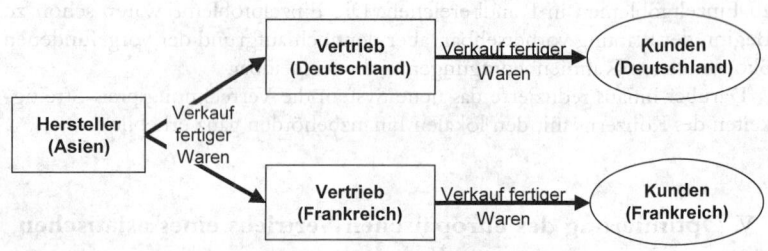

Voll ausgebildete Vertriebsgesellschaften

Funktionen:
- Marktentwicklung
- Auswahl lokaler Vertriebspartner
- Preispolitik
- Vertriebslogistik
- Geistiges Eigentum (z.B. wirtschaftliches Eigentum an Markenrechten)

Risiken:
- Kapitalrisiko
- Preis (kurz- und langfristig) / Fremdwährung
- Volumenrisiko (kurz- und langfristig)
- Inventarrisiko
- Außenstände (Währungsrisiko, Gläubigerrisiko)
- Garantie / Haftpflicht

Steuerpflichtiges Einkommen des Vertriebs unterlag den jeweiligen lokalen Steuersätzen

Abb. 17: Ursprüngliche Struktur

Quelle: eigene Darstellung

134   Aufgrund der Tatsache, dass in der ursprünglichen Struktur die Vertriebsgesellschaften in ihrem lokalen Markt alleinverantwortlich für die Vermarktung der Produkte ihres Geschäftsbereiches waren, wurden die entsprechenden Funktionen und das dazugehörige Risikomanagement parallel von einer Vielzahl an europäischen Vertriebsgesellschaften ausgeübt. Dies hatte zur Folge, dass **Kostendegressions- und Risikodiversifikationspotentiale** nicht ausgeschöpft wurden und ein **systematischer Wissens- und Ideenaustausch** nicht stattfand. Dieser Mangel an einer Geschäftsbereich- und Länderübergreifenden Steuerung der Vertriebsprozesse wirkte sich bspw. dahingehend aus, dass ein traditioneller Geschäftsbereich wenig profitabel war und nicht systematisch gegengesteuert wurde.

135   Die **Vertriebsunternehmen** erhielten aufgrund ihrer umfangreichen Funktionen und für die Übernahme zentraler Risiken eine relativ **hohe Vergütung.** Das daraus resultierende steuerpflichtige Einkommen unterlag den teilweise hohen Steuersätzen der jeweiligen Vertriebsländer.

136   Trotz der grundsätzlich hohen **Margen der Vertriebsgesellschaften** traten zudem **in einzelnen Geschäftsbereichen teilweise hohe Dauerverluste** auf. Der Ausgleich dieser Verluste mit den Gewinnen anderer (Vertriebs-)Einheiten konnte nur unter Einsatz schwieriger Maßnahmen durchgeführt werden. Diese Ausgleichsmaßnahmen waren permanent von Verrechnungspreiskorrekturen der betroffenen Finanzbehörden bedroht.

2. Herausforderungen und Ziele

Das Hauptziel der Restrukturierung bestand in der Stärkung des Wachs-   **137**
tums der neuen Geschäftsbereiche in Westeuropa und aller Geschäftsbereiche
in Zentral- und Osteuropa. Eine teilweise Zentralisierung der europäischen
Vertriebsaktivitäten sollte auf vielfältige Weise das **Wachstum und die Profitabilität der Geschäftsaktivitäten fördern:** Einerseits sollte sie die Erschließung neuer Märkte erleichtern. Andererseits sollte sie allgemein zu
einer Verbesserung der Leistungsfähigkeit des Vertriebs auf einer paneuropä-
ischen Ebene beitragen: Eine Bündelung und Integration der **Informations-
systeme und Logistikdienstleistungen** sollte zu einer weiteren Automatisierung der Geschäftsabläufe führen und diese somit mittelbar beschleunigen
und qualitativ verbessern. Darüber hinaus sollten bestehende Synergiepotentiale besser ausgeschöpft werden durch bspw. die Vermeidung von Doppelarbeiten, die verbesserte Koordination von Verhandlungen mit internationalen
Großabnehmern oder eine konsequentere Befolgung von konzernweiten
„Best-Practices".

Durch die Einbeziehung von Verrechnungspreisexperten sollte die Re-   **138**
strukturierung außerdem **steuereffizient** ausgestaltet werden. Ziel war es,
die vergleichsweise hohe effektive Besteuerung des europäischen Geschäftes
zu reduzieren und gleichzeitig das latent vorhandene **Verrechnungspreisri-
siko** zu verringern.

Eine besondere **Herausforderung** bildete die **Identifikation der zu**   **139**
zentralisierenden Funktionen und Risiken. Einerseits mussten die leitenden Angestellten der betroffenen Vertriebsgesellschaften von den Maßnahmen
überzeugt werden, denn sie trugen die Verantwortung für den Erfolg ihrer
Vertriebsgesellschaften. Andererseits mussten die zu verlagernden Funktionen
und Risiken bestimmt werden. In diesem Zusammenhang bestand die Herausforderung insbesondere darin, im Spannungsfeld aus steuerlich wünschenswerten, wirtschaftlich sinnvollen und intern durchsetzbaren Maßnahmen bestmögliche Lösungen zu finden. Bei dieser Herausforderung leisteten
die Analysen der Verrechnungspreisexperten wertvolle Dienste, da sie nicht
nur die verschiedenen Aktivitäten und damit einhergehenden Synergiepotentiale stringent evaluierten, sondern auch auf ihre reichhaltige Erfahrung aus
vergleichbaren Projekten zurückgreifen konnten.

Aus steuerlicher Sicht sollte eine Prinzipalgesellschaft neu eingeführt und   **140**
mit wesentlichen Vertriebsfunktionen für das europäische Geschäft betraut
werden. Die Vertriebsgesellschaften sollten in Kommissionäre umgewandelt
werden. Hierzu war es erforderlich, einen geeigneten Standort in einem steuerlich vorteilhaften Land zu identifizieren. Darüber hinaus musste eine **angemessene Arm's Length Vergütung** für die **Kommissionäre** bestimmt
werden. Letztendlich war darauf zu achten, dass weder eine **Exit-Besteuerung** in den Staaten der Vertriebsgesellschaften anfiel, noch der Prinzipal
nach Restrukturierung **Betriebsstätten** in den Kommissionärsgesellschaften
betreiben würde.

3. Implementierung der neuen Struktur

141   Nach längeren Verhandlungen wurde mit einem schweizerischen Kanton eine vorteilhafte Vereinbarung bezüglich der Ansiedlung einer **Prinzipalgesellschaft** für die **Vertriebskommissionäre** in Europa getroffen. Die bestehenden Vertriebstochtergesellschaften wurden zu Kommissionären mit nur wenigen Funktionen und Risiken umgestaltet, zentrale Risiken und Funktionen in Bezug auf die Vertriebstätigkeiten wurden der neuen Prinzipalgesellschaft in der Schweiz zugeteilt. Auf Basis der Transferpreisanalyse und nach Rücksprache mit den internen Entscheidungsträgern fiel die Wahl u. a. auf die folgenden Funktionen und damit verbundenen Risiken: Strategisches Marketing, Marktforschung, Key Account Management sowie Management, Entwicklung und Pflege des Geistigen Eigentums. Diese Funktionen zeichneten sich insbesondere durch ihre Werthaltigkeit und ihre relativ geringe Personalintensität aus.

Die Restrukturierung kulminierte in der folgenden Kommissionärsstruktur:

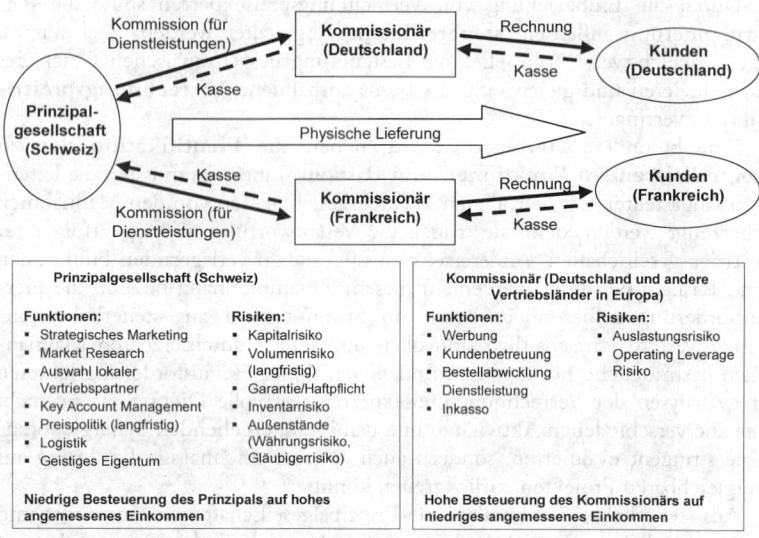

Abb. 18: Kommissionärstruktur

Quelle: eigene Darstellung

142   In der implementierten Kommissionärsstruktur schließt der Kommissionär in seinem Namen **auf Rechnung des Prinzipals** Verträge mit den Kunden ab. Die Rechnung wird vom Kommissionär an den Kunden gestellt. Der Prinzipal stellt dem Kommissionär eine **back-to-back-Rechnung.** Der Kommissionär wird nicht **Eigentümer der Ware;** der Titel geht direkt vom Prinzipal auf den Kunden über. Die **Kommissionsgebühr** wird auf der Basis des Verhältnisses von Umsatz zu Kosten kalkuliert, aber als **umsatzabhängige** Kommission in Rechnung gestellt.

4. Ergebnis und Schlussfolgerungen

Die zentralisierte Prinzipalstruktur führte sowohl umsatz- als auch kosten-   **143**
seitig zu einer **Realisierung erheblicher Synergien:** Durch die Zentralisierung verschiedener Aktivitäten am Prinzipal konnten nicht nur Doppelarbeiten vermieden werden, sondern die gesamten Vertriebsprozesse systematisch
analysiert und sowohl individuell als auch in ihrer Gesamtheit optimiert werden. Darüber hinaus wurde erstmalig eine detaillierte Gesamtstrategie für Europa entworfen und umgesetzt und schlussendlich profitierten bspw. dank
verschiedener Coaching- und Trainingprogramme, einem systematischen Informationsaustausch und der Erarbeitung von detaillierten Guidelines auch
die lokalen Vertriebseinheiten von der Bündelung von Expertise beim Prinzipal.

Aus dem Mehrwert, der durch den Prinzipal generiert wird, kann ein ho-   **144**
her Gewinnanspruch des Prinzipals abgeleitet werden. Dieser Gewinn wird in
der Schweiz mit 5,5% besteuert. Darüber hinaus können seit der Restrukturierung dank der Umstellung der Vertriebseinheiten auf Kommissionäre Verluste einzelner Vertriebsgesellschaften bei gleichzeitig hohen Gewinnen anderer weitestgehend vermieden werden. Beide Effekte zusammengenommen
führten zu einer **signifikanten Reduktion der effektiven Steuerquote** in
Europa. Gleichzeitig sind seit Einführung der Prinzipalstruktur Ausgleichszahlungen nur noch in sehr wenigen Ausnahmefällen erforderlich und somit
konnten die damit verbundenen Risiken weitestgehend beseitigt werden.

Die Exit-Besteuerung wurde im Rahmen der Berechnung des Transfer-   **145**
pakets ermittelt und war im Ergebnis relativ niedrig, da das Gewinnniveau der
Vertriebsgesellschaften im Zuge der Restrukturierung im Regelfall nicht gemindert wurde. Auf Basis der ökonomischen Analysen der Wertschöpfungskette und der Verhandlungsmacht der verschiedenen Parteien konnte nachgewiesen werden, dass der Prinzipal nach Verlagerung lediglich einen
angemessenen Anteil des von ihm generierten Mehrwertes erhält. **Betriebsstätten** des Prinzipals am Ort der Kommissionäre waren nicht anzunehmen,
da nachgewiesen werden konnte, dass die Wertschöpfung im Wesentlichen
am Ort des Prinzipals erfolgte. Auch nach den kommenden BEPS-Initiativen
sollten vergleichbare Gestaltungen weiter möglich sein.

Somit bestand auch in diesem Fallbeispiel eine **positive Wechselwirkung**   **146**
zwischen einer wertorientierten Restrukturierungsinitiative und dem
Verrechnungspreissystem des Konzerns: Der Konzern bezog frühzeitig
externe Verrechnungspreisexperten in die Restrukturierung seiner europäischen Vertriebsaktivitäten mit ein. Dadurch konnte er nicht nur wertvolle
Erkenntnisse hinsichtlich der wirtschaftlich optimalen Ausgestaltung der zentralen Vertriebseinheit erhalten, sondern die Restrukturierung für eine grundlegende Umstellung des Verrechnungspreissystems nutzen und dadurch den
effektiven Steuersatz bei reduzierten Steuerrisiken erheblich senken.

6. Teil: Andere Staaten

Kapitel T: Verrechnungspreise in der Schweiz

Übersicht

I. Nationale Rechtsgrundlagen zur Berichtigung von Unternehmensgewinnen

1. Das Steuersystem der Schweiz

a) Mehrzahl von Steuern und Steuerhoheiten

In der Schweiz werden mehrere Arten von Steuern erhoben, wobei die **1** Steuern auf dem Einkommen und Vermögen der natürlichen Personen und auf dem Gewinn und Kapital der juristischen Personen sowie die Mehrwertsteuer die wichtigsten Steuern darstellen. Der größte Teil des Steuerertrags stammt (noch) aus den direkten Steuern bzw. aus den Steuern der Kantone und Gemeinden. Der Anteil der Mehrwertsteuer ist im Vergleich zu vielen ausländischen Industriestaaten (insbes. den Mitgliedstaaten der Europäischen Union) verhältnismäßig gering. Die Steuerhoheit ist auf den Bund, die Kantone und die Gemeinden verteilt und als Steuersubjekte kommen sowohl natürliche als auch juristische Personen in Frage.

2   Die nachfolgende Tabelle gibt einen Überblick über die einzelnen Steuerarten in der Schweiz:

1. Einkommen-, Vermögen-, Gewinn- und Kapitalsteuern (Direkte Steuern)

	Allgemeine Steuern		Spezialsteuern
	Natürliche Personen	*Juristische Personen*	
Bund	• Einkommensteuer	• Gewinnsteuer	• Quellensteuer • Verrechnungssteuer • Spielbankenabgabe
Kantone	• Einkommensteuer • Vermögenssteuer	• Gewinnsteuer • Kapitalsteuer	• Quellensteuer • Grundstückgewinnsteuer • Liegenschaftssteuer • Minimalsteuer auf Grundbesitz
Gemeinden	• Einkommensteuer • Vermögenssteuer	• Gewinnsteuer • Kapitalsteuer	• Quellensteuer • Grundstückgewinnsteuer • Liegenschaftssteuer • Minimalsteuer auf Grundbesitz

2. Verkehrssteuern

	Rechtsverkehrssteuern	Wirtschaftsverkehrssteuern
Bund	• Stempelabgaben	• Mehrwertsteuer • Zölle, Zollzuschläge • Tabaksteuer • Biersteuer • Branntweinsteuer • Mineralölsteuer • Automobilsteuer
Kantone	• Erbschafts- und Schenkungssteuer • Handänderungssteuer	–
Gemeinden	• Erbschafts- und Schenkungssteuer • Handänderungssteuer	–

3. Weitere Steuerarten

	Besitzsteuern	Aufwandsteuern	Übrige Steuern
Bund	–	• Nationalstrassenabgabe • Leistungs- oder verbrauchsabhängige Schwerverkehrsabgabe	–

	Besitzsteuern	Aufwandsteuern	Übrige Steuern
Kantone	• Hundesteuer	–	• Veranstaltungssteuer • Beherbergungssteuer
Gemein-den	• Hundesteuer	–	• Veranstaltungssteuer • Beherbergungssteuer • Kurtaxe

Die **Bestimmung von Verrechnungspreisen** zwischen verbundenen **3** Unternehmen ist im Besonderen bei der **Einkommen- und Gewinnsteuer,** bei der **Verrechnungssteuer,** den **Stempelabgaben** sowie der **Mehrwertsteuer** von **Bedeutung.**[1] Während die **Verrechnungssteuer,** die **Stempelabgaben** sowie die **Mehrwertsteuer** ausschließlich vom **Bund** erhoben werden,[2] ist die Kompetenz zur Erhebung der **Einkommen- und Gewinnsteuer** zwischen **Bund, Kantonen und Gemeinden** verteilt. Auf der Grundlage von Art. 128 Abs. 1 Buchst. a, b und c sowie Art. 196 Ziff. 13 BV **erhebt** der **Bund** heute eine **direkte Bundessteuer vom Einkommen** natürlicher Personen sowie eine **Gewinnsteuer von juristischen Personen.** Die **Kompetenz zur Erhebung** einer **kantonalen Einkommen- und Gewinnsteuer** stützt sich auf ihre durch die jeweilige **Kantonsverfassung** begründete ursprüngliche **Souveränität. Beschränkt** wird diese kantonale Souveränität **durch Art. 3 BV** (Souveränität der Kantone) sowie im Bereich der Einkommens- und Gewinnsteuer **durch Art. 129 BV** (Steuerharmonisierung). Seit dem 1. Januar 1993 gilt das bundesrechtliche **Steuerharmonisierungsgesetz,** welches eine **Harmonisierung** der **direkten kantonalen Steuern** bezweckt.

Während bei der **Verrechnungssteuer,** den **Stempelabgaben** sowie der **4** **Mehrwertsteuer** der **Bund** für die **Veranlagung** zuständig ist, wird sowohl die **Einkommen- als auch die Gewinnsteuer** von den **Kantonen** für die Zwecke der **direkten Bundessteuer** sowie die **Kantons- und Gemeindesteuern veranlagt.**

b) Unternehmen im Steuerrecht

Die **Unternehmung** als wirtschaftlich tätige **Organisation** an sich ist, mit **5** **Ausnahme der Mehrwertsteuer, weder Rechts- noch Steuersubjekt. Steuersubjekt** ist demgegenüber einzig der **Rechtsträger** der Unternehmung, dh die **natürliche** oder die **juristische Person,** welche das Unternehmen im wirtschaftlichen Sinn betreibt. Bei den **indirekten Steuern** (zB Mehrwertsteuer) werden idR **Personen- und Kapitalunternehmen steuerlich gleich** behandelt. Im Unterschied hierzu wird bei den **direkten Steuern** eine **ungleiche** steuerliche **Behandlung** (Steuerart, Steuertarif) von **Personen- und Kapitalunternehmen** vorgenommen. Dies führt dazu, dass die **Steuerbelastung** der **Unternehmung** von deren **Rechtsform abhängig** ist.

---

[1] Die folgenden Ausführungen beschränken sich auf die Bestimmung von Verrechnungspreisen für die Zwecke der Gewinnsteuer. Diese gelten analog für die Verrechnungssteuer, Stempelabgaben und Mehrwertsteuer.

[2] Die Verfassung schließt in Art. 134 BV eine kantonale und kommunale Besteuerung mit diesen Steuerarten explizit aus.

6   Bei **Personenunternehmen** ist die **natürliche Person** Träger der Unternehmung. **Gewinn** und **Kapital** des **Personenunternehmens** sind vom **Inhaber/Teilhaber** zu **versteuern** und unterliegen der **Einkommen**- bzw. **Vermögenssteuer.**

7   Die **juristische Person** ist für den **Gewinn** und das **Kapital selbständiges Steuersubjekt.** Folglich müssen die **Inhaber** der **Beteiligungsrechte** an der juristischen Person die **Gewinnausschüttung** als **Einkommen** und die **Anteilsrechte** als **Vermögen versteuern.** Das führt zu einer sogenannten **wirtschaftlichen Doppelbelastung,** die jedoch durch die **Einführung** des **Teilbesteuerungsverfahrens** für die Anteilsinhaber per **1. Januar 2009 gemildert** wird.

2. Rechtliche Grundlagen und Verwaltungsanweisungen zur steuerlichen Berichtigung von Unternehmensgewinnen

a) Innerstaatliche Grundlagen

aa) Die Ermittlung des steuerlich maßgebenden Unternehmensgewinns

8   Nach Art. 58 Abs. 1 DBG setzt sich der **steuerbare Gewinn** der **Kapitalgesellschaften** aus dem **Saldo der Erfolgsrechnung,** dem **nicht geschäftsmäßig begründetem Aufwand** und **den nicht gutgeschriebenen Erträgen** zusammen. **Ausgangspunkt** für die **Beurteilung des steuerbaren Reingewinns** bildet somit der nach **kaufmännischen Grundsätzen** ermittelte **Saldo der Erfolgsrechnung** unter Berücksichtigung des **Saldovortrags** des Vorjahres (sog. **Grundsatz der Maßgeblichkeit des Handelsrechts**). Für **Selbständigerwerbende,** die eine **ordnungsgemäße Buchhaltung** führen,[3] **gilt** gem. Art. 18 Abs. 3 DBG der **Art. 58 Abs. 1 DBG sinngemäß. Art. 42 Abs. 3 StHG** stellt für die Zwecke der **kantonalen Steuern** für Kapital- und Personenunternehmen ebenfalls auf eine **Gewinnermittlung** im Sinne einer **kaufmännischen Erfolgsrechnung** ab. Nach diesem **Grundsatz der Maßgeblichkeit des Handelsrechts** für die **steuerliche Gewinnermittlung** kommen damit **nur Jahresabschlüsse als Grundlage** der **Steuerveranlagung** in Betracht, die den **Vorschriften des Handelsrechts entsprechen (Erfordernis der Handelsrechtskonformität).** Handelsrechtskonforme Jahresabschlüsse unterliegen in einem zweiten Schritt der **Überprüfung auf ihre Vereinbarkeit mit den steuerlichen Vorschriften (Erfordernis der Steuerrechtskonformität).**[4]

bb) Gesetzliche Grundlage zur Korrektur von Unternehmensgewinnen

9   Die **Schweiz** hat bisher **keine spezifischen Verrechnungspreisvorschriften** erlassen. **Leistungsbeziehungen** zwischen **Aktionär** bzw. diesem

---

[3] Art. 957 OR sieht für juristische Personen eine Pflicht zur Erstellung einer ordnungsgemäßen Buchführung vor, für Einzelunternehmen und Personengesellschaften, wenn diese einen Umsatzerlös von mindestens CHF 500 000,– im letzten Geschäftsjahr erzielt haben.

[4] Vgl. *Höhn/Waldburger* Bd. II, § 46 Rn. 5 ff.

nahestehenden Personen und einer **Gesellschaft** sind gem. Art. 58 Abs. 1 DBG bzw. Art. 24 Abs. 1 StHG nach **Maßgabe** des **Fremd- bzw. Drittpreises** zu bestimmen.[5] Diese **gesetzlichen Grundlagen** definieren die **Berechnung des steuerbaren Gewinns** und ermächtigen die Schweizer Steuerbehörden, den **Saldo der Erfolgsrechnung** für **Steuerzwecke** zu **korrigieren**. Der **Korrekturbetrag** enthält **nicht geschäftsmäßig begründete Aufwendungen** sowie **nicht gutgeschriebene Erträge**. Sowohl Art. 58 Abs. 1 DBG als auch Art. 24 Abs. 1 StHG dienen deshalb als **gesetzliche Grundlagen** für die **Bestimmung von Verrechnungspreisen,** müssen diese doch dem **Fremd- bzw. Drittpreis entsprechen.**

Aufgrund ihrer historisch bedingten wichtigen Stellung der **Elektrizitäts-** **10** **unternehmen** im interkantonalen Verhältnis besteht eine **Sondernorm** zur **Gewinnabgrenzung** für Leistungen, die gemischtwirtschaftliche, im öffentlichen Interesse tätige Unternehmen an nahestehende Personen erbringen. Diese sind nach Art. 58 Abs. 3 DBG bzw. Art. 24 Abs. 5 StHG zum jeweiligen **Marktpreis** (Preisvergleichs-Methode), zu den jeweiligen **Gestehungskosten zuzüglich** eines angemessenen **Aufschlages** (Kostenaufschlags-Methode) oder zum jeweiligen **Endverkaufspreis abzüglich** einer angemessenen **Gewinnmarge** (Wiederverkaufspreis-Methode) zu bewerten. Dabei ist, falls möglich, die **Preisvergleichs-Methode anzuwenden.** Aus Art. 58 Abs. 3 DBG bzw. Art. 24 Abs. 5 StHG kann für die **Bestimmung** von **Verrechnungspreisen außerhalb** von **Partnerwerken nichts Besonderes herausgelesen** werden. Einzig der Hinweis, dass das Ergebnis eines jeden betroffenen Unternehmens entsprechend zu berichtigen ist, lässt darauf schließen, dass die **wirtschaftliche Doppelbesteuerung** aufgrund von Verrechnungspreisanpassungen bei Partnerwerken, auch bei **interkantonalen Sachverhalten,** mittels **Gegenberichtigung** zu **vermeiden** ist.[6]

Nach Art. 65 DBG bzw. Art. 24 Abs. 1 lit. c StHG sind **Zinsen** auf **11** **verdecktem Eigenkapital** dem steuerbaren **Gewinn hinzuzurechnen.** Beide Bestimmungen bezwecken eine **Begrenzung** der von **Anteilsinhabern** oder **diesen nahestehenden Personen** an die **Gesellschaft gewährten verzinslichen Fremdmittel.** Mittels **Umqualifikation** von **formellem Fremdkapital** in **Eigenkapital** soll **verhindert** werden, dass **unverhältnismäßig** hohe Teile der erwirtschafteten Gewinne als **Schuldzinsen** an die **Anteilsinhaber** oder **diesen nahestehenden Personen** fließen. Konkrete **Angaben** zur **Ermittlung** des **Fremdkapitals,** dem wirtschaftlich die **Bedeutung von Eigenkapital** zukommt, hat die Eidgenössische Steuerverwaltung in **Kreisschreiben Nr. 6** vom **6. Juni 1997** gemacht (vgl. dazu nachfolgend Rn. 29 ff.).[7]

---

[5] Analog werden Art. 4 Abs. b VStG iVm Art. 20 Abs. 1 VStV (für die Erhebung der Verrechnungssteuer), Art. 5 Abs. 2 lit. a StG (für die Erhebung der Emissionsabgabe) sowie Art. 24 Abs. 2 MWSTG (für die Erhebung der Mehrwertsteuer) verstanden.

[6] Vgl. dazu *Agner/Jung/Steinmann* Kommentar zum DBG, Art. 58 Ziff. 18 ff. Gleiches muss auch für alle anderen interkantonalen Unternehmen gelten, andernfalls dies gegen die in Art. 8 BV statuierte Rechtsgleichheit verstoßen würde.

[7] *Brülisauer/Ziegler* in Zweifel/Athanas (Hrsg.), Kommentar DBG, Art. 65 Rn. 1 ff.

cc) Konkretisierung durch das Bundesgericht

(1) Allgemeines

12   Zur **Bestimmung** von **Verrechnungspreisen** aufgrund von Art. 58 Abs. 1 DBG bzw. Art. 24 Abs. 1 StHG ist im Besonderen die Schweizer **(Bundesgerichts-)Praxis** zu **geldwerten Leistungen** (und zwar sowohl in Bezug auf Gewinnvorwegnahmen und verdeckte Gewinnausschüttungen als auch auf Kapitaleinlagen) **maßgebend.**[8]

13   Nach **ständiger Rechtsprechung** des **Bundesgerichts** liegt eine **geldwerte Leistung** vor, wenn **kumulativ** folgende **drei Voraussetzungen** erfüllt sind:[9]

1. Es wird eine **Leistung ausgerichtet,** der **keine angemessene Gegenleistung** gegenübersteht, so dass sich die Leistung als Entnahme von Gesellschaftsmitteln in einer Verminderung des durch die Gewinn- und Verlustrechnung ausgewiesenen Geschäftsergebnisses auswirkt;

2. Mit der **Leistung** wird ein **Anteilsinhaber** oder eine **ihm nahestehende Person begünstigt,** dh die Leistung wird direkt oder indirekt zugehalten, wobei anzunehmen ist, dass die Leistung unterblieben oder unwesentlich wäre, die Leistung also insofern ungewöhnlich ist und sich nicht mit sachgemäßem Geschäftsgebaren vereinbaren lässt;

3. Das **Missverhältnis** von **Leistung** und **Gegenleistung** muss für die handelnden **Organe erkennbar** gewesen sein, so dass davon ausgegangen werden kann, dass die Begünstigung beabsichtigt war.

14   Aufgrund der **Rechtsprechung** des Bundesgerichts kann zusammenfassend folgende Einteilung vorgenommen werden:[10]

Kategorie	Beispiel
Verdeckte Gewinnausschüttungen zulasten eines **Aufwandkonto**	– Übersetztes Entgelt in Erfüllung eines Rechtsgeschäfts (übersetzte Spesen und Saläre, hohe Gratifikationen, unangemessene Sozialversicherungsbeträge, Provisions- und Kommissionszahlungen, übersetzte Dienstleistungsentgelte, übersetzte Miet- und Pachtzinsen, überdimensionierte Lizenzgebühren, unangemessene Verzinsung); – Übernahme von Privataufwand und Schuldübernahmen (Sponsoring und Spenden, Finanzierung von Lebensaufwand).
Verdeckte Gewinnausschüttungen zulasten eines **Bestandskonto** (Soll)	– Überpreislicher Erwerb von Aktiven (Erwerb minderwertiger Aktien, Erwerb einer Beteiligung über dem Verkehrswert, übersetzter Preis für Kauf einer Maschine oder Liegenschaft); – Simulierte Darlehensgewährung.

---

[8] *Stocker/Studer* Schweizer Treuhänder 2009, 386 f.

[9] BGE 82 I 288, 105 Ib 84, 107 Ib 325, 113 Ib 23; StE 1990 B 24.4 Nr. 24, StE 1991 B 72.13.22 Nr. 21; *Brülisauer/Poltera* in Zweifel/Athanas (Hrsg.), Kommentar DBG, Art. 58 N 92 ff. mwN.

[10] *Locher* Kommentar zum DBG Art. 58 Rn. 108 ff., 133 ff. und 143; *Brülisauer/Poltera* in Zweifel/Athanas (Hrsg.), Kommentar DBG, Art. 58 N 155 ff.

Kategorie	Beispiel
Gewinnvorwegnahmen zulasten eines **Ertragskonto**	– Unangemessene Konditionen bei Rechtsgeschäften mit Anteilsinhabern (nicht marktkonformes Entgelt bei Miete, Pacht, Darlehen, Lizenzen, Warenlieferungen, Dienstleistungen); – Verzicht auf Einnahmen aus Drittgeschäften; – Verzicht auf Geltendmachung von Schadenersatz- und Herausgabeansprüchen.
Gewinnvorwegnahmen zulasten eines **Bestandskonto** (Haben)	– Nichtverbuchen eines Rechtsgeschäfts; – Veräußerungsgeschäft zu Vorzugskonditionen.

Geldwerte Vorteile können **auch** als **offene** oder **verdeckte Zuwen-** **15** **dungen** von **Anteilsinhabern** an ihre **Gesellschaft** erfolgen. Im Unterschied zu geldwerten Leistungen tritt bei Kapitaleinlagen beim leistenden Anteilsinhaber bzw. der leistenden Gesellschaft **keine Entreicherung** ein. Die **Leistung** des **Anteilsinhabers** bzw. der **Gesellschaft** erfolgt **wirtschaftlich betrachtet** immer gegen ein **angemessenes Entgelt.** Denn im **Umfang,** in welchem die **empfangende Leistung wertmäßig** unter der erbrachten **Leistung** liegt, **erhöht** sich der **Wert** der **Beteiligung.**[11] Zwar sind die **Steuerfolgen** einer **verdeckten Kapitaleinlage** innerhalb der **Schweiz** umstritten,[12] jedoch scheinen **Lehre und Praxis** im **internationalen Verhältnis** von einer **echten Realisierung** und damit einer **Besteuerung** der **vorhandenen stillen Reserven** auf Stufe der leistenden Gesellschaft (Anteilsinhaber) **auszugehen.**[13]

(2) Gesellschafterstellung und nahestehende Personen

Als **Empfänger** von **geldwerten Leistungen** kommen primär **Personen** **16** in Betracht, die eine **Gesellschafterstellung** vorweisen (Anteilsinhaber). Eine **beherrschende Stellung** bzw. eine **besondere Einflussmöglichkeit** des direkt oder indirekt begünstigten Anteilsinhabers wird von der **Rechtsprechung nicht vorausgesetzt.** Allein **entscheidend ist,** ob **tatsächlich** eine **Leistung erbracht** worden ist, die „**causa societas",** dh ausschließlich **aufgrund** des **Beteiligungsverhältnisses, erfolgt.** Eine **beherrschende Stellung** des **Anteilsinhabers** wird von der **Rechtsprechung** lediglich als **Indiz** dafür erblickt, dass es sich um eine geldwerte Leistung handelt.[14] **Sekundär** können dem Anteilsinhaber **nahestehende Personen** als Empfänger von **geldwerten Leistungen** in Betracht kommen. Diese werden von der Rechtsprechung als mit den Anteilsinhabern **verbundene Nichtgesellschafter**

---

[11] *Brülisauer/Poltera* in Zweifel/Athanas (Hrsg.), Kommentar DBG, Art. 58 N 218f. mwN.

[12] Ein Teil der Lehre und Praxis will durch Erhöhung der Gestehungskosten der die Leistung empfangenden Beteiligung einen möglichen Verlust von Steuersubstrat verhindern (vgl. *Brülisauer/Poltera* in Zweifel/Athanas (Hrsg.), Kommentar DBG, Art. 58 N 230ff. mwN), ein anderer Teil der Lehre geht in jedem Fall von einer echten Realisierung stiller Reserven aus (*Locher* Kommentar zum DBG, Art. 58 Rn. 164).

[13] *Reich* ASA 54 (1985/86), 630f.

[14] Vgl. ASA 63 (1994/95), 61ff. sowie die Nachweise in *Locher* Kommentar zum DBG, Art. 58 Rn. 107.

umschrieben.[15] Darunter werden **nicht beteiligte Personen** verstanden, die mit den **Anteilsinhabern** durch **verwandtschaftliche** bzw. **freundschaftliche** Beziehungen oder durch **gemeinsame Interessen** verbunden sind. Schließlich stehen dem Anteilsinhaber **auch Personen** nahe, denen er **vertraglich erlaubt,** die Gesellschaft wie seine **eigene zu benützen.**[16]

17   Die **Überprüfung** von **Verrechnungspreisen** setzt damit nach Maßgabe des **Schweizer Rechtsverständnisses kein Beherrschungsverhältnis** zwischen Anteilsinhaber und Gesellschaft **voraus.** Von **Bedeutung** ist einzig, ob die **offensichtlich unrichtige Bestimmung** der Verrechnungspreise in einem **Beteiligungsverhältnis begründet** ist oder nicht. Damit können mitunter auch **Transaktionen** mit **Minderheitsbeteiligungen** einer **verrechnungspreisrechtlichen Überprüfung unterzogen** werden.

18   Freilich **schränken** die **OECD-MA Art. 9** nachgebildeten **Bestimmungen** der **Doppelbesteuerungsabkommen** („**DBA**") die Schweizer **Steuerbehörden** bei der Überprüfung von **Verrechnungspreisen** auf Verhältnisse **ein,** in denen Unternehmen durch eine unmittelbare oder mittelbare **Beteiligung** an der **Geschäftsleitung,** der **Kontrolle** oder dem **Kapital** miteinander verbunden sind. Eine **Mindestgrenze** für die Bestimmung der **Verbundenheit** findet sich jedoch **weder** im **OECD-MA noch** in den einschlägigen **Schweizer DBA.** Die **DBA verweisen** in solchen Fällen zwecks Auslegung regelmäßig auf das **innerstaatliche Recht** (OECD-MA Art. 3 Abs. 2), weshalb für **Schweizer Zwecke** nach der **Praxis des Bundesgerichts** zu den **geldwerten Leistungen** das in Rn. 13 und Rn. 17 Dargestellte **gilt.**

(3) Offensichtliches Missverhältnis

19   Seit dem **Fall „Bellatrix"** ist die Lehre der Auffassung, dass das Bundesgericht als **Bewertungsmassstab** von einer „**Soll-**" zu einer **objektiven** „**Ist-Besteuerung"** abgekehrt ist. Mit diesem Entscheid hat das **Bundesgericht** für das **Schweizer Steuerrecht** den **tatsächlichen Fremdvergleich** als **Bewertungsmassstab** bestätigt und die (pauschale) **Minimalbesteuerungspraxis** auch bei Gesellschaften, die im ausschließlichen Interesse der Anteilsinhaber tätig sind, **aufgegeben.**[17] Danach sind die **Leistungen** nach dem **wirklichen Wert** der Zuwendungen, welche die Anteilsinhaber tatsächlich erhalten haben, **zu bemessen.**

20   Eine **geldwerte Leistung** kann nur bei einem **offensichtlichen Missverhältnis** zwischen **Leistung** und **Gegenleistung** vorliegen. Dh die **Gegenleistung** des **Anteilsinhabers** oder der **nahestehenden Person** muss der **Leistung** der Gesellschaft in einem solchen **Ausmaß entsprechen,** dass die **Gesellschaft** von **unabhängigen Dritten** in **jedem Fall** eine **höhere Gegenleistung** verlangen würde und dies nach den **Verhältnissen** auf dem **Markt** auch **tun** könnte. Der **Marktpreis** bewegt sich somit innerhalb einer

---

[15] Vgl. ASA 68 (1999/2000), 246 ff., 596 ff., 746 ff.; ASA 65 (1996/97), 397; *Locher* Kommentar zum DBG, Art. 58 Rn. 126 mwN.

[16] *Locher* Kommentar zum DBG, Art. 58 Rn. 128; *Brülisauer/Poltera* in Zweifel/ Athanas (Hrsg.), Kommentar DBG, Art. 58 N 120 ff.

[17] Vgl. *Neuhaus* Zürcher Studien zum öffentlichen Recht, Band 81, 129; *Brülisauer/ Poltera* in Zweifel/Athanas (Hrsg.), Kommentar DBG, Art. 58 N 102 f.; *Locher* Kommentar zum DBG, Art. 58 Rn. 103.

Bandbreite, innert welcher es dem **Steuerpflichtigen obliegt,** nach **freiem Ermessen** den **Verrechnungspreis festzusetzen.**[18] Die **Bemessung** des **Missverhältnisses** ist aus **Sicht** der **leistenden Gesellschaft** im **Zeitpunkt** der **Leistungserbringung** bzw. des **Vertragsabschlusses zu beurteilen.**[19] Zwecks **Beurteilung** des **Missverhältnisses** bedient sich die **Praxis objektiver Kriterien,** dh es ist ein sog. Drittvergleich anzustellen, welcher mangels spezifischer Verrechnungspreisvorschriften nach den **VerrechnungspreisRL der OECD**[20] zu bestimmen ist.

Im **Bundesgerichtsentscheid** vom 21. **Juni 1985**[21] wird **ausdrücklich**   **21** ein **klares Missverhältnis** zwischen **Leistung** und **Gegenleistung** verlangt, weshalb **geringfügige Differenzen** für die Annahme einer geldwerten Leistung **nicht** genügen. Eine **Korrektur** konzerninterner **Verrechnungspreise** kann deshalb nach **Schweizer Auffassung** nur bei einem **eindeutigen Missverhältnis** vorgenommen werden, das ohne Weiteres **erkennbar** ist. Mitunter wird in der **Literatur** von einem offensichtlichen Missverhältnis ab einer **Differenz von 25 %** zum Marktpreis **ausgegangen.**[22] Das **Verwaltungsgericht Zürich** geht ebenfalls bei einer **Differenz** von mehr **als 25 % bzw. 50 %** vom **Marktpreis** von einem **offensichtlichen Missverhältnis** aus.[23]

Das **offensichtliche Missverhältnis** zwischen **Leistung** und **Gegenleistung** muss nach der **Praxis** des **Bundesgerichts** für die **Organe** der Gesellschaft **erkennbar** gewesen sein. Die **eidgenössische Steuerrekurskommission** hat in ihrem Entscheid vom 8. **Juni 2006** festgehalten, dass ein Missverhältnis von Leistung und Gegenleistung für die handelnden Organe dann **nicht erkennbar** gewesen sei, wenn eine **umfassende, gut dokumentierte** und **plausibel begründete unabhängige Verrechnungspreisstudie** für den vergleichbaren europäischen Markt eine vergleichbare Entschädigungshöhe beschreibt.[24] In der Konsequenz kann damit von einer **geldwerten Leistung abgesehen** werden, soweit die **Entschädigungshöhe** durch eine **unabhängige Verrechnungspreisstudie dokumentiert** ist.

dd) Konkretisierung durch die Verwaltungspraxis

Obschon der **Schweizer Gesetzgeber** verzichtet hat, **spezifische Gesetzesbestimmungen** zu **Verrechnungspreisen** in das Steuerrecht aufzunehmen, existieren eine **Reihe** von **Verwaltungsanweisungen** (u. a. Kreisschreiben, Rundschreiben),[25] die sich **implizit oder explizit** auf die Bestimmung konzerninterner **Verrechnungspreise beziehen.**

---

[18] *Brülisauer/Poltera* in Zweifel/Athanas (Hrsg.), Kommentar DBG, Art. 58 N 96 ff.

[19] *Locher* Kommentar zum DBG, Art. 58 Rn. 103; *Brülisauer/Poltera* in Zweifel/Athanas (Hrsg.) Kommentar DBG, Art. 58 N 96 ff.

[20] Vgl. Kreisschreiben Nr. 4 der ESTV vom 19. März 2004.

[21] Vgl. StE 1986 B 72.13.22 Nr. 5.

[22] *Neuhaus* in Neuhaus (Hrsg.), Verdeckte Gewinnausschüttungen, 24; aM *Locher* Kommentar zum DBG, Art. 58 Rn. 101.

[23] Vgl. Verwaltungsgericht Zürich, Rechenschaftsbericht an den Kantonsrat 1986, Ziff. 71 ff.

[24] Vgl. SRK 2005-114 E 3b/cc, 8.6.2006 in VPB 70.85, 15 f.

[25] Die Kreisschreiben und Rundschreiben haben keinen Gesetzescharakter, sondern gelten als administrative Weisung an die kantonalen Steuerverwaltungen für die Einschätzung der direkten Bundessteuer. Zudem werden diese RL auch von der Eidge-

24   Im Vordergrund steht dabei das **Kreisschreiben Nr. 4** der ESTV vom **19. März 2004,** Besteuerung von **Dienstleistungsgesellschaften,** welches die Kantone anweist, bei der Bestimmung von Verrechnungspreisen international tätiger Konzerne die **OECD-RL** für multinationale Unternehmen und Steuerverwaltungen **zu befolgen.**

25   Folgende **Kreisschreiben** und **Rundschreiben** sind zudem von **Bedeutung:**
– **Kreisschreiben Nr. 6** der ESTV vom 6. Juni 1997, **Verdecktes Eigenkapital** (Art. 65 und 75 DBG) bei Kapitalgesellschaften und Genossenschaften;
– **Kreisschreiben Nr. 8** der ESTV vom 18. Dezember 2001, **Internationale Steuerausscheidung von Principal-Gesellschaften;**
– **Kreisschreiben Nr. 9** der ESTV vom 22. Juni 2005, Nachweis des geschäftsmäßig begründeten Aufwandes bei **Ausland-Ausland-Geschäften;**
– **Rundschreiben** der ESTV vom 30. Januar 2014, Steuerlich anerkannte **Zinssätze** 2014 für Vorschüsse oder Darlehen in Schweizer Franken *(jährliche Publikation);*
– **Rundschreiben** der ESTV vom 31. Januar 2014, Steuerlich anerkannte **Zinssätze** 2014 für Vorschüsse oder Darlehen in Fremdwährungen *(jährliche Publikation).*

(1) Jährliche Rundschreiben zu den Zinssätzen

26   Zur Beurteilung der Frage, ob bei der **Gewährung** von **Vorschüssen** und **Darlehen** zwischen der **Gesellschaft** und deren **Beteiligten** bzw. **nahestehenden Personen** eine **geldwerte Leistung** vorliegt, stellt die **Eidgenössische Steuerverwaltung** auf **jährlich publizierte Zinssätze** ab. Die Eidgenössische Steuerverwaltung legt jeweils **zu Jahresbeginn** mit **zwei Rundschreiben** die **steuerlich anerkannten Höchst- bzw. Mindestzinssätze** in Schweizer Franken und für über 25 Fremdwährungen fest. Obschon in diesen Rundschreiben der **Nachweis davon abweichender** fremdvergleichskonformer **Zinssätze,** mit Ausnahme bezüglich Vorschüssen oder Darlehen in Fremdwährung von Beteiligten oder nahestehenden Dritten,[26] **nicht explizit zugelassen** wird,[27] können nach der **Praxis günstigere Zinsen** mittels einer **Fremd- bzw. Drittpreisdokumentation nachgewiesen** werden.[28]

27   Die Rundschreiben **unterscheiden** bezüglich **Aktivdarlehen,** ob der **Vorschuss bzw. das Darlehen aus Eigenkapital** oder aus **Fremdkapital** finanziert wurde. Sofern eine vollständige **Eigenkapitalfinanzierung** vor-

---

nössischen Steuerverwaltung im Zusammenhang mit der Erhebung der Verrechnungssteuer angewendet.

[26] Im Rundschreiben über die steuerlich anerkannten Zinssätze betreffend Fremdwährungen wird bezüglich Vorschüssen oder Darlehen von Beteiligten oder nahestehenden Personen darauf hingewiesen, dass es sich um sog. „safe-haven"-Regelungen handelt und die Möglichkeit besteht, höhere Zinsen aufgrund des Drittvergleichs geltend zu machen, wobei in diesem Fall der begründete Nachweis zu erbringen ist.

[27] Demgegenüber explizit so erwähnt im Kreisschreiben Nr. 6 der ESTV vom 6. Juni 1997 betreffend verdecktem Eigenkapital, siehe dazu nachfolgend Rn. 29 ff.

[28] Vgl. dazu *Stocker/Schenk* in Bakker/Levey Transfer Pricing and Intra-Group Financing, 483 ff.

liegt und **kein Fremdkapital zu verzinsen** ist, sind im **Jahr 2014 Vorschüsse** bzw. **Darlehen an Beteiligte** oder **nahestehende Personen** in Schweizer Franken **mindestens mit 1.5 % zu verzinsen.** Werden diese aus **Fremdkapital finanziert,** so sind die **Vorschüsse bzw. Darlehen** zu den **Selbstkosten** mit einem **Aufschlag von 50 Basispunkten** (bis und mit einem Volumen von CHF 10 Mio.) bzw. **25 Basispunkten** zu verzinsen. Es ist jedoch mindestens ein **Zinssatz** von **1.5 %** anzuwenden. Für **Fremdwährungen** gilt jeweils ein **Zinssatz** auf der **Basis** von **5-jährigen SWAP-Sätzen,** wobei im Umfang des verzinslichen Teils des Vorschusses bzw. Darlehens **ein Zuschlag von 50 Basispunkten** zu berücksichtigen ist. Eine Differenzierung in Abhängigkeit des Vorschuss- bzw. Darlehensvolumens wird nicht verlangt. Sind die jeweils anwendbaren **Zinssätze** für **Schweizer Franken** höher, sind Vorschüsse und Darlehen **in Fremdwährungen mindestens** zu **diesen Sätzen** zu verzinsen. Wird ein **Vorschuss oder Darlehen** an Beteiligte nach Maßgabe dieser Vorschriften zu tief verzinst, liegt eine Gewinnvorwegnahme vor.[29]

Bei **Passivdarlehen,** dh für Vorschüsse **von Beteiligten** oder **nahestehenden Personen,** ist bei auf **Schweizer Franken** lautenden **Darlehen** zu **differenzieren,** ob eine **Besicherung durch Liegenschaften** vorliegt oder es sich um einen **Betriebskredit** handelt. Während bei **grundpfandrechtlich besicherten Industrie-** und **Gewerbekrediten**[30] eine **Verzinsung** von **höchstens 2 %** für den **Betrag bis zu** $^2/_3$ des **Verkehrswertes** bzw. von **höchstens 2.75 %** für den **über** $^2/_3$ **des Verkehrswertes** liegenden **Betrages vorgeschrieben** wird, wird bei **unbesicherten Betriebskrediten** von **Handels-** und **Fabrikationsunternehmen** ein **Zinssatz** von **höchstens 3.75 %** und von **Holding-** und **Vermögensverwaltungsgesellschaften** von **höchstens 3.25 %** akzeptiert. Bei auf eine **Fremdwährung** lautenden **Vorschüssen** und **Darlehen** gilt ein jeweiliger **Zinssatz auf der Basis** von **5-jährigen SWAP**-Sätzen. Liegt der entsprechende für **Vorschüsse** und **Darlehen anwendbare Zinssatz tiefer,** so ist eine **Verzinsung** bis zur **Höhe des Zinssatzes für Schweizer Franken zulässig.** Zur **Ermittlung** der gesamthaft **zulässigen Passivzinsen** werden aufgrund der vorstehend ermittelten **Zinssätze** die **maximal akzeptierten Zinsaufwendungen** ermittelt, wobei auch ein allfällig bestehendes **verdecktes Eigenkapital** zu **berücksichtigen** ist. Das bedeutet, dass **Fremdkapital,** welches nach **Maßgabe der gesetzlichen Bestimmungen** sowie der **Verwaltungspraxis** als **verdecktes Eigenkapital** qualifiziert (s. dazu nachfolgend Rn. 29 ff.), bei der **Ermittlung der höchstzulässigen Zinsen nicht** zu **berücksichtigen** ist. **Zuviel bezahlte Zinsen** (verdeckte Gewinnausschüttungen) werden für die Zwecke der **Gewinnsteuer nicht** als **geschäftsmäßig begründeter Aufwand** zum Abzug zugelassen (Art. 58 Abs. 1 lit. b DBG bzw. Art. 24 Abs. 1a StHG) und **unterliegen der Verrechnungssteuer** in der Höhe von 35 % (Art. 4 Abs. 1a VStG und Art. 20 Abs. 1 VStV). Bei nicht oder zu tief verzinsten Darlehen und Vorschüssen

₂₈

---

[29] Zu den Steuerfolgen der Gewinnvorwegnahme vgl. die nachfolgenden Ausführungen in Rn. 28.

[30] Bei Wohnbau und Landwirtschaft gelten entsprechend tiefere Zinssätze von höchstens zwischen 1.5 % und 2.25 %.

von Beteiligten liegen **gewinnsteuerneutrale verdeckte Kapitaleinlagen** vor.[31]

(2) Kreisschreiben verdecktes Eigenkapital

29   Mit **Kreisschreiben Nr. 6** der ESTV vom **6. Juni 1997, Verdecktes Eigenkapital** (Art. 65 und 75 DBG) bei **Kapitalgesellschaften** und **Genossenschaften,** hat die Eidgenössische Steuerverwaltung die **gesetzlichen Vorgaben zur Ermittlung von verdecktem Eigenkapital konkretisiert.** Die **Ermittlung** des **verdeckten Eigenkapitals** erfolgt **schematisch** nach Maßgabe eines für **einzelne Aktivenkategorien vorgeschriebenen maximalen Fremdfinanzierungsbetrags.** Die **Summe** der jeweiligen **Höchstbeträge** stellt die **maximal** von der Eidgenössischen Steuerverwaltung **akzeptierte Fremdfinanzierung** dar, wobei **nur** derjenige **Teil als verdecktes Eigenkapital** im Sine der gesetzlichen Bestimmungen **gilt,** welcher **direkt oder indirekt von Beteiligten** oder **nahestehenden Personen geleistet** wurde. Das Kreisschreiben sieht **explizit** vor, dass der **Nachweis der Drittpreiskonformität vorbehalten** bleibt.

30   Während bei **Finanzgesellschaften** das **maximal zulässige Fremdkapital pauschal** im Umfang von **⁶/₇ der Bilanzsumme** akzeptiert wird, sieht die Eidgenössische Steuerverwaltung bei den **übrigen Gesellschaften** für die Berechnung des maximal zulässigen Fremdkapitals folgende **Höchstbeträge** vor:

Kategorie	Höchstbetrag
Flüssige Mittel	100%
Forderungen aus Lieferungen und Leistungen	85%
Andere Forderungen	85%
Vorräte	85%
Übriges Umlaufvermögen	85%
In- und ausländische Obligationen in Schweizer Franken	90%
Ausländische Obligationen in Fremdwährung	80%
Kotierte in- und ausländische Aktien	60%
Übrige Aktien und GmbH-Anteile	50%
Beteiligungen	70%
Darlehen	85%
Betriebseinrichtungen	50%
Fabrikliegenschaften	70%
Villen, Eigentumswohnungen, Ferienhäuser und Bauland	70%

---

[31] Periodisch verdeckte Kapitaleinlagen aufgrund ungenügend verzinster Vorschüsse bzw. Darlehen unterliegen bei der empfangenden Gesellschaft nicht der Emissionsabgabe (*Bauer-Balmelli/Hochreutener/Küpfer* Praxismitteilung zu Art. 5, Abs. 2 lit. a StG). Erbringt ein Aktionär in Form einer Gesellschaft die verdeckte Kapitaleinlage, ist diese an die Gestehungskosten der Beteiligung zu verbuchen (vgl. dazu die Ausführungen in Fn. 12).

Kategorie	Höchstbetrag
Übrige Liegenschaften	80%
Gründungs-, Kapitalerhöhungs- und Organisationskosten	0%
Andere immaterielle Anlagen	70%

Zinsen, die auf das **verdeckte Eigenkapital** gegenüber Beteiligten oder 31
diesen nahestehenden Personen bezahlt werden, sind dem **ausgewiesenen
Reingewinn hinzuzurechnen.** Die **effektiv bezahlten Zinsen** werden
dabei proportional im Verhältnis des von **Dritten sowie Beteiligten** und
nahestehenden Personen zur Verfügung gestellten Fremdkapitals **verlegt.**
Werden jedoch **Darlehen** von **Beteiligten** oder diesen **nahestehenden
Personen** zu einem **Zinssatz** zur Verfügung gestellt, der **unter dem
marktüblichen Zinsniveau** liegt, wird vom **gesamten Darlehenszins** (dh
sowohl der Zinsaufwand gegenüber Beteiligten oder diesen nahestehenden
Personen und auch Dritten) so viel als **abzugsfähiger Aufwand akzeptiert,**
als gem. den vorstehend in Rn. 26 ff. beschriebenen **Rundschreiben zulässig wäre** (sog. **Kompensationsmethode**). Lediglich ein allfällig **diesen Betrag überschießender** Teil **unterliegt** der **Aufrechnung** bei der Gewinnsteuer.

(3) Kreisschreiben Besteuerung von Dienstleistungsgesellschaften

Mit **Kreisschreiben Nr. 4** der ESTV vom **19. März 2004,** Besteuerung 32
von **Dienstleistungsgesellschaften,** werden die Kantone angewiesen, bei
der Bestimmung von **Verrechnungspreisen** international tätiger Konzerne
die **OECD-RL** für multinationale Unternehmen und Steuerverwaltungen zu
befolgen.

In Bezug auf **Dienstleistungsgesellschaften** hält das Kreisschreiben fest, 33
dass die Bestimmung der **angemessenen** steuerbaren **Gewinnmarge** auf der
Grundlage vergleichbarer Leistungen zwischen **unabhängigen Dritten**
unter Bezugnahme auf die **Bandbreite** der angemessenen Margen vorzunehmen ist. Konkretisierend wird für **Finanzdienstleistungen** und **Management-Funktionen** festgehalten, dass sich nach Ansicht der Eidgenössischen Steuerverwaltung eine Verprobung auf Basis **der Kostenaufschlags-
Methode** nur in den **seltensten Fällen** als adäquat erweist.

(4) Kreisschreiben Ausland-Ausland-Geschäfte

Mit **Kreisschreiben Nr. 9** der ESTV vom **22. Juni 2005,** Nachweis des 34
geschäftsmäßig begründeten Aufwands bei **Ausland-Ausland-Geschäften,**
hat die Eidgenössische Steuerverwaltung ihre **Praxis aufgegeben,** welche
bei Ausland-Ausland-Geschäften die Geltendmachung eines **pauschalen
Aufwands** zuließ.

Im Besonderen hat die Eidgenössische Steuerverwaltung in diesem Zu- 35
sammenhang darauf hingewiesen, dass die **üblichen Regeln** für den **Nachweis** der **geschäftsmäßigen Begründung** des geltend gemachten **Aufwands** gelten. **Präzisierend** wird ausgeführt, dass im Verhältnis zu
Beteiligten und diesen nahestehenden Personen (wobei nach bundesgerichtli-
cher Rechtsprechung auch Personen als den Gesellschaftern nahestehend zu
betrachten sind, zu denen wirtschaftliche oder persönliche Verbindungen bestehen, welche nach den gesamten Umständen als eigentlicher Grund der zu

besteuernden ungewöhnlichen Leistung betrachtet werden müssen[32]) die
Aufwendungen unter Berücksichtigung einer **angemessenen Bandbreite**
dem **Drittvergleich** standhalten müssen. Zur Beurteilung einer angemessenen **drittvergleichskonformen Bandbreite** sind die **OECD-RL** anzuwenden.

(5) Kreisschreiben Principal-Gesellschaften

36   Mit **Kreisschreiben Nr. 8** der ESTV vom **18. Dezember 2001,** Internationale Steuerausscheidung von **Principal-Gesellschaften,** hält die Eidgenössische Steuerverwaltung die Schweizer Praxis betreffend die **Ermittlung
von Verrechnungspreisen** im Verhältnis zwischen einer in der Schweiz ansässigen **Principal-Gesellschaft** sowie **ausländischen Konzerngesellschaften** fest.[33] Bei einer Principal-Struktur erfolgt die **Produktion** typischerweise **im Auftrag** und **auf Rechnung** der **Principal-Gesellschaft**
durch **Konzerngesellschaften** oder **Dritte.** Der **Vertrieb** erfolgt durch zum
Konzern gehörende **Vertriebsgesellschaften,** welche die Waren in **eigenem Namen aber für Rechnung** der Principal-Gesellschaft verkaufen. Die
Vertriebsgesellschaften üben dabei für die Principal-Gesellschaft ausschließlich die Funktion **abschlussberechtigter Agenten (Kommissionäre)** aus.
Mitunter erfolgt der **Vertrieb** über **sog. „buy-sell-Verträge"** unter Einschaltung von **risikoarmen Vertriebsgesellschaften.**

37   Zur **Bestimmung** der fremdvergleichskonformen **Vergütung** der **Pro-
duktions- und Vertriebsgesellschaften** spezifiziert die Eidgenössische
Steuerverwaltung aufgrund einer Analyse der von den einzelnen Gesellschaften wahrgenommenen **Funktionen** und **getragenen Risiken** in einem ersten Schritt die **anwendbaren Methoden.** Während für die Bestimmung der
Vergütung der **Produktionsgesellschaft** eine Entschädigung auf der Basis
der **Kostenaufschlags-Methode** vorzunehmen ist, ist die **Vergütung** der
Vertriebsgesellschaft (bzw. der Vertriebsbetriebsstätte) nach Maßgabe der
Gewinnaufteilungs-Methode zu bestimmen. Bezüglich der Anwendung
der Gewinnaufteilungs-Methode legt die Eidgenössische Steuerverwaltung
für die **Gewinnaufteilung** im Sinne einer **„safe-haven"-Bestimmung**
Höchstquoten fest. Der Gewinnanteil aus **Handel,** welcher den konzerninternen Vertriebsgesellschaften zuzurechnen ist, wird auf **höchstens 50 %** geschätzt.

b) Internationale Grundlagen

aa) Die Bedeutung von OECD-MA 9

38   Während die **Schweizer DBA** eine dem **OECD-MA 9 I nachgebildete**
Norm kennen, wurde **OECD-MA 9 II nur** in **neuere Abkommen** aufgenommen. Der **Hintergrund** ist, dass sich die **Schweiz** bei der Aufnahme

---

[32] Vermutungsweise sind Dritte als nahestehend zu betrachten, wenn diese eine
Schweizer Gesellschaft im Einverständnis der Anteilsinhaber zur Abwicklung von Geschäften benutzen (vgl. BGE 138 II 545). Vgl. ferner die in Rn. 16 gemachten Ausführungen.

[33] Unter einer Principal-Gesellschaft wird eine Gesellschaft verstanden, welche zentrale Funktionen, Verantwortlichkeiten und Risiken sowohl im Produktions- als auch
im Vertriebsbereich übernimmt. S. zum Begriff weitergehend *Brülisauer/Kuhn* IFF Forum für Steuerrecht 2002, 84.

von OECD-MA 9 II in das MA im **Jahr 1977 vorbehalten** hat, diesen in die von ihr abgeschlossenen Abkommen **nicht zu übernehmen,** weil die **Befürchtung** bestand, dass die Schweiz durch die Aufnahme dieser Bestimmung sämtliche **Verrechnungspreiskorrekturen** des anderen Vertragsstaates **unbesehen, dh automatisch, gegenzuberichtigen hat** und damit die **Vertragsstaaten ermuntern** könnte, **vermehrt Korrekturen** von Verrechnungspreisen **vorzunehmen.** Diese Befürchtung war **unbegründet,** weshalb die **Schweiz** ihren **Vorbehalt** im Rahmen des Updates des OECD-MA im **Jahre 2008 aufgegeben** hat. Der Umstand, dass **verschiedene Abkommen keine Art. 9 Abs. 2 OECD-MA** nachgebildete Bestimmung **enthalten, schließt** jedoch **nicht aus,** dass die **Schweiz** im Verhältnis zu den Vertragsstaaten eine entsprechende **Berichtigung vornimmt.**[34] **Demgegenüber** haben sich vereinzelt **Vertragsstaaten** auf den Standpunkt gestellt, dass **ohne Art. 9 Abs. 2 OECD-MA keine Gegenberichtigung** gewährt wird (zB Australien).

bb) Die Bedeutung von OECD-MA 7[35]

Die **Schweizer Praxis** zur **Gewinnausscheidung** international tätiger **Unternehmen** ist für den Fall von **beschränkt steuerpflichtigen** Personen nach der **direkten Methode** vorzunehmen.[36] Sie folgt damit weitgehend den **Vorgaben von OECD-MA 7 II.** Die bisherige **Schweizer Praxis unterscheidet** sich vom **OECD-MA** jedoch bei der **Weiterverrechnung von Dienstleistungen** (keine Möglichkeit der Berücksichtigung eines Gewinnzuschlags), der **Zulassung eines Abzugs** von **kalkulatorischen Zinsen** und **Lizenzgebühren** sowie der **zinslosen Zuteilung von Dotationskapital** im Verhältnis der eigenen Mittel des Gesamtunternehmens zur Bilanzsumme.[37] Demgegenüber wurde für **unbeschränkt steuerpflichtige Personen** bis anhin eine **Gewinnausscheidung** nach den **Grundsätzen des interkantonalen Schweizer Doppelbesteuerungsrechts** vorgenommen, und zwar **quotenmäßig** aufgrund der **Buchhaltung** oder von **Hilfsfaktoren.**[38] Diese **Vorgehensweise** entspricht dem **früheren OECD-MA 7 IV (indirekte Methode**[39]), steht jedoch der **Fiktion des selbständigen Un-**

---

[34] So bereits: *Höhn* in Höhn (Hrsg.), Handbuch des internationalen Steuerrechts der Schweiz, Ziff. 81 ff.

[35] S. zum Ganzen ausführlich *Stocker* IFF Forum für Steuerrecht 2007, 87 ff.

[36] *Athanas/Giglio* in Zweifel/Athanas (Hrsg.), Kommentar DBG, Art. 52 N 37 ff.; *Locher* Kommentar zum DBG, Art. 52 Rn. 43. Nach Schweizer Verständnis entspricht der im internationalen Verhältnis verwendete Begriff der direkten Methode der separaten Gewinnermittlung bzw. objektmäßigen Methode der Erfolgsabgrenzung (vgl. *Locher* Einführung in das internationale Steuerrecht der Schweiz, 324 ff.).

[37] Vgl. *Kronauer/Widmer* in Höhn (Hrsg.), Handbuch des internationalen Steuerrechts der Schweiz, Ziff. 72.23.

[38] *Athanas/Giglio* in Zweifel/Athanas (Hrsg.), Kommentar DBG, Art. 52 N 9 ff.; *Locher* Kommentar zum DBG, Art. 52 Rn. 33. Die Eidgenössische Steuerverwaltung vertritt die Auffassung, dass nach der direkten und nur ausnahmsweise nach der indirekten Methode ausgeschieden werden soll (vgl. *Agner/Jung/Steinmann,* Kommentar zum DBG, Art. 52 Ziff. 6; *Locher* Kommentar zum DBG, Art. 52 Rn. 35).

[39] Nach Schweizer Verständnis entspricht der im internationalen Verhältnis verwendete Begriff „indirekte Methode" der Gewinnaufteilung bzw. quotenmäßigen Methode (vgl. *Locher* Einführung in das internationale Steuerrecht der Schweiz, 329).

ternehmens **diametral** entgegen. Diese für die **Besteuerung** von **Schweizer Unternehmen** mit **Betriebsstätten im Ausland** angewendete **Ausscheidungspraxis** entspricht der von einem Teil der OECD-Mitgliedstaaten
verfochtenen **Methode der wesentlichen Geschäftsaktivitäten** („relevant
business activity approach"). Nach dieser **Methode** dürfen einer **Betriebsstätte nur Gewinne** aus **Geschäftstätigkeiten** eines Unternehmens **zugeordnet** werden, an denen sie auch **tatsächlich beteiligt** ist. Der einer **Betriebsstätte** aus einer **Geschäftstätigkeit zugeordnete Erfolg** wird
dadurch **begrenzt, dass** er **nicht höher** sein kann als der **Gewinn,** den das
Gesamtunternehmen aus **der Geschäftstätigkeit erzielt.**[40] Mit anderen
Worten kann bei einer **weiten Auslegung** des **relevant business activity
approach** einer **Betriebsstätte kein Gewinn** zugeordnet werden, wenn das
Gesamtunternehmen insgesamt einen **Verlust erleidet.**[41] Demgegenüber
sind nach der **Fiktion des selbständigen Unternehmens** der **Betriebsstätte** diejenigen **Gewinne zuzurechnen,** die sie als **selbstständiges Unternehmen,** das vergleichbare Aktivitäten unter vergleichbaren Rahmenbedingungen ausübt, **hätte erzielen** können. Eine **Begrenzung** des im
Quellenstaat steuerbaren Gewinns **aufgrund** der **Situation** des **Gesamtunternehmens** ist bei dieser Methode **ausgeschlossen.**[42] Nach der **Selbständigkeitsfiktion** kann deshalb einer **Betriebsstätte** auch **dann** ein **Gewinn** zugeordnet werden, **wenn** das **Gesamtunternehmen** insgesamt einen
Verlust erleidet, was der **Schweizer Ausscheidungspraxis** bei Besteuerung einer **inländischen Betriebsstätte eines Steuerausländers,** dh bei
beschränkter Steuerpflicht in der Schweiz, **entspricht.**[43]

40   Obwohl die **Schweiz** zur Zeit noch **keine Doppelbesteuerungsabkommen** nach der Vorgabe von **Art. 7 OECD-MA** (Update 2012) **abgeschlossen** hat, wird in der **Praxis** üblicherweise eine **Betriebsstättenaus-
scheidung** nach dem „**Authorised OECD Approach",** zumindest was
dessen Anwendbarkeit auf Art. 7 OECD-MA (vor Update 2012) **betrifft** (da
dieser im Update 2010 in den Kommentar eingeflossen und als Auslegungshilfe des bestehenden Art. 7 OECD-MA zu berücksichtigen ist), **vorgenommen.**

II. Ausgewählte Themen zur Bestimmung von
Verrechnungspreisen in der Schweiz

1. Methodenwahl

41   Nach Maßgabe der **OECD-RL** hat der **Steuerpflichtige** zwecks Entschädigung der konzerninternen Transaktion **die am besten geeignete**

---

[40] OECD, Betriebsstättenbericht 2008, Teil I, Ziff. 61 ff.; *Widmer/Müller* Steuerrevue
2006, 3.

[41] Zur engen Auslegung des relevant business activity approach vgl. OECD, Betriebsstättenbericht 2008, Teil I, Ziff. 65.

[42] OECD, Betriebsstättenbericht 2008, Teil I, Ziff. 69 ff.; *Widmer/Müller* Steuerrevue
2006, 4.

[43] *Kronauer/Widmer* in Höhn (Hrsg.), Handbuch des internationalen Steuerrechts der
Schweiz Ziff. 72.11 ff.; *Locher* Kommentar zum DBG, Art. 52 Rn. 43.

Methode auszuwählen. Die **Auswahl** der sachgerechten **Methode obliegt** daher dem **Steuerpflichtigen.**[44] Nur in begründeten **Ausnahmefällen,** dh wenn die ausgewählte Methode **nicht** zu einer **angemessenen bzw. fremdvergleichskonformen Entschädigung** führt, kann dies von den Schweizer Steuerbehörden **beanstandet** werden.[45]

In der **Schweiz** gibt es **keinen Numerus Clausus an Methoden. Ent-** **42** scheidend ist, dass ein **wirtschaftlich vertretbares** und **vernünftiges Resultat** erreicht wird.[46] Die **Preisvergleichs–Methode** ist jedoch die in der Schweiz **bevorzugte Methode.**[47] Die **Nettomargen–Methode** wird typischerweise angewendet, um angemessene Verrechnungspreise **für Vertriebsgesellschaften,** insbesondere von **sog. risikoarmen Vertriebsgesellschaften,** zu bestimmen. Als **Profitabilitätskennzahl** wird in der Schweiz nebst der **operativen Gewinnmarge** von Vertriebsgesellschaften auch die **Berry Ratio** verwendet.

Die **Verrechnungspreise** von **Produktion** und **Dienstleistungen** wer- **43** den in der Schweiz hauptsächlich auf der Basis der **Kostenaufschlags- Methode** entschädigt.[48] Jedoch stellt diese Methode **nicht** mehr **notwendigerweise die geeignetste Methode** der Verrechnungspreisfeststellung für Dienstleistungen dar.[49] So erwähnt die Eidgenössische Steuerverwaltung in **Kreisschreiben Nr. 4** der ESTV vom **19. März 2004** explizit **Finanzdienstleistungen und Management-Funktionen.** Diese **Einschränkung** der **Anwendbarkeit** der **Kostenaufschlags–Methode** ist dahingehend zu verstehen, dass sich die Wahl der geeigneten Verrechnungspreismethode auf eine **Analyse** der **ausgeführten Funktionen** und **übernommen Risiken** stützen muss. Die **Steuerverwaltung** folgt diesbezüglich dem von der OECD für die Gewinnausscheidung von Betriebsstätten vorangetriebenen **Konzept** der sog. **Schlüsselfunktionen resp. „Key Enterpreneurial Risk Taking (KERT) Functions".**[50] **Außerhalb** der Ausübung von **Schlüssel-**

---

[44] *Hülshorst/Mank* in Kroppen (Hrsg.), Handbuch Internationale Verrechnungspreise Kapitel II, Anmerkung 10.

[45] OECD-RL 2010, Rn. 2.1. Eine angewandte Methode kann nur bei einem offensichtlichen Missverhältnis zwischen Leistung und Gegenleistung beanstandet werden (vgl. Rn. 13, 19 ff.). AM *Zuckschwerdt/Meuter* ZStP 2009, 24, die für die Entschädigung von Transaktionen im Private Equity und Anlagefondsgeschäft ausschließlich die Gewinnaufteilungs-Methode als anwendbar bezeichnen (dies entspricht der heutigen Auffassung des Kant. Steueramtes Zürich).

[46] Vgl. SRK 2005-114 E 3b/cc, 8.6.2006 in VPB 70.85, 15 f.

[47] *Stocker/Studer* Schweizer Treuhänder 2009, 388.

[48] Vereinzelt vertreten die Schweizer Steuerbehörden die Auffassung, dass die Kostenaufschlags-Methode nicht oder ausschließlich bei sehr risikoarmen Funktionen zur Anwendung gelangen soll. Diese Auffassung ist abzulehnen, widerspricht sie doch den OECD-RL 2010. Häufig erfolgt die Ermittlung der Entschädigung auf Basis der Vollkosten, weshalb streng genommen die Nettomargen- und nicht die Kostenaufschlags-Methode zur Anwendung gelangt.

[49] S. dazu vorstehend die Hinweise zum Kreisschreiben Nr. 4 der ESTV vom 19. März 2004 in Rn. 32 f.

[50] Vgl. hierzu *Stocker* IFF Forum für Steuerrecht 2007, 87 ff. Dies obwohl das Konzept der Schlüssel- bzw. „KERT"-Funktionen nach Auffassung der OECD ausschließlich für die Gewinnausscheidung zwischen Stammhaus und Betriebsstätten Verwendung findet, nicht jedoch für die Bestimmung von Verrechnungspreisen bei Transaktionen zwischen

bzw. KERT-Funktionen sind **Finanzdienstleistungen** und **Management-Funktionen,** wie auch von den OECD-RL vorgesehen, **weiterhin** mittels **Kostenaufschlags-Methode** zu entschädigen.

44 Um den **steuerbaren Reingewinn** von **Dienstleistungsgesellschaften** mittels **Kostenaufschlags-Methode** festzusetzen, geht die **Schweizer Steuerverwaltung** von den **Selbstkosten** (oder auch Vollkosten) aus, **einschließlich** aller **direkten und indirekten Kosten.** Dabei sollen nach ständiger **Praxis** auch der **Steueraufwand** sowie die **Finanzierungsaufwendungen**[51] in die **Kostenbasis** einfließen und mit einem entsprechenden **Gewinnaufschlag** versehen werden.[52] Diese **Praxis** ist jedoch **abzulehnen,** steht sie doch im **Widerspruch** zu den **OECD-RL.**[53] So sind **Kosten,** die **nicht** im **Zusammenhang** mit der zu verprobenden **Funktion** als auch **Kosten,** die im **Zusammenhang** mit **Leistungen** stehen, die von **unabhängigen Dritten** erbracht werden, von der maßgebenden **Bemessungsgrundlage** zur Ermittlung des **Kostenaufschlags auszuklammern.**[54]

45 Die geschäftsfallbezogene **Gewinnaufteilungs-Methode** wird in der Schweiz **selten** verwendet. Vereinzelt tendieren **kantonale Steuerbehörden** dazu, für **Dienstleistungen im Finanz- und Bankensektor** (u.a. im Bereich Investment und Asset Management) die angewandten Verrechnungspreise **mittels geschäftsfallbezogener Gewinnaufteilungs-Methoden** zu verproben.[55] Diese Praxis ist aus dem **Blickwinkel der OECD-RL** dann **problematisch,** wenn der **Steuerpflichtige schlüssig begründet,** dass eine andere, fremdvergleichskonforme **Standardmethode zu verlässlicheren Resultaten führt.**

2. Umqualifikation von Geschäftsvorfällen bzw. Transaktionen (inkl. simulierte Darlehen)

46 Zur Überprüfung der Verrechnungspreise ist vom **tatsächlich abgewickelten Geschäft** auszugehen und zwar **so, wie** es von den **verbundenen Unternehmen gestaltet** worden ist, unter Verwendung der von ihnen **angewandten Methoden.**[56] Eine **Umqualifizierung** von tatsächlich abgeschlossenen **in fiktive Geschäfte durch** die **Steuerverwaltungen** ist damit nur in Fällen von **Simulation** und **Steuerumgehung** möglich.

---

verbundenen Unternehmen. Zu den „KERT"-Funktionen zählen all jene, welche zur Übernahme von Risiken führen und so einen maßgeblichen Einfluss auf den Geschäftserfolg im Finanzbereich ausüben. Nicht dazu zählen nach Auffassung der OECD strategische Funktionen. Außerhalb des Finanzbereiches wird in diesem Zusammenhang von Schlüsselfunktionen („significant people functions") gesprochen.

[51] Eine Berücksichtigung der Finanzierungs- und Steueraufwendungen wäre dann angebracht, wenn die Kostenbasis der Drittpreise/Vergleichsunternehmen entsprechend um einen Finanzierungs- und Steueraufwand korrigiert würde, was sich entsprechend auf die Bandbreite des fremdvergleichskonformen Gewinnaufschlags auswirkt.

[52] *Masshardt* Kommentar zur direkten Bundessteuer, 1985, 355; *Richner/Frei/Kaufmann/Meuter* Kommentar zum harmonisierten Zürcher Steuergesetz § 64 Rn. 102.

[53] OECD-RL 2010, Rn. 2.39 ff.

[54] OECD-RL 2010, Rn. 2.44.

[55] Vgl. die Hinweise in Fn. 45.

[56] OECD-RL 2010, Rn. 3.17 ff.

Nach der **Praxis des Bundesgerichts** müssen für die Annahme einer **47**
Steuerumgehung die **drei folgenden Voraussetzungen kumulativ** erfüllt sein:[57]
– Ein von den beteiligten Personen **gewähltes Vorgehen** erscheint als **ungewöhnlich, sachwidrig oder absonderlich,** jedenfalls den wirtschaftlichen Gegebenheiten als **völlig unangemessen;**
– Es ist anzunehmen, dass die **gewählte Rechtsgestaltung missbräuchlich lediglich** deshalb getroffen wurde, um **Steuern einzusparen,** die bei sachgemäßer Ordnung der Verhältnisse geschuldet wären;
– Das **gewählte Vorgehen** würde **tatsächlich zu einer erheblichen Steuerersparnis** führen, sofern es von der Steuerbehörde hingenommen würde.

Eine **Simulation** liegt dann vor, wenn ein **ernstlich nicht gewolltes** **48**
Scheingeschäft vorgeschoben wird. Dies im **Gegensatz zu der Steuerumgehung,** bei welcher ein **ernstlich gewolltes Geschäft** auf den ersten Blick **nicht** unter eine bestimmte Steuerrechtsnorm **subsumiert werden** kann, jedoch unter **wirtschaftlicher Würdigung** der Umstände aber **eben doch.**[58] Zwecks **Beurteilung,** ob eine konzerninterne Transaktion **simuliert** wurde, bedient sich das Bundesgericht insbesondere im Zusammenhang mit konzernintern **gewährten Darlehen** folgender **Indizien:**[59]
– **Rückzahlung** der **Darlehen** zum Zeitpunkt der Gewährung **nicht vorgesehen;**
– **Fehlende Sicherheiten;**
– **Kein schriftlicher Darlehensvertrag** über **Höhe** und **Rückzahlung** des Darlehens sowie über deren **Verzinsung;**
– **Kumulierung von Darlehen** und **Novation** des Zinses in ein **zusätzliches Darlehen;**
– **Kreditgewährung außerhalb** des Gesellschaftszwecks und **Klumpenrisiko** für die Gesellschaft.

3. Festlegung des „richtigen" Verrechnungspreises bzw. der Verrechnungspreisbandbreiten

Da die Überprüfung von **Verrechnungspreisen keine exakte Wissen-** **49**
schaft ist, führt die Anwendung der geeignetsten Methode in der Regel zu einer **Bandbreite** von **Beträgen,** die **allesamt** gleichermaßen **geeignet** sind, dem **Grundsatz** des **Fremdvergleichs** zu entsprechen.[60] Ein **fakturierter Verrechnungspreis,** der sich **innerhalb** dieser **Bandbreite** von Beträgen **bewegt, genügt** deshalb dem **Erfordernis** der **Fremdvergleichskonformität.** Dies muss insbesondere dann gelten, wenn aufgrund **zuverlässiger Datenqualität** und **vollständiger Information** feststeht, dass eine

---

[57] Vgl. letztmals StE 2004 A 12 Nr. 12 mit weiteren Hinweisen auf die Bundesgerichtspraxis.
[58] *Locher* Kommentar zum DBG, Vorbemerkungen Rn. 142 und die darin zit. Literatur.
[59] Vgl. *Locher* Kommentar zum DBG, Art. 58 Rn. 114 und die darin zit. Entscheide (letztmals in BGE 2C_961/2010).
[60] OECD-RL 2010, Rn. 3.55 ff.

uneingeschränkte Vergleichbarkeit der **Geschäftsbedingungen** besteht. In solchen Fällen ist nach der **Praxis** des **Schweizerischen Bundesgerichts** zu den **geldwerten Leistungen** zur Verprobung der **Fremdvergleichskonformität** von Transaktionen Schweizer Unternehmen mit dem Ausland auf den für den Steuerpflichtigen **günstigsten Wert abzustellen.** Besteht die **Bandbreite** aus nur **eingeschränkt vergleichbaren Werten** ist es sinnvoll, diese **einzuengen** (zB auf dem Wege des Ausscheidens von 25% der kleinsten und 25% der größten Werte, dh durch Bildung von **Quartilen**). Zwecks **Beurteilung,** ob eine Transaktion dem **Fremdvergleichsstandard** standhält, kann auf die **Fremdpreise** der **eingeengten Bandbreite** abgestellt werden. Liegt der **effektive Verrechnungspreis unter-** oder **oberhalb** der entsprechenden **Quartile,** erfolgt in der **Praxis** eine **Anpassung** an das **untere bzw. obere Quartile-Band.** Eine **Anpassung** an den **Median- oder Mittelwert** ist mit der **Bundesgerichtspraxis** betreffend geldwerter Leistungen **nicht vereinbar.** Vielmehr ist eine **Anpassung** an den für den **Steuerpflichtigen günstigsten Wert** vorzunehmen.

4. Besonderheiten ausgewählter Transaktionen

a) Finanzierungsleistungen

50   Zur **Bestimmung** drittpreiskonformer **Verrechnungspreise** bei konzerninterner **Finanzierung** bestehen, wie bereits dargestellt, verschiedene **Verwaltungsanweisungen.**[61] Neben den „safe haven"-Regeln im Zusammenhang mit dem **maximal zulässigen Fremdkapital** von Anteilsinhabern bzw. diesen nahestehenden Personen sowie der **effektiven Zinssatzhöhe,** gelten dem Grundsatz nach auch bei konzerninterner Finanzierung die **OECD-RL.** Im **Kreisschreiben Nr. 4** der ESTV vom **19. März 2004,** Besteuerung von **Dienstleistungsgesellschaften,** wird für **Finanzdienstleistungen** darauf hingewiesen, dass sich die **Kostenaufschlags-Methode nur** in **seltenen** Ausnahmefällen als **adäquat** erweist.[62] Wie bereits vorstehend ausgeführt, bezieht sich der Hinweis aber **nur** auf sog. **Schlüsselfunktionen,** welche im **Finanzierungsbereich** regelmäßig **nicht anzutreffen** sind.

51   Für die **Bestimmung** konzerninterner **Zinssätze** im Rahmen der Finanzierung (sowie des Cash Pooling) steht in der Schweiz **primär** die **Preisvergleichs-Methode** zur Auswahl.[63]

52   Bei **Vorliegen** einer **Drittfinanzierung** ist es in der **Schweiz üblich,** im Rahmen eines **inneren Preisvergleichs** die **Kosten der Drittfinanzierung** mit einem fremdvergleichskonformen **Gewinnaufschlag** an die Gruppengesellschaften **weiter zu belasten.** Die **Praxis** geht dabei von einer **Marge** von zwischen **25 und 50 Basispunkten,** in **Ausnahmefällen** auch **tiefer** oder **höher,** aus. Liegt **keine Drittfinanzierung** vor, ist im Rahmen eines **äußeren Preisvergleichs** der fremdvergleichskonforme **Zinssatz** zu **bestimmen.** In der **Praxis** hat sich dabei die folgende Methode etabliert:

---

[61] S. dazu die Ausführungen in Rn. 26 ff. und 29 ff.
[62] S. dazu die Ausführungen in Rn. 32 f.
[63] Vgl. *Stocker/Schenk* in Bakker/Levey, Transfer Pricing and Intra-Group Financing, 486 f.

Die Darlehen empfangenden Gruppengesellschaften werden in einem **ersten Schritt** einer **Bonitätsprüfung** nach der Vorgabe von Bloomberg, Thomson Reuters oder Standard & Poor's (oder anderen **Ratingagenturen**) unterzogen. In einem **zweiten Schritt** wird untersucht, welche Zinssätze für die entsprechende **Bonität, Laufzeit, Währung und Sicherheit** des Darlehens auf dem **Kapitalmarkt** zu zahlen sind. Aus der Suche resultiert regelmäßig eine **Bandbreite** von fremdvergleichskonformen **Zinssätzen. Andere,** im Ausland mitunter geforderte **Methoden** wie die **Kostenaufschlags-** oder die **Gewinnaufteilungs-Methode,** haben praktisch **keine Bedeutung.**

Bezüglich der **Bestimmung** der **Verrechnungspreise** bei konzerninter- 53 nen **Garantien** hat das erstinstanzliche **Steuerrekursgericht** des **Kantons Zürich** entschieden, dass die **Besicherung eines Kredites** durch Grundpfand mit der **Differenz** zwischen einem **unbesicherten und einem besicherten Darlehen** zu entschädigen ist.[64] Ob es richtig ist, dass nach Auffassung der Steuerrekurskommission der **gesamte Konzernvorteil** dem **Garantiegeber** zuzuweisen ist, kann hier offen gelassen werden (vgl. zB den Entscheid des Kanadischen Höchstgerichts im Falle von General Electric).[65] Mitunter verlangt die **Schweizer Praxis** die **Anwendung** der in den Rundschreiben geldwerte Leistungen enthaltenen **Margen,** dh eine **Garantie von zwischen 25 und 50 Basispunkten.**

b) Management-Dienstleistungen

In Bezug auf die Übernahme konzerninterner **Management-Dienst-** 54 **leistungen** ergibt sich die gleiche Situation wie vorstehend bei **Finanzierungsdienstleistungen.** Die Eidgenössische Steuerverwaltung hat im **Kreisschreiben Nr. 4** der ESTV vom **19. März 2004,** Besteuerung von **Dienstleistungsgesellschaften,** bezüglich Management-Dienstleistungen darauf hingewiesen, dass sich die Anwendung der **Kostenaufschlags-Methode nur** in **seltenen Ausnahmefällen** als **geeignet** erweist.[66] Wie bereits vorstehend dargestellt, bezieht sich der Hinweis aber nur auf **sog. Schlüssel- bzw. KERT-Funktionen,** weshalb auch bei **Management-Dienstleistungen außerhalb** solcher Funktionen nach Maßgabe der OECD-RL die **Kostenaufschlags-Methode** anzuwenden ist.

c) Anlagefondsgeschäft

aa) Allgemeines

Die Bestimmung von **Verrechnungspreisen** im **internationalen Anla-** 55 **gefondsgeschäft** wird in der **Schweiz kontrovers** diskutiert.[67] Zwecks **Auswahl** und **Bestimmung** der geeigneten **Methode** zur **Entschädigung** der **ausgeübten Funktionen, übernommenen Risiken** und **eingesetz-**

---

[64] StE 2001 B 72.13.22 Nr. 40.
[65] Tax Court of Canada, 4 December 2009, GE Capital Canada Inc. v. Her Majesty the Queen, 2009, DTC 563.
[66] S. dazu in Rn. 33.
[67] Vgl. *Zuckschwerdt/Meuter* in ZStP 2009, 24 ff.; *Stocker/Tschirner,* IFF Forum für Steuerrecht 2010, 42 ff.

ten **Wirtschaftsgüter** ist in einem ersten Schritt das **Geschäftsmodell** eines Anlagefonds zu beschreiben.

bb) Relevante Funktionen, Risiken und Vermögenswerte im Anlagefondsgeschäft für die Ermittlung von Verrechnungspreisen

(1) Funktionen im Anlagefondsgeschäft

56   Bei der Betrachtung des **Geschäftsmodells** eines **typischen Anlagefonds** zeigt sich, dass es sowohl komplexe Funktionen aber auch Routinefunktionen gibt. Allerdings ist die **Klassifizierung nicht unproblematisch** und eine **strikte Trennung** zwischen einzelnen Funktionen **nicht immer** möglich. Für die **Ermittlung** der **Verrechnungspreise** ist es von **Bedeutung,** diejenigen **Funktionen** zu **bestimmen,** die **wirtschaftlich bedeutend** sind.[68] Für das Anlagefondsgeschäft lassen sich hierfür die **Funktionsgruppen Marketing und Vertrieb, Kundenbetreuung, Administration** sowie **Fonds-Leitung** (Portfolio-Management, Advisory und Risiko-Management) unterscheiden.[69] Für **Investoren** sind nur die **Funktionen Marketing und Vertrieb** sowie **Kundenberatung** als Kontaktstellen verfügbar (sog. front office), dagegen sind alle **anderen Funktionen** für die **Investoren nicht transparent** (sog. back office).

57   **Zusammenfassend** können die **Funktionen des Anlagefondsgeschäfts** wie folgt dargestellt werden:

Grafik 1: Wertschöpfungskette im Anlagefondsgeschäft

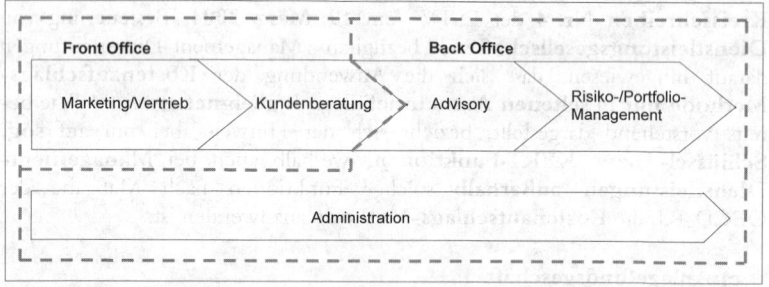

(2) Risiken im Anlagefondsgeschäft

58   Um eine fremdvergleichskonforme **Entschädigung** für die **Funktionen** des **Anlagefondsgeschäfts** ermitteln zu können, ist es nicht nur notwendig

---

[68] Vgl. OECD-RL 2010, Rn. 1.42.

[69] Natürlich handelt es sich dabei nicht um die einzig sinnvolle Aufteilungsmöglichkeit. So unterscheiden zB *Vögele/Kobes* oder auch *Vögele/Brem* zwischen dem institutionellen und dem Privatkunden-Geschäft einerseits und dem Kleinanlegergeschäft andererseits (vgl. dazu *Vögele/Kobes* IStR 2001, 787 ff. und *Vögele/Brem* in Vögele, Verrechnungspreise, 2. Aufl., 2004, G Rn. 694). Der Unterschied zwischen den beiden Klassifizierungsansätzen besteht darin, dass Portfolios im Kleinanlegergeschäft nicht für jeden Kunden individuell zusammengestellt werden. Aus dieser Unterscheidung können sich auch Unterschiede für die Ermittlung der Verrechnungspreise ergeben.

zu klären, welches die **wahrgenommenen Funktionen** sind und wo diese ausgeführt werden, sondern auch, **welche Risiken** damit verbunden sind. Die **Übernahme** eines **höheren Risikos** sollte auf einem **freien Markt** auch zu einer **höheren Entschädigung** führen. Daher sieht die OECD eine **Funktionsanalyse** auch als nicht vollständig an, solange nicht geklärt ist, welche **wesentlichen Risiken** von den einzelnen beteiligten Unternehmen übernommen[70] und welche **Vermögensgegenstände**, insbesondere **immateriellen Wirtschaftsgüter**, hierbei **eingesetzt** werden.[71] **Vertragspartner** gegenüber den **Investoren** eines **Anlagefonds** sind idR die **Fondsleitungsgesellschaft** und die **Depotbank**. Ohne anderslautende vertragliche Vereinbarungen könnte in einem **Haftungsfall einzig** die **Fondsleitungsgesellschaft** und die **Depotbank** seitens der Geschädigten **ins Recht gefasst** werden und **nicht** andere Gruppengesellschaften. Daraus ergibt sich, dass das aus der **Fondsleitungsfunktion** resultierende **Haftungsrisiko** aus **rechtlicher Sicht** auch bei der **Fondsleitungsgesellschaft liegt**. Sollte die **Fondsleitungsgesellschaft** nicht in der Lage sein, das **finanzielle Risiko** selbst zu **tragen**, werden aus **Reputationsgründen „konzernintern"** deren **Verbindlichkeiten übernommen,** wobei in diesem Falle v. a. die **Rekapitalisierung** der Fondsleitungsgesellschaft seitens der jeweiligen **Muttergesellschaft** zur Verfügung steht.[72] Natürlich sind **Anlagefondsgesellschaften** auch **anderen Risiken** unterworfen, wie zB dem **Wettbewerbsrisiko** oder **Wechselkursrisiko**.[73]

Grundsätzlich lassen sich die **Risiken** in **drei Kategorien** (Geschäfts-, In- **59** vestitions- und Marktrisiko) einteilen:[74]

Grafik 2: Risiken im Anlagefondsgeschäft

Geschäftsrisiko			Investitionsrisiko		Marktrisiko	
Liquiditäts-risiko	Transparenz-risiko	Delegations-risiko	High Water-mark Risk	Konzentrations-risiko	Hebel-risiko	Leerverkaufs-risiko

(3) Eingesetzte Vermögenswerte im Anlagefondsgeschäft

Insbesondere der **Einsatz immaterieller Wirtschaftsgüter** ist im Be- **60** reich des Anlagenfondsgeschäfts zur Erzielung eines Gewinns von **zentraler Bedeutung**. Dabei können **zwei Arten** von **immateriellen Wirtschaftsgütern** unterschieden werden: Zum einen **sog. Marketing Intangibles** wie zB **Warenzeichen, der Erfolg bereits implementierter Fonds, Kundenlisten** oder **spezielle Vertriebskanäle,** zum anderen **Know-How Intangibles,** zu denen die **Entwicklung von bestimmten Investitionsstrate-**

---

[70] OECD-RL 2010, Rn. 1.46.

[71] OECD-RL 2010, Rn. 1.44.

[72] Vergleichbare Situationen lassen sich innerhalb eines Konzernverbunds auch außerhalb der Finanzdienstleistung finden. Ob die Fonds-Leitung genügend kapitalisiert ist, hängt von den regulatorischen Vorschriften des Sitzstaates ab.

[73] S. zB *Vögele/Brem* in Vögele, Verrechnungspreise, 2. Aufl. 2004, G Rn. 63.

[74] Vgl. *Stavetski* Managing Hedge Funds Managers, 81 ff.

gien oder die Anpassung von **Standardsoftware** auf die Bedürfnisse im Anlagefondsgeschäft zählen.[75]

cc) Entschädigung der Funktionen, Risiken und Vermögenswerte im Anlagefondsgeschäft

61   Die **Investoren** zahlen der **Fondsleitungsgesellschaft** zur Administration des Anlagefonds regelmäßig folgende **Entschädigungen:**
1. Ausgabeaufschlag und/oder Rücknahmeabschlag;
2. Verwaltungsgebühr (Management Fee);
3. ggf. erfolgsabhängige Vergütung (Performance Fee);
4. Depotbankgebühr.

62   Für die **Investoren** ist es **unerheblich,** in welchem Umfang die **Fondsleitungsgesellschaft** die **Einnahmen** des Anlagefonds den einzelnen **Funktionen** und **Risiken zuspricht.** Die folgende Grafik zeigt eine in der **Praxis** oft anzutreffende **Aufteilung** der Management und Performance Fee auf die verschiedenen **Funktionen:**

Grafik 3: Entschädigung der Funktionen und Risiken im Anlagefondsgeschäft

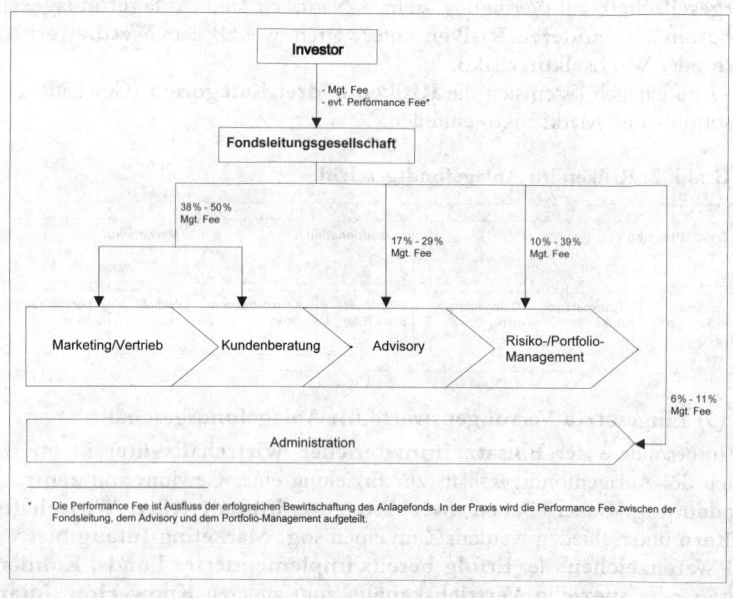

63   Die maximale **Höhe** der **Management Fee/Performance Fee** und der **Depotbankvergütung** wird bereits in den **Vertragsbedingungen** festgelegt (und auch regelmäßig **öffentlich publiziert**), ebenso eine Liste derjenigen **Aufwendungen,** die aus dem **Fondsvermögen gezahlt werden dürfen.** In der **Hedge-Fonds-Branche** besteht ein gängiges **Gebührenmodell** darin, den **Investoren 1–2% der verwalteten Vermögen** als **Management**

---

[75] Vgl. OECD-RL 2010, Rn. 6.3; *Llinares/Suzuki/Gilibert* Tax Reference Library 2008 No 46, 6 und 8.

Fee sowie **15–20% der erwirtschafteten Erträge als zusätzliche Performance Fee in Rechnung** zu stellen.[76]

Da es sich bei den **Funktionen** im **Anlagefondsgeschäft** um **Dienstleis-**   **64**
tungen handelt, erfolgt die **Entschädigung** für die Funktionen und Risiken in Form von **Gebühren.** Die **Manager** eines **Anlagefonds** werden üblicherweise mit einem **Anteil an der Management Fee** und, insbesondere bei **Hedge-Fonds,** zusätzlich mit einer **Performance Fee entschädigt.** Allerdings müssen von diesen **Gebühren** auch alle anderen **Kosten gedeckt** werden, da die oben genannten (und möglichen anderen) Gebühren die einzigen **Einnahmequellen** eines **Anlagefonds** darstellen.[77]

Es ist idR **nicht möglich,** eine **einzige Verrechnungspreismethode** zu   **65**
wählen und diese auf alle **Funktionen anzuwenden.** Um die **Wahl** der **richtigen Methode** zu erleichtern, ist es **sinnvoll,** die **Funktionen** zunächst in **Routine- und Schlüsselfunktionen einzuteilen.** Dabei ist die **Klassifizierung der Administrationsfunktion** als **Routinefunktion** unproblematisch.

Schon bei der **Marketingfunktion** dagegen hängt es vom **Umfang der**   **66**
Aktivitäten ab, ob es sich um eine **Routine- oder Schlüsselfunktion handelt.** Falls es sich um eine **wertschöpfungsintensive Funktion handelt,** könnten dabei sog. **Marketing Intangibles** wie zB ein bekanntes Warenzeichen entstehen, die entsprechend zu vergüten sind.

Bei der **Kundenberatungs- und Vertriebsfunktion** ist die Klassifi-   **67**
zierung **in Routine- oder Schlüsselfunktion** umstritten.[78] Die Einteilung hängt davon ab, welchen **Grad von Komplexität** diese Funktionen im Einzelfall aufweisen und welche **Risiken** mit ihnen verbunden sind. Eine mögliche Entscheidungshilfe kann die **Zielgruppe des Anlagefonds** sein.[79] **Preisvergleiche** unter **Dritten** zeigen, dass die **Kundenberatungs- und Vertriebsfunktion** regelmäßig die am **höchsten entschädigte Funktion** im Rahmen der Anlagefonds-Wertschöpfungskette darstellt und nicht selten **bis zu 50%** und mehr der **Management Fee** umfasst.

Die **Advisory-Funktion** ist **eher** zu den **Schlüsselfunktionen** zu zählen,   **68**
wobei sich das Problem ergeben kann, dass sie **nicht** von der **Portfoliomanagement-** und **Risikomanagement-Funktion** getrennt werden kann, insbesondere dann, wenn einem Investment Advisor **Portfoliomanager-Kompetenzen** subdelegiert worden sind. In einem solchen Fall ist **tendenziell** davon auszugehen, dass das **Advisory** eine **wertschöpfungsintensive Funktion** darstellt. Wenn die **Advisory-Funktion** dagegen bspw. lediglich die **Überwachung** der einschlägigen **Finanzpresse** umfasst und **keine**

---

[76] Vgl. zB *Shadab* The Law and Economics of Hedge Funds, 7.

[77] Vgl. *Llinares/Suzuki/Gilibert* Tax Reference Library 2008 No 46, 5.

[78] ZB sind *Zuckschwerdt/Meuter* in ZStP 2009, 24, der Auffassung, dass es sich idR um eine Routinefunktion handle; anderer Auffassung dagegen: zB *Rafiq* et al., Hedge Funds Evolution, 330. Vgl. auch den Betriebsstättenbericht 2008 der OECD, der unter bestimmten Voraussetzungen der Vertriebsfunktion KERT- (Key Entrepreneurial Risk-Taking) Status zuerkennt (OECD, Betriebsstättenbericht 2008, Teil II Rn. 13 und 65 sowie Teil III Rn. 68).

[79] Vgl. auch: *Vögele/Brem* in Vögele, Verrechnungspreise, 2. Aufl., 2004, G Rn. 690 ff.

Analysen durchgeführt werden, die in einer konkreten **Empfehlung** resultieren, handelt es sich um eine **Routinefunktion.**

69   **Unstrittig** dagegen ist, dass die **Portfoliomanagement-Funktion** und die **Risikomanagement-Funktion Schlüsselfunktionen** darstellen.[80]

70   Für die **Wahl** der geeigneten **Verrechnungspreismethode** bedeutet dies folgendes: Soweit für die im Anlagefondsbereich ausgeführten Funktionen und wahrgenommenen Risiken ein **interner** oder **externer Preisvergleich vorhanden** ist, ist **dieser** für die Bestimmung einer fremdvergleichskonformen Entschädigung zu **verwenden.** Aufgrund des hohen **Maßes an Vergleichbarkeit** ist im **Preisvergleich** eine Entschädigung für die **Funktion** (Routine- oder Schlüsselfunktionen) und das **Risiko bereits enthalten. Schlüsselfunktionen** erzielen unter **Dritten** auch nachweislich **höhere Preise** als reine Routinefunktionen.

71   Soweit **kein Preisvergleich** unter Dritten auffindbar ist, erweist sich eine **Klassifizierung** zwischen **Routine- und Schlüsselfunktion** als notwendig. **Erstere** sind nämlich regelmäßig **mittels traditioneller Methoden** (bzw. Nettomargen-Methode) zu entschädigen.[81] Die **Wiederverkaufspreis-Methode** ist angesichts der Funktionen und Risiken im Anlagefondsgeschäft **ungeeignet.** Die **Kostenaufschlags-Methode** ist höchstens geeignet, die Entschädigung der **Administration** zu bestimmen. Für **letztere (Schlüsselfunktionen)** ist eine **Entschädigung** mittels **Gewinnaufteilungs-Methode** zu bestimmen. Die **Aufteilung** kann anhand von **einem** oder **mehreren Aufteilungsschlüsseln** erfolgen. Ein solcher **Schlüssel** könnte zB das **Gehalt** der involvierten Personen[82] oder die **Anzahl der involvierten Mitarbeiter** sein.[83] Entscheidend ist, dass eine **angemessene** und **sachgerechte Vergütung** sichergestellt wird.[84]

72   **Immaterielle Wirtschaftsgüter** sind in der bisherigen Analyse noch **unberücksichtigt** geblieben. Diese sind in der **Anlagefonds-Branche** von **großer Bedeutung.**[85] Zwecks **Entschädigung** dieser wichtigen Vermögenswerte kann regelmäßig **nicht** auf eine **Preisvergleichs-Methode** zu-

---

[80] Vgl. *Rafiq* et al., Hedge Funds Evolution, 330.

[81] Der Restgewinn verbleibt dann automatisch bei den Schlüsselfunktionen. Sofern Schlüsselfunktionen von mehreren Gruppeneinheiten wahrgenommen werden, ist zudem zu entscheiden, wie der verbleibende Restgewinn (-verlust) unter diesen aufzuteilen ist (Gewinnaufteilung). Regelmäßig erfolgt dies auf der Grundlage der Gehälter der involvierten Personen.

[82] Vgl. zB *Fedina/Hales/Katz* Tax Management Transfer Pricing Report, 5/2007, 35. Dabei ist jedoch zu berücksichtigen, dass v. a. in den USA und in Großbritannien stark leistungsbezogene Vergütungssysteme im Finanzbereich vorherrschen. Dies steht im Gegensatz zur Schweiz und anderen kontinentaleuropäischen Ländern, in welchen fixe Gehaltsbestandteile vorherrschen. Ein Aufteilungsschlüssel basierend einzig auf der variablen Gehaltskomponente führt deshalb zu einer nicht sachgerechten Gewinnverschiebung in die USA und nach Großbritannien (vgl. dazu *Stocker,* Internationale Erfolgsabgrenzung beim Global Trading mit Finanzinstrumenten, 241 ff.).

[83] Vgl. zB *Vögele/Kobes,* IStR 2001, 792.

[84] *Vögele/Kobes* IStR 2001, 787 ff., 792. In der Praxis wird zwecks Definition der Gewinnaufteilung zunehmend auf die Regeln der Spieltheorie abgestellt; vgl. zB *Vögele/Gonnet/Gottschling/Fügemann* Tax Planning International – Transfer Pricing 2008 No. 12, 3 ff.

[85] Vgl. *Llinares/Suzuki/Gilibert* Tax Reference Library 2008 No 46, 8.

rückgegriffen werden, weshalb einzig eine **Entschädigung** mittels **Gewinnaufteilungs-Methode** in Frage kommt.[86] So ist, bei **Entschädigung** der ausgeübten **Funktionen** und **Risiken** mittels **geschäftsfallbezogener Standardmethoden** (Preisvergleich-, Kostenaufschlags- und Wiederverkaufspreis-Methode) davon auszugehen, dass der bei der **Fondsleitung verbleibende Gewinn** (oder aber auch Verlust) zur **Entschädigung** der **eingesetzten, immateriellen Wirtschaftsgüter** zu verwenden ist. Diese befinden sich regelmäßig **nicht im rechtlichen** und **wirtschaftlichen Eigentum** der **Fondsleitungsgesellschaft.**

d) Geschäftsumstrukturierungen

aa) Wirtschaftliche Gründe für eine Geschäftsumstrukturierung

Es liegt in der Natur einer **freiheitlich organisierten Marktwirtschaft,**   73 dass sich deren **Teilnehmer** (natürliche und juristische Personen) **frei organisieren** und **betätigen** können (Art. 27 BV).[87] Die **verfassungsmäßig garantierte Wirtschaftsfreiheit** erlaubt dabei u.a. auch die **Freiheit unternehmerischer Betätigung,** dh neben der **freien Wahl** der **Mitarbeiter** auch die **freie Wahl** der **Organisation,** der **sachlichen Mittel,** der **Geschäftsbeziehungen** sowie der **wirtschaftlichen Niederlassung.** Dies ist auch vom **Steuerrecht** bzw. von den **Steuerbehörden** zu akzeptieren. So haben die **Steuerbehörden** strikt darauf zu **achten,** dass sie nicht ihr **eigenes Ermessen** an die Stelle desjenigen **des Unternehmers** setzen. Der **Fiskus** darf also **nicht** in die **unternehmerische Entscheidungsfreiheit eingreifen** und **Unternehmenspolitik betreiben.**[88] Die **geschäftsmäßige Begründetheit** einer **Geschäftsumstrukturierung** bestimmt sich damit allein nach deren **unternehmerischen Zweckbestimmung** ohne Rücksicht auf den wirtschaftlichen Nutzen und Erfolg im Einzelfall.

Von diesem **Grundsatz** kann nur in **Fällen der Steuerumgehung** und   74 **Simulation** unter wirtschaftlicher Betrachtung des Sachverhalts (substance over form) **abgewichen** werden. Im Rahmen der steuerlichen **Sachverhaltsanalyse** ist in **wirtschaftlicher Betrachtungsweise** zu **prüfen,** ob die **gewählte Rechtsform** dem **wirtschaftlichen Gehalt** des Sachverhalts **gerecht** wird. Zudem ist nach traditioneller Schweizer Doktrin eine **sog. Steuerumgehung** anzunehmen, wenn nur um **der Steuerersparnis** willen ein **ungewöhnliches Vorgehen** gewählt wird. Bei der **Steuerumgehung** wird der **Sachverhalt umqualifiziert,** indem anstelle der zwecks Steuerumgehung gewählten Rechtsgestaltung der **effektiv verwirklichte wirtschaft-**

---

[86] Vgl. *Miyatake,* Cahier de droit fiscal international, Bd. 92a, 29.

[87] Vgl. zum verfassungsmäßigen Recht der Freiheit der unternehmerischen Tätigkeit *Vallender* in Ehrenzeller/Mastronardi/Schweizer/Vallender (Hrsg.), Die schweizerische Bundesverfassung. Kommentar, Art. 27 Rn. 20 ff.

[88] *Lüthi/Digeronimo* in Rotondaro/Rienstra/Hamaekers/Collins/Comello, (Hrsg.), The Tax Treatment of Transfer Pricing, 7; *Bartholet* Transferpreisberichtigung und ihre Sekundäraspekte im schweizerischen Steuerrecht, 67; *Brülisauer/Kuhn* IFF Forum für Steuerrecht 2002, 92 und 95.

liche Sachverhalt der Rechtsanwendung zugrunde gelegt wird.[89] So ist
nach der **Rechtsprechung** des Bundesgerichts bei der **Übertragung** von
betrieblichen Vermögenswerten auf eine **andere Konzerngesellschaft**
zu prüfen, ob eine solche Transaktion auch **zwischen einander nicht nahestehenden Personen mit Sicherheit hätte realisiert werden können.**
Dabei ist darauf abzustellen, ob eine **Transaktion aus geschäftspolitischen,
betrieblichen** oder **anderen unternehmerischen Gründen erfolgt** war
bzw. **notwendig** gewesen sein könnte.[90] Jedenfalls deutet ein **Mangel an
geschäftspolitischen, betrieblichen** oder **anderen unternehmerischen
Gründen** darauf hin, dass eine **Transaktion** zur **Hauptsache,** wenn nicht
sogar ausschließlich, aus Gründen der **Steuerersparnis** gewählt wurde und
damit eine **Steuerumgehung** darstellt.[91]

75   Nach der **Praxis** des **Bundesgerichts** zur **Steuerumgehung** gilt die reine **Steuerersparnis** nicht als kaufmännischer Grund, sondern als **Tatbestandsmerkmal** der Umgehung (dies im Gegensatz zur Auffassung der
OECD). Dies bedeutet jedoch nicht, dass **Geschäftsumstrukturierungen**
per se als **Steuerumgehung** zu qualifizieren sind, **sofern** sie **einzig aus
Gründen der Steuerersparnis** gewählt wurden. **Voraussetzung** ist **vielmehr,** dass das **gewählte Vorgehen** zudem als **ungewöhnlich, sachwidrig
oder absonderlich** erscheint, dh fremde Dritte untereinander ein solches
Geschäftsgebaren nicht an den Tag legen würden und dass **effektiv eine
Steuerersparnis resultiert.**

**bb) Die Verlagerung von Funktionen, Risiken und/oder
Vermögenswerten als entschädigungspflichtiger Vorgang**

(1) Rechtsgrundlagen für die Besteuerung in der Schweiz

76   In der **Schweiz** existieren **keine spezifischen Vorschriften** zur steuerlichen **Behandlung von Geschäftsumstrukturierungen.**[92] Es ist deshalb im
Sinne einer **Auslegung** zu prüfen, inwiefern die geltenden steuerlichen
Grundsätze zur Besteuerung von **Geschäftsumstrukturierungen** herangezogen werden können. Zwecks Klärung dieser Frage sind **zwei Vorgänge** zu **unterscheiden:**
– Erstens ist die **Übertragung von materiellen** und **immateriellen Vermögenswerten** auf eine andere Konzerngesellschaft zu **Drittpreisen** abzurechnen (echte Realisierung stiller Reserven).
– Zweitens können aufgrund der durch **Geschäftsumstrukturierung** notwendigen **Abänderung von Verträgen** zwischen den involvierten Kon-

---

[89] *Blumenstein/Locher* System des schweizerischen Steuerrechts, 31 f.; *Höhn/Wald-
burger* Steuerrecht, Bd. I, § 5 Rn. 56 und Rn. 73 ff.; vgl. zudem die Ausführungen in
Rn. 47.

[90] Vgl. StE 1994 A 12 Nr. 4 (d).

[91] Vgl. StE 1994 A 12 Nr. 4 (d).

[92] Art. 58 Abs. 1 lit. c DBG (im StHG findet sich keine andere Bestimmung) befasst
sich mit der Verlegung des Sitzes der effektiven Geschäftsleitung, des Geschäftsorts
bzw. einer Betriebsstätte ins Ausland und erfasst ausschließlich Fälle einer steuersystematischen Realisierung stiller Reserven. Die echte Realisierung stiller Reserven, dh
die Verlagerung von Funktionen und Risiken auf andere Gesellschaften, wird von dieser Bestimmung nicht erfasst.

zerngesellschaften **zivilrechtliche Ansprüche** bzw. **Entschädigungs-pflichten** entstehen.

Sowohl die **erstmalige Zuweisung** von **Aufgaben** im **Konzern** als auch   77
später erfolgende Änderungen der **Aufgabenzuweisung** aufgrund von
Geschäftsumstrukturierungen bleiben **steuerlich unbeachtlich,** solange
seitens der verlagernden Konzerngesellschaft **weder Vermögenswerte**
übertragen werden **noch zivilrechtliche Ansprüche** aufgrund von **Ver-tragsänderungen entstehen.** Dabei ist die Frage von Bedeutung, ob die
Verlagerung einer bloßen **Geschäftschance** eine **Übertragung** eines **im-materiellen Vermögenswertes** oder aber die **Erbringung einer geldwer-ten Leistung** darstellt.

Resultieren aufgrund von **Verlagerungen ins Ausland** (Outbound-Fall)   78
Entschädigungspflichten, die als solche nicht geleistet wurden, liegen die
Steuerfolgen in der **Schweiz** auf der Hand: **Geldwerte Leistungen** an die
Anteilsinhaber bzw. **diesen nahestehenden Personen** (bspw. Schwester-gesellschaften) unterliegen auf Stufe der leistenden Schweizer Gesellschaft
gem. Art. 58 Abs. 1 lit. b und c DBG sowie Art. 24 Abs. 1 lit. a und b StHG
der **Gewinnsteuer.** Zusätzlich ist auf der Leistung aufgrund von Art. 4
Abs. 1 lit. c VStG die **Verrechnungssteuer** in Höhe von 35 % geschuldet
(die je nach **Doppelbesteuerungsabkommen ganz** oder **teilweise** von der
Empfängergesellschaft **zurückgefordert** oder bereits an der Quelle entlastet
werden kann). **Mehrwertsteuerrechtlich** liegt ein **steuerbefreiter Dienst-leistungsexport** vor (Art. 8 Abs. 1 MWSTG).

Bei **Verlagerungen** aus dem **Ausland** in eine **Schweizer Gesellschaft**   79
(Inbound-Fall) ist allenfalls zu prüfen, ob **offene oder verdeckte Kapital-einlagen** der Anteilsinhaber, welche nach Art. 60a DBG bzw. Art. 24 Abs. 2
StHG **gewinnsteuerneutral** sind, außerhalb des Vorliegens eines steuerbe-freiten Umstrukturierungstatbestands nach Art. 6 Abs. 1 lit. a^bis StG zu einer
Emissionsabgabepflicht führen. **Mehrwertsteuerrechtlich** liegt diesbe-züglich ein **Dienstleistungsimport** vor, der **steuerlich abzurechnen** ist
(Art. 8 Abs. 1 und Art. 45 Abs. 1 lit. a MWSTG).

(2) Entschädigungsanspruch aufgrund der Verlagerung von
   Vermögenswerten

Ob bei der **Verlagerung** von **materiellen** und **immateriellen Vermö-**   80
genswerten von einer Schweizer auf eine ausländische Konzerngesellschaft
eine **echte Realisation** vorliegt, bestimmt sich nach dem **Grundsatz der**
Maßgeblichkeit der Handelsbilanz (vgl. Art. 58 Abs. 1 DBG bzw.
Art. 24 Abs. 1 StHG) nach **handelsrechtlichen Gesichtspunkten.**[93] Da-nach führt nach einem **formalisierten Realisationsbegriff jedes** entgelt-liche **Ausscheiden** und jeder entgeltliche **Subjektwechsel** von Vermö-genswerten zur **Aufdeckung von aktiv- oder passivseitig** vorhandenen
stillen Reserven.[94] Die durch den **Vermögensabfluss** verursachte **Auflö-sung stiller Reserven** ist **ertragswirksam** zu **verbuchen** und entspricht

---

[93] *Reich* Grundriss der Steuerfolgen von Unternehmensumstrukturierungen, 37. Vgl.
auch vorne Rn. 8.
[94] Es wird in diesem Zusammenhang auch von einer echten Realisierung stiller Re-serven gesprochen (vgl. *Höhn/Waldburger* Steuerrecht, Bd. I, § 18 Rn. 44).

der **Differenz** zwischen dem **Verkehrswert** und **Buchwert**.[95] Im Verhältnis zu den Anteilsinhabern liegt eine **echte Realisierung** zudem bei **unentgeltlicher Übertragung** von **Vermögenswerten** vor, vorausgesetzt, ein **unabhängiger Dritter** hätte für das **Wirtschaftsgut ein Entgelt entrichtet**.[96]

81 **Voraussetzung** für die **echte Realisierung stiller Reserven** ist die **Übertragung von Vermögenswerten** auf einen anderen Rechtsträger. Bei den **materiellen Vermögenswerten** des Anlage- und Umlaufvermögens steht die **Qualifikation** als **Vermögenswert** nicht in Frage.[97] Daher sind **Produktionsanlagen, Maschinen** und sonstige **Geschäftsausstattungen** sowie **Rohstoffe** und **Halb- bzw. Fertigprodukte,** die auf eine andere, ausländische Konzerngesellschaft übertragen werden, zum **Marktwert** zu übertragen.

82 Hinsichtlich der Beurteilung, ob **immaterielle Vermögenswerte übertragen** werden, bestehen, im Unterschied zu materiellen Vermögenswerten, jedoch erhebliche **Schwierigkeiten.** So ist mitunter **unklar, wann** ein **immaterieller Vermögenswert vorliegt** (bzw. ob eine Geschäftschance einen solchen Vermögenswert darstellt) **und ob** dieser im Rahmen einer Geschäftsumstrukturierung **übertragen** wurde.

83 Nach **Schweizer Verständnis** stellen **immaterielle Vermögenswerte** oder **Immaterialgüterrechte** vom **Zivilrecht** gewährte **Ausschließlichkeitsrechte** dar, die **gegenüber jedermann wirken**.[98] Es handelt sich um **geistige Schöpfungen** in einem weiten Sinn, die auf Grund ihrer wirtschaftlichen Bedeutung von der Rechtsordnung einem **besonderen Schutz** unterstellt sind. Nach **Schweizer Verständnis** werden die **folgenden Rechte** als **Immaterialgüterrechte** anerkannt und geschützt:[99]
– Urheberrechte und verwandte Schutzrechte;
– Rechte an Topographien von Halbleitererzeugnissen;
– Markenrechte bzw. Firmenbezeichnungen und Rechte an geographischen Herkunftsangaben;
– Designrechte;
– Patentrechte;
– Sortenschutzrechte.

84 Im geltenden **Handelsrecht** lässt sich **keine Definition** von **immateriellen Vermögenswerten** finden. Die **herrschende Lehre** wie auch das **Handbuch für Wirtschaftsprüfer** („HWP") gehen von einem **weiten Begriff** aus. Dieser umfasst **neben den rechtlich geschützten** auch **zahlreiche andere Werte** wie **Konzessionen, Patente, besondere Fabrikationsverfahren, Rezepte, Lizenzen, Verlagsrechte, Marken, Muster, Modelle, Urheberrechte, Kartellquoten, Kontingente, den separat bezahlten**

---

[95] Vgl. *Reich* Grundriss der Steuerfolgen von Unternehmensumstrukturierungen, 27.

[96] *Höhn / Waldburger* Steuerrecht, Bd. I, § 18 Rn. 44.

[97] Die Übertragung von materiellen Vermögenswerten des betrieblichen Anlagevermögens wie auch von (Teil-)Betrieben auf eine andere Schweizer Konzerngesellschaft ist unter bestimmten Voraussetzungen (vgl. Art. 61 Abs. 3 DBG) steuerfrei, dh ohne Auflösung der übertragenen stillen Reserven, möglich.

[98] *von Büren / Marbach / Ducrey* Immaterialgüter- und Wettbewerbsrecht, Rn. 2 f.

[99] *Kaiser / Rüetschi* Immaterialgüterrecht, 1 f.

Geschäftswert (Goodwill),[100] **produktbezogene Forschungs- und Entwicklungskosten, Know-how und IT-Programme.**[101] Das **HWP** verlangt für deren **Aktivierung** (wobei es sich dabei um ein Wahlrecht handelt) **kumulativ** das **Vorhandensein** folgender **Voraussetzungen:**[102]

- Es sind **klar zuordenbare Fremdleistungen** und/oder **Eigenaufwendungen** erbracht worden;
- Dem **immateriellen Vermögenswert** kommt ein **feststellbarer Nutzen** zu; und
- Falls es sich um ein **Vermögenswert** in der **Entwicklungsphase** handelt, wenn mit der **Finanzierung der Entwicklungskosten** gerechnet werden kann.

Im Rahmen von **Geschäftsumstrukturierungen** ist die Frage von **Bedeutung, ob die Übertragung einer Geschäftschance**[103] als **Übertragung eines immateriellen Vermögenswerts** zu betrachten ist.[104] Im **Schweizer Steuerrecht** findet sich **keine gesetzliche Umschreibung,** was unter **immateriellen Vermögenswerten** zu verstehen ist. Aufgrund der **Maßgeblichkeit des Handelsrechts** ist im Steuerrecht auf die **weite Umschreibung des Begriffs abzustellen,** weshalb ein **identifizierbares Vermögensobjekt vorzuliegen hat.**[105] Soweit sich hinter der **Geschäftschance** die **bloß unsichere Möglichkeit** verbirgt, **Gewinne zu realisieren,** dürfte der erwartete Vermögensvorteil für die Annahme eines **immateriellen Wertes nicht hinreichend** konkretisiert sein. Werden im Rahmen von Geschäftsumstrukturierungen **Geschäftschancen** übertragen, die **nicht zur sicheren** und damit **risikolosen Erzielung von Übergewinnen führen,** ist von der Annahme eines **immateriellen Vermögenswerts Abstand zu nehmen.**[106] **85**

Im Rahmen von **Geschäftsumstrukturierungen** werden durch **Verlagerung von Funktionen** und **Risiken** auch **Geschäftschancen** übertragen. Die **übernehmende Konzerngesellschaft** führt künftig diejenigen **Geschäfte weiter,** die ursprünglich in den Tätigkeitsbereich der funktionsüber- **86**

---

[100] Dieser soll auf die überdurchschnittliche Ertragskraft, den guten Ruf der Unternehmung, eine besonders rationelle und effiziente Organisation, ein schlagkräftiges Vertriebssystem, den guten Ausbildungsstand des Personals, den günstigen Standort, etc. zurückzuführen sein (*Boemle/Lutz* Der Jahresabschluss, 335 f.).

[101] *Boemle/Lutz* Der Jahresabschluss, 335 f.; Treuhand-Kammer, Schweizer Handbuch der Wirtschaftsprüfung, Bd. 1, 207.

[102] Treuhand-Kammer, Schweizer Handbuch der Wirtschaftsprüfung, Bd. 1, 207 f.

[103] Als Geschäftschance wird die Möglichkeit verstanden, künftig einen Vermögensvorteil zu erzielen, der noch keiner besonderen Bewertung zugänglich und deshalb noch nicht in einem Wirtschaftsgut erstarkt ist (vgl. *Rödder* Steuerberaterjahrbuch 1997/1998, 115 ff.).

[104] Ablehnend: OECD-RL 2010 Ziff. 9.65; *Brülisauer/Kuhn* IFF Forum für Steuerrecht 2002, 101 (jedoch mit anderer Begründung); *Eisele* Grenzüberschreitende Funktionsverlagerung, 300 (für Deutschland). Nach *Borstell* liegt ein immaterieller Vermögenswert vor, wenn die Geschäftschance soweit konkretisiert ist, dass die künftige Gewinnerzielung als gesichert erscheint (*Borstell/Wehnert* Kap. R Rn. 813 ff.).

[105] *Boemle/Lutz* Der Jahresabschluss, 335.

[106] Eine zu entschädigende Geschäftschance liegt wohl dann vor, wenn die übernehmende Gesellschaft höhere (bzw. mit hoher Wahrscheinlichkeit sichere) Gewinne erzielt, als wenn sie die Geschäftschance selber aufbauen muss.

tragenden Gesellschaft gefallen sind. Obwohl eine **Geschäftschance** nach der hier vertretenen Auffassung regelmäßig **keinen immateriellen Vermögenswert** darstellt, ist zu klären, ob **dessen Übertragung** auf eine andere ausländische Konzerngesellschaft nicht **doch entschädigungspflichtig** sein kann. Zu prüfen ist insbesondere, ob durch die **Übertragung eine entschädigungspflichtige Leistung** im Sinne der **Praxis zu den geldwerten Vorteilen** vorliegt.

87   Das **Bundesgericht** hat, soweit ersichtlich, den **Begriff „Leistung"** im Zusammenhang mit geldwerten Vorteilen **nie näher umschrieben.** Als „**Leistung"** wird regelmäßig ein **Produkt einer körperlichen oder geistigen Arbeit verstanden.**[107] Das **Schweizer Privatrecht** umschreibt eine **Leistung als Übereignung einer Sache** oder ein **anderes positives Tun;** dieses kann aber auch aus einem **Unterlassen** oder einem **Dulden** bestehen. Innerhalb der **Schranken der Rechtsordnung** kann die Leistung **jeden beliebigen Inhalt** aufweisen (Art. 19 OR). Es genügt, dass der **Gläubiger ein Interesse** an der Leistung hat.[108] Art. 3 lit. c MWSTG umschreibt eine Leistung als das **Einräumen** eines **verbrauchsfähigen wirtschaftlichen Wertes** an eine Drittperson in **Erwartung eines Entgelts.**

88   Nach dem **Grundsatz des Fremdvergleichs** beinhaltet die „**Leistung"** damit ein **Produkt körperlicher oder geistiger Arbeit,** welchem ein **fremder Dritter einen Wert beimisst** und für dessen **Übernahme ein Entgelt entrichten** würde. Die **Übertragung einer Geschäftschance** im Rahmen der **Verlagerung von Funktionen** und **Risiken** stellt damit eine „**Leistung"** dar, dessen **Entschädigung davon abhängt,** ob ein **fremder Dritter** dieser einen **Wert beimisst.**

89   Grundsätzlich besteht für **jede Funktion** bzw. für **jedes Risiko,** die im Wirtschaftsleben ausgeübt bzw. übernommen wird, **eine Geschäftschance.** Dies gilt gleichermaßen für eine **Produktions-** wie für eine **Vertriebs-, Forschungs- und Entwicklung- oder Dienstleistungsfunktion.** Dies gilt allerdings **nicht** für **Hilfsfunktionen,** da hier die Möglichkeit, einen eigenständigen Gewinn zu erzielen, **erst** durch **die Auslagerung** der **bisherigen Konzerngesellschaft einseitig ermöglicht wird.**[109] **Wertvoll** ist die Übernahme einer **Geschäftschance** durch Verlagerung von Funktionen und Risiken für einen **fremden Dritten** dann, wenn diese zu einer **höheren Ertragserwartung** (bzw. tieferen Implementierungskosten) führt, als wenn die **Funktionen** und **Risiken selbst aufgebaut** werden. Nur wenn mit einer **hohen Wahrscheinlichkeit** feststeht, dass durch die Übertragung einer **Geschäftschance Gewinnpotential übertragen** wird, welches vom **Empfänger praktisch risikolos realisiert** werden kann und zu einem **Übergewinn** (also mehr als branchenüblich) führt, kann von einer zu **entschädigenden Leistung ausgegangen werden.** Dies wird regelmäßig bei der **bloßen Übertragung** von Funktionen und Risiken **nicht der Fall sein.**[110]

---

[107] *Duden,* 414.

[108] *Koller* in Guhl/Koller/Schnyder/Druey (Hrsg.), Das Schweizerische Obligationenrecht, § 2 Rn. 12 f.

[109] *Borstell/Wehnert* Kap. R Rn. 387.

[110] Vgl. auch: *Eisele* Grenzüberschreitende Funktionsverlagerung, 301; *Brülisauer/Kuhn* IFF Forum für Steuerrecht 2002, 97 f., jedoch mit anderer Begründung.

Für die **Bewertung** der übertragenen **materiellen und immateriellen** 90
Vermögenswerte (bzw. Bewertung der geldwerten Leistung) steht nach den
RL der OECD die **Preisvergleichs-Methode** im **Vordergrund**. Die Berücksichtigung eines **Geschäfts- oder Firmenwerts** (Goodwill) ist nur
dann **angezeigt**, wenn die Übertragung von Vermögenswerten **(Teil-)Be-
triebscharakter aufweist.**[111] Der **Geschäfts- oder Firmenwert** haftet an
der **organisatorischen Einheit** des **(Teil-)Betriebs** und kann daher **weder
einzeln übertragen** noch – mangels Teilbarkeit – durch **mehrere Unternehmen genutzt** werden.[112] Ein **Betrieb** stellt nach der herrschenden **Lehre** einen **organisatorisch-technischen Komplex** von **Vermögenswerten**
dar, welcher im Hinblick auf die Leistungserstellung eine relativ **unabhängige, organische Einheit** bildet.[113] Die **geltende Praxis** erfordert für das
Vorliegen eines **(Teil-)Betriebs** die Erfüllung folgender **kumulativer Voraussetzungen:**[114]
– Die **Unternehmung** erbringt **Leistungen** auf dem **Markt** oder **an verbundene Unternehmen;**
– Die **Unternehmung** verfügt über **Personal;**
– Der **Personalaufwand** steht in einem sachgerechten Verhältnis zum Ertrag.

(3) Verzicht auf Schadenersatz- und Herausgabeansprüche

Der **Verzicht** auf **Schadenersatz-** und **Herausgabeansprüche** stellt 91
nach der **Praxis des Bundesgerichts** eine **geldwerte Leistung** dar. Damit
ist zu untersuchen, inwiefern solche Ansprüche aufgrund der **Beendigung**
oder **Abänderung** von **Verträgen** im Rahmen von **Geschäftsumstrukturierungen resultieren.**

In einem **ersten Schritt** ist festzustellen, ob die **bestehenden Verträge** 92
(v. a. in Bezug auf Laufzeit, Kündigungsfristen und Entschädigungsklauseln)
dem entsprechen, was **fremde Dritte** unter vergleichbaren Umständen **vereinbart** hätten. Insoweit die **Verträge fremdvergleichskonform** sind, ist
in einem **zweiten Schritt** zu untersuchen, ob eine **außerterminliche
Kündigung** bzw. **Abänderung der Verträge** zu **vertraglichen** oder **gesetzlichen Entschädigungsansprüchen** führen.

Im Allgemeinen werden im Rahmen von **Geschäftsumstrukturierun-** 93
**gen Lizenz-, Produktions-, Vertriebs- sowie Forschungs- und Ent-
wicklungsverträge gekündigt** oder **abgeändert**. Es resultieren in der
Folge **neue buy-sell-, Kommissions-** sowie **Agenturverträge** oder **andere Formen** von **einfachen Aufträgen**. Mitunter kann auch **ein Werk-
bzw. Werklieferungsvertrag** vorliegen.

Im Allgemeinen werden Verträge zudem regelmäßig für eine bestimm- 94
te **Zeitperiode** abgeschlossen. Sie **enden** nach **Ablauf** der vereinbarten **Laufzeit ohne Kündigung**. Für **Verträge** mit einer **unbeschränkten
Laufzeit** sind die **vertraglich oder gesetzlich** festgehaltenen **Kündi-**

---

[111] Gl. M. *Eisele* Grenzüberschreitende Funktionsverlagerung, 281.
[112] *Eisele* Grenzüberschreitende Funktionsverlagerung, 280 f.
[113] *Reich* Grundriss der Steuerfolgen von Unternehmensumstrukturierungen, 49 f.
[114] Kreisschreiben Nr. 5 der ESTV vom 1. Juni 2004, 61 f.

gungsfristen einzuhalten, außer es liegt ein **außerordentlicher Kündigungsgrund**[115] vor. Beinhaltet ein **Vertrag keine Kündigungsfristen,** ist auf die **gesetzlichen Regelungen** abzustellen. Das **Schweizer Zivilrecht** erlaubt jeder Vertragspartei, **Verträge zu kündigen.** So stellte das **Bundesgericht** in einem **obiter dictum** fest, dass **Verträge nicht für die Ewigkeit** gelten (BGE 113 II 210). In einem anderen Entscheid hat das **Bundesgericht** festgehalten, dass ein für die Ewigkeit geltender Vertrag **nach 20 Jahren ohne Entschädigungspflicht gekündigt werden kann** (Art. 27 ZGB).[116] Obwohl das **Schweizer Zivilrecht keine allgemeinen Regeln** zur **Kündigung** von Verträgen enthält, gilt in der Praxis typischerweise **eine Kündigungsfrist von 6 Monaten.** Dabei sind **spezifische Kündigungsfristen** für **einzelne Vertragstypen** zu berücksichtigen.

95   Betreffend **Kündigung** von sog. **Innominatverträgen** (wie bspw. Lizenzverträge) gelten, soweit die Verträge keine besonderen Kündigungsfristen vorsehen, die **allgemeinen gesetzlichen Regelungen** des Zivilrechts. Zwar kann eine **Kündigung unter 6 Monaten** von den Vertragsparteien vorgesehen werden, ein **fremder Dritter** würde dazu jedoch **nicht ohne entsprechende Entschädigung** einwilligen. Es ist diesbezüglich auf die **zivilrechtlichen Folgen** der **Nichterfüllung** von **Verträgen** abzustellen (Art. 97 OR). Nach **herrschender Lehre** ist dem Beschwerten das **Erfüllungsinteresse (positives Vertragsinteresse,** dh inklusive entgangener Gewinn) zu **ersetzen.** Im **gegenseitigen Vertrag** kann der **Gläubiger** auch vom **Vertrag zurücktreten** und **Ersatz des negativen Vertragsinteresses (Vertrauensschaden,** dh Ersatz der Kosten) **verlangen.**[117]

96   Der **einfache Auftrag** kann nach Art. 404 Abs. 1 OR **jederzeit** und zwar **ohne Angabe von Gründen gekündigt** werden. Allerdings ist bei **Kündigung zur Unzeit** der **Vertrauensschaden** zu **ersetzen** (Art. 404 Abs. 2 OR). Ebenso kann von einem **Werkvertrag** zurück getreten werden, solange das **bestellte Werk** noch **nicht vollendet** ist (Art. 377 OR). Hier ist der Unternehmer für die **bereits geleistete Arbeit schadlos zu halten.** Beim **Kaufvertrag** nach Art. 190 Abs. 1 OR ist das **positive Vertragsinteresse** zu entschädigen. Bei **Kündigung bzw. Aufhebung** von **Exklusivvertriebsverträgen** hat das **Bundesgericht** neu festgelegt, dass in Anlehnung an Art. 418u OR eine **Entschädigung** in der Höhe eines **Nettojahresverdienstes** zu entrichten ist. Diese Regelung gilt dann, wenn der **Exklusivvertreiber verpflichtet** ist, den **Kundenstamm nach Vertragsende auf den Auftraggeber zu übertragen.**[118]

---

[115] Aus wichtigen Gründen, welche die Vertragserfüllung als unzumutbar erscheinen lassen, kommt bspw. bei der Miete der Tod des Mieters in Betracht. Eine Geschäftsumstrukturierung stellt jedoch regelmäßig keinen solchen Grund dar.

[116] BGE 114 II 159.

[117] *Koller* in Guhl/Koller/Schnyder/Druey (Hrsg.), Das Schweizerische Obligationenrecht, § 31 N 3.

[118] BGE 134 III 497.

cc) Anwendung auf ausgewählte Verlagerungsvorgänge

(1) Verlagerung von Produktionsfunktionen

In der **Praxis** lassen sich zwei grundlegende **Produktionsausprägungen,** 97
die **Eigen-** und die **Lohnfertigung** sowie eine **Zwischenform,** die **Auftragsproduktion,** beobachten.[119]

Bei der **Übertragung einer kompletten Eigenproduktion** kann **wirt-** 98
schaftlich von einem **(Teil-)Unternehmensverkauf** gesprochen werden.
Bei einer solchen Übertragung hat die **Bewertung** der übertragenden **Vermögenswerte nicht** auf der Basis der **Einzelvermögenswerte** zu erfolgen,
sondern diese ist wie beim Unternehmensverkauf **als Ganzes auf Basis
des „ongoing-concern"-Konzepts** vorzunehmen.[120] Insoweit erfolgt die
Bewertung durch Orientierung am **zukünftigen Ertragswert der Produktion,** wenn auch der **Substanzwert** der Produktionsanlagen **die Preisuntergrenze** darstellen dürfte.[121] Bei der **Verlagerung** einer **Verlustproduktion** dürfte **keine Entschädigungspflicht** vorliegen, sofern nicht
anderweitige Gründe (Produkt dient als Komplementärprodukt für andere,
gewinnträchtige Produktion) für eine Entschädigungshöhe sprechen.

Werden **Eigen- in Auftrags- oder Lohnproduzenten** umgewandelt, 99
finden umfangreiche **Änderungen im Funktions-, Risiko- und Ver-
mögenswerteprofil** statt. Verfügt der **Eigenproduzent** über **eigene immaterielle Vermögenswerte,**[122] führt die **Umwandlung in einen Auf-
trags- oder Lohnproduzenten** unweigerlich zu einer **entgeltspflichtigen
Verlagerung** von **Vermögenswerten.**[123] Werden gleichzeitig die für die
Entwicklung von gewerblichen, immateriellen Vermögenswerten **notwendigen Funktionen und Risiken verlagert** (im Wesentlichen die Funktionen
und Risiken in Zusammenhang mit der Forschung und Entwicklung), weist
die Geschäftsumstrukturierung alle **Voraussetzungen eines (Teil-)Betriebs**
auf. Damit ist für die Bewertung der Entschädigung eine **Goodwill-Komponente** zu berücksichtigen.[124]

Verfügt der **Eigenproduzent** über **keine eigenen immateriellen Ver-** 100
mögenswerte, sondern wird er über einen **Lizenzvertrag ermächtigt,**
diese auf einem bestimmten Markt zu nutzen, ist zu prüfen, ob die **Änderung bzw. Aufhebung des Vertrages** einerseits **gesetzes- bzw. vertragskonform** erfolgt ist und ob andererseits ein **fremder Dritter** für die **Vertragsänderung eine Entschädigung verlangt** hätte. Insbesondere ist zu

---

[119] Vgl. *Jacobs* Internationale Unternehmensbesteuerung, 7. Aufl., 2011, 1033 ff.;
Borstell/Hülster Kap. M Rn. 173 ff. und *Borstell/Wehnert* Kap. R Rn. 912.

[120] Vgl. *Helbling* Unternehmensbewertung und Steuern, 214 ff.

[121] *Borstell/Wehnert* Kap. R Rn. 932.

[122] Dies kann sowohl gewerbliche Werte (Patente, Know-how, Muster und Modelle), als auch immaterielle Marketingwerte (Namen, Marken, Kundenlisten, Vertriebskanäle etc.) beinhalten.

[123] Mit Ausnahme des Produktions-Know-hows, welches beim Auftrags- bzw.
Lohnproduzenten verbleibt.

[124] Für die Bewertung von immateriellen Vermögenswerten ist regelmäßig auf die
Preisvergleichs-, und in Ermangelung einer solchen, auf die Royalty-Relief-Methode
(vgl. dazu *Jacobs,* Internationale Unternehmensbesteuerung, 7. Aufl., 2011, 1061 ff.)
abzustellen. Diese berücksichtigt bei der Bewertung die künftig erzielbaren Lizenzerträge bzw. die Gewinnerwartungen.

prüfen, ob die im **Lizenzvertrag** enthaltenen **Kündigungsfristen gesetzeskonform** bzw. von **einem fremden Dritten so vereinbart** und ob bei **außervertraglicher Kündigung** eine **Entschädigung gesetzlich** oder **vertraglich vereinbart** worden wäre. Sofern die **Kündigung des Lizenzvertrags gesetzes-, vertrags- und fremdvergleichskonform erfolgt** sowie aus denselben Gründen auch keine Entschädigungspflicht vorliegt, resultieren **keine Steuerfolgen. Andernfalls ist** nach den allgemeinen Vorschriften des Zivilrechts das **Erfüllungsinteresse** zu entschädigen.

101   Bei der **Übertragung eines Eigen-** in einen **Lohnproduzenten** ist über das **Warenlager** abzurechnen. Bei der Ermittlung des **Übertragungswertes** ist vom **Endverkaufspreis** auszugehen, unter **Abzug** einer fremdvergleichskonformen **Brutto- oder Nettomarge** für die nachfolgende **Vertriebsfunktion.** Zudem ist dem Umstand Rechnung zu tragen, dass **allfällige Güter** in den Warenlagern **nicht mehr verkäuflich sind.** Daneben führt die Geschäftsumstrukturierung zu einer **Verlagerung des Rohmaterialeinkaufs.** Soweit hier nicht **Beschaffungsverträge** mit vergleichsweise hohen Rabatten übertragen werden, handelt es sich **nicht** um eine **entschädigungspflichtige Leistung.** Ein **fremder Dritter** kann eine solche Beschaffungsfunktion **ohne Weiteres selbst aufbauen.**

102   Wird ein **Auftrags- in einen Lohnproduzenten** gewandelt, stellt sich erstens die Frage nach einer **gesetzes-, vertrags- und fremdvergleichskonformen Änderung der Verträge** und zweitens der **Entschädigungspflicht** für die **Übertragung des Warenlagers** (inkl. den dazugehörenden Funktionen und Risiken) sowie die **Übertragung des Rohmaterialeinkaufs** (Funktionen und Risiken). Soweit aufgrund der **Vertragsänderung keine Entschädigungspflicht** resultiert, treten in Bezug auf das **Warenlager** die **gleichen Entschädigungsfolgen** ein wie bei der **Umwandlung eines Eigen- in einen Lohnproduzenten.**

(2) Verlagerung von Vertriebsfunktionen

103   In der **Praxis** sind vorwiegend **drei Ausprägungen** für die Ausübung der Vertriebsfunktion beobachtbar:[125] **Eigenhändler, Kommissionär sowie Agent.**

104   Bei der **Übertragung eines kompletten Handelsgeschäfts eines Eigenhändlers** kann wirtschaftlich von einem **(Teil-)Unternehmensverkauf** gesprochen werden. Bei einer solchen **Übertragung** der **vollständigen Vertriebsfunktion** hat die **Bewertung** der übertragenden Vermögenswerte **nicht** auf der Basis der **Einzelvermögenswerte** zu erfolgen, **sondern** diese ist wie beim **Unternehmensverkauf** als Ganzes auf **Basis des „ongoingconcern"-Konzepts** vorzunehmen.[126] Insoweit erfolgt die **Bewertung** durch Orientierung am zukünftigen **Ertragswert** des Vertriebs, wenn auch der **Substanzwert** die **Preisuntergrenze** darstellen dürfte.[127]

105   Werden **Eigenhändler** in **Händler mit limitiertem Funktions- und Risikoprofil umgewandelt,** stellt sich zunächst die Frage nach der **geset-**

---

[125] *Jacobs* Internationale Unternehmensbesteuerung, 7. Aufl., 2011, 1031; *Borstell/ Wehnert* Kap. R Rn. 912 und *Borstell/Hülster* Kap. M Rn. 279.

[126] Vgl. *Helbling* Unternehmensbewertung und Steuern, 214 ff.

[127] *Borstell/Wehnert* Kap. R Rn. 983.

zes-, vertrags- und fremdvergleichskonformen Änderung bzw. Kündigung eines allfällig bestehenden **Lizenzvertrags**.[128] Bei der Umwandlung eines Eigen- in einen risikoarmen Händler oder Kommissionär stellt sich zudem die Frage, ob die **verlagerten Funktionen** (dabei handelt es sich vorwiegend um **strategische Funktionen** des Verkaufs wie auch des Marketings im Allgemeinen) **und Risiken** (Einkaufs-, Gewährleistungs-, Absatz- und evtl. Wechselkurs- sowie Kreditrisiko) eine **Geschäftschance** darstellt, die entweder als **immaterielles Wirtschaftsgut** oder aber als **geldwerte Leistung entschädigungspflichtig** wird.[129] Beides kann nach der hier vertretenen Auffassung **negiert** werden. Die hier übertragene **Geschäftschance** stellt **keine Übertragung** einer an hoher Wahrscheinlichkeit **gesicherten Gewinnerzielung** dar, **noch kann relativ risikolos** ein **Übergewinn** erzielt werden. **Ebenso wenig** handelt es sich um **Funktionen** bzw. **Risiken**, für die ein **fremder Dritter** ein **Entgelt** entrichten würde.

Werden **Eigenhändler** mit vollem oder limitiertem Funktions- und Risikoprofil bzw. **Kommissionäre in Agenten umgewandelt,** stellt sich zunächst die Frage einer entschädigungspflichtigen **Vertragsänderung bzw. -kündigung. Einfache Aufträge** sind unter **Ersatz des Vertrauensschadens** jederzeit **kündbar.** Daneben werden jedoch **immaterielle Vermögenswerte** (Kundenliste/Kundenstamm und Vertriebskanäle) **übertragen,** die entsprechend **zu entschädigen** sind.   **106**

(3) Verlagerung von Forschung und Entwicklung sowie Dienstleistungsfunktionen

Im Rahmen der **Forschung und Entwicklung** werden in der Praxis die **grundlegenden Formen** der **Eigen- und Auftragsforschung** unterschieden.[130]   **107**

Die **Umwandlung eines Eigen- in einen Lohnforscher** führt zu einer **Verlagerung aller immateriellen Vermögenswerte,** die sich im Eigentum des Eigenforschers befinden. Deren **Verkehrswert** ist, sofern möglich, mittels **Preisvergleich** oder aber mittels der **sog. Royalty Relief-Methode** zu **bewerten,** wobei bei letzterer die künftig erzielten Lizenzeinnahmen in die Bewertung einzufließen haben.[131] Ob darüber hinaus aufgrund der gleichzeitig verlagerten, vorwiegend **strategischen Funktionen** und **Risiken** im Forschungs- und Entwicklungsbereich eine **Entschädigungspflicht** besteht, hängt einerseits davon ab, **ob ein fremder Dritter** für solche **Leistungen** bereit wäre, eine **Zahlung** zu entrichten. Dies wird **regelmäßig** dann der Fall sein, wenn mit sehr **hoher Wahrscheinlichkeit** durch die **Übernahme** von Funktionen und Risiken ein **Übergewinn realisiert** wer-   **108**

---

[128] Regelmäßig verfügen Eigenhändler aufgrund von Lizenzverträgen über das Recht, immaterielle Vermögenswerte auf einem bestimmten Gebiet auszunutzen. Sofern der Eigenhändler über eigene immaterielle Vermögenswerte (neben dem Kundenstamm/Kundenliste, Vertriebskanälen) verfügt, treten diesfalls die gleichen Entschädigungsfolgen wie bei der Umwandlung eines Eigen- in einen Auftrags- oder Lohnproduzenten ein (vgl. die Ausführungen in Rn. 97 ff.).

[129] Immaterielle Vermögenswerte wie Kundenstamm/Kundenliste oder Vertriebskanäle werden nicht übertragen.

[130] *Borstell/Wehnert* Kap. R Rn. 912 und *Engler/Kachur* Kap. O Rn. 124.

[131] Vgl. dazu die Ausführungen in Rn. 99.

den kann, dh **höhere Gewinne** oder **tiefere Kosten** aus der Übernahme von Funktionen und Risiken resultieren als wenn diese **selbst aufgebaut** werden. In einem solchen Fall ist zusätzlich zu untersuchen, ob die **Funktions- und Risikoübernahme** in Zusammenhang mit der Übertragung der immateriellen Vermögenswerte einen **(Teil-)Betrieb darstellen.** Ist dies der Fall,[132] ist eine **Goodwill-Komponente** zu berücksichtigen.

109 Daneben werden innerhalb eines Konzerns mitunter auch **unterstützende Funktionen des Managements verlagert.** In der Praxis werden bspw. **zentrale Koordinations- oder Stabsfunktionen** für Konzerndienstleistungen (Koordinationszentren) als auch **Finanzierungsfunktionen** verlagert.

110 Bei der Verlagerung von konzerninternen Dienstleistungen handelt es sich aus Sicht des Konzerns um die **Verlagerung von Hilfsfunktionen,** die regelmäßig auf der Grundlage **der Kostenaufschlags-Methode** mit einem **Gewinnaufschlag entschädigt** werden. Es handelt sich damit nicht um wesentlich **wertbestimmende Funktionen und Risiken** im Wertschöpfungsprozess des Konzerns.[133] Erst deren Auslagerung führt zu einer entgeltspflichtigen Funktion, weshalb im Rahmen der **Verlagerung** auf eine **Entschädigung zu verzichten** ist. Ein **fremder Dritter** würde nur dann im Rahmen der Übernahme **eine Entschädigung** entrichten, wenn er dadurch einen **höheren Gewinn** erzielen könnte als wenn er diese selber aufbaut. Gleiches gilt bei der **Verlagerung von Finanzierungsfunktionen** auf Konzernfinanzierungsgesellschaften, **Treasury Centers** oder **Factoring-Gesellschaften.** Auch hier handelt es sich aus Sicht des Konzerns um die **Verlagerung von Hilfsfunktionen,** die regelmäßig auf der Grundlage der **Kostenaufschlags-Methode** mit einem **Gewinnaufschlag** entgolten werden.[134] Eine **Entschädigungspflicht entfällt damit** aus demselben Grund wie bei der Übertragung von anderen konzerninternen Dienstleistungen.[135]

III. Verfahrensrechtliche Aspekte

1. Dokumentation und Beweislastverteilung

111 Das **Schweizer Steuerrecht** statuiert für **Unternehmen keine spezifische Verpflichtung** zur Erstellung einer **Verrechnungspreisdokumentation** für konzerninterne Leistungsbeziehungen. Aufgrund von **Art. 126 DBG** müssen Steuerpflichtige jedoch **alles tun,** um eine **vollständige** und **richtige Veranlagung** zu **ermöglichen** und auf **Verlangen** der Veranlagungsbehörden **mündlich oder schriftlich Auskunft erteilen,** Geschäftsbücher, Belege und weitere Bescheinigungen sowie Urkunden über den Geschäftsverkehr vorlegen. **Unternehmen** sind folglich **verpflichtet,** der

---

[132] Da es sich um die Übernahme von strategischen Funktionen handelt, wird regelmäßig kein (Teil-)Betrieb vorliegen.

[133] *Borstell/Wehnert* Kap. R Rn. 1012 und Rn. 1067.

[134] *Borstell/Wehnert* Kap. R Rn. 1063 ff. und Rn. 1074.

[135] Freilich muss eine Entschädigungspflicht geprüft werden, sofern die übertragene Finanzierungsfunktion keine Hilfsfunktionen, sondern eigentliche KERT-Funktionen darstellen.

Steuerbehörde auf Anfrage sämtliche **Informationen,** einschließlich **Aufzeichnung** zu konzerninternen **Verrechnungspreisen, zur Verfügung zu stellen,** um eine **vollständige** und **richtige Veranlagung zu ermöglichen.**

Aus **Art. 126 DBG** kann zwar geschlossen werden, dass **ein Steuer-** **112** pflichtiger auf **Anfrage** der Veranlagungsbehörde auch **Aufzeichnungen** zu **Verrechnungspreisen** vorlegen muss, jedoch gibt das **Schweizer Steuerrecht wenig Anhaltspunkte, wie** eine solche **Verrechnungspreisdokumentation auszugestalten** ist. Aufgrund des **Verweises** von **Kreisschreiben Nr. 4** der ESTV vom **19. März 2004** auf die **OECD–RL** sind **OECD-konforme Verrechnungspreisdokumentationen** (Funktions- und Risikoanalyse, Definition von Vergleichsunternehmen, Anpassungsrechnungen und Verprobung der Fremdvergleichspreise) in **den offiziellen Amtssprachen**[136] von den **Schweizer Steuerbehörden** zu **akzeptieren.** Mangels **genügender unabhängiger Vergleichsunternehmen** auf dem **Schweizer Markt** werden zur **Verprobung** der **Entschädigung Schweizer Funktionen** und **Risiken Fremdvergleiche** mit **westeuropäischen Unternehmen** zugelassen.[137]

Die **Pflicht** zur **Mitwirkung** bzw. **Vorlage** von **Dokumenten** im **Ver-** **113** anlagungsverfahren bedeutet **nicht,** dass der **Steuerpflichtige** die **Angemessenheit** der **Verrechnungspreise nachzuweisen** hat. Die **Beweislastregeln** sehen nach der **Schweizer Rechtsprechung** vor, dass für **steuerbegründende Tatsachen** die **Steuerbehörden** bzw. für **steuermindernde Tatsachen** der **Steuerpflichtige** beschwert sind.[138] Für die Bestimmung von **Verrechnungspreisen** bedeutet dies Folgendes: Ist bei einer **geldwerten Leistung strittig,** ob einer **Leistung** der steuerpflichtigen Gesellschaft **überhaupt** eine **Gegenleistung** des Anteilsinhabers **gegenübersteht,** trägt nach den genannten **Grundregeln die Gesellschaft** die **Beweislast** für das **Vorhandensein** einer solchen **Gegenleistung,** da diese **Leistung nur** dann **geschäftsmäßig begründet** und damit **steuermindernd** ist, **wenn** ihr eine **Gegenleistung gegenübersteht.**[139] Ist bei **Vorhandensein** einer **Gegenleistung die Frage** der **Angemessenheit strittig** (dh des richtigen Verrechnungspreises), **hat** die **Veranlagungsbehörde** aufgrund ihrer **Untersuchung** (mitunter mit Hilfe von Erfahrungszahlen, Branchenvergleichen etc.) **aufzuzeigen,** dass zwischen den **gegenseitigen Leistungen** ein **offensichtliches Missverhältnis besteht** und mithin die **Leistungen** der **Gesellschaft ganz** oder **teilweise nicht geschäftsmäßig begründet** sein können.[140] Damit **gilt Folgendes: Belegt** eine **steuerpflichtige Gesellschaft** die **vereinbarten Verrechnungspreise** mittels

---

[136] Vereinzelt lassen Schweizer Steuerbehörden auch in Englisch verfasste Verrechnungspreisdokumentationen zwecks Nachweis eines fremdvergleichskonformen Verrechnungspreises zu.

[137] Vgl. dazu auch *Stocker Transfer Pricing in Switzerland,* 27 ff. Mitunter ist durch Anpassungsrechnung den unterschiedlichen Marktgegebenheiten (Preisniveau, Absatzmengen etc.) Rechnung zu tragen.

[138] *Höhn/Waldburger* Steuerrecht, Bd. I, § 34 Rn. 16 mwN.

[139] *Zweifel* Sachverhaltsermittlung im Steuerveranlagungsverfahren, 112.

[140] StE 1991 B 72.13.22 Nr. 21 E 3a und b; *Zweifel/Hunziker* ASA 77 (2008/09), 677 ff.

Dokumentation, sind diese von der **Steuerbehörde** solange **zu akzeptieren,** als sie **nicht in der Lage** ist, einen **anderen Verrechnungspreis zu belegen.** Die **Eidgenössische Steuerrekurskommission** ging in ihrem **Entscheid vom 8. Juni 2006** sogar soweit, dass eine **geldwerte Leistung mangels Erkennbarkeit durch die Organe** aufgrund **unangemessener Verrechnungspreise dann nicht** in Frage kommt, wenn deren **Angemessenheit** mittels **Dokumentation** durch eine **unabhängige, sachverständige Drittgesellschaft nachgewiesen** wurde.[141]

114   Die **Anpassung** von **Verrechnungspreisen** (Angemessenheit von Leistung und Gegenleistung) wird nach **Schweizer Verständnis** auch **steuerstrafrechtlich nicht geahndet** (Ermessenssache).[142]

2. Antrag auf verbindliche Rechtsauskunft (Vorbescheid)

115   Seit Jahrzehnten hat sich in der **Schweizer Steuerpraxis** eingebürgert, bestimmte **Sachverhalte**[143] und **deren steuerliche Würdigung** mit den für den jeweiligen Fall **zuständigen Steuerbehörden vorgängig** zu **besprechen** und von diesen „**rulen**" zu lassen. Sog. **Rulings,** korrekter ausgedrückt „**Anträge auf verbindliche Rechtsauskunft**" (Vorbescheid), beinhalten die **vorgängige Auskunft, Bestätigung** oder **Zusicherung** der **Steuerbehörden** hinsichtlich der **Besteuerung** eines **konkreten** und vom Steuerpflichtigen **dargelegten Sachverhalts** im Rahmen des nachfolgenden **Veranlagungsverfahrens,** vorausgesetzt, dass dieser **Sachverhalt** wie dargelegt **umgesetzt** wird.[144] Es geht also bei **Vorbescheiden nicht** darum, mit den Steuerbehörden einen **Steuersatz** zu **verhandeln** (in einem solchen Falle würde ein nicht rechtmäßiger Steuervertrag vorliegen), **sondern** für einen **bestimmten Sachverhalt** zu klären, ob die **Steuerbehörden** mit der vom **Steuerpflichtigen** oder seinem **Berater** vorgenommenen **steuerlichen Würdigung** des **Sachverhalts einverstanden sind.**[145]

116   **Praxis, Lehre und Rechtsprechung** sind sich heute weitgehend einig, dass bei **Vorbescheiden Handlungen der Verwaltung** im Sinne von **Realakten** vorliegen.[146] Der **Realakt** zeichnet sich dadurch aus, dass das **Verwaltungshandeln nicht explizit** in den **anwendbaren gesetzlichen Bestimmungen** über das **Verwaltungsverfahren** und die **Verwaltungsrechtspflege geregelt** ist (Ausnahme: Art. 68 MWSTG). Er ist damit primär **nicht auf Rechtswirkungen ausgerichtet,** kann aber **dennoch** die **Rechtsstellung** des **Privaten berühren.**[147] **Mangels expliziter Regelung**

---

[141] Vgl. SRK 2005-114 E 3b/cc, 8.6.2006 in VPB 70.85, 15 f.

[142] *Brülisauer/Poltera* in Zweifel/Athanas (Hrsg.) Kommentar DBG, Art. 58 N 248.

[143] Für Vorbescheide eignen sich sowohl einmalige (wie bspw. Umstrukturierungen, Sanierungen, Kauf und Verkauf von Unternehmen) als auch Dauersachverhalte wie die Bestimmung von Verrechnungspreisen, vgl. dazu *Schreiber/Jaun/Kobierski,* 300 ff. und 321.

[144] *Schreiber/Jaun/Kobierski,* 298.

[145] Vgl. *Oesterhelt,* Bindungswirkung kantonaler Steuerrulings gegenüber ESTV, 190 ff.; *Schreiber/Jaun/Kobierski,* 317 f.

[146] Vgl. *Schreiber/Jaun/Kobierski,* 304 f. und 307 sowie die darin zit. Literatur.

[147] Vgl. *Tschannen/Zimmerli/Müller,* § 38 Rn. 11.

des Realakts in gesetzlichen Bestimmungen besteht auch **für Steuerpflichtige** und deren **Berater kein Rechtsanspruch** auf **Erlass** eines **Realaktes** bzw. eines **Vorbescheids** (Ausnahme: Art. 68 MWSTG). Wird ein eingereichter **Vorbescheid** von der dafür **zuständigen Steuerbehörde erteilt** (dh unterzeichnet), kann sich der betroffene **Steuerpflichtige,** soweit der im **Vorbescheid** dargestellte **Sachverhalt** so **umgesetzt** wurde, nach dem **Grundsatz von Treu und Glauben,** auf die im Vorbescheid beschriebenen **Steuerfolgen behaften** lassen. **Vorbescheide** werden in der Regel **gebührenfrei** erteilt, **außer** diese verursacht einen **hohen administrativen Aufwand** innerhalb der Steuerbehörde. In diesem Fall **zeigt** die **Steuerbehörde** dem **Steuerpflichtigen vor Bearbeitung** des **Vorbescheids** an, mit welchen **Gebühren** zu rechnen ist.[148] Vorbescheide **betreffend** die **direkten Steuern** (Einkommens- und Vermögenssteuer, Gewinn- und Kapitalsteuer) sind an die **zuständige kantonale Steuerbehörde** zu **richten** (und zwar auch für Zwecke der Bundessteuer), solche betreffend die **indirekten Steuern** (Verrechnungssteuer, Stempelabgaben, Mehrwertsteuer) an die **Eidgenössische Steuerverwaltung.**[149]

Abzugrenzen sind Realakte von **Rechtsakten,** welche die **Begründung,** 117 **Änderung** oder **Aufhebung** eines **Rechtsverhältnisses** zum Gegenstand haben und **unmittelbar Rechtswirkung** entfalten.[150] Wichtigstes **Instrument** eines **Rechtsaktes** im **Steuerbereich** sind **Verfügungen.** Diese **Verwaltungshandlungen** basieren **explizite** auf **gesetzlichen Bestimmungen** und können vom betroffenen **Steuerpflichtigen** nach Maßgabe des **Verwaltungs- und Verfahrensrechts angefochten werden.** Im Bereich der **direkten Steuern** (Einkommens- und Vermögensteuer sowie Gewinn- und Kapitalsteuer) werden Verfügungen bei der **Veranlagung** der Steuer erlassen. Bei den **indirekten Steuern** des Bundes (Verrechnungssteuer, Stempelabgaben und Mehrwertsteuer), die von den **steuerpflichtigen** Personen **selbst veranlagt werden,** besteht für diese die **Möglichkeit,** mittels **anfechtbarer Feststellungsverfügung** durch die **Eidgenössische Steuerverwaltung Rechtssicherheit** über die **Steuerfolgen** eines **Sachverhalts** zu **erlangen** (vgl. Art. 41 VStG, Art. 38 StG, Art. 82 MWSTG).

3. Vermeidung der wirtschaftlichen Doppelbelastung mittels Gegenberichtigung

Je nachdem, ob zwischen der **Schweiz** und dem **aufrechnenden** Staat 118 **(Primärberichtigung)** ein **Doppelbesteuerungsabkommen** in Kraft ist, bestehen **unterschiedliche Möglichkeiten,** eine **wirtschaftliche Doppelbelastung** zu **vermeiden,** nämlich aufgrund **unilateraler** und **bilateraler Maßnahmen.** Bei **beiden Fällen** ist zu **unterscheiden,** ob die **Steuerveranlagung** in der **Schweiz** bereits in **Rechtskraft (definitiv)** erwachsen ist oder **nicht.**

---

[148] Vgl. bspw. Merkblatt des kantonalen Steueramtes betreffend Begehren um amtliche Auskünfte und Vorbescheide vom 13. Oktober 2008 in Zürcher Steuerbuch, Teil I, Bd. 2, Nr. 30/500.

[149] *Oesterhelt* Bindungswirkung kantonaler Steuerrulings gegenüber ESTV, 194.

[150] *Häfelin/Müller/Uhlmann,* Rn. 730a.

a) Durch unilaterale Maßnahmen

119 Die **Schweizer Steuergesetze vermeiden** die **internationale juristische Doppelbesteuerung primär** über eine **unilaterale Freistellung** (mit Progressionsvorbehalt) von **Einkommen** und **Gewinn,** welche einer ausländischen **Betriebsstätte,** einem **ausländischen Geschäftsbetrieb** oder einem **ausländischen Grundstück** zugewiesen wird (vgl. zB Art. 52 Abs. 1 DBG[151]). Zur **Vermeidung der wirtschaftlichen Doppelbelastung** bestehen **keine besonderen gesetzlichen Bestimmungen.**

120 Die **direkten Bundessteuern** sowie die **kantonalen** und **kommunalen Steuern** vom **Einkommen, Vermögen, Gewinn** und **Kapital** werden durch die **kantonalen Steuerbehörden veranlagt.** Alle **Steuerpflichtigen** müssen **jährlich** eine **Steuererklärung** einreichen, die auf ihre **inhaltliche Richtigkeit** und die **Anwendung** der zutreffenden Normen durch **Beamte** der **Steuerverwaltung** zu **überprüfen** ist (sog. **gemischte Veranlagung).** Die **Steuerbehörden** haben innerhalb von **5 Jahren** nach Ablauf der **Steuerperiode Korrekturen** der **eingereichten Steuererklärung** vorzunehmen und dem **Steuerpflichtigen anzuzeigen,** andernfalls diese in **Rechtskraft** erwächst **(relative Veranlagungsverjährung).** Die **Veranlagungsverjährung** kann durch **Handlungen** der **Steuerbehörden** oder der **Steuerpflichtigen stillstehen** oder **neu beginnen,** dies jedoch **maximal während 15 Jahren** nach Ablauf der Steuerperiode **(absolute Veranlagungsverjährung;** Art. 120 DBG bzw. Art. 47 StHG). Gegen die **Veranlagung** der **Steuerbehörden** (dh Abänderung der eingereichten Steuererklärung) kann der **Steuerpflichtige Einsprache** erheben, andernfalls die **Veranlagung** in **definitive Rechtskraft** erwächst.[152]

121 Wird nun bei einer **ausländischen, verbundenen Unternehmung** eine **Primärberichtigung** zwischen dem **Zeitpunkt** der **Einreichung** und dem **Eintritt** der **Rechtskraft** der **Steuererklärung** einer bestimmten **Steuerperiode** vorgenommen, besteht die **Möglichkeit,** diese den verantwortlichen **Steuerbehörden anzuzeigen** und **mittels Einreichung** einer **korrigierten Steuererklärung** eine **Gegenberichtigung** bei der **Schweizer,** verbundenen Gesellschaft zu **erwirken.**[153] Dies **setzt** freilich **voraus,** dass die Schweizer **Steuerbehörden** die **Primärberichtigung** und damit die angepassten **Verrechnungspreise** in der ausländischen Gesellschaft als **fremdvergleichskonform beurteilen. Andernfalls** steht einzig der **Weg** über ein **Verständigungsverfahren** offen.

122 Wird bei einer **ausländischen,** verbundenen **Gesellschaft** eine **Primärberichtigung** nach Eintritt der **Rechtskraft** der **Steuererklärung** einer bestimmten **Steuerperiode vorgenommen,** gilt in Bezug auf die **Gegenberichtigung** in der **Schweiz folgendes:** eine **Abänderung** einer in

---

[151] Das StHG überlässt es den Kantonen, den Umfang der Steuerpflicht bei ausländischen Betriebsstätten, Geschäftsorten und Grundstücken zu definieren. Sämtliche Kantone haben dies im Sinne der Regelung des DBG umgesetzt.

[152] Vgl. zum Ganzen *Höhn/Waldburger* Steuerrecht, Bd. I, § 34 Rn. 27, 29 ff., 45 ff.

[153] Dies gebietet der verfassungsmäßige Anspruch auf rechtliches Gehör (Art. 29 Abs. 2 BV); vgl. auch *Lüthi* in Höhn (Hrsg.), Handbuch des internationalen Steuerrechts der Schweiz, Ziff. 44.3.

Rechtskraft erwachsenen **Steuererklärung** zugunsten des Steuerpflichtigen kann **nur** bei **Vorliegen** eines **Revisionsgrundes** erfolgen (Art. 147 DBG bzw. Art. 51 StHG). Eine **Primärberichtigung** durch **ausländische Steuerbehörden** stellt nach **allgemein herrschender Auffassung** in der Schweiz **kein Revisionsgrund** dar.[154] **Einzig** eine **Verständigungslösung** qualifiziert als **Revisionsgrund**.[155] Bei **Primärberichtigungen** durch **ausländische Steuerbehörden**, mit denen die **Schweiz keine Doppelbesteuerungsabkommen** ausgehandelt hat, steht damit **zwecks Vermeidung einer wirtschaftlichen Doppelbelastung** einzig der **Rechtsmittelweg** im Land der Aufrechnung **offen**.

Ausnahmsweise halten **kantonale Normen** fest, dass eine **Primärberichtigung** im Ausland als **Revisionsgrund** qualifiziert (vgl. zB Art. 197 Abs. 1 lit. d StG SG). **Sofern** die **ausländische Primärberichtigung** als **fremdvergleichskonform** beurteilt wird, **gewähren** diese **Kantone** für **kantonale Steuern** eine **Gegenberichtigung außerhalb** einer **Verständigungslösung**. **123**

b) Durch bilaterale Maßnahmen

Für den **Fall** einer **rechtskräftigen Veranlagung** in der Schweiz **oder** wenn Schweizer **Steuerbehörden** die ausländische Primärberichtigung als **nicht fremdvergleichskonform qualifizieren,** steht **einzig der Weg** über eine **bilaterale Verständigungslösung** zwecks **Vermeidung** der **wirtschaftlichen Doppelbelastung** offen.[156] Alle von der **Schweiz** abgeschlossenen **Doppelbesteuerungsabkommen** enthalten eine **Art. 25 OECD-MA** nachgebildete **Norm,** wonach u. a. bei **drohender** oder **bereits eingetretener wirtschaftlicher Doppelbelastung** ein **Verständigungsverfahren** eingeleitet werden kann. Das **Verständigungsverfahren** und die **internen Rechtsmittelverfahren** gelten nach Schweizer Verständnis als **voneinander unabhängige Verfahren,** die **nebeneinander** oder **nacheinander** durchgeführt werden können.[157] Damit werden **Rechtsmittelfristen** durch **Einleitung** eines **Verständigungsverfahrens nicht unterbrochen;** diese können im Gegensatz auch dann **noch eingeleitet** werden, wenn eine **Steuererklärung** oder ein **Rechtsmittelentscheid** in **Rechtskraft erwachsen** ist.[158] **124**

Antragsberechtigt für die **Einleitung** des **Verständigungsverfahrens** ist die in der **Schweiz ansässige,** dh **unbeschränkt steuerpflichtige Unternehmung,** welche die **wirtschaftliche Doppelbelastung** durch eine ausländische Primärberichtigung **erleidet**. Für das **Gesuch** um **Einleitung** bestehen in der Schweiz **keine Formvorschriften**. Es ist an das **Staatssek-** **125**

---

[154] *Locher* Einführung in das internationale Steuerrecht der Schweiz, 367.

[155] *Blumenstein/Locher* System des Schweizerischen Steuerrechts, 124; *Masshardt* Kommentar zur direkten Bundessteuer, Art. III.

[156] Bei absichtlicher Gewinnverschiebung wird eine Gegenberichtigung in der Schweiz abgelehnt (vgl. *Locher* Einführung in das internationale Steuerrecht der Schweiz, 367).

[157] BGE 82 I 1.

[158] *Lüthi* in Höhn (Hrsg.), Handbuch des internationalen Steuerrechts der Schweiz, Ziff. 41.

retariat für internationale Finanzfragen („SIF") in Bern zu richten. Mit dem **Gesuch** um **Einleitung** eines Verständigungsverfahrens **entbindet** die betroffene steuerpflichtige **Person** die **zuständige Behörde** vom **Steuergeheimnis** gegenüber der **Steuerbehörde** des anderen **Vertragsstaates.** Nach der **Praxis** darf der **andere Vertragsstaat** nur über **diejenigen Verhältnisse** der **gesuchstellenden Steuerpflichtigen orientiert** werden, die für die **Beurteilung des Verständigungsfalles von Bedeutung** sind. Dies **deckt** sich mit der **geltenden Amtshilfepraxis** der **Schweiz,** wonach auf **Anfrage** hin **voraussichtlich relevante Informationen** zwecks **Steuerveranlagung** im **Ausland ausgetauscht werden.** Bei der **Bestimmung** von **Verrechnungspreisen** muss dies **bedeuten,** dass einzig bei Anwendung einer **Gewinnaufteilungs-Methode Daten** und **Informationen** über die **Gewinnsituation** des Schweizer Unternehmens **auszutauschen** sind.

126 Die **Schweizer Praxis** kennt **keine Frist** für die **Einleitung** des **Verständigungsverfahrens.** Den in einigen wenigen **Doppelbesteuerungsabkommen** enthaltenen **Fristen** kommt **nur Ordnungs-** und **nicht Verwirkungscharakter** zu.[159] Freilich muss ein **Verständigungsverfahren** vor Ablauf der **absoluten Verjährungsfrist** einer Steuerveranlagung, dh **vor Ablauf von 10 Jahren** nach **Rechtskraft** (Art. 148 DBG, Art. 51 Abs. 3 StHG), **eingeleitet** werden.[160] Ist die **Frist** im **Zeitpunkt** der **Einreichung** des **Gesuchs gewahrt,** so erleidet der **Steuerpflichtige keinen Nachteil,** wenn die **Frist vor** oder **während** einer **Verständigung ausläuft.** Einzig die nach **Art. 148 DBG bzw. Art. 51 Abs. 3 StHG** vorgesehene **Frist** von **90 Tagen** nach **Entdeckung** des **Revisionsgesuchs** ist zu **wahren.** Die **Frist** beginnt **ab Mitteilung** des **SIF** über die getroffene **Verständigungslösung** zu laufen.[161]

127 Da nach Maßgabe von **Art. 25 OECD-MA** ein **Anspruch** auf **Beseitigung der wirtschaftlichen Doppelbelastung** nicht besteht, versucht die **Schweiz** seit geraumer Zeit eine **Schiedsgerichtsklausel** u. a. zur **Lösung** von **Verrechnungspreisfällen** in die **Doppelbesteuerungsabkommen aufzunehmen.** Bis heute **existieren keine Fälle,** die über ein **Schiedsgericht gelöst** werden mussten.

c) Durchführung der Gegenberichtigung

128 Wie bereits dargestellt, stellt eine **Verständigungslösung** einen **Revisionsgrund** dar. Die **Revision** der **Steuerveranlagung** erfolgt so, dass der **steuerbare Gewinn** der **betroffenen Unternehmung** in der **betroffenen Steuerperiode** entsprechend **reduziert** und **zuviel bezahlte Steuern,** unter Berücksichtigung von **Verzugszinsen** (Art. 168 DBG),[162] **zurückerstattet** werden (Praxis Kanton Zürich).

---

[159] *Lüthi* in Höhn (Hrsg.), Handbuch des internationalen Steuerrechts der Schweiz, Ziff. 42.23.

[160] *Lüthi* in Höhn (Hrsg.), Handbuch des internationalen Steuerrechts der Schweiz, Ziff. 44.3.

[161] *Lüthi* in Höhn (Hrsg.), Handbuch des internationalen Steuerrechts der Schweiz, Ziff. 44.3.

[162] Rückforderbar ist nach Art. 168 DBG die Zahlung einer Nichtschuld, die auf einer nachträglich abgeänderten rechtskräftigen Verfügung (hier Revision) beruht (vgl.

In der **überwiegenden Mehrheit** der **Kantone** erfolgt die **Gegenbe-** **129**
richtigung auf dem **Wege** einer **Steuergutschrift.** Die **Steuergutschrift**
(inkl. Verzugszins) auf den zum **Unrecht** in der **Schweiz** versteuerten **Ge-**
winn soll unter **Abzugsfähigkeit** der **Steuern** berechnet werden, also zum
Satz von 7.83 % wenn nur die **direkte Bundessteuer** zu berücksichtigen
ist. Im laufenden **Geschäftsjahr** soll der Steuerpflichtige weiterhin die **nor-**
male Steuerrückerstattung berechnen und **verbuchen,** wie wenn **keine**
Steuergutschrift bestünde. Die **Steuergutschrift** ist deshalb in der **Steu-**
erbilanz erfolgsneutral zu verbuchen.[163]

d) Sekundärberichtigung

Mittels **Sekundärberichtigung** wird die **handelsrechtliche** mit der **130**
steuerlichen Erfolgsrechnung in **Einklang** gebracht. Falls die **Gegenbe-**
richtigung durch **Anpassung** des **steuerbaren Gewinns** erfolgt (Revision), ist in einem letzten Schritt die **Buchhaltung** mit der **steuerlichen Er-**
folgsrechnung in **Einklang** zu bringen, befinden sich doch die **Gewinne**
immer noch bei der **falschen Gesellschaft.** Dabei stehen **zwei Varianten**
zur Verfügung: **Repatriierung** und **Requalifikation.** Bei der **Repatriie-**
rung werden **zu viel vereinnahmte Beträge,** die der **Besteuerung**
zugrunde gelegt wurden, **effektiv rückerstattet.** Werden die **verein-**
nahmten Beträge umqualifiziert, bspw. als **Schuldverhältnis** oder als
Beteiligungsabzug, spricht man von **Requalifikation.**

Nach der **Rechtsprechung** und **Praxis** können **Sekundärberichtigun-** **131**
gen außerhalb von **Verständigungslösungen** zu **Verrechnungssteuer-**
folgen (bei Leistungen von der betroffenen Gesellschaft an ihre Mutter- oder
Schwestergesellschaft) führen. Die **Rückerstattung** der **Verrechnungssteu-**
er richtet sich nach dem **maßgebenden Doppelbesteuerungsabkom-**
men.[164]

4. Advance Pricing Agreements (APA's)

In der **Praxis** hat es sich als **hilfreich** erwiesen, **komplexe Verrech-** **132**
nungspreisbestimmungen mittels **uni-** und **bilateralen Vorabverständi-**
gungsverfahren (sog. „Advance Pricing Agreement") zu **regeln.** Es handelt
sich dabei um eine **grenzüberschreitende, verbindliche Steuervereinba-**
rung zwischen **zwei Steuerbehörden** und den **betroffenen Steuerpflich-**
tigen. Damit wird **Rechtssicherheit bezüglich** der maßgeblichen **Preis-**
grundlagen für **zukünftige Transaktionen** geschaffen. Daneben können
gerichtliche Beurteilungen der **angewendeten Verrechnungspreise** und
die damit zusammenhängenden **hohen Prozesskosten vermieden** werden.

Frey in Zweifel/Athanas (Hrsg.), Kommentar DBG, Art. 168 N 5). Ein zu viel bezahl-
ter Betrag wird dem Steuerpflichtigen mit Rückerstattungszins zurückbezahlt.

[163] Vgl. *Agner/Jung/Steinmann/Digeronimo* Kommentar zum Gesetz über die direkte
Bundessteuer, Art. 59 Ziff. 9c.

[164] *Locher/Meier/von Siebenthal/Kolb* Doppelbesteuerungsabkommen Schweiz-Deutschland, Art. 9 B 9 Nr. 21. Diese Auffassung ist abzulehnen. Insoweit als nach Maßgabe
der Gewinnsteuer von den kantonalen Steuerbehörden eine Gegenberichtigung gewährt wird, soll diese auch nicht zu Verrechnungssteuern führen.

133   Im Gegensatz zu vielen anderen Steuerhoheiten **kennt** die **Schweiz kein formales APA-Programm,** sondern **subsumiert APA-Verfahren** unter **Verständigungsverfahren,** mit dem Unterschied, dass ein **Sachverhalt im Vorhinein** und **nicht im Nachhinein** behandelt wird. **APA-Verfahren** werden nach den **geltenden Regeln für Verständigungsverfahren abgewickelt** (vgl. die Ausführungen in Rn. 124 ff.).

5. Austausch von Informationen während Verständigungsverfahren

134   Ein kontrovers diskutiertes Thema ist der **Informationsaustausch** zwischen **Steuerbehörden** im Rahmen von **Verständigungsverfahren.**[165] So versuchen sich vereinzelt **Steuerpflichtige** unter Hinweis auf das **Bundesstrafgesetzbuch Art. 271** (Handeln für einen fremden Staat) bzw. Art. 273 (wirtschaftlicher Nachrichtendienst) den **ausländischen Anfragen** zu **entziehen** und **Jahresrechnungen** der Schweizer Gesellschaft nicht **einzureichen.** Dem ist Folgendes entgegenzuhalten: **Verständigungsverfahren** werden auf **Begehren der betroffenen Steuerpflichtigen** eingeleitet. Dies bedingt, dass im **Einklang mit der Amtshilfepraxis** des **Bundes** alle **Informationen zur richtigen Durchführung** des **Doppelbesteuerungsabkommens ausgetauscht** werden. Dieser **Informationsaustausch** bezieht sich auch auf die **richtige Bestimmung** von **Verrechnungspreisen.** Solange also **Informationen** zwecks **Definition von Verrechnungspreisen** notwendig sind, sind diese auch im Rahmen von **Verständigungsverhandlungen auszutauschen.** Dies verlangt auch der **Grundsatz von Treu und Glauben.** Ein **Abstellen auf Art. 271 StGB** hilft deshalb **nicht,** weil in **Art. 25 des jeweiligen DBA** die geforderte **gesetzliche Grundlage** für den **Informationsaustausch vorliegt.** Andererseits kommt **Art. 273 StGB** nach der **Praxis und Rechtsprechung des Bundesgerichts** dann **nicht** zur **Anwendung,** wenn der **Geschäftsherr selbst,** dh die **Gesellschaft,** welche das **Verständigungsverfahren einleitet,** die **Freigabe der Informationen „verfügt".** Dies umso **mehr,** als im Rahmen von **Verständigungsverfahren** bei einer **Weitergabe von Geschäftsinformationen** regelmäßig weder **direkte staatliche noch schützenswerte Interessen Dritter betroffen sind.** Es ist jedoch von den **Schweizer Steuerbehörden** im **Einzelfall zu prüfen,** ob zB die **Vorlage des statutarischen Abschlusses** der **Schweizer** (Konzern-)**Muttergesellschaft** für die **richtige Bestimmung** der in Frage stehenden **Verrechnungspreise notwendig ist.**[166]

---

[165] Außerhalb von Verständigungsverfahren dürfen nach dem geltenden OECD-Standard einzig Informationen ausgetauscht werden, die zur Steuerveranlagung im Ausland voraussichtlich notwendig sind. Zur Bestimmung der richtigen Verrechnungspreise ist damit ein Austausch von Informationen nur bei Anwendung der Gewinnaufteilungsmethode notwendig.

[166] Dies wird regelmäßig nur dann der Fall sein, wenn zwecks Bestimmung der Verrechnungspreise die Gewinnaufteilungsmethode zur Anwendung gelangt.

Kapitel U: Verrechnungspreise in Österreich

Übersicht

I. Nationale Rechtsgrundlagen zur Einkünfteberichtigung

Eine **Berichtigung von Verrechnungspreisen** ist aus Schutz vor will- **1**
kürlicher Steuererhebung nur auf Basis von entsprechenden nationalen
Rechtsgrundlagen zulässig (Art. 18 B-VG, § 5 F-VG). Dafür kommen insb.
Verfassungsgesetze und einfache Gesetze, EU-Recht, Bundes- und Landesge-
setze in Frage. Die Verwaltungsbehörden sind zur Erlassung von Verordnungen, das sind generelle Rechtsnormen mit Rechtsverbindlichkeit im Außenverhältnis, berechtigt. Weiters sind die Entscheidungen der Gerichtshöfe des
öffentlichen Rechts (Verwaltungsgerichtshof = VwGH, Verfassungsgerichts-
hof = VfGH) von Relevanz, denen eine über den Einzelfall hinausreichende
Bedeutung nur hinsichtlich des Umstandes zukommt, dass die Gerichtshöfe
künftig gleich gelagerte Fälle im Allgemeinen gleich entscheiden werden
bzw., soweit es den VwGH betrifft, gleich entscheiden müssen, sofern nicht
die für ein Abgehen von der bisherigen Rechtsprechung vorgesehenen pro-
zessualen Voraussetzungen (Befassung eines verstärkten Senates) eingehalten
werden.[1] Faktisch nicht zu vernachlässigen ist weiters die Tendenz des österreichischen Bundesministeriums für Finanzen (BMF), seine Auffassungen zu
bedeutsamen Entscheidungen der Höchstgerichte in einem Update zu den
SteuerRL (Erlässen) des BMF kundzutun.[2] Dadurch kommt den höchstge-
richtlichen Entscheidungen eine verstärkte allgemeine Bedeutung zu.

Die VerrechnungspreisRL (VPR 2010) wurden als Erlass veröffentlicht und
stellen damit keine verbindliche Rechtsquelle dar, gleichwohl sind diese aufgrund der Weisungsbefugnis des BMF für die Steuerbehörden bindend und
stellen – wie das BMF auch in der Präambel zu den VPR 2010 festhält – im
Interesse der einheitlichen Vorgangsweise einen Auslegungsbehelf zur Handhabung des Fremdvergleichsgrundsatzes dar.

Eine Körperschaft und ihre Anteilseigner sind zivilrechtlich und idR auch **2**
steuerrechtlich als eigenständige Rechts- und Vermögenssubjekte zu behandeln, sodass auf Grund des sog. Trennungsprinzips zwischen diesen Subjekten
bestehende Rechtsbeziehungen möglich und von der Abgabenverwaltung
prinzipiell anzuerkennen sind.[3] Im Falle der Übertragung von Wirtschaftsgütern bzw. der Erbringung von Dienstleistungen zu **nicht fremdüblichen
Preisen** ist die Abgabenverwaltung jedoch berechtigt, steuerwirksame Be-

---

[1] *Doralt/Ruppe* Grundriss des österreichischen Steuerrechts, Bd. II6, 2012, Rn. 95.
[2] Insb. Einkommensteuerrichtlinien 2000, Stand 22. Dezember 2011, im Folgenden
„EStR"; Körperschaftsteuerrichtlinien 2001, Stand 6. April 2010, im Folgenden
„KStR"; Verrechnungspreisrichtlinien 2010, Stand 28. Oktober 2010, im Folgenden
„VPR".
[3] *Doralt/Ruppe* Grundriss des österreichischen Steuerrechts, Bd. I10, 2012, Rn. 902.

richtigungen in der Differenz zum gemeinen Wert bzw. Fremdvergleichswert aufgrund der Annahme von verdeckten Einlagen gem. § 8 Abs. 1 KStG bzw. verdeckten Gewinnausschüttungen gem. § 8 Abs. 2 KStG bei den gesellschaftsrechtlich verbundenen Kapitalgesellschaften vorzunehmen, um „steuerschonende" Verschiebungen hintan zu halten. Weitere wichtige nationale Rechtsgrundlagen zur Einkünfteberichtigung, über die im Anschluss ein Überblick gegeben werden soll, umfassen die **Sicherstellung der Besteuerungshoheit** Österreichs hinsichtlich der während österreichischer Ansässigkeit angesammelter stiller Reserven gem. § 6 Z. 6 EStG, die Anforderungen zur steuerlichen Anerkennung von Betriebsausgaben nach § 4 EStG sowie die Einkünftezurechnungskriterien gem. § 2 Abs. 3 EStG. Dem steuerlichen Gestaltungsspielraum werden überdies durch die Bestimmungen der §§ 22–24 BAO Grenzen gesetzt.

1. Verdeckte Einlage bei Kapitalgesellschaften gem. § 8 Abs. 1 KStG

a) Allgemeines

3   Im Falle nicht fremdüblicher Verrechnungspreise kann es zu verdeckten Einlagen gem. § 8 Abs. 2 KStG kommen. Darunter sind Zuwendungen von Vermögensvorteilen, die äußerlich nicht als Einlage in Erscheinung treten und die ihre Ursache im Gesellschaftsverhältnis haben (causa societatis), zu verstehen. **Verdeckte Einlagen** liegen damit im Konkreten vor, wenn der Körperschaft vom Anteilsinhaber oder einer diesem nahestehenden Person anlässlich einer rechtsgeschäftlichen Transaktion ein geldwerter Vorteil zukommt, der nur aus der Anteilsinhaberschaft seine Erklärung findet (dh dem **Fremdvergleich** nicht standhält).[4]

4   Verdeckte oder offene Einlagen („Beiträge jeder Art"), die von Personen in ihrer Eigenschaft als Gesellschafter geleistet werden, bleiben gem. § 8 Abs. 1 KStG bei der Ermittlung des Einkommens der Gesellschaft außer Ansatz, da es sich um nicht betrieblich veranlasste Vermögenszugänge handelt. Einlagen dienen damit – allgemein gesprochen – der Korrektur des steuerlichen Ergebnisses um nicht betrieblich bedingte Vorgänge.

5   Die **Tatbestandsmerkmale der verdeckten Einlage** stimmen in vielen Punkten mit jenen der verdeckten Ausschüttung (vA) überein (s. Rn. 21 ff.); die verdeckte Einlage kann damit als Gegenstück zur vA angesehen werden. Neben einer objektiven Bereicherung der Körperschaft durch den Anteilsinhaber muss auch eine Zuwendungsabsicht vorliegen bzw. müssen im Zweifelsfall zumindest die Umstände des Einzelfalls für eine Zuwendungsabsicht des Anteilsinhabers sprechen.[5] Ein bloßes Missverhältnis zwischen Leistung und Gegenleistung reicht für sich damit allein noch nicht zur Annahme einer verdeckten Einlage aus.[6] So könnten bspw. auch (als fremdüblich zu qualifizieren-

---

[4] VwGH 26.5.1998, 94/14/0042; 23.9.2005, 2003/15/0078; *Renner* in Quantschnigg/Renner/Schellmann/Stöger, KStG, 18. Lfg, zu § 8 KStG, Rn. 6 f.; *Doralt/Ruppe* Grundriss des österreichischen Steuerrechts, Bd. I10, 2012, Rn. 964.

[5] *Renner* in Quantschnigg/Renner/Schellmann/Stöger, KStG, 18. Lfg, zu § 7 KStG, Rn. 6 f.; KStR Rn. 487.

[6] *Ludwig* RdW 1997, 310, 313.

de) strategische Überlegungen des Gesellschafters oder Unterstützungsleistungen bei Anlaufschwierigkeiten[7] ein solches Missverhältnis begründen. Für die Frage, ob eine Vermögenszuwendung durch die Gesellschafterstellung veranlasst ist, kommt es somit maßgeblich darauf an, ob diese Zuwendung auch einander fremd gegenüberstehende Personen gesetzt hätten (Fremdvergleich).[8]

b) Bewertung der verdeckten Einlage

Nach § 6 Z 14 lit. b EStG ist die Einlage von Wirtschaftsgütern oder sons- **6** tigen vermögenswerten Vorteilen in eine Kapitalgesellschaft als Tausch zu qualifizieren. Damit ist das eingelegte Vermögen und die daraus resultierende Werterhöhung der Anteile an der Gesellschaft gem. § 6 Z. 14 lit. a EStG jeweils mit „dem gemeinen Wert des hingegebenen Wirtschaftsgutes" zu bewerten. Beim Gesellschafter kommt es somit zu einer dem gemeinen Wert des verdeckt eingelegten Wirtschaftsgutes bzw. sonstigen Vermögensvorteils entsprechenden Erhöhung der Anschaffungskosten der Beteiligung bzw. ihres Buchwertes.[9] Bei der Gesellschaft wiederum wären aufgrund der Tauschfiktion die Anschaffungskosten für das eingelegte Wirtschafsgut mit dem gemeinen Wert der Werterhöhung der Anteile zu bewerten. Nach Rn. 498 KStR bestehen jedoch aus Gründen der einfacheren Handhabung keine Bedenken, wenn auf beiden Seiten der gemeine Wert des eingelegten Wirtschaftsgutes oder sonstigen Vermögens angesetzt wird (Wertverknüpfung).[10]

Mit der Sondernorm des § 6 Z. 14 lit. b EStG wurde klargestellt, dass die **7** allgemeine Einlagenbewertungsvorschrift des § 6 Z. 5 EStG, die eine Bewertung zum Teilwert[11] vorsieht, auf gesellschaftsrechtliche Einlagen nicht anwendbar ist.[12] Die Zugrundelegung des gemeinen Wertes führt jedoch zur einigen Interpretationsschwierigkeiten. Da der gemeine Wert im EStG nicht eigenständig definiert ist, gelten nach Rn. 2590 ff. EStR die Bestimmungen des Bewertungsgesetzes (BewG): Der gemeine Wert ist der Wert, der im gewöhnlichen Geschäftsverkehr bei einer Einzelveräußerung ohne Zusammenhang mit dem Betrieb erzielt wird; er wird auch als **Verkehrswert oder Liquidationswert** bezeichnet. Ungewöhnliche und persönliche Verhältnisse sind nicht zu berücksichtigen.[13] Als gewöhnlicher Geschäftsverkehr ist jener

---

[7] *Wiesner* SWK 1990 A I 346.

[8] VwGH 26.5.1998, 94/14/0042; 23.9.2005, 2003/15/0078.

[9] VwGH 21.7.1998, 93/14/0187.

[10] *Renner* in Quantschnigg/Renner/Schellmann/Stöger, KStG, 18. Lfg, zu § 8 KStG, Rn. 52 (Rz 53 nach KStR 2013).

[11] „Teilwert ist der Betrag, den der Erwerber des ganzen Betriebes im Rahmen des Gesamtkaufspreises für das einzelne Wirtschaftgut ansetzen würde, dabei ist davon auszugehen, dass der Erwerber den Betrieb fortführt" (§ 6 Z. 1 EStG). Mit der Berücksichtigung der Unternehmensfortführung folgt der Teilwert damit dem „Going-concern-Prinzip" der Handelsbilanz (§ 201 Abs. 2 Z. 2 HGB). Beim Teilwert steht idR der Wiederbeschaffungswert im Vordergrund; bei nicht abnutzbaren Wirtschaftsgütern wird vermutet, dass der Teilwert zumindest den Anschaffungskosten entspricht, bei abnutzbaren Wirtschaftsgütern, dass er den Anschaffungskosten abzüglich der AfA entspricht (Teilwertvermutung). Bei im Betrieb nicht mehr gebrauchten, entspricht der Teilwert dem gemeinen Wert.

[12] Vgl. EStR Rn. 2595.

[13] Vgl. § 1 Abs. 1 BewG iVm § 10 Abs. 2 BewG.

Verkehr anzusehen, der sich aus Angebot und Nachfrage ergibt, wobei weder Verkäufer noch Käufer unter Zeitdruck oder sonstigen Zwängen stehen sollten. Für die Wertfindung iSd § 10 BewG kommt es nicht darauf an, ob ein Wirtschaftsgut tatsächlich verkauft wurde. Irrelevant ist auch, welcher Preis im Falle einer Veräußerung erzielt worden ist. Das Ergebnis der Bewertung ist vielmehr davon abhängig, ob sich der Vermögensgegenstand verkaufen lässt oder ob er auf sonstige Weise wirtschaftlich sinnvoll verwertet werden könnte.[14]

8   Nach Ansicht von *Gassner*[15] ist die von den RL für die (verdeckte) Einlage zugelassene Bewertung mit deren gemeinen Wert abzulehnen. Der gemeine Wert des eingelegten Wirtschaftsguts mag lediglich ein – oft zutreffender – Anhaltspunkt für die Schätzung von dessen Anschaffungskosten sein.[16] Es ist jedoch fraglich, ob der gemeine Wert nach § 10 BewG wirklich – wie systemkonform für die verdeckte Einlage wünschenswert – mit dem fremdüblichen Verrechnungspreis iSd § 6 Z. 6 EStG bzw. iSd § 8 Abs. 2 KStG für die vA (s. Rn. 39 und Rn. 49 f.) in Deckung gebracht werden kann. Ein **fremdüblicher Verrechnungspreis** muss selbstverständlich die ungewöhnlichen und die persönlichen Verhältnisse wie Schwarzmarktpreise,[17] persönliche Verhältnisse wie Notsituationen[18] oder Verfügungsbeschränkungen wie zB Veräußerungsverbote, Verkaufs- oder Nutzungsbeschränkungen berücksichtigen, die gerade bei der gemeinen Wertermittlung nach § 10 BewG keine Beachtung finden.[19] Auch hat ein fremdüblicher Veräußerungspreis die Wirtschaftsstufe zu berücksichtigen, auf der die Veräußerung erfolgt, während der gemeine Wert des § 10 BewG nach hM wirtschaftsstufenunabhängig auf einen durchschnittlichen Absatzpreis am Absatzmarkt für Private abstellt, wie er etwa im „Verkehrswert" zum Ausdruck kommt.

9   Der VwGH hat mit Entscheidung vom 15.3.2001[20] seine bisherige Rechtsprechung zur gemeinen Wertermittlung wiederholt: Der gemeine Wert zB eines bei einem Preisausschreiben gewonnenen PKW sei mit dem Händlerverkaufspreis gleichzusetzen; der Wert eines Gutscheins für ein Fertigteilhaus sei der Listenpreis für das Fertigteilhaus.[21] Der VwGH stellt damit auf die im gewöhnlichen Geschäftsverkehr angewandten Handelspreise, maßgeblich wäre also der **Wiederbeschaffungspreis,** der idR der Teilwertbemessung zugrunde liegt. Das BMF wiederum bemisst den gemeinen Wert abhängig von der Unternehmensstufe.[22] Nach Doralt entspricht der gemeine Wert jedoch entgegen der Auffassung des VwGH und des BMF weder dem Händlerver-

---

[14] Vgl. *Pröll* ÖStZ 2009, 78 ff.

[15] *Gassner* Die verdeckte Einlage in Kapitalgesellschaften, 46.

[16] *Hügel* GesRZ 1992, 262 ff.

[17] *Rössler/Troll* BewG § 9 Anm 4.

[18] Zu weiteren Beispielen s. *Gürsching/Stenger* BewG § 9 Anm 15.

[19] Vgl. auch zutreffend *Pröll* ÖStZ 2009, 78.

[20] VwGH 15.3.2001, 98/16/0205 zur Verlosung von zwei PKW bei einem Gewinnspiel; das Finanzamt schreib Schenkungssteuer vom Händlerverkaufspreis abzüglich einen handelsüblichen Nachlasses von 10% vor. Der VwGH bestätigte die Bewertung; es sei zulässig, wenn die Behörden den gemeinen Wert am Listenpreis orientieren.

[21] VwGH 11.7.2000, 97/16/0222 zu einem Gutschein für ein Fertigteilhaus.

[22] Erzeugerbetrieb, Großhändler, Einzelhändler; vgl. UStR Rn. 671.

kaufspreis noch sei er von der Unternehmensstufe abhängig, da er jedenfalls veräußerungsseitig zu werten sei.[23] Der gemeine Wert zB einer neuen Maschine sei damit der Preis, zu dem der private Käufer die neu erworbene Maschine an einen Dritten verkaufen kann; das sei idR nicht der Händlerverkaufspreis, zu dem er die Maschine gerade erworben hatte.

Die Auffassung von **Doralt** entspringt damit der Analyse der allgemeinen **10** Bestimmung des § 10 BewG. Aus Verrechnungspreissicht ist jedoch teleologisch Sinn und Zweck der Wertermittlung einer verdeckten Einlage zu berücksichtigen. Damit ist *Gassner*[24] zuzustimmen, dass der Gesetzgeber mit dem gemeinen Wert in § 6 Z 14 lit. a EStG nichts anderes als den **Marktwert** anspricht und damit auf Kapitalgesellschaften bezogen denselben Marktwert wie § 6 Z. 6 EStG,[25] nämlich den fremdüblichen Verrechnungspreis, meint. Der gemeine Wert ist ein Absatz- oder Liquidationswert und kann nur als durchschnittlicher Preis der entsprechenden Wirtschaftsstufe[26] verstanden werden, wobei sehr wohl auf persönliche und ungewöhnliche Verhältnisse Bedacht zu nehmen ist. Daraus ergäbe sich ein – systemkonformer – Gleichklang zwischen Korrekturerfordernis und Bewertung verdeckter Ausschüttungen und (verdeckter) Einlagen sowohl hinsichtlich der Zuwendung von Wirtschaftsgütern als auch von Nutzungsvorteilen. Denn verdeckten Ausschüttungen sind, wie die KStR zutreffend in Rn. 657 und 763 ausführen, nach dem Fremdvergleichsgrundsatz zu bewerten. Die jüngere Rechtsprechung des VwGH steht dieser Ansicht nicht entgegen, denn der VGH verweist zwar in seiner Rechtsprechung zu verdeckten Einlagen auf den „gemeinen Wert", allerdings nicht auf § 10 BewG.[27]

Terminologisch wird in den RL zwischen direkt und indirekt verdeckter **11** Sacheinlage unterschieden: Bei der **direkt verdeckten Sacheinlage**[28] schenkt der Gesellschafter der Gesellschaft ein Wirtschaftsgut, ohne dass eine Schenkung iSd ErbStG 1955 vorliegt. Das mit dem gemeinen Wert aktivierte Wirtschaftsgut ist im Anlage- oder Umlaufvermögen. Bei der **indirekt verdeckten Sacheinlage,** die im wörtlichen Sinn durch ein Rechtsgeschäft verdeckt wird, ist nach Rn. 2603 EStR der rechtsgeschäftliche Vorgang vom gesellschaftsrechtlichen zu trennen. Verkauft ein Gesellschafter einer Kapitalgesellschaft etwa ein Wirtschaftsgut zu einem unangemessenen niedrigen Preis, sind die Anschaffungskosten der Kapitalgesellschaft auf den gemeinen Wert zu erhöhen, in Höhe der Differenz zum gemeinen Wert ist eine Einlage anzunehmen.

Eine Einlage kann weiters nicht nur durch Zuführung von Wirtschaftsgütern, sondern auch durch einen Forderungsverzicht eines Anteilseigners bewirkt werden. Gegenstand der Einlage ist der Wegfall des Passivpostens,[29] soweit die zugrunde liegende Forderung noch werthaltig war (Tageswert der

---

[23] Vgl. *Doralt* RdW 2002, 369.

[24] *Lechner* Die verdeckte Einlage, 50.

[25] *Beiser* ÖStZ 1991, 303.

[26] Vgl. zur Unmaßgeblichkeit der wirtschaftsbezogenen Märkte nach § 10 BewG, *Lechner* ÖStZ 1985, 94.

[27] Vgl. zB VwGH 24.2.2011, 2010/15/0204; 26.2.2004, 99/15/0127; 16.9.2003, 99/14/0324.

[28] Vgl. Rn. 2602 EStR.

[29] VwGH 23.9.2005, 2003/15/0078.

Forderung zum Zeitpunkt des Verzichts).[30] Der nicht mehr werthaltige Teil stellt eine steuerwirksame Betriebseinnahme dar (§ 1 (1) KStG).

c) Verdecktes Eigenkapital

12   Stellen die Gesellschafter der Gesellschaft Kapital in Form von Darlehen zu Verfügung, so sind derartige Vereinbarungen (und damit insb. auch die Abzugsfähigkeit von Schuldzinsen) prinzipiell auch steuerlich anzuerkennen. Hat der Vorgang seine Wurzel hingegen in der Anteilsinhaberschaft und nicht in einem (fremdüblichen) Leistungsaustausch, ist er (ertrag)steuerlich irrelevant. Dies gilt unabhängig davon, welche zivilrechtlichen Grundlagen die Darlehensgewährung aufweist.[31] Unter besonderen Umständen kann darin auch eine **verdeckte Eigenkapitalzufuhr** liegen. Als verdeckte Ausschüttung („vA") zu qualifizierende Zinsaufwendungen sind steuerlich nicht absetzbar.[32] Der VwGH hat jedoch wiederholt betont, dass der Abgabepflichtige in der Wahl der Mittel, mit denen er den Betrieb führt, frei sei und dass an die der Abgabenverwaltung obliegende Beweisführung , dass Gesellschafterdarlehen als verdecktes Eigenkapital zu behandeln sind besonders strenge Anforderungen zu stellen sind.[33] Dennoch lassen die eher kasuistische Rechtsprechung des VwGH und die darauf aufbauenden Aussagen des BMF in den KStR klare RL weitgehend vermissen.[34]

13   Die jüngere Rechtsprechung des VwGH[35] orientiert sich unter Berufung auf Ruppe anhand der für Familienverträge entwickelten Kriterien an der **Fremdüblichkeit der Vertragsgestaltung** und stützt die Umqualifizierung ausdrücklich nicht mehr nur auf das Missverhältnis zwischen Eigen- und Fremdkapital. Eine Umdeutung ist daher nur zulässig, wenn ganz besondere Umstände dafür sprechen, dass die Darlehenshingabe für die Gesellschaft objektiv den wirtschaftlichen Erfolg hat, Eigenkapital zu ersetzen, und daher eine Eigenkapitalzufuhr wirtschaftlich geboten wäre. Als besondere Umstände, die bei einer Gesamtbetrachtung letztlich eine Umdeutung rechtfertigen könnten, sind nach der Rechtsprechung
– ein Missverhältnis zwischen dem Eigenkapital und dem auf Dauer benötigten Mittelbedarf[36] (gewichtiges Indiz auch nach Auffassung der Fin-Verw.[37]);

---

[30] Rn. 506, 759 KStR.
[31] VwGH 23.10.1997, 94/15/0160, 0161, 96/15/0180, 0204; 26.7.2006, 2004/14/0151.
[32] § 8 Abs. 2 TS 1 KStG.
[33] VwGH 23.10.1984, 83/14/0257; VwGH 18.12.1990, 89/14/0133; s. auch *Gassner* Landesbericht Österreich, CDFI, 1996b, 323ff.; VwGH 30.3.1953, 565/51; auch *Wiesner* RWZ 1999, 205.
[34] S. detailliert beschrieben in *Gassner* Die verdeckte Einlage in Kapitalgesellschaften, 2004, 19ff.
[35] Vgl. insb. VwGH 23.10.1984, 83/14/0257; 28.4.1999, 97/13/0068; 14.12.2000, 95/15/0127; dazu Wiesner RWZ 1999, 204f.; derselbe, RWZ 2001, 41f.; *Doralt/Ruppe* Grundriss des österreichischen Steuerrechts, Band I10, 2012, Rn. 972.
[36] VwGH 30.3.1953, 565/51, Slg. 738F; das Fremdkapital ersetzt wirtschaftlich Eigenkapital, VwGH 18.10.1989, 88/13/0180.
[37] KStR Rn. 531 (unter Berufung auf die ältere Rechtsprechung des VwGH); vgl. auch EuGH 12.12.2002, C-324/00 (Lankhorst-Hohorst).

- eine wesentlich unter dem Branchendurchschnitt liegende Eigenkapitalquote;[38]
- die Nichterlangbarkeit von Krediten bei Nichtgesellschaftern (Fremdvergleich);[39]
- die Ausstattung des Darlehens (, keine Vereinbarung über Rückzahlung[40] und Verzinsung; gesellschafterähnliche Rechte des Gläubigers);[41]
- mangelnde Klarheit, Publizität und Transparenz der Darlehensvereinbarung;[42]
- die Hingabe des Darlehens als unabdingbare Voraussetzung für den Erwerb der Gesellschaftsrechte[43]

anzusehen. Die FinVerw. führt in Rn. 721 KStR folgende Indizien zur **nicht fremdüblichen Ausstattung von Fremdkapital** an:[44]
- keine feststehenden Zinsfälligkeiten;
- fehlende Sicherheiten, sofern diese im Einzelfall fremdüblich sind;
- kein bestimmter Kreditrahmen;
- Kreditgewährung bei wirtschaftlich schlechter Situation der Gesellschaft;
- geringe oder langfristige (unter Fremden unübliche) Darlehenstilgungen (geringfügige Rückzahlungen beweisen noch nicht das Vorliegen eines Darlehens).

Entscheidend ist das Gesamtbild der Verhältnisse: je mehr Faktoren vorlie- **14** gen, umso eher ist von einer verdeckten Ausschüttung auszugehen. Einzelne Faktoren sind nach Ansicht der FinVerw. lediglich indiziell zu würdigen. In der Praxis ist jedoch damit zu rechnen, dass die Abgabenbehörden Gesellschafterfremdfinanzierungen ab dem Überschreiten einer Fremdkapitalquote von 4 : 1–3 : 1 kritisch in Hinblick auf verdecktes Eigenkapital prüfen. Für diese Fremdkapitalquote findet sich keine spezifische gesetzliche Grundlage, sie entstammt lediglich der Verwaltungspraxis.[45] Der Prüfungsmaßstab der Abgabenbehörden hat sich in diesem Zusammenhang innerhalb der letzten Jahre massiv verschärft, wozu auch die Änderung der Rechtslage in Deutschland ihren Beitrag gehabt haben dürfte. Die Einführung einer gesetzlichen **Beschränkung der Gesellschafter-Fremdfinanzierung** stand schon wie-

---

[38] VwGH 23.10.1984, 83/14/0257.

[39] VwGH 30.3.1953, 565/51, Slg 738 F.

[40] Der Umstand, dass der Rückzahlungstermin nicht bestimmt ist, kann nach der neueren Rspr des VwGH (VwGH 28.4.2009, 2004/13/0059) keine verdeckte Ausschüttung begründen, da die Körperschaft in diesen Fällen das ausstehende Saldo jederzeit fällig stellen kann (anders VwGH 26.9.1985, 85/14/0079, ÖStZB 1986, 155 f.; und KStR 201 Rn. 720, wobei dieses Erfordernis nach den KStR 2001 nicht iZm Kontokorrentverhältnissen zum Tragen kommt. Vgl. *Achatz/Kirchmayr* § 8, Rz 380 (Rn. 1029 nach KStR 2013)).

[41] VwGH 20.3.1974, 1157/72; *Quantschnigg/Renner/Schellmann/Stöger* KSt-Kommentar, § 8 Rn. 31 (Rn. 32 nach KStR 2013).

[42] *Lang/Schuch/Staringer* KSt-Kommentar, § 8 Rn. 47, 51 (Rn. 48, 52 nach KStR 2013).

[43] VwGH 20.1.1992, 90/15/0074.

[44] Zur verdeckten Ausschüttung, die Kriterien sollten jedoch vergleichbar sein.

[45] Anfang 2000 wurden noch Fremdkapitalquoten bis zu rd. 11 : 1 auf Basis der nach § 22 Unternehmensreorganisationsgesetz (URG) geforderten Eigenmittelquote von mindestens 8 % in der Regel nicht beanstandet.

derholt zur Diskussion,[46] zurzeit sind jedoch keine konkreten Reformpläne bekannt.

15   In der **Literatur** wird jedoch insb. die Umqualifizierung einer zivilrechtlich unzweifelhaft als Darlehen ausgestalteten (Gesellschafter-)Fremdfinanzierung mit fremdüblicher Rückzahlungsverpflichtung abgelehnt,[47] eine Umqualifizierung sei damit nur bei zivilrechtlich nicht eindeutig zuordenbaren Mittelzuführungen denkbar.[48] Auch nach der Rechtsprechung des deutschen BFH kommt es für die Abgrenzung zwischen Eigen- und Fremdkapital unter Berufung auf das Maßgeblichkeitsprinzip entscheidend darauf an, ob nach der zivilrechtlichen Gestaltung hinsichtlich des überlassenen Vermögenswertes eine „Rückgewährverbindlichkeit" besteht oder nicht.[49] *Gassner*[50] führt in diesem Zusammenhang überzeugend aus, dass seiner Meinung nach verdecktes Eigenkapital nur angenommen werden könne, wenn das vom Gesellschafter zur Verfügung gestellte Kapital in das (wirtschaftliche) Eigentum der Gesellschaft übergeht. Wirtschaftliches Eigentum iSd § 24 BAO ist anzunehmen, wenn jemand auf Dauer die tatsächliche Herrschaft über ein Wirtschaftsgut auszuüben in der Lage und imstande ist, andere von der Verfügungsmacht und der Nutzung auszuschließen.[51] Besteht daher eine Rückzahlungspflicht, was wegen der Tatbestandswirkung der Vertragsgestaltung für die steuerliche Beurteilung aus der Zivilrechtslage abzuleiten ist, dann wird seines Erachtens wirtschaftliches Eigentum der Gesellschaft regelmäßig auszuschließen sein.

16   Damit sollte bei einer Darlehensgewährung der alleinige Umstand der Vereinbarung einer Zinslosigkeit für sich betrachtet jedenfalls noch **keine Umqualifizierung** in verdecktes Eigenkapital bewirken.[52] Dies ergibt sich nicht nur aus der in § 984 ABGB gesetzlich ausdrücklich vorgesehenen Möglichkeit der Vereinbarung der Zinslosigkeit, sondern auch daraus, dass im Fall eines (ursprünglich) verzinslichen Darlehens der spätere Verzicht des Gesellschafters auf seine Zinsforderungen für sich betrachtet die Fremdkapitaleigen-

---

[46] Vgl. bereits *Rödler* Besteht Bedarf für eine gesetzliche Beschränkung der Gesellschafter-Fremdfinanzierung?, FJ 1996, 151.

[47] *Ruppe* Gesellschafterdarlehen als verdecktes Eigenkapital im Körperschaftsteuer- und Bewertungsrecht in Doralt u.a. (Hrsg.), Die Besteuerung der Kapitalgesellschaft, FS für Bauer, (1986), 311 ff.; *Gassner/Lang* GesRZ 1987, 186 ff.; *Achatz* in Achatz/Jaborneg/Karollus (Hrsg.), Eigenkapitalersatz in Gesellschafts-, Steuer- und Arbeitsrecht, 1999, 100 ff.; *Hirschler* Rechtsformplanung im Konzern, 2000, 438 ff.; *Gassner* ÖStZ 2003, 441 f.; derselbe, Verdeckte Einlage, 22 f.; aA *Bauer/Quantschnigg/Schellmann/Werilly* KStG, § 8 Rn. 9.2. ev. *Renner* in Quantschnigg/Renner/Schellmann/Stöger, KStG, 18. Lfg, zu § 8 KStG, Rn. 30 (Rn. 31 nach KStR 2013).

[48] *Gassner* nennt als Beispiele eine Rückzahlungsverpflichtung jenseits des ökonomischen Horizonts oder das von Anfang an bestehende Fehlen einer Rückzahlungsmöglichkeit wegen Insolvenz; *Gassner* Verdeckte Einlage, 23; *Gassner* in Bertl et al (Hrsg.), Beteiligungen in Rechnungswesen und Besteuerung, 2004, 219.

[49] BFH 5.2.1992, I R 127/90, BStBl. II 1992, 532; dazu *Wassermeyer* ZGR 1992, 639 ff.; *Blaurock* Handbuch der Stillen Gesellschaft6, 2003, Rn. 23.20; *Schwedhelm* in Streck (Hrsg.), KStG6, 2003, § 8 Rn. 42 (Rn. 43 nach KStR 2013).

[50] Vgl. *Gassner* Die verdeckte Einlage in Kapitalgesellschaften, 22.

[51] *Ritz*, BAO Kommentar4, § 24 Tz. 8.

[52] *Wiesner/Schneider/Spanbauer/Kohler* KStG, 1996, § 8 Rn. 23 (Rn. 24 nach KStR 2013): „Ein zinslos gewährtes Darlehen … spricht grundsätzlich nicht gegen den Darlehenscharakter".

schaft der zugrunde liegenden Kapitalhingabe nicht in Frage stellen kann.[53] Dies dürfte sich auch mit der Auffassung der FinVerw. decken, die sich sowohl in den Steuerrichtlinien als auch in zahlreichen Einzelerledigungen mit der ertragsteuerlichen Behandlung von unverzinslichen Darlehen befasst und damit offensichtlich von deren grundsätzlicher steuerlichen Anerkennung ausgeht.

Die Bonität des Anteilsinhabers ist immer zum Zeitpunkt der Darlehenszuzählung zu beurteilen. Die nachträgliche Uneinbringlichkeit des Darlehens kann grundsätzlich keine verdeckte Ausschüttung begründen, wenn diese nicht vorhergesehen werden konnte. Die Nichtwahrnehmung einer bestehenden Kündigungsmöglichkeit zur Vermeidung eines Verlustes der Darlehensforderung, als auch die Unterlassung entsprechender Eintreibungsmaßnahmen durch die Körperschaft können zu einer verdeckten Ausschüttung führen.[54]

d) Nutzungseinlage

Bei Nutzungseinlagen überlässt der Gesellschafter der Körperschaft sein **17** Vermögen oder seine Arbeitskraft aus gesellschaftsrechtlichen Gründen ohne Entgelt oder gegen ein unangemessen geringes Entgelt zur Nutzung, wodurch der Körperschaft in Höhe des nicht verrechneten Aufwands ein Vorteil zukommt.[55] Oftmalig wird dabei der Körperschaft **keine gesicherte Rechtsposition** (beispielsweise durch Abschluss eines Vertrages) eingeräumt. Einer Körperschaft könnte etwa ein zinsenloses Darlehen eingeräumt werden oder ein Gesellschafter-Geschäftsführer könnte wegen einer schlechten wirtschaftlichen Situation der Gesellschaft bis auf weiteres auf das ihm zustehende Gehalt verzichten. Wäre dies als Einlage zu werten, müsste ein fiktiver Gehaltsaufwandsposten auf Ebene der Gesellschaft berücksichtigt werden, beim Gesellschafter wären dann (infolge der Werterhöhung der Anteile) Einkünfte zu besteuern.

In Österreich ist jedoch die Frage, ob Nutzungseinlagen bzw. die Einlage **18** von Leistungen verdeckte Einlagen darstellen können, nach wie vor umstritten. Die österreichische Verwaltungsübung folgt der Sicht des deutschen BFH:[56] Bloße Nutzungen werden nach Rn. 2496 EStR (bei Inlandssachverhalten) nicht als einlagefähige Wirtschaftsgüter angesehen. Auf Ebene der Kapitalgesellschaft sind daher weder die zur Nutzung überlassenen Wirtschaftsgüter zu aktivieren noch sind fiktive Betriebsausgaben in Höhe der ersparten Aufwendungen zu berücksichtigen.[57] Korrespondierend liegen beim Einlegenden keine fiktiven Einnahmen vor. In Rn. 1166 KStR begründet die FinVerw. diesen Rechtsstandpunkt im Wesentlichen etwas unspezifisch damit, dass der VwGH in mehreren Erkenntnissen seine ablehnende Haltung zur

---

[53] Vgl. *Rödler/Kornberger* in Lang/Jirousek (Hrsg.), Praxis des internationalen Steuerrechts, Festschrift Loukota, 433.

[54] Vgl. *Achatz/Kirchmayr*, Wien 2011, § 8, Rz 383 (Rn. 1033 nach KStR 2013) mit weiterführender Literatur und Judikatur.

[55] Rn. 2605 EStR.

[56] BFH GrS 2/86 26.10.1987, BStBl. II 1988, 348; *Wiesner/Schneider/Spanbauer/Kohler* KStG 88, § 8 Anm. 5.

[57] Anders beim Verzicht auf eine bereits entstandene Gehalts- oder Zinsenforderung.

steuerlichen Erfassung von Nutzungseinlagen habe durchblicken lassen und verweisen dabei insbesondere auf die Entscheidung des VwGH vom 6.7.2011 (2008/13/0234). Es ging in diesem Verfahren um den steuerlichen Abzug von Werbungskosten (Reisekosten, PC, Büromaterial) im Zusammenhang mit unentgeltlich erbrachten Geschäftsführungstätigkeiten eines Gesellschafters. Der VwGH hat den Abzug aufgrund des Zusammenhangs mit steuerbefreiten Kapitalerträgen nach § 93 EStG ausgeschlossen; eine Einkunftsquelle (Einkünfte aus selbständiger Tätigkeit) läge in Ermangelung von Einkünften (Entgeltlichkeit) nicht vor. Eine explizite Äußerung zur Behandlung der Nutzungseinlage ist jedoch nicht erfolgt.[58]

19   *Wiesner*[59] möchte die Grundsätze des Einkommensteuerrechtes, nämlich den Ansatz der anteiligen – dem Umfang der betrieblichen Nutzung entsprechenden – Kosten, anwenden. Damit könnten die Aufwendungen, die dem Gesellschafter im Zusammenhang mit der Geschäftsführertätigkeit erwachsen, bei der Gesellschaft als Betriebsausgaben abgezogen werden. Diesem Ansatz steht nach Meinung von *Gassner*[60] das für Kapitalgesellschaften geltende Trennungsprinzip entgegen, das für eine Korrektur nach dem Fremdvergleichgrundsatz oder in sinngemäßer Anwendung des § 6 Z. 14 EStG spräche. Gesellschaft und Gesellschafter stehen einander wie fremde Dritte gegenüber. Das Veranlassungsprinzip spreche dafür, dass sowohl Einnahmen als auch Ausgaben dem richtigen Steuersubjekt zugeordnet werden. Die **fehlende Wirtschaftsguteigenschaft** der Nutzungen, die vom VwGH zur Nutzungseinlage nach Einkommensteuerrecht judiziert wurde,[61] überzeuge schon deshalb nicht vom Gegenteil, weil auf die verdeckte Nutzungseinlagen nicht § 4 Abs. 1 EStG, sondern § 8 Abs. 1 KStG anzuwenden ist.

20   In der Literatur wird damit in jüngerer Zeit auch bei Inlandssachverhalten für die Anerkennung von Nutzungseinlagen, die mit dem gemeinen Wert zu bewerten seien, plädiert.[62] Trägt etwa der Gesellschafter Aufwendungen der Gesellschaft (zB Beratungsaufwendungen), steht dem Gesellschafter kein Betriebsausgabenabzug zu.[63] Richtigerweise müssten sie aber dann bei der Gesellschaft als Betriebsausgaben Berücksichtigung finden können.[64] Dadurch käme es zu einer Gleichstellung der Behandlung von Inlandsfällen mit jener von Auslandssachverhalten hinsichtlich derer eine Anerkennung von Nutzungseinlagen zur Herstellung einer OECD-konformen Verrechnungspreiskorrektur aufgrund der Sondernorm des § 6 Z. 6 EStG ermöglicht wird. Nach Ansicht der FinVerw. sind Auslandsachverhalte nach Rn. 1167 der KStR anders zu behandeln, „da jedenfalls eine Besteuerung im Inland sicherzustellen ist". Die gemeinschaftsrechtliche Zulässigkeit dieser Unterscheidung könnte jedoch mittlerweile durch die Ausführungen des EuGH in der Rechtssache SGI (EuGH vom 21.1.2010, Rs C-311/08) Bestätigung gefunden haben.

---

[58] Vgl auch VwGH 23.10.1997, 94/15/0160, 96/15/0204.

[59] In Doralt u.a. (Hrsg.), Die Besteuerung der Kapitalgesellschaft, Festschrift für Bauer (1986), 373; *Wiesner/Schneider/Spanbauer/Kohler* KStG, § 8 Anm 5.

[60] Vgl. Die verdeckte Einlage in Kapitalgesellschaften, 26.

[61] VwGH 18.2.1999, 98/15/0192, Rn. 2496 EStR.

[62] *Aigner/Aigne* SWK 2001, S 850 ff.

[63] VwGH 24.1.1990, 86/13/0163.

[64] *Doralt/Ruppe* Grundriss des österreichischen Steuerrechts, Bd. I10, 2012, 986.

2. Verdeckte Ausschüttung gem. § 8 Abs. 2 KStG

a) Allgemeines

Verdeckte Ausschüttungen (vA) sind Vermögensvorteile, die der Gesell- **21**
schafter, eine dem Gesellschafter nahestehende Person[65] oder eine Person in
gesellschafterähnlicher Stellung aufgrund seines Gesellschafter(ähnlichen) Ein-
flusses außerhalb eines ordnungsgemäßen handelrechtlichen Gewinnverteilungsbeschlusses erhält (zB Leistung zu unangemessen niedrigem Entgelt),
selbst wenn sie in eine zwischen Gesellschaft und Gesellschafter aufgrund des
Trennungsprinzips grundsätzlich anzuerkennende, schuldrechtliche äußere
Form gekleidet sind und somit den Anschein tatsächlicher Leistungsbeziehungen erwecken.[66] Die steuerrechtliche Korrektur der vA soll damit die Erfassung des objektiv richtigen Ergebnisses der Körperschaft gewährleisten und
steuerrechtliche Verschiebungen hintanhalten.

Das Beteiligungsausmaß spielt zunächst keine Rolle, ob dem Grunde nach **22**
eine vA vorliegt,[67] auch wenn tendenziell an eine beherrschende Stellung ein
strengerer Prüfungsmaßstab gelegt werden wird. Der schematisch angewandte
Grundsatz der deutschen Lehre, wonach gerade bei **beherrschenden Gesellschaften** klare und eindeutige Verträge zwischen Körperschaft und Anteilsinhaber vorliegen müssen,[68] besteht für Österreich nicht.[69]

Die Zuwendung eines Vorteils an einen Anteilsinhaber kann auch darin **23**
gelegen sein, dass eine dem Anteilsinhaber nahestehende Person begünstigt
wird (Rn. 430 KStR). Nach der Rechtsprechung des VwGH sind **Nahebeziehungen** weit gefasst und umfassen selbstverständlich auch Gesellschaften
innerhalb eines Konzerns, also Tochter-, Enkel- und Schwestergesellschaften.[70] Eine vA ist selbst dann bereits anzunehmen, wenn zum Zeitpunkt der
Leistung noch keine Gesellschafterstellung vorliegt, sofern ein enger zeitlicher
Zusammenhang mit der – sodann tatsächlich eintretenden – Begründung des
Gesellschafterverhältnisses vorliegt.[71] Empfänger einer vA kann selbst eine
Person sein, die auf die Körperschaft lediglich einen mittelbaren, jedoch entscheidenden Einfluss ausüben kann; bei der es sich damit um einen sog. fakti-

---

[65] Rn. 593 KStR.

[66] VwGH 29.1.2003, 98/13/0055; 27.5.1999, 97/15/0067, 0068; *Bruckner* ÖStZ
2003, 110 ff.; Rn. 565 KStR.

[67] VAs sind auch bei einem Beteiligungsausmaß von 10% und darunter denkbar, vgl.
VwGH 9.3.1971, 1920/70, Rn. 604 (Rn. 427 nach KStR 2013).

[68] Vgl. *Felix/Streck* § 8, Anm 120 ff.; vgl. zB BFH 15.9.2004, I R 62/03, 23.2.2005,
I R 70/04 sowie 9.11.2005, I R 89/04 bzw. den BFH-Beschluss 13.6.2006, I R
58/05.

[69] *Renner* in Quantschnigg/Renner/Schellmann/Stöger, KStG, 18. Lfg, zu § 8
KStG, Rn. 137 (Rn. 38 nach KStR 2013).

[70] Vgl. VwGH 27.6.2000, 99/14/0263 zu nicht ausreichend bestimmten Leistungsbeziehungen; 26.5.1999, 94/13/0036 zu Zuwendungen der Mutter- an die Tochtergesellschaft im Interesse eines Gesellschafters der Muttergesellschaft, 20.5.1995,
91/13/0248, 0250 zu Provisionszuwendungen an eine ausländische Schwestergesellschaft.

[71] Vgl. Rn. 606 KStR 2001 (Rn. 429 nach KStR 2013); BFH 24.1.1989, VIII R
74/84.

schen Machthaber handelt. Hierfür kommt insb. der Geschäftsführer in Frage.[72] In seiner jüngeren Judikatur steht der VwGH der Rechtsfigur des faktischen Machthabers jedoch ablehnender gegenüber.[73] Sollte daher ein Machthaber als Vorteilsempfänger eine vA herangezogen werden, sind Feststellungen dahingehend erforderlich, dass dieser einem Anteilsinhaber nahe steht oder als wirtschaftlicher Eigentümer anzusehen ist.[74]

24   Weiters ist zu berücksichtigen, dass derartige Vorteilsgewährungen den Kapitalerhaltungsgeboten des § 82 GmbHG bzw. § 52 AktG widersprechen. Für den Empfänger einer vA besteht damit die Verpflichtung, diese an die Gesellschaft zurückzubezahlen.[75] Man könnte die Frage stellen, ob es auf Basis dieses gesellschaftsrechtlichen Hintergrunds vA überhaupt geben kann. Im Hinblick auf die Unwahrscheinlichkeit, dass die Gesellschaft in den überwiegenden Fällen diesen zivilrechtlichen **Rückforderungsanspruch** rechtlich geltend macht, ist die Antwort wohl ein faktisches ja. Nach hA stellen auch gesellschaftsrechtliche Rückforderungsansprüche aus vA, zumindest solange sie verdeckt bleiben, **keine bilanzierungsfähigen Wirtschaftsgüter** dar.[76]

25   Generell müssen – um von einer vA sprechen zu können – folgende Voraussetzungen gegeben sein:[77]
– Zuwendung eines geldwerten Vorteils
– Eigentums- oder Nahebeziehung des Vorteilsempfängers zur Körperschaft
– objektives Tatbild, dh Bereicherung des Empfängers zu Lasten der Körperschaft sowie
– subjektives Tatbild, dh auf Vorteilsgewährung gerichtete Willensentscheidung.

Der **geldwerte Vorteil** muss zumindest einen in Geld ausdrückbaren Wert aufweisen (Rn. 1238 KStR). Er umfasst nicht nur das Recht auf die Substanz des Wirtschaftsgutes, sondern auch das Recht auf dessen Nutzung oder Gebrauch zu unangemessenen Konditionen.[78] Die Art des zugewendeten Vermögensvorteils ist unerheblich, jeder hinreichend bestimmte oder messbare Vorteil reicht aus. Keinen geldwerten Vorteil stellen hingegen bloße Vorteile bzw. Gesellschafterinteressen wie beispielsweise die Durchsetzung eines bestimmten politischen Willens,[79] eine moderate Preisgestaltung im Interesse

---

[72] Vgl. *Renner* in Quantschnigg/Renner/Schellmann/Stöger, KStG, 18. Lfg, zu § 8 KStG, Rn. 148/2., VwGH 28.2.1978, 1257/75 zu einer überhöhten Gewinnbeteiligung einer als stille Gesellschafterin beteiligten liechtensteinischen Gesellschaft; 26.9.2000, 98/13/0107.

[73] Vgl. VwGH vom 7.7.2004, 99/13/0125, 0126 sowie 19.9.2007, 2004/13/0108; ein offensichtlich ausgeübter Einfluss sei für eine Anteilseignerschaft nicht ausreichend.

[74] Vgl. *Bauer/Quantschnigg/Schellmann*, § 8, Rz 150 (Rn. 175 nach KStR 2013).

[75] § 52, 56 Abs. 3 AktG, § 83 GmbHG.

[76] *Paukowitsch* FJ 1985, 140, *Renner* in Quantschnigg/Renner/Schellmann/Stöger, KStG, 18. Lfg, zu § 8 KStG, Rn. 125 (Rn. 149 nach KStR 2013).

[77] Vgl. auch Rn. 568, 600 KStR, *Renner* in Quantschnigg/Renner/Schellmann/Stöger, KStG, 18. Lfg, zu § 8 KStG, Rn. 151.

[78] *Hermann/Heuer/Raupach* § 20 EStG, Tz. 230.

[79] VwGH 19.2.2002, 2001/14/0161.

der Allgemeinheit (zB der Betrieb nicht kostendeckender Buslinien[80]) bzw. ideelle Vorteile dar.[81]

Das objektive Tatbild bedeutet eine Vermögensminderung der Körper- **26** schaft, die durch erhöhte Aufwendungen oder das Fehlen von Erträgen verursacht wird.[82] Aufgrund des im Steuerrecht immanenten Rückwirkungsverbots[83] kann die vA grundsätzlich nicht mehr rückgängig machen. Lediglich in Fällen, in denen die Körperschaft unmittelbar nach Vorteilszuwendung, jedenfalls nach vor dem Bilanzstichtag die vA zurückfordert und eine entsprechende Forderung bilanziert, kann eine vA vermieden werden.[84]

Es stellt sich die Frage, ob auch subjektive Aspekte für das Vorliegen ei- **27** ner vA von Bedeutung sind, nach Ansicht von *Bauer/Quantschnigg/Schellmann/Werilly*[85] darf jedenfalls das Wissen und Wollen einer Körperschaft (bzw. ihrer maßgeblichen Organe) um eine bestimmte Vorteilszuwendung nicht grundsätzlich ausgeschlossen sein.[86] Nach der jüngeren Rechtsprechung des VwGH ist ausreichend, wenn objektive Gesichtspunkte vorliegen, die auf eine **subjektive Vorteilsgewährungsabsicht** schließen lassen. Die Körperschaft muss damit zumindest von der Vorteilsgewährung Kenntnis erlangt haben und keine Anstalten gesetzt haben, diese rückgängig zu machen. Die Verwirklichung der vA muss auf einem der Körperschaft zurechenbaren Verhalten beruhen.[87] Damit sind die innerstaatlichen Erfordernisse zur Annahme einer vA enger als die, von subjektiven Aspekten unabhängigen, Fremdvergleichsprämissen der OECD-Verrechnungspreisgrundsätze.

b) Formelle und materielle Anforderungen an „Vereinbarungen zwischen Nahestehenden"

Der VwGH vertritt in ständiger Rechtsprechung die Auffassung, dass Ver- **28** einbarungen zwischen der Körperschaft und „nahestehenden Personen" jenen Anforderungen entsprechen müssen, die für die steuerliche Anerkennung von Vereinbarungen zwischen nahen Angehörigen gefordert werden,[88] um einem „Fremdvergleich" gerecht zu werden. Die **steuerliche Anerkennung**

---

[80] *Beiser* ÖStZ 2001/951; *Kofler* ecolex 2002, 538, Rn. 1030 KStR (Rn. 846 nach KStR 2013).

[81] VwGH 17.2.1988, 86/13/0174 betreffend Verbesserung des Betriebsklimas, bei der einem Anteilsinhaber eingeräumten Chance, in einer bestimmten Sparte Karriere zumachen.

[82] Rn. 438 KStR.

[83] VwGH 8.11.1983, 83/14/0101, Rn. 850 KStR (Rn. 669 nach KStR 2013).

[84] Rn. 443 KStR; vgl. VwGH 23.10.1997, 96/15/0180, 0204; 21.12.1993, 93/14/0216.

[85] *Renner* in Quantschnigg/Renner/Schellmann/Stöger, KStG, 18. Lfg, zu § 8 KStG, Rn. 158 (Rn. 189 nach KStR 2013).

[86] Vgl. auch VwGH 23.11.1977, 0410/77.

[87] Rn. 444 KStR; 26.9.1985, 85/14/0051; 26.5.1993, 90/13/0155; 3.8.2000, 96/15/0159; 31.5.2005, 2000/15/0059.

[88] VwGH 3.8.2000, 96/15/0159; 31.7.2002, 98/13/0040; 24.9.2003, 97/13/0232; 14.12.2005, 2002/13/0001; 26.7.2006, 2004/14/0151; 26.5.1999, 99/13/0039; ebenso Rn. 1234 ff. KStR.

von Vereinbarungen zwischen Nahestehenden hat wiederum zur Voraussetzung,[89] dass die Vereinbarungen
- nach außen ausreichend zum Ausdruck kommen müssen (Publizität)
- eindeutigen, klaren und jeden Zweifel ausschließenden Inhalt haben und
- auch zwischen Fremden unten den gleichen Bedingungen abgeschlossen worden wären (Fremdvergleich).

29   Die Frage des Vorliegens des Fremdvergleichs ist eine Tatfrage und damit in freier Beweiswürdigung gem. § 167 Abs. 2 BAO zu klären.[90] Im Bereich der vA hat dabei prinzipiell die Abgabenbehörde auf Basis des § 115 BAO den Nachweis des Vorliegens einer unangemessenen Gestaltung zu führen,[91] auch wenn den Abgabenpflichtigen eine **Offenlegungs- und Wahrheitspflicht** nach § 119 BAO trifft. Die Abgabenbehörde hat demnach zunächst den Fremdvergleich anzustellen und die Unangemessenheit abzuleiten. Bringt der Abgabenpflichtige vor, dass es sich wegen besonderer Umstände dennoch nicht um eine vA handle, so muss er den Beweis hierfür erbringen. Dies ergibt sich aus dem von der Rechtsprechung entwickelten Grundsatz, dass bei ungewöhnlichen (unangemessenen) Sachverhalten eine deutlich erhöhte Mitwirkungspflicht des Abgabenpflichtigen besteht (s. im Detail Rn. 301 ff.).[92]

30   Bei der Frage des Fremdvergleichs wird auf die im **allgemeinen Geschäftsverkehr** übliche Praxis abgestellt.[93] Nicht jede geringfügige Abweichung von einem Richtwert rechtfertigt den Ansatz einer vA. Es verbleibt daher ein gewisser Spielraum,[94] eine Bandbreite, da eine Angemessenheitsprüfung nicht mit absoluter Präzision erfolgen kann. Es handelt sich daher um eine Schätzungsmaßnahme im weiteren Sinn,[95] die nur dann zu einer Korrektur des steuerlichen Ergebnisses führt, wenn die Abweichung eine bestimmte Bandbreite verlässt. Beim Fremdvergleich hat man sich jener Maßnahmen zu bedienen, die zu einem der korrekten Abgrenzung zwischen der Sphäre der Einkunftserzielung und jener der Anteilsinhaberschaft möglichst nahe kommendem Ergebnis führt. Dies können je nach Sachverhalt ein innerer Betriebsvergleich, ein äußerer Betriebsvergleich, statistisches Material oder Unterlagen branchenspezifischer Marktpreise sein.[96] Auch ein Sachverständigengutachten wird idR eine Entscheidungshilfe bringen, auch wenn ein solches von den Abgabenbehörden geprüft werden kann.[97] Mangels hinreichend höchstgerichtlicher Entscheidungen zur Dokumentation von Verrechnungspreisen in Österreich steht nach Ansicht von *Macho/Steiner*[98] die Entschei-

---

[89] StRspr, zB VwGH 22.2.2000, 99/14/0082; ebenso die Verwaltungspraxis Rn. 1127 ff. EStR.

[90] VwGH 31.3.2000, 95/15/0056; 26.11.2002, 99/15/0223.

[91] VwGH 10.5.1994, 90/14/0050, Rn. 586 KStR 2001 (Rn. 1235 nach KStR 2013).

[92] VwGH 21.5.1975, 1051/73, 13.10.1999, 96/13/0113.

[93] VwGH 21.3.1996, 95/15/0092; 1.12.1992, 92/14/0149, 0151; Rn. 1139 EStR.

[94] VwGH 27.7.1999, 94/14/0018.

[95] *Wiesner* in Doralt u.a. (Hrsg.), Die Besteuerung der Kapitalgesellschaft, FS-Bauer, 356.

[96] VwGH 8.11.1983, 83/14/0101, 0104.

[97] VwGH 23.11.1977, 0410/77; BFH 10.1.1973 (BStBl. 1973, 322).

[98] *Macho/Steiner* ÖStZ 2008/159.

dung des BFH vom 17.10.2001, IStR 2001, 745ff auch in Österreich im Blickpunkt des Interesses. Der BFH stellte u. a. fest, dass es „den richtigen Verrechnungspreis" nicht gibt und, dass nur eine gewisse Bandbreite, innerhalb derer ein Preis dem Fremdvergleichsmaßstab entspricht, festgemacht werden kann. Nach Ansicht des BFH sei der jeweils für den Steuerpflichtigen günstigste Wert festzulegen, der Preis habe demnach an der Ober- bzw. Untergrenze der ermittelten Bandbreite liegen. Dies erscheint der Autorin dieses Beitrages jedoch in der Praxis insoweit schwierig, da auch „die andere Seite" der ausländischen Konzerngesellschaft zu berücksichtigen sein sollte (Verhandlungslösung).

Bei der Angemessenheitsprüfung findet auch – nicht unumstritten – in der **31** Literatur[99] der Sorgfaltsmaßstab des **„ordentlichen und gewissenhaften Geschäftsführers bzw. Geschäftsleiters"** gem. § 84 Abs. 1 erster Satz AktG bzw. § 25 Abs. 1 GmbHG Anwendung. § 70 AktG beschreibt die Sorgfaltspflichten der Vorstandsmitglieder, die die Gesellschaft so zu leiten haben, „wie das Wohl des Unternehmens unter Berücksichtigung der Interessen der Aktionäre und der Arbeitnehmer sowie des öffentliche Interesses es erfordert." Einen ordentlichen und gewissenhaften Geschäftsführer trifft „eine erhöhte Sorgfaltspflicht, gleich einem Treuhänder fremder Vermögensinteressen".[100] Der ordentliche und gewissenhafte Geschäftsführer handelt eigenverantwortlich innerhalb eines Spielraums unternehmerischen Ermessens, er hat widerstreitende Interessen gegeneinander abzuwägen. Seine Aufgabe ist es, „den Vorteil der Gesellschaft zu wahren und Schaden von ihr abzuwenden".[101] Es liegt hier ein objektivierter Sorgfaltsmaßstab vor, dh der Geschäftsführer kann sich nicht durch Berufung auf persönliches Unvermögen enthaften.[102] Dies erfolgt vor dem Hintergrund der ständigen Rechtsprechung des BFH, wonach der deutsche Gerichtshof primär auf diesen Sorgfaltsmaßstab und nicht auf jenen des Fremdvergleichs zurückgreift,[103] da die Methode des Fremdvergleichs – weil primär marktorientiert – auf die konkreten Umstände des Einzelfalls zu wenig Rücksicht nimmt. Dieser Maßstab für die Beurteilung der Fremdüblichkeit konzerninterner Transaktionen wird auch von § 1 Abs. 1 S. 2 AStG herangezogen. Ein gewisser Anhaltspunkt für diesen Ansatz findet sich auch im VwGH-Erkenntnis vom 2.3.1977, 2030, 2117/76, in dem der Gerichtshof bei der Untersuchung der Angemessenheit auf die „ordnungsgemäße Wirtschaftsführung" Bedacht nimmt sowie in wei-

---

[99] *Renner* in Quantschnigg/Renner/Schellmann/Stöger, KStG, 18. Lfg, zu § 8 KStG, Rn. 180 (Rn. 213 nach KStR 2013).

[100] *Csoklich/Macho* ÖStZ 2009, 443 mit Verweis auf *Spindler* in MünchKomm AktG3, § 93 Rn. 24.

[101] *Csoklich/Macho* ÖStZ 2009, 443, mit Verweis auf *Kalss* in MünchKomm AktG3, § 93 Rn. 302, 304 und 305.

[102] *Csoklich/Macho* ÖStZ 2009, 443, mit Verweis auf *Koppensteiner/Rüffler* GmbHG3 § 25 Rn. 14; *Spindler* in MünchKomm AktG3 § 93 Rn. 20; *Kalss* in MünchKomm AktG3 § 93 Rn. 301. Weitere Anforderungen an den zu prästierenden Sorgfaltsmaßstab bei *Gosch* in Gosch2 § 8 Rn. 301; *Baumhoff* in Flick/Wassermeyer/Baumhoff § 1 Rn. 121 ff.

[103] Erstmalig BFH vom 16.3.1967 I 261/63; BFH vom 10.5.1967 I 187/64; BFH vom 18.5.1967 IV 167/63; sowie aus letzter Zeit etwa BFH vom 9.7.2003, I R 100/02, ; BFH vom 25.5.2004, VIII R 4/01.

teren Erkenntnissen.[104] Die FinVerw. bezieht sich auf den Sorgfaltsmaßstabs
des ordentlichen und gewissenhaften gesetzlichen Vertreters, wenn die Heranziehung eines Fremdvergleichs denkunmöglich ist.[105] Weiters führt sie allgemein zum „ABC verdeckte Gewinnausschüttung" in Rn. 621 KStR aus:
„diese Rechtsfigur ist an einem durchschnittlichen Geschäftsführer orientiert,
der bemüht ist, sich unternehmens- und steuerrechtlich richtig zu verhalten.
Sie ist ergänzender Maßstab zum Fremdvergleich bei der Angemessenheitsprüfung." Dieser Fremdvergleichsmaßstab wurde auch in die OECD-Verrechnungspreisgrundsätze 1995 in Tz. 5.4 zu Hinweise für Vorschriften und
Verfahren bei der Nachweisführung aufgenommen: „Die Überlegungen des
Steuerpflichtigen in Bezug auf die steuerliche Angemessenheit seiner Verrechnungspreisgestaltung müssen nach den gleichen Grundsätzen einer ordentlichen und gewissenhaften Geschäftsleitung vorgenommen werden, die
für Entscheidungen in kaufmännischen Angelegenheiten von vergleichbarer
Komplexität und Bedeutung maßgebend sind."

c) Die Konsequenzen formeller Mängel von Vereinbarungen

32   Es liegt keine klare Rechtsprechung zur Frage vor, ob eine vA – unabhängig von der Angemessenheit der Leistungsbeziehung – vorliegt, sofern die
Rechtsbeziehung nicht ausreichend formell (also insb. nicht durch schriftliche
Vereinbarung) abgestützt ist.[106]
   In einem jüngeren Fall hat der VwGH mit einem auf den ersten Blick sehr
strengen Ansatz die steuerliche Absetzbarkeit von Lizenzzahlungen aufgrund
mangelhafter Dokumentation verneint.[107] Der der Entscheidung zugrunde
liegende Sachverhalt ist jedoch dermaßen diffus, dass er selbst nach mehrmaligen Lesen nicht gänzlich verständlich erscheint (s. zu Details Rn. 236).
33   Nach Ansicht der FinVerw.[108] begründen Formmängel, ungeachtet der zunächst bei der FinVerw. liegenden Beweislast für das Vorliegen einer unangemessenen Gestaltung, die (widerlegbare) Vermutung für das Vorliegen einer
Einkommensverwendung. Die FinVerw. hat sodann nach dem VwGH in jedem einzelnen Fall zu prüfen, ob und inwieweit ungerechtfertigte steuerliche
Vorteile trotz formeller Mängel tatsächlich bestehen. Die Regeln der **Ange-
hörigenvereinbarungen** seien damit lediglich als Beweiswürdigungsregeln
zu werten.[109] Führen ordnungsgemäß durchgeführte Ermittlungen allerdings
zu keinem eindeutigen Ergebnis, so geht dies gleichsam als seine Art Beweislastumkehr zu Lasten des betroffenen Steuerpflichtigen.[110] Damit sollte der
Steuerpflichtige jedenfalls noch die Möglichkeit haben, den Nachweis des

---

[104] So zB VwGH 2002/15/0010 ÖStZB 2006, 370; 99/15/0176 ÖStZB 2003, 348;
2001/14/0161 VwSlg 7682 F = ecolex 2002/209; 96/13/0115 ÖStZB 2000, 192; 99/
13/0057 ÖStZB 2000, 45; 97/15/0067 VwSlg 7406 F = ÖStZB 1999, 747; 96/15/
0015 VwSlg 7142 F = ÖStZB 1997, 609.

[105] Vgl. zB Rn. 635 KStR zur rechtsgrundlosen Kostenübernahme.

[106] VwGH 22.12.1980, 2055/78; 8.11.1983, 83/14/101, 104.

[107] VwGH 28.1.2003, 99/14/0100.

[108] Rn. 1236 KStR.

[109] VwGH 6.10.1992, 89/1 470 078.

[110] VwGH 13.10.1999, 96/13/0113, Rn. 756 KStR, VwGH 19.3.1985; 84/14/
0174; 20.12.2000, 96/13/0193.

Vorliegens einer Leistungsbeziehung sowie der Fremdüblichkeit ihrer Bedingungen zu erbringen. Die Leistungsbeziehung muss jedoch für Außenstehende erkennbar sein. Liegt keine schriftliche Vereinbarung vor, dann müssen zumindest die wesentlichen Vertragsbestandteile erkennbar und mit genügender Deutlichkeit fixiert sein.[111]

In diesem Zusammenhang sollte auch eine Entscheidung es deutschen BFH[112] von Bedeutung für Österreich sein, worin dieser ausgeführt hat, dass ein Betriebsausgabenabzug von unstrittigerweise fremdüblichem Aufwand, bei einer (nur) mündlich abgeschlossenen Vereinbarung, die erst später (rückwirkend) geschlossen wurde, durch Art. 9 Abs. 2 OECD-MA geboten wird. Aufwendungen aus inter-company Verrechnungen (gegenständlich: Dienstleistungen im Rahmen eines group cost sharing agreements) darf damit nicht allein deshalb der Steuerabzug versagt (und als vGA behandelt) werden, weil formale innerstaatliche Voraussetzungen fehlen.

d) Vorteilsausgleich

Ein steuerlich anzuerkennender Vorteilsausgleich schließt die Annahme einer vA aus. Hierbei wird eine überhöhte Zuwendung an einen Anteilsinhaber durch eine Zuwendung „in die Gegenrichtung" (also vom Anteilsinhaber an die Körperschaft) ausgeglichen. Nach der jüngeren Rechtsprechung des VwGH gelten grundsätzlich folgende Voraussetzungen zur steuerlichen Anerkennung:[113] **34**
– eine eindeutige, wechselseitige Vereinbarung über den Ausgleich der gegenseitigen Vorteilszuwendungen, die bereits zum Zeitpunkt der Vorteilsgewährung vorliegen muss;
– ein sachlicher und enger zeitlicher Zusammenhang zwischen den Verträgen (wirtschaftliche Einheit).[114] Dieser Zeitraum kann bei einem Dauerrechtsverhältnis länger sein (mehr als ein Wirtschafts- oder Veranlagungsjahr).[115]

Von einer ausdrücklichen wechselseitigen Vereinbarung kann nur abgesehen werden, wenn ein von vornherein **bestehender innerer Zusammenhang von Leistung und Gegenleistung** offenkundig ist.[116] Ein Verweis auf diese Judikate findet sich auch in Rn. 318 der VerrechnungspreisRL (VPR).[117] Sind die Verträge nicht sachlich verbunden, dann ist ein Vorteilsausgleich lediglich zulässig, sofern er im Geschäftsverkehr üblich ist. So könnten zB die Vorteile aus der gegenseitigen Einräumung günstiger Zahlungskonditionen im Zuge gegenseitiger Warenlieferungen miteinander ausgeglichen werden.[118] **35**

---

[111] Rn. 1133 EStR, VwGH 8.9.1992, 87/14/0186; *Gassner* Werte und Wertermittlung, 264 ff.

[112] BFH 11.10.2012 (I R 75/11).

[113] VwGH 19.9.2007, 2006/13/0106; 30.5.2001, 99/13/0024; 30.5.2001, 95/13/0013; 28.11.2001, 96/13/0077; 3.8.2000, 96/15/0159; Rn. 449 KStR.

[114] VwGH 24.3.1998, 97/14/0118.

[115] Rn. 448 KStR.

[116] VwGH 22.3.1991, 90/13/0252; 22.11.1995, 95/15/0070.

[117] Https://findok.bmf.gv.at/findok/showGesPDFakt.do.

[118] Vgl. Rn. 612 KStR.

Nach Rn. 319 der VPR ist für einen Vorteilsausgleich im Konzern daher das Vorliegen einer Vereinbarung und eine ausreichende **Beweissicherung** und **Beweisvorsorge** notwendig. Werden diese Vorsorgemaßnahmen unterlassen und wird erstmalig bei einer Betriebsprüfung das Vorliegen eines Vorteilsausgleiches behauptet (aber nicht entsprechend mit vorbereiteten Nachweisen untermauert), gilt dessen Nichtanerkennung als vom Unternehmen selbst verschuldet. Hierbei zitiert die FinVerw. eine Entscheidung des Unabhängigen Finanzsenates[119] (dem Berufungsorgan der FinVerw.), geht jedoch nicht näher darauf ein, unter welchen Bedingungen ein Vorteilsausgleich ohne schriftliche Vereinbarung mit der Untermauerung durch entsprechende Nachweise anerkennbar ist; beispielsweise wenn ein – wie vom VwGH oben ausgeführt – von vornherein bestehender innerer Zusammenhang von Leistung und Gegenleistung offenkundig ist. Der UFS hatte sich mit der Frage zu befassen, ob ein verbundenes Unternehmen bei der Verrechnung von Waren Gewinnaufschläge ansetzen muss bzw. ob eine mündliche Vereinbarung, Dienstleistungen des Lieferempfängers im Gegenzug nicht in Rechnung zu stellen, anzuerkennen ist. Da der UFS in der Entscheidung selbst die genannte Entscheidung des VwGHs zitiert, ist wohl davon auszugehen, dass die FinVerw. nicht ausdrücklich eine schriftliche Vereinbarung für derartige Fälle verlangen will. „Auch ein innerer Zusammenhang zwischen Leistung und Gegenleistung ist nicht ersichtlich, hängen doch die Warenlieferungen der X an die Y in keiner Weise mit deren angedeuteten Dienstleistungen an die X zusammen. Andererseits gibt es dazu auch keine exakten Nachweise. Die Bw. behauptet vielmehr zuerst in ihren Schriftsätzen, die Leistungen seien gleichwertig, um dann wiederum darauf hinzuweisen, dass die Forderungen der DTB diejenigen der DTL bei weitem (fast um das Doppelte) übersteigen würden."

36   Ob im Rahmen der Geschäfte multinationaler Unternehmen ein **Vorteilsausgleich** steuerlich anzuerkennen ist, wird nach Rn. 613 KStR und Rn. 7991 EStR von den OECD-Verrechnungspreisgrundsätzen näher (mit)-bestimmt. Auch hier füllen damit die OECD-Verrechnungspreisgrundsätze interpretative Freiräume der nationalen österreichischen Rechtslage in Bezug auf grenzüberschreitende Leistungsbeziehungen auf. Voraussetzung ist nach Kapitel 3.13 eine Vorteilsausgleichsvereinbarung, die von den verbundenen Unternehmen bewusst in die Bedingungen der konzerninternen Geschäfte aufgenommen wurde, zudem ist nach 3.15 eine **Beweissicherung** und eine **Beweisvorsorge** notwendig: „Den Steuerpflichtigen ist anzuraten, einen gezielt in zwei oder mehreren konzerninterne Geschäftsvorfälle aufgenommenen Vorteilsausgleich offenzulegen und nachzuweisen (oder zu bestätigen, dass entsprechende Nachweise vorhanden sind und ausreichende Analysen angestellt wurden), dass die maßgebenden Geschäftsbedingungen unter Berücksichtigung des Vorteilsausgleiches dem Fremdvergleichsgrundsatz entsprechen". „Zwischen den Zeilen" ist damit nach *Loukota*[120] die OECD-Ansicht erkennbar, dass dann, wenn man diese Beweisvorsorgemaßnahmen unterlässt, die steuerliche Nichtanerkennung als vom Unternehmen selbst verschuldet gilt.

---

[119] UFS 14.3.2005, RV/2154-L/02 zu verdeckter Ausschüttung aufgrund fehlender Verzinsung von Darlehen der Gesellschaft an den Hauptgesellschafter.
[120] *Loukota* SWI 2000, 517.

Allgemeine Vorteile, die eine Konzerntochter genießt (gute Marktstel- **37** lung, bessere Kreditwürdigkeit) können nach Rn. 622 KStR keine Gegenleistung für Benachteiligung durch die Muttergesellschaft sein (zB Verkauf an die Mutter weit unter dem Marktpreis). Weiters wird ausgeführt, dass eine Tochtergesellschaft, die der Muttergesellschaft einen Vorteil durch Leistung an eine andere Tochtergesellschaft verschafft, diese verdeckte Ausschüttung durch den Empfang ausgleichsfähiger Vorteile von der Muttergesellschaft ausgleichen kann.

e) Auswirkungen der verdeckten Ausschüttung

Verdeckte Ausschüttungen werden steuerlich gleich den offenen Gewinn- **38** ausschüttungen behandelt: „Für die Ermittlung des Einkommens ist es ohne Bedeutung, ob das Einkommen im Wege offener oder verdeckter Ausschüttungen … verteilt … wird" (§ 8 Abs. 2, TS 1 KStG). VAs mindern nicht den steuerpflichtigen Gewinn der Gesellschaft; beim Gesellschafter führt die vA zu Einnahmen aus der Beteiligung. Die Zuwendung eines Vorteils an einen Anteilsinhaber kann auch darin gelegen sein, dass eine dem **Anteilsinhaber nahestehende Person** begünstigt wird.[121]

Die vA ist in jenem Geschäftsjahr zu korrigieren, in dem das Einkommen durch die scheinbaren Ausgaben oder vorenthaltenen Einnahmen (vorerst) beeinflusst worden ist (Rn. 651 KStR). Dabei ist auf die bei der Körperschaft angewendeten Gewinnermittlungsgrundsätze Bedacht zu nehmen. Weiters ist die zeitliche Erfassung der vA beider Körperschaft ist von der zeitlichen Erfassung beim Anteilsinhaber unabhängig.

f) Bewertung der verdeckten Ausschüttung

Allgemein gesprochen sind vA mit jenem Betrag zu bewerten, der die **39** nicht betrieblich veranlasste Ergebnisminderung ausgleicht. Vertritt man die Angemessenheitstheorie der Sorgfalt eines ordentlichen und gewissenhaften Geschäftsleiters, so wird man die vA mit jenem Wert ansetzen, den ein diesen Anforderungen entsprechender Geschäftsleiter für die Leistungsabwicklung verlangt hätte.[122] Auf Basis der von *Bauer/Quantschnigg/Schellmann/Werilly*[123] vertretenen Angemessenheitstheorie des modifizierten Fremdvergleichs ist die vA mit dem Wert anzusetzen, der fremdüblicherweise unter Berücksichtigung sämtlicher Umstände des Einzelfalles anzusetzen wäre. Die „technischen" Bewertungsmethoden wie Teilwertermittlung,[124] Ermittlung des ge-

---

[121] VwGH 26.9.2000, 98/13/0107; s. auch KStR 2001, Rn. 940 (Rn. 940 entfällt nach KStR 2013) „faktischer Machthaber".

[122] *Gassner* in Doralt u. a. (Hrsg.), Die Besteuerung der Kapitalgesellschaft, Festschrift für Bauer (1986), 84. (to-be checked).

[123] *Renner* in Quantschnigg/Renner/Schellmann/Stöger, KStG, 18. Lfg, zu § 8 KStG, Rn. 233 (entspricht Rz 285 nach KStR 2013).

[124] „Teilwert ist der Betrag, den der Erwerber des ganzen Betriebes im Rahmen des Gesamtkaufpreises für das einzelne Wirtschaftsgut ansetzen würde, dabei ist davon auszugehen, dass der Erwerber den Betrieb fortführt" (§ 6 Z. 1 EStG). Mit der Berücksichtigung der Unternehmensfortführung folgt der Teilwert damit dem „Going-Concern-Prinzip" der Handelsbilanz (§ 201 Abs. 2 Z. 2 HGB). Beim Teilwert steht idR der Wiederbeschaffungswert im Vordergrund.

meinen Wertes sowie Ansatz des üblichen Mittelpreises des Verbrauchsortes kommen hingegen nicht zur Anwendung (Rn. 657 KStR).

3. Betriebsausgaben gem. § 4 Abs. 4 EStG

40   Betriebsausgaben gem. 4 Abs. 4 EStG sind Aufwendungen oder Ausgaben, die durch den Betrieb veranlasst sind. Eine **betriebliche Veranlassung** ist nach Rn. 1079ff EStR gegeben, wenn die Aufwendungen oder Ausgaben objektiv mittelbar oder unmittelbar im Zusammenhang mit der betrieblichen Tätigkeit stehen, subjektiv dem Betrieb zu dienen bestimmt sind oder den Steuerpflichtigen unfreiwillig treffen und nicht unter ein steuerliches Abzugverbot fallen. Nicht zu prüfen ist jedoch nach Rn. 1087 die Angemessenheit (sofern nicht Sondernormen wie jene nach der Rechtsprechung des VwGH zu Beziehungen zwischen „nahestehenden Personen" zur Anwendung kommen, s. Rn. 28), die Zweckmäßigkeit oder die Notwendigkeit einer Ausgabe.

41   Die betriebliche Veranlassung von Aufwendungen ist grundsätzlich von Amts wegen festzustellen, wobei den Abgabepflichtigen eine Mitwirkungspflicht trifft. Der Abgabepflichtige hat dem Finanzamt über Verlangen die geltend gemachten Aufwendungen nachzuweisen, oder wenn ein Beweis nach den Umständen des Einzelfalles nicht zugemutet werden kann, gem. § 138 BAO zumindest glaubhaft zu machen.[125] Ein Sachverhalt gilt als glaubhaft gemacht, wenn die Umstände des Einzelfalles dafür sprechen, der vermutete Sachverhalt habe von allen anderen denkbaren Möglichkeiten die größte Wahrscheinlichkeit für sich.[126] Im Rahmen der **freien Beweiswürdigung** kann das Finanzamt nach Rn. 1099 sodann von mehreren Möglichkeiten jene als erwiesen annehmen, die gegenüber allen anderen eine überragende Wahrscheinlichkeit oder gar Gewissheit für sich hat und alle anderen Möglichkeiten weniger wahrscheinlich erscheinen lässt. Den Abgabepflichtigen trifft für von ihm behauptete Sachverhalte, die nach dem Gesamtbild der festgestellten Gegebenheiten außergewöhnlich und daher nicht zu vermuten sind, die Beweislast.[127] Für Sachverhalte mit Auslandsbezug besteht nach ständiger Rechtsprechung des VwGH darüber hinaus eine sog. erhöhte Mitwirkungspflicht (s. Rn. 301ff.). Nach § 162 BAO gilt weiters, dass der Steuerpflichtige auf Verlangen der Abgabenbehörde den Empfänger einer als Betriebsausgabe geltend gemachten Zahlung zu nennen hat. Kommt er diesem Verlangen nicht nach, dann ist diese Betriebsausgabe nicht anzuerkennen (s. Rn. 304).

42   Im Zusammenhang mit der steuerlichen Anerkennung von Betriebsausgaben ist auch das Erfordernis ihrer periodenrichtigen Berücksichtigung **(Stichtagsprinzip)** von Bedeutung. Nach § 4 Abs. 2 EStG ist eine Bilanzberichtigung zwingend, wenn sich ein Bilanzansatz nachträglich als unrichtig herausstellt. Ein mehrere Jahre zurückliegender Bilanzierungsfehler ist damit auch dann im Fehlerursprungsjahr zu berichtigen, wenn eine Berichtigung der Veranlagung der alten Periode nicht mehr möglich ist; insoweit kommt es

---

[125] ZB VwGH 26.9.1990, 86/13/0097; 6.10.1961, 1070/61; 9.12.1992, 91/13/0094; *Doralt* EStG, § 4 Tz. 269.
[126] VwGH 14.9.1988, 86/16/0148.
[127] VwGH 19.5.1988, 87/16/0165.

lediglich zu einer Berichtigung der Eröffnungsbilanz. Nach der Rechtsprechung des VwGH[128] geht die periodengerechte Gewinnermittlung der richtigen Gesamtgewinnermittlung vor (anders BFH). Auch nach dem VfGH ist eine Bilanzberichtigung in jedem Stadium des Besteuerungsverfahrens zulässig und notwendig und gegebenenfalls auch von Amts wegen durchzuführen.[129]

4. Überführung von Wirtschaftsgütern ins Ausland gem. § 6 Z 6 EStG

a) Allgemeines

Die primäre innerstaatliche Rechtsgrundlage für Gewinnerhöhungen zur 43
Wahrnehmung des in Art. 9 der DBA verankerten Fremdvergleichsgrundsatzes bildet § 6 Z 6 EStG (vgl. Rn. 14 VPR). § 6 Z 6 EStG bezweckt, in Österreich entstandene stille Reserven bei der Überführung von Wirtschaftsgütern, Teilbetrieben oder ganzen Betrieben ins Ausland steuerlich zu erfassen bzw. ausländische stille Reserven bei Überführung ins Inland durch den Ansatz von fremdüblichen Eingangswerten zu neutralisieren. Diese Bestimmung dient damit der Sicherung und Begrenzung der Besteuerungshoheit der Republik Österreich im Zusammenhang mit Gewinnhinaus- und hereinverlagerungen.[130]

Die VPR geben in Rn. 221 folgendes **Beispiel** zu einer unternehmensinternen Überführung von Wirtschaftsgütern in eine ausländische Betriebstätte, hinsichtlich derer auf Basis von § 6 Z 6 EStG ein fremdüblicher Verrechnungspreis anzusetzen ist, der zur Aufdeckung der im Wirtschaftsgut erfassten stillen Reserven führt: *„Ein Innsbrucker Reiseunternehmer überstellt einen Reisebus im Marktwert 50 000 Euro, der in den Büchern des Unternehmens bereits auf 10 000 Euro abgeschrieben ist, in seine Auslandsfiliale in St. Gallen. Diese rein unternehmensintern stattfindende Transaktion löst nach § 6 Z 6 EStG die Aufdeckung der stillen Reserven (40 000 Euro) aus. Es ist der Betriebstätte ein Verrechnungspreis von 50 000 Euro anzulasten.“*

Werden Wirtschaftsgüter aus dem Ausland in die inländische Betriebstätte überführt, dann findet eine Aufwertung auf den Marktwert im Zeitpunkt der Überführung unabhängig davon statt, ob im Ausland eine korrespondierende Aufwertung vorgenommen wurde (Rn. 224 VPR). Übernimmt daher die inländische Niederlassung eines internationalen Konzerns die Aufgabe, Lizenzrechte des ausländischen Hauptsitzes international zu verwerten und wird der Wert dieser Lizenzrechte auf der Grundlage von § 6 Z 6 EStG mit dem Ver-

---

[128] VwGH 14.12.1993, 90/14/0034; 3.7.1968, 1067/66 wonach unterlassene Abschreibungen uneinbringliche Forderungen in späteren Jahren nicht nachgeholt werden können, in den EStR wird in Rn. 3119 unter Hinweis auf das Erkenntnis des VwGH vom 12.3.1965, 205, 206, 207/64, nicht ganz stimmig zugelassen, dass in der Vergangenheit vorgenommene zu hohe Absetzungen durch Minderung oder Aussetzung der Abschreibung in der Zukunft ausgeglichen werden können. Kritisch hiezu *Walla/Walla* SWK 2005, 953.

[129] VfGH 7.6.1984, B 401/79.

[130] Rn. 2505 EStR; ebenso *Quantschnigg/Schuch* ESt-Handbuch, 1993, § 6 Rn. 212; *Wiesner/Atzmüller/Grabner/Leitner/Wanke* EStG, § 6 Rn. 78 und 82; *Loukota* Außensteuerrecht, Rn. 30; VfGH 20.6.1994, B 473/92.

kehrswert als Vermögen der inländischen Niederlassung angesetzt, ist den erzielten Lizenzeinnahmen eine angemessene Abschreibung des gem. § 6 Z 6
EStG angesetzten Vermögenswertes gegenüberzustellen. Es ist nicht maßgebend, ob der DBA-Partnerstaat in einem solchen Fall den Eintritt des gem.
§ 6 Z 6 EStG anzusetzenden Wertes in das steuerliche Betriebsvermögen der
österreichischen Niederlassung zum Anlass für eine steuerliche Erfassung der
stillen Reserven genommen hat (EAS 310,[131] dieser Verweis des FinVerw. erscheint aber nicht ganz schlüssig, da zu dieser EAS ausgeführt wird, dass diese
Beurteilung unter dem Vorbehalt steht, dass hierdurch nicht eine Keinmalbesteuerung von Zinsen verursacht wird, weil die Steuerverwaltung des
DBA-Partnerstaates keine bankähnliche Tätigkeit der Niederlassung annimmt
und folglich den Verrechnungszins nicht gewinnerhöhend berücksichtigt; zu
den diesbezüglichen widersprüchlichen Auskünften des BMF s. weiters 4c
unten). Die steuerliche Erfassung der im Inland als Aufwand abgesetzten Verrechnungszinsen im DBA-Partnerstaat müsste daher nachgewiesen werden.
Nur dann, wenn möglicherweise ein Fall einer Umgehung österreichischer
Steuern vorliegt, ist unter Nutzung von Amtshilfemöglichkeiten der maßgebende Sachverhalt international abzuklären (Rn. 2518 EStR).

44   § 6 Z 6 EStG wurde in den letzten Jahren wiederholt verändert und hat
damit im Laufe der Zeit etwas am logischen Aufbau und Flüssigkeit eingebüßt. Die Bestimmung ist dem Grundtenor nach auf die „Überführung von
Wirtschaftsgütern", von Betrieb(stätten) in Betrieb(stätten) sowie auf die Verlegung ganzer Betriebe oder Teilbetriebe ins Ausland anwendbar. Diese erste
Fallgruppe betrifft damit die Überführung von Wirtschaftsgütern innerhalb
von „Personenunternehmen" im weiteren Sinne.[132]

45   Die zweite Fallgruppe umfasst die Überführung von Wirtschaftsgütern
zwischen verbundenen Unternehmen und dabei die Fälle, in denen der Steuerpflichtige an einer ausländischen Kapitalgesellschaft oder die ausländische
Kapitalgesellschaft an einer inländischen Kapitalgesellschaft mittel- oder unmittelbar zu mehr als 25% beteiligt sind oder bei beiden Betrieben dieselben
Personen die Geschäftsleitung oder die Kontrolle ausüben oder darauf Einfluss haben (damit sind insb. „Schwestergesellschaften" angesprochen). Auf
Beteiligungsverhältnisse unter 25% ist die Bestimmung des § 6 Z. 6 EStG
damit nicht anwendbar; das bedeutet jedoch nicht die Unanwendbarkeit des
Fremdverhaltensgrundsatzes, da diese Fälle durch die allgemeinen Regeln für
die verdeckte Einlage/verdeckte Ausschüttung abgedeckt sind. Es stellt sich
insgesamt aber die Frage,[133] was der Gesetzgeber mit der Einbeziehung der
gesamten zweiten Fallgruppe (grenzüberschreitende Überführung von Wirtschaftsgütern zwischen verbundenen Unternehmen) in den Anwendungsbereich des § 6 Z. 6 EStG bezweckt, da diese Fälle bereits nach den allgemeinen

---

[131] EAS-Auskunft des BMF, GZ M 2447/1/1-IV/4/93 vom 11.10.1993, Österreichische Finanzierungsbetriebstätten.

[132] Vgl. *Lechner* Steuerentstrickung gem. § 6 Z. 6 EStG nach dem AbgÄG 2004, in
Lang/Jirousek (Hrsg.), Praxis des internationalen Steuerrechts, Festschrift Loukota,
293.

[133] *Lechner* Steuerentstrickung gem. § 6 Z. 6 EStG nach dem AbgÄG 2004, in
Lang/Jirousek (Hrsg.), Praxis des internationalen Steuerrechts, Festschrift Loukota,
296.

Regeln des § 6 Z. 14 lit. b EStG (mit Bewertungsregeln für verdeckte Einlagen), des § 8 Abs. 1 KStG (Grundsatz der Steuerneutralität von verdeckten Einlagen) und des § 8 Abs. 2 KStG (verdeckte Ausschüttungen) aufgrund des Erfordernisses des Ansatzes von fremdüblichen Verrechnungspreisen zu einer Gewinnrealisierung führen würden. In diesem Fall könnte § 8 Abs. 2 KStG als lex specialis zu § 6 Z. 6 EStG gewertet werden.

Der **Begriff „Überführen"** erfasst Tatbestände, die entweder als Liefe-   **46** rung oder sonstige Leistung gelten bzw. als Entnahme/Einlage Vorgang anzusehen sind,[134] sofern es sich nicht um eine nur vorübergehende Überlassung handelt (Zeitraum von nicht mehr als zwölf Monaten nach Rn. 2510 EStR und Rn. 225 VPR). Bei Baugerät, das bei Bau- und Montagetätigkeiten zum Einsatz gelangt, wird regelmäßig auch dann keine Wirtschaftsgutüberführung in die Bau- oder Montagebetriebstätte vorliegen, wenn die Einsatzdauer länger als zwölf Monate dauert (Rn. 194 VPR). Im Verhältnis Stammhaus zur Betriebstätte umfasst er damit beispielsweise auch Fälle der bloßen Änderung der funktionalen Zuordnung von Wirtschaftsgütern.[135] Eine Wirtschaftsgutüberführung kommt damit nur dann in Betracht, wenn das Wirtschaftsgut wirtschaftlich der Betriebstätte zuzuordnen ist (Rn. 2509 EStR und Rn. 223 VPR). Eine Kapitalbeteiligung kann nach Ansicht der FinVerw. nur dann in die ausländische Betriebstätte überführt werden, wenn der Betriebstätte daran das „wirtschaftliche Eigentum" zukommen kann (Rn. 223 VPR mit Verweis auf 189 ff. VPR).

Mit dem AbgÄG 2004 wurde in § 6 Z 6 lit. a EStG nunmehr ausdrücklich   **47** klargestellt, dass die Bestimmung sinngem. auch **auf sonstige Leistungen anzuwenden** ist,[136] worunter Nutzungsüberlassungen an materiellen und immateriellen Wirtschaftsgütern des Anlagevermögens, von Geld oder geldwerten Wirtschaftsgütern des Anlage- oder Umlaufvermögens bis hin zu (Dienst-)Leistungen, wie zB allgemeine Geschäftsführung und Verwaltung, Werbung, Marktforschung, Beratungen aller Art, Forschung, Reparatur, Veredelung, Bearbeitung etc. zu verstehen sind.[137] „Sonstige Leistungen" sind somit alle nicht schon vom Begriff der Überführung von Wirtschaftsgütern abgedeckten Leistungen, die, würden sie zwischen fremden Dritten erbracht, im Wirtschaftsleben üblicherweise gegen Entgelt geleistet werden.[138]

Im grenzüberschreitenden Bereich kann es damit zu einer **Normenkon-**   **48** **kurrenz** zwischen den Bestimmungen, die die verdeckte Einlage und die verdeckte Ausschüttung regeln, und § 6 Z 6 EStG kommen;[139] § 6 Z 6 EStG ist in diesem Fall nach hM vorrangig anzuwenden.[140] Nach Ansicht des BMF kommt

---

[134] Vgl. EStR Rn. 2507.

[135] Vgl. VwGH 23.4.1985, 84/14/0160.

[136] Vgl. auch bereits EAS 1090 vom 19.6.1997.

[137] *Lechner* Gewinnaufteilung, 117 ff.

[138] *Lechner* Steuerentstrickung gem. § 6 Z. 6 EStG nach dem AbgÄG 2004, in Lang/Jirousek (Hrsg.), Praxis des internationalen Steuerrechts, Festschrift Loukota, 299.

[139] S. dazu etwa *Ludwig* RdW 1997, 315 f.; *Valsky* in Schuch/Zehetner (Hrsg.), Verrechnungspreisgestaltung, 42 f.

[140] *Lechner* in Gassner/Lechner (Hrsg.), Steuerbilanzreform, 213, 221 f.; *Ludwig* RdW 1997, 316; *Valsky* in Schuch/Zehetner (Hrsg.), Verrechnungspreisgestaltung, 42 f; aA *Wiesner* SWK 1990, A 369 f.

dies insb. auch im Fall der grenzüberschreitenden unverzinslichen Darlehensgewährung zum Schlagen.[141] Während das BMF somit bei innerstaatlichen
Nutzungseinlagen aufgrund ihrer von ihm proklamierten Unbeachtlichkeit
Korrekturerfordernisse ablehnt (s. Rn. 17), werden bei grenzüberschreitenden
Nutzungseinlagen auf Grundlage des § 6 Z 6 EStG solche Korrekturerfordernisse sehr wohl bejaht. Aus europarechtlicher Sicht ergeben sich im Hinblick
auf die Niederlassungsfreiheit und die Freiheit des Kapitalverkehrs gemeinschaftsrechtliche Bedenken gegen diese unterschiedliche Behandlung von innerstaatlichen und grenzüberschreitenden Nutzungseinlagen.[142]

b) Ermittlung des fremdüblichen Verrechnungspreises

49   Eine Bewertung der überführten Wirtschaftsgütern oder sonstigen Leistungen hat nach dem Gesetzeswortlaut mit jenen Werten zu erfolgen, die „im
Falle einer Lieferung oder sonstigen Leistung an einen vom Steuerpflichtigen
völlig unabhängigen Betrieb angesetzt worden wären".

Nach Rn. 2511 EStR unterliegt die **Fremdpreisermittlung** des § 6 Z 6
EStG im Verhältnis zu Staaten, mit denen ein DBA besteht den „im Grunde
gleichlaufenden Regeln" der den Artikeln 7 und 9 des OECD-Musterabkommens nachgebildeten Abkommensvorschriften (sowie im EU-Raum den
Art. 4 Abs. 1 und 2 der Schiedskonvention). § 6 Z 6 EStG bildet damit die
innerstaatliche Rechtsgrundlage für die Umsetzung von OECD-konformen
Verrechnungspreiskorrekturen. Nach *Kuschil/Loukota*[143] muss davon ausgegangen werden, dass der Wertansatz nach § 6 Z 6 EStG mit jenem identisch
ist, der auf der Grundlage von Artikel 7 oder 9 der DBA anzusetzen wäre.
Dies hat zur Folge, dass grundsätzlich die auf österreichischer Seite als Aus-
gangsland angesetzten Fremdpreise mit jenen übereinstimmen müssen, die auf
ausländischer Seite als Eingangsland des Wirtschaftsgut- oder Leistungstrans-
fers angesetzt werden.[144] Wolle man diese Verknüpfung in Frage stellen, wäre
dies Ursache von Doppelbesteuerung oder Doppel Nichtbesteuerung; beides
Ergebnisse, von denen man nicht annehmen kann, dass sie dem Gesetzgeber
bei Schaffung des § 6 Z 6 EStG vorgeschwebt sein könnten, sodass eine
OECD-konforme Gesetzesinterpretation geboten ist. Diese Kongruenz bedeute aber auch, dass die OECD-Methoden zur Bestimmung des Fremdpreises taugliche Methoden sein müssen, um den nach § 6 Z 6 EStG anzusetzenden Wert zu ermitteln.[145] Auch Rn. 14 und 15 VPR weisen auf das
Erfordernis der Kongruenz des innerstaatlichen und des zwischenstaatlichen

---

[141] S. nur KStR Rn. 503, Rn. 535; BMF 12.3.2001, EAS 1818, SWI 2001, 198.

[142] S. dazu *Gassner* Verdeckte Einlage, 37 ff., 54 ff.; *Gassner* in Bertl et al (Hrsg.), Beteiligungen, 226 f; derselbe in Festschrift Wiesner, 132, unter Hinweis auf EuGH
21.11.2002, C-436/00 („X und Y"); Stellungnahme des Fachsenats für Steuerrecht
der Kammer der Wirtschaftstreuhänder zum AbgÄG 2004 vom 15.10.2004, unter
Hinweis auf EuGH 12.12.2002, C-324/00 (Lankhorst-Hohorst).

[143] *Kuschil/Loukota* ÖStZ 2005, 283 ff.

[144] Findet im Ausland keine entsprechende Bewertung statt, kann durch Antrag auf
Einleitung eines Verständigungsverfahrens eine grenzüberschreitende Konfliktlösung
herbeigeführt werden.

[145] S. weiters etwa BMF 19.6.1997, EAS 1090, SWI 1997, 337f sowie *Loukota* SWI
2000, 519 ff.; *Philipp/Loukota/Jirousek,* Internationales Steuerrecht2, Loseblatt, Z. 9
Rn. 6.

Fremdvergleichsgrundsatzes (unter Bezugnahme auf Rn. 2511 EStR) hin. Die Kongruenz von internationalem und nationalem Fremdvergleichsgrundsatz habe daher zur Folge, dass die OECD-VPG nicht nur ein Auslegungsinstrument für Art. 9 OECD-MA darstellen, sondern gleichzeitig für die Auslegung des Fremdvergleichsgrundsatzes des § 6 Z 6 EStG von Bedeutung sind (in diesem Sinn auch UFS v. 14.3.2005, RV/2154-L/02; Abs. 3 der Entscheidungsgründe). Die Deckungsgleiche des internationalen und innerstaatlichen Fremdvergleichsgrundsatzes im Geltungsbereich des § 6 Z 6 EStG sei hier nach Ansicht der FinVerw. dynamisch zu verstehen, da nur bei einer dynamischen Interpretation internationalen Verrechnungspreiskonflikten wirkungsvoll vorgebeugt werden kann. Es würden daher auch die jeweiligen neuen Erkenntnisse über die OECD-Verrechnungspreisgrundsätze auf die Auslegung des § 6 Z. 6 EStG durchschlagen und damit auch Bedeutung für Nicht-DBA-Fälle erlangen. Auch wenn dieser Gleichstellung faktisch voraussichtlich wenig entgegenzusetzen sein wird, scheint diese Aussage aus rechtsstaatlicher Sicht bedenklich.

Gegen die OECD-konforme Interpretation des § 6 Z 6 EStG wird in der **50** Literatur vorgebracht, dass den OECD-Empfehlungen keine normative Bedeutung zukommt und sich auch aus den Materialien zum EStG keine Anhaltspunkte für eine diesbezügliche Umsetzung durch den Gesetzgeber finden lassen (zur Rechtswirkung der OECD Verrechnungspreisgrundsätze s. auch Rn. 105–114 ff.).[146] Auch scheinen die EStR und KStR bei der OECD-konformen Interpretation des § 6 Z 6 EStG primär die Anwendung der OECD-Grundsätze im Fall des Bestehens von DBA vor Augen zu haben.[147] Damit ist aber fraglich, ob die Bestimmung des § 6 Z 6 EStG nach Auffassung der FinVerw. auch im Verhältnis zu Nicht-DBA-Staaten einer OECD-konformen Interpretation zugänglich ist.[148]

Sind die Leistungsbeziehungen gem. Art. 7 DBA zwischen Betriebstätten **51** eines international tätigen Unternehmens fremdverhaltenskonform zu korrigieren, dann bietet die Bewertungsvorschrift des § 6 Z. 6 EStG nach Rn. 16 VPR ebenfalls die maßgebende innerstaatliche Rechtsgrundlage hierfür. Mit der sinngemäßen Anwendung der Bewertungsgrundsätze für die grenzüberschreitende Überführung von Wirtschaftsgütern auf sonstige Leistungen wird hinsichtlich von Betriebsstätten größtenteils neues Recht gesetzt.[149] Bei sonstigen Leistungen zwischen Betriebsstätten hatte bisher bloß eine verursachungsgerechte Aufwandszuordnung zu erfolgen., Nach dem Gesetz ist nunmehr eine inländische Betriebsstätte für Leistungen, die sie von einer ausländischen Betriebsstätte erhält, nicht bloß mit den Aufwendungen zu belasten, die mit der erbrachten Leistung verbunden sind, sondern auch mit den Fremdvergleichspreisen für die betreffende sonstige Leistung. Bei der Betriebsstättengewinnermittlung ist daher für die betreffende sonstige Leistung

---

[146] *Tumpel* in Festschrift WU-Wien, 424 f.

[147] S. dazu *Gassner* Verdeckte Einlage, 32 f Fn 238, der darauf hinweist, dass dies „unlogisch" ist, weil „es zunächst um die Gewinnabgrenzung nach innerstaatlichem Recht und sodann allenfalls um die Einschränkung der Besteuerungsrechte durch DBA geht."

[148] Zweifelnd *Loukota* ÖJT 1997, Bd. III/1, 117 f.

[149] *Lechner* Steuerentstrickung gem. § 6 Z. 6 EStG nach dem AbgÄG 2004, in Lang/Jirousek (Hrsg.), Praxis des internationalen Steuerrechts, FS Loukota, 309.

eine fiktive Betriebsausgabe in Höhe eines Fremdvergleiches anzusetzen. Die österreichische innerstaatliche Rechtslage vermag zwar nicht andere EU-Staaten zu binden, auch wenn bereits international ein allgemeiner Konsens auf Grundlage des Authorized OECD Approach und des diesem inhärenten Separate Entity Approach nach dem Ansatz von Marktpreisen wie bei dem Erwerb von unabhängigen Dritten vorliegt.[150] Zur derzeitigen Verwaltungspraxis im Zusammenhang mit der Anwendung des Fremdvergleichspreises bei Betriebstättengewinnermittlung s. Rn. 277 ff.

c) Steueraufschub für Überführung in ausländische Betriebsstätten

52   Mit dem AbgÄG 2004 wurde im Hinblick auf jüngere Entscheidungen des EuGH[151] ein Antragsrecht auf Steueraufschub ausschließlich für die Überführung von Wirtschaftsgütern (von einer inländischen in eine ausländische Betriebsstätte) innerhalb eines Betriebes desselben Steuerpflichtigen (einschließlich des Falles der Verlegung des einheitlichen Betriebes als solchen) bei Erfüllung weiterer Voraussetzungen eingeführt (siehe auch Rn. 2517a ff. EStR und Rn. 222 VPR). Es besteht **jedoch keine Möglichkeit eines Steueraufschubs** für die Überführung aus einem inländischen Betrieb in einen (anderen) ausländischen Betrieb. Dies erscheint gemeinschaftsrechtswidrig, da die sofortige Realisierung eines fiktiven Gewinns bemessen am Fremdvergleichspreis gegen die Niederlassungsfreiheit verstößt, da vergleichbare Überführungen von Wirtschaftsgütern zwischen inländischen Betrieben eine Gewinnrealisierung bloß nach dem Maßstab des Teilwerts auslösen (der regelmäßig niedriger ist als der „Fremdvergleichswert").[152] Die Qualifikation von Tätigkeiten als einheitlichen Betrieb (mit Teilbetriebsbereichen) ist nach Rn. 411 EStR nach objektiven Grundsätzen iSd Verkehrsauffassung zu beurteilen.[153] Dabei ist auf das Ausmaß der organisatorischen, wirtschaftlichen und finanziellen Verflechtung zwischen den einzelnen Betriebsbereichen abzustellen. Für einen einheitlichen Betrieb (mit Teilbetriebsbereichen) sprechen insb. wirtschaftliche Über- und Unterordnung zwischen den Betrieben (zB Herstellungs- und Handelsbetrieb sind weitgehend miteinander verflochten), Hilfsfunktion eines Betriebes gegenüber dem anderen, einheitliche Betriebsaufschrift sowie räumliche Verflechtung, Verwendung gleicher Rohstoffe, gleicher Anlagen und desselben Personals, einheitliches Leistungsprogramm sowie räumliche Nähe.[154]

53   Weiters hat die Überführung von Wirtschaftsgütern und Verlegung von Betrieben (Betriebsstätten) in einen Staat der Europäischen Union oder des Europäischen Wirtschaftsraumes zu erfolgen, mit dem eine umfassende **Amts- und Vollstreckungshilfe** besteht. Eine solche umfassende Amts- und Vollstreckungshilfe besteht mit Norwegen, nicht hingegen mit Liechten-

---

[150] Vgl. auch EAS 3030 vom 21.1.2009, Grenzüberschreitende Wirtschaftsgutüberführung in eine KG im EU-Ausland.

[151] Insb. EuGH Urteil Hughes des Lasteyrie du Saillant, 11.3.2004, Rs C-9/02, Slg 2004.

[152] Redei RdW 2005.

[153] VwGH 22.11.1995, 94/15/0154.

[154] Als einheitliche Betriebe wurden beispielsweise der Handel mit Kraftfahrzeugen und Reparatur von Kraftfahrzeugen (VwGH 25.11.1965, 1940/64) sowie Weinbau und Weinhandel (VwGH 6.11.1968, 0051/67) angesehen.

stein und Island. Im Verhältnis zur Schweiz kommt eine Nichtfestsetzung nicht in Betracht, da die Schweiz einerseits nicht dem Europäischen Wirtschaftsraum angehört und andererseits mit der Schweiz auch keine vergleichbare Amts- und Vollstreckungshilfe besteht.

Das **Antragswahlrecht** auf Steueraufschub gilt pro überführtem Wirt- **54** schaftsgut und ist im Rahmen der Jahressteuererklärung geltend zu machen.[155] Im Abgabenbescheid wird sodann über die Abgabenschuld zwar abgesprochen, die durch Überführung oder Verlegung eingetreten ist, die Steuerschuld wird jedoch „bis zur tatsächlichen Veräußerung oder dem sonstigen Ausscheiden aus dem Betriebsvermögen" nicht festgesetzt.[156] Gem. § 6 Z 6 lit. b steht der Veräußerung bzw. dem sonstigen Ausscheiden der Wirtschaftsgüter aus dem Betriebsvermögen der Fall gleich, dass das Wirtschaftsgut in einen nicht der EU angehörigen Staat oder in einen EWR-Staat, mit dem keine vergleichbare Amts- und Vollstreckungshilfe besteht, überführt wird.

Die tatsächliche Veräußerung oder das sonstige Ausscheiden gilt als rück- **55** wirkendes Ereignis iSd § 295a BAO, das die Steuerfestsetzung im Wege der Abänderung des Bescheides des Jahres der Überführung bzw. der Verlegung nach sich zieht. Der Eintritt des rückwirkenden Ereignisses ist dem zuständigen Finanzamt anzuzeigen, wenn das rückwirkende Ereignis in der Begründung des Bescheides angeführt ist (§ 120 Abs. 3 BAO). Sollte es zwischen der Überführung oder Verlegung und der tatsächlichen Veräußerung oder dem sonstigen Ausscheiden aus dem Betriebsvermögen zu einer Wertminderung des Wirtschaftsgutes oder des Vermögens kommen, reduziert diese die Bemessungsgrundlage bis maximal Null. Damit unterliegen nur tatsächlich realisierte Wertsteigerungen der Besteuerung. Erfolgt hingegen tatsächlich oder umgründungsbedingt eine Rücküberführung ins Inland, sind die **fortgeschriebenen Buchwerte vor Überführung** bzw. Verlegung anzusetzen. Es wird damit der Zustand hergestellt, als hätte niemals eine Überführung stattgefunden.[157]

Nach Rn. 2517j EStR ist im Falle der Verlegung von Betrieben (Betriebs- **56** stätten) die **stille Reserve des Betriebes** zu ermitteln und auf die einzelnen Wirtschaftsgüter aufzuteilen. Es bestehen nach Ansicht der FinVerw. jedoch keine Bedenken, von einer Aufteilung auf Wirtschaftsgüter des Umlaufvermögens abzusehen, sofern der Steuerpflichtige im Zuge der Antragstellung die auf das gesamte Umlaufvermögen entfallende stille Reserve bekannt gibt und gleichzeitig seine Einwilligung erteilt, dass der die Besteuerung der stil-

---

[155] Wurde in dieser Steuererklärung kein Antrag gestellt, kann ein solcher in einer nach Ergehen des Einkommensteuerbescheides (zB in einem Berufungsverfahren) eingereichten Steuererklärung nach Rn. 2517d EStR nicht nachgeholt werden.

[156] Ein sonstiges Ausscheiden kann durch Entnahme des Wirtschaftsgutes aus dem Betriebsvermögen, die Überführung des Wirtschaftsgutes in ein anderes Betriebsvermögen, Aufgabe des Betriebes oder Untergang des Wirtschaftsgutes geschehen, vgl. *Lechner* Steuerentstrickung gem. § 6 Z. 6 EStG nach dem AbgÄG 2004 in Lang/Jirousek (Hrsg.), Praxis des internationalen Steuerrechts, FS Loukota, 306.

[157] Sollte nach Rücküberführung von Wirtschaftsgütern oder Rückverlegung von Betrieben nach Österreich eine Veräußerung (Entnahme) erfolgen, kann vom Veräußerungserlös (Entnahmewert) eine im ausländischen EU-/EWR Raum eingetretene Wertsteigerung abgezogen werden, wenn der Steuerpflichtige die Wertsteigerung im ausländischen EU-/EWR Raum nachweist (vgl. Rn. 2517i EStR).

len Reserven des Umlaufvermögens im bekannt gegebenen Ausmaß vornehmende Änderungsbescheid erst nach Ablauf eines Jahres nach Rechtskraft des Bescheides des Jahres der Verlegung erlassen wird. Damit wird davon ausgegangen, dass die stillen Reserven des gesamten Umlaufvermögens sich innerhalb von rd. zwei Jahren realisieren (Annahme: Bescheiderlassung nach einem Jahr seit Überführung).

d) § 6 Z 6 EStG und DBA mit Anrechnungsmethode

57   Auf die durch die Überführung von Wirtschaftsgütern bzw. Verlegung von Betrieben (Betriebsstätten) entstandene, aber zunächst nicht festgesetzte Steuerschuld sind im Fall der nachträglichen Festsetzung keine **Anspruchszinsen** (§ 205 BAO) zu entrichten.

In der **Literatur**[158] wird kritisiert, dass die Erfassung der stillen Reserven beim Wirtschaftsguttransfer nur dort von Relevanz ist, wo durch diesen Wirtschaftsguttransfer österreichische Besteuerungsrechte verloren gehen. Dies ist aber nur dann der Fall, wenn mit dem Betriebsstättenstaat ein DBA mit Befreiungsmethode besteht. Wird ein Abkommen mit Anrechnungsmethode angewendet, besteht kein Bedarf einer Aufwertung.

58   Werden damit beispielsweise Wirtschaftsgüter aus einer Betriebsstätte in einem Land mit DBA mit Anrechnungsmethode, zB USA, nach Österreich transferiert, dann löst § 6 Z 6 EStG eine Gewinnverwirklichung in der amerikanischen Niederlassung aus, die im Rahmen der unbeschränkten Steuerpflicht in Österreich zu erfassen ist. Sofern der Transfer auch in den USA eine Besteuerung zur Folge hat, wird sich § 6 Z 6 EStG als hilfreich weisen, da hierdurch die vom Aufwertungsgewinn erhobene US-Steuer in Österreich anrechenbar wird.

e) Fiktiver Zinsabzug bei grenzüberschreitenden Gesellschafterdarlehen

59   Unter der Voraussetzung, dass ein unverzinsliches Darlehen steuerlich als Fremdkapital anerkannt wird (s. Rn. 12–16), stellt die Vorteilszuwendung im Ausmaß der Unverzinslichkeit eine Nutzungseinlage dar,[159] deren ertragsteuerliche Auswirkungen auf Inlandsfälle bezogen (wie bereits in Rn. 18–20 im Detail ausgeführt) strittig sind.[160] Die **Anerkennung von Nutzungseinlagen** in grenzüberschreitenden Fällen sollte zwar seit § 6 Z. 6 EStG idF AbgÄG 2004 geklärt sein; die Einzelerledigungen des BMF zur grenzüberschreitenden unverzinslichen Darlehensgewährung sind dennoch nicht durchwegs stimmig.[161]

---

[158] *Kuschil/Loukota* ÖStZ 2005, 283.

[159] KStR Rn. 501.

[160] Zum Meinungsstand s. auch *Aigner/Aigner* SWK 2001, S 850ff sowie *Gassner* Verdeckte Einlage, 25 ff.

[161] EStR Rn. 2510; KStR Rn. 503, Rn. 535; BMF 20.5.1992, EAS 131, SWI 1992, 196; BMF 2.12.1996, EAS 974, SWI 1997, 3; BMF 19.6.1997, EAS 1090, SWI 1997, 337f; BMF 12.3.2001, EAS 1818, SWI 2001, 198; BMF 2.9.2002, EAS 2109, SWI 2002, 457; BMF 7.1.2003, EAS 2197, SWI 2003, 136; BMF 20.4.2004, EAS 2445, SWI 2004, 324; zur zinslosen Darlehensgewährung s. weiters auch BMF 14.11.2000, SWK 2001, S 24; BMF 7.8.2002, ecolex 2003, 63.

Im Fall einer **unverzinslichen Darlehensgewährung** einer österreichi- 60
schen Kapitalgesellschaft an ein ausländisches Unternehmen erscheint die
Rechtsansicht des BMF noch eindeutig: Sofern nicht „besondere Gegebenheiten" Gegenteiliges rechtfertigen, ist bei einer konzerninternen Darlehensgewährung unter Hinweis auf die OECD-Verrechnungspreisgrundsätze zu erwarten, dass der ausländischen Gesellschaft fremdübliche Zinsen angelastet
werden. Geschieht dies nicht, geht das BMF davon aus, dass in Österreich auf
Grundlage einer OECD-konformen Interpretation des § 6 Z 6 EStG jedenfalls ein fremdüblicher Zinsertrag bei österreichischen Gesellschaft, die das
Darlehen gewährt, anzusetzen ist.[162]

Für den umgekehrten Fall der unverzinslichen Darlehensgewährung einer 61
ausländischen Konzerngesellschaft an eine österreichische Konzerntochterge-
sellschaft liegen widersprüchliche Auskünfte des BMF vor: In der EAS-Erledigung 974 aus dem Jahr 1996 anerkennt das BMF den Ansatz eines fiktiven
Zinsaufwandes auf Ebene der österreichischen Tochtergesellschaft, unabhängig von der Erfassung eines korrespondierenden Zinsertrages bei der Darlehen gewährenden ausländischen Gesellschaft nach Maßgabe des ausländischen
Steuerrechts. Selbst wenn der ausländische Vertragsstaat aufgrund seines innerstaatlichen Steuerrechts nicht in der Lage sein sollte, einen fiktiven Zinsertrag zu besteuern, wird seitens des BMF eingeräumt, dass „ein Verstoß gegen
den Fremdverhaltensgrundsatz in einem DBA-Partnerstaat den anderen
DBA-Partnerstaat auch dann nicht davon entbindet, seinerseits die Prinzipien
des Fremdverhaltens zu beachten, wenn dieser Verstoß zugunsten des Steuerpflichtigen erfolgt."[163] Unter Bezugnahme auf die EAS-Erledigung 974 hat
auch Loukota ausdrücklich bestätigt, dass im Fall des Unterbleibens der steuerlichen Erfassung eines Zinsertrages im Ausland nach Auffassung des BMF
die steuerliche Abzugsfähigkeit des fremdüblichen Zinsaufwandes im Inland
nicht versagt werden kann, selbst wenn dies im Ergebnis eine **„Doppel-
nichtbesteuerung"** auslösen kann.[164]

Die EAS-Erledigung 2109 aus dem Jahr 2002 kommt dann bereits weniger 62
idealistisch zu einem gegenteiligem Ergebnis: Vor dem Hintergrund der Vermeidung internationaler Doppelbesteuerungen und internationaler „Kein-
malbesteuerungen" sei der Ansatz eines fiktiven Zinsaufwandes nur dann im
Sinne der jeweiligen dem Art. 9 OECD-MA nachgebildeten Abkommensvorschriften und des § 6 Z 6 EStG gelegen, wenn diese Zinsen im Ausland
nach Maßgabe des dortigen Steuerrechts Gewinn erhöhend angesetzt werden. Geschieht dies nicht, so kann nach Auffassung des BMF der österreichischen Betriebsprüfung nicht entgegengetreten werden, wenn ein einseitiger
Ansatz gewinnmindernder fiktiver Zinsen verweigert wird.[165] Diese Auffassung wurde auch in der ältesten EAS zu diesem Thema, EAS 310 vom
11.10.1993 zu einer inländischen Finanzierungsbetriebsstätte vertreten. Es ist
davon auszugehen, dass dieser Meinungsrückschwank im Hinblick auf die in
jüngerer Zeit intensiv geführte Diskussion zur „doppelten Nichtbesteuerung"

---

[162] BMF 19.6.1997, EAS 1090, SWI 1997, 337f; BMF 12.3.2001, EAS 1818, SWI
2001, 198; ebenso EStR Rn. 2510; KStR Rn. 503, Rn. 535.
[163] BMF 2.12.1996, EAS 974, SWI 1997, 3.
[164] *Loukota* SWI 2000, 520.
[165] BMF 2.9.2002, EAS 2109, SWI 2002, 457.

im Abkommensrecht erfolgt ist.[166] Eine Vermeidung der doppelten Nichtbesteuerung läuft nach Ansicht des VwGH[167] Sinn und Zweck der DBA zuwider und ist auch den Vertretern der FinVerw. ein besonderes Anliegen.[168]

63   Abgesehen von einer berechtigten Kritik an einer solch einseitigen Auslegungsmaxime[169] durch die FinVerw. geht es bei der Frage nach dem **Ansatz eines fiktiven Zinsaufwandes** nicht um eine Frage der DBA-Auslegung, sondern ausschließlich um die Interpretation der innerstaatlichen Vorschrift des § 6 Z 6 EStG. Der Ansatz eines fremdüblichen Zinsaufwandes bei der inländischen Darlehensnehmerin ist eine zwingende Rechtsfolge des § 6 Z. 6 EStG. Eine symmetrische Anwendung der Bestimmung – unabhängig von der „Richtung" der Darlehensgewährung – wird auch durch die Materialien zum Entwurf des AbgÄG 2004 ausdrücklich bestätigt, denen zufolge sich der Ansatz fremdbezogener Verrechnungspreise im Liefer- und Leistungsverkehr auf „Export- wie Importbeziehungen inländischer wie ausländischer Steuerpflichtiger" erstrecken soll.[170]

5. Zurechnung von Einkünften gem. § 2 EStG

64   Bei Verrechnungspreisgestaltungen ist insb. dafür Sorge zu tragen, dass nach der vertraglichen und faktischen Funktions- und Risikotragung die Einkünfte auch tatsächlich steuerlich der gewünschten Konzerngesellschaft zugerechnet werden können. Nach Rn. 104 EStR sind unter Bezugnahme auf die Rechtsprechung des VwGH[171] Einkünfte iSd § 2 Abs. 3 EStG demjenigen zuzurechnen, dem die Einkunftsquelle zuzurechnen ist. Voraussetzung dafür ist das Tragen des Unternehmerrisikos aus der Tätigkeit, durch die sich Möglichkeiten bieten Marktchancen zu nutzen, Leistungen zu erbringen oder zu verweitern (ebenso Rn. 389 VPR). Nimmt jedoch die Gesellschaft am Erwerbsleben nicht in der erklärten Art und Weise teil oder erfüllt sie nicht zwischengeschaltet sinnvolle Funktionen, dann sind die Ergebnisse der entfalteten Tätigkeit nicht der Gesellschaft, sondern den tatsächlichen Trägern der Erwerbstätigkeit zuzurechnen.[172]

65   Die Frage der **Einkünftezurechnung** ist nach dem VwGH[173] in erster Linie nach **wirtschaftlichen Gesichtspunkten** zu entscheiden; dabei

---

[166] S. dazu etwa *Herdin/Schilcher* in Lang (Hrsg.), Avoidance of Double Non-Taxation, 2003, 13 ff.; *Lang* Generalbericht, CDFI, 2004a, 21 ff.; *Wolff* IStR 2004, 542 ff.

[167] VwGH 10.5.1972, 1637/70; VwGH 25.9.2001, 99/14/0217.

[168] *Loukota* Außensteuerrecht, Rn. 415; *Jirousek* Landesbericht Österreich, CDFI, 2004a, 172 f.

[169] *Lang* IStR 2002, 609 ff.

[170] Vgl. *Rödler/Kornberger* Praxis des Internationalen Steuerrechts, Festschrift Loukota, 444, zustimmend auch *Lang/Schuch* DBA Deutschland/Österreich, Art. 5 Rn. 17; *Fraberger* in Schuch/Zehetner (Hrsg.), Verrechnungspreisgestaltung, 52.

[171] VwGH 21.7.1998, 98/14/0029; 23.4.2002, 99/14/0321; VwGH 31.3.1998, 98/13/0039; 21.7.1998, 93/14/0149; 24.2.2004, 2000/14/0186; 9.11.2004, 99/15/0008, *Doralt* EStG, 4. Aufl., § 2 Tz. 142 ff. und *Lang* SWI 1998, 220.

[172] VwGH 10.12.1997, 93/13/0185; s. dazu *Loukota* Das erste Treaty Shopping Erkenntnis des VwGH, SWI 1998, 105.

[173] VwGH 15.2.1994, 90/14/0243, 26.9.2000, 98/13/0070.

kommt Missbrauchsüberlegungen iSd § 22 BAO (s. Rn. 75 ff.) keine Bedeutung zu. Es ist daher ausschließlich eine Frage der Auslegung des EStG, ob Einkünfte einem nicht wirtschaftlich tätigen Gebilde zuzurechnen sind. Die rechtliche Gestaltung ist dabei nur maßgebend, wenn sich in wirtschaftlicher Betrachtungsweise nichts anderes ergibt.

Die Rechtspersönlichkeit juristischer Personen ist daher grundsätzlich an-   **66** zuerkennen. Damit bedeutet der Umstand, dass der Allein- oder Mehrheitsgesellschafter einer juristischen Person die Willensentschlüsse der Gesellschaft bestimmt, grundsätzlich nicht, dass Einkunftsquellen und Einkünfte nicht dieser, sondern dem betreffenden Gesellschafter zuzurechnen sind.[174] Sollte eine Gesellschaft jedoch die angeblichen Leistungen tatsächlich nicht erbringen bzw. sollte ihr das den Einkünften zugrunde liegende Vermögen nicht zuzurechnen sein, dann können die daraus resultierenden Einkünfte nach diesen Grundsätzen nicht zugerechnet werden.[175]

Im internationalen Kontext sind in diesem Zusammenhang jedoch als Aus-   **67** legungsbehelf weiters die in den OECD-Verrechnungspreisgrundsätzen sowie dem Kommentar zum OECD-Musterabkommen getroffenen Aussagen der Zurechnung der Einkünfte zu berücksichtigen, die ähnliche Zurechnungskriterien unterstellen. Kann etwa nach Z 2.26 der OECD-VPG „nicht nachgewiesen werden, dass die zwischengeschaltete Gesellschaft ein echtes Risiko trägt oder eine wertvermehrende Funktion in der Kette ausübt, die den Wert der Waren erhöht, dann würde jedes Preiselement, von dem behauptet wird, es sei auf die Tätigkeit der zwischengeschalteten Gesellschaft zurückzuführen, einem anderen Unternehmen im multinationalen Konzern zuzuordnen sein, da unabhängige Unternehmen einer solchen Gesellschaft üblicherweise keinen Anteil am Gewinn des Geschäfts zugeordnet hätten." Damit wird nach den OECD-Verrechnungspreisrichtlinien die Frage der Zurechnung von Einkünften dem Grunde nach bereits über die Beurteilung der Höhe des fremdüblichen Verrechnungspreises gelöst. Weiters ist nach Z 9.168 vom „tatsächlich abgewickelten Geschäftsvorfall" auszugehen und wird in Z 1.42–1.51 die **Funktionsanalyse** als einer der fünf bestimmenden Faktoren zur Anwendung des Fremdvergleichsgrundsatzes angeführt, wobei maßgebliches Gewicht auf die Berücksichtigung der übernommenen Risiken gelegt wird.

Das Zusammenspiel von der den Verrechnungspreisen zugeordneten   **68** Funktions- und Risikoanalyse und der Einkünftezurechnung nach § 2 Abs. 3 EStG wird durch eine EAS-Erledigung des BMF[176] vom 6.7.1998 veranschaulicht „Ist es tatsächlich so, dass eine auf den Virgin Islands errichtete Gesellschaft Lizenzrechte hält, … und der österreichischen Gesellschaft die Aufgabe des Aufbaues von Public Relations, von Produktdemonstrationen und von Lizenzvertragsvermittlungen zufällt und wird vorgesorgt, dass die österreichische Gesellschaft von ihren auftraggebenden ausländischen Konzerngesellschaften hiefür nach der Kostenaufschlagsmethode entlohnt wird, dann kann seitens der österreichischen FinVerw. nicht verlangt wer-

---

[174] VwGH 14.5.1992, 90/14/0280.

[175] VwGH 12.9.2001, 99/13/10166, 0167, 25.11.2002, 97/14/0028; korrespondierend stellen Zahlungen auf Grund von nicht erbrachten Leitungen keine Betriebsausgaben dar: VwGH 22.11.2001, 98/15/0089, 0090.

[176] BMF 6.7.1998, EAS 1290.

den, dass auch ... die Lizenzgebühren in Österreich der Besteuerung unterzogen werden. Sollte sich allerdings ... herausstellen, dass die wahre Funktion der inländischen Gesellschaft nicht in der voraufgezeigten Weise begrenzt war, sondern in der eigenberechtigten Vermarktung der betreffenden
Technologie bestand ..., dann wäre damit ein anderes Sachverhaltsbild gegeben, das vermutlich eine steuerliche Erfassung der Lizenzgebühren in Österreich gebieten würde."

Mit vergleichbarem Grundtenor und unter Verweis auf die deutschen Verwaltungsgrundsätze kommentiert das BMF mit EAS-Auskunft 2951[177] folgenden Sachverhalt: *„Bietet eine österreichische Kapitalgesellschaft (M-AG) über
ihre auf Gibraltar errichtete Tochtergesellschaft (T-AG) weltweit Internetspiele an, wobei die hierfür erforderlichen Server im Eigentum der M-AG stehen und in Österreich
aufgestellt sind, dann ist vorweg eine Klärung erforderlich, welche Funktionen die T-
AG auf Gibraltar in wirtschaftlicher Betrachtungsweise tatsächlich ausübt. Der bloße
Umstand, dass zivilrechtlich die von den Spielern eingegangenen Verträge rechtsgültig
mit der gibraltesischen T-AG zu Stande kommen, kann nicht automatisch zur Folge
haben, dass die gesamten aus solchen Verträgen herrührenden Einnahmen der T-
GmbH zuzurechnen sind und die M-AG, die offensichtlich das gesamte Management
der für die Einnahmenerzielung nötigen Arbeiten durchführt, formal aber als bloßer
Dienstleister der T-AG auftritt, mit einer bloßen Routineabgeltung abgefunden
wird .... Nur ein Unternehmen, das die zur Durchführung von Geschäften wesentlichen, für den Unternehmenserfolg entscheidenden Funktionen ausübt und die wesentlichen Risiken übernimmt, kann als „Entrepreneur" oder „Strategieträger" bezeichnet
werden, dem daher das betreffende Konzernergebnis, das nach Abgeltung von Routinefunktionen anderer nahe stehender Unternehmen verbleibt, zuzurechnen ist (s.
3.4.10.2. lit. b der deutschen VGr-Verfahren, BStBl. I 2005, 570)."*

Im Folgenden für die FinVerw. in dieser EAS aus *„... es wird hierbei zu klären sein, ob die Erarbeitung der gewinnbringenden Geschäftsidee und ihre Weiterentwicklung bis zur Vermarktungsfähigkeit tatsächlich in der Gibraltargesellschaft erfolgt
ist und daher als ein ihr zugehöriger immaterieller Geschäftswert anzusehen ist, der
diese Gesellschaft damit über eine reine Routinefunktionsgesellschaft hinaushebt, ihr
Entrepreneurrolle zuerkennt und solcherart die Zurechnung eines über bloße Routine-
werte hinausgehenden Gewinnes rechtfertigt. Bei einem Sachverhaltsbild, bei dem die
österreichische Gesellschaft das weltweite Marketing, die Public Relations, Investor Relations, das Server-Housing und -hosting, EDV-Dienstleistungen für die Zahlungsver-
kehrsabwicklung mit den Kreditkartenbetreibern und Kunden usw. übernimmt und mit
eigenen Mitarbeitern die gesamte Serverfunktion für die Spielabwicklung betreut, bedürfte es eindeutiger Nachweise, dass es sich bei der Gibraltar-Gesellschaft nicht bloß
um eine künstlich zwischengeschaltete Gesellschaft handelt, der zwar aufgetragen wurde, an örtliche Unternehmer gewisse Agenden auszulagern, der aber selbst keine Entrepreneurfunktion zugeschrieben werden kann."*

69   Die Zurechnung von Einkünften muss sich jedoch nicht mit dem wirtschaftlichen Eigentum (s. Rn. 87 ff.) an der Einkunftsquelle decken,[178] da sich
die Einkunftsquelle nicht nur auf das wirtschaftliche Eigentum sondern auch
auf ein **Mietrecht,** auf ein Recht zur Weiter- oder Untervermietung, auf

---

[177] BMF 28.3.2008, EAS 2951.
[178] VwGH 25.2.1997, 92/14/0039; VwGH 9.7.1997, 95/13/0025; VwGH
21.7.1998, 93/14/0149.

ein **Nutzungsrecht** oder auf eine bloße Tätigkeit gründen kann. So sind beispielsweise Einkünfte aus Kapitalvermögen und aus Vermietung und Verpachtung demjenigen zuzurechnen, der zur Nutzung der Vermögensgegenstände berechtigt ist.[179] Ein Nutzungsrecht an einem GmbH-Anteil auf unbestimmte Zeit mit Veräußerungs- und Belastungsverbot sowie Ausübung des Stimmrechts führt zu einer Zurechnung des Gesellschaftsanteils beim Nutzungsberechtigten.[180] Während bei Aktivitätseinkünften (§§ 21–25 EStG) dem wirtschaftlichen Eigentum an den für die Einkünfteerzielung verwendeten Wirtschaftsgütern keine entscheidende Bedeutung zukommt, wird diesem Gesichtspunkt bei Passiveinkünften wie insb. jenen gem. § 27 und 28 EStG (darunter fallen insb. Zinseinkünfte), eine größere Bedeutung beigemessen.[181]

Darüber hinaus ergibt sich auch nach den Grundsätzen des AOA (Authorized OECD Approach; Report on the Attribution of Profits to Permanent Establishments, s. Rn. 278ff.) eine engere Koppelung der Zurechnung von Einkünften und der Zurechnung des wirtschaftlichen Eigentums an der Einkunftsquelle; wie auch das BMF mit EAS 3010[182] hervorgestrichen hat: „Es gilt der Grundsatz, dass Wirtschaftsgüter einer (Personengesellschafts)Betriebstätte nur zugerechnet werden können, wenn diese „wirtschaftlicher Eigentümer" ist; das rechtliche Eigentum ist nicht entscheidend (AOA Part I/107). Bloße buchmäßige Erfassung ist daher nicht ausreichend (AOA Part I/111); vielmehr müssten von Unternehmensmitarbeitern der Betriebstätte wesentliche Funktionen (Significant PeopleFunctions) in Bezug auf ihr zuzurechnende immaterielle Vermögenswerte (hier: Beteiligung an der österreichischen GmbH) ausgeübt werden, zu denen das gesamte Risikomanagement zählt (AOA Part I/125). Die gegenständliche Beteiligung müsste daher funktional der Ausübung der operativen Tätigkeit der Personengesellschaft dienen; nach Auffassung des BMF kann das Vorliegen dieser Voraussetzungen bei „notwendigem Betriebsvermögen" anerkannt werden; der bloße Umstand, dass eine Beteiligung als gewillkürtes Betriebsvermögen in die Bücher der ausländischen Personengesellschaft aufgenommen worden ist, reicht hierfür aber nicht aus." Zu weiteren Beispielen hierzu s. Rn. 209ff.

6. Grenzen der abgabenrechtlichen Gestaltungsfreiheit gem. §§ 21–24 BAO

Nach dem VwGH[183] steht jedermann frei, seine Rechtsverhältnisse und **70** wirtschaftlichen Beziehungen so zu gestalten und zu ordnen, dass der günstigste Effekt, nämlich der bestmögliche Erfolg bei geringster gesetzlich vorgesehener Abgabenbelastung erreicht wird. Die Grenzen dieser Gestaltungsfreiheit, die dem Abgabenpflichtigen eingeräumt wird, sind im Abgabenrecht grundsätzlich nur durch die Bestimmungen der §§ 21–24 BAO gezogen. Nur

---

[179] Rn. 106, 6106 EStR.
[180] Rn. 125 EStR unter Hinweis auf die dort zitierte Rsp; ähnlich Rn. 1177 KStR hinsichtlich der Zurechnung der aus der Beteiligung resultierenden Einkünfte.
[181] *Mühlehner* Probleme der Einkünftezurechnung, Lang/Jirousek (Hrsg.), Praxis des internationalen Steuerrechts, FS Loukota, 370.
[182] BMF 18.12.2008, EAS 3010.
[183] VwGH 6.11.1991, 89/13/0093.

im Bereich der, in diesen Gesetzesbestimmungen im Einzelnen umschriebenen, Tatbestände ist die Abgabenbehörde berechtigt und verpflichtet, bei der Erhebung der Abgaben von der Gestaltung der Parteien abzugehen. Im Folgenden soll ein Überblick über diese Grenzen – die auch für den Gestaltungsfreiraum aus Verrechnungspreissicht von Relevanz sind – gegeben werden.

a) Wirtschaftliche Betrachtungsweise gem. § 21 BAO

71 Nach § 21 Abs. 1 BAO ist für die Beurteilung abgabenrechtlicher Fragen in wirtschaftlicher Betrachtungsweise der wahre wirtschaftliche Gehalt und nicht die äußere Form des Sachverhaltes maßgebend.

Die wirtschaftliche Betrachtungsweise ist nach der in der Literatur vorherrschenden Ansicht ein Element der teleologischen Interpretation.[184] In Abgabengesetzen werden entweder eigenständige wirtschaftliche Begriffe (Methode der direkten wirtschaftlichen Anknüpfung), wie zB jener der Betriebsausgabe nach § 4 Abs. 4 EStG, verwendet oder Begriffe aus anderen Rechtsgebieten (vor allem aus dem bürgerlichen Recht) entlehnt. Diese Begriffe werden aber nicht im technischen Verständnis der Heimatdisziplin, sondern nur zur Umschreibung eines umfassend verstandenen wirtschaftlichen Geschehens verwendet (indirekte wirtschaftliche Anknüpfung, etwa „Vermietung und Verpachtung" nach § 28 EStG oder in § 28 BAO „Gewerbebetrieb im Sinn der Abgabenvorschriften").[185] Steuerfolgen können aber auch unmittelbar mit Begriffen anderer Rechtsinstitutionen verbunden werden (etwa „Bestandverträge" gem. § 33 TP 5 Gebührengesetz, Methode der rechtlichen, formalen Anknüpfung).[186]

72 § 21 BAO setzt voraus, dass im Wege der Auslegung zunächst ermittelt wird, welcher Anknüpfungstechnik eine Steuernorm folgt. Im Falle der rechtlichen Anknüpfung sind die verwendeten Rechtsbegriffe basierend auf § 21 Abs. 2 BAO – „Vom Absatz 1 abweichende Grundsätze der Abgabenvorschriften bleiben unberührt" – so zu verstehen wie in ihrer Heimatdisziplin. Nur im Fall der indirekten wirtschaftlichen Anknüpfung sind nach Ritz[187] an sich nicht wirtschaftliche Begriffe in wirtschaftlicher Betrachtungsweise auszulegen. Der Rechtsanwender kann sich nicht darauf beschränken das Vorliegen der rechtlichen Merkmale zu untersuchen – es ist vielmehr die wirtschaftliche Bedeutung des Sachverhaltes zu ermitteln. § 21 BAO erlaube jedoch keinesfalls eine eigenständige, vom Tatbestand losgelöste, Beurteilung und Umdeutung des Sachverhaltes nach sozusagen freischwebend wirtschaftlichen Gesichtspunkten.[188]

73 Damit ist die wirtschaftliche Betrachtungsweise nur insoweit anzuwenden als nicht der Tatbestand eine rechtliche Betrachtungsweise erfordert, was nach den anerkannten Regeln der Auslegung zu beurteilen ist. Im Ertragsteuer-

---

[184] HA, zB *Gassner* Interpretation, insb. 120 ff.; *Doralt/Ruppe* Grundriss des österreichischen Steuerrechts, Bd. II6, Rn. 103; aM zB *Ellinger* ÖStZ 1975, 202.

[185] Vgl. zB VwGH 19.2.1997, 94/13/0239.

[186] *Doralt/Ruppe* Grundriss des österreichischen Steuerrechts, Bd. II6, Rn. 1082.

[187] *Ritz* BAO Kommentar4, § 21, Rn. 8.

[188] *Doralt/Ruppe* Grundriss des österreichischen Steuerrechts, Bd. II6, Rn. 1083; *Gassner* Interpretation und Anwendung der Steuergesetze, Wien 1972.

recht überwiegen die wirtschaftlichen Anknüpfungen.[189] Diese Aussage darf jedoch nicht schematisch verstanden werden, beispielsweise wird etwa im Körperschaftsteuerrecht das Prinzip der **Maßgeblichkeit der Rechtsform** bei der subjektiven Steuerpflicht sehr streng betont.[190]

Im Unterschied zu dieser in der Literatur vertretenen Auffassung stellt 21 BAO nach Ansicht des VwGH[191] keine Regel zur Auslegung von Steuergesetzen (zur Ermittlung der Methode der Anknüpfung der Steuertatbestände), sondern eine RL zur Beurteilung abgabenrechtlich relevanter Sachverhalte dar **(Beweiswürdigungsregel).** § 21 BAO verhalte die Abgabenbehörden bei Wahrnehmung ihrer Verpflichtung, die für die Besteuerung maßgebenden tatsächlichen und rechtlichen Verhältnisse zu ermitteln (§ 115 BAO), auf das tatsächliche Geschehen abzustellen. Dabei ist es gleichgültig ob durch die gewählte, dem Tatsächlichen nicht entsprechende, formale Gestaltung Abgabenersparnisse beabsichtigt waren oder nicht.[192] Im Hinblick auf § 21 Abs. 2 BAO ist auch hier vorerst (evt. stillschweigend) zu entscheiden, ob die anzuwendende Norm einer wirtschaftlichen Betrachtungsweise zugänglich ist. Erst wenn feststeht, welche Rechtsfolgen ein Abgabepflichtiger mit dem von ihm vertraglich gesetzten Tatbestand zivilrechtlich bewirkt hat, ist die nach §§ 21ff BAO vorzunehmende Prüfung an der Reihe. Diese überprüft welches wirtschaftliche Ergebnis der Abgabepflichtige im Kleid der zivilrechtlichen Rechtsfolgen herbeigeführt hat.[193]

b) Missbrauch gem. § 22 BAO

Rn. 382 und 383 VPR weisen zu Missbrauch auf die Judikatur des VwGH. 75 Dieser sieht Missbrauch nach § 22 BAO als eine rechtliche Gestaltung an, die in Hinblick auf den wirtschaftlichen Erfolg ungewöhnlich und unangemessen ist und ihre Erklärung ausschließlich in der Absicht der Steuervermeidung findet. Es ist dann zu prüfen, ob der gewählte Weg noch sinnvoll erscheint, wenn man den Abgaben sparenden Effekt wegdenkt, oder ob er ohne das Resultat der Steuerminderung einfach unverständlich wäre.[194] Eine ähnliche Aussage findet sich auch in Z 1.65 der OECD-Verrechnungspreisgrundsätze, „wenn zwar Form und (wirtschaftlicher) Gehalt des Geschäftes übereinstimmen, aber die ... Vereinbarungen ... von jenen abweichen, die unabhängige Unternehmen in wirtschaftlich vernünftiger Weise getroffen hätten und wenn die tatsächlich gewählte Gestaltung der Steuerverwaltung ... die Möglichkeit nimmt, einen angemessenen Verrechnungspreis zu bestimmen."

Eine **ungewöhnliche Gestaltung** kann damit nach § 22 BAO nicht als 76 Missbrauch gewertet werden, wenn für sie „beachtliche außersteuerliche Gründe" vorliegen, die nach dem VwGH beispielsweise Überlegungen der

---

[189] VwGH 23.6.1995, 93/17/0461; 15.6.1993, 91/14/0253, *Werndl* in Koja-FS, 649.
[190] *Doralt/Ruppe* Einführung in das österreichische Steuerrecht, Bd. I10, Rn. 903.
[191] VwGH 11.8.1993, 91/13/0005; 11.5.1983, 82/13/0239.
[192] Vgl. auch *Stoll* BAO Handbuch, 50.
[193] VwGH 29.9.2006, 2003/15/0053.
[194] ZB VwGH 27.9.1995, 93/13/0095; 10.12.1997, 93/13/0185; 10.9.1998, 93/15/0051; 14.12.2000, 95/15/0111; 25.9.2002, 97/13/0175; 26.5.2004, 99/14/0209; 9.12.2004, 2002/14/0074; 28.1.2005, 2000/15/0214; ebenso *Ellinger* u. a. BAO3, § 22 Anm. 2.

Zukunftsplanung[195] oder etwa der Verminderung der zivilrechtlichen Haftung[196] umfassen können.

Liegt ein Missbrauch vor, so bestimmt § 22 Abs. 2 BAO, dass die Abgaben so zu erheben sind, wie sie bei einer den wirtschaftlichen Vorgängen, Tatsachen und Verhältnissen angemessenen rechtlichen Gestaltung zu erheben wären.

In Rn. 381 VPR vertritt die FinVerw. die Auffassung, dass sofern Gestaltungen der missbräuchlichen Umgehung von Vorschriften dienen, die nicht Bestandteil des österreichischen Abgabenrechts sind, kein Rechtsmissbrauch iSv § 22 BAO vorliege. Es wird hierzu folgendes **Beispiel** gegeben: „Wird zur Umgehung der österreichischen Gewerbeordnung (Vermeidung der Kosten für die Einstellung eines weiteren Mitarbeiters mit der Qualifikation des „gewerberechtlichen Geschäftsführers") von einem österreichischen Einzelunternehmer der inländische Vertrieb von Hoteleinrichtungen über eine britische „Non-resident Company" abgewickelt, weil diese nach britischem Recht keinen derartigen Geschäftsführer benötigt und nach EU-Recht bei ihrer Geschäftstätigkeit in Österreich nicht behindert werden darf, so liegt in der Kostenvermeidung für einen entsprechend ausgebildeten Mitarbeiter ein außersteuerlich beachtlicher Grund vor, der der Geltendmachung des steuerlichen Rechtsmissbrauchsvorwurfes auch dann entgegensteht, wenn die britische Gesellschaft in Großbritannien nicht besteuert wird. Das Nichtvorliegen von Rechtsmissbrauch hindert aber nicht, nach den allgemeinen Zurechnungsgrundsätzen die Einkünfte nicht der künstlich zwischengeschalteten britischen Gesellschaft, sondern dem das Vertriebsgeschehen und die damit verbundene Gewinnerzielung bestimmenden österreichischen Gesellschafter unmittelbar zuzurechnen."

Der VfGH (8.5.1980, V 14/80) ist der Ansicht, dass § 22 BAO nur ein Unterfall der wirtschaftlichen Betrachtungsweise gem. § 21 BAO ist und damit nur bei Normen zur Anwendung kommt, die der Technik der wirtschaftlichen Anknüpfung folgen.

77   In diese Richtung argumentieren auch die in der Literatur überwiegend vertretenen Anhänger der sog. **Innentheorie**,[197] wonach § 22 BAO nur klarstellenden Charakter habe, da sich das Ergebnis des § 22 BAO bereits aus einer teleologischen Auslegung und damit aus § 21 BAO bzw. den allgemeinen Regeln über die Zurechnung von Einkünften gem. § 2 Abs. 3 EStG (s. Rn. 64 ff.) bzw. des wirtschaftlichen Eigentums nach § 24 BAO (s. Rn. 87 ff.) bzw. der Ermittlung des fremdüblichen Entgelts auf Basis einer Funktions- und Risikoanalyse gem. § 6 Z 6 EStG bzw. darauf basierend nach Art. 9 OECD-MA sowie den OECD Verrechnungspreisgrundsätzen ergibt. Die Interpretation der jeweiligen gesetzlichen Vorschrift − und nicht der unbestimmte Steuerrechtssatz des § 22 BAO − gäbe darüber Auskunft, ob ein

---

[195] VwGH 21.10.1986, 86/14/0107; 10.5.1988, 87/14/0084; 1.1.1991, 90/14/0208.

[196] VwGH 23.5.1990, 89/13/0272.

[197] ZB Nachweise bei *Gassner* WBl 1987, FN 2; *Gassner* Interpretation und Anwendung der Steuergesetze, 1972, 115 ff.; *Stoll* BAO, 244; *Doralt/Ruppe* Steuerrecht, Band II6, Tz. 108; *Lang* ÖStZ 2001, 65; ÖStZ 1994, 17; *Ritz* BAO Kommentar4, § 22, Rn. 7 f.

Sachverhalt von einer Gesetzesbestimmung noch erfasst ist oder nicht. Dieser Linie folgt auch der OGH,[198] nach dessen Meinung § 22 BAO nur einen allgemeinen Grundsatz ausspricht. Ob damit beispielsweise einer ausländischen Gesellschaft eine Abschirmwirkung hinsichtlich einer inländischen Besteuerung zukommt, entscheide sich zunächst danach, ob ihr die betreffenden Einkünfte nach den von der Rechtsprechung entwickelten Kriterien auch nach § 2 Abs. 3 EStG zugerechnet werden können. Weiters sei zu beurteilen, wie das fremdübliche Entgelt auf Basis einer angemessenen Funktions- und Risikoanalyse zu ermitteln ist. In diesem Zusammenhang ist jedoch zu bedenken, dass Gewinne auch dem **rechtlichen Risiko** zugerechnet werden können, das einer Gesellschaft aufgrund ihrer selbständigen Rechtspersönlichkeit und der Vertragslage zukommt (wie etwa ein Forderungsausfallsrisiko); dieses Gewinnpotential kann lediglich aufgrund der Anwendung von § 2 Abs. 3 EStG der ausländischen Gesellschaft nicht genommen werden. Hierbei ist jedoch weiters der gesellschaftsrechtliche Haftungsdurchgriff auf den Gesellschafter zu bedenken, der wiederum auch aus Verrechnungspreissicht das Risiko und damit die Gewinne dem Gesellschafter anlasten könnte. Hierbei ist an Fälle der sog. „echten Durchgriffshaftung" zu denken, bei grundsätzlich beschränkt haftende Gesellschafter von Gesellschaften mit beschränkter Haftung das Haftungsprivileg entzogen wird und sie sodann wie Gesellschafter einer Personengesellschaft ohne Haftungsbeschränkung haften. Im angloamerikanischen Rechtskreis spricht man von „lifting the corporate veil" (den Schleier der Gesellschaft lüften). Diese Durchgriffshaftung ist in den einzelnen Gesellschaftsrechtstatuten unterschiedlich geregelt und kommt in Deutschland beispielsweise bei Unterkapitalisierung sowie nicht ausreichend finanzbuchhalterisch getrenntem Vermögen zur Anwendung.[199] Das Rechtsinstitut der „Durchgriffshaftung" ist in der österreichischen Lehre und Rechtsprechung spätestens seit dem sogenannten „Eumig-Erkenntnis"[200] (faktische Geschäftsführung zu § 62 Abs. 2 GmbHG) anerkannt.

In einzelnen Entscheidungen der letzten Jahre[201] hatte sich auch der **78** VwGH dieser Argumentationslinie angeschlossen; der Gerichtshof betonte etwa in der Entscheidung vom 10.12.1997 („Erstes Treaty-Shopping Judikat"), dass gesellschaftsrechtliche Vorgänge (zB die Gründung einer Kapitalgesellschaft) für sich allein nicht dem § 22 BAO zuordenbar seien; ein Missbrauch könnte in solchen Fällen nur in der dem tatsächlichen Geschehen nicht angemessenen Hintereinanderschaltung mehrerer rechtlicher Schritte

---

[198] OGH 6.2.1996, 10 Ob 519/94; ImmZ 1996, 164.

[199] Vgl. BGH vom 13.11.2005, Az. II ZR 178/03, BGHZ 165, 85, BGH vom 8.7.1970, Az VIII ZR 28/69, BGHZ 54, 222 (Siedler Fall).

[200] OGH vom 10.3.1987, 1 Ob 571/86 = SZ 59/132 = JBl 1986, 713 (Reich-Rohrwig) und 6 Ob 508, 509/86 = ÖBA 1988, 828 (Apathy) = WBl 1988, 129 (Wilhelm), in denen es um die Durchgriffshaftung einer kreditgebenden Bank ging, die die Geschäftsanteile an der gemeinschuldnerischen GmbH übernommen und die wesentlichen Leitlinien der Geschäftsführung vorgegeben hatte. Der Bank (Gesellschafterin) wurde die Beteiligung an der fahrlässigen Krida (des Geschäftsführers) vorgeworfen und ihre Haftung für die durch die Konkursverschleppung verursachten Schäden der Gläubiger (Warenlieferanten) bejaht.

[201] Vgl. etwa VwGH 10.12.1997, 93/13/0185, VwGH zu Treaty Shopping, SWI 1998, 216, VwGH 25.1.2001, 2000/15/0172, 2.8.2000, 98/13/0152.

bestehen. Es kann nur fraglich sein, „ob die Gesellschaft tatsächlich den Zwecken dient, die vorgegeben werden. Wenn dies zu verneinen ist, wenn etwa die Gesellschaft am Erwerbsleben nicht in der erklärten Art und Weise teilnimmt oder nicht zwischengeschaltet sinnvolle Funktionen erfüllt, sind die Ergebnisse der Tätigkeit nicht der Gesellschaft, sondern den tatsächlichen Trägern der Erwerbstätigkeit zuzurechnen."

79 Die FinVerw. ist jedoch eher ein Anhänger der sog. **Außentheorie,** wonach § 22 BAO sich auf Tatbestände bezieht, die dem Prinzip der rechtlichen Anknüpfung folgen.[202] § 22 BAO ist zu jedem einzelnen Steuertatbestand hinzuzufügen und soll im Falle ungewöhnlicher Gestaltungen die Besteuerung fiktiver (angemessener) Sachverhaltsrealisationen erlauben; es kommt damit aufgrund von § 22 Abs. 2 BAO zu einer Ausdehnung der Steuerpflicht unter der Voraussetzung des Missbrauches über die betreffenden (rechtlich angeknüpften) Steuertatbestände hinaus.[203] Konkret bedeutet dies, dass die Finanzbehörden meinen, selbst die Risiken und Gewinnpotentiale, die mit einer im Ausland bestehenden selbständigen Rechtspersönlichkeit verbunden sind, können im Falle von Missbrauch im Inland der Besteuerung unterwerfen zu können.

80 Es stellt sich jedoch die Frage, inwieweit Österreich auf Basis des sog. **Territorialitätsprinzips** bzw. im Hinblick auf die Rechtsprechung des EuGH dazu berechtigt ist. Die ausländische Gesellschaft müsste als steuerliches Anknüpfungsmerkmal „unbeschränkte Steuerpflicht" Ort der Geschäftsleitung in Österreich haben, damit Österreich im Rahmen des Welteinkommensprinzips berechtigt ist, Einkünfte zu besteuern, die nach den Einkünftezurechnungs- bzw. Verrechnungspreisbestimmungen dem Ausland zurechenbar sind. Selbst in diesem Fall ist jedoch das DBA mit dem Niedrigsteuerland zu berücksichtigen, das Österreichs Besteuerungsrecht wiederum für dem Ausland zurechenbare Einkünfte [durch Art. 7 (Gewinnzurechnung zu Betriebsstätten) und Art. 9 (fremdüblicher Verrechnungspreis) OECD-MA)]nach der Freistellungs- oder Anrechnungsmethode beschränkt.

81 Auch wenn man **innerstaatliche Missbrauchsbestimmungen** im DBA-Recht als anwendbar ansieht (entweder generell[204] mit Verweis auf VwGH vom 26.7.2000 „... auch bei Fehlen ausdrücklicher Abkommensbestimmungen über die wirtschaftliche Betrachtungsweise und die Zurechnung von Wirtschaftsgütern hat ein Staat das Recht, sich vor einer unberechtigten Ausnützung der im Abkommen vorgesehenen Steuervorteile zu schützen" oder aufgrund der expliziten Erwähnung der Zulässigkeit im Abkommenstext wie in jenem mit Deutschland[205]), erscheint es unverhältnismäßig, die Einkünfte,

---

[202] VwGH 12.4.1978, 0314/77.

[203] So *Loukota* SWI 1991, 161; *Ritz* BAO Kommentar4, § 22, Rn. 6.

[204] Vgl. *Loukota* SWI 2000, 420 f. mit Verweis auf VwGH 26.7.2000, 97/14/0070; *Lang* SWI 2000, 423 ff.; *Loukota-Jirousek* Leitfaden zum revidierten österreichisch-deutschen DBA, Rn. 51 ff.; vergleichbare Aussagen finden sich in der Rechtsprechung des BFH zu § 42 AO (vgl. zB BFH 17.7.1968, I 121/64; BFH 21.5.1971, III R 125–127/70; BFH 7.2.1975, VIII R 61–62/74); dazu kritisch *Vogel* in Haarmann (Hrsg.) Grenzen, 94.

[205] Art. 28 Abs. 2 DBA Deutschland: „Der Ansässigkeitsstaat ist berechtigt, seine innerstaatlichen Rechtsvorschriften zur Abwehr von Steuerumgehungen anzuwenden, um missbräuchlichen Gestaltungen und unfairem Steuerwettbewerb zu begegnen."

die einem anderen ausländischen Staat nach den allgemeinen Bestimmungen über die Zurechnung von Einkünften auf Basis einer Funktionen- und Risikoanalyse zustehen, in Österreich der Besteuerung zu unterwerfen.

Müsste es nicht vielmehr so sein, dass die Anwendbarkeit des § 22 BAO (über die allgemeinen Zurechnungsbestimmungen von Einkünften und wirtschaftlichem Eigentum hinaus) allenfalls über die mit der Nichtanerkennung der selbständigen Rechtspersönlichkeit der ausländischen juristischen Person zusammenhängenden Einkünfte (aufgrund der rechtlichen Risikotragung) beschränkt sein sollte.

Die in letzter Zeit ergangenen **Außentheorie-Entscheidungen des VwGH** stehen dieser Auffassung nicht wirklich entgegen, da sich der VwGH idR mit „funktionslosen" Auslandsgesellschaften zu befassen hatte.[206] In einer der jüngsten Entscheidungen[207] hat er beispielsweise ausgeführt, dass ein Zwischenschalten einer Tochtergesellschaft auf den Kanalinseln zur Gewährung von konzerninternen Darlehen und Factoringgeschäften, ohne dass von dieser Gesellschaft insoweit eine wirtschaftliche Funktion erfüllt wird, unangemessen ist und dass gerade durch zivilrechtlich gültige Handlungen, wie die Darlehensvergabe im eigenen Namen, der Tatbestand des § 22 BAO erfüllt wird, wenn solche Handlungen in der Absicht gesetzt werden, dadurch die Abgabepflicht zu umgehen oder zu vermindern. Auch die regelmäßigen Vorstandssitzungen der Kanalinselgesellschaft zeigen nicht auf, dass sie im Hinblick auf die Darlehen „selbständige Geschäftsentscheidungen" getroffen hat, sondern lediglich, dass die Darlehen zivilrechtlich im eigenen Namen von der Kanalinselgesellschaft abgeschlossen wurden.

Auch die jüngere Rechtsprechung des EuGH spricht für eine Unverhältnismäßigkeit der weitgehenden Interpretation der außentheoretischen Sichtweise des § 22 BAO: Der EuGH befand in der Rechtsache Cadbury/Schweppes,[208] dass die britischen CFC-Rules (aufgrund derer das Einkommen der ausländischen Tochtergesellschaft direkt der Muttergesellschaft zugerechnet wird) der Niederlassungsfreiheit entgegenstehen, da die Gründung einer Tochtergesellschaft im niedrig besteuerten Ausland im Vergleich zu einer in- oder ausländischen nicht niedrig besteuerten diskriminiert wird, sofern es sich nicht um eine „künstliche Konstruktion" handelt. Es sei daher für jeden Einzelfall zu prüfen,[209] ob die Tochtergesellschaft über eine ausreichende Präsenz (Räumlichkeiten, Personal, Ausrüstung) im Tätigkeitsstaat verfügt, ob die von ihr ausgeübten Tätigkeiten „echt" sind und ob sie weiters einen wirtschaftlichen Wert für die Muttergesellschaft und den Gesamtkonzern darstellen. Die „Echtheit" der Leistungen ergibt sich aus der Qualifikation des Personals der Tochtergesellschaft zur Leistungserbringung sowie aus den (Personal)ebenen, auf denen die relevanten Entscheidungen getroffen werden.

---

[206] VwGH 14.1.2003, 97/14/0042; 24.6.2003, 97/14/0060; 9.12.2004, 2002/14/0074, 19.1.2005, 2000/13/0176; 22.9.2005, 2001/14/0188; 10.8.2005, 2001/13/0018; 29.3.2006, 2005/14/0018, kritisch dazu *Lang* SWI 2005, 67, *Preining* ÖStZ 2006, 14; *Schneider* GeS 2006, 36 und GeS 2006, 89.

[207] VwGH 18.10.2006, 2003/13/0031.

[208] EuGH 12.9.2006, Rs C-196/04.

[209] Vgl. zu den folgenden Ausführungen Schlussanträge GA Leger, 2.5.2006, C-196/04, Rn. 46 sowie *Lang* SWI 2006, 273 ff.

Diese Judikaturlinie hat der EuGH auch in einer jüngeren Entscheidung vom 8.11.2007, Rs. C-251/06, (Ing. Auer), bestätigt, worin wiederum ausgeführt wird, dass die Gründung einer Gesellschaft in einem Mitgliedstaat im Rahmen einer rein künstlichen, jeder wirtschaftlichen Realität fremder Konstruktionen mit dem Zweck, die normalerweise zu zahlende Steuer zu umgehen, nicht schützenswert ist.

84   Damit ist auch nach der Rechtsprechung des EuGH primär von Relevanz, wem die Ergebnisse der Tätigkeit zuzurechnen sind und wer damit der **Träger der Erwerbstätigkeit** ist. Insoweit könnte argumentiert werden, dass auch der EuGH über die innentheoretische Interpretation des § 22 BAO hinausgeht (sofern das rechtliche Konstrukt nicht als bloße Treuhandschaft qualifiziert werden kann).

Abseits von künstlichen Konstruktionen ist nach der Auffassung des EuGH eine Annahme von Missbrauch, die lediglich auf dem Umstand eines unterschiedlichen Steuerniveaus fußt, nicht gerechtfertigt.[210] Das Vorliegen einer künstlichen Konstruktion sei anhand objektiver Kriterien (wie bei Cadbury/Schweppes ausgeführt) zu prüfen. Der VwGH argumentiert jedoch im Widerspruch dazu, da er Missbrauch bei wirtschaftlich ungewöhnlichen und unangemessenen Sachverhaltskonstellationen, die nur durch ihr subjektives Streben nach Steuervermeidung zu erklären sind, annimmt.[211] Kriterien wie „ungewöhnlich" oder „unangemessen" entziehen sich jedoch weitgehend einer objektiven Beurteilung.

85   Im Sinne der Zurechnungskriterien des § 2 EStG sowie „erhellend" im Sinne der Missbrauchsbestimmungen des § 22 BAO ist auch die Entscheidung des EuGH in der Rechtsache SGI[212] zu werten, wonach die Versagung eines Betriebsausgabenabzuges im Ausmaß der Fremdunüblichkeit als zulässig angesehen wurde, selbst wo die gesamte Struktur nicht als künstliche zu werten ist. Es ist aber ausreichend, eine Struktur im Ausmaß der Fremdunüblichkeit als „künstlich" und damit missbräuchlich zu werten (und damit grenzüberschreitende Fälle ungleich zu rein nationalen Fällen zu beurteilen).

c) Scheingeschäfte gem. § 23 BAO

86   Scheingeschäfte (iSd § 916 ABGB), bei denen ein Rechtsgeschäft nicht gewollt ist oder die ein anderes Rechtsgeschäft verdecken (zB ein zum Schein abgeschlossener Dienstvertrag), sind bereits zivilrechtlich unwirksam; wirksam ist gegebenenfalls das **verdeckte Geschäft.** Das gilt nach § 23 Abs. 1 BAO auch für das Abgabenrecht. Ein lediglich dem Anschein nach geschäftlicher Rechtsgrund für eine Zuwendung an einen Anteilseigner liegt beispielsweise etwa vor, wenn bei einer zwar formgerechten Vereinbarung keine Erfüllung seitens des Anteilseigners erfolgt, das Entgelt jedoch verrechnet und von der Körperschaft als Aufwand geltend gemacht wird (Rn. 640 KStR). Als Beispiel könnte hier zB eine Konzernumlage ohne betriebliche Veranlassung an eine Briefkastenfirma angeführt werden.[213]

---

[210] Vgl. EuGH 26.10.1999, C-294/97.
[211] Vgl. *Ritz* BAO Kommentar4, Tz. 6 zu § 22.
[212] Vgl. EuGH 21.1.2010, C-311/08.
[213] VwGH 14.12.2000, 95/15/0129.

In Rn. 375–380 VPR werden von der österreichischen FinVerw. u.a. VwGH vom 19.3.1974, 1527/72 zu überhöhten Zahlungen oder unglaubwürdigen Vorgängen im Verhältnis zu einer „amtsbekannten Steueroase", VwGH vom 31.1.1964, 1391/63 zu unbelegten Werbebeiträgen an eine liechtensteinische Holding, VwGH vom 19.3.1974, 1527/72 zu überhöhten Maschinenmieten an ein liechtensteinisches Etablissement sowie VwGH vom 24.2.1982, 0837/80 zur unglaubwürdigen Know-how Überlassung aus Liechtenstein zum Vorliegen von Scheingeschäften zitiert.

d) Zurechnung von Wirtschaftsgütern gem. § 24 BAO

Wirtschaftliches Eigentum gem. § 24 BAO erfordert eine „Ausübung der **87** Herrschaft gleich einem Eigentümer"; in der Regel wird dies auch durch den zivilrechtlichen Eigentümer erfolgen.[214] Zivilrechtliches und wirtschaftliches Eigentum fallen jedoch auseinander, „wenn ein anderer als der zivilrechtliche Eigentümer die positiven Befugnisse, die Ausdruck des zivilrechtlichen Eigentums sind, wie insb. Gebrauch, Verbrauch, Veränderung, Belastung und Veräußerung, auszuüben in der Lage ist, und wenn er zugleich den negativen Inhalt des Eigentumsrechtes, nämlich den Ausschluss Dritter von der Einwirkung auf die Sache, geltend machen kann."[215] Ist zB der zivilrechtliche Eigentümer von der Nutzung und von allen wesentlichen Verfügungsrechten ausgeschlossen (zB durch Kaufoption des Mieters, Veräußerungsverbote, Belastungsverbote, Gestaltungsverbote), dann wird der zivilrechtliche Eigentümer nicht mehr als wirtschaftlicher Eigentümer gewertet.

In Rn. 385 VPR wird mE zu vage ausgeführt, dass – sofern der wirtschaftliche Eigentümer „die Wirtschaftsgüter für Belange seiner eigenen Einkünfteerzielung nutzt", die Einkünfte ihm und nicht dem zivilrechtlichen Eigentümer zuzurechnen seien; es wird dabei aber folgendes (durchaus stimmiges) Beispiel der Z. 9.189 OECD-VPG angeführt: „Der von einer inländischen Konzerngesellschaft aufgebaute Markenname wird im Zuge einer Konzernreorganisation gegen ein pauschales Einmalentgelt auf eine in einer Steueroase errichtete Konzerngesellschaft übertragen und von dieser gegen Lizenzgebühr zur weiteren Nutzung rückgewonnen; weiters verpflichtet sich die inländische Gesellschaft gegenüber der Steueroasengesellschaft (die über kein entsprechend geschultes Personal und Know-how verfügt) wie bisher die Marktposition der Marke zu betreuen. In wirtschaftlicher Betrachtungsweise hat sich an der Beherrschung der Marke und ihrer Wertentwicklung nichts verändert, sodass aus steuerlicher Sicht weder eine Veräußerung der Marke noch eine Rücklizenzierung stattgefunden hat; vielmehr hat sich an der wirtschaftlichen Eigentümerschaft der österreichischen Gesellschaft nichts geändert. Daher kann weder der österreichischen Gesellschaft ein Veräußerungsgewinn, noch kann der Steueroasengesellschaft die Erzielung von Lizenzeinkünften zugerechnet werden."

Bloße **Verwaltungs- und Nutzungsrechte,** wie zB Fruchtgenuss, be- **88** gründen idR kein wirtschaftliches Eigentum.[216] Der VwGH wertet auch Pächter idR nicht als wirtschaftliche Eigentümer des Pachtgegenstandes, au-

---

[214] VwGH 18.12.1997, 96/15/0151; 19.3.2002, 99/14/0286.
[215] VwGH 19.3.2002, 99/14/0286; ebenso 28.11.2002, 2001/13/0257.
[216] VwGH 17.2.1992, 90/15/0117.

ßer es besteht eine Berechtigung, den Pachtgegenstand bis zur Substanzerschöpfung zu nutzen.[217] Auch Mieter sind im Allgemeinen nicht als wirtschaftliche Eigentümer des Mietgegenstandes zu werten. Beim Leasing („Kaufmiete") wird das Wirtschaftsgut in besonderen Fällen dem Mieter zugerechnet, und zwar insb., wenn er das Wirtschaftsgut nach Ablauf der Mietdauer aufgrund eines Optionsrechtes zu einem wirtschaftlich unbedeutenden Entgelt erwerben kann.[218] Das BMF hat für Vertragsabschlüsse ab dem 1. Mai 2007 neue Kriterien zur Zurechnung des Leasinggutes bei Voll- und Teilamortisationsverträgen erlassen, s. hierzu Rn. 135 ff. EStR.

89   Vom **Treuhänder** gehaltene Wirtschaftsgüter sind dem Treugeber zuzurechnen und daher in seiner Bilanz auszuweisen (§ 24 Abs. 1 lit. b BAO). Der Treuhänder erwirbt zwar formell Eigentum, ist aber im Innenverhältnis Beschränkungen unterworfen: er hat mit der Sache im Auftrag und auf Rechnung des Treugebers zu verfahren.

90   § 24 BAO enthält jedoch lediglich Aussagen über die **Zurechnung von Wirtschaftsgütern,** nicht von Einkünften.[219] Zur Zurechnung von Einkünften, die aus Verrechnungspreissicht insb. von Bedeutung ist, s. Rn. 64 ff.

7. Dokumentationsvorschriften in Österreich

91   Es bestehen keine speziellen gesetzlichen Dokumentationsvorschriften in Österreich; Dokumentationspflichten werden jedoch aus den Bestimmungen der §§ 124 und 131 BAO zur Buchführungspflicht und aus der Rechtsprechung des VwGH zur sog. nahen **Angehörigenjudikatur** (s. Rn. 28 ff.), zur erhöhten Mitwirkungspflicht bei Auslandsachverhalten gem. § 138 BAO (s. Rn. 306 ff.) sowie zu § 162 BAO **(Empfängerbenennung)** abgeleitet.

Weiters sind nach Rn. 2513 EStR die Dokumentationspflichten der OECD-VPG für multinationale Unternehmungen und Steuerverwaltungen zu berücksichtigen, die in Österreich im Erlasswege umgesetzt wurden (s. Rn. 105).[220]

92   Das BMF hat sich im Rahmen des Protokolls Außensteuerrecht und Internationales Steuerrecht 2006[221] zu einer möglichen Umsetzung von „Verrechnungspreisrichtlinien" und damit auch speziellen Vorschriften geäußert:

> *„Es besteht die Absicht, nach dem Vorbild zahlreicher anderer Länder in naher Zukunft nationale Verrechnungspreisrichtlinien zu erstellen, in die aber die Arbeiten der OECD einfließen müssen, da nur auf diese Weise im größtmöglichen Umfang internationale Verrechnungspreiskonflikte vermieden werden können [...] Da in einem österreichischen Abgabenverfahren alle Beweismittel verwertbar sind, können selbstverständlich auch die bei einer ausländischen Muttergesellschaft im Masterfile gesammelten*

---

[217] VwGH 17.4.1989, 88/15/0097.

[218] VwGH 21.10.1993, 92/15/0085; 29.6.1995, 93/15/0107; 17.2.1999, 97/14/0059; 17.11.2004, 2000/14/0180, *Quantschnigg/Schuch* EStG 1988, § 6 Tz. 21 ff.; *Doralt* EStG, 4. Aufl., § 3 Tz. 128 ff.; *Mayr* RdW 2000, 504.

[219] VwGH 25.6.1997, 95/15/0192; 31.3.1998, 98/13/0039; 23.4.2002, 99/14/0321.

[220] Vgl. Erlässe BMF 8.7.1996, AÖF Nr. 114/1996; 15.4.1997, AÖF Nr. 122/1997; 4.8.1998, AÖF Nr. 86/1998.

[221] Erlass vom 1.12.2006, BMF-010221/0626-IV/4/2006.

Daten in Österreich verwertet werden. Einer gesetzlichen Umsetzung bedarf es hierzu derzeit nicht."

Sondergesetzliche Dokumentationspflichten nach deutschem Vorbild sollen nach *Loukota/Jirousek*[222] nur erwogen werden, wenn das existierende Rechtsinstrumentarium nicht ausreicht und, um Missbräuche zu unterbinden (s. Rn. 99 zu aus der BEPS Veröffentlichungen vom September 2014 resultierenden Handlungsbedarf für den österreichischen Gesetzgeber). Das Risiko, dass solche Vorschriften zu einer Überregulierung und einem Verstoß gegen Gemeinschaftsrecht führen, sei relativ groß. Weiters können sie Geschäftsbeziehungen zu ausländischen Konzerngesellschaften Beschwernisse auferlegen, die für vergleichbare Geschäftsbeziehungen zu inländischen Gesellschaften nicht bestehen.

Im Herbst 2010 hat das BMF nunmehr **österreichische Verrechnungs-** **93** **preisrichtlinien** (VPR) veröffentlicht, die über weite Strecken lediglich eine Zusammenfassung der wesentlichsten Bestimmungen der OECD-VPG, des AOA, der OECD-VPG sowie der entsprechend (allgemeinen) österreichischen Bestimmungen enthalten. In der Fußnote[223] findet sich ein Link zur jeweils aktuellen Fassung der VPR. Kapitel III der VPR umfasst Dokumentationspflichten, wobei sich in Rn. 302 und 303 Verweise auf die bereits oben angeführten allgemeinen Regelungen der Buchführungs- und Aufbewahrungspflichten der §§ 124 ff. BAO sowie zur erhöhten Mitwirkungspflicht bei Auslandsachverhalten gem. § 138 BAO finden.

§ 124 BAO sieht vor, dass derjenige, der nach Unternehmensrecht zur Führung und Aufbewahrung von „Büchern" verpflichtet ist, diese Verpflichtungen auch im Interesse der Abgabenerhebung zu erfüllen hat. Nach *Loukota/Jirousek*[224] beschränke sich die Verpflichtung zur „Buchführung" und zu ihrer belegmäßigen Dokumentation nicht auf die Erstellung eines handelsrechtlichen (unternehmensrechtlichen) Jahresabschlusses. „Bücher" sind Aufschreibungen, die der Gewinnermittlung durch steuerlichen Betriebsvermögensvergleich nach § 4 Abs. 1 oder nach § 5 EStG dienen. Daraus folgt nach Rn. 303 VPR, dass die „Buchführung" nicht nur der Ermittlung des unternehmensrechtlichen Gewinnes dient, sondern auch die Ermittlung des steuerrechtlichen Gewinnes ermöglichen muss. Der Begriff der Buchführung schließt damit den gesamten Ableitungsprozess aus der unternehmensrechtlichen Gewinnermittlung durch Vornahme einer **Mehr & Weniger Rechnung** ein.

In EAS 3198 vom 24.1.2011 legt das BMF zur Frage, ob es ausreicht, erst im Zuge einer Außenprüfung die erforderliche Dokumentation beizubringen, die folgende Rechtsansicht dar: Es werde zu bedenken sein, dass sich in Österreich nach Rn. 305 VPR das Erfordernis einer Belegdokumentation auf § 131 Abs. 1 Z 5 BAO gründet. Da für Zwecke der Steuererklärung eine dem § 6 Z 6 EStG und Art. 9 DBA entsprechende Gewinnermittlung gegeben sein muss, wird spätestens zu diesem Zeitpunkt das hierzu benötigte Belegmaterial vorhanden sein müssen. Je geringer die Dokumentationsintensität zu diesem Zeitpunkt gehalten ist, desto größeres Gewicht kommt dem Um-

---

[222] *Loukota/Jirousek* SWI 2008, 12.
[223] https://findok.bmf.gv.at/findok/showGesPDFakt.do.
[224] *Loukota/Jirousek* SWI 2008, S. 12 ff.

stand zu, dass bei behördlichen Anfragen (Rn. 306 VPR) das sodann noch benötigte Belegmaterial ohne Zeitverzögerung bereit gestellt wird. Zur Vermeidung von unnötigen Komplikationen im Außenprüfungsverfahren sollte daher der jeweilige konzerninterne Grundlagenvertrag bereits eine diesbezügliche Kooperationsverpflichtung der ausländischen Muttergesellschaft mitumfassen.

94   Rn. 304 VPR führen aus, inländische Konzerngesellschaften seien zwar zivilrechtlich nicht dazu verpflichtet, bei Verträgen mit ihrer ausländischen Muttergesellschaft dem Fremdvergleich entsprechende Preise zu vereinbaren, da insoweit Vertragsfreiheit gilt. Auch wenn daher keine unternehmensrechtliche Verpflichtung bestehe, Belegmaterial über die fremdverhaltenskonforme Preisgestaltung zu erstellen, kann aber nicht abgeleitet werden, dass auch keine steuerliche Dokumentationsverpflichtung bestünde. Weil der Begriff „Buchführung" die Erfassung sämtlicher Geschäftsvorfälle in einer Art und Weise erfordert, dass daraus eine Ermittlung des steuerrechtlichen Gewinnes möglich wird, verlangt dies nach einer Gewinnermittlung unter Beachtung des in § 6 Z 6 EStG und Art. 9 der DBA festgeschriebenen Fremdvergleichsgrundsatzes. Beruft sich daher ein internationaler Konzern darauf, dass es unternehmensrechtlich genügt, lediglich die von der ausländischen Muttergesellschaft in Rechnung gestellten Einkaufspreise zu verbuchen und sind diese Einkaufspreise gemessen im Fremdvergleich überhöht, dann erwächst daraus die steuergesetzliche Verpflichtung die „Bücher" so zu ergänzen, dass eine steuerrechtliche Gewinnermittlung mit fremdvergleichstauglichen Daten ermöglicht wird.

§ 131 Abs. 1 Z 5 BAO beinhaltet die folgende Verpflichtung: *„Die zu den Büchern oder Aufzeichnungen gehörigen Belege sollen derart geordnet aufbewahrt werden, dass die Überprüfung der Eintragungen jederzeit möglich ist."* „Eintragungen" können nach Ansicht der FinVerw. wiederum nur solche sein, die den steuerrechtlichen Erfordernissen (s. auch VPR 305) und damit – soweit Geschäftsbeziehungen zwischen verbundenen Unternehmen betroffen sind – auch den Erfordernissen des Fremdverhaltens entsprechen. Da § 131 Abs. 1 Z 5 BAO keine konkreten Hinweise gibt, welche Belegerfordernisse im Einzelnen bestehen, ist nach Rn. 305 VPR in Bezug auf den Umfang dieser Belegaufbewahrungspflicht auf die OECD-VPG zurückzugreifen (insb. auf die allgemeinen Dokumentationserfordernisse in Kapitel V und auf die besonderen Dokumentationserfordernisse für Kostenverteilungsverträge in 8.40 ff. OECD-VPG).

In der Literatur[225] wird angezweifelt, dass das Belegprinzip des § 131 Abs. 1 Z 5 BAO eine Rechtsgrundlage bilden kann, um daraus eine Verpflichtung zur Dokumentation der Angemessenheit von Verrechnungspreisen oder zur Erstellung einer gesonderten Verrechnungspreisdokumentation ableiten zu können. Aus dem Belegprinzip ergäbe sich lediglich, dass die Belege jene Angaben enthalten sollen, um den der Buchung zu Grunde liegenden Geschäftsvorfall erkennen lassen zu können.

95   Bei der behördlichen Prüfung, ob der Fremdvergleichsgrundsatz in den Beziehungen zu den ausländischen verbundenen Unternehmen eingehalten wurde, ist nach Rn. 306 VPR gegebenenfalls auch auf die erhöhte Mitwir-

---

[225] Vgl. *Kronawetter* in Bernegger/Rosar/Rosenberger (Hrsg), 2. Aufl., S. 153.

kungspflicht gem. § 138 BAO zurückzugreifen. Abgabepflichtige haben auf Verlangen der Abgabenbehörden in Erfüllung ihrer Offenlegungspflicht zur Beseitigung von Zweifeln den Inhalt ihrer Anbringen zu erläutern und zu ergänzen sowie dessen Richtigkeit zu beweisen. Anbringen sind im gegebenen Zusammenhang vor allem die Steuererklärungen, in denen die steuerpflichtigen Gewinne unter Beachtung des Fremdvergleichsgrundsatzes gem. § 6 Z 6 EStG und Art. 9 DBA auszuweisen sind. Treten im Rahmen einer abgabenbehördlichen Außenprüfung Zweifel an der gesetzeskonformen Gewinnermittlung auf, dann trifft den Abgabepflichtigen die Kooperationsverpflichtung des § 138 BAO. Es dürfen hierbei zwar keine offenbar unerfüllbaren Aufträge zum Nachweis der Richtigkeit der Parteibehauptungen auferlegt werden (VwGH vom 25.9.1964, 1528/63; 24.2.2004, 99/14/0247). Doch ist davon auszugehen, dass ein behördliches Auskunftsverlangen, das sich im Rahmen der international anerkannten Dokumentationserfordernisse der OECD-VPG bewegt, grundsätzlich nichts Unerfüllbares verlangt.

Die diesbezüglichen Aufzeichnungen müssen nach Rn. 308 VPR einem sachverständigen Dritten innerhalb einer angemessenen Frist die Prüfung ermöglichen, ob und inwieweit die Abgrenzung der Einkünfte zwischen dem Steuerpflichtigen und dem nahestehenden Unternehmen dem Grundsatz des Fremdverhaltens entspricht. Unsortierte Massencomputerausdrucke erfüllen diese Aufgabe nicht.

Die österreichischen Steuerbehörden werden nach Loukota[226] und nunmehr auch Rn. 309 VPR Dokumentationen, die nach den Vorgaben des Verhaltenskodex zur Verrechnungspreisdokumentation für verbundene Unternehmen in der EU (EU-VPD) vom 28.7.2006 erstellt wurden, als Kerndokumentation anerkennen, sie sind jedoch nicht daran gehindert, zusätzliche Fragen aufzuwerfen. Die EU Verrechnungspreisdokumentation steht allerdings nicht im Gegensatz zu den OECD-VPG, sondern ist im Gegenteil vor dem Hintergrund der OECD-VPG zu betrachten (Präambel zur Ratsentschließung); ihre Anwendung sei im Übrigen für die multinationalen Unternehmen nicht verpflichtend vorgeschrieben. Sie entbindet auch nicht davon, dass während einer Außenprüfung oder sonst über Anforderung durch das Finanzamt zusätzlich zu der EU-Verrechnungspreisdokumentation weitere Informationen und Unterlagen vorzulegen sind (Z 18 des Anhangs zur Ratsentschließung).

Die Erwartung des bemühten Abgabepflichtigen in den VPR 2010 Ausführungen zur konkreten Form, zum Aufbau sowie zum Inhalt der geforderten Verrechnungspreisdokumentation zu finden, wird damit enttäuscht.[227]

Die auf Grund ausländischer steuerlicher Spezialbestimmungen zu erstellenden Dokumentationen (zB EU-VPD) sind nach Auffassung von *Macho/Steiner/Ruess*[228] – jedenfalls für jene Geschäfte, die mit österreichischen Konzerngesellschaften abgewickelt werden – Teil der vorzulegenden Dokumentation in Österreich. Dies sei ableitbar aus Rn. 5.28 OECD-VPG (*„Steuerver-*

96

---

[226] *Stürzlinger* ÖStZ 2007, 308.
[227] So *Nowotny* in Damböck/Nowotny/Galla, Verrechnungspreisrichtlinien, Lindeverlag 2012, K 512.
[228] *Macho/Steiner/Ruess* Verrechnungspreise kompakt, 2007, S. 86.

waltungen sollten das Recht haben, als Grundlage für die Überprüfung der Einhaltung des Fremdvergleichsgrundsatzes die Unterlagen, die zu diesem Zweck erstellt wurden oder auf die Bezug genommen wird, zu erhalten. "). Diese Forderung erscheint aus Fairnessgründen (Informationsgleichstand der Steuerbehörden) verständlich; ihre Rechtsgrundlage ist jedoch fraglich, da aus österreichischer Sicht jedenfalls ausreichen sollte, gesondert sämtliche zur Beurteilung des Fremdverhaltens erforderliche Informationen beizubringen. Dies scheint auch durch die erwähnte Rn. 5.28 OECD-VPG gedeckt, die den Steuerverwaltungen lediglich ein Recht auf Zugang zu einer zur Überprüfung der Einhaltung des Fremdvergleichsgrundsatzes erforderlichen Dokumentation einräumen möchte.

97   In der kürzlich erschienen EAS 3294 vom 24. August 2012 legt die Fin-Verw. ihre Rechtsauffassung dar, dass es multinationalen Unternehmen freigestellt sei, ob sie sich der EU-VPD unterwerfen wollen. Sollte sich aber ein internationaler Konzern für die EU-VPD entscheiden, dann treffe ihn die Verpflichtung diese EU-weit kohärent anzuwenden (Z. 10 EU-VPD) und es sei der Konzern demnach verpflichtet, ein Masterfile mit einer Dokumentation für den Gesamtkonzern und eine landesspezifische Dokumentation vorzulegen (Z 15 EU-VPD). Während das Masterfile durchaus in englischer Sprache erstellt werden kann und eine Übersetzung nur bei unbedingter Notwendigkeit verlangt werden soll (Z 23 EU-VPD), sei die landesspezifische Dokumentation in einer vom jeweiligen Mitgliedstaat vorgeschriebenen Sprache abzufassen (Z 9 EU-VPD). Da in Österreich nach Art. 8 B-VG die deutsche Sprache als Staatssprache vorgeschrieben ist, ergibt sich damit aus der EU-VPD, dass die landesspezifische Dokumentation für Österreich in deutscher Sprache erstellt werden muss.[229] Dem ist jedoch entgegenzuhalten, dass der als lex specialis zu wertende § 131 Abs. 1 Z. 1 der Bundesabgabenordnung folgendes vorsieht: Die nach § 124 oder § 125 BAO zu führenden Bücher und Aufzeichnungen ... *„sollen in einer lebenden Sprache ... geführt werden. Soweit Bücher und Aufzeichnungen nicht in einer für den Abgabepflichtigen im Abgabenverfahren zugelassenen Amtssprache geführt werden, hat der Abgabepflichtige auf Verlangen der Abgabenbehörde eine beglaubigte Übersetzung der vorgelegten Bücher, Aufzeichnungen, hiezu gehörige Belege sowie der Geschäftspapiere und der sonstigen Unterlagen im Sinn des § 132 Abs. 1 beizubringen. "* Englisch ist damit als lebendige Sprache grundsätzlich als zur Führung der Bücher zulässige Sprache zu werten; eine Übersetzung in die deutsche Amtssprache sollte damit nach wie vor nur auf Verlangen der Abgabenbehörden erforderlich sein.

Die Unbestimmtheit der VPR in Bezug auf die Form, den Aufbau sowie den konkreten Inhalt der Dokumentation eröffnet dem Steuerpflichtigen auch die Möglichkeit, deren Umfang einzelfallabhängig und somit im Ergebnis auch vor dem Hintergrund der Komplexität und Ungewöhnlichkeit der zu dokumentierenden Transaktion differenziert selbst festzulegen und flexibel an die konkreten Anforderungen anzupassen.[230]

Das Fehlen von speziellen Dokumentationsvorschriften bedeutet jedoch nicht, dass auch ein entsprechendes Ausmaß an Großzügigkeit vorliegt, was die Erbringung von Nachweisen (beispielsweise zur Angemessenheit von

---

[229] BMF vom 24.8.2010, EAS 3294.
[230] So auch *Roller* Verrechnungspreise und KMU, SWK 2011, T29.

Ausgaben) betrifft. Nach Rn. 307 VPR hat der Abgabepflichtige im Rahmen der in nach den Bestimmungen der §§ 124 betreffenden Obliegenheiten zu belegen, dass die Preisgestaltung in Geschäftsbeziehungen zu nahestehenden Unternehmen auf der Grundlage der Bestimmungen des § 6 Z. 6 EStG und der Art. 7 und Art. 9 DBA dem Grundsatz des Fremdverhaltens entspricht (Angemessenheitsdokumentation).

So verlangt der VwGH im Erkenntnis vom 28.1.2003 (99/14/0100) zur Überprüfung des Vorliegens einer verdeckten Gewinnausschüttung iZm einer umsatzabhängigen Vergütung für die Überlassung von Know-how durch ein verbundenes Unternehmen, dass „... *die erbrachten Leistungen im Einzelnen konkret und detailliert erfasst und dargestellt werden*" müssen, weshalb „*die Leistungsbeschreibung ... in einem solchen Masse konkret sein (muss), dass die Einschätzung des genauen Marktwertes der Leistung möglich ist und in der Folge die Feststellung getroffen werden kann, ob auch ein fremder Dritter jene Gegenleistung zu erbringen bereit gewesen wäre*".

In einer jüngeren Erkenntnis vom 8.7.2009 (2007/15/0036) betont der VwGH wiederum die Nachweispflicht des konkreten Leistungsinhaltes sowie des Wertes von Leistungen. Im vorgelegten Fall wurden einem österreichischen Tochterunternehmen nach Maßgabe eines „Technical Assistance"-Vertrages Leistungen im Ausmaß von 3,3 % des jährlichen Umsatzes in Rechnung gestellt. Davon wurden vom Finanzamt lediglich Leistungsentgelte iHv 1,8 % des jährlichen Umsatzes für die Zurverfügungstellung von technischem Know-how sowie Patenten als Betriebsausgabe anerkannt. Der übersteigende, auf andere im Vertrag näher bezeichnete Leistungen entfallende Teil, wurde vom Finanzamt demgegenüber trotz Vorlage von 27 Unterakten (schriftliche Unterlagen zu den einzelnen Projekten) als verdeckte Gewinnausschüttung außerbilanziell dem Gewinn hinzugerechnet. Das im Schriftverkehr befindliche Material lasse keine quantifizierbare Bewertung des Arbeitsaufwandes zu. Weiters sei ein konkreter Nutzen aus den einzelnen Bereichen für die Beschwerdeführerin nicht dokumentiert worden.

Die aus Vereinfachungsgründen gewählte Methode der pauschalen Be-   **98** rechnung des Entgelts ist hingegen überraschenderweise nicht in Zweifel gezogen worden. Die Nachprüfbarkeit der Methode anhand einer kostenorientierten Methode sei für die Finanzverwaltung nachprüfbar (BMF EAS 312 vom 11.10.1993), da in der vorgelegten Dokumentation auch eine Aufstellung über die auf Basis von fremdüblichen Preisen ermittelten Wertangaben für die einzelnen erbrachten Leistungen enthalten sei. Im Übrigen lasse sich feststellen, dass die tatsächlich geleisteten Zahlungen sogar deutlich geringer gewesen seien als jene Entgelte, die im Falle einer Einzelverrechnung zu fremdüblichen Preisen angesetzt worden wären. Diese Ausführungen sind für die Verfasserin aber erstaunlich, wenn man bedenkt, dass das im Schriftverkehr befindliche Material keinerlei Quantifizierung des Zeitaufwandes zugelassen haben soll.

Der in weiterer Folge angerufene UFS führt in seiner Begründung aus, dass es nicht nur hinsichtlich der vom Finanzamt nicht anerkannten Betriebsausgaben an einer Fremdüblichkeit mangle, sondern auch hinsichtlich der vom Finanzamt anerkannten Teile des Leistungsentgelts (UFS 29.12.2006, RV/0167-G/03). Daraufhin hat der VwGH den angefochtenen Bescheid aufgrund Verstoßes gegen das auch im Abgabenverfahren geltende Überraschungsverbot und somit letztlich wegen Rechtswidrigkeit infolge Verletzung von Verfahrensvorschriften zwar auf, trug für das fortzusetzende Verfahren der belangten Behörde allerdings auf, dass „[…] *die Beschwerdeführerin den jeweiligen Grund aller ihrer Aufwendungen für Leistungen konkret und im Detail nachzuweisen hat, was durch die bloße Vorlage von Urkundenkonvoluten noch nicht erfolgreich geleistet werden kann, wenn sich aus solchen Unterlagen der konkrete Leistungsinhalt und der konkrete Wert der Leistungen nicht nachvollziehbar ergibt*".

Der UFS Linz hat in der Entscheidung vom 14.3.2005 (RV/2154-L02) zum Ausdruck gebracht, dass unter expliziter Bezugnahme auf die erhöhte Mitwirkungspflicht gem. § 138 BAO iZm konzerninternen Auslandsbeziehungen die Grundlagen der Verrechnungspreisgestaltung (einschließlich der Angabe der gewählten Methode) schriftlich festzuhalten sind.

Aus dem Aspekt der Rechtssicherheit ist herauszustreichen, dass weder dem Gesetz noch den VPR spezifische Anhaltspunkt zu entnehmen sind, in welchem Ausmaß vom Abgabepflichtigen im Rahmen der Angemessenheitsdokumentation gefordert werden kann, Fremdvergleichsdaten (insbesondere Vergleichsdaten zu Geschäften mit fremden Dritten) oder sonstigen Nachweise der Angemessenheit der Preisgestaltung beizubringen. Besonders bei klein- und mittelständischen Unternehmen wird demnach oftmals die (umfassende) Suche nach solchen Vergleichsdaten die Zumutbarkeitsgrenze überschreiten, weshalb diese im Ergebnis von der Abgabenbehörde nicht eingefordert werden kann.[231] Es ist auch anzumerken, dass auch Z5 des EU-PTD (ABl Nr. C 176 vom 28.7.2006) die Zusage der Mitgliedstaaten enthält, für die Vorlage einer EU-Verrechnungspreisdokumentation von kleineren, weniger komplexen Unternehmen keine genauso umfangreiche und komplexe Dokumentation zu verlangen. Sind Fremdvergleichsdaten nicht mit zumutbarem Aufwand ermittelbar, nicht vergleichbar oder können solche nicht nachvollziehbar im Rahmen von Anpassungsrechnungen adaptiert werden, erscheint es analog zu den VWG-Verfahren 2005 (Tz. 3.4.10.2 lit. c, Tz. 3.4.10.3 lit. b sowie Tz. 3.4.12.6 lit. b) auch für Zwecke der österreichischen Dokumentationsanforderungen nach Ansicht der Verfasserin wie auch *Nowotny*[232] zulässig, die Fremdüblichkeit des Verrechnungspreises anhand innerbetrieblicher Plandaten und einer vorsichtigen Gewinnprognose nachzuweisen.

99   Demgegenüber werden von international tätigen Unternehmen auch umfassendere Nachweise über das Vorhandensein von Fremdvergleichsdaten gefordert werden können. Das Erfordernis der Beibringung von Nachweisen wird auch durch die Rechtsprechung des VwGH[233] unterstützt. Die Entscheidung betraf eine mit dem „Vertrieb und Support von Software" befasste österreichische Betriebsstätte eines deutschen Unternehmens; die von der Betriebsprüfung als sog. Dienstleistungsbetriebsstätte qualifiziert wurde und damit die Anwendbarkeit der Kostenaufschlagsmethode grundsätzlich als gege-

---

[231] Vgl. *Roller* SWK 2011, T29.

[232] Vgl. *Nowotny* in Damböck/Galla/Nowotny, Verrechnungspreisrichtlinien, Lindeverlag 2012, K 523.

[233] VwGH 20.10.2009, 2006/13/0116, idS auch *Bramo-Hackel/Groß* UFS bekräftigt Nachweispflicht der Abgabenbehörde, SWI 2010, 324; vgl. auch *Rosar* Nachweispflicht der Abgabenbehörde im Zusammenhang mit Verrechnungspreisen.

ben angesehen wurde (das ausländische Stammhaus hatte jedoch im Betriebsprüfungszeitraum Verluste erzielt). Eine direkte aliquote Verlustzurechnung zur Betriebsstätte wurde von der Betriebsprüfung nicht akzeptiert, da die der österreichischen Betriebsstätte zugerechneten Umsätze nicht überprüft werden könnten und nicht nachvollziehbar seien. Die Betriebsprüfung nahm sodann Gewinnaufschläge von 7.5–9% auf die ermittelte Kostenbasis (von den „einzig nachvollziehbaren und damit auch überprüfbaren Aufwendungen der österreichischen Betriebsstätte") vor; es kam damit zu einer juristischen Doppelbesteuerung angesichts der Verlustsituation in Deutschland. Die Gewinnaufschläge seien im Hinblick auf die Funktion der Beschwerdeführerin als „realistisch zu beurteilen". Nach der Beschwerdeführerin lag jedoch auf der Hand, dass in einer sehr aufwändigen und forschungsintensiven Branche wie der Softwareentwicklung keine Gewinnaufschläge zwischen 7.5 und 9.5% möglich seien. Nach der Auswertung der innerbetrieblichen Berechnungen betrage der durchschnittliche Aufschlag auf die Gesamtkosten in den fünf geprüften Jahren nur 2%. Der VwGH hatte sodann die Beschwerde wegen Verletzung von Verfahrensvorschriften abgewiesen, da *„die Begründung eines Abgabenbescheides in einer Weise zu erfolgen habe, dass der Denkprozess, der in der behördlichen Erledigung seinen Niederschlag findet, für den Abgabepflichtigen als auch den … VwGH nachvollziehbar ist. Weiters sind … sachverhaltsbezogen eingehend jene Erwägungen der Behörde dazustellen, die sie bewogen haben, einen anderen als den vom Abgabepflichtigen behaupteten Sachverhalt als erwiesen anzunehmen".* Die Anwendung der Aufschlagssätze von 7,5–9,5% wird nicht nachvollziehbar begründet.

Im fortgesetzten Verfahren[234] forderte der UFS das Finanzamt gem. § 279 Abs. 2 BAO auf, die notwendigen Ergänzungen des Ermittlungsverfahrens vorzunehmen. Da das Finanzamt aber wiederum unter Berufung auf die abgabenrechtliche Geheimhaltungspflicht den Nachweis konkreter Vergleichsbetriebe unterließ und wiederholt darauf verwies, dass unter Berücksichtigung von Erfahrungswerten sowie der einschlägigen Judikatur und Literatur ein Aufschlagssatz zwischen 5 und 15% als fremdüblich anzusehen sei, kam der UFS zum Schluss, dass das Finanzamt seiner amtswegigen Ermittlungspflicht nicht nachgekommen sei. Der UFS gab der Berufung daher statt, mit der Folge, dass der von der Beschwerdeführerin beantragte Kostenaufschlag von 2% als angemessen betrachtet wurde.

Mit 16. September 2014 wurde die „Guidance on Transfer Pricing Documentation and Country-by-Country-Reporting" veröffentlicht, die einen verbindlichen Dokumentationsstandard (Masterfile ergänzt um landesspezifische Dokumentationen sowie eine Country-by-Country-Reporting Matrix) auf OECD Standard einführt. Dies macht den Handlungsbedarf für den österreichischen Gesetzgeber evident. Die Einführung von speziellen österreichischen Dokumentationsbestimmungen ist damit zu erweitern, wofür bereits das Erfordernis der Einführung von Strafbestimmungen sowie Vereinfachungen für Klein- und Mittelbetriebe bereits in der Literatur ausdiskutiert wurde.[235]

---

[234] UFS 28.4.2010, RV/3837-W/09.

[235] *Nowotny/Steiner* OECD-Diskussionsentwurf zur Dokumentation von Verrechnungspreisen, SW, 2014, 185.

II. Europäisches Steuerrecht und völkerrechtliche Verträge als Grundlage zur Einkünfteberichtigung

1. Artikel 7 und 9 des OECD-Musterabkommens

100　　In Ermangelung einer Harmonisierung der Ertragsteuern in der EU sind übernational im Bereich der Verrechnungspreise vorwiegend die Doppelbesteuerungsabkommen (DBA), bei denen es sich um bilaterale völkerrechtliche Verträge (Staatsverträge) handelt, von Bedeutung. DBA stehen als gesetzesändernde Staatsverträge einfachen Bundesgesetzen grundsätzlich gleich; als spezielleriem Recht kommt ihnen jedoch **Anwendungsvorrang** gegenüber dem originär innerstaatlichen Recht zu. Österreich verfügt derzeit im Bereich der Steuern von Einkommen und Vermögen über 90 DBA und erweitert dieses Netz fortlaufend.[236]

101　　Art. 9 des OECD-Musterabkommens ermächtigt die Vertragsstaaten zu Gewinnkorrekturen (Primärberichtigung), soweit verbundene Unternehmen ihre Geschäftsbeziehungen zu nicht dem Fremdvergleichsgrundsatz entsprechenden Bedingungen abwickeln.

Art. 9 enthält eine Definition von Verbundenheit. Diese liegt vor, wenn ein Unternehmen eines Vertragsstaates unmittelbar oder mittelbar an der Geschäftsleitung, der Kontrolle oder dem Kapital eines Unternehmens des anderen Vertragsstaats beteiligt ist, oder dieselben Personen unmittelbar oder mittelbar an der Geschäftsleitung, der Kontrolle oder dem Kapital eines Unternehmens eines Vertragsstaats und eines Unternehmens des anderen Vertragsstaats beteiligt sind. In der Literatur wird die Auffassung vertreten, dass das Vorliegen einer Beteiligung an Geschäftsleitung, Kontrolle oder Kapital eines Unternehmens allein nach Maßgabe des innerstaatlichen Rechts zu beurteilen sind.[237]

Nach hM stellt Art. 9 keine Rechtsgrundlage, aber eine Schranke für die Gewinnberichtigung dar, die nur gem. dem Fremdverhaltensgrundsatz vorgenommen werden darf,[238] da bestehende DBA lediglich Besteuerungsrechte beschränken, nicht jedoch neu begründen (Grundsatz der negativen Wirkung der DBA).[239]

102　　Hat sich daher in einem ausländischen Außenprüfungsverfahren gezeigt, dass der im Ausland versteuerte Gewinn zu nieder und der in Österreich ver-

---

[236] Zu einer aktuellen Liste der österreichischen DBA von Einkommen und Vermögen s. http://www.bmf.gv.at/steuern/fachinformation/internationalessteu_6523/diesterreichischend_6527/_start.htm.

[237] *Eigelshoven* in Vogel/Lehner, DBA[5], Art. 9 Rn. 37; *Wittendorff* Transfer Pricing an the Arm's Length Principle in International Tax Law, 215; *Rotondaro* The Notion of „Associated Enterprises": Treaty Issues an Domestic Interpretations An Overview, ITPJ 2000, 3.

[238] *Valsky* Die österreichischen innerstaatlichen Rechtsgrundlagen für Gewinnberichtigungen zwischen verbundenen Unternehmen und im Betriebstätte-Betriebstätte- sowie im Stammhaus-Betriebstätten-Verhältnis, in Verrechnungspreisgestaltung im Internationalen Steuerrecht, 16, Kluge, Das Internationale Steuerrecht[4], 2000, Rn. 121; *Fraberger* in Schuch/Zehetner (Hrsg.), Verrechnungspreisgestaltung, 51 f.

[239] *Doralt/Ruppe* Grundriss des österreichischen Steuerrecht, Bd. I10, Rn. 1313.

steuerte Gewinn zu hoch angesetzt worden ist, dann bedarf eine korrespondierende Gewinnkorrektur auf österreichischer Seite keiner innerstaatlichen Rechtsgrundlage, weil hier das DBA unmittelbar seine Sperrwirkung entfaltet. DBAs haben zwar nur den Rang einfacher Bundesgesetze, gehen aber – wie bereits erwähnt – als *lex specialis* den entgegenstehenden Bestimmungen des innerstaatlichen Rechts vor.[240]

Erfolgt nun in einem Vertragsstaat im Zuge einer **Primärberichtigung** **103** eine Gewinnkorrektur, verpflichtet Art. 9 Abs. 2 OECD-MA den anderen Vertragsstaat zur Vermeidung der wirtschaftlichen Doppelbesteuerung eine korrespondierende Gegenberichtigung vorzunehmen. Aus dem Wortlaut von Art. 9 Abs. 2 OECD-MA (*„Werden in einem Vertragsstaat den Gewinnen eines Unternehmens dieses Staates Gewinne zugerechnet – und entsprechend besteuert –, …*) wird im Schrifttum teilweise abgeleitet, dass eine Verpflichtung zur Gegenberichtigung nur im Falle einer effektiven Doppelbesteuerung besteht.[241] In der Literatur wird jedoch auch überzeugend für das Gegenberichtigungserfordernis im Falle einer bloß virtuellen wirtschaftlichen Doppelbesteuerung, und damit in den Fällen, dass dem steuerpflichtigen Ertrag einem verbundenen Unternehmen in einem Land kein korrespondierender Aufwand eines anderen verbundenen Unternehmens in einem anderen Land gegenübersteht, argumentiert.[242] In diese Richtung gehen auch vereinzelte Aussagen des BMF.[243]

Weiterführend in dieser Fragestellung stellt sich auch Rn. 6 VPR dar, in der ausgeführt wird, dass – sofern kein Fall von **Abkommensmissbrauch** (missbräuchliche und künstliche Gestaltung) vorliegt –, Art. 9 DBA eine Sperrwirkung entfaltet, die dazu verpflichtet, den inländischen Gewinn einer zu einem multinationalen Konzern gehörenden Gesellschaft höchstens im fremdüblichen Ausmaß zu besteuern. Es wird folgendes **Beispiel** gegeben: *„Die österreichische A-GmbH erhält von ihrer in Staat X ansässigen Muttergesellschaft (X-GmbH) ein Darlehen und diese verzichtet darauf, hierfür fremdübliche Zinsen von 100 zu verrechnen. Staat X wird durch Art. 9 berechtigt, den Gewinn der X-GmbH um 100 zu erhöhen; korrespondierend dazu entsteht für Österreich die Verpflichtung, den Gewinn der A-GmbH um 100 zu kürzen. Sollte allerdings Staat X keine Besteuerung der fremdüblich anzusetzenden Zinsen vornehmen, sollte weiters die X-GmbH einer anderen österreichischen Konzerngesellschaft gehören und sollte die Vermutung einer missbräuchlichen und künstlichen Gestaltung nicht entkräftet werden, dann legt Art. 9 DBA Österreich nicht die Verpflichtung auf, den Gewinn der A-GmbH um 100 herabzusetzen. "*

---

[240] Vgl. VwGH v. 28.6.1963, 2312/61, 17.12.1975, 1037/75, BFH v. 18.9.1968, IR 56/67, Rn. 12 VPR 2010.

[241] *Schaumburg* Internationales Steuerrecht2, 1998, Rn. 16.316; *Fraberger* in Schuch/ Zehetner (Hrsg.), Verrechnungspreisgestaltung, 75; *Eigelshoven* in Vogel/Lehner (Hrsg.), Doppelbesteuerungsabkommen4, 2003, Art. 9 Rn. 163.

[242] *Lahodny-Karner* in *Gassner/Lechner* (Hrsg.), Aktuelle Entwicklungen im internationalen Steuerrecht, 1994, 112 ff.; dem folgend *Urtz* in Lahodny-Karner et al (Hrsg.), Die neuen Verrechnungspreisrichtlinien der OECD, 1996, 136; *Lang/Schuch* Doppelbesteuerungsabkommen Deutschland/Österreich, 1997, Art. 5 Rn. 31.

[243] So etwa BMF 12.3.2001, EAS 1818, SWI 2001, 198; s. auch *Loukota* in Gassner/Lang/Lechner (Hrsg.), Außensteuergesetze, 27 f.; gegenteilig aber BMF 2.9.2002, EAS 2109, SWI 2002, 457.

Aus diesem Beispiel in VPR 2010, Rn. 6 sollte damit die Rechtsansicht des BMF erkennbar sein, dass die bloße Tatsache der Nichtbesteuerung im Ausland außerhalb der Fälle eines Abkommensmissbrauchs gleichwohl die Anwendung des Fremdverhaltensgrundsatzes in Österreich erfordert. Dies sollte sich aus dem Erfordernis einer nationalen Besteuerungsgrundlage nach § 1 Abs. 2 EStG (beschränkte und unbeschränkte Steuerpflicht, Territorialitätsprinzip) iVm den innerstaatlichen Einkünfteberichtigungsregeln (§ 2 EStG, § 6 Z 6 EStG sowie den korrespondierenden Bestimmungen des KStG (§ 8 Abs. 1 und 2) ergeben. Es bedarf damit einer innerstaatlichen Rechtsgrundlage zur Festsetzung von steuerpflichtigem Einkommen.[244]

Im Hinblick auf die von Österreich abgeschlossenen DBA, die eine dem Abs. 2 des Art. 9 OECD-MA nachgebildete Bestimmung nicht enthalten, wird von der FinVerw. die Auffassung vertreten, dass auch ohne eine solche Bestimmung grundsätzlich eine Verpflichtung zur Gegenberichtigung besteht und dass insofern dem Abs. 2 lediglich klarstellende Bedeutung zukommt.[245] Diese Aussage findet sich auch in Rn. 5 VPR. Österreich teilt damit erfreulicherweise die hA in der OECD.[246]

104 „Erfordert hingegen der im DBA verankerte internationale Fremdvergleichsgrundsatz eine Gewinnerhöhung in Österreich, dann wird nach herrschender Auffassung das Abkommen als bloße **Ermächtigungsvorschrift** gesehen, die der Ausfüllung durch innerstaatliches Recht bedarf."[247] Hierzu kommen im innerstaatlichen Recht insb. die Bestimmungen über die verdeckte Ausschüttung (§ 8 Abs. 2 KStG), die verdeckte Einlage sowie § 6 Z 6 EStG in Betracht (s. Rn. 43 ff.).[248] Hierbei ist jedoch problematisch, dass diese Regelungen dem reinen Gesetzeswortlaut nach nicht übereinstimmen; insb. die Bewertung der verdeckten Einlage mit dem gemeinen Wert nach § 10 BewG wirft Interpretationsschwierigkeiten auf (s. Rn. 6 ff.). Zwischen § 8 Abs. 2 KStG und Art. 9 OECD-MA herrscht weitgehende Deckungsgleichheit; Abweichungen können jedoch insoweit entstehen, als eine vA iSd § 8 Abs. 2 KStG vorsätzliches Handeln[249] bzw. zumindest subjektive Vorteilsgewährungsabsicht (s. Rn. 27) voraussetzt.

Primär- und Gegenberichtigung müssen einander betragsmäßig nicht entsprechen, da diese jeweils nach den originär innerstaatlichen Steuergesetzen

---

[244] *Kuschil/Loukota* ÖStZ 2005, 285.

[245] S. nur *Philipp/Loukota/Jirousek,* Internationales Steuerrecht2, Loseblatt, Z. 9 Rn. 9.

[246] Vgl. OECD-Bericht 1982, „Transfer Pricing, Corresponding Adjustments and the Mutual Agreement Procedure", Rn. 75; eine andere Ansicht vertritt etwa Deutschland (vgl. *Bär* Verständigungen über Verrechnungspreise verbundener Unternehmen im deutschen Steuerrecht (2008) 191 ff.) sowie unserer Erfahrung nach Tschechien, dessen DBA mit Österreich beispielsweise eine Art. 9 Abs. 2 korrespondierende Bestimmung fehlt.

[247] Rn. 13 VPG mit Verweis auf BFH v. 21.1.1981, BStBl. 1981 II, 517 mit weiteren Rechtsprechungsnachweisen.

[248] *Philipp/Loukota/Jirousek,* Internationales Steuerrecht2, Loseblatt, Z. 9 Rn. 4 f.; *Lang* Einführung in das Recht der Doppelbesteuerungsabkommen2, 2002, Rn. 509; *Loukota* Außensteuerrecht, Rn. 459 ff.

[249] *Obermair/Weninger* Verrechnungspreise im internationalen Konzern (Teil I), Rechtliche Rahmenbedingungen und praktische Grundlagen, FJ 2005, 152.

der Vertragsstaaten vorgenommen werden. Für die Vornahme einer Gegenberichtigung ist sollte ein Konsens zwischen den beiden Vertragsstaaten gefunden werden, der notfalls auch durch ein Verständigungsverfahren nach Art. 25 OECD-MA erzielt werden kann.[250]

Art. 7 OECD-MA legt fest, dass im grenzüberschreitenden Verhältnis zwischen den Betriebstätten eines Unternehmens die Gewinnaufteilung ebenfalls nach Fremdverhaltensgesichtspunkten zu erfolgen hat. Mit dem Update de OECD-MA im Jahr 2010 wurde in Art. 7 OECD-MA nunmehr die uneingeschränkte Selbständigkeitsfiktion der Betriebstätte verankert. Da Hauptsitz und Betriebsstätte nur Teile eines einheitlichen Unternehmens darstellen, gilt die Selbständigkeitsfiktion für noch nicht dem Wortlaut des OECD-MA 2010 angepasste DBA ungeachtet des „Authorized OECD Approach" (AOA) grundsätzlich weiterhin nur beschränkt. Dieser Artikel bildet auch die Grundlage der Gewinnaufteilung für die Gewinne von Personengesellschaften, die in Österreich nach der sog. Transparenzmethode in den Händen der Gesellschafter besteuert werden (s. hierzu Rn. 277 ff.).

2. Die Bedeutung der OECD-Verrechnungspreisgrundsätze in Österreich

Die OECD-Staaten haben sich erstmals in einem mit Ratsempfehlung **105** vom 16.5.1979 verabschiedeten Bericht auf gewisse Grundanforderungen geeinigt, die an eine fremdverhaltenskonforme Verrechnungspreisgestaltung gestellt werden müssen. In Österreich wurde der OECD Bericht unter dem Titel „Verrechnungspreise und multinationale Unternehmen" in AÖF 1986/79 im Erlasswege veröffentlicht. Die Überarbeitungen der OECD Verrechnungspreisgrundsätze (OECD-VPG) wurden in einer zwischen Österreich und der Schweiz abgestimmten deutschen Übersetzung als OECD-Verrechnungspreisgrundsätze 1995 in AÖF 1996/114, 1997/122, 1998/155 und 2000/171, verlautbart. Damit sind nach Auffassung der FinVerw. (EStR 2513) neben den DBA weiters diese OECD-VPG zur Beurteilung der Fremdüblichkeit von Verrechnungspreisen maßgebend.

In rechtlicher Hinsicht handelt es sich bei den **OECD-VPG** jedoch um **106** eine bloße Empfehlung des Rates der OECD an die Regierungen der Mitgliedstaaten, diese Leitlinien zu beachten. Es kommt ihnen damit keine Rechtsverbindlichkeit in Österreich zu (s. dies bekräftigend Rn. 18 VPR), auch wenn ihnen eine faktische rechtliche Beachtlichkeit als Auslegungsinstrument nicht abgesprochen werden kann.[251]

Innerhalb der Finanzverwaltung kommt den OECD-VPG darüber hinaus durch die Veröffentlichung in Erlassform der Rechtscharakter einer generellen Weisung des BMF an die nachgeordneten Dienststellen zu. Sie entfalten damit Bindungswirkung für die Steuerbehörden; gegenüber dem Abgabenpflichtigen kommt ihnen jedoch keine rechtlich-normative Kraft zu (vgl.

---

[250] *Obermair/Weninger* Verrechnungspreise im internationalen Konzern (Teil I), Rechtliche Rahmenbedingungen und praktische Grundlagen, FJ 2005, 149.

[251] *Loukota* SWI 2000, 517 ff., Rn. 18 VPR mit Verweis auf VwGH 31.7.1996, 92/13/0172; 24.11.1999, 94/13/0233 und UFS 14.3.2005, RV/2154-L/02.

Rn. 115 ff.). Der Steuerpflichtige darf allerdings auf Basis der RL des BMF
zum Grundsatz von Treu und Glauben[252] auf die Einhaltung der im AÖF
kundgemachten OECD-VPG vertrauen (vgl. Rn. 121 ff.). Ein ungerechtfer-
tigtes Abgehen von einer nicht gesetzwidrigen Erlassmeinung könnte damit
unter Umständen Berichtigungs-, Nachsichts- oder Amtshaftungsansprüche
nach sich ziehen.[253]

Nach *Loukota/Jirousek*[254] gewinnen die OECD-VPG auch über die BAO
rechtliche Relevanz, weil durch sie erkennbar wird, welche (rechtsverbindli-
chen) Dokumentationspflichten sich aus den Buchführungs- und Mitwirkungspflichten der §§ 124, 13, 138 BAO ergeben. Bereits im Einführungser-
lass vom 8.7.1996, AÖFV. Nr. 114/1996 wurde darauf hingewiesen, dass die
OECD Verrechnungspreisgrundsätze insoweit zu berücksichtigen sind, als sie
in der österreichischen Rechtsordnung Deckung finden. Nach Rn. 19 VPR
sollen die steuerlichen OECD-Empfehlungen damit auch auf der Ebene des
innerstaatlichen Rechts Beachtlichkeit entfalten, soweit sie Auslegungslücken
füllen. Innerstaatliches Recht sei im Zweifel so zu verstehen, dass es einer
Umsetzung einer OECD-Empfehlung nicht entgegensteht (s. zB Rn. 15 und
Rn. 305 VPR). Diese Aussage mag mE in Einzelfällen sicher ihre Berechtigung haben, in dieser Allgemeinheit scheint sie aber als zu weitgehend; es
sollte wohl noch angefügt werden, „sofern sich hieraus aus einer teleologischen Interpretation der Gesetzesbestimmung in ihrem Gesamtzusammenhang kein Widerspruch ergibt".

107 Im Falle einer anderen steuerlichen **OECD Empfehlung,** nämlich jener
des OECD-Kommentars zum OECD-Musterabkommen, ist diese rechtliche Beachtlichkeit im Geltungsbereich der österreichischen Rechtsordnung
bereits mehrfach dokumentiert. Beispielsweise wird darauf konkret im
Schlussprotokoll zum österreichisch-deutschen DBA vom 24.8.2000 hingewiesen. In allen Niederschriften über jüngere DBA-Verhandlungen finden
sich ebenfalls Aussagen über die rechtliche Beachtlichkeit des OECD-Kommentars (zB im Verhältnis zu Dänemark, Estland, Kroatien, Kasachstan,
Mexiko, Polen, Russland, Usbekistan, Weißrussland). Selbst der VwGH erkennt dem OECD-Kommentar sogar die Kraft zu, denn Sinngehalt einer
Abkommensbestimmung abweichend von ihrem reinen Wortlaut zu determinieren.[255]

Revisionen dieses Kommentars – wie etwa als der Rat der OECD am
17.7.2008 eine Neufassung des OECD-MA und des OECD-MK verabschie-

---

[252] Erlass des BMF, GZ BMF-010 103/0023-VI/2006 vom 6.4.2006.

[253] *Vetter* in Lahodny/Karner/Schuch/Toifl/Urtz/Vetter (Hrsg.), Verrechnungspreisrichtlinien, 29.

[254] *Loukota/Jirousek* SWI 2008, 15 f.

[255] Vgl. VwGH v. 31.7.1996, 92/13/0172 worin er die Vergütungen, die der Vorsitzende des Verwaltungsrates einer schweizerischen Domizilgesellschaft erhielt, unter Berufung auf den OECD-Kommentar nicht der Zuteilungsregel für Aufsichtsrats- und
Verwaltungsratsvergütungen zugeordnet hat. Weiters wurde im Erkenntnis zur Behandlung der Franchisegebühren (VwGH v. 24.11.1999, 93/13/0233) der Bescheid
mit der Begründung aufgehoben, dass der nach dem OECD-Kommentar zu Art. 12
des OECD-Musterabkommens gebotenen Aufteilung der Gebühren in solche mit Li-
zenzgebührencharakter und solche mit Dienstleistungscharakter nicht nachgekommen
worden sei.

det hat – sind nach Auffassung der österreichischen FinVerw.[256] – abgeleitet aus den Art. 31 ff. der Wiener Vertragsrechtskonvention (WVK, konkret der „späteren Übung" nach Art. 31 Abs. 3 lit. b WVK (BGBl. 40/1980) – auch auf DBA anzuwenden, die vor der Revision abgeschlossen wurden. Dies setze voraus, dass der aktuelle Kommentar – unter Beachtung des Gesamtzusammenhanges der Abkommensbestimmung – in der jeweils geltenden Fassung mit dem Wortlaut der vergleichbaren Bestimmung zumindest sinngem. übereinstimmt.[257] Weiters entspricht dies auch der im OECD-MK selbst ausgesprochenen Empfehlung, wonach Änderungen oder Ergänzungen des Kommentars auch für die Anwendung und Auslegung jener DBA relevant sein sollen, die vor diesen Änderungen abgeschlossen worden sind, weil diese die Übereinstimmung zwischen den OECD-Mitgliedstaaten bezüglich der sachgerechten Auslegung bestehender Abkommensbestimmungen und deren Anwendung auf konkrete Steuerfälle wiedergeben würden. Die von der OECD überarbeiteten und ergänzten „Verrechnungspreisgrundsätze für multinationale Unternehmungen und Steuerverwaltungen" sind ebenfalls zu berücksichtigen.[258] Weiters berufe sich auch Abs. 1 des OECD-Kommentars zu Art. 9 OECD-MA ausdrücklich auf die OECD-VPG und bezieht diese damit nach Ansicht der FinVerw. in den rechtlichen Wirkungsbereich des OECD-Kommentars ein.

Es würden sich einige Argumente gegen eine derartige dynamische Interpretationswirkung finden lassen;[259] es stellt sich jedoch die Frage, ob diese im Bereich der Verrechnungspreise tunlich sind; bei den OECD-VPG ergibt sich ein Bedarf oftmaliger Adaptionen, die am Fremdverhaltensgrundsatz an sich nichts ändern und damit auch einen lediglich „klarstellenden Charakter" haben; eine regelmäßige Neuverhandlung sämtlicher DBA könnte damit faktisch nicht Schritt halten.

Im **Verständigungsverfahren** getroffene Auslegungen sollen hierfür unberührt bleiben (Rn. 2513 EStR). Ein mit der Schweiz in der Frage der Gewinnabgrenzung bei schweizerischen Finanzierungsbetriebstätten gem. Art. 25 des österreichisch schweizerischen DBA unlängst geführtes Verständigungsverfahren hatte damit etwa auch zum Ergebnis, dass sich das BMF der schweizerischen Auffassung angeschlossen hat, dass der „AOA" *(Authorized OECD Approach)* nicht als rechtsverbindliche Grundlage für eine Änderung einer bisher gegenteilig geübten Verwaltungspraxis herangezogen werden soll, da es hierzu einer auf Verordnungsstufe stehenden Durchführungsregelung bedurft hätte.

108

---

[256] *Loukota* Die Bedeutung der Änderungen des OECD-Musterabkommens für die österreichische DBA-Praxis, in Lang/Loukota/Lüthi (Hrsg.), Die Weiterentwicklung des OECD-Musterabkommens (1996), 53 (56f.).

[257] Vgl. EStR, Rn. 2512, davor AÖF 1995/284; kritisch dazu *Lang* SWI 1995, 412.

[258] EStR, Rn. 2513.

[259] Vgl. jeweils mwN *Vogel* in Vogel/Lehner, DBA⁵, Einl Rn. 127; *Lang* Einführung in das Rechts der Doppelbesteuerungsabkommen, Rn. 118; *Wittendorff* Transfer Pricing and the Arm's Length Principle in International Tax Law, 128; *Wassermeyer* in Wassermeyer/Lang/Schuch (Hrsg), DBA Österreich-Deutschland², vor Art. 1 Rn. 60, in diesem Sinne wohl auch VwGH 31.7.1996, 92/13/0172.

109   In der **Lehre**[260] wird hingegen vertreten, dass nur die jeweils im Zeitpunkt
des Abkommensabschlusses aktuelle Fassung dieser RL für die Auslegung der
jeweiligen bilateralen DBA herangezogen werden können. Die OECD-Verrechnungspreisrichtlinien 1995 haben daher zwar für die Auslegung ab 1995
abgeschlossener DBA große Bedeutung, können aber für die Interpretation
älterer DBA nach hL nur subsidiär herangezogen werden. Für die Interpretation älterer DBA sind daher frühere Fassungen der OECD-Verrechnungspreisrichtlinien (falls vorhanden) heranzuziehen. Trotz dieser Kritik der Fach-
welt ist nicht zu bestreiten, dass OECD-MA und OECD-MK (und damit
auch OECD Verrechnungspreisgrundsätze) in der Praxis von erheblicher Bedeutung der DBA-Auslegung sind.

110   Für *Loukota*[261] kann der OECD-Empfehlung selbst eine rechtliche Beachtlichkeit für die Auslegung des inländischen Rechtes zukommen, auch wenn
DBA nach herrschender Auffassung gegenüber dem originär inländischen
Recht lediglich eine Sperrwirkung entfalten, jedoch selbst keine Besteuerungsrechte begründen können. Diese Beachtlichkeit sei in Bereichen nicht
absprechbar, wo der Wortlaut und Systemzusammenhang des innerstaatlichen
Steuerrechts ein OECD-konformes Normenverständnis zulässt. Die österreichische FinVerw. hat auf Basis dieses Verständnisses § 6 Z. 6 EStG in der Vergangenheit auch auf grenzüberschreitende Leistungen angewandt, obwohl
diese vor der Novelle mit AbgÄG 2004 nicht vom reinen Gesetzeswortlaut
umfasst waren.

111–114   *(einstweilen frei)*

III. Die Bedeutung der Erlässe, RL und Erledigungen der Abgabenbehörden für die Verrechnungspreise

1. Erlässe, RL und Erläuterungen zu Regierungsvorlagen des BMF

115   Außerordentliche Bedeutung für die Praxis der Rechtsanwendung im
Steuerrecht haben die vom BMF veröffentlichten Erlässe, RL und Erläuterungen zu Regierungsvorlagen. Sie betreffen entweder Steuergesetze als Ganzes (zB EinkommensteuerRL (EStR), KörperschaftsteuerRL (KStR)) oder
ergehen aus besonderen Anlässen zu Spezialfragen.

   Die Rechtsqualität dieser Verlautbarungen ist umstritten. Vor allem die
Rechtsprechung der Gerichtshöfe des öffentlichen Rechtes ist in diesem
Punkt divergent.[262] Der VwGH stellt hinsichtlich der Rechtsqualität auf die
äußere Form ab: Ist ein Erlass nicht im Bundesgesetzblatt (BGBl.) veröffentlicht, wird er als bloße Dienstanweisung an die Unterbehörden gewertet; ein
solcher Erlass begründet für den Abgabenpflichtigen weder objektives Recht
noch subjektive Ansprüche und wird nicht als eine (vom VwGH anzuwen-

---

[260] ZB *Lang* Die Bedeutung des Musterabkommens und des Kommentars des
OECD-Steuerausschusses für die Auslegung von DBA, in Gassner/Lang/Lechner
(Hrsg.), Aktuelle Entwicklungen im Internationalen Steuerrecht – Das neue Muster-
abkommen der OECD (1994), 11 (26 ff.).

[261] *Loukota* SWI 2000, 519 f.

[262] *Doralt/Ruppe* Grundriss des österreichischen Steuerrechts, Bd. II 6, Rn. 92.

dende) verbindliche Norm gedeutet.[263] Der VfGH wiederum prüft, ob solche Erlässe bloß unverbindliche Darlegungen von Rechtsmeinungen oder den einzelnen normativ bindende Bestimmungen enthalten, also Verordnungscharakter tragen, und hebt im zweiten Fall diese Bestimmungen aufgrund von **Publikationsmangel** (keine Veröffentlichung im BGBl.) als gesetzeswidrig auf.[264] Nach dem VfGH Erkenntnis vom 2.12.2004, G95/04 kommt den SteuerRL des BMF daher auch nicht die Qualität einer generell verbindlichen Rechtsnorm zu.

Die **faktisch verbindliche Kraft von SteuerRL** resultiert jedoch aus **116** der Weisungsbefugnis des BMF gegenüber den Finanzämtern; die RL entfalten damit hinsichtlich den Finanzämtern eine entsprechende Wirkung. Gegenüber den Gerichtshöfen des öffentlichen Rechts wie auch dem Unabhängigen Finanzsenat (UFS, 2. Instanz im Abgabenverfahren) ist daher eine Berufung auf die RL nicht geeignet, dem Vorbringen zum Erfolg zu verhelfen, wo die RLformulierung sich als zumindest praeter legem erweist.[265] In den meisten Erlässen und RL des BMF findet sich daher auch ein dezidierter Hinweis auf die Unverbindlichkeit, wie etwa in den Körperschaftssteuerrechtlinien: *„Die Körperschaftsteuerrichtlinien 2001 stellen einen Auslegungsbehelf zum Körperschaftsteuergesetz 1988] ... [dar, der im Interesse einer einheitlichen Vorgangsweise mitgeteilt wird. Über die gesetzlichen Bestimmungen hinausgehende Rechte und Pflichten können aus den Richtlinien nicht abgeleitet werden. Bei Erledigungen haben Zitierungen mit Hinweisen auf diese Richtlinien zu unterbleiben."*

Die FinVerw. gesteht jedoch auf Basis der der Verordnung des BMF zu § 236 BAO, BGBl. II 435/2005, die Möglichkeit einer Nachsicht der Abgabenschuld zu, sofern die Geltendmachung des Abgabenanspruchs in Widerspruch zu nicht offensichtlich unrichtigen Rechtsauslegungen steht, die vom BMF in Erlassform im AÖF veröffentlicht wurden.

2. Auskünfte des BMF und der sonstigen Abgabenbehörden

Die österreichische Rechtsordnung verpflichtet die Steuerbehörden an verschiedenen Stellen zur Erteilung von Auskünften in Steuerangelegenheiten. Neben Zolltarifauskünften des BMF nach Art. 17 ZK (iVm § 40 ZollR-DG) sowie Lohnsteuerauskünften nach § 90 EStG, verpflichten insb. § 113 BAO und § 57 Abs. 3 Finanzstrafgesetzes (FinStrG) auf Verlangen einer Partei Auskünfte zur Anleitung und Belehrung in verfahrensrechtlichen Angelegenheiten zu erteilen. Von Zolltarifauskünften abgesehen kommt derartigen Erledigungen kein Bescheidcharakter zu.[266]

---

[263] VwGH 22.2.2007, 2002/14/0140; 4.2.1971, 0288/69; 28.1.2003, 2002/14/0139.

[264] VfGH, VfSlg 9416/1982; 10.170/1984; 13.331, 13.578/1993.

[265] Dies gilt für Berufungswerber ebenso wie für die Finanzämter (so jüngst UFS Graz vom 20.9.2006, RV/0280-G/04 hinsichtlich der Zulässigkeit einer Bescheidberichtigung nach § 293b BAO aufgrund eines bloßen Widerspruchs zu den EStR).

[266] Vgl. zum AuskunftspflichtG, VwGH 19.9.1989, 88/14/0198, VfGH 21.6.1993, B 1464/91; vgl VwGH 5.10.1951, 1155/49 zur Lohnsteuerauskunft.

118 Nach § 113 BAO haben die Abgabenbehörden den Parteien, die nicht durch berufsmäßige Parteienvertreter (insb. Wirtschaftstreuhänder und Rechtsanwälte) vertreten werden, auf Verlangen die zur Vornahme ihrer Verfahrenshandlungen nötigen Anleitungen zu geben und sie über die mit ihren Handlungen oder Unterlassungen unmittelbar verbundenen Rechtsfolgen zu belehren. Die Rechtsbelehrungspflicht des § 113 BAO bezieht sich jedoch nur auf Verfahrensangelegenheiten; daher besteht aufgrund dieser Bestimmung keine Verpflichtung, zB Rechtsauskünfte über Fragen des materiellen Rechts zu erteilen.[267]

119 Eine **allgemeine Auskunftsverpflichtung** resultiert jedoch aus § 1 AuskunftspflichtG, BGBl. 1987/287 für sämtliche Bundesbehörden über Angelegenheiten ihres Wirkungsbereichs. Im Unterschied zu § 113 BAO ist der Anspruch auf Auskunft nach dem AuskunftspflichtG nicht auf verfahrensrechtliche Auskünfte beschränkt, setzt keine Parteistellung des Auskunftswerbers voraus, und besteht unabhängig davon, ob der Auskunftswerber durch einen berufsmäßigen Parteienvertreter vertreten ist. Nach § 2 AuskunftspflichtG können Auskunftsbegehren schriftlich, mündlich oder telefonisch erfolgen. Nicht zuletzt aus Beweisgründen (Inhalt des in der Anfrage dargestellten Sachverhaltes sowie der Auskunft) wird der Schriftform der Vorzug zu geben sein.

120 Abgabepflichtige holen in steuerlichen Belangen in der Praxis einerseits schriftliche, auf anonymer Basis ergehende Auskünfte des BMF zur Abklärung von Rechtsfragen ein. Derartiger Rechtsfragen können auch schriftlich unter Offenlegung des Abgabenpflichtigen vom zuständigen Finanzamt geklärt werden, was aufgrund der Geltung des Grundsatzes von **Treu und Glauben** (s. Rn. 121 ff.) mit einer höheren Rechtssicherheit verbunden ist. Zu schriftlichen Erledigungen zu Verrechnungspreisthemen s. Rn. 126 ff.

3. Der Grundsatz von Treu und Glauben bei unrichtigen Rechtsauskünften

121 Treu und Glauben ist eine allgemeines, ungeschriebene **Rechtsprinzip,** wonach jeder, der am Rechtsleben teilnimmt, zu seinem Wort und Verhalten zu stehen hat und sich nicht ohne triftigen Grund in Widerspruch zu dem setzen darf, was er früher vertreten hat und worauf andere vertraut haben.[268] Der Grundsatz von Treu und Glauben ist daher ein allgemeines Rechtsprinzip. Ob und inwieweit ihm verfassungsrechtliche Bedeutung zukommt, ist jedoch nicht eindeutig zu beantworten.

Nach der Rechtsprechung des VwGH handelt es sich um ein Rechtsprinzip ohne Verfassungsrang, das daher im öffentlichen Recht nur soweit zur Anwendung kommen kann, als das gesetzte Recht dafür Raum lässt: Gesetzmäßigkeit gehe vor Treu und Glauben.[269] Die Behörde ist vielmehr aufgrund des Legalitätsprinzips nach Art. 18 BV-G verpflichtet, von einer als ge-

---

[267] VwGH 20.9.1988, 88/14/0066; 19.9.2001, 2000/16/0592.

[268] VwGH 14.10.1992, 90/13/0009; 14.7.1994, 91/17/0170; 15.3.2001, 2001/16/0063; *Doralt/Ruppe* Grundriss des österreichischen Steuerrechts, Bd. II 6 Rn. 38.

[269] VwGH 16.9.1982, 82/16/0022, 215; 14.4.1986, 84/15/0221 mit Vorjudikatur.

setzwidrig erkannten Verwaltungsübung abzugehen.[270] Nach überwiegender Auffassung[271] ist daher der Grundsatz nur bei Ermessensentscheidungen (zB Aufhebung von Bescheiden nach § 299 BAO) sowie der Auslegung unbestimmter Rechtsbegriffe (zB jenem der Unbilligkeit iSd § 236 BAO) zu berücksichtigen.

Der Grundsatz von Treu und Glauben setzt weiters ein konkretes Verhältnis zwischen Steuerpflichtigem und Behörde voraus; nur in einem solchen Naheverhältnis könne sich eine Vertrauenssituation bilden.[272] In einem jüngeren Erkenntnis vertritt der VwGH daher die Auffassung, eine dem Grundsatz von Treu und Glauben folgende Bindung an eine erteilte Auskunft könne nur jene Behörde treffen, die die entsprechende Auskunft erteilt habe.[273] Dieser Linie folgend wird auch eine Bindung der Abgabenbehörden erster Instanz an eine Rechtsauskunft des BMF von der Rechtsprechung verneint.[274] Dies bestätigend empfiehlt daher das BMF mit dem Erlass AÖF 2006/126, sich in diesem Fall von dem zuständigen Finanzamt bestätigen zu lassen, dass es der Rechtsauslegung des BMF beitritt. **122**

Nach dem VwGH ist weiters das Vertrauen in die Richtigkeit von Erlässen des BMF[275] im Hinblick auf das Legalitätsprinzip sowie auf das Fehlen eines konkreten Verhältnisses zwischen Abgabenpflichtigen und Behörde, nicht geschützt. Das BMF[276] zeigt sich großzügiger und geht von einer sachlichen Unbilligkeit bei der Einhebung von Abgaben aus, die zu einer Nachsicht der Abgabenschuld führen kann, soweit die Geltendmachung des Abgabenanspruchs im Widerspruch zu nicht offensichtlich unrichtigen Rechtsauslegungen steht, die vom BMF im AÖF veröffentlicht wurden, wenn im Vertrauen auf die betreffende Veröffentlichung bedeutsame Maßnahmen für die Verwirklichung der Abgabenpflicht gesetzt wurden.

Eine **Schutzwirkung** besteht jedoch nach Ansicht des VwGH in Einzelfällen bei Auskünften. Eine bindende Wirkung entfaltet jedenfalls eine bescheidförmig erteilt Auskunft, was faktisch derzeit nur für die Zolltarifauskunft zutrifft. Die Rechtsprechung hat weiters eine Bindung der Behörde **123**

---

[270] VwGH 16.11.2006, 2002/14/0007 mit Verweis auf *Zorn* Schutz des Abgabepflichtigen durch den Grundsatz von Treu und Glauben, in Lang/Schuch/Staringer, Soft Law in der Praxis, Wien 2005, 89.

[271] Vgl. Nachweise bei *Ritz* ÖStZ 1991, 285.

[272] VwGH 8.9.1992, 87/14/0091; 22.6.993, 93/14/0086.

[273] VwGH 14.1.1991, 90/15/0116; 10.6.1991, 90/15/0115; 29.4.1992, 90/13/0292; 27.9.2000, 7.6.2001, 98/15/0065.

[274] VwGH 22.10.1997, 93/13/0295; 22.4.2004, 2000/15/0196, dem kann nach *Doralt/Ruppe* (Grundriss des österreichischen Steuerrechts, Bd II6 Rn. 39) und *Stoll* (BAO, 1302) nicht gefolgt werden. Erteilt ein sachlich dazu berufenes Organ (Oberbehörde) eine Auskunft, ohne auf seine mangelnde Zuständigkeit im konkreten Fall hinzuweisen, und ist diese mangelnde Zuständigkeit dem Adressaten der Auskunft nicht erkennbar, so ist die erteilte Auskunft dem Steuergläubiger zuzurechnen. Es könne nicht auf das von den Zuständigkeitsregeln abhängige und daher willkürliche Moment ankommen, ob in der Folge die Sachentscheidung durch dieselbe oder eine andere Behörde erfolgt.

[275] VwGH 20.9.1995, 95/13/0011; 21.11.1995, 95/14/0035; 31.5.2000, 94/13/0045, 22.5.2002, 99/15/0119, 26.1.1981, 3781/80; 8.9.1992, 87/14/0091; 22.6.1993, 93/14/0086.

[276] Verordnung des BMF zu § 236 BAO (Nachsicht), BGBl. II 2005/435.

nach Treu und Glauben an die gesetzlich vorgesehene Lohnsteuerauskunft anerkannt.[277] Dies müsste auch für die Auskünfte nach dem AuskunftspflichtG gelten. Nach VwGH[278] besteht jedoch kein Vertrauensschutz in fernmündliche Auskünfte, da diese die Möglichkeit von Irrtümern und ungenauen Erklärungen in sich birgt, wäre es der Partei zuzumuten gewesen, ihr Auskunftsverlangen schriftlich zu stellen und eine dementsprechende schriftliche Antwort abzuwarten.

Nach den RL des BMF zum Grundsatz von Treu und Glauben[279] kann sich bei nachträglich als unrichtig erkannten Rechtsauskünften ein Vertrauensschutz unter folgenden Voraussetzungen ergeben:[280] Die Auskunft wurde von der zuständige Abgabenbehörde (idR Abgabenbehörde erster Instanz) erteilt, sie ist nicht offenkundig unrichtig,[281] die Unrichtigkeit der Auskunft war für die Partei nicht leicht erkennbar; die Partei hat im Vertrauen auf die Richtigkeit der Auskunft Dispositionen getroffen,[282] die sie bei Kenntnis der Unrichtigkeit nicht getroffen hätte und die Partei erleidet hieraus einen Vertrauensschaden, wenn die Besteuerung entgegen der Auskunft vorgenommen wird. Im Ausmaß des Vertrauensschadens, d. i. die Differenz zwischen jener Abgabenschuld, die sich aus dem Verhalten ergibt, das im Vertrauen auf die Auskunft gesetzt wurde, und der Abgabenbelastung, die aus dem Verhalten resultiert wäre, das der Abgabepflichtige gesetzt hätte, wenn ihm eine richtige Auskunft erteilt worden wäre, soll nach AÖF 2006/126 Nachsicht nach § 236 BAO erteilt werden. Bei Rechtsauskünften, denen (geplante) künftige, vom Auskunftswerber im Auskunftsersuchen dargestellte Sachverhalte zugrunde gelegt wurden, ist der Grundsatz von Treu und Glauben nicht anwendbar, wenn der tatsächlich verwirklichte Sachverhalt in wesentlichen Punkten von dem der Auskunft zugrunde liegenden Sachverhalt abweicht oder wenn für die rechtliche Beurteilung wesentliche Sachverhaltselemente verschwiegen worden sind. Für Treu und Glauben können auch Rechtsauskünfte bedeutsam sein, die ein Finanzamt entgegen § 97 BAO als E-Mail oder Fax erteilt.

4. „Rulings" in Österreich

a) Auskunftsbescheid gem. § 118 BAO für Verrechnungspreise

aa) Anwendungsbereich

124 Seit dem 1. Jänner 2011 besteht die Möglichkeit in den Bereichen Umgründungen, Unternehmensgruppen und internationale Verrechnungspreise eine verbindliche Rechtsauskunft über Rechtsfragen zu noch nicht verwirklichten Sachverhalten, den sog. Auskunftsbescheid gem. § 118 BAO, zu er-

---

[277] VwGH 25.6.1985, 85/14/0028; 8.9.1992, 87/14/0091; 14.10.1992, 90/13/0009.

[278] VwGH 18.10.2005, 2003/16/0486.

[279] Erlass des BMF, GZ BMF-010 103/0023-VI/2006 vom 6.4.2006 mit Verweis auf § 3 der VO zu § 236 BAO, BGBl. II 2005/435.

[280] S. auch *Ritz* BAO Kommentar3, § 114, Tz. 11.

[281] ZB VwGH 22.9.1999, 94/15/0104; 27.8.2002, 96/14/0166; 16.9.2003, 99/14/0228.

[282] VwGH 12.9.2002, 98/15/0118; 4.12.2003, 2003/16/0114; 26.5.2004, 2000/14/0090.

halten. Das BMF hat dazu mit 2. März 2011 erläuternde RL zu Advance Ruling – Auskunftsbescheid gem. § 118 BAO (BMF-010103/0035-VI/2011) erlassen.

Nach Punkt 1. Anwendungsbereich dieser RL kommen als Fragen zu Verrechnungspreisen insbesondere solche hinsichtlich der Methodenwahl und der Methodenanwendung (zB bei Verwendung von Datenbankstudien zur Dokumentation der Verrechnungspreisgestaltung) in Betracht.

Der schriftliche Antrag ist gem. § 118 Abs. 5 BAO an das Finanzamt zu richten, das bei Verwirklichung der dem Antrag zugrunde gelegten Sachverhalts für die betreffende Abgabe bzw. Feststellung sachlich und örtlich zuständig ist bzw. wäre (Letzterer Fall ist von Relevanz, wenn bislang noch keine Steuersubjekteigenschaft bestanden hat und ihre Begründung von der positiven Erledigung des Rulings abhängig gemacht wird). Wären mehrere Finanzämter zur Beurteilung des Sachverhaltes zuständig, so richtet sich die Zuständigkeit danach, welches dieser Finanzämter als Erstes vom Antrag Kenntnis erlangt.

Die Bearbeitung der Anträge obliegt damit ex lege zwar den Finanzämtern, organisatorisch ist jedoch der jeweilige Fachbereich (idR designierte Sachbearbeiter der Großbetriebsprüfung) als bearbeitende Einheit zuständig. Der Fachbereich Internationales im BMF ist zur einheitlichen Behandlung von Fragestellungen sowie aus Qualitätssicherungsaspekten ebenfalls eingebunden.

Es empfiehlt sich jedenfalls vor Einreichung eines schriftlichen Antrages Kontakt mit dem jeweiligen Fachbereich herzustellen (Pre-filing-Phase), um die Aussicht auf Erfolg sowie den als erforderlich angesehen Inhalt des Antrages vorab im Zuge eines Besprechung oder einer schriftlichen anonymen Sachverhaltsschilderung abzuklären. IdR ist damit zum Zeitpunkt der formellen Einreichung des Antrages beim zuständigen Finanzamt das Ruling inhaltlich mit dem jeweiligen Fachbereich bereits akkordiert (auch wenn dieser Akkordanz noch keine rechtliche Verbindlichkeit zukommt).

Es ist hierbei jedoch zu beachten, dass in den letzten Monaten zahlreiche organisatorische Veränderungen beim Rulingverfahren nach § 118 BAO erfolgt sind, da sich die diesbezügliche Best-Practice erst aus den Erfahrungen der ersten Rulingfälle entwickelt. Die Finanzämter sind angehalten, unter Einbindung des Fachbereichs der Großbetriebsprüfung einen Rulingantrag ehestmöglich, mindestens jedoch innerhalb von sechs Monaten zu bearbeiten.[283] IdR wird davon auszugehen dass, dass Rulingverfahren bis zur Bescheiderlassung grundsätzlich 3–6 Monate in Anspruch nehmen.

bb) Form und Inhalt des Antrages

Antragsbefugt sind gem. § 118 Abs. 3 BAO nicht nur Abgabepflichtige, **125** der als möglicher Abgabenschuldner in Betracht kommt (sowie Personenvereinigungen ohne eigene Rechtspersönlichkeit), sondern auch Personen (zB Gründer), die ein eigenes berechtigtes Interesse an der Zusage haben, wenn

---

[283] *Dommes* in Bernegger/Rosar/Rosenberger, Handbuch Verrechnungspreise, s 927, Diese Sechs-Monatsfrist ergibt sich faktisch aus der Möglichkeit zur Stellung eines Devolutionsantrages gem. § 311 Abs. 2 BAO, vgl. *Ritz/Koran* Advance Ruling, SWK Spezial 2011, 41.

der dem Antrag zugrunde liegende Sachverhalt durch eine im Zeitpunkt der Antragstellung noch nicht existente juristische Person oder Personenvereinigung verwirklicht werden soll.

Der Antrag muss schriftlich gestellt werden und stellt ein Anbringen iS § 85 Abs. 1 BAO dar. Die Übermittlung mit Faxgerät oder im Wege von FinanzOnline ist nach Punkt 3 der RL Advance Ruling nach Ansicht des BMF zulässig (nicht jedoch mündlich oder per E-Mail).

Der Antrag hat nach § 118 Abs. 4 BAO Folgendes zu enthalten:[284]

- eine umfassende und in sich abgeschlossene Darstellung des zum Zeitpunkt der Antragstellung noch nicht verwirklichten Sachverhaltes;
- die Darlegung des besonderen Interesses des Antragstellers;
- die Darlegung des Rechtsproblems,
- die Formulierung konkreter Rechtsfragen,
- die Darlegung einer eingehend begründeten Rechtsansicht zu den formulierten Rechtsfragen sowie
- die für die Höhe des Verwaltungskostenbeitrages (€ 1500–20 000 in Abhängigkeit vom Umsatz) maßgebenden Angaben.

Aus praktischer Sicht sollte der Antrag auch den Zeitpunkt der Wirksamkeit (zB mit Abschluss eines Liefervertrages) sowie den Zeitraum, für den der Auskunftsbescheid Wirkung entfalten soll, beinhalten. Die österreichischen Steuerbehörden sind in der Regel bereit, Laufzeiten bis zu 5 Jahren einzuräumen; wobei als erforderlich angesehen werden könnte, dass allfällige externe Benchmarkings nach 3 Jahren aktualisiert werden.

Der **umfassenden Darstellung des Sachverhaltes** kommt höchste Bedeutung zu, da ein Rechtsanspruch darauf, dass die im Auskunftsbescheid vorgenommene abgabenrechtliche Beurteilung bei der Erhebung der Abgaben zugrunde gelegt wird, gem. § 118 Abs. 7 BAO nur besteht, wenn der verwirklichte Sachverhalt von jenem, der dem Auskunftsbescheid zugrunde liegt, nicht oder nur unwesentlich abweicht. Hierbei ist auch die Fortentwicklung der Best-Practice der Steuerbehörden hinzuweisen, die aus eigenen Qualitätssicherungsaspekten auch eine immer detailliertere Beschreibung des Sachverhaltes als für notwendig erachten.

Zur Gewähr der rechtlichen Verbindlichkeit ist weiters erforderlich, dass zum Zeitpunkt des formellen Einreichens (des inhaltlich bereits vorbesprochenen) schriftlichen Antrages der dem Ruling zugrundeliegende Sachverhalt noch nicht verwirklicht worden ist (beispielsweise sollte der Ruling gegenständliche Liefervertrag mit einem nahestehenden Unternehmen noch nicht abgeschlossen sein und sollten noch keine Lieferungen durchgeführt worden sein). Es finden sich weder im Gesetz, in den RL zum Advance Ruling noch in der Literatur eindeutige Hilfestellungen, was genau unter „Verwirklichung des Sachverhalts" zu verstehen ist. Es könnte allenfalls analog die Kommentierung zur Entstehung des Abgabenanspruchs nach § 4 BAO mit „Verwirklichung des Tatbestandes, an den das Gesetz die Steuerpflicht knüpft" angewandt werden.

Dies soll jedoch nicht automatisch dazu führen, dass Dauersachverhalte oder bestehende Verrechnungspreissysteme nicht mittels Ruling abgesichert

---

[284] S. hierzu auch den Abdruck eines Musterantrages bei *Steiner* Musterantrag zur Erlangung des Auskunftsbescheids iSd § 118 BAO, taxlex 2011, 214.

werden können. Hierzu empfiehlt es sich von einer Vertragsänderungsklausel in den betroffenen Verträgen mit nahestehenden Unternehmen Gebrauch zu machen und damit die formell durchzuführende Vertragsänderung für die Zukunft zu verwirklichen.[285]

Das besondere Interesse muss im Hinblick auf die „erhebliche abgabenrechtliche Auswirkung" des geplanten Sachverhaltes bestehen. Nach den RL des BMF zu Advance Rulings wird jedoch ein solches Interesse bei Verrechnungspreisen grundsätzlich anzunehmen sein. In diesen Bereichen sei damit eine Quantifizierung der potentiellen Höhe vom Inhalt des Auskunftsbescheides abhängiger Abgaben nicht notwendig.

Im Auskunftsbescheid werden **konkrete Rechtsfragen** zu einem bestimmten zukünftigen Sachverhalt abgehandelt. Hierzu ergibt sich jedoch die faktische Problematik, dass die Bewertungsthemen im Verrechnungspreisbereich nicht notwendigerweise immer als Rechtsfragen zu qualifizieren sind. Es sollte damit höchstes Augenmerk auf die Art der Fragestellung gelegt werden, um auch eine soweit wie mögliche Absicherung der Bewertungsthemen zu erlangen. Eine Anfrage wird idR darauf abzielen, ob gewählte Verrechnungspreismethoden eine zur Beurteilung der Angemessenheit geeignete Methode darstellen, zur Methodenanwendung zum quantitativen Screeningprozess einer Datenbankstudie.[286] Weiters bieten sich Fragen an wie, ob ein Vorteilsausgleich anzuerkennen ist, zur Fremdüblichkeit von Aufteilungsschlüsseln in Kostenumlageverträgen[287] sowie zur Einkünfteabgrenzung zwischen Stammhaus und Betriebsstätte.[288] Auch verrechnungspreisrelevante Rechtsfragen basierend auf anderen Rechtsnormen oder aus anderen Rechtsgebieten, wie zB KStG (zB über die Frage einer verdeckten Gewinnausschüttung) und BAO (zB über die Frage zum Vorliegen einer Betriebsstätte), können im Rahmen eines Auskunftsbescheides beantwortet werden.[289]

cc) Inhalt und Rechtswirkung des Auskunftsbescheides

Der Auskunftsbescheid hat gem. § 118 Abs. 6 BAO folgendes zu enthal-   **126**
ten:

- die Darstellung des der abgabenrechtlichen Beurteilung zugrunde gelegten Sachverhaltes;
- die abgabenrechtliche Beurteilung der im Antrag vorgebrachten Rechtsfragen als Hauptspruchbestandteil;
- die der Beurteilung zugrunde liegenden Abgabenvorschriften;
- die Bezeichnung der Abgaben bzw. der Feststellungen für die der Bescheid wirken soll;
- die Bezeichnung der Zeiträume, für die der Bescheid wirken soll;
- die Konkretisierung der Berichtspflicht.

Die Berichtspflicht soll die Abgabenbehörde in die Lage versetzen, zu beurteilen, ob und wann der Sachverhalt verwirklicht wurde bzw. ob es zu (wesentlichen) Abweichungen gekommen ist. Dies kann zB im Rahmen der

---

[285] S. hierzu auch *Andorfer* in Damböck/Galla/Nowotny, Verrechnungspreisrichtlinien, 143.

[286] *Dommes* in Bernegger/Rosar/Rosenberger, Handbuch Verrechnungspreise, 925.

[287] *Macho/Steiner/Spensberger,* Verrechnungspreise kompakt, 2. Aufl., 246.

[288] *Steiner* taxlex 2011, 216.

[289] *Dommes* in Bernergger/Rosar/Rosenberger, Handbuch Verrechnungspreise, 925.

jährlichen Steuererklärung durch Vorlage bestimmter im Bescheid aufge-
zählter Unterlagen (zB Bekanntgabe der Arbeitnehmerzahl zum Jahresende,
Nachweise von Einreiseunterlagen). Die Berichtspflicht ist zwar durch
Zwangsstrafe iSd § 111 BAO erzwingbar, eine Nichtbefolgung berührt allerdings nicht den Rechtsanspruch auf bescheidkonforme abgabenrechtliche
Beurteilung.[290] Sich aus anderen Abgabenvorschriften ergebende Anzeige-
und Meldepflichten wie zB gem. § 120 BAO werden dadurch nicht berührt.[291]

Eine der **Schwachstellen der verbindlichen Rechtsauskünfte** des
§ 118 BAO ist, dass aus der Sicht der Finanzverwaltung keine Notwendigung
zur Überprüfung des zugrunde liegenden Sachverhalts gegeben ist. Dies ist
der nachfolgenden Betriebsprüfung vorbehalten. Darüber hinaus nehmen die
österreichischen Steuerbehörden bei der Überprüfung von Benchmarkings
auch keine Prüfung der Vergleichbarkeit der Comparables vor (Manual
Screenings), sondern bestätigen lediglich die Angemessenheit der gewählten
„Search Strategy". Damit besteht keine Rechtssicherheit, dass Median sowie
Interquartile Bandbreite des zum integralen Bestandteiles des Rulings gemachten externen Benchmarkings auch der Prüfung durch die Betriebsprüfung standhält und nicht der tatsächlich gewählte Verrechnungspreis sodann
durch ein Ausscheiden von Vergleichsunternehmen durch die Betriebsprüfung als außerhalb der als fremdüblich zu wertenden Bandbreite fallen könnte. Schlimmstenfalls würden die Steuerbehörden dann gem. Rn. 49 VPR das
Erfordernis auf die Korrektur des Verrechnungspreises auf den Median des
berichtigten Benchmarkings im Zuge der Betriebsprüfung als notwendig erachten. Damit bietet das Verfahren der verbindlichen Rechtsauskunft grundsätzlich keine Rechtssicherheit zum tatsächlichen Ergebnis von Benchmarkings. Es ist zu hoffen, dass sich insoweit bald eine Änderung der Rechtslage
bzw. Verwaltungspraxis (Spruch der verbindlichen Rechtsauskunft) ergibt.

Ergeht der Auskunftsbescheid an eine nach § 118 Abs. 3 lit. c BAO an-
tragsbefugte Person, so trifft diese Person auch die Berichtspflicht. Ein Übergang der Berichtspflicht auf den im Zeitpunkt der Antragstellung noch nicht
existenten Rechtsträger ist nicht vorgesehen.[292] Allenfalls kann das Finanzamt
diese Person als Auskunftsperson iSd § 143 BAO zur Auskunftserteilung im
Rahmen der Berichterstattung auffordern.[293]

Die sich aus dem Auskunftsbescheid ergebende Bindungswirkung trifft nur
die Abgabenbehörde, eine Bindung zum Nachteil der Partei besteht nach
§ 118 Abs. 8 BAO nicht. Der Abgabepflichtige kann die rechtliche Beurteilung auch erst im den Abgaben- bzw. Feststellungsbescheid betreffenden Berufungsverfahren bekämpfen.[294] Es besteht weiters keine Verpflichtung zur
Verwirklichung des angefragten Sachverhaltes. Die Bindungswirkung für die

---

[290] *Ehrke-Rabel/Ritz* RdW 2010, 662.

[291] *Koran/Ritz* Advance Ruling – Der Auskunftsbescheid gemäß § 118 BAO, SWK
Sonderheft, 48.

[292] *Koran/Ritz* Advance Ruling – Der Auskunftsbescheid gemäß § 118 BAO, SWK
Sonderheft, 51.

[293] *Koran/Ritz* Advance Ruling – Der Auskunftsbescheid gemäß § 118 BAO, SWK
Sonderheft, 51.

[294] *Ritz* Bundesabgabenordnung Kommentar, 4. Aufl., § 118 Rn. 20.

Abgabenbehörde besteht auch dann, wenn sich zB nach Erteilung der Rechtsauskunft die Rechtsprechung oder die Erlässe des BMF zum Nachteil des Abgabepflichtigen ändern. In diesem Fall ist die Behörde an die von ihr erteilte, für den Antragsteller günstigere rechtliche Beurteilung, gebunden. Ändert sich die Rechtssprechung bzw. die Erlässe des BMF zugunsten des Antragstellers, so kann dieser eine rechtskonforme bzw. die für ihn günstigere Besteuerung beanspruchen.[295] Auch eine amtswegige Abweichung vom Auskunftsbescheid zugunsten der Partei ist möglich.[296]

Der vom Finanzamt erlassene Auskunftsbescheid ist – selbst wenn er die im Antrag dargelegte Rechtsansicht bestätigt – in allen Punkten, zB hinsichtlich der rechtlichen Beurteilung, der betroffenen Abgaben und Zeiträume, der Berichtspflichten etc gem. § 243 BAO mittels Berufung anfechtbar.[297]

Sonstige Abänderungen oder die Aufhebung des Auskunftsbescheids sind nur nach Maßgabe des § 118 Abs. 9 BAO von Amts wegen oder auf Antrag einer Partei nur möglich, wenn sich der Spruch des Bescheides als nicht richtig erweist. Sowohl die Abänderung bzw. die Aufhebung des Auskunftsbescheids als auch die Verfügung einer etwaigen Rückwirkung liegen im Ermessen[298] der Behörde.

dd) Verwaltungskostenbeitrag

Für die verbindliche Auskunftserteilung hat der Antragsteller gem. § 118 **127** Abs. 10 BAO einen Verwaltungskostenbeitrag von € 1500 bis zu 20 000 (in Abhängigkeit von den Umsatzerlösen iSd § 232 Abs. 1 UGB der letzten 12 Monate vor dem letzten Abschlussstichtag des Antragstellers). Ist der Antragsteller zB eine neu gegründete GmbH ist mangels vorhergehenden Abschlussstichtags ein Verwaltungskostenbeitrag iHv € 1500 festzusetzen.

Bei mehreren Antragstellern ist für den Verwaltungskostenbeitrag die Summe der Umsatzerlöse maßgeblich. Ist der Antragsteller bzw. bzw. sind die Antragsteller Konzernmitglied(er) eines Konzerns, für den gem. § 244 iVm § 246 UGB die Verpflichtung zur Aufstellung eines Konzernabschlusses besteht, beläuft sich der Verwaltungskostenbeitrag immer auf € 20 000. Kein Konzern iSd § 118 Abs. 10 BAO liegt daher vor, wenn zB die einheitliche Leitung des Konzerns durch eine Kapitalgesellschaft mit Sitz im Ausland erfolgt.[299]

Der Verwaltungskostenbeitrag beträgt € 500, wenn der Antrag vom Finanzamt zurückgewiesen, mangels Mängelbehebung als zurückgenommen erklärt oder vom Antragsteller vor Beginn der inhaltlichen Arbeit zurückgenommen wird.

Der Verwaltungskostenbeitrag wird mit Abgabenbescheid festgesetzt. Diese Festsetzung kann ab Entstehen des Anspruches auf den Verwaltungskostenbeitrag, somit ab Einlangen des Antrages, aber auch erst gleichzeitig mit der Er-

---

[295] *Koran* SWK 2010, S 807.

[296] *Staudinger* in Koller/Schuh/Woischitzschläger (Hrsg), Handbuch zur Praxis der steuerlichen Betriebsprüfung, 23. Aufl., C.3. Verfahrensrecht zu § 118 BAO, 9; *Ritz* Bundesabgabenordnung Kommentar, 4. Aufl., § 118 Rn. 20.

[297] Vgl. *Koran/Ritz* Advance Ruling – Der Auskunftsbescheid gemäß § 118 BAO, SWK Sonderheft, 53 f.

[298] Vgl. § 20 BAO, weiterführend *Ritz* Bundesabgabenordnung Kommentar, 4. Aufl., § 20 Rn. 5 ff.

[299] *Ritz* Bundesabgabenordnung Kommentar, 4. Aufl., § 118 Rn. 39.

lassung des Auskunftsbescheides erfolgen. Der Beitrag ist nach § 210 Abs. 1 BAO einen Monat ab bescheidmäßiger Festsetzung fällig.

Der Verwaltungskostenbeitrag ist als Betriebsausgabe abzugsfähig (vgl. EStR 2000, Rn. 1482a).

b) Bi- und multilaterale Advance Pricing Agreements

128   Im Jahr 2009[300] hat die FinVerw. erstmals Verhandlungen zum Abschluss eines bilateralen *Advance Pricing Agreement* (APA), also einer Vorabvereinbarung über Verrechnungspreise, mit einem DBA-Partnerstaat aufgenommen. Ein Schritt, der im Sinne der Rechts- und Planungssicherheit sehr zu begrüßen ist und auch eine Klärung von offenen Fragestellungen wie Kostentragung, Involvierung der lokal zuständigen Behörden etc. zumindest im Erlasswege umfassen sollte.

Als Rechtsgrundlage für bi- bzw. multilaterale APA dient grundsätzlich das in den DBA verankerte Verständigungsverfahren. Zu diskutieren wäre nach Ansicht von *Dommes/Gahleitner/Steiner*[301] weiters, ob auch auf Basis von § 48 BAO (s. Rn. 345 f.) bilaterale APA durchgeführt werden könnten, zB mit Staaten, mit denen Österreich noch kein DBA abgeschlossen hat. Der andere Staat wäre durch § 48 BAO natürlich nicht gebunden.

Im Rahmen eines bi- oder multilateralen APA zu Verrechnungspreisen werden keine innerstaatlichen Rechtsfragen, sondern nur Fragen des Abkommensrechts iZm dem Fremdvergleichsgrundsatzes iSd Art. 9 bzw. Art. 7 OECD-MA mit dem Partnerstaat abgestimmt.[302] Gem. Art. 3 Abs. 2 OECD-MA ist innerstaatliches Recht nur insoweit von Relevanz, als dies der Abkommenszusammenhang zulässt bzw. verlangt. Im Rahmen eines bi- oder multilateralen APA besteht daher keine Möglichkeit, ungeklärte bzw. komplexe Rechtsfragen des innerstaatlichen Rechtes zu erörtern. Solche Fragen bleiben daher dem Auskunftsverfahren gem. § 118 BAO vorbehalten. Der Auskunftsbescheid über internationale Verrechnungspreise stellt daher nur die „einseitige" österreichische Sicht dar und ist für die rechtliche Beurteilung durch die ausländische Abgabenbehörde keinesfalls bindend.[303]

Bi- und multilaterale APA sind vom zuständigen Finanzamt in Übereinstimmung mit den nationalen Rechtsvorschriften umzusetzen, eine gesonderte Rechtsgrundlage ist hierfür im nationalen Recht nicht erforderlich. Auf Seiten des Steuerpflichtigen ist die Umsetzung des APA aufgrund des Schutzes von Treu und Glauben garantiert.[304]

c) Die Möglichkeit des Einholens rechtlich nicht verbindlicher Rulings sowie der Anonymer Express Antwort Service

129   Neben dem rechtlich verbindlichen Auskunftsverfahren nach § 118 BAO besteht weiterhin die Möglichkeit, die Rechtsansicht des BMF zu bestimm-

---

[300] Vgl. *Dommes/Gahleitner/Steiner* SWI 2009, 56.

[301] *Dommes/Gahleitner/Steiner* SWI 2009, 58.

[302] Vgl. *Urtz* Rechtswirkungen eines „Advanced Pricing Agreements", SWI 1996, 476 f.; *Dommes/Gahleitner/Steiner* SWI 2009, 57 f.

[303] Vgl. *Macho/Steiner/Spensberger* Verrechnungspreise kompakt, 2. Aufl., 243.

[304] *Dommes/Gahleitner/Steiner* APA-Verfahren in Österreich: Rechtlicher Rahmen und erster Erfahrungsbericht, SWI 2009, 56 (65).

ten, auf anonymisierter Basis dargestellten Verrechnungspreisthemen im Wege von sog. Express Antwort Service (EAS)-Erledigungen einzuholen. Auf diesem Weg ist jedoch keine Bestätigung der gewählten Verrechnungspreise möglich, da das ministerielle EAS-Auskunftsverfahren nicht dazu dienen kann und soll, Sachverhaltsbeurteilungen im Kurzverfahren vorzunehmen. Diese Erledigungen ergehen nicht auf bilateraler Grundlage. Der Abgabenpflichtige kann sich auch nicht auf Basis des Grundsatzes von Treu und Glauben auf sie beziehen.

Abgabepflichtigen ist es in Österreich bislang frei gestanden, Verrechnungspreisfragen über ein rechtlich nicht verbindliches, sog. „Treu- und Glauben" Ruling abzusichern. Zu diesem Ruling war in jüngerer Zeit (17. Dezember 2012) erst ein Erlass ergangen, der den Rechtsanspruch nach Auskunftspflichtgesetz bestärkt hatte (BMF-010106/0031-IV/2/2012). Nach kürzlichen Informationen werden auf zukünftige Sachverhalte gerichtete Anfragen nur noch ausschließlich rechtlich verbindlich nach § 118 BAO beurteilt.

IV. Ausgewählte Verrechnungspreisthemen in Österreich

1. Österreichische VerrechnungspreisRL

Im Herbst 2010 hat das BMF die österreichischen VerrechnungspreisRL **130** (VPR) veröffentlicht. Laut Begleitschreiben des BMF soll durch diese RL „in international verträglicher Weise eine bundeseinheitliche Handhabung der Verrechnungspreisgrundsätze sichergestellt werden, der aufgrund der bestehenden DBA weltweit für die Einkünfteabgrenzung international tätiger Unternehmen maßgebend ist und der willkürliche Gewinnverlagerungen unterbinden soll. Die RL sind auf Grundlage der einschlägigen Arbeiten der OECD erstellt worden und dienen ihrer Umsetzung im Geltungsbereich der österreichischen Rechtsordnung." Die VPR gliedern sich in folgende fünf Teile:

- I. Multinationale Konzernstrukturen,
- II. Multinationale Betriebstättenstrukturen,
- III. Dokumentationspflichten,
- IV. Abgabenbehördliche Verrechnungspreisprüfung,
- V. Steuergestaltung mittels Zwischengesellschaften.

Die VPR geben im Wesentlichen eine Zusammenfassung der Kernaussagen der OECD-VPG unter Hinweis auf österreichische Besonderheiten (es werden insbesondere die in Punkt 2 unten zu Verrechnungspreisthemen ergangenen EAS-Erledigungen zitiert), die – sofern als erheblich erachtet – an entsprechender Stelle in das vorliegende Handbuch eingearbeitet worden sind. Auf eine Wiederholung der Kernaussagen der OECD-VPG, des AOA sowie der OECD-TPBR wird jedoch aus Redundanzgründen verzichtet. Zu den VPR in der jeweils aktuellen Fassung im Gesamttext s. https://findok. bmf.gv.at/findok/showGesPDFakt.do.

2. Überblick über die zu Verrechnungspreisthemen ergangenen EAS-Erledigungen

131   Wie bereits ausgeführt, äußert sich das BMF in sog. *Express-Antwort-Service (EAS) Erledigungen* schriftlich zu allgemeinen Verrechnungspreisanfragen. Dieser EAS-Service wurde von Prof. Dr. Helmut *Loukota* 1991 entwickelt; seither sind über 3.200 EAS-Anfragebeantwortungen zu vielfältigen Themen des internationalen Steuerrechts ergangen. Die EAS-Erledigungen werden auf der **„Findok"-Website des BMF** (https://findok.bmf.gv.at/findok/target Search.do) veröffentlicht, wobei der Index eine gezielte Suche nach Verrechnungspreisthemen ermöglicht. Eine Übersicht der in die Findok-Datenbank bereits eingespielten EAS-Erledigungen zu Verrechnungspreisthemen (Stand März 2013) kann Tabelle 1 entnommen werden.

Tabelle 1: EAS des BMF zur Verrechnungspreisthemen (Stand März 2013)

EAS 1288	7.6.1988	GZ Sch 202/3-IV/4/98 , Internationaler Metallhandel durch eine inländische Tochtergesellschaft einer Bahamas-Gesellschaft
EAS 18	31.7.1991	F 1486/2/1-IV/4/91, Konzerninterne 7%ige „service fee"
EAS 55	5.12.1991	P 2146/1/1-IV/4/91, Verlustabdeckung einer japanischen Service-Tochtergesellschaft
EAS 79	23.1.1992	H 2958/1/1-IV/4/92, Polnisches Joint Venture als Subauftragnehmer einer österreichischen Baufirma
EAS 131	20.5.1992	04 3682/2-IV/4/92, Konzerninterne Finanzierungen; angemessener Zinssatz
EAS 146	6.7.1992	04 4982/11-IV/4/92, Garantieleistungen im internationalen Konzern
EAS 172	8.10.1992	A 140/64/1-IV/4/92, Betrieb von Restaurants auf Mittelmeer-Kreuzfahrtschiffen
EAS 195	17.11.1992	P 2163/3/1-IV/4/92, Arbeitnehmerentsendung zur deutschen Tochtergesellschaft
EAS 197	19.11.1992	04 0101/120-IV/4/92, Verlagerung ausländischer Anlauf- und Markterschließungsverluste auf die inländische Konzernspitze
EAS 218	11.12.1992	G 2083/2/1-IV/4/92, Werbeleistungen über eine konzerninterne deutsche Werbeagentur
EAS 312	11.10.1993	M 2247/1/1-IV/4/93, Umsatzabhängige Managementgebühren
EAS 313	11.10.1993	M 2247/1/1-IV/4/93, Gewinnermittlung im Fall von Auftragsforschung
EAS 325	27.10.1993	P 2163/10/1-IV/4/93, Kostenaufschlagsmethode und Durchlaufkosten
EAS 342	3.12.1993	P 2163/10/2-IV/4/93, Kostendurchleitung in Steueroasen

EAS 564	12.1.1995	I 424/20/1–IV/4/95, Assistenzleistungen einer schweizerischen Konzerngesellschaft
EAS 575	7.2.1995	P 2125/11/1–IV/4/95, Österreichische Finanzholding mit Beteiligungen in Madeira
EAS 604	27.3.1995	04 0101/12–IV/4/95, Mitwirkungspflicht bei der Prüfung internationaler Verrechnungspreise
EAS 757	21.11.1995	J 611/1/1–IV/4/95, Vertrieb eines holländischen Computerprogrammes durch die österreichische Tochtergesellschaft
EAS 804	29.1.1996	04 1010/12–IV/4/96, Rangordnung der Verrechnungspreismethoden
EAS 813	22.2.1996	D 14/1–IV/4/96, Verrechnungspreis für Roggenpollen
EAS 820	22.2.1996	L 28/1–IV/4/96, Standort Österreich für Ostgeschäfte
EAS 829	5.3.1996	C 17/1–IV/4/96, Errichtung einer inländischen Ost-Handelsagentur durch Steuerausländer
EAS 861	29.4.1996	K 61/1–IV/4/96, Schweizerische Basisgesellschaften
EAS 974	2.12.1996	K 1/25–IV/4/96, Zinsenverzicht seitens der deutschen Muttergesellschaft
EAS 1016	26.2.1997	04 1382/1–IV/4/97, Belgische Koordinationszentren
EAS 1061	21.4.1997	W 43/1–IV/4/97, Rohproduktlieferungen in die Slowakei unter Einschaltung einer zypriotischen und einer österreichischen Gesellschaft
EAS 1047	21.4.1997	P 8/1–IV/4/97, Auslagerung von Bankaktivitäten auf eine ausländische Non-Profit-Konzerngesellschaft
EAS 1067	28.4.1997	H 66/4–IV/4/97, Folgen einer ausländischen Verrechnungspreiskorrektur
EAS 1090	19.6.1997	04 0101/29–IV/4/97, OECD-konforme Behandlung eines konzernintern zinslos vereinbarten Darlehens auf der Grundlage von § 6 Z. 6 EStG
EAS 1191	15.12.1997	C 1/4–IV/4/97, Erhöhte Mitwirkungspflicht bei international verflochtenen Gesellschaften
EAS 2837	23.3.1998	BMF-010 221/0134–IV/4/2007, Anwendung der Kostenaufschlagsmethode
EAS 1290	6.7.1998	GZ E 14/15–IV/4/98; Funktionsverlagerung nach Österreich im Rahmen internationaler Lizenzvergaben
EAS 1284	6.7.1998	04 0101/56–IV/4/98, Liquidation einer inländischen Vertriebstochter unter Kundenstockübernahme durch eine deutsche Schwestergesellschaft
EAS 1388	22.12.1998	GZ H 66/2–IV/4/98; Arbeitgeberbeiträge an die britische Konzern-Pensionskasse
EAS 1430	23.3.1999	T 36/1–IV/4/99, Markenlizenzgebühren einer deutschen Vertriebstochtergesellschaft mit österreichischer Betriebstätte an die niederländische Muttergesellschaft
EAS 1605	28.2.2000	E 12/9–IV/4/00, Beschränkte Steuerpflicht für Beratungsleistungen

EAS 1637	25.4.2000	04 43202/1–IV/4/00, Gewinnabgrenzung zwischen einer österreichischen Vertriebs-GmbH und einer nahestehenden liechtensteinischen Gesellschaft
EAS 1699	1.9.2000	I 1/12–IV/4/00, Softwareanschaffung zur Nutzung im gesamten internationalen Konzern
EAS 1731	9.10.2000	B 702/2–IV/4/00, Holzproduktion in der Slowakei mit Vertrieb in Österreich
EAS 1777	9.1.2001	M 566/1–IV/4/01, Darlehensverzicht zwischen Schwestergesellschaften
EAS 1779	12.1.2001	W 670/1–IV/4/00, Zinsennachbelastung bei unverzinsten konzerninternen Lieferforderungen im Gefolge einer deutschen Betriebsprüfung
EAS 1863	2.7.2001	P 8/25–IV/4/01, Internationaler Kostenersatzvertrag bei Mitarbeiterbeteiligungsmodellen
EAS 1877	23.7.2001	E 21/8/IV/4/01, Auftragsfertigung und kommissionsweiser Verkauf für eine schweizerische Konzerngesellschaft
EAS 1879	23.7.2001	A 149/1–IV/4/01, Ostgeschäfte über eine österreichische Schwesteragenturgesellschaft einer schweizerischen Handelsgesellschaft
EAS 2109	2.9.2002	Sch 690/1–IV/4/02, Fremdunübliche unverzinsliche Stundung von Lieferverbindlichkeiten
EAS 2153	28.10.2002	GZ 04 0101/46–IV/4/02, Weiterbelastung von Konzernumstrukturierungskosten an Untergesellschaften
EAS 2204	7.1.2003	GZ 04 4282/14–IV/4/02, Mitwirkungspflichten bei der Prüfung internationaler Verrechnungspreise
EAS 2258	31.3.2003	GZ I 214/1–IV/4/03, Verluste österreichischer Gesellschaften eines US-Konzerns mit Kommunikationsaktivitäten in Osteuropa und Asien
EAS 2304	23.6.2003	GZ K 1/21–IV/4/03, Abstufung einer Vertriebstochtergesellschaft zur bloßen Vermittlerin
EAS 2328	28.7.2003	GZ 04 2622/1–IV/4/03, Funktionsreduktion einer österreichischen Konzerngesellschaft
EAS 2421	8.3.2004	C 32/1–IV/4/04, Österreichische Gegenberichtigung nach ungarischer Betriebsprüfung
EAS 2435	15.3.2004	P 8/1–IV/4/04, Fremdübliche Weiterverrechnung von Geschäftsführeraufwendungen
EAS 2445	20.4.2004	E 21/1–IV/4/04, Unverzinsliche und daher fremdunübliche grenzüberschreitende Darlehensvergabe im Familienverband
EAS 2493	19.7.2004	04 4982/7–IV/4/04, Gegenberichtigungen bei österreichischen Tochtergesellschaften von US-Muttergesellschaften
EAS 2668	18.10.2005	BMF-010221/0659–IV/4/05, Betriebsstättengewinnzurechnung bei Versicherungsgesellschaften
EAS 2681	14.12.2005	BMF-010221/0767–IV/4/05, Vertriebstochtergesellschaft mit Kommissionärstruktur

EAS 2765	22.9.2006	BMF-010221/0513-IV/4/2006, Unterpreisige Beteiligungsveräußerung in der Schweiz
EAS 2860	22.5.2007	BMF-010221/0372-IV/4/2007 , Konzerninterne Aufteilung des Währungsrisikos
EAS 2873	17.8.2007	BMF-010221/0966-IV/4/2007, Auswirkung dauerhafter Verluste auf die internationale Verrechnungspreisprüfung
EAS 2891	17.9.2007	BMF-010221/1285-IV/4/2007, Schweizerische Finanzierungsbetriebstätten
EAS 2893	8. 10. 2007	BMF-010221/1287-IV/4/2007, Investitionszuwachsprämie und Kostenaufschlagsmethode
EAS 2896	29.10.2007	BMF-010221/1703-IV/4/2007, Haftungsprovision für Bürgschaftsübernahme durch die Muttergesellschaft
EAS 2898	29.10.2007	BMF-010221/1705-IV/4/2007, Konzerninterne Finanzierungen durch luxemburgische und belgische Finanzierungsgesellschaften
EAS 2913	22.11.2007	BMF-010221/1913-IV/4/2007, Steuerliche Behandlung der „SOX-Kosten" einer US-Muttergesellschaft
EAS 2948	8.2.2008	BMF-010221/0377-IV/4/2008, Weitere Anwendbarkeit von EAS 1138 auf Schweizer Finanzierungsbetriebstätten
EAS 2951	28.3.2008	BMF-010221/0890-IV/4/2008, Potentielle Gewinnverlagerung nach Gibraltar
EAS 2987	23.7.2008	BMF-010221/1921-IV/4/2008, Produktionsverlagerung
EAS 3009	22.10.2008	BMF-010221/2810-IV/4/2008, Säumniszuschlagspflicht bei Transferpreis-Sekundärberichtigungen
EAS 3006	27.10.2008	BMF-010221/2852-IV/4/2008, Funktionsverlagerung nach Großbritannien
EAS 3055	24.3.2009	BMF-010221/0764-IV/4/2009, Implementierung eines neuen Softwaresystems in einem multinationalen Konzern
EAS 3069	22.7.2009	BMF-010221/0896-IV/4/2009, Umstellung des Verrechnungspreissystems als Folge einer Reorganisation
EAS 3074	31.7.2009	BMF-010221/1981-IV/4/2009, Übertragung von Markenrechten auf eine schweizerische Holdinggesellschaft
EAS 3140	15.3.2010	BMF-010221/0696-IV/4/2010, Konzernrestrukturierung mit Marketingfunktionsverlagerung
EAS 3196	9.12.2010	BMF-010221/3411-IV/4/2010, Auslagerung von Konzerndienstleistungen in eine zentrale Dienstleistungsgesellschaft
EAS 3198	24. 1 2011	BMF-010221/0176-IV/4/2011, Rahmenvertrag zur Regelung der konzerninternen Leistungsbeziehungen
EAS 3210	28.3.2011	BMF-010221/0827-IV/4/2011, Konzerninterne Lieferung unter Einschaltung einer Zwischengesellschaft
EAS 3294	24.8.2012	BMF-010221/0496-IV/4/2012, Sprache der Verrechnungspreisdokumentation

3. Ausgewählte Verrechnungspreisproblemstellungen

132   Im Anschluss wird ein Überblick über die Behandlung ausgewählter Verrechnungspreisthemen in den VPR, in EAS-Erledigungen, VwGH-Rechtsprechung sowie ausgewählter Literatur gegeben, wobei der Auswahl die aktuelle Brisanz zu Grunde gelegt wurde.

a) OECD-Verrechnungspreismethoden

aa) Die Rangordnung der OECD-Verrechnungspreismethoden

133   Zur Methodenwahl zitieren die VPR in Rn. 42ff im Wesentlichen die entsprechenden Bestimmungen der OECD-VPG. Bei Auswahl der anzuwendenden Methode war bislang grundsätzlich jener Methode der Vorzug zu geben, die die größte Sicherheit für die Ermittlung eines fremdvergleichskonformen Verrechnungspreises bietet. Bei gleicher Sicherheitswahrscheinlichkeit sind die **Standardmethoden** (Preisvergleichsmethode, Wiederverkaufspreismethode, Kostenaufschlagsmethode) den **Gewinnmethoden** (Gewinnteilungsmethode, Nettomargenmethode) vorzuziehen (2.3 OECD-VPG). Am 22.7.2010 hat die OECD die Revision der Kapitel I–III der OECD-VG veröffentlicht, wonach nunmehr alle Methoden gleichwertig gestellt sind und die geeignetste Methode in Abhängigkeit von den jeweiligen Gegebenheiten eines Geschäftsfalls gewählt werden soll; bei gleicher Sicherheitswahrscheinlichkeit soll jedoch weiterhin den traditionellen Methoden der Vorzug gegeben werden. Sind keine verlässlichen Daten über Rohgewinnspannen öffentlich zugänglich und vom Unternehmen auch nicht durch „inneren Preisvergleich" aus eigenen Fremdgeschäften ableitbar, könnten sich die Gewinnmethoden als die verlässlicheren Methoden darstellen (Rn. 43 VPR).

Bei den einseitigen Methoden (Preisvergleichsmethode, Wiederverkaufspreismethode, Kostenaufschlagsmethode, Nettomargenmethode) ist auszuwählen, bei welcher Konzerngesellschaft die Methode zur Anwendung kommen soll *(Tested Party)*. Als Grundsatz gilt, dass die Methodenanwendung bei jener Gesellschaft geboten ist, deren Funktionen die geringere Komplexität aufweisen (Rn. 44 OECD-VPG).

Beispiel: Die inländische Muttergesellschaft hat in der Slowakei eine Tochtergesellschaft errichtet, die Hersteller mit Routinefunktion jener Produkte ist, die von der inländischen Muttergesellschaft vertrieben werden. Die Abnahmepreise der Muttergesellschaft werden nach der Kostenaufschlagsmethode (bzw. Nettomargenmethode durch Reingewinnaufschlag) zu bestimmen sein, die auf Seiten der slowakischen Gesellschaft zum Einsatz kommt.

134   In der Praxis hat sich dieser Ansatz jedoch oft schon als gefährlich erwiesen, da er fixe Gewinne bei den Routinegesellschaften „einfriert" und dem „Entrepreneur" uU zuwenig Residualgewinn belässt. Es scheint empfehlenswert, vorab den Industriezyklusdurchschnitts-Konzern-ROCE als Maßstab für den Maximalkostenaufschlag für bloße Routinefunktionen zu ermitteln bzw. die Konzernnettomarge mittels einer groben Beitragsanalyse auf die Hauptwertschöpfungsfunktionen des Konzerns zu Plausibilisierungszwecken zu verteilen.

Das BMF hat sich bisher in zwei EAS-Erledigungen, und zwar EAS 804 vom 29.1.1996 sowie EAS 813 vom 22.2.1996 zur **Rangordnung der Verrechnungspreismethoden** geäußert, die an sich von der Aussage her nichts Unerwartetes beinhalten, sondern lediglich die in den OECD-VPG 1995 getroffenen Auswahlkriterien (insb. Rn. 2.49, 3.49, 2.9) wiedergeben. Dennoch veranschaulicht EAS 813 sehr plakativ die relevanten Entscheidungskriterien bei der Methodenauswahl für den Verkauf von Roggenpollen durch die österreichische Tochtergesellschaft an die ausländische Muttergesellschaft, die die Roggenpollen zur Medikamentenerzeugung benötigte. *„Es sei richtig, dass bei der Methodenwahl der Preisvergleichsmethode Vorrang gebührt; dies allerdings nur dann, wenn vergleichbare Preise zur Verfügung stehen. Ob in diesem Fall der Weltmarktpreis für Roggen eine geeignete Vergleichsgrundlage darstellt, könne jedoch im Rahmen des EAS-Verfahrens, bei dem keine umfangreichen Sachverhaltsermittlungen angestellt werden können, nicht ohne weiteres bestätigt werden. Denn im vorliegenden Fall treten nach Darstellung in der Anfrage einige Besonderheiten hinzu:*

- *es wird nicht Roggen, sondern ein anderes Wirtschaftsgut, nämlich bearbeitete Roggenpollen geliefert,*
- die Roggenernte wird nicht von den Landwirten, sondern von der einkaufenden Tochtergesellschaft durchgeführt,
- die Landwirte erhalten einen höheren als sonst in Österreich üblichen Hektarertrag, es wird sonach offensichtlich ein höherer als sonst üblicher Preis an die Landwirte bezahlt,
- Die Aberntung erfolgt im Zeitpunkt der Blüte (Mai) also 3 Monate früher als sonst,
- aufgrund staatlicher Subventionen ist der Inlandspreis für Roggen höher als der Weltmarktpreis.

Der **Weltmarktpreis** *wäre in einem derartigen Fall nur dann ein sachgerecht ansetz-* **135** *barer Vergleichspreis, wenn die Unterschiede zwischen einem zwischen unabhängigen Unternehmen stattfindenden Ankauf von Roggen und dem konzernintern stattfindenden Roggenpollenankauf ausreichend identifizierbar und bewertbar sind. Die Wiederverkaufspreismethode dürfte sich in einem Fall der vorliegenden Art nicht als Methode eignen, da die aus den Roggenpollen gewonnenen Medikamente und die hiebei eintretende Wertschöpfung vermutlich keinen verlässlichen Rückschluss mehr auf die für den Medikamentenerzeuger sachgerecht anzusetzenden Einkaufspreise für Roggenpollen zulassen. Hingegen könnte die Kostenaufschlagsmethode als durchaus brauchbare Lösung herangezogen werden; doch wäre diesfalls nicht von einem Roggenweltmarktpreis, sondern von den an die österreichischen Landwirte zu zahlenden Abnahmepreisen auszugehen und hiezu die übrigen Kosten (Aberntung, Reinigung, Abpacken usw.) hinzuzurechnen. Hierbei werden die Plankosten maßgebend sein können.“*

Die **Preisvergleichsmethode** ist nach Rn. 45 VPR anzuwenden, wenn Daten vorhanden sind, die hiefür eine „uneingeschränkte Vergleichbarkeit" gewährleisten. Uneingeschränkte Vergleichbarkeit liegt vor, wenn der Fremdpreis durch direkten oder indirekten Preisvergleich ermittelt werden kann.

In Rn. 60 VPR präzisiert die Finanzverwaltung die uneingeschränkte Vergleichbarkeit mit einer im Hinblick auf die Geschäftsbedingungen, was dem deutschen VWG-Verfahren[305] entnommen sein dürfte. Diese sehen eine un-

---

[305] Deutsche Verwaltungsgrundsätze-Verfahren, IV B 4 − S 1341 − 1/05, dBStBlö. 2005 I, 570, Tz. 3.4.12.7 lit. a und b.

eingeschränkte Vergleichbarkeit als gegeben an, wenn die Geschäftsbedingungen identisch sind, oder Unterschiede bei den Geschäftsbedingungen keine wesentliche Auswirkung auf die Preisgestaltung haben oder Unterschiede in den Geschäftsbedingungen (zB unterschiedliche Zahlungsziele) durch hinreichend genaue Anpassungen beseitigt worden sind.

136   In Rn. 23 VPR wird bei der Frage der Anwendbarkeit der Preisvergleichsmethode auf 2.16 OECD-VPG verwiesen, wonach bei der Vergleichbarkeitsprüfung neben der bloßen Vergleichbarkeit der Produkte auch zu beachten sein wird, welche Preisauswirkung allgemeine Geschäftsfunktionen zeitigen. Aus der Preisentwicklung mit Kunden, die nur 10 % der Produkte abnehmen, könne daher noch kein verlässlicher Rückschluss auf eine fremdübliche Preisbildung mit einer ausländischen Muttergesellschaft abgeleitet werden, die 90 % der Produkte abnimmt (Rn. 25 VPR). Diese Auffassung der Finanzverwaltung, dass mit steigender Absatzmenge Rabatte gewährt würden, wird idR auch der Realität entsprechen, es sollte hierbei jedoch keine Verallgemeinerung erfolgen.

137   Bei Auswahl mehrerer in Betracht kommender Methoden ist unverzichtbar, jeweils bezogen auf die zu prüfende Geschäftsbeziehung, eine Unternehmenscharakterisierung vorzunehmen, um zu klären, ob und welches der beteiligten Unternehmen Routinefunktionen ausübt und welches Unternehmen das wesentliche Unternehmerrisiko (Entrepreneurfunktion) trägt (Rn. 46 VPR). Für das Vorliegen von Routinefunktionen spricht, dass nur in geringem Umfang Wirtschaftsgüter eingesetzt werden und dass die Funktionen nur zu einer geringen Risikotragung führen, wie beispielsweise konzerninterne Dienstleistungen, die ohne weiteres am Markt auch bei Dritten in Auftrag gegeben werden können, oder einfache Vertriebsfunktionen (*Low Risk Distributor,* der im Hinblick auf Forderungsausfälle und die Marktentwicklung nur kommissionärsähnliche Risiken trägt) oder Funktionen als bloßer Lohnfertiger (Rn. 47 VPR).

138   Einem Unternehmen, das über die zur Durchführung von Geschäften wesentlichen materiellen und immateriellen Wirtschaftsgüter verfügt, das die für den Unternehmenserfolg entscheidenden Funktionen ausübt und das die wesentlichen Risiken übernimmt und das daher Entrepreneurfunktion ausübt, steht regelmäßig das betreffende Konzernergebnis zu, das nach Abgeltung von Routinefunktionen anderer nahestehender Unternehmen verbleibt („Residualgewinn"). Ob das von einem Entrepreneur erzielte Ergebnis dem Fremdvergleich entspricht, lässt sich mangels vergleichbarer Unternehmen vielfach nicht unter Verwendung von Fremdvergleichsdaten feststellen; das Ergebnis bildet vielmehr eine Restgröße (Rn. 48 VPR).

139   Ergibt sich bei sachgerechter Anwendung einer Methode durch den Steuerpflichtigen eine steuerlich maßgebende **Bandbreite von Fremdpreisen,** ist grundsätzlich jeder Preis innerhalb der Bandbreite steuerlich anzuerkennen.

Liegt der vom Steuerpflichtigen angesetzte Preis außerhalb der Bandbreite, ist eine Berichtigung auf den Medianwert innerhalb der Bandbreite vorzunehmen (Rn. 49 VPR mit Verweis auf Rn. 67 VPR). Nach Auffassung von Vertretern der Finanzverwaltung[306] ist diese Vorgehensweise durch die

---

[306] *Loukota/Jirousek* ÖStZ 2011, 40.

Rn. 3.57 und 3.62 der OECD-VPG gedeckt, wonach bei Bestehen von Mängeln hinsichtlich der fünf Vergleichbarkeitsfaktoren „statistical tools that take account of central tendency to narrow the range (e. g. the interquartile range or other percentiles) might help to enhance the realiability of the analysis." Es findet sich damit das Wort „might" in den OECD-VPG, dass jedenfalls aussagt, dass sich Fall für sich gesondert beurteilt werden muss und keine generalisierte Annahme hier getroffen werden kann.

Die Berichtigung auf den Median steht im Widerspruch zu jüngeren Publikationen der FinVerw.,[307] wo eine Berichtigung auf den für den Steuerpflichtigen günstigsten Preis innerhalb der Bandbreite vorzunehmen ist (gedeckt durch die Rechtsprechung des BFH vom 17.10.2001, DB 2001, 2474, 2477f, die in Deutschland durch die Neuregelung des § 1 Abs. 3 S. 4 AStG obsolet geworden ist). Es sollte jedenfalls versucht werden, innerhalb der Bandbreite einen Punkt zu finden, der am ehesten dem Fremdvergleich entspricht und nicht pauschal auf den Median korrigiert werden. In ähnlicher Weise hat sich auch der UFS für eine Gewinnzurechnung im Ausmaß des niedrigsten Wertes ausgesprochen.[308] Zu weiteren Details s. auch Kapitel zur Datenbankanalyse (Rn. 158).

In Tz. 7.29, 7.30 und 7.33 OECD-VPG finden sich beispielsweise Hinweise, wie man die Preisuntergrenze des Erbringers und die Preisobergrenze des Empfängers der Dienstleistungen bestimmen kann, um mit diesem simulierten Preisbildungsprozess einen Einigungsbereich festzustellen. Die OECD-VPG berücksichtigen damit die Theorie vom doppelten ordentlichen Geschäftsführer, wonach angemessene Verrechnungspreise aus der Sicht des jeweiligen ordentlichen Geschäftsführers der beiden beteiligten Unternehmen zu ermitteln sind.

Wie auch *Eckerstorfer/Nowotny*[309] darauf hinweisen, dürfte aber in Österreich am gravierendsten wiegen, dass in Österreich keine gesetzliche Regelung zur Berichtigung auf den Median besteht, dass der Verrechnungspreis außerhalb der Bandbreite liegt.

Eine sachgerechte Methodenanwendung setzt jedoch jedenfalls voraus, dass **140** die **Vergleichbarkeitsfaktoren** nach Rn. 1.19ff OECD-VPG ausreichend beachtet worden sind und eine entsprechende Dokumentation darüber beigebracht wird. In Rn. 50ff VPG finden sich u. a. folgende Anmerkungen zu den fünf Vergleichbarkeitsfaktoren:

Eine **Preisableitung durch Preisvergleich** setzt begrifflich voraus, dass **141** hierfür Preise für Güter oder Dienstleistungen herangezogen werden, die nach Art, Menge und Qualität vergleichbar sind („Eigenschaftsanalyse" nach 1.31ff. OECD-VPG). Im Lieferbereich sind bei der Eigenschaftsanalyse auch Nebenleistungen wie Kundendienst, Lieferbereitschaft, Ersatzteilwesen bei der Beurteilung der Vergleichbarkeit zu beachten. Im Dienstleistungsbereich ist bei der Vergleichbarkeit auch der Spezialisierungsgrad und die fachliche Qualifikation des Leistungserbringers von Relevanz (Rn. 52 VPR).

---

[307] *Csoklich/Macho* ÖStZ 2009, 444.

[308] UFS 14.3.2005, RV/2154-L/02.

[309] *Eckerstofer/Nowotny* in Damböck/Galla/Nowotny, Verrechnungspreisrichtlinien, 78.

142   Durch die „**Funktionsanalyse**" (1.42ff OECD-VPG) soll ein Vergleich der Preisgestaltung der konzerninternen Geschäftsbeziehungen mit jenen, die zwischen funktions- und risikogleichen Fremdunternehmen besteht, ermöglicht werden. Die Verteilung der Funktionen im internationalen Konzern und damit auch die Risikoverteilung liegt in der unternehmerischen Entscheidungsfreiheit des Konzerns und wird von der FinVerw. der Besteuerung zu Grunde gelegt, vorausgesetzt, dass diese Funktionen nicht nur durch Verträge („Vertragsanalyse" nach 1.52ff OECD-VPG), sondern auch in der wirtschaftlichen Realität entsprechend verteilt worden sind (Rn. 54 VPR mit einfachen Beispielen). Ein Betriebsausgabenabzug kann im Allgemeinen nur anerkannt werden, wenn den Aufwendungen im Voraus getroffene klare und eindeutige Vereinbarungen zu Grunde liegen. Rn. 55 VPR verweisen damit auf die VwGH-Judikatur zu nahen Angehörigen (s. Kapitel I. 2. b.). Liegen keine ausreichenden schriftlichen Verträge vor, wird zu prüfen sein, ob die betreffenden Geschäftsbeziehungen auch zwischen Fremdunternehmen ohne schriftliche Verträge zustande kommen würden. In diesem Zusammenhang sollte auch eine Entscheidung es deutschen BFH[310] von Bedeutung für Österreich sein, worin dieser ausgeführt hat, dass ein Betriebsausgabenabzug von unstrittigerweise fremdüblichem Aufwand, bei einer (nur) mündlich abgeschlossenen Vereinbarung, die erst später (rückwirkend) geschlossen wurde, durch Art. 9 Abs. 2 OECD-MA geboten wird. Aufwendungen aus intercompany Verrechnungen (gegenständlich: Dienstleistungen im Rahmen eines group cost sharing agreements) darf damit nicht allein deshalb der Steuerabzug versagt (und als vGA behandelt) werden, weil formale innerstaatliche Voraussetzungen fehlen.

143   Bei einem Fremdvergleich muss jener Markt, auf dem die Fremdgeschäfte getätigt werden, mit jenem vergleichbar sein, auf dem die durch Verrechnungspreis konzernintern abgewickelten Geschäfte stattfinden (Rn. 58 VPR mit Verweis auf die „Marktanalyse" nach 1.55 ff. OECD-VPG).

Ein Preisvergleich im Verhältnis zu Unternehmen, die unterschiedliche Strategien („Strategieanalyse" nach 1.59 ff. OECD-VPG) verfolgen (zB zu erst jung am Markt aufgetretenen Unternehmen), ist nur zulässig, wenn eine Ausschaltung der Auswirkung dieser Strategieunterschiede auf die Preisgestaltung im Wege von Anpassungsrechnungen möglich ist (Rn. 62 VPR).

bb) Die Kostenaufschlagsmethode und ihre Kostenbasis

144   Der angemessene Verrechnungspreis wird bei der Kostenaufschlagsmethode, deren Hauptanwendungsbereich gem. Rn. 27 der VPR insbesondere in der Erbringung von Dienstleistungen (wie etwa Lohnfertigung nach Rn. 70 VPR oder Dienstleistungen eines Cash-Management-Betreibers nach Rn. 101) und der Lieferung von Halbfabrikaten an verbundene Unternehmen liegt, auf der Grundlage der Kosten des Leistungserbringers ermittelt, die um einen marktüblichen (Roh-)Gewinnaufschlag erhöht werden. Die Rohgewinnspanne ergibt sich damit grundsätzlich aus der Differenz zwischen den Verkaufserlösen und den Herstellungskosten.

145   Die in **Rn. 28–33 VPR getroffenen Aussagen zur Kostenermittlung** im Falle der Kostenaufschlagsmethode sind allgemeinerer Natur: Die Kos-

---

[310] BFH 11.10.2012 (I R 75/11).

ten müssen nach einer Kalkulationsmethode ermittelt werden, die das Unternehmen auch bei seiner Preispolitik gegenüber Fremden zugrunde legt. Falls es keine Geschäfte mit fremden Dritten gibt, muss die Kostenermittlung betriebswirtschaftlichen Grundsätzen entsprechen. Die Kosten müssen neben den direkten Kosten auch die indirekten Kosten (Gemeinkosten) umfassen.

Im Unterschied zur TNMM, der sog. Netto(Rein-)gewinne zugrunde gelegt werden, bleiben nach Rn. 28 VPR die Verwaltungs- und Vertriebskosten außer Ansatz (s. auch 2.48 OECD-VPG, wonach *„im Allgemeinen die Kostenaufschlagsmethode auf Spannen zurückgreift, die nach Abzug der direkten und indirekten Fertigungskosten berechnet werden.“*). Diese Aussage erscheint im Vergleich zu oa EAS-Erledigung, die Verwaltungskosten in die Bemessungsgrundlage miteinbeziehen will, konsistenter; mE ist jedoch jeweils auf die zu untersuchende Transaktion abzustellen. Rn. 2.46 OECD-VPG führt dazu ja auch aus, *„verschiedentlich kann es erforderlich sein, gewisse betriebliche Aufwendungen zu berücksichtigen, um Einheitlichkeit und Vergleichbarkeit zu erreichen; unter diesen Umständen beginnt die Kostenaufschlagsmethode dann bereits mehr auf die Nettogewinnspanne als auf die Bruttogewinnspanne abzustellen“*.

Vor Veröffentlichung der VPR hatte das BMF auch mit EAS Erledigung vom 8.10.2007[311] festgehalten, dass die „Kosten“, die als Grundlage der Kostenaufschlagsmethode heranzuziehen sind, nach den betriebswirtschaftlichen Grundlagen entsprechenden Kalkulationsmethoden zu ermitteln sind (2.2.4 der deutschen Verwaltungsgrundsätze, BStBl. I 1983, S. 218). Das betriebswirtschaftliche Kalkulationsschema, … geht davon aus, dass der Gewinnzuschlag auf die vollen Selbstkosten einschließlich der Verwaltungs- und Vertriebsgemeinkosten vorgenommen wird.[312] Steuern zählen zu den Verwaltungsgemeinkosten.[313] Wird damit der Gewinnzuschlag auf Basis dieser Grundlage vereinbart, dann sind Steuern in der Kostenbasis enthalten; Steuerbegünstigungen und Steuermehrbelastungen wirken sich somit auf die Höhe der Kostenbasis und damit auf die Höhe der Dienstleistungsentgelte aus. Dies wird nach Ansicht des BMF etwa auch für eine Steuerbegünstigung in Form einer Prämie zu gelten haben, wie zB für die Investitionszuwachsprämie nach § 108e EStG 1988; da es sich hierbei um eine rückfließende Steuerleistung nach Art einer negativen Einkommensteuer handelt. Dass im Falle einer Kostenaufschlagsmethode nur die Nettokosten mit Gewinnaufschlag zu vergüten seien, sei damit unbestreitbar.

Hierbei ist jedoch nach Ansicht der Autorin des Beitrages zu bedenken, dass man eine Investitionszuwachsprämie oder sonstige Subvention auch als Standortvorteil qualifizieren könnte, der in Abhängigkeit von der Fallkonstellation (Wahl des Standortes bereits durch die Entrepreneurgesellschaft oder Down-sizing einer Gesellschaft, die bereits über den Standort verfügte) zumindest teilweise der Standortgesellschaft zukommen sollte (wenn die Begünstigung beispielsweise auf der Zahl der lokal angestellten Arbeitskräfte fußt; s. hierzu auch Rn. 265).

---

[311] EAS vom 8.10.2007, BMF-010 221/1287-IV/4/2007.
[312] ZB *Seicht* Moderne Kosten- und Leistungsrechnung, 8. Aufl., 171.
[313] ZB *Seicht* Moderne Kosten- und Leistungsrechnung, 8. Aufl. 346.

Philipp/Loukota/Jirousek[314] sehen in der Bezugnahme der VPR sowie der OECD-VPG auf die direkten und indirekten Kosten ein Pendant zum Herstellungskostenbegriff des § 6 Z 2 lit. a EStG, lehnen allerdings den Einbezug von Sozialaufwendungen (insbesondere freiwillige Sozialleistungen, betriebliche Altersversorgung, Abfertigungen, Beiträge zu Pensionskassen und direkte Pensionszahlungen) sowie von auf den Herstellungszeitraum entfallenden Fremdkapitalzinsen in die Kostenbasis ab.

146   Es sei nach Ansicht der FinVerw. (Rn. 32 VPR) nicht entscheidend, ob der pagatorische Kostenbegriff (Aufwand) oder der wertmäßige Kostenbegriff (kalkulatorische Kosten, die nicht zu Aufwand führende Komponenten enthalten können, wie kalkulatorische Eigenkapitalzinsen oder kalkulatorische Abschreibungen) als Grundlage für den Gewinnaufschlag herangezogen wird. Auch die OECD-VPG legen sich in dieser Hinsicht nicht fest. Wesentlich aber ist, dass bei den für die Aufschlagsermittlung herangezogenen Vergleichsunternehmen die gleiche Kostenbasis zu Grunde gelegt wurde (2.44 OECD-VPG), andernfalls müssten entsprechende Berichtigungen vorgenommen werden (2.45, 2.46 OECD-VPG).

147   Wird die **Fremdüblichkeit** eines Gewinnaufschlages beispielsweise durch eine Datenbankanalyse unterlegt, dann ist zu beachten, dass dies auch eine Auswirkung auf die berücksichtige Kostenbasis hat. Die Kostenaufschläge lassen sich nur aufgrund der in den Datenbanken verfügbaren Kostendetails ermitteln; eine Unterscheidung in wertschöpfende Eigenleistungen und fremdzugekaufte Leistungen, die bereits den Gewinnaufschlag des fremden Dritten beinhalten, wird demnach nicht möglich sein. Auch werden in einem solchen Fall zumeist auch Verwaltungs- und Vertriebskosten in die Bemessungsgrundlage in Ermangelung entsprechender Kostendetailsaufschlüsselungen miteinbezogen. In einschlägigen Datenbanken stehen häufig nur Umsatzdaten und Informationen in Bezug auf das Nettoresultat von Vergleichsunternehmen zur Verfügung, was die Verwendung einer Nettomarge in der Praxis bedingt.

Dabei werden Kostenaufschläge häufig auch als Vollkostenaufschläge ermittelt, indem der Gewinn zu der Differenz aus Umsatz − Gewinn (= Kosten) in Verhältnis gesetzt wird. Streng genommen handelt es sich bei einem derartigen Kostenaufschlag um eine Nettomarge und damit um die Anwendung der Transaktionsbezogenen Nettomargenmethode (TNMM) auf Basis einer kostenbasierten Kennzahl. Es ist damit eher zu bezweifeln, dass es in der Praxis tunlich ist, die Ermittlung der Kostenbasis für die Kostenaufschlagsmethode starr so eng zu definieren, dies ist einerseits nicht von OECD-Sicht intendiert (Verweis auf Rn. 2.46) und andererseits würde es das Einholen von externen Benchmarks für die Kostenaufschlagsmethode in Ermangelung einer entsprechenden Datenbasis unmöglich machen. Dieser pragmatischen Lösung folgen auch *Philipp/Loukota/Jirousek.*[315]

148   Die VPR verweisen in Rn. 33 auch auf die OECD-VPG betreffend die **Ablehnung einer rückwirkenden Betrachtungsweise** (zB 3.74 und 5.9 OECD-VPG). Für die Verrechnungspreisgestaltung ist daher der Grundsatz der

---

[314] *Philipp/Loukota/Jirousek* Internationales Steuerrecht, Loseblattsammlung 31. Aufl., Teil I, dritter Abschnitt, VPR 2010, Rn. 28.

[315] *Philipp/Loukota/Jirousek* Internationales Steuerrecht, Teil I, dritter Abschnitt, VPR 2010, Rn. 31.

„ex ante"-Betrachtung maßgebend. Folglich sind vom Steuerpflichtigen die nach betriebswirtschaftlichen Grundsätzen ermittelten Kosten (Plankosten) als Grundlage der Verrechnungspreisermittlung anzuerkennen und es ist hierauf ein angemessener Gewinnaufschlag anzuwenden (dessen Höhe u. a. auch davon beeinflusst sein wird, in welchem Ausmaß in diesen Kosten auch Gemeinkostenzuschläge angesetzt sind). Dies sollte auch die Unterstellung einer gewissen Wirtschaftlichkeit bei der Leistungserbringung gewährleisten können.[316]

Eine **nachträgliche Korrektur** des mit diesen Verrechnungspreisen ermittelten Gewinnes durch Zu- oder Abrechnung der tatsächlich angefallenen aliquoten Ist-Kosten wird daher nach Rn. 33 VPR nur dann nötig sein, wenn eine solche Vorgangsweise auch gegenüber Fremden üblich ist; dies wäre der Fall, wenn positive oder negative Ist-Kostenabweichungen zu Lasten oder zu Gunsten des Fremdunternehmers und nicht zu Lasten oder zu Gunsten des die Kostenaufschlagsmethode anwendenden Konzernunternehmens gehen.

Nach Schwaiger[317] sind nachträgliche Preisanpassungen weiters zulässig, wenn sie dazu dienen, das Ergebnis der Transaktion von einem Wert außerhalb der – auf Grundlage des Ex-ante-Wissensstandes ermittelten – fremdüblichen Bandbreite auf einen angemessenen Wert innerhalb der Bandbreite zu bringen.

Liegen allerdings keine ordnungsgemäßen Belege für eine betriebswirtschaftlich gedeckte Kostenermittlung vor, kann nach Rn. 33 VPR eine Verrechnungspreiskorrektur durch die Außenprüfung auf die tatsächlich angefallenen Ist-Kosten gestützt werden. Denn **bei Fehlen zeitnah erstellter Unterlagen** muss der Steuerpflichtige auch rückwirkende Sachverhaltsbeurteilungen auf Grund nachträglich gewonnener Erkenntnisse in Kauf nehmen (5.20 OECD-VPG). *Manessinger/Schlatzer* sehen hierin – anders als *Loukota/Jirousek*[318] – einen klaren Widerspruch zu den OECD-VPG.[319] Die OECD-VPG besagen hierzu jedoch lediglich in Rn. 5.20n dass zeitnah erstellte Unterlagen dazu beitragen, rückwirkende Beurteilungen des Sachverhalts („hindsight") aufgrund nachträglich gewonnener Erkenntnisse zu vermeiden. Daraus ein allgemeines Prinzip ableiten zu wollen, dass für sämtliche Fälle einer Verletzung der Dokumentationspflichten abgeleitet werden kann ist fraglich. Sollten jedoch keine Indizien für von der Istzahlen abweichende (nicht dokumentierte) Planzahlen beigebracht werden können, dass besteht faktische gar keine Möglichkeit die Istzahlen der Kostenbemessung zur Grunde zu legen.

Die praktische Erfahrung hat gezeigt, dass die Verwendung von Istkosten anstelle von Plankosten in Zusammenhang mit nach der Kostenaufschlagsmethode remunerierten Routineunternehmen grundsätzlich selten von der Betriebsprüfung beanstandet werden wird; Probleme sind im Gegenteil bei einem erheblichen Abweichen der verwendeten Planzahlen von den tatsächlichen Istkosten zu erwarten.

---

[316] *Baumhoff* in Wassermeyer/Baumhoff (Hrsg.), Verrechnungspreise international verbundener Unternehmen Rn. 492 f.

[317] *Schwaiger* SWI 2011, 425.

[318] *Loukota/Jirousek* ÖStZ 2011, 41.

[319] *Manessinger/Schlatzer* ÖStZ 2011, 41.

Werden nur die direkten Kosten der Dienstleistung, nicht auch betriebswirtschaftliche zuzuordnende Gemeinkosten ermittelt, müssten diese durch
einen im Schätzungsweg anzusetzenden Aufschlagsatz berücksichtigt werden;
bei Nebenleistungen wie kann dieser nach Rn. 80 der VPR nach Ansicht der
österreichischen Finanzverwaltung vereinfachend für den Fall von bloßen
Nebenleistungen ohne weiteren Nachweis mit 5% der direkten Kosten angesetzt werden.

b) Funktions- und Risikoanalyse

149   Das BMF hat in zahlreichen EAS-Erledigungen darauf hingewiesen, dass die
Erstellung einer Funktionsanalyse zur Lösung der Angemessenheitsfrage bei
Verrechnungspreisgestaltungen im internationalen Konzern unerlässlich ist. In
den EAS-Anfragebeantwortungen wird jedoch keine Konkretisierung der Anforderungen an eine Funktions- und Risikoanalyse vorgenommen, sondern es
erfolgt lediglich ein allgemeiner Hinweis auf ihr grundsätzliches Erfordernis als
Einstieg in das eigentliche Problem, die Ermittlung fremdüblicher Verrechnungspreise.[320] Im EAS-Verfahren wird weiters regelmäßig auch die Durchführung einer „Funktionsanalyse" bei vermuteter Zwischenschaltung von funktionslosen oder funktionsschwachen Briefkastenfirmen gefordert.[321]

150   In Kapitel 3.2. VPR findet sich nunmehr Konkreteres zur Funktions- und
Risikoanalyse. Rn. 310 führt aus, dass der Steuerpflichtige im Rahmen der
Angemessenheitsdokumentation gehalten ist, für seine Geschäftsbeziehungen
mit den Nahestehenden auch eine Funktions- und Risikoanalyse durchzuführen (1.42-1.51 OECD-VPG). In diesem Zusammenhang sind Informationen über die wesentlichen eingesetzten Wirtschaftsgüter, über die Vertragsbedingungen, über die gewählte Geschäftsstrategie sowie über die für die
Preisvereinbarung bedeutsamen Markt- und Wettbewerbsverhältnisse und die
Position des Unternehmens in der internationalen Konzernstruktur aufzuzeichnen und ggf. zu erläutern. Rn. 311 ff. enthalten beispielhafte Hinweise
zu Dokumentationserfordernissen, die je nach Lage des Falles Rückschlüsse
auf die tatsächlichen Funktions- und Risikoverhältnisse ermöglichen sollen:

151   **Produktherstellung:**
– **Funktionen:** zB Fertigung, Verpackung, Montage, Qualitätssicherung,
– **eingesetzte Wirtschaftsgüter:** zB Lizenzen, Produkt- und/oder Prozess-
  Know-how, Marken, Grundstücke, Fertigungsanlagen,
– **Risiken:** zB Fehlinvestitionen, Überkapazitäten, Forderungsausfälle, Produktion von Ausschussware, Umweltrisiken, Qualitätsrisiko, Produkthaftung, staatliche Eingriffe (zB Umweltschutzbestimmungen, Mindestlöhne).

152   **Vertriebsbereich:**
– **Funktionen:** zB Beschaffung, Lagerhaltung, Werbung, Verkauf, Finanzierung, Transport, Verzollung, Montage, technische Unterstützung, Kundendienst

---

[320] Entsprechende Hinweise finden sich beispielsweise in EAS 804 vom 29.1.1996,
EAS 864 vom 22.4.1996, EAS 1016 vom 26.2.1997, EAS 1124 vom 11.8.1997, EAS
1194 vom 15.12.1997, EAS 1202 vom 12.1.1998, EAS 1731 vom 9.10.2000, EAS
1879 vom 23.7.2001, EAS 2095 vom 26.8.2002 sowie EAS 2328 vom 28.7.2003.
[321] BMF 9.4.1996, EAS 858, SWI 1996, 246; BMF 29.4.1996, EAS 861, SWI 1996,
258; BMF 2.12.1996, EAS 982, SWI 1997, 42 worin sogar „eine aussagekräftige und
überzeugende Funktionsanalyse" gefordert wird.

– **eingesetzte Wirtschaftsgüter:** Vertriebsrecht, Kundenstamm, aufgebaute Marktpräsenz, Fahrzeuge, Lagervorrichtungen,
– **Risiken:** zB Absatzrisiko, Forderungsausfälle, Preisverfall, Gewährleistungsrisiko, Wechselkursveränderungen, Zinsrisiko, Transportrisiko, Lagerrisiko.

Forschung und Entwicklung: 153

– **Funktionen:** Auftragsforschung, Grundlagenforschung, Patententwicklung, Produktentwicklung, Produktdesign, Lizenzierung,
– **eingesetzte Wirtschaftsgüter:** zB Patente, Lizenzen, Forschungslaboratorien,
– **Risiken:** Forschungsfehlschläge, Substitutionsrisiko, Marktrisiko, Patentstreitigkeiten, Ausscheiden von Forschungsspitzenkräften.

Unternehmensverwaltung: 154

– **Funktionen:** zB Leitung, Koordination, Strategieentwicklung, Controlling, Finanzierung, Rechnungslegung, Personalentwicklung,
– **eingesetzte Wirtschaftsgüter:** zB Spezialsoftware, Grundstücke, Gebäude,
– **Risiken:** zB Geschäftsrisiko, Liquiditätsrisiko, Logistik.

Geschäftsstrategie: 155

– Kostenführerschaft,
– Diversifikation oder Beschränkung auf spezifische Bereiche,
– Marktführerschaft.

Markt- und Wettbewerbsverhältnisse: 156

– Wettbewerbsposition und Verhandlungsmacht der Käufer (Anzahl der Anbieter und der potentiellen Nachfrager, Angebots- und Nachfragemenge, Verkauf direkt an Endkunden oder an Händler oder an Filialisten) sowie der Lieferanten (Qualitätsprodukte),
– Größe des Marktes, Marktstufe, Kaufkraft von Konsumenten, Kosten für Kapital, Arbeit und Umweltschutz, Konjunkturlage,
– Preiskontrollen, Importbeschränkungen, Einschränkungen beim Devisenverkehr.

Konzernstruktur: 157

– Information über den Konzernaufbau unter Angabe der zugehörigen Konzerngesellschaften und der Beteiligungsverhältnisse,
– Darstellung von Art und Umfang der Geschäftsbeziehungen zu verbundenen Unternehmen,
– ggf. Darstellung der Einbindung des inländischen Unternehmens in eine international verlaufende Wertschöpfungskette des Konzerns.

c) Dokumentation durch Datenbankstudien

Zur Dokumentation der **Angemessenheit** von Verrechnungspreisen werden in zunehmendem Maße Verrechnungspreisstudien auf Basis von Datenbankanalysen herangezogen. Der Nachweis über Angemessenheit von Margen im Rahmen der gewählten Verrechnungspreismethoden, die Höhe von verrechneten Lizenzsätzen und Zinsen und etwaigen Haftungs- bzw. Bürgschaftsprovisionen mittels Benchmarking und Dantebankanalysen gewinnen immer mehr an Gewicht.[322] Insb. seit des Erwerbs der Orbis Datenbank Lizenz durch die österreichische FinVerw. ist damit zu rechnen, dass die öster-   158

---

[322] *Macho/Steiner/Ruess* Verrechnungspreise, 244.

reichische Großbetriebsprüfung Datenbankanalysen im Rahmen von Betriebsprüfungen im Falle von mangelhafter Qualität nicht anerkennt.

Zorn[323] führt an, dass sich nach Publizitätsgrundsätzen veröffentlichte Daten aus veröffentlichten Jahresabschlüssen für einen Fremdvergleich eignen. Die österreichische Finanzverwaltung verfügt auch über eine umfassende Datenbank mit ausführlichen Steuerdaten aller nationalen Unternehmen. Diese geheimen Vergleichsdaten dürfen in anonymer Form in Österreich nicht vor Gericht verwendet werden und sind daher unzulässig.[324]

159 Die TNMM ist die am häufigsten in Verrechnungspreisstudien verwendete Methode, da oftmals die Anwendbarkeit der Wiederverkaufspreismethode (insbesondere aufgrund oftmals unzureichender Datenqualität, da die Finanzdaten oftmals kein Bruttoergebnis vom Umsatz enthalten und damit eine bloße Näherung mittels des Abzugs von „Materialaufwendungen" möglich ist) sowie der Kostenaufschlagsmethode oder der Berry-Ratio Methode (wiederum aufgrund mangelnder Datendetailgenauigkeit schwierig ist).

160 *Macho/Steiner*[325] haben sich mit den Voraussetzungen für die Anerkennung dieser Studien durch die österreichische FinVerw. kritisch auseinandergesetzt und fordern insbesondere, dass die Beweiskraft der Studie durch umfassende der Analyseschritte *(Screenshots)* im Zeitpunkt der Erstellung belegt ist.

161 Weiters nehmen *Macho/Steiner* folgende „kritische Anmerkungen" vor:
– **Branchengleichheit:** Die eindeutige Zuordnung einer Tätigkeit mit Hilfe international anerkannter Codes (NACE) sowie das „Crossmapping" bei globalen Unternehmen, die in verschiedenen Branchen tätig sind, führen häufig zu Problemen.
– **Größenähnlichkeit:** Absolute Größenkriterien sind eher ungeeignet. Durch Nutzung positiver Skalenerträge sind Großunternehmen unter Umständen profitabler (Integrationsvorteile im Konzern). Die zunehmende Größe korreliert nur bedingt mit steigender Profitabilität – Kennzahlen liefern bessere Ergebnisse.
– **Unabhängigkeit:** Ein „absolutes Muss", wobei der konservative Ansatz bereits bei einer 25%igen Beteiligung liegt. In den USA werden nur Related Transactions betrachtet, völlig unabhängig vom Beherrschungsgrad.
– **Landesbezogenheit:** Da sich nach wie vor die Jahresabschlüsse von Unternehmen in unterschiedlichen EU-Mitgliedstaaten erheblich voneinander unterscheiden, ist die Verwendung von Daten aus anderen Staaten hinsichtlich der Vergleichbarkeit mit der *Tested Party* kritisch zu hinterfragen. Sind gleiche Marktbedingungen ausreichend? Verschiedene Analysen über die Europäische Union kommen zum Ergebnis, dass trotz Angleichung im Beschäftigungs- und Zinsniveau, sowie anderer Gradmesser noch immer erhebliche Unterschiede hinsichtlich der Arbeitsproduktivität bestehen (wko.at/statistik/eu/europa-arbeitsproduktivitaet.pdf). Auch scheint der Vergleich der Margen von Unternehmen aus unterschiedlichen Ländern insofern

---

[323] Vgl. *Tüchler* SWI-Jahrestagung: Dokumentation von Verrechnungspreisen mittels Datenbanken, SWI 4/2011, 174.
[324] Vgl. Protokoll Außensteuerrecht und Internationales Steuerrecht 2006, 1.12.2006, Verrechnungspreisstudien zur Dokumentation der Fremdüblichkeit der Margen sowie VwGH vom 28.5.1998, 96/15/0260.
[325] *Macho/Steiner* ÖStZ 2008, 159.

problematisch, da sich die Vorschriften über die Rechnungslegung und das Besteuerungssystem noch immer erheblich voneinander unterscheiden.

- **Zulässigkeit von Anpassungsrechnungen:** Grundsätzlich sind Anpassungsrechnungen darauf gerichtet, eine Vergleichbarkeit zwischen den Verhältnissen bei fremden Dritten und der *TestedParty* herzustellen bzw. diesbezügliche Preisfaktoren „aufzubereiten". Im Gegensatz zu Anpassungsrechnungen im Bereich der Preisvergleichsmethode sind Anpassungsrechnungen beim Margenvergleich für unterschiedliche Kapitalstrukturen umstritten. Die Bedenken gegen Anpassungsrechnungen bei der Preisvergleichsmethode (Z 2.15 OECD-VPG) sollten demnach bei der Verwendung der TNMM in umso stärkerem Maße gelten, da es sich dort nicht nur um Anpassungen wegen unterschiedlicher Produkte handelt.

- **„Interquartilen Bandbreitenermittlung":** Ist kein Unternehmen auffindbar, das mit der *TestedParty*-Gesellschaft funktional vergleichbar ist, kann das international anerkannte Konzept der interquartilen Bandbreite (hierzu werden die oberen wie auch die unteren 25% der Ergebnisse eliminiert und somit die Bandbreite auf den Bereich zwischen dem 25ten und dem 75ten Perzentil eingeschränkt) nicht herangezogen werden.[326] Die Datenbankstudie ist somit nicht geeignet, die Fremdüblichkeit der Verrechnungspreise zu belegen.

Die österreichische FinVerw. hat folgende Mängel der Erstellung von Da- **162** tenbankstudien festgestellt (Stand Mai 2008):

- Vergleich „alte" EU-Länder mit „neuen" EU-Ländern (Osteuropa)
- Keine Finanzdaten verfügbar
- Größe und technischer Stand der Unternehmen nicht vergleichbar
- Konkrete Markt- und Wettbewerbsverhältnisse nicht vergleichbar
- Keine oder nur eingeschränkte Vergleichbarkeit bei Marktführern, weil wesentliche immaterielle Wirtschaftsgüter für den Erfolg maßgeblich sind
- Mangelhafte Funktions-, Risikoanalyse – Gewichtung der Funktionen/Risiken ist fraglich
- Kein „qualifiziertes" Datenbankscreening – fehlende Nennung zusätzlicher subjektiver Auswahlverfahren
- Screening ohne Bandbreiteneinengung
- Anlaufverluste/Dauerverluste als Indiz der Unvergleichbarkeit

Tabellarische Darstellung der von der Außenprüfung aufgezeigten Mängel von Da- **163** *tenbankstudien:*

Fall 1/Tested Party: Vertriebsgesellschaft Maschinenbau, Umsatz 40 Mio €, 200 Mitarbeiter

Firma	Land	durchschn. EBIT	nicht vergleichbare Kriterien
OY O Tech	Finnland	0,90%	Umsatz < 5 Mio €, NACE 5153 (Holzhandel)
Rergods FranK	Belgien	1,50%	NACE 5152 (Stahlrohrhändler)
Computer Belge	Belgien	0,20%	i. Liquidation

[326] Ständige Rechtsprechung des BFH I R 3/92 – BStBl. 1993 II, 457; BFH I R 103/00 – BStBl. 2004 II, 171; BFH I R 22/04, DB 2005.

Firma	Land	durchschn. EBIT	nicht vergleichbare Kriterien
Comercial Kerduza	Spanien	2,30%	gelöscht
SARL Electro Gelec	Italien	1,70%	99% Beteiligung

Fall 2/Tested Party: Vertriebsgesellschaft, Umsatz 55 Mio €, 320 Mitarbeiter

Firma	Land	durchschn. EBIT	nicht vergleichbare Kriterien
Electro Drogbar	Frankreich	0,10%	Umsatz < 5 Mio, 55% Beteiligung
KS Import	Frankreich	2,70%	bankrott, Umsatz 1,3 Mio, 1 Beschäftigter
OY Mexsla BC	Finnland	2,10%	mehr als 25% Beteiligung
Melle Rtrumenti	Italien	1,80%	Umsatz 1,8 Mio, 1 Beschäftigter
Ximtec	Frankreich	0,70%	100% Beteiligung

164   Ähnliche Anforderungen finden sich nunmehr auch in Rn. 320 VPR: Hat der Steuerpflichtige eine Margenermittlung im Wege einer Datenbankrecherche durchgeführt, sind der Abgabenbehörde alle Informationen über den eingeschlagenen Suchprozess offenzulegen, so dass dieser im Rahmen der technischen Möglichkeiten nachvollziehbar und prüfbar ist. Zur Erlangung von Beweiskraft eines datenbankgestützten Nettorenditenvergleichs seien folgende Informationen dienlich:

– genaue Angabe der Datenbank (Name, Anbieter, Version, Medium, Lizenzzeitraum);
– Kriterien des Datenbankanbieters für die Aufnahme der Unternehmensdaten in die Datenbank;
– allgemeine Beschreibung der insgesamt in der Datenbank enthaltenen Unternehmensdaten;
– Erläuterung der in der Datenbank verwendeten Gliederung der Gewinn- und Verlustrechnung sowie der Bilanz (Gesamtkostenverfahren, Umsatzkostenverfahren);
– Die Auswahlschritte und die Gründe für deren Anwendung vor dem Hintergrund des Funktions- und Risikoprofils des geprüften Unternehmens;
– Erläuterung der in der Datenbank zu Grunde gelegten Branchenklassifizierung und Begründung für die ausgewählte Branche;
– Erläuterung der ggf. vorgenommenen Anpassungsrechnungen;
– Erläuterung hilfsweise eingesetzter Berechnungsmodelle und Softwareprogramme (zB CAPM-Modell, Regressionsanalyse);
– Benennung aller Unternehmen, die im Rahmen eines manuellen Auswahlverfahrens, dh auf Grund subjektiver Beurteilung (sog. Qualitatives Screening) ausgeschieden wurden. Außerdem sind die jeweiligen Gründe für das Ausscheiden darzulegen;

– nachvollziehbare Darlegung der angestellten Internetrecherchen und anderer Bemühungen zur Gewährleistung ausreichender Vergleichbarkeit bei den zum Vergleich herangezogenen Unternehmen.

Nach Rn. 63 VPR führen Datenbankrecherchen nur dann zu verlässlichen **165** Margenermittlungen, wenn einwandfrei feststeht, dass hierdurch vergleichbare Sachverhalte untersucht worden sind. Dies ist nur dann der Fall, wenn von Seiten des Steuerpflichtigen nachvollziehbar dokumentiert werden kann, dass die **fünf Vergleichbarkeitsfaktoren** vollständig berücksichtigt worden sind. Im Zuge des „Qualitativen Screenings" ist daher jedenfalls auch eine Internet-Recherche durchzuführen, in der die hierbei zugänglichen Informationsquellen zur Dokumentation der Vergleichbarkeit herangezogen werden. Wird festgestellt, dass nur eine eingeschränkte Vergleichbarkeit gegeben ist, sind die Daten für die Festsetzung des Verrechnungspreises unverwertbar; sie könnten aber für eine Grobkontrollrechnung noch Relevanz besitzen (Rn. 65 VPR).

Die **Verwendung von Mehrjahresdaten** kann die Vergleichbarkeitsanalysen nach Rn. 64 VPR verlässlicher gestalten. Übereinstimmend mit den OECD-VPG sieht die österreichische Finanzverwaltung keine Zweckmäßigkeit, verbindliche Leitlinien hinsichtlich der Anzahl der abzudeckenden Jahre in mehrjährigen Analysen zu bestimmen. Nach *Macho/Perneki*[327] können als Anhaltspunkt mittelfristige Zeiträume von drei bis fünf Jahren als Beobachtungszeiträume herangezogen werden, da damit kurzfristige Wirtschaftseinflüsse (Krisen in bestimmten Regionen, Umweltkatastrophen), aber auch Auswirkungen auf Produktebene (Lebenszyklen, Substitutionsprodukte, Produktinnovationen) zum Tragen kommen bzw. „Ausreißer" leichter zu erkennen und somit auszuscheiden sind. In Rezessionszeiten können UU aber auch längere Beobachtungszeiträume zweckmäßig sein.[328]

Nach einem Treffen der primär westeuropäischen Steuerbehörden im Herbst 2011 hat sich eine gewissen **State-of-the Art Tendenz der Erstellung von Datenbankanalysen** entwickelt, die relativ strenge Ansprüche an die quantitative Analyse stellt (etwa nur unkonsolidierte Daten, vollständig verfügbare Finanzdaten, Unabhängigkeitskriterium A[329] (bzw. bei entsprechender Begründung auch B), keine Unternehmen in der Anlaufphase von rund 3 Jahren, Ausschluss von Unternehmen, die über den Betrachtungszeitraum einen Gesamtverlust erwirtschaftet haben). Diese strengen Anforderungen reduzieren die Zahl der Vergleichsunternehmen, die nach Ansicht mancher Vertreter der österreichischen Steuerbehörden zwischen rund 7–50 Vergleichsunternehmen liegen sollte. Die Zahl der Vergleichsunternehmen in überschaubarer Größe zu halten, ermöglicht aus Wirtschaftlichkeitserwägungen oftmals auch erst die notwendige eingehende qualitative Analyse (Erhebung der im Internet publizierten Informationen etc); die doch sehr diskretionärem Verhalten zugänglich ist, da die verfügbaren Informationen oft nicht ausreichen, eine fundierte Entscheidung für oder gegen den Ausschluss zu treffen.

---

[327] Vgl. *Macho/Perneki* SWI 2011, 296.
[328] *Greinecker/Groß* in Lang/Weinzierl (Hrsg.), Europäisches Steuerrecht, 279.
[329] Vgl. *Macho/Steiner* Verrechnungspreise – Dokumentation durch Datenbankstudien, ÖStZ 2008/332, 161.

166   Bei der Ermittlung von Fremdvergleichsdaten ergibt sich regelmäßig eine
Reihe möglicher Werte (1.13 letzter Satz OECD-VPG). Soweit mehrere
Werte gleichermaßen einen Anschein der Richtigkeit haben, bildet sich
eine **Bandbreite.** Diese Bandbreite ist, unabhängig von der Anzahl der
Vergleichswerte, gem. Rn. 66 der VPR nur dann in vollem Umfang zu be-
rücksichtigen, wenn auf Grund zuverlässiger Datenqualität und vollständiger
Informationen feststeht, dass eine uneingeschränkte Vergleichbarkeit der Ge-
schäftsbedingungen besteht.

Es sei international üblich, durch Bildung von Quartilen eine **Bandbreitenverengung** in der Form herbeizuführen, dass die kleinsten und größten
Werte jeweils im Ausmaß von 25 % der Gesamtmenge der Vergleichswerte
ausgeschieden werden (Rn. 67 VPR).

Es wird dazu ein Beispiel aus den deutschen „Verwaltungsgrundsätze-
Verfahren" vom 12.4.2005, BStBl. I, 570 zitiert (Auszug): *Die inländische X-
GmbH ist ein konzernzugehöriges Unternehmen und vertreibt eine bestimmte von ihrer ausländischen Muttergesellschaft hergestellte Produktpalette. Die X-GmbH übt lediglich Routinefunktionen aus. Um die Angemessenheit der Preisgestaltung zwischen
der Produktionsmuttergesellschaft und der X-GmbH in den Jahren 01 bis 03 darzulegen, hat die X-GmbH einen Nettorenditenvergleich erstellt und der Außenprüfung
vorgelegt. Durch eine Datenbankrecherche wurden 20 unabhängige Fremdunternehmen
als mögliche Vergleichsunternehmen identifiziert. Für 13 dieser Unternehmen konnte
an Hand einer weiteren Recherche eine zumindest eingeschränkte Vergleichbarkeit festgestellt werden. Um Sondereffekte einzelner Jahre zu reduzieren, wurden nicht die Ergebnisse eines einzigen Jahres, sondern die Ergebnisse einer Dreijahresperiode herangezogen (Mehrjahresanalyse).*

Nettomargen (Betriebsergebnisse) der Vergleichsunternehmen:

Vergleichsunternehmen	Jahr 01	Jahr 02	Jahr 03	Vergleichswerte (Durchschnitt)
U–1	–1,5 %	–1,2 %	–0,9 %	–1,2 %
U–2	0,7 %	0,8 %	0,3 %	0,6 %
U–3	1,9 %	2,0 %	2,4 %	2,1 %
U–4	2,2 %	2,2 %	2,0 %	2,2 %
U–5	2,3 %	2,4 %	2,2 %	2,3 %
U–6	2,5 %	2,7 %	2,9 %	2,7 %
U–7	3,2 %	3,0 %	2,8 %	3,0 %
U–8	3,1 %	3,2 %	3,0 %	3,1 %
U–9	3,4 %	3,2 %	3,3 %	3,3 %
U–10	3,6 %	3,4 %	3,2 %	3,4 %
U–11	4,0 %	3,6 %	3,8 %	3,8 %
U–12	4,2 %	4,6 %	4,4 %	4,4 %
U–13	5,6 %	5,8 %	6,0 %	5,8 %

Da die X-GmbH lediglich Routinefunktionen ausübt, kann die notwendige Angemessenheitsdokumentation auf Grund einer Datenbankanalyse, die Nettorenditenwerte
von vergleichbaren unabhängigen Unternehmen enthält, erstellt werden. Der Interquar-
tilbereich (1. bis Quartil) der Vergleichswerte kann als maßgebliche Bandbreite betrachtet werden.

Das 1. Quartil ist in folgenden drei Schritten zu ermitteln: **167**
1. Die Vergleichswerte sind in aufsteigender Reihenfolge zu sortieren (s. obige Tabelle)
2. Die Anzahl der Beobachtungen ist mit 25% zu multiplizieren (13 Beobachtungen
   × 25% = 3,25). Als Zwischenergebnis ist festzuhalten, dass der zu ermittelnde
   Quartilswert zwischen dem Vergleichswert für das 3. beobachtete Unternehmen
   (= 2,1) und dem Vergleichswert für das 4. beobachtete Vergleichsunternehmen
   (= 2,2) liegt.
3. Bei der Entscheidung darüber, wann und ggf. wie zwischen zwei Werten interpoliert
   werden muss, kann der nachfolgenden international üblichen Vorgangsweise gefolgt
   werden: Wenn sich aus dem 2. Schritt keine ganze Zahl ergibt (zB 3,25 oder 3,5
   oder 3,75) bestimmt sich der Wert für das 1. Quartil an Hand des Wertes der
   nächst höheren Beobachtung (hier: aus dem Vergleichswert für U-4 = 2,2. Hätte
   sich aus dem zweiten Schritt eine ganze Zahl ergeben (zB 3,0) würde sich das 1.
   Quartil aus dem Mittelwert (arithmetisches Mittel) der Werte für U-3 und U-4 ergeben [(2,1 + 2,2) : 2 = 2,15]. In gleicher Weise ermitteln sich die Werte für das
   3. Quartil oder für den Median. Hierbei ist jedoch zu beachten, dass im 2. Re-
   chenschritt die Anzahl der Beobachtungen mit 75% (wenn das 3. Quartil ermittelt
   werden soll) bzw. mit 50% (wenn der Median ermittelt werden soll) zu multiplizieren ist. Das 3. Quartil ermittelt sich daher wie folgt: 13 × 75% = 9,75. Da
   9,75 keine ganze Zahl ist, ist der für die nächst höhere Beobachtung (U-10) ermittelte Vergleichswert (= 3,4) für die Bestimmung des Wertes des 3. Quartils maßgeblich.

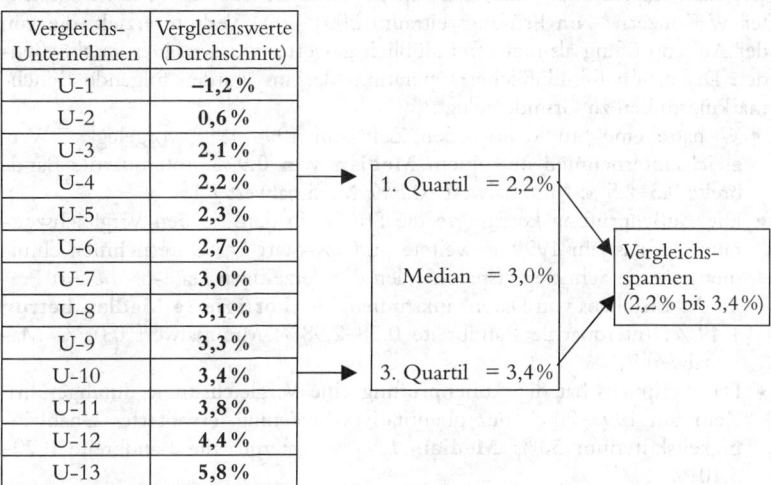

Vergleichs-Unternehmen	Vergleichswerte (Durchschnitt)
U-1	−1,2%
U-2	0,6%
U-3	2,1%
U-4	2,2%
U-5	2,3%
U-6	2,7%
U-7	3,0%
U-8	3,1%
U-9	3,3%
U-10	3,4%
U-11	3,8%
U-12	4,4%
U-13	5,8%

1. Quartil = 2,2%

Median = 3,0%

3. Quartil = 3,4%

Vergleichs-spannen (2,2% bis 3,4%)

Das 1. Quartil liegt damit bei 2,2%; der Median bei 3,0% und das 3. Quartil **168**
bei 3,4%; im 3-Jahresschnitt ergibt sich damit eine maßgebende Fremdvergleichsge-
winnbandbreite von 2,2% bis 3,4%. Bei einer geringeren Anzahl von beobachteten

Fremdvergleichsunternehmen würden sich die Quartile und der Median wie folgt be-
rechnen (n = Anzahl der Daten):

Vergleichsunternehmen	n=12	n=11	n=10	n=9
U–1	–1,2%	–1,2%	–1,2%	–1,2%
U–2	0,6%	0,6%	0,6%	0,6%
U–3	2,1%	2,1%	2,1%	2,1%
U–4	2,2%	2,2%	2,2%	2,2%
U–5	2,3%	2,3%	2,3%	2,3%
U–6	2,7%	2,7%	2,7%	2,7%
U–7	3,0%	3,0%	3,0%	3,0%
U–8	3,1%	3,1%	3,1%	3,1%
U–9	3,3%	3,3%	3,3%	3,3%
U–10	3,4%	3,4%	3,4%	
U–11	3,8%	3,8%		
U–12	4,4%			

Der UFS hat sich jüngst in seiner Entscheidung vom 30.7.2012, RV/2515-
W/09 umfangreich mit dem Erfordernis der Korrektur der Verrechnungspreise einer österreichischen Vertriebstochter beschäftigt, da **deren Ergebnisse** in zwei Jahren **nicht innerhalb der durch Datenbankstudien
dokumentierten Bandbreiten angemessener Fremdvergleichspreise**
lagen. Das österreichische Unternehmen hatte mit 1% Umsatzprovision sowie einer Kapitalrendite auf Basis von 10-Jahres-Eurobonds – wie sein gesam-
ter W-Konzern – im Prüfungszeitraum 2001–2004 Verluste erzielt, die von
der Außenprüfung als nicht fremdüblich gewertet wurden. Der anschließenden Diskussion fremdüblicher Operating-Margins wurden folgende Benchmarkingstudien zu Grunde gelegt:
- W hatte eine Studie über den Zeitraum 1996–1998 vorgelegt: 7 Vergleichsunternehmen mit einem **Median von 0.9%,** Interquartile Bandbreite 0.3–2.5%; Minimalwert –2.5%, Maximalwert 7.1%.
- Die Außenprüfung korrigierte die Studie, in dem sie den Vergleichszeitraum auf das Jahr 1999 ausweitete und sog-Start-Up Unternehmen elimi-
  nierte; beide Schritte entsprechenden der derzeitigen State-of-the-Art Praxis des Erstellens von Datenbankstudien. Der **korrigierte Median betrug
  1.49%;** Interquartile Bandbreite 0.58–2,98%; Minimalwert 0,03%, Maximalwert 7,1%.
- Darüberhinaus hat die Außenprüfung eine Vergleichsstudie durchgeführt:
  Zeitraum 1997–2005; nur quantitatives Screening, erweitertes Unabhängigkeitskriterium 50%: **Median 1,53%,** Interquartile Bandbreite 0,79–
  3,10%.

Die Außenprüfung korrigierte das Ergebnis 2001 auf 1,53% gem. dem
Median der Vergleichsstudie und 2002–2004 (nach Funktionsabschmelzung
der Vertriebsgesellschaft – Auslagerung der Debitorenbuchhaltung sowie
Schließung der halben EDV-Abteilung). Der UFS entschied sodann, dass die

Vergleichsstudie der Außenprüfung lediglich zur Plausibilitätskontrolle zulässig sei, was in Anbetracht der Tatsache, dass die Suchkriterien der Vergleichsstudie nicht mehr als State-of-the-Art zu betrachten sind, begrüßenswert ist. Die Korrekturen der Studie von W durch die Außenprüfung (Ausdehnung auf 1999, da die Studie im Oktober 2000 erstellt wurde sowie Elimination der Start-Up Unternehmen) sei zulässig.

Der UFS hat darüber hinaus festgehalten, dass **die Anwendung von Quartilen zur Bandbreiteneinengung nicht anzuwenden sei,** da das Erfordernis der „**beträchtlichen Anzahl von Beobachtungen**" (vgl. OECD VPG 3.57) bei lediglich 7 Vergleichsunternehmen nicht erfüllt sei. Damit habe eine Korrektur auf den Median (1,49%) lediglich zu erfolgen, falls der tatsächliche Operating Margin außerhalb des Minimal- oder Maximalwertes der adaptierten Studie fällt (0,03–7,1%). Selbst wenn vom Ergebnis her dem UFS mit seiner Schlussfolgerung der Nichtanwendbarkeit der Bandbreitenverengung beizupflichten ist, sollte die Argumentation mehr auf die **Vergleichbarkeitsanalyse der Vergleichsunternehmen** abstellen, als auf die Anzahl der Vergleichsunternehmen, die nach Ansicht der Verfasserin mit 7 Vergleichsdaten grundsätzlich schon noch im akzeptablen Minimalbereich liegen könnte.

Darüberhinaus ist der nicht näher erläuterte Verweis in der Rn. 49 VPR (Korrektur auf den Median, falls tatsächlicher Verrechnungspreis ausserhalb der Bandbreite) auf die Rn. 67 VPR – mit der ausgeführt wird, dass es international üblich sei, durch die Bildung von Quartilen eine Bandbreitenvereinigung in der Form herbeizuführen, dass die kleinsten und größten Werte jeweils im Ausmaß von 25% der Gesamtmenge der Vergleichswerte ausgeschieden werden – bedenklich und gesetzlich nicht gedeckt, da dieser von der Finanzverwaltung oftmals als Weisung verstanden werden will, eine Berichtigung auf den Median im Zuge der Betriebsprüfung vorzunehmen, sollte der tatsächliche Verrechnungspreis außerhalb der interquartilen Bandbreite liegen.

Hierbei ist zu beachten, dass eine „*Verbesserung der Vergleichbarkeit*" der Vergleichsdaten der Bandbreite („*refinement of the database search*", vgl. Punkt 3.33 der OECD-VPG) durch Zuhilfenahme statistischer Instrumente (wie etwa der Bildung von Quartilen) primär zur Qualitätsverbesserung eingesetzt werden soll. Die in Punkt 3.33 der OECD-VPG geforderte Qualitätsverbesserung (*„promotion of quality over standardised approaches"*) kann nach dieser Belegstelle jedoch durch sämtliche öffentlich verfügbare Informationen erzielt werden und eine Einengung der Bandbreite muss nicht in jedem Fall zu einer Verbesserung der Vergleichbarkeit führen, insbesondere wenn man auf Basis einer eingehenden Vergleichbarkeitsanalyse zu dem Schluss kommt, dass sich ein fremdüblicher Verrechnungspreis aus bestimmten Gründen eher den oberen oder unteren äußeren Vergleichswerten annähern sollte. Insoweit wäre eine Korrektur eines Verrechnungspreises auf den Median aufgrund der bloßen Tatsache, dass er außerhalb der interquartilen Bandbreite liegt, jedenfalls inhaltlich verfehlt und auch nicht durch die OECD-VPG gedeckt.

Norbert Roller, Mitglied der Großbetriebsprüfung Wien, hat eine **Fallstudie** zur Nützlichkeit von Benchmarking-Studien bei der Anwendung der **Wiederverkaufspreismethode** zu folgendem Beispiel veröffentlicht:[330] Die

---

[330] *Roller* SWI 2009, 335.

Gesellschaft T vertreibt Produkte der Marke Elektro (Unterhaltungselektronik, primär für Konsumenten gedacht) am österreichischen Markt, die sie von
ihrem Mutterunternehmen, der deutschen M–GmbH, bezieht. Die Fabriken
des Konzerns befinden sich in asiatischen Schwellenländern. T ist eine funktionsstarke Gesellschaft, die neben dem reinen Vertrieb, auch Marketing- und
Logistikagenden erfüllt. Die von T wahrgenommenen Funktionen führen
dazu, dass die jährlichen sonstigen betrieblichen Aufwendungen zwischen
13% und 15% des Umsatzes schwanken, während die Personalkosten rund
5% vom Umsatz betragen.

169   Die Richtigkeit der zwischen T und M gewählten Marge soll nun durch
eine Benchmarking-Studie belegt werden. Das Unternehmen wählt die Wiederverkaufspreismethode als geeignete Methode, der Methodenwahl wird
durch die Großbetriebsprüfung grundsätzlich zugestimmt. Es sei allerdings zu
prüfen, ob durch die Vertriebsgesellschaft umfangreiche immaterielle Wirtschaftsgüter geschaffen wurden, die den erzielbaren Preis der weiterverkauften
Ware beeinflussen, zB wenn erst nach umfangreichen Werbe- und Marktauf-
baumaßnahmen ein bestimmter Wiederverkaufspreis erzielt werden konnte.
Die Berücksichtigung kann durch Abschläge des Einkaufspreises oder durch
gänzliches Verneinen der Anwendbarkeit der Methode erfolgen.

Die Schwierigkeit bei der Anwendung der Wiederverkaufspreismethode
im Rahmen des beschriebenen Elektro-Konzerns liege jedoch in der Suche
nach Vergleichsunternehmen (neben der oft unzureichenden Datenlage, wie
fehlendes „Bruttoergebnis vom Umsatz" oder „Materialaufwendungen";
Anm. der Verf.). Es muss berücksichtigt werden, dass die Funktionen und
Risiken deckungsgleich sind, dass nur Fremdtransaktionen verglichen werden
und dass es sich um Produkte handelt, die zwar im Detail unterschiedlich sein
können, aber dennoch derselben Art zuzuordnen sind. Weiters ist zu beachten, dass die Vergleichsunternehmen auf gleichen oder ähnlichen Märkten
agieren und ihre Handelsvolumina von derselben Größenordnung sind. Eine
bestimmte Anzahl von Vergleichsunternehmen muss grundsätzlich nicht vorliegen.

170   Eine Möglichkeit des Elektro-Konzerns, Daten von vergleichbaren Unternehmen zu ermitteln, wäre eine Datenbankrecherche. Während es relativ einfach sein würde, in Datenbanken unabhängige Unternehmen zu finden, die
Produkte einer vergleichbaren Warenkategorie verkaufen, wird es schwer
sein, zu ermitteln, ob diese Unternehmen eine vergleichbare Struktur an
Funktionen und Risiken aufweisen. Datenbanken enthalten zu der ausgeübten Tätigkeit eines Unternehmens nur sehr kurze und ungenaue Beschreibungen wie zB Großhandel mit Produkten der Kategorie X oder Vertrieb
von Produkten der Kategorie Y. Rückschlüsse auf wahrgenommene Funktionen und getragene Risiken sind aus diesen Beschreibungen nicht möglich.
Aus der Struktur der Gewinn- und Verlustrechnung ist meist ebenso wenig
zu gewinnen, da Personalaufwand oder sonstiger Aufwand Positionen sind,
die in Datenbanken nicht mehr weiter untergliedert werden. Nur bei weiterer Untergliederung der Personalkosten kann erkannt werden, ob es eine
Marketingabteilung, eine Logistikabteilung oder eine Serviceabteilung gibt.
Ebenso kann nur bei weiterer Untergliederung der sonstigen Aufwendungen
erkannt werden, wie hoch Versicherungsaufwand oder Werbeaufwand sind.
Es gilt: Je mehr Aktivitäten und Risiken ein Unternehmen übernimmt, desto

höher sollte grundsätzlich die prozentuelle Bruttomarge sein. Wird nicht auf
Unterschiede in der Funktions- und Risikostruktur Bedacht genommen,
fließen Daten von unterschiedlichsten Unternehmen in die Berechnung der
Bandbreite ein; aussagekräftige Ergebnisse sind dann nicht mehr zu erzielen.
Im Bereich des beschriebenen Elektro-Konzerns bedeutet dies, dass die österreichische funktionsstarke Vertriebsgesellschaft mit reinen Internetvertriebs-
plattformen, mit Kommissionären oder mit Handelsvertretern verglichen
wird. Dabei können sich Bruttomargen ergeben, die einer funktionsstarken
Gesellschaft nur in außerordentlich guten Jahren Gewinne ermöglichen. Dieser Vergleich ist unzulässig und kann von der Betriebsprüfung nicht akzeptiert
werden.

Die T-Gesellschaft des Elektro-Konzerns hat nach Ansicht der Großbetriebsprüfung zwei Möglichkeiten, um durch Korrekturen die Rechtskon-
formität herzustellen: Sie kann einerseits ihren Berechnungen Daten von Unternehmen zugrunde legen, die tatsächlich eine vergleichbare Funktions- und
Risikostruktur aufweisen. Dies wird insb. dann gelingen können, wenn die
Vertriebsgesellschaft T auch konzernfremde Produkte vertreibt oder wenn
sich der Konzern auf anderen vergleichbaren Märkten fremder Vertriebsgesellschaften bedient. Die Gesellschaft T kann aber auch anstelle von Bruttomargen Nettomargen vergleichen. Bei der dann zu Anwendung kommenden
TNMM sind Unterschiede der Funktions- und Risikostruktur von geringerer
Bedeutung und die hierzu erforderlichen Informationen sind auch zumeist in
Datenbanken erhältlich. Nicht anwendbar ist die TNMM allerdings dann,
wenn die T-Gesellschaft über umfangreiche immaterielle Wirtschaftsgüter
verfügt (zu den Restriktionen in ihrer Anwendbarkeit sollte die Vertriebsgesellschaft nicht mehr als reine Routinegesellschaft angesehen werden können,
s. obige Ausführungen).

d) Warenlieferungen

aa) Produktionsgesellschaften

Die OECD-VPG grenzen den Lohnfertiger (sog. *Toll Manufacturer*) von   **171**
anderen Grundformen der Produktion nicht explizit ab, sondern beschränken
sich darauf, anhand von Beispielen die unterscheidenden Merkmale eines
Lohnfertigers herauszustellen (2.54 OECD-VPG zu einer Montagetätigkeit
von Fernsehgeräten, 7.40 OECD-VPG zur Auftragsproduktion, das ausführt,
dass die Produktionsgesellschaft ein geringes Risiko trägt und die Zusicherung erhalten kann, dass ihre gesamte Produktion gekauft wird, falls die Qualitätsstandards erreicht sind.) Bei der Prüfung, ob die von einer Produktionsgesellschaft für konzerninterne Warenlieferungen in Rechnung gestellten
Verrechnungspreise dem Fremdvergleichsgrundsatz entsprechen, ist damit im
Rahmen der Funktionsanalyse festzustellen, ob die Produktion nach der
Grundform einer Eigenproduktion oder nach jener eines Lohnfertigers ausgeübt wird. Im Fall der Eigenproduktion ist die Übernahme eigener Marktchancen und Marktrisiken gegeben, während im Fall der **reinen Lohnfertigung** von einer **Aktivität mit Dienstleistungscharakter** auszugehen ist
(Rn. 68 VPR, ebenso 7.41 OECD-VPG). Zur Einstufung eines Produzenten
als bloßer Lohnfertiger führen nach Rn. 69 VPR in der Regel folgende Umstände:

– über die Produktpolitik und die Fertigungsschritte entscheidet ein anderes
   Unternehmen (der Auftraggeber); daher besteht keine oder nur eine untergeordnete Dispositionsfreiheit im Produktionsablauf;
– die Technologie wird vom Auftraggeber zur Verfügung gestellt; daher betreibt der Lohnfertiger keine eigene Forschung und Entwicklung und besitzt kein Eigentum an den entsprechenden immateriellen Vermögenswerten;
– zumindest teilweise werden vom Auftraggeber Rohstoffe beigestellt, daher
   besteht nur eine sehr eingeschränkte Beschaffungsfunktion;
– es gilt in der Regel eine „just in time"-Konzeption, sodass nur eine geringe Lagerhaltung nötig ist;
– der Lohnfertiger hat keinen eigenen Vertrieb, die Ware wird im vollen
   Umfang zu garantierten Absatzpreisen vom Auftraggeber abgenommen.

172   M. E. wird bei dieser Aufzählung nicht oder nur sehr implizit Gewicht auf die
in 7.40 OECD-VPG angeführte Zusicherung der Abnahme der gesamten Produktion durch die Prinzipalgesellschaft gelegt; das Absatzrisiko stellt gerade in
der heutigen Wirtschaftslage einen Haupteinflussfaktor auf Anspruch auf den
Residualgewinn dar. Nach einer Entscheidung des US Tax Courts ist eine Produktionsgesellschaft als Lohnfertiger zu qualifizieren, wenn die Waren in vollem
Umfang zu garantierten Absatzpreisen abgenommen werden. Die bloße Erwartung bzw. der bloße Plan des Auftraggebers, die produzierten Waren auch abzunehmen, reicht nach dieser Entscheidung nicht aus. Nach US Recht darf der
Lohnfertiger keinem absatz- bzw. Marktrisiko ausgesetzt sein.[331]

Problematisch ist, dass in der Praxis oft Mischformen existieren, die im Extremfall sämtliche „wirtschaftliche Produktionsfunktionen" (wie Entscheidungen über Produktpolitik, Fertigungsschritte, Technologie, Lagerwirtschafts,
Vertrieb, Marketing) zentral ansiedeln, die Produktionsgesellschaft ist demnach
funktional betrachtet bereits ein Lohnfertiger, der lediglich die „technischen
Produktionsfunktionen" innehat; das Absatzrisiko verbleibt ihr jedoch noch zusätzlich. Diese Zentralisierung kann schleichend über den Abschluss einer immer größeren Zahl von „Outsourcing"-Verträgen erfolgen und kann letztendlich zu einem Wechsel des Business Models auf einen Lohnfertiger zwingen;
um eine Beanstandung des gesamten Verrechnungspreismodells sowie uU der
Annahme eines „*Effective Place of Managements*" der Produktionsgesellschaft und
damit steuerlichen Ansässigkeit bei der Prinzipalgesellschaft zu vermeiden.

173   Weiteres finden sich in der Praxis häufig sogenannte Auftragsfertiger (sog.
Contract Manufacturer), die im Unterschied zum Lohnfertiger die meisten
zur Produktion erforderlichen Rohstoffe selbst beschaffen und dem Auftraggeber erst das Eigentum am Fertigprodukt übertragen. Ihnen kommt damit
zusätzlich noch das Rohstoffbeschaffungs- und Rohstoff- und Zwischenpro-
duktlagerrisiko sowie die Finanzierungsfunktion der Rohstoffe zu. In der Literatur wird auch diese Ausprägungsform als sog. Dienstleister qualifizierbar
erachtet; bei der Ausgestaltung ist jedoch auf die Risikotragung an den Roh-
stoff- und Halbfabrikatslagern besonders Bedacht zu nehmen, um einerseits
das wirtschaftliche Eigentum am Lagerbestand noch beim Auftragsfertiger an-

---

[331] *Baumhoff* Steuerrecht international tätiger Unternehmen, C 379, 514 mit Verweise auf Urteil Bausch&Lomb Inc vs Commissioner 93 TC 525, Urteil Sundrand
Cor vs Commissioner 96 TC 226; und Verweis auf *Fink* Intertax 1991, 226.

gesiedelt zu lassen und andererseits die Risikotragung als wirtschaftlich noch mit einer bloßen Routinefunktion vereinbar zu gestalten. Es bietet sich in diesem Fall an, dass der Auftraggeber, der die diesbezüglichen wirtschaftliche Verluste trägt, sofern dem Auftragsfertiger weder vorsätzliches oder grobfahrlässiges Handeln angelastet werden kann.

Der Lohnfertiger nach dem Idealmodell ist jedenfalls als **Dienstleistungs**   **174** **unternehmen** zu qualifizieren, welches nur Routinefunktionen wahrnimmt. Unter Berücksichtigung seiner eingeschränkten Funktionen und Risiken sowie des geringen Kapitaleinsatzes erzielt der Lohnfertiger normalerweise regelmäßige, aber relativ geringe Gewinne.[332] Schwieriger in der Beurteilung sind damit auch Fälle, in denen ein nicht unerheblicher Kapitaleinsatz (in Betriebsanlagen etc.) zu erfolgen hat; die **Kostenaufschlagsmethode** wird hierbei zumeist eine TNMM mit kapitaleinsatzabhängigen Indikatoren (wie ROCE oder ROA) ergänzt oder ersetzt, um die Notwendigkeit oftmaliger Anpassungen des Verrechnungspreises (beispielsweise bei Neuinvestitionen in Betriebsanlagen) zu vermeiden. Bei der Vertragsausgestaltung ist hierbei wiederum auf die Risikotragung hinsichtlich der Betriebsanlagen Bedacht zu nehmen, um zu verhindern, dass das wirtschaftliche Eigentum an den Anlagen dem Auftraggeber zugerechnet wird.

Bei Datenbankanalysen sollte jedenfalls die analysierte Kostenbasis um „Materialaufwendungen" bereinigt werden, um eine Verfälschung der Ergebnisse aufgrund unterschiedlicher Produktpreise zu vermeiden.

Der konzerninterne Verrechnungspreis des Lohnfertigers kann grundsätz   **175** lich mit allen nach den OECD-VPG zulässigen Methoden bestimmt werden. Lässt sich auf Grund von Fremdgeschäften für die Leistung des Lohnfertigers ein bestimmter Fremdpreis feststellen, sei es durch den Vergleich mit dem vom Lohnfertiger an einen fremden Dritten fakturierten Preis („innerer Preisvergleich") oder durch den Vergleich mit dem am Markt erzielten Preis bei Abschlüssen zwischen fremden Dritten („äußerer Preisvergleich"), so ist gem. Tz. 2.14 OECD-VPG der Preisvergleichsmethode der Vorzug zu geben, weil der unmittelbare Preisvergleich am Besten dem in den OECD-VPG normierten Fremdvergleichsgrundsatz entspricht. Abweichungen bei den Geschäftsbedingungen des Lohnfertigers gegenüber der dem Fremdpreis zu Grunde liegenden Transaktion sind allenfalls durch Zu- oder Abschläge gegenüber dem Fremdpreis zu berücksichtigen.[333] Beim Einsatz von Datenbanken zur Untermauerung eines fremdüblichen Verrechnungspreises ist auch zu berücksichtigen, dass es sich bei Vergleichsunternehmen in Datenbanken oftmals lediglich um sog. Contract Manufacturer handelt, die Anpassungsrechnungen zur Herstellung der Vergleichbarkeit erfordern.

Da Lohnfertiger oft ausschließlich für verbundene Unternehmen tätig wer   **176** den und Informationen über fremdübliche Preise für die Leistung von Lohnfertigern auf dem Markt unter fremden Dritten in der Praxis nicht oder nur schwer zugänglich sind, scheitert die Anwendung der Preisvergleichsmethode in der Praxis häufig (sollte nicht ein innerer Preisvergleich Zugang zu Vergleichsdaten liefern, weil etwa der Auftraggeber Fertigungsaufträge auch an

---

[332] Vgl. *Macho / Steiner / Ruess* Verrechnungspreise kompakt, 1. Aufl., 197 f.

[333] OECD-RL Z. 2.15 ff.; ausführlich *Macho / Steiner / Ruess* Verrechnungspreise kompakt, 1. Aufl., 116 ff.

fremde Dritte vergibt). In diesem Fall wird gem. Tz. 2.54 und 7.41 OECD-VPG die Anwendung der **Kostenaufschlagsmethode** für die Bestimmung der Verrechnungspreise des Lohnfertigers zweckmäßig sein und zu einem sachgerechten, fremdüblichen Ergebnis führen.[334] Ebenso Rn. 80 VPR, wonach angesichts des geringen Funktions- und Risikoprofils eines Konzernunternehmens mit bloßem Lohnfertigungscharakter – sofern keine Vergleichspreise feststellbar sind – der Verrechnungspreis nach der Kostenaufschlagsmethode zu ermitteln ist, wobei der Routinecharakter der Funktionen keinen Anspruch auf Teilnahme an dem vom Konzern erzielten Residualgewinn gestattet.

177   Aus der Funktionsanalyse des Lohnfertigers ist ableitbar, dass der Lohnfertiger für den Gesamtwertschöpfungsprozess nur wenig bedeutsame Funktionen ausübt, kaum Risiken trägt und grundsätzlich nicht im Eigentum von wertvollen immateriellen Wirtschaftsgütern (zB Patente, technisches Knowhow, Marken) steht, so dass ein Gewinnaufschlag am unteren Ende der Bandbreite der von Vergleichsunternehmen erzielten Gewinnaufschlägen als sachgerecht und fremdüblich qualifiziert werden kann.[335] Die österreichische Fin-Verw. hält im Rahmen der Anwendung der Kostenaufschlagsmethode bei Dienstleistungen grundsätzlich Gewinnaufschläge in der Höhe von 5–10%[336] für fremdüblich. Diese Bandbreite ist jedoch nicht starr zu betrachten.[337] In Abhängigkeit von der Branche des geprüften Unternehmens werden in einzelnen Fällen die Bandbreiten der fremdüblichen Gewinnaufschläge variieren und die fremdüblichen Gewinnaufschläge können dann auch außerhalb dieser Bandbreiten liegen.

Zur Erreichung eines effizienten Fertigungsprozesses kann der Verrechnungspreis für den Lohn- oder Auftragsfertiger auf Plankostenbasis ermittelt werden.[338]

Die OECD-VPG sehen wie auch die deutschen Verwaltungsgrundsätze in Tz. 3.4.10.2. vor, dass *„bei üblichem Geschäftsverlauf ein geringer aber stabiler Gewinn"* zum Ansatz kommt. Daraus leiten *Macho/Stieber*[339] ab, dass *„bei unüblichem Geschäftsverlauf",* also in Ausnahmefällen, Verluste anfallen können. Es werden aber generell solche Verluste zu tragen sein, die unmittelbar durch die von der Produktionsgesellschaft ausgeübten Funktionen versucht wurden (wie zB Qualitätsmängel, Schadensfälle Sozialpläne). Aus dem Blickwinkel der Fremdüblichkeit sind die Verlustmöglichkeiten in diesen Bereichen jedoch auf einzelne Jahre begrenzt.[340] Dies sollte nach Ansicht der Autorin v. a. gelten, wenn der Lohn- oder Auftragsfertiger substantielle Investitionen in Anlagegüter getätigt hat, die sich nur mittel- bis langfristig über den Verrechnungspreis amortisieren und auch zu finanzieren sind.

---

[334] Vgl. *Hack* ÖStZ 2009, 305 mit Verweis auf Beispiel 3 in Tz. 3.1.3 der dt. VWG 1983.

[335] Vgl. *Hack* ÖStZ 2009, 305.

[336] EAS 120 des BMF vom 28.4.1992.

[337] Vgl. *Dahnke* in Schaumburg (Hrsg.), Internationale Verrechnungspreise zwischen Kapitalgesellschaften, 150.

[338] Vgl. *Burkert* Funktionsverlagerungen im internationalen Konzern Teil II, IStR 203, 357; *Baumhoff* in Flick/Wassermeyer/Baumhoff, § 1 AStG Anm. 587.4.

[339] Vgl. *Macho/Stieber* Verluste beim Service Provider, ÖStZ 2011, 62.

[340] Vgl. *Baumhoff* Aktuelle Entwicklungen bei internationalen Verrechnungspreisen, IStR 2003, 4.

bb) Funktionsstarke Vertriebsgesellschaft – Methodenwahl und Verlustsituation

Nach Rn. 24 VPR kann die Wiederverkaufspreismethode (Resale Minus **178** Method) vor allem dort erfolgreich angewendet werden, wo an ein verbundenes Konzernunternehmen Leistungen erbracht werden, die von diesem ohne wesentliche Veränderungen an fremde Dritte weitergeleitet werden. Es ist damit eine Methode, die damit vornehmlich bei (funktionsstarken; Anm. der Verfasserin, s. Kapital ab) **Vertriebsgesellschaften** zum Einsatz gelangt. Damit wird der Verrechnungspreis für die grenzüberschreitende Warenlieferung an eine konzernzugehörige Vertriebsgesellschaft auf der Grundlage des Preises ermittelt, den die Vertriebsgesellschaft aus ihren Verkäufen an unabhängige Kunden erzielt. Dieser Preis wird um marktübliche Rohgewinnabschläge vermindert, die der Funktion und dem Risiko des Wiederverkäufers entsprechen (Rn. 25 VPR). Es wird damit eine sog. Bruttomarge vereinbart.

Eine Nachweisführung der Angemessenheit derartiger Bruttomargen ist oftmals nur schwer möglich. Interne Benchmarkings – und damit ein Bezug von Waren unter vergleichbaren Bedingungen von unabhängigen Dritten – liegen möglicherweise nicht vor und bei externen Benchmarkings ist oftmals das Datenmaterial unzureichend. Die Wiederverkäufer-Vergleichsunternehmer geben – da sie ihre G & V überwiegend nach dem sog. Gesamtkostenverfahren erstellen – nicht die zur Ermittlung der Bruttomargen erforderlichen „Cost of Goods Sold" (Herstellungskosten der zur Erzielung der Umsatzerlöse erbrachten Leistungen) an. Es kann jedoch oftmals eine Näherung an die Bruttomarge mittels der manchmal angeführten „Materialaufwendungen" erfolgen. Zur Analyse der Vergleichbarkeit sollte dann jedoch eingehenst der Effekt allfälliger „Aufwendungen in Zusammenhang mit Forderungsausfällen", Fremdwährungseffekte oder Transport- oder Versicherungskosten auf die Bruttomarge analysiert werden.

Die Rohgewinnmarge wird in der Regel im Vorhinein (zB im November für das jeweils nachfolgende Jahr) festgelegt. Der (flexible) Abnehmerpreis wird um diesen festen Prozentsatz gekürzt, wobei der absolut Betrag der Marge im Voraus nicht bekannt ist.[341]

Nach *Macho/Steiner/Ruess*[342] wird bei (funktionstarken) Vertriebsgesellschaften bei „sachgerechter Verrechnungspreisermittlung mittels *Resale Minus Method*" das Vermarktungsrisiko tendenziell auf die Produktionsgesellschaft verlagert, da der Vertriebsgesellschaft durch Überlassung einer angemessenen Handelsspanne neben einer Kostendeckung auch ein – wenn auch „geringerer" – Gewinn zugesichert wird. Dies entspreche auch dem „Entrepreneurkonzept", wonach Routinefunktionen positiv besetzt sind, dem Entrepreneur hingegen das Unternehmerrisiko, aber auch die „größere" Gewinnchance zuzuordnen ist. Sollte die ausländische Produktionsgesellschaft hierdurch nicht in der Lage sein, auch selbst einen angemessenen Produktionsgewinn zu erzielen (vgl. Rn. 72 VPR), dann muss über Antrag des Steuerpflichtigen zur Herbeiführung eines fairen Interessensausgleiches ein Verständigungsverfahren nach Art. 25 DBA geführt werden. Darin wird auch zu prüfen sein, ob die

---

[341] Vgl. *Macho/Zöch* Methodenwahl in der Verrechnungspreisprüfung – Case Study aus der Außenprüfung, taxlex 2005, 523.

[342] *Macho/Steiner/Ruess* Verrechnungspreise kompakt, 2007, 135.

Verluste des ausländischen Produzenten möglicherweise nur durch markt-
werterhöhende Aufwendungen oder durch aufklärungsbedürftige Transaktionen mit Niedrigsteuerländern verursacht worden sind.

In der Praxis führt jedoch die Anwendung der sog. Wiederverkaufspreismethode bei Vertriebsgesellschaften oftmals nicht zu der proklamierten „Ze-
mentierung der Gewinne", vielmehr treten bei unerwarteten Umsatzeinbußen Verluste auf, da die Bruttomarge aus den geringeren Umsätzen sodann
nicht mehr alle Fixkosten deckt. Die Festsetzung einer bestimmten Marge als
Ausdruck eines Prozentsatzes des Nettoumsatzes kann weiters in Branchen
mit stark fluktuierenden Endverkaufspreisen kritisch sein, insb. wenn die
Preisschwankungen nicht im Einflussbereich der Vertriebsgesellschaft stehen
(zB Rohstoffmarkt bedingt sind). Diskussionen mit der Betriebsprüfung sind
für diese Fälle fast vorprogrammiert.

Probleme mit der Anwendung der Wiederverkaufspreismethode können sich
auch bei im Vergleich zu den Vergleichsunternehmen erweitertem Funktions-
und/oder Risikoumfang des Konzernunternehmens ergeben. Eine Ausschließlichkeit der Vertriebsrechte wird insbesondere auch die Spanne beeinflussen.

Nach Rn. 38 VPR kann damit unter bestimmten Bedingungen auch die
„Berry Ratio" als Vergleichsindikator dienen (s. auch Rn. 189). Als Berry
Ratio wird das Verhältnis des Rohgewinnes zu den „operating expenses"
(Verwaltungs- und Vertriebskosten sowie sonstige Kosten, jedoch ohne Wareneinsatz und Herstellungskosten) bezeichnet. In der Praxis werden zur weiteren Plausibilisierung voraussichtlich auch noch Net Return on Sales (beispielsweise EBIT-Margin nach der TNMM-Methode) ermittelt werden,[343]
aus denen sodann retrograd eine Bruttomarge ermittelt werden könnte (sog.
Modifizierte Wiederverkaufspreismethode[344]). Darüber hinaus ist für
den Warenhandel auch noch eine weitere herkömmliche transaktionsbezogene Methode relevant, nämlich die **Preisvergleichsmethode,** wenn Informationen über externe Marktpreise (wie zB die an einer Warenbörse veröffentlichten Kurse) verfügbar sind.

Die bloße Anwendbarkeit der TNMM wird idR problematisch sein, wenn
die Vertriebsgesellschaft über ihre Marketingaktivitäten an der Mitwirkung
bei der Schaffung von immateriellen Vermögenswerten (wie Handelsmarken,
Kundenlisten etc) beteiligt ist. Dies gilt, da laut Punkt 2.59 OECD-VPR die
TNMM als eher unzuverlässig gilt, wenn jede Partei einer Transaktion wertvolle, einzigartige Beiträge leistet.

Darüberhinaus könnte in Erwägung gezogen werden, zusätzliche Funktionsbereiche separat zu vergüten. Hierbei ist insbesondere an einen erweiterten Funktionsbereich im AMP-Bereich (Advertising, Marketing & Promotion) zu denken, der separat als sog. Werbeagenturdienstleistung vergütet
werden könnte, sofern die durchschnittlichen AMP-Aufwendungen der Vergleichsunternehmen überschritten werden (vgl. die Ausführungen unter h
unten sowie das Fallbeispiel 4 des OECD Discussion Draft zu Intangibles
vom 6. June 2012). Hierzu ist jedoch fraglich, ob das erforderliche Datenma-

---

[343] Vgl. *Macho/Steiner* Verrechnungspreise – Dokumentation durch Datenbankstudien, ÖStZ 2008, 159 (160).
[344] Vgl. *Hülshorst/Mank* in Kroppen (Hrsg.), Handbuch Internationale Verrechnungspreise, Tz. 2.28, Anm. 2; Tz. 2.28.

terial zu den AMP-Aufwendungen der Vergleichsunternehmen vorliegt; oftmals wird es lediglich näherungsweise über die Differenz zwischen Umsatzerlöse – Materialaufwand- Ergebnis der gewöhnlichen Geschäftstätigkeit näherbar sein. Hierbei ist zu bedenken dass diese Aufwendungen auch noch den Verwaltungskostenblock beinhalten können; der uU bei den Vergleichsbetrieben kosteneffizienter geführt wird. Sollten die Tätigkeiten der Vertriebsgesellschaft über bloße Routinetätigkeiten im AMP-Bereich hinausgehen, dann wird der Gesellschaft idR ein Anspruch auf höhere Margen auf Basis der Mitwirkung an der Schaffung immaterieller Wirtschaftsgüter wie Marken, Handelsnamen, Kundenstamm (Anspruchs auf „Marketing Intangible related Returns") zukommen.

Unabhängige Vertriebsgesellschaften würden auf Dauer keine Verluste akzeptieren, sondern sich vielmehr andere Geschäftspartner und/oder andere Handelsprodukte suchen. Es können jedoch auch unabhängige Vertriebsgesellschaften in besonderen Situationen, vor allem in **Anfangsjahren,** Verluste erwirtschaften.[345] Tritt ein Konzern zum ersten Mal auf einem lokalen Markt auf, sind zunächst Investitionen in den Aufbau des allgemeinen Geschäftsbetriebes (Aufbau der Innen- und Vertriebsorganisation) notwendig. Daneben sind für die Einführung der Produkte des Konzerns der Aufbau eines spezifischen Vertriebsnetzes, die Durchführung von Werbemaßnahmen und der Aufbau eines Kundenstammes notwendig. Diesen Ausgaben stehen zu Beginn nur niedrige Produktumsätze gegenüber. Oftmals sind zur Markterschließung auch besonders niedrige Endabgabepreise notwendig („Kampfpreise").[346]

Ziffer 42 lit. B der OECD-VPG weist in diesem Sinne darauf hin, dass dann, wenn diese Verluste voraussichtlich nur während eines **„kürzeren Zeitraumes"** entstehen, eine Verlustanerkennung im Staat der Vertriebsgesellschaft geboten sei. Nach Auffassung des BMF[347] wird ein Zeitraum von drei Jahren jedenfalls noch als „kürzerer Zeitraum" zu verstehen sein. Das BMF dürfte sich hierbei dem BFH anschließen, der regelmäßig eine Verlustphase der Markteinführungszeit von drei Jahren (auf Basis einer betriebswirtschaftlich dokumentierten Absatzplanung sowie einer Gewinnvorschauberechnung) als angemessen sieht.[348] Die Zulässigkeit einer derartigen Generalisierung ist jedoch fraglich, da dieser Zeitraum basierend auf dem Produktlebenszyklus der vermarkteten Produkte zu ermitteln sein sollte. Ein ordentlicher und gewissenhafter Geschäftsleiter wird damit Anlaufverluste sehr wohl in Kauf nehmen, wenn er sich für den Gesamtproduktzyklus eine angemessene Gewinnmarge erwartet. Nach der Literatur sind hierzu insbesondere Branche (Investitions- vs Konsumgüter), Produkte (kurzlebig/langlebig) sowie die Marktstellung von Produzent und Vertriebsgesellschaft bei der Bemessung des angemessenen Anlaufzeitraumes zu beachten.[349] Der BFH hat in früheren Entscheidungen Verlustzeiträume bis zu 14 Jahren aner-

179

---

[345] Vgl. *Macho* ÖStZ 2000, 632.

[346] Vgl. *Eigelshoven/Ebering* in Kroppen, Handbuch Internationale Verrechnungspreise, Anm. 150 zu Tz. 1.32 OECD-VP.

[347] EAS 2873 vom 17.8.2007; EAS 197 vom 19.11.1992.

[348] BFH 17.2.1993, BStBl. II 1993, 457, BFH 17.10.2001, IStR 2001, 745, 750.

[349] *Loidl* in Bernegger/Rosar/Rosensteiner, 321 mit Verweis auf *Baumhoff* in Wassermeyer/Baumhoff/Schönfeld, Außensteuerrecht, § 1 AStG, Anm. 606.

kannt.[350] Der Ansicht von Becker[351] erscheint auch vertretbar, dass ein nahestehendes Vertriebsunternehmen im Verhältnis zu einem unabhängigen Vertriebspartner längere Verlust- und Gesamtkalkulationszeiträume akzeptieren wird, da dieser als Teil des Konzernverbundes mit einem sehr langfristigen Lieferverhältnis rechnen kann. Dies sollte aber für den konkreten Einzelfall kritisch hinterfragt werden, da in der derzeitigen Zeit des raschen Wandels auch mit Umstrukturierungen innerhalb des Konzerns (und damit uU auch mit einer Abänderung bzw. Aufkündigung des Liefervertrages) zu rechnen sein könnte.

Nach der österreichischen Betriebsprüfung sind auf Grund der Kapitalstruktur von Vertriebsgesellschaften Kapital aufzehrende Verluste über einen längeren Zeitraum – ohne realistische Chance auf zeitnahe Folgegewinne und somit der Möglichkeit der Erzielung von Gesamt-(Total-)gewinnen in einem absehbaren Zeitraum (im Durchschnitt wohl fünf bis sieben Jahren) – idR nicht möglich.[352]

Eine permanente Erhöhung der Gewinnspanne der Vertriebsgesellschaft lediglich auf Basis des Anfallens von nur temporären Anlaufverlusten wird bei Untermauerung der Angemessenheit mittels Datenbankanalyse in der Regel nicht erforderlich sein, da die Vergleichsunternehmen um Start-Up Unternehmen der ersten 3 Jahre idR zu eliminieren sind.

180   Der UFS Wien hatte sich mit Entscheidung vom 12.1.2007, GZ RV/ 0228-W/02, mit der steuerlichen **Anerkennung der Verlust- und Kostenübernahmen im Zusammenhang mit der Markterschließung** für die Produktionsgesellschaft im Ausland befasst. Eine direkte Kostenübernahme für Markterschließungsaufwendungen ist erst in den VPG 1995, nicht jedoch in jenen aus 1979 vorgesehen. Der UFS hat damit die Zulässigkeit der direkten Kostenübernahme ausschließlich auf Basis allgemeiner Kriterien des innerstaatlichen Rechts beurteilt, da die DBAs mit den Ansässigkeitsländern der Tochtergesellschaften ausschließlich vor 1995 abgeschlossen wurden. Die steuerliche Absetzbarkeit jener Kostenübernahmen wurde versagt. Gründe dafür waren eine mangelnde und fehlende klare vertragliche Regelung über Art und Höhe der zu übernehmenden Kosten, des Zeitraums, für den die Kosten übernommen wurden, sowie eine fehlende entsprechende, messbare Gegenleistung. Die VPG 1979 sehen in Z 43 jedoch eine indirekte Berücksichtigung in Form kurzfristig (für den Anlaufzeitraum von drei Jahren) niedrigerer Verrechnungspreise vor. Hierbei erachtete der Finanzsenat den durch die Betriebsprüfung auf Basis von § 184 BAO im Schätzungswege vorgenommenen Abschlag als angemessen. Die Differenz Herabsetzungsbetrag/ Kostenübernahmen bewirkte überhöhte Zuwendungen in der von der Betriebsprüfung ermittelten Höhe. Die Beurteilung dieses Falles durch den VwGH bleibt abzuwarten.[353]

181   Weiters können nach *Macho/Steiner/Ruess*[354] **Verluste bei globalen Konjunkturproblemen** und in unterdurchschnittlichen Märkten kurzfristig (dh

---

[350] Vgl. die Judikaturhinweise unter Kap. M Rn. 365.

[351] Vgl. *Becker* in Kroppen, Handbuch Internationale Verrechnungspreise, Anm. zu Tz. 3.4.2., VGr 1983.

[352] Vgl. *Macho* ÖStZ 2000, 632.

[353] VwGH Beschwerde zu Zl 2010/13/0015 eingebracht.

[354] *Macho/Steiner/Ruess* Verrechnungspreise kompakt, 2007, 187 f.

beschränkt auf mehrere Jahre) auftreten. Nach Macho/Steiner sind drei bis fünf Jahre vorstellbar.[355] Auch bei sog. **„Managementfehlern"** seien Verluste als durchaus fremdüblich anzuerkennen, ohne sofort davon auszugehen, dass die Einkaufspreise überhöht waren und damit als Verlustursache zu betrachten sind. Diese betriebswirtschaftlichen Fehlentscheidungen sind der Vertriebsgesellschaft zuzuordnen; vorstellbar sind überhöhte Vertriebs- und Verwaltungskosten wie zB zu großes Lager, zu teures Vertriebspersonal, zu großes *„Back-Office"*, zu hohe Mieten. In Verlustfällen sei jedoch auch immer die Möglichkeit von zu hohen Herstellungskosten beim Produzenten im Auge zu behalten. Nur in Ausnahmesituationen, wie etwa im Falle einer schnelleren Belieferung, eines Exklusivvertriebsrechtes oder der Einbindung in eigene Werbemaßnahmen, würde ein unabhängiger Vertreiber für „Fehler" in der Produktion einspringen und auf Teile der Handelsspanne verzichten.

Macho/Stieber[356] gehen davon aus, dass ein unabhängiges Vertriebsunternehmen innerhalb zeitlicher Schranken – und damit speziell in rezessiven Zeiten – auf Gewinne verzichten oder sogar Verluste hinnehmen würde, um eine langjährige Geschäftsbeziehung oder eine notwendige Bezugsquelle nicht zu gefährden.

Mit EAS-Erledigung 2860 vom 22.5.2007 hatte sich das BMF mit dem   **182** Fall von Warenlieferungen unter Euro-Fakturierung durch eine österreichische Produktionsgesellschaft an ihre US-Vertriebstochtergesellschaft, deren Umsätze aber ausschließlich in US-Dollar-Währung erzielt werden und daher durch den Dollar-Verfall Verluste erbracht haben, zu befassen. Das BMF kommt zu dem Schluss, dass im Grunde gegen eine Teilung des **Währungsrisikos** zwischen den beiden Gesellschaften auf Basis einer Vereinbarung, der zufolge unter Zugrundelegung des seinerzeitigen Kursverhältnisses Euro zu US von 1:1 bei Überschreitung von Schwankungen von +/– 20% die österreichische Muttergesellschaft die daraus resultierenden Währungsverluste (bzw. die Währungsgewinne) durch entsprechende Adaptierung der Warenlieferpreise übernimmt, kein Einwand erhoben werden kann. Solange eine derartige konzerninterne Abmachung nicht zu fremdunüblichen Gewinnverlagerungen oder Verlustübernahmen führt, werde auf der Grundlage von Z 1.41 der OECD-Verrechnungspreisgrundsätze der Parteivereinbarung die steuerliche Wirkung nicht abzusprechen sein. Fremdunüblichkeit könne vor allem dann vorliegen, wenn mit der Übernahme des Währungsrisikos die österreichische Gesellschaft selbst (mit ihren Warenlieferungen in die USA) in eine dauerhafte Verlustzone gerät.

Kosten (Erlösminderungen), die dadurch entstehen, dass Marktanteile verteidigt werden bzw. ein Vertriebsunternehmen **durch Kampfpreise (Rabattaktionen etc.) seinen Marktanteil wesentlich erhöhen** oder verteidigen will, sind grundsätzlich vom Hersteller zu tragen.[357] Unabhängige Vertriebsunternehmen wären diesbezüglich nur zur vorübergehenden Kostenübernahme bereit.[358] Die Überwälzung des Vertriebsaufwandes auf den

---

[355] *Macho/Steiner/Spensberger* Verrechnungspreise kompakt, 259.
[356] *Macho/Stieber* Verluste beim Service Provider, ÖStZ 2011, 65.
[357] Vgl. Tz. 3.4.3 deutsche Verwaltungsgrundsätze.
[358] Vgl. OECD-VPG Z. 1.70.

Hersteller würde nach Ansicht von *Steiner*[359] ein ordentlicher und gewissenhafter Geschäftsleiter jedenfalls dann verlangen, wenn dieser Aufwand in der Kalkulation des Stückpreises (des von ihm hergestellten Produkts) bereits berücksichtigt ist. Hierbei stellt sich jedoch die Frage, wie eine unabhängige Vertriebsgesellschaft diese Information über die Kostenkalkulation des Herstellers erlangen kann.

Allfällige Ausgleichszahlungen bzw. Zuschüsse des Herstellers an die Vertriebsgesellschaft für primär im Interesse des Herstellers angefallenen Aufwendungen („Commercial Subsidy") sind grundsätzlich abzugsfähige Betriebsausgaben bei der Muttergesellschaft sowie steuerpflichtiger Ertrag bei der Tochtergesellschaft.[360]

183   Da umsatz- bzw. gewinnsteigernde Effekte von markenpolitischen Maßnahmen wie Werbung in der Regel zeitverschoben und auch nicht notwendigerweise im Ausmaß der tatsächlich getätigten Aufwendungen eintreten, könnte eine Vertriebsgesellschaft nach aufgekündigter Markenlizenz ihren Gewinn in der Kündigungszeit maximieren, in dem sie alle mit der Marke im Zusammenhang stehenden Aufwendungen (zB Werbeaufwendungen) einstellt. Die Markeneigentümerin wird aber in manchen Situationen ein Interesse an der Fortführung der Werbung und Verkaufsförderung durch die gekündigte Lizenznehmerin haben, etwa um (mittelfristige) Umsatzeinbußen auf dem lokalen Markt zu verhindern, Marktanteile gegenüber der Konkurrenz zu verteidigen oder auszubauen, den Bekanntheitsgrad der Marke zu halten bzw. zu erhöhen. Ein in diesem Zusammenhang vereinbarter Werbekostenzuschuss ist damit nach Analyse von *Hack*[361] nach § 6 Z. 6 EStG bzw. Art. 9 OECD-MA entgeltfähig; der angemessene Werbekostenzuschuss habe dem Nettogewinn aus der Ersparnis von Werbe- und Verkaufsförderungsaufwendungen bei alternativer Einstellung der Aufwendungen durch die Lizenznehmerin zu entsprechen. Sollte im Lizenzvertrag noch keine explizite Verpflichtung zur Werbeleistung vorgesehen sein, drängt sich jedoch hierbei die Frage auf, ob das bereits ein ausreichender Anreiz für ein „positives Tun" ist.

184   *(einstweilen frei)*

cc) Angemessener Verrechnungspreis der Vertriebseinheit nach Funktions- und Risikoabschmelzung

185   *„Fully fledged Distributors"* sind funktionsstarke Vertriebsgesellschaften, bei denen generell die Wiederverkaufspreismethode als geeignete Methode der Preisfestsetzung angesehen wird.[362] Im Falle ihrer Funktions- und Risikoabschmelzung zu einem nunmehr bloß auf fremde Rechnung agierenden Kommissionär trägt die Vertriebseinheit kein Absatzrisiko mehr und ist damit lediglich Provisionsempfänger. In den letzten Jahren ging der Trend aus Betriebstättenrisikovermeidungsgründen jedoch eher zu einer Funktionsabschmelzung zum funktionsschwachen Eigenhändler, einem sog. LRD (Low Risk Distributor). Die Funktion des LRD ist „dienstleistungsnah"; sie zeichnet sich durch ein hohes Ausmaß an zentraler Steuerung, geringe bis gar kei-

---

[359] *Steiner* ÖStZ 2006, 149.
[360] Vgl. EAS 55 vom 5.12.1991.
[361] *Hack* ÖStZ 2008, 559.
[362] BFH 6.4.2005, I R 22/04.

ne Lagerhaltungsaktivität, geringe Kapitalbindungskosten (zB Weiterreichung der Forderungseinnahmen erst bei Bezahlung durch den Kunden) und geringe unternehmerische Risiken aus. Darüber hinaus ist der LRD idR nicht in die Schaffung von wesentlichen immateriellen Vermögensgegenständen (zB Handelsmarken) involviert. Zivilrechtlich schließt der LRD einen Vertrag mit dem Hersteller (Prinzipal), auf Basis dessen der Prinzipal maßgebend in die Distributionsfunktion steuernd eingreift und auch die entsprechend Risiken übernimmt.

In welcher Bandbreite sich die fremdübliche Kommission bzw. Vertriebs- **186** provision bewegt, hänge u. a. davon ab, ob und in welchem Ausmaß sich das Lagerhaltungsrisiko, das Preisrisiko, das Währungsrisiko, das Delkredererisiko und das Verwaltungs- sowie Vertriebsrisiko gegenüber dem Eigenhändler reduzieren.[363]

Die nachfolgende Tabelle soll exemplarisch einen Überblick über mögliche Unterschiede zwischen FRD und LRD (sowie Handelsvertreter bzw. Vertriebssupport) geben; die konkrete Aufgaben- und Risikoverteilung kann sich branchen- und sachverhaltsbezogen anders darstellen:

	FRD	LRD	Handels-vertreter	Vertriebs-support
I. Funktionen einschließlich zugehörig verwalteter Risiken				
Marketing Strategie	+	–	–	–
Marktforschung und Beobachtung	+	+	+	+
Lokale sonstige Marketingaktivitäten	++	+	+	+
Verhandlung der Warenbezugsverträge	++	+	–	–
Preisrisikomanagement (Heding, Vertragsbedingungen, etc.)	++	–	–	–
Management der Währungsrisiken (zB Hedging)	++	–	–	–
Akquirierung von Angeboten durch den Kunden	++	+	+	–
Verhandlung der Kundenverträge	++	+	+/–	–
Logistik/Transport	++	+	+/–	–
Lagerhaltung	++	+	–	–
Rechnungslegung an den Kunden	+/–	+	+/–	–
Forderungsausfallmanagement	++	+	–	–
Mahnwesen	+	+	+/–	–
Vorfinanzierung (Kundenzahlungsfristen)	++	–	–	–
Gewährleistung	++	+	–	–
II. Immaterielle Vermögensgegenstände				
Handelsmarken	++	–	–	–
Kundenlisten	++	+	–	–
Vertriebsrechte	+	–	–	–

Die Wiederverkaufsmethode, die vergleichbare Handelspannen unterstellt, sei nur mehr bedingt sachgerecht, da sie durch ihre Kopplung am Umsatz

---

[363] *Oestreicher/Vormoor* IStR 2004, 95 ff.

keinen direkten Bezug auf die erbrachten Dienstleistungen nimmt.[364] Umfang und das Ausmaß der erbrachten Dienstleistungen müssen vielmehr durch die Handelsspanne berücksichtigt werden.

Zur Ermittlung zuverlässiger und vergleichbarer Handelsspannen stehen jedoch regelmäßig keine internen Fremdvergleichsdaten zur Verfügung. Es kommt damit idR zum Einsatz von Datenbanken, die nur in sehr unbefriedigendem Ausmaß Informationen über Vergleichsunternehmen bieten. Es könnte allenfalls nach Großhändlern derselben Industrie gesucht werden, da diesen idR eingeschränkte Funktionen als Einzelhändlern zukommen.

Durch die Festsetzung von fremdüblichen Handelsspannen im Rahmen eines äußeren Spannenvergleiches ist jedoch nicht gewährleistet, dass das Vertriebsunternehmen Gewinne erzielt. Gründe hierfür wären nach *Macho/Steiner/Ruess*[365] eine schlechte Marktlage, schlechte Konjunktureinflüsse, Umwelteinflüsse (zB Katastrophen), und weiters können Managementfehler in Form von ungenügenden Verwaltungs- und Vertriebskostenstrukturen vorliegen. Beispielhaft seien hier zu hohe Personalkosten im Vertriebsbereich, uneffizientes Back-office, zu große Lagerhaltungskosten (Kapitalbindung, Schwund, Abwertung, Mietaufwand etc.), überhöhter Werbeaufwand und hohe Forderungsausfälle zu nennen. Da der LRD aufgrund des geringen Funktions- und Risikoprofils „dienstleistungsnah" ist, sollte steuerliche Verluste nur in Ausnahmefällen als fremdüblich zu werten sein.

187   Nach Punkt 2.2. ff. OECD-VPG sind transaktionsbezogene Gewinnmethoden wie die TNMM jedoch ebenfalls akzeptabel, **wenn sie sich als geeigneter** als herkömmliche transaktionsbezogene Methoden **erweisen** (dh im jeweiligen Kontext entweder die Wiederverkaufspreismethode oder die Preisvergleichsmethode). Dies ist nach Punkt 2.4. insbesondere der Fall, wenn keine oder nur begrenzt zuverlässige Informationen über Dritte verfügbar sind und auch keine zuverlässigen internen Vergleichswerte vorhanden sind. In den meisten Fällen sind unter Umständen tatsächlich aus Vertraulichkeitsgründen oder aufgrund des Wettbewerbsumfelds keine internen Richtwerte für Bruttomargen vorhanden. Falls bei der Suche nach externen Richtwerten festgestellt wird, dass keine vergleichbaren Daten verfügbar sind bzw. sich eine Vergleichbarkeit auch durch Anpassungsrechnungen (zB betreffend Vorräte oder Kundenforderungen) nicht erzielen lässt, dann könnte die TNMM als geeigneter angesehen werden.[366]

Bei der **TNMM** wird der Nettogewinn auf eine geeignete Grundlage (zB Kosten, Umsätze, Vermögenswerte) bezogen. Sie funktioniert daher ähnlich wie die Kostenaufschlagsmethode; wobei sich hier für Vertriebsgesellschaften insbesondere die Nettogewinnkennzahl „Nettogewinn dividiert durch Umsatzerlöse" (dh die Nettogewinnspanne) eignen wird (Punkt 2.90 OECD-VPR). IdR wird als Nettogewinn auch das Ergebnis der gewöhnlichen Geschäftstätigkeit, (das sog. EBIT, Earnings before Interest and Tax) das noch keine Finanzierungsaktivitäten der Vertriebsgesellschaft berücksichtigt, für einen LRD in Frage kommen, da einem LRD keine erhebliche Finanzierungs-

---

[364] *Macho/Steiner/Ruess* Verrechnungspreise kompakt, 2007, 211 mit Verweis auf *Baumhoff* IStR 2003, 4.

[365] *Macho/Steiner/Ruess* Verrechnungspreise kompakt, 2007, 192.

[366] *Macho/Steiner* Case Studies Verrechnungspreise, 109.

funktion (Zeitraum zwischen Zahlungszielen Lieferant und Kunden) zukommen sollte. In diesem Sinne auch Rn. 35 der VPR, die besagen, dass die Zinsen mit zu berücksichtigen sind, sofern sie Einfluss auf die Preisgestaltung nehmen. Nach Auffassung der österreichischen Finanzverwaltung kann in Ausnahmefällen ein Rückgriff auf das EBITDA erfolgen, wenn der Umfang der im wirtschaftlichen Eigentum stehenden Anlagenlagenausstattung keine wesentliche Auswirkung auf die unternehmerische Ertragskraft entfaltet (Rn. 36 VPR).

Bei einem LRD sollten damit im Allgemeinen keine Einwände gegen die **188** Anwendbarkeit der TNMM zur Ermittlung des Verrechnungspreises bestehen. Nach 2.59 OECD-VPR ist die TNMM nur dann eher unzuverlässig, wenn jede Partei einer Transaktion wertvolle, einzigartige Beiträge leistet. Bei Vertriebsfunktionen geht es bei einzigartigen Beiträgen hauptsächlich um das Schaffen bedeutender immaterieller Vermögenswerte im Marketingbereich, genau dies sollte bei einem LRD nicht vorliegen. Darüber hinaus unterstützt die Verrechnungspreismethode das intendierte Risikoprofil des LRD, der vor nicht nur ausnahmsweisen Verlusten geschützt werden sollte (was bei Anwendung der Wiederverkaufspreismethode oftmals nicht möglich ist).

Von Beraterseite wird auch vermehrt zur Anwendung der **Kostenaufschlagsmethode** geraten.[367] Im Gegensatz zur Wiederverkaufspreismethode geht die Kostenaufschlagsmethode durch ihren Ansatz an den Kosten der Vertriebsgesellschaft direkt vom Umfang und Ausmaß der ausgeübten Funktionen, übernommenen Risiken und eingesetzten Wirtschaftsgütern aus. Diese Auffassung bestätigt *Lahodny/Karner*[368] insb. für den Fall, dass der Verkäufer das Vermarktungsrisiko und damit das Risiko vorübergehender Verluste zur Gänze trägt. Es gelte weiters umso mehr, je mehr Zusatzfunktionen die Vertriebsgesellschaft übernimmt. Zwar bestehen weder seitens der FinVerw. noch seitens der OECD Bedenken gegen die Anwendung der Kostenaufschlagsmethode im Falle der Erbringung von Dienstleistungen; die Qualifikation einer funktions- und risikoabgeschmolzenen Vertriebseinheit als bloßer Dienstleistungserbringer wird jedoch in der Praxis noch immer nur in ausgewählten Fällen akzeptiert und als ein Faktor der Steigerung des Risikos einer Vertreterbetriebstätte gesehen. „*Low-Risk*-Vertriebsmodelle", die aufgrund vertraglicher Gestaltung nur mehr verminderten Risiken ausgesetzt sind, sind eben grundsätzlich mit geringeren Gewinnspannen auszustatten.[369] Werden vom Vertriebsunternehmen die für den Warenvertrieb wesentlichsten Vorgänge gesetzt, nämlich die Verkaufsverhandlungen geführt und die Kaufverträge abgeschlossen, so wird für die sachgerechte Gewinnzuordnung nicht nach den Regeln der vereinfachten Kostenaufschlagsmethode vorzugehen sein.[370]

---

[367] *Macho* ÖStZ 2004, 573, *Wassermeyer/Baumhoff* sehen in der cost-plus Methode die ultimo ratio, Verrechnungspreise international verbundener Unternehmen, Anm. 451 ff. zu § 1, *Fiehler* IStR 1464 ff.

[368] *Lahodny/Karner* Die geschäftsfallbezogenen Standardmethoden in den OECD-Verrechnungspreisrichtlinien 1995, in Lang, Die neuen Verrechnungspreisrichtlinien der OECD, 48.

[369] *Macho/Steiner/Ruess* Verrechnungspreise kompakt, 2007, 131.

[370] *Macho/Zöch* Methodenwahl in der Verrechnungspreisprüfung – Case Study aus der Außenprüfung, taxlex 2005, 523 unter Verweis auf EAS 1637.

Die österreichische Abgabenverwaltung zitiert[371] hat jedoch auch den deutschen BFH, wonach in Ausnahmefällen die Kostenaufschlagsmethode eine nach der Wiederverkaufspreismethode ermittelte Preisbandbreite einschränken kann,[372] zitiert. In einem jüngeren EAS (vgl. EAS 3198 vom 24. Jänner 2011) wird jedoch die Kostenaufschlagsmethode für eine „funktionsarme" Vertriebsgesellschaft, deren Preise von der Muttergesellschaft „diktiert" werden, als keinesfalls angemessen angesehen.

189 Im Falle der Anwendung der Kostenaufschlagsmethode sind darüber hinaus die Gewinngarantie, durch die das Marktrisiko zur Gänze auf den Prinzipal übertragen wird, und die Schwierigkeit der Ermittlung eines, der Tätigkeit einer funktionsschwachen Vertriebsgesellschaft entsprechenden, Kostenaufschlages als problematisch zu werten. Eine Vergütung der funktionsschwachen Vertriebsgesellschaft auf Vollkostenbasis sollte zur Gewährleistung einer zumindest moderaten Risikotragung auf Plan- und nicht Istkosten basieren. In Österreich wurde im Wege des ministeriellen EAS-Verfahrens die Fremdüblichkeit von Gewinnaufschlägen zwischen 2% und 5% angefragt,[373] der EAS-Praxis entsprechend wurden diese Sätze seitens des BMF jedoch nicht bestätigt.

Es empfiehlt sich hier jedenfalls, die mittels Anwendung der Kostenaufschlagsmethode budgetierte Gewinnspanne zumindest als Nettomarge auszudrücken, um der Gesellschaft einen gewissen Leistungsanreiz als in eigenem Namen agierendem LRD zu geben.

190 Eine Unterform der Kostenaufschlagsmethode ist die **Berry Ratio Methode,** die das Verhältnis von Rohgewinn (*Gross Profit,* Bruttoergebnis vom Umsatz) und operativen Betriebsausgaben (*Operating Expenses* = OPEX, d.s. nach *Charles H. Berry*[374] grundsätzlich alle Ausgaben, die zur Erbringung der Distributionsleistung erforderlich sind. Bei einem Vertriebsunternehmen sind dies Verwaltungs- und Vertriebskosten sowie sonstige Kosten, jedoch ohne Wareneinsatz und Herstellungskosten) misst.[375] Die Berry Ratio Methode berücksichtigt damit zwar einerseits auch die tatsächlich erbrachten Funktionen, stößt jedoch aufgrund des Erfordernisses des Einsatzes von Datenbanken zur Ermittlung der Handelsspannen und der operativen Kosten auf ähnliche Schwierigkeiten wie die Wiederverkaufspreismethode.

191 Das BMF hat sich am 22.7.2009 mit EAS 3069 zur Umstellung des Verrechnungspreissystems als Folge einer Reorganisation befasst, wobei zwei Weltkon-

---

[371] Macho/Zöch Methodenwahl in der Verrechnungspreisprüfung – Case Study aus der Außenprüfung, taxlex 2005, 523.

[372] S. RIW 2002, 167 zum Urteil vom 17.10.2001 – I R 103/00. Anderer Auffassung *Sieker* BB 1993, 2424 und Farnschläger IWB Fach 2, 565.

[373] EAS 1512 vom 23.8.1999, EAS 1061 vom 21.4.1997.

[374] Vgl. *Berry* Global Transfer Pricing, 1999, 50.

[375] Auch der Wareneinsatz sollte nach Berry von den operativen Kosten ausgenommen werden, da er hauptsächlich ein Indikator für den Wert der zu handelnden Güter ist und keinen Aufschluss über das Ausmaß der von der Vertriebseinheit erbrachten Dienstleistung ist. Ein Berry Ratio größer als 100% bedeutet, dass alle operativen Betriebsausgaben abgedeckt sind und des Weitern noch ein Rohgewinn verbleibt, der zur Kompensation eventueller weiterer Kosten (zB Abschreibung, Zinsen, Steuern, außerordentlicher Kosten) und möglichst zur Erzielung von Gewinnen führt. Durch die Subtraktion von 100 kann die *Berry* Ratio leicht in einen Aufschlag auf die operativen Kosten umgerechnet werden.

zerne (Konzern A und Konzern B) sich entschlossen haben, ein Geschäftsfeld unter einer gemeinsamen Holdinggesellschaft gemeinsam zu betreiben und dabei das Geschäftsmodell der Landesgesellschaften des Konzerns A (dezentrale Führung mit eigener Unternehmensverantwortung der Landesgesellschaften) an jenes des Konzerns B (zentrale Führung mit bloßer Dienstleistungsfunktion der Landesgesellschaften) anzupassen. Reduziert sich das Funktions- und Risikoprofil der österreichischen Landesgesellschaften derart, dass sie zu reinen „Dienstleistern" der ausländischen Zentralgesellschaft werden, dann erscheint dem BMF eine Abgeltung solcher Dienstleistung nach der Kostenaufschlagsmethode gerechtfertigt. *„Wenn die beiden Konzerngesellschaften im Vorgriff auf die sodann für die Neuverträge geltenden Regelungen weltweit das Verrechnungspreissystem auch für die Altverträge in einer Weise umstellen, dass sie den Landesgesellschaften eine nach der TNMM-Methode ermittelte angemessene EBIT-Marge von den durch die Altverträge vermittelten Umsätzen gewähren, dann könnte einer solchen Systemumstellung auf österreichischer Seite durchaus im Gleichklang mit der Vorgangsweise anderer Staaten gefolgt werden. In diesem Fall würde gleichsam auf pauschale Weise ein Ergebnis herbeigeführt, das der Verlagerung der Kosten verursachenden Funktionen und Risiken Rechnung trägt. Für die steuerliche Anerkennung der Systemumstellung auf eine EBIT-Marge und für die Ausmessung der EBIT-Marge wird aber zu belegen sein, dass die behaupteten Funktions- und Risikoverlagerungen tatsächlich stattgefunden haben und dass sich dies auch aus der unternehmensrechtlichen Buchführung ergibt. Wird zB eine Verlagerung von Risiken, wie Vorratsrisiko, Auslastungsrisiko, Marktrisiko, geltend gemacht, dann müsste dokumentiert werden, in welchem Umfang derartige Risiken in der Vergangenheit schlagend geworden sind und in der Zukunft entfallen; wird weiters geltend gemacht, dass Funktionen, wie Lagerhaltung, Verrechnung, Exportabwicklung usw., wegverlagert worden sind, dann müsste dokumentierbar sein, welcher Aufwand damit in der Vergangenheit verbunden war und inwieweit dieser Aufwand nach der Umstellung auch tatsächlich weggefallen ist. Denn eine bloß in Konzernverträgen festgelegte Funktions- und Risikoverlagerung, von der nicht belegt werden kann, dass sie in der wirtschaftlichen Realität auch tatsächlich stattfindet, wäre keine geeignete Grundlage für eine Umstellung des Verrechnungspreissystems."*

Ist die Funktion der Vertriebseinheit gar auf die eines **Handelsvertreters oder Kommissionärs** reduziert; dann sollte sich die Provision nach dem Fremdvergleichsgrundsatz an den zwischen fremden Dritten üblichen Kommissionsgebühren für derartige oder ähnliche Geschäfte in der gleichen Branche bei vergleichbarer Umsatzhöhe orientieren.[376] Die Provision sollte daher einer Bruttomarge der Wiederverkaufspreismethode entsprechen. In der Fachliteratur werden für Kommissionäre Provisionssätze zwischen 3% und 7% (ohne Aufwandsersatz durch den Kommittenten) bzw. 0,5% bzw. 5% (mit Aufwandsersatz) vorgeschlagen, die jedoch nicht ohne eingehender Analyse der jeweiligen Gegebenheiten Anwendung finden sollten. Die Sätze werden sich nicht nur an der Branche, sondern auch an den Kosten und dem verbleibenden Nettogewinn orientieren müssen. Hierbei ist jedoch zu berücksichtigen, dass wiederum oftmals keine internen Vergleichsdaten zur Verfügung stehen werden und dass sich für die Handelsvertretern entsprechenden NACE Codes kaum Bruttomargen ermitteln lassen, da die offengelegten Finanzdaten nicht die Umsatzerlöse des Prinzipals enthalten. Es besteht in die-

---

[376] *Engler/Wellmann* Kap. N Rn. 476 f.

sem Fall aber wiederum die Möglichkeit der Anwendung der sog. modifizierten Wiederverkaufspreismethode, indem Nettomargen (zB EBIT-margen) retrograd auf die jeweils anwendbare Bruttomarge hochgerechnet werden.

Es wird jedoch auch argumentiert,[377] dass der Handelsvertreter bzw. Kommissionär nach seiner Funktion überwiegend Dienstleistungen an den Prinzipal erbringt, da sich seine Funktion auf die Einholung, Sammlng, Aufbereitung und Weiterleitung von Kundenbestellungen an den Prinzipal beschränkt. Da die Kostenaufschlagsmethode nach den OECD-VPG bei Dienstleistungen eine angemessene Methode ist, den fremdvergleichskonformen Verrechnungspreis zu ermitteln (in der Praxis wird es sich um eine kostenorientierte TNMM Methode handeln), wird sie bei Einordnung des Handelsvertreters und des Kommissionsagenten als Dienstleister als „funktionsgerecht" angesehen. Das BMF hat auch bereits mit EAS 2128[378] ausgeführt, dass die Kostenaufschlagsmethode die zielgenauere Methode sein wird und die Wiederverkaufspreismethode nicht mehr Anwendung finden kann, sollte die österreichische Gesellschaft nach der Strukturumstellung auf Vertreterbasis nicht mehr die Funktion eines Vertriebsunternehmens, sondern jene eines Dienstleistungsunternehmens ausüben.

Die Anwendung der Kostenaufschlagsmethode führt jedoch zu einer Gewinngarantie für das Vertriebsunternehmen, was das Risiko der Annahme einer „abhängigen" Vertreterbetriebsstätte erhöht, da dem Handelsvertreter sodann kaum mehr ein eigenständiges unternehmerisches Risiko zukommt. Es empfiehlt sich daher in der Praxis, sollten die Umsatzerlöse des Prinzipals nur schwer planbar sein, dass die Kostenaufschlagsmethode zumindest auf Plankosten beruht. Dies würde den Handelsvertreter auch zu einer gewissen Kosteneffizienz anhalten. Bei Über- oder Unterschreiten der Plankosten sollte hier auch kein Ausgleich durch den Prinzipal erfolgen, außer die Verursachung der Kostenveränderung liegt im Bereich des Prinzipals (zB erhöhte Marketingaktivitäten auf Wunsch des Prinzipals[379]) oder sie ist aufgrund externer Parameter (zB Änderungen am Markt) so erheblich, dass auch fremde Dritte eine Stützung durch den Prinzipal vereinbart hätten. Empfehlenswerter wäre jedoch den mittels Anwendung der Kostenaufschlagsmethode budgetierten Gewinnaufschläge als Kommission bemessen an den budgetierten Umsatzerlösen auszudrücken.

e) Dienstleistungen im Konzern

aa) Direkte und indirekte Preisverrechnung

192   In den letzten Jahren besteht eine starke Tendenz, Dienstleistungen im Konzern wie etwa Strategieentwicklung, Ressourcensteuerung, Aufnahme von Finanzmitteln über den Kapitalmarkt, Personalentwicklung sowie rechtliche und steuerliche Agenden bei der Konzernspitze zu zentralisieren und an

---

[377] *Plott* in Bernegger/Rosar/Rosenberger, S. 299 mit Verweis auf *Isensee* Die Ermittlung des Verrechnungspreises bei Konzernvertriebsunternehmen, IStR 2001, 693 (695).

[378] BMF 24.3.2003, EAS 2128.

[379] *Plott,* in Bernegger/Rosar/Rosenberger, S. 299 mit Verweis auf *Isensee* Die Ermittlung des Verrechnungspreises bei Konzernvertriebsunternehmen, IStR 2001, 300.

die Tochtergesellschaften im Wege von Einzelabrechnungen bzw. Konzernumlagen weiter zu belasten.

Der Begriff Dienstleistung ist in den VPR nicht definiert. Nach *Philipp/Loukota/Jirousek*[380] wird der Begriff Dienstleistung dem umsatzsteuerlichen Begriff der sonstigen Leistung entsprechen und daher Leistungen umfassen, die keine Lieferung sind. Diese sollen ein aktives Tun, ein Dulden oder ein Unterlassen umfassen. Aus Verrechnungspreissicht wird sich jedoch nach Auffassung der Autorin noch eine weitere Abgrenzung zur Lizenzgebühr finden lassen müssen, da diese aus umsatzsteuerlicher Sicht ebenfalls als sonstige Leistung qualifiziert wird.

Die VPR beziehen sich zur direkten und indirekten Preisverrechnung in **193** Rn. 75ff nahezu ausschließlich auf die diesbezüglichen Bestimmungen der OECD-VPG: Bei der Einzelverrechnung (sog. direkte Preisverrechnung) werden einzelne Dienstleistungen gesondert bewertet und verrechnet. Die Entgeltverrechnung hat grundsätzlich im Wege der Einzelverrechnung stattzufinden, wenn dies zumutbar ist. Dies trifft vor allem dann zu, wenn die betroffenen Dienstleistungen auch fremden Dritten gegenüber erbracht werden (7.21 und 7.23 dritter Satz OECD-VPG). Die individuelle Abrechnung erfordert jedoch eine genaue Abgrenzung des Leistungsumfanges sowie der mit der Leistung zusammenhängenden direkten und indirekten Kosten. Soweit eine Dienstleistungsverrechnung im Einzelverrechnungsweg vor allem wegen dieser Kostenzuordnungsproblematik wirtschaftlich unzumutbar ist, kann die Dienstleistungsverrechnung im Wege einer Konzernumlage (Rn. 81 VPR) abgewickelt werden.

Wegen der unterschiedlichen konzerninternen Besonderheiten sind branchenübliche Fremdpreise bei Dienstleistungen nach Rn. 76 VPR meist nur **194** bei vertretbaren Leistungen oder auf Sondergebieten festzustellen (zB Transportleistungen). Wenn Vergleichspreise fehlen, ist bei Dienstleistungen in der Regel die **Kostenaufschlagsmethode** anzuwenden.

In Tz. 7.29, 7.30 und 7.33 OECD-VPG finden sich Hinweise, wie man **195** die Preisuntergrenze des Erbringers und die Preisobergrenze des Empfängers der Dienstleistungen bestimmen kann, um mit diesem simulierten Preisbildungsprozess einen Einigungsbereich festzustellen. Die OECD-VPG berücksichtigen damit die Theorie vom doppelten ordentlichen Geschäftsführer, wonach angemessene Verrechnungspreise aus der Sicht des jeweiligen ordentlichen Geschäftsführers der beiden beteiligten Unternehmen zu ermitteln sind. Die Bestimmung der Einigungsbereiche stellt damit im Prinzip eine Kombination aus der Anwendung der Kostenaufschlagsmethode aus der Sicht des Leistenden und der Preisvergleichsmethode aus der Sicht des Leistungsempfängers dar (vgl. Kap. N Rn. 175).

Im Allgemeinen ist nach Ansicht der FinVerw. (Rn. 77 VPR) davon auszugehen, dass der Grundsatz des Fremdvergleiches den Ansatz eines Gewinn- **196** aufschlages verlangt (7.33 OECD-VPG). Die Höhe des angemessenen Gewinnaufschlages könne nicht generell festgelegt werden, sondern es muss darüber in jedem Einzelfall gesondert entschieden werden. Als Orientierungshilfe kann für den Gewinnaufschlag bei Dienstleistungen mit Routinecharakter eine Größenordnung zwischen 5 % und 15 % herangezogen werden.

---

[380] *Philipp/Loukota/Jirousek* Internationales Steuerrecht, I/3, Rn. 74.

Auch der UFS ging bereits davon aus, dass ein Gewinnaufschlag von 5–15 %
nicht fremdunüblich sei.[381] Durch diese Unter- und Obergrenze werde aber
nicht eine „Bandbreite" iSv 3.55 OECD-VPG aufgezeigt, innerhalb der jeder
Prozentsatz gleichermaßen zu einem zuverlässigen Fremdpreis führt. Diese
Aussage der FinVerw. sollte aber nach Ansicht der Autorin dieses Beitrages als
Ablehnung von Einigungsbereichen für Dienstleistungen qualifiziert werden,
wie sie in den oben zitierten Tz. 7.29, 7.30 und 7.33 OECD-VPG zum Ausdruck kommen. Ob Fremdüblichkeit nach einem Aufschlagsatz verlangt, der
zur Unter- oder Obergrenze tendiert, ist nach dem UFS[382] den Gegebenheiten des Einzelfalles zu beurteilen. Es kann durchaus sein, dass ein mit 5 % angesetzter Gewinnaufschlag daher auf 10 % anzuheben ist.

Die von den österreichischen VPR genannten Gewinnaufschlagssätze von
5–15 % wirken angesichts der vom EU-Joint Transfer Pricing Forum (JTPF)
genannten Größenordnungen für Routinedienstleistungen sehr hoch. Vom
JTPF wird daher ausgeführt, dass die Aufschläge in der Regel für eine Vielzahl
von Dienstleistungen, die eine geringe Wertschöpfung generieren, in der Regel
mäßig ausfallen und zwischen 3 % und 10 %, häufig um 5 % betragen.[383]

197   Bei **hochwertigen Dienstleistungen** ist im Übrigen stets zu untersuchen, ob noch von „Routinefunktion" gesprochen werden kann und ob daher die Kostenaufschlagsmethode noch eine anwendbare Methode darstellt
(Hinweis auf Rn. 40). Werden bei Dienstleistungen als Kosten nur die mit
der Dienstleistung zusammenhängenden variablen Kosten (zB aliquote
Haupt- und Nebenlohnkosten sowie die Reisekosten des mit der Dienstleistung befassten Personals) herangezogen, wird im Allgemeinen nach Rn. 79
VPR ein Deckungsbeitrag für Fixkostenanteile durch einen entsprechend
höheren Ansatz des Aufschlagsatzes abzudecken sein.

198   Die FinVerw. gesteht in Rn. 80 VPR mit Hinweis auf 7.33 dritter Satz
OECD-VPG ein, dass unter besonderen Umständen eine Dienstleistungsverrechnung auch **ohne Gewinnaufschlag** als fremdverhaltenskonform gewertet werden kann, wie etwa wenn eine Dienstleistung zwecks Rentabilitätsstei-
gerung erbracht wird, um die Tätigkeitspalette zu vervollständigen, oder aus
Gründen gewisser Geschäftsstrategien (vgl. Kapitel I OECD-VPG). Dies
könne für Dienstleistungen gelten, die nicht zum Unternehmensgegenstand
des Dienstleisters gehören und die sich als **bloße Nebenleistung** gegenüber
einer Konzerngesellschaft darstellen, mit der eine dauernde Geschäftsverbindung besteht. Denn auch unter Fremden ist feststellbar, dass zur Aufrechterhaltung einer Kundenbeziehung gewisse Nebenleistungen bloß auf Kostener-
satzbasis erbracht werden. Werden allerdings in solchen Fällen nur die
direkten Kosten der Dienstleistung, nicht aber auch betriebswirtschaftlich zuzuordnende Gemeinkosten ermittelt, müssten diese durch einen im Schätzungsweg anzusetzenden Aufschlagsatz berücksichtigt werden, bei den genannten Nebenleistungen kann dieser ohne weiteren Nachweis mit 5 % der
direkten Kosten angesetzt werden.

---

[381] UFS 6.4.2007, RV/4687-W/02.

[382] UFS v. 6.4.2007, RV/4687-W/02.

[383] Mitteilung der Kommission an den Rat, das Europäische Parlament und den Europäischen Wirtschafts- und Sozialausschuss über die Tätigkeit des EU-Verrechnungs-
preisforums, KOM (2011) 16, Rn. 63 ff.

In der aktuellen Literatur[384] wird die These vertreten, dass Dienstleistungsunternehmen, aufgrund ihres fast risikofreien Agierens, mit einem geringen Gewinnaufschlag (5 %) eine Rendite erwirtschaften, die weit über einer risikofreien Eigenkapitalverzinsung liegt – woraus gefolgt wird, dass daraus eine Cost Less Option in Krisenzeiten abzuleiten ist. Engler widerlegt diesen Ansatz, indem er darauf verweist, dass *„eine Beteiligung des Routineunternehmens am Gruppenverlust dem vom Konzern gewollten Prinzip der Funktions- und Risikoaufteilung, das sich auch auf die Ertragssituation auswirkt, widerspricht"*. Diesem Ansatz wollen *Macho/Stieber*[385] folgen, eine kurzfristige Cost Less Vereinbarung mit einem Routineunternehmen kann nur auf den Ausnahmefall beschränkt und dann akzeptierbar sein, wenn sie betriebswirtschaftlich sinnvoll und erforderlich ist (zB um eine existenzbedrohende Situation abzuwehren). Nach Ansicht der Autorin sollte bei derartigen Fällen der wirtschaftlichen Doppelbesteuerung jedoch für den Konzern keine finale Steuerdoppelbelastung resultieren (im Sinne dass die beim ausländischen „Entrepreneur" erwirtschafteten Verluste in Ermangelung von ausreichenden steuerlichen Gewinnen in der Zukunft nicht ausgleichsfähig sind; Anlehnung an die Marks & Spencer Judikatur-Linie des EuGH).

Aus Vereinfachungsgründen ist eine **Dienstleistungsverrechnung im** **199** **Umlageweg** (sog. Konzernumlagen, indirekte Preisverrechnung) zulässig (Rn. 81 VPR). Bei einem Konzernumlagevertrag erbringt eine Partei ein Bündel verschiedenartiger Leistungen an mehrere Leistungsempfänger im Konzern und legt die Kosten nach einem nutzenorientierten Umlageschlüssel nebst Gewinnaufschlag auf die Leistungsempfänger um (s. Kap. N Rn. 282).

Eine Dienstleistungsverrechnung im Umlageweg erfordert den Abschluss **200** eines Umlagevertrages, der nach Ansicht der FinVerw. folgendes zu enthalten hat (Rn. 82 VPR):

a. Vereinbarungen über Art und Umfang der zu erbringenden Dienstleistungen;

b. Bestimmung der am Umlageverfahren teilnehmenden Unternehmen;

c. Vereinbarungen über die Ermittlung der umzulegenden Kosten;

d. Vereinbarungen über Art und Ermittlung des Umlageschlüssels (s. auch Rn. 122 VPR);

e. Laufzeit des Vertrages;

f. Vereinbarung über die Auswirkung von wesentlichen Veränderungen im Dienstleistungsempfang durch einzelne am Vertrag teilnehmende Unternehmen.

Die in Kap. N Rn. 321 getroffenen Aussagen zu nutzenorientierten Umlageschlüsseln gelten in Österreich entsprechend. Die Wahl des geeigneten Allokationsschlüssels hat nach Maßgabe der Umstände des jeweiligen Einzelfalls zu erfolgen. Nowotny[386] gibt jedoch eine Zusammenfassung der in der Literatur gefundenen Umlageschlüssel wieder:

• Buchhaltungsleistungen: Anzahl der Buchungen,[387]

---

[384] *Engler* Änderung von Verrechnungspreisen in der Rezession, IStR 2009, 687.

[385] Vgl. *Macho/Stieber*, Verluste beim Service Provider, ÖStZ 2011, 66.

[386] Vgl. *Nowotny* in Damböck/Galla/Nowotny, Verrechnungspreisrichtlinien, K 182.

[387] *Engler/Reinert* Kap. N Rn. 330.

- Business Management Software (zB SAP): Anzahl der Lizenzen,[388]
- EDV-Leistungen: Anzahl der PC-Nutzer[389] oder Softwarenutzer oder nach Maßgabe der EDV-Stunden (tatsächliche Nutzung),[390]
- Einkaufsabteilung: Summe der Einkaufspreise, Gewicht der eingekauften Rohstoffe oder Waren,[391]
- Factoring: Betrag der Forderungen,[392]
- Finanz- und Rechnungswesen: Umsatz bzw. Bilanzsumme oder Misch-schlüssel aus beiden Größen sowie Jahresüberschuss oder Summe des Anla-ge- oder Umlaufvermögens,[393]
- Fuhrpark-Management: Anzahl der KFZ,[394]
- Key-Account-Management: Umsätze mit den Key-Account-Kunden,[395]
- Lagerhaltung: proportionale Lagerfläche bzw. anteilig benötigter Raum, gelagerte Stückzahlen, Wert der gelagerten Waren,[396]
- Marketingleistungen Umsatz[397] bzw. mit Jahresüberschuss kombinierter Schlüssel,[398]
- Personalbereich: Mitarbeiteranzahl[399] oder Lohn- bzw. Gehaltssumme (Anm. der Verfasserin: Information über Lohn- bzw. Gehaltssumme für die Steuer-abteilung eines Konzern aus Geheimhaltungsgründen oftmals nicht erhebbar.
- Rechts-, Steuer- und Unternehmensberatung: Umsatz[400] bzw. Bilanzsum-me[401] oder Verteilung des Aufwands der entsprechenden Abteilung nach Maßgabe einer Zeiterfassung,[402]
- Schulungsleistungen: Anzahl der Teilnehmer,[403]
- Treasury: Umfang der Verbindlichkeiten[404] (Anm. der Verfasserin: idR bie-tet sich hier eher eine „Net Debt"Position an),
- Unterstützung im Produktionsbereich: Stückzahlen oder Umsatz bzw. auch Maschinenstunden, Materialkosten oder Wertschöpfung.[405]

---

[388] EU JTPF, JTPF Report: Guidelines on low value adding intra-group services, Rn. 52.

[389] EU JTPF, JTPF Report: Guidelines on low value adding intra-group services, Rn. 52, *Macho/Steiner/Spensberger* Verrechnungspreise kompakt, 2. Aufl., 327 f.

[390] *Engler* Kap. N Rn. 337.

[391] *Engler* Kap. N Rn. 333.

[392] *Engler* Kap. N Rn. 330.

[393] *Engler* Kap. N Rn. 330.

[394] JTPF, JTPF Report: Guidelines on low value adding intra-group services, Rn. 52.

[395] *Macho/Steiner/Spensberger* Verrechnungspreise kompakt, 2. Aufl., 329.

[396] *Engler* Kap. N Rn. 334.

[397] JTPF, JTPF Report: Guidelines on low value adding intra-group services, Rn. 52.

[398] *Engler* Kap. N Rn. 336.

[399] JTPF, JTPF Report: Guidelines on low value adding intra-group services, Rn. 52.

[400] *Engler* Kap. N Rn. 331.

[401] JTPF, JTPF Report: Guidelines on low value adding intra-group services, Rn. 52.

[402] *Engler* Kap. N Rn. 328.

[403] JTPF, JTPF Report: Guidelines on low value adding intra-group services Rn. 52.

[404] *Engler* Kap. N Rn. 330.

[405] *Engler* Kap. N Rn. 331.

Insgesamt ist jedoch auch anzumerken, dass bei der Wahl der Kostenumlageschlüssel auch von Seiten der Finanzverwaltung auf Verwaltungsökonomie und Verfügbarkeit der erforderlichen Daten (wie beispielsweise oft schwierig sein wird, Zugang zu Gehaltssummen zu erlangen). Die in der Konzernumlage gebündelten Leistungen können innerhalb gewisser Grenzen wohl einheitlich betrachtet und einem gemeinsamen Gewinnaufschlag („blended markup") unterworfen werden.[406]

Eine über die Anwendung eines Allokationsschlüssels hinausgehende Pauschalierung der Konzernumlage ist aus Fremdüblichkeitsgesichtspunkten nicht zulässig.[407] So ist etwa nach Maßgabe des UFS Graz die Vereinbarung eines umsatzabhängigen Vergütung im Ausmaß eines vertraglich fixierten (nicht durch Anwendung eines Allokationsschlüssels auf konkrete, jährlich ermittelte Bezugsgrößen gewonnen) Prozentsatzes (zB x% vom Umsatz) nicht fremdüblich, zumal eine solche unter fremden Dritten mangels Abschätzbarkeit der effektiven Leistungsinanspruchnahme nicht vereinbart werden würde.[408] Die Verrechnung einer Konzernumlage in Höhe eines über einen mehrjährigen Zeitraumes absolut gleichbleibenden Pauschalbetrages ist weiters nicht fremdüblich, zumal dies idR einer verursachungsgerechten Aufteilung der Leistungserbringung nicht Rechnung trägt.[409]

bb) Abgrenzung zu „Shareholder Activities" und sog. Rückhalt im Konzern

Neben den in den OECD-VPG in Rn. 7.6ff angeführten Kriterien wird in **201** Österreich zur Prüfung der steuerlichen Absetzbarkeit der Aufwendungen für Dienstleistungen im Konzern insb. auf den Betriebsausgabenbegriff des § 4 Abs. 4 EStG und damit das Kriterium der betrieblichen Veranlassung hingewiesen.[410] Hierbei gilt, dass Kosten einer „Shareholder Activity" nicht an nachgeordnete Konzernunternehmen weiterzubelasten sind, da sie im Beteiligungsinteresse der Muttergesellschaft und nicht im Eigeninteresse der Tochtergesellschaft anfallen. Es ist jedoch zu beachten, dass der Begriff „betrieblich veranlasst" nicht unbedingt deckungsgleich mit dem „Benefit Test" im Sinne der OECD-VPG ist, da es hierbei um die Zweckbestimmung und nicht um die konkrete Vorteilsvermittlung geht.

Zu solchen nicht verrechnungsfähigen Aufwendungen zählen nach Rn. 85 **202** VPR beispielsweise:

a. die Kosten des Vorstandes, Aufsichtsrates sowie der Gesellschafterversammlungen, soweit diese Kosten nicht Tätigkeiten betreffen, die direkt für die

---

[406] *Rosenberger* in Bernegger/Rosar/Rosenberger, Handbuch Verrechnungspreise, 371 mit Verweis auf Guidelines on low value adding intra-group servcies, COM (2011) 16 final, 25.1.2011, Tz. 67.

[407] Vgl. *Nowotny* in Damböck/Galla/Nowotny, Verrechnungspreisrichtlinien, K 175.

[408] UFS 29.12.2006, RV/0167-G/03; so auch *Macho/Steiner/Spensberger* Verrechnungspreise kompakt, 2. Aufl. (2011), 305 wonach eine undifferenzierte Umlegung der Kosten auf Basis einer pauschalen Gebühr mit einem fixen Prozentsatz des Umsatzes idR zu völlig falschen Ergebnissen führt.

[409] *Rosenberger* in Bernegger/Rosenberger/Zöchling (Hrsg.), Handbuch Verrechnungspreise 204.

[410] *Macho/Steiner/Ruess* Verrechnungspreise kompakt, 2007, 216.

Tochtergesellschaft erbracht werden (zB der Vorstand der Mutter handelt Verträge für die Tochtergesellschaft aus);

b. Kosten, die die rechtliche Organisation des Konzerns als Ganzes betreffen einschließlich zB der Konsolidierung der Konzernbilanz;

c. Kosten der Konzernspitzengesellschaft für ihr gesetzlich auferlegte Berichtspflichten über die wirtschaftliche Lage der Konzerngesellschaften (s. unten EAS. 2913 betr. die US-Soxkosten);

d. Kosten der Leitung und Organisation des Konzerns, die Festlegung der Konzernpolitik, die Finanzplanung für den Gesamtkonzern sowie Konzernrestrukturierungskosten (s. unten EAS. 2153);

e. Kosten im Zusammenhang mit Erwerb und Sicherung der Beteiligung an der Konzerngesellschaft (Beratung, Finanzierung, Kontrolle);

f. Kosten aller anderen Aktivitäten, die auf gesellschaftsrechtlicher und nicht auf schuldrechtlicher Basis in Bezug auf die Tochtergesellschaft erbracht werden (BFH v. 9.8.2000, BStBl. II 2001, 140);

g. „aufgedrängte Leistungen", an denen seitens der Tochtergesellschaft kein Bedarf besteht, zB Verpflichtung zur Teilnahme an eine neuen Softwaresystem (s. unten EAS. 3055 zu SAP-Projekt) (7.9 OECD-VPG);

h. die Gewährung und Nutzung des Konzernrückhalts einschließlich des Rechts, den Konzernnamen zu führen (BFH v. 9.8.2000, BStBl. II 2001, 140) sowie der Vorteile, die sich allein aus der rechtlichen, finanziellen und organisatorischen Eingliederung in den Konzern ergeben (zB höhere Kreditwürdigkeit, 7.13 OECD-VPG);

i. die Gewährung und Nutzung von Vorteilen, die sich infolge von Effizienzsteigerung bei anderen Konzerngesellschaften oder von Synergieeffekten für die Tochtergesellschaft (zB Kreditwürdigkeit) ergeben (7.12 OECD-VPG).

Bei dieser Auflistung in Rn. 85 handelt es sich nicht um eine abschließende Liste, die keinen Gegenbeweis mehr zulässt.[411] Auch die in der Literatur, Judikatur, Verwaltungspraxis sowie in Annex II des EU JTPF getätigten Auflistungen von „Shareholder Activities" sind nur als generelle (unverbindliche) Leitlinien zu verstehen.[412] Die Einordnung einer Leistung als „Shareholder Activities" hat jedenfalls abhängig von den jeweiligen Fakten und Umständen des Einzelfalls, der Konzernorganisation und der konkreten Interessenlage zu erfolgen.[413]

203 Verrechenbar sind nach Ansicht der FinVerw. beispielsweise (Rn. 86 VPR):

a. Beratungsleistungen in den eigenen wirtschaftlichen und rechtlichen Angelegenheiten der Tochtergesellschaft einschließlich Übernahme von Buchhaltungsaufgaben;

b. die zeitlich begrenzte Überlassung von Arbeitskräften einschließlich solcher im Führungsbereich;

---

[411] So auch *Philipp/Loukota/Jirousek/Pollak* Internatioanles Steuerrecht, 31. Aufl., 4/47 zu Rn. 85 der VPR und *Macho/Steiner/Spensberger* Verrechnungspreise kompakt, 2. Aufl., 324.

[412] *Rosenberger* SWK 2008, 841.

[413] *Manessinger/Schlatzer* ÖStZ 2011, 261; *Macho/Steiner/Spensberger* Verrechnungspreise Kompakt, 2. Aufl., 324; EUJTPF Report, Rn. 41ff; OECD-VPG Rn. 7.6f.; *Becker/Kroppen* in Kroppen (Hrsg.), Handbuch Internationale Verrechnungspreise, Rn. 1 zu Tz. 7.7.

c. die Aus- und Fortbildung sowie die soziale Sicherung von Personal, das in der Tochtergesellschaft in dessen Interesse tätig ist;

d. marktübliche Bereitstellungen von Dienstleistungen auf Abruf, soweit dokumentiert werden kann, dass die Tochtergesellschaft diese benötigt, wobei das Ausmaß des tatsächlichen Leistungsbedarfes für einen Mehrjahreszeitraum zu untersuchen ist (7.17 OECD-VPG);

e. Produktions- und Investitionssteuerung, soweit diese im Interesse der Tochtergesellschaft erfolgt;

f. Kosten einer laufenden Konzernrevision, wenn diese die Tochtergesellschaft vom Aufwand einer eigenen Revisionsstelle entlastet;

g. Beratung und Finanzierung beim Erwerb von Beteiligungen durch die Tochtergesellschaft;

h. Managementkosten; zu beachten ist hierbei, ob eine Übertragung des Managements auf die Muttergesellschaft zu einem Wegzug der Tochtergesellschaft führt.

In der Praxis besteht jedoch in der Abgrenzung der Funktion der Obergesellschaft als Eigentümer und als Träger einer funktionalen konzernalen Arbeitsteilung wenig Differenzierungskraft und damit sind die Grenzen oft nicht eindeutig nachvollziehbar.[414]

Zwei Entscheidungen des VwGH[415] zu „Kooperationsentgelten" bzw. **204** „Aufwendungen für Konzernumlagen an den Hauptgesellschafter" ist zu ersehen, dass der VwGH unter Hinweis auf die erhöhte Mitwirkungspflicht iVm Auslandsbeziehungen auf eine fundierte Dokumentation der behaupteten Dienstleistungen besonderen Wert legt. Ein Betriebsausgabenabzug steht nur dann und in jenem Ausmaß zu, für welches der „Willing-to-pay"-Test (vgl. OECD-VPG, Tz. 7.10) von Seiten des Unternehmens erfolgreich bewiesen oder zumindest glaubhaft gemacht werden kann. Ein ordentlicher und gewissenhafter Geschäftsleiter wird sich an den Kosten dann nicht beteiligen, wenn er die Leistungen anderswo in gleicher Qualität günstiger erlangen kann.

Das BMF hat sich beispielsweise mit EAS 2153[416] mit der Weiterbelastung **205** von Konzernumstrukturierungskosten an eine österreichische Untergesellschaft befasst. In der Auskunft finden sich Verweise auf 7.9 OECD-VPG und Tz. 6.3.2. der deutschen VWG, wonach auch die rechtliche Organisation des Konzerns als Ganzes im Interesse der Muttergesellschaft liegt: „Wird im Rahmen der Änderung einer Konzernphilosophie auch eine Änderung der Konzernorganisation in der Weise vorgenommen, dass eine in Österreich tätige Produktionsfirma des internationalen Konzerns an eine US-Gruppe veräußert wird, dann spricht die Vermutung dafür, dass alle in diesem Zusammenhang bei einer holländischen Obergesellschaft angefallenen Kosten (Kosten der Rechtsberatung, Steuerberatung, Finanzierungsvorschläge, Vermittlungs- und Bereitstellungsprovisionen) im Interesse der Konzernleitung getätigt wurden und dass eine Weiterbelastung an das schlussendlich verkaufte inländische Unternehmen nicht gerechtfertigt erscheint." Diese Vorteile

---

[414] Vgl. auch *Haidenthaler* Konzernumlage: Vergütungsregeln konzernaler Arbeitsteilung, in Lang/Jirousek (Hrsg.), Praxis des Internationalen Steuerrechts, Festschrift Loukota, 144.

[415] VwGH vom 14.5.1991, 90/14/0280; 14.12.2000, 95/15/0127.

[416] BMF 18.10.2002, SWI 2003, 11.

könnten beispielsweise eine Verringerung von Geschäftsrisiken aufgrund der Existenz und des Funktionierens eines IKS, das auch nach UGB und anderen gesetzlichen Vorschriften (zB BWG) erforderlich ist, beinhalten.

206   Das BMF hat weiters mit EAS vom 22.11.2007[417] zur Weiterbelastung von 70% der Kosten, die im Zusammenhang mit der Anpassung des Konzernberichtswesens an den *„Sarbanes-Oxley Act"* angefallen sind, an die Gliedunternehmen Stellung genommen:

„Der bloße Umstand, dass das SOX-Kontrollsystem den gesamten Weltkonzern zu umfassen hat und daher alleine die Zugehörigkeit zu diesem US-Konzern ihre Einbindung in das Kontrollsystem erfordert, lässt im Vergleich zu einer [...] nicht konzernzugehörigen [...] Gesellschaft keine abgeltungsfähige Vorteilszuwendung erkennen. Nebenbei entstehende Vorteile wie Effizienzsteigerung oder verschiedene Synergieeffekte in der Kontrolle bewirken üblicherweise nicht, dass von einer abgeltungsfähigen konzerninternen Dienstleistung ausgegangen werden könnte. Es wird daher Aufgabe der Tochtergesellschaft sein darzulegen, in welchem Ausmaß die Einführung des neuen Kontrollsystems ihr konkret messbare Vorteile bringt, die über die in Z 7.12 OECD-VPG genannten, ‚nebenbei entstehenden Vorteile‘ hinausgehen."

Werden von einem US-Konzern im Rahmen einer weltweiten Umstrukturierung unter anderem auch die Mitgliedsgesellschaften verpflichtet, an einem neuen Softwaresystem (SAP-Projekt XX) teilzunehmen, und werden die hiefür anfallenden Kosten an die Gliedunternehmen weiterbelastet, dann wäre diese Vorgangsweise nach Ansicht des BMF (EAS 3055 vom 24.3.2009) nur dann mit den OECD-VPG vereinbar, wenn diese Kostentragung für das betroffene Gliedunternehmen als fremdübliche Abgeltung einer von der US-Konzernspitze empfangenen Dienstleistung (oder eines Miteigentums an dem Softwaresystem) angesehen werden müsste. Doch wenn „seitens dieser Gliedunternehmen kein Bedarf danach besteht", würden hiefür auch „keine Zahlungen geleistet, falls sie unabhängige Unternehmen wären" (7.9 OECD-VPG). Ein „Bedarf" im Sinn dieser Regelung wird für eine österreichische Tochtergesellschaft eines US-Konzerns in dem Maße anzunehmen sein, in dem sie Vorteile aus diesem neu etablierten Softwaresystem zieht. Der bloße Umstand, dass das neue Softwaresystem den gesamten Weltkonzern zu umfassen hat und daher allein die Zugehörigkeit der österreichischen Gesellschaft zu diesem US-Konzern ihre Einbindung in das System erfordert, lässt im Vergleich mit einer unabhängigen – und daher nicht konzernzugehörigen – Gesellschaft keine abgeltungsfähige Vorteilszuwendung erkennen. Nebenbei entstehende Vorteile wie Effizienzsteigerung oder verschiedene Synergieeffekte bewirken üblicherweise nicht, dass von einer abgeltungsfähigen konzerninternen Leistung ausgegangen werden könnte (Hinweis auf 7.12 OECD-VPG). Es wird daher Aufgabe der österreichischen Tochtergesellschaft sein, darzulegen, in welchem Ausmaß die Einführung des neuen Systems ihr konkret messbare Vorteile bringt, die über die in 7.12 OECD-VPG genannten „nebenbei entstehenden Vorteile" hinausgehen wie beispielsweise als Informationsdatenbank, aufgrund von Verbesserungen im Controlling oder der Prozessoptimierung oder falls das alte Buchhaltungssystem nicht mehr den heutigen Anforderungen entspricht. Sollte wegen eines Misslingens

---

[417] EAS 2913 vom 22.11.2007.

dieser Dokumentation (zB weil die Kostenanlastung „per Diktat" von der ausländischen Konzernzentrale erfolgt ist und keine aussagekräftigen Unterlagen mehr zu beschaffen sind) eine Gewinnerhöhung im Rahmen einer österreichischen Außenprüfung drohen, steht es dem Konzern frei, im Wege eines auf Art. 24 DBA USA gestützten Verständigungsverfahrens eine internationale Abklärung des Verrechnungspreisproblems herbeizuführen (Hinweis auf EAS 2913).

Zu den gesellschaftlich bedingten und damit nicht verrechenbaren Leistungen gehört auch der sog. Rückhalt im Konzern im Sinne sog. passiver Konzernwirkungen, zB erhöhte Kreditwürdigkeit (soweit sie nicht auf die Gewährung einer rechtlichen Garantie eines anderen Konzernunternehmens zurückzuführen ist; Unterschied in der rechtlichen Qualität!), verbilligte Einkaufsmöglichkeit, Risikostreuung, günstigere Absatzmöglichkeiten einschließlich des Rechts den Konzernnamen zu führen,[418] der zwar in den OECD-VPG in Textziffer 7.13 nicht ausdrücklich erwähnt, jedoch entsprechend umschrieben wird.[419]

Die österreichische Betriebsprüfung[420] verweist des Öfteren auf die in **207** Deutschland ergangene Entscheidung des BFH vom 9.8.2000,[421] mit der klargestellt wurde, dass der Markenname dem Grunde nach – unabhängig vom gleich lautenden Konzernnamen – entgeltfähig ist. Mit EAS 2349 vom 4.9.2003 hat sich auch das BMF mit der steuerlichen Absetzbarkeit von Lizenzzahlungen für die Nutzung des Konzernmarkennamens auseinandergesetzt und dabei ausgeführt, dass ein Handelsbetrieb, der als Wiederverkäufer ausländischer Markenprodukte auftritt, nicht neben dem Wareneinkaufspreis noch zusätzliche Zahlungen dafür leisten wird, dass auf der gekauften Handelsware die Markenbezeichnung des ausländischen Herstellers aufscheint (ebenso Rn. 73 VPR). In gleicher Weise wird aber auch eine deutsche Tochtergesellschaft einer österreichischen Produktionsgesellschaft von Letzterer nicht mit einer Markenlizenzgebühr belastet werden können. Diese Auffassung schlage sich nicht mit erwähntem BFH-Urteil vom 9.8.2000, da auch der BFH davon ausgehe, dass die Entgeltfähigkeit nur bei Einräumung eines Nutzungsrechtes am Markennamen gegeben ist. Dies wäre nach Auffassung des BMF zB der Fall, „wenn das ausländische Unternehmen selbst eine Produktion unter dem Markennamen aufnimmt oder wenn es von fremden Produzenten Ware zukauft und sodann berechtigt ist, sie unter dem Konzernmarkennamen weiterzuverkaufen. Die reine Handelstätigkeit stellt aber keine lizenzpflichtige Nutzung des Warenzeichens dar.[422] Ein Handelsbetrieb erhält nicht das Recht auf Markennutzung, sondern das Eigentumsrecht an den gelieferten Waren. Der deutschen Betriebsprüfung wird daher nicht entgegengetreten werden können, wenn sie im Fall eines nahestehenden Wiederverkäufers neben dem Verrechnungspreis für die gelieferte Ware nicht zusätzlich noch eine Markenlizenz steuerlich anerkennt.

---

[418] Vgl. *Schaumburg* Internationales Steuerrecht[2], 1241.

[419] Vgl. *Schuch/Zehetner* Verrechnungspreisgestaltung im internationalen Steuerrecht, Linde-Verlag, 266.

[420] *Macho/Steiner/Ruess* Verrechnungspreise kompakt, 2007, 224.

[421] BFH 9.8.2000, I R 12/99, BB 2001, 246 ff.

[422] BFH 27.7.1988, BStBl. II 1989, 101.

208   Das BMF hat seine mit EAS 2349 getroffenen Aussagen zur steuerlichen
Absetzbarkeit von Lizenzzahlungen für die Nutzung des Konzernmarkennamens in der jüngeren EAS 3074 vom 31.7.2009 zu einem Fall wiederholt, in
dem der Abschlusses eines *General License Agreements* zwischen einer österreichischen Tochtergesellschaft und ihrer schweizerische Muttergesellschaft (eine
Holdinggesellschaft nach schweizerischem Recht) beabsichtigt war, aufgrund
dessen die Tochtergesellschaft gegen Zahlung einer Lizenzgebühr zur Nutzung der Konzernmarke berechtigt werden soll. Die steuerliche Anerkennung
einer solchen zivilrechtlich gewählten Gestaltung hängt nach dem BMF darüber hinaus davon ab, dass sie einer Fremdvergleichsprüfung standhält, wobei
insb. zu beachten ist, dass durch die Befreiung der schweizerischen Holdinggesellschaft von der Kantons- und Gemeindebesteuerung die Steuerbelastung
der Lizenzgebühren nur 7,8% beträgt und daher für den Konzern ein potenzieller Anreiz bestehen könnte, durch die gewählte Konstruktion in Österreich mit 25% zu besteuernde Gewinne im Wege von fremdunüblich angesetzten Lizenzgebühren in die Schweiz abfließen zu lassen.

f) Finanzdienstleistungen im Konzern

aa) Konzerninterne Zinsen und Cash-Management

209   Die Realität der Finanzierung im Konzern lässt herkömmliche Verrechnungspreisansätze oft untauglich erscheinen: Im Falle einer **zentralen Finanzierung im Konzern** nimmt die Konzernfinanzierungsgesellschaft, bei
der es sich aus Kreditbesicherungssicht zumeist um die Konzernholding handelt, die für den gesamten Konzern erforderliche Finanzierung auf, wobei die
Banken die gewährten Mittel und Konditionen an der Konzernbilanz und der
G & V sowie des Konzern-Cash Flows auslegen. Die Kreditwürdigkeit hängt
damit von der Eigenkapitalquote des Gesamtkonzerns ab, zu der jede Konzerngesellschaft damit unmittelbar ihren Beitrag leistet. Der Einzelabschluss
der Konzernfinanzierungsgesellschaft ist für die Banken hingegen nicht von
Interesse. Weiters findet sich in den externen Finanzierungsverträgen zumeist
ein Verbot der unmittelbaren Aufnahme von externen Fremdmitteln durch
die Konzerntochtergesellschaften. Die Konzernfinanzierungsgesellschaft kann
damit nicht primär wegen ihrer Einzelposition und der vorliegenden Besicherung der aufgenommenen Mittel durch das unmittelbare Halten der Beteiligungen an den Tochtergesellschaften, sondern aufgrund der gesamten Kon-
zernnachfragemacht günstigere Konditionen aushandeln.

210   In einem derartigen Fall liegt damit faktisch bereits eher ein **Kostencenter**
vor und es bietet sich eine realitätsnahe Ausgestaltung der vertraglichen Grundlagen im Konzern im Rahmen einer Kostenteilungsvereinbarung an. Die tatsächlichen Kosten des externen Fremdmittelportfolios des Konzerns werden
damit zum Ansatz gebracht. Der alternative Ansatz eines *Profit Centers* – bei
dem die Konzernfinanzierungsgesellschaft als Bank agiert und einen entsprechende Gewinnspanne erzielt – entspricht oftmals nicht den Zielsetzungen der
Konzernfinanzierungsgesellschaft und ist weiteres in der Umsetzung nahezu
unmöglich: Die Kreditwürdigkeit der Tochtergesellschaft lässt sich einerseits
durch die Art der Finanzierung durch die Konzernfinanzierungsgesellschaft relativ einfach manipulieren und kann bzw. wird durch Banken niemals auf
Stand-alone-Basis beurteilt. Weiteres sind weder die Kreditwürdigkeit noch die

Kostenstruktur der Konzernfinanzierungsgesellschaft mit jenen einer Bank vergleichbar. Auch ist die Ermittlung der Kreditwürdigkeit der Tochtergesellschaften mit erheblichen Kosten und Aufwendungen verbunden – was in der Praxis einen nicht unwesentlichen Faktor darstellt (Stichwort „zumutbarer Aufwand"). Die Kompensation der Konzernfinanzierungsgesellschaft wird damit in einer fremdüblichen Vergütung für ihre Dienstleistung der Poolverwaltung und ggf. (in Abhängigkeit von der externen Besicherungssituation) in einer Provision für die Übernahme des Kreditausfallrisikos (im Falle der Insolvenz einer Konzerngesellschaft) liegen. Haben externe Banken auf Sicherheiten wie Forderungszessionen oder Pfandrechte an den Anteilen an den Tochtergesellschaften verzichtet, ist davon auszugehen, dass auch bereits die externe Marge einen entsprechenden Risikoaufschlag enthält.

Und selbst wenn die faktischen Gegebenheiten eher einer **dezentralen** **211** **Finanzierung** durch die einzelnen Konzerngesellschaften entsprechen, wird dennoch der mit der Aufnahme von Fremdmitteln im Konzern zum Tragen kommende (nicht verrechenbare) sog. Rückhalt im Konzern die Anwendung des Fremdvergleichs erschweren. Unter dem Rückhalt im Konzern versteht man alle Vorteile im Konzern, die sich allein aus der Zugehörigkeit zum Unternehmensverbund ergeben, bei völliger Passivität der Konzernleitung. Beispiele für den Rückhalt im Konzern sind zB neben günstigeren Absatz- und Einkaufsmöglichkeiten oder dem Recht auf Führung des Konzernnamens eben auch eine erhöhte Kreditwürdigkeit (soweit sie nicht auf die Gewährung einer rechtlichen Garantie eines anderen Konzernunternehmens zurückzuführen ist; Unterschied in der rechtlichen Qualität!). Um den Besonderheiten der Finanzierung im Konzern gerecht zu werden, hat daher die österreichische Betriebsprüfung bereits umfassende Fragenkataloge in Aussicht gestellt, womit Detailinformationen zum Gesamtbild der externen Finanzierung, zur Besicherungssituation, zu unterschiedlichen Kreditwürdigkeiten einzelner Geschäftsbereiche/Teilkonzerne sowie zu Liquiditätsüberschüssen und -bedarf einzelner Konzerngesellschaften zu erheben sind.

In manchen Konzernen besteht parallel zur Konzernfinanzierungsgesell- **212** schaft, die sich um den langfristigen Mittelbedarf kümmert, eine „interne Bank" bzw. eine Cash Pool-Verwaltungsgesellschaft zur Optimierung des kurzfristigen Liquiditätsbedarfs im Konzern. Beim *Cash Pooling* ergibt sich aus der Kompensation der konzerninternen Soll- und Habensalden ein Synergieeffekt, der sich in niedrigeren Gesamtfinanzierungskosten niederschlägt.

Zur Vermeidung von verdeckten Einlagen und Ausschüttungen muss nach **213** Wiesner[423] die Verrechnung mit der *Cash Pool*-Verwaltungsgesellschaft so erfolgen, dass eine Verzinsung der Guthabens- bzw. Negativstände zu einem bei jeder Konzerngesellschaft sachgerechten Ergebnis führt und ein Verlust der an den Pool abgeführten Mittel nicht zu erwarten ist. Ob das Poolsystem mittels tatsächlicher Überweisungen (effektiv) oder nur verrechnungstechnisch (fiktiv) erfolgt, sei diesbezüglich nicht von Bedeutung. Der Pool-Verwaltungsgesellschaft steht eine entsprechende Vergütung für ihre Dienstleistung zu. Neben der laufenden Abrechnung werde aus dem Grundsatz der Maßgeblichkeit der Angehörigenjudikatur auch zu würdigen sein, ob die Teilnahme einer negativ gebarenden Konzerngesellschaft vertretbar erscheint, wenn bei Wegden-

---

[423] RWZ 2007, 28.

ken des Pools eine Kreditgewährung unter Wirtschaftlichkeitsgesichtspunkten nicht mehr in Frage käme.

214   In Zusammenhang mit den Beiträgen der teilnehmenden Gesellschaft zum *Cash Pool* verweist die österreichische FinVerw. größtenteils auf die deutsche Rechtsprechung: In einer Einzelerledigung aus dem Jahr 1992[424] zitiert das BMF eine BFH Entscheidung aus dem Jahr 1964,[425] wonach jener Zinssatz als maßgebend erachtet wird, „zu dem Fremde unter vergleichbaren Bedingungen den Kredit am Geld- oder Kapitalmarkt gewährt hätten". Dabei soll von den Zinssätzen ausgegangen werden, zu denen Banken unter vergleichbaren Verhältnissen Fremden Kredite gewähren **(Preisvergleichsmethode).**

Da jedoch Konzernfinanzierungsgesellschaften für den Konzern eine unterstützende Tätigkeit ausüben, kann nach *Macho/Steiner/Ruess*[426] dieser Regelung nicht ganz gefolgt werden, da Banken bei der Finanzierung von Kunden ganz offensichtlich andere Zielsetzungen verfolgen. Konzernfinanzierungsgesellschaften unterhalten keinen Bankenapparat mit den damit verbundenen Kosten. Ihre Zielsetzung sei nicht die gewerbliche Geldveranlagung, sondern die Beschaffung und Weiterleitung von Liquidität für die Konzerngesellschaften zu möglichst guten Konditionen.

215   Dieser Argumentation folgt auch die EAS-Erledigung 2898 des BMF vom 29.10.2007: *„Stützt die Parteienseite ihre Auffassung auf die Anwendung der Preisvergleichsmethode so ist zu bedenken, dass diese Methode nur in Bezug auf vergleichbare Geschäfte angewendet werden kann. Fehlt eine ausreichende Vergleichbarkeit, müssten Berichtigungen vorgenommen werden (idS 2.7 OECD-VPG). Die Parteienseite geht offensichtlich davon aus, dass die von ihr gewählte Verzinsung jener entspricht, die bei Kreditaufnahme bei fremden Kommerzbanken anfallen würde. Allerdings ist das Kreditrisiko, das fremde Kommerzbanken bei einem fremden Bankkunden eingehen, nicht mit jenem vergleichbar, das bei konzerninternen Finanzierungen anzutreffen ist. Durch Steuerung der Konzernstrategie kann innerhalb eines Konzerns auf die Rückzahlungskraft und die Bonität der konzernintern finanzierten Gliedunternehmen Einfluss genommen werden und es kann dieser Bonität entsprechend der Kredit vergeben werden [...] Es müsste daher an sich auch der Frage nachgegangen werden, ob ein konzerninternes Kreditrisiko tatsächlich größer ist als jenes, das EURIBOR-Panel-Banken bei Vergabe ihrer Interbankkredite eingehen; verneinendenfalls müsste man zu dem Ergebnis kommen, dass der EURIBOR-Zinssatz ohne Aufschlag angemessen ist. Orientiert man sich an der in der deutschen Fachzeitschrift IStR 16/97, S 490ff. beschriebenen Vorgangsweise der deutschen Steuerverwaltung, die sich ihrerseits wieder auf das BFH Urteil vom 28.2.1990, BStBl. II 1990, 649 beruft, dann können die banküblichen Sollzinsen deshalb nicht als Vergleichsmaßstab herangezogen werden, weil die kreditgebende Konzerngesellschaft keine Bankgeschäfte betreibt und deshalb auch nicht den damit verbundenen Aufwand hat."* Sollte die gewährende Gesellschaft damit keine Bankgeschäfte betreiben, dann sei nach Meinung des BFH anzunehmen, dass sich der Gläubiger und Schuldner die bankübliche Marge zwischen Soll- und Habenszinsen nach den Erfahrungen des täglichen Lebens teilen.

216   Auf Grundlage der Rechtsprechung des BFH kann als angemessener Zinssatz für die konzernintern verrechneten Zinsen damit eine Bandbreite, die

---

[424] BMF 20.5.1992, EAS 131; *Jirousek/Loukota*, Steuerfragen International (1994), 75.
[425] Vgl. BFH vom 25.11.1962 – I 116/63 U, dBStBl. 1965 III, 176.
[426] In Verrechnungspreise kompakt, 231.

durch die banküblichen Sollzinsen einerseits und die banküblichen Habenzinsen andererseits begrenzt ist, vereinbart werden.[427] Innerhalb der Bandbreite zwischen dem Soll- und Habenzinsatz als Grundlage des Zinsenspreads sind jedoch verschiedene Faktoren wie die Betriebsnotwendigkeit der Fremdkapitalausstattung (zB Finanzierung von Wareneinkäufen oder Ausstattung zur Kapitalanlage), Kündigungs- oder Zinsanpassungsklauseln, variabler oder fester Zinssatz, Währung und Währungszins sowie allgemeine Risiken der Darlehensgewährung zu berücksichtigen, die den Ausschlag des Zinssatzes in die eine oder andere Richtung beeinflussen. Die Obergrenze der Habenzinsen bestimme sich nach Ansicht des BFH mit dem Habenzinssatz für Drei-Monats-Festgelder. Weiters hat der BFH als zulässige Schätzung den Ansatz des Zinssatzes in Höhe der Refinanzierungskosten des gewährenden Unternehmens gesehen.

217 Da sich die das Masterkonto verwaltende Konzerngesellschaft mit einem Sollsaldo auf dem Masterkonto ggf. bei der Bank refinanzieren muss bzw. Guthaben (Habensaldo) bei der Bank verzinst anlegt, wird in der Literatur die Auffassung vertreten, dass sich die poolintern vereinbarten Zinsen an den entsprechenden Bankzinsen für das Masterkonto orientieren können.[428] Bei einem Währungsdarlehen wäre weiters das Wechselkursrisiko im Zinssatz angemessen zu berücksichtigen.[429] Fehlende Besicherungen seien durch einen Risikozuschlag zinserhöhend zu berücksichtigen. Damit habe der Zinssatz günstiger als die bankübliche Verzinsung von nicht gepoolten Geschäftskonten zu sein und sich in der konkreten Höhe daran zu orientieren, dass bei der Mastergesellschaft aus der Weitergabe der Verzinsung der Salden kein Residualgewinn verbleibt.[430]

218 Zur Frage eines grenzüberschreitenden Poolsystems hat weiters das BMF im Protokoll Außensteuerrecht und Internationales Steuerrecht 2006[431] mit einem Zitat aus *Wassermeyer/Baumhoff* Verrechnungspreise international verbundener Unternehmen, Rn. 775 Stellung genommen: *„Beim Cash-Pooling werden täglich die Salden der Zahlungsverkehrskonten der einzelnen Konzernmitglieder auf einem Sammelkonto der Konzernfinanzierungsgesellschaft (Treasury) konsolidiert bzw. ‚gepoolt'. Dadurch werden die Bestände der Konten der einzelnen Konzernmitglieder auf ‚Null' gestellt bzw. ausgeglichen, so dass nur der Saldo des Sammelkontos von der ‚Treasury' angelegt bzw. finanziert werden muss. Durch dieses Verfahren werden bei den einzelnen Konzernmitgliedern hohe Sollzinsen (für Überziehungen) und niedrige Habenzinsen (für Guthaben) der Banken vermieden. Die Erfolge (Synergieeffekte) aus dem Cash-Management müssen nach Verrechnung der entsprechenden Kosten wiederum allen beteiligten Konzernmitgliedern zu Gute kommen. Niess[432] schlägt in diesem Zusammenhang vor, die (Netto-)Erfolge in Form von (im Vergleich zu Banken) günstigeren Soll- und Habenzinsen zu verteilen, welche die*

[427] BFH 19.5.1982, BStBl. II 1982, 631, BFH 26.2.1992, BStBl. II, 846, BFH 28.1.1990 – I R 83/87, BStBl. II 1990, 659; BFH 19.1.1994 – I R 93/93, BStBl. II 1990, 725, BFH 21.12.1994 – I R 65/94, IStR 1995, 330 ff.
[428] *Waldens* IStR 2003, 500.
[429] BFH 19.1.1994, I R 93/93, BStBl. II 1994, 725.
[430] *Macho/Steiner/Ruess* Verrechnungspreise kompakt, 2007, 232.
[431] Erlass vom 1.12.2006, BMF-010 221/0626-IV/4/2006.
[432] Vgl. *Niess* Internationale Verrechnungspreise zwischen Kapitalgesellschaften, Schaumburg (Hrsg.), 61.

Konzernfinanzierungsgesellschaft den beteiligten Konzernmitgliedern für die bei ihr geführten Verrechnungskonten gewährt. Die Dienstleistungsentgelte für die Cash-Management-Leistungen könnten anhand der Kosten der ‚Treasury' zuzüglich eines geringen Gewinnaufschlags (also nach der Kostenaufschlagsmethode) ermittelt werden" (ebenso nunmehr Rn. 101 VPR). *Dieser Sichtweise, dass der in einem Niedrigsteuerland angesiedelten Treasury Company (dem „Pool Header") nur eine Dienstleistungsvergütung gebührt (vorausgesetzt, dass es sich um ein tätiges Unternehmen mit ausreichend qualifiziertem Personal handelt), dass sie also nicht „Residual Profits" aus der Kapitalveranlagung für sich abschöpfen darf, sollte seitens der österreichischen FinVerw. durchaus gefolgt werden. Für die Dienstleistungsabgeltung sind die Regeln des Kapitels VII (AÖFV 1997/122) der OECD-VPG maßgebend.*

219 ME sollten jedoch bei einer Kompensation der *Cash-Management*-Gesellschaft auf Basis der Kostenaufschlagsmethode unter Einrichtung des *Cash-Pools* als sog. *Cost Centre* weiteres auch Vorkehrungen getroffen werden, dass allfällige Haben/Soll Stände, die eine gewisse Schwelle über einen gewissen Zeitraum (zB drei Monate) überschreiten, in ein, einer anderen Verzinsung unterliegendes, Konzerndarlehen noviert werden. Empfehlenswert für das Ziel, dass kein Residualgewinn bei der Cash-Management-Gesellschaft belassen wird, erscheint weiters die Aufstellung einer Kostenteilungsvereinbarung mit den am Pool teilnehmenden Gesellschaften, in der ein Mechanismus für die Aufteilung eines allfälligen Residualgewinnes oder -verlustes vorgesehen ist. Ein exaktes Nullergebnis wird sich nicht im Vorhinein für die Pool-Verwaltungsgesellschaft planen lassen, da Soll- und Habenzinsen für die teilnehmenden Gesellschaften (beispielsweise auf Basis der *„1 m Bloomsberg Deposit Rate"*) festzusetzen sind und lediglich Annahmen über den Liquiditätsbedarf der Tochtergesellschaften und die tatsächliche Refinanzierungskosten der Cash-Managementgesellschaft möglich sind.

220 Zur Erzielung einer bundeseinheitlichen Vorgangsweise fand im Mai 2008 der Salzburger Steuerdialog zwischen dem BMF und den Finanzämtern statt; Ergebnis dieser Besprechung ist das Protokoll Außensteuerrecht und Internationales Steuerrecht 2008,[433] in dem auch Aussagen zu Art. 9 OECD-MA – Preisvergleichsmethode vs. Kostenaufschlagsmethode im Zusammenhang mit Konzernfinanzierungen getroffen worden sind, bei denen die Abgabenverwaltung ihrer bisherigen Linie gefolgt ist und die im Wesentlichen nunmehr auch in die VPR Eingang gefunden hat (Auszüge aus dem Salzburger Steuerdialog sind in Rn. 222–226 in Kursivschrift wiedergegeben):

221 Nach den allgemeinen Grundsätzen der Verrechnungspreisgestaltung ist nach Rn. 87 VPR auch im Fall von konzerninternen Finanzierungen für die Ermittlung der angemessenen Verzinsung der **Preisvergleichsmethode** der Vorzug vor anderen Methoden zu geben, wenn vergleichbare Fremdgeschäfte festgestellt werden können. Soll allerdings die Ermittlung der Höhe konzerninterner Zinssätze in Anwendung der Preisvergleichsmethode erfolgen und soll hierbei auf die Zinsberechnung durch unabhängige Kommerzbanken abgestellt werden, dann setzt dies voraus, dass diese beiden Finanzierungsmuster miteinander vergleichbar sind oder dass zumindest die Zinsauswirkungen ihrer Unterschiede quantifizierbar sind (s. in diesem Sinn 2.14 lit. b OECD-VPG).

---

[433] Erlass vom 15.12.2008, GZ 010 221/3364-IV/4/2008.

„Oftmals werden zur optimalen Finanzierung im Konzern Schwester- oder ver-   **222** *bundene Konzerngesellschaften, in Steuerschonländern – sei es als Domizil- oder Hol-dinggesellschaften – angesiedelt. Die verrechneten Zinssätze werden meist in einer Höhe angesetzt, die dem Fremdvergleich zu Banken durchaus standhalten. [...] Eine uneingeschränkte Vergleichbarkeit einer konzerninternen Finanzierung mit jener durch Kommerzbanken ist nicht gegeben, weil die unternehmerischen Zielsetzungen von Banken und jene von anderen Wirtschaftskonzernen unterschiedlich sind. Während im Fall einer Bankfinanzierung das Kreditinstitut das Ziel verfolgt, die bei ihm eingeleg-ten Gelder mit größtmöglichem Gewinn zu veranlagen, ist das Ziel eines Konzerns darauf ausgerichtet, liquide Mittel im Konzern aufzugreifen und bedarfsorientiert im Konzern so weiterzuleiten, dass damit die einzelnen Konzerngesellschaften ihre eige-nen unternehmerischen Ziele verwirklichen können. Während daher der Bankensektor mit der Kreditvergabe die Erzielung eines gewerblichen Gewinnes anstrebt, geht es der Konzernfinanzierungsgesellschaft darum, im Interesse des Gesamtkonzerns die Um-setzung von Investitionsentscheidungen der Gliedgesellschaften bestmöglich finanziell zu unterstützen (nunmehr ebenso Rn. 88 VPR)“.*

„Daher kann der Sollzinssatz konzernfremder Kommerzbanken lediglich als Ober-   **223** *grenze eines fremdüblichen Zinssatzes gesehen werden; ob diese Grenze für die Aner-kennung des abzugsfähigen Zinsaufwandes maßgebend ist, stellt eine Sachverhaltsfrage dar, die unter Berücksichtigung aller maßgebender Umstände (vor allem des Umstan-des, ob Anhaltspunkte für eine Gewinnverlagerung aus Steuervermeidungsgründen er-kennbar sind) dem zuständigen Finanzamt überlassen werden muss. Bei dieser Sach-beurteilung wird aber auch mit zuberücksichtigen sein, dass in einem multinationalen Konzern die Konzernspitze in der Regel die Fähigkeit besitzt, auf die Kapitalstruktur ihrer nachgeordneten Gesellschaften direkten Einfluss zu nehmen und damit auch die Kreditwürdigkeit der darlehensnehmenden Konzerngesellschaften zu steuern. Dement-sprechend liegt auch die Besicherung des Darlehensrückzahlungsanspruches regelmäßig in der Einflusssphäre der Konzernleitung. Auch wenn eine förmliche Besicherung von Darlehensforderungen aus diesen Gründen zwischen Konzernunternehmen unüblich ist, kann nur der Zinssatz für besicherte Darlehen als Obergrenze gewertet werden (BFH 21.12.1994, I R 65/94) (ebenso nunmehr Rn. 89 VPR, die jedoch implizit eine „Entkräftigungsoption“ belassen).“*

„Der Habenzinssatz kommt hingegen als Orientierungshilfe dann in Betracht, wenn   **224** *die darlehensgebende Kapitalgesellschaft über ausreichende eigene Liquidität verfügt (BFH 28.2.1990, I R 83/87, BStBl. II 1990, 649 und BFH 19.1.1994, I R 93/93, BStBl. II 1994, 725). Denn in einem solchen Fall wäre es von der darlehensge-benden Konzernunternehmung nicht gerechtfertigt zu verlangen, dass sie durch die Ver-anlagung ihrer überschüssigen Mittel bei einem konzernzugehörigen Unternehmen einen höheren Ertrag erzielt als sie durch eine Einlage bei einer Bank erwirtschaften könnte“* (Rn. 90 VPR). Im Falle einer dezentralen Finanzierungsstruktur sollte mE schon der „stand-alone“ Ansatz konsequent verfolgt werden, wonach eine Konzerngesellschaft in einer Mittelüberschussposition sich wirtschaftlich vor zwei Optionen sieht: 1) Darlehensgewährung an die Konzerngesellschaft und 2) Veranlagung der Mittel bei einer Bank (mit jeweils gleichwertiger Fristigkeit). Dabei wird Option 1 voraussichtlich nur gewählt werden, wenn die Konzern-gesellschaft zumindest keinen Nachteil daraus erzielt und somit als Untergrenze der Bandbreite beispielsweise die 3 month deposit rate anzusehen sein. Bei einer zentralen Finanzierungsstruktur mit einem cost center approach sollte bei nicht nur kurzfristiger Finanzierung jede Konzerngesellschaft Mittel zu gleichen Be-

dingungen aufnehmen können und damit jeweils die durchschnittlichen gewichteten externen Finanzierungskosten der Konzerne zur Ermittlung des fremdüblichen Preises herangezogen werden (in derartigen Fällen werden aber die Gelder jeweils in einem Zwischenschritt in der Hauptfinanzierungsgesellschaft zentriert werden). Dieser Zinssatz wird jedoch in der Regel auch über dem (fristgerechten) Habenzinssatz liegen.

225   *Für die Ermittlung des als fremdüblich anzunehmenden Zinssatzes wird daher nur eine umfassende Funktionsanalyse, die die Eigenmittelausstattung der ausländischen Konzernfinanzierungsgesellschaft einschließen muss, eine Entscheidung erlauben, innerhalb welcher Bandbreite (3.55 OECD-VPG) ein fremdüblicher Zins anzusetzen ist; wobei diese Bandbreite im Sinn der OECD-VPG aber nicht mit der Breite des „Zinsbandes" zwischen der Obergrenze der Sollzinsen und der Untergrenze der Habenzinsen verwechselt werden darf, denn sie ist mit diesem nicht ident, sondern bewegt sich – je nach den maßgebenden funktionalen Gegebenheiten – innerhalb dieses „Zinsbandes" in Richtung Unter- oder Obergrenze. Es wird daher nicht zu beanstanden sein, wenn im Zweifel der deutschen Judikatur gefolgt wird, der zufolge sich Darlehensgläubiger und Darlehensschuldner die Spanne zwischen banküblichen Haben- und Schuldzinsen teilen (BFH 19.1.1994, I R 93/93, BStBl. II 1994, 725 (ebenso Rn. 91 VPR)). Alternativ kann vereinfachend auch der in EAS 2898 aufgezeigte Weg (Euribor + 0,25%) genutzt werden."* Der letzte Satz wurde nicht in die VPR aufgenommen, da seine Gültigkeit vom Einzelfall abhängig ist.

Nach *Macho/Steiner/Spensberger*[434] beginnt die Analyse der Fremdüblichkeit von Zinssätzen üblicherweise mit der Festlegung des „richtigen" Referenzzinssatzes und/oder den Basisindikatoren. Für Darlehensvereinbarungen mit variablen Zinssätzen („floating rate") würden üblicherweise die *EURIBOR-* bzw. der *LIBOR-Zinssätze* als Ausgangspunkt herangezogen werden können. Für Finanzierungsgestaltungen mit fixen Zinssatzvereinbarungen seien erfahrungsgemäß „swap rates" die Ausgangssituation für die Überprüfung des „angemessenen Spreads". Die Überprüfung der Angemessenheit von Zinssätzen ist hauptsächlich ein Ermitteln des angemessenen Zuschlags (Spread) auf den Referenzzinssatz oder die Basisindikatoren iVm Fixzinsvereinbarungen. Die Schlüsselfaktoren iVm der Ermittlung des angemessenen Spread (zB Aufschlag auf den EURIBOR) sind in erster Linie das Kredit- und das Ausfallrisiko („credit risk" bzw „default risk"). In diesen beiden Risiken ist implizit auch die Frage der Fälligkeit und der Laufzeit des Darlehens einzukalkulieren. Die sonstigen Faktoren wie zB die Liquidität des Kreditnehmers, die Frage der Rangreihenfolge iVm Besicherungen oder der Rückzahlungsmodalitäten sind nach Ansicht von *Macho/Steiner/Spensberger* im Vergleich zu den Kredit- bzw Ausfallrisiken von eingeschränkter Bedeutung für die Ermittlung des angemessenen Aufschlages auf den Basiszinssatz. Der Spread stellt somit in erster Linie eine Vergütung für das Kreditausfallrisiko dar.

226   *„Wird einer inländischen Konzerngesellschaft im Wege einer Steueroasen-Finanzierungsgesellschaft ausländisches Kapital zur Verfügung gestellt und kann die **Vermutung** einer künstlichen Gewinnverlagerung nicht widerlegt werden, wird das Entgelt hierfür auf der Grundlage der nachgewiesenen Kosten anzusetzen sein. Hierbei ist einerseits Ersatz allfällig nachgewiesener und steuerlich anzuerkennender Refinanzie-*

---

[434] *Macho/Steiner/Spensberger*, Case Studies – Verrechnungspreise kompakt, 2. Aufl. 2014, Case Study 15: Konzernfinanzierung über die Grenze.

rungskosten zu leisten und es kann andererseits eine mit Gewinnaufschlag auf die Manipulationskosten angesetzte Dienstleistungsvergütung berücksichtigt werden. Sollte jedoch ein Fall von Rechtsmissbrauch festgestellt werden, zB in Fällen einer rechtsmissbräuchlichen Einschaltung einer Guernsey-Finanzierungsgesellschaft (VwGH 18.10.2006, 2003/13/0031) oder in Fällen von rechtsmissbräuchlichen Leveraged-Buyout-Gestaltungen in Bezug auf konzernzugehörige Gesellschaften, müssen die gem. § 22 Abs. 2 BAO damit verknüpften Rechtsfolgen eintreten. Ob die vorstehenden Leitgrundsätze insgesamt auch für einen Bankenkonzern übernommen werden können, bedarf einer gesonderten Prüfung (ebenso Rn. 93 VPR)".

Ist der **Kredit in ausländischer Währung** begeben worden, so sind die **227** Zinssätze im Währungsgebiet der ausländischen Währung heranzuziehen, wenn auch Fremde unter vergleichbaren Bedingungen den Kredit in dieser Währung vereinbart hätten (Rn. 94 VPR). Dies ist nach Ansicht der Autorin nicht für alle möglichen Fallkonstellationen zutreffend; da Fremdwährungskredite oftmals lediglich im Hinblick auf eine günstige Finanzierung gewährt werden (Erwartungshaltung hinsichtlich Fremdwährungszinssatz und Währungsumrechnungskurs). Die Finanzverwaltung hatte jedoch augenscheinlich eher einen Fall vor Augen, wo ein wirtschaftlicher Bezug zum entsprechenden Währungsausland (zB Absatzmarkt) besteht.

Die Großbetriebsprüfung[435] hat folgende Checkliste zur Verrechnungspreisdokumentation „Cash Pooling" veröffentlicht, die Cash Pooling Systeme betriebswirtschaftlich und steuerlich untermauern und so Problemen bei der Anerkennung der Aufzeichnungen entgegenwirken helfen soll:

Checkliste – zur Verrechnungspreisdokumentation „Cash Pooling":

Schritt 1: Sachverhaltsdokumentation
- Unternehmensanalyse – generelle Beschreibung der unternehmerischen Tätigkeit und der Geschäftsstrategie,
- Organigramme, Auflistung aller Konzerngesellschaften und Beteiligungsstruktur,
- Volumen und Komplexität der Geschäftsbeziehungen mit anderen Konzernunternehmen (Transaktionsströme aller Art, Rechnungsströme und Wert der Transaktionsströme),
- Erläuterung der wahrgenommenen Funktionen und übernommenen Risiken – Dokumentation von etwaigen Abänderungen gegenüber Vorjahren,
- Erläuterung und Begründung der Anwendung der Verrechnungspreismethode,
- Anwendung dieser Methode in der Praxis und
- Aufstellung der Kostenumlageverträge, Advance Pricing Agreements und Rulings zu Verrechnungspreisaspekten, soweit Konzerngesellschaften in der EU betroffen sind.

Schritt 2: Angemessenheitsdokumentation
- Konzernrichtlinie, Treasury-Richtlinie, **Cash Pooling**-Vertrag bzw. Rahmenvertrag,
- Darlehensverträge,

---

[435] *Kaufmann* Dokumentation von Verrechnungspreisen, ÖStZ 2011, 559.

- Finanzstatus des Unternehmens bei Ausstattung mit Kapital (Fremd- zu Eigenkapitalquote),
- Betriebsnotwendigkeit der Fremdkapitalausstattung (zB Finanzierung von Wareneinkäufen oder Ausstattung zur Kapitalanlage),
- Vereinbarung über ein Ausstiegszenario/Kündigung,
- Vereinbarungen von Einsichts- und Informationsrechten bzw. -pflichten sowohl für die Master Company (MC) als auch für die Poolteilnehmer,
- Handlungsalternativen zur Teilnahme am **Cash Pooling,**
- Wurde die Verhandlungsmacht eines ordentlichen, gewissenhaften Geschäftsführers in der Position als Geldgeber wirtschaftlich vertreten?
- Finanzplan bzw. möglicher Investitionsbedarf der veranlagenden Unternehmung (kurzfristige bzw. langfristige Veranlagung),
- Ist eine eigene Dispositionsfreiheit am freien Markt noch gegeben?
- Offenlegungen aller am **Cash Pooling** beteiligten verbundenen Unternehmen, Vorlage aller Bilanzen, GuV, Intercompany-Verbindlichkeiten und Verrechnungen,
- Liquiditätsstatus aller beteiligten **Cash** Poolteilnehmer bei Eintritt und laufender Teilnahme,
- Veranlagungspotenzial der am **Cash** Pool beteiligten verbunden Unternehmen,
- Welche Leistungen werden von der MC an die einzelnen Poolteilnehmer als Dienstleistung im Einzelnen erbracht? Welches Konzept wird von der MC angeboten?
- Nachweis der von der MC übernommenen Funktionen und Risiken und entsprechende Dokumentation der Geschäftsfälle, die zu so genannten „benefits" der Poolgesellschaften führen, und Darlegung der gewählten Verrechnungspreismethode,
- Umlageschlüssel der zu verteilenden Kosten; Vorlage der tatsächlich angefallenen Aufwendungen,
- laufende Bonitätsprüfung aller Gesellschaften – Minimierung der Risikostreuung,
- Übernahmen von offenen und impliziten Haftungen (gegenüber der Betreiberbank) – Haftungsübernahmen müssen fremdüblich abgegolten werden,
- Werden Kreditlimits bei den einzelnen Gesellschaften eingezogen?
- Nachweis der erhaltenen Zinskonditionen am Master Account,
- Sollzins- bzw. Habenzinssätze von Kommerzbanken,
- Zinsspread – Offenlegung aller Zinssätze für Haben- bzw. Sollstände der beteiligten Gesellschaften; liegt eine Zinssatzstaffelung vor – Zinsanpassungsregelungen,
- Verbleibt in der MC ein Residualgewinn – Wurden diese Synergieeffekte auf alle teilnehmenden Poolmitglieder nach deren Funktionen und Risiken aufgeteilt – Vorlage der Aufteilung?
- Berechnungsunterlagen der einzelnen Zinssätze, Ratings, Bonitätsrisiken,
- detaillierte Vergleichbarkeitsanalyse in Bezug auf Charakteristika, Funktionen, Wirtschaftsgüter, Risiken, Vertragsbedingungen, wirtschaftliches Umfeld, spezifische Unternehmensstrategie,
- Angaben zu internen und externen Vergleichsdaten – Vorlage von Alternativanlagen bzw. von vorgenommenen Anpassungsrechnungen,

• Bei Datenbankanalysen sollte zu jedem einzelnen Auswahlschritt eine Hardcopy angefertigt werden – Protokollierung der Screeningschritte. Die wesentlichen Basiskriterien wie zB Unternehmensgegenstand (nationaler Industriecode), regionale Zugehörigkeit, Tätigkeitsbereich und Branchenzugehörigkeit, Umsatz- und Mitarbeitergrößen, Internetrecherchen, positives operatives Ergebnis (Ausscheiden von Verlustgesellschaften), Anteil von Unternehmen mit einem Beteiligungsausmaß bis zu 25 % an der Gesamtmenge (maximal 50%) und Verwendung von Mehrjahresdaten sollen lückenlos belegt und nachvollziehbar sein.

bb) Factoring

Factoring liegt nach Rn. 99 VPR vor, wenn Forderungen aus Waren- oder **228** Dienstleistungsgeschäften vor Fälligkeit verkauft werden. Beim „echten" Factoring übernimmt die erwerbende Konzern-Factor-Gesellschaft das Ausfallsrisiko, beim „unechten" Factoring verbleibt dieses beim Veräußerer. Nur beim „echten" Factoring darf daher die Factoring-Gebühr neben der Abgeltung einer Dienstleistungs- und Finanzierungsfunktion auch eine Abgeltung der Delkrederefunktion durch Übernahme des Ausfallsrisikos beinhalten.

Nach *Macho/Steiner/Ruess*[436] biete sich die Preisvergleichmethode als beste **229** Methode der Preisfestsetzung für Factoring-Leistungen an, sofern die konzerninterne Factoringgesellschaft dieselben Funktionen und Risiken übernimmt, die auch fremde am Markt agierende Factorbanken durchführen. Die Bandbreite, innerhalb der eine Verrechnung dem *„Arm's Length"*-Grundsatz entsprechen wird, hängt nach Steiner[437] unter anderem von Umsatzvolumen, Bonität der Kunden bzw. der abgetretenen Forderungen, durchschnittlichem Rechnungsbetrag je Faktura, Inlands- oder Exportforderungen (Länderrisiko) sowie branchenspezifische Zahlungsbedingungen bzw. -usancen ab. Steiner und *Macho/Steiner/Ruess* verweisen hinsichtlich denkbarer Bandbreiten auf einen Artikel von *Batzer/Licksteig* DStBP 2000, 144:

Finanzierungsfunktion	Libor/Fibor/Euribor + 0,25–1% bis maximal geringfügig über einem vergleichbaren Lieferantenkredit
Dienstleistungsfunktion	0,5–3% des Forderungsumsatzes
Delkrederefunktion	0,2–1,2% des Forderungsumsatzes, je nach Bonität des Unternehmens und des Kunden

Hierzu ist jedoch anzumerken, dass nach einer 2002 durchgeführten europa- **230** weiten Studie für die EU-Kommission Factoringgesellschaften[438] nahezu ausschließlich Klein- und Mittelbetriebe zu Kunden haben. Die Anwendung der Preisvergleichsmethode wird daher in Ermangelung von vergleichbaren externen Benchmarks problematisch sein. Auf dieser Basis sind auch die denkmöglichen Bandbreiten aus *Batzer/Licksteig* kritisch zu hinterfragen.

---

[436] *Macho/Steiner/Ruess* Verrechnungspreise kompakt, 2007, 236.
[437] Vgl. *Steiner* Factoring im internationalen Konzern, taxlex 2006, 226 ff.
[438] http://www.ec.europa.eu/enterprise/entrepreneurship/financing/docs/factoring_en.pdf.

Konzernen ist aufgrund ihrer Nachfragemacht eine relativ günstige Vorfinanzierung ihrer Forderungen möglich, die Bandbreite für die Vorfinanzierungsfunktion könnte damit oftmals zu unterschreiten sein. Gleiches gilt für die Dienstleistungsfunktion: Factoringgesellschaften kalkulieren diese Entgeltskomponente für Funktionen wie Mahnwesen und Debitorenmanagement auf Kostenaufschlagsbasis. Bei entsprechendem Volumen ist aufgrund des Skaleneffekts ein wesentliches Unterschreiten der Bandbreite möglich.

cc) Haftungsprovision für die Übernahme von Bürgschaften und Garantien

231   Für Bürgschaftsübernahmen innerhalb des Konzerns ist eine fremdübliche Provision zu leisten, wenn die Bürgschaftsübernahme aus wirtschaftlichen Gründen und nicht auf Grund des Gesellschaftsverhältnisses erfolgt. Dient die Bürgschaftsübernahme hingegen dazu, die Kreditwürdigkeit der die Darlehen aufnehmenden Konzerngesellschaft erst herzustellen (zB wegen fehlender Eigenkapitalausstattung), wird hierdurch kein Anspruch auf Bürgschaftsprovision begründet (Rn. 96 VPR).

Steiner[439] hat sich die Ausführungen der OECD-VPG 2010 iZm Bürgschaftsübernahmen (7.13 OECD-VPG) näher angesehen, in denen folgende Unterscheidung getroffen wird: Wenn die Tochtergesellschaft nur aufgrund der Konzernzugehörigkeit ein besseres Rating hat, kann keine Vergütung verrechnet werden. Eine Verrechnung müsste jedoch vorgenommen werden, wenn ein aktives Tun und somit eine Dienstleistung vorliegt: *„an intra-group service would usually exist where the higher credit rating were due to a guarantee by another group member"*. Somit ergeben sich für Steiner zwei Fragestellungen:
1. Unter welchen Voraussetzungen ist eine *„Herstellung"* der Kreditwürdigkeit gegeben?
2. Welche Umstände führen zu einer *„höheren Kreditwürdigkeit"* iSd Z 7.13 OECD-VPG?

232   Die Frage 1 sei in Österreich in Verbindung mit den Überlegungen zum verdeckten Eigenkapital zu sehen. Man muss demnach feststellen, ob die Tochtergesellschaft noch kreditwürdig ist und sich am Kapitalmarkt noch selbst refinanzieren kann. Wäre dies nicht mehr der Fall, würde eine gesellschaftsrechtliche Verpflichtung der Muttergesellschaft zur Refinanzierung bestehen. Die Leistung wäre dann nicht verrechenbar. In der Praxis der Betriebsprüfung würden zur Beurteilung folgende vier Kennzahlen herangezogen werden, wobei die Analyse aber natürlich auch auf mehr Kennzahlen ausgeweitet werden könnte: Eigenkapitalquote, Schuldentilgungsdauer, Gesamtkapitalrentabilität und Cashflow in Prozent der Betriebsleistung.

Unternehmensbewertung **Kennzahl**	sehr gut	gut	mittel	schlecht	insolvenzgefährdet
Eigenkapitalquote	> 30%	> 20%	> 10%	< 10%	negativ
Schuldentilgungsdauer	< 3 Jahre	< 5 Jahre	< 12 Jahre	< 30 Jahre	> 30 Jahre
Gesamtkapitalrentabilität	> 15%	> 12%	> 8%	< 8%	negativ
Cashflow in % der Betriebsleistung	> 10%	> 8%	> 5%	< 5%	negativ

---

[439] Daurer SWI-Jahrestagung: Verrechnungspreise bei Übernahme von Bürgschaftsgarantien, SWI 2011, 55.

Es handelt sich hierbei um eine Ersteinschätzung, unter welchen Voraussetzungen die Tochtergesellschaft als sehr gut bewertet werden könne (Rating AAA bis CCC) und ab wann sie schon eher insolvenzgefährdet ist. Wenn die Bewertung sich im Bereich sehr gut bis mittel bewegt, ist nach Ansicht der Betriebsprüfung grundsätzlich eine Leistung verrechenbar. Wenn die Bewertung im Bereich insolvenzgefährdet bis schlecht liegt, hätte man aus der Sicht der österreichischen Betriebsprüfung gute Gründe, nichts zu verrechnen.

In einem zweiten Schritt geht es nach Steine um die Frage der *„höheren Kreditwürdigkeit"* iSd OECD-VPG. In diesem Zusammenhang ist das Urteil des Tax Court of Canada vom 4.12.2009, 2009 DTC 563, *General Electric Capital Canada Inc vs. The Queen,* von Interesse; dem folgender Sachverhalt zu Grunde liegt: Die US-amerikanische Muttergesellschaft hat der Tochtergesellschaft eine Vergütung iHv 1 % für eine Garantieübernahme verrechnet. Die kanadische Finanzverwaltung hat die Vergütung nicht anerkannt, da ihrer Ansicht nach die Tochter dasselbe Rating wie die Muttergesellschaft haben müsste und somit eine verrechenbare Dienstleistung nicht vorliegt. Die Verrechenbarkeit an sich war dann eigentlich im Verfahren vor dem Tax Court of Canada nicht strittig. Es ging vielmehr um das Arm's-Length-Prinzip, dh um die Frage nach der Höhe des Verrechnungspreises und nach der Angemessenheit der Vergütung von 1 %. Dazu wurde überprüft, welchen Vorteil die Tochtergesellschaft aus der Garantieübernahme durch die Muttergesellschaft gezogen hat. Wie könnte sie sich am Kapitalmarkt refinanzieren, hätte sie die Garantieübernahme nicht gehabt, und welcher Unterschied ergäbe sich dadurch im Bereich des Aufschlags? Die Analysen ergaben, dass ihr ein Vorteil iHv 1,83 % erwachsen ist, woraus der Richter schloss, dass 1 % dem Arm's-Length-Prinzip entspricht und daher verrechenbar ist.

Nach Steiner würde viele Finanzverwaltungen dieser Auffassung folgen. Da nur selten ein Fremdvergleich möglich ist, geht man zu einem hypothetischen Fremdvergleich über, erhält einen Prozentsatz zur ersten Orientierung (zB Eine Bürgschaft für eine fremde Gesellschaft würde eine 1%ige Provision erfordern) und führt eine Anpassungsrechnung (auf Basis der Unterschiede im Rating) durch.

Zusammenfassend sind damit nach Steiner zwei Punkte diskussionswürdig: Erstens die Tatsache, dass bei der Beurteilung, ob eine Bürgschaftsübernahme dem Grunde nach verrechenbar ist, eine Kennzahlenanalyse erfolgt, die betriebswirtschaftliche Überlegungen einfließen lässt und sich in der Denkart der Banken oder Ratingagenturen bewegt. Zweitens die Frage der höheren Kreditwürdigkeit oder des hypothetischen Fremdvergleichs, bei dem unterstellt wird, dass die Muttergesellschaft hypothetisch einem fremden Dritten eine Garantie geben oder für ihn eine Bürgschaft übernehmen würde, und man sich ansieht, welchen Preis sie dafür verlangen würde.

Der Vollständigkeit halber sei hier auch noch eine recht allgemein gehaltene EAS-Erledigung 2896 des BMF vom 29. Oktober 2007 (BMF-010 221/1703-IV/4/2007) erwähnt, wobei eine Dienstleistung der Muttergesellschaft gegenüber der Tochtergesellschaft angenommen wurde, wenn die Muttergesellschaft für die Gewährung eines Kredites eine Bürgschaft durch Unterfertigung von Wechselverpflichtungserklärungen gegenüber dieser Großbank abgibt. Diese Dienstleistung bedarf einer fremdüblichen Abgeltung durch eine Haftungsprovision (idS Z 7.13 OECD-VPG). Die Ausmessung dieser Haf-

tungsprovision hat nach Fremdüblichkeitskriterien zu erfolgen; es sind keine
Bedenken erkennbar, sich hierbei an den für Bankbürgschaften üblichen Sätzen einer Avalprovision zu orientieren (s. auch Rn. 97 VPR).

233   Patronatserklärungen mit einem der Bürgschaftsübernahme vergleichbaren
Inhalt („harte" Patronatserklärungen) sind – wie Bürgschaftsübernahmen –
entgeltpflichtig (Rn. 98 VPR). „Harte" Patronatserklärungen haben für den
Kreditgeber Sicherungswert und beinhalten die Verpflichtung, die Tochtergesellschaft finanziell so ausgestattet zu halten, dass sie ihren Verbindlichkeiten
aus dem Kreditvertrag nachkommen kann. „Weiche" Patronatserklärungen
beinhalten beispielsweise lediglich die Zusage, die Tochtergesellschaft beeinflussen zu wollen, dass sie ihren Verbindlichkeiten aus dem Kreditvertrag
nachkommen soll.

g) Lizenzgebühren

234   Die VPR behandeln verschiedene Themenstellungen in Zusammenhang
mit Lizenzgebühren für immaterielle Vermögensgegenstände relativ knapp
und in Form von selektiven Verweisen auf das Kapitel VI der OECD-VPG.
Der Bericht „Guidance on Transfer Pricing Aspects of Intangibles", der auch
Änderungen des Kapitels VI der OECD-VPG vorsieht, wurde als Teil der
Base Erosion and Profit Shifting (BEPS) Projektphase 1 von der OECD veröffentlicht. Der Bericht ist jedoch insoweit nicht als final zu sehen, als Überschneidungen mit 2015 Themen bestehen (zB Action Item 10 – „Other high
risk transactions" – steuerliche Behandlung von Risiko sowie von „hard to
value" – intangibles), die koordiniert behandelt werden sollen. Da die VPR
2010 bzw. § 6 Z. 6 EStG von der österreichischen Finanzverwaltung dynamisch ausgelegt werden (Rn. 15 VPR), ist davon auszugehen, dass auch diese
„Guidance" in der österreichischen Verwaltungspraxis beachtet wird,[440] dies
gilt nach Ansicht der Autorin insbesondere auf Basis der Tatsache, dass das
OECD-Papier grundsätzlich eine Weiterentwicklung der Gedankengänge des
OECD Betriebsstättenberichtes darstellt (der „Significant People Functions" –
Approach der Betriebsstättengewinnzurechnung wird zum „Important Functions" Ansatz der Gewinnzurechnung in Zusammenhang mit immateriellen
Vermögensgegenständen), der von der österreichischen Finanzverwaltung
große Beachtung gefunden hat. (Auch wenn diese Version im Vergleich zum
„Revised Discussion Draft" aus 2013 wiederum einige Unschärfen enthält
(wie etwa der Möglichkeit des Erfordernisses der Zurechnung von Gewinn
zum bloßen rechtlichen Eigentümer von immateriellen Werten). Für diese
Bereiche wird die Anwendbarkeit von „special measures" in Fällen, wo das
„Arm's Length Principle" nicht ausreichend den BEPS-Erwartungen gerecht
wird (zB Anwendbarkeit von „commensurate wise profits"-Methoden für
„hard to value" immaterielle Werte). Im Anschluss nehme ich damit bereits
einige Anmerkungen zum Papier der OECD vor.

Rn. 102 der VPR führt allgemein aus: „*Wird nach einem nahestehenden Unternehmen ein (bestehendes) immaterielles Wirtschaftsgut **zur Nutzung überlassen**, wird hierdurch ein Anspruch auf fremdübliches Entgelt begründet, für dessen Ausmessung die Grundsätze des Kapitels VI der OECD-VPG gelten. Unter Kapitel VI*

---

[440] *Manessinger/Schlatzer* Die österreichischen Verrechnungspreisrichtlinien 2010
(Teil 5), ÖStZ 2011, 308.

fallen vor allem Lizenzgebühren im Sinn von Art. 12 DBA. Hierzu zählt die Nut-
zungsüberlassung von gesetzlichen Schutzrechten wie zB Patenten, Markenrechten,
Musterrechte aber auch von gesetzlich nicht geschütztem Spezialwissen über gewerb-
lich-technische Erfahrungen (Know-How). Unter Kapitel VI fallen darüber hinaus
auch Entgelte, die nicht von Art. 12 erfasst werden, weil ihr Wesen nicht in einem
Nachahmungsrecht („Copyright") besteht, sondern deren Nutzung auf andere Art die
Geschäftätigkeit fördert, wie zB die Einräumung von Vertriebsrechten (Rn. 102
VPR)."

Nach der Guidance soll keine neuerliche Kategorisierung des Begriffs Immaterielle Vermögenswerte erfolgen und sollen buchhalterische, rechtliche
oder DBA-rechtliche Begriffsdefinitionen nicht mehr relevant sein.[441] Entscheidend ist vielmehr, dass es in einer Geschäftsbeziehung **„etwas"** gibt, das
weder ein körperliches Wirtschaftsgut ist oder Finanzvermögen ist und dass
**zur Verwendung in Geschäftätigkeiten im Eigentum stehen kann
oder kontrolliert werden kann** (vgl. Punkt 6.6. der Guidance). Letzteres
ist insbesondere von Relevanz für Wirtschaftsgüter, die keinem rechtlichen
Schutz zugänglich sind (zB Lieferverträge). Als klassische immaterielle Wirtschaftsgüter werden Patente, Know-how und Handelsgeheimnisse, Marken
und Firmennamen sowie Lizenzen und ähnliche befristete Rechte an immateriellen Wirtschaftsgütern beispielshaft genannt. Es wird auch der Geschäfts-
und Firmenwert angeführt, hierbei ist jedoch zu betonen, dass dieser – losgelöst vom Betrieb – in der Regel weder im Eigentum stehen kann noch kontrolliert werden kann. In den Augen der Verfasserin liegt hierbei eine Inkon-
sistenz in der Definition vor. Um den Vergleich zum österreichischen
Steuerrecht herzustellen:

Der Begriff Wirtschaftsgut ist im Einkommensteuergesetz nicht definiert.
Nach der Rechtsprechung sind Wirtschaftsgüter alle im wirtschaftlichen Verkehr nach der Verkehrsauffassung selbständig bewertbaren Güter jeder Art
(VwGH vom 12.1.1983 zu einem Hotelzeitanteilschein). Selbständige Bewertbarkeit ist dann anzunehmen, wenn dafür im Rahmen des Gesamtkaufpreises des Unternehmens ein gesonderter Wert angesetzt zu werden pflegt.
Eine Einzelveräußerbarkeit ist nicht erforderlich. Die Definition des Wirtschaftsgutes nach der österreichischen Rechtsprechung ist damit weiter als der
Vorschlag im Diskussionsentwurf der OECD.

Das Bestehen eines rechtlichen oder vertraglichen Schutzes ist für die Frage
des Vorliegens eines immateriellen Wirtschafsguts nicht relevant, wäre aber
bei der Frage der Vergleichbarkeit und in der Folge bei der Bewertung zu berücksichtigen (Rn. 6.8. der Guidance).

Know-how wird häufig in sog. Leistungspakete zur Verfügung gestellt und   **235**
durch praktische Beratung, technische Hilfe und Mitarbeiter-Schulung einem
anderen überlassen. In derartigen Fällen muss das Entgelt nach Rn. 103 VPR
für die Überlassung des immateriellen Wirtschaftsgutes von jenem für die
Erbringung der zur Überlassung nötigen Dienstleistung abgegrenzt werden
(6.18 OECD-VPG besagen hierbei etwas weicher, dass eine gesonderte Betrachtung erforderlich sein „kann"). Für den Dienstleistungsteil wird im Allgemeinen ein Fremdpreis nach der Kostenaufschlagsmethode zu ermitteln
sein; ein übersteigender Entgeltteil kann als Lizenzgebühr zu werten sein,

---

[441] *Dommes* Immaterielle Wirtschaftsgüter und Verrechnungspreise, ÖStZ 2012, 390.

wenn darin auch tatsächlich eine angemessene Abgeltung für die Überlassung von Know-how zu sehen ist (Rn. 103 VPR).

236 Der Entwurf beinhaltet eine Reihe von **Negativbeispielen für immaterielle Wirtschaftsgüter:** Synergieeffekte, Standortvorteile (Charakteristika eines Marktes wie schönes Wetter oder hohe Kaufkraft) oder hoch qualifiziertes Personal stellen keine eigenen Wirtschaftsgüter dar, da sie nicht im Eigentum stehen können oder kontrolliert werden können. Diese sind wiederum im Rahmen der Vergleichbarkeitsanalyse zu berücksichtigen und schlagen sich damit im Wert nieder.

Bei einer Lizenz handelt es sich um eine Vereinbarung über die **Überlassung von Rechten an einem immateriellem Wirtschaftsgut,** die – insbesondere von Relevanz für die Vergleichbarkeitsanalyse – von höchst unterschiedlichem Umfang sein kann. Tz. 6.16-6.19 OECD-TPG nennt daher folgende **Einflussfaktoren für die Vergleichbarkeitsanalyse:** Einzigartigkeit, erwarteter Vorteil/Nutzen, geografische Einschränkungen, Exklusivität der übertragenen Rechte, mit der Lizenznutzung verbundene Risiken, rechtlicher Schutz (Ausmaß, Dauer), Dauer der wirtschaftlichen Nutzbarkeit, Vertriebsnetz, Möglichkeit der Sublizenzierung. Rn. 6.113 ff. der Guidance ergänzen dies um Anspruch auf Zugang zu Produkt- und Verfahrensverbesserungen sowie Entwicklungsstand („established commercial vialibity" – Verwertbarkeit am Markt).

Bei der Verrechnung ist grundsätzlich von den tatsächlich zur Nutzung überlassenen einzelnen immateriellen Wirtschaftsgütern auszugehen **(Einzellizenzierung).** Eine Zusammenfassung der Entgelte für überlassene immaterielle Wirtschaftsgüter **(Globallizenzierung)** ist bei technischer und wirtschaftlicher Einheit der überlassenen Werte möglich (Rn. 107 VPR).

237 Als entgeltbestimmende Faktoren sind sowohl die **Interessenlage des Lizenzgebers als auch jene des Lizenznehmers** zu berücksichtigen. Der Lizenzgeber wird danach trachten müssen, dass zumindest seine Kosten abgedeckt werden (Lizenzuntergrenze), der Lizenznehmer wird danach trachten, dass ihm durch die Lizenzgebührenhöhe nicht der sonst anfallende Gewinn abgesaugt wird (Lizenzobergrenze). Innerhalb dieser beiden Grenzen wird sodann jene Bandbreite zu bestimmen sein, innerhalb der sich steuerlich anzuerkennende Lizenzgebühren bewegen können. Hierbei wird in den Fällen von **„Genielizenzen"** (bahnbrechende Erfindungen mit geringem Aufwand) die Verrechnungspreisbandbreite in die Richtung der Obergrenze tendieren (Rn. 108 VPR).

Die Lizenzgebühr wird in der Regel nicht vom Gewinn, sondern vom Umsatz berechnet (6.16 OECD-VPG). Eine Gewinnabhängigkeit einer Lizenzgebührenvereinbarung soll nach *Philipp/Loukota/Jirousek*[442] insoweit durchaus fremdüblich sein, als bei Langzeitverträgen Anpassungsklauseln üblich sind; außerdem wird eine gewinnabhängige Staffelung der Lizenzsätze für möglich erachtet.

In der Praxis wird darüber hinaus meistens der Nettoumsatz, dh der Nettoverkaufspreis der Waren ohne Umsatzsteuer abzüglich Skonti, Rabatte und Retouren als Basis vereinbart. Produktions-Prozess-Know-how-Lizenzen

---

[442] *Philipp/Loukota/Jirousek* Kommentar Internationales Steuerrecht (31. Lfg), I/3 B zu Rn. 109 der VPR 2010.

stellen oftmals auf die sog. *„Nameplate-Capacity"* der Produktionsanlage ab (Maximale Produktionskapazität).

Sofern verlässliche Vergleichsdaten vorhanden sind, sind alle Methoden der OECD-VPG 2010 Kapitel I–III zulässig (**Preisvergleichsmethode und Gewinnteilungsmethode** wird der **Vorzug** gegeben, unverändert in Rn. 6.142 der Guidance).

Der Fremdvergleich (**Preisvergleichsmethode,** OECD-VPG 6.23, bei **238** internem Preisvergleich: derselbe Eigentümer lizenziert an Dritte, externem Preisvergleich: es existieren Vergleichsgeschäfte zwischen Dritten) wird jedoch oftmals schwierig sein, da immaterielle Wirtschaftsgüter – wie oben unter – **Einflussfaktoren für die Vergleichbarkeitsanalyse** – angeführt – häufig besondere, einzigartige Merkmale aufweisen. Die **Wiederverkaufspreismethode** wird nur eingeschränkt Anwendung finden können, zB bei Sublizenzierung an Dritte.

Besonders wichtig bei der Beurteilung ob verwertbare Vergleichspreise vorliegen, ist in diesem Zusammenhang die **Vergleichbarkeitsanalyse,** die erst eine Beurteilung ermöglicht, ob Vergleichsdaten vorliegen.

Sie hat aufzuzeigen ob beispielsweise ob die Nutzungsüberlassungen von immateriellen Wirtschaftsgütern auf Basis von Lizenzverträgen mit fremden Dritten (beispielsweise auf Basis einer Datenbankanalyse in RoyaltyStat oder Ktmine erhoben) noch so annähernd vergleichbar sind, dass allfällige Unterschiede durch Anpassungsrechnungen Berücksichtigung finden können (vgl. Rn. 6.127 der Guidance). Weiters sind die wirtschaftlichen Hintergründe der Lizenzierung sowie der realistischerweise verfügbaren Optionen, Marktunterschiede und Standortvorteile zu dokumentieren.

Die **Vergleichbarkeitsanalyse** beinhaltet damit die Analyse der zu untersuchenden Geschäftsbeziehung und in einem zweiten Schritt die Identifizierung der verlässlichsten Vergleichsunternehmen.

Werden die dem geprüften Unternehmen *(Tested Party)* überlassenen immateriellen Werte auch anderen Konzerngesellschaften überlassen, sind bei Fehlen verwertbarer Vergleichspreise auch die Lizenzverträge mit diesen anderen Konzerngesellschaften für die Angemessenheitsprüfung heranzuziehen, wobei von Bedeutung sein kann, ob andere Steuerverwaltungen die betreffenden Lizenzgebührensätze bereits geprüft haben (Rn. 109–111 VPR).

Fehlen verwertbare Vergleichspreise jedoch insgesamt, sollten Verrechnungspreismethoden, die weniger von vergleichbaren Geschäftsbeziehungen mit oder zwischen unabhängigen Dritten abhängen – und damit primär die geschäftsfallbezogenen **Gewinnteilungsmethode** einen brauchbaren Lösungsansatz bieten (6.26 OECD-VPG).

Finanzwirtschaftlicher Bewertungsverfahren (insbesondere kapitalwertorientierte Verfahren, zB DCF-Methode) sollen sich nach dem Diskussionsentwurf unterstützend nützlich erweisen, zB bei der Ermittlung der konkreten Gewinnteilung bei der Gewinnteilungsmethode (Rn. 6.150 der Guidance). Sollte auf eine Bewertungsmethode zurückgegriffen werden, dann sei jedoch Vorsicht geboten. Typische Fallstricke bei der Anwendung von beispielsweise eines Discounted Cash-Flow Verfahrens sind demnach die Genauigkeit von Planrechnungen, Annahmen betreffend Wachstumsraten, Abzinsungsfaktoren, die Nutzungsdauer immaterieller Vermögensgüter und Annahmen betreffend die Steuersätze (Rn. 6.155 der Guidance).

Von der Anwendung von Methoden, die auf **historische Entwicklungs-kosten** für immaterielle Wirtschaftsgüter abstellen, wird im Diskussionsentwurf **eher abgeraten** (Rn. 6.140 der Guidance).

239   Sog. „**Rules of thumb"-Regeln** (wie die sog. Goldscheider Regel oder die Knoppe-Regel) sollen nach der Guidance nicht als Nachweis, dass ein Gewinn(anteil) fremdüblich, geeignet sein (Rn. 6.141 der Guidance). Diese Aussage ist aber nach Ansicht der Autorin zu hinterfragen. Es sollte sich von vornherein verstehen, dass immaterielle Wirtschaftsgüter aufgrund ihrer Einzigartigkeit besondere Anforderungen an Vergleichbarkeitsanalysen nach sich ziehen. Sollten sich jedoch sodann herausstellen, dass keine Fremdvergleichsdaten vorliegen und damit nur gewinnorientierte Verfahren zur Preisermittlung zur Verfügung stehen, dann ist zu bedenken, dass es sich bei den **Rules-of-Thumb** auch um auf Erfahrungswerten basierenden Gewinnteilungen handelt. Die sog. **Goldscheider Regel** basiert beispielsweise auf einer Beitragsanalyse IP-Eigentümer und Unternehmer in der industriellen Fertigung, wobei rund 25–33 % des Gewinnes vor Steuern dem IP-Eigentümer und die Chance auf das Restgewinnpotential dem Unternehmer zugewiesen wird (Letzter hat auch die Investitionen in die Industrieanlagen zu tätigen und trägt auch primär das Marktrisiko). Damit sollten die Bedeutung dieser Rules-of-Thumb nach allgemeinen betriebswirtschaftlichen Erwägungen und als **Ausgangspunkt einer Beitragsanalyse** für die Anwendung der gewinnorientierten Verfahren entsprechend gewürdigt werden. Adaptionen der „Rules of Thumb" können sodann nach dem durch die Funktionsanalyse ermittelten Beitragsgrad der beiden Gesellschaften zur Gewinnermittlung erfolgen.[443] Einen ähnliches Hinweis liefert auch Tz. 5.2.3. der deutschen Verwaltungsgrundsätze, der folgendes besagt: *„Lässt sich die Angemessenheit der vereinbarten Lizenzgebühr nach der Preisvergleichsmethode nicht hinreichend beurteilen, so ist bei der Prüfung davon auszugehen, dass eine Lizenzgebühr von dem ordentlichen Geschäftsleiter eines Lizenznehmers regelmäßig nur bis zur Höhe gezahlt wird, bei der für ihn ein angemessener Betriebsgewinn aus dem lizenzierten Produkt verbleibt."*

240   Wird im Vertrag eine entgeltliche Berechtigung für den Zugriff auf künftige Forschungs- und Entwicklungsergebnisse eingeräumt, liegt kein Lizenzvertrag, sondern in der Regel ein **Kostenverteilungsvertrag** vor, für den die Dokumentationserfordernisse gem. 8.40 ff. OECD-VPG gelten (Rn. 104 VPR). Für die Beurteilung von Kostenverteilungsverträgen bestehen in Österreich grundsätzlich keine Besonderheiten im Vergleich zu der in den OECD-VPG geäußerten Rechtsansicht.

In einem jüngeren Fall hat der VwGH mit einem auf den ersten Blick sehr strengen Ansatz die **steuerliche Absetzbarkeit von Lizenzzzahlungen** aufgrund **mangelhafter Dokumentation** verneint.[444] Diese Entscheidung wird auch in den VPR in Rn. 104 zitiert. Der der Entscheidung zugrunde liegende Sachverhalt ist jedoch dermaßen diffus, dass er selbst nach mehrmaligen Lesen nicht gänzlich verständlich erscheint. Im konkreten Fall war die Betriebsausgabeneigenschaft von Know-how-Gebühren strittig, die auf Basis eines schriftlichen Vertrages entrichtet wurden. Der Vertrag wurde wiederholt

---

[443] Zur Gewinnteilungsmethode vgl. OECD-VPG, Rn. 2.108 ff.; Rn. 39 VPR, *Manessinger/Schlatzer* ÖStZ 1–2/2011, 35.
[444] VwGH 28.1.2003, 99/14/0100.

sistiert und geändert, die erste Zahlung ist jedoch erst zehn Jahre nach Vertragsabschluss entrichtet worden. Weiters konnte kein faktischer Nachweis erbracht werden, dass im späteren Vertragszeitraum ein Know-how-Transfer erfolgt ist (der Know-how-Geber verfügte über keine eigenen Einrichtungen, bestellte keine Subunternehmer). Der VwGH hat ausgeführt, dass dem Fremdverhaltensgrundsatz nur dann Genüge getan ist, wenn die erbrachten Leistungen im Einzelnen konkret und detailliert erfasst und dargestellt werden. Ein Lizenzvertrag habe nicht nur schriftlich abgeschlossen zu sein, sondern auch die Art des übertragenen Wirtschaftsgutes möglichst genau zu beschreiben, sodass damit die Grundlage geschaffen werden, den Vorteil, den der Lizenznehmer erhalte, zu bewerten. Die Leistungsbeschreibung muss in einem solchen Maße konkret sein, dass die Einschätzung des genauen Marktwertes der Leistung möglich ist und in der Folge die Feststellung getroffen werden kann, ob auch ein fremder Dritter jene Gegenleistung zu erbringen bereit gewesen wäre, die von der Tochtergesellschaft geleistet wurde. Einer besonders exakten Leistungsbeschreibung bedürfe es insb. dann, wenn der Vertragsgegenstand in der Erbringung schwer fassbarer Leistungen (zB Beratungen, Bemühungen, Know-how-Überlassungen, Kontaktvermittlungen) besteht. Ansonsten sei nicht von einer betrieblich veranlassten Zahlung, sondern von einer verdeckten Gewinnausschüttung an die Muttergesellschaft auszugehen. In den Feststellungen der belangten Behörde sei das Know-how in keiner Weise spezifiziert worden und damit nicht einmal ansatzweise die Möglichkeit gegeben, den Wert der (allfälligen) Überlassung des Know-hows auszumachen.

h) Anspruch auf Erträgnisse im Zusammenhang mit der Schaffung von sog. Marketing Intangibles

In der in Rn. 234 erwähnten „Guidance on Transfer Pricing Aspects of Intangibles" beleuchtet die OECD auch die steuerlichen Aspekte von sog. Marketing Intangibles (wozu auch Handelsmarken zählen) neu. Zivilrechtliches Eigentum und Anspruch auf die mit einer Marke zusammenhängenden Erträge können daher auseinanderfallen, wenn die **markenwertrelevanten Entscheidungen** von Unternehmen ausgeführt werden, die nicht Eigentümer jener Marken oder Firmennamen sind, für die sie werben und sie auch die in diesem Zusammenhang anfallenden Kosten tragen. Ausgangspunkt der Analyse ist **„der Inhalt der diesen Unternehmen übertragenen Rechte"** (vgl. 6.38 OECD VPG).   **241**

Nicht alle **AMP-Ausgaben**[445] eines Konzernunternehmens führen zur Schaffung von selbständigen immateriellen Vermögensgegenständen, sogenannten „Marketing Intangibles". Solche liegen nur vor, wenn ein Wirtschaftsgut geschaffen wurde; der Begriff des Wirtschaftsgutes ist im EStG jedoch nicht näher definiert. Demnach führen Werbe- und Marketingaufwendungen dann nicht zur Schaffung von „Marketing Intangibles", wenn sie zeitlich nur sehr kurzfristige Auswirkungen haben und daher sofort amortisiert sind.[446]

---

[445] AMP steht für „Advertising, Promotion and Marketing" und ist in der englischsprachigen Literatur für Werbung und Marketing gebräuchlich.

[446] Vgl. *Hack* Marketing Intangibles im internationalen Konzern, taxlex 2008, 180.

Dieser Aufbau von eigenständigen Marketing Intangibles muss jedoch nicht gleichzeitig auch ein wirtschaftliches (Mit-)eigentum an einer Handelsmarke bedeuten. Ein (Mit)eigentum an einem sog. Marketing Intangible, einem Vertriebsrecht, kann aus steuerlicher Sicht vielmehr auch angenommen werden, wenn beispielsweise gar keine Handelsmarke eingetragen ist, die lokale Gesellschaft jedoch auf entsprechend langfristiger vertraglicher Basis durch eigene Marketinginitiativen Marktaufbauarbeit leistet und damit den Ruf des Konzerns im jeweiligen Absatzgebiet verbessert und den Kundenstamm entsprechend ausbaut.

Abgeleitet aus den Aussagen des OECD Berichts zur Zurechnung von Gewinnen zu Betriebsstätten aus 2006, – die mittlerweile faktisch gesehen allgemein und damit auch zwischen verbundenen Unternehmen Geltung erlangt haben –, besitzt der wirtschaftliche Eigentümer von Marketing Intangibles „*the* ***expertise and/or capacity to take the decisions*** *required to both initially assume and subsequently* ***bear the risk*** *associated with the IP*" (sog. „**significant people function**", vgl. Rn. 111). Im Zusammenhang mit Marketing Intangibles beinhaltet dies insbesondere die Entscheidungsbefugnis hinsichtlich Brandingstrategien, Markenschutzaktivitäten und sonstiger werterhaltender Maßnahmen.

242   In der angeführten OECD Guidance finden sich in Rn. 6.53–6.56, wenn auch in der Version vom 16. September 2014 wesentlich abgeschwächt als in Vorversionen, ähnliche Aussagen, die hier zu Authentizitätszwecken in ihrem englischen Original angeführt werden sollen:

„*The MNE group member(s) making the more significant contributions in a particular case should receive relatively larger compensations. Certain important functions will have special significance. For self-developed intangibles, these more important functions may include the design and control of research and marketing programmes, the management and control of budgets, the control over strategic decisions regarding intangible development programmes, and the direction of and establishing priorities for creative undertakings including determining the course of* „*blue-sky*" *research. For any intangible (either self-developed or acquired) other important functions may also include important decisions regarding defense and protection of intangibles and ongoing quality control over functions performed by independent or associated enterprises that may have a material effect on the value of an intangible*".

Ausgangspunkt für die Frage, wem der mit einem immateriellen Wirtschaftsgut zusammenhängende Ertrag zusteht, sind damit zwar stets die vertraglichen Bedingungen, das tatsächliche Verhalten ist jedoch im Endeffekt entscheidend. Die „wichtigen" Funktionen (und die Tragung der dazugehörigen Risiken) im Zusammenhang mit der Entwicklung, Verbesserung, Erhaltung und dem Schutze eines immateriellen Wirtschaftsgut beinhalten – unter anderem – die Gestaltung und Kontrolle von Forschungs- und Marketingprogrammen, das Management und die Kontrolle des Budgets, die Kontrolle über strategische Entscheidungen betreffend die Entwicklung immaterieller Wirtschaftsgüter, wichtige Entscheidungen betreffend die Verteidigung und den Schutz immaterieller Wirtschaftsgüter und laufende Qualitätskontrolle sind damit von Relevanz. Klargestellt wird, dass die reine Kostentragung alleine keinen Anspruch auf den mit dem immateriellen Wirtschaftsgut zusammenhängenden Ertrag begründet.

Bemerkenswert sind in diesem Zusammenhang die Beispiele 1–5 des OECD Discussion Draft zu Intangibles, wonach dem bloß rechtlichen Eigen-

tümer einer Handelsmarke neben einer Abgeltung der als „Routinefunktion"
zu klassifizierenden Aktivität der Aufrecterhaltung des rechtlichen Marken-
bestandes (etwa durch einen Mitarbeiterder Rechtsabteilung) kein weiterer
Gewinnanspruch zukommt, sofern die significant people/important functions" durch eine andere Konzerngesellschaft ausgeübt werden. Dieses Beispiel ist jedoch als noch nicht final markiert und soll damit bis September
2015 noch überarbeitet werden. Rn. 6.5 führt hierzu aus *„If the legal owner
neither controls nor performs the functions rated to the development, enhancement,
maintenance, protection or exploitation of thentangible, the legal owner would not be
entitled to any ongoing benefit attributable to te outsourced functions."*

Etwas Verwirrung schafft jedoch der nähste Satz:
*„A legal owner not performing any relevat function may nevertheless be entitled
to shore in the return derived by the MNE goup from the exploitation of intangibles
as compensation for any assets it uses and riss it assumes."* Man könnte sich hier
nämlich die Frage stellen, wie dem rechlichen Eigentümer noch signifikan-
tes Risiko zurechenbar sein soll, sofern ämtliche „wichtigen" Entscheidungen von Mitarbeitern anderer Gesellschaten getroffen werden, denen sodann
auch die den Entscheidungen zugrundeliegenden Risiken zurechenbar
sein sollten. Nach letzter Auskunft vonder entsprechenden Arbeitsgruppe
der OECD ist dieser Satz unglücklich formuliert, keinesfalls wollte man
Raum für die Argumentation schaffen, ass einer Gesellschaft Gewinn aufgrund einer bloß vertraglich/rechtlichenRisikotragung zugerechnet werden
kann.

Markenrechtlich geschützte Unternehnensbezeichnungen sind prinzipiell **243**
im Konzernverbund verrechnungspflichtig, wenn sie geeignet sind, zur Absatzförderung der Tochtergesellschaften bëizutragen. Eine abgeltungspflichtige
Nutzungsüberlassung liegt in diesem Zusammenhang insbesondere vor, wenn
einem verbundenen Unternehmen durch eine besondere „aktive" Tätigkeit
(wie etwa konzernweit angelegte Marketing- und PR-Initiativen der Muttergesellschaft) Vorteile verschafft werden, da die Tochtergesellschaft vom guten
Ruf des Konzerns profitiert.

Eine Abgeltungspflicht besteht jedoch nicht für Vorteile einer Tochtergesellschaft, die ausschließlich darauf zurückzuführen sind, dass die Gesellschaft
Teil eines größeren Konzerns ist und die Konzernobergesellschaften selbst
keinen aktiven Beitrag leisten (sog. Konzernrückhalt).

i) Konzernstrukturänderungen

aa) Strukturänderungsmodell und Fremdverhaltensgrundsatz

Seit einigen Jahren ist eine Tendenz zur Funktions- und Risikoabschmelzung **244**
von Tochtergesellschaften zu „low-risk" Vertriebs-„Dienstleistungs"-gesell-
schaften, Kommissionären iSd § 383 UGB oder Handelsagenten, Auftragsfertigern und Auftragsforschungs- und Entwicklern, die eine leichtere Steuerbarkeit
der effektiven Konzernsteuerquote, eine gesteigerte Kosteneffizienz (Einsparung von Personalressourcen bei den Tochtergesellschaften), eine Erleichterung
von Corporate Governance Agenden sowie manchmal auch die Verlagerung
von Gewinnpotential in Niedrigsteuerländer zum Ziel haben kann. Nach erfolgter Abschmelzung wird der Konzerngewinn sodann im Einklang mit der
neuen Risiken- und Funktionstragung aufgeteilt *(„Portable Profits Concept")*.

Die VPR führen in Rn. 129 olgende internationale Erscheinungsbilder der Funktionsverlagerung als Änderung der Konzernstruktur exemplarisch an:

- **Änderung der Vertriebsstrukturen:** Die Funktion nationaler Vertriebsgesellschaften wandelt sich von jner eines Eigenhändlers zu jener eines bloßen Kommissionärs.
- **Änderung der Produktionsstrukturen:** Eigenproduktionsgesellschaften werden zu bloßen Lohnfertigern erabgestuft.
- **Rationalisierungsprozesse:** Reorganisation der Geschäftsabläufe im Rahmen von Konzentrations- un Spezialisierungsprozessen.
- **IP-Gesellschaften:** Bündelung er immateriellen Konzernwerte in einer IP-Gesellschaft *(Intellectual Propert Company)*.

Die österreichische Rechtsordnug bietet keine maßgeschneiderte Lösung zum steuerlichen Umgang mit grnzüberschreitenden Verlagerungen von Unternehmensfunktionen. Vielmehr muss auf die grundsätzlichen Bestimmungen der Einkünfteabgrenzung, sso insb. zur Übertragung von Wirtschaftsgütern (§ 6 Z. 6 EStG) und (Teil-)etrieben (§ 24 EStG),[447] sowie im Körperschaftsteuerrecht auf die Regelunge zur verdeckten Einlage (§ 8 Abs. 1 KStG) und zur verdeckten Gewinnausschittung (§ 8 Abs. 2 KStG) zurückgegriffen werden. Auf Funktions- und Risikoverlagerungen über die Grenze kommt in erster Linie § 6 Z 6 EStG (Übeführung von Wirtschaftsgütern über die Grenze, s. Rn. 43 ff.) zur Anwendug; das inländische Unternehmen realisiert durch die Übertragung von materiellen und immateriellen Wirtschaftsgütern in das Ausland einen Anspruch auf Vergütung des Marktpreises dieser Wirtschaftsgüter im Übertragungszeitpunkt.

Über das Verhältnis dieser Normen zueinander trifft das österreichische Recht keine Aussagen.[448] Gute Gründe sprechen jedoch dafür, § 8 KStG als lex specialis zu § 6 Z. 6 EStG in Körperschaftsfällen anzusehen.[449]

245   Der Meinungsstand der Steuerverwaltungen der OECD-Staaten zur Anwendung des Fremdvergleichsgrundsatzes bei Konzernstrukturänderungen ergibt sich nach Auffassung der FinVerw. nach Rn. 130 VPR aus dem OECD-Bericht „Transfer Pricing Aspects of Business Restructurings" (OECD-TPBR), den die OECD am 22. Juli 2010 veröffentlicht hat und deren Inhalt 2010 als Kapitel IX in die VPG aufgenommen wurde. Der Bericht gliedert sich in vier Bereiche („Issues Notes")

- Special considerations for risks,
- Arm's length compensation for the restructuring itself,
- Remuneration of post-restructuring controlled transactions,
- Recognition of the actual transactions undertaken.

Nach Rn. 131 VPR werden von Unternehmensseite als Gründe für Konzernstrukturänderungen häufig Maximierung von Synergieeffekten, Erzielung von Skaleneffekten, Straffung der Managementstrukturen in den einzelnen Geschäftsfeldern; Verbesserung der Leistungsströme im Konzern sowie Nutzung der Internet-Technologie auf globaler Basis als Gründe für Kon-

---

[447] *Macho* Derzeitiger Stand und Entwicklungstendenzen der Kontrolle von Verrechnungspreisgestaltungen in der Betriebsprüfung, in FS Loukota (2005), 349.

[448] Vgl. *Csoklich/Macho* ÖStZ 2009, 443 mit weiteren Hinweisen.

[449] Vgl. *Macho/Steiner/Ruess* Verrechnungspreise kompakt, 43.

zernstrukturänderungen angeführt. Werden durch die Konzernreorganisation steuerliche Vorteile angestrebt, so stellt dies allein noch keinen Grund dar, einer tatsächlichen Verlagerung von Funktionen, Vermögenswerten und/oder Risiken die wirtschaftliche Rechtfertigung iSv Art. 9 DBA abzusprechen, sofern kein Fall von Rechtsmissbrauch vorliegt.

Nach Rn. 133 VPR sind die Gründe einer Konzernreorganisation unter Berücksichtigung folgender Aspekte zu dokumentieren:

Um welche Art von Business Restructuring handelt es sich – welche Einheiten (Produktions-/Vertriebseinheiten etc.) bzw. welche geografischen Strukturen (zB weltweit, überregional nur Europa, ausschließlich lokale Einheiten) sind überhaupt betroffen?

Wurde eine Funktions- bzw. Risikoanalyse des abgebenden und des übernehmenden Unternehmens durchgeführt – dh vor und nach dem Umstrukturierungsprozess sowie Feststellungen über Zu- bzw. Abgänge von wesentlichen Vermögenswerten?

Welche Überlegungen wurden iVm der Übertragung von materiellen und immateriellen Wirtschaftsgütern (inkl. fundierte Beschreibung dieser Wirtschaftsgüter) sowie der Verbindlichkeiten angestellt?

Hat die die Funktionen und Risiken sowie die Vermögenswerte überneh- **246** mende Gesellschaft überhaupt die entsprechende Kapital- und Personalausstattung um diese Geschäfte auch tatsächlich durchführen zu können?

- Übt die funktionsreduzierte Gesellschaft nach der Umstrukturierung nach wie vor wesentliche Funktionen als Teil ihrer geschäftlichen Aktivitäten als Dienstleistung für den übernehmenden Betrieb aus?
- Werden dem funktionsreduzierten Unternehmen die tatsächlich verbliebenen Funktionen/Risiken (inklusive jener welche nicht übertragen wurden und als „Profit Drivers" angesehen werden können) – dem Arm's Length Grundsatz entsprechend – vergütet?
- Übt die übernehmende Gesellschaft nach der Umstrukturierung ihre Geschäfte zur Gänze oder teilweise – eventuell unter maßgeblicher Einbindung der funktionsreduzierten Gesellschaft – mittels einer Betriebstätte oder einer Vertreterbetriebstätte in Österreich aus?
- Welcher Gesellschaft wurden die Kosten der Umstrukturierung angelastet und wurden (steuerliche) Aufwendungen iVm dem Erwerb von immateriellen Wirtschaftsgütern geltend gemacht? Wurden Bewertungen (Gutachten) iVm der Übertragungen von Vermögenswerten erstellt?
- Wurden iVm der Umstrukturierung Unterlagen erstellt wie zB Feasibility-Studien, geänderte Geschäftspläne/-strategien, Berichte von externen/internen Beratern etc?
- Welche Auswirkungen hatte die Umstrukturierung beispielsweise auf die leitenden Angestellten iVm Tantiemenregelungen, Verantwortungsbereichen oder auf das Reportingsystem etc.
- Werden Synergieeffekte angestrebt, sind diese zu erläutern und zu begründen.

Es ist zu untersuchen, ob die von der Reorganisation betroffenen Gesell- **247** schaften – als fiktiv unabhängige Unternehmen – eine Beteiligung an der Reorganisation hätten verweigern können, weil ihnen geschäftliche Alternativen offen gestanden wären (9.59 OECD-VPG). Zutreffendenfalls ist nach

Rn. 134 VPR eine angemessene Reorganisationsentschädigung zu leisten. Der bloße Umstand, dass befristete Konzernverträge nicht mehr verlängert oder aufgekündigt werden, kann für sich allein keinen Grund für eine Verweigerung einer Entschädigungsleistung darstellen. Hat beispielsweise die reorganisierte Konzerngesellschaft in der Vergangenheit auf ihre Kosten den Marktzugang für den Konzern geöffnet und/oder langfristig zu amortisierende Investitionen getätigt, dann hätte aus der Sicht des Fremdvergleichsgrundsatzes eine Entschädigungsklausel in derartige Verträge aufgenommen werden müssen. Die Vertragsverhältnisse sind in solchen Fällen – ungeachtet der formalrechtlichen Vertragsformulierungen – als langfristig gültig zu werten (Rn. 135 VPR mit Verweis auf 9.54 und 9.108 OECD-VPG). Im Umkehrschluss betrachtet erscheint es damit noch immer akzeptiert von Seiten der FinVerw., abseits derartiger Sonderfälle eine fristgerechte Kündigung von Verträgen bzw. das Auslaufen einer Vertragsbeziehung nicht automatisch Anlass einer Entschädigungszahlung sein sollte. Dies sollte insbesondere für die fristgerechte Kündigung von Verträgen über sog. Routinefunktionen gelten, die auch keine substantiellen Investitionen erfordert haben, die noch nicht amortisiert sind.

Eine genaue Funktionsanalyse vor und nach der Umstrukturierung ist erforderlich, um die Höhe der Entschädigung zu ermitteln, die der umstrukturierten Gesellschaft zusteht, und um festzustellen, welche Konzerngesellschaft zu dieser Entschädigung nach Fremdverhaltensgrundsätzen verpflichtet ist (9.66 OECD-VPG). Eine Entschädigung ist daher nach Rn. 136 VPR zu leisten, wenn die Reorganisation sich nachteilig für die betroffene Konzerngesellschaft auswirkt, weil körperliche oder unkörperliche Wirtschaftsgüter übertragen werden bzw. verloren gehen und weil gegebenenfalls Gewinnchancen entzogen werden.

248   Der Verweis der VPR zu 9.66 OECD-VPG mit der Übersetzung „**Gewinnchance" ist jedoch irreführend,** da in den OECD-VPG von „Gewinnpotential" gesprochen wird und damit von den zukünftigen Gewinnerwartungen, die keinen selbständigen Vermögenswert darstellen, sondern lediglich eine Komponente, die im Rahmen der Bewertung von immateriellen Vermögenswerten, betrieblichen Einheiten sowie Entschädigungsansprüchen aus Vertragsänderungen oder -kündigungen von Bedeutung und (bei der Bewertung) zu berücksichtigen ist.[450]

Werden (im Unterschied zu bloßen Routinefunktionen) unternehmerische Funktionen und Risiken (im Sinne einer Mitverantwortung für den Gesamtwertschöpfungsprozess, vgl. *Brüninghaus/Bodenmüller,* DStR 2009, 1285, 1287) übertragen, dann sollten sich nach Ansicht der Autorin sehr oft bei der Übertragung von konkreten Geschäftschancen auch mitübertragene (immaterielle) Wirtschaftsgüter (zB Rechte, Goodwill) finden lassen.

So können beispielsweise Ertragserwartungen aus Kundenbeziehungen eines Unternehmens, die sich zu einem konkret identifizierbaren Kundenstamm verdichtet haben, abgeltungspflichtig sein, sofern ein sonstiger Vermögenswert vorliegt, für den auch ein fremder Dritter etwas bezahlen würde.[451] Gleiches muss

---

[450] Dazu *Stürzlinger* Business Restructurings, 136 ff.
[451] Dazu *Stürzlinger* Business Restructurings, 51 ff.; *Macho/Steiner/Spensberger* Verrechnungspreise kompakt, 2. Aufl., 289.

für einen erschlossenen Absatzmarkt gelten.[452] Nicht erschlossene Absatzmärkte sollten jedoch nicht als Wirtschaftsgüter qualifizierbar sein.[453] Weiters sollte die Übertragung eines Auftragsbestands als der aus rechtsverbindlich abgeschlossenen, schwebenden Verträgen erwartete Gewinn, abgeltungspflichtig sein,[454] da auch ein fremder Dritter etwas hierfür zahlen würde.

Umstritten ist jedoch, ob auch Gewinnchancen, die sich nicht zB als Kundenstamm oder Absatzmarkt konkretisiert haben, abgeltungspflichtig sind. Zu bejahen ist jedenfalls eine Entgeltpflicht für die Übertragung konkreter, singulärer Geschäfts-/Gewinnchancen, die sich auf ein bestimmtes Geschäft beziehen oder zB bereits eine gesicherten Rechtsposition besteht.[455] Dies könnte beispielsweise der Fall sein, wenn bereits ein „Letter of Intent" (d.i. eine schriftliche Absichtserklärung zweier Parteien, mit der diese ihr grundsätzliches Interesse an der Durchführung einer Transaktion und den Kaufpreis niederlegen) zwischen den zukünftigen Vertragsparteien unterzeichnet wurde.

Indiz für das Vorliegen einer konkreten Geschäfts-/Gewinnchance sei beispielsweise, dass die Gesellschaft Geschäfte dieser Art schon durchgeführt hat, das konkrete Geschäft bereits angebahnt hat und Maßnahmen zur Durchführung durch die Gesellschafter getroffen wurden.[456] Nach *Kirchmayr*[457] wird im Zweifel immer dann vom Vorliegen einer hinreichend konkretisierten Geschäftschance auszugehen sein, wenn auch ein zivilrechtlicher Schadenersatzanspruch zustehen würde.

Im Unterschied dazu können ganz allgemeine, unternehmerische Gewinnchancen, die sich aus der Ausübung einer bestimmten Funktion ohne hinreichende weiterführende Konkretisierung ergeben, idR mangels objektiver Werthaltigkeit, effektiver Verfügungsmöglichkeit sowie der Möglichkeit, diese selbständig zu bewerten, nicht als abgeltungspflichtige Wirtschaftsgüter qualifiziert werden. Die Aussage des BMF im Rahmen einer EAS-Auskunft zu einer Produktionsverlagerung nach Polen, bei der zusätzlich zur firmenwertrealisierenden Teilbetriebsübertragung auch noch darüber hinaus entgehende (allgemeine) Gewinn- oder Geschäftschancen abgegolten werden müssen, wird von der Literatur als überschießend gewertet.[458] Ich denke jedoch, dass hier ein Missverständnis vorliegt, da das BMF aus meiner Sicht lediglich Reflexionen über sämtliche, bei der Ermittlung des Barwertes der zukünftigen Gewinnes des zu schließenden Betriebes relevanten wertbestimmenden Faktoren (Einfluss auf die Planungsrechnung des Betriebes) getroffen hatte.

Der Umstand, dass sich der Konzern in seinem Gesamtinteresse zu der Umstrukturierung genötigt sah, enthebt nicht von diesem Prüfungserfor-

249

---

[452] *Bodenmüller* Steuerplanung bei Funktionsverlagerungen ins Ausland, 278; *Jacobs* Internationale Unternehmensbesteuerung, 6. Aufl., 1084. BMF vom 22.10.2008, EAS 3006 zur Wirtschaftsguteigenschaft des Marktes „Osteuropa".

[453] Kap. Q Rn. 911; *Bodenmüller* Funktionsverlagerung, 278; *Beregger* in Bernegger/Rosenberger/Zöchling (Hrsg.), 439.

[454] Vgl. *Stürzlinger* in Damböck/Galla/Nowotny, Verrechnungspreisrichtlinien, 207.

[455] *Stürzlinger* Business Restructurings, 64.

[456] *Kirchmayr* in Achatz/Kirchmayr, KStG § 8 Rn. 198.

[457] *Kirchmayr* in Achatz/Kirchmayr, KStG § 8 Rn. 201.

[458] Vgl. *Stürzlinger* in Damböck/Galla/Nowotny, K 347 mit Verweis auf *Bernegger* in Bernegger/Rosenberger/Zöchling, 432; *Trenkwalder* in Bernegger/Rosenberger/Zöchling, 176.

nis. Denn der Fremdvergleichsgrundsatz gilt nicht für die Konzerngruppe insgesamt, sondern für die einzelne Konzerngesellschaft (9.178 OECD-VPG). Die Entschädigungsleistung muss den wirtschaftlichen Schaden der von der Reorganisation betroffenen Einzelgesellschaft abgelten (Rn. 137 VPR).

Beispiel: Im Rahmen eines weltweiten Spezialisierungsprogrammes eines Konzerns wird bei einer inländischen Produktions- und Vertriebsgesellschaft die Produktionspalette eingeschränkt, sodass diese Gesellschaft genötigt wird, den bisher selbst hergestellten Teil ihrer im Inland vertriebenen Konzernprodukte von ausländischen Konzerngesellschaften teuer zuzukaufen. Der Verlust der bisherigen lokalen Synergieeffekte bedarf einer Entschädigung.

Das in den VPR angeführte Beispiel zur notwendigen Entschädigung für den Verlust lokaler Synergieeffekte war auch im Diskussionsentwurf zu Kapitel IX der OECD-VPG enthalten, hat aber in der finalen Fassung der OECD-VPG keinen Eingang gefunden., da es scheinbar von vielen Steuerverwaltungen kritisch beurteilt wurde.[459]

Der Umstand, dass mit der Umstrukturierung nicht nur Gewinnchancen (diese Formulierung der VPR sollte korrekterweise wiederum in „positive Ertragserwartungen" umformuliert werden, Anm. der Autorin), sondern auch Risiken auf ein anderes Konzernunternehmen übergehen, entbindet nicht von einer Entschädigungsleistung, wenn insgesamt eine Gewinnminderung zu erwarten ist (Rn. 138 VPR).

Beispiel: Eine Vertriebsgesellschaft, deren Reingewinnsätze in den letzten fünf Jahren zwischen 5% und 10% vom Umsatz betrugen und bei der keine wesentliche Veränderung in den nächsten Jahren zu erwarten ist, wäre als „fremdes Unternehmen" nicht bereit, sich ohne entsprechender Entschädigung mit einer Kommissionärsfunktion abzufinden; und zwar auch dann nicht, wenn damit ein garantierter Gewinn in Höhe von 2% vom Umsatz verbunden ist (s. in diesem Sinn 9.71 und 9.72 OECD-VPG).

bb) Produktionsverlagerung auf einen ausländischen Eigenproduzenten

250   In diesem Kapitel soll auf mit der EAS-Erledigung 2987[460] vergleichbare Fälle der Funktionsverlagerung eingegangen werden:

Beispiel: Im Rahmen einer neuen Konzernstrategie von einer deutschen Konzernmuttergesellschaft angeordnet, die Produktion bei einer österreichischen Tochtergesellschaft zu beenden und auf eine polnische Tochtergesellschaft zu übertragen. Bei der Feststellung, welche Wirtschaftsgüter im Rahmen der Teilbetriebsveräußerung auf die polnische Schwestergesellschaft übergehen, werde auch zu erheben sein, in welchem Umfang immaterielle Werte (zB Know-how, Vertriebswege, Kundenstamm sowie andere Elemente eines Firmenwertes) abgeltungspflichtig übertragen werden. Eine Analyse der Aufwandstruktur der letzten Jahre kann in diesem Zusammenhang Anhaltspunkte für die Bildung solcher werthaltiger immaterieller Wirtschaftsgüter liefern.

Nach *Steiner*[461] wertet die österreichische FinVerw. als Anhaltspunkte für das Vorliegen einer Funktionsverlagerung etwa verringerte Umsatzerlöse, ge-

---

[459] *Stürzlinger* Business Restructurings, 133 f.

[460] EAS-Auskunft des BMF, GZ BMF-010 221/1921-IV/4/2008 vom 23.7.2008 Produktionsverlagerung.

[461] *Steiner* „Business Restructuring" – Der „Substance over form"-Test anhand eines Fallbeispiels, in Bernegger/Rosenberger/Zöchling (Hrsg.), Handbuch der Verrechnungspreise, Wien 2009, 377.

ringere Lohnaufwendungen auf Grund der Verkleinerung des Mitarbeiterstandes, Änderung der Ermittlung von Leistungsprämien, Überprüfung der ISO-Zertifizierungsunterlagen hinsichtlich geänderter Geschäftsverteilungspläne, geringere Aufwendungen für Raum- oder Lagermieten, Erlöse aus der Übertragung bzw. Überlassung von Wirtschaftsgütern (zB Maschinen, Know-how), geringere Bestände beim Anlage- bzw. Umlaufvermögen, gestiegene Aufwendungen für die Inanspruchnahme von Dienstleistungen sowie Rückstellungen für Schließungskosten, Sozialpläne, Mietzahlungen etc.

Nach Ansicht des BMF zu oben angeführtem Fall, würde sodann zumindest die Vermutung dafür sprechen, dass eine **Teilbetriebsveräußerung gem. § 24 EStG** vorliegt. Dies entspricht auch der Auffassung von Macho, da es sich um eine „massive Funktionsverlagerung" handeln sollte.[462] Hierzu ist nach Rn. 5508 EStR eine Übertragung der wesentlichen Grundlagen des Betriebes erforderlich, was sich nach den Umständen des jeweiligen Einzelfalles richtet.

Durch die Besteuerung des Veräußerungsgewinnes würden alle bis zur Ver   **251** äußerung unversteuert gebliebenen Vermögensvermehrungen (stille Reserven einschließlich eines Firmenwertes[463]) erfasst und der Besteuerung unterzogen (und somit nicht nur hinsichtlich der konkret über die Grenze überführten Wirtschaftsgüter iSd § 6 Z. 6 EStG) werden. Dies wäre nach Macho nur richtig und konsequent, da durch oft jahrelange Aufbauarbeit in Österreich (Standort, Mitarbeiter, Know-how, Infrastruktur usw.) Werte geschaffen werden, die weit über den der „Produktionsfunktion" hinausgehen. Bestünde die Verlagerung nur in dem einfachen Abbau, Transport und Zusammenbau der Maschinen an einen anderen Ort, dann wäre fast schon jeder österreichische Produktionsbetrieb ins Ausland verlagert.

Die einzige Ausführung der VPR zu ähnlich gelagerten Fällen finden sich in Rn. 141 und 142 VPR, worin lediglich ausgeführt ist, sofern im Zuge einer Konzernstrukturänderung die Vertragsbeziehungen zu (fremden) Kunden einer inländischen Konzerngesellschaft beendet werden, die begünstigte ausländische Gesellschaft auch dann zur Leistung einer Entschädigung für die erlangten Geschäftschancen (wieder korrekterweise „die zukünftigen Gewinnerwartungen", Anm. der Autorin) auch dann verpflichtet, wenn zwischen diesen beiden Gesellschaften keine vertraglichen Vereinbarungen getroffen worden sind (Z 9.91 OECD-VPR).

Csoklich/Macho[464] haben vor Inkrafttreten der VPR anhand eines der zuvor   **252** zitierten EAS 2987 sehr ähnlich gelagerten Beispiels untersucht inwieweit die in 2008 in Kraft getretenen deutschen Neuregelungen zur Funktionsverlagerung sowie das Kapitel IX der OECD-VPG zur Auslegung der österreichischen Bestimmungen herangezogen werden können. Diese Ausführungen geben auch nach Einführung des VPR weiterhin gewisse Anhaltspunkte der Rechtsauffassung der österreichischen Steuerverwaltung, da die VPR – abgesehen von den oben angeführten allgemeinen Verweisen auf das Kapitel IX der OECD-VPG keine näheren Erläuterungen zur Ermittlung einer angemessenen Entschädigung enthalten:

---

[462] *Macho* ÖStZ 2004, 573.
[463] VwGH 14.4.1993, 91/13/0239; vgl. Rn. 5501 EStR.
[464] Vgl. *Csoklich/Macho* ÖStZ 2009, 443.

Beispiel: Im Rahmen einer neuen Konzernstrategie ordnet die in Deutschland ansässige Konzernmuttergesellschaft (D-AG) an, dass die Produktion bei ihrer österreichischen Tochtergesellschaft (A-GmbH) beendet und auf ihre rumänische Tochtergesellschaft (RO-S. A.) übertragen werde (Beteiligungsausmaß jeweils 100 %). Ratio dieser Restrukturierung ist die Nähe zum Zukunftsmarkt „Osten" sowie das in Rumänien günstigere Lohnniveau. Im Zuge der Reorganisation sollen Wirtschaftsgüter, wie Anlagen und Werkzeuge, und – in wesentlichem Umfang – immaterielle Werte, wie Patente, Knowhow, Vertriebswege, Kundenstamm, unentgeltlich von der A-GmbH auf **ihre** rumänische Schwestergesellschaft übertragen werden. In den letzten Geschäftsjahren konnte die A-GmbH erhebliche steuerliche Gewinne ausweisen. Eine auf Annahme der Fortführung der Produktion in Österreich basierende Vorschaurechnung lässt mit einem zeitlich befristeten Rückgang der österreichischen (steuerlichen) Ergebnisse rechnen, was vor allem auf in näherer Zukunft anstehende Investitionserfordernisse zurückzuführen ist.

253   Im ersten Schritt ist eine **Funktions- und Risikoanalyse** durchzuführen, mit dem Ergebnis, dass eine Produktionsverlagerung auf einen Eigenproduzenten, vorliegt. In einem zweiten Schritt ist das Vorliegen einer verdeckten Gewinnausschüttung nach § 8 Abs. 2 KStG zu prüfen, da eine Dreiecksbeziehung zwischen der D-AG an der Konzernspitze und den beiden Tochtergesellschaften A-GmbH und RO-S. A. besteht. Es ist daher eine verdeckte Ausschüttung durch die Ausschüttung an die Konzernmutter und die sofortige Einlage von dieser in deren rumänische Tochter zu untersuchen (sog. **Theorie der Doppelmaßnahme**).[465] Der dritte Schritt umfasst die Fremdvergleichsprüfung.

254   Der deutsche Gesetzgeber geht in § 1 Abs. 3 S. 9 AStG von der Annahme eines Transferpakets für die Verlagerung einer Funktion als Ganzes (d. i. eine Geschäftstätigkeit, die aus der Zusammenfassung gleichartiger betrieblicher Aufgaben, die von bestimmten Abteilungen aus oder Stellen eines Unternehmens erledigt werden, besteht, vergl. 2.1.1. VwGS-VG vom 13.10.2010), und das im Rahmen eines **hypothetischen Fremdvergleichs,** bei dem ein Verhandlungsprozess zweier voneinander unabhängiger ordentlicher und gewissenhafter Vertragspartner simuliert wird, nach anerkannten betriebswirtschaftlichen Methoden (zB Ertragswertverfahren = DCF) zu bewerten ist.

In der zu § 1 Abs. 3 erlassenen Funktionsverlagerungsverordnung (FVerlV) wird zur Bewertung des Gesamtpakets das **Ertragswertverfahren** als Methode vorgeschrieben. Dadurch gelinge es das wahre Ertragspotenzial der verlagerten Funktion, nämlich die Möglichkeit, mit dieser auch in Zukunft Geld machen zu können, also deren Firmenwert oder Goodwill, objektiv zu erfassen.[466] Dabei soll eine vierfache Bewertung der zu verlagernden Funktion vorgenommen werden: Sowohl aus Sicht des übertragenden als auch des übernehmenden Unternehmens, jeweils mit und ohne Vornahme der Transaktion, wodurch einerseits die Plausibilität der Transaktion überprüft werden soll und andererseits eine Bandbreite zur Bewertung entsteht (Maßstab des doppelten ordentlichen und gewissenhaften Geschäftsführers[467]). Unterschie-

---

[465] Vgl. zu dieser Konstellation *Ressler/Stürzlinger* in *Lang/Schuch/Staringer*, § 8 Rn. 73 mwN.

[466] *Csoklich/Macho* ÖStZ 2009, 443, verweisen in dieser Hinsicht, allerdings die Konzeption des Transferpakets ablehnend, auf *Blümers* BB 2007, 1760 f. mwN.

[467] Vgl. *Flick* Deutsche Verwaltungsgrundsätze zu internationalen Verrechnungspreisen aus der Sicht der Unternehmen, JbFSt 1981/82, 133 (135).

de in der Wertermittlung des Wegfalls des Ertragspotentials beim Veräußerers bzw. dem Erwerb des Ertragspotentials beim Erwerber lassen sich etwas auf die Notwendigkeit des Ansatzes von Schließungskosten beim Veräußerer oder eine andere Kostenstruktur beim Erwerber (zB niedrigeres Lohnniveau) erklären. Nach S. 7 ist im Zweifel, wenn kein anderer Wert „glaubhaft" gemacht werden kann, der Mittelwert dieser Bandbreite („Einigungsbereich") zu wählen. § 1 Abs. 3 S. 11 und 12 räumen den Finanzbehörden wegen widerleglich vermuteter Bewertungsunsicherheiten bei immateriellen Wirtschaftsgütern die Möglichkeit ein, nachträgliche Preisanpassungen innerhalb von zehn Jahren nach Abwicklung der Transaktion vorzunehmen.

Die OECD definiert in Tz. 9.48 OECD-VPG den Begriff der Konzernstrukturänderung („Business Restructurings"); eine solche würde vorliegen, wenn eine **Übertragung von „Etwas von Wert"** (zB Rechte oder andere Wirtschaftsgüter) oder ein **Beendigung oder wesentliche Neuverhandlung von Verträgen** erfolgen und zwischen fremden Dritten unter vergleichbaren Umständen zu einer Entschädigungszahlung geführt hätten. Der Bericht geht zur Vorgehensweise im Preisfindungsprozess in Tz. 9.54 OECD-VPG davon aus, dass zunächst Funktionen, Wirtschaftsgüter und Risiken vor und nach der Restrukturierung, danach die betriebswirtschaftlichen Gründe, die erwarteten Vorteile der Reorganisation, sowie die realistischerweise in Betracht kommenden Alternativen zu bezeichnen wären, um ein besseres Verständnis für die Restrukturierung zu entwickeln. Gem. Rn. 9.93 sollten bei der Bewertung der Übertragung einer Geschäftstätigkeit im Ganzen, eines funktional eigenständigen Ganzen („ongoing concern") sämtliche werthaltige Komponenten („elements") berücksichtigt werden, die auch fremde Dritte entschädigen würden.

Die einzig konkrete Hilfestellung zur Wertermittlung selbst findet sich dann in Rn. 9.93 OECD-VPG, der besagt, dass der Wert der Entschädigung für die Übertragung des gesamten Geschäftstätigkeit auf Basis des Fremdvergleiches nicht zwangsläufig der Summe der Einzelbewertungen der einzelnen identifizierten Elemente der übertragenen Geschäftstätigkeit entsprechen muss. Vielmehr kann eine Gesamtbewertung eher dem Fremdvergleich entsprechen, wenn bei der Übertragung einer Geschäftstätigkeit gleichzeitig eine Vielzahl miteinander zusammenhängender Wirtschaftsgüter, Risiken oder Funktionen übertragen wird. In einem derartigen Fall können nach der Ansicht der OECD **Bewertungsmethoden, wie sie bei Unternehmensübertragungen üblicherweise angewendet** werden als hilfreich erweisen (*„valuation methods that are used, in acquisition deals, between independent parties may prove useful to valuing the transfer of an ongoing concern"*).

Laut Fachgutachten KFS BW1 2006[468] eignen sich sowohl das Ertragswertals auch das DCF-Verfahren zur Bestimmung von Unternehmenswerten (vgl. Punkt 2.3. (9)) und führen bei identischen Annahmen zu identischen Ergebnissen. In der Praxis wird oft vereinfachend das EBIT oder der Jahresüberschuss vor Steuern (bereinigt um außerordentliche Erträgnisse sowie Beteiligungserträgnisse und -aufwendungen) als Ertragsgröße verwendet, in dem

---

[468] Fachgutachten Unternehmensbewertung des Fachsenates für Betriebswirtschaft und Organisation des Instituts für Betriebswirtschaft, Steuerrecht und Organisation der Kammer der Wirtschaftstreuhänder, beschlossen am 27.2.2006, jurz „KFS BW1 2006".

unterstellt wird, dass sämtliche die nicht Cash-flow relevanten Aufwendungen (zB Abschreibungen) sofort reinvestiert werden. Nach KFS BW1 2006 hat bei der Ermittlung eines objektivierten Unternehmenswertes die Berücksichtigung von Transaktionskosten und transaktionsbedingten Ertragssteuerauswirkungen grundsätzlich zu unterbleiben, etwas anderes gilt für die Ermittlung eines subjektivierten Unternehmenswert (Punkt 3.8.) – der für Verrechnungspreiszwecke insbesondere von Relevanz sein wird. Hierbei wird der Betrieb aus der Sicht eines konkreten Unternehmers (Käufer oder Verkäufer) unter Berücksichtigung seiner speziellen Verhältnisse und Handlungsalternativen bewertet. Es wird damit auch der sog. „Tax Amortisation Benefit" beim Erwerber (d. i. das erhöhte Abschreibungspotential aus aufgedeckten stillen Reserven und Firmenwertkomponenten) zu berücksichtigen sein. Bei Kapitalgesellschaft wird in der Praxis aber keine Vollausschüttung unterstellt, sondern werden lediglich die körperschaftsteuerlichen Konsequenzen auf Kapitalgesellschaftsebene Berücksichtigung finden.

255   Nach *Csoklich/Macho* bietet es sich daher an, auch für österreichische Zwecke, wie von deutscher Seite vorgeschlagen, der Theorie des doppelten ordentlichen und gewissenhaften Geschäftsführers zu folgen (zur Figur des ordentlichen und gewissenhaften Geschäftsführers bei verdeckten Gewinnausschüttungen nach § 8 Abs. 2 KStG s. auch Rn. 21–39):

Die Perspektive des Veräußerers: Die A-GmbH überlegt, aus ihrem derzeit (noch) profitablen Markt auszusteigen und ihre Produktion zu beenden. Sie kennt den Wert der ihrer Produktionssparte zugeordneten Wirtschaftsgüter. Ihr ordentlicher und gewissenhafter Geschäftsführer hat Planungsrechnungen anstellen lassen, welche zu erkennen geben, dass auch weiterhin mit Gewinnen zu rechnen ist. Der ordentliche und gewissenhafte Geschäftsführer überlegt, ob nicht durch einen Verkauf der Produktion ein Erlös erzielt werden könnte, der den Barwert der zukünftig erwarteten Gewinne bzw. den derzeitigen Wert des Betriebsvermögens zuzüglich eines Firmenwerts übersteigt. Diesem Vergleichswert würde er auch eventuell anfallende Schließungskosten hinzurechnen. Steuern auf den Veräußerungserlös sind nach *Csoklich/Macho* allerdings nicht zu berücksichtigen. Ein ordentlicher und gewissenhafter Geschäftsführer würde nicht um jeden Preis darauf bestehen, dass der Unternehmenserwerber die Steuerlast der Transaktion trägt. Ohne Transaktion würde er die in Zukunft zu erwartenden Gewinne sowieso in ihrem Realisationszeitpunkt versteuern müssen.

Als Berechnungsmethode bietet sich das vom deutschen Gesetzgeber gewählte **Ertragswertverfahren** an, wofür zwei wichtige Parameter erforderlich sind:

256   Einerseits ein **adäquater Diskontierungszins.** Nach KFS BW1 2006 (Rn. 68) ist bei der Bestimmung des Basiszinssatzes von einer risikolosen Kapitalmarktanlage auszugehen. Der Basiszinssatz kann unter Berücksichtigung der Laufzeitäquivalenz zum zu bewertenden Unternehmen aus der zum Bewertungsstichtag gültigen Zinsstrukturkurve abgeleitet werden. Alternativ kann die am Bewertungsstichtag bestehende Effektivrendite einer Staatsanleihe mit einer Laufzeit von 10 bis 30 Jahren herangezogen werden. Für die konkrete Höhe des Risikozuschlags sind nach Rn. 69 KFS BW1 2006 auf dem Markt beobachtete Risikoprämien geeignete Ausgangsgrößen, die den speziellen Gegebenheiten anzupassen sind. Marktorientierte Risikozuschläge können auf Grundlage des Capital Asset Pricing Models (CAPM) oder auf Grund anderer kapitalmarktorientierter Methoden ermittelt werden (Rn. 70 KFS BW1 2006). Der Risikozuschlag ergibt sich sodann durch Multiplikation der Marktrisikoprämie mit dem unternehmensindividuellen Beta-Faktor. Marktrisikoprämien und unternehmensindividuelle Beta-Faktoren werden von Finanzdienstleistern erhoben bzw. im Internet publiziert (zB http://www.damodaran.org/). Die auf Basis des CAPM ermittelten Renditen zw. Risikozuschläge sind Rendite bzw. Risikozuschläge nach Körperschaftsteuer, jedoch vor persönlicher Einkommensteuer (Rn. 79 KFS BW1 2006).

Nach Ansicht von *Csocklich/Macho* kann der Diskontierungszinssatz damit **257** auch zB mit Hilfe des CAPM (also risikoloser Zins plus risikoadjustierten gewichteten Durchschnittseigen- und Durchschnittsfremdkapitalkostensatz [= WACC]) berechnet werden (Anm. der Verfasserin: das CAPM Modell wird idR verwendet um Eigenkapital zu bewerten; es ist daher idR nicht mit einem WACC kombiniert vorzufinden; der Kapitalisierungszinssatz repräsentiert dann nur die Eigenkapitalkosten).

Andererseits ist ein geeigneter **Kapitalisierungszeitraum** zu ermitteln. Grundsätzlich könne nach *Csoklich/Macho* auch die Berechnung ewiger Renten fremdüblich sein. Diese Aussage stützt sich wohl auf Rn. 109 der deutschen Verwaltungsgrundsätze Funktionsverlagerung, wonach – wenn nicht nach den Umständen der Funktionsausübung ein bestimmter Kapitalisierungszeitraum glaubhaft gemacht werden kann (zB auf Basis des Technologie- oder des Produktlebenszyklus) – bei Verlagerung eines ganzen (Teil)Betriebes ein unbegrenzter Kapitalisierungszeitraum zur Anwendung kommt. Nach Ansicht der Autorin dieses Beitrages liegt genau in der Ermittlung des Kapitalisierungszeitraums/Planungshorizonts einer der problematischsten Bereiche und hat in der Regel auch den größten Hebel auf das Ergebnis. In der jetzigen Welt des raschen Umschwungs von einem ewigen Betrachtungszeitraum auszugehen, erscheint wirtschaftlich nicht gerechtfertigt und spiegelt sich auch nicht in den oftmals durch Multiplikatoren ermittelten Verkaufspreisen von Unternehmen zwischen fremden Dritten wieder. Die technische Nutzungsdauer mancher Betriebsanlagen in bestimmten Industrien kann um die 25 Jahre betragen, unter der Voraussetzung, dass nicht bahnbrechende Neuerfindungen eine außerordentliche Abnutzung bewirken. Ein sorgfältiger und gewissenhafter Geschäftsleiter würde die wirtschaftliche Restnutzungsdauer damit möglicherweise nur mit 10–15 Jahren ansetzen. Weiters können Veränderungen in Zuliefer- und Absatzverträgen einen Einfluss auf die Restnutzungsdauer bewirken. Darüber hinaus – der Argumentation folgend, dass es bei der Verlagerung von Produktion auch um die Verlagerung von immateriellen Vermögensgegenständen geht – könnte der Planungshorizont auch an der wirtschaftlichen Nutzungsdauer dieser immateriellen Vermögensgegenstände (zB Marketing Intangibles, Secrecy Terms von Prozess-Know-how Lizenzverträgen) bemessen werden. Dies entspricht auch dem deutschen Gutachten der Wirtschaftsprüfer (IDW Standard 5), das bei immateriellen Vermögensgegenständen in Rn. 25 generell von einer begrenzten Nutzungsdauer ausgeht. In der Literatur wird auch auf die Modellschwäche der Verwendung der ewigen Rente hingewiesen, nämlich, dass genau die Zahlungsströme jener Periode, über die der geringste Informationsstand vorliegt, rein arithmetisch mit der größten Gewichtung über die ewige Rente in den Entscheidungswert eingehen.[469]

258 **Die Perspektive des Erwerbers:** Ein ordentlicher und gewissenhafter Geschäftsführer eines bietenden Unternehmens würde den (Ertrags-)Wert der angebotenen Produktionssparte berechnen. Er wird sich dabei die Frage stellen, ob im Hinblick auf seine sonstigen Aktivitäten durch die Akquisition Synergien, Einsparungspotenziale, *Economies of Scale,* usw. entstehen könnten. Ebenso wird er etwaige, sich durch die Investition ergebende, erhöhte Finanzierungsaufwendungen und sonstige Mehrkosten als ertragswertmindernd berücksichtigen müssen. Ein ordentlicher und gewissenhafter Bieter wird schließlich den Ertragswert seines Unternehmens ohne Übernahme der Produktionssparte als Vergleichswert berechnen (Go-or-No-go-Entscheidung). Die Schmerzgrenze seines Anbots wird der Ertragswert unter Einbeziehung sämtlicher Synergien und Verbundvorteile sein.

259 **Der fremdübliche Verrechnungspreis:** Der Verhandlungsspielraum der beiden ordentlichen und gewissenhaften Geschäftsführer ist durch zwei Werte abgegrenzt: der Verkäufer wird bei Verlustproduktion zumindest den Liquidationswert oder alternativ die zu erwartenden Schließungskosten fordern[470] sowie im Gewinnfall seinen errechneten positiven Ertragswert zuzüglich der zu erwartenden Schließungskosten. Ein Bieter ist uU bereit, einen strategischen Mehrpreis zu zahlen, um sich Marktanteile im Konkurrenzkampf zu sichern. Einsparungspotenziale und Synergien können bei einem Bieter vorliegen, beim anderen nicht.

Aus diesen Erwägungen folgt nach *Csoklich/Macho,* dass ein fremdüblicher Preis mithilfe dieser „Verhandlunglösung" praktisch nicht feststellbar ist. *Baumhoff* entscheidet sich daher für eine „Schiedsrichterlösung", die als „salomonische Lösung" den Mittelwert eines Einigungsbereichs vorschlägt (ebenso § 1 Abs. 3 S. 7 AStG), ist sich allerdings ihrer evidenten Nachteile bewusst.[471] Daher ließe sich eine für Unternehmen günstigere Lösung begründen, wobei ein kluger Gedanke des BFH (BFH I R 103/00BStBl. II 2004, 171) fruchtbar gemacht werden könne: Alle Preise innerhalb des ermittelten Verhandlungsspielraums sind unter unterschiedlichen Marktbedingungen, Bieterkonstellationen, Verhandlungsgeschick der beteiligten Parteien usw. grundsätzlich fremdüblich.[472] Ziel des *Dealing-at-Arm's-Length*-Grundsatzes sei es nicht, eine perfekt realistische Verkaufssituation zu simulieren und einen einzigen, zu 100 % zutreffenden, fremdüblichen Preis zu generieren, sondern grobe fremdunübliche Ausreißer zu vermeiden. Ein Preis, der innerhalb des eben beschriebenen Einigungsbereichs liegt, müsse jedenfalls fremdüblich sein. Begreift man das Steuerrecht als Eingriffsrecht, sei daher in dubio die für den Steuerpflichtigen günstigste Alternative am jeweiligen Rand der Bandbreite zu wählen. Für eine solche Lösung spricht auch die Feststellung in

---

[469] Vgl. *Bernegger/Rosar* in Bernegger/Rosar/Rosenberger, Handbuch Verrechnungspreise, 577 mit Verweis auf Unternemensbewertng Häseler/Hörmann/Kros.

[470] Mit Verweis auf *Ditz/Just* DB 2009, 144 f. Eine Goodwilabgeltung ist bei Verlustproduktion nicht fremdüblich und daher abzulehnen: *Borstell/Jamin* in *Kessler/Kröner/Köhler,* 2 Aufl., § 8 KStG Rn. 440.

[471] Mit Verweis auf *Baumhoff* Verrechungspreise, 251 f.

[472] Mit Verweis auf *Gosch* in Gosch, 2. Aufl., § 8 Rn. 312.

Tz. 1.2 der OECD-VPG, wonach seitens der FinVerw. nicht automatisch von Steuerhinterziehungsabsichten der Unternehmen ausgegangen werden darf. Es wäre nach Ansicht der Autorin dieses Beitrages begrüßenswert, wenn die FinVerw. diese Ansicht zum Wahl des Preises innerhalb der Bandbreite durchgängig vertreten würde (s. hierzu auch Rn. 139). *Csoklich/Macho* kommen zu dem Schluss, dass die Regelungen des deutschen Außensteuerrechts sowie der OECD-VPG zT sehr sinnvolle Lösungswege für die Besteuerung von Funktionsverlagerungen aufzeigen, die auch für die Interpretation der österreichischen Normen der Einkünfteabgrenzung von Interesse sind.

cc) Funktions- und Risikoabschmelzung einer Produktionsgesellschaft

Im Fall einer Herabstufung einer inländischen Produktionsgesellschaft zu **260** einem bloßen Lohnfertiger ist nach Rn. 140 VPR zu untersuchen, ob hierdurch in der inländischen Produktionsgesellschaft ein zu Lasten des inländischen Steueraufkommens entwickeltes Know-how in entgeltpflichtiger Weise auf die ausländische Konzerngesellschaft übergeht.

Werden im Zuge von Reorganisationen Produktionen in nahestehende Gesellschaften in Niedriglohnländer ausgelagert und werden diese als Lohnfertiger tätig, kommen die hierdurch erzielten Kosteneinsparungen nach Rn. 143 VPR dem auslagernden Unternehmen und nicht dem Lohnfertiger zu (9.150 OECD-VPG). Im weiteren Sinn umfassen standortbedingte Kosteneinsparungen (*Location Savings*[473]) sämtliche Kostenersparnisse, die bei der Verlagerung einer Funktion von einem Standort mit hoher Kostenbelastung zu einem Standort mit niedrigerer Kostenbelastung realisiert werden, wie etwa geringere Lohn- und Gehaltskosten, Mietkosten, Grundsteuern, Ausbildungskosten und Materialkosten. Den Ersparnissen bei einzelnen Kostenkategorien können jedoch auch Mehrkosten aufgrund der meist schlechteren (technischen) Infrastruktur, zB für Energie, Transport, Qualitätskontrolle etc., entgegenstehen. Bei der Bestimmung der tatsächlich realisierten standortbedingten Kostenvorteile sind daher die durch die Produktionsverlagerung erzielten Kostennachteilen (*„Location Dissavings"*) zum Abzug zu bringen.

In den OECD-VPG wird nicht explizit auf die Aufteilung von standortbe- **261** dingten Kostenvorteilen im multinationalen Konzern Bezug genommen, es wird lediglich ausgeführt, dass im Rahmen des Fremdvergleichs der geografische Markt bei der Bestimmung der Vergleichbarkeit von Geschäftsbedingungen und damit der Preisfindung relevant ist. Nach dem Tenor der OECD-VPG sollten die standortbedingten Kostenvorteilen jedoch letztendlich wie zwischen fremden Dritten (= echter Fremdvergleich) bzw. wie von einem gewissenhaften und ordentlichen Geschäftsführer (= hypothetischer Fremdvergleich) aufgeteilt werden.

Im Falle eines Lohnfertigers wird gem. Tz. 2.53 und 7.41 OECD-VPG die **262** Anwendung der Kostenaufschlagsmethode für die Bestimmung der Verrechnungspreise eines idealtypischen Lohnfertigers als zweckmäßig erachtet. Der Lohnfertiger stellt damit dem Auftraggeber seine Kosten zuzüglich eines Gewinnaufschlages in Rechnung. Niedrige standortbezogenen Kosten führen jedoch auch zu einer für die Berechnung des Gewinnaufschlages maßgeblichen

---

[473] *Hack* ÖStZ 2009, 305 mit weiteren Verweisen.

entsprechend niedrigen Kostenbasis des Lohnfertigers. Der Standortvorteil des Lohnfertigers wird daher bei Anwendung der Kostenaufschlagsmethode zu einem erheblichen Teil an den inländischen Auftraggeber transferiert, wenn nicht bei der Bestimmung des Gewinnaufschlages standortbezogene Vorteile zu Gunsten des Lohnfertigers berücksichtigt werden. In der deutschen Literatur wird daher die „undifferenzierte Anwendung" der Kostenaufschlagsmethode zur Verrechnungspreisermittlung beim Lohnfertiger kritisiert.[474] Die niedrigeren Kosten im Ausland seien nämlich bei der Verrechnungspreisbildung durch Aufteilung der Vorteile zwischen Auftraggeber und Lohnfertiger zu berücksichtigen. Die Standardgewinnaufschläge seien damit zu erhöhen, so dass trotz einer niedrigen Kostenbasis bei der Verrechnungspreisbildung der durch den Standortvorteil im Konzern erzielte Mehrgewinn auch teilweise dem Lohnauftragsfertiger zukommt. *Baumhoff/Greinert*[475] halten etwa eine Aufteilung des durch die standortbedingten Kostenersparnisse entstandenen Mehrgewinnes im Konzern jeweils zur Hälfte auf den Auftraggeber (Prinzipal) und den Lohnfertiger für angemessen und sachgerecht.

263   Auch das FG Münster hat in seinem Urteil vom 16.3.2006 festgestellt, dass „ein unabhängiger Dritter die hälftige Teilung des bestehenden Kostenvorteils durchgesetzt hätte". Dem Urteil liegt ein Sachverhalt zu Grunde, bei dem die Produktion von Kreuzverbindern für Fenster von einem deutschen Unternehmen auf ein gem. § 1 Abs. 2 AStG nahestehendes Lohnfertigungsunternehmen in ein osteuropäisches Niedriglohnland ausgelagert wurde. Die in der deutschen Literatur vertretene Meinung und die im Urteil vom 16.3.2006 dargelegte Rechtsauffassung des FG Münster, wonach Standortvorteile (hälftig) zwischen Auftraggeber und Auftragnehmer aufzuteilen sind, erscheint *Hack* u. a. aus folgenden Gründen als nicht mit dem Fremdverhaltensgrundsatz vereinbar:

- Ein fremder Dritter wird seine Produktion aus dem Grund der Kosteneinsparung an einen Lohnfertiger in ein Niedriglohnland auslagern, weil er seinen eigenen Gewinn maximieren bzw. bei einem marktbestimmten Absatzpreis eine Kostendeckung erzielen möchte. Oft zwingt ein Preisverfall auf dem Absatzmarkt zur Auslagerung der Produktion in ein Niedriglohnland.
- Eine Aufteilung eines standortbedingten Kostenvorteils erfolgt unter fremden Dritten nur dann, wenn die wirtschaftliche Verhandlungsmacht der anderen Vertragspartei stark genug ist, um eine Teilung des Kostenvorteils zu erzwingen. Im Hinblick auf die Vielzahl der austauschbaren Lohnfertigungsunternehmen in Niedriglohnländer herrscht unter diesen jedoch ein harter Wettbewerb.
- Der Lohnfertiger erhält über die Standardgewinnaufschläge eine seinem Risiko, seinen Funktionen und seinem Kapitaleinsatz entsprechende Vergütung.
- Die Annahme des FG Münster, dass der Lohnfertiger den aus der Produktionsverlagerung resultierenden Kostenvorteil kennt, sei praxisfremd.

---

[474] *Kuckhoff/Schreiber* Verrechnungspreise in der Betriebsprüfung, 1997, Rn. 217.

[475] *Baumhoff*/Greinert Aufteilung von Standortvorteilen bei der Verrechnungspreisermittlung gegenüber Lohnfertigern – Anmerkungen zum Urteil des FG Münster vom 16.3.2006, IStR 2006, 789–793.

Die österreichische FinVerw. schließt sich daher der im OECD-VPG vertre- **264** tenen Position an, in dem folgendes Beispiel analysiert wird (vgl. 9.150–9.151): Ein Unternehmen entwirft, produziert und vertreibt Kleidung einer berühmten Marke, der Produktionsvorgang ist einfach. Das Unternehmen entschließt sich nun, im Land A wegen der dortigen hohen Lohnkosten seine Produktionsaktivität einzustellen und diese zu einem verbundenen Unternehmen in Land B mit deutlich niedrigeren Arbeitskosten zu verlagern. Das Unternehmen im Land A hält aber weiter die Rechte an der Marke und erstellt auch weiterhin das Design der Kleidung. Die Produktion der Kleidung im Land B erfolgt auf Basis eines *Contract Manufacturing Agreements* (Auftragsfertigung). Dem Auftragsfertiger wird die gesamt Produktion vom Unternehmen im Land A abgenommen. Die produzierten Waren werden vom Unternehmen im Land A an fremde Dritte weiter vertrieben. Durch die niedrigeren Kosten am Standort im Land B entstehen Kostenvorteile *(Location Savings)* im Konzern.

Nach der OECD entscheidet die jeweilige relative Verhandlungsmacht **265** *("Bargaining Power"),* ob über die Verrechnungspreisbildung standortgebundene Kostenvorteile zu Gunsten des Lohnfertigers berücksichtigt werden können. Eine Analyse der relativen Verhandlungsmacht des Lohnfertigers wird jedoch regelmäßig ergeben, dass dieser eine schwache Position hat. Der Lohnfertiger ist einem starken Wettbewerb ausgesetzt ist und besitzt idR keine wesentlichen immateriellen Wirtschaftsgüter (Marken, Patenten, gewerbliches Know-how, Prozesstechnologie etc.), die seine relative Verhandlungsmacht verbessern könnten. Die aus der Standortverlagerung resultierende Kostenersparnis ist daher – soweit sie nicht auf Investitionsbegünstigungen des Ansässigkeitsstaates (zB Steuerfreiträge, Subventionen etc.) zurückzuführen ist[476] – ausschließlich dem inländischen Auftraggeber des Lohnfertigers zuzuordnen. Dem Lohnfertiger gebührt bei Anwendung der Kostenaufschlagsmethode ein Ersatz seiner Kosten zuzüglich eines Standardgewinnaufschlages, der in Anbetracht der vom Lohnfertiger ausgeübten relativ geringen Funktionen, seines niedrigen Risikos und geringen Kapitaleinsatzes am unteren Rand der Bandbreite der von Vergleichsunternehmen erzielten Gewinnaufschlägen liegen wird.

dd) Funktions- und Risikoabschmelzung einer Vertriebsgesellschaft

Im Falle einer Funktions- und Risikoabschmelzung einer Vertriebsgesell- **266** schaft können § 6 Z. 6 EStG aufgrund der Übertragung materieller und immaterieller Wirtschaftsgüter (zB Kundenstamm, Goodwill) und/oder § 8 Abs. 2 KStG (verdeckte Gewinnausschüttung) bei nicht fremdüblich abgegoltenem Verzicht auf eine Gewinnchance zur Anwendung kommen. In diesem Zusammenhang ist zu prüfen, ob nicht bereits ein zivilrechtlicher Ausgleichsanspruch nach § 24 Handelsvertretergesetz entsteht oder ein auf dem „Fremdverhaltensgrundsatz" basierender Ausgleichsanspruch aufgrund der Geschäftschancenlehre zu realisieren wäre.

Nach *Macho/Steiner/Ruess*[477] nimmt die fremdübliche Ermittlung einer **267** Ausgleichzahlung für den Kunden (Adresslisten, Kundendaten wie „persönli-

---

[476] Da diese Vorteile zwischen fremden Dritten nicht in die Preisvereinbarung einfließen können (vgl. zB *Baumhoff/Greinert* IStR 1999, 329).
[477] *Macho/Steiner/Ruess* Verrechnungspreise kompakt, 206.

che Vorliebe", Details über die Zahlungsmoral etc.) eine zentrale Stellung bei Vertriebsverlagerungen ein. Wird der Kundenstock auf eine Konzerngesellschaft übertragen, bestehe grundsätzlich die Verpflichtung zur Leistung einer Ausgleichszahlung.[478] Das BMF[479] geht selbst bei einer Abschmelzung auf einen Kommissionär, der die Ware weiterhin im eigenen Namen an den Kunden verkauft, a priori von einem Übergang des Kundenstocks aus und fordert eine entsprechende fremdübliche Abgeltung (was für den Einzelfall kritisch zu hinterfragen sein wird).

268   Zur Bewertung gebe es nach *Macho/Steiner/Ruess*[480] nicht „die einzig richtige" Methode. Ertragswertorientierte Methoden seien zu bevorzugen, da sich diese nach den zukünftigen Gewinnerwartungen (unter Berücksichtigung zukünftiger Marktrisiken und Marktchancen) aus dem verlagerten Geschäftsbereich richten. Der Barwert der zukünftigen Zahlungsströme bzw. der zukünftigen Erträge entspricht dem abzugeltenden Firmenwert. Kostenorientierte Ansätze sind nur die zweite Wahl. Der ordentliche Geschäftsleiter der übernehmenden Gesellschaft wird nicht mehr bezahlen können als den Barwert, der sich aus der Nutzung des wirtschaftlichen Vorteils der übertragenen Geschäftschance als künftigen Ergebnisverbesserung (Obergrenze) ergibt. In diesem Fall wäre er allerdings entscheidungsindifferent, da der gesamte wirtschaftliche Vorteil dem Veräußerer zugutekommen würde. Zwischen fremden Dritten würde der aus einem bestimmten Geschäft resultierende (Gesamt-)Vorteil aufgeteilt, wobei der BFH in ähnlich gelagerten Fällen die sog. „Mittelwertlösung"[481] vertritt.

269   Wie erwähnt, kann sich bei Beendigung eines Vertragsverhältnisses das Erfordernis zur Leistung von Ausgleichsansprüchen in Anlehnung an das HVG ergeben, wofür in Deutschland und Österreich eine nahezu idente Rechtslage besteht.[482] Nach § 24 HVG gebührt dem Handelsvertreter nach Beendigung des Vertragsverhältnisses (mit gewissen Ausnahmen) eine Entschädigung, wenn und soweit er dem Unternehmer neue Kunden zugeführt oder bereits entstehende Geschäftsverbindungen wesentlich erweitert hat und zu erwarten ist, dass der Unternehmer oder dessen Rechtsnachfolger aus diesen Geschäftsverbindungen auch noch nach Auflösung des Vertragsverhältnisses erhebliche Vorteile ziehen kann, und die Zahlung eines Ausgleichs unter Berücksichtigung aller Umstände, insb. der dem Handelsvertreter aus Geschäften mit den betreffenden Kunden entgehenden Provisionen, der Billigkeit entspricht. Der gesetzliche Ausgleichsanspruch beträgt höchstens eine Jahresvergütung, die aus dem Durchschnitt der letzten fünf Jahre errechnet wird.

270   Nach der Rechtsprechung des OGH[483] ist § 24 HVG insb. dann analog auf Vertriebsgesellschaften anzuwenden, wenn der **Vertragshändler** derart **in die**

---

[478] S. etwa BMF, GZ BMF-010 221/1897–IV/4/2007 vom 22.11.2007, Zweifelsfragen zum Außensteuerrecht und Internationalen Steuerrecht 2007 Punkt 5, Überführung von Wirtschaftsgütern im Konzern, Abgeltung und Besteuerung einer Kundenstockübertragung, BMF, EAS 2328, SWI 2003, 557.

[479] S. beispielsweise EAS-Erledigung 2681 vom 14.12.2005 zur Umstellung einer Vertriebstochter auf Kommissionärsstruktur.

[480] *Macho/Steiner/Ruess* Verrechnungspreise kompakt, 206.

[481] *Flick/Wassermeyer/Baumhoff* Außensteuerrecht Kommentar, Rn. 595.5.

[482] OGH 12.3.2004, 8 OBA 5/04 z; s. ecolex, 2004, 735 mit verschiedenen Entscheidungen zur Ausgleichszahlung in Österreich und Deutschland.

[483] OGH 24.11.1998, 1 Ob 251/98p; ebenso BGH 25.3.1982.

Absatzorganisation seines Lieferanten eingegliedert ist, dass er wirtschaftlich in erheblichem Umfang dem Handelsvertreter vergleichbare Aufgaben zu besorgen und seinem Vertragspartner bei Vertragsbeendigung seinen Kundenstamm zu überlassen hat. Dem steht es gleich, wenn dem Vertragspartner bloß tatsächlich ermöglicht wird, den vom Vertragshändler erworbenen Kundenstamm auch nach Auflösung des Vertragsverhältnisses kontinuierlich weiter zu nutzen. Der entscheidende Aspekt für den Zuspruch einer Entschädigung an den Vertragshändler analog § 25 HVG liegt weiters darin, ob dessen Tätigkeit zu einer Werterhöhung des Unternehmens des Herstellers (Zwischenhändlers) im Bereich des good will geführt hat, die nicht bereits durch die dem Vertragshändler eingeräumte Handelsspanne sowie sonstige Leistungen, zB Investitions- und Werbekostenzuschüsse, gedeckt ist. Die geforderte feste Einbindung eines Eigenhändlers in das Vertriebsnetz kann etwa darin zum Ausdruck kommen, dass ihm ein bestimmtes Vertriebsgebiet zugewiesen wird, er vertraglich zu einer „aktiven" Vermarktung der Produkte des liefernden Unternehmens verpflichtet ist, Mindestabnahmeverpflichtungen bestehen oder vertragliche Wettbewerbsverpflichtungen (zB Verbot des Vertriebs von Fremdprodukten) vereinbart wurden. Weiteres sprechen nach dem OGH[484] Bindung an Listenpreise mit allenfalls vereinbarten Rabatten, Weisungsgebundenheit und Berichts- und Auskunftspflicht für eine Einbindung.

Nach dem BGH[485] kann die dem Eigenhändler gewährte Rohgewinnmarge nur insoweit Grundlage für die Berechnung des Ausgleichsanspruchs sein, **271** als sie auf die typischen Aktivitäten eines Handelsvertreters entfällt. Der Effekt von Aspekten wie Abschreibungen auf Warenbestand, Lagerkosten, Finanzierungskosten für Lagerbestand, Warenversicherung, Transportkosten, Personalstruktur, Währungsgewinne/-verluste ist damit zu eliminieren. So auch der OGH,[486] nach dem für die Ermittlung des Provisionsäquivalents der Anteil am Betrag, Rohertrag minus Eigenhändlerkosten', der auf die Eigenwaren der Beklagten entfällt, zu berücksichtigen ist. Aus Verrechnungspreissicht sollte jedoch weiters nur ein für die Handelsvertreterfunktion fremdüblicher Rohertrag Berücksichtigung finden; ein überschießender Rohertrag könnte nach der oben zitierten Rechtsprechung des OGH möglicherweise bereits als Goodwillabgeltung qualifiziert werden, weiters sollte noch eine Gewinnkomponente für mit der Eigenhändlerfunktion zusätzlich verbundene Funktionen und Risiken beinhaltet sein. Mindernd zu berücksichtigen sind nach dem OGH[487] auch die größere oder geringere Sogwirkung der Marke sowie das Abwanderungsrisiko der zugeführten Kundschaft, da als zum Ausgleich verpflichtendes Element nur solche erheblichen Vorteile auf Seiten des Herstellers (Zwischenhändlers) anzusehen sind, die auch nach Beendigung des Vertragsverhältnisses zum Vertragshändler fortdauern. Auslöser der Nachfrage im Falle von Markenprodukten sind Bekanntheitsgrad oder Qualitäts-

---

[484] OGH 29.11.1989, 1 OB 692/89; 17.12.1997, 9 Ob 2065/96h.

[485] BGH 5.6.1996, VIII ZR 7/95, DB 1996, 2330.

[486] OGH 30.8.2006, 7 122/06 a.

[487] OGH 2002/04/09, 4 Ob 54/02 y, Der Sogwirkung einer Marke als anspruchsmindernder Faktor kommt dabei besonders in der Automobilbranche eine erhebliche Bedeutung zu; sie ist im Rahmen der Billigkeitserwägungen angemessen zu berücksichtigen.

standard des Produktes, nicht jedoch die von dem Vertriebsunternehmen erschlossenen Kundenbeziehungen bzw. Vertriebswege. Nach dem Fremdvergleichsgrundsatz komme nur ausnahmsweise eine Entschädigung für die Übertragung eines Kundenstammes nicht in Betracht, wie etwa bei Vorliegen ausnahmsweise konzernzugehöriger Abnehmer.[488]

272   In der Beratungspraxis versucht man durch die **Einschaltung von Kommissionären** Ausgleichszahlungsansprüche auf Basis der Argumentation, dass dem Kommissionär nach Umstellung der Vertriebsstruktur auch weiterhin die Nutzung des Kundenstamms möglich ist, zu vermeiden.[489] Bei Umstellung auf eine Kommissionärstruktur sollte § 24 HVG auch tatsächlich nicht analog angewendet werden können, wenn die Kommissionärsgesellschaft die Geschäftsbeziehung zum alten Kunden behält, keine direkten Geschäftsabschlüsse durch den Kommittenten erfolgen (Exklusivvertriebsrecht), daher keine Übergabe des Kundenstammes erfolgt und wenn die Kommissionärsgesellschaft Marketingfunktion und daher auch Entschädigungsanspruch (bei späterer Auflösung des de-facto „Handelsvertretervertrages") behält.

Dieser Argumentationslinie etwas entgegenstehend sei nach *Macho/Steiner/Ruess* ohne nähere Begründung eine kürzliche ergangene Entscheidung des OGH,[490] nach der auch dem Franchisenehmer (Tankstellenshop) unter analoger Anwendung des § 24 HVG für das sog. Drittwarengeschäft ein Ausgleichsanspruch zugesprochen wurde. Bei näherer Betrachtung dieser Entscheidung spricht diese jedoch in ihrer Gesamtaussage eher für ein Behalten des Ausgleichsanspruchs der Vertriebsgesellschaft nach Umstellung auf Kommissionärsbasis. Der OGH hat in der zitierten Entscheidung ausgeführt, dass sich die sachliche Rechtfertigung, nicht nur die (Stamm-)Kunden der Tankstelle selbst, sondern auch jene des integrierten Shops in den Ausgleichsanspruch einzubeziehen, aus der besonderen Vertragsgestaltung zwischen der Franchisenehmerin und der Mineralölgesellschaft ergibt, wonach die Franchisenehmerin auch bei dem den Shop betreffenden Warenbezug und -verkauf vollständig und ohne eigenständige Freiräume bei der Artikelbestellung, Abrechnung und Preisgestaltung an die Vorgaben der Beklagten gebunden war und dass davon ausgehen sei, dass der Mineralölgesellschaft auch in diesem Zusammenhang Stammkunden verbleiben. Die Anonymität der Kunden stehe dem Ausgleichsanspruch nicht entgegen und damit sei das Argument, dass „eine Überbindung unbekannter Personen nicht möglich" sei, auch im Zusammenhang mit dem Shop-Geschäft (ebenso wie beim Tankstellengeschäft) verfehlt.

273   Ein steuerrelevanter Abgeltungsanspruch kann im Falle einer Funktions- und Risikoabschmelzung (etwa auf eine Kommissionärstruktur) unabhängig von einem Anspruch nach § 24 HVG jedoch weiters entstehen, wenn eine unabhängige Vertriebsgesellschaft bei einer vergleichbaren Umstellung der Vertriebsbeziehungen eine Entschädigung verlangt hätte; es geht damit um die **Aufgabe des zusätzlichen Gewinnpotentials eines Eigenhändlers.** Im oben ausgeführten Beispiel bezieht sich dieser Anspruch damit auf jene Komponenten des Rohertrags abzüglich Eigenhändlerkosten, die weder auf

---

[488] BFH 20.8.86, BFH/NV 87, 471.
[489] *Baumhoff* IStR 2003, 5
[490] OGH 30.8.2006, 7 Ob 122/06 a.

die sog. Handelsvertreterfunktion entfallen noch bereits als im Verrechnungspreis vorweggenommene Goodwillabgeltung für die Handelsvertreterfunktion zu verstehen sind. Derartige Abgeltungsansprüche sind jedoch grundsätzlich ausgeschlossen, sofern eine fremdübliche Kündigungsfrist vereinbart
und auch tatsächlich eingehalten wird. Eine Ausnahme kann ausschließlich
im Falle einer im Laufe der Vertragszeit erzielten wesentlichen Verbesserung
der Funktion (zB Werbung neuer Kunden, Ausbau bestehender Kundenbeziehungen) vorliegen, die nach Vertragsende durch die Auftraggebergesell-
schaft weiterhin nutzbar ist.

Unter Anwendung allgemeiner Verrechnungspreisgrundsätze können An- **274**
sprüche auf Goodwill-Abgeltung nach Auffassung der österreichischen
FinVerw.[491] damit bei einer Übertragung von konkreten „Geschäftschancen"
sowie von sonstigen immateriellen Wirtschaftsgütern entstehen. Die österreichische FinVerw. bezieht sich in diesem Zusammenhang auf die deutsche Ge-
schäftschancenrechtsprechung des BGH, der im Verzicht einer Vertriebsgesellschaft auf eine Geschäftschance eine verdeckte Ausschüttung sieht.[492]
Unter einer konkreten Geschäftschance wird eine konkretisierte Möglichkeit
verstanden, aus einem noch abzuschließenden Geschäft einen Vorteil zu erzielen.[493] Es kann jedoch kein steuerlich relevanter Anspruch entstehen, sollten mit den übertragenen Geschäftschancen gleichwertige Risiken auf die
ausländische Gesellschaft übertragen werden, da mit der Verminderung der
Gewinnchance auch eine Verringerung der für einen Eigenhändler typischen
Risiken (Forderungsverluste, Wertverlust des Warenbestandes, Garantieleistungen etc.) einhergeht.

Das BMF hat im Herbst 2008 mit EAS Erledigung 3006[494] seine Auffas- **275**
sung zur Beurteilung des immateriellen Wirtschaftsgutes „Marktaufbau" unter Anwendung des grundsätzlich zu Betriebsstättenaspekten ergangenen AOA
Approach sehr transparent veranschaulicht: „Hat ein amerikanischer Konzern
mit weltweitem Betätigungsfeld in Österreich die X-Zentraleuropa-GmbH
gegründet, deren Aufgabe darin bestand, nach dem politischen Umbruch in
den zentral- und osteuropäischen Ländern dort in alleiniger Verantwortung
‚von Null' einen Markt für den X-Konzern aufzubauen, dann ist mit dem erfolgreichen Abschluss dieser Funktionen ein immaterieller Wert geschaffen
worden. […] Im Allgemeinen ist ein immaterieller Wert demjenigen als wirtschaftlichem Eigentümer zuzurechnen, der ihn als *Developer* (AOA Teil I Z
120 letzter Satz) selbst geschaffen hat. Wirtschaftlicher Eigentümer ist demnach nicht jener Unternehmensteil, der den Wert zu nutzen beabsichtigt
(AOA Teil I Z 121 fünfter Satz), sondern jener, in dem die wesentlichen Mitarbeiterfunktionen in Bezug auf das Eingehen und das Management der einschlägigen Projektrisiken eigenverantwortlich ausgeübt wurden (in diesem
Sinn AOA Teil I Z 116). Der Umstand, dass eine lokale Unternehmensnie-

---

[491] *Macho/Steiner/Ruess* Verrechnungspreise kompakt, 208.
[492] BFH 18.11.1980, BStBl. II 1981, 260ff., BFH 12.10.1995, DStR 96, 337; BFH
13.11.96, DStR 97, 323; BFH 7.8.2000, BStBl. II, 632.
[493] Vgl. *Baumhoff* Aktuelle Entwicklungen bei den internationalen Verrechnungspreisen, 2003, 5.
[494] EAS 3006 vom 27.10.2008, GZ BMF-010 221/2852-IV/4/2008, Funktionsverlagerung nach Großbritannien.

derlassung in ihren Entscheidungen die Zustimmung übergeordneter Unternehmensteile einholen muss, bedeutet nicht, dass damit die für die Zuordnung des ‚wirtschaftlichen Eigentums' maßgebenden Mitarbeiterfunktionen auf den übergeordneten Unternehmensteil übergehen (AOA Teil I Z. 118 zweiter Satz). Auch der Umstand, dass das für die Entwicklungsarbeit nötige Kapital in den Büchern des übergeordneten Unternehmensteils erfasst sein mag, rechtfertigt nicht, das wirtschaftliche Eigentum auf diesen übergeordneten Unternehmensteil zu verlagern (AOA Teil I Z 122 zweiter Satz: *capital follows risk and not the other way round*). Der AOA ist zwar für die Anwendung des Fremdvergleichsgrundsatzes bei der Gewinnzuordnung zu Betriebstätten entwickelt worden, beruht aber auf jenen Prinzipien, die der Handhabung des Fremdvergleichsgrundsatzes im Kapitalgesellschaftskonzern zu Grunde liegen; der AOA will lediglich aufzeigen, inwieweit diese Grundsätze bei Betriebstätten-Niederlassungen anwendbar sind (Z 3 des Vorwortes zu der AOA-Veröffentlichung 2008) und will daher nicht diese Grundsätze in Bezug auf Kapitalgesellschaften verändern. Die Grundsätze für die Zuordnung immaterieller Wirtschaftsgüter zu Betriebstätten wohnen daher auch den Fremdvergleichsgrundsätzen bei der Zuordnung zu Tochtergesellschaften inne, da diese Zuordnungsproblematik im Kapitalgesellschaftskonzern und im Betriebstättenkonzern dieselbe ist. Ist es folglich so, dass das wirtschaftliche Eigentum an dem immateriellen Wirtschaftsgut ‚Markt Osteuropa' der X-Zentraleuropa-GmbH zukommt, kann in der bisherigen Kostenabgeltung, die mit einem 10-prozentigen Gewinnaufschlag erfolgte, kein entgeltlicher Erwerb dieses immateriellen Wirtschaftsgutes durch die Konzernspitze gesehen werden, zumal der (Ertrags-)Wert des Osteuropamarktes ein Vielfaches dieses vergüteten Dienstleistungsaufwandes ausmacht. Aus der Fremdvergleichsperspektive betrachtet kann darin lediglich eine Subventionierung der von der X-Zentraleuropa-GmbH entwickelten Markterschließungsstrategie gesehen werden. Wird im Zuge einer Konzernreorganisation das Osteuropageschäft unter Nutzung des von der X-Zentraleuropa-GmbH geschaffenen Marktzuganges von einer britischen Konzerngesellschaft weitergeführt und nun von ihr eigenverantwortlich fortentwickelt, wobei der X-Zentraleuropa-GmbH nur mehr unterstützende Routinefunktionen zukommen, deren Aufwand mit einem 5-prozentigen Rohgewinnaufschlag abgegolten wird, dann spricht die Vermutung dafür, dass das wirtschaftliche Eigentum an dem von der österreichischen Gesellschaft geschaffenen immateriellen Wert auf die britische Gesellschaft übergegangen ist und damit nach einer fremdüblichen Abgeltung verlangt."

276   Die VPR führen nunmehr in Rn. 139 aus, dass, wenn im Zuge einer Konzernreorganisation eine inländische Vertriebsgesellschaft zu einer Kommissionärsgesellschaft herabgestuft wird, zu prüfen ist, ob durch diese Statusveränderung immaterielle Werte, die in der Vergangenheit zu Lasten des inländischen Steueraufkommens geschaffen wurden, auf die Kommittentengesellschaft übergehen. Dies gilt insb. für die Marktpräsenz, wenn diese vor der Reorganisation von der inländischen Gesellschaft aufgebaut worden ist. Denn ergibt ein Fremdvergleich mit einer neu gegründeten Kommissionärsgesellschaft, dass die Kosten des Marktzuganges vom Kommittenten (zB dem Hersteller) getragen würden, dann hätte dies zur Folge, dass bei einer Umstellung der Funktionen einer Vertriebstochtergesellschaft auf eine bloße Kommissionärsgesellschaft ein Übergang derartiger immaterieller Werte auf den Kommittenten stattgefunden hat und daher Anspruch auf Entschädigungsleistung besteht. Ein Übergang der immateriellen Werte auf den Kommittenten würde nur insoweit nicht stattfinden, als ein Vergleich mit einem branchengleichen fremden Kommissionär ergibt, dass auch dieser die Kosten des Marktzuganges zu tragen hat und daher solche immateriellen Werte ihm zuzurechnen sind. In diesem Fall müsste dies aber der umstrukturierten Konzerngesellschaft durch eine entsprechend höhere Provision abgegolten werden. (Z. 9.89 und 9.129 OECD VPG)

j) Fremdvergleich bei Gewinnermittlung von Betriebstätten und Personengesellschaften

Die im Anschluss vorgenommenen Ausführungen zu Betriebstätten gelten **277** gleichermaßen auch für Personengesellschaften (Mitunternehmerschaften), da diese nach österreichischem Steuerrecht nicht als eigenes Steuersubjekt behandelt werden, sondern die von ihnen erwirtschafteten Gewinne anteilig in den Händen der Gesellschafter besteuert werden (sog. **Transparenzprinzip**). Aus dieser auf der „Bilanzbündeltheorie" fußenden Sichtweise folgt, dass nicht die Personengesellschaft als solche ein Unternehmen betreibt, sondern jeder einzelne Gesellschafter ein eigenständiges.[495] Das „Unternehmen der Personengesellschaft" wird abkommensrechtlich daher als Unternehmen der Gesellschafter behandelt, wobei jeweils so viele Unternehmen bestehen, wie Gesellschafter vorhanden sind. Alle Betriebstätten einer betrieblich tätigen Personengesellschaft stellen damit Betriebstätten der einzelnen Gesellschafter dar.[496]

aa) Eingeschränkte Selbständigkeitsfunktion der Betriebstätte im Lichte des AOA

Weitet ein Unternehmen seine Aktivitäten über die Landesgrenzen hinaus **278** unter Begründung von Auslandsbetriebstätten aus, dann verlangt Art. 7 Abs. 2 DBA, dass für Zwecke der Gewinnaufteilung die steuerlichen Folgen der grenzüberschreitend ablaufenden innerbetrieblichen Transaktionen die Gleichen sein müssen, wie jene, die aus vergleichbaren Transaktionen mit unabhängigen und selbständigen Geschäftspartnern resultieren würden. Die Betriebstätte wird daher für Zwecke der Gewinnaufteilung wie ein selbständiges Unternehmen behandelt (Selbständigkeitsfiktion der Betriebstätte).

Die Selbständigkeitsfiktion gilt nach Rn. 180 VPR aber nicht schranken- **279** los, weil der Hauptsitz und seine Betriebstätte eine rechtliche Einheit bilden und schuldrechtliche Vereinbarungen zwischen Hauptsitz und Betriebstätte rechtlich nicht möglich sind. Unternehmensinterne Darlehens-, Miet- und Lizenzverträge führen damit bei keiner Unternehmenseinheit zu Betriebsausgaben bzw. Betriebseinnahmen. In solchen Fällen hat es daher gem. Art. 7 Abs. 3 DBA mit einer Zuordnung von Aufwendungen, die dem Unternehmen als Ganzem gegenüber Dritten erwachsen, sein Bewenden (Tz. 27 ff. des OECD-Kommentars idF 2008 zu Art. 7 OECD-MA, BFH v. 27.7.1965, BStBl. 1966 III S. 24, BFH v. 20.7.1988, BStBl. 1989 II, S. 140).

---

[495] BFH 8.1.1969, BStBl. II 1969, 466 und 26.2.1992, BStBl. II 1992, 937.
[496] Verweis der VPR 273 ff. auf die ständige deutsche Rechtsprechung s. zB BFH 29.1.64, BStBl. III 1964, 165 oder BFH 23.8.2000, BStBl. II 2002, 207.

280   Am 22. Juli 2010 hat der Rat der OECD eine Neufassung des OECD-MA
und seiner Kommentierung (OECD-MK) verabschiedet, wobei die Neufassung des Art. 7 OECD-MA das Kernstück der Revision ist. Mit dem bereits
2008 eingeführten Authorized OECD Approach (AOA) erfolgte eine Abkehr
von der bisherigen bloßen Aufwands- und Ertragaufteilung auf Betriebstätte
und Stammhaus und wird damit die uneingeschränkte Selbständigkeitsfiktion
(functionally separate entity approach) nunmehr auch für Betriebstätten eingeführt, um eine weitgehende Gleichbehandlung von Tochtergesellschaften
und Betriebstätten zu erzielen.[497] Es wird daher im OECD-MK ausgeführt,
dass die für (rechtlich selbständige) verbundene Unternehmen relevanten Verrechnungspreisgrundsätze für die Ergebnisabgrenzung zwischen rechtlich unselbständigen Unternehmensteilen uneingeschränkt übernommen werden
sollen (s. so auch Rn. 8 VPR).

Demnach soll die Ergebnisabgrenzung – nach Sachverhalts- und Funktionsanalyse – anhand der von Stammhaus bzw. Betriebstätte wahrgenommenen Funktionen, der verwendeten Wirtschaftsgüter und übernommenen Risiken vorgenommen werden.

281   Eine Neugestaltung der Rechtslage wird dabei insb. zu folgenden Punkten
gesehen:
– steuerliche Anerkennung von fiktiven Darlehens-, Lizenzgebühren, und
  Mietverträgen (nach Art. 7 Abs. 3 OECD-MA nur Kostenweiterbelastung
  zulässig)
– Zulässigkeit von Gewinnaufschlägen bei unternehmensinternen Nebenleistungen (nach Art. 7 (3) OECD-MA nur Kostenweiterbelastung zulässig)
– keine Sonderregelung für Einkaufsgewinne (Art. 7 Abs. 5 steht dieser Änderung entgegen).

Der mit dem geltenden Artikel nicht kompatible Teil des AOA wird daher
von den Mitgliedstaaten im bilateralen Bereich nur in dem Umfang angewendet
werden können, als sie ihr bestehendes DBA-Netz entsprechend revidieren.

282   Österreich hat jedoch diese geplanten Änderungen bereits mit dem
AbgÄG 2004 im nationalen Recht vorweggenommen. Mit der Aufnahme
der sonstigen Leistungen in den Anwendungsbereich des § 6 Z. 6 EStG sollten damit sämtliche Neuerungen des AOA bereits vom Gesetzestext umfasst
sein (s. Rn. 47), auch wenn hierzu keine spezifische Kommentierung in den
EStR erfolgt ist. Nach Ansicht von *Loukota/Jirousek*[498] soll in jenen Aussagen
des AOA, die zu einer „Änderung der bisherigen Auslegung des § 6 Z. 6
EStG" führen, trotzdem eine Neugestaltung der Rechtslage gesehen werden.
Weiters solle ein Abgehen von der bisherigen Verwaltungspraxis im Wege einer bloßen Durchführungsverordnung möglich sein, da der derzeitige Gesetzestext bereits die vollständige Gleichstellung zwischen Tochtergesellschaft
und Betriebstätte ermöglicht.[499] Zu dieser Rechtsansicht des Finanzverwaltung stellt sich jedoch die Frage, ob § 6 Z. 6 EStG idF AbgÄG 2004 über-

---

[497] Vgl. *Loukota/Jirousek* ÖStZ 2007, 141.

[498] In ÖStZ 2007, 137.

[499] Nach der Rechtsprechung des VfGH ist eine Auslegungsänderung, die eine
Neugestaltung der Rechtslage zur Folge hat, durchaus zulässig; sie darf nur nicht im
Wege eines Erlasses, sondern muss durch eine Verordnung herbeigeführt werden
(VfGH 11.3.1993, V 98–103/92).

haupt noch Raum für die Auslegung nach der früheren einschränkten Selbständigkeitsfiktion lässt.

Aufgrund der nach § 48 BAO ergangenen Doppelbesteuerungsverordnung (DBA-VO, Verordnung des BMF betreffend die Vermeidung von Doppelbesteuerungen, BGBl. II 2002/474) gibt es Fälle, in denen die ausländischen Betriebstätteneinkünfte von der Besteuerung ausgenommen werden, obwohl kein DBA besteht. Und zwar gilt das gem. § 1 Abs. 1 DBA-VO, sofern die Einkünfte im Ausland einer mehr als 15%igen durchschnittlichen Ertragsteuerbelastung unterliegen. Im Rahmen des Begutachtungsverfahrens der VPR hat die Kammer der Wirtschaftstreuhänder daher angeregt, dass das BMF einen Hinweis in die VPR aufnimmt, ob die Steuerbehörden die uneingeschränkte Selbständigkeitsfiktion des AOA anerkennen, wenn kein DBA mit dem jeweiligen Land besteht und damit dem AOA entgegenstehende Schrankenwirkung ausüben könnte. Als Reaktion hat das BMF die folgenden zwei Sätze in der Rn. 181 der VPR aufgenommen: *„Der AOA hat gegenwärtig daher nur insoweit rechtliche Relevanz, als er mit dem derzeitigen OECD-Kommentar (idF 2008) zu Art. 7 DBA nicht im Widerspruch steht ... Insoweit gelten die Grundsätze des AOA auch bei Anwendung der Doppelbesteuerungsverordnung."*

Bis zu einer diesbezüglichen Neugestaltung der Rechtslage in Österreich werde daher nach *Loukota/Jirousek* von der FinVerw. auf die Erkenntnisse des AOA nur dort zurückgegriffen, wo diese das Verständnis des geltenden Rechtsbestandes (eingeschränkte Selbstständigkeitsfiktion der Betriebstätte) erhellen und verbessern. So gab es etwa bisher keine österreichischen Regelungen, wie das Dotationskapital von Betriebstätten in Anwendung des Fremdverhaltensgrundsatzes ermittelt werden soll. Rn. 181 VPR führt daher aus, dass der AOA gegenwärtig nur insoweit rechtliche Relevanz hat, als er mit dem derzeitigen OECD-Kommentar (idF 2008) zu Art. 7 DBA nicht in Widerspruch steht. In den VPR wird daher auch nur auf die rechtlichen maßgebenden Absätze aus den Teilen I–IV des AOA (Bericht der OECD zum *Attribution of Profits to Permanent Establishments*) verwiesen.

Nach dem AOA ist der Betriebstättengewinn in zwei Schritten zu ermitteln (AOA I/13):   **283**

– Zunächst ist eine **Funktionsanalyse** anzustellen, wobei die der Betriebstätte zuzuordnenden Wirtschaftsgüter und Risiken festzustellen sind.

– In einem zweiten Schritt ist sodann der **fremdübliche Gewinn** durch Ansatz fremdüblicher Entgelte zu ermitteln, wie sie auch im Fall verbundener Unternehmen anzusetzen wären (Rn. 182).

Die VPR geben bereits in Rn. 183 ff. Hauptinhalt des AOA wieder, wie   **284** etwa dass Ausgangspunkt der Funktionsanalyse die Feststellung der tatsächlich von der Betriebstätte ausgeübten Tätigkeiten ist. Hierbei sei 1.42 ff. OECD-VPG anwendbar (AOA I/89). Bei dieser Funktionsermittlung sind die von den Unternehmensmitarbeitern persönlich ausgeübten wesentlichen Funktionen maßgebend (AOA I/91; *Significant People Functions*). Von den ausgeübten Funktionen hängt es nach Rn. 183 VPR ab, welche Risiken und welche Wirtschaftsgüter der Betriebstätte zuzurechnen sind; und davon wiederum hängt das Dotationskapital der Betriebstätte ab:

Beispiel: Ein Unternehmen mit Hauptsitz in Staat A hat in Staat B eine Vertriebsniederlassung (Betriebstätte) eröffnet. Die Produktherstellung stellt eine vom Haupt-

sitzpersonal ausgeübte Funktion dar. Die Mitarbeiter der Betriebstätte schließen Ver-
kaufsverträge ab. Im Rahmen der Funktionsanalyse ist u. a. festzustellen, in welchem
Unternehmensteil die verantwortlichen Entscheidungen über den Umfang der Lagerhaltung in der Betriebstätte getroffen werden; denn davon hängt ab, welchem Unternehmensteil das Beständewagnis (Schwund, Diebstahl, Veraltern, Verderb, Verlust,
Qualitätsminderung usw) zuzurechnen ist. Für die Frage, wem das Vertriebswagnis
(insb. Forderungsausfälle) zuzurechnen ist, ist beispielsweise die Feststellung maßgebend, welcher Unternehmensteil die Beurteilung der Kreditwürdigkeit der Kunden
der Betriebstätte vornimmt und auf die Zahlungskonditionen Einfluss nimmt (in diesem Sinn AOA I/26).

285   Auch **Kapitalbeteiligungen** können daher nach Rn. 190 VPR einer Betriebstätte nur zugerechnet werden, wenn sie funktional der Ausübung der
operativen Tätigkeit der Betriebstätte dienen (in diesem Sinn auch BFH v.
30.8.1995, BStBl. II 1996, S. 563). Sie müssten Grundlage von wesentlichen
Funktionen *(Significant People Functions)* sein, zu denen auch das gesamte Risikomanagement zählt (AOA Part I/125). Diese Voraussetzungen sind erfüllt,
wenn die Kapitalbeteiligung zum „notwendigen Betriebsvermögen" der Betriebstätte zu zählen ist; der bloße Umstand, dass eine Beteiligung als gewillkürtes Betriebsvermögen in die Bücher der ausländischen Personengesellschaft aufgenommen worden ist, reicht hierfür aber nicht aus (Hinweis auch
auf EAS. 3018).

286   Bei unkörperlichen Wirtschaftsgütern löse nach Rn. 195 VPR die bloße
Nutzung in der Betriebstätte noch nicht – wie dies bei körperlichen Wirtschaftsgütern die Regel ist – die Zuordnung in das fiktive wirtschaftliche Eigentum der Betriebstätte aus. Denn anders als bei körperlichen Wirtschaftsgütern werden immaterielle Werte oft gleichzeitig von Mehreren genutzt
(AOA I/242). Bei unkörperlichen Wirtschaftsgütern kommt es daher in erster Linie darauf an, in welchem Unternehmensteil der immaterielle Wert geschaffen worden ist; dies wird in der Regel jener Unternehmensteil sein, bei
dem die hierfür erforderlichen Aufwendungen angefallen sind.

    Beispiel: Hat ein schweizerisches Unternehmen die Herstellung eines Kosmetik-
produktes vollumfänglich in eine österreichische Betriebstätte ausgelagert, werden die
in der Schweiz entwickelten und für die Produktion in Österreich benötigten Rezepturen nicht im wirtschaftlichen Eigentum der österreichischen Betriebstätte stehen. Bei
uneingeschränkter AOA-Anwendung müsste daher der österreichischen Betriebstätte
vom schweizerischen Hauptsitz eine unternehmensinterne fiktive Lizenzgebühr angelastet werden. Nach dem geltenden Art. 7 Abs. 3 DBA kann jedoch anstelle dessen nur
ein Anteil an den (nachgewiesenen) Entwicklungskosten an die inländische Betriebstätte weiterbelastet werden (Hinweis auf Rn. 180).

287   Für die Frage, welchem Betriebsvermögen ein Kundenwert zuzuordnen
ist, wird es nach Rn. 198 VPR in erster Linie darauf ankommen, wem die
Kundenakquisition und der gesamte damit verbundene Aufwand zuzuordnen
war. Der bloße Umstand, dass die österreichischen Kunden einer österreichischen Vermögensverwaltungs-AG auch von der schweizerischen Betriebstätte
Dienstleistungen empfangen haben, wird für sich alleine betrachtet nicht dazu
führen können, dass der durch diese Kunden gebildete immaterielle Wert als
Teil des Betriebsvermögens der schweizerischen Betriebstätte zu sehen ist.
Veräußert daher die österreichische Vermögensverwaltungs-AG einen Teil ih-

res Klientenstockes, der bisher sowohl in Österreich als auch durch eine schweizerische Betriebstätte der Vermögensverwaltungs-AG betreut wurde, an eine schweizerische Kapitalgesellschaft, dann unterliegt der hierbei erzielte Veräußerungsgewinn gem. Art. 7 (bzw. Art. 13 Abs. 2) DBA-Schweiz der ausschließlich österreichischen Besteuerung (EAS. 1124).

Bei der Betriebstättengewinnermittlung sind daher nach Rn. 210 VPR alle **288** in den OECD-VPG vorgesehenen Methoden anwendbar (Preisvergleichsmethode, Wiederverkaufspreismethode, Kostenaufschlagsmethode, sowie subsidiär die beiden Gewinnmethoden; AOA I/219). Im Allgemeinen wird die Erstellung einer gesonderten Betriebstättenbuchhaltung erforderlich sein, um solcherart die Grundlage für eine Betriebstättengewinnermittlung nach der direkten Methode zu ermöglichen. Es könne der steuerliche Gewinn einer Betriebstätte aber auch durch eine Mehr-Weniger-Rechnung aus der Bilanz und der Gewinn- und Verlustrechnung des Gesamtunternehmens abgeleitet werden. Bei der Anpassung der ausländischen Betriebstätteneinkünfte an die österreichische Rechtslage werden nach Rn. 212 VPR aber keine überspitzten Anforderungen zu stellen sein und es wird auf die Verhältnismäßigkeit der Mitwirkungspflicht bei Auslandsbeziehungen zu achten sein (EAS 1893 und 2114). Bezüglich der indirekten Methode der Gewinnzurechnung s. Rn. 247 VPR.

Erzielt ein ausländisches Unternehmen in der österreichischen Betriebsstätte einen Verlust, so kann dieser als Verlustvortrag vorgetragen werden. Nach § 102 Abs. 2 Z 2 EStG ist dieser Verlust jedoch nur insoweit vortragsfähig, als er die nicht der beschränkten Steuerpflicht unterliegenden Einkünfte überstiegen hat. Für Steuerpflichtige, die in einem Staat ansässig sind, mit dem Österreich ein DBA abgeschlossen hat, das ein Art. 24 OECD-MA entsprechendes Diskriminierungsverbot beinhaltet, wird ein Verlustvortrag aber auch dann zustehen, wenn der österreichische Verlust nicht die gesamten weltweiten Einkünfte des beschränkt Steuerpflichtigen überstiegen hat.[500] Diese Verlustvortragseinschränkung dürfte weiters insbesondere im Lichte der jüngeren EuGH-Entscheidung Philips Electronics (EuGH vom 6.9.2012, C-18/11) als ein Verstoß gegen die Niederlassungsfreiheit zu werten sein.

Nach § 18 Abs. 6 und 7 EStG ist Voraussetzung für den Verlustabzug, dass diese Verluste durch ordnungsgemäße Buchführung oder durch § 4 Abs. 3 EStG Gewinnermittlung ermittelt wurden. Wird bei Unternehmen aus EU-Staaten keine gesonderte österreichische Buchhaltung geführt, sondern der Gewinn lediglich aus der ausländischen Buchhaltung abgeleitet, so sollte nach der Rechtsprechung des EuGH (vgl. EuGH vom 15.5.1997, C-250/97, Futura Participations) dennoch ein Verlustvortrag zustehen. Die österreichische Finanzverwaltung akzeptiert diesen Ansatz, wenn innerhalb angemessener Frist Einblick in die maßgebenden buchhalterischen Grundlagen auf Kosten des Unternehmens verschafft wird (BMF vom 9.10.2000, EAS 1722). Erzielt ein österreichisches Unternehmen in der ausländischen Betriebsstätte einen Verlust, so können diese Verluste auch bei Vereinbarung eines DBAs mit Befreiungsmethode nach § 2 Abs. 8 EStG in Österreich abgezogen werden. Seit 2012 ist der auf österreichische steuerliche Vorschriften umgerechnete ausländische Verlust mit der Höhe des nach ausländischem Steuerrecht ermittelten

---

[500] *Jakom/Marschner* EStG, § 102, Rn. 15.

Verlusten begrenzt (Doppelte Begrenzung der Höhe nach ausländischem und österreichischem Steuerrecht).

bb) Ausnahmen vom Prinzip der bloßen Aufwands- und Ertragsaufteilung

289 Eine Ausnahme vom Prinzip der bloßen Aufwands- und Ertragsaufteilung zwischen Stammhaus und Betriebstätte und damit eine Verrechnung auf Kostenbasis einschließlich eines Gewinnaufschlages hat die FinVerw. schon bislang der hL folgend hinsichtlich von Leistungen spezialisierter Dienstleistungsbetriebstätten, bei Leistungen, die das Unternehmen auch als Außenumsätze erbringt sowie bei Leistungen mit einem abgrenzbaren Anteil am Gesamterfolg (s. auch OECD MA-Komm, Art. 7 Rn. 21 ff.) als zulässig gewertet.

290 Dienstleistungen, die zwischen Hauptsitz und Betriebstätte stattfinden, sind daher nach Rn. 229f VPR grundsätzlich mit dem Fremdvergleichspreis aus dem Staat der leistenden Unternehmenseinheit anzusetzen, wenn die Erbringung solcher Dienstleistungen zur Haupttätigkeit der betreffenden Unternehmenseinheit zählt (Z. 35 OECD-Kommentar idF 2008 zu Art. 7 DBA). Ist ein Fremdvergleichspreis in solchen Fällen nicht festzustellen, wird die Dienstleistung der Betriebstätte gem. Rn. 230 VPR mit einem nach der Kostenaufschlagsmethode ermittelten Verrechnungspreis in Rechnung zu stellen sein.

Beispiel: Eine österreichische Gesellschaft, die Übersetzungs- und Dolmetschdienste anbietet, unterhält in Rumänien ein Zweigbüro. Gibt dieses Zweigbüro Übersetzungsarbeiten in die spanische Sprache mangels ausreichender Fachkräfte im rumänischen Büro an die Wiener Zentrale weiter, dann kann die Wiener Zentrale nicht bloß die anfallenden Kosten an das rumänische Büro weiterbelasten, sondern muss jene Preise ansetzen, die bei Erstellung solcher Übersetzungen an vergleichbare dritte Auftraggeber in Rechnung gestellt würden.

291 Soweit die Dienstleistungen Nebentätigkeiten darstellen, die als Teil der allgemeinen Verwaltungskosten eines Unternehmens erfasst werden, soll nach Rn. 231 VPR kein Gewinnaufschlag angesetzt werden (Z. 37ff OECD-Kommentar idF 2008 zu Art. 7 DBA). Ein österreichisches Produktionsunternehmen, das an seine deutschen Vertriebsbetriebstätten unterstützende Rechtsberatung leistet, wird daher lediglich die aufgelaufenen Kosten in Rechnung stellen. Nebenleistungen, bei denen eine bloße Kostenweiterbelastung (ohne Gewinnaufschlag) auf der Grundlage von Art. 7 Abs. 3 OECD-MA stattfinden kann, sind nach Rn. 232 VPR beispielsweise

- Die Erbringung von Leistungen auf dem Gebiet der Buchführung, der Rechtsberatung sowie des Revisions- und Prüfungswesens,
- Kontroll-, Regie- und vergleichbare Leistungen des Hauptsitzes, wenn diese Tätigkeiten gegenüber der Betriebstätte und in ihrem Interesse ausgeübt werden,
- Zeitlich begrenzte Überlassungen von Arbeitskräften, einschließlich solcher im Führungsbereich des Hauptsitzes,
- Die Aus- und Fortbildung sowie die soziale Sicherung von Personal, das im Hauptsitz im Interesse der Betriebstätte tätig ist.

Kredite zwischen verschiedenen Teilen eines **geld- und kreditwirt-** **292**
schaftlichen Unternehmens waren nach Rn. 220 VPR auch schon nach
dem bisherigen OECD-Kommentar durch fremdübliche Verzinsungen abzu-
gelten (Z. 49 OECD-Kommentar idF 2008 zu Art. 7 DBA). Insoweit ergibt
sich aus dem AOA keine Änderung der bisherigen Verwaltungspraxis. Die
FinVerw. zitiert als Beispiel die erste EAS-Erledigung zu Finanzierungsbetriebstätten (EAS 310 vom 11.10.1993), worin der Fall der Eröffnung einer
österreichischen Finanzierungsbetriebstätte einer schweizerischen Gesellschaft
zu beurteilen war: *„Gehört in einem derartigen Fall die Gewährung von Krediten*
an die Konzernunternehmen und die Entgegennahme von Krediten seitens des auslän-
dischen Hauptsitzes zum gewöhnlichen Geschäftsverkehr dieser Niederlassung, sind
den von der Niederlassung erzielten Zinsenerträgnissen marktübliche Zinsenaufwen-
dungen an den kreditgebenden ausländischen Hauptsitz gegenüberzustellen, sodass nur
die Zinsenmarge der österreichischen Besteuerung unterliegt. Diese Beurteilung steht
allerdings unter dem Vorbehalt, dass hierdurch nicht eine Keinmalbesteuerung von Zin-
sen verursacht wird, weil die Steuerverwaltung des DBA-Partnerstaates keine bank-
ähnliche Tätigkeit der Niederlassung annimmt und folglich den Verrechnungszins nicht
gewinnerhöhend berücksichtigt. Die steuerliche Erfassung der im Inland als Aufwand
abgesetzten Verrechnungszinsen im DBA-Partnerstaat müsste daher nachgewiesen
werden."

In EAS 1138[501] hatte sich das BMF zur Gewinnaufteilung nach Art. 7   **293**
DBA Schweiz zu dem umgekehrten Fall zu äußern, bei dem ein ausländischer Konzern Österreich als Standort für eine Kapitalgesellschaft gewählt hat,
die in der Schweiz eine Betriebstätte unterhält, die Finanzdienstleistungen für
die (nicht in Österreich ansässigen) Konzerngesellschaften erbringt. Besteht
die Funktion der inländischen Stammhausbetriebstätte lediglich in der allgemeinen Geschäftsleitung und in allgemeinen Beratungen, jene der schweizerischen Betriebstätte in der konkreten Erbringung der Finanzdienstleistungen,
dann sei dem österreichischen Stammhaus für seine Geschäftsführungsfunktion nach Ansicht des BMF eine Tangente des Gesamtgewinnes zuzurechnen,
die sich an der Verrechnung zwischen unabhängigen Dritten orientiert, dh
beispielsweise die Kosten der Geschäftsführung (insb. Personal und Miete) zuzüglich eines Aufschlages von zB 10–20%. Das BMF hat diese Rechtsansicht
sodann nochmals mit EAS 2520[502] für den Fall der Errichtung einer *Swiss*
Finance Branch durch eine österreichische GmbH, der die Aufgabe obliegt, die
Finanzierung von Projektgesellschaften in verschiedenen Zielländern sicherzustellen, bestätigt: Ist auf Basis einer Funktionsanalyse die gesamte Finanzierungstätigkeit der schweizerischen Betriebstätte zuzurechnen und sind folglich
die Zinsenerträgnisse aus der österreichischen Besteuerungsgrundlage auszuscheiden, sodass sich die Besteuerungsgrundlage des österreichischen Hauptsitzes auf den Gewinn aus der Abgeltung der allgemeinen Leitungs- und Verwaltungsaufgaben beschränkt, dann wird die Höhe der der schweizerischen
Betriebstätte aus Drittstaatsgesellschaften zufließenden Zinsen in der Regel
ohne Auswirkung auf das österreichische Steueraufkommen bleiben.

---

[501] BMF 29.9.1997, Gründung einer inländischen Kapitalgesellschaft mit schweizerischer Finanzdienstleistungsbetriebstätte.
[502] BMF 30.11.2004, GZ BMF-010 221/0271-IV/4/2004, Schweizerische Finanzierungsbetriebstätte

294   Zu einem weiteren Fall einer Schweizer Finanzierungsbetriebstätte eines österreichischen Stammhaus hat das BMF mit EAS-Erledigung 2891 vom 17.9.2007, BMF-010 221/1285-IV/4/2007, seine Befürwortung des internationalen Symmetriegrundsatz bei der Betriebstättenkapitalzuordnung kundgetan: *„Ist Betriebstätteneigenschaft der Zweigniederlassung gegeben und sind die Einkünfte aus der Finanzierungstätigkeit der Betriebstätte steuerlich zurechenbar, so werde in einem dritten Schritt der Frage der Kapitaldotierung der schweizerischen Betriebstätte nachzugehen sein. Auf schweizerischer Seite wird bei Finanzierungsbetriebstätten pauschal davon ausgegangen, dass 10/11 der vereinnahmten Zinsen steuerlich abzugsfähige Refinanzierungszinsen darstellen. Die Schweiz gehe sonach offenbar davon aus, dass für das schweizerische Finanzierungsgeschäft innerhalb eines Konzerns eine Eigenkapitalunterlegung nur mit 1/11 erforderlich ist. Aus dem Bericht der OECD über die Betriebstättengewinnaufteilung werde bestätigt, „dass eine anerkannte Methodik der Betriebstättenkapitaldotierung darin besteht, sich an den Gegebenheiten des Betriebstättenstaates zu orientieren (Thin Capitalisation Approach in Z. 163 in Teil I des OECD-Berichts). Wird eine Betriebstätte hierbei im Übermaß mit Kapital dotiert, um Steuervorteile in einem Niedrigsteuerland zu erlangen, ist der Ansässigkeitsstaat des Unternehmens berechtigt, entsprechende Adaptierungen in der Kapitaldotierung vorzunehmen (Z. 201 in Teil I des OECD-Betriebstättengewinnaufteilungsreports). […] Sollten daher in der Schweiz 10/11 der Zinseneinnahmen als Refinanzierungszinsen für zur Verfügung gestelltes Fremdkapital gewertet werden, dann wird zur Vermeidung einer rechtsmissbräuchlichen Umgehung österreichischer Steuern auf österreichischer Seite korrespondierend vorzugehen sein und der in der Schweiz als Fremdkapitalzinsen abgezogene Betrag als wirtschaftlicher Zinsenertrag der österreichischen Hauptniederlassung aufzufassen sein.“* Mit Erlass vom 21.12.2007 hat das BMF zur EAS 2891 ausgeführt, dass diese Rechtsauffassung auf Wirtschaftsjahre anzuwenden ist, die nach dem 31.12.2007 beginnen.

295   Weiters wurde mit EAS 2948[503] klargestellt, dass die in EAS 1138 vertretenen Rechtsauffassungen für die von dieser EAS erfassten trilateralen Sachverhaltsgestaltungen unverändert aufrecht sind. EAS 2891 sei zu rein bilateralen Fallgestaltungen ergangen und zeitige daher keine Rückwirkung auf EAS 1138. In der Zwischenzeit hat ein Verständigungsverfahren über die Frage der Gewinnabgrenzung bei schweizerischen Finanzierungsbetriebstätten gem. Art. 25 des österreichisch-schweizerischen DBA mit der eidgenössischen Steuerverwaltung stattgefunden, in dem sich das BMF der schweizerischen Auffassung (kundgemacht mit Erlass vom 14.5.2008, BMF-0 102 221/1291-IV/4/2008) angeschlossen hat, dass der „AOA" *(Authorized OECD Approach)* nicht als rechtsverbindliche Grundlage für eine Änderung einer bisher gegenteilig geübten Verwaltungspraxis herangezogen werden soll. Hierzu hätte es einer auf Verordnungsstufe stehenden Durchführungsregelung bedurft. Durch dieses Verständigungsverfahren sind die Aussagen der EAS 2891 daher insoweit überholt, als sie sich auf die Anwendung des AOA beziehen. Desgleichen ist der erwähnte Erlass vom 21.12.2007, der die Anwendung des AOA auf die schweizerischen Betriebstätten auf Zeiträume ab 2008 eingeschränkt hat, gegenstandslos.

296   Nach Rn. 233 VPR ist die Kreditwürdigkeit für sämtliche Teile eines Unternehmens die Gleiche. Für Verbindlichkeiten des Unternehmens, auch für

---

[503] BMF 8.2.2008, Weitere Anwendbarkeit von EAS 1138 auf Schweizer Finanzierungsbetriebstätten.

solche, die fiktiv Verbindlichkeiten der Betriebstätte sind, haftet das Gesamtunternehmen. Der AOA gestattet daher nicht, dass Betriebstätten bei ihrer Gewinnermittlung fiktive Gebühren für Garantieleistungen ansetzen, die der Hauptsitz ihnen gegenüber erbringt. Der Umstand, dass zwischen Mutter- und Tochtergesellschaft Entgelte für Garantieerklärungen der Muttergesellschaft zulässig sind (Z. 7.13 OECD-VPG) vermag daran nichts zu ändern, weil die Kreditwürdigkeit zweier Gesellschaften unterschiedlich sein kann, nicht aber jene der verschiedenen Teile ein und derselben Gesellschaft (AOA I/134).

(einstweilen frei) 297–299

V. Verfahrensrechtliche Rahmenbedingungen

Bei internationalen Verrechnungspreisgestaltungen ist entscheidend zu wis- **300** sen, nach welchen Voraussetzungen in Österreich eine Gegenberichtigung als Konsequenz einer im Ausland für vergangene Perioden erfolgten Verrechnungspreisberichtigung im Zuge einer Betriebsprüfung möglich ist bzw. inwieweit die Abgabenbehörden selbst noch eine Änderung/Aufhebung der Bescheide für vergangene Perioden vornehmen können. Weiters sind Mitwirkungspflichten des Abgabepflichtigen hinsichtlich der Erhebung des Sachverhaltes mit Auslandsbezug sowie die Konsequenzen ihrer Verletzung von Interesse. Im Folgenden soll nur ein kurzer Umriss der verfahrensrechtlichen Rahmenbedingungen gegeben werden. Für eine umfassendere Analyse sei auf Kommentare zur österreichischen Bundesabgabenordnung (Ritz, Stoll) verwiesen.

1. Erhöhte Mitwirkungspflicht bei Auslandssachverhalten

a) Offenlegung- und Mitwirkungspflichten im Allgemeinen

Die Abgabenbehörden trifft nach § 115 BAO eine amtswegige Ermitt- **301** lungspflicht im Abgabenverfahren. Dadurch sind die Abgabenbehörden verpflichtet, die tatsächlichen und rechtlichen Verhältnisse zu ermitteln, die für die Abgabepflicht wesentlich sind **(Offizialmaxime).** Die Ermittlungspflicht der Abgabenbehörden besteht innerhalb der Grenzen ihrer Möglichkeiten und des vom Verfahrenszweck her gebotenen und zumutbaren Aufwandes.[504] Wo allerdings diese Zumutbarkeitsgrenze im Einzelfall zu ziehen ist, wird durch das innerstaatliche Recht nicht näher konkretisiert. Die Behörde muss einerseits nicht allen denkbaren Sachverhaltsmöglichkeiten nachgehen, sie verletzt aber die Sachaufklärungspflicht, wenn sich weitere Tatsachen in ihrer Ereignung als reale Möglichkeiten anbieten und die Behörde dieser Potenzialität nicht nachgeht. In den 2010 OECD-VPG (Pkt. 3.17) wird zu diesem Aspekt ausgeführt, dass es vorkommen kann, dass ein Steuerpflichtiger bei ei-

---

[504] VwGH 22.4.1998, 95/13/0191; 7.6.2001, 95/15/0049; 26.1.2004, 2000/17/0172; 21.2.2007, 2005/17/0088; 15.12.2009, 2006/13/0136; *Stoll* BAO, 1994, 1267; VwGH 20.5.1983, 81/16/0105, 0108; 8.2.1990, 89/16/0, *Ritz* BAO Kommentar, § 115, Rn. 6; *Simader* SWI 2009, 350 ff.; *Vogel* FJ 1973, 124 ff.

ner Betriebsprüfung eine gewinnmindernde Verrechnungspreisberichtigung mit dem. Argument beantragt, die steuerpflichtigen Einkünfte seien versehentlich zu hoch ausgewiesen worden. *„Es liegt im Ermessen der Steuerverwaltungen, ob sie solchen Forderungen nachkommen oder nicht. Die Steuerverwaltungen können derartige Anträge aber auch im Rahmen von Verständigungsverfahren und Gegenberichtigungen behandeln."*

302 Die Abgabenbehörden sind aufgrund ihrer amtswegigen Ermittlungspflicht berechtigt, Auskunft über alle für die Abgabenerhebung maßgebenden Tatsachen zu verlangen. Die Auskunftspflicht trifft jedermann, auch wenn es sich nicht um seine persönliche Abgabepflicht handelt (§ 143 BAO). Von der Auskunftspflicht sind lediglich Personen befreit, denen nach § 171 BAO ein Aussageverweigerungsrecht als Zeuge zukommt (insb. berufsmäßige Parteienvertreter wie Rechtsanwälte und Steuerberater darüber, was ihnen in ihrer Eigenschaft als Vertreter der Partei über diese zur Kenntnis gelangt ist, und Angehörige iSd § 25 BAO). Das Bankgeheimnis (§ 38 BWG) schützt grundsätzlich auch gegen Nachforschungen der Abgabenbehörden; es besteht nur nicht im Falle von gerichtlichen Strafverfahren oder Strafverfahren wegen vorsätzlicher Finanzvergehen im Falle eines unmittelbaren Zusammenhangs.[505] Jedoch liegt nach der Judikatur in Fällen, in denen die Ermittlungsmöglichkeiten der Abgabenbehörde eingeschränkt sind (etwa wegen des Bankgeheimnisses), eine erhöhte Mitwirkungspflicht seitens des Abgabepflichtigen vor.[506] Nach § 143 BAO schließt die Verpflichtung zur Auskunftserteilung mit ein, Urkunden und andere schriftlichen Unterlagen, die für die Feststellung von Abgabenansprüchen von Bedeutung sind, vorzulegen oder die Einsichtnahme in diese zu gestatten. Die amtswegige Ermittlungspflicht hat dort ihre Grenzen, wo Sachverhaltsdarstellungen von den Abgabenbehörden nicht mehr zumutbar zu ermitteln sind.[507]

303 Die Amtswegigkeit des Verfahrens wird durch Mitwirkungs- und Offenlegungspflichten des Abgabepflichtigen wie etwa die der erhöhten Mitwirkungspflicht gem. § 138 BAO[508] ergänzt. Der Abgabepflichtige hat weiters die für den Bestand und den Umfang der Abgabepflicht „bedeutsamen" Umstände der Abgabenbehörde gegenüber vollständig und wahrheitsgem. offenzulegen (Offenlegungs- und Wahrheitspflicht gem. § 119 BAO), wobei der Offenlegung insb. Anzeigepflichten (zB gem. § 120 BAO hinsichtlich aller Umstände, die eine Abgabepflicht begründen, ändern oder beenden), Aufzeichnungspflichten (§§ 124–132 BAO) und Erklärungspflichten (Abgabenerklärungen; §§ 133–140 BAO) sowie die Verpflichtung zur Hilfeleistung bei Amtshandlungen (zB bei Betriebsprüfungen; § 141 BAO) dienen.

304 Gem. § 162 BAO („Empfängernennung") hat der Steuerpflichtige auf Verlangen der Abgabenbehörde den Empfänger oder Gläubiger einer als Betriebsausgabe geltend gemachten Zahlung zu nennen. Zweck der Bestimmung ist die Sicherung der korrespondierenden Besteuerung beim Empfän-

---

[505] VwGH 29.1.1991, 90/14/0112.

[506] VwGH 16.9.1986, 86/14/0020; *Ritz* BAO Kommentar, § 115, Rn. 11.

[507] VwGH 25.10.1995, 94/15/0131, 94/15/0181, 28.1.1998, 95/13/0069; 7.6.2005, 201/14/0187, 15.12.2009, 2006/13/0136; *Ritz* BAO Kommentar, § 115, Rn. 9.

[508] VwGH 25.10.1995, 94/15/0131, 94/15/0181; 28.1.1998, 95/13/0069; 7.6.2005, 201/14/0187, 15.12.2009, 2006/13/0136; *Ritz* BAO Kommentar, § 115, Rn. 9.

ger.[509] Der Abgabepflichtige hat daher seine Geschäftsbeziehungen so einzurichten, dass er die Person des Empfängers oder Gläubigers namhaft machen kann.[510] Kommt er diesem Verlangen nicht nach, dann ist diese Betriebsausgabe zwingend nicht anzuerkennen. Nach der Rechtsprechung des VwGH reicht die Nennung einer Steueroasenfirma nicht, ohne die an ihr tatsächlich Beteiligten bekannt zu geben.[511] Eine ähnliche Entscheidung zitieren auch die VPR in Rn. 379 als Beispiel für ein Scheingeschäft: Im Zusammenhang mit dem **Empfängernachweis** reicht es nicht aus, eine ausländische Gesellschaft zu benennen, die als funktionslos anzusehen ist. Fließen daher einer unstrittig als bloße „Briefkastenfirma" anzusehenden Gesellschaft für das Zustandekommen von Geschäften „Provisionen" zu, wird eine Beweiswürdigung nicht als unschlüssig zu erkennen sein, die zur Feststellung gelangt, dass nicht die funktionslose Gesellschaft, sondern jene Personen, die durch ihr Tätigwerden bzw. Dulden die Geschäfte tatsächlich ermöglicht haben, die die wahren Empfänger der Provisionen waren. Daher ist mit der Nennung einer bloß als „Briefkasten" fungierenden Gesellschaft dem Verlangen nach § 162 BAO nicht entsprochen worden (VwGH v. 31.5.2006, 2002/13/0145).

§ 162 BAO stellt damit als „formale Beweisregel" eine Ausnahme vom **305** Grundsatz der freien Beweiswürdigung dar.[512] Die Vornahme einer Aufforderung zur Empfängernennung iSd § 162 BAO liegt im Ermessen der Abgabenbehörde.[513] Das Verlangen ist jedoch rechtswidrig, wenn der Auftrag offenbar unerfüllbar ist (zB beim unverschuldeten Verlust von Unterlagen oder bei Diebstahl).[514]

b) Erhöhte Mitwirkungspflicht gem. § 138 BAO

Nach § 138 BAO haben die Abgabepflichtigen auf Verlangen der Abga- **306** benbehörde in Erfüllung ihrer Offenlegungspflicht (§ 119 BAO) zur Beseitigung von Zweifeln den Inhalt ihrer Anbringen zu erläutern und zu ergänzen sowie dessen Richtigkeit zu beweisen. Bücher, Aufzeichnungen, Geschäftspapiere, Schriften und Urkunden sind auf Verlangen zur Einsicht und Prüfung vorzulegen, soweit sie für den Inhalt der Anbringen von Bedeutung sind. Ist der Beweis nach den Umständen nicht zumutbar, so genügt die Glaubhaftmachung.[515]

Nach ständiger Rechtsprechung des VwGH besteht für Sachverhalte mit **307** Auslandsbezug neben der generellen Nachweispflicht von Betriebsausgaben eine erhöhte Mitwirkungspflicht,[516] da die Möglichkeiten der Behörde

---

[509] VwGH 29.11.1988, 87/14/0203, 2.3.1993, 91/14/0144, 28.5.1997, 94/13/0230.

[510] VwGH 29.11.1988, 87/14/0203, 2.3.1993, 91/14/0144; 28.5.1997, 94/13/0230.

[511] VwGH 13.11.1985, 84/13/0127; 22.3.1995, 93/13/0076; 26.9.2000, 98/13/0216, 0220, 23.1.2002, 96/13/0114; vgl auch EAS 2030 des BMF vom v; *Ritz* BAO Kommentar, § 162 Rn. 7; kritisch dazu *Beiser* SWK 2000, 838ff, der zusammenfassend keine Verpflichtung sieht, den Empfänger eines Empfängers zu nennen.

[512] VwGH 27.7.1994, 92/13/0140; *Ruppe* Unerlaubte Provisionen, 101; *Ritz* BAO Kommentar, Rn. 8.

[513] VwGH 3.6.1982, 86/13/0001.

[514] VwGH 19.2.1965, 0044/64.

[515] *Ritz* BAO Kommentar4, § 138, Rn. 5.

[516] S. u.a. VwGH 23.2.1994, 92/15/0159; 30.5.1995, 91/13/0248; 22.6.1976, 1832/75; 16.9.1992, 88/13/0224; 31.7.1996, 92/13/0020.

bei behördlichen Ermittlungen im Ausland eingeschränkt sind.[517] Dadurch kommt es zu einer Beweisbeschaffungspflicht und Beweisvorsorgepflicht des Abgabenpflichtigen.[518]

308   Nach der Ansicht des BMF (EAS 604)[519] gelten die im innerstaatlichen Recht entwickelten Beweislastverteilungsregeln auch für die Ermittlung des zutreffenden Verrechnungspreises für Leistungsbeziehungen international tätiger Unternehmen. Danach trifft die Beweislast für die Notwendigkeit einer Abweichung von der Steuererklärung regelmäßig die Behörde; dieser Ermittlungspflicht der Behörde steht aber die Mitwirkungspflicht der Partei korrespondierend gegenüber. *„Der Mitwirkungspflicht sind wohl Grenzen gesetzt: es darf nicht Unmögliches, Unzumutbares und Unnötiges verlangt werden.*[520] *Allerdings sind diese Grenzen in den Fällen einer erhöhten Mitwirkungspflicht, wie sie bei Auslandsbeziehungen bestehen ..., höher gesetzt als sonst. Die „erhöhte Mitwirkungspflicht" inkludiert eine Beweisbeschaffungspflicht. Diese Beweisbeschaffungspflicht wird durch die Möglichkeit internationaler Amtshilfe nicht außer Wirksamkeit gesetzt.*[521] Es wird daher auch bei der Prüfung internationaler Verrechnungspreise einem Verlangen der österreichischen Prüfungsorgane nach Übermittlung von beweiskräftigen Unterlagen (zumindest in Kopie) nicht mit dem Argument begegnet werden können, dass sich diese Unterlagen in den Händen eines ausländischen verbundenen Unternehmens befinden und sich die Behörde diese Unterlagen im Amtshilfeweg beschaffen könnte. Kommt ein inländisches Unternehmen im Fall einer Überprüfung der internationalen Verrechnungspreise seiner vorzitierten Mitwirkungspflicht nicht nach, reduziert sich das Beweismaß der Behörde auf den nach allen Umständen wahrscheinlichsten Sachverhalt, der diesfalls im Schätzungswege zu ermitteln ist."

Verletzt damit ein Abgabepflichtiger die ihm obliegende erhöhte Mitwirkungspflicht bei Auslandssachverhalten, dass er einen Auftrag nach § 138 BAO abgelehnt hat oder einem solchen nicht bzw. nicht in ausreichendem Masse nachkommt, berechtigt dies die Abgabenbehörden grundsätzlich nicht zur Annahme des Nichtzutreffens des fraglichen Sachverhalts oder zur Entbindung von der Verpflichtung zur amtswegigen Sachverhaltsermittlung. Damit bleibt die Verpflichtung der Behörde weiterhin aufrecht, bis zur Grenze des ihr Zumutbaren auf andere Art nach erforderlichen Nachweisen zur Erforschung der materiellen Wahrheit zu suchen.[522] Bleiben jedoch im Er-

---

[517] *Kotschnigg* ÖStZ 1992, 84; VwGH 30.5.1995, 91/13/0248; 27.1.1972, 1671/70; 17.9.1974, 1613/73; 22.1.1992, 90/13/0200; 23.2.1994, 92/15/0159.

[518] VwGH 25.5.1993, 93/14/0019; *Kotschnigg* ÖStZ 1992, 84 ; *Renner/Steiner* ÖStZ 1995, 366f.

[519] Vgl. EAS 604 vom 27.3.1995 mit Verweis auf VwGH 30.1.1991, 90/13/0165 zuletzt bestätigt durch UFS-Entscheidung vom 14.3.2005, RV/2154-L/02.

[520] VwGH 21.2.1979, 2292/77 und 2.10.1969, 779, 780/68, s. auch Rn. 1121 EStR.

[521] VwGH 30.1.1991, 90/13/0165, s. dazu auch EAS 1089 v. 24.7.1997; EAS 1191 v. 15.12.1997; kritisch dazu u.a. *Furherr* ÖStZ 2004, 266ff; *Lahodny-Karner/Furherr* SWI 2002, 14ff. und *Urtz* Neueste Entwicklungen bei der erhöhten Mitwirkungspflicht, in Lang/Jirousek (Hrsg.), Festschrift Loukota, Praxis des Internationalen Steuerrechts, 597ff.

[522] VwGH 20.4.1999, 94/14/0149; 17.11.2010, 2005/13/0111.

gebnis Umstände unberücksichtigt, die der Abgabenbehörde aufgrund der Verweigerung der Mitwirkung verborgen geblieben sind, so kann dieser daraus keine Verletzung der verfahrensrechtlich gebotenen Ermittlungspflichten vorgeworfen werden.[523] Darin und auch in der möglichen Rechtsfolge der Schätzung gem § 184 BAO liegen letztlich (abgesehen vom Bestehen allfälliger finanzstrafrechtlicher Implikationen) die für den Abgabepflichtigen mit einer Verweigerung der Mitwirkungspflicht nach Maßgabe des § 138 BAO verbundenen Risiken.[524]

Die Frage ist nun, wie weit diese Mitwirkungspflicht in einer für den Abgabepflichtigen zumutbaren Weise nun tatsächlich in Anspruch genommen werden kann, da die kasuistische Rechtsprechung des VwGH noch keine umfassende Darstellung der diesbezüglichen Pflichten des Abgabenpflichtigen bietet. Es gibt lediglich in Einzelaspekten richtungweisende Entscheidungen; wie etwa dass der Steuerpflichtige der österreichischen FinVerw. die wesentlichen Teile der im Ausland geführten Buchhaltung zugänglich zu machen hat,[525] die Namhaftmachung von Gesellschaftern vermuteter Briefkastengesellschaften (VwGH v. 26.7.2000, 97/14/0070 betr. eine Gewinnausschüttung an eine schweizerische Domizilgesellschaft), dass ausländische Zeugen stellig zu machen sind,[526] dass nur unzweifelhaft als erwiesen angenommene Aufwendungen abzugsfähig sind. Glaubhaftmachung reicht daher bei Steueroasengestaltungen nicht aus;[527] bei Eintritt in Geschäftsbeziehungen zu einer bekannten Steueroase besteht von Anbeginn die Pflicht, dafür zu sorgen, dass im Bedarfsfall diese Beziehungen vollständig aufgehellt und dokumentiert werden können.[528] Von Interesse ist in diesem Zusammenhang auch eine jüngere Entscheidung des VwGH,[529] worin der Gerichtshof auf die Verletzung der erhöhten Mitwirkungspflicht zwecks Klärung der Ansässigkeit in Kanada oder Österreich (iSd Art. 4 DBA Kanada) hinwies, obwohl diese Frage auch im Wege des Informationsaustausches auf der Grundlage der in Art. 26 DBA Kanada vorgesehenen „großen" Klausel hätte geklärt werden können.

Nach den Ausführungen von Jirousek bei der Vortragsveranstaltung am 20.11.2003 der IFA-Landesgruppe Österreich gilt es, das Prinzip der Amtswegigkeit, die Mitwirkungspflichten und die Amtshilfemöglichkeiten nach den Grundsätzen der Notwendigkeit einer bestimmten Beweiserhebung, der Verhältnismäßigkeit, der Erfüllbarkeit und der Zumutbarkeit gegeneinander abzuwägen. Daher geht nach Ansicht von Gassner[530] die Forderung zu weit, dass die Abgabenbehörde alle ihr zur Verfügung stehenden Möglichkeiten der Amtshilfe etc. zuerst auszuschöpfen habe, bevor die erhöhte Mitwirkungspflicht des Steuerpflichtigen zum Tragen kommen kön-

---

[523] VwGH 14.1.1980, 537/79.

[524] Vgl. *Nowotny* in Damböck/Galla/Nowotny, Verrechnungspreisrichtlinien, Lindeverlag, K 510.

[525] VwGH 8.4.1970, 141/68.

[526] VwGH 8.4.1970, 1415/68; 12.9.1978, 1511/75, 22.6.1976, Zl. 1832/75, 1051, 1052/76, 26.9.1985, 85 114/0056, 15.3.1995, 92/13/0178.

[527] VwGH 12.9.1978, 1511/75. VwGH 12.9.1978, 1511/75.

[528] VwGH 25.5.1993, 93/14/0019.

[529] VwGH 26.7.2000, 95/14/0145.

[530] *Gassner* ÖStZ 2004, 178.

ne.[531] Das Abwägen iSd Verhältnismäßigkeitsprinzips[532] hat u. a. auch die Grundsätze der Verwaltungsökonomie, worunter die Verpflichtung zur Sparsamkeit, Wirtschaftlichkeit und Zweckmäßigkeit (vgl. Art. 1226b Abs. 5 BVG) sowie die lange Dauer der Erledigung von Amtshilfersuchen und Verfahrenskosten zu verstehen sind, zu beachten. Damit sollte Unterschiedliches gelten, je nachdem, ob es beispielsweise lediglich um die Besorgung des Jahresabschlusses eines verbundenen Unternehmens geht oder es sich um Informationen über einen unabhängigen Geschäftspartner mit Geschäftsanschrift in einer Steueroase handelt, hinsichtlich dessen der Abgabepflichtige selbst Informationsbeschaffungsprobleme hat.

310   Nach Ansicht des BMF[533] sei das Ausmaß des Zumutbaren der Mitwirkung bei der Sachverhaltsaufklärung internationaler Verrechnungspreisfälle in den OECD-VPG zu finden, die von der österreichischen FinVerw. als Auslegungsbehelf angewendet werden (s. Rn. 105–114). In 5.4. der OECD-VPG wird etwa ausgeführt, dass man erwarten können wird, „dass der Steuerpflichtige schriftliche Unterlagen anfertigt oder sich auf solche bezieht, die als Nachweis für seine Bemühungen zur Einhaltung des Fremdvergleichsgrundsatzes dienen können; hierzu gehören auch Angaben über die Grundlagen der Verrechnungspreisfestsetzung, die hierbei berücksichtigten Faktoren sowie die gewählte Methode. Die Steuerverwaltungen können berechtigterweise von den Steuerpflichtigen erwarten, dass diese bei der Festlegung der Verrechnungspreis für einen bestimmten Geschäftsfall Belegmaterial über die Art der Geschäftsbeziehung und die Verrechnungspreisgestaltung erstellen oder erhalten und dass sie dieses Belegmaterial für ein allfälliges Betriebsprüfungsverfahren aufbewahren etc."

311   Daraus zieht *Loukota*[534] den Schluss, dass, sofern diese Unterlagen vom ausländischen verbundenen Unternehmen erstellt werden, sie anlässlich der Preisfestsetzung von diesem beschafft werden müssen. Erscheint es nicht mehr zumutbar, das gesamte für die Überprüfung der Anwendung der Verrechnungspreise nötige Datenmaterial in Österreich aufzubewahren und laufend zu ergänzen, dann wird man von einem gewissenhaften Geschäftsleiter zumindest fordern müssen, dass er sich von der Muttergesellschaft bei Geschäftsabschluss die Zusage geben lässt, dass man ihm bei Bedarf die nach OECD-Grundsätzen erforderlichen Beweisunterlagen zeitgerecht zur Verfügung stellen wird, sodass er seine Mitwirkungspflichten im Abgabenverfahren nach den Erfordernissen der OECD-Verrechnungspreisgrundsätze erfüllen kann. Da alle Mitgliedstaaten der OECD diese Mitwirkungserfordernisse als zumutbar ansehen, werde ein Überschreiten der Zumutbarkeitsgrenze des § 138 BAO nicht eingewendet werden können, wenn die österreichische Betriebsprüfung eine Mitwirkung an der Sachverhaltsaufklärung im Rahmen dieser OECD Regeln verlangt. In diesem Sinne auch

---

[531] So aber *Urtz/Lang* in Festschrift Steuerrecht, 1998, 468 ff.

[532] *Lang* Die Erbringung von ausländischen Besteuerungsnachweisen durch den Steuerpflichtigen, SWI 2000, 215; *Stoll* BAO-Kommentar, 1266 und 1270; *Loukota* Budgetkonsolidierung und internationales Steuerrecht, SWI 1996, 252 f.

[533] Protokoll Außensteuerrecht und Internationales Steuerrecht 2006, Erlass vom 1.12.2006, BMF-010 221/0626-IV/4/2006.

[534] *Loukota* SWI 2000, 519.

EAS 2204,[535] dass „… den OECD-Verrechnungspreisgrundsätzen eine maßgebende Rolle bei der Beurteilung zukommt, wo die Zumutbarkeitsgren-
zen multinationaler Unternehmen liegen, wenn es um die Prüfung internationaler Verrechnungspreise geht … Der einfachste Weg, dieser Mitwirkungspflicht zu entsprechen, bestünde im vorliegenden Fall darin, der
österreichischen FinVerw., die maßgebenden Buchhaltungsunterlagen der
schweizerischen Tochtergesellschaft zugänglich zu machen und solcherart
mitzuhelfen, den sachgerechten Veräußerungspreis zu ermitteln."

Falls die Konzernpartnergesellschaft in einem DBA-Partnerstaat ansässig ist,   **312**
sollte nach dem BMF[536] bei der Vornahme von Schätzungen wegen Verletzung der Mitwirkungspflichten dem geprüften Unternehmen immer empfohlen werden, die Einleitung eines internationalen Verständigungsverfahrens
zu beantragen, um eine korrespondierende Gegenberichtigung im DBA-
Partnerstaat zu erwirken. Liegt kein Fall von strafrechtlich zu verfolgendem
Missbrauch vor, kann auf der Grundlage von § 48 BAO eine interimistische
Doppelbesteuerung im Verhältnis zu dem Staat der anderen Konzerngesellschaft vermieden werden. Der Abschluss des Betriebsprüfungsverfahrens wird
durch einen Antrag auf Einleitung eines Verständigungsverfahrens nicht behindert."

Eine weitere Konsequenz aus der Verletzung der erhöhten Mitwirkungspflicht bei Auslandssachverhalten könnte schließlich in der Verhängung einer
Zwangsstrafe gem. § 111 BAO liegen.[537]

2. Änderung/Aufhebung eines Bescheides zur Verrechnungspreisberichtigung

Nach Ablauf der einmonatigen Beschwerdefrist gem. § 245 Bundes-   **313**
abgabenordnung (BAO) wird ein Bescheid über die Veranlagung zur Körperschaftsteuer formell und materiell rechtskräftig und ist damit durch
ein ordentliches Rechtsmittel (Beschwerde gem. § 243 BAO) des Abgabepflichtigen bzw. durch die Behörde aus Gründen der Rechtsicherheit nicht
mehr abänder- bzw. aufhebbar. Die BAO durchbricht diese sog. Rechtskraft eines Bescheides jedoch relativ weitreichend insb. durch die Zulässigkeit
der
- Aufhebung eines hinsichtlich des Spruches unrichtigen Bescheides gem.
  § 299 BAO
- Bescheidänderung gem. § 295a BAO aufgrund Eintritt eines Ereignisses
  mit steuerlicher Wirkung für die Vergangenheit
- Wiederaufnahme des Verfahrens auf Antrag oder von Amts wegen gem.
  § 303 BAO
- § 48 BAO iVm § 295 Abs. 3 BAO
- Nachsicht nach § 236 BAO

---

[535] BMF 7.1.2003.
[536] Protokoll Außensteuerrecht und Internationales Steuerrecht 2006, Erlass vom
1.12.2006, BMF-010 221/0626-IV/4/2006.
[537] Dafür offenbar *Beiser* ÖStZ 1991, 107, ebenso *Ritz* BAO Kommentar3, § 111
Rn. 6.

314   Des Weiteren kann ein Bescheid wegen offenkundiger Fehler (zB Rechen-
fehler) berichtigt werden (§ 293 BAO).

a) Aufhebung wegen Unrichtigkeit des Spruchs gem. § 299 BAO

315   Im Falle einer unrichtigen Festsetzung einer Abgabe tritt das Postulat der
Rechtssicherheit und Endgültigkeit der Entscheidung mit dem Grundsatz der
Gleichmäßigkeit der Besteuerung in Konkurrenz. Die Abgabenbehörde kann
gem. § 299 BAO daher auf Antrag einer Partei oder von Amts wegen Bescheide[538] wegen Unrichtigkeit des Spruchs (inhaltlicher Rechtswidrigkeit)
aufheben, wobei für den Verrechnungspreisbereich relevante Abgabenbehörden erster Instanz insb. die zuständigen Finanzämter sowie das BMF für Bescheide nach § 48 BAO sind.

316   Der Inhalt eines Bescheides gilt als nicht richtig iSd § 299 BAO, wenn der
Spruch des Bescheides nicht dem Gesetz entspricht. Der Grund für die Unrichtigkeit (zB unrichtige Auslegung einer gesetzlichen Bestimmung bzw.
mangelnde Kenntnis des entscheidungsrelevanten Sachverhaltes als Grund für
die Festsetzung fremdunüblicher Verrechnungspreise) ist nicht ausschlaggebend. Die Aufhebung erfolgt verschuldensunabhängig,[539] die Rechtswidrigkeit muss nicht offensichtlich, jedoch gewiss sein.[540]

317   Der Abgabenpflichtige kann damit auf § 299 BAO gestützt eine Berichtigung bereits rechtskräftiger Bescheide zur Berücksichtigung einer im Ausland
vorgenommenen Verrechnungspreiskorrektur erlangen.

Waren auf § 299 BAO gestützte Aufhebungen, die im Widerspruch mit
zwischenstaatlichen abgabenrechtlichen Vereinbarungen (insb. DBA) oder
dem Gemeinschaftsrecht der EU stehen, vor dem AbgVRef 2009 (BGBl. I
Nr. 20/2009) noch innerhalb der Fristen des § 302 Abs. 2 lit. c BAO aF, somit idR innerhalb der fünfjährigen Verjährungsfrist möglich, so kommt eine
Aufhebung gem. § 299 BAO ab dem 1. November 2009 nur mehr innerhalb
der „allgemeinen" Jahresfrist des § 302 Abs. 1 BAO, somit bis zum Ablauf eines Jahres nach Bekanntgabe (idR Zustellung) des Bescheides, in Betracht.
Nach der bisherigen Rechtslage waren Rechtsunrichtigkeiten, die auf falschen DBA-Auslegungen oder falschen Gemeinschaftsrechtsauslegungen be-
ruhten, für die Abgabenbehörden und die Abgabepflichtigen selbst dann
noch über lange Zeit aufgreifbar, wenn sie im Zuge des Abgabeverfahrens
keinerlei Rechtsmittel erhoben haben. Dies wirkte sowohl zu Gunsten als
auch zu Lasten von Abgabepflichtigen, die mit Gemeinschaftsrechtsverstößen
konfrontiert waren.

Ein derart weitreichender Eingriff in die Rechtskraft wird rechtspolitisch
als problematisch angesehen (*Klecatsky* DÖV 1967, 593), weil er das Rechts-
gut der Rechtssicherheit zu Gunsten des Rechtsgutes der Rechtsrichtigkeit
zu weitgehend aushöhlt. Mit der Novellierung wurden die Fristen für
Rechtskrafteingriffe nach § 299 BAO iSd europarechtlichen Äquivalenz-
prinzips auf ein Jahr vereinheitlicht, wogegen auch keine Bedenken vor dem

---

[538] Aufhebbar sind nicht nur erstmals erlassene Bescheide, sondern auch Beschwer-
devorentscheidungen (Bescheide, die die Abgabenbehörden erster Instanz in Erledigung einer Beschwerde gem. § 276 BAO erlassen).

[539] Vgl. *Ritz* BAO Kommentar3, § 299, Rn. 11.

[540] VwGH 5.8.1993, 91/14/0127, 0128; *Stoll* BAO, 2888.

Hintergrund des Effektivitätsprinzips bestehen(*Griller* in Holoubek/Lang, Rechtkraft, 2008, 45, GA *Ruiz-Jarabo Colomer,* 11.12.2003, C-30/02, *Recheio* Rn. 41 f.).

Es ist jedoch zu beachten, dass die Aufhebung nach § 299 BAO **im Ermessen der Abgabenbehörden** liegt.

Für Anträge auf Aufhebung sind spezielle Inhaltserfordernisse vorgesehen. **318** Im Aufhebungsantrag ist anzugeben, welcher Bescheid aufzuheben ist und aus welchen Gründen der Antragsteller den Bescheid für inhaltlich rechtswidrig hält.[541] Der Antrag auf Aufhebung unterliegt der Entscheidungspflicht durch die Abgabenbehörden; über ihn ist somit stets mit Bescheid abzusprechen.

Die Verwaltungspraxis stützt sich u. a. auf § 299 BAO, um Ergebnisse von **319** Verständigungsverfahren durchzusetzen. Dies setzt einen Verstoß gegen das betreffende DBA (Fremdverhaltensgrundsatz gem. § Art. 9) bzw. eine Verletzung einer Verständigungsvereinbarung voraus.[542]

b) Aufhebung wegen rückwirkender Ereignisse gem. § 295a BAO

Ein Bescheid kann auf Antrag einer Partei oder von Amts wegen abgeän- **320** dert werden, wenn ein Ereignis eintritt, aus dem sich eine abgabenrechtliche Wirkung für die Vergangenheit ergibt (§ 295a BAO). Die Rückwirkung von Ereignissen muss sich aus speziellen Abgabenvorschriften ergeben, da nach Entstehung des Abgabenanspruchs eingetretene Ereignisse grundsätzlich nicht den Bestand und Umfang des Abgabenanspruches verändern. Für Verrechnungspreisthemen ist diese Regelung insb. für den Steueraufschub bei Überführung in ausländische Betriebsstätten gem. § 6 Z. 6 EStG (s. Rn. 52–56) von Relevanz.

Erfolgt im Rahmen einer Verständigungsvereinbarung eine Einigung, die steuerliche Wirkungen für die Vergangenheit hat, so ist auch an die Anwendung von § 295a BAO zu denken. Dies wäre zB dann der Fall, wenn die Verständigungsvereinbarung nachträglich zu einer Besteuerung im Ausland führt und diese ausländischen Steuern entsprechend DBA bzw. aufgrund einer auf § 48 BAO gestützten Maßnahme im Inland anrechenbar sind.[543]

Der Eintritt des rückwirkenden Ereignisses ist dem zuständigen Finanzamt **321** anzuzeigen, wenn das rückwirkende Ereignis in der Begründung des Bescheides angeführt ist (§ 120 Abs. 3 BAO). Die Abänderung gem. § 295a kann von Amts wegen oder auf Antrag der Partei erfolgen, wobei der Antrag der Entscheidungspflicht der Behörde unterliegt, er ist daher stets mit Bescheid zu erledigen. Zuständig für die Abänderung ist stets die Abgabenbehörde, dies gilt sowohl für amtswegige Abänderungen als auch für Abänderungen auf Antrag. Die Abänderung liegt im Ermessen der Abgabenbehörde; die Maßnahme wird damit im Allgemeinen bei Geringfügigkeit der (insb. abgabenrechtlichen) Auswirkungen zu unterbleiben haben.[544] Sie erfolgt weiters auch nur im Hinblick auf das rückwirkende Ereignis, der Abänderungsbe-

---

[541] Vgl. *Ritz* BAO Kommentar3, § 299, Rn. 28.
[542] Vgl. *Ritz* BAO Kommentar3, § 299, Rn. 24.
[543] *Ritz* Bundesabgabenordnung Kommentar4, § 295a Rn. 8 ff.; Koppensteiner, ÖStZ 2009, 552.
[544] Vgl. *Ritz* BAO Kommentar3, § 295a, Rn. 40.

scheid ist damit auch nur hinsichtlich der Abänderung mit Berufung anfechtbar.[545]

322   Zum mit AbgÄG 2003 eingeführten speziellen Verjährungsbeginn für Abänderungen nach § 295a BAO s. Rn. 329.

c) Wiederaufnahme des Verfahrens gem. § 303 BAO

323   Nach dem Grundsatz der Gleichmäßigkeit der Besteuerung soll eine durch
Bescheid erledigte Rechtssache in einem neuerlichen Verfahren sachlich geprüft werden, wenn das erledigte Verfahren durch neu hervorkommende Umstände gewichtiger Art in seinen Grundlagen erschüttert ist.[546] Eine solche
Wiederaufnahme des Verfahrens gem. § 303 BAO kann sowohl der Steuerpflichtige beantragen als auch durch die Behörde von Amts wegen vorgenommen werden. Im Verrechnungspreiskontext kommt für eine Wiederaufnahme insb. der Neuerungstatbestand in Betracht:[547]

324   Einen Wiederaufnahmegrund stellt das Neuhervorkommen von Tatsachen
und Beweismitteln dar, um entscheidungswesentlichen Tatsachen (zB Sach-
verhaltselementen wie etwa Einnahmen, Ausgaben, Marktgerechtigkeit des
Verhaltens[548]), die zum Zeitpunkt der Bescheiderlassung bereits existent, aber
unbekannt waren, Rechnung tragen zu können. Später entstandene Umstände (nova producta) sind keine Wiederaufnahmegründe.[549] Keine Tatsache ist
aber insb. eine andere rechtliche Beurteilung,[550] sei es durch die Verwaltungspraxis,[551] aufgrund der Rechtsprechung[552] oder aufgrund von Rechtsirrtü-
mern.[553] Weiters ist ein nach Rechtskraft erstelltes Sachverständigengutachten
(zB zur Fremdüblichkeit des Verrechnungspreises) kein „neu hervorgekom-
menes"[554] Beweismittel. Stützt es sich auf jedoch auf Tatsachen, die neu her-
vorgekommen sind (zB externe Benchmarks), so kommen diese Tatsachen als
Wiederaufnahmegründe in Betracht.[555]

Die größte Bedeutung in der Praxis hat die amtswegige Wiederaufnahme
aufgrund des Neuerungstatbestandes im Rahmen von Betriebsprüfungen.
Eine Wiederaufnahme von Amts wegen ist auch dann durchzuführen, wenn
die Behörde aus eigenem Verschulden neu hervorgekommene Tatsachen oder
Beweismittel nicht gekannt hat. Dies gilt auch dann, wenn der Abgabenbehörde wegen Unterlassens von Ermittlungen ein Vorwurf zu machen ist, bei-

---

[545] Vgl. *Ritz* BAO Kommentar3, § 295a, Rn. 42.

[546] *Doralt/Ruppe* Grundriss des österreichischen Steuerrechts, Bd. II5, 288.

[547] Auf die sonstigen Wiederaufnahmegründe des § 303 BAO, d. i. der Erschlei-
chungstatbestand sowie der Vorfragentatbestand soll hier nicht näher eingegangen werden.

[548] *Doralt/Ruppe* Grundriss des österreichischen Steuerrechts, Bd. II5, 288.

[549] VwGH 23.9.1997, 93/14/0065; 20.11.1997, 96/15/0221.

[550] VwGH 19.5.1993, 91/13/0224; 19.11.1998, 96/15/0148.

[551] VwGH 20.4.1995, 92/13/0076; 27.11.2000, 96/17/0373; 26.6.2003, 2002/16/
0286–0289.

[552] VwGH 8.9.1988, 88/16/0157–0161; 29.9.1997, 97/17/0257–0279; 25.2.1998,
98/14/0015.

[553] VwGH 17.9.1990, 90/15/0118.

[554] *Ritz* BAO Kommentar3, § 303, Rn. 11.

[555] Erlass des BMF, GZ BMF-010 103/0053-VI/2006 vom 14.6.2006, Wiederaufnahme des Verfahrens (§§ 303–307 BAO).

spielsweise wenn das Finanzamt die Möglichkeit gehabt hätte, sich früher die entsprechenden Kenntnisse zu verschaffen und dies schuldhaft unterlassen hat.[556] Ein versehentliches Nichtberücksichtigen bekannter Umstände berechtigt jedoch nicht zur Wiederaufnahme.[557]

Bei der auf Antrag des Abgabenpflichtigen stattfindenden Wiederaufnahme **325** ist insb. ein Hervorkommen neuer Tatsachen und Beweise aufgrund einer Verrechnungspreisberichtigung im Zuge einer in einem anderen Land stattgefundenen Betriebsprüfung von Bedeutung. Es ist jedoch zu beachten, dass „das Hervorkommen einer bewussten oder unbewussten Fehleinschätzung über die Fremdverhaltenskonformität der Preisgestaltung" nach Ansicht des BMF idR keine „neu hervorgekommene Tatsache" darstellen wird[558] und damit als innerstaatliche Berichtigungsgrundlage vermutlich eher § 299 Abs. 4 BAO herangezogen werden wird können. Eine Wiederaufnahme auf Antrag der Partei ist weiters nur dann durchzuführen, wenn die neu bekannt gewordenen Tatsachen oder Beweismittel ohne grobes Verschulden der Partei im abgeschlossenen Verfahren nicht geltend gemacht werden konnten, da sie nicht bekannt waren.

Ein Antrag auf Wiederaufnahme kann nur innerhalb von drei Monaten ab **326** Kenntnisnahme gestellt werden und hat die Inhaltserfordernisse des § 303a BAO zu erfüllen. Der Antrag ist bei der Abgabenbehörde einzubringen, die im abgeschlossenen Verfahren den Bescheid in erster Instanz erlassen hat. Die Verfügung der Wiederaufnahme liegt im Ermessen,[559] wobei die Ermessensübung zu begründen ist.[560] Ziel ist ein insgesamt rechtmäßiges Ergebnis. Daher ist bei der Ermessensübung grundsätzlich dem Prinzip der Rechtsrichtigkeit der Vorrang vor jenem der Rechtsbeständigkeit (Rechtskraft) zu geben.[561] Nach Ansicht des VfGH[562] liegt Ermessensmissbrauch vor, wenn eine Wiederaufnahme nur jenes Verfahrens verfügt wird, in dem sich steuerliche Auswirkungen zum Nachteil des Abgabepflichtigen ergeben, jedoch eine Wiederaufnahme für ein Jahr, wo sie sich zum Gunsten der Partei ausgewirkt hätte, unterlassen wird. Amtswegige Wiederaufnahmen werden idR nicht zu verfügen sein, wenn die steuerlichen Auswirkungen bloß geringfügig sind.[563]

Wird das Verfahren wieder aufgenommen, ergehen zwei gesondert an- **327** fechtbare Bescheide: Der Bescheid, mit dem die Wiederaufnahme verfügt wird und der neue Sachbescheid. Nach Eintritt der Verjährung ist eine Wiederaufnahme des Verfahrens von Amts wegen ausgeschlossen. Die Wiederaufnahme auf Antrag ist gem. § 304 BAO trotz Verjährung möglich, wenn der Wiederaufnahmeantrag vor Eintritt der Verjährung eingebracht wird.

---

[556] VwGH 4.6.1991, 90/15/183.

[557] VwGH 21.7.1990, 89/16/0037; 15.7.1998, 97/13/0269, 0270; VwGH 8.11.1973, 1428/72.

[558] Vgl. BMF 28.4.1997, EAS 1067 „Folgen einer ausländischen Verrechnungspreiskorrektur".

[559] VwGH 21.3.1996, 94/14/0085; 21.7.1998, 93/14/0187, 0188; 26.11.2002, 99/15/0176; 17.12.2003, 99/13/0131.

[560] VwGH 11.8.1993, 92/13/0096; 24.1.1996, 95/13/0136; 24.2.2000, 96/15/0129.

[561] VwGH 30.5.1994, 93/16/0096; 28.5.1997, 94/13/0032; 30.1.2001, 99/14/0067.

[562] VfGH 5.3.1988, B 70/87.

[563] VwGH 25.3.1992, 90/13/0238; 12.4.1994, 90/14/0044; 28.5.1997, 94/13/0032.

3. Verjährung

328   Das Recht Abgaben Bescheid mäßig festzusetzen (bzw. einen bestehenden Bescheid zu ändern) verjährt nach der sog. Festsetzungsverjährung gem. § 207 BAO grundsätzlich nach fünf Jahren bzw. bei hinterzogenen Abgaben nach zehn Jahren. Bei bestimmten Nebenansprüchen (zB Verspätungszuschlägen, Anspruchzinsen) bestimmt sich das Recht zu ihrer Festsetzung gem. § 207 Abs. 2 BAO nach dem Recht auf Festsetzung der (Stamm)abgabe.[564]

329   Die Verjährung beginnt für die Einkommens- bzw. Körperschaftsteuer nach § 208 Abs. 1a BAO mit dem Ablauf des Jahres, in dem der Abgabenanspruch entstanden ist. Für rückwirkende Ereignisse iSd § 295a BAO (zB tatsächliche Veräußerung von Wirtschaftsgütern nach vorangegangener Überführung ins EU/EWR Ausland hinsichtlich derer ein Steueraufschub gem. § 6 Z. 6 EStG beantragt worden ist) ist aufgrund der Sonderbestimmung des § 208 Abs. 1 lit. e BAO der Ablauf des Jahres, in dem das Ereignis eintritt (zB Jahr der tatsächlichen Veräußerung), für den Beginn des Verjährungsfrist von Relevanz. Abänderungen gem. § 295a BAO sind daher auch dann zulässig, wenn die vom Jahr des Entstehens des Abgabenanspruchs (dh mit Ablauf des Jahres der Überführung der Wirtschaftsgüter ins EU/EWR Ausland) abgeleitete Festsetzungsverjährungsfrist bereits abgelaufen ist.[565] Dies gilt aber nur insofern als noch nicht die absolute Verjährung eingetreten ist[566] nach § 209 Abs. 3 BAO.

330   Mit dem SteuerRefG 2005 trat an die Stelle des Instituts der Unterbrechung der Verjährung die sog. „Verlängerung" der Verjährung. Die Festsetzungsverjährung wird damit gem. § 209 Abs. 1 BAO durch innerhalb der Verjährungsfrist erfolgende, nach außen erkennbare und zur Durchsetzung des Anspruchs unternommene Amtshandlungen um ein Jahr „verlängert". Verlängerungshandlungen umfassen beispielsweise[567] die Erlassung von Abgaben- und Feststellungsbescheiden, abgabenbehördliche Prüfungen, Aufforderungen zur Einreichung von Steuererklärungen, Anfragen an den Abgabepflichtigen (Fragenvorhalte, Ergänzungsansuchen), Anfragen an Auskunftspersonen in fremder Sache,[568] Amtshilfersuchen, Einleitung eines internationalen Verständigungsverfahrens. Damit beträgt die Verjährungsfrist für veranlagte Abgaben wie der Körperschaftsteuer jeweils mindestens 6 Jahre, da die Erlassung des Bescheides, die in der Regel im Folgejahr erfolgt, eine Amtshandlung darstellt. Die Verlängerungshandlung muss dem Steuerpflichtigen nicht bekannt sein;[569] es muss

---

[564] Die Verjährung, bei nicht unter § 207 Abs. 2 letzter Satz genannten Nebenansprüchen richtet sich nach Stoll ebenfalls nach jener für die Stammabgabe, da § 207 Abs. 2 nur eine klarstellende Bedeutung hätte.

[565] *Ritz* BAO Kommentar3, § 208, Rn. 5.

[566] *Ritz* SWK 2003, 827; *Schilcher* Subject-to-Tax–Klauseln, 133; *Beiser* ÖStZ 2005, 131.

[567] *Ritz* BAO Kommentar3, § 209 BAO, Rn. 10.

[568] VwGH 22.4.1992, 91/14/0009, 91/14/0010; Vernehmung eines Zeugen, VwGH 24.9.1996, 93/13/0091.

[569] VwGH 22.4.1992, 91/14/0009, 91/14/0010; Vernehmung eines Zeugen, VwGH 24.9.1996, 93/13/0091.

sich allerdings um Amtshandlungen einer sachlich zuständigen Behörde handeln.[570] Schriftliche Erledigungen „verlängern" die Verjährung nur dann, wenn sie ihrem Empfänger auch zugestellt wurden.[571] Die Verlängerung um ein Jahr erfolgt unabhängig davon, ob eine oder mehrere Verlängerungshandlungen in der Verjährungsfrist unternommen wurden.[572] Erfolgt die Verlängerungshandlung in einem Jahr, in welchem die Verjährungsfrist bereits verlängert ist, so verlängert sich die Verjährungsfrist nach § 209 Abs. 1 zweiter Satz BAO um ein weiteres Jahr. Derartige Verlängerungshandlungen können die Verjährungsfrist bis maximal bis zur absoluten Verjährung verlängern.

Bei Verhinderung der Behörde durch höhere Gewalt innerhalb der letzten **331** sechs Monate der Verjährungsfrist (etwa wenn ein Bescheid nicht zugestellt werden kann, weil der Abgabepflichtige nach einem Unfall nicht geschäftsfähig ist[573]) ist die Verjährung gem. § 209 Abs. 2 BAO gehemmt, dh nach Wegfall des Hindernisses läuft die Verjährungsfrist weiter.

Die Grundsätze der Verlängerung und Hemmung gelten jedoch nicht für **332** die sog. absolute Verjährung gem. § 209 Abs. 3 BAO; nach Ablauf von zehn Jahren seit dem Entstehen des Abgabenanspruchs ist daher eine Festsetzung der Abgabe auch bei zwischenzeitiger Verlängerungshandlung bzw. Hemmung nicht mehr zulässig. § 209a BAO sieht jedoch Ausnahmen von der absoluten Verjährungsfrist vor; beispielsweise für den Fall, dass eine Abgabenfestsetzung unmittelbar oder mittelbar von der Erledigung einer Berufung oder eines in Abgabenvorschriften vorgesehenen Antrages abhängt.

Weiters ergibt sich ein derartiges Recht aus dem Art. 25 Abs. 2 zweiter **333** Satz OECD-MA entsprechenden Bestimmungen in DBA, der besagt, dass die Verständigungsregelung ungeachtet der Fristen des innerstaatlichen Rechts durchzuführen ist.[574] Dies hat das BMF auch speziell zum Abkommensverhältnis mit Deutschland mit Erlass vom 13.1.2006, BMF-010 221/0019-IV/4/2006 bestätigt und weiters ausgeführt, dass diese Änderung des Art. 25 Abs. 2 im OECD-Musterabkommen 1977 nur klarstellender Bedeutung zukomme. Innerstaatliche Verjährungsfristen stehen damit auch nicht der Umsetzung von Verständigungsergebnissen über Besteuerungsfälle, auf die noch das österreichisch-deutsche Doppelbesteuerungsabkommen vom 4.10.1954 anzuwenden ist, entgegen.

4. Das Einzelfall-Verständigungsverfahren aus der Sicht des österreichischen Verfahrensrechts

Gem. Art. 25 Abs. 1 und 2 DBA ist der Abgabepflichtige berechtigt, die **334** Einleitung eines internationalen Verständigungsverfahrens im engeren Sinn (sog. „Einzelfall-Verständigungsverfahren") zu beantragen, wenn er der Auffassung ist, dass Maßnahmen eines Vertragsstaates oder beider Vertragsstaaten für ihn zu einer Besteuerung führen oder führen werden, die dem DBA nicht

---

[570] *Doralt/Ruppe,* Grundriss des österreichischen Steuerrechts, Bd. II, 5. Aufl., 2006, 246.

[571] VwGH 18.9.2007, 2007/16/0022.

[572] Vgl. *Rathgeber* SWK 2005, 84; *Ritz* BAO Kommentar3, § 208, Rn. 1.

[573] *Ritz* BAO Kommentar3, § 209, Rn. 34.

[574] *Ritz* BAO Kommentar3, § 209a, Rn. 2.

entspricht und dem nicht durch Maßnahmen des betreffenden Staates abgeholfen werden kann. Die Antragstellung ist daher ab dem Zeitpunkt möglich,
zu dem dem Abgabepflichtigen bekannt wird, dass seitens der Abgabenbehörde eine Gewinnberichtigung in Erwägung gezogen wird. In Rn. 352
VPR wird hierzu folgendes Beispiel angeführt:

Beispiel: Im Zuge einer Außenprüfung bei einer inländischen Konzerngesellschaft wird gem. § 138 BAO Aufklärung über die Höhe des Veräuße-
rungspreises für die Übertragung von selbstgeschaffenen Patenten auf eine
nahestehende schweizerische Patentverwertungsgesellschaft verlangt und um
Bekanntgabe der Höhe der von der schweizerischen Konzerngesellschaft nach
Lizenzrechtserwerb vereinnahmten Lizenzgebühren ersucht. Ist die inländische Gesellschaft der Auffassung, dass der Veräußerungspreis auf Grund der
angestellten Prognoseberechnungen einem Fremdvergleich standhält, weigert
sich aber gleichzeitig der Konzern, die von der Abgabenbehörde benötigten
Daten offenzulegen und ist folglich mit einer Erhöhung des Veräußerungser-
löses im Schätzungsweg zu rechnen, kann bereits zu diesem Zeitpunkt die
Einleitung des Verständigungsverfahrens beantragt werden.

Die meisten DBA sehen in Anlehnung an Art. 25 Abs. 2 OECD-MA eine
Antragsfrist von drei Jahren nach der ersten Mitteilung der Maßnahmen, die
zu einer abkommenswidrigen Besteuerung führen oder führen werden, vor.
Nach dem OECD-MK ist diese Frist als Mindestvorgabe zu verstehen und in
der für den Abgabenpflichtigen günstigsten Weise auszulegen.[575] Weder im
OECD-MK noch in den von Österreich abgeschlossenen DBA wird definiert, was als erste Mitteilung zu werten ist. Diese wird jedoch im österreichischen Verständnis voraussichtlich in der Niederschrift über die Schlussbesprechung der Betriebsprüfung zu sehen sein.[576] Sollte jedoch im Zuge einer
Betriebsprüfung bereits vor der Schlussbesprechung schriftliche Mitteilungen
der Abgabenbehörden zu möglichen abkommenwidrigen Besteuerungen erfolgen; dann sollten zu einer Sicherstellung der Wahrung der Frist bereits diese als erste Mitteilung gewertet werden.

Für den Antrag sind in Art. 25 OECD-MA weder Formvorschriften noch
Inhaltserfordernisse vorgesehen, sodass insoweit das innerstaatliche Verfahrensrecht des DBA-Partnerstaates zu berücksichtigen ist, in dem der Antrag
gestellt werden soll. Die österreichische BAO enthält keine besonderen diesbezüglichen inhaltlichen oder formellen Vorschriften. Da ein solcher Antrag
ein Anbringen iSd § 85 BAO darstellt, ist jedenfalls das Gebot der Schriftlichkeit zu beachten. In Anlehnung an das EU-Schiedsübereinkommen wird es
in Fällen der Gewinnabgrenzung zwischen verbundenen Unternehmen und
im Verhältnis zu Betriebsstätten zweckmäßig sein, die dort vorgesehenen
Mindestinformationen zu übermitteln:[577]

---

[575] Art. 25 Z 20 f. OECD-MK.

[576] Vgl. hierzu auch *Dommes/Kronawetter* Fallstudie 29 Verständigungsverfahren zur
Vermeidung von Doppelbesteuerungskonflikten bei Verrechnungspreiskonflikten, in
Hack/Polster-Grüll/Pernegger/Zöchling (Hrsg.), Internationale Steuer-Fallstudien
Lösungsansätze für Betriebsprüfung und Beratung (2011) 491.

[577] S. *Andorfer* in Damböck/Galla/Nowotny, Verrechnungspreisrichtlinien, K 623
mit Verweis auf „Merkblatt zum internationalen Verständigungs- und Schiedsverfahren
in Steuersachen" des dBMF 13.7.1996, fBStBl I 2006, 461, Tz. 11.3.2.; *Macho* in
Bernegger/Rosenberger/Zöchling (Hrsg), Handbuch der Verrechnungspreise, 526.

- Name, Anschrift (Sitz), Steuernummer und örtlich zuständiges Finanzamt aller an den betreffenden Geschäftsvorfällen Beteiligten;
- detaillierte Angaben zum Sachverhalt, sämtlicher relevanter Umständen und Tatsachen einschließlich Einzelheiten über die Beziehungen zwischen dem Unternehmen und der anderen an den betreffenden Geschäftsvorfällen Beteiligten;
- Angaben zu den betroffen Besteuerungszeiträumen;
- bedeutsame Dokumente, die zur behaupteten Doppelbesteuerung führen, bspw vertragliche Grundlage jener Geschäftsbeziehung, die Anlass zur Verrechnungspreiskorrektur gibt;
- Kopien der Steuerbescheide, die über die Gewinnberichtigung absprechen, Bericht über die abgabenrechtliche Prüfung (falls bereits vorhanden);
- detaillierte Angaben zu etwaigen von allen Beteiligten im In- oder Ausland eingeleiteten außergerichtlichen und gerichtlichen Verfahren sowie etwaig ergangene Gerichtsurteile;
- Darlegung, inwieweit die vorgenommene oder drohende Maßnahme nach Auffassung des Abgabepflichtigen nicht dem Abkommen entspricht;
- eine Zusage des Unternehmens, dass es so umfassend und so schnell wie möglich alle Nachfragen einer zuständigen Behörde beantworten und den zuständigen Behörden die erforderlichen Unterlagen zur Verfügung stellen wird;[578]
- der Antrag des Abgabepflichtigen, dass er vor Abschluss des Verständigungsverfahrens gehört wird, falls dessen Ergebnis erkennbar von erklärten Zielen der Antragstellung abweicht (Rn. 356 VPR);
- den Antrag auf Einleitung des Verständigungsverfahrens des Abkommensberechtigten.

Das Verständigungsverfahren ist gem. Art. 25 im Ansässigkeitsstaat des Abgabepflichtigen zu beantragen. Im Fall der Gewinnberichtigung bei einer inländischen Betriebsstätte einer schweizerischen Gesellschaft ist daher das Verständigungsverfahren in der Schweiz zu beantragen. Analog wird nach Ansicht der FinVerw. nach Rn. 352 VPR im Kapitalgesellschaftkonzern vorzugehen sein, wenn sich der ausländische Konzern bei seinem wirtschaftlichen Engagement im Inland dafür entschieden hat, nicht eine Betriebstätten-Niederlassung, sondern einer Tochtergesellschafts-Niederlassung zu errichten. Auch in diesem Fall soll der Besteuerungskonflikt regelmäßig vom Heimatstaat des betroffenen Konzerns ausgehen und es kann daher das BMF die Befassung mit der Angelegenheit von der Verfahrenseinleitung im Heimatstaat des Konzerns abhängig machen. Dies deshalb, weil die Problemlösung auf internationaler Ebene zweckmäßigerweise mit der Muttergesellschaft und nicht mit der von ihr abhängigen Tochtergesellschaft zu suchen ist (s. aber auch Rn. 367 VPR). Betrifft eine Verrechnungspreiskorrektur die grenzüberschreitenden Geschäftsbeziehungen zwischen zwei Betriebstätten einer in einem dritten Staat ansässigen Gesellschaft, kann ungeachtet des Umstandes, dass sich das im Drittstaat ansässige Unternehmen nicht auf das DBA zwischen den

335

---

[578] Diese Zusage ist im Hinblick auf das EU-Schiedsverfahren von Relevanz und ermöglicht die Fortführung eines nach dem geltenden DBA eingeleiteten Verständigungsverfahrens als Schiedsverfahren nach dem EU-Schiedsübereinkommen; s. hierzu Kapitel 4.3. EU-Schiedsübereinkommen zu Rn. 367 VPR.

beiden Betriebstättenstaaten berufen kann, die Einleitung eines Verständigungsverfahrens im Betriebstättenstaat beantragt werden (Rn. 353 VPR).

336   Das Verständigungsverfahren ist nach Art. 25 Abs. 3 von den „zuständigen Behörden" zu führen; auf österreichischer Seite ist dies in internationalen Verrechnungspreisangelegenheiten das BMF. Kommt es im Rahmen des Verständigungsverfahrens zu mündlichen Verhandlungen, obliegt es der ministeriellen Entscheidung, die Zusammensetzung der österreichischen Verhandlungsdelegation zu bestimmen. Es können daher auch Organe des örtlich zuständigen Finanzamtes, insb. das mit dem Verrechnungspreisfall betraute Prüforgan, in die Verhandlungsdelegation einberufen werden (Rn. 354 VPR). Das BMF entscheidet über den Antrag auf Einleitung eines Verständigungsverfahrens in Ausübung des freien Ermessens.

Bei Rechtsmissbrauch ist es nach Ansicht der FinVerw. gem. Rn. 355 VPR nicht ermessensfehlerhaft, die Einleitung eines Verständigungsverfahrens abzulehnen (BFH v. 26. Mai 1982, BStBl. II 1982, 583). Diese Rechtsauffassung des BMF ist problematisch. Aus Rechtssicherheitsaspekten ist zu hinterfragen, ob ein Rechtsmissbrauch bereits vor Vorliegen einer entsprechenden VwGH Entscheidung als erwiesen gelten darf. Entscheidet sodann für den gegebenen Fall der VwGH, dass kein Rechtsmissbrauch vorliegt und bestätigt der Gerichtshof dann auch, dass die Ermessensentscheidung auf Nichteinleitung eines Verständigungsverfahrens der Finanzbehörde nicht regelmäßig war, kann es sein, dass dann bereits die (in vielen DBA) vorgesehene 3-Jahresfrist zur Einbringung eines Antrags auf Einleitung eines Verständigungsverfahrens abgelaufen ist.

337   Das Verständigungsverfahren stellt im Geltungsbereich der österreichischen Rechtsordnung eine abgabenbehördliche Maßnahme zur Durchführung der Abgabenvorschriften iSd § 49 Abs. 2 BAO dar. Der gesamte Verfahrensablauf (im Geltungsbereich der österreichischen Rechtsordnung) richtet sich daher nach den Vorschriften der BAO. Der das Verständigungsverfahren beantragende Abgabepflichtige kann geltend machen, dass er vor Abschluss des Verständigungsverfahrens noch gehört werden muss, falls dessen Ergebnis erkennbar von erklärten Zielen der Antragstellung abweicht. Eine Teilnahme an mündlichen Verhandlungen ist international unüblich und könnte in Verhandlungsteilbereichen nur nach Einholung der Zustimmung durch die zuständige Behörde des anderen Vertragsstaates in Erwägung gezogen werden (Rn. 356 VPR).

338   Fehlendes Einvernehmen mit dem Abgabepflichtigen hindert die zuständigen Behörden der beiden Vertragsstaaten nicht daran, das Verständigungsverfahren einvernehmlich zu beenden und die Besteuerung dementsprechend vorzunehmen. Die in Vollziehung der Verständigungslösung durchgeführte Besteuerung unterliegt allerdings der Überprüfung im Rechtsmittelweg. Sollte hierbei zugunsten des Abgabepflichtigen eine vom Ergebnis des Verständigungsverfahrens abweichende Besteuerung erwirkt werden, hat das für die Besteuerung zuständige Finanzamt dies dem BMF zur Kenntnis zu bringen, damit zur Verhinderung allfälliger Nichtbesteuerungen eine Benachrichtigung des anderen Vertragsstaates erfolgen kann (Rn. 357 VPR).

339   Der Antrag auf Einleitung eines Verständigungsverfahrens und die Ergreifung eines Rechtsmittels gegen einen vom Abgabepflichtigen als abkommenswidrig beurteilten Steuerbescheid stehen unabhängig voneinander als

Rechtsbehelfe zur Verfügung. Zur Vermeidung der sich aus anhängigen Rechtsmittelverfahren ergebenden Probleme schlägt Tz. 45 MA-Kommentar zu Art. 25 OECD-MA vor, die Durchführung der Verständigungsregelung davon abhängig zu machen, dass der Steuerpflichtige diese Regelung annimmt und sein Rechtsmittel der im Verständigungsverfahren geregelten Punkte zurückzieht. Dem Steuerpflichtigen soll ferner gestattet werden, die Annahme der Verständigungslösung bis zur Gerichtsentscheidung im schwebenden Verfahren hinauszuschieben.

Nach Ansicht der österreichischen Steuerbehörden nach Rn. 358 VPR wird eine parallele Behandlung der Sach- und Rechtsbeurteilung in den beiden Verfahren untunlich sein, nur sollte eine Aussetzung des Berufungsverfahrens gem. § 281 BAO bis zur Beendigung des Verständigungsverfahrens der zweckmäßigere Weg sein, da internationale Besteuerungskonflikte primär in einem Verständigungsverfahren zu lösen sind.[579] Hierzu ist zu beachten, dass eine verwaltungsbehördliche Verständigungsvereinbarung außer in Fällen einer Besserstellung dann nicht mehr möglich bzw. innerstaatlich umsetzbar ist, wenn es diesbezüglich bereits eine einschlägige rechtskräftige Berufungsentscheidung der Abgabenbehörde zweiter Instanz oder ein höchstgerichtliches Urteil gibt.[580] Die Aussetzung der Entscheidung gem. § 281 BAO ist daher jedenfalls zweckmäßig.

Die deutsche FinVerw. hat hierzu in einem „Merkblatt" geregelt, dass der Abgabepflichtige sich zur Frage der Rücknahme eigener Rechtsmittel erst zu äußern braucht, wenn ihm ein Verständigungsvorschlag mitgeteilt wurde.[581]

Betrifft der Antrag auf Einleitung eines Verständigungsverfahrens eine in **340** Österreich vorgenommene Gewinnerhöhung und wird keine Aussetzung der Einhebung nach § 212a BAO in Anspruch genommen, kann zur Vermeidung einer temporären Doppelbesteuerung eine zeitlich befristete Entlastungsmaßnahme nach § 48 BAO (s. Rn. 345–350) ergriffen werden, sofern kein Fall von Rechtsmissbrauch vorliegt. Auf der Grundlage von § 48 BAO ergehende Bescheide dürfen hierbei nur als vorläufige Bescheide ergehen (Rn. 359 VPR).

Das BMF kann das Finanzamt, dem die Erhebung der vom Verständigungsverfahren betroffenen Abgabe obliegt, gegebenenfalls unter Einbindung der Großbetriebsprüfung, mit den zur Durchführung des Verständigungsverfahrens erforderlichen Erhebungsmaßnahmen im eigenen Verantwortungsbereich betrauen; dies gilt insb. für die Ermittlung und Würdigung des dem Verständigungsverfahren zugrundeliegenden maßgebenden Sachverhaltes sowie für erforderliche Sachverhaltsabstimmungen mit Vertretern der zuständigen Behörde des anderen Vertragsstaates (Rn. 360 VPR).

Wird ein Verständigungsverfahren mit Deutschland nicht innerhalb von **341** drei Jahren ab Verfahrenseinleitung abgeschlossen, ist der Abgabepflichtige, der das Verständigungsverfahren beantragt hat, gem. Art. 25 Abs. 5 DBA-

---

[579] BMF 26.6.1995, EAS 662; BMF 17.8.1998, EAS 1313; BMF 5.7.199, EAS 1471; BMF 27.9.1999, EAS 1530.

[580] Vgl. *Dommes/Kronawetter* in Hack/Polster-Grüll/Pernegger/Zöchling (Hrsg.), Internationale Steuer-Fallstudien Lösungsansätze für Betriebsprüfung und Beratung, 498.

[581] Vgl. BMF 13.7.2006, BStBl. I 2006, 461 unter Tz. 3.3.2.

Deutschland berechtigt, die Vorlage des Streitfalles an den Europäischen Gerichtshof zur Durchführung eines Schiedsverfahrens nach Art. 239 EG-Vertrag zu beantragen (VPR 361).

342   Amtshandlungen des BMF in seiner Eigenschaft als „zuständige Behörde" sowie Amtshandlungen des mit Erhebungsmaßnahmen beauftragen Finanzamtes wirken sich iSv § 209 Abs. 1 BAO verlängernd auf die Verjährungsfrist aus. Das Ergebnis eines internationalen Verständigungsverfahrens ist gem. Art. 25 Abs. 2 letzter Satz DBA ungeachtet der Fristen des innerstaatlichen Rechtes umzusetzen. Auch die zehnjährige absolute Verjährung steht daher nach Rn. 362 VPR einer korrespondierenden Umsetzung der im Verständigungsverfahren vereinbarten Gewinnkorrekturen nicht entgegen. In älteren DBA, in denen Art. 25 Abs. 2 letzter Satz noch nicht enthalten ist, kann ein Hinwegsetzen über die absolute Verjährungsfrist nur auf eine entsprechend reziprok gehandhabte DBA-Auslegung gestützt werden, nach der die Vertragsstaaten einer auf Völkerrecht basierenden abkommenskonforme Besteuerung nicht unter Berufung auf ihre nationalen Verjährungsfristen ausweichen können (s. die Regelung mit Deutschland, AÖFV. Nr. 72/2006, und mit Liechtenstein, AÖFV. Nr. 223/2006).

343   Die Verwaltungspraxis stützt sich u.a. auf § 299 BAO, um Ergebnisse von Verständigungsverfahren durchzusetzen. Dies setzt einen Verstoß gegen das betreffende DBA (Fremdverhaltensgrundsatz gem. § Art. 9) bzw. eine Verletzung einer Verständigungsvereinbarung (bei gehöriger Kundmachung des völkerrechtlichen Vertrages) voraus.[582]

Waren auf § 299 BAO gestützte Aufhebungen von erstinstanzlichen Bescheiden, die im Widerspruch mit zwischenstaatlichen abgabenrechtlichen Vereinbarungen (insbesondere DBA) oder dem Gemeinschaftsrecht der EU stehen, vor dem AbgVRef 2009 (BGBl. I Nr. 20/2009) noch innerhalb der Fristen des § 302 Abs. 2 lit. c BAO aF, somit idR innerhalb der fünfjährigen Verjährungsfrist möglich, so kommt eine Aufhebung gem. § 299 BAO ab dem 1. November 2009 nur mehr innerhalb der „allgemeinen" Jahresfrist des § 302 Abs. 1 BAO, somit bis zum Ablauf eines Jahres nach Bekanntgabe (idR Zustellung) des Bescheides, in Betracht.

Der Entfall der Sonderregelungen verhindert aber nicht die Umsetzung von Verständigungsvereinbarungen auf Grund von Doppelbesteuerungsabkommen. Deren Umsetzung war schon nach bisheriger Rechtslage nicht nur nach § 299 BAO, sondern zB auch im Wege des § 48 BAO iVm § 295 Abs. 3 BAO oder gegebenenfalls im Wege des § 303 BAO möglich. Die Herstellung einer abkommenskonformen Besteuerung kann auch durch Nachsicht iSd § 236 BAO erreicht werden.

Erfolgt im Rahmen einer Verständigungsvereinbarung eine Einigung, die steuerliche Wirkungen für die Vergangenheit hat, so ist auch an die Anwendung von § 295a BAO zu denken. Dies wäre zB dann der Fall, wenn die Verständigungsvereinbarung nachträglich zu einer Besteuerung im Ausland führt und diese ausländischen Steuern entsprechend DBA bzw. aufgrund einer auf § 48 BAO gestützten Maßnahme im Inland anrechenbar sind.[583]

---

[582] Vgl. *Ritz* BAO Kommentar3, § 299, Rn. 24.

[583] *Ritz* Bundesabgabenordnung Kommentar4, § 295a Rn. 8 ff.; *Koppensteiner* ÖStZ 2009, 552.

Bei Verfahren iZm DBA, die Art. 25 Abs. 2 S 2 OECD-MA nicht umsetzen, ist zur „Fristenwahrung" dringend zu empfehlen, innerhalb der Jahresfrist einen Antrag auf Aufhebung gem. § 299 BAO einzubringen, da die Abgabenbehörde gem. § 302 Abs. 2 lit. b BAO und § 209a Abs. 2 BAO im Antragsfall jedenfalls auch nach Ablauf der Jahresfrist eine Anpassung des abkommenswidrigen Bescheides an die Verständigungsvereinbarung durchführen kann.

Wird ein österreichischer Abgabenbescheid, der über die abkommenswidrige Besteuerung abspricht, gem. § 243 BAO mittels Berufung bekämpft, besteht gem. § 212a BAO die Möglichkeit, die Aussetzung der Einhebung des (insoweit) festgesetzten Steuerbetrages zu beantragen. Die Möglichkeit zur Aussetzung der Einhebung besteht ex lege jedoch nicht im Zusammenhang mit einem Verständigungsverfahren. Es besteht jedoch die Möglichkeit, die sich aus der bis zum Ausgang des eingeleiteten Verständigungsverfahrens ergebende Doppelbesteuerung gem. § 212 BAO durch Stundung für jenen Teil des Abgabenrückstandes, der der ausländischen Steuer entspricht, zu beseitigen.[584] Sowohl für die Stundung als auch für die Aussetzung der Einhebung werden Zinsen festgesetzt. Nach Ansicht der österreichischen Finanzverwaltung besteht in solchen Fällen die Möglichkeit, hinsichtlich der nach Abschluss des Verständigungsverfahrens festgesetzten Zinsen gem. § 236 BAO ein Nachsichtersuchen zu stellen.

5. Unilaterale Maßnahmen zur Vermeidung einer drohenden Doppelbesteuerung

Das innerstaatliche Recht sieht insb. eine Erleichterung bei Doppelbesteuerung gem. § 48 BAO sowie das Rechtsinstitut der Nachsicht gem. § 236 BAO zur Vermeidung einer drohenden Doppelbesteuerung bei Sachverhalten mit Auslandsbezug vor.   **344**

a) Erleichterung bei Doppelbesteuerung gem. § 48 BAO

§ 48 BAO räumt dem BMF die Ermächtigung ein, bei Abgabenpflichtigen, die der Abgabenhoheit mehrerer Staaten unterliegen, mittels Bescheid oder Verordnung bestimmte Gegenstände der Abgabenerhebung ganz oder teilweise aus der Abgabepflicht auszuscheiden oder ausländische, auf solche Gegenstände entfallende Abgaben ganz oder teilweise auf die inländischen Abgaben anzurechnen. Voraussetzung ist, dass dies zur Ausgleichung der in- und ausländischen Besteuerung oder zur Erzielung einer den Grundsätzen der Gegenseitigkeit entsprechenden Behandlung erforderlich ist.   **345**

§ 48 BAO ist damit nur anwendbar, wenn Abgabepflichtige der Abgabenhoheit mehrerer Staaten unterliegt. Es genügt die völkerrechtliche Berechtigung zur Besteuerung durch mehrere Staaten. Damit kommt es bei dem Voraussetzungskategorie „Erzielung einer den Grundsätzen der Gegenseitigkeit entsprechenden Behandlung" nicht auf die tatsächliche Besteuerung, sondern   **346**

---

[584] VwGH 18.11.1970, 1054/70; BMF 4.1.1994, EAS 344; vgl. *Dommes/Kronawetter* in Hack/Polster-Grüll/Pernegger/Zöckling (Hrsg.), Internationale Steuer-Fallstudien Lösungsansätze für Betriebsprüfung und Beratung, 499.

bloß auf die potentielle (virtuelle) Besteuerung an. § 48 BAO knüpft hierbei
nicht an formelle Anforderungen für Gegenseitigkeitsmaßnahmen; Gegenseitigkeit liegt auch vor, wenn nach der Steuergesetzgebung des betreffenden
Staates – zB mangels einer dem österreichischen Rechtsbestand entsprechenden Regelung – und der Praxis der dortigen FinVerw. sichergestellt ist, dass
im „umgekehrten" Fall keine Besteuerung erfolgt.[585] Die zweite Voraussetzungskategorie „Ausgleichung einer in- und ausländischen Besteuerung"
stellt hingegen auf die tatsächlich erfolgte (und nicht bloß virtuelle) internationale Doppelbesteuerung ab.[586]

347   Die Erlassung von auf § 48 BAO gestützten Begünstigungsbescheiden liegt
stets im Ermessen des BMF (vgl. 228 BlgNR 9. GP, 57), wobei sich die Ermessensübung an internationalen Steuervertragsgrundsätzen orientieren
wird[587] und dem Zweck des § 48 BAO, der Beseitigung der internationalen
Doppelbesteuerung, zu berücksichtigen hat.[588]

348   Aus Verrechnungspreissicht ist hierbei insb. die Verordnung betreffend die
Vermeidung von Doppelbesteuerung, BGBl. II 2002/474, von Relevanz.
Nach dieser Verordnung befreit Österreich bei in Österreich unbeschränkt
steuerpflichtigen Personen ausländische Einkünfte (wie Einkünfte aus im Ausland gelegenem unbeweglichem Vermögen), wenn mit dem ausländischen
Staat kein DBA besteht und wenn die Einkünfte im Ausland einer Durchschnittsteuerbelastung von mehr als 15% unterliegen. Bei einer niedrigeren
Durchschnittsteuerbelastung findet anstelle der Befreiungsmethode die Anrechnungsmethode Anwendung. Die Verordnung selbst geht damit nicht auf
mögliche Doppelbesteuerungen bei Bestehen eines DBA ein, die zB auf Qualifikationskonflikten oder auf Verrechnungspreiskonflikten mit einem Dritt-
landstaat (hinsichtlich derer keine Verpflichtung zur Erzielung eines Konsens
im Rahmen eines Verständigungsverfahrens besteht) beruhen können.

349   Bei faktischen Doppelbesteuerung aufgrund von Verrechnungspreiskonflikten sollte jedoch – außerhalb des engeren Anwendungsbereichs der genannten Verordnung – ein Antrag nach § 48 BAO auf bescheid mäßige Erleichterung der Doppelbesteuerung gestellt werden. Weiters sollte nach
Ansicht des BMF[589] bei Einleitung eines internationalen Verständigungsverfahrens auf der Grundlage von § 48 BAO für das Unternehmen eine interimistische Doppelbesteuerung im Verhältnis zu dem Staat der anderen Konzerngesellschaft (zB bis zur Einigung über eine Gegenberichtigung im
Ausland) vermieden werden können.

350   Gem. § 48 erlassene Bescheide haben grundlagenbescheidähnlichen Charakter, somit ist bei nachträglicher Erlassung (Änderung) § 295 Abs. 3 BAO
anwendbar.[590] Das bedeutet, dass bereits rechtskräftige Körperschaftsteuerbe-

---

[585] VwGH 29.1.1998, 95/15/0043.

[586] VwGH 21.7.1993, 91/13/0119.

[587] VwGH 9.10.1991, 90/13/0007; 29.1.1998, 95/15/0043; 27.1.1999, 98/16/
0028; 30.3.2000, 99/16/0100.

[588] Vgl. VwGH 14.3.1990, 89/13/0015 wonach das Ziel des § 48 auch darin liegt,
die wirtschaftlichen Beziehungen zwischen Österreich und anderen Staaten zu erleichtern.

[589] Protokoll Außensteuerrecht und Internationales Steuerrecht 2006, Erlass vom
1.12.2006, BMF-010 221/0626-IV/4/2006.

[590] 128 BlgNR 15.GP, *Ellinger* ua, BAO3, § 48 Anm. 10.

scheide, auf die dieser Grundlagenbescheid eine Auswirkung hat, entsprechen zu ändern bzw. aufzuheben sind. Damit ist beispielsweise ein Umsetzung von Verständigungsvereinbarungen auch im Wege von § 48 BAO iVm § 295 Abs. 3 BAO möglich.

b) Nachsicht gem. § 236 BAO

Nach § 236 BAO können fällige Abgabenschulden auf Antrag des Abga- **351** bepflichtigen ganz oder zum Teil durch Abschreibung nachgesehen werden, wenn ihre Einhebung nach der Lage des Falles unbillig wäre. Die Unbilligkeit der Einhebung einer Abgabe kann eine persönliche oder sachliche sein,[591] wobei eine sachliche Unbilligkeit der Abgabeneinhebung vorliegt, wenn im Einzelfall bei Anwendung des Gesetzes ein vom Gesetzgeber ein offenbar nicht beabsichtigtes Ergebnis eintritt,[592] sodass „es zu einer anormalen Belastungswirkung, und, verglichen mit ähnlichen Fällen, zu einem atypischen Vermögenseingriff kommt."

Eine solche Unbilligkeit kann beispielsweise vorliegen, wenn eine vom **352** Gesetz objektiv nicht gewollte Doppelbesteuerung eintritt,[593] wie sie etwa bei zwischenstaatlichen Verrechnungspreiskonflikten auftreten könnte, oder im Falle eines Verstoßes gegen den Grundsatz von Treu und Glauben (zB aufgrund einer unrichtigen Rechtsauskunft des Finanzamtes).[594] Dies wird auch durch die Verordnung betreffend Unbilligkeit der Einhebung iSd § 236 BAO (BGBl. II 2005/435) bestätigt, wonach eine sachliche Unbilligkeit insb. vorliegt, soweit die Geltendmachung des Abgabenanspruches von Rechtsauslegungen des VfGH oder des VwGH abweicht bzw. in Widerspruch zu nicht offensichtlich unrichtigen Rechtsauslegungen steht, die dem Abgabepflichtigen gegenüber von der für ihn zuständigen Abgabenbehörde geäußert oder vom BMF im AÖF veröffentlicht wurden und wenn im Vertrauen auf die betreffende Rechtsprechung für die Verwirklichung des die Abgabepflicht auslösenden Sachverhaltes bedeutsame Maßnahmen gesetzt wurden. Weiters ist sie gegeben, wenn es zu einer internationalen Doppelbesteuerung kommt, deren Beseitigung ungeachtet einer Einigung in einem Verständigungsverfahren die Verjährung oder das Fehlen eines Verfahrenstitels entgegensteht. Im AÖF veröffentlichte Erlässe fallen damit unter den Schutzbereich der Verordnung, nicht jedoch in Fachzeitschriften abgedruckte Einzelerledigungen (zB die für Verrechnungspreisthemen relevanten EAS-Erledigungen) sowie auf der Homepage des BMF veröffentlichte Informationen.

Die Beurteilung, ob eine Unbilligkeit vorliegt, ist keine Ermessensfrage, **353** sondern die Auslegung eines unbestimmten Gesetzesbegriffes.[595] Sind sodann

---

[591] ZB VwGH 24.2.1998, 97/13/0237.

[592] VwGH 30.4.1999, 99/16/0086; 25.1.2001, 98/15/0176; 26.2.2003, 98/13/0091; 28.4.2004, 2001/14/0022, VwGH 30.1.2001, 2000/14/0139; 11.11.2004, 2004/17/0077; 4.8.2005, 2001/17/0158.

[593] VwGH 17.9.1990, 90/15/0118.

[594] Vgl. zB VwGH 22.4.2004, 2000/15/0196; Richtlinien für die Abgabeneinhebung – RAE, Rn. 1664 und 1666, VwGH 14.7.1994, 91/17/0170, vgl. *Ritz* ÖStZ 1991, 288.

[595] VwGH 11.8.1993, 93/13/0156, 18.5.1995, 95/15/0053; 11.12.1996, 94/13/0047, 0049, 050.

alle Nachsichtsvoraussetzungen gegeben, liegt jedoch sodann die Bewilligung der Nachsicht im Ermessen der Abgabenbehörde.[596] Der Nachsichtsbescheid ist (ebenso wie die Zurückweisung bzw. Abweisung eines Nachsichtsantrages) mit Bescheidbeschwerde anfechtbar.

6. Schätzung gem. § 184 BAO

354   Sind Aufzeichnungen über die Ermittlung des Gewinns nicht vorhanden oder formell oder sachlich unrichtig, dann kann die Behörde den Gewinn oder die fehlenden Besteuerungsgrundlagen schätzen **(Vollschätzung oder Teilschätzung nach § 184 BAO).** Ziel der Schätzung ist, den wahren Besteuerungsgrundlagen möglichst nahe zu kommen.[597] Die Befugnis (Verpflichtung) zur Schätzung beruht allein auf der objektiven Voraussetzung der Unmöglichkeit, die Besteuerungsgrundlagen zu ermitteln oder zu berechnen.[598] Zu schätzen ist nach § 184 Abs. 2 und 3 insb. dann, wenn der Abgabepflichtige über seine Angaben keine ausreichenden Aufklärungen zu geben vermag oder weitere wesentliche Auskünfte verweigert, bei Nichtvorlage von nach Abgabenvorschriften zu führenden Büchern und Aufzeichnungen bzw. wenn die Bücher oder Aufzeichnungen sachlich unrichtig sind oder solche formelle Mängel aufweisen, die geeignet sind, ihre sachliche Richtigkeit in Zweifel zu ziehen. Damit sind Anwendungsfälle der Schätzung neben unzureichender Mitwirkung des Steuerpflichtigen, Aspekte der Ermittlung von fremdüblichen Verrechnungspreisen bei grenzüberschreitenden Sachverhalten, hinsichtlich derer es sich um eine Schätzung im weiteren Sinne[599] handelt.

355   Die Wahl der Schätzungsmethode steht der Abgabenbehörde grundsätzlich frei.[600] Als Schätzungsmethoden werden in der Literatur[601] v. a. der äußere Betriebsvergleich (Vergleich mit fremden Betrieben; ist in der Vergangenheit vielfach an der abgabenrechtlichen Geheimhaltungspflicht (§ 48fa) bzw. am Verbot geheimer Beweismittel gescheitert,[602] nunmehr besteht aber Zugang zu Unternehmensdatenbanken wie Amadeus oder Orbis), der innere Betriebsvergleich (Vergleich mit anderen Jahren desselben Betriebes), die Schätzung nach dem Lebensaufwand oder nach dem Vermögenszuwachs, die kalkulatorische Schätzung[603] und der Sicherheitszuschlag erwähnt. Zu den Elementen der Schätzung gehört auch der Sicherheitszuschlag, bei dem davon ausgegangen wird, dass es bei mangelhaften Aufzeichnungen wahrscheinlich ist, dass nicht nur nachgewiesenermaßen nicht verbuchte Vorgänge, sondern

---

[596] VwGH 25.11.2002, 97/14/0013; 30.9.2004, 2004/16/0151.

[597] VwGH 22.4.1998, 95/13/0191; 10.9.1998, 96/15/0183; 28.5.2002, 99/14/0021; 2.7.2002, 2002/14/0003.

[598] *Stoll* BAO, 1912; VwGH 4.12.2003, 2003/16/0148.

[599] *Wiesner* in Doralt u. a. (Hrsg.), Die Besteuerung der Kapitalgesellschaft, Festschrift Bauer, 356.

[600] ZB VwGH 15.7.1998, 95/13/0286; 18.7.2001, 98/13/0061; 18.11.2003, 2000/14/0187.

[601] ZB *Stoll* BAO, 1931 ff.; *Doralt* EStG, 4. Aufl., § 4 Tz. 20.

[602] *Ritz* BAO Kommentar, § 184, Rn. 13.

[603] Bei einer kalkulatorischen Schätzung wird zB ein Teilumsatz mit Hilfe eines Rohaufschlages auf eine geeignete Basis (zB Wareneinsatz) geschätzt bzw. werden die Verkäufe in Relation zu den steuerlich geltend gemachten Einkäufen gesetzt.

auch weitere Vorgänge nicht aufgezeichnet wurden.[604] Sicherheitszuschläge
dürfen damit keine „Straf"zuschläge sein.[605] Allein jedoch mit dem Vorbringen, die Behörde habe sich mit der Anwendung eines Sicherheitszuschlages
von 30% keiner „behutsamen Vorgangsweise" bedient, werde noch nicht
aufgezeigt, dass es der Behörde nicht gelungen wäre, den wahren Besteuerungsgrundlagen nahe zu kommen.[606]

Schätzungsergebnisse unterliegen – nach Maßgabe des § 93 Abs. 3 lit. a **356**
bzw. des § 280 Abs. 1 lit. e BAO – der Pflicht zur Begründung. Die Begründung hat die für die Schätzungsbefugnis sprechenden Umstände, die Schätzungsmethode, die der Schätzung zugrunde gelegten Sachverhaltsannahmen
und die Ableitung der Schätzungsergebnisse (Darstellung der Berechnung)
darzulegen.[607]

---

[604] VwGH 26.11.1996, 92/14/0212; 22.5.2003, 2002/16/0269; 25.2.2004, 2003/
13/0147; 21.10.2004, 2000/13/0043, 0106.

[605] *Stoll* BAO, 1941; *Gierlinger/Neschkudla* Schätzung, 14.

[606] VwGH 20.9.2007, 2003/14/0084.

[607] ZB VwGH 19.9.2001, 2001/16/0188; 25.3.2004, 2002/16/0290; 23.2.2005,
2002/14/0152, ebenso Rn. 1108 EStR.

Urteilsregister/Verwaltungsschreiben

Urteilsregister

I. Bundesverfassungsgericht

Datum	Aktenzeichen	Fundstelle
29.10.1958	2 BvL 19/56	BVerfGE 8, 274
31.5.1960	2 BvL 4/59	BVerfGE 11, 139
19.12.1961	2 BvL 6/59	BVerfGE 13, 261
30.1.1968	2 BvL 15/65	BStBl. II 1968, 296
10.3.1971	2 BvL 3/68	BStBl. II 1973, 431
23.3.1971	2 BvL 2/66	BVerfGE 30, 367
14.5.1986	2 BvL 2/83	BStBl. II 1986, 628 ff. = BVerfGE 72, 200
7.11.1991	BvR 1469/86	BVerfGE 85, 97
25.9.1992	2 BvL 14/91	BVerGE 87, 153
22.6.1995	2 BvL 37/91	BStBl. II 1995, 655
3.12.1997	2 BvR 882/97	BVerfGE 97, 67
20.3.2002	2 BvR 794/95	NJW 2002, 1779
2.10.2003	2 BvR 660/03	NStZ 2004, 447
9.3.2004	2 BvL 17/02	BVerfGE 110, 94, 121
18.1.2006	2 BvR 2194/99	DStR 2006, 555
10.3.2008	1 BvR 2388/03	BStBl. II 2009, 23
16.6.2011	2 BvR 542/09	wistra 2011, 458

II. Europäischer Gerichtshof

Datum	Aktenzeichen	Fundstelle
14.7.1972	Rs. 48/69	EuGHE 1972, 619 Rn. 134
9.3.1978	Rs. C–106/77	DB 1978, 2108
24.4.1980	n/a	Sammlung 1980, 1345
5.2.1981	Rs. 154/80	UR 1982, 159 (Bausystem)
14.5.1985	Rs. 139/84	UR 1986, 13
28.1.1986	Rs. C–270/83	NJW 1987, 569
15.12.1987	n/a.	HFR 1988, 482
23.11.1988	Rs. C–230/87	UR 19990, 307
12.5.1989	Rs. 320/87	GRUR Int. 1990, 458
6.6.1990	n/a.	RIW 1990, 682
18.4.1991	n/a	RIW 1991, 520
25.7.1991	Rs. C–299/90	BeckEuRS 1991, 176920
4.6.1992	n/a	RIW 1992, 682
12.4.1994	Rs. C–1/93	IStR 1994, 235 = RIW 1994, 523
8.6.1994	n/a	ZfZ 1994, 277/278
12.1.1995	Rs. T–102/92	DB 1995, 313
14.2.1995	Rs. C–279/93	DB 1995, 407
11.8.1995	Rs. C–80/94	IStR 1995, 431
2.5.1996	Rs. C–231/94	UR 1996, 220
20.2.1997	Rs. C–260/95	DFDS A/S, UR 1997, 179
15.5.1997	Rs. C–250/95	DStRE 1997, 514
29.5.1997	Rs. C 63/96	BStBl. II 1997, 841 (Skripalle)

Urteilsregister

Datum	Aktenzeichen	Fundstelle
15.1.1998	Rs. C–37/95	GRUR Int 1998, 140 = DStRE 1998, 528
22.10.1998	Rs. C–308/96 und 94/97	UR 1999, 38
25.2.1999	Rs. C–349/96	UR 1999, 38
25.2.1999	Rs. C–349/96 (CPP)	HFR 1999, 421
9.3.1999	Rs. C–212/97	DStR 1999, 772
21.9.1999	Rs. C–307/97	DB 1999, 2037, BStBl. II 1999, 844
9.11.2000	Rs. C–381/98	EGHE 2000, 9305
14.12.2000	Rs. C–446/98	UR 2001, 108
20.11.2001	Rs. C–414/99, Rs. C–415/99, Rs. C–416/99	WRP 2002, 65
17.5.2001	Rs. C–322 und 323/09	UR 2001, 293
5.11.2002	Rs. C–208/00	IStR 2002, 809
21.11.2002	Rs. C–436/00 (X und Y)	Slg. 2002, I-10847
12.12.2002	Rs. C–324/00	DStR 2003, 25 = IStR 2003, 55 = Slg. 2002, I-1179
16.1.2003	Rs. C–315/00	UR 2003, 86 und 189
12.6.2003	Rs. C–234/01	IStR 2003, 458
18.9.2003	Rs. C–168/01	IStR 2003, 666
11.3.2004	Rs. C–9/02	BFH/NV Beilage 2004, 211
1.4.2004	Rs. C–90/02	UR 2004, 367
29.4.2004	Rs. C–77/01	UR 2004, 292
7.9.2004	Rs. C–319/02	IStR 2004, 313
14.10.2004	Rs. C–36/02	Slg. 2004, I-9609
20.1.2005	Rs. C–412/03	UR 2005, 152
21.4.2005	Rs. C–25/03	BStBl. II 2007, 23
5.7.2005	Rs. C376/03	PIStB 2006, 138
27.10.2005	Rs. C–41/04	UR 2006, 20
13.12.2005	Rs. C–446/03	IStR 2006, 19
13.12.2005	Rs. C–411/03	GmbHR 2006, 153
23.2.2006	Rs. C–253/03	IStR 2006, 200
23.3.2006	Rs. C–210/04	UR 2006, 331
9.3.2006	Rs. C–114/05	UR 2006, 350
6.4.2006	Rs. C–245/04 EMAG Handel Eder OHG	UR 2006, 342
7.9.2006	Rs. C–166/05	UR 2006, 632
7.9.2006	Rs. C–470/04	IStR 2006, 702
12.9.2006	Rs. C–196/04	EGHE 2006, 8031
14.12.2006	Rs. C–170/05	IStR 2007, 62
25.1.2007	Rs. C–329/05	n/a
13.3.2007	Rs. C–524/04	Slg. 2007, I-2107
15.3.2007	Rs. C–35/05	UR 2007, 343 und 430
29.3.2007	Rs. C–347/04	BStBl. II 2007, 492
10.5.2007	Rs. C–492/04	IStR 12/2007, 439
18.7.2007	Rs. C–231/05	IStR 2007, 631
27.9.2007	Rs. C–409/04	BStBl. II 2009, 70
27.9.2007	Rs. C–146/05	BStBl. II 2009, 78 = UR 2007, 813 = DStR 2008, 1811
27.9.2007	Rs. C–184/05	BStBl. II 2009, 83
6.11.2007	Rs. C–415/06	IStR 2008, 107
21.2.2008	Rs. C–271/06	UR 2008, 508, DStR 2008, 450

Datum	Aktenzeichen	Fundstelle
21.2.2008	Rs. C–425/06	UR 2008, 461
28.2.2008	Rs. C–293/06	DStRE 2008, 1263
15.5.2008	Rs. C–416/06	IStR 2008, 400
21.8.2008	Rs. C–271/06	UR 2008, 508 = DStR 2008, 450
23.10.2008	Rs. C–157/07	IStR 2008, 769
6.11.2008	Rs. C–291/07	TRR, BFH/NV 2009, 109
27.1.2009	Rs. C–318/07	Abl. C 69 vom 31.3.2009, 8
26.3.2009	Rs. C–348/07	DStR 2009, 759
23.4.2009	Rs. C–533/07	RIW 2009, 864
11.6.2009	Rs. C–521/07	IStR 2009, 470 ff.
3.9.2009	Rs. C–37/08 RCI	BFH/NV 2012, 2009, 1762
22.10.2009	Rs. C–242/08	BStBl. II 2011, 559
19.11.2009	Rs. C–540/07	Lexitus.com/2009/3348
21.1.2010	Rs. C–311/08	IStR 2010, 144 ff.
29.11.2011	Rs. C–371/10	ABl. C 32 vom 4.2.2012, 9
3.7.2012	Rs. C–128/11	GRUR 2012, 904
22.4.2010	Rs. C–536/08 und 539/08 X	UR 2010, 418
21.10.2010	Rs. C–385/09	UR 2011, 27
7.12.2010	Rs. C–285/09 R	BStBl. II 2011, 846
16.12.2010	Rs. C–430/09	DStR 2011, 23 = UR 2011, 435
9.6.2011	Rs. C–285/10	UR 2012, 441
29.11.2011	Rs. C–371/10	IStR 2012, 27
27.10.2011	Rs. C–530/09	BStBl. II 2012, 160
26.4.2012	Rs. C–621/10	UR 2012, 435
2.5.2012	Rs. C–406/10	GRUR 2012, 814
7.3.2012	Rs. C–128/11	GRUR 2012, 904
6.9.2012	Rs. C–273/11	DStR 2012, 1917; UR 2012, 796
6.9.2012	Rs. C–18/11	IStR 2012, 27
27.9.2012	Rs. C–587/10 VStR	UR 2012, 832
23.1.2014	Rs. C–164/12	IStR 2014, 106

III. Reichsfinanzhof

Datum	Aktenzeichen	Fundstelle
22.11.1922	VI A 204/22	RStBl. 1923, 145
4.3.1927	I B 1/27	RStBl. 1927, 112
30.1.1929	VI A 517/28	StuW 1929, 372
12.2.1930	VI A 899/27	RFHE 1927, 73
8.3.1935	V A 220/34	RStBl. 1935, 862
30.4.1935	I A 13/35	RStBl. 1935, 840
29.10.1935	I A 76/35	RStBl. 1935, 1516
26.10.1937	I 9/37	RStBl. 1938, 46
6.12.1938	I 401, 402, 403/38	RStBl. 1939, 464
8.10.1941	VI B 11/41	RStBl. 1941, 814

IV. Bundesfinanzhof

Datum	Aktenzeichen	Fundstelle
7.11.1950	I 20/50 U	BStBl. III 1951, 12
31.7.1956	I 45/55 U	BStBl. III 1956, 288

Urteilsregister

Datum	Aktenzeichen	Fundstelle
2.5.1958	V z 77/57 U	BStBl. III 1958, 343
13.5.1958	I B 49/58 U	BStBl. III 1958, 379
2.2.1960	I 194/59	BB 1960, 731
23.3.1960	VII 18/58 U	BStBl. III 1960, 282
30.8.1960	I B 148/59 U	BStBl. III 1960, 468
21.9.1960	n/a	HFR 1961, 25
18.9.1962	I 113/61 U	BStBl. III 1962, 485
13.11.1962	I B 224/61 U	BStBl. III 1963, 71
25.11.1962	I 116/63 U	DBStBl. III 1965, 176
9.10.1963	I 189/61	BStBl. III 1964, 79
25.10.1963	I 325/61 S	BStBl. III 1964, 17
29.1.1964	I 153/61 S	BStBl. III 1964, 165
15.7.1964	I 415/61 U	BStBl. III 1964, 551
9.10.1964	VI 317/62 U	BStBl. III 1965, 71
27.7.1965	I 110/63 S	BStBl. III 1966, 24
7.10.1965	IV 346/61 U	BStBl. III 1965, 666
13.10.1965	I 410/61 U	BStBl. III 1965, 738
11.11.1965	V 146/63 S	BStBl. III 1966, 28
12.1.1966	I B ZR 5/64	GRUR 1966, 375
18.2.1966	VI 218/64	BStBl. III 1966, 250
1.2.1967	I 220/64	BStBl. III 1967, 495
16.3.1967	I 261/63	BStBl. III 1967, 626
10.5.1967	I 187/64	BStBl. III 1967, 498
8.6.1967	IV R 62/65	GRUR 1967, 676
20.9.1967	I 67/64	BStBl. II 1968, 49
13.10.1965	I 410/61 U	BStBl. III 1965, 738
18.10.1967	I 262/63	BStBl. II 1968, 105
6.12.1967	I 98/65	BStBl. II 1968, 322
3.2.1968	GrS 5/67	BStBl. II 1968, 365
27.6.1968	VII 243/63	BStBl. II 1968, 592
10.7.1968	I 121/64	BStBl. II 1968, 659
17.7.1968	I 121/64	BStBl. II 1968, 695
8.1.1969	I R 91/66	BStBl. II 1969, 347
14.1.1969	III R 95/68	BStBl. II 1970, 153
19.3.1969	I R 31/67	BStBl. II 1969, 497
20.5.1969	II 25/61	BStBl. II 1969, 550
6.7.1969	I 266/65	BStBl. II 1970, 175
17.12.1969	I 252/64	BStBl. II 1970, 257
26.1.1970	IV R 144/66	BStBl. II 1970, 264
13.2.1970	III R 156/65	BStBl. II 1970, 369
18.2.1970	I R 12/67	BStBl. II 1970, 526
19.2.1970	I R 24/67	BStBl. II 1970, 442
5.6.1970	III R 82/67	BStBl. II 1970, 594
24.6.1970	I R 6/68	BStBl. II 1970, 802
16.9.1970	I R 196/67	BStBl. II 1971, 175
23.9.1970	I R 116/66	BStBl. II 1971, 64
5.11.1970	V R 71/67	BStBl. II 1971, 220
16.12.1970	I R 44/67	BStBl. II 1971, 235
18.12.1970	VI R 99/67	BStBl. II 1971, 237
3.2.1971	I R 51/66	BStBl. II 1971, 408
10.3.1971	Z BvL 3/68	BStBl. II 1973, 431
28.4.1971	I R 55/66	BStBl. II 1971, 630

Datum	Aktenzeichen	Fundstelle
21.5.1971	V R 3/67	BStBl. II 1971, 721
8.10.1971	I ZR 12/70	NJW 1972, 102
3.11.1971	I R 68/70	BStBl. II 1972, 227
21.1.1972	III R 57/71	BStBl. II 1972, 374
27.1.1972	I R 28/69	BStBl. II 1972, 320
18.5.1972	I R 165/70	BStBl. II 1972, 721
30.5.1972	VIII R 111/69	BStBl. II 1972, 760
28.6.1972	I R 35/70	BStBl. II 1972, 785
21.12.1972	I R 70/70	BStBl. II 1973, 449
10.1.1973	I R 119/70	BStBl. II 1973, 322
20.7.1973	VI R 198/69	BStBl. II 1973, 732
30.10.1973	I R 50/71	BStBl. II 1974, 107
28.11.1973	I R 66/71	BStBl. II 1974, 70
20.12.1973	V R 87/70	BStBl. II 1974, 311
13.2.1974	I R 219/71	BStBl. II 1974, 361
28.2.1974	V R 55/72	BStBl. II 1974, 345
3.4.1974	I R 241/71	BStBl. II 1974, 497
31.7.1974	I R 238/72	BStBl. II 1975, 48
14.8.1974	I R 168/72	BStBl. II 1975, 123
28.8.1974	I R 18/73	BStBl. II 1975, 166
18.9.1974	I R 94/72	BStBl. II 1975, 217
18.9.1974	I R 118/73	BStBl. II 1975, 124
7.10.1974	GrS 1/73	BStBl. II 1975, 168
9.10.1974	I R 128/73	BStBl. II 1975, 203
31.10.1974	III R 135/73	BStBl. II 1975, 85
27.11.1974	I R 205/72	BStBl. II 1975, 306
8.1.1975	I R 142/72	BStBl. II 1975, 437
7.2.1975	VIII R 61–62/74	BStBl. II 1976, 608
19.3.1975	I R 137/73	BStBl. II 1975, 722
30.4.1975	I R 152/73	BStBl. II 1975, 626
4.6.1975	I R 250/73	BStBl. II 1975, 708
12.6.1975	IV R 10/72	BStBl. II 1975, 853
16.12.1975	VIII R 3/74	BStBl. II 1976, 246
21.1.1976	I R 234/73	BStBl. II 1976, 513
28.1.1976	I R 84/74	BStBl. II 1976, 744
18.3.1976	IV R 113/73	BStBl. II 1976, 485
24.6.1976	IV R 101/75	BStBl. II 1976, 562
7.7.1976	I R 180/74	BStBl. II 1976, 753
15.7.1976	I R 17/74	BStBl. II 1976, 748
21.7.1976	I R 223/74	BStBl. II 1976, 734
21.10.1976	IV R 210/72	BStBl. II 1977, 145
10.3.1977	V R 105–106/72	BStBl. II 1977, 521
17.3.1977	IV R 218/72	BStBl. II 1977, 595
21.3.1977	IV R 54/72	BStBl. II 1977, 415
27.4.1977	I R 211/74	BStBl. II 1977, 623
8.6.1977	I R 95/75	BStBl. II 1977, 704
22.9.1977	IV R 51/72	BStBl. II 1978, 140
5.10.1977	I R 90/75	BStBl. II 1978, 205
7.12.1977	II R 164/72	BStBl. II 1977, 353
21.12.1977	I R 20/76	BStBl. II 1978, 346
20.1.1978	VI R 193/74	BStBl. II 1978, 338
26.1.1978	V R 137/75	BStBl. II 1978, 280

Urteilsregister

Datum	Aktenzeichen	Fundstelle
12.4.1978	I R 136/77	BStBl. II 1978, 494
28.6.1978	I R 90/76	BStBl. II 1978, 590
6.7.1978	IV B 59/76	BStBl. II 1978, 626
26.7.1978	I R 138/76	BStBl. II 1978, 659
12.10.1978	I R 69/75	BStBl. II 1979, 64
10.11.1978	VI R 127/76	BStBl. II 1979, 335
16.11.1978	V R 22/73	BStBl. II 1979, 347
6.12.1978	I R 35/78	BStBl. II 1979, 262
24.01.1979	I R 202/75	BStBl. II 1979, 581
8.2.1979	V R 114/74	BStBl. II 1979, 356
20.2.1979	VII R 16/78	BStBl. II 1979, 268
23.5.1979	I R 163/77	BStBl. II 1979, 757
26.7.1979	IV R 170/74	BStBl. II 1980, 176
12.10.1979	I R 69/75	BStBl. II 1979, 64
13.11.1979	VII R 93/73	BStBl. II 1983, 760
22.1.1980	VIII R 74/77	BStBl. II 1980, 244
24.1.1980	IV R 154–155/77	BStBl. II 1980, 269
30.1.1980	II R 140/76	BStBl. II 1980, 339
6.2.1980	I R 50/76	BStBl. II 1980, 477
12.2.1980	VIII R 114/77	BStBl. II 1980, 494
28.2.1980	V R 118/76	BStBl. II 1980, 415
28.2.1980	V R 138/72	BStBl. II 1980, 309
12.3.1980	I R 186/76	BStBl. II 1980, 531
16.4.1980	I R 75/78	BStBl. II 1981, 492
5.3.1980	II R 148/76	BStBl. II 1980, 402
24.9.1980	I R 88/77	BStBl. II 1981, 108
10.11.1980	GrS 1/79	BStBl. II 1981, 164
18.11.1980	VIII R 8/78	BStBl. II 1981, 260
28.1.1981	I R 10/77	BStBl. II 1981, 612
7.5.1981	V R 47/76	BStBl. II 1981, 495
27.5.1981	I R 112/79	BStBl. II 1982, 192
30.1.1981	III R 116/79	BStBl. II 1981, 560
21.10.1981	I R 21/78	BStBl. II 1982, 241
17.11.1981	VIII R 174/77	BStBl. II 1982, 430
10.12.1981	V R 75/76	DB 1982, 412
19.1.1982	VIII R 21/77	BStBl. II 1982, 456
2.2.1982	VIII R 65/80	BStBl. II 1982, 409
21.7.1982	I R 56/78	BStBl. II 1982, 761
19.5.1982	I R 102/79	BStBl. II 1982, 631
26.5.1982	I R 16/78	BStBl. II 1982, 583
27.5.1982	V R 110–111/81	BStBl. II 1982, 678
21.7.1982	I R 56/78	BStBl. II 1982, 761
20.10.1982	I R 104/79	BStBl. II 1983, 402
1.12.1982	I R 11/82	BStBl. II 1983, 367
20.1.1983	IV R 168/81	BStBl. II 1983, 375
9.3.1983	I R 182/78	BStBl. II 1983, 744
16.3.1983	IV R 36/79	BStBl. II 1983, 459
24.3.1983	IV R 123/80	BStBl. II 1983, 598
26.4.1983	VIII R 38/82	BStBl. II 1983, 618
28.4.1983	IV R 122/79	BStBl. II1983, 566
7.7.1983	V R 197/81	BStBl. II 1984, 70
7.7.1983	VII R 43/80	BStBl. II 1983, 760

Datum	Aktenzeichen	Fundstelle
15.12.1983	1 BvR 209/83 u. a.	BVerfGE 65, 1
23.2.1984	IV R 154/82	BStBl. II 1984, 512
15.3.1984	IV R 189/81	BStBl. II 1984, 486
20.3.1984	IX R 10/83	BStBl. II 1984, 487
11.4.1984	I R 175/79	BStBl. II 1984, 535
25.6.1984	GrS 4/82	BStBl. II 1984, 751
1.8.1984	I R 99/80	BStBl. II 1985, 18
29.8.1984	I R 154/81	BStBl. II 1985, 160
13.9.1984	V B 10/74	BStBl. II 1985, 21
5.10.1984	III R 192/83	BStBl. II 1985, 151
14.11.1984	I R 50/80	BStBl. II 1985, 227
15.11.1984	IV R 139/81	BStBl. II 1985, 205
18.12.1984	VIII R 195/82	BStBl. II 1986,226
30.1.1985	I R 37/82	BStBl. II 1985, 345
13.3.1985	I R 7/81	BStBl. II 1986, 318
21.3.1985	I ZR 166/82	GRUR 1985, 924
28.3.1985	IV R 80/82	BStBl. II 1985, 405
18.7.1985	IV R 135/82	BStBl. II 1985, 635
21.8.1985	I R 63/80	BStBl. II 1986, 4
2.9.1985	IV B 51/85	BStBl. II 1986, 10
23.10.1985	I R 247/81	BStBl. II 1986, 195
12.11.1985	VIII R 364/83	BStBl. II 1986, 311
11.12.1985	I R 164/82	BStBl. II 1986, 469
14.5.1986	2 BvL 2/83	BStBl. II 1986, 628
29.1.1986	I R 109/85	BStBl. II 1986, 442
29.1.1986	I R 296/82	BStBl. II 1986, 513
4.3.1986	VIII R 188/84	BStBl. II 1986, 373
16.4.1986	I R 32/84	BStBl. II 1986 ,736
5.6.1986	IV R 338/84	BStBl. II 1986, 661
25.6.1986	II R 213/83	BStBl. II 1986, 785
9.7.1986	I R 218/82	BStBl. II 1987, 14
9.7.1986	I B 36/86	BStBl. II 1987, 487
15.7.1986	VIII R 134/83	BStBl. II 1986, 744
20.8.1986	I R 150/82	BStBl. II 1987, 455
20.8.1986	I R 151/82	BFH/NV 1987, 468
20.8.1986	I R 152/82	BFH/NV 1987, 471
25.8.1986	IV B 76/86	BStBl. II 1987, 481
28.8.1986	V R 20/79	BStBl. II 1987, 162
1.10.1986	I R 54/83	BStBl. II 1987, 459
15.10.1986	VIII B 30/86	BFH/NV 1987, 44
22.10.1986	I R 107/82	BStBl. II 1987, 293
25.11.1986	VIII R 350/82	BStBl. II 1987, 286
20.3.1987	III R 172/82	BStBl. II 1987, 679
24.3.1987	I R 202/83	BStBl. II 1987, 705
1.4.1987	II R 186/80	BStBl. II 1987, 550
29.4.1987	I R 176/83	BStBl. II 1987, 733
3.6.1987	III R 205/81	BStBl. II 1987, 675
3.7.1987	III R 7/86	BStBl. II 1987, 728
31.7.1987	V R 25/79	BStBl. II 1987, 870
26.10.1987	GrS 2/86	BStBl. II 1988, 348
27.10.1987	VII R 18/83	ZfZ 1988, 84
30.10.1987	IV R 146/86	BFH/NV 1989, 558

Urteilsregister

Datum	Aktenzeichen	Fundstelle
4.11.1987	II R 102/85	BStBl. II 1988, 113
25.11.1987	X R 12/81	BStBl. II 1988, 210
11.12.1987	III R 168/86	BStBl. II 1988, 232
26.1.1988	IX R 119/83	BStBl. II 1988, 577
3.2.1988	I R 134/84	BStBl. II 1988, 588
2.3.1988	I R 63/82	BStBl. II 1988, 590
10.3.1998	VIII R 31/95	BFH/NV 1998, 1209
25.5.1988	III R 217/84	BFH/NV 1990, 17
20.7.1988	I R 49/84	BStBl. II 1989, 140
27.7.1988	I R 104/84	BStBl. II 1989, 101
27.7.1988	I R 87/85	BFH/NV 1989, 393
27.7.1988	I R 130/84	BStBl. II 1989, 101
27.9.1988	VIII R 193/83	BStBl. II 1989, 414 = DB 1989, 410
3.11.1988	I ZR 242/86	GRUR 1989, 68
7.12.1988	I R 25/82	BStBl. II 1989, 248
15.12.1988	IV R 36/84	BStBl. II 1989, 363
16.12.1988	III R 113/85	BStBl. II 1989, 763
18.1.1989	X R 10/86	BStBl. II 1989, 549
24.1.1989	VIII R 74/84	BStBl. II 1989, 419
1.2.1989	I R 73/85	BStBl. II 1989, 522
13.2.1989	ZfZ 1989	ZfZ 1989, 146
15.2.1989	X R 16/86	BStBl. II 1989, 462
22.2.1989	I R 9/85	BStBl. II 1989, 631
14.3.1989	I R 8/85	BStBl. II 1989, 633
14.3.1989	VII R 75/85	BStBl. II 1989, 534
12.4.1989	I R 142–143/85	BStBl. II 1989, 636
10.5.1989	I R 50/85	BStBl. II 1989, 755
23.5.1989	X R 17/86	BStBl. II 1989, 879
24.5.1989	I R 90/85	BStBl. II 1989, 800
24.5.1989	I R 213/85	BStBl. II 1990, 8
22.6.1989	V R 37/84	BStBl. II 1989, 913
28.6.1989	I R 89/85	BStBl. II 1989, 854
9.8.1989	I B 118/88	BStBl. II 1990, 175
13.9.1989	I R 117/87	BStBl. II 1990, 57
21.9.1989	IV R 115/88	BStBl. II 1990,86
8.11.1989	I R 88/85	BStBl. II 1990, 224
11.10.1989	I R 77/88	BStBl. II 1990, 166
13.10.1989	X R 208/87	BStBl. II 1990, 274
16.11.1989	IV R 143/85	BStBl. II 1990, 204
30.12.1989	n/a	BStBl. II 1990, 1122
16.1.1990	n/a.	ZfZ 1990, 172
24.1.1990	I R 157/86	BStBl. II 1990, 645
28.2.1990	I R 83/87	BStBl. II 1990, 649
14.3.1990	I R 6/897	BStBl. II 1990, 795
10.5.1990	V R 47/86	BStBl. II 1990, 757
30.5.1990	I R 41/87	BStBl. II 1991, 588
30.5.1990	I R 97/88	BStBl. II 1990 , 875
22.6.1990	VI R 162/86	BFH/NV 1991, 156
26.6.1990	VII R 78/88	ZfZ 1990, 355
27.10.1987	VII R 18/83	ZfZ 1988, 84
17.7.1990	VII R 23/89	n/a

Datum	Aktenzeichen	Fundstelle
25.7.1990	X R 111/88	BStBl. II 1991, 218
21.8.1990	VIII R 25/86	BStBl. II 1991, 564
8.10.1990	I B 26/90	n/a
16.10.1990	VII R 32/89	BFHE 162, 520
17.10.1990	I R 16/89	BStBl. II 1991, 211
22.11.1990	I ZR 14/89	GRUR 1991, 393
5.12.1990	I R 94/88	BStBl. II 1991, 287
6.12.1990	IV R 3/89	BStBl. II 1991, 346
10.12.1990	V R 3/88	BStBl. II 1993, 380
12.12.1990	I R 73/89	BStBl. II 1991, 593
18.12.1990	X R 82/89	BStBl. II 1991, 395
31.1.1991	IV R 31/90	DStR 1991, 939
25.2.1991	GrS 7/89	BStBl. II 1991, 691
27.2.1991	I R 15/89	BStBl. II 1991, 444
16.3.1991	X R 57/88	BStBl. II 1991, 829
22.5.1991	I R 32/90	BStBl. II 1992, 94
12.6.1991	III R 90/89	BFH/NV 1992, 281
9.8.1991	III R 129/85	BStBl. II 1992, 55
8.10.1991	V R 46/88	BStBl. 1992 II, 368
15.10.1991	VII R 167, 168/85	RIW 1992, 154
23.10.1991	I R 40/89	BStBl. II 1992, 1026
29.10.1991	VIII R 148/85	BStBl. II 1992, 647
6.11.1991	XI R 27/90	BStBl. II 1993, 391
28.11.1991	V R 95/86	BStBl. II 1992, 569
22.01.1992	I R 43/91	BStBl. II 1992, 529
23.1.1992	V R 66/85	UR 1992, 202
5.2.1992	I R 127/90	BStBl. II 1992, 532
18.2.1992	VII R 66/89	ZfZ 1992, 229
26.2.1992	I R 85/91	BStBl. II 1992, 937
23.6.1992	IX R 182/87	BStBl. II 1992, 972
29.7.1992	II R 39/89	BStBl. II 1993, 63, 247
29.7.1992	I R 28/92	BStBl. II 1993, 247
26.8.1992	I R 24/91	BStBl. II 1992, 977
10.9.1992	V R 99/88	BStBl. II 1993, 316
17.9.1992	I R 89–98/91	BStBl. II 1993, 141
23.9.1992	X R 129/90	BFH/NV 1993, 294
1.10.1992	IV R 34/90	BStBl. II 1993, 259
14.10.1992	I R 14/92	BStBl. II 1993, 351
19.1.1993	VIII R 128/84	BStBl. II 1993, 594
21.1.1993	V R 30/88	BStBl. II 1993, 385
3.2.1993	I R 80–81/91	BStBl. II 1993, 462
17.2.1993	I R 3/92	BStBl. II 1993, 457
16.3.1993	XI R 44/90	BStBl. II 1993, 529
29.4.1993	IV R 88/92	BFH/NV 1994, 694
19.5.1993	I R 80/92	BStBl. II 1993, 655
23.6.1993	I R 72/92	BStBl. II 1993, 801
28.7.1993	I R 15/93	BStBl. II 1994, 148
27.10.1993	I R 25/92	BStBl. II 1994, 210
14.12.1993	VIII R 13/93	BStBl. II 1994, 922
19.1.1994	I R 93/93	BStBl. II 1994, 725
2.2.1994	I R 78/92	BStBl. II 1994, 479

Urteilsregister

Datum	Aktenzeichen	Fundstelle
29.6.1994	I R 137/93	BStBl. II 2002, 366 = GmbHR 1994, 894
30.8.1994	VII 71/94	BFH/NV 1996, 375
14.9.1994	I R 6/94	BStBl. II 1997, 89
14.9.1994	I R 116/93	BStBl. II 1995, 238
15.9.1994	XI R 51/91	BFH/NV 1995, 553
4.11.1994	VI R 81/93	BStBl. II 1995, 338
24.11.1994	V R 30/92	BStBl. II 1995, 151
21.12.1994	I R 65/94	IStR 1995, 330
26.1.1995	IV R 73/93	BStBl. II 1995, 589
17.5.1995	I R 147/93	BStBl. II 1996, 204
31.5.1995	I R 64/94	BStBl. II 1996, 246
22.6.1995	2 BvL 37/91	BStBl. II 1995, 655
3.7.1995	GrS 1/93	BStBl. II 1995, 617
30.8.1995	I R 155/94	BFHE 178, 371
12.10.1995	I R 27/95	BStBl. II 2002, 367
12.10.1995	I R 127/94	DB 1996, 507
12.10.1995	I R 27/95	DStR 96, 337
25.10.1995	I R 9/95	BStBl. II 1997, 703
25.10.1995	I R 104/94	BFH/NV 1996, 124
6.12.1995	I R 40/95	BStBl. II 1997, 118
6.12.1995	I R 88/94	BStBl. II 1996, 383
12.12.1995	VIII R 59/92	BStBl. II 1996, 219
16.2.1996	I R 46/95	BStBl. II 1996, 588
27.3.1996	I R 60/95	BStBl. II 1996, 576
7.3.1996	V R 29/95	BStBl. II 1996, 341
9.5.1996	IV R 64/93	BStBl. II 1996, 642
29.5.1996	I R 118/93	BStBl. II 1997, 92
29.5.1996	I R 15/94	BStBl. II 1997, 57
11.6.1996	I R 97/95	DStR 1996, 1769
18.6.1996	IV R 56/97	BStBl. II 1998, 735
24.7.1996	X R 139/93	BFH/NV 1997, 105
4.9.1996	II B 135/95	BStBl. II 1996, 586
18.9.1996	I R 59/95	IStR 1997, 145
23.10.1996	I R 71/95	BStBl. II 1999, 35
30.10.1996	II R 12/92	BStBl. II 1997, 12
13.11.1996	I R 149/94	DStR 97, 337
3.12.1996	I B 8, 9/96	BFH/NV 1997, 580
4.12.1996	I R 54/95	BFHE 182, 123
18.12.1996	I R 26/95	DStR 1997, 575, BFHE 182, 190
18.12.1996	I R 139/94	BStBl. II 1997, 301
18.12.1996	XI R 25/94	BStBl. II 1997, 441
11.2.1997	I R 42/96	BFH/NV 1997, 711
13.3.1997	V R 13/96	BStBl. II 1997, 372
17.3.1997	I B 123/95	BFH/NV 1997, 730
19.3.1997	II R 75/96	BStBl. II 1997, 577
9.6.1997	GrS 1/94	BStBl. II 1998, 307
12.6.1997	I R 14/96	DStR 1997, 1360
19.6.1997	IV R 16/95	BStBl. II 1997, 808
3.7.1997	IV R 58/95	BStBl. II 1998, 86
29.7.1997	VIII R 57/94	BStBl. II 1998, 652
30.7.1997	I R 65/96	BStBl. II 1998, 402

Datum	Aktenzeichen	Fundstelle
8.10.1997	XI R 8/86	BStBl. II 1997, 840
15.10.1997	I R 42/97	BStBl. II 1999, 316
15.10.1997	I R 80/96	BFH/NV 1998, 624
29.10.1997	I R 24/97	BStBl. II 1998, 573
29.10.1997	I R 52/97	BStBl. II 1999, 318
29.10.1997	II R 60/94	BStBl. II 1997, 832
30.9.1997	IX R 39/94	BFH/NV 1998, 446
8.12.1997	GrS 1–2/95	BStBl. II 1998, 193
17.12.1997	I R 70/97	BStBl. II 1998, 545
17.12.1997	I R 96/96	BStBl. II 1998, 321
10.3.1998	VIII R 31/95	BFH/NV 1998, 1209
19.3.1998	V R 54/97	BStBl. II 1998, 466
24.3.1998	I R 93/96	DB 1998, 1842
22.4.1998	XI R 10/97	BStBl. II 1998, 663
19.5.1998	I R 36/97	BStBl. II 1998, 689
25.6.1998	V R 57/97	BStBl. II 1999, 102
8.7.1998	I R 123/97	BFH/NV 1999, 269
1.10.1998	V R 31/98	UR 1999, 36
13.10.1998	VIII R 78/97	BStBl. II 1999, 163
10.11.1998	I B 80/97	BFH/NV 1999, 665
10.11.1998	I R 108/97	BStBl. II 1999, 121
10.11.1998	VIII R 3/98	BStBl. II 1999, 199
1.12.1998	III B 78/97	BFH/NV 1999, 741
16.12.1998	I R 96/95	BFH/NV 1999, 1125 = NJW 1999, 3070
11.2.1999	V R 40/98	BStBl. II 1999, 382
18.2.1999	I R 62/98	BFH/NV 1999, 1515
24.3.1999	I R 64/98	BStBl. II 2000, 41
1.4.1999	VII R 51/98	BFH/NV 2000, 46
15.4.1999	IV R 68/98	BStBl. II 1999, 481
21.4.1999	I R 99/97	BStBl. II 1999, 694
25.5.1999	VIII R 59/97	BStBl. II 2001, 226
13.7.1999	VIII R 29/97	BStBl. II 2000, 386
23.7.1999	VI B 116/99	BStBl. II 1999, 684
23.7.1999	XI B 170/97	BFH/NV 2000, 7
19.8.1999	1 R 77/96	BStBl. II 2001, 43
23.8.1999	GrS 2/97	BStBl. II 1999, 782
7.10.1999	VII R 98/89	GRUR Int 2000, 780
13.10.1999	I B 164/98	BFH/NV 2000, 749
17.10.1999	VII R 89/98	BFH/NV 2000, 613
10.11.1999	5 StR 221/99	HFR 2000, 676
24.2.2000	IV R 75/98	BStBl. II 2000, 314
15.3.2000	I R 74/99	BStBl. II 2000, 547
16.3.2000	IX ZR 10/99	NJW 2000, 1643
28.3.2000	VIII R 68/96	SIS 00 10 39
29.3.2000	X B 95/99	BFH/NV 2000, 1222
29.3.2000	I R 15/99	BStBl. II 2000, 577
27.4.2000	I B 114/99	BFH/NV 2001, 6
17.5.2000	I R 79/99	BStBl. II 2000, 480
7.8.2000	GrS 2/99	BStBl. II 2000, 632
9.8.2000	I R 12/99	BStBl. II 2001, 140
29.8.2000	VIII R 7/99	BStBl. II 2001, 173

Urteilsregister

Datum	Aktenzeichen	Fundstelle
12.10.2000	VIII B 141/99	BFH/NV 2001, 463
7.11.2000	V R 49/99	BStBl. II 2008, 495
29.11.2000	I R 85/99	BStBl. II 2002, 720 = DStR 2001, 738
12.12.2000	VIII R 62/93	BStBl. II 2001, 234
20.12.2000	I R 50/00	BStBl. II 2001, 381
12.1.2001	VI R 102/98	DB 2001, 1343
24.1.2001	I R 100/99	BFH/NV 2001, 1402
27.3.2001	I R 40/00	BStBl. II 2001, 655
29.3.2001	IV R 67/99	BStBl. II 2001, 484
10.5.2001	I S 3/01	BFH/NV 2001, 957; IStR 2001, 474
31.5.2001	V R 97/98	BStBl. II 2001, 658
21.6.2001	I B 141/00	DStR 2001, 1290 = BB 2001, 1620 = IStR 2001, 509
21.6.2001	I B 141/00	BFH/NV 2001, Beilage 9, 1169
19.9.2001	XI B 6/01	BStBl. II 2002, 4
17.10.2001	I R 97/00	IStR 2001, 745, 750
17.10.2001	I R 103/00	BStBl. II 2004, 171= DB 2001, 2474
7.11.2001	I R 14/01	BStBl. II 2002, 861
19.12.2001	I R 63/00	DB 2002, 874
20.12.2001	V R 8/98	BStBl. II 2002, 557
19.2.2002	IV R 37/01	BStBl. II 2003, 385
19.3.2002	I R 4/01	BStBl. 2002, 644
20.3.2002	II R 84/99	IStR 2002, 487
4.4.2002	I B 140/01	BFH/NV 2002, 1179
11.4.2002	V R 65/00	BStBl. II 2002, 782
15.5.2002	I R 92/00	BFH/NV 2002, 1538
15.5.2002	X R 33/99	BFH/NV 2002, 1415
16.5.2002	V R 15/00	BFH/NV 2002, 1346
28.5.2002	IX R 86/00	BStBl. II 2002, 603
9.7.2002	IX R 29/98	BStBl. II 2003, 21
10.7.2002	I R 71/01	BStBl. II 2003, 191
16.7.2002	IX R 28/98	BStBl. II 2002/714
31.7.2002	X R 103/96	BFH/NV 2003, 26
7.8.2002	I R 99/00	BStBl. II 2003, 835
7.8.2002	I R 2/02	BStBl. II 2004, 131
7.8.2002	I R 64/01	DStRE 2003, 104
4.9.2002	I R 48/01	BFH/NV 2003, 347
14.10.2002	V B 9/02	BFH/NV 2003, 213
16.10.2002	I R 17/01	BStBl. II 2003, 632
17.10.2002	I R 24/01	BStBl. II 2002, 1025
13.11.2002	I R 13/02	BStBl. II 2003, 795
28.11.2002	V R 18/01	BStBl. II 2003, 443
29.11.2002	V B 119/02	BFH/NV 2003, 518
18.12.2002	I R 92/01	BFH/NV 2003, 964 = DB 2003, 1147
22.12.2002	V B 53/02	BFH/NV 2003, 522
29.1.2003	I R 6/99	BStBl. II 2004, 1043
20.2.2003	III R 34/01	BStBl. II 2003, 700

Datum	Aktenzeichen	Fundstelle
27.2.2003	I R 46/01	BStBl. II 2004, 132
6.3.2003	IV R 21/01	BFH/NV 2003, 1542
12.3.2003	X R 17/99	BFH/NV 2003, 1031
23.4.2003	IX R 57/99	BFH/NV 2003, 1311
4.6.2003	I R 24/02	BStBl. II 2004, 136
12.6.2003	XI B 8/03	BFH/NV 2003, 1323
18.6.2003	I B 187/02	BFH/NV 2003, 1450
9.7.2003	I B 194/02	BFH/NV 2003, 1349
9.7.2003	I R 100/02	BFH/NV 2003, 1666 = BFHE 2003, 77
18.9.2003	X R 2/00	BStBl. II 2004, 17
22.10.2003	I R 36/03	BStBl. II 2004, 307
17.12.2003	I R 25/03	BFH/NV 2004, 819
17.12.2003	I R 75/03	BStBl. II 2005, 96
28.1.2004	I R 48/03	BFH/NV 2004, 1075
28.1.2004	I R 87/02	BFH/NV 2004, 736
25.2.2004	I R 42/02	BStBl. II 2005, 14
25.2.2004	I B 66/02	BFH/NV 2004, 919
10.3.2004	VI R 27/99	BFH/NV 2004, 1239
28.4.2004	I R 5, 6/02	BStBl. II 2005, 516
25.5.2004	VIII R 4/01	BFH/NV 2005, 105
26.5.2004	I R 92/03	BFH/NV 2005, 77
16.6.2004	X R 34/03	BStBl. II 2005, 378
14.7.2004	I R 16/03	BStBl. II 2004, 1010
14.7.2004	I R 106/03	BFH/NV 2005, 154
22.7.2004	5 StR 85/04	BFH/NV 2005, Beilage 1, 47
15.9.2004	I R 7/02	BStBl. II 2005, 867
22.9.2004	III R 9/03	BStBl. II 2005, 160
11.11.2004	V R 30/04	BStBl. II 2005, 802
17.11.2004	I R 55/03	BFH/NV 2005, 1016
10.2.2005	VIII R 22/05	BStBl. II 2005, 436
23.2.2005	I R 70/04	BStBl. II 2005, 882
1.3.2005	VIII R 92/03	BStBl. II 2005, 398
15.3.2005	X R 39/03	BStBl. II 2005, 817
6.4.2005	I R 22/04	DB 2005, 1661 = DStR 2005, 1307 = IStR 2005, 598
6.4.2005	I R 22/04	BStBl. II 2007, 658
31.5.2005	I R 68/03	BB 2006, 1315
9.6.2005	IX R 75/03	BFH/NV 2005, 1765
20.6.2005	I B 181/04	BFH/NV 2005, 2062
11.7.2005	X B 11/05	BFH/NV 2005, 1801
20.7.2005	X R 22/02	BStBl. II 2006, 457
7.9.2005	I R 117/04	BFH/NV 2005, 152
6.10.2005	V R 40/01	BStBl. II 2007, 13
19.10.2005	IX R 64/04	DStR 2006, 371
27.10.2005	IX R 76/03	BStBl. II 2006, 359
9.11.2005	I R 27/03	BStBl. II 2006, 564 = IStR 2006, 420
9.11.2005	I R 89/04	BB 2006, 80
16.11.2005	X R 17/03	BFH/NV 2006, 532
19.11.2005	I R 27/03	DStR 2006, 560
30.11.2005	I R 1/05	DStZ 2006, 305

Urteilsregister

Datum	Aktenzeichen	Fundstelle
28.2.2006	I R 92/05	IStR 2007, 73
7.3.2006	X R 44/04	BB 2006, 1368
14.3.2006	I B 198/04	BFH/NV, 2078
14.3.2006	VIII R 80/03	GmbHR 2006, 771
29.3.2006	X R 59/00	GmbHR 2006, 771
30.3.2006	V R 47/03	BStBl. II 2006, 634
5.4.2006	I R 43/05	DStR 2006, 1123
26.4.2006	I R 49, 50/04	BStBl. II 2006, 656
3.5.2006	I R 124/04	DStR 2006, 1451
6.6.2006	XI B 162/05	BFH/NV 2006, 1785
7.6.2006	IX R 4/04	BStBl. II 2007, 294 = DStRE 2006, 1372
13.6.2006	I R 58/05	BStBl. II 2006, 928
27.6.2006	VII R 31/04	BB 2006, 2407
28.6.2006	I R 84/04	DStR 2006, 1927
28.6.2006	XI R 31/05	DStR 2006, 1934
28.6.2006	VII B 324/05	DStR 2006, 1362
29.6.2006	X R 1/02	BB 15/2007, 813
2.8.2006	I R 116/04	DStR 2006, 1929
9.8.2006	II R 59/05	BFH/NV 2006, 2326
22.8.2006	I R 95/07	IStR 2006, 862
6.9.2006	XI R 26/04	BFH/NV 2006, 2351
7.9.2006	V R 6/05	WPg 6/2007, 267
20.9.2006	I R 13/02	IStR 4/2007, 148
18.10.2006	XI R 9/06	WPg 5/2007, 218
19.10.2006	III R 6/05	BStBl. II 2007, 301 = BB 14/2007, 769
24.10.2006	I R 2/06	DStR 11/2007, 476
25.10.2006	Verpflichtungen aus sog. Harten Patronatserklärungen	GmbHR 6/2007, 334
7.11.2006	VIII R 81/04	BStBl. II 2007, 364
9.11.2006	V B 131/05	BFH/NV 2007, 284
20.11.2006	VIII R 43/05	BB 8/2007, 424 = WPg 13/2007, 592
29.11.2006	I R 45/05	BB 26/2007, 1427
29.11.2006	I R 46/05	DStR 13/2007, 573
4.12.2006	GrS 1/05	DStR 19/2007, 848
7.12.2006	V R 2/05	DStR 10/2007, 440
13.12.2006	VIII R 62/04	IStR 5/2007, 185
13.12.2006	VIII R 6/05	BB 19/2007, 1034
13.12.2006	VIII R 79/03	BB 8/2007, 419
20.12.2006	IB 47/05	IStR 9/2007, 330
20.12.2006	XR 31/03	BB 18/2007, 992
9.1.2007	VIII B 180/05	BFH/NV 2007, 751
18.1.2007	IV R 42/04	DStR 9/2007, 385
25.1.2007	III R 49/06	DStR 23/2007, 988
1.2.2007	V R 69/05	UR 2007, 448
1.2.2007	II R 19/05	WPg 9/2007, 396
1.2.2007	VI R 25/03	DStR 13/2007, 575
7.2.2007	IR 27–29/05	BB 21/2007, 1151
7.2.2007	I R 15/06	DStR 31/2007, 1342 = GmbHR 17/2007, 939

Datum	Aktenzeichen	Fundstelle
7.2.2007	I R 15/06	
7.2.2007	I R 15/06	Konzern 9/2007, 623
22.2.2007	IX R 45/06	DStR 2007, 986
27.3.2007	VIII R 28/04	WPg 20/2007, 884
28.3.2007	X R 15/04	WPg 16/2007, 703
29.3.2007	IV R 72/02	WPg 19/2007, 844 = BB 36/2007, 1932
29.3.2007	IX R 10/06	BB 33/2007, 1768
4.4.2007	I R 110/05	DStR 25/2007, 1073
4.4.2007	I R 76/05	DStR 26/2007, 1121 = WPg 15/2007, 665
4.4.2007	I R 76/05	
17.4.2007	I X R 40/06	DStR 25/2007, 1075
19.4.2007	V R 48/04	DStR 2007, 1524
19.4.2007	IV R 70/04	Konzern 17/2007, 697
3.5.2007	V B 87/05	BFH/NV 2007, 1550
9.5.2007	XI R 56/05	DStR 2007, 1295
23.5.2007	X R 33/04	DStR 2007, 1712
24.5.2007	5 StR 72/07	DStRE 2008, 169
31.5.2007	V R 18/05,	BStBl. II 2008, 206
5.6.2007	I R 1/06	RIW 10/2007, 789
6.6.2007	XI B 162/05	DStR 2007, 2060
20.6.2007	II R 66/06	BFH/NV 2007, 2057
12.7.2007	X R 5/05	BStBl. II 2007, 959
21.7.2007	I R 74/06	BStBl. II 2008, 277
2.8.2007	IX B 92/07	DStR 48/2007, 2150
22.8.2007	I R 32/06	BStBl. II 2007, 961 = DStR 44/2007, 1954 = EFG 2008, 161
26.9.2007	I B 53, 54/07	DB 2007, 2628
27.9.2007	X R 25/04	DStR 9/2007, 387
18.9.2007	I R 73/06	BStBl. II 2008, 314
17.10.2007	I R 5/06	DStR 2008, 659
7.11.2007	II R 28/06	BStBl. II 2008, 258
8.11.2007	V R 71/05	BStBl. II 2009, 52
8.11.2007	V R 72/05	BStBl. II 2009, 55
8.11.2007	V R 26/05	BStBl. II 2009, 70
8.11.2007	V R 26/05	BStBl. II 2008, 556
15.11.2007	V R 15/06	UR 2008, 556
5.12.2007	V R 60/05	UR 2008, 616
5.12.2007	V R 26/06	BStBl. II 2007, 451
5.12.2007	V R 60/05	BStBl. II 2009, 486
6.12.2007	V R 59/03	BStBl. II 2009, 57 = UR 2008, 186 = DStR 2008, 297
22.1.2008	2 K 2212/06	BFH/NV 2008, 1442
24.1.2008	V R 39/06	UR 2008, 342
24.1.2008	V R 12/05	BStBl. II 2009, 60
24.1.2008	V R 39/06	BStBl. II 2009, 786
26.2.2008	I B 51/08	BFH/NV 2009, 1280
27.2.2008	I R 50/07	UR 2008, 558
7.2.2007	I R 15/06	DStR 31/2007, 1342 = GmbHR 17/2007, 939
7.2.2007	I R 15/06	

Urteilsregister

Datum	Aktenzeichen	Fundstelle
7.2.2007	I R 15/06	Konzern 9/2007, 623
22.2.2007	IX R 45/06	DStR 2007, 986
27.3.2007	VIII R 28/04	WPg 20/2007, 884
28.3.2007	X R 15/04	WPg 16/2007, 703
5.3.2008	I B 171/07	DStRE 2008, 692
31.3.2008	XI B 208/06	BFH/NV 2008, 1217
3.4.2008	V R 76/05	BStBl. II 2008, 905
17.4.2008	V R 39/05	BFH/NV 2008, 1712
29.4.2008	I R 67/06	BStBl. II 2011, 55
29.4.2008	I R 79/07	BFH/NV 2008, 1807
5.3.2008	I R 45/07	DStRE 2008, 1138
4.6.2008	I R 30/07	DStR 2008, 1828
17.7.2008	I R 77/06	DStR 2008, 2001 = DB 2008, 2281
17.7.2008	I R 77/06	BStBl. II 2009, 464
30.7.2008	V R 7/03	BStBl. II 2010, 1075 = DStR 2009, 220 = UR 2009, 161
31.7.2008	V R 21/06	BFH/NV 2009, 95
20.8.2008	I R 16/08	BFH/NV 2009, 49
20.8.2008	I R 78/07	DB 2008, 2626
20.8.2008	I R 34/08	BStBl. II 2009, 263
20.8.2008	I R 19/07	BStBl. II 2011, 60
27.8.2008	I R 28/07	NWB DokID GAAAC-07784
27.8.2008	I R 27/08	BFH/NV 2009, 123
2.9.2008	X R 32/05	BStBl. II 2009, 634
23.9.2008	I B 92/08	BStBl. II 2009, 524
8.10.2008	I R 61/07	FR 2009, 583
8.10.2008	I R 63/07	FR 2009, 543
8.10.2008	I R 61/07	BStBl. II 2011, 62 = DStR 2009, 217
29.10.2008	XI R 76/07	BFH/NV 2009, 795
2.12.2008	1 StR 416/08	HFR 2009, 412
18.12.2008	V R 38/06	BStBl. II 2009, 749 = DStRE 2009, 866
14.1.2009	I R 52/08	BStBl. II 2009, 674
9.2.2009	I R 20/09	HFR 2010, 450
19.2.2009	IV R 83/06	BFH/PR 2009, 246
18.3.2009	I R 13/08	DstRE 2009, 1108
19.3.2009	V R 50/07	BStBl. II 2010, 78
23.4.2009	V R 84/07	BStBl. II 2010, 509 = BFH/NV 2009, 1553
23.4.2009	VI R 73/06	BStBl. II 2010, 40
30.4.2009	VI R 54/07	DStZ 2009, 709
12.5.2009	V R 65/06	BFH/NV 2009, 1555 = BStBl. II 2010, 511
12.5.2009	IX R 46/08	BFH/NV 2009, 1326
28.5.2009	V R 23/08	BFH/NV 2009, 1565
24.6.2009	VIII R 80/06	BFHE 225, 302
14.7.2009	VIII R 10/07	DStR 2009, 2142
5.3.2008	I B 171/07	DStRE 2008, 692
31.3.2008	XI B 208/06	BFH/NV 2008, 1217
3.4.2008	V R 76/05	BStBl. II 2008, 905

Datum	Aktenzeichen	Fundstelle
17.4.2008	V R 39/05	BFH/NV 2008, 1712
29.4.2008	I R 67/06	BStBl. II 2011, 55
29.4.2008	I R 79/07	BFH/NV 2008, 1807
21.7.2009	VII R 52/08	RIW 2009, 894
27.7.2009	I B 45/09	BFH/NV 2009, 2005
20.8.2009	V R 30/06	BStBl. II 2010, 863
25.8.2009	I R 88, 89/07	DStR 2009, 2295
1.9.2009	VII R 78/06	BFH/NV 2010, 593
2.9.2009	I R 90/08	DStR 2009, 1377
23.9.2009	XI R 14/08	BStBl. II 2010, 367
28.9.2009	XI B 103/08	BFH/NV 2010, 73
28.10.2009	VIII R 78/05	DStZ 2010, 267 = DStR 2010, 326
25.11.2009	I R 72/08	BStBl. II 2010, 471
26.11.2009	III R 40/07	BStBl. II 2010, 609
10.12.2009	XI R 62/06	BStBl. II 2010, 436
21.1.2010	C-311/08	BFH/NV 2010, 571.
10.2.2010	XI R 49/07	BStBl. II 2010, 1109
26.2.2010	IV B 25/09	BFH/NV 2010, 1116
15.4.2010	IV B 105/09	BStBl. II 2010, 971
22.4.2010	V R 9/09	BStBl. II 2011, 597
26.4.2010	V B 3/10	BFH/NV 2010, 1664
13.7.2010	IV B 25/09	BFH/NV 2010, 2015
19.7.2010	X S 10/10	BFH/NV 2010, 2017
1.9.2010	V R 39/08	BStBl. II 2011, 658
2.9.2010	V R 55/09	BStBl. II 2011, 235
8.9.2010	XI R 40/08	BStBl. II 2011, 661
8.9.2010	I R 74/09	BFH/NV 2011, 138
7.10.2010	V R 4/10	BFH/NV 2011, 930
13.10.2010	IV B 5 – S 1341/08/10003	BStBl. I 2010, 774
28.10.2010	V R 7/10	BStBl. II 2011, 391
1.12.2010	XI R 43/08	BStBl. II 2011, 600
19.1.2011	X B 43/10	BFH/NV 2011, 636
2.3.2011	XI R 25/09	BStBl. II 2011, 737
2.3.2011	II R 5/09	BFH/NV 2011, 1147
9.2.2011	I R 54/10	BStBl. II 2012, 106
17.2.2011	V R 28/10	BFH/NV 2011, 1448
17.2.2011	V R 30/10	BStBl. II 2011, 769
23.2.2011	I R 52/10	BFH/NV 2011, 1354
2.3.2011	II R 5/09	BFH/NV 2011, 1147
23.3.2011	4 K 419/10	StBW 2011, 686; Rev. BFH – I R 45/11
21.7.2009	VII R 52/08	RIW 2009, 894
27.7.2009	I B 45/09	BFH/NV 2009, 2005
20.8.2009	V R 30/06	BStBl. II 2010, 863
25.8.2009	I R 88, 89/07	DStR 2009, 2295
1.9.2009	VII R 78/06	BFH/NV 2010, 593
2.9.2009	I R 90/08	DStR 2009, 1377
23.9.2009	XI R 14/08	BStBl. II 2010, 367
28.9.2009	XI B 103/08	BFH/NV 2010, 73
23.3.2011	X R 44/09	BStBl. II 2011, 884 = DStRE 2011, 1101

Urteilsregister

Datum	Aktenzeichen	Fundstelle
30.3.2011	I R 61/10	DB 2011, 1032
30.3.2011	I B 136/10	DB 2011, 1035
30.3.2011	XI R 30/09	BB 2011, 1301
12.5.2011	V R 46/10	BStBl. II 2011, 957
18.5.2011	X R 26/09	BStBl. II 2011, 865
25.5.2011	I R 95/10	BB 2011, 2404
19.6.2011	XI R 8/09	UR 2012, 60
7.7.2011	V R 41/09	UR 2011, 867
7.7.2011	V R 53/10	BFH/NV 2011, 2195
9.8.2011	VIII R 13/08	BStBl. II 2011, 875
11.8.2011	V R 50/09	BStBl. II 2012, 151
11.8.2011	V R 3/10	BFH/NV 2011, 2208 = BStBl. II 2012, 156
11.8.2011	V R 19/10	BStBl. II 2012, 156
24.8.2011	I R 5/10	BFH/NV 2012, 271
24.8.2011	V R 24/10	IStR 2011, 925
8.9.2011	V R 42/10	BStBl. II 2012, 248
8.9.2011	V R 5/10	BFH/NV 2012, 523
3.11.2011	V B 53/11	BFH/NV 2012, 281
7.12.2011	I R 5/11	BFH/NV 2012, 556
14.12.2011	XI R 32/09	BFH/NV 2012, 1004
14.12.2011	XI R 18/10	BFH/NV 2012, 1006
14.12.2011	XI R 33/10	BFH/NV 2012, 1009
10.1.2012	I R 66/09	DB 2012, 6
15.2.2012	I R 19/11	DB 2012, 885
15.2.2012	XI R 42/10	BFH/NV 2012, 1188
29.2.2012	IX R 11/11	DStR 2012, 1272
9.3.2012	V S 21/11	BFH/NV 2012, 1191
13.3.2012	I B 111/11	BStBl. II 2012, 611
19.9.2012	IV R 11/12	DStR 2012, 2051
11.10.2012	I R 75/11	IStR 2013, 109; DStR 2013, 25
12.12.2012	XI R 3/10	DStR 2013, 403
10.4.2013	I R 45/11	HFR 2013, 869
23.6.2010	I R 37/09	BStBl. II 2010, 895
10.4.2013	I R 45/11	BStBl. II 2013, 771
11.12.2013	I R 4/13	BFH/NV 2014, 614

V. Finanzgerichte

Datum	Aktenzeichen	Fundstelle
FG Baden-Württemberg		
22.5.1989	VIII 35/87	EFG 1990, 264 (BFH BStBl. II 1991, 593)
21.2.1990 (rkr.)	V K 98/89	EFG 1990, 454
11.5.1992	3 K 309/91	EFG 1992, 653
20.7.2000	3 K 67/95	EFG 2000, 1161
11.1.2007	6 K 1066/05	EFG 2007, 956
12.12.2007	12 K 8396/05 B	EFG 2010, 517
20.5.2008	1 K 46/07	EFG 2008, 1342
12.11.2008	12 K 8423/05 B	EFG 2009, 433
17.3.2010	1 K 661/08	EFG 2010, 1284
20.7.2011	14 K 4282/09	EFG 2011, 2203

Datum	Aktenzeichen	Fundstelle
FG Berlin		
16.1.2002	7 K 8014/00	EFG 2002, 441
FG Berlin-Brandenburg		
12.12.2007	12 K 8179/04 B	DStRE 2008, 755
9.9.2008	6 K 2463/03 B	EFG 2009, 136
12.11.2008	12 K 8423/05 B	EFG 2009, 433
2.4.2009	12 B 8173/06	EFG 2009, 1147
FG Bremen		
4.9.1996	II B 135/95	EFG 1996, 207
14.12.1999	n/a	ZfZ 2000, 98
FG Düsseldorf		
13.9.1979	II 357/79	EFG 1980, 379
14.9.1990	10 K 580/85 G	EFG 1991, 290
1.7.1997	3 K 7090/94 L	EFG 1998, 487
8.12.1998	6 K 3661/93	IStR 1999, 311
9.5.2000	6 K 2028/96	EFG 2000, 1177
23.4.2002	6 K 3453/99	EFG 2003, 342
17.1.2006	6 K 2154/04 K, G, F	EFG 2008, 1741
14.11.2007	9 K 1270/04 E	EFG 2008, 1006
19.2.2008	17 K 894/05 E	EFG 2008, 1006
2.12.2008	6 K 2722/06 K	EFG 2010,546
5.12.2013	8 K 3664/11 F	IStR 2014, 73
FG Freiburg		
21.12.1960 (rkr.)	I 114/56	EFG 1962, 315
30.5.1962	II 310/57	EFG 1963, 28
FG Hamburg		
11.6.1985 (rkr.)	II 165/82	EFG 1986, 86
9.9.1988	n/a	EFG 1989, 469
6.12.1994	IV 170/82 H	
29.11.1995	n/a	EFG 1996, 1232
6.3.1999	n/a	
13.3.2007	6 K 120/05	EFG 2007, 1314
11.10.2011	6 K 179/10	IStR 2012, 190
31.10.2011	6 K 179/10	IStR 2012, 190
26.1.2012	2 K 49/11	DStRE 2013, 218
FG Hessen		
17.10.1988 (rkr.)	IV 293/82	EFG 1989, 200
6.4.2000	6 K 3280/99	BeckRS 2000, 26014522
15.5.2001	1 K 3800/99	EFG 2001, 1163
7.7.2005	13 K 3854/04	DStRE 2006, 325F
FG Köln		
14.10.1981	I (VII) 565/79 G	EFG 1982, 422
20.2.1986	II K 143/84	EFG 1986, 314
7.7.1993	6 K 4693/87	EFG 1994, 138
22.8.2007	13 K 647/03	EFG 2008, 161
18.3.2008	1 K 4110/04	DStRE 2009, 419
22.10.2008	13 K 1164/05	EFG 2009, 509
3.11.2010	4 K 4262/08	EFG 2011, 667
FG München		
24.11.1982	I-349/79	EFG 1983, 353
6.10.1988	XIII (XIV) 308/84 U	UR 1989, 350
18.12.2000	6 K 2809/98	ERG 2001, 457

Urteilsregister

Datum	Aktenzeichen	Fundstelle
16.7.2002	6 K 1910/89	EFG 2003, 952
3.8.2006	11 V 500/06	IStR 2006, 746
7.3.2007	3 K 3891/03	DStRE 2008, 1385
1.7.2008	10 K 1639/06	EFG 2009, 226
4.7.2008	7 V 1196/08	DStRE 2009, 520
18.8.2008	7 K 742/06	DStRE 2009, 121
4.9.2008	2 K 1865/08	EFG 2009, 2
17.7.2009	2 K 2798/06	EFG 2010, 22
17.3.2010	3 K 3055/07	DStZ 2010, 508
13.10.2011	14 K 2305/08	BeckRS 2012, 94106
27.11.2012	2 K 3380/10	EFG 2013, 402
FG Berlin		
16.1.2002	7 K 8014/00	EFG 2002, 441
FG Münster		
28.2.1966 (rkr.)	II A 417/65	EFG 1966, 501
8.6.1979	VI 647/76	EFG 1980, 44
7.8.1997	15 K 144/96	EFG 1997, 1289
22.8.2000	6 K 2712/00 AO	EFG 2001, 4
19.1.2005	5 K 3083/03 U	EFG 2006, 1016
11.11.2005	9 K 6277/03 K	Konzern 2006, 321
16.3.2006	8 K 2348/02 E	IStR 2006, 794 f.
21.2.2006	C-152/03	DStR 2006, 362
16.3.2006	8 K 2348/02 E	EFG 2006, 1562 = IStR 2006, 794
24.8.2006	6 K 2655/03 E	EFG 2007, 92
7.9.2006	5 K 754/04 U	EFG 2007, 467
22.2.2008	9 K 509/07 K, F	EFG 2008, 923
14.2.2014	4 K 1053/11 E	EFG 2014, 921
FG Niedersachsen		
11.4.2000	6 K 611/93	DStRE 2001, 24 = EFG 2001, 157
31.1.2006	15 K 928/99	DStRE 2008, 796
18.4.2007	3 K 11 463/05	BB 28/2007, 1550
13.5.2009	6 K 476/06	IStR 2009, 624
23.4.2009	16 K 261/05	BeckRS 2009, 26030375
24.6.2010	6 K 12181/08	EFG 2010, 1562
FG Nürnberg		
3.11.1979	n/a	EFG 2006, 1592
22.9.1987	n/a	EFG 1998, 21
FG Rheinland-Pfalz		
9.10.1989 (rkr.)	5 K 169/87	EFG 1990, 296
23.9.1998	1 K 1613/98	UR 1999, 116
12.12.2004	6 K 2494/01	BeckRS 2004, 26026680
13.6.2006	1 K 1743/05	EFG 2006, 1634
17.1.2008	4 K 1347/03	DStRE 2008, 1056
27.11.2008	6 K 1463/08	BeckRS 2008, 26026204
29.5.2012	3 K 2138/10	EFG 2012, 1968
FG Saarland		
31.5.2001	I K 152/99	EFG 2001, 1165
14.7.2004	1 K 267/03	Beck RS 2004, 26017166
26.6.2008	1 K 1208/03	EFG 2008, 1742

Datum	Aktenzeichen	Fundstelle
FG Sachsen-Anhalt		
21.2.2008	3 K 305/01	BeckRS 2008, 26025236
21.2.2008	3 K 307/01	BeckRS 2008, 26025550
FG Schleswig-Holstein		
6.12.2007	1 K 147/04	EFG 2008, 637
3.2.2010	3 V 243/09	StE 2010, 168
1.10.2010	1 K 282/07	DStRE 2011, 38

VI. Bundesgerichtshof

Datum	Aktenzeichen	Fundstelle
18.3.1955	I ZR 144/53	BGHZ 17, 41
31.1.1958	I ZR 178/56	GRUR 1958, 544
3.6.1958	I ZR 83/57	GRUR 1958, 564
16.2.1961	VII ZR 239/59	NJW 1962, 662
1.6.1964	VII ZR 235/62	BB 1964, 823
12.1.1966	Ib ZR 5/64	GRUR 1966, 375
8.6.1967	KZR 2/66	BB 1967, 902
15.6.1967	Ia ZB 13/66	GRUR 1967, 655
16.4.1969	I ZR 59–60/67	GRUR 1969, 479
17.4.1969	K ZR 15/68	GRUR 1969, 560
8.10.1971	I ZR 12/70	NJW 1972, 102
10.3.1972	I ZR 160/70	GRUR 1973, 379
3.7.1974	I ZR 65/73	GRUR 1975, 85
18.10.1976	II ZR 102/75	WM 1976, 1307
11.2.1977	I ZR 185/75	NJW 1977, 896
5.5.1977	II ZR 237/73	BB 1977, 1015
11.10.1977	X ZR 24/76	GRUR 1978, 166
12.2.1980	KZR 7/79	GRUR 1980, 750
6.3.1980	X ZR 49/78	DB 1980, 2505
6.5.1981	I ZR 92/78	GRUR 1982, 100
24.11.1981	X ZR 36/80	DB 1982, 1006 = GRUR 1982, 286
25.3.1982	BGHZ 83, 293 (300)	Larenz SR, 317/318
14.4.1983	I ZR 20/81	NJW 1983, 2877
21.3.1985	I ZR 166/82	GRUR 1985, 924
20.2.1986	I ZR 153/83	GRUR 1986, 668
12.2.1987	I ZR 70/85	GRUR 1987, 364
21.4.1988	III ZR 255/86	NJW 1989, 96
3.11.1988	I ZR 242/86	GRUR 1989, 68
1.12.1988	I ZR 190/87	GRUR 1989, 198
12.6.1989	II ZR 334/87	NJW-RR 1989, 1255
16.11.1989	I ZR 15/88	GRUR 1990, 353
22.3.1990	I ZR 59/88	GRUR 1990, 1008
22.11.1990	I ZR 14/89	GRUR 1991, 393
23.5.1991	I ZR 286/89	GRUR 1991, 914
18.2.1992	X ZR 8/90	NJW-RR 1992, 872
17.6.1992	I ZR 107/90	GRUR 1993, 55
7.7.1992	K ZR 28/91	GRUR 1993, 149
7.7.1992	K VR 14/91	DB 1992, 2619
22.4.1993	I ZR 52/91	GRUR 1993, 757
25.5.1993	X ZR 19/92	GRUR 1993, 397

Urteilsregister

Datum	Aktenzeichen	Fundstelle
11.10.1994	XI ZR 189/93	NJW 1995, 47
5.1.1995	IX ZR 85/94	NJW 1995, 592
5.4.1995	I ZR 133/93	GRUR 1995, 605
30.5.1995	X ZR 54/93	GRUR 1995, 578
14.12.1995	I ZR 210/93	NJW 1996, 994
17.4.1996	VIII ZR 5/95	BB 1996, 1459
5.6.1996	VIII ZR 7/95	BB 1996, 2265
5.6.1996	VIII ZR 141/95	BB 1996, 1683 = StR 221/99
17.4.1997	X ZR 2/96	GRUR 1997, 741
2.12.1997	X ZR 13/96	GRUR 1998, 561
10.11.1999	5 StR 221/99	NStZ 2000, 203
16.2.2000	IX ZR 10/99	NJW 2000, 1643
4.5.2000	IX ZR 142/99	DB 2000, 2595
15.5.2000	II ZR 359/98	GmbHR 2000, 870
2.11.2000	I ZR 246/98	NJW 2001, 2173
16.7.2002	IX ZR 27/01	NJW 2002, 3323
20.3.2003	I ZR 225/00	WM 2004, 132, 136
26.6.2003	I ZR 296/00	GRUR 2003, 897
27.4.2006	I ZR 162/03	WRP 2006, 1233 ff.
28.6.2006	VIII ZR 350/04	BB 2006, 1648
13.6.2007	VIII ZR 352/04	NJW-RR 2007, 1327
15.2.2007	I ZR 63/04	GRUR 2007, 882
29.7.2009	I ZR 169/07	GRUR 2010, 239
7.7.2011	5 StR 561/10	NJW 2011, 2895
20.10.2011	1 StR 41/09	BFH/NV 2012, 366
7.2.2012	1 StR 525/11	DStRE 2012, 508

VII. Oberlandesgerichte, KG

Datum	Aktenzeichen	Fundstelle
KG Berlin		
23.5.1991	Kart. 13/89	WuW 1991, 907
11.5.2000	2 U 4203/99	DStR 2001, 1042
OLG Düsseldorf		
16.1.1992	2 U 94/89	n/a
12.1.1994	20 W 91/93	CR 1994, 400
9.5.1996		MittdtschPatAnw 1998, 27 ff., 29
OLG Frankfurt am Main		
14.3.1991	6 U 5/90	BB 1991, 2111
25.6.1996	11 U 4/96	NJW-RR 1997, 494
18.9.2007	3 VAs 33/07	NStZ-RR 2008, 78
OLG Hamburg		
25.4.1985	3 U 12/85	GRUR 1985, 923
27.7.1989	3 U 29/89	GRUR 1990, 36
25.10.1990	3 U 1/90	GRUR Int. 1991, 301
27.8.2008	5 U 38/07	GRUR-RR 2009, 136
OLG Karlsruhe		
28.4.1993	6 U 53/92	n/a
26.8.1998	6 U 36/98	GRUR 1999, 343

Datum	Aktenzeichen	Fundstelle
OLG Köln		
16.3.1990	6 U 83/89	GRUR 1991, 60
28.10.1998	6 W 15/98	GRUR 1999, 346
OLG München		
28.9.1995	1 U 2954/95	BB 1996, 462
12.10.1995	29 U 4086/95	GRUR 1996, 137
17.5.2006		WM 2006, 1556
OLG Stuttgart		
12.11.1990	2 U 200/89	WuW 1993, 869
13.10.1997	2 U 107/97	GRUR Int. 1998, 806

VIII. Sonstige Gerichte

Datum	Aktenzeichen	Fundstelle
Bundesverwaltungs-		
gericht		
17.10.1991	3 C 45/90	BVerwGE 89, 121
LG Düsseldorf		
25.4.1989	4 O 328/88	MittdtschPatAnw 1989, 221
23.4.1996	4 O 255/95	E 1996, 41
4.11.1997	4 O 343/97	E 1997, 104
10.1.1999	4 O 114/98	GRUR Int. 1999, 772
20.5.1999	4 O 295/95	GRUR 2000, 309
LG Mannheim		
24.3.2009	2 O 62/08	BeckRS 2009, 11228

US-Steuergerichte

US Tax Court of Appeals, *Xilinx, Inc. et. al. v. Commissionioner,* Nos. 06–74246, 06–74269, 9th Cir. May 27, 2009, Doc 2009–11943, 2009 WTD 100-26

Brooke Group Ltd. v. Brown & Williamson Tobacco Corp., 509 U.S. 209, 242 (1993).

Binghamton Masonic Temple Inc. v. City of Binghamton, 158 Misc. 2d 916

Cede & Co. v. Technicolor Inc., Civ. A. No. 7129, 1990 WL 161084 (Del. Ch.)

Cement Division, Natl. Gypsum Co., et al. V. City of Milwaukee, 97–1349 (7th Cir. 1998)

Datascope Corp v. SMEC Inc., 879 F. 2d 820, 829 (Fed. Cir. 1989).

eBay Inc. v. MercExchange LLC, 547 U.S. 388 (2006).

Energy Capital Corp. V. United States, 14 August 2002.

Fall First National Bank v. Standard Bank, 93–7234 (7th Cir. 1999)

Georgia-Pacific Corp. v. United States Plywood Corp., 318 F.Supp. 1116, 1123 (S.D.N.Y. 1970).

Jeffrey Gilbert v. MPM Enterprises Inc., C.A.No. 14416, 709 A 2d 663, 1997 Wl 633298 (Del. Ch.).

Jones & Laughlin Steel Corp. V. Pfeifer, 462 U.S. 523 (1983)

Laitram Corp. v. NEC Corp., 115 F.3d 947, 42 USPQ2d 1897 (Fed. Cir. 1997).

Lleco Holdings Inc. v. Otto Candies Inc., Civ. A. No. 93–1840, 1994, 867 F. Supp. 444

Laserdynamics Inc. v Quanta Computer, Inc. 2011-1440 (Fed. Cir. 2012).

Mars, Inc. v. Coin Acceptors, Inc., 527 F.3d 1359, 1374 (Fed.Cir. 2008).

NTP, Inc. v. Research In Motion, Ltd., 418 F.3d 1282 (Fed. Cir. 2005).

Paice LLC v. Toyota Motor Corp., 504 F.3d 1293, 1317 (Fed.Cir. 2007).

Urteilsregister/Verwaltungsschreiben Österreich

Transco Prods. Inc. v Performance Contracting Inc., 131 F.Supp.2d 976 (2001) (Fed. Cir. 1994).

Amended Nov. 29, 1999, Public Law 106–113, sec. 1000(a)(9), 113 Stat. 1501A-566 (S. 1948 sec. 4507(9)) 35 U.S.C. § 284 und § 285.

United States Code Title 35 – Patents, 35 U.S.C. 284 Damages, Updated October 1, 2011

United States Code Title 35 – Patents, 35 U.S.C. 285 Attorney fees, Updated October 1, 2011

Daubert v Merrill Dow Pharmaceuticals (509 US 579 (1993))

Kumho Tire v Carmichael (526 US 137 (1999)).

Panduit Corp. v. Stahlin Bros. Fibre Works, Inc., 575 F.2d 1152, 197 U.S.P.Q. (BNA) 726 (6th Cir. 1978).

State Industries Inc. vs. Mor-Flo Industries Inc., 883 f.2d 1573 (Fed. Cir. 1989).

Crystal Semiconductor Corp. v. Tritec Microelectronics Intl. Inc. et al.; 246 f.3d 1336 (Fed. Cir. 2001).

BIC Leisure Prods. Inc. v. Windsurfing Intl. Inc., 1 F.3d 1214 (Fed. Cir. 1995).

Supreme court, GEORGIA-PACIFIC CORP v.U.S. PLYWOOD-CHAMPION PAPERS, INC.C.A. 2d Cir. Reported below: 446 F.2d 295.

Lucent Technologies Inc. v. Gateway Inc. 470 F.Supp.2d 1180 (S.D.Cal.,2007)

Microsoft Corp. v. i4i Limited Partnership (Supreme Court 2011)

Cornell University v. Hewlett-Packard Co. 609 F.Supp. 2d 279 (N.D.N.Y. 2009)

USA, Inc. v. Microsoft Corporation, Appeal from the United States District Court for the District of Rhode Island Uniloc Case No. 03-CV-0440

Urteilsregister/Verwaltungsschreiben
Österreich

BGH

Datum	Aktenzeichen	Fundstelle
25.3.1982	BGHZ 83, 293 (300)	Larenz SR, 317/318
5. 6.1996	VIII ZR 7195	DB 1996, 2330

BFH

Datum	Aktenzeichen	Fundstelle
25.11.1962	I 116/63 U	DBStBl. III 1965, 176
21.5.1971	V R 3/67	BStBl. II 1971, 721
7.2.1975	VIII R 61–62/74	BStBl. II 1976, 608
24.1.1989	VIII R 74/84	BB 1989, 825
28.1.1990	I R 83/87	BStBl. II 1990, 659
5.2.1992	I R 27/90	BStBl. II 1992, 532
19.1.1994	I R 93/93	BStBl. II 1990, 725
21.12.1994	I R 65/94	IStR 1995, 330
12.10.1995	I R 27/95	DStR 96, 337
13.11.1996	I R 149/94	DStR 97, 323
19.6.1997	n/a	EAS 1090, SWI 1997, 337
7.8.2000	GrS 2/99	BStBl. II, 632
12.3.2001	n/a.	EAS 1818 SWI 2001, 198
17.10.2001	I R 97/00	IStR 2001, 745, 750
9.7.2003	I R 100/02	BFHE 203, 77

Datum	Aktenzeichen	Fundstelle
25.5.2004	VIII R 4/01	GmbHR 2005, 151
15.9.2004	I R 62/03	DB 2005, 21
23.2.2005	I R 70/04	BStBl. II 2005, 882 = GmbH-StB 2005, 159
6.4.2005	I R 22/04	DB 2005, 1661
9.11.2005	I R 89/04	BB 2006, 80
13.6.2006	I R 58/05	BStBl. II 2006, 928

BFH

Datum	Aktenzeichen	Fundstelle
29.11.1989	1Ob 692/8	SZ 62/184 = EvBl 1990/96 S 468 = ecolex 1990,22 = RdW 1990, 284
6.2.1996	10Ob519/94	SZ 69/25
17.12.1997	9Ob2065/96	JJT/19971217/OGH0002/0090OB0 2065/96H0000/000
24.11.1998	1Ob251/98p	JJT/19981124/OGH0002/0010OB0 0251/98P0000/000
9.4.2002	4Ob54/02y	JJT/20020409/OGH0002/0040OB0 0054/02Y0000/000
12.3.2004	8ObA5/04z	JJT/20040312/OGH0002/008OBA 00005/04Z0000/000
30.8.2006	7Ob122/06a	JJR/20020409/OGH0002/0040OB 00054/02Y0000/002

Verfassungsgerichtshof

Datum	Aktenzeichen	Fundstelle
7.6.1984	B401/79	JFT/10159393/79B00401
5.3.1988	B70/87	JFR/10119695/87B00070
11.3.1993	V98–103/92–8	JFR/10069689/92V00098
21.6.1993	B1464/91	JFR/10069379/91B01464
20.6.1994	B 473/92	n/a
7.6.1984	B401/79	JFT/10159393/79B00401

Verwaltungsgerichtshof

Datum	Aktenzeichen	Fundstelle
5.10.1951	1155/49	VwSlg 470 F/1951
30.3.1953	565/51	Slg 738F
6.10.1961	1070/61	JWR/1961001070/19611006X01
28.6.1963	2312/61	n/a
19.2.1965	0044/64	JWR/196400044/19650219X01
12.3.1965	205, 206, 207/64	JWR/1964000205/19650312X02
25.11.1965	1940/64	JWR/1964001940/19651125X01
3.7.1968	1067/66	JWR/1966001067/19680703X01
6.11.1968	0051/67	VwSlg 3797 F/1968
2.10.1969	779, 780/68	JWR/1968000779/19691002X01
8.4.1970	1415/68	JWR/1968001415/19700408X02

Urteilsregister/Verwaltungsschreiben Österreich

Datum	Aktenzeichen	Fundstelle
4.2.1971	288/69	VwSlg 4180 F/1971
9.3.1971	1920/70	JWR/1970001920/19710309X01
27.1.1972	1671/70	JWR/1970001671/19720127X01
10.5.1972	1637/70	VwSlg 4385 F/1972
8.11.1973	1428/72	JWR/1972001428/19731108X02
20.3.1974	1157/72	JWR_1972001157_19740320X01
17.9.1974	1613/73	JWR/1973001613/19740917X02
21.5.1975	1051/73	JWR/1973001051/19750521X01
22.6.1976	1832/75, 1051, 1052/76	JWR/1975001832/19760622X02
23.11.1977	0410, 0618/77	JWR_1977000410_19771123X01
28.2.1978	1257/75	JWR_1975001257_19780228X01
12.4.1978	0314/77	JWR_1977000314_19780412X01
12.9.1978	1511/75	JWR_1975001511_19780912X03
21.2.1979	2292/77	JWR_1977002292_19790221X01
14.9.1979	1264/78	JWR_1978001264_19790914X01
22.12.1980	2055/78	JWR_1978002055_19801222X02
26.1.1981	3781/80	JWR_1980003781_19810126X01
3.6.1982	86/13/0001	n/a
16.9.1982	82/16/0022, 215	n/a
11.5.1983	82/13/0239	JWR_1982130239_19830511X01
20.5.1983	81/16/0105	JWR_1981160105_19830520X03
8.11.1983	83/14/101,104	JWR_1983140101_19831108X05
23.10.1984	83/14/0257	JWR_1983140257_19841023X01
19.3.1985	84/14/0174	JWR_1984140174_19850319X03
23.4.1985	84/14/0160	JWR_1984140160_19850423X01
25.6.1985	85/14/0028	JWR_1985140028_19850625X02
26.9.1985	85/14/0051,0052	JWR_1985140051_19850926X02
13.11.1985	84/13/0127	JWR_1984130127_19851113X02
14.4.1986	84/15/0221	JWR_1984150221_19860414X04
21.10.1986	86/14/0107	JWR_1986140107_19861021X03
17.2.1988	86/13/0174	JWR_1986130174_19880217X01
10.5.1988	87/14/0084	JWR_1987140084_19880510X04
8.9.1988	88/16/0157–0161	JWR_1988160157_19880908X02
15.9.1988	87/16/0165	JWR_1987160165_19880519X01
20.9.1988	88/14/0066	JWR_1988140066_19880920X02
17.4.1989	88/15/0097	JWR_1988150097_19890417X02
19.9.1989	88/14/0198	JWR_1988140198_19890919X02
18.10.1989	88/13/0180	JWR_1988130180_19891018X01
24.1.1990	86/13/0162	JWR_1986130162_19900124X03
23.5.1990	89/13/0272–0275	JWR_1989130272_19900523X03
21.7.1990	89/16/0037	JWR_1989160037_19900517X03
17.9.1990	90/15/0118	JWR_1990150118_19900917X04
26.9.1990	86/13/0097	JWR_1986130097_19900926X03
18.12.1990	89/14/0133, 0134	JWR_1989140133_19901218X04
1.1.1991	90/14/0208	JWR_1990140208_19910115X01
14.1.1991	90/15/0116	JWR_1990150116_19910114X02
29.1.1991	90/14/0112	JWR_1990140112_19910129X01
30.1.1991	90/13/0165, 90/13/0165	JWR_1990130165_19910130X01
22.3.1991	90/13/0252	JWR_1990130252_19910322X02
14.5.1991	90/14/0280	JWR_1990140280_19910514X04
10.6.1991	90/15/0115	JWR_1990150115_19910610X06
9.10.1991	90/13/0007	JWR_1990130007_19911009X02

Urteilsregister/Verwaltungsschreiben Österreich

Datum	Aktenzeichen	Fundstelle
6.11.1991	89/13/0093	JWR_1989130093_19911106X03
22.1.1992	90/13/0200	JWR_1990130200_19920122X01
17.2.1992	90/15/0117	JWR_1990150117_19920217X04
25.3.1992	90/13/0238	JWR_1990130238_19920325X01
22.4.1992	91/14/0009, 91/14/0010	JWR_1991140009_19920422X01
29.4.1992	90/13/0292	JWR_1990130292_19920429X05
14.5.1992	90/14/0280	JWR_1990140280_19910514X04
8.9.1992	87/14/0091	JWR_1987140091_19920908X03
8.9.1992	87/14/0186	JWR_1987140186_19920908X01
16.9.1992	88/13/0224	JWR_1988130224_19920916X02
6.10.1992	89/14/0078	JWR_1989140078_19921006X01
14.10.1992	90/13/0009	JWR_1990130009_19921014X07
1.12.1992	92/14/0149, 0151	JWR_1992140149_19921201X01
9.12.1992	91/13/0094	JWR_1991130094_19921209X10
2.3.1993	91/14/0144	JWR_1991140144_19930302X01
14.4.1993	91/13/0239	JWR_1991130239_19930414X02
5.5.1993	93/14/0019	JWR_1993140019_19930525X01
19.5.1993	91/13/0224	JWR_1991130224_19930519X03
25.5.1993	93/14/0019	JWR_1993140019_19930525X01
15.6.1993	91/14/0253	JWR_1991140253_19930615X04
22.6.1993	93/14/0086	JWR_1993140086_19930622X02
21.7.1993	91/13/0119	JWR_1991130119_19930721X02
5.8.1993	91/14/0127, 0128	JWR_1991140127_19930805X05
11.8.1993	91/13/0005	JWR_1991130005_19930811X04
11.8.1993	92/13/0096	JWR_1992130096_19930811X02
11.8.1993	93/13/0156	JWR_1993130156_19930811X02
21.10.1993	92/15/0085	JWR_1992150085_19931021X01
14.12.1993	90/14/0034	JWR_1990140034_19931214X03
21.12.1993	93/14/0216	JWR_1993140216_19931221X05
15.2.1994	90/14/0243	JWR_1990140243_19940215X01
23.2.1994	92/15/0159	JWR_1992150159_19940223X01
12.4.1994	90/14/0044	JWR_1990140044_19940412X03
10.5.1994	90/14/0050	JWR_1990140050_19940510X01
30.5.1994	93/16/0096	JWR_1993160096_19940530X06
14.7.1994	91/17/0170	JWR_1991170170_19940714X04
27.7.1994	92/13/0140	JWR_1992130140_19940727X04
15.3.1995	92/13/0178	JWR_1992130178_19950315X01
22.3.1995	93/13/0076	JWR_1993130076_19950322X01
20.4.1995	92/13/0076	JWR_1992130076_19950420X04
18.5.1995	95/15/0053	JWR_1995150053_19950518X01
20.5.1995	91/13/0248, 0250	JWR_1991130248_19950530X01
23.6.1995	93/17/0461	JWR_1993170461_19950623X01
29.6.1995	93/15/0107	JWR_1993150107_19950629X03
20.9.1995	95/13/0011	JWR_1995130011_19950920X03
27.9.1995	93/13/0095	JWR_1993130095_19950927X04
25.10.1995	94/15/0131, 94/15/0181	JWR_1994150131_19951025X01
21.11.1995	95/14/0035	JWR_1995140035_19951121X10
22.11.1995	94/15/0154	JWR_1994150154_19951122X02
22.11.1995	95/15/0070	JWR_1995150070_19951122X02
24.1.1996	95/13/0136	JWR_1995130136_19960124X02
21.3.1996	95/15/0092	JWR_1995150092_19960321X04
31.7.1996	92/13/0172	JWR_1992130172_19960731X01

Urteilsregister/Verwaltungsschreiben Österreich

Datum	Aktenzeichen	Fundstelle
24.9.1996	93/13/0091	JWR_1993130091_19960924X04
26.11.1996	92/14/0212	JWR_1992140212_19961126X02
11.12.1996	94/13/0047, 0049, 0050	JWR_1994130047_19961211X04
19.2.1997	94/13/0239	JWR_1994130239_19970219X03
25.2.1997	92/14/0039	JWR_1992140039_19970225X01
28.5.1997	94/13/0032	JWR_1994130032_19970528X02
28.5.1997	94/13/0186	JWR_1994130186_19960327X01
28.5.1997	94/13/0230	JWR_1994130230_19970528X06
25.6.1997	95/15/0192	JWR_1995150192_19970625X05
9.7.1997	95/13/0025	JWR_1995130025_19970709X01
23.9.1997	93/14/0065	JWR_1993140065_19970923X01
29.9.1997	97/17/0257–0279	JWR_1997170257_19970929X05
22.10.1997	93/13/0295	JWR_1993130295_19971022X01
23.10.1997	94/15/0160, 0161, 0204	JWR_1994150160_19971023X03
23.10.1997	96/15/0180, 0204	JWR_1996150180_19971023X03
20.11.1997	96/15/0221	JWR_1996150221_19971120X03
10.12.1997	93/13/0185	JWR_1993130185_19971210X02
18.12.1997	96/15/0151	JWR_1996150151_19971218X02
28.1.1998	95/13/0069	JWR_1995130069_19980128X01
29.1.1998	95/15/0043	JWR_1995150043_19980129X03
24.2.1998	97/13/0237	JWR_1997130237_19980224X02
25.2.1998	98/14/0015	JWR_1998140015_19980225X01
24.3.1998	97/14/0118	JWR_1997140118_19980324X02
31.3.1998	98/13/0039	JWR_1998130039_19980331X01
22.4.1998	95/13/0191	JWR_1995130191_19980422X05
26.5.1998	94/14/0042	JWR_1994140042_19980526X01
15.7.1998	95/13/0286	JWR_1995130286_19980715X02
15.7.1998	93/13/0269, 0270	JWR_1993130269_19980715X01
21.7.1998	93/14/0149	JWR_1993140149_19980721X01
21.7.1998	93/14/0187, 0188	JWR_1993140187_19980721X04
21.7.1998	98/14/0029	JWR_1998140029_19980721X01
10.9.1998	93/15/0051	JWR_1993150051_19980910X07
10.9.1998	96/15/0183	JWR_1996150183_19980910X01
19.11.1998	96/15/0148	JWR_1996150148_19981119X01
27.1.1999	98/16/0228	JWR_1998160228_19990127X02
17.2.1999	97/14/0059	JWR_1997140059_19990217X05
18.2.1999	98/15/0192	JWR_1998150192_19990218X03
28.4.1999	97/13/0068	JWR_1997130068_19990428X02
30.4.1999	99/16/0086	JWR_1999160086_19990430X01
26.5.1999	94/13/0036	JWR_1994130036_19990526X01
26.5.1999	99/13/0039, 0072	JWR_1999130039_19990526X03
27.5.1999	97/15/0067, 0068	JWR_1997150067_19990527X03
27.7.1999	94/14/0018	JWR_1994140018_19990727X02
22.9.1999	94/15/0104	JWR_1994150104_19990922X05
13.10.1999	96/13/0113	JWR_1996130113_19991013X02
30.11.1999	94/14/0085	JWR_1994140085_19991130X01
22.2.2000	99/14/0082	JWR_1999140082_20000222X01
24.2.2000	96/15/0129	JWR_1996150129_20000224X01
30.3.2000	99/16/0100	JWR_1999160100_20000330X01
31.3.2000	95/15/0056	JWR_1995150056_20000331X06
31.5.2000	94/13/0045	JWR_1994130045_20000531X02
27.6.2000	99/14/0263	JWR_1999140263_20000627X01

Datum	Aktenzeichen	Fundstelle
11.7.2000	97/16/0222	JWR_1997160222_20000711X02
26.7.2000	95/14/0145	JWR_1995140145_20000726X02
2.8.2000	98/13/0152	JWR_1998130152_20000802X04
3.8.2000	96/15/0159	JWR_1996150159_20000803X02
26.9.2000	98/13/0070	JWR_1998130070_20000926X01
26.9.2000	98/13/0107	JWR_1998130107_20000926X01
26.9.2000	98/13/0216, 0220	JWR_1998130216_20000926X03
27.11.2000	96/17/0373	JWR_1996170373_20001127X01
14.12.2000	95/15/0111	JWR_1995150111_20001214X01
14.12.2000	95/15/0127	JWR_1995150127_20001214X01
20.12.2000	96/13/0193	JWR_1996130193_20001220X01
25.1.2001	2000/15/0172	JWR_2000150172_20010125X02
25.1.2001	98/15/0176	JWR_1998150176_20010125X06
30.1.2001	2000/14/0139	JWR_2000140139_20010130X01
30.1.2001	99/14/0067	JWR_1999140067_20010130X01
15.3.2001	2001/16/0063	JWR_2001160063_20010315X02
30.5.2001	95/13/0013	JWR_1995130013_20010530X01
30.5.2001	99/13/0024	JWR_1999130024_20010530X01
7.6.2001	98/15/0065	JWR_1998150065_20010607X02
7.6.2001	95/15/0049	JWR_1995150049_20010607X01
18.7.2001	98/13/0061	JWR_1998130061_20010718X01
19.9.2001	2000/16/0592	JWR_2000160592_20010919X03
19.9.2001	2001/16/0188	JWR_2001160188_20010919X02
25.9.2001	99/14/0217	JWR_1999140217_20010925X03
22.11.2001	98/15/0089, 0090	JWR_1998150089_20011122X02
28.11.2001	96/13/0077	JWR_1996130077_20011128X02
19.2.2002	2001/14/0161	JWR_2001140161_20020219X01
19.3.2002	99/14/0286	JWR_1999140286_20020319X04
23.4.2002	99/14/0321	JWR_1999140321_20020423X01
22.5.2002	99/15/0119	JWR_1999150119_20020522X06
28.5.2002	99/14/0021	JWR_1999140021_20020528X01
2.7.2002	2002/14/0003	JWR_2002140003_20020702X03
31.7.2002	98/13/0010	JWR_1998130010_20020731X04
27.8.2002	96/14/0166	JWR_1996140166_20020827X02
12.9.2002	98/15/0118	JWR_1998150118_20020912X03
25.9.2002	97/13/0175; 0192	JWR_1997130175_20020925X05
25.11.2002	97/14/0013	JWR_1997140013_20021125X04
25.11.2002	97/14/0028	JWR_1997140028_20021125X01
26.11.2002	99/15/0176	JWR_1999150176_20021126X02
26.11.2002	99/15/0223	JWR_1999150176_20021126X02
28.11.2002	2001/13/0257	JWR_2001130257_20021128X02
14.1.2003	97/14/0042	JWR_1997140042_20030114X02
28.1.2003	2002/14/0139	JWR_2002140139_20030128X01
28.1.2003	99/14/0100	JWR_1999140100_20030128X01
29.1.2003	98/13/0055	JWR_1998130055_20030129X02
26.2.2003	98/13/0091	JWR_1998130091_20030226X03
22.5.2003	2002/16/0269	JWR_2002160269_20030522X01
24.6.2003	97/14/0060	JWR_1997140060_20030624X02
26.6.2003	2002/16/0286–0289	JWR_2002160286_20030626X04
16.9.2003	99/14/0228	JWR_1999140228_20030916X04
24.9.2003	97/13/0232	JWR_1997130232_20030924X01
18.11.2003	2000/14/0187	JWR_2000140187_20031118X01

Urteilsregister/Verwaltungsschreiben Schweiz

Datum	Aktenzeichen	Fundstelle
4.12.2003	2003/16/0114	JWR_2003160114_20031204X03
4.12.2003	2003/16/0148	JWR_2003160148_20031204X11
17.12.2003	99/13/0131	JWR_1999130131_20031217X02
26.1.2004	2000/17/0172	JWR_2000170172_20040126X01
24.2.2004	2000/14/0186	JWR_2000140186_20040224X01
25.2.2004	2003/13/0147	JWR_2003130147_20040225X03
25.3.2004	2002/16/0290	JWR_2002160290_20040325X01
22.4.2004	2000/15/0196	JWR_2000150196_20040422X04
28.4.2004	2001/14/0022	JWR_2001140022_20040428X03
26.5.2004	2000/14/0090	JWR_2000140090_20040526X02
26.5.2004	2001/08/0209	JWR_2001080209_20040526X01
30.9.2004	2004/16/0151	JWR_2004160151_20040930X07
21.10.2004	2000/13/0043, 0106	JWR_2000130043_20041021X01
9.11.2004	99/15/0008	JWR_1999150008_20041109X02
11.11.2004	2004/16/0077	JWR_2004160077_20041111X01
17.11.2004	2000/14/0180	JWR_2000140180_20041117X01
9.12.2004	2002/14/0074	JWR_2002140074_20041209X01
19.1.2005	2000/13/0176	JWR_2000130176_20050119X04
28.1.2005	2000/15/0214	JWR_2000150214_20050128X02
23.2.2005	2002/14/0152	JWR_2002140152_20050223X02
31.5.2005	2000/15/0059	JWR_2000150059_20050531X01
7.6.2005	2001/14/0187	JWR_2001140187_20050607X04
4.8.2005	2001/17/0158	JWR_2001170158_20050804X01
10.8.2005	2001/13/0018	JWR_2001130018_20050810X06
22.9.2005	2001/14/0188	JWR_2001140188_20050922X03
23.9.2005	2003/15/0078	JWR_2003150078_20050923X01
18.10.2005	2003/16/0486	JWR_2003160486_20051018X01
14.12.2005	2002/13/0001	JWR_2002130001_20051214X01
29.3.2006	2005/14/0018	JWR_2005140018_20060329X01
26.7.2006	2004/14/0151	JWR_2004140151_20060726X03
21.9.2006	2003/15/0053	JWR_2003150053_20060921X01
18.10.2006	2003/13/0031	JWR_2003130031_20061018X01
16.11.2006	2002/14/0007	JWR_2002140007_20061116X01
22.2.2007	2002/14/0140	JWR_2002140140_20070222X01
19.9.2007	2004/13/0108	JWR_2004130108_20070919X07
24.9.2003	97/13/0232	JWR_1997130232_20030924X01

Urteilsregister/Verwaltungsschreiben Schweiz

Gerichte der Schweizer Eidgenossenschaft

Datum	Fundstelle
13.2.1953	BGE ASA 22 [1953/54], 188 ff.
17.2.1956	BGE 82 I 1
13.7.1956	BGE 82 I 288
7.3.1979	BGE 105 Ib 84
11.12.1981	BGE 107 IB 325
21.6.1985	BGE StE 1986 B 72.13.22 Nr. 5
2.6.1987	BGE 113 IB 23
21.6.1988	BGE 114 II 159

Erlasse, Schreiben und Verfügungen der Finanzverwaltung

Datum	Fundstelle
25.10.1989	Bundessteuer-Rekurskommission I Zürich, StE 1990 B 24.4 Nr. 24
15.3.1990	Steuer-Rekurskommission I Zürich, StE 1991 B 72.13.22 Nr. 21
30.11.1992	BGE StE 1994 A 12 Nr. 4
7.6.1993	BGE ASA 63 [1994/95], 61 ff.
7.11.1995	BGE ASA 65 [1996/97], 397 ff.
29.1.1999	BGE ASA 68 [1999/2000], 246 ff.
5.3.1999	BGE ASA 68 [1999/2000], 596 ff.
26.5.1999	BGE ASA 68 [1999/2000], 746 ff.
23.11.2000	Steuer-Rekurskommission 1 Zürich, StE 2001 B 72.13.22 Nr. 40
22.10.2003	BGE StE 2004 A 12 Nr. 12
6.8.2006	SRK 2005-114 E 3b/cc, VPB 70.85, 15 f.
22.5.2008	BGE 134 III 497
30.1.2012	BGE 2C_961/2010
26.10.2012	BGE 138 II 545

Erlasse, Schreiben und Verfügungen der Finanzverwaltung

I. BMF-Schreiben

Datum	Aktenzeichen	Fundstelle
19.4.1971	VI B 12–S 2170/–31/1	BStBl. I 1971, 264
11.7.1974	IV C 1–S 1340–32/74	BStBl. I 1974, 442
11.11.1974	IV B 7–S 1401–25/74	BStBl. I 1974, 994
18.7.1977	IV B 2–S 1988–180/77	BB 1977, 1028
20.12.1977	IV B 2–S 2241–231/77	BStBl. I 1978, 8
27.9.1982	IV C 6–S 2293–31/82	BStBl. I 1982, 771
17.2.1983	IV C 5–S 1341–4/83	BStBl. I 1983, 218
23.2.1983	IV C 5–S 1341–4/83	BStBl. I 1983, 218
24.8.1984	IV C 5–S 1300–244/84	BStBl. I 1984, 458
20.11.1986	IV B 2–S 2172–13/86	BStBl. I 1986, 532
20.1.1992	IV B 2–S 2180–1/92	DB 1992, 450
21.4.1994	n/a	BGBl. I 1994, 887
28.4.1995	IV B 6–S 2334–101/95	BStBl. I 1995, 273
13.7.1995	n/a	IStR 1995, 384
7.11.1995	IV A 8–S 0316–52/95	BStBl. I 1995, 738
13.12.1995	n/a	BGBl. I 1995, 1703
7.2.1996	IV C 4–S 7359–23/96	BStBl. I 1996, 118
22.2.1996	n/a	BGBl. I 1996, 319
12.3.1996	IV B 2–S 2172–6/96	DB 1996, 654
9.4.1996	n/a	EAS 858, SWI 196, 246
29.4.1996	n/a	EAS 861, SWI 1996, 258
2.12.1996	n/a	EAS 982, SWI 1997, 42

Erlasse, Schreiben und Verfügungen der Finanzverwaltung

Datum	Aktenzeichen	Fundstelle
29.4.1997	IV C 7-S 1300-69/97	BStBl. I 1997, 541
1.7.1997	IV C 5-S 1300-189/96	BStBl. I 1997, 717
3.2.1999	IV B 4-S 1320-3/99	BStBl. I 1999, 228
2.6.1999	n/a	BGBl. I 1999, 1247
12.7.1999	IV C 2-S 2172-11/99	BStBl. I 1999, 686
24.12.1999	IV B 4-S 1300-111/99	BStBl. I 1999, 1076
30.12.1999	IV B 4-S 1341-14/99	BStBl. I 1999, 1122
29.3.2000	IV C 2 – S 2178 – 4/00	BStBl. I 2000, 462
16.7.2001	IV D 2-S 0316-136/01	BStBl. I 2001, 415
9.11.2001	IV B 4-S 1341-20/01	BStBl. I 2001, 796
28.5.2002	IV A 2-S 2742-32/02	BStBl. I 2002, 603
12.6.2002	IV A 6-S 2133 a-11/02	BStBl. I 2002, 614
17.10.2002	IV B 4-S 1341-14/02	BStBl. I 2002, 1025 = DStR 2002, 2079
19.3.2003	IV B 4-S 1300-109/03	BStBl. I 2003, 260
29.12.2003	IV A 4-S 0430-7/03	BStBl. I 2003, 742
27.1.2004	IV C 5-S 2000–2104	BStBl. I 2004, 173
14.5.2004	IV B4-S 1340-11/04	BStBl. I 2004 Sondernummer 1/2004
29.9.2004	IV B 4-S 1300-296/04	BStBl. I 2004, 917
23.2.2005	n/a	IStR 2005, 498
12.4.2005	IV B 4-S 1341-1/05	BStBl. I 2005, 570
21.7.2005	IV B 1–2-2411-02/05	BStBl. I 2005, 821
22.7.2005	IV B 4-S 1341-4/05	BStBl. I 2005, 818
6.1.2006	IV B 3-S 1301-BRA-77105	BStBl. I 2006, 83
25.1.2006	IV B 1-S 1320-11/06	BStBl. I 2006, 26
3.4.2006	IV B 6-S 1301 FRA-26/06	DStR 2006, 845
12.6.2006	IV B2- S 2133-39/06	DStR 2006, 1135
14.6.2006		BStBl. I 2006, 532
13.7.2006	IV B 6-S 1300-340/06	BStBl. I 2006, 461
8.9.2006	IV B 2-S 2133-10/06	BB 2006, 2300
5.10.2006	IV B 4-S 1341-38/06	BStBl. I 2006, 594
18.10.2006	XI R 9/06	Wpg 5/2007, 218
16.11.2006	IV B 1-S 1320-66/06	BStBl. I 2006, 698
1.12.2006	IV A 5-S 7300-90/06	BStBl. I 2007, 90
13.12.2006		BGBl. I 2006, 2878
8.1.2007	IV B 4-S 1351-1/07	DStR 2007, 112
10.1.2007	IV B 6 – S 1301 BEL – 1/07	BStBl. I 2007, 261
12.1.2007	Steuerermäßigung nach § 35 EStG	GmbHR 5/2007, 277 DStR 5/2007, 198
19.1.2007	IV C 4-S 2221-2/07	DStR 6/2007, 254
19.1.2007	IV C 8-S 2255-2/07	BStBl. I 2007, 188
12.3.2007	IV A 4-S 0224/07/0001	BStBl. I 2007, 227
25.5.2007		BGBl. I 2007, 620
14.8.2007		BGBl. I 2007, 1912.
19.9.2007	IV B 2-S 2296-a/0	WPg 20/2007, 888
26.10.2007	IV C 4-S 2296-b/07/0003	DStR 46/2007, 2064
30.10.2007	IV B 2-S 2139-b/07/0001	DStR 46/2007, 2063
19.11.2007	IV B 2-S 2241-a/07/0004	DStR 49/2007, 2214
10.12.2007	Umsatzsteuer-Richtlinien 2008	BStBl. I 2/2007
14.1.2008	IV B 7-S 2861/07/001	BStBl. I 2008, 280

Erlasse, Schreiben und Verfügungen der Finanzverwaltung

Datum	Aktenzeichen	Fundstelle
9.5.2008	IV A 5-S 7300/07/0017	BStBl. I 2008, 675
29.5.2008	IV B 4-S 1301-USA/08/10001	BStBl. I 2008, 639
4.7.2008	IV C 7-S 2742-a/07/10001	BStBl. I 2008, 718
12.8.2008	Funktionsverlagerungsverordnung – FVerlV	BGBl. I 2008, 1680
17.12.2008	IV A 3-S 0030/08/10001	DB 2009, 147
6.1.2009	IV B 9-S 7141/08/10001	BStBl. I 2009, 60
22.1.2009	IV B 2 -S 1301/07/10017	BStBl. I, 2008, 1077
20.5.2009	IV C 6-S 2134/07/10005	BStBl. I 2009, 671
20.5.2009	IV C 6-S 2134/07/10005	DStR 2009, 1263
4.9.2009	IV B 9-S 7117/08/10001	BStBl. I 2009, 1005
8.12.2009	IV B 9-S 7117/08/10001	BStBl. I 2009, 1612
5.1.2010	IV B 2-S 1315/08/100 001–09	DStR 2010, 55
12.1.2010	IV B 5-S 1341/07/10009	BStBl. I 2010, 34
16.4.2010	Gz.: IV B 2 – S 1300/09/10003	
1.10.2010	IV D 3-S 7015/10/10002	BStBl. I 2010, 846
6.7.2010	IV C 3-S 2227/07/10003:002	BStBl. I 2010, 614
13.10.2010	IV B 5-S 1341/08/10003	BStBl. I 2010, 774
18.2.2011	IV C 5-S 2388/0–01	BStBl. I 2011, 213 = DStR 2011, 414
10.6.2011	IV D 3 - S 7117/11/10001	BStBl. I 2011, 583
5.7.2011	IV D 2 - S 7105/10/10001	BStBl. I 2011, 703
7.7.2011	IV D 2 - S 7300 – b/09/10001	BStBl. I 2011, 739
8.12.2011		BStBl. I 2011, 1279
9.12.2011	IV D 3 - S 7141/11/10003	BStBl. I 2011, 1287
6.2.2012	IV D 3 - S 7141/11/10003	BStBl. I 2012, 211
6.2.2012	IV D 3 - S 7141/12/10003	BStBl. I 2012, 212
6.2.2012	IV B 6-S 1509/07/10001	BStBl. I 2012, 241
27.3.2012	IV A 2-O 2000/11/10006	BStBl. I 2012, 370
25.5.2012	IV B 6 - S 1329/07/10004:006	BStBl. I 2012, 599
1.6.2012	IV D 3 - S 7141/11/10003-06	BStBl. I 2012, 619
17.12.2012	IV D 3 - S 7015/12/10001	BStBl. I 2012, 1260
18.12.2012	IV D 3 - S 7117-a/12/10001	BStBl. I 2012, 1272
30.11.2012	IV D 3 - S 7117-c/12/10001	BStBl. I 2012, 1230
21.12.2012	IV D 3 - S 7103-a/12/10002	BStBl. I 2012, 1229
9.4.2013	Pressemitteilung 25/2013	http://www.bmf.de
17.4.2013	IV B 2-S 1301/10/10022	http://www.bmf.de
29.3.2011	IV B 5-S 1341/09/10004	BStBl. I 2011, 277
22.1.2013	IV D 2-S 7244/07/10001-04	BStBl. I 2013, 178
29.6.2013		BGBl. I 2013, 1809

II. Länder-Erlasse, Schreiben, OFD-Verfügungen

Bayerisches Landesamt für Steuern, Verfügung v. 2.4.2012, 3.4.2012, S-7196 1.1–3/2 St 33. OFD Frankfurt a. M., Verfügung v. 1.3.2012, S-7300b A – 1 – St 128. Bezug: § 3d Satz 1 UStG (ig. Erwerb); § 3d Satz 2 UStG (fiktiver ig. Erwerb). Abschn. 15.10 Abs. 2 UStAE

Erlaß Bayern v. 9.1.1995 und OFD Koblenz v. 16.2.1995, beide StEK § 204 AO Nr. 10

Erlaß FinMin Schleswig-Holstein v. 3.5.1995, StEk § 88a AO Nr. 1

Erlaß Fin Min Schleswig-Holstein v. 1.11.2011, VI 3011 - S 2742 - 121, DStR 2011, 314 ff.

Erlasse, Schreiben und Verfügungen der Finanzverwaltung

OFD Erfurt v. 28.4.1992, StEK § 204 AO, Nr. 8
OFD Frankfurt a. M. 6.1.2009, S 0226 A-4-St 23, AO Kartei zu § 91 Kartei
OFD Frankfurt a. M. Vfg. v. 12.1.1995, BB 1995, 822
OFD Frankfurt a. M. Vfg. v. 16.12.2005
OFD Frankfurt a. M. Vfg. v. 6.6.2006, DStR 2006, 1891
OFD Frankfurt a. M. Vfg. v. 19.7.2006, DStZ 2006, 708
OFD Hannover v. 29.3.1993, StEK § 204 AO Nr. 9
OFD Karlsruhe v. 11.11.1998, S 1301 A-St 332, IStR, 1999, 439
OFD Koblenz v. 16.2.1995, StEK § 204 AO Nr. 10
OFD Koblenz v. 13.3.1995, StEK § 204 AO Nr. 11
OFD Koblenz v. 10.8.1995, S 1341 A-St 341, StEK § 1 AStG Nr. 7
OFD Münster v. 6.10.2009, Kurzinformation Internationales Steuerrecht Nr. 007/
2009, DStR 2009, 2199

III. Verlautbarungen der Finanzverwaltungen anderer Länder

Schweiz:
KS Nr. 4 der ESTV vom 19.3.2004, Besteuerung von Dienstleistungsgesellschaften,
1–004–DV-2004.
KS Nr. 5 der ESTV vom 1.6.2004, Umstrukturierungen, 1–005–DVS-2004.
KS Nr. 6 der ESTV vom 6.6.1997, Verdecktes Eigenkapital (Art. 65 und 75 DBG) bei
Kapitalgesellschaften und Genossenschaften, W97-006.
KS Nr. 8 der ESTV vom 18.12.2001, Internationale Steuerausscheidung von Princi-
pal-Gesellschaften, W02–008D.
KS Nr. 9 der ESTV vom 22.6.2005, Nachweis des geschäftsmässig begründeten Auf-
wandes bei Ausland-Ausland-Geschäften, 1–009–DV-2005.
RS der ESTV vom 30.1.2014, Steuerlich anerkannte Zinssätze 2014 für Vorschüsse
oder Darlehen in Schweizer Franken (jährliche Publikation), 2–114–DV-2014.
RS der ESTV vom 31.1.2014, Steuerlich anerkannte Zinssätze 2014 für Vorschüsse
oder Darlehen in Fremdwährungen (jährliche Publikation), 2–115–DV-2014.
Verwaltungspraxis der Bundesbehörden, VPB 70.85, E. 3b/cc.
Zürcher Steuerbuch, Teil 1, Bd. 2.

Spanien:
Corte Suprema di Cassazione, Urteil vom 7.3.2002 („Philip Morris"), Tax Notes International 2004, 939 ff..

Kanada:
Tax Court of Canada, *GE Capital Canada Inc. v. Her Majesty the Queen*, 4.12.2009,
DTC 563.

USA:
IRS, Announcment and report concerning advance pricing agreements, 29.3.2010,
www.irs.gov.
IRS, Announcement and Reporting Advance Pricing Agreements, Internal Revenue
Bulletin: 2014-16, April 14, 2014, erhältlich unter http://www.irs.gov/irb/2014-
16_IRB/ar17.html
IRS, Announcement that identifies specified covered services eligible for services cost
method under section 482 regulations, Announcement 2006-50, erhältlich unter
www.treas.gov/press/releases/reports/not12782706.pdf oder TMTR 2006, Vol. 15,
No. 7, S. 214 ff.
IRS (ebenso: Department of the Treasury), Treatment of Services Under Section 482;
Allocation of Income and Deductions From Intangible Property, Apportionment
of Stewardship Expense; Final Regulations; Federal Register/Vol. 74, No. 148,

Erlasse, Schreiben und Verfügungen der Finanzverwaltung

August 4, 2009, 38830 ff. (http://www.gpo.gov/fdsys/pkg/FR-2009-08-04/pdf/E9-18326.pdf) und Correction in Federal Register/Vol.74 No. 173, September 9, 2009, 46345 f. (http://www.gpo.gov/fdsys/pkg/FR-2009-09-09/pdf/E9-21227.pdf); zitiert als: US Services Regs und/oder § 1.482-9.

IRS (ebenso: Department of the Treasury), Section 482: Methods To DetermineTaxable Income in Connection With a Cost Sharing Arrangement; Final Regulations; Federal Register/Vol. 76, No. 246, December 22, 2011, 80082 ff. (http://www.gpo.gov/fdsys/pkg/FR-2011-12-22/pdf/2011-32458.pdf); zitiert als US CostSharing Regs und/oder § 1.482-7.

IRS, Internal Revenue Code (IRC), Chapter 68, § 6662, Imposition of accuracy-related penalty on underpayments, http://ustransferpricing.com.

IRS, Jährlicher Bericht der Streitvermeidungs- und Streitbeilegungsverfahren und über Leitlinien für Verrechnungspreiszusagen in der EU, 26.2.2007, www.irs.gov.

IRS, Proposed Treasury Regulations § 1.482-7T, REG – 144615-02 vom 22.8.2005.

IRS, Revenue Procedure 2007-13, TMTR 2007, Vol. 15, No. 17, S. 660 ff.

Rules and Regulations, 26 CFR Parts 1, 301, and 602, Section 482: Methods to determine taxable income in connection with a cost sharing arrangement; final rule; Federal Register, Vol. 74, no. 2, January 5, 2009.

IRS, Transfer Pricing Audit Roadmap vom 28.1.2014, www.IRS.gov.

US Regs. § 1.6662-6

US Regs. § 1.482

United States Internal Revenue Service, Treasury Regulations § 1.482

United States Internal Revenue Code Sec. 482

Federal Rules of Evidence, Rule 702. Testimony by Expert Witnesses, Pub. L. 93–595, § 1, Jan. 2, 1975, 88 Stat. 1937; Apr. 17, 2000, eff. Dec. 1, 2000; Apr. 26, 2011, eff. Dec. 1, 2011.

Federal Rules of Evidence, Rule 703. Bases of an Expert's Opinion Testimony, Pub. L. 93–595, § 1, Jan. 2, 1975, 88 Stat. 1937; Mar. 2, 1987, eff. Oct. 1, 1987; Apr. 17, 2000, eff. Dec. 1, 2000; Apr. 26, 2011, eff. Dec. 1, 2011

IV. Sonstige Quellen

Abgabenordnung (AO), §§ 90 Abs. 3, 162 Abs. 3 und 4.

Allgemeine Verwaltungsvorschriften für die Betriebsprüfung – Betriebsprüfungsordnung – BpO 2000, Bundesanzeiger Nr. 58, S. 4898, BStBl. I, S. 358 ff.

American Re Corp., Post Judgment Interest, Prejudgement Interest, Punitive Damages: United States and Canada, 2001.

Anwendungserlass (AEAO) zu § 30 AO, Tz. 4.1. Begründung zum Entwurf eines Jahressteuergesetzes 2007, BR-Drs. 622/06, 119.

Beschluss des Rates vom 02.06.2004 über die Unterzeichnung und den Abschluss des Abkommens zwischen der Europäischen Gemeinschaft und der Schweizerischen Eidgenossenschaft über Regelungen, die den in der Richtlinie 2003/48/EG des Rates im Bereich der Besteuerung von Zinserträgen festgelegten Regelungen gleichwertig sind, und des dazugehörigen Einverständlichen Memorandums (2004/911/EG).

Betriebsprüfungsordnung, BPO 2009, BStBl. I 2000, 358 ff.

BNA, Transfer Pricing Report, 2004, 119.

Bundesratdrucksache 302/12, 107

Bundesratdrucksache 542/06 vom 11.8.2006 zum Entwurf eines Gesetzes über steuerliche Begleitmaßnahmen zur Einführung der Europäischen Gesellschaft und zur Änderung weiterer steuerrechtlicher Vorschriften (SEStEG), 42.

Bundestagdrucksache 16/2710, S. 57; BT-Drucks. 16/3369, S. 5.

Bundestagdrucksache 17/1000, 64, vom 19.6.2012 zum Entwurf eines Jahressteuergesetzes 2013.

Erlasse, Schreiben und Verfügungen der Finanzverwaltung

Bundestagdrucksache 16/2712, 61.

EG-Amtshilfe-Gesetz (EGAHiG): Gesetz zur Durchführung der EG-Richtlinie über die gegenseitige Amtshilfe im Bereich der direkten Steuern, bestimmter Verbrauch steuern und der Steuern auf Versicherungsprämien vom 19.12.1985, zuletzt geändert durch Jahressteuergesetz 2008 (JStG 2008).

Entschliessung des Rates und der im Rat vereinigten Vertreter der Regierungen der Mitgliedstaaten vom 27.6.2006 zu einem Verhaltenskodex zur Verrechnungspreis-dokumentation für verbundene Unternehmen in der Europäischen Union, 2006/C 176/01 („Verhaltenskodex der EU (Masterfile-Approach)").

Entwicklung der Umsatzsteuertabelle – Tabelle, NWB 2006, 2229.

Entwurf eines Gesetzes zur Modernisierung des Bilanzrechts (Bilanzmodernisierungs-gesetz = BiMoG), 30.7.2008, Drucksache 16/10 067,10067 www.bmf.bund.de.

Entwurf UntStRG, BR-Drs. 220/07 BT-Drs. 16/4841, 30.3.2007.

Entwurf, Grundsätze der Verwaltung für die Prüfung der Einkunftsabgrenzung zwischen nahe stehenden Personen in Fällen von grenzüberschreitenden Funktionsverlagerungen (Entwurf Verwaltungsgrundsätze – Funktionsverlagerung), 17.7.2009.

EU Joint Transfer Pricing Forum (EU JTPF), Revised discussion paper on the improvement of the functioning of the Arbitration Convention, Meeting of 6 March 2014, DOC: JTPF/011/REV2/2013/EN

EU Joint Transfer Pricing Forum (EU-JTPF Report), JTPF Report: Guidelines on Value Adding Intra-Group Services, Meeting of 4th February, 2010, DOC: JTPF/020/REV3/2009/EN.

EU Joint Transfer Pricing Forum (EU-JTPF Report): 2011 Statistics on the number of MAP pending cases under the A C, 07.06.2012, JTPF/013/2012/EN, http://ec.europa.eu.

EU Joint Transfer Pricing Forum (EU-JTPF Report): Final Report on Secondary Adjustments, 18.1.2013, JTPF/017/FINAL/2012/EN, http://ec.europa.eu.

EU Joint Transfer Pricing Forum (EU-JTPF Report): Report on Compensation Adjustments, 29.1.2014, JTPF/009/FINAL/2013/EN, http://ec.europa.eu.

EU Joint Transfer Pricing Forum (EU-JTPF Report): Report on Cost Contribution Services not creating Intangible Property (IP) - Additional examples submitted by Private Sector Members and by the Netherlands, 8.3.2012, JTPF/006/BACK/2012/EN, http://ec.europa.eu

EU Joint Transfer Pricing Forum (EU-JTPF Report): Report on Cost Contribution Services not creating Intangible Property (IP), 7.6.2012, JTPF/008/FINAL/2012/EN, http://ec.europa.eu

EU Joint Transfer Pricing Forum (EU-JTPF Report): Report on Transfer Pricing Risk Management, 6.6.2013, JTPF/007/FINAL/2013/EN, http://ec.europa.eu.

EU Joint Transfer Pricing Forum (EU-JTPF): BM contribution to illustrate available generic evidence relation to intra group services profit margins, Meeting of 27th October 2009.

EU Joint Transfer Pricing Forum (EU-JTPF): Draft Secretariat working document for the EU Joint Transfer Pricing Forum on database searches for comparables, JTPF 005/2004.

EU Joint Transfer Pricing Forum (EU-JTPF): Report on non EU Triangular Cases, 4.2.2010, DOC: JTPF/007/REV2/2009/EN, http://ec.europa.eu.

EU-Kommission, Commission staff working document Accompanying the COMMUNICATION FROM THE COMMISSION TO THE COUNCIL, THE EUROPEAN PARLIAMENT AND THE EUROPEAN ECONOMIC AND SOCIAL COMMITTEE on the work of the EU Joint Transfer Pricing Forum in the period March 2007 to March 2009 and a related proposal for a revised Code of conduct for the effective implementation of the Arbitration convention (90/436/EEC of 23 July 1990) Final Report of the EU Joint Transfer Pricing Forum on the Interpretation of some Provisions of the Arbitration Convention, 14.9.2009, SEC(2009)1168, http://ec.europa.eu.

EU-Kommission, Commission staff working document Report prepared by the EU Joint Transfer Pricing Forum accompanying document to the Communication from the commission to the council, the European parliament and the European economic and social committee on the work of the EU Joint Transfer Pricing Forum in the field of dispute avoidance and resolution procedures and on Guidelines for Advance Pricing Agreements within the EU, 26.2.2007, SEC(2007)246, http://ec.europa.eu.

EU-Kommission, COMMUNICATION FROM THE COMMISSION TO THE COUNCIL, THE EUROPEAN PARLIAMENT AND THE EUROPEAN ECONOMIC AND SOCIAL COMMITTEE, Promoting Good Governance in Tax Matters, 28.4.2009, COM(2009)201, http://ec.europa.eu.

EU-Kommission, COMMUNICATION FROM THE COMMISSION TO THE EUROPEAN PARLIAMENT AND THE COUNCIL An Action Plan to strengthen the fight against tax fraud and tax evasion. 6.12.2012, COM(2012)722, http://ec.europa.eu.

EU-Kommission, COMMUNICATION FROM THE COMMISSION TO THE EUROPEAN PARLIAMENT AND THE COUNCIL on concrete ways to reinforce the fight against tax fraud and tax evasion including in relation to third countries. 27.6.2012, COM(2012)351, http://ec.europa.eu.

EU-Kommission, COMMUNICATION FROM THE COMMISSION TO THE EUROPEAN PARLIAMENT, THE COUNCIL AND THE EUROPEAN ECONOMIC AND SOCIAL COMMITTEE on the work of the EU Joint Transfer Pricing Forum in the period April 2009 to June 2010 and related proposals 1. Guidelines on low value adding intra-group services and 2. Potential approaches to non-EU triangular cases. 25.1.2011, COM(2011)16, http://ec.europa.eu.

EU-Kommission, Proposal for a COUNCIL DIRECTIVE amending Directive 2011/16/EU as regards mandatory automatic exchange of information in the field of taxation. 12.6.2013, COM(2013)348, http://ec.europa.eu.

EU-Kommission: Vermeidung der Doppelbesteuerung (Schiedsverfahren), 90/436/EWG, 23. Juli 1990, http://eur-lex.europa.eu.

EU-Richtlinie (EWG) Nr. 90/435 über das gemeinsame Steuersystem der Mutter- und Tochtergesesllschaften verschiedener Mitgliedstaaten vom 23.7.1990.

European Commission, EU Joint Transfer Pricing Forum: Draft Secretariat working document for the EU Joint Transfer Pricing Forum on database searches for comparables, 1 March 2004, DOC: JTPF/005/2004

European Commission, EU Joint Transfer Pricing Forum: Is Europe One Market? A Transfer Pricing Economic Analysis of Pan-European Comparables Sets, 24 February 2004, DOC: JTPF/007/BACK/2004

European Commission, EU Joint Transfer Pricing Forum: Report on Cost Contribution Arrangements on Services not involving creating Intangible Property (IP), 7 June 2012, DOC: JTPF/008/FINAL/2012

EU-Schiedskonvention: Übereinkommen über die Beseitigung der Doppelbesteuerung im Falle von Gewinnberichtigungen zwischen verbundenen Unternehmen (90/436/EWG) vom 23.7.1990, BStBl. I 1993, 819.

EU-Verhaltenskodex - Überarbeiteter Verhaltenskodex zur wirksamen Durchführung des Übereinkommens über die Beseitigung der Doppelbesteuerung im Falle von Gewinnberichtigungen von verbundenen Unternehemen vom 30.12.2009, ABl. C322, 2009/C322/01.

EU-Verhaltenskodex zur Verrechnungspreisdokumentation – C 176/1 bis C 176/7, Amtsblatt der Europäischen Union vom 28.7.2006, Entschließung des Rates und der im Rat vereinigten Vertreter der Regierungen der Mitgliedstaaten vom 27. Juni 2006 zu einem Verhaltenskodex zur Verrechnungspreisdokumentation für verbunden Unternehmen in der Europäischen Union (EU TPD).

Erlasse, Schreiben und Verfügungen der Finanzverwaltung

EWG-Verordnung Nr. 1 224 180 des Rates über den Zollwert der Waren v. 28.5.1980, ABl. der EG Nr. 2134 geändert durch EWG-Verordnung Nr. 3193/80 des Rates v. 8.12.1980 ABl. der EG Nr. L 333.

Funktionsverlagerungsverordnung (FVerlV), 12.8.2008, BStBl. I 2009, 34.

Gesetz zum Abbau von Steuervergünstigungen und Ausnahmeregelungen (Steuervergünstigungsabbaugesetz-StVergAbG), 16.5.2003, BGBl. I 2003, 660

Gesetz zur Änderung und Vereinfachung der Unternehmensbesteuerung und des steuerlichen Reisekostenrechts (Unternehmensteuerreformgesetz 2008), 14.8.2007, BGBl. I 2007, 1912

Gesetz zur Beschleunigung des Wirtschaftswachstums (Wachstumsbeschleunigungsgesetz), 22.12.2009, BGBl. I 2009, 3950

Gesetz zur Entlastung der Familien und zur Verbesserung der Rahmenbedingungen für Investitionen und Arbeitsplätze (Steueränderungsgesetz – StÄndG 1992), 25.2.1992, BGBl. I 1992, 297

Gesetz zur Modernisierung des Bilanzrechts (BilMoG), 25. Mai 2009, Bundesgesetzblatt 2009, Teil I Nr 27, www. bmj.bund.de

Gesetz zur Umsetzung der Amtshilferichtlinie sowie zur Änderung steuerlicher Vorschriften (Amtshilferichtlinie-Umsetzungsgesetz-AmtshilfeRLUmsG), 26.6.2013, BGBl. I 2013, 1809

Gesetz zur Umsetzung steuerlicher EU-Vorgaben sowie zur Änderung steuerlicher Vorschriften, 8.4.2010, BGBl. I 2010, 386

Gesetz zur verbesserten steuerlichen Berücksichtigung von Vorsorgeaufwendungen (Bürgerentlastungsgesetz Krankenversicherung), 16.7.2009, BGBl. I 2009, 1959

Gesetzesentwurf der Bundesregierung zum Gesetz zum Abbau von Steuervergünstigungen und Ausnahmeregelungen (Steuervergünstigungsabbaugesetz-StVergAbG), BT-Drs. 15/287 vom 10.1.2003

Gesetzesentwurf der Bundesregierung zum Unternehmensteuerreformgesetz 2008 vom 14.3.2007, BT-Drs. 16/4841

Gesetzesentwurf der Bundesregierung: Entwurf eines Jahressteuergesetz 2013 vom 23.5.2012

Gesetzesentwurf der Bundesregierung: Entwurf eines Unternehmensteuerreformgesetzes 2008, 30.3.2007, BR-Drs. 220/07

Gesetzgebung: Änderungsprotokoll DBA USA, BGBl. II 2006, 1184 ff.

HGB § 248 Bilanzierungsverbote und -wahlrechte

Hinweise der Steuerberaterkammer zum Ausweis des Eigenkapitals bei Personengesellschaften im Handelsrecht, DStR 2006, 668.

IAS/IFRS-Rechnungslegung und Besteuerung, NWB 2006, 734.

IDW S 1, Grundsätze zur Durchführung von Unternehmensbewertungen vom 2.4.2008, FN-IDW 7/2008, 271 ff.

IDW S 5, Grundsätze zur Bewertung immaterieller Vermögenswerte vom 23.5.2011, FN-IDW 7/2011, 467 ff.

IFRS – Bilanzierung, PIR 2006, Heft 7.

IStR, Seminar 2003. Aufzeichnungspflichten, 19.

IVSC (International Valuation Standards Council), GN 4: Valuation of Intangible Assets, Januar 2009.

Jahressteuergesetz 2007, 13.12.2006, BGBI I 2006, 2878.

Jahressteuergesetz 2008, 8.11.2007, 16/6981, 16/7036,

Jahressteuergesetz 2008, Referentenentwurf 26.7.2007.

Jahressteuergesetz 2009, 19.12.2008, BGBI I 2008, 2794.

Jahressteuergesetz 2009, Referentenentwurf v. 30.4.3008, DStR 2008/19, VI, DStR 21/2008, VI.

Leitlinien zur Anwendung von Art. 81 EG-Vertrag auf Technologie Transfer-Vereinbarungen, ABl. der EU, 27.4.2004, C 101/ 2 ff.

Erlasse, Schreiben und Verfügungen der Finanzverwaltung

Merkblatt des BZSt vom 9.10.2002 zu § 50d EStG auf Erteilung einer Freistellungsbescheinigung, Unternehmenssteuerreformgesetz 2008 vom 14.8.2007, BGBl. I.

Merkblatt zur Entlastung von deutscher Abzugsteuer gemäß § 50a Abs. 4 EStG aufgrund von Doppelbesteuerungsabkommen (DBA) des Bundesministeriums der Finanzen vom 7. Mai 2002, http://www.bzst.bund.de.

Rat der EU: Verhaltenskodes zu wirksamen Durchführung des Übereinkommens über die Beseitigung der Doppelbesteuerung im Falle von Gewinnberichtigungen zwischen verbundenen Unternehmen, ABl. C 176 vom 28.7.2006, S. 8; 2006/C 176/02.

Rat der EU: Verhaltenskodex zur Verrechnungspreisdokumentation für verbundene Unternehmen in der Europäischen Union vom 20.6.2006, 10 509/1/06 REV 1.

Regierungsbegründung zum Gesetz über die Besteuerung von Auslandsbeziehungen, BT-Drs. 6/2883

Report on the attribution of profits to permanent establishments, Organisation for Economic Co-operation, 2008.

Revised Proposals Concerning the Interpretation and Application of Article 5 (Permanent Establishment) vom 19. Oktober 2012. http://www.bundesfinanzministerium.de/Content/DE/Downloads/BMF_Schreiben/Internationales_Steuerrecht/Allgemeine_Informationen/2013-11-05-anwendung-dba-personengesellschaftenentwurf.pdf?__blob=publicationFile&v=2

Richtlinie 2003/49/EG des Rates vom 3.6.2003 über eine gemeinsame Steuerregelung für Zahlungen von Zinsen und Lizenzgebühren zwischen verbundenen Unternehmen verschiedener Mitgliedstaaten.

Richtlinie 2004/56/EG des Rates vom 21. April 2004 zur Änderung der Richtlinie 77/799/EWG über die gegenseitige Amtshilfe zwischen den zuständigen Behörden der Mitgliedstaaten im Bereich der direkten Steuern, bestimmter Verbrauchsteuern und der Steuern auf Versicherungsprämien.

Sonderdruck: Musterfälle, PIStB 2006.

Sonderheft SEStEG, NWB 2007, Sonderheft 1.

Statement of Financial Accounting Standards No. 157, Fair Value Measurement, September 2006.

Stellungnahme des Bundesrates, 11.9.2007, BR-Drs. 544/1/07, JStG 2008,

Steuerauskunftsverordnung (StAuskV), 19.10.2007, BR-Drs. 725/07, BGBl. I 2007, 2783http://www.bundesrat.de.

Steuerhinterziehungsbekämpfungsgesetz, DStR 4/2009, IV; DStR 17/2009, VI; GmbHR 2009; Referentenentwurf, 13.11.2009; Regierungsentwurf, 3.5.2009; StUB 2009-07-02.

TAF (The Appraisal Foundation), authorized by the U. S. Congress as the source of appraisal standards and appraiser qualifications, The Identification of Contributory Assets and Calculation of Economic Rents, 31.5.2010

Towards an Internal Market without tax obstacles – A strategy for providing companies with a consolidated corporate tax base for their EU-wide activities, KOM [2001] 582 vom 23.10.2001.

Transfer Pricing Forum in the period March 2007 to March 2009 and a related proposal for a revised Code of conduct for the effective implementation of the Arbitration convention (90/436/EEC of 23 July 1990) – EU Joint Transfer Pricing Forum – Summary Report on Penalties, 14.9.2009, SEC(2009)1168, http://ec.europa.eu.

Transfer Pricing Forum in the period March 2007 to March 2009 and a related proposal for a revised Code of conduct for the effective implementation of the Arbitration convention (90/436/EEC of 23 July 1990), 14.9.2009, COM(2009)472, http://ec.europa.eu.

Übereinkommen 90/436/EWG zu Vermeidung der Doppelbesteuerung für den Fall der Gewinnberichtigung zwischen verbundenen Unternehmen („Schiedsabkommen").

Erlasse, Schreiben und Verfügungen der Finanzverwaltung

United Nations, Model Double Taxation Convention between Developed and Developing Countries, New York 2011

United Nations, Practical Manual on Transfer Pricing for Developing Countries, ST/ESA/347, New York 2013

Unternehmensteuerreformgesetz 2008, 14.8.2007, BGBl. I 2007, 1912, BStBl. I 2007, 630.

Verhaltenskodex des Rates der EU zur Verrechnungspreisdokumentation vom 27.6.2006, 2006/C 176/01.

Verordnung (EG) Nr. 450/2008 des Europäischen Parlaments und des Rates vom 23. April 2008 zur Festlegung des Zollkodex der Gemeinschaft (Modernisierter Zollkodex), ABl. 2008 Nr. L 145/1

Verordnung (EG) Nr. 772/2004 der Kommission vom 27.4.2004 über die Anwendung von Art. 81 Abs. 3 EG-Vertrag auf Gruppen von Technologietransfer-Vereinbarungen (TT-GVO), ABl. der EU, 27.4.2004, L 123/11 ff.

Verordnung (EU) Nr. 952/2013 des Europäischen Parlaments und des Rates vom 9. Oktober 2013 zur Festlegung des Zollkodex der Union (Neufassung), ABl. 2013 Nr. L 269/1

Verordnung (EWG) Nr. 2913/92 des Rates vom 12. Oktober 1992 zur Festlegung des Zollkodex der Gemeinschaften, ABl. 1992 Nr. L 302

Verordnung zu Art, Inhalt und Umfang von Aufzeichnungen im Sinne des § 90 Abs. 3 der Abgabenordnung (Gewinnaufzeichnungsverordnung-GAufzV) vom 13.11.2003, geändert durch Artikel 9 des Gesetztes vom 14.8.2007.

Verordnung zu Art, Inhalt und Umfang von Aufzeichnungen im Sinne des § 90 Abs. 3 der Abgabenordnung (Gewinnaufzeichnungsverordnung-GAufzV), 13.11.2003, BGBl. I 2003, 2296

Verordnung zur Anwendung des Fremdvergleichsgrundsatzes auf Betriebsstätten nach § 1 Absatz 5 des Außensteuergesetzes (Betriebsstättengewinnaufteilungsverordnung-BsGaV), Entwurf vom 5.8.2013

Verordnung zur Anwendung des Fremdvergleichsgrundsatzes auf Betriebsstätten nach § 1 Absatz 5 des Außensteuergesetzes (Betriebsstättengewinnaufteilungsverordnung-BsGaV), Entwurf, 28.8.2014, BR-Drs. 401/14

Verordnung zur Anwendung des Fremdvergleichsgrundsatzes nach § 1 Abs. 1 des Außensteuergesetzes in Fällen grenzüberschreitender Funktionsverlagerungen (Funktionsverlagerungsverordnung – FVerlV), 12.8.2008, BGBl. I 2008, 1680

Verordnung zur Art, Inhalt und Umfang von Aufzeichnungen im Sinne des § 90 Abs. 3 der Abgabenordnung (Gewinnabgrenzungsaufzeichnungsverordnung – GaufZ), Drucksache 583/03, 17.10.2003, www.bundesrat.de.

Verteilung des Einkommensteuerlast: Wer trägt welche Last? BBK 2006, 510.

Vertrag über die Arbeitsweise der Europäischen Union (AEUV), 1.12.2009, ABl. 2009 Nr. C 115

Verwaltungsgericht des Kantons Zürich (Hrsg.), Rechenschaftsbericht an den Kantonsrat 1986, 1986.

Wiener Übereinkommen über das Recht der Verträge, 23.5.1969, BGBl. II 1985, 927

OECD

OECD, A boost to multilateral tax cooperation: 15 countries sign updated Convention on Mutual Administrative Assistance in Tax Matters, 27.5.2010, www.oecd.org.

OECD, A progess report on the Jurisidaction surveyed by the OECD global forum in implementing the internationally agreed tax standard, 04. February 2009, www.oecd.org.

OECD, A Step Change in Tax Transparency, 18.6.2013, www.oecd.org.

OECD, Action Plan on Base Erosion and Profit Shifting, 19.7.2013, www.oecd.org.

OECD, Addressing Base Erosion and Profit Shifting, 12.2.2013, www.oecd.org.

OECD, Addressing the Tax Challenges of the Digital Economy, 16.9.2014, www.oecd.org.

Erlasse, Schreiben und Verfügungen der Finanzverwaltung

OECD, BEPS Action 1: Address the Tax Challenges of the Digital Economy, 24.3.2014, www.oecd.org.

OECD, BEPS Action 2: Neutralise the Effects of Hybrid Mismatch Arrangements, 19.3.2014, www.oecd.org.

OECD, BEPS Action 6: Preventing the Granting of Treaty Benefits in Inappropriate Circumstances, 14.3.2014, www.oecd.org.

OECD, BEPS/G20 Project: Calendar for planned stakeholders' input 2013–2014, 20.2.2014, www.oecd.org.

OECD, Comparability: Public invitation to comment on a series of draft issue notes, 10.5.2006, http://www.oecd.org/CTP/TP.

OECD, Countering Harmful Tax Practices More Effectively, Taking into Account Transparency and Substance, 16.9.2014, www.oecd.org.

OECD, Dealing Effectively with the Challenges of Transfer Pricing, 19.1.2012, www.oecd.org.

OECD, Developing a Multilateral instrument to Modify bilateral Tax Treaties, 16.9.2014, www.oecd.org.

OECD, Discussion draft on a new Article 7 (Business Profits) of the OECD Model Tax Convention, 7.7.2008.

OECD, Discussion Draft on the Transfer Pricing Aspects of Business Restrucuturings, 19.9.2008, http://www.oecd.org.

OECD, Discussion Draft on Transfer Pricing Documentation an CbC Reporting, 30.1.2014, www.oecd.org.

OECD, Discussion Draft, Revision of the Special Considerations for Intangibles in Chapter VI of the OECD Transfer Pricing Guidelines and Related Provisions, 6 June to 14 September 2012.

OECD, Draft Handbook on Transfer Pricing Risk Assessment, 30.4.2013, www.oecd.org.

OECD, Guidance on Revenue Procedures, October 1996.

OECD, Guidance on Transfer Pricing Aspects of Intangibles, OECD/G20 Base Erosion and Profit Shifting Project, 16 September 2014

OECD, Guidance on Transfer Pricing Documentation and Country-by-Country Reporting, 16.9.2014, www.oecd.org.

OECD, Hybrid Mismatch Arrangements, 5.3.2012, www.oecd.org.

OECD, Joint Audit Participants Guide, 15.9.2010, www.oecd.org.

OECD, Keeping it Safe - The OECD Guide on the Protection of Confidentiality of Information Exchanged for Tax Purposes, 24.7.2012, www.oecd.org.

OECD, LAUNCH OF A PEER REVIEW PROCESS – Methodology for Peer Reviews and Non-Member Reviews, 2010, c(2010)10/Final, www.oecd.org.

ECD, LAUNCH OF A PEER REVIEW PROCESS – Note on Assessment Criteria, 2010, c(2010)10/Final, www.oecd.org.

OECD, LAUNCH OF A PEER REVIEW PROCESS – Terms of Reference, 2010, c(2010)10/Final, www.oecd.org.

OECD, Memorandum on Transfer Pricing Documentation and CbC Reporting, 3.10.2013, www.oecd.org.

OECD, Model Tax Convention, update 2014, 15 July 2014

OECD, Multi-Country Analysis of Existing Transfer Pricing Simplification Measures – 2012 Update, 6.6.2012, www.oecd.org.

OECD, Musterabkommen und Kommentar 2005, http://www.oecd.org.

OECD, Musterabkommen und Kommentar 2008, http://www.oecd.org.

OECD, Musterabkommen und Kommentar 2010, http://www.oedc.org.

OECD, Neutralising the Effects of Hybrid Mismatch Arrangements, 16.9.2014, www.oecd.org.

OECD, OECD Secretary-General Report to the G20 Finance Ministers, 19.4.2013, www.oecd.org.

Erlasse, Schreiben und Verfügungen der Finanzverwaltung

OECD, OECD Secretary-General Report to the G20 Leaders, 5.9.2013, www.oecd.org.

OECD, Preventing the Granting of Treaty benefits in inappropriate Circumstances, 16.09.2014, www.oecd.org.

OECD, Proposed Revision of Chapters I-III of the Transfer Pricing Guidelines, Draft for Public Commen 9th September 2009, – 9th January 2010, http://www.oecd.org/dataoecd/1/57/43655703.pdf. (zitiert als OECD Entwurf 2009).

OECD, Proposed Revision of the Section on Safe Habours in Chapter IV of the OECD Transfer Pricing Guidelines, 6.6.2012, www.oecd.org.

OECD, Protocol Amending the convention on mutual administrative assistance in tax matters, 31.3.2010, c(2010)10/Final, www.oecd.org.

OECD, Report on The Attribution of Profits to Permanent Establishments, 17.7.2008 (Betriebsstättenbericht der OECD).

OECD, Report to G20 Development Working Group on the Impact of BEPS in Low Income Countries, 1.8.2014, www.oecd.org.

OECD, Revised Discussion Draft on Transfer Pricing Aspects of Intangibles, 30 July 2013

OECD, Revised Draft of new Art. 7 of the OECD Model Tax Convention, 24.11.2009, http://www.oecd.org.

OECD, Revised Section E on Safe Harbours in Chapter IV of the Transfer Pricing Guidelines, 16.5.2013, www.oecd.org.

OECD, Revision of the Special Considerations for Intangibles in Chapter VI of the OECD Transfer Pricing Guidelines and related Provisions, Discussion Draft, 6 June 2012

OECD, Standard for Automatic Exchange of Financial Account Information in Tax Matters, 21.7.2014, www.oecd.org.

OECD, Standard for Automatic Exchange of Financial Account Information, 13.2.2014, www.oecd.org.

OECD, Tax Aspects of Transfer Pricing within Multinational Enterprises. The United States Proposed Regulations, Paris 1993

OECD, Taxation of Global Trading of Financial Instruments, 1998

OECD, The 2008 Update to the OECD Model Tax Conevntion, 18. July 2008, www.oecd.org.

OECD, The allocation of central management and service costs, in: Transfer Pricing and Multinational Enterprises: Thress Taxation Issues, Paris, 1984.

OECD, The Global Forum keeps up the pressure, 14.4.2011, www.oecd.org.

OECD, The OECDs project on harmful tax practices: The 2004 report, 2. April 2004, www.oecd.org.

OECD, The Taxation of Global Trading of Financial Instruments, 1998.

OECD, Transactional Profit Methods, Discussion Draft for Public Comment, 2008.

OECD, Transfer Pricing and Intangibles: Scope of the OECD Project, 25 January 2011

OECD, Transfer Pricing and Multinational Enterprises Enterprises – Report of the OECD Committee on Fiscal Affairs 1979, Paris 1979

OECD, Transfer Pricing and Multinational Enterprises, Paris, 1979.

OECD, Transfer Pricing Aspects of Business Restructurings: Discussion Draft for Public Comment, 19 September 2008 to 19 February 2009, www.oecd.org/dataoecd/59/40/41346644.pdf.

OECD, Transfer Pricing Comparability Data and Developing Countries, 11.03.2014, www.oecd.org.

OECD, Transfer Pricing Country Profiles, 2.10.2007, www.oecd.org.

OECD, Transfer Pricing Guidelines for Multinational Enterprises and Tax Administrations, Paris 13 July 1995, updates 1996 and 1997 (OECD-RL 1995/96/97)

OECD, Transfer Pricing Guidelines for Multinational Enterprises and Tax Administrations, Paris 22. July 2010 (OECD-RL 2010)

Erlasse, Schreiben und Verfügungen der Finanzverwaltung

OECD, Transfer Pricing Guidelines for Multinational Enterprises and Tax Administrations, Text as of 13 July 1995, Paris, 2009.

OECD, Übersicht der Country Reviews des Global Forum on Transparency and Exchange of Information for Tax Purposes, 21.11.2013, www.oecd.org.

OECD, Update to Article 26 of the OECD Model Tax Convention and its Commentary, 17.07.2012, www.oecd.org.

OECD, Verrechnungspreisleitlinien für multinationale Unternehmen und Steuerverwaltungen, Juli 2010.

OECD, White Paper on Transfer Pricing Documentation, 30.7.2013, www.oecd.org.

Literaturverzeichnis

Achatz, M./Jabornegg, P./Karollus, M. (Hrsg.), Eigenkapitalersatz im Gesellschafts-, Steuer- und Arbeitsrecht, Wien 1999.

Achatz, M./Kirchmayer, S., Körperschaftsteuergesetz, Wien 2011.

Achenbach, H./Ransiek, A., Handbuch Wirtschaftsstrafrecht, 3. Aufl., Heidelberg 2012.

Ackerman, A./Ammelung, U./Bernhardt, L./Lorenzen, H., Die Vergütung von Konzernbürgschaften im Lichte des steuerlichen Fremdvergleichs, Der Konzern 2010, 404 ff.

Agner, P./Digeronimo, A./Neuhaus, H.-J./Steinmann, G., Kommentar zum Gesetz über die direkte Bundessteuer, Ergänzungsband des Kommentars, Zürich 2000.

Agner, P./Jung, B./Steinmann, G. (Hrsg.), Kommentar zum Gesetz über die direkte Bundessteuer, Inkl. Ergänzungsband (2000), Zürich 1995.

Agthe, K., Stufenweise Fixkostendeckung im System des Direct Costing, Zeitschrift für Betriebswirtschaftslehre, 29. Jg. 1959, 404–418.

Ahrens, C., Gewerblicher Rechtsschutz, Tübingen 2008.

Aigner, D., BMF klärt Zweifelsfragen zur steuerlichen Behandlung von Markenrechten, SWK 2006/7, 290.

Aigner, D., Förderung der Auftragsforschung durch neuen Forschungsfreibetrag, taxlex 2005, 267.

Aigner, D./Aigner, H.-J., Nutzungseinlagen in Kapitalgesellschaften, SWK 2001, 850 ff.

Aigner, D., Zweifelsfragen zur steuerlichen Behandlung von Markenrechten, ÖStZ 2003/626.

Albert, M., DBA Verständigungsverfahren-Probleme und Verbesserungsvorschläge, IFSt-Schrift Nr. 457.

Albert, M., Schiedsverfahren im internationalen Steuerrecht, IFSt-Schrift Nr. 462.

Alberts, W., Erster APA-Bericht in China veröffentlicht, IWB 2011, 222 ff.

Alberts, W., OECD veröffentlichte aktualisierte Statistik zu Verständigungsvereinbarungen, IStR-LB 2012, 13 ff.

Alberts, W., OECD-Statistik zu Verständigungsverfahren 2008/2009, IWB 2011, 38 ff.

Alberts, W., OECD-Statistik zu Verständigungsverfahren 2011, IStR-LB 2013, 73–74.

Alefs, R./Geberth, G., Innergemeinschaftliche Lieferung; Nachweis; Reformfragen, DB 2012, 2544.

Allen, F./Carletti, E., Mark-to-Market Accounting and Liquidity Pricing, Journal of Accounting and Economics, 2008, 45 (2–3), 358–378.

Allen, F./Carletti, E., The Role of Liquidity in Financial Crises, 2008 Jackson Hole Conference Proceedings, Federal Reserve Bank of Kansas City, 2008, 379–412.

Allen, F./Carletti, E., The Roles of Banks in Financial Systems, In The Oxford Handbook of Banking, edited by A. Berger, P. Moyneux, and J. Wilson, Oxford 2008.

Altrichter-Herzberg, T./Nürnberger, E., Verlustnutzung über die Grenze, GmbHR 2006, 466.

Ammann, G., (Vereinfachungsrichtlinie 1993): Zur Besteuerung von Umsätzen im innergemeinschaftlichen Reihengeschäft nach der Vereinfachungsrichtlinie, DStR 1993, 705-711.

Andresen, N./Pearson-Wood, N./Jorgensen, H.-M., Norway - ConocoPhillips Case: Implications in Norway and Beyond, International Transfer Pricing Journal, 2010 (Volume 17), No 6.

Andresen, U./Immenkötter, C./Frohn, F., Angemessenheit des Verrechnungspreises als entscheidendes Indiz des Fremdvergleichs (nicht nur) in DBA-Fällen, DB 2013, 534–538.

Andresen, U./Schoppe, C., Keine Rückwirkung des § 1 Abs. 3 AStG in die Zeit vor 2008, IStR 2009, 600 ff.

Literaturverzeichnis

Andresen, U., Grundsätzliche Grundfreiheitskompatibilität des § 1 AStG definiert Freiräume des BFH, dessen Grundfreiheitswidrigkeit über § 1 Abs. 3 Satz 9 AStG hinaus festzustellen - zugleich ergänzende Anmerkungen zum Urteil des EuGH in der Rechtssache „SGI", IStR 2010, 289–291.

Andresen, U., Neue gesetzliche Verpflichtung zur Dokumentation von Verrechnungspreisen: Handlungsbedarf für grenzüberschreitend tätige Unternehmen, RIW 2003, 489.

Andrus, J./Durst, M., Standing on „Principal": Risk-Limiting-Transfer Pricing Structures, TNI December 18 2006, 959–963.

Anson, W., Big value, big headache, How are intangible payments disputes with the US Internal Revenue Service resolved? And how is transfer for pricing affected by the notorious Section 482?, Managing Intellectual Property, September 1993, 14 ff.

Apitz, W., Degressive Afa im Erstjahr nur noch zeitanteilig?, DStZ 2006, 480.

Arrow, K. J., The theory of risk aversion, in Aspects of the Theory of Risk Bearing, by Yrjo Jahnssonin Saatio, Helsinki, 1965. Reprinted in: Essays in the Theory of Risk Bearing, Markham Publ. Co., Chicago, 1971, 90–109.

Assef, S./Morris, D., Transfer Pricing Implications of the Basel II Capital Accord, Journal of Derivatives and Financial Instruments (IBFD), July/August 2005.

Atzmüller, M./Hammerl, C./Herzog O./Mayr, G., Highlights aus dem EStR-Wartungserlass 2008, RdW 2008/443, 478.

Atzmüller, M./Schlager, C., Forschungsprämie im 1. StabG 2012: Chancen für Steuerpflichtige, Finanz und Wirtschaftsprüfer, RWZ 2012/32, 106.

Atzmüller, M., Einkommensteuerliche Änderungen durch das BBG 2011–2014 – ein Überblick RdW 2010/804, 795.

Atzmüller, M., Highlights aus dem EStR-Wartungserlass 2010, RdW 2011/48, 45.

Avi-Yonah/Reuven, S., Xilinx and the Arm's-Length Standard, TNI 2009, 186 ff.

Backhaus, K./Erichson, B./Plinke, W./Weiber, R., Multivariate Analysemethoden: Eine anwendungsorientierte Einführung, 13. Aufl., Heidelberg 2011.

Backhaus, K./Voeth, M., Industriegütermarketing, 8. Aufl., München 2007.

Bailey, E. M./Cox, A./Leonard, G. K., Recurring Themes on Reasonable Royalties in Recent IP United States Damage Cases, NERA Publishing Series, 1. Juni 2011.

Baker & McKenzie, International Transfer Pricing Laws, Text and Commentary, Chicago (USA) 2002–2009.

Bakker, A./Levey, M. M., Transfer Pricing and Intra-Group Financing – The entangled worlds of financial markets and transfer pricing, IBFD Amsterdam 2012.

Baldamus, E.-A., Neues zur Betriebsstättengewinnermittlung, IStR 2012, 317–325.

Baldauf, A./Kanduth-Kristen, S./Laudacher, M./Lenneis, C./Marschner, E., Jahreskommentar Einkommensteuergesetz (kurz JAKOM), 6. Aufl., Wien 2013.

Baldauf, U., Bedeutung des Grundsatzes der Einheitlichkeit der Leistung aus der Sicht der öffentlich-rechtlichen Umsatzsteuerpraxis. Information, Orientierungshilfen, Fallbeispiele, UR 11/2008, 401 ff.

Ballwieser, W./Beyer, S./Zelger, H., Unternehmenskauf nach IFRS und US-GAAP, 2. Aufl., Stuttgart 2008.

Ballwieser, W., Fair-Value-Bewertung von Vermögenswerten und Schulden, Unternehmenskauf nach IFRS und US-GAAP, Stuttgart 2005.

Ballwieser, W., Unternehmensbewertung. Prozeß, Methoden und Probleme, Stuttgart 2004.

Balmes, F./Grammel, R./Sedemund, J., Berücksichtigung von Betriebsstättenverlusten trotz Freistellungsmethode, BB 2006, 1474.

Bambynek, L./Wosnitza, M., Steuertarif und Gerechtigkeit. Eine steuersystematische Analyse alternativer Reformvorschläge, SteuStud 2006, 124.

Bär, U., Verständigungen über Verrechnungspreise verbundener Unternehmen im deutschen Steuerrecht, Berlin 2009 (zugl. Diss. Univ. Köln 2008).

Literaturverzeichnis

Baranger, S./Gordillo, I./Henie, L.A./Gusmeroli, M./Sada Garibay, M., European Union – The 2012 Leiden Alumni Seminar: Case Law on Treaty Interpretation Re Commissionaire and Agency Pes, European Taxation, 2013 (Volume 53), No 4.

Baranowski, K.-H., Die steuerliche Prüfung von Verrechnungspreisen, Steuerberaterkongreß-Report: Ansprachen, Referate, Diskussionen Vol. 20 (1982), 307–326.

Baranowski, K.-H., Praktiker-Handbuch zum Außensteuerrecht, 20. Aufl., Düsseldorf 1996.

Baranowski, K.-H., Zur Ermittlung und Umrechnung ausländischer Einkünfte, DB 1992, 240 ff.

Baranowski, K.-H., Besteuerung von Auslandsbeziehungen, 2. Aufl., Herne/Berlin 1996.

Baranowski, K.-H., Grundsätze der Verwaltung für die Prüfung der Aufteilung des Betriebsvermögens und der Einkünfte bei Betriebsstätten international tätiger Unternehmen, IWB 2000, F. 3 G. 2, 813 ff.

Barckow, A./Schmidt, M., Abgrenzung von Eigenkapital und Fremdkapitel. Der Entwurf des IASB zu Änderungen an IAS 32, WpG 2006, 950.

Barth, K./Hartmann, M./Schröder, H., Betriebswirtschaftslehre des Handels, 6. Aufl., Wiesbaden 2007.

Bartholet, O., Transferpreisberichtigung und ihre Sekundäraspekte im schweizerischen Steuerrecht, Basel 1995.

Battersby, G./Grimes, C., Licensing Royalty Rates 2013 Edition, New York 2013.

Battersby, G./Grimes, C., Licensing Update 2008, New York 2007.

Batzer, D./Lickteig, T., Die Steuerliche Betriebsprüfung 2000, Berlin 2000.

Batzer, D./Lickteig, T., Steuerliche Behandlung des Factoring, StBp 2000, 137.

Batzer, E., Zur Bedeutung und Problematik des Funktionsrabattes, Berlin 1962.

Bauer, A./Knirsch, D./Schanz, S., Vermögensverlagerung nach Österreich und in die Schweiz als Möglichkeit zur Steueroptimierung, FB 2006, 642.

Bauer, D./Taetzner, T., Zugriff ohne Ende? – Grenzen der steuerlichen Vorlagepflicht von Gutachten des Steuerberaters zur Angemessenheit grenzüberschreitender Verrechnungspreise in multinationalen Konzernen, BB 2004, 2267 ff.

Bauer, D./Taetzner, T., Zur Vorlagepflicht sachverhaltswürdigender Beratergutachten, Replik auf Weiß, StBp 2004, 220, StBp 2005, 39.

Bauer, D., Verrechnungspreise zwischen mehreren Konzernstrategieträgern – Plädoyer für einen veranlassungsorientierten Profit-Split, IStR 2006, 320.

Bauer, E./Quantschnigg, P./Schellmann, G./Werilly, H., Die Körperschaftsteuer, Kommentar zum KStG 1988 (Loseblatt, 10. Lieferung, Stand Oktober 2007).

Bauer, E., Computergestützte Optimierung der Mengenrabattpolitik, Wien 1987.

Bauer-Balmelli, M., The term „beneficial owner" in the tax treaty between Switzerland and Luxembourg, SWI 2012/12, 563.

Bauer-Balmelli, M./Hochreutener, H.-P./Küpfer, M. (Hrsg.), Die Praxis der Bundessteuern, Teil II: Stempelabgaben und Verrechnungssteuer, Bd. 2, Basel 2008.

Baum, M., Änderungen der Abgabenordnung im Jahr 2011, NWB 2012, 534 ff.

Baum, M., Verbindliche Auskunft nach § 89 Abs. 2 AO, NWB Fach 2, 9725.

Baumbach, A./Hefermehl, W., Warenzeichenrecht und Internationales Wettbewerbs- und Zeichenrecht, 1985.

Baumbach, A./Hopt, K., Handelsgesetzbuch Kommentar, 36. Aufl., München 2014.

Baumbach, A./Hueck, A., Gesetz betreffend die Gesellschaften mit beschränkter Haftung, 19. Aufl., München 2010.

Baumbach, A./Lauterbach, W./Albers, J./Hartmann, P., Kommentar zur Zivilprozessordnung, 71. Aufl., München 2013.

Baumbach, A./Lauterbach, W./Albers, J./Hartmann, P. (Hrsg.), Zivilprozessordnung, 72. Aufl., München 2014.

Baumhoff, H./Brüninghaus, D./Lenz, M./Schreiber, R./Wassermeyer, F., Verrechnungspreise und Verrechnungspreisdokumentation, WPg 2006, Sonderheft, 131 ff.

Literaturverzeichnis

Baumhoff, H./Ditz, X./Greinert, M., Auswirkungen des Unternehmensteuerreformgesetzes 2008 auf die Besteuerung grenzüberschreitender Funktionsverlagerungen, DStR 2007, 1649 ff.

Baumhoff, H./Ditz, X./Greinert, M., Die Besteuerung von Funktionsverlagerungen nach der Funktionsverlagerungsverordnung vom 12.8.2008, DStR 2008, 1945.

Baumhoff, H./Ditz, X./Greinert, M., Grundsätze der Dokumentation internationaler Verrechnungspreise nach der Gewinnabgrenzungsaufzeichnungsverordnung, DStR 2004, 157.

Baumhoff, H./Greinert, M., Aufteilung von Standortvorteilen bei der Verrechnungspreisermittlung gegenüber Lohnfertigern – Anmerkungen zum Urteil des FG Münster vom 16.3.2006, IStR 2006, 289.

Baumhoff, H./Greinert, M., Steuerliche Anerkennung internationaler Verrechnungspreise bei Nichteinhaltung formaler Anforderungen - Anmerkungen zum Urteil des FG Köln vom 22.8.2007, IStR 2008, 353–358.

Baumhoff, H./Puls, M., Der OECD-Diskussionsentwurf zu Verrechnungspreisaspekten von „Business Restructurings" – Analyse und erster Vergleich mit den deutschen Funktionsverlagerungsregeln nach § 1 Abs. 3 AStG, IStR 2009, 73 ff.

Baumhoff, H./Puls, M., Mediation bei Verrechnungspreiskonflikten als alternativer Streitbeilegungsgrundsatz?, IStR 2010, 802 ff.

Baumhoff, H./Sieker, K., Ausgewählte Verrechnungspreisprobleme im Lichte des neuen OECD-Berichts, IStR 1995, 517 ff.

Baumhoff, H., Aktuelle Entwicklungen bei den internationalen Verrechnungspreisen, IStR 2003, 5.

Baumhoff, H., Die Verrechnung von Leistungen zwischen verbundenen Unternehmen mit Hilfe von Konzernumlagen, Teil I, IStR 2000, 693 ff., Teil II 731 ff.

Baumhoff, H., Hefte zur Internationalen Besteuerung, Heft 130, 1 ff.

Baumhoff, H., Lizenzzahlungen bei Identität von Firmennamen und Markenrecht, IStR 1999, 533 f.

Baumhoff, H., Neuere Kriterien zur Bestimmung angemessener Verrechnungspreise im internationalen Konzern, DStR 1987, 497 ff.

Baumhoff, H., Plädoyer für einen einheitlichen Fremdvergleichsmaßstab im deutschen Außensteuerrecht zur Beurteilung internationaler Verrechnungspreise, FS für Hans Flick zum 70. Geburtstag, Köln 1997, 633 ff.

Baumhoff, H., Verrechnungspreise für Dienstleistungen: Die steuerliche Einkunftsabgrenzung bei international verbundenen Unternehmen auf der Grundlage des Fremdvergleichs, 1. Aufl., Köln 1986.

Bayer, A., Die Nutzungsberechtigung nach § 99a ESTG, SWI 2011/1, 4.

BDI/KPMG, Studie, Die Behandlung von Finanzierungsaufwendungen – Ein Vergleich der in Deutschland geplanten Zinsschranke mit den Regelungen in den USA, Frankreich und den Niederlanden, 8.5.2007, www.bdi.de.

Beater, A., Grundkenntnisse und Fallbearbeitung im Urheberrecht, JuS 2000, 666–672.

Beck, H.-J., Verlustausgleichsverbot bei Steuerstundungsmodellen: Der neue § 15b EStG, DStR 2006, 61.

Beck'scher Bilanz-Kommentar, Handels- und Steuerrecht §§ 238 bis 339 HGB, (Hrsg. Budde), 8. Aufl., München 2012.

Beck'scher Online-Kommentar, BGB (Hrsg.: Bamberger/Roth), Edition 25, München, Stand: 1.11.2012,.

Beck'scher Online-Kommentar, GG (Hrsg. Epping/Hillgruber), Edition 16, München, Stand: 1.10.2012.

Becker, F./Müller-Lee, F., Mehrwertsteuer-Paket: Klärungsbedarf nach dem BMF-Schreiben vom 4.9.2009/Praktische Auswirkungen ab dem 1.1.2010, UStB 2009, 320.

Becker, F., BMF-Schreiben vom 18.12.2012 zum Leistungsort bei grundstücksbezogenen Dienstleistungen, UStB 2013, 84–93.

Literaturverzeichnis

Becker, H./Kroppen, H.-K., Handbuch der Internationalen Verrechnungspreise, Loseblatt, 17. Ergänzungslieferung, Köln, Stand: Dezember 2013.

Becker, H., Der US-Richtlinienvorschlag zu den Konzernverrechnungspreisen, DB 1992, 543 ff.

Becker, H., Die Besteuerung von Betriebsstätten, DB 1989, 10 ff.

Becker, H., Die OECD-Leitlinie zur Preisgestaltung zwischen verbundenen Unternehmen – Eine kritische Stellungnahme, FR 1980, 478 ff.

Becker, H., Funktionsnutzen oder Erwirtschaftungsgrundsatz – Wege zur Ermittlung des zutreffenden Betriebsstättenergebnisses, DB 1990, 392 ff.

Becker, H., Praktische Erfahrungen mit dem Außensteuerrecht aus der Sicht des Steuerberaters, StbJb 1981/82, 439 ff.

Becker, J./Loose, T., Zur Anrechnung ausländischer Quellensteuer auf die Gewerbesteuer, IStR 2012, 57 ff.

Becker, K./Sydow, S., Das EuGH-Urteil in der belgischen Rechtssache C-311/08 SGI und seine Implikationen für die Europarechtmäßigkeit des § 1 AStG, IStR 6/2010, 195 ff.

Becker, K., Seminar J: Verfahren zur Lösung von DBA Konflikten, IStR 2007, 592 ff.

Beer, E./Streit, T., Anmerkung zum Urteil des EuGH vom 6.9.2012, Rs. C-273/11 (Nachweis der Steuerfreiheit innergemeinschaftlicher Lieferungen, DStR 2012, 1917–1923.

Beeton, D./Jairaj, A., The theory of transfer pricing in a recession, BNA Tax Planning International: Special Report, Transfer Pricing in a Recession, Washington, London, 2009, 11 ff.

Beeton, D., International comparisons – how taxpayers and tax authorities are responding, implications for risk management, BNA Tax Planning International: Special Report, Tranfer Pricing in a Recession, Washington, London, 2009, 17 ff.

Behnisch, U./Heuberger, R., Die Rechtsprechung des Bundesgerichts zur Dreieckstheorie im Zickzackkurs, Jusletter 8.5.2000.

Beiersdorf, K./Schreiber, S. M., Entwicklung von internationalen Rechnungslegungsstandards für mittelständische Unternehmen, DStR 2006, 480.

Beiser, R., § 295a BAO - Ereignisse mit Wirkung für die Vergangenheit (Teil I), ÖStZ 2005, 131.

Beiser, R., Der Teilwert im Wechsel zwischen Substanz- und Ertragswert, DStR 2002, 1777 ff.

Beiser, R., Die Empfängerbenennung nach § 162 BAO, SWK 2000, 838 ff.

Beiser, R., Umfang und Grenzen der Mitwirkungspflicht im Abgabenverfahren, ÖStZ 1991, 107.

Beiser, R., Verdeckte Gewinnausschüttungen im Interesse des „bonum commune"?, ÖStZ 2001, 951.

Beiser, R., Zinslose Darlehen zwischen verbundenen Unternehmen, ein nationales und internationales Problem, ÖStZ 1991, 301 ff.

Bellstedt, C., Die verdeckte Gewinnausschüttung – neue Definition, neue Tendenzen, internationale Auswirkungen, FR 1990, 65 ff.

Bellstedt, C., Die Besteuerung international verflochtener Gesellschaften, 3. Aufl., Köln-Marienburg 1973.

Bellstedt, C., Außensteuergesetz und Verwaltungsgrundsätze zu Verrechnungspreisen, 2. Aufl., Köln 1983.

Bellstedt, C., Das Einführungsschreiben zu § 8a KStG, DB 1995, 8 ff.

Bellstedt, C., EG-Übereinkommen über Beseitigung der Doppelbesteuerung bei Gewinnberichtigungen zwischen verbundenen Unternehmen – Kritische Darstellung und Folgerungen für die Praxis, IWB 1993, F. 11, EG, G. 2, 847 ff.

Bendlinger, S., Die Holdinggesellschaft im Fadenkreuz der Finanzverwaltung, ÖStZ 2007/1224, 593.

Literaturverzeichnis

Benecke, A./Schnitger, A., Letzte Änderungen der Neuregelungen des UmwStG und der Entstrickungsnormen durch das SEStEG – Beschlussempfehlung und Bericht des Finanzausschusses, IStR 2007, 22 ff.

Benecke, A./Schnitger, A., Neuregelung des UmwStG und der Entstrickungsnormen durch das SEStEG, IStR 2006, 765.

Benecke, A., Verdeckte Gewinnauschüttung und verdeckte Einlage: Eingeschränkte Anwendung des Halbeinkünfteverfahrens, NWB 2006, 3429.

Benkard, G. (Hrsg.), Patentgesetz, Gebrauchsmustergesetz, 10. Aufl., München 2006.

Benz, S./Böing, C., Schenkungsteuer im Konzern?, DStR 2010, 1157.

Berger, C./Wündisch, S. (Hrsg.), Urhebervertragsrecht Handbuch, 2008.

Bergsteiner, W., Die Problematik von Gewinnverlagerungen bei internationalen Konzernen im handels- und steuerrechtlichen Jahresabschluß deutscher Konzernunternehmen, Diss., München 1968.

Berka, W./Stolzlechner, H./Werndl, J., Festschrift für Friedrich Koja 1998, 649.

Berndt, R./Altobelli, C./Sander, M., Internationales Marketing-Management, 3. Aufl., Berlin 2005.

Berndt, R., Marketingstrategie und Marketingpolitik, 4. Auflage, Berlin/Heidelberg 2005

Berndt, T./Jenny, G., Gewinn oder nicht Gewinn? Bedeutung des Other Comprehensive Income bei der Bestimmung der Eigenkapitalrentabilität, BB 2006, 2179.

Berndt, T., Bilanzielle Behandlung von Rangrücktrittsvereinbarungen, BB 2006, 2744.

Bernegger, S./Rosar, W./Rosenberger, F., Handbuch Verrechnungspreise, 2. Aufl., Wien 2012.

Bernegger, S./Rosar, W./Stradinger, T., Highlights der neuen OECD-Verrechnungspreisgrundsätze 2010 zu Konzernrestrukturierungen, SWI 2010/12, 552.

Bernhardt, L./van der Ham, S./Kluge, S., Die Expansion deutscher Unternehmen ins Ausland: Steuerliche Implikationen der Gründung von Vertriebstochtergesellschaften – Die Besteuerung von Funktionsverlagerungen im Fall von „Vertriebsabspaltungen", IStR 2008, 1 ff.

Bernhardt, L./van der Ham, S./Kluge, S., Die gesetzliche Preisanpassungklausel im § 1 AStG – Bestimmung der Anpassung der Höhe nach und weitere praktische Anwendungsprobleme, IStR 2008, 844.

Bernhardt, L./van der Ham, S./Kluge S., Das Verhältnis von § 1 AStG n. F. und verdeckter Einlage – Können Wirtschaftsgüter grenzüberschreitend noch immer ausschließlich verdeckt eingelegt werden?, IStR 2007, 717–720.

Bernwart, H., Aktuelle Änderungen des Einkommensteuergesetzes bei den Gewinneinkünften (1), Konzern 2006, 594.

Bernwart, H., Aktuelle Änderungen des Einkommensteuergesetzes bei den Gewinneinkünften (2), Konzern 2006, 661.

Berry, S./Levinsohn, J./Pakes A., Automobile Prices in Market Equilibrium, 63 Econometrica 841, 1995.

Bertl, R./Fraberger, F., Aktivierungsverbot für immaterielles Anlagevermögen, RWZ 1998, 240.

Bertl, R./Fraberger, F., Bilanzierung von Marken, RWZ 2002/104, 374.

Bertl, R./Hirschler, K., Bilanzielle Behandlung eines derivativ erworbenen Firmenwertes, RWZ 2011/33, 106 ff.

Bertl R./Hirschler K., Bilanzielle Behandlung von Franchisegebühren, RWZ 2009/13, 46.

Bertl, R./Hirschler, K., Bilanzierung und Bewertung von Fernsehfilmrechten, RWZ/ 49, 162.

Bertl, R./Eberhartinger, E./Egger, A./Kalss, S./Lang, M./Nowotny, C./Riegler, C./Staringer, C. Abschreibungen in der Handels- und Steuerbilanz, Wien 2005.

Bertl, R./Eberhartinger, E./Egger, A./Gassner, W./Nowotny, C./Riegler, C./Schuch, J./Staringer C., Beteiligungen in Rechnungswesen und Besteuerung - Gestaltungsmöglichkeiten in der Praxis, Wien 2004.

Literaturverzeichnis

Bertl, R./Eberhartinger, E./Egger, A./Kalss, S./Lang, M./Nowotny, C./Riegler, C./Schuch, J./Staringer, C., Immaterielle Vermögenswerte, Wien 2006.

Bethlehem, J., Applied Survey Methods, Weinheim 2009.

Beuchert, T., Entwicklungen im Verrechnungspreissystem der USA am Beispiel der Verfahren DHL, Glaxo und Xilinx – Modell für Deutschland?, IStR 2006, 605 ff.

Beutel, D./Rehberg, M., National Grid Indus – Schlusspunkt der Diskussion oder Quell neuer Kontroverse zur Entstrickungsbesteuerung?, IStR 2012, 94–97.

Beyer, S./Mackenstedt, A., Grundsätze zur Bewertung immaterieller Vermögenswerte (IDW S 5), WPg 2008, 338–349.

Bickenbach, D./Rubart, J., Jahresendanpassungsklauseln bei Verrechnungspreisen, IWB 2012, 88 ff.

Bieg, H./Hossfeld, C./Kussmaul, H./Waschbusch, G., Allgemeine Bilanzierungsvorschriften nach IFRS, StB 2006, 100.

Bieg, H./Hossfeld, C./Kussmaul, H./Waschbusch, G., Bilanzierung und Bewertung von Finanzinstrumenten (2), StB 2006, 224.

Bieg, H./Hossfeld, C./Kussmaul, H./Waschbusch, G., Bilanzierung und Bewertung von immateriellen Vermögenswerten und Sachanlagen nach IFRS, StB 2006, 130.

Bieg, H./Hossfeld, C./Kussmaul, H./Waschbusch, G., Bilanzierung und Bewertung von Rückstellungen nach IAS 37, StB 2006, 253.

Bieg, H./Hossfeld, C./Kussmaul, H./Waschbusch, G., Bilanzierung und Bewertung von Vorräten nach IAS 2, StB 2006, 421.

Bieg, H./Hossfeld, C./Kussmaul, H./Waschbusch, G., Bilanzrecht: Grundlagen der internationalen Rechnungslegung, StB 2006, 12.

Bieg, H./Hossfeld, C./Kussmaul, H./Waschbusch, G., Die Kapitalflussrechnung in der internationalen Rechnungslegung, StB 2006, 375.

Bieg, H./Hossfeld, C./Kussmaul, H./Waschbusch, G., Die Segmentberichterstattung nach IAS 14, StB 2006, 453.

Bieg, H./Hossfeld, C./Kussmaul, H./Waschbusch, G., Leasing in der internationalen Rechnungslegung, StB 2006, 340.

Bieg, H./Hossfeld, C./Kussmaul, H./Waschbusch, G., Pensionsverpflichtungen nach IAS 19, StB 2006, 291.

Bielefeld, F./Semer, J., Steuerhinterziehungsbekämpfungsgesetz – Ein wirksames Instrument im Kampf gegen „Steueroasen"?, GmbHR 2009, R241 ff.

Bielefeld, F., Unternehmer am Pranger, Handeslblatt vom 27.11.2008.

Biener, H./Berneke, W., Bilanzrichtlinien-Gesetz (Textausgabe mit Materialien), Düsseldorf 1986.

Bilsdorfer, P., Die sogenannte isolierende Betrachtungsweise, RIW 1983.

Birkenfeld, W./Wäger, C., Das große Umsatzsteuer-Handbuch, Loseblatt, 61. Erg.-Lfg., Stand: Februar 2013.

Birkenfeld, W., Umsatzsteuerliche Organschaft und Gemeinschaftsrecht. GmbH & Co. KG als Organträger und als Organgesellschaft, in UR 1–2/2008, Köln, 2 ff.

Birkholz, H., Beschränkte Steuerpflicht und isolierende Betrachtungsweise, BB 1972, 173.

Bischof, S./Molzahn, S., Exposure Draft zu Änderungen des IAS 1, Konzern 2006, 674.

Bischoff, J., Anmerkungen zur geltenden steuerrechtlichen Bilanzierung von Optionsprämien beim Stillhalter, StB 2006, 248.

Bisle, M., Schaffung eines EU-Amtshilfe-Gesetzes durch das Jahressteuergesetz 2013, PIStB 2012, 304 ff.

Bjerke, J./Sogaard, S., Norway – Dell Wins Important Agency Permanent Establishment Case, International Transfer Pricing Journal, 2012 (Volume 19), No 3.

Black, F./Scholes, M., The Pricing of Options and Corporate Liabilities, The Journal of Political Economy, Vol. 81, No. 3 (May–Jun., 1973), 637–654.

Blackburn, D./Tzenova, S., The 25 Percent Rule in Patent Damages: Dead and Now Buried, NERA Publishing Series, 10. Juni 2011.

Literaturverzeichnis

Blair, R./Lafontaine, F., The Economics of Franchising, Cambridge 2005.

Blaurock, U., Handbuch der Stillen Gesellschaft, 7. Aufl., Köln, 2009.

Blömer, W.-M., Zweifelsfragen im Zusammenhang mit der Gebührenpflicht verbindlicher Auskünfte, DStR 2008, 1866 ff.

Blum, A./Lange, B., Beratungs- und Gestaltungshinweise zum BMF-Schreiben vom 13.10.2010 , GmbHR 2011, 65.

Blumenberg, J., Ausgesuchte Neuregelungen des DBA-USA, Ubg 5/2008, S. 269.

Blumenstein, E./Locher, P., System des schweizerischen Steuerrechts, 6. Aufl., Zürich 2002.

Blumers, W./Weng, B., Betriebsstätte bei Einschaltung einer Managementgesellschaft, DStR 2012, 551–553.

Blumers, W., Funktionsverlagerung per Transferpaket, BB 2007, 1757 ff.

Blümich, W., Einkommensteuergesetz, Körperschaftssteuergesetz, Gewerbesteuergesetz: Kommentar, 122. Aufl., München, Loseblatt, Stand: März 2014.

Blüte, J., Die neuere Rechtsprechung des BGH zur Strafbewehrung von § 153 AO: Prüfstein für Strafrechtsdogmatik und Verfassungsrecht im Steuerstrafrecht, BB 2010, 607 ff.

Bock, C., Der betriebliche Schuldzinsenabzug nach § 4 Abs. 4a EStG: Systematik und neuste Entwicklungen in der Rechtsprechung, StB 2006, 95.

Böcker, F./Dichtl, E., Erfolgskontrolle im Marketing, Berlin 1975.

Böcker, F./Helm, R., Marketing, 8. Aufl., Stuttgart 2009.

Böcker, H., Aktuelle Erfahrungen bei der Prüfung von Kostenumlageverträgen mit ausländischen verbundenen Unternehmen, StBp 2008, 8 ff.

Böcker, H., Lizenzzahlungen an verbundene ausländische Unternehmen in BB, Heft 4/ 1991, 73–83.

Böcker, H., Steuerliche Prüfung und Behandlung von Lizenzzahlungen an verbundene ausländische Unternehmen, StBp 1991, 73 ff.

Bödefeld, A./Kuntschik, N., Der überarbeitete Verhaltenskodex zur Anwendung des EU-Schiedsübereinkommens, IStR 2010, 474 ff.

Bödefeld, A./Kuntschik, N., Schiedsverfahren nach DBA, IStR 13/2009, München, 449 ff.

Bödefeld, A./Kuntschik, N., Verständigungs- und Schiedsverfahren nach dem EU-Schiedsabkommen – Theorie und Praxis, IStR 8/2009, München 268 ff.

Bodenmüller, R., Steuerplanung bei Funktionsverlagerungen ins Ausland – Ertragsteuerliche Folgen, Strategien und Modelle, Düsseldorf 2004.

Boemle, M./Lutz, R., Der Jahresabschluss, Bilanz – Erfolgsrechnung – Geldflussrechnung – Anhang, Zürich 2008.

Bogajewskaja, J., Exposure Draft des IASB zur Änderung des IAS 1 Presentation of Financial Statements, BB 2006, 1155.

Böhmer, J., Sperrwirkung eines DBA gegenüber den vGA-Sonderbedingungen, IStR 2013, 270 ff.

Boidman, N., Bulletin for International Fiscal Documentation 2000, 339–342.

Böing, C., BFH: Verdeckte Gewinnausschüttung – Sperrwirkung von Art. 6 Abs. 1 DBA-Niederlande 1959 (Art. 9 Abs. 1 OECDMustAbk) gegenüber Sonderbedingungen bei beherrschenden Gesellschaftern, BB 2013, 360 ff.

Boller, T./Eilinghoff, K./Schmidt, S., § 50d Abs. 10 EStG i. d. F. des JStG 2009 – ein zahnloser Tiger?, IStR 2009, 109.

Bond, R., Bond's Franchise Guide, 21. Aufl., 2010.

Bonertz, R., Nicht abziehbare Betriebsausgaben als Bestandteil von Verrechnungspreisen nach der „cost plus methode" und bei Kostenumlagen, DStR 2013, 426.

Boorberg, W./Strüngmann, T./Wendelin, B., Zur Abnutzbarkeit entgeltlich erworbener Warenzeichen und Arzneimittelzulassungen-Anmerkungen zum BMF-Schreiben vom 27.2.1998, DStR 1998, 421, DStR 1998, 1113–1118.

Bordewin, A./Brandt, J., EStG, Kommentar, Loseblatt, Heidelberg, Stand Juni 2014.

Literaturverzeichnis

Bornhaupt, K. J., BFH-Rechtsprechung zur Lohnsteuer im 2. Halbjahr 2005, Fach 6a, S. 403, NWB 2006, 1681.

Borstell, T./Brüninghaus, D./Dworaczek, M., Zweifel an der Rechtmäßigkeit von Verrechnungspreiskorrekturen nach § 1 AStG – Ausblick nach dem BFH-Beschluss vom 21.6.2001, IStR 2001, 757 ff.

Borstell, T./Schäperclaus, J., Was ist eigentlich eine Funktion?, IStR 2008, 275 ff.

Borstell, T./Wehnert, O., Lizenzzahlungen im Konzern, IStR 2001, 127 ff.

Borstell, T., Funktionsverdoppelungen, IStR 2009, 329 ff.

Borstell, T., Verrechnungspreisprobleme bei Funktionsverlagerung, StBJb 2001/2002, 201–237.

Borstell, T./Prick, M., German court bans secret comparables, International Tax Review 1999, 9 ff.

Borstell, T./Prick, M., Grundsatzentscheidung zu anonymen Vergleichsdaten in der Prüfung von Verrechnungspreisen, IStR 1999, 304 ff.

Boykin, R./Felgran, S./Taylor, A./Vögele, A./Tsiopoulos T., Global Transfer Pricing in the Age of the Euro, The European American Business Journal, 1999.

Bramo-Hackel, D./Groß, C., UFS bekräftigt Nachweispflicht der Abgabenbehörde, SWI 2010, 324.

Brandenberg, H. B., Aktuelle Entwicklungen im internationalen Steuerrecht, BB 2008, 864 ff.

Brandenberg, H., Wiedereinführung des Mitunternehmererlasses?, FR 2000, 1182 ff.

Brandtner, U. B./Raffel, M., § 15b EStG: Die neue Regelung der Verlustrechnung bei Steuerstundungsmodellen, BB 2006, 639.

Breen, J./Kochman, N., Addressing the Economic Downturn Under Existing Transfer Pricing Methods, TNI June 22, 2009, 1047 ff.

Brem, M./Tucha, T., Dokumentation von Verrechnungspreisen zur Strukturierung der Angemessenheitsanalyse, IStR 2006, 499.

Breuninger, G./Prinz, U., Ausgewählte Bilanzierungs- und Steuerrechtsfragen von Mezzaninefinanzierungen, DStR 2006, 1345.

Brezing, K./Krabbe, H./Lempenau, G./Mössner, J.-M./Runge, B., Außensteuerrecht, Kommentar, Herne 1991.

Brezing, K., Verrechnungsentgelte und Umlagen zwischen Kapitalgesellschaften und ihren Gesellschaftern im Steuerrecht, 1975.

Briese, A., Die verdeckte Einlage in eine Kapitalgesellschaft. Ein Beitrag für eine rechtsformneutrale Gewinnermittlungskonzeption, GmbHR 2006, 1136.

Briese, A., Fragwürdige Korrespondenz bei verdeckten Gewinnausschüttungen und verdeckten Einlagen durch den Gesetzentwurf des Jahressteuergesetzes 2007, BB 2006, 2110 ff.

Briesemeister, S., Hybride Finanzinstrumente im Ertragsteuerrecht, Düsseldorf 2006.

Brinkmann, J./Maier, A./Brandstätter, D., Forschung und Entwicklung – Optimierung durch Nutzung ausländischer Steueranreize, IStR 2009, 563–567.

Brocke, K. von/Tippelhofer, M., Mitwirkungspflichten und Amtsermittlungsgrundsatz bei grenzüberschreitenden Sachverhalten, IWB Fach 11, Gruppe 2, 949 ff.

Brockhagen, J., Verrechnungspreise bei Funktionsverlagerungen, Marburg 2007.

Brockmann, K./Hörster, R., Überblick über das Steueränderungsgesetz 2007, Fach 3, 14107 NWB 2006, 2567.

Brockmann, K., Regierungsentwurf für ein Jahressteuergesetz 2009 – Wesentliche Änderungen gegenüber dem Referentenentwurf, DStR 2008, Heft 26, VI.

Browers, C. P., Courts, Contracts, and the Appropriate Discount Rate: A Quick Fix for the Legal Lottery, in University of Chicago Law Review, 1996.

Brown, S. J./Warner, J. B., Using Daily Stock Returns: The Case of Event Studies, Journal of Finance and Economics, Vol. 14, No. 3, 3–31, 1985.

Brozat, T., Die Konkretisierung der erhöhten Mitwirkungspflicht (§ 90 Abs. 2 AO) bei Zahlungen ins Ausland, DStR 1983, 76 ff.

Literaturverzeichnis

Bruckner, K., Privatvermögen einer Kapitalgesellschaft – Analyse und Kritische Anmerkungen, ÖStZ 2003, 110 ff.

Brücks, M./Kerkhoff, G./Stauber, J., IFRS 7: Darstellung und Umsetzungsaspekte, Teil 1, Konzern 2006, 363 ff.

Brülisauer, P./Kuhn, S., Allokation und Reallokation von betrieblichen Funktionen und Risiken im multinationalen Konzern – Betriebswirtschaftliche, rechtliche und steuerrechtliche Aspekte der Errichtung von Principal-Gesellschaften, IFF Forum für Steuerrecht 2002/2, 81 ff.

Brüninghaus, D./Bodenmüller, R., Tatbestandsvoraussetzungen der Funktionsverlagerung, DStR 2009, 1285 ff.

Bruschke, G., Sanktionen bei einem Verstoß gegen die Dokumentationspflichten für Verrechnungspreise, DStZ 2006, 575 ff.

Buchta, J., Haftung und Verantwortlichkeit des Vorstands einer Aktiengesellschaft – Eine Bestandsaufnahme«, Der Betrieb, 2006, S. 1939 ff.

Budde, W. D., Beck'scher Bilanz-Kommentar, Handels- und Steuerrecht – §§ 238 bis 339 HGB, 8. Aufl., München 2012.

Budde, W. D., Beck'scher Bilanz-Kommentar, Handels- und Steuerrecht – §§ 238 bis 339, 342 bis 342e HGB mit EGHGB und IAS, IFRS-Abweichungen, 6. Aufl., München 2006.

Bühler, O., Prinzipien des internationalen Steuerrechts, München 1964.

Bühring, M., Gebrauchsmustergesetz, 8. Aufl., Köln 2011.

Bunjes, J./Geist, R./Heidner, H.-H., Umsatzsteuergesetz Kommentar, München, 11. Aufl. 2012.

Burger, A./Ulbrich, P./Knoblauch, J., Zur Reform der Bilanzierung von Forschungs- und Entwicklungsaufwendungen nach IAS 38, KOR 2006, 729.

Bürger, S., Innergemeinschaftliche Lieferungen im Reihengeschäft, UR 2012, 941–947.

Burgmaier, B., Quo vadis Reihengeschäft?, UR 2012, 838–842.

Burkert, M., Funktionsverlagerungen im internationalen Konzern Teil II, IStR 2003, 357.

Burkert, M., in *Kleineidam H.-J.,* Unternehmenspolitik und Internationale Besteuerung – Festschrift für Lutz Fischer, Berlin 1999.

Burmester, G./Endres, D., Außensteuerrecht, Doppelbesteuerungsabkommen und EU-Recht im Spannungsverhältnis, Festschrift für H. Debatin zum 70. Geburtstag, München 2007.

Busche, J., Mittelbare Patentverletzung – zu den dogmatischen Grundlagen eines Rechtsinstituts, GRUR 2009, S. 236 ff.

Büschgen, H., Internationales Finanzmanagement, Frankfurt 1997.

Busse, R./Keukenschrijver, A. (Hrsg.), Patentgesetz, 7. Aufl., Berlin 2013.

Buxbaum, C., Konzernhaftung bei Patentverletzung durch die Tochtergesellschaft, GRUR 2009, 240 ff.

Cagianut, F. /Vallender, K. A., Steuerrecht, FS Ernst Höhn, 1995.

Cain, M. D./Denis, D. J./Denis, D. K., Earnouts: A Study of Financial Contracting in Acquisition Agreements, Working Paper Krannert Graduate School of Management, Purdue University 2006.

Calderwood, J. A., Pricing for intangibles, goods and services under super-royalty: a Canadian review, Intertax 1989, 93 ff.

Carl, D./Klos, J., Geheimnisschutz bei der internationalen Amtshilfe in Steuersachen, IStR 1995, 225 ff.

Carle, T./Rosner, C., Mezzanine Finanzierungen, KOESDI 2006, 15 365.

Carle, T., GmbH vs. Ltd. – Eine Übersicht, KOESDI 2006, 15 157.

Carreno-Rodriguez, A., International Transfer Pricing Journal 2012, 257.

Castedello, M./Klingbeil, C./Schröder, J., IDW RS HFA 16: Bewertung bei der Abbildung von Unternehmenserwerben und bei Werthaltigkeitsprüfungen nach IFRS, WPg 2006, 1028 ff.

Literaturverzeichnis

Castedello, M./Schmusch, M., Markenbewertung nach IDW S 5, Wpg 2008, 350 ff.

Cerkia, B./Bienabe E./Kirsten J., The economics of geographical indications: towards a conceptual framework for geographical indication resarch in developing countries, WIPO (ed.), The economics of intellectual property, Genf 2008.

Chambers, C. R., A Conversion to Direct Costs, N. A. C. A. – Bulletin (33) 1951/52, 791 ff.

Chip, W., Manufacturing Foreign Base Company Sales Income, TNI December 3, 2007, 975 ff.

Chip, W., Virtual contract manufacturing: The last frontier?, TNI July 9, 2012, 169 ff.

Chrocziel, P., Einführung in den Gewerblichen Rechtsschutz und das Urheberrecht, 2. Aufl., München 2002.

Ciresa, M., Urheberwissen für die Praxis, Wien 2008.

Clarke, I., The intra-group financing aspect, BNA Tax Planning International: Special Report, Transfer Pricing in a Recession, Washington, London, 2009, 51 ff.

Clausnitzer, J./Woopen, H., Internationale Vertragsgestaltung – Die neue EG-Verordnung für grenzüberschreitende Verträge (Rom I-VO), BB 2008, 1798 ff.

Clemens, M./Laurent, N., Die gewerbesteuerrechtliche Hinzurechnung von Lizenzzahlungen, DStR 2008, 440.

Cloer, A./Trinks, M., Einseitiges Überschreiben von DBA zulässig?, PIStB 7/2012, 173 ff.

Coenenberg, A. G., Jahresabschluss und Jahresabschlussanalyse, 19. Aufl., Stuttgart 2003.

Constantin, C., Some Thoughts on Transfer Prices for Industrial Property Rights and Technology, Intertax 1982, 436 ff.

Corsten, H./Reiß, M., Betriebswirtschaftslehre, 2. Aufl., München Wien, 1996.

Cöster, T./Nacke, A., Einnahmeüberschussrechnung im Visier des Gesetzgebers. Kritische Bemerkung zum Entwurf eines Gesetzes zur Eindämmung missbräuchlicher Steuergestaltung, NWB, 2006, 645.

Cottier T./Véron P. (Hrsg.), Concise International and European IP Law, TRIPS, Paris Convention, European Enforcement and Transfer of Technology, 2. Aufl. 2011.

Cox, A./Rusek, S., The Demise Of Junk Science And The 25 % Rule, Law360, 28 Juli 2010.

Cremer, U., Bilanzierung und Abgrenzung eines Disagios, Fach 30, 1831, BBK 2006, 673.

Cremer, U., Buchungen zur Ansparabschreibung, Fach 30, 1803, BBK 2006, 217.

Cremer, U., Leasing in Handels- und Steuerbilanz. Vorteile des Leasings, Leasingalternativen und bilanzielle Behandlung, Fach 17, 2099, NWB 2006, 3365.

Cremer, U., Verdeckte Einlagen. Ermittlung des zu versteuernden Einkommens und Buchungen, Fach 30, 1789, BBK 2006, 45.

Crezelius, G., Steuerrecht II, Besonderes Steuerrecht, 1991, StVj 1992, 184.

Crüger, A./Bodenstein, R., Fremdvergleich im Rahmen der deutschen Thin-Capitalization-Rules des § 8a KStG nach § 90 Abs 3 AO, RIW 2005, 500–502.

Crüger, A./Köhler, H., Avalprovision: Fremdvergleichskonforme Berechnung mittels Credit Default Swaps, RIW 2008, 378 ff.

Crüger, A., Fremdvergleich im Rahmen des § 8b Abs. 3 KStG a. F., § 8b Abs. 3 KStG sowie der allgemeinden Dokumentationsvorschriften nach § 90 Abs. 3 AO, IStR 2009, 159 ff.

Csoklich P./Macho R., Produktionsverlagerung und Ertragsteuerrecht, ÖStZ 2009, 909/ 443.

Curtis, S. L./Marriott, C./Nusubidze, I., An econometric adjustment for risk, Tax Management Transfer Pricing Report, Vol 19, No. 1 (6 May, 2010), 34–41.

Curtis, S./Ruhashyankyko, J. F., Risk adjustments to the comparable range, Transfer Pricing International Journal, Vol. 12, No 05, 07/09/2003.

Czakert, E., Seminar I: Der internationale Informationsaustausch bei der Festsetzung und Beitreibung von Steuern, IStR 2010, 567 ff.

Literaturverzeichnis

D'Alessandro, V.P., Improving the Resolution of International Tax Disputes, TNI September 28, 2009, 1153 ff.

Dagnese, N./Kras, M./Mank, K., Dokumentation von Verrechnungspreisen – Kann der Mercosur der Europäischen Union folgen?, Fach 10, Gruppe 2, 1921, IWB 2006, 913.

Dahnke, H., Betriebsstättenbesteuerung: Zuordnung von Generalkosten des ausländischen Stammhauses gegenüber der inländischen Betriebsstätte, IStR 1996, 475 ff.

Dahnke, H., Kostenumlagen: Kostennachweis anhand der Unterlagen der ausländischen Dienstleistungsgesellschaft, IStR 1994, 24.

Dahnke, H., Lizenzzahlungen neben dem Warenbezugspreis durch eine inländische Vertriebsgesellschaft an die ausländische Produktions-Muttergesellschaft, IStR 1993, 167 ff.

Dahnke, H., Überlagerung von Warenzeichen- und Namensrechten, IStR 1993, 271 ff.

Dahnke, H., Verwaltungsgrundsätze zur Betriebsstättenbesteuerung, Praxis Internationale Steuerberatung 2000, 28 ff.

Dahnke, H., Kostenverrechnung bei internationaler Arbeitnehmerentsendung, IStR 1992, 99 ff.

Damböck, A./Nowotny, C./Galla, H., Verrechnungspreisrichtlinien, Wien 2012.

Dann, M./Mengel A., Tanz auf dem Pulverfass oder: Wie gefährlich leben Compliance-Beauftragte, NJW 2010, 3265 ff.

Dannecker, A./Werder, A., Mehrfache Gebühren für eine verbindliche Auskunft?, BB 2011, 2268 ff.

Daurer, V., SWI-Jahrestagung: Verrechnungspreise bei Übernahme von Bürgschaftsgarantien, SWI 2011, 55.

Dausend, F./Schmitt, D., Erste empirische Befunde zum Tax CAPM, FB 2006, 153.

David, J./Meyer, C., Interest and Discount Rates in Intellectual Property Damages, Economic Approaches to Intellectual Property Policy, Litigation, and Management, NERA Economic Consulting, 2005.

Dawid, R./Dorner, K., Anpassungsrechnungen bei Anwendung der Preisvergleichsmethode im Rahmen der Bestimmung konzerninterner Verrechnungspreise, IWB Nr. 5 v. 13.3.2002, F. 10, Gr. 2, 1549.

De Weerth, J., Zoll- und Umsatzsteuerprobleme des Vertriebs von Datenbanken auf CD-ROM, IStR 1998, 257.

Deaton, A./Muellbauer, J., An Almost Ideal Demand System, The American Economic Review 1980, Vol. 70, No. 3, 312–326.

Debatin, H., Außensteuerreformgesetz, DStZ/A 1972, 265 ff.

Debatin, H., Das Betriebsstättenprinzip der deutschen Doppelbesteuerungsabkommen, DB 1989, 1692 ff., 1740 f.

Debatin, H., Gewinnberichtigungen bei Geschäftsbeziehungen zum Ausland, RIW 1975, 596 ff.

Debatin, H., Investitionen der deutschen Wirtschaft in Frankreich, DB 1962, 973.

Debatin, H., StÄndG 1992 und „Treaty Override", DB 43/1992, 2159 ff.

Debatin, H., Subjektiver Schutz unter Doppelbesteuerungsabkommen, BB 1989, Beilage 2, 1 ff.

Debatin, H./Wassermeyer, F., Doppelbesteuerung, Kommentar, Loseblatt, 124. Ergänzungslieferung, München, Stand: Oktober 2013.

Decher, C., Grenzüberschreitende Umstrukturierung jenseits von SE und Verschmelzungsrichtlinie, Konzern 2006, 805.

Decker, C./Looser, S., Neuregelung des Steuerabzugs nach § 50a EStG ab 2009, IStR 2010.

Dédeyan, D., Macht durch Zeichen, Baden-Baden 2004.

Delp, L., Der Verlagsvertrag, 8. Aufl., München 2008.

Deneckere, B.R./Davidson, C., Incentives to Form Coalitions With Bertrand Competitions, RAND Journal of Economics 16, 1985, 473–486.

Literaturverzeichnis

Denk, C./Heitzinger, F., Die Anrechnung von Leasingaufwendungen für die Ermittlung des Forschungsfreibetrages, ÖStZ 1999, 558.

Denk, C./Heitzinger, F., Die handels- und steuerrechtliche Behandlung von langfristigen Fertigungsaufträgen unter Einbezug internationaler Aspekte, ÖStZ 2000/513, 244.

Denk, C., Bilanzsteuerliche Aspekte des Konjunkturbelebungsgesetzes 2002, SWK 2002/17, 492.

Deutsche Bundesbank, Die neue EWU-Zinsstatistik – Methodik zur Erhebung des deutschen Beitrags, Monatsbericht Jan. 2004.

Deutscher Franchise Verband, DFV Pressemitteilung, 21. April 2008.

Dickinson, F. J., Bulletin for International Taxation 2012, Volume 66 Number 3.

Dinkelbach, W., Sensitivitätsanalysen und parametrische Programmierung, Berlin, Heidelberg, New York 1969.

Dißars, U.-C., Ungeklärte Rechtsfragen der tatsächlichen Verständigung, NWB 2010, 2141.

Dißars, U.-C., Verzögerungsgeld nach § 246 Abs. 2b AO – ein neues Sanktionsintrument der Finanzverwaltung, Stbg 2010, 246 ff.

Ditz, X./Bärsch, S.-E./Schneider, M., Internationale Rechtsprechung zur Begründung von Vertreterbetriebsstätten – Implikationen für Kommissionärsstrukturen in Deutschland? Ubg 2013, 493.

Ditz, X./Just, D., Besteuerung einer Produktionsverlagerung nach der Funktionsverlagerungsverordnung – Praxisbeispiele, DB 2009, 144 f.

Ditz, X./Quilitzsch, C., Aktuelle Entwicklungen im Hinblick auf die Definition der Betriebsstätte, FR 2012, 493.

Ditz, X./Schneider, M., A German Perspective on International Transfer Pricing Case Law, TNI July 11, 2011, 123 ff.

Ditz, X./Schneider, M., Änderungen des Betriebsstättenerlasses durch das BMF-Schreiben vom 25.8.2009, DStR 2010, 81

Ditz, X./Schneider, M., Internationales Rechtsprechung zu Verrechnungspreisen, DB 2011, 779 ff.

Ditz, X., Aufgabe der finalen Entnahmetheorie – Analyse des BFH-Urteils vom 17.7.2008 und seiner Konsequenzen, IStR 4/2009, 115 ff.

Ditz, X., Gewinnabgrenzung zwischen Stammhaus und Betriebsstätte – Neue Entwicklungen auf Ebene der OECD unter besonderer Berücksichtigung des E-Commerce, IStR 2002, 210 ff.

Ditz, X., Internationale Gewinnabgrenzung bei Betriebsstätten und nationale Gewinnermittlungsvorschriften im Lichte aktueller Entwicklungen bei der OECD, IStR 2005, 37 ff.

Ditz, X., Praxisfall einer Funktionsverlagerung unter besonderer Berücksichtigung der VWG-Funktionsverlagerung vom 13.10.2010, IStR 2011, 125 ff.

Ditz, X., Praxisfall einer Verrechnungspreisprüfung und Funktionsverlagerung, IStR 2009, 421 ff.

Ditz, X., Reichweite des digitalen Datenzugriffs der Finanzverwaltung im nationalen und internationalen Konzern, DStR 2004, 2038.

Ditz, X., Übertragung von Geschäftschancen bei Funktionsverlagerungen ins Ausland – Darstellung an ausgewählten Beispielen, DStR 2006, 1625 ff.

Dokalik, D., Probleme der Akkumulation von Urheber- und Leistungsschutzrechten bei der Musikverwertung, Dissertation, 2004, http://juridicum.univie.ac.at/fileadmin/dissertationen/dokalik_musikurheberrecht_diss.pdf.

Döllerer, G., Die Kapitalgesellschaft und ihre Gesellschafter in der neueren Rechtsprechung des Bundesfinanzhofs, DStR 1984, 383 ff.

Döllerer, G., Gesellschafterdarlehen an die gewerbliche Personengesellschaft, DStZ 1992, 646 ff.

Döllerer, G., Verdeckte Gewinnausschüttung und verdeckte Einlage nach neuem Körperschaftsteuerrecht, DB 1979, 57 ff.

Literaturverzeichnis

Döllerer, G., Verdeckte Gewinnausschüttungen und verdeckte Einlagen bei Kapitalgesellschaften, 2. Aufl., Heidelberg 1990.

Dommes, S., Immaterielle Wirtschaftsgüter und Verrechnungspreise, ÖStZ 2012/761, 389.

Dommes, S., OECD veröffentlicht „Interim Discussion Draft" zu Verrechnungspreisaspekten bei immateriellen Wirtschaftsgütern,- Lindeverlag, Wien - SWI 2012.

Dommes, S./Gahleitner, G./Steiner, G., APA-Verfahren in Österreich: Rechtlicher Rahmen und erster Erfahrungsbericht, SWI 2009, 56 ff.

Dommes, S./Gläser, L./Heidenbauer, S./Hohenwarter, D./Mamut, A.-M./Schneeweiss, H., „Transfer Pricing and Intangibles" und „Conflicts in the Attribution of Inocme to a Person", ÖStZ 2008/240, 105.

Doralt, W. (Hrsg.), Die Besteuerung der Kapitalgesellschaft, Festschrift für Bauer 1986.

Doralt, W./Ruppe, H. G./Mayr, G., Steuerrecht Band I, 11. Aufl., Wien 2013.

Doralt, W., Der gemeine Wert und denkunmögliche Auslegung, RdW 2002, 369.

Doralt, W., EStG-Kommentar, 16. Lieferung, Stand 1.1.2013, Wien.

Dörfler, H./Vogl, A., Unternehmensteuerreform 2008: Auswirkung der geplanten Zinsschranke anhand ausgewählter Beispiele, BB 2007, 1084 ff.

Dörfler, O./Adrian, G., Zum Referentenentwurf des Bilanzrechtsmodernisierungsgesetzes (BilMoG): Steuerliche Auswirkungen, DB, Beilage 1, 2008, 44 ff.

Dörfler, O./Heurung, R./Adrian, G., Korrespondenzprinzip bei verdeckter Gewinnausschüttung und verdeckter Einlage, DStR 2007, 514 ff.

Dorner, K./Dawid, R., Die Bestimmung angemessener Verrechnungspreise – Erhöhung der Vergleichbarkeit von Profitabilitätskennzahlen durch Anpassungsrechnungen, IWB Nr. 6 v. 27.3.2002, F. 10, Gr. 2, 1563.

Dornheim, B., Steuerliche Behandlung von Medienfonds, Auswirkungen der Entscheidung des FG München vom 8.4.2011, DStR 2011, 1793.

Dorsch, E., Zollrecht, Kommentar, Loseblatt, Stand: Oktober 2014.

Dötsch, E./Pung, A./Möhlenbrock, R. (DPM), Die Körperschaftsteuer, Kommentar zum Körperschaftsteuergesetz, Umwandlungsteuergesetz und zu den einkommensteuerrechtlichen Vorschriften der Anteilseignerbesteuerung, 80. Aufl., Stuttgart, Loseblatt, Stand: April 2014.

Dreier, T./Schulze, G., Urheberrechtsgesetz, 4. Aufl., München, 2013.

Dreßler, G., Gewinn- und Vermögensverlagerung in Niedrigsteuerländer und ihre steuerliche Überprüfung, 4. Aufl. 2007.

Dreßler, G., Unbeachtlichkeit ausländischer Auskunftsverbote im deutschen Steuerrecht, StBp 1992, 149 ff.

Dreyer, G./Kotthoff, J./Meckel, A., Urheberrecht: Urheberrechtsgesetz, Urheberrechtswahrnehmungsgesetz, Kunsturhebergesetz, 3. Aufl., Heidelberg 2013.

Dreyer, H., H. a. a. S.-Report: Hinweise auf aktuelles Steuerrecht, StB 2006, 245.

Droscha, A./Reimer, E., Verlagerung der Buchführung in andere EG-Mitgliedstaaten?, DB 2003, 1689 ff.

Dubs, R./Euler, D. et al., Einführung in die Managementlehre, Bern Haupt 2004.

Duden, Das Bedeutungswörterbuch, Bd. 10, 4. Aufl., Mannheim 2010.

Düll, A./Fuhrmann, G./Eberhard, M., Unternehmenssteuerreform 2001: Die Neuregelung des § 6 Abs. 5 Satz 3 EStG – sog. Wiedereinführung des Mitunternehmererlasses, DStR 2000, 1713 ff.

Dürrfeld, A./Wingendorf, P., Lizenzierung von Markenrechten im Konzern, IStR 2005, 464 ff.

Durst, M. C., The OECD's Discussion Draft on Safe Harbors – And Next Steps, TNI August 13, 2012, 647 ff.

Durst, M. C., The OECD's Discussion Draft on Transfer Pricing for Intangibles, TNI July 30, 2012, 447 ff.

Dziadkowski, D., Umsatzsteuerliche Behandlung von Gegenstandsentnahmen (unentgeltlichen Wertabgaben) nach Ablauf des Berichtigungszeitraums, UR 2011, 92–101.

Literaturverzeichnis

Ebenroth, C. T./Boujong, K./Joost, D./Strohn, L., Handelsgesetzbuch Bd. I: §§ 1–342e, Kommentar, 2. Aufl., München 2008.

Ebenroth, C.-T., Code of Conduct – Ansätze zur vertraglichen Gestaltung internationaler Investitionen, Monographien zum deutschen und internationalen Wirtschafts- und Steuerrecht, Bd. 10, Konstanz 1987.

Ebenroth, C.-T., Die verdeckte Vermögenszuwendungen in transnationalen Unternehmen, Bielefeld 1979.

Ebering, A., Wann sind Preisanpassungsklauseln bei Funktionsverlagerungen i. S. von § 1 Abs. 3 Satz 9 AStG fremdüblich?, IStR 11/2011, 418 ff.

Ebert, G., Kosten- und Leistungsrechnung, 4. Aufl., Wiesbaden 1987.

Ebling, I., Vermögenssteuer bei Auslandsbeteiligungen beschränkt. Steuerpflichtiger, IWB, F 3, Deutschland, Gr. 8.

Ebling, K., Überlegungen zum neuen Außensteuerrecht aus der Sicht der steuerlichen Betriebsprüfung, StBp 1971, 218 ff.

Eckert, K.-H., Nachweispflichten und Vertrauensschutz bei innergemeinschaftlichen Lieferungen und Ausfuhrlieferungen. Ableitung von Praxisempfehlungen aus der Rechtsprechung, Umsatzsteuer Fach 6, in: BBK 22/2008, Herne, 1479 ff.

Eckert, K. H., Übersicht über die Änderungen bei der Umsatzsteuer, BBK Fach 6, 1479–1492 (22/2008).

Eckert, R., Rechtsschutz gegen „Treaty Overriding", RIW 1992, 386.

Eckes, B./Sittmann-Haury, C., Die neue Offenlegungsvorschriften zu Finanzinstrumenten nach IFRS 7 Aussagegehalt und Implikationen für die Praxis, WPg 2006, 425.

Eckl, P., Generalthema I, Die Definition Betriebsstätte, IStR 15/2009, 510.

Ehrenzeller, B./Mastronardi, P./Schweizer, R. J./Vallender, K. A. (Hrsg.), Die schweizerische Bundesverfassung: Kommentar, 2. Aufl., Zürich 2008.

Ehrke-Rabel, T./Ritz, C., Verbindliche „Rulings" im Steuerrecht, RdW 2010, 662.

Eich, H. D., Grenzüberschreitende Amtshilfe in Steuersachen, KöSDI 2010, 17041 ff.

Eichmann, H./von Falckenstein, R., Geschmacksmustergesetz, 4. Aufl., München 2010.

Eicker, K./Röhrbein, J., Gemeinschaftsrechtliche Unbedenklichkeit der unterschiedlichen Behandlung von verbundenen Unternehmen nach DBA bei der Vereinbarung von Verrechnungspreisen, WPg 2006, 1355.

Eidgenössischen Institut für Geistiges Eigentum, The effects of Protecting Geographical Indications, Ways and Means of their Evaluation, Bern 2011.

Eigelshoven, A., Ebering, A., Schmidtke, R., Der OECD-Diskussionsentwurf vom 6.6.2012, IWB 2012, 487 ff.

Eigelshoven, A., Gemeinschaftsrechtliche Bedenken des BFH gegen § 1 AStG, IWB 2001, F. 3 Gr. 1, 1761.

Eigelshoven, E./Nientimp, A., Die Dokumentation angemessener Verrechnungspreise nach den Verwaltungsgrundsätze-Verfahren: Eine kritische Analyse, DB 22/2005, 1184.

Eigelshoven, E./Nientimp, A., Internationale Verrechnungspreise und formale Kriterien beim Institut der verdeckten Gewinnausschüttung, DB 2003, 2307 ff.

Eilers, S./Dann, H., Gesetzgebung gegen Steuerhinterziehung – von Steueroasen, BB 2009, 2399 ff.

Eilers, S./Wienands, H.-G., Advance Pricing Agreements, IStR 1995, 311 ff.

Eisele, D., Entwurf eines Gesetzes zur Erleichterung der Unternehmensnachfolge Rechtsänderung außerhalb der Stundungs- und Erlassregelung, NWB 2006, 3693.

Eisele, F., Grenzüberschreitende Funktionsverlagerung: Recht und Besteuerung im Einheitsunternehmen und Konzern, Diss., München 2003.

Eisele, W./Knobloch A. P., Technik des betrieblichen Rechnungswesens – Kosten- und Leistungsrechnung, Sonderbilanzen, 8. Aufl., München 2011.

Eiselt, A./Müller, S./Wulf, I., Kombinierte analytische Ergebnisbereinigung und Erfolgsspaltung bei Rechnungslegung nach IFRS, KOR 2006, 131.

Literaturverzeichnis

Eismayr, R. / Schnell, M., Betriebsprüfungserfahrungen multinationaler Unternehmen in Deutschland, IWB 2010, 907 ff.

Ekey, F. L. / Klippel, D. / Bender, A. (Hrsg.), Markenrecht, Band 1, 2. Aufl., Heidelberg 2009.

Elbert, D., Die digitale Außenprüfung, Diss. Heidelberg, Hamburg 2009.

Elicker, M. / Hartrott, S., Zur steuerlichen Behandlung von Medienfonds mit Defeasance-Struktur BB 2011, 1879.

Ellinger, W. / Iro, F. / Kramer, G. / Sutter, F. / Urtz, C., Bundesabgabenordnung – BAO, 2005.

Ellinger, W., Auffassung Aussentheorie zu § 22 BAO, ÖStZ 1975, 202.

Ellroth, H. / Hoyos, M. / Förschle, G. / Winkeljohann, N., Beck'scher Bilanz-Kommentar, Handels- und Steuerbilanz, 7. Aufl., München, 2010.

Elmore, W., Countries Increasingly Interested in Multilateral APAs, Panelists Say, TNI November 7, 2011, 407.

Endres, D. / Jacob, F. / Gohr, M. / Klein, M., DBA Deutschland/USA, Doppelbesteuerungsabkommen, München 2009.

Endres, D. / Oestricher, A., Dokumentation der Angemessenheit von Verrechnungspreisen – Eine empirische Untersuchung zum Einsatz von Unternehmensdatenbanken, (Hrsg., PwC/Universität Göttingen), Frankfurt 2005.

Endres, D. / Wolff, U., Musterfälle zum revidierten deutsch-amerikanischen Doppelbesteuerungsabkommen, IStR 2006, 721 ff.

Endres, D., Der praktische Fall: Der Verzicht auf Dividenden Quellensteuern im neuen Steuerabkommen mit den USA, PIStB 2006, 259.

Endres, D., Der praktische Fall: Typische Fragen bei einer Inbound-Investition, PIStB 2006, 118.

Endres, D., Der praktische Fall: Zur steueroptimalen Vergabe von Eigen- oder Fremdkapital ins Ausland, PIStB 2006, 255.

Engel, B. / Hilbert, L., Sperrwirkung des Art. 9 Abs. 1 OECD – MA bei verdeckten Gewinnausschüttungen, IWB 2013, 123 ff.

Engler, G., Änderung von Verrechnungspreisen in der Rezession, IstR 2009, 685 ff.

Englisch, J., Anmerkungen zu EuGH, U. v. 13.12.2005, Marks & Spencer, IStR 2006, 22.

Englisch, J., Einige Schlussfolgerungen zur Grundfreiheitskompatibilität des § 1 AStG – zugleich Anmerkung zum Urteil des EuGH in der Rs. SGI, IStR 4/2010, 139 ff.

Englisch, J., Europarechtliche Einflüsse auf den Untersuchungsgrundsatz im Steuerverfahren, IStR 2009, 37 ff.

Englisch, J., Nachweispflichten und Vertrauensschutz bei innergemeinschaftlichen Lieferungen, UR 2008, 481–494.

Epstein, R. J. / Rubinfeld, D. L., Merger Simulation: A simplified Approach with new Applications, Antitrust Law Journal 69, 2002, 883–919.

Erb, M., Das Dotationskapital von Betriebsstätten international tätiger Kreditinstitute: Offene Fragen bei der Anwendung der Verwaltungsgrundsätze in der Praxis, IStR 2008, 608 f.

Erb, M., Das steuerliche Dotationskapital inländischer Betriebsstätten internationaltätiger Kreditinstitute – die neuen BMF-Grundsätze, IStR 10/2005, 328 f.

Erbs, G. / Kohlhaas, M. (Hrsg.), Strafrechtliche Nebengesetze, 190. Ergänzungslieferung, München, Stand: Juli 2012.

Erdmann, C., Historische versus erwartete Risikoprämie, FB 2006, Beilage Heft 6.

Ernst & Young, 2010 Global Transfer Pricing Survey - Addressing the challenges of globalization, 2011. Online im Internet: URL: http://www.ey.com/Publication/vwLUAssets/Global_transfer_pricing_survey_-_2010/$FILE/2010-Globaltransferpricingsurvey_17 Jan. pdf. [Abrufdatum: 14.10.2012]

Ernst & Young, Precision under pressure, Global transfer pricing survey, 2007–2008.

Literaturverzeichnis

Ernst & Young, Verrechnungspreise – Dokumentationsmanagement nach den neuen Mitwirkungspflichten, Bonn/Berlin 2003.

Ernst & Young/BDI, Die Unternehmensteuerreform 2008, Berlin, 2007.

Ernst, C./Seidler, H., Kernpunkte des Referentenentwurfs eines Bilanzrechtsmodernisierungsgesetzes, BB 2007, 2557 ff.

Escaut, P., The Tax Treatment of Transfer Pricing, Länderbericht Frankreich, I. B. F. D.

Escher, S./Kruger, K., The Cost of Carry and Prejudgement Intesest, in Litigation Economics Review 6, 2003.

Esskandari, M./Bick, D., Innergemeinschaftliche Lieferungen, UStB 2012, 139–143.

Everett, M., Der Einfluss der EuGH-Rechtsprechung auf die direkten Steuern, DStZ 2006, 357.

Fabozzi, F.J./Choudhry, M., The handbook of Eropean Fixed Income Securities, John Wiley & Sons, 2004.

Fabry, B./Trimborn, M., Die mittelbare Patentverletzung – Das unterschätzte Geschäftsrisiko, GRUR 2008, 861 ff.

Falk, B./Wolf, J., Handelsbetriebslehre, 10. Aufl., Landsberg am Lech 1991.

Farnschläder, M., Dauerverluste und verdeckte Gewinnausschüttung, IWB 1991/15 Fach 2, 565.

Fedina, L./Hales, S./Katz, A., Financial Institutions: Profit Split's New Frontier, Tax Management Transfer Pricing Report 5/2007, 2007.

Fehling, D., Das Global Forum on Transparency and Exchange of Information for Tax Purposes und die weltweite Akzeptanz des steuerlichen Informationsaustausch – eine Zwischenbilanz, IStR 2012, 353 ff.

Fehringer, S., Verträge über Immaterialgüterrechte, Wien 2010.

Feißel, A./Gorn, C., Finanzkrise vs. Pacta sunt servanda – Vertragsanpassung in Krisenzeiten, BB 2009, 1138 ff.

Feldgen, R., Die umsatzsteuerliche Organschaft im Konzern, BB 2010, 285.

Feldstein, M.J., Permanent Injunctions and Running Royalties in a Post eBay World, Intellectual Property Today, September 1, 2009.

Felix, G./Streck, M., KStG, Körperschaftsteuergesetz 1977.

Felix, G., Körperschaftsteuerliche beurteilung sog. „Regiekosten" international tätiger Konzerne, StuW 1964, 19 ff.

Fellner, K.-W., Stempel- und Rechtsgebühren, 10. Auf., 12.Lfg, Stand März 2010.

Fernandez, C., The Concept of Permanent Establishment in the Courts: Operating Structures Utilizing Commission Subsidiaries, Bulletin for International Taxation 2013, Volume 67, No. 6.

Feuerbaum, E., Internationale Besteuerung des Industrieanlagenbaus, 1. Aufl., Herne 1983.

Fezer K.-H., Kommentar zum Markengesetz, zur Pariser Verbandsübereinkunft und zum Madrider Markenabkommen: Dokumentation des nationalen, europäischen und internationalen Kennzeichenrechts, 4. Aufl., München 2009.

Fezer, K.-H., Handbuch Markenpraxis, 4. Aufl., München 2012.

Fezer, K.-H., Markenrecht, 4. Aufl., München 2009.

Fichtelmann, H., Ausgewählte Fragen zur Betriebsaufspaltung, GmbHR 2006, 345.

Fiehler, K., Vergütungsformen von funktions- und risikoarmen Vertriebsgesellschaften, IStR 13/2007, 464 ff.

Finan, W./The, I./Tontcheva, T., Practical Issues in Preparing EU Transfer Pricing Documentation – Applying TNMM on a Pan-European Basis, TMTP Special Report October 2005, 7.

Fink, E.H., Transfer pricing – Lessons from Sunstrand, Intertax 1991, 311 ff.

Fink, J.U., Gewinnzurechnungsmethoden im Verhältnis zwischen inländischem Stammhaus und ausländischer Betriebsstätte, RIW 1988, 43 ff.

Finsterwalder, O., Bemessung von Verrechnungspreisen bei grenzüberschreitenden Know-how-Überlassungen im Konzern, IStR 2006, 355 ff.

Literaturverzeichnis

Finsterwalder, O., Einführung von Dokumentationssystemen bei internationalen Verrechnungspreisen – Anlass zur Prüfung grenzüberschreitender Risiko- und Funktionsverlagerungen, IStR 2004, 763.

Finsterwalder, O., Einkünfteabgrenzung bei grenzüberschreitenden Geschäftsbeziehungen, DStR 2005, 765 ff.

Fischbach, N., Die steuerrechtliche Behandlung von Lizenzgebühren und Vergütungen für technische Dienstleistungen in Brasilien aus deutscher Sicht, IWB 2001, 127 ff.

Fischer, L. (Hrsg.), Die neue OECD-Richtlinie zu Konzernumlagen, Steuerplanung zwischen Abkommens- und nationalem Außensteuerrecht – Forum der internationalen Besteuerung, Band 14, Köln, 1998, 157 ff.

Fischer, M., Europarecht und Körperschaftsteuerrecht, DStR 2006, 2281.

Fischer, P., Besteuerung von Renten aus Lebensversicherungen: Grundfragen einerErfassung des Zins und Ertragsanteils, Fach 3, 13 789.

Fischer, P., Gewerbesteuerbefreiung erstreckt sich auch auf Besitzunternehmen Fach 1, 236, NWB 2006, 2413.

Fischer, T./Klöpfer, E., Bilanzpolitik nach IFRS: Sind die IFRS objektiver als das HGB?, KOR 2006, 709.

Fischer, W./Looks, C./im Schlaa, S., Dokumentationspflichten für Verrechnungspreise – Aktuelle Erfahrungen mit der Betriebsprüfung und zukünftige Entwicklungen, BB 2010 Heft 4, 162.

Fischer, W.W./Klein, C./Eilers, M., Quellensteuerproblematik bei produktbegleitenden technischen Dienstleistungen in DBA-Outbound-Fällen. IStR 2012, 483–488.

Fischer, W.-W./Looks, C./im Schlaa, S., Dokumentationspflichten für Verrechnungspreise – Bisherige Erfahrungen mit der Betriebsprüfung und aktuellen Entwicklungen, BB 17/2007, Frankfurt, 918 ff.

Fischer, F.M./Romaine, R.C., Janis Joplin's Yearbook and the Theory of Damages, erschienen in Industrial Organization, Economics, and the Law: Collected Papers of Franklin M. Fischer, ed. John Monz, Cambridge 1991.

Fitch Ratings, Corporate Finance 2003 Transition and Default Study.

Fitzner, U./Lutz, R./Bodewig, T., Patentrechtskommentar, München 2012.

Fleischer, H. (Hrsg.), Vorstandsrecht, 1. Aufl., München 2006.

Flick, H./Wassermeyer, F./Baumhoff, H., Schönfeld, J., Außensteuerrecht, Kommentar, 71. Aufl., Köln, Loseblatt, Stand: November 2013.

Flick, H./Wassermeyer, F./Kempermann, M., Doppelbesteuerungsabkommen Deutschland-Schweiz, Kommentar, Loseblatt, 39. Ergänzungslieferung, Köln, Stand: Dezember 2013.

Flick, H., Deutsche Verwaltungsgrundsätze zu internationalen Verrechnungspreisen aus der Sicht der Unternehmen, JbfSt 1981/82, 135 ff.

Flick, H., Steuerliche Abzugsfähigkeit von Forschungskosten ausländischer Konzernspitzen, BB 1973, 286.

Flick, H., Vorteilsausgleich bei Schwestergesellschaften, FR 1973, 157 ff.

Flohr, E., Franchise-Vertrag, 4. Aufl., München 2010.

Fock, T., Investmentsteuerrecht und Einkommensteuergesetz am Beispiel von Garantiefonds, DStZ 2006, 503.

Förster, H.,/Mühlbauer, S., Konzernumlagen und Kostenweiterbelastungen aus umsatzsteuerlicher Sicht, DStR 2002, 1470.

Forster, E./Mühlbauer, S., Konzernumlagen und Kostenweiterbelastungen aus umsatzsteuerrechtlicher Sicht, DStR 2002, 1470–1476.

Förster, H./Naumann, M., Der neue OECD-Vorschlag zur Änderung der Betriebsstättengewinnermittlung nach Art. 7 OECD-MA im Vergleich zur bisherigen Auffassung, IWB v. 22.9.2004, F. 10 Gr. 2, 1777-179.

Förster, H., Der Entwurf zur Aktualisierung der Kapitel I und III der OECD-Verrechnungspreisleitlinien, IStR 2009, 720 ff.

Literaturverzeichnis

Förster, H., Die allgemeinen Verrechnungspreisgrundsätze des § 1 Abs. 3 AStG – Vergleich mit den aktualisierten Verrechnungspreisrichtlinien der OECD, IStR 2011, 20.

Förster, H., Veröffentlichung der OECD zur Revision des Kommentars zu Artikel 7 OECD-Musterabkommen, IStR 2007, 398 ff.

Förster, J., Beschluss zur Auslegung des Art. 10 DBA Deutschland-Niederlande, IStR 1995, Beihefter 9, 3 ff.

Förster, J., Niederlande: Beschluß zur Auslegung des Art. 10 DBA Deutschland-Niederlande, IStR 1995, Beihefter zu Heft 9, 3 ff.

Fowler, F. J., Survey Research Methods, 4. Auflage, SAGE Publications, 2009.

Franke, V./von Cölln, H.-H., Drum Prüfe, wer sich ewig bindet – Zur Bindungswirkung einer verbindlichen Auskunft nach § 89 AO, der neuen Steuer-Auskunftsverordnung und der Änderungen der AEAO, BB 2008, 584 ff.

Franz, E./Voulon, M., Abkommensrechtliche Behandlung von Sondervergütungen – Status Quo und Perspektiven, BB 2011, 1111–1119.

Franzen, K./Gast, B./Joecks, W., Steuerstrafrecht mit Steuerordnungswidrigkeiten und Verfahrensrecht, Kommentar, 6. Aufl., München 2005.

Freiherr v. Gravenreuth, G., Strafverfahren wegen Verletzung von Patenten, Gebrauchsmuster, Warenzeichen oder Urheberrechten, GRUR 1983, 349.

Freudenberg, M./Ludwig, C., Funktionsverlagerungen im Lichte des OECD Business Restructuring-Berichts, BB 2011, 215.

Freudenberg, M./Peters, H. M., Steuerliche Allokation von Restrukturierungsaufwendungen im Kontext von Funktionsverlagerungen, BB 2008, 1424 ff.

Freytag, U., Cost Sharing Arrangement in den USA, IStR 2009, 832 ff.

Friedrich, M. G., Bilanzierung von Public-Private-Partnership-Projekten beim Auftragnehmer nach HGB und IFRS, BB 2006, 1492.

Frischmuth, M., Fragwürdigkeiten der Verrechnungspreisermittlung beim Transferpaket nach der FVerlV – Grundsätze und Beispielfälle, StuB 2009, 174 ff.

Frischmuth, M., Funktionsverdoppelung im Visier des deutschen Fiskus – Quo vadis? IWB 2007, Fach 3, Gruppe 1, 2253 ff.

Frischmuth, M., Umsatzsteuergesetz 2008 und Verrechnungspreise nach § 1 AStG n. F., IStR 2007, 485 ff.

Fröhling, O./Krause, H., Systematisches Gemeinkosten-Management durch integrierte DV-gestützte Prozeßkostenrechnung, in Kostenrechnungspraxis, 1990/4, 223 ff.

Fromm, F.-K./Nordemann, A., Urheberrecht, 11. Aufl., Stuttgart 2014.

Frotscher, G., Grundfragen der Funktionsverlagerung, FR 2008, 49–57.

Frotscher, G., Internationales Steuerrecht, 3. Aufl., München 2009.

Frotscher, G., Korrektur der verdeckten Gewinnausschüttung außerhalb der Steuerbilanz, FR 2002, 859 ff.

Führich, G., Ist die geplante Zinsschranke europarechtskonform?, IStR 10/2007, 341 ff.

Führich, G., Theorie und Praxis der Rückstellungsbildung für die Entsorgung von Kernbrennelementen nach deutschem Bilanzrecht, Teil 1, WpG 2006, 1271.

Führich, G., Theorie und Praxis der Rückstellungsbildung für die Entsorgung von Kernbrennelementen nach deutschem Bilanzrecht, Teil 2, WpG 2006, 1349.

Furherr, G., Erhöhte Mitwirkungspflicht bei Auslandssachverhalten im Konzernverbund, ÖStZ 2004, 266 ff.

Gabert, I., Der Vorschlag der EU-Kommission zur Neufassung der EG-Amtshilferichtlinie, IWB 2009, Fach 11, Gruppe 2, 1015 ff.

Gabert, I., Informationsaustausch in Steuersachen – Die neue EU-Amtshilferichtlinie, IWB 2011, 250 ff.

Gabler Lexikon der Medienwirtschaft, 2014.

Gail, W., Aktienrechtliche Rückgewähr von Einlagen und steuerlich verdeckte Gewinnausschüttungen, WPg 1970, 237 ff.

Literaturverzeichnis

Gamm, O.-F. Frhr. v., Gebrauchsmustergesetz, 2. Aufl., München 1989.

Gassner W./Lang M./Lechner E., Aktuelle Entwicklungen im Internationalen Steuerrecht, Wien 1995.

Gassner, W./Lang, M./Lechner, E. (Hrsg), Festschrift 30 Jahre Steuerrecht an der WU-Wien, 1998.

Gassner, W. /Lang, M. /Lechner, E. (Hrsg), Der Entwurf eines österreichischen Außensteuergesetzes, 2001.

Gassner, W., Der Stand der Umgehungslehre des Steuerrechts, WBl 1987, FN 2.

Gassner, W., Die verdeckte Einlage in Kapitalgesellschaften, 2004.

Gassner, W., Grenzen der Mitwirkungspflichten des Steuerpflichtigen bei Auslandsbeziehungen, ÖStZ 2004, 178.

Gassner, W., Grundsatzfragen der Einkünftezurechnung, ÖStZ 2003, 438 ff.

Gassner, W., Interpretation und Anwendung der Steuergesetze, Wien 1972.

Gassner, W., Landesbericht Österreich, CDFI, 1996b, 323 ff.

Gasssner, W./Lang, M., Verdecktes Eigenkapital im österreichischen Steuerrecht, GesRZ 1987, 186 ff.

Gast, H.-P., Außergemeinschaftliche Lohnveredelung und innergemeinschaftliche funktionsändernde Werkleistung, NWB 1993, 2179 ff.

Geberth, G., Steinbrücks Wahlkampffrassel, Status: Recht 2009, 39.

Gebhardt, R., Ist § 1 Abs. 5 S. 8 AStG-E i. d. F. des JStG 2013 ein Treaty Override?, BB 2012, 2353–2355.

Gehlen, D., Mashup. Lob der Kopie, 2. Auflage, Berlin 2012.

Gehm, M., Strafrechtliche Fallstricke für den steuerlichen Berater bei Wahrnehmung seines Mandats, Stbg 2010, 165 ff.

Gercke, M., Die Bedeutung der Störerhaftung im Kampf gegen Urheberrechtsverletzungen - Möglichkeiten und Grenzen des auf die Störerhaftung gestützen Vorgehens gegen Urheberrechtsverletzungen im Internet, ZUM 2006, 593.

Gesmann-Nuissl, D./Wünsche, K., Neue Ansätze zur Bekämpfung der Internetpiraterie – ein Blick über die Grenzen, GRUR Int 2012, 225.

Geuenich, M./Kiesel, H., Tax Compliance bei Unternehmen – einschlägige Risiken und Folgerungen für die Praxis, BB 2012, 155.

Geurts, M., So much trouble …? Anmerkungen zum Steuerhinterziehungsbekämpfungsgesetz, DStR 2009, 1883 ff.

Gierlinger, B./Neschkudla, H., Schätzung von Besteuerungsgrundlagen: Was darf die Finanz wann und wie schätzen?, LexisNexis ARD ORAC, 2000.

Giesler, P./Dornbusch, S., Franchising: Die Steuerliche Behandlung von Marketingpools, DStR 33/2008, 1547 ff.

Giesler, P./Nauschütt, J., Franchiserecht, 2. Aufl., Köln 2007.

Gläser, S. C./Birk, M., Einkünfte aus Vermietung und Verpachtung beschränkt Steuerpflichtiger: Anmerkungen zum BMF-Schreiben vom 16.5.2011, BStBl I 2011, IStR 2011, 762–766.

Glashoff, H., Einkaufsprovisionen und Zollwert, ZfZ 1988, Nr. 12, 354 ff.

Glashoff, H., in DSTJG, Tagungsband 11, Zollwert, 135 ff.

Glenn, D., Determining Sample Size, PEOD6, IFAS Extension, University of Florida, 1992.

Gliniorz, S./Klattig, M., Das Ende der deutschen Hinzurechnungsbesteuerung? – Nachversteuerung trifft nur noch Auslandstöchter als Briefkastenfirmen, Fach 2, 9073, NWB 2006, 3969.

Gloria, C., Das steuerliche Verständigungsverfahren und das Recht auf diplomatischen Schutz, Berlin 1988.

Gloy, W./Loschelder, M./Erdmann, W. (Hrsg.), Handbuch des Wettbewerbsrechts, 4. Aufl., München 2010.

Gnaedinger, C./Jackson, R./Parillo, K. A./Stewart, D. D., Tax Havens play nice with OECD – for now, TNI April 13, 2009, 103.

Literaturverzeichnis

Gnaedinger, C., OECD's Owens Calls G-20 Summit 'Outstanding Success', TNI October 5, 2009, 24.

Gocke, R./Ditz, X., Internationale Verrechnungspreise und das Steuerstrafrecht, Festschrift für Michel Streck zum 70. Geburtstag.

Gocke, R./Gosch, D./Lang, M. (Hrsg.), FS für F. Wassermeyer, München 2005.

Gocke, R., Körperschaftsteuer, internationales Steuerrecht, Doppelbesteuerung, Festschrift für Franz Wassermeyer zum 65. Geburtstag, München 2005, 396.

Goette, W./Habersack, M., Münchener Kommentar zum Aktiengesetz, 3. Aufl. (ab 2008).

Gohdes, A., Bilanzierung versicherungsmathematischer Gewinne und Verluste: neue Ära in der internationalen Rechnungslegung für Pensionen, BB 2006, 990.

Gold, G., Steuerliche Abschreibungsmöglichkeit für Marken, DB 1998, 956.

Goldscheider, R./Jarosz, J./and Mulhern, C., Use Of The 25 Per Cent Rule In Valuing IP, Les Nouvelles Volume XXXVII No. 4, Dezember 2002.

Gonnet, S./Fris, P. /Coriano, T., Location Specific Advantages – Principles, BNA's Transfer Pricing International Journal, 06/2011.

Gonnet, S./Ikeya, M./Starkov, V., Location Specific Advantages – Case Studies, BNA's Transfer Pricing International Journal, 07/2011.

Görlich, W., Zur Systematik der Begriffe Betriebsausgaben, Werbungskosten und Aufwendungen für die Lebensführung, DB 1979, 711 ff.

Gosch, D./Kroppen, H.-K./Grotherr, S. (Hrsg.), DBA-Kommentar, Doppelbesteuerungsabkommen auf dem Gebiet der Steuern vom Einkommen und vom Vermögen und auf dem Gebiet der Erbschaftsteuer, Teil 1 und 2, 21. Ergänzungslieferung, Herne/Berlin. Dezember 2008

Gosch, D./Lang, M. (Hrsg.), Festschrift für Wassermeyer, München 2005, 163 ff.

Gosch, D., Keine „Steuerentstrickung" bei Überführung von Wirtschaftsgütern in eine ausländische Betriebsstätte – Praxis-Kommentar zum BFH v. 17.7.2008, I R 77/06, BFH-PR 2008, 499–501.

Gosch, D., Körperschaftsteuergesetz, Kommentar, 3. Aufl., München 2015.

Gosch, D., Über das Treaty Overriding – Bestandsaufnahme – Verfassungsrecht – Europarecht, IStR 2008, 413 ff.

Gosch, D., Verdeckte Gewinnausschüttung: Sperrwirkung von Art. 6 Abs. 1 DBA-Niederlande 1959 (Art. 9 Abs. 1 OECD-MA) gegenüber Sonderbedingungen bei beherrschenden Gesellschaftern, PR 2013, 88 ff.

Gosch, D., Zur steuerlichen Ermittlung und Verprobung von Konzernverrechnungspreisen bei einem Vertriebsunternehmen, StBp 2001, 360.

Götting, H.-P./Schertz, C./Seitz, W. (Hrsg.), Handbuch des Persönlichkeitsrechts, München 2008.

Götting, H.-P., Der Begriff des Geistigen Eigentums, GRUR 2006, 353.

Gräber, F., Kommentar zur Finanzgerichtsordnung, 7. Aufl., München 2010.

Gräbig, J., Aktuelle Entwicklungen bei Haftung für mittelbare Rechtsverletzungen – Vom Störer zum Täter: ein neues einheitliches Haftungskonzept?, MMR 2011, 504 ff.

Graf, H./Bisle, M., Internationaler Informationsaustausch und internationale Zusammenarbeit im Steuerstrafverfahren, IWB Fach 10, Gruppe 2, 1999.

Gragert, K., Ertragsteuerliche Behandlung der integrierten Behandlung im Gesundheitswesen – Gewerbliche Infizierung bei Gemeinschaftspraxen, Fach 3, 14 239, NWB 2006, 3529.

Grams, H./Schön, I., Die Künstlerbesteuerung nach dem Referentenentwurf des BMF und dem Regierungsentwurf zum Jahressteuergesetz 2009, IStR 2008, 656–661.

Grams, H./Ulbricht, J., BFH: Keine Abzugsteuer bei Produktionsleistungen ausländischer Bühnentechniker IStR 2011, no. 40.

Grams, H., Anmerkung zum Urteil BFH 17.10.2001, I R 19/01, IStR 2002, 274 ff.

Granwell, A. W./Desirgh, J., Zur Transferpreisgestaltung in den USA, RIW 1993, 1009 ff.

Literaturverzeichnis

Green, G., Intra-group services, Transfer Pricing Manual, 2008, 171 ff.

Green, G., Transfer Pricing Manual, 1. Aufl., London 2008.

Greene, W. H., Econometric Analysis, 5. Aufl., New York University 2002.

Greenwald, L. J., Xilinx: Time for a Tweak to Treas. Reg. Section 1.482-1 (b) (1), TNI July 12, 2010, 115 ff.

Greinecker, H. / Wagner, C., Haftung für Steuerplanung im Konzern – am Beispiel der Verrechnungspreisgestaltung, in: Vavrovsky, N. (Hrsg.), Handbuch Konzernhaftung, Wien, 83 ff.

Greinert, M. / Baumhoff, H., Steuerliche Anerkennung internationaler Verrechnungspreise bei Nichteinhaltung formaler Anforderungen – Anmerkung zum Urteil des FG Köln vom 22.8.2007, IStR 2008, 353.

Greinert, M. / Thiele, K., Steuerliche Behandlung von Funktionsverlagerungen vor 2008, DStR 2011, 1197.

Greinert, M., Besonderheiten bei der Dokumentation internationaler Verrechnungspreise im Fall der Übertragung und Nutzungsüberlassung immaterieller Wirtschaftsgüter, RIW 2006, 449.

Greinert, M., Maßgebende Überschussgröße zur Bewertung eines Transferpaketes bei grenzüberschreitenden Funktionsverlagerungen, DB 2009, 755 ff.

Greinert, M., Steuerliche Besonderheiten bei der Bewertung immaterieller Wirtschaftsgüter im Rahmen von grenzüberschreitenden Transaktionen im Konzern, Ubg 2010, 101 ff.

Griemla, S., Welcher Gewinn ist einer Vertreterbetriebsstätte zuzuordnen?, IStR 2005, 857–864.

Gröhs, B. / Jirousek, H. / Lang, M. / Loukota, H., Kurzkommentar zum neuen Doppelbesteuerungsabkommen Österreich-USA, Wien 1997.

Groß, M. / Rohrer, O., Lizenzgebühren, 3. Aufl., Frankfurt am Main 2012.

Groß, M., Aktuelle Lizenzgebühren in Patentlizenz-, Know-how- und Computerprogrammlizenz-Verträgen: 1998/1999, Beilage 10 zu BB Heft 48/2000, 24 ff.

Groß, M., Der Lizenzvertrag, 10. Aufl., Frankfurt am Main 2011.

Groß, S. / Georgius, A. / Matheis, P., Aktuelles zur bilanziellen Behandlung von ERP-Systemen – Anmerkung zum BMF-Schreiben vom 18.11.2005, DStR 2006, 339.

Grotherr, S. (Hrsg.), Verrechnungspreispolitik bei konzerninternen Lieferungsbeziehungen, Handbuch der internationalen Steuerplanung, 2. Aufl., Herne/Berlin 2003.

Grotherr, S., Handbuch der internationalen Steuerplanung, 3. Aufl., Herne/Berlin 2011.

Grotherr, S., Advance Pricing Agreements – Verfahren zur Vermeidung von Verrechnungspreiskonflikten, BB 2005, 855 ff.

Grotherr, S., Die Abgrenzung der eigenwirtschaftlich tätigen Kapitalgesellschaft von der funktionslosen Briefkastengesellschaft im Spiegel der neueren BFH-Rechtsprechung Fach 3, Gruppe 2, 1281, IWB 2006, 795.

Grotherr, S., International relevante Änderungen durch das JStG 2007 anhand von Fallbeispielen, Dach 3, Gruppe 3, 1445, IWB 2006, 1211.

Grotherr, S., Internationaler Vergleich der Verfahren für Advance Pricing Agreements (Teil I), IWB 2005, Fach 10 Gruppe 2, 1823 ff.

Grotherr, S., Internationaler Vergleich der Verfahren für Advance Pricing Agreements (Teil II), IWB 2005, Fach 10 Gruppe 2, 1837 ff.

Grünberger, D., Die Bilanzierung von Homepages, RdW 2001/476, 440.

Grützner, D., Berücksichtigung von vor dem 1.1.1999 entstandenen Unterentnahmen, StuB 2006, 571.

Grützner, D., Das Investitionszulagengesetz 2007, Fach 10, S. 757, BBK 2006, 989.

Grützner, D., Einschränkung des Verlustabzugs nach § 8 Abs. 4 KStG bei Branchenwechsel, StuB 2006, 753.

Grützner, D., Ermittlung des Einkommens und der KSt-Rückstellung für eine GmbH für 2005, Fach 13, 4881, BBK, 2006, 703.

Literaturverzeichnis

Grützner, D., In der Steuerbilanz gebildete Bewertungseinheiten zur Absicherung finanzwirtschaftlicher Risiken. Die Neuregelung des § 5 Abs. 1a EStG, StuB 2006, 334.

Guhl, T. (Hrsg.)/Koller, A./Schnyder, A. K./Druey, J. N., Das Schweizerische Obligationenrecht mit Einschluss des Handels- und Wertpapierrechts, Kommentar, 9. Aufl., Zürich 2000.

Gummert, H./Weipert, L. Münchener Handbuch des Gesellschaftsrechts, Band 1, BGB-Gesellschaft – Offene Handelsgesellschaft – Partnergesellschaft – Partenreederei – EWIV, 3. Aufl. 2009.

Günkel, M. /Lieber, B., Zur Änderung des Begriffs der „Geschäftsbeziehungen" in § 1 Abs. 4 AStG, IStR 2004, 229 - 231.

Günkel, M., Die Prüfung der steuerlichen Verrechnungspreise durch den Abschlussprüfer, WPg 1996, 839.

Gunsenheimer, G., Einkommensteuer: Die steuerliche Berücksichtigung der Vorsorgeaufwendungen nach dem Alterseinkünftegesetz, SteuStud 2006, 169.

Gunsenheimer, G., Übung – Die steuerliche Berücksichtigung der Vorsorgeaufwendungen nach dem Altereseinkünftegesetz, SteuStud 2006, 320.

Günter, S., Die ertragsteuerliche Behandlung grenzüberschreitender Funktionsverlagerungen, WPg 2007, 1082 ff.

Gürsching, L./Stenger, A., Kommentar zum Bewertungs- und Vermögensteuergesetz, Stand 1.2.2008.

Haaker, A./Mindermann, T., Pro & Contra – Entwicklungskosten als Vermögensgegenstand?, PiR 2012, 90 f.

Haaker, A., Einheitstheorie und Fair-value-Orientierung: Informationsnutzen der fullgoodwill-method nach ED IFRS 3, KOR 2006, 451.

Haarmann, W., Grenzen der Gestaltung im Internationalen Steuerrecht, mit Beiträgen von Kurt Miehler, Otmar Thömmes, Franz Wassermeyer, Klaus Vogel, Udo Henkel u. Ulrich Berger, Köln 1994.

Haase, F./Brändel, K., Steuerabzug bei Spielerleihe und Spielertransfer: Rechtsübertragung versus Nutzungsüberlassung, IWB 2010, 795–800.

Haase, F., Außensteuergesetz Doppelbesteuerungsabkommen, Kommentar, 2. Aufl., Heidelberg 2012.

Haase, F., Geistiges Eigentum im Steuerrecht, Nationales und Internationales Steuerrecht der immateriellen Wirtschaftsgüter, 1. Aufl., Köln 2012.

Haase, K. D./Hinterdobler, T., Besteuerung nicht entnommener Gewinne von Personenunternehmen – Ein Modell zur kurzfristigen Verbesserung der Eigenkapitalbildung, BB 2006, 1191.

Hack, D., Der Forschungsfreibetrag und die Forschungsprämie in der Prüfungspraxis, ÖStZ 2006/521, 236.

Hack, D., Die Zuordnung von standortbedingten Kosteneinsparungen (Location Savings) beim Lohnfertigermodell, ÖStZ 2009/628, 305.

Hack, D., Klinische Studien in der kommerziellen pharmazeutischen Forschung und steuerliche Forschungsförderung – Teil 1, ÖStZ 2007/588, 292.

Hack, D., Klinische Studien in der kommerziellen pharmazeutischen Forschung und steuerliche Forschungsförderung – Teil 2, ÖStZ 2007/626, 325.

Hack, D., Neuer Forschungsfreibetrag für Auftragsforschung, taxlex 2006, 7.

Hack, D., Richtstellung zum Artikel „Der Forschungsfreibetrag und die Forschungsprämie in der Prüfungspraxis", ÖStZ 2006/786, 378.

Hack, D./Polster-Grüll, B./Pernegger, R./Zöchling, H. (Hrsg.), Internationale Steuer-Fallstudien Lösungsansätze für Betriebsprüfung und Beratung, Wien 2011.

Hack, D., Betriebsprüfung: Die Zuordnung von standortbedingten Kosteneinsparungen (Location Savings) beim Lohnfertigermodell. Eine Analyse aus Verrechnungspreissicht, ÖStZ 2009, 305.

Hack, D., Marketing Intangibles im internationalen Konzern, taxlex 2008, 180.

Literaturverzeichnis

Hack, D., Werbekostenersatz bei Kündigung der Markenlizenz im internationalen Konzern, ÖStZ 2008, 559.

Hack, D., Werbekostenersatz bei Kündigung der Markenlizenz im internationalen Konzern, ÖstZ 2009, 305.

Haenicke, W., Drittaufwand und erweiterter Eigenaufwand, DStR 2006, 793.

Häfelin, U./Müller, G./Uhlmann, F., Allgemeines Verwaltungsrecht, 6. Aufl., Zürich/St.Gallen 2010.

Hagemann, T., DBA-Sperrwirkung bei verdeckter Gewinnausschüttung an beherrschenden Gesellschafter, PISt 2012, 32 ff.

Hagen, J., Sachverhalte mit Auslandsbezug: Erhöhte Mitwirkungs- und Aufzeichnungspflichten, NWB Fach 2, 9907.

Hahn, H./Suhrbier-Hahn, U., Mitwirkungspflichten bei Auslandssachverhalten europarechtswidrig?, IStR 2003, 84.

Hahn, H., Bemerkungen zu EuGH, U. v. 12.9.2006, Cadburry & Schweppes, IStR 2006, 667.

Hahn, H., Gestaltungsmissbrauch im Sinne des § 42 AO, DStZ 2006, 431.

Hahn, H.-J./Weber, A., Die OECD, Organisation für wirtschaftliche Zusammenarbeit und Entwicklung, Baden-Baden 1976.

Hahne, K. D., Umsatzsteuerliche Organschaft mit Personengesellschaften europarechtlich geboten?, DStR 2008, 910–914.

Hahne, K. D., Bilanzierung von Bewertungseinheiten gemäß § 5 Abs. 1a EStG bei Fälligkeitsunterschieden, BB 2006, 2291.

Haiß, U., Gewinnabgrenzung bei Betriebsstätten im Internationalen Steuerrecht, Neuwied 2000.

Hammer, M./Thees, C., Realisationszeitpunkt von Investmenterträgen in der Bilanz, DStZ 2006, 338.

Hammer, R. M./Lowell, C. H./Burge, M./Levey, M. M., Transfer Pricing in Germany, International Transfer Pricing, OECD Guidelines, Boston 1997, 14–59 ff.

Hammerstrand, M./Törner, M. J., Revised EU Code of Conduct Limits the Scope of Serious Tax Penalties, TNI Ocotber 19, 2009, 191.

Hangarter, D., Erweiterte Mitwirkungspflicht bei Auslandsbeziehungen und schweizerischer Geheimnisschutz, RIW 1982, 176–181.

Hann, P., An Update on the EU Joint Transfer Pricing Forum, TNI October 19, 2009, 191.

Happe, R., Die Einnahmeüberschussrechnung nach § 4 III EStG, Fach 8, 3129, BBK 2006, 757.

Happe, R., Urlaubsrückstellungen in Handels- und Steuerbilanz. Grundlagen und Berechnung, Fach 12, S. 6865, BBK 2006, 575.

Hardeck, I., Steuerhinterziehungsbekämpfungsgesetz – Regelungsinhalt und Implikationen für die Praxis, IWB 2009, Fach 3, Gruppe 1, 2431 ff.

Harder, A., Modelle für Bestellmengenrabatte – Eine Analyse aus der Sicht des Lieferanten und seiner Kunden, Düsseldorf 1980.

Harksen, N./Möller, T., Nachweispflichten im grenzüberschreitenden Warenverkehr, UStB 2008, 78–85.

Harrington, J., No Dispute About the Increasing Importance of Arbitration in Tax Treaties, TNI September 6, 2010, 753.

Harte-Bavendamm, H., Handbuch der Markenpiraterie in Europa, München 2000.

Hartmann, A./Metzenmacher, C., Umsatzsteuer-Kommentar, 7. Aufl., Berlin 2011.

Häseler, H./Hörmann, F./Kros, F., Unternehmensbewertung, Wien 2007.

Hasenburg, C., Klarstellung der Bilanzierung von Planvermögen, Interpretationsentwurf IFRIC D 19, WpG 2006, 1400.

Hasselbach, K./Nawroth, C./Rödding, A., Beck'sches Holding Handbuch – Rechtspraxis der verbundenen Unternehmen. Gesellschaftsrecht, Steuerrecht, Rechnungslegung, Arbeitsrecht, Kartellrecht, München 2011.

Literaturverzeichnis

Hasselblatt, G. N., Münchener Anwaltshandbuch Gewerblicher Rechtsschutz, 4. Aufl., München 2012.

Hauschka, C., Die Voraussetzungen für ein effektives Compliance System i. S. von § 317 Abs. 4 HGB, DB 2006, 1143.

Häuselmann, H., Die Besteuerung des Global Trading, RIW 1997, 857 ff.

Häuselmann, H., Grenzüberschreitender Wertpapierhandel unter Einschaltung von Auslandsniederlassungen und Tochtergesellschaften, IStR 2003, 139 ff.

Hausman, J./Leonard G. K./Zona, J. D., Competitve Analysis with Differentiated Products, Annales d'Economie et de Statistique 34, 1994.

Hausman, J./Leonard G. K., The Competitive Effects of a NEW Product Introduction: A Case Study, Journal of Industrial Economics 50, 2002, 237–264.

Hautsch, R. S., Fall Cornelia Matz: Aufgabe aus den Steuern vom Einkommen und Ertrag, SteuStud 2006, 535.

Haybäck, G., Grundzüge des Marke- und Immaterialgüterrechts, Skriptum, 3. Aufl., Lexisnexis Orac, 2009.

Hebing, W., Internationale Verrechnungspreise, Bonn 1981.

Hecht, S. A./Lampert, S., Die einkommensteuerrechtliche Behandlung der Überlassung von Software (Teil I), FR 2009, 1127–1132.

Hecht, S. A./Lampert, S., Die einkommensteuerrechtliche Behandlung der Überlassung von Software (Teil II), FR 2010, 68–72.

Hechtner, F./Hundsdörfer, J., Unbeabsichtiger Reichensteuer auf Gewinneinkünfte: Belastungswirkungen und Gestaltungsspielräume, BB 2006, 2123.

Hefermehl, W./Köhler, H./Bornkamm, J., Gesetz gegen den unlauteren Wettbewerb, 30. Aufl., München 2011.

Heger, K., Berichtigung und Änderung von Steuerbescheiden nach der AO anhand von Fällen aus der Rechtsprechung, DStZ 2006, 393.

Heil, U./Russenschuck, V., Die persönliche Haftung des GmbH-Geschäftsführers, BB 1998, 1749.

Heil, U./Wagner, A. in: Münchener Vertragshandbuch Bd. 3: Wirtschaftsrecht II, Abschn. III., Franchising, 6. Aufl., München 2009.

Heimert, M., Intangible Property, in: Green, Transfer Pricing Manual, 2008, 223 ff.

Hein, B., Änderung Zollkodex-DVO, AW-Prax 1996, 351 ff.

Heine, P., Direct Costing, eine anglo-amerikanische Teilkostenrechnung, ZfhF 1959, 515 ff.

Heinen, E., Industriebetriebslehre, 9. Aufl., Wiesbaden 1991.

Heinrich, R./Schmitt, V., Bilaterales Advance Pricing Agreement: Ein Erfahrungsbericht, DB 2006, 2428 ff.

Heintges, S./Kamphaus, C./Loitz, R., Jahresabschluss nach IFRS und Zinsschranke, DB 23/2007, 1261 ff.

Helbling, C., Unternehmensbewertung und Steuern: Unternehmensbewertung in Theorie und Praxis, insbesondere die Berücksichtigung der Steuern aufgrund der Verhältnisse in der Schweiz und in Deutschland, 9. Aufl., Düsseldorf 1998.

Hellebrand, O./Himmelmann, U., Lizenzsätze für technische Erfindungen, 4. Aufl., Köln 2011.

Hellwig, P., Das Außensteuergesetz, eine Problembereicherung für die Steuerfachwelt, DStZ/A, 1973, 13 ff.

Hemmelrath, A./Kepper, P., Die Bedeutung des „Authorized OECD Approach" (AOA) für die deutsche Abkommenspraxis, IStR 2013, 37–42.

Henke, M./Siebert, H., Accounting, Auditing und Management: Festschrift für Wolfgang Lück, Berlin 2008.

Henn, G., Patent- und Know-how-Lizenzvertrag, 5. Aufl., Heidelberg 2003.

Henrichs, J., Kündbare Gesellschaftereinlage, nach IAS 32, WpG 2006, 1253.

Henschall, J./Smith, G., OECD's Draft Chapter IV „Special Considerations for Intangibles", Transfer Pricing International Journal, Vol. 13 . (13 TPTP 4, 06/12/2012).

Literaturverzeichnis

Henseler, S., Doppelte Haushaltsführung bei ledigen Arbeitnehmern, DStR 2006, 1437.

Henze, T., Gemeinschaftsrechtliche Vorgaben für den Nachweis der innergemeinschaftlichen Lieferung, EU-UStB 2007, 89–93.

Hermann, C./Heuer, G./Raupach, A., Einkommensteuer- und Körperschaftsteuergesetz, Loseblatt, Stand: Juni 2013.

Herzig, N./Briesemeister, L., Medienfonds mit Defeasance-Struktur – Steuerliche Konsequenzen von Schuldübernahmeverpflichtungen, Ubg 2011, 581.

Herzig, N./Gellrich, K., Harmonisierung der steuerlichen Gewinnermittlung in der EU. Überlegungen zur Konzeption von Rückstellungen, IStR 2006, 757.

Herzig, N./Günkel, M./Niemann, U. (Hrsg.), Steuerberater-Jahrbuch 1997/1998, 1998, 115 ff.

Herzig, N./Tobin, J./Eckhardt T., Funktionsverlagerung, Handbuch Unternehmensteuerreform 2008, Münster 2008.

Herzig, N./Wagner, T., EuGH-Urteil: Marks & Spencer: Begrenzter Zwang zur Öffnung nationaler Gruppenbesteuerungssysteme für grenzüberschreitende Sachverhalte, DStR 2006, 1.

Herzig, N./Wagner, T., EuGH-Urteil: Marks & Spencer: Grenzüberschreitende Verlustrechnung in der Gruppe, Konzern 2006, 176.

Herzig, N., Erfahrungen aus dem BilMoG aus steuerlicher Sicht, DB 2012, 1343.

Herzig, N., Rückstellungpflichten aus den ERA-Einführungstarifverträgen in der Metall- und Elektroindustrie, BB 2006, 1551.

Herzig, N., Thema I: Hybride Finanzinstrumente im nationalen und internationalen Steuerrecht, IStR 2000, 482 ff.

Heß, I., Die Realteilung einer Personengesellschaft. Anmerkungen zum BMF-Schreiben vom 28.2.2006, DStR 2006, 777.

Heuer, I./Titgemeyer, M., Besteuerung von Personengesellschaften in den EU-Staaten: Options- oder Mischmodell als Schritt in Richtung einer rechtsformneutralen Unternehmensbesteuerung, StB 2006, 414.

Hey, F. E. F., Anmerkungen zu: FG Köln 7.7.1993, 6 K 4693/87, RIW 1994, 889 ff.

Hey, J., Verletzung fundamentaler Besteuerungsprinzipien durch die Gegenfinanzierungsmaßnahmen des Unternehmensteuerreformgesetzes 2008, BB 24/2007, 1303 ff.

Higinbotham, H./Chew, S. M., Coping with the Economic Downturn: Comparing Arm's Length Benchmarks During a Volume Recession, NERA Economic Consulting, 1. März 2010, www.nera.com.

Higinbotham, H., US Perspective on marketing intangibles and Services, National Economic Research Associates (NERA), 2006.

Hilber, M./Knorr, G./Müller, S., Serververlagerungen im Konzern, CR 2011, 417 ff.

Hilgard, M., Earn-Out-Klauseln beim Unternehmenskauf, BB 48/2010, 2912 ff.

Hirschler, K., Bilanzrecht Kommentar, Wien 2010.

Hirschler, K., Rechtsformplanung im Konzern, Wien 2000.

Hirt, L., Der Schutz schweizerischer Herkunftsangaben, Bern 2003.

Hobster, J./Trahan, S., Transfer pricing risk management: empirically-based guidance, BNA Transfer Pricing Aspects of IP and Intangibles, 2008.

Hochreutener, H.-P., Verrechnungssteuer auf geldwerten Leistungen: Lockerung der Direktbegünstigungstheorie, Der Schweizer Treuhändler 1–2/2001, 87 ff.

Hoffman-Becking, M., Münchner Handbuch des Gesellschaftsrechts, Band 4: Aktiengesellschaft, 3. Aufl., München 2007.

Hoffmann, W.-D./Lüdenbach, N., Der Diskussionsentwurf des IASB-Mitarbeiterstabes zum SME-Projekt, DStR 2006, 1903.

Hoffmann, W.-D./Lüdenbach, N., NWB Kommentar Bilanzierung, 4. Aufl., Herne 2013.

Hoffmann, W.-D., Der Preisvergleich als vorrangige Methode zur Prüfung des angemessenen Verrechnungspreises im internationalen Konzern, RIW/AWD, 1977, 10 ff.

Literaturverzeichnis

Hoffmann, W.-D., Kommentar zum BFH-Urteil vom 17.10.2001, GmbHR 2001, 1169.

Hoffmann, W.-D., Retrograde Bewertung des Vorratsvermögens, PIR 2006, 240.

Hofians, R., Immaterielle Werte im Jahresabschluß, Steuerbilanz und Einheitswertermittlung, Wien 1992.

Hofstätter, F./Reichel, K./Büsser, S./Ehrke-Rabel, T./Fellner, K.-W/Sutter, F. P./Zorn, N., Die Einkommensteuer (EStG 1988), Kommentar, Band III, Orac Lexisnexis, Loseblatt, Stand 51. Lfg (Februar 2012).

Hoheisel, M., Belastungswirkungen des § 8a KStG, GmbHR 2006, 802.

Höhn, E. (Hrsg.), Handbuch des internationalen Steuerrechts der Schweiz, Schriftenreihe Finanzwirtschaft und Finanzrecht, Bd. 38, 2. Aufl., Bern/Stuttgart/Wien 1993.

Höhn, E./Waldburger, R., Steuerrecht, Bd. 1, Grundlagen, Grundbegriffe, Steuerarten, Interkantonales und Internationales Steuerrecht, Steuerverfahrens- und Steuerstrafrecht, 9. Aufl., Bern/Stuttgart/Wien 2001.

Höhn, E./Waldburger, R., Steuerrecht, Bd. 2, Steuern bei Vermögen, Erwerbstätigkeit, Unternehmen, Vorsorge, Versicherung, 9. Aufl., Bern/Stuttgart/Wien 2002.

Hollaus P./Rest T., Abzugssteuer bei inländischer Beratungstätigkeit als Steuerfalle, SWI 2012/1, 31.

Hölscher, C., Das neue Energiesteuergesetz, DStZ 2006, 441.

Hölscher, C., Die Kollision von Verrechnungspreis und Zollwert, IStR 1999, 347 ff.

Holthaus, J., Aktuelle Anwendung der Rückfallklauseln der DBA in der Praxis – Wo und wann kann die Finanzverwaltung trotz geänderter Rechtsauffassung des BFH noch „weiße Einkünfte" verhindern? IStR 2005.

Holthaus, J., Nationale Behandlung der nach DBA steuerfreien Einkünfte nach dem JStG 2009 - Progressionsvorbehalt, quo vadis?, DStZ 2008, 188–192.

Holzer, S., Geschützte Ursprungsbezeichnungen (GUB) und geschützte geographische Angaben (GGA) landwirtschaftlicher Erzeugnisse, Ihre Stellung im globalen, europäischen und schweizerischen Recht zum Schutz geographischer Herkunftsangaben, Bern 2005.

Hölzle, S., Collée rückwärts oder logische Fortsetzung der umsatzsteuerlichen Beurteilung innergemeinschaftlicher Lieferungen? Anmerkung zu EuGH v. 7.12.2010 - Rs. C-285/09 – (R), DStR 2011, 602–607.

Homburg, C./Krohmer, H., Marketingmanagement, Wiesbaden, 2. Aufl. 2006.

Hommel, M./Buhleier, C./Pauly, D., Bewertung von Marken in der Rechnungslegung – eine kritische Analyse des IDW ES 5, BB 2007, 371 ff.

Hoor, O., Der OECD-Diskussionsentwurf zur Revision des Kommentars zu Art. 5 (Betriebsstätte) im OECD-Musterabkommen, IStR 2012, 17–21.

Höppner, H.-D., Der Bericht des OECD-Steuerausschusses über Verrechnungspreise und multinationale Unternehmen, StBp 1981, 56 ff.

Höppner, H.-D., Der neue Verrechnungspreis-Erlaß, Grundsätzliche Probleme aus Sicht der Verwaltung, StBp 1983, 121 ff.

Hoppstädter, K., Besteuerung von Lizenz-, Know-how- und Beratungsvergütungen im Verhältnis zum Ausland, StBp 1971, 241 ff.

Höreth, U./Franke, V., Steuerliche Gestaltungsüberlegungen zum Jahresende 2006, BB 2006, 2553.

Höreth, U./Stelzer, B./Welterm, C., Unternehmenssteuerreform 2008 – Die Vorschläge der Bund/Länder-Arbeitsgruppe, BB 2006, 2665.

Hornig, M., Die Funktionsverlagerung ab 2008 aus internationaler Sicht, PiS 2008, 45 ff.

Hornig, M., Steuerliche Förderung von Forschung und Entwicklung in Deutschland, BB 2010, 215 ff.

Horschitz, H./Groß, W./Fanck, B., Bilanzsteuerrecht und Buchführung, 13. Aufl., Stuttgart 2013.

Literaturverzeichnis

Horst, T., Employee Stock Options and the Xilinx Case, TNI September 7, 2009, 849 ff.

Horvath, P./Mayer, R., Prozeßkostenrechnung – Der neue Weg zu mehr Kostentransparenz und wirkungsvolleren Unternehmensstrategien, Controlling 1989/4, 214 ff.

Horvath, P., Controlling, München 1990.

Hosp, T./Moosbrugger, M., Der steuerliche Informationsaustausch zwischen Deutschland und Liechtenstein, IWB 2009, Fach 5, Gruppe 2, 37 ff.

Hötte, D. A., Anmerkung zu BGH, Urteil vom 6.5.2009 – I ZR 39/06, MMR 2009.

Hottmann, J., Forschungs- und Entwicklungskosten in Handels- und Steuerbilanz, StBp 1982, 286 ff.

Hrehorovska, L., Tax Harmonisation in the European Union, Intertax 2006, 158.

Hruschka, F., Die bilanzielle Behandlung von Filmverwertungsrechten – Replik zu Radau, DStR 2003, 1278.

Hruschka, F., Totgesagte leben länger: Bedeutet die Entscheidung des EuGH in der Rechtssache Ritter-Coulais das Ende von 32a EStG, IStR 2006, 629.

Hubert, T., Internationale Einkünfteabgrenzung bei Betriebsstätten, StuB 2006, 739.

Hubert, T., Sonderfragen der Realteilung – Die aktuelle Sicht der Verwaltung, StuB 2006, 449.

Hübschmann, W./Hepp, E./Spitaler, A., Abgabenordnung – Finanzgerichtsordnung, Loseblatt, 15. Band, Köln, Stand: 2014.

Hüffer, U., Aktiengesetz: AktG, 10. Aufl., München 2012.

Hügel, H., Die Bewertung von Sacheinlagen im Handelsrecht und Steuerrecht, GesRZ 1992, 262 ff.

Hull, J. C., Options, Futures, and Other derivatives, Prentice Hall, 6 edition (10 Jun 2005).

Hummel, S./Männel, W., Kostenrechnung 1, 4. Aufl., Wiesbaden 1986.

Hundt, F., UN-Musterabkommen zur Vermeidung der Doppelbesteuerung zwischen Industriestaaten und Entwicklungsländer, RIW/AWD 1981, 306 ff.

Huschens, F., Beleg- und Buchnachweispflichten bei Ausfuhrlieferungen ab 1.1.2012, UVR 2012, 77.

Huschens, F., Umsatzsteuerrechtliche Behandlung von Dienstleistungen nach der neuen EU-Durchführungsverordnung, UVR 2011, 220–224.

Hutter, U., Die persönlichen Motive und deren Feststellung in der Liebhaberei-Rechtsprechung des Bundesfinanzhofs, DStZ 1998, 344 ff.

Hutter, U., Kein Halbteilungsgrundsatz als Belastungsobergrenze bei der Einkommen- und Gewerbesteuer, Fach 3, 14 037, NWB 2006, 2009.

IdW zum OECD-Bericht über die Verrechnungspreis bei multinationalen Unternehmen, DB 1980, 2453 ff.

IdW, Auswirkungen einer Abkehr von der Going-Concern-Prämisse auf den handelsrechtlichen Jahresabschluss, BBK 2006, 1265.

IdW, Bilanzierung von Anteilen an Personengesellschaften, Wpg 2006, 1293.

IdW, Die Ermittlung des Betriebsstättengewinns, WPg 1987, 648 ff.

IdW, Eckpunkte für die Gestaltung von internationalen Rechnungslegungsstandards für den Mittelstand, Wpg 2006, 990.

IdW, Entwurf einer Fortsetzung von IdW S 5: Grundsätze zur Bewertung immaterieller Werte (IdW S 5): Besonderheiten bei der Bewertung von kundenorientierten immateriellen Wertden, FN 2009, 574 ff.

IdW, ES 5 – Grundsätze zur Bewertung immaterieller Vermögenswerte.

IdW, Grundsätze zur Bewertung immaterieller Vermögenswerte, WpG 2006, 1293.

IdW, IdW Standard: Grundsätze zur Bewertung immaterieller Vermögenswerte (IdW S 5), FN 2011, 467 ff.

IdW, IdW zum OECD-Bericht über die Verrechnungspreis bei multinationalen Unternehmen, DB 1980, 2453 ff.

Literaturverzeichnis

IdW, S 5 – Grundsätze zur Bewertung immaterieller Vermögenswerte, FN-IdW 2007, 610 ff.

IdW, S 1 i. d. F. 2008 – Grundsätze zur Durchführung von Unternehmensbewertungen, FN-IdW 2008, 271 ff.

IdW, Stellungnahme der deutschen Wirtschaft zu den amerikanischen Bußgeldvorschriften, IStR 1994, 494 f.

IdW, Stellungnahme des Fachausschusses vom 30.6.1999: Entwurf der „Grundsätze für die Prüfung der Einkunftsabgrenzung durch Umlageverträge zwischen international verbundenen Unternehmen" WPg 1999, 713.

IdW, Stellungnahme des Instituts der Wirtschaftsprüfer zu dem Entwurf der Verwaltungsgrundsätze zur Einkunftsabgrenzung bei international verbundenen Unternehmen, WPg 1982, 13 ff. u. 46 ff.

IdW, Stellungnahme zur Ermittlung des Betriebsstättengewinns, DB 1988, 309 ff.

IdW, Stellungsnahme: Einzelfragen zur Bilanzierung von Finanzinstrumenten nach IFRS, WPg 2006, 973.

IdW, Stellungsnahme: Exposure Draft of Proposed Amendments to IAS 1: Presentation of Financial Statements, Schreiben vom 24.5.2006, WPg 2006, 810.

IdW, Steuerstandort: Deutschland – Unternehmenssteuerreform, WPg 2006, Sonderheft.

Ilzhöfer, V./Engels, R., Patent-, Marken- und Urheberrecht, 8. Aufl., München 2010.

Im Schlaa, S./Hüning, S., Gruppierung von Geschäftsvorfällen bei der Erstellung einer Verrechnungspreisdokumentation nach § 90 Abs. 3 AO, IWB Nr. 24 vom 27.12.2006, Gruppe 1, Fach 3, 2143.

Ingerl, R./Rohnke, C., Markengesetz, Gesetz über den Schutz von Marken und sonstigen Kennzeichen, 3. Aufl., München 2010.

Intemann, J., Verfassungswidrigkeit von § 23 EStG. Übersicht über die praxisrelevanten Fragestellungen, Fach 3, 14 207, NWB 2006, 3445.

International Accounting Standards Board (IASB), International Financial Reporting Standards IFRS 2013 (Red book) 2 volumes, März 2013.

Inwinkel, P./Schüle, B., Internationale Rechnungslegung im Wandel der EU-Rechtsetzungsverfahren, RIW 2006, 807.

Isensee, T., Die Ermittlung des Verrechnungspreises bei Konzernvertriebsunternehmen, IStR 2001, 693 ff.

Isensee, T., Der tatsächliche Fremdvergleich bei der Bestimmung von Verrechnungspreisen am Beispiel von Vertriebsunternehmen, IStR 2002, 465.

Isensee, T., Veräußerung und Nutzungsüberlassung eines Absatzmarktes, IStR 1999, 527 ff.

Israel, G. D., Determination Sample Size, PEOD6, IFAS Extension, University of Florida, 1992.

Jackson, R./Prillo, K. A./Stewart, D. D., Tax Havens Agree to OECD Transparency Standards, TNI March 23, 2009, 1027.

Jackson, R., OECD Applauds Progress in Push to Combat Tax Evasion, TNI August 24, 2009, 618.

Jacob, F., IWB, F. 8, G.2, 605 ff.

Jacobs, O./Endres, D./Spengel, C., Internationale Unternehmensbesteuerung: Deutsche Investitionen im Ausland, Ausländische Investitionen im Inland, 7. Aufl., München 2011.

Jacobsen, H., Fallstudie: Ertragsteuerliche Zuordnung geleaster Wirtschaftsgüter, SteuerStud 2006, 148–155.

Jäger, H., Die Bewertung von konzerninternen Lieferungen und Leistungen in der operativen Planung, Heidelberg 1987.

Jahndorf, C., Besteuerung der Funktionsverlagerung, FR, 2008, 101–111.

Jann, M./Petutschnig, M./Six, M., Praxisprobleme der Abzugsteuer bei Lizenzgebühren, SWI 2007/4, 159–163.

Literaturverzeichnis

Jansen, A., Neue Ortsregelungen für sonstige Leistungen ab 2010. Fragestellungen im Zusammenhang mit grundstücksbezogenen Leistungen und bei der Abgabe der zusammenfassenden Meldungen für innergemeinschaftliche Dienstleistungen, UR, 57 (2008), H. 22, 837–845.

Jansen, H., Rechtsformunabhängige Besteuerung: Stärkung der Eigenkapitalbasis oder Anreiz zur Steuerplanung, FB 2006, 8. Jg., 753–760.

Jarchow, H.-J., Theorie und Politik des Geldes, 11. Aufl., Stuttgart 2003.

Jenzen, H., Internationale Funktionsverlagerungen – Die Besteuerung von Gewinnpotenzialen bei Grenzüberschreitenden Funktionsverlagerungen im Konzern, NWB 2007, Fach 2, 9419–9438.

Jirousek, H./Loukota, H., Anmerkungen zur DBA-Entlastungsverordnung, SWI 2005, 515.

Jirousek, H./Loukota, H., Steuerfragen International (1994), 75.

Jirousek, H., Landesbericht Österreich, CDFI, 2004a, 172 f.

Jirousek, H. (Hrsg.), Festschrift Loukota, Praxis des Internationalen Steuerrechts, 597 ff.

Jochum, H., Klausurteil: Gebildet und gelehrt? – Wem ist das Einkommensteuerrecht gnädig, SteuStud 2006, 156.

Jochum, H., Zur Fortsetzung der Rechtssache Marks & Spencer: Gestatet das europäische Gemeinschaftsrecht eine „geltungserhaltene Reduktion" des nationalen Steuerrechts, IStR 2006, 621.

Joecks, W./Kaminski, B., Dokumentations- und Sanktionsvorschriften für Verrechnungspreise in Deutschland – Eine rechtliche Würdigung, IStR 2004, 65.

Johnson, J./Leonard, G. K./Meyer, C./Serwin, K., Don't Feed The Trolls?, Les Nouvelles 2007, 487–495.

Joklik-Fürst, M., die Kostenaufschlagsmethode in Theorie und Praxis, ÖStZ 2002/765, 412.

Joos, C., Die Erbringung von technischen Dienstleistungen unter steuerlichen Gestaltungsüberlegungen, in: Grotherr, S., Handbuch der internationalen Steuerplanung, 1. Aufl., Herne/Berlin 2000, 481 ff.

Käbisch, V, VGA-Risiko bei Vertriebsumstellung auf Kommissionärsstruktur im internationalen Konzern – Das Urteil des EuGH vom 9.11.2000 – Rechtssache C-381/98 (Ingmar), IStR 2001, 325 ff.

Kachinsky, C./Medallis, C./Leibsker, F., The Importance of Global R&D Incentives in the Creation and Use of Intellectual Property, TNI October 12, 2009, 123 ff.

Kaeser C., Generalthema I: Besteuerung grenzüberschreitender Dienstleistungen, IStR 2012/18, 674 ff.

Kahle, H./Franke, V, Überführung von Wirtschaftsgütern in ausländische Betriebsstätten IStR 2009, 406–411.

Kahle, H., Die Ertragsbesteuerung von Funktionsverlagerungen nach der Unternehmensteuerreform 2008, DK 2007, 647 ff.

Kahle, H., Harmonisierung der Konzernbesteuerung in Europa, WPg 2006, 1401.

Kai, O., Gewinnermittlung nach § 4 Abs. 4 EStG durch amtlich vorgeschriebenen Vordruck. Praxishinweise zur Anlage „EÜR", Fach 17, S. 2057, NWB 2006, 1959.

Kainz, M./Lieber, H./Puszkajler P., Die „Münchner Formel" – oder: Berechnung des Vertragshändlerausgleichs in der Autobranche, BB 1999, 434 ff.

Kaiser, M./Rüetschi, D., Immaterialgüterrecht, Zürich/St. Gallen 2009.

Kaligin, T., Der Auskunftserlaß vom 24.6.1987, Teil I: Anwendungsbereiche der verbindlichen Zusage, DStZ 1988, 367 ff.

Kaligin, T., Zur Rechtsschutzintensität des Verständigungsverfahrens im internationalen Steuerrecht der Bundesrepublik Deutschland, WPg 1982, 217 ff.

Kaligin, T., Zweifelsfragen bei der Anwendung des § 15b EStG, WPg 2006, 375.

Kaminski, B./Strunk, G., Die Gewinnabgrenzungsaufzeichnungsverordnung – Eine Würdigung, StBp 2004, 1 ff. (Heft Nr. 1) und 29 ff. (Heft Nr. 2).

Literaturverzeichnis

Kaminski, B., Änderungen im Bereich der internationalen Einkunftsabgrenzung durch die Unternehmensteuerreform 2008, RIW 2007, 594 ff.

Kaminski, B., Steuerliche Gestaltungsmöglichkeiten und deren Beurteilung bei der Verlagerung eines inländischen unternehmerischen Engagements in das Ausland, Baden-Baden 1996.

Kaminski, B., Verrechnungspreisbestimmung bei fehlendem Fremdvergleichspreis, Neuwied, Kriftel 2001.

Kantwill, W., Die Einnahmeüberschussrechnung nach § 4 III EStG, StuB, 2006, 65.

Kanzler, H.-J., BFH-Rechtsprechung zum Bilanzsteuerrecht im Jahr 2005, Fach 17a, 1565, NWB 2006, 3631.

Kanzler, H.-J., BFH-Rechtsprechung zur Einkommensteuer im 1. Vierteljahr 2005, Fach 3a, 2381, NWB 2006, 1759.

Kanzler, H.-J., BFH-Rechtsprechung zur Einkommensteuer im 2. Vierteljahr 2005, Fach 3a, 2403, NWB 2006, 2663.

Karlöf, B./Östblom, S., Das Benchmarking-Konzept-Wegweiser zur Spitzenleistung in Qualität und Produktivität, München 1994.

Kasperzak, R./Nestler, A., Bewertung von immateriellem Vermögen: Anlässe, Methoden und Gestaltungsmöglichkeiten, Weinheim 2010.

Katterbe, B., Der Vorteilsausgleich bei Liefergeschäften im Konzern, 1983, 365 ff.

Kaufmann, G., Dokumentation von Verrechnungspreisen, ÖStZ 2011, 559.

Kaut, M./Freudenberg, M./Foth, G., Verrechnungspreismethodik: Ausgleichszahlungen als Instrument der Ergebnissteuerung bei Routineunternehmen, BB 2007, 1665 ff.

Keil, T., Reihengeschäfte – Neue Entwicklungen und Konsequenzen für die betriebliche Praxis, DStR 1996, 321–329.

Kempermann, M., Gewerblicher Grundstückshandel: Nachhaltigkeit in „Ein-Objekt-Fällen". Zugleich Anmerkung zu BFH, Urteil vom 1.12.2005 – IV R 65/04, DStR 2006, 265.

Kempermann, M., Amtsermittlung, Mitwirkungspflichten und Beweislast bei Auslandssachverhalten, FR 1990, 437 ff.

Kempf, A./Gelsdorf, F., Die EU-Schiedsverfahrenskonvention im Konkurrenzverhältnis zu Doppelbesteuerungsabkommen, IStR 2012, 329 ff.

Kempf, A./Oppermann, M., Ausländische Quellensteuer als Betriebsausgabe bei steuerfreien Dividendenerträgen?, DStZ 2006, 730.

Keß, T./Zillmer, I.-K., Zur Gebührenpflicht der verbindlichen Auskunft bei Umstrukturierungen – Teuer erkaufte Rechtssicherheit?, DStR 2008, 1466 ff.

Kessler, W./Eicke, R., Hinter dem Horizont – Das neue US-Musterabkommen und die Zukunft der US-Steuerpolitik, IStR 5/2007, 159 ff.

Kessler, W./Eicke, R., Promoting Peer Pressure – Germany's Anti-Tax-Evasion Act, TNI July 6, 2009, 51 ff.

Kessler, W./Eicker, K./Obser, R., Die Schweiz und das Europäische Steuerrecht - Der Einfluss des Europäischen Gemeinschaftsrechts auf das Recht der direkten Steuern im Verhältnis zu Drittstaaten am Beispiel der Schweiz, IStR 2005, 658.

Kessler, W./Jehl, M., Kritische Analyse der Zentralfunktion des Stammhauses, IWB 2007, 833 ff.

Kessler, W./Kröner, M./Köhler, S., Konzernsteuerrecht – National – International, 2. Aufl., München 2008.

Kessler, W./Maywald, A./Peter, M., Mögliche Auswirkungen des Satelliten-Urteils auf die steuerliche Behandlung von grenzüberschreitenden Internet-Transaktionen, IStR 2000, 425–432.

Kessler, W./Peter, M., OECD klärt Zweifelsfragen zur Server-Betriebsstätte-Bestätigung des Pipeline-Urteils, IStR 2001, 238 ff.

Kessler, W./Philipp, M., Rechtssache National Grid Indus BV – Ende oder Bestätigung der Entstrickungsbesteuerung? DStR, 2012, 267.

2641

Literaturverzeichnis

Kessler, W./Winterhalter, H./Huck, F., Überführung und Rückführung von Wirtschaftsgütern: Die Ausgleichspostenmethode des § 4g EStG, DStR 2007, 133 ff.

Kessler, W., /Köhler, S./Knörzer, D., Die Zinsschranke im Rechtsvergleich: Problemfelder und Lösungsansätze, IStR 12/2007, 418 ff.

Kessler, W., Qualifikation der Einkünfte aus dem Online-Vertrieb von Standardsoftware nach nationalem und DBA-Recht, IStR 2000, 70–77; 98–105.

Keydel, D./Gohlke, M., Grenzüberschreitende Grundstücksumsätze, UStB 2011, 106–109.

Khvat, L./Ross, J./Nias, P., Current Trends in Transfer Pricing and Business Reorganizations, TNI April 21, 2008, 247 ff.

Kiesel, H./Theisen, M., Strafrechtliche Risiken konzerninterner Verrechnungspreisgestaltungen, IStR 2006, 284 ff.

Kiethe, K., Die deliktische Eigenhaftung des Geschäftsführers der GmbH gegenüber Geschäftsgläubigern, DStR 1993, 1298 ff.

Kiethe, K., GmbHR 2007, 393 ff.

Kilger, W., Plankostenrechnung, in: Handwörterbuch der Wirtschaftswissenschaft, Band 6, Hrsg. v. Willi Albers u. a., Stuttgart u. a. 1981.

Killian, W./Heussen, B., Computerrechts-Handbuch: Informationstechnologie in der Rechts- und Wirtschaftspraxis, 31. Aufl., München 2012.

Kippenberg, J., EU-Beitreibungsrichtlinie modernisiert, IStR LB 2010, 25.

Kippenberg, J., IStR-Länderbericht, IStR, 1/2000.

Kippenberg, J., IStR-Länderbericht, IStR, 11/1999.

Kircher, M./Moll, D., BFH bestätigt Sperrwirkung des abkommensrechtlichen Fremdvergleichsmaßstabs gegenüber nationalen Sonderbedingungen – Zugleich eine Analyse möglicher Auswirkungen auf die Praxis, DStR 2013, 1111 ff.

Kirchhof, P./Söhn, H./Mellinghoff, R., Einkommensteuergesetz, Kommentar, Heidelberg, Stand: 2012.

Kirchhof, P., Die Besteuerung des Einkommens in einem einfachen, maßvollen und gleichmäßigen Belastungssystem, BB 2006, 71.

Kirchmayr S./Kofler G., Highlights aus dem Workshop „Internationales Steuerrecht", RdW 2008/628, 676.

Kirchmayr S./Kofler G., Rust 2010: Highlights aus dem Workshop „Internationales Steuerrecht", RdW 2010/682, 669.

Kirsch, H., Aktive latente Steuern aus Zins- und Verlustvorträgen nach dem Unternehmensteuerreformgesetz 2008, PiR 2008, 237 ff.

Kirsch, H., Beurteilung des bilanzpolitischen Instrumentariums der IFRS-Rechnungslegung, BB 2006, 1266.

Kirsch, H., Bewertung von Fertigungsaufträgen nach der Percentage-of-Completion-Methode-Fallstudie, KOR, 2006, 52.

Kirsch, H., Inhalt ausgewählter GuV-Positionen nach HGB und IFRS, StuB 2006, 857.

Kirsch, H., Modelle des Ertragsteueraufwands bei Einzelunternehmen und Personengesellschaften, DStZ 2006, 610.

Kirsch, H., Perspektiven der landesrechtlichen Rechnungslegung und der steuerlichen Gewinnermittlung im Zuge der Internationalisierung der Rechnungslegung, DStR 2006, 1198.

Kirsch, H., Sale-and-Lease-Back-Vorgänge in Bilanz und Gewinn- und Verlustrechnung: Eine Fallstudie zur Leasingbilanzierung nach IAS 17, KOR 2006, 220.

Kirsch, H., Aktuelle Entwicklungen in der IFRS-Rechnungslegung, DStZ 2006, 554.

Kirsch, H., Aus der Praxis: Aktuelle Entwicklungen der IFRS-Rechnungslegung für kleine und mittlere Unternehmen, DStZ 2006, 768.

Klaas, T./Möhrle, T., Umsatzsteuer bei Personalgestellungen im Rahmen von Krankenhausprivatisierungen, DStR 2006, 1162.

Literaturverzeichnis

Klein, K. G., Die steuerliche Verrechnungspreisgestaltung international tätiger Unternehmungen: Probleme der nationalen und internationalen Anwendung des dealing-at-arm's length-Prinzips, Bergisch-Gladbach, Köln 1988.

Klein, M., Rangrückstrittsvereinbarungen – ein Update nach der Stellungnahme des IDW, GmbHR 2006, 249.

Klein, M., Verdeckte Gewinnausschüttungen bei Lieferbeziehungen im internationalen Konzern, BB 1995, 225 ff.

Klein, F., Abgabenordnung, Kommentar, 11. Aufl., München 2012.

Klein, W./Nohl, F./Zschiegner, H./Klein, K.-G., Konzernrechnungslegung und Konzernverrechnungspreise, Stuttgart 1983.

Kleindiek, D., Deliktshaftung und juristische Person, Tübingen, 1997.

Kleineidam, H.-J., Unternehmenspolitik und Internationale Besteuerung – Festschrift für Lutz Fischer, Berlin 1999.

Kleinert, J., Anmerkungen zu EuGH, U. v. 12.9.2006, Cadburry & Schweppes, GmbHR 2006, 1055.

Klindt, T./Pelz, C./Theusinger, I., Compliance im Spiegel der Rechtsprechung, NJW 2010, 2385 ff.

Klingelhöfer, H.-E., Wertorientiertes Controlling auf der Grundlage von Werten nach IAS 36, KOR 2006, 590.

Klostermann, M., Intellectual Capital im Rahmen traditioneller und moderner Rechnungslegung, RWZ 2005/90, 296.

Kluge, V., Das Internationale Steuerrecht, 4. Aufl., München 2000.

KMPG June 2011, First Impressions: Fair value measurement.

Knaak, R., Die EG-Richtlinie zur Durchsetzung der Rechte des geistigen Eigentums und ihr Umsetzungsbedarf im deutschen Recht, GRURInt. 2004, 745 ff.

Knebel, A./Sabel, K./Schmidt, T., Sicherheitengestellung im Konzern, IStR 2012, 42 ff.

Knirsch D./Niemann, R., Aktuelle Vorschläge zur Gewerbesteuerreform, StuB 2006, 879.

Knoll, L./Vorndran, P./Zimmermann, S., Risikoprämien bei Eigen- und Fremdkapital – vergleichbare Größe? FB 2006, 380.

Knoppe, H., Die Besteuerung der Linz- und Know-how-Verträge, 2. Aufl., Köln 1972.

Knoppe, H., Lizenzverträge und verdeckte Gewinnausschüttung, BB 1967, 1117 ff.

Knorr, L./Schmidt, M., Jahres-/Konzernabschlüsse 2005 – Anwendung IFRS, KOR 2006, 128.

Koch, F. A., Zugänglichmachen von Werken im Internet, ITRB 2004, 131.

Koch, H., Grundprobleme der Kostenrechnung, Köln 1966.

Koch, H., Zur Diskussion über den Kostenbegriff, ZfhF 1958, 355 ff.

Koffler, G., Tranchenveräußerung internationaler Schachbeteiligungen, ecolex 2002, 538.

Kohl, T./Schilling, D., Die Bewertung immaterieller Vermögenswerte gem. IDW ES 5, Eine Würdigung unter Berücksichtigung ausgewählter Praxisprobleme, StuB 2007, 14ff und 541 ff.

Köhler, H./Bohnkamm, J., Gesetz gegen den unlauteren Wettbewerb, 31. Aufl., München 2013.

Köhler, H., Die kommerzielle Verwertung der Firma durch Verkauf und Lizenzvergabe, DStR 1996, 510 ff.

Köhler, M. A./Brockmann, K., Überblick über das Jahressteuergesetz Fach 2, 9191, NWB 2006, 4273.

Köhler, R., Bilanzpolitik durch die Aktivierung von Fremdkapitalzinsen als Herstellungskosten. Keine Hinzurechnung als Entgelt für Dauerschulden bei der Gewerbesteuer, Fach 19, 579, BBK 2006, 243.

Köhler, S./Eicker, K., Wichtige EuGH-Entscheidung zur Hinrechnungs- und Wegzugsbeschränkung – Anmerkung zu EuGH, U. v. 7.9.2006 („N") und U. V. 12.9.2006, Cadburry & Schweppes, DStR 2006, 1871.

Literaturverzeichnis

Köhler, S., Buchung und Bilanzierung von durchlaufenden Posten: Beispielhafte Darstellung anhand des Pflichtpfandes für Getränke-Einwegverpackungen, StBp 2006, 89.

Köhler, S., Erste Gedanken zur Zinsschranke nach der Unternehmensteuerreform, DStR 14/2007, 597.

Kohlmann, G., Steuerstrafrecht, Kommentar, 7. Aufl., Loseblatt, Köln, Stand: Oktober 2007.

Kolb, A., Überblick über das Update 2008 des OECD-Musterabkommens, IWB Fach 10, Gruppe 2, 2049 ff.

Koller, W./Schuh, H./Woischitzschläger, H. (Hrsg), Handbuch zur Praxis der steuerlichen Betriebsprüfung, 23. Aufl., C.3 Verfahrensrecht zu § 118 BAO, 9.

Kölpin, G., Realteilung mit Spitzenausgleich, StuB 2006, 751.

König, E./Schwarzinger, W. (Hrsg.), Körperschaften im Steuerrecht – FS Wiesner (2004).

Köplin, G., Bewertung von Fremdwährungsposten anhand von Beispielfällen, StuB 2006, 546.

Koppensteiner, H.-G., Markenrecht – Österreichiches und Europäisches Wettbewerbsrecht, 4. Aufl., Orac Lexisnexis, 2012.

Koppensteiner, F., Der Status des Einzelnen im Rahmen des Verständigungsverfahrens nch Art 25 OECD-MA, ÖStZ 2009, 552.

Koppensteiner, H. G./Rüffler, F. (Hrsg.), GmbH-Gesetz: Kommentar, 3. Aufl., Wien 2007.

Koran, B./Ritz, C., Advance Ruling – Der Auskunftsbescheid gemäß § 118 BAO, SWK Sonderheft, 48, 53 f.

Koran, B., Rechtsverbindliche Auskünfte: Advance Ruling – der Auskunftsbescheid gemäß § 118 BAO. Antragsgebundene Rechtsauskünfte zu Umgründungen, zur Gruppenbesteuerung und zu Verrrechnungspreisen, SWK 2010, 807.

Korf, R. Risikoverteilung und Pflichtenkatalog bei innergemeinschaftlichen Lieferungen – zugleich eine Besprechung der EuGH-Urteile vom 27.9.2007, IStR 2007, 774–780.

Korff, M., Dienstleistungsverrechnung zwischen deutsch-US-amerikanischen Konzernunternehmen, IStR 2008, 44 ff.

Korn, K. (Hrsg.), Einkommensteuergesetz, Kommentar, Loseblattwerk, Bonn 2000, Stand: Juli 2000.

Korn, K./Strahl, M., Handlungsbedarf und weitere steuerliche Hinweise zum Jahresende 2006, KOESDI 2006, 15 312.

Korn, K./Strahl, M., Steuerliche Hinweise und Dispositionen zum Jahresende 2006, Fach 2, 9085, NWB 2006, 4129.

Korn, K., Brennpunkte zur Einnahmeüberschussrechnung nach § 4 Abs. 3 EStG, KOESDI, 2006, 14968.

Korn, K., Verlustabzugsverbot nach § 8 IV KStG, Fach 4, S. 5117, NWB 2006, 2769.

Körner, A., Anmerkungen zu EuGH, U. v. 12.9.2006, IStR 2006, 675.

Korts, S./Korts, P., Ermittlungsmöglichkeiten deutscher Finanzbehörden bei Auslandssachverhalten, IStR 2006, 869 ff.

Korts, S., Mitarbeiterentsendung ins Ausland mit Hinweisen zu China, Stbg 2013, 345

Kosiol, E., Kritische Analyse der Wesensmerkmale des Kostenbegriffes, in Betriebsökonomisierung durch Kostenanalyse, Absatzrationalisierung und Nachwuchserziehung. Festschrift für Rudolf Seyffert zu seinem 65. Geburtstag. Hrsg. von Erich Kosiol und Friedrich Schliper, Köln, Opladen 1958, 7 ff.

Kosiol, E., Pagatorische Bilanz, Berlin 1976.

Kosyan, A./Müller, C., Neuste APA-Entwicklungen in Europa und in den USA, IWB Fach 10, Gruppe 2, 1971 ff.

Kothari, S. P./Warner, J. B., Econometrics of Event Studies, Working Paper, 2004.

Literaturverzeichnis

Kotler, P. /Keller, K. L. /Bliemel, F., Marketing-Management – Strategien für wertschaffendes Handeln, 12. Aufl., München 2007.

Kotschnigg, M., Amtswegigkeit, erhöhte Mitwirkungspflicht und Beweislast bei Auslandssachverhalten, ÖStZ 1992, 84.

Krabbe, H., EG-Schiedsverfahren bei Berichtigung von Verrechnungspreisen im Konzern, RIW 1982, 269 ff.

Krabbe, H., OECD-Musterabkommen 2003, IStR 2003, 253–258.

Kraeusel, J., Verhältnis das Nachweispflichten nach § 6a Abs. 3 UStG zum Vertrauensschutztatbestand des § 6a Abs. 4 UStG, in UR 4/2005, Köln, 187 ff.

Kraft, G, /Bron, J., Deutsche Hinzurechnungsbesteuerung und Europarecht – Eine Analyse vor dem Hintergrund aktueller Entwicklungen, RIW 2006, 209.

Kraft, G./Bron, J., Implikationen des Urteils in der Rechtssache Cadburry & Schweppes für die Fortexistenz der deutschen Hinzurechnungsbesteuerung, IstR 2006, 614.

Kraft, G., AStG – Außensteuergesetz, Kommentar, 1. Aufl., München 2009.

Kraft, G., Steuererklärungspflichten im Kontext der Hinzurechnungsbesteuerung, IStR 2011, 897–903.

Kramer, J. D., APA – Vorabverständigungsverfahren und Vorabzusagen über Verrechnungspreise, IStR 2007, 174 ff.

Kramer, J. D., German Advance Pricing Agreements, TNI January 22, 2007, 257.

Krämer, R., Das neue BMF-Schreiben zum internationalen Verständigungs- und EU-Schiedsverfahren, IWB Nr. 1 vom 10.1.2007, Gruppe 2, Fach 3, 1331.

Kraßer, R., Patentrecht, 6. Aufl., München 2009.

Kratsch, A., Kfz-Nutzung: Anwendung der 1%-Regelung, StB 2006, 367.

Kratsch, A., Sonderabschreibungen nach § 7g EStG im Jahr der Betriebseröffnung, Fach 3, 14 201, NWB 2006, 3279.

Kratzenberg, H., Verrechnungspflicht und –entgelt bei der Entsendung von Arbeitnehmern zu ausländischen Beteiligungsgesellschaften, StBp 1989, 205 ff.

Kreile, R., Zum Außensteuergesetz, BB 1972, 929 ff.

Krejci, H. /Ruppe, H.-G. /Schick, P., Unerlaubte Provisionen, Zuwendungen und Vorteile (1982) 101.

Kreuter, A., Verrechnungspreise in Profit-Center-Organisationen, 2. Aufl., München/Mering 1999.

Krieger, A., Der internationale Schutz von geografischen Bezeichnungen aus deutscher Sicht, GRUR Int. 1984, 71 ff.

Kroes, N., Copyright and innovation in the Creative Industries, Rede vom 10. September 2012, Reference: SPEECH/12/592, abgerufen unter: <http://europa.eu/rapid/press-release_SPEECH-12–592_en.htm?locale=en>.

Kromer, C., Datenzugriff der Finanzverwaltung auf die IT-Systeme des Unternehmens ab 2002: Umfang und Lösungsansätze, DStR 2001, 1017.

Kronauer, M. /Widmer, M., Zuteilung und Besteuerung der Unternehmensgewinne bei Betriebsstätten, in: Höhn, E. (Hrsg.), Handbuch des internationalen Steuerrechts der Schweiz, Schriftenreihe Finanzwirtschaft und Finanzrecht, Bd. 38, 2. Auflage, Bern/Stuttgart/Wien 1993.

Kropff, B. /Semler, J., Münchener Kommentar zum Aktiengesetz, 2. Aufl., München 2000.

Kroppen, H.-K., Handbuch internationale Verrechnungspreise, Band I, 16. Ergänzungslieferung, Köln, Stand: Mai 2013.

Kroppen, H.-K. /Rasch, S. /Eigelshoven, A., Die Behandlung der Funktionsverlagerung im Rahmen der Unternehmensteuerreform 2008 und der zu erwartenden Verwaltungsgrundsätze-Funktionsverlagerung, IWB 2007, Nr. 6, 302 ff.

Kroppen, H.-K. /Rasch, S., Aufzeichnungspflichten für internationale Verrechnungspreise – Verwaltungsgrundsätze-Verfahren, IWB 2005, Fach 3, Gruppe 1, 2113.

Kroppen, H.-K. /Rasch, S., Die Funktionsverlagerungsverordnung, IWB 2008, Fach 3, Gruppe 1, 2339 ff.

Literaturverzeichnis

Kroppen, H.-K./Rasch, S., Entwurf des Verhaltenskodexes zur effektiven Durchführung des EU-Schiedsübereinkommens, IWB Nr. 10 v. 26.5.2004 (Transfer Pricing News), 441.

Kroppen, H.-K./Rehfeld, L., Vereinbarkeit der deutschen Verrechnungspreisvorschriften mit EU-Recht, IWB 2002, Fach 11a, Gruppe 1, 619.

Kroppen, H.-K./Schnell, M., Verrechnungspreisauswirkungen der neuen Grundsätze zum digitalen Datenzugriff der Finanzverwaltung, IWB Nr. 20 v. 24.10.2001, F 3, Gr. 1, 1769.

Kroppen, H.-K. Handbuch der internationale Verrechnungspreise, Band I, 16. Ergänzungslieferung, Köln, Stand: Mai 2013.

Kroppen, H.-K. Handbuch der internationalen Verrechnungspreise, Band II, 16. Ergänzungslieferung, Köln, Stand: Mai 2013.

Kroppen, H.-K., Advanced Pricing Agreement in den USA, IWB 1994, F. 8, G. 2, 795 ff.

Kroppen, H.-K., Betriebsstättengewinnermittlung, IStR 2005, 74.

Kroppen, H.-K., Das SteVAG und die Dokumentation von Verrechnungspreisen – Entwurf der Rechtsverordnung im Sinne des § 90 Abs. 3 AO-E. IWB, 6 (26.3.2003): 1921–1932, 2003.

Kroppen, H.-K., Funktionsänderung der Vertriebstochtergesellschaft zum Kommissionär, IWB 1997, Fach 3, Gruppe 2, 745 ff.

Kroppen, H.-K./Rasch, S./Roeder, A., Neue Verwaltungsgrundsätze des BMF zur Arbeitnehmerentsendung, IWB 2002, F. 3 G. 1, 1821 ff.

Kroschel, J./Peterson, C., Das Investitionszulagengesetz 2007, BB 2006, 1415.

Krüger, K.-M./Lamm, C.-P., Aktuelle Entwicklungen bei der Eigenkapitalabgrenzung nach IFRS unter besonderer Berücksichtigung des deutschen Mittelstandes, StB 2006, 329.

Kruschwitz, L./Löffler, A., Kapitalkosten aus theoretischer und praktischer Perspektive, WPg 17/2008, 803–810.

Kuckhoff, H./Schreiber, R., Die neuen Verwaltungsgrundsätze zu den Umlageverträgen (Teil I), IStR 2000, 346 ff. und (Teil II) 373 ff.

Kuckhoff, H./Schreiber, R., Grenzüberschreitende Funktionsverlagerung aus Sicht der Betriebsprüfung (Teil I), IStR 1999, 321 ff. und (Teil II), 353 ff.

Kuckhoff, H./Schreiber, R., Kommentierung zu Kapitel VIII der OECD-Guidelines 1995: Kostenumlagen, IStR 1998, 1 ff.

Kuckhoff, H./Schreiber, R., Quo Vadis Fremdvergleich, IStR 1999, 513 ff.

Kuckhoff, H./Schreiber, R., Verrechnungspreise in der Betriebsprüfung, München 1997

Kuckhoff, H., Ausgewählte Betriebsstättenprobleme – Entgeltprinzip vs. Veranlassungprinzip; grenzüberschreitende Realisationstatbestände, in: Gocke, R./Gosch, D./Lang, M. (Hrsg.), FS für Wassermeyer, F., München 2005, 681 ff.

Kuckhoff, H./Schreiber, R., Die neuen Verwaltungsgrundsätze zur Personalentsendung im Konzern, IWB 2002, F. 3 Gr. 1, 1857 ff.

Kucsko G., MSchG Markenschutzgesetz idF der Novelle 2009 Stand 1.10.2010, 2. Aufl., Lexisnexis Orac, 2010.

Kucsko G., Wozu Marken ?, ecolex 2012, 563.

Kuebart, J., Verrechnungspreise im internationalen Lizenzgeschäft, Bielefeld 1995.

Küffner, T./Langner, R., Nachweispflichten bei innergemeinschaftlichen Lieferungen, Der Betrieb 21/2008, 1116 ff.

Küffner, T./Zugmaier, O., EuGH stärkt Rechtsposition bei innergemeinschaftlicher Lieferung – Anmerkung zu den EuGH-Urteilen vom 22.9.2007, DStR 41/2007, 1807 ff.

Küffner, T./Zugmaier, O., Unwissentlich im Umsatzsteuerkarussell, UVR 1/2008, 30 ff.

Kühnberger, M., Ausgewählte Probleme der Bilanzierung von Fertigungsaufträgen nach IAS 11, KOR 2006, 658.

Literaturverzeichnis

Kühne, M., Ertragsvereinnahmung in der Diskussion des IASB: Aktuelle Entwicklungen des IASB-Projekts „Revenue Recognition", WpG 2006, 1400.

Kuhse, R./Kaeser, C., Bemerkung zum BMF-Schreiben betreffend den Datenzugriff der Finanzverwaltung ab 1.1.2002, DB 2001, 1583.

Kümpel, T./Becker, M., Bilanzielle Zurechnung von Leasingobjekten nach IAS 17, DStR 2006, 1471.

Kumpf, W. /Roth, A., Einzelfragen der Ergebniszuordnung nach den neuen Betriebsstätten-Verwaltungsgrundsätzen, DB 2000, 787 ff.

Kumpf, W., Besteuerung inländischer Betriebsstätten von Steuerausländern, 1. Aufl., Köln 1982.

Kumpf, W., Steuerliche Verrechnungspreise in internationalen Konzernen, Frankfurt, Deventer 1976.

Kunde, T./Herorld, C., EuGH-Verfahrensreport: Direkte Steuern Fach 11A, 1075, IWB 2006, 925.

Kuschil, H./Loukota, H., § 6 Z 6 EStG (neu) und die OECD-Verrechnungspreisgrundsätze, ÖStZ 2005, 283 ff.

Kuß, C., Gutenberg 2.0 – der Rechtsrahmen für E-Books in Deutschland, K&R 2/2012, 76 ff.

Kußmaul, H./Hilmer, K., Unternehmenssteuerreform 2008. Eckpunkteprogramm der Regierungskoalition und Verhältnis zum steuerpolitischen Programm der Stiftung Marktwirtschaft, StuB 2006, 795.

Kußmaul, H./Ruiner, C., Die sog. Standardmethoden zur Ermittlung fremdvergleichskonformer Verrechnungspreise, IStR 2010, 605 ff.

Kußmaul, H./Ruines, C./Delarber, C., Leistungsbeziehungen in internationalen Einheitsunternehmen mit Blick auf die Änderungen des Art. 7 OECD-MA und die geplante Änderung des § 1 AStG, Ubg 2011, 837 ff.

Küting, K./Hayn, M., Anwendungsgrenzen des Gesamtbewertungskonzeptes in der IFRS-Rechnungslegung, BB 2006, 1211.

Küting, K./Hellen, H.-H./Koch, C., Das Leasingverhältnis: Begriffsabgrenzung nach IAS 17 und IFRIC 4 sowie kritische Würdigung, KOR 2006, 649.

Küting, K./Keßler, M., Pensionsrückstellungen nach HGB und IFRS: Die Bilanzierung versicherungsmathematischer Gewinne und Verluste nach IAS 19, rev. 2004, KOR 2006, 192.

Küting, K./Pfitzer, N.,/Weber, C.-P., Handbuch der Rechnungslegung, Loseblatt, Stuttgart, Stand: Mai 2013.

Küting, K./Reuter, M., Erhaltene Anzahlungen in der Bilanzanalyse. HGB-, IFRS- und US-GAAP-Normen unter besonderer Berücksichtigung der Bauindustrie und des Anlagenbaus, in: KOR, 2006, 1.

Küting, K./Wohlgemuth, R., Implikationen der angedachten Änderungen der Rückstellungsbilanzierung nach ED IAS 37 für die Bilanzanalyse, DStR 2006, 2327.

Küting, P./Döge, B./Pfingsten, A., Neukonzeption der Fair-Value-Option nach IAS 39, KOR 2006, 597.

Lademann, Kommentar zum Einkommensteuergesetz - EStG, R Recht u. Wirtschaft, 204. ergänzende Lieferung, Stand: Juli 2014.

Lahme, S./Reiser, H., Verbindliche Auskünfte und Gebührenpflicht – eine erste Analyse, BB 2007, 408 ff.

Lahodny-Karner, A./Furherr, G., Enge Auslegung der Dokumentationspflichten bei Konzernverrechnungspreisen laut BFH, SWI 2002, 14 ff.

Lahodny-Karner, A./Schuch, J./Toifl, G./Urtz, C./Vetter, T. (Hrsg), Die neue Verrechnungspreisrichtlinie der OECD, Wien 1996.

Lahodny-Karner, A., Die geschäftsfallbezogenen Standardmethoden in den OECD-Verrechnungspreisrichtlinien 1995, in: Lang, M., Die neuen Verrechnungspreisrichtlinien der OECD, 48.

Literaturverzeichnis

Lahodny-Karner, A., Konzernverrechnungspreise im nationalen und internationa-len Steuerrecht unter besonderer Berücksichtigung der Kostenaufschlagsmethode, 1988.

Lang, B., Die Korrektur der verdeckten Gewinnausschüttung außerhalb der Bilanz, DStZ 2003, 219 ff.

Lang, B., Gelöste und ungelöste Probleme des Rangrücktritts, DStZ 2006, 789.

Lang, J., Unternehmenssteuerreform im Staatenwettbewerb, BB 2006, 1769.

Lang, M. (Hrsg), Avoidance of Double Non-Taxation, 2003.

Lang, M. (Hrsg.), Tax Treaty Interpretation, Eurotax Series on European Taxation, Band 3, Wien 2001.

Lang, M./Jirousek, H., Praxis des Internationalen Steuerrechts, FS Loukota (2005).

Lang, M./Loukota, W., Der Inlandsbezug bei Sonderausgaben nach § 102 Abs 2 Z 2 Satz 1 EStG, GeS aktuell 2003, 354–358.

Lang, M./Schuch, J./Staringer, C. (Hrsg.), Handbuch des Bilanzsteuerrechts, Gedächtnisschrift für Wolfgang Gassner, Wien 2005.

Lang, M./Schuch, J./Staringer, C., Körperschaftsteuergesetz, 2009.

Lang, M./Schuch, J./Staringer, C., Soft Law in der Praxis, Wien 2005.

Lang, M./Schuch, J., Doppelbesteuerungsabkommen Deutschland/Österreich, 1997.

Lang, M./Weinzierl, C. (Hrsg.), Europäisches Steuerrecht, Festschrift Rödler (2010), 279.

Lang, M., DBA Auslegungsmaxime?, IStR 2002, 609 ff.

Lang, M., Der Gestaltungsmißbrauch (§ 22 BAO) in der jüngeren Rechtsprechung des VwGH, ÖStZ 1994, 173.

Lang, M., Der Normgehalt des § 22 BAO, ÖStZ 2001, 65.

Lang, M., Die Bedeutung des Musterabkommens und des Kommentars des OECD-Steuerausschusses für die Auslegung von DBA, in Gassner, W./Lang, E./Lechner, E. (Hrsg), Aktuelle Entwicklungen im Internationalen Steuerrecht – Das neue Musterabkommen der OECD (1994), 11 (26 ff).

Lang, M., Die Erbringung von ausländischen Besteuerungsnachweisen durch den Steuerpflichtigen, SWI 2000, 215.

Lang, M., Einführung in das Recht der Doppelbesteuerungsabkommen, 2002.

Lang, M., Generalbericht, CDFI, 2004a, 21 ff.

Lang, M., Haben die Änderungen der OECD-Kommentare für die Auslegung älterer DBA Bedeutung? SWI 1995, 412.

Lang, M., Rechtsmissbrauch und Gemeinschaftsrecht im Lichte von Halifax und Cadbury Schweppes, SWI 2006, 273 ff.

Lang, M., Schweizer Grundsatzurteil zum Beneficial Owner nach DBA-Recht, SWI 2012/5, 226.

Lang, M., Seminar B, Teil 2: Das OECD-Musterabkommen – 2001 und darüber hinaus: Welche Bedeutung haben die nach Abschluss eines Doppelbesteuerungsabkommens erfolgten Änderungen des OECD-Kommentars?, IStR 2001, 536 ff.

Lang, M., VwGH zu Treaty Shopping, SWI 1998, 220.

Lang, M., VwGH zur Anwendung des § 22 BAO auf irische IFS C-Gesellschaften, SWI 2005, 67.

Lang, M., VwGH zur Verweigerung der Abkommensberechtigung, SWI 2000, 423 ff.

Lang, M., Withholding Tax for Non-Residents, SWI 2003/10, 449.

Langbein, V., „Treaty overriding" durch nationales Recht, RIW 1988, 875 ff.

Lange, H.-F., Umsatzbesteuerung der Einräumung, Übertragung und Wahrnehmung von Patenten, Urheberrechten, Markenrechten und ähnlichen Rechten, UR 2002, 489.

Lange, P., Marken- und Kennzeichenrecht, 2. Auflage, München 2012.

Langenbeck, J., Sonderbilanzen (Teil 1): Ordentliche Bilanzen und Sonderbilanzen, Fach 18, 723, BBK 2006, 473.

Langenbeck, J., Sonderbilanzen (Teil 2): Eröffnungsbilanzen der Einzelunternehmer und Personengesellschaften, Fach 18, 725, BBK 2006, 539.

Literaturverzeichnis

Langer, M., Umsatzsteuer im Binnenmarkt – Übergangsregelung ab 1.1.1993, DB 1992, 340.

Laubach, W./Kraus, S., Zum Referentenentwurf des Bilanzmodernisierungsgesetztes (BilMoG): Die Bilanzierung selbst geschaffener immaterieller Vermögensgegenstände und der Aufwendungen für die Ingangsetzung und Erweiterung des Geschäftsbetriebs, DB, Beilage 1, 2008, 16 ff.

Laufer, T., Verbindliche Auskunft im Besteuerungsverfahren, INF 1995, 396 ff.

Lausterer, M., Die Wegzugbesteuerung nach dem Regierungsentwurf des SEStEG, BB 2006, Beilage 8, 80.

Lechelt, R., Zur Zulässigkeit von Abgaben nach dem Grundgesetz. Steuern, Gebühren, Beiträge, Sonderabgaben und sonstige Abgaben im Lichte der Verfassung, Fach 29, 1691, NWB 2006, 3827.

Lechner, E., Gewinnaufteilung zwischen in- und ausländischen Betriebsstätten, 1982.

Lechner, E., Unmaßgeblichkeit der wirtschaftsbezogenen Märkte nach § 10 BewG, ÖStZ 1985, 94.

Lee, A. S., Xilinx and the Future of Transfer Pricing, TNI June 15, 2009, 902 ff.

Lehmann, S., Steuerliche Anreize for Forschungs- und Entwicklungskosten, DStR 2010, 1459 ff.

Lehner, M., Die Umsetzung von abkommensrechtlichen Konsultationsvereinbarungen zur Vermeidung von Doppelbesteuerung und Doppelnichtbesteuerung durch Rechtsverordnungen, IStR 2011, 734 ff.

Lehner, M., Keine Verfügung des Parlaments über seine Normsetzungsautorität, IStR 2014, 189–192.

Lehner, M., Treaty override im Anwendungsbereich des § 50d EStG, IStR 2012, 389

Leibfried, K. H. J./McNair, C. J., Bench-Marking, Freiburg 1993.

Leibfried, P./Fassnacht, A., Unternehmenserwerb und Kaufpreisallokation – Eine Fallstudie zur Anwendung von IFRS 3 und IAS 38, KoR 2007, 48 ff.

Leistner, M., GRUR-Beil. 2010.

Leitner, R./Dannecker, G. (Hrsg.), Finanzstrafrecht 2003, 193 ff.

Leitner, R./Dannecker, G., Buchaufsatz: Steuerstrafrechtliche Grenzen internationaler Steuergestaltungen aus deutscher Sicht, Finanzstrafrecht, Wien 2003.

Lemein, G., Transfer Pricing in the United States, Related Commentary, in: *Baker & McKenzie,* International Transfer Pricing Laws 2007, 25 101 ff.

Lenski, E./Steinberg, W., Kommentar zum Gewerbesteuergesetz, Loseblattsammlung, Köln 2012.

Lenz, M./Fischer, W. W., Verrechnungspreisdokumentation in Deutschland – Erste Praxiserfahrung, BB 2004, 2043.

Leonard, G. K./Stiroh, L. J., Economic Approaches to Intellectual Property Policy, Litigation, and Management, NERA Economic Consulting, 2005.

Leßmann, A., Erschöpfung von Patentrechten bei Konzernvertrieb, GRUR 2000, 741 ff.

Leßmann, H./Würtenberger, G., Deutsches und europäisches Sortenschutzrecht, Handbuch, 2. Aufl., Baden-Baden 2009.

Levey, M./Schnorrberger, S., The Quest of Marketing Intangibles, Intertax 2006, 2.

Levin, A., Der Nachweis der Verkehrsdurchsetzung im Markenrecht, Peter Lang GmbH, Frankfurt am Main, 2010.

Ley, U., Der BFH zum betrieblichesn Schuldzinsenabzug (§ 4 IVa EStG). Folgerung für die Praxis, Zugleich Anmerkung zu BFH, Urteil vom 21.9.2005 X R 46/04 und X R 47/03, DStR 2006, 301.

Ley, U., Die Beschränkung des Schuldzinsenabzugs bei Mitunternehmerschaften nach § 4 Abs. 4a EStG, KOESDI 2006, 15 277.

Ley, U., Zur Buchführungs- und Abschlusserstellungspflicht sowie zur Ausübung von Bilanzierungswahlrechten in der Sonderbilanz eines Mitunternehmers, WPg 2006, 904.

Literaturverzeichnis

Lieber, B., Ausschluss der Kapitalertragsteuererstattung bei Zwischenschaltung einer funktionslosen Holdinggesellschaft, IWB 2006, 539.

Linn, A./Reichl, A./Wittkowski, A., Grenzüberschreitende Verlustberücksichtigung: Möglichkeiten und Grenzen, BB 2006, 630.

Litten, R., „Inverkehrbringen" und „Erschöpfung" im neuen Markenrecht, WRP 1997, 678 ff.

Littkeman, J./Kraft, S., Beurteilung der Finanzlage mit Hilfe der Kapitalflussrechnung nach IAS/IFRS, Möglichkeiten und Grenzen, Fach 20, 2141, BBK 2006, 553.

Littmann, E./Bitz, H./Pust, H., Einkommensteuergesetz, Kommentar, Stuttgart, Stand: November 2008.

Llinares, E./Gonnet, S., Value Creation, Comparability and Bargaining Analysis: Key References in Transfer Pricing Going Forward, 1.5.2014.

Llinares, E./Suzuki, T./Gilibert, S., Why Transfer Pricing Matters in Asset Management, in: International Tax Review, Tax Reference Library No. 46, Intellectual Property 7th edition, 2008, 3 ff.

Llinares, E., Intangibles, market structure and the use of profit split methods, International Tax Review, no. 24, Intellectual Property Supplement 2005, 36 ff.

Locher, K./Meier, W./von Siebenthal, R./Kolb, A., Doppelbesteuerungsabkommen Schweiz-Deutschland, Textausgabe und Praxis, Bd. 6 (Loseblattausgabe), Stand 43, Ergänzungslieferung 2013, Therwil 2013.

Locher, P., Einführung in das internationale Steuerrecht der Schweiz, 3. Aufl., Bern 2005.

Locher, P., Kommentar zum DBG, Bundesgesetz über die direkte Bundessteuer, 1. Teil, Art. 1–48 DBG, Therwil/Basel 2001.

Loewenheim, U. (Hrsg.), Handbuch des Urheberrechts, 2. Aufl., München 2010.

Loh, A./Peters, H., Das neue Schiedsverfahren im DBA-USA, RIW 2008, 294 ff.

Loh, A./Peters, H., Die neuen Regelungen zu Advance Pricing Agreements im deutschen Steuerrecht, RIW 2007, 116 ff.

Loh, A./Steinert, R., Scheitern internationale Lösungen von Verrechnungspreisfragen an § 175a AO?, BB 2008, 2383 ff.

Lohr, J.-A./Gieser, B., Aktuelles Beratungs-Know-How: Besteuerung von Kapitalvermögen, DStR 2006, 339.

Loidl, V./Moshammer, H., Zweifelsfragen zu § 6 Z 6 EStG anhand von Praxisfällen, SWI 2012/10, 446.

Loitz, R., Bilanzierung latenter Steueransprüche für Vorträge noch nicht genutzter steuerlicher Verluste nach IFRS, WPg 18/2007, 778.

Loose, T./Hölscher, S./Althaus, M., Jahressteuergesetz 2007: Anwendungsbereich und Auswirkungen der Einschränkung der Freistellungsmethode. Eine erste Analyse des § 50d Abs. 9 EStG, BB 2006, 2724.

Loth, H.-F., Gebrauchsmustergesetz, München 2001.

Loukota, H., Das internationale Verständigungsverfahren als Instrument der DBA-Auslegung, SWI 2000, 299 ff.

Loukota, H., Budgetkonsolidierung und internationales Steuerrecht, SWI 1996, 252 f.

Loukota, H., Das zweite Treaty-Shopping Erkenntnis des VwGH, SWI 2000, 420 f. mit Verweis auf VwGH 26.7.2000, 97/14/070.

Loukota, H., Der Geschäftsleitungsort im Recht der Doppelbesteuerungsabkommen – Ein Diskussiosthema am Wiener IFA Kongress, ÖStZ 2004/578, 261.

Loukota, H., Die Bedeutung der Änderungen des OECD-Musterabkommens für die österreichische DBA-Praxis, in: Lang, M./Loukota, H./Lüthi, D. (Hrsg), Die Weiterentwicklung des OECD-Musterabkommens (1996), 53 (56f).

Loukota, H., Die rechtliche Bedeutung der OECD Verrechnungspreisgrundsätze in Österreich, SWI 2000, 519 ff.

Loukota, H., Missbrauch – Scheingeschäft – Wirtschaftliche Betrachtungsweise, SWI 1991, 161.

Literaturverzeichnis

Loukota, H., ÖJT 1997, Band III/1, 117 f.

Loukota, H., Österreichs Außensteuerrecht, 2003.

Loukota, H., Österreichs Außensteuerrecht, Wien 2002.

Loukota, H., UFS Entscheidung zu Grundsatzfragen der Verrechnungspreisgestaltung, SWI 2012/12, 520.

Loukota, W., § 6 Z 6 EStG und EG Niederlassungsfreiheit, SWI 2001, 67.

Loukota, W., Beschränkte Steuerpflicht und EG Recht, 1 Aufl., Wien 2006.

Loukota, W., Vermietung einer Erfindung als Gewerbebetrieb oder Vermögensverwaltung? Ges aktuell, 2003, 266.

Loukota, H./Jirousek, H., § 6 Z 6 EStG und der AOA, ÖStZ 2007/314, 137

Loukota, H./Jirousek, H., § 6 Z 6 EStG und der „AOA", ÖStZ 2007, 137 ff.

Loukota, H./Jirousek, H., Anmerkungen zur Kritik an den Verrechnungspreisrichtlinien 2010, ÖStZ 2011, 40 f.

Loukota, H./Jirousek, H., Anmerkungen zur Kritik an den Verrechnungspreisrichtlinien 2010, ÖStZ 2011/79, 40.

Loukota, H./Jirousek, H., Benötigt Österreich gesetzliche Dokumentationspflichten für Verrechnungspreise? SWI 2008, 12 ff.

Loukota, H./Jirousek, H., Benötigt Österreich gesetzliche Dokumentationsvorschriften für Verrechnungspreise?, SWI 2008, 12.

Loukota, H./Jirousek, H., Leitfaden zum revidierten österreichisch-deutschen DBA, Rz 51 ff.

Loukota, H./Quantschnigg, P., Missbrauchsabwehrecht gegenüber ausländischen Durchlaufgesellschaften, SWI 1995, 13.

Löw, E., Ausweisfragen in Bilanz und Gewinn- und Verlustrechnun bei Financial Instruments, Beilage 1, KOR 2006, 3.

Löwenstein, U./Looks, C., Betriebsstättenbesteuerung, 2003, Rz. 1156.

Lüdenbach, N./Freiberg, J., Zweifelhafter Ojektivierungsbeitrag der Fair-Value-Measurement-Projekts für die IFRS-Bilanz, KOR 2006, 437.

Lüdenbach, N./Hofman, W.-D., Erlösrealisierung bei Mehrkomponentengeschäft nach IFRS und HGB/EStG, DStR, 2006, 153.

Lüdenbach, N./Prusaczyk, P., Bilanzierung von Kundenbeziehungen in der Abgrenzung zu Marken und Goodwill, KoR 2004, 204 ff.

Lüdenbach, N./Völkner, B., Bilanzpolitische Bedeutung von Options- und Terminkontrakten über Anteile bei der Konsolidierung nach IFRS, BB 2006, 2738.

Lüdicke, J./Fischer, B. A., Steuerliche Behandlung von Medienfonds, Erwiderung zu Donrheim DStR 2011, 1793, DStR 2011, 1935.

Lüdicke, J./Sistermann, C., Unternehmenssteuerrecht: Gründung, Finanzierung, Umstrukturierung, Übertragung, Liquidation, München 2008.

Lüdicke, J., Beihefter zu Heft 17, DStR 2008, 25, 32.

Lüdicke, J., Der missratene § 50d Abs. 3 Satz 1 EStG i. d. F. des BeitrRLUmsG, IStR 2012, 81.

Lüdicke, J., Die mangelnde Abstimmung von Steuerabzug nach Par. 50a EStG i. d. F. des JStG 2009 und beschränkter Steuerpflicht, IStR 2009, 206–207.

Lüdicke, J., Fortentwicklung der Internationalen Unternehmensbesteuerung. Forum der Internationalen Besteuerung, Band 30, Köln 2005.

Ludwig, C., Berichtigung von Verrechnungspreisen nach innerstaatlichem Recht, RdW 1997, 310 ff.

Lühn, T., Bloßes Tätigwerden in den Räum-lichkeiten des Vertragspartners begründet (noch) keine Betriebsstätte, BB 2008, 2445–2447.

Lusk, J. /Roosen, J./.Shogren, J. (Hrsg.), Oxford Handbook on the Economics of Food Consumption and Policy, Oxford 2011, Kapitel 33.

Lutter, M., Holdinghandbuch: Recht, Management, Steuern, 4. Aufl., Köln 2004.

Lutz, H./Broderick, T., Know-how Lizenzvertrag nach EG-Gruppenfreistellungsverordnung Nr. 556/89, RIW 1989, 278 ff.

Literaturverzeichnis

Macho R./Steiner G., Case Studies – Verrechnungspreise kompakt, Wien 2011.

Macho R./Steiner G., Haftungsfrage „Beschränkte Einkommensteuerpflicht", ÖStZ 2003/832, 382.

Macho R./Steiner G., Verrechnungspreise – Dokumentation durch Datenbankstudien, ÖStZ 2008/332, 159.

Macho R./Stieber B., Verluste beim Service Provider, ÖStZ 2011/116, 62.

Macho R./Stieber B., Verrechnungspreise und Fremdvergleich, taxlex 2012, 370.

Macho, R./Perneki, M., Verrechnungspreise: Benchmarking mittels Datenbankstudien – Fluch oder Segen? Transfer Pricing: Benchmarking Studies, SWI 2011, 296.

Macho, R./Steiner, G./Ruess, S., Verrechnungspreise Kompakt, Transfer Pricing in der Gestaltungs- und Prüfungspraxis, Wien 2007.

Macho, R./Stieber, B., Betriebsprüfung: Verluste beim Service Provider. Oxymoron oder doch Transfer Pricing in schwierigen Zeiten, ÖStZ 2011, 62 ff.

Macho, R./Zöch, C., Methodenwahl in der Verrechnungspreisprüfung – Case Study aus der Aussenprüfung, taxlex 2005, 523 unter Verweis auf EAS 1637.

Macho, R., Derzeitiger Stand und Entwicklungstendenzen der Kontrolle von Verrechnungspreisgestaltung in der Betriebsprüfung, in FS Loukota, H. 2005, 349.

Macho, R., Downsizing – Funktionsverlagerung im Konzern, ÖStZ 2004, 573.

Macho, R., Mehrjährige Verlustsituation einer österreichischen Vertriebsgesellschaft, ÖStZ 2000, 632.

Mackenstedt, A./Fladung, H.-D./Himmel, H., Ausgewählte Aspekte bei der Bestimmung beizulegender Zeitwerte nach IFRS 3 – Anmerkungen zu IDW RS HFA 16, WPg 2006, 1037–1048.

MacKinlay, A. C., Event Studies in Economics and Finance, Journal of Economic Literature 1997, Vol. 35, No. 1, 13–39.

Maguire, E./Theisen, M., Verrechnungspreise bei Lizenzen und Dienstleistungen, München 1990.

Mairinger, A., Internationale Amtshilfe, ÖStZ 2012/80, 29.

Maiterth, R., Das EuGH-Urteil „Marks & Spencer" und die grenzüberschreitende Verlustverrechnung aus ökonomischer Sicht, DStR 2006, 915.

Makoto, I./Keita, F., Application of Statistical Methods in Compliance with Transfer Pricing Rules in Japan, www.nera.com, NERA Economic Consulting, 2009.

MANA Report, Survey of Sales Commissions, Manufacturers' Agents National Association (Hrsg.), Aliso Viejo (USA), 2003; www.manaonline.org/?cat=35.

Manessinger, E./Schlatzer, I., Die österreichischen Verrechnungspreisrichtlinien 2010 (Teil 5) – Konzerninterner Leistungsverkehr/Lizenzgebühren und Kostenverteilungsverträge, ÖStZ 2011/544, 308.

Manessinger, E./Schlatzer, I., Die österreichischen Verrechnungspreisrichtlinien 2010 (Teil 6) – Konzerninterner Leistungsverkehr/Konzernstrukturänderungen und Dokumentationspflichten, ÖStZ 2011/722, 398.

Manessinger, E./Schlatzer, I., Die österreichischen Verrechnungspreisrichtlinien 2010 (Teil 2), ÖStZ 2011, 35, 41.

Manessinger, E./Schlatzer, I., Die österreichischen Verrechnungspreisrichtlinien 2010 (Teil 4), ÖStZ 2011, 261.

Mank, K./Dagnese, N., Verrechnungspreisentwicklung im lateinamerikanischen Subkontinent, IStR 2006, 713 ff.

Mank, K./Nientimp, A., Formale Kirterien zur Anerkennung internationaler Verrechnungspreise, DB 2007, 2163 ff.

Männel, W., Mengenrabatte in der entscheidungsorientierten Erlösrechnung, Opladen 1974.

Marchgraber, C., Übertragung stiller Reserven und Unionsrecht, SWI 2012/8, 361.

Marly, J., Der Schutzgegenstand des urheberrechtlichen Softwareschutzes, GRUR 2012, 773 ff.

Literaturverzeichnis

Martinek, M./Semler, F.-J./Habermeier, S./Flohr, E., Handbuch des Vertriebsrechts, 3. Aufl., München, 2010.

Martinek, M., Franchising, Heidelberg 1987.

Marx, C., Deutsches, europäisches und internationales Markenrecht, 2. Aufl., Neuwied 2007.

Marx, C., Geografische Herkunftsangaben, in: Karl-Heinz Fezer (Hrsg.), Lauterkeitsrecht, Kommentar zum Gesetz gegen den unlauteren Wettbewerb, 2. Aufl., München 2010, 2004 f.

Marx, F. J./Nienaber, M., Mezzanine Finanzierungsinstrumente im internationalen Steuerrecht, SteuStud 2006, 304.

Marx, F. J./Nienaber, M., Steueroptimaler Einsatz mezzaniner Finanzierungsinstrumente bei personenbezogenen Personengesellschaften, GmbHR 2006, 686.

Mas-Colell, A./Whinston, M. D./Green, J. R., Microeconomic Theory Oxford University Press, New York 1995.

Masorsky, K./Schoppe, C./Stumpf, B., Verrechnungspreis und Zollwert, BB 2013, 279–283.

Masshardt, H., Kommentar zur direkten Bundessteuer, 2. Aufl., Zürich 1985.

Masuch, A./Katzbach, M., Umsatzbesteuerung grenzüberschreitender Personenbeförderungen, NWB 2012, 2303–2314.

Matheis, P./Braun, M., Wann endet die Debatte um den Buch- und Belegnachweis?, – Überlegungen zur aktuellen BFH-Rechtsprechung aus der Sicht der Praxis, UVR 2009, 296 ff.

Matheis, P./Krumes, B., Vorsteuerabzug beim innergemeinschaftlichen Erwerb, UVR 2012, 381–384.

Matheis, P. /Braun, A., Wann endet die Debatte um den Buch- und Belegnachweis?, UVR 2009, 296–304.

Matheis, P., Zur Umsetzbarkeit der Neuregelung zur Gelangensbestätigung gem. § 17a Abs. 2 UStDV, UVR 2012, 188–192.

Matherat, S., Fair value accounting and financial stability: challenges and dynamics, Banque de France Financial Stability Review, Valuation of Financial Stability, no. 12, 12/2008.

Matschke, M./Brösel, G., Unternehmensbewertung, Funktionen – Methoden – Grundsätze, 3. Aufl., Wiesbaden 2007.

Matschke, M. J./Schildbach, T., Unternehmensberatung und Wirtschaftsprüfung, Festschrift für Günter Sieben, Stuttgart 1998.

Maunz, S., Versagung der Steuerbefreiung einer innergemeinschaftlichen Lieferung bei fehlendem Nachweis des physischen Verbringens des Liefergegenstands an einen Ort außerhalb des Liefermitgliedstaats – rückwirkende Löschung der Mehrwertsteuer-Identifikationsnummer des Erwerbers, UR 2012, 802–803.

Maunz, T./Dürig, G., Grundgesetz, Kommentar (Hrsg Herzog/Scholz/Herdegen/Klein), 65. Ergänzungslieferung, München, Stand: April 2012.

Mayer, H. V., Outsourcing mit Factoring, BB 1995, Beilage 17 zu Heft 44/1995, 6 ff.

Mayr, G., § 2 Abs 8 EStG: „Dreifache Deckelung" der Nachversteuerung ausländischer Verluste, RdW 2005/236, 189.

Mayr, G., Auftragsforschungs: Neuer Freibetrag vorrangig beim Auftraggeber, RdW 2005/587, 508.

Mayr, G., BudBG 2007: Wichtiges zur Einkommen- und Körperschaftsteuer, RdW 2007/269, 237.

Mayr, G., StRefG 2009: Gewinnfreibetrag neu, RdW 2009/188, 236.

Mayr, G., Leasing – Zurechnung nach Optionsrecht? RdW 2000, 504.

McClure, B., Intangible Assets Provide Real Value To Stocks, Investopedia.com, 4. Juli 2010; http://www.investopedia.com/articles/03/010603.asp Abrufdatum: 4. Februar 2014.

Literaturverzeichnis

McGavock, D., Unrelated-Party Licensing Practices and Factors Affecting Royalty Rates: Results of a Survey, Tax Management, Transfer Pricing, No. 3, 1993, 1 ff.

McIntyre, M. J., How to End the Charade of Information Exchange, TNI October 26, 2009, 255.

Meffert, H. /Burmann, C. /Koers, M., Markenmanagement – Identitätsorientierte Markenführung und praktische Umsetzung, 2. Aufl., Wiesbaden, 2005.

Meffert, H., Marketing, Grundlagen marktorientierter Unternehmensführung, 9. Aufl., Wiesbaden 2000.

Melchior, J., Änderungen durch das Steueränderungsgesetz 2006 und das Erste Gesetz zum Abbau bürokratischer Hemmnisse, DStR 2006, 1301.

Melchior, J., Die erste steuerlichen Änderungsgesetzes der neuen Bundesregierung, DStR, 2006, 12.

Melchior, J., Steuerliche Änderungen durch das Jahressteuergesetz 2007, DStR 2006, 2233.

Mellerowicz, K., Kosten und Kostenrechnung I, Theorie der Kosten, 5. Aufl., Berlin/New York 1973.

Menck, T./Ritter, W./Vogel, H. H., Internationale Steuerauskunft und deutsches Verfassungsrecht, Münchener Schriften zum Internationalen Steuerrecht: 1987 Heft 12.

Menck, T., Einkunftsabgrenzung bei international verbundenen Unternehmen – zum BMF-Schreiben vom 23. Februar 1983, JbFSt 1983/84, 127 ff.

Menck, T., Internationale Verrechnungspreissysteme, StBp 1998, 133 ff.

Menck, T., Patt oder Konsens bei den internationalen Verrechnungspreisen? – Zuneuen US-Richtlinien und zum OECD-Bericht 1995, StBp 1996, 25 ff.

Menck, T., Verrechnungspreise: Internationale Vorabverständigungsverfahren (APA) und Schiedsverfahren, FR 2007, 307 f.

Menninger, J./Wellens, L., Grundsätzliche Bewertungsfragen im Zusammenhang mit der Funktionsverlagerung gem. § 1 Abs. 3 AStG, DB 2012, 10 ff.

Menninger, J. /Kunowski, S., Wertermittlung von Patenten, Technologien und Lizenzen vor dem Hintergrund von Optimierungsstrategien, DStR 2003, 180–184.

Menninger, J., Neue Standards zur Bewertung von Patenten und Technologien, GRUR-Prax 2012, 102 ff.

Meretzki, A., Weshalb der neue § 50d Abs. 10 EStG sein Ziel verfehlt und neue Probleme schafft, IStR 2009, 217–225.

Merker, C., Zum Gesetzentwurf zur Erleichterung der Unternehmensnachfolge, StuB 2006, 876.

Merks, P., Tax Evasion, Tax Avoidance and Tax Planning, Intertax 2006, 272.

Merlino, N./Morand, D., Country Overview „Switzerland", IBFD, TP, May 2007.

Mertz, S./Sajogo, D., Aktuelle Entwicklungen bei internationalen Verständigungs- und Schiedsverfahren, PIS 2010, 44 ff.

Mertz, S./Sajogo, D., Das Verständigungs- und Schiedsverfahren nach Art. 25. OECD-MA als „letzter Ausweg", PIS 2010, 185 ff.

Mes, P., Patentgesetz, Gebrauchsmustergesetz: PatG, GebrMG, 3. Aufl., München 2011.

Metzlaff, K., Praxishandbuch Franchising, München 2003.

Meurer, T., Die bewegte Lieferung im Reihengeschäft, DStR 2011, 199–203.

Meyer, B., Umsatzsteuerrechtliche Mindestmessungsgrundlage bei Leistung an zwar nahestehende, aber zum Vorsteuerabzug berechtigte Unternehmer, EFG 2013, 404–405.

Meyer, S./Lüdtke, J.-P., Der Einfluss von working capital auf die Profinabilität und Kreditwürdigkeit von Unternehmen, FB 2006, 609.

Michalski, L., Die Patronatserklärung, WM 1994, 1229.

Micker, L., Europarechtswidrigkeit der Organschaftsbesteuerung im Körperschaft- und Gewerbesteuerrecht?, DB 51/2003, 2734 ff.

Literaturverzeichnis

Micker, L., Verfassungsrechtliche Aspekte der Besteuerung von Funktionsverlagerungen, IStR 2010, 829.

Middendorf, O./Stegmann, D., Die Zinsschranke nach der geplanten Unternehmensteuerreform – Funktionsweise und erste Gestaltungsüberlegungen, INF 2007, 305.

Mitschke, W., Zur gesetzlichen Entstrickungsregelung des § 4 Abs. 1 Satz 3 EStG, in: DB 26/2009, 1376 ff.

Mitterlehner K./Theinschnack R./Handl R., Die Neuregelung der Forschungsprämie durch das 1.Stabilitätsgesetz 2012, SWK 2012/17, 803.

Miyatake, T., Transfer pricing and intangibles: Subject I, 61st Congress of the International Fiscal Association in Kyoto 2007, in: Cahiers de droit fiscal international, Bd. 92a, Rotterdam 2007, 17 ff.

Modigliani, F./Miller, M., The Cost of Capital, Corporation Finance and the Theory of Investment, American Economic Review, 1958.

Moews, D., Kosten- und Leistungsrechnung, 7. Aufl., München, Wien 2002.

Mogg, T., Die Kodifikation von Verlagsrecht und Verlagsvertrag in Deutschland, 2006.

Möhlenkamp, K./Maunz, S., Mindestbemessungsgrundlage – quo vadis?, in UR 1/2006, 1–7.

Möhring. P/Nicolini, K., Urheberrecht: UrhG, 3. Aufl., München 2014.

Möhrle, T./Groschke, A., Treaty Overriding und kein Ende?, IStR 2012, 610–613.

Möller, R., Die Interpretation des Art. 3 Abs. 1 GG im deutschen Steuerrecht, StB 2006, 425.

Monfort, B., Das EuGH-Urteil TRR und seine Auswirkungen auf das MwSt-Paket, DStR 51–52/2008, München, 2458 ff.

Monfort, B., MwSt-Paket: Die Änderungen ab 2010 im Überblick, DStR 46/2008, München, 1261 ff.

Morgenstern, O./Neumann, J., von, Theory of Games and Economic Behavior, 1. Aufl., Princeton 1953.

Mori, N. /Mert-Beydilly, N. /Poole, G. Transfer pricing in troubled times, Tax Management Transfer Pricing Report (May 2009).

Moser, U./Goddar, H., Grundlagen der Bewertung immaterieller Vermögenswerte am Beispiel patentgeschützter Technologien – Praktische Anwendung der wichtigsten Bewertungsmethoden (Fallbeispiel) –, Finanz Betrieb 2007, 655 ff.

Moser, U., Bewertung immaterieller Vermögenswerte: Grundlagen, Anwendung, Bilanzierung und Goodwill, Stuttgart 2011.

Mosquera Valderrama, J., EU and OECD Proposals for International Tax Cooperation: A New Road?, TNI August 23, 2010, 609 ff.

Mössner, J. M./Fuhrmann, S., Außensteuergesetz Kommentar, 2. Aufl., Herne 2011.

Mössner, J. M., Klaus Vogel Lecture 2009 – Comments, 64. Bull. Intl. Taxation, 2010

Mössner, J. M., Steuerrecht international tätiger Unternehmen, 4. Aufl. Köln 2012.

Moxter, A., Anmerkung zu BFH vom 19.10.2005 – IX R 64/04: Verbindlichkeitsrückstellungen, BB 2006, 243.

Mrazek, J., Forschung und Entwicklung im Bilanz- und Steuerrecht, 1996.

Mühlehner, J., Probleme der Einkünftezurechnung, in: Lang, M./Jirousek, H. (Hrsg.), Praxis des internationalen Steuerrechts, Festschrift Loukota, 370.

Müller, A., Gemeinkosten Management – Vorteile der Prozeßkostenrechnung, Wiesbaden 1992.

Müller-Eiselt K./Vonderbank S., EG-Zollrecht, Loseblatt, 87. Ergänzungslieferung, Stand: Dezember 2013.

Münchener Kommentar zum Aktiengesetz, Band 1, §§ 1–75 AktG, 3. Aufl., München 2008.

Münchener Kommentar zum Bürgerlichen Gesetzbuch (Hrsg. Säcker/Rixecker), Band 8, 6. Aufl., München 2012.

Münchener Vertragshandbuch, Band 3, Wirtschaftsrecht I und II, 6. Aufl., München 2009.

Literaturverzeichnis

Münchener Vertragshandbuch, Band 4, Wirtschaftsrecht III, 6. Aufl. München 2007.

Musil, A., Treaty Override als Dauerproblem des Internationalen Steuerrechts, IStR 2014, 192–196.

Muszynska, K., Adoption of the council directive on the taxation of interest and royalty payments, SWI 2003/9, 397.

Nash, J. G., The Bargaining Problem, Econometrica 18, 1950, 55–162.

Nash, J., The Bargaining Problem, Econometrica 18, 55 ff.

Naumann, M., Seminar J: „Tax Rulings" International, IStR 2011, 683 ff.

Nebel, J./Schulz, A./Flohr, E., Das Franchise-System – Handbuch für Franchisegeber und Franchisenehmer, 4. Aufl., München, 2008.

Neeser, A., Die Steuerbefreiung von innergemeinschaftlichen Lieferungen aus Sicht der Finanzverwaltung, UVR 2009, 82 ff.

Nestler, A., Ermittlung von Lizenzentgelten, in: Der Betriebsberater 37/2008, Verlag Recht und Wirtschaft, Frankfurt, 2002 ff.

Neubauer, H., Erfahrungen des Bundesamtes für Finanzen bei der Prüfung von Auslandbeziehungen, dargestellt anhand von Fällen, JbFSt 1974/75, 269 ff.

Neubauer, H., Zur Abgrenzung der verdeckten Einlagen in ausländischen Kapitalgesellschaften von den Betriebsausgaben im Gesellschaftsinteresse, StBp 1971, 250 ff.

Neufang, B., Betrieblicher Schuldzinsenabzug, StBp 2006, 144.

Neuhaus, M. R. (Hrsg.), Verdeckte Gewinnausschüttungen, Schriftenreihe der Treuhand-Kammer, Bd. 150, Winterthur 1997.

Neuhaus, M. R., Die Besteuerung des Aktienertrags, Diss., Zürich 1988.

Nevo, A., Measuring Market Power in the Ready-to-Eat Cereal Industry, Econometrica, Econometric Society 2001, vol. 69(2), 307-42.

Neyer, W., Steuerliche Behandlung der grenzüberschreitenden Arbeitnehmerentsendung im Konzernverbund BB 2006, 918 ff.

Nieder, M., Die mittelbare Patentverletzung – eine Bestandsaufnahme, GRUR 2006, 977–978.

Niehues, K., Probleme des Konzernumlagevertrages bei international verbundenen Unternehmen, RIW 1988, 808 ff.

Niehus, C., Die Geschäftsführungs-Vergütung eines ordentlichen Geschäftsleiters, StB 2006, 371.

Niemann, B./Niemann, R./Schultermandl, C., Verrechnungspreisgestaltung mit Datenbankstudien – eine Fallstudie, ÖStZ 2012/518, 283.

Niemeier, W., Die Steigerung der Aussagekraft des handelsrechtlichen Jahresabschlusses durch die Änderungen der 4. und 7. Richtlinie, WpG 2006, 173.

Niemeier, G./Schlierenkämper, K.-P./Schnitter, G./Wendt, W., Einkommensteuer, 22. Aufl., Achim bei Bremen 2009.

Nientimp, A., Bundesministerium der Finanzen beantwortet Kleine Parlamentsanfrage zu Funktionsverlagerung und Verständigungsverfahren, IWB Nr. 7 v. 9.4.2008, Aktuelles, 331 ff.

Niermann, W./Plenker, J., Änderungen im Bereich der Arbeitnehmerbesteuerung durch das Steueränderungsgesetz 2003, DB 2003, 2724.

Nieschlag, R./Dichtl, E./Hörschgen, H., Marketing, 19. Aufl., Berlin 2002.

Nieskens, H./Slapio, U., Grünbuch der Europäischen Kommission über die Zukunft der Mehrwertsteuer, UR 2011, 573.

Nieskens, H., Ausfuhrlieferung und innergemeinschaftliche Lieferung: Rettet der BFH den Export?, StC 2009, Nr 9, 16–21.

Nieskens, H., Gutglaubensschutz bei nachträglich ungültiger Umsatzsteuer Identifikationsnummer, UR 2008, 812.

Niess, B., Internationale Verrechnungspreise zwischen Kapitalgesellschaften, Schaumburg, H. (Hrsg), 61.

Nirk, R./Ullmann, E., Gewerblicher Rechtsschutz und Urheberrecht, Band I: Patent-, Gebrauchsmuster- und Sortenschutzrecht, 3. Aufl., Heidelberg 2007.

Literaturverzeichnis

Nischke, A./Ihler, T., Zum datenschutzrechtlichen Akteneinsichtsrecht im laufenden Besteuerungsverfahren, SteuerStud 2011, 169 ff.

Nolte, A. M., Die Einkommensteuer-Richtlinien 2005 – Erläuterung der wichtigsten Änderungen und Synopse der EStR 2003 und EStR 2005, Fach 3, 13 903, NWB 2006, 1007.

Nooteboom, A., Internationale Verrechnungspreise zwischen nahestehenden Unternehmen im Steuerrecht, StuW 1982, 125 ff.

Nordemann, W. (Hrsg.), Urheberrecht, 10. Aufl., Stuttgart 2008.

Obermair, C./Weninger, P.-J., Verrechnungspreise im internationalen Konzern (Teil I), Rechtliche Rahmenbedingungen und praktische Grundlagen, FJ 2005, 147 ff.

Oberson, X./Hull, H., Switzerland in International Tax law, 3rd Edition, Amsterdam 2006.

Oelmeier, A., Zum Nachweis der innergemeinschaftlichen Lieferung – Anmerkungen zur (jüngsten) Rechtsprechung des BFH, DStR 26/2008, 1213 ff.

Oesterhelt, S., Bindungswirkung kantonaler Steuerrulings gegenüber ESTV, Steuerrevue 3/2013, 188 ff.

Oestreicher, A., Die reformbedürftigen Regelungen zur Ermittlung der Verrechnungspreise in Fällen der Funktionsverlagerung, Ubg 2009, 80 ff.

Oestreicher, A., Die Unternehmensbesteuerung, Düsseldorf.

Oestreicher, A., Internationale Verrechnungspreise, Herne 2003.

Oestreicher, A., Konzern-Gewinnabgrenzung: Gewinnabgrenzung, Gewinnermittlung, Gewinnaufteilung, München 2000.

Oestreicher, A., Neufassung der Verwaltungsgrundsätze zur Prüfung der Einkunftsabgrenzung durch die Umlageverträge zwischen international verbundenen Unternehmen, IStR 2000, 759 ff.

Oestreicher, A./Hundeshagen, C., Bewertung von Transferpaketen bei Funktionsverlagerungen. Der Betrieb 2008, 1637–1643 (Teil 1) und 1693–1700 (Teil 2).

Oestreicher, A./Hundeshagen, C., Weder Wirtschaftsgut noch Unternehmen – die Bewertung von Transferpaketen anlässlich der grenzüberschreitenden Verlagerung von Unternehmensfunktionen, IStR 2009, 145.

Oestrreicher, A./Duensing, M., Eignung von Unternehmensdatenbanken zur Bestimmung der Verrechnungspreise an deutschen Vertriebsunternehmen, IStR 2005, 134.

Oestrreicher, A./Vormoor, C., Verrechnungspreisanalyse mit Hilfe von Unternehmensdatenbanken – Vergleichbarkeit und Datenlage, IStR 2004, 95 ff.

Offerhaus, K., Einige Schwerpunktfragen des Entwurfs eines Steueroasengesetzes, FR 1971, 425 ff.

Offerhaus, K./Söhn, H./Lange, H.-F., Umsatzsteuer-Kommentar, Loseblatt, 221. Erg.-Lfg., Heidelberg, Stand: Mai 2009.

Ohly, A., Designschutz im Spannungsfeld von Geschmacksmuster-, Kennzeichen- und Lauterkeitsrecht, GRUR 2007.

Omsels, H.-J., Geografische Herkunftsangaben, Berlin 2006.

Ostermayer, F./Huber, F., Die Architekten und Ingenieur-GmbH: Wirksame Haftungsbeschränkung ohne steuerliche Nachteile, StB 2006, 461.

Owens, J., Die Vorschläge der OECD zur Verbesserung des Verfahrens zur Beilegung von Streitigkeiten im Zusammenhang mit DBA, IStR 2007, 472 ff.

Pahlke, A./Koenig, U., Abgabenordnung, 2. Aufl., München 2009.

Palandt, O., Bürgerliches Gesetzbuch, Kommentar, 73. Aufl., München 2014.

Parillo, K., Automatic Information Exchange A Must, Panelists Say, TNI September 21, 2009, 984.

Parillo, K., Economy a Factor in Transfer Pricing Analysis, IRS Economists Says, TNI January 19, 2009, 230 f.

Parr, R., Royalty Rates for Licensing Intellectual Property, 2007.

Parr, R., Royalty Rates for Pharmaceuticals & Biotechnology, 7. Aufl., 2010.

Parr, R., Royalty Rates for Technology 4. Aufl., 2009

Literaturverzeichnis

Parr, R., Royalty Rates for Trademarks & Copyrights, 4. Aufl., 2009.

Patek, G., Bilanzierung von Schadstoff-Emissionsrechten und Emissionrechte-Abgabepflichten nach HGB, WpG 2006, 1152.

Patnaik, D., Enthält das deutsche Recht effektive Mittel zur Bekämpfung von Nachahmungen und Produktpiraterie? ‚GRUR 2004, 191 ff.

Paukowitsch, R., Aktuelle Probleme auf dem Gebiete der Körperschaftsteuer, FJ 1985, 140.

Paul, J./Steiner, E., Geplante Änderungen bei Rückstellungen nach IFRS – Explosure Draft IAS 37, BBK 2006, 1148.

Paus, B., Neue steuerliche Behandlung von Lebens- und Rentenversicherungen, Fach 3, 14 047, NWB 2006, 2019.

Paus, B., Offene Fragen bei der Realteilung von Personengesellschaften, DStZ 2006, 285.

Paus, B., Zinsaufwand nach Wegfall der Einkunftsquelle – Anmerkung zum BFH-Urteil 12.10.2005 – IX R 28/04, DStZ 2006, 800.

Peemöller, V. (Hrsg.), Praxishandbuch der Unternehmensbewertung, 2. aktualisierte Aufl., Berlin 2002.

Pelz, C., Die persönliche Haftung des Geschäftsführers einer GmbH, RNotZ 2003, 415 ff.

Penney, M., Internal Revenue Code Section 482 – The White Paper, European Taxation 1989, 44 ff.

Peter, M./Kessler, W., OECD klärt Zweifelsfragen zur Server-Betriebsstätte – Bestätigung des Pipeline-Urteils, IStR 2001, 238 ff.

Peters, H./Haverkamp, L., Verbesserte Möglichkeiten zur Beseitigung von Doppelbesteuerungen – Vergleich des Schiedsverfahrens nach Art. 25 Abs. 5 OECD-MA und des EU-Schiedsverfahrens, BB 2011, 1303 ff.

Peters, N., DStV lehnt den Entwurf des Steuerhinterziehungsbekämpfungsgesetzes ab, Stbg 2009, 334 ff.

Peters, S./Pflaum, U., Steuerhinterziehung durch ungerechtfertigte Verrechnungspreise?, wistra 2011, 250 ff.

Petersen, S. A., Steuerbilanzielle Erfassung der Erträge aus Investmentfonds, DStR 2006, 1674.

Petutschnigg M., § 99a EStG – Quellensteuerfreiheit auch bei Veranlagung?, ÖStZ 2007/689, 349.

Pezzer, H., Sperrwirkung von Art. 6 Abs. 1 DBA-Niederlande 1959 (Art. 9 Abs. 1 OECDMusterAbk.) gegenüber Sonderbedingungen bei beherrschenden Gesellschaftern, FR 2013, 415 ff.

Pezzer, H.-J., Die verdeckte Gewinnausschüttung im Körperschaftsteuerrecht, Köln 1986.

Pfaff, D./Osterrieth, C., Lizenzverträge, 3. Aufl., München 2009.

Pfeiffer, T., Innerbetriebliche Verrechnungspreisbildung bei dezentralen Entscheidungsstrukturen: eine quantitative Analyse unter Berücksichtigung der Aspekte Zeit und asymmetrischer Information, Heidelberg 1997.

Phatarphekar, K., A perspective from the Indian IT/ITES Sector, BNA Tax Planning International: Special Report, Transfer Pricing in a Recession, Washington, London, 2009, 61 ff.

Philipp, A./Loukota, H./Jirousek, H., Kommentar Internationales Steuerrecht (31. Lfg), I/3 B.

Phillips, C., Information Exchange in the EU: Breaking Down the Barriers, TNI June 15, 2009, 912 ff.

Pierson, M./Ahrens, T./Fischer, K., Recht des geistigen Eigentums, 2. Aufl., München 2012.

Pijl, H., Bulletin for International Taxation 2013, No. 1, 7, 8, 9.

Piltz D. J./Schaumburg, H., Internationale Betriebsstättenbesteuerung, Köln 2006.

Literaturverzeichnis

Piltz, D./Schaumburg, H., Angemessenheit und Dokumentation von Finanzierungsbeziehungen, Internationale Unternehmensfinanzierung, Köln 2006.

Piltz, D.J., Die Personengesellschaften im internationalen Steuerrecht der Bundesrepublik Deutschland, Heidelberg 1981.

Piltz, D.J., Wann liegt eine DBA-Vertreter-Betriebsstätte vor?, IStR 2004, 181 ff.

Piper, H./Ohly, A./Sosnitza, O., Gesetz gegen den unlauteren Wettbewerb mit Preisangabenverordnung, Kommentar, 5. Aufl., München 2010.

Pitz, J., Passivlegitimation in Patentstreitverfahren, GRUR 2009, 805 ff.

Pitz, J., Patentverletzungsverfahren, 2. Aufl., München 2010.

Plambeck, C., APA programme accelerates, International Tax Review, 1994, 44.

Plinke, M., Recht für Autoren, 3. Aufl. 2012.

Plückebaum, K./Widmann, W., Umsatzsteuergesetz-Kommentar, Losebl., 87. Erg.-Lfg., Freiburg Stand: Februar 2013.

Pogodda, A./Wagner, C., Neuregelung der Nachweispflichten bei steuerfreien Ausfuhrlieferungen und steuerfreien innergemeinschaftlichen Lieferungen – Teil 1, BB 2012, 1314–1318.

Pohl, C., Zur Anwendung der Preisanpassungsregelung (§ 1 Abs. 3 Satz 11 und 12 AStG) außerhalb von Funktionsverlagerungen, IStR 2010, 690 ff.

Pöllath, R./Rädler, A.J., Gewinnberichtigungen zwischen verbundenen Unternehmen ohne Rücksicht auf Abkommensrecht?, DB 1982, 561 ff. und 617 ff.

Polster-Grüll, B./Berghuber, T./Dolezel, A./Polster, S./Schwerdtfeger, J./Taucha, P./Zewas, H., Cash Pooling. Modernes Liquiditätsmanagement aus finanzwirtschaftlicher, rechtlicher und steuerlicher Sicht, 2. Aufl., Wien 2004.

Popkes, W., Internationale Prüfung der Angemessenheit steuerlicher Verrechnungspreise, Bielefeld 1989.

Porter, M.E., Competitive Advantage, New York 1985.

Portner, R., Advanced Pricing Agreements – Domestic Aspects and Treaty Law, European Taxation 1996, 50 ff.

Portner, R., Ermittlung von Verrechnungspreisen in multinationalen Unternehmen, IWB F. 10, G. 2, 1992, 863 ff.

Portner, R., Zwischenstaatliche Gewinnabgrenzung – Profit Split in Sonderbereichen, IStR 1995, 356 ff.

Prätzler, R.C., Neue Entwicklungen bei steuerfreien innergemeinschaftlichen Lieferungen, DB 2012, 2654–2659.

Preinig, F., VwGH zu Beteiligungserträgen aus einer Hongkong-Gesellschaft – Ist die Besteuerung im Ausland ein Kriterium für den Typenvergleich? ÖStZ 2006, 14.

PricewaterhouseCoopers, Dokumentation von Verrechnungspreisen, Frankfurt a.M. 2005.

PricewaterhouseCoopers, E-books in Deutschland – Der Beginn einer neuen Gutenberg-Ära?, 2010.

Prinz, U., Besteuerungsfragen inländischer Vertriebsmodelle bei international tätigen Unternehmen, FR 1996, 479.

Prinz, U., Der neue § 5 Ia EstG – Gelungene gesetzliche Verankerung der steuerbilanziellen Bildung von Bewertungseinheiten, DStR 2006, 771.

Prinz, U., Gesetzgeberische Wirrungen um Grundsätze der Betriebsstättenbesteuerung, DB 16/2009, 807 ff.

Prinz, U., Neues zur Gesellschafter-Fremdfinanzierung (§ 8a KStG) nach der Unternehmenssteuerreform 2001 – Bestandsaufnahme und Gestaltungsmöglichkeiten, FR 2000, 1061 ff.

Pröll, M., Betriebsaufgabe: Der gemeine Wert und seine „Tücken", ÖStZ 2009, 78.

Pump, H., Praxisprobleme bei innergemeinschaftlichen Lieferungen – Teil I, in: StBp 02/2007, Berlin, 38 ff. und 77.

Püttner, R., Verfassungsmäßigkeit der Gebührenerhebung für verbindliche Auskünfte, NWB 2011, 684 ff.

Literaturverzeichnis

Pyszka T./Brauer M., Ausländische Personengesellschaften im Unternehmenssteuerrecht, 1. Aufl., Herne 2004.

Quantschnigg, P./Schuch, J., ESt-Handbuch, 1993.

Raab, J., Aktuelle Entwicklungen des Europäischen und Internationalen Wirtschaftsrecht, 8. Auflage, St. Gallen 2006.

Raby, N., International Transfer Pricing 2013, in: PricewaterhouseCoopers (Hrsg.), 2013.

Rädler, A./Raupach, A., Deutsche Steuern bei Auslandsbeziehungen, München/Berlin 1966.

Rädler, A., Stellungnahme zu dem Entwurf des OECD-Berichts über Verrechnungspreise, DB 1995, 110f.

Radtke, H., Münchener Kommentar zum Strafgesetzbuch, München 2006.

Rafiq, A./McDonald, D./Loots, L./Wang, M./Katz, A./Douglas, F./Calva, M./Diakonova, I./Thomas, R./Yip, F./East, M./Lau, P., Hedge Funds Evolution: Transfer Pricing Implications and Consequences, Tax Management Transfer Pricing Report, Vol. 16, No. 9, 2009, 327–332.

Ransiek, A., Zur strafrechtlichen Verantwortung des Compliance Officers, AG 2010, 147.

Rasch, S./Fischer, R., Die neuen „Temporary U.S. Cost-Sharing Regulations" – Chancen und Risiken, IWB Fach 8 Gruppe 2, 1533 ff.

Rasch, S./Fischer, R., Die neuen Final and Temporary US-Regulations zu konzerninternen Dienstleistungen, DB 2007, 878 ff.

Rasch, S./Mank, K., Die „Proposed US Cost Sharing Regulations" – was der Steuerpflichtige bei der gemeinsamen Entwicklung von immateriellen Wirtschaftsgütern zu beachten haben wird, IStR 2006, 643 ff.

Rasch, S./Rettinger, F., Aktuelle Fragen der Verrechnungspreisdokumentation: Unternehmenscharakterisierung und Methodenwahl in den Verwaltungsgrundsätze-Verfahren, BB 2007, 353.

Rasch, S., Aktuelle Entwicklungen bei der Betriebsstättenbegründung – Renaissance des Kommissionärsmodells?, IStR 2011, 6–13.

Rasch, S., Beratungskosten an ausländische Konzernmuttergesellschaften, BB 1963, 1094 ff.

Rasch, S., Konzernverrechnungspreise im nationalen, bilateralen und europäischen Steuerrecht, Köln 2001.

Rasch, S., Verdeckte Gewinnausschüttung wegen Nichteinhaltung formaler Anforderunge?, IWB 2012, 198 ff.

Rathgeber, H., Änderungen im Verjährungsrecht, SWK 2005, 84.

Rätke, B., Die verbindliche Auskunft nach § 89 AO, BBK 2009, 951 ff.

Rau, G./Dürrwächter, E., Umsatzsteuergesetz, Kommentar, 152. Aufl., Köln, Loseblatt, Stand: Oktober 2012.

Raudszus, H./Wagner, S., Die Mindestbemessungsgrundlage in § 10 Abs. 5 UStG. Aktuelle Anmerkungen zur Wirkungsweise der Vorschrift, UStB 11/2008, 314 ff.

Raupach, A. (Hrsg.), Werte und Wertermittlung im Steuerrecht, Veröffentlichungen der Deutschen Steuerjuristischen Gesellschaft e.V., 1984.

Raupach, A. (Hrsg.), Verrechnungspreissysteme multinationaler Unternehmen in betriebswirtschaftlicher, gesellschafts- und steuerrechtlicher Sicht: ABB, Bayer, Bertelsmann, Deere & Company, Dresdner Bank, Mannesmann, Metro, Procter & Gamble, Unilever, VW, Herne/Berlin 1999.

Raupach, A., Außensteuerrechtliche Wirkungen der Steuerreformgesetze, JbFSt 1977/78, 424 ff.

Raupach, A., Die Bemessung von Konzernumlagen mit oder ohne Gewinnaufschlag im Hinblick auf die Organisation multinationaler Konzerne, StuW 1990, 397 ff.

Rauser, K. T./Bräutigam, P., Franchising: Grundlagen und einige aktuelle Rechtsprobleme, DStR 1996, 587 ff.

Literaturverzeichnis

Redei, C., Grenzüberschreitende Leistungsbeziehungen zwischen Betrieben, RdW 2005.

Redeker, H., IT-Recht, 12. Aufl., München 2012.

Reese, J., Die Haftung von „Managern" im Außenverhältnis, DStR 1995, 688 ff.

Rehbinder, M., Urheberrecht, 16. Aufl., München 2010.

Rehkugler, H./Vögele, A., Quantitative Verfahren der Prüfung von Verrechnungspreisen – Perspektiven und offene Fragen, BB 38/2002.

Rehm, H./Nagler, J., Grenzüberschreitende Verlustverrechnung nach dem BFH-Beschluss vom 28.6.2006, GmbHR 2006, 1240.

Reich, M., Grundriss der Steuerfolgen von Unternehmensumstrukturierungen, Basel/Genf/München 2000.

Reich, M., Verdeckte Vorteilszuwendungen zwischen verbundenen Unternehmen, ASA 54, 1985/86, 630 ff.

Reichertz, R., Verrechnungspreise zur Koordination und Steuerung von Entscheidungen: eine organisations- und agencytheoretische Betrachtung, Hamburg 1999.

Reichl, A./Bredow von, A., Änderung der OECD-Verrechnungspreisrichtlinien zu Safe-Harbour-Rules, DB 2013, 1514 ff.

Reichl, A./Wittkowski, A., § 2a EStG im Fadenkruez des EuGH?, IStR 2006, 655.

Reichl, A./Wittkowski, A., Europarechtswidrigkeit der Nichtberücksichtigung ausländischer Betriebsstättenverluste, BB 2006, 2496.

Reinart, R./Petrak, L., Steuerwirksame Berücksichtigung von Verlusten bei teilfertigen Bauaufträgen, WpG 2006, 612.

Reiser, H./Cortez, B., Betriebsstättenbegriff im Wandel, IStR 2013, 6–15.

Reiß, W., Vorsteuerabzug, Berichtigung des Vorsteuerabzugs und Besteuerung der Entnahme und Verwendung für „unternehmensfremde Zwecke" bei „gemischter" Verwendung von Grundstücken und anderen Gegenständen, UR 2010, 797–814.

Reiter, K., U.S. Taxation of Contract Manufacturing Arrangements, TNI September 16, 2002, 1405 ff.

Reith, T., Internationales Steuerrecht, München, 2004.

Renner, B., Untrennbare Verbindung zwischen Praxiswert und Zulassung als Vertragsarzt, SWK 2011/30, 981.

Renner, A./Schmidt, C., Unterlassung von Handlungen Dritter? – Die Erfolgshaftung im gewerblichen Rechtsschutz und Urheberrecht, GRUR 2009, 908 ff.

Renner, B./Steiner, G., Gewinnverlagerungen durch Einschalten von Domizilgesellschaften, Rechtliche Aspekte, ÖStZ 1995, 366 f.

Reuter, A., Objekt- und Projektfinanzierungen zwischen Zurechnung und Konsolidierung nach HGB, IFRS und US-GAAP, BB 2006, 1322.

Ribel, P., Einzelkosten und Deckungsbeitragsrechnung, 7. Aufl., Wiesbaden 1994.

Richner, F./Frei, W./Kaufmann, S./Meuter, H.U., Kommentar zum harmonisierten Zürcher Steuergesetz, 3. Aufl., Zürich 2012.

Riebel, P., Einzelkosten und Deckungsbeitragsrechnung, 7. Aufl., Wiesbaden 1994.

Riechelmann, F., Struktur des verfassungsrechtlichen Bestandsschutzes, 2. Aufl., Kiel 2006.

Rihm, T.W., Steuerrechtliche Prävention bei der Transferpreisplanung in den USA, RIW 1992, 994 ff.

Ringleb, H.-M., Deutscher corporate Governance Kodex, 3. Aufl., München 2008.

Ritter, W., Beweisrecht bei internationalen Verrechnungspreisen, FR 1985, 34.

Ritter, W., Das Prinzip Rücksicht, BB 1984.

Ritter, W., Generalbericht, XXIXe Congrès International de Droit Financier et Fiscal, London 1975, Die steuerliche Zuordnung von Ausgaben bei internationalen „arm's length"-Transaktionen verbundener Unternehmen, Cahiers de droit fiscal international (CDFI) Volume LXb, I/1 ff.

Ritter, W., Grenzüberschreitende Gewinnabgrenzung bei Betriebsstätten. Ein systematischer Versuch, JbFSt 1976/77, 288 ff.

Literaturverzeichnis

Ritter, W., Steuerliche Prüfung internationaler Verrechnungspreise, BB 1983, 1677 ff.

Ritz, C., BAO Bundesabgabenordnung, Kommentar, 4. Aufl., Wien 2011.

Ritz, C./Koran, B., Advance Ruling, SWK-Spezial 2011, 41.

Ritz, C., Treu und Glauben bei Rechtsauskünften, ÖStZ 1991, 285 ff.

Ritz, C., Verjährung und Rechtsschutz, SWK 2003, 827.

Ritzer, C./Rogall, M./Stangl, I., Die Einbringung in eine Kapitalgesellschaft nach dem SEStEG – Grundzüge der geplanten Neuregelung für Inlandssachverhalte, WPg 2006, 1210.

Robisch, M., Unternehmereigenschaft und Vorsteuerabzug von Holdinggesellschaften, UR 2001, 100.

Rödder, T./Schumacher, A., Das kommende SEStEG – Der Regierungsentwurf eines Gesetzes über steuerliche Begleitmaßnahmen zur Einführung der Europäischen Gesellschaft und zur Änderung weiterer steuerrechtlicher Vorschriften DStR 2006, 1481–1525.

Rödder, T./Schumacher, A., Das kommende SEStEG – Teil I: Die geplanten Änderungen des EStG, KStG, AstG – Der Regierungsentwurf eines Gesetzes über steuerliche Begleitmaßnahmen zur Einführung der Europäischen Gesellschaft und zur Änderung weiterer steuerrechtlicher Vorschriften, DStR 2006, 1481 ff.

Rödder, T./Stangl, I., Zur geplanten Zinsschranke, DB 9/2007, 482 ff.

Rödder, T., Das kommende SeStEG, Teil 1: Die geplanten Änderungen des EstG, KStG und AstG, DStR 2006, 1481.

Rödder, T., Holding und umsatzsteuerliche Unternehmereigenschaft, DStR 1993, 635.

Rödder, T., Perspektiven der Konzernbesteuerung, ZHR 2007, 380 ff.

Rodemer, I., Advance Pricing Agreements im US-amerikanischen und im deutschen Steuerrecht, Köln 2001.

Rödler, F., Besteht Bedarf für eine gesetzliche Beschränkung der Gesellschafter-Fremdfinanzierung? FJ 1996, 151.

Roeder, A., Immaterielle Wirtschaftsgüter: Diskussionsentwurf zur Überarbeitung des Kapitels VI der OECD-Verrechnungspreisleitlinien – Ausgewählte Aspekte aus deutscher Sicht, IStR 2012, 70.

Roeder, G., Verletzung des Steuergeheimnisses durch Einsatz der Lizenzkartei des BfF im internationalen Auskunftsverkehr, IWB F. 3, G.1, 1993, 1385 ff.

Roever, M., Gemeinkosten-Wertanalyse – Erfolgreiche Antwort auf die Gemeinkosten-Problematik, ZfB 1980, 686 ff.

Rohler, T., Sperrwirkung des Art. 9 OECD-Musterabkommen, GmbH-StB 2012, 304 ff.

Röhner, U., Betriebsstättenerlass: Überblick und Praxisfolgen, RIW 2000, 182 ff.

Rohnke, C., Bewertung von Warenzeichen beim Unternehmenskauf, DB 1992, 1941 ff.

Röhrbein, J./Kuffel, L., Auswirkungen der neuen Durchführungs-verordnung zur MwStSystRL auf den Ort der sonstigen Leistung, BB 2012, 415–419.

Röhrig, A. P./Doege, M., Das Kapital der Personengesellschaft im Handels- und Ertragssteuerrecht: Begriff, Bedeutung, Gestaltung, DStR 2006, 489.

Rolf, T., Europarechtswidrigkeit der Besteuerung von Funktionsverlagerungen gemäß § 1 Abs. 3 AStG, IStR 2009, 152 ff.

Roller N./Schwaiger M., Kostenverteilungsverträge in der Verrechnungspreisgestaltung, SWI 2010/8, 367.

Roller, N., Fallstudie zur Nützlichkeit von Benchmarking-Studien bei Anwendung der Wiederverkaufspreismethode, SWI 2009, 335.

Roller, N., Verrechnungspreise und KMU, SWK 2001, T29.

Rosar, W., Nachweispflicht der Abgabenbehörde im Zusammenhang mit Verrechnungspreisen, SWI 2009, 593.

Rose, G., Verachtet mir die Zinsfüß' nicht! Zinssatzfragen in der Steuerpraxis, Vortrag, gehalten am 24. Oktober 1973 anlässlich des 25. Fachkongresses der Steuerberater des Bundesgebietes in Köln, StBJ 1973/74.

Literaturverzeichnis

Rosenberger F./Loidl V./Moshammer H., Die Preisvergleichsmethode, SWK 2012/14, 715.

Rosenberger, F./Vitali, M./Ziehr, U., Die Dienstleistungsbetriebsstätte: Internationale Entwicklungen und ihre Rezeption im Internationalen Steuerrecht Deutschlands, Österreichs und der Schweiz, IStR Beihefter zu Nr 18/2010, 1–36.

Rosenberger, F., Schweizer Finanzierungsbetriebsstätte: Rechtfertigt der AOA eine Änderung der Verwaltungspraxis?, SWI 2007, 550 ff.

Rosenberger, F., Shareholder Activities und Konzernrückhalt, SWK 2008, 841.

Roser, F., Anmerkungen – Urteil vom 3.5.2006 – Niedrige Besteuerung i.S.v. § 8 III AStG – Begriff der Steuer, GmbHR 2006, 1006.

Roser, F., Der Ausgleichsanspruch der Vertriebstochtergesellschaft bei Änderungen der Vertriebsstruktur, FR 1996, 577 ff.

Roser, F., Überführung von Wirtschaftsgütern ins Ausland – eine Grundsatzentscheidung mit vielen Fragen, DStR 2008, 2389 ff.

Röss, H., Die Änderungen der Steuerermäßigung bei haushaltsnahen Dienstleistungen, DStZ 2006, 446.

Ross, J. C., The blossomin of TIEAs: Irish and Canadian experience, TPIT 10/2009, 12.

Rössler, R./Troll, M., Bewertungsgesetz, München 1994.

Roth, A., Die Besteuerung des Know-how–Exports, Frankfurt/Main 1983.

Roth, G. H. /Altmeppen, H., Gesetz betreffend die Gesellschaften mit beschränkter Haftung, 7. Aufl., München 2012.

Rotondaro, C./Rienstra, J. G./Hamaekers, H./Collins, M. H./Comello, W. A. (Hrsg.), The Tax Treatment of Transfer Pricing, Amsterdam 1987.

Rotondaro, C., The Notion of „Associated Enterprises": Treaty Issues and Domestic Interpretations – An Overview, ITPJ 2000, 3.

Rottkemper, M., Deliktische Außenhaftung der Leitungsorganmitglieder rechtsfähiger Körperschaften, 1996.

Rouenhoff, A., Erste Analyse des OECD-Diskussionspapiers zur Berücksichtigung von Intangibles bei der Festlegung von Verrechnungspreisen, IStR 2012, 654 ff.

Rouenhoff, A., Zurechnung der durch immaterielle Wirtschaftsgüter erzielten Wertschöpfungsbeiträge unter rechtlichen, wirtschaftlichen und funktionalen Gesichtspunkten, IStR 2012, 22 ff.

Roxin, C., Tatentschluss und Anfang der Ausführung beim Versuch, JuS 1979, 1 ff.

Rüber, B./Angloher, A., Die Zurechnung des wirtschaftlichen Eigentums bei Film- und Fernsehfonds, FR 2008, 498.

Ruhl, O., Gemeinschaftsgeschmacksmustergesetz, Kommentar, 2. Aufl., Köln 2010.

Runge, B., Der Informationsaustausch als zwischenstaatliche Rechts- und Amtshilfe in Steuersachen, RIW/AWD, 1979, 73 ff.

Runge, B., Podiumsdiskussion unter Leitung von Günkel, M., StbJb 1997/1998, 493 ff.

Runge, B., Quo vadis, internationaler Verrechnungspreis, cui bono, neuer OECD-Verrechnungspreisbericht?, IStR 1995, 505 ff.

Ruppe, H.-G., Immaterielle Wirtschaftsgüter, speziell Firmenwert, nach der Steuerreform, GesRZ 1988, 186.

Ruppe, H.-G./Mayr, G., Grundriss des österreichischen Steuerrechts Band I, Wien 2013.

Ruppe, H.-G./Rabe, T. E., Grundriss des österreichischen Steuerrechts, Band II, Wien 2013.

Ruppe, H.-G., Gesellschafterdarlehen als verdecktes Eigenkapital im Körperschaftsteuer- und Bewertungsrecht, Gassner/Lang, GesRZ 1987, 186 ff.

Rüth, H. H., Der Einfluss der Umsatzsteuer-Identifikationsnummer auf den Ort der Dienstleistung, EU-UStB 2009, 7–10.

Rütters, S., Die neue Schiedsklausel in Art. 25 Abs. 5 OECD-MA, SteuerStud 2010, 23 ff.

Literaturverzeichnis

Sack, R., Der Erschöpfungsgrundsatz im deutschen Immaterialgüterrecht, GRUR Int 2000, 610 ff.

Sack, R., Die Erschöpfung von gewerblichen Schutzrechten und Urheberrechten nach europäischem Recht, GRUR 1999, 193 ff.

Säcker, F.J./Rixecker, R., Münchener Kommentar zum Bürgerlichen Gesetzbuch, Band 5, 5. Aufl., München 2009.

Saint-Amans, P./Russo, R., Amending Protocol Strengthens OECD Mutual Assistance Convention, TNI June 28, 2010, 1059.

Sanches e Silva, Tax management transfer pricing report, 2007, 352 ff.

Sauer, K. P., Rechnungslegung für Software, DStR 1988, 727–734.

Sayer, R., Compliance over-burdens companies, International Tax Review, 1995, 19 ff.

Schaber, M./Isert, D., Die Bilanzierung von Hybridanleihen und Genussrechten nach IFRS, BB 2006, 2401.

Schäfer, H./Baumann, D., Compliance-Organisation und Sanktionen bei Verstößen, NJW 2011, 3601 ff.

Schäffer, H./Berka, W./Stolzlechner, H./Werndl, J., Staat – Verfassung – Verwaltung: Festschrift für Friedrich Koja, Wien 1998.

Scharpf, P./Weigl, W./Löw, E., Bilanzierung von Finanzgarantien und Kreditzusagen nach IFRS, WpG 2006, 1492.

Schauhoff, S./Idler, J., Änderung der BFH-Rechtsprechung zur Besteuerung von Werbeverträgen mit beschränkt Steuerpflichtigen, IStR 2008, 341–344.

Schaumburg, H., Außensteuerrecht und europäische Grundfreiheiten, DB 21/2005, 1129.

Schaumburg, H., Forum der internationalen Besteuerung Band 6, Köln 1994.

Schaumburg, H., Internationale Joint Ventures, 1. Aufl., Stuttgart 1999.

Schaumburg, H., Internationale Verrechnungspreise zwischen Kapitalgesellschaften, mit Beiträgen von Hubertus Baumhoff, Gerhard Ege, Hans-Jochen Kleineidam, Bernd Nieß, Detlev Piltz, Rosemarie Portner, Harald Schaumburg und Franz Wassermeyer, Köln 1994.

Schaumburg, H., Internationales Steuerrecht: Außensteuerrecht – Doppelbesteuerungsrecht, 3. Aufl., Köln 2011.

Schaumburg, H., Normative Defizite und internationale Verrechnungspreise, DK 2006, 495 ff.

Schaumburg, H., Podiumsdiskussion Chemie- und Pharmaunternehmen, 162.

Schaumburg, H., Der Datenzugriff und andere Kontrollmöglichkeiten der Finanzverwaltung, DStR 2002, 829.

Scheffler, W./Glschke, M., Bilanzielle Behandlung von Baumaßnahmen an bestehenden Gebäuden. Vorgehensweise im Steuerrecht und nach IAS/IFRS, StuB 2006, 491.

Scheffler, W./Wigger, B., Zur geplanten Reform der Erbschaftsteuer, BB 2006, 2443.

Scheffler, W., Die Verrechnungspreisgestaltung bei international tätigen Unternehmen – dargestellt am Beispiel der Kostenumlage für verwaltungsbezogene Dienstleistungen, ZfbF 1991, 471.

Scheipers, T./Linn, A., Einkünfteberichtigung nach § 1 Abs. 1 AStG bei Nutzungsüberlassungen im Konzern – Auswirkungen des EuGH-Urteils SGI, IStR 13/2010, 469 ff.

Schelpe, D., The Arbitration Convention: It's Origin, It's Opportunities and It's Weaknesses, EC Tax Review 1995, 68 ff.

Schenk, H. O./Wölk, A., Vertriebssysteme zwischen Industrie und Handel, Berlin 1971.

Scherrer, G., Zur Problematik der Kostenaufschlagsmethode für die Ermittlung angemessener Verrechnungspreise, Unternehmung und Steuer, Festschrift zur Vollendung des 80. Lebensjahres von Peter Scherpf, Lutz Fischer (Hrsg.), Wiesbaden 1983.

Schertz, C., Merchandising: Rechtsgrundlagen und Rechtspraxis, München 1997.

Scheunemann, M./Dennisen, A., Steuerliche Strukturierung von Forschung und Entwicklung im internationalen Konzern, DB 2010, 408 ff.

Literaturverzeichnis

Scheunemann, M., Anmerkungen zu EuGH, U. v. 13.12.2005, Marks & Spencer, RIW 2006, 78.

Scheunemann, M., Decision in the Mark & Spencer Case: a Step forward, but No Victory for Cross-Boarder Group Taxation in Europe, Intertax 2006, 54.

Schiebel, A. /Nagy, G., Internationaler Rundblick, RWZ 2007, 28.

Schießl, H., Einkünfteerzielungsabsicht bei den Einkünften aus Vermietung und Verpachtung, SteuStud 2006, 529.

Schiffer, H., Die Problematik der Konzernumlagen im internationales Steuerrecht, DB 1978, 904 ff.

Schiffers, J., Bilanzielle Folgen bei Erwerb einer Beteilung gegen Zuzahlung des Veräußerers, WpG 2006, 1279.

Schiffers, J., Steuerbilanzielle Bildung von Bewertungseinheiten bei Absicherung finanzwirtschaftliche Risiken – der neue § 5 Abs. 1a EStG, DStZ 2006, 400.

Schiffers, J., Tarifbegrenzung bei Gewinneinkünften im VZ 2007.

Schilcher, M., Subject-to-tax-Klauseln in der österreichischen Abkommenspraxis, 2004, 133.

Schimansky, H. /Bunte, H.-J. /Lwowski, H.-J., Bankenrechts-Handbuch, 4. Aufl., 2011.

Schira, J., Statistische Methoden der VWL und BWL, 4. Aufl. 2012.

Schlagheck, M., Wirtschaftliches Eigentum im Bilanzsteuerrecht. Grundsätze der wirtschaftlichen Zuordnung von Wirtschaftsgütern, Fach 13, 4915, BBK 2006, 1041.

Schlie, A. /Stetzelberger, A., Steuerliche Förderung von Forschung und Entwicklung, IStR 2008, 269.

Schließl, H., Praxisfälle zu Ansparabschreibungen nach § 7g Abs. 3f EStG, StuB 2006, 830.

Schlotter, C. /Degenhart, J., Besteuerung von Transferentschädigungen und Entgelten für Spielerleihen nach dem JStG 2010, IStR 2011, 457–464.

Schmalen, H., Preispolitik, 2. Aufl., Stuttgart/Jena 1994.

Schmalenbach, E., Selbstkostenrechnung, ZfhF 1919, 257 ff., 321 ff.

Schmeisser, W. /Schindler, F., Wertschöpfungsrechnungen als Instrument für finanzorientierte Erfolgskomponenten und Personalanalysen, DStR 2005, 1459.

Schmidt, C., Sondervergütungen im Abkommensrecht, DStR 2013, 1704–1711.

Schmidt, D. /Dausend, F., Unternehmensbewertung mit dem TAX CAPM, FB 2006, 233.

Schmidt, H., Bewertungseinheiten zur Absicherung finanzwirtschaftlicher Risiken. Hedging in der Steuerbilanz, Fach 13, 4895, BBK 2006, 781.

Schmidt, H., Bilanzierung der aktiven und passiven Rechnungsabgrenzungsposten, Fach 12, 6885, BBK 2006, 633.

Schmidt, L., Kommentar zum Einkommensteuergesetz, 33. Aufl., München 2014.

Schmidt, M. /Schreiber, S., IFRIC 9 „Neubeurteilung eingebetteter Derivate" – Darstellung und kritische Würdigung, KOR 2006, 445.

Schmidt, M. /Seidel, T., Planmäßige Abschreibungen im Rahmen der Neubewertung des Sachanlagevermögens gemäß IAS 16: Fehlende Systematik und Verstoß gegen das Kongruenzprinzip, BB 2006, 596.

Schmidt, M., „Cash-flow hedge accounting of forecast intergroup transactions" und „Financial guarantee transactions" – Änderungen von IAS 39 im Überblick, WPg 2006, 773.

Schmidt, M., Der Bewertungsmaßstab bei erstmaliger Erfassung – Das IASB-Diskussionspapier, KOR, 2006, 128.

Schmidt, M., Eigenkapital nach IAS 32 bei Personengesellschaften: Aktueller IASB-Vorschlag und Aktivitäten anderer Standardsetter, BB 2005, 1563.

Schmidt, O., Lohnsteuerabzugsverpflichtung für Arbeitslohn von dritter Seite im Rahmen einer Arbeitnehmerentsendung, IStR 2004, 374.

Schmidt, T., Die gesetzlichen Grundlagen von Verständigungsverfahren und Schiedssprüchen sowie deren Umsetzung nach § 175a AO, S&S 2010, 60 ff.

Literaturverzeichnis

Schmitt, T.-R., Der Online-Vertrieb von Software nach dem EuGH-Urteil „Used-Soft", medien und recht 5/12, 256ff

Schmitz, S., Verfahrensrechtliche Probleme und Entwicklungen im Zusammenhang mit dem Elektronischen Geschäfts- und Datenverkehr, in: Strunk (Hrsg.), Steuern und Electronic Commerce, Neuwied 1999, 305 ff.

Schmusch, M./Laas, T., Werthaltigkeitsprüfung nach IAS 36 in der Interpretation von IDW RS HFA 16, WpG 2006, 1048.

Schneider, E./Salzer, H., Die § 6b Rücklage bei Personengesellschaften: Voraussetzungen und Besonderheiten, SteuStud 2006, 179.

Schneider, H. W., Wie soll sich die steuerliche F&E Förderung in Österreich weiterentwickeln?, SWK 2008/32, 849.

Schneider, M., Aktuelle Entwicklungen im Bereich Verrechnungspreise, FR Ertragsteuerrecht 2008, 686 ff.

Schneider, N., Die Berücksichtigung von Auslandsverlusten nach § 2 Abs 8 EStG und § 9 Abs 6 Z 6 KStG, taxlex 2005/4a, 194.

Schneider, N., VwGH Dublin Docks II, GeS 2006, 36.

Schneider, N., VwGH, Missbrauch einer Auslandsgesellschaft („Jersey"), GeS 2006, 89.

Schneider, R. U., Was die Welt zusammenhält, NZZ Folio 02/05, abrufbar unter www.nzzfolio.ch/www/d80bd71b-b264-4db4-afd0-277884b93470/showarticle/344a6426-daa3-4e7e-9e81-afb14f5f8788.aspx (besucht am 27. September 2010).

Schnieder, E.-A., Der „beherrschende Gesellschafter" und Artikel 9 des OECD-Musterabkommens, IStR 1999, 65 ff.

Schnitger, A., Die erweiterte Mitwirkungspflicht und ihre gemeinschaftsrechtlichen Grenzen, BB 2002, 332.

Schnitger, A., IStR 2012, Änderungen des § 1 AStG und Umsetzung des AOA durch das JStG 2013, IStR 2012, 633–645.

Schnorberger, S./Becker, C., Anmerkung zu BFH Ureil I R 75/11 vom 11.10.12, IStR 2013, 112 ff.

Schnorberger, S., Ist die zweiseitige Bewertung bei Funktionsverlagerungen verfassungsgemäß?, StB 2011, 355.

Schnorberger, S./Rosenkranz, J./Garcia, M., Transfer Pricing Documentation: The EU Code of Coduct Compared with Member State Rules, Part 2, Intertax 2006, 406.

Schnorberger, S./Rosenkranz, J./Garcia, M., Transfer Pricing Documentation: The EU Code of Conduct Compared with Member State Rules, Part 3, Intertax 2006, 514.

Schnorberger, S., Fremdvergleich, Mitwirkungspflichten und Dokumentationslasten, DB 2002, 2184.

Schnorberger, S., Unzulässigkeit gewinnvergleichender Verrechnungspreismethoden in Deutschland?, IStR 1999, 523 ff.

Schnorberger, S., Verrechnungspreis-Dokumentation und StVergAbG – Offene Fragen und Probleme, DB 2003, 1241.

Scholz, A., Klausurteil: Der kanadische Professor, SteuStud 2006, 375.

Scholz, C./Ackerman, A./Schmitt, V, Anpassungsrechnung zur Erhöhung der Aussagekraft von Fremdvergleichen bei Verrechnungspreisen, IWB 2001, F. 3, Gr. 1, 1779.

Scholz, C.M., Bestimmung von Verrechnungspreisen anhand der angemessenen Kapitalverzinsung, IStR 2004, 209.

Scholz, C.M., Dokumentation der Fremdüblichkeit von Verrechnungspreisen am Beispiel von Gewinnaufschlägen für Management Services, BB 2004, 2159.

Scholz, C., Die Fremdüblichkeit einer Preisanpassungsklausel nach dem Entwurf zu § 1 Abs. 3 AStG, IStR 15/2007, 521 ff.

Scholz, C., Recession transfer pricing returns, BNA Tax Planning International: Special Report, Transfer Pricing in a Recession, Washington, London, 2009, 7 ff.

Scholz, F., GmbH-Gesetz, 11. Aufl., 2013.

Literaturverzeichnis

Scholz, M., Bestimmung von Verrechnungspreisen anhand der angemessenen Kapital-verzinsung, IStR 2004, 209 ff.

Schön, W., Attribution of Profits to PEs and the OECD 2006 Report, TNI June 4, 2007, 1059 ff.

Schön, W., Besteuerung im Binnenmarkt – die Rechtsprechung des BFH zu den direkten Steuern, IStR 9/2004, 289 ff.

Schön, W., Steuerliche Maßgeblichkeit in Deutschland und Europa, Köln 2005.

Schöne, H., Zum Vorteilsausgleich im Rahmen des § 1 Abs. 1 AStG, FR 1989, 543 ff.

Schönfeld, J., Aktuelle Entwicklungen im Verhältnis von § 1 AStG und EU-Recht anhand von Fallbeispielen, IStR 2011, 219.

Schoor, H. W., Aufstellung und Fortentwicklung von Ergänzungsbilanzen (2), StpB 2006, 255.

Schoor, H. W., Berechnung von Betriebsveräußerungs- und Betriebsaufgabegewinnen, StpB 2006, 150, 179.

Schoor, H. W., Bilanzierung von Rücklagen nach § 6b EStG anhand von Fallbeispielen, StuB 2006, 504.

Schoor, H. W., Gewerbeertrag und Gewerbesteuerrückstellung 2005, Fach 13, S. 4855, BBK 2006, 459.

Schoor, H. W., Neues und Problematisches zur Einnahmen-Überschussrechnung, DStZ 2006, 683.

Schoor, H. W., Planmäßige Abschreibungen in Handels- und Steuerrecht. Bemessungsgrundlage sowie Abschreibungsplan und -zeitraum, Fach 13, S. 4869, BBK 2006, 649.

Schoor, H. W., Planmäßige Abschreibungen in Handels- und Steuerrecht. Die verschiedenen Abschreibungsmethoden, Fach 13, 4903, BBK 2006, 995.

Schoppe, C./Voltmeer-Darmanyan, L., Konzerndienstleistungsverträge in der steuerlichen Praxis, BB 2012, 1251 ff.

Schreiber, R./Jaun, R./Kobierski, M., Steuerruling – Eine systematische Auslegeordnung unter Berücksichtigung der Praxis, ASA 80, Nr. 5, 2011/12, 293 ff.

Schreiber, R./Nientimp, A., Verrechnungspreise, 5. Aufl., Herne 2013.

Schreiber, R., Anforderungen an die Mitwirkungspflichten bei der Verrechnungspreisbestimmung in Deutschland, Hefte zur internationalen Besteuerung 139, 2002.

Schreiber, R., Dokumentation von Verrechnungspreisen, WPg Sonderheft 2006, 139.

Schreiber, R., Funktionsverlagerung im Konzern – Neue Rechtsgrundlagen durch die Unternehmenssteuerreform 2008, Die Unternehmensbesteuerung 2008, 433–443.

Schreiber, S., Die IFRIC-Verlautbarungen der letzten 18 Monate: Die Interpretationen IFRIC 6 – IFRIC 10, BB 2006, 1842.

Schreiber, R., Indizien zum Nachweis verdeckter Gewinnausschüttungen bei Dauergewinnlosigkeit der inländischen Konzernvertriebsgesellschaft, IStR 1994, 315 ff.

Schricker, G./Loewenheim, U., Urheberrecht-Kommentar, 4. Aufl., München 2010.

Schricker, G., Zum Begriff der angemessenen Vergütung im Urheberrecht – 10 % vom Umsatz als Maßstab? GRUR 2002, 737 ff.

Schröder, J., Probleme der Gewinnverlagerungen multinationaler Unternehmen – Konzerninterne Verrechnungspreise und deren wirtschaftspolitische Wirkungen, Berlin 1983.

Schröder, S./Hoppstädter, K., Verrechnungspreise, Zinsen und Vergütungen für sonstige Finanzierungsleistungen in internationalen Konzernen, StBp 1972, 25 ff.

Schröder, S./Strunk, G., Allgemeine Grundsätze der Gewinnermittlung international tätiger Unternehmen, 3. Aufl., Köln 2005.

Schröder, S., Abkommensberechtigung und Qualifikationskonflikte nach DBA bei Mitunternehmerschaft, StBp 1989, 25 ff. (Teil II).

Schröder, S., Ertragsteuerliche Behandlung von Aufwendungen für gescheiterte Auslandsinvestitionen, StBp 1988, 218 ff.

Literaturverzeichnis

Schröder, S., Grenzüberschreitender Liefer- und Leistungsverkehr zwischen verbundenen Unternehmen im Außensteuerrecht, StBp 1981, 6 ff.

Schubert, M./Pavlovits, T., Welche Bedeutung hat ein Ansässigkeitswechsel bei der Ermittlung der 183-Tage-Frist nach Art. 15 Abs. 2 Buchst. A OECD-MA?, IStR 2009, 416 f.

Schubert, T., Abschreibungen auf Marken in der Steuerbilanz, FR 1998, 92.

Schuch, J./Toifl, G., Steuerliche Aspekte von Investitionen us-amerikanischer Unternehmen in Österreich, RWZ 1997, 171.

Schuch, J./Wehinger, C., Steuerliche Forschungsförderung bei Auslandsforschung, ecolex 2005, 192.

Schuch, J./Zehetner, U. (Hrsg.), Die abkommensrechtlichen Grundlagen für Gewinnberichtigungen zwischen verbundenen Unternehmen und im Verhältnis BS-BS und Stammhaus-BS, Verrechnungspreisgestaltung im internationalen Steuerrecht, 2001.

Schuch, J./Zehetner, U., Die österreichischen innerstaatlichen Rechtsgrundlagen für Gewinnberichtigungen zwischen verbundenen Unternehmen und im Betriebsstätte-Betriebsstätte- sowie im Stammhaus-Betriebsstätten-Verhältnis, in Verrechungspreisgestaltung im Internationalen Steuerrecht, 16, Kluge, Das international Steuerrecht, 2000.

Schuch, J./Zehetner, U., Verrechnungspreisgestaltung im internationalen Steuerrecht, Wien 2001.

Schulte, R., Patentgesetz mit Europäischem Patentübereinkommen: Kommentar auf der Grundlage der deutschen und europäischen Rechtsprechung, 8. Aufl., München 2008.

Schulte, W./Behnes, S., Verdeckte Gewinnausschüttung, BB 2007, Beilage 9.

Schulze zur Wiesche, D., Die ertragsteuerliche Behandlung der Erbengemeinschaft, StpB 2006, 260.

Schumpeter, J., Theorie der wirtschaftlichen Entwicklung, 1912.

Schünemann, B., Unternehmenskriminalität und Strafrecht, 1. Aufl. 1979.

Schwab, B., Arbeitnehmererfindungsgesetz, Baden-Baden 2012.

Schwaiger, M., Nachträgliche Preisanpassungen zwischen verbundenen Unternehmen. Year-End Adjustments of Transfer Pricing between related Parties, SWI 2011, 425.

Schwartmann, R. (Hrsg.), Praxishandbuch Medien-, IT- und Urheberrecht, 2. Aufl., Heidelberg 2011.

Schwarwies, M., Die Ansparrücklage nach § 7g EStG – Anspruchsvoraussetzungen bei bestehenden Betrieben und Existenzgründungen, SteuStud 2006, 515.

Schwarz, B., Kommentar zur Abgabenordnung, Loseblattsammlung, Stand: 149 Lfg. Juni 2012.

Schwarz, B., Probleme mit der Mindestbemessungsgrundlage ( ) bei Umsätzen an Unternehmer, UR 1985, 217–220.

Schwarz, H./Fischer-Zermin, J., Deutsches „Treaty Overriding" im Entwurf zum Steueränderungsgesetz 1992, RIW 1002, 49.

Schwarz, O./Wockenfoth, K., Kommentar Zollrecht, Loseblatt-Kommentar, 59. Ergänzungslieferung, 2009.

Schweitzer, M./Küpper, H.-U., Systeme der Kosten- und Erlösrechnung, 8. Aufl., München 2003.

Schwenke, M., Funktionsverlagerung über die Grenze – Verrechnungspreise und Funktionsausgliederung, StbJb 2007/2008, Köln 2008, 137 ff.

Sedemund, J., Anmerkung zu EuGH U. 12.9.2009 – Cadburry & Schweppes, BB 2006, 2119.

Sedemund, J., Qualifikationskonflikte bei Ausschüttungen von in den USA ansässigen Körperschaften, RIW 2006, 533.

Seer, R./Krumm, M., Die sog. Steuerzuschläge des § 162 Abs. 4 AO aus der Sicht des Art. 6 EMRK und der Grundfreiheiten des EGV, IWB Nr. 9 v. 10.5.2006, F. 11, Gr. 2, 735.

Literaturverzeichnis

Seer, R., Ausbau des grenzüberschreitenden Informationsaustauschs, IWB, Fach 10, Gruppe 2, 2067 ff.

Seer, R., Der Untersuchungsgrundsatz im heutigen Besteuerungsverfahren, Steuern & Studium 2010, 369 ff.

Seer, R., Die Vollstreckungsamtshilfe in Steuersachen nach der neu gefassten Beitreibungsrichtlinie 2010/24/EU, IWB 2011, 144 ff.

Seicht, G., Die stufenweise Grenzkostenrechnung. Ein Beitrag zur Weiterentwicklung der Deckungsbeitragsrechnung, ZfB 1963, 693 ff.

Seicht, G., Moderne Kosten- und Leistungsrechnung, 7. Aufl., Wien 1993.

Seidl-Höhenveldern, I., Völkerrecht, 6. Aufl., Köln/Berlin/Bonn/München 1987.

Seifert, M., Betriebsveranstaltungen und Lohnsteuer: Neue BFH-Rechtsprechung im Überblick, StuB 2006, 551.

Serg, O., Optimierung der Konzernsteuerquote durch internationale Funktionsverlagerungen, Köln 2006.

Shadab, H. B., The Law and Economics of Hedge Funds: Financial Innovation and Investor Protection, Berkeley Business Law Journal, Bd. 6, 240–297.

Shannon, H., Die Doppelbesteuerungsabkommen der USA, München 1987.

Shapiro, A./Mitra, A./Henshall, J./Sierra, G., The OECD Discussion Draft on Intangibles, TNI June 25, 2012, 1245 ff.

Shapley, L. S., A value for n-Person Games, in: Kuhn, H. W./Tucker, A. W., Contribution to the theory of games II, Annals of Mathematics Studies 28, Princeton 1953, 307 ff.

Sheppard, L. A., Xilinx and the Future of Transfer Pricing, TNI June 15, 2009, 902 ff.

Sidhu, K./Schemmel, J. A., Steuerhinterziehung bei grenzüberschreitenden Gewinnverlagerungen durch Festlegung unangemessener Konzernverrechnungspreise, BB 2005, 2549 ff.

Siegle, W., Übungen: Die getrennte Veranlagung von Ehegatten, SteuStud 2006, 365.

Siegrist, H., Geschichte des Geistigen Eigentums und der Urheberrechte. Kulturelle Handlungsrechte in der Moderne.

Sieker, K., Ist einer Vertreterbetriebsstätte ein Gewinn zuzurechnen?, BB 1996, 981 ff.

Sieker, K., Verluste als Nachweis der Gewinnverlagerung? BB 1993, 242.

Sieker, K., Allocation Of Functions And Risks Within Multinational Enterprises, International Transfer Pricing Journal 1998, 19 ff.

Silberztein, C., OECD – The OECD made important advances in several areas of transfer pricing in 2008, TPTP 01/09, 30 ff.

Siller, H./Riener-Micheler, E., Bilanzierung von Patenten als immaterielles Vermögen nach Unternehmens- und Steuerrecht, BÖB 2010/43, 9.

Simader, K., Schwierigkeiten bei der Ermittlung des Abgabepflichtigen im Falle einer Steuerrückerstattung, SWI 2009, 350 ff.

Simon, J./, Schutte, P., Recht und Markenbewertung, sic!, Zeitschrift für Immaterialgüter-, Informations- und Wettbewerbsrecht, 2010, 926–929.

Simon, H.-J., Die neue Gebührenpflicht für die Bearbeitung von verbindlichen Auskünften, DStR 2007, 557 ff.

Simon, S./Rubner, D., Die Umsetzung der Richtlinie über grenzüberschreitende Verschmelzung ins deutsche Recht, Konzern 2006, 835.

Singer, M./Stauder, D., Europäisches Patentübereinkommen, Kommentar, 5. Aufl., Köln 2010.

Sinz, A./Kubaile, H., Der Entwurf des Steuerhinterziehungsbekämpfungsgesetzes: Steinbrücks 7. Kavallerie, IStR 12/2009, 401 ff.

Skaupy, W., Franchising – Handbuch über die Betriebs- und Rechtspraxis, 2. Aufl., München 1995.

Slapio, U., Anwendungsbereich der Mindestbemessungsgrundlage (§ 10 Abs. 5 i. V. m. Abs. 4 UStG), UR 2012, 429–434.

Slolina, M., Deliktsgerichtsstand für Markenrechtsverletzungen, ecolex 2012, 484.

Slotty-Harms, U., UVR 2010, 91.

Literaturverzeichnis

Smith, G./Parr, R., Valuation of Intellectual Property and Intangible Assets, 3rd ed., New York 2000.

Söffing, G. Vorzeitige Aufhebung der Dritten Konjunktur-VO, DStZ 1974, 42–45.

Söffing, G., Aktuelles zur Betriebsaufspaltung, BB 2006, 1529.

Söffing, G., Schuldzinsenabzug, Behandlung von vor dem 1.1.1999 getätigten Unterentnahmen, BB 2006, 2271.

Söffing, G., Schuldzinsenabzug, Systematische Darstellung der Rechtslage mit kritischen Anmerkungen zu § 4 Abs. 4a EStG, NWB 2006, 3449.

Sölch, O./Ringleb, K., Umsatzsteuergesetz Kommentar; Loseblattsammlung, 68. Erg.-Lfg., Stand September 2012.

Sonnleitner, W./Winkelhog, M., Anwendung der Doppelbesteuerungsabkommen (DBA) auf Personengesellschaften – weitere Präzisierungen sind notwendig!, BB 2014, 473–478.

Spengel, C./Herbold, S., Steuerliche Anreize zur Förderung von Forschung und Entwicklung, Ubg 2009, 343.

Spiegelberger, S., Die Realteilung in der Beratungspraxis, Fach 3, 14 019, NWB 2006, 1585.

Spindler, W./Tipke, K./Rödder, T., Steuerzentrierte Rechtsberatung, FS H. Schaumburg, Köln 2009.

Sprick, A., Pensionsrückstellungen nach § 6a EStG, StuB 2006, 707.

Spuhler, O., Das System des internationalen und supranationalen Schutzes von Marken und geographischen Herkunftsangaben, Berlin 2000.

Srebne, T., Wertminderungen von Anteilen an Kapitalgesellschaften des Betriebsvermögens im Bilanz- und Ertragsteuerrecht Teil 1: Behandlung der Wertminderung im Bilanzrecht, SteuStud 2006, 519.

Stadie, H., Umsatzsteuerliche Bemessungsgrundlage der Privatnutzung eines insgesamt dem Unternehmen zugeordneten Gebäudes für Zwecke der Vorsteuerberichtigung, UR 2006, 645–646.

Stadler, R./Elser, T., Der Regierungsentwurf des SEStEG: Einführung eines allgemeinen Entstrickungs- und Verstrickungstatbestandes und andere Änderungen des EStG, BB 2006 (Special 8), 18 ff.

Staehelin, A., Das TRIPs Abkommen, Immaterialgüterrechte im Licht der globalisierten Handelspolitik, 2. Aufl., Bern 1999.

Stahl, R., Betriebsaufgabe und -unterbrechung: Abgrenzung und Gestaltungsmöglichkeiten, KOESDI 2006, 15 125.

Stahl, R., Erbschaftsteuerreform 2007, KOESDI 2006, 15 354.

Stahl, R., Gestaltungsaspekte und Steuerfallen bei einer Realteilung einer Mitunternehmerschaft nach § 16 III EstG, DStZ 2006, 548.

Stahlschmidt, M., Das Bundesverfassungsgericht und die Rechtsformneutralität der Besteuerung, StuB 2006, 756.

Stahlschmidt, P., Das Verhältnis von § 1 I AStG und Entnahme, StuB 2006, 216.

Standard & Poor's, General Criteria: Group Rating Methodology, 7.5.2013.

Stark, R./Blanchard Hartmann, E.Jr./Mezei, S., Consistency, Sunshine, Privacy, Secret Law, and the APA Program, TNI March 2011, 1049 ff.

Stark, T., Die Verfassungsmäßigkeit der Auskunftsgebühr, DB 2007, 2333–2338.

Starkov, V./Gonnet, S./Pletz, A./Maitra, M., Comparability Adjustments in the Absence of Suitable Local Comparables in Emerging and Developing Economies, BNA's Transfer Pricing International Journal, special issue, April 2014.

Statistisches Bundesamt, Klassifikation der Wirtschaftszweige, Ausgabe 2008, Wiesbaden, 2008. Online im Internet: URL: https://www.destatis.de/DE/Methoden/ Klassifikationen/GueterWirtschaftklassifikationen/klassifikationwz2008_erl.pdf?__ blob=publicationFile [Abrufdatum: 14.10.2012].

Staudacher S./Steiner G., Fallbeispiel zur Verrechnungspreisgestaltung – Forschung, SWI 2010/7, 317.

Literaturverzeichnis

Staudinger B., Abzugssteuerpflicht gemäß § 99 EStG bei Vergütungen an ausländische Sportler, taxlex 2012, 270.

Stavetski, E.J., Managing Hedge Fund Managers: Quantitative and Qualitative Performance Measures, Hoboken 2009.

Stefaner, M./Wenniger, P., Österreichische Gruppenbesteuerung und Steuerplanung deutscher Konzerne Fach 3, Gruppe 1, 2119.

Stein, C./Ortmann, M., Bilanzierung und Bewertung von Warenzeichen, BB 1996, 787 ff.

Steiner, E., Die Höhe des Preises – eine „Bauchentscheidung"? – So kalkulieren Sie kostengerecht; Verfahrensüberblick und Divisionskalkulation, BBB Nr. 12/2006, 382.

Steiner, E.-M., Marketing Intangibles – a Problem in Austria?, SWI 2008/4, 157 StEK 1993.

Steiner, G., Der „fremdübliche" Verrechnungspreis – Top Thema bei Betriebsprüfungen!? – zugleich Highlights der spärlichen Rechtsprechung, ÖStZ 2006, 149.

Steiner, G., Factoring im Konzern, taxlex 2006, 226 ff.

Steiner, G., Musterantrag zur Erlangung des Auskunftsbescheids ISd § 118 BAO, taxlex 2011, 214 ff.

Stephan, M./Schneider, M., Marken- und Produktpiraterie, Symposion Publishing, 1. Aufl. 2011.

Sterzinger, C., Allgemeiner Vertrauensschutz gutgläubiger Unternehmer?, DStR 2010, 2606–2611.

Sterzinger, C., Lieferung bei Beteiligung des Lieferers an einem Erwerbsbetrug des Empfängers, UR 2011, 20–23.

Sterzinger, C., BC 2012, 308.

Sterzinger, C., Befreiung der aufeinanderfolgenden Lieferungen derselben Gegenstände innerhalb der Union bei einer einzigen innergemeinschaftlichen Versendung oder Beförderung, UR 2011, 269–272.

Sterzinger, C., Buch- und Belegnachweiß bei einer innergemeinschaftlichen Lieferung, UR 5/2008, 169 ff.

Sterzinger, C., Genereller Vertrauensschutz bei Ausfuhrlieferungen?, DStR 2008, 2450 ff.

Sterzinger, C., Internationale Verrechnungspreise und Umsatzsteuer, DStR 2009, München, 1340 ff.

Sterzinger, C., Neue Beleg- und Buchnachweispflichten bei innergemeinschaftlichen Lieferungen - Teil 2: Gelangensbestätigung beim liefernden Unternehmer – Besonderheiten bei Reihen-/Dreiecksgeschäften, BC 2012, 361–367.

Sterzinger, C., Neue Rechtsprechung zu den Nachweispflichten bei Ausfuhr- und innergemeinschaftlichen Lieferungen, BB 2009, 2573.

Sterzinger, C., Neuerungen im Umsatzsteuerrecht durch die zweite Verordnung zur Änderung steuerlicher Verordnungen, SteuK 2012, 65–69.

Sterzinger, C., Steuerfreie innergemeinschaftliche Lieferungen trotz Fehlens der Umsatzsteuer-Identifikationsnummer des Erwerbers?, UR 2013, 45–50.

Sterzinger, C., Vorsteuerabzug von Gemeinschaftern einer Bruchteilsgemeinschaft, UR 2012, 785–790.

Stewart, D.D., APA Director Announces Departure, Discusses Challenges Facing Program, TNI January 24, 2011, 286 ff.

Stewart, D.D., OECD Report Highlights Process on Information Exchange, TNI September 21, 2009, 808.

Stewart, D.D., Panelists Call for Criminalization of Transfer Pricing Abuse, TNI September 21, 2009, 1004.

Stewart, D.D., U.S. Ninth Circuit Reverses 1st Xilinx Decision, TNI March 29, 2010, 1107 ff.

Stibi, B./Fuchs M., Zum Referentenentwurf des Bilanzrechtsmodernisierungsgesetz (BilMoG): Erste Würdigung ausgewählter konzeptioneller Fragen, DB Beilage 1 2008, 6 ff.

Literaturverzeichnis

Stobbe, A., Volkswirtschaftslehre II, Berlin u. a. 1983.

Stock, F./Kaminski, B., Anmerkungen zum Gewinnaufschlag bei Konzernumlagen, IStR 1998, 7 ff.

Stocker, R./Studer, C., Bestimmung von Verrechnungspreisen – Ausgewählte Aspekte der schweizerischen Praxis, Schweizer Treuhänder, Bd. 83, 2009, 386 ff.

Stocker, R./Tschirner, M.A., Verrechnungspreise im grenzüberschreitenden Anlagefondsgeschäft, IFF Forum für Steuerrecht 2010/1, 42 ff.

Stocker, R., Internationale Erfolgsabgrenzung bei Betriebsstätten – Der neue Betriebsstättenbericht der OECD, IFF Forum für Steuerrecht 2007/2, 87 ff.

Stocker, R., Internationale Erfolgsabgrenzung beim Global Trading mit Finanzinstrumenten, Diss., St. Gallen 2006.

Stocker, R., Transfer Pricing in Switzerland, IOTA Tax Tribune 2007, 27 ff.

Stoll, G., BAO Handbuch, 3 Bände, Wien, 1994.

Stoschek, U./Schnitger, A., Gewerbliche Prägung durch ausländische Kapitalgesellschaften, DStR 2006, 1395.

Strahl, M., Aktuelles Bilanzsteuerrecht – Gewinnrealisierung, Aktivierung, Abschreibung, Passivierung, KOESDI 2006, 15 049.

Strahl, M., Handlungsbedarf auf Grund der steuerlichen Änderungsgesetzte zum Jahreswechsel 2006/2007, DStR 2006, 2194.

Streck, M./Spatschek, R., Steuerliche Mitwirkungspflicht trotz Strafverfahrens?, wistra 1998, 334 ff.

Streck, M., Körperschaftsteuergesetz Kommentar, 7. Aufl., München 2008.

Striening, H.D., Prozeßmangement im indirekten Bereich – Neue Herausforderungen an die Controller, Controlling 1989/6, 324 ff.

Striker, M., Marginal Costing and Price Control, The Accountants Digest 1949.

Ströbele, P./Hacker, F., Markengesetz, 10. Aufl., Köln 2012.

Strobl, J., Kritische Anmerkungen zum Bericht des OECD-Steuerausschusses über Verrechnungspreise im Konzern, RIW/AWD 1980, 407 ff.

Strunk, G./Kaminski, B./Köhler, S., Außensteuergesetz/Doppelbesteuerungsabkommen, Kommentar, 37. Aufl., Bonn, Loseblatt, Stand: Februar 2014.

Strunk, G./Kaminski, B., Möglichkeiten der Verständigung über Verrechnungspreismethoden mit der deutschen Finanzverwaltung, Stbg 2007, 26.

Strunk, G./Zöllkau, Y., Zugriff der Finanzverwaltung auf Daten des Betriebs bei der Betriebsprüfung, BB 2001, 703.

Strunk, G./Kaminski, B., Anmerkungen zum Betriebsstättenerlaß, IStR 2000, 33 ff.

Stuffer, W./Reichl, A., Verrechnung konzerninterner Dienstleistungen über die Grenze, IStR 2010, 685 ff.

Stürzlinger, B., Anforderungen an die Dokumentation von Verrechnungspreisen – OECD, EU und nationales Recht (IFA Veranstaltungsbericht), ÖStZ 2007, 308.

Stürzlinger, B., Business Restructurings, LexisNexis Österreich, 2011.

Sultana, A./Willeke, C., Bilanzierung von Mezzanine-Kapital. Darstellung und Abbildung im handelsrechtlichen Jahresabschluss, StuB 2006, 220.

Taetzner, T., Rendite bei jeder Marktlage – das Comeback der Kapitalverzinsung als Gewinnuntergrenze für Vertriebsgesellschaften, IStR 2004, 726 ff.

Taleb, N.N., The Black Swan: The Impact of the Highly Improbable, Penguin, 2008.

Tang, R.Y.W., Intrafirm Trade and Global Transfer Pricing Regulations, Quorum Books, London 1997.

Tausch, W., Zur Nachholbarkeit des Buchnachweises bei innergemeinschaftlichen Lieferungen, UVR 2007, 348 ff.

Taylor, G./Smith, G., Implications for inter-company IP flows, BNA Tax Planning International: Special Report, Transfer Pricing in a Recession, Washington, London, 2009, 55 ff.

Tegtmaier, L./Topalow, M., Die Bedeutung von Schiffsbeteiligungen im Rahmen der Asset Allocation von Privatanlegern, FB 2006, 506.

Literaturverzeichnis

Tehler, H.-J., Gestaltungsmöglichkeiten bei unentgeltlichen Wertabgaben und der Mindestbemessungsgrundlage, UVR 2013, 61–63.

Teixeira, G., Tax Systems and Non-Discrimination in The European Union, Intertax 2006, 50.

Tenore, M., The Transfer of Assets from a Permanent Establisment to its General Enterprise in the Light of European Tax Law, Intertax 2006, 386.

Tetzlaff, G./Schallock, A., Abzug von Verlusten ausländischer Betriebsstätten in Deutschland möglich? Fach 3, Gruppe 2, 1325, IWB 2006, 1019.

Tetzlaff, G./Weichhaus, S., Grundlagen der Gewerbesteuer: Ein Überblick über Aufbau und Bedeutung der Gewerbesteuer, SteuStud 2006, 576.

Tetzner, V., Der Verletzerzuschlag bei der Lizenzanalogie, GRUR 2009, 6 ff.

Theile, C., Update internationale Rechnungslegung Fach 10, Gruppe 7, 43, IWB 2006, 413.

Theisen, M./Lins, O., Defeasance-Strukturen bei Filmfonds-Modell, Funktion und Steuerliche Konsequenzen, DStR 2010, 1649.

Then, J., Die erstragsteuerliche Organschaft: Wichtiges Instrument steuerlicher Gestaltung, StuB 2006, 867.

Thiel, J., Der fortschreitende Einfluss des EuGH auf die Ertragsbesteuerung der Unternehmen – Aktuelle Urteile und anhängige Verfahren, DB 2004, 2603.

Thiele, C., Der steuerfreie Domain-Verkauf, ÖStZ 2010/806, 413.

Thiele, C., Rechtsgeschäftsgebühr bei Softwarelizenzverträgen, ÖStZ 2006/1126, 534.

Thiele, C., Steuerliche Abschreibung von Domainanschaffungskosten, ÖStZ 2005/999, 473.

Thiele, C., Steuerliche Aspekte der Rechtsnachfolge bei Werkschöpfern, ÖStZ 2002/1048, 602.

Thiele, C., Steuerliche Behandlung von Internet-Domains, ÖStZ 2004/285, 119.

Thiele, C., Übertragung von Urheberrechten auf den Arbeitgeber, RdW 2002/507, 537.

Thiele, C., Umsatzsteuerliche Behandlung der Übertragung von Patentanmeldungen, ÖStZ 2012/233.

Thiele, C., What's in a Domain-Name – Die Bewertung von Internet Domains, ÖStZ 2006/677, 334.

Thier, C., Alternative Herangehensweise zur Bestimmung der fremdvergleichskonformen Vergütung eines Auftragsfertigers durch Annahme einer Darlehensbeziehung, IStR 2011, 939 ff.

Thömmes, O./Lang, M./Schuch, J., Investitions- und Steuerstandort Österreich, 2. Aufl., München 2005.

Thömmes, O./Linn, A., Verzinsung und Sicherheitsleistung bei aufgeschobener Fälligkeit von Steuern im Wegzugsfall, IStR 2012, 282–289.

Thömmes, O./Nakhai, K., Anmerkungen zu EuGH, U. v. 12.9.2006, Cadburry & Schweppes, Fach 11a, 1065, IWB 2006, 887.

Thömmes, O., Anmerkung zum EuGH-Urteil – Schlussantrag vom 2.5.2006 – Vereinbarkeit der britischen Hinzurechnungsbesteuerung mit Gemeinschaftsrecht – Cadberry Schweppes, Fach 11a, 1019, IWB 2006, 473.

Thömmes, O., Anmerkung zum EuGH-Urteil vom 21.2.2006, Ritter Coulais: Ausländische Verluste und negativer Progressionsvorbehalt, IWB 2006, 220.

Thömmes, O., Besinnung auf das Territorialitätsprinzip Fach 11 A, 1071, IWB 2006, 921.

Thume, K.-H., Neue Rechtsprechung zum Ausgleichsanspruch des Handelsvertreters und des Vertragshändlers, BB 1998, 1425 ff.

Tiedtke, K./Möllemann, P., Zivilrechtliche Wirksamkeit als Voraussetzung der steuerlichen Anerkennung von Verträgen zwischen nahen Angehörigen, DStR 2007, 1941 ff.

Tietz, B., Der Handelsbetrieb, 2. Aufl., München 1993.

Literaturverzeichnis

Tilch, H./Arloth, F., Deutsches Rechts-Lexikon, 3. Aufl., München 2001.

Tipke, K./Kruse, H. W., Abgabenordnung, Finanzgerichtsordnung, Kommentar, Loseblatt, Köln, Stand: 134. Lfg. Januar 2013.

Tipke, K./Lang, J., Steuerrecht, 21. Aufl., Köln 2013.

Tippelhofer, M., Überblick über das Steuerabkommen Schweiz – Deutschland, IStR 2011, 945 ff.

Toifl, G./Züger, M., Besteuerung von E-Commerce, Wien 2000.

Tremblay, R., Xilinx – Canadian Competent Authority Conundrum, TNI July 20, 2009, 203 ff.

Treuhand-Kammer, Schweizer Handbuch der Wirtschaftsprüfung HWP, Buchführung und Rechnungslegung, Bd. 1, Zürich 2009.

Trimborn, M., Arbeitnehmererfindungsrecht, 2. Aufl., Berlin 2011.

Tschannen, P./Zimmerli, U./Müller, M., Allgemeines Verwaltungsrecht, 3. Aufl., Bern 2009.

Tschirhart, J./Brien, J./Moise, M./Yang, E., Bank Commercial Loan Fair Value Practices, Finance and Economics Discussion Series, Division of Research & Statistics and Monetary Affairs, Federal Reserve Boaerd, Washington D. C., 14.

Tucha, T., Der Einsatz von Unternehmensdatenbanken im Rahmen von Verrechnungspreisanalysen: Möglichkeiten und Grenzen. IStR 2002, 745.

Tüchler, N., SWI-Jahrestagung: Dokumentation von Verrechnungspreisen mittels Datenbanken, SWI 2011, 174.

Uhrmann, K., Die Rechtsnatur der Währungskursergebnisse und ihre Zuordnung zum Inland, DB 1990, 2037 ff.

Urken, P./Barbera, A. J./Cole, J. D., Adjusting for differences in risk levels between tested parties and comparable firms, BNA Tax Management Transfer Pricing Report 2003, 39–43.

Urtz, C., Rechtswirkungen eines „Advanced Pricing Agreements", SWI 1996, 476 f.

Van Brunschot, F., The Judiciary and the OECD Model tax convention and its commentary, Bull. Intl. Taxation, Januar 2005.

Van den Breggen, M. E. P., Intercompany Loans: Observations from a Transfer Pricing Perspective, ITPJ 2006, 295 ff.

van der Ham, S./Voll, S., Erweiterte Bindungswirkung von Vorabzusagen im Rahmen von Advanced Pricing Agreements, Ubg 2013, 2019

Van Lishaut, I., Steuersenkungsgesetz: Mitunternehmerische Einzelübertragungen i. S. d. § 6 Abs. 5 Satz 3 ff. EStG n. F., DB 2000, 1784 ff.

Vater, H., Überarbeitung von IAS 23 „Fremdkapitalkosten", WpG 2006, 1337.

Velte, P., Harmonisierungspotenziale zwischen internem und externem Rechnungswesen bei der IAS/IFRS-Umstellung, SteuStud 2006, 565.

Verweyen, U., Grenzen der Störerhaftung in Peer to Peer-Netzwerken, MMR 2009, 590 ff.

Vliegen, D., Gegenseitige Amtshilfe in Steuersachen, DB 2005, 1295 ff.

Vogel K./Lehner, M., Doppelbesteuerungsabkommen der Bundesrepublik Deutschland auf dem Gebiet der der Steuern vom Einkommen und Vermögen: Kommentar auf der Grundlage der Musterabkommen, 8. Aufl., München 2008.

Vogel, A./Schwarz, B., Kommentar zum Umsatzsteuergesetz (UStG), Loseblatt, 2008.

Vogel, K., Doppelbesteuerungsabkommen, 5. Aufl., München 2008.

Vogel, K., Grenzen der amtswegigen Ermittlungspflicht, FJ 1973, 124 ff.

Vogel, K., Klein F./Vogel B., Der Bundesfinanzhof und seine Rechtsprechung. Grundfragen – Grundlagen. Festschrift für Hugo von Wallis zum 75. Geburtstag am 12. April 1985, Bonn 1985.

Vogel, K., Probleme der Auslegung von Doppelbesteuerungsabkommen, SWI 2000, 103–112.

Vogel, K., Schwerpunkte des Außensteuerreformgesetzes in Verbindung mit dem neuen deutsch-schweizerischen Doppelbesteuerungsabkommen, DB 1972, 1402 ff.

Literaturverzeichnis

Vogel, K., Steuerumgehung bei Doppelbesteuerungsabkommen, in: Haarmann, W. (Hrsg.), Grenzen der Gestaltung im Internationalen Steuerrecht. Forum der Internationalen Besteuerung, 1994, 79 ff.

Vogel, K., Transnationale Auslegung von Doppelbesteuerungsabkommen, IStR 2003, 523–529.

Vogel, K., Völkerrechtliche Verträge und innerstaatliche Gesetzgebung, IStR 2005, 29–30.

Vogel, A./Schwarz, B., Umsatzsteuergesetz-Kommentar, Loseblatt 146. Erg.-Lfg., Freiburg, Stand: Juni 2009.

Vogel, K., Wortbruch im Verfassungsrecht, JZ 1997, 161–167.

Vögele, A./Bader, W., High Court Redefines German Transfer Pricing Framework, ITR 12/01–01/02.

Vögele, A./Bader, W., Key Transfer Pricing Statue Void under EU Law, BNA Tax Planning Int'l. Transfer Pricing, June 2002, 15.

Vögele, A./Bader, W., Germany Protects Tax Basel, ITR 01/02.

Vögele, A./Bader, W., Logic and Illogic of German Transfer Pricing Law – Part I, BNA Tax Planning Int'l. Transfer Pricing, August 2002, 3.

Vögele, A./Bader, W., Logic and Illogic of German Transfer Pricing Law – Part II, BNA Tax Planning Int'l. Transfer Pricing, August 2002, 14.

Vögele, A./Bader, W., New Deal for German Transfer Pricing, ITR, 2002, 22 ff.

Vögele, A./Ackermann, A./Decker, T., Strategien bei der Suche nach Margen von Vergleichsunternehmen, IWB Internationale Wirtschaftsbriefe 2001, 1501 ff.

Vögele, A./Bader, W., German Turn of Document Screw, ITR 2/2001.

Vögele, A./Bader, W., Systematik der Schätzung von Verrechnungspreisen, IStR 2002, 354 ff.

Vögele, A./Borck, R./Brüggelambert, G., Zum Stellenwert des (quantitativen) hypothetischen Fremdvergleichs bei der Ermittlung von Verrechnungspreisen, Berlin 2001, 195–208.

Vögele, A./Borstell, T./Engler, G./Kotschenreuther, H., Handbuch der Verrechnungspreise, 1. Aufl., München 1997.

Vögele, A./Borstell, T./Engler, G., Handbuch der Verrechnungspreise, 2. Aufl., München 2004.

Vögele, A./Borstell, T./Engler, G., Handbuch der Verrechnungspreise, 3. Aufl., München 2011.

Vögele, A./Borstell, T./Engler, G., Handbuch der Verrechnungspreise, 4. Aufl., München 2014.

Vögele, A./Brem, M./Tucha, T./Scholz, G., Economic Analysis Prevails German Documentation, BNA Tax Planning International – Transfer Pricing, 5(12), 2004, 3–7.

Vögele, A./Brem, M./Tucha, T., Germany's Draft Administrative Principles: Focus on Documentation, Economic and Quantitative Analysis. BNA Tax Planning International Transfer Pricing, BNA Tax Management Transfer Pricing Report, 13(13), 2004, 751-754.

Vögele, A./Brem, M., APAs Germany and Japan: Comparison and Discussion?, TPI Transfer Pricing 3(1), 2002, 3–9.

Vögele, A./Brem, M., Die neue Rechtsverordnung zu § 90 Abs. 3 AO – Systematik zu Aufbau und Struktur der Verrechnungspreisdokumentation, IStR 2004, 48.

Vögele, A./Brem, M., Do APAs prevent disputes?, December 2002/January 2003, Vol. 14, Iss. 1, 35.

Vögele, A./Brem, M., Dokumentationspflichten: Ansätze einer praktischen Umsetzung im Mittelstand, Bayerisch-Schwäbische Wirtschaft, Jan. 2004.

Vögele, A./Brem, M., From Bureaucracy to Cooperation? On the Evolution of Hybrid Governance in International Taxation, TNI April 28, 2003, 363–376.

2675

Literaturverzeichnis

Vögele, A./Brem, M., Germany's Latest Draft Documentation Rules: A Step Approach for Complying with Expanded Requirements; TM 12(4), 2003, und TPI Transfer Pricing, 4(6), 2003.

Vögele, A./Brem, M., How to comply with Germany's transfer pricing rules, ITR 2003, 11, 31–35.

Vögele, A./Brem, M., Im Blickfeld: die neue Rechtsverordnung zu § 90 Abs. 3 AO – Systematik zu Aufbau und Struktur der Verrechnungspreisdokumentation, IStR 2004, 48–53.

Vögele, A./Brem, M., Inside the German Documentation Law. TPI Transfer Pricing, 4(4), 2003, 8–10.

Vögele, A./Brem, M., Neue Anforderungen bei Dokumentation von Verrechnungspreisen. Bayerisch-Schwäbische Wirtschaft 2003, 9, 54–56.

Vögele, A./Brem, M., Perspectiveson the New German Documentation Requirements, BNA Transfer Pricing, 4(11), 2003, 3–10.

Vögele, A./Brüggelambert, G./Crüger, A., New Document Requirements in Germany, Tax Planning International's Transfer Pricing 2001.

Vögele, A./Crüger, A./Kohl, E., German Financial Data in Transfer Pricing Practice, Tax Planning International's Transfer Pricing, Vol. 1, 4/2000, 18 ff.

Vögele, A./Crüger, A./Schmitt, V., Sharing the cost of Expatriates in Germany, International Tax Review, April 2002.

Vögele, A./Crüger, A., Datenbanken für Transferpreisstudien, IStR 2000, 17.

Vögele, A./de Homont, P./Fügemann, H., Brand Valuation, ITR January 2011.

Vögele, A./de Homont, P./Fügemann, H., IP and corporate charges, ITR February 2011.

Vögele, A./de Homont, P./Fügemann, H., Migration of a well known brand, ITR November 2011.

Vögele, A./de Homont, P./Gottschling, B., IP management: Brand royalties for a fuel company, ITR June 2011.

Vögele, A./de Homont, P./Gottschling, B., Profit participating intellectual property, ITR May 2011.

Vögele, A./de Homont, P./Gottschling, B., Technical know-how in post-merger integration, ITR August 2011.

Vögele, A./de Homont, P., Defence for Transfer Pricing: Transfer of Intangibles in the constrction industry, Global Tax Weekly, 18.9.2014.

Vögele, A./de Homont, P., Planning for Transfer Pricing: Brand Management Center for customer articles in Switzerland, Global Tax Weekly, 21.8.2014.

Vögele, A./de Homont, P., Planning for Transfer Pricing: Establishing A Swiss Principal in Times of BEPS, Global Tax Weekly, 2.10.2014.

Vögele, A./de Homont, P., Transfer Pricing Germany, BNA Transfer Pricing International Journal, 1.1.2014.

Vögele, A./de Homont, P., Transfer Pricing Germany, BNA Transfer Pricing International Journal, 1.12.2012.

Vögele, A./de Homont, P., Transfer Pricing Germany: Agreements in Writing, BNA Transfer Pricing International Journal, 1.3.2013.

Vögele, A./de Homont, P., Transfer Pricing Germany: Germany's Proposed PE Laws, BNA Transfer Pricing International Journal, 1.6.2012.

Vögele, A./de Homont, P., Transfer Pricing Germany: Revolution in PE Rules, BNA Transfer Pricing International Journal, 1.9.2013.

Vögele, A./Douglass, F./Karthikeyan, K., Shareholder Value by Strategic Transfer Pricing, Financial Solutions International, Issue 11, 36–37, 2005.

Vögele, A./Edelmann, G., German Government Unveils Plans to Cut Income Tax Rates, Change System of Business Taxation, TNI, Volume 20 no. 6 Jan. 00.

Vögele, A./Edelmann, G., German Tax Issues, International Internet Law Review, 08/2000.

Literaturverzeichnis

Vögele, A./Edelmann, G., Germany Cuts Income Tax Rates and Changes Business Taxation System, TNI, 08/2000.

Vögele, A./Edelmann, G., Internationale Steuerplanung nach der Unternehmenssteuerreform 2001, IStR 15/2000.

Vögele, A./Edelmann, G., Konzerne können durch Auslandsaktivitäten Steuern sparen, Handelsblatt 07/2000.

Vögele, A./Edelmann, G., Steuerreform lockt deutsche Unternehmen ins Ausland, FAZ 5.8.2000.

Vögele, A./Forster, F., EU Arbitration for Financial Institutions in: Financial Solutions International, May 2006.

Vögele, A./Forster, F., The Arbitration of Transfer Prices in Europe in: The EU Arbitration Convention in Practice, Practical European Tax Strategies, January 2006.

Vögele, A./Forster, F., Transfer Pricing Documentation 2008: Germany, in: BNA International's Transfer Pricing, Special Report, July 2008.

Vögele, A./Freytag, U., Kernbereiche der neuen Prüfungsgrundsätze zu Kostenumlagen – Poolkonzept, Aktivierung, Quellensteuer und Eintritts-/Austrittszahlungen, IStR 2000, 249 ff.

Vögele, A./Freytag, U., Umlageverträge zwischen international verbundenen Unternehmen, – Wesen und Zweifelsfragen, IWB, 2001, 35 ff.

Vögele, A./Fügemann, H./Harshbarger, S., Migration to brand management centre can work, in: International Tax Review IP Guide, December 2008.

Vögele, A./Fügemann, H., Business Migration and Other Important Developments, Tax Planning International Transfer, January 2009.

Vögele, A./Fügemann, H., German legislation for the relocation of functions explained, 1.10.2009, http://www.tpweek.com/Article.aspx?ArticleID=2307541.

Vögele, A./Fügemann, H., Germany, TPTP 01/09, 12 ff.

Vögele, A./Gonnet, S./Gottschling, B./Fügemann, H., Transfer Prices Determined by Game Theory: Application to the banking industry, Tax Planning International Transfer Pricing, December 2008.

Vögele, A./Gonnet, S./Gottschling, B., Transfer Prices Determined by Game Theory: Application to IP, Tax Planning International Transfer Pricing, November 2008.

Vögele, A./Gonnet, S./Gottschling, B., Transfer Prices Determined by Game Theory: Underlyings, Tax Planning International Transfer Pricing, October 2008.

Vögele, A./Gröhn, A./Pinkus, M., Accounting for the Internet, Managing Intellectual Property, 12/1999 und 01/2000.

Vögele, A./Harshbarger, S./Mert-Beydilli, N., Calculating royalties on comparable market opinions, International Tax Review, no. 24, Intellectual Property Supplement 2005, 22 ff.

Vögele, A./Harshbarger, S./Mert-Beydilli, N., How to use Transfer Pricing to Calculate the Value of a Brand, International Tax Review, December 2005.

Vögele, A./Juchems, A., Fremdvergleich zur Rechtfertigung von Verrechnungspreisen: Auswahl von Kriterien und Wirkung auf die Stichprobe der Vergleichsunternehmen, IStR 2000, 713–718.

Vögele, A./Kirchner, M., Im Blickpunkt: Partiarischer Dienstvertrag im internationalen Konzern, BB 2000, 1581 ff.

Vögele, A./Kobes, M., Verrechnungspreise im Asset Management, IStR 24/2001, 787 ff.

Vögele, A./Lenz, M., Case Study: What's in the black box?, A Special Supplement to ITR, 63 ff. 2/1999.

Vögele, A./Loh, A., Tax Court Upholds Document Production Order, German News 2/2001.

Vögele, A./Lutz, S., Guidelines Address Migrating Business, International Tax Review, January 2007.

Literaturverzeichnis

Vögele, A./Scholz, C./Hoffmann, K., Kostenumlageverträge: Verursachungsgerechte Umlage von administrativen Dienstleistungen und Management Services, IStR 2001, 94 ff.

Vögele, A./Scholz, C., Cost Contribution Agreements – New German Directive for Internationally Related Companies, Global Tax Notes 2000.

Vögele, A./Scholz, C., Nutzenanalyse im Rahmen eines Umlagevertrags – Ermittlung des Umlagesschlüssels auf der Basis geplanter Kosteneinsparungen, IStR 2000, 155 ff.

Vögele, A./Sedlmayr, R., Willingness to Pay: How the Microeconomic Toolbox Applies to Brand Valuation, International Tax Review's Intellectual Property Supplement, December 2007.

Vögele, A./Thiel, A., Steuerrechtliche Auskunftspflichten und Strafmaßnahmen in den USA, RIW 1991, 849 ff.

Vögele, A./Tucha, T./Brem, M., Germany's Draft Administrative Principles: Focus on Documentation, Economic and Quantitative Analysis, Tax Management Transfer Pricing Report, November 2004.

Vögele, A./Witt, W./Harshbarger, S., How to value transferred know-how and IP after a merger, International Tax Review IP Guide, December 2008.

Vögele, A./Witt, W./Harshbarger, S., IP Valuation Puts New Theories into Practice, International Tax Review, no. 32, Intellectual Property Supplement, January 2007, 42 ff.

Vögele, A./Witt, W./Vögele, J.-B., Important German Developments, Tax Planning International Transfer Pricing, January 2008.

Vögele, A./Witt, W., Valuing Know-How and Knowledge through Bottom-Up Approaches, International Tax Review's Intellectual Property Supplement, December 2007.

Vögele, A./Zhang, C., Germany, Transfer Pricing for the international practitioner, BNA International's Transfer Pricing Forum, Volume 1, Number 1, April 2010, www.bnai.com.

Vögele, A./Zhang, C., Transfer of German Funcions and Tax Deductibility in China, Transfer Pricing International Journal, Volume 11, Number 5, May 2010, www.bnai.com.

Vögele, A., Aufwendige Suche nach der Steuerlich korrekten Balance, Markt und Mittelstand, 10/2000.

Vögele, A., Die Verwaltungsgrundsätze zur Dokumentation von Verrechnungspreisen: Der Fremdvergleich und die Angemessenheit der Verrechnungspreise (Administrative Principles for the Documentation of Transfer Prices: The Analysis of Comparable Data and the Arm's Length Principle), Der Betrieb, Mai 2005.

Vögele, A., Focus on Profit Split Method in: BNA International's Transfer Pricing Manual, September 2008.

Vögele, A., Geistiges Eigentum - Intellectual Property, München 2014.

Vögele, A., German protects Tax Base Germany drafts tax Auditor's Bill of Rights, ITR 12/2000.

Vögele, A., German Redefines it's Cost-Sharing Policy, ITR.

Vögele, A., Germany tightens cost-sharing rules, ITR 03/2000.

Vögele, A., Germany, A special report, International Tax Review, Transfer Pricing Forum, 2001.

Vögele, A., Key German Tax Statutes Void under EU Law?, ITR 9/01.

Vögele, A., Knowledge and Know-How Exchange: Acute Risks for German Subsidiaries of Foreign Multinationals, ITR 2/99.

Vögele, A., New Deal for German Transfer Pricing and other Publications. Verlag für Wirtschaftskommunikation, 2002.

Vögele, A., New German Legislation: Relocation of Functions in: Tax Planning International Transfer Pricing, October 2008.

Literaturverzeichnis

Vögele, A., Profit Split Methods, in: Green, Transfer Pricing Manual, 2008, 55 ff.

Vögele, A., Prüfungsgrundsätze für Umlageverträge international verbundener Unternehmen, Der Betrieb, 02/2000.

Vögele, A., Series on tax effective supply chain management, BNA International, www.bnai.com, 2007.

Vögele, A., Tax effective supply chain management, BNA International, volume 8, number 7, 07/2007, 13 f.

Vögele, A., Transfer Pricing for business migration – new German legislation, BNA International Tax Planning International, 2007.

Vögele, A., Transfer Pricing in Germany Law meets Economics, Verlag für Wirtschaftskommunikation, 2001.

Vögele, A., Transfer Pricing in the Age of Shared Services, KPMG-Printings, 2000.

Vögele, A., Transfer Pricing Regulations Derailed by High Court Decision? ITR Jul/Aug 01 German News 2/2001.

Vögele, A., Transfer Pricing: Proposed Documentation Regulations, German News 1/2001.

Vögele, A./Brem, M./Tucha, T./Scholz, G., Economic Analysis Prevails German Documentation, BNA Tax Planning International – Transfer Pricing, 5(12) 2004, 3–7.

Vögele, A./Crüger, A./Schmitt, V., Mitarbeiterentsendung als Verrechnungspreisproblem: Neue Verwaltungsgrundsätze, DB, 23/2002.

Vögele, A./Vögele, F., Advance Pricing Agreements bzw. Verbindliche Auskünfte im Rahmen der neuen deutschen Verwaltungsgrundsätze, Herne 2002.

Vögele, A./Vögele, F., Vorschriften zur Verrechnungspreisdokumentation im SteVerg-AbG – Erste Antworten auf wesentliche Fragen, IStR 2003, 466 ff.

Vögele, A., Debate rages over German secrecy, ITR 1999, 9 ff.

von Ah, J., Änderungen im Einkommensteuerrecht der Schweiz, IWB, Gruppe 2, Fach 5, 663 ff.

von Büren, R./Marbach, E./Ducrey, P., Immaterialgüter- und Wettbewerbsrecht, 3. Aufl., Bern 2008.

von Danwitz, T., Der Grundsatz der Verhältnismäßigkeit im Gemeinschaftsrecht, EWS 2003, 393 ff.

von Krempelhuber, A., Zusammenspiel von Zinsschranke und gewerbesteuerlicher Hinzurechnung, NWB F. 4, 2008, 5369 ff.

von Neumann, J./Morgenstern. O., Theory of Games and Economic Behavior, Princeton 1944.

von Streit, G., Bestimmung des Lieferorts bei aufeinanderfolgenden Lieferungen innerhalb der Europäischen Union, UR 2011, 161–170.

Vonderbank, S., Zollwertrechtlice Behandlung von Kommissionsgeschäften, AW-Prax November 2007, Bundesanzeiger Verlag, 34.

Vonderbank, S., Zollwertrechtliche Behandlung von Vorerwerbergeschäften, AW-Prax 2008, 374–376.

Voß, O., Absetzung für Abnutzung: Die Abschreibung an wichtigen Standorten – ein Vergleich, RIW 2006, 610.

Wabnitz, H.-B./Janovsky, T., Handbuch Wirtschafts- und Steuerstrafrechts, 3. Aufl., München 2007.

Wächter, G. H., Tatbestand und Heilung verdeckter Sacheinlagen, GmbHR 2006, 1084.

Wacker, R., Mitunternehmerstellung persönlich haftender Gesellschafter, Fach 3, 14 199, NWB 2006, 3277.

Wäger, C., Nachweis der Steuerfreiheit bei Ausfuhrlieferungen und innergemeinschaftlichen Lieferungen, DStR 2009, 1621–1625.

Wäger, C., Zuordnung des innergemeinschaftlichen Erwerbs und der innergemeinschaftlichen Lieferung bei Reihengeschäften, UR 2001, 1–11.

Literaturverzeichnis

Wagner, A., EuGH zur Rechtssache Jobra: Befristete Investitionszuwachsprämie (§ 108e EStG) gemeinschaftswidrig!, RdW 2009, 57, 58.

Wagner, F.W., Kann die Besteuerung vereinfacht werden, wenn die Rechnungslegung komplexer wird?, BFuP 2005, 528.

Wagner, S., Besteuerung von Stillhalterprämien, Fach 3, 14 041,14041 NWB 2006, 2013.

Wagner, S., Bezugsrechte unterliegen dem Halbeinkünfteverfahren. Anwendung des Halbeinkünfteverfahrens auf vergleichbare Rechte, Anmerkung zu BFH vom 27.10.2005 – IX R 15/05, Konzern, 2006, 668.

Wagner, S., Der Mindeststeuersatz in Irland – Folgerungen für die Hinzurechnungsbesteuerung nach §§ 7 ff. AStG.

Wagner, S., Die steuerbilanzielle Behandlung des Ausgabeaufgeldes einer Optionsanleihe beim Emittenten, Konzern 2006, 262.

Wagner, S., Die verwirrende Rechtsprechung zu den Einkünften nach § 23 EStG.

Wagner, S., Inhalt und Bedeutung von Advanced Pricing Agreements (APA), StBp 1995, 265 ff.

Wagner, W., Can contributions to old-age security, assurance or future health care be sales tax law, payment for services freelancer?, UVR 2012, 116–120.

Wagner, W., Keine Mindestbesteuerung bei Umsätzen zwischen Unternehmen mit Vorsteuerabzugsrecht, UVR 2012, 216–220.

Wagner, S., Global Trading, StBp 1991, 154 ff.

Waldens, S., Grenzüberschreitendes Cash Pooling im Spannungsfeld sich ändernder Rahmenbedingungen – eine ertragssteuerliche Analyse, IStR 14/2003.

Walkenhorst, R., Umsatzsteuerliche Behandlung von Lieferungen in einen Freihafen, UStB 2013, 45.

Walla, C./Walla, D., Bilanzberichtigung bzw. Änderung der Nutzungsdauer, Stellungnahme zu EStR Rz 3119 und 3120, Afa-Berichtigung, SWK 2005, 953.

Walter, M., Bilanzierung von Aktienoptionsplänen in Handels- und Steuerbilanz, DStR 2006, 1101.

Walter, S., Die Pflichten des Geschäftsherrn im Strafrecht, Bern 2000.

Wälzholz, E., Der Teilbetriebsbegriff im Steuerrecht, Würzburg 1999.

Wandtke, A.-A./Bullinger, W. (Hrsg.), Praxiskommentar zum Urheberrecht, 3. Aufl., München 2009.

Ward, D., The interpretation of Income Tax Treaties with Particular Reference to the Commentaries on the OECD Model, IFA/IBFS 2005.

Wassermeyer F./Lang M./Schuch J., Doppelbesteuerung, OECD-MA, DBA Österreich-Deutschland, Wien 2004.

Wassermeyer F., Grundsatzprobleme bei der Betriebsstättengewinnermittlung, SWI 2006/6, 254.

Wassermeyer, F./Andresen, U./Ditz, X., Betriebsstätten Handbuch – Gewinnermittlung und Besteuerung, 1. Aufl., Köln 2006.

Wassermeyer, F./Baumhoff, H./Greinert, M., in Flick, H./Wassermeyer, F./Baumhoff, H., Außensteuerrecht, Kommentar, Loseblatt, Köln, Stand: November 2011.

Wassermeyer, F./Baumhoff, H., Verrechnungspreise international verbundener Unternehmen, Köln 2001.

Wassermeyer, F., Aktuelle Rechtsprechung des I. Senats des BFH – Inhalt und Auswirkungen, WPg 2002, 10 ff.

Wassermeyer, F., Das Veranlassungsprinzipals Maßstab zur innerstaatlichen Betriebsstättengewinnermittlung, IStR 2005, 84.

Wassermeyer, F., Das Wettbewerbsverbot des Gesellschafters und des Gesellschafter-Geschäftsführers einer GmbH, GmbHR 1993, 329 ff.

Wassermeyer, F., Der Fremdvergleich als Tatbestandsmerkmal der verdeckten Gewinnausschüttung, DB 1994, 1105 ff.

Literaturverzeichnis

Wassermeyer, F., Die abkommensrechtliche Aufteilung von Unternehmensgewinnen zwischen den beteiligten Vertragsstaaten, IStR 2012, 277–282.

Wassermeyer, F., Die Einkommens- und Vermögensminderung bei einer verdeckten Gewinnausschüttung, DStR 1990, 549 ff.

Wassermeyer, F., Diskriminierungsfreie Betriebsstättengewinnermittlung, IStR 2004, 733 ff.

Wassermeyer, F., Dokumentationspflichten bei internationalen Verrechnungspreisen, Der Betrieb 2003, 1535–1540.

Wassermeyer, F., Doppelbesteuerung, Kommentar, 125. Aufl., München, Loseblatt, Stand: Januar 2014.

Wassermeyer, F., Einkünftekorrekturnormen im Steuersystem, IStR 2001, 633–638.

Wassermeyer, F., Einlagen in Kapital- und Personengesellschaften und ihre ertragsteuerliche Bedeutung, StbJB 1985/86, Köln, 213 ff.

Wassermeyer, F., Entstrickung versus Veräußerung und Nutzungsüberlassung steuerrechtlich gesehen, IStR 2008, 176–180.

Wassermeyer, F., Mehrere Fremdvergleichsmaßstäbe im Steuerrecht?, StbJB 1998/99, 157 ff.

Wassermeyer, F., Modernes Gesetzgebungsniveau am Beispiel des Entwurfs zu § 1 AStG, DB 10/2007, 535 ff.

Wassermeyer, F., Neues zur Definition der verdeckten Gewinnausschüttung, DB 2002, 2668 ff.

Wassermeyer, F., Steuerliche Konsequenzen aus dem EuGH-Urteil „Hughes de Lasteyrie du Saillant", GmbHR 2004, 613 ff.

Wassermeyer, F., Überlegungen zum Anwendungsbereich des § 1 des Außensteuergesetzes, BB 1984, 1501 ff.

Wassermeyer, F., Verliert Deutschland im Fall der Überführung von Wirtschaftgütern in eine ausländische Betriebsstätte das Besteuerungsrecht?, DB 2006, 1176.

Wassermeyer, F., vGa – Anmerkung zum BFH-Beschluss v. 17.12.1997 (BStBl. II 1998, 321) i. S. Verhältnis zwischen § 1 AStG und Entnahme, IStR 1998, 240, 243.

Wassermeyer, F./Schönfeld, J., Die EuGH-Entscheidung in der Rechtssache Cadburry & Schweppes und deren Auswirkungen auf die deutsche Hinzurechnungsbesteuerung, GmbHR 2006, 1065.

Wassermeyer, F., Eigenkapitalersetzende Leistungen aus der Sicht des Steuerrechts, ZGR 1992, 639 ff.

Wassermeyer, F., Einige Grundsatzüberlegungen zur verdeckten Gewinnausschüttung, GmbHR 1998, 157 ff.

Watrin, C./Lühn, M., Steuerliche Aspekte der Genussrechtsfinanzierung, FB 2006, 741.

Weber, C., Das BMF-Schreiben vom 6.1.2009 zur Umsatzsteuerbefreiung für innergemeinschaftliche Lieferungen, BB 2009, 248 ff.

Weber, T., Kein Vergleich nach wirksamer Abtretung trotz Abtretungsverbots, BB 2009, 242.

Weber-Grellet, H., Rechtsprechung des BFH zum Bilanzsteuerrecht im Jahr 2005, BB 2006, 35.

Weber-Grellet, H., Rückstellungsvoraussetzungen bei potenzieller Rückzahlungspflichten, StuB 2006, 510.

Wedelstädt, A. von, Umsetzung des Steuerhinterziehungsbekämpfungsgesetztes durch die Steuerhinterziehungsbekämpfungsverordnung, DB 2009, 2283 ff.

Wedelstädt, A., Die Änderung der Abgabeordnung durch das Steuerhinterziehungsbekämpfungsgesetz, DB 2009, 1731 ff.

Wegner, K./Wallenfels, D./Kaboth, D., Recht im Verlag, 2. Aufl., München 2012.

Wehinger, C., Neue(r) Forschungsfreibetrag (-prämie) für Auftragsforschung, ecolex 2005, 714.

Literaturverzeichnis

Wehner, O./Brüninghaus, D./Marx., S., Dokumentation von Verrechnungspreisen: Ausgewählte Aspekte der Verwaltungsgrundsätze-Verfahren, IStR 2005, 714ff. (Teil I) und IStR 2005, 749ff. (Teil II).

Wehnert, O./Brüninghaus, D./Franke, V. in: Ernst & Young, Die Unternehmenssteuerreform 2008, 188.

Wehnert, O./Generalthema, I., Verrechnungspreise und immaterielle Wirtschaftsgüter, IStR 2007, 558ff. (mit Themen zum IFA-Kongress 2007).

Wehnert, O./Selzer, D., Verrechnungspreise – Grenzen der Mitwirkungspflicht nach § 90 Abs. 2 AO, DB 2005, 1295ff.

Wehnert, O., Internationale Verrechnungspreise, in Steuerberater Handbuch Europa, Loseblatt, Berlin, Stand: August 2007.

Wehrheim, M./Nickel, K., Überführungs- und Übertragungsmöglichkeiten nach § 6 Abs. 5 EStG – Eine steuersystematische Einordnung DStR 2006, 771.

Weidenhammer, S., Die Bilanzierung von Beteiligung und einfachen Anteilen an Personengesellschaften im IFRS-Einzelabschluss, PIR 2006, 228.

Weier, D., Der deutsche Teilbetrieb wird europäisch, DStR 2008, 1002ff.

Weigell, J., Dokumentationspflichten bei der Ermittlung von Verrechnungspreisen: Einzug des Steuerstrafrechts in das internationale Steuerrecht, IStR 2005, 162.

Weiler, H., Abrechnung der Einnahmen-Überschussrechnung, DStR 2006, 2229.

Weimann, R., Erstellung des Prüfungsberichts ist keine Ermittlungshandlung i. S. d. § 171 Abs. 4 Satz 3 AO, UStB 2009, 371–372.

Weimann, R., Intercompany-Leistungen: Steuerbarkeit und Steuerpflicht, UStB 2009, 372ff.

Weinand, M./Wolz, M., Forschungs- und Entwicklungskosten im Mittelstand – Zur faktischen Irrelevanz eines Aktivierungswahlrechts, KoR 2010, 130ff.

Weiss, E., Anmerkung zu EuGH Urt. vom 14.5.1985 – Rs. 139/84 – Abgrenzung der Werklieferung von der Werkleistung i. S. von Art. 5 der 2. und 6. USt-Richtlinie, UR 1986, 15.

Weiß, G., Das an den Steuerpflichtigen gerichtete Verlangen auf Vorlage vorhandener Rechtsgutachten, StBp 2004, 220.

Weiß, G., Vorlagepflicht sachverhaltswürdiger Beratergutachten, (Replik auf Bauer/Taetzner in StBp 2005, 39), StBp 2005, 42.

Weißenberger, B., Controller und IFRS: Konsequenzen der IFRS-Finanzberichterstattung für die Controllingaufgaben, KOR 2006, 613.

Weitbrecht, G., Zuordnung von Gewinnen zu Betriebsstätten: Ausgewählte Themen für Finanzinstitute, IStR 16/2006, 548f.

Wellens, L./Schwemin, N., Der Benefit Test bei Leistungsverrechnungen im Konzern, DB 2013, 80ff.

Wellens, L., Dokumentation von Verrechnungspreisen, IStR 2004, 655.

Welling, B./Tiemann, K., Funktionsverlagerungsverordnung in Widerstreit mit internationalen Grundsätzen, FR 2008, 68ff.

Wendel, M., Vereinfachte Einkunftsabgrenzung bei Geschäftsbeziehungen zwischen nahestehenden Personen, IStR 2004, 122.

Wenzel, K. E., Das Recht der Wort- und Bildberichterstattung, 5. Aufl., Köln 2003.

Werden, G. J./Froeb, L./Beavers L. W., Economic Analysis Lost Profits from Patent Infringement with and without Noninfringing Substitutes, American Intellectual Property Law Association Quarterly, 1999.

Werden, G. J./Froeb, L./Tardiff, T., The Use of the Logit Model in Applied Industrial Organization, International Journal of the Economics of Business, 1996, 83–105.

Werder, A./Dannecker, A., Zweifelsfragen zur verbindlichen Auskunft, BB 2011, 2093ff.

Werner, R., Die Haftung des GmbH-Geschäftsführers für die Verletzung gewerblicher Schutzrechte, GRUR 2009, 820ff.

Literaturverzeichnis

Werra, M./Teiche, A., Das SEStBeglG aus der Sicht international tätiger Unternehmen, DB 2006, 1455 ff.

Werra, M., Der 1995 – OECD-Bericht zu den Verrechnungspreisen (Teil I und II), IStR 1995, 458 ff., 511 ff.

Werra, M., US-Richtlinienentwurf zu Verrechnungspreisen – Externer Betriebsvergleich statt Arm's Length Prinzip, RIW 1992, 391 ff.

Werra, M., Verrechnungspreise bei der Restrukturierung internationaler Unternehmensgruppen, IStR 2009, 81–87.

Werra, M., Verrechnungspreise bei der Restrukturierung internationaler Unternehmensgruppen. Zum Stand der Diskussion in der OECD, IStR 3/2009, 81 ff.

Werra, M., Zweifelsfragen bei der Dokumentation von Verrechnungspreisen – zum Entwurf der Verwaltungsgrundsätze-Verfahren zur Einkunftsabgrenzung zwischen internationalen Unternehmen, IStR 2005, 19.

Wichmann, M., Aktuelle Tendenzen der OECD-Arbeiten zur Betriebsstätte, insbesondere bei Vertretern und Dienstleistungen, StBJb 2004/2005, 93 ff.

Widmann, W., Anmerkung zum Urteil des EuGH vom 29.5.1997 in der R.S. C-63/96, UR 1997, Köln, 303 ff.

Widmann, W., Umsatzsteuerliche Bemessungsgrundlage der Privatnutzung eines insgesamt dem Unternehmen zugeordneten Gebäudes für Zwecke der Vorsteuerberichtigung, UR 2006, 644–645.

Widmer, S. G./Müller, P., Gewinnermittlung bei Vertreterbetriebsstätten, Steuerrevue 1/2006, 3 ff.

Wiechers, K., Aktivierung immaterieller Vermögensgegenstände nach BilMoG – Übersicht zu den wesentlichen Änderungen im HGB und ein Vergleich mit den Regelungen der IFRS, BBK Nr. 5 v. 7.3.2008, Fach 20, 2223 ff.

Wiechers, K., Bewertung des Sachanlagevermögens nach IAS 16. Praxisorientierte Umsetzung des Komponentenansatzes, Fach 20, 2153, BBK 2006, 885.

Wiechers, K., Dokumentationspflicht für internationale Verrechnungspreise, StuB 2006, 693.

Wiedemann, H./Strohn, L., Die Zulässigkeit einer Konzernumlage im Aktienrecht, AG, 1979, 113 ff.

Wienbracke, M., Gebührenpflicht für verbindliche Auskunft, NWB, F. 2, 9877 ff.

Wiese, J., Das Nachsteuer-CAPM im Mehrperiodenkontext, FB 2006, 242.

Wiesinger R./Laubner J., Neuerungen bei der steuerlichen Forschungsprämie, taxlex 2012, 303.

Wiesner W./Grabner R./Wanke R., EStG-Kommentar (EStG 1988), Loseblattsammlung, Stand 12. Lieferung, 1.9.2012, Wien.

Wiesner, W./Atzmüller, M./Grabner, B./Leitner, R./Wanke, R., EStG, Loseblatt, 2000.

Wiesner, W./Schneider, B./Spanbauer, G./Kohler, G., Körperschaftsteuergesetz, 1996.

Wiesner, W., Behandlung eines Gesellschafterdarlehens als verdecktes Stammkapital, RWZ 1999, 204 f.

Wiesner, W., Die österreichischen Missbrauchsbestimmungen auf dem Gebiet des Außensteuerrechts – § 10 Abs 3 KStG, SWI 1995, 130.

Wiesner, W., Verdeckte Einlagen – verdeckte Ausschüttungen. Die steuerliche Behandlung von Vermögenstransfers zwischen Kapitalgesellschaften und ihren Gesellschaftern, SWK 1990, A I 346.

Wiesner, W., Verdecktes Stammkapital, RWZ 2001, 41 f.

Wilk, E., Rechtsformneutralität der Unternehmensbesteuerung: Reformvorschläge der Stiftung Marktwirtschaft in der Sackgasse, DStZ 2006, 290.

Wilk, S., Anmerkung zum Urteil des FG Köln vom 22. August 2007, EFG 2008, 164.

Wilke, K.-M., Anmerkungen – Urteil vom 3.5.2006 – Niedrige Besteuerung i.S.v. § 8 III AStG – Begriff der Steuer, Fach 3A, Gruppe 1, 1099, IWB 2006, 815.

Wilkens, K., Kosten- und Leistungsrechnung, 8. Aufl., München Wien 1997.

Literaturverzeichnis

Winter, M., EuGH bestätigt Vertrauensschutzregelung gem. § 6a Abs. 4 UStG, UR 2007, 881 ff.

Wismeth, S., Einlage von Nutzungen und Leistungen, München/Wien 1985.

Witte, P., Zollkodex-Kommentar, 3. Aufl., Art. 33, Rz. 19, München 2002.

Wittendorff, J., „Shadowlands": The OECD on Intangibles, TNI September 3, 2012, 935.

Wittendorff, J., Transfer Pricing and the Arm's Length Principle in International Tax Law (2010), 215.

Woerner, L., Verdeckte Gewinnausschüttungen, verdeckte Einlagen und § 1 des Außensteuergesetzes, BB 1983, 845 ff.

Wöhe, G., Einführung in die Allgemeine Betriebswirtschaftslehre, 22. Aufl., München 2005.

Wöhrle, W./Schelle, D./Groß, E., Außensteuergesetz, Kommentar, 30. Aufl., Stuttgart, Loseblatt, Stand: März 2013.

Wolf, K., Corporate Compliance- ein neues Schlagwort? Ansatzpunkte zur Umsetzung der Compliance in der Finanzberichterstattung, DStR 2006, 1995–2000.

Wolff, U./Eimermann, D., Neuerungen im DBA-USA: Änderungsprotokoll vom 1. Juni 2006 zum DBA-USA 1989 und dem Protokoll dazu, IStR 2006, 837 ff.

Wolff, U., Doppelte Nichtbesteuerung, IStR 2004, 542 ff.

Wolter, H./Pitzal, C., Der Begriff der „Funktion" in den neuen Regelungen zur Funktionsverlagerung in § 1 Abs. 3 AStG, IStR 2008, 793 ff.

Wooldridge, J. M., Introductory Econometrics: A Modern Approach, 2. Aufl. 2002.

Worgulla, N./Söffing, M., Steuerhinterziehungsbekämpfungsgesetz, FR 12/2009, 545 ff.

Woywode, U., Die abkommensrechtliche Einordnung von Einkünften aus Forward-, Future und Optionsverträgen, IStR 2006, 325.

Wulf, M., Die Verschärfung des Steuerstrafrechts – besondere Bedeutung für die Steuerabteilungen von Unternehmen, AG 2009, 75 ff.

Wunderlich, C., Parliament Approves Anti-Tax-Evasion Bill, TNI July 20, 2009, 186 ff.

Wurm, F., Umlageverträge für Forschung und Entwicklung zwischen verbundenen Unternehmen – Anforderung nach deutschem Steuerrecht, Hamburg, 1993.

Würmli, R., Verrechnungspreisproblematik aus schweizerischer Sicht, StR 2003, 90 ff. und 158 ff.

Wurzer, A. J./Hundertmark, S., PAS 1070 – Grundsätze ordnungsgemäßer Patentbewertung, Februar 2007.

Young, S., Ninth Circuit Reverses Tax Court In Xilinx, TNI June 1, 2009, 707 ff.

Yu, Q./Cai, A./Siu, W., International Tax Review TP Week, China Intangibles Guide, 15.9.2011.

Zach, E., Doppelbesteuerungsabkommen mit Marokko, SWI 2002, 167.

Zach, E., Verhaltenskodex zur Verrechnungspreisdokumentation für verbundene Unternehmen in der Europäischen Union (EU-TPD), SWI 2006, 351 ff.

Zacher, T., Alte und „neue" steuerliche Risiken bei Medienfonds Beratungshinweise zum Jahresende, DStR 1999, 1838.

Zahrnt, C., Software-Überlassungsverträge zweiter Art, BB 1996, 443 ff.

Zech, T., Funktionsverlagerung auf einen Eigenproduzenten und auf ein Routineunternehmen – Anmerkungen zum Beitrag von Ditz, in diesem Heft S. 125, IStR 2011, 125 ff.

Zehetmair, M., Steuerfragen bei der Entsendung von Mitarbeitern ins Ausland aus der Sicht der beteiligten Unternehmen, IStR 1998, 257 ff.

Zenke, T., Die wichtigsten steuerlichen Änderungen 2006 im Überblick, StB 2006, 91.

Ziegenbein, H. J./Beine, F., Der Regierungsentwurf des Gesetztes zur Erleichterung der Unternehmensnachfolge – Erste Analyse und Handlungsalternativen, BB 2006, 2500.

Ziehr, U., Zurechnung von Währungserfolgen aus der Umrechnung einer ausländischen Betriebsstättenrechnungslegung, IStR 2009, 261–268.

Literaturverzeichnis

Zielke, R., Internationale Steuerplanung mit der Schweiz ab 2008, IWB, Gruppe 2, Fach 5, 693 ff.

Zielke, R., Norwegen – Oberstes Gericht entscheidet am 2.12.2011 für DELL in der Rechtssache einer Betriebsstätte des Kommittenten eines Kommissionsgeschäfts, IStR-LB 2012, 80 ff.

Zimmermann, J./Volmer, P., FASB und IASB auf dem Weg zu einer neuen Erfolgsrechnung? Analyse des Projekts Financial Statements Presentation, PIR 2006, 105.

Zipfel, L., Darstellung und Analyse der Einführung des Abschmelzungsmodells auf Unternehmensübertragungen im neuen Erbschaftsteuerrecht, BB 2006, 2718.

Zschiegner, H., Vorabzusagen über Verrechnungspreise (Advance Pricing Agreements – APAs), IWB, Fach 8 USA, Gruppe 2, 1551 ff.

Zuckschwerdt, C./Meuter, H.U., Verrechnungspreisproblematik beim grenzüberschreitenden Management von Private-Equity- und Hedge-Funds, Zürcher Steuerpraxis 2009, Bd. 18, 2009, 1 ff.

Zülch, H./Fischer, D./Willms, J., Die Neugestaltung der Ertragsrealisation nach IFRS im Lichte der Asset-Liability-Theory, KOR 2006, Beilage 3.

Zülch, H./Gebhardt, R., Anmerkungen zum Entwurf eines überarbeiteten Conceptaul Frameworks für die Finanzberichterstattung, PIR 2006, 203.

Zülch, H./Willms, J., Neuregelung der Ausweisvorschriften für Finanzinstrumente durch IFRS 7 – Eine Betrachtung mit Blick auf Nicht-Banken, Fach 20, 2113, BBK 2006, 25.

Zweifel M./Athanas P. (Hrsg.), Kommentar zum Schweizerischen Steuerrecht, I/2a bzw. 2b, Bundesgesetz über die direkte Bundessteuer (DBG), Art. 1–82 bzw. 83–222, Basel/Genf/München 2000.

Zweifel, M./Athanas, P. (Hrsg.), Basler Kommentar zum Schweizerischen Steuerrecht, Bd. 1/2a, Bundesgesetz über die direkte Bundessteuer (DBG), Art. 1–82, 2. Aufl., Basel/Genf/München 2008.

Zweifel, M./Hunziker, S., Beweis und Beweislast im Steuerverfahren bei der Prüfung von Leistung und Gegenleistung unter dem Gesichtswinkel des Drittvergleichs („dealing at arm's length"), ASA 77, Nr. 10, 2008/09, 657.

Zweifel, M., Die Sachverhaltsermittlung im Steuerveranlagungsverfahren, Zürich 1989.

Anhang

Checkliste zur Erstellung einer Funktions- und Risikoanalyse zur Überprüfung der Angemessenheit von Verrechnungspreisen im Rahmen der Einkunftsabgrenzung zwischen nahestehenden Personen

Inhaltsverzeichnis

1. Allgemeine Angaben

1.1. Gesellschaftsrechtliche Verhältnisse

1.1.1. Gesellschaftsvertrag
Ich bitte um Vorlage des Gesellschaftsvertrages in der für den Prüfungszeitraum geltenden Fassung einschließlich späterer Änderungen.

1.1.2. Beteiligungsverhältnisse
Haben sich Änderungen in den Beteiligungsverhältnissen Ihres Unternehmens ergeben (Anteilsübertragungen, Kapitalerhöhungen, Kapitalherabsetzungen)?

Ja ☐   Nein ☐

Die Verträge bitte ich ggf. vorzulegen. Ferner bitte ich um Vorlage einer Konzernübersicht.

1.1.3. Konzerngliederung
Welche Aufgaben erfüllen die einzelnen Konzernunternehmen (genaue Darstellung der Geschäftsfelder)?

1.1.4. Handelsregister
Ich bitte um Vorlage eines aktuellen Handelsregisterauszuges.

1.1.5. Protokolle von Gesellschafterversammlungen
Ich bitte für den Prüfungszeitraum um Vorlage aller Protokolle von Gesellschafterversammlungen (Gesellschafterbeschlüsse und Gewinnverwendungsbeschlüsse).

1.2. Organisatorische Verhältnisse

1.2.1. Personalstruktur
OrganisationsplansIch bitte um Vorlage eines Ihrer Gesellschaft, aus dem die unterhaltenen Abteilungen (z.B. Verwaltung, Produktion, Marketing, Vertrieb) ersichtlich sind. Bitte geben Sie die Gesamtzahl der jeweils in den einzelnen Abteilungen tätigen

Arbeitnehmer an. Ich bitte um Vorlage des Geschäftsführervertrages, der Beschlüsse über die Geschäftsführerbefugnisse, Tantiemen- und sonstige Nebenvereinbarungen in der für den PZ geltenden Fassung einschließlich späterer Änderungen.

1.2.2. Hierarchie des Berichtswesens
1.2.2.1. An welche Personen bzw. Gesellschaften berichten die jeweils verantwortlichen Funktionsträger in Ihrem Unternehmen?
1.2.2.2. Wer trifft die Entscheidungen bezüglich des operativen Geschäfts?

1.3. Wirtschaftliche Verhältnisse

1.3.1. Geschäftsbeziehungen
Bestehen Geschäftsbeziehungen zu nahestehenden Personen im Sinne des § 1 Abs. 2 Nr. 3 AStG, d. h. ist Ihr Unternehmen imstande, bei der Vereinbarung der Bedingungen einen außerhalb dieser Geschäftsbeziehung begründeten Einfluss auszuüben?

Ja ☐   Nein ☐

Wenn ja, bitte ich um entsprechende Erläuterungen und ggf. Vorlage von Unterlagen.

1.3.2. Jahresabschlüsse
Ich bitte um Vorlage der Geschäftsberichte der verbundenen ausländischen Unternehmen für den Prüfungszeitraum (BFH-Urteil vom 13.2.1968, GrS 5/67, BStBl 1968 II 365).

1.3.3. Jahresabschlüsse
Ich bitte um Vorlage der Geschäftsberichte der mit dem Stammhaus verbundenen ausländischen Unternehmen für den Prüfungszeitraum (BFH-Urteil vom 13.2.1968, GrS 5/67, BStBl 1968 II 365).

1.3.4. Konzernbilanzen/Bilanzen des beherrschenden Unternehmens
Legen Sie bitte die Jahresabschlüsse der Muttergesellschaft für den Prüfungszeitraum vor.

1.3.5 Ich bitte um Vorlage der Tagesordnungspunkte und Niederschriften für Aufsichtsrats- und Vorstandssitzungen sowie für Gesellschafterversammlungen (BFH-Urteil vom 13.02.1968, GrS 5/67, BStBl 1968 II 365).

1.3.6. Jahresabschlüsse der Mitunternehmer
Legen Sie bitte die Jahresabschlüsse der ausländischen Mitunternehmer für den Prüfungszeitraum vor.

1.3.7. Jahresabschluss des Unternehmens
Legen Sie bitte den Geschäftsbericht des ausländischen Unternehmens vor.

1.3.8. Kostenstellenplan
Ich bitte um Vorlage eines Kostenstellenplans Ihres Unternehmens, aus dem die einzelnen Kostenstellen und ggf. die Änderungen im Prüfungszeitraum ersichtlich sind.

1.3.9. Profit-Center
Gibt es eine Profit-Center-Struktur?

Ja ☐   Nein ☐

Wenn ja, bitte ich um entsprechende Erläuterung und ggf. Vorlage von Unterlagen.

1.3.10. Konzerninterne Vereinbarungen
Ich bitte um Vorlage folgender Verträge, die zwischen Ihrem Unternehmen und anderen Konzernunternehmen abgeschlossen wurden:
Konzernrichtlinien
Liefer- und Vertriebsverträge
Darlehensverträge
Bürgschafts- und Patronatserklärungen
Lizenzverträge, Know-how-Verträge
Verträge über die Nutzung von Warenzeichen

Verträge über Kostenumlagen

sonstige Verträge über Serviceleistungen, Marktforschung, Forschung und Entwicklung, Werbung etc.

1.3.11. Verrechnungspreisberichtigungen ausländischer Steuerbehörden

Sind bei verbundenen Unternehmen Berichtigungen im Bereich der Verrechnungspreise durch eine ausländische Finanzverwaltung vorgenommen worden, die im Prüfungszeitraum zu einer <u>Gegenberichtigung</u> bei einem deutschen Konzernunternehmen geführt haben?

Ja ☐ Nein ☐

Wenn ja, bitte ich um Vorlage der entsprechenden Unterlagen und Berechnungen.

1.3.12. <u>Vorteilsausgleich</u>

Ist im Rahmen Ihrer Leistungsbeziehungen zu verbundenen Unternehmen ein Vorteilsausgleich vereinbart bzw. durchgeführt worden, d.h. hat Ihr Unternehmen verbundenen Unternehmen Vorteile gewährt und sind diese mit den von Ihrem Unternehmen auf gleiche Weise erhaltenen Vorteilen verrechnet worden?

Ja ☐ Nein ☐

Wenn ja, bitte ich um nähere Erläuterungen und um Vorlage der Vereinbarungen.

1.3.13. Verhältnisse vor Gründung Ihres Unternehmens

Wurde die von Ihrem Unternehmen im Prüfungszeitraum ausgeübte Tätigkeit vor der Gründung bereits in Deutschland ausgeübt?

Ja ☐ Nein ☐

Wenn ja,

durch wen? ....

seit wann? ....

1.3.14. Zollprüfung/Außenwirtschaftsprüfung

Haben zwischen Beginn des Prüfungszeitraums und Beginn der Betriebsprüfung bei Ihrem Unternehmen Zoll- oder Außenwirtschaftsprüfungen stattgefunden?

Ja ☐ Nein ☐

Wenn ja, bitte ich um Vorlage der Berichte.

2. Beteiligungen

2.1. Erwerb oder Veräußerung von Anteilen

Hat Ihr Unternehmen im Prüfungszeitraum Anteile an verbundenen Unternehmen erworben oder veräußert?

Ja ☐ Nein ☐

Wenn ja, bitte ich um Vorlage der Verträge. Soweit noch nicht geschehen, bitte ich um Abgabe der Meldung über Auslandsbeziehungen (Vordruck BfF 2).

2.2. Eigene Anteile

Hat Ihr Unternehmen im Prüfungszeitraum eigene Anteile erworben oder veräußert?

Ja ☐ Nein ☐

Wenn ja, bitte ich um Vorlage der entsprechenden Unterlagen.

2.3. Vorgänge i. S. d. Umwandlungssteuergesetzes

Wurden im Prüfungszeitraum Umwandlungs-, Verschmelzungs- oder Einbringungsverträge geschlossen, die Ihr Unternehmen oder verbundene Unternehmen berühren?

Ja ☐ Nein ☐

Wenn ja, bitte ich um Vorlage der Verträge.

3. Betriebsstätten

3.1. Inländische Muttergesellschaft

3.1.1. Wo werden im Inland oder <u>Ausland Betriebsstätten</u> durch Ihr Unternehmen unterhalten? Ich bitte um Erläuterung der Aufgaben der jeweiligen Betriebsstätte.

3.1.2. Wo werden im Inland Betriebsstätten eines verbundenen ausländischen Unternehmens unterhalten? Ich bitte um Mitteilung, um wessen Betriebsstätte es sich handelt und um Erläuterung der Aufgaben der jeweiligen Betriebsstätte.

3.1.3. Gibt es in Deutschland neben inländischen Gesellschaften und evtl. Betriebsstätten ein Verbindungsbüro (Representative Office) eines ausländischen Konzernunternehmens?

Ja ☐   Nein ☐

Wenn ja, welche Aufgaben werden dort wahrgenommen?

3.1.4. Unternehmensinterne Richtlinien/Anweisungen
Ich bitte um Vorlage folgender unternehmensinterner Richtlinien bzw. Anweisungen, die den Abrechnungen zwischen Betriebsstätte und Stammhaus zugrunde liegen:
Liefer- und Vertriebsrichtlinien
Richtlinien bezüglich Kapitalausstattung
Bürgschafts- und Patronatserklärungen
Richtlinien bezüglich Nutzung immaterieller Wirtschaftsgüter
Richtlinien über Kostenumlagen
sonstige Richtlinien über Serviceleistungen, Marktforschung, Forschung und Entwicklung, Werbung etc.

3.1.5. Grenzüberschreitende Vorgänge
Liegen im Prüfungszeitraum <u>grenzüberschreitende Vorgänge</u> zwischen Betriebsstätte und Stammhaus vor?

Ja ☐   Nein ☐

Wenn ja, bitte ich die in diesem Zusammenhang getroffenen Vereinbarungen vorzulegen.

3.2. Inländische Tochtergesellschaft

3.2.1. Wo werden im Inland oder Ausland Betriebsstätten durch Ihr Unternehmen unterhalten? Ich bitte um Erläuterung der Aufgaben der jeweiligen Betriebsstätte.

3.2.2. Wo werden im Inland Betriebsstätten durch Ihre ausländische Muttergesellschaft unterhalten? Ich bitte um Erläuterung der Aufgaben der jeweiligen Betriebsstätte.

3.2.3. Wo werden im Inland Betriebsstätten eines verbundenen ausländischen Unternehmens unterhalten? Ich bitte um Mitteilung, um wessen Betriebsstätte es sich handelt und um Erläuterung der Aufgaben der jeweiligen Betriebsstätte.

3.2.4. Gibt es in Deutschland neben inländischen Gesellschaften und evtl. Betriebsstätten ein Verbindungsbüro (Representative Office) eines ausländischen Konzernunternehmens?

Ja ☐   Nein ☐

Wenn ja, welche Aufgaben werden dort wahrgenommen?

3.2.5. Unternehmensinterne Richtlinien/Anweisungen
Ich bitte um Vorlage folgender unternehmensinterner Richtlinien bzw. Anweisungen, die den Abrechnungen zwischen Betriebsstätte und Stammhaus zugrunde liegen:
Liefer- und Vertriebsrichtlinien
Richtlinien bezüglich Kapitalausstattung
Bürgschafts- und Patronatserklärungen
Richtlinien bezüglich Nutzung immaterieller Wirtschaftsgüter

Richtlinien über Kostenumlagen
sonstige Richtlinien über Serviceleistungen, Marktforschung, Forschung und Entwicklung, Werbung etc.

3.2.6. Grenzüberschreitende Vorgänge
Liegen im Prüfungszeitraum grenzüberschreitende Vorgänge zwischen Betriebsstätte und Stammhaus vor?

Ja ☐ Nein ☐

Wenn ja, bitte ich die in diesem Zusammenhang getroffenen Vereinbarungen vorzulegen.

3.3. *Inländische Personengesellschaft*

3.3.1. Wo werden im Inland Betriebsstätten Ihres Unternehmens bzw. Ihres ausländischen Gesellschafters unterhalten? Ich bitte um Erläuterung der Aufgaben der jeweiligen Betriebsstätte.

3.3.2. Wo werden im Inland Betriebsstätten eines verbundenen ausländischen Unternehmens unterhalten? Ich bitte um Mitteilung, um wessen Betriebsstätte es sich handelt und um Erläuterung der Aufgaben der jeweiligen Betriebsstätte.

3.3.3. Gibt es in Deutschland neben inländischen Gesellschaften und evtl. Betriebsstätten ein Verbindungsbüro (Representative Office) eines ausländischen Konzernunternehmens?

Ja ☐ Nein ☐

Wenn ja, welche Aufgaben werden dort wahrgenommen?

3.3.4. Unternehmensinterne Richtlinien/Anweisungen
Ich bitte um Vorlage folgender unternehmensinterner Richtlinien bzw. Anweisungen, die den Abrechnungen zwischen der Personengesellschaft und den Gesellschaftern zugrunde liegen:
Liefer- und Vertriebsrichtlinien
Richtlinien bezüglich Kapitalausstattung
Bürgschafts- und Patronatserklärungen
Richtlinien bezüglich Nutzung immaterieller Wirtschaftsgüter
Richtlinien über Kostenumlagen
sonstige Richtlinien über Serviceleistungen, Marktforschung, Forschung und Entwicklung, Werbung etc.

3.3.5. Grenzüberschreitende Vorgänge
Liegen im Prüfungszeitraum grenzüberschreitende Vorgänge zwischen der Personengesellschaft und den Gesellschaftern vor?

Ja ☐ Nein ☐

Wenn ja, bitte ich die in diesem Zusammenhang getroffenen Vereinbarungen vorzulegen.

3.4. *Inländische Betriebsstätte*

3.4.1. Wo werden im Inland andere Betriebsstätten Ihres Unternehmens unterhalten? Ich bitte um Erläuterung der Aufgaben der jeweiligen Betriebsstätte.

3.4.2. Wo werden im Inland Betriebsstätten eines verbundenen ausländischen Unternehmens unterhalten? Ich bitte um Mitteilung, um wessen Betriebsstätte es sich handelt und um Erläuterung der Aufgaben der jeweiligen Betriebsstätte.

3.4.3. Gibt es in Deutschland neben inländischen Gesellschaften und evtl. Betriebsstätten ein Verbindungsbüro (Representative Office) eines ausländischen Konzernunternehmens?

Ja ☐ Nein ☐

Wenn ja, welche Aufgaben werden dort wahrgenommen?

3.4.4. Unternehmensinterne Richtlinien/Anweisungen

Ich bitte um Vorlage folgender unternehmensinterner Richtlinien bzw. Anweisungen, die den Abrechnungen zwischen Betriebsstätte und Stammhaus zugrunde liegen:

Liefer- und Vertriebsrichtlinien

Richtlinien bezüglich Kapitalausstattung

Bürgschafts- und Patronatserklärungen

Richtlinien bezüglich Nutzung immaterieller Wirtschaftsgüter

Richtlinien über Kostenumlagen

sonstige Richtlinien über Serviceleistungen, Marktforschung, Forschung und Entwicklung, Werbung etc.

3.4.5. Grenzüberschreitende Vorgänge

Liegen im Prüfungszeitraum grenzüberschreitende Vorgänge zwischen Betriebsstätte und Stammhaus vor?

Ja ☐   Nein ☐

Wenn ja, bitte ich die in diesem Zusammenhang getroffenen Vereinbarungen vorzulegen.

4. Funktionen – Forschung und Entwicklung

4.1. Allgemeines

4.1.1. Welche Produkte werden in Ihrem Unternehmen entwickelt?

4.1.2. Welche Unternehmen produzieren jeweils diese Erzeugnisse?

4.1.3. Welche Unternehmen vertreiben diese Erzeugnisse?

4.1.4. Gibt es vergleichbare Ergebnisse und Berichte von unabhängigen Unternehmen, die vergleichbare Tätigkeiten ausüben?

Ja ☐   Nein ☐

Wenn ja, bitte ich um Überlassung dieser Berichte.

4.1.5. Gibt es interne Kosten-Nutzen-Analysen, die für Informationen und Vergleiche herangezogen werden?

Ja ☐   Nein ☐

Wenn ja, bitte ich um Überlassung dieser Unterlagen.

4.1.6. Werden die Ergebnisse der Forschung und Entwicklung nur von Ihrem Unternehmen oder auch von anderen verbundenen oder fremden Unternehmen genutzt?

Ja ☐   Nein ☐

Wenn ja, bitte ich um Mitteilung, welche Unternehmen diese Ergebnisse nutzen.

4.1.7. Haben Sie mit anderen Unternehmen, die Ihre Forschungsergebnisse nutzen, Lizenzverträge abgeschlossen?

Ja ☐   Nein ☐

Wenn ja, bitte ich um Vorlage dieser Verträge.

4.1.8. Welche Vorteile bringen die abgeschlossenen Lizenzverträge den Lizenznehmern?

4.1.9. Gibt es aus Ihrer Sicht branchenübliche Sätze für Lizenzgebühren?

Ja ☐   Nein ☐

4.1.10. Bieten Sie als Lizenzgeber dem Lizenznehmer noch andere Leistungen an, die über die eigentliche Nutzung von Patenten, Know-how o. ä. hinausgehen?

Ja ☐   Nein ☐

4.1.11. Werden außer den reinen Lizenzgebühren noch andere Zahlungen geleistet (Kostenerstattungen)?

Ja ☐   Nein ☐

4.1.12. Ich bitte um Vorlage von Kostenübersichten für die Entwicklung der einzelnen Produkte.

4.2. *Funktionen und Risiken*

4.2.1. Welche Risiken trägt Ihr Unternehmen?
– Forderungsausfallrisiko
– Währungsrisiko
– Risiko des Erfolgs der Leistung
– andere

4.2.2. Haben sich Art und Umfang Ihrer Geschäftstätigkeit dadurch geändert, das Funktionen übertragen, aufgegeben oder zusätzlich übernommen worden sind?

Ja ☐   Nein ☐

Wenn ja, bitte ich die Vorgänge näher zu erläutern und um Vorlage der im Zusammenhang mit der Funktionsverlagerung bzw. der Funktionsveränderung geschlossenen Verträge bzw. getroffenen Vereinbarungen.

4.3. *Eingesetzte Wirtschaftsgüter*

4.3.1. Ich bitte um Vorlage einer Liste der wesentlichen immateriellen Wirtschaftsgüter, die in Ihrem Unternehmen im Rahmen von Geschäftsbeziehungen zu nahestehenden Personen im Sinne des § 1 Abs. 2 AStG genutzt bzw. zur Nutzung überlassen werden.

4.3.2. Wurden in Zusammenhang mit der Verlagerung von Funktionen materielle oder immaterielle Wirtschaftsgüter übertragen oder zur Nutzung überlassen?

Ja ☐   Nein ☐

Wenn ja, bitte ich um Vorlage der in diesem Zusammenhang geschlossenen Verträge bzw. der getroffenen Vereinbarungen.

4.4. *Wertschöpfung*

Ich bitte die <u>Wertschöpfungskette</u> zu beschreiben und den Wertschöpfungsbeitrag Ihres Unternehmens im Verhältnis zu nahestehenden Personen im Sinne des <u>§ 1 Abs. 2 AStG</u> mit denen Geschäftsbeziehungen bestehen, darzustellen. Dabei bitte ich darauf einzugehen, welche Einheit im Konzern in welchem Umfang an der Gesamtwertschöpfung beteiligt ist.

4.5. *Verrechnungspreise*

4.5.1. Wie wurden die einzelnen Leistungsbestandteile in den Fällen, in denen die Dienstleistung im Zusammenhang mit einer anderen Dienstleistung erbracht wurde, bei den Vertragskonditionen und Verrechnungspreisen berücksichtigt?

4.5.2. Ich bitte um Beschreibung der von Ihnen gewählten Verrechnungspreismethode (z. B. Kostenaufschlagsmethode).

4.5.3. Ich bitte die Geeignetheit der angewandten Verrechnungspreismethode zu begründen.

4.5.4. Ich bitte die Entscheidungsgrundlagen für die Festlegung des Verrechnungspreises und die Beschreibung der Entscheidungskompetenzen darzulegen.

4.5.5. Ich bitte um Vorlage der angewandten internen Verrechnungspreisrichtlinien und um Mitteilung, welche Konzernunternehmen in den Anwendungsbereich einbezogen worden sind.

4.5.6. Ich bitte um Vorlage evtl. Benchmarkingstudien (z. B. für Preise, Kosten oder Gewinnmargen).

4.5.7. Ich bitte die zum Vergleich herangezogenen Fremddaten (z. B. Preise für vergleichbare Werbeleistungen durch Werbeagenturen oder Kosten bei Einschaltung von Forschungsinstituten oder Erkenntnisse aus Datenbanken) zu beschreiben.

4.5.8. Ich bitte die zum Vergleich herangezogenen Fremddaten hinsichtlich deren Vergleichbarkeit (z. B. bezüglich der ausgeübten Funktionen, der übernommenen Risiken und der eingesetzten Wirtschaftsgüter zu analysieren).

4.5.9. Ich bitte die zum Ausgleich von Unterschieden gegenüber den Vergleichsdaten vorgenommenen Anpassungsrechnungen zu erläutern.

4.5.10 Liegen Budgetierungsunterlagen für einzelne Geschäftsbereiche oder Gesellschaften vor?

Ja ☐   Nein ☐

Wenn ja, bitte ich um Vorlage dieser Unterlagen.

4.5.11. Ich bitte um Vorlage von Planrechnungen einschließlich der Unterlagen über den regelmäßigen Abgleich zwischen Soll- und Ist-Zahlen.

4.5.12. Bitte legen Sie Aufzeichnungen über nachträgliche Preisanpassungen und Ihre Begründung vor (z. B. Verrechnungspreiskorrekturen anderer Staaten).

4.5.13. Legen Sie bitte Aufzeichnungen über die Ursache von Verlusten und über Vorkehrungen zur Beseitigung vor.

5. Funktionen – Produktion

5.1. Allgemeine Geschäftsbeziehungen

5.1.1. Welche Erzeugnisse werden in Ihrem Unternehmen bzw. Ihrer Betriebsstätte produziert? Falls vorhanden, bitte ich Produktprospekte beizufügen.

5.1.2. Nennen Sie bitte die fünf bedeutendsten Lieferanten Ihrer Firma. Geben Sie gleichzeitig an, ob es sich um ein verbundenes Unternehmen handelt.

5.1.3. Nennen Sie bitte die fünf bedeutendsten Abnehmer Ihrer Firma. Geben Sie gleichzeitig an, ob es sich um ein verbundenes Unternehmen handelt.

5.1.4. Welche Unternehmen haben jeweils die Forschung und Entwicklung bezüglich dieser Produkte übernommen?

5.1.5. Welche Unternehmen vertreiben diese Erzeugnisse?

5.1.6. Wie hoch sind die Einkäufe des inländischen Unternehmens bzw. der inländischen Betriebsstätte – bezogen auf die einzelnen Produkte/Produktlinien – bei den jeweiligen Lieferanten?

5.1.7. Welchen Umsatz erwirtschaften Sie mit jedem Produkt bzw. jeder Produktgruppe?

5.1.8. Handelt es sich bei den jeweiligen Kunden um Großhändler, Einzelhändler oder Endverbraucher?

Geben Sie gleichzeitig an, ob es sich um ein verbundenes Unternehmen handelt.

5.1.9. Welchen Rohgewinn erwirtschaften Sie mit jedem Produkt bzw. jeder Produktgruppe?

5.1.10. Mit welchen Umsätzen hat das inländische Unternehmen bzw. die inländische Betriebsstätte nach seinen Budgetplanungen gerechnet?

Falls die Erwartungen nicht eingetroffen sind, bitte ich um Erläuterung, auf welche wesentlichen Ursachen das Verfehlen der Planung zurückzuführen ist und wie das Unternehmen darauf reagiert hat.

5.1.11. Bitte legen Sie eine Übersicht über die den Geschäftsbeziehungen zu Grunde liegenden Verträge bzw. Vereinbarungen und ggf. Ihrer Änderungen vor.

5.1.12. Falls im Prüfungszeitraum wesentliche Investitionsentscheidungen getroffen wurden, legen Sie bitte Unterlagen darüber vor.

5.1.13. In welchen Märkten ist das inländische Unternehmen bzw. die inländische Betriebsstätte tätig und wie hoch ist jeweils der Marktanteil?

5.1.14. Ich bitte um Darstellung der jeweiligen Geschäftsstrategie, der bedeutsamen Markt- und Wettbewerbsverhältnisse einschließlich der bedeutsamen Wettbewerber in den relevanten Märkten (Vorlage von Marktstudien, Produkt- und Projektstudien sowie Jahresberichten).

5.1.15. Haben sich die Marktgegebenheiten in markanter Weise geändert oder ist in Zukunft damit zu rechnen?

Ja ☐   Nein ☐

5.1.16. Ist eine Geschäftsstrategie entwickelt/verfolgt worden, um Marktanteile zu gewinnen bzw. den Absatz zu fördern?

Ja ☐   Nein ☐

Wenn ja, zu welchen Aufwendungen hat diese Geschäftsstrategie geführt?

5.1.17. Wurden im Zusammenhang mit der Lieferung von Gütern und Waren besondere Leistungen (z. B. Serviceleistungen oder Finanzierungsmöglichkeiten) angeboten oder Wirtschaftsgüter zur Nutzung überlassen?

5.1.18. Welches Konzernunternehmen in der Lieferkette verfügt über die wesentlichen materiellen und immateriellen Wirtschaftsgüter und übt die für den Unternehmenserfolg entscheidenden Funktionen aus bzw. hat die wesentlichen Risiken übernommen?

5.1.19. Wer entscheidet über die Art und Anzahl der zu fertigenden Produkte sowie das hierbei anzuwendende Fertigungsverfahren?

5.1.20. Wie stellen sich die Kapitalausstattung (Stammkapital, Kapitalrücklagen, Bilanzgewinn) und die Kostenstruktur der am Warenfluss beteiligten Unternehmen dar?

5.2. Funktionen und Risiken

5.2.1. Welches nahestehende Unternehmen übt für die relevanten Produkte/Produktlinien die maßgebenden Funktionen aus, wie z. B.:
– Forschung und Entwicklung
– Werbung, Marketing, Design, Produktpräsentation auf Messen
– Beschaffung
– Montage, Teilfertigung, Lohnveredelung, Fertigung
– Verpackung
– Qualitätskontrolle
– Versand, Transport, Versicherung, Zollabfertigung
– Lagerhaltung
– Vertrieb
– Inkasso, Finanzierung, Anlage– und Kreditmanagement
– Kundendienst, Reparatur, Ersatzteilwesen
– Sonstiges

5.2.2. In welcher Eigenschaft erfüllen die Unternehmen diese Funktionen (z. B. Eigenhändler oder Kommissionär, Eigenproduzent oder Lohn- bzw. Auftragsfertiger, Großhändler oder Einzelhändler)?

5.2.3. Werden bestimmte Funktionen zentral für mehrere nahe stehende Unternehmen ausgeübt (z. B. Forschung, Personalwesen, Schulung, Rechtsberatung, Steuerberatung, Finanzwesen, Planungs- bzw. Koordinierungs- bzw. Kontrollfunktionen)?

Ja ☐   Nein ☐

5.2.4. Wer trägt folgende Risiken?
– Leerkostenrisiko
– Produkthaftungsrisiko
– Marktrisiko
– Währungsrisiko
– Forderungsausfallrisiko

– Transportrisiko
– andere Risiken

5.2.5 Bestehen sonstige signifikante finanzielle, rechtliche oder operative Risiken?

5.3. Eingesetzte Wirtschaftsgüter

5.3.1. Welche wesentlichen materiellen und immateriellen (geschützten oder ungeschützten) Wirtschaftsgüter wurden eingesetzt? Insbesondere wird um Vorlage einer Liste der wesentlichen immateriellen Wirtschaftsgüter gebeten (z. B. Know-how, Kundenstamm, Patente, Markenrechte), die im Rahmen von Geschäftsbeziehungen zu Nahestehenden genutzt oder zur Nutzung überlassen werden.

5.3.2. Wer ist Eigentümer der immateriellen Wirtschaftsgüter?

5.3.3. Bei geschützten immateriellen Wirtschaftsgütern bitte ich um Angabe der Registrierdaten.

5.3.4. Ist der Konzernname zugleich als Markenname geschützt und kommt der Marke ein eigenständiger Wert zu?

5.3.5. Erfolgt die Berechnung der Lizenzgebühren über (Konzern-)Umlagen oder eventuell über den Preis anderer Leistungen (z. B. den Warenpreis)?

5.3.6. Legen Sie bitte die schriftlichen Vereinbarungen vor. Soweit die nachstehenden Punkte daraus nicht ersichtlich sind, bitte ich folgende Regelungen zu erläutern:

– Vertragslaufzeit
– Ermittlung des Entgelts
– Kündigungsmöglichkeiten

5.3.7. Wurden Lizenzgebühren ausschließlich für tatsächlich verwendete oder auch für nicht verwendete immaterielle Wirtschaftsgüter oder Geschäftschancen bezahlt?

5.3.8. Es wird um Vorlage von Unterlagen gebeten, die den Nutzen des immateriellen Wirtschaftsguts beim Nutzenden belegen (z. B. Marktanalysen, Darstellung der Wertschöpfungsbeiträge).

5.3.9. Welche neuen Entwicklungen/Erfindungen liegen den Lizenzzahlungen zugrunde?
Ich bitte um Vorlage entsprechender Unterlagen.

5.3.10. Sind während der Laufzeit des Vertrages wesentliche Änderungen (z. B. durch Produktneuentwicklungen oder Verfahrensverbesserungen) seitens des Lizenznehmers eingetreten, die den ursprünglichen Wert des immateriellen Wirtschaftsgutes schmälern?

Ja ☐   Nein ☐

5.3.11 Könnte der Nutzende ohne große Schwierigkeiten ähnliche Produkte auch ohne Entgeltpflicht herstellen?

Ja ☐   Nein ☐

5.3.12. Wie hoch waren die Entwicklungskosten des veräußernden bzw. überlassenden Unternehmens?

5.3.13. Wurde für Entgeltzahlungen ins Ausland der Steuerabzug gemäß § 50a Abs. 4 EStG vorgenommen oder liegen Freistellungsbescheinigungen des Bundeszentralamts für Steuern gemäß § 50d EStG vor?

Ja ☐   Nein ☐

5.4. Wertschöpfung

Ich bitte um Beschreibung der <u>Wertschöpfungskette</u> und Darstellung der Wertschöpfungsbeiträge im Verhältnis zu nahestehenden Personen, mit denen Geschäftsbeziehungen bestehen. Dabei bitte ich zu erläutern, welche rechtliche Einheit im Konzern in welchem Umfang an der Gesamtwertschöpfung beteiligt ist.

5.5. Verrechnungspreise

5.5.1. Verrechnungspreismethode
Ich bitte um Beschreibung der gewählten Verrechnungspreismethode (z. B. Preisvergleichsmethode, Wiederverkaufspreismethode, Kostenaufschlagsmethode, geschäftsvorfallbezogene Nettomargenmethode oder Gewinnaufteilungsmethode). Die Geeignetheit der angewandten Methode bitte ich zu begründen.

5.5.2. Ich bitte um Vorlage von Unterlagen über die Entscheidungsgrundlagen für die Festlegung der Verrechnungspreise und Beschreibung der Entscheidungskompetenzen.

5.5.3. Bitte legen Sie angewandte interne Verrechnungspreisrichtlinien vor und teilen Sie mit, welche Konzernunternehmen in den Anwendungsbereich einbezogen wurden.

5.5.4. Ich bitte um Vorlage eventuell angefertigter Benchmarking-Studien (z. B. für Preise, Kosten oder Gewinnmargen).

5.5.5. Ich bitte um Beschreibung der zum Vergleich herangezogenen Fremddaten (z. B. auf Grund von Preislisten, Marktanalysen, Fremdvergleichsstudien oder genutzter Datenbanken).

5.5.6. Bestehen signifikante Unterschiede in den Renditekennziffern, wenn den Transaktionen mit verbundenen Unternehmen vergleichbare Transaktionen mit fremden Unternehmen gegenübergestellt werden?

Ja ☐   Nein ☐

5.5.7. Ich bitte um Vorlage einer Analyse der herangezogenen Fremddaten hinsichtlich deren Vergleichbarkeit (z. B. bezüglich der ausgeübten Funktionen, der übernommenen Risiken und der eingesetzten Wirtschaftsgüter).

5.5.8. Ich bitte um Beschreibung der vorgenommenen Anpassungsrechnungen zum Ausgleich von Unterschieden gegenüber den Vergleichsdaten.

5.5.9. Ich bitte um Vorlage von Budgetierungsunterlagen für einzelne Gesellschaften bzw. Geschäftsbereiche.

5.5.10. Ich bitte um Vorlage von Planrechnungen einschließlich der Unterlagen über den regelmäßigen Abgleich zwischen den Soll- und Ist-Zahlen.

5.5.11. Bitte legen Sie Aufzeichnungen über nachträgliche Preisanpassungen und Ihre Begründung vor (z. B. Verrechnungspreiskorrekturen anderer Staaten).

5.5.12. Legen Sie bitte Aufzeichnungen über die Ursache von Verlusten und über Vorkehrungen zur Beseitigung vor.

5.6. Funktionsverlagerungen

5.6.1. Haben sich Art und Umfang der Geschäftstätigkeit des inländischen Unternehmens bzw. der inländischen Betriebsstätte im Prüfungszeitraum dadurch geändert, dass Teilbetriebe, Märkte, Produktlinien oder Funktionen übertragen, aufgegeben oder zusätzlich übernommen wurden?

Ja ☐   Nein ☐

5.6.2 Wurden Hilfsfunktionen verlagert (z. B. Verwaltungsfunktionen)?

Ja ☐   Nein ☐

5.6.3 Haben sich die Eigenschaften, in der die Konzernunternehmen ihre Funktionen ausüben, verändert (z. B. Veränderung vom Eigenproduzenten zum Lohn- bzw. Auftragsfertiger oder ähnliche)?

Ja ☐   Nein ☐

5.6.4. Wurden im Zusammenhang mit der Verlagerung von Funktionen bzw. Funktionsveränderung

– **materielle** Wirtschaftsgüter (z. B. Maschinen, Ausrüstung, Rohstoffe oder Halbfabrikate) übertragen oder zur Nutzung überlassen?

Ja ☐   Nein ☐

– **immaterielle** Wirtschaftsgüter (z. B. Know-how, Verfahrenstechnologien für den
Herstellungsprozess, Patente oder Warenzeichen) übertragen oder zur Nutzung
überlassen?

Ja ☐   Nein ☐

– **geschäftswertähnliche Chancen** übertragen?

Ja ☐   Nein ☐

– **Dienstleistungen** an das übernehmende Unternehmen erbracht (z. B. Beratungs-
und Assistenzleistungen zur Produktionsaufnahme)?

Ja ☐   Nein ☐

– **Verträge gekündigt** (z. B. Zulieferer- oder Vertriebsverträge)?

Ja ☐   Nein ☐

Wenn ja, durch wen?
Erfolgten die Kündigen fristgerecht?

Ja ☐   Nein ☐

5.6.5. Ermittlung des Vergleichspreises für die Funktionsübertragung
– Sind durch die Verlagerung von Funktionen zivilrechtliche Entschädigungs- bzw.
Entgeltansprüche (z. B. nach § 89b HGB bzw. analoger Anwendung von § 89b
HGB oder aus Schadensersatzverpflichtungen des Geschäftsführers) entstanden?
– Hätte ein fremder Dritter für die Übernahme der Funktion ein Entgelt gezahlt (z. B.
für die Überlassung einer Geschäftschance)?
– Sind durch die Verlagerung von Funktionen Stillegungskosten entstanden (z. B. So-
zialplankosten oder Entschädigungen wegen vorfristiger Kündigung) und wer hat
diese Kosten getragen?
– Welche Risiken sind durch die Verlagerung der Funktionen beim übertragenden
Unternehmen weggefallen?
– Welche Gewinne hat das übertragende Unternehmen bisher aus der Ausübung der
jetzt übertragenen Funktionen erwirtschaftet?
– Welche Gewinne hätte das übertragende Unternehmen aus der jetzt abgegebenen
Funktion bzw. den jetzt abgegebenen Funktionen zukünftig voraussichtlich erwar-
ten können?
– Ist Ihnen bekannt, mit welchen Gewinnen das übernehmende Unternehmen aus
der Ausübung der jetzt übernommenen Funktion bzw. den jetzt übernommenen
Funktionen rechnet?
– Wurden im Zusammenhang mit der Verlagerung von Funktionen irgendwelche
gutachtlichen Stellungnahmen insbesondere Wertgutachten erstellt?

6. Funktionen – Vertrieb

6.1. Allgemeines

6.1.1. Welche Produkte werden von Ihrem Unternehmen vertrieben?

6.1.2. Welche Unternehmen haben jeweils die Forschung und Entwicklung bezüglich dieser Produkte übernommen?

6.1.3. Werden Erwerbe von verbundenen Unternehmen oder Veräußerungen an
verbundene Unternehmen getätigt?

6.1.4. Werden alle von Ihrem (verbundenen) Produktionsunternehmen hergestellten
Produkte von Ihrem Unternehmen vertrieben?

6.1.5. Nennen Sie bitte die fünf bedeutendsten Wettbewerber Ihrer Firma.

6.1.6. Nennen Sie bitte die fünf bedeutendsten Lieferanten Ihrer Firma. Geben Sie
gleichzeitig an, ob es sich um ein verbundenes Unternehmen handelt.

6.1.7. Nennen Sie bitte die fünf bedeutendsten Abnehmer in Ihren Vertriebsgebieten. Geben Sie gleichzeitig an, ob es sich um ein verbundenes Unternehmen handelt.

6.1.8. Marktanteile
Ich bitte um Mitteilung Ihrer Marktanteile in Ihren Vertriebsgebieten, unterteilt nach Produkten und Ländern.

6.1.9. Vertriebsbedingungen
Ich bitte um Vorlage sämtlicher Vereinbarungen, die Vertriebsrechte und Vertriebsbedingungen betreffen (auch Übertragungen von Vertriebsrechten bzw. Vertriebsgebieten zwischen verbundenen Unternehmen).

6.2. Funktionen und Risiken

6.2.1. Planungen und Ziele
6.2.1.1. Wer plant, bestimmt und führt die Vertriebsaktivitäten durch?
6.2.1.2. Wer erstellt die Umsatzplanungen und bestimmt die Verkaufsziele?
6.2.1.3. Wer ist verantwortlich für das Erreichen dieser Verkaufsziele?
6.2.1.4. Wer ist verantwortlich für die Überwachung der Marktaktivitäten?

6.2.2. Organisation
6.2.2.1. Wer stellt die Rechnungen an Ihr Unternehmen und wer stellt die Rechnungen an die Kunden Ihres Unternehmens (nur für Lieferbeziehungen, die verbundene Unternehmen betreffen)?
6.2.2.2. Wer nimmt die Bestellungen Ihrer Kunden entgegen?
6.2.2.3. Wo wird der Warenbestand verwaltet und wer überwacht die Höhe des Bestandes?
6.2.2.4. Existiert ein EDV-unterstütztes Warenwirtschaftssystem? Wenn ja, nennen Sie bitte Details.

6.2.3. Produktgestaltung
6.2.3.1. Wo werden Ihre Produkte entworfen?
6.2.3.2. Haben verbundene Vertriebsunternehmen einen wesentlichen Einfluss auf Produktdesign oder Produktherstellung und -änderung?
6.2.3.3. Gibt es Richtlinien für den Produktionsprozess und wer stellt diese auf?
6.2.3.4. Wer bestimmt die Verpackung und Etikettierung Ihrer Produkte und wer führt diese Arbeiten aus?

6.2.4. Qualitätskontrolle
6.2.4.1. Wer führt die Qualitätskontrolle durch?
6.2.4.2. Wer stellt die Ausrüstung bzw. die Geräte für die Qualitätskontrolle zur Verfügung?
6.2.4.3. Wer trägt die Kosten der Qualitätskontrolle?

6.2.5. Transport
6.2.5.1. Wo werden Transportvereinbarungen getroffen?
6.2.5.2. Wer erledigt die Zollformalitäten und erstellt die Frachtpapiere?
6.2.5.3. Wer bezahlt die Frachtkosten für die bezogenen und veräußerten Produkte?

6.2.6. Marketing/Kundenbetreuung
6.2.6.1. Wer beobachtet die Marktgegebenheiten und erstellt die Marketing-Budgets?
6.2.6.2. Wer ermittelt die Bedürfnisse und Erfordernisse des einzelnen Marktes?
6.2.6.3. Werden die von Ihrem Unternehmen verwendeten Marketingstrategien auch von unabhängigen Unternehmen angeboten?
6.2.6.4. Wer ist verantwortlich für Kundendienst, Garantie- und Reparaturleistungen?

6.2.7. Finanzierung
6.2.7.1. Wer ist verantwortlich für Finanzierung, Kreditüberwachung und Zahlungsabwicklung?

6.2.7.2. Welche Entscheidungen bezüglich Zahlungsverkehr hat sich die Konzernspitze vorbehalten?

6.2.8. Personal/Personalschulung
6.2.8.1. Welche einzelnen Trainingsmaßnahmen für Ihr Verkaufspersonal führen Sie durch?
6.2.8.2. Wer ist für den Personaleinsatz verantwortlich?
6.2.8.3. Welche Entscheidungen bezüglich Personaleinsatz hat sich die Konzernspitze vorbehalten?
6.2.8.4. Wer bezahlt Ihre Beschäftigten?
6.2.8.5. Wer bezahlt die Fortbildung Ihrer Beschäftigten?

6.2.9. Finanzielle Risiken
6.2.9.1. Welches ist die übliche Währung, die für Zahlungen durch bzw. an Ihr Unternehmen für die fraglichen Produkte verwendet wird?
6.2.9.2. In welcher Währung fakturieren Sie an Ihre Kunden? Tragen Sie ein Währungsrisiko und wie hoch ist dieses Risiko einzuschätzen?
6.2.9.3. Welche Zahlungsziele erhalten bzw. gewähren Sie für Einkäufe bzw. Verkäufe?
6.2.9.4. Wer trägt die Kosten für akzeptierte Wechsel?
6.2.9.5. Wer trägt die Risiken für die Stornierung von Aufträgen?
6.2.9.6. Wer trägt die Kosten der Forderungsausfälle?
6.2.9.7. Nennen Sie bitte die durchschnittliche Zahl der uneinbringlichen Forderungen in Relation zum Gesamtumsatz des Prüfungszeitraums.
6.2.9.8. Bezeichnen Sie bitte die wesentlichen Forderungsausfälle des Prüfungszeitraums.
6.2.9.9. Existieren Versicherungen für Forderungsausfälle?

6.2.10. Produktrisiken
6.2.10.1. Wer trägt die Risiken für unverkäufliche Produkte?
6.2.10.2. Haben Sie die Möglichkeit, unverkäufliche Produkte an Ihr verbundenes Unternehmen zurückzugeben? Wenn ja, zu welchen Bedingungen?
6.2.10.3. Übernehmen Sie Gewährleistungen bezüglich der an Ihre Kunden verkauften Produkte?
6.2.10.4. Wer trägt die Risiken für Beanstandungen (mangelhafte bzw. beschädigte Ware, Lieferverzug)?
6.2.10.5. Tragen Sie Marktrisiken (Preisschwankungen, saisonale Schwankungen)? (BFH v. 06.04.2005 I R 22/04, z. Z. noch nicht veröffentlicht)
6.2.10.6. Wer trägt die Kosten für abhanden gekommene Waren?
6.2.10.7. Gibt es fehlgeschlagene Versuche, die Verkaufszahlen zu erhöhen?

6.3. Eingesetzte Wirtschaftsgüter

6.3.1. Welche wesentlichen materiellen und immateriellen (geschützten oder ungeschützten) Wirtschaftsgüter wurden eingesetzt? Insbesondere wird um Vorlage einer Liste der wesentlichen immateriellen Wirtschaftsgüter gebeten (z. B. Kundenstamm, Markenrechte), die im Rahmen von Geschäftsbeziehungen zu Nahestehenden genutzt oder zur Nutzung überlassen werden. Welche Bedeutung haben diese immateriellen Wirtschaftsgüter für Ihr Unternehmen?

6.3.2. Wer ist Eigentümer der immateriellen Wirtschaftsgüter?

6.3.3. Bei geschützten immateriellen Wirtschaftsgütern bitte ich um Angabe der Registrierdaten.

6.3.4. Ist der Konzernname zugleich als Markenname geschützt und kommt der Marke ein eigenständiger Wert zu?

6.3.5. Erfolgt die Berechnung der Lizenzgebühren über (Konzern-)Umlagen oder eventuell über den Preis anderer Leistungen (z. B. den Warenpreis)?

6.3.6. Legen Sie bitte die schriftlichen Vereinbarungen vor. Soweit die nachstehenden Punkte daraus nicht ersichtlich sind, bitte ich folgende Regelungen zu erläutern:
– Vertragslaufzeit
– Ermittlung des Entgelts
– Kündigungsmöglichkeiten

6.3.7. Wurden Lizenzgebühren ausschließlich für tatsächlich verwendete oder auch für nicht verwendete immaterielle Wirtschaftsgüter oder Geschäftschancen bezahlt?

6.3.8. Es wird um Vorlage von Unterlagen gebeten, die den Nutzen der immateriellen Wirtschaftsgüter beim Nutzenden belegen (z. B. Marktanalysen, Darstellung der Wertschöpfungsbeiträge).

6.3.9. Wurde für Entgeltzahlungen ins Ausland der Steuerabzug gemäß § 50a Abs. 4 EStG vorgenommen oder liegen Freistellungsbescheinigungen des Bundeszentralamts für Steuern gemäß § 50d EStG vor?

Ja ☐   Nein ☐

6.4. Wertschöpfung

Ich bitte um Beschreibung der <u>Wertschöpfungskette</u> und Darstellung der Wertschöpfungsbeiträge im Verhältnis zu nahestehenden Personen, mit denen Geschäftsbeziehungen bestehen. Dabei bitte ich zu erläutern, welche rechtliche Einheit im Konzern in welchem Umfang an der Gesamtwertschöpfung beteiligt ist.

6.5. Verrechnungspreise

6.5.1. Verrechnungspreismethode
Ich bitte um Beschreibung der gewählten Verrechnungspreismethode (z. B. <u>Preisvergleichsmethode</u>, <u>Wiederverkaufspreismethode</u>, <u>Kostenaufschlagsmethode</u>, <u>geschäftsvorfallbezogene Nettomargenmethode</u> oder <u>Gewinnaufteilungsmethode</u>).
Die Geeignetheit der angewandten Methode bitte ich zu begründen.

6.5.2. Ich bitte um Vorlage von Unterlagen über die Entscheidungsgrundlagen für die Festlegung der Verrechnungspreise und Beschreibung der Entscheidungskompetenzen.

6.5.3. Bitte legen Sie angewandte interne Verrechnungspreisrichtlinien vor und teilen Sie mit, welche Konzernunternehmen in den Anwendungsbereich einbezogen wurden.

6.5.4. Ich bitte um Vorlage eventuell angefertigter Benchmarking-Studien (z. B. für Preise, Kosten oder Gewinnmargen).

6.5.5. Ich bitte um Beschreibung der zum Vergleich herangezogenen Fremddaten (z. B. auf Grund von Preislisten, Marktanalysen, Fremdvergleichsstudien oder genutzter Datenbanken).

6.5.6. Bestehen signifikante Unterschiede in den Renditekennziffern, wenn den Transaktionen mit verbundenen Unternehmen vergleichbare Transaktionen mit fremden Unternehmen gegenübergestellt werden?

Ja ☐   Nein ☐

6.5.7. Ich bitte um Vorlage einer Analyse der herangezogenen Fremddaten hinsichtlich deren Vergleichbarkeit (z. B. bezüglich der ausgeübten Funktionen, der übernommenen Risiken und der eingesetzten Wirtschaftsgüter).

6.5.8. Ich bitte um Beschreibung der vorgenommenen Anpassungsrechnungen zum Ausgleich von Unterschieden gegenüber den Vergleichsdaten.

6.5.9. Ich bitte um Vorlage von Budgetierungsunterlagen für einzelne Gesellschaften bzw. Geschäftsbereiche.

6.5.10. Ich bitte um Vorlage von Planrechnungen einschließlich der Unterlagen über den regelmäßigen Abgleich zwischen den Soll- und Ist-Zahlen.

6.5.11. Bitte legen Sie Aufzeichnungen über nachträgliche Preisanpassungen und Ihre Begründung vor (z. B. Verrechnungspreiskorrekturen anderer Staaten).

6.5.12. Legen Sie bitte Aufzeichnungen über die Ursache von Verlusten und über Vorkehrungen zur Beseitigung vor.

6.6. Funktionsverlagerungen

6.6.1. Ausgleichszahlungen
Gibt es Vereinbarungen betr. Ausgleichszahlungen, die an Ihr Unternehmen gezahlt werden für Kündigung oder Beschränkung der Vertriebsaktivitäten, z. B. Übertragung von Funktionen von Ihrem Unternehmen auf einen anderen Vertriebspartner für Kundenstamm oder nicht abgeschriebene Investitionen o. ä.?

Ja ☐   Nein ☐

Wenn ja, bitte ich um Vorlage dieser Vereinbarungen.

6.6.2. Haben sich Art und Umfang der Geschäftstätigkeit des inländischen Unternehmens bzw. der inländischen Betriebsstätte im Prüfungszeitraum dadurch geändert, dass Teilbetriebe, Märkte, oder Funktionen übertragen, aufgegeben oder zusätzlich übernommen wurden?

Ja ☐   Nein ☐

6.6.3. Wurden Hilfsfunktionen verlagert (z. B. Verwaltungsfunktionen)?

Ja ☐   Nein ☐

6.6.4. Haben sich die Eigenschaften, in der die Konzernunternehmen ihre Funktionen ausüben, verändert (z. B. Abschmelzung von Eigenhändler zum Kommissionär oder ähnliches)?

Ja ☐   Nein ☐

6.6.5. Wurden im Zusammenhang mit der Verlagerung von Funktionen bzw. Funktionsveränderung
- **materielle** Wirtschaftsgüter (z. B. Maschinen, Ausrüstung, Rohstoffe oder Halbfabrikate) übertragen oder zur Nutzung überlassen?

Ja ☐   Nein ☐

- **immaterielle** Wirtschaftsgüter (z. B. Übertragung eines Vertriebsrechts) übertragen oder zur Nutzung überlassen?
- **geschäftswertähnliche Chancen** übertragen?

Ja ☐   Nein ☐

- **Dienstleistungen** an das übernehmende Unternehmen erbracht (z. B. Beratungs- und Assistenzleistungen zur Übernahme eines   Vertriebsgebietes)?

Ja ☐   Nein ☐

- **Verträge gekündigt** (z. B. Zuliefererverträge)?

Ja ☐   Nein ☐

Wenn ja, durch wen?

Ja ☐   Nein ☐

Erfolgten die Kündigungen fristgerecht?

Ja ☐   Nein ☐

6.6.6. Ermittlung des Vergleichspreises für die Funktionsübertragung
- Sind durch die Verlagerung von Funktionen zivilrechtliche Entschädigungs- bzw. Entgeltansprüche (z. B. nach § 89b HGB bzw. analoger Anwendung von § 89b HGB oder aus Schadensersatzverpflichtungen des Geschäftsführers) entstanden?
- Hätte ein fremder Dritter für die Übernahme der Funktion ein Entgelt gezahlt (z. B. für die Überlassung einer Geschäftschance)?
- Sind durch die Verlagerung von Funktionen Stillegungskosten entstanden (z. B. Sozialplankosten oder
- Sind durch die Verlagerung von Funktionen Stillegungskosten entstanden (z. B. Sozialplankosten oder wegen vorzeitiger Kündigung) und wer hat diese Kosten getragen.

– Welche Risiken sind durch die Verlagerung der Funktionen beim übertragenden Unternehmen weggefallen?

– Welche Gewinne hat das übertragende Unternehmen bisher aus der Ausübung der jetzt übertragenen Funktionen erwirtschaftet?

– Welche Gewinne hätte das übertragende Unternehmen aus der jetzt abgegebenen Funktion bzw. den jetzt abgegebenen Funktionen zukünftig voraussichtlich erwarten können?

– Ist Ihnen bekannt, mit welchen Gewinnen das übertragende Unternehmen aus der Ausübung der jetzt übernommenen Funktion bzw. den jetzt übernommenen Funktionen rechnet?

– Wurden im Zusammenhang mit der Verlagerung von Funktionen irgendwelche gutachtlichen Stellungnahmen insbesondere Wertgutachten erstellt?

6.6.7 Ergänzend bitte ich die im Zusammenhang mit den Funktionsverlagerungen erstellte Dokumentation vorzulegen.

7. Funktionen – Dienstleistungen

7.1. Empfangene Dienstleistungen

7.1.1. Welche Dienstleistungen werden durch ein ausländisches verbundenes Unternehmen an Ihr Unternehmen erbracht?

Ich bitte um Vorlage der entsprechenden Vereinbarungen.

7.1.2. Nimmt Ihr Unternehmen jeweils die gleichen Dienstleistungen auch von fremden Unternehmen in Anspruch?

Ich bitte um genaue Erläuterungen.

7.1.3. Wie werden die einzelnen Dienstleistungen abgerechnet? Ich bitte um genaue Erläuterung der angewandten Verrechnungspreismethode.

7.1.4. Erfolgen die jeweiligen Dienstleistungen im Zusammenhang mit anderen Leistungen (Warenlieferungen, Darlehensgewährungen etc.) oder sind sie als selbständige Leistungen anzusehen?

7.1.5. Welchen Nutzen haben die Dienstleistungen für Ihr Unternehmen?

Hierzu bitte ich um Vorlage von Unterlagen, aus denen dieser Nutzen ersichtlich ist (z. B. Marktanalysen).

7.1.6. Erfolgt in jedem Fall eine Einzelabrechnung, oder gibt es auch pauschale Abgeltungen? Ich bitte um genaue Erläuterung und Vorlage von Unterlagen.

7.2. Von dem zu prüfenden Unternehmen erbrachte Dienstleistungen

7.2.1. Welche Dienstleistungen werden durch Ihr Unternehmen an ein ausländisches verbundenes Unternehmen erbracht?

Ich bitte um Vorlage der entsprechenden Vereinbarungen.

7.2.2. Nimmt das ausländische Unternehmen jeweils die gleichen Dienstleistungen auch von fremden Unternehmen in Anspruch?

Ich bitte um genaue Erläuterungen.

7.2.3. Wie werden die einzelnen Dienstleistungen abgerechnet? Ich bitte um genaue Erläuterung der angewandten Verrechnungspreismethode.

7.2.4. Erfolgen die jeweiligen Dienstleistungen im Zusammenhang mit anderen Leistungen (Warenlieferungen, Darlehensgewährungen etc.) oder sind sie als selbständige Leistungen anzusehen?

7.2.5. Welchen Nutzen haben die Dienstleistungen für den Leistungsempfänger?

Hierzu bitte ich um Vorlage von Unterlagen, aus denen dieser Nutzen ersichtlich ist (z. B. Marktanalysen).

7.2.6. Erfolgt in jedem Fall eine Einzelabrechnung, oder gibt es auch pauschale Abgeltungen? Ich bitte um genaue Erläuterung und Vorlage von Unterlagen.

7.3. Funktionen und Risiken

7.3.1. Welche Funktionen werden von Ihrem Unternehmen ausgeübt?
- Marketing, Werbung, Produktpräsentation auf Messen
- Reparaturservice/Garantieleistungen
- Lagerhaltung, Logistik
- Inkasso, Finanzierung
- Verwaltung, EDV, Buchhaltung
- andere

7.3.2. Haben sich Art und Umfang Ihrer Geschäftstätigkeit dadurch geändert, dass Funktionen übertragen, aufgegeben oder zusätzlich übernommen worden sind?

Ja ☐   Nein ☐

Wenn ja, bitte ich die Vorgänge näher zu erläutern und um Vorlage der im Zusammenhang mit der Funktionsverlagerung bzw. der Funktionsveränderung geschlossenen Verträge bzw. getroffenen Vereinbarungen.

7.3.3. Welche Risiken trägt Ihr Unternehmen?
- Forderungsausfallrisiko
- Währungsrisiko
- Risiko des Erfolgs der Leistung
- andere

7.4. Eingesetzte Wirtschaftsgüter

7.4.1. Ich bitte um Vorlage einer Liste der wesentlichen immateriellen Wirtschaftsgüter, die in Ihrem Unternehmen im Rahmen von Geschäftsbeziehungen zu nahestehenden Personen im Sinne des § 1 Abs. 2 AStG genutzt bzw. zur Nutzung überlassen werden.

7.4.2. Wurden in Zusammenhang mit der Verlagerung von Funktionen materielle oder immaterielle Wirtschaftsgüter übertragen oder zur Nutzung überlassen?

Ja ☐   Nein ☐

Wenn ja, bitte ich um Vorlage der in diesem Zusammenhang geschlossenen Verträge bzw. der getroffenen Vereinbarungen.

7.5. Verrechnungspreise

7.5.1. Wie wurden die einzelnen Leistungsbestandteile in den Fällen, in denen die Dienstleistung als Nebenleistung im Zusammenhang mit einer anderen Dienstleistung erbracht wurde, bei den Vertragskonditionen und Verrechnungspreisen berücksichtigt?

7.5.2. Ich bitte um Beschreibung der von Ihnen gewählten Verrechnungspreismethode (z. B. Kostenaufschlagsmethode).

7.5.3. Ich bitte die Geeignetheit der angewandten Verrechnungspreismethode zu begründen.

7.5.4. Ich bitte die Entscheidungsgrundlagen für die Festlegung des Verrechnungspreises und die Beschreibung der Entscheidungskompetenzen darzulegen.

7.5.5. Ich bitte um Vorlage der angewandten internen Verrechnungspreisrichtlinien und um Mitteilung, welche Konzernunternehmen in den Anwendungsbereich einbezogen worden sind.

7.5.6. Ich bitte um Vorlage evtl. Benchmarkingstudien (z. B. für Preise, Kosten oder Gewinnmargen).

7.5.7. Ich bitte die zum Vergleich herangezogenen Fremddaten (z. B. Preis für vergleichbare Werbeleistungen durch Werbeagenturen oder Kosten bei Einschaltung von Forschungsinstituten oder Erkenntnisse aus Datenbanken) zu beschreiben.

7.5.8. Ich bitte die zum Vergleich herangezogenen Fremddaten hinsichtlich deren Vergleichbarkeit (z. B. bezüglich der ausgeübten Funktionen, der übernommenen Risiken und der eingesetzten Wirtschaftsgüter zu analysieren).

7.5.9. Ich bitte die zum Ausgleich von Unterschieden gegenüber den Vergleichsdaten vorgenommenen Anpassungsrechnungen zu erläutern.

7.5.10. Liegen Budgetierungsunterlagen für einzelne Geschäftsbereiche oder Gesellschaften vor?

Ja ☐   Nein ☐

Wenn ja, bitte ich um Vorlage dieser Unterlagen.

7.5.11. Ich bitte um Vorlage von Planrechnungen einschließlich der Unterlagen über den regelmäßigen Abgleich zwischen Soll- und Ist-Zahlen.

7.5.12. Bitte legen Sie Aufzeichnungen über nachträgliche Preisanpassungen und Ihre Begründung vor (z. B. Verrechnungspreiskorrekturen anderer Staaten).

7.5.13. Legen Sie bitte Aufzeichnungen über die Ursache von Verlusten und über Vorkehrungen zur Beseitigung vor.

8. Konzernumlagen

8.1. Zentrale Aufgaben / Kostenumlagen

Welche Aufgaben werden im Konzern durch einzelne Firmen zentral wahrgenommen? Geben Sie bitte jeweils an, durch wen die Aufgaben wahrgenommen werden und wie die dadurch entstehenden Kosten auf die verbundenen Unternehmen verteilt werden.

Insbesondere handelt es sich um folgende Aufgaben:	Ja ☐	Nein ☐
Forschung und Entwicklung	Ja ☐	Nein ☐
Verwaltung	Ja ☐	Nein ☐
Rechnungswesen, Buchhaltung	Ja ☐	Nein ☐
Personalwesen	Ja ☐	Nein ☐
Marktforschung	Ja ☐	Nein ☐
Werbung, Marketing	Ja ☐	Nein ☐
Informationssysteme, EDV	Ja ☐	Nein ☐

8.2 Poolumlagen

8.2.1. Haben sich einzelne nahestehende Unternehmen zu einem Pool zusammengeschlossen, ohne dass zwischen diesen Unternehmen ein Leistungsaustausch stattfindet? (Zur Definition eines Pools bzw. einer Poolumlage vgl. BMF-Schreiben vom 30.12.1999, BStBl 1999 I 1122)

Ja ☐   Nein ☐

Wenn ja, geben Sie bitte eine detaillierte Beschreibung des Pools an (z. B. Aufwandspool, Angebotspool, Nachfragepool oder Forschung und Entwicklung).

8.2.2. Seit wann wurden erstmals Leistungen im gemeinsamen Interesse durch das Zusammenwirken in einem Pool erlangt bzw. erbracht?.

8.2.3. Ich bitte um Vorlage eines schriftlichen Umlagevertrages mit allen Anlagen und Änderungen.

8.3. Nutzenanalyse

8.3.1. Dokumentation des erzielten Nutzens

Legen Sie bitte zur Dokumentation des erzielten Nutzens und der tatsächlich empfangenen Leistngen die (Monats-, Vierteljahres- oder Jahres-) Berichte über die einzelnen Leistungen und Projekte des Unternehmens vor:

a) Forschungspool:
angemeldete bzw. gesicherte Schutzrechte, Verbesserungen oder Neuerungen bei der Herstellung alter Produkte
b) Beschaffungspool:
Erzielte Einkaufskonditionen, Boni u. ä.

8.3.2. Gibt es eine laufende Berichtserstattung über einzelne Leistungen oder Projekte o. ä.?

8.4. Ermittlung der Umlage

8.4.1. Gibt es eine getrennte Aufwandserfassung im Pool?

8.4.2. Bitte legen Sie die Jahresabrechnungen des Pools und Unterlagen über geleistete Vorauszahlungen vor.

8.4.3. Wie wurden die umlagefähigen Aufwendungen (direkte und indirekte Aufwendungen) ermittelt?

8.4.4. Wurde bei der Ermittlung der Aufwendungen von Plan- oder von Ist-Zahlen ausgegangen?

8.4.5. Soweit einzelne Poolmitglieder Sachleistungen erbracht haben, bitte ich um Vorlage entsprechender Unterlagen.

8.4.6. Sind im Prüfungszeitraum Poolmitglieder neu eingetreten oder ausgeschieden und wurden in diesem Zusammenhang Zahlungen geleistet?

8.4.7. Wurde auf die umzulegenden Aufwendungen ein Gewinnzuschlag berechnet?

8.4.8. Wurde bei der Ermittlung der Aufwendungen eine Verzinsung des eingesetzten Eigenkapitals berücksichtigt, wenn ja, in welcher Höhe?

§ 160 AO8.4.9. Ich bitte um Dokumentation der nach deutschem Recht (z. B.) nicht abzugsfähigen Ausgaben.

8.4.10. Wurden steuerliche Sondervergünstigungen (z. B. Sonderabschreibungen) berücksichtigt?

8.4.11. Wie und in welchem Umfang erfolgte bei dem Pool eine Rechnungslegung?

8.4.12. Nach welchem Umlageschlüssel werden die Aufwendungen verteilt?

8.4.13. Hat der „Pool" selbst oder haben einzelne Poolmitglieder einen Vorsteuerabzug in Anspruch genommen?

9. Personalentsendung

9.1. Entsendung vom Inland ins Ausland

Wurden im Prüfungszeitraum Arbeitnehmer Ihres Unternehmens zu ausländischen verbundenen Unternehmen entsandt?

Ja ☐   Nein ☐

Wenn ja, bitte ich zu jeder Entsendung um folgende Angaben:
– Name, Geburtsdatum und Anschrift des Arbeitnehmers
– Berufsbezeichnung (z. B. Außendienstmitarbeiter, Buchhalter)
– Anstellungsvertrag einschließlich aller Änderungen und Zusatzvereinbarungen
– Entsendevereinbarung zwischen dem entleihenden und dem aufnehmenden Unternehmen
– Stellenbeschreibung und evtl. Stellenanzeige
– Funktion und Dauer der Tätigkeit im entleihenden Unternehmen
– Beginn und Ende der Entsendung
– Funktion beim aufnehmenden Konzernunternehmen
– Tätigkeitsnachweise, Lohnkonten

- Reisekostenabrechnungen des entsandten Mitarbeiters
- Gesamtaufwendungen für den entsandten Mitarbeiter

9.2. Entsendung vom Ausland ins Inland

Wurden im Prüfungszeitraum Arbeitnehmer eines verbundenen ausländischen Unternehmens zu Ihrem oder einem inländischen verbundenen Unternehmen entsandt?

Ja ☐ Nein ☐

Wenn ja, bitte ich zu jeder Entsendung um folgende Angaben:
- Name, Geburtsdatum und Anschrift des Arbeitnehmers
- Berufsbezeichnung (z. B. Außendienstmitarbeiter, Buchhalter)
- Entsendevereinbarung zwischen dem entleihenden und dem aufnehmenden Unternehmen
- Stellenbeschreibung und evtl. Stellenanzeige
- Funktion und Dauer der Tätigkeit im aufnehmenden Unternehmen
- Beginn und Ende der Entsendung
- Funktion beim entleihenden Konzernunternehmen
- Tätigkeitsnachweise, Lohnjournale, aus denen für alle Jahre des Prüfungszeitraums der Bruttolohn ersichtlich ist
- Falls eine Nettolohnvereinbarung mit den in das Inland entsandten Mitarbeitern besteht, bitte ich um Vorlage der Steuerbescheide der jeweiligen Mitarbeiter für den Entsendezeitraum
- Soweit für den entsandten Arbeitnehmer Sozialversicherungsfreiheit wegen „Einstrahlung" (§ 5 SGB IV) geltend gemacht worden ist, bitte ich um Vorlage des Schriftverkehrs, in dem die Art der Arbeitsverhältnisse dargestellt und die Sozialversicherungsfreiheit begründet worden ist
- Reisekostenabrechnungen des entsandten Mitarbeiters
- Gesamtaufwendungen für den entsandten Mitarbeiter

Ich bitte den Bruttoarbeitslohn für jeden ausländischen Arbeitnehmer nach dem beigefügten Muster aufzugliedern:

Name des Arbeitnehmers ....

Geb.-Datum ....

Wohnanschrift ....

Übersicht über den Bruttoarbeitslohn im Prüfungszeitraum

Jahr	20..	20..	20..	20..
Grundgehalt				
Lohnsteuer (ohne Lohnsteuer auf im Ausland gezahlte Bezüge)				
Sozialversicherung BRD				
Sachbezüge:				
Miete— zuzüglich Nebenkosten				
– Auto				
– Fahrtkosten				
– Spesen				
– Arztkosten				
– Versicherung				
– Möbel				

Jahr	20..	20..	20..	20..
– Telefon				
– Club-Beiträge				
– Darlehnszinsen				
Einkommensteuer-Erstatt. bzw. Nachzahl.				
Auslandsbezüge				
– Boni				
– Sozialversicherung				
– Familiy-allowance				
– Sonstige				
– Lohnsteuer (auf Auslandsbezüge)				
Sonstiges				
Summe = Bruttolohn				

9.3. Kosten-Nutzenanalyse

9.3.1. Gibt es in Ihrem Unternehmen allgemeine Entsenderichtlinien?

Ja ☐ Nein ☐

Falls ja, wurden diese mit ausländischen Finanzbehörden abgestimmt?

9.3.2. Gelten die bisherigen Anstellungsverträge während der Entsendung fort oder werden für die Dauer der Entsendung neue Anstellungsverträge abgeschlossen?
Ich bitte um Vorlage der Anstellungsverträge.

9.3.3. Fordert die entleihende Gesellschaft die Arbeitnehmer an?

Ja ☐ Nein ☐

9.3.4. Hat sich die entleihende Gesellschaft bemüht, Mitarbeiter aus ihrem heimischen Arbeitsmarkt anzustellen?

Ja ☐ Nein ☐

Wenn ja, bitte ich um Kopien der Rechnungen über entsprechende Stellenanzeigen bzw. die Einschaltung von Personalberatungsunternehmen.

9.3.5. Wurden die entsandten Arbeitnehmer auf Wunsch und auf Grund einer Entscheidung des entsendenden Unternehmens zum entleihenden Unternehmen abgeordnet?

Ja ☐ Nein ☐

9.3.6. Wer bestimmt die Dauer der Entsendung, den Arbeitsort, die Arbeitszeit und die Tätigkeitsfelder der entsandten Arbeitnehmer?

9.3.7. Handelt es sich um
– eine Expertenentsendung, wenn ja bitte ich eine Expertise vorzulegen
– eine projektbezogene Entsendung, wenn ja, bitte ich um eine Projektbeschreibung
– eine Entsendung im „Rotationsverfahren", wenn ja, bitte ich um Mitteilung, ob die gleiche Position ständig mit wechselnden Arbeitnehmern besetzt wird.
– Eine Entsendung zu Aus- und Fortbildungszwecken, wenn ja, bitte ich um Vorlage des Ausbildungsplans

9.3.8. Wer entscheidet über die Gehaltshöhe?
☐ die ausländische Konzernspitze
☐ das inländische Unternehmen
☐ ....

Die nachfolgenden Kriterien sind maßgeblich für die Höhe des Gehalts und einer eventuellen Auslandszulage:
- ☐ ....
- ☐ ....
- ☐ ....
- ☐ ....

9.3.9. Wurden Teile der Personalkosten vom entsendenden Unternehmen getragen?

Ja ☐   Nein ☐

Wenn ja, in welcher Höhe wurden diese an das aufnehmende Unternehmen weiterbelastet? Ich um Vorlage entsprechender Vereinbarungen.

9.3.10. Welches Unternehmen trägt das Beschäftigungsrisiko bei nicht voller Auslastung?

9.3.11. Wie wurde der angemessene Aufwand ermittelt (interner, externer oder hypothetischer Fremdvergleich)?

9.3.12. Ich bitte die Geeignetheit der gewählten Methode zu begründen.

9.3.13. Ich bitte um Beschreibung der zum Vergleich herangezogenen Fremddaten.

9.3.14. Ich bitte um eine Analyse der herangezogenen Fremddaten hinsichtlich ihrer Vergleichbarkeit.
- Analyse des überlassenden Unternehmens
- Analyse des aufnehmenden Unternehmens
- Analyse der entsandten Arbeitnehmer

9.3.15. Ich bitte um Beschreibung der vorgenommenen Anpassungsrechnungen zum Ausgleich von Unterschieden gegenüber den Vergleichsdaten.

10. Darlehensverhältnisse, Nutzungsüberlassungen

10.1. Allgemeine Angaben

10.1.1. Wurden zwischen Ihrem Unternehmen und verbundenen in- und ausländischen Unternehmen Darlehensverträge abgeschlossen?

Ja ☐   Nein ☐

Wenn ja, bitte ich um Vorlage dieser Verträge.

10.1.2. Wurde die Finanzierung als Hauptleistung oder als Nebenleistung im Zusammenhang mit anderen Leistungen erbracht?

Ja ☐   Nein ☐

Falls ja, bitte ich um Beschreibung der damit zusammenhängenden Leistungen und um Erläuterung der Üblichkeit der Zusammenfassung.

10.1.3. Soweit nicht aus den vorgelegten Vereinbarungen ersichtlich, bitte ich um Darstellung folgender Punkte:
- Höhe des Darlehensbetrages
- Höhe des Entgelts (Zinsen, Disagio u. ä.)
- Laufzeit
- Rückzahlungsmodalitäten
- Kündigungsmöglichkeiten, Möglichkeiten von Sondertilgungen
- Sicherheiten, Rangrücktritt
- Verwendung des Kredits (z. B. Anlage überschüssiger Liquidität, Beteiligungsfinanzierung, Warenkredit, Kontokorrentkredit im Rahmen der laufenden Geschäftsbeziehungen)
- Währung, Kurssicherung

10.1.4. Bestehen partiarische Darlehen?

Ja ☐   Nein ☐

Wenn ja, bitte ich um Vorlage der Verträge.

10.1.5. Ist Ihnen bekannt, ob das Darlehen nach ausländischem Zivilrecht eine Zuführung von Eigenkapital darstellt und es daher als verdeckte Kapitalzuführung zu behandeln ist?

Ja ☐   Nein ☐

10.1.6. Wurden bereits Wertberichtigungen auf das Darlehen vorgenommen?

Ja ☐   Nein ☐

10.1.7. Wurde auf die Darlehensforderung oder auf einen Teilbetrag verzichtet?

Ja ☐   Nein ☐

10.1.8. Gibt es eine Rangrücktrittserklärung des Darlehensgläubigers?

Ja ☐   Nein ☐

Wenn ja, bitte ich um Vorlage der Erklärung.

10.1.9. Wie wurde das Darlehen refinanziert?

10.1.10. Handelt es sich um einen Durchlaufkredit

Ja ☐   Nein ☐

10.1.11. Wurden Kredite durch überdurchschnittlich lange Zahlungsziele bei Liefer- oder Leistungsgeschäften gewährt?

10.1.12. Haben Verrechnungskonten Darlehenscharakter?

Ja ☐   Nein ☐

10.1.13. Wurden zwischen Ihrem Unternehmen und verbundenen in- und ausländischen Unternehmen Verträge über die Nutzungsüberlassung von unbeweglichen und beweglichen materiellen Wirtschaftsgütern abgeschlossen?

Ja ☐   Nein ☐

Wenn ja, bitte ich um Vorlage dieser Verträge.

10.1.14. Wurden Bürgschafts-, Garantieübernahme- oder Patronatserklärungen abgegeben?

Ja ☐   Nein ☐

Wenn ja, bitte ich um Vorlage der vertraglichen Vereinbarungen.

10.1.15. Handelt es sich bei den Patronaterklärungen um sogenannte harte oder weiche Patronatserklärungen?

10.2. Funktionen und Risiken

10.2.1. Welche der folgenden Risiken bestehen für das Darlehen bzw. durch die Abgabe der Bürgschafts-, Garantieübernahme- oder Patronatserklärung?
– Ausfallrisiko
– Wechselkursrisiko
– Zinsänderungsrisiko
– Andere

10.2.2. Wurde von den Vertragspartnern
– eine Finanzierungsgesellschaft   Ja ☐   Nein ☐
– ein Cash Pool   Ja ☐   Nein ☐
– eine andere Funktion gewählt?   Ja ☐   Nein ☐

10.3. Verrechnungspreise

10.3.1. Ich bitte die zum Vergleich herangezogenen Fremddaten zu beschreiben (z. B. Habenzins, Interbankenzins, Konzernzinssatz).

10.3.2. Ich bitte um Analyse der herangezogenen Fremddaten hinsichtlich deren Vergleichbarkeit. Dabei bitte ich folgende Faktoren zu berücksichtigen:
– Höhe des Darlehensbetrages
– Situation auf dem Kapitalmarkt
– Laufzeit und Kündigungsmöglichkeiten
– Sicherheiten für das Darlehen
– Währungsrisiko

– Innerbetriebliche Vergleichswerte mit Dritten
– Anpassungen bei Zinsschwankungen
– Refinanzierungsmöglichkeiten

10.3.3. Ich bitte die vorgenommenen Anpassungsrechnungen zum Ausgleich von Unterschieden gegenüber den Vergleichsdaten zu beschreiben.

10.3.4. Wurden nachträgliche Zinsanpassungen vorgenommen (z. B. wegen Verrechnungspreiskorrekturen anderer Staaten)?

Ja ☐   Nein ☐

Wenn ja, bitte ich dies zu begründen und um Vorlage entsprechender Unterlagen.

10.3.5. Wurde für gegebene Garantieerklärungen eine Avalprovision berechnet

Ja ☐   Nein ☐

Wenn ja, nach welchen Kriterien wurde deren Höhe festgelegt?

Anlage

Literaturverzeichnis

1. §§ 90 Abs. 3, 162 Abs. 3 und 4 der Abgabenordnung (AO)
2. Anwendungserlass (AEAO) zu § 30 AO, Tz. 4.1
3. § 22 EGAO
4. Auszüge aus dem AStG
5. Auszüge aus dem HGB
6. Auszüge aus dem Aktiengesetz
7. § 89b HGB – Ausgleichsanspruch
8. Gewinnabgrenzungsaufzeichnungsverordnung
9. § 43 GmbH-Gesetz
10. Anwendungserlass zum Außensteuergesetz
11. Verwaltungsgrundsätze 1983
12. Betriebsstätten-Verwaltungsgrundsätze
13. Verwaltungsgrundsätze Umlageverträge
14. Verwaltungsgrundsätze Arbeitnehmerentsendung
15. Verwaltungsgrundsätze Verfahren 2005
16. BFH-Urteil vom 17.10.2001, I R 103/00 – BStBl 2004 II S. 171
17. BFH-Urteil vom 6.4.2006, I R 22/04
18. BFH-Urteil vom 3.2.1968, GrS 5/67, BStBl 1968 II S. 365
19. BFH-Urteil vom 14.8.1974, I R 168/72, BStBl 1975 II S. 123
20. BFH-Urteil vom 18.12.1984, VIII R 195/82, BStBl 1986 II S. 226
21. BFH-Urteil vom 16.4.1986, I R 32/84, BStBl 1986 II S. 736
22. BFH-Urteil vom 9.8.1991, III R 129/85, BStBl 1992 II S. 55
23. BFH-Urteil vom 21.1.1976, I R 234/73, BStBl 1976 II S. 513
24. BFH-Urteil vom 15.2.1989, X R 16/86, BStBl 1989 II S. 462
25. BFH-Urteil vom 30.5.1990, I R 97/88, BStBl 1990 II S. 875
26. BFH-Urteil vom 17.2.1993, BStBl 1993 II S. 457
27. BFH-Urteil vom 23.6.1993, I R 72/92, BStBl 1993 II S. 801
28. BFH 17.12.1997, I R 70/97, BStBl 1998 II S. 545
29. BFH-Urteil vom 19.3.2002, I R 4/01, BStBl 2002 II S. 644
30. BFH-Urteil vom 20.7.1988, I R 49/84, BStBl 1989 II S. 140
31. BFH-Urteil vom 17.12.1997, I R 96/96, BStBl 1998 II S. 321
32. BFH-Urteil vom 29.12.2000, I R 50/00, BStBl 2001 II S. 381
33. BMF-Schreiben 1.7.1997, BStBl 1997 I S. 717
34. BMF-Schreiben vom 26.2.2004, IV B 4 – S 1300 – 12/04, BStBl 2004 I S. 270
35. BMF-Schreiben vom 13.7.2006, IV B 6 – S 1300 – 340/06, BStBl 2006 I S. 461
36. BMF-Schreiben vom 29.4.1997, IV C 7 – S 1300 – 69/97, BStBl 1997 I S. 541

37. FG Münster 22.8.2000, 6 K 2712/00
38. Materialsammlung Auslandsbeziehungen
39. OECD-Guidelines, Kapitel 1 bis 5
40. OECD-Guidelines, Kapitel 6 bis 7
41. OECD-Guidelines, Kapitel 8, Anhang
42. Auszüge aus dem OECD-Musterabkommen
43. Weitere Literaturhinweise
44. Steueroasen
45. Knoppe-Formel
46. Auszug aus dem Aufsatz von Herrn Dr. Michael Groß zu Lizenzsätzen in der Beilage zu Betriebsberater Heft 10, 48/2000, Seite 24
47. Aufsatz von Herrn Dr. Michael Groß zu Lizenzgebühren in Heft 18, Betriebsberater 1995
48. Aufsatz von Herrn Hartmut Boecker zu Lizenzzahlungen an verbundene ausländische Unternehmen in Betriebsberater Heft 4, 1991
49. Merkblatt zur Entlastung von deutscher Abzugsteuer gemäß § 50a Abs. 4 EStG aufgrund von Doppelbesteuerungsabkommen (DBA)
50. Merkblatt des BZSt vom 9.10.2002 zu § 50d EStG auf Erteilung einer Freistellungsbescheinigung
51. Glossar

Stichwortregister

Die Buchstaben bezeichnen die Kapitel, die Zahlen die Randnummern

Auftragslagerhaltung

Auftragslagerhaltung

Auftragsverpackung

Aufwand

Aufwandszuordnung

Aufzeichnungspflichten

Ausfallrisiko

Ausfuhrlieferung, steuerfrei **I** 121

Beweislastumkehr

Bewertung des geistigen Eigentums

Business Process Analysis

Dienstleistungen

Dienstleistungen

Dienstleistungen

Dienstleistungsbetriebsstätten

Doppelbesteuerungsabkommen (DBA)

Einzelereignis

Finanzkennzahlen

Franchising

Fremdvergleich, externer

Fremdvergleichsgrundsatz

Funktionseinheit

Funktionsverlagerungsverordnung

Gewinnaufteilung

Immaterielle Wirtschaftsgüter

Immaterielle Wirtschaftsgüter

Immaterielle Wirtschaftsgüter

Innergemeinschaftliches Verbringen

Kostenaufschlagssystem

Lizenzgebühren

Lizenzsätze

Margen der Wiederverkaufspreismethode

Marketing-Intangibles

Methoden für die Anpassung

One-sided Methods

Osteuropa

Preisvergleichsmethode

Price Setting

Risiken

Safe havens

Schweizerisches Procurement Center

Fremdvergleichsgrundsatz **T** 19
Gegenberichtigung
– DBA **T** 38, 118 ff.
– Korrektur von Verrechnungspreisen
  T 10
Geldwerte Leistung
– Definition **T** 13, 16, 20, 113
– Garantie **T** 53
– Gewinnvorwegnahme **T** 12
– Outbound **T** 78
– Schadenersatz **T** 91
– Umwandlung **T** 105
– Verdeckte Gewinnausschüttung
  T 12, 14, 28
– Zinssätze **T** 26
Gesellschaft **T** 28
– Principalgesellschaft **T** 25, 36
– Verwaltungsgesellschaft **T** 28
Gewinnvorwegnahme
– Definition **T** 12
Informationsaustausch **T** 134
Juristische Personen **T** 6 ff.
KERT-Funktionen **T** 43, 54
Kostenaufschlags-Methode **T** 10, 33,
  37, 43 f., 50 ff., 54, 71 f., 110
Maßgeblichkeitsprinzip **T** 8, 80, 85
Nahestehende Personen **T** 9 ff., 13,
  16 ff., 26 ff., 29 ff., 35
Ongoing-Concern-Konzept **T** 98
Preisvergleichsmethode **T** 6, 10, 42,
  51 f., 70 ff., 90
Primärberichtigung **T** 118 ff.
Reingewinn
– steuerpflichtiger **T** 8, 31, 44
Schiedsverfahren **T** 127
Sekundärberichtigung **T** 130 f.
Stempelabgaben **T** 3 ff., 116 f.
Steuerausscheidung
– Interkantonale **T** 39
– Internationale **T** 25, 36, 39 f.
Steuerliche Veranlagung **T** 4, 8,
  111 ff., 118 ff., 124 ff., 128
Steuerumgehung **T** 46 ff., 74 f.
Substance over Form **T** 74
SWAP-Sätze **T** 27 f.
TNMM **T** 1 ff., 42, 71, 78 f., 101,
  116 f.
Verdeckte Gewinnausschüttung **T** 12,
  14, 28
Verdeckte Kapitaleinlage **T** 12, 15, 28,
  79
Verdecktes Eigenkapital **T** 11, 25, 28 ff.
Verrechnungspreismethoden
– Prioritätenreihenfolge **T** 41

Verrechnungssteuer **T** 3 f., 28, 78,
  116 f., 131
Verständigungsverfahren **T** 121 ff.
Wiederverkaufspreis-Methode **T** 10,
  71 f.
Zentraleinheit **S** 98
Zinssätze **T** 25 ff.
**Schweizerisches Procurement
  Center**
Supply Chain **S** 94
Schwellenländer
Anpassungsrechnungen
– externer Fremdvergleich **H** 88
Kapitalkostenanpassung **H** 99, 110
Schwerpunkte der Prüfung
OECD – Kapitel V **E** 2
Scoping Document
Überarbeitung von Kapitel VI
  OECD-RL **B** 223
Screening
Fremdvergleich, externer
– Schwierigkeiten **H** 72 f.
– Vergleichsmargenermittlung
  H 57 f.
– Vorgehensweise **E** 116 f.
Sechste Methode
Verwendung von safe harbor rules
– Entwicklungsländer **H** 89
Segmentiertes Geschäftsmodell
S 132
Sekundärberichtigung
Schweiz **T** 130 f.
Selbstkosten A 42 f.
Begriff **A** 38
Entnahme **A** 38
Senkung der Fertigungskosten
Unternehmensplanung **S** 114
Senkung des effektiven Steuersatzes
Steuerplanung **S** 127
Separate Jahresabschlüsse
Annex III **E** 35
Separierung von Risiken
Risikoquantifizierung **H** 219
Server
s. Betriebsstätte
s. E-Commerce
s. Pipeline-Urteil
s. Satelliten-Urteil
Set-offs
s. Vorteilsausgleich
Shapley Value
Allokation von Ressourcen **H** 261
Anwendung auf die Bankenbranche
  H 189

Staaten ohne nationale Dokumentationsvorschriften

Verbindliche Zusage

Verfahrensgrundsätze

Vergleichbarkeitsfaktoren

Verrechnungspreismethodenauswahl

Verständnis der deutschen Finanzbehörden

Wiederverkaufspreismethode